תורה נביאים וכתובים

BIBLIA HEBRAICA STUTTGARTENSIA

quae antea cooperantibus
A. Alt, O. Eißfeldt, P. Kahle ediderat
R. Kittel

EDITIO FUNDITUS RENOVATA

adjuvantibus H. Bardtke, W. Baumgartner, P. A. H. de Boer,
O. Eißfeldt, J. Fichtner, G. Gerleman, J. Hempel, F. Horst, A. Jepsen,
F. Maass, R. Meyer, G. Quell, Th. H. Robinson, D. W. Thomas

cooperantibus H. P. Rüger et J. Ziegler
ediderunt

K. ELLIGER ET W. RUDOLPH

Textum Masoreticum curavit H. P. Rüger
MASORAM ELABORAVIT G. E. WEIL

Editio quinta emendata
opera
A. Schenker

DEUTSCHE BIBELGESELLSCHAFT

PRAEPARAVERUNT

LIBRUM GENESEOS O. Eißfeldt (1969)

LIBROS EXODI ET LEVITICI G. Quell (1973)

LIBRUM NUMERORUM W. Rudolph (1972)

LIBRUM DEUTERONOMII J. Hempel (1972)

LIBROS JOSUAE ET JUDICUM R. Meyer (1972)

LIBRUM SAMUELIS P. A. H. de Boer (1976)

LIBRUM REGUM A. Jepsen (1974)

LIBRUM JESAIAE D. Winton Thomas (1968)

LIBRUM JEREMIAE W. Rudolph (1970)

LIBRUM EZECHIELIS K. Elliger (1971)

LIBRUM XII PROPHETARUM K. Elliger (1970)

LIBRUM PSALMORUM H. Bardtke (1969)

LIBRUM IOB G. Gerlemann (1974)

LIBRUM PROVERBIORUM J. Fichtner (1974)

LIBRUM RUTH Th. H. Robinson (1975)

LIBROS CANTICI CANTICORUM ET ECCLESIASTES
   F. Horst (1975)

LIBRUM THRENORUM Th. H. Robinson (1975)

LIBRUM ESTHER F. Maass (1975)

LIBRUM DANIELIS W. Baumgartner (1976)

LIBROS ESRAE ET NEHEMIAE W. Rudolph (1976)

LIBRUM CHRONICORUM W. Rudolph (1975)

Biblia Hebraica Stuttgartensia
Fünfte, verbesserte Auflage 1997
Gedruckt mit Unterstützung der Deutschen Forschungsgemeinschaft
© 1967/77 Deutsche Bibelgesellschaft, Stuttgart
Gesamtherstellung: CPI books GmbH, Leck
Alle Rechte vorbehalten · Printed in Germany
ISBN 978-3-438-05218-6

4.2019

PROLEGOMENA

VORWORT ZUR FÜNFTEN AUFLAGE

Die vorliegende Revision ist vom leider viel zu früh von uns gegangenen Hans Peter Rüger vorbereitet worden. Sie beschränkt sich auf die Eliminierung von Fehlern im Text, im 2. Apparat und in der Masora. Viele Kollegen haben echte oder vermeintliche Irrtümer signalisiert. Ihnen sei dafür gedankt. Im Text wurden nur Abweichungen von der Handschrift Firkowitsch, Petersburg, Bibliothek Saltikow-Schtschedrin B 19^{A} (L) aufgrund eines erneuten Vergleichs mit neuen Fotografien der Hs ausgemerzt. (Gelegentlich machten diese Korrekturen einen Eintrag im 2. Apparat nötig.) In der von G. Weil erstellten Masora und im 2. Apparat wurden bloß offensichtliche Fehler entfernt; auf weitere Eingriffe wurde verzichtet.

Neu ist in dieser Ausgabe jedoch der Schlüssel zu den lateinischen Abkürzungen des textkritischen Apparates. Er wurde von Hans Peter Rüger verfasst, um diesen Apparat so zugänglich wie möglich zu machen.

Freiburg, Schweiz, 1997 ADRIAN SCHENKER

VORWORT ZUR ERSTEN AUFLAGE

I

Kittels Biblia Hebraica tritt nach 40 Jahren abermals in neuer Gestalt vor die gelehrte Welt. Da insbesondere ihr Apparat völlig neu bearbeitet ist und bei Verweisen einer Verwechslung mit dem Apparat der früheren Auflagen vorgebeugt werden mußte, haben wir uns entschlossen, den Namen des Werkes so abzuändern, daß sofort erkennbar wird, ob eine der alten Auflagen oder die neue gemeint ist. Die Bezeichnung «Stuttgarter Biblia Hebraica» schien uns das zu gewährleisten und zugleich die Kontinuität zu wahren. Wir bitten, die neue Auflage als BHS im Unterschied zu BHK zitieren zu wollen.

Es bedarf keiner Begründung, daß es immer noch sinnvoll ist, die Leningrader Handschrift B 19^{A} (L) zur Grundlage einer Ausgabe der hebräischen Bibel zu machen, ganz gleich, wie man über deren Verhältnis zum Ben-Ascher-Text denkt. Was P. Kahles eigene Meinung betrifft, so wäre jetzt sein Werk The Cairo Geniza, Oxford ^{2}1959 (deutsche Bearbeitung von R. Meyer, Die Kairoer Genisa, Berlin 1962) zu vergleichen. Auf jeden Fall ist L immer noch «die älteste datierte Handschrift der vollständigen hebräischen Bibel».

Der ursprüngliche Plan, von der neuen Auflage ab 1967 jährlich 2–3 Hefte heraus-

zubringen, hat sich nicht einhalten lassen, da die Ausarbeitung der Masora unerwartet viel Zeit in Anspruch nahm. Die versprochene Beilage des Jesus Sirach wird in Kürze als Sonderheft erscheinen.

In der Anordnung der biblischen Bücher weicht die BHS wie schon die BHK von der Handschrift L nur insofern ab, als 1/2 Ch an das Ende gestellt ist.

Die wichtigsten Veränderungen gegenüber der BHK sind folgende:

1. Schrift. Nicht nur der Verlust der alten Matrizen bei der Bombardierung Leipzigs, sondern vor allem die Umstellung auf Maschinensatz zwang dazu, die schöne, nach R. Kittels eigenen Angaben gefertigte hebräische Schrift der BHK durch eine neue, den modernen technischen Bedürfnissen entsprechende zu ersetzen. Wir hoffen, einen brauchbaren Ersatz gefunden zu haben. Daß nicht alle Formen befriedigen, liegt z. T. daran, daß die Konsonantenzeichen bei der Eigenart der Maschinen alle in ein Quadrat bzw. halbes Quadrat hineinpassen müssen und daß sie überdies Rücksicht zu nehmen haben auf die obere und untere Vokal- und Akzentreihe, die jede für sich gesetzt werden. Es hat einer schier endlosen Reihe von Experimenten bedurft und die Bibelanstalt hat einen erheblichen Aufwand an Zeit und Geld für immer wieder nötige Neuschnitte usw. nicht gescheut, bis wir meinten, mit dem Ergebnis vor die Öffentlichkeit treten zu können. Insbesondere gebührt für seinen wirklich unermüdlichen Einsatz dem Setzer, Herrn Karl Häußler, Dank und Anerkennung.

2. Text. Wir haben es für richtig gehalten, den Text konsequent so wiederzugeben, wie ihn die letzte Hand von L bietet. Es ist also verzichtet auf die «Beseitigung offenbarer Schreibfehler»; wie wir in zweifelhaften Fällen verfahren sind, zeigt als Beispiel die Anmerkung 15ᵃ im Apparat zu Jes 2. Auch die Hinzufügung eines gelegentlich fehlenden Silluq und vor allem eines oft nicht vorhandenen Meteg ist unterblieben, zumal schon die Handschrift selbst letzteres Zeichen bald links, bald rechts vom Vokal, auch Silluq gelegentlich rechts setzt. Dagegen ist wie bisher fast ausnahmslos das Zeichen Raphe fortgelassen, was unüberwindliche technische Schwierigkeiten ohnehin geboten. Ebenso ist, abweichend von der Handschrift, die Einfügung der פ und ס zur Andeutung der Sinnabschnitte beibehalten, und zwar wie bisher in kleinerer Schrift. Für den Vergleich der BHS mit dem Codex Leningradensis stand ein Mikrofilm des Originals zur Verfügung, von dem in Tübingen Abzüge angefertigt wurden. Die zur Kontrolle mehrfach durchgeführte Kollation wird diesmal der hingebungsvollen Arbeit von Prof. H. P. Rüger verdankt, der sie mehrmals ganz, sowie den verschiedenen Redaktionsassistenten, die sie jeweils in Teilen oder unter bestimmten Gesichtspunkten besorgten. Der Leitung der Staatlichen Öffentlichen Bibliothek Saltikow Schtschedrin in Leningrad sind wir zu besonderem Dank verpflichtet für die Herstellung des Mikrofilms, die deshalb besonders schwierig war, weil der Einband der Handschrift aufgelöst werden mußte. Die notwendigen Verhandlungen in Leningrad führte 1957 Prof. K. Aland auf die Initiative von Prof. O. Eißfeldt.

3. Masora. Hier können wir endlich Kittels Versprechen einlösen, die Masora der Handschrift L vollständig vorzulegen. Wir verdanken das ausschließlich der immensen Arbeit von Prof. Gérard E. Weil in Nancy, der für diesen Teil auch die alleinige Verantwortung trägt. Die kleine Masora findet der Leser wie bisher am Rande gedruckt, aber völlig neu bearbeitet, und zwar nach Grundsätzen, die G. E. Weil anfänglich noch mit P. Kahle besprechen konnte und die dessen volle Zustimmung gefun-

den hatten. Die große Masora ist in einem besonderen Bande erschienen, der, ein erfreuliches Zeichen der Zeit, im Gemeinschaftsverlag Württembergische Bibelanstalt Stuttgart – Päpstliches Bibelinstitut Rom als MASSORAH GEDOLAH (Masora magna) Band I und zugleich als Band II der BHS 1971 herausgekommen ist. In Band I der BHS verweist der obere, in gleicher Schriftgröße mit der Randmasora gehaltene Apparat auf die große Masora (Mm). Für die Einzelheiten darf auf Teil II dieses Vorwortes verwiesen werden.

4. APPARAT. Auch der am Ende jeder Seite gebotene kritische Apparat stellt eine völlige Neubearbeitung dar, wie sich schon daraus ergibt, daß die meisten Bearbeiter gewechselt haben. Am meisten fällt ins Auge, daß wir die fragwürdige Teilung in «bloße Varianten und minder wichtige Mitteilungen» einerseits und «die wirklichen Textänderungen und das sonst Bedeutsamere» andererseits fallen gelassen haben. Daß die Bearbeiter nach Möglichkeit das inzwischen angefallene Material verwertet, aus den Fortschritten der textgeschichtlichen Forschung methodisch gelernt, auch in Konjekturen und Rückübersetzungen aus den Versionen erhebliche Zurückhaltung geübt haben, wird der Benutzer bald merken und trägt hoffentlich zur erhöhten Brauchbarkeit des Werkes bei. Mit Dank erwähnt werden muß, daß als Fachberater für Septuagintafragen Prof. J. Ziegler, Würzburg, und für Targumfragen Prof. H. P. Rüger, Tübingen, ihre Vorschläge großzügig zur Verfügung gestellt haben, nachdem sie die allermeisten Apparate einer kritischen Durchsicht unterzogen hatten. Daß die Bearbeiter selbst, von denen mancher schon nicht mehr unter den Lebenden weilt, den ersten Dank verdienen, braucht nicht betont zu werden. Sie haben ihre Beiträge z. T. schon vor Jahren geleistet und sich die Mühe nicht verdrießen lassen, immer wieder Nachträge zu liefern. Die Zusammenarbeit mit der Tübinger Redaktion war ausgezeichnet. Es ist in aller Sinn, wenn auch diesen Redaktionsassistenten (Dr. Manfried Dietrich 1960–62, Sieghart Kappus 1961–63, Dr. Werner Fuß 1964–66, Frau Ursel G. Mantel-Richter 1966–67 und vor allem Dr. Diether Kellermann 1962–64, 67–75) ein besonderer Dank gesagt wird.

Zum Schluß ist es den Herausgebern, die ihre Arbeit im Jahre 1954 von A. Alt und O. Eißfeldt übernommen und die in dieser Arbeit in H. P. Rüger einen stets einsatzbereiten Helfer gefunden haben, nicht nur eine angenehme Pflicht, sondern auch ein ehrliches Bedürfnis, der Deutschen Forschungsgemeinschaft für immer neue Aushilfe in mannigfachen finanziellen Nöten, nicht zuletzt für die Gewährung namhafter Druckkostenzuschüsse, ergebensten Dank zu sagen.

Die Sätze, mit denen R. Kittel sein Vorwort im Jahre 1929 schloß, mögen auch hier den Abschluß bilden. «Auch so wird es der BH. nicht erspart bleiben, dem *dies diem docet* ihren Tribut zu entrichten. Möge sie überall billige Beurteiler, vor allem aber der Größe des Stoffes würdige Leser finden.»

Tübingen, Münster, 1967/77   KARL ELLIGER, WILHELM RUDOLPH

II

In dem aus seinem Todesjahr datierenden Vorwort zum ersten Heft der dritten Auflage der BHK kündigte Rudolf Kittel an, daß die Zugrundelegung der aus dem Jahre 1009 oder 1008 stammenden Handschrift L für den masoretischen Text es

zugleich ermögliche, «auch der gelehrten Welt zum erstenmal die Masora selbst, die große und die kleine, in neuer Gestalt vorzulegen». Der Herausgeber plante, die *Masora parva*[1] (Mp) an den Rändern neben dem Text und die *Masora magna*[2] (Mm) in alphabetischer Ordnung zusammen mit einem genauen Verzeichnis der masoretischen Termini und Abkürzungen am Schluß des gesamten Werkes darzubieten. Wider Erwarten sollte dieser Plan nur zu einem Teil Verwirklichung finden. Die 1937 abgeschlossene dritte Auflage der BHK bot lediglich die Mp der Handschrift L, und zwar in einer unkritischen Wiedergabe. Das Ganze der vorhandenen Randnotizen wurde gleichsam als Photographie abgedruckt. Paul Kahle wies jedoch in seinem Vorwort auf die zahlreichen Irrtümer, Inkonsequenzen und unvollständigen Angaben hin, die dieser Randkommentar enthält. Im übrigen beschränkte er sich darauf, die Mp so, wie sie sich in der Handschrift darbot, zu edieren, wenn auch – in eckigen Klammern – mit einigen Korrekturen für die schlimmsten Fälle[3]. Die Unausgeglichenheit in der Darbietung der Mp minderte jedoch den Wert dieses Kommentars, der unvollständig und deshalb schwer verständlich bleiben mußte, weil man darauf verzichtet hatte, ihn durch den Versuch einer Normalisation weniger esoterisch[4] zu machen. Was die Ausgabe der Mm betrifft, so waren zweifellos die persönlichen Schicksale, die Prof. Kahle und sein Kreis in den Dreißigerjahren zu erleiden hatten, die Zerstreuung und das Verschwinden seiner Mitarbeiter, sein eigenes Exil, der Grund dafür, daß dieses Stück des alten Plans niemals verwirklicht wurde.

Im letzten Jahrzehnt seines Lebens in Oxford schlug Prof. Kahle den beiden Herausgebern der Neubearbeitung der BH meine Mitarbeit bei der Veröffentlichung der Mm und der Mp vor. Sie ließen mir die Freiheit, eine völlig neue Methode in der Edition der Masora zu entwickeln. Das Ergebnis ist der hier vorgelegte Versuch, nach dem von Jakob ben Chajjim in der Rabbinerbibel von 1524/5, der sog. Bombergiana, unternommenen der zweite seiner Art.

Als vor Jahrhunderten die Masoreten ihre meist in Zahlenangaben über das Vorkommen der Wörter, Formen und Wendungen bestehenden Notizen, die Mp, an den Rand der Handschriftenkolumnen setzten, da waren diese Notizen ausreichend für die Leser, die eine gediegene Kenntnis des Bibeltextes besaßen. Um aber in unserer Zeit ihre Benutzung zu ermöglichen, war es nötig, ein System zu erfinden, das es erlaubte, über die Mp mühelos und sicher zu den Listen der Mm zu gelangen, die das gesamte Vergleichsmaterial ausbreiten. Das bedeutete, zunächst einmal sicherzustellen, daß jede Notiz korrekt und an ihrem Platz war, und sodann auf Grund ihres jeweils ersten Vorkommens die Notizen nachzutragen, die niemals nachgetragen worden waren[5]. Dabei wurde auf die Verwendung der bei wissenschaftlichen Editionen üblichen kritischen Zeichen verzichtet, um den Randkommentar nicht unnötig zu überladen. Die Tatsache, daß ungefähr 70% niemals

---

[1] מסורה קטנה.

[2] מסורה גדולה.

[3] Vgl. in BHK die Mp zu Gn 1,16–28.

[4] Schon im 16. Jahrhundert bezeichnete Elias Levita im gereimten Vorwort seiner *Massoret ha-Massoret* (Venedig 1536) die Sprache der Masora als unverständlich, weil sie in ihrer Bündigkeit so geheim sei wie die Worte eines versiegelten Buches (וקצור לשונה. אשר הוא סתום. כדברי הספר החתום).

[5] Vgl. G. E. Weil, La nouvelle édition de la Massorah (BHK IV) et l'histoire de la Massorah, SVT 9 (1962), S. 43–67 und Massorah, REJ 131 (1972), S. 5–102.

oder doch nur teilweise in dem einen oder anderen Buch nachgetragen worden sind, ist in der Redaktionsweise der großen Bibelhandschriften begründet[6]. Diese großen masoretischen Handschriften nach Art von L sind aus Teilvorlagen zusammengestellt und abgeschrieben worden, die selbst auf Abschriften von Texten zurückgehen, an deren Rändern Lehrer zum Gebrauch für ihre Schüler Notizen gemacht hatten. Diese Notizen stammten aus voneinander unabhängigen Kommentaren, die manchmal aus einander widersprechenden Schreiber- und Masoretenschulen kamen[7]. Bei der Entwicklung der für die beiden Arten der Masora angemessenen Editionsform habe ich mich auf ein System von Verweisen festlegen müssen, das es erlaubte, den Randkommentar der Mp mit den ausführlichen Listen der Mm zu verbinden. So habe ich mich entschieden, den größten Teil des masoretischen Kommentars der Handschrift L, der nicht in die BHS Eingang finden konnte, in einer Reihe von Bänden zu edieren, die gleichzeitig unter dem Titel מסורה גדולה in Rom publiziert werden würden[8]. Auf diese Weise konnte ich einerseits am Rande der Seiten der BHS einen vervollständigten, erneuerten, normalisierten und verständlichen Kommentar edieren, der ausschließlich auf den Notizen der Mp von L beruht. «Normalisiert» heißt nur: er bemüht sich um gleiche Ausdrucksweise und einheitliche Abkürzungen; und «vervollständigt» meint nur: er trägt überall die zugehörige Notiz nach, wo sie nach der Mp von L zu erwarten wäre, aber aus irgendeinem Grunde fehlt. Einzige Ausnahme von dieser Regel ist, daß ich die Randnotizen, die über 100 Vorkommen hinausgehen, nicht nachgetragen habe, so bei אדני, ראש und בעיני, die in der Mp mit den Notizen קׄלׄדׄ «134mal»[9], קׄנׄ «150mal»[10] bzw. קׄלׄטׄ «139mal»[11] versehen sind. Für diese Ausnahmefälle gebe ich jedoch im dritten Band meiner *Massorah Gedolah* die vollständigen Listen. Alle diese Nachträge haben den ursprünglichen Umfang des Randkommentars praktisch verdreifacht, wie der Vergleich mit dem in BHK zeigt.

Die Listen der Mm, die sich am oberen und unteren Rand jeder Seite des Bibeltextes der Handschrift L finden, sind im ersten Band der *Massorah Gedolah* in der

[6] Vgl. G. E. Weil, La formation du commentaire de la Mm marginale dans les grands codex bibliques. Etude comparée des listes de Dt. 28,17 à 34,12 dans les manuscrits *A* et *L*, RHT 1 (1971), S. 1–48.

[7] Für Wörter des Textes vgl. כדרלעמר, das Gn 14,1.4.5.9 in einem und Gn 14,17 in zwei Wörtern (כדר־לעמר) geschrieben ist. Für die Mp vgl. die Notizen zu אהלה in Gn 9,21; 12,8; 13,3 und 35,21, von denen nur die zu Gn 13,3 aus dem Qere bestand, während die übrigen gemäß Mm 83 דׄ כתׄ ה lauteten. Für die Unterschiede zwischen der Mp zweier Bücher in ihrem Verhältnis zu ein und demselben Wort vgl. הנער in Gn 24,14 und Dt 22,15. Für die Unterschiede zwischen dem Text, der Mm und der Mp vgl. סביבתיהם in Gn 35,5 mit Mm 257 oder Ps 9,1 und 48,15, wo עלמות im ersten Fall in einem, im zweiten in zwei Wörtern geschrieben ist und die beiden masoretischen Notizen dazu im Widerspruch stehen.

[8] G. E. Weil, Massorah Gedolah iuxta codicem Leningradensem B19a, Vol. I Catalogi, Pontificium Institutum Biblicum, Rom 1971. Der zweite Band ist einem paläographischen und philologischen Kommentar der Listen der Mm gewidmet, der dritte der Mp, die keine ihr entsprechende Mm hat, und der vierte der Masora finalis (Mf) und einer allgemeinen Einführung in die Masora als Beitrag zur Benutzung der masoretischen Handschriften bis zum 12. Jahrhundert.

[9] Gn 18,3; Ex 34,9; 1 R 3,10 und Ps 38,16.

[10] Ps 137,6 und Neh 11,17.

[11] Dt 31,29.

Reihenfolge gedruckt, in der sie nach Kapitel und Vers der biblischen Bücher erscheinen. Und zwar ist nur das erste Vorkommen einer Liste aufgenommen, während Dubletten und anderweitige Wiederholungen, selbst wenn sie bemerkenswerte Unterschiede im einzelnen aufweisen, im ersten Band beiseitegeblieben sind. Die Listen sind fortlaufend von 1–4271 numeriert. Die Zahl 4271 stellt also die Gesamtzahl der von mir edierten Listen der Mm dar unabhängig von den Wiederholungen, die im zweiten Band publiziert und kommentiert werden sollen, auf deren Inhalt aber bereits ein Register am Ende des ersten Bandes hinweist. Ich habe die von Prof. Kahle vorgesehene alphabetische Ordnung aufgegeben und die Numerierung in der Reihenfolge des Auftretens der Listen vorgezogen, weil sie mehr als jede andere die Schichten erkennen läßt, die am Zustandekommen der Handschrift L beteiligt sind. Die alphabetische Ordnung ist leicht zu gewinnen durch ein Wurzelregister, das auf die Nummern der Listen verweist; es wird den Schluß des zweiten Bandes bilden. Die so numerierte Listenfolge meiner Ausgabe der Mm ist schließlich zu den Notizen der Mp am Rande der BHS in der Weise in Beziehung gesetzt, daß jede der in Betracht kommenden Notizen mit einem Verweis auf die zugehörige Liste ausgestattet ist. Das ist so geschehen, daß jede dieser Notizen mit einer hochgestellten Indexzahl versehen ist, die auf einen besonderen Apparat verweist. Dieser in BHS neue Apparat mit kapitelweise durchgezählten Ziffern ist in der gleichen Schrift wie die Mp zwischen dem Bibeltext und dem textkritischen Apparat eingeschoben. Er enthält in aller Regel die Nummern der entsprechenden Listen der Mm (z. B. Mm 350), gelegentlich auch Hinweise auf weitere Bände meiner Masora-Ausgabe und Bemerkungen über bedeutsame Unterschiede zwischen Masora und Text. Dem Leser ist es so zum erstenmal ermöglicht, vom Text über die Mp zur Mm zu gehen und umgekehrt.

Hinsichtlich der Indexzahlen können mehrere Fälle eintreten:

1. Die Notiz der Mp hat keine Indexzahl. Es handelt sich dann um eine Notiz, die von der Mm unabhängig ist und kein formales oder inhaltliches Problem bietet. Diese Notiz wird jedoch im dritten Band meiner *Massorah Gedolah* ausführlich behandelt werden, der einem Kommentar der Mp der BHS gewidmet ist, soweit diese unabhängig ist von der Mm der Handschrift L. In diesem Kommentar widme ich dem jeweils ersten Vorkommen einer Notiz der Mp, die von der Mm der Handschrift L unabhängig ist, einen Artikel. Der Leser wird dort die vollständige Liste finden, auf der die betreffende Randnotiz beruht, und eine Erwähnung der handschriftlichen Quellen, in denen diese Liste zu finden ist. Außer den rein qualitativen Notizen wie כל אורית̇ חס̇ «in der ganzen Thora defektiv» zu עֲבֹדַת Nu 4,47 oder כל סיפ̇ מל̇ «im ganzen Buch plene» zu וּשְׁמוֹנֶה 1 Ch 12,25 hat auch die Mp vom quantitativen Typ, d. h. diejenige, welche die Häufigkeit des Vorkommens eines Ausdrucks angibt, ihre Quelle immer in einer Liste der Mm, auch wenn diese in unserer Handschrift nicht vorkommt. Der Kommentar, den ich im dritten Band meiner *Massorah Gedolah* gebe, bezieht sich darüber hinaus auch auf die Worte des Bibeltextes, die zwar von jeder Mp oder Mm unabhängig sind, aber irgendwelche Besonderheiten oder wichtige Unterschiede im Vergleich mit dem Text der Handschrift L oder mit dem sog. *textus receptus* aufweisen. Da der Text dieses Kommentars die Worte des Bibeltextes in der Reihenfolge der Bücher, Kapitel und Verse untersucht, kann der

Leser jederzeit den Zustand des Textes und die allgemeinen Angaben der Masora verifizieren.

2. Die Notiz der Mp ist von der Mm unabhängig, hat aber trotzdem eine Indexzahl. Hier liegt ausschließlich einer der folgenden Fälle vor:

a) Eine Randnotiz לֹ «hapax» ist in L von dem Hinweis auf ein Wort begleitet, das seinerseits mit der Randnotiz לֹ versehen und bei dem eine bemerkenswerte Abweichung notiert ist. Diese kurzen Hinweise fehlen oft an der Bezugsstelle. Ich habe regelmäßig den Bezugsfall ergänzt, die Stellenangabe hinzugefügt und die Begleitnotiz im Apparat untergebracht. Beispiele: Jes 1,1 Anm. 1, wo auf 2Ch 32,32 verwiesen wird, oder Jes 28,4 Anm. 4, wo die entsprechende Notiz an der Bezugstelle Hos 9,10 fehlte.

b) Eine Randnotiz בֹּ «2mal» ist in L vom Zitat der Parallelstelle begleitet. Auch hier habe ich ergänzt, wo die Entsprechung fehlte, und beidemal die Begleitnotiz im Apparat untergebracht, und zwar einfach in Form der Stellenangabe. Beispiel: Jes 1,3 Anm. 4, wo L hinter בֹּ noch באין אלפים bietet (vgl. BHK), was auf Prv 14,4 hinweist, wo bei אֵבוּס das entsprechende Zitat aus Jes 1,3 fehlte, in meinem Apparat aber «Jes 1,3» ergänzt ist.

c) Mp oder Mm steht im Widerspruch zu einem Wort des Textes. Die Indexzahl verweist auf eine Anmerkung des Apparats, die den Leser über die Textlage unterrichtet durch den Vergleich mit Parallelstellen der Handschrift L und mit den betreffenden Lesarten folgender klassischer masoretischer Handschriften: Codex Or 4445 des Britischen Museums, Kairoer Prophetenkodex (C) und Handschrift 15 der Nationalbibliothek in Paris (P). Außerdem habe ich die wichtigsten masoretischen Ausgaben benutzt wie die zweite Rabbinerbibel von Daniel Bomberg, Venedig 1524/5 und die Ausgabe von Christian D. Ginsburg, London 1908–1926 sowie masoretische Kommentare wie die מנחת ש״י des Salomo Jedidja Norzi, Mantua 1742 und R. Gordis, The Biblical Text in the Making, Philadelphia 1937. Letztere werden jedoch nicht ausdrücklich im konkordanziellen Apparat angeführt. Nur die Hinweise auf die Kommentare der Okhla we-Okhla nach der Handschrift von Paris, die von Frensdorff[12] herausgegeben worden ist, und nach der Handschrift von Halle, die Fernando Díaz-Esteban[13] herausgibt, werden soweit notwendig gegeben (z. B. «Okhl 196» zu Da 6,28).

d) Die Indexzahl bezieht sich auf eine Anmerkung, die folgendermaßen lautet: «Mp sub loco». Die Anmerkung weist darauf hin, daß in meiner Mp im Vergleich mit der Notiz in L eine Korrektur vorgenommen worden ist oder daß eine Schwierigkeit ihren Ursprung in der Tatsache hat, daß die entsprechende Liste der Mm in L fehlt. Diese Fälle werden vollständig im dritten Band meiner *Massorah Gedolah* behandelt.

3. Die Notiz der Mp ist von der Mm abhängig.

a) Die Indexzahl bezieht sich dann auf eine Anmerkung des konkordanziellen Apparats, die in der Regel nur auf eine Liste der Mm hinweist. Der Leser findet im ersten Band meiner *Massorah Gedolah* unter der im Apparat genannten Zahl die Liste, von der die Notiz der Mp abhängt.

b) Einem Wort ist eine Gruppe von Randnotizen gewidmet. In der Regel ist dann jedes einzelne Element dieser Gruppe mit seiner Indexzahl versehen. Wenn

[12] Das Buch Ochlah W'ochlah (Masora), Hannover 1864.

[13] Consejo Superior de Investigaciones Científicas, Madrid.

eine Notiz der Mp sich aus der Kombination einer generellen Liste mit einer Liste ergibt, die sich nur auf ein Buch oder auf einen Bibelteil bezieht, findet man Notizen wie ג̇[2] מל̇ ב̇[3] מנה̇ בתור̇ zu בְּמוֹעֲדוֹ Nu 9,2, wo [2] sich auf Mm 3003 und [3] sich auf Mm 3727 bezieht.

Hinsichtlich der Circelli gelten folgende Regeln:

a) *Ein* Wort des Textes ist mit *einer* Notiz der Mp versehen. Der Circellus, der auf diese Notiz hinweist, ist mitten *über* das Wort gesetzt (oder, wenn eine drucktechnische Schwierigkeit bestand, so weit in die Mitte wie möglich). Die entsprechende Notiz der Mp ist am Rande gedruckt und durch einen Punkt von der folgenden getrennt.

b) *Ein* Wort des Textes ist mit einer *Gruppe* von Notizen der Mp versehen, die sich auf teilweise verschiedene Gegenstände beziehen. Auch auf diese Gruppe verweist nur *ein* Circellus mitten *über* dem Wort; ein Punkt markiert das Ende der Gruppe. Um die Syntax der Gruppen – ihre Elemente stammen aus verschiedenen Quellen – klarer zu gestalten, habe ich, soweit das möglich war, ein einfaches waw copulativum zwischen diesen Elementen eingefügt. War das nicht möglich wie Ez 14,15, wo zu לו̇ hätte notiert werden müssen כ̇ב̇ ו̇ו ר״פ «22mal und 6mal am Anfang des Verses», habe ich vorgezogen zu schreiben כ̇ב̇ ו̇ מנה̇ ר״פ «22mal, 6mal davon am Anfang des Verses». Wenn schließlich auch die Verwendung des Ausdrucks מנהון «davon» nicht in Frage kam, habe ich formuliert וחד מן «und zwar ein Fall von den …» So ist z. B. Ez 29,11 die Notiz zu לא̇ folgendermaßen gestaltet: ה̇ ר״פ בסי̇פ̇ וחד מן ו̇ פסוק לא לא ולא «5mal im Buch am Anfang des Verses, und zwar einer von den 6 Versen mit לא לא ולא».

c) *Zwei oder mehr* aufeinanderfolgende Wörter sind mit *einer* Notiz der Mp versehen. Dann ist (möglichst) genau oben in die Mitte *zwischen* allen in Betracht kommenden Wörtern je ein Circellus gesetzt. Beispiele: Gn 2,18 und Jes 1,20.

d) Eine Gruppe von *mehreren* Wörtern ist mit den nach c) erforderlichen Circelli versehen; aber *zwei oder mehr Wörter innerhalb dieser Gruppe* bilden einen weiteren bemerkenswerten Ausdruck, der anderswo in der Mp mit einer Notiz versehen ist. Diese zweite Notiz ist überall da, wo sie fehlte, am Rand nachgetragen und durch einen Punkt von der ersten getrennt. Der Beginn des zugehörigen Textstücks ist durch einen *zusätzlichen* Circellus *zwischen* dessen beiden ersten Wörtern markiert. Beispiel: Jes 3,15 נְאֻם־אֲדֹנָי יְהוִה צְבָאוֹת, das in der Mp mit den beiden Notizen ד̇.ה̇י̇ versehen ist, der ganze Ausdruck kommt ד̇ «4mal», אֲדֹנָי יְהוִה צְבָאוֹת aber ה̇י̇ «15mal» vor.

Es sind also drei Stellungen des Circellus anzutreffen:

1. ein Circellus *über* einem Wort (Fall a oder b),
2. ein Circellus *zwischen* zwei Wörtern (Fall c),
3. ein Circellus *zusätzlich* zu einem anderen *zwischen* zwei Wörtern (Fall d).

In diesem Vorwort wird nichts gesagt über die Form der Sprache, in der ich die Mp zu normalisieren versucht habe. Dieses Problem wird im dritten Band meiner *Massorah Gedolah* angesprochen werden. Der Leser sollte jedoch wissen, daß ich außer den der Verbindung dienenden Termini, die auf S. IXf. unter b) erwähnt sind, von mir aus nichts hinzugefügt habe. Ich habe mich stets auf die erste in der Mp

oder Mm der Handschrift L vorkommende Form gestützt oder, wenn mehrere
Formen ein und derselben Notiz in der Handschrift einander widersprachen, die-
jenige gewählt, die am häufigsten vorkam. Die der Verbindung dienenden Termini
wie מנהון oder וחד, die man auch sonst in den Kommentaren der Masora trifft,
mußte ich wählen, um die Listen der Mm und die Notizen der Mp stilistisch mit-
einander verknüpfen zu können. Diese Verknüpfung und Normalisierung waren nie
zuvor versucht worden. Dadurch war aus dem masoretischen Randkommentar ein
unausgeglichener und unvollständiger Kommentar geworden. Diesen Zustand wollte
ich ändern.

Der Leser findet schließlich ein Verzeichnis der in dieser Ausgabe gebrauchten
masoretischen Termini und Abkürzungen. Ich habe die Schreibung vereinheitlicht,
die in L je nach der Vorlage, der die Notizen entnommen sind, schwankt, weil der
Verfasser der Mp treu an der vorgefundenen Form festgehalten hat. Ich hoffe, daß
dieses alphabetische Verzeichnis und seine Übersetzung denen, die es benutzen,
seinen Dienst tut. Es stellt zugleich eine gute Einführung in den Gebrauch der Mm
dar, auf die sich jeder dieser Termini bezieht.

Zum Schluß habe ich all denen zu danken, die es mir ermöglicht haben, diese
Aufgabe durchzuführen, und die an der neuen Masora-Ausgabe beteiligt waren. Mein
Dank geht in erster Linie an meine Frau Ninette G. Weil, an Frl. S. Sagot und Frl.
A.-M. Guény sowie an meinen ältesten Mitarbeiter Herrn G. Jobin, die alle der
Section Biblique et Massorétique de l'Institut de Recherche et d'Histoire des Tex-
tes (C. N. R. S.) angehören und sich seit mehr als zehn Jahren ausschließlich dieser
Edition gewidmet haben. Nicht zu vergessen sind auch die Herausgeber der BHS,
die Redaktion in Tübingen, die Württembergische Bibelanstalt, die diese Ausgabe
in ihre Obhut genommen, sowie die Deutsche Forschungsgemeinschaft, die den kost-
spieligen Druck ermöglicht hat.

Nancy, 1967/77   GÉRARD E. WEIL

FOREWORD TO THE FIFTH EDITION

The present revision was prepared by the late Hans Peter Rüger. It limits itself to the
correction of errors in the text, the second apparatus, and the Masora. Gratitude is here
expressed to the many colleagues who have indicated possible errors. In the text, only the
differences from the Firkovitch manuscript B 19A (L) at the Saltikow-Shtshedrin Library
in St Petersburg were corrected. The manuscript was consulted again on the basis of new
photographs. (These corrections have occasioned a few notes in the second apparatus.)
In the Masora as established by G. Weil and in the second apparatus only obvious errors
were corrected. No other intervention was undertaken.

On the other hand, the glossary of Latin abbreviations used in the critical apparatus
of this Bible is new. It was established by Hans Peter Rüger and is intended to allow for
the widest possible use of this apparatus.

Fribourg, Switzerland, 1997   ADRIAN SCHENKER

FOREWORD TO THE FIRST EDITION

I

After forty years Kittel's *Biblia Hebraica* once again makes its appearance before the learned world in a new form. The critical apparatus in particular has been thoroughly revised, and to guard against its confusion with the apparatus of earlier editions, especially in scholarly references, we decided to modify the name of the work in such a way as to make it quite apparent whether one of the earlier editions or the new one was intended. The name *Biblia Hebraica Stuttgartensia* promised to guarantee this, while also preserving a continuity with Kittel's work. We therefore suggest that the new edition be cited as BHS, as distinguished from BHK.

There is no need to defend the use of the Leningrad Codex B 19^{A} (L) as the basis for an edition of the Hebrew Bible, whatever one may think of its relationship to the Ben Asher text. P. Kahle's own views on the matter may be consulted in his book *The Cairo Geniza* (Oxford, 1959, 2nd edition). In any event, L is still «the oldest dated manuscript of the complete Hebrew Bible.»

Problems encountered in the preparation of the Masora made it impossible to adhere to the original schedule of issuing two or three fascicles a year beginning in 1967. The promised fascicle on Sirach will soon appear as a supplementary volume.

The BHS, following the BHK, deviates from the order of the Biblical books in L only in placing 1,2 Chronicles at the end.

The most important differences between BHS and BHK are the following:

1. TYPE FACE. Not only the loss of the original molds in the bombing of Leipzig, but especially conversion to machine composition has made it necessary to replace the beautiful Hebrew type face of BHK, prepared to Kittel's own specifications, with a new face, adapted to the limitations of machine composition. We hope we have found a workable replacement. Not all the letters are equally satisfactory, partly because machine composition requires the consonantal signs to fit within either squares or half-squares, and partly because of the rows of vowel and accent signs above and below the consonants, each of which is set individually. Countless experiments were necessary, and the Württemberg Bible Society was unstinting in its support with both time and funds for new cuttings, etc., which were constantly necessary, before we felt the results met the standards required for publication. Special recognition and gratitude are due the indefatigable compositor, Mr. Karl Häussler, for his devoted labors.

2. TEXT. We have thought it best to reproduce the text of the latest hand of L with close fidelity. We have accordingly refrained from «removing obvious scribal errors;» how we have dealt with doubtful examples may be seen in the critical apparatus to Is 2,15, note a. The addition of Silluq, which is occasionally lacking, and particularly of Metheg, which is often omitted, has been discontinued, particularly as in L itself Metheg is found both to the left and to the right of the vowel pointing, and Silluq may also appear to the right. In contrast, Raphe has been almost consistently omitted as before; otherwise there would have been almost insuperable technical difficulties. Similarly we differ from L by introducing פּ and פ to indicate

paragraph divisions, and as before in a smaller type size. A microfilm of Codex Leningradensis, from which photographic copies were prepared in Tübingen, was available for comparison with BHS. For the collation and repeated checking of this manuscript we are indebted to the devoted work of Professor Hans Peter Rüger, who himself examined the whole several times, as well as to several editorial assistants, who worked on parts of the manuscript or examined it from particular perspectives. Our special thanks are due the directors of the Leningrad Saltikov Tschedrin State Public Library for the preparation of the microfilm, a peculiarly difficult operation which required undoing the binding of the manuscript. The necessary negotiations in Leningrad were accomplished in 1957 by Professor K. Aland, on the initiative of Professor O. Eissfeldt.

3. MASORA. We can here at last fulfil Kittel's promise to present the Masora of Codex L in its entirety. For this we are indebted to the immense labors of Professor Gérard E. Weil of Nancy, who bears the sole responsibility for this part of the present edition. The reader will find the small Masora printed as before in the margin, but completely reedited on the basis of principles which G. E. Weil was able to discuss with P. Kahle, and which met with his full approval. The large Masora has been printed separately, and it is a welcome sign of the times that it was published jointly in 1971 by the Württemberg Bible Society, Stuttgart, and the Pontifical Biblical Institute, Rome, both as MASSORAH GEDOLAH (Masora magna), vol. I, and as BHS, vol. II. In the present BHS, vol. I, the first apparatus, printed in the same size type as the Masora in the margin, relates to the large Masora (Mm). Further details are given in the second part of this foreword.

4. APPARATUS. The critical apparatus in the lower margin of each page represents a complete revision, reflecting more than simply changes in the editorial staff. Most striking is the abandonment of the questionable distinction between «slight variants and less important items of information» on the one hand, and «real textual changes and other more significant matter» on the other. The reader will notice that the contributors have evaluated the material which has accumulated since the last edition, profiting methodologically from advances in the study of textual history, and exercising considerable restraint in conjectures and retranslations from the ancient versions. It is hoped that these characteristics will contribute to a greater usefulness for the work. We must acknowledge with gratitude the generosity of Professor J. Ziegler of Würzburg and Professor H. P. Rüger of Tübingen, who served as consultants on the Septuagint and the Targum traditions respectively, offering their recommendations after thorough examination of the available evidence. It is hardly necessary to stress that our deepest thanks are due the contributors, some of whom are no longer with us. Some who made their contributions several years ago have spared no pains in continuing to provide information. The cooperation of the editorial staff in Tübingen was excellent. Special thanks are due these editorial assistants as well: Dr. Manfried Dietrich (1960–1962), Sieghart Kappus (1961–1963), Dr. Werner Fuss (1964–1966), Mrs. Ursel Mantel-Richter (1966–1967), and especially Dr. Diether Kellermann (1962–1964, 1967–1975).

In conclusion the editors, who inherited their work from A. Alt and O. Eissfeldt in 1954, and who have always found in H. P. Rüger a devoted helper in this work, confess it not only a pleasant duty, but also a moral obligation, to express our most

respectful thanks to the German Research Council (Deutsche Forschungsgemein-
schaft) for their ever ready assistance in many financial difficulties, not least for a
considerable grant to cover the expense of printing.

The sentences with which R. Kittel concluded his foreword in 1929 may again
be appropriate here. «Even so the *Biblia Hebraica* will remain subject to the saying
‹One day instructs another›. May it find everywhere fair critics, but especially rea-
ders worthy of the greatness of the subject!»

Tübingen, Münster, 1967/77   KARL ELLIGER, WILHELM RUDOLPH

II

In the foreword to the first fascicle ot the third edition of BHK, written in 1929,
the year of his death, Kittel announced that taking the Leningrad manuscript (L),
dated 1009 or 1008 A. D., as the basis for the Masoretic text, «has also made it
possible to present to the learned world for the first time the Masora itself, the large
and the small, in a new form.» The editor planned to offer his readers the complete
Masora of the manuscript L, placing the *Masora parva* (Mp)[1] in the outer margin
beside the text, and supplementing it with the *Masora magna* (Mm)[2] arranged in
alphabetical order together with a detailed index of Masoretic terms and abbre-
viations in a separate volume. These plans, however, were only partially fulfilled.
The third edition of BHK, published in 1937, gave only the Mp of the‘ manuscript
L in full, and even this was done quite uncritically. Although Paul Kahle com-
mented in his foreword on the numerous errors, inconsistencies, and defective refe-
rences in the manuscript, all the marginal notes of L were reproduced with al-
most photographic fidelity. He edited the Mp with meticulous dependence on the
manuscript, correcting only its worst errors – in square brackets.[3] The uneven-
ness of this presentation of the Mp only lessened the usefulness of the apparatus,
leaving it incomplete and difficult to understand, with no attempt to integrate it and
make it less mysterious.[4] As for editing the Mm, the personal misfortunes suffered
by Professor Kahle and his group in the 1930's, the dispersion and disappearance
of his colleagues, and his own exile, made it impossible for this important part of
the original plan to be realized.

While at Oxford during the last decade of his life, Professor Kahle proposed to
both editors of the new BHS that I collaborate with them on the preparation of
the Mm and Mp. They permitted me the freedom to develop a completely new
method for editing the Masora. The result was the present attempt, for which
I bear the full responsibility – the second of its kind following that of Yakob
ben Hayyim ibn Adoniya in the Rabbinic Bible of 1525, known as the second Bom-
berg edition.

---

[1] מסורה קטנה.
[2] מסורה גדולה.
[3] Cf. BHK, Mp, Gn 1,16–28.
[4] As early as the 16th century Elias Levita wrote in the second rhymed introduction to
his *Massoreth Hamassoreth* (Venice, 1538) that the language of the Masora was unintelli-
gible, the very conciseness of its style making it as secret as the words of a sealed book (וקצור
לשונה. אשר הוא סתום. כדברי הספר החתום).

Through the centuries the Masoretes had developed the Mp as a shorthand reference system in the margins of manuscripts, mainly as a record of frequency statistics for words, forms, and phrases. These concise notes were adequate for the readers of the time, who were intimately familiar with the Biblical text. But to make this system useful for our own time, some procedure had to be devised that would make it possible to proceed with ease and accuracy from the words of the text through the Mp to the lists of the Mm, which relate the individual notes to their context of comparative data. This meant first of all ascertaining that every note was both correct and in its proper place, and then supplying from each note's first appearance all the references which until now had not been entered,[5] yet without crowding the margins with sigla characteristic of scientific editions. The fact that about 70% of this data had never been indicated, or at most had been indicated only partially in one book or another, is due to the manner in which the larger Biblical manuscripts were composed.[6] The great Masoretic manuscripts, such as L, were composed by transcribing texts from individual manuscripts of different parts of the Bible. These manuscripts were themselves copied from manuscripts which earlier teachers had prepared for the use of their students by adding marginal notes derived from a variety of commentaries, often representing rival schools of scribes and Masoretes.[7] To establish a format that would relate and integrate both forms of the Masora, a system of cross references was required that would permit a direct connection between the marginal notes of the Mp and the full lists of the Mm. And since the greater part of the Masoretic notes (the Mm) of the Leningrad manuscript could not be included in the format of BHS, it was decided to edit them separately in a series of supplementary volumes to be published in Rome under the title *Massorah Gedolah*.[8] This procedure would make it possible to provide in the margin of BHS a complete, revised, integrated, and intelligible apparatus, based exclusively on the notes in the Mp of Codex L. By «integrated» is meant simply that the terminology and abbreviations of the notes have been made consistent throughout, and by «complete», that if a note is found in L at any one of a series of parallel

[5] Cf. G. E. Weil, «La nouvelle édition de la Massorah (BHK IV) et l'histoire de la Massorah,» in *Congress Volume, Bonn, 1962, Supplements to Vetus Testamentum* IX, Leiden, 1962, pp. 43–67; also «Massorah,» *REJ*, CXXXI, Paris, 1972, pp. 5–102.

[6] Cf. G. E. Weil, «La formation du commentaire de la Mm marginale dans les grands codex bibliques. Etude comparée des listes de Dt 28,17 à 34,12 dans les manuscrits A et L,» in *Revue d'Histoire des Textes*, I, Paris, 1971, pp. 1–48.

[7] For words in the text, cf. כדרלעמר written as a single word at Gn 14,1.4.5.9 and כדר־לעמר written as two words at Gn 14,17. For the Mp, cf. אהלה Gn 9,21; 12,8; 13,3; and 35,21, where only Gn 13,3 has a קרי in the margin, while the other instances are noted ד כ̇ת̇ ה following Mm 83. For differences between the Mp of two different books on the same word, cf. הנער at Gn 24,14 and Dt 22,15. For differences between the MT, the Mm, and the Mp, cf. סביבתיהם at Gn 35,5, Mm 257; and another example at Ps 9,1 and 48,15, where עלמות is written in the first instance as a single word and in the second as two words, and the Massoretic notes in both instances stand in disagreement.

[8] G. E. Weil, *Massorah Gedolah iuxta codicem Leningradensem B19a*. Vol. I *Catalogi*, Pontificium Institutum Biblicum, Rome, 1971, XXVII + 463 + 69 pp. Vol. II is devoted to a paleographic and philological commentary on the lists of the Mm, vol. III treats the Mp which has no related Mm, and vol. IV discusses the Final Masora (Mf) and contains a general introduction to the Masora and an essay on the use of Masoretic manuscripts up to the 12th century.

passages, the reader will always find a corresponding note in the margin of BHS at each of the parallel passages where it should be expected. The only exception to this rule is that we have not supplied marginal notes when the number of parallels exceeds 100, e. g., אדני (Mp: קל̇ד̇ = 134 times),[9] ראש (Mp: ק̇נ̇ = 150 times),[10] בעיני (Mp: קל̇ט̇ = 139 times)[11]. The complete lists for these exceptions are given in our *Massorah Gedolah*, vol. III. A comparison with BHK will show that adding these notes has nearly trebled the size of the marginal apparatus.

The lists of the Mm, which are found in the upper and lower margins on each page of Biblical text throughout L, are given in *Massorah Gedolah*, vol. I, in their order of appearance in the Bible by book, chapter, and verse. Only the first appearance of each list is recorded in this first volume, omitting all doublets and other repetitions, even when they are marked by significant differences. The lists are numbered in sequence from 1 to 4271, which is the total number of lists published in our first volume of the Mm, not counting the variant lists which are summarized in an appendix to vol. I, and which will be published with full commentary in vol. II. I have not followed the alphabetical order proposed by Professor Kahle for editing the lists, but adopted enumeration in the order of the lists' appearance, because this method demonstrates more clearly than any other the various stages in the development of the manuscript L, and further, it is ideally adapted to our cross reference system. The alphabetical order may be recovered easily from the index of roots at the end of vol. II, based on the numbered lists. Each of these numbered lists in our edition of the Mm has ultimately been correlated with the notes of the Mp in the margin of BHS by a concordant apparatus, where each note is referred to its related list. This is indicated by a raised index number for each note, indicating an entry in the concordant apparatus. This new apparatus in the BHS is inserted between the Biblical text and the critical textual apparatus, and is numbered in sequence by chapter in the same type face as the Mp. As a rule it contains the numbers of the pertinent lists in the Mm (e. g., Mm 350), also including at times references to further volumes in our edition of the Masora, and brief notes when necessary on significant differences between the Masora and the text. The method followed in this edition permits the reader now for the first time to go from the text through the Mp to the Mm and back.

The index numbers are used to represent a variety of situations.

1. When the note in the Mp has no index number, the note is independent of the Mm, and poses no special problem of form or content. The note will be discussed in our *Massorah Gedolah*, vol. III, which is an exhaustive commentary on the Mp of the BHS where it is independent of the Mm found in L. In this commentary a full article is devoted to the first appearance of each note in the Mp which is independent of L. Each article gives the reader the complete lists of passages from which the particular note is derived, and indicates the manuscript sources in which the list is found. Apart from the purely qualitative notes, such as כל אורית̇ חס̇ «always *(scriptio) defectiva* in the Thorah» at Nu 4,47 עֲבֹדַת, or כל סי̇פ̇ מל̇ «always *(scriptio)*

[9] Gn 18,3; Ex 34,9; 1 R 3,10; Ps 38,16.

[10] Ps 137,6 and Neh 11,17.

[11] Dt 31,29.

plena in this book» at 1 Ch 12,25 וּשְׁמוֹנָה, the Mp also includes quantitative notes, i. e., statistics on the frequency of expressions which derive from a list in the Mm, even if the particular list is not found in L. It should also be observed that the commentary in our *Massorah Gedolah*, vol. III, includes words of the Biblical text itself where they show any peculiarities or differences from the text of L, or from the so-called Textus Receptus, even when these are not noticed in the Mp and the Mm. The text of this commentary follows the word order of the Biblical text by book, chapter, and verse, so that the interested reader may at all times verify the state of the text and the general contribution of the Masora.

2. When a note in the Mp has an index number, but is independent of the Mm, one of the following conditions is indicated.

(a) The marginal note ל׳ «once» is found in L together with a reference to a word elsewhere which is itself qualified by the marginal note ל׳, and a significant difference between the two words is indicated by the Massorah. The Hebrew references are often lacking in the corresponding passage. We have regularly supplied the lack in the Mp for the corresponding passage, giving the reference by book, chapter, and verse, together with the Hebrew word in question, in the concordant apparatus to avoid crowding the margin, e. g., Is 1,1, referring to 2 Ch 32,32, or again, Is 28,4, where the corresponding note in the Mp for the parallel in Ho 9,10 is lacking in L.

(b) The marginal note ב׳ «twice» is found in the margin of L, together with a reference in Hebrew to a parallel passage. Here again, when a corresponding note is lacking at the parallel passage, we have supplied the reference in both places, simply indicating the parallel reference in the concordant apparatus in modern terms. Thus at Is 1,3, L follows the note ב׳ with באין אלפים (cf. BHK), alluding to Pr 14,4; in Proverbs the Mp has only the note ב׳ against אֵבוּס in the text, but with no corresponding reference to Is 1,3. In both instances we have supplied the appropriate references in the concordant apparatus.

(c) The Mp or the Mm contradicts a word in the text. The index number of the Mp refers to the concordant apparatus where the position of the MT is described by a comparison with the readings of L, and of such classical MT manuscripts as British Museum Ms. Or. 4445, the Cairo Prophets Codex (C), and Paris Bibliothèque Nationale Ms. 15 (P). We have also compared the most important editions of the MT, such as the Second Rabbinic Bible of Daniel Bomberg (Venice, 1524–1525) and the edition of Christian D. Ginsberg (London, 1908–1926), as well as Masoretic commentaries such as the מנחת ש״י of Shelomo Yedidya Norzi (Mantua, 1742) and R. Gordis, *The Biblical Text in the Making* (Philadelphia, 1937), although we have not cited the latter explicitly in the concordant apparatus. Only references to the commentaries of the *Okhla we-Okhla* following the Paris manuscript edited by Frensdorff[12] and the Halle manuscript edited by Fernando Díaz-Esteban[13] are cited when necessary (e. g. Da 6,28 «Okhl 196»).

(d) The index number refers to a note which reads «Mp sub loco». The note indicates that we have corrected an error in the Mp of L, or that the difficulty is

[12] *Das Buch Ochlah W'ochlah (Massora)*, Hannover, 1864.

[13] Consejo Superior de Investigaciones Científicas, Madrid.

due to the absence of a related list in the Mm of L. These instances are discussed fully in our *Massorah Gedolah*, vol. III.

3. The note of the Mp is dependent on the Mm.

(a) The index number refers to a note in the concordant apparatus which usually designates a list contained in the Mm. The reader will find the list from which the Mp is derived in our *Massorah Gedolah*, vol. I, under the number indicated in the concordant apparatus.

(b) When a single word in the text is qualified by a group of marginal notes, each note in the group has its own index number; the Mp note may derive from the combination of a general list with a limited list based on a single book or section of the Bible, e. g., Nu 9,2 בְּמוֹעֲדוֹ has the Mp note גׄ[2] מלׄ בׄ[3] מנהׄ בתור, where note 2 refers to Mm 3003, and note 3 to Mm 3727.

The textual referent of the Mp is indicated by a raised circule in accordance with the following rules.

(a) When a *single* word in the text has a *single* note in the Mp, the circule which refers to this note is placed over the word as close to its center as the limitations of printing permit. The related note of the Mp is printed in the margin, separated by a period from a following note.

(b) When a *single* word in the text has a *group* of notes in the Mp, each note bearing on some different aspect, the whole group of notes is referred to by a *single* circule over the center of the word, and the whole group is distinguished from any following note by a period. For reasons of clarity we have not always connected the separate notes within a group (which are derived from different sources) with a simple *waw copulativum*: too often this would have been impossible, as at Ez 14,15, where לוֹ would have been noted in the Mp כׄבׄ וׄו ר״פ «22 times, and 6 times at the beginning of a verse» – we have preferred the form כׄבׄ וׄ מנהׄ ר״פ «22 times, 6 of which are at the beginning of a verse.» When מנהון «of which» is inappropriate we have used וחד מן «and also one of ...», as at Ez 29,11, where לֹא has the note in the Mp הׄ ר״פ בסיפׄ וחד מן וׄ פסוקׄ לא לא ולא «5 times in the book at the beginning of a verse, and also one of the 6 verses with לא לא ולא.»

(c) When a phrase of *two or more* consecutive words has a *single* note in the Mp, a raised circule is placed as nearly as possible between each of the words in the phrase, e. g., Gn 2,18 and Is 1,20.

(d) When a group of *several* words is marked with circules according to Rule (c), and two or more words within this group form an expression which is the subject of a note elsewhere in the Mp, a note for this subgroup is supplied consistently in the margin wherever it is lacking; it is separated from the first note by a period, and the subgroup in the text (which usually extends to the end of the group) is marked by an additional circule between its first two words; e. g., Is 3,15 נְאֻם־אֲדֹנָי יְהוִה צְבָאוֹת has two notes in the Mp: דׄ . הׄיׄ «the whole expression occurs 4 times; אֲדֹנָי יְהוִה צְבָאוֹת occurs alone 15 times.»

The raised circule, then, may be found in three positions:

1. a single circule *over* one word: Rules (a) and (b),
2. a single circule *between* two or more words: Rule (c),
3. an *additional* circule *between* two words: Rule (d).

This foreword is not the place to discuss the terminology we have used in editing the Mp; its full treatment is reserved for our *Massorah Gedolah*, vol. III. The reader should know, however, that except for the connective terms mentioned on page XVII under Rule (b), we have neither invented nor added anything new. We have always used the first form that occurs in the Mp or the Mm of L, or when the same note is found in several different forms, we have chosen the form that occurs most frequently. Such connective terms as מנהון or וחד, which are found elsewhere in commentaries of the Masora, were made necessary by our attempt to coordinate the lists of the Mm with the notes of the Mp – an attempt at coordination and integration never before undertaken, which explains the unevenness and defective condition of the Masoretic marginalia which challenged our efforts.

Finally, the reader will find an index of the Masoretic terms and abbreviations used in this edition. We have standardized the spelling, which varies in L according to the exemplar from which its notes were derived, because the author of the Mp preserved faithfully the forms he found in his sources. We hope that this alphabetical index, with a key to the abbreviations and their translations, will be of service to those who use it. It also serves as a good introduction to the use of the Mm, for which the terms are all relevant.

In conclusion, I desire to thank all those who have made it possible for me to accomplish this work, and who have participated in preparing the new edition of the Masora. My thanks are due above all to my wife, Ninette G. Weil, to Miss S. Sagot and Miss A.-M. Guény, and to my oldest colleague, Mr. G. Jobin, all of whom are members of the Biblical and Masoretic Section of the Institute of Textual Research and History (C. N. R. S.), and who have devoted themselves exclusively to this edition for more than a decade. Nor should we forget the editors of the BHS, the editorial staff at Tübingen, or the Württemberg Bible Society, which assumed the responsibility for this edition, and the German Research Council, which has made possible the costly printing process.

Nancy, 1967/77   Gérard E. Weil

PRÉFACE À LA CINQUIÈME ÉDITION

La présente révision fut préparée par le regretté Hans Peter Rüger. Elle se borne à l'élimination d'erreurs dans le texte, dans le 2e apparat et dans la massore. De nombreux collègues ont signalé des erreurs réelles ou supposées. Qu'ils soient ici tous remerciés. Dans le texte, seules les divergences avec le manuscrit Firkovitch, Saint-Pétersbourg, Bibliothèque Saltikow-Shtshedrin B 19A (L) furent corrigées. Le ms fut consulté derechef sur la base de nouvelles photographies. (Ces corrections ont occasionné quelques rares notes dans le 2e apparat.) Dans la massore établie par G. Weil et dans le 2e apparat, seules des fautes évidentes furent corrigées; on a renoncé à toute autre intervention.

En revanche, le glossaire des abréviations latines employées dans l'apparat critique de cette Bible est nouveau. Il est l'œuvre de Hans Peter Rüger et veut rendre l'accès à cet apparat aussi large que possible.

Fribourg, Suisse, 1997   Adrian Schenker

PRÉFACE À LA PREMIÈRE ÉDITION

I

Après 40 ans de service, la Biblia Hebraica de Kittel fait une nouvelle apparition dans le monde savant sous une forme rajeunie. Comme l'apparat critique en particulier a été fondamentalement révisé, il fallait éviter toute confusion possible dans les références entre la présente édition et les précédentes. C'est pourquoi nous avons décidé de modifier le titre de l'ouvrage, de telle sorte que l'on puisse discerner immédiatement s'il est question d'une ancienne édition ou de la nouvelle. Il nous est apparu que le titre «Biblia Hebraica Stuttgartensia» permettait de marquer tout à la fois la différence et la continuité par rapport à l'oeuvre de Kittel. Nous serions donc reconnaissants que l'on veuille bien citer la nouvelle édition par le sigle BHS pour la distinguer de la BHK.

Il n'est pas nécessaire de justifier le choix, toujours et encore raisonnable, du manuscrit de Léningrad B19[A] (L) comme base d'une édition de la bible hébraïque, quoi que l'on puisse penser par ailleurs du rapport existant entre ce texte et celui de Ben-Asher. En ce qui concerne l'opinion personnelle de P. Kahle, il faut consulter maintenant son livre *The Cairo Geniza*, Oxford 1959[2] (adaptation allemande de R. Meyer, *Die Kairoer Genisa*, Berlin 1962). De toute manière L est encore «le plus ancien manuscrit daté de la bible hébraïque complète».

En 1967, le plan initial de publication prévoyait la parution de 2 à 3 fascicules par an. Ce rythme n'a pas pu être tenu, car la préparation de la massore a exigé beaucoup plus de temps que prévu. Le texte annoncé du Siracide paraîtra prochainement sous forme d'un fascicule complémentaire.

En ce qui concerne l'ordre des livres bibliques, la BHS (tout comme la BHK) ne diffère du manuscrit L que par la place attribuée aux deux livres des Chroniques, qui figurent à la fin de l'ouvrage.

La BHS se distingue de la BHK essentiellement sur les 4 points suivants:

1. ECRITURE: Lors du bombardement de Leipzig, les matrices originales du texte de la BHK ont été perdues. De plus la technique actuelle de composition à la machine nous a obligés à renoncer aux beaux caractères hébreux de la BHK, qui avaient été préparés selon les indications personnelles de Kittel, pour les remplacer par de nouveaux caractères qui répondent aux exigences techniques modernes. Nous espérons avoir trouvé quelque chose de valable. Certaines formes de lettre peuvent ne pas être absolument satisfaisantes. Pour une part cela est dû aux caractéristiques des machines, qui contraignent à n'utiliser que des consonnes qui s'inscrivent dans un carré ou dans un demi carré; pour une autre part cela vient de ce qu'il fallait tenir compte de l'emplacement des voyelles et des accents, au-dessus et au-dessous de la ligne des consonnes, chacune de ces lignes devant être composée pour elle-même. Il a fallu faire un nombre incalculable d'essais, et la Württembergische Bibelanstalt n'a pas craint de consacrer un temps considérable et beaucoup d'argent à l'élaboration, par exemple, de nouveaux caractères qui s'avéraient nécessaires, jusqu'au moment où nous avons estimé pouvoir présenter publiquement le résultat de nos efforts. Nous tenons à exprimer ici notre profonde reconnaissance à M. Karl Häussler, typographe, qui, de manière infatigable, a su payer de sa personne.

2. TEXTE: Nous avons considéré que nous devions reproduire le texte exactement comme il nous est parvenu sous sa forme définitive dans le manuscrit L. Nous avons ainsi renoncé à corriger ce que l'on appelle généralement «des erreurs manifestes de copie»; la note 15[a] dans l'apparat critique d'Es 2 est un exemple de la façon dont nous avons procédé dans les cas douteux. Nous avons également renoncé à ajouter le Silluq, qui manque parfois, et spécialement le Meteg, qui manque souvent, surtout parce dans le reste du manuscrit, le Meteg est placé tantôt à gauche, tantôt à droite de la voyelle, et que le Silluq aussi est occasionnellement placé à droite. Par contre nous avons omis presque sans exception le signe Rafé, car autrement nous aurions été confrontés avec des difficultés techniques insurmontables. Nous avons continué d'imprimer les signes פ et ס (en caractères plus petits) pour indiquer la subdivision en paragraphes, malgré leur absence dans le manuscrit L. Grâce à un microfilm du Codex Leningradensis, duquel des photographies furent tirées à Tübingen, on a pu comparer le texte de la BHS à celui de L. Le travail de collation, exécuté à plusieurs reprises à titre de contrôle, a été accompli cette fois avec beaucoup de dévouement par le Professeur H. P. Rüger et plusieurs assistants de rédaction. Le Professeur Rüger a lui-même collationné plusieurs fois le tout, tandis que les assistants travaillaient sur des sections ou contrôlaient l'ensemble sous certains angles. Nous avons une grande dette de reconnaissance à l'égard de la direction de la Bibliothèque nationale publique Saltikov Chtchedrine, à Léningrad, qui a microfilmé le manuscrit, tâche d'autant plus délicate qu'il fallait défaire la reliure du codex. C'est sur l'initiative du Professeur O. Eissfeldt que le Professeur K. Aland a conduit en 1957 les négotiations nécessaires à Léningrad.

3. MASSORAH: Voici enfin réalisée la promesse faite par Kittel, de fournir la Massorah complète du manuscrit L. Nous devons ce résultat exclusivement à l'immense travail du Professeur Gérard E. Weil, de Nancy, qui, seul aussi, porte la responsabilité de cette partie de l'édition. Le lecteur trouvera la petite Massorah imprimée comme auparavant dans la marge, mais complètement revue selon des principes dont le Professeur Weil a encore pu s'entretenir avec P. Kahle, et sur lesquels ce dernier était pleinement d'accord. La grande Massorah a paru en 1971, en un volume séparé; elle a été publiée, réjouissant signe des temps, en co-édition par la Württembergische Bibelanstalt de Stuttgart et l'Institut Biblique Pontifical de Rome, sous le titre MASSORAH GEDOLAH (Masora magna), Volume I, et en même temps comme Volume II de la BHS. Dans le présent Volume I de la BHS, le registre supérieur de l'apparat, imprimé dans le même corps que la petite Massorah marginale, renvoie à la grande Massorah (Mm). Pour de plus amples détails, le lecteur voudra bien se reporter à la seconde partie de cette Préface.

4. APPARAT CRITIQUE: L'apparat critique figurant au bas de chaque page présente une refonte complète, due en premier lieu au fait que la plupart des collaborateurs ont changé. Ce qui frappe dès l'abord, c'est que nous avons abandonné la distinction contestable entre «simples variantes et informations de moindre importance» d'une part, et «modifications textuelles réelles et autres questions importantes» d'autre part. Le lecteur ne tardera pas à remarquer aussi que les collaborateurs ont tenu compte dans la mesure du possible du matériel accumulé depuis la précédente édition, qu'ils ont amélioré leur méthode, grâce aux progrès de la recherche en matière d'histoire du texte, et enfin qu'ils ont eu une attitude des plus réservées à l'égard

des conjectures et des retraductions faites à partir des anciennes versions. Nous espé-rons que ces caractéristiques contribueront à rendre l'ouvrage plus utile. C'est avec reconnaissance que nous mentionnons ici les noms des Professeurs J. Ziegler, de Würz-burg, conseiller pour les questions relatives à la Septante, et H. P. Rüger, de Tübingen, conseiller pour les questions relatives au Targum; en effet, après avoir examiné at-tentivement la plupart des apparats critiques, ils nous ont fait profiter sans réserve de leurs suggestions. Enfin il n'est pas nécessaire de souligner que ceux qui méritent notre plus profonde gratitude sont les collaborateurs eux-mêmes, dont plusieurs sont malheureusement décédés. Certains, qui avaient livré leur contribution depuis un bon nombres d'années déjà, n'ont pas épargné leur peine pour tenir constamment à jour leur dossier par les adjonctions nécessaires. La collaboration avec l'équipe de rédaction à Tübingen fut excellente; notre vive reconnaissance va donc aussi aux assistants de rédaction, MM. Manfried Dietrich, 1960–62, Sieghart Kappus, 1961–63, Werner Fuss, 1964–66, Mme Ursel G. Mantel-Richter, 1966–67, et tout particulière-ment M. Diether Kellermann, 1962–64, 1967–75.

Pour terminer, les éditeurs qui, en 1954, ont repris le travail des mains d'A. Alt et d'O. Eissfeldt, et qui ont trouvé en H. P. Rüger un collaborateur toujours dévoué, considèrent que c'est non seulement un agréable devoir, mais surtout un besoin impérieux d'adresser leurs remerciements les plus chaleureux à la Deutsche For-schungsgemeinschaft. Celle-ci a toujours apporté son aide dans les moments de difficultés financières, surtout par l'octroi de considérables subventions destinées à couvrir les frais d'impression.

Pour conclure ces lignes, nous ne pouvons faire mieux que de reprendre les mots par lesquels R. Kittel concluait en 1929 sa Préface: «Même ainsi la Biblia Hebraica ne saurait échapper à cette nécessité que rappelle l'adage latin *dies diem docet*. Puisse-t-elle trouver partout des critiques équitables, mais surtout des lecteurs dignes de la grandeur du sujet.»

Tübingen, Münster, 1967/77   Karl Elliger, Wilhelm Rudolph

II

Dans l'Introduction au premier cahier de la 3ème édition de la BHK, Rudolf Kittel annonçait en 1929, année de sa mort, qu'en prenant le manuscrit de la Bible de Léningrad de 1009 ou 1008 comme base du texte massorétique, «il met-tait, pour la première fois, à la disposition du monde savant, la Massorah elle-même». L'éditeur projetait d'offrir aux lecteurs, aux théologiens ou aux savants, toute la Massorah du seul manuscrit B19[A], en éditant la *Massorah Parva*[1] [Mp] dans les marges à côté du texte lui-même et la *Massorah Magna*[2] [Mm] imprimée en ordre alphabétique, en complément, dans un second ouvrage accompagné d'un répertoire exact des termes massorétiques et des abréviations. Contre toute attente, ce plan ne devait se réaliser qu'en partie et la Massorah de la 3ème édition de la BHK, achevée en 1937, ne présentait qu'une édition *in extenso* de la Mp du manu-scrit L, à dire vrai une reproduction sans aucun caractère critique. L'ensemble des

[1] מסורה קטנה.
[2] מסורה גדולה.

notices marginales fut imprimé un peu comme une photographie des notes du manuscrit bien que Paul Kahle ait attiré l'attention des lecteurs, dans son Introduction, sur les nombreuses erreurs, inconséquences et indications incomplètes que contenait le commentaire marginal. Pour le reste, il se limitait à éditer la Mp comme elle se présentait dans le manuscrit, si même il avait commencé, à titre d'exemple, à corriger avec des crochets les cas les plus criants[3]. La présentation particulièrement disparate de la Mp rendait sans effet l'édition du commentaire qui demeurait incomplet et, pour cela, difficilement compréhensible, sans qu'aucune tentative de normalisation ait été conduite en vue de le rendre moins ésotérique[4]. En ce qui concerne l'édition de la Mm, les malheurs personnels dont le Professeur Kahle et son entourage eurent à souffrir à l'époque nazie, dans la décennie qui précéda la seconde guerre mondiale, la dispersion et la disparition de ses collaborateurs, son propre exil, furent les raisons pour lesquelles cette importante partie de l'ancien plan ne fut jamais réalisée.

Dans la dernière décade de sa vie à Oxford, le Professeur Kahle proposa notre collaboration pour l'édition de la Mm et de la Mp aux deux éditeurs de la nouvelle édition de la BH. Ceux-ci nous laissèrent la liberté d'établir une méthode complètement nouvelle pour éditer la Massorah dont nous avons reçu, seul, entièrement la charge. Le résultat en est la tentative présente, seconde de son espèce, après celle de Ya'aqob ben Ḥayyim ibn Adoniyah dans sa *Biblia Rabbinica* de 1525, dite *Bombergiana II*.

Lorsqu'il y a des siècles, les massorètes inscrivirent sous forme tachygraphique la Mp – dont la plus grande partie du commentaire propose des indications sur le nombre d'occurrences de mots, de formes ou d'expressions – dans les marges des colonnes des manuscrits, ces notes étaient suffisantes pour les lecteurs de l'époque qui possédaient une connaissance cursive et orale du texte de la Bible. Cependant, pour rendre l'usage de ce commentaire possible de notre temps il était nécessaire de trouver un système qui permît d'aller sans peine et avec sécurité, à travers la Mp, depuis chacun des mots du Texte jusqu'aux listes de la Mm qui développent les références précises de l'ensemble du matériel de comparaison. Cela signifie qu'il a fallu tout d'abord nous assurer que chaque note était correcte et à sa place, puis reporter, sur la base de la première apparition, celles qui n'avaient jamais été reportées[5], sans que pour autant le commentaire marginal fût surchargé à l'impression par un grand nombre de signes critiques exigés pour une édition scientifique. Le fait qu'environ 70% des notes n'avaient jamais été reportées ou avaient été reportées seulement en partie dans un livre ou dans un autre, trouve son fondement dans le mode de rédaction des grands manuscrits de la Bible[6]. Ces grands manuscrits mas-

[3] Cf. BHK Mp Gn 1,16 à 28.

[4] Déjà au XVIe siècle, Elie Lévita écrivait dans la IIe Introduction rimée à son *Massoret ha-Massoret* (Venise 1538) que la langue de la Massorah était incompréhensible du fait de sa concision aussi secrète que les paroles d'un livre scellé (וקצור לשונה. אשר הוא סתום. כדברי הספר החתום).

[5] Cf. G. E. Weil, *La nouvelle édition de la Massorah (BHK IV) et l'histoire de la Massorah. Congress Volume Bonn* 1962, *Suppl. to Vetus Testamentum* IX, Leyde, 1962, pp. 43–67; ainsi que la *Massorah*, *REJ*, CXXXI, Paris, 1972, pp. 5–102.

[6] Cf. G. E. Weil, *La formation du commentaire de la Mm marginale dans les grands codex bibliques. Etude comparée des listes de Dt. 28,17 à 34,12 dans les manuscrits A* et *L*, *in: Revue d'Histoire des Textes* I, Paris, 1971, pp. 1 à 48.

sorétiques, tel le B19A, ont été composés et copiés à partir d'archétypes partiels issus eux-mêmes de copies de textes où des maîtres anciens avaient reporté dans les marges, pour l'usage scolaire, des notes qu'ils tenaient de commentaires indépendants provenant quelquefois d'écoles scribales ou massorétiques en opposition[7]. Pour établir la forme de l'édition des deux niveaux de la Massorah, il nous a fallu décider d'un système d'indices qui permît de lier le commentaire marginal de la Mp aux listes développées dans la Mm. C'est pourquoi il a été décidé que la plus grande partie du commentaire massorétique, selon le manuscrit B19A de Léningrad, qui ne pouvait entrer dans le cadre de la BHS, serait éditée en même temps dans une série de volumes séparés publiés à Rome sous le titre מסורה גדולה[8]. En procédant de cette façon, nous pouvions éditer, dans les marges de la BHS, un commentaire complet, renouvelé, normalisé et intelligible qui s'appuyait exclusivement sur l'ensemble des notes de la Mp du manuscrit de L. Par *normalisé* nous entendons simplement que le commentaire se limite tout le long du texte à user d'expressions uniformes et d'abréviations toujours semblables à elles-mêmes, et par *complet* nous entendons seulement signaler au lecteur que celui-ci trouvera toujours une note, sous toutes les occurrences parallèles, là où elle est attendue, si elle est déjà apparue au moins une fois dans la Mp en marge du manuscrit L. Seule exception à cette règle, nous n'avons pas reporté les notes marginales qui dépassaient cent occurrences, telles celles de אדני notée en Mp קל̇ד̇ – *134 fois [dans la Bible]* –[9]; ראש notée en Mp ק̇נ̇ – *150 fois [dans la Bible]* –[10]; בעיני notée en Mp קל̇ט̇ – *139 fois [dans la Bible]* –[11] dont nous donnerons les listes complètes dans le troisième volume de notre *Massorah Gedolah*. L'ensemble de ces reports a pratiquement multiplié par trois l'étendue initiale du commentaire marginal, comme le montre la comparaison directe de notre édition avec le texte de la BHK3.

Les listes de la Mm, qui se trouvent inscrites en haut et en bas de chaque folio du texte biblique tout au long du manuscrit L, ont été imprimées dans le premier volume de la *Massorah Gedolah* dans l'ordre successif de leur apparition dans les livres, chapitres et versets de la Bible. A la vérité, seule la première apparition d'une liste a été prise en compte alors que les doublets et les répétitions, même ceux accusant des différences notables, ont été laissés de côté dans le premier volume. Les listes ont été numérotées d'un bout à l'autre du premier volume de 01 à

[7] Pour les mots du texte כדרלעמר écrit en un mot sous Gn 14,1.4.5.9 et כדר־לעמר en deux mots sous Gn 14,17. Pour la *Mp cf.* אהלה: Gn 9,21; 12,8; 13,3 et 35,21, dont seul Gn 13,3 présentait un קרי dans la marge, les autres cas étant notés ד כ̇ת ה selon la *Mm* 83. Pour des divergences entre la Mp de deux livres à propos du même mot *cf.* הנער sous Gn 24,14 et Dt 22,15. Pour des divergences entre le TM, la *Mm* et la *Mp cf.* סביבתיהם sous Gn 35,5, *Mm* 257; et autre exemple sous Ps 9,1 et 48,5 où עלמות est écrit dans le premier cas en un mot et dans le second cas en deux mots, alors que deux notes massorétiques sont en opposition.

[8] G. E. Weil, *Massorah Gedolah iuxta codicem Leningradensem B 19 a*. Vol. I Catalogi, Pontificium Institutum Biblicum, Rome, 1971 [XXVII + 463 + 69 pp]. Le volume II est consacré au *Commentaire paléographique et philologique des listes de la Mm*; le volume III est consacré à la *Mp qui n'a pas de Mm correspondante* et le volume IV à la *Massorah finalis* (Mf) et à une *Introduction générale à la Massorah. Contribution à l'utilisation des manuscrits massorétiques jusqu'au XIIe siècle*.

[9] Gn 18,3; Ex 34,9; 1 R 3,10; Ps 38,16.

[10] Ps 137,6 et Neh 11,17.

[11] Dt 31,29.

4271, ce dernier chiffre représente le nombre total de listes de la Mm éditées par nous, indépendamment des répétitions qui seront publiées et commentées dans le second volume mais dont un répertoire expose déjà l'étendue en fin du premier volume. Pour l'édition des listes, nous avons abandonné l'ordre alphabétique initialement prévu par le Professeur Kahle et choisi la numérotation dans l'ordre d'apparition des listes, cette présentation, plus que toute autre, permet de faire apparaître les strates de formation du manuscrit L et, de plus, elle sert parfaitement notre système de concordances. L'ordre alphabétique était facile à retrouver, par la suite, grâce à un répertoire des racines qui renvoie, en fin du second volume, aux numéros des listes. Chacune des listes ainsi identifiée par son numéro d'ordre dans notre édition de la Mm a été finalement mise en relation, par un apparat concordanciel, avec les notes de la Mp marginale de la BHS de telle sorte que chaque note entrant en considération est reliée par un indice à la liste correspondante. Nous avons muni chacune des notes qui devait être citée d'un indice numérique surélevé qui réfère à un apparat particulier. Ce nouvel apparat de la BHS est doté de chiffres successifs qui se renouvellent à chaque chapitre dans le même corps typographique que la Mp, il a été imprimé entre le texte biblique et l'apparat critique textuel. Il contient en règle générale les numéros des listes correspondantes de la Mm (tel Mm 350 par exemple), occasionnellement aussi des références aux volumes suivants de notre édition de la Massorah et quelques brèves remarques indispensables quand des divergences importantes surviennent entre la Massorah et le texte. Par la méthode suivie dans notre édition, nous avons rendu possible au lecteur, pour la première fois, le passage du texte à la Mm par la Mp et viceversa.

En ce qui concerne les chiffres indices, plusieurs cas peuvent se produire:

1. La note de Mp n'a pas de chiffre indice, il s'agit alors d'une note indépendante de la Mm qui ne pose aucun problème de forme ou de fond. La note sera cependant explicitée dans le troisième volume de notre *Massorah Gedolah* qui est consacré à un commentaire exhaustif de la Mp de la BHS, pour autant qu'elle est indépendante de la Mm de L. Dans le commentaire, nous consacrons un article complet à la première apparition d'une note de Mp indépendante de la Mm dans L, le lecteur y trouvera la liste complète dont est issue la note marginale avec la mention des sources manuscrites où elle a été retrouvée. En dehors des notes purement qualitatives telles que עֲבֹדַת de Num 4,47 notée כל אורית חס֯ – *toujours avec une leçon défective dans la Torah* – ou וּשְׁמוֹנָה de 1 Chr 12,25 notée כל סיפ֯ מל֯ – *toujours avec une leçon pleine dans ce livre* –, une Mp de type quantitatif, c'est-à-dire indiquant le nombre d'occurrences d'une expression, trouve toujours sa source dans une liste de Mm même si celle-ci ne figure pas dans notre manuscrit. Il faut encore noter que le commentaire que nous donnons dans le troisième volume de notre *Massorah Gedolah* porte aussi sur des mots du texte biblique indépendants de toute Mp ou Mm dans la mesure où ils présentent des particularités ou des divergences importantes avec des expressions dans le texte de L ou avec le *Textus Receptus* proprement dit. Le texte de ce commentaire suivant l'ordre successif des mots du texte de la Bible selon l'ordre des livres, des chapitres et des versets, le lecteur intéressé peut vérifier à chaque moment l'état du texte et les données générales de la Massorah.

2. La note de Mp est indépendante de la Mm mais la note marginale est cepen-

dant dotée d'un chiffre indice. On se trouve alors exclusivement devant un des cas suivants:

a) une note marginale ל֗ – *hapax* – est accompagnée dans le manuscrit d'une référence à un mot qui, de son côté, est pourvu d'une note marginale ל֗ et pour lequel une divergence remarquable est notée par la Massorah. Ces références hébraïques brèves manquent souvent sous la référence correspondante. Nous avons régulièrement complété par une note de Mp à l'endroit correspondant, puis ajouté l'indication de la référence au livre, chapitre et verset et introduit les éléments du verset en hébreu, servant de référence en Mp, dans l'apparat concordanciel lui-même pour éviter de surcharger les marges. Exemple: Jes 1,1 qui réfère à 2Chr 32,32 ou encore Jes 28,4 où la note correspondante manquait sous Hos 9,10 dans L à l'endroit de la référence de la Mp.

b) une note marginale ב֗ est accompagnée en marge de L d'une brève référence en hébreu au cas parallèle. Ici aussi, nous avons rajouté la référence là où la note marginale manquait. Dans les deux cas, nous avons seulement donné dans l'apparat l'indication moderne de la référence au livre, au chapitre et au verset. Ainsi, pour Jes 1,3 le scribe de L a ajouté, en marge, à la note massorétique ב֗ – *deux fois* –, l'expression באין אלפים[12] qui renvoie à Prv 14,4. Sous cette dernière référence, on trouvera dans la marge, à propos de l'expression אֵבוּס du texte, la seule note ב֗ – *deux fois* – sans citation renvoyant directement à Jes 1,3 alors que dans notre apparat, nous avons ajouté par souci d'équilibre l'indication chiffrée Jes 1,3.

c) La Mp ou la Mm est en contradiction avec un mot du texte. Le chiffre indice de la Mp renvoie à une note de l'apparat qui renseigne le lecteur sur la situation du TM par comparaison avec les références parallèles de L, les leçons des manuscrits massorétiques classiques comme le Codex Or 4445 du British Museum, le Codex des Prophètes du Caire (C), le manuscrit n° 15 de la Bibliothèque Nationale de Paris (P). Nous avons aussi utilisé les éditions massorétiques les plus importantes comme la Bible Rabbinique de Bomberg II, Venise 1524–25 et l'édition de Christian D. Ginsburg, Londres 1908–26 et, enfin, les commentaires massorétiques tel le מנחת ש״י de Shelomoh Yedidyah Norzi, Mantoue 1742 et R. Gordis *The Biblical Text in the Making*, Philadelphie 1937, qui ne sont pas cités explicitement dans notre apparat concordanciel. Seules les références aux commentaires de la *Okhlah we-Okhlah* selon le manuscrit de Paris, édité par Frensdorff[13] et selon le manuscrit de Halle, qu'édite Fernando Díaz-Esteban[14], ont été expressément données par nous chaque fois que cela était nécessaire. Exemple: Da 6,28 «Okhl 196».

d) le chiffre indice réfère à une note qui a pour termes: «*cf Mp sub loco*». La note indique que dans notre Mp a été opérée une correction par rapport à la note donnée par L ou qu'une difficulté trouve son origine dans le fait que la liste correspondante manque dans la Mm de L. Ces cas sont exposés complètement dans le troisième volume de notre édition de la *Massorah Gedolah*.

3. La note de la Mp dépend de la Mm.

a) le chiffre indice réfère à un article de l'apparat concordanciel qui, en principe, ne réfère qu'à une liste de la Mm. Le lecteur trouvera dans le premier volume de

[12] Cf. BHK sub loco.
[13] *Das Buch Ochlah W'ochlah (Massora)*, Hannovre, 1864.
[14] Consejo Superior de Investigaciones Científicas, Madrid.

notre *Massorah Gedolah* sous le numéro d'ordre, donné dans l'apparat, la liste dont est issue la note de Mp.

b) un groupe de notes marginales est consacré à un mot; dans la majorité des cas chaque élément de ce groupe est pourvu de son chiffre indice. On trouvera par exemple, lorsque la note de Mp résulte de la combinaison d'une liste générale et d'une liste limitée à un livre ou à une partie de la Bible, sous Num 9,2 בְּמוֹעֲדוֹ noté en Mp: ג̇[2] מל ב̇[3] מנה בתור, où [2] réfère à la Mm 3003 et [3] à la Mm 3727.

Pour les circelli, nous avons établi les règles suivantes:

a) *Un* mot du texte est pourvu d'*une* note de Mp. Le circellus qui renvoie à cette note est placé au milieu *au-dessus* du mot ou, s'il y a difficulté technique d'impression, le plus au milieu possible. La note correspondante de la Mp est imprimée dans la marge et séparée par un point de la suivante.

b) *Un* mot du texte est pourvu d'un *groupe* de notes de Mp portant sur des sujets partiellement différents. Pour ce groupe il n'y a qu'*un* circellus au milieu *au-dessus* du mot; un point marque la fin du groupe. Pour rendre la syntaxe des groupes plus claire – leurs éléments venant de sources différentes – nous n'avons pas ajouté un simple *waw* copulatif entre les éléments, cela s'est trop souvent avéré impossible, ainsi לו̇ de Ez 14,15 aurait été noté כ̇ב̇ וו̇ ר״פ – *vingt-deux occurrences et six en début de verset* –, nous avons préféré écrire כ̇ב̇ ו̇ מנה ר״פ – *vingt-deux occurrences dont six [cas sont] en début de verset* –. Dans certains cas, nous n'avons pu utiliser l'expression מנהון – *dont* – parce que les notes de la Mp affectant le même mot sont de nature différente, nous avons alors utilisé l'expression וחד מן qui signifie – *et par ailleurs fait partie de la liste* ... –. C'est ainsi que pour לֹא de Ez 29,11, on trouve la note ה̇ ר״פ בסיפ̇ וחד מן ו̇ פסוק̣ לא לא ולא – *l'expression* לֹא *existe cinq fois en début de verset dans ce livre et par ailleurs elle fait partie de la liste des six versets qui présentent la succession [des trois expressions]* לא לא ולא *[avec cette orthographe]* –.

c) Une expression composée de *deux* ou *plusieurs* mots est pourvue d'*une* note de Mp. Un circellus est alors mis exactement ou le plus exactement possible au milieu *entre* tous les mots entrant en considération. Exemples: Gn 2,18 et Jes 1,20.

d) Un groupe de *plusieurs* mots est pourvu des circelli nécessaires comme nous l'indiquons sous c), mais deux ou plusieurs mots à l'intérieur de ce groupe forment une autre expression remarquable qui est par ailleurs notée dans la Mp. Cette deuxième note est introduite dans la marge partout où elle manque et est séparée de la première par un point. Un circellus *supplémentaire entre* les deux premiers mots signale l'endroit où commence la note s'appliquant à l'expression intermédiaire qui, en général, se poursuit jusqu'au bout de l'expression. Exemple: Jes 3,15: °°נְאֻם־אֲדֹנָ֫י° יְהוִה° צְבָאוֹת noté en Mp ה̇י̇ . ד̇ – *[l'expression entière existe] quatre fois* – alors que l'expression אֲדֹנָי יְהוִה צְבָאוֹת seule – *[existe] quinze fois* –.

On trouve donc trois positions pour les circelli:

1) un circellus *au-dessus* du mot (cas a ou b),

2) un circellus *entre* deux mots (cas c),

3) un circellus *supplémentaire* s'ajoutant *entre* deux mots à une suite de circelli existant dans une série (cas d).

Il ne sera rien dit dans cette Introduction à propos de la forme de la langue dans laquelle nous avons tenté de normaliser la Mp, ce problème est évoqué dans le troisième volume de notre *Massorah Gedolah*. Il faut cependant que le lecteur sache qu'en dehors des termes de liaison que nous avons évoqués page XXVI (b) nous n'avons rien apporté, ni créé, de notre propre initiative. Nous nous sommes toujours appuyés soit sur la première forme rencontrée dans la Mp ou dans la Mm de L, soit sur l'expression dont la forme était la plus représentée quand plusieurs formes d'une même note s'opposaient dans le manuscrit. Les termes de liaison, comme מנהון ou וחד, que l'on trouve par ailleurs dans les commentaires de la Massorah, nous ont été imposés par le croisement des listes de Mm ou des notes de Mp, croisement et normalisation qui n'avaient jamais été tentés avant nous, ce qui faisait du commentaire massorétique marginal un commentaire disparate et incomplet auquel nous avons songé à remédier.

Le lecteur trouvera enfin un répertoire des termes massorétiques et des abréviations employés dans notre édition. Nous avons unifié l'écriture qui suit dans L l'archétype d'où elle est tirée parce que l'auteur de la Mp s'en est tenu à la forme originelle. Nous espérons que ce répertoire alphabétique, avec la clef immédiate des abréviations et leur traduction, rendra service à ceux qui l'utiliseront. Il constitue en même temps une excellente introduction à l'usage de la Mm à laquelle chacun de ces termes réfère.

Il me faut maintenant me tourner vers tous ceux qui m'ont permis de mener à bien cette tâche et les remercier d'avoir pris part à la nouvelle édition de la Massorah. Mes remerciements vont particulièrement à mon épouse Mme N. G. Weil, Mlles S. Sagot et A.-M. Guény et mon plus ancien collaborateur, G. Jobin, appartenant tous à la Section Biblique et Massorétique de l'Institut de Recherche et d'Histoire des Textes (C. N. R. S.), qui se sont consacrés depuis plus de dix années exclusivement à cette édition. Il ne faut pas oublier non plus les éditeurs de la BHS et les membres de la Rédaction de Tubingue et, enfin, la Württembergische Bibelanstalt qui a pris cette édition sous sa responsabilité et la Deutsche Forschungsgemeinschaft qui a rendu possible cette coûteuse impression.

Nancy, 1967/77 GÉRARD E. WEIL

PREFACIO A LA QUINTA EDICIÓN

La presente revisión fue preparada por Hans Peter Rüger (†) y se limita únicamente a eliminar los errores del texto, del segundo aparato crítico y de la masora. Numerosos colegas nos han señalado errores auténticos o supuestos. Quisieramos aquí agradecerles a todos.

En el texto solo han sido corregidas las divergencias con el manuscrito Firkovitch, San Petersburgo, Biblioteca Saltikow-Shtshedrin B 19ᴬ (L). El manuscrito fue consultado de nuevo sobre la base de nuevas fotografías (estas correcciones han necesitado algunas anotaciones poco numerosas en el segundo aparato crítico).

En la masora editada por G. Weil y en el segundo aparato crítico solo las faltas evidentes han sido corregidas; hemos renunciado a cualquier otro tipo de modificación.

En cambio, el glosario de las abreviaciones latinas, utilizadas en el aparato crítico de esta Biblia, es nuevo. Es la obra de Hans Peter Rüger y quiere dar gran acceso a este aparato.

Friburgo, Suiza, 1997   ADRIAN SCHENKER

PREFACIO A LA PRIMERA EDICIÓN

I

La Biblia Hebraica de Kittel, al cabo de 40 años, aparece otra vez ante el mundo erudito bajo una nueva forma. Especialmente su aparato crítico se ha rehecho por completo, y por tanto es menester evitar toda posible confusión de él con el aparato de las anteriores ediciones. Con ese fin hemos decidido cambiar el título de la obra misma, para que enseguida pueda discernirse si se trata de una de las antiguas ediciones o de la nueva. Nos ha parecido que la designación de ésta como *Biblia Hebraica Stuttgartensia* garantiza y a la vez preserva la continuidad con su antecesora. Suplicaríamos, pues, que la presente edición se cite como la BHS para distinguirla de la BHK.

No se necesita justificar en modo alguno, puesto que siempre ha sido y todavía es lo más razonable, que se tome como base de una edición de la Biblia hebraica el manuscrito de Leningrado B19ᴬ (L), cualquiera que sea el concepto que se tenga en cuanto a su relación con el texto de Ben Asher. Tocante a la opinión de P. Kahle mismo a ese respecto, habrá que consultar al presente su obra *The Cairo Geniza*, Oxford, ²1959. De cualquier modo, L sigue siendo «el más antiguo manuscrito cuya fecha se conoce de la Biblia hebraica completa».

El plan original de sacar para la nueva edición de 2 a 3 fascículos anuales, comenzando en 1967, no ha podido mantenerse. La elaboración de la masora ha exigido mucho más tiempo del que se esperaba. El prometido suplemento con el texto de Jesús Ben Sirá (o Sirac) aparecerá en breve como un fascículo especial.

En cuanto al ordenamiento de los libros bíblicos, la BHS, lo mismo que la BHK, se aparta del manuscrito L solamente en que los dos libros de Crónicas figuran al final.

Las novedades más importantes que ofrece la BHS en comparación con la BHK son las siguientes:

1. TIPO DE LETRA. Las antiguas matrices del tipo empleado en la BHK se perdieron cuando Leipzig fue bombardado. Aquellos hermosos caracteres hebraicos habían sido fabricados conforme a las particulares especificaciones dadas por Kittel mismo. No sólo esa pérdida sino además los cambios ocurridos en el procedimiento de composición a máquina, obligaron a sustituir aquel tipo con uno nuevo que respondiera a las necesidades de la técnica moderna. Esperamos haber hallado un sustituto adecuado. Algunas formas de letra pueden no resultar por completo satisfactorias. De conformidad con la índole de las máquinas es necesario que las consonantes se ajusten precisamente a un cuadrado o una mitad de cuadrado. A más de eso, es menester tomar en consideración los signos de las vocales y de los acentos que van, unos sobre las consonantes y otros debajo de ellas, formando líneas que tienen que componerse cada una por sí misma. Se ha requerido una serie casi interminable de experimentos en ese sentido, y la Sociedad Bíblica de Württemberg ha hecho un dispendio considerable de tiempo y de dinero, sin escatimarlos, a fin de ensayar una y otra vez el nuevo patrón que era necesario, hasta que por fin estimamos que podíamos ya poner ante el público el resultado. Es debido expresar, de modo especial, nuestra gratitud y reconocimiento al tipógrafo encargado de la composición, señor Karl Häussler, por su desempeño verdaderamente infatigable.

2. TEXTO. En cuanto al texto, hemos estimado propio reproducirlo fielmente tal como lo ofrece en su forma final el manuscrito L. Por consiguiente se ha renunciado a la «corrección de los errores patentes de los copistas». Un ejemplo de cómo hemos procedido en casos dudosos es la nota 15ª del aparato crítico del cap. 2 de Isaías. Hemos dejado de añadir el *siluq* cuando falta, como sucede a veces, y en especial, el *méteg*, que a menudo no aparece, sobre todo porque en el propio manuscrito este último signo se halla unas veces a la izquierda y otras a la derecha de la vocal; asimismo el *siluq* está colocado ocasionalmente a la derecha. Por otra parte, como se había hecho hasta ahora, el signo *rafé* se ha omitido casi sin excepción, pues de otro modo habrían surgido insuperables dificultades técnicas. Igualmente, y apartándonos en ello del manuscrito, hemos retenido la inserción de los signos פ y ס para indicar la subdivisión en párrafos, imprimiéndolos precisamente como antes con un tipo de letra más pequeño. Para el cotejo de la BHS con el Códice Leningradense hemos tenido a nuestra disposición una micropelícula del original, de la cual se sacaron fotografías en Tubinga. Esta vez debemos la tarea de colación, efectuada multitud de veces por entero, a manera de control, al abnegado trabajo del profesor H. P. Rüger, así como a los varios ayudantes editoriales, que se ocuparon en el cotejo por secciones o desde puntos de vista determinados. Nos sentimos muy obligados a la dirección de la Biblioteca Pública Nacional Saltikov Chedrín de Leningrado, por la preparación de la micropelícula, que fue de particular dificultad debido a que fue necesario desencuadernar el manuscrito. Las indispensables negociaciones en Leningrado fueron llevadas a cabo en 1957 por el profesor K. Aland, a iniciativa del profesor O. Eissfeldt.

3. MASORA. Al fin hemos podido cumplir aquí la promesa hecha por Kittel de presentar la masora completa del manuscrito L. Esto lo debemos exclusivamente a la inmensa labor del profesor Gérard E. Weil, de Nancy, de quien es también la sola responsabilidad por esta parte de la edición. El lector hallará la masora pequeña *(masora parva)* impresa en el margen, como anteriormente, pero completamente rehecha, en acuerdo con los principios que G. E. Weil pudo todavía discutir con P. Kahle y que fueron de la plena aprobación de éste. La masora grande *(masora magna)* ha aparecido en un volumen por separado, el cual, logrando una loable marca en cuanto al tiempo, ha sido publicado conjuntamente por la Württembergische Bibelanstalt (Sociedad Bíblica) de Stuttgart y el Instituto Bíblico Pontificio, de Roma, bajo el título de MASSORAH GEDOLAH (Masora magna), tomo I, y a la vez como tomo II de la BHS. En el presente tomo I de la BHS se inserta, en la parte superior del aparato crítico, un registro impreso en tipo de igual tamaño que el de la pequeña masora que va en el margen. Las referencias de él remiten a la masora grande (Mm). Para más pormenores véase la sección II del presente Prefacio.

4. APARATO CRÍTICO. También el aparato crítico que se halla al pie de cada página aparece rehecho por completo. Esto se debe, desde luego, al hecho de que ha habido un cambio de la mayoría de los colaboradores encargados de prepararlo. Pero además – y es lo que más salta a la vista – porque hemos abandonado la discutible distinción que se hacía en el anterior aparato entre las «simples variantes y menos importantes informaciones», por un lado, y «los verdaderos cambios textuales y otras más importantes indicaciones», por el otro. Hasta donde ha sido posible, los colaboradores han aprovechado el material acumulado en el intervalo entre la anterior y la presente edición, han mejorado su método gracias a los progresos de la investigación en la historia del texto, y asimismo han ejercido considerable restricción en conjeturas y retraducciones derivadas de las versiones antiguas. Se advertirán desde luego estas ventajas y es de esperarse que ello redundará en una mayor utilidad de la obra. Es muy debido mencionar con agradecimiento que los profesores J. Ziegler, de Wursburgo, y H. P. Rüger, de Tubinga, como consultores en cuestiones de la Septuaginta y del Targum respectivamente, han puesto a nuestra disposición sus recomendaciones, después de haber sometido a un examen crítico la mayoría de las colaboraciones para el aparato. No es necesario recalcar que son los colaboradores mismos, muchos de los cuales no viven ya, quienes merecen nuestra mayor gratitud. En algunos casos, habiendo entregado a Tubinga sus colaboraciones hace años, no se ahorraron el trabajo de suministrar constantemente las adiciones necesarias. La cooperación con el comité editorial de Tubinga ha sido en verdad excelente. Hemos de expresar también nuestros especiales agradecimientos, en todo sentido, a los redactores asociados, doctor Manfried Dietrich (1960–62), Sieghart Kappus (1961–63), doctor Werner Fuss (1964–66), señora Ursel G. Mantel-Richter (1966–67) y especialmente el doctor Diether Kellermann (1962–64, 67–75).

Finalmente, los editores, cuyo trabajo asumieron en 1954 de manos de A. Alt y O. Eissfeldt, y que en esa labor han hallado en H. P. Rüger un colaborador asiduo y siempre bien dispuesto, consideran no sólo un grato deber sino una franca necesidad expresar sus más rendidas gracias a la Deutsche Forschungsgemeinschaft (Sociedad Alemana de Investigaciones) por su constante y renovado auxilio ante

diversas urgencias financieras, no menos que por el suministro de considerables subsidios para sufragar los excesivos costos de la impresión.

Las palabras con que R. Kittel finalizó su prefacio en 1929, pueden muy bien servir también aquí de conclusión: «Aun así, la *Biblia hebraica* no puede quedar exenta de pagar su tributo al *dies diem docet* («un día enseña al otro día», Sal. 19.2). Ojalá dondequiera encuentre críticos justos, pero sobre todo lectores dignos de la grandeza del asunto».

Tubinga, Münster, 1967/77   KARL ELLIGER, WILHELM RUDOLPH

II

Rudolf Kittel, en el prefacio al primer fascículo de la tercera edición de la BHK, datado en 1929, año de su fallecimiento, anunciaba que el tomar como base para el texto masorético el manuscrito L de 1009 o 1008 A. D., hacía posible presentar al mismo tiempo «al mundo erudito, por primera vez, la masora misma, tanto la grande como la pequeña, bajo una nueva forma». El editor proyectaba colocar la *Masora parva*[1] (Mp) al margen y al lado del texto, y ofrecer la *Masora magna*[2] (Mm) en orden alfabético al final de toda la obra, juntamente con un índice exacto de los términos y abreviaturas de la masora. Contra lo que se esperaba, este plan debió realizarse sólo en parte. La tercera edición de la BHK, completada en 1937, ofreció únicamente la Mp del manuscrito L, y por cierto en una reproducción no crítica. La totalidad de las apostillas marginales disponibles se imprimió, por decirlo así, como una mera copia fotográfica. Paul Kahle, sin embargo, llamó la atención en su prefacio a los numerosos errores, inconsecuencias y defectuosas indicaciones que dicho comentario marginal contenía. Para lo restante, se limitó a editar la Mp tal como aparece en el manuscrito, aun cuando señalando entre corchetes unas cuantas correcciones en los casos más serios.[3] No obstante, la disparidad en la presentación de la Mp rebajó el valor de ese comentario, que por esa razón debió quedar incompleto y de difícil comprensión. Hubo que renunciar además, por eso mismo, acualquiera tentativa de normalización que pudiera hacerlo un poco menos esotérico.[4] En lo que concierne a la edición de la Mm, sin duda la suerte personal que el profesor Kahle y su círculo tuvieron que soportar en los años treintas, la dispersión y desaparición de sus colaboradores y el propio exilio de él, fueron sin duda la causa de que esa parte del plan original nunca se llevara a cabo.

En los diez años últimos de su vida en Oxford, el profesor Kahle propuso a los dos editores de la nueva edición de la BH mi colaboración para la publicación de la Mm y la Mp. Me permitieron la libertad de desarrollar un método completamente nuevo en la edición de la masora. El resultado es la tentativa que aquí se

---

[1] ‏מסורה קטנה‎.

[2] ‏מסורה גדולה‎.

[3] Cf. en la BHK la Mp sobre Gn. 1.16–28.

[4] Ya en el siglo 16 señalaba Elías Levita en el prefacio de su *Massoret ha-Massoret* (Venecia, 1536) las palabras casi ininteligibles de la masora, porque por su concisión resultan tan arcanas como las palabras de un libro sellado (‏וקצור לשונה. אשר הוא סתום. כדברי‎ ‏הספר החתום‎).

presenta, segunda en su género después de la de Jacob Ben Jáyyim en la Biblia Rabínica de 1524–25, llamada Bombergiana II.

Cuando hace siglos los masoretas pusieron al margen de las columnas del manuscrito sus anotaciones, en su mayoría referentes al número de veces que ocurren los vocablos, formas y modismos – es decir, la Mp –, esas indicaciones eran suficientes para el lector que poseyera un conocimiento sólido del texto bíblico. Pero en nuestros tiempos, para hacer posible su aprovechamiento, era menester hallar un sistema que permitiera, con facilidad y sin trabajo, pasar de la Mp con seguridad a las listas de la Mm, en que se expone completo el material comparativo. Importaba, en primer lugar, asegurarse de que cada indicación estuviera correcta y situada en su debido lugar, para de ese modo poder insertar, tomando como base la primera vez que un término ocurre, las indicaciones que antes no se habían insertado jamás.[5] A más de eso, había que renunciar al empleo de muchos de los signos que comúnmente requiere una edición científica, a fin de no sobrecargar innecesariamente el comentario marginal. El hecho de que aproximadamente el 70 por ciento de las indicaciones nunca, o sólo parcialmente, se insertan en uno u otro de los libros, se basa en la forma que asume la redacción de los grandes manuscritos bíblicos.[6] Estos grandes manuscritos masoréticos del género de L han sido compuestos y copiados partiendo de modelos parciales, ellos mismos derivados de copias de textos o de maestros antiguos que elaboraron notas marginales para uso de sus escuelas. Esas notas proceden a su vez de unos u otros comentarios independientes, los cuales se originan con frecuencia en una u otra de escuelas opuestas de escribas o de masoretas.[7] Para el desarrollo de una forma editorial adecuada para ambas clases de masora, he debido fijarme un sistema de llamadas que permita ligar el comentario marginal de la Mp con las extensas listas de la Mm. Por tal motivo se decidió que sería preciso editar la mayor parte del comentario masorético del manuscrito L, que no pudo hallar entrada en la BHS, en una serie de volúmenes por separado que se publicasen en Roma bajo el título de מסורה גדולה.[8]

[5] Cf. G. E. Weil, *La nouvelle édition de la Massorah (BHK IV) et l'histoire de la Massorah*, en el *Congress Volume*, Bonn, 1962, SVT 9 (1962), págs. 43–67, y *Massorah*, REJ 131 (1972), págs. 5–102.

[6] Cf. G. E. Weil, *La formation du commentaire de la Mm marginale dans les grands codex bibliques*. Etude comparée des listes de Dt. 28.17 à 34.12 dans les manuscrits *A* et *L*, RHT 1 (1971), págs. 1–48.

[7] Para las palabras del texto cf. כדרלעמר en Gn. 14.1,4,5,9, donde se escribe con una sola palabra, con Gn. 14.17, donde aparece escrito con dos (כדר־לעמר). Para la Mp cf. la nota sobre אהלה en Gn. 9.21; 12.8; 13.3 y 35.21, textos de los que solamente la nota sobre Gn. 13.3 da de suyo el Q *(qeré)* mientras que las notas restantes se ciñen en su redacción a Mm 83: ד̇ כת̇ ה. En cuanto a las divergencias entre la Mp de dos libros, en relación con una y la misma palabra, cf. הנער en Gn. 24.14 y en Dt. 22.15. Y por lo que toca a las que ocurren entre el texto, la Mm y la Mp, cf. סביבתיהם en Gn. 35.5 con Mm 257, o Sal. 9.1 con 48.15, donde en el primer caso se escribe עלמות como una palabra, y en el segundo con dos, y las respectivas notas masoréticas se contradicen.

[8] G. E. Weil, *Massorah Gedolah iuxta codicem Leningradensem* B19a, Vol. I Catalogi, Pontificium Institutum Biblicum, Roma, 1971. El segundo volumen se consagra a un comentario paleográfico y filológico de las listas de la Mm, el tercero a la Mp que no tiene ninguna Mm análoga, y el cuarto a la *Masora finalis* (Mf) y a una introducción general a la masora como aportación respecto al uso de los manuscritos masoréticos hasta el siglo 12.

De esta manera podía yo editar, al margen de las páginas de la BHS, un comentario completo, renovado, normalizado e inteligible, que se basara exclusivamente en el conjunto de indicaciones de la Mp del manuscrito L. Por «normalizado» quiero decir simplemente que el comentario procure emplear siempre las mismas expresiones, así como abreviaturas uniformes, y por «completo», que dondequiera que era de esperarse, pero falta por alguna causa, la indicación de la Mp, en vista de hallarse en pasajes paralelos, el comentario lleve la indicación correspondiente. La única excepción a esa regla es que no he insertado las notas marginales respectivas cuando indican una ocurrencia de más de 100 veces, como en los casos ראש, אדני y בעיני, que en la Mp se anotan respectivamente como קׄלׄדׄ, *134 veces*[9], קׄנׄ, *150 veces*[10] y קׄלׄטׄ, *139 veces*[11]. De estos casos excepcionales doy, sin embargo, la lista completa en el tercer volumen de mi *Massorah Gedolah*. Todas estas adiciones han triplicado la extensión original del comentario marginal, como lo demuestra la comparación de nuestra edición con el de la BHK.

Las listas de la Mm que se encuentran sobre y bajo el margen de cada folio del texto bíblico del manuscrito L, se imprimen en el primer volumen de la *Massorah Gedolah* en el orden en que aparecen sucesivamente, por capítulo y versículo, en los libros bíblicos. Y a la verdad sólo se ha tomado en cuenta la primera vez que una lista ocurre, en tanto que las duplicaciones y ulteriores repeticiones se han pasado por alto en el primer volumen, aun cuando se trate de las que ofrecen notables diferencias. Las listas llevan numeración continua del 1 al 4271. Esta última cifra representa, pues, el total de listas de la Mm editadas por mí, aparte de las repeticiones, las cuales deberán publicarse y comentarse en un segundo volumen, pero cuyo contenido se indica ya en forma de índice al final del primer volumen. En cuanto al orden de aparición de las listas, he abandonado el alfabético previsto por el profesor Kahle y he adoptado un sistema que, más que cualquier otro, permite discernir los varios estratos que han tenido parte en la formación del manuscrito L. Fácilmente se puede recuperar el orden alfabético, gracias a un índice de raíces que lleva referencias a los números de las listas; esto constituirá la conclusión del segundo volumen de mi *Massorah Gedolah*. Las series de listas así numeradas en mi edición de la Mm se correlacionan finalmente con las notas de la Mp que van al margen de la BHS, de modo que cada nota que viene a consideración está dotada de una referencia a la lista correspondiente. Esto se ha hecho proveyendo a cada una de dichas notas de un número índice sobrepuesto, el cual se refiere a un aparato especial. En el nuevo aparato crítico de la BHS, esto se inserta entre el texto bíblico y el aparato propiamente dicho, con una numeración sucesiva para cada capítulo y con el mismo tipo de letra que la Mp. Contiene, por regla general, los números que corresponden a las listas de la Mm (por ejemplo, Mm 350), y ocasionalmente también referencias a tomos siguientes de mi masora, así como observaciones sobre importantes diferencias entre la masora y el texto. Así por primera vez se le facilita al lector ir del texto a la Mm, pasando por la Mp, y viceversa.

[9] Gn. 18.3; Ex. 34.9; 1 R. 3.10 y Sal. 38.16.
[10] Sal. 137.6 y Neh. 11.17.
[11] Dt. 31.29.

Con respecto a los números índices pueden ocurrir varios casos:

1. La nota de la Mp no lleva ningún número índice. Se trata entonces de una nota independiente de las de la Mm y que ningún problema presenta en la forma o en el contenido. Esa nota se tratará ampliamente, sin embargo, en el tercer volumen de mi *Massorah Gedolah*, que está por completo dedicado a un comentario de la Mp de la BHS, en cuanto ella es independiente de la Mm del manuscrito L. En ese comentario dedico todo un artículo al primer caso que ocurre de una nota de la Mp, independiente de la Mm de dicho manuscrito. El lector hallará ahí la lista completa de la cual proviene la nota respectiva, así como una mención de las fuentes manuscritas en que es de hallarse dicha lista. Hay notas puramente cualitativas, como כל אורית חס – siempre en lectura defectiva en la Toráh –, que se refiere a עֲבֹדַת, en Nm. 4.47, o כל סיפ מל, referente a וּשְׁמוֹנֶה, en 1 Cr. 12.25, siempre en lectura plena en dicho libro. Fuera de ellas, también la Mp de tipo cuantitativo, es decir, la que indica la frecuencia con que ocurre una cierta locución, tiene siempre su fuente en una lista de la Mm, aunque ésta no figure en nuestro manuscrito. El comentario que ofrezco en el tercer volumen de mi *Massorah Gedolah* cubre, como habrá de notarse, las palabras del texto bíblico independientes de la Mp o de la Mm, cualesquiera fueren las particularidades o importantes diferencias que presenten en comparación con el texto del manuscrito L o con el llamado *Textus receptus*. Como el texto del citado comentario va siguiendo el mismo orden en que ocurren las palabras del texto bíblico por libro, capítulo y versículo, el lector puede en todo momento verificar el estado del texto y los datos generales de la masora.

2. La nota de la Mp es independiente de la Mm, pero a pesar de eso lleva un número índice. Aquí existe exclusivamente uno de los siguientes casos:

a) Una nota marginal ל – *japax* – va acompañada en L de la referencia a una palabra que a su vez lleva la misma nota marginal, y en que se advierte una notable discrepancia. Esas breves indicaciones faltan a menudo en el pasaje correspondiente. De manera regular he suplido en el margen la indicación del caso, añadido el dato pertinente y puesto en el aparato la nota correspondiente. Por ejemplo, Is. 1.1, nota 1, que remite a 2 Cr. 32.32, o Is. 28.4, nota 4, en que falta en L la nota que corresponde al pasaje paralelo de Os. 9.10.

b) Una nota marginal ב – *dos veces* – va acompañada en L de la cita de un paralelo. También en este caso he suplido la referencia correspondiente donde ésta falta, y en ambos casos he puesto en el aparato la nota respectiva, pero simplemente en forma de referencia al paralelo. Por ejemplo, Is. 1.3, nota 4, donde L ofrece después de ב todavía באין אלפים (cf. BHK), que se refiere a Pr. 14.14; falta ahí, con respecto a אֵבוּס la cita correspondiente de Is. 1.3, pero ésta se suple en mi aparato.

c) La Mp o la Mm contradice una palabra del texto. El número índice remite entonces a una nota del aparato que informa al lector sobre el estado del texto por comparación con las referencias paralelas del manuscrito L y con las lecturas respectivas de los siguientes manuscritos masoréticos clásicos: Códice Or 4445 del Museo Británico, Códice Cairense de los Profetas (C) y Manuscrito 15 de la Biblioteca Nacional de París (P). He utilizado además las ediciones masoréticas más importantes, como la segunda Biblia Rabínica de Daniel Bomberg, Venecia, 1524–25, y la edición de Christian D. Ginsburg, Londres, 1908–26, e igualmente

los comentarios masoréticos como el מנחת ש״י de Salomón Yedidiáh Norzi, Mantua, 1742, y la obra *The Biblical Text in the Making*, de R. Gordis, Philadelphia, 1937. Estos últimos, sin embargo, no se citan expresamente en el aparato de concordancias. Solamente, cuando ha sido necesario, se han dado expresamente las referencias a los comentarios de la *Okhla we-Okhla* según el manuscrito de París editado por Frensdorff[12], y según el manuscrito de Halle, que edita Fernando Díaz-Esteban[13] (por ejemplo, «Okhl 196» en Da 6.28).

d) El número índice se refiere a una nota que reza como sigue: «Mp sub loco». Con ello indica la nota que en mi Mp se ha efectuado una corrección en relación con la nota de L, o que se origina una dificultad por el hecho de que en el manuscrito citado falta la lista correspondiente de la Mm. Estos casos se tratan de modo completo en el tercer volumen de mi *Massorah Gedolah*.

3. La nota de la Mp depende de la Mm.

a) El número índice se refiere entonces a una nota del aparato de concordancias, la cual, por regla general, sólo se relaciona con una lista de la Mm. El lector hallará en el primer volumen de mi *Massorah Gedolah*, bajo el número que se da en el aparato, mención de la lista de la cual depende la nota de la Mp.

b) A una palabra se dedica todo un grupo de notas marginales. La regla, entonces, es que cada elemento particular del grupo va provisto de su propio número índice. Cuando una nota de la Mp es resultado de la combinación de una lista general con una lista que se refiere solamente a un libro o a un pasaje de la Biblia, dicha nota se hallará, por ejemplo, como ג̇ [2] מל̇ ב̇ [3] מנה̇ בתור, para בְּמוֹעֲדוֹ, en Nm. 9.2, en que [2] remite a la Mm 3003 y [3] a la Mm 3727.

Tocante al uso del *circellus* (pequeño signo en forma de círculo, pl. *circelli*) se aplican las reglas siguientes:

a) *Una* palabra del texto va provista de *una* sola nota de la Mp. Entonces el *circellus* que remite a dicha nota se coloca *sobre* la palabra, a la mitad de ella (o cuando para esto último existe alguna dificultad técnica de tipografía, tan a la mitad como sea posible). La nota correspondiente de la Mp se imprime en el margen y se separa de la siguiente nota, cuando la hay, por medio de un punto.

b) *Una* palabra del texto va provista de un *grupo* de notas de la Mp, que se refieren a cuestiones en parte diferentes. Para este grupo la referencia se indica también con *un solo circellus* colocado *sobre* la palabra, y el límite final del grupo de notas va marcado con un punto. Para hacer más clara la sintaxis del grupo, ya que sus elementos proceden de varias fuentes, he añadido, en cuanto ha sido posible, una simple *vav* copulativa entre esos elementos. Donde tal cosa no ha sido posible – como en Ez. 14.15, donde la nota que corresponde a לו̇ debría ser כ̇ב̇ וו̇ ר״פ: «22 veces y seis al comienzo del versículo» –, he preferido escribir כ̇ב̇ ו̇ מנה̇ ר״פ: «22 veces, de las que seis van al comienzo del versículo». Por último, cuando tampoco no ha sido posible la aplicación de la voz מנהון: «del cual», he usado la fórmula וחד מן: «un caso entre . . .» Así, por ejemplo, en Ez. 29,11 la nota para לא̇ asume la siguiente forma ה̇ ר״פ בסיפ̇ וחד מן ו̇ פסוק̇ לא לא ולא, que significa «(לא̇

[12] *Das Buch Ochlah W'ochlah (Massora)*, Hannover, 1864.
[13] Consejo Superior de Investigaciones Científicas, Madrid.

ocurre) cinco veces en el libro al comienzo del versículo, y éste es uno de seis versículos en que aparece לא לא ולא».

c) *Dos o más* palabras consecutivas van provistas de *una* nota de la Mp. Entonces, hasta donde ha sido posible, se ha colocado un *circellus* exactamente arriba y a la mitad, entre palabra y palabra de aquellas de las que se trata. Por ejemplo en Gn. 2.18 e Is. 1.20.

d) Un grupo de *muchas* palabras va provisto de los *circelli* requeridos conforme a lo indicado en c), pero *dos o más palabros dentro de dicho grupo* forman una locución de más importancia que lleva nota en otra parte de la Mp. En tal caso, la segunda nota se añade en el margen dondequiera que falte, y se separa de la primera con un punto. El comienzo del trozo accesorio del texto se marca por medio de un *circellus adicional*, colocado entre las primeras dos palabras de él. Por ejemplo, Is. 3.15: נְאֻם־אֲדֹנָי יְהוִה צְבָאוֹת, que en la Mp lleva las dos notas ד̇ . ה̇י. Así se quiere decir que la locución entera ocurre ד̇, «cuatro veces», en tanto que la frase אֲדֹנָי יְהוִה צְבָאוֹת ocurre ה̇י, «15 veces».

Así pues, son tres las posiciones del *circellus* que se pueden hallar:

1) Un *circellus sobre* una palabra. (Casos a o b.)

2) Un *circellus entre* dos palabras. (Caso c.)

3) Un *circellus adicional* que se añade a otro que va *entre* dos palabras. (Caso d.)

Nada se dirá en este prefacio en cuanto a la forma de lenguaje en que he tratado de normalizar la Mp. De este problema se hablará en el tercer volumen de mi *Massorah Gedolah*. El lector ha de saber, sin embargo, que, fuera de los términos que sirven de enlace y se mencionan en la pág. XXXIV, bajo b), nada he introducido por mi propia cuenta. Me he apoyado constantemente en la primera forma que ocurre en la Mp o la Mm del manuscrito L, o cuando en éste se oponen entre sí muchas formas, he optado por aquella que ocurre con mayor frecuencia. Los términos que sirven de enlace, como מנהון o וחד, que uno puede, por lo demás, hallar en los comentarios de la masora, he tenido que elegirlos por la necesidad de relacionar entre sí, en materia de estilo, las listas de la Mm y las notas de la Mp. Esta relación y normalización no se habían intentado hasta aquí, lo cual hacía que el comentario masorético marginal quedara mal organizado e incompleto, condición que es la que he querido cambiar.

El lector hallará al final un índice de los términos y abreviaturas de la masora que se emplean en la presente edición. He unificado la grafía que en L varía según el modelo de donde se toman las notas, porque el autor de la Mp se apegó fielmente a la forma tal como la encontraba. Espero que este índice alfabético y la traducción respectiva presten un buen servicio a quienes se sirvan de ellos. Ese índice constituye a la vez una excelente introducción al uso de la Mm, a la cual se aplican todos y cada uno de esos términos.

Para concluir debo dar gracias a todos cuantos me han ayudado a llevar a cabo esta tarea y que han participado en la nueva edición de la masora. Mis agradecimientos en primer término a mi esposa Ninette G. Weil y a las señoritas S. Sagot y A.-M. Guény, así como a mi más antiguo colaborador, G. Jobin, todos ellos de la Sección Bíblica y Masorética del Instituto de Investigación e Historia de los Textos (CNRS), que se consagraron exclusivamente y con tanta atención durante más de

10 años a la presente edición. No es de olvidarse tampoco a los editores de la BHS, a los miembros de la redacción de Tubinga, a la Württembergische Bibelanstalt, que tomó a su cuidado esta edición, así como a la Deutsche Forschungsgemeinschaft, que ha hecho posible la costosa impresión.

Nancy, 1967/77   GÉRARD E. WEIL

PRAEFATIO EDITIONIS QUINTAE

Scopus huius novae recensionis cui Hans Peter Rüger felicis memoriae viam stravit tantummodo emendatio est errorum in textum, massoram, apparatum alterum irreptorum. Loca quae corrupta vel viderant vel praesumpserant multi collegae indicavere. Eis hic propterea gratiae referuntur. In textu ipso deinde loca a manuscripto Firkowitch, Petropoli in Bibliotheca Salticov-Shtshedrin sub sigillo B 19A (sive L) asservato, discrepantia emendata sunt. Huic fini nova collatio textus cum novis tabulis manuscripti phototypice expressis inservivit. (Emendationes aliquas notulae quaedam in secundo apparatu comitantur.) Nonnisi corruptiones manifestae massorae a G. Weil editae et apparatus alterius emendatae sunt dum nil aliud omnino hac in editione mutatur.

Verumtamen clavis abbreviationum in apparatu critico his in Bibliis adhibitarum addita est, opera Hans Peter Rüger elaborata ut ianua istius apparatus quam maxime pateret.

Dabam Friburgi Helv., 1997   ADRIAN SCHENKER

PRAEFATIO EDITIONIS PRIMAE

I

Kitteli Biblia Hebraica post quadraginta annos in novam formam denuo redacta doctis proponuntur. Sed, cum apparatus criticus, ut alia omittamus, totus esset novus, praecavendum fuit, ne, si pro teste citaretur, cum priorum editionum apparatu confunderetur. Itaque inscriptionem operis ita immutare constituimus, ut statim esset perspicuum, utrum vetus designaretur editio an nova. Indice autem Bibliorum Hebraicorum Stuttgartensium et id efficere et servare nominis coniunctionem nobis visi sumus. Rogamus igitur, ut nova editio litteris BHS a Bibliis Hebraicis Kittelianis sive BHK benigne distinguatur.

Argumentis comprobandum non putamus codicem Leningradensem B 19A (L) etiam nunc esse idoneum editionis bibliorum Hebraicorum fundamentum, quacumque ratione ad exemplaria Ben Ascheri accedat. De hac re quomodo P. Kahle ipse iudicaverit, nunc ex eo cognoscas libro, quem de genisa Cairensi anglice conscripsit (The Cairo Geniza, Oxonii 21959), quem edidit germanice R. Meyer (Die Kairoer Genisa, Berolinii 1962). Nam, utcumque ea res se habet, codex L est etiam nunc, ut Kitteli repetamus verba, vetustissimus liber eorum, qui certo anno scripti tota continent biblia Hebraica.

In animo habueramus binos vel ternos in anno fasciculos novae editionis ab anno 1967 in publicum emittere, sed id, quod praeparatio masorae longioris erat temporis quam exspectaveramus, perficere non potuimus. Tamen liber Jesu Sirach, quem adiectum iri promiseramus, brevi tempore separato edetur fasciculo.

In ordine librorum bibliocorum BHS, ut etiam BHK, a codice eo tantum distant, quod Chronicorum libri prior et posterior in totius operis fine positi sunt.

A BHK haec potissimum differunt:

1. Formae Litterarum. Quod non modo vetera litterarum exemplaria bombis Lipsiae deleta, sed novae editionis typi machina erant componendi, pro pulcherrimis litteris Hebraicis, quae ad Kitteli ipsius mandata in BHK excusae erant, novae et, quae ad typothesiam horum annorum magis essent accommodatae, substituendae fuerunt. Quod ita factum esse speramus, ut usu probarentur. Nam, quod non omnes iudicio oculorum satisfaciunt, machinarum fit partim rationibus, quibus postulatur, ut omnes consonantium formae aut quadrato aut semiquadrato includi possint neque superiores vel inferiores vocalium atque accentuum series impediant, quae separatim typis mandantur. Itaque innumerabilia paene temptanda fuerunt, qua in re Societas Biblica Virtembergensis multum et temporis et pecuniae in litteras identidem excudendas aliasque eius generis res insumere non dubitavit, antequam ea, quae inventa erant, luce digna sunt visa. Pro eximio autem eius rei studio cum multis, tum Carolo Häußler, typothetae sollertissimo, gratiam et laudem debemus.

2. Textus Biblicus. Orationem biblicam omnibus locis talem esse reddendam censuimus, qualis novissima manu codicis L litteris esset mandata. Itaque ne ea quidem correximus, quae mera librariorum menda Kittel appellaverat; in dubiis autem verbis quam simus secuti rationem, exemplo notae criticae ad Jes 2,15a ascriptae illustratur. Praeterea neque silluq, qui aliquotiens, neque meteg, quod saepe deest, addidimus, praesertim cum etiam in codice ipso meteg modo in sinistra, modo in dextra vocalis parte scriptum sit, sed etiam silluq nonnumquam a dextra vocalis parte occurrat. Contra, ut etiam Kittel, raphe omnibus fere locis neglеximus, id quod summae typorum difficultates ipsae hortabantur. Item contra codicis exemplum ad incisiones significandas et פ et ס retinuimus, quae, ut antea, minoribus litteris exscriptae sunt. Ad conferenda autem BHS cum codice Leningradensi praesto fuit imago illius libri in minimam pelliculam lucis ope contracta, unde Tubingae alia specimina confecta sunt. Ex iis codex, ne quid observationem fugeret, pluribus inspectionibus collatus est, id quod assiduis debetur laboribus et H. P. Rügeri, professoris Tubingensis, qui totum codicem saepius perscrutatus est, et eorum, qui Tubingae editoribus assistebant, qui aut singuli singulas partes aut totum quidem codicem, sed ad propositas quasdam rationes excusserunt. Praefectis autem Bibliothecae Publicae Communis Leningradensis, quae appellatur a Saltikov Schtschedrin, pro imagine codicis maximas gratias agimus; quam imaginem conficere difficillimum fuit, quod integumenta libri solvenda fuerunt. De his rebus auctore O. Eißfeldt K. Aland anno 1957 in urbem Leningrad profectus cum procuratoribus bibliothecae egit.

3. Masora. Hic solvere denique possumus, quod Kittel pollicitus erat, fore ut tota codicis L masora proponeretur. Id ingenti debemus studio unius Gerhardi E. Weil, professoris Nanceiensis, qui idem de hac operis parte solus praestat. Atque invenies masoram, quam minorem Kittel, nos parvam appellamus, in marginibus ut

antea ascriptam, sed totam emendatam et iis constitutam rationibus, quas P. Kahle, cum a G. E. Weil consultus esset, et ipse comprobaverat. Masora autem maior vel, ut nunc placet, magna separato volumine iam edita est, quod communi cura Societatis Biblicae Virtembergensis, quae sedem habet Stuttgartiae, et Pontificii Instituti Biblici Romani, id quod iucundum est horum temporum signum, anno 1971 publicatum est. Hoc volumen inscribitur MASSORAH GEDOLAH (Masora Magna), volumen primum, idemque BHS, volumen posterius. Etiam in priore BHS volumine apparatus superior, qui tantisdem typis quantis masora marginalis exscriptus est, ad masoram magnam sive Mm spectat. Sed de his rebus posteriore parte praefationis accuratius disputabitur.

4. APPARATUS CRITICUS. Cum alia, tum apparatus criticus in infima quaque pagina collocatus totus est novus, ut eo ipso apparet, quod plurimi libri ab aliis atque antea sunt curati. Statim autem conspicias apparatum iam non dubia ratione in varias lectiones notasque levioris momenti (ut Kitteli ipsius utamur verbis) et veras textus mutationes quaeque alia gravioris essent momenti divisum esse. Id quoque brevi cognosces, eos, qui singulos libros curaverunt, ea, quae nova accesserunt, pro viribus adhibuisse, e memoria librorum biblicorum diligentius investigata de via ac ratione ineunda non nihil addidicisse, in locis vel coniectura sanandis vel e veterum versionibus restituendis cautos se praebuisse, quibus rebus editionem utiliorem esse factam speramus. Gratis autem animis commemoramus J. Ziegler, professorem Virceburgensem, virum versionis LXX interpretum peritissimum, et H. P. Rüger, professorem Tubingensem, virum rerum targumicarum in primis gnarum, plurimorum librorum apparatus recognovisse et suas emendationes omnibus liberaliter permisisse. Iis vero, qui singulis libris operam dederunt, quorum complures vita iam cesserunt, primam omnium deberi gratiam nemo est quin sciat. Eorum nonnulli ea, quae curanda susceperunt, ante complures annos in commune contulerunt neque additamentorum molestias recusaverunt. Optima autem studiorum societate coniuncti erant cum iis, qui Tubingae editoribus assistebant. Itaque et iis ex omnium sententiis nominatim gratias agimus, cum Manfriedo Dietrich (1960–62), Siegharto Kappus (1961–63), Guernero Fuß (1964–66), Ursulae G. Mantel-Richter (1966–67), tum Diethero Kellermann (1962–64 et 1967–75).

Reliquum est, ut editores, qui hoc munus anno 1954 ab A. Alt et O. Eißfeldt accepimus et Ioannem P. Rüger adiutorem semper promptum habuimus, non modo grato adducti officio, sed animi secuti voluntatem Societati Germanicae studiis provehendis gratias agamus quam maximas. Quae et variis difficultatibus pecuniariis etiam atque etiam occurrit et pecunias non parvas ad opus typis exscribendum concessit.

Extrema verba sint eadem, quibus R. Kittel anno 1929 suam conclusit praefationem. Ibi enim: Ne sic quidem, inquit, Biblia Hebraica futuras emendationes vitabunt; nam notum est illud: dies diem docet. Inveniant, opto, toto orbe aequos iudices maximeque lectores dignos magnitudine materiae.

Scripsimus Tubingae et Monasterii annis 1967 et 1977

CAROLUS ELLIGER, GUILELMUS RUDOLPH

II

R. Kittel anno 1929, quo anno mortem obiit, in praefatione primi fasciculi tertiae editionis Bibliorum Hebraicorum scripsit, quod codex Leningradensis fundamentum textus masoretici electum esset, etiam masoram et maiorem et minorem primo doctis posse proponi. In animo enim habebat totam quidem masoram, sed unius codicis L et theologis et omnibus doctis aperire, cum masoram minorem, quam nos appellamus parvam sive Mp[1], in marginibus ipsorum librorum biblicorum ascriberet, maiorem, quam nos vocamus magnam sive Mm[2], ex litterarum ordine dispositam et pleno indice locutionum notarumque masoreticarum ornatam ut supplementum altero opere proponeret. Quod praeter omnium exspectationem nisi ex parte perfectum non est. Nam tertia BHK editio, anno 1937 confecta, de masora nihil continuit nisi parvam codicis L neque eam critice tractatam, sed ex codice quasi lucis ope transcriptam. Nam P. Kahle, quamquam in praefatione monuit annotationem marginalem multis locis falsam, mutilam neque sibi consentaneam esse, tamen in praesentia satis habuit talem edere Mp, qualis in codice esset scripta, etiamsi gravissima quaeque uncis adhibitis correxit[3]. Itaque, cum Mp tam inconstanter esset reddita, editione eius nihil fere effectum est; nam, quamquam notae et mutilae et difficiles ad intellegendum erant, nemo eas ad unam redigere rationem, ut aditus esset facilior[4], conatus erat. Masora vero magna dubium non est quin ideo numquam sit edita, quod dominatione nazistarum P. Kahle et amici eius illis ante bellum maximum annis multa adversa paterentur, adiutores aut dissiparentur aut in latebras compellerentur, P. Kahle ipse in exilium ire cogeretur.

His rebus adductus P. Kahle, cum supremos aetatis annos Oxonii degeret, moderatoribus novae editionis Bibliorum Hebraicorum suasit, ut ad masoram et magnam et parvam edendam me asciscerent. Ii benigne concesserunt, ut ad masoram publicandam, quam rem unus totam susceperam, novam ingrederer viam. Qua quid sim consecutus, hac proponitur editione, qua idem fere efficere conatus sum, quod unus antea Jacobus ben Chajjim bibliis illis rabbinicis Bombergianis, quae anno 1525 edita sunt.

Nam notae Mp, quibus id plerumque significatur, quotiens vocabula formae locutiones quaedam in libris biblicis reperiantur, cum multis ante saeculis a masoretis in marginibus codicum ascriberentur, satis certae duces fuerunt lectoribus, quippe qui biblia bene novissent. Sed, ut hac aetate usui essent, ratio fuit invenienda, qua fieri posset, ut a verbis biblicis per Mp ad tabulas Mm, quibus omnes loci comparandi continerentur, et tute et facile pervenires. Ad eam rem consequendam providendum fuit, ut unaquaeque nota et erroribus vacaret et suo loco esset ascripta, sed etiam eae notae, quae numquam essent suppletae[5], ex eo loco, quo primo occurre-

[1] מסורה קטנה.

[2] מסורה גדולה.

[3] Cf. BHK, Mp ad Gn 1,16–28.

[4] Saeculo etiam sexto decimo Elias Levita in versibus, quibus praefatus est eum librum, quem inscripsit Massoret ha-Massoret (Venetiis 1536), questus est orationem masoretarum intellegi non posse, quod tam esset pressa, ut non minus occulta esset quam verba libri obsignati (וקצור לשונה. אשר הוא סתום. כדברי הספר החתום).

[5] Cf. G. E. Weil, La nouvelle édition de la Massorah (BHK IV) et l'histoire de la Massorah, SVT 9 (1962), p. 43–67, et Massorah, REJ 131 (1972), p. 5–102.

rent, supplerentur. Hac in re signis criticis, quae in libris ad usum doctorum destinatis adhiberi solent, uti nolui, ne annotatio marginalis nimis premeretur. Quod autem ex centenis notis septuagenae fere aut numquam aut ex parte tantum in uno vel altero libro biblico suppletae erant, compositione maiorum codicum biblicorum effectum erat[6]. Codices enim masoretici maiores, qualis est codex L, non ex uno atque eodem libro descripti, sed aliae eorum partes ex aliis sumptae sunt exemplaribus, quae a libris erant ducta, quorum in marginibus magistri in discipulorum usum notas ascripserant. Quae haustae erant ex explicationibus, quae non ex communibus stirpibus ortae, sed nonnumquam etiam a disciplinis scribarum vel masoretarum contraria defendentibus erant profectae[7]. Ut autem utraque masora apte edi posset, hac ratione fuit utendum, ut annotatio marginalis Mp cum uberrimis tabulis Mm certis quibusdam indicibus coniungeretur. Itaque constitui maiorem partem explicationum masoreticarum codicis L, quae intra BHS recipi non posset, eodem tempore compluribus voluminibus separatis edere, quae inscriberentur Massorah Gedolah et Romae publicarentur[8]. Hac via procedens in BHS marginibus annotationem plenam, renovatam, perspicuam, ad unam rationem redactam, sed totam positam in notis Mp codicis L edere potui. Dico autem hanc annotationem ob eam rem ad unam rationem redactam, quod omnibus locis eadem iisdem designantur; ob eam rem plenam, quod omnibus locis, quibus exspectabis, notam invenies, si in Mp codicis L uno quidem loco legitur. Ab hac ratione eo tantum discessi, quod non supplevi eas notas marginales, quae plus centies occurrunt, velut in illo אדני, cui in Mp ascriptum est קֿלֿדֿ, i. e. centies tricies quater (subaudi: in libris biblicis)[9], vel in illo ראש, cui in Mp ascriptum est קֿנֿ, i. e. centies quinquagies (in libris biblicis)[10], vel in illo בעיני, cui in Mp ascriptum est קֿלֿטֿ, i. e. centies tricies novies (in libris biblicis)[11]. Sed etiam harum notarum tabulae plenae tertio volumine editionis Mm proponentur. His omnibus supplementis annotatio marginalis tribus fere partibus maior facta est quam antea, ut collatis BHK facile cognoscas.

His notis tabulas adde Mm, quae in omnibus paginis totius codicis L et supra et

[6] Cf. G. E. Weil, La formation du commentaire de la Mm marginale dans les grands codex bibliques. Etude comparée des listes de Dt 28,17 à 34,12 dans les manuscrits *A* et *L*, RHT 1 (1971), p. 1–48.

[7] Exempli causa cf. in verbis biblicis illud כדרלעמר, quod Gn 14,1.4.5.9 uno, sed Gn 14,17 duobus scribitur verbis (כדר־לעמר). In Mp cf. notas de אהלה in Gn 9,21; 12,8; 13,3; 35,21, quibus e notis ea, quae spectat ad Gn 13,3, una constabat ex Qere, ceterae, ut apparet ex Mm 83, scriptae erant דֿ כתֿ ה. De differentiis inter Mp duorum librorum, etiamsi ad unum spectat verbum, cf. illud הנער et in Gn 24,14 et in Dt 22,15. De differentiis inter verba biblica et Mm et Mp cf. illud סביבתיהם in Gn 35,5 cum Mm 257 vel Ps 9,1 et 48,15, ubi עלמות uno loco uno, altero loco duobus scribitur verbis utraque discrepante nota masoretica.

[8] G. E. Weil, Massorah Gedolah iuxta codicem Leningradensem B 19a, Vol. I: Catalogi, Pontificium Institutum Biblicum, Romae 1971. Secundo volumine continebuntur palaeographicae et philologae explicationes tabularum Mm, tertio illustratio Mp, cui quidem non respondeat Mm, quarto Masora finalis sive Mf et elementa masorae universae, quibus exponendis usum codicum masoreticorum ante saeculum tertium decimum conscriptorum faciliorem me redditurum spero.

[9] Cf. Gn 18,3; Ex 34,9; 1 R 3,10; Ps 38,16.

[10] Cf. Ps 137,6 et Neh 11,17.

[11] Cf. Dt 31,29.

infra verba biblica inveniuntur et primo volumine editionis Mm ex eo ordine sunt typis exscriptae, quo in libris biblicis exsistunt. Tamen nulla tabula nisi eo loco, quo primo occurrit, respecta est, quod primo volumine omnes tabulae vel aliae res iteratae, etiamsi rebus notabilibus discrepant, neglectae sunt. Tabulas autem receptas continuis numeris ab 1 ad 4271 signavi; idem ergo numerus 4271 summam omnium tabularum editarum indicat, exceptis iteratis, quae secundo volumine et edentur et annotationibus illustrabuntur, sed indice quodam etiam in fine voluminis primi commemorantur, ut appareat, quid quaque contineatur. Tabulas autem non secundum ordinem litterarum Hebraicarum, id quod P. Kahle in animo habuerat, disposui, sed ex locis, quibus in codice reperiuntur, quod nulla re melius perspicitur, quae deinceps in codicem L confluxerint, neque ulla re Mm cum Mp facilius coniungitur. Tamen tabulae etiam in litteras facile digeri poterunt, quod in fine voluminis secundi index radicum verborum, qui complectetur numeros tabularum, adicietur. Tabulas vero editionis Mm numeris distinctas cum notis Mp in marginibus BHS ascriptis eo coniunxi, quod omnes notas idoneas indicio tabulae Mm inspiciendae instruxi. Nam omnibus notis, quibus respondent tabulae, numeros indicatorios adiunxi, qui paulo supra lineam sunt elati et ad suum ducunt apparatum. Hic novus BHS apparatus, in continuos per singula capita numeros discriptus et iisdem litteris quibus Mp expressus, inter verba biblica et apparatum criticum interpositus est. Ibi plerumque affertur numerus tabulae Mm inspiciendae, velut Mm 350, nonnumquam etiam notae, quae ad futura volumina editionis Mm spectant vel, ubi opus est, monent masoram et verba biblica re quadam graviore inter se differre. Hac ratione primo effectum est, ut a verbis biblicis per Mp ad Mm facile pervenias, facile indidem redeas.

In numeris indicatoriis haec exsistere possunt:

1. Nota Mp numero indicatorio caret. Quod cum ita est, nota neque pendet a Mm neque difficultatem vel rei vel formae habet. Tamen etiam hae notae tertio volumine editionis Mm accurate explicabuntur, quo volumine Mp BHS, quae a Mm codicis L non pendet, amplissima annotatione illustrabitur. Disputabitur autem de his notis eo loco, quo primo quaeque exsistit. Ibi invenies et tabulam maiorem, unde nota, de qua agetur, ducta est, et nomina codicum, quibus haec tabula continetur. Nam praeter eas notas, quibus nihil indicatur nisi verborum qualitates, velut כל אורית֗ חס֗, i. e. in tota thora defective, ad עֲבֹדַת in Nu 4,47 vel כל סיפ֗ מל֗, i. e. in toto libro plene, ad וּשְׁמוֹנֶה in 1 Ch 12,25, etiam ea Mp, quae ad verborum spectat quantitates, i. e. significat, quotiens quodque verbum occurrat, semper a tabula Mm ducta est, etiamsi haec tabula codice L non continetur. Praeterea explicationes tertii voluminis editionis Mm ad ea pertinebunt verba biblica, quae a nulla quidem masora neque magna neque parva pendent, sed aliqua re notabili vel eminent vel a verbis biblicis codicis L vel a textu, qui dicitur receptus, differunt. Cum autem verba biblica ex ordine librorum capitum versuum tractentur, perspici poterit, qualis sit singulis locis condicio et verborum traditorum et masorae universae.

2. Nota Mp a Mm non pendet, sed numero indicatorio instructa est. Quod cum ita est, res in unum ex his cadit:

a) Nota marginalis ל֗, i. e. semel, in codice significatione alterius verbi distincta est, quod ipsum eadem nota marginali instructum et in quo differentia notabilior

annotata est. Haec annotatio saepe eo loco, quo prior nota spectat, in codice deest. Itaque notam idoneam semper supplevi, locum, quo spectat, addidi, verba Hebraica, quo nota pertinet, ne nimis premerem margines, in apparatu masoretico collocavi. Cuius rei exempla sunt Jes 1,1, ubi memoratur 2Ch 32,32, vel Jes 28,4, cuius loci ibi, quo est referendus, i. e. in Hos 9,10, in codice mentio non fit.

b) Nota marginalis בֹּ, i. e. bis, in codice ascriptione totius loci respondentis distincta est. In hac quoque re notam, ubi defuit, supplevi, sed utroque loco nisi in apparatu masoretico numeros librorum versuum capitum more hodierno ascribens, quo nota spectaret, non significavi. Exemplo sit Jes 1,3, ubi in codice ad notam marginalem בֹּ, i.e. bis, adiectum est illud באין אלפים[12], quo admoneris de Prv 14,4. Ibi in margine de verbo biblico אֵבוּס nihil ascriptum invenitur praeter illud בֹּ, i. e. bis, verbo ipso ex Jes 1,3 non allato. Tamen in apparatu masoretico, ut aequalis esset annotatio, a me illud Jes 1,3 additum est.

c) Mp vel Mm discrepat a verbo biblico. Quod cum ita est, numerus indicatorius monet, ut inspiciatur apparatus, quo ad condicionem textus masoretici explicandam et loci respondentes codicis L et lectiones codicum masoreticorum praestantissimorum conferuntur, velut codicis Musei Britannici Or 4445, codicis prophetarum Cairensis sive C, codicis Parisini Hebraici bibliothecae nationalis 15 sive P. Praeterea inspexi nobilissimas editiones masoreticas, velut posteriora biblia rabbinorum Danielis Bomberg (Venetiis 1524/25), editionem Christiani D. Ginsburg (Londinii 1908–26), interpretationes masoreticas velut illam מנחת ש״י Salomonis Jedidja Norzi (Mantuae 1742) vel opus viri docti R. Gordis, The Biblical Text in the Making (Philadelphiae 1937), etiamsi in apparatu masoretico non nominantur. Nam ex interpretationibus masoreticis nulla notatur nisi, ubi res postulat, illa Okhla we-Okhla aut secundum codicem Parisinum, editum a Frensdorffio[13], aut secundum codicem qui servatur Haliae Saxonum, quem edit Ferdinandus Díaz-Esteban[14]. Exemplum est illud Okhl 196 ad Da 6,28.

d) Numerus indicatorius spectat ad annotationem, quae est Mp sub loco. Quali annotatione admoneberis Mp BHS, quod a me correcta sit, a nota codicis L differre vel difficultatem quandam inde nasci, quod in codice tabula Mm, quae respondeat Mp, desit. Omnes hae notae in tertio volumine editionis Mm explicabuntur.

3. Nota Mp pendet a Mm.

a) Numerus indicatorius spectat ad notam apparatus masoretici, qua plerumque nihil affertur nisi numerus tabulae Mm inspiciendae. Quam tabulam, unde nota Mp ducta est, in primo volumine editionis Mm eodem signatam numero invenies.

b) Unum verbum biblicum pluribus notis marginalibus distinctum est. Quod cum ita est, singulae notae singulis numeris indicatoriis instructae esse solent. Nam, si notae Mp inde ortae sunt, quod tabula quaedam universa coniuncta est cum tabula, quae ad unum spectat librum vel unam partem bibliorum, tales reperiuntur notae, qualis est גֹּ[2] מל בֹּ[3] מנהֹ בתור ad בְּמוֹעֲדוֹ in Nu 9,2, ubi numerus indicatorius 2 referendus est ad Mm 3003, numerus indicatorius 3 ad Mm 3727.

[12] Cf. BHK ad loc.
[13] Das Buch Ochlah Wʿochlah (Masora), Hannoverae 1864.
[14] Consejo Superior de Investigaciones Científicas, Madriti.

In circellis observanda sunt haec:

a) Unum verbum biblicum una nota Mp distinctum est. Ad hanc notam qui spectat circellus, is super medium verbum positus est vel, si quae typorum difficultas obstitit, ita, ut medium verbum quam proxime accedat. Nota Mp inspicienda in margine exscripta et puncto interposito a sequenti nota divisa est.

b) Unum verbum biblicum pluribus notis Mp distinctum est, quae aliquotiens aliae ad alias res spectant. Etiam de his notis uno admoneberis circello, qui super medium verbum positus est; notae ipsae uno omnes finiuntur puncto. Ut autem syntaxis earum magis esset perspicua – nam variis e fontibus sunt haustae –, ubi potui, vav copulativum inserui. Quod si fieri non potuit, velut in Ez 14,15, ubi ad illud לוּ notandum fuit כֹּבֹ וֹו ר״פ, i. e. vicies bis et sexies in versu ineunte, scribere malui כֹּבֹ וֹ מנהֹ ר״פ, i. e. vicies bis et ex his (subaudi: locis) sexies in versu ineunte. Si denique ne illo quidem מנהון, i. e. ex his (locis), uti potui, quod aliae notae ad alias eiusdem verbi res spectabant, scripsi וחד מן, i. e. et unum ex his. Exemplum est nota ad illud לֹא in Ez 29,11, ubi ita scripsi: הֹ ר״פ בסיפֹ וחד מן וֹ פסוקֹ לא לא ולא, i. e. quinquies in libro in versu ineunte, et unum ex his sex versibus cum לא לא ולא.

c) Duo vel plura verba biblica continua una nota Mp distincta sunt. Quod cum ita est, super singulorum verborum intervalla singuli sunt positi circelli, atque id ita, ut paribus, si possint, spatiis a verbis distent. Exempla praebent Gn 2,18 vel Jes 1,20.

d) Complura verba biblica continua aptis secundum litteram c circellis instructa sunt, sed duo vel plura ex iis, quod per se ipsa sunt notabilia, alio loco nota Mp distincta sunt. Hanc alteram notam, ubi defuit, in margine supplevi et puncto interposito a priore divisi. Initium autem verborum biblicorum, ad quae nota posterior referenda est, altero designatur circello inter primum et secundum verba interposito; finis eorum idem esse solet atque totius locutionis. Exempli gratia affero illud נְאֻם־ אֲדֹנָי יְהוִה צְבָאוֹת in Jes 3,15, cui in Mp ascriptum est דֹ . הֹיֹ, i. e. quater. quinquies decies, qua annotatione significatur verba continua quater, sed illud אֲדֹנָי יְהוִה צְבָאוֹת quinquies decies occurrere.

Invenies igitur circellum tribus modis positum:
aut super verba singula: vide litteram a vel b;
aut inter verba duo vel plura: vide litteram c;
aut praeter alterum circellum inter verba duo: vide litteram d.

In hac praefatione disputari non potest de orationis genere, ad quod Mp revocare studui. De hac re in tertio agetur volumine editionis Mm. Tamen etiam hoc loco dico praeter vocabula copulativa, quae supra in circellis explicandis sub littera b commemoravi, a me nihil esse additum. Semper enim eam notarum formam secutus sum, quae in Mp vel in Mm codicis L prima occurrit, vel si plures eiusdem notae formae exstiterunt, eam, quae plurimis locis occurrit. Vocabulis autem copulativis, velut מנהון vel וחד, quae etiam in aliis annotationibus masoreticis reperiuntur, utendum mihi fuit, ut et tabulas Mm et notas Mp apte possem coniungere. Quae quod antea numquam erant coniunctae neque ad unam rationem redactae, annotatio masoretica marginalis et mutila et sibi dissentanea facta erat. Cui rei remedium afferre studui.

Invenies denique indicem locutionum notarumque masoreticarum, quae in hac

editione adhibentur. Eas quoque una scripsi ratione, quamquam in codice, quae aliunde sunt sumptae, aliter scribuntur, quod, qui Mp ascripsit, accepta fidelissime servavit. Praeterea hoc indice notas ex ordine litterarum dispositas Hebraice solvi, reddidi Latine, quae lectoribus usui fore spero. Idem index optimus est magister Mm, unde omnes eius notae sunt ductae.

Restat, ut gratias agam omnibus, quorum societate atque auxilio haec masorae editio perfici potuit. Atque primis gratia debetur N. G. Weil, uxori carissimae, S. Sagot et A.-M. Guény, feminis doctissimis, G. Jobin, socio omnium vetustissimo. Hi omnes in Collegio ad memoriam codicum librorumque investigandam instuto, quae est pars Instituti Francogallici investigationibus doctorum promovendis, rebus biblicis atque masoreticis operam dant et iam plus decem annos se totus huic editioni dedunt. Neque mihi praetereundi sunt editores BHS eorumque adiutores Tubingenses, Societas Biblica Virtembergensis, praeclara huius editionis curatrix, Societas denique Germanica studiis provehendis, cuius beneficio haec editio, quamquam id magni sumptus fuit, typis exscribi potuit.

Scripsi Nancei annis 1967 et 1977   GERHARDUS E. WEIL

SIGLA ET COMPENDIA APPARATUUM

I. Apparatus criticus

Litterulae $^{a.b\ etc}$, sive adest sive deest linea maqqef, semper ad id verbum solum referendae sunt, quod in textu ante eas positum est. Cum annotatio critica ad duo aut plura verba spectat, ea verba iisdem litterulis circumcluduntur, velut in Jes 2,2, ubi invenies: [b]אליו כל־ הגוים[b]. Cum una litterula ante primum verbum cuiusvis versus posita est, annotatio critica ad totum versum pertinet, velut in Jes 40,7, ubi reperies: [a]יבש.

Verba Hebraica, quae *in apparatu critico* afferuntur, punctatione compleri non solent, nisi punctatio in apparatu differt a punctatione consonantium in textum receptarum. Crebro autem eae verborum partes, quae nulla re differunt, notis compendiariis ita designantur, ut lineola transversa (–) primam partem, apostrophus sive cuneolus (′) extremam partem verbi significet. Exempla sunt: ad Jes 2,8[a] –וֶה pro יִשְׁתַּחֲוֶה, ad Jes 5,18[a] כְּח′ pro כְּחַבְלֵי.

ɯ	Pentateuchi textus Hebraeo-Samaritanus secundum A. von Gall, Der hebräische Pentateuch der Samaritaner 1914–1918
$ɯ^{Ms(s)}$	codex manuscriptus (codices manuscripti) secundum apparatum criticum Galli
$ɯ^{T}$	Targum Samaritanum
$ɯ^{W}$	Pentateuchi textus Hebraeo-Samaritanus secundum polyglottam Londinensem B. Waltonii, vol. I 1654
α′	Aquila
ε′	Quinta, quae dicitur, Origenis
θ′	Theodotion
ο εβρ′	ὁ Ἑβραῖος Origenis
οι γ′	οἱ τρεῖς (ἑρμηνευταί)
οι λ′	οἱ λοιποί (ἑρμηνευταί)
σ′	Symmachus
𝔄	versio Arabica
𝔄	versio Aethiopica
Ambr	Ambrosius
Arm	versio Armenica
𝔅	editio Bombergiana Iacobi ben Chajjim, Venetiis 1524/5
Bo	versio Bohairica
C	codex prophetarum Cairensis
ℭ	fragmentum codicis Hebraici in geniza Cairensi repertum
$ℭ^{2.3\ etc}$	duo (tria etc) fragmenta codicum Hebraicorum, in geniza Cairensi reperta
cit(t)	loci laudati in litteratura rabbinica et in litteratura judaica mediaevali secun-

	dum V. Aptowitzer, Das Schriftwort in der rabbinischen Literatur, Prolegomena (Vindobonae 1906); pars II (1908); pars III (1911)
Cyr	Cyrillus
Ed(d)	editio(nes) textus Hebraici secundum Kennicott, de Rossi et Ginsburg cf Ms(s)
Eus	Eusebius Pamphili Caesareensis
Eus Onom	Onomasticon Eusebii Pamphili Caesareensis
$\mathfrak{G}$	versio LXX interpretum Graeca (secundum Septuaginta. Vetus Testamentum Graecum auctoritate Societatis Litterarum Gottingensis editum 1931 sqq., vel, ubi haec editio deest, secundum Septuaginta. Edidit A. Rahlfs 1935)
1/2 S:	versio LXX interpretum Graeca consentientibus omnibus (fere) codicibus editionis A. E. Brooke - M. McLean, The Old Testament in Greek II/1 (Cantabrigiae 1927)
$\mathfrak{G}$ [nullo signo adiecto]	omnes vel gravissimi codices
$\mathfrak{G}^{*}$	textus Graecus originalis
$\mathfrak{G}^{\mathrm{A}}$	codex Alexandrinus
$\mathfrak{G}^{\mathrm{B}}$	codex Vaticanus
$\mathfrak{G}^{\mathrm{C}}$	codex Ephraemi Syri rescriptus
$\mathfrak{G}^{C}$	textus Graecus in genere Catenarum traditus
$\mathfrak{G}^{\mathrm{F}}$	codex Ambrosianus
$\mathfrak{G}^{L}$	textus Graecus ex recensione Luciani
$\mathfrak{G}^{lI}$	textus Graecus ex recensione sublucianica prima
$\mathfrak{G}^{lII}$	textus Graecus ex recensione sublucianica secunda
$\mathfrak{G}^{L\mathrm{p}}$	$\mathfrak{G}^{L}$ partim
$\mathfrak{G}^{\mathrm{maj}}$	codices majusculis scripti
$\mathfrak{G}^{\mathrm{min}}$	codices minusculis scripti
$\mathfrak{G}^{\mathrm{M}}$	codex Coislinianus
$\mathfrak{G}^{\mathrm{Ms(s)}}$	codex (codices) versionis Graecae
$\mathfrak{G}^{\mathrm{N}}$	codex Basiliano-Vaticanus jungendus cum codice Veneto
$\mathfrak{G}^{O}$	textus Graecus ex recensione Origenis
$\mathfrak{G}^{O\mathrm{p}}$	$\mathfrak{G}^{O}$ partim
$\mathfrak{G}^{\mathrm{Q}}$	codex Marchalianus
$\mathfrak{G}^{\mathrm{R}}$	codex Veronensis
$\mathfrak{G}^{\mathrm{S}}$	codex Sinaiticus
$\mathfrak{G}^{\mathrm{U}}$	papyrus Londiniensis Musei Britannici 37
$\mathfrak{G}^{\mathrm{V}}$	codex Venetus
$\mathfrak{G}^{\mathrm{W}}$	fragmentum 1 S 18,8–25 continens, saec. IV, secundum H. Hunger, Ein neues Septuaginta-Fragment ..., Anzeiger d. Österr. Akad. d. Wiss. Phil.-hist. Kl., 93 (1956) p. 188–199
$\mathfrak{G}^{22.26\ \mathrm{etc}}$	codices minusculis scripti in A. Rahlfs, Verzeichnis der griechischen Handschriften des Alten Testaments, MSU vol. II 1914, numeris 22.26 etc signati
$\mathfrak{G}^{\mathrm{B}*}$ etc	codicis Vaticani etc prima manus
$\mathfrak{G}^{-\mathrm{S}}$ etc	textus Graecus excepto codice Sinaitico etc
$\mathfrak{G}^{\mathrm{Q^c}}$ etc	codicis Marchaliani etc correctio
$\mathfrak{G}^{\mathrm{Q^{mg}}}$ etc	codicis Marchaliani etc lectio marginalis
$\mathfrak{G}^{\mathrm{S1.2.3}}$	codicis Sinaitici primus, secundus, tertius corrector

Ga	Psalterium Gallicanum
Gn R	Genesis rabba, vide cit(t)
Hier	Hieronymus; in Psalmis: Psalterium iuxta Hebraeos
Hill	codex Hillel
jJeb	Jerušalmi Jebamot, vide cit(t)
Jos Ant	Antiquitates Flavii Josephi
Just	Justinus
K	Ketib
K^Mss	vide Q^Mss
K^Occ	Ketib apud Occidentales
K^Or	Ketib apud Orientales
𝕶	versio Coptica
L	codex Leningradensis B 19^A
L*	codicis L prima manus
𝕷	vetus versio Latina (secundum P. Sabatier, Bibliorum Sacrorum latinae versiones antiquae 1739 sqq, vel secundum Vetus Latina. Die Reste der altlateinischen Bibel nach Petrus Sabatier neu gesammelt und herausgegeben von der Erzabtei Beuron [ed. P. Bonifatius Fischer], Beuron 1949 sqq); sigla secundum editionem Beuronensem, pars I (Freiburg 1949)
𝕷^91	codex Legionensis; vide R. Weber in Miscellaneae G. Mercati pars I (Romae 1946)
𝕷^93	replica codex Legionensis; sec. editionem C. Vercellone vol. II (Romae 1864)
𝕷^94	marginalia incunabilis 54 (Venetia 1478)
𝕷^115	Napoli codex lat. 1 (priusquam Vindob. 17) secundum transcriptionem B. Fischer, nondum editam
𝕷^116	fragmenta Quedlinburgensia et Magdeburgensia, secundum editionem H. Degering-A. Boeckler (Berolini 1932)
𝕷^117	fragmenta Vindobonensia, secundum editionem M. Haupt (Vindobonae 1877)
𝕷^CY	Cyprianus, Testimonia secundum editionem G. Hartel (Vindobonae 1868)
𝕷^G	codex Parisinus Latinus bibliothecae nationalis 11947
𝕷^gl	glossarium; D. de Bruyne, Fragments d'anciennes versions latines tirés d'un glossaire biblique, in Archivum Latinitatis Medii Aevi, vol. III Parisi 1927 p. 113–120
𝕷^Lg	margo codicis Legionensis
𝕷^R	textus Latinus codicis Veronensis
𝕷^S	textus Latinus fragmentorum Sangallensium
𝕷^TE	Tertullianus, Adversus Marcionem secundum editionem E. Kroymann (1906)
𝔐	textus masoreticus
Mm	masora magna
Mp	masora parva
Ms(s)	codex manuscriptus Hebraicus (codices manuscripti Hebraici) secundum B. Kennicott, Vetus Testamentum Hebraicum, voll. I. II (Oxonii 1776. 1780), et J. B. de Rossi, Variae Lectiones V. T. librorum, voll. I–IV (Parmae 1784 sqq) et eiusdem Scholia Critica in V. T. libros (1798), generatim inclusis codicibus, qui prima, exclusis illis, qui secunda manu lectionem tuentur et C. D. Ginsburg, The Old Testament, voll. I–IV (London 1908–1926)

1/2 S: Mss = codices manuscripti Hebraici secundum B. Kennicott, Vetus Testamentum Hebraicum (Oxonii 1776) sive secundum J. B. de Rossi, Variae lectiones V. T. librorum vol. II (Parmae 1785) et additionem vol. IV (Parmae 1788) p. 227–229 et eiusdem Scholia Critica in V. T. libros (Parmae 1798) p. 38–42. Fragmenta ex Geniza Cairensi, hodie Cantabrigiae (bibl. universitatis: Taylor-Schechter Collection, Westminster College), Oxonii, Parisii, Londini adservata, perlustrata atque comparata sunt quoad consonantes attinet. Variae lectiones horum Mss numero Kennicottianorum et de Rossianorum additae sunt

pc Mss — pauci i. e. 3–10 (1/2 S: 3–6) codices manuscripti

nonn Mss — nonnulli i. e. 11–20 (1/2 S: 7–15) codices manuscripti

mlt Mss — multi i. e. plus quam 20 (1/2 S: 16–60) codices manuscripti

permlt Mss — 1/2 S: permulti i. e. plus quam 60 Mss

Mur — codices manuscripti Hebraici nuper in *wādī murabbaʿāt* reperti secundum Discoveries in the Judaean Desert II 1960

Naft — ben Naftali

Occ — Occidentales

Or — Orientales

Orig — Origenes

Pes R — Pesiqta rabbati, vide cit(t)

Q — Qere

Q^{Mss}, K^{Mss} — 1/2 S: Qere et Ketīb in BHK et/aut in Biblia Hebraica ed. N. H. Snaith, Londini 1958, sed non in omnibus codd Kenn. et de Rossi

$Ms(s)^{Q}$, $Ms(s)^{K}$ — 1/2 S: Qere et Ketīb non in BHK et/aut in Biblia Hebraica ed. N. H. Snaith, sed in codd Kenn. et de Rossi

Q^{Occ} — Qere apud Occidentales

Q^{Or} — Qere apud Orientales

𝔔 — libri manuscripti Hebraici nuper prope *chirbet qumrān* reperti secundum Discoveries in the Judaean Desert I sqq 1960 sqq

1/2 S: fragmenta in deserto prope *chirbet qumrān* reperta secundum ed. D. Barthélemy - J. T. Milik, Oxonii 1955 (1 Q) et F. M. Cross Jr., BASOR 132, 1953 et JBL 74, 1955 et secundum reproductiones fragmentorum (4 Q Sam^{a})

$𝔔^{a}$ — 1 Q Is^{a} secundum The Dead Sea Scrolls of St. Mark's Monastery. Vol. I 1950

$𝔔^{b}$ — 1 Q Is^{b} secundum The Dead Sea Scrolls of the Hebrew University 1955

1 Q Gen Ap — 1 Q Genesis Apokryphon secundum Y. Yadin, N. Avigad, A Genesis Apocryphon. A Scroll from the Wilderness of Judaea 1956

1 Q M — 1 Q Milhāmā secundum The Dead Sea Scrolls of the Hebrew University 1955

4 Q Ps^{b} — Ps 91–118 secundum The Catholic Biblical Quarterly 26, 1964, p. 313–322

𝔖 — versio Syriaca consensu testium $𝔖^{A}$ et $𝔖^{W}$ constituta

1/2 S: versio Syriaca consentientibus codicibus et editionibus $𝔖^{ABCD\ Jac\ edess\ Bar\ Hebr}$

$𝔖^{A}$ — codex Ambrosianus, editus ab A. M. Ceriani 1876 sqq

$𝔖^{B}$ — codex Londini British Museum Add. 14.431 (hiant 1 S 1,26–2,9; 2 S 11,11–20); saec. VI

$𝔖^{C}$ — codex Leningradensis Bibl. publ. N. S. no. 2 (hiant 1 S 4,21–6,1; 16,8–17,6); saec. V

$\mathfrak{S}^{D}$	codex Londini British Museum Add. 14.442 et codex Wadi Natrun (continent 1 S 1,1–2,19; 17,57–20,34 et 1 S 3,1–15,28); saec. VI–VII
$\mathfrak{S}^{L}$	versio Syriaca secundum S. Lee, Pentateuchus Syriace, 1821
$\mathfrak{S}^{M}$	editio Mausiliensis 1891 (1951)
$\mathfrak{S}^{Mss}$	codices manuscripti versionis Syriacae
$\mathfrak{S}^{U}$	editio Urmiensis 1852 (1954)
$\mathfrak{S}^{W}$	versio Syriaca secundum polyglottam Londinensem B. Waltonii, voll. I–III 1654 sqq
$\mathfrak{S}^{Jac\ edess}$	fragmenta nonnulla versionis Syriacae Jacobi Edesseni secundum M. H. Gottstein, Neue Syrohexaplafragmente, Biblica 37 (1956) p. 175–183 (continent 1 S 7,5–12; 20,11–23. 35–42; 2 S 7,1–17; 21,1–7; 23,13–17)
$\mathfrak{S}^{Bar\ Hebr}$	lectiones nonnullae ex Barhebraei Scholiis ed. Sprengling-Graham, vol. I (Chicago 1931)
Sa	versio Sahidica
Samar	pronuntiatio Samaritana secundum P. Kahle, The Cairo Geniza 1959, appendix II p. 318
Seb	Sebir
Sor	codd. Kenn. et de Rossi Soraei
Syh	Syrohexaplaris, i. e. versio Syriaca textus Graeci ex recensione Origenis
$\mathfrak{T}$	Targum secundum A. Sperber, The Bible in Aramaic, voll. I–III 1959–1962, vel secundum P. de Lagarde, Hagiographa Chaldaice 1873
$\mathfrak{T}^{Ms(s)\ Ed(d)}$	codex manuscriptus (codices manuscripti) vel editio (editiones) secundum apparatum criticum Sperberi
$\mathfrak{T}^{Buxt}$	editio Buxtorf, Basiliae 1618–1619
$\mathfrak{T}^{ed\ princ}$	editio princeps, Leiriae 1494
$\mathfrak{T}^{f}$	codex Reuchlinianus (qui olim $\mathfrak{T}^{L}$ dicebatur) secundum apparatum criticum Sperberi
$\mathfrak{T}^{J}$	Targum Pseudo-Jonathae secundum M. Ginsburger, Pseudo-Jonathan 1903
$\mathfrak{T}^{J\ II}$	Targum Hierosolymitanum secundum M. Ginsburger, Das Fragmententhargum 1899
$\mathfrak{T}^{P}$	Targum Palaestinum secundum P. Kahle, Masoreten des Westens II 1930, p. 1*–13*. 1–65 et A. Díez Macho, Nuevos fragmentos del Targum palestinense, Sefarad 15, 1955, p. 31–39
Tert	Tertullianus
Tiq soph	Tiqqun sopherim
Tyc	Tyconius
$\mathfrak{V}$	versio Latina vulgata (secundum Biblia Sacra iuxta Latinam Vulgatam versionem ad codicum fidem cura et studio monachorum Abbatiae Pont. S. Hieronymi in Urbe O. S. B. edita 1926 sqq, vel, ubi haec editio deest, secundum M. Hetzenauer, Biblia Sacra Vulgatae editionis 1922)
$\mathfrak{V}^{Ms(s)\ Ed(d)}$	codex manuscriptus (codices manuscripti) vel editio (editiones) secundum apparatum criticum editionis monachorum S. Benedicti
$V^{Ken\ 69\ etc}$	varia lectio codicis manuscripti Hebraici 69 etc secundum B. Kennicott
V^{P}	varia lectio codicis Petropolitani anni 916
V^{S}	varia lectio secundum H. Strack, Grammatik des Biblisch-Aramäischen ^{6}1921
Vrs	versiones omnes vel plurimae

acc	accentus etc
add	additum etc; addit, -unt etc
aeg	Aegyptiacum, -e etc
aeth	Aethiopicum, -e etc
akk	Accadicum, -e etc
al	alii, etc
alit	aliter
arab	Arabicum, -e etc
aram	Aramaicum, -e etc
art	articulus etc
ass	Assyriacum, -e etc
ast	asteriscus etc
bab	Babylonicum, -e etc
c	cum
cet	ceteri etc
cf	confer(endum) etc
cj	conjunge(ndum) etc; conjungit, -unt etc
cod(d)	codex, -ices etc
cop	copula etc
cp	caput etc
crrp	corruptum etc
dl	dele(ndum) etc; delet, -ent etc
dttg	dittographice
dub	dubium
dupl	dupliciter, duplum
etc	et cetera
exc	excidit, -erunt etc
extr	extraordinarius etc
fin	finis etc
frt	fortasse
gl	glossa(tum) etc
hab	habet, -ent etc
hebr	Hebraicum, -e etc
hemist	hemistichus etc
homark	homoiarkton
homtel	homoioteleuton
hpgr	haplographice
hpleg	hapax legomenon
id	idem etc
inc	incertus etc
incip	incipit, -iunt etc
init	initium etc
ins	insere(ndum) etc; inserit, -unt etc
interv	intervallum etc
invers	inverso ordine
it	item
jdaram	Iudaeo-aramaicum, -e etc
kopt	Copticum, -e etc
l	lege(ndum) etc
lect	lectio etc
leg	legit, -unt etc
maj	major etc
marg	marginalis, -e etc, in margine
m cs	metri causa
min	minor etc
mlt	multi etc
mtr	metrum etc
neohb	Neohebraicum, -e etc
nom	nomen etc
nonn	nonnulli etc
ob	obelus etc
om	omittit, -unt etc
omn	omnes etc
orig	originalis, -e etc; originaliter
p	partim; pars etc
par	parallelismus etc
pc	pauci etc
plur	plures etc
pr	praemittit, -unt etc; praemitte(ndum) etc
prb	probabiliter
prp	propositum etc; proponit, -unt etc
punct	punctum etc; punctatio etc
pun	Punicum, -e etc
raph	raphatum, non dagessatum
rel	reliqui etc
scl	scilicet
sec	secundum
sim	similis etc
sol	solus etc
sq(q)	sequens, -ntes etc
stich	stichus etc
syr	Syriacum, -e etc
tot	totus etc
tr	transpone(ndum) etc; transponit, -unt etc
ug	Ugariticum, -e etc
v	versus etc
var	varius etc; varia lectio
vb	verbum etc

verb	verbum (quod a grammaticis vocatur), verba etc
vid	vide(n)tur etc
+	addit, -unt etc
>	plus quam, deest in
*	textus (forma) coniectura probabilis, velut in Jes 5,30[b] prp בַּעֲרִיפֶיהָ (*עֲ' i. e. nubes)
(𝔊)(𝔖) etc	𝔊, 𝔖 etc secundum rem

qal ni pi pu hit hi ho – pf impf fut imp inf pt act pass – m f(em) – sg pl du – (stat) abs (stat) cstr – gen dat acc abl – suff

Gn Ex Lv Nu Dt Jos Jdc 1S 2S 1R 2R Jes Jer Ez Hos Jo Am Ob Jon Mi Na Hab Zeph Hag Sach Mal Ps Hi Prv Ru Cant Qoh Thr Est Da Esr Neh 1Ch 2Ch Sir Jub

Mt Mc Lc J Act Rm 1Ko 2Ko G E Ph Kol 1Th 2Th 1T 2T Tt Phm Hbr Jc 1P 2P 1J 2J 3J Jd Apc

II. Apparatus masorae

B	editio Bombergiana Iacobi ben Chajjim, Venetiis 1524/5
C	codex prophetarum Cairensis
G	editio C. D. Ginsburgii, The Old Testament, vol. I–IV 1908–1926
L	codex Leningradensis B 19^{A}
N	interpretatio masoretica Salomonis Jedidja Norzi, מנחת ש״י, Mantuae 1742
Okhl	interpretatio Okhla we-okhla ex codicibus Halensi et Parisino
P	codex Parisinus Hebraicus bibliothecae nationalis 15
Mm	Masora magna
Mp	Masora parva
reliqua sigla	vide I. Apparatus criticus

INDEX SIGLORUM ET ABBREVIATIONUM MASORAE PARVAE

Masorae verba quibus praefixa ב, ד, ו, ל antecedunt, alphabetico ordine sub iis litteris enumerantur quae praefixa sequuntur.

אוֹת = אותיות	litterae
אוֹת תלויות	Jdc 18,30, litterae suspensae
אֹזֹן = אני, זאת, נא	Ps 25,7, indicat vocem זכר־ bis in Psalmis occurrere praeter eos locos ubi coniuncta est cum uno de his tribus verbis
איוב	liber Job
איש רגלי	Gn 30,30, pedes, miles
א״ב = אלפא ביתא	alphabetum
א ב ג . . ו . . . י	litterae hebraicae puncto non ornatae consonantes indicant
אׄ בׄ גׄ . . וׄ . . . יׄ	litterae hebraicae puncto ornatae numeros indicant
אדכרה	Ps 119,115, nomen divinum Tetragrammaton
אוֹר, אוריתֹ = אוריתא	Pentateuchus (aram)

אית est, exstat
- אית בהון est in eis
- אית בהון א״ב sunt in eis omnes alphabeti litterae

אית׳ = איתתא mulier
אכילה Jdc 7,24, nomen verbi אכל
אמירה nomen verbi אמר
אנש homo
אריה Jer 39,7, leo
ארמי aramaicus
את nota accusativi
אתנח׳ = אתנחתא accentus Atnah
ב in
- בהון in eis

באר puteus
ביאה Jer 17,27, nomen verbi בוא
ביזה Jes 33,23, praeda
ביניה׳ = ביניהון inter eos
בכיה 2S 1,24, nomen verbi בכה
ב׳ מ׳ = בר מן praeter
בן אשר Ps 31,12, masoretae Tiberienses ex genere Ben Ašer
בן נפתלי Jes 44,20, masoretae Tiberienses ex genere Ben Naftali
בראשית liber Genesis
ברנש homo
בתר post
- בתר׳ = בתרא Nu 35,15, postremus

געיא Gaʿja
גריש Gereš
ד particula relativa
דגש׳ = דיגשא Dageš
- דגש א Gn 43,26, א Dageš ornant

ד״ה = דברי הימים liber Chronicorum
דבור משה Ex 16,34, omnes loci quibus scriptum est: וידבר יהוה אל משה vel similiter
דין Lv 14,31, hic
דל pauper
דמיין Gn 41,26, similes
ה׳ו׳ numerus 15 (non יה׳, neque טו׳)
הליכה Gn 27,37, nomen verbi הלך

ו et, et ... quidem
ויקרא liber Leviticus
זה hic
- בזה Hi 5,27, cum hoc

זוגין paria, conjunctio verborum
זכר masculinum
זעירין parvi (de litteris minusculis)
- נונין זעירין Jes 44,14, litterae Nun minusculae

ז׳ א׳ וס״פ = זקף אתנח׳ וסוף פסוק Zaqef, Atnaḥ et finis versus
- זקף פת׳ indicat syllabam accentu Zaqef ornatam Pataḥ vocali pronuntiandam esse
- זקף קמ׳ indicat syllabam accentu Zaqef ornatam Qameṣ vocali pronuntiandam esse

זרקא Zarqa vel Ṣinnor et Ṣinnorit
- סמיכ׳ לזרקא Gn 37,22, conjunctus cum Zarqa

חד, חדה unus, -a; semel
- חד מן unus ex

חול Gn 26,4, profanum
חומש Pentateuchus
- חומש המגילות Lv 7,9, quinque Megilloth, i. e. Ru, Cant, Qoh, Thr, Est

חטף Jer 49,28, Hatef
חלוף Ru 4,9, discrepantia, contrarium; permutato modo, permutato ordine
חס׳ = חסר defective scriptum
- וחס׳ et defective quidem scriptum
- חס׳ את indicat notam accusativi desiderari
- חס׳ בן נבט 1R 14,16, indicat nomen בן נבט desiderari
- חס׳ דחס׳ Gn 45,22, verbum bis defective scriptum
- חס׳ האלה Gn 24,66, indicat verbum האלה desiderari

חצי dimidium, medium
- חצי אותיות בתור׳ Lv 11,42, dimidium litterarum in Pentateucho

דלית בהון Ex 20,13, in quibus non exstat
לגרׄ = לגרמיה accentus Legarmeh
לישׄ, לישנׄ = לישן, לישנין lingua, -ae; significatio, -ones (aram)
  תריׄ לישנׄ = תרי לישנין Ex 5,18, duae significationes
לפי מׄגׄ = לפי מסורה גדולה Zeph 1,1, secundum Masoram magnam
לפי מׄקׄ = לפי מסורה קטנה Zeph 1,1, secundum Masoram parvam
לשון lingua, significatio (hebr)
  לשון אכילה Jdc 7,24, edere significans
  לשון אריה Jer 39,7, leonem significans
  לשון ארמי in lingua aramaica, aramaice
  לשון ביאה Jer 17,27, intrare significans
  לשון ביזה Jes 33,23, praedam significans
  לשון בכיה 2S 1,24, plorare significans
  לשון דל paupertatem significans
  לשון הליכה Gn 27,37, ire significans
  לשון זכר masculinum
  לשון חול Gn 26,4, profanum significans
  לשון טנוף Jes 30,22, rem obscenam significans
  לשון מסכינו Dt 1,21, paupertatem significans
  לשון נקיבה Gn 31,9, femininum
  לשון עלייה Ex 32,4, ascendere significans
  לשון ענן Jer 10,13, vapores, nubes significans
  לשון קדש Ps 61,8, in lingua sacra, hebraice
  לשון רבים Nu 13,22, pluralis
  לשון שנאה Jes 14,21, inimicitiam significans
  לשון תגרייא Hi 40,30, mercatores significans
  לשון תרגום in lingua targumica, aramaice
מאריך 2R 1,2, Ma'arikh vel Meteg
מגלה liber Esther
  מגלות Lv 7,9, Megilloth
מדינׄ = מדינחאי Orientales Babyloniae
מוקדם ומאוחר Da 4,9, permutato ordine

חצי הנביאים Jes 17,3, medium librorum prophetarum (secundum versus)
חצי הספר בפסוקים medium libri secundum versus
  חצי התורה בפסוקׄ Lv 8,8, dimidium Pentateuchi secundum versus
  חצי התורה בתיבות Lv 10,16, dimidium Pentateuchi secundum verba
טנוף Jes 30,22, inquinatio
טעׄ, טעמׄ = טעם, טעמין accentus
  בזה הטעׄ Hi 5,27, hoc accentu (ornatus)
  בטעׄ דין Lv 14,31, hoc accentu (ornatus)
  בטעׄ לאחור Lv 5,2, accentu praepositivo (ornatus)
יהושע liber Josuae
יחזקׄ = יחזקאל liber Ezechiel
יי Tetragrammaton
ירמיה liber Jeremiae
ישעיה liber Jesaiae
יׄשׄתׄ = יהושע, שפטים, תלים Jos, Jdc, Ps
יתיר superfluus, paragogicus
  יתיר ס״ת = יתיר סוף תיבותא Jos 10,24, paragogicus in fine verbi
כותׄ = כותיה, כותיהון sicut id, ea
כׄיׄ numerus 30 (non לׄ)
כינוי ליצחק Jer 33,26, cognomen Isaac
כל omnis, omnes
כלייה Dt 28,32, nomen verbi כלה
כן sic
  כן כתׄ, כתׄ כן sic scriptum
  כל תורה כתׄ כן Gn 32,12, in omni Pentateucho sic scriptum
כפתוי דשמשון Gn 42,24, vinctio Simsonis; pericopam vinctionis Simsonis (Jdc 15,12) indicat
כתׄ = כתיב Ketib, scriptum
  כתׄ א, כתׄ ה scriptum littera א, littera ה
כתיבׄ = כתיבין Hagiographa
ל nota dativi
לׄ = לית non exstat (indicat hoc verbum vel hanc conjunctionem verborum non occurrere nisi hoc loco)

מחליפׄ = מחליפין sunt qui aliter legant

מטעׄ = מטעין in errorem inducentes

 מטעׄ בטעׄ in errorem inducentes accentu

מיחדׄ = מיחדין peculiares (indicat insolitum usum verbi vel conjunctionis verborum)

מילה, מילין verbum, verba

ומילה (חדה) ביניהׄ et (unum) verbum inter eos

מלׄ = מלא plene scriptum

 ומלׄ et plene quidem scriptum

מלכים liber Regum

מלעיל a superiore parte (indicat accentum in paenultima syllaba poni)

מלרע ab inferiore parte (indicat accentum in ultima syllaba poni)

מנהׄ = מנהון ab iis

מנוקד, מנוקדין 1Ch 27,1, punctatus, punctati

 מנוקדין בתלת Gn 26,25, punctati Segol vocali

מנין Gn 30,30, numerus

 מנין איש רגלי Gn 30,30, numerus peditum, militum

מסכינו Dt 1,21, paupertas

מערבׄ = מערבאי Occidentales Palaestinae

מ״פ = מצע פסוק medium versus

מפקׄ = מפיק, מפקין Mappiq (indicat litteram ita pronuntiandam esse ut auribus percipiatur)

 מפקׄ א, מפקׄ ה Gn 38,27, indicat litteram **א**, **ה** ita pronuntiandam esse ut auribus percipiatur

מצעא, מיצעא medium

מקף Gn 30,19, linea Maqqef

מרעימין accentu Šalšelet instruentes

משלי liber Proverbiorum

משנה תורה Ex 20,24, liber Deuteronomii

משניׄ Gn 41,26, differentes

 משנין בטעׄ Ps 55,24, differentes accentu

מ״ת = מצע תיבותא 1S 18,1, medium verbi

מתאימין Gn 22,11, dupliciter ponentes

 ד׳ שמואתא מתאימין Ex 3,4, quater nomina dupliciter ponentes

מתחלפׄ = מתחלפין Dt 8,11; discrepantes (accentuatione, ordine etc.)

נא indicat hanc vocem eodem modo occurrere iis locis ubi cum **נא** coniuncta est

נביאׄ = נביאים Prophetae

נון רבתי Nu 27,5, littera Nun majuscula

 נונין זעירין Jes 44,14, litterae Nun minusculae

נ״ך = נביאים וכתובים Prophetae et Hagiographa

נסיבין Nu 35,15 instructi

 נסיבׄ ו = נסיבין ו Gn 24,35, instructi ו copulativo

נקודׄ = נקודות Gn 16,5, puncta extraordinaria

נקיבה Gn 31,9, femininum

סבירׄ = סביר, סבירין suspicandum est

סימן nota, signum

 סימן כׄתׄמׄפׄוׄסׄ = הכנעני והחתי והאמרי והפרזי והחוי והיבוסי Ex 3,8.17, nota qua series sex populorum indicatur

 סימן כׄתׄמׄוׄסׄ Ex 13,5

 סימן מׄתׄפׄכׄוׄסׄ Ex 23,23

 סימן וׄכׄתׄ Ex 23,28

 סימן כׄמׄתׄפׄוׄסׄ Ex 33,2

 סימן מׄכׄתׄפׄוׄסׄ Ex 34,11

 סימן תׄסׄמׄכׄ Nu 13,29

 סימן תׄמׄכׄפׄוׄסׄ Dt 20,17; Jos 9,1; 12,8

 סימן כׄמׄתׄפׄסׄוׄ Jos 11,3

 סימן כׄתׄמׄפׄוׄסׄ Jdc 3,5

 סימן מׄתׄפׄוׄסׄ 1R 9,20

 סימן תׄמׄפׄוׄסׄ 2Ch 8,7

 סימן תׄגׄמׄכׄפׄוׄסׄ = החתי והגרגשי והאמרי והכנעני והפרזי והחוי והיבוסי Dt 7,1, nota qua series septem populorum indicatur

 סימן כׄתׄוׄפׄגׄמׄסׄ Jos 3,10

 סימן מׄפׄכׄתׄגׄוׄסׄ Jos 24,11

 סימן כׄתׄמׄפׄסׄגׄ Neh 9,8

 סימן כׄתׄפׄסׄעׄאׄצׄמׄ = לכנעני החתי הפרזי Esr 9,1, nota qua series octo

libri Esrae et Nehemiae עזרא
Gn 10,15, res עינׄ, עינׄנׄ = עינין, עינינין
Ex 32,4, nomen verbi עלה עלייה
Jer 10,13, vapores, nubes ענן
Ez 10,13, sunt qui aliter legant פלגׄ = פלגין
quidam פלוני
  Gn 17,17, loci quibus אמירה פלוני בלבו
  scriptum est ויאמר בלבו vel similiter
versus פסוק, פסוקׄ = פסוק, פסוקין
Esr 6,9, signum Paseq פסיק, פסיקתא
Ex 21,7, Paraša, una de 54 פרשׄ = פרשה
  pericopis Pentateuchi
Ps 22,1, indicat syllabam פשטין פתׄ
  accentu Pašṭa ornatam Pataḥ vocali pronuntiandam esse
Pataḥ vocalis פתׄ = פתח
  Hi 21,18, Segol פתׄ קטן
Dt 32,4, littera Ṣade majuscula צדה רבתי
Ez 40,7, descriptio templi צורת הבית
Qere, legendum (opponitur Ketib textus) קׄ = קרי
Nu 35,15, primus קדמׄ = קדמא
  Da 2,35, indicat vocem כספא דקדים
  כספא praecedere vocem דהבא
  Lv 14,45, indicat vocem דקדמין לעצים
  אבן praecedere vocem עץ
Ps 61,8, sacrum קדש
liber Qohelet קהלת
Gn 18,3, numerus 134 קלׄדׄ
Qameṣ vocalis קמׄ = קמץ
  Ex 15,11, Ṣere קמׄ קטן
Qere, legendum (opponitur כתׄ notae marginalis) קרׄ = קרי
sacra scriptura קריא
  Ru 4,9, et omnis וכל קריא חלוף
  scriptura permutato ordine
Gn 47,29, appropinquatio ad mortem קריבה למיתה
urbs קריה
initium verbi ראש תיבותא
initium libri duodecim prophetarum ראש תרי עשר

populorum היבוסי העמני המאבי
indicatur המצרי והאמרי
Dt 8,11, nota qua צׄפׄקׄ סימן = מצותיו
  series trium verborum indicatur ומשפטיו וחקתיו
Dt 11,1 קׄפׄצׄ סימן
Dt 26,17; 1 R 2,3, קׄצׄפׄ סימן = חקיו
  nota qua series ומצותיו ומשפטיו
  trium verborum indicatur
Dt 30,16; 1 R 8,58 צׄקׄפׄ סימן
Nu 29,33, nota qua indicatur סימן בׄוׄזׄ מׄיׄםׄ
  secundo (v 19) et sexto die (v 31) ונסכיהׄםׄ atque ונסכיׄהׄ pro ונסכה,
  septimo (v 33) כמשפטׄםׄ pro כמשפט
  scriptum esse litterasque מׄיׄםׄ aquae
  libationem significare
Nu 26,33, nota qua סימן מׄוׄחׄמׄוׄ = מחלה
  series quinque filiarum ונעה חגלה
  Ṣelofḥad indicatur מלכה ותרצה
Nu 27,1 סימן מׄנׄוׄוׄוׄ
Nu 36,11 סימן מׄתׄוׄוׄוׄ
Jos 17,3 סימן מׄוׄחׄמׄוׄ
notae quibus orthogra- תׄכׄהׄ סימן =
  phia כל מחלה in Penta- תורה: כל
  teucho (Ex 15,26) המחלה
  et in libris Re- מׄכׄםׄ סימן = מלכים:
  gum (1 R 8,37) כל מחלה
  Chronicorumque דׄוׄםׄ סימן = דברי
  (2 Ch 6,28) indi- הימים: וכל
  catur מחלה
liber סיפׄ = סיפרא
  Qoh 7,23, libri סיפׄ מוגה = סיפרי מוגה
  manuscripti emendati
summa סכום
Lv 6,10, innixus, -i; סמיׄכׄ = סמיך, סמיכין
  conjunctus, -i
  Gn 37,22, conjunctus סמיׄכׄ לזרקא
  cum Zarqa
finis versus, ס״פ = סוף פסוק, סופי פסוקין
  fines versuum
Gn 32,15, ס״ת = סוף תיבותא, סופי תיבותא
  finis verbi, fines verborum

Gn 3,17, audire vocem significans שמיעה לקול
Gn 42,24, Simson שמשון
Jes 14,21, odium, inimicitia שנאה
liber Judicum שפטים
Hi 40,30, mercatores תגרייא
Ps 1,6, libri XII Prophetarum, Chronicorum, Proverbiorum, Qohelet תׄדׄמׄקׄ = תרי עשר, דברי הימים, משלי, קהלת
Pentateuchus (hebr) תורׄ = תורה
verbum תיבותא
Jdc 18,30, suspensae (de litteris suspensis) תלויות
liber Psalmorum תלים, תהלים
Gn 26,25, tres, Segol תלת
  Gn 26,25, punctati Segol vocali מנוקדין בתלת
Jes 33,20, agitatio sacrificiorum coram Deo תנופׄ = תנופה
secundus תנינׄ = תנינא
Targum, lingua targumica תרגום
duo, -ae תריׄ = תרי, תרין, תרתי, תרתין
  2R 17,13, duo accentus תריׄ טעמׄ
  Ex 5,18, duae significationes תריׄ לישנׄ
  Gn 30,11, scriptum uno verbo, sed lectum duobus כתׄ מילה חדה וקרׄ תריׄ
  Ex 37,8, scriptum duabus litteris Waw כתׄ תריׄ ו
liber XII prophetarum תרי עשר

Ps 144,13, Rabbi Pinḥas רבי פינחס
Nu 13,22, multi, pluralis רבים
Nu 27,5, magnus (de litteris majusculis) רבתי
  Nu 27,5, littera Nun majuscula נון רבתי
  Dt 32,4, littera Ṣade majuscula צדה רבתי
initium versus, initia versuum ר״פ = ראש פסוק, ריש פסוקא, ראשי פסוקין, רישי פסוקין
Rafe רפׄי = רפי, רפין
initium verbi ר״ת = ראש תיבותא
procella שאה
Ex 17,8, ceterum, ceteri שאר
Nu 2,14, gens שבט
Jer 51,39, somnus שינה
liber Cantici שיר השירים
tres שלׄשׄ = שלשה
  tres libri, i. e. Ps, Hi, Prv שלׄשׄ ספרים
nomen שם
  Jes 6,6, nomen mulieris שם איתׄ
  Ex 29,40, nomen hominis שם אנש
  Gn 26,33, nomen putei שם באר
  Ex 30,13, nomen hominis שם ברנש
  Jos 15,24, nomen urbis שם קריה
  Ex 16,13, vox targumica שם תרגום
liber Samuelis שמואל
Gn 22,11, nomina dupliciter ponentes שמואתא מתאימין

An English and German Key

to the Latin Words and Abbreviations and the Symbols of

Englischer und deutscher Schlüssel

zu den lateinischen Wörtern und Abkürzungen sowie zu den wichtigsten Siglen der

Biblia Hebraica Stuttgartensia

by/von

Prof. Dr. Hans Peter Rüger, Tübingen

A

a, ab – *from* / von Nu 32,32[c]

abbreviatio, onis – *abbreviation* / Abkürzung Jos 15,49[a]

abbreviatum – *abbreviated* / abgekürzt Ex 36,8[b]

aberratio oculi – *visual error* / Abirren des Auges Nu 9,23[a–a]

abhinc – *hence* / von hier an Ex 36,8[b]

abiit – *he has departed* / er verschied 2Ch 21,20[b–b]

abs(olutus) – *absolute* / absolutus Nu 8,12[a]

abstractum, i – *abstract* / Abstraktum Jer 7,32[a]

absumuntur – *they are ruined* / sie werden vernichtet Ps 37,20[a–a]

abundantia – *abundance* / Überfluß Ps 7,16[a]

abundavit – *he has abounded* / er hat Überfluß gehabt Jes 57,9[a]

ac – *and, and besides; as* / und, und doch; wie Lv 16,10[a], 2S 10,6[b]

acc(entus, us) – *accent* / Akzent Gn 35,22[a–a]

acc(usativus) – *accusative* / Akkusativ Lv 27,31[a]

accusavit – *he has accused* / er hat angeklagt Jes 41,27[b]

act(ivum) – *active* / Aktiv Ex 31,15[a]

acuta, ae – *acute, accented* / betont Lv 18,28[a]

ad – *to* / zu Gn 4,7[b–b]

adde – *add* / füge hinzu Nu 24,24[g–g]

addit – *it adds* / er fügt hinzu Neh 9,10[a]

add(itamentum, i) – *addition* /Hinzufügung 2Ch 12,11[a]

add(itum) – *added* / hinzugefügt Gn 2,19[c c]

addunt – *they add* / sie fügen hinzu Jos 22,34[b]

adjunget – *it will join* / er wird anschließen Jer 33,13[a–a]

admodum – *very* /sehr Ex 36,8[b]

adverbialis – *adverbial* / adverbiell Da 11,7[c]

aeg(yptiacus, a, um; e) – *(in) Egyptian* / ägyptisch Jos 15,9[a–a]

aeneus, a, um – *brazen* / ehern 1Ch 18,8[g]

aequalitas – *equality* / Gleichheit Ez 48,2-7[a–a]

aequavit – *he has compared* / er hat verglichen Jer 48,6[b]

aes – *copper, bronze* / Erz Jdc 5,14[d]

aeth(iopicus, a, um; e) – *(in) Ethiopic* / äthiopisch 1S 19,20[b]

aeva – *generations* / Generationen Ps 90,5[a]

afflictans, antis – *vexing* / bedrängend Jer 46,16[e]

agnus – *lamb* / Lamm Jes 5,17[b]

agri, orum – *fields* / Felder Jer 39,10[a]

akk(adicus, a, um; e) – *(in) Akkadian* / akkadisch Jos 13,3[a]

alias – *elsewhere* / anderswo 2R 14,29[a]

alibi – *elsewhere* / anderswo 2S 2,7[b]

aliena – *another's, foreign* / fremd Lv 18,21[b]

aliqui – *some* / einige Lv 18,11[a]

aliquot – *some* / einige 2S 17,8[b]

alit(er) – *otherwise* / anders Ex 4,25[a–a]

al(ius, a, ud; ii, ae, a) – *other(s)* / andere(r) Gn 32,18[a]

altare, is – *altar* / Altar Jos 22,34[b]

alter, a, um – *another, the other* / anderer, zweiter Hi 16,20[a–a]
alterutrum – *either, one of two* / eins von beiden 1 R 5,14[b]
altus – *high* / hoch Jes 11,11[a]
amicus – *friend* / Freund Jes 44,28[a]
amplius – *more* / mehr Ex 20,19[a–a]
an – *or* / oder Ez 1,8[b–b]
angeli, orum – *angels* / Engel Ps 89,7[a]
angulus, i – *angle, corner* / Ecke Ez 8,3[c]
anhelare – *to pant* / lechzen Dt 33,21[a]
animadversio – *notice* / Wahrnehmung Hi 4,20[a]
animalia – *animals* / Tiere Ps 50,11[b]
annus – *year* / Jahr Nu 20,1[a]
ante – *before* / vor Gn 49,26[a–a]
antea – *before this* / vorher Jdc 2,16[a]
aperiens – *opening* / öffnend Ex 13,13[a]
aperte – *openly* / offenbar Ps 12,6[d–d]
apertio – *opening* / Eröffnung Hab 2,3[a]
apertus – *open* /geöffnet Nu 24,3[b]
apud – *at, with* / bei Jdc 20,27[a–a]
aquae, arum – *waters* / Wasser Jer 51,12[a–a]
aquosi – *abounding in water* / wasserreich Jer 31,40[d]
arab(icus, a um; e) – *(in) Arabic* / arabisch Nu 16,1[a]
aram(aicus, a, um; e) – *(in) Aramaic* / aramäisch Gn 15,2[a–a]
aranea – *cobweb* / Spinngewebe Ps 90,9[d]
arbor, oris – *tree* / Baum Jes 44,4[a]
art(iculus) – *article* / Artikel Est 2,14[a]
ascensus, us – *ascent* / Aufgang 2 Ch 9,4[c]
asseritur – *is joined* / wird angereiht Jer 25,14[a]
assimilatum – *assimilated* / assimiliert Da 4,14[b]
ast(eriscus, i) – *asterisk* / Asterisk Dt 4,21[e]
at – *but* / aber Da 2,5[a]
Atbaš – *device in which a word is spelled by substitution of the last letter of the alphabet for the first, the next to the last for the second, etc.; hence the name aleph-taw-beth-shin* / Methode, nach der ein Wort so geschrieben wird, daß dabei jeweils der erste Buchstabe des Alphabets durch den letzten, der zweite durch den vorletzten usw. ersetzt wird Jer 25,25[a]
attulit – *he has brought* / er hat gebracht Jes 61,6[a]
auctus – *augmented* / erweitert Hab 3,2[a]
aucupes – *fowlers* / Vogelfänger Jer 5,26[aa]
audacia – *courage* / Kühnheit Da 3,29[a]
auster, tri – *south* / Süden Ps 107,3[c]
aut; aut … aut – *or; either … or* / oder; entweder … oder Nu 15,28[a]; 15,29[a]
auxiliator – *helper* / Helfer Ps 62,8[b]
aversio, onis – *turning away* / Abwendung, Ablehnung Jer 31,19[a]
aves, ium – *birds* / Vögel Dt 14,12[a]

B

bab(ylonicus, a, um) – *Babylonian* / babylonisch Jes 52,14[c]
bellator – *warrior* / Krieger Ex 15,3[b]
bene – *well* / gut 2 Ch 4,2[a–a]
benedixit – *he has blessed* / er hat gesegnet 1 R 5,15[c]
bestia – *beast* / Tier Hos 9,13[a–a]
bis – *twice* / zweimal Ex 6,2[a]
bonum – *good* / gut 2 Ch 3,6[a]
boves – *oxen, bulls* / Rinder 1 Ch 18,8[g]
brachium – *arm* / Arm Jes 63,5[c]
brevis – *short* / kurz Hi 8,14[b]
brevius – *shorter* / kürzer Dt 29,14[a]

C

campus, i – *field* / Feld Jer 31,40[d]
canticum – *song* / Lied Da 3,23[a]
capella – *Capella (astronomy)* / Capella (Astronomie) Am 5,9[d]
capillus, i – *hair of the head* / Haar Jes 57,9[b]
captivitas – *captivity* / Gefangenschaft Thr 1,20[a–a]
castella – *castles, citadels* / Kastelle 2 S 20,14[a]
castigatio – *punishment* / Strafe Hi 36,18[b]
catena, ae – *chain, fetters* / Kette Ps 66,11[b]
cave – *beware of* / hüte dich Hi 36,18[a]
cecidit – *it has fallen* / er ist gefallen Ps 55,5[a]
celeriter – *quickly* / schnell Ex 12,21[b–b]
celerius – *quicker* / schneller Hi 4,19[a]
cet(eri, ae, a) – *the others, the rest* / andere, übrige 1 S 1,15[a]
cf; confer – *compare* / vergleiche Gn 1,6[a]
cj; conjunge, conjungit, conjungunt – *connect, it connects, they connect* / verbinde, er verbindet, sie verbinden Gn 1,11[a a]
clandestina – *hidden* / geheim 2 R 11,6[b]
clemens – *merciful* / mild Jes 9,16[a]
codd; codices – *codices, ancient manuscripts* / Kodizes Lv 18,11[a]
cod(ex) – *codex, ancient manuscript* / Kodex Gn 18,21[a]
cogitare, cogitaverunt – *to consider, they have considered* / erwägen, sie haben erwogen Hi 21,27[a]
collectivum – *collective* / kollektiv Gn 40,10[b]
collocabit – *he will place* / er wird aufstellen Da 11,39[a]
commeatus, us – *provisions* / Proviant Jes 61,6[a]
commutatum, commutavit – *changed, it has exchanged* / geändert, er hat geändert 2 Ch 25,23[a–a]
compl(ures) – *several* / mehrere Mal 2,15[c]
compone – *arrange* / stelle zusammen Jer 40,1[a]
concretum – *concrete* / Konkretum Jer 7,32[a]
confisus est – *he has trusted in* / er hat vertraut Prv 18,10[a]
confusus, a, um – *confused* / verworren Ex 36,8[b]

conjg; conjungendum – *to be connected* / zu verbinden Neh 12,25[b]

conservatus, i – *preserved* / erhalten Da 7,11[a]

consilia – *counsels* / Ratschläge Prv 31,3[c]

constituit – *he has appointed* / er hat eingesetzt 1 Ch 26,1[b]

constructio, onis – *construction* / Konstruktion Hi 31,11[c-c]

consuetudo, inis – *habit* / Gewohnheit 2 S 2,27[a]

contaminatum – *contaminated* / kontaminiert Jos 8,33[c]

contemptores – *despisers, contemners* / Verächter Sach 9,1[c-c]

contendo – *I contend, I dispute* / ich streite Hi 16,20[a-a]

contentio, onis – *contest, fight* / Streit Ps 55,19[c]

contextus, us – *context* / Kontext Da 7,11[a-a]

continent – *they contain* / sie enthalten Prv 25,20[a-a]

continuantur, continuatur – *they are joined, it is joined* / sie schließen sich an, er schließt sich an Jer 19,2[a-a]

contra – *against* / gegen Nu 31,16[b-b]

contrarium – *contrary* / Gegenteil Nu 12,1[b-b]

conventus, us – *meeting, assembly* / Zusammen-, Übereinkunft Da 6,7[a]

conversatio, onis – *conversation* / Verkehr, Umgang

copiae, arum – *military forces* / Truppen Da 11,6[b]

cop(ula, ae) – *copula* / Kopula Ex 1,1[a]

coram – *in the presence of* / vor Ps 18,41[a-a]

cornu – *horn* / Horn Ex 19,13[a-a]

correctio – *correction* / Korrektur Hi 1,5[a]

corr(ectus, a, um) – *corrected* / korrigiert 2 Ch 16,5[a-a]

corrigens – *correcting* / korrigierend Ez 43,11[d-d]

corruptum – *corrupt* / verderbt 1 Ch 27,4[b-b]

cp; caput, itis – *chapter* / Kapitel Gn 32,2[a]

crrp; corruptus, a, um – *corrupt* / verderbt Ex 14,9[a]

crudeles – *cruel* / grausame Nu 21,6[a]

cs; causā – *on account of* / wegen, um … willen Jer 4,8[a]

cstr; constructus – *construct* / constructus Ps 75,7[d]

c(um) – *with* / mit Gn 1,11[a-a]

cum – *when* / als Ex 19,13[a-a]

curat – *he takes care of* / er kümmert sich um Hi 20,20[a-a]

curculio – *weevil* / Kornwurm Jes 41,14[a]

cursus – *running* / Lauf Hi 4,20[a]

custodia – *watch* / Wache Na 2,2[c]

custos, odis – *keeper, watchman* / Wächter Ps 141,3[a]

D

dare, dat – *to give, it gives* / geben, er gibt Dt 6,3[d]

de – *from, by reason of* / wegen Nu 31,18[a]

dedisti – *you have given* / du hast gegeben Ps 8,2[a-a]

deest – *it is missing* / er fehlt Nu 13,7[a-a]

defatigare – *to fatigue, to tire* / ermüden Prv 6,3[c]

deficiens, entis – *missing* / fehlend Esr 10,36[a]

deficient – *they will fail* / sie werden abfallen Da 12,4[a]

deformare – *to deform* / entstellen Prv 28,12[b]

deliciae, arum – *delight* / Wonne Jer 6,2[a-a]

delirium – *silliness* / Irresein Ps 31,19[a]

deminutio – *diminution, decrease* / Verminderung Hag 2,19[a]

deprecari – *to deprecate, to pray against* / durch Bitten abwehren Jes 47,11[b]

descendant – *let them descend* / sie sollen herabsteigen Ps 31,18[a]

descriptio, onis – *description* / Beschreibung Ez 40,7/8/9[b]

desiderare – *to desire* / verlangen Dt 33,21[a]

desideratus – *missed* / vermißt 2 Ch 21,20[b-b]

designat – *it designates* / er bezeichnet Dan 1,1[a]

desiit – *it left off, it ceased* / er hat aufgehört Hos 7,16[b-b]

destinatus – *destined* / bestimmt Hi 15,22[a]

desunt – *they are missing* / sie fehlen Ex 2,1[a]

detentus – *detained* / gefangen Ps 88,9[b]

detrahere – *to take off* / abziehen Neh 3,15[d]

deus – *god* / Gott Ps 4,2[b]

dicteria, iorum – *witticisms* / sarkastische Witzworte Hi 17,6[a]

dies – *day* / Tag Sach 1,1[a]

differt – *it differs* / es ist verschieden Da 3,31[a]

dilecta – *loved* / geliebt Jer 49,4[b]

direxit – *he has led* / er hat gewiesen Jes 60,4[a]

distinctius – *more distinctly* / klarer 1 Ch 10,7[a]

diu – *a long while* / lange Ps 35,15[a]

divinum – *divine* / göttlich Dt 33,27[e]

divisit – *he has separated* / er hat geteilt Nu 16,1[a]

divulgavit – *he has divulged* / er hat verbreitet Hi 33,27[a]

dl; dele, delendus, a, um – *delete, to be deleted* / streiche, zu streichen Gn 1,11[c]

doce – *teach* / lehre Ps 119,29[a]

doctrina, ae – *instruction* / Lehre Prv 22,18[a]

domicilium – *dwelling* / Wohnung 1 Ch 4,41[b]

domina, ae – *lady, mistress* / Herrin Jer 31,22[b-b]

dominabuntur – *they will rule* / sie werden herrschen Ob 20[a-a]

dominus – *lord* / Herr Nu 31,16[b-b]

domus – *house* / Haus Ps 46,5[b]

dttg; dittographice – *by dittography* / durch Dittographie Gn 20,4[b-b]

du(alis) – *dual* / Dual Dt 2,7[c]

dub(ius, a, um) – *doubtfull* / zweifelhaft Nu 18,29[b-b]

ducunt – *they derive* / sie leiten ab Jer 44,10[a]

duodecies – *twelve times* / zwölfmal Jos 10,24[e]

dupl(ex, icis) – *double* / doppelt Gn 35,22[a-a]

dupl(um, i) – *doublet* / Dublette Gn 18,6ᵃ

durus – *hard* / hart Jer 17,9ᵃ

dux, ducis – *leader* / Führer 1 Ch 27,4ᵇ⁻ᵇ

dysenteria – *dysentery* / Darmkrankheit, Ruhr Mi 6,14ᶜ

E

e, ex – *out of, from* / aus Gn 16,11ᵃ

ecce – *behold* / siehe Ex 17,16ᵃ

egerunt, egit – *they have acted, he has acted* / sie haben, er hat gehandelt Nu 16,1ᵃ

egredientur – *they will march out* / sie werden ausmarschieren Nu 24,24ᵃ

eiciendum – *to be dislocated* / herauszuwerfen Prv 22,17ᵇ⁻ᵇ

elationes – *elevations* / Erhebungen Hi 36,29ᵇ

electi, orum – *chosen* / erwählte Nu 31,5ᵃ

elige – *choose* / erwähle Ps 37,37ᵇ

emendatus – *emended* / emendiert Sach 5,6ᵃ⁻ᵃ

emissarius – *emissary* / Sendbote Jes 39,1ᵇ

emphaticum – *emphatic* / emphatisch Hi 11,11ᵃ

en – *behold* / siehe Ex 2,9ᵃ

encliticum – *enclitic* / enklitisch Jdc 3,2ᵇ

energicus, a, um – *energic* / energicus Jdc 5,26ᵃ

eques, itis – *rider* / Reiter Ps 33,17ᵃ

equi – *horses* / Pferde Sach 6,6ᵃ⁻ᵃ

eras(um) – *erased* / ausradiert 2 S 10,16ᵃ

erat – *it was* / er war Nu 27,11ᵈ

erimus – *we will be* / wir werden sein Ps 20,8ᵇ

error, oris – *error* / Irrtum Hi 4,18ᵃ

es, esse, est – *you are, to be, he, she, it is* / du bist, sein, er ist Gn 20,16ᵇ⁻ᵇ

et; et ... et – *and; both ... and* / und; sowohl ... als auch Gn 1,6ᵃ; Jer 43,13ᵃ⁻ᵃ

etc; et cetera – *and so forth* / und so weiter Lv 1,7ᵃ⁻ᵃ

etiam – *also* / auch Dt 30,16ᶜ

etsi – *although* / obwohl 1 Ch 28,7ᵃ⁻ᵃ

euphemismus – *euphemism* / Euphemismus Hi 1,5ᵃ

exaltati – *raised* / erhöht Ps 56,3ᶜ⁻ᶜ

exarescere – *to dry up* / austrocknen Hi 5,3ᵃ

exaudivisti – *you have heard* / du hast erhört Ps 38,16ᵃ⁻ᵃ

exc; exciderunt, excidisse, excidit – *they have dropped out, to have dropped out, it has dropped out* / sie sind ausgefallen, ausgefallen sein, er ist ausgefallen Ex 2,25ᵃ

excepto – *except* / ausgenommen Dt 14,12ᵃ

excipit – *it continues* / er folgt auf Hos 2,19ᵃ

excitantes, excitaverunt – *causing, they have caused* / verursachend, sie haben verursacht Ps 140,3ᵇ

exegesis, eos – *exegesis* / Exegese Dt 32,1ᵃ

exemplum, i – *example* / Beispiel 1 S 15,4ᵃ

exercitus – *army* / Heer 2 R 25,11ᵇ⁻ᵇ

explicitum – *explained* / explizit 2 S 13,39ᵃ

expone – *make known* / mache bekannt Nu 25,4ᶜ

exstat – *it exists* / er ist vorhanden Ex 36,8ᵇ

exsultare – *to exult* / frohlocken Hi 31,29ᵃ

extendere – *to extend, to strecht out* / ausstrecken Ps 68,32ᶜ⁻ᶜ

extr(aordinarius, a, um) – *extraordinary* / außerordentlich Gn 16,5ᵃ

F

facilior – *easier* / leichter Jos 11,2ᵃ

false – *falsely* / fälschlich Jos 1,1ᶜ

falso – *falsely* / fälschlich Nu 25,8ᵃ⁻ᵃ

falsum – *false* / falsch Jer 21,13ᵈ

fecit – *he has made* / er hat gemacht Ps 105,20ᵃ⁻ᵃ

f(emininus, a, um) – *feminine* / feminin Gn 38,2ᵃ

fem(ininus, a, um) – *feminine* / feminin Jes 49,15ᵃ

fere – *nearly, almost* / fast Jos 16,10ᵃ

fides – *loyalty* / Treue Ps 17,15ᵇ

fiducia – *trust, confidence* / Vertrauen Ps 84,6ᶜ

filius, ii – *son* / Sohn 1 Ch 7,15ᶜ

finire – *to end* / beenden Hi 27,8ᵃ

fin(is, is) – *end* / Ende Ex 36,8ᵇ

finit(um) – *finite* / finit Jes 46,1ᵃ

firmus – *firm, strong* / fest Jes 44,12ᶜ·

flagitium – *crime* / Schandtat Ps 36,2ᵇ⁻ᵇ

fluvius, ii – *river* / Fluß, Strom Hi 20,28ᵇ

follis – *pair of bellows* / Blasebalg Prv 26,21ᵃ

fontes – *sources* / Quellen Hi 28,11ᵃ⁻ᵃ

forma – *form* / Form Gn 16,11ᵃ

fortis, e – *strong* / stark Ps 20,8ᵇ

fortitudo – *strength* / Stärke Nu 23,22ᶜ

fossa – *ditch, trench* / Graben Da 9,25ᶜ

fovea, ae – *pit* / Grube Ps 17,14ᵉ

fragmentum – *fragment* / Fragment Sach 7,7ᵃ

franges – *you will break* / du wirst zerschmettern Ps 18,41ᵃ⁻ᵃ

frater, tris – *brother* / Bruder Hi 20,20ᵃ⁻ᵃ

fremitus – *roaring* / Lärm Hi 4,14ᵃ

frequentavit – *he has frequented* / er hat häufig besucht Jes 44,9ᵇ

frt; fortasse – *perhaps* / vielleicht Gn 1,21ᵃ

fugiant – *they flee* / sie fliehen Ps 60,6ᶜ

fui, fuit – *I have been, he has been* / ich bin/er ist gewesen Da 10,13ᵃ⁻ᵃ

fulge – *shine forth* / blitze Ps 35,3ᵃ

furor – *fury, rage* / Wut Ps 81,16ᵇ

G

gemma – *jewel* / Edelstein Prv 26,8ᵇ

generatim – *generally* / im allgemeinen Nu 7,19ᵃ-23ᵃ

genitor – *begetter, father* / Erzeuger, Vater 1 Ch 8,7ᵇ

genus – *kind* / Art Jes 40,20ᵃ

gladius, ii – *sword* / Schwert Ps 17,13ᵃ

gloria – *glory* / Ruhm Ps 8,3ᵃ

gl(ossa) – *gloss* / Glosse Gn 4,7^{b-b}
glossator – *glossator* / Glossator Jer 48,6^b
graece – *in Greek* / griechisch 1 Ch 27,33^a

H

hab(ent, et) – *they have, they esteem; it has* / sie haben, sie halten; er hat Ex 20,17^a
habita – *inhabit, live* / wohne Ps 11,1^b
habitaculum – *dwelling* / Wohnung Ps 46,5^b
hasta, ae – *spear, lance* / Speer, Lanze Ps 35,3^a
hebr(aicus, a, um; e) – *(in) Hebrew* / hebräisch Dt 17,9^{a-a}
hemist(ichus) – *hemistich* / Halbstichus, Halbvers Jes 9,5^c
hic, haec, hoc; hi, hae, haec – *this; these* / dieser, diese, dieses; diese Ps 147,8^a
hic – *here* / hier Gn 4,8^a
hinc – *hence* / (von) hier Hos 5,15^b
homark – *homoiarkton* / Homoiarkton Gn 31,18^{a-a}
homines – *men* / Menschen Nu 24,17^h
homtel – *homoioteleuton* / Homoioteleuton Lv 1,8^{b-b}
honor – *honor* / Ehre Prv 5,9^b
hora, ae – *hour* / Stunde Esr 9,4^{b-b}
hostes – *enemies* / Feinde Ps 9,7^b
hpgr – *by haplography* / durch Haplographie Gn 41,31^a
hpleg – *hapax legomenon* / hapax legomenon Jdc 3,23^a
huc – *hither* / hierher Gn 1,6^a
humilis – *simple* / einfach Hi 12,18^a

I

iam – *already* / schon Dt 33,2^c
ibi – *there* / dort 2 Ch 5,10^b
ibidem – *in the same place* / ebendort Jer 39,8^a
id(em) – *the same* / dasselbe Nu 1,9^a
idem, eadem, idem – *the same* / derselbe 1 R 8,16^b
ignis – *fire* / Feuer Hi 18,15^{a-a}
imbres – *showers of rain* / Regengüsse Na 1,12$^{a\ a}$
immergite – *immerse* / versenkt Jer 51,12$^{a\ -a}$
impar – *unequal* / ungleich 2 S 17,8^b
imp(erativus) – *imperative* / Imperativ Dt 2,4$^{b-\ b}$
imperia – *empires* / Reiche Ps 47,10^c
impetus – *assault, attack* / Ansturm Jes 14,31^b
impf – *imperfect* / Imperfekt 1 S 2,28^a
improbabiliter – *improbably* / unwahrscheinlich 2 S 18,14^b
impudice – *shamelessly* / unzüchtig Nu 16,1^a
in – *in, into* / in Gn 20,16^{b-b}
incendere – *to set fire to* / anzünden Nu 21,14^b
in(certus, a, um) – *uncertain, doubtful* / unsicher Lv 21,4^a

incip(it, iunt) – *it begins, they begin* / er fängt an, sie fangen an Gn 32,2^a
incolae – *inhabitants* / Einwohner 1 Ch 2,55^a
inde – *thence* / von dort Da 3,31^a
index – *proof* / Beweis, Hinweis Jer 29,24^{a-a}
inf(initivus) – *infinitive* / Infinitiv Lv 14,43^c
infirmitas – *infirmity, weakness* / Krankheit Mi 6,14^c
infodi – *I have dug in* / ich habe vergraben Neh 13,25^b
iniquus – *unjust* / ungerecht Ps 36,2^{b-b}
init(ium) – *beginning* / Anfang Nu 17,2/3^{e-e}
iniuste – *unjustly* / ungerecht Nu 31,16$^{b\ -b}$
inscriptio, onis – *inscription* / Inschrift Ps 119,130^a
ins(ere, erit) – *insert, it inserts* / füge ein, er fügt ein Gn 1,7^{a-a}
inserti, orum – *inserted* / eingefügte Jer 39,13^a
insolite – *unusually* / ungewöhnlich Da 4,27^a
intenta – *intended* / beabsichtigt Ez 48,2-7^{a-a}
inter – *between, among* / zwischen Nu 22,5^c
interpretatio – *interpretation* / Deutung Jer 46,2^a
interrogativum – *interrogative* / Interrogativ Dt 20,19^b
interv(allum) – *interval* / Zwischenraum Gn 4,8^a
intransitivum – *intransitive* / intransitiv Da 9,1^a
introducens, entis – *introductory* / einleitend Da 3,23^a
inundationes – *inundations* / Überschwemmungen Na 1,12^{a-a}
inusitatum – *unusual* / ungebräuchlich Da 1,2^a
invenies – *you will find* / du findest Ex 36,8^b
invers – *in inverse order* / in umgekehrter Reihenfolge Gn 19,28^{a-a}
inverte – *invert* / stelle um Ps 34,16^a
ipsi – *themselves* / selbst Jer 15,11^b
ira, ae – *anger, wrath* / Zorn Ps 7,14^a
irrepsit – *it crept in* / er hat sich eingeschlichen Da 9,3^a
irritator – *he who irritates* / der zum Zorn reizt Ps 15,4^b
is, ea, id; ii, eae, ea – *he, she, it; they* / er, sie, es; sie Jer 51,12^{a-a}
it(em) – *likewise* / desgleichen Ex 3,8^c
iter – *way* / Weg Jes 60,4^a
iterum – *again* / wieder Da 6,2^a
iudicium – *judgement* / Gericht Hi 19,29^a
iuravi – *I have taken an oath* / ich habe geschworen 2 Ch 7,18^a
iustificata – *justified* / gerechtfertigt Gn 20,16^{b-b}
iuvenes, um – *young men* / Jünglinge Da 3,23^a

J

jdaram; Judaeo-aramaicus, a, um – *Jewish-Aramaic* / jüdisch-aramäisch Da 4,12^a

judaicus, a, um – *Jewish* / jüdisch Jer 46,2ᵃ

judices – *judges* / Richter Ex 21,6ᵃ

K

kopt(icus, a, um; e) – *(in) Coptic* / koptisch Jes 19,10ᵃ

L

laceravi – *I have torn to pieces* / ich habe zerrissen Hi 19,20ᵇ

lacuna – *lacuna* / Lücke Ex 18,11ᵃ

laetantur – *they rejoice* / sie freuen sich Ps 126,1ᵇ

lamentationes, um – *lamentations* / Wehklagen Jes 43,14ᶜ

lapsus – *error* / Fehler, lapsus calami – *slip of the pen (scribal error)* / Schreibfehler Ex 23,3ᵃ

laquei, orum – *snares, traps* / Fallstricke, Schlingen Ps 35,7ᵇ⁻ᵇ

largum – *plentiful* / freigebig Prv 13,23ᵃ

latitudo – *breadth, width* / Breite 2 Ch 3,4ᵃ

lect(io) – *reading* / Lesart Gn 18,22ᵃ⁻ᵃ

lector, oris – *reader.* / Leser Jer 2,31ᵃ⁻ᵃ

legatur – *let it be read* / er wird gelesen 1 Ch 27,17ᵇ

l(ege, egendum) – *read, to be read* / lies, zu lesen Gn 1,11ᵇ

leg(ere, it, unt) – *to read, it reads, they read* / lesen, er liest, sie lesen Nu 28,7ᵇ

legiones – *legions* / Legionen Nu 24,24ᵃ

legisse, legit – *to have read, it has read* / gelesen haben, er hat gelesen Jer 5,24ᶜ

liber, bri – *book* / Buch Da 1,1ᵃ

libera – *free (adj.)* / frei Jer 34,5ᵇ

libera – *release, free (verb)* / befreie Ps 12,8ᵇ

libere – *freely* / frei Dt 5,6ᵃ

licet – *it is permitted* / es ist erlaubt Ex 19,13ᵇ

lignum, i – *wood* / Holz Jes 40,20ᵃ

locus, i – *place* / Stelle Nu 13,7ᵃ⁻ᵃ

locusta – *locust* / Heuschrecke Jes 51,6ᵃ⁻ᵃ

longitudo – *length* / Länge 2 Ch 6,13ᵇ⁻ᵇ

luna crescens – *new moon* / zunehmender Mond Jes 14,12ᵃ

luxa – *put out of joint* / verrenke Nu 25,4ᶜ

M

magi – *magicians* / Magier Jes 2,6ᵃ

magnificus – *magnificent* / herrlich Ex 15,11ᵃ

maiestas – *majesty* / Hoheit Nu 23,21ᵈ

maj(or, oris) – *larger* / größer Gn 34,31ᵃ

male – *badly* / schlecht Da 4,19ᵃ

maledicta – *abused* / verflucht Jer 31,22ᵇ⁻ᵇ

malum – *evil* / Böses Ps 10,6/7ᵃ⁻ᵃ

mandatum – *order* / Befehl Ps 17,4ᵇ

mansuetus – *mild, gentle* / mild Jo 4,1

manus, us – *hand* / Hand Ps 68,32ᶜ⁻ᶜ

marg – *in the margin* / am Rand Lv 25,22ᵃ

marg(inalis) – *marginal* / marginal 2 S 11,1ᵃ

margo, marginis – *margin* / Rand Hi 9,6ᵃ

m(asculinum) – *masculine* / maskulin Nu 34,6ᶜ

masculum – *male* / männlich Ex 13,13ᵃ

mavis – *you prefer* / du ziehst vor Prv 13,4ᵃ

m cs; metri causā – *on account of the metre* / wegen des Metrums Dt 32,9ᶜ

me – *me* / mich, a me – *from me* / von mir Jer 31,19ᵃ; Ps 22,2ᵇ⁻ᵇ

mediator – *mediator, intercessor* / Mittler Hi 16,20ᵃ⁻ᵃ

meditatur – *he thinks upon* / er sinnt auf Ps 10,6/7ᵃ⁻ᵃ

melior – *better* / besser 1 R 7,18ᵈ⁻ᵈ

melius – *better* / besser Dt 32,18ᵇ

mendacium – *lie* / Lüge Ps 139,24ᵃ

mendax – *lying* / lügnerisch Ps 15,3ᵃ

mendosus – *incorrect* / fehlerhaft Esr 1,11ᵃ⁻ᵃ

mensa – *table* / Tisch 2 S 9,11ᶜ

mensis, is – *month* / Monat Jos 5,10ᵇ

meritum – *reward* / Verdienst Ps 119,56ᵃ

Messias, ae – *Messiah* / Messias Nu 24,17ᵉ

metatheticum – *postpositive* / metathetisch Jos 10,24ᵉ

metropolis, eos – *capital* / Hauptstadt Nu 22,39ᵇ⁻ᵇ

metrum – *metre* / Metrum Na 3,17ᵇ⁻ᵇ

meus, a, um – *my* / mein Jer 31,19ᵃ

ministerium – *service* / Dienst Ps 26,8ᵇ

ministraverunt – *they have served* / sie haben gedient Ex 32,35ᵃ

min(or) – *smaller* / kleiner Gn 2,25ᵃ

misit – *he has sent* / er hat gesandt 1 R 5,15ᶜ

mixtus, a, um – *mixed* / gemischt Ez 9,8ᵇ

mlt; multi, ae, a – *many* / viele Gn 2,18ᵃ

momordi – *I have bitten* / ich habe gebissen Hi 19,20ᵇ

mors, tis – *death* / Tod Jer 11,19ᵇ

morus – *mulberry tree* / Maulbeerbaum Jes 40,20ᵃ

mtr – metrum, i – *metre* / Metrum Ez 31,5ᵃ⁻ᵃ

mugire – *to low, to bellow* / brüllen Jer 31,39ᵈ

mulier – *wife, woman* / Frau Lv 18,21ᵇ

munus – *gift, bribe* / Geschenk 1 R 13,13ᵇ⁻ᵇ

murus – *wall* / Mauer Ps 122,3ᶜ

mutanda, atum, atur – *to be changed, changed, it is changed* / zu ändern, geändert, er wird geändert Esr 1,9ᵇ

mutilatus, a, um – *mutilated* / verderbt Mi 1,10ᵃ

N

Nabataeenses – *Nabataean* / nabatäisch Da 4,13ᵃ

nab(ataeus, a, um; e) – *(in) Nabataean* / nabatäisch Dt 33,3ᵃ⁻ᵃ

narratum – *told* / erzählt 1 R 11,19ᵃ

navis – *ship* / Schiff Jes 2,16ᵃ
ne – *lest* / damit nicht Ps 60,6ᶜ
necavi – *I have slain* / ich habe getötet Neh 13,25ᵃ
nectunt – *they weave* / sie weben Jer 5,26ᵃ⁻ᵃ
nefarii – *nefarious, impious* / gottlose Ps 119,23ᵃ
neglecto – *without regard to* / ohne Rücksicht auf Da 3,17ᵃ
neohb; neohebraicus, a, um – *modern Hebrew* / neuhebräisch Hi 18,3ᵃ
nequaquam – *not at all* / keineswegs Da 9,13ᵃ
neutrum – *neuter* / Neutrum Hi 31,11ᵃ
niger – *black* / schwarz Hi 3,5ᵃ
nil – *nothing* / nichts Jer 5,24ᶜ
nisi – *unless, but* / wenn nicht, als Jer 5,24ᶜ
nobiles – *highborn, superior* / Edle Jes 43,14ᵃ
noluerit – *he is unwilling* / er wollte nicht 1Ch 28,7ᵃ⁻ᵃ
nom(en, inis) – *name* / Name Jos 15,25ᵃ
non – *not* / nicht Ex 23,5ᵃ⁻ᵃ
nona, ae – *ninth* / neunte Esr 9,4ᵇ⁻ᵇ
nonn(ulli, ae, a) – *some, several* / einige Gn 1,30ᵃ
nostrum – *our* / unser Esr 4,14ᵃ
nota – *note* / Bemerkung 2S 11,1ᵃ
notum – *known* / bekannt Hi 33,27ᵃ
novum – *new* / neu Ps 115,12ᵃ
nubes – *cloud(s)* / Wolke(n) Nu 23,20ᶜ⁻ᶜ
nullus, ius – *not any* / keiner, ohne Hi 10,22ᵇ⁻ᵇ
num – *interrogative particle* / Fragepartikel Ex 2,25ᵃ
numerus, i – *number* / Zahl Ex 36,8ᵇ
nunc – *now* / jetzt Hi 9,6ᵃ
nuntius, ii – *messenger* / Bote Nu 22,18ᵃ

O

obducti, orum – *covered* / bedeckt Ps 68,31ᵇ
ob(elus, i) – *obelus* / Obelus Dt 4,22ᵃ
obiectum – *object* / Gegenstand Hi 17,6ᵃ
oblitus est – *he has forgotten* / er hat vergessen Jes 44,9ᵃ
obscure – *darkly* / dunkel Ex 23,5ᵃ⁻ᵃ
observatio – *observation* / Wahrnehmung Qoh 3,17ᵃ
obsistere – *to resist, to oppose* / sich widersetzen Hi 38,11ᵃ⁻ᵃ
obturare – *to block up* / verstopfer Hi 18,3ᵃ
offerebat – *he brought before* / er brachte dar 1R 13,33ᵇ⁻ᵇ
omisso – *with omission of* / unter Auslassung von Est 9,29ᵃ⁻ᵃ
om(ittit, unt) – *it omits, they omit* / er läßt/sie lassen aus Gn 10,4ᵃ
omnis, e – *all, every* / jeder, alle Hi 10,8ᵃ⁻ᵃ
operati sunt – *they have worked* / sie haben gearbeitet Ps 73,7ᵇ
operuerunt – *they have covered* / sie haben bedeckt Ps 55,5ᵃ
oppositum – *opposite* / entgegengesetzt Da 4,5ᵃ

opt(ima) – *the best ones* / die besten Ez 16,47ᵃ
oratio, onis – *prayer* / Gebet Da 3,23ᵃ
ordinant, at – *they arrange, it arranges* / sie haben/er hat die Reihenfolge Ex 20,13ᵃ
ordo, inis – *order* / Ordnung, Reihenfolge Nu 36,11ᵃ
orig(inalis) – *original* / ursprünglich Gn 18,22ᵃ⁻ᵃ
orig(inaliter) – *originally* / ursprünglich Gn 4,7ᵇ⁻ᵇ
ortus, a, um – *arisen* / entstanden Ez 40,14ᵃ

P

paenituit me – *I have repented* / es hat mich gereut Jer 31,19ᵃ
paenultima – *the paenultimate (syllable)* / vorletzte (Silbe) Lv 18,28ᵃ
papyrus, i – *papyrus* / Papyrus Da 3,6ᶜ
par(allelismus, i) – *parallelism* / Parallelismus Dt 33,13ᵇ
pars, tis – *part* / Teil Ps 35,3ᵃ
particula, ae – *particle* / Partikel 1S 2,27ᵃ
partim – *partly, in part* / teilweise Ex 36,8ᵇ
partitivum – *partitive* / partitiv Da 11,7ᵇ⁻ᵇ
pascuum, i – *pasture* / Weide Jer 6,2ᵃ⁻ᵃ
passim – *here and there* / da und dort Jer 2,33ᵇ
pass(ivum) – *passive* / Passiv Gn 45,2ᵃ
patronymicum – *patronymic* / Nennung des Vaters Nu 13,7ᵃ⁻ᵃ
paululum – *a little bit, trifle* / ein klein wenig Jes 57.17ᵇ
paulum – *a little, somewhat* / ein wenig Jer 49,34ᵃ
pavor – *fear* / Furcht Ps 55,5ᵃ
pc; pauci, ae, a – *a few* / wenige Gn 1,11ᵇ
pellis, is – *skin, hide* / Fell, Haut Neh 3,15ᵈ
perdiderunt – *they have destroyed* / sie haben zugrunde gerichtet Ps 35,12ᵃ
perduces – *you will bring through* / du wirst geleiten Ps 49,20ᵃ
perfectus – *perfect* / vollkommen Hi 10,8ᵃ
periphrasis, eos – *circumlocution* / Umschreibung Ex 14,20ᵃ⁻ᵃ
permlt; permulti, ae, a – *very many* / sehr viele 1S 2,10ᶜ
pertinens, pertinet – *belonging to, it belongs to* / gehörend, er gehört Neh 13,28ᵃ
perturbatus, i – *disturbed, disordered* / in Unordnung gebracht Dt 26,17ᵃ
pessum data – *destroyed* / zugrunde gerichtet Na 3,11ᵇ
petent – *they will ask, they will desire* / sie werden fragen Ps 18,42ᵇ⁻ᵇ
pf; perfectum – *perfect* / Perfect Lv 18,28ᵃ
phoneticum – *phonetic* / phonetisch Hi 36,27ᵇ
pinguis – *fat* / fett Hi 33,25ᵃ
plaga – *blow, stroke* / Schlag Ps 39,11ᵃ
plerumque – *generally* / meistens Dt 31,16ᶜ
pl(uralis) – *plural* / Plural Gn 13,18ᵃ

plur(es, a) – *many* / mehrere Jos 19,47[c]

poetica – *poetic* / poetisch Hi 37,12[c]

populus, i – *people* / Volk Jer 33,13[a–a]

porta – *gate* / Tor Da 8,2[c–c]

possessio – *possession* / Besitz Hi 15,29[a]

post – *after* / nach Gn 14,1[d–d]

postea – *thereafter* / nachher Gn 47,5[a]

postquam – *after* / nachdem Cant 4,6[a]

potens, entis – *mighty* / mächtig Dt 32,15[f]

potius – *rather, preferably* / vielmehr Gn 48,20[b]

praebent, praebet – *they present, it presents* / sie bieten, sie bietet Ex 36,8[b]

praecedens – *preceding* / vorhergehend Mal 2,15[c]

praecones – *heralds* / Herolde Ex 36,6[a–a]

praedicabit – *he will praise* / er wird preisen Ps 22,9[a]

pr(aemitte, mittendum, mittit, mittunt) – *put before, to be put before, it puts before, they put before* / schicke voraus, vorauszuschicken, er schickt voraus, sie schicken voraus Gn 1,30[a]

praepos(itio, onis) – *preposition* / Präposition 2S 3,27[c]

praeter – *except* / außer Nu 22,22[c]

praeterea – *besides* / außerdem Ex 29,20[a]

prb; probabiliter – *probably* / wahrscheinlich Jer 2,16[b]

primogenitum – *first-born* / Erstgeburt Ex 13,13[a]

primus, a, um – *first* / erster 1Ch 7,15[c]

princeps, ipis – *chief* / Fürst Nu 24,17[e]

pro – *for, instead of* / für, anstelle Gn 11,31[c]

probavit – *he has tested, he has tried* / er hat geprüft Jes 66,16[b]

proclamaverunt – *they have cried out* / sie haben ausgerufen Ex 36,6[a–a]

procurrens – *jutting out* / vorragend Hi 39,8[a]

pron(omen) – *pronoun* / Pronomen, Fürwort 1S 1,17[a]

propago, inis – *shoot* / Ableger Ps 80,16[a]

proprius, a, um – *proper* / eigen Ex 2,1[a]

propter – *because of* / wegen Nu 5,26[b–b]

propterea – *therefore* / deswegen Da 7,15[a–a]

prosperitas, atis – *prosperity* / Wohlergehen Hi 20,20[a–a]

protectio, onis – *protection* / Schutz Ps 42,5[a–a]

prp; propositum – *it has been proposed* / es ist vorgeschlagen worden Jes 26,11[a]

prs; personalis, e – *personal* / Personal-, persönlich 1S 1,17[a]

ps(almus, i) – *psalm* / Psalm Ps 115,12[a]

pt; participium – *participle* / Partizip 1S 14,26[a]

pudicitia, ae – *decency* / Schamhaftigkeit Nu 31,18[a]

pulchra – *beautiful* / schön Nu 12,1[a]

pulvis, eris – *dust* / Staub Nu 23,10[c–c]

punct(um, i; a) – *point(s)* / Punkt(e) Gn 16,5[a]

pun(icus, a, um) – *Punic* / punisch Da 7,17[a]

purus – *pure* / rein Prv 26,28[b]

Q

quam – *than* / als Hi 4,19[a]

quamvis – *although* / obwohl Dt 29,4[c–c]

quasi – *as if, just as* / wie Jer 5,26[a–a]

quattuor – *four* / vier Ez 5,12[a]

qui, quae, quod; qui, quae, quae – *who, which* / der, die, das; die Nu 13,7[a–a]

quoad – *as to, as far as* / soweit, hinsichtlich 1Ch 27,4[b–b]

quocum – *with whom* / mit dem Hi 16,20[a–a]

quoties – *how often* / wie oft Hi 7,4[b]

R

radius – *beam, ray* / Strahl Jer 23,5[b]

rasura – *erasure* / Rasur Ex 36,29[b]

reatus – *fault* / Schuld Ex 32,35[a]

rebellaverunt – *they have rebelled* / sie haben sich aufgelehnt Nu 31,16[b–b]

recte – *correctly* / richtig Gn 31,46[a]

rectius – *more correct* / richtiger Jer 4,20[a]

rectus, a, um – *correct* / richtig Ez 32,6[a]

redii – *I have returned* / ich bin zurückgekehrt Da 4,33[d]

redime – *redeem* / erlöse Ps 12,8[b]

regalis – *royal, regal* / königlich Hi 12,18[a]

regens – *transitive; subject* / transitiv; Subjekt Ez 43,7[a]; Hi 31,18[a]

regulariter – *regularly* / regelmäßig Da 5,27[a]

relat(ivum) – *relative* / relativ 1S 14,21[a]

rel(iqui, ae, a) – *remaining* / die übrigen Jdc 14,2[a]

reliquum, i – *rest* / Rest Jes 9,6[a]

removeris – *you have removed* / du hast entfernt Ps 22,2[b–b]

repens – *creeping* / kriechend Jer 46,22[a–a]

repetitus, a, um – *repeated* / wiederholt Nu 25,8[a–a]

res, rerum – *things* / Dinge Gn 20,16[b–b]

restare – *to stand firm* / fortdauern Prv 11,7[f]

rete – *net* / Netz Jer 5,26[a–a]

retento – *retained* / unter Beibehaltung von Jer 18,14[b]

rex, regis – *king* / König Jos 15,9[a–a]

robur – *strength* / Stärke Jes 54,8[a]

Romani, orum – *Romans* / Römer Nu 24,24[b–b]

rufi – *reddish* / rötliche Sach 6,6[a–a]

rursus – *again* / wieder Jer 31,19[a]

S

saepe – *often* / oft Ex 21,28[b]

saepius – *more often* / öfter Jos 10,24[e]

saginati – *fattened* / gemästet Ps 37,20[a–a]

sagitta, ae – *arrow* / Pfeil Ps 64,4[a]

sagittarius – *bowman* / Bogenschütze Prv 26,10[b]

sal – *salt* / Salz Esr 4,14ᵃ

salus, utis – *salvation* / Heil Ps 22,2ᵇ⁻ᵇ

sam(aritanus, a, um) – *Samaritan* / samaritanisch Jos 17,7ᵇ

sanctificate – *sanctify, make holy* / heiligt 2 Ch 35,3ᵇ

satiabor – *I will be sated* / ich werde mich sättigen Ps 16,11ᵃ

satiatus – *sated* / gesättigt Hi 10,15ᵃ

saxetum, i – *rocky area* / felsige Gegend Nu 20,19ᵃ

saxum – *rock* / Fels Hi 39,8ᵃ

scandendum – *to be read aloud* / zu skandieren Jo 2,9ᵃ

sciatis – *you know* / ihr wißt Hi 19,29ᵃ

scil(icet) – *namely* / nämlich Gn 27,40ᵃ

scribendum – *to be written* / zu schreiben Prv 22,17ᵇ⁻ᵇ

scriptor, oris – *writer, scribe* / Schreiber Hi 26,12ᵃ

se – *himself, itself* / sich Jer 33,13ᵃ⁻ᵃ

sec(undum) – *according to* / gemäß Jer 4,20ᵃ

secundus, a, um – *second* / zweiter Ez 8,3ᵈ⁻ᵈ

sed – *but* / aber Gn 22,14ᵃ

semel – *once, a single time* / einmal Jos 2,1ᵉ

semper – *always* / immer Gn 13,18ᵃ

senior – *elder* / älter 1 S 19,20ᵇ

sensus, us – *meaning* / Sinn, Bedeutung Jer 10,5ᵃ⁻ᵃ

sententia – *opinion* / Meinung Jes 44,28ᵃ

septies – *seven times* / siebenmal Jos 2,1ᵉ

sepulchrum – *sepulcher, grave* / Grab Jes 53,9ᶜ

sepultura – *burial* / Begräbnis 2 Ch 26,23ᵇ

sequitur – *it follows* / er folgt 2 Ch 25,23ᵃ⁻ᵃ

sera – *bar (for fastening doors)* / Riegel 1 Ch 12,16ᵇ

serpens – *snake* / Schlange Jer 46,22ᵃ⁻ᵃ

seu – *or* / oder Gn 38,29ᵃ

sexta, ae – sixth / sechste 2 S 24,15ᵇ⁻ᵇ

sg; singularis – *singular* / Singular Gn 7,13ᵃ

si – *if* / wenn Ex 23,5ᵃ⁻ᵃ

sic – *so, thus* / so Gn 21,18ᵃ

silex – *flint* / Feuerstein Jer 18,14ᵇ

sim(ilis, e) – *similar* / ähnlich Gn 11,11ᵃ

simillima – *very similar* / sehr ähnlich 1 Ch 28,20ᵇ

sine – *without* / ohne Gn 26,1ᵃ

sive – *or* / oder Ex 16,32ᵇ

sol(um) – *only* / nur Nu 16,24ᵃ⁻ᵃ

solus – *alone, only* / allein Dt 32,50ᵇ

sordes – *dirt, filth* / Schmutz Prv 10,20ᵇ

soror – *sister* / Schwester 1 Ch 2,25ᵇ

sors – *lot* / Los Prv 12,9ᵃ

sperabunt, sperate – *they will hope, hope* / sie werden hoffen, hofft Ps 52,8ᵇ⁻ᵇ

spes, ei – *hope* / Hoffnung Ps 55,23ᵃ

splendor, oris – *splendor, brilliance* / Glanz Jer 23,5ᵇ

sq; sequens – *following* / folgend Ex 8,12ᶜ

sqq; sequentes – *following* / folgende Nu 3,12ᵇ

statim – *immediately* / sogleich, unmittelbar Hi 18,8ᵃ

stat(us) – *state* / Status 1 S 12,23ᵇ

stella crinita – *comet* / Komet Nu 24,17ᵉ

stercilinium – *dunghill* / Misthaufen Na 1,14ᶜ⁻ᶜ

stich(us) – *stich* / Stichus, Vers Jdc 5,11ᶜ

stillare – *to drop, to drip* / tropfen lassen Hi 36,27ᵃ⁻ᵃ

stropha – *strophe* / Strophe Na 1,4ᵇ

studium – *zeal* / Eifer Prv 19,2ᵇ

sub – *under, beneath* / unter Ex 36,8ᵇ

subj(ectum) – *subject* / Subjekt 1 S 20,33ᵇ

subsellia – *seats* / Sitze 2 Ch 9,11ᵃ

subst(antivum) – *substantive, noun* / Substantiv 2 S 19,43ᵇ

suff(ixum) – *suffix* / Suffix Gn 7,13ᵃ

sum – *I am* / ich bin Ps 88,9ᵇ

sumite – *take* / nehmt Ex 12,21ᵇ⁻ᵇ

summarium, ii – *summary* / Inhaltsangabe Da 5,25ᵃ

sunt – *they are* / sie sind Mi 1,10ᵃ

super – *above* / über Ps 56,3ᶜ⁻ᶜ

superesse – *to be left* / übrig sein Na 3,14ᵇ

supervacaneus – *needless, superfluous* / überflüssig, unnötig Da 10,13ᵃ⁻ᵃ

supra – *above* / oberhalb Jes 54,13ᵃ

suspensum – *raised* / hängend Jdc 18,30ᵃ

suus, a, um – *his* / sein Ps 33,17ᵃ

syr(iacus, a, um; e) – *(in) Syriac* / syrisch Jer 10,5ᵃ⁻ᵃ

T

tacuerit, tacui – *it was silent, I have been silent* / er hat/ich habe geschwiegen Ex 19,13ᵃ⁻ᵃ

talpa – *mole* / Maulwurf Ps 58,9ᵇ

tantum – *only* / nur Nu 8,16ᵃ⁻ᵃ

tarditas – *tardiness, slowness* / Verzögerung Prv 29,11ᵃ

taurus – *Taurus (astronomy)* / Taurus (Astronomie) Am 5,9ᶜ

te – *you* / dich, a te – *from you* / von dir Ps 16,2/3ᵇ⁻ᵇ

technicus – *technical* / technisch, Fach- Ez 41,6ᶜ

tegere – *to cover* / bedecken Hi 23,9ᵃ

tegimen – *covering, cover* / Bedeckung, Decke Na 2,4ᵃ⁻ᵃ

teg(i)mentum, i – *covering, cover* / Bedeckung, Decke Hi 23,9ᵃ

templum, i – *temple* / Tempel 2 Ch 7,9ᵃ

ter – *thrice* / dreimal Jo 1,15ᵃ

terminus – *term* / Terminus, Ausdruck Ez 41,6ᶜ

terra – *land* / Land Nu 22,5ᶜ

tertius, ii – *third* / dritter Ez 40,7/8/9ᵇ

testiculati – *having their testicles* / mit Hoden Jer 5,8ᵇ

testis, is – *witness* / Zeuge Lv 18,11ᵃ

tetragrammaton – *Tetragrammaton* / Tetragramm 2 S 2,27ᵃ

textor – *weaver* / Weber Jes 19,10ᵃ

textus – *text* / Text Mi 5,4ᵇ⁻ᵇ

threnus, i – *lamentation* / Leichenklagelied Ez 32,18ᶜ

tibi – *to you* / dir Dt 6,3^d

titulus – *title* / Titel, Überschrift Prv 22,17^{b-b}

tonitrus – *thunder* / Donner Jes 33,3^a

tot(us, a, um) – *the whole* / ganz Dt 9,1^a

tradit – *it renders, translates* / er übersetzt Dt 5,6^a

traditio – *tradition* / Überlieferung Jes 52,14^c

transcendere – *to transcend* / überschreiten, übertreten Hi 39,8^a

transcriptio, onis – *transcription, transliteration* / Umschrift 2Ch 22,1^a

transl(atio) – *translation* / Übersetzung Hab 3,2^a

tr(anspone) – *transpose* / stelle um Gn 1,6^a

tu – *you* / du Gn 20,16^{b-b}

tum – *then, in that case* / dann Lv 17,4^{d-d}

tumultuati sunt – *they have made a tumult* / sie haben gelärmt Da 6,16^b

tumultuose – *tumultuously* / lärmend Da 6,7^a

tunc – *then* / dann Jo 2,9^a

turma, ae – *division* / Abteilung 1Ch 27,4^{b-b}

tuus, a, um – *your* / dein Ps 17,15^b

txt; textus – *text* / Text Dt 33,2^c

U

ubi – *where* / wo Esr 8,16^{c-c}

ubique – *everywhere* / überall Nu 2,6^a

ug(ariticus, a, um; e) – *(in) Ugaritic* / ugaritisch Dt 1,44^b

ulciscendo – *when I take vengeance* / wenn ich mich räche Hos 9,12^a

ultima – *last* / letzte Nu 36,11^a

ululatus – *howling, wailing* / Geschrei Jer 4,31^b

umbra, ae – *shadow* / Schatten Ps 31,21^c

una c(um) – *together with* / zusammen mit 1R 9,16^a

unde – *wherefore* / weshalb Ez 28,13^{c-c}

unus, a, um – *one* / einer Da 11,7^{b-b}

urbs, urbis – *town, city* / Stadt Jer 39,3^{b-b}

urentes – *burning* / feurige Nu 21,6^a

usque ad – *(right) up to* / bis zu Ex 36,8^b

ut – *as; so that* / wie; damit Gn 6,20^a ; Hi 19,29^a

uter, tris – *leather bottle* / lederner Schlauch Ps 33,7^a

utrumque – *both, each* / beide Na 1,10/11^{c-c}

V

vadum, i – *ford* / Furt Nu 21,11^a

valde – *very much* / sehr Da 3,31^a

vallis, is – *valley* / Tal Ps 84,7^b

var(ia; varia lectio) – *variant; variant reading* / Variante 1R 7,18^{d-d}

vasa – *vessels* / Gefäße Hi 21,24^a

vb; verbum, i; verba, orum – *word(s)* / Wort; Wörter, Worte Ex 2,25^a

vel – *or* / oder Gn 1,1^a

venenum – *poison* / Gift Jer 11,19^b

venerunt, veniet – *they have come, it will come* / sie sind gekommen, er wird kommen Da 6,7^a

verba – *words* / Wörter Lv 10,18^a

verbatim – *literally* / wörtlich Jos 16,10^a

verberatio – *chastisement* / Prügel Hi 36,18^b

verbotenus – *literally* / wortwörtlich Nu 10,11^a

verb(um) – *verb* / Verb 1S 1,6^a

vere – *verily, indeed* / wahrhaftig Hi 6,13^a

veritas, atis – *truth* / Wahrheit Ps 7,12^a

vers(io, onis) – *version, translation* / Übersetzung Esr 2,48^a

v(ersus, us) – *verse* / Vers Lv 24,4^a

versus, uum – *verses* / Verse Jer 19,2^{a-a}

vertit – *it translates* / er übersetzt Dt 8,13^a

vertunt – *they translate, they change* / sie übersetzen, sie verkehren Nu 12,1^{b-b}; Jer 5,10^{b-b}

vestimenta, orum – *garments* / Kleidungsstücke Da 3,21^{a-a}

vestis – *garment* / Kleid 2R 23,7^b

vetus – *old* / alt Nu 28,7^b

yexant – *they torment* / sie quälen Hi 6,4^a

via – *way* / Weg Ps 2,11/12^c

vide, videns – *see, seeing* / siehe, sehend Jer 38,28^a; Hi 10,15^a

vid(entur, etur) – *they seem, it seems* / sie scheinen, es scheint Gn 10,4^b

vindemiator – *Vindemiator (astronomy)* / Vindemiator (Astronomie) Am 5,9^e

vindex – *liberator* / Erlöser Ps 4,2^b

vinum – *wine* / Wein Nu 28,7^b

vita, ae – *life* / Leben Ps 143,10^c

vivum – *alive* / lebendig 2Ch 33,11^a

vix – *hardly, scarcely* / kaum Hos 6,5^d

vobis – *to you* / euch Ex 19,13^b

vocales – *vowels* / Vokale 1Ch 11,22^b

vocativus – *vocative* / Vokativ Ps 113,1^a

vos – *yourselves* / euch 2Ch 35,3^b

vox – *word* / Wort 2S 8,7^b

vrb; verbum – *verb* / Verb Jdc 5,14^a

vulva – *womb* / Mutterleib Ex 13,13^a

vv; versus, uum – *verses* / Verse 1R 2,46^a

Sigla / Siglen

Signs / Zeichen

+ – *it adds, they add* / er fügt/sie fügen hinzu

> – *is wanting in, is absent in* / fehlt in

* – *the form of the word is a probable conjecture* / das betreffende Wort ist durch Konjektur erschlossen

Manuscripts and Versions / Handschriften und Übersetzungen

α′ – *Aquila's Greek translation of the Old Testament* / Aquilas griechische Übersetzung des Alten Testaments

𝔄 – *The Arabic version of the Old Testament* / Arabische Übersetzung des Alten Testaments

C – *The Cairo Codex of the Hebrew Prophets* / Kairoer Prophetenkodex

𝔊 – *A reading of one or several Hebrew manuscripts from the Cairo Geniza* / Lesart einer oder mehrerer hebräischer Handschriften aus der Kairoer Geniza

Ed, Edd – *One or several editions of the Hebrew Old Testament* / Eine bzw. mehrere Ausgaben des hebräischen Alten Testaments

𝔊 – *The Greek version of the Old Testament (Septuagint)* / Griechische Übersetzung des Alten Testaments (Septuaginta)

K – *The Ketib* / Ketib

L – *The Leningrad Codex of the Hebrew Old Testament* / Codex Leningradensis

𝔐 – *The Masoretic text of the Old Testament* / Masoretischer Text des Alten Testaments

Ms, Mss – *One or several medieval manuscripts of the Hebrew Old Testament* / Eine bzw. mehrere Handschriften des hebräischen Alten Testaments

Occ – *An Occidental reading* / Lesart der Masoreten des Westens

Or – *An Oriental reading* / Lesart der Masoreten des Ostens

Q – *The Qere* / Qere

𝔔 – *A reading of one or several Hebrew manuscripts from Qumran* / Lesart einer oder mehrerer hebräischer Handschriften aus Qumran

𝔪 – *The Samaritan Pentateuch* / Samaritanischer Pentateuch

𝔪ᵀ – *The Samaritan Targum of the Pentateuch* / Samaritanisches Pentateuchtargum

σ′ – *Symmachus' Greek translation of the Old Testament* / Symmachus' griechische Übersetzung des Alten Testaments

𝔖 – *The Syriac version of the Old Testament* / Syrische Übersetzung des Alten Testaments (Peschitta)

𝔗 – *The Targum(s)* / Targum(s)

θ′ – *Theodotion's Greek translation of the Old Testament* / Theodotions griechische Übersetzung des Alten Testaments

𝔙 – *The Vulgate* / Vulgata

Books of the Old Testament / Bücher des Alten Testaments

Gn Ex Lv Nu Dt

Jos Jdc 1S 2S 1R 2R

Jes Jer Ez Hos Jo Am Ob Jon Mi Na Hab Zeph Hag Sach Mal

Ps Hi Prv Ru Cant Qoh Thr Da Esr Neh 1Ch 2Ch

Apocryphal Deuterocanonicals and Pseudepigrapha / Apokryphen/Deuterokanonische Schriften und Pseudepigraphen

Est apokr 1Makk Sir Jub

Books of the New Testament / Bücher des Neuen Testaments

Mt Mc Lc J Act

Rm 1Ko 2Ko G E Ph Kol 1Th 2Th 1T 2T Tt Phm Hbr Jc 1P 2P 1J 2J 3J Jd

Apc

For all other symbols, consult Sigla et Compendia *in the* Prolegomena *to* Biblia Hebraica Stuttgartensia. / Für alle übrigen Siglen siehe die *Sigla et Compendia* in den *Prolegomena* der *Biblia Hebraica Stuttgartensia.*

INDEX LIBRORUM BIBLICORUM

GENESIS בראשית

[סֽא] 1 1 בְּרֵאשִׁ֖יתa בָּרָ֣א אֱלֹהִ֑ים אֵ֥ת הַשָּׁמַ֖יִם וְאֵ֥ת הָאָֽרֶץ׃ 2 וְהָאָ֗רֶץ — ה ג[1] ר״פ וב[2] מ״פ. ג בתור[3]. יג[4] ול[5] בליש. ח ר״פ[6]
הָיְתָ֥ה תֹ֙הוּ֙ וָבֹ֔הוּ וְחֹ֖שֶׁךְ עַל־פְּנֵ֣י תְה֑וֹם וְר֣וּחַ אֱלֹהִ֔ים מְרַחֶ֖פֶת עַל־פְּנֵ֥י — ב[7]. ב[8]. ב. ח ב[9] מנה בליש וכל שמואל דכות ב מ ה רוח יי. ל
3 4 הַמָּֽיִם׃ 3 וַיֹּ֥אמֶר אֱלֹהִ֖ים יְהִ֣י א֑וֹר וַֽיְהִי־אֽוֹר׃ 4 וַיַּ֧רְא אֱלֹהִ֛ים אֶת־ — כה[10]. ל
5 הָא֖וֹר כִּי־ט֑וֹב וַיַּבְדֵּ֣ל אֱלֹהִ֔ים בֵּ֥ין הָא֖וֹר וּבֵ֥ין הַחֹֽשֶׁךְ׃ 5 וַיִּקְרָ֨א — ג[11]
אֱלֹהִ֤ים ׀ לָאוֹר֙ י֔וֹם וְלַחֹ֖שֶׁךְ קָ֣רָא לָ֑יְלָה וַֽיְהִי־עֶ֥רֶב וַֽיְהִי־בֹ֖קֶר י֥וֹם — ז[12]. ל[13]. י ב[14] מנה ס״פ בתור
6 אֶחָֽד׃ פ 6 וַיֹּ֣אמֶר אֱלֹהִ֔ים יְהִ֥י רָקִ֖יעַ בְּת֣וֹךְ הַמָּ֑יִם וִיהִ֣י מַבְדִּ֔יל — כה[10] ג[15] מנה בטע בעינ. לב
7 בֵּ֥ין מַ֖יִם לָמָֽיִם׃a 7 וַיַּ֣עַשׂ אֱלֹהִים֮ אֶת־הָרָקִ֒יעַ֒ וַיַּבְדֵּ֗ל בֵּ֤ין הַמַּ֙יִם֙ אֲשֶׁר֙ — ל. ד[16]. ג[11]
8 מִתַּ֣חַת לָרָקִ֔יעַ וּבֵ֣ין הַמַּ֔יִם אֲשֶׁ֖ר מֵעַ֣ל לָרָקִ֑יעַ וַֽיְהִי־כֵֽן׃a 8 וַיִּקְרָ֧א — ב[17]. ו בעינ
אֱלֹהִ֛ים לָֽרָקִ֖יעַ שָׁמָ֑יִם וַֽיְהִי־עֶ֥רֶב וַֽיְהִי־בֹ֖קֶר י֥וֹם שֵׁנִֽי׃ פ — ל
9 9 וַיֹּ֣אמֶר אֱלֹהִ֗ים יִקָּו֨וּ הַמַּ֜יִם מִתַּ֤חַת הַשָּׁמַ֙יִם֙ אֶל־מָק֣וֹםa אֶחָ֔ד וְתֵרָאֶ֖ה — כה[10]. ל. ג[18]. ל[19]
10 הַיַּבָּשָׁ֑ה וַֽיְהִי־כֵֽן׃b 10 וַיִּקְרָ֨א אֱלֹהִ֤ים ׀ לַיַּבָּשָׁה֙ אֶ֔רֶץ וּלְמִקְוֵ֥ה הַמַּ֖יִם — ו בעינ. ל[20]. ל
11 קָרָ֣א יַמִּ֑ים וַיַּ֥רְא אֱלֹהִ֖ים כִּי־טֽוֹב׃ 11 וַיֹּ֣אמֶר אֱלֹהִ֗ים תַּֽדְשֵׁ֤א הָאָ֙רֶץ֙ — כה[10]. ל
aדֶּ֔שֶׁא עֵ֚שֶׂבa מַזְרִ֣יעַ זֶ֔רַע עֵ֣ץb פְּרִ֞י עֹ֤שֶׂה פְּרִי֙ לְמִינ֔וֹc אֲשֶׁ֥ר זַרְעוֹ־ב֖וֹ — ב. ב. ד[21]
12 עַל־הָאָ֑רֶץ וַֽיְהִי־כֵֽן׃ 12 וַתּוֹצֵ֨א הָאָ֜רֶץ דֶּ֠שֶׁא עֵ֣שֶׂב מַזְרִ֤יעַ זֶ֙רַע֙ לְמִינֵ֔הוּ — ו בעינ. ג ב מל וחד חס[22]. ב. יד[5]
13 וְעֵ֧ץ עֹֽשֶׂה־פְּרִ֛י אֲשֶׁ֥ר זַרְעוֹ־ב֖וֹ לְמִינֵ֑הוּ וַיַּ֥רְא אֱלֹהִ֖ים כִּי־טֽוֹב׃ 13 וַֽיְהִי־ — יד. ג ר״פ
14 עֶ֥רֶב וַֽיְהִי־בֹ֖קֶר י֥וֹם שְׁלִישִֽׁי׃ פ 14 וַיֹּ֣אמֶר אֱלֹהִ֗ים יְהִ֤י מְאֹרֹת֙ — כה[10]. ב חס
בִּרְקִ֣יעַ הַשָּׁמַ֔יִם לְהַבְדִּ֕יל בֵּ֥ין הַיּ֖וֹם וּבֵ֣ין הַלָּ֑יְלָה וְהָי֤וּ לְאֹתֹת֙ וּלְמ֣וֹעֲדִ֔ים — ב חד מל וחד חס
15 וּלְיָמִ֖ים וְשָׁנִֽים׃ 15 וְהָי֤וּ לִמְאוֹרֹת֙ בִּרְקִ֣יעַ הַשָּׁמַ֔יִם לְהָאִ֖יר עַל־הָאָ֑רֶץ — ב[23]
16 וַֽיְהִי־כֵֽן׃ 16 וַיַּ֣עַשׂ אֱלֹהִ֔ים אֶת־שְׁנֵ֥י הַמְּאֹרֹ֖ת הַגְּדֹלִ֑ים אֶת־הַמָּא֤וֹר — ו בעינ. ד[16]. יח פסוק את את ואת ואת. ב חס. ל

Cp 1 [1]Mm 1. [2]Mm 2. [3]Mm 3. [4]Mm 3139. [5]Mp sub loco. [6]Mm 4. [7]Jer 4,23, cf Mp sub loco. [8]Hi 38,19. [9]2 Ch 24,20. [10]Mm 5. [11]Mm 6. [12]Mm 3105. [13]וחד לחשך Hi 28,3. [14]Mm 200. [15]Mm 7. [16]Mm 1431. [17]Mm 2773. [18]Mm 3700. [19]Mm 736. [20]וחד לַיַּבָּשָׁה Ps 66,6. [21]Mm 722. [22]Mm 2645. [23]Qoh 6,3.

Cp 1,1 a Orig *Βρησιθ* vel *Βαρησηθ (-σεθ)*, Samar *bårāšit* ‖ **6** a huc tr 7 a–a cf 𝔊 et 9.11.15.20.24.30 ‖ **7** a–a cf 6 a; ins וירא אלהים כי־טוב cf 4.10.12.18.21.31 et 8 (𝔊) ‖ **9** a 𝔊 *συναγωγήν* = מִקְוֶה cf 10 מקוה המים ‖ b 𝔊 + *καὶ συνήχθη τὸ ὕδωρ τὸ ὑποκάτω τοῦ οὐρανοῦ εἰς τὰς συναγωγὰς αὐτῶν καὶ ὤφθη ἡ ξηρά* = וַיִּקָּווּ הַמַּיִם מִתַּחַת הַשָּׁמַיִם אֶל־מִקְוֵיהֶם וַתֵּרָא הַיַּבָּשָׁה ‖ **11** a–a 𝔊𝔙 cj עֵשֶׂב c דשא ‖ b l c pc Mss 𝔐𝔊𝔖𝔗J𝔙 וְעֵץ cf 12 ‖ c prb dl cf 12.

הַגָּדֹל֙ לְמֶמְשֶׁ֣לֶת הַיּ֔וֹם וְאֶת־הַמָּא֤וֹר הַקָּטֹן֙ לְמֶמְשֶׁ֣לֶת הַלַּ֔יְלָה וְאֵ֖ת — ג̇[24]. ל̇. ג̇[24]
17 הַכּוֹכָבִֽים׃ 17 וַיִּתֵּ֥ן אֹתָ֛ם אֱלֹהִ֖ים בִּרְקִ֣יעַ הַשָּׁמָ֑יִם לְהָאִ֖יר עַל־הָאָֽרֶץ׃
18 וְלִמְשֹׁל֙ בַּיּ֣וֹם וּבַלַּ֔יְלָה וּֽלֲהַבְדִּ֔יל בֵּ֥ין הָא֖וֹר וּבֵ֣ין הַחֹ֑שֶׁךְ וַיַּ֥רְא אֱלֹהִ֖ים 18 — ל̇ וחס. ה̇[25]. ב̇[26]
19 20 כִּי־טֽוֹב׃ 19 וַֽיְהִי־עֶ֥רֶב וַֽיְהִי־בֹ֖קֶר י֥וֹם רְבִיעִֽי׃ פ 20 וַיֹּ֣אמֶר — ג̇ ר״פ. ל̇. כה[27] / ג̇[28] מנה בטע בעינ
אֱלֹהִ֔ים יִשְׁרְצ֣וּ הַמַּ֔יִם שֶׁ֖רֶץ נֶ֣פֶשׁ חַיָּ֑ה וְעוֹף֙ יְעוֹפֵ֣ף עַל־הָאָ֔רֶץ עַל־פְּנֵ֖י — ל̇[29]. ב̇. כא פסוק על על ומילה חדה ביניה[30]
21 רְקִ֥יעַ הַשָּׁמָֽיִםᵃ׃ 21 וַיִּבְרָ֣א אֱלֹהִ֔ים אֶת־הַתַּנִּינִ֖ם הַגְּדֹלִ֑ים וְאֵ֣ת כָּל־נֶ֣פֶשׁ — ב̇. ג̇ חס בתור[31]
הַֽחַיָּ֣ה ׀ הָֽרֹמֶ֡שֶׂת אֲשֶׁר֩ שָׁרְצ֨וּ הַמַּ֜יִם לְמִֽינֵהֶ֗םᵃ וְאֵ֨ת כָּל־ע֤וֹף כָּנָף֙ לְמִינֵ֔הוּ — ג̇. יד
22 וַיַּ֥רְא אֱלֹהִ֖ים כִּי־טֽוֹב׃ 22 וַיְבָ֧רֶךְ אֹתָ֛ם אֱלֹהִ֖ים לֵאמֹ֑ר פְּר֣וּ וּרְב֗וּ — ה̇ בתור[32]
23 וּמִלְא֤וּ אֶת־הַמַּ֙יִם֙ בַּיַּמִּ֔ים וְהָע֖וֹף יִ֥רֶב בָּאָֽרֶץ׃ 23 וַֽיְהִי־עֶ֥רֶב וַֽיְהִי־בֹ֖קֶר — ד̇. ה̇[33]. ג̇[34]. ב̇. ג̇ ר״פ
24 י֥וֹם חֲמִישִֽׁי׃ פ 24 וַיֹּ֣אמֶר אֱלֹהִ֗ים תּוֹצֵ֨א הָאָ֜רֶץ נֶ֤פֶשׁ חַיָּה֙ לְמִינָ֔הּ — ל̇. כה[27]
25 בְּהֵמָ֥ה וָרֶ֛מֶשׂ וְחַֽיְתוֹ־אֶ֖רֶץ לְמִינָ֑הּ וַֽיְהִי־כֵֽן׃ 25 וַיַּ֣עַשׂ אֱלֹהִים֩ אֶת־חַיַּ֨ת — ל̇. ו̇ בעינ. ד̇[35]. י̇ בליש[36]
הָאָ֜רֶץ לְמִינָ֗הּ וְאֶת־הַבְּהֵמָה֙ לְמִינָ֔הּ וְאֵ֛ת כָּל־רֶ֥מֶשׂ הָֽאֲדָמָ֖ה לְמִינֵ֑הוּ — יד
26 וַיַּ֥רְא אֱלֹהִ֖ים כִּי־טֽוֹב׃ 26 וַיֹּ֣אמֶר אֱלֹהִ֔ים נַֽעֲשֶׂ֥ה אָדָ֛ם בְּצַלְמֵ֖נוּ — כה[27] ג̇[28] מנה בטע בעינ
כִּדְמוּתֵ֑נוּᵃ וְיִרְדּוּ֩ בִדְגַ֨ת הַיָּ֜ם וּבְע֣וֹף הַשָּׁמַ֗יִם וּבַבְּהֵמָה֙ וּבְכָל־ᵇהָאָ֔רֶץ — ג̇. ה̇ פסוק ובכל ובכל[37]
27 וּבְכָל־הָרֶ֖מֶשׂ הָֽרֹמֵ֥שׂ עַל־הָאָֽרֶץ׃ 27 וַיִּבְרָ֨א אֱלֹהִ֤ים ׀ אֶת־הָֽאָדָם֙ — ב̇
28 בְּצַלְמ֔וֹᵃ בְּצֶ֥לֶם אֱלֹהִ֖ים בָּרָ֣א אֹת֑וֹ זָכָ֥ר וּנְקֵבָ֖ה בָּרָ֥א אֹתָֽם׃ 28 וַיְבָ֣רֶךְ — ל̇. ג̇[38]. ה̇ בתור[32]
אֹתָם֮ אֱלֹהִים֒ וַיֹּ֨אמֶר לָהֶ֜ם אֱלֹהִ֗ים פְּר֥וּ וּרְב֛וּ וּמִלְא֥וּ אֶת־הָאָ֖רֶץ וְכִבְשֻׁ֑הָ — כב[39] וכל ד״ה ועזרא דכות ב̇ מ̇ ה̇ חס בליש. ד̇. ל̇ וחס
וּרְד֞וּ בִּדְגַ֤ת הַיָּם֙ וּבְע֣וֹף הַשָּׁמַ֔יִםᵃ וּבְכָל־חַיָּ֖הᵇ הָֽרֹמֶ֥שֶׂת עַל־הָאָֽרֶץ׃ — ג̇. ג̇
29 29 וַיֹּ֣אמֶר אֱלֹהִ֗ים הִנֵּה֩ נָתַ֨תִּי לָכֶ֜ם אֶת־כָּל־עֵ֣שֶׂב ׀ זֹרֵ֣עַ זֶ֗רַע אֲשֶׁר֙ עַל־ — כה[27]
פְּנֵ֣י כָל־הָאָ֔רֶץ וְאֶת־כָּל־הָעֵ֛ץ אֲשֶׁר־בּ֥וֹ פְרִי־עֵ֖ץ זֹרֵ֣עַ זָ֑רַע לָכֶ֥ם יִֽהְיֶ֖ה — ב̇[40]
30 לְאָכְלָֽה׃ 30 וּֽלְכָל־חַיַּ֣ת הָ֠אָרֶץ וּלְכָל־ע֨וֹף הַשָּׁמַ֜יִם וּלְכֹ֣ל ׀ רוֹמֵ֣שׂ — ד̇ ר״פ. ל̇ ר״פ[32]. י̇ בליש[36]. ל̇. ב̇ מל
עַל־הָאָ֗רֶץ אֲשֶׁר־בּוֹ֙ נֶ֣פֶשׁ חַיָּ֔ה אֶתᵃ־כָּל־יֶ֥רֶק עֵ֖שֶׂב לְאָכְלָ֑ה וַֽיְהִי־כֵֽן׃ — ו̇ בעינ
31 31 וַיַּ֤רְא אֱלֹהִים֙ אֶת־כָּל־אֲשֶׁ֣ר עָשָׂ֔ה וְהִנֵּה־ט֖וֹב מְאֹ֑ד וַֽיְהִי־עֶ֥רֶב וַֽיְהִי־ — ל̇
2 בֹ֖קֶר י֥וֹם הַשִּׁשִּֽׁי׃ פ 2 1 וַיְכֻלּ֛וּ הַשָּׁמַ֥יִם וְהָאָ֖רֶץ וְכָל־צְבָאָֽם׃ — ל̇. ל̇. ד̇[1]. ז̇

[24] Mm 3428. [25] Mm 2309. [26] Mm 714. [27] Mm 5. [28] Mm 7. [29] וחד וישרצו Ex 1,7. [30] Mm 686. [31] Mm 8. [32] Mp sub loco. [33] Mm 720. [34] Mm 726. [35] Mm 1431. [36] Mm 9. [37] Mm 2543. [38] Mm 10. [39] Mm 11. [40] Lv 23,40. **Cp 2** [1] Mm 13.

20 ᵃ 𝔊 + καὶ ἐγένετο οὕτως, ins ויהי־כן cf 6ᵃ ‖ **21** ᵃ 𝔐 ניהם– cf 𝔊𝔙; frt l נֵהֶם– cf 4,4ᵃ ‖ **26** ᵃ 𝔐 וכ׳ cf 𝔊𝔙 ‖ ᵇ 𝔖 + *hjwt'*, ins חַיַּת ‖ **27** ᵃ > 𝔊*, frt dl ‖ **28** ᵃ 𝔊 + καὶ πάντων τῶν κτηνῶν καὶ πάσης τῆς γῆς; 𝔖 + *wbb'jr'*, ins ובבהמה cf 26 ‖ ᵇ 𝔐 החיה ‖ **30** ᵃ nonn Mss 𝔊 וְאֵת; prb pr נָתַתִּי cf 9,3.

2 וַיְכַ֤ל אֱלֹהִים֙ בַּיּ֣וֹם הַשְּׁבִיעִ֔י[a] מְלַאכְתּ֖וֹ אֲשֶׁ֣ר עָשָׂ֑ה וַיִּשְׁבֹּת֙ בַּיּ֣וֹם — ל. ב חס[2]
3 הַשְּׁבִיעִ֔י מִכָּל־מְלַאכְתּ֖וֹ אֲשֶׁ֥ר עָשָֽׂה׃ 3 וַיְבָ֤רֶךְ אֱלֹהִים֙ אֶת־י֣וֹם — ב. ג
הַשְּׁבִיעִ֔י וַיְקַדֵּ֖שׁ אֹת֑וֹ כִּ֣י ב֤וֹ שָׁבַת֙ מִכָּל־מְלַאכְתּ֔וֹ אֲשֶׁר־בָּרָ֥א אֱלֹהִ֖ים — ב. ג בתור[3]
ס̄[ב] לַעֲשֽׂוֹת׃ פ 4 אֵ֣לֶּה[a] תוֹלְד֧וֹת הַשָּׁמַ֛יִם וְהָאָ֖רֶץ בְּהִבָּֽרְאָ֑ם[b] — ד ר״פ[4]. ב מל. ל
5 בְּי֗וֹם עֲשׂ֛וֹת יְהוָ֥ה אֱלֹהִ֖ים [c]אֶ֥רֶץ וְשָׁמָֽיִם׃[c] 5 וְכֹ֣ל ׀ שִׂ֣יחַ הַשָּׂדֶ֗ה — ל[5]. ג[6] ר״פ וכל ופ אות וחד מן ה ר״פ בסיפ וחד מן יר״פ וכל ומ״פ וכל. ה
טֶ֚רֶם יִֽהְיֶ֣ה בָאָ֔רֶץ וְכָל־עֵ֥שֶׂב הַשָּׂדֶ֖ה טֶ֣רֶם יִצְמָ֑ח כִּי֩ לֹ֨א הִמְטִ֜יר יְהוָ֤ה — ל
6 אֱלֹהִים֙ עַל־הָאָ֔רֶץ וְאָדָ֣ם אַ֔יִן לַֽעֲבֹ֖ד אֶת־הָֽאֲדָמָֽה׃ 6 וְאֵ֖ד יַֽעֲלֶ֣ה מִן־ — ט. ל זקף פת[7]. ב חד חס וחד מל[8]
7 הָאָ֑רֶץ וְהִשְׁקָ֖ה אֶֽת־כָּל־פְּנֵֽי־הָאֲדָמָֽה׃ 7 וַיִּ֩יצֶר֩ יְהוָ֨ה אֱלֹהִ֜ים אֶת־ — ג[9]. ב חד חס וחד מל
הָֽאָדָ֗ם עָפָר֙ מִן־הָ֣אֲדָמָ֔ה וַיִּפַּ֥ח בְּאַפָּ֖יו נִשְׁמַ֣ת חַיִּ֑ים וַֽיְהִ֥י הָֽאָדָ֖ם לְנֶ֥פֶשׁ — ל. ל
8 חַיָּֽה׃ 8 וַיִּטַּ֞ע יְהוָ֧ה אֱלֹהִ֛ים גַּן־בְּעֵ֖דֶן מִקֶּ֑דֶם וַיָּ֣שֶׂם שָׁ֔ם אֶת־הָֽאָדָ֖ם אֲשֶׁ֥ר — ג. פד לג מנה בתור
9 יָצָֽר׃ 9 וַיַּצְמַ֞ח יְהוָ֤ה אֱלֹהִים֙ מִן־הָ֣אֲדָמָ֔ה כָּל־עֵ֛ץ נֶחְמָ֥ד לְמַרְאֶ֖ה וְט֣וֹב — ל. ל[10]. ב[11]. ב[12]. יו[13]
10 לְמַאֲכָ֑ל וְעֵ֤ץ הַֽחַיִּים֙ בְּת֣וֹךְ הַגָּ֔ן וְעֵ֕ץ הַדַּ֖עַת ט֥וֹב וָרָֽע׃ 10 וְנָהָר֙ יֹצֵ֣א — ל. ד[14]. ב דמטע[15]
11 מֵעֵ֔דֶן לְהַשְׁק֖וֹת אֶת־הַגָּ֑ן וּמִשָּׁם֙ יִפָּרֵ֔ד וְהָיָ֖ה לְאַרְבָּעָ֥ה רָאשִֽׁים׃ 11 שֵׁ֥ם — ח[16]. ב[17]. כ. ד בתור
הָֽאֶחָ֖ד פִּישׁ֑וֹן ה֣וּא הַסֹּבֵ֗ב אֵ֚ת כָּל־אֶ֣רֶץ הַֽחֲוִילָ֔ה[a] אֲשֶׁר־שָׁ֖ם הַזָּהָֽב׃ — יא זוגין בטע[18]. ב חס[19]
12 וּֽזֲהַ֛ב הָאָ֥רֶץ הַהִ֖וא ט֑וֹב[a] שָׁ֥ם הַבְּדֹ֖לַח וְאֶ֥בֶן הַשֹּֽׁהַם׃ 13 וְשֵֽׁם־הַנָּהָ֥ר — ל ובטע[20]. ב. יג ר״פ[21]
14 הַשֵּׁנִ֖י גִּיח֑וֹן ה֣וּא הַסּוֹבֵ֔ב אֵ֖ת כָּל־אֶ֥רֶץ כּֽוּשׁ׃ 14 וְשֵׁ֨ם הַנָּהָ֤ר הַשְּׁלִישִׁי֙ — ו ג מל וג חס. יא זוגין בטע[18]. יג ר״פ[21]
חִדֶּ֔קֶל ה֥וּא הַֽהֹלֵ֖ךְ קִדְמַ֣ת אַשּׁ֑וּר וְהַנָּהָ֥ר הָֽרְבִיעִ֖י ה֥וּא פְרָֽת׃ — ל[22]
15 וַיִּקַּ֛ח יְהוָ֥ה אֱלֹהִ֖ים אֶת־הָֽאָדָ֑ם וַיַּנִּחֵ֣הוּ בְגַן־עֵ֔דֶן לְעָבְדָ֖הּ וּלְשָׁמְרָֽהּ׃ — ב וחס[23]. ל. ל
16 וַיְצַו֙ יְהוָ֣ה אֱלֹהִ֔ים עַל־הָֽאָדָ֖ם לֵאמֹ֑ר מִכֹּ֥ל עֵֽץ־הַגָּ֖ן אָכֹ֥ל תֹּאכֵֽל׃ — ג וכל על האדם ועל הבהמה דכות[24]. יו[25]
17 וּמֵעֵ֗ץ הַדַּ֙עַת֙ ט֣וֹב וָרָ֔ע לֹ֥א תֹאכַ֖ל מִמֶּ֑נּוּ כִּ֗י בְּי֛וֹם אֲכָלְךָ֥ מִמֶּ֖נּוּ מ֥וֹת — ל[26]
18 תָּמֽוּת׃ 18 וַיֹּ֙אמֶר֙ יְהוָ֣ה אֱלֹהִ֔ים לֹא־ט֛וֹב הֱי֥וֹת הָֽאָדָ֖ם לְבַדּ֑וֹ אֶֽעֱשֶׂהּ[a]־ — ד בעינ[27]
19 לּ֥וֹ עֵ֖זֶר כְּנֶגְדּֽוֹ׃ 19 וַיִּצֶר֩ יְהוָ֨ה אֱלֹהִ֜ים[a] מִן־הָֽאֲדָמָ֗ה[b] כָּל־חַיַּ֤ת הַשָּׂדֶה֙ — ב חד חס וחד מל[27]. יג פסוק כל כל וכל
וְאֵת֙ כָּל־ע֣וֹף הַשָּׁמַ֔יִם וַיָּבֵא֙ אֶל־הָ֣אָדָ֔ם לִרְא֖וֹת מַה־יִּקְרָא־ל֑וֹ וְכֹל֩ — נא[28] יח מנה בתור. ל
20 אֲשֶׁ֨ר יִקְרָא־ל֧וֹ הָֽאָדָ֛ם [c]נֶ֥פֶשׁ חַיָּ֖ה[c] ה֥וּא שְׁמֽוֹ׃ 20 וַיִּקְרָ֨א הָֽאָדָ֜ם שֵׁמ֗וֹת — ג. ט מל בתור[29]

[2] Mm 14. [3] Mm 3. [4] Mm 48. [5] Mm 2360. [6] Okhl 316. [7] Mm 3699. [8] וחד לאדו Hi 36,27. [9] Mm 3048. [10] וחד וַיַּצְמַח Ez 17,6. [11] Prv 21,20. [12] Mm 2878. [13] Mm 1088. [14] Mm 2273. [15] Mm 3227. [16] Mm 1349. [17] Prv 19,4. [18] Mm 915. [19] Mm 3684. [20] Mm 3843. [21] Mm 33. [22] וחד חִדֶּקֶל Da 10,4. [23] Mm 1964. [24] Mm 15. [25] Mm 787. [26] וחד אָכְלְךָ Lv 25,37. [27] Mp sub loco. [28] Mm 639. [29] Mm 834.

Cp 2,2 [a] 𝔐𝔊𝔖 הַשִּׁשִּׁי ‖ **4** [a] 𝔊 *αὕτη ἡ βίβλος* cf 5,1 ‖ [b] frt l בְּבָרְאָם אֱלֹהִים ‖ [c–c] 𝔐𝔖 שָׁמַיִם וָאָרֶץ ‖ **11** [a] 𝔐[Mss] ח׳ ‖ **12** [a] Ms 𝔐 + מאד ‖ **18** [a] sic L, mlt Mss Edd ־ֶה ‖ **19** [a] 𝔐𝔊 + עוֹד ‖ [b] ins c 𝔐 אֶת ‖ [c–c] frt add.

לְכָל־הַבְּהֵמָה֙ וּלְע֣וֹףᵃ הַשָּׁמַ֔יִם וּלְכֹ֖ל חַיַּ֣ת הַשָּׂדֶ֑ה וּלְאָדָ֕םᵇ לֹֽא־מָצָ֥א ג
21 עֵ֖זֶר כְּנֶגְדּֽוֹ׃ 21 וַיַּפֵּל֩ יְהוָ֨ה אֱלֹהִ֧ים ׀ תַּרְדֵּמָ֛ה עַל־הָאָדָ֖ם וַיִּישָׁ֑ן וַיִּקַּ֗ח ג[30]. ג וכל על האדם ועל הבהמה דכות[31]. ג
22 אַחַת֙ מִצַּלְעֹתָ֔יו וַיִּסְגֹּ֥ר בָּשָׂ֖ר תַּחְתֶּֽנָּה׃ 22 וַיִּבֶן֩ יְהוָ֨ה אֱלֹהִ֧ים ׀ אֶֽת־הַצֵּלָ֛ע ב בתור. ל
23 אֲשֶׁר־לָקַ֥ח מִן־הָֽאָדָ֖ם לְאִשָּׁ֑ה וַיְבִאֶ֖הָ אֶל־הָֽאָדָֽם׃ 23 וַיֹּאמֶר֮ הָֽאָדָם֒ ד ב חס וב מל[32]. יב בטע ר״פ ה׳ מנה בתור
זֹ֣את הַפַּ֗עַם עֶ֚צֶם מֵֽעֲצָמַ֔י וּבָשָׂ֖ר מִבְּשָׂרִ֑י ח[33]
לְזֹאת֙ יִקָּרֵ֣א אִשָּׁ֔ה כִּ֥י מֵאִ֖ישׁᵃ לֻֽקֳחָה־זֹּֽאת׃ ב. כא[34]. ל
24 24 עַל־כֵּן֙ יַֽעֲזָב־אִ֔ישׁ אֶת־אָבִ֖יו וְאֶת־אִמּ֑וֹ וְדָבַ֣ק בְּאִשְׁתּ֔וֹ וְהָי֥וּᵃ לְבָשָׂ֖ר ל. ג
25 אֶחָֽד׃ 25 וַיִּֽהְי֤וּ שְׁנֵיהֶם֙ עֲרוּמִּ֔יםᵃ הָֽאָדָ֖ם וְאִשְׁתּ֑וֹ וְלֹ֖א יִתְבֹּשָֽׁשׁוּ׃ ד מל ב דגש וב רפי[35]
3 **3** 1 וְהַנָּחָשׁ֙ הָיָ֣ה עָר֔וּם מִכֹּל֙ חַיַּ֣ת הַשָּׂדֶ֔ה אֲשֶׁ֥ר עָשָׂ֖ה יְהוָ֣ה אֱלֹהִ֑ים ל[1]
וַיֹּ֙אמֶר֙ אֶל־הָ֣אִשָּׁ֔ה אַ֚ףᵃ כִּֽי־אָמַ֣ר אֱלֹהִ֔ים לֹ֣א תֹֽאכְל֔וּ מִכֹּ֖ל עֵ֥ץ הַגָּֽן׃ ו[2]
2 3 2 וַתֹּ֥אמֶר הָֽאִשָּׁ֖ה אֶל־הַנָּחָ֑שׁ מִפְּרִ֥יᵃ עֵֽץ־ᵇהַגָּ֖ן נֹאכֵֽל׃ 3 וּמִפְּרִ֣י הָעֵץ֮ᵃ ג[3]
אֲשֶׁ֣ר בְּתוֹךְ־הַגָּן֒ אָמַ֣ר אֱלֹהִ֗ים לֹ֤א תֹֽאכְלוּ֙ מִמֶּ֔נּוּ וְלֹ֥א תִגְּע֖וּ בּ֑וֹ פֶּן־ ו[2]
4 5 תְּמֻתֽוּן׃ 4 וַיֹּ֥אמֶר הַנָּחָ֖שׁ אֶל־הָֽאִשָּׁ֑ה לֹֽא־מ֖וֹת תְּמֻתֽוּן׃ 5 כִּ֚י יֹדֵ֣עַ ד ג חס וחד מל[4]. ד ג חס וחד מל[4]. ל
אֱלֹהִ֔ים כִּ֗י בְּיוֹם֙ אֲכָלְכֶ֣ם מִמֶּ֔נּוּ וְנִפְקְח֖וּ עֵֽינֵיכֶ֑ם וִהְיִיתֶם֙ כֵּֽאלֹהִ֔ים יֹדְעֵ֖י יג. ג[5]
6 ט֥וֹב וָרָֽע׃ 6 וַתֵּ֣רֶא הָֽאִשָּׁ֡ה כִּ֣י טוֹב֩ הָעֵ֨ץ לְמַאֲכָ֜ל וְכִ֧י תַֽאֲוָה־ה֣וּא לא פסוק כי וכי[6]
לָעֵינַ֗יִם וְנֶחְמָ֤ד הָעֵץ֙ᵃ לְהַשְׂכִּ֔יל וַתִּקַּ֥ח מִפִּרְי֖וֹ וַתֹּאכַ֑ל וַתִּתֵּ֧ן גַּם־לְאִישָׁ֛הּ ד ב פת וב קמ ול[7] בליש. ל
7 עִמָּ֖הּ וַיֹּאכַֽלᵇ׃ 7 וַתִּפָּקַ֙חְנָה֙ עֵינֵ֣י שְׁנֵיהֶ֔ם וַיֵּ֣דְע֔וּ כִּ֥י עֵֽירֻמִּ֖ם הֵ֑ם וַֽיִּתְפְּרוּ֙ ל. ו[8]. ל וחס. ל
8 עֲלֵ֣הᵃ תְאֵנָ֔ה וַיַּעֲשׂ֥וּ לָהֶ֖ם חֲגֹרֹֽת׃ 8 וַֽיִּשְׁמְע֞וּ אֶת־ק֨וֹל יְהוָ֧ה אֱלֹהִ֛ים ב כת ה. ל וחס
מִתְהַלֵּ֥ךְ בַּגָּ֖ן לְר֣וּחַ הַיּ֑וֹם וַיִּתְחַבֵּ֨א הָֽאָדָ֜ם וְאִשְׁתּ֗וֹ מִפְּנֵי֙ יְהוָ֣ה אֱלֹהִ֔ים ל. ל. ג[1] ב[9] מנה בתור
9 בְּת֖וֹךְ עֵ֥ץ הַגָּֽן׃ 9 וַיִּקְרָ֛א יְהוָ֥ה אֱלֹהִ֖ים אֶל־הָֽאָדָ֑ם וַיֹּ֥אמֶר ל֖וֹ אַיֶּֽכָּה׃ ב. ל ומל
10 10 וַיֹּ֕אמֶר אֶת־קֹלְךָ֥ שָׁמַ֖עְתִּי בַּגָּ֑ן וָאִירָ֛אᵃ כִּֽי־עֵירֹ֥ם אָנֹ֖כִי וָאֵחָבֵֽא׃ ב חס. ג[10]. ח[11] בטע וכל זקף אתנח וס״פ דכות במ״א
11 11 וַיֹּ֕אמֶר מִ֚י הִגִּ֣יד לְךָ֔ כִּ֥י עֵירֹ֖ם אָ֑תָּה הֲמִן־הָעֵ֗ץ אֲשֶׁ֧ר צִוִּיתִ֛יךָ לְבִלְתִּ֥י ג. ג[12]. ב מל בתור
12 אֲכָל־מִמֶּ֖נּוּ אָכָֽלְתָּ׃ 12 וַיֹּ֖אמֶר הָֽאָדָ֑ם הָֽאִשָּׁה֙ אֲשֶׁ֣ר נָתַ֣תָּה עִמָּדִ֔י הִ֛וא ל
13 נָֽתְנָה־לִּ֥י מִן־הָעֵ֖ץ וָאֹכֵֽל׃ 13 וַיֹּ֨אמֶר יְהוָ֧ה אֱלֹהִ֛ים לָאִשָּׁ֖ה מַה־זֹּ֣את ד בעינ. ה[13]

[30]Mm 16. [31]Mm 15. [32]Mm 3861. [33]Mm 527. [34]Mm 17. [35]Mm 18. **Cp 3** [1]Mp sub loco. [2]Mm 19. [3]Mm 3184. [4]Mm 20. [5]Mm 21. [6]Mm 2059. [7]Mm 3598. [8]Mm 3174. [9]Mm 3083. [10]Mm 3541. [11]Mm 1571. [12]Mm 949. [13]Mm 867.

20 ᵃ l c nonn Mss 𝔊𝔖𝔗ᴶ𝔙 וּלְכָל־עוֹף ‖ ᵇ l וְלָא׳ ‖ **23** ᵃ ⅏𝔊𝔗 ־שָּׁה ‖ **24** ᵃ 𝔊(𝔖𝔗ᴶ𝔙) + *οἱ δύο* = שְׁנֵיהֶם cf ⅏ ‖ **25** ᵃ L ו min ‖ **Cp 3,1** ᵃ l הַאַף? ‖ **2** ᵃ 𝔊ᴬ *ἀπὸ παντός* ‖ ᵇ 𝔖 *’jln’ … klhwn* = כָּל־עֵץ ‖ **3** ᵃ ⅏ + הזה ‖ **6** ᵃ > 𝔊𝔙 ‖ ᵇ ⅏𝔊 ־כֵלוּ ‖ **7** ᵃ nonn Mss ⅏𝔊𝔗ᴶ𝔙 עֲלֵי ‖ **10** ᵃ 𝔖 *wḥzjt* = וָאֵרָא.

14 עָשִׂית וַתֹּאמֶר הָאִשָּׁה הַנָּחָשׁ הִשִּׁיאַנִי וָאֹכֵל׃ 14 וַיֹּאמֶר יְהוָה אֱלֹהִים ׀ ל . ד בעינ
אֶל־הַנָּחָשׁ
כִּי עָשִׂיתָ זֹּאת אָרוּר אַתָּה [a]מִכָּל־הַבְּהֵמָה וּמִכֹּל[a] חַיַּת הַשָּׂדֶה
עַל־גְּחֹנְךָ תֵלֵךְ וְעָפָר תֹּאכַל כָּל־יְמֵי חַיֶּיךָ׃ ל וחס
15 וְאֵיבָה ׀ אָשִׁית בֵּינְךָ וּבֵין הָאִשָּׁה וּבֵין זַרְעֲךָ וּבֵין זַרְעָהּ ל . ל
הוּא יְשׁוּפְךָ רֹאשׁ וְאַתָּה תְּשׁוּפֶנּוּ עָקֵב׃ ס ל . ל . ג ס״פ
16 אֶל[a]־הָאִשָּׁה אָמַר ל ר״פ
הַרְבָּה אַרְבֶּה עִצְּבוֹנֵךְ וְהֵרֹנֵךְ[b] בְּעֶצֶב[c] תֵּלְדִי בָנִים ג[14]
[d]וְאֶל־אִישֵׁךְ תְּשׁוּקָתֵךְ וְהוּא יִמְשָׁל־בָּךְ[d]׃ ס ל . ג מל ול בליש
17 וּלְאָדָם[a] אָמַר כִּי־שָׁמַעְתָּ לְקוֹל אִשְׁתֶּךָ וַתֹּאכַל מִן־הָעֵץ אֲשֶׁר ג . יז שמיעה לקול[15]
צִוִּיתִיךָ לֵאמֹר לֹא תֹאכַל מִמֶּנּוּ ב מל בתור
אֲרוּרָה הָאֲדָמָה בַּעֲבוּרֶךָ
בְּעִצָּבוֹן תֹּאכֲלֶנָּה[b] כֹּל יְמֵי חַיֶּיךָ׃ ל . ב[16]
18 וְקוֹץ וְדַרְדַּר תַּצְמִיחַ לָךְ וְאָכַלְתָּ אֶת־עֵשֶׂב הַשָּׂדֶה׃ ג ומל[17] . ל . ב[18]
19 בְּזֵעַת אַפֶּיךָ תֹּאכַל לֶחֶם ל
עַד שׁוּבְךָ אֶל־הָאֲדָמָה כִּי מִמֶּנָּה לֻקָּחְתָּ ל . ו[19] . ל
כִּי־עָפָר אַתָּה וְאֶל־עָפָר תָּשׁוּב׃ כו מלעיל . ב
20 וַיִּקְרָא הָאָדָם שֵׁם אִשְׁתּוֹ חַוָּה כִּי הִוא הָיְתָה אֵם כָּל־חָי׃ 21 וַיַּעַשׂ ג . ז בתור[20] . ב ס״פ[21]
ס [ג] יְהוָה אֱלֹהִים לְאָדָם[a] וּלְאִשְׁתּוֹ כָּתְנוֹת עוֹר וַיַּלְבִּשֵׁם׃ פ 22 וַיֹּאמֶר ׀ ב מל[22] . ב וחס . ד בעינ
יְהוָה אֱלֹהִים הֵן הָאָדָם הָיָה כְּאַחַד מִמֶּנּוּ לָדַעַת טוֹב וָרָע וְעַתָּה ׀ פֶּן־ יב[23]
23 יִשְׁלַח יָדוֹ וְלָקַח גַּם מֵעֵץ הַחַיִּים וְאָכַל וָחַי לְעֹלָם׃ 23 וַיְשַׁלְּחֵהוּ יְהוָה יח[24] חס י מנה בתור . ד
24 אֱלֹהִים מִגַּן־עֵדֶן לַעֲבֹד אֶת־הָאֲדָמָה אֲשֶׁר לֻקַּח מִשָּׁם׃ 24 וַיְגָרֶשׁ אֶת־ ה[25] . יב פסוק את את ואת את
הָאָדָם וַיַּשְׁכֵּן[a] מִקֶּדֶם לְגַן־עֵדֶן[b] אֶת־הַכְּרֻבִים וְאֵת לַהַט הַחֶרֶב ב . כל אורית חס[26] . ל
הַמִּתְהַפֶּכֶת לִשְׁמֹר אֶת־דֶּרֶךְ עֵץ הַחַיִּים׃ ס ל

[14] Mm 22. [15] Mm 23. [16] Mm 2783. [17] Mm 4020 [18] Ho 10,8. [19] Mm 24. [20] Mm 381. [21] Mm 3433. [22] Mp sub loco. [23] Mm 361. [24] Mm 25. [25] Mm 1496. [26] Mm 543.

14 [a–a] מכל־הבהמה ו frt add ‖ **16** [a] l c 𝔐𝔊𝔖𝔙 וְאֶל ‖ [b] frt l c 𝔐 וְהֵרְיוֹנֵךְ; 𝔊 *καὶ τὸν στεναγμόν σου* = וְהֶגְיֹנֵךְ ‖ [c] 𝔐 בעצבון ‖ [d–d] cf 4,7[b–b] ‖ **17** [a] l וְלָא׳ ‖ [b] l תַּעַבְדֶנָּה ‖ **21** [a] cf 17[a] ‖ **24** [a] 𝔊 + *αὐτόν* = אֹתוֹ ‖ [b] 𝔊 + *καὶ ἔταξεν* = וַיָּשֶׂם.

4 ¹ וְהָ֣אָדָ֔ם יָדַ֖ע אֶת־חַוָּ֣ה אִשְׁתּ֑וֹ וַתַּ֙הַר֙ וַתֵּ֣לֶד אֶת־קַ֔יִן וַתֹּ֕אמֶר
2 קָנִ֥יתִי אִ֖ישׁ [a]אֶת־יְהוָֽה[a]׃ ² וַתֹּ֣סֶף לָלֶ֔דֶת אֶת־אָחִ֖יו אֶת־הָ֑בֶל וַֽיְהִי־הֶ֙בֶל֙
3 רֹ֣עֵה צֹ֔אן וְקַ֕יִן הָיָ֖ה עֹבֵ֥ד אֲדָמָֽה׃ ³ וַֽיְהִ֖י מִקֵּ֣ץ יָמִ֑ים וַיָּבֵ֨א קַ֜יִן מִפְּרִ֧י
4 הָֽאֲדָמָ֛ה מִנְחָ֖ה לַֽיהוָֽה׃ ⁴ וְהֶ֨בֶל הֵבִ֥יא גַם־ה֛וּא מִבְּכֹר֥וֹת צֹאנ֖וֹ
5 וּמֵֽחֶלְבֵהֶ֑ן[a] וַיִּ֣שַׁע יְהוָ֔ה אֶל־הֶ֖בֶל וְאֶל־מִנְחָתֽוֹ׃ ⁵ וְאֶל־קַ֥יִן וְאֶל־מִנְחָת֖וֹ
6 לֹ֣א שָׁעָ֑ה וַיִּ֤חַר לְקַ֙יִן֙ מְאֹ֔ד וַֽיִּפְּל֖וּ פָּנָֽיו׃ ⁶ וַיֹּ֥אמֶר יְהוָ֖ה אֶל־קָ֑יִן לָ֚מָּה
7 חָ֣רָה לָ֔ךְ וְלָ֖מָּה נָפְל֥וּ פָנֶֽיךָ׃ ⁷ הֲל֤וֹא אִם־תֵּיטִיב֙ שְׂאֵ֔ת וְאִם֙ לֹ֣א
תֵיטִ֔יב [a]לַפֶּ֖תַח חַטָּ֣את רֹבֵ֑ץ[a] [b]וְאֵלֶ֙יךָ֙ תְּשׁ֣וּקָת֔וֹ וְאַתָּ֖ה תִּמְשָׁל־בּֽוֹ[b]׃
8 ⁸ וַיֹּ֥אמֶר קַ֖יִן אֶל־הֶ֣בֶל אָחִ֑יו[a] וַֽיְהִי֙ בִּהְיוֹתָ֣ם בַּשָּׂדֶ֔ה וַיָּ֥קָם קַ֛יִן אֶל־הֶ֥בֶל
9 אָחִ֖יו וַיַּהַרְגֵֽהוּ׃ ⁹ וַיֹּ֤אמֶר יְהוָה֙ אֶל־קַ֔יִן אֵ֖י הֶ֣בֶל אָחִ֑יךָ וַיֹּ֙אמֶר֙ לֹ֣א
10 יָדַ֔עְתִּי הֲשֹׁמֵ֥ר אָחִ֖י אָנֹֽכִי׃ ¹⁰ וַיֹּ֖אמֶר מֶ֣ה עָשִׂ֑יתָ ק֚וֹל דְּמֵ֣י אָחִ֔יךָ צֹעֲקִ֥ים
11 אֵלַ֖י מִן־הָֽאֲדָמָֽה׃ ¹¹ וְעַתָּ֖ה אָר֣וּר אָ֑תָּה מִן־הָֽאֲדָמָה֙ אֲשֶׁ֣ר פָּצְתָ֣ה אֶת־
12 פִּ֔יהָ לָקַ֛חַת אֶת־דְּמֵ֥י אָחִ֖יךָ מִיָּדֶֽךָ׃ ¹² כִּ֤י תַֽעֲבֹד֙ אֶת־הָ֣אֲדָמָ֔ה לֹֽא־
13 תֹסֵ֥ף תֵּת־כֹּחָ֖הּ לָ֑ךְ נָ֥ע וָנָ֖ד תִּהְיֶ֥ה בָאָֽרֶץ׃ ¹³ וַיֹּ֥אמֶר קַ֖יִן אֶל־יְהוָ֑ה
14 גָּד֥וֹל עֲוֺנִ֖י מִנְּשֹֽׂא׃ ¹⁴ הֵן֩ גֵּרַ֨שְׁתָּ אֹתִ֜י הַיּ֗וֹם מֵעַל֙ פְּנֵ֣י הָֽאֲדָמָ֔ה וּמִפָּנֶ֖יךָ
15 אֶסָּתֵ֑ר וְהָיִ֜יתִי נָ֤ע וָנָד֙ בָּאָ֔רֶץ וְהָיָ֥ה כָל־מֹצְאִ֖י יַהַרְגֵֽנִי׃ ¹⁵ וַיֹּ֧אמֶר ל֣וֹ
יְהוָ֗ה לָכֵן֙[a] כָּל־הֹרֵ֣ג קַ֔יִן שִׁבְעָתַ֖יִם יֻקָּ֑ם וַיָּ֨שֶׂם יְהוָ֤ה לְקַ֙יִן֙ א֔וֹת לְבִלְתִּ֥י
16 הַכּוֹת־אֹת֖וֹ כָּל־מֹצְאֽוֹ׃ ¹⁶ וַיֵּ֥צֵא קַ֖יִן מִלִּפְנֵ֣י יְהוָ֑ה וַיֵּ֥שֶׁב בְּאֶֽרֶץ־נ֖וֹד
קִדְמַת־עֵֽדֶן׃

17 ¹⁷ וַיֵּ֤דַע קַ֙יִן֙ אֶת־אִשְׁתּ֔וֹ וַתַּ֖הַר וַתֵּ֣לֶד אֶת־חֲנ֑וֹךְ וַֽיְהִי֙ בֹּ֣נֶה[a] עִ֔יר
18 וַיִּקְרָא֙ שֵׁ֣ם הָעִ֔יר כְּשֵׁ֖ם[b] בְּנ֥וֹ חֲנֽוֹךְ׃ ¹⁸ וַיִּוָּלֵ֤ד לַֽחֲנוֹךְ֙ אֶת־עִירָ֔ד וְעִירָ֕ד
יָלַ֖ד אֶת־מְחֽוּיָאֵ֑ל וּמְחִיּיָאֵ֗ל[a] יָלַד֙ אֶת־מְת֣וּשָׁאֵ֔ל וּמְתוּשָׁאֵ֖ל יָלַ֥ד אֶת־
19 לָֽמֶךְ׃ ¹⁹ וַיִּֽקַּֽח־ל֥וֹ לֶ֖מֶךְ שְׁתֵּ֣י נָשִׁ֑ים שֵׁ֤ם הָֽאַחַת֙ עָדָ֔ה וְשֵׁ֥ם הַשֵּׁנִ֖ית צִלָּֽה׃

ל
ה . כו פסוק את את ומילה חדה ביניה[1]
ד כת ה . ב . יא[2] . יב . ג[3] . נא[4] יח מנה בתור
ג[5] ול שם אנש . ב וכת כן בליש
ל . ל
ל
ב . יב מל בתור[6] . ז פסוק בתור אם ואם . יד . יז מ״פ
ג[7] . ג ומל[8] . ג מל ב מנה בליש
ל
לא ג מנה בתור[1]
ל רפי . יב . ב וחס[9]
ב
יב[1]
ג[10] . ב[11]
ל . ל וחס . ל
ב . ב וחס . ד[12] ב מנה בטע
ג[13] . ג ב פת וחד קמ[14] . פד לג מנה בתור
ל . ל מל
ד[15] . ג[16] . יז פסוק את את את . ל . ל
ל . ל . ל . ל
ב[17] . ל

Cp 4 [1]Mp sub loco. [2]Mm 512. [3]Mm 1992. [4]Mm 639. [5]Mm 26. [6]Mm 27. [7]Mm 28. [8]Mm 29. [9]Ex 5,8. [10]Mm 30. [11]Mm 3538. [12]Mm 4073. [13]Mm 31. [14]Mm 32. [15]Mm 1357. [16]Mm 342. [17]1 S 1,2.

Cp 4,1 [a–a] 𝔊 *διὰ τοῦ θεοῦ* ‖ **4** [a] ℭ[3] 𝔪 ביהן—; frt l בָּהֵן— cf 1,21[a] ‖ **7** [a–a] 𝔊 *διέλῃς, ἥμαρτες; ἡσύχασον* = לְנַתֵּחַ חָטָאתָ רְבַץ ‖ [b–b] orig prb וְאֵלַיִךְ תשוקתו וְאַתְּ תמשְׁלִי בּוֹ, gl ad 3,16 ‖ **8** [a] mlt Mss Edd hic interv; frt ins c 𝔪𝔊𝔖𝔙 נֵלְכָה הַשָּׂדֶה cf 𝔗[JII] ‖ **15** [a] 𝔊 σ′θ′ (𝔖𝔙) *οὐχ οὕτως* = לֹא כֵן ‖ **17** [a] nonn Mss בֹּנֵה ‖ [b] pc Mss 𝔊 בְּשֵׁם ‖ **18** [a] sic 𝔐, l c ℭ וּמְחוּיָאֵל.

20 וַתֵּלֶד עָדָה אֶת־יָבָל הוּא הָיָה אֲבִי יֹשֵׁב ᵃאֹהֶל וּמִקְנֶהᵃ׃ 21 וְשֵׁם ל . ג[18] . יג ר״פ[19]
22 אָחִיו יוּבָל הוּא הָיָה אֲבִי כָּל־תֹּפֵשׂ כִּנּוֹר וְעוּגָב׃ 22 וְצִלָּה גַם־הִוא ל וחס . ב חד מל וחד חס[20]
יָלְדָה אֶת־תּוּבַל קַיִן ᵃלֹטֵשׁ כָּל־חֹרֵשׁᵃᵇ נְחֹשֶׁת וּבַרְזֶל וַאֲחוֹת תּוּבַל־ ו פת[21] . ו פת[21]
23 קַיִן נַעֲמָה׃ 23 וַיֹּאמֶר לֶמֶךְ לְנָשָׁיו
עָדָה וְצִלָּה שְׁמַעַן קוֹלִי נְשֵׁי לֶמֶךְ הַאְזֵנָּה אִמְרָתִי ל . ב[22]
כִּי אִישׁ הָרַגְתִּי לְפִצְעִי וְיֶלֶד לְחַבֻּרָתִי׃ ל . ב[23] . ל וחס
24 כִּי שִׁבְעָתַיִם יֻקַּם־קָיִן וְלֶמֶךְ שִׁבְעִים וְשִׁבְעָה׃ ו[24] . ג ב פת וחד קמ[25]
25 וַיֵּדַע אָדָםᵃ עוֹד אֶת־אִשְׁתּוֹ וַתֵּלֶד בֵּן וַתִּקְרָאᵇ אֶת־שְׁמוֹ שֵׁתᶜ כִּיᵈ שָׁת־ ו[26] וכל ויקרא שמו דכות ב מ ו . ד קמ[27]
26 לִי אֱלֹהִים זֶרַע אַחֵר תַּחַת הֶבֶל כִּי הֲרָגוֹ קָיִן׃ 26 וּלְשֵׁת גַּם־הוּא יֻלַּד־ יא[28] . ל . ל
בֵּן וַיִּקְרָא אֶת־שְׁמוֹ אֱנוֹשׁ ᵃאָז הוּחַלᵃ לִקְרֹא בְּשֵׁם יְהוָה׃ פ י . ל
ס [ד] 5 1 זֶה סֵפֶר תּוֹלְדֹת אָדָם בְּיוֹם בְּרֹא אֱלֹהִים אָדָם בִּדְמוּת אֱלֹהִים ל . ל
2 עָשָׂה אֹתוֹ׃ 2 זָכָר וּנְקֵבָה בְּרָאָם וַיְבָרֶךְ אֹתָם וַיִּקְרָא אֶת־שְׁמָם אָדָם ל . ה בתור
3 בְּיוֹם הִבָּרְאָם׃ ס 3 וַיְחִי אָדָם שְׁלֹשִׁים וּמְאַת שָׁנָה וַיּוֹלֶדᵃ ל
4 ᵇבִּדְמוּתוֹ כְּצַלְמוֹᵇ וַיִּקְרָא אֶת־שְׁמוֹ שֵׁת׃ 4 וַיִּהְיוּ יְמֵי־אָדָם אַחֲרֵי ל . י . ג[1]
5 הוֹלִידוֹ אֶת־שֵׁת שְׁמֹנֶה מֵאֹת שָׁנָה וַיּוֹלֶד בָּנִים וּבָנוֹת׃ 5 וַיִּהְיוּ כָּל־יְמֵי כל קריא חס ב מ ג מל בנביא[2] . ג חס בסיפ[3]
6 אָדָם אֲשֶׁר־חַי תְּשַׁע מֵאוֹת שָׁנָה וּשְׁלֹשִׁים שָׁנָה וַיָּמֹת׃ ס 6 וַיְחִי־ ה בטע[4]
7 שֵׁת חָמֵשׁ שָׁנִים וּמְאַת שָׁנָה וַיּוֹלֶד אֶת־אֱנוֹשׁ׃ 7 וַיְחִי־שֵׁת אַחֲרֵי הוֹלִידוֹ ז בטע[5]
8 אֶת־אֱנוֹשׁ שֶׁבַע שָׁנִים וּשְׁמֹנֶה מֵאוֹת שָׁנָה וַיּוֹלֶד בָּנִים וּבָנוֹת׃ 8 וַיִּהְיוּ
9 כָּל־יְמֵי־שֵׁת שְׁתֵּים עֶשְׂרֵה שָׁנָה וּתְשַׁע מֵאוֹת שָׁנָה וַיָּמֹת׃ ס 9 וַיְחִי ג בטע[6]
10 אֱנוֹשׁ תִּשְׁעִים שָׁנָה וַיּוֹלֶד אֶת־קֵינָן׃ 10 וַיְחִי אֱנוֹשׁ אַחֲרֵי הוֹלִידוֹ אֶת־
11 קֵינָן חֲמֵשׁ עֶשְׂרֵה שָׁנָה וּשְׁמֹנֶה מֵאוֹת שָׁנָה וַיּוֹלֶד בָּנִים וּבָנוֹת׃ 11 וַיִּהְיוּ כל קריא בטע ב מ א[7]
12 כָּל־יְמֵי אֱנוֹשׁ חָמֵשׁ שָׁנִים וּתְשַׁע מֵאוֹת שָׁנָה וַיָּמֹת׃ ס 12 וַיְחִי ג בטע[6]
13 קֵינָן שִׁבְעִים שָׁנָה וַיּוֹלֶד אֶת־מַהֲלַלְאֵל׃ 13 וַיְחִי קֵינָן אַחֲרֵי הוֹלִידוֹ
אֶת־מַהֲלַלְאֵל אַרְבָּעִים שָׁנָה וּשְׁמֹנֶה מֵאוֹת שָׁנָה וַיּוֹלֶד בָּנִים וּבָנוֹת׃
14 וַיִּהְיוּ כָּל־יְמֵי קֵינָן עֶשֶׂר שָׁנִים וּתְשַׁע מֵאוֹת שָׁנָה וַיָּמֹת׃ ס

[18] Mm 1019. [19] Mm 33. [20] Mm 3447. [21] Mm 3277. [22] Mm 2327. [23] Gn 44,20. [24] Mm 31. [25] Mm 32. [26] Mm 215. [27] Mm 3014. [28] Mm 3286. Cp 5 [1] Mm 78. [2] Mm 34. [3] Mm 35. [4] Mm 36. [5] Mm 37. [6] Mm 39. [7] Mm 40.

20 ᵃ⁻ᵃ prp אָהֳלֵי מ׳ cf 𝔊 et 2 Ch 14,14 ‖ **22** ᵃ⁻ᵃ 𝔗(𝔗ᴶ) *hw' hwh rbhwn dkl djd'j 'bjdt*, l frt אֲבִי כָל־לֹטֵשׁ ‖ ᵇ add? ‖ **25** ᵃ l הָא׳ ‖ ᵇ 𝔐 ויק׳ ‖ ᶜ 𝔊(𝔙) + λέγουσα = לֵאמֹר ‖ ᵈ 𝔗𝔗ᴶ + *'mrt* = אָמְרָה (cf 16,13 29,32) ‖ **26** ᵃ⁻ᵃ 𝔊 οὗτος ἤλπισεν (הוחל); 𝔙 *iste coepit*, l זֶה הֵחֵל ? ‖ **Cp 5,3** ᵃ ins בֵּן ‖ ᵇ⁻ᵇ l c mlt Mss כִּד׳ בְּצ׳ cf 1,26.

15 16 15 וַֽיְחִ֣י מַֽהֲלַלְאֵ֔ל חָמֵ֥שׁ שָׁנִ֖ים וְשִׁשִּׁ֣ים שָׁנָ֑ה וַיּ֖וֹלֶד אֶת־יָֽרֶד׃ 16 וַֽיְחִ֣י (ה̇ בטע̇ ג̇ מנה בעינ̇[8])
מַֽהֲלַלְאֵ֗ל אַֽחֲרֵי֙ הוֹלִיד֣וֹ אֶת־יֶ֔רֶד שְׁלֹשִׁ֣ים שָׁנָ֔ה וּשְׁמֹנֶ֥ה מֵא֖וֹת שָׁנָ֑ה (כל קריא חס ו ב מ ד[9])
17 וַיּ֥וֹלֶד בָּנִ֖ים וּבָנֽוֹת׃ 17 וַיִּֽהְיוּ֙ כָּל־יְמֵ֣י מַֽהֲלַלְאֵ֔ל חָמֵ֤שׁ וְתִשְׁעִים֙ שָׁנָ֔ה
18 וּשְׁמֹנֶ֥ה מֵא֖וֹת שָׁנָ֑ה וַיָּמֹֽת׃ ס 18 וַֽיְחִי־יֶ֕רֶד שְׁתַּ֧יִם וְשִׁשִּׁ֛ים שָׁנָ֖ה (ה̇ בטע̇[10])
19 [a]וּמְאַ֣ת שָׁנָ֑ה[a] וַיּ֖וֹלֶד אֶת־חֲנֽוֹךְ׃ 19 וַֽיְחִי־יֶ֗רֶד אַֽחֲרֵי֙ הוֹלִיד֣וֹ אֶת־חֲנ֔וֹךְ (ז̇ בטע̇[11])
20 [a]שְׁמֹנֶ֥ה מֵא֛וֹת[a] שָׁנָ֖ה וַיּ֥וֹלֶד בָּנִ֖ים וּבָנֽוֹת׃ 20 וַיִּֽהְיוּ֙ כָּל־יְמֵי־יֶ֔רֶד [a]שְׁתַּ֤יִם
21 וְשִׁשִּׁים֙ שָׁנָ֔ה וּתְשַׁ֥ע מֵא֖וֹת[a] שָׁנָ֑ה וַיָּמֹֽת׃ פ 21 וַֽיְחִ֣י חֲנ֔וֹךְ חָמֵ֥שׁ וְשִׁשִּׁ֖ים (ה̇ בטע̇ ג̇ מנה בעינ̇[8])
22 שָׁנָ֑ה וַיּ֖וֹלֶד אֶת־מְתוּשָֽׁלַח׃ 22 וַיִּתְהַלֵּ֨ךְ חֲנ֜וֹךְ אֶת־הָֽאֱלֹהִ֗ים[a] אַֽחֲרֵי֙ (ב̇)
23 הוֹלִיד֣וֹ אֶת־מְתוּשֶׁ֔לַח שְׁלֹ֥שׁ מֵא֖וֹת שָׁנָ֑ה וַיּ֥וֹלֶד בָּנִ֖ים וּבָנֽוֹת׃ 23 וַיְהִ֖י[a] (ב̇[12])
24 כָּל־יְמֵ֣י חֲנ֑וֹךְ חָמֵ֤שׁ וְשִׁשִּׁים֙ שָׁנָ֔ה וּשְׁלֹ֥שׁ מֵא֖וֹת שָׁנָֽה׃ 24 וַיִּתְהַלֵּ֥ךְ חֲנ֖וֹךְ (ב̇)
25 אֶת־הָֽאֱלֹהִ֑ים וְאֵינֶ֕נּוּ כִּֽי־לָקַ֥ח אֹת֖וֹ אֱלֹהִֽים׃ פ 25 וַיְחִ֣י מְתוּשֶׁ֔לַח (יב̇ . ה̇ בטע̇ ג̇ מנה בעינ̇[8])
26 [a]שֶׁ֧בַע וּשְׁמֹנִ֛ים שָׁנָ֖ה [b]וּמְאַ֣ת שָׁנָ֑ה[a][b] וַיּ֖וֹלֶד אֶת־לָֽמֶךְ׃ 26 וַיְחִ֣י מְתוּשֶׁ֗לַח
אַֽחֲרֵי֙ הוֹלִיד֣וֹ אֶת־לֶ֔מֶךְ [a]שְׁתַּ֤יִם וּשְׁמוֹנִים֙ שָׁנָ֔ה וּשְׁבַ֥ע מֵא֖וֹת[a] שָׁנָ֑ה וַיּ֥וֹלֶד (ו̇[13] מל̇ וכל ד״ה דכות ב̇ מ̇ א̇)
27 בָּנִ֖ים וּבָנֽוֹת׃ 27 וַיִּֽהְיוּ֙ כָּל־יְמֵ֣י מְתוּשֶׁ֔לַח [a]תֵּ֤שַׁע וְשִׁשִּׁים֙ שָׁנָ֔ה וּתְשַׁ֥ע
28 מֵא֖וֹת[a] שָׁנָ֑ה וַיָּמֹֽת׃ פ 28 וַֽיְחִי־לֶ֕מֶךְ [a]שְׁתַּ֧יִם וּשְׁמֹנִ֛ים שָׁנָ֖ה וּמְאַ֣ת[a] (ה̇ בטע̇[10])
29 שָׁנָ֑ה וַיּ֖וֹלֶד בֵּֽן׃ 29 וַיִּקְרָ֧א אֶת־שְׁמ֛וֹ נֹ֖חַ לֵאמֹ֑ר זֶ֞ה יְנַחֲמֵ֤נוּ מִֽמַּעֲשֵׂ֙נוּ֙[a] (ו̇[14] . ה̇ בתרי̇ טעמ̇[15] . ל̇ . ל̇ חס̇[14])
30 וּמֵעִצְּב֣וֹן יָדֵ֔ינוּ מִן־הָ֣אֲדָמָ֔ה אֲשֶׁ֥ר אֵֽרְרָ֖הּ יְהוָֽה׃ 30 וַֽיְחִי־לֶ֗מֶךְ אַֽחֲרֵי֙ (ו̇ מל̇ . ל̇ . ז̇ בטע̇[11])
הוֹלִיד֣וֹ אֶת־נֹ֔חַ [a]חָמֵ֤שׁ וְתִשְׁעִים֙ שָׁנָ֔ה וַחֲמֵ֥שׁ מֵאֹ֖ת[a] שָׁנָ֑ה וַיּ֥וֹלֶד בָּנִ֖ים (ג̇ חס̇ בסיפ̇[16])
31 וּבָנֽוֹת׃ 31 וַֽיְהִי֙[a] כָּל־יְמֵי־לֶ֔מֶךְ [b]שֶׁ֤בַע וְשִׁבְעִים֙ שָׁנָ֔ה וּשְׁבַ֥ע מֵא֖וֹת[b] שָׁנָ֑ה (ב̇[12])
32 וַיָּמֹֽת׃ ס 32 וַֽיְהִי־נֹ֕חַ בֶּן־חֲמֵ֥שׁ מֵא֖וֹת שָׁנָ֑ה וַיּ֣וֹלֶד נֹ֔חַ אֶת־שֵׁ֖ם[a] אֶת־ (ה̇ בטע̇[10] . ה̇ פסוק דאית בהון ה̇ מילין מתאימין[17] . יב̇ פסוק את את ואת ומילה חדה ביניה[18])
חָ֥ם וְאֶת־יָֽפֶת׃

6 1 וַֽיְהִי֙ כִּֽי־הֵחֵ֣ל הָֽאָדָ֔ם לָרֹ֖ב עַל־פְּנֵ֣י הָֽאֲדָמָ֑ה וּבָנ֖וֹת יֻלְּד֥וּ לָהֶֽם׃ (ה̇ חס̇)
2 2 וַיִּרְא֤וּ בְנֵי־הָֽאֱלֹהִים֙ אֶת־בְּנ֣וֹת הָֽאָדָ֔ם כִּ֥י טֹבֹ֖ת הֵ֑נָּה וַיִּקְח֤וּ לָהֶם֙ נָשִׁ֔ים (ד̇[1] . ד̇ חס̇)
3 מִכֹּ֖ל אֲשֶׁ֥ר בָּחָֽרוּ׃ 3 וַיֹּ֣אמֶר יְהוָ֗ה לֹֽא־יָד֨וֹן רוּחִ֤י בָֽאָדָם֙ לְעֹלָ֔ם בְּשַׁגַּ֖ם[a] (ג̇ קמ̇[2] . ל̇[3] . יח̇[4] חס̇ י̇ מנה בתור̇)

[8]Mm 38. [9]Mm 41. [10]Mm 36. [11]Mm 37. [12]Mm 42. [13]Mm 43. [14]Mp sub loco. [15]Mm 2991 contra textum, acc invers. [16]Mm 35. [17]Mm 1890. [18]Mm 44. Cp 6 [1]Mm 3449. [2]Mm 45. [3]וחד וידון Neh 3,7. [4]Mm 25.

18 a–a > Ms ш ‖ **19** a–a ш 785 ‖ **20** a–a ш 847 ‖ **22** a 𝔊^{min}(𝔙^{Mss}) + *καὶ ἔζησεν Ενωχ* = וַיְחִי ח׳ ‖ **23** a l c mlt Mss ш וַיִּהְיוּ cf 5.8.11.31 ‖ **25** a–a ш 67 𝔊^{A*}𝔏 167 ‖ b–b > pc Mss ‖ **26** a–a ш 653 𝔊^{A*}𝔏 802 ‖ **27** a–a ш 720 ‖ **28** a–a ш 53 ‖ **29** a mlt Mss ш𝔊𝔖𝔙 שִׁינוּ– ‖ **30** a–a ш 600 ‖ **31** a l ויהיו cf 23a ‖ b–b ш 653 ‖ **32** a nonn Mss ш^{Mss}𝔖𝔗^{J} ואת ‖ **Cp 6,3** a mlt Mss Edd ־ָם cf 𝔊(𝔖𝔗𝔙) *διὰ τὸ εἶναι αὐτοὺς σάρκας*.

4 הָ֣וּא בָשָׂ֑ר וְהָי֣וּ יָמָ֔יו מֵאָ֥ה וְעֶשְׂרִ֖ים שָׁנָֽה׃ 4 הַנְּפִלִ֞ים הָי֣וּ בָאָ֘רֶץ֮ בַּיָּמִ֣ים   ג ב חס וחד מל
הָהֵם֒ וְגַ֣ם אַֽחֲרֵי־כֵ֗ן אֲשֶׁ֨ר יָבֹ֜אוּ בְּנֵ֤י הָֽאֱלֹהִים֙ אֶל־בְּנ֣וֹת הָֽאָדָ֔ם וְיָלְד֖וּ[a]   ד̇[5]. ג[6]
לָהֶ֑ם הֵ֧מָּה הַגִּבֹּרִ֛ים אֲשֶׁ֥ר מֵעוֹלָ֖ם אַנְשֵׁ֥י הַשֵּֽׁם׃ פ   ל̇
5 וַיַּ֣רְא יְהוָ֔ה כִּ֥י רַבָּ֛ה רָעַ֥ת הָֽאָדָ֖ם בָּאָ֑רֶץ וְכָל־יֵ֙צֶר֙ מַחְשְׁבֹ֣ת לִבּ֔וֹ   ד בתור. ב̇
6 רַ֥ק רַ֖ע כָּל־הַיּֽוֹם׃ 6 וַיִּנָּ֣חֶם יְהוָ֔ה כִּֽי־עָשָׂ֥ה אֶת־הָֽאָדָ֖ם בָּאָ֑רֶץ וַיִּתְעַצֵּ֖ב   ל̇
7 אֶל־לִבּֽוֹ׃ 7 וַיֹּ֣אמֶר יְהוָ֗ה אֶמְחֶ֨ה אֶת־הָאָדָ֤ם אֲשֶׁר־בָּרָ֙אתִי֙ מֵעַל֙ פְּנֵ֣י   ב̇[7]
הָֽאֲדָמָ֔ה מֵֽאָדָם֙ עַד־בְּהֵמָ֔ה עַד־רֶ֖מֶשׂ וְעַד־ע֣וֹף הַשָּׁמָ֑יִם כִּ֥י נִחַ֖מְתִּי כִּ֥י   ד̇[8]. ב̇ פסוק עד עד ועד[9]
ס[ה] פרש עֲשִׂיתִֽם׃ 8 וְנֹ֕חַ מָ֥צָא חֵ֖ן בְּעֵינֵ֥י יְהוָֽה׃ פ קמו 9 אֵ֚לֶּה תּוֹלְדֹ֣ת נֹ֔חַ   ב̇ וחס[10]. ג ר״פ[11]. ל̇ג בתור. ד ר״פ[12]
10 נֹ֗חַ אִ֥ישׁ צַדִּ֛יק תָּמִ֥ים הָיָ֖ה בְּדֹֽרֹתָ֑יו אֶת־הָֽאֱלֹהִ֖ים הִֽתְהַלֶּךְ־נֹֽחַ׃ 10 וַיּ֥וֹלֶד   ב̇[13]
11 נֹ֖חַ שְׁלֹשָׁ֣ה בָנִ֑ים אֶת־שֵׁ֖ם אֶת[a]־חָ֥ם וְאֶת־יָֽפֶת׃ 11 וַתִּשָּׁחֵ֥ת הָאָ֖רֶץ לִפְנֵ֣י   י̇ב פסוק את את ואת ומילה חדה ביניה[14]. ל̇. ו̇ וכל קהלת דכות[15]
12 הָֽאֱלֹהִ֑ים וַתִּמָּלֵ֥א הָאָ֖רֶץ חָמָֽס׃ 12 וַיַּ֧רְא אֱלֹהִ֛ים אֶת־הָאָ֖רֶץ וְהִנֵּ֣ה   ב̇ בתור וכל מעשה בראשית דכות[16]
נִשְׁחָ֑תָה כִּֽי־הִשְׁחִ֧ית כָּל־בָּשָׂ֛ר אֶת־דַּרְכּ֖וֹ עַל־הָאָֽרֶץ׃ ס
13 וַיֹּ֨אמֶר אֱלֹהִ֜ים לְנֹ֗חַ קֵ֤ץ כָּל־בָּשָׂר֙ בָּ֣א לְפָנַ֔י כִּֽי־מָלְאָ֥ה הָאָ֛רֶץ חָמָ֖ס   כ̇ה[17]
14 מִפְּנֵיהֶ֑ם וְהִנְנִ֥י מַשְׁחִיתָ֖ם אֶת[a]־הָאָֽרֶץ׃ 14 עֲשֵׂ֤ה לְךָ֙ תֵּבַ֣ת עֲצֵי־גֹ֔פֶר   ג. ל̇[18]. ז̇. ל̇
15 קִנִּ֖ים[a] תַּעֲשֶׂ֣ה אֶת־הַתֵּבָ֑ה[b] וְכָֽפַרְתָּ֥ אֹתָ֛הּ מִבַּ֥יִת וּמִח֖וּץ בַּכֹּֽפֶר׃ 15 וְזֶ֕ה   ל̇ דגש. ל̇. ל̇. כ̇ג ר״פ
אֲשֶׁ֥ר תַּעֲשֶׂ֖ה אֹתָ֑הּ שְׁלֹ֨שׁ מֵא֤וֹת אַמָּה֙ אֹ֣רֶךְ הַתֵּבָ֔ה חֲמִשִּׁ֤ים אַמָּה֙ רָחְבָּ֔הּ
16 וּשְׁלֹשִׁ֥ים אַמָּ֖ה קוֹמָתָֽהּ[a]׃ 16 צֹ֣הַר ׀ תַּעֲשֶׂ֣ה לַתֵּבָ֗ה[a] וְאֶל־אַמָּה֙ תְּכַלֶּ֣נָּה[ab]   ב̇ ומל. ל̇. ל̇. ל̇
מִלְמַ֔עְלָה וּפֶ֥תַח הַתֵּבָ֖ה בְּצִדָּ֣הּ תָּשִׂ֑ים[c] תַּחְתִּיִּ֛ם שְׁנִיִּ֥ם וּשְׁלִשִׁ֖ים תַּעֲשֶֽׂהָ[c]׃   ה[19]. ל̇. ל̇. ל̇[20]. ב̇[21]. ל̇
17 וַאֲנִ֗י הִנְנִי֩ מֵבִ֨יא [a]אֶת־הַמַּבּ֥וּל מַ֙יִם֙[ab] עַל־הָאָ֔רֶץ לְשַׁחֵ֣ת[c] כָּל־בָּשָׂ֗ר   ט̇ז ר״פ
18 אֲשֶׁר־בּוֹ֙ ר֣וּחַ חַיִּ֔ים מִתַּ֖חַת הַשָּׁמָ֑יִם כֹּ֥ל אֲשֶׁר־בָּאָ֖רֶץ יִגְוָֽע׃ 18 וַהֲקִמֹתִ֥י
אֶת־בְּרִיתִ֖י אִתָּ֑ךְ וּבָאתָ֙ אֶל־הַתֵּבָ֔ה אַתָּ֕ה וּבָנֶ֛יךָ וְאִשְׁתְּךָ֥ וּנְשֵֽׁי־בָנֶ֖יךָ   ז̇ בטע[22]. ג
19 אִתָּֽךְ׃ 19 וּמִכָּל־הָ֠חַי[a] מִֽכָּל־[b]בָּשָׂ֞ר[c] שְׁנַ֧יִם[d] מִכֹּ֛ל תָּבִ֥יא אֶל־הַתֵּבָ֖ה   ב̇ ר״פ[23]. י̇ג[24]
20 לְהַחֲיֹ֣ת אִתָּ֑ךְ זָכָ֥ר וּנְקֵבָ֖ה יִהְיֽוּ[e]׃ 20 מֵהָע֣וֹף לְמִינֵ֗הוּ וּמִן־הַבְּהֵמָה֙   ב̇. י̇ד
לְמִינָ֔הּ מִכֹּ֛ל[a] רֶ֥מֶשׂ הָאֲדָמָ֖ה לְמִינֵ֑הוּ שְׁנַ֧יִם[b] מִכֹּ֛ל יָבֹ֥אוּ אֵלֶ֖יךָ לְהַחֲיֽוֹת׃   י̇ד. ל̇

[5] Mm 3449. [6] Mm 2820. [7] Ex 17,14. [8] Mm 849. [9] Mm 56. [10] Mm 46. [11] Mm 47. [12] Mm 48. [13] Mm 3478. [14] Mm 44. [15] Mm 4077 א. [16] Mp sub loco. [17] Mm 5. [18] Mm 49. [19] Mm 2965. [20] וחד ושנים Nu 2,16, cf Mp sub loco. [21] Mm 844. [22] Mm 50. [23] Mm 4141. [24] Mm 1228.

4 [a] 𝔐 ויולידו ‖ **10** [a] nonn Mss 𝔐[Mss] ואת ‖ **13** [a] 𝔊 pr *καί*; 𝔐[T] *mn*, l מֵאֵת? ‖ **14** [a] ins קנים cf Philo ‖ [b] huc tr 16[c–c] ‖ **15** [a] huc tr 16[a–a] ‖ **16** [a–a] cf 15[a] ‖ [b] sic L, mlt Mss Edd ־לֶ׳ ‖ [c–c] cf 14[b] ‖ **17** [a–a] > 𝔆 ‖ [b] prb gl ad המבול ‖ [c] 𝔐 להשחית ‖ **19** [a] 𝔐 החיה ‖ [b] 𝔐𝔊 ומ׳ ‖ [c] 𝔐 הבשר ‖ [d] 𝔊 (𝔖) + *δύο*, ins שְׁנַיִם ‖ [e] 𝔐 והיה (cj c 20) ‖ **20** [a] frt l c nonn Mss 𝔐𝔊𝔖𝔆[Ms]𝔗[J] ומכל ‖ [b] ut 19[d].

21 וְאַתָּ֣ה קַח־לְךָ֗ מִכָּל־מַאֲכָל֙ אֲשֶׁ֣ר יֵֽאָכֵ֔ל וְאָסַפְתָּ֖ אֵלֶ֑יךָ וְהָיָ֥ה לְךָ֛ 21
ח[25] . ג[26] וְלָהֶ֖ם לְאָכְלָֽה׃ 22 וַיַּ֖עַשׂ נֹ֑חַ כְּ֠כֹל אֲשֶׁ֨ר צִוָּ֥ה אֹת֛וֹ אֱלֹהִ֖ים כֵּ֥ן עָשָֽׂה׃ ס 22
ל 7 1 וַיֹּ֤אמֶר יְהוָה֙[a] לְנֹ֔חַ בֹּֽא־אַתָּ֥ה וְכָל־בֵּיתְךָ֖ אֶל־הַתֵּבָ֑ה כִּֽי־אֹתְךָ֥ 7
ל . ב מל רָאִ֛יתִי צַדִּ֥יק לְפָנַ֖י בַּדּ֥וֹר הַזֶּֽה׃ 2 מִכֹּ֣ל ׀ הַבְּהֵמָ֣ה הַטְּהוֹרָ֗ה תִּֽקַּח־לְךָ֛ 2
ה[1] שִׁבְעָ֥ה שִׁבְעָ֖ה אִ֣ישׁ[a] וְאִשְׁתּ֑וֹ[a] וּמִן־הַבְּהֵמָ֡ה אֲשֶׁ֣ר לֹ֣א טְהֹרָ֥ה הִ֛וא שְׁנַ֖יִם[b]
ד ר״פ בתור[2] אִ֥ישׁ[a] וְאִשְׁתּֽוֹ[a]׃ 3 גַּ֣ם מֵע֧וֹף הַשָּׁמַ֛יִם[a] שִׁבְעָ֥ה שִׁבְעָ֖ה זָכָ֣ר וּנְקֵבָ֑ה לְחַיּ֥וֹת 3
ל זֶ֖רַע עַל־פְּנֵ֥י כָל־הָאָֽרֶץ׃ 4 כִּי֩ לְיָמִ֨ים ע֜וֹד שִׁבְעָ֗ה אָנֹכִי֙ מַמְטִ֣יר עַל־ 4
ג[3] . ב ומל[4] הָאָ֔רֶץ אַרְבָּעִ֣ים י֔וֹם וְאַרְבָּעִ֖ים לָ֑יְלָה וּמָחִ֗יתִי אֶֽת־כָּל־הַיְקוּם֙ אֲשֶׁ֣ר
ו[5] עָשִׂ֔יתִי מֵעַ֖ל פְּנֵ֥י הָאֲדָמָֽה׃ 5 וַיַּ֖עַשׂ נֹ֑חַ כְּכֹ֥ל אֲשֶׁר־צִוָּ֖הוּ יְהוָֽה׃ 5
ל . ג ר״פ[6] 6 וְנֹ֕חַ בֶּן־שֵׁ֥שׁ מֵא֖וֹת שָׁנָ֑ה וְהַמַּבּ֣וּל הָיָ֔ה מַ֖יִם[a] עַל־הָאָֽרֶץ׃ 7 וַיָּ֣בֹא נֹ֗חַ 6 7
ג[7] ר״פ בתור וכל נביא דכות ב מ ה וּ֠בָנָיו וְאִשְׁתּ֧וֹ וּנְשֵֽׁי־בָנָ֛יו אִתּ֖וֹ אֶל־הַתֵּבָ֑ה מִפְּנֵ֖י מֵ֥י הַמַּבּֽוּל׃ 8 מִן־ 8
ה[1] . ב מל הַבְּהֵמָה֙ הַטְּהוֹרָ֔ה וּמִן־הַ֨בְּהֵמָ֔ה אֲשֶׁ֥ר אֵינֶ֖נָּה טְהֹרָ֑ה וּמִ֨ן־הָע֔וֹף וְכֹ֥ל[a]
ל . ג אֲשֶׁר־רֹמֵ֖שׂ עַל־הָאֲדָמָֽה׃ 9 שְׁנַ֨יִם שְׁנַ֜יִם בָּ֧אוּ אֶל־נֹ֛חַ אֶל־הַתֵּבָ֖ה זָכָ֣ר 9
ל[8] . ח ב[9] מנה בליש וּנְקֵבָ֑ה כַּֽאֲשֶׁ֛ר צִוָּ֥ה אֱלֹהִ֖ים[a] אֶת־נֹֽחַ׃ 10 וַיְהִ֖י לְשִׁבְעַ֣ת הַיָּמִ֑ים וּמֵ֣י 10
ג[10] הַמַּבּ֔וּל הָי֖וּ עַל־הָאָֽרֶץ׃ 11 בִּשְׁנַ֨ת שֵׁשׁ[a]־מֵא֤וֹת שָׁנָה֙ לְחַיֵּי־נֹ֔חַ בַּחֹ֙דֶשׁ֙ 11
ו[11] הַשֵּׁנִ֔י בְּשִׁבְעָֽה־עָשָׂ֥ר י֖וֹם לַחֹ֑דֶשׁ בַּיּ֣וֹם הַזֶּ֗ה נִבְקְעוּ֙ כָּֽל־מַעְיְנֹת֙ תְּה֣וֹם
ג[12] רַבָּ֔ה וַאֲרֻבֹּ֥ת הַשָּׁמַ֖יִם נִפְתָּֽחוּ׃ 12 וַיְהִ֥י הַגֶּ֖שֶׁם עַל־הָאָ֑רֶץ אַרְבָּעִ֣ים י֔וֹם 12
ל . ב[8] וְאַרְבָּעִ֖ים לָֽיְלָה׃ 13 בְּעֶ֨צֶם הַיּ֤וֹם הַזֶּה֙ בָּ֣א נֹ֔חַ וְשֵׁם־וְחָ֥ם וָיֶ֖פֶת בְּנֵי־נֹ֑חַ 13
ו[8] . לז . יט ר״פ[13] וְאֵ֣שֶׁת נֹ֗חַ וּשְׁלֹ֧שֶׁת נְשֵֽׁי־בָנָ֛יו אִתָּ֖ם[a] אֶל־הַתֵּבָֽה׃ 14 הֵ֜מָּה וְכָל־הַֽחַיָּ֣ה 14
יד לְמִינָ֗הּ וְכָל־הַבְּהֵמָה֙ לְמִינָ֔הּ וְכָל־הָרֶ֛מֶשׂ הָרֹמֵ֥שׂ עַל־הָאָ֖רֶץ לְמִינֵ֑הוּ
יד . ב . ט מל בתור וְכָל־הָע֣וֹף לְמִינֵ֔הוּ[a] כֹּ֖ל צִפּ֥וֹר כָּל־כָּנָֽף[a]׃ 15 וַיָּבֹ֥אוּ אֶל־נֹ֖חַ אֶל־ 15
ג . ב הַתֵּבָ֑ה שְׁנַ֨יִם שְׁנַ֜יִם מִכָּל־הַבָּשָׂ֔ר אֲשֶׁר־בּ֖וֹ ר֥וּחַ חַיִּֽים׃ 16 וְהַבָּאִ֗ים זָכָ֨ר 16
ג[14] . ב בתור וּנְקֵבָ֤ה מִכָּל־בָּשָׂר֙ בָּ֔אוּ כַּאֲשֶׁ֛ר צִוָּ֥ה אֹת֖וֹ אֱלֹהִ֑ים וַיִּסְגֹּ֥ר יְהוָ֖ה בַּעֲדֽוֹ׃
מג 17 וַיְהִ֧י הַמַּבּ֛וּל אַרְבָּעִ֥ים י֖וֹם[a] עַל־הָאָ֑רֶץ וַיִּרְבּ֣וּ הַמַּ֗יִם וַיִּשְׂאוּ֙ אֶת־ 17

[25] Mm 1053. [26] Mm 51. Cp 7 [1] Mm 1140. [2] Mm 52. [3] Mm 2177. [4] Mm 55. [5] Mm 1623. [6] Mm 47. [7] Mm 2980. [8] Mp sub loco. [9] Mm 4051. [10] Mm 3878. [11] Mm 53. [12] Mm 54. [13] Mm 1497. [14] Mm 51.

Cp 7,1 [a] 2 Mss 𝔐𝔖 אֱלֹהִים, 𝔊 + *ὁ θεός* ‖ **2** [a–a] 𝔐 Vrs זָכָר וּנְקֵבָה ‖ [b] frt ins c 𝔐𝔊𝔖𝔙 שְׁנַיִם ‖ **3** [a] ins c 𝔐𝔊 הַטָּהוֹר ‖ **6** [a] > 𝔊, cf 6,17 ‖ **8** [a] l c 𝔐𝔊𝔖𝔙 וּמִכֹּל ‖ **9** [a] Ms 𝔐 𝔙[Mss] יהוה ‖ **11** [a] l c 𝔐 הַשֵּׁשׁ ‖ **13** [a] 𝔊𝔖[U]𝔗[J] suff sg, l אִתּוֹ ‖ **14** [a–a] > 𝔊, dl ‖ **17** [a] 𝔊 + *καὶ τεσσαράκοντα νύκτας* cf 7,12, ins וְאַרְבָּעִים לָיְלָה?

18 הַתֵּבָה וַתָּרָם מֵעַל הָאָרֶץ׃ 18 וַיִּגְבְּרוּ הַמַּיִם וַיִּרְבּוּ מְאֹד עַל־הָאָרֶץ ל
19 וַתֵּלֶךְ הַתֵּבָה עַל־פְּנֵי הַמָּיִם׃ 19 וְהַמַּיִם גָּבְרוּ מְאֹד מְאֹד עַל־הָאָרֶץ ו
20 וַיְכֻסּוּ כָּל־הֶהָרִים הַגְּבֹהִים אֲשֶׁר־תַּחַת כָּל־הַשָּׁמָיִם׃ 20 חֲמֵשׁ עֶשְׂרֵה ב . ל[15]
21 אַמָּה מִלְמַעְלָה גָּבְרוּ הַמָּיִם וַיְכֻסּוּ הֶהָרִים[a]׃ 21 וַיִּגְוַע כָּל־בָּשָׂר ׀ הָרֹמֵשׂ ב
עַל־הָאָרֶץ בָּעוֹף וּבַבְּהֵמָה וּבַחַיָּה וּבְכָל־הַשֶּׁרֶץ הַשֹּׁרֵץ עַל־הָאָרֶץ
22 וְכֹל הָאָדָם׃ 22 כֹּל אֲשֶׁר נִשְׁמַת־רוּחַ[a] חַיִּים בְּאַפָּיו מִכֹּל אֲשֶׁר בֶּחָרָבָה ב
23 מֵתוּ׃ 23 וַיִּמַח[a] אֶת־כָּל־הַיְקוּם ׀ אֲשֶׁר ׀ עַל־פְּנֵי הָאֲדָמָה מֵאָדָם עַד־ ל . ג[16] . ד[17] . ב פסוק עד עד ועד[18]
בְּהֵמָה עַד־רֶמֶשׂ וְעַד־עוֹף הַשָּׁמַיִם וַיִּמָּחוּ מִן־הָאָרֶץ וַיִּשָּׁאֶר[b] אַךְ־נֹחַ ל . ל
24 וַאֲשֶׁר אִתּוֹ בַּתֵּבָה׃ 24 וַיִּגְבְּרוּ הַמַּיִם עַל־הָאָרֶץ חֲמִשִּׁים וּמְאַת יוֹם׃ ל
ס [ו] **8** 1 וַיִּזְכֹּר אֱלֹהִים אֶת־נֹחַ וְאֵת כָּל־הַחַיָּה וְאֶת־כָּל־הַבְּהֵמָה אֲשֶׁר ד[1]
2 אִתּוֹ בַּתֵּבָה וַיַּעֲבֵר אֱלֹהִים רוּחַ עַל־הָאָרֶץ וַיָּשֹׁכּוּ הַמָּיִם׃ 2 וַיִּסָּכְרוּ ט[2] . ל . ל
3 מַעְיְנֹת תְּהוֹם וַאֲרֻבֹּת הַשָּׁמָיִם וַיִּכָּלֵא[a] הַגֶּשֶׁם מִן־הַשָּׁמָיִם׃ 3 וַיָּשֻׁבוּ ב[3]
הַמַּיִם מֵעַל הָאָרֶץ הָלוֹךְ וָשׁוֹב וַיַּחְסְרוּ הַמַּיִם [a]מִקְצֵה חֲמִשִּׁים וּמְאַת ג ומל[4]
4 יוֹם׃ 4 וַתָּנַח הַתֵּבָה בַּחֹדֶשׁ הַשְּׁבִיעִי בְּשִׁבְעָה־עָשָׂר יוֹם לַחֹדֶשׁ עַל ב[5]
5 הָרֵי אֲרָרָט׃ 5 וְהַמַּיִם הָיוּ הָלוֹךְ וְחָסוֹר עַד הַחֹדֶשׁ הָעֲשִׂירִי בָּעֲשִׂירִי ד . ל . ל
6 בְּאֶחָד לַחֹדֶשׁ נִרְאוּ רָאשֵׁי הֶהָרִים׃ 6 וַיְהִי מִקֵּץ אַרְבָּעִים יוֹם וַיִּפְתַּח ד . עה . ה[1] . יב
7 נֹחַ אֶת־חַלּוֹן הַתֵּבָה אֲשֶׁר עָשָׂה׃ 7 וַיְשַׁלַּח אֶת־הָעֹרֵב[a] וַיֵּצֵא יָצוֹא כב[6] . ז . ג מל וד חס[7]
8 וָשׁוֹב עַד־יְבֹשֶׁת הַמַּיִם מֵעַל הָאָרֶץ׃ 8 וַיְשַׁלַּח[a] אֶת־הַיּוֹנָה מֵאִתּוֹ ג ומל[4] . כב[6]
9 לִרְאוֹת הֲקַלּוּ הַמַּיִם מֵעַל פְּנֵי הָאֲדָמָה׃ 9 וְלֹא־מָצְאָה הַיּוֹנָה מָנוֹחַ ל . כל מל
לְכַף־רַגְלָהּ וַתָּשָׁב אֵלָיו אֶל־הַתֵּבָה כִּי־מַיִם עַל־פְּנֵי כָל־הָאָרֶץ ג[8] ב מנה בליש . ז פסוק אל על אל
10 וַיִּשְׁלַח יָדוֹ וַיִּקָּחֶהָ וַיָּבֵא אֹתָהּ אֵלָיו אֶל־הַתֵּבָה׃ 10 וַיָּחֶל[a] עוֹד שִׁבְעַת נא[9] יח מנה בתור . ט[10]
11 יָמִים אֲחֵרִים וַיֹּסֶף שַׁלַּח אֶת־הַיּוֹנָה מִן־הַתֵּבָה׃ 11 וַתָּבֹא אֵלָיו הַיּוֹנָה כי . ב חס בתור
לְעֵת עֶרֶב וְהִנֵּה עֲלֵה־זַיִת טָרָף בְּפִיהָ וַיֵּדַע נֹחַ כִּי־קַלּוּ הַמַּיִם מֵעַל ב כת ה . ב קמ[11] . ה ד מנה בטע
12 הָאָרֶץ׃ 12 וַיִּיָּחֶל[a] עוֹד שִׁבְעַת יָמִים אֲחֵרִים וַיְשַׁלַּח אֶת־הַיּוֹנָה וְלֹא־ ל[10] . כב[6]

[15] וחד הרים הגבהים Ps 104,18. [16] Mm 55. [17] Mm 849. [18] Mm 56. Cp 8 [1] Mp sub loco. [2] Mm 57. [3] Ex 36,6. [4] Mm 58. [5] Nu 11,26. [6] Mm 59. [7] Mm 1037. [8] Mm 1677. [9] Mm 639. [10] Mm 4056. [11] Mm 3010.

20 [a] 𝔊(𝔖) + *τὰ ὑψηλά*, ins frt הַגְּבֹהִים ‖ **22** [a] > 𝔊𝔙 ‖ **23** [a] l וַיִּמָּח (ni)? ‖ [b] sic L, mlt Mss Edd וַיִּ׳ ‖ **Cp 8,2** [a] 𝔐 ויכל ‖ **3** [a–a] 𝔐 מקץ ח׳, l מִקֵּץ הַח׳ ‖ **7** [a] 𝔊 + *τοῦ ἰδεῖν εἰ κεκόπακεν τὸ ὕδωρ* cf 8 ‖ **8** [a] pr וַיְיַחֵל נֹחַ שִׁבְעַת יָמִים ‖ **10.12** [a] prb l וַיְיַחֵל.

יָסְפָה שׁוּב־אֵלָיו עוֹד׃ 13 וַיְהִי בְּאַחַת וְשֵׁשׁ־מֵאוֹת שָׁנָה[a] בָּרִאשׁוֹן 13
בְּאֶחָד לַחֹדֶשׁ חָרְבוּ הַמַּיִם מֵעַל הָאָרֶץ וַיָּסַר נֹחַ אֶת־מִכְסֵה הַתֵּבָה
וַיַּרְא וְהִנֵּה חָרְבוּ פְּנֵי הָאֲדָמָה׃ 14 וּבַחֹדֶשׁ הַשֵּׁנִי בְּשִׁבְעָה וְעֶשְׂרִים יוֹם 14
לַחֹדֶשׁ יָבְשָׁה הָאָרֶץ׃ ס 15 וַיְדַבֵּר אֱלֹהִים אֶל־נֹחַ לֵאמֹר׃ 16 צֵא ס̄ [t]
מִן־הַתֵּבָה אַתָּה וְאִשְׁתְּךָ וּבָנֶיךָ וּנְשֵׁי־בָנֶיךָ אִתָּךְ׃ 17 כָּל[a]־הַחַיָּה אֲשֶׁר־ 17
אִתְּךָ מִכָּל־בָּשָׂר בָּעוֹף וּבַבְּהֵמָה וּבְכָל־הָרֶמֶשׂ הָרֹמֵשׂ עַל־הָאָרֶץ
הַוְצֵא אִתָּךְ וְשָׁרְצוּ בָאָרֶץ וּפָרוּ וְרָבוּ עַל־הָאָרֶץ׃ 18 וַיֵּצֵא־נֹחַ וּבָנָיו 18
וְאִשְׁתּוֹ וּנְשֵׁי־בָנָיו אִתּוֹ׃ 19 כָּל[a]־הַחַיָּה [b]כָּל־הָרֶמֶשׂ וְכָל־הָעוֹף כֹּל 19
רוֹמֵשׂ[b] עַל־הָאָרֶץ לְמִשְׁפְּחֹתֵיהֶם יָצְאוּ מִן־הַתֵּבָה׃ 20 וַיִּבֶן נֹחַ 20
מִזְבֵּחַ לַיהוָה וַיִּקַּח מִכֹּל ׀ הַבְּהֵמָה הַטְּהֹרָה וּמִכֹּל הָעוֹף הַטָּהֹר וַיַּעַל
עֹלֹת בַּמִּזְבֵּחַ׃ 21 וַיָּרַח יְהוָה אֶת־רֵיחַ הַנִּיחֹחַ וַיֹּאמֶר יְהוָה אֶל־לִבּוֹ 21
לֹא־אֹסִף לְקַלֵּל עוֹד אֶת־הָאֲדָמָה בַּעֲבוּר הָאָדָם כִּי יֵצֶר לֵב הָאָדָם
רַע מִנְּעֻרָיו וְלֹא־אֹסִף עוֹד לְהַכּוֹת אֶת־כָּל־חַי כַּאֲשֶׁר עָשִׂיתִי׃
22 עֹד כָּל־יְמֵי הָאָרֶץ זֶרַע וְקָצִיר וְקֹר וָחֹם
וְקַיִץ וָחֹרֶף וְיוֹם וָלַיְלָה לֹא יִשְׁבֹּתוּ׃
9 1 וַיְבָרֶךְ אֱלֹהִים אֶת־נֹחַ וְאֶת־בָּנָיו וַיֹּאמֶר לָהֶם פְּרוּ וּרְבוּ וּמִלְאוּ 9
אֶת־הָאָרֶץ׃ 2 וּמוֹרַאֲכֶם וְחִתְּכֶם יִהְיֶה עַל כָּל־חַיַּת הָאָרֶץ[a] וְעַל כָּל־ 2
עוֹף הַשָּׁמָיִם בְּכֹל[b] אֲשֶׁר תִּרְמֹשׂ הָאֲדָמָה וּבְכָל־דְּגֵי הַיָּם בְּיֶדְכֶם נִתָּנוּ׃
3 כָּל־רֶמֶשׂ אֲשֶׁר הוּא־חַי לָכֶם יִהְיֶה לְאָכְלָה כְּיֶרֶק עֵשֶׂב נָתַתִּי לָכֶם 3
אֶת־כֹּל׃ 4 אַךְ־בָּשָׂר בְּנַפְשׁוֹ דָמוֹ[a] לֹא תֹאכֵלוּ׃ 5 וְאַךְ אֶת־דִּמְכֶם 4 5
לְנַפְשֹׁתֵיכֶם אֶדְרֹשׁ מִיַּד כָּל־חַיָּה אֶדְרְשֶׁנּוּ וּמִיַּד הָאָדָם מִיַּד אִישׁ
אָחִיו[a] אֶדְרֹשׁ אֶת־נֶפֶשׁ הָאָדָם׃
6 שֹׁפֵךְ דַּם הָאָדָם בָּאָדָם דָּמוֹ יִשָּׁפֵךְ
כִּי בְּצֶלֶם אֱלֹהִים עָשָׂה אֶת־הָאָדָם׃

ל . ל . ח[12]
ב[13]
ה ר״פ
ג . ל
ג
יו בתור[14]
היצא ק . י בטע[15]
ד פסוק כל כל וכל כל[16]
ב מל . ב חד מל וחד חס[17]
ב . ח וכל אשה ריח ניחח דכות . ל
יט ג מנה חס . ב
ג חד מל וב חס[18] . ד[19] . יט ג מנה חס
יד חס[20] . ב[21]
ל בתור . ל בתור
ג . כב[1] וכל ד״ה ועזרא דכות ב מ ה חס בליש . ד
ב . ל . י בליש[2]
ב[3]
ג ב מנה ר״פ[4] . ל
ל

[12] Mm 2909. [13] Ex 40,19. [14] Mm 60. [15] Mm 3661. [16] Mm 2102. [17] Mm 1343. [18] Mm 2720. [19] Mm 2175. [20] Mm 62. [21] Gn 45,6 cum dageš. **Cp 9** [1] Mm 11. [2] Mm 9. [3] Ez 47,11. [4] Mm 63.

13 [a] 𝔊 + *ἐν τῇ ζωῇ τοῦ Νωε* cf 7,11 ‖ **17** [a] 𝔐𝔊𝔖 וְכָל ‖ **19** [a] l c 2 Mss 𝔐𝔊𝔖𝔙 וְכָל ‖ [b–b] 𝔊 *καὶ πάντα τὰ κτήνη καὶ πᾶν πετεινὸν καὶ πᾶν ἑρπετὸν κινούμενον* cf 1; l וְכָל־הַבְּהֵמָה וְכָל־הָעוֹף וְכֹל הָרֶמֶשׂ הָרֹמֵשׂ ‖ **Cp 9,2** [a] 𝔊[Mss] + *καὶ ἐπὶ πᾶσι τοῖς κτήνεσι*, ins וְעַל כָּל־הַבְּהֵמָה ‖ [b] 2 Mss 𝔐[Mss] ובכל ‖ **4** [a] prb gl ad בנ׳ ‖ **5** [a] ℭ pc Mss 𝔐𝔖𝔗[P]𝔙 וְא׳.

7 וְאַתֶּם פְּרוּ וּרְבוּ שִׁרְצוּ[a] בָאָרֶץ וּרְבוּ־[b]בָהּ׃ ס — ל
8 וַיֹּאמֶר אֱלֹהִים אֶל־נֹחַ וְאֶל־בָּנָיו אִתּוֹ לֵאמֹר׃ 9 וַאֲנִי הִנְנִי מֵקִים — כה[6]. טז ר״פ
10 אֶת־בְּרִיתִי אִתְּכֶם וְאֶת־זַרְעֲכֶם אַחֲרֵיכֶם׃ 10 וְאֵת כָּל־נֶפֶשׁ הַחַיָּה — ל[7]
אֲשֶׁר אִתְּכֶם בָּעוֹף בַּבְּהֵמָה[a] וּבְכָל־חַיַּת הָאָרֶץ אִתְּכֶם מִכֹּל יֹצְאֵי — ל. ו דגש[8]. י בליש[9]
11 הַתֵּבָה [b]לְכֹל חַיַּת הָאָרֶץ[b]׃ 11 וַהֲקִמֹתִי אֶת־בְּרִיתִי אִתְּכֶם וְלֹא־יִכָּרֵת — י בליש[9]. ד[10]
כָּל־בָּשָׂר עוֹד מִמֵּי הַמַּבּוּל וְלֹא־יִהְיֶה עוֹד מַבּוּל לְשַׁחֵת[a] הָאָרֶץ׃ — ב[11]. ב
12 וַיֹּאמֶר אֱלֹהִים זֹאת אוֹת־הַבְּרִית אֲשֶׁר־אֲנִי נֹתֵן בֵּינִי וּבֵינֵיכֶם וּבֵין — כה[6]
13 כָּל־נֶפֶשׁ חַיָּה אֲשֶׁר אִתְּכֶם לְדֹרֹת עוֹלָם׃ 13 אֶת־קַשְׁתִּי נָתַתִּי בֶּעָנָן — ל וחס. ל[12]
14 וְהָיְתָה לְאוֹת בְּרִית בֵּינִי וּבֵין הָאָרֶץ׃ 14 וְהָיָה בְּעַנְנִי עָנָן עַל־הָאָרֶץ — ל
15 וְנִרְאֲתָה הַקֶּשֶׁת בֶּעָנָן׃ 15 וְזָכַרְתִּי אֶת־בְּרִיתִי אֲשֶׁר בֵּינִי וּבֵינֵיכֶם וּבֵין — ד ור״פ
כָּל־נֶפֶשׁ חַיָּה בְּכָל־בָּשָׂר וְלֹא־יִהְיֶה עוֹד הַמַּיִם לְמַבּוּל לְשַׁחֵת[a] כָּל־ — ל[13]
16 בָּשָׂר׃ 16 וְהָיְתָה הַקֶּשֶׁת בֶּעָנָן וּרְאִיתִיהָ לִזְכֹּר בְּרִית עוֹלָם בֵּין — ל ומל
17 אֱלֹהִים וּבֵין כָּל־נֶפֶשׁ חַיָּה בְּכָל־בָּשָׂר אֲשֶׁר עַל־הָאָרֶץ׃ 17 וַיֹּאמֶר — כה[6]
אֱלֹהִים אֶל־נֹחַ זֹאת אוֹת־הַבְּרִית אֲשֶׁר הֲקִמֹתִי בֵּינִי וּבֵין כָּל־בָּשָׂר — ג בטע
אֲשֶׁר עַל־הָאָרֶץ׃ פ
ס̄ [ה] 18 וַיִּהְיוּ בְנֵי־נֹחַ הַיֹּצְאִים מִן־הַתֵּבָה שֵׁם וְחָם וָיָפֶת וְחָם הוּא אֲבִי כְנָעַן׃
19 שְׁלֹשָׁה אֵלֶּה בְּנֵי־נֹחַ וּמֵאֵלֶּה נָפְצָה כָל־הָאָרֶץ׃ 20 וַיָּחֶל נֹחַ — ג[14]. ל. ט[15]
21 אִישׁ הָאֲדָמָה וַיִּטַּע כָּרֶם׃ 21 וַיֵּשְׁתְּ מִן־הַיַּיִן וַיִּשְׁכָּר וַיִּתְגַּל בְּתוֹךְ — ג. ל
22 אָהֳלֹה׃ 22 וַיַּרְא חָם אֲבִי כְנַעַן אֵת עֶרְוַת אָבִיו[a] וַיַּגֵּד לִשְׁנֵי־אֶחָיו — אהלו ק̄ חד מן ד כת ה בליש[16]
23 בַּחוּץ׃ 23 וַיִּקַּח שֵׁם וָיֶפֶת אֶת־הַשִּׂמְלָה וַיָּשִׂימוּ עַל־שְׁכֶם שְׁנֵיהֶם וַיֵּלְכוּ — ב. לה
אֲחֹרַנִּית וַיְכַסּוּ אֵת עֶרְוַת אֲבִיהֶם וּפְנֵיהֶם אֲחֹרַנִּית וְעֶרְוַת אֲבִיהֶם לֹא — ז. ט. ז. ג
24 25 רָאוּ׃ 24 וַיִּיקֶץ נֹחַ מִיֵּינוֹ וַיֵּדַע אֵת אֲשֶׁר־עָשָׂה־לוֹ בְּנוֹ הַקָּטָן׃ 25 וַיֹּאמֶר — ל. ל
26 אָרוּר כְּנָעַן עֶבֶד עֲבָדִים יִהְיֶה לְאֶחָיו׃ 26 וַיֹּאמֶר
בָּרוּךְ יְהוָה אֱלֹהֵי שֵׁם וִיהִי כְנַעַן עֶבֶד לָמוֹ׃ — ג בטע[17]. לב
27 יַפְתְּ אֱלֹהִים לְיֶפֶת וְיִשְׁכֹּן בְּאָהֳלֵי־שֵׁם וִיהִי כְנַעַן עֶבֶד לָמוֹ׃ — ל. ל. לב

[5] Mm 10. [6] Mm 5. [7] וחד את זרעכם Ex 32,13. [8] Mm 64. [9] Mm 9. [10] Mm 65. [11] Mm 66. [12] וחד וקשתי Hi 29,20. [13] וחד יי לַמַּבּוּל Ps 29,10. [14] Mm 67. [15] Mm 4056. [16] Mm 83; Q addidi cf Gn 12,8; 13,3; 35,21 et Mp sub loco. [17] Mm 68.

7 [a] pc Mss ш Vrs וְשׁ' ‖ [b] וּרְדוּ 1 cf 1,28 ‖ **10** [a] ℭ ш 𝔊 𝔖 𝔗^Mss JP וּבְ' ‖ [b–b] > 𝔊*, frt dl ‖ **11** [a] ш להשחית ‖ **15** [a] cf 11[a] ‖ **22** [a] 𝔊 + καὶ ἐξελθών = וַיֵּצֵא.

28 וַֽיְחִי־נֹ֖חַ אַחַ֣ר הַמַּבּ֑וּל שְׁלֹ֤שׁ מֵאוֹת֙ שָׁנָ֔ה וַחֲמִשִּׁ֖ים שָׁנָֽה׃ 29 וַיִּֽהְיוּ֙ כָּל־ 28 29
יְמֵי־נֹ֔חַ תְּשַׁ֤ע מֵאוֹת֙ שָׁנָ֔ה וַחֲמִשִּׁ֖ים שָׁנָ֑ה וַיָּמֹֽת׃ פ

10 1 וְאֵ֙לֶּה֙ תּוֹלְדֹ֣ת בְּנֵי־נֹ֔חַ שֵׁ֖ם חָ֣ם[a] וָיָ֑פֶת וַיִּוָּלְד֥וּ לָהֶ֛ם בָּנִ֖ים אַחַ֥ר 10
הַמַּבּֽוּל׃ 2 בְּנֵ֣י יֶ֔פֶת גֹּ֣מֶר וּמָג֔וֹג וּמָדַ֖י וְיָוָ֑ן וְתֻבָ֕ל וּמֶ֖שֶׁךְ[a] וְתִירָֽס׃ 2
3 וּבְנֵ֖י גֹּ֑מֶר אַשְׁכְּנַ֥ז[a] וְרִיפַ֖ת וְתֹגַרְמָֽה׃ 4 וּבְנֵ֥י יָוָ֖ן אֱלִישָׁ֣ה[a] וְתַרְשִׁ֑ישׁ 3 4
כִּתִּ֖ים וְדֹדָנִֽים[b]׃ 5 מֵ֠אֵלֶּה נִפְרְד֞וּ אִיֵּ֤י הַגּוֹיִם֙[a] בְּאַרְצֹתָ֔ם אִ֖ישׁ לִלְשֹׁנ֑וֹ 5
לְמִשְׁפְּחֹתָ֖ם בְּגוֹיֵהֶֽם׃ 6 וּבְנֵ֖י חָ֑ם כּ֥וּשׁ וּמִצְרַ֖יִם וּפ֥וּט וּכְנָֽעַן׃ 6
7 וּבְנֵ֣י כ֔וּשׁ סְבָא֙ וַחֲוִילָ֔ה וְסַבְתָּ֥ה וְרַעְמָ֖ה וְסַבְתְּכָ֑א וּבְנֵ֥י רַעְמָ֖ה שְׁבָ֥א 7
וּדְדָֽן׃ 8 וְכ֖וּשׁ יָלַ֣ד[a] אֶת־נִמְרֹ֑ד ה֣וּא הֵחֵ֔ל לִהְי֥וֹת גִּבֹּ֖ר בָּאָֽרֶץ׃ 9 הֽוּא־ 8 9
הָיָ֥ה גִבֹּֽר־צַ֖יִד לִפְנֵ֣י יְהוָ֑ה עַל־כֵּן֙ יֵֽאָמַ֔ר כְּנִמְרֹ֛ד גִּבּ֥וֹר צַ֖יִד לִפְנֵ֥י יְהוָֽה׃
10 וַתְּהִ֨י רֵאשִׁ֤ית מַמְלַכְתּוֹ֙ בָּבֶ֔ל וְאֶ֖רֶךְ וְאַכַּ֣ד וְכַלְנֵ֑ה בְּאֶ֖רֶץ שִׁנְעָֽר׃ 10
11 מִן־הָאָ֥רֶץ הַהִ֖וא יָצָ֣א אַשּׁ֑וּר וַיִּ֙בֶן֙ אֶת־נִ֣ינְוֵ֔ה וְאֶת־רְחֹבֹ֥ת עִ֖יר וְאֶת־ 11
כָּֽלַח׃ 12 וְֽאֶת־רֶ֔סֶן בֵּ֥ין נִֽינְוֵ֖ה וּבֵ֣ין כָּ֑לַח הִ֖וא הָעִ֥יר הַגְּדֹלָֽה׃ 13 וּמִצְרַ֡יִם 12 13
יָלַ֞ד אֶת־לוּדִ֧ים וְאֶת־עֲנָמִ֛ים[a] וְאֶת־לְהָבִ֖ים וְאֶת־נַפְתֻּחִֽים[b]׃ 14 וְֽאֶת־ 14
פַּתְרֻסִ֞ים וְאֶת־כַּסְלֻחִ֗ים [a]אֲשֶׁ֨ר יָצְא֥וּ מִשָּׁ֛ם פְּלִשְׁתִּ֖ים[a] וְאֶת־כַּפְתֹּרִֽים׃
ס 15 וּכְנַ֗עַן יָלַ֛ד אֶת־צִידֹ֥ן בְּכֹר֖וֹ וְאֶת־חֵֽת׃ 16 וְאֶת־הַיְבוּסִי֙ 15 16
וְאֶת־הָ֣אֱמֹרִ֔י וְאֵ֖ת הַגִּרְגָּשִֽׁי׃ 17 וְאֶת־הַחִוִּ֥י וְאֶת־הַֽעַרְקִ֖י וְאֶת־הַסִּינִֽי׃ 17
18 וְאֶת־הָֽאַרְוָדִ֥י וְאֶת־הַצְּמָרִ֖י וְאֶת־הַחֲמָתִ֑י וְאַחַ֣ר נָפֹ֔צוּ מִשְׁפְּח֖וֹת 18
הַֽכְּנַעֲנִֽי׃ 19 וַיְהִ֞י גְּב֤וּל הַֽכְּנַעֲנִי֙ [a]מִצִּידֹ֔ן בֹּאֲכָ֥ה גְרָ֖רָה עַד־עַזָּ֑ה בֹּאֲכָ֞ה 19
סְדֹ֛מָה וַעֲמֹרָ֛ה וְאַדְמָ֥ה וּצְבֹיִ֖ם עַד־לָֽשַׁע[ab]׃ 20 אֵ֣לֶּה בְנֵי־חָ֔ם 20
לְמִשְׁפְּחֹתָ֖ם לִלְשֹׁנֹתָ֑ם בְּאַרְצֹתָ֖ם בְּגוֹיֵהֶֽם׃ ס 21 וּלְשֵׁ֥ם יֻלַּ֖ד גַּם־ 21
ה֑וּא אֲבִי֙ כָּל־בְּנֵי־עֵ֔בֶר אֲחִ֖י יֶ֥פֶת הַגָּדֽוֹל׃ 22 בְּנֵ֥י שֵׁ֖ם עֵילָ֣ם וְאַשּׁ֑וּר 22
וְאַרְפַּכְשַׁ֖ד וְל֥וּד וַאֲרָֽם׃ 23 וּבְנֵ֖י אֲרָ֑ם ע֥וּץ[a] וְח֖וּל[b] וְגֶ֥תֶר וָמַֽשׁ[c]׃ 23

ל בתור . ה[1] ל בסיפ וכל קריא דכות ב מ א[2]
ל כת ר.[2] ב חד חס וחד מל . ג[3]
ב ר״פ[4]
ל בתור[5]
ב חד כת א וחד כת ה . ג ב כת ה וחד כת א . ב וכת א[2]
ג חס בתור
ג חס בתור . ג[6] . ל מל בתור
כת . ל[7]
ג[8] ר״פ בתור וכל נביא דכות ב מ ה . ל חס
ב בטע
ג . ב
ב
ב עיניג דמיין[9] . ב . ד
ב . ב . ד[10]
ב . ל מל בתור וחד מן יא[11] וכל כל אלה בני דכות ב מ ב
ה בטע בסיפ[12] . ו מל
ג . ל כת כן למערב[13] . ל
ד[14]
ח מל בתור[15]
ל . ה[16]

Cp 10 [1]Mm 1717. [2]Mp sub loco. [3]Mm 69. [4]Mm 70. [5]וחד פוט וכנען 1 Ch 1,8. [6]Mm 956. [7]וחד כלנו Am 6,2. [8]Mm 2980. [9]Mm 4003. [10]Mm 1381. [11]Mm 3361. [12]Mm 71. [13]K^Or sine Q^Or וצבוים, cf Mp sub loco et Gn 14,2.8 et Dt 29,22. [14]Mm 72. [15]Mm 73. [16]Mm 4004.

Cp 10,1 [a] ℭ[2] mlt Mss 𝔖𝔗[Ms] וְחָם ‖ **2** [a] Sam[Mss] ומושך 𝔊 *καὶ Μοσοχ* ‖ **3** [a] l אשכוז *(Ašguza Σκύθαι)*? ‖ **4** [a] Sam om ה ‖ [b] l c Ms (pc Mss vid) Sam𝔊 et 1 Ch 1,7 ורד׳; prp וְדֹנָנִים *(Danuna Δαναοί)* ‖ **5** [a] ins אלה בני יֶפֶת cf 20.31 ‖ **8** [a] Sam הוליד ‖ **13** [a] Sam ענ׳ 𝔊 *Ενεμετιιμ (Αιν-)* ‖ [b] prp פַּתְמְחִים ‖ **14** [a–a] prb gl ad כפתרים ‖ **19** [a–a] Sam מִנְּהַר מִצְרַיִם עַד הַנָּהָר הַגָּדוֹל נְהַר פְּרָת וְעַד הַיָּם הָאַחֲרוֹן ‖ [b] l בֶּלַע? cf 14,2 ‖ **23** [a] Sam[Ms] חוץ ‖ [b] Sam וחויל ‖ [c] Sam ומשא.

24 וְאַרְפַּכְשַׁ֖ד יָלַ֣ד[a] אֶת־שָׁ֑לַח וְשֶׁ֖לַח יָלַ֥ד אֶת־עֵֽבֶר׃ 25 וּלְעֵ֥בֶר יֻלַּ֖ד[a] ה̇ ג מנה ר״פ[17]. ב̇ ור״פ
שְׁנֵ֣י בָנִ֑ים שֵׁ֣ם הָֽאֶחָ֞ד פֶּ֗לֶג כִּ֤י בְיָמָיו֙ נִפְלְגָ֣ה הָאָ֔רֶץ וְשֵׁ֥ם אָחִ֖יו יָקְטָֽן׃ ד̇ בתור. ב̇
26 וְיָקְטָ֣ן יָלַ֔ד אֶת־אַלְמוֹדָ֖ד וְאֶת־שָׁ֑לֶף וְאֶת־חֲצַרְמָ֖וֶת וְאֶת־יָֽרַח׃ ב̇ ומל. ב̇ ומל
27 וְאֶת־הֲדוֹרָ֥ם וְאֶת־אוּזָ֖ל[a] וְאֶת־דִּקְלָֽה׃ 28 וְאֶת־עוֹבָ֥ל[a] וְאֶת־ ד̇. ב̇. ל̇
29 אֲבִֽימָאֵ֖ל וְאֶת־שְׁבָֽא׃ 29 וְאֶת־אוֹפִ֥ר וְאֶת־חֲוִילָ֖ה וְאֶת־יוֹבָ֑ב כָּל־אֵ֖לֶּה ב̇. ב̇ חד חס וחד מל[1] …
30 בְּנֵ֥י יָקְטָֽן׃ 30 וַיְהִ֥י מוֹשָׁבָ֖ם מִמֵּשָׁ֑א בֹּאֲכָ֥ה סְפָ֖רָה הַ֥ר הַקֶּֽדֶם׃ ל̇. ו̇ מל. ל̇
31 אֵ֣לֶּה בְנֵי־שֵׁ֔ם לְמִשְׁפְּחֹתָ֖ם לִלְשֹׁנֹתָ֑ם בְּאַרְצֹתָ֖ם לְגוֹיֵהֶֽם[a]׃ 32 אֵ֣לֶּה
מִשְׁפְּחֹ֧ת בְּנֵי־נֹ֛חַ לְתוֹלְדֹתָ֖ם בְּגוֹיֵהֶ֑ם וּמֵאֵ֜לֶּה נִפְרְד֤וּ[a] הַגּוֹיִם֙ בָּאָ֔רֶץ ג̇[19]
אַחַ֖ר הַמַּבּֽוּל׃ פ

ס̇ [ט] **11** 1 וַֽיְהִ֥י כָל־הָאָ֖רֶץ שָׂפָ֣ה אֶחָ֑ת וּדְבָרִ֖ים אֲחָדִֽים[a]׃ 2 וַֽיְהִ֖י בְּנָסְעָ֣ם ב̇[1]. ד̇[2]. ב̇[3]
3 מִקֶּ֑דֶם וַֽיִּמְצְא֥וּ בִקְעָ֛ה בְּאֶ֥רֶץ שִׁנְעָ֖ר וַיֵּ֥שְׁבוּ שָֽׁם׃ 3 וַיֹּאמְר֞וּ אִ֣ישׁ אֶל־ ו̇ בטע ר״פ[4]
רֵעֵ֗הוּ הָ֚בָה נִלְבְּנָ֣ה לְבֵנִ֔ים וְנִשְׂרְפָ֖ה לִשְׂרֵפָ֑ה וַתְּהִ֨י לָהֶ֤ם הַלְּבֵנָה֙ לְאָ֔בֶן ג̇. ב̇[5]. ב̇[6]
4 וְהַ֣חֵמָ֔ר הָיָ֥ה לָהֶ֖ם לַחֹֽמֶר׃ 4 וַיֹּאמְר֞וּ הָ֣בָה ׀ נִבְנֶה־לָּ֣נוּ עִ֗יר וּמִגְדָּל֙ ב̇[7]. ו̇ בטע ר״פ[4]. ז̇[8]
5 וְרֹאשׁ֣וֹ בַשָּׁמַ֔יִם וְנַֽעֲשֶׂה־לָּ֖נוּ שֵׁ֑ם פֶּן־נָפ֖וּץ עַל־פְּנֵ֥י כָל־הָאָֽרֶץ׃ 5 וַיֵּ֣רֶד ב̇[9]. ב̇[10]
6 יְהוָ֔ה לִרְאֹ֥ת אֶת־הָעִ֖יר וְאֶת־הַמִּגְדָּ֑ל אֲשֶׁ֥ר בָּנ֖וּ בְּנֵ֥י הָאָדָֽם׃ 6 וַיֹּ֣אמֶר ג̇ חס[11]. ל̇. ו̇ וכל קהלת דכות
יְהוָ֗ה הֵ֣ן עַ֤ם אֶחָד֙ וְשָׂפָ֤ה אַחַת֙ לְכֻלָּ֔ם וְזֶ֖ה הַחִלָּ֣ם לַעֲשׂ֑וֹת וְעַתָּה֙ לֹֽא־ ל̇. ל̇. ל̇[12]
7 יִבָּצֵ֣ר מֵהֶ֔ם כֹּ֛ל אֲשֶׁ֥ר יָזְמ֖וּ לַעֲשֽׂוֹת׃ 7 הָ֚בָה נֵֽרְדָ֔ה וְנָבְלָ֥ה שָׁ֖ם שְׂפָתָ֑ם ל̇. ג̇[13]. ל̇[14]
8 אֲשֶׁר֙ לֹ֣א יִשְׁמְע֔וּ אִ֖ישׁ שְׂפַ֥ת רֵעֵֽהוּ׃ 8 וַיָּ֨פֶץ יְהוָ֥ה אֹתָ֛ם מִשָּׁ֖ם עַל־פְּנֵ֣י ג̇
9 כָל־הָאָ֑רֶץ וַֽיַּחְדְּל֖וּ לִבְנֹ֥ת[a] הָעִֽיר[b]׃ 9 עַל־כֵּ֞ן קָרָ֤א שְׁמָהּ֙ בָּבֶ֔ל כִּי־ ב̇[15]. ל̇ חס
שָׁ֛ם בָּלַ֥ל יְהוָ֖ה שְׂפַ֣ת כָּל־הָאָ֑רֶץ וּמִשָּׁם֙ הֱפִיצָ֣ם יְהוָ֔ה עַל־פְּנֵ֖י כָּל־ ל̇. ח̇[16]
הָאָֽרֶץ׃ פ

10 אֵ֚לֶּה תּוֹלְדֹ֣ת שֵׁ֔ם שֵׁ֚ם בֶּן־מְאַ֣ת שָׁנָ֔ה וַיּ֖וֹלֶד אֶת־אַרְפַּכְשָׁ֑ד שְׁנָתַ֖יִם ד̇ ר״פ[17]. ב̇[18]
11 אַחַ֥ר הַמַּבּֽוּל׃ 11 וַֽיְחִי־שֵׁ֗ם אַֽחֲרֵי֙ הוֹלִיד֣וֹ אֶת־אַרְפַּכְשָׁ֔ד חֲמֵ֥שׁ מֵא֖וֹת ז̇ בטע[19]. ל̇ זקף קמ̇
12 שָׁנָ֑ה וַיּ֥וֹלֶד בָּנִ֖ים וּבָנֽוֹת[a]׃ ס 12 וְאַרְפַּכְשַׁ֣ד חַ֔י [a]חָמֵ֥שׁ וּשְׁלֹשִׁ֖ים[a] ה̇ ג מנה ר״פ[20]

17 Mm 4004. 18 Mp sub loco. 19 Mm 67. **Cp 11** 1 Mm 74. 2 Mm 208. 3 Mm 75. 4 Mm 76. 5 Mp sub loco. 6 Mm 1675. 7 Mm 3531. 8 Mm 1330. 9 Mm 3498. 10 Jer 22,28. 11 Mm 608. 12 וחד ולא יבצר Hi 42,2, cf Mp sub loco. 13 Mm 318. 14 Mm 49. 15 Ex 9,33. 16 Mm 1349. 17 Mm 48. 18 Mm 1736. 19 Mm 37. 20 Mm 4004.

24 [a] 𝔊 + *τὸν Καιναν, καὶ Καιναν ἐγέννησεν* ‖ **25** [a] ш ילדו ‖ **27** [a] ш איזל 𝔊 *Αιζηλ* ‖ **28** [a] ш
et 1 Ch 1,22 עֵיבָל ‖ **31** [a] 1 בְּג׳ cf 5.32 ‖ **32** [a] ш𝔊 + אִיֵּי cf 5 ‖ **Cp 11,1** [a] 𝔊 + *πᾶσιν* =
לְכֻלָּם ‖ **8** [a] ш𝔊 + את ‖ [b] ш𝔊 + ואת־המגדל sec 4.5 ‖ **11** [a] ш + וַיִּהְיוּ כָל־יְמֵי שֵׁם שֵׁשׁ
מֵאוֹת שָׁנָה וַיָּמֹת, sim 13[c].15[b].17[b].19[b].21[b].23[b].25[b]; 𝔊 + *καὶ ἀπέθανεν* ‖ **12** [a–a] ш𝔊 135.

13 שָׁנָה וַיּוֹלֶד אֶת־שָׁלַח׃ 13 וַיְחִי אַרְפַּכְשַׁד אַחֲרֵי הוֹלִידוֹ אֶת־שֶׁלַחᵃ
14 ᵇשְׁלֹשׁ שָׁנִים וְאַרְבַּע מֵאוֹתᵇ שָׁנָה וַיּוֹלֶד בָּנִים וּבָנוֹתᶜ׃ ס 14 וְשֶׁ֯לַח — ל
15 חַי שְׁלֹשִׁיםᵃ שָׁנָה וַיּוֹלֶד אֶת־עֵבֶר׃ 15 וַיְחִי־שֶׁ֯לַח אַחֲרֵי הוֹלִידוֹ אֶת־ — ז בטע[21]
עֵבֶר ᵃשָׁלֹשׁ שָׁנִים וְאַרְבַּע מֵאוֹתᵃ שָׁנָה וַיּוֹלֶד בָּנִים וּבָנוֹתᵇ׃ ס
16 17 16 וַיְחִי־עֵ֯בֶר ᵃאַרְבַּע וּשְׁלֹשִׁיםᵃ שָׁנָה וַיּוֹלֶד אֶת־פָּלֶג׃ 17 וַיְחִי־עֵ֯בֶר — ה בטע[22]. ל בטע בתור[23]. ל קמ. ז בטע[21]
אַחֲרֵי הוֹלִידוֹ אֶת־פֶּלֶג ᵃשְׁלֹשִׁים שָׁנָה וְאַרְבַּע מֵאוֹתᵃ שָׁנָה וַיּוֹלֶד
18 בָּנִים וּבָנוֹתᵇ׃ ס 18 וַיְחִי־פֶלֶג שְׁלֹשִׁיםᵃ שָׁנָה וַיּוֹלֶד אֶת־רְעוּ׃
19 19 וַיְחִי־פֶ֯לֶג אַחֲרֵי הוֹלִידוֹ אֶת־רְעוּ ᵃתֵּשַׁע שָׁנִים וּמָאתַיִםᵃ שָׁנָה וַיּוֹלֶד — ז בטע[21]
20 בָּנִים וּבָנוֹתᵇ׃ ס 20 וַיְחִי רְ֯עוּ ᵃשְׁתַּיִם וּשְׁלֹשִׁיםᵃ שָׁנָה וַיּוֹלֶד אֶת־ — ה בטע[24]
21 שְׂרוּג׃ 21 וַיְחִי רְעוּ אַחֲרֵי הוֹלִידוֹ אֶת־שְׂרוּג ᵃשֶׁבַע שָׁנִים וּמָאתַיִםᵃ שָׁנָה
22 וַיּוֹלֶד בָּנִים וּבָנוֹתᵇ׃ ס 22 וַיְחִי שְׂ֯רוּג שְׁלֹשִׁיםᵃ שָׁנָה וַיּוֹלֶד אֶת־ — ג בטע[25]
23 נָחוֹר׃ 23 וַיְחִי שְׂרוּג אַחֲרֵי הוֹלִידוֹ אֶת־נָחוֹר מָאתַיִםᵃ שָׁנָה וַיּוֹלֶד
24 בָּנִים וּבָנוֹתᵇ׃ ס 24 וַיְחִי נָ֯חוֹר ᵃתֵּשַׁע וְעֶשְׂרִיםᵃ שָׁנָה וַיּוֹלֶד אֶת־ — ה בטע[24]
25 תָּרַח׃ 25 וַיְחִי נָחוֹר אַחֲרֵי הוֹלִידוֹ אֶת־תֶּרַח ᵃתְּשַׁע־עֶשְׂרֵה שָׁנָה וּמְאַתᵃ
26 שָׁנָה וַיּוֹלֶד בָּנִים וּבָנוֹתᵇ׃ ס 26 וַיְחִי־תֶרַח שִׁבְעִים שָׁנָה וַיּוֹלֶד
אֶת־אַבְרָם אֶת־נָחוֹר וְאֶת־הָרָן׃ — יב פסוק את את ואת ומילה חדה ביניה[26]
27 27 וְאֵלֶּה תּוֹלְדֹת תֶּרַח תֶּרַח הוֹלִיד אֶת־אַבְרָם אֶת־נָחוֹר וְאֶת־ — יב פסוק את את ואת
28 הָרָן וְהָרָן הוֹלִיד אֶת־לוֹט׃ 28 וַיָּ֯מָת הָרָן עַל־פְּנֵי תֶּרַח אָבִיו בְּאֶרֶץ — ל
29 מוֹלַדְתּוֹ בְּאוּרᵃ כַּשְׂדִּים׃ 29 וַיִּקַּח אַבְרָם וְנָחוֹר לָהֶם נָשִׁים שֵׁם אֵשֶׁת־
אַבְרָם שָׂרָי וְשֵׁם אֵשֶׁת־נָחוֹר מִלְכָּה בַּת־הָרָן אֲבִי־מִלְכָּה וַאֲבִי יִסְכָּה׃ — ל זקף קמ. ל
30 31 30 וַתְּהִי שָׂרַי עֲקָרָה אֵין לָהּ וָלָדᵃ׃ 31 וַיִּקַּח תֶּרַח אֶת־אַבְרָם בְּנוֹ — ל
וְאֶת־לוֹט בֶּן־הָרָן בֶּן־בְּנוֹ וְאֵת שָׂ֯רַי כַּלָּתוֹᵃ אֵשֶׁת אַבְרָם בְּנוֹᵇ וַיֵּצְאוּᶜ — ב. ל

[21] Mm 37. [22] Mm 36. [23] Mp sub loco. [24] Mm 38. [25] Mm 39. [26] Mm 44.

12 ᵇ 𝔊 *Καιναν* ‖ **13** ᵃ cf 12ᵇ ‖ ᵇ⁻ᵇ 𝔐 303 𝔊 430 ‖ ᶜ cf 11ᵃ; 𝔊 + *καὶ ἔζησεν Καιναν ἑκατὸν τριάκοντα ἔτη καὶ ἐγέννησεν τὸν Σαλα. καὶ ἔζησεν Καιναν μετὰ τὸ γεννῆσαι αὐτὸν τὸν Σαλα ἔτη τριακόσια τριάκοντα καὶ ἐγέννησεν υἱοὺς καὶ θυγατέρας καὶ ἀπέθανεν* ‖ **14** ᵃ 𝔐𝔊 130 ‖ **15** ᵃ⁻ᵃ 𝔐 303 𝔊 330 ‖ ᵇ cf 11ᵃ ‖ **16** ᵃ⁻ᵃ 𝔐𝔊 134 ‖ **17** ᵃ⁻ᵃ 𝔐 270 𝔊 370 ‖ ᵇ cf 11ᵃ ‖ **18** ᵃ 𝔐𝔊 130 ‖ **19** ᵃ⁻ᵃ 𝔐 109 ‖ ᵇ cf 11ᵃ ‖ **20** ᵃ⁻ᵃ 𝔐𝔊 132 ‖ **21** ᵃ⁻ᵃ 𝔐 107 ‖ ᵇ cf 11ᵃ ‖ **22** ᵃ 𝔐𝔊 130 ‖ **23** ᵃ 𝔐 100 ‖ ᵇ cf 11ᵃ ‖ **24** ᵃ⁻ᵃ 𝔐𝔊 79 ‖ **25** ᵃ⁻ᵃ 𝔐 69 𝔊 129 ‖ ᵇ cf 11ᵃ ‖ **28** ᵃ 𝔊 *ἐν τῇ χώρᾳ* = בְּאֶרֶץ cf 31ᵈ 15,7ᵃ Neh 9,7 ‖ **30** ᵃ 𝔐 ילד ‖ **31** ᵃ 𝔐 ואת מלכה כלותו ‖ ᵇ 𝔐 ונחור בניו ‖ ᶜ 𝔖ᵂ sg, 1 א— vel c 𝔐𝔊𝔙 וַיֹּצֵא אֹתָם (pro וי׳ אִתָּם).

אִתָּ֜ם מֵא֣וּר[d] כַּשְׂדִּ֗ים לָלֶ֙כֶת֙ אַ֣רְצָה כְּנַ֔עַן וַיָּבֹ֥אוּ עַד־חָרָ֖ן וַיֵּ֥שְׁבוּ שָֽׁם׃ לז. ח[27]
32 וַיִּהְי֣וּ יְמֵי־תֶ֔רַח [a]חָמֵ֥שׁ שָׁנִ֖ים[a] וּמָאתַ֣יִם שָׁנָ֑ה וַיָּ֥מָת תֶּ֖רַח בְּחָרָֽן׃ ס קנג ג[28]. ל
ס[ו] פרש 12 1 וַיֹּ֤אמֶר יְהוָה֙ אֶל־אַבְרָ֔ם לֶךְ־לְךָ֛ מֵאַרְצְךָ֥ וּמִמּֽוֹלַדְתְּךָ֖ וּמִבֵּ֣ית
2 אָבִ֑יךָ אֶל־הָאָ֖רֶץ אֲשֶׁ֥ר אַרְאֶֽךָּ׃ 2 וְאֶֽעֶשְׂךָ֙ לְג֣וֹי גָּד֔וֹל וַאֲבָרֶכְךָ֔ ד בסיפ[1]. ב[2]. ב הד חס וחד מל
3 וַאֲגַדְּלָ֖ה שְׁמֶ֑ךָ וֶהְיֵ֖ה[a] בְּרָכָֽה׃ 3 וַאֲבָֽרְכָה֙ מְבָ֣רְכֶ֔יךָ וּמְקַלֶּלְךָ֖[a] אָאֹ֑ר ל. ב מל. ל. ל
4 וְנִבְרְכ֣וּ בְךָ֔ כֹּ֖ל מִשְׁפְּחֹ֥ת הָאֲדָמָֽה׃ 4 וַיֵּ֣לֶךְ אַבְרָ֗ם כַּאֲשֶׁ֨ר דִּבֶּ֤ר אֵלָיו֙ ג[3]
יְהוָ֔ה וַיֵּ֥לֶךְ אִתּ֖וֹ ל֑וֹט וְאַבְרָ֗ם בֶּן־חָמֵ֤שׁ שָׁנִים֙ וְשִׁבְעִ֣ים שָׁנָ֔ה בְּצֵאת֖וֹ
5 מֵחָרָֽן׃ 5 וַיִּקַּ֣ח אַבְרָם֩ אֶת־שָׂרַ֨י אִשְׁתּ֜וֹ וְאֶת־ל֣וֹט בֶּן־אָחִ֗יו וְאֶת־כָּל־
רְכוּשָׁם֙ אֲשֶׁ֣ר רָכָ֔שׁוּ וְאֶת־הַנֶּ֖פֶשׁ אֲשֶׁר־עָשׂ֣וּ בְחָרָ֑ן וַיֵּצְא֗וּ לָלֶ֙כֶת֙ אַ֣רְצָה ל. ח[4]
6 כְּנַ֔עַן וַיָּבֹ֖אוּ אַ֥רְצָה כְּנָֽעַן׃ 6 וַיַּעֲבֹ֤ר אַבְרָם֙ בָּאָ֔רֶץ[a] עַ֚ד מְק֣וֹם שְׁכֶ֔ם עַ֖ד ח[4]
7 אֵל֣וֹן מוֹרֶ֑ה וְהַֽכְּנַעֲנִ֖י אָ֥ז בָּאָֽרֶץ׃ 7 וַיֵּרָ֤א יְהוָה֙ אֶל־אַבְרָ֔ם וַיֹּ֕אמֶר כ[5]
לְזַ֣רְעֲךָ֔ אֶתֵּ֖ן אֶת־הָאָ֣רֶץ הַזֹּ֑את וַיִּ֤בֶן שָׁם֙ מִזְבֵּ֔חַ לַיהוָ֖ה הַנִּרְאֶ֥ה אֵלָֽיו׃ ב[6]
8 וַיַּעְתֵּ֨ק מִשָּׁ֜ם הָהָ֗רָה מִקֶּ֛דֶם לְבֵֽית־אֵ֖ל וַיֵּ֣ט אָהֳלֹ֑ה בֵּֽית־אֵ֤ל מִיָּם֙ וְהָעַ֣י יג[7]. אהלו ק חד מן ד כת ה בליש[8]
9 מִקֶּ֔דֶם וַיִּֽבֶן־שָׁ֤ם מִזְבֵּ֙חַ֙ לַֽיהוָ֔ה וַיִּקְרָ֖א בְּשֵׁ֥ם יְהוָֽה׃ 9 וַיִּסַּ֣ע אַבְרָ֔ם
הָל֥וֹךְ וְנָס֖וֹעַ הַנֶּֽגְבָּה׃ פ ל. ב
10 וַיְהִ֥י רָעָ֖ב בָּאָ֑רֶץ וַיֵּ֨רֶד אַבְרָ֤ם מִצְרַ֙יְמָה֙ לָג֣וּר שָׁ֔ם כִּֽי־כָבֵ֥ד ב פסוק מיחד[9]. כח[10]
11 הָרָעָ֖ב בָּאָֽרֶץ׃ 11 וַיְהִ֕י כַּאֲשֶׁ֥ר הִקְרִ֖יב לָב֣וֹא מִצְרָ֑יְמָה וַיֹּ֙אמֶר֙ אֶל־ כח[10]
12 שָׂרַ֣י אִשְׁתּ֔וֹ הִנֵּה־נָ֣א יָדַ֔עְתִּי כִּ֛י אִשָּׁ֥ה יְפַת־מַרְאֶ֖ה אָֽתְּ׃[a] 12 וְהָיָ֗ה כִּֽי־
יִרְא֤וּ אֹתָךְ֙ הַמִּצְרִ֔ים וְאָמְר֖וּ אִשְׁתּ֣וֹ זֹ֑את וְהָרְג֥וּ אֹתִ֖י וְאֹתָ֥ךְ יְחַיּֽוּ׃ ה ד מנה בתור. ב[11]
13 אִמְרִי־נָ֖א אֲחֹ֣תִי אָ֑תְּ לְמַ֙עַן֙ יִֽיטַב־לִ֣י בַעֲבוּרֵ֔ךְ וְחָיְתָ֥ה נַפְשִׁ֖י בִּגְלָלֵֽךְ׃ ב. ב[12]. ב
14 וַיְהִ֕י כְּב֥וֹא אַבְרָ֖ם מִצְרָ֑יְמָה וַיִּרְא֤וּ הַמִּצְרִים֙ אֶת־הָ֣אִשָּׁ֔ה כִּֽי־יָפָ֥ה כח[10]. ה ד מנה בתור
15 הִ֖וא מְאֹֽד׃ 15 וַיִּרְא֤וּ אֹתָהּ֙ שָׂרֵ֣י פַרְעֹ֔ה וַיְהַֽלְל֥וּ אֹתָ֖הּ אֶל־פַּרְעֹ֑ה וַתֻּקַּ֥ח ד[13]. ל
16 הָאִשָּׁ֖ה בֵּ֥ית פַּרְעֹֽה׃ 16 וּלְאַבְרָ֥ם הֵיטִ֖יב בַּעֲבוּרָ֑הּ וַֽיְהִי־ל֤וֹ צֹאן־וּבָקָר֙[a] ל
17 וַחֲמֹרִ֗ים וַעֲבָדִים֙ וּשְׁפָחֹ֔ת[b] וַאֲתֹנֹ֖ת וּגְמַלִּֽים׃ 17 וַיְנַגַּ֨ע יְהוָ֧ה ׀ אֶת־פַּרְעֹ֛ה ב[14]

[27] Mm 77. [28] Mm 78. Cp 12 [1] Mm 79. [2] Mm 80. [3] Mm 81. [4] Mm 77. [5] Mm 1227. [6] Mm 82. [7] Mm 1100. [8] Mm 83; Q addidi, cf Gn 9,21; 13,3; 35,21 et Mp sub loco. [9] Mm 3660. [10] Mm 84. [11] Ho 14,8. [12] Mm 3585. [13] Mm 85. [14] 2 R 15,5.

31 [d] 𝔊 ἐκ τῆς χώρας cf 28[a] || **32** [a-a] ⅏ 145, cf 11,26(70) 12,4(75) Act 7,4 *(μετὰ τὸ ἀποθανεῖν τὸν πατέρα αὐτοῦ)* || **Cp 12,2** [a] ⅏ והוי cf 17,1[a]; prp וֶהְיֵה || **3** [a] l c 𝔗 pc Mss ⅏𝔊 𝔖𝔙 וּמְקַלְלֶיךָ || **6** [a] 𝔊 : εἰς τὸ μῆκος αὐτῆς cf 13,17 || **11** [a] ⅏ אתי || **16** [a] ⅏ : מקנה כבד מאד || [b] ⅏ huc tr וחמרים.

ל[15] נְגָעִ֥ים גְּדֹלִ֖ים[a] וְאֶת־בֵּית֑וֹ[b] עַל־דְּבַ֥ר שָׂרַ֖י אֵ֥שֶׁת אַבְרָֽם׃ 18 וַיִּקְרָ֤א 18
פַרְעֹה֙ לְאַבְרָ֔ם וַיֹּ֕אמֶר מַה־זֹּ֖את עָשִׂ֣יתָ לִּ֑י לָ֚מָּה לֹא־הִגַּ֣דְתָּ לִּ֔י כִּ֥י
ז[16]. ג ר״פ[17] אִשְׁתְּךָ֖ הִֽוא׃ 19 לָמָ֤ה אָמַ֙רְתָּ֙ אֲחֹ֣תִי הִ֔וא וָאֶקַּ֥ח אֹתָ֛הּ לִ֖י לְאִשָּׁ֑ה וְעַתָּ֕ה 19
ז. ה[18]. ב[19] הִנֵּ֥ה אִשְׁתְּךָ֖[a] קַ֥ח וָלֵֽךְ׃ 20 וַיְצַ֥ו עָלָ֛יו פַּרְעֹ֖ה אֲנָשִׁ֑ים וַיְשַׁלְּח֥וּ אֹת֛וֹ וְאֶת־ 20
אִשְׁתּ֖וֹ וְאֶת־כָּל־אֲשֶׁר־לֽוֹ[a]׃
ד **13** 1 וַיַּעַל֩ אַבְרָ֨ם מִמִּצְרַ֜יִם ה֠וּא וְאִשְׁתּ֧וֹ וְכָל־אֲשֶׁר־ל֛וֹ וְל֥וֹט עִמּ֖וֹ **13**
ב הַנֶּֽגְבָּה׃ 2 וְאַבְרָ֖ם כָּבֵ֣ד מְאֹ֑ד בַּמִּקְנֶ֕ה בַּכֶּ֖סֶף וּבַזָּהָֽב׃ 3 וַיֵּ֙לֶךְ֙ לְמַסָּעָ֔יו 2 3
ג פסוק ועד עד[1]. ה. ב מיחד. אהלו ק חד מן ד כת ה בליש[2] מִנֶּ֖גֶב וְעַד־בֵּֽית־אֵ֑ל עַד־הַ֠מָּקוֹם אֲשֶׁר־הָ֨יָה שָׁ֤ם אָהֳלֹה֙ בַּתְּחִלָּ֔ה בֵּ֥ין
כב[3] בֵּֽית־אֵ֖ל וּבֵ֥ין הָעָֽי׃ 4 אֶל־מְקוֹם֙ הַמִּזְבֵּ֔חַ אֲשֶׁר־עָ֥שָׂה שָׁ֖ם בָּרִאשֹׁנָ֑ה 4
יג ר״פ בתור. ל וַיִּקְרָ֥א שָׁ֛ם אַבְרָ֖ם בְּשֵׁ֥ם יְהוָֽה׃ 5 וְגַם־לְל֔וֹט הַהֹלֵ֖ךְ אֶת־אַבְרָ֑ם הָיָ֥ה 5
ב ור״פ[4] צֹאן־וּבָקָ֖ר וְאֹהָלִֽים׃ 6 וְלֹא־נָשָׂ֥א[a] אֹתָ֛ם הָאָ֖רֶץ לָשֶׁ֣בֶת יַחְדָּ֑ו כִּֽי־הָיָ֤ה 6
לג קמ[5] רְכוּשָׁם֙ רָ֔ב וְלֹ֥א יָֽכְל֖וּ לָשֶׁ֥בֶת יַחְדָּֽו׃ 7 וַֽיְהִי־רִ֗יב בֵּ֚ין רֹעֵ֣י מִקְנֵה־ 7
אַבְרָ֔ם וּבֵ֖ין רֹעֵ֣י מִקְנֵה־ל֑וֹט וְהַֽכְּנַעֲנִי֙ וְהַפְּרִזִּ֔י אָ֖ז יֹשֵׁ֥ב[a] בָּאָֽרֶץ׃
ג פסוק ביני ובינך ובין ובין. ב[6] 8 וַיֹּ֨אמֶר אַבְרָ֜ם אֶל־ל֗וֹט אַל־נָ֨א תְהִ֤י מְרִיבָה֙ בֵּינִ֣י וּבֵינֶ֔יךָ וּבֵ֥ין רֹעַ֖י 8
וּבֵ֣ין רֹעֶ֑יךָ כִּֽי־אֲנָשִׁ֥ים אַחִ֖ים אֲנָֽחְנוּ׃ 9 הֲלֹ֤א כָל־הָאָ֙רֶץ֙ לְפָנֶ֔יךָ הִפָּ֥רֶד 9
ז פסוק בתור אם ואם. ל. ל נָ֖א מֵעָלָ֑י אִם־הַשְּׂמֹ֣אל וְאֵימִ֔נָה וְאִם־הַיָּמִ֖ין וְאַשְׂמְאִֽילָה׃ 10 וַיִּשָּׂא־ל֣וֹט 10
אֶת־עֵינָ֗יו וַיַּרְא֙ אֶת־כָּל־כִּכַּ֣ר הַיַּרְדֵּ֔ן כִּ֥י כֻלָּ֖הּ[a] מַשְׁקֶ֑ה לִפְנֵ֣י ׀ שַׁחֵ֣ת
ז. ב[7]. ה[8]. ו מל יְהוָ֗ה אֶת־סְדֹם֙ וְאֶת־עֲמֹרָ֔ה כְּגַן־יְהוָה֙ כְּאֶ֣רֶץ מִצְרַ֔יִם בֹּאֲכָ֖ה צֹֽעַר׃
11 וַיִּבְחַר־ל֣וֹ ל֗וֹט אֵ֚ת כָּל־כִּכַּ֣ר הַיַּרְדֵּ֔ן וַיִּסַּ֥ע ל֖וֹט מִקֶּ֑דֶם וַיִּפָּ֣רְד֔וּ אִ֖ישׁ 11
ב ר״פ[9]. ה[10]. ד. ה[10] מֵעַ֥ל אָחִֽיו׃ 12 אַבְרָ֖ם יָשַׁ֣ב בְּאֶֽרֶץ־כְּנָ֑עַן וְל֗וֹט יָשַׁב֙ בְּעָרֵ֣י הַכִּכָּ֔ר 12
ב. יח[11] ד[12] מנה ר״פ. ז[13] וַיֶּאֱהַ֖ל עַד־סְדֹֽם׃ 13 וְאַנְשֵׁ֣י סְדֹ֔ם רָעִ֖ים וְחַטָּאִ֑ים לַיהוָ֖ה מְאֹֽד׃ 13
כב בתור 14 וַֽיהוָ֞ה אָמַ֣ר אֶל־אַבְרָ֗ם אַחֲרֵי֙ הִפָּֽרֶד־ל֣וֹט מֵֽעִמּ֔וֹ שָׂ֣א נָ֤א עֵינֶ֙יךָ֙ 14
נג ח[14] מנה בתור. כז[15]. ג[16] וּרְאֵ֔ה מִן־הַמָּק֖וֹם אֲשֶׁר־אַתָּ֣ה שָׁ֑ם צָפֹ֥נָה וָנֶ֖גְבָּה וָקֵ֥דְמָה וָיָֽמָּה׃ 15 כִּ֧י 15
יד אֶת־כָּל־הָאָ֛רֶץ אֲשֶׁר־אַתָּ֥ה רֹאֶ֖ה לְךָ֣ אֶתְּנֶ֑נָּה וּֽלְזַרְעֲךָ֖ עַד־עוֹלָֽם׃
ה[17] 16 וְשַׂמְתִּ֥י אֶֽת־זַרְעֲךָ֖ כַּעֲפַ֣ר הָאָ֑רֶץ אֲשֶׁ֣ר ׀ אִם־יוּכַ֣ל אִ֗ישׁ לִמְנוֹת֙ אֶת־ 16

[15]Mm 1827. [16]Mp sub loco. [17]Mm 3209. [18]Mm 173. [19]Mm 202. **Cp 13** [1]Mm 3938. [2]Mm 83; cf Gn 9,21; 12,8; 35,21 et Mp sub loco. [3]Mm 1743. [4]Mm 4136. [5]Mm 264. [6]Ez 34,8. [7]Jes 51,3. [8]Mm 1114. [9]Mm 86. [10]Mm 87. [11]Mm 2952. [12]Mm 88. [13]Mm 2210. [14]Mm 845. [15]Mp sub loco. [16]Mm 89. [17]Mm 90.

17 [a] 𝔊 + *καὶ πονηροῖς* ‖ [b–b] prb add cf 20,17 ‖ **19** [a] 𝔊 + *ἐναντίον σου* = לְפָנֶיךָ ‖ **20** [a] ⅏𝔊 + וְלוֹט עִמּוֹ ‖ **Cp 13,6** [a] l c ⅏ נָשְׂאָה ‖ **7** [a] ⅏ ישבים ‖ **10** [a] ⅏ כלו.

17 עֲפַ֣ר הָאָ֔רֶץ גַּֽם־זַרְעֲךָ֖ יִמָּנֶֽה׃ 17 ק֚וּם הִתְהַלֵּ֣ךְ בָּאָ֔רֶץ לְאָרְכָּ֖הּ ט ר״פ[18]
18 וּלְרָחְבָּ֑הּ כִּ֥י לְךָ֖ אֶתְּנֶֽנָּה׃ 18 וַיֶּאֱהַ֣ל אַבְרָ֗ם וַיָּבֹ֛א וַיֵּ֛שֶׁב בְּאֵלֹנֵ֥י[a] מַמְרֵ֖א ל . ב
אֲשֶׁ֣ר בְּחֶבְר֑וֹן וַיִּֽבֶן־שָׁ֥ם מִזְבֵּ֖חַ לַֽיהוָֽה׃ פ
ס[יא] **14** 1 וַיְהִ֗י[a] בִּימֵ֧י[a] אַמְרָפֶ֛ל מֶֽלֶךְ־שִׁנְעָ֔ר[b] אַרְי֖וֹךְ מֶ֣לֶךְ אֶלָּסָ֑ר[c] ה[1] . ה זוגין מחליפין[2]
2 כְּדָרְלָעֹ֙מֶר֙[d] מֶ֣לֶךְ עֵילָ֔ם[de] וְתִדְעָ֖ל מֶ֥לֶךְ גּוֹיִֽם[f]׃ 2 עָשׂ֣וּ מִלְחָמָ֗ה אֶת־ ב . ל ר״פ[3]
בֶּ֚רַע מֶ֣לֶךְ סְדֹ֔ם וְאֶת־בִּרְשַׁ֖ע מֶ֣לֶךְ עֲמֹרָ֑ה שִׁנְאָ֣ב ׀ מֶ֣לֶךְ אַדְמָ֗ה ל
3 וְשֶׁמְאֵ֙בֶר֙[a] מֶ֣לֶךְ צְבֹיִ֔ים וּמֶ֥לֶךְ בֶּ֖לַע הִיא־צֹֽעַר׃ 3 כָּל־אֵ֙לֶּה֙ חָֽבְר֔וּ צבוים ק[4] . יא כת י בתור
4 אֶל־עֵ֖מֶק הַשִּׂדִּ֑ים ה֖וּא יָ֥ם הַמֶּֽלַח׃ 4 שְׁתֵּ֤ים עֶשְׂרֵה֙ שָׁנָ֔ה עָבְד֖וּ אֶת־
5 כְּדָרְלָעֹ֑מֶר וּשְׁלֹשׁ[a]־עֶשְׂרֵ֥ה שָׁנָ֖ה מָרָֽדוּ׃ 5 וּבְאַרְבַּע֩ עֶשְׂרֵ֨ה שָׁנָ֜ה בָּ֣א ב . ה ב מנה בליש[5]
כְדָרְלָעֹ֜מֶר וְהַמְּלָכִ֣ים אֲשֶׁ֣ר אִתּ֗וֹ וַיַּכּ֤וּ אֶת־רְפָאִים֙[a] בְּעַשְׁתְּרֹ֣ת קַרְנַ֔יִם
6 וְאֶת־הַזּוּזִ֖ים[b] בְּהָ֑ם[c] וְאֵת֙ הָֽאֵימִ֔ים בְּשָׁוֵ֖ה קִרְיָתָֽיִם׃ 6 וְאֶת־הַחֹרִ֖י ל . ל . ב מל
7 בְּהַרְרָ֣ם[a] שֵׂעִ֑יר עַ֚ד אֵ֣יל פָּארָ֔ן אֲשֶׁ֖ר עַל־הַמִּדְבָּֽר׃ 7 וַיָּשֻׁ֜בוּ וַיָּבֹ֗אוּ ל . ל
אֶל־עֵ֤ין מִשְׁפָּט֙ הִ֣וא קָדֵ֔שׁ וַיַּכּ֕וּ אֶֽת־כָּל־שְׂדֵ֖ה הָעֲמָלֵקִ֑י וְגַם֙ אֶת־ ב[6] . ב[7] . ט
8 הָ֣אֱמֹרִ֔י הַיֹּשֵׁ֖ב בְּחַֽצְצֹ֥ן תָּמָֽר׃ 8 וַיֵּצֵ֨א מֶֽלֶךְ־סְדֹ֜ם וּמֶ֣לֶךְ עֲמֹרָ֗ה וּמֶ֣לֶךְ ב חד מל וחד חס[8]
אַדְמָה֙ וּמֶ֣לֶךְ צְבֹיִ֔ים וּמֶ֖לֶךְ בֶּ֣לַע הִוא־צֹ֑עַר וַיַּעַרְכ֤וּ אִתָּם֙ מִלְחָמָ֔ה צבוים ק . לז
9 בְּעֵ֖מֶק הַשִּׂדִּֽים׃ 9 אֵ֣ת כְּדָרְלָעֹ֜מֶר מֶ֣לֶךְ עֵילָ֗ם[a] וְתִדְעָל֙ מֶ֣לֶךְ גּוֹיִ֔ם[b] ב
וְאַמְרָפֶל֙ מֶ֣לֶךְ שִׁנְעָ֔ר[c] וְאַרְי֖וֹךְ מֶ֣לֶךְ אֶלָּסָ֑ר[d] אַרְבָּעָ֥ה מְלָכִ֖ים אֶת־ ח[2] זוגין מחליפין ול בליש . ל
10 הַחֲמִשָּֽׁה׃ 10 וְעֵ֣מֶק הַשִּׂדִּ֗ים[a] בֶּֽאֱרֹ֤ת בֶּֽאֱרֹת֙ חֵמָ֔ר וַיָּנֻ֛סוּ מֶֽלֶךְ־סְדֹ֥ם ל . ב . ל
11 וַעֲמֹרָ֖ה[b] וַיִּפְּלוּ־שָׁ֑מָּה וְהַנִּשְׁאָרִ֖ים הֶ֥רָה[c] נָּֽסוּ׃ 11 וַיִּקְח֞וּ אֶת־כָּל־רְכֻ֧שׁ ל
12 סְדֹ֛ם וַעֲמֹרָ֖ה וְאֶת־כָּל־אָכְלָ֑ם וַיֵּלֵֽכוּ׃ 12 וַיִּקְח֨וּ אֶת־ל֧וֹט וְאֶת־רְכֻשׁ֛וֹ
13 [a]בֶּן־אֲחִ֥י אַבְרָ֖ם[a] וַיֵּלֵ֑כוּ וְה֖וּא יֹשֵׁ֥ב בִּסְדֹֽם׃ 13 וַיָּבֹא֙ הַפָּלִ֔יט
וַיַּגֵּ֖ד לְאַבְרָ֣ם הָעִבְרִ֑י וְה֨וּא שֹׁכֵ֜ן בְּאֵלֹנֵ֨י[a] מַמְרֵ֣א הָאֱמֹרִ֗י אֲחִ֤י אֶשְׁכֹּל֙ ה חס[9]

[18] Mm 1995. **Cp 14** [1] Mm 91. [2] Mm 3964. [3] Mm 978. [4] Cf Mp sub loco, Gn 10,19; 14,8 et Dt 29,22. [5] Mp sub loco. [6] Jos 15,7. [7] Mm 1751. [8] Mm 4204. [9] Mm 92.

18 [a] 𝔊(𝔖𝔙) *παρὰ τὴν δρῦν*, l בְּאֵלוֹן (sec 12,6)? cf 14,13 18,1 Dt 11,30 (𝔐 semper pl, 𝔊𝔖𝔙 sg) || **Cp 14,1** [a–a] 𝔙 *factum est autem in illo tempore, ut* 1Q GenAp *qdmt jwmj' 'ln 'th* || [b] 𝔗[J] *pwnṭws* 1Q GenAp *bbl* || [c] σ'(𝔙) *Πόντου* || [d–d] 1Q GenAp tr post [a–a] || [e] σ' *Σκυθῶν* || [f] σ' *Παμφυλίας* 𝔖 *glj'* || **2** [a] 𝔪[Mss] –בד || **4** [a] l c 𝔪𝔖𝔗[J] 1Q GenAp וּבְשְׁ' || **5** [a] l c 𝔪 הָרְ' || [b] 1Q GenAp *zwzmj'* σ' *Ζοιζομμειν* = זַמְזֻמִּים cf Dt 2,20 || [c] 𝔪[Mss] Hier בחם 𝔊(𝔖𝔙) *ἅμα αὐτοῖς* = בָּהֶם 1Q GenAp *b'mn* || **6** [a] l c 𝔪 Vrs בְּהַרְרֵי || **9** [a] cf 1[e] || [b] cf 1[f] || [c] cf 1[b] || [d] cf 1[c] || **10** [a] sic L, mlt Mss Edd הַשּׂ' || [b] l c Ms 𝔪𝔊𝔖 וּמֶלֶךְ ע' || [c] 𝔪 ההרה || **12** [a–a] add || **13** [a] cf 13,18[a].

14 וַאֲחִי עָנֵר[b] וְהֵם בַּעֲלֵי בְרִית־אַבְרָם׃ 14 וַיִּשְׁמַע אַבְרָם כִּי נִשְׁבָּה אָחִיו   ג[10]
וַיָּרֶק[a] אֶת־חֲנִיכָיו יְלִידֵי בֵיתוֹ שְׁמֹנָה עָשָׂר וּשְׁלֹשׁ מֵאוֹת וַיִּרְדֹּף עַד־   ל. ל
15 דָּן׃ 15 וַיֵּחָלֵק עֲלֵיהֶם ׀ לַיְלָה הוּא וַעֲבָדָיו וַיַּכֵּם וַיִּרְדְּפֵם עַד־חוֹבָה   ל
16 אֲשֶׁר מִשְּׂמֹאל לְדַמָּשֶׂק׃ 16 וַיָּשֶׁב אֵת כָּל־הָרְכֻשׁ וְגַם אֶת־לוֹט אָחִיו   ד חס . ג ב קמ וחד פת[11]. כה . ט
17 וּרְכֻשׁוֹ הֵשִׁיב וְגַם אֶת־הַנָּשִׁים וְאֶת־הָעָם׃ 17 וַיֵּצֵא מֶלֶךְ־סְדֹם   ט . יב[12]
לִקְרָאתוֹ אַחֲרֵי שׁוּבוֹ מֵהַכּוֹת אֶת־[a]כְּדָר־לָעֹמֶר[a] וְאֶת־הַמְּלָכִים אֲשֶׁר
18 אִתּוֹ אֶל־עֵמֶק שָׁוֵה[b] הוּא עֵמֶק הַמֶּלֶךְ׃ 18 וּמַלְכִּי־צֶדֶק מֶלֶךְ שָׁלֵם   ל
19 הוֹצִיא לֶחֶם וָיָיִן וְהוּא כֹהֵן לְאֵל עֶלְיוֹן׃ 19 וַיְבָרְכֵהוּ וַיֹּאמַר   ז[13]. ב . צא וכל ויען ויסף דאיוב דכות
בָּרוּךְ אַבְרָם לְאֵל עֶלְיוֹן קֹנֵה שָׁמַיִם וָאָרֶץ׃   ב
20 וּבָרוּךְ אֵל עֶלְיוֹן אֲשֶׁר־מִגֵּן צָרֶיךָ בְּיָדֶךָ 20   ז[14] ג[15] מנה ר״פ
21 וַיִּתֶּן־לוֹ מַעֲשֵׂר מִכֹּל׃ 21 וַיֹּאמֶר מֶלֶךְ־סְדֹם אֶל־אַבְרָם תֶּן־לִי הַנֶּפֶשׁ   ג וכל המעשר דכות
22 וְהָרְכֻשׁ קַח־לָךְ׃ 22 וַיֹּאמֶר אַבְרָם אֶל־מֶלֶךְ סְדֹם הֲרִימֹתִי יָדִי אֶל־   ג
23 יְהוָה[a] אֵל עֶלְיוֹן קֹנֵה שָׁמַיִם וָאָרֶץ׃ 23 אִם־מִחוּט וְעַד שְׂרוֹךְ־נַעַל   ב[16]
וְאִם־אֶקַּח מִכָּל־אֲשֶׁר־לָךְ וְלֹא תֹאמַר אֲנִי הֶעֱשַׁרְתִּי אֶת־אַבְרָם׃   ל
24 24 בִּלְעָדַי רַק אֲשֶׁר אָכְלוּ הַנְּעָרִים וְחֵלֶק הָאֲנָשִׁים אֲשֶׁר הָלְכוּ אִתִּי   ל ר״פ
עָנֵר אֶשְׁכֹּל וּמַמְרֵא הֵם יִקְחוּ חֶלְקָם׃ ס   ה חס[17]
15 1 אַחַר ׀ הַדְּבָרִים הָאֵלֶּה הָיָה דְבַר־יְהוָה אֶל־אַבְרָם בַּמַּחֲזֶה ס[יב]   ג ר״פ . ל
2 לֵאמֹר אַל־תִּירָא אַבְרָם אָנֹכִי מָגֵן לָךְ שְׂכָרְךָ הַרְבֵּה[a] מְאֹד׃ 2 וַיֹּאמֶר   ב[1]
אַבְרָם אֲדֹנָי יֱהוִה מַה־תִּתֶּן־לִי וְאָנֹכִי הוֹלֵךְ עֲרִירִי וּבֶן־מֶשֶׁק בֵּיתִי   ח[2] ד מנה בתור . כז[3] מל ט[4] מנה בתור וכל משלי וקהלת דכות ב מ״ה . ב . ל
3 [a]הוּא דַּמֶּשֶׂק[a] אֱלִיעֶזֶר׃ 3 וַיֹּאמֶר אַבְרָם הֵן לִי לֹא נָתַתָּה זָרַע וְהִנֵּה
4 בֶן־בֵּיתִי יוֹרֵשׁ אֹתִי׃ 4 וְהִנֵּה דְבַר־יְהוָה אֵלָיו לֵאמֹר לֹא יִירָשְׁךָ זֶה   ב[5]
5 כִּי־אִם אֲשֶׁר יֵצֵא מִמֵּעֶיךָ הוּא יִירָשֶׁךָ׃ 5 וַיּוֹצֵא אֹתוֹ הַחוּצָה וַיֹּאמֶר   ג[6] בטע ול בסיפ . יב מל[7]. יו[8]
הַבֶּט־נָא הַשָּׁמַיְמָה וּסְפֹר הַכּוֹכָבִים אִם־תּוּכַל לִסְפֹּר אֹתָם וַיֹּאמֶר לוֹ   יא[9]
6 7 כֹּה יִהְיֶה זַרְעֶךָ׃ 6 וְהֶאֱמִן בַּיהוָה וַיַּחְשְׁבֶהָ לּוֹ צְדָקָה׃ 7 וַיֹּאמֶר אֵלָיו   ל וחס . ג
אֲנִי יְהוָה אֲשֶׁר הוֹצֵאתִיךָ מֵאוּר[a] כַּשְׂדִּים לָתֶת לְךָ אֶת־הָאָרֶץ הַזֹּאת   ג

[10] Mm 93. [11] Mm 2732. [12] Mm 1055. [13] Mm 94. [14] Mm 1850. [15] Mm 3318. [16] Jes 5,27. [17] Mm 92.
Cp 15 [1] Gn 30,28. [2] Mm 95. [3] Mm 1788. [4] Mm 935. [5] Mm 2012. [6] Mm 1039. [7] Mm 2194. [8] Mm 290.
[9] Mm 1071.

13 [b] ש ענרם, 1Q GenAp *rnm*, 𝔊 *Αυναν* ‖ **14** [a] l c ש וַיָּדֶק, sic frt 𝔊 (*ἠρίθμησεν*) ‖ **17** [a–a] 1.4.5.9 unum verbum –רְלָ– ‖ **22** [b] ש השוה ‖ **22** [a] > 𝔊𝔖 1Q GenAp ‖ **Cp 15,1** [a] l c ש אַרְבֶּה ‖ **2** [a–a] prb gl aram ad בן־משק ‖ **7** [a] ut 11,31[d].

8 9 לְרִשְׁתָּהּ׃ 8 וַיֹּאמַר אֲדֹנָי יְהוִה בַּמָּה אֵדַע כִּי אִירָשֶׁנָּה׃ 9 וַיֹּאמֶר — צ֯א יט מנה ר״פ ל[10] מנה בתור . ח[11] ד מנה בתור . ח קמ[12] . ל
אֵלָיו קְחָה לִי עֶגְלָה מְשֻׁלֶּשֶׁת וְעֵז מְשֻׁלֶּשֶׁת וְאַיִל מְשֻׁלָּשׁ וְתֹר וְגוֹזָל׃ — ב . ב . ל בסיפ
10 וַיִּקַּח־לוֹ אֶת־כָּל־אֵלֶּה וַיְבַתֵּר אֹתָם בַּתָּוֶךְ וַיִּתֵּן אִישׁ־בִּתְרוֹ לִקְרַאת — ל . ה[13] . ל
11 רֵעֵהוּ וְאֶת־הַצִּפֹּר[a] לֹא בָתָר׃ 11 וַיֵּרֶד הָעַיִט עַל־הַפְּגָרִים וַיַּשֵּׁב — ג[14] . ל[10] . ד ב[15] קמ וב פת . ל
12 אֹתָם אַבְרָם׃ 12 וַיְהִי הַשֶּׁמֶשׁ לָבוֹא וְתַרְדֵּמָה נָפְלָה עַל־אַבְרָם וְהִנֵּה
13 אֵימָה חֲשֵׁכָה[a] גְדֹלָה נֹפֶלֶת עָלָיו׃ 13 וַיֹּאמֶר לְאַבְרָם יָדֹעַ תֵּדַע כִּי־ — ל
גֵר ׀ יִהְיֶה זַרְעֲךָ בְּאֶרֶץ לֹא לָהֶם וַעֲבָדוּם וְעִנּוּ אֹתָם אַרְבַּע מֵאוֹת
14 שָׁנָה׃ 14 וְגַם אֶת־הַגּוֹי אֲשֶׁר יַעֲבֹדוּ דָּן אָנֹכִי וְאַחֲרֵי־כֵן יֵצְאוּ בִּרְכֻשׁ — יג ר״פ בתור . ט . ג[16] . יד[17]
15 גָּדוֹל׃ 15 וְאַתָּה תָּבוֹא אֶל־אֲבֹתֶיךָ בְּשָׁלוֹם תִּקָּבֵר בְּשֵׂיבָה טוֹבָה׃ — כז בטע ח[18] מנה בליש . ב[19] . כל ליש כת כן . ד[20]
16 וְדוֹר רְבִיעִי יָשׁוּבוּ הֵנָּה כִּי לֹא־שָׁלֵם עֲוֺן הָאֱמֹרִי עַד־הֵנָּה׃ 17 וַיְהִי — ב[21] . ל
הַשֶּׁמֶשׁ בָּאָה וַעֲלָטָה הָיָה וְהִנֵּה תַנּוּר עָשָׁן וְלַפִּיד אֵשׁ אֲשֶׁר עָבַר בֵּין — ל . ל
18 הַגְּזָרִים הָאֵלֶּה׃ 18 בַּיּוֹם הַהוּא כָּרַת יְהוָה אֶת־אַבְרָם בְּרִית לֵאמֹר — ל
לְזַרְעֲךָ נָתַתִּי אֶת־הָאָרֶץ הַזֹּאת מִנְּהַר[a] מִצְרַיִם עַד־הַנָּהָר הַגָּדֹל — ב[22]
19 20 [b]נְהַר־פְּרָת[b]׃ 19 אֶת־הַקֵּינִי וְאֶת־הַקְּנִזִּי וְאֵת הַקַּדְמֹנִי׃ 20 וְאֶת־הַחִתִּי — ו ר״פ את ואת ואת[23] . ג חס[24]
21 וְאֶת־הַפְּרִזִּי וְאֶת־הָרְפָאִים׃ 21 וְאֶת־הָאֱמֹרִי וְאֶת־הַכְּנַעֲנִי וְאֶת־ — כו פסוק ואת ואת ואת ואת . ד[25] . ב[26]
הַגִּרְגָּשִׁי[a] וְאֶת־הַיְבוּסִי׃ ס

ס [יג] 16 1 וְשָׂרַי אֵשֶׁת אַבְרָם לֹא יָלְדָה לוֹ וְלָהּ שִׁפְחָה מִצְרִית וּשְׁמָהּ — ב ר״פ[1] . ג[2]
2 הָגָר׃ 2 וַתֹּאמֶר שָׂרַי אֶל־אַבְרָם הִנֵּה־נָא עֲצָרַנִי יְהוָה מִלֶּדֶת בֹּא־נָא — ל . ל
3 אֶל־שִׁפְחָתִי אוּלַי אִבָּנֶה מִמֶּנָּה[a] וַיִּשְׁמַע אַבְרָם לְקוֹל שָׂרָי׃ 3 וַתִּקַּח — ל . יז שמיעה לקול[3]
שָׂרַי אֵשֶׁת־אַבְרָם אֶת־הָגָר הַמִּצְרִית שִׁפְחָתָהּ מִקֵּץ עֶשֶׂר שָׁנִים
לְשֶׁבֶת אַבְרָם בְּאֶרֶץ כְּנָעַן וַתִּתֵּן אֹתָהּ לְאַבְרָם אִישָׁהּ לוֹ לְאִשָּׁה׃ — ב[4] . כה[5]
4 וַיָּבֹא אֶל־הָגָר וַתַּהַר וַתֵּרֶא כִּי הָרָתָה וַתֵּקַל גְּבִרְתָּהּ בְּעֵינֶיהָ׃ — ב . ל . ד[6]
5 וַתֹּאמֶר שָׂרַי אֶל־אַבְרָם חֲמָסִי עָלֶיךָ אָנֹכִי נָתַתִּי שִׁפְחָתִי בְּחֵיקֶךָ — ב[7]
6 וַתֵּרֶא כִּי הָרָתָה וָאֵקַל בְּעֵינֶיהָ יִשְׁפֹּט יְהוָה בֵּינִי וּבֵינֶיךָ[a]׃ 6 וַיֹּאמֶר — ב . ל . י נקוד בתור[8]
אַבְרָם אֶל־שָׂרַי הִנֵּה שִׁפְחָתֵךְ בְּיָדֵךְ עֲשִׂי־לָהּ הַטּוֹב בְּעֵינָיִךְ וַתְּעַנֶּהָ — ב חד קמ וחד פת

[10] Mp sub loco. [11] Mm 95. [12] Mm 96. [13] Mm 97. [14] Mm 740. [15] Jes 18,6. [16] Mm 2575. [17] Mm 98. [18] Mm 4158. [19] Mm 99. [20] Mm 178. [21] Qoh 1,4. [22] Esr 8,31. [23] Mm 2599. [24] Mm 100. [25] Mm 1381. [26] Mm 101. **Cp 16** [1] Mm 102. [2] Mm 103. [3] Mm 23. [4] Nu 21,15. [5] Mm 1506. [6] Mm 2065. [7] Jer 51,35. [8] Mp sub loco.

10 [a] sic L, mlt Mss Edd הצ׳ ‖ **12** [a] gl? ‖ **18** [a] prp מִנַּחַל ‖ [b–b] frt add ‖ **21** [a] ﬡ𝔊 + וְאֶת־הַחִוִּי, ins ‖ **Cp 16,2** [a] sic L, mlt Mss Edd מִמֶּ׳ ‖ **5** [a] l c ﬡ ובינך cf punct extr.

בׄ שָׂרַ֖י וַתִּבְרַ֖ח מִפָּנֶֽיהָ׃ 7 וַֽיִּמְצָאָ֞הּ מַלְאַ֧ךְ יְהוָ֛ה עַל־עֵ֥ין הַמַּ֖יִם בַּמִּדְבָּ֑ר 7
בׄ . צׄא יׄט מנה ר״פ יׄ מנה בתורׄ . לׄא גׄ מנה בתורׄ . בׄ[9] עַל־הָעַ֖יִן בְּדֶ֥רֶךְ שֽׁוּר׃ 8 וַיֹּאמַ֗ר הָגָ֞ר שִׁפְחַ֥ת שָׂרַ֛י אֵֽי־מִזֶּ֥ה בָ֖את וְאָ֣נָה 8
בׄ[10] תֵלֵ֑כִי וַתֹּ֕אמֶר מִפְּנֵי֙ שָׂרַ֣י גְּבִרְתִּ֔י אָנֹכִ֖י בֹּרַֽחַת׃ 9 וַיֹּ֤אמֶר לָהּ֙ מַלְאַ֣ךְ 9
לׄ יְהוָ֔ה שׁ֖וּבִי אֶל־גְּבִרְתֵּ֑ךְ וְהִתְעַנִּ֖י תַּ֥חַת יָדֶֽיהָ׃ 10 וַיֹּ֤אמֶר לָהּ֙ מַלְאַ֣ךְ 10
גׄ[11] . לׄ יְהוָ֔ה הַרְבָּ֥ה אַרְבֶּ֖ה אֶת־זַרְעֵ֑ךְ וְלֹ֥א יִסָּפֵ֖ר מֵרֹֽב׃ 11 וַיֹּ֤אמֶר לָהּ֙ 11
מַלְאַ֣ךְ יְהוָ֔ה

גׄ חסׄ[12] . דׄ[13] הִנָּ֥ךְ הָרָ֖ה וְיֹלַ֣דְתְּ[a] בֵּ֑ן וְקָרָ֤את שְׁמוֹ֙ יִשְׁמָעֵ֔אל
כִּֽי־שָׁמַ֥ע יְהוָ֖ה אֶל־עָנְיֵֽךְ׃
לׄג ר״פ גׄ מנה בתורׄ . וׄ הׄ מנה כתׄ א וחד כתׄ הׄ[14] . זׄ דגש[15] . הׄיׄ 12 וְה֤וּא יִהְיֶה֙ פֶּ֣רֶא אָדָ֔ם יָד֣וֹ בַכֹּ֔ל וְיַ֥ד כֹּ֖ל בּ֑וֹ
וְעַל־פְּנֵ֥י כָל־אֶחָ֖יו יִשְׁכֹּֽן׃

לׄ 13 וַתִּקְרָ֤א שֵׁם־יְהוָה֙ הַדֹּבֵ֣ר אֵלֶ֔יהָ אַתָּ֖ה אֵ֣ל רֳאִ֑י[a] כִּ֣י אָֽמְרָ֗ה הֲגַ֥ם 13
יׄא . וׄ . וׄ [b]הֲלֹ֛ם רָאִ֖יתִי[b] אַחֲרֵ֥י רֹאִֽי[c]׃ 14 עַל־כֵּן֙ קָרָ֣א לַבְּאֵ֔ר בְּאֵ֥ר לַחַ֖י רֹאִ֑י[a] 14
הִנֵּ֥ה[b] בֵין־קָדֵ֖שׁ וּבֵ֥ין בָּֽרֶד׃ 15 וַתֵּ֧לֶד הָגָ֛ר לְאַבְרָ֖ם בֵּ֑ן וַיִּקְרָ֨א אַבְרָ֧ם 15
וׄ[16] שֶׁם־בְּנ֛וֹ אֲשֶׁר־יָלְדָ֥ה הָגָ֖ר יִשְׁמָעֵֽאל׃ 16 וְאַבְרָ֕ם בֶּן־שְׁמֹנִ֥ים שָׁנָ֖ה וְשֵׁ֣שׁ 16
שָׁנִ֑ים בְּלֶֽדֶת־הָגָ֥ר אֶת־יִשְׁמָעֵ֖אל לְאַבְרָֽם׃ ס

לׄ . כׄ[1] 17 1 וַיְהִ֣י אַבְרָ֔ם בֶּן־תִּשְׁעִ֥ים שָׁנָ֖ה וְתֵ֣שַׁע שָׁנִ֑ים וַיֵּרָ֨א יְהוָ֜ה אֶל־ס[יד]
אַבְרָ֗ם וַיֹּ֤אמֶר אֵלָיו֙ אֲנִי־אֵ֣ל שַׁדַּ֔י הִתְהַלֵּ֥ךְ לְפָנַ֖י וֶהְיֵ֥ה[a] תָמִֽים׃ 2 וְאֶתְּנָ֥ה 2
לׄ . יׄז מלׄ בליש[2] . וׄ[3] בְרִיתִ֖י בֵּינִ֣י וּבֵינֶ֑ךָ וְאַרְבֶּ֥ה אוֹתְךָ֖ בִּמְאֹ֥ד מְאֹֽד׃ 3 וַיִּפֹּ֥ל אַבְרָ֖ם עַל־ 3
לׄ[4] פָּנָ֑יו וַיְדַבֵּ֥ר אִתּ֛וֹ אֱלֹהִ֖ים לֵאמֹֽר׃ 4 אֲנִ֕י הִנֵּ֥ה בְרִיתִ֖י אִתָּ֑ךְ וְהָיִ֕יתָ לְאַ֖ב 4
בׄ[5] . כׄא[6] הֲמ֥וֹן גּוֹיִֽם׃ 5 וְלֹא־יִקָּרֵ֥א ע֛וֹד אֶֽת[a]־שִׁמְךָ֖ אַבְרָ֑ם וְהָיָ֤ה שִׁמְךָ֙ אַבְרָהָ֔ם 5
לׄ[4] . גׄ בׄ מלׄ וחד חסׄ[7] . וׄ[3] . בׄ בתורׄ כִּ֛י אַב־הֲמ֥וֹן גּוֹיִ֖ם נְתַתִּֽיךָ׃ 6 וְהִפְרֵתִ֤י אֹֽתְךָ֙ בִּמְאֹ֣ד מְאֹ֔ד וּנְתַתִּ֖יךָ לְגוֹיִ֑ם 6
לׄ[8] . דׄ[9] וּמְלָכִ֖ים מִמְּךָ֥ יֵצֵֽאוּ׃ 7 וַהֲקִמֹתִ֨י אֶת־בְּרִיתִ֜י בֵּינִ֣י וּבֵינֶ֗ךָ וּבֵ֨ין זַרְעֲךָ֧ 7
אַחֲרֶ֛יךָ לְדֹרֹתָ֖ם לִבְרִ֣ית עוֹלָ֑ם לִהְי֤וֹת לְךָ֙ לֵֽאלֹהִ֔ים וּֽלְזַרְעֲךָ֖ אַחֲרֶֽיךָ׃
לׄ 8 וְנָתַתִּ֣י לְ֠ךָ וּלְזַרְעֲךָ֨ אַחֲרֶ֜יךָ אֵ֣ת ׀ אֶ֣רֶץ מְגֻרֶ֗יךָ אֵ֚ת כָּל־אֶ֣רֶץ כְּנַ֔עַן 8

[9]Ru 2,12. [10]Jer 4,29. [11]Mm 22. [12]Mm 1480. [13]Mm 1231. [14]Mm 3560. [15]Mm 104. [16]Mm 1989.
Cp 17 [1]Mm 1227. [2]Mm 541. [3]Mm 109. [4]Mm 959. [5]Mm 2563. [6]Mm 17. [7]Mm 108. [8]Mm 260. [9]Mm 105.

11 [a] forma mixta ex וְיֹלֶדֶת et וְיָלַדְתְּ? cf ad Jdc 13,5 ‖ **13** [a] 𝔐 ראה 𝔊(𝔙) *ὁ ἐπιδών με* = רֹאִי ‖ [b–b] prp אֱלֹהִים ר׳ וָאֶחִי ‖ [c] 𝔐 ראה 𝔊 *ὀφθέντα μοι* ‖ **14** [a] 𝔐[Mss] ראה 𝔊 *εἶδον* = רָאִיתִי ‖ [b] 𝔗[J] + *hj'*, frt ins הִיא ‖ **Cp 17,1** [a] 𝔐 והוי cf 12,2[a] ‖ **5** [a] > nonn Mss 𝔐.

9 לַאֲחֻזַּת עוֹלָם וְהָיִיתִי לָהֶם לֵאלֹהִים׃ 9 וַיֹּאמֶר אֱלֹהִים אֶל־אַבְרָהָם   ל̊. כה̊[10]
10 וְאַתָּה אֶת־בְּרִיתִי תִשְׁמֹר אַתָּה וְזַרְעֲךָ אַחֲרֶיךָ לְדֹרֹתָם׃ 10 זֹאת   ו̊ פסוק ואתה אתה[11]. כז בטע
בְּרִיתִי אֲשֶׁר תִּשְׁמְרוּ בֵּינִי וּבֵינֵיכֶם וּבֵין זַרְעֲךָ אַחֲרֶיךָ הִמּוֹל לָכֶם
11 כָּל־זָכָר׃ 11 וּנְמַלְתֶּם אֵת בְּשַׂר עָרְלַתְכֶם וְהָיָה[a] לְאוֹת בְּרִית בֵּינִי   ל̊
12 וּבֵינֵיכֶם׃ 12 וּבֶן־שְׁמֹנַת יָמִים יִמּוֹל לָכֶם כָּל־זָכָר לְדֹרֹתֵיכֶם יְלִיד   ל̊ ר״פ. כל אורית חס וכל קריא דכות ב מ א[12]
13 בָּיִת וּמִקְנַת־כֶּסֶף מִכֹּל בֶּן־נֵכָר אֲשֶׁר לֹא מִזַּרְעֲךָ הוּא׃ 13 הִמּוֹל ׀   ד קמ̊[13]
יִמּוֹל יְלִיד בֵּיתְךָ וּמִקְנַת כַּסְפֶּךָ וְהָיְתָה בְרִיתִי בִּבְשַׂרְכֶם לִבְרִית
14 עוֹלָם׃ 14 וְעָרֵל ׀ זָכָר אֲשֶׁר לֹא־יִמּוֹל אֶת־בְּשַׂר עָרְלָתוֹ[a] וְנִכְרְתָה
15 הַנֶּפֶשׁ הַהִוא מֵעַמֶּיהָ אֶת־בְּרִיתִי הֵפַר׃ ס 15 וַיֹּאמֶר אֱלֹהִים   ב̊. כה̊[10]
אֶל־אַבְרָהָם שָׂרַי אִשְׁתְּךָ לֹא־תִקְרָא אֶת־שְׁמָהּ שָׂרָי כִּי שָׂרָה שְׁמָהּ׃   ז̊
16 וּבֵרַכְתִּי אֹתָהּ וְגַם נָתַתִּי מִמֶּנָּה לְךָ בֵּן [a]וּבֵרַכְתִּיהָ וְהָיְתָה[a] לְגוֹיִם   ב̊ בתור
17 מַלְכֵי[b] עַמִּים מִמֶּנָּה[c] יִהְיוּ׃ 17 וַיִּפֹּל אַבְרָהָם עַל־פָּנָיו וַיִּצְחָק וַיֹּאמֶר   ל̊. אמירה פלוני בלבו ו̊
בְּלִבּוֹ הַלְּבֶן מֵאָה־שָׁנָה יִוָּלֵד[a] וְאִם־[b]שָׂרָה הֲבַת[b]־תִּשְׁעִים שָׁנָה תֵּלֵד׃   ל̊
18 וַיֹּאמֶר אַבְרָהָם אֶל־הָאֱלֹהִים [a]לוּ[b] יִשְׁמָעֵאל[a] יִחְיֶה לְפָנֶיךָ׃   כ̊. כב̊[14]. יח̊ וכל חיו יחיה דכות[15]
19 וַיֹּאמֶר אֱלֹהִים אֲבָל שָׂרָה אִשְׁתְּךָ יֹלֶדֶת לְךָ בֵּן וְקָרָאתָ אֶת־שְׁמוֹ   כה̊[10]. ז̊. ב̊ וחס
יִצְחָק וַהֲקִמֹתִי אֶת־בְּרִיתִי אִתּוֹ לִבְרִית עוֹלָם[a] לְזַרְעוֹ[b] אַחֲרָיו׃   ל̊
20 וּלְיִשְׁמָעֵאל שְׁמַעְתִּיךָ הִנֵּה ׀ בֵּרַכְתִּי אֹתוֹ וְהִפְרֵיתִי אֹתוֹ וְהִרְבֵּיתִי   ב̊[16]. ב̊. ג̊. ב̊ מל וחד חס[17]
21 אֹתוֹ בִּמְאֹד מְאֹד שְׁנֵים־עָשָׂר נְשִׂיאִם יוֹלִיד וּנְתַתִּיו לְגוֹי גָּדוֹל׃ 21 וְאֶת־   ו̊[18]. ד̊ חס בתור כת כן[19]. ב̊
בְּרִיתִי אָקִים אֶת־יִצְחָק אֲשֶׁר תֵּלֵד לְךָ שָׂרָה לַמּוֹעֵד הַזֶּה בַּשָּׁנָה
22 הָאַחֶרֶת׃ 22 וַיְכַל לְדַבֵּר אִתּוֹ וַיַּעַל אֱלֹהִים מֵעַל אַבְרָהָם׃
23 וַיִּקַּח אַבְרָהָם אֶת־יִשְׁמָעֵאל בְּנוֹ וְאֵת כָּל־יְלִידֵי בֵיתוֹ וְאֵת כָּל־   יח̊ פסוק את ואת ואת את
מִקְנַת כַּסְפּוֹ כָּל־זָכָר בְּאַנְשֵׁי בֵּית אַבְרָהָם וַיָּמָל אֶת־בְּשַׂר עָרְלָתָם   ד̊
24 בְּעֶצֶם הַיּוֹם הַזֶּה כַּאֲשֶׁר דִּבֶּר אִתּוֹ אֱלֹהִים׃ 24 וְאַבְרָהָם בֶּן־תִּשְׁעִים
25 וָתֵשַׁע שָׁנָה[a] בְּהִמֹּלוֹ[b] בְּשַׂר עָרְלָתוֹ׃ 25 וְיִשְׁמָעֵאל בְּנוֹ בֶּן־שְׁלֹשׁ עֶשְׂרֵה

[10] Mm 5. [11] Cf Mm 4158 et Okhl 297. [12] 1 Ch 29,7. [13] Mm 106. [14] Mm 1444. [15] Mm 107. [16] 2 Ch 23,1. [17] Mm 108. [18] Mm 109. [19] Mm 1367.

11 [a] 2 Mss ⅏ וְהָיְתָה ‖ **14** [a] ⅏𝔊 + בַּיּוֹם הַשְּׁמִינִי cf Lv 12,3 ‖ **16** [a–a] l וברכתיו וְהָיָה cf 𝔊𝔖𝔙 ‖ [b] l c mlt Mss 𝔊𝔗[J] ומ׳ ‖ [c] l ממנו cf 𝔊𝔖𝔙 ‖ **17** [a] ⅏ אוליד ‖ [b–b] dl שׂרה הֲ? ‖ **18** [a–a] 𝔊 *Ισμαηλ οὗτος* = זֶה י׳? ‖ [b] ⅏ לוי ‖ **19** [a] 𝔊[C min] + *εἶναι αὐτῷ θεός*, ex 7 ‖ [b] l c ℭ[4] mlt Mss ⅏𝔊𝔖 ול׳ ‖ **24** [a] Ms ⅏ שנים ‖ [b] ⅏ + את.

שָׁנָה בְּהִמֹּלוֹ אֵת בְּשַׂר עָרְלָתוֹ׃ 26 בְּעֶצֶם הַיּוֹם הַזֶּה נִמּוֹל אַבְרָהָם 26
ה ר״פ בסיפ . ד קמ֗[20] וְיִשְׁמָעֵאל בְּנוֹ׃ 27 וְכָל־אַנְשֵׁי בֵיתוֹ יְלִיד בָּיִת וּמִקְנַת־כֶּסֶף מֵאֵת בֶּן־ 27
נֵכָר נִמֹּלוּ אִתּוֹ׃ פ קכו
כ֗[1] **18** 1 וַיֵּרָא אֵלָיו יְהוָה בְּאֵלֹנֵי[a] מַמְרֵא וְהוּא יֹשֵׁב פֶּתַח־הָאֹהֶל ס[הי] פרש
ד חס[2] . ה כְּחֹם הַיּוֹם׃ 2 וַיִּשָּׂא עֵינָיו וַיַּרְא וְהִנֵּה שְׁלֹשָׁה אֲנָשִׁים נִצָּבִים עָלָיו וַיַּרְא 2
צא יט מנה ר״פ י מנה בתור . קלד[3] וַיָּרָץ לִקְרָאתָם מִפֶּתַח הָאֹהֶל וַיִּשְׁתַּחוּ אָרְצָה׃ 3 וַיֹּאמַר אֲדֹנָי אִם־נָא 3
סו . ג[4] ב קמ וחד[5] פת מָצָאתִי חֵן [a]בְּעֵינֶיךָ אַל־נָא תַעֲבֹר מֵעַל עַבְדֶּךָ[a]׃ 4 יֻקַּח־נָא מְעַט־ 4
ב . ל . ל מַיִם וְרַחֲצוּ רַגְלֵיכֶם וְהִשָּׁעֲנוּ תַּחַת הָעֵץ׃ 5 וְאֶקְחָה פַת־לֶחֶם וְסַעֲדוּ 5
ג[6] . ל לִבְּכֶם אַחַר[a] תַּעֲבֹרוּ כִּי־עַל־כֵּן עֲבַרְתֶּם עַל־עַבְדְּכֶם וַיֹּאמְרוּ כֵּן
ח[7] תַּעֲשֶׂה כַּאֲשֶׁר דִּבַּרְתָּ׃ 6 וַיְמַהֵר אַבְרָהָם הָאֹהֱלָה אֶל־שָׂרָה וַיֹּאמֶר 6
ל . ל מַהֲרִי שְׁלֹשׁ סְאִים קֶמַח סֹלֶת[a] לוּשִׁי וַעֲשִׂי עֻגוֹת׃ 7 וְאֶל־הַבָּקָר רָץ 7
ה[8] אַבְרָהָם וַיִּקַּח בֶּן־בָּקָר רַךְ וָטוֹב וַיִּתֵּן אֶל־הַנַּעַר וַיְמַהֵר לַעֲשׂוֹת אֹתוֹ׃
ג[9] . ד 8 וַיִּקַּח חֶמְאָה וְחָלָב וּבֶן־הַבָּקָר אֲשֶׁר עָשָׂה וַיִּתֵּן לִפְנֵיהֶם וְהוּא־עֹמֵד 8
י נקוד בתור עֲלֵיהֶם תַּחַת הָעֵץ וַיֹּאכֵלוּ׃ 9 וַיֹּאמְרוּ אֵלָיו[a] אַיֵּה שָׂרָה אִשְׁתֶּךָ וַיֹּאמֶר 9
ו[10] הִנֵּה בָאֹהֶל׃ 10 וַיֹּאמֶר שׁוֹב אָשׁוּב אֵלֶיךָ כָּעֵת חַיָּה וְהִנֵּה־בֵן לְשָׂרָה 10
ג . ה[11] . ג אִשְׁתֶּךָ וְשָׂרָה שֹׁמַעַת פֶּתַח הָאֹהֶל וְהוּא[a] אַחֲרָיו׃ 11 וְאַבְרָהָם וְשָׂרָה 11
ג[12] זְקֵנִים בָּאִים בַּיָּמִים חָדַל לִהְיוֹת לְשָׂרָה [a]אֹרַח כַּנָּשִׁים[a]׃ 12 וַתִּצְחַק 12
ל . ל שָׂרָה בְּקִרְבָּהּ לֵאמֹר אַחֲרֵי בְלֹתִי הָיְתָה־לִּי עֶדְנָה וַאדֹנִי זָקֵן׃
13 וַיֹּאמֶר יְהוָה אֶל־אַבְרָהָם לָמָּה זֶּה צָחֲקָה שָׂרָה לֵאמֹר הַאַף אֻמְנָם 13
אֵלֵד וַאֲנִי זָקַנְתִּי׃ 14 הֲיִפָּלֵא מֵיְהוָה דָּבָר לַמּוֹעֵד אָשׁוּב אֵלֶיךָ כָּעֵת 14
ב[13] . ל חַיָּה וּלְשָׂרָה בֵן׃ 15 וַתְּכַחֵשׁ שָׂרָה ׀ לֵאמֹר לֹא צָחַקְתִּי כִּי ׀ יָרֵאָה וַיֹּאמֶר ׀ 15
לֹא[a] כִּי צָחָקְתְּ׃ 16 וַיָּקֻמוּ מִשָּׁם הָאֲנָשִׁים וַיַּשְׁקִפוּ עַל־פְּנֵי סְדֹם 16
ג[14] . כב בתור . ג[15] . ב וכל הכליות דכות וְאַבְרָהָם הֹלֵךְ עִמָּם לְשַׁלְּחָם׃ 17 וַיהוָה אָמָר הַמְכַסֶּה אֲנִי מֵאַבְרָהָם[a] 17
ו זוגין[16] אֲשֶׁר אֲנִי עֹשֶׂה׃ 18 וְאַבְרָהָם הָיוֹ יִהְיֶה לְגוֹי גָּדוֹל וְעָצוּם וְנִבְרְכוּ בוֹ 18

[20] Mm 106. Cp 18 [1] Mm 1227. [2] Mm 2271. [3] Cf Okhl II, 151 et Mp sub loco. [4] Mm 110. [5] Mm 4202. [6] Mm 2450. [7] Mm 111. [8] Mm 4026. [9] Mm 112. [10] Mm 113. [11] Mm 114. [12] Mm 2275. [13] Gn 20,16. [14] Mm 115. [15] Mm 135. [16] Mm 2036.

Cp 18,1 [a] cf 13,18[a] ‖ **3** [a–a] ⅏ בעיניכם ... תעברו ... עבדכם ‖ **5** [a] pc Mss ⅏𝔊𝔖𝔗[J] כְּא׳ נָשִׁים ‖ וְא׳ ‖ **6** [a] > 𝔊, dupl ‖ **9** [a] frt l לוֹ ‖ **10** [a] ⅏ והיא cf 𝔊, l וְהוּא? ‖ **11** [a–a] prp כְּא׳ נָשִׁים cf 31,35 ‖ **15** [a] ⅏ לה ‖ **17** [a] ⅏𝔗[J] + אֶת־.

19 כָּל גּוֹיֵ֥י הָאָֽרֶץ׃ 19 כִּ֣י יְדַעְתִּ֗יו[a] לְמַעַן֩[b] אֲשֶׁ֨ר יְצַוֶּ֜ה אֶת־בָּנָ֣יו וְאֶת־בֵּיתוֹ֮
אַחֲרָיו֒ וְשָֽׁמְרוּ֙ דֶּ֣רֶךְ יְהוָ֔ה לַעֲשׂ֥וֹת צְדָקָ֖ה וּמִשְׁפָּ֑ט לְמַ֗עַן הָבִ֤יא יְהוָה֙
20 עַל־אַבְרָהָ֔ם אֵ֥ת אֲשֶׁר־דִּבֶּ֖ר עָלָֽיו׃ 20 וַיֹּ֣אמֶר יְהוָ֔ה זַעֲקַ֛ת[a] סְדֹ֥ם
21 וַעֲמֹרָ֖ה כִּי־רָ֑בָּה וְחַ֨טָּאתָ֔ם כִּ֥י כָבְדָ֖ה מְאֹֽד׃ 21 אֵֽרְדָה־נָּ֣א וְאֶרְאֶ֔ה
22 הַכְּצַעֲקָתָ֛הּ[a] הַבָּ֥אָה[b] אֵלַ֖י עָשׂ֣וּ ׀ כָּלָ֑ה[c] וְאִם־לֹ֖א אֵדָֽעָה׃ 22 וַיִּפְנ֤וּ מִשָּׁם֙
23 הָֽאֲנָשִׁ֔ים וַיֵּלְכ֖וּ סְדֹ֑מָה וְאַ֨בְרָהָ֔ם[a] עוֹדֶ֥נּוּ עֹמֵ֖ד לִפְנֵ֥י יְהוָֽה[a]׃ 23 וַיִּגַּ֥שׁ
24 אַבְרָהָ֖ם וַיֹּאמַ֑ר הַאַ֣ף תִּסְפֶּ֔ה צַדִּ֖יק עִם־רָשָֽׁע׃ 24 אוּלַ֥י יֵ֛שׁ חֲמִשִּׁ֥ים
צַדִּיקִ֖ם בְּת֣וֹךְ הָעִ֑יר הַאַ֤ף תִּסְפֶּה֙ וְלֹא־תִשָּׂ֣א לַמָּק֔וֹם לְמַ֛עַן חֲמִשִּׁ֥ים
25 הַצַּדִּיקִ֖ם אֲשֶׁ֥ר בְּקִרְבָּֽהּ[a]׃ 25 חָלִ֨לָה לְּךָ֜ מֵעֲשֹׂ֣ת ׀ כַּדָּבָ֣ר הַזֶּ֗ה לְהָמִ֤ית
צַדִּיק֙ עִם־רָשָׁ֔ע וְהָיָ֥ה כַצַּדִּ֖יק כָּרָשָׁ֑ע חָלִ֣לָה לָּ֔ךְ הֲשֹׁפֵט֙ כָּל־הָאָ֔רֶץ
26 לֹ֥א יַעֲשֶׂ֖ה מִשְׁפָּֽט׃ 26 וַיֹּ֣אמֶר יְהוָ֔ה אִם־אֶמְצָ֥א בִסְדֹ֛ם חֲמִשִּׁ֥ים צַדִּיקִ֖ם
27 בְּת֣וֹךְ הָעִ֑יר וְנָשָׂ֥אתִי לְכָל־הַמָּק֖וֹם בַּעֲבוּרָֽם׃ 27 וַיַּ֥עַן אַבְרָהָ֖ם וַיֹּאמַ֑ר
28 הִנֵּה־נָ֤א הוֹאַ֙לְתִּי֙ לְדַבֵּ֣ר אֶל־אֲדֹנָ֔י[a] וְאָנֹכִ֖י עָפָ֥ר וָאֵֽפֶר׃ 28 א֠וּלַי
יַחְסְר֞וּן חֲמִשִּׁ֤ים הַצַּדִּיקִם֙ חֲמִשָּׁ֔ה הֲתַשְׁחִ֥ית בַּחֲמִשָּׁ֖ה אֶת־כָּל־הָעִ֑יר
29 וַיֹּ֙אמֶר֙ לֹ֣א אַשְׁחִ֔ית אִם־אֶמְצָ֣א שָׁ֔ם אַרְבָּעִ֖ים וַחֲמִשָּֽׁה׃ 29 וַיֹּ֨סֶף ע֜וֹד
לְדַבֵּ֤ר אֵלָיו֙ וַיֹּאמַ֔ר אוּלַ֛י יִמָּצְא֥וּן שָׁ֖ם אַרְבָּעִ֑ים וַיֹּ֙אמֶר֙ לֹ֣א אֶֽעֱשֶׂ֔ה[a]
30 בַּעֲב֖וּר הָֽאַרְבָּעִֽים׃ 30 וַ֠יֹּאמֶר אַל־נָ֞א יִ֤חַר לַֽאדֹנָי֙ וַאֲדַבֵּ֔רָה אוּלַ֛י
יִמָּצְא֥וּן שָׁ֖ם שְׁלֹשִׁ֑ים וַיֹּ֙אמֶר֙ לֹ֣א אֶֽעֱשֶׂ֔ה[a] אִם־אֶמְצָ֥א שָׁ֖ם שְׁלֹשִֽׁים׃
31 וַיֹּ֗אמֶר הִנֵּה־נָ֤א הוֹאַ֙לְתִּי֙ לְדַבֵּ֣ר אֶל־אֲדֹנָ֔י[a] אוּלַ֛י יִמָּצְא֥וּן שָׁ֖ם עֶשְׂרִ֑ים
32 וַיֹּ֙אמֶר֙ לֹ֣א אַשְׁחִ֔ית בַּעֲב֖וּר הָֽעֶשְׂרִֽים׃ 32 וַ֠יֹּאמֶר אַל־נָ֨א יִ֤חַר לַֽאדֹנָי֙
וַאֲדַבְּרָ֣ה אַךְ־הַפַּ֔עַם אוּלַ֛י יִמָּצְא֥וּן שָׁ֖ם עֲשָׂרָ֑ה וַיֹּ֙אמֶר֙ לֹ֣א אַשְׁחִ֔ית
33 בַּעֲב֖וּר הָעֲשָׂרָֽה׃ 33 וַיֵּ֣לֶךְ יְהוָ֔ה כַּאֲשֶׁ֣ר כִּלָּ֔ה לְדַבֵּ֖ר אֶל־אַבְרָהָ֑ם
וְאַבְרָהָ֖ם שָׁ֥ב לִמְקֹמֽוֹ׃

ה[21]
ג . ג[23]
כי
ב . ד[27]
ב[34]

[17] Mm 152. [18] Mm 2707. [19] Mm 1827. [20] Mm 1092. [21] Mm 394. [22] Mm 344. [23] Mm 773. [24] Mm 3421. [25] Mm 1860. [26] Mm 711. [27] Cf Okhl II, 151 et Mp sub loco. [28] Mm 3566. [29] Mm 3452. [30] Mm 116. [31] Mm 2305. [32] Mm 1232. [33] Mm 117. [34] Neh 11,1.

19 [a] ш𝔊𝔗𝔗[J]𝔙 יָדַעְתִּי || [b] 𝔊(𝔙) *ὅτι* || **20** [a] ш צע' cf 21 || **21** [a] l c cod Sev 𝔊𝔗𝔄 –תָם? || [b] l prb הַבָּאָה || [c] l כֻּלָּם (כָּלָה)? || **22** [a–a] Tiq soph, lect orig ויהוה ... אברהם || **24** [a] l –בָּהּ? || **27** [a] ℭ[3] mlt Mss יהוה || **29** [a] ш𝔊 אַשְׁחִית cf 𝔙 *(percutiam)* et 28.31.32 || **30** [a] ш𝔊 cf 29[a] || **31** [a] nonn Mss יהוה.

ג . ד 19 1 וַיָּבֹאוּ שְׁנֵי[a] הַמַּלְאָכִים[a] סְדֹמָה בָּעֶרֶב וְלוֹט יֹשֵׁב בְּשַׁעַר־ [ס]
ל סְדֹם וַיַּרְא־לוֹט וַיָּקָם לִקְרָאתָם וַיִּשְׁתַּחוּ אַפַּיִם אָרְצָה׃ 2 וַיֹּאמֶר הִנֶּה 2
ל . ב . ג נָּא־אֲדֹנַי סוּרוּ נָא אֶל־בֵּית עַבְדְּכֶם וְלִינוּ וְרַחֲצוּ רַגְלֵיכֶם וְהִשְׁכַּמְתֶּם
ב בטע[2] . ו[3] דגש ב מנה בסיפ . ד[4] . ד וַהֲלַכְתֶּם[a] לְדַרְכְּכֶם וַיֹּאמְרוּ לֹּא כִּי בָרְחוֹב נָלִין׃ 3 וַיִּפְצַר־בָּם מְאֹד 3
ב[5] וַיָּסֻרוּ אֵלָיו וַיָּבֹאוּ אֶל־בֵּיתוֹ וַיַּעַשׂ לָהֶם מִשְׁתֶּה וּמַצּוֹת אָפָה וַיֹּאכֵלוּ׃
ג[6] . יח[7] . ד וכל מלכים וישעיה דכות ב מ ד 4 טֶרֶם יִשְׁכָּבוּ וְאַנְשֵׁי הָעִיר אַנְשֵׁי[a] סְדֹם[a] נָסַבּוּ עַל־הַבַּיִת מִנַּעַר וְעַד־ 4
ב[8] זָקֵן כָּל־הָעָם מִקָּצֶה׃ 5 וַיִּקְרְאוּ אֶל־לוֹט וַיֹּאמְרוּ לוֹ אַיֵּה הָאֲנָשִׁים[a] 5
ל . ו אֲשֶׁר־בָּאוּ אֵלֶיךָ הַלָּיְלָה הוֹצִיאֵם אֵלֵינוּ וְנֵדְעָה אֹתָם׃ 6 וַיֵּצֵא אֲלֵהֶם 6
ל . צא יט מנה ר״פ י מנה בתור לוֹט הַפֶּתְחָה וְהַדֶּלֶת סָגַר[a] אַחֲרָיו׃ 7 וַיֹּאמַר אַל־נָא אַחַי תָּרֵעוּ׃ 7
ז ר״פ בתור[9] . ב 8 הִנֵּה־נָא לִי שְׁתֵּי בָנוֹת אֲשֶׁר לֹא־יָדְעוּ אִישׁ אוֹצִיאָה־נָּא אֶתְהֶן אֲלֵיכֶם 8
יד[10] . יח . ל[11] ח לשון חול[12] . ג וַעֲשׂוּ לָהֶן כַּטּוֹב בְּעֵינֵיכֶם רַק לָאֲנָשִׁים הָאֵל[a] אַל־תַּעֲשׂוּ דָבָר כִּי־עַל־
ל . ל כֵּן בָּאוּ בְּצֵל קֹרָתִי׃ 9 וַיֹּאמְרוּ׀ גֶּשׁ־הָלְאָה וַיֹּאמְרוּ[a] הָאֶחָד בָּא־לָגוּר 9
ל ומל . ב[13] . ה בתור וַיִּשְׁפֹּט שָׁפוֹט עַתָּה נָרַע לְךָ מֵהֶם וַיִּפְצְרוּ בָאִישׁ בְּלוֹט מְאֹד וַיִּגְּשׁוּ
ל בתור[14] . לו . יז מל בתור[15] לִשְׁבֹּר הַדָּלֶת׃ 10 וַיִּשְׁלְחוּ הָאֲנָשִׁים אֶת־יָדָם וַיָּבִיאוּ אֶת־לוֹט אֲלֵיהֶם 10
יט[16] . ל . ב . ל הַבָּיְתָה וְאֶת־הַדֶּלֶת סָגָרוּ׃ 11 וְאֶת־הָאֲנָשִׁים אֲשֶׁר־פֶּתַח הַבַּיִת הִכּוּ 11
ג[17] . ל בַּסַּנְוֵרִים מִקָּטֹן וְעַד־גָּדוֹל וַיִּלְאוּ לִמְצֹא הַפָּתַח׃ 12 וַיֹּאמְרוּ הָאֲנָשִׁים[a] 12
יד חס[18] . ג[19] אֶל־לוֹט עֹד מִי־לְךָ פֹה חָתָן וּבָנֶיךָ[b] וּבְנֹתֶיךָ וְכֹל אֲשֶׁר־לְךָ בָּעִיר
ה[20] . ח הוֹצֵא מִן־הַמָּקוֹם[c]׃ 13 כִּי־מַשְׁחִתִים אֲנַחְנוּ אֶת־הַמָּקוֹם הַזֶּה כִּי־ 13
ג[21] . ל גָדְלָה צַעֲקָתָם אֶת־פְּנֵי יְהוָה וַיְשַׁלְּחֵנוּ יְהוָה לְשַׁחֲתָהּ[a]׃ 14 וַיֵּצֵא לוֹט 14
ג חס[22] . ב[23] וַיְדַבֵּר׀ אֶל־חֲתָנָיו׀ לֹקְחֵי בְנֹתָיו וַיֹּאמֶר קוּמוּ צְּאוּ מִן־הַמָּקוֹם הַזֶּה כִּי־
ל . לג בתור . ב[24] מַשְׁחִית יְהוָה אֶת־הָעִיר וַיְהִי כִמְצַחֵק בְּעֵינֵי חֲתָנָיו׃ 15 וּכְמוֹ 15
ל . ז הַשַּׁחַר עָלָה וַיָּאִיצוּ הַמַּלְאָכִים[a] בְּלוֹט לֵאמֹר קוּם קַח אֶת־אִשְׁתְּךָ
ו וכל ואת שתי הכלית דכות[25] . ב חד מל וחד חס . ז בטע מרעימין[26] וְאֶת־שְׁתֵּי בְנֹתֶיךָ הַנִּמְצָאֹת[b] פֶּן־תִּסָּפֶה בַּעֲוֹן הָעִיר׃ 16 וַיִּתְמַהְמָהּ׀ 16

Cp 19 [1]Mm 118. [2]Mm 1569. [3]Mm 3644. [4]Mm 2426. [5]Ex 12,8. [6]Mm 3503. [7]Mm 2952. [8]Jer 51,31. [9]Mm 165. [10]Mm 190. [11]Mm 1551. [12]Mm 119. [13]Mm 120. [14]Mm 1702. [15]Mm 250. [16]Mm 1557. [17]Mm 121. [18]Mm 62. [19]Mm 122. [20]Mm 802. [21]Mm 123. [22]Mm 1729. [23]Ex 12,31. [24]Jes 41,25. [25]Mm 124. [26]Mm 705.

Cp 19,1 a–a prp הָאֲנָשִׁים cf 12.16 ‖ **2** a sic L, mlt Mss Edd וַהֲ׳ ‖ **4** a–a frt gl ‖ **5** a sic L, L* mlt Mss Edd הָאֲ׳ ‖ **6** a ⅏ סגרו ‖ **8** a l הָאֵלֶּה cf ⅏ Seb (האלה) ‖ **9** a > 𝔊 ‖ **12** a ⅏ המלאכים cf 1 ‖ b mlt Mss ⅏ ב׳ ‖ c ⅏𝔊𝔖 + הזה ut 13.14 ‖ **13** a ⅏ להשחיתה; 𝔙 suff 3 pl, l תָם–? ‖ **15** a prp האנשים cf 1 a–a ‖ b 𝔊 + *καὶ ἔξελθε*, prb ins וְצֵא (vel לֵךְ).

ו וַֽיַּחֲזִ֨קוּ הָאֲנָשִׁ֜ים בְּיָד֣וֹ וּבְיַד־אִשְׁתּ֗וֹ וּבְיַד֙ שְׁתֵּ֣י בְנֹתָ֔יו בְּחֶמְלַ֥ת יְהוָ֖ה עָלָ֑יו

ג . ב חד מל וחד חס[27] . ב ומל . ל[28] 17 וַיֹּצִאֻ֥הוּ וַיַּנִּחֻ֖הוּ מִח֥וּץ לָעִֽיר׃ 17 וַיְהִי֩ כְהוֹצִיאָ֨ם אֹתָ֜ם הַח֗וּצָה וַיֹּ֙אמֶר֙ᵃ

ה[29] . ב[30] . יג[31] הִמָּלֵ֣ט עַל־נַפְשֶׁ֔ךָ אַל־תַּבִּ֣יט אַחֲרֶ֔יךָ וְאַל־תַּעֲמֹ֖ד בְּכָל־הַכִּכָּ֑ר הָהָ֥רָה

ז ר״פ בתור[32] 18 19 הִמָּלֵ֖ט פֶּן־תִּסָּפֶֽה׃ 18 וַיֹּ֥אמֶר ל֖וֹט אֲלֵהֶ֑םᵃ אַל־נָ֖א אֲדֹנָֽיᵇ׃ 19 הִנֵּה־נָ֠א

טו . ל מָצָ֨א עַבְדְּךָ֣ חֵן֮ בְּעֵינֶיךָ֒ וַתַּגְדֵּ֣ל חַסְדְּךָ֗ אֲשֶׁ֤ר עָשִׂ֙יתָ֙ עִמָּדִ֔י לְהַחֲי֖וֹת

יג[31] . ל . ל אֶת־נַפְשִׁ֑י וְאָנֹכִ֗י לֹ֤א אוּכַל֙ לְהִמָּלֵ֣ט הָהָ֔רָה פֶּן־תִּדְבָּקַ֥נִי הָרָעָ֖ה וָמַֽתִּי׃

ז ר״פ בתור[32] . ב חס . ד[33] . ב 20 הִנֵּה־נָ֠א הָעִ֨יר הַזֹּ֧את קְרֹבָ֛ה לָנ֥וּס שָׁ֖מָּה ᵃוְהִ֣וא מִצְעָ֑רᵃ אִמָּלְטָ֨ה נָּ֜א

ד[33] . ג . יט 21 שָׁ֗מָּה הֲלֹ֥א מִצְעָ֛ר הִ֖וא וּתְחִ֥י נַפְשִֽׁי׃ 21 וַיֹּ֣אמֶר אֵלָ֔יו הִנֵּה֙ נָשָׂ֣אתִי פָנֶ֔יךָ

ל 22 גַּ֖ם לַדָּבָ֣ר הַזֶּ֑ה לְבִלְתִּ֛י הָפְכִּ֥י אֶת־הָעִ֖יר אֲשֶׁ֥ר דִּבַּֽרְתָּ׃ 22 מַהֵר֙ הִמָּלֵ֣ט

יא חס את שָׁ֔מָּה כִּ֣י לֹ֤א אוּכַל֙ לַעֲשׂ֣וֹת דָּבָ֔ר עַד־בֹּאֲךָ֖ שָׁ֑מָּה עַל־כֵּ֛ן קָרָ֥א שֵׁם־

ג מל . ג סביר יצאה[34] . ד . ל . כב בתור ו[35] מנה בטע ר״פ 23 24 הָעִ֖יר צֽוֹעַר׃ 23 הַשֶּׁ֖מֶשׁ יָצָ֣אᵃ עַל־הָאָ֑רֶץ וְל֖וֹט בָּ֥א צֹֽעֲרָה׃ 24 וַֽיהוָ֗הᵃ

ב[36] הִמְטִ֧יר עַל־סְדֹ֛ם וְעַל־עֲמֹרָ֖ה גָּפְרִ֣ית וָאֵ֑שׁ מֵאֵ֥ת יְהוָ֖ה ᵇמִן־הַשָּׁמָֽיִםᵇ׃

ח לשון חול[37] . ז דמטע בטע[38] 25 וַיַּהֲפֹךְ֙ אֶת־הֶעָרִ֣ים הָאֵ֔לᵃ וְאֵ֖ת כָּל־הַכִּכָּ֑ר וְאֵת֙ כָּל־יֹשְׁבֵ֣י הֶעָרִ֔ים

ל 26 27 וְצֶ֖מַח הָאֲדָמָֽה׃ 26 וַתַּבֵּ֥ט אִשְׁתּ֖וֹ מֵאַחֲרָ֑יוᵃ וַתְּהִ֖י נְצִ֥יב מֶֽלַח׃ 27 וַיַּשְׁכֵּ֥ם

ד[39] 28 אַבְרָהָ֖ם בַּבֹּ֑קֶרᵃ אֶ֨ל־הַמָּק֔וֹם אֲשֶׁר־עָ֥מַד שָׁ֖ם אֶת־פְּנֵ֥י יְהוָֽה׃ 28 וַיַּשְׁקֵ֗ף

ד[40] עַל־פְּנֵ֤י סְדֹם֙ וַעֲמֹרָ֔ה וְעַ֕לᵃ־כָּל־פְּנֵ֖יᵃ אֶ֣רֶץ הַכִּכָּ֑ר וַיַּ֗רְא וְהִנֵּ֤ה עָלָה֙

ל[41] קִיטֹ֣ר הָאָ֔רֶץ כְּקִיטֹ֖ר הַכִּבְשָֽׁן׃

יו פסוק את את את את . ד 29 וַיְהִ֗י בְּשַׁחֵ֤תᵃ אֱלֹהִים֙ אֶת־עָרֵ֣י הַכִּכָּ֔ר וַיִּזְכֹּ֥ר אֱלֹהִ֖ים אֶת־

כב[42] . ל אַבְרָהָ֑ם וַיְשַׁלַּ֤ח אֶת־לוֹט֙ מִתּ֣וֹךְ הַהֲפֵכָ֔ה בַּהֲפֹךְ֙ אֶת־הֶ֣עָרִ֔ים אֲשֶׁר־

ה[43] . ה[44] . ג מל ב מנה בפסוק 30 יָשַׁ֥ב בָּהֵ֖ן לֽוֹט׃ 30 וַיַּעַל֩ ל֨וֹט מִצּ֜וֹעַר וַיֵּ֣שֶׁב בָּהָ֗ר וּשְׁתֵּ֤י בְנֹתָיו֙ עִמּ֔וֹ כִּ֥י

ג מל ב מנה בפסוק 31 יָרֵ֖א לָשֶׁ֣בֶת בְּצ֑וֹעַר וַיֵּ֙שֶׁב֙ בַּמְּעָרָ֔ה ה֖וּא וּשְׁתֵּ֥י בְנֹתָֽיוᵃ׃ 31 וַתֹּ֧אמֶר

ב[45] הַבְּכִירָ֛ה אֶל־הַצְּעִירָ֖ה אָבִ֣ינוּ זָקֵ֑ן וְאִ֨ישׁ אֵ֤ין בָּאָ֙רֶץ֙ לָב֣וֹא עָלֵ֔ינוּ כְּדֶ֖רֶךְ

ג[46] 32 כָּל־הָאָֽרֶץ׃ 32 לְכָ֨הᵃ נַשְׁקֶ֧ה אֶת־אָבִ֛ינוּ יַ֖יִן וְנִשְׁכְּבָ֣ה עִמּ֑וֹ וּנְחַיֶּ֥ה

ז[47] . ד[48] . ב חס בתור 33 מֵאָבִ֖ינוּ זָֽרַע׃ 33 וַתַּשְׁקֶ֧יןָ אֶת־אֲבִיהֶ֛ן יַ֖יִן בַּלַּ֣יְלָה ה֑וּאᵃ וַתָּבֹ֤א הַבְּכִירָה֙

[27] Mp sub loco. [28] Mm 290. [29] Mm 125. [30] Mm 3081. [31] Mm 1100. [32] Mm 165. [33] Mm 126. [34] Mm 127. [35] Mm 3567. [36] Mm 3043. [37] Mm 119. [38] Mm 2139. [39] Mm 186. [40] Mm 2928. [41] וחד בקיטור Ps 119,83. [42] Mm 59. [43] Mm 87. [44] Mm 640. [45] Mm 128. [46] Mm 129. [47] Mm 1043. [48] Mm 217.

17 ᵃ 𝔊𝔖𝔙 pl ‖ **18** ᵃ prp אֵלָיו ‖ ᵇ prp ־ָי ‖ **20** ᵃ⁻ᵃ gl? ‖ **23** ᵃ l c Seb 𝔐ᴹˢˢ יָצְאָה? cf 15,17 ‖ **24** ᵃ frt tr huc 26 ‖ ᵇ⁻ᵇ add? ‖ **25** ᵃ l (ה)הָאֵלֶּ cf 8ᵃ ‖ **26** ᵃ prp ־ֶיהָ ‖ **27** ᵃ ins וַיֵּלֶךְ? ‖ **28** ᵃ⁻ᵃ pc Mss 𝔐𝔊^(Cal)𝔖𝔗^(Ms) invers, sic l et dl c Ms ארץ? ‖ **29** ᵃ 𝔐 בהשחית ‖ **30** ᵃ 𝔐𝔊𝔙^(Mss) + עִמּוֹ ‖ **32** ᵃ l c 𝔐 לְכִי? ‖ **33** ᵃ prb l c Seb 𝔐 הַהוּא.

יא⁴⁹ 1 מנה בתור .
ב 1 חד חס וחד מל וחד
מן ז נקוד בתור

34 וַתִּשְׁכַּב֙ אֶת־אָבִ֔יהָ וְלֹֽא־יָדַ֥ע בְּשִׁכְבָ֖הּ וּבְקוּמָֽהּ׃ 34 וַֽיְהִי֙ מִֽמָּחֳרָ֔ת

וַתֹּ֤אמֶר הַבְּכִירָה֙ אֶל־הַצְּעִירָ֔ה הֵן־שָׁכַ֥בְתִּי אֶ֖מֶשׁ אֶת־אָבִ֑יa נַשְׁקֶ֨נּוּ יַ֜יִן

ד ג חס וחד מל⁵⁰ . ג ׀

35 גַּם־הַלַּ֗יְלָה וּבֹ֨אִי֙ שִׁכְבִ֣י עִמּ֔וֹ וּנְחַיֶּ֥ה מֵאָבִ֖ינוּ זָֽרַע׃ 35 וַתַּשְׁקֶ֜יןָ גַּ֣ם

יא⁴⁹ 1 מנה בתור ׀⁵²

בַּלַּ֧יְלָה הַה֛וּא אֶת־אֲבִיהֶ֖ן יָ֑יִן וַתָּ֤קָם הַצְּעִירָה֙ וַתִּשְׁכַּ֣ב עִמּ֔וֹ וְלֹֽא־יָדַ֥ע

ל חס . ל

36 בְּשִׁכְבָ֖הּ וּבְקֻמָֽהּ׃ 36 וַֽתַּהֲרֶ֛יןָ שְׁתֵּ֥י בְנֽוֹת־ל֖וֹט מֵאֲבִיהֶֽן׃ 37 וַתֵּ֤לֶד

ט . ט מיחד

הַבְּכִירָה֙ בֵּ֔ן וַתִּקְרָ֥אa שְׁמ֖וֹ מוֹאָ֑ב ה֥וּא אֲבִֽי־מוֹאָ֖ב עַד־הַיּֽוֹם׃

ט

38 וְהַצְּעִירָ֤ה גַם־הִוא֙ יָ֣לְדָה בֵּ֔ן וַתִּקְרָ֥אa שְׁמ֖וֹ בֶּן־עַמִּ֑י ה֛וּא אֲבִ֥י בְנֵֽי־

ט מיחד

עַמּ֖וֹן עַד־הַיּֽוֹם׃ ס

ל

20 1 וַיִּסַּ֨ע מִשָּׁ֜ם אַבְרָהָם֙ אַ֣רְצָה הַנֶּ֔גֶב וַיֵּ֥שֶׁב בֵּין־קָדֵ֖שׁ וּבֵ֣ין שׁ֑וּר Ⓢ[יז]

2 וַיָּ֖גָר בִּגְרָֽר׃ 2 וַיֹּ֧אמֶר אַבְרָהָ֛ם אֶל־שָׂרָ֥ה אִשְׁתּ֖וֹ אֲחֹ֣תִי הִ֑וא וַיִּשְׁלַ֗ח

3 אֲבִימֶ֨לֶךְ֙ מֶ֣לֶךְ גְּרָ֔ר וַיִּקַּ֖ח אֶת־שָׂרָֽה׃ 3 וַיָּבֹ֧א אֱלֹהִ֛ים אֶל־אֲבִימֶ֖לֶךְ

בַּחֲל֣וֹם הַלָּ֑יְלָה וַיֹּ֣אמֶר ל֗וֹ הִנְּךָ֤ מֵת֙ עַל־הָאִשָּׁ֣הa אֲשֶׁר־לָקַ֔חְתָּ וְהִ֖וא

ב׳ . ל . צא . ל

4 בְּעֻ֥לַת בָּֽעַל׃ 4 וַאֲבִימֶ֕לֶךְ לֹ֥א קָרַ֖ב אֵלֶ֑יהָ וַיֹּאמַ֕ר אֲדֹנָ֕יa הֲג֥וֹיb גַּם־

ה² . יא כת י בתור

5 צַדִּ֖יק תַּהֲרֹֽג׃ 5 הֲלֹ֨א ה֤וּא אָֽמַר־לִי֙ אֲחֹ֣תִי הִ֔וא וְהִֽיא־גַם־הִ֖וא ab

ל וחס

6 אָֽמְרָ֣ה אָ֑חִי ה�be֑וּא בְּתָם־לְבָבִ֛י וּבְנִקְיֹ֥ן כַּפַּ֖י עָשִׂ֥יתִי זֹֽאת׃ 6 וַיֹּאמֶר֩ אֵלָ֨יו

ב חס . ג³ . ל

הָֽאֱלֹהִ֜ים בַּחֲלֹ֗ם גַּ֣ם אָנֹכִ֤י יָדַ֨עְתִּי֙ כִּ֤י בְתָם־לְבָבְךָ֙ עָשִׂ֣יתָ זֹּ֔את וָאֶחְשֹׂ֧ךְ

יד מל בלישׁ⁴ . ג⁵ חד כת
סא וחד מן ט⁶ כת סו חס
א וחד כת סוא . ג . ב חס
וחד מל⁷

7 גַּם־אָנֹכִ֛י אֽוֹתְךָ֖ מֵחֲטוֹ־לִ֑י עַל־כֵּ֥ן לֹא־נְתַתִּ֖יךָ לִנְגֹּ֥עַ אֵלֶֽיהָ׃ 7 וְעַתָּ֗ה

ג³ . ג

הָשֵׁ֤ב אֵֽשֶׁת־הָאִישׁ֙ כִּֽי־נָבִ֣יא ה֔וּא וְיִתְפַּלֵּ֥ל בַּֽעַדְךָ֖ וֶֽחְיֵ֑ה וְאִם־אֵֽינְךָ֣

8 מֵשִׁ֗יב דַּ֚ע כִּי־מ֣וֹת תָּמ֔וּת אַתָּ֖ה וְכָל־אֲשֶׁר־לָֽךְ׃ 8 וַיַּשְׁכֵּ֨ם אֲבִימֶ֜לֶךְ

כה ז מנה בתור . ח

בַּבֹּ֗קֶר וַיִּקְרָא֙ לְכָל־עֲבָדָ֔יו וַיְדַבֵּ֛ר אֶת־כָּל־הַדְּבָרִ֥ים הָאֵ֖לֶּה בְּאָזְנֵיהֶ֑ם

9 וַיִּֽירְא֥וּ הָאֲנָשִׁ֖ים מְאֹֽד׃ 9 וַיִּקְרָ֨א אֲבִימֶ֜לֶךְ לְאַבְרָהָ֗ם וַיֹּ֨אמֶר ל֜וֹ מֶֽה־

ל

עָשִׂ֤יתָ לָּ֨נוּ֙a וּמֶֽה־חָטָ֣אתִי לָ֔ךְ כִּֽי־הֵבֵ֧אתָ עָלַ֛י וְעַל־מַמְלַכְתִּ֖י חֲטָאָ֣ה

10 גְדֹלָ֑ה מַעֲשִׂים֙ אֲשֶׁ֣ר לֹא־יֵֽעָשׂ֔וּ עָשִׂ֖יתָ עִמָּדִֽי׃ 10 וַיֹּ֥אמֶר אֲבִימֶ֖לֶךְ אֶל־

11 אַבְרָהָ֑ם מָ֣ה רָאִ֔יתָa כִּ֥י עָשִׂ֖יתָ אֶת־הַדָּבָ֥ר הַזֶּֽה׃ 11 וַיֹּ֨אמֶר֙ אַבְרָהָ֔םa

---

⁴⁹Mm 130. ⁵⁰Mm 2383. ⁵¹Mm 129. ⁵²Mm 1043.   Cp 20 ¹Mm 1183. ²Mm 4139. ³Mm 131. ⁴Mm
541. ⁵Mm 132. ⁶Mm 922. ⁷Mm 133. ⁸Mm 3317.

34 ᵃ 𝔊 suff 1 pl, 1 אבינו? ‖ **37** ᵃ 𝔊 + λέγουσα Ἐκ τοῦ πατρός μου, ins מֵאָבִי? ‖
38 ᵃ 𝔊(𝔙) + Αμμαν, 𝔊ᴹˢˢ + Αμμαν λέγουσα = לֵאמֹר ‖ **Cp 20,3** ᵃ ﹷ + אדות cf
21,11.25, ins ‖ **4** ᵃ nonn Mss יהוה ‖ ᵇ⁻ᵇ 𝔊 ἔθνος ἀγνοοῦν καί; prp הֲגַם (הַגּוֹי dttg) ‖
5 ᵃ⁻ᵃ 𝔊(𝔖𝔙) καὶ αὐτή, 1 frt וגם היא ‖ ᵇ > 2 Mss ﹷ ‖ **9** ᵃ⁻ᵃ 𝔖 ˀbdt lk, prp
עָשִׂיתִי לְךָ ‖ **10** ᵃ⁻ᵃ prp מַה יָרֵאתָ cf 26,7 ‖ **11** ᵃ ﹷ + כי יראתי.

כִּ֤י אָמַ֙רְתִּי֙ רַ֚ק אֵין־יִרְאַ֣ת אֱלֹהִ֔ים בַּמָּק֖וֹם הַזֶּ֑ה וַהֲרָג֖וּנִי עַל־דְּבַ֥ר ג֯[9] . ב֯ חד מל וחד חס
12 אִשְׁתִּֽי׃ 12 וְגַם־אָמְנָ֗ה[a] אֲחֹתִ֤י בַת־אָבִי֙ הִ֔וא אַ֖ךְ לֹ֣א בַת־אִמִּ֑י וַתְּהִי־לִ֖י יג ר״פ בתור . ב֯[10]
13 לְאִשָּֽׁה׃ 13 וַיְהִ֞י כַּאֲשֶׁ֨ר הִתְע֣וּ[a] אֹתִ֗י אֱלֹהִים֮ מִבֵּ֣ית אָבִי[b]֒ וָאֹמַ֣ר לָ֔הּ זֶ֣ה ה֯ בטע בסיפ[11]
חַסְדֵּ֔ךְ אֲשֶׁ֥ר תַּעֲשִׂ֖י עִמָּדִ֑י אֶ֤ל כָּל־הַמָּקוֹם֙ אֲשֶׁ֣ר נָב֣וֹא שָׁ֔מָּה אִמְרִי־לִ֖י ב֯[12] . ב֯ בסיפ[13]
14 אָחִ֥י הֽוּא׃ 14 וַיִּקַּ֨ח אֲבִימֶ֜לֶךְ[a] צֹ֣אן וּבָקָ֗ר וַעֲבָדִים֙ וּשְׁפָחֹ֔ת וַיִּתֵּ֖ן
15 לְאַבְרָהָ֑ם וַיָּ֣שֶׁב ל֔וֹ אֵ֖ת שָׂרָ֥ה אִשְׁתּֽוֹ׃ 15 וַיֹּ֣אמֶר אֲבִימֶ֔לֶךְ הִנֵּ֥ה אַרְצִ֖י כה
16 לְפָנֶ֑יךָ בַּטּ֥וֹב בְּעֵינֶ֖יךָ שֵֽׁב׃ 16 וּלְשָׂרָ֣ה אָמַ֗ר הִנֵּ֨ה נָתַ֜תִּי אֶ֤לֶף כֶּ֙סֶף֙ ג֯[16] . ב֯[15] . ט֯ו . ט דגש[14]
לְאָחִ֔יךְ הִנֵּ֤ה הוּא־לָךְ֙ כְּס֣וּת עֵינַ֔יִם לְכֹ֖ל[a] אֲשֶׁ֣ר אִתָּ֑ךְ[b] וְאֵ֥ת כֹּ֖ל וְנֹכָֽחַת[b]׃ ל֯ ובסיפ . כה . ל֯
17 וַיִּתְפַּלֵּ֥ל אַבְרָהָ֖ם אֶל־הָאֱלֹהִ֑ים וַיִּרְפָּ֨א אֱלֹהִ֜ים אֶת־אֲבִימֶ֧לֶךְ וְאֶת־ כ֯ . ב֯[17]
18 אִשְׁתּ֛וֹ וְאַמְהֹתָ֖יו וַיֵּלֵֽדוּ׃ 18 כִּֽי־עָצֹ֤ר עָצַר֙ יְהוָ֔ה בְּעַ֥ד כָּל־רֶ֖חֶם לְבֵ֣ית ל֯ . ל֯
אֲבִימֶ֑לֶךְ עַל־דְּבַ֥ר שָׂרָ֖ה אֵ֥שֶׁת אַבְרָהָֽם׃ ס
ס֯[יח] 21 1 וַֽיהוָ֛ה פָּקַ֥ד אֶת־שָׂרָ֖ה כַּאֲשֶׁ֣ר אָמָ֑ר וַיַּ֧עַשׂ יְהוָ֛ה לְשָׂרָ֖ה כַּאֲשֶׁ֥ר כב בתור . ג֯[1]
2 דִּבֵּֽר׃ 2 וַתַּהַר֩ וַתֵּ֨לֶד שָׂרָ֧ה לְאַבְרָהָ֛ם בֵּ֖ן לִזְקֻנָ֑יו לַמּוֹעֵ֕ד אֲשֶׁר[a]־דִּבֶּ֥ר ב֯ וחס
3 אֹת֖וֹ אֱלֹהִֽים׃ 3 וַיִּקְרָ֨א אַבְרָהָ֜ם אֶֽת־שֶׁם־בְּנ֧וֹ הַנּֽוֹלַד־ל֛וֹ אֲשֶׁר־יָלְדָה־ ט֯ רפי וכל יחזק דכות[2] . ג֯[3]
4 ל֥וֹ שָׂרָ֖ה יִצְחָֽק׃ 4 וַיָּ֤מָל אַבְרָהָם֙ אֶת־יִצְחָ֣ק בְּנ֔וֹ בֶּן־שְׁמֹנַ֖ת יָמִ֑ים כל אורית חס וכל קריא דכות ב מ א[4]
5 כַּאֲשֶׁ֛ר צִוָּ֥ה אֹת֖וֹ אֱלֹהִֽים׃ 5 וְאַבְרָהָ֖ם בֶּן־מְאַ֣ת שָׁנָ֑ה בְּהִוָּ֣לֶד ל֔וֹ אֵ֖ת ג֯[5]
6 יִצְחָ֥ק בְּנֽוֹ׃ 6 וַתֹּ֣אמֶר שָׂרָ֔ה צְחֹ֕ק עָ֥שָׂה לִ֖י אֱלֹהִ֑ים כָּל־הַשֹּׁמֵ֖עַ יִֽצְחַק־ ל֯ וחס . יא֯[6] . ל֯
7 לִֽי׃ 7 וַתֹּ֗אמֶר מִ֤י מִלֵּל֙ לְאַבְרָהָ֔ם הֵינִ֥יקָה בָנִ֖ים שָׂרָ֑ה כִּֽי־יָלַ֥דְתִּי[a] בֵ֖ן ב֯ חד מל וחד חס
8 לִזְקֻנָֽיו׃ 8 וַיִּגְדַּ֥ל הַיֶּ֖לֶד וַיִּגָּמַ֑ל וַיַּ֤עַשׂ אַבְרָהָם֙ מִשְׁתֶּ֣ה גָד֔וֹל בְּי֖וֹם ב֯ וחס . ל֯ . ב֯[7]
9 הִגָּמֵ֥ל אֶת־יִצְחָֽק׃ 9 וַתֵּ֨רֶא שָׂרָ֜ה אֶֽת־בֶּן־הָגָ֧ר הַמִּצְרִ֛ית אֲשֶׁר־יָלְדָ֥ה
10 לְאַבְרָהָ֖ם מְצַחֵֽק[a]׃ 10 וַתֹּ֙אמֶר֙ לְאַבְרָהָ֔ם גָּרֵ֛שׁ[a] הָאָמָ֥ה הַזֹּ֖את וְאֶת־ ג֯[8] . ב֯[9]
11 בְּנָ֑הּ כִּ֣י לֹ֤א יִירַשׁ֙ בֶּן־הָאָמָ֣ה הַזֹּ֔את עִם־בְּנִ֖י עִם־יִצְחָֽק׃ 11 וַיֵּ֧רַע
12 הַדָּבָ֛ר מְאֹ֖ד בְּעֵינֵ֣י אַבְרָהָ֑ם עַ֖ל אוֹדֹ֥ת בְּנֽוֹ׃ 12 וַיֹּ֨אמֶר אֱלֹהִ֜ים אֶל־ לג בתור . ג֯ חס . כה[10]
אַבְרָהָ֗ם אַל־יֵרַ֤ע בְּעֵינֶ֙יךָ֙ עַל־הַנַּ֣עַר וְעַל־אֲמָתֶ֔ךָ כֹּל֩ אֲשֶׁ֨ר תֹּאמַ֥ר ט֯ו . ל֯

[9]Mm 134. [10]Mm 1277. [11]Mm 71. [12]Ru 3,10. [13]Mm 254. [14]Mm 2625. [15]Gn 18,14. [16]Mm 1809. [17]2 Ch 30,20. **Cp 21** [1]Mm 135. [2]Mm 136. [3]Mm 1989. [4]1 Ch 29,7. [5]Mm 51. [6]Mm 3286. [7]Est 2,18. [8]Mm 137. [9]Mm 138. [10]Mm 5.

12 [a] ⅏ אמנם || **13** [a] ⅏ התעה || [b] ⅏ + ומארץ מולדתי cf 12,1 || **14** [a] ⅏𝔊 + אלף כסף ו cf 16 || **16** [a] ⅏[Mss]𝔊 וּלְ׳ || [b–b] prp ואת כֻּלּוֹ נכחת (= et apud hos omnes iustificata es) vel וְאַתְּ כֻּלּוֹ נכחת (= et tu in omnibus his rebus iustificata es) || **Cp 21,2** [a] 2 Mss 𝔊 כַּאֲ׳, ex 1? || **7** [a] ⅏𝔗[J] + לוֹ || **9** [a] 𝔊 + *μετὰ Ισαακ τοῦ υἱοῦ αὐτῆς* || **10** [a] ⅏𝔗[J] + את.

13 אֵלֶיךָ שָׂרָה שְׁמַע בְּקֹלָהּ כִּי בְיִצְחָק יִקָּרֵא לְךָ זָרַע׃ 13 וְגַם אֶת־בֶּן־ ל̇ חס̇. כא[11]. יג ר״פ בתור̇. ט
14 הָאָמָה לְגוֹי[a] אֲשִׂימֶנּוּ כִּי זַרְעֲךָ הוּא׃ 14 וַיַּשְׁכֵּם אַבְרָהָם ׀ בַּבֹּקֶר וַיִּקַּח־
לֶחֶם וְחֵמַת מַיִם וַיִּתֵּן אֶל־הָגָר[a] שָׂם עַל־שִׁכְמָהּ [b]וְאֶת־הַיֶּלֶד[b] וַיְשַׁלְּחֶהָ ל̇. ב̇
15 וַתֵּלֶךְ וַתֵּתַע בְּמִדְבַּר בְּאֵר שָׁבַע׃ 15 וַיִּכְלוּ הַמַּיִם מִן־הַחֵמֶת וַתַּשְׁלֵךְ ל̇[12]. ג̇. ג̇[13]
16 אֶת־הַיֶּלֶד תַּחַת אַחַד הַשִּׂיחִם׃ 16 וַתֵּלֶךְ וַתֵּשֶׁב לָהּ מִנֶּגֶד הַרְחֵק כה̇[14]. ל̇. יב̇[15]
כִּמְטַחֲוֵי קֶשֶׁת כִּי אָמְרָה אַל־אֶרְאֶה בְּמוֹת הַיָּלֶד וַתֵּשֶׁב מִנֶּגֶד [a]וַתִּשָּׂא יב̇[15]
17 אֶת־קֹלָהּ וַתֵּבְךְּ[a]׃ 17 וַיִּשְׁמַע אֱלֹהִים אֶת־קוֹל הַנַּעַר וַיִּקְרָא מַלְאַךְ
אֱלֹהִים ׀ אֶל־הָגָר מִן־הַשָּׁמַיִם וַיֹּאמֶר לָהּ מַה־לָּךְ הָגָר אַל־תִּירְאִי כִּי־
18 שָׁמַע אֱלֹהִים אֶל[a]־קוֹל הַנַּעַר בַּאֲשֶׁר הוּא־שָׁם׃ 18 קוּמִי שְׂאִי אֶת־ ג̇[16]. ה̇[17]. ד ר״פ[18]. ח̇
19 הַנַּעַר וְהַחֲזִיקִי אֶת־יָדֵךְ בּוֹ כִּי־לְגוֹי גָּדוֹל אֲשִׂימֶנּוּ׃ 19 וַיִּפְקַח אֱלֹהִים ל̇
אֶת־עֵינֶיהָ וַתֵּרֶא בְּאֵר מָיִם וַתֵּלֶךְ וַתְּמַלֵּא אֶת־הַחֵמֶת מַיִם וַתַּשְׁקְ אֶת־
20 הַנָּעַר׃ 20 וַיְהִי אֱלֹהִים אֶת־הַנַּעַר וַיִּגְדָּל וַיֵּשֶׁב בַּמִּדְבָּר וַיְהִי [a]רֹבֶה ל̇
21 קַשָּׁת[a]׃ 21 וַיֵּשֶׁב בְּמִדְבַּר פָּארָן וַתִּקַּח־לוֹ אִמּוֹ אִשָּׁה מֵאֶרֶץ מִצְרָיִם׃ ל̇
22 פ 22 וַיְהִי בָּעֵת הַהִוא וַיֹּאמֶר אֲבִימֶלֶךְ[a] וּפִיכֹל שַׂר־צְבָאוֹ ג̇[19]. ג̇
23 אֶל־אַבְרָהָם לֵאמֹר אֱלֹהִים עִמְּךָ בְּכֹל אֲשֶׁר־אַתָּה עֹשֶׂה׃ 23 וְעַתָּה יב̇ בתור̇
הִשָּׁבְעָה לִּי בֵאלֹהִים הֵנָּה אִם־תִּשְׁקֹר לִי וּלְנִינִי וּלְנֶכְדִּי כַּחֶסֶד אֲשֶׁר־ ל̇. ב̇[20]
24 עָשִׂיתִי עִמְּךָ תַּעֲשֶׂה עִמָּדִי וְעִם־הָאָרֶץ אֲשֶׁר־גַּרְתָּה בָּהּ׃ 24 וַיֹּאמֶר ל̇. ל̇. יב בתור̇[21]
25 אַבְרָהָם אָנֹכִי אִשָּׁבֵעַ׃ 25 וְהוֹכִחַ[a] אַבְרָהָם אֶת־אֲבִימֶלֶךְ עַל־אֹדוֹת ל̇ חס̇[22]
26 בְּאֵר הַמַּיִם אֲשֶׁר גָּזְלוּ עַבְדֵי אֲבִימֶלֶךְ׃ 26 וַיֹּאמֶר אֲבִימֶלֶךְ לֹא יָדַעְתִּי מז פסוק לא לא לא
מִי עָשָׂה אֶת־הַדָּבָר הַזֶּה וְגַם־אַתָּה לֹא־הִגַּדְתָּ לִּי וְגַם אָנֹכִי לֹא ג̇[23]. ה̇[24]
27 שָׁמַעְתִּי בִּלְתִּי הַיּוֹם׃ 27 וַיִּקַּח אַבְרָהָם צֹאן וּבָקָר וַיִּתֵּן לַאֲבִימֶלֶךְ
28 וַיִּכְרְתוּ שְׁנֵיהֶם בְּרִית׃ 28 וַיַּצֵּב אַבְרָהָם אֶת־שֶׁבַע כִּבְשֹׂת הַצֹּאן ל̇
29 לְבַדְּהֶן׃ 29 וַיֹּאמֶר אֲבִימֶלֶךְ אֶל־אַבְרָהָם מָה הֵנָּה שֶׁבַע כְּבָשֹׂת[a] ל̇. ב̇
30 הָאֵלֶּה אֲשֶׁר הִצַּבְתָּ לְבַדָּנָה[b]׃ 30 וַיֹּאמֶר כִּי אֶת־שֶׁבַע כְּבָשֹׂת[a] תִּקַּח ב̇[25]

[11] Mm 17. [12] וחד תתע Prv 7,25. [13] Mm 139. [14] Mm 187. [15] Mm 140. [16] Mm 3308. [17] Mm 2386. [18] Mm 3732. [19] Mm 1947. [20] Mm 141. [21] Mp sub loco. [22] Mm 3466. [23] Mm 142. [24] Mm 143. [25] Ps 74,17.

13 [a] ⅏𝔊𝔖𝔙 + גָּדוֹל, ins || **14** [a] huc tr [b–b] cf 𝔊[19.314]𝔖 || [b–b] cf [a] || **16** [a–a] l prb וַיִּשָּׂא אֶת־קֹלָה וַיֵּבְךְּ cf 𝔊 || **17** [a] mlt Mss ⅏𝔗[J] אֶת || **20** [a–a] l רֹבֵה קֶשֶׁת? cf ⅏𝔊𝔖𝔗[J]𝔙 || **22** [a] 𝔊 + καὶ Οχοζαθ ὁ νυμφαγωγὸς αὐτοῦ, ex 26,26? || **25** [a] ⅏ ויוכיח, l frt וַיּוֹכַח || **29** [a] l c ⅏ הכבשות || [b] ⅏ לבדהן ut 28 || **30** [a] cf 29[a].

31 מִיָּדִ֑י בַּעֲבוּר֙ תִּֽהְיֶה־לִּ֣י לְעֵדָ֔ה כִּ֥י חָפַ֖רְתִּי אֶת־הַבְּאֵ֥ר הַזֹּֽאת׃ 31 עַל־ ג[26]
32 כֵּ֗ן קָרָ֛א לַמָּק֥וֹם הַה֖וּא בְּאֵ֣ר שָׁ֑בַע כִּ֛י שָׁ֥ם נִשְׁבְּע֖וּ שְׁנֵיהֶֽם׃ 32 וַיִּכְרְת֥וּ
בְרִ֖ית בִּבְאֵ֣ר שָׁ֑בַע וַיָּ֣קָם אֲבִימֶ֗לֶךְ[a] וּפִיכֹל֙ שַׂר־צְבָא֔וֹ וַיָּשֻׁ֖בוּ אֶל־אֶ֥רֶץ ג
33 פְּלִשְׁתִּֽים׃ 33 וַיִּטַּ֥ע[a] אֶ֖שֶׁל בִּבְאֵ֣ר שָׁ֑בַע וַיִּקְרָא־שָׁ֕ם בְּשֵׁ֥ם יְהוָ֖ה אֵ֥ל ל.
34 עוֹלָֽם[b]׃ 34 וַיָּ֧גָר אַבְרָהָ֛ם בְּאֶ֥רֶץ פְּלִשְׁתִּ֖ים יָמִ֥ים רַבִּֽים׃ פ

ס[יט] 22 1 וַיְהִ֗י אַחַר֙ הַדְּבָרִ֣ים הָאֵ֔לֶּה וְהָ֣אֱלֹהִ֔ים נִסָּ֖ה אֶת־אַבְרָהָ֑ם ז[1]. ו ד כת שא וב כת סה
2 וַיֹּ֣אמֶר אֵלָ֔יו אַבְרָהָ֖ם[a] וַיֹּ֥אמֶר הִנֵּֽנִי׃ 2 וַיֹּ֡אמֶר קַח־נָ֠א אֶת־בִּנְךָ֨ אֶת־ ז בתור
יְחִֽידְךָ֤ אֲשֶׁר־אָהַ֙בְתָּ֙ אֶת־יִצְחָ֔ק וְלֶךְ־לְךָ֔ אֶל־אֶ֖רֶץ הַמֹּרִיָּ֑ה[a] וְהַעֲלֵ֤הוּ יא[2]. ב חד מל וחד חס[3]
3 שָׁם֙ לְעֹלָ֔ה עַ֚ל אַחַ֣ד הֶֽהָרִ֔ים אֲשֶׁ֖ר אֹמַ֥ר אֵלֶֽיךָ׃ 3 וַיַּשְׁכֵּ֨ם אַבְרָהָ֜ם כה[4]
בַּבֹּ֗קֶר וַֽיַּחֲבֹשׁ֙ אֶת־חֲמֹר֔וֹ וַיִּקַּ֞ח אֶת־שְׁנֵ֤י נְעָרָיו֙ אִתּ֔וֹ וְאֵ֖ת יִצְחָ֣ק בְּנ֑וֹ ל
וַיְבַקַּע֙ עֲצֵ֣י עֹלָ֔ה וַיָּ֣קָם וַיֵּ֔לֶךְ אֶל־הַמָּק֖וֹם אֲשֶׁר־אָֽמַר־ל֥וֹ הָאֱלֹהִֽים׃ ל
4 בַּיּ֣וֹם הַשְּׁלִישִׁ֗י וַיִּשָּׂ֨א אַבְרָהָ֧ם אֶת־עֵינָ֛יו וַיַּ֥רְא אֶת־הַמָּק֖וֹם מֵרָחֹֽק׃ ז חס בתור
5 וַיֹּ֨אמֶר אַבְרָהָ֜ם אֶל־נְעָרָ֗יו שְׁבוּ־לָכֶ֥ם פֹּה֙ עִֽם־הַחֲמ֔וֹר וַאֲנִ֣י וְהַנַּ֔עַר ה בתור
6 נֵלְכָ֖ה עַד־כֹּ֑ה וְנִֽשְׁתַּחֲוֶ֖ה וְנָשׁ֥וּבָה אֲלֵיכֶֽם׃ 6 וַיִּקַּ֨ח אַבְרָהָ֜ם אֶת־עֲצֵ֣י ז[5]
הָעֹלָ֗ה וַיָּ֙שֶׂם֙ עַל־יִצְחָ֣ק בְּנ֔וֹ וַיִּקַּ֣ח בְּיָד֔וֹ אֶת־הָאֵ֖שׁ וְאֶת־הַֽמַּאֲכֶ֑לֶת פד לג[6] מנה בתור. ל. ג[7]
7 וַיֵּלְכ֥וּ שְׁנֵיהֶ֖ם יַחְדָּֽו׃ 7 וַיֹּ֨אמֶר יִצְחָ֜ק אֶל־אַבְרָהָ֤ם אָבִיו֙ וַיֹּ֣אמֶר אָבִ֔י ב פסוק דאית בהון ד ויאמר[8]
8 וַיֹּ֖אמֶר הִנֶּ֣נִּֽי בְנִ֑י וַיֹּ֗אמֶר הִנֵּ֤ה הָאֵשׁ֙ וְהָ֣עֵצִ֔ים וְאַיֵּ֥ה הַשֶּׂ֖ה לְעֹלָֽה׃ 8 וַיֹּ֙אמֶר֙ ב דגש
אַבְרָהָ֔ם אֱלֹהִ֞ים יִרְאֶה־לּ֥וֹ הַשֶּׂ֛ה לְעֹלָ֖ה בְּנִ֑י וַיֵּלְכ֥וּ שְׁנֵיהֶ֖ם יַחְדָּֽו׃
9 וַיָּבֹ֗אוּ אֶֽל־הַמָּקוֹם֮ אֲשֶׁ֣ר אָֽמַר־ל֣וֹ הָאֱלֹהִים֒ וַיִּ֨בֶן שָׁ֤ם אַבְרָהָם֙ אֶת־ ל
הַמִּזְבֵּ֔חַ וַֽיַּעֲרֹ֖ךְ אֶת־הָעֵצִ֑ים וַֽיַּעֲקֹד֙ אֶת־יִצְחָ֣ק בְּנ֔וֹ וַיָּ֤שֶׂם אֹתוֹ֙ עַל־ ל וחס. פד לג מנה בתור
10 הַמִּזְבֵּ֔חַ מִמַּ֖עַל לָעֵצִֽים׃ 10 וַיִּשְׁלַ֤ח אַבְרָהָם֙ אֶת־יָד֔וֹ וַיִּקַּ֖ח אֶת־ ד
11 הַֽמַּאֲכֶ֑לֶת לִשְׁחֹ֖ט אֶת־בְּנֽוֹ׃ 11 וַיִּקְרָ֨א אֵלָ֜יו מַלְאַ֤ךְ יְהוָה֙ מִן־הַשָּׁמַ֔יִם ג[7]. ב חד חס וחד מל[9]
12 וַיֹּ֖אמֶר אַבְרָהָ֣ם ׀ אַבְרָהָ֑ם וַיֹּ֖אמֶר הִנֵּֽנִי׃ 12 וַיֹּ֗אמֶר אַל־תִּשְׁלַ֤ח יָֽדְךָ֙ ד[6] שמואתא מתאימין וחד מן ב[10] בליש. ז בתור[6]
אֶל[a]־הַנַּ֔עַר וְאַל־תַּ֥עַשׂ ל֖וֹ מְא֑וּמָּה[b] כִּ֣י ׀ עַתָּ֣ה יָדַ֗עְתִּי כִּֽי־יְרֵ֤א אֱלֹהִים֙ ב[11]. ל[12]
13 אַ֔תָּה וְלֹ֥א חָשַׂ֛כְתָּ אֶת־בִּנְךָ֥ אֶת־יְחִידְךָ֖ מִמֶּֽנִּי׃ 13 וַיִּשָּׂ֨א אַבְרָהָ֜ם אֶת־ כו מלעיל. ג. כו פסוק את את ומילה חדה ביניה. בז וכל תלים דכות ב מ א

[26] Mm 144. Cp 22 [1] Mm 145. [2] Mm 1500. [3] Mm 146. [4] Mm 187. [5] Mm 2714. [6] Mp sub loco. [7] Mm 1511. [8] Mm 2019. [9] Mm 147. [10] Mm 148. [11] Mm 2687. [12] Mm 3450.

32 [a] cf 22[a] || 33 [a] prb ins c ш𝔊𝔖𝔙 אַבְרָהָם || [b] ш[Mss] הָעֹ׳ || Cp 22,1 [a] prb ins c 2 Mss 𝔊𝔙[Mss] אַבְרָהָם || 2 [a] ш המוראה ш[T] *ḥzjth*, σ′(𝔙) τῆς ὀπτασίας = הַמַּרְאָה cf 𝔗[J], 𝔖 *'mwrj'* = הָאֱמֹרִי || 12 [a] ш𝔊𝔖𝔙 עַל || [b] sic L, mlt Mss Edd וּמָה–.

עֵינָיו וַיַּרְא וְהִנֵּה־אַיִל אַחַר[a] נֶאֱחַז[b] בַּסְּבַךְ בְּקַרְנָיו וַיֵּלֶךְ אַבְרָהָם וַיִּקַּח ל̇ . [13]
14 אֶת־הָאַיִל וַיַּעֲלֵהוּ לְעֹלָה תַּחַת בְּנוֹ׃ 14 וַיִּקְרָא אַבְרָהָם שֵׁם־הַמָּקוֹם כל אורית חס ב מ א[14]
הַהוּא יְהוָה ׀ יִרְאֶה[a] אֲשֶׁר יֵאָמֵר הַיּוֹם בְּהַר[b] יְהוָה יֵרָאֶה[c]׃ ג̇[15] . יג̇[16]
15 16 וַיִּקְרָא מַלְאַךְ יְהוָה אֶל־אַבְרָהָם שֵׁנִית מִן־הַשָּׁמָיִם׃ 16 וַיֹּאמֶר בִּי ב̇[17]
נִשְׁבַּעְתִּי נְאֻם־יְהוָה כִּי יַעַן אֲשֶׁר עָשִׂיתָ אֶת־הַדָּבָר הַזֶּה וְלֹא חָשַׂכְתָּ ב בתור[18] . ג̇
17 אֶת־בִּנְךָ אֶת־יְחִידֶךָ[a]׃ 17 כִּי־בָרֵךְ אֲבָרֶכְךָ וְהַרְבָּה אַרְבֶּה אֶת־זַרְעֲךָ ג̇[19]
כְּכוֹכְבֵי הַשָּׁמַיִם וְכַחוֹל אֲשֶׁר עַל־שְׂפַת הַיָּם וְיִרַשׁ זַרְעֲךָ אֵת שַׁעַר ב̇ ובתרי לישנ[20] . ג חס . ל̇[21]
18 אֹיְבָיו׃ 18 וְהִתְבָּרְכוּ בְזַרְעֲךָ כֹּל גּוֹיֵי הָאָרֶץ עֵקֶב אֲשֶׁר שָׁמַעְתָּ בְּקֹלִי׃ כל אורית מל[22] . כל אורית חס ב מ א מל[23]
19 וַיָּשָׁב אַבְרָהָם אֶל־נְעָרָיו וַיָּקֻמוּ וַיֵּלְכוּ יַחְדָּו אֶל־בְּאֵר שָׁבַע וַיֵּשֶׁב ל̇
אַבְרָהָם בִּבְאֵר שָׁבַע׃ פ
20 וַיְהִי אַחֲרֵי הַדְּבָרִים הָאֵלֶּה וַיֻּגַּד לְאַבְרָהָם לֵאמֹר הִנֵּה יָלְדָה ג̇[24] . כ̇ד[25]
21 מִלְכָּה גַם־הִוא בָּנִים לְנָחוֹר אָחִיךָ׃ 21 אֶת־עוּץ בְּכֹרוֹ וְאֶת־בּוּז אָחִיו ו̇ ר״פ את ואת ואת[26]
22 וְאֶת־קְמוּאֵל [a]אֲבִי אֲרָם[a]׃ 22 וְאֶת־כֶּשֶׂד וְאֶת־חֲזוֹ וְאֶת־פִּלְדָּשׁ וְאֶת־ ג̇[27] . ל̇ . ל̇ . ל̇[28]
23 יִדְלָף וְאֵת בְּתוּאֵל׃ 23 [a]וּבְתוּאֵל יָלַד[b] אֶת־רִבְקָה[a] שְׁמֹנָה אֵלֶּה יָלְדָה
24 מִלְכָּה לְנָחוֹר אֲחִי אַבְרָהָם׃ 24 וּפִילַגְשׁוֹ[a] וּשְׁמָהּ רְאוּמָה וַתֵּלֶד גַּם־ ב̇ ר״פ[29]
הוּא אֶת־טֶבַח וְאֶת־גַּחַם וְאֶת־תַּחַשׁ וְאֶת־מַעֲכָה׃ ס קמז ל̇ שם אנש
23 1 וַיִּהְיוּ[a] חַיֵּי שָׂרָה מֵאָה שָׁנָה וְעֶשְׂרִים שָׁנָה וְשֶׁבַע שָׁנִים [b]שְׁנֵי פרש
2 חַיֵּי שָׂרָה[b]׃ 2 וַתָּמָת שָׂרָה בְּקִרְיַת אַרְבַּע[a] הִוא חֶבְרוֹן בְּאֶרֶץ כְּנָעַן
3 וַיָּבֹא אַבְרָהָם לִסְפֹּד לְשָׂרָה וְלִבְכֹּתָהּ׃ 3 וַיָּקָם אַבְרָהָם מֵעַל פְּנֵי ל̇ בתור . ל̇ . ל̇
4 מֵתוֹ וַיְדַבֵּר אֶל־בְּנֵי־חֵת לֵאמֹר׃ 4 גֵּר־וְתוֹשָׁב אָנֹכִי עִמָּכֶם תְּנוּ לִי י̇ בתור . ג ר״פ
5 אֲחֻזַּת־קֶבֶר עִמָּכֶם וְאֶקְבְּרָה[a] מֵתִי מִלְּפָנָי׃ 5 וַיַּעֲנוּ בְנֵי־חֵת אֶת־ ל̇ . יב̇ . י̇ בתור
6 אַבְרָהָם [a]לֵאמֹר לוֹ[b]׃[a] 6 שְׁמָעֵנוּ ׀ אֲדֹנִי נְשִׂיא אֱלֹהִים אַתָּה בְּתוֹכֵנוּ ל̇ . ל̇
בְּמִבְחַר קְבָרֵינוּ קְבֹר אֶת־מֵתֶךָ אִישׁ מִמֶּנּוּ אֶת־קִבְרוֹ לֹא־יִכְלֶה מִמְּךָ ל̇ ומל . ד . ג̇[1] . ב̇[2]

[13] Mp sub loco. [14] Nu 28,27, cf Mp sub loco. [15] Mm 149. [16] Mm 150. [17] Mm 2573. [18] Nu 14,28. [19] Mm 22. [20] Mm 3526. [21] Mm 151. [22] Mm 152. [23] Mm 153. [24] Mm 154. [25] Mm 2228. [26] Mm 2599. [27] Mm 155. [28] וחד ידלף Qoh 10,18. [29] Mm 156. **Cp 23** [1] Mm 2283. [2] Prv 22,8.

13 [a] l c mlt Mss ɯ𝔊𝔖𝔗[Ms J] אֶחָד ‖ [b] pc Mss Edd ־ָ cf 𝔊𝔖 ‖ **14** [a] prp יֵרָאֶה sed cf [c] ‖ [b] 𝔊[53.75](𝔖𝔗[J]𝔙[Mss]) + τούτῳ ‖ [c] prp יִרְאֶה cf 𝔖𝔙 sed cf [a] ‖ **16** [a] prb l c ɯ𝔊𝔖𝔙 יְחִידְךָ מִמֶּנִּי cf 12 ‖ **21** [a–a] frt add ‖ **23** [a–a] frt add ‖ [b] ɯ הוליד ‖ **24** [a] prp –לֶגֶשׁ לוֹ ‖ **Cp 23,1** [a] ins שְׁנֵי cf [b–b] et 47,28 ‖ [b–b] > 𝔊𝔙, dl ‖ **2** [a] ɯ + אל עמק 𝔊 + ἥ ἐστιν ἐν τῷ κοιλώματι = אֲשֶׁר בָּעֵמֶק? ‖ **4** [a] Ms ɯ 𝔗[J] + אֶת־ ‖ **5** [a–a] 1 לֵאמֹר: לוּ ‖ [b] ɯ𝔊 לֹא cf 11.

ד. י בתור ׀ 7 וַיָּ֧קָם אַבְרָהָ֛ם וַיִּשְׁתַּ֥חוּ לְעַם־הָאָ֖רֶץ לִבְנֵי־חֵֽת׃ מִקְבֹּ֖ר מֵתֶֽךָ׃ 7

לז. ל. י״ב ׀ 8 וַיְדַבֵּ֥ר אִתָּ֖ם לֵאמֹ֑ר אִם־יֵ֣שׁ אֶֽת־נַפְשְׁכֶ֗ם לִקְבֹּ֤ר אֶת־מֵתִי֙ מִלְּפָנַ֔י

ל וכל ד״ה דכות³ יגוֹ ׀ 9 שְׁמָע֕וּנִי וּפִגְעוּ־לִ֖י בְּעֶפְר֥וֹן בֶּן־צֹֽחַר׃ וְיִתֶּן־לִ֗י אֶת־מְעָרַ֤ת הַמַּכְפֵּלָה֙

הי⁵. י״ב בתור ׀ אֲשֶׁר־ל֔וֹ אֲשֶׁ֖ר בִּקְצֵ֣ה שָׂדֵ֑הוּ בְּכֶ֨סֶף מָלֵ֜א יִתְּנֶ֥נָּה לִ֛י בְּתוֹכְכֶ֖ם לַאֲחֻזַּת־

ד בתור ב מנ֗ בפסוק ׀ 10 קָֽבֶר׃ וְעֶפְר֥וֹן יֹשֵׁ֖ב בְּת֣וֹךְ בְּנֵי־חֵ֑ת וַיַּעַן֩ עֶפְר֨וֹן הַחִתִּ֤י אֶת־אַבְרָהָם֙ 10

לז. י בתור ב מנ֗ בפסוק׀ בר״פ בסיפ. ד זוגין⁶. ג ׀ בְּאָזְנֵ֣י בְנֵי־חֵ֔ת לְכֹ֛ל בָּאֵ֥י שַֽׁעַר־עִיר֖וֹ לֵאמֹֽר׃ 11 לֹֽא־אֲדֹנִי֙ שְׁמָעֵ֔נִי

הַשָּׂדֶה֙ נָתַ֣תִּי לָ֔ךְ וְהַמְּעָרָ֧ה אֲשֶׁר־בּ֛וֹ לְךָ֥ נְתַתִּ֖יהָ לְעֵינֵ֣י בְנֵֽי־עַמִּ֑י נְתַתִּ֣יהָ

ד ׀ לָ֔ךְ קְבֹ֖ר מֵתֶֽךָ׃ 12 וַיִּשְׁתַּ֙חוּ֙ אַבְרָהָ֔ם לִפְנֵ֖י עַ֥ם הָאָֽרֶץ׃ 13 וַיְדַבֵּ֨ר אֶל־ 12 13

לז. כב֗. ג ׀ עֶפְר֜וֹן בְּאָזְנֵ֤י עַם־הָאָ֙רֶץ֙ לֵאמֹ֔ר אַ֛ךְ אִם־אַתָּ֥ה ל֖וּ שְׁמָעֵ֑נִי נָתַ֜תִּי כֶּ֣סֶף

בֹ וכל תלים דכות ב֗ מ֗ יא ׀ יח ס״פ ׀ הַשָּׂדֶה֙ קַ֣ח מִמֶּ֔נִּי וְאֶקְבְּרָ֥ה אֶת־מֵתִ֖י שָֽׁמָּה׃ 14 וַיַּ֧עַן עֶפְר֛וֹן אֶת־ 14

ד זוגין⁷. ג. ג חס֗ בסיפ⁸ ׀ אַבְרָהָ֖ם לֵאמֹ֥ר לֽוֹ׃ 15 אֲדֹנִ֣י שְׁמָעֵ֔נִי אֶרֶץ֩ אַרְבַּ֨ע מֵאֹ֧ת שֶֽׁקֶל־כֶּ֛סֶף 15

ד⁹ ׀ בֵּינִ֥י וּבֵֽינְךָ֖ מַה־הִ֑וא וְאֶת־מֵתְךָ֖ קְבֹֽר׃ 16 וַיִּשְׁמַ֣ע אַבְרָהָם֮ אֶל־עֶפְרוֹן֒ 16

ד חס¹⁰. לז. י בתור ׀ וַיִּשְׁקֹ֤ל אַבְרָהָם֙ לְעֶפְרֹ֔ן אֶת־הַכֶּ֕סֶף אֲשֶׁ֥ר דִּבֶּ֖ר בְּאָזְנֵ֣י בְנֵי־חֵ֑ת אַרְבַּ֤ע

ל ׀ מֵא֤וֹת שֶׁ֙קֶל֙ כֶּ֔סֶף עֹבֵ֖ר לַסֹּחֵֽר׃ 17 וַיָּ֣קָם ׀ שְׂדֵ֣ה עֶפְר֗וֹן אֲשֶׁר֙ 17

ה חס֗. ל בסיפ֗ וכל ירמיה דכות ב מ֗ א¹¹ ׀ בַּמַּ֙כְפֵּלָ֔ה אֲשֶׁ֖ר לִפְנֵ֣י מַמְרֵ֑א הַשָּׂדֶה֙ וְהַמְּעָרָ֣ה אֲשֶׁר־בּ֔וֹ וְכָל־הָעֵץ֙

י בתור ׀ אֲשֶׁ֣ר בַּשָּׂדֶ֔ה אֲשֶׁ֥ר בְּכָל־גְּבֻל֖וֹ סָבִֽיב׃ 18 לְאַבְרָהָ֥ם לְמִקְנָ֖ה לְעֵינֵ֣י 18

בְנֵי־חֵ֑ת בְּכֹ֖ל בָּאֵ֥י שַֽׁעַר־עִירֽוֹ׃ 19 וְאַחֲרֵי־כֵן֩ קָבַ֨ר אַבְרָהָ֜ם אֶת־ 19

שָׂרָ֣ה אִשְׁתּ֗וֹ אֶל־מְעָרַ֞ת שְׂדֵ֧ה הַמַּכְפֵּלָ֛ה עַל־פְּנֵ֥י מַמְרֵ֖א הִ֣וא חֶבְר֑וֹן

י בתור ׀ בְּאֶ֖רֶץ כְּנָֽעַן׃ 20 וַיָּ֨קָם הַשָּׂדֶ֜ה וְהַמְּעָרָ֧ה אֲשֶׁר־בּ֛וֹ לְאַבְרָהָ֖ם לַאֲחֻזַּת־ 20

קָ֑בֶר מֵאֵ֖ת בְּנֵי־חֵֽת׃ ס

ד¹. כב בתור. יב. ד דגש² ׀ ס ⬠ 24 1 וְאַבְרָהָ֣ם זָקֵ֔ן בָּ֖א בַּיָּמִ֑ים וַֽיהוָ֛ה בֵּרַ֥ךְ אֶת־אַבְרָהָ֖ם בַּכֹּֽל׃

ב³. כד ׀ 2 וַיֹּ֣אמֶר אַבְרָהָ֗ם אֶל־עַבְדּוֹ֙ זְקַ֣ן בֵּית֔וֹ הַמֹּשֵׁ֖ל בְּכָל־אֲשֶׁר־ל֑וֹ שִֽׂים־נָ֥א

ל. ג ׀ יָדְךָ֖ תַּ֥חַת יְרֵכִֽי׃ 3 וְאַשְׁבִּ֣יעֲךָ֔ בַּֽיהוָה֙ אֱלֹהֵ֣י הַשָּׁמַ֔יִם וֵֽאלֹהֵ֖י הָאָ֑רֶץ

הל֗. יז מל בתור ג֗ מנ֗ בסיפ ׀ אֲשֶׁ֨ר לֹֽא־תִקַּ֤ח אִשָּׁה֙ לִבְנִ֔י מִבְּנוֹת֙ הַֽכְּנַעֲנִ֔י אֲשֶׁ֥ר אָנֹכִ֖י יוֹשֵׁ֥ב בְּקִרְבּֽוֹ׃

כִּ֧י אֶל־אַרְצִ֛י וְאֶל־מוֹלַדְתִּ֖י תֵּלֵ֑ךְ וְלָקַחְתָּ֥ אִשָּׁ֖ה לִבְנִ֥י לְיִצְחָֽק׃ 4

³Mp sub loco. ⁴Mm 157. ⁵Mm 158. ⁶Mm 1940. ⁷Mm 1444. ⁸Mm 35. ⁹Mm 908. ¹⁰Mm 365.
¹¹Jer 9,9. **Cp 24** ¹Mm 159. ²Mm 104. ³Ps 133,2. ⁴Mm 3880. ⁵Mm 4084. ⁶Mm 160.

8 ᵃ ωσ + הֶחָתִּי ‖ 10 ᵃ l frt בְּכֹל ut 18 ‖ 11 ᵃ l frt לְךָ cf 𝔗ᴶ et 5ᵃ⁻ᵃ ‖ 13 ᵃ ωσ𝔊𝔖𝔗ᴶ לִי ‖
14 ᵃ⁻ᵃ ut 5ᵃ⁻ᵃ cf 11ᵃ ‖ 17 ᵃ pc Mss ωσ עַל־פְּנֵי ut 19 25,9 ‖ ᵇ dl : ‖ 18 ᵃ mlt Mss
𝔖ᴹˢ𝔗ᴶ לְכֹל ut 10 ‖ 19 ᵃ mlt Mss 𝔊𝔖ᴹˢ𝔗ᴶ + אֲשֶׁר ‖ **Cp 24,4** ᵃ 𝔖 Seb mlt Mss ωσ כִּי־אִם.

5 וַיֹּ֤אמֶר אֵלָיו֙ הָעֶ֔בֶד אוּלַי֙ לֹא־תֹאבֶ֣ה הָֽאִשָּׁ֔ה לָלֶ֥כֶת אַחֲרַ֖י אֶל־
הָאָ֣רֶץ הַזֹּ֑את הֶהָשֵׁ֤ב אָשִׁיב֙ אֶת־בִּנְךָ֔ אֶל־הָאָ֖רֶץ אֲשֶׁר־יָצָ֥אתָ מִשָּֽׁם׃
6 7 וַיֹּ֥אמֶר אֵלָ֖יו אַבְרָהָ֑ם הִשָּׁ֣מֶר לְךָ֔ פֶּן־תָּשִׁ֥יב אֶת־בְּנִ֖י שָֽׁמָּה׃ 7 יְהוָ֣ה ׀
[a]אֱלֹהֵ֣י הַשָּׁמַ֗יִם[a] אֲשֶׁ֨ר לְקָחַ֜נִי [b]מִבֵּ֣ית אָבִי֮ וּמֵאֶ֣רֶץ מוֹלַדְתִּי֒[b] וַאֲשֶׁ֨ר
דִּבֶּר־לִ֜י וַאֲשֶׁ֧ר נִֽשְׁבַּֽע־לִ֣י לֵאמֹ֗ר לְזַ֨רְעֲךָ֔ אֶתֵּ֖ן אֶת־הָאָ֣רֶץ הַזֹּ֑את ה֗וּא
8 יִשְׁלַ֤ח מַלְאָכוֹ֙ לְפָנֶ֔יךָ וְלָקַחְתָּ֥ אִשָּׁ֛ה לִבְנִ֖י מִשָּֽׁם׃ 8 וְאִם־לֹ֨א תֹאבֶ֤ה
הָֽאִשָּׁה֙ לָלֶ֣כֶת אַחֲרֶ֔יךָ וְנִקִּ֕יתָ מִשְּׁבֻעָתִ֖י זֹ֑את רַ֣ק אֶת־בְּנִ֔י לֹ֥א תָשֵׁ֖ב[a]
9 שָֽׁמָּה׃ 9 וַיָּ֤שֶׂם הָעֶ֨בֶד֙ אֶת־יָד֔וֹ תַּ֛חַת יֶ֥רֶךְ אַבְרָהָ֖ם אֲדֹנָ֑יו וַיִּשָּׁ֣בַֽע ל֔וֹ
10 עַל־הַדָּבָ֖ר הַזֶּֽה׃ 10 וַיִּקַּ֣ח הָעֶ֡בֶד עֲשָׂרָה֩ גְמַלִּ֨ים מִגְּמַלֵּ֤י אֲדֹנָיו֙
וַיֵּ֔לֶךְ[a] וְכָל־[b]ט֥וּב אֲדֹנָ֖יו בְּיָד֑וֹ וַיָּ֗קָם וַיֵּ֛לֶךְ אֶל־אֲרַ֥ם נַהֲרַ֖יִם אֶל־עִ֥יר
11 נָחֽוֹר׃ 11 וַיַּבְרֵ֧ךְ הַגְּמַלִּ֛ים מִח֥וּץ לָעִ֖יר אֶל־[a]בְּאֵ֣ר הַמָּ֑יִם לְעֵ֣ת עֶ֔רֶב
12 לְעֵ֖ת צֵ֥את הַשֹּׁאֲבֹֽת׃ 12 וַיֹּאמַ֓ר ׀ יְהוָ֗ה אֱלֹהֵי֙ אֲדֹנִ֣י אַבְרָהָ֔ם הַקְרֵה־נָ֥א
13 לְפָנַ֖י הַיּ֑וֹם וַעֲשֵׂה־חֶ֕סֶד עִ֖ם אֲדֹנִ֥י אַבְרָהָֽם׃ 13 הִנֵּ֛ה אָנֹכִ֥י נִצָּ֖ב עַל־עֵ֣ין
14 הַמָּ֑יִם וּבְנוֹת֙ אַנְשֵׁ֣י הָעִ֔יר יֹצְאֹ֖ת לִשְׁאֹ֥ב מָֽיִם׃ 14 וְהָיָ֣ה הַֽנַּעֲרָ֗[a] אֲשֶׁ֨ר אֹמַ֤ר
אֵלֶ֨יהָ֙ הַטִּי־נָ֤א כַדֵּךְ֙ וְאֶשְׁתֶּ֔ה וְאָמְרָ֣ה שְׁתֵ֔ה וְגַם־גְּמַלֶּ֖יךָ אַשְׁקֶ֑ה אֹתָ֤הּ
15 הֹכַ֨חְתָּ֙ לְעַבְדְּךָ֣ לְיִצְחָ֔ק וּבָ֣הּ אֵדַ֔ע כִּֽי־עָשִׂ֥יתָ חֶ֖סֶד עִם־אֲדֹנִֽי׃ 15 וַֽיְהִי־
ה֗וּא טֶ֣רֶם כִּלָּ֣ה[a] לְדַבֵּר֒[b] וְהִנֵּ֨ה רִבְקָ֜ה יֹצֵ֗את אֲשֶׁ֤ר יֻלְּדָה֙ לִבְתוּאֵ֣ל בֶּן־
16 מִלְכָּ֔ה אֵ֥שֶׁת נָח֖וֹר אֲחִ֣י אַבְרָהָ֑ם וְכַדָּ֖הּ עַל־שִׁכְמָֽהּ׃ 16 וְהַֽנַּעֲרָ֗[a] טֹבַ֤ת
מַרְאֶה֙ מְאֹ֔ד בְּתוּלָ֕ה וְאִ֖ישׁ לֹ֣א יְדָעָ֑הּ וַתֵּ֣רֶד הָעַ֔יְנָה וַתְּמַלֵּ֥א כַדָּ֖הּ
17 וַתָּֽעַל׃ 17 וַיָּ֥רָץ הָעֶ֖בֶד לִקְרָאתָ֑הּ וַיֹּ֕אמֶר הַגְמִיאִ֥ינִי נָ֛א מְעַט־מַ֖יִם
18 מִכַּדֵּֽךְ׃ 18 וַתֹּ֖אמֶר שְׁתֵ֣ה אֲדֹנִ֑י וַתְּמַהֵ֗ר וַתֹּ֧רֶד כַּדָּ֛הּ עַל־יָדָ֖הּ וַתַּשְׁקֵֽהוּ׃
19 19 וַתְּכַ֖ל לְהַשְׁקֹת֑וֹ וַתֹּ֗אמֶר גַּ֤ם לִגְמַלֶּ֨יךָ֙ אֶשְׁאָ֔ב עַ֥ד אִם־כִּלּ֖וּ לִשְׁתֹּֽת׃
20 20 וַתְּמַהֵ֗ר וַתְּעַ֤ר[a] כַּדָּהּ֙ אֶל־הַשֹּׁ֔קֶת וַתָּ֥רָץ ע֛וֹד אֶל־הַבְּאֵ֖ר לִשְׁאֹ֑ב
21 וַתִּשְׁאַ֖ב לְכָל־גְּמַלָּֽיו׃ 21 וְהָאִ֥ישׁ מִשְׁתָּאֵ֖ה[a] לָ֑הּ מַחֲרִ֕ישׁ לָדַ֗עַת הַהִצְלִ֧יחַ

ד בסיפ[7]
ל. ד בסיפ[7]
[8]ל. יח ס״פ. ו[9]
ו[10]. ב[11]
ג ר״פ בסיפ[12]
ל וחס. ד[13]
יח ס״פ. פד לג מנה בתור
ב[14]. יט בליש[15]
ל
צא יט מנה ר״פ י מנה בתור וחד מן ז[16] בטע מרעימין. ל
ז ר״פ בתור[17]
ל חס[18]
ח[19]. ב[20]
ל חס[21]. ג[22]
ב. ל וחס
ב[23]. ב
ל
ג ב חס וחד מל[24]
ב. ל זקף קמ. ב. ד חס
ל. ל. ל
ל. ל

[7] Mm 79. [8] Mm 161. [9] Mm 3880. [10] Mm 1698. [11] Jer 9,11. [12] Mm 162. [13] Mm 163. [14] Mm 164. [15] Mm 335. [16] Mm 705. [17] Mm 165. [18] Q perpetuum; archetypus Gn contra archetypum Dt, cf Dt 22,15sqq et Mp sub loco. [19] Mm 3001. [20] Mp sub loco. [21] Mm 3466. [22] Mm 166. [23] 1 R 1,4. [24] Mm 1634.

7 [a–a] > cod Sev; prb ins וֵֽאלֹהֵי הָאָרֶץ ut 3, it 𝔊 ‖ [b–b] cod Sev מִבֵּיתִי וּמֵאַרְצִי ‖ **8** [a] 𝔐 תשיב ‖ **10** [a] > 𝔊, prp dl ‖ [b] 𝔖(𝔙) *wmn kl*, prp וּמִכָּל ‖ **11** [a] 𝔐 על ‖ **14** [a] 𝔐 ut Q, K הַנַּעַר? ‖ **15** [a] l frt יְכַלֶּה cf 45 ‖ [b] 𝔐𝔊𝔖𝔙 + אֶל־לִבּוֹ cf 45 ‖ **16** [a] cf 14[a] ‖ **20** [a] 𝔐 ותורד cf 18 ‖ **21** [a] l מִשְׁתָּעֶה?

22 יְהוָ֛ה דַּרְכּ֖וֹ אִם־לֹֽא׃ 22 וַיְהִ֗י כַּאֲשֶׁ֨ר כִּלּ֤וּ הַגְּמַלִּים֙ לִשְׁתּ֔וֹת וַיִּקַּ֤ח ז ס״פ
הָאִישׁ֙ נֶ֣זֶם זָהָ֔ב בֶּ֖קַע מִשְׁקָל֑וֹ a וּשְׁנֵ֤י צְמִידִים֙ עַל־יָדֶ֔יהָ עֲשָׂרָ֥ה זָהָ֖ב בׄ25
23 מִשְׁקָלָֽם׃ 23 וַיֹּ֨אמֶר֙ בַּת־מִ֣י אַ֔תְּ הַגִּ֥ידִי נָ֖א לִ֑י הֲיֵ֧שׁ בֵּית־אָבִ֛יךְ מָק֥וֹם
24 לָ֖נוּ לָלִֽין׃ 24 וַתֹּ֣אמֶר אֵלָ֔יו בַּת־בְּתוּאֵ֖ל אָנֹ֑כִי בֶּן־מִלְכָּ֕ה אֲשֶׁ֥ר יָלְדָ֖ה ל כת כן26
25 לְנָחֽוֹר׃ 25 וַתֹּ֣אמֶר אֵלָ֔יו גַּם־תֶּ֥בֶן גַּם־מִסְפּ֖וֹא רַ֣ב עִמָּ֑נוּ גַּם־מָק֖וֹם יב פסוק גם גם גם
26 27 לָלֽוּן׃ 26 וַיִּקֹּ֣ד הָאִ֔ישׁ וַיִּשְׁתַּ֖חוּ לַיהוָֽה׃ 27 וַיֹּ֗אמֶר בָּר֤וּךְ יְהוָה֙ אֱלֹהֵי֙
אֲדֹנִ֣י אַבְרָהָ֔ם אֲשֶׁ֧ר לֹא־עָזַ֛ב חַסְדּ֥וֹ וַאֲמִתּ֖וֹ מֵעִ֣ם אֲדֹנִ֑י אָנֹכִ֗י a בַּדֶּ֨רֶךְ֙ ל בתור27
28 נָחַ֣נִי יְהוָ֔ה בֵּ֖ית אֲחֵ֥י b אֲדֹנִֽי׃ 28 וַתָּ֨רָץ֙ הַֽנַּעֲרָ֔ a וַתַּגֵּ֖ד לְבֵ֣ית אִמָּ֑הּ בׄ28
29 כַּדְּבָרִ֖ים הָאֵֽלֶּה׃ 29 וּלְרִבְקָ֥ה אָ֖ח וּשְׁמ֣וֹ לָבָ֑ן a וַיָּ֨רָץ לָבָ֧ן אֶל־הָאִ֛ישׁ ב חד ר״פ וחד ס״פ29
30 הַח֖וּצָה אֶל־הָעָֽיִן׃ a 30 וַיְהִ֣י׀ כִּרְאֹ֣ת a אֶת־הַנֶּ֗זֶם וְֽאֶת־הַצְּמִדִים֮ עַל־ יו30. ב. ב חס31. ל וחס
יְדֵ֣י אֲחֹתוֹ֒ וּכְשָׁמְע֗וֹ אֶת־דִּבְרֵ֞י רִבְקָ֤ה אֲחֹתוֹ֙ לֵאמֹ֔ר כֹּֽה־דִבֶּ֥ר אֵלַ֖י
31 הָאִ֑ישׁ וַיָּבֹא֙ אֶל־הָאִ֔ישׁ וְהִנֵּ֛ה עֹמֵ֥ד עַל־הַגְּמַלִּ֖ים עַל־הָעָֽיִן׃ 31 וַיֹּ֕אמֶר ב
בּ֖וֹא בְּר֣וּךְ יְהוָ֑ה לָ֤מָּה תַעֲמֹד֙ בַּח֔וּץ וְאָנֹכִי֙ פִּנִּ֣יתִי הַבַּ֔יִת וּמָק֖וֹם לַגְּמַלִּֽים׃ יד32 מל וכל שמואל וכתיב דכות ב מ ה. בׄ33. בׄ34
32 וַיָּבֹ֤א הָאִישׁ֙ הַבַּ֔יְתָה וַיְפַתַּ֖ח הַגְּמַלִּ֑ים וַיִּתֵּ֨ן תֶּ֤בֶן וּמִסְפּוֹא֙ לַגְּמַלִּ֔ים יט35. בׄ36. ל
33 וּמַ֨יִם֙ לִרְחֹ֣ץ רַגְלָ֔יו וְרַגְלֵ֥י הָאֲנָשִׁ֖ים אֲשֶׁ֥ר אִתּֽוֹ׃ 33 וַיִּישַׂ֤ם a לְפָנָיו֙ לֶֽאֱכֹ֔ל ויושם37 ק
34 וַיֹּ֕אמֶר לֹ֣א אֹכַ֔ל עַ֥ד אִם־דִּבַּ֖רְתִּי דְּבָרָ֑י וַיֹּ֖אמֶר b דַּבֵּֽר׃ 34 וַיֹּאמַ֑ר עֶ֥בֶד צא יט מנה ר״פ י מנה בתור
35 אַבְרָהָ֖ם אָנֹֽכִי׃ 35 וַֽיהוָ֞ה בֵּרַ֧ךְ אֶת־אֲדֹנִ֛י מְאֹ֖ד וַיִּגְדָּ֑ל וַיִּתֶּן־ל֞וֹ צֹ֤אן כב בתור. יב
36 וּבָקָר֙ וְכֶ֣סֶף וְזָהָ֔ב וַעֲבָדִם֙ וּשְׁפָחֹ֔ת וּגְמַלִּ֖ים וַחֲמֹרִֽים׃ 36 וַתֵּ֡לֶד שָׂרָ֡ה ד פסוק דאית בהון ח מילין נסיב ו38. ג39. ל חס
אֵ֤שֶׁת אֲדֹנִי֙ בֵ֔ן לַֽאדֹנִ֔י אַחֲרֵ֖י זִקְנָתָ֑הּ a וַיִּתֶּן־ל֖וֹ b אֶת־כָּל־אֲשֶׁר־לֽוֹ׃ ל
37 וַיַּשְׁבִּעֵ֥נִי אֲדֹנִ֖י לֵאמֹ֑ר לֹֽא־תִקַּ֤ח אִשָּׁה֙ לִבְנִ֔י מִבְּנוֹת֙ הַֽכְּנַעֲנִ֔י אֲשֶׁ֥ר ל חס
38 אָנֹכִ֖י יֹשֵׁ֥ב בְּאַרְצֽוֹ׃ 38 אִם־לֹ֧א a אֶל־בֵּית־אָבִ֛י תֵּלֵ֖ךְ וְאֶל־מִשְׁפַּחְתִּ֑י ה40. ח41 ר״פ וכל איוב דכות ב מ ב
39 וְלָקַחְתָּ֥ אִשָּׁ֖ה לִבְנִֽי׃ 39 וָאֹמַ֖ר אֶל־אֲדֹנִ֑י אֻלַ֛י לֹא־תֵלֵ֥ךְ הָאִשָּׁ֖ה אַחֲרָֽי׃ ל וחס
40 וַיֹּ֖אמֶר אֵלָ֑י יְהוָ֞ה אֲשֶׁר־הִתְהַלַּ֣כְתִּי לְפָנָ֗יו יִשְׁלַ֨ח מַלְאָכ֤וֹ אִתָּךְ֙ ד קמ וכל יחזק בקיבה אתנח וס״פ דכות42
41 וְהִצְלִ֣יחַ דַּרְכֶּ֔ךָ וְלָקַחְתָּ֥ אִשָּׁ֛ה לִבְנִ֖י מִמִּשְׁפַּחְתִּ֥י וּמִבֵּ֥ית אָבִֽי׃ 41 אָ֤ז

[25] Mp sub loco. [26] Mm 839. [27] Mm 3665. [28] Ru 1,8. [29] Mm 167. [30] Mm 290. [31] Mm 168. [32] Mm 169. [33] Gn 26,29. [34] Mm 3523. [35] Mm 1557. [36] Mm 170. [37] Mm 832. [38] Mm 4156. [39] Mm 171. [40] Mm 4084. [41] Mm 3185. [42] Mm 172.

22 [a] ins c ɯ וַיָּשֶׂם עַל־אַפָּהּ cf 47 ‖ **27** [a] l כִּי ? cf 𝔖 ‖ [b] l frt אחי cf Vrs et 48 ‖ **28** [a] cf 14[a] ‖ **29** [a–a] frt tr post 30a ‖ **30** [a] ɯ כראותו ‖ **33** [a] 𝔊(𝔖[Mss]) *καὶ παρέθηκεν* = וַיָּשֶׂם ‖ [b] ɯ𝔊𝔖 ־ֵרוּ ‖ **36** [a] l ־תֹה ? cf ɯ𝔊 et 21,2 ‖ [b] sic L, mlt Mss Edd לוֹ ‖ **38** [a–a] frt l c ɯ כִּי אִם.

תִּנָּקֶה֙ מֵאָ֣לָתִ֔י כִּ֥י תָב֖וֹא אֶל־מִשְׁפַּחְתִּ֑י וְאִם־לֹ֤א יִתְּנוּ֙ לָ֔ךְ וְהָיִ֥יתָ נָקִ֖י יז מ״פ
מֵאָלָתִֽי׃ 42 וָאָבֹ֥א הַיּ֖וֹם אֶל־הָעָ֑יִן וָאֹמַ֗ר יְהוָה֙ אֱלֹהֵי֙ אֲדֹנִ֣י אַבְרָהָ֔ם ס [כא] ה חס . ב
43 אִם־יֶשְׁךָ־נָּא֙ מַצְלִ֣יחַ דַּרְכִּ֔י אֲשֶׁ֥ר אָנֹכִ֖י הֹלֵ֥ךְ עָלֶֽיהָ׃ 43 הִנֵּ֛ה אָנֹכִ֥י נִצָּ֖ב ז ר״פ בתור[43]
עַל־עֵ֣ין הַמָּ֑יִם וְהָיָ֤ה הָֽעַלְמָה֙ הַיֹּצֵ֣את לִשְׁאֹ֔ב וְאָמַרְתִּ֣י אֵלֶ֔יהָ הַשְׁקִֽינִי־ ג ב מנה בתור[44]
44 נָ֥א מְעַט־מַ֖יִם מִכַּדֵּֽךְ׃ 44 וְאָמְרָ֤ה אֵלַי֙ גַּם־אַתָּ֣ה שְׁתֵ֔ה וְגַ֥ם לִגְמַלֶּ֖יךָ ה[45]
45 אֶשְׁאָ֑ב הִ֣וא הָֽאִשָּׁ֔ה אֲשֶׁר־הֹכִ֥יחַ יְהוָ֖ה לְבֶן־אֲדֹנִֽי׃ 45 אֲנִי֩ טֶ֨רֶם אֲכַלֶּ֜ה ל חס[46]
לְדַבֵּ֣ר אֶל־לִבִּ֗י וְהִנֵּ֨ה רִבְקָ֤ה יֹצֵאת֙ וְכַדָּ֣הּ עַל־שִׁכְמָ֔הּ וַתֵּ֥רֶד הָעַ֖יְנָה ב . ב
46 וַתִּשְׁאָ֑ב וָאֹמַ֥ר אֵלֶ֖יהָ הַשְׁקִ֥ינִי נָֽא[a]׃ 46 וַתְּמַהֵ֗ר וַתּ֤וֹרֶד כַּדָּהּ֙ מֵֽעָלֶ֔יהָ ג ב חס וחד מל[47]
וַתֹּ֣אמֶר שְׁתֵ֔ה וְגַם־גְּמַלֶּ֖יךָ אַשְׁקֶ֑ה וָאֵ֕שְׁתְּ וְגַ֥ם הַגְּמַלִּ֖ים הִשְׁקָֽתָה׃ ב . ל
47 47 וָאֶשְׁאַ֣ל אֹתָ֗הּ וָאֹמַר֮ בַּת־מִ֣י אַתְּ֒ וַתֹּ֗אמֶר בַּת־בְּתוּאֵל֙ בֶּן־נָח֔וֹר אֲשֶׁ֥ר
48 יָֽלְדָה־לּ֖וֹ מִלְכָּ֑ה וָאָשִׂ֤ם הַנֶּ֙זֶם֙ עַל־אַפָּ֔הּ וְהַצְּמִידִ֖ים עַל־יָדֶֽיהָ׃ 48 וָאֶקֹּ֥ד ט[48] ה[49] מנה חס
וָֽאֶשְׁתַּחֲוֶ֖ה לַֽיהוָ֑ה וָאֲבָרֵ֗ךְ אֶת־יְהוָה֙ אֱלֹהֵי֙ אֲדֹנִ֣י אַבְרָהָ֔ם אֲשֶׁ֤ר הִנְחַ֙נִי֙
49 בְּדֶ֣רֶךְ אֱמֶ֔ת לָקַ֛חַת אֶת־בַּת־אֲחִ֥י אֲדֹנִ֖י לִבְנֽוֹ׃ 49 וְעַתָּ֡ה אִם־יֶשְׁכֶ֣ם ז פסוק בתור אם ואם
עֹשִׂ֞ים חֶ֧סֶד וֶאֱמֶ֛ת אֶת־אֲדֹנִ֖י הַגִּ֣ידוּ לִ֑י וְאִם־לֹ֕א הַגִּ֣ידוּ לִ֔י וְאֶפְנֶ֥ה עַל־[a] יז מ״פ . ל
50 יָמִ֖ין א֥וֹ עַל[a]־שְׂמֹֽאל׃ 50 וַיַּ֨עַן לָבָ֤ן וּבְתוּאֵל֙[a] וַיֹּ֣אמְר֔וּ מֵיְהוָ֖ה יָצָ֣א ל[50]
51 הַדָּבָ֑ר לֹ֥א נוּכַ֛ל דַּבֵּ֥ר אֵלֶ֖יךָ רַ֥ע אוֹ־טֽוֹב׃ 51 הִנֵּֽה־רִבְקָ֥ה לְפָנֶ֖יךָ קַ֣ח ט[51] וכל אמירה יצר לשון עשייה ועין דכות ב מ ז . ז ר״פ בתור[43]
52 וָלֵ֑ךְ וּתְהִ֤י אִשָּׁה֙ לְבֶן־אֲדֹנֶ֔יךָ כַּאֲשֶׁ֖ר דִּבֶּ֥ר יְהוָֽה׃ 52 וַיְהִ֕י כַּאֲשֶׁ֥ר שָׁמַ֛ע ה[52] . יד רפ[53]
53 עֶ֥בֶד אַבְרָהָ֖ם אֶת־דִּבְרֵיהֶ֑ם וַיִּשְׁתַּ֥חוּ אַ֖רְצָה לַֽיהוָֽה׃ 53 וַיּוֹצֵ֨א הָעֶ֜בֶד יב מל[54]
כְּלֵי־כֶ֨סֶף וּכְלֵ֤י זָהָב֙ וּבְגָדִ֔ים וַיִּתֵּ֖ן לְרִבְקָ֑ה וּמִ֨גְדָּנֹ֔ת נָתַ֥ן לְאָחִ֖יהָ ב חד מל וחד חס[55]
54 וּלְאִמָּֽהּ׃ 54 וַיֹּאכְל֣וּ וַיִּשְׁתּ֗וּ ה֛וּא וְהָאֲנָשִׁ֥ים אֲשֶׁר־עִמּ֖וֹ וַיָּלִ֑ינוּ וַיָּק֣וּמוּ יא וכל ד״ה דכות . ט מל[56]
55 בַבֹּ֔קֶר וַיֹּ֖אמֶר שַׁלְּחֻ֥נִי לַֽאדֹנִֽי׃ 55 וַיֹּ֤אמֶר אָחִ֙יהָ֙ וְאִמָּ֔הּ תֵּשֵׁ֨ב הַנַּעֲרָ֥[a] ב חד מל וחד חס
56 אִתָּ֛נוּ יָמִ֖ים[b] א֣וֹ עָשׂ֑וֹר אַחַ֖ר[c] תֵּלֵֽךְ׃ 56 וַיֹּ֤אמֶר אֲלֵהֶם֙ אַל־תְּאַחֲר֣וּ אֹתִ֔י
57 וַֽיהוָ֖ה הִצְלִ֣יחַ דַּרְכִּ֑י שַׁלְּח֕וּנִי וְאֵלְכָ֖ה לַֽאדֹנִֽי[a]׃ 57 וַיֹּאמְר֖וּ נִקְרָ֣א לַנַּעֲרָ֑[a] כב בתור . ב חד חס וחד מל[44]
58 וְנִשְׁאֲלָ֖ה אֶת־פִּֽיהָ׃ 58 וַיִּקְרְא֤וּ לְרִבְקָה֙ וַיֹּאמְר֣וּ אֵלֶ֔יהָ הֲתֵלְכִ֖י עִם־ ל . ב . ל[44]
59 הָאִ֣ישׁ הַזֶּ֑ה וַתֹּ֖אמֶר אֵלֵֽךְ׃ 59 וַֽיְשַׁלְּח֛וּ אֶת־רִבְקָ֥ה אֲחֹתָ֖ם וְאֶת־מֵנִקְתָּ֑הּ ל

[43] Mm 165. [44] Mp sub loco. [45] Mm 3001. [46] Mm 3466. [47] Mm 1634. [48] Mm 1918. [49] Mm 2528. [50] וחד יצא דבר Da 9,23. [51] Mm 824. [52] Mm 173. [53] Mm 174. [54] Mm 2194. [55] Mm 4249. [56] Mm 1663.

45 [a] ꟹ𝔖 + מְעַט מַיִם מִכַּדֵּךְ cf 𝔊^min ‖ **49** [a] l אֶל ? ‖ **50** [a] prp וּבֵיתוֹ (cf 28) vel וְאִמּוֹ (cf 55) ‖ **55** [a] cf 14[a] ‖ [b] pr חֹדֶשׁ ? sic 𝔖 et 29,14; ꟹ + או חדש ‖ [c] nonn Mss ꟹ Vrs וְא׳ ‖ **56** [a] frt l c ꟹ אֶל־א׳ ‖ **57** [a] cf 14[a].

60 וְאֶת־עֶ֫בֶד אַבְרָהָם וְאֶת־אֲנָשָׁיו׃ 60 וַיְבָרְכוּ אֶת־רִבְקָה[a] וַיֹּאמְרוּ לָהּ ל. ב57. 58

אֲחֹתֵנוּ אַתְּ הֲיִי לְאַלְפֵי רְבָבָה ד ג חס וחד מל59. ד

וְיִירַשׁ זַרְעֵךְ אֵת שַׁעַר שֹׂנְאָיו[b]׃ ל60. ל60

61 וַתָּקָם רִבְקָה וְנַעֲרֹתֶיהָ וַתִּרְכַּבְנָה עַל־הַגְּמַלִּים וַתֵּלַכְנָה אַחֲרֵי

62 הָאִישׁ וַיִּקַּח הָעֶבֶד אֶת־רִבְקָה וַיֵּלַךְ׃ 62 וְיִצְחָק בָּא מִבּוֹא[a] בְּאֵר לַחַי ז61. ה. ו62

63 רֹאִי וְהוּא יוֹשֵׁב בְּאֶרֶץ הַנֶּגֶב׃ 63 וַיֵּצֵא יִצְחָק לָשׂוּחַ בַּשָּׂדֶה לִפְנוֹת ו. יז מל בתור ג63 מנה בסיפ. ל

64 עָרֶב וַיִּשָּׂא עֵינָיו וַיַּרְא וְהִנֵּה גְמַלִּים בָּאִים׃ 64 וַתִּשָּׂא רִבְקָה אֶת־עֵינֶיהָ ב בתור. ה

65 וַתֵּרֶא אֶת־יִצְחָק וַתִּפֹּל[a] מֵעַל הַגָּמָל׃ 65 וַתֹּאמֶר אֶל־הָעֶבֶד מִי־

הָאִישׁ הַלָּזֶה הַהֹלֵךְ בַּשָּׂדֶה לִקְרָאתֵנוּ וַיֹּאמֶר הָעֶבֶד הוּא אֲדֹנִי וַתִּקַּח ב

66 הַצָּעִיף וַתִּתְכָּס׃ 66 וַיְסַפֵּר הָעֶבֶד לְיִצְחָק אֵת כָּל־הַדְּבָרִים אֲשֶׁר ל. יג חס האלה64

67 עָשָׂה׃ 67 וַיְבִאֶהָ יִצְחָק הָאֹהֱלָה[a] שָׂרָה אִמּוֹ[a] וַיִּקַּח אֶת־רִבְקָה וַתְּהִי־ ד ב חס וב מל65. ח66

לוֹ לְאִשָּׁה וַיֶּאֱהָבֶהָ וַיִּנָּחֵם יִצְחָק אַחֲרֵי אִמּוֹ[b]׃ פ ב. ב

ס [כב] 25 1 וַיֹּסֶף אַבְרָהָם וַיִּקַּח אִשָּׁה וּשְׁמָהּ קְטוּרָה׃ 2 וַתֵּלֶד לוֹ אֶת־ כ״

3 זִמְרָן וְאֶת־יָקְשָׁן וְאֶת־מְדָן וְאֶת־מִדְיָן וְאֶת־יִשְׁבָּק וְאֶת־שׁוּחַ׃ 3 וְיָקְשָׁן ל

יָלַד אֶת־שְׁבָא וְאֶת־דְּדָן[a] וּבְנֵי דְדָן הָיוּ אַשּׁוּרִם וּלְטוּשִׁם וּלְאֻמִּים[a]׃ ל. ל. ל

4 וּבְנֵי מִדְיָן עֵיפָה וָעֵפֶר וַחֲנֹךְ וַאֲבִידָע וְאֶלְדָּעָה כָּל־אֵלֶּה בְּנֵי ב חד מל וחד מן ג1 חס בליש. ב

5 6 קְטוּרָה׃ 5 וַיִּתֵּן אַבְרָהָם אֶת־כָּל־אֲשֶׁר־לוֹ לְיִצְחָק[a]׃ 6 וְלִבְנֵי

הַפִּילַגְשִׁים אֲשֶׁר לְאַבְרָהָם נָתַן אַבְרָהָם מַתָּנֹת וַיְשַׁלְּחֵם מֵעַל יִצְחָק ב מל ול בתור2. ב חס3. ט4

7 בְּנוֹ בְּעוֹדֶנּוּ חַי קֵדְמָה אֶל־אֶרֶץ קֶדֶם׃ 7 וְאֵלֶּה יְמֵי שְׁנֵי־חַיֵּי אַבְרָהָם יז5 ר״פ בתור וכל תלדות דכות ב מ ד

8 אֲשֶׁר־חָי מְאַת שָׁנָה וְשִׁבְעִים שָׁנָה וְחָמֵשׁ שָׁנִים׃ 8 וַיִּגְוַע וַיָּמָת אַבְרָהָם

9 בְּשֵׂיבָה טוֹבָה זָקֵן וְשָׂבֵעַ[a] וַיֵּאָסֶף אֶל־עַמָּיו׃ 9 וַיִּקְבְּרוּ אֹתוֹ יִצְחָק כל ליש כת כן. ד6. ב7 ז ה מלעיל וב מלרע

וְיִשְׁמָעֵאל בָּנָיו אֶל־מְעָרַת הַמַּכְפֵּלָה אֶל־שְׂדֵה עֶפְרֹן בֶּן־צֹחַר הַחִתִּי ב. ד חס8

10 אֲשֶׁר עַל־פְּנֵי מַמְרֵא׃ 10 הַשָּׂדֶה אֲשֶׁר־קָנָה אַבְרָהָם מֵאֵת בְּנֵי־חֵת י בתור

11 שָׁמָּה קֻבַּר אַבְרָהָם וְשָׂרָה אִשְׁתּוֹ׃ 11 וַיְהִי אַחֲרֵי מוֹת אַבְרָהָם וַיְבָרֶךְ ל. ג. ד. ג

57 Mm 1799. 58 Mm 1664. 59 Mm 251. 60 Mm 151. 61 Mm 175. 62 Mm 2286. 63 Mm 160. 64 Mm 707. 65 Mm 3861. 66 Mm 111. Cp 25 1 Mm 176. 2 Mp sub loco. 3 Mm 177. 4 Mm 2192. 5 Mm 267. 6 Mm 178. 7 Mm 3626. 8 Mm 365.

60 [a] Ms 𝔊𝔖 + אֲחֹתָם, ex 59 ‖ [b] ℭ 2Mss 𝔐 איביו ‖ **62** [a] 𝔐 במדבר 𝔊 *διὰ τῆς ἐρήμου*, l מִדְבַּר? ‖ **64** [a] prp וַתִּפֶּן ‖ **67** [a–a] prb add (cf האהלה) ‖ [b] prb l מוֹת אָבִיו ‖ **Cp 25,3** [a–a] > 1Ch 1,33, frt add ‖ **5** [a] 𝔐𝔊𝔖 + בְּנוֹ, frt ins ‖ **8** [a] l c pc Mss 𝔐𝔊𝔖ℭ[Ms] וּשְׂבַע יָמִים.

ו אֱלֹהִ֖ים אֶת־יִצְחָ֣ק בְּנ֑וֹ וַיֵּ֣שֶׁב יִצְחָ֔ק עִם־בְּאֵ֥ר לַחַ֖י רֹאִֽי׃ ס
ל חס 12 וְאֵ֛לֶּה תֹּלְדֹ֥ת יִשְׁמָעֵ֖אל בֶּן־אַבְרָהָ֑ם אֲשֶׁ֨ר יָלְדָ֜ה הָגָ֧ר הַמִּצְרִ֛ית 12
י בתור שִׁפְחַ֥ת שָׂרָ֖ה לְאַבְרָהָֽם׃ 13 וְאֵ֗לֶּה שְׁמוֹת֙ בְּנֵ֣י יִשְׁמָעֵ֔אל בִּשְׁמֹתָ֖ם 13
ו חס בתור[9]. ג[10]. יד פסוק בתור[11] לְתוֹלְדֹתָ֑ם בְּכֹ֤ר יִשְׁמָעֵאל֙ נְבָיֹ֔ת וְקֵדָ֥ר וְאַדְבְּאֵ֖ל וּמִבְשָֽׂם׃ 14 וּמִשְׁמָ֥ע 14
מא. ה. ב. ב שם אנש וְדוּמָ֖ה וּמַשָּֽׂא׃ 15 חֲדַ֣ד[a] וְתֵימָ֔א יְט֖וּר נָפִ֥ישׁ וָקֵֽדְמָה׃ 16 אֵ֣לֶּה הֵ֞ם בְּנֵ֤י 15 16
ל. ד חס בתור כת כן[12] יִשְׁמָעֵאל֙ וְאֵ֣לֶּה שְׁמֹתָ֔ם בְּחַצְרֵיהֶ֖ם וּבְטִֽירֹתָ֑ם שְׁנֵים־עָשָׂ֥ר נְשִׂיאִ֖ם
ל. [13] יג[14] ר״פ בתור וכל תלדות דכות ב מ ד לְאֻמֹּתָֽם׃ 17 וְאֵ֗לֶּה שְׁנֵי֙ חַיֵּ֣י יִשְׁמָעֵ֔אל מְאַ֥ת שָׁנָ֛ה וּשְׁלֹשִׁ֥ים שָׁנָ֖ה וְשֶׁ֣בַע 17
ז ה מלעיל וב מלרע. ל שָׁנִ֑ים וַיִּגְוַ֣ע וַיָּ֔מָת וַיֵּאָ֖סֶף אֶל־עַמָּֽיו׃ 18 וַיִּשְׁכְּנ֨וּ[a] מֵֽחֲוִילָ֜ה עַד־שׁ֗וּר אֲשֶׁר֙ 18
ו מל. [15] עַל־פְּנֵ֣י מִצְרַ֔יִם [b]בֹּאֲכָ֖ה אַשּׁ֑וּרָה[bc] עַל־פְּנֵ֥י כָל־אֶחָ֖יו נָפָֽל׃ פ קה

ב[16] 19 וְאֵ֛לֶּה תּוֹלְדֹ֥ת יִצְחָ֖ק בֶּן־אַבְרָהָ֑ם אַבְרָהָ֖ם הוֹלִ֥יד אֶת־יִצְחָֽק׃ ס [כג] פרש
ב[17] 20 וַיְהִ֤י יִצְחָק֙ בֶּן־אַרְבָּעִ֣ים שָׁנָ֔ה בְּקַחְתּ֣וֹ אֶת־רִבְקָ֗ה בַּת־בְּתוּאֵל֙ 20
ד ב ר״פ וב מ״פ[18] הָֽאֲרַמִּ֔י מִפַּדַּ֖ן אֲרָ֑ם אֲח֛וֹת לָבָ֥ן הָֽאֲרַמִּ֖י ל֥וֹ לְאִשָּֽׁה׃ 21 וַיֶּעְתַּ֨ר יִצְחָ֤ק 21
ה לַֽיהוָה֙ לְנֹ֣כַח אִשְׁתּ֔וֹ כִּ֥י עֲקָרָ֖ה הִ֑וא וַיֵּעָ֤תֶר לוֹ֙ יְהוָ֔ה וַתַּ֖הַר רִבְקָ֥ה
ל אִשְׁתּֽוֹ׃ 22 וַיִּתְרֹֽצֲצ֤וּ הַבָּנִים֙ בְּקִרְבָּ֔הּ וַתֹּ֣אמֶר אִם־כֵּ֔ן לָ֥מָּה זֶּ֖ה[a] אָנֹ֑כִי 22
וַתֵּ֖לֶךְ לִדְרֹ֥שׁ אֶת־יְהוָֽה׃ 23 וַיֹּ֨אמֶר יְהוָ֜ה לָ֗הּ 23

גוים[19] ק חד מן ה[20] זוגין כת י וקר ו וחד מן ב[21] כת כן שְׁנֵ֤י גֹייִם֙ בְּבִטְנֵ֔ךְ וּשְׁנֵ֣י לְאֻמִּ֔ים מִמֵּעַ֖יִךְ יִפָּרֵ֑דוּ
ל[22]. ל וּלְאֹם֙ מִלְאֹ֣ם יֶֽאֱמָ֔ץ וְרַ֖ב יַעֲבֹ֥ד צָעִֽיר׃

ל וחס[23]. סד 24 וַיִּמְלְא֥וּ יָמֶ֖יהָ לָלֶ֑דֶת וְהִנֵּ֥ה תוֹמִ֖ם[a] בְּבִטְנָֽהּ׃ 25 וַיֵּצֵ֤א הָֽרִאשׁוֹן֙ 24 25
ב מל. ל אַדְמוֹנִ֔י כֻּלּ֖וֹ כְּאַדֶּ֣רֶת שֵׂעָ֑ר וַיִּקְרְא֥וּ[a] שְׁמ֖וֹ עֵשָֽׂו׃ 26 וְאַֽחֲרֵי־כֵ֞ן יָצָ֣א 26
ג[24]. ו[25]. ה אָחִ֗יו וְיָד֤וֹ אֹחֶ֙זֶת֙ בַּעֲקֵ֣ב עֵשָׂ֔ו וַיִּקְרָ֥א[a] שְׁמ֖וֹ יַעֲקֹ֑ב וְיִצְחָ֛ק בֶּן־שִׁשִּׁ֥ים שָׁנָ֖ה
בְּלֶ֥דֶת אֹתָֽם׃ 27 וַֽיִּגְדְּלוּ֙ הַנְּעָרִ֔ים וַיְהִ֣י עֵשָׂ֗ו אִ֛ישׁ יֹדֵ֥עַ צַ֖יִד אִ֣ישׁ 27
יג[26] שָׂדֶ֑ה וְיַעֲקֹב֙ אִ֣ישׁ תָּ֔ם יֹשֵׁ֖ב אֹהָלִֽים׃ 28 וַיֶּאֱהַ֥ב יִצְחָ֛ק אֶת־עֵשָׂ֖ו כִּי־צַ֣יִד[a] 28
ג[27] בְּפִ֑יו[b] וְרִבְקָ֖ה אֹהֶ֥בֶת אֶֽת־יַעֲקֹֽב׃ 29 וַיָּ֥זֶד יַעֲקֹ֖ב נָזִ֑יד[a] וַיָּבֹ֥א עֵשָׂ֛ו מִן־ 29

[9] Mm 410. [10] Mm 179. [11] Mm 750. [12] Mm 1367. [13] Mm 49, וחד לְאֻמֹּתָם Thr 2,12. [14] Mm 267. [15] Mm 2136. [16] Mm 148. [17] Jer 40,1. [18] Mm 180. [19] Mm 832. [20] Mm 2195. [21] Mm 181. [22] Mm 3602. [23] Mm 331. [24] Mm 182. [25] Mm 183 et Mm 215. [26] Mm 247. [27] Mp sub loco.

15 [a] mlt Mss Edd הדד, 𝔅𝔖 חדר ‖ **18** [a] 𝔊𝔙 sg ‖ [b–b] add? ‖ [c] = שׁוּרָה cf 16,7 20,1 ‖ **22** [a] 𝔖 + *ḥj'* cf 27,46, prb ins חַיָּה ‖ **24** [a] 𝔐 תאמים ut 38,27 ‖ **25** [a] 𝔊𝔖𝔙 sg ut 26 ‖ **26** [a] ℭ𝔐 וּ־אוּ ‖ **28** [a] 𝔐𝔊 צֵידוֹ ‖ [b] l prb לְפִיו ‖ **29** [a] 𝔊[19.314] + *φακοῦ* cf 34.

30 הַשָּׂדֶה וְהוּא עָיֵף׃ 30 וַיֹּאמֶר עֵשָׂו אֶל־יַעֲקֹב הַלְעִיטֵנִי נָא מִן־הָאָדֹם — ח̇[28]. ל̇
31 הָאָדֹם הַזֶּה כִּי עָיֵף אָנֹכִי עַל־כֵּן קָרָא־שְׁמוֹ אֱדוֹם׃ 31 וַיֹּאמֶר יַעֲקֹב — ח̇[28]
32 מִכְרָה כַיּוֹם אֶת־בְּכֹרָתְךָ לִי׃ 32 וַיֹּאמֶר עֵשָׂו הִנֵּה אָנֹכִי הוֹלֵךְ לָמוּת — ל̇. כ̇ז[29] מל ט̇[30] מנה בתור וכל משלי וקהלת דכות ב̇ מ̇ ה̇
33 וְלָמָּה־זֶּה לִי בְּכֹרָה׃ 33 וַיֹּאמֶר יַעֲקֹב הִשָּׁבְעָה לִּי כַּיּוֹם וַיִּשָּׁבַע לוֹ — ג̇[31]
34 וַיִּמְכֹּר אֶת־בְּכֹרָתוֹ לְיַעֲקֹב׃ 34 וְיַעֲקֹב נָתַן לְעֵשָׂו לֶחֶם וּנְזִיד עֲדָשִׁים — י̇ד̇[32]
וַיֹּאכַל וַיֵּשְׁתְּ וַיָּקָם וַיֵּלַךְ וַיִּבֶז עֵשָׂו אֶת־הַבְּכֹרָה׃ ס — ז̇[33]. ב̇[34]

26 1 וַיְהִי רָעָב בָּאָרֶץ מִלְּבַד הָרָעָב הָרִאשׁוֹן אֲשֶׁר הָיָה בִּימֵי — ס̇ד̇
2 אַבְרָהָם וַיֵּלֶךְ יִצְחָק אֶל־אֲבִימֶלֶךְ[a] מֶלֶךְ־פְּלִשְׁתִּים גְּרָרָה׃ 2 וַיֵּרָא — כ̇[1]
אֵלָיו יְהוָה וַיֹּאמֶר אַל־תֵּרֵד מִצְרָיְמָה שְׁכֹן בָּאָרֶץ אֲשֶׁר אֹמַר אֵלֶיךָ׃ — כ̇ה̇[2]
3 גּוּר בָּאָרֶץ הַזֹּאת וְאֶהְיֶה עִמְּךָ וַאֲבָרְכֶךָּ כִּי־לְךָ וּלְזַרְעֲךָ אֶתֵּן אֶת־ — י̇ב̇ בתור
כָּל־הָאֲרָצֹת הָאֵל[a] וַהֲקִמֹתִי אֶת־הַשְּׁבֻעָה אֲשֶׁר נִשְׁבַּעְתִּי לְאַבְרָהָם — ח̇ לשון חול[3]. ג̇ חס
4 אָבִיךָ׃ 4 וְהִרְבֵּיתִי אֶת־זַרְעֲךָ כְּכוֹכְבֵי הַשָּׁמַיִם וְנָתַתִּי לְזַרְעֲךָ אֵת כָּל־
5 הָאֲרָצֹת הָאֵל[a] וְהִתְבָּרְכוּ בְזַרְעֲךָ כֹּל גּוֹיֵי הָאָרֶץ׃ 5 עֵקֶב אֲשֶׁר־שָׁמַע — ח̇ לשון חול[3]. כל אורית מל[4]
6 אַבְרָהָם[a] בְּקֹלִי וַיִּשְׁמֹר מִשְׁמַרְתִּי מִצְוֺתַי חֻקּוֹתַי וְתוֹרֹתָי׃ 6 וַיֵּשֶׁב יִצְחָק — כל אורית חס ב̇ מ̇ א̇ מל[5]. ג̇[6]. ל̇ מל בתור[7]. ב̇. י̇ד̇ פסוק בתור[8]
7 בִּגְרָר׃ 7 וַיִּשְׁאֲלוּ אַנְשֵׁי הַמָּקוֹם לְאִשְׁתּוֹ וַיֹּאמֶר אֲחֹתִי הִוא כִּי יָרֵא — ג̇
לֵאמֹר אִשְׁתִּי[a] פֶּן־יַהַרְגֻנִי אַנְשֵׁי הַמָּקוֹם עַל־רִבְקָה כִּי־טוֹבַת מַרְאֶה — ל̇ וחס. ל̇
8 הִיא׃ 8 וַיְהִי כִּי אָרְכוּ־לוֹ שָׁם הַיָּמִים וַיַּשְׁקֵף אֲבִימֶלֶךְ מֶלֶךְ פְּלִשְׁתִּים — ל̇. ד̇[9]
9 בְּעַד הַחַלּוֹן וַיַּרְא וְהִנֵּה יִצְחָק מְצַחֵק אֵת רִבְקָה אִשְׁתּוֹ׃ 9 וַיִּקְרָא
אֲבִימֶלֶךְ לְיִצְחָק וַיֹּאמֶר אַךְ הִנֵּה אִשְׁתְּךָ הִוא וְאֵיךְ אָמַרְתָּ אֲחֹתִי הִוא — ז̇
10 וַיֹּאמֶר אֵלָיו יִצְחָק כִּי אָמַרְתִּי פֶּן־אָמוּת עָלֶיהָ׃ 10 וַיֹּאמֶר אֲבִימֶלֶךְ
מַה־זֹּאת עָשִׂיתָ לָּנוּ כִּמְעַט שָׁכַב אַחַד הָעָם אֶת־אִשְׁתֶּךָ וְהֵבֵאתָ עָלֵינוּ — כ̇ה̇[10]. ב̇. ד̇
11 אָשָׁם׃ 11 וַיְצַו אֲבִימֶלֶךְ אֶת־כָּל־הָעָם[a] לֵאמֹר הַנֹּגֵעַ בָּאִישׁ הַזֶּה — ה̇ בתור
12 וּבְאִשְׁתּוֹ מוֹת יוּמָת׃ 12 וַיִּזְרַע יִצְחָק בָּאָרֶץ הַהִוא וַיִּמְצָא — ל̇
13 בַּשָּׁנָה הַהִוא מֵאָה שְׁעָרִים וַיְבָרְכֵהוּ יְהוָה׃ 13 וַיִּגְדַּל הָאִישׁ וַיֵּלֶךְ הָלוֹךְ
14 וְגָדֵל[a] עַד כִּי־גָדַל מְאֹד׃ 14 וַיְהִי־לוֹ מִקְנֵה־צֹאן וּמִקְנֵה בָקָר וַעֲבֻדָּה — ג̇. ג̇[11]. ג̇[12]. ב̇

[28] Mm 184. [29] Mm 1788. [30] Mm 935. [31] Mm 185. [32] Mm 247. [33] Mm 175. [34] Est 3,6. Cp 26 [1] Mm 1227. [2] Mm 84. [3] Mm 119. [4] Mm 152. [5] Mm 153. [6] Mm 2148. [7] Mm 1902. [8] Mm 750. [9] Mm 186. [10] Mm 187. [11] Mp sub loco. [12] Mm 188.

Cp 26,1 [a] sic L, mlt Mss Edd מ sine dageš ‖ **3** [a] l הָאֵלֶּ cf ﬔ Seb (האלה) et 19,8[a].25[a] ‖ **4** [a] ut 3 [a] ‖ **5** [a] ﬔ𝔊 + אָבִיךָ ‖ **7** [a] ins c ﬔ𝔊 הִיא ‖ **11** [a] ﬔ𝔊 עַמּוֹ ‖ **13** [a] l וְגָדֹל?

15 רַבָּה וַיְקַנְאוּ אֹתוֹ פְּלִשְׁתִּים׃ 15 וְכָל־הַבְּאֵרֹת אֲשֶׁר חָפְרוּ עַבְדֵי אָבִיו — ב. ה ר״פ בסיפ
16 בִּימֵי אַבְרָהָם אָבִיו סִתְּמוּם פְּלִשְׁתִּים וַיְמַלְאוּם עָפָר׃ 16 וַיֹּאמֶר — ל ומל. ב[13]
17 אֲבִימֶלֶךְ אֶל־יִצְחָק לֵךְ מֵעִמָּנוּ כִּי־עָצַמְתָּ־מִמֶּנּוּ מְאֹד׃ 17 וַיֵּלֶךְ מִשָּׁם
18 יִצְחָק וַיִּחַן בְּנַחַל־גְּרָר וַיֵּשֶׁב שָׁם׃ 18 וַיָּשָׁב יִצְחָק וַיַּחְפֹּר׀ אֶת־בְּאֵרֹת
הַמַּיִם אֲשֶׁר חָפְרוּ בִּימֵי[a] אַבְרָהָם אָבִיו וַיְסַתְּמוּם פְּלִשְׁתִּים אַחֲרֵי מוֹת
19 אַבְרָהָם וַיִּקְרָא לָהֶן שֵׁמוֹת כַּשֵּׁמֹת אֲשֶׁר־קָרָא לָהֶן אָבִיו׃ 19 וַיַּחְפְּרוּ — יד[14]. ט מל בתור[15]. יד[14]
20 עַבְדֵי־יִצְחָק בַּנָּחַל וַיִּמְצְאוּ־שָׁם בְּאֵר מַיִם חַיִּים׃ 20 וַיָּרִיבוּ רֹעֵי גְרָר
עִם־רֹעֵי יִצְחָק לֵאמֹר לָנוּ הַמָּיִם וַיִּקְרָא שֵׁם־הַבְּאֵר עֵשֶׂק כִּי הִתְעַשְּׂקוּ — ל. ל
21 עִמּוֹ׃ 21 וַיַּחְפְּרוּ בְּאֵר אַחֶרֶת וַיָּרִיבוּ גַּם־עָלֶיהָ וַיִּקְרָא שְׁמָהּ שִׂטְנָה׃ — ב. ג[16]. ב ובתרי לישנ
22 22 וַיַּעְתֵּק מִשָּׁם וַיַּחְפֹּר בְּאֵר אַחֶרֶת וְלֹא רָבוּ עָלֶיהָ וַיִּקְרָא שְׁמָהּ — ב. ג[16]
23 רְחֹבוֹת וַיֹּאמֶר כִּי־עַתָּה הִרְחִיב יְהוָה לָנוּ וּפָרִינוּ בָאָרֶץ׃ 23 וַיַּעַל — ל
24 מִשָּׁם בְּאֵר שָׁבַע׃ 24 וַיֵּרָא אֵלָיו יְהוָה בַּלַּיְלָה הַהוּא וַיֹּאמֶר אָנֹכִי — כ[17]
אֱלֹהֵי אַבְרָהָם אָבִיךָ אַל־תִּירָא כִּי־אִתְּךָ אָנֹכִי וּבֵרַכְתִּיךָ וְהִרְבֵּיתִי — ל. יו בתור[18]
25 אֶת־זַרְעֲךָ בַּעֲבוּר אַבְרָהָם עַבְדִּי׃ 25 וַיִּבֶן שָׁם מִזְבֵּחַ וַיִּקְרָא בְּשֵׁם
26 יְהוָה וַיֶּט־שָׁם אָהֳלוֹ וַיִּכְרוּ־שָׁם עַבְדֵי־יִצְחָק בְּאֵר׃ 26 וַאֲבִימֶלֶךְ — ב מנוקדין בתלת[19]
27 הָלַךְ אֵלָיו מִגְּרָר וַאֲחֻזַּת מֵרֵעֵהוּ וּפִיכֹל שַׂר־צְבָאוֹ׃ 27 וַיֹּאמֶר אֲלֵהֶם — ל שום ברנש. ג
יִצְחָק מַדּוּעַ בָּאתֶם אֵלָי וְאַתֶּם שְׂנֵאתֶם אֹתִי וַתְּשַׁלְּחוּנִי מֵאִתְּכֶם׃ — ל ומל[20]
28 28 וַיֹּאמְרוּ רָאוֹ רָאִינוּ כִּי־הָיָה יְהוָה׀ עִמָּךְ וַנֹּאמֶר תְּהִי נָא אָלָה בֵּינוֹתֵינוּ — ד ב כת ה וב כת ו[21]. ג ב מל וחד חס
29 בֵּינֵינוּ[a] וּבֵינֶךָ וְנִכְרְתָה בְרִית עִמָּךְ׃ 29 אִם־תַּעֲשֵׂה[a] עִמָּנוּ רָעָה כַּאֲשֶׁר — ל ומל[20]. ד[22]
לֹא נְגַעֲנוּךָ וְכַאֲשֶׁר עָשִׂינוּ עִמְּךָ רַק־טוֹב וַנְּשַׁלֵּחֲךָ בְּשָׁלוֹם [b]אַתָּה עַתָּה[b] — ל. יב בתור. ל. ג[23]
30 31 בְּרוּךְ יְהוָה׃ 30 וַיַּעַשׂ לָהֶם מִשְׁתֶּה וַיֹּאכְלוּ וַיִּשְׁתּוּ׃ 31 וַיַּשְׁכִּימוּ בַבֹּקֶר — ב[24]
32 וַיִּשָּׁבְעוּ אִישׁ לְאָחִיו[a] וַיְשַׁלְּחֵם יִצְחָק וַיֵּלְכוּ מֵאִתּוֹ בְּשָׁלוֹם׃ 32 וַיְהִי׀ — ט[25]. ב
בַּיּוֹם הַהוּא וַיָּבֹאוּ עַבְדֵי יִצְחָק וַיַּגִּדוּ לוֹ עַל־אֹדוֹת הַבְּאֵר אֲשֶׁר חָפָרוּ — ד[26] חס וכל שפטים ושמואל דכות ב מ ב מל
33 וַיֹּאמְרוּ לוֹ[a] מָצָאנוּ מָיִם׃ 33 וַיִּקְרָא אֹתָהּ שִׁבְעָה עַל־כֵּן שֵׁם־הָעִיר — ל שם באר
34 בְּאֵר שֶׁבַע עַד הַיּוֹם הַזֶּה׃ ס 34 וַיְהִי עֵשָׂו בֶּן־אַרְבָּעִים שָׁנָה וַיִּקַּח

[13] Mm 189. [14] Mm 190. [15] Mm 834. [16] Mm 191. [17] Mm 1227. [18] Mm 60. [19] 1 Ch 15,1. [20] Mp sub loco. [21] Mm 192. [22] Mm 193. [23] Mm 194. [24] Gn 24,31. [25] Mm 2192. [26] Mm 195.

18 [a] prb l c 𝔐𝔊𝔙 עַבְדֵי cf 15.19.25 et 𝔖𝔗[J] ∥ **28** [a] > Vrs, dl? ∥ **29** [a] sic L, mlt Mss Edd ־ֶה ∥ [b–b] 𝔐𝔊 invers (𝔊 pr *καί*) ∥ **31** [a] 𝔐𝔊 לְרֵעֵהוּ ∥ **32** [a] 𝔊 *οὐχ*.

אִשָּׁה֙ אֶת־יְהוּדִית בַּת־בְּאֵרִי הַחִתִּי וְאֶת־בָּשְׂמַת בַּת־אֵילֹן הַחִתִּֽי׃ᵃ ז . ב[27]
35 וַתִּהְיֶיןָ מֹרַת רוּחַ לְיִצְחָק וּלְרִבְקָֽה׃ ס ל בתור . ב חד ר״פ וחד ס״פ[28]
ס̊[כד] 27 1 וַיְהִי֙ כִּֽי־זָקֵן יִצְחָק וַתִּכְהֶיןָ עֵינָיו מֵרְאֹת וַיִּקְרָא אֶת־עֵשָׂו ׀ ל . ל חס
2 בְּנוֹ הַגָּדֹל וַיֹּאמֶר אֵלָיו֙ בְּנִי וַיֹּאמֶר אֵלָיו הִנֵּֽנִי׃ 2 וַיֹּאמֶר הִנֵּה־נָא ז בתור
3 זָקַנְתִּי לֹא יָדַעְתִּי יוֹם מוֹתִֽי׃ 3 וְעַתָּה֙ שָׂא־נָא כֵלֶיךָ תֶּלְיְךָᵃ וְקַשְׁתֶּךָ ל . ב בליש
4 וְצֵא֙ הַשָּׂדֶה וְצוּדָה לִי צָיִדהᵇ 4 וַעֲשֵׂה־לִי מַטְעַמִּים כַּאֲשֶׁר אָהַבְתִּי ב[1] . ציד ק . ג ר״פ[2]
5 וְהָבִיאָהᵃ לִּי וְאֹכֵלָה בַּעֲבוּר תְּבָרֶכְךָ נַפְשִׁי בְּטֶרֶם אָמֽוּת׃ 5 וְרִבְקָה ל[3] . ג
שֹׁמַעַת בְּדַבֵּר יִצְחָק אֶל־עֵשָׂו בְּנוֹ וַיֵּלֶךְ עֵשָׂו֙ הַשָּׂדֶה לָצוּד צַיִד לְהָבִֽיא׃ᵃ ה[4] . ב[5] . ל
6 וְרִבְקָה֙ אָמְרָה אֶל־יַעֲקֹב בְּנָהּ לֵאמֹר הִנֵּה שָׁמַעְתִּי֙ אֶת־אָבִיךָ מְדַבֵּר ג
7 אֶל־עֵשָׂו אָחִיךָ לֵאמֹֽר׃ 7 הָבִיאָה לִּי צַיִד וַעֲשֵׂה־לִי מַטְעַמִּים וְאֹכֵלָה ג[3]
8 וַאֲבָרֶכְכָה לִפְנֵי יְהוָה לִפְנֵי מוֹתִֽי׃ 8 וְעַתָּה בְנִי שְׁמַע בְּקֹלִי לַאֲשֶׁר אֲנִי ב חד מל וחד חס[6] . כל אורית חס ב מ א מל[7] . ב
9 מְצַוָּה אֹתָֽךְ׃ 9 לֶךְ־נָא֙ אֶל־הַצֹּאן וְקַח־לִי מִשָּׁם שְׁנֵי גְּדָיֵי עִזִּים טֹבִים ל . ל . יג[8] . ה חס
10 וְאֶעֱשֶׂה אֹתָם מַטְעַמִּים לְאָבִיךָ כַּאֲשֶׁר אָהֵֽב׃ 10 וְהֵבֵאתָ לְאָבִיךָ ט[9]
11 וְאָכָל בַּעֲבֻר אֲשֶׁר יְבָרֶכְךָ לִפְנֵי מוֹתֽוֹ׃ 11 וַיֹּאמֶר יַעֲקֹב אֶל־רִבְקָה ב חס
12 אִמּוֹ הֵן עֵשָׂו אָחִי אִישׁ שָׂעִר וְאָנֹכִי אִישׁ חָלָֽק׃ 12 אוּלַי יְמֻשֵּׁנִי֙ אָבִי ל וחס . ג[10]
13 וְהָיִיתִי בְעֵינָיו כִּמְתַעְתֵּעַ וְהֵבֵאתִי עָלַי קְלָלָה וְלֹא בְרָכָֽה׃ 13 וַתֹּאמֶר נא
14 לוֹ֙ אִמּוֹ עָלַי קִלְלָתְךָ בְּנִי אַךְ שְׁמַע בְּקֹלִי וְלֵךְ קַח־לִֽי׃ 14 וַיֵּלֶךְ֙ וַיִּקַּח כל אורית חס ב מ א מל[7] . יא[11]
15 וַיָּבֵא לְאִמּוֹ וַתַּעַשׂ אִמּוֹ֙ מַטְעַמִּים כַּאֲשֶׁר אָהֵב אָבִֽיו׃ 15 וַתִּקַּח רִבְקָה נא[12] יח מנה בתור . ט[9]
אֶת־בִּגְדֵי עֵשָׂו בְּנָהּ הַגָּדֹל֙ הַחֲמֻדֹת אֲשֶׁר אִתָּהּ בַּבָּיִת וַתַּלְבֵּשׁ אֶת־ ל וחס[13]
16 יַעֲקֹב בְּנָהּ הַקָּטָֽן׃ 16 וְאֵת עֹרֹת֙ גְּדָיֵי הָעִזִּים הִלְבִּישָׁה עַל־יָדָיו וְעַל ל ומל
17 חֶלְקַת צַוָּארָֽיו׃ᵃ 17 וַתִּתֵּן אֶת־הַמַּטְעַמִּים וְאֶת־הַלֶּחֶם אֲשֶׁר עָשָׂתָה ג . ה[14]
18 בְּיַד יַעֲקֹב בְּנָֽהּ׃ 18 וַיָּבֹא אֶל־אָבִיו וַיֹּאמֶר אָבִי וַיֹּאמֶר הִנֶּנִּי מִי ב דגש
19 אַתָּה בְּנִֽי׃ 19 וַיֹּאמֶר יַעֲקֹב אֶל־אָבִיו אָנֹכִי֙ עֵשָׂו בְּכֹרֶךָ עָשִׂיתִי כַּאֲשֶׁר ב וחס
דִּבַּרְתָּ אֵלָי קוּם־נָא שְׁבָה וְאָכְלָה֙ מִצֵּידִי בַּעֲבוּר תְּבָרְכַנִּי נַפְשֶֽׁךָ׃
20 וַיֹּאמֶר יִצְחָק֙ אֶל־בְּנוֹ מַה־זֶּה מִהַרְתָּ לִמְצֹא בְּנִי וַיֹּאמֶר כִּי הִקְרָה ל . ל

[27] Ho 1,1. [28] Mm 167. Cp 27 [1] Ex 17,9. [2] Mm 196. [3] Mm 3060. [4] Mm 114. [5] Prv 23,16. [6] Mp sub loco. [7] Mm 153. [8] Mm 936. [9] Mm 3212. [10] Mm 3648. [11] Mm 1500. [12] Mm 639. [13] Mm 3918. [14] Mm 197.

34 ᵃ frt l c ш 𝔊*𝔖 הַחִוִּי ‖ **Cp 27,3** ᵃ ш תליתך ‖ ᵇ K צֵידָה? ‖ **4** ᵃ ш והבאת ‖ **5** ᵃ 𝔊 *τῷ πατρὶ αὐτοῦ*, l (לְאָבִיהָ) לְאָבִיו ‖ **16** ᵃ ш ־רו.

21 יְהוָה אֱלֹהֶיךָ לְפָנָי׃ 21 וַיֹּאמֶר יִצְחָק אֶל־יַעֲקֹב גְּשָׁה־נָּא וַאֲמֻשְׁךָ בְּנִי
22 הַאַתָּה זֶה בְּנִי עֵשָׂו אִם־לֹא׃ 22 וַיִּגַּשׁ יַעֲקֹב אֶל־יִצְחָק אָבִיו וַיְמֻשֵּׁהוּ
23 וַיֹּאמֶר הַקֹּל קוֹל יַעֲקֹב וְהַיָּדַיִם יְדֵי עֵשָׂו׃ 23 וְלֹא הִכִּירוֹ כִּי־הָיוּ יָדָיו
24 כִּידֵי עֵשָׂו אָחִיו שְׂעִרֹת וַיְבָרְכֵהוּ׃ 24 וַיֹּאמֶר אַתָּה[a] זֶה בְּנִי עֵשָׂו וַיֹּאמֶר
25 אָנִי׃ 25 וַיֹּאמֶר הַגִּשָׁה לִּי וְאֹכְלָה מִצֵּיד בְּנִי לְמַעַן תְּבָרֶכְךָ נַפְשִׁי וַיַּגֶּשׁ־
26 לוֹ וַיֹּאכַל וַיָּבֵא לוֹ יַיִן וַיֵּשְׁתְּ׃ 26 וַיֹּאמֶר אֵלָיו יִצְחָק אָבִיו גְּשָׁה־נָּא
27 וּשְׁקָה־לִּי בְּנִי׃ 27 וַיִּגַּשׁ וַיִּשַּׁק־לוֹ וַיָּרַח אֶת־רֵיחַ בְּגָדָיו וַיְבָרֲכֵהוּ וַיֹּאמֶר
רְאֵה רֵיחַ בְּנִי כְּרֵיחַ שָׂדֶה[a] אֲשֶׁר בֵּרֲכוֹ יְהוָה׃
28 וְיִתֶּן־לְךָ הָאֱלֹהִים מִטַּל הַשָּׁמַיִם וּמִשְׁמַנֵּי הָאָרֶץ ס [כה]
וְרֹב דָּגָן וְתִירֹשׁ׃
29 יַעַבְדוּךָ עַמִּים וְיִשְׁתַּחֲוֻ[a] לְךָ לְאֻמִּים
הֱוֵה גְבִיר לְאַחֶיךָ וְיִשְׁתַּחֲווּ[b] לְךָ בְּנֵי אִמֶּךָ
אֹרְרֶיךָ אָרוּר וּמְבָרֲכֶיךָ בָּרוּךְ׃
30 30 וַיְהִי כַּאֲשֶׁר כִּלָּה יִצְחָק לְבָרֵךְ אֶת־יַעֲקֹב וַיְהִי אַךְ יָצֹא יָצָא יַעֲקֹב
31 מֵאֵת פְּנֵי יִצְחָק אָבִיו וְעֵשָׂו אָחִיו בָּא מִצֵּידוֹ׃ 31 וַיַּעַשׂ גַּם־הוּא מַטְעַמִּים
וַיָּבֵא לְאָבִיו וַיֹּאמֶר לְאָבִיו[a] יָקֻם אָבִי וְיֹאכַל מִצֵּיד בְּנוֹ בַּעֲבֻר
32 תְּבָרְכַנִּי נַפְשֶׁךָ׃ 32 וַיֹּאמֶר לוֹ יִצְחָק אָבִיו מִי־אָתָּה וַיֹּאמֶר אֲנִי בִּנְךָ
33 בְּכֹרְךָ עֵשָׂו׃ 33 וַיֶּחֱרַד יִצְחָק חֲרָדָה גְּדֹלָה עַד־מְאֹד וַיֹּאמֶר מִי־אֵפוֹא
הוּא הַצָּד־צַיִד וַיָּבֵא לִי וָאֹכַל מִכֹּל[a] בְּטֶרֶם תָּבוֹא וָאֲבָרֲכֵהוּ [b]גַּם־
34 בָּרוּךְ יִהְיֶה׃ 34 כִּשְׁמֹעַ[a] עֵשָׂו אֶת־דִּבְרֵי אָבִיו וַיִּצְעַק צְעָקָה גְּדֹלָה
35 וּמָרָה עַד־מְאֹד וַיֹּאמֶר לְאָבִיו בָּרְכֵנִי גַם־אָנִי אָבִי׃ 35 וַיֹּאמֶר בָּא
36 אָחִיךָ בְּמִרְמָה וַיִּקַּח בִּרְכָתֶךָ׃ 36 וַיֹּאמֶר הֲכִי קָרָא שְׁמוֹ יַעֲקֹב
וַיַּעְקְבֵנִי זֶה פַעֲמַיִם אֶת־בְּכֹרָתִי לָקָח וְהִנֵּה עַתָּה לָקַח בִּרְכָתִי וַיֹּאמַר
37 הֲלֹא־אָצַלְתָּ לִּי בְּרָכָה׃ 37 וַיַּעַן יִצְחָק וַיֹּאמֶר לְעֵשָׂו הֵן גְּבִיר שַׂמְתִּיו
לָךְ וְאֶת־כָּל־אֶחָיו נָתַתִּי לוֹ לַעֲבָדִים וְדָגָן וְתִירֹשׁ סְמַכְתִּיו וּלְכָה

ל
ד[15] . ז ס״פ
ל חס
ג חס בליש . ה[16] ול בליש
נא[17] יח מנה בתור . יד בטע[18]
ב
ב . ד[19]
יג[20] . ג . ל
ג חס[21]
וישתחוו ק חד מן ז בליש
ב חד כת ה וחד כת א . ז
ט[22] . ז ג מל וד חס[23]
ה[24]
נא[17] יח מנה בתור . ל חס . ה . ב חס
נא[17] יח מנה בתור . ב חד קמ וחד פת[25]
ב[26] . ז פסוק וַיֹּאמֶר וַיֹּאמַר[27] . ה[28]
ה פסוק דמיין אית בהון ב מילין חד פת וחד מן ב[29] זקף קמ . ג[30] . צא
ל
ג חס[21] . ל . ד[31] מל וכל לשון הליכה דכות ב מ ג

[15] Mm 198. [16] Mm 356. [17] Mm 639. [18] Mm 3948. [19] Mm 4126. [20] Mm 157. [21] Mm 2631. [22] Mm 969. [23] Mm 1037. [24] Mm 713. [25] Jes 51,2. [26] Ps 3,9. [27] Mm 3452. [28] Mm 207. [29] Ez 18,17. [30] Mm 244. [31] Mm 2214.

24 [a] ⅏ הא׳ ‖ **27** [a] ⅏𝔊𝔙[Mss] + מָלֵא ‖ **29** [a] ⅏ ut Q וו– ‖ [b] sic L, mlt Mss Edd וּ– ‖ **31** [a] > 𝔊[min], frt dl ‖ **33** [a] l אָכֹל? ‖ [b] l c ⅏𝔖 וְגַם ‖ **34** [a] frt pr c ⅏𝔊 וַיְהִי.

38 אֵפ֕וֹא מָ֥ה אֶֽעֱשֶׂ֖ה בְּנִֽי׃ 38 וַיֹּ֨אמֶר עֵשָׂ֜ו אֶל־אָבִ֗יו הַֽבְרָכָ֨ה אַחַ֤ת הִֽוא־ ל
39 לְךָ֙ אָבִ֔י בָּרְכֵ֥נִי גַם־אָ֖נִי אָבִ֑י[a] וַיִּשָּׂ֥א עֵשָׂ֛ו קֹל֖וֹ וַיֵּֽבְךְּ׃ 39 וַיַּ֛עַן יִצְחָ֥ק ל בטע ר"פ[32]
אָבִ֖יו וַיֹּ֣אמֶר אֵלָ֑יו
הִנֵּ֞ה מִשְׁמַנֵּ֤י הָאָ֙רֶץ֙ יִהְיֶ֣ה מֽוֹשָׁבֶ֔ךָ וּמִטַּ֥ל הַשָּׁמַ֖יִם מֵעָֽל׃ ג . ג[33]
40 וְעַל־חַרְבְּךָ֣ תִֽחְיֶ֔ה וְאֶת־אָחִ֖יךָ תַּעֲבֹ֑ד חצי הספר בפסוקים[32]
וְהָיָה֙ כַּאֲשֶׁ֣ר תָּרִ֔יד[a] וּפָרַקְתָּ֥ עֻלּ֖וֹ מֵעַ֥ל צַוָּארֶֽךָ׃ ל . ל[34]
41 וַיִּשְׂטֹ֤ם עֵשָׂו֙ אֶֽת־יַעֲקֹ֔ב עַל־הַ֨בְּרָכָ֔ה אֲשֶׁ֥ר בֵּרֲכ֖וֹ אָבִ֑יו וַיֹּ֨אמֶר עֵשָׂ֜ו ד[35] . אמירה פלוני בלבו
42 בְּלִבּ֗וֹ יִקְרְבוּ֙ יְמֵי֙ אֵ֣בֶל אָבִ֔י וְאַֽהַרְגָ֖ה אֶת־יַעֲקֹ֥ב אָחִֽי׃ 42 וַיֻּגַּ֣ד לְרִבְקָ֔ה ל[36] . כד[37]
אֶת־דִּבְרֵ֥י עֵשָׂ֖ו בְּנָ֣הּ הַגָּדֹ֑ל וַתִּשְׁלַ֞ח וַתִּקְרָ֤א לְיַעֲקֹב֙ בְּנָ֣הּ הַקָּטָ֔ן וַתֹּ֣אמֶר ה קמ וכל אתנח וס"פ דכות[38]
43 אֵלָ֔יו הִנֵּה֙ עֵשָׂ֣ו אָחִ֔יךָ מִתְנַחֵ֥ם לְךָ֖ לְהָרְגֶֽךָ׃ 43 וְעַתָּ֥ה בְנִ֖י שְׁמַ֣ע בְּקֹלִ֑י ג[39] . כל אורית חס ב מ א מל[40]
44 וְק֧וּם בְּרַח־לְךָ֛ אֶל־לָבָ֥ן אָחִ֖י חָרָֽנָה׃ 44 וְיָשַׁבְתָּ֥ עִמּ֖וֹ יָמִ֣ים אֲחָדִ֑ים עַ֥ד ד . ב . ד[41]
45 אֲשֶׁר־תָּשׁ֖וּב חֲמַ֥ת אָחִֽיךָ׃ 45 עַד־שׁ֨וּב אַף־אָחִ֜יךָ מִמְּךָ֗ וְשָׁכַח֙ אֵ֣ת אֲשֶׁר־
עָשִׂ֣יתָ לּ֔וֹ וְשָׁלַחְתִּ֖י וּלְקַחְתִּ֣יךָ מִשָּׁ֑ם לָמָ֥ה אֶשְׁכַּ֛ל גַּם־שְׁנֵיכֶ֖ם י֥וֹם אֶחָֽד׃ ל . ב[42] מנה ס"פ בתור
46 וַתֹּ֤אמֶר רִבְקָה֙ אֶל־יִצְחָ֔ק קַ֣צְתִּי בְחַיַּ֔י מִפְּנֵ֖י בְּנ֣וֹת חֵ֑ת אִם־ ל
לֹקֵ֣חַ יַ֠עֲקֹב אִשָּׁ֨ה מִבְּנֽוֹת־[a]חֵ֤ת כָּאֵ֙לֶּה֙ מִבְּנ֣וֹת[a] הָאָ֔רֶץ לָ֥מָּה לִּ֖י חַיִּֽים׃ ח[43]
28 1 וַיִּקְרָ֥א יִצְחָ֛ק אֶֽל־יַעֲקֹ֖ב וַיְבָ֣רֶךְ אֹת֑וֹ וַיְצַוֵּ֙הוּ֙ וַיֹּ֣אמֶר ל֔וֹ לֹֽא־תִקַּ֥ח ו בתור
2 אִשָּׁ֖ה מִבְּנ֥וֹת כְּנָֽעַן׃ 2 ק֣וּם לֵךְ֙ פַּדֶּ֣נָֽה אֲרָ֔ם בֵּ֥יתָה בְתוּאֵ֖ל אֲבִ֣י אִמֶּ֑ךָ ט ר"פ[1] . ד
3 וְקַח־לְךָ֤ מִשָּׁם֙ אִשָּׁ֔ה מִבְּנ֥וֹת לָבָ֖ן אֲחִ֥י אִמֶּֽךָ׃ 3 וְאֵ֤ל שַׁדַּי֙ יְבָרֵ֣ךְ אֹֽתְךָ֔ יג[2] . ב[3]
4 וְיַפְרְךָ֖ וְיַרְבֶּ֑ךָ וְהָיִ֖יתָ לִקְהַ֥ל עַמִּֽים׃ 4 וְיִֽתֶּן־לְךָ֙ אֶת־בִּרְכַּ֣ת אַבְרָהָ֔ם[a] ל . ל . ב . יג[4]
לְךָ֖ וּלְזַרְעֲךָ֣ אִתָּ֑ךְ לְרִשְׁתְּךָ֙ אֶת־אֶ֣רֶץ מְגֻרֶ֔יךָ אֲשֶׁר־נָתַ֥ן אֱלֹהִ֖ים[b]
5 לְאַבְרָהָֽם׃ 5 וַיִּשְׁלַ֤ח[a] יִצְחָק֙ אֶֽת־יַעֲקֹ֔ב וַיֵּ֖לֶךְ פַּדֶּ֣נָֽה אֲרָ֑ם אֶל־לָבָ֤ן ד
6 בֶּן־בְּתוּאֵל֙ הָֽאֲרַמִּ֔י אֲחִ֣י רִבְקָ֔ה אֵ֥ם יַעֲקֹ֖ב וְעֵשָֽׂו׃ 6 וַיַּ֣רְא עֵשָׂ֗ו כִּֽי־ ז בתור[5]
בֵרַ֣ךְ יִצְחָק֮ אֶֽת־יַעֲקֹב֒ וְשִׁלַּ֤ח[a] אֹתוֹ֙ פַּדֶּ֣נָֽה אֲרָ֔ם לָקַֽחַת־ל֥וֹ מִשָּׁ֖ם אִשָּׁ֑ה יב . ד
7 בְּבָרֲכ֣וֹ אֹת֔וֹ וַיְצַ֤ו עָלָיו֙ לֵאמֹ֔ר לֹֽא־תִקַּ֥ח אִשָּׁ֖ה מִבְּנ֥וֹת כְּנָֽעַן׃ 7 וַיִּשְׁמַ֣ע ל . ב[6]

[32] Mp sub loco. [33] Mm 362. [34] Mm 481. [35] Mm 4126. [36] Mm 1874. [37] Mm 2228. [38] Mm 3741. [39] Mm 199. [40] Mm 153. [41] Mm 208. [42] Mm 200. [43] Mm 201. **Cp 28** [1] Mm 1995. [2] Mm 936. [3] Gn 43,14. [4] Mm 157. [5] Mm 381. [6] Mm 202.

38 [a] 𝔊 + *κατανυχθέντος δὲ Ισαακ* ‖ **40** [a] 𝔐 תאדר (= תֶּאְדַּר?) 𝔊(𝔙) *καθέλῃς* = תֹּרִיד; prp תַּאֲרִיךְ (scil יָמִים) vel תִּמְרוֹד ‖ **46** [a–a] > 𝔊*, frt add ‖ **Cp 28,4** [a] Ms 𝔐𝔊[A] + אָבִיךָ 𝔊[rel] + *τοῦ πατρός μου* ‖ [b] 𝔐 יהוה ‖ **5** [a] Or וַיִּשְׁלַח ‖ **6** [a] l וַיִּשְׁלַח?

ד יַעֲקֹ֔ב אֶל־אָבִ֖יו וְאֶל־אִמּ֑וֹ וַיֵּ֖לֶךְ פַּדֶּ֥נָה אֲרָֽם׃ 8 וַיַּ֣רְא עֵשָׂ֔ו כִּ֥י רָע֖וֹת 8

לג בתור בְּנ֣וֹת כְּנָ֑עַן בְּעֵינֵ֖י יִצְחָ֥ק אָבִֽיו׃ 9 וַיֵּ֥לֶךְ עֵשָׂ֖ו אֶל־יִשְׁמָעֵ֑אל וַיִּקַּ֡ח 9

ד[7]. ל אֶֽת־מָחֲלַ֣ת[a] ׀ בַּת־יִשְׁמָעֵ֨אל בֶּן־אַבְרָהָ֜ם אֲח֧וֹת נְבָי֛וֹת עַל־נָשָׁ֖יו ל֥וֹ

ב לְאִשָּֽׁה׃ ס קי 10 וַיֵּצֵ֥א יַעֲקֹ֖ב מִבְּאֵ֣ר שָׁ֑בַע וַיֵּ֖לֶךְ חָרָֽנָה׃ ס[כו] פרש

פד לג מנה בתור 11 וַיִּפְגַּ֨ע בַּמָּק֜וֹם וַיָּ֤לֶן שָׁם֙ כִּי־בָ֣א הַשֶּׁ֔מֶשׁ וַיִּקַּח֙ מֵאַבְנֵ֣י הַמָּק֔וֹם וַיָּ֖שֶׂם 11

ח. ג[8] מְרַאֲשֹׁתָ֑יו וַיִּשְׁכַּ֖ב בַּמָּק֥וֹם הַהֽוּא׃ 12 וַֽיַּחֲלֹ֗ם וְהִנֵּ֤ה סֻלָּם֙ מֻצָּ֣ב אַ֔רְצָה 12

ד[9]. יא[10]. ב בסיפ וְרֹאשׁ֖וֹ מַגִּ֣יעַ הַשָּׁמָ֑יְמָה וְהִנֵּה֙ מַלְאֲכֵ֣י אֱלֹהִ֔ים עֹלִ֥ים וְיֹרְדִ֖ים בּֽוֹ׃

ד[11]. צא. ב 13 וְהִנֵּ֨ה יְהוָ֜ה נִצָּ֣ב עָלָיו֮ וַיֹּאמַר֒ אֲנִ֣י יְהוָ֗ה אֱלֹהֵי֙ אַבְרָהָ֣ם אָבִ֔יךָ וֵאלֹהֵ֖י 13

יִצְחָ֑ק הָאָ֗רֶץ אֲשֶׁ֤ר אַתָּה֙ שֹׁכֵ֣ב עָלֶ֔יהָ לְךָ֥ אֶתְּנֶ֖נָּה וּלְזַרְעֶֽךָ׃ 14 וְהָיָ֤ה 14

נג ח[12] מנה בתור ה[13] מנה בליש. כו זַרְעֲךָ֙ כַּעֲפַ֣ר הָאָ֔רֶץ וּפָרַצְתָּ֛ יָ֥מָּה וָקֵ֖דְמָה וְצָפֹ֣נָה וָנֶ֑גְבָּה וְנִבְרְכ֥וּ בְךָ֛

ג[14]. ה[15]. ג. ג[16] כָּל־מִשְׁפְּחֹ֥ת הָאֲדָמָ֖ה וּבְזַרְעֶֽךָ[a]׃ 15 וְהִנֵּ֨ה אָנֹכִ֜י עִמָּ֗ךְ וּשְׁמַרְתִּ֙יךָ֙ בְּכֹ֣ל 15

ג[17]. ו[18] אֲשֶׁר־תֵּלֵ֔ךְ וַהֲשִׁ֣בֹתִ֔יךָ אֶל־הָאֲדָמָ֖ה הַזֹּ֑את כִּ֣י לֹ֤א אֶֽעֱזָבְךָ֙ עַ֣ד אֲשֶׁ֣ר

ב[19]. יח[20] אִם־עָשִׂ֔יתִי אֵ֥ת אֲשֶׁר־דִּבַּ֖רְתִּי לָֽךְ׃ 16 וַיִּיקַ֣ץ יַעֲקֹב֮ מִשְּׁנָתוֹ֒ וַיֹּ֕אמֶר אָכֵן֙ 16

ל[21]. יב[22] ב מנה ר״פ. צא יֵ֣שׁ יְהוָ֔ה בַּמָּק֖וֹם הַזֶּ֑ה וְאָנֹכִ֖י לֹ֥א יָדָֽעְתִּי׃ 17 וַיִּירָא֙ וַיֹּאמַ֔ר מַה־נּוֹרָ֖א 17

ה הַמָּק֣וֹם הַזֶּ֑ה אֵ֣ין זֶ֗ה כִּ֚י אִם־בֵּ֣ית אֱלֹהִ֔ים וְזֶ֖ה שַׁ֥עַר הַשָּׁמָֽיִם׃ 18 וַיַּשְׁכֵּ֨ם 18

ח. פד לג מנה בתור יַעֲקֹ֜ב בַּבֹּ֗קֶר וַיִּקַּ֤ח אֶת־הָאֶ֙בֶן֙ אֲשֶׁר־שָׂ֣ם מְרַאֲשֹׁתָ֔יו וַיָּ֥שֶׂם אֹתָ֖הּ מַצֵּבָ֑ה

ו. ב[23] וַיִּצֹ֥ק שֶׁ֖מֶן עַל־רֹאשָֽׁהּ׃ 19 וַיִּקְרָ֛א אֶת־שֵֽׁם־הַמָּק֥וֹם הַה֖וּא בֵּֽית־אֵ֑ל 19

ג זוגין[24]. ב[25]. ג[26] וְאוּלָ֛ם ל֥וּז שֵׁם־הָעִ֖יר לָרִאשֹׁנָֽה׃ 20 וַיִּדַּ֥ר יַעֲקֹ֖ב נֶ֣דֶר לֵאמֹ֑ר אִם־ 20

ל[27]. ל. כז[28] מל ט[29] מנה בתור וכל משלי וקהלת דכות ב מ ה יִהְיֶ֨ה אֱלֹהִ֜ים עִמָּדִ֗י וּשְׁמָרַ֙נִי֙ בַּדֶּ֤רֶךְ הַזֶּה֙ אֲשֶׁ֣ר אָנֹכִ֣י הוֹלֵ֔ךְ וְנָֽתַן־לִ֥י

ב[30]. ב מלרע[27]. ו[31] לֶ֛חֶם לֶאֱכֹ֖ל וּבֶ֥גֶד לִלְבֹּֽשׁ׃ 21 וְשַׁבְתִּ֥י בְשָׁל֖וֹם אֶל־בֵּ֣ית אָבִ֑י וְהָיָ֧ה יְהוָ֛ה 21

ה לִ֖י לֵאלֹהִֽים׃ 22 וְהָאֶ֣בֶן הַזֹּ֗את אֲשֶׁר־שַׂ֙מְתִּי֙ מַצֵּבָ֔ה יִהְיֶ֖ה בֵּ֣ית אֱלֹהִ֑ים 22

ב. ל וְכֹל֙ אֲשֶׁ֣ר תִּתֶּן־לִ֔י עַשֵּׂ֖ר אֲעַשְּׂרֶ֥נּוּ לָֽךְ׃

29 1 וַיִּשָּׂ֥א יַעֲקֹ֖ב רַגְלָ֑יו וַיֵּ֖לֶךְ אַ֥רְצָה בְנֵי־קֶֽדֶם׃ 2 וַיַּ֞רְא וְהִנֵּ֧ה 29

בְאֵ֣ר בַּשָּׂדֶ֗ה וְהִנֵּה־שָׁ֞ם שְׁלֹשָׁ֤ה עֶדְרֵי־צֹאן֙ רֹבְצִ֣ים עָלֶ֔יהָ כִּ֚י מִן־הַבְּאֵ֣ר

ג[1]. ד. י מילין ר״פ ובתר שמה[2] הַהִ֔וא יַשְׁק֖וּ הָעֲדָרִ֑ים וְהָאֶ֥בֶן[a] גְּדֹלָ֖ה עַל־פִּ֥י הַבְּאֵֽר׃ 3 וְנֶאֶסְפוּ־שָׁ֣מָּה 3

[7]Mm 203. [8]Mm 1449. [9]Mm 3498. [10]Mm 1071. [11]Mm 2013. [12]Mm 845. [13]Mm 1325. [14]Mm 81. [15]Mm 1377. [16]Mm 204. [17]Mm 2167. [18]Mm 24. [19]Ex 32,34. [20]Mm 1941. [21]Mm 1626. [22]Mm 1590. [23]Nu 11,34. [24]Mm 509. [25]Mm 1505. [26]Mm 1474. [27]Mp sub loco. [28]Mm 1788. [29]Mm 935. [30]Lv 21,10. [31]Mm 2154. **Cp 29** [1]Mm 3370. [2]Mm 1123.

9 [a] 𝔖 *bsmt* cf 𝔗[J] et 36,3 ‖ **14** [a] frt add cf 12,3 18,18 ‖ **Cp 29,2** [a] 𝔐𝔗[P]𝔄 וא׳, prb l.

כָל־הָעֲדָרִים[a] וְגָלְלוּ אֶת־הָאֶבֶן מֵעַל פִּי הַבְּאֵר וְהִשְׁקוּ אֶת־הַצֹּאן ב
4 וְהֵשִׁיבוּ אֶת־הָאֶבֶן עַל־פִּי הַבְּאֵר לִמְקֹמָהּ׃ 4 וַיֹּאמֶר לָהֶם יַעֲקֹב אַחַי ב בתור בליש . כב[3] וכל ד״ה ועזרא דכות ב מ ה חס בליש
5 מֵאַיִן אַתֶּם וַיֹּאמְרוּ מֵחָרָן אֲנָחְנוּ׃ 5 וַיֹּאמֶר לָהֶם הַיְדַעְתֶּם אֶת־לָבָן כב[3] וכל ד״ה ועזרא דכות ב מ ה חס בליש . ג[4]
6 בֶּן־נָחוֹר וַיֹּאמְרוּ יָדָעְנוּ׃ 6 וַיֹּאמֶר לָהֶם הֲשָׁלוֹם לוֹ וַיֹּאמְרוּ שָׁלוֹם וְהִנֵּה כב[3] וכל ד״ה ועזרא דכות ב מ ה חס בליש
7 רָחֵל בִּתּוֹ בָּאָה עִם־הַצֹּאן׃ 7 וַיֹּאמֶר הֵן עוֹד הַיּוֹם גָּדוֹל לֹא־עֵת הֵאָסֵף יא[5] בטע וכל מלכים ויחזק דכות ב מ ב
8 הַמִּקְנֶה הַשְׁקוּ הַצֹּאן וּלְכוּ רְעוּ׃ 8 וַיֹּאמְרוּ לֹא נוּכַל עַד אֲשֶׁר יֵאָסְפוּ ל . ג בטע ר״פ
כָּל־הָעֲדָרִים[a] וְגָלְלוּ אֶת־הָאֶבֶן מֵעַל פִּי הַבְּאֵר וְהִשְׁקִינוּ הַצֹּאן׃ ב
9 9 עוֹדֶנּוּ מְדַבֵּר עִמָּם וְרָחֵל ׀ בָּאָה עִם־הַצֹּאן אֲשֶׁר לְאָבִיהָ כִּי רֹעָה ה . ג ב מלרע וחד מלעיל[6]
10 הִוא׃ 10 וַיְהִי כַּאֲשֶׁר רָאָה יַעֲקֹב אֶת־רָחֵל בַּת־לָבָן אֲחִי אִמּוֹ וְאֶת־ ל
צֹאן לָבָן אֲחִי אִמּוֹ וַיִּגַּשׁ יַעֲקֹב וַיָּגֶל אֶת־הָאֶבֶן מֵעַל פִּי הַבְּאֵר וַיַּשְׁקְ ב ובתרי לישנ
11 אֶת־צֹאן לָבָן אֲחִי אִמּוֹ׃ 11 וַיִּשַּׁק יַעֲקֹב לְרָחֵל וַיִּשָּׂא אֶת־קֹלוֹ וַיֵּבְךְּ׃
12 12 וַיַּגֵּד יַעֲקֹב לְרָחֵל כִּי אֲחִי אָבִיהָ הוּא וְכִי בֶן־רִבְקָה הוּא וַתָּרָץ וַתַּגֵּד לא פסוק כי וכי[7] . ב פסוק דמטע הוא הוא
13 לְאָבִיהָ׃ 13 וַיְהִי כִשְׁמֹעַ לָבָן אֶת־שֵׁמַע ׀ יַעֲקֹב בֶּן־אֲחֹתוֹ וַיָּרָץ לִקְרָאתוֹ ה[8]
וַיְחַבֶּק־לוֹ וַיְנַשֶּׁק־לוֹ וַיְבִיאֵהוּ אֶל־בֵּיתוֹ וַיְסַפֵּר לְלָבָן אֵת כָּל־ ה[9] מל וכל כתיב דכות ב מ א . כה ז מנה בתור
14 הַדְּבָרִים הָאֵלֶּה׃ 14 וַיֹּאמֶר לוֹ לָבָן אַךְ עַצְמִי וּבְשָׂרִי אָתָּה וַיֵּשֶׁב
15 עִמּוֹ חֹדֶשׁ יָמִים׃ 15 וַיֹּאמֶר לָבָן לְיַעֲקֹב הֲכִי־אָחִי אַתָּה וַעֲבַדְתַּנִי חִנָּם ה[10] . כו מלעיל . ל
16 הַגִּידָה לִּי מַה־מַּשְׂכֻּרְתֶּךָ׃ 16 וּלְלָבָן שְׁתֵּי בָנוֹת שֵׁם הַגְּדֹלָה לֵאָה וְשֵׁם ל . ל
17 הַקְּטַנָּה רָחֵל׃ 17 וְעֵינֵי לֵאָה רַכּוֹת וְרָחֵל הָיְתָה יְפַת־תֹּאַר וִיפַת י ג מנה ר״פ . ב ומל . ה
18 מַרְאֶה׃ 18 וַיֶּאֱהַב יַעֲקֹב אֶת־רָחֵל וַיֹּאמֶר אֶעֱבָדְךָ שֶׁבַע שָׁנִים בְּרָחֵל
19 בִּתְּךָ הַקְּטַנָּה׃ 19 וַיֹּאמֶר לָבָן טוֹב תִּתִּי אֹתָהּ לָךְ מִתִּתִּי אֹתָהּ לְאִישׁ ג[11]
20 אַחֵר שְׁבָה עִמָּדִי׃ 20 וַיַּעֲבֹד יַעֲקֹב בְּרָחֵל שֶׁבַע שָׁנִים וַיִּהְיוּ בְעֵינָיו נא
21 כְּיָמִים אֲחָדִים בְּאַהֲבָתוֹ אֹתָהּ׃ 21 וַיֹּאמֶר יַעֲקֹב אֶל־לָבָן הָבָה אֶת־ ד[12]
22 אִשְׁתִּי כִּי מָלְאוּ יָמָי וְאָבוֹאָה אֵלֶיהָ׃ 22 וַיֶּאֱסֹף לָבָן אֶת־כָּל־אַנְשֵׁי ג בתור . ד[13] . כ ה מנה בתור[14]
23 הַמָּקוֹם וַיַּעַשׂ מִשְׁתֶּה׃ 23 וַיְהִי בָעֶרֶב וַיִּקַּח אֶת־לֵאָה בִתּוֹ וַיָּבֵא אֹתָהּ נא[15] יח מנה בתור
24 אֵלָיו וַיָּבֹא אֵלֶיהָ׃ 24 וַיִּתֵּן לָבָן לָהּ אֶת־זִלְפָּה שִׁפְחָתוֹ לְלֵאָה בִתּוֹ
25 שִׁפְחָה[a]׃ 25 וַיְהִי בַבֹּקֶר וְהִנֵּה־הִוא לֵאָה וַיֹּאמֶר[a] אֶל־לָבָן מַה־זֹּאת ל

[3] Mm 11. [4] Mm 1499. [5] Mm 279. [6] Mm 205. [7] Mm 2059. [8] Mm 206. [9] Mm 1618. [10] Mm 207. [11] Mm 1432. [12] Mm 208. [13] Mm 209. [14] Mm 4234. [15] Mm 639.

3 ª 𝔐𝔊[56.129]𝔄 הָרֹעִים, prb l ‖ **8** ª 𝔐𝔊 הָרֹעִים cf 3ª, prb l ‖ **24** ª l c ℭ pc Mss 𝔐𝔗𝔗[JP] לְשׁ׳ ‖ **25** ª 𝔊 + *Ιακωβ*, ins יַעֲקֹב?

‏בּ¹⁶ עָשִׂ֥יתָ לִּ֖י הֲלֹ֣א בְרָחֵל֙ עֲבַדְתִּ֣י עִמָּ֔ךְ וְלָ֖מָּה רִמִּיתָֽנִי׃ ²⁶ וַיֹּ֥אמֶר לָבָ֖ן לֹא־

‏לוֹ¹⁷ ה¹⁸ יֵעָשֶׂ֥ה כֵ֖ן בִּמְקוֹמֵ֑נוּ לָתֵ֥ת הַצְּעִירָ֖ה לִפְנֵ֥י הַבְּכִירָֽה׃ ²⁷ מַלֵּ֖א שְׁבֻ֣עַ זֹ֑את

‏ג¹⁹ וְנִתְּנָ֨הᵃ לְךָ֜ גַּם־אֶת־זֹ֗את בַּעֲבֹדָה֙ אֲשֶׁ֣ר תַּעֲבֹ֣ד עִמָּדִ֔י ע֖וֹד שֶֽׁבַע־שָׁנִ֥ים

‏ט אֲחֵרֽוֹת׃ ²⁸ וַיַּ֤עַשׂ יַעֲקֹב֙ כֵּ֔ן וַיְמַלֵּ֖א שְׁבֻ֣עַ זֹ֑את וַיִּתֶּן־ל֛וֹ אֶת־רָחֵ֥ל בִּתּ֖וֹ

‏ל ל֥וֹᵃ לְאִשָּֽׁה׃ ²⁹ וַיִּתֵּ֤ן לָבָן֙ לְרָחֵ֣ל בִּתּ֔וֹ אֶת־בִּלְהָ֖ה שִׁפְחָת֑וֹ לָ֖הּ לְשִׁפְחָֽה׃

‏ל ³⁰ וַיָּבֹא֙ גַּ֣ם אֶל־רָחֵ֔ל וַיֶּאֱהַ֥ב גַּֽם־אֶת־רָחֵ֖לᵃ מִלֵּאָ֑ה וַיַּעֲבֹ֣ד עִמּ֔וֹ ע֖וֹד

‏ד בתור שֶֽׁבַע־שָׁנִ֥ים אֲחֵרֽוֹת׃ ³¹ וַיַּ֤רְא יְהֹוָה֙ כִּֽי־שְׂנוּאָ֣ה לֵאָ֔ה וַיִּפְתַּ֖ח אֶת־ס[נ]

‏ה ט רַחְמָ֑הּ וְרָחֵ֖ל עֲקָרָֽה׃ ³² וַתַּ֤הַר לֵאָה֙ וַתֵּ֣לֶד בֵּ֔ן וַתִּקְרָ֥א שְׁמ֖וֹ רְאוּבֵ֑ן כִּ֣י

‏ל ח²⁰ אָֽמְרָ֗ה כִּֽי־רָאָ֤ה יְהֹוָה֙ בְּעָנְיִ֔י כִּ֥י עַתָּ֖ה יֶאֱהָבַ֥נִי אִישִֽׁי׃ ³³ וַתַּ֣הַר עוֹד֮

‏וַתֵּ֣לֶד בֵּן֒ וַתֹּ֗אמֶר כִּֽי־שָׁמַ֤ע יְהֹוָה֙ כִּֽי־שְׂנוּאָ֣ה אָנֹ֔כִי וַיִּתֶּן־לִ֖י גַּם־אֶת־זֶ֑ה

‏ט ל וַתִּקְרָ֥א שְׁמ֖וֹ שִׁמְעֽוֹן׃ ³⁴ וַתַּ֣הַר עוֹד֮ וַתֵּ֣לֶד בֵּן֒ וַתֹּ֗אמֶר עַתָּ֤ה הַפַּ֙עַם֙ יִלָּוֶ֣ה

‏ח²⁰ אִישִׁ֣י אֵלַ֔י כִּֽי־יָלַ֥דְתִּי ל֖וֹ שְׁלֹשָׁ֣ה בָנִ֑יםᵃ עַל־כֵּ֥ן קָֽרָא־שְׁמ֖וֹᵃᵇ לֵוִֽי׃

‏ג ל ³⁵ וַתַּ֨הַר ע֜וֹד וַתֵּ֣לֶד בֵּ֗ן וַתֹּ֙אמֶר֙ הַפַּ֙עַם֙ אוֹדֶ֣ה אֶת־יְהֹוָ֔ה עַל־כֵּ֖ן קָֽרְאָ֣ה

‏שְׁמ֣וֹ יְהוּדָ֑ה וַֽתַּעֲמֹ֖ד מִלֶּֽדֶת׃ **30** ¹ וַתֵּ֣רֶא רָחֵ֗ל כִּ֣י לֹ֤א יָֽלְדָה֙ לְיַעֲקֹ֔ב **30**

‏ל בטע וַתְּקַנֵּ֥א רָחֵ֖ל בַּאֲחֹתָ֑הּ וַתֹּ֤אמֶר אֶֽל־יַעֲקֹב֙ הָֽבָה־לִּ֣י בָנִ֔ים וְאִם־אַ֖יִן מֵתָ֥ה

‏ג אָנֹֽכִי׃ ² וַיִּֽחַר־אַ֥ף יַעֲקֹ֖ב בְּרָחֵ֑ל וַיֹּ֗אמֶר הֲתַ֤חַת אֱלֹהִים֙ אָנֹ֔כִי אֲשֶׁר־

‏ל מָנַ֥ע מִמֵּ֖ךְ פְּרִי־בָֽטֶן׃ ³ וַתֹּ֕אמֶר הִנֵּ֛ה אֲמָתִ֥י בִלְהָ֖ה בֹּ֣א אֵלֶ֑יהָ וְתֵלֵד֙

‏ל עַל־בִּרְכַּ֔י וְאִבָּנֶ֥ה גַם־אָנֹכִ֖י מִמֶּֽנָּה׃ ⁴ וַתִּתֶּן־ל֛וֹ אֶת־בִּלְהָ֥ה שִׁפְחָתָ֖הּ

‏ה ו לְאִשָּׁ֑ה וַיָּבֹ֥א אֵלֶ֖יהָ יַעֲקֹֽב׃ ⁵ וַתַּ֣הַר בִּלְהָ֔ה וַתֵּ֥לֶד לְיַעֲקֹ֖ב בֵּֽן׃ ⁶ וַתֹּ֤אמֶר

‏כל אורית חס ב מ א מל̇. ג. רָחֵל֙ דָּנַ֣נִּי אֱלֹהִ֔ים וְגַם֙ שָׁמַ֣ע בְּקֹלִ֔י וַיִּתֶּן־לִ֖י בֵּ֑ן עַל־כֵּ֛ן קָרְאָ֥ה שְׁמ֖וֹ דָּֽן׃

‏ז ⁷ וַתַּ֣הַר ע֔וֹד וַתֵּ֕לֶד בִּלְהָ֖ה שִׁפְחַ֣ת רָחֵ֑ל בֵּ֥ן שֵׁנִ֖י לְיַעֲקֹֽב׃ ⁸ וַתֹּ֣אמֶר
‏ח

‏ל. ג.¹³ רָחֵ֗ל נַפְתּוּלֵ֨י אֱלֹהִ֧ים ׀ נִפְתַּ֛לְתִּי עִם־אֲחֹתִ֖יᵃ גַּם־יָכֹ֑לְתִּי וַתִּקְרָ֥א שְׁמ֖וֹ

‏ד נַפְתָּלִֽי׃ ⁹ וַתֵּ֣רֶא לֵאָ֔ה כִּ֥י עָֽמְדָ֖ה מִלֶּ֑דֶת וַתִּקַּח֙ אֶת־זִלְפָּ֣ה שִׁפְחָתָ֔הּ

‏וַתִּתֵּ֥ן אֹתָ֛הּ לְיַעֲקֹ֖ב לְאִשָּֽׁה׃ ¹⁰ וַתֵּ֗לֶד זִלְפָּ֛ה שִׁפְחַ֥ת לֵאָ֖ה לְיַעֲקֹ֥ב בֵּֽן׃ ¹⁰

---

¹⁶Mm 1691. ¹⁷Mm 210. ¹⁸Mm 211. ¹⁹Mm 212. ²⁰Mm 1776. **Cp 30** ¹Mm 370. ²Mm 153. ³Mm 213. ⁴Mm 3690.

27 ᵃ ωϭ𝔖ℭᵖ𝔙 וְאֶתֵּן || **28** ᵃ > ℭ nonn Mss 𝔖ℭ ᴶᴾ, dl? || **30** ᵃ dl cf 𝔊 || **34** ᵃ⁻ᵃ ℭᴾ wqr't jt = וַתִּקְרָא אֶת || ᵇ prb l קָרְאָ(ה) cf ωϭ-ᴬ𝔖 || **Cp 30,8** ᵃ nonn Mss ωℭᴹˢˢᴾ וְגַם || **10** ᵃ 𝔊 pr εἰσῆλθεν δὲ πρὸς αὐτὴν Ιακωβ.

בא גד חד מן הו⁵ כת מילה ק חדה וקר תרי . ⁶⁴ וכל ויקרא שמו דכות ב מ ו	¹¹ וַתֹּ֤אמֶר לֵאָה֙ בְּגָ֔דa וַתִּקְרָ֥א אֶת־שְׁמֹ֖ו גָּֽד׃ ¹² וַתֵּ֕לֶד זִלְפָּה֙ שִׁפְחַ֣ת
ל.ל.	לֵאָ֔ה בֵּ֥ן שֵׁנִ֖י לְיַעֲקֹֽב׃ ¹³ וַתֹּ֣אמֶר לֵאָ֔ה בְּאָשְׁרִ֕יa כִּ֥י אִשְּׁר֖וּנִיb בָּנֹ֑ות
⁴⁶ וכל ויקרא שמו דכות ב מ ו	וַתִּקְרָ֥א אֶת־שְׁמֹ֖ו אָשֵֽׁר׃ ¹⁴ וַיֵּ֨לֶךְ רְאוּבֵ֜ן בִּימֵ֣י קְצִיר־חִטִּ֗ים וַיִּמְצָ֤א
ל . גא⁷ יח מנה בתור	דֽוּדָאִים֙ בַּשָּׂדֶ֔ה וַיָּבֵ֣א אֹתָ֔ם אֶל־לֵאָ֖ה אִמֹּ֑ו וַתֹּ֤אמֶר רָחֵל֙ אֶל־לֵאָ֔ה
ל.ח⁸	תְּנִי־נָ֣א לִ֔י מִדּוּדָאֵ֖י בְּנֵֽךְ׃ ¹⁵ וַתֹּ֣אמֶר לָ֗הּa הַמְעַט֙ קַחְתֵּ֣ךְ אֶת־אִישִׁ֔י
ד רפי⁹	וְלָקַ֕חַת֙ גַּ֥ם אֶת־דּוּדָאֵ֖י בְּנִ֑י וַתֹּ֣אמֶר רָחֵ֗ל לָכֵן֙ יִשְׁכַּ֤ב עִמָּךְ֙ הַלַּ֔יְלָה תַּ֖חַת
ל.ל. ר¹⁰	דֽוּדָאֵ֥י בְנֵֽךְ׃ ¹⁶ וַיָּבֹ֨א יַעֲקֹ֣ב מִן־הַשָּׂדֶה֮ בָּעֶרֶב֒ וַתֵּצֵ֨א לֵאָ֜ה לִקְרָאתֹ֗ו
	וַתֹּ֙אמֶר֙ אֵלַ֣י תָּבֹ֔וא כִּ֚י שָׂכֹ֣ר שְׂכַרְתִּ֔יךָ בְּדוּדָאֵ֖י בְּנִ֑י וַיִּשְׁכַּ֥ב עִמָּ֖הּ בַּלַּ֥יְלָה
ב⁸.ט	הֽוּא׃a ¹⁷ וַיִּשְׁמַ֥ע אֱלֹהִ֖ים אֶל־לֵאָ֑ה וַתַּ֛הַר וַתֵּ֥לֶד לְיַעֲקֹ֖ב בֵּ֥ן חֲמִישִֽׁי׃
	¹⁸ וַתֹּ֣אמֶר לֵאָ֗ה נָתַ֤ן אֱלֹהִים֙ שְׂכָרִ֔י אֲשֶׁר־נָתַ֥תִּי שִׁפְחָתִ֖י לְאִישִׁ֑י וַתִּקְרָ֥א
ד מקף	שְׁמֹ֖ו יִשָּׂשכָֽר׃ ¹⁹ וַתַּ֤הַר עֹוד֙ לֵאָ֔ה וַתֵּ֥לֶד בֵּן־שִׁשִּׁ֖י לְיַעֲקֹֽבb׃ ²⁰ וַתֹּ֣אמֶר
ל.ל.ח⁸	לֵאָ֗ה זְבָדַ֨נִי אֱלֹהִ֥ים ׀ אֹתִי֮ זֵ֣בֶד טֹוב֒ הַפַּ֙עַם֙ יִזְבְּלֵ֣נִי אִישִׁ֔י כִּֽי־יָלַ֥דְתִּי לֹ֖ו
⁴⁶ וכל ויקרא שמו דכות ב מ ו¹¹ כת וכל כתיב דכות ב מ א	שִׁשָּׁ֣ה בָנִ֑ים וַתִּקְרָ֥א אֶת־שְׁמֹ֖ו זְבֻלֽוּן׃ ²¹ וְאַחַ֖ר יָ֣לְדָה בַּ֑ת וַתִּקְרָ֥א אֶת־
ד	ס[כח]שְׁמָ֖הּ דִּינָֽה׃ ²² וַיִּזְכֹּ֥ר אֱלֹהִ֖ים אֶת־רָחֵ֑ל וַיִּשְׁמַ֤ע אֵלֶ֙יהָ֙ אֱלֹהִ֔ים וַיִּפְתַּ֖ח
ג	אֶת־רַחְמָֽהּ׃ ²³ וַתַּ֖הַר וַתֵּ֣לֶד בֵּ֑ן וַתֹּ֕אמֶר אָסַ֥ף אֱלֹהִ֖ים אֶת־חֶרְפָּתִֽי׃
⁴⁶ וכל ויקרא שמו דכות ב מ ו	²⁴ וַתִּקְרָ֧א אֶת־שְׁמֹ֛ו יֹוסֵ֖ף לֵאמֹ֑ר יֹסֵ֧ף יְהוָ֛ה לִ֖י בֵּ֥ן אַחֵֽר׃ ²⁵ וַיְהִ֕י
ל	כַּאֲשֶׁ֛ר יָלְדָ֥ה רָחֵ֖ל אֶת־יֹוסֵ֑ף וַיֹּ֤אמֶר יַעֲקֹב֙ אֶל־לָבָ֔ן שַׁלְּחֵ֙נִי֙ וְאֵ֣לְכָ֔ה
	אֶל־מְקֹומִ֖י וּלְאַרְצִֽי׃ ²⁶ תְּנָ֞ה אֶת־נָשַׁ֣י וְאֶת־יְלָדַ֗י אֲשֶׁ֨ר עָבַ֧דְתִּי אֹתְךָ֛
הי¹².ב¹³.ט¹⁴ וכל קריא דכות ב מ יב	בָּהֵ֖ן וְאֵלֵ֑כָה כִּ֚י אַתָּ֣ה יָדַ֔עְתָּ אֶת־עֲבֹדָתִ֖י אֲשֶׁ֥ר עֲבַדְתִּֽיךָ׃ ²⁷ וַיֹּ֤אמֶר
ס.ל.	אֵלָיו֙ לָבָ֔ן אִם־נָ֛א מָצָ֥אתִי חֵ֖ן בְּעֵינֶ֑יךָ נִחַ֕שְׁתִּי וַיְבָרֲכֵ֥נִי יְהוָ֖ה בִּגְלָלֶֽךָ׃
צא יט מנה ר"פ ⁵ מנה בתור.ב¹⁵.ב¹⁶	²⁸ וַיֹּאמַ֑ר נָקְבָ֧ה שְׂכָרְךָ֛ עָלַ֖י וְאֶתֵּֽנָה׃ ²⁹ וַיֹּ֣אמֶר אֵלָ֔יו אַתָּ֣ה יָדַ֔עְתָּ אֵ֛ת
	אֲשֶׁ֥ר עֲבַדְתִּ֖יךָ וְאֵ֛ת אֲשֶׁר־הָיָ֥ה מִקְנְךָ֖ אִתִּֽי׃ ³⁰ כִּ֡י מְעַט֩ אֲשֶׁר־הָיָ֨ה לְךָ֜
ה¹⁷.ב¹⁸ מנה בליש וכל מנין איש רגלי דכות	לְפָנַ֗י וַיִּפְרֹ֤ץ לָרֹב֙ וַיְבָ֧רֶךְ יְהוָ֛ה אֹתְךָ֖ לְרַגְלִ֑י וְעַתָּ֗ה מָתַ֛י אֶֽעֱשֶׂ֥ה גַם־
ט¹⁹	אָנֹכִ֖י לְבֵיתִֽי׃ ³¹ וַיֹּ֖אמֶר מָ֣ה אֶתֶּן־לָ֑ךְ וַיֹּ֣אמֶר יַעֲקֹ֗ב לֹא־תִתֶּן־לִ֣י
יא חס את	מְא֔וּמָה אִם־תַּֽעֲשֶׂה־לִּי֙a הַדָּבָ֣ר הַזֶּ֔ה אָשׁ֛וּבָה אֶרְעֶ֥ה צֹֽאנְךָ֖ אֶשְׁמֹֽר׃

⁵Mm 214. ⁶Mm 215. ⁷Mm 639. ⁸Mm 1776. ⁹Mm 216. ¹⁰Mm 217. ¹¹Mm 218. ¹²Mm 640. ¹³Mm 219. ¹⁴Mm 230. ¹⁵Gn 15,1. ¹⁶Ps 51,18. ¹⁷Mm 3533. ¹⁸Ps 119,105. ¹⁹Mp sub loco.

11 ᵃ 𝔖 ℭ ᴶ ᴶᴵᴵ ᴾ ut Q, prb 1 c K 𝔊𝔙 בְּגָד ‖ ᵇ 1 ?יֵאֲשׁ ‖ 13 ᵃ ℭ(ℭᴶ) tšbḥ' hwt lj = ?בָּא אָשְׁרִי ‖
15 ᵃ 𝔊 Λεια, 1 frt לֵאָה ; 𝔖 + lj' ‖ ᵇ 1 ?וְלָקַחַתּ ‖ 16 ᵃ Seb ﹏ הַהוּא ‖ 19 ᵃ sic L, mlt Mss
Edd לְ ‖ 31 ᵃ dl ?

32 אֶעֱבֹר בְּכָל־צֹאנְךָ הַיּוֹם הָסֵר מִשָּׁם כָּל־שֶׂה ׀ [a]נָקֹד וְטָלוּא וְכָל־שֶׂה[a]־ | ל . ל
33 חוּם בַּכְּשָׂבִים וְטָלוּא וְנָקֹד בָּעִזִּים וְהָיָה שְׂכָרִי׃ 33 וְעָנְתָה־בִּי צִדְקָתִי | ד . ז בליש[20]
בְּיוֹם מָחָר כִּי־תָבוֹא[a] עַל־שְׂכָרִי לְפָנֶיךָ כֹּל אֲשֶׁר־אֵינֶנּוּ נָקֹד וְטָלוּא | ב[21]
34 בָּעִזִּים וְחוּם בַּכְּשָׂבִים גָּנוּב הוּא אִתִּי׃ 34 וַיֹּאמֶר לָבָן הֵן לוּ יְהִי | ב[22] . ז בליש[20]
35 כִדְבָרֶךָ׃ 35 וַיָּסַר בַּיּוֹם הַהוּא אֶת־הַתְּיָשִׁים הָעֲקֻדִּים[a] וְהַטְּלֻאִים וְאֵת | יג חס
כָּל־הָעִזִּים הַנְּקֻדּוֹת וְהַטְּלֻאֹת כֹּל אֲשֶׁר־לָבָן בּוֹ וְכָל־חוּם בַּכְּשָׂבִים | יג פסוק כל כל וכל . ל . ל . ז בליש[20]
36 וַיִּתֵּן בְּיַד־בָּנָיו׃ 36 וַיָּשֶׂם דֶּרֶךְ שְׁלֹשֶׁת יָמִים בֵּינוֹ[a] וּבֵין יַעֲקֹב וְיַעֲקֹב | פד לג מנה בתור . יד[23]
37 רֹעֶה אֶת־צֹאן לָבָן הַנּוֹתָרֹת׃ 37 וַיִּקַּח־לוֹ יַעֲקֹב מַקַּל לִבְנֶה לַח וְלוּז | ג ב חס וחד מל . ג ב פת וחד קמ[24]
וְעַרְמוֹן וַיְפַצֵּל בָּהֵן פְּצָלוֹת לְבָנוֹת מַחְשֹׂף הַלָּבָן אֲשֶׁר עַל־הַמַּקְלוֹת׃ | ה[25] . ל . ד ב מל וב חס[26]
38 38 וַיַּצֵּג אֶת־הַמַּקְלוֹת אֲשֶׁר פִּצֵּל בָּרְהָטִים בְּשִׁקְתוֹת[a] הַמָּיִם אֲשֶׁר תָּבֹאןָ | ב[27] . ל חס
39 הַצֹּאן לִשְׁתּוֹת לְנֹכַח הַצֹּאן וַיֵּחַמְנָה בְּבֹאָן לִשְׁתּוֹת׃ 39 וַיֶּחֱמוּ הַצֹּאן | ב חד חס וחד מל[28]
40 אֶל־הַמַּקְלוֹת וַתֵּלַדְןָ הַצֹּאן עֲקֻדִּים נְקֻדִּים וּטְלֻאִים׃ 40 וְהַכְּשָׂבִים | ל חס . ז ול בליש[20]
הִפְרִיד יַעֲקֹב וַיִּתֵּן פְּנֵי הַצֹּאן אֶל־[a]עָקֹד וְכָל־חוּם בְּצֹאן לָבָן וַיָּשֶׁת־ | ב . ו[29]
41 לוֹ עֲדָרִים לְבַדּוֹ וְלֹא שָׁתָם עַל־[b]צֹאן לָבָן׃ 41 וְהָיָה בְּכָל־[a]יַחֵם הַצֹּאן | ל . ל
הַמְקֻשָּׁרוֹת וְשָׂם יַעֲקֹב אֶת־הַמַּקְלוֹת לְעֵינֵי הַצֹּאן בָּרְהָטִים לְיַחְמֵנָּה | ל . ה[30]
42 בַּמַּקְלוֹת׃ 42 וּבְהַעֲטִיף הַצֹּאן לֹא יָשִׂים וְהָיָה[a] הָעֲטֻפִים לְלָבָן | ב[31] . ב חד חס וחד מל[32]
43 וְהַקְּשֻׁרִים לְיַעֲקֹב׃ 43 וַיִּפְרֹץ הָאִישׁ מְאֹד מְאֹד וַיְהִי־לוֹ צֹאן רַבּוֹת | ו
וּשְׁפָחוֹת וַעֲבָדִים וּגְמַלִּים וַחֲמֹרִים׃

31 **31** 1 וַיִּשְׁמַע אֶת־דִּבְרֵי בְנֵי־לָבָן לֵאמֹר לָקַח יַעֲקֹב אֵת כָּל־
2 אֲשֶׁר לְאָבִינוּ וּמֵאֲשֶׁר לְאָבִינוּ עָשָׂה אֵת כָּל־הַכָּבֹד הַזֶּה׃ 2 וַיַּרְא | ב[1] . ב חס
3 [כט]ס יַעֲקֹב אֶת־פְּנֵי לָבָן וְהִנֵּה אֵינֶנּוּ[a] עִמּוֹ כִּתְמוֹל שִׁלְשׁוֹם׃ 3 וַיֹּאמֶר יְהוָה | ג[2] . ז[3] . ב מל בתור[4]
4 אֶל־יַעֲקֹב שׁוּב אֶל־אֶרֶץ אֲבוֹתֶיךָ וּלְמוֹלַדְתֶּךָ וְאֶהְיֶה עִמָּךְ׃ 4 וַיִּשְׁלַח | ג מל . ל
5 יַעֲקֹב וַיִּקְרָא לְרָחֵל וּלְלֵאָה הַשָּׂדֶה אֶל־צֹאנוֹ׃ 5 וַיֹּאמֶר לָהֶן רֹאֶה | ל . ל . יד[5]
אָנֹכִי אֶת־פְּנֵי אֲבִיכֶן כִּי־אֵינֶנּוּ[a] אֵלַי כִּתְמֹל שִׁלְשֹׁם וֵאלֹהֵי אָבִי הָיָה | ז[3] וחד מן ד[6] חס בליש

[20] Mm 220. [21] Prv 27,1. [22] Mm 1444. [23] Mm 247. [24] Mm 221. [25] Mm 640. [26] Mm 222. [27] Jdc 8,27. [28] Mm 223. [29] Mm 3666. [30] Mm 224. [31] 1 S 17,43. [32] Mm 225. **Cp 31** [1] Ex 29,27. [2] Mm 226. [3] Mm 401. [4] Mm 1164. [5] Mm 190. [6] Mm 518.

32 [a–a] > 𝔊 ‖ **33** [a] frt l c 𝔐 יבוא; 𝔗[P] "*jl* = אבוא ‖ **35** [a] 𝔊 *τοὺς ῥαντούς* = הַנְּקֻדִּים cf 32.33 ‖ **36** [a] 𝔐 בינם ‖ **38** [a] 𝔐 בהשקות ‖ **40** [a] prb ins כָּל־ ‖ [b] Seb עִם ‖ **41** [a] frt ins עֵת cf 𝔊𝔖𝔗𝔗[J] et 31,10 ‖ **42** [a] 2Mss 𝔐 והיו ‖ **Cp 31,2.5** [a] 𝔐 אינם.

עִמָּדִֽי: ⁶ וְאַתֵּ֖נָה יְדַעְתֶּ֑ן כִּ֚י בְּכָל־כֹּחִ֔י עָבַ֖דְתִּי אֶת־אֲבִיכֶֽן: ⁷ וַאֲבִיכֶן֙

הֵ֣תֶל בִּ֔י וְהֶחֱלִ֥ף אֶת־מַשְׂכֻּרְתִּ֖י עֲשֶׂ֣רֶת מֹנִ֑ים וְלֹֽא־נְתָנ֣וֹ אֱלֹהִ֔ים לְהָרַ֖ע

עִמָּדִֽי: ⁸ אִם־כֹּ֣ה יֹאמַ֗ר נְקֻדִּים֙ יִהְיֶ֣ה שְׂכָרֶ֔ךָ וְיָלְד֥וּ כָל־הַצֹּ֖אן נְקֻדִּ֑ים

וְאִם־כֹּ֣ה יֹאמַ֗ר עֲקֻדִּים֙ יִהְיֶ֣ה שְׂכָרֶ֔ךָ וְיָלְד֥וּ כָל־הַצֹּ֖אן עֲקֻדִּֽים: ⁹ וַיַּצֵּ֧ל

אֱלֹהִ֛ים אֶת־מִקְנֵ֥ה אֲבִיכֶ֖ם וַיִּתֶּן־לִֽי: ¹⁰ וַיְהִ֗י בְּעֵת֙ יַחֵ֣ם הַצֹּ֔אן וָאֶשָּׂ֥א

עֵינַ֛י וָאֵ֖רֶא בַּחֲל֑וֹם וְהִנֵּ֤ה הָֽעַתֻּדִים֙ הָעֹלִ֣ים עַל־הַצֹּ֔אן עֲקֻדִּ֥ים נְקֻדִּ֖ים

וּבְרֻדִּֽים: ¹¹ וַיֹּ֨אמֶר אֵלַ֜י מַלְאַ֧ךְ הָאֱלֹהִ֛ים בַּחֲל֖וֹם יַעֲקֹ֑ב וָאֹמַ֖ר הִנֵּֽנִי:

¹² וַיֹּ֗אמֶר שָׂא־נָ֨א עֵינֶ֤יךָ וּרְאֵה֙ כָּל־הָֽעַתֻּדִים֙ הָעֹלִ֣ים עַל־הַצֹּ֔אן

עֲקֻדִּ֥ים נְקֻדִּ֖ים וּבְרֻדִּ֑ים כִּ֣י רָאִ֔יתִי אֵ֛ת כָּל־אֲשֶׁ֥ר לָבָ֖ן עֹ֥שֶׂה לָּֽךְ:

¹³ אָנֹכִ֤י הָאֵל֙ בֵּֽית־אֵ֔ל אֲשֶׁ֨ר מָשַׁ֤חְתָּ שָּׁם֙ מַצֵּבָ֔ה אֲשֶׁ֨ר נָדַ֧רְתָּ לִּ֛י שָׁ֖ם

נֶ֑דֶר עַתָּ֗ה ק֤וּם צֵא֙ מִן־הָאָ֣רֶץ הַזֹּ֔את וְשׁ֖וּב אֶל־אֶ֥רֶץ מוֹלַדְתֶּֽךָ: ¹⁴ וַתַּ֤עַן

רָחֵל֙ וְלֵאָ֔ה וַתֹּאמַ֖רְנָה ל֑וֹ הַע֥וֹד לָ֛נוּ חֵ֥לֶק וְנַחֲלָ֖ה בְּבֵ֥ית אָבִֽינוּ: ¹⁵ הֲל֧וֹא

נָכְרִיּ֛וֹת נֶחְשַׁ֥בְנוּ ל֖וֹ כִּ֣י מְכָרָ֑נוּ וַיֹּ֥אכַל גַּם־אָכ֖וֹל אֶת־כַּסְפֵּֽנוּ: ¹⁶ כִּ֣י כָל־

הָעֹ֗שֶׁר אֲשֶׁ֨ר הִצִּ֤יל אֱלֹהִים֙ מֵֽאָבִ֔ינוּ לָ֥נוּ ה֖וּא וּלְבָנֵ֑ינוּ וְעַתָּ֗ה כֹּל֩ אֲשֶׁ֨ר

אָמַ֧ר אֱלֹהִ֛ים אֵלֶ֖יךָ עֲשֵֽׂה: ¹⁷ וַיָּ֖קָם יַעֲקֹ֑ב וַיִּשָּׂ֛א אֶת־בָּנָ֥יו וְאֶת־נָשָׁ֖יו

עַל־הַגְּמַלִּֽים: ¹⁸ וַיִּנְהַ֣ג אֶת־כָּל־מִקְנֵ֗הוּ וְאֶת־כָּל־רְכֻשׁוֹ֙ אֲשֶׁ֣ר רָכָ֔שׁ

מִקְנֵה֙ קִנְיָנ֔וֹ אֲשֶׁ֥ר רָכַ֖שׁ בְּפַדַּ֣ן אֲרָ֑ם לָב֛וֹא אֶל־יִצְחָ֥ק אָבִ֖יו אַ֥רְצָה

כְּנָֽעַן: ¹⁹ וְלָבָ֣ן הָלַ֔ךְ לִגְזֹ֖ז אֶת־צֹאנ֑וֹ וַתִּגְנֹ֣ב רָחֵ֔ל אֶת־הַתְּרָפִ֖ים אֲשֶׁ֥ר

לְאָבִֽיהָ: ²⁰ וַיִּגְנֹ֣ב יַעֲקֹ֔ב אֶת־לֵ֥ב לָבָ֖ן הָאֲרַמִּ֑י עַל־בְּלִי֙ הִגִּ֣יד ל֔וֹ כִּ֥י

בֹרֵ֖חַ הֽוּא: ²¹ וַיִּבְרַ֥ח הוּא֙ וְכָל־אֲשֶׁר־ל֔וֹ וַיָּ֖קָם וַיַּעֲבֹ֣ר אֶת־הַנָּהָ֑ר וַיָּ֥שֶׂם

אֶת־פָּנָ֖יו הַ֥ר הַגִּלְעָֽד: ²² וַיֻּגַּ֥ד לְלָבָ֖ן בַּיּ֣וֹם הַשְּׁלִישִׁ֑י כִּ֥י בָרַ֖ח יַעֲקֹֽב:

²³ וַיִּקַּ֤ח אֶת־אֶחָיו֙ עִמּ֔וֹ וַיִּרְדֹּ֣ף אַחֲרָ֔יו דֶּ֖רֶךְ שִׁבְעַ֣ת יָמִ֑ים וַיַּדְבֵּ֥ק אֹת֖וֹ

בְּהַ֥ר הַגִּלְעָֽד: ²⁴ וַיָּבֹ֧א אֱלֹהִ֛ים אֶל־לָבָ֥ן הָאֲרַמִּ֖י בַּחֲלֹ֣ם הַלָּ֑יְלָה וַיֹּ֣אמֶר

ל֗וֹ הִשָּׁ֧מֶר לְךָ֛ פֶּן־תְּדַבֵּ֥ר עִֽם־יַעֲקֹ֖ב מִטּ֥וֹב עַד־רָֽע: ²⁵ וַיַּשֵּׂ֥ג לָבָ֖ן

Masorah marginal notes (right margin)

ג. ל. בֿ⁸

ב. ד. ה.⁹, ו¹⁰

ל

ל כת ם בלשון נקיבה

ח. ז בתור

ל¹¹

ל מל בתור . בֿ¹²
יב מל בתור¹³

ג. י מל בֿ¹⁴ מנה בתור

בֿ¹⁵

ל. ד בתור¹¹

ח¹⁷. ח פסוק דמיין אית
בהון בֿ מיליין חד פת
וחד קמ ול בליש

ח¹⁸

ג

פד לג מנה בתור

בֿ²⁰

בֿ²¹. ל

ב חס

ל

Masorah parva references (bottom)

⁷Mm 2930. ⁸Ez 16,45. ⁹Mm 1397. ¹⁰Mm 227. ¹¹Mp sub loco. ¹²Mm 1466. ¹³Mm 27. ¹⁴Mm 718.
¹⁵Dt 29,28. ¹⁶Mm 19. ¹⁷Mm 1657. ¹⁸Mm 77. ¹⁹Mm 3514. ²⁰Mm 2228. ²¹Mm 2048.

Critical apparatus

7 ᵃ ga'ya eras, frt 1 c 𝔪 וַֽיַּחֲלֶף cf 41 ‖ ᵇ 𝔪 יהוה ‖ **9** ᵃ ut 7ᵇ ‖ ᵇ 𝔊² mlt Mss 𝔪 כֶן— ‖
13 ᵃ 𝔊 (𝔗ᴶᴾ) + ὁ ὀφθείς σοι ἐν, prb ins בְּ הַנִּרְאָה אֵלֶיךָ ‖ ᵇ 1 c pc Mss 𝔪𝔊 וַ'א cf 𝔗ᴾ ‖ **16** ᵃ 𝔪
יהוה ‖ **17** ᵃ·ᵇ 𝔪𝔊 invers ‖ **18** ᵃ⁻ᵃ > 𝔊*𝔖, homark ‖ ᵇ⁻ᵇ 𝔗(𝔗ᴶ) gjtwhj wqnjnjh =
מקנהו וק' ‖ **20** ᵃ ins אֲשֶׁר?

אֶת־יַעֲקֹב וְיַעֲקֹב תָּקַע אֶת־אָהֳלוֹ בָּהָר[a] וְלָבָן תָּקַע אֶת־אֶחָיו[b] בְּהַר — יד[22]. ג
26 הַגִּלְעָד׃ 26 וַיֹּאמֶר לָבָן לְיַעֲקֹב מֶה עָשִׂיתָ וַתִּגְנֹב אֶת־לְבָבִי וַתְּנַהֵג — ל
27 אֶת־בְּנֹתַי כִּשְׁבֻיוֹת חָרֶב׃ 27 לָמָּה נַחְבֵּאתָ לִבְרֹחַ וַתִּגְנֹב אֹתִי וְלֹא־ — ל וחס. ל. ב
28 הִגַּדְתָּ לִּי וָאֲשַׁלֵּחֲךָ בְּשִׂמְחָה וּבְשִׁרִים בְּתֹף וּבְכִנּוֹר׃ 28 וְלֹא נְטַשְׁתַּנִי — ב חד חס וחד מל
29 לְנַשֵּׁק לְבָנַי וְלִבְנֹתָי עַתָּה הִסְכַּלְתָּ עֲשׂוֹ[a]׃ 29 יֶשׁ־לְאֵל יָדִי לַעֲשׂוֹת — ד[23] ול כת ו
עִמָּכֶם[a] רָע וֵאלֹהֵי אֲבִיכֶם[b] אֶמֶשׁ ׀ אָמַר אֵלַי לֵאמֹר הִשָּׁמֶר לְךָ מִדַּבֵּר — ח[24]
30 עִם־יַעֲקֹב מִטּוֹב עַד־רָע׃ 30 וְעַתָּה הָלֹךְ הָלַכְתָּ כִּי־נִכְסֹף נִכְסַפְתָּה — ד[25] חס וכל ירמיה דכות ב מ ו
31 לְבֵית אָבִיךָ לָמָּה[a] גָנַבְתָּ אֶת־אֱלֹהָי׃ 31 וַיַּעַן יַעֲקֹב וַיֹּאמֶר לְלָבָן[a] כִּי
32 יָרֵאתִי[a] כִּי אָמַרְתִּי פֶּן־תִּגְזֹל אֶת־בְּנוֹתֶיךָ מֵעִמִּי׃ 32 עִם אֲשֶׁר תִּמְצָא — ג מל[26]
אֶת־אֱלֹהֶיךָ לֹא יִחְיֶה נֶגֶד אַחֵינוּ הַכֶּר־לְךָ מָה עִמָּדִי וְקַח־לָךְ וְלֹא־ — יח וכל חיו יחיה דכות[27]. יד פסוק לך לך[28]. ה קמ דסמיכ[29]. יג[30]. יא[31] ו מנה בתור
33 יָדַע יַעֲקֹב כִּי רָחֵל גְּנָבָתַם׃ 33 וַיָּבֹא לָבָן[a] בְּאֹהֶל יַעֲקֹב ׀ וּבְאֹהֶל לֵאָה — ל. ב ובפסוק
וּבְאֹהֶל שְׁתֵּי הָאֲמָהֹת וְלֹא מָצָא וַיֵּצֵא מֵאֹהֶל לֵאָה וַיָּבֹא בְּאֹהֶל רָחֵל׃ — ב ובפסוק. ב חד חס וחד מל. ד[32]
34 וְרָחֵל לָקְחָה אֶת־הַתְּרָפִים וַתְּשִׂמֵם בְּכַר הַגָּמָל וַתֵּשֶׁב עֲלֵיהֶם — ה. ל וחס. ל. יב[33]
35 וַיְמַשֵּׁשׁ לָבָן אֶת־כָּל־הָאֹהֶל וְלֹא מָצָא׃ 35 וַתֹּאמֶר אֶל־אָבִיהָ אַל־ — ל
יִחַר בְּעֵינֵי אֲדֹנִי כִּי לוֹא אוּכַל לָקוּם מִפָּנֶיךָ כִּי־דֶרֶךְ נָשִׁים לִי וַיְחַפֵּשׂ[a] — לג בתור. לה מל ב[34] מנה בתור. ג
36 וְלֹא מָצָא אֶת־הַתְּרָפִים׃ 36 וַיִּחַר לְיַעֲקֹב וַיָּרֶב בְּלָבָן וַיַּעַן יַעֲקֹב
37 וַיֹּאמֶר לְלָבָן מַה־פִּשְׁעִי מַה[a] חַטָּאתִי כִּי דָלַקְתָּ אַחֲרָי׃ 37 כִּי־מִשַּׁשְׁתָּ — ל. ל
אֶת־כָּל־כֵּלַי מַה־מָּצָאתָ מִכֹּל כְּלֵי־בֵיתֶךָ שִׂים כֹּה נֶגֶד אַחַי וְאַחֶיךָ — כד
38 וְיוֹכִיחוּ בֵּין שְׁנֵינוּ׃ 38 זֶה עֶשְׂרִים שָׁנָה אָנֹכִי עִמָּךְ רְחֵלֶיךָ וְעִזֶּיךָ לֹא — ל. ג ומל[35]. ג. ל. ל
39 שִׁכֵּלוּ וְאֵילֵי צֹאנְךָ לֹא אָכָלְתִּי׃ 39 טְרֵפָה לֹא־הֵבֵאתִי אֵלֶיךָ אָנֹכִי — ל ס״פ קמ[36]
40 אֲחַטֶּנָּה מִיָּדִי תְּבַקְשֶׁנָּה גְּנֻבְתִי יוֹם וּגְנֻבְתִי לָיְלָה׃ 40 הָיִיתִי בַיּוֹם אֲכָלַנִי — ל. ל. ל
41 חֹרֶב וְקֶרַח בַּלָּיְלָה וַתִּדַּד שְׁנָתִי מֵעֵינָי׃ 41 זֶה־לִּי עֶשְׂרִים שָׁנָה בְּבֵיתֶךָ — יו בליש. ל. ל. ד[37]
עֲבַדְתִּיךָ אַרְבַּע־עֶשְׂרֵה שָׁנָה בִּשְׁתֵּי בְנֹתֶיךָ וְשֵׁשׁ שָׁנִים בְּצֹאנֶךָ וַתַּחֲלֵף — ל
42 אֶת־מַשְׂכֻּרְתִּי עֲשֶׂרֶת מֹנִים׃ 42 לוּלֵי אֱלֹהֵי אָבִי אֱלֹהֵי אַבְרָהָם וּפַחַד — ב. ב. ב[38]

[22] Mm 247. [23] Mm 3631. [24] Mm 615. [25] Mm 1408. [26] Mm 228. [27] Mm 107. [28] Mm 1860. [29] Mm 592. [30] Mm 936. [31] Mm 130. [32] Mm 660. [33] Mm 140. [34] Mm 681. [35] Mm 229. [36] וחד אֲכָלְתִּי Neh 5,14. [37] Mm 2446. [38] Ps 31,12.

25 a prp בְּהַר הַמִּצְפָּה cf 49 ‖ b l אָהֳלוֹ ‖ 28 a 𝔐 עשות ‖ 29 a frt l c 𝔐 𝔊 עִמְּךָ ‖ b frt l c Mss 𝔐 𝔊𝔗^P ־ךָ ‖ 30 a frt l וְלָ cf 𝔊^A𝔄 ‖ 31 a–a > 𝔊*, add? ‖ 33 a ins c 𝔐𝔊 לָבָן ‖ 35 a 𝔐^Mss ויחבש; 𝔊 + Λαβαν ἐν ὅλῳ τῷ οἴκῳ, frt ins לָבָן וַיְחַפֵּשׂ? (𝔐^Mss ויחבש) בְּכָל־הָאֹהֶל ‖ 36 a frt l c cod Jericho mlt Mss 𝔐𝔊𝔖𝔗^Ms𝔗^J וּמָה.

יִצְחָק֙ הָ֣יָה לִ֔י כִּ֥י עַתָּ֖ה רֵיקָ֣ם שִׁלַּחְתָּ֑נִי אֶת־עָנְיִ֞י וְאֶת־יְגִ֧יעַ כַּפַּ֛י רָאָ֥ה — כל אוריתׄ כי עתה ב̇ מ̇ ט̇[39]
43 אֱלֹהִ֖ים וַיּ֥וֹכַח אָֽמֶשׁ׃ 43 וַיַּ֨עַן לָבָ֜ן וַיֹּ֣אמֶר אֶֽל־יַעֲקֹ֗ב הַבָּנ֨וֹת בְּנֹתַ֜י — ל̇
וְהַבָּנִ֤ים בָּנַי֙ וְהַצֹּ֣אן צֹאנִ֔י וְכֹ֛ל אֲשֶׁר־אַתָּ֥ה רֹאֶ֖ה לִי־ה֑וּא וְלִבְנֹתַ֞י מָֽה־ — ג̇[40]. ב̇ וכל יחזק דכות
44 אֶעֱשֶׂ֤ה לָאֵ֙לֶּה֙ הַיּ֔וֹם א֥וֹ לִבְנֵיהֶ֖ן אֲשֶׁ֥ר יָלָֽדוּ׃ 44 וְעַתָּ֗ה לְכָ֛ה נִכְרְתָ֥ה[a] — ה̇[41]. ג̇ בליש . ל̇ ומל[42]
45 בְרִ֖ית אֲנִ֣י וָאָ֑תָּה[b] [c]וְהָיָ֥ה לְעֵ֖ד[c] בֵּינִ֥י וּבֵינֶֽךָ׃ 45 וַיִּקַּ֥ח יַעֲקֹ֖ב אָ֑בֶן וַיְרִימֶ֖הָ — ג̇ ב̇ קמ וחד פת[43]. ל̇
46 מַצֵּבָֽה׃ 46 וַיֹּ֨אמֶר יַעֲקֹ֤ב[a] לְאֶחָיו֙ לִקְט֣וּ אֲבָנִ֔ים וַיִּקְח֥וּ[b] אֲבָנִ֖ים וַיַּֽעֲשׂוּ־גָ֑ל — ל̇
47 וַיֹּ֥אכְלוּ שָׁ֖ם עַל־הַגָּֽל׃ 47 וַיִּקְרָא־ל֣וֹ לָבָ֔ן יְגַ֖ר שָׂהֲדוּתָ֑א וְיַעֲקֹ֕ב קָ֥רָא — ל̇. ל̇. יו̇[44]
48 ל֖וֹ גַּלְעֵֽד׃ 48 וַיֹּ֣אמֶר לָבָ֔ן הַגַּ֥ל הַזֶּ֛ה עֵ֥ד בֵּינִ֥י וּבֵינְךָ֖ הַיּ֑וֹם עַל־כֵּ֥ן קָרָֽא־ — ○[45]
49 שְׁמ֖וֹ גַּלְעֵֽד׃ 49 וְהַמִּצְפָּה֙[a] אֲשֶׁ֣ר אָמַ֔ר יִ֥צֶף יְהוָ֖ה בֵּינִ֣י וּבֵינֶ֑ךָ כִּ֥י נִסָּתֵ֖ר — ל̇
50 אִ֥ישׁ מֵרֵעֵֽהוּ׃ 50 אִם־תְּעַנֶּ֣ה אֶת־בְּנֹתַ֗י וְאִם־תִּקַּ֤ח נָשִׁים֙ עַל־בְּנֹתַ֔י אֵ֥ין — ב̇[46]. ל̇
51 אִ֖ישׁ עִמָּ֑נוּ רְאֵ֕ה אֱלֹהִ֥ים עֵ֖ד בֵּינִ֥י וּבֵינֶֽךָ׃ 51 וַיֹּ֥אמֶר לָבָ֖ן לְיַעֲקֹ֑ב הִנֵּ֣ה ׀ — ב̇[47]
52 הַגַּ֣ל הַזֶּ֗ה וְהִנֵּה֙ הַמַּצֵּבָ֔ה[a] אֲשֶׁ֥ר יָרִ֖יתִי בֵּינִ֥י וּבֵינֶֽךָ׃ 52 עֵ֚ד הַגַּ֣ל הַזֶּ֔ה — ל̇[48]
וְעֵדָ֖ה הַמַּצֵּבָ֑ה אִם־אָ֗נִי לֹֽא־אֶעֱבֹ֤ר אֵלֶ֙יךָ֙ [b]אֶת־הַגַּ֣ל הַזֶּ֔ה[b] וְאִם־אַ֠תָּה — ז̇ פסוק בתור אם ואם . ל̇
53 לֹא־[a]תַעֲבֹ֨ר אֵלַ֜י אֶת־הַגַּ֥ל הַזֶּ֛ה וְאֶת־הַמַּצֵּבָ֥ה הַזֹּ֖את לְרָעָֽה׃ 53 אֱלֹהֵ֨י — ג̇ פסוק דמיין[49]
אַבְרָהָ֜ם וֵאלֹהֵ֤י נָחוֹר֙ יִשְׁפְּט֣וּ[a] בֵינֵ֔ינוּ [b]אֱלֹהֵ֖י אֲבִיהֶ֑ם[b] וַיִּשָּׁבַ֣ע יַעֲקֹ֔ב
54 בְּפַ֖חַד אָבִ֥יו יִצְחָֽק׃ 54 וַיִּזְבַּ֨ח יַעֲקֹ֥ב זֶ֙בַח֙ בָּהָ֔ר וַיִּקְרָ֥א לְאֶחָ֖יו לֶאֱכָל־
32 לָ֑חֶם וַיֹּ֣אכְלוּ לֶ֔חֶם וַיָּלִ֖ינוּ בָּהָֽר׃ 32 1 וַיַּשְׁכֵּ֨ם לָבָ֜ן בַּבֹּ֗קֶר וַיְנַשֵּׁ֛ק
2 לְבָנָ֥יו וְלִבְנוֹתָ֖יו וַיְבָ֣רֶךְ אֶתְהֶ֑ם וַיֵּ֛לֶךְ וַיָּ֥שָׁב לָבָ֖ן לִמְקֹמֽוֹ׃ 2 [a]וְיַעֲקֹ֖ב — ג̇ מל̇[1]. ה̇[2]. יד̇[3]
3 הָלַ֣ךְ לְדַרְכּ֑וֹ וַיִּפְגְּעוּ־ב֖וֹ מַלְאֲכֵ֥י אֱלֹהִֽים׃ 3 וַיֹּ֤אמֶר יַעֲקֹב֙ כַּאֲשֶׁ֣ר רָאָ֔ם — ב̇ בסיפ̇ . ב̇[4]
מַחֲנֵ֥ה אֱלֹהִ֖ים זֶ֑ה וַיִּקְרָ֛א שֵֽׁם־הַמָּק֥וֹם הַה֖וּא מַחֲנָֽיִם׃ פ — קמח
4 וַיִּשְׁלַ֨ח יַעֲקֹ֤ב מַלְאָכִים֙ לְפָנָ֔יו אֶל־עֵשָׂ֖ו אָחִ֑יו אַ֥רְצָה שֵׂעִ֖יר — ל̇ — ס [ל] פרשׁ
5 שְׂדֵ֥ה אֱדֽוֹם׃ 5 וַיְצַ֤ו אֹתָם֙ לֵאמֹ֔ר כֹּ֣ה תֹאמְר֔וּן לַאדֹנִ֖י לְעֵשָׂ֑ו כֹּ֤ה אָמַר֙ — ט̇[5]
6 עַבְדְּךָ֣ יַעֲקֹ֔ב עִם־לָבָ֣ן גַּ֔רְתִּי וָאֵחַ֖ר עַד־עָֽתָּה׃ 6 וַֽיְהִי־לִי֙ שׁ֣וֹר וַחֲמ֔וֹר — ב̇[6]. ד̇[7]

[39] Cf Mm 230 כי אתה ט. [40] Mm 231. [41] Mm 232. [42] Mp sub loco. [43] Mm 233. [44] Mm 247. [45] K^Or unum verbum, K^Occ duo verba גל־עד; cf N et Mp sub loco. [46] Ex 22,22. [47] Ps 84,10. [48] וחד ויריתי Jos 18,6. [49] Mm 3356 et Mm 3838. **Cp 32** [1] Mm 3941. [2] Mm 234. [3] Mm 247. [4] Mm 2685. [5] Mm 235. [6] Ps 120,5. [7] Mm 236.

44 [a] mlt Mss 𝔗^J 'וְנ ‖ [b] prp ins נַעֲשֶׂה גַל vel pro [c–c] 1 הִנֵּה אֵין אִישׁ עִמָּנוּ רְאֵה אֱלֹהִים עֵד (cf 50aγb) cf 𝔊 ‖ [c–c] cf [b] ‖ **46** [a] 𝔏 *Laban*, recte? ‖ [b] 𝔊 καὶ συνέλεξαν = וַיְּלַקְּטוּ ‖ **49** [a] 𝔐 צבה–, sed cf יצף ‖ **51** [a] sic L, mlt Mss Ed 'הַמַּ ‖ **52** [a] dl? ‖ [b–b] > 𝔊* ‖ **53** [a] 𝔐𝔊 ישפט ‖ [b–b] > 2 Mss 𝔊* ‖ **Cp 32,2** [a] 𝔅𝔖^W𝔗𝔙 hic incip cp.

צֹ֖אן[a] וְעֶ֣בֶד וְשִׁפְחָ֑ה וָאֶשְׁלְחָה֙ לְהַגִּ֣יד לַֽאדֹנִ֔י לִמְצֹא־חֵ֖ן בְּעֵינֶֽיךָ׃ סו
7 וַיָּשֻׁ֙בוּ֙ הַמַּלְאָכִ֔ים אֶֽל־יַעֲקֹ֖ב לֵאמֹ֑ר בָּ֤אנוּ אֶל־אָחִ֙יךָ֙ אֶל־עֵשָׂ֔ו וְגַם֙
8 הֹלֵ֣ךְ לִקְרָאתְךָ֔ וְאַרְבַּע־מֵא֥וֹת אִ֖ישׁ עִמּֽוֹ׃ 8 וַיִּירָ֧א יַעֲקֹ֛ב מְאֹ֖ד וַיֵּ֣צֶר יב[8] ב מנה ר״פ . ג[9]
ל֑וֹ וַיַּ֜חַץ אֶת־הָעָ֣ם אֲשֶׁר־אִתּ֗וֹ וְאֶת־הַצֹּ֧אן וְאֶת־הַבָּקָ֛ר וְהַגְּמַלִּ֖ים[a] ג[10] . ל
9 לִשְׁנֵ֥י מַחֲנֽוֹת׃ 9 וַיֹּ֗אמֶר אִם־יָב֥וֹא עֵשָׂ֛ו אֶל־הַמַּחֲנֶ֥ה הָאַחַ֖ת[a] וְהִכָּ֑הוּ ז מל בתור
10 וְהָיָ֛ה הַמַּחֲנֶ֥ה הַנִּשְׁאָ֖ר לִפְלֵיטָֽה׃ 10 וַיֹּאמֶר֮ יַעֲקֹב֒ אֱלֹהֵי֙ אָבִ֣י אַבְרָהָ֔ם יב בטע ר״פ ה מנה בתור
וֵאלֹהֵ֖י אָבִ֣י יִצְחָ֑ק יְהוָ֞ה הָאֹמֵ֣ר אֵלַ֗י שׁ֧וּב לְאַרְצְךָ֛ וּלְמוֹלַדְתְּךָ֖ וְאֵיטִ֥יבָה ל ומל
11 עִמָּֽךְ׃ 11 קָטֹ֜נְתִּי מִכֹּ֤ל הַחֲסָדִים֙ וּמִכָּל־הָ֣אֱמֶ֔ת אֲשֶׁ֥ר עָשִׂ֖יתָ אֶת־עַבְדֶּ֑ךָ
כִּ֣י בְמַקְלִ֗י עָבַ֙רְתִּי֙ אֶת־הַיַּרְדֵּ֣ן הַזֶּ֔ה וְעַתָּ֥ה הָיִ֖יתִי לִשְׁנֵ֥י מַחֲנֽוֹת׃ ו[11]
12 הַצִּילֵ֥נִי נָ֛א מִיַּ֥ד אָחִ֖י מִיַּ֣ד עֵשָׂ֑ו כִּֽי־יָרֵ֤א אָנֹכִי֙ אֹת֔וֹ פֶּן־יָב֣וֹא וְהִכַּ֔נִי אֵ֖ם 12 ז מל בתור . ב חד קמ וחד פת[12] . ז בתור[13] . ב
13 עַל־בָּנִֽים׃ 13 וְאַתָּ֣ה אָמַ֔רְתָּ הֵיטֵ֥ב אֵיטִ֖יב עִמָּ֑ךְ וְשַׂמְתִּ֤י אֶֽת־זַרְעֲךָ֙ כְּח֣וֹל כל תורה כת כן
14 הַיָּ֔ם אֲשֶׁ֥ר לֹא־יִסָּפֵ֖ר מֵרֹֽב׃ 14 וַיָּ֥לֶן שָׁ֖ם בַּלַּ֣יְלָה הַה֑וּא וַיִּקַּ֞ח מִן־הַבָּ֥א ב
15 בְיָד֛וֹ מִנְחָ֖ה לְעֵשָׂ֥ו אָחִֽיו׃ 15 עִזִּ֣ים מָאתַ֔יִם וּתְיָשִׁ֖ים עֶשְׂרִ֑ים רְחֵלִ֥ים ב פסוק בתור כל ס״ת ם[14] . ב[15]
16 מָאתַ֖יִם וְאֵילִ֥ים עֶשְׂרִֽים׃ 16 גְּמַלִּ֧ים מֵינִיק֛וֹת וּבְנֵיהֶ֖ם[a] שְׁלֹשִׁ֑ים פָּר֤וֹת ב בליש וחד מן ד[16] מל בתור וכל נביא דכות ב מ ג
17 אַרְבָּעִים֙ וּפָרִ֣ים עֲשָׂרָ֔ה אֲתֹנֹ֣ת עֶשְׂרִ֔ים וַעְיָרִ֖ם[b] עֲשָׂרָֽה׃ 17 וַיִּתֵּן֙ בְּיַד־ ב . ב חס[17]
עֲבָדָ֔יו עֵ֥דֶר עֵ֖דֶר לְבַדּ֑וֹ וַיֹּ֤אמֶר אֶל־עֲבָדָיו֙ עִבְר֣וּ לְפָנַ֔י וְרֶ֣וַח תָּשִׂ֔ימוּ ל[18]
18 בֵּ֥ין עֵ֖דֶר וּבֵ֥ין עֵֽדֶר׃ 18 וַיְצַ֥ו אֶת־הָרִאשׁ֖וֹן לֵאמֹ֑ר כִּ֣י יִֽפְגָּשְׁךָ֞[a] עֵשָׂ֣ו אָחִ֗י סד . ל[12]
19 וּשְׁאֵֽלְךָ֙[b] לֵאמֹ֔ר לְמִי־אַ֙תָּה֙ וְאָ֣נָה תֵלֵ֔ךְ וּלְמִ֖י אֵ֥לֶּה לְפָנֶֽיךָ׃ 19 וְאָמַרְתָּ֙ כו מלעיל . ג[19]
לְעַבְדְּךָ֣ לְיַעֲקֹ֔ב מִנְחָ֥ה הִוא֙ שְׁלוּחָ֔ה לַֽאדֹנִ֖י לְעֵשָׂ֑ו וְהִנֵּ֥ה גַם־ה֖וּא ג ב מל וחד חס[20]
20 אַחֲרֵֽינוּ׃ 20 וַיְצַ֞ו גַּ֣ם אֶת־הַשֵּׁנִ֗י גַּ֚ם אֶת־הַשְּׁלִישִׁ֔י גַּ֚ם אֶת־כָּל־הַהֹ֣לְכִ֔ים יב פסוק גם גם גם . ל[21]
אַחֲרֵ֥י הָעֲדָרִ֖ים לֵאמֹ֑ר כַּדָּבָ֤ר הַזֶּה֙ תְּדַבְּר֣וּן אֶל־עֵשָׂ֔ו בְּמֹצַאֲכֶ֖ם אֹתֽוֹ׃ ל . ל
21 וַאֲמַרְתֶּ֕ם גַּ֗ם הִנֵּ֛ה עַבְדְּךָ֥ יַעֲקֹ֖ב[a] אַחֲרֵ֑ינוּ כִּֽי־אָמַ֞ר אֲכַפְּרָ֣ה פָנָ֗יו ב[22]
22 בַּמִּנְחָה֙ הַהֹלֶ֣כֶת לְפָנָ֔י וְאַחֲרֵי־כֵן֙ אֶרְאֶ֣ה פָנָ֔יו אוּלַ֖י יִשָּׂ֥א פָנָֽי׃ 22 וַתַּעֲבֹ֥ר ל . ג ב חס וחד מל[23] . ל זקף קמ . לז
הַמִּנְחָ֖ה עַל־פָּנָ֑יו וְה֛וּא לָ֥ן בַּלַּֽיְלָה־הַה֖וּא בַּֽמַּחֲנֶֽה׃

[8] Mm 1590. [9] Mm 1767. [10] Mm 237. [11] Mm 1225. [12] Mp sub loco. [13] Mm 381. [14] Mm 1005. [15] Mm 4197. [16] Mm 879. [17] Mm 238. [18] וחד רוח Est 4,14. [19] Mm 239. [20] Mm 240. [21] וחד ואת השני Lv 5,10. [22] Ex 32,30. [23] Mm 241.

6 [a] l c 2Mss Vrs 'וְצ || **8** [a] > 𝔊*, dl? || **9** [a] 𝔐 **האחד** || **16** [a] l –הֶן? || [b] sic L, mlt Mss Edd 'וַעֲ || **18** [a] sic L, al 'גָ– ('גֶ–) c raphe || [b] sic L, mlt Mss Edd 'וּשׁ || **21** [a] frt ins c 𝔐𝔊𝔗𝔗[J] בָּא.

23 וַיָּ֣קָם ׀ בַּלַּ֣יְלָה ה֗וּא[a] וַיִּקַּ֞ח אֶת־שְׁתֵּ֤י נָשָׁיו֙ וְאֶת־שְׁתֵּ֣י שִׁפְחֹתָ֔יו
24 וְאֶת־אַחַ֥ד עָשָׂ֖ר יְלָדָ֑יו וַֽיַּעֲבֹ֔ר אֵ֖ת מַעֲבַ֥ר יַבֹּֽק[b]׃ 24 וַיִּקָּחֵ֔ם וַיַּֽעֲבִרֵ֖ם
25 אֶת־הַנָּ֑חַל וַֽיַּעֲבֵ֖ר אֶת־[a]אֲשֶׁר־לֽוֹ[b]׃ 25 וַיִּוָּתֵ֥ר יַעֲקֹ֖ב לְבַדּ֑וֹ וַיֵּאָבֵ֥ק אִישׁ֙
26 עִמּ֔וֹ עַ֖ד עֲל֥וֹת הַשָּֽׁחַר׃ 26 וַיַּ֗רְא כִּ֣י לֹ֤א יָכֹל֙ ל֔וֹ וַיִּגַּ֖ע בְּכַף־יְרֵכ֑וֹ וַתֵּ֙קַע֙
27 כַּף־יֶ֣רֶךְ יַעֲקֹ֔ב בְּהֵאָבְק֖וֹ עִמּֽוֹ׃ 27 וַיֹּ֣אמֶר שַׁלְּחֵ֔נִי כִּ֥י עָלָ֖ה הַשָּׁ֑חַר
28 וַיֹּ֙אמֶר֙ לֹ֣א אֲשַֽׁלֵּחֲךָ֔ כִּ֖י אִם־בֵּרַכְתָּֽנִי׃ 28 וַיֹּ֥אמֶר אֵלָ֖יו מַה־שְּׁמֶ֑ךָ
29 וַיֹּ֖אמֶר יַעֲקֹֽב׃ 29 וַיֹּ֗אמֶר לֹ֤א יַעֲקֹב֙ יֵאָמֵ֥ר עוֹד֙ שִׁמְךָ֔ כִּ֖י אִם־יִשְׂרָאֵ֑ל
30 כִּֽי־שָׂרִ֧יתָ עִם־אֱלֹהִ֛ים וְעִם־אֲנָשִׁ֖ים וַתּוּכָֽל׃ 30 וַיִּשְׁאַ֣ל יַעֲקֹ֗ב וַיֹּ֙אמֶר֙
הַגִּֽידָה־נָּ֣א שְׁמֶ֔ךָ וַיֹּ֕אמֶר לָ֥מָּה זֶּ֖ה תִּשְׁאַ֣ל לִשְׁמִ֑י וַיְבָ֥רֶךְ אֹת֖וֹ שָֽׁם׃
31 וַיִּקְרָ֥א יַעֲקֹ֛ב שֵׁ֥ם הַמָּק֖וֹם פְּנִיאֵ֑ל[a] כִּֽי־רָאִ֤יתִי אֱלֹהִים֙ פָּנִ֣ים אֶל־
32 פָּנִ֔ים וַתִּנָּצֵ֖ל נַפְשִֽׁי׃ 32 וַיִּֽזְרַֽח־ל֣וֹ הַשֶּׁ֔מֶשׁ כַּאֲשֶׁ֥ר עָבַ֖ר אֶת־פְּנוּאֵ֑ל
33 וְה֥וּא צֹלֵ֖עַ עַל־יְרֵכֽוֹ׃ 33 עַל־כֵּ֡ן לֹֽא־יֹאכְל֨וּ בְנֵֽי־יִשְׂרָאֵ֜ל אֶת־גִּ֣יד
הַנָּשֶׁ֗ה אֲשֶׁר֙ עַל־כַּ֣ף הַיָּרֵ֔ךְ עַ֖ד הַיּ֣וֹם הַזֶּ֑ה כִּ֤י נָגַע֙ בְּכַף־יֶ֣רֶךְ יַעֲקֹ֔ב
בְּגִ֖יד הַנָּשֶֽׁה׃

33 1 וַיִּשָּׂ֨א יַעֲקֹ֜ב עֵינָ֗יו וַיַּרְא֙ וְהִנֵּ֣ה עֵשָׂ֣ו בָּ֔א וְעִמּ֕וֹ אַרְבַּ֥ע מֵא֖וֹת
אִ֑ישׁ וַיַּ֣חַץ אֶת־הַיְלָדִ֗ים עַל־לֵאָה֙ וְעַל־רָחֵ֔ל וְעַ֖ל שְׁתֵּ֥י הַשְּׁפָחֽוֹת׃
2 וַיָּ֧שֶׂם אֶת־הַשְּׁפָח֛וֹת וְאֶת־יַלְדֵיהֶ֖ן רִֽאשֹׁנָ֑ה וְאֶת־לֵאָ֤ה וִֽילָדֶ֙יהָ֙ אַחֲרֹנִ֔ים[a]
3 וְאֶת־רָחֵ֥ל וְאֶת־יוֹסֵ֖ף אַחֲרֹנִֽים׃ 3 וְה֖וּא עָבַ֣ר לִפְנֵיהֶ֑ם וַיִּשְׁתַּ֤חוּ אַ֙רְצָה֙
4 שֶׁ֣בַע פְּעָמִ֔ים עַד־גִּשְׁתּ֖וֹ עַד־אָחִֽיו׃ 4 וַיָּ֨רָץ עֵשָׂ֤ו לִקְרָאתוֹ֙ וַֽיְחַבְּקֵ֔הוּ
5 וַיִּפֹּ֥ל עַל־צַוָּארָ֖ו[a] וַׄיִּׄשָּׁׄקֵ֑ׄהׄוּׄ[b] וַיִּבְכּֽוּ[c]׃ 5 וַיִּשָּׂ֣א אֶת־עֵינָ֗יו וַיַּ֤רְא אֶת־הַנָּשִׁים֙
וְאֶת־הַיְלָדִ֔ים וַיֹּ֖אמֶר מִי־אֵ֣לֶּה לָּ֑ךְ וַיֹּאמַ֕ר הַיְלָדִ֕ים אֲשֶׁר־חָנַ֥ן אֱלֹהִ֖ים
6 7 אֶת־עַבְדֶּֽךָ׃ 6 וַתִּגַּ֧שְׁןָ הַשְּׁפָח֛וֹת הֵ֥נָּה וְיַלְדֵיהֶ֖ן וַתִּֽשְׁתַּחֲוֶֽיןָ׃ 7 וַתִּגַּ֧שׁ גַּם־
8 לֵאָ֛ה וִילָדֶ֖יהָ וַיִּֽשְׁתַּחֲוּ֑וּ וְאַחַ֗ר נִגַּ֥שׁ [a]יוֹסֵ֛ף וְרָחֵ֖ל[a] וַיִּֽשְׁתַּחֲוּֽוּ׃ 8 וַיֹּ֕אמֶר מִ֥י
לְךָ֛ כָּל־הַמַּחֲנֶ֥ה הַזֶּ֖ה אֲשֶׁ֣ר פָּגָ֑שְׁתִּי וַיֹּ֕אמֶר לִמְצֹא־חֵ֖ן בְּעֵינֵ֥י אֲדֹנִֽי׃
9 וַיֹּ֥אמֶר עֵשָׂ֖ו יֶשׁ־לִ֣י רָ֑ב אָחִ֕י יְהִ֥י לְךָ֖ אֲשֶׁר־לָֽךְ׃ 10 וַיֹּ֣אמֶר יַעֲקֹ֗ב אַל־

ד֯[24] . יֹחַ פסוק את ואת ואת את . וֹ וכל ואת שתי הכלית דכות[25]
ל֯ . כה֯[26] . ג֯[27] . ב֯ חד מל וחד חס[28]
ט֯[29] . ל֯
וֹ . ד֯ . ל֯ וכל יחזק דכות
ל֯ . ג֯[30] . ל֯ . ג֯
ל֯ כת כן[31] . ה֯[32]
ח֯
ל֯ . ט֯ בטע ה֯[33] מנה ר״פ
ח֯ בטע[1]
ג֯[2] . ל֯ . ל֯
פד֯ לג֯ מנה בתור . י֯ . ל֯
ל֯ . ל֯ . לג֯ ר״פ ג֯ מנה בתור
צואריו[3] ק֯ . י֯ נקוד בתור . יב֯ פסוק את את ואת את
ל֯ . ז֯ פסוק וַיֹּאמֶר וַיֹּאמַר[4] . צֹא . ל֯
ב֯
ה֯
ל֯ . לג֯ בתור
יד֯ פסוק לך לך[5]

[24] Mm 217. [25] Mm 124. [26] Mm 187. [27] Mm 3559. [28] Ps 78,13. [29] Mm 57. [30] Mm 242. [31] Mm 839. [32] Mm 243. [33] Mm 3781. **Cp 33** [1] Mm 3915. [2] Mm 237. [3] Q addidi, cf Gn 45,14 et Mp sub loco. [4] Mm 3452. [5] Mm 1860.

23 [a] l c Seb ш הַהוּא ut 14.22 ‖ [b] ш הי׳ ‖ **24** [a] Ms ш Vrs + כָּל־, ins ‖ [b] sic L, mlt Mss Edd לוֹ ‖ **31** [a] ш σ′𝔖𝔗 פנואל ‖ **Cp 33,2** [a] l אַחֲרֵיהֶם ? ‖ **4** [a] Q[Mss] ריו– K רו– ‖ [b] frt add cf punct extr ‖ [c] l וַיֵּבְךְּ ‖ **7** [a–a] 𝔊𝔖 invers cf 2.

נָא אִם־נָא מָצָאתִי חֵן בְּעֵינֶיךָ וְלָקַחְתָּ מִנְחָתִי מִיָּדִי כִּי עַל־כֵּן רָאִיתִי   ט̇ו
11 פָנֶיךָ כִּרְאֹת פְּנֵי אֱלֹהִים וַתִּרְצֵנִי׃ 11 קַח־נָא אֶת־בִּרְכָתִי אֲשֶׁר הֻבָאת[a]   ב̇ חס[6] . ב̇ . ל̇ וחס . יב̇ ר״פ . ג̇[7] . ל̇ וחס
12 לָךְ כִּי־חַנַּנִי אֱלֹהִים וְכִי יֶשׁ־לִי־כֹל וַיִּפְצַר־בּוֹ וַיִּקָּח׃ 12 וַיֹּאמֶר נִסְעָה   ל̇א פסוק כי וכי[8] . ל̇ . ל̇ . ד̇ . ל̇
13 וְנֵלֵכָה וְאֵלְכָה לְנֶגְדֶּךָ׃ 13 וַיֹּאמֶר אֵלָיו אֲדֹנִי יֹדֵעַ כִּי־הַיְלָדִים רַכִּים   ב̇[9]
וְהַצֹּאן וְהַבָּקָר עָלוֹת עָלָי וּדְפָקוּם[a] יוֹם אֶחָד וָמֵתוּ כָּל־הַצֹּאן׃   ה̇[10] . ל̇ . י̇ . ח̇[11]
14 14 יַעֲבָר־נָא אֲדֹנִי לִפְנֵי עַבְדּוֹ וַאֲנִי אֶתְנָהֲלָה לְאִטִּי לְרֶגֶל הַמְּלָאכָה   ל̇ . ל̇
אֲשֶׁר־לְפָנַי וּלְרֶגֶל הַיְלָדִים עַד אֲשֶׁר־אָבֹא אֶל־אֲדֹנִי שֵׂעִירָה׃   ה̇ חס . ג̇[12]
15 15 וַיֹּאמֶר עֵשָׂו אַצִּיגָה־נָּא עִמְּךָ מִן־הָעָם אֲשֶׁר אִתִּי וַיֹּאמֶר לָמָּה זֶּה   ל̇ . י̇ב̇ בתור
16 אֶמְצָא[a]־חֵן בְּעֵינֵי אֲדֹנִי׃ 16 וַיָּשָׁב בַּיּוֹם הַהוּא עֵשָׂו לְדַרְכּוֹ שֵׂעִירָה׃   ל̇ג̇ בתור . ג̇[12]
17 17 וְיַעֲקֹב נָסַע סֻכֹּתָה וַיִּבֶן לוֹ בָּיִת וּלְמִקְנֵהוּ עָשָׂה סֻכֹּת עַל־כֵּן קָרָא   י̇ד̇[13] . ב̇[14]
ס̇[לא] שֵׁם־הַמָּקוֹם סֻכּוֹת׃ ס 18 וַיָּבֹא יַעֲקֹב שָׁלֵם[a] עִיר שְׁכֶם אֲשֶׁר   ב̇ מ̇ל̇ בתור
19 בְּאֶרֶץ כְּנַעַן בְּבֹאוֹ מִפַּדַּן אֲרָם וַיִּחַן אֶת־פְּנֵי הָעִיר׃ 19 וַיִּקֶן אֶת־   ד̇ ג̇ מנה ר״פ
חֶלְקַת הַשָּׂדֶה אֲשֶׁר נָטָה־שָׁם אָהֳלוֹ מִיַּד בְּנֵי־חֲמוֹר אֲבִי שְׁכֶם בְּמֵאָה   ה̇
20 קְשִׂיטָה׃ 20 וַיַּצֶּב־שָׁם[a] מִזְבֵּחַ וַיִּקְרָא־לוֹ[a] אֵל אֱלֹהֵי יִשְׂרָאֵל׃ ס   ג̇[15] . כ̇ה̇[16]
34 **34** 1 וַתֵּצֵא דִינָה בַּת־לֵאָה אֲשֶׁר יָלְדָה לְיַעֲקֹב לִרְאוֹת בִּבְנוֹת   ב̇[1]
2 הָאָרֶץ׃ 2 וַיַּרְא אֹתָהּ שְׁכֶם בֶּן־חֲמוֹר הַחִוִּי נְשִׂיא הָאָרֶץ וַיִּקַּח אֹתָהּ
3 וַיִּשְׁכַּב אֹתָהּ[a] וַיְעַנֶּהָ׃ 3 וַתִּדְבַּק נַפְשׁוֹ בְּדִינָה בַּת־יַעֲקֹב וַיֶּאֱהַב אֶת־   ב̇[2]
4 הַנַּעֲרָ[a] וַיְדַבֵּר עַל־לֵב הַנַּעֲרָ[a]׃ 4 וַיֹּאמֶר שְׁכֶם אֶל־חֲמוֹר אָבִיו לֵאמֹר   ∘[3] . ∘[3]
5 קַח־לִי אֶת־הַיַּלְדָּה הַזֹּאת לְאִשָּׁה׃ 5 וְיַעֲקֹב שָׁמַע כִּי טִמֵּא אֶת־דִּינָה   ל̇ . י̇ד̇[4]
6 בִתּוֹ וּבָנָיו הָיוּ אֶת־מִקְנֵהוּ בַּשָּׂדֶה וְהֶחֱרִשׁ[a] יַעֲקֹב עַד־בֹּאָם׃ 6 וַיֵּצֵא   ל̇ . ז̇ חס ג̇ מנה בליש[5]
7 חֲמוֹר אֲבִי־שְׁכֶם אֶל־יַעֲקֹב לְדַבֵּר אִתּוֹ׃ 7 וּבְנֵי יַעֲקֹב בָּאוּ מִן־הַשָּׂדֶה   ל̇
כְּשָׁמְעָם וַיִּתְעַצְּבוּ הָאֲנָשִׁים וַיִּחַר לָהֶם מְאֹד כִּי־נְבָלָה עָשָׂה בְיִשְׂרָאֵל
8 לִשְׁכַּב אֶת־בַּת־יַעֲקֹב[a] וְכֵן לֹא[a] יֵעָשֶׂה׃ 8 וַיְדַבֵּר חֲמוֹר אִתָּם לֵאמֹר   ז̇ ה̇ פת וב̇ קמ . ל̇ו̇[6] . ל̇ז̇
9 שְׁכֶם בְּנִי חָשְׁקָה נַפְשׁוֹ בְּבִתְּכֶם תְּנוּ נָא אֹתָהּ לוֹ לְאִשָּׁה׃ 9 וְהִתְחַתְּנוּ   ל̇

[6]Mm 168. [7]Mm 244. [8]Mm 2059. [9]Mm 3353. [10]Mm 245. [11]Mm 3068. [12]Mm 246. [13]Mm 247. [14]Mm 248. [15]Mm 249. [16]Mm 2364. **Cp 34** [1]Jdc 14,3. [2]2 S 13,14. [3]Q perpetuum; archetypus Gn contra archetypum Dt, cf Dt 22,15 sqq et Mp sub loco. [4]Mm 247. [5]Mp sub loco. [6]Mm 210.

11 [a] ש Vrs הֵבֵאתִי, frt l ‖ **13** [a] frt l c ש[Mss] Vrs וּדְפַקְתִּים ‖ **15** [a] pr אִם? ‖ **18** [a] ש שלום ‖ **20** [a–a] prp מַצֵּבָה ... לָהּ ‖ **Cp 34,2** [a] 𝔊(𝔖𝔗[J]) μετ' αὐτῆς, l אִתָּהּ ‖ **3** [a] cf 24,14[a] ‖ **5** [a] ש[Mss] וחריש (pro וַיַּחֲרֵשׁ?) ‖ **7** [a–a] 𝔊[L] καὶ εἶπον οὐχ οὕτως, l וַיֹּאמְרוּ כן לא?

10 אֹתָנוּ[a] בְּנֹתֵיכֶם תִּתְּנוּ־לָנוּ וְאֶת־בְּנֹתֵינוּ תִּקְחוּ לָכֶם׃ 10 וְאִתָּנוּ תֵּשֵׁבוּ
11 וְהָאָרֶץ תִּהְיֶה לִפְנֵיכֶם שְׁבוּ וּסְחָרוּהָ וְהֵאָחֲזוּ[a] בָּהּ׃ 11 וַיֹּאמֶר שְׁכֶם ה בתור. ב[7]
אֶל־אָבִיהָ[a] וְאֶל־אַחֶיהָ אֶמְצָא־חֵן בְּעֵינֵיכֶם וַאֲשֶׁר תֹּאמְרוּ אֵלַי אֶתֵּן׃ יח
12 הַרְבּוּ עָלַי מְאֹד מֹהַר וּמַתָּן[a] וְאֶתְּנָה כַּאֲשֶׁר תֹּאמְרוּ אֵלָי וּתְנוּ־לִי ב[8]. ל. ל
13 אֶת־הַנַּעֲרָ[b] לְאִשָּׁה׃ 13 וַיַּעֲנוּ בְנֵי־יַעֲקֹב אֶת־שְׁכֶם וְאֶת־חֲמוֹר אָבִיו °[9]
14 [a]בְּמִרְמָה וַיְדַבֵּרוּ[a] אֲשֶׁר טִמֵּא אֵת דִּינָה אֲחֹתָם׃ 14 וַיֹּאמְרוּ אֲלֵיהֶם לֹא ג. יז מל בתור[10]
נוּכַל לַעֲשׂוֹת הַדָּבָר הַזֶּה לָתֵת אֶת־אֲחֹתֵנוּ לְאִישׁ אֲשֶׁר־לוֹ עָרְלָה כִּי־ יא חס את. ד ג חס וחד מל[11]
15 חֶרְפָּה הִוא לָנוּ׃ 15 אַךְ־בְּזֹאת נֵאוֹת לָכֶם אִם תִּהְיוּ כָמֹנוּ לְהִמֹּל לָכֶם ד ג חס וחד מל[12]. ל חס
16 כָּל־זָכָר׃ 16 וְנָתַנּוּ אֶת־בְּנֹתֵינוּ לָכֶם וְאֶת־בְּנֹתֵיכֶם נִקַּח־לָנוּ וְיָשַׁבְנוּ ל[13]
17 אִתְּכֶם וְהָיִינוּ לְעַם אֶחָד׃ 17 וְאִם־לֹא תִשְׁמְעוּ אֵלֵינוּ לְהִמּוֹל וְלָקַחְנוּ ג ר״פ בסיפ[14]
18 אֶת־בִּתֵּנוּ וְהָלָכְנוּ׃ 18 וַיִּיטְבוּ דִבְרֵיהֶם בְּעֵינֵי חֲמוֹר וּבְעֵינֵי שְׁכֶם ל. ל. לג בתור. י
19 [a]בֶּן־חֲמוֹר[a]׃ 19 וְלֹא־אֵחַר הַנַּעַר לַעֲשׂוֹת הַדָּבָר כִּי חָפֵץ בְּבַת־יַעֲקֹב ל. יא חס את. ב[15]
20 וְהוּא נִכְבָּד מִכֹּל בֵּית אָבִיו׃ 20 וַיָּבֹא חֲמוֹר וּשְׁכֶם בְּנוֹ אֶל־
21 שַׁעַר עִירָם וַיְדַבְּרוּ אֶל־אַנְשֵׁי עִירָם לֵאמֹר׃ 21 הָאֲנָשִׁים הָאֵלֶּה ה ר״פ מיחד[16]
שְׁלֵמִים הֵם אִתָּנוּ וְיֵשְׁבוּ[a] בָאָרֶץ וְיִסְחֲרוּ אֹתָהּ וְהָאָרֶץ הִנֵּה רַחֲבַת־ ב. ד[17]. ל
יָדַיִם לִפְנֵיהֶם אֶת־בְּנֹתָם נִקַּח־לָנוּ לְנָשִׁים וְאֶת־בְּנֹתֵינוּ נִתֵּן לָהֶם׃ יד. ו[18]
22 אַךְ־בְּזֹאת יֵאֹתוּ לָנוּ הָאֲנָשִׁים לָשֶׁבֶת אִתָּנוּ לִהְיוֹת לְעַם אֶחָד בְּהִמּוֹל ל
23 לָנוּ כָּל־זָכָר כַּאֲשֶׁר הֵם נִמֹּלִים׃ 23 מִקְנֵהֶם וְקִנְיָנָם וְכָל־בְּהֶמְתָּם ד חס בליש
24 הֲלוֹא לָנוּ הֵם אַךְ נֵאוֹתָה לָהֶם וְיֵשְׁבוּ אִתָּנוּ׃ 24 וַיִּשְׁמְעוּ אֶל־חֲמוֹר יב מל בתור[19]. ל. ד[17]
וְאֶל־שְׁכֶם בְּנוֹ כָּל־יֹצְאֵי שַׁעַר עִירוֹ וַיִּמֹּלוּ כָּל־זָכָר כָּל־יֹצְאֵי שַׁעַר ל
25 עִירוֹ׃ 25 וַיְהִי בַיּוֹם הַשְּׁלִישִׁי בִּהְיוֹתָם כֹּאֲבִים וַיִּקְחוּ שְׁנֵי־בְנֵי־יַעֲקֹב ל
שִׁמְעוֹן וְלֵוִי אֲחֵי דִינָה אִישׁ חַרְבּוֹ וַיָּבֹאוּ עַל־הָעִיר בֶּטַח וַיַּהַרְגוּ כָּל־ יז[20] וכל וגנותי דכות במ א
26 זָכָר׃ 26 וְאֶת־חֲמוֹר וְאֶת־שְׁכֶם בְּנוֹ הָרְגוּ לְפִי־חָרֶב וַיִּקְחוּ אֶת־דִּינָה ב
27 מִבֵּית שְׁכֶם וַיֵּצֵאוּ׃ 27 בְּנֵי[a] יַעֲקֹב בָּאוּ עַל־הַחֲלָלִים[b] וַיָּבֹזּוּ הָעִיר ל[21]. ל ר״פ

[7] Jos 22,19. [8] Mm 3061. [9] Q perpetuum; archetypus Gn contra archetypum Dt, cf Dt 22,15 sqq et Mp sub loco. [10] Mm 250. [11] Mm 251. [12] Mm 252. [13] Mm 3739. [14] Mm 162. [15] Thr 2,5. [16] Mm 944. [17] Mm 253. [18] Mm 1442. [19] Mm 27. [20] Mm 1174. [21] Mm 98.

9 [a] 𝔖(𝔗𝔗^JP) *'mn*, l אִתָּנוּ ‖ **10** [a] 𝔐 ואחזו ‖ **11** [a] sic L, mlt Mss Edd הָ– ‖ **12** [a] > 𝔊*, frt add ‖ [b] cf 24,14[a] ‖ **13** [a–a] 𝔖 invers, recte? ‖ **18** [a–a] 𝔐𝔖 בְּנוֹ ‖ **21** [a] 𝔐𝔊 ׳יֵ, l? ‖ **27** [a] prb l c Ms 𝔐𝔊𝔖 וּבְנֵי ‖ [b] prp הַחֹלִים.

28 אֲשֶׁר טִמְּאוּ אֲחוֹתָם׃ 28 אֶת[a]־צֹאנָם וְאֶת־בְּקָרָם וְאֶת־חֲמֹרֵיהֶם[b] וְאֵת — ג̇[22] . ל̇ מל בתור
29 אֲשֶׁר־בָּעִיר וְאֶת־אֲשֶׁר בַּשָּׂדֶה לָקָחוּ׃ 29 וְאֶת־כָּל־חֵילָם וְאֶת־כָּל־ — כו פסוק ואת ואת ואת ואת
30 טַפָּם וְאֶת־נְשֵׁיהֶם [a]שָׁבוּ וַיָּבֹזּוּ[a] וְאֵת[b] כָּל־אֲשֶׁר בַּבָּיִת[c]׃ 30 וַיֹּאמֶר יַעֲקֹב — ד בטע מלרע[23]
אֶל־שִׁמְעוֹן וְאֶל־לֵוִי עֲכַרְתֶּם אֹתִי לְהַבְאִישֵׁנִי בְּיֹשֵׁב הָאָרֶץ בַּכְּנַעֲנִי — ל̇ . ל̇
וּבַפְּרִזִּי וַאֲנִי מְתֵי מִסְפָּר וְנֶאֶסְפוּ עָלַי וְהִכּוּנִי וְנִשְׁמַדְתִּי אֲנִי וּבֵיתִי׃ — ה̇ . ד̇ . ל̇ . ל̇
31 31 וַיֹּאמְרוּ הַכְזוֹנָה[a] יַעֲשֶׂה אֶת־אֲחוֹתֵנוּ׃ פ — ל̇ . ד̇ ג חס וחד מל[24]
35 35 1 וַיֹּאמֶר אֱלֹהִים אֶל־יַעֲקֹב קוּם עֲלֵה[a] בֵית־אֵל וְשֶׁב־שָׁם — כה̇[1]
וַעֲשֵׂה־שָׁם מִזְבֵּחַ לָאֵל הַנִּרְאֶה אֵלֶיךָ בְּבָרְחֲךָ[b] מִפְּנֵי עֵשָׂו אָחִיךָ׃ — יא̇[2] . ב̇[3]
2 2 וַיֹּאמֶר יַעֲקֹב אֶל־בֵּיתוֹ וְאֶל כָּל־אֲשֶׁר עִמּוֹ הָסִרוּ אֶת־אֱלֹהֵי הַנֵּכָר — ב̇ בסיפ[4] . יא̇ וכל ד״ה דכות . ב̇ חס[5]
3 אֲשֶׁר בְּתֹכְכֶם וְהִטַּהֲרוּ וְהַחֲלִיפוּ שִׂמְלֹתֵיכֶם׃ 3 וְנָקוּמָה וְנַעֲלֶה בֵּית־ — יב̇ בתור ב̇ מנה חס . ל̇ . ג̇[6]
אֵל וְאֶעֱשֶׂה־שָּׁם מִזְבֵּחַ לָאֵל הָעֹנֶה אֹתִי בְּיוֹם צָרָתִי וַיְהִי עִמָּדִי בַּדֶּרֶךְ — יא̇
4 אֲשֶׁר הָלָכְתִּי׃ 4 וַיִּתְּנוּ אֶל־יַעֲקֹב אֵת כָּל־אֱלֹהֵי הַנֵּכָר אֲשֶׁר בְּיָדָם
וְאֶת־הַנְּזָמִים אֲשֶׁר בְּאָזְנֵיהֶם וַיִּטְמֹן אֹתָם יַעֲקֹב תַּחַת הָאֵלָה אֲשֶׁר עִם־ — ח̇
5 שְׁכֶם[a]׃ 5 וַיִּסָּעוּ וַיְהִי ׀ חִתַּת אֱלֹהִים עַל־הֶעָרִים אֲשֶׁר סְבִיבוֹתֵיהֶם וְלֹא — ב̇ חד ר״פ וחד ס״פ[7] . ל̇ . ב̇ מל[8]
6 רָדְפוּ אַחֲרֵי בְּנֵי יַעֲקֹב׃ 6 וַיָּבֹא יַעֲקֹב לוּזָה אֲשֶׁר בְּאֶרֶץ כְּנַעַן הִוא — ד̇[9]
7 בֵּית־אֵל הוּא וְכָל־הָעָם אֲשֶׁר־עִמּוֹ׃ 7 וַיִּבֶן שָׁם מִזְבֵּחַ וַיִּקְרָא לַמָּקוֹם — נא̇[2] מ״פ וכל ר״פ דכות ב̇ מ ג̇ . יא̇ וכל ד״ה דכות
8 אֵל[a] בֵּית־אֵל כִּי שָׁם נִגְלוּ[b] אֵלָיו הָאֱלֹהִים בְּבָרְחוֹ מִפְּנֵי אָחִיו׃ 8 וַתָּמָת — ב̇ . ג̇
דְּבֹרָה מֵינֶקֶת רִבְקָה וַתִּקָּבֵר מִתַּחַת לְבֵית־אֵל תַּחַת הָאַלּוֹן וַיִּקְרָא — ג חס[10] . ו̇[11]
שְׁמוֹ אַלּוֹן בָּכוּת׃ פ 9 וַיֵּרָא אֱלֹהִים אֶל־יַעֲקֹב עוֹד בְּבֹאוֹ מִפַּדַּן ס[לב] — ל̇ . כ̇[12] . ל̇ . ג̇
10 אֲרָם וַיְבָרֶךְ אֹתוֹ׃ 10 וַיֹּאמֶר־לוֹ אֱלֹהִים שִׁמְךָ יַעֲקֹב לֹא־יִקָּרֵא שִׁמְךָ — כא̇[13]
עוֹד יַעֲקֹב כִּי אִם־יִשְׂרָאֵל יִהְיֶה שְׁמֶךָ וַיִּקְרָא אֶת־שְׁמוֹ יִשְׂרָאֵל׃ — ,
11 11 וַיֹּאמֶר לוֹ אֱלֹהִים אֲנִי אֵל שַׁדַּי פְּרֵה וּרְבֵה גּוֹי וּקְהַל גּוֹיִם יִהְיֶה — ל̇[14] . ל̇
12 מִמֶּךָּ וּמְלָכִים מֵחֲלָצֶיךָ יֵצֵאוּ׃ 12 וְאֶת־הָאָרֶץ אֲשֶׁר נָתַתִּי לְאַבְרָהָם — ל̇[15] . ד̇[16] . ה̇ וכל את השמים ואת הארץ דכות[17]
13 וּלְיִצְחָק לְךָ אֶתְּנֶנָּה וּלְזַרְעֲךָ אַחֲרֶיךָ אֶתֵּן אֶת־הָאָרֶץ׃ 13 וַיַּעַל — ל̇

[22] Mm 2881. [23] Mm 1929. [24] Mm 251. Cp 35 [1] Mm 5. [2] Mp sub loco. [3] Mm 82. [4] Mm 254. [5] Mm 255. [6] Mm 3078. [7] Mm 256. [8] Mm 257 contra textum. [9] Mm 258. [10] Mm 259. [11] Mm 183 et Mm 215. [12] Mm 1227. [13] Mm 17. [14] וחד פדה Ps 25,22. [15] Mm 260. [16] Mm 105. [17] Mm 2574.

28 [a] prb l c pc Mss 𝔐𝔊𝔖 וְאֵת ‖ [b] sic L, mlt Mss Edd ־הֶם ‖ **29** [a–a] prb l c 𝔐𝔖 שָׁבוּ וי׳ ‖ [b] > 2 Mss ‖ [c] 𝔖 *bqrjt'* cf 𝔊 (dupl), l frt בָּעִיר ‖ **31** [a] mlt Mss ז maj ‖ **Cp 35,1** [a] 𝔊 + *εἰς τὸν τόπον* cf 7.15 ‖ [b] sic L, mlt Mss Edd בִּבְרֹחֲךָ ‖ **4** [a] 𝔊 + *καὶ ἀπώλεσεν αὐτὰ ἕως τῆς σήμερον ἡμέρας* cf 20 ‖ **7** [a] > 𝔊*𝔖𝔙 ‖ [b] 𝔐𝔊𝔖𝔗𝔙 נִגְלָה.

14 מֵעָלָ֑יו אֱלֹהִ֑ים ᵃבַּמָּק֖וֹם אֲשֶׁר־דִּבֶּ֥ר אִתּֽוֹᵃ׃ 14 וַיַּצֵּ֨ב יַעֲקֹ֜ב מַצֵּבָ֗ה ג 18
ᵃבַּמָּק֛וֹם אֲשֶׁר־דִּבֶּ֥ר אִתּ֖וֹᵃ מַצֶּ֣בֶת אָ֑בֶן וַיַּסֵּ֤ךְ עָלֶ֙יהָ֙ נֶ֔סֶךְ וַיִּצֹ֥ק עָלֶ֖יהָ
15 שָֽׁמֶן׃ 15 וַיִּקְרָ֨א יַעֲקֹ֜ב אֶת־שֵׁ֣ם הַמָּק֗וֹם אֲשֶׁר֩ דִּבֶּ֨ר אִתּ֥וֹ שָׁ֛ם אֱלֹהִ֖ים
16 בֵּֽית־אֵֽל׃ 16 וַיִּסְעוּ֙ מִבֵּ֣ית אֵ֔ל וַֽיְהִי־ע֥וֹד כִּבְרַת־הָאָ֖רֶץ לָב֣וֹא ג בטע. ג
17 אֶפְרָ֑תָה וַתֵּ֥לֶד רָחֵ֖ל וַתְּקַ֥שׁᵃ בְּלִדְתָּֽהּ׃ 17 וַיְהִ֥י בְהַקְשֹׁתָ֖הּ בְּלִדְתָּ֑הּ ג בסיפ. ל. ל
18 וַתֹּ֨אמֶר לָ֤הּ הַמְיַלֶּ֙דֶת֙ אַל־תִּ֣ירְאִ֔י כִּֽי־גַם־זֶ֥ה לָ֖ךְ בֵּֽן׃ 18 וַיְהִ֞י בְּצֵ֤את ה פסוק דאית בהון ה מילין מתאימין[19]. ה בטע בסיפ[20]
19 נַפְשָׁהּ֙ כִּ֣י מֵ֔תָהᵃ וַתִּקְרָ֥א שְׁמ֖וֹ בֶּן־אוֹנִ֑י וְאָבִ֖יו קָֽרָא־ל֥וֹ בִנְיָמִֽין׃ 19 וַתָּ֖מָת ט. ט[21]. יז מל[22]
20 רָחֵ֑ל וַתִּקָּבֵר֙ בְּדֶ֣רֶךְ אֶפְרָ֔תָהᵃ הִ֖וא בֵּ֥ית לָֽחֶם׃ 20 וַיַּצֵּ֧ב יַעֲקֹ֛ב מַצֵּבָ֖ה ג בסיפ
21 עַל־קְבֻרָתָ֑הּ הִ֛וא מַצֶּ֥בֶת קְבֻֽרַת־רָחֵ֖ל עַד־הַיּֽוֹםᵃ׃ 21 וַיִּסַּ֖ע יִשְׂרָאֵ֑ל ג וחס בליש[23]. ט מיחד
22 וַיֵּ֣ט אָהֳלֹ֔ה מֵהָ֖לְאָה לְמִגְדַּל־עֵֽדֶר׃ 22 וַיְהִ֗י בִּשְׁכֹּ֤ן יִשְׂרָאֵל֙ בָּאָ֣רֶץ הַהִ֔וא אהלו ק חד מן ד כת ה בליש[24]. ל
וַיֵּ֣לֶךְ רְאוּבֵ֗ןᵃ וַיִּשְׁכַּב֙ אֶת־בִּלְהָ֣ה פִּילֶ֣גֶשׁ אָבִ֔יו וַיִּשְׁמַ֖ע יִשְׂרָאֵ֑לᵃᵇ פ
23 וַיִּהְי֥וּ בְנֵֽי־יַעֲקֹ֖ב שְׁנֵ֥ים עָשָֽׂר׃ 23 בְּנֵ֣י לֵאָ֔ה בְּכ֥וֹר יַעֲקֹ֖ב רְאוּבֵ֑ן וְשִׁמְעוֹן֙ ל[25]
24 25 וְלֵוִ֣י וִיהוּדָ֔ה וְיִשָּׂשכָ֖ר וּזְבוּלֻֽן׃ 24 בְּנֵ֣יᵃ רָחֵ֔ל יוֹסֵ֖ף וּבִנְיָמִֽן׃ 25 וּבְנֵ֤י ט[26] כת כן וכל כתיב דכות ב מ א. ל
26 בִלְהָה֙ שִׁפְחַ֣ת רָחֵ֔ל דָּ֖ן וְנַפְתָּלִֽי׃ 26 וּבְנֵ֤י זִלְפָּה֙ שִׁפְחַ֣ת לֵאָ֔ה גָּ֖ד וְאָשֵׁ֑ר ל
27 אֵ֚לֶּה בְּנֵ֣י יַעֲקֹ֔ב אֲשֶׁ֥ר יֻלַּדᵃ־ל֖וֹ בְּפַדַּ֥ן אֲרָֽם׃ 27 וַיָּבֹ֤א יַעֲקֹב֙ אֶל־יִצְחָ֣ק
אָבִ֔יו מַמְרֵ֖א ᵃקִרְיַ֣ת הָֽאַרְבַּ֑עᵃ הִ֣וא חֶבְר֔וֹן אֲשֶׁר־גָּֽר־שָׁ֥ם אַבְרָהָ֖ם ב. ד
28 29 וְיִצְחָֽק׃ 28 וַיִּהְי֖וּ יְמֵ֣י יִצְחָ֑ק מְאַ֥ת שָׁנָ֖ה וּשְׁמֹנִ֥ים שָׁנָֽה׃ 29 וַיִּגְוַ֨ע יִצְחָ֤ק ה. ג[27]
וַיָּ֙מָת֙ וַיֵּאָ֣סֶף אֶל־עַמָּ֔יו זָקֵ֖ן וּשְׂבַ֣ע יָמִ֑ים וַיִּקְבְּר֣וּ אֹת֔וֹ עֵשָׂ֖ו וְיַעֲקֹ֥ב ז ה מלעיל וב מלרע. ג[28]. יד[29]
בָּנָֽיו׃ פ

36 1 וְאֵ֛לֶּה תֹּלְד֥וֹת עֵשָׂ֖ו ה֥וּא אֱדֽוֹם׃ 2 עֵשָׂ֛ו לָקַ֥ח אֶת־נָשָׁ֖יו ג כת כן. ל ר"פ
מִבְּנ֣וֹת כְּנָ֑עַן אֶת־עָדָ֗ה בַּת־אֵילוֹן֙ הַֽחִתִּ֔י וְאֶת־אָהֳלִֽיבָמָה֙ בַּת־עֲנָ֔ה ל מל בתור
3 בַּת־ᵃצִבְע֖וֹןᵃ הַחִוִּֽיᵇ׃ 3 וְאֶת־בָּשְׂמַ֥תᵃ בַּת־יִשְׁמָעֵ֖אל אֲח֥וֹת נְבָיֽוֹת׃
4 וַתֵּ֥לֶד עָדָ֛ה לְעֵשָׂ֖ו אֶת־אֱלִיפָ֑ז וּבָ֣שְׂמַ֔תᵃ יָלְדָ֖ה אֶת־רְעוּאֵֽל׃

18 Mm 261. 19 Mm 1890. 20 Mm 71. 21 Mm 3056. 22 Mm 262. 23 Mm 2921. 24 Mm 83; Q addidi, cf Gn 9,21; 12,8; 13,3 et Mp sub loco. 25 Mm 4258. 26 Mm 218 contra textum. 27 Mm 78. 28 Mm 3481. 29 Mm 247.

13 ᵃ⁻ᵃ > 𝔙, cf 14 || **14** ᵃ⁻ᵃ prb add cf 13 || **16** ᵃ l וַתְּקַשׁ vel וַתְּקָשֶׁ? || **18** ᵃ l מֵתָה cf 19 || **19** ᵃ pc Mss 𝔖𝔗ᴶ אֶפְרָת || **20** ᵃ 𝔊ᴹˢˢ(𝔗ᴶ𝔙) + *ταύτης* cf 𝔖 et 26,33 || **22** ᵃ⁻ᵃ sic (c acc dupl) 𝔐; l: ... אָבִיו ... יִשְׂרָאֵל || ᵇ 𝔊 + *καὶ πονηρὸν ἐφάνη ἐναντίον αὐτοῦ* cf interv in 𝔐 et 38,10 || **24** ᵃ l c Ms ⅏𝔊𝔖 וּבְנֵי ut 25.26 || **26** ᵃ l c pc Mss ⅏𝔖𝔗ᴶ יֻלְּדוּ || **27** ᵃ⁻ᵃ prp קִרְיָתָה ארבע || **Cp 36,2** ᵃ l c ⅏𝔊𝔖 בֶּן || ᵇ l הַחֹרִי cf 20 || **3** ᵃ ⅏ מחלת cf 28,9 || **4** ᵃ cf 3ᵃ.

5 וְאָהֳלִיבָמָה יָלְדָה אֶת־יְעִישׁ[a] וְאֶת־יַעְלָם וְאֶת־קֹרַח אֵלֶּה בְּנֵי עֵשָׂו 5
אֲשֶׁר יֻלְּדוּ־לוֹ בְּאֶרֶץ כְּנָעַן׃ 6 וַיִּקַּח עֵשָׂו אֶת־נָשָׁיו וְאֶת־בָּנָיו וְאֶת־ 6
בְּנֹתָיו וְאֶת־כָּל־נַפְשׁוֹת בֵּיתוֹ וְאֶת־מִקְנֵהוּ וְאֶת־כָּל־בְּהֶמְתּוֹ וְאֵת כָּל־
קִנְיָנוֹ אֲשֶׁר רָכַשׁ בְּאֶרֶץ כְּנָעַן וַיֵּלֶךְ [a]אֶל־אֶרֶץ[ab] מִפְּנֵי יַעֲקֹב אָחִיו׃
7 כִּי־הָיָה רְכוּשָׁם רָב מִשֶּׁבֶת יַחְדָּו וְלֹא יָכְלָה אֶרֶץ מְגוּרֵיהֶם 7
לָשֵׂאת אֹתָם מִפְּנֵי מִקְנֵיהֶם׃ 8 וַיֵּשֶׁב עֵשָׂו בְּהַר שֵׂעִיר עֵשָׂו הוּא 8
אֱדוֹם׃ 9 וְאֵלֶּה תֹּלְדוֹת עֵשָׂו אֲבִי אֱדוֹם בְּהַר שֵׂעִיר׃ 10 אֵלֶּה[a] 9 10
שְׁמוֹת בְּנֵי־עֵשָׂו אֱלִיפַז בֶּן־עָדָה אֵשֶׁת עֵשָׂו רְעוּאֵל[b] בֶּן־בָּשְׂמַת[c] אֵשֶׁת
עֵשָׂו׃ 11 וַיִּהְיוּ בְּנֵי אֱלִיפָז תֵּימָן אוֹמָר צְפוֹ וְגַעְתָּם וּקְנַז׃ 12 וְתִמְנַע 11 12
הָיְתָה פִילֶגֶשׁ לֶאֱלִיפַז בֶּן־עֵשָׂו וַתֵּלֶד לֶאֱלִיפַז אֶת־עֲמָלֵק אֵלֶּה בְּנֵי
עָדָה אֵשֶׁת עֵשָׂו׃ 13 וְאֵלֶּה בְּנֵי רְעוּאֵל נַחַת וָזֶרַח שַׁמָּה וּמִזָּה אֵלֶּה[a] הָיוּ 13
בְּנֵי בָשְׂמַת[b] אֵשֶׁת עֵשָׂו׃ 14 וְאֵלֶּה הָיוּ בְּנֵי אָהֳלִיבָמָה בַת־עֲנָה בַּת־[a] 14
צִבְעוֹן אֵשֶׁת עֵשָׂו וַתֵּלֶד לְעֵשָׂו אֶת־יְעִישׁ[b] וְאֶת־יַעְלָם וְאֶת־קֹרַח׃
15 אֵלֶּה אַלּוּפֵי בְנֵי־עֵשָׂו בְּנֵי אֱלִיפַז בְּכוֹר עֵשָׂו אַלּוּף תֵּימָן אַלּוּף 15
אוֹמָר אַלּוּף צְפוֹ אַלּוּף קְנַז׃ 16 [a]אַלּוּף־קֹרַח[a] אַלּוּף גַּעְתָּם אַלּוּף 16
עֲמָלֵק אֵלֶּה אַלּוּפֵי אֱלִיפַז בְּאֶרֶץ אֱדוֹם אֵלֶּה בְּנֵי עָדָה׃ 17 וְאֵלֶּה בְּנֵי 17
רְעוּאֵל בֶּן־עֵשָׂו אַלּוּף נַחַת אַלּוּף זֶרַח אַלּוּף שַׁמָּה אַלּוּף מִזָּה אֵלֶּה
אַלּוּפֵי רְעוּאֵל בְּאֶרֶץ אֱדוֹם אֵלֶּה בְּנֵי בָשְׂמַת[a] אֵשֶׁת עֵשָׂו׃ 18 וְאֵלֶּה 18
בְּנֵי אָהֳלִיבָמָה אֵשֶׁת עֵשָׂו אַלּוּף יְעוּשׁ אַלּוּף יַעְלָם אַלּוּף קֹרַח אֵלֶּה
אַלּוּפֵי אָהֳלִיבָמָה בַּת־עֲנָה אֵשֶׁת עֵשָׂו׃ 19 אֵלֶּה בְנֵי־עֵשָׂו וְאֵלֶּה 19
אַלּוּפֵיהֶם הוּא אֱדוֹם׃ ס 20 אֵלֶּה[a] בְנֵי־שֵׂעִיר הַחֹרִי יֹשְׁבֵי הָאָרֶץ 20
לוֹטָן וְשׁוֹבָל וְצִבְעוֹן וַעֲנָה׃ 21 וְדִשׁוֹן וְאֵצֶר וְדִישָׁן אֵלֶּה אַלּוּפֵי הַחֹרִי 21
בְּנֵי שֵׂעִיר בְּאֶרֶץ אֱדוֹם׃ 22 וַיִּהְיוּ בְנֵי־לוֹטָן חֹרִי וְהֵימָם וַאֲחוֹת לוֹטָן 22
תִּמְנָע׃ 23 וְאֵלֶּה בְּנֵי שׁוֹבָל עַלְוָן וּמָנַחַת וְעֵיבָל שְׁפוֹ וְאוֹנָם׃ 24 וְאֵלֶּה 23 24

יעוש חד מן ג[1] כת כן ק בליש
ה חס . ז פסוק את ואת ואת ואת ואת ואת[2]
ל מל בתור
לג קמ[3] . ד חד חס וג מל[4]
כד
ג כת כן . ה[5]
ל
יז[6] ר״פ בתור וכל תלדות דכות ב מ ד . יג[7] . ל[8]
יז[6] ר״פ בתור וכל תלדות דכות ב מ ד . ב[9]
יעוש חד מן ג[1] כת כן ק בליש
יז[6] ר״פ בתור וכל תלדות דכות ב מ ד . יג[7]
יז[6] ר״פ בתור וכל תלדות דכות ב מ ד . יג[7]
ד בתור בליש
ל[10]
יז[6] ר״פ בתור וכל תלדות דכות ב מ ד . יג[7] . ל
יז[6] ר״פ בתור וכל תלדות דכות ב מ ד . יג[7]

Cp 36 [1]Mm 263. [2]Mm 2135. [3]Mm 264. [4]Mm 2859. [5]Mm 265. [6]Mm 267. [7]Mm 984. [8]וחד נחת זרח 1Ch 1,37. [9]Mm 266. [10]וחד והומם 1Ch 1,39.

5 [a] ⅏ Vrs ut Q, sic l cf 18 1Ch 1,35 ‖ 6 [a–a] ⅏𝔊 מא׳ כְּנַעַן ‖ [b] ins sec 𝔖 שֵׂעִיר; 𝔗𝔗[J] + *'whrj* = אַחֶרֶת ‖ 10 [a] pc Mss ⅏𝔊𝔖𝔙 וְא׳ ‖ [b] l וּר׳ cf Vrs ‖ [c] cf 3[a] ‖ 13 [a] sic L, mlt Mss Edd אֵלֶּה ‖ [b] cf 3[a] ‖ 14 [a] cf 2[a] ‖ [b] cf 5[a] ‖ 16 [a–a] > ⅏ ‖ 17 [a] cf 3[a] ‖ 20 [a] 2Mss ⅏𝔊𝔖 וְא׳.

ל[11]. ב[12] חס ול בליש — בְנֵי־צִבְע֖וֹן וְאַיָּ֣ה[a] וַעֲנָ֑ה ה֣וּא עֲנָ֗ה אֲשֶׁ֨ר מָצָ֤א אֶת־הַיֵּמִם֙[b] בַּמִּדְבָּ֔ר
25 בִּרְעֹת֛וֹ אֶת־הַחֲמֹרִ֖ים לְצִבְע֥וֹן אָבִֽיו׃ 25 וְאֵ֥לֶּה בְנֵי־עֲנָ֖ה דִּשֹׁ֑ן — ל. יז[13] ר״פ בתור וכל תלדות דכות ב מ ד. יג[14]. ד בתור
26 וְאָהֳלִיבָמָ֖ה בַּת־עֲנָֽה׃ 26 וְאֵ֖לֶּה בְּנֵ֣י דִישָׁ֑ן[a] חֶמְדָּ֥ן וְאֶשְׁבָּ֖ן וְיִתְרָ֥ן וּכְרָֽן׃ — יז[13] ר״פ בתור וכל תלדות דכות ב מ ד. יג[14]. ל. ג
27 אֵ֖לֶּה בְּנֵי־אָ֑צֶר בִּלְהָ֥ן[a] וְזַעֲוָ֖ן[b] וַעֲקָֽן[c]׃ 28 אֵ֥לֶּה בְנֵי־דִישָׁ֖ן ע֥וּץ וַאֲרָֽן׃
29 אֵ֖לֶּה אַלּוּפֵ֣י הַחֹרִ֑י אַלּ֤וּף לוֹטָן֙ אַלּ֣וּף שׁוֹבָ֔ל אַלּ֥וּף צִבְע֖וֹן אַלּ֥וּף
30 עֲנָֽה׃ 30 אַלּ֥וּף דִּשֹׁ֛ן אַלּ֥וּף אֵ֖צֶר אַלּ֣וּף דִּישָׁ֑ן אֵ֣לֶּה אַלּוּפֵ֧י הַחֹרִ֛י — ד בתור
31 לְאַלֻּפֵיהֶ֖ם[a] בְּאֶ֥רֶץ שֵׂעִֽיר׃ פ 31 וְאֵ֙לֶּה֙ הַמְּלָכִ֔ים אֲשֶׁ֥ר מָלְכ֖וּ — ה חס בליש. יז[13] ר״פ בתור וכל תלדות דכות ב מ ד
32 בְּאֶ֣רֶץ אֱד֑וֹם לִפְנֵ֥י מְלָךְ־מֶ֖לֶךְ[a] לִבְנֵ֥י יִשְׂרָאֵֽל[a]׃ 32 וַיִּמְלֹ֣ךְ בֶּאֱד֔וֹם — ב[15]
33 בֶּ֖לַע בֶּן־בְּע֑וֹר וְשֵׁ֥ם עִיר֖וֹ דִּנְהָֽבָה׃ 33 וַיָּ֖מָת בָּ֑לַע וַיִּמְלֹ֣ךְ תַּחְתָּ֔יו יוֹבָ֥ב — ב
34 בֶּן־זֶ֖רַח מִבָּצְרָֽה׃ 34 וַיָּ֖מָת יוֹבָ֑ב וַיִּמְלֹ֣ךְ תַּחְתָּ֔יו חֻשָׁ֖ם מֵאֶ֥רֶץ הַתֵּימָנִֽי׃ — ג[16]. ד ב חס וב מל[17]
35 וַיָּ֖מָת חֻשָׁ֑ם וַיִּמְלֹ֨ךְ תַּחְתָּ֜יו הֲדַ֣ד בֶּן־בְּדַ֗ד הַמַּכֶּ֤ה אֶת־מִדְיָן֙ בִּשְׂדֵ֣ה — ד ב חס וב מל[17]
36 מוֹאָ֔ב וְשֵׁ֥ם עִיר֖וֹ עֲוִֽית׃ 36 וַיָּ֖מָת הֲדָ֑ד וַיִּמְלֹ֣ךְ תַּחְתָּ֔יו שַׂמְלָ֖ה מִמַּשְׂרֵקָֽה׃ — ב
37 וַיָּ֖מָת שַׂמְלָ֑ה וַיִּמְלֹ֣ךְ תַּחְתָּ֔יו שָׁא֖וּל מֵרְחֹב֥וֹת הַנָּהָֽר׃ 38 וַיָּ֖מָת שָׁא֑וּל — ה
39 וַיִּמְלֹ֣ךְ תַּחְתָּ֔יו בַּ֥עַל חָנָ֖ן בֶּן־עַכְבּֽוֹר׃ 39 וַיָּמָת֮ בַּ֣עַל חָנָ֣ן בֶּן־עַכְבּוֹר֒
וַיִּמְלֹ֤ךְ תַּחְתָּיו֙ הֲדַ֔ר[a] וְשֵׁ֥ם עִיר֖וֹ פָּ֑עוּ וְשֵׁ֨ם אִשְׁתּ֤וֹ מְהֵֽיטַבְאֵל֙ בַּת־מַטְרֵ֔ד — ל שם אנש. ו פסוק ושם ושם. ל. ג[18]. ב
40 [b]בַּ֖ת[c] מֵ֥י[b] זָהָֽב׃ 40 וְ֠אֵלֶּה שְׁמ֞וֹת אַלּוּפֵ֤י עֵשָׂו֙ לְמִשְׁפְּחֹתָ֔ם — ב בתרי מילין[19]. י בתור
41 לִמְקֹמֹתָ֖ם בִּשְׁמֹתָ֑ם אַלּ֥וּף תִּמְנָ֛ע אַלּ֥וּף עַלְוָ֖ה אַלּ֥וּף יְתֵֽת[a]׃ 41 אַלּ֧וּף — ב חד מל וחד חס[20]. ג[21]
42 אָהֳלִֽיבָמָ֛ה אַלּ֥וּף אֵלָ֖ה אַלּ֥וּף פִּינֹֽן׃ 42 אַלּ֥וּף קְנַ֛ז אַלּ֥וּף תֵּימָ֖ן אַלּ֥וּף
43 מִבְצָֽר׃ 43 אַלּ֥וּף מַגְדִּיאֵ֖ל אַלּ֣וּף עִירָ֑ם אֵ֣לֶּה׀ אַלּוּפֵ֣י אֱד֗וֹם לְמֹֽשְׁבֹתָם֙[a] — ב. ל חס
בְּאֶ֣רֶץ אֲחֻזָּתָ֔ם ה֥וּא עֵשָׂ֖ו אֲבִ֥י אֱדֽוֹם׃ פ קנ״ד[22]
ס[לג] פרש — 37 1 וַיֵּ֣שֶׁב יַעֲקֹ֔ב בְּאֶ֖רֶץ מְגוּרֵ֣י אָבִ֑יו בְּאֶ֖רֶץ כְּנָֽעַן׃ 2 אֵ֣לֶּה׀ — ב[1]. ד ר״פ[2]
תֹּלְד֣וֹת יַעֲקֹ֗ב יוֹסֵ֞ף בֶּן־שְׁבַֽע־עֶשְׂרֵ֤ה שָׁנָה֙ הָיָ֨ה רֹעֶ֤ה אֶת־אֶחָיו֙ בַּצֹּ֔אן — ג כת כן. יב פסוק את את ואת את
וְה֣וּא נַ֗עַר אֶת־בְּנֵ֥י בִלְהָ֛ה וְאֶת־בְּנֵ֥י זִלְפָּ֖ה נְשֵׁ֣י אָבִ֑יו וַיָּבֵ֥א יוֹסֵ֛ף אֶת־ — ג[3]. נא[4] וח מנה בתור
3 דִּבָּתָ֥ם רָעָ֖ה אֶל־אֲבִיהֶֽם׃ 3 וְיִשְׂרָאֵ֗ל אָהַ֤ב אֶת־יוֹסֵף֙ מִכָּל־בָּנָ֔יו כִּֽי־ — לג. ד[5]

[11] וחד איה וענה 1 Ch 1,40. [12] Nu 6,5. [13] Mm 267. [14] Mm 984. [15] Mm 4007. [16] Mm 268. [17] Mm 269. [18] Mm 270. [19] Mm 4008. [20] Neh 12,27. [21] Mm 3024. [22] Summa sec Or, sed vere 153 vv, cf Mp sub loco.
Cp 37 [1] Ez 21,17. [2] Mm 48. [3] Mm 271. [4] Mm 639. [5] Mm 1078.

24 [a] l c pc Mss ⅏ Vrs איה cf 1 Ch 1,40 ‖ [b] prp הַמַּיִם cf 𝔖 ‖ **26** [a] l c ⅏𝔖 דישון? cf 1 Ch 1,41 ‖ **27** [a] ⅏^Mss בלען ‖ [b] ⅏ וזוען ‖ [c] 1 Ch 1,42 יעקן ‖ **30** [a] l לְאַלֻ׳ ‖ **31** [a–a] 2 Mss 𝔊 בִּבְנֵי ‖ **39** [a] mlt Mss ⅏𝔖 הדד cf 1 Ch 1,50 ‖ [b–b] prp מִמֵּי ‖ [c] 𝔊(𝔖) υἱοῦ, l frt בֶּן ‖ **40** [a] 𝔊^Mss Ιεθερ, l frt יֶתֶר ‖ **43** [a] ⅏ למשפחתם.

4 בֶּן־זְקֻנִ֥ים ה֖וּא ל֑וֹ וְעָ֥שָׂה^a ל֖וֹ כְּתֹ֥נֶת פַּסִּֽים׃ 4 וַיִּרְא֣וּ אֶחָ֗יו כִּֽי־אֹת֞וֹ אָהַ֤ב ב וחס[6] . ד[7]
5 אֲבִיהֶם֙ מִכָּל־אֶחָ֔יו^a וַיִּשְׂנְא֖וּ אֹת֑וֹ וְלֹ֥א יָכְל֖וּ דַּבְּר֥וֹ^b לְשָׁלֹֽם׃ 5 וַיַּחֲלֹ֤ם ל וכל בדברו דכות . ח חס[8]
6 יוֹסֵף֙ חֲל֔וֹם וַיַּגֵּ֖ד לְאֶחָ֑יו ^aוַיּוֹסִ֥פוּ ע֖וֹד שְׂנֹ֥א אֹתֽוֹ׃^a 6 וַיֹּ֖אמֶר אֲלֵיהֶ֑ם ב כת כן . יז מל בתור[9]
7 שִׁמְעוּ־נָ֕א הַחֲל֥וֹם הַזֶּ֖ה אֲשֶׁ֥ר חָלָֽמְתִּי׃ 7 וְהִנֵּה֩ אֲנַ֨חְנוּ מְאַלְּמִ֤ים אֲלֻמִּים֙ ב ר״פ והנה והנה . ג[10] . ל . ל
בְּת֣וֹךְ הַשָּׂדֶ֔ה וְהִנֵּ֛ה קָ֥מָה אֲלֻמָּתִ֖י וְגַם־נִצָּ֑בָה וְהִנֵּ֤ה תְסֻבֶּ֙ינָה֙ אֲלֻמֹּ֣תֵיכֶ֔ם ל . ב
8 וַתִּֽשְׁתַּחֲוֶ֖יןָ לַאֲלֻמָּתִֽי׃ 8 וַיֹּ֤אמְרוּ לוֹ֙ אֶחָ֔יו הֲמָלֹ֤ךְ תִּמְלֹךְ֙ עָלֵ֔ינוּ אִם־ ב . ל
מָשׁ֥וֹל תִּמְשֹׁ֖ל בָּ֑נוּ וַיּוֹסִ֤פוּ עוֹד֙ שְׂנֹ֣א אֹת֔וֹ עַל־חֲלֹמֹתָ֖יו וְעַל־דְּבָרָֽיו׃ ג מל בליש[11] . ב כת כן . ג
9 וַיַּחֲלֹ֥ם עוֹד֙ חֲל֣וֹם אַחֵ֔ר וַיְסַפֵּ֥ר אֹת֖וֹ^a לְאֶחָ֑יו וַיֹּ֗אמֶר הִנֵּ֨ה חָלַ֤מְתִּי
חֲלוֹם֙ ע֔וֹד וְהִנֵּ֧ה הַשֶּׁ֣מֶשׁ וְהַיָּרֵ֗חַ וְאַחַ֤ד עָשָׂר֙ כּֽוֹכָבִ֔ים מִֽשְׁתַּחֲוִ֖ים לִֽי׃ ל . כה[12] . ל
10 ^aוַיְסַפֵּ֣ר אֶל־אָבִיו֮ וְאֶל־אֶחָיו֒^a וַיִּגְעַר־בּ֣וֹ אָבִ֔יו וַיֹּ֣אמֶר ל֔וֹ מָ֛ה הַחֲל֥וֹם ב
הַזֶּ֖ה אֲשֶׁ֣ר חָלָ֑מְתָּ הֲב֣וֹא נָב֗וֹא אֲנִי֙ וְאִמְּךָ֣ וְאַחֶ֔יךָ לְהִשְׁתַּחֲוֺ֥ת לְךָ֖ אָֽרְצָה׃ ל
11 12 11 וַיְקַנְאוּ־ב֖וֹ אֶחָ֑יו וְאָבִ֖יו שָׁמַ֥ר אֶת־הַדָּבָֽר׃ 12 וַיֵּלְכ֖וּ אֶחָ֑יו ט[13]
13 לִרְע֛וֹת אֶת^a־צֹ֥אן אֲבִיהֶ֖ם בִּשְׁכֶֽם׃ 13 וַיֹּ֨אמֶר יִשְׂרָאֵ֜ל אֶל־יוֹסֵ֗ף הֲל֤וֹא י נקוד בתור . יב מל בתור[14]
14 אַחֶ֙יךָ֙ רֹעִ֣ים בִּשְׁכֶ֔ם לְכָ֖ה וְאֶשְׁלָחֲךָ֣ אֲלֵיהֶ֑ם וַיֹּ֥אמֶר ל֖וֹ הִנֵּֽנִי׃ 14 וַיֹּ֣אמֶר יז מל בתור[9] . ז בתור
ל֗וֹ לֶךְ־נָ֨א רְאֵ֜ה אֶת־שְׁל֤וֹם אַחֶ֙יךָ֙ וְאֶת־שְׁל֣וֹם הַצֹּ֔אן וַהֲשִׁבֵ֖נִי דָּבָ֑ר ל[15] . ל[15] . ב חד מל וחד חס[16]
15 וַיִּשְׁלָחֵ֙הוּ֙ מֵעֵ֣מֶק חֶבְר֔וֹן וַיָּבֹ֖א שְׁכֶֽמָה׃ 15 וַיִּמְצָאֵ֣הוּ אִ֔ישׁ וְהִנֵּ֥ה תֹעֶ֖ה ל . ו[17] . ג . ב חס וחד מל
16 בַּשָּׂדֶ֑ה וַיִּשְׁאָלֵ֧הוּ הָאִ֛ישׁ לֵאמֹ֖ר מַה־תְּבַקֵּֽשׁ׃ 16 וַיֹּ֕אמֶר אֶת־אַחַ֖י אָנֹכִ֣י ג
17 מְבַקֵּ֑שׁ הַגִּֽידָה־נָּ֣א לִ֔י אֵיפֹ֖ה הֵ֥ם רֹעִֽים׃ 17 וַיֹּ֤אמֶר הָאִישׁ֙ נָסְע֣וּ מִזֶּ֔ה כִּ֤י י כת ה[18]
שָׁמַ֙עְתִּי֙^a אֹֽמְרִ֔ים נֵלְכָ֖ה דֹּתָ֑יְנָה וַיֵּ֤לֶךְ יוֹסֵף֙ אַחַ֣ר אֶחָ֔יו וַיִּמְצָאֵ֖ם בְּדֹתָֽן׃ ל . ג[19] . ב
18 וַיִּרְא֥וּ אֹת֖וֹ מֵרָחֹ֑ק וּבְטֶ֙רֶם֙ יִקְרַ֣ב אֲלֵיהֶ֔ם וַיִּֽתְנַכְּל֥וּ אֹת֖וֹ לַהֲמִיתֽוֹ׃ 18 ז חס בתור . ג . יז מל בתור[9] . ל
19 20 19 וַיֹּאמְר֖וּ אִ֣ישׁ אֶל־אָחִ֑יו הִנֵּ֛ה בַּ֥עַל הַחֲלֹמ֖וֹת הַלָּזֶ֥ה בָּֽא׃ 20 וְעַתָּ֣ה ׀ ב חס . ב
לְכ֣וּ וְנַֽהַרְגֵ֗הוּ וְנַשְׁלִכֵ֙הוּ֙ בְּאַחַ֣ד הַבֹּר֔וֹת וְאָמַ֕רְנוּ חַיָּ֥ה רָעָ֖ה אֲכָלָ֑תְהוּ ל . ד
21 וְנִרְאֶ֕ה מַה־יִּהְי֖וּ חֲלֹמֹתָֽיו׃ 21 וַיִּשְׁמַ֣ע רְאוּבֵ֔ן^a וַיַּצִּלֵ֖הוּ מִיָּדָ֑ם וַיֹּ֕אמֶר ל וחס . ג . ד[20]
22 לֹ֥א נַכֶּ֖נּוּ נָֽפֶשׁ׃ 22 וַיֹּאמֶר֩ אֲלֵהֶ֨ם ׀ רְאוּבֵן֮ אַל־תִּשְׁפְּכוּ־דָם֒ הַשְׁלִ֣יכוּ ב דסמיכ לזרקא[21] . ג
אֹת֗וֹ אֶל־הַבּ֤וֹר הַזֶּה֙ אֲשֶׁ֣ר בַּמִּדְבָּ֔ר וְיָ֖ד אַל־תִּשְׁלְחוּ־ב֑וֹ לְמַ֗עַן הַצִּ֤יל הל ג מנה קמ

[6]Okhl 70. [7]Mm 1078. [8]Mm 1614. [9]Mm 250. [10]Mm 952. [11]Mm 272. [12]Mm 187. [13]Mm 3056. [14]Mm 27. [15]Mm 300. [16]Mm 273. [17]Mm 274. [18]Mm 1750. [19]Mm 275. [20]Mm 276. [21]Mp sub loco.

Cp 37,3 ^a 𝔐 ויעש, l frt וַיַּעֲשֶׂה || **4** ^a l c 𝔊 pc Mss 𝔐𝔊 בָּנָיו || ^b 𝔊 *λαλεῖν αὐτῷ*, l (לְ)דַבֵּר לוֹ ? || **5** ^a–a > 𝔊*, prb dl || **9** ^a 𝔊 + *τῷ πατρὶ αὐτοῦ καί*, frt ins לְאָבִיו וּ || **10** ^a–a > 𝔊*, dl? || **12** ^a dl? cf punct extr || **17** ^a l c 𝔐^Mss𝔊𝔗^P שְׁמַעְתִּים || **21** ^a prp יהודה cf 26.

23 אֹתוֹ֙ מִיָּדָ֔ם לַהֲשִׁיב֖וֹ אֶל־אָבִֽיו׃ 23 וַיְהִ֕י כַּאֲשֶׁר־בָּ֥א יוֹסֵ֖ף אֶל־אֶחָ֑יו
וַיַּפְשִׁ֤יטוּ אֶת־יוֹסֵף֙ ᵃאֶת־כֻּתָּנְתּ֔וֹᵃ אֶת־כְּתֹ֥נֶת הַפַּסִּ֖ים אֲשֶׁ֥ר עָלָֽיו׃ ב. ב22
24 וַיִּקָּחֻ֔הוּ וַיַּשְׁלִ֥כוּ אֹת֖וֹ הַבֹּ֑רָה וְהַבּ֣וֹר רֵ֔ק אֵ֥ין בּ֖וֹ מָֽיִם׃ 25 וַיֵּשְׁבוּ֮ ב וחס23. ל. ב24. ב25
לֶאֱכָל־לֶ֒חֶם֒ וַיִּשְׂא֣וּ עֵינֵיהֶ֗ם וַיִּרְאוּ֙ וְהִנֵּה֙ אֹרְחַ֣ת יִשְׁמְעֵאלִ֔ים בָּאָ֖ה מג. ל וחס. יא26 בטע וכל מלכים ויחזק דכות ב מ ב
מִגִּלְעָ֑ד וּגְמַלֵּיהֶ֣ם נֹֽשְׂאִ֗ים נְכֹאת֙ וּצְרִ֣י וָלֹ֔ט הוֹלְכִ֖ים לְהוֹרִ֥יד מִצְרָֽיְמָה׃ ב. ח. ב ובתרי לישנ27. ב. ל ומל. ל ומל. כח28
26 וַיֹּ֥אמֶר יְהוּדָ֖ה אֶל־אֶחָ֑יו מַה־בֶּ֗צַע כִּ֤י נַהֲרֹג֙ אֶת־אָחִ֔ינוּ וְכִסִּ֖ינוּ אֶת־
27 דָּמֽוֹ׃ 27 לְכ֞וּ וְנִמְכְּרֶ֣נּוּ לַיִּשְׁמְעֵאלִ֗יםᵃ וְיָדֵ֙נוּ֙ אַל־תְּהִי־ב֔וֹ כִּֽי־אָחִ֥ינוּ
28 בְשָׂרֵ֖נוּᵇ ה֑וּא וַֽיִּשְׁמְע֖וּ אֶחָֽיו׃ 28 וַיַּֽעַבְר֞וּ אֲנָשִׁ֣ים מִדְיָנִים֮ סֹחֲרִים֒ וַיִּֽמְשְׁכוּ֙ ב29
וַֽיַּעֲל֤וּ אֶת־יוֹסֵף֙ מִן־הַבּ֔וֹר וַיִּמְכְּר֧וּ אֶת־יוֹסֵ֛ף לַיִּשְׁמְעֵאלִ֖ים בְּעֶשְׂרִ֣ים
29 כָּ֑סֶף וַיָּבִ֥יאוּ אֶת־יוֹסֵ֖ף מִצְרָֽיְמָה׃ 29 וַיָּ֤שָׁב רְאוּבֵן֙ אֶל־הַבּ֔וֹר וְהִנֵּ֥ה לו. כח28
30 אֵין־יוֹסֵ֖ף בַּבּ֑וֹר וַיִּקְרַ֖ע אֶת־בְּגָדָֽיו׃ 30 וַיָּ֥שָׁב אֶל־אֶחָ֖יו וַיֹּאמַ֑ר הַיֶּ֣לֶד צא
31 אֵינֶ֔נּוּ וַאֲנִ֖י אָ֥נָה אֲנִי־בָֽא׃ 31 וַיִּקְח֖וּ אֶת־כְּתֹ֣נֶת יוֹסֵ֑ף וַֽיִּשְׁחֲטוּ֙ שְׂעִ֣יר עִזִּ֔ים
32 וַיִּטְבְּל֥וּ אֶת־הַכֻּתֹּ֖נֶת בַּדָּֽם׃ 32 וַֽיְשַׁלְּח֞וּ אֶת־כְּתֹ֣נֶת הַפַּסִּ֗ים וַיָּבִ֙יאוּ֙ᵃ אֶל־ ל
אֲבִיהֶ֔ם וַיֹּאמְר֖וּ זֹ֣את מָצָ֑אנוּ הַכֶּר־נָ֗א הַכְּתֹ֧נֶת בִּנְךָ֛ ה֖וא אִם־לֹֽא׃ ב. ב30. ז ס״פ
33 וַיַּכִּירָ֤הּ וַיֹּ֙אמֶר֙ כְּתֹ֣נֶת בְּנִ֔יᵃ חַיָּ֥ה רָעָ֖ה אֲכָלָ֑תְהוּ טָרֹ֥ף טֹרַ֖ף יוֹסֵֽף׃ ל. ד. ג
34 וַיִּקְרַ֤ע יַעֲקֹב֙ שִׂמְלֹתָ֔יו וַיָּ֥שֶׂם שַׂ֖ק בְּמָתְנָ֑יו וַיִּתְאַבֵּ֥ל עַל־בְּנ֖וֹ יָמִ֥ים פד לג מנה בתור
35 רַבִּֽים׃ 35 וַיָּקֻמוּ֩ כָל־בָּנָ֨יו וְכָל־בְּנֹתָ֜יו לְנַחֲמ֗וֹ וַיְמָאֵן֙ לְהִתְנַחֵ֔ם וַיֹּ֕אמֶר
36 כִּֽי־אֵרֵ֧ד אֶל־בְּנִ֛י אָבֵ֖ל שְׁאֹ֑לָה וַיֵּ֥בְךְּ אֹת֖וֹ אָבִֽיו׃ 36 וְהַמְּדָנִ֕יםᵃ מָכְר֥וּ ל. י. ל
אֹת֖וֹ אֶל־מִצְרָ֑יִם לְפֽוֹטִיפַר֙ סְרִ֣יס פַּרְעֹ֔ה שַׂ֖ר הַטַּבָּחִֽים׃ פ ב
ס [לד] 38 1 וַיְהִי֙ בָּעֵ֣ת הַהִ֔וא וַיֵּ֥רֶד יְהוּדָ֖ה מֵאֵ֣ת אֶחָ֑יו וַיֵּ֛ט עַד־ᵃאִ֥ישׁ ג1
2 עֲדֻלָּמִ֖י וּשְׁמ֥וֹ חִירָֽה׃ 2 וַיַּרְא־שָׁ֧ם יְהוּדָ֛ה בַּת־אִ֥ישׁ כְּנַעֲנִ֖י וּשְׁמ֣וֹᵃ שׁ֑וּעַ ב2
3 4 וַיִּקָּחֶ֖הָ וַיָּבֹ֥א אֵלֶֽיהָ׃ 3 וַתַּ֖הַר וַתֵּ֣לֶד בֵּ֑ן וַיִּקְרָ֥אᵃ אֶת־שְׁמ֖וֹ עֵֽר׃ 4 וַתַּ֥הַר י ג3 מנה דמטע
5 ע֖וֹד וַתֵּ֣לֶד בֵּ֑ן וַתִּקְרָ֥א אֶת־שְׁמ֖וֹ אוֹנָֽן׃ 5 וַתֹּ֤סֶף עוֹד֙ וַתֵּ֣לֶד בֵּ֔ן וַתִּקְרָ֥א י4 וכל ויקרא שמו דכות ב מ ו. י4 וכל ויקרא שמו דכות ב מ ו
6 אֶת־שְׁמ֖וֹ שֵׁלָ֑ה וְהָיָ֥הᵃ בִכְזִ֖יבᵇ בְּלִדְתָּ֥הּ אֹתֽוֹ׃ 6 וַיִּקַּ֧ח יְהוּדָ֛ה אִשָּׁ֖ה לְעֵ֣ר ל

22 2 S 15,32. 23 Mm 277. 24 Jer 41,9. 25 Mm 278. 26 Mm 279. 27 Mm 4121. 28 Mm 84. 29 Jer 38,13. 30 Ex 28,39. Cp 38 1 Mm 1947. 2 Mm 3180. 3 Mm 280. 4 Mm 215.

23 a–a > 𝔊𝔖 ‖ **27** a 𝔊 + τούτοις ‖ b l c 𝔐𝔊𝔖𝔙 וּבְ׳ ‖ **32** a prp וַיָּבֹאוּ ‖ **33** a 𝔐𝔊𝔖 𝔗J JII + הִיא 𝔗P + *jwsp hj' d'* = יוֹסֵף הִיא ‖ **36** a l frt וְהַמִּדְיָנִים cf 28 ‖ **Cp 38,1** a l אֶל? ‖ **2** a 𝔊 suff f cf 6; l וּשְׁמָהּ בַּת־? cf 12 ‖ **3** a l c nonn Mss 𝔐𝔗J וַתִּקְ׳ cf 4.5 ‖ **5** a 𝔊 *αὐτὴ δὲ ἦν*, l וְהִיא ‖ b 𝔐 בכזבה cf 1 Ch 4,22.

7 בְּכֹרוֹ וּשְׁמָ֖הּ תָּמָֽר׃ 7 וַיְהִ֗י עֵ֚ר בְּכ֣וֹר יְהוּדָ֔ה רַ֖ע בְּעֵינֵ֣י יְהוָ֑ה וַיְמִתֵ֖הוּ ג מל[5]. ט. לג בתור[6]. כל חס ב מ ח[7] מל
8 יְהוָֽה׃ 8 וַיֹּ֤אמֶר יְהוּדָה֙ לְאוֹנָ֔ן בֹּ֛א אֶל־אֵ֥שֶׁת אָחִ֖יךָ וְיַבֵּ֣ם אֹתָ֑הּ וְהָקֵ֥ם
9 זֶ֖רַע לְאָחִֽיךָ׃ 9 וַיֵּ֣דַע אוֹנָ֔ן כִּ֛י לֹּ֥א[a] ל֖וֹ יִהְיֶ֣ה הַזָּ֑רַע וְהָיָ֞ה אִם־בָּ֨א אֶל־ ו[8] דגש ב מנה בסיפ. ה[9]. ל קמ[10]
10 אֵ֤שֶׁת אָחִיו֙ וְשִׁחֵ֣ת אַ֔רְצָה לְבִלְתִּ֥י נְתָן־זֶ֖רַע לְאָחִֽיו׃ 10 וַיֵּ֛רַע בְּעֵינֵ֥י לג בתור
11 יְהוָ֖ה אֲשֶׁ֣ר עָשָׂ֑ה וַיָּ֖מֶת גַּם־אֹתֽוֹ׃ 11 וַיֹּ֣אמֶר יְהוּדָ֡ה לְתָמָ֨ר כַּלָּת֜וֹ שְׁבִ֧י ה[11]
אַלְמָנָ֣ה בֵית־אָבִ֗יךְ עַד־יִגְדַּל֙ שֵׁלָ֣ה בְנִ֔י כִּ֣י אָמַ֔ר פֶּן־יָמ֥וּת גַּם־ה֖וּא
12 כְּאֶחָ֑יו וַתֵּ֣לֶךְ תָּמָ֔ר וַתֵּ֖שֶׁב בֵּ֥ית אָבִֽיהָ׃ 12 וַיִּרְבּוּ֙ הַיָּמִ֔ים וַתָּ֖מָת ל. יב[12]
בַּת־שׁ֣וּעַ אֵֽשֶׁת־יְהוּדָ֑ה וַיִּנָּ֣חֶם יְהוּדָ֗ה וַיַּ֜עַל עַל־[a]גֹּֽזְזֵ֤י צֹאנוֹ֙ ה֗וּא וְחִירָ֛ה
13 רֵעֵ֥הוּ הָֽעֲדֻלָּמִ֖י תִּמְנָֽתָה׃ 13 וַיֻּגַּ֥ד לְתָמָ֖ר לֵאמֹ֑ר הִנֵּ֥ה חָמִ֛יךְ עֹלֶ֥ה כד[13]
14 תִמְנָ֖תָה לָגֹ֥ז צֹאנֽוֹ׃ 14 וַתָּסַר֩ בִּגְדֵ֨י אַלְמְנוּתָ֜הּ מֵֽעָלֶ֗יהָ וַתְּכַ֤ס[a] בַּצָּעִיף֙
וַתִּתְעַלָּ֔ף וַתֵּ֙שֶׁב֙ [b]בְּפֶ֣תַח עֵינַ֔יִם[b] [c]אֲשֶׁ֖ר עַל־דֶּ֣רֶךְ[c] תִּמְנָ֑תָה כִּ֤י רָאֲתָה֙ כִּֽי־ ל. יב[12]. כח. ה וכל על הדרך דכות[14]
15 גָדַ֣ל שֵׁלָ֔ה וְהִ֕וא לֹֽא־נִתְּנָ֥ה ל֖וֹ לְאִשָּֽׁה׃ 15 וַיִּרְאֶ֣הָ יְהוּדָ֔ה וַיַּחְשְׁבֶ֖הָ לְזוֹנָ֑ה ג. ל. ג. ב[15]
16 כִּ֥י כִסְּתָ֖ה פָּנֶֽיהָ׃ 16 וַיֵּ֨ט אֵלֶ֜יהָ אֶל־הַדֶּ֗רֶךְ וַיֹּ֙אמֶר֙ הָֽבָה־נָּא֙ אָב֣וֹא אֵלַ֔יִךְ ד. ב. כט
כִּ֚י לֹ֣א יָדַ֔ע כִּ֥י כַלָּת֖וֹ הִ֑וא וַתֹּ֙אמֶר֙ מַה־תִּתֶּן־לִּ֔י[a] כִּ֥י תָב֖וֹא אֵלָֽי׃
17 17 וַיֹּ֕אמֶר אָנֹכִ֛י אֲשַׁלַּ֥ח גְּדִֽי־עִזִּ֖ים מִן־הַצֹּ֑אן וַתֹּ֕אמֶר אִם־תִּתֵּ֥ן עֵרָב֖וֹן ט[16]
18 עַ֥ד שָׁלְחֶֽךָ׃ 18 וַיֹּ֗אמֶר מָ֣ה הָעֵרָבוֹן֮ אֲשֶׁ֣ר אֶתֶּן־לָּךְ֒[a] וַתֹּ֗אמֶר חֹתָֽמְךָ֙ יא בטע[17]. ט
19 וּפְתִילֶ֔ךָ וּמַטְּךָ֖ אֲשֶׁ֣ר בְּיָדֶ֑ךָ וַיִּתֶּן־לָּ֛הּ[b] וַיָּבֹ֥א אֵלֶ֖יהָ וַתַּ֥הַר לֽוֹ׃ 19 וַתָּ֣קָם ל. ב[18]
20 וַתֵּ֔לֶךְ וַתָּ֥סַר צְעִיפָ֖הּ מֵעָלֶ֑יהָ וַתִּלְבַּ֖שׁ בִּגְדֵ֥י אַלְמְנוּתָֽהּ׃ 20 וַיִּשְׁלַ֨ח
יְהוּדָ֜ה אֶת־גְּדִ֣י הָֽעִזִּ֗ים בְּיַד֙ רֵעֵ֣הוּ הָֽעֲדֻלָּמִ֔י לָקַ֥חַת הָעֵרָב֖וֹן מִיַּ֣ד הָאִשָּׁ֑ה
21 וְלֹ֖א מְצָאָֽהּ׃ 21 וַיִּשְׁאַ֞ל אֶת־אַנְשֵׁ֤י מְקֹמָהּ֙[a] לֵאמֹ֔ר אַיֵּ֧ה הַקְּדֵשָׁ֛ה הִ֥וא[b] ל. ג וחד מן ב בתור בליש
22 בָעֵינַ֖יִם[c] [d]עַל־הַדָּ֑רֶךְ[d] וַיֹּ֣אמְר֔וּ לֹא־הָיְתָ֥ה בָזֶ֖ה קְדֵשָֽׁה׃ 22 וַיָּ֙שָׁב֙ אֶל־ ו[19]
יְהוּדָ֔ה וַיֹּ֖אמֶר לֹ֣א מְצָאתִ֑יהָ וְגַ֨ם אַנְשֵׁ֤י הַמָּקוֹם֙ אָֽמְר֔וּ לֹא־הָיְתָ֥ה בָזֶ֖ה ל
23 קְדֵשָֽׁה׃ 23 וַיֹּ֤אמֶר יְהוּדָה֙ תִּקַּח־לָ֔הּ פֶּ֖ן נִהְיֶ֣ה לָב֑וּז הִנֵּ֤ה שָׁלַ֙חְתִּי֙ הַגְּדִ֣י ב[20]
24 הַזֶּ֔ה וְאַתָּ֖ה לֹ֥א מְצָאתָֽהּ׃ 24 וַיְהִ֣י ׀ [a]כְּמִשְׁלֹ֣שׁ חֳדָשִׁ֗ים וַיֻּגַּ֨ד לִֽיהוּדָ֤ה ל. ל. כד[13]

[5] Mm 281. [6] Mp sub loco. [7] Cf Mm 2137. [8] Mm 3644 et Mp sub loco. [9] Mm 282. [10] וחד ואם בא Lv 14,48. [11] Mm 283. [12] Mm 140. [13] Mm 2228. [14] Mm 3032. [15] Jes 1,21. [16] Mm 425. [17] Mm 284. [18] Ex 17,5. [19] Mm 285. [20] Mm 3605.

9 [a] sic L, mlt Mss Edd לֹא ‖ **12** [a] l אֶל? ‖ **14** [a] l c ⅏𝔖𝔗 וַתִּתְכַּס ‖ [b–b] > 𝔖𝔙 cf Jub 41,14 ‖ [c–c] 𝔖(𝔙) *bplšṭ 'wrḥt' db'wrḥ'*, prp עַל־רֹאשׁ ד׳ cf 𝔗𝔗[J] ‖ **16** [a] sic L, mlt Mss Edd ל sine dageš ‖ **18** [a] ut 16[a] ‖ [b] ut 16[a] ‖ **21** [a] l c ⅏𝔊𝔖𝔗[P] המקום ut 22? ‖ [b] ⅏ ההיא ‖ [c] > 𝔖𝔙 cf 14[b–b] ‖ [d–d] 𝔖(𝔗[P]) *djtb' bplšṭ 'wrḥt'* = 𝔙 *quae sedebat in bivio* cf 14[c–c] ‖ **24** [a] prb l c ⅏ לְשֵׁת–.

לֵאמֹר֙ זָֽנְתָה֙ תָּמָ֣ר כַּלָּתֶ֔ךָ וְגַ֛ם הִנֵּ֥ה הָרָ֖ה לִזְנוּנִ֑ים וַיֹּ֣אמֶר יְהוּדָ֔ה הוֹצִיא֖וּהָ ל̇ . ג̇[21]
25 וְתִשָּׂרֵֽף׃ 25 הִ֣וא מוּצֵ֗את וְהִ֨יא שָׁלְחָ֤ה אֶל־חָמִ֙יהָ֙ לֵאמֹ֔ר לְאִ֙ישׁ֙[a] אֲשֶׁר־ ל̇ . ג̇ ר״פ[22] . ל̇[23] . יא כת י בתור
אֵ֣לֶּה לּ֔וֹ אָנֹכִ֖י הָרָ֑ה וַתֹּ֙אמֶר֙ הַכֶּר־נָ֔א לְמִ֞י [b]הַחֹתֶ֧מֶת וְהַפְּתִילִ֛ים[b] ב̇ . ל̇ ומל
26 וְהַמַּטֶּ֖ה הָאֵֽלֶּה׃ 26 וַיַּכֵּ֣ר יְהוּדָ֗ה וַיֹּ֙אמֶר֙ צָֽדְקָ֣ה מִמֶּ֔נִּי כִּֽי־עַל־כֵּ֥ן לֹא־ ל̇ . נ̇ז וכל תלים דכות ב מ״א
27 נְתַתִּ֖יהָ לְשֵׁלָ֣ה בְנִ֑י וְלֹֽא־יָסַ֥ף ע֖וֹד לְדַעְתָּֽהּ[a]׃ 27 וַיְהִ֖י בְּעֵ֣ת לִדְתָּ֑הּ וְהִנֵּ֥ה ה̇[24]
28 תְאוֹמִ֖ים בְּבִטְנָֽהּ׃ 28 וַיְהִ֥י בְלִדְתָּ֖הּ וַיִּתֶּן־יָ֑ד וַתִּקַּ֣ח הַמְיַלֶּ֗דֶת וַתִּקְשֹׁ֨ר ל̇ מפק א[25]
29 עַל־יָד֤וֹ שָׁנִי֙ לֵאמֹ֔ר זֶ֖ה יָצָ֥א רִאשֹׁנָֽה׃ 29 וַיְהִ֣י ׀ כְּמֵשִׁ֣יב[a] יָד֗וֹ וְהִנֵּה֙ יָצָ֣א ׳
30 אָחִ֔יו וַתֹּ֕אמֶר מַה־פָּרַ֖צְתָּ עָלֶ֣יךָ[b] פָּ֑רֶץ וַיִּקְרָ֥א[c] שְׁמ֖וֹ פָּֽרֶץ׃ 30 וְאַחַר֙ [26]
יָצָ֣א אָחִ֔יו אֲשֶׁ֥ר עַל־יָד֖וֹ הַשָּׁנִ֑י וַיִּקְרָ֥א[a] שְׁמ֖וֹ זָֽרַח׃ ס [26]
ס[לה] 39 1 וְיוֹסֵ֖ף הוּרַ֣ד מִצְרָ֑יְמָה וַיִּקְנֵ֡הוּ פּוֹטִיפַר֩ סְרִ֨יס פַּרְעֹ֜ה שַׂ֣ר הַטַּבָּחִ֗ים י̇[1] ג̇[2] מנה ר״פ . ב̇[3] . כ̇ח[4]
2 אִ֚ישׁ מִצְרִ֔י מִיַּד֙ הַיִּשְׁמְעֵאלִ֔ים אֲשֶׁ֥ר הֽוֹרִדֻ֖הוּ שָֽׁמָּה׃ 2 וַיְהִ֤י יְהוָה֙ ב̇ וחס . י̇ח ס״פ
3 אֶת־יוֹסֵ֔ף וַיְהִ֖י אִ֣ישׁ מַצְלִ֑יחַ וַיְהִ֕י בְּבֵ֖ית אֲדֹנָ֥יו הַמִּצְרִֽי׃ 3 וַיַּ֣רְא אֲדֹנָ֔יו
4 כִּ֥י יְהוָ֖ה אִתּ֑וֹ וְכֹל֙ אֲשֶׁר־ה֣וּא עֹשֶׂ֔ה יְהוָ֖ה מַצְלִ֥יחַ בְּיָדֽוֹ׃ 4 וַיִּמְצָ֨א יוֹסֵ֥ף
חֵ֛ן בְּעֵינָ֖יו וַיְשָׁ֣רֶת אֹת֑וֹ וַיַּפְקִדֵ֙הוּ֙ עַל־בֵּית֔וֹ וְכָל־[a]יֶשׁ־ל֖וֹ נָתַ֥ן בְּיָדֽוֹ׃ נ̇א . ד̇[5] חס ול בליש . ה̇[6]
5 וַיְהִ֡י מֵאָז֩ הִפְקִ֨יד אֹת֜וֹ בְּבֵית֗וֹ וְעַל֙ כָּל־אֲשֶׁ֣ר יֶשׁ־ל֔וֹ וַיְבָ֧רֶךְ יְהוָ֛ה אֶת־
בֵּ֥ית הַמִּצְרִ֖י בִּגְלַ֣ל יוֹסֵ֑ף וַיְהִ֞י בִּרְכַּ֤ת יְהוָה֙ בְּכָל־אֲשֶׁ֣ר יֶשׁ־ל֔וֹ בַּבַּ֖יִת ה̇ בטע בסיפ[7]
6 וּבַשָּׂדֶֽה׃ 6 וַיַּעֲזֹ֣ב כָּל־אֲשֶׁר־לוֹ֮ בְּיַד־יוֹסֵף֒ וְלֹֽא־יָדַ֣ע אִתּוֹ֙ מְא֔וּמָה כִּ֥י יא[8] ו מנה בתור
אִם־הַלֶּ֖חֶם אֲשֶׁר־ה֣וּא אוֹכֵ֑ל וַיְהִ֣י יוֹסֵ֔ף יְפֵה־תֹ֖אַר וִיפֵ֥ה ד̇ מל[9]
7 מַרְאֶֽה׃ 7 וַיְהִ֗י אַחַר֙ הַדְּבָרִ֣ים הָאֵ֔לֶּה וַתִּשָּׂ֧א אֵֽשֶׁת־אֲדֹנָ֛יו אֶת־עֵינֶ֖יהָ
8 אֶל־יוֹסֵ֑ף וַתֹּ֖אמֶר שִׁכְבָ֥ה עִמִּֽי׃ 8 וַיְמָאֵ֓ן ׀ וַיֹּ֙אמֶר֙ אֶל־אֵ֣שֶׁת אֲדֹנָ֔יו הֵ֣ן ז̇ בטע מרעימין[10]
9 אֲדֹנִ֕י לֹא־יָדַ֥ע אִתִּ֖י מַה־[a]בַּבָּ֑יִת[b] וְכֹ֛ל אֲשֶׁר־יֶשׁ־ל֖וֹ נָתַ֥ן בְּיָדִֽי׃ 9 אֵינֶ֨נּוּ
גָד֜וֹל בַּבַּ֣יִת הַזֶּה֮ מִמֶּנִּי֒ וְלֹֽא־חָשַׂ֤ךְ מִמֶּ֙נִּי֙ מְא֔וּמָה כִּ֥י אִם־אוֹתָ֖ךְ בַּאֲשֶׁ֣ר נ̇ז וכל תלים דכות ב מ״א . ל̇ . ז̇[11] . נ̇ז וכל תלים דכות ב מ״א . י̇ז מל בלשון נקיבה[12] . ה̇[13]
אַתְּ־אִשְׁתּ֑וֹ וְאֵ֨יךְ אֶֽעֱשֶׂ֜ה הָרָעָ֤ה הַגְּדֹלָה֙ הַזֹּ֔את וְחָטָ֖אתִי לֵאלֹהִֽים׃ ד̇ . ו̇
10 וַיְהִ֕י כְּדַבְּרָ֥הּ אֶל־יוֹסֵ֖ף י֣וֹם ׀ י֑וֹם וְלֹא־שָׁמַ֥ע אֵלֶ֛יהָ לִשְׁכַּ֥ב אֶצְלָ֖הּ ל̇ . ז̇[14] . ז̇ה פת וב קמ

[21] Mm 286. [22] Mm 2809. [23] וחד מצאת 2 S 18,22. [24] Mm 1084. [25] Mm 331. [26] Mm 183 et Mm 215.
Cp 39 [1] Mm 1858. [2] Mm 308. [3] Jes 14,11. [4] Mm 84. [5] Mm 2672. [6] Mm 321. [7] Mm 71. [8] Mm 130.
[9] Mm 3271. [10] Mm 705. [11] Mm 1676. [12] Mm 287. [13] Mm 2386. [14] Mm 484.

25 [a] l prb לָאִישׁ ‖ [b–b] l הַחֹתָם וְהַפָּתִיל cf ⅏𝔊𝔖𝔗[MssJII P]𝔙 et 18 ‖ **26** [a] sic L, mlt Mss Edd הּ– ‖ **29** [a] l כַּהֲשִׁיבוֹ seu frt כְּמוֹ הֵשִׁיב cf 19,15 ‖ [b] ⅏ עלינו ‖ [c] pc Mss ⅏𝔖𝔗[J] וַתִּקְ׳ ‖ **30** [a] cf 29[a] ‖ **Cp 39,4** [a] prb ins c ℭ pc Mss ⅏(𝔊𝔖𝔗ℭ[JP?]) אשר ut 5 ‖ **8** [a] ⅏ 𝔊 מאומה cf 6 ‖ [b] ⅏𝔊𝔖𝔙 בְּבֵיתוֹ.

ד וכל עזרא דכות[15]. יט[16] [a]לִֽהְי֥וֹת עִמָּֽהּ[a]׃ 11 וַיְהִי֙ כְּהַיּ֣וֹם הַזֶּ֔ה וַיָּבֹ֥א הַבַּ֖יְתָה לַעֲשׂ֣וֹת מְלַאכְתּ֑וֹ 11
ל. ל. ב[17] וְאֵ֨ין אִ֜ישׁ מֵאַנְשֵׁ֥י הַבַּ֛יִת שָׁ֖ם בַּבָּֽיִת׃ 12 וַתִּתְפְּשֵׂ֧הוּ בְּבִגְד֛וֹ לֵאמֹ֖ר שִׁכְבָ֣ה 12
יו[18]. ל ומל עִמִּ֑י וַיַּעֲזֹ֤ב בִּגְדוֹ֙ בְּיָדָ֔הּ וַיָּ֖נָס וַיֵּצֵ֥א[a] הַחֽוּצָה׃ 13 וַיְהִי֙ כִּרְאוֹתָ֔הּ כִּֽי־עָזַ֥ב 13
יו[18]. ג[19] וכל נביא דכות ב מ א בִּגְד֖וֹ בְּיָדָ֑הּ וַיָּ֖נָס[a] הַחֽוּצָה׃ 14 וַתִּקְרָ֞א לְאַנְשֵׁ֣י בֵיתָ֗הּ וַתֹּ֤אמֶר לָהֶם֙ 14
ז ה פת וב קמ לֵאמֹ֔ר רְא֗וּ הֵ֥בִיא לָ֛נוּ אִ֥ישׁ עִבְרִ֖י לְצַ֣חֶק בָּ֑נוּ בָּ֤א אֵלַי֙ לִשְׁכַּ֣ב עִמִּ֔י
ג וָאֶקְרָ֖א בְּק֥וֹל גָּדֽוֹל׃ 15 וַיְהִ֣י כְשָׁמְע֔וֹ כִּֽי־הֲרִימֹ֥תִי קוֹלִ֖י וָאֶקְרָ֑א וַיַּעֲזֹ֤ב 15
יו[18]. ל[20]. יד[21] מל וכל שמואל וכתיב דכות ב מ ה בִּגְדוֹ֙ אֶצְלִ֔י[a] וַיָּ֖נָס וַיֵּצֵ֥א[b] הַחֽוּצָה׃ 16 וַתַּנַּ֥ח בִּגְד֖וֹ אֶצְלָ֑הּ עַד־בּ֥וֹא אֲדֹנָ֖יו 16
אֶל־בֵּיתֽוֹ׃ 17 וַתְּדַבֵּ֣ר אֵלָ֔יו כַּדְּבָרִ֥ים הָאֵ֖לֶּה לֵאמֹ֑ר בָּֽא־אֵלַ֞י הָעֶ֧בֶד 17
ל הָֽעִבְרִ֛י אֲשֶׁר־הֵבֵ֥אתָ לָּ֖נוּ לְצַ֥חֶק בִּֽי׃ 18 וַיְהִ֕י כַּהֲרִימִ֥י קוֹלִ֖י וָאֶקְרָ֑א 18
יו[18] וַיַּעֲזֹ֥ב בִּגְד֛וֹ אֶצְלִ֖י וַיָּ֥נָס[a] הַחֽוּצָה׃ 19 וַיְהִי֩ כִשְׁמֹ֨עַ אֲדֹנָ֜יו אֶת־דִּבְרֵ֣י 19
אִשְׁתּ֗וֹ אֲשֶׁ֨ר דִּבְּרָ֤ה אֵלָיו֙ לֵאמֹ֔ר כַּדְּבָרִ֣ים הָאֵ֔לֶּה עָ֥שָׂה[a] לִ֖י עַבְדֶּ֑ךָ
ד[22] וַיִּ֖חַר אַפּֽוֹ׃ 20 וַיִּקַּח֩ אֲדֹנֵ֨י יוֹסֵ֜ף אֹת֗וֹ וַֽיִּתְּנֵ֙הוּ֙ אֶל־בֵּ֣ית הַסֹּ֔הַר מְק֕וֹם 20
אסירי ק אֲשֶׁר־אֲסוּרֵ֥י הַמֶּ֖לֶךְ אֲסוּרִ֑ים וַֽיְהִי־שָׁ֖ם בְּבֵ֥ית הַסֹּֽהַר׃ 21 וַיְהִ֤י יְהוָה֙ 21
ל. לג בתור אֶת־יוֹסֵ֔ף וַיֵּ֥ט אֵלָ֖יו חָ֑סֶד וַיִּתֵּ֣ן חִנּ֔וֹ בְּעֵינֵ֖י שַׂ֥ר בֵּית־הַסֹּֽהַר׃ 22 וַיִּתֵּ֞ן שַׂ֣ר 22
ל חס י תניג[23] בֵּית־הַסֹּ֙הַר֙ בְּיַד־יוֹסֵ֔ף אֵ֚ת כָּל־הָ֣אֲסִירִ֔ם[a] אֲשֶׁ֖ר בְּבֵ֣ית הַסֹּ֑הַר וְאֵ֨ת
ל[24] כָּל־אֲשֶׁ֤ר עֹשִׂים֙ שָׁ֔ם ה֖וּא הָיָ֥ה עֹשֶֽׂה׃ 23 אֵ֣ין׀ שַׂ֣ר בֵּית־הַסֹּ֗הַר רֹאֶ֤ה 23
ל. הי[25] אֶֽת־כָּל־מְא֙וּמָה֙ בְּיָד֔וֹ בַּאֲשֶׁ֥ר יְהוָ֖ה אִתּ֑וֹ וַאֲשֶׁר־ה֥וּא עֹשֶׂ֖ה יְהוָ֥ה
מַצְלִֽיחַ׃ ס

ד[1] **40** 1 וַיְהִ֗י אַחַר֙ הַדְּבָרִ֣ים הָאֵ֔לֶּה חָֽטְא֛וּ מַשְׁקֵ֥ה מֶֽלֶךְ־מִצְרַ֖יִם ס[לו]
ט פת ב[2] מנה בליש וְהָאֹפֶ֑ה לַאֲדֹנֵיהֶ֖ם לְמֶ֥לֶךְ מִצְרָֽיִם׃ 2 וַיִּקְצֹ֣ף פַּרְעֹ֔ה עַ֖ל שְׁנֵ֣י סָרִיסָ֑יו 2
ב. ג פת[3] עַ֚ל שַׂ֣ר הַמַּשְׁקִ֔ים וְעַ֖ל שַׂ֥ר הָאוֹפִֽים׃ 3 וַיִּתֵּ֨ן אֹתָ֜ם בְּמִשְׁמַ֗ר בֵּ֛ית שַׂ֥ר 3
הַטַּבָּחִ֖ים[a] אֶל־בֵּ֣ית הַסֹּ֑הַר מְק֕וֹם אֲשֶׁ֥ר יוֹסֵ֖ף אָס֥וּר שָֽׁם׃ 4 וַ֠יִּפְקֹד שַׂ֣ר 4
לז הַטַּבָּחִ֧ים אֶת־יוֹסֵ֛ף אִתָּ֖ם וַיְשָׁ֣רֶת אֹתָ֑ם וַיִּהְי֥וּ יָמִ֖ים בְּמִשְׁמָֽר[a]׃ 5 וַיַּחַלְמוּ֩ 5
ג[4] חֲל֨וֹם שְׁנֵיהֶ֜ם אִ֤ישׁ חֲלֹמוֹ֙ בְּלַ֣יְלָה אֶחָ֔ד אִ֖ישׁ כְּפִתְר֣וֹן חֲלֹמ֑וֹ הַמַּשְׁקֶ֣ה

[15]Mm 288. [16]Mm 1557. [17]Mm 289. [18]Mm 290. [19]Mm 4261. [20]Mm 3718. [21]Mm 169. [22]Mm 291. [23]Mm 3310. [24]וחד ואין שר Ho 3,4. [25]Mm 2386. **Cp 40** [1]Mm 3117. [2]Mm 3059. [3]Mm 292. [4]Mm 3975.

10 a–a > 𝔊[106]𝔎, dupl? ‖ **12** a > pc Mss ‖ **13** a nonn Mss 𝔐𝔊 + וַיֵּצֵא ut 12.15 cf 18a ‖ **15** a 𝔐 בידי cf 12 ‖ b cf 12a ‖ **18** a pc Mss 𝔊𝔖 + וַיֵּצֵא cf 13a ‖ **19** a sic L, mlt Mss Edd הָ־ ‖ **22** a 𝔐 האסורים cf 20 ‖ **Cp 40,3** a sic L, mlt Mss Edd הט׳ ‖ **4** a l frt בַּמּ׳.

6 וְהָאֹפֶה אֲשֶׁר לְמֶלֶךְ מִצְרַיִם אֲשֶׁר אֲסוּרִים בְּבֵית הַסֹּהַר׃ 6 וַיָּבֹא
7 אֲלֵיהֶם יוֹסֵף בַּבֹּקֶר וַיַּרְא אֹתָם וְהִנָּם זֹעֲפִים׃ 7 וַיִּשְׁאַל אֶת־סְרִיסֵי יז מל בתור[5]. ב וחס
פַרְעֹה אֲשֶׁר אִתּוֹ בְמִשְׁמַר בֵּית אֲדֹנָיו לֵאמֹר מַדּוּעַ פְּנֵיכֶם רָעִים ג פת[6]
8 הַיּוֹם׃ 8 וַיֹּאמְרוּ אֵלָיו חֲלוֹם חָלַמְנוּ וּפֹתֵר אֵין אֹתוֹ וַיֹּאמֶר אֲלֵהֶם
9 יוֹסֵף הֲלוֹא לֵאלֹהִים פִּתְרֹנִים סַפְּרוּ־נָא לִי׃ 9 וַיְסַפֵּר שַׂר־הַמַּשְׁקִים יב מל בתור[7]. ג[8]
10 אֶת־חֲלֹמוֹ לְיוֹסֵף וַיֹּאמֶר לוֹ בַּחֲלוֹמִי וְהִנֵּה־גֶפֶן לְפָנָי׃ 10 וּבַגֶּפֶן שְׁלֹשָׁה ח. ב מל
שָׂרִיגִם וְהִיא כְפֹרַחַת[a] עָלְתָה נִצָּהּ[b] הִבְשִׁילוּ אַשְׁכְּלֹתֶיהָ עֲנָבִים׃ ל̇. ל̇. ל̇. ל̇. ל̇
11 וְכוֹס פַּרְעֹה בְּיָדִי וָאֶקַּח אֶת־הָעֲנָבִים וָאֶשְׂחַט אֹתָם אֶל־כּוֹס פַּרְעֹה ל̇. ל̇
12 וָאֶתֵּן אֶת־הַכּוֹס עַל־כַּף פַּרְעֹה׃ 12 וַיֹּאמֶר לוֹ יוֹסֵף זֶה פִּתְרֹנוֹ שְׁלֹשֶׁת ב
13 הַשָּׂרִגִים שְׁלֹשֶׁת יָמִים הֵם׃ 13 בְּעוֹד ׀ שְׁלֹשֶׁת יָמִים יִשָּׂא פַרְעֹה אֶת־ ל̇. יב ס״פ[9]. לז
רֹאשֶׁךָ וַהֲשִׁיבְךָ עַל־כַּנֶּךָ וְנָתַתָּ כוֹס־פַּרְעֹה בְּיָדוֹ כַּמִּשְׁפָּט הָרִאשׁוֹן ד[10]. ל̇[11]. ל̇. כט חס[12]. סד
14 אֲשֶׁר הָיִיתָ מַשְׁקֵהוּ׃ 14 כִּי[a] אִם־זְכַרְתַּנִי אִתְּךָ כַּאֲשֶׁר יִיטַב לָךְ וְעָשִׂיתָ־ ל̇[13]. יו בתור[14]
15 נָּא עִמָּדִי חָסֶד וְהִזְכַּרְתַּנִי אֶל־פַּרְעֹה וְהוֹצֵאתַנִי מִן־הַבַּיִת הַזֶּה׃ 15 כִּי־ ל̇. ב[15]
גֻנֹּב גֻּנַּבְתִּי מֵאֶרֶץ הָעִבְרִים וְגַם־פֹּה לֹא־עָשִׂיתִי מְאוּמָה כִּי־שָׂמוּ אֹתִי ל̇. ל̇
16 בַּבּוֹר׃ 16 וַיַּרְא שַׂר־הָאֹפִים כִּי טוֹב פָּתָר וַיֹּאמֶר אֶל־יוֹסֵף ד ב קמ וב פת
17 אַף־אֲנִי בַּחֲלוֹמִי וְהִנֵּה שְׁלֹשָׁה סַלֵּי חֹרִי עַל־רֹאשִׁי׃ 17 וּבַסַּל הָעֶלְיוֹן ב מל. כו. ל
מִכֹּל מַאֲכַל פַּרְעֹה מַעֲשֵׂה אֹפֶה וְהָעוֹף אֹכֵל אֹתָם מִן־הַסַּל מֵעַל ד פת[16]. ג[17]
18 רֹאשִׁי׃ 18 וַיַּעַן יוֹסֵף וַיֹּאמֶר זֶה פִּתְרֹנוֹ שְׁלֹשֶׁת הַסַּלִּים שְׁלֹשֶׁת יָמִים כו
19 הֵם׃ 19 בְּעוֹד ׀ שְׁלֹשֶׁת יָמִים יִשָּׂא פַרְעֹה אֶת־רֹאשְׁךָ מֵעָלֶיךָ[a] וְתָלָה יב ס״פ[9]. לז
20 אוֹתְךָ עַל־עֵץ וְאָכַל הָעוֹף אֶת־בְּשָׂרְךָ מֵעָלֶיךָ׃ 20 וַיְהִי ׀ בַּיּוֹם יז מל בליש[18]
הַשְּׁלִישִׁי יוֹם הֻלֶּדֶת אֶת־פַּרְעֹה וַיַּעַשׂ מִשְׁתֶּה לְכָל־עֲבָדָיו וַיִּשָּׂא אֶת־ ג
21 רֹאשׁ ׀ שַׂר הַמַּשְׁקִים וְאֶת־רֹאשׁ שַׂר הָאֹפִים בְּתוֹךְ עֲבָדָיו׃ 21 וַיָּשֶׁב ב. כה
22 אֶת־שַׂר הַמַּשְׁקִים עַל־מַשְׁקֵהוּ וַיִּתֵּן הַכּוֹס עַל־כַּף פַּרְעֹה׃ 22 וְאֵת ב
23 שַׂר הָאֹפִים תָּלָה כַּאֲשֶׁר פָּתַר לָהֶם יוֹסֵף׃ 23 וְלֹא־זָכַר שַׂר־הַמַּשְׁקִים ד ב קמ וב פת. ג[19]
אֶת־יוֹסֵף וַיִּשְׁכָּחֵהוּ׃ פ קי״ב ל̇

[5] Mm 250. [6] Mm 292. [7] Mm 27. [8] Mm 293. [9] Mm 294. [10] Mm 2047. [11] וחד וֶהֱשִׁיבְךָ Dt 28,68. [12] Mm 657. [13] וחד וזכרתני 1 S 1,11. [14] Mm 60. [15] Mm 295. [16] Mm 3544. [17] Mm 726. [18] Mm 541. [19] Mm 296.

10 [a] prb l כְּפֹרְחָה; prp כְּמַפְרַחַת ‖ [b] l frt ־ָה (collectivum) vel נִצָּתָהּ ‖ **14** [a] prp אַךְ ‖ **19** [a] > 2 Mss, dl (gl).

41 ¹ וַיְהִ֗י מִקֵּץ֙ שְׁנָתַ֣יִם יָמִ֑ים וּפַרְעֹ֣ה חֹלֵ֔ם וְהִנֵּ֖ה עֹמֵ֥ד עַל־הַיְאֹֽר׃ ² וְהִנֵּ֣ה מִן־הַיְאֹ֗ר עֹלֹת֙ שֶׁ֣בַע פָּר֔וֹת יְפ֥וֹת מַרְאֶ֖ה וּבְרִיאֹ֣ת בָּשָׂ֑ר וַתִּרְעֶ֖ינָה בָּאָֽחוּ׃ ³ וְהִנֵּ֞ה שֶׁ֧בַע פָּר֣וֹת אֲחֵר֗וֹת עֹל֤וֹת אַחֲרֵיהֶן֙ מִן־הַיְאֹ֔ר רָע֥וֹת מַרְאֶ֖ה וְדַקּ֣וֹת בָּשָׂ֑ר וַֽתַּעֲמֹ֛דְנָה אֵ֥צֶל הַפָּר֖וֹת עַל־שְׂפַ֥ת הַיְאֹֽר׃ ⁴ וַתֹּאכַ֣לְנָה הַפָּר֗וֹת רָע֤וֹת הַמַּרְאֶה֙ וְדַקֹּ֣ת הַבָּשָׂ֔ר אֵ֣ת שֶׁ֤בַע הַפָּרוֹת֙ יְפֹ֤ת הַמַּרְאֶה֙ וְהַבְּרִיאֹ֔ת וַיִּיקַ֖ץ פַּרְעֹֽה׃ ⁵ וַיִּישָׁ֕ן וַֽיַּחֲלֹ֖ם שֵׁנִ֑ית וְהִנֵּ֣ה׀ שֶׁ֣בַע שִׁבֳּלִ֗ים עֹל֛וֹת בְּקָנֶ֥ה אֶחָ֖ד בְּרִיא֥וֹת וְטֹבֽוֹת׃ ⁶ וְהִנֵּה֙ שֶׁ֣בַע שִׁבֳּלִ֔ים דַּקּ֖וֹת וּשְׁדוּפֹ֣ת קָדִ֑ים צֹמְח֖וֹת אַחֲרֵיהֶֽן׃ ⁷ וַתִּבְלַ֙עְנָה֙ הַשִּׁבֳּלִ֣ים הַדַּקּ֔וֹת אֵ֚ת שֶׁ֣בַע הַֽשִּׁבֳּלִ֔ים הַבְּרִיא֖וֹת וְהַמְּלֵא֑וֹת וַיִּיקַ֥ץ פַּרְעֹ֖ה וְהִנֵּ֥ה חֲלֽוֹם׃ ⁸ וַיְהִ֤י בַבֹּ֙קֶר֙ וַתִּפָּ֣עֶם רוּח֔וֹ וַיִּשְׁלַ֗ח וַיִּקְרָ֛א אֶת־כָּל־חַרְטֻמֵּ֥י מִצְרַ֖יִם וְאֶת־כָּל־חֲכָמֶ֑יהָ וַיְסַפֵּ֨ר פַּרְעֹ֤ה לָהֶם֙ אֶת־חֲלֹמ֔וֹ וְאֵין־פּוֹתֵ֥ר אוֹתָ֖ם לְפַרְעֹֽה׃ ⁹ וַיְדַבֵּר֙ שַׂ֣ר הַמַּשְׁקִ֔ים אֶת־פַּרְעֹ֖ה לֵאמֹ֑ר אֶת־חֲטָאַ֕י אֲנִ֖י מַזְכִּ֥יר הַיּֽוֹם׃ ¹⁰ פַּרְעֹ֖ה קָצַ֣ף עַל־עֲבָדָ֑יו וַיִּתֵּ֨ן אֹתִ֜י בְּמִשְׁמַ֗ר בֵּ֚ית שַׂ֣ר הַטַּבָּחִ֔ים אֹתִ֕י וְאֵ֖ת שַׂ֥ר הָאֹפִֽים׃ ¹¹ וַנַּֽחַלְמָ֥ה חֲל֛וֹם בְּלַ֥יְלָה אֶחָ֖ד אֲנִ֣י וָה֑וּא אִ֛ישׁ כְּפִתְר֥וֹן חֲלֹמ֖וֹ חָלָֽמְנוּ׃ ¹² וְשָׁ֨ם אִתָּ֜נוּ נַ֣עַר עִבְרִ֗י עֶ֚בֶד לְשַׂ֣ר הַטַּבָּחִ֔ים וַנְּ֨סַפֶּר־ל֔וֹ וַיִּפְתָּר־לָ֖נוּ אֶת־חֲלֹמֹתֵ֑ינוּ אִ֥ישׁ כַּחֲלֹמ֖וֹ פָּתָֽר׃ ¹³ וַיְהִ֛י כַּאֲשֶׁ֥ר פָּֽתַר־לָ֖נוּ כֵּ֣ן הָיָ֑ה אֹתִ֛י הֵשִׁ֥יב עַל־כַּנִּ֖י וְאֹת֥וֹ תָלָֽה׃ ¹⁴ וַיִּשְׁלַ֤ח פַּרְעֹה֙ וַיִּקְרָ֣א אֶת־יוֹסֵ֔ף וַיְרִיצֻ֖הוּ מִן־הַבּ֑וֹר וַיְגַלַּח֙ וַיְחַלֵּ֣ף שִׂמְלֹתָ֔יו וַיָּבֹ֖א אֶל־פַּרְעֹֽה׃ ¹⁵ וַיֹּ֤אמֶר פַּרְעֹה֙ אֶל־יוֹסֵ֔ף חֲל֣וֹם חָלַ֔מְתִּי וּפֹתֵ֖ר אֵ֣ין אֹת֑וֹ וַאֲנִ֗י שָׁמַ֤עְתִּי עָלֶ֙יךָ֙ לֵאמֹ֔ר תִּשְׁמַ֥ע חֲל֖וֹם לִפְתֹּ֥ר אֹתֽוֹ׃ ¹⁶ וַיַּ֨עַן יוֹסֵ֧ף אֶת־פַּרְעֹ֛ה לֵאמֹ֖ר בִּלְעָדָ֑י אֱלֹהִ֕ים יַעֲנֶ֖ה אֶת־שְׁל֥וֹם פַּרְעֹֽה׃ ¹⁷ וַיְדַבֵּ֥ר פַּרְעֹ֖ה אֶל־יוֹסֵ֑ף בַּחֲלֹמִ֕י הִנְנִ֥י עֹמֵ֖ד עַל־שְׂפַ֥ת הַיְאֹֽר׃ ¹⁸ וְהִנֵּ֣ה מִן־הַיְאֹ֗ר עֹלֹת֙ שֶׁ֣בַע פָּר֔וֹת בְּרִיא֥וֹת בָּשָׂ֖ר וִיפֹ֣ת תֹּ֑אַר וַתִּרְעֶ֖ינָה בָּאָֽחוּ׃ ¹⁹ וְהִנֵּ֞ה שֶֽׁבַע־פָּר֤וֹת אֲחֵרוֹת֙ עֹל֣וֹת אַחֲרֵיהֶ֔ן דַּלּ֨וֹת וְרָע֥וֹת תֹּ֛אַר מְאֹ֖ד וְרַקּ֣וֹת בָּשָׂ֑ר לֹֽא־רָאִ֧יתִי כָהֵ֛נָּה בְּכָל־אֶ֥רֶץ

(right margin masora notes:)
יב . ב ב מנה בתור
יד זוגין¹ . ל מל
ב . ב . ג כת כן בתור²
ל חס . יד זוגין¹
ב זקף פת וחד קמ³
ג כת כן בתור² . ג .
ג מל בתור
ל כת כן . ל מל
ג מל
ב
ל מל
לט מל בתור
ב ר"פ⁵ . ל⁶ . ג פת⁷
ל . ג⁸
ב⁹ . ח ר"פ¹⁰
ל
ד ב קמ וב פת
כ בטע ר"פ¹¹
ד ב קמ וב פת . ל
ל
ב¹²
ג מל
ב . ב . ג כת כן בתור²
ג . ל . ד ול¹² בתור . יח

Cp 41 ¹Mm 565. ²Mm 297. ³Mm 1949. ⁴Mm 298. ⁵Mm 1935. ⁶Mm 2675. ⁷Mm 292. ⁸Mm 3975. ⁹Mm 1998. ¹⁰Mm 299. ¹¹Mm 1017. ¹²Cf Da 12,8 et Mp sub loco. ¹³Mm 300.

Cp 41,3 ᵃ l c pc Mss ﻟﻠ ורקות cf 19.20.27 ‖ 4 ᵃ ut 3ᵃ ‖ 8 ᵃ ﻟﻠ חלמיו ‖ ᵇ 𝔊 αὐτό, l ‖ ᵃ ᵇ אותם ‖ 9 ᵃ l c 𝔊ﻟﻠ אֶל ‖ 10 ᵃ l c 𝔊𝔗ᴾ אֹתָם ‖ 13 ᵃ frt ins פַּרְעֹה ‖ 14 ᵃ l וַיְגֻלַּח? ‖ 9 ᵃ l c 𝔊ﻟﻠ אֹתֽוֹ cf 15 ‖ 16 ᵃ⁻ᵃ בִּלְעָדַי אֱלֹהִים לֹא יַעֲנֶה 𝔊ﻟﻠ ‖ 19 ᵃ mlt Mss 𝔊𝔖𝔗𝔗ᴶᴾ ורקות.

20 מִצְרַ֖יִם לָרֹֽעַ׃ 20 וַתֹּאכַ֙לְנָה֙ הַפָּר֔וֹת הָרַקּ֖וֹת[a] וְהָרָע֑וֹת אֵ֚ת שֶׁ֣בַע — ל̇ . ג̇ ב̇ מל̇ וחד חס̇[14]
21 הַפָּר֛וֹת הָרִֽאשֹׁנ֖וֹת הַבְּרִיאֹֽת׃ 21 וַתָּבֹ֣אנָה אֶל־קִרְבֶּ֗נָה וְלֹ֤א נוֹדַע֙ כִּֽי־ — ו̇ ול̇ בתור̇ . ה̇ ד̇ חס̇ וחד מל̇[15] . ב̇ ובפסוק
22 בָ֣אוּ אֶל־קִרְבֶּ֔נָה וּמַרְאֵיהֶ֣ן רַ֔ע כַּאֲשֶׁ֖ר בַּתְּחִלָּ֑ה וָאִיקָֽץ׃ 22 וָאֵ֖רֶא[a] — ב̇ ובפסוק . ד̇[16] . ט̇[17] וכל אמירה יצר לשון עשייה ועין דכות̇ ב̇ מ̇ ז̇
23 בַּחֲלֹמִ֑י וְהִנֵּ֣ה׀ שֶׁ֣בַע שִׁבֳּלִ֗ים עֹלֹ֛ת בְּקָנֶ֥ה אֶחָ֖ד מְלֵאֹ֥ת וְטֹבֽוֹת׃ 23 וְהִנֵּה֙ — ג̇[18]
שֶׁ֣בַע שִׁבֳּלִ֔ים צְנֻמ֥וֹת דַּקּ֖וֹת שְׁדֻפ֣וֹת[a] קָדִ֑ים צֹמְח֖וֹת אַחֲרֵיהֶֽם[b]׃ — ל̇ . ל̇[19] ם̇ בעינ̇ וכל קריא דכות̇ ב̇ מ̇ א̇[20] ן̇
24 וַתִּבְלַ֙עְןָ֙ הַשִּׁבֳּלִ֣ים[a] הַדַּקֹּ֔ת אֵ֚ת שֶׁ֣בַע הַשִּׁבֳּלִ֖ים הַטֹּב֑וֹת וָאֹמַר֙ אֶל־ — ל̇ חס̇
25 הַֽחַרְטֻמִּ֔ים וְאֵ֥ין מַגִּ֖יד לִֽי׃ 25 וַיֹּ֤אמֶר יוֹסֵף֙ אֶל־פַּרְעֹ֔ה חֲל֥וֹם פַּרְעֹ֖ה — ל̇[21]
26 אֶחָ֣ד ה֑וּא אֵ֨ת אֲשֶׁ֧ר הָאֱלֹהִ֛ים עֹשֶׂ֖ה הִגִּ֥יד לְפַרְעֹֽה׃ 26 שֶׁ֧בַע פָּרֹ֣ת[a] — ל̇ ר״פ בתור̇ וחד מן ח̇ פסוק̇ מן ד̇ מילין דמיין ותלת משני̇ . ל̇ חס̇
הַטֹּבֹ֗ת שֶׁ֤בַע שָׁנִים֙ הֵ֔נָּה וְשֶׁ֣בַע הַשִּׁבֳּלִ֣ים הַטֹּבֹ֔ת שֶׁ֥בַע שָׁנִ֖ים הֵ֑נָּה חֲל֖וֹם — ד̇ חס̇[19] . ד̇ חס̇[19]
27 אֶחָ֥ד הֽוּא׃ 27 וְשֶׁ֣בַע הַ֠פָּרוֹת הָֽרַקּ֨וֹת[a] וְהָרָעֹ֜ת הָעֹלֹ֣ת אַחֲרֵיהֶ֗ן שֶׁ֤בַע — ג̇[14] ב̇ מל̇ וחד חס̇ וחד מן ד̇ חס̇ בליש
שָׁנִים֙ הֵ֔נָּה וְשֶׁ֤בַע הַשִּׁבֳּלִים֙[b] הָרֵק֔וֹת[c] שְׁדֻפ֖וֹת[d] הַקָּדִ֑ים יִֽהְי֔וּ שֶׁ֖בַע שְׁנֵ֥י — ל̇ . ל̇
28 רָעָֽב׃ 28 ה֣וּא הַדָּבָ֔ר אֲשֶׁ֥ר דִּבַּ֖רְתִּי אֶל־פַּרְעֹ֑ה אֲשֶׁ֧ר הָאֱלֹהִ֛ים עֹשֶׂ֖ה
29 הֶרְאָ֥ה אֶת־פַּרְעֹֽה׃ 29 הִנֵּ֛ה שֶׁ֥בַע שָׁנִ֖ים בָּא֑וֹת שָׂבָ֥ע גָּד֖וֹל בְּכָל־אֶ֥רֶץ — ז̇ ר״פ בתור̇[22] . ל̇ . ב̇[23] . י̇ח̇
30 מִצְרָֽיִם׃ 30 וְ֠קָמוּ שֶׁ֨בַע שְׁנֵ֤י רָעָב֙ אַחֲרֵיהֶ֔ן וְנִשְׁכַּ֥ח כָּל־הַשָּׂבָ֖ע בְּאֶ֣רֶץ
31 מִצְרָ֑יִם וְכִלָּ֥ה הָרָעָ֖ב אֶת־הָאָֽרֶץ׃ 31 וְלֹֽא־יִוָּדַ֤ע הַשָּׂבָע֙ בָּאָ֔רֶץ מִפְּנֵ֛י — ו̇[24] ג̇[25] מנה̇ בתור̇
32 הָרָעָ֥ב הַה֖וּא אַחֲרֵי־כֵ֑ן כִּֽי־כָבֵ֥ד[a] ה֖וּא מְאֹֽד׃ 32 וְעַ֨ל הִשָּׁנ֧וֹת הַחֲל֛וֹם — ל̇
אֶל־פַּרְעֹ֖ה פַּעֲמָ֑יִם כִּֽי־נָכ֤וֹן הַדָּבָר֙ מֵעִ֣ם הָֽאֱלֹהִ֔ים וּמְמַהֵ֥ר הָאֱלֹהִ֖ים — ב̇[26] . ל̇
33 לַעֲשֹׂתֽוֹ׃ 33 וְעַתָּה֙ יֵרֶ֣א פַרְעֹ֔ה אִ֖ישׁ נָב֣וֹן וְחָכָ֑ם וִישִׁיתֵ֖הוּ עַל־אֶ֥רֶץ — ה̇ וחס̇[27] . ה̇[28] . ד̇ . ל̇
34 מִצְרָֽיִם׃ 34 יַעֲשֶׂ֣ה[a] פַרְעֹ֔ה וְיַפְקֵ֥ד פְּקִדִ֖ים עַל־הָאָ֑רֶץ וְחִמֵּשׁ֙[b] אֶת־ — ב̇ . ד̇ ב̇ מל̇ וב̇ חס̇[29] . ל̇
35 אֶ֣רֶץ מִצְרַ֔יִם בְּשֶׁ֖בַע שְׁנֵ֥י הַשָּׂבָֽע׃ 35 וְיִקְבְּצ֗וּ אֶת־כָּל־אֹ֙כֶל֙ הַשָּׁנִ֣ים — ב̇[30]
הַטֹּבֹ֔ת הַבָּאֹ֖ת הָאֵ֑לֶּה וְיִצְבְּרוּ־בָ֞ר תַּ֧חַת יַד־פַּרְעֹ֛ה[a] אֹ֥כֶל בֶּעָרִ֖ים — ל̇[31]
36 וְשָׁמָֽרוּ׃ 36 וְהָיָ֨ה הָאֹ֤כֶל לְפִקָּדוֹן֙ לָאָ֔רֶץ לְשֶׁ֙בַע֙ שְׁנֵ֣י הָֽרָעָ֔ב אֲשֶׁ֥ר תִּהְיֶ֖יןָ — ו̇ קמ̇[32]
37 בְּאֶ֣רֶץ מִצְרָ֑יִם וְלֹֽא־תִכָּרֵ֥ת הָאָ֖רֶץ בָּרָעָֽב׃ 37 וַיִּיטַ֥ב הַדָּבָ֖ר — ל̇

[14] Mm 303. [15] Mm 301. [16] Mm 302. [17] Mm 824. [18] Mm 298. [19] Mp sub loco. [20] Cf Gn 41,6. [21] וחד אין מגיד Jes 41,26. [22] Mm 165. [23] Prv 3,10. [24] Mm 1385. [25] Mm 304. [26] Mm 4179. [27] Mm 305. [28] Mm 404. [29] Mm 306. [30] Est 2,3. [31] וחד ויצברו Ex 8,10. [32] Mm 3053.

20 [a] 𝔖(𝔗) *mhjlt'* = הַדָּקוֹת cf 𝔊 ‖ **22** [a] frt pr וָאִישַׁן שֵׁנִית cf 𝔊𝔖𝔙[Mss] et 5 ‖ **23** [a] l c nonn Mss ׳וּשׁ cf 𝔐 ‖ [b] ℭ mlt Mss 𝔐𝔗[JP] ־הֶן ‖ **24** [a] sic L, mlt Mss Edd ׳הַשִּׁ ‖ **26** [a] l c 𝔐𝔊 ׳הַפ ut 27 ‖ **27** [a] 𝔊(𝔖) *αἱ λεπταί* = הדקות ‖ [b] cf 24[a] ‖ [c] l c 𝔐𝔊𝔖𝔗ℭ[J] הַדַּקּוֹת ‖ [d] cf 23[a] ‖ **31** [a] l יִכְבַּד (hpgr)? ‖ **34** [a] 𝔐 ויעש cf 𝔊𝔖 ‖ [b] 𝔊 *καὶ ἀποπεμπτωσάτωσαν*, prp וִיחַמְּשׁוּ ‖ **35** [a] ins וְיִתְּנוּ? cf 48.

לג בתור . י . ל | בְּעֵינֵי פַרְעֹה וּבְעֵינֵי כָּל־עֲבָדָיו׃ 38 וַיֹּאמֶר פַּרְעֹה אֶל־עֲבָדָיו הֲנִמְצָא ס [לח]
ה . ח וכל שמואל דכות ב מ ה רוח יי[33] | כָזֶה אִישׁ אֲשֶׁר רוּחַ אֱלֹהִים בּוֹ׃ 39 וַיֹּאמֶר פַּרְעֹה אֶל־יוֹסֵף אַחֲרֵי 39
יז מל בליש[34] . ד . יא ר״פ ד מנה בתור | הוֹדִיעַ אֱלֹהִים אוֹתְךָ אֶת־כָּל־זֹאת אֵין־נָבוֹן וְחָכָם כָּמוֹךָ׃ 40 אַתָּה 40
ל . ב חד קמ וחד פת[35] | תִּהְיֶה עַל־בֵּיתִי וְעַל־פִּיךָ יִשַּׁק[a] כָּל־עַמִּי רַק הַכִּסֵּא אֶגְדַּל מִמֶּךָּ׃
41 וַיֹּאמֶר פַּרְעֹה אֶל־יוֹסֵף רְאֵה נָתַתִּי אֹתְךָ עַל כָּל־אֶרֶץ מִצְרָיִם׃ 41
42 וַיָּסַר פַּרְעֹה אֶת־טַבַּעְתּוֹ מֵעַל יָדוֹ וַיִּתֵּן אֹתָהּ עַל־יַד יוֹסֵף וַיַּלְבֵּשׁ 42
פד לג מנה בתור . ל וחס . ה[36] | אֹתוֹ בִּגְדֵי־שֵׁשׁ וַיָּשֶׂם רְבִד הַזָּהָב[a] עַל־צַוָּארוֹ׃ 43 וַיַּרְכֵּב אֹתוֹ 43
ל . ז[37] וחד מן ז[33] מל בליש | בְּמִרְכֶּבֶת הַמִּשְׁנֶה אֲשֶׁר־לוֹ וַיִּקְרְאוּ[a] לְפָנָיו אַבְרֵךְ[b] וְנָתוֹן אֹתוֹ עַל כָּל־
אֶרֶץ מִצְרָיִם׃ 44 וַיֹּאמֶר פַּרְעֹה אֶל־יוֹסֵף אֲנִי פַרְעֹה וּבִלְעָדֶיךָ לֹא־ 44
ל . יח | יָרִים אִישׁ אֶת־יָדוֹ וְאֶת־רַגְלוֹ בְּכָל־אֶרֶץ מִצְרָיִם׃ 45 וַיִּקְרָא פַרְעֹה 45
ל . ל . ג כת תרתין מילין . ב חס | שֵׁם־יוֹסֵף [a]צָפְנַת פַּעְנֵחַ[a] וַיִּתֶּן־לוֹ אֶת־אָסְנַת בַּת־פּוֹטִי פֶרַע כֹּהֵן אֹן
ל[38] ג[39] מנה ר״פ | לְאִשָּׁה וַיֵּצֵא יוֹסֵף עַל־אֶרֶץ מִצְרָיִם׃ 46 וְיוֹסֵף בֶּן־שְׁלֹשִׁים שָׁנָה 46
בְּעָמְדוֹ לִפְנֵי פַּרְעֹה מֶלֶךְ־מִצְרָיִם וַיֵּצֵא יוֹסֵף מִלִּפְנֵי פַרְעֹה וַיַּעֲבֹר[a]
יח . ל | בְּכָל־אֶרֶץ מִצְרָיִם׃ 47 וַתַּעַשׂ הָאָרֶץ בְּשֶׁבַע שְׁנֵי הַשָּׂבָע לִקְמָצִים׃ 47
48 וַיִּקְבֹּץ אֶת־כָּל־אֹכֶל ׀ שֶׁבַע [a]שָׁנִים אֲשֶׁר הָיוּ[a] בְּאֶרֶץ מִצְרַיִם וַיִּתֶּן־ 48
אֹכֶל בֶּעָרִים אֹכֶל שְׂדֵה־הָעִיר אֲשֶׁר סְבִיבֹתֶיהָ נָתַן בְּתוֹכָהּ׃ 49 וַיִּצְבֹּר 49
יוֹסֵף בָּר כְּחוֹל הַיָּם הַרְבֵּה מְאֹד עַד כִּי־חָדַל לִסְפֹּר כִּי־אֵין מִסְפָּר׃
ב[40] | 50 וּלְיוֹסֵף יֻלַּד[a] שְׁנֵי בָנִים בְּטֶרֶם תָּבוֹא שְׁנַת הָרָעָב אֲשֶׁר יָלְדָה־לּוֹ 50
ג כת תרתין מילין . ג מל . ד[41] מל בתור וכל ב״ך דכות ב מ א | אָסְנַת בַּת־פּוֹטִי פֶרַע כֹּהֵן אוֹן׃ 51 וַיִּקְרָא יוֹסֵף אֶת־שֵׁם הַבְּכוֹר 51
ל . ט . ד[42] | מְנַשֶּׁה כִּי־נַשַּׁנִי[a] אֱלֹהִים אֶת־כָּל־עֲמָלִי וְאֵת כָּל־בֵּית אָבִי׃ 52 וְאֵת 52
ל | שֵׁם הַשֵּׁנִי קָרָא אֶפְרָיִם כִּי־הִפְרַנִי אֱלֹהִים בְּאֶרֶץ עָנְיִי׃ 53 וַתִּכְלֶינָה 53
ל | שֶׁבַע שְׁנֵי הַשָּׂבָע אֲשֶׁר הָיָה[a] בְּאֶרֶץ מִצְרָיִם׃ 54 וַתְּחִלֶּינָה שֶׁבַע שְׁנֵי 54
ל מל בתור . ה | הָרָעָב לָבוֹא כַּאֲשֶׁר אָמַר יוֹסֵף וַיְהִי רָעָב בְּכָל־הָאֲרָצוֹת וּבְכָל־אֶרֶץ
מִצְרַיִם הָיָה לָחֶם׃ 55 וַתִּרְעַב כָּל־אֶרֶץ מִצְרַיִם וַיִּצְעַק הָעָם אֶל־ 55

[33] Mp sub loco. [34] Mm 541. [35] Prv 24,26. [36] Mm 2613. [37] Mm 307. [38] Mm 1858. [39] Mm 308. [40] Dt 33,13. [41] Mm 1146. [42] Mm 309.

40 [a] prp יָשֹׁק; 𝔊 ὑπακούσεται, prp יִקָּשֵׁב; 𝔖 *nsb djn'* = יִשָּׁפֵט ‖ **42** [a] 𝔐 זהב ‖ **43** [a] pc Mss 𝔐𝔊𝔖 ־אָ ‖ [b] α' γονατίζειν 𝔙 *ut ... genuflecterent* ‖ **45** [a–a] 𝔊 Ψονθομφανηχ = פצנת פ' ‖ **46** [a] sic L, mlt Mss Edd וַיַּעֲבֹר ‖ **48** [a–a] l c 𝔐𝔊 הַשָּׂ' אשר הָיָה הַשָּׂבָע cf 34.47.53 ‖ **50** [a] 𝔐 Vrs יָלְדוּ ‖ **51** [a] l נִשַּׁנִי? ‖ **53** [a] nonn Mss 𝔐 הָיוּ.

פַּרְעֹה לַלָּחֶם וַיֹּאמֶר פַּרְעֹה לְכָל־מִצְרַיִם לְכוּ אֶל־יוֹסֵף אֲשֶׁר־יֹאמַר ד̇[43]
56 לָכֶם תַּעֲשׂוּ׃ 56 וְהָרָעָב הָיָה עַל כָּל־פְּנֵי הָאָרֶץ וַיִּפְתַּח יוֹסֵף אֶת־כָּל־ ד̇[44]
57 [a]אֲשֶׁר בָּהֶם[a] וַיִּשְׁבֹּר[b] לְמִצְרַיִם וַיֶּחֱזַק הָרָעָב בְּאֶרֶץ מִצְרָיִם׃ 57 וְכָל־ ה̇ל[45] . ה̇ ר״פ בסיפ . ה̇[46]
הָאָרֶץ[a] בָּאוּ מִצְרַיְמָה לִשְׁבֹּר אֶל־יוֹסֵף כִּי־חָזַק הָרָעָב בְּכָל־הָאָרֶץ׃ כ̇ח[47] . ה̇[48]
42 1 וַיַּרְא יַעֲקֹב כִּי יֶשׁ־שֶׁבֶר בְּמִצְרָיִם וַיֹּאמֶר יַעֲקֹב לְבָנָיו לָמָּה
2 תִּתְרָאוּ[a]׃ 2 וַיֹּאמֶר הִנֵּה שָׁמַעְתִּי כִּי יֶשׁ־שֶׁבֶר בְּמִצְרָיִם רְדוּ־שָׁמָּה ל̇[1]
3 וְשִׁבְרוּ־לָנוּ מִשָּׁם וְנִחְיֶה וְלֹא נָמוּת׃ 3 וַיֵּרְדוּ אֲחֵי־יוֹסֵף עֲשָׂרָה לִשְׁבֹּר
4 בָּר מִמִּצְרָיִם[a]׃ 4 וְאֶת־בִּנְיָמִין אֲחִי יוֹסֵף לֹא־שָׁלַח יַעֲקֹב אֶת־אֶחָיו ד̇[2] . יז מל[3]
5 כִּי אָמַר פֶּן־יִקְרָאֶנּוּ אָסוֹן׃ 5 וַיָּבֹאוּ בְּנֵי יִשְׂרָאֵל לִשְׁבֹּר בְּתוֹךְ הַבָּאִים
6 כִּי־הָיָה הָרָעָב בְּאֶרֶץ כְּנָעַן׃ 6 וְיוֹסֵף הוּא הַשַּׁלִּיט עַל־הָאָרֶץ הוּא[a] ל̇[4] ג̇[5] מנה ר״פ
הַמַּשְׁבִּיר לְכָל־עַם הָאָרֶץ וַיָּבֹאוּ אֲחֵי יוֹסֵף וַיִּשְׁתַּחֲווּ־לוֹ אַפַּיִם אָרְצָה׃
7 וַיַּרְא יוֹסֵף אֶת־אֶחָיו וַיַּכִּרֵם וַיִּתְנַכֵּר אֲלֵיהֶם וַיְדַבֵּר אִתָּם קָשׁוֹת ל̇ חס . ל̇ . יז מל בתור[6] . ל̇ז
8 וַיֹּאמֶר אֲלֵהֶם מֵאַיִן בָּאתֶם וַיֹּאמְרוּ מֵאֶרֶץ כְּנַעַן לִשְׁבָּר־אֹכֶל׃ 8 וַיַּכֵּר
9 יוֹסֵף אֶת־אֶחָיו וְהֵם לֹא הִכִּרֻהוּ׃ 9 וַיִּזְכֹּר יוֹסֵף אֵת הַחֲלֹמוֹת אֲשֶׁר ל̇[7] . ב חד חס וחד מל . ב חס
חָלַם לָהֶם וַיֹּאמֶר אֲלֵהֶם מְרַגְּלִים אַתֶּם לִרְאוֹת אֶת־עֶרְוַת הָאָרֶץ
10 בָּאתֶם׃ 10 וַיֹּאמְרוּ אֵלָיו לֹא אֲדֹנִי וַעֲבָדֶיךָ[a] בָּאוּ לִשְׁבָּר־אֹכֶל׃
11 כֻּלָּנוּ בְּנֵי אִישׁ־אֶחָד נָחְנוּ[a] כֵּנִים אֲנַחְנוּ לֹא־הָיוּ עֲבָדֶיךָ מְרַגְּלִים׃ ג ב פת וחד קמ[8]
12 וַיֹּאמֶר אֲלֵהֶם לֹא כִּי־עֶרְוַת הָאָרֶץ בָּאתֶם לִרְאוֹת׃ 13 וַיֹּאמְרוּ
שְׁנֵים עָשָׂר עֲבָדֶיךָ[a] אַחִים ׀ אֲנַחְנוּ [b]בְּנֵי אִישׁ־אֶחָד[b] בְּאֶרֶץ כְּנָעַן וְהִנֵּה
14 הַקָּטֹן אֶת־אָבִינוּ הַיּוֹם וְהָאֶחָד אֵינֶנּוּ׃ 14 וַיֹּאמֶר אֲלֵהֶם יוֹסֵף הוּא[a] ד̇[9]
15 אֲשֶׁר דִּבַּרְתִּי אֲלֵכֶם לֵאמֹר מְרַגְּלִים אַתֶּם׃ 15 בְּזֹאת תִּבָּחֵנוּ חֵי פַרְעֹה ו חס בתור
16 אִם־תֵּצְאוּ מִזֶּה כִּי אִם־בְּבוֹא אֲחִיכֶם הַקָּטֹן הֵנָּה׃ 16 שִׁלְחוּ מִכֶּם אֶחָד ט מל[10]
וְיִקַּח אֶת־אֲחִיכֶם וְאַתֶּם הֵאָסְרוּ וְיִבָּחֲנוּ דִּבְרֵיכֶם הַאֱמֶת אִתְּכֶם וְאִם־ ל̇ . ל̇ . ל̇[11] . יז מ״פ
17 לֹא חֵי פַרְעֹה כִּי מְרַגְּלִים אַתֶּם׃ 17 וַיֶּאֱסֹף אֹתָם אֶל־מִשְׁמָר שְׁלֹשֶׁת כ ה מנה בתור[12] . ל̇

[43] Mm 3073. [44] Mm 2928. [45] Mm 432. [46] Mm 310. [47] Mm 84. [48] Mm 311. Cp 42 [1] Mm 471 ב. [2] Mm 312. [3] Mm 262. [4] Mm 1858. [5] Mm 308. [6] Mm 250. [7] וחד ולא הכירהו Hi 2,12. [8] Mm 1024. [9] Mm 743. [10] Mm 2069. [11] Mm 2346. [12] Mm 4234.

56 [a–a] 𝔐 + בר; prb l אֹצְרוֹת בַּר cf 𝔊𝔖 ‖ [b] l וַיַּשְׁבֵּר cf 𝔐[Mss] et 42,6 ‖ **57** [a] l c 𝔐𝔊 הָאֲרָצוֹת ‖ **Cp 42,1** [a] 𝔊 *ῥᾳθυμεῖτε*, prp תְּאַחֵרוּ; 𝔖(𝔗[J]) *tdḥlwn* = תִּירְאוּ ‖ **3** [a] mlt Mss בְּמִצ׳ ט ‖ **6** [a] l c 𝔐𝔖𝔗[J] וְהוּא? ‖ **10** [a] 𝔐[Mss]𝔊𝔖 ע׳ ‖ **11** [a] 𝔐 אנ׳ ‖ **13** [a] l עבדיך ‖ [b–b] > 𝔊* ‖ **14** [a] ins הַדָּבָר ut 41,28?

ח יָמִים׃ 18 וַיֹּאמֶר אֲלֵהֶם יוֹסֵף בַּיּוֹם הַשְּׁלִישִׁי זֹאת עֲשׂוּ וִחְיוּ אֶת־ ס[לט]
ל הָאֱלֹהִים אֲנִי יָרֵא׃ 19 אִם־כֵּנִים אַתֶּם אֲחִיכֶם אֶחָד[a] יֵאָסֵר בְּבֵית 19
ג[13] מִשְׁמַרְכֶם וְאַתֶּם לְכוּ הָבִיאוּ שֶׁבֶר רַעֲבוֹן בָּתֵּיכֶם׃ 20 וְאֶת־אֲחִיכֶם 20
ו. ל. ז מל ג[14] מנה בתור. ו בטע ר״פ[15] הַקָּטֹן תָּבִיאוּ אֵלַי וְיֵאָמְנוּ דִבְרֵיכֶם וְלֹא תָמוּתוּ וַיַּעֲשׂוּ־כֵן׃ 21 וַיֹּאמְרוּ 21
יח פסוק אל על על[16]. ל[17] אִישׁ אֶל־אָחִיו אֲבָל אֲשֵׁמִים ׀ אֲנַחְנוּ עַל־אָחִינוּ אֲשֶׁר רָאִינוּ צָרַת[a] נַפְשׁוֹ
בְּהִתְחַנְנוֹ אֵלֵינוּ וְלֹא שָׁמָעְנוּ עַל־כֵּן בָּאָה אֵלֵינוּ[b] הַצָּרָה הַזֹּאת׃ 22 וַיַּעַן 22
יב מל בתור[18] רְאוּבֵן אֹתָם לֵאמֹר הֲלוֹא אָמַרְתִּי אֲלֵיכֶם ׀ לֵאמֹר אַל־תֶּחֶטְאוּ בַיֶּלֶד
כג פסוק וגם ובתר תלת מילין[19]. ט ר״פ[20] וְלֹא שְׁמַעְתֶּם וְגַם־דָּמוֹ הִנֵּה נִדְרָשׁ׃ 23 וְהֵם לֹא יָדְעוּ כִּי שֹׁמֵעַ יוֹסֵף כִּי 23
ל. ב[21] וכל שמואל דכות ב מ א הַמֵּלִיץ בֵּינֹתָם׃ 24 וַיִּסֹּב מֵעֲלֵיהֶם וַיֵּבְךְּ וַיָּשָׁב אֲלֵהֶם וַיְדַבֵּר אֲלֵהֶם 24
ל וכל כפתורי דשמשון דכות וַיִּקַּח מֵאִתָּם אֶת־שִׁמְעוֹן וַיֶּאֱסֹר אֹתוֹ לְעֵינֵיהֶם׃ 25 וַיְצַו יוֹסֵף וַיְמַלְאוּ[a] 25
ל. ח[22] אֶת־כְּלֵיהֶם בָּר וּלְהָשִׁיב כַּסְפֵּיהֶם אִישׁ אֶל־שַׂקּוֹ וְלָתֵת לָהֶם צֵדָה
מג לַדָּרֶךְ וַיַּעַשׂ[b] לָהֶם כֵּן׃ 26 וַיִּשְׂאוּ אֶת־שִׁבְרָם עַל־חֲמֹרֵיהֶם וַיֵּלְכוּ 26
מִשָּׁם׃ 27 וַיִּפְתַּח הָאֶחָד אֶת־שַׂקּוֹ[a] לָתֵת מִסְפּוֹא לַחֲמֹרוֹ בַּמָּלוֹן וַיַּרְא 27
ה[23] אֶת־כַּסְפּוֹ וְהִנֵּה־הוּא בְּפִי אַמְתַּחְתּוֹ׃ 28 וַיֹּאמֶר אֶל־אֶחָיו הוּשַׁב 28
כַּסְפִּי וְגַם הִנֵּה[a] בְאַמְתַּחְתִּי וַיֵּצֵא לִבָּם וַיֶּחֶרְדוּ אִישׁ אֶל־אָחִיו לֵאמֹר
ב. ה[24] מַה־זֹּאת עָשָׂה אֱלֹהִים לָנוּ׃ 29 וַיָּבֹאוּ אֶל־יַעֲקֹב אֲבִיהֶם אַרְצָה 29
ב חד מל וחד חס[25]. ב ר״פ[26]. ד[27] כְּנָעַן וַיַּגִּידוּ לוֹ אֵת כָּל־הַקֹּרֹת אֹתָם לֵאמֹר׃ 30 דִּבֶּר הָאִישׁ אֲדֹנֵי 30
הָאָרֶץ אִתָּנוּ קָשׁוֹת וַיִּתֵּן אֹתָנוּ[a] כִּמְרַגְּלִים אֶת־הָאָרֶץ׃ 31 וַנֹּאמֶר אֵלָיו 31
כֵּנִים אֲנָחְנוּ לֹא הָיִינוּ מְרַגְּלִים׃ 32 שְׁנֵים־עָשָׂר[a] אֲנַחְנוּ אַחִים[a] בְּנֵי אָבִינוּ 32
הָאֶחָד אֵינֶנּוּ וְהַקָּטֹן הַיּוֹם אֶת־אָבִינוּ בְּאֶרֶץ כְּנָעַן׃ 33 וַיֹּאמֶר אֵלֵינוּ 33
ד[27]. ל הָאִישׁ אֲדֹנֵי הָאָרֶץ בְּזֹאת אֵדַע כִּי כֵנִים אַתֶּם אֲחִיכֶם הָאֶחָד הַנִּיחוּ
ג. ו[28] אִתִּי וְאֶת־[a]רַעֲבוֹן בָּתֵּיכֶם קְחוּ וָלֵכוּ׃ 34 וְהָבִיאוּ אֶת־אֲחִיכֶם הַקָּטֹן 34
ו[29] אֵלַי וְאֵדְעָה כִּי לֹא מְרַגְּלִים אַתֶּם כִּי כֵנִים אַתֶּם אֶת־[a]אֲחִיכֶם אֶתֵּן
ה וכל את השמים ואת הארץ דכות[30]. ל לָכֶם וְאֶת־הָאָרֶץ תִּסְחָרוּ׃ 35 וַיְהִי הֵם מְרִיקִים שַׂקֵּיהֶם וְהִנֵּה־אִישׁ 35

[13] Mm 313. [14] Mm 314. [15] Mm 76. [16] Mm 658. [17] וחד ואשמים Esr 10,19. [18] Mm 27. [19] Mm 1629. [20] Mm 564. [21] Mm 4083. [22] Mm 601. [23] Mm 315. [24] Mm 77. [25] Mm 316. [26] Mm 317. [27] Mm 291. [28] Mm 593. [29] Mm 961. [30] Mm 2574.

19 [a] ш הא' || **21** [a] ш בצ' || [b] ш עלינו || **25** [a] prp לְמַלֵּא || [b] prb l וַיַּעֲשׂוּ cf 𝔖𝔙 || **27** [a] l אַמְתַּחְתּוֹ cf 𝔊 et 28 43,12 || **28** [a] ш𝔊𝔖𝔗 + הוא || **30** [a] 𝔊 + *ἐν φυλακῇ* cf 40,3 41,10 42,17, ins בְּמִשְׁמָר? || **32** [a–a] ш𝔊𝔖[W] invers || **33** [a] 𝔊(𝔖𝔗) + *ἀγορασμόν* cf 19, ins שֶׁבֶר || **34** [a] l וְאֵת cf 𝔊𝔖𝔗[Ms]𝔙.

צְרוֹר־כַּסְפּוֹ בְּשַׂקּוֹ וַיִּרְאוּ אֶת־צְרֹרוֹת כַּסְפֵּיהֶם הֵמָּה וַאֲבִיהֶם וַיִּירָאוּ׃ ל̇ . ל̇31
36 וַיֹּאמֶר אֲלֵהֶם֙ יַעֲקֹב אֲבִיהֶם אֹתִי שִׁכַּלְתֶּם יוֹסֵף אֵינֶנּוּ וְשִׁמְעוֹן אֵינֶנּוּ ד32
37 וְאֶת־בִּנְיָמִן תִּקָּחוּ עָלַי הָיוּ כֻלָּנָה׃ 37 וַיֹּאמֶר רְאוּבֵן֙ אֶל־אָבִיו לֵאמֹר ד33 . ב34
אֶת־שְׁנֵי בָנַי֙ תָּמִית אִם־לֹא אֲבִיאֶנּוּ אֵלֶיךָ תְּנָה אֹתוֹ֙ עַל־יָדִי וַאֲנִי ב
38 אֲשִׁיבֶנּוּ אֵלֶיךָ׃ 38 וַיֹּאמֶר לֹא־יֵרֵד בְּנִי עִמָּכֶם כִּי־אָחִיו מֵת וְהוּא
לְבַדּוֹ נִשְׁאָר וּקְרָאָהוּ אָסוֹן֙ בַּדֶּרֶךְ֙ אֲשֶׁר תֵּלְכוּ־בָהּ וְהוֹרַדְתֶּם אֶת־ ל̇ וכל הנשאר דכות . ל̇ מפק א35
43 שֵׂיבָתִי בְּיָגוֹן שְׁאוֹלָה׃ **43** 1 וְהָרָעָב כָּבֵד בָּאָרֶץ׃ 2 וַיְהִי י̇ ול מל בתור . יד פסוק בתור1
כַּאֲשֶׁר כִּלּוּ֙ לֶאֱכֹל אֶת־הַשֶּׁבֶר אֲשֶׁר הֵבִיאוּ מִמִּצְרָיִם וַיֹּאמֶר אֲלֵיהֶם֙ יז מל בתור2
3 אֲבִיהֶם שֻׁבוּ שִׁבְרוּ־לָנוּ מְעַט־אֹכֶל׃ 3 וַיֹּאמֶר אֵלָיו יְהוּדָה לֵאמֹר כל אורית חס ב מ ג מל
הָעֵד הֵעִד בָּנוּ הָאִישׁ לֵאמֹר֙ לֹא־תִרְאוּ פָנַי בִּלְתִּי אֲחִיכֶם אִתְּכֶם׃ ל̇ חס3
4 אִם־יֶשְׁךָ מְשַׁלֵּחַ אֶת־אָחִינוּ אִתָּנוּ נֵרְדָה וְנִשְׁבְּרָה לְךָ אֹכֶל׃ 5 וְאִם־ ז . ג4 . ג ר״פ בסיפ5
אֵינְךָ מְשַׁלֵּחַ לֹא נֵרֵד כִּי־הָאִישׁ אָמַר אֵלֵינוּ֙ לֹא־תִרְאוּ פָנַי בִּלְתִּי ז
6 אֲחִיכֶם אִתְּכֶם׃ 6 וַיֹּאמֶר֙ יִשְׂרָאֵל לָמָה הֲרֵעֹתֶם לִי לְהַגִּיד לָאִישׁ ל̇ב6
7 הַעוֹד לָכֶם אָח׃ 7 וַיֹּאמְרוּ שָׁאוֹל שָׁאַל־הָאִישׁ לָנוּ וּלְמוֹלַדְתֵּנוּ לֵאמֹר ב7
הַעוֹד אֲבִיכֶם חַי֙ הֲיֵשׁ לָכֶם אָח וַנַּגֶּד־[a] לוֹ עַל־פִּי הַדְּבָרִים הָאֵלֶּה ב8
8 הֲיָדוֹעַ נֵדַע כִּי יֹאמַר הוֹרִידוּ אֶת־אֲחִיכֶם׃ 8 וַיֹּאמֶר יְהוּדָה אֶל־ ג . ז9 וכל משחתיך למלך דכות ב מ א
יִשְׂרָאֵל אָבִיו שִׁלְחָה הַנַּעַר אִתִּי וְנָקוּמָה וְנֵלֵכָה וְנִחְיֶה֙ וְלֹא נָמוּת גַּם־ ז10 . ג11 . יב פסוק גם גם גם
9 אֲנַחְנוּ גַם־אַתָּה גַּם־טַפֵּנוּ׃ 9 אָנֹכִי֙ אֶעֶרְבֶנּוּ מִיָּדִי תְּבַקְשֶׁנּוּ אִם־לֹא
10 הֲבִיאֹתִיו אֵלֶיךָ֙ וְהִצַּגְתִּיו לְפָנֶיךָ וְחָטָאתִי לְךָ כָּל־הַיָּמִים׃ 10 כִּי ד . ד
11 לוּלֵא הִתְמַהְמָהְנוּ כִּי־עַתָּה שַׁבְנוּ זֶה פַעֲמָיִם׃ 11 וַיֹּאמֶר אֲלֵהֶם ד כת א12 . ל̇3
יִשְׂרָאֵל אֲבִיהֶם אִם־כֵּן ׀ אֵפוֹא זֹאת עֲשׂוּ קְחוּ מִזִּמְרַת הָאָרֶץ֙ בִּכְלֵיכֶם
וְהוֹרִידוּ לָאִישׁ מִנְחָה מְעַט צֳרִי֙ וּמְעַט דְּבַשׁ נְכֹאת וָלֹט בָּטְנִים וּשְׁקֵדִים׃ ל̇ב6 . ב . ב
12 וְכֶסֶף מִשְׁנֶה קְחוּ בְיֶדְכֶם וְאֶת־הַכֶּסֶף הַמּוּשָׁב בְּפִי אַמְתְּחֹתֵיכֶם֙ ב13 . ב14
13 תָּשִׁיבוּ בְיֶדְכֶם אוּלַי מִשְׁגֶּה הוּא׃ 13 וְאֶת־אֲחִיכֶם קָחוּ וְקוּמוּ שׁוּבוּ[a] ל̇ . ג מל בתור15
ס[מ] אֶל־הָאִישׁ׃ 14 וְאֵל שַׁדַּי יִתֵּן לָכֶם רַחֲמִים֮ לִפְנֵי הָאִישׁ וְשִׁלַּח לָכֶם ב16 . ב
אֶת־אֲחִיכֶם אַחֵר[a] וְאֶת־בִּנְיָמִין וַאֲנִי כַּאֲשֶׁר שָׁכֹלְתִּי שָׁכָלְתִּי׃ ד17 . יז מל18

31 Mm 451. 32 Mm 4258. 33 Mm 312. 34 Prv 31,29. 35 Mm 331. **Cp 43** 1 Mm 750. 2 Mm 250. 3 Mp sub loco. 4 Mm 318. 5 Mm 162. 6 Mm 319. 7 Mm 1829. 8 Mm 614. 9 Mm 1021. 10 Mm 2915. 11 Mm 3078. 12 Mm 1714. 13 Mm 320. 14 Mm 864. 15 Mm 1087. 16 Gn 28,3. 17 Mm 312. 18 Mm 262.

Cp 43,7 [a] sic L, mlt Mss Edd 'נַּ || **13** [a] pc Mss 𝔐S 'וְשׁ || **14** [a] 𝔐𝔊 הָאֶחָד cf 42,19.

15 15 וַיִּקְחוּ הָאֲנָשִׁים אֶת־הַמִּנְחָה הַזֹּאת וּמִשְׁנֶה־[a]כֶּסֶף לָקְחוּ בְיָדָם וְאֶת־ — ב. ד[19]
16 בִּנְיָמִן וַיָּקֻמוּ וַיֵּרְדוּ מִצְרַיִם וַיַּעַמְדוּ לִפְנֵי יוֹסֵף׃ 16 וַיַּרְא יוֹסֵף [a]אִתָּם — ד. לז
אֶת־[a]בִּנְיָמִין וַיֹּאמֶר לַאֲשֶׁר עַל־בֵּיתוֹ הָבֵא אֶת־הָאֲנָשִׁים הַבָּיְתָה וּטְבֹחַ — יז מל[20]. ח[21]. ג ב חס וחד מל[22]. יט[23]. ל
17 טֶבַח וְהָכֵן כִּי אִתִּי יֹאכְלוּ הָאֲנָשִׁים בַּצָּהֳרָיִם׃ 17 וַיַּעַשׂ הָאִישׁ כַּאֲשֶׁר — יב
18 אָמַר יוֹסֵף וַיָּבֵא הָאִישׁ[a] אֶת־הָאֲנָשִׁים בֵּיתָה יוֹסֵף׃ 18 וַיִּירְאוּ הָאֲנָשִׁים — נא[24] יח מנה בתור
כִּי הוּבְאוּ בֵּית יוֹסֵף וַיֹּאמְרוּ עַל־דְּבַר הַכֶּסֶף הַשָּׁב[a] בְּאַמְתְּחֹתֵינוּ — ל מל. ל בטע
בַּתְּחִלָּה אֲנַחְנוּ מוּבָאִים לְהִתְגֹּלֵל עָלֵינוּ וּלְהִתְנַפֵּל עָלֵינוּ וְלָקַחַת — ל. ג ומל[25]. ל. ד רפי[26]
19 אֹתָנוּ לַעֲבָדִים וְאֶת־חֲמֹרֵינוּ׃ 19 וַיִּגְּשׁוּ אֶל־הָאִישׁ אֲשֶׁר עַל־בֵּית יוֹסֵף — יג[27] וכל מלכים ישעיה וירמיה דכות ב מ יא
20 וַיְדַבְּרוּ אֵלָיו פֶּתַח הַבָּיִת׃ 20 וַיֹּאמְרוּ בִּי אֲדֹנִי יָרֹד יָרַדְנוּ בַּתְּחִלָּה — ז[28]
21 לִשְׁבָּר־אֹכֶל׃ 21 וַיְהִי כִּי־בָאנוּ אֶל־הַמָּלוֹן וַנִּפְתְּחָה אֶת־אַמְתְּחֹתֵינוּ — ל. ה בטע בסיפ[29]
וְהִנֵּה כֶסֶף־אִישׁ בְּפִי אַמְתַּחְתּוֹ כַּסְפֵּנוּ בְּמִשְׁקָלוֹ וַנָּשֶׁב אֹתוֹ בְּיָדֵנוּ׃ — ל
22 22 וְכֶסֶף אַחֵר הוֹרַדְנוּ[a] בְיָדֵנוּ לִשְׁבָּר־אֹכֶל לֹא יָדַעְנוּ מִי־שָׂם כַּסְפֵּנוּ
23 בְּאַמְתְּחֹתֵינוּ׃ 23 וַיֹּאמֶר שָׁלוֹם לָכֶם אַל־תִּירָאוּ אֱלֹהֵיכֶם וֵאלֹהֵי
אֲבִיכֶם[a] נָתַן לָכֶם מַטְמוֹן בְּאַמְתְּחֹתֵיכֶם כַּסְפְּכֶם בָּא אֵלָי וַיּוֹצֵא — יב מל[30]. ב[31]
24 אֲלֵהֶם אֶת־שִׁמְעוֹן׃ 24 וַיָּבֵא הָאִישׁ אֶת־הָאֲנָשִׁים בֵּיתָה יוֹסֵף וַיִּתֶּן־ — נא[24] יח מנה בתור וחד מן יח מנה ר״פ
25 מַיִם וַיִּרְחֲצוּ רַגְלֵיהֶם וַיִּתֵּן מִסְפּוֹא לַחֲמֹרֵיהֶם׃ 25 וַיָּכִינוּ אֶת־הַמִּנְחָה
26 עַד־בּוֹא יוֹסֵף בַּצָּהֳרָיִם כִּי שָׁמְעוּ כִּי־שָׁם יֹאכְלוּ[a] לָחֶם׃ 26 וַיָּבֹא — יד[32] מל וכל שמואל וכתיב דכות ב מ ה. יב
יוֹסֵף הַבַּיְתָה וַיָּבִיאוּ[a] לוֹ אֶת־הַמִּנְחָה אֲשֶׁר־בְּיָדָם הַבָּיְתָה[b] וַיִּשְׁתַּחֲווּ־ — יט[23]. לו וחד מן ד מילין דגש א ב[33] מנה בליש. יט[23]
27 לוֹ[c] אָרְצָה׃ 27 וַיִּשְׁאַל לָהֶם לְשָׁלוֹם וַיֹּאמֶר הֲשָׁלוֹם אֲבִיכֶם הַזָּקֵן אֲשֶׁר
28 אֲמַרְתֶּם הַעוֹדֶנּוּ חָי׃ 28 וַיֹּאמְרוּ שָׁלוֹם לְעַבְדְּךָ לְאָבִינוּ עוֹדֶנּוּ חָי[a] — ב
29 וַיִּקְּדוּ וַיִּשְׁתַּחֲוֻ[b]׃ 29 וַיִּשָּׂא עֵינָיו וַיַּרְא אֶת־בִּנְיָמִין אָחִיו בֶּן־אִמּוֹ וַיֹּאמֶר — וישתחוו ק. ה. יז מל[20]. ז פסוק ויאמר ויאמר[34]
הֲזֶה אֲחִיכֶם הַקָּטֹן אֲשֶׁר אֲמַרְתֶּם[a] אֵלָי וַיֹּאמַר אֱלֹהִים יָחְנְךָ בְּנִי׃ — ד[35]. צא. ב[36]
30 30 וַיְמַהֵר יוֹסֵף כִּי־נִכְמְרוּ רַחֲמָיו אֶל־[a]אָחִיו וַיְבַקֵּשׁ לִבְכּוֹת וַיָּבֹא — ג[37]
31 הַחַדְרָה וַיֵּבְךְּ שָׁמָּה׃ 31 וַיִּרְחַץ פָּנָיו וַיֵּצֵא וַיִּתְאַפַּק וַיֹּאמֶר שִׂימוּ לָחֶם׃ — יח ס״פ. ב[38]. יז

[19] Mm 312. [20] Mm 262. [21] Mm 321. [22] Mm 322. [23] Mm 1557. [24] Mm 639. [25] Mm 323. [26] Mm 216. [27] Mm 324. [28] Mm 328. [29] Mm 71. [30] Mm 2194. [31] Mm 1510. [32] Mm 169. [33] Mm 3916. [34] Mm 3452. [35] Mm 325. [36] Mm 2320. [37] Mm 1889. [38] Mm 3762.

15 [a] mlt Mss ־ֵה ‖ **16** [a–a] ⅏𝔊𝔙 אֹתָם וְאֶת ‖ **17** [a] > 𝔊*𝔖, dl? ‖ **18** [a] ⅏ הַמּוּשָׁב ‖ **22** [a] ⅏ לקחנו ‖ **23** [a] 2 Mss 𝔊 אֲבוֹ(ו)תֵיכֶם ‖ **25** [a] 𝔊 sg, l ־ָל? ‖ **26** [a] sic 𝔐 ‖ [b] > 𝔙, frt dl ‖ [c] frt ins c pc Mss 𝔊𝔙 אַפַּיִם cf 42,6 ‖ **28** [a] ⅏𝔊 + וַיֹּאמֶר בָּרוּךְ הָאִישׁ הַהוּא לֵאלֹהִים ‖ [b] sic L, mlt Mss Edd ־חוו ‖ **29** [a] 𝔊 + ἀγαγεῖν = לְהָבִיא ‖ **30** [a] ⅏𝔊 עַל.

32 וַיָּשִׂימוּ לוֹ לְבַדּוֹ וְלָהֶם לְבַדָּם וְלַמִּצְרִים הָאֹכְלִים אִתּוֹ לְבַדָּם כִּי — לה. ח[39]. ל
לֹא יוּכְלוּן הַמִּצְרִים לֶאֱכֹל אֶת־הָעִבְרִים לֶחֶם כִּי־תוֹעֵבָה הִוא — ב. ה ד מנה בתור
33 לְמִצְרָיִם[a]׃ 33 וַיֵּשְׁבוּ לְפָנָיו הַבְּכֹר כִּבְכֹרָתוֹ וְהַצָּעִיר כִּצְעִרָתוֹ וַיִּתְמְהוּ — ל. ל. ל
34 הָאֲנָשִׁים אִישׁ אֶל־רֵעֵהוּ׃ 34 וַיִּשָּׂא מַשְׂאֹת מֵאֵת פָּנָיו אֲלֵהֶם וַתֵּרֶב — ב חד מל וחד חס. ב[40]
מַשְׂאַת בִּנְיָמִן מִמַּשְׂאֹת כֻּלָּם חָמֵשׁ יָדוֹת וַיִּשְׁתּוּ וַיִּשְׁכְּרוּ עִמּוֹ׃ — ו[41]. ל

44 1 וַיְצַו אֶת־אֲשֶׁר עַל־בֵּיתוֹ לֵאמֹר מַלֵּא אֶת־אַמְתְּחֹת הָאֲנָשִׁים אֹכֶל — ח[1]. ה[2]
2 כַּאֲשֶׁר יוּכְלוּן שְׂאֵת וְשִׂים כֶּסֶף־אִישׁ בְּפִי אַמְתַּחְתּוֹ׃ 2 וְאֶת־גְּבִיעִי — ב. יד. ט
גְּבִיעַ הַכֶּסֶף תָּשִׂים בְּפִי אַמְתַּחַת הַקָּטֹן וְאֵת כֶּסֶף שִׁבְרוֹ וַיַּעַשׂ כִּדְבַר — ב[3]
3 יוֹסֵף אֲשֶׁר דִּבֵּר׃ 3 הַבֹּקֶר אוֹר וְהָאֲנָשִׁים שֻׁלְּחוּ הֵמָּה וַחֲמֹרֵיהֶם׃ — ל
4 הֵם יָצְאוּ אֶת־הָעִיר לֹא הִרְחִיקוּ וְיוֹסֵף אָמַר לַאֲשֶׁר עַל־בֵּיתוֹ קוּם — ו[4]. ח[1]
רְדֹף אַחֲרֵי הָאֲנָשִׁים וְהִשַּׂגְתָּם וְאָמַרְתָּ אֲלֵהֶם לָמָּה שִׁלַּמְתֶּם רָעָה תַּחַת — ל
5 טוֹבָה׃ 5 הֲלוֹא[a] זֶה[b] אֲשֶׁר יִשְׁתֶּה אֲדֹנִי בּוֹ וְהוּא נַחֵשׁ יְנַחֵשׁ בּוֹ הֲרֵעֹתֶם — יב מל בתור[5]
6 7 אֲשֶׁר עֲשִׂיתֶם׃ 6 וַיַּשִּׂגֵם וַיְדַבֵּר אֲלֵהֶם אֶת־הַדְּבָרִים הָאֵלֶּה׃ 7 וַיֹּאמְרוּ — ה חס ול בליש
אֵלָיו לָמָּה יְדַבֵּר אֲדֹנִי כַּדְּבָרִים הָאֵלֶּה חָלִילָה לַעֲבָדֶיךָ מֵעֲשׂוֹת
8 כַּדָּבָר הַזֶּה׃ 8 הֵן כֶּסֶף[a] אֲשֶׁר מָצָאנוּ בְּפִי אַמְתְּחֹתֵינוּ הֱשִׁיבֹנוּ אֵלֶיךָ — ל
9 מֵאֶרֶץ כְּנָעַן וְאֵיךְ נִגְנֹב מִבֵּית אֲדֹנֶיךָ כֶּסֶף אוֹ זָהָב׃ 9 אֲשֶׁר יִמָּצֵא אִתּוֹ
10 מֵעֲבָדֶיךָ וָמֵת[a] וְגַם־אֲנַחְנוּ נִהְיֶה לַאדֹנִי לַעֲבָדִים׃ 10 וַיֹּאמֶר גַּם־עַתָּה — ל
כְדִבְרֵיכֶם כֶּן־הוּא אֲשֶׁר יִמָּצֵא אִתּוֹ יִהְיֶה־לִּי עָבֶד וְאַתֶּם תִּהְיוּ נְקִיִּם׃ — ג[6]. ב זקף קמ
11 וַיְמַהֲרוּ וַיּוֹרִדוּ אִישׁ אֶת־אַמְתַּחְתּוֹ אָרְצָה וַיִּפְתְּחוּ אִישׁ אַמְתַּחְתּוֹ׃ — ב חס. ב
12 וַיְחַפֵּשׂ בַּגָּדוֹל הֵחֵל וּבַקָּטֹן כִּלָּה וַיִּמָּצֵא הַגָּבִיעַ בְּאַמְתַּחַת בִּנְיָמִן׃ — ג. ל. ז[7]
13 וַיִּקְרְעוּ שִׂמְלֹתָם וַיַּעֲמֹס אִישׁ עַל־חֲמֹרוֹ וַיָּשֻׁבוּ הָעִירָה׃ 14 וַיָּבֹא — ט[8]
יְהוּדָה וְאֶחָיו בֵּיתָה יוֹסֵף וְהוּא עוֹדֶנּוּ שָׁם וַיִּפְּלוּ לְפָנָיו אָרְצָה׃
15 וַיֹּאמֶר לָהֶם יוֹסֵף מָה־הַמַּעֲשֶׂה הַזֶּה אֲשֶׁר עֲשִׂיתֶם הֲלוֹא יְדַעְתֶּם — כב[9] וכל ד״ה ועזרא דכות ב מ ה חס בליש. יב מל בתור[5]
16 כִּי־נַחֵשׁ יְנַחֵשׁ אִישׁ אֲשֶׁר כָּמֹנִי׃ 16 וַיֹּאמֶר יְהוּדָה מַה־נֹּאמַר לַאדֹנִי — ל
מַה[a]־נְּדַבֵּר וּמַה־נִּצְטַדָּק הָאֱלֹהִים[b] מָצָא אֶת־עֲוֺן עֲבָדֶיךָ הִנֶּנּוּ עֲבָדִים — ל. ג דגש[10]

[39] Mm 1053. [40] 1 R 5,10. [41] Mm 326. **Cp 44** [1] Mm 321. [2] Mm 211. [3] Jdc 7,15. [4] Mm 1858. [5] Mm 27. [6] Mm 2694. [7] Mm 3765. [8] Mm 1972. [9] Mm 11. [10] Mm 327.

32 [a] frt l לַמִּצְרִים || **Cp 44,5** [a] 𝔊 pr *ἵνα τί ἐκλέψατέ μου τὸ κόνδυ τὸ ἀργυροῦν* cf 𝔖𝔙 || [b] 𝔗[P] + *kljd'* = הַגָּבִיעַ || **8** [a] l c 𝔐𝔊𝔖𝔗𝔗[J] הַכּ׳ cf 43,21.22 || **9** [a] 𝔐 יומת || **16** [a] 𝔐 Vrs ומה || [b] 𝔐𝔊 וה׳.

17 לַאדֹנִי גַּם אֲנַחְנוּ גַּם אֲשֶׁר־נִמְצָא הַגָּבִיעַ בְּיָדוֹ׃ 17 וַיֹּאמֶר חָלִילָה לִּי ‏ י פסוק בתור גם גם ומילה חדה ביניה
מֵעֲשׂוֹת זֹאת הָאִישׁ אֲשֶׁר נִמְצָא הַגָּבִיעַ בְּיָדוֹ הוּא יִהְיֶה־לִּי עָבֶד וְאַתֶּם ‏ ב זקף קמ
עֲלוּ לְשָׁלוֹם אֶל־אֲבִיכֶם׃ פ קמו 18 וַיִּגַּשׁ אֵלָיו יְהוּדָה וַיֹּאמֶר ס [מא] פרש
בִּי אֲדֹנִי יְדַבֶּר־נָא עַבְדְּךָ דָבָר בְּאָזְנֵי אֲדֹנִי וְאַל־יִחַר אַפְּךָ בְּעַבְדֶּךָ ‏ ז[11] . לז . ב
19 כִּי כָמוֹךָ כְּפַרְעֹה׃ 19 אֲדֹנִי שָׁאַל אֶת־עֲבָדָיו לֵאמֹר הֲיֵשׁ־לָכֶם אָב ‏ ל
20 אוֹ־אָח׃ 20 וַנֹּאמֶר אֶל־אֲדֹנִי יֶשׁ־לָנוּ אָב זָקֵן וְיֶלֶד זְקֻנִים קָטָן וְאָחִיו ‏ ב[12] . ב וחס[13]
21 מֵת וַיִּוָּתֵר הוּא לְבַדּוֹ לְאִמּוֹ וְאָבִיו אֲהֵבוֹ׃ 21 וַתֹּאמֶר אֶל־עֲבָדֶיךָ ‏ ט[14] . ד
22 הוֹרִדֻהוּ אֵלָי וְאָשִׂימָה עֵינִי עָלָיו׃ 22 וַנֹּאמֶר אֶל־אֲדֹנִי לֹא־יוּכַל הַנַּעַר ‏ ב וחס . ב חד מל וחד חס[15] . כט[16]
23 לַעֲזֹב אֶת־אָבִיו וְעָזַב אֶת־אָבִיו וָמֵת׃ 23 וַתֹּאמֶר אֶל־עֲבָדֶיךָ אִם־לֹא
24 יֵרֵד אֲחִיכֶם הַקָּטֹן אִתְּכֶם לֹא תֹסִפוּן לִרְאוֹת פָּנָי׃ 24 וַיְהִי כִּי עָלִינוּ ‏ ד בליש[17] . ב[18]
25 אֶל־עַבְדְּךָ אָבִי[a] וַנַּגֶּד־לוֹ אֵת דִּבְרֵי אֲדֹנִי׃ 25 וַיֹּאמֶר אָבִינוּ שֻׁבוּ שִׁבְרוּ־ ‏ כל אורית חס ב מ ג מל
26 לָנוּ מְעַט־אֹכֶל׃ 26 וַנֹּאמֶר לֹא נוּכַל לָרֶדֶת אִם־יֵשׁ אָחִינוּ הַקָּטֹן אִתָּנוּ
וְיָרַדְנוּ כִּי־לֹא נוּכַל לִרְאוֹת פְּנֵי הָאִישׁ וְאָחִינוּ הַקָּטֹן אֵינֶנּוּ אִתָּנוּ׃
27 27 וַיֹּאמֶר עַבְדְּךָ אָבִי אֵלֵינוּ אַתֶּם יְדַעְתֶּם כִּי שְׁנַיִם יָלְדָה־לִּי אִשְׁתִּי׃ ‏ ב[19]
28 28 וַיֵּצֵא הָאֶחָד מֵאִתִּי וָאֹמַר אַךְ טָרֹף טֹרָף וְלֹא רְאִיתִיו עַד־הֵנָּה׃ ‏ ל[20] . ג . ב[21]
29 29 וּלְקַחְתֶּם גַּם־אֶת־זֶה מֵעִם פָּנַי וְקָרָהוּ אָסוֹן וְהוֹרַדְתֶּם אֶת־שֵׂיבָתִי ‏ ו . ל וחס[22]
30 בְּרָעָה שְׁאֹלָה׃ 30 וְעַתָּה כְּבֹאִי אֶל־עַבְדְּךָ אָבִי וְהַנַּעַר אֵינֶנּוּ אִתָּנוּ ‏ י . ל
31 וְנַפְשׁוֹ קְשׁוּרָה בְנַפְשׁוֹ׃ 31 וְהָיָה כִּרְאוֹתוֹ כִּי־אֵין הַנַּעַר[a] וָמֵת וְהוֹרִידוּ ‏ ח . ב . ב חס[23]
32 עֲבָדֶיךָ אֶת־שֵׂיבַת עַבְדְּךָ אָבִינוּ בְּיָגוֹן שְׁאֹלָה׃ 32 כִּי עַבְדְּךָ עָרַב אֶת־ ‏ י . ה
הַנַּעַר מֵעִם אָבִי[a] לֵאמֹר אִם־לֹא אֲבִיאֶנּוּ אֵלֶיךָ וְחָטָאתִי לְאָבִי כָּל־ ‏ ב . ד
33 הַיָּמִים׃ 33 וְעַתָּה יֵשֶׁב־נָא עַבְדְּךָ תַּחַת הַנַּעַר עֶבֶד לַאדֹנִי וְהַנַּעַר יַעַל ‏ ל
34 עִם־אֶחָיו׃ 34 כִּי־אֵיךְ אֶעֱלֶה אֶל־אָבִי וְהַנַּעַר אֵינֶנּוּ אִתִּי פֶּן אֶרְאֶה
45 בָרָע אֲשֶׁר יִמְצָא אֶת־אָבִי׃ 45 1 וְלֹא־יָכֹל יוֹסֵף לְהִתְאַפֵּק ‏ ג . ל
לְכֹל הַנִּצָּבִים עָלָיו וַיִּקְרָא הוֹצִיאוּ כָל־אִישׁ מֵעָלָי וְלֹא־עָמַד אִישׁ ‏ ג[1]
2 אִתּוֹ בְּהִתְוַדַּע יוֹסֵף אֶל־אֶחָיו׃ 2 וַיִּתֵּן אֶת־קֹלוֹ בִּבְכִי וַיִּשְׁמְעוּ מִצְרַיִם ‏ ל . ו[2]

[11] Mm 328. [12] Gn 4,23. [13] Okhl 70. [14] Mm 3056. [15] Mm 329. [16] Mm 2501. [17] Mm 430. [18] Mm 916. [19] Mm 2088. [20] וחד יצא אחד 2 R 4,39. [21] Mm 330. [22] Mm 331. [23] Mm 2191 contra textum. **Cp 45** [1] Mm 1363. [2] Mp sub loco.

24 [a] 2 Mss ⅏𝔊𝔖 אבינו ‖ **31** [a] ins c ⅏𝔊 אִתָּנוּ ‖ **32** [a] ⅏ אביו.

3 וַיִּשְׁמַעª בֵּית פַּרְעֹה׃ 3 וַיֹּאמֶר יוֹסֵף אֶל־אֶחָיו אֲנִי יוֹסֵף הַעוֹד אָבִי
4 חָי וְלֹא־יָכְלוּ אֶחָיו לַעֲנוֹת אֹתוֹ כִּי נִבְהֲלוּ מִפָּנָיו׃ 4 וַיֹּאמֶר יוֹסֵף אֶל־ כג
אֶחָיו גְּשׁוּ־נָא אֵלַי וַיִּגָּשׁוּ וַיֹּאמֶר אֲנִי יוֹסֵף אֲחִיכֶם אֲשֶׁר־מְכַרְתֶּם אֹתִי
5 מִצְרָיְמָה׃ 5 וְעַתָּה אַל־תֵּעָצְבוּ וְאַל־יִחַר בְּעֵינֵיכֶם כִּי־מְכַרְתֶּם אֹתִי כח[3]. ה בטע[4]. ב. יח
6 הֵנָּה כִּי לְמִחְיָה שְׁלָחַנִי אֱלֹהִים לִפְנֵיכֶם׃ 6 כִּי־זֶה שְׁנָתַיִם הָרָעָב
7 בְּקֶרֶב הָאָרֶץ וְעוֹד חָמֵשׁ שָׁנִים אֲשֶׁר אֵין־חָרִישׁ וְקָצִירª׃ 7 וַיִּשְׁלָחֵנִי כג. ב[5]. ב
אֱלֹהִים לִפְנֵיכֶם לָשׂוּם לָכֶם שְׁאֵרִית בָּאָרֶץ וּלְהַחֲיוֹת לָכֶם לִפְלֵיטָהª ג[6]
8 גְּדֹלָה׃ 8 וְעַתָּה לֹא־אַתֶּם שְׁלַחְתֶּם אֹתִי הֵנָּה כִּי הָאֱלֹהִים וַיְשִׂימֵנִי ו[7]
9 לְאָב לְפַרְעֹה וּלְאָדוֹן לְכָל־בֵּיתוֹ וּמֹשֵׁל בְּכָל־אֶרֶץ מִצְרָיִם׃ 9 מַהֲרוּ ל. יח. ד[8]
וַעֲלוּ אֶל־אָבִי וַאֲמַרְתֶּם אֵלָיו כֹּה אָמַר בִּנְךָ יוֹסֵף שָׂמַנִי אֱלֹהִים לְאָדוֹן ל
10 לְכָל־מִצְרָיִם רְדָה אֵלַי אַל־תַּעֲמֹד׃ 10 וְיָשַׁבְתָּ בְאֶרֶץ־גֹּשֶׁןª וְהָיִיתָ ב[9]
קָרוֹב אֵלַי אַתָּה וּבָנֶיךָ וּבְנֵי בָנֶיךָ וְצֹאנְךָ וּבְקָרְךָ וְכָל־אֲשֶׁר־לָךְ׃
11 וְכִלְכַּלְתִּי אֹתְךָ שָׁם כִּי־עוֹד חָמֵשׁ שָׁנִים רָעָב פֶּן־תִּוָּרֵשׁª אַתָּה ב[10]. ב[11]
12 וּבֵיתְךָ וְכָל־אֲשֶׁר־לָךְ׃ 12 וְהִנֵּה עֵינֵיכֶם רֹאוֹת וְעֵינֵי אָחִי בִנְיָמִין כִּי־ יג. ו. יז מל[12]
13 פִי הַמְדַבֵּר אֲלֵיכֶם׃ 13 וְהִגַּדְתֶּם לְאָבִי אֶת־כָּל־כְּבוֹדִי בְּמִצְרַיִם וְאֵת ד[13]. ל מל בתור
14 כָּל־אֲשֶׁר רְאִיתֶם וּמִהַרְתֶּם וְהוֹרַדְתֶּם אֶת־אָבִי הֵנָּה׃ 14 וַיִּפֹּל עַל־ ב
15 צַוְּארֵי בִנְיָמִן־אָחִיו וַיֵּבְךְּ וּבִנְיָמִן בָּכָה עַל־צַוָּארָיו׃ 15 וַיְנַשֵּׁק לְכָל־ ט וכל יהודה ויוסף דכות[14]
16 אֶחָיו וַיֵּבְךְּ עֲלֵיהֶם וְאַחֲרֵי כֵן דִּבְּרוּ אֶחָיו אִתּוֹ׃ 16 וְהַקֹּל נִשְׁמַע יג חס בתור[15]. ב[16]
בֵּית פַּרְעֹה לֵאמֹר בָּאוּ אֲחֵי יוֹסֵף וַיִּיטַב בְּעֵינֵי פַרְעֹה וּבְעֵינֵי עֲבָדָיו׃ לג בתור. ו
17 וַיֹּאמֶר פַּרְעֹה אֶל־יוֹסֵף אֱמֹר אֶל־אַחֶיךָ זֹאת עֲשׂוּ טַעֲנוּ אֶת־ ל
18 בְּעִירְכֶם וּלְכוּ־בֹאוּ אַרְצָה כְּנָעַן׃ 18 וּקְחוּ אֶת־אֲבִיכֶם וְאֶת־בָּתֵּיכֶם ח[17]
וּבֹאוּ אֵלָי וְאֶתְּנָה לָכֶם אֶת־טוּב אֶרֶץ מִצְרַיִם וְאִכְלוּ אֶת־חֵלֶב הָאָרֶץ׃ ב[18]. יט בליש[19]. ל[20]
19 וְאַתָּה צֻוֵּיתָהª זֹאת עֲשׂוּ קְחוּ־לָכֶם מֵאֶרֶץ מִצְרַיִם עֲגָלוֹת לְטַפְּכֶם ל
20 וְלִנְשֵׁיכֶם וּנְשָׂאתֶם אֶת־אֲבִיכֶם וּבָאתֶם׃ 20 וְעֵינְכֶם אַל־תָּחֹס עַל־ ב[21]. ב חס[22]
21 כְּלֵיכֶם כִּי־טוּב כָּל־אֶרֶץ מִצְרַיִם לָכֶם הוּא׃ 21 וַיַּעֲשׂוּ־כֵן בְּנֵי יִשְׂרָאֵל יט בליש[19]

[3] Mm 84. [4] Mm 3160. [5] Gn 8,22. [6] Mm 2068. [7] Mm 1580. [8] Mm 332. [9] Ez 32,19. [10] Mm 1823. [11] Prv 20,13. [12] Mm 262. [13] Mm 333. [14] Mm 334. [15] Mm 675 contra textum. [16] Mm 3894. [17] Mm 77. [18] Mm 3926. [19] Mm 335. [20] וחד ואת חלב Lv 16,25. [21] Am 5,26. [22] Mm 2804.

Cp 45,2 ª 𝔊𝔖 pass, l וַיִּשָּׁמַע? ‖ **6** ª sic L, mlt Mss Edd צִ׳– ‖ **7** ª l c 𝔐𝔊 פ׳ ‖ **10** ª 𝔊 *Γεσεμ Ἀραβίας* cf Neh 6,1 ‖ **11** ª l תּוּרַשׁ (a רושׁ)? ‖ **19** ª l צַוֵּה אֹתָם? cf 𝔊𝔙.

וַיִּתֵּ֨ן לָהֶ֥ם יוֹסֵ֛ף עֲגָל֖וֹת עַל־פִּ֣י פַרְעֹ֑ה וַיִּתֵּ֥ן לָהֶ֛ם צֵדָ֖ה לַדָּֽרֶךְ׃ 22 לְכֻלָּ֥ם 22
נָתַ֛ן לָאִ֖ישׁ חֲלִפ֣וֹת שְׂמָלֹ֑ת וּלְבִנְיָמִ֤ן נָתַן֙ שְׁלֹ֣שׁ מֵא֣וֹת כֶּ֔סֶף וְחָמֵ֖שׁ חֲלִפֹ֥ת
שְׂמָלֹֽת׃ 23 וּלְאָבִ֞יו שָׁלַ֤ח כְּזֹאת֙ עֲשָׂרָ֣ה חֲמֹרִ֔ים נֹשְׂאִ֖ים מִטּ֣וּב מִצְרָ֑יִם 23
וְעֶ֣שֶׂר אֲתֹנֹ֡ת נֹ֠שְׂאֹת בָּ֣ר וָלֶ֧חֶם וּמָז֛וֹן לְאָבִ֖יו לַדָּֽרֶךְ׃ 24 וַיְשַׁלַּ֥ח אֶת־ 24
אֶחָ֖יו וַיֵּלֵ֑כוּ וַיֹּ֣אמֶר אֲלֵהֶ֔ם אַֽל־תִּרְגְּז֖וּ[a] בַּדָּֽרֶךְ׃ 25 וַֽיַּעֲל֖וּ מִמִּצְרָ֑יִם 25
וַיָּבֹ֙אוּ֙ אֶ֣רֶץ[a] כְּנַ֔עַן אֶֽל־יַעֲקֹ֖ב אֲבִיהֶֽם׃ 26 וַיַּגִּ֨דוּ ל֜וֹ לֵאמֹ֗ר ע֚וֹד יוֹסֵ֣ף 26
חַ֔י וְכִֽי־ה֥וּא מֹשֵׁ֖ל בְּכָל־אֶ֣רֶץ מִצְרָ֑יִם וַיָּ֣פָג לִבּ֔וֹ כִּ֥י לֹא־הֶאֱמִ֖ין לָהֶֽם׃
27 וַיְדַבְּר֣וּ אֵלָ֗יו אֵ֣ת כָּל־דִּבְרֵ֤י יוֹסֵף֙ אֲשֶׁ֣ר דִּבֶּ֣ר אֲלֵהֶ֔ם וַיַּרְא֙ אֶת־ 27
הָֽעֲגָל֔וֹת אֲשֶׁר־שָׁלַ֥ח יוֹסֵ֖ף לָשֵׂ֣את אֹת֑וֹ וַתְּחִ֕י ר֖וּחַ יַעֲקֹ֥ב אֲבִיהֶֽם׃
28 וַיֹּ֙אמֶר֙ יִשְׂרָאֵ֔ל רַ֛ב עוֹד־יוֹסֵ֥ף בְּנִ֖י חָ֑י אֵֽלְכָ֥ה וְאֶרְאֶ֖נּוּ בְּטֶ֥רֶם אָמֽוּת׃ 28
46 1 וַיִּסַּ֤ע יִשְׂרָאֵל֙ וְכָל־אֲשֶׁר־ל֔וֹ וַיָּבֹ֖א בְּאֵ֣רָה שָּׁ֑בַע וַיִּזְבַּ֣ח **46**
זְבָחִ֔ים לֵאלֹהֵ֖י אָבִ֥יו יִצְחָֽק׃ 2 וַיֹּ֨אמֶר אֱלֹהִ֤ים ׀ לְיִשְׂרָאֵל֙ בְּמַרְאֹ֣ת[a] 2
הַלַּ֔יְלָה וַיֹּ֖אמֶר יַעֲקֹ֣ב ׀ יַעֲקֹ֑ב וַיֹּ֖אמֶר הִנֵּֽנִי׃ 3 וַיֹּ֕אמֶר אָנֹכִ֥י הָאֵ֖ל אֱלֹהֵ֣י 3
אָבִ֑יךָ אַל־תִּירָא֙ מֵרְדָ֣ה מִצְרַ֔יְמָה כִּֽי־לְג֥וֹי גָּד֖וֹל אֲשִֽׂימְךָ֥ שָֽׁם׃ 4 אָנֹכִ֗י 4
אֵרֵ֤ד עִמְּךָ֙ מִצְרַ֔יְמָה וְאָנֹכִ֖י אַֽעַלְךָ֣ גַם־עָלֹ֑ה וְיוֹסֵ֕ף יָשִׁ֥ית יָד֖וֹ עַל־
עֵינֶֽיךָ׃ 5 וַיָּ֥קָם יַעֲקֹ֖ב מִבְּאֵ֣ר שָׁ֑בַע וַיִּשְׂא֨וּ בְנֵֽי־יִשְׂרָאֵ֜ל אֶת־יַעֲקֹ֣ב 5
אֲבִיהֶ֗ם וְאֶת־טַפָּם֙ וְאֶת־נְשֵׁיהֶ֔ם בָּֽעֲגָל֔וֹת אֲשֶׁר־שָׁלַ֥ח פַּרְעֹ֖ה לָשֵׂ֥את
אֹתֽוֹ׃ 6 וַיִּקְח֣וּ אֶת־מִקְנֵיהֶ֗ם וְאֶת־רְכוּשָׁם֙ אֲשֶׁ֤ר רָֽכְשׁוּ֙ בְּאֶ֣רֶץ כְּנַ֔עַן 6
וַיָּבֹ֖אוּ מִצְרָ֑יְמָה יַעֲקֹ֖ב וְכָל־זַרְע֥וֹ אִתּֽוֹ׃ 7 בָּנָ֞יו וּבְנֵ֤י בָנָיו֙ אִתּ֔וֹ בְּנֹתָ֥יו 7
וּבְנ֥וֹת בָּנָ֖יו וְכָל־זַרְע֑וֹ הֵבִ֥יא אִתּ֖וֹ מִצְרָֽיְמָה׃ ס 8 וְאֵ֨לֶּה שְׁמ֧וֹת 8
בְּנֵֽי־יִשְׂרָאֵ֛ל הַבָּאִ֥ים מִצְרַ֖יְמָה יַעֲקֹ֣ב וּבָנָ֑יו בְּכֹ֥ר יַעֲקֹ֖ב רְאוּבֵֽן׃ 9 וּבְנֵ֖י 9
רְאוּבֵ֑ן חֲנ֥וֹךְ וּפַלּ֖וּא וְחֶצְרֹ֥ן[a] וְכַרְמִֽי׃ 10 וּבְנֵ֣י שִׁמְע֗וֹן יְמוּאֵ֧ל וְיָמִ֛ין 10
וְאֹ֖הַד[a] וְיָכִ֣ין וְצֹ֑חַר[b] וְשָׁא֖וּל בֶּן־הַֽכְּנַעֲנִֽית׃ 11 וּבְנֵ֖י לֵוִ֑י גֵּרְשׁ֕וֹן קְהָ֖ת[a] 11
וּמְרָרִֽי׃ 12 וּבְנֵ֣י יְהוּדָ֗ה עֵ֧ר וְאוֹנָ֛ן וְשֵׁלָ֖ה וָפֶ֣רֶץ וָזָ֑רַח וַיָּ֨מָת עֵ֤ר וְאוֹנָן֙ 12

לב[23]. ג כת כן[24]. ל. ב חס דחס[24]
ג[25]. ל. ח. יט בליש[26]
ב. ג[27]. כב[28]
ה דמטע. ד[29] חס וכל שפטים ושמואל דכות ב מ ב
ל. יח. ל
כד. ל[30]
ד[1]. ל
כה[2]. ד ב מל וב חס[3]
ד שמואתא מתאימין[4]. ז בתור
ל. כה[5]
יב בתור. כה[5]. ל. ג כת ה[6]. ל[7]. ו ומל[8]
מג
כד
כה[5]. ל
כה[5]. י בתור
כה[5]. ו חס בתור[9]
ל
ב חס. ל
ל. ל

[23]Mm 319. [24]Mm 336. [25]Mm 337. [26]Mm 335. [27]Mm 338. [28]Mm 59. [29]Mm 195. [30]Mm 2025.
Cp 46 [1]Mm 339. [2]Mm 5. [3]Mm 340. [4]Mp sub loco. [5]Mm 84. [6]Mm 341. [7]Mm 1858. [8]Mm 2737.
[9]Mm 410.

24 [a] ш תתרגזו ‖ **25** [a] Seb nonn Mss ш אַרְצָה ‖ **Cp 46,2** [a] Vrs sg, l frt –אַת ‖ **9** [a] mlt Mss ш ח׳ ‖ **10** [a] > Nu 26,12 et 1 Ch 4,24 ‖ [b] ш וצהר, Nu 26,13 et 1 Ch 4,24 זֶרַח ‖ **11** [a] mlt Mss 𝔖𝔗[J] וק׳.

13 בְּאֶ֣רֶץ כְּנָ֑עַן וַיִּהְי֥וּ בְנֵי־פֶ֖רֶץ חֶצְרֹ֥ן וְחָמֽוּל[a]׃ 13 וּבְנֵ֖י יִשָּׂשכָ֑ר[a] תּוֹלָ֥ע ל̇
14 15 וּפֻוָּ֖ה[b] וְי֥וֹב[c] וְשִׁמְרֹֽן׃ 14 וּבְנֵ֖י זְבֻל֑וּן סֶ֥רֶד וְאֵל֖וֹן וְיַחְלְאֵֽל׃ 15 אֵ֣לֶּה ׀ ל̇ וחס[10] . ט̇[11] כת כן וכל כתיב דכות ב מ א
בְּנֵ֣י לֵאָ֗ה אֲשֶׁ֨ר יָלְדָ֤ה לְיַעֲקֹב֙ בְּפַדַּ֣ן אֲרָ֔ם וְאֵ֖ת דִּינָ֣ה בִתּ֑וֹ כָּל־נֶ֧פֶשׁ ל̇
16 בָּנָ֛יו וּבְנוֹתָ֖יו שְׁלֹשִׁ֥ים וְשָׁלֹֽשׁ׃ 16 וּבְנֵ֣י גָ֔ד צִפְי֥וֹן[a] וְחַגִּ֖י שׁוּנִ֣י[b] וְאֶצְבֹּ֑ן[c] עֵרִ֖י ג מל[12] . ל̇ . ל̇ חס[13]
17 וַאֲרוֹדִ֖י וְאַרְאֵלִֽי׃ 17 וּבְנֵ֣י אָשֵׁ֗ר יִמְנָ֧ה וְיִשְׁוָ֛ה וְיִשְׁוִ֥י[a] וּבְרִיעָ֖ה וְשֶׂ֣רַח
18 אֲחֹתָ֑ם וּבְנֵ֣י בְרִיעָ֔ה חֶ֖בֶר וּמַלְכִּיאֵֽל׃ 18 אֵ֚לֶּה בְּנֵ֣י זִלְפָּ֔ה אֲשֶׁר־נָתַ֥ן
19 לָבָ֖ן לְלֵאָ֣ה בִתּ֑וֹ וַתֵּ֤לֶד אֶת־אֵ֙לֶּה֙ לְיַעֲקֹ֔ב שֵׁ֥שׁ עֶשְׂרֵ֖ה נָֽפֶשׁ׃ 19 בְּנֵ֤י
20 רָחֵל֙ אֵ֣שֶׁת יַעֲקֹ֔ב יוֹסֵ֖ף וּבִנְיָמִֽן׃ 20 וַיִּוָּלֵ֣ד לְיוֹסֵף֮ בְּאֶ֣רֶץ מִצְרַיִם֒ אֲשֶׁ֤ר ג̇[14] . ח̇
יָֽלְדָה־לּוֹ֙ אָֽסְנַ֔ת בַּת־פּ֥וֹטִי פֶ֖רַע כֹּהֵ֣ן אֹ֑ן אֶת־מְנַשֶּׁ֖ה וְאֶת־אֶפְרָֽיִם׃ ג̇ כת תרתין מילין . ב̇ חס . ב̇
21 וּבְנֵ֣י בִנְיָמִ֗ן בֶּ֤לַע וָבֶ֙כֶר֙ וְאַשְׁבֵּ֔ל[a] גֵּרָ֖א וְנַעֲמָ֑ן אֵחִ֣י[b] וָרֹ֔אשׁ מֻפִּ֥ים ל̇ . ב̇ בתרי לישנ[15]
22 וְחֻפִּ֖ים[b] וָאָֽרְדְּ[c]׃ 22 אֵ֚לֶּה בְּנֵ֣י רָחֵ֔ל אֲשֶׁ֥ר יֻלַּ֖ד[a] לְיַעֲקֹ֑ב כָּל־נֶ֖פֶשׁ
23 24 אַרְבָּעָ֥ה עָשָֽׂר׃ 23 וּבְנֵי־דָ֖ן[a] חֻשִֽׁים[b]׃ 24 וּבְנֵ֖י נַפְתָּלִ֑י יַחְצְאֵ֥ל וְגוּנִ֖י וְיֵ֥צֶר יד פסוק בתור[16] . ל̇ . ב̇ בתרי לישנ . ל̇
25 וְשִׁלֵּֽם[a]׃ 25 אֵ֚לֶּה בְּנֵ֣י בִלְהָ֔ה אֲשֶׁר־נָתַ֥ן לָבָ֖ן לְרָחֵ֣ל בִּתּ֑וֹ וַתֵּ֧לֶד אֶת־
26 אֵ֛לֶּה לְיַעֲקֹ֖ב כָּל־נֶ֥פֶשׁ שִׁבְעָֽה׃ 26 כָּל־הַנֶּ֨פֶשׁ הַבָּאָ֤ה לְיַעֲקֹב֙ מִצְרַ֙יְמָה֙ ד̇ בתור . ג̇ בטע[17] . כת[18]
27 יֹצְאֵ֣י יְרֵכ֔וֹ מִלְּבַ֖ד נְשֵׁ֣י בְנֵֽי־יַעֲקֹ֑ב כָּל־נֶ֖פֶשׁ שִׁשִּׁ֥ים וָשֵֽׁשׁ׃ 27 וּבְנֵ֥י יוֹסֵ֛ף ל̇
אֲשֶׁר־יֻלַּד־[a]ל֥וֹ בְמִצְרַ֖יִם נֶ֣פֶשׁ שְׁנָ֑יִם כָּל־הַנֶּ֧פֶשׁ לְבֵית־יַעֲקֹ֛ב הַבָּ֥אָה ד̇ בתור . ג̇ בטע[17]
ס[מב] מִצְרַ֖יְמָה שִׁבְעִֽים׃ פ 28 וְאֶת־יְהוּדָ֞ה שָׁלַ֤ח לְפָנָיו֙ אֶל־יוֹסֵ֔ף כת[18] . ג̇[19]
29 לְהוֹרֹ֥ת[a] לְפָנָ֖יו גֹּ֑שְׁנָה וַיָּבֹ֖אוּ[b] אַ֥רְצָה גֹּֽשֶׁן׃ 29 וַיֶּאְסֹ֤ר יוֹסֵף֙ מֶרְכַּבְתּ֔וֹ ב̇
וַיַּ֛עַל לִקְרַֽאת־יִשְׂרָאֵ֥ל אָבִ֖יו גֹּ֑שְׁנָה וַיֵּרָ֣א אֵלָ֗יו וַיִּפֹּל֙ עַל־צַוָּארָ֔יו וַיֵּ֥בְךְּ ב̇ . כ̇[20]
30 עַל־צַוָּארָ֖יו עֽוֹד׃ 30 וַיֹּ֧אמֶר יִשְׂרָאֵ֛ל אֶל־יוֹסֵ֖ף אָמ֣וּתָה הַפָּ֑עַם אַחֲרֵי֙ ל̇
31 רְאוֹתִ֣י אֶת־פָּנֶ֔יךָ כִּ֥י עוֹדְךָ֖ חָֽי׃ 31 וַיֹּ֨אמֶר יוֹסֵ֤ף אֶל־אֶחָיו֙ וְאֶל־בֵּ֣ית
אָבִ֔יו אֶעֱלֶ֖ה וְאַגִּ֣ידָה לְפַרְעֹ֑ה וְאֹֽמְרָ֣ה אֵלָ֔יו אַחַ֧י וּבֵית־אָבִ֛י אֲשֶׁ֥ר ל̇[21]

[10]Mm 331. [11]Mm 218 contra textum. [12]Mm 3941. [13]L ו erasum, וחד אצבון 1 Ch 7,7. [14]Mm 342. [15]Mm 343. [16]Mm 750. [17]Mm 344. [18]Mm 84. [19]Mm 345. [20]Mm 1227. [21]וחד אומרה Ps 42,10.

12 [a] ⅏𝔖 וַחֲמוּאֵל ‖ **13** [a] sic L, mlt Mss יִשָּׂ׳ ‖ [b] ⅏𝔖 וּפוּאָה cf 1 Ch 7,1 ‖ [c] l וְיָשׁוּב cf ⅏𝔊 et Nu 26,24 1 Ch 7,1 ‖ **16** [a] ⅏𝔊 צְפוֹן cf Nu 26,15 ‖ [b] pc Mss ⅏𝔖 וְשׁ׳ ‖ [c] frt l c ⅏𝔖 ואצבעון ‖ **17** [a] l prb וישיו ‖ **21** [a] 𝔊 + *ἐγένοντο δὲ υἱοὶ Βαλα* cf 1 Ch 8,3, ins וַיִּהְיוּ בְנֵי בֶלַע ‖ [b–b] l וַאֲחִירָם שְׁפוּפָם וְחוּפָם cf Nu 26,38sq ‖ [c] 1 Ch 8,3 אַדָּר Nu 26,17 אֲרוֹד ‖ **22** [a] l c mlt Mss ⅏𝔖 יָלְדָה ‖ **23** [a] Seb וּבֶן ‖ [b] 𝔊 *Ασομ* = חשום; frt l sec Nu 26,42 שׁוּחָם ‖ **24** [a] ⅏ et 1 Ch 7,13 וְשַׁלּוּם ‖ **27** [a] cf 35,26[a] ‖ **28** [a] ⅏𝔖 לְהֵרָאוֹת, 𝔊 *συναντῆσαι αὐτῷ* = לְהִקָּרוֹת cf 𝔙 ‖ [b] ⅏𝔖𝔙 א–.

32 בְּאֶֽרֶץ־כְּנַ֖עַן בָּ֥אוּ אֵלָֽי׃ 32 וְהָאֲנָשִׁים֙ רֹ֣עֵי צֹ֔אן כִּֽי־אַנְשֵׁ֥י מִקְנֶ֖ה הָי֑וּ ח̇ ר״פ
33 וְצֹאנָ֧ם וּבְקָרָ֛ם וְכָל־אֲשֶׁ֥ר לָהֶ֖ם הֵבִֽיאוּ׃ 33 וְהָיָ֕ה כִּֽי־יִקְרָ֥א לָכֶ֖ם
34 פַּרְעֹ֑ה וְאָמַ֖ר מַה־מַּעֲשֵׂיכֶֽם׃ 34 וַאֲמַרְתֶּ֗ם אַנְשֵׁ֨י מִקְנֶ֜ה הָי֤וּ עֲבָדֶ֙יךָ֙
מִנְּעוּרֵ֣ינוּ וְעַד־עַ֔תָּה גַּם־אֲנַ֖חְנוּ גַּם־אֲבֹתֵ֑ינוּ בַּעֲב֗וּר תֵּשְׁבוּ֙ בְּאֶ֣רֶץ גֹּ֔שֶׁן ג̇ ומל[22] . י̇ פסוק בתור ומילה חדה ביניה
47 כִּֽי־תוֹעֲבַ֥ת מִצְרַ֖יִם כָּל־רֹ֥עֵה[a] צֹֽאן׃ **47** 1 וַיָּבֹ֣א יוֹסֵף֮ וַיַּגֵּ֣ד ד̇ כת̇ ה
לְפַרְעֹה֒ וַיֹּ֗אמֶר אָבִ֨י וְאַחַ֜י וְצֹאנָ֤ם וּבְקָרָם֙ וְכָל־אֲשֶׁ֣ר לָהֶ֔ם בָּ֖אוּ מֵאֶ֣רֶץ
2 כְּנָ֑עַן וְהִנָּ֖ם בְּאֶ֥רֶץ גֹּֽשֶׁן׃ 2 וּמִקְצֵ֣ה אֶחָ֔יו לָקַ֖ח[a] חֲמִשָּׁ֣ה אֲנָשִׁ֑ים וַיַּצִּגֵ֖ם ל̇ . ל̇ וחס
3 לִפְנֵ֥י פַרְעֹֽה׃ 3 וַיֹּ֧אמֶר פַּרְעֹ֛ה אֶל־אֶחָ֖יו[a] מַה־מַּעֲשֵׂיכֶ֑ם וַיֹּאמְר֣וּ אֶל־
4 פַּרְעֹ֗ה רֹעֵ֥ה[b] צֹאן֙ עֲבָדֶ֔יךָ גַּם־אֲנַ֖חְנוּ גַּם־אֲבוֹתֵֽינוּ׃ 4 וַיֹּאמְר֣וּ אֶל־ ד̇ כת̇ ה̇ . י̇ פסוק בתור גם גם ומילה חדה ביניה . ח̇' מל וכל י̇ ש̇ ת̇ דכות ב̇ מ̇ א̇
פַּרְעֹ֗ה לָג֣וּר בָּאָ֘רֶץ֮ בָּאנוּ֒ כִּי־אֵ֣ין מִרְעֶ֗ה לַצֹּאן֙ אֲשֶׁ֣ר לַעֲבָדֶ֔יךָ כִּֽי־
5 כָבֵ֥ד הָרָעָ֖ב בְּאֶ֣רֶץ כְּנָ֑עַן וְעַתָּ֛ה יֵֽשְׁבוּ־נָ֥א עֲבָדֶ֖יךָ בְּאֶ֥רֶץ גֹּֽשֶׁן׃ 5 וַיֹּ֣אמֶר כ̇ בטע . כ̇[2] . ג̇ בטע
6 פַּרְעֹ֔ה אֶל־יוֹסֵ֖ף לֵאמֹ֑ר[a] אָבִ֥יךָ וְאַחֶ֖יךָ בָּ֥אוּ אֵלֶֽיךָ׃ 6 אֶ֤רֶץ מִצְרַ֙יִם֙ יג̇ ר״פ
לְפָנֶ֣יךָ הִ֔וא בְּמֵיטַ֣ב הָאָ֔רֶץ הוֹשֵׁ֥ב אֶת־אָבִ֖יךָ וְאֶת־אַחֶ֑יךָ[a] יֵשְׁבוּ֙ בְּאֶ֣רֶץ ב̇ . כ̇[2]
גֹּ֔שֶׁן וְאִם־יָדַ֗עְתָּ וְיֶשׁ־[b]בָּם֙ אַנְשֵׁי־חַ֔יִל וְשַׂמְתָּ֛ם שָׂרֵ֥י מִקְנֶ֖ה עַל־אֲשֶׁר־לִֽי[a]׃ ל̇ . ב̇[3]
7 7 וַיָּבֵ֤א יוֹסֵף֙ אֶת־יַעֲקֹ֣ב אָבִ֔יו וַיַּעֲמִדֵ֖הוּ לִפְנֵ֣י פַרְעֹ֑ה וַיְבָ֥רֶךְ יַעֲקֹ֖ב אֶת־ נא̇' יח̇ מנה בתור וחד מן יח̇ ר״פ . ב̇ וחס
8 9 פַּרְעֹֽה׃ 8 וַיֹּ֥אמֶר פַּרְעֹ֖ה אֶֽל־יַעֲקֹ֑ב כַּמָּ֕ה יְמֵ֖י שְׁנֵ֥י חַיֶּֽיךָ׃ 9 וַיֹּ֤אמֶר
יַעֲקֹב֙ אֶל־פַּרְעֹ֔ה יְמֵי֙ שְׁנֵ֣י מְגוּרַ֔י שְׁלֹשִׁ֥ים וּמְאַ֖ת שָׁנָ֑ה מְעַ֣ט וְרָעִ֗ים הָיוּ֙ ג̇[5]
10 יְמֵי֙ שְׁנֵ֣י חַיַּ֔י וְלֹ֣א הִשִּׂ֗יגוּ אֶת־יְמֵי֙ שְׁנֵ֣י חַיֵּ֣י אֲבֹתַ֔י בִּימֵ֖י מְגוּרֵיהֶֽם׃ 10 וַיְבָ֥רֶךְ ב̇ . ד̇ חד חס וג̇ מל[6]
11 יַעֲקֹ֖ב אֶת־פַּרְעֹ֑ה וַיֵּצֵ֖א מִלִּפְנֵ֥י פַרְעֹֽה׃ 11 וַיּוֹשֵׁ֣ב יוֹסֵף֮ אֶת־אָבִ֣יו וְאֶת־ ל̇[7] . ה̇
אֶחָיו֒ וַיִּתֵּ֨ן לָהֶ֤ם אֲחֻזָּה֙ בְּאֶ֣רֶץ מִצְרַ֔יִם בְּמֵיטַ֥ב הָאָ֖רֶץ בְּאֶ֣רֶץ רַעְמְסֵ֑ס
12 כַּאֲשֶׁ֖ר צִוָּ֥ה פַרְעֹֽה׃ 12 וַיְכַלְכֵּ֤ל יוֹסֵף֙ אֶת־אָבִ֣יו וְאֶת־אֶחָ֔יו וְאֵ֖ת כָּל־ ל̇ . ה̇[8] . ט̇
בֵּ֣ית אָבִ֑יו לֶ֖חֶם לְפִ֥י הַטָּֽף׃
13 13 וְלֶ֤חֶם אֵין֙ בְּכָל־הָאָ֔רֶץ כִּֽי־כָבֵ֥ד הָרָעָ֖ב מְאֹ֑ד וַתֵּ֜לַהּ[a] אֶ֤רֶץ ד̇ ר״פ[9] . ל̇
14 מִצְרַ֙יִם֙ וְאֶ֣רֶץ כְּנַ֔עַן מִפְּנֵ֖י הָרָעָֽב׃ 14 וַיְלַקֵּ֣ט יוֹסֵ֗ף אֶת־כָּל־הַכֶּ֙סֶף֙ ל̇ בתור

[22]Mm 2467. Cp 47 [1]Mm 346. [2]Mm 534. [3]Dt 10,2. [4]Mm 639. [5]Mm 347. [6]Mm 2859. [7]Mm 2152. [8]Mm 348. [9]Mm 349.

34 [a] l c mlt Mss ⅏ רֹעֵי cf 𝔖𝔗[J] ‖ **Cp 47,2** [a] frt ins c ⅏ עִמּוֹ ‖ **3** [a] ⅏𝔊 אֲחֵי יוֹסֵף ‖ [b] cf 46,34[a] ‖ **5** [a] huc c 𝔊 tr 6b; postea sec 𝔊 ins וַיָּבֹאוּ מִצְרַיִם אֶל־יוֹסֵף יַעֲקֹב וּבָנָיו וַיִּשְׁמַע פַּרְעֹה מֶלֶךְ מִצְרַיִם וַיֹּאמֶר פַּרְעֹה אֶל־יוֹסֵף לֵאמֹר ‖ **6** [a–a] cf 5[a] ‖ [b] ⅏ הֲיֵשׁ ‖ **13** [a] ⅏ ותלא cf 19,11, 𝔊 *ἐξέλιπεν δέ*.

הַנִּמְצָא בְאֶרֶץ־מִצְרַיִם וּבְאֶרֶץ כְּנַעַן בַּשֶּׁבֶר אֲשֶׁר־הֵם שֹׁבְרִים וַיָּבֵא ה[10] . ל . נא[11] ית מנה בתור
15 יוֹסֵף אֶת־הַכֶּסֶף בֵּיתָה פַרְעֹה׃ 15 וַיִּתֹּם הַכֶּסֶף מֵאֶרֶץ מִצְרַיִם ב[12]
וּמֵאֶרֶץ כְּנַעַן וַיָּבֹאוּ כָל־מִצְרַיִם אֶל־יוֹסֵף לֵאמֹר הָבָה־לָּנוּ לֶחֶם ל[13]
16 וְלָמָּה נָמוּת נֶגְדֶּךָ כִּי אָפֵס כָּסֶף[a]׃ 16 וַיֹּאמֶר יוֹסֵף הָבוּ מִקְנֵיכֶם וְאֶתְּנָה ד
17 לָכֶם[a] בְּמִקְנֵיכֶם אִם־אָפֵס כָּסֶף[b]׃ 17 וַיָּבִיאוּ אֶת־מִקְנֵיהֶם אֶל־יוֹסֵף ד . לו
וַיִּתֵּן לָהֶם יוֹסֵף לֶחֶם בַּסּוּסִים וּבְמִקְנֵה הַצֹּאן וּבְמִקְנֵה הַבָּקָר וּבַחֲמֹרִים ב . ב
18 וַיְנַהֲלֵם בַּלֶּחֶם בְּכָל־מִקְנֵהֶם בַּשָּׁנָה הַהִוא׃ 18 וַתִּתֹּם הַשָּׁנָה הַהִוא ב[14] . ז דגש[15] ד חס בליש . ב[16]
וַיָּבֹאוּ אֵלָיו בַּשָּׁנָה הַשֵּׁנִית וַיֹּאמְרוּ לוֹ לֹא־נְכַחֵד מֵאֲדֹנִי כִּי אִם־תַּם ו בתור
הַכֶּסֶף וּמִקְנֵה הַבְּהֵמָה[a] אֶל־אֲדֹנִי לֹא נִשְׁאַר לִפְנֵי אֲדֹנִי בִּלְתִּי אִם־ ג[17]
19 גְּוִיָּתֵנוּ וְאַדְמָתֵנוּ׃ 19 לָמָּה נָמוּת לְעֵינֶיךָ גַּם־אֲנַחְנוּ גַּם אַדְמָתֵנוּ קְנֵה־ ל . י פסוק בתור גם גם ומילה חדה ביניה
אֹתָנוּ וְאֶת־אַדְמָתֵנוּ בַּלָּחֶם וְנִהְיֶה אֲנַחְנוּ וְאַדְמָתֵנוּ עֲבָדִים לְפַרְעֹה ז דגש[15]
20 וְתֶן־זֶרַע וְנִחְיֶה וְלֹא נָמוּת וְהָאֲדָמָה לֹא תֵשָׁם׃ 20 וַיִּקֶן יוֹסֵף אֶת־כָּל־ ג[18] . ב חד קמ וחד פת[19] . ד ג מנה ר״פ
אַדְמַת מִצְרַיִם לְפַרְעֹה כִּי־מָכְרוּ מִצְרַיִם אִישׁ שָׂדֵהוּ כִּי־חָזַק עֲלֵהֶם ה[20] . יג חס בתור[21]
21 הָרָעָב וַתְּהִי הָאָרֶץ לְפַרְעֹה׃ 21 וְאֶת־הָעָם הֶעֱבִיר[a] אֹתוֹ לֶעָרִים[a] יב[22]
22 מִקְצֵה גְבוּל־מִצְרַיִם וְעַד־קָצֵהוּ׃ 22 רַק אַדְמַת הַכֹּהֲנִים לֹא קָנָה כִּי
חֹק לַכֹּהֲנִים מֵאֵת פַּרְעֹה וְאָכְלוּ אֶת־חֻקָּם אֲשֶׁר נָתַן לָהֶם פַּרְעֹה עַל־ ב
23 כֵּן לֹא מָכְרוּ אֶת־אַדְמָתָם׃ 23 וַיֹּאמֶר יוֹסֵף אֶל־הָעָם הֵן קָנִיתִי אֶתְכֶם ה
הַיּוֹם וְאֶת־אַדְמַתְכֶם לְפַרְעֹה הֵא־לָכֶם זֶרַע וּזְרַעְתֶּם אֶת־הָאֲדָמָה׃ ו . ג[23]
24 וְהָיָה בַּתְּבוּאֹת[a] וּנְתַתֶּם חֲמִישִׁית לְפַרְעֹה וְאַרְבַּע הַיָּדֹת יִהְיֶה ד[24] . ג מל[25] . ג חס ול בליש
לָכֶם לְזֶרַע הַשָּׂדֶה וּלְאָכְלְכֶם[b] וְלַאֲשֶׁר בְּבָתֵּיכֶם[c] וְלֶאֱכֹל לְטַפְּכֶם[c]׃ ל . ל
25 וַיֹּאמְרוּ הֶחֱיִתָנוּ נִמְצָא־חֵן בְּעֵינֵי אֲדֹנִי וְהָיִינוּ עֲבָדִים לְפַרְעֹה׃ ל וחס . לג בתור
26 וַיָּשֶׂם אֹתָהּ יוֹסֵף לְחֹק עַד־הַיּוֹם הַזֶּה עַל־אַדְמַת מִצְרַיִם[a] לְפַרְעֹה פד לג מנה בתור
27 לַחֹמֶשׁ[a] רַק אַדְמַת הַכֹּהֲנִים לְבַדָּם לֹא הָיְתָה לְפַרְעֹה׃ 27 וַיֵּשֶׁב
יִשְׂרָאֵל בְּאֶרֶץ מִצְרַיִם בְּאֶרֶץ גֹּשֶׁן וַיֵּאָחֲזוּ בָהּ וַיִּפְרוּ וַיִּרְבּוּ מְאֹד׃ קו

[10] Mm 3981. [11] Mm 639. [12] Mm 350. [13] Mm 1698. [14] Mm 4247. [15] Mm 351. [16] 1 R 7,22. [17] Mm 188. [18] Mm 352. [19] Mm 2817. [20] Mm 311. [21] Mm 675. [22] Mm 1055. [23] Mm 3805. [24] Mm 1240. [25] Mm 828.

15 [a] l c ש𝔖𝔗 'הכ ‖ **16** [a] ins c ש𝔊𝔗[J] לֶחֶם ‖ [b] cf 15[a] ‖ **18** [a] ins בָּא? ‖ **21** [a–a] l הֶעֱבִיד אתו לַעֲבָדִים c ש𝔊 cf 𝔙 ‖ **24** [a] prp מֵהַתְּבוּאֹת vel 'הַתְּ cf 𝔊 ‖ [b] l frt וְלֶאֱכֹל לָכֶם ‖ [c–c] > 𝔊*, add ‖ **26** [a–a] 𝔊 ἀποπεμπτοῦν τῷ Φαραω, l 'לְחַמֵּשׁ לפ.

28 וַיְחִי יַעֲקֹב בְּאֶרֶץ מִצְרַיִם שְׁבַע עֶשְׂרֵה שָׁנָה וַיְהִי[a] יְמֵי־יַעֲקֹב פרש
29 שְׁנֵי חַיָּיו שֶׁבַע שָׁנִים וְאַרְבָּעִים וּמְאַת שָׁנָה׃ 29 וַיִּקְרְבוּ יְמֵי־יִשְׂרָאֵל ב̇26. ג̇ קריבה לכיתא27
לָמוּת וַיִּקְרָא ׀ לִבְנוֹ לְיוֹסֵף וַיֹּאמֶר לוֹ אִם־נָא מָצָאתִי חֵן בְּעֵינֶיךָ ח̇. סו̇
שִׂים־נָא יָדְךָ תַּחַת יְרֵכִי וְעָשִׂיתָ עִמָּדִי חֶסֶד וֶאֱמֶת אַל־נָא תִקְבְּרֵנִי כו̇
30 בְּמִצְרָיִם׃ 30 וְשָׁכַבְתִּי עִם־אֲבֹתַי וּנְשָׂאתַנִי מִמִּצְרַיִם וּקְבַרְתַּנִי בִּקְבֻרָתָם[a] ל̇28
31 וַיֹּאמַר אָנֹכִי אֶעֱשֶׂה כִדְבָרֶךָ[b]׃ 31 וַיֹּאמֶר הִשָּׁבְעָה לִי וַיִּשָּׁבַע לוֹ צא̇. יג̇ חס בליש
וַיִּשְׁתַּחוּ יִשְׂרָאֵל עַל־רֹאשׁ הַמִּטָּה[a]׃ פ
48 1 וַיְהִי אַחֲרֵי הַדְּבָרִים הָאֵלֶּה וַיֹּאמֶר[a] לְיוֹסֵף הִנֵּה אָבִיךָ ס[מג] ג̇1. ח̇
2 חֹלֶה וַיִּקַּח אֶת־שְׁנֵי בָנָיו עִמּוֹ אֶת־מְנַשֶּׁה וְאֶת־אֶפְרָיִם[b]׃ 2 [a]וַיַּגֵּד ח̇2. ד̇. ב̇
לְיַעֲקֹב וַיֹּאמֶר[a] הִנֵּה בִּנְךָ יוֹסֵף בָּא אֵלֶיךָ וַיִּתְחַזֵּק יִשְׂרָאֵל וַיֵּשֶׁב עַל־ ח̇3. ב̇
3 הַמִּטָּה׃ 3 וַיֹּאמֶר יַעֲקֹב אֶל־יוֹסֵף אֵל שַׁדַּי נִרְאָה־אֵלַי בְּלוּז בְּאֶרֶץ
4 כְּנָעַן וַיְבָרֶךְ אֹתִי׃ 4 וַיֹּאמֶר אֵלַי הִנְנִי מַפְרְךָ וְהִרְבִּיתִךָ וּנְתַתִּיךָ לִקְהַל ל̇. ל̇
5 עַמִּים וְנָתַתִּי אֶת־הָאָרֶץ הַזֹּאת לְזַרְעֲךָ אַחֲרֶיךָ אֲחֻזַּת עוֹלָם׃ 5 וְעַתָּה
שְׁנֵי־בָנֶיךָ הַנּוֹלָדִים לְךָ בְּאֶרֶץ מִצְרַיִם עַד־בֹּאִי אֵלֶיךָ מִצְרַיְמָה לִי־ ב̇4. כח̇5
6 הֵם אֶפְרַיִם וּמְנַשֶּׁה כִּרְאוּבֵן וְשִׁמְעוֹן יִהְיוּ־לִי׃ 6 וּמוֹלַדְתְּךָ אֲשֶׁר־ ד̇6
7 הוֹלַדְתָּ אַחֲרֵיהֶם לְךָ יִהְיוּ עַל שֵׁם אֲחֵיהֶם יִקָּרְאוּ בְּנַחֲלָתָם׃ 7 וַאֲנִי ׀ ב̇. סז̇ ר״פ
בְּבֹאִי מִפַּדָּן[a] מֵתָה עָלַי רָחֵל[b] בְּאֶרֶץ כְּנַעַן בַּדֶּרֶךְ בְּעוֹד כִּבְרַת־אֶרֶץ ל̇. ג̇
8 לָבֹא אֶפְרָתָה וָאֶקְבְּרֶהָ שָּׁם בְּדֶרֶךְ אֶפְרָת[c] הִוא בֵּית לָחֶם׃ 8 וַיַּרְא ט̇ חס7. ג̇ בסיפ. ב̇ קמ ובתרי לישנ8
9 יִשְׂרָאֵל אֶת־בְּנֵי יוֹסֵף וַיֹּאמֶר מִי־אֵלֶּה[a]׃ 9 וַיֹּאמֶר יוֹסֵף אֶל־אָבִיו בָּנַי ז̇ פסוק וַיֹּאמֶר וַיֹּאמֶר9
10 הֵם אֲשֶׁר־נָתַן־לִי אֱלֹהִים בָּזֶה וַיֹּאמַר קָחֶם־נָא אֵלַי וַאֲבָרְכֵם׃ 10 וְעֵינֵי יא̇10. צא̇. ל̇11. י̇ ג̇ מנה ר״פ
יִשְׂרָאֵל כָּבְדוּ מִזֹּקֶן לֹא יוּכַל לִרְאוֹת וַיַּגֵּשׁ אֹתָם אֵלָיו וַיִּשַּׁק לָהֶם ה̇12
11 וַיְחַבֵּק לָהֶם׃ 11 וַיֹּאמֶר יִשְׂרָאֵל אֶל־יוֹסֵף רְאֹה[a] פָנֶיךָ לֹא פִלָּלְתִּי יו̇13 כת ה בתור ול בליש. ל̇
12 וְהִנֵּה הֶרְאָה אֹתִי אֱלֹהִים גַּם אֶת־זַרְעֶךָ׃ 12 וַיּוֹצֵא יוֹסֵף אֹתָם מֵעִם יב̇ מל14

[26]Mm 353. [27]Mm 1874. [28]וחד כי נשאתני Ps 102,11. Cp 48 [1]Mm 154. [2]Mm 1635. [3]Mm 4195. [4]Mm 354. [5]Mm 84. [6]Mm 4258. [7]Mm 355. [8]1 Ch 2,19. [9]Mm 3452. [10]Mm 3286. [11]וחד אברכם Nu 6,27. [12]Mm 356. [13]Mm 598. [14]Mm 2194.

28 [a] l c Seb pc Mss ⅏𝔖𝔗𝔗[J] וַיִּהְיוּ ‖ **30** [a] l ־תִי ? cf 50,5 ‖ [b] mlt Mss ־ריך ‖ **31** [a] 𝔊(𝔖) *τῆς ῥάβδου αὐτοῦ* = הַמַּטֶּה cf Hbr 11,21 ‖ **Cp 48,1** [a] 𝔊(𝔖𝔗[J]𝔙) *καὶ ἀπηγγέλη*, l frt וַיֵּאָמֵר ‖ [b] 𝔊 + *ἦλθεν πρὸς Ιακωβ* ‖ **2** [a–a] l וַיַּגֵּד לְיַעֲקֹב לֵאמֹר ? cf 𝔊 ‖ **7** [a] ⅏𝔊𝔖 + אֲרָם ‖ [b] ins c ⅏𝔊 אִמְּךָ ? ‖ [c] ⅏ ־תה ‖ **8** [a] ⅏𝔊 + לְךָ cf 𝔗[J] ‖ **11** [a] l רְאוֹת ?

13 בִּרְכָּ֑יו וַיִּשְׁתַּ֥חוּᵃ לְאַפָּ֖יוᵇ אָֽרְצָה׃ 13 וַיִּקַּ֣ח יוֹסֵף֮ אֶת־שְׁנֵיהֶם֒ אֶת־אֶפְרַ֤יִם ג15
בִּֽימִינוֹ֙ מִשְּׂמֹ֣אל יִשְׂרָאֵ֔ל וְאֶת־מְנַשֶּׁ֥ה בִשְׂמֹאל֖וֹ מִימִ֣ין יִשְׂרָאֵ֑ל וַיַּגֵּ֖שׁᵃ ד חס . ב16 . ה17
14 אֵלָֽיו׃ 14 וַיִּשְׁלַח֩ יִשְׂרָאֵ֨ל אֶת־ᵃיְמִינ֜וֹ וַיָּ֨שֶׁת עַל־רֹ֤אשׁ אֶפְרַ֙יִם֙ וְה֣וּא ו18
הַצָּעִ֔יר וְאֶת־שְׂמֹאל֖וֹ עַל־רֹ֣אשׁ מְנַשֶּׁ֑ה שִׂכֵּל֙ אֶת־יָדָ֔יו כִּ֥י מְנַשֶּׁ֖ה ל
15 הַבְּכֽוֹר׃ 15 וַיְבָ֥רֶךְ ᵃאֶת־יוֹסֵ֖ףᵃ וַיֹּאמַ֑ר ד19 מל בתור וכל נ״ך דכות ב מ א . צא

הָֽאֱלֹהִ֡ים אֲשֶׁר֩ הִתְהַלְּכ֨וּ אֲבֹתַ֤י לְפָנָיו֙ אַבְרָהָ֣ם וְיִצְחָ֔ק ה
הָֽאֱלֹהִים֙ הָרֹעֶ֣ה אֹתִ֔י מֵעוֹדִ֖י עַד־הַיּ֥וֹם הַזֶּֽה׃
16 הַמַּלְאָךְ֩ᵃ הַגֹּאֵ֨ל אֹתִ֜י מִכָּל־רָ֗ע יְבָרֵךְ֮ אֶת־הַנְּעָרִים֒ הי ר״פ מיחד20
וְיִקָּרֵ֤א בָהֶם֙ שְׁמִ֔י וְשֵׁ֥ם אֲבֹתַ֖י אַבְרָהָ֣ם וְיִצְחָ֑ק ב21 . ה
וְיִדְגּ֥וּ לָרֹ֖ב בְּקֶ֥רֶב הָאָֽרֶץ׃ ל

17 וַיַּ֣רְא יוֹסֵ֗ף כִּֽי־יָשִׁ֨ית אָבִ֧יו יַד־יְמִינ֛וֹ עַל־רֹ֥אשׁ אֶפְרַ֖יִם וַיֵּ֣רַע בְּעֵינָ֑יו ז ומל22 . נא
וַיִּתְמֹ֣ךְ יַד־אָבִ֗יו לְהָסִ֥יר אֹתָ֛הּ מֵעַ֥ל רֹאשׁ־אֶפְרַ֖יִם עַל־רֹ֥אשׁ מְנַשֶּֽׁה׃
18 וַיֹּ֧אמֶר יוֹסֵ֛ף אֶל־אָבִ֖יו לֹא־כֵ֣ן אָבִ֑י כִּי־זֶ֣ה הַבְּכֹ֔ר שִׂ֥ים יְמִינְךָ֖ עַל־ יט23 . כד
19 רֹאשֽׁוֹ׃ 19 וַיְמָאֵ֣ן אָבִ֗יו וַיֹּ֙אמֶר֙ יָדַ֤עְתִּֽי בְנִי֙ יָדַ֔עְתִּי גַּם־ה֥וּא יִֽהְיֶה־לְּעָ֖ם
וְגַם־ה֣וּא יִגְדָּ֑ל וְאוּלָ֗ם אָחִ֤יו הַקָּטֹן֙ יִגְדַּ֣ל מִמֶּ֔נּוּ וְזַרְע֖וֹ יִהְיֶ֥ה מְלֹֽא־ ז24 . ז25
20 הַגּוֹיִֽם׃ 20 וַיְבָרְכֵ֞ם בַּיּ֣וֹם הַהוּא֮ לֵאמוֹר֒ ג מל26

בְּךָ֞ᵃ יְבָרֵ֤ךְᵇ יִשְׂרָאֵל֙ לֵאמֹ֔ר
יְשִֽׂמְךָ֣ אֱלֹהִ֔ים כְּאֶפְרַ֖יִם וְכִמְנַשֶּׁ֑הᶜ ב חס

21 וַיָּ֥שֶׂם אֶת־אֶפְרַ֖יִם לִפְנֵ֥י מְנַשֶּֽׁה׃ 21 וַיֹּ֤אמֶר יִשְׂרָאֵל֙ אֶל־יוֹסֵ֔ף פד לג מנה בתור
הִנֵּ֥ה אָנֹכִ֖י מֵ֑ת וְהָיָ֤ה אֱלֹהִים֙ עִמָּכֶ֔ם וְהֵשִׁ֣יב אֶתְכֶ֔ם אֶל־אֶ֖רֶץ אֲבֹתֵיכֶֽם׃ ב27
22 וַאֲנִ֞י נָתַ֧תִּי לְךָ֛ שְׁכֶ֥ם אַחַ֖דᵃ עַל־אַחֶ֑יךָ אֲשֶׁ֤ר לָקַ֙חְתִּי֙ מִיַּ֣ד הָֽאֱמֹרִ֔י טז ר״פ . ב . כה28 . ל
בְּחַרְבִּ֖י וּבְקַשְׁתִּֽי׃ פ ל . ל29

ס [מד] **49** 1 וַיִּקְרָ֥א יַעֲקֹ֖ב אֶל־בָּנָ֑יו וַיֹּ֕אמֶר
הֵאָסְפוּ֙ וְאַגִּ֣ידָה לָכֶ֔ם אֵ֛ת אֲשֶׁר־יִקְרָ֥א אֶתְכֶ֖ם בְּאַחֲרִ֥ית הַיָּמִֽים׃ ל

[15] Mm 963. [16] Mm 1473. [17] Mm 356. [18] Mm 3666. [19] Mm 1146. [20] Mm 944. [21] Mm 1806. [22] Mm 2737. [23] Mm 436. [24] Mm 357. [25] Mm 970. [26] Mm 358. [27] Mm 359. [28] Mm 187. [29] וחד בקשתי Ps 44,7.

12 ᵃ Ms 𝔐𝔊𝔖𝔗ᴾ ־חֲוּ ‖ ᵇ l לוֹ אַפַּיִם? cf 𝔊𝔖 et 42,6 ‖ **13** ᵃ 𝔊(𝔖𝔙) + *αὐτούς*, ins אֹתָם cf 10 ‖ **14** ᵃ 𝔐𝔊 + יד cf 17 ‖ **15** ᵃ⁻ᵃ 𝔊 *αὐτούς* ‖ **16** ᵃ 𝔐 המלך ‖ **20** ᵃ 𝔊(𝔗ᴾ) *ἐν ὑμῖν* ‖ ᵇ 𝔊𝔖 pass = יְבֹרַךְ vel potius יִתְבָּרֵךְ ‖ ᶜ prp ומ׳ ‖ **22** ᵃ 𝔐ᴹˢˢ אחת.

2 הִקָּבְצוּ וְשִׁמְעוּ בְּנֵי יַעֲקֹב וְשִׁמְעוּ אֶל־יִשְׂרָאֵל אֲבִיכֶם׃ — ד̇ [1] . ז̇ [2] וכל משחתיך למלך דכות ב מ א

3 רְאוּבֵן בְּכֹרִי אַתָּה כֹּחִי וְרֵאשִׁית אוֹנִי — ב̇ בטע̇ . כו̇ מלעיל . ו̇ [3]
יֶתֶר שְׂאֵת[a] וְיֶתֶר עָז׃ — יד̇ . ז̇ קמ̇ למערב̇ [4]
4 פַּחַז[a] כַּמַּיִם אַל־תּוֹתַר[b] כִּי עָלִיתָ מִשְׁכְּבֵי אָבִיךָ — ל̇ . ל̇
אָז חִלַּלְתָּ יְצוּעִי עָלָה[c]׃ פ

5 שִׁמְעוֹן וְלֵוִי אַחִים כְּלֵי[a] חָמָס מְכֵרֹתֵיהֶם[b]׃ — ל̇
6 בְּסֹדָם אַל־תָּבֹא נַפְשִׁי בִּקְהָלָם אַל־תֵּחַד[a] כְּבֹדִי[b] — ל̇ . יז̇ חס̇ וכל משלי דכות ב מ ד̇ . ל̇ . ב̇ [5]
כִּי בְאַפָּם הָרְגוּ אִישׁ וּבִרְצֹנָם עִקְּרוּ־שׁוֹר׃ — ד̇ חס̇ בליש̇ וכל לרצנכם דכות [6]
7 אָרוּר אַפָּם כִּי עָז וְעֶבְרָתָם כִּי קָשָׁתָה — ז̇ [4] קמ̇ למערב̇ ב̇ מנה̇ בזקף̇ . ל̇
אֲחַלְּקֵם בְּיַעֲקֹב וַאֲפִיצֵם בְּיִשְׂרָאֵל׃ ס — ל̇ . ב̇

8 יְהוּדָה אַתָּה יוֹדוּךָ אַחֶיךָ יָדְךָ בְּעֹרֶף אֹיְבֶיךָ — ד̇ ר״פ [7] . ל̇ [8]
יִשְׁתַּחֲווּ[a] לְךָ בְּנֵי אָבִיךָ׃ — ב̇ [9]
9 גּוּר אַרְיֵה יְהוּדָה מִטֶּרֶף בְּנִי עָלִיתָ
כָּרַע רָבַץ כְּאַרְיֵה וּכְלָבִיא מִי יְקִימֶנּוּ׃
10 לֹא־יָסוּר שֵׁבֶט מִיהוּדָה וּמְחֹקֵק מִבֵּין רַגְלָיו[a] — ב̇ ר״פ בסיפ̇
עַד כִּי־יָבֹא שִׁילֹה[b] וְלוֹ יִקְּהַת עַמִּים׃ — ל̇ . שילו ק̇
11 אֹסְרִי לַגֶּפֶן עִירֹה וְלַשֹּׂרֵקָה בְּנִי אֲתֹנוֹ — ל̇ . עירו ק̇ חד מן יו̇ [10] כת̇ ה בתור̇ ול̇ בליש̇
כִּבֵּס בַּיַּיִן לְבֻשׁוֹ וּבְדַם־עֲנָבִים סוּתֹה[a]׃ — ב̇ . ג̇ חס̇ . סותו ק̇ חד מן יו̇ [10] כת̇ ה בתור̇ ול̇ בליש̇
12 חַכְלִילִי עֵינַיִם מִיָּיִן וּלְבֶן־שִׁנַּיִם מֵחָלָב׃ פ — ל̇ . כת̇ . ב̇ [11]

13 זְבוּלֻן לְחוֹף יַמִּים יִשְׁכֹּן[a] וְהוּא לְחוֹף[b] אֳנִיֹּת — ל̇ חס̇ [12]
וְיַרְכָתוֹ עַל־[c]צִידֹן׃ ס — ל̇

14 יִשָּׂשכָר חֲמֹר גָּרֶם[a] רֹבֵץ בֵּין הַמִּשְׁפְּתָיִם׃ — ד̇ חס̇ בתור̇ [13] . ג̇ [14] . ב̇

Cp 49 [1]Mm 2381. [2]Mm 1021. [3]Mm 1157. [4]Mm 3655. [5]Jes 14,20. [6]Mm 3874. [7]Mm 3997. [8]Mm 2971. [9]Ps 66,4. [10]Mm 598. [11]Hi 35,8. [12]Mp contra textum, cf Mp sub loco. [13]Mm 458. [14]Mm 28.

Cp 49,3 [a] prp שְׂאָה (vel שְׂאֵת?) || **4** [a] ш𝔊𝔖𝔗 פָּחַזְתָּ, frt l || [b] 𝔖 *tpwš*, prp תִּוָּתֵר || [c] 𝔊 (𝔖𝔗[J]) *ἀνέβης* || **5** [a] ш𝔊 כָּלוּ || [b] prp מִכְמְרֹתֵיהֶם cf Jes 19,8 Hab 1,15 || **6** [a] ш𝔊 (*ἐρείσαι*) יחר || [b] 𝔊 leg כבדי || **8** [a] sic L, mlt Mss Edd וּ– || **10** [a] ш דגליו || [b] mlt Mss ш[Mss] שלה; 𝔊[LO al] *ᾧ ἀπόκειται*, prp שֶׁלֹּה (שֶׁלּוֹ) cf 𝔖𝔗; al prp שַׁיְלֹה vel מֹשְׁלֹה || **11** [a] ш[Mss] כסותו || **13** [a] prp יִזְבֹּל || [b] prp חֶבֶל vel חֹלֶף || [c] Seb nonn Mss Vrs עַד || **14** [a] ш גרים.

15 וַיַּרְא מְנֻחָה֙ כִּי ט֔וֹב[a] וְאֶת־הָאָרֶץ כִּי נָעֵמָה — ד̇ חס̇ בליש̇[15] . ה̇ וכל את השמים ואת הארץ דכות[16]
וַיֵּט שִׁכְמוֹ֙ לִסְבֹּל וַיְהִי לְמַס־עֹבֵד׃ ס — ג̇[17]

16 דָּן יָדִין עַמּוֹ כְּאַחַד שִׁבְטֵי יִשְׂרָאֵל׃ — יב̇[18]
17 יְהִי־דָן֙ נָחָשׁ עֲלֵי־דֶרֶךְ שְׁפִיפֹן עֲלֵי־אֹרַח — ל̇
הַנֹּשֵׁךְ֙ עִקְּבֵי־סוּס וַיִּפֹּל רֹכְבוֹ אָחוֹר׃
18 לִישׁוּעָתְךָ קִוִּיתִי יְהוָה׃ — יד̇ פסוק בתור[19]

19 גָּד גְּדוּד יְגוּדֶנּוּ וְהוּא יָגֻד עָקֵב[a]׃ ס — ב̇[20] . ג̇ ס״פ

20 מֵאָשֵׁר[a] שְׁמֵנָה[b] לַחְמוֹ וְהוּא יִתֵּן מַעֲדַנֵּי־מֶלֶךְ׃ ס — ג̇ פסוק דמיין

21 נַפְתָּלִי אַיָּלָה[a] שְׁלֻחָה הַנֹּתֵן[b] אִמְרֵי־[c]שָׁפֶר׃ ס — ג̇ ב̇ מל̇ וחד חס̇[21]

22 [a]בֵּן פֹּרָת֙[a] יוֹסֵף [b]בֵּן פֹּרָת[b] עֲלֵי־עָיִן — ב̇ ובפסוק . ב̇ ובפסוק
בָּנוֹת[c] צָעֲדָה עֲלֵי־שׁוּר׃
23 וַיְמָרְרֻהוּ וָרֹבּוּ[a] וַיִּשְׂטְמֻהוּ בַּעֲלֵי חִצִּים׃ — ל̇ . ל̇ . ל̇
24 וַתֵּשֶׁב[a] בְּאֵיתָן֙ קַשְׁתּוֹ [b]וַיָּפֹזּוּ זְרֹעֵי יָדָיו[b] — יב̇[22] . ל̇
מִידֵי֙ אֲבִיר יַעֲקֹב [c]מִשָּׁם רֹעֶה אֶבֶן[c] יִשְׂרָאֵל׃
25 מֵאֵל אָבִיךָ וְיַעְזְרֶךָּ וְאֵת[a] שַׁדַּי֙ וִיבָרְכֶךָּ — ל̇
בִּרְכֹת שָׁמַיִם֙ מֵעָל בִּרְכֹת תְּהוֹם רֹבֶצֶת תָּחַת — ו̇ רפי̇[23] . ג̇[24] . ו̇ רפי̇[23] . ג̇
בִּרְכֹת שָׁדַיִם וָרָחַם׃ — ו̇ רפי̇[23] . ל̇[25]
26 בִּרְכֹת אָבִיךָ גָּבְרוּ֙ עַל־בִּרְכֹת [a]הוֹרַי עַד־[a] — ו̇ רפי̇[23] . ו̇ רפי̇[23] . ד̇ זוגין חד עד וחד על[26]
תַּאֲוַת גִּבְעֹת עוֹלָם — ג̇
תִּהְיֶין[b] לְרֹאשׁ יוֹסֵף וּלְקָדְקֹד נְזִיר אֶחָיו׃ פ — כ̇ד

27 בִּנְיָמִין֙ זְאֵב יִטְרָף בַּבֹּקֶר יֹאכַל עַד — יז̇ מל̇[27] . ב̇ בלשון ביזה[28] — ס̇[מה]
וְלָעֶרֶב יְחַלֵּק שָׁלָל׃

[15] Mm 360. [16] Mm 2574. [17] Mm 1937 et cf Mp 2 Ch 8,8. [18] Mm 361. [19] Mm 750. [20] Hab 3,16. [21] Mm 240. [22] Mm 140. [23] Mm 363 et Mm 3839. [24] Mm 362. [25] Mm 1425. [26] Mm 1318. [27] Mm 262. [28] Mm 2337.

15 [a] l טוֹבָה? || **19/20** [a–a] l עֲקֵבָם: אשר cf 𝔊𝔖𝔙 || [b] ⅏ שמן || **21** [a] 𝔊 *στέλεχος*, prp אֵילָה || [b] l נֹתְנָה? || [c] prp אֲמִרֵי cf 𝔊 || **22** [a–a] dl? || [b–b] prp בֶּן־פָּרָה || [c] l בְּנֹת? || **23** [a] l וַיָּרִבוּ vel frt c ⅏𝔊 וַיְרִיבֻהוּ || **24** [a] 𝔊 *καὶ συνετρίβη*, l prb וַתִּשָּׁבֵר || [b–b] l וַיִּפָּזְרוּ גִּידֵי זְרֹעָיו? cf 𝔊𝔖 || [c–c] prp מִשֵּׁם עֹזֵר (cf 𝔖𝔗) vel מִשֹּׁמֵר אבן || **25** [a] l c pc Mss ⅏𝔊𝔖 וְאֵל || **26** [a–a] 𝔊 *ὀρέων μονίμων*, l הַרְרֵי עַד et frt ins עַל־ ante תאות || [b] l ־ןָ.

28 כָּל־אֵ֛לֶּה שִׁבְטֵ֥י יִשְׂרָאֵ֖ל שְׁנֵ֣ים עָשָׂ֑ר וְ֠זֹאת אֲשֶׁר־דִּבֶּ֨ר לָהֶ֤ם אֲבִיהֶם֙ כה̇
29 וַיְבָ֣רֶךְ אוֹתָ֔ם אִ֛ישׁ אֲשֶׁ֥ר[a] כְּבִרְכָת֖וֹ בֵּרַ֥ךְ אֹתָֽם׃ 29 וַיְצַ֣ו אוֹתָ֗ם וַיֹּ֣אמֶר ה̇ בתור . לט̇ מל בתור . יב̇ . לט̇ מל בתור
אֲלֵהֶם֮ אֲנִי֮ נֶאֱסָ֣ף אֶל־עַמִּ֔י[a] קִבְר֥וּ אֹתִ֖י אֶל־[b]אֲבֹתָ֑י אֶל־הַ֨מְּעָרָ֔ה אֲשֶׁ֥ר ג̇ ב̇ פת̇ וחד קמ̇ . ד̇[29]
30 בִּשְׂדֵ֖ה עֶפְר֥וֹן הַחִתִּֽי׃ 30 בַּמְּעָרָ֞ה אֲשֶׁ֨ר בִּשְׂדֵ֧ה הַמַּכְפֵּלָ֛ה אֲשֶׁר־עַל־
פְּנֵ֥י־מַמְרֵ֖א בְּאֶ֣רֶץ כְּנָ֑עַן אֲשֶׁר֩ קָנָ֨ה אַבְרָהָ֜ם אֶת־הַשָּׂדֶ֗ה מֵאֵ֛ת עֶפְרֹ֥ן ד̇ חס̇[30]
31 הַחִתִּ֖י לַאֲחֻזַּת־קָֽבֶר׃ 31 שָׁ֣מָּה קָֽבְר֞וּ אֶת־אַבְרָהָ֗ם וְאֵת֙ שָׂרָ֣ה אִשְׁתּ֔וֹ ה̇ ר״פ[31] . ל̇
שָׁ֚מָּה קָבְר֣וּ אֶת־יִצְחָ֔ק וְאֵ֖ת רִבְקָ֣ה אִשְׁתּ֑וֹ וְשָׁ֥מָּה קָבַ֖רְתִּי אֶת־לֵאָֽה׃ ל̇ . ה̇
32 33 32 מִקְנֵ֥ה הַשָּׂדֶ֛ה וְהַמְּעָרָ֥ה אֲשֶׁר־בּ֖וֹ מֵאֵ֥ת בְּנֵי־חֵֽת׃ 33 וַיְכַ֤ל יַעֲקֹב֙ לְצַוֺּ֣ת י̇ בתור
אֶת־בָּנָ֔יו וַיֶּאֱסֹ֥ף רַגְלָ֖יו אֶל־הַמִּטָּ֑ה וַיִּגְוַ֖ע וַיֵּאָ֥סֶף אֶל־עַמָּֽיו׃ ד̇ בתור . כ̇ ה̇ מנה בתור[32] . ז̇ ה̇ מלעיל וב̇ מלרע
50 **50** 1 וַיִּפֹּ֥ל יוֹסֵ֖ף עַל־פְּנֵ֣י אָבִ֑יו וַיֵּ֥בְךְּ עָלָ֖יו וַיִּשַּׁק־לֽוֹ׃ 2 וַיְצַ֨ו יוֹסֵ֤ף
אֶת־עֲבָדָיו֙ אֶת־הָרֹ֣פְאִ֔ים לַחֲנֹ֖ט אֶת־אָבִ֑יו וַיַּחַנְט֥וּ הָרֹפְאִ֖ים אֶת־ ו̇[1] פסוק את את את את . ל̇ . ב̇
3 יִשְׂרָאֵֽל׃ 3 וַיִּמְלְאוּ־לוֹ֙ אַרְבָּעִ֣ים י֔וֹם כִּ֛י כֵּ֥ן יִמְלְא֖וּ יְמֵ֣י הַחֲנֻטִ֑ים וַיִּבְכּ֥וּ
4 אֹת֛וֹ מִצְרַ֖יִם שִׁבְעִ֥ים יֽוֹם׃ 4 וַיַּֽעַבְרוּ֙ יְמֵ֣י בְכִית֔וֹ וַיְדַבֵּ֣ר יוֹסֵ֔ף אֶל־בֵּ֥ית
פַּרְעֹ֖ה לֵאמֹ֑ר אִם־נָ֨א מָצָ֤אתִי חֵן֙ בְּעֵ֣ינֵיכֶ֔ם דַּבְּרוּ־נָ֕א בְּאָזְנֵ֥י פַרְעֹ֖ה יח̇ . לז̇
5 לֵאמֹֽר׃ 5 אָבִ֞י הִשְׁבִּיעַ֣נִי[a] לֵאמֹ֗ר הִנֵּ֣ה אָנֹכִי֮ מֵת֒ בְּקִבְרִ֗י אֲשֶׁ֨ר כָּרִ֤יתִי ל̇[1] . ל̇ ומל
לִי֙ בְּאֶ֣רֶץ כְּנַ֔עַן שָׁ֖מָּה תִּקְבְּרֵ֑נִי וְעַתָּ֗ה אֶֽעֱלֶה־נָּ֛א וְאֶקְבְּרָ֥ה אֶת־אָבִ֖י[b]
6 וְאָשֽׁוּבָה׃ 6 וַיֹּ֖אמֶר פַּרְעֹ֑ה עֲלֵ֛ה וּקְבֹ֥ר אֶת־אָבִ֖יךָ כַּאֲשֶׁ֥ר הִשְׁבִּיעֶֽךָ׃
7 7 וַיַּ֥עַל יוֹסֵ֖ף לִקְבֹּ֣ר אֶת־אָבִ֑יו וַיַּעֲל֨וּ אִתּ֜וֹ כָּל־עַבְדֵ֤י פַרְעֹה֙ זִקְנֵ֣י בֵית֔וֹ
8 וְכֹ֖ל זִקְנֵ֥י אֶֽרֶץ־מִצְרָֽיִם׃ 8 וְכֹל֙ בֵּ֣ית יוֹסֵ֔ף וְאֶחָ֖יו וּבֵ֣ית אָבִ֑יו רַ֗ק טַפָּם֙ ג̇[2] . ה̇ ר״פ בסיפ̇ . יב̇[3]
9 וְצֹאנָם֙ וּבְקָרָ֔ם עָזְב֖וּ בְּאֶ֥רֶץ גֹּֽשֶׁן׃ 9 וַיַּ֣עַל עִמּ֔וֹ גַּם־רֶ֖כֶב גַּם־פָּרָשִׁ֑ים וַיְהִ֥י י̇ פסוק בתור גם גם ומילה חדה ביניה
10 הַֽמַּחֲנֶ֖ה כָּבֵ֥ד מְאֹֽד׃ 10 וַיָּבֹ֜אוּ עַד־גֹּ֣רֶן הָאָטָ֗ד אֲשֶׁר֙ בְּעֵ֣בֶר הַיַּרְדֵּ֔ן
וַיִּ֨סְפְּדוּ־שָׁ֔ם מִסְפֵּ֛ד גָּד֥וֹל וְכָבֵ֖ד מְאֹ֑ד וַיַּ֧עַשׂ לְאָבִ֛יו אֵ֖בֶל שִׁבְעַ֥ת יָמִֽים׃
11 11 וַיַּ֡רְא יוֹשֵׁב֩ הָאָ֨רֶץ הַֽכְּנַעֲנִ֜י אֶת־הָאֵ֗בֶל בְּגֹ֙רֶן֙ הָֽאָטָ֔ד וַיֹּ֣אמְר֔וּ אֵֽבֶל־ יז̇ מל בתור ג̇[4] מנה בסיפ
כָּבֵ֥ד זֶ֖ה לְמִצְרָ֑יִם עַל־כֵּ֞ן קָרָ֤א שְׁמָהּ֙[a] אָבֵ֣ל[b] מִצְרַ֔יִם אֲשֶׁ֖ר בְּעֵ֥בֶר
12 13 הַיַּרְדֵּֽן׃ 12 וַיַּעֲשׂ֥וּ בָנָ֖יו ל֑וֹ כֵּ֖ן כַּאֲשֶׁ֥ר צִוָּֽם׃ 13 וַיִּשְׂא֨וּ אֹת֤וֹ בָנָיו֙ אַ֣רְצָה ג̇[5] . מג̇ . ח̇[6]

[29] Mm 364. [30] Mm 365. [31] Mm 2922. [32] Mm 4234. Cp 50 [1] וחד השביעני Thr 3,15. [2] Mm 366. [3] Mm 1447. [4] Mm 160. [5] Mm 367. [6] Mm 77.

28 [a] > pc Mss 𝔊𝔖; l prb אִישׁ ‖ **29** [a] l עַמַּי cf 33 ‖ [b] l עִם? ‖ **Cp 50,5** [a] 𝔐𝔊[Aal] + לִפְנֵי מוֹתוֹ, ex 16 ‖ [b] 𝔐 + כַּאֲשֶׁר הִשְׁבִּיעַנִי ‖ **11** [a] 𝔐𝔖 שְׁמוֹ ‖ [b] 𝔊(𝔗) Πένθος = אֵבֶל.

כְּנַ֑עַן וַיִּקְבְּר֣וּ אֹת֔וֹ בִּמְעָרַ֖ת שְׂדֵ֣ה הַמַּכְפֵּלָ֑ה אֲשֶׁ֣ר קָנָה֩ אַבְרָהָ֨ם אֶת־
14 הַשָּׂדֶ֜ה לַאֲחֻזַּת־קֶ֗בֶר מֵאֵ֛ת עֶפְרֹ֥ן הַחִתִּ֖י עַל־פְּנֵ֥י מַמְרֵֽא׃ 14 וַיָּ֨שָׁב ד חס[7]
יוֹסֵ֤ף מִצְרַ֙יְמָה֙ ה֣וּא וְאֶחָ֔יו וְכָל־הָעֹלִ֥ים אִתּ֖וֹ לִקְבֹּ֣ר אֶת־אָבִ֑יו [a]אַחֲרֵ֖י כח[8]
15 קָבְר֥וֹ אֶת־אָבִֽיו[a]׃ 15 וַיִּרְא֤וּ[a] אֲחֵֽי־יוֹסֵף֙ כִּי־מֵ֣ת אֲבִיהֶ֔ם וַיֹּ֣אמְר֔וּ ב[9]
ל֥וּ יִשְׂטְמֵ֖נוּ יוֹסֵ֑ף וְהָשֵׁ֤ב יָשִׁיב֙ לָ֔נוּ אֵ֚ת כָּל־הָ֣רָעָ֔ה אֲשֶׁ֥ר גָּמַ֖לְנוּ אֹתֽוֹ׃ כב[10] . ד . כד בליש[11] . ל
16 וַיְצַוּ֕וּ[a] אֶל־יוֹסֵ֖ף לֵאמֹ֑ר אָבִ֣יךָ צִוָּ֔ה לִפְנֵ֥י מוֹת֖וֹ לֵאמֹֽר׃ 17 כֹּֽה־ ד ג מל וחד חס[12] . ז[13]
תֹאמְר֣וּ לְיוֹסֵ֗ף אָ֣נָּ֡א שָׂ֣א נָ֞א פֶּ֣שַׁע אַחֶ֤יךָ וְחַטָּאתָם֙ כִּי־רָעָ֣ה גְמָל֔וּךָ ח . ל
וְעַתָּה֙ שָׂ֣א נָ֔א לְפֶ֥שַׁע עַבְדֵ֖י אֱלֹהֵ֣י אָבִ֑יךָ וַיֵּ֥בְךְּ יוֹסֵ֖ף בְּדַבְּרָ֥ם אֵלָֽיו׃
18 וַיֵּלְכוּ֙[a] גַּם־אֶחָ֔יו וַיִּפְּל֖וּ לְפָנָ֑יו וַיֹּ֣אמְר֔וּ הִנֶּ֥נּוּ לְךָ֖ לַעֲבָדִֽים׃ 19 וַיֹּ֧אמֶר ג דגש[14]
20 אֲלֵהֶ֛ם יוֹסֵ֖ף אַל־תִּירָ֑אוּ כִּ֛י הֲתַ֥חַת אֱלֹהִ֖ים אָֽנִי׃ 20 וְאַתֶּ֕ם חֲשַׁבְתֶּ֥ם עָלַ֖י ג[15]
רָעָ֑ה אֱלֹהִים֙[a] חֲשָׁבָ֣הּ לְטֹבָ֔ה לְמַ֗עַן עֲשֹׂ֛ה כַּיּ֥וֹם הַזֶּ֖ה לְהַחֲיֹ֥ת עַם־רָֽב׃ ב חס[16] . ד[17] . ב
21 וְעַתָּה֙ אַל־תִּירָ֔אוּ אָנֹכִ֛י אֲכַלְכֵּ֥ל אֶתְכֶ֖ם וְאֶת־טַפְּכֶ֑ם וַיְנַחֵ֣ם אוֹתָ֔ם ב[18] . לט מל בתור
22 וַיְדַבֵּ֖ר עַל־לִבָּֽם׃ 22 וַיֵּ֤שֶׁב יוֹסֵף֙ בְּמִצְרַ֔יִם ה֖וּא וּבֵ֣ית אָבִ֑יו וַיְחִ֣י
23 יוֹסֵ֔ף מֵאָ֥ה וָעֶ֖שֶׂר שָׁנִֽים׃ 23 וַיַּ֤רְא יוֹסֵף֙ לְאֶפְרַ֔יִם בְּנֵ֖י[a] שִׁלֵּשִׁ֑ים גַּ֗ם בְּנֵ֤י ה
24 מָכִיר֙ בֶּן־מְנַשֶּׁ֔ה יֻלְּד֖וּ [b]עַל־בִּרְכֵּ֥י[b] יוֹסֵֽף׃ 24 וַיֹּ֤אמֶר יוֹסֵף֙ אֶל־אֶחָ֔יו ה וחס
אָנֹכִ֖י מֵ֑ת וֵֽאלֹהִ֞ים פָּקֹ֧ד יִפְקֹ֣ד אֶתְכֶ֗ם וְהֶעֱלָ֤ה אֶתְכֶם֙ מִן־הָאָ֣רֶץ הַזֹּ֔את ה[19] . ה וחס[20]
25 אֶל־הָאָ֕רֶץ אֲשֶׁ֥ר נִשְׁבַּ֛ע לְאַבְרָהָ֥ם לְיִצְחָ֖ק וּֽלְיַעֲקֹֽב׃ 25 וַיַּשְׁבַּ֣ע יוֹסֵ֔ף ד בסיפ[21] . ד[22]
אֶת־בְּנֵ֥י יִשְׂרָאֵ֖ל לֵאמֹ֑ר פָּקֹ֨ד יִפְקֹ֤ד אֱלֹהִים֙ אֶתְכֶ֔ם וְהַעֲלִתֶ֥ם אֶת־ ה וחס[20] . ל חס
26 עַצְמֹתַ֖י מִזֶּֽה[a]׃ 26 וַיָּ֣מָת יוֹסֵ֔ף בֶּן־מֵאָ֥ה וָעֶ֖שֶׂר שָׁנִ֑ים וַיַּחַנְט֣וּ אֹת֔וֹ וַיִּ֥ישֶׂם[a] ה חס בליש[23] . ב . ל ומל[24]
בָּאָר֖וֹן בְּמִצְרָֽיִם׃ פד[24]

סכום הפסוקים של ספר
אלף וחמש מאות
ושלשים וארבעה׃
אך לד[24]
וחציו ועל־חרבך[25]
וסדרים מה

[7] Mm 365. [8] Mm 84. [9] Mm 1965. [10] Mm 1444. [11] Mm 1685. [12] Mm 368. [13] Mm 369. [14] Mm 327. [15] Mm 370. [16] Mm 1222. [17] Mm 3631. [18] 2 S 12,24. [19] Mm 371. [20] Mm 388. [21] Mm 79. [22] Mm 1273. [23] Mm 3723. [24] Mp sub loco. [25] Gn 27,40, cf Mp sub loco.

14 [a–a] > 𝔊*, dl? ‖ **15** [a] 𝔙(𝔖) *timentes* = leg ׳וַיִּ ‖ **16** [a] 𝔊(𝔖) *καὶ παρεγένοντο* cf 18, prp וַיִּגְּשׁוּ ‖ **18** [a] prp וַיִּבְכּוּ ‖ **20** [a] ⅏ Vrs וְהָאֱ׳ ‖ **23** [a] ⅏𝔊𝔖𝔗[J] בָּנִים ‖ [b] ⅏ בימי ‖ **25** [a] nonn Mss ⅏ Vrs + אִתְּכֶם ‖ **26** [a] l c ⅏ וַיּוּשַׂם.

EXODUS ואלה שמות

[א] 1 ¹ וְאֵ֗לֶּה[a] שְׁמוֹת֙ בְּנֵ֣י יִשְׂרָאֵ֔ל הַבָּאִ֖ים מִצְרָ֑יְמָה אֵ֣ת יַעֲקֹ֔ב[b] אִ֥ישׁ ס — י בתור . כת[1] . ג
2 3 וּבֵית֖וֹ בָּֽאוּ׃ ² רְאוּבֵ֣ן[a] שִׁמְע֔וֹן לֵוִ֖י[a] וִיהוּדָֽה׃[b] ³ יִשָּׂשכָ֥ר[a] זְבוּלֻ֖ן[b] — ו[2] . יד פסוק בתור[3] . ל
4 5 וּבִנְיָמִֽן׃[c] ⁴ דָּ֥ן וְנַפְתָּלִ֖י גָּ֥ד וְאָשֵֽׁר׃[a] ⁵ וַֽיְהִ֗י[a] כָּל־נֶ֛פֶשׁ יֹצְאֵ֥י[b] יֶֽרֶךְ־ — ט וכל יהודה ויוסף דכות[4]
6 יַעֲקֹ֖ב[b] שִׁבְעִ֣ים[c] נָ֑פֶשׁ וְיוֹסֵ֖ף[d] הָיָ֥ה בְמִצְרָֽיִם׃[d] ⁶ וַיָּ֤מָת יוֹסֵף֙ וְכָל־ — ו[5] . ח̇ פסוק וכל וכל ומילה חדה ביניה[6]
7 אֶחָ֔יו וְכֹ֖ל הַדּ֥וֹר הַהֽוּא׃ ⁷ וּבְנֵ֣י יִשְׂרָאֵ֗ל פָּר֧וּ וַֽיִּשְׁרְצ֛וּ וַיִּרְבּ֥וּ וַיַּֽעַצְמ֖וּ — ל[7]
בִּמְאֹ֣ד מְאֹ֑ד וַתִּמָּלֵ֥א הָאָ֖רֶץ אֹתָֽם׃ פ — ו[8]
8 ⁸ וַיָּ֥קָם מֶֽלֶךְ־חָדָ֖שׁ עַל־מִצְרָ֑יִם אֲשֶׁ֥ר לֹֽא־יָדַ֖ע אֶת־יוֹסֵֽף׃ — ה
9 10 ⁹ וַיֹּ֖אמֶר אֶל־עַמּ֑וֹ הִנֵּ֗ה עַ֚ם בְּנֵ֣י יִשְׂרָאֵ֔ל רַ֥ב וְעָצ֖וּם מִמֶּֽנּוּ׃ ¹⁰ הָ֥בָה[a]
נִֽתְחַכְּמָ֖ה ל֑וֹ[b] פֶּן־יִרְבֶּ֗ה[c] וְהָיָ֞ה כִּֽי־תִקְרֶ֤אנָה[d] מִלְחָמָה֙ וְנוֹסַ֤ף[c] גַּם־הוּא֙[c] — ה[9] וכל כי וכי דכות ב מ א . ג ב פת וחד קמ[10]
11 עַל־שֹׂ֣נְאֵ֔ינוּ וְנִלְחַם־בָּ֖נוּ וְעָלָ֥ה[c] מִן־הָאָֽרֶץ׃ ¹¹ וַיָּשִׂ֤ימוּ[a] עָלָיו֙[b] שָׂרֵ֣י — ה[11] . לה
מִסִּ֔ים לְמַ֥עַן עַנֹּת֖וֹ[b] בְּסִבְלֹתָ֑ם וַיִּ֜בֶן עָרֵ֤י מִסְכְּנוֹת֙[c] לְפַרְעֹ֔ה אֶת־פִּתֹ֖ם — ב וחס . ל וחס
12 וְאֶת־רַעַמְסֵֽס׃[d] ¹² וְכַאֲשֶׁר֙ יְעַנּ֣וּ אֹת֔וֹ[a] כֵּ֥ן יִרְבֶּ֖ה[b] וְכֵ֣ן יִפְרֹ֑ץ[c] וַיָּקֻ֕צוּ[d] — ב ר״פ[12] . ה[9] וכל כי וכי דכות ב מ א
13 מִפְּנֵ֖י בְּנֵ֥י יִשְׂרָאֵֽל׃ ¹³ וַיַּעֲבִ֧דוּ מִצְרַ֛יִם אֶת־בְּנֵ֥י יִשְׂרָאֵ֖ל בְּפָֽרֶךְ׃ — ל וחס
14 ¹⁴ וַיְמָרְר֨וּ אֶת־חַיֵּיהֶ֜ם בַּעֲבֹדָ֣ה קָשָׁ֗ה בְּחֹ֙מֶר֙ וּבִלְבֵנִ֔ים וּבְכָל־עֲבֹדָ֖ה — ל . ל
15 בַּשָּׂדֶ֑ה אֵ֚ת כָּל־עֲבֹ֣דָתָ֔ם אֲשֶׁר־עָבְד֥וּ בָהֶ֖ם בְּפָֽרֶךְ׃ ¹⁵ וַיֹּ֙אמֶר֙ — ג בליש[13]
מֶ֣לֶךְ מִצְרַ֔יִם לַֽמְיַלְּדֹ֖ת הָֽעִבְרִיֹּ֑ת אֲשֶׁ֨ר שֵׁ֤ם הָֽאַחַת֙ שִׁפְרָ֔ה וְשֵׁ֥ם הַשֵּׁנִ֖ית — ב בתרי ליש[14]
16 פּוּעָֽה׃ ¹⁶ וַיֹּ֗אמֶר בְּיַלֶּדְכֶן֙ אֶת־הָֽעִבְרִיּ֔וֹת וּרְאִיתֶ֖ן[a] עַל־הָאָבְנָ֑יִם[a] אִם־ — ז פסוק בתור אם ואם
17 בֵּ֥ן הוּא֙ וַהֲמִתֶּ֣ן אֹת֔וֹ וְאִם־בַּ֥ת הִ֖וא וָחָֽיָה׃[b] ¹⁷ וַתִּירֶ֤אןָ הַֽמְיַלְּדֹת֙ אֶת־ — ל[15]

Cp 1 [1]Mm 84. [2]Mm 3090. [3]Mm 750. [4]Mm 334. [5]Mm 1858. [6]Mp sub loco. [7]וחד ישרצו Gn 1,20. [8]Mm 109. [9]Mm 372. [10]Mm 3601. [11]Mm 373. [12]Mm 374. [13]Mm 2933. [14]Mm 375. [15]Mm 934.

Cp 1,1 [a] 𝔊𝔙 om cop ‖ [b] 𝔊 + *τῷ πατρὶ αὐτῶν* ‖ **2** [a–a] ш𝔖 וְשׁ' וְל' ‖ [b] 𝔊 om cop ‖ **3** [a] ш𝔖 וְי' ‖ [b] ш𝔖 וּז' ‖ [c] sic L, mlt Mss Edd וּבְ' ‖ **4** [a] 𝔊 huc tr 5[d–d] ‖ **5** [a] ш וַיִּהְיוּ cf Vrs ‖ [b–b] 𝔊 *ἐξ Ιακωβ* ‖ [c] 𝔊 75 ut Gn 46,27 ‖ [d–d] cf 4[a] ‖ **10** [a] Vrs pl ‖ [b] 𝔊𝔖𝔗[J] suff pl ‖ [c] 𝔖𝔗[J] pl cf 𝔊 ‖ [d] ш Vrs ־ָאֻנוּ ‖ **11** [a] 𝔊*𝔙 sg ‖ [b] Vrs suff pl ‖ [c] 𝔊 *ὀχυράς* ‖ [d] 𝔊 + *καὶ Ων, ἥ ἐστιν Ἡλιούπολις* cf Jer 43,13 ‖ **12** [a] Vrs suff pl ‖ [b] ш יפרה; 𝔊𝔖𝔙 pl ‖ [c] 𝔊𝔖𝔙 pl; 𝔊 + *σφόδρα σφόδρα* ‖ [d] 𝔊(𝔗[J]𝔙) + *οἱ Αἰγύπτιοι* ‖ **16** [a–a] 𝔊(𝔙) *καὶ ὦσιν πρὸς τῷ τίκτειν* ‖ [b] ш וחיתה.

הָֽאֱלֹהִים וְלֹא עָשׂוּ כַּאֲשֶׁר דִּבֶּר אֲלֵיהֶן מֶלֶךְ מִצְרָיִם וַתְּחַיֶּיןָ אֶת־ ה[16]. ה ד מל וחד חס[17]. ב
18 הַיְלָדִים׃ 18 וַיִּקְרָא [a]מֶלֶךְ־מִצְרַיִם[a] לַמְיַלְּדֹת וַיֹּאמֶר לָהֶן מַדּוּעַ יג[18]
19 עֲשִׂיתֶן[b] הַדָּבָר הַזֶּה וַתְּחַיֶּיןָ אֶת־הַיְלָדִים׃ 19 וַתֹּאמַרְןָ הַמְיַלְּדֹת אֶל־ ב. יא חס את. ב
פַּרְעֹה כִּי לֹא כַנָּשִׁים הַמִּצְרִיֹּת הָעִבְרִיֹּת כִּי־חָיוֹת הֵנָּה בְּטֶרֶם תָּבוֹא ג[19]. ל
20 אֲלֵהֶן הַמְיַלֶּדֶת וְיָלָדוּ׃ 20 וַיֵּיטֶב אֱלֹהִים לַמְיַלְּדֹת[a] וַיִּרֶב[b] הָעָם ה ד מל וחד חס[17]. ל
21 וַיַּעַצְמוּ מְאֹד׃ 21 וַיְהִי כִּי־יָרְאוּ הַמְיַלְּדֹת אֶת־הָאֱלֹהִים וַיַּעַשׂ[a] לָהֶם
22 בָּתִּים׃ 22 וַיְצַו פַּרְעֹה לְכָל־עַמּוֹ לֵאמֹר כָּל־הַבֵּן הַיִּלּוֹד[a] הַיְאֹרָה ב. ב[20]
תַּשְׁלִיכֻהוּ[b] וְכָל־הַבַּת תְּחַיּוּן׃ ס ד פת. ל
[ס] 2 1 וַיֵּלֶךְ[a] אִישׁ מִבֵּית לֵוִי וַיִּקַּח[b] אֶת־[a]בַּת־[b]לֵוִי׃ 2 וַתַּהַר הָאִשָּׁה ב[1]
3 וַתֵּלֶד בֵּן וַתֵּרֶא אֹתוֹ כִּי־טוֹב הוּא וַתִּצְפְּנֵהוּ שְׁלֹשָׁה יְרָחִים׃ 3 וְלֹא־ ל. ד[2]. ד ר״פ בסיפ
יָכְלָה עוֹד הַצְּפִינוֹ וַתִּקַּח־לוֹ[a] תֵּבַת גֹּמֶא וַתַּחְמְרָה בַחֵמָר וּבַזָּפֶת ל ומל. ג[3]
4 וַתָּשֶׂם בָּהּ אֶת־הַיֶּלֶד וַתָּשֶׂם בַּסּוּף עַל־שְׂפַת הַיְאֹר׃ 4 וַתֵּתַצַּב[a] אֲחֹתוֹ ל
5 מֵרָחֹק לְדֵעָה מַה־יֵּעָשֶׂה לוֹ׃ 5 וַתֵּרֶד בַּת־פַּרְעֹה לִרְחֹץ עַל־הַיְאֹר ז חס בתור. לו[4]. ה
וְנַעֲרֹתֶיהָ הֹלְכֹת עַל־יַד הַיְאֹר וַתֵּרֶא אֶת־הַתֵּבָה בְּתוֹךְ הַסּוּף וַתִּשְׁלַח ל חס
6 אֶת־אֲמָתָהּ וַתִּקָּחֶהָ[a]׃ 6 וַתִּפְתַּח[a] וַתִּרְאֵהוּ[b] אֶת־הַיֶּלֶד וְהִנֵּה־נַעַר בֹּכֶה[c] ל. ל. ז[5]
7 וַתַּחְמֹל עָלָיו וַתֹּאמֶר[d] מִיַּלְדֵי הָעִבְרִים זֶה׃ 7 וַתֹּאמֶר אֲחֹתוֹ אֶל־בַּת־
פַּרְעֹה הַאֵלֵךְ וְקָרָאתִי לָךְ אִשָּׁה מֵינֶקֶת מִן הָעִבְרִיֹּת וְתֵינִק לָךְ אֶת־ ג[6]. ל
8 הַיָּלֶד׃ 8 וַתֹּאמֶר־לָהּ בַּת־פַּרְעֹה לֵכִי וַתֵּלֶךְ הָעַלְמָה וַתִּקְרָא אֶת־ ג ב מנה בתור
9 אֵם הַיָּלֶד׃ 9 וַתֹּאמֶר לָהּ בַּת־פַּרְעֹה הֵילִיכִי[a] אֶת־הַיֶּלֶד הַזֶּה ז בתור[7]
וְהֵינִקִהוּ לִי וַאֲנִי אֶתֵּן אֶת־שְׂכָרֵךְ וַתִּקַּח הָאִשָּׁה[b] הַיֶּלֶד וַתְּנִיקֵהוּ[c]׃ ב[8]
10 וַיִּגְדַּל[a] הַיֶּלֶד וַתְּבִאֵהוּ לְבַת־[b]פַּרְעֹה וַיְהִי־לָהּ לְבֵן וַתִּקְרָא שְׁמוֹ ב חס[9]. ב[10]. ט
11 מֹשֶׁה וַתֹּאמֶר כִּי מִן־הַמַּיִם מְשִׁיתִהוּ׃ 11 וַיְהִי ׀ בַּיָּמִים הָהֵם ל וחס
וַיִּגְדַּל מֹשֶׁה וַיֵּצֵא אֶל־אֶחָיו וַיַּרְא בְּסִבְלֹתָם וַיַּרְא אִישׁ מִצְרִי מַכֶּה ה[11]

[16] Mm 2512. [17] Mm 1048. [18] Mm 190. [19] Mm 2275. [20] Mm 376. **Cp 2** [1] Mm 377. [2] Mm 378. [3] Mm 379. [4] Mm 210. [5] Mm 1813. [6] Mm 380. [7] Mm 381. [8] Lv 20,3. [9] Mm 382. [10] Mm 383. [11] Mm 416.

18 a–a ш פרעה || b ш𝔗[Ms] + את || **20** a 𝔖 + *mtl d'bd ptgm' hn'* || b ш𝔖[AL]𝔗[J] וַיִּרְבּוּ || **21** a 𝔊 pl cf 𝔗[J] *wqnw … wbn'* (dupl) || **22** a ш𝔊𝔗𝔗[J] + לָעִבְרִים || b ш –כון || **Cp 2,1** a desunt frt nom propria cf 6,20 || b–b 𝔊 *τῶν θυγατέρων* || **3** a ш𝔊 + אִמּוֹ || **4** a ш וַתִּתְיַצֵּב || **5** a sic L, mlt Mss Edd : || **6** a ш –חֶהָ || b ш𝔗𝔗[J] וַתֵּרֶא cf 𝔊𝔙 || c 𝔊(𝔙) + *ἐν τῇ θίβει* || d ш𝔊 + בת פרעה || **9** a 𝔆 הליכי = הֵילִכִי (sic 𝔗[Ms]𝔗[J])? 𝔊(𝔙) *διατήρησόν μοι*, 𝔖(𝔗) *h' lkj* = en tibi || b ш𝔗[Ms]𝔗[J] + את || c ш[Mss] וַתֵּינ׳ || **10** a sic L, mlt Mss Edd וַיִּג׳ || b ш אל בת.

אִ֥ישׁ־עִבְרִ֖י מֵאֶחָֽיו׃ 12 וַיִּ֤פֶן כֹּה֙ וָכֹ֔ה וַיַּ֖רְא כִּ֣י אֵ֣ין אִ֑ישׁ וַיַּךְ֙ אֶת־ 12
הַמִּצְרִ֔י וַֽיִּטְמְנֵ֖הוּ בַּחֽוֹל׃ 13 וַיֵּצֵא֙ בַּיּ֣וֹם הַשֵּׁנִ֔י וְהִנֵּ֛ה שְׁנֵֽי־אֲנָשִׁ֥ים עִבְרִ֖ים 13
נִצִּ֑ים וַיֹּ֙אמֶר֙ לָֽרָשָׁ֔ע לָ֥מָּה תַכֶּ֖ה רֵעֶֽךָ׃ 14 וַ֠יֹּאמֶר מִ֣י שָֽׂמְךָ֞ לְאִ֨ישׁ שַׂ֤ר 14
וְשֹׁפֵט֙[a] עָלֵ֔ינוּ הַלְהָרְגֵ֙נִי֙ אַתָּ֣ה אֹמֵ֔ר כַּאֲשֶׁ֥ר הָרַ֖גְתָּ[b] אֶת־הַמִּצְרִ֑י וַיִּירָ֤א
מֹשֶׁה֙ וַיֹּאמַ֔ר אָכֵ֖ן[c] נוֹדַ֥ע הַדָּבָֽר׃ 15 וַיִּשְׁמַ֤ע פַּרְעֹה֙ אֶת־הַדָּבָ֣ר הַזֶּ֔ה 15
וַיְבַקֵּ֖שׁ לַהֲרֹ֣ג אֶת־מֹשֶׁ֑ה וַיִּבְרַ֤ח מֹשֶׁה֙ מִפְּנֵ֣י פַרְעֹ֔ה [a]וַיֵּ֥שֶׁב בְּאֶֽרֶץ־[a]
מִדְיָ֖ן וַיֵּ֥שֶׁב עַל־הַבְּאֵֽר׃ 16 וּלְכֹהֵ֥ן מִדְיָ֖ן שֶׁ֣בַע בָּנ֑וֹת וַתָּבֹ֣אנָה וַתִּדְלֶ֗נָה 16
וַתְּמַלֶּ֙אנָה֙ אֶת־הָ֣רְהָטִ֔ים לְהַשְׁק֖וֹת[a] צֹ֥אן אֲבִיהֶֽן׃ 17 וַיָּבֹ֥אוּ הָרֹעִ֖ים 17
וַיְגָרְשׁ֑וּם וַיָּ֤קָם מֹשֶׁה֙ וַיּ֣וֹשִׁעָ֔ן וַיַּ֖שְׁקְ אֶת־צֹאנָֽם׃ 18 וַתָּבֹ֕אנָה אֶל־רְעוּאֵ֖ל 18
אֲבִיהֶ֑ן וַיֹּ֕אמֶר מַדּ֛וּעַ מִהַרְתֶּ֥ן בֹּ֖א הַיּֽוֹם׃ 19 וַתֹּאמַ֕רְןָ אִ֣ישׁ מִצְרִ֔י 19
הִצִּילָ֖נוּ מִיַּ֣ד הָרֹעִ֑ים וְגַם־דָּלֹ֤ה דָלָה֙ לָ֔נוּ וַיַּ֖שְׁקְ אֶת־הַצֹּֽאן׃ 20 וַיֹּ֥אמֶר 20
אֶל־בְּנֹתָ֖יו וְאַיּ֑וֹ לָ֤מָּה זֶּה֙ עֲזַבְתֶּ֣ן אֶת־הָאִ֔ישׁ קִרְאֶ֥ן ל֖וֹ וְיֹ֥אכַל לָֽחֶם׃
21 וַיּ֥וֹאֶל מֹשֶׁ֖ה לָשֶׁ֣בֶת אֶת־הָאִ֑ישׁ וַיִּתֵּ֛ן אֶת־צִפֹּרָ֥ה בִתּ֖וֹ לְמֹשֶֽׁה[a]׃ 21
22 וַתֵּ֣לֶד[a] בֵּ֔ן וַיִּקְרָ֥א[b] אֶת־שְׁמ֖וֹ גֵּרְשֹׁ֑ם[c] כִּ֣י אָמַ֔ר גֵּ֣ר הָיִ֔יתִי בְּאֶ֖רֶץ 22
נָכְרִיָּֽה׃[d] פ 23 וַיְהִי֩ בַיָּמִ֨ים הָֽרַבִּ֜ים הָהֵ֗ם וַיָּ֙מָת֙ מֶ֣לֶךְ מִצְרַ֔יִם 23
וַיֵּאָנְח֧וּ בְנֵֽי־יִשְׂרָאֵ֛ל מִן־הָעֲבֹדָ֖ה וַיִּזְעָ֑קוּ וַתַּ֧עַל שַׁוְעָתָ֛ם אֶל־הָאֱלֹהִ֖ים
מִן־הָעֲבֹדָֽה׃ 24 וַיִּשְׁמַ֥ע אֱלֹהִ֖ים אֶת־נַאֲקָתָ֑ם וַיִּזְכֹּ֤ר אֱלֹהִים֙ אֶת־ 24
בְּרִית֔וֹ אֶת־אַבְרָהָ֖ם אֶת־[a]יִצְחָ֥ק וְאֶֽת־יַעֲקֹֽב׃ 25 וַיַּ֥רְא אֱלֹהִ֖ים אֶת־ 25
[a]בְּנֵ֣י יִשְׂרָאֵ֑ל [b]וַיֵּ֖דַע אֱלֹהִֽים׃[b] ס
3 1 וּמֹשֶׁ֗ה הָיָ֥ה רֹעֶ֛ה אֶת־צֹ֛אן יִתְר֥וֹ חֹתְנ֖וֹ כֹּהֵ֣ן מִדְיָ֑ן וַיִּנְהַ֤ג אֶת־ סֹ[ג]
הַצֹּאן֙ אַחַ֣ר הַמִּדְבָּ֔ר וַיָּבֹ֛א אֶל־הַ֥ר הָאֱלֹהִ֖ים[a] חֹרֵֽבָה׃ 2 וַיֵּרָא֩ מַלְאַ֨ךְ 2
יְהוָ֥ה אֵלָ֛יו בְּלַבַּת־[a]אֵ֖שׁ מִתּ֣וֹךְ הַסְּנֶ֑ה וַיַּ֗רְא וְהִנֵּ֤ה הַסְּנֶה֙ בֹּעֵ֣ר בָּאֵ֔שׁ
וְהַסְּנֶ֖ה אֵינֶ֥נּוּ אֻכָּֽל׃ 3 וַיֹּ֣אמֶר מֹשֶׁ֔ה אָסֻֽרָה־נָּ֣א וְאֶרְאֶ֔ה אֶת־הַמַּרְאֶ֥ה 3

ל̇[12]
ג . ז פסוק ויאמר ויאמר[13] . ב̇[14]
יב̇[15]
צא . יח̇[16]
ל̇ . ג̇[17] . ה ד חס וחד מל[18]
ל̇ . ז̇[19]
ל̇ . ל̇ . ה ד חס וחד מל[18]
ז̇[19] . ל̇
יו̇[20] כת ה בתור ול בליש
ה̇[21] ול בתור . ל̇ . ל̇ . ה̇
ז . יז̇
י̇ ג̇[22] מנה דמטע . ד̇[23] וכל ד״ה דכות ב מ ב
ל̇ . כ̇
ד̇
ב̇ בתור וכל מעשה בראשית דכות
ז ר״פ[1] . ה̇[2]
יו וכל אל הר הכרמל דכות[3] . ד̇ . ל̇ . כ̇[4]
ה̇[6] . ל̇[5]

[12] Mp sub loco. [13] Mm 3452. [14] Dt 10,22. [15] Mm 1590. [16] Mm 1941. [17] Mm 384. [18] Mm 301. [19] Mm 1043. [20] Mm 598. [21] Mm 3106. [22] Mm 280. [23] Mm 3914. **Cp 3** [1] Mm 3363. [2] Mm 1657. [3] Mm 385. [4] Mm 1227. [5] Mp sub loco. [6] Mm 394.

14 [a] ш וּלְשֹׁ׳ ‖ [b] 𝔊(𝔖𝔙) et Act 7,28 Jub 47,12 + *ἐχθές* = אֶתְמוֹל ‖ [c] 𝔊(𝔙) *εἰ οὕτως* = הֲכֵן? ‖ **15** [a–a] 𝔖 *w'zl l'r''* = וַיֵּלֶךְ אֶל־א׳ cf 𝔊 ‖ **16** [a] ш𝔗 + את ‖ **21** [a] ш𝔊 + לְאִשָּׁה cf 𝔖𝔙 ‖ **22** [a] 𝔊 pr *ἐν γαστρὶ δὲ λαβοῦσα* = וַתַּהַר ‖ [b] pc Mss וַתִּק׳ ‖ [c] 𝔖 (Orig) *gršwn* ‖ [d] 𝔊𝔖𝔙 + add sec 18,4 ‖ **24** [a] pc Mss ш𝔊𝔖𝔗[J] וְאֵת ‖ **25** [a] num exc vb? cf 𝔗(𝔗[J]) + *š'bwd'* = עֱנִי ‖ [b–b] 𝔊 *καὶ ἐγνώσθη αὐτοῖς* = וַיִּוָּדַע אֲלֵיהֶם, frt recte ‖ **Cp 3,1** [a] > 𝔊* ‖ **2** [a] ш בלהבת.

4 הַגָּדֹל הַזֶּה מַדּוּעַ לֹא־יִבְעַר הַסְּנֶה׃ 4 וַיַּרְא יְהוָה[a] כִּי סָר לִרְאוֹת — ד בתור
וַיִּקְרָא אֵלָיו אֱלֹהִים[b] מִתּוֹךְ הַסְּנֶה וַיֹּאמֶר מֹשֶׁה מֹשֶׁה וַיֹּאמֶר הִנֵּנִי׃ — ד שמואתא מתימין[7]. ז בתור
5 וַיֹּאמֶר אַל־תִּקְרַב הֲלֹם שַׁל־נְעָלֶיךָ[a] מֵעַל רַגְלֶיךָ[b] כִּי הַמָּקוֹם אֲשֶׁר — יא
6 אַתָּה עוֹמֵד עָלָיו אַדְמַת־קֹדֶשׁ הוּא׃ 6 וַיֹּאמֶר אָנֹכִי אֱלֹהֵי אָבִיךָ[a] — ו מל. ל[8]
אֱלֹהֵי אַבְרָהָם אֱלֹהֵי[b] יִצְחָק וֵאלֹהֵי יַעֲקֹב וַיַּסְתֵּר מֹשֶׁה פָּנָיו כִּי יָרֵא — ב[9]
7 מֵהַבִּיט אֶל־הָאֱלֹהִים׃ 7 וַיֹּאמֶר יְהוָה רָאֹה רָאִיתִי אֶת־עֳנִי עַמִּי אֲשֶׁר — כ. ד ב כת ה וב כת ו[10]
בְּמִצְרָיִם וְאֶת־צַעֲקָתָם שָׁמַעְתִּי מִפְּנֵי נֹגְשָׂיו כִּי יָדַעְתִּי אֶת־מַכְאֹבָיו[a]׃
8 וָאֵרֵד[a] לְהַצִּילוֹ ׀ מִיַּד מִצְרַיִם וּלְהַעֲלֹתוֹ מִן־הָאָרֶץ הַהִוא אֶל־אֶרֶץ — ל
טוֹבָה וּרְחָבָה אֶל־אֶרֶץ זָבַת חָלָב וּדְבָשׁ אֶל־מְקוֹם הַכְּנַעֲנִי וְהַחִתִּי[b] — סימן כ ת מ פ ו ט[11]
9 וְהָאֱמֹרִי וְהַפְּרִזִּי[c] וְהַחִוִּי וְהַיְבוּסִי׃ 9 וְעַתָּה הִנֵּה צַעֲקַת בְּנֵי־יִשְׂרָאֵל
בָּאָה אֵלָי וְגַם־רָאִיתִי אֶת־הַלַּחַץ אֲשֶׁר מִצְרַיִם לֹחֲצִים אֹתָם׃
10 וְעַתָּה לְכָה וְאֶשְׁלָחֲךָ אֶל־פַּרְעֹה וְהוֹצֵא[a] אֶת־עַמִּי בְנֵי־יִשְׂרָאֵל — ל[12]
11 מִמִּצְרָיִם׃ 11 וַיֹּאמֶר מֹשֶׁה אֶל־הָאֱלֹהִים מִי אָנֹכִי כִּי אֵלֵךְ אֶל־פַּרְעֹה — כ. ג[13]. לא פסוק כי וכי[14]
12 וְכִי אוֹצִיא אֶת־בְּנֵי יִשְׂרָאֵל מִמִּצְרָיִם׃ 12 וַיֹּאמֶר[a] כִּי־אֶהְיֶה עִמָּךְ
וְזֶה־לְּךָ הָאוֹת כִּי אָנֹכִי שְׁלַחְתִּיךָ בְּהוֹצִיאֲךָ אֶת־הָעָם מִמִּצְרַיִם — ב
13 תַּעַבְדוּן אֶת־הָאֱלֹהִים עַל הָהָר הַזֶּה׃ 13 וַיֹּאמֶר מֹשֶׁה אֶל־ — ד[7] ב מנה בלשון ארמי. ד[15]. כ
הָאֱלֹהִים הִנֵּה אָנֹכִי בָא אֶל־בְּנֵי יִשְׂרָאֵל וְאָמַרְתִּי לָהֶם אֱלֹהֵי
אֲבוֹתֵיכֶם שְׁלָחַנִי אֲלֵיכֶם וְאָמְרוּ־לִי מַה־שְּׁמוֹ מָה אֹמַר אֲלֵהֶם׃ — ז[16] מל ול[17] בתור וכל יהושע מלכים ירמיה יחזק וכתיב דכות ב מ ח. ב. ב[18]
14 וַיֹּאמֶר אֱלֹהִים אֶל־מֹשֶׁה [a]אֶהְיֶה אֲשֶׁר אֶהְיֶה[a] וַיֹּאמֶר כֹּה תֹאמַר — כה[19]. ל
15 לִבְנֵי[b] יִשְׂרָאֵל אֶהְיֶה[c] שְׁלָחַנִי אֲלֵיכֶם׃ 15 וַיֹּאמֶר עוֹד אֱלֹהִים
אֶל־מֹשֶׁה כֹּה־תֹאמַר אֶל־בְּנֵי יִשְׂרָאֵל יְהוָה אֱלֹהֵי אֲבֹתֵיכֶם אֱלֹהֵי
אַבְרָהָם אֱלֹהֵי[a] יִצְחָק וֵאלֹהֵי יַעֲקֹב שְׁלָחַנִי אֲלֵיכֶם זֶה־שְּׁמִי לְעֹלָם — יח[20] חס י מנה בתור
16 וְזֶה זִכְרִי לְדֹר דֹּר[b]׃ 16 לֵךְ וְאָסַפְתָּ אֶת־זִקְנֵי[a] יִשְׂרָאֵל וְאָמַרְתָּ אֲלֵהֶם

[7] Mp sub loco. [8] Mm 3147. [9] Hi 3,10. [10] Mm 192. [11] Okhl 274. [12] Mm 802. [13] Mm 386. [14] Mm 2059. [15] Mm 1342. [16] Mm 1586. [17] Mm 387. [18] Jos 7,8. [19] Mm 5. [20] Mm 25.

4 ^{a} ⅏ אלהים ‖ ^{b} 𝔊 κύριος; > 𝔙 ‖ **5** ^{a} mlt Mss ⅏^{Mss}𝔊𝔙 נַעַלְךָ ‖ ^{b} ℭ mlt Mss ⅏^{Mss} רַגְלְךָ ‖ **6** ^{a} ⅏𝔊$^{58.72}$ et Act 7,32 Just אֲבֹתֶיךָ ‖ ^{b} pc Mss ⅏𝔊 וֵאלֹהֵי cf 15^a.16^b 4,5^b ‖ **7** ^{a} ⅏𝔙 –בוֹ, 𝔊𝔖𝔗𝔗^J suff pl ‖ **8** ^{a} ⅏ וָאֵרְדָה ‖ ^{b} nonn Mss ⅏𝔊^{106} ה׳ ‖ ^{c} ⅏𝔊 + והגרגשי, it 17^c ‖ **10** ^{a} ⅏𝔊𝔙 –אתָ ‖ **12** ^{a} 𝔊* + ὁ θεός (𝔊^{min} κύριος) Μωυσεῖ λέγων, 𝔖 + *lh 'lh'* cf 𝔙 ‖ **14** $^{a-a}$ 𝔊 ἐγώ εἰμι ὁ ὤν ‖ ^{b} mlt Mss ⅏ אֶל־ב׳ ‖ ^{c} 𝔊 ὁ ὤν ‖ **15** ^{a} ⅏𝔊 וֵאלֹהֵי ‖ ^{b} ⅏ וָדֹר ‖ **16** ^{a} ⅏𝔊*𝔖 + בְּנֵי.

יְהוָה אֱלֹהֵי אֲבֹתֵיכֶם נִרְאָה אֵלַי אֱלֹהֵי אַבְרָהָם [b]יִצְחָק[c] וְיַעֲקֹב[b] לֵאמֹר — ב̇[21]. יג̇[22]
17 פָּקֹד פָּקַדְתִּי אֶתְכֶם וְאֶת־הֶעָשׂוּי לָכֶם בְּמִצְרָיִם׃ 17 וָאֹמַר[a] אַעֲלֶה — ה̇ וחס[23]. ב̇[24]. ה̇ פת[25]
אֶתְכֶם מֵעֳנִי מִצְרַיִם אֶל־אֶרֶץ הַכְּנַעֲנִי וְהַחִתִּי[b] וְהָאֱמֹרִי וְהַפְּרִזִּי[c] — סימן כ̇ ת̇ מ̇ פ̇ ו̇ ס̇[26]
18 וְהַחִוִּי וְהַיְבוּסִי אֶל־אֶרֶץ זָבַת חָלָב וּדְבָשׁ׃ 18 וְשָׁמְעוּ לְקֹלֶךָ וּבָאתָ — ב̇ בתור̇. יז̇ שמיעה לקול[27]. ב̇ חס. ז̇ בטע[28]
אַתָּה וְזִקְנֵי יִשְׂרָאֵל אֶל־מֶלֶךְ מִצְרַיִם וַאֲמַרְתֶּם[a] אֵלָיו יְהוָה אֱלֹהֵי
הָעִבְרִיִּים נִקְרָה[b] עָלֵינוּ וְעַתָּה[c] נֵלְכָה־נָּא דֶּרֶךְ שְׁלֹשֶׁת יָמִים בַּמִּדְבָּר — ל̇. ל̇ כת ה
19 וְנִזְבְּחָה לַיהוָה אֱלֹהֵינוּ׃ 19 וַאֲנִי יָדַעְתִּי כִּי לֹא־יִתֵּן אֶתְכֶם מֶלֶךְ — ט̇. סז̇ ר״פ
20 מִצְרַיִם לַהֲלֹךְ וְלֹא[a] בְּיָד חֲזָקָה׃ 20 וְשָׁלַחְתִּי אֶת־יָדִי וְהִכֵּיתִי אֶת־ — ד̇ וחס[29]. ד̇
מִצְרַיִם בְּכֹל נִפְלְאֹתַי אֲשֶׁר אֶעֱשֶׂה בְּקִרְבּוֹ וְאַחֲרֵי־כֵן יְשַׁלַּח אֶתְכֶם׃ — ל̇ חס. יב̇[30]
21 וְנָתַתִּי אֶת־חֵן הָעָם־הַזֶּה בְּעֵינֵי מִצְרָיִם וְהָיָה כִּי תֵלֵכוּן לֹא תֵלְכוּ — לג̇ בתור. ב̇[31]
22 רֵיקָם׃ 22 [a]וְשָׁאֲלָה אִשָּׁה מִשְּׁכֶנְתָּהּ[a] וּמִגָּרַת בֵּיתָהּ כְּלֵי־כֶסֶף וּכְלֵי זָהָב — ל̇. ל̇
וּשְׂמָלֹת וְשַׂמְתֶּם עַל־בְּנֵיכֶם וְעַל־בְּנֹתֵיכֶם וְנִצַּלְתֶּם אֶת־מִצְרָיִם׃ — ל̇. ל̇
4 1 וַיַּעַן מֹשֶׁה וַיֹּאמֶר וְהֵן לֹא־יַאֲמִינוּ לִי וְלֹא יִשְׁמְעוּ בְּקֹלִי כִּי יֹאמְרוּ — ה̇[1]. יז̇ מ״פ לא ולא לא[2]. ד̇[3]. כל אורית חס ב̇ מ̇ א̇ מל[4]
2 לֹא־נִרְאָה אֵלֶיךָ יְהוָה[a]׃ 2 וַיֹּאמֶר אֵלָיו יְהוָה מַזֶּה[a] בְיָדֶךָ וַיֹּאמֶר — ל̇. מה זה חד מן ה̇[5] כת מילה חדה וקר̇ תרי̇
3 מַטֶּה׃ 3 וַיֹּאמֶר הַשְׁלִיכֵהוּ אַרְצָה וַיַּשְׁלִכֵהוּ אַרְצָה וַיְהִי לְנָחָשׁ וַיָּנָס — ב̇ מל. ב̇ מל
4 מֹשֶׁה מִפָּנָיו׃ 4 וַיֹּאמֶר יְהוָה אֶל־מֹשֶׁה שְׁלַח יָדְךָ וֶאֱחֹז בִּזְנָבוֹ וַיִּשְׁלַח — כג̇. ב̇[6]. ל̇
5 יָדוֹ וַיַּחֲזֶק בּוֹ וַיְהִי לְמַטֶּה בְּכַפּוֹ׃ 5 לְמַעַן יַאֲמִינוּ כִּי־נִרְאָה אֵלֶיךָ — ל̇ בטע[7]
יְהוָה[a] אֱלֹהֵי אֲבֹתָם אֱלֹהֵי אַבְרָהָם אֱלֹהֵי[b] יִצְחָק וֵאלֹהֵי יַעֲקֹב׃ — ד̇[8]
6 6 וַיֹּאמֶר יְהוָה לוֹ עוֹד הָבֵא־נָא יָדְךָ בְּחֵיקֶךָ וַיָּבֵא יָדוֹ בְּחֵיקוֹ — ג̇ ב̇ חס וחד מל[9]. נא[10] יח̇ מנה בתור
7 וַיּוֹצִאָהּ[a] וְהִנֵּה יָדוֹ מְצֹרַעַת[b] כַּשָּׁלֶג׃ 7 וַיֹּאמֶר[a] הָשֵׁב יָדְךָ אֶל־חֵיקֶךָ — ב̇ חס
8 וַיָּשֶׁב יָדוֹ אֶל־חֵיקוֹ וַיּוֹצִאָהּ מֵחֵיקוֹ וְהִנֵּה־שָׁבָה כִּבְשָׂרוֹ׃ 8 וְהָיָה — כה̇. ב̇ חס. ל̇. ל̇
אִם־לֹא יַאֲמִינוּ לָךְ וְלֹא יִשְׁמְעוּ לְקֹל הָאֹת הָרִאשׁוֹן וְהֶאֱמִינוּ לְקֹל — ד̇[3]. יז̇ שמיעה לקול[11]. ב̇ חס ובפסוק. ג̇ חס ב̇ מנה בפסוק. סד̇. ב̇ חס ובפסוק
9 הָאֹת הָאַחֲרוֹן׃ 9 וְהָיָה אִם־לֹא יַאֲמִינוּ גַּם לִשְׁנֵי הָאֹתוֹת הָאֵלֶּה וְלֹא — ג̇ חס ב̇ מנה בפסוק. ב̇ מל בתור

[21] Mm 2123. [22] Mm 247. [23] Mm 388. [24] Ex 38,24. [25] Mm 389. [26] Okhl 274. [27] Mm 23. [28] Mm 50. [29] Mm 3547. [30] Mm 440. [31] Jes 52,12. **Cp 4** [1] Mm 3791. [2] Mm 1613. [3] Mm 390. [4] Mm 153. [5] Mm 214. [6] 2 S 2,21. [7] Mp sub loco. [8] Mm 1218. [9] Mm 322. [10] Mm 639. [11] Mm 23.

16 [b–b] 𝔊 *καὶ θεὸς Ισαακ καὶ θεὸς Ιακωβ* cf 𝔙 ‖ [c] 𝔐𝔖 'וְי ‖ **17** [a] 𝔊* 3sg ‖ [b] 𝔐 'ה ‖ [c] cf 8[c] ‖ **18** [a] 2 Mss 𝔊𝔙 וְאָמַרְתָּ ‖ [b] 𝔐𝔊𝔗𝔗[J]𝔙 נקרא ut 5,3 ‖ [c] > 𝔐𝔊𝔙 ‖ **19** [a] 𝔐 הלוא; 𝔊(𝔙) *ἐὰν μή*, 1 אם לא? ‖ **22** [a–a] 𝔐 וְשָׁאַל אִישׁ מֵאֵת רֵעֵהוּ וְאִשָּׁה מֵאֵת רְעוּתָהּ ‖ **Cp 4,1** [a] 𝔊* *ὁ θεός, τί ἐρῶ πρὸς αὐτούς* cf 3,13 ‖ **2** [a] 𝔐 מַה זֶּה ‖ **5** [a] > 𝔊* ‖ [b] ut 3,6[b] ‖ **6** [a] pc Mss 𝔐𝔊 + מֵחֵיקוֹ cf 7 ‖ [b] > 𝔊* ‖ **7** [a] 𝔖 + *lh mrj'*.

תֹ־¹². ¹⁷ שמיעה לקול¹³.
ב חס
יִשְׁמָעוּן לְקֹלֶךָ וְלָקַחְתָּ מִמֵּימֵי הַיְאֹר וְשָׁפַכְתָּ הַיַּבָּשָׁה וְהָיוּ הַמַּיִם

ל. ה.
10 אֲשֶׁר תִּקַּח מִן־הַיְאֹר וְהָיוּ לְדָם בַּיַּבָּשֶׁת: ¹⁰ וַיֹּאמֶר מֹשֶׁה אֶל־יְהוָה

ל תֹ־¹⁴. חֹ¹⁵ בטע וכל זקף
אתנח וס"פ דכות ב מ א.
יב פסוק גם גם גם
בִּי אֲדֹנָי לֹא אִישׁ דְּבָרִים אָנֹכִי גַּם מִתְּמוֹל גַּם מִשִּׁלְשֹׁם גַּם מֵאָז דַּבֶּרְךָ

ל. ל. יֹ¹⁶. יֹב בטע
בסיפֹ¹⁷. ל ר"מ¹⁸
11 אֶל־עַבְדֶּךָ כִּי כְבַד־פֶּה וּכְבַד לָשׁוֹן אָנֹכִי: ¹¹ וַיֹּאמֶר יְהוָה אֵלָיו מִי

תֹ¹⁹ וכל קהלת דכות
ב מ א
שָׂם פֶּה לָאָדָם אוֹ מִי־יָשׂוּם אִלֵּם אוֹ חֵרֵשׁ אוֹ פִקֵּחַ אוֹ עִוֵּר הֲלֹא

יֹב. ל ומל²⁰
12 אָנֹכִי יְהוָה: ¹² וְעַתָּה לֵךְ וְאָנֹכִי אֶהְיֶה עִם־פִּיךָ וְהוֹרֵיתִיךָ אֲשֶׁר

13 תְּדַבֵּר: ¹³ וַיֹּאמֶר בִּי אֲדֹנָי שְׁלַח־נָא בְּיַד־תִּשְׁלָח: ¹⁴ וַיִּחַר־

14   ¹⁴ חֹ

אַף יְהוָה בְּמֹשֶׁה וַיֹּאמֶר הֲלֹא אַהֲרֹן אָחִיךָ הַלֵּוִי יָדַעְתִּי כִּי־דַבֵּר

ד־. ב²¹. ²²
יְדַבֵּר הוּא וְגַם הִנֵּה־הוּא יֹצֵא לִקְרָאתֶךָ וְרָאֲךָ וְשָׂמַח בְּלִבּוֹ:

ד²³
15 וְדִבַּרְתָּ אֵלָיו וְשַׂמְתָּ אֶת־הַדְּבָרִים בְּפִיו וְאָנֹכִי אֶהְיֶה עִם־פִּיךָ

כב. ב. יד²⁴
16 וְעִם־פִּיהוּ וְהוֹרֵיתִי אֶתְכֶם אֵת אֲשֶׁר תַּעֲשׂוּן: ¹⁶ וְדִבֶּר־הוּא לְךָ אֶל־

ל
17 הָעָם וְהָיָה הוּא יִהְיֶה־לְּךָ לְפֶה וְאַתָּה תִּהְיֶה־לּוֹ לֵאלֹהִים: ¹⁷ וְאֶת־

הַמַּטֶּה הַזֶּה תִּקַּח בְּיָדֶךָ אֲשֶׁר תַּעֲשֶׂה־בּוֹ אֶת־הָאֹתֹת: פ

ב²⁵
18   סֹ[¹] וַיֵּלֶךְ מֹשֶׁה וַיָּשָׁב אֶל־יֶתֶר ׀ חֹתְנוֹ וַיֹּאמֶר לוֹ אֵלְכָה נָּא וְאָשׁוּבָה

חֹ²⁶. יד
אֶל־אַחַי אֲשֶׁר־בְּמִצְרַיִם וְאֶרְאֶה הַעוֹדָם חַיִּים וַיֹּאמֶר יִתְרוֹ לְמֹשֶׁה

ב חס
19 לֵךְ לְשָׁלוֹם: ¹⁹ וַיֹּאמֶר יְהוָה אֶל־מֹשֶׁה בְּמִדְיָן לֵךְ שֻׁב מִצְרָיִם כִּי־

20 מֵתוּ כָּל־הָאֲנָשִׁים הַמְבַקְשִׁים אֶת־נַפְשֶׁךָ: ²⁰ וַיִּקַּח מֹשֶׁה אֶת־אִשְׁתּוֹ

ל וחס. ד חס בתור²⁷. ל.
וְאֶת־בָּנָיו וַיַּרְכִּבֵם עַל־הַחֲמֹר וַיָּשָׁב אַרְצָה מִצְרָיִם וַיִּקַּח מֹשֶׁה אֶת־

ב. ד בטע בסיפֹ²⁸
21 מַטֵּה הָאֱלֹהִים בְּיָדוֹ: ²¹ וַיֹּאמֶר יְהוָה אֶל־מֹשֶׁה בְּלֶכְתְּךָ לָשׁוּב

כֹה²⁹. ל³⁰
מִצְרַיְמָה רְאֵה כָּל־הַמֹּפְתִים אֲשֶׁר־שַׂמְתִּי בְיָדֶךָ וַעֲשִׂיתָם לִפְנֵי פַרְעֹה

יֹב³¹
22 וַאֲנִי אֲחַזֵּק אֶת־לִבּוֹ וְלֹא יְשַׁלַּח אֶת־הָעָם: ²² וְאָמַרְתָּ אֶל־פַּרְעֹה כֹּה

23 אָמַר יְהוָה בְּנִי בְכֹרִי יִשְׂרָאֵל: ²³ וָאֹמַר אֵלֶיךָ שַׁלַּח אֶת־בְּנִי וְיַעַבְדֵנִי

ל
וַתְּמָאֵן לְשַׁלְּחוֹ הִנֵּה אָנֹכִי הֹרֵג אֶת־בִּנְךָ בְּכֹרֶךָ:

ב וחס
24 וַיְהִי בַדֶּרֶךְ בַּמָּלוֹן וַיִּפְגְּשֵׁהוּ יְהוָה וַיְבַקֵּשׁ הֲמִיתוֹ: ²⁵ וַתִּקַּח צִפֹּרָה

24   ב. ג.

¹²Mm 1060.   ¹³Mm 23.   ¹⁴Mm 392.   ¹⁵Mm 1571.   ¹⁶Mm 3615.   ¹⁷Mm 439.   ¹⁸Mm 1931.   ¹⁹Mm 391.
²⁰וחד הריתיך Prv 4,11.   ²¹Mm 2072.   ²²Mm 3375.   ²³Mm 426.   ²⁴Mm 393.   ²⁵Mm 2618 et Mm 3211.   ²⁶Mm
394.   ²⁷Mm 458.   ²⁸Mm 395.   ²⁹Mm 84.   ³⁰וחד עשיתם Neh 9,31.   ³¹Mm 440.

9 ᵃ 𝔖 ℭⱽˢ וְהָיוּ || 10 ᵃ sic L, mlt Mss Edd הְ־ || 11 ᵃ ﬧ ישׂים || ᵇ 𝔊ᴮ ᵐⁱⁿ ὁ θεός, 𝔊ᴹˢˢ
κύριος ὁ θεός || 14 ᵃ בְּלִבְבֹו ﬧℭⱽᴶ, 𝔊 Ιοθορ || 19 ᵃ pc Mss ﬧ || ᵃ ﬧ ﬧℭⱽᴶ יתרוֹ, 𝔊 Ιοθορ || 18 ᵃ Ms ﬧℭⱽᴶ ﬧ
מָ־ || 23 ᵃ 𝔊 τὸν λαόν μου cf 5,1 || 24 ᵃ 𝔖 + mwš' || ᵇ 𝔊*(ℭℭᴶ) ἄγγελος κυρίου;
𝔊ᴹˢˢ ἄγγελος cf 3,2; α' ὁ θεός.

צֹר וַתִּכְרֹת אֶת־עָרְלַת בְּנָהּ וַתַּגַּע לְרַגְלָיו וַתֹּאמֶר כִּי חֲתַן־דָּמִים אַתָּה לִי׃ 26 וַיִּרֶף מִמֶּנּוּ אָז אָמְרָה חֲתַן דָּמִים לַמּוּלֹת׃ פ

27 וַיֹּאמֶר יְהוָה אֶל־אַהֲרֹן לֵךְ לִקְרַאת מֹשֶׁה הַמִּדְבָּרָה וַיֵּלֶךְ וַיִּפְגְּשֵׁהוּ בְּהַר הָאֱלֹהִים וַיִּשַּׁק־לוֹ׃ 28 וַיַּגֵּד מֹשֶׁה לְאַהֲרֹן אֵת כָּל־דִּבְרֵי יְהוָה אֲשֶׁר שְׁלָחוֹ וְאֵת כָּל־הָאֹתֹת אֲשֶׁר צִוָּהוּ׃ 29 וַיֵּלֶךְ מֹשֶׁה וְאַהֲרֹן וַיַּאַסְפוּ אֶת־כָּל־זִקְנֵי בְּנֵי יִשְׂרָאֵל׃ 30 וַיְדַבֵּר אַהֲרֹן אֵת כָּל־הַדְּבָרִים אֲשֶׁר־דִּבֶּר יְהוָה אֶל־מֹשֶׁה וַיַּעַשׂ הָאֹתֹת לְעֵינֵי הָעָם׃ 31 וַיַּאֲמֵן הָעָם וַיִּשְׁמְעוּ כִּי־פָקַד יְהוָה אֶת־בְּנֵי יִשְׂרָאֵל וְכִי רָאָה אֶת־עָנְיָם וַיִּקְּדוּ וַיִּשְׁתַּחֲווּ׃

5 וְאַחַר בָּאוּ מֹשֶׁה וְאַהֲרֹן וַיֹּאמְרוּ אֶל־פַּרְעֹה כֹּה־אָמַר יְהוָה אֱלֹהֵי יִשְׂרָאֵל שַׁלַּח אֶת־עַמִּי וְיָחֹגּוּ לִי בַּמִּדְבָּר׃ 2 וַיֹּאמֶר פַּרְעֹה מִי יְהוָה אֲשֶׁר אֶשְׁמַע בְּקֹלוֹ לְשַׁלַּח אֶת־יִשְׂרָאֵל לֹא יָדַעְתִּי אֶת־יְהוָה וְגַם אֶת־יִשְׂרָאֵל לֹא אֲשַׁלֵּחַ׃ 3 וַיֹּאמְרוּ אֱלֹהֵי הָעִבְרִים נִקְרָא עָלֵינוּ נֵלֲכָה נָּא דֶּרֶךְ שְׁלֹשֶׁת יָמִים בַּמִּדְבָּר וְנִזְבְּחָה לַיהוָה אֱלֹהֵינוּ פֶּן־יִפְגָּעֵנוּ בַּדֶּבֶר אוֹ בֶחָרֶב׃ 4 וַיֹּאמֶר אֲלֵהֶם מֶלֶךְ מִצְרַיִם לָמָּה מֹשֶׁה וְאַהֲרֹן תַּפְרִיעוּ אֶת־הָעָם מִמַּעֲשָׂיו לְכוּ לְסִבְלֹתֵיכֶם׃ 5 וַיֹּאמֶר פַּרְעֹה הֵן־רַבִּים עַתָּה עַם הָאָרֶץ וְהִשְׁבַּתֶּם אֹתָם מִסִּבְלֹתָם׃ 6 וַיְצַו פַּרְעֹה בַּיּוֹם הַהוּא אֶת־הַנֹּגְשִׂים בָּעָם וְאֶת־שֹׁטְרָיו לֵאמֹר׃ 7 לֹא תֹאסִפוּן לָתֵת תֶּבֶן לָעָם לִלְבֹּן הַלְּבֵנִים כִּתְמוֹל שִׁלְשֹׁם הֵם יֵלְכוּ וְקֹשְׁשׁוּ לָהֶם תֶּבֶן׃ 8 וְאֶת־מַתְכֹּנֶת הַלְּבֵנִים אֲשֶׁר הֵם עֹשִׂים תְּמוֹל שִׁלְשֹׁם תָּשִׂימוּ עֲלֵיהֶם לֹא תִגְרְעוּ מִמֶּנּוּ כִּי־נִרְפִּים הֵם עַל־כֵּן הֵם צֹעֲקִים לֵאמֹר נֵלְכָה נִזְבְּחָה לֵאלֹהֵינוּ׃ 9 תִּכְבַּד הָעֲבֹדָה עַל־הָאֲנָשִׁים וְיַעֲשׂוּ־בָהּ וְאַל־יִשְׁעוּ בְּדִבְרֵי־שָׁקֶר׃ 10 וַיֵּצְאוּ נֹגְשֵׂי הָעָם

32 Mm 396. 33 Mm 397. 34 Mp sub loco. 35 Mm 398. 36 Mm 757. 37 Mm 1623. 38 Mm 399. 39 Mm 707. 40 Nu 15,22. 41 1S 27,12. 42 Mm 2059. Cp 5 1 Mp sub loco. 2 Mm 427. 3 Mm 430. 4 Mm 898. 5 Mm 400. 6 Mm 401. 7 Ru 2,11. 8 Gn 4,10. 9 Mm 3268. 10 Mm 2347. 11 Mm 618. 12 Mm 1848.

25 ᵃ⁻ᵃ 𝔊 alit ‖ 26 ᵃ ﬡﬡ מִמֶּנָּה ‖ ᵇ⁻ᵇ 𝔊 alit ‖ 28 ᵃ 𝔖𝔗ᴶ + lm'bd = לַעֲשׂוֹת ‖ 29 ᵃ ﬡﬡ ‖ 31 ᵃ ﬡﬡ מְנוּ־ ‖ ᵇ 𝔊 καὶ ἐχάρη = וַיִּשְׂמְחוּ ‖ ᶜ sic L, mlt Mss Edd וּ־ ‖ Cp 5,2 ᵃ 𝔊 ἔστιν = הוּא; 𝔊ᴬ + θεός; 𝔊ᶠᶜ ᵐⁱⁿ + κύριος ‖ 3 ᵃ 𝔖 pr mrj' ‖ ᵇ⁻ᵇ 𝔊* om ‖ 4 ᵃ ﬡﬡ תְּפַרִידוּ ‖ 5 ᵃ ﬡﬡ מֵעָם ‖ 7 ᵃ ﬡﬡ תוֹסִיפוּן ‖ ᵇ 𝔊𝔗ᴹˢﬡﬡ וְקִ׳ עַ׳ ‖ 8 ᵃ nonn Mss 𝔊𝔗ᴹˢ וְנִ׳ ‖ 9 ᵃ l c ﬡﬡ וְיִשְׁעוּ ‖ ᵇ ﬡﬡ וְלֹא ‖ 10 ᵃ 𝔊 κατέσπευδον δὲ αὐτούς, l frt וַיָּאִצוּ cf 13.

וְשֹׁטְרָיו וַיֹּאמְרוּ[b] אֶל־הָעָם לֵאמֹר כֹּה אָמַר פַּרְעֹה אֵינֶנִּי נֹתֵן לָכֶם
11 תֶּבֶן׃ 11 אַתֶּם לְכוּ קְחוּ לָכֶם תֶּבֶן מֵאֲשֶׁר תִּמְצָאוּ כִּי אֵין נִגְרָע ד ר״פ
12 מֵעֲבֹדַתְכֶם דָּבָר׃ 12 וַיָּפֶץ הָעָם בְּכָל־אֶרֶץ מִצְרָיִם לְקֹשֵׁשׁ קַשׁ ג. יה. ל וחס
13 לַתֶּבֶן׃ 13 וְהַנֹּגְשִׂים אָצִים[a] לֵאמֹר כַּלּוּ מַעֲשֵׂיכֶם דְּבַר־יוֹם בְּיוֹמוֹ ב[13]. ל. ל פת
14 כַּאֲשֶׁר בִּהְיוֹת הַתֶּבֶן[b]׃ 14 וַיֻּכּוּ שֹׁטְרֵי בְּנֵי יִשְׂרָאֵל אֲשֶׁר־שָׂמוּ עֲלֵהֶם ל. יג חס בתור[14]
נֹגְשֵׂי פַרְעֹה לֵאמֹר מַדּוּעַ לֹא כִלִּיתֶם חָקְכֶם לִלְבֹּן כִּתְמוֹל שִׁלְשֹׁם ‡[15]
15 [a]גַּם־תְּמוֹל[a] גַּם־הַיּוֹם׃ 15 וַיָּבֹאוּ שֹׁטְרֵי בְּנֵי יִשְׂרָאֵל וַיִּצְעֲקוּ אֶל־פַּרְעֹה י פסוק בתור גם גם ומילה חדה ביניה. ד. ב[16]. ‡[17]
16 לֵאמֹר לָמָּה תַעֲשֶׂה כֹה לַעֲבָדֶיךָ׃ 16 תֶּבֶן אֵין נִתָּן לַעֲבָדֶיךָ וּלְבֵנִים יד בטע[18]. כא[19] ד[20] מנה קמ
17 אֹמְרִים לָנוּ עֲשׂוּ וְהִנֵּה עֲבָדֶיךָ מֻכִּים וְחָטָאת[a] עַמֶּךָ׃ 17 וַיֹּאמֶר[a] ל וחס
נִרְפִּים אַתֶּם נִרְפִּים עַל־כֵּן אַתֶּם אֹמְרִים נֵלְכָה נִזְבְּחָה לַיהוָה[b]׃ ג. ג. ג זוגין[21]
18 וְעַתָּה לְכוּ עִבְדוּ וְתֶבֶן לֹא־יִנָּתֵן לָכֶם וְתֹכֶן לְבֵנִים[a] תִּתֵּנוּ[b]׃ ב וחס ובתרי לישנ[22]. ג. ג
19 וַיִּרְאוּ שֹׁטְרֵי בְנֵי־יִשְׂרָאֵל אֹתָם בְּרָע לֵאמֹר לֹא־תִגְרְעוּ[a] מִלִּבְנֵיכֶם ה[23]. ל
20 דְּבַר־יוֹם בְּיוֹמוֹ׃ 20 וַיִּפְגְּעוּ אֶת־מֹשֶׁה וְאֶת־אַהֲרֹן נִצָּבִים לִקְרָאתָם
21 בְּצֵאתָם מֵאֵת פַּרְעֹה׃ 21 וַיֹּאמְרוּ אֲלֵהֶם יֵרֶא[a] יְהוָה עֲלֵיכֶם וְיִשְׁפֹּט ב. ה[24]. ד[25]. ל רפי
אֲשֶׁר הִבְאַשְׁתֶּם אֶת־רֵיחֵנוּ בְּעֵינֵי פַרְעֹה וּבְעֵינֵי עֲבָדָיו לָתֶת־חֶרֶב לג בתור. ה זוגין[23]. ל
22 בְּיָדָם[b] לְהָרְגֵנוּ׃ 22 וַיָּשָׁב מֹשֶׁה אֶל־יְהוָה וַיֹּאמַר[a] אֲדֹנָי לָמָה הֲרֵעֹתָה צא. ג[26] ול[27] מל ס״ת בליש
23 לָעָם הַזֶּה לָמָּה[b] זֶּה שְׁלַחְתָּנִי׃ 23 וּמֵאָז בָּאתִי אֶל־פַּרְעֹה לְדַבֵּר ל
6 בִּשְׁמֶךָ הֵרַע לָעָם הַזֶּה וְהַצֵּל לֹא־הִצַּלְתָּ אֶת־עַמֶּךָ׃ 6 1 וַיֹּאמֶר ד[28]. ב
יְהוָה אֶל־מֹשֶׁה עַתָּה[a] תִרְאֶה אֲשֶׁר אֶעֱשֶׂה לְפַרְעֹה כִּי בְיָד חֲזָקָה ב
יְשַׁלְּחֵם[b] וּבְיָד חֲזָקָה[b] יְגָרְשֵׁם מֵאַרְצוֹ׃ ס קכד
ס[ה] פרש 2 וַיְדַבֵּר אֱלֹהִים[a] אֶל־מֹשֶׁה וַיֹּאמֶר אֵלָיו אֲנִי יְהוָה׃ 3 וָאֵרָא[a] אֶל־ ג. ל
אַבְרָהָם אֶל[a]־יִצְחָק וְאֶל־יַעֲקֹב בְּאֵל[b] שַׁדָּי[b] וּשְׁמִי יְהוָה לֹא נוֹדַעְתִּי[c] ל. ל
4 לָהֶם׃ 4 וְגַם הֲקִמֹתִי אֶת־בְּרִיתִי אִתָּם לָתֵת לָהֶם אֶת־אֶרֶץ כְּנַעַן אֵת יג ר״פ בתור. ג בטע. לז

[13]Mm 2585. [14]Mm 675. [15]Mm 401. [16]Mm 1642. [17]Mm 402. [18]Mm 3948. [19]Mm 2838. [20]Mm 403. [21]Mm 3268. [22]Mm 4024. [23]Mp sub loco. [24]Mm 404. [25]Mm 405. [26]Mm 406. [27]Mm 1713. [28]Mm 407.

10 [b] 𝔐 וַיְדַבְּרוּ ‖ **13** [a] 𝔊 *κατέσπευδον αὐτούς* ‖ [b] 𝔐 Vrs + נֹתֵן לָכֶם ‖ **14** [a–a] > 𝔊 ‖ **16** [a] 𝔊(𝔖) *ἀδικήσεις οὖν* ‖ **17** [a] 𝔖 + *lhwn pr'wn* ‖ [b] 𝔊(𝔗J) *τῷ θεῷ ἡμῶν* ‖ **18** [a] 𝔐 הַל׳ ‖ [b] sic L, mlt Mss Edd תִּתֵּנוּ ‖ **19** [a] 𝔐 יִגָּרַע ‖ **21** [a] 𝔐 יראה ‖ [b] 𝔐 בידו cf 𝔊𝔙 ‖ **22** [a] 𝔊 + *δέομαι* = בִּי ut 4,10.13 ‖ [b] mlt Mss 𝔐𝔊𝔖𝔗Mss𝔗J וְלִ׳ ‖ **Cp 6,1** [a] 𝔐 אתה ‖ [b–b] 𝔊(𝔖) *καὶ ἐν βραχίονι ὑψηλῷ* ‖ **2** [a] 𝔐𝔊min ℭ Just 𝔖𝔙 יהוה, ℭ אלהים (bis) ‖ **3** [a] 𝔐𝔊 𝔖 וְאֵל ‖ [b–b] 𝔊 *θεὸς ὢν αὐτῶν*, 𝔖 *b'jlšdj 'lh'* ‖ [c] 𝔊(𝔖𝔗𝔙) *ἐδήλωσα.*

5 אֶ֣רֶץ מְגֻרֵיהֶ֔ם אֲשֶׁר־גָּ֖רוּ בָֽהּ׃ 5 וְגַ֣ם ׀ אֲנִ֣י שָׁמַ֗עְתִּי אֶֽת־נַאֲקַת֙[a] בְּנֵ֣י
6 יִשְׂרָאֵ֔ל אֲשֶׁ֥ר מִצְרַ֖יִם מַעֲבִדִ֣ים אֹתָ֑ם וָאֶזְכֹּ֖ר[b] אֶת־בְּרִיתִֽי׃ 6 לָכֵ֞ן[a]
אֱמֹ֥ר לִבְנֵֽי־יִשְׂרָאֵל֮ אֲנִ֣י יְהוָה֒ וְהוֹצֵאתִ֣י אֶתְכֶ֗ם מִתַּ֙חַת֙ סִבְלֹ֣ת מִצְרַ֔יִם
וְהִצַּלְתִּ֥י אֶתְכֶ֖ם מֵעֲבֹדָתָ֑ם וְגָאַלְתִּ֤י אֶתְכֶם֙ בִּזְר֣וֹעַ נְטוּיָ֔ה וּבִשְׁפָטִ֖ים
7 גְּדֹלִֽים׃ 7 וְלָקַחְתִּ֨י אֶתְכֶ֥ם לִי֙ לְעָ֔ם וְהָיִ֥יתִי לָכֶ֖ם לֵאלֹהִ֑ים וִֽידַעְתֶּ֗ם
כִּ֣י אֲנִ֤י יְהוָה֙ אֱלֹ֣הֵיכֶ֔ם הַמּוֹצִ֣יא אֶתְכֶ֔ם מִתַּ֖חַת סִבְל֥וֹת מִצְרָֽיִם׃
8 8 וְהֵבֵאתִ֤י אֶתְכֶם֙ אֶל־הָאָ֔רֶץ אֲשֶׁ֤ר נָשָׂ֙אתִי֙ אֶת־יָדִ֔י לָתֵ֣ת אֹתָ֔הּ
לְאַבְרָהָ֥ם לְיִצְחָ֖ק וּֽלְיַעֲקֹ֑ב וְנָתַתִּ֨י אֹתָ֥הּ לָכֶ֛ם מוֹרָשָׁ֖ה אֲנִ֥י יְהוָֽה׃
9 9 וַיְדַבֵּ֥ר מֹשֶׁ֛ה כֵּ֖ן אֶל־בְּנֵ֣י יִשְׂרָאֵ֑ל וְלֹ֤א שָֽׁמְעוּ֙ אֶל־מֹשֶׁ֔ה מִקֹּ֣צֶר ר֔וּחַ
10 11 וּמֵעֲבֹדָ֖ה קָשָֽׁה׃ פ 10 וַיְדַבֵּ֥ר יְהוָ֖ה אֶל־מֹשֶׁ֥ה לֵּאמֹֽר׃ 11 בֹּ֣א
דַבֵּ֔ר אֶל־פַּרְעֹ֖ה מֶ֣לֶךְ מִצְרָ֑יִם וִֽישַׁלַּ֥ח אֶת־בְּנֵֽי־יִשְׂרָאֵ֖ל מֵאַרְצֽוֹ׃
12 12 וַיְדַבֵּ֣ר מֹשֶׁ֔ה לִפְנֵ֥י יְהוָ֖ה לֵאמֹ֑ר הֵ֤ן בְּנֵֽי־יִשְׂרָאֵל֙ לֹא־שָׁמְע֣וּ אֵלַ֔י
13 וְאֵיךְ֙ יִשְׁמָעֵ֣נִי פַרְעֹ֔ה וַאֲנִ֖י עֲרַ֥ל שְׂפָתָֽיִם׃ פ 13 וַיְדַבֵּ֣ר יְהוָה֮
אֶל־מֹשֶׁ֣ה וְאֶֽל־אַהֲרֹן֒ וַיְצַוֵּם֙ [a]אֶל־בְּנֵ֣י יִשְׂרָאֵ֔ל וְאֶל[a]־פַּרְעֹ֖ה מֶ֣לֶךְ
מִצְרָ֑יִם לְהוֹצִ֥יא אֶת־בְּנֵֽי־יִשְׂרָאֵ֖ל מֵאֶ֥רֶץ מִצְרָֽיִם׃ ס
14 14 אֵ֖לֶּה[a] רָאשֵׁ֣י בֵית־אֲבֹתָ֑ם בְּנֵ֨י רְאוּבֵ֜ן בְּכֹ֣ר יִשְׂרָאֵ֗ל חֲנ֤וֹךְ וּפַלּוּא֙
15 חֶצְרֹ֣ן וְכַרְמִ֔י אֵ֖לֶּה מִשְׁפְּחֹ֥ת רְאוּבֵֽן׃ 15 וּבְנֵ֣י שִׁמְע֗וֹן יְמוּאֵ֧ל[a] וְיָמִ֛ין
וְאֹ֙הַד֙ וְיָכִ֣ין וְצֹ֔חַר[b] וְשָׁא֖וּל בֶּן־הַֽכְּנַעֲנִ֑ית אֵ֖לֶּה מִשְׁפְּח֥וֹת שִׁמְעֽוֹן׃
16 16 וְאֵ֨לֶּה שְׁמ֤וֹת בְּנֵֽי־לֵוִי֙ לְתֹ֣לְדֹתָ֔ם גֵּרְשׁ֕וֹן וּקְהָ֖ת וּמְרָרִ֑י וּשְׁנֵי֙ חַיֵּ֣י לֵוִ֔י
17 שֶׁ֧בַע וּשְׁלֹשִׁ֛ים וּמְאַ֖ת שָׁנָֽה׃ 17 בְּנֵ֥י[a] גֵרְשׁ֛וֹן[b] לִבְנִ֥י וְשִׁמְעִ֖י לְמִשְׁפְּחֹתָֽם׃
18 18 וּבְנֵ֣י קְהָ֔ת עַמְרָ֣ם וְיִצְהָ֔ר וְחֶבְר֖וֹן[a] וְעֻזִּיאֵ֑ל וּשְׁנֵי֙ חַיֵּ֣י קְהָ֔ת שָׁלֹ֧שׁ[b]
19 וּשְׁלֹשִׁ֛ים וּמְאַ֖ת שָׁנָֽה׃ 19 וּבְנֵ֥י מְרָרִ֖י מַחְלִ֣י וּמוּשִׁ֑י אֵ֛לֶּה מִשְׁפְּחֹ֥ת הַלֵּוִ֖י
20 לְתֹלְדֹתָֽם׃ 20 וַיִּקַּ֨ח עַמְרָ֜ם אֶת־יוֹכֶ֤בֶד דֹּֽדָתוֹ֙[a] ל֣וֹ לְאִשָּׁ֔ה וַתֵּ֣לֶד ל֔וֹ
אֶֽת־אַהֲרֹ֖ן וְאֶת־מֹשֶׁ֑ה[b] וּשְׁנֵי֙ חַיֵּ֣י עַמְרָ֔ם שֶׁ֧בַע[c] וּשְׁלֹשִׁ֛ים וּמְאַ֖ת שָׁנָֽה׃

ד חד חס וג מל[1]. יג ר״פ בתור
ל וחס . ב ר״פ בתור
ב חד חס וחד מל
ג מל[2] בתור וכל בנ״ך דכות ב מ ג
י . ב חד מל וחד חס
יט
ב בתור[3]
יא זוגין דמטע בטע[4] . ל
ל
ל[5]
יא זוגין דמטע בטע[4]
ל . ד בטע בסיפ[6] . יא[7]
ד[8]
עה . ו חס בתור[9]
ב חס
י בתור[6] . ב חס בתור . ב
ה פסוק דמיין[10]
ב חס בתור
ב

Cp 6 [1]Mm 2859. [2]Mm 408. [3]Mm 1238ב. [4]Mm 794. [5]Mm 59. [6]Mp sub loco. [7]Mm 852. [8]Mm 409. [9]Mm 410. [10]Okhl 288.

5 [a] ⅏ נקאת ‖ [b] ⅏ וָאֶזְכְּרָה ‖ **6** [a] 𝔊 *βάδιζε* = לְכָה vel לֶךְ־נָא (cf Gn 37,14) ‖ **13** [a–a] 𝔊* om א׳ ב׳ י״ן ‖ **14** [a] ⅏𝔊𝔖 וְא׳ ‖ **15** [a] 𝔊[B] *Ιεμιηλ* ‖ [b] ⅏ וצהר, 𝔊 *καὶ Σααρ* ‖ **17** [a] ⅏𝔖 וּבְנֵי; 𝔊 pr *καὶ οὗτοι* ‖ [b] 𝔊* *Γεδσων* ‖ **18** [a] ⅏𝔊 ח׳ ‖ [b] > 𝔊 ‖ **20** [a] 𝔊 *θυγατέρα τοῦ ἀδελφοῦ τοῦ πατρὸς αὐτοῦ* ‖ [b] Ms ⅏𝔊 + ואת־מִרְיָם אֲחֹתָם cf 𝔖 et Nu 26,59 ‖ [c] ⅏𝔊[A min]𝔏 שֵׁשׁ, 𝔊[B min] 2.

21 וּבְנֵי יִצְהָר קֹרַח וָנֶפֶג וְזִכְרִי׃ 22 וּבְנֵי עֻזִּיאֵל מִישָׁאֵלᵃ וְאֶלְצָפָןᵇ ל̇
23 וְסִתְרִי׃ 23 וַיִּקַּח אַהֲרֹן אֶת־אֱלִישֶׁבַע בַּת־עַמִּינָדָב אֲחוֹת נַחְשׁוֹן לוֹ ל̇ . ד̇ פסוק דמיין את את ואת ואת[11] . ל̇
לְאִשָּׁה וַתֵּלֶד לוֹ אֶת־נָדָב וְאֶת־אֲבִיהוּא אֶת־ᵃאֶלְעָזָר וְאֶת־אִיתָמָר׃
24 וּבְנֵי קֹרַח אַסִּירᵃ וְאֶלְקָנָה וַאֲבִיאָסָףᵇ אֵלֶּה מִשְׁפְּחֹת הַקָּרְחִי׃ כל קריא מל ב̇ מ̇ א̇ . יז̇ מפק א[12]
25 וְאֶלְעָזָר בֶּן־אַהֲרֹן לָקַח־לוֹ מִבְּנוֹת פּוּטִיאֵל לוֹ לְאִשָּׁה וַתֵּלֶד לוֹ ל̇
26 אֶת־פִּינְחָס אֵלֶּה רָאשֵׁי אֲבוֹת הַלְוִיִּםᵃ לְמִשְׁפְּחֹתָם׃ 26 הוּא אַהֲרֹן עה̇ . ה̇ צדיקים בחד ליש[13] . ב̇ בתור
וּמֹשֶׁה אֲשֶׁר אָמַר יְהוָה לָהֶם הוֹצִיאוּ אֶת־בְּנֵי יִשְׂרָאֵל מֵאֶרֶץ מִצְרַיִם ג̇[14]
27 עַל־צִבְאֹתָם׃ 27 הֵם הַמְדַבְּרִים אֶל־פַּרְעֹה מֶלֶךְ־מִצְרַיִם לְהוֹצִיא
אֶת־בְּנֵי־יִשְׂרָאֵל מִמִּצְרָיִםᵃ הוּא ᵇמֹשֶׁה וְאַהֲרֹןᵇ׃ ה̇ צדיקים בחד ליש[13] . ל̇ . כט בתור
28 וַיְהִי בְּיוֹם דִּבֶּר יְהוָה אֶל־מֹשֶׁה בְּאֶרֶץ מִצְרָיִם׃ פ 29 וַיְדַבֵּר ל̇
יְהוָה אֶל־מֹשֶׁה לֵּאמֹר אֲנִי יְהוָה דַּבֵּר אֶל־פַּרְעֹה מֶלֶךְ מִצְרַיִם אֵת
30 כָּל־אֲשֶׁר אֲנִי דֹּבֵר אֵלֶיךָ׃ 30 וַיֹּאמֶר מֹשֶׁה לִפְנֵי יְהוָה הֵן אֲנִי עֲרַל ב̇[15] . ד̇[16]
7 שְׂפָתַיִם וְאֵיךְ ᵃיִשְׁמַע אֵלַיᵃ פַּרְעֹה׃ פ 7 1 וַיֹּאמֶר יְהוָה אֶל־מֹשֶׁה
2 רְאֵה נְתַתִּיךָ אֱלֹהִים לְפַרְעֹה וְאַהֲרֹן אָחִיךָ יִהְיֶה נְבִיאֶךָ׃ 2 אַתָּה יא̇ ר״פ ד̇ מנה בתור
תְדַבֵּר אֵת כָּל־אֲשֶׁר אֲצַוֶּךָּ וְאַהֲרֹן אָחִיךָ יְדַבֵּר אֶל־פַּרְעֹה וְשִׁלַּחᵃ
3 אֶת־בְּנֵי־יִשְׂרָאֵל מֵאַרְצוֹ׃ 3 וַאֲנִי אַקְשֶׁה אֶת־לֵב פַּרְעֹה וְהִרְבֵּיתִי טז̇ ר״פ
4 אֶת־אֹתֹתַי וְאֶת־מוֹפְתַי בְּאֶרֶץ מִצְרָיִם׃ 4 וְלֹא־יִשְׁמַע אֲלֵכֶם פַּרְעֹה ב̇ מל̇ . ז̇ ר״פ בסיפ̇ . ד̇ . ו̇ חס בתור
וְנָתַתִּי אֶת־יָדִי בְּמִצְרָיִם וְהוֹצֵאתִי אֶת־צִבְאֹתַי אֶת־עַמִּי בְנֵי־יִשְׂרָאֵל ל̇ וחס
5 ᵃמֵאֶרֶץ מִצְרַיִםᵃ ᵇבִּשְׁפָטִים גְּדֹלִים׃ 5 וְיָדְעוּᵃ מִצְרַיִם כִּי־אֲנִי יְהוָה
בִּנְטֹתִי אֶת־יָדִי עַל־מִצְרָיִם וְהוֹצֵאתִי אֶת־ᵇבְּנֵי־יִשְׂרָאֵל מִתּוֹכָם׃
6 וַיַּעַשׂ מֹשֶׁה וְאַהֲרֹן כַּאֲשֶׁר צִוָּה יְהוָה אֹתָם כֵּן עָשׂוּ׃ 7 וּמֹשֶׁה בֶּן־ כט בתור . ז̇ ר״פ[2]
שְׁמֹנִים שָׁנָה וְאַהֲרֹן בֶּן־שָׁלֹשׁ וּשְׁמֹנִים שָׁנָה בְּדַבְּרָם אֶל־פַּרְעֹה׃ פ
ס̄ [ו] 8 וַיֹּאמֶרᵃ יְהוָה אֶל־מֹשֶׁה וְאֶל־אַהֲרֹן לֵאמֹר׃ 9 כִּי יְדַבֵּר אֲלֵכֶם ה̇ . ו̇ חס בתור
פַּרְעֹה לֵאמֹר תְּנוּ לָכֶםᵃ מוֹפֵת וְאָמַרְתָּ אֶל־אַהֲרֹן קַח אֶת־מַטְּךָ

[11] Mm 2468. [12] Mm 411. [13] Mm 3908. [14] Mm 2145. [15] Jer 38,20. [16] Mm 412. Cp 7 [1] Mm 1179. [2] Mm 3363.

22 ᵃ > 𝔊*𝔏 ‖ ᵇ 𝔐(𝔊)𝔖 ואליצ׳ cf Nu 3,30 al ‖ 23 ᵃ mlt Mss 𝔊𝔖𝔙 וְאֵת ‖ 24 ᵃ 𝔐 אסור ‖ ᵇ 𝔐 ואביסף cf 1 Ch 6,8.22 9,19 ‖ 25 ᵃ 𝔐 הלוי ‖ 27 ᵃ pc Mss 𝔐𝔊*𝔖 מֵאֶרֶץ ‖ ᵇ⁻ᵇ 𝔊 invers ‖ 30 ᵃ⁻ᵃ 𝔐 Vrs ישמעני ut 12 ‖ Cp 7,2 ᵃ ℭ וישלח ‖ 4 ᵃ⁻ᵃ ℭ מִמְּ׳ ‖ ᵇ 𝔐 בְּמִשְׁפָ׳ ‖ 5 ᵃ 𝔐𝔊 + כל ‖ ᵇ 𝔐 + עַמִּי ‖ 8 ᵃ 𝔐 וַיְדַבֵּר, it 14ᵃ ‖ 9 ᵃ 𝔊 ἡμῖν, 𝔖 lj; 𝔐𝔊 + אות או.

10 וְהַשְׁלֵ֥ךְ לִפְנֵֽי־פַרְעֹ֖ה יְהִ֥י[b] לְתַנִּֽין׃ 10 וַיָּבֹ֨א מֹשֶׁ֤ה וְאַהֲרֹן֙ אֶל־[a]פַּרְעֹ֔ה
וַֽיַּעֲשׂוּ[b] כֵ֔ן כַּאֲשֶׁ֖ר צִוָּ֣ה יְהוָ֑ה וַיַּשְׁלֵ֨ךְ אַהֲרֹ֜ן אֶת־מַטֵּ֗הוּ לִפְנֵ֧י פַרְעֹ֛ה
11 וְלִפְנֵ֥י עֲבָדָ֖יו וַיְהִ֥י לְתַנִּֽין׃ 11 וַיִּקְרָא֙ גַּם־פַּרְעֹ֔ה לַחֲכָמִ֖ים וְלַֽמְכַשְּׁפִ֑ים
12 וַיַּעֲשׂ֨וּ גַם־הֵ֜ם חַרְטֻמֵּ֥י מִצְרַ֛יִם בְּלַהֲטֵיהֶ֖ם כֵּֽן׃ 12 וַיַּשְׁלִ֙יכוּ֙ אִ֣ישׁ מַטֵּ֔הוּ
13 וַיִּהְי֖וּ לְתַנִּינִ֑ם וַיִּבְלַ֥ע מַטֵּֽה־אַהֲרֹ֖ן אֶת־מַטֹּתָֽם׃ 13 וַיֶּחֱזַק֙ לֵ֣ב פַּרְעֹ֔ה
וְלֹ֥א שָׁמַ֖ע אֲלֵהֶ֑ם כַּאֲשֶׁ֖ר דִּבֶּ֥ר יְהוָֽה׃ פ
14 14 וַיֹּ֤אמֶר[a] יְהוָה֙ אֶל־מֹשֶׁ֔ה כָּבֵ֖ד לֵ֣ב פַּרְעֹ֑ה מֵאֵ֖ן לְשַׁלַּ֥ח הָעָֽם׃
15 15 לֵ֣ךְ אֶל־פַּרְעֹ֞ה בַּבֹּ֗קֶר הִנֵּה֙[a] יֹצֵ֣א הַמַּ֔יְמָה וְנִצַּבְתָּ֥ לִקְרָאת֖וֹ עַל־
16 שְׂפַ֣ת הַיְאֹ֑ר וְהַמַּטֶּ֛ה אֲשֶׁר־נֶהְפַּ֥ךְ לְנָחָ֖שׁ תִּקַּ֥ח בְּיָדֶֽךָ׃ 16 וְאָמַרְתָּ֣ אֵלָ֗יו
יְהוָ֞ה אֱלֹהֵ֤י הָֽעִבְרִים֙ שְׁלָחַ֤נִי אֵלֶ֙יךָ֙ לֵאמֹ֔ר שַׁלַּח֙ אֶת־עַמִּ֔י וְיַֽעַבְדֻ֖נִי
17 בַּמִּדְבָּ֑ר וְהִנֵּ֥ה לֹא־שָׁמַ֖עְתָּ עַד־כֹּֽה׃ 17 כֹּ֚ה אָמַ֣ר יְהוָ֔ה בְּזֹ֣את תֵּדַ֔ע כִּ֖י
אֲנִ֣י יְהוָ֑ה הִנֵּ֨ה אָנֹכִ֜י מַכֶּ֣ה ׀ בַּמַּטֶּ֣ה אֲשֶׁר־בְּיָדִ֗י עַל־הַמַּ֛יִם אֲשֶׁ֥ר בַּיְאֹ֖ר
18 וְנֶהֶפְכ֥וּ לְדָֽם׃ 18 וְהַדָּגָ֧ה אֲשֶׁר־בַּיְאֹ֛ר תָּמ֖וּת וּבָאַ֣שׁ הַיְאֹ֑ר וְנִלְא֣וּ
19 מִצְרַ֔יִם לִשְׁתּ֥וֹת מַ֖יִם מִן־הַיְאֹֽר[a]׃ ס 19 וַיֹּאמֶר֩ יְהוָ֨ה אֶל־מֹשֶׁ֜ה
אֱמֹ֣ר אֶֽל־אַהֲרֹ֗ן קַ֣ח מַטְּךָ֣ וּנְטֵֽה־יָדְךָ֩ עַל־מֵימֵ֨י מִצְרַ֜יִם עַל־[a]נַהֲרֹתָ֣ם ׀
עַל־[b]יְאֹרֵיהֶ֣ם וְעַל־אַגְמֵיהֶ֗ם וְעַ֛ל כָּל־מִקְוֵ֥ה מֵימֵיהֶ֖ם וְיִֽהְיוּ־דָ֑ם [c]וְהָ֤יָה
20 דָם֙[c] בְּכָל־אֶ֣רֶץ מִצְרַ֔יִם וּבָעֵצִ֖ים וּבָאֲבָנִֽים׃ 20 וַיַּעֲשׂוּ־כֵן֩ מֹשֶׁ֨ה וְאַהֲרֹ֜ן
כַּאֲשֶׁ֣ר ׀ צִוָּ֣ה יְהוָ֗ה וַיָּ֤רֶם בַּמַּטֶּה֙[a] וַיַּ֤ךְ אֶת־הַמַּ֙יִם֙ אֲשֶׁ֣ר בַּיְאֹ֔ר לְעֵינֵ֣י
21 פַרְעֹ֔ה וּלְעֵינֵ֖י עֲבָדָ֑יו וַיֵּהָֽפְכ֛וּ כָּל־הַמַּ֥יִם אֲשֶׁר־בַּיְאֹ֖ר לְדָֽם׃ 21 וְהַדָּגָ֨ה
אֲשֶׁר־בַּיְאֹ֥ר מֵ֙תָה֙ וַיִּבְאַ֣שׁ הַיְאֹ֔ר וְלֹא־יָכְל֣וּ מִצְרַ֔יִם לִשְׁתּ֥וֹת מַ֖יִם מִן־
22 הַיְאֹ֑ר וַיְהִ֥י הַדָּ֖ם בְּכָל־אֶ֥רֶץ מִצְרָֽיִם׃ 22 וַיַּעֲשׂוּ־כֵ֛ן חַרְטֻמֵּ֥י מִצְרַ֖יִם
בְּלָטֵיהֶ֑ם[a] וַיֶּחֱזַ֤ק לֵב־פַּרְעֹה֙ וְלֹא־שָׁמַ֣ע אֲלֵהֶ֔ם כַּאֲשֶׁ֖ר דִּבֶּ֥ר יְהוָֽה׃
23 24 23 וַיִּ֣פֶן פַּרְעֹ֔ה וַיָּבֹ֖א אֶל־בֵּית֑וֹ וְלֹא־שָׁ֥ת לִבּ֖וֹ גַּם־לָזֹֽאת׃ 24 וַיַּחְפְּר֧וּ
כָל־מִצְרַ֛יִם סְבִיבֹ֥ת הַיְאֹ֖ר מַ֣יִם לִשְׁתּ֑וֹת כִּ֣י לֹ֤א יָֽכְלוּ֙ לִשְׁתֹּ֔ת מִמֵּימֵ֖י
25 הַיְאֹֽר׃ 25 וַיִּמָּלֵ֖א[a] שִׁבְעַ֣ת יָמִ֑ים אַחֲרֵ֥י הַכּוֹת־יְהוָ֖ה אֶת־הַיְאֹֽר׃ פ

ח בליש[3]. כט בתור
ל. ח בליש[3]. ב[4]
ד[5] מל וכל כתיב דכות ב מ א
ג חס בתור[6]. ב חד חס וחד מל. הי[7]
ב[8]
ה[9]
ל ס״פ
ה[10]. ד וכל תלים דכות[11]
ג. ב
יב בטע בסיפ[12]
יו חס את. ד חס[8]
יא רפי[13]
יח. כט בתור
ח דגש[14]
ד[15]. ב
יח
ג. הי[7]
ד קמ[16]. ג[17]
ד חס
ו[18]

[3]Mm 413. [4]Mm 414. [5]Mm 415. [6]Mm 8. [7]Mm 432. [8]Mp sub loco. [9]Mm 427. [10]Mm 416. [11]Mm 741. [12]Mm 439. [13]Mm 417. [14]Mm 1573. [15]Mm 977. [16]Mm 3014. [17]Mm 418. [18]Mm 1907.

9 [b] ⅏𝔊𝔖𝔙 ויהי cf 10 ‖ **10** [a] ⅏𝔊 לפני cf 9 ‖ [b] sic L, mlt Mss Edd וַיַּעֲשׂוּ ‖ **14** [a] cf 8[a] ‖ **15** [a] ⅏𝔊 + הוא ‖ **18** [a] ⅏ + add ‖ **19** [a] 𝔊𝔙 pr cop ‖ [b] mlt Mss ⅏𝔊𝔖𝔗𝔙 וְעַל ‖ [c—c] ⅏ וַיְהִי הַדָּם ‖ **20** [a] ⅏𝔊 בְּמַטֵּהוּ cf 𝔖 ‖ **22** [a] ⅏ בְּלַהֲטֵיהֶם, it 8,3[a].14[a] ‖ **25** [a] ⅏ Vrs ־וּ.

26 וַיֹּ֤אמֶר יְהוָה֙ אֶל־מֹשֶׁ֔ה בֹּ֖א אֶל־פַּרְעֹ֑ה וְאָמַרְתָּ֣ᵃ אֵלָ֗יו כֹּ֚ה אָמַ֣ר
27 יְהוָ֔ה שַׁלַּ֥ח אֶת־עַמִּ֖י וְיַֽעַבְדֻֽנִי׃ 27 וְאִם־מָאֵ֥ן אַתָּ֖ה לְשַׁלֵּ֑חַ הִנֵּ֣ה אָנֹכִ֗י ב̇
28 נֹגֵ֛ף אֶת־כָּל־גְּבוּלְךָ֖ בַּֽצְפַרְדְּעִֽים׃ 28 וְשָׁרַ֣ץ הַיְאֹר֮ צְפַרְדְּעִים֒ וְעָלוּ֙ ג̇¹⁹ ול בליש
וּבָ֣אוּ בְּבֵיתֶ֔ךָᵃ ᵇוּבַחֲדַ֥ר מִשְׁכָּבְךָ֖ᵇ וְעַל־ᶜמִטָּתֶ֑ךָ וּבְבֵ֤יתᶜ עֲבָדֶ֙יךָ֙
29 וּבְעַמֶּ֔ךָᵈ וּבְתַנּוּרֶ֖יךָ וּבְמִשְׁאֲרוֹתֶֽיךָ׃ 29 וּבְכָ֥ה ᵃוּבְעַמְּךָ֖ וּבְכָל־עֲבָדֶ֑יךָᵃ ל̇ ומל̇ . כ̇²⁰ מילין כת ה ס״ת ג מנה בליש . ג̇
8 יַעֲל֖וּ הַֽצְפַרְדְּעִֽיםᵇ׃ 8 1 וַיֹּ֣אמֶר יְהוָה֮ אֶל־מֹשֶׁה֒ אֱמֹ֣ר אֶֽל־אַהֲרֹ֗ן נְטֵ֤ה ד̇ בטע בסיפ̇¹
אֶת־יָֽדְךָ֙ בְּמַטֶּ֔ךָ עַל־הַנְּהָרֹת֙ עַלᵃ־הַיְאֹרִ֖ים וְעַל־הָאֲגַמִּ֑ים וְהַ֥עַל אֶת־ ד̇ חס̇² . ב̇ . ל̇ . ב̇
2 הַצְפַרְדְּעִ֖ים עַל־אֶ֥רֶץ מִצְרָֽיִם׃ 2 וַיֵּ֤ט אַהֲרֹן֙ אֶת־יָד֔וֹ עַ֖ל מֵימֵ֣י מִצְרָ֑יִם
3 וַתַּ֙עַל֙ הַצְּפַרְדֵּ֔עַ וַתְּכַ֖ס אֶת־אֶ֥רֶץ מִצְרָֽיִם׃ 3 וַיַּעֲשׂוּ־כֵ֥ן הַחַרְטֻמִּ֖יםᵃ
4 בְּלָטֵיהֶ֑םᵇ וַיַּעֲל֥וּ אֶת־הַֽצְפַרְדְּעִ֖ים עַל־אֶ֥רֶץ מִצְרָֽיִם׃ 4 וַיִּקְרָ֨א פַרְעֹ֜ה ג̇ . ב̇
לְמֹשֶׁ֣ה וּֽלְאַהֲרֹ֗ן וַיֹּ֙אמֶר֙ הַעְתִּ֣ירוּᵃ אֶל־יְהוָ֔ה וְיָסֵר֙ הַֽצְפַרְדְּעִ֔ים מִמֶּ֖נִּי יז̇ . ג̇ . נז וכל תלים דכות ב̇ מ̇ יא
5 וּמֵעַמִּ֑י וַאֲשַׁלְּחָה֙ אֶת־הָעָ֔ם וְיִזְבְּח֖וּ לַֽיהוָֽה׃ 5 וַיֹּ֨אמֶר מֹשֶׁ֣ה לְפַרְעֹה֮ ב̇ . ב̇
הִתְפָּאֵ֣ר עָלַי֒ לְמָתַ֣י ׀ אַעְתִּ֣יר לְךָ֗ וְלַעֲבָדֶ֙יךָ֙ וּֽלְעַמְּךָ֔ לְהַכְרִית֙ ל̇ . ל̇ . ג̇³
6 הַֽצְפַרְדְּעִ֔יםᵃ מִמְּךָ֖ᵇ וּמִבָּתֶּ֑יךָᶜ ᵈרַ֥ק בַּיְאֹ֖ר תִּשָּׁאַֽרְנָהᵈ׃ 6 וַיֹּ֖אמֶר לְמָחָ֑ר ב̇ . ה̇⁴
7 וַיֹּ֙אמֶר֙ כִּדְבָ֣רְךָ֔ לְמַ֣עַן תֵּדַ֔ע כִּי־אֵ֖ין ᵃכַּיהוָ֥ה אֱלֹהֵֽינוּᵃ׃ 7 וְסָר֣וּ ל̇⁵
הַֽצְפַרְדְּעִ֗ים מִמְּךָ֙ וּמִבָּ֣תֶּ֔יךָᵃ וּמֵעֲבָדֶ֖יךָ וּמֵעַמֶּ֑ךָ רַ֥ק בַּיְאֹ֖ר תִּשָּׁאַֽרְנָה׃ ל̇ . ב̇
8 וַיֵּצֵ֥א מֹשֶׁ֛ה וְאַהֲרֹ֖ן מֵעִ֣ם פַּרְעֹ֑ה וַיִּצְעַ֤ק מֹשֶׁה֙ אֶל־יְהוָ֔ה עַל־דְּבַ֥ר כ̇ט בתור
9 הַֽצְפַרְדְּעִ֖ים אֲשֶׁר־שָׂ֥ם לְפַרְעֹֽה׃ 9 וַיַּ֥עַשׂ יְהוָ֖ה כִּדְבַ֣ר מֹשֶׁ֑ה וַיָּמֻ֙תוּ֙
10 הַֽצְפַרְדְּעִ֔ים מִן־הַבָּתִּ֥ים מִןᵃ־הַחֲצֵרֹ֖ת וּמִן־הַשָּׂדֹֽת׃ 10 וַיִּצְבְּר֥וּ אֹתָ֖ם ד̇ פסוק מן מן ומן⁶ . ל̇ . ד̇ חס בתור⁷ . ל̇ חס . ל̇⁸
11 חֳמָרִ֣ם חֳמָרִ֑ם וַתִּבְאַ֖שׁ הָאָֽרֶץ׃ 11 וַיַּ֣רְא פַּרְעֹ֗ה כִּ֤י הָֽיְתָה֙ הָֽרְוָחָ֔ה ל̇ . ג̇ . ל̇
וְהַכְבֵּד֙ᵃ אֶת־לִבּ֔וֹ וְלֹ֥א שָׁמַ֖ע אֲלֵהֶ֑ם כַּאֲשֶׁ֖ר דִּבֶּ֥ר יְהוָֽה׃ ס
12 וַיֹּ֣אמֶר יְהוָ֗ה אֶל־מֹשֶׁה֒ אֱמֹר֙ אֶל־אַהֲרֹ֔ן נְטֵ֣ה אֶת־מַטְּךָ֔ᵃ וְהַ֖ךְ ד̇ בטע בסיפ̇¹ . ב̇⁹

¹⁹Mm 1205. ²⁰Mm 964. Cp 8 ¹Mm 395. ²Mp sub loco. ³Mm 419. ⁴Mm 420. ⁵Mm 421. ⁶Mm 422. ⁷Mm 1026. ⁸וחד וַיִּצְבְּרוּ Gn 41,35. ⁹Ez 21,19.

26 ᵃ ⅏ וְדִבַּרְתָּ ‖ **28** ᵃ 𝔊 pl ‖ ᵇ⁻ᵇ ⅏𝔊 וּבְחַדְרֵי —בֶיךָ ‖ ᶜ⁻ᶜ ⅏𝔊 מטתֶיךָ ובבתֵי ‖ ᵈ 𝔊 om ב ‖ **29** ᵃ⁻ᵃ 𝔊 invers et sine כל, 𝔖 *wbklh ʿmk* = ובכל־עמך ‖ ᵇ ⅏ + add ‖ **Cp 8,1** ᵃ mlt Mss ⅏𝔊𝔖𝔗ᴹˢˢ𝔙 וְעַל ‖ **3** ᵃ sic L, mlt Mss Edd ′הַחַר ‖ ᵇ cf 7,22ᵃ ‖ **4** ᵃ 𝔊* + *περὶ ἐμοῦ* cf 8,24 9,28ᵃ ‖ **5** ᵃ sic L, mlt Mss Edd ′הַצְ ‖ ᵇ 𝔊 + *καὶ ἀπὸ τοῦ λαοῦ σου καί* cf 7 ‖ ᶜ ⅏𝔙 + וּמֵעֲבָדֶיךָ וּמֵעַמֶּךָ ‖ ᵈ⁻ᵈ > 𝔖 ‖ **6** ᵃ⁻ᵃ 𝔊 *ἄλλος πλὴν κυρίου* ‖ **7** ᵃ 𝔊 suff 2 pl + *καὶ ἐκ τῶν ἐπαύλεων* cf 9 ‖ **9** ᵃ mlt Mss ⅏𝔊𝔖𝔗ᴹˢˢ𝔗ᴶ𝔙 וּמִן ‖ **11** ᵃ ⅏ וַיַּכְבֵּד cf Vrs ‖ **12** ᵃ ⅏ ′יָדְךָ בְּמ cf 𝔊.

13 אֶת־עֲפַ֣ר הָאָ֔רֶץ וְהָיָ֥הb לְכִנִּ֖םc בְּכָל־אֶ֥רֶץ מִצְרָֽיִם׃ 13 aוַיַּֽעֲשׂוּ־כֵ֗ןa ל̇ חס̇[10]. יח̇
וַיֵּ֨ט אַהֲרֹ֤ן אֶת־יָדוֹ֙ בְמַטֵּ֔הוּ וַיַּךְ֙ אֶת־עֲפַ֣ר הָאָ֔רֶץ וַתְּהִי֙ הַכִּנָּ֔םb בָּאָדָ֖ם ב̇
14 וּבַבְּהֵמָ֑ה כָּל־c עֲפַ֥ר הָאָ֛רֶץ הָיָ֥ה כִנִּ֖ים בְּכָל־אֶ֥רֶץ מִצְרָֽיִם׃ 14 וַיַּֽעֲשׂוּ־ יח̇
כֵ֨ן הַֽחַרְטֻמִּ֧ים בְּלָטֵיהֶ֛םa לְהוֹצִ֥יא אֶת־הַכִּנִּ֖ים וְלֹ֣א יָכֹ֑לוּ וַתְּהִי֙ הַכִּנָּ֔םb ג̇. ג̇[11]. ב̇
15 בָּאָדָ֖ם וּבַבְּהֵמָֽה׃ 15 וַיֹּאמְר֤וּ הַֽחַרְטֻמִּם֙ אֶל־פַּרְעֹ֔ה אֶצְבַּ֥ע אֱלֹהִ֖ים ב̇ חס̇ י̇ בליש̇[12]
ה֑וא וַיֶּחֱזַ֤ק לֵב־פַּרְעֹה֙ וְלֹא־שָׁמַ֣ע אֲלֵהֶ֔ם כַּאֲשֶׁ֖ר דִּבֶּ֥ר יְהוָֽה׃ ס ה̇[13]
[t]ס 16 וַיֹּ֨אמֶר יְהוָ֜ה אֶל־מֹשֶׁ֗ה הַשְׁכֵּ֤ם בַּבֹּ֙קֶר֙ וְהִתְיַצֵּב֙ לִפְנֵ֣י פַרְעֹ֔ה י̇ב̇ בטע̇ בסיפ̇[14]
הִנֵּ֖הa יוֹצֵ֣א הַמָּ֑יְמָה וְאָמַרְתָּ֣ אֵלָ֗יו כֹּ֚ה אָמַ֣ר יְהוָ֔ה שַׁלַּ֥ח עַמִּ֖י וְיַֽעַבְדֻֽנִיb׃ ט̇[15] מל̇ ג̇ מנה̇ באור̇ וכל̇ תלים̇ דכות̇ ב̇ מ̇ א̇. ב̇
17 17 כִּ֣י אִם־אֵינְךָ֮ מְשַׁלֵּ֣חַ אֶת־עַמִּי֒ הִנְנִ֨י מַשְׁלִ֜יחַ בְּךָ֨ וּבַעֲבָדֶ֧יךָ וּֽבְעַמְּךָ֛ ז̇. ל̇. ג̇
וּבְבָתֶּ֖יךָa אֶת־הֶעָרֹ֑ב וּמָ֨לְא֜וּ בָּתֵּ֤י מִצְרַ֙יִם֙ אֶת־הֶ֣עָרֹ֔ב וְגַ֥ם הָאֲדָמָ֖ה ג̇ בתור̇
18 אֲשֶׁר־הֵ֥ם עָלֶֽיהָ׃ 18 וְהִפְלֵיתִי֩ בַיּ֨וֹם הַה֜וּא אֶת־אֶ֣רֶץ גֹּ֗שֶׁן אֲשֶׁ֤ר עַמִּי֙ ל̇
עֹמֵ֣ד עָלֶ֔יהָ לְבִלְתִּ֥י הֱיֽוֹת־שָׁ֖ם עָרֹ֑ב לְמַ֣עַן תֵּדַ֔ע כִּ֛י אֲנִ֥י יְהוָ֖ה בְּקֶ֥רֶב
19 הָאָֽרֶץ׃ 19 וְשַׂמְתִּ֣י פְדֻ֔תa בֵּ֥ין עַמִּ֖י וּבֵ֣ין עַמֶּ֑ךָ לְמָחָ֥ר יִהְיֶ֖הb הָאֹ֥ת הַזֶּֽהb׃ ג̇ ב̇ מל̇ וחד̇ חס̇[16]. ה̇[17]. ג̇ חס̇
20 20 וַיַּ֤עַשׂ יְהוָה֙ כֵּ֔ן וַיָּבֹ֙אa֙ עָרֹ֣ב כָּבֵ֔דb בֵּ֥יתָהc פַרְעֹ֖ה וּבֵ֣ית עֲבָדָ֑יו ב̇[18] ד̇ סביר̇ ובבית
21 וּבְכָלd־אֶ֧רֶץ מִצְרַ֛יִם תִּשָּׁחֵ֥תe הָאָ֖רֶץ מִפְּנֵ֥י הֶעָרֹֽב׃ 21 וַיִּקְרָ֣א פַרְעֹ֔ה ה̇
22 aאֶל־מֹשֶׁ֖הa וּֽלְאַהֲרֹ֑ן וַיֹּ֗אמֶר לְכ֛וּ זִבְח֥וּ לֵאלֹהֵיכֶ֖ם בָּאָֽרֶץ׃ 22 וַיֹּ֣אמֶר
מֹשֶׁ֗ה לֹ֤א נָכוֹן֙ לַעֲשׂ֣וֹת כֵּ֔ן כִּ֚י תּוֹעֲבַ֣ת מִצְרַ֔יִם נִזְבַּ֖ח לַיהוָ֣ה אֱלֹהֵ֑ינוּ הֵ֣ן ט̇
23 נִזְבַּ֞ח אֶת־תּוֹעֲבַ֥ת מִצְרַ֛יִם לְעֵינֵיהֶ֖ם וְלֹ֥אa יִסְקְלֻֽנוּ׃ 23 דֶּ֚רֶךְ שְׁל֣שֶׁת ל̇ וחס̇
יָמִ֔ים נֵלֵ֖ךְ בַּמִּדְבָּ֑ר וְזָבַ֙חְנוּ֙a לַיהוָ֣ה אֱלֹהֵ֔ינוּ כַּאֲשֶׁ֖ר יֹאמַ֥ר אֵלֵֽינוּ׃ ט̇
24 24 וַיֹּ֣אמֶר פַּרְעֹ֗ה אָנֹכִ֞י אֲשַׁלַּ֣ח אֶתְכֶ֗ם וּזְבַחְתֶּם֙ לַיהוָ֤ה אֱלֹֽהֵיכֶם֙ ט̇[19]
25 בַּמִּדְבָּ֔ר רַ֛ק הַרְחֵ֥ק לֹא־תַרְחִ֖יקוּ לָלֶ֑כֶת הַעְתִּ֖ירוּa בַּעֲדִֽיb׃ 25 וַיֹּ֣אמֶר
מֹשֶׁ֗ה הִנֵּ֨ה אָנֹכִ֜י יוֹצֵ֣א מֵעִמָּ֗ךְ וְהַעְתַּרְתִּ֤י אֶל־יְהוָה֙a וְסָ֣ר הֶעָרֹ֔ב ט̇[15] מל̇ ג̇ מנה̇ באור̇ וכל̇ תלים̇ דכות̇ ב̇ מ̇ א̇

12 b ⅏ וַיְהִי ‖ c 𝔊 *σκνῖφες* (= לְכִנִּים) *ἔν τε τοῖς ἀνθρώποις καὶ ἐν τοῖς τετράποσιν καί* cf 8,13sq 9,10 et 9,9 a–a ‖ **13** a–a > 𝔊* ‖ b ⅏𝔊 הַכִּנִּים ‖ c pc Mss 𝔖 וְכָל cf 𝔊 ‖ **14** a cf 7,22a ‖ b cf 13b ‖ **16** a ⅏𝔊* + הוּא cf 7,15a ‖ b 𝔊 + *ἐν τῇ ἐρήμῳ* cf 5,1 7,16 8,24 ‖ **17** a 𝔊 suff 2 pl; 𝔖𝔗J sg ‖ **19** a 𝔊(𝔖𝔙) *διαστολήν*, l פְּלֻת ‖ b–b 𝔊* *τοῦτο ἐπὶ τῆς γῆς* ‖ **20** a 𝔖𝔗Ms(𝔗J) *w'jtj* = וַיָּבֵא ‖ b ⅏ + מְאֹד cf 𝔙 ‖ c 𝔊𝔙 pl ‖ d ⅏ בכל ‖ e ⅏𝔊𝔖𝔙 וַתִּ׳ ‖ **21** a–a pc Mss ⅏ לְמ׳ ‖ **22** a > 𝔊𝔖𝔙 ‖ **23** a ⅏ וְנִזְבַּח cf Vrs ‖ **24** a 𝔊 + *οὖν*, 𝔖𝔗Mss + *'p* ‖ b 𝔊 + *πρὸς κύριον* cf 4 9,28 ‖ **25** a 𝔊 *τὸν θεόν*, it 26a.

מִפַּרְעֹ֛ה[b] מֵעֲבָדָ֥יו[c] וּמֵעַמּ֖וֹ[c] מָחָ֑ר רַ֗ק אַל־יֹסֵ֤ף[d] פַּרְעֹה֙ הָתֵ֔ל לְבִלְתִּי֙
26 שַׁלַּ֣ח אֶת־הָעָ֔ם לִזְבֹּ֖חַ לַיהוָֽה׃ 26 וַיֵּ֥צֵא מֹשֶׁ֖ה מֵעִ֣ם פַּרְעֹ֑ה וַיֶּעְתַּ֖ר ד ב ר״פ וב מ״פ[20]
27 אֶל־יְהוָֽה[a]׃ 27 וַיַּ֤עַשׂ יְהוָה֙ כִּדְבַ֣ר מֹשֶׁ֔ה וַיָּ֙סַר֙ הֶעָרֹ֔ב מִפַּרְעֹ֖ה מֵעֲבָדָ֣יו[a]
28 וּמֵעַמּ֑וֹ לֹ֥א נִשְׁאַ֖ר אֶחָֽד׃ 28 וַיַּכְבֵּ֤ד פַּרְעֹה֙ אֶת־לִבּ֔וֹ גַּ֖ם בַּפַּ֣עַם הַזֹּ֑את ב
וְלֹ֥א שִׁלַּ֖ח אֶת־הָעָֽם׃ פ

9 1 וַיֹּ֤אמֶר יְהוָה֙ אֶל־מֹשֶׁ֔ה בֹּ֖א אֶל־פַּרְעֹ֑ה וְדִבַּרְתָּ֣[a] אֵלָ֗יו כֹּֽה־ ד[1]
2 אָמַ֤ר יְהוָה֙ אֱלֹהֵ֣י הָֽעִבְרִ֔ים שַׁלַּ֥ח אֶת־עַמִּ֖י וְיַֽעַבְדֻֽנִי׃ 2 כִּ֛י אִם־מָאֵ֥ן ה[2]
3 אַתָּ֖ה לְשַׁלֵּ֑חַ וְעוֹדְךָ֖ מַחֲזִ֥יק בָּֽם׃ 3 הִנֵּ֨ה יַד־יְהוָ֜ה הוֹיָ֗ה[a] בְּמִקְנְךָ֙ אֲשֶׁ֣ר ל
בַּשָּׂדֶ֔ה בַּסּוּסִ֤ים בַּחֲמֹרִים֙[b] בַּגְּמַלִּ֔ים[b] בַּבָּקָ֖ר וּבַצֹּ֑אן דֶּ֖בֶר כָּבֵ֥ד מְאֹֽד׃
4 [a]וְהִפְלָ֣ה[b] יְהוָ֔ה[a] בֵּ֚ין מִקְנֵ֣ה יִשְׂרָאֵ֔ל וּבֵ֖ין מִקְנֵ֣ה מִצְרָ֑יִם וְלֹ֣א יָמ֔וּת ב חד כת א וחד כת ה
5 מִכָּל־לִבְנֵ֥י יִשְׂרָאֵ֖ל דָּבָֽר׃ 5 וַיָּ֥שֶׂם יְהוָ֖ה מוֹעֵ֣ד לֵאמֹ֑ר מָחָ֗ר יַעֲשֶׂ֧ה ל . פד לג מנה בתור . יא חס את
6 יְהוָ֛ה[a] הַדָּבָ֥ר הַזֶּ֖ה בָּאָֽרֶץ׃ 6 וַיַּ֨עַשׂ יְהוָ֜ה אֶת־הַדָּבָ֤ר הַזֶּה֙ מִֽמָּחֳרָ֔ת
7 וַיָּ֕מָת כֹּ֖ל מִקְנֵ֣ה מִצְרָ֑יִם וּמִמִּקְנֵ֥ה בְנֵֽי־יִשְׂרָאֵ֖ל לֹא־מֵ֥ת אֶחָֽד׃ 7 וַיִּשְׁלַ֣ח[a] ל
פַּרְעֹ֔ה וְהִנֵּ֗ה לֹא־מֵ֛ת מִמִּקְנֵ֥ה[b] יִשְׂרָאֵ֖ל עַד־אֶחָ֑ד וַיִּכְבַּד֙ לֵ֣ב פַּרְעֹ֔ה ל[3]
וְלֹ֥א שִׁלַּ֖ח אֶת־הָעָֽם׃ פ

8 וַיֹּ֣אמֶר יְהוָה֮ אֶל־מֹשֶׁ֣ה וְאֶֽל־אַהֲרֹן֒ קְח֤וּ לָכֶם֙ מְלֹ֣א חָפְנֵיכֶ֔ם ד בטע בסיפ[4] . ה
9 פִּ֖יחַ כִּבְשָׁ֑ן וּזְרָק֥וֹ מֹשֶׁ֛ה הַשָּׁמַ֖יְמָה לְעֵינֵ֥י פַרְעֹֽה[a]׃ 9 וְהָיָ֣ה לְאָבָ֔ק עַ֖ל ל וחד מן יד[5] זוגין . יא[6]
כָּל־אֶ֣רֶץ מִצְרָ֑יִם וְהָיָה֩ עַל־הָאָדָ֨ם וְעַל־הַבְּהֵמָ֜ה לִשְׁחִ֨ין[a] פֹּרֵ֧חַ ד[7]
10 אֲבַעְבֻּעֹ֛ת[a] בְּכָל־אֶ֥רֶץ מִצְרָֽיִם׃ 10 וַיִּקְח֞וּ אֶת־פִּ֣יחַ הַכִּבְשָׁ֗ן וַיַּֽעַמְדוּ֙ ב . יח . ל וחד מן יד[5] זוגין
לִפְנֵ֣י פַרְעֹ֔ה וַיִּזְרֹ֥ק אֹת֛וֹ מֹשֶׁ֖ה הַשָּׁמָ֑יְמָה וַיְהִ֗י שְׁחִין֙ אֲבַעְבֻּעֹ֔ת פֹּרֵ֖חַ[a] יא[6] . ב
11 בָּאָדָ֥ם וּבַבְּהֵמָֽה׃ 11 וְלֹא־יָֽכְל֣וּ הַֽחַרְטֻמִּ֗ים לַעֲמֹ֛ד לִפְנֵ֥י מֹשֶׁ֖ה מִפְּנֵ֣י ז ר״פ בסיפ
12 הַשְּׁחִ֑ין כִּֽי־הָיָ֣ה הַשְּׁחִ֔ין בַּֽחֲרְטֻמִּ֖ם[a] וּבְכָל־[b]מִצְרָֽיִם׃ 12 וַיְחַזֵּ֤ק יְהוָה֙ ב חס י בליש
אֶת־לֵ֣ב פַּרְעֹ֔ה וְלֹ֥א שָׁמַ֖ע אֲלֵהֶ֑ם כַּאֲשֶׁ֛ר דִּבֶּ֥ר יְהוָ֖ה אֶל־מֹשֶֽׁה׃ ס

[20] Mm 180. Cp 9 [1] Mm 426. [2] Mm 427. [3] Mp sub loco. [4] Mm 395. [5] Mm 565. [6] Mm 1071. [7] Mm 15.

25 [b] 𝔊* *ἀπὸ σοῦ* ‖ [c] 𝔊* suff 2 sg ‖ [d] 𝔊 2 sg ‖ **26** [a] cf 25[a] ‖ **27** [a] ᵐ𝔊𝔖𝔗[J]𝔙 'וּמ ‖ **Cp 9,1** [a] 2 Mss ᵐ ואמרת ut 7,26 ‖ **3** [a] ᵐ היה ‖ [b] ᵐ𝔊𝔖𝔙 'וּב ‖ **4** [a–a] 𝔊 *καὶ παραδοξάσω ἐγώ*; 𝔊* + *ἐν τῷ καιρῷ ἐκείνῳ* ‖ [b] ᵐ לא– ‖ **5** [a] ℭ𝔗[J] + את ‖ **7** [a] 𝔊 *ἰδὼν δέ* ‖ [b] ᵐ 𝔊𝔖𝔗[Ms]𝔗[J] + בְּנֵי ‖ **8** [a] 𝔊 + *καὶ ἐναντίον τῶν θεραπόντων αὐτοῦ* ‖ **9** [a–a] 𝔊(𝔙) *φλυκτίδες ἀναζέουσαι* cf 10; 𝔖 *dnwpḥ' dsgj*; 𝔊 + *ἔν τε τοῖς ἀνθρώποις καὶ ἐν τοῖς τετράποσιν καί* cf 8,12[c] 9,10 ‖ **10** [a] 𝔖 *wprḥ* = וַיִּפְרַח ‖ **11** [a] sic L, mlt Mss Edd 'בַּחַר ‖ [b] 2 Mss 𝔊𝔙 + אֶרֶץ.

13 וַיֹּאמֶר יְהוָה אֶל־מֹשֶׁה הַשְׁכֵּם בַּבֹּקֶר וְהִתְיַצֵּב לִפְנֵי פַרְעֹה 13
וְאָמַרְתָּ אֵלָיו כֹּה־אָמַר יְהוָה אֱלֹהֵי הָעִבְרִים שַׁלַּח אֶת־עַמִּי וְיַעַבְדֻנִי׃ ה̇[8]
14 כִּי ׀ בַּפַּעַם הַזֹּאת אֲנִי שֹׁלֵחַ אֶת־כָּל־מַגֵּפֹתַי אֶל[a]־לִבְּךָ [b]וּבַעֲבָדֶיךָ 14 ב̇[9]. ל̇
15 וּבְעַמֶּךָ[b] בַּעֲבוּר תֵּדַע כִּי אֵין כָּמֹנִי בְּכָל־הָאָרֶץ׃ 15 כִּי עַתָּה שָׁלַחְתִּי ד̇
16 אֶת־יָדִי וָאַךְ[a] אוֹתְךָ וְאֶת־עַמְּךָ בַּדָּבֶר וַתִּכָּחֵד מִן־הָאָרֶץ׃ 16 וְאוּלָם ל̇. יז מל בליש[10]. ה̇ ר״פ וכל איוב דכות ב מ ג[11]
בַּעֲבוּר זֹאת הֶעֱמַדְתִּיךָ בַּעֲבוּר הַרְאֹתְךָ אֶת־כֹּחִי וּלְמַעַן סַפֵּר שְׁמִי ב חד מל וחד חס[12]. ט מיחד
17 18 בְּכָל־הָאָרֶץ׃ 17 עוֹדְךָ מִסְתּוֹלֵל בְּעַמִּי לְבִלְתִּי שַׁלְּחָם׃ 18 הִנְנִי
מַמְטִיר כָּעֵת מָחָר בָּרָד כָּבֵד מְאֹד אֲשֶׁר לֹא־הָיָה כָמֹהוּ בְּמִצְרַיִם
19 [a]לְמִן־הַיּוֹם[a] הִוָּסְדָה וְעַד־עָתָּה׃ 19 וְעַתָּה שְׁלַח הָעֵז אֶת־מִקְנְךָ וְאֵת ח̇ ג[13] מנה בתור. ל̇. ל̇
כָּל־אֲשֶׁר לְךָ בַּשָּׂדֶה כָּל־הָאָדָם וְהַבְּהֵמָה אֲשֶׁר־יִמָּצֵא בַשָּׂדֶה וְלֹא ב̇[14]
20 יֵאָסֵף הַבַּיְתָה וְיָרַד עֲלֵהֶם הַבָּרָד וָמֵתוּ׃ 20 הַיָּרֵא אֶת־דְּבַר יְהוָה יט[15]. יג חס בתור[16]. ח̇[17]. ב̇[18]
21 מֵעַבְדֵי פַּרְעֹה הֵנִיס אֶת־עֲבָדָיו וְאֶת־מִקְנֵהוּ אֶל־הַבָּתִּים׃ 21 וַאֲשֶׁר ל̇. יב ר״פ. ח̇[19]
לֹא־שָׂם לִבּוֹ אֶל[a]־דְּבַר יְהוָה וַיַּעֲזֹב אֶת־עֲבָדָיו וְאֶת־מִקְנֵהוּ בַּשָּׂדֶה׃
22 פ 22 וַיֹּאמֶר יְהוָה אֶל־מֹשֶׁה[a] נְטֵה אֶת־יָדְךָ עַל־הַשָּׁמַיִם וִיהִי יב בטע בסיפ[20]. ל̇ב
בָרָד בְּכָל־אֶרֶץ מִצְרָיִם עַל־הָאָדָם וְעַל־הַבְּהֵמָה וְעַל כָּל־עֵשֶׂב יח̇. ד̇[21]
23 הַשָּׂדֶה בְּאֶרֶץ מִצְרָיִם׃ 23 וַיֵּט מֹשֶׁה אֶת־מַטֵּהוּ[a] עַל־הַשָּׁמַיִם וַיהוָה כב בתור
נָתַן קֹלֹת וּבָרָד וַתִּהֲלַךְ אֵשׁ אָרְצָה וַיַּמְטֵר יְהוָה בָּרָד עַל־אֶרֶץ ד חס[22]. ל̇[23]ב
24 מִצְרָיִם׃ 24 וַיְהִי בָרָד[a] וְאֵשׁ מִתְלַקַּחַת בְּתוֹךְ הַבָּרָד כָּבֵד מְאֹד ב̇[24]
25 אֲשֶׁר לֹא־הָיָה כָמֹהוּ [b]בְּכָל־אֶרֶץ[b] מִצְרַיִם מֵאָז הָיְתָה לְגוֹי׃ 25 וַיַּךְ יח̇
הַבָּרָד בְּכָל־אֶרֶץ מִצְרַיִם אֵת כָּל־אֲשֶׁר בַּשָּׂדֶה מֵאָדָם וְעַד־בְּהֵמָה יח̇
26 וְאֵת כָּל־עֵשֶׂב הַשָּׂדֶה הִכָּה הַבָּרָד וְאֶת־כָּל־עֵץ הַשָּׂדֶה שִׁבֵּר׃ 26 רַק ל̇. ל̇
27 בְּאֶרֶץ גֹּשֶׁן אֲשֶׁר־שָׁם בְּנֵי יִשְׂרָאֵל לֹא הָיָה בָּרָד׃ 27 וַיִּשְׁלַח פַּרְעֹה
וַיִּקְרָא לְמֹשֶׁה וּלְאַהֲרֹן וַיֹּאמֶר אֲלֵהֶם חָטָאתִי הַפָּעַם יְהוָה הַצַּדִּיק יז. ל̇
28 וַאֲנִי וְעַמִּי הָרְשָׁעִים׃ 28 הַעְתִּירוּ[a] אֶל־יְהוָה וְרַב מִהְיֹת קֹלֹת אֱלֹהִים ל̇. יא. ח̇ חס בליש[25]. ד חס[26]
29 וּבָרָד[b] וַאֲשַׁלְּחָה[c] אֶתְכֶם וְלֹא תֹסִפוּן לַעֲמֹד׃ 29 וַיֹּאמֶר אֵלָיו מֹשֶׁה ב̇. ד̇ בליש[27]

[8] Mm 427. [9] Mm 428. [10] Mm 541. [11] Cf Hi 2,5; 5,8; 13,3. [12] Mm 2956. [13] Mp sub loco. [14] Mm 429. [15] Mm 1557. [16] Mm 675. [17] Mm 3068. [18] Mm 1172. [19] Mm 3985. [20] Mm 439. [21] Mm 15. [22] Mm 1589. [23] וחד תהלך Ps 73,9. [24] Ez 1,4. [25] Mm 725. [26] Mm 1589. [27] Mm 430.

14 [a] ש עַל ‖ [b–b] 𝔊 *καὶ τῶν θεραπόντων σου καὶ τοῦ λαοῦ σου* ‖ **15** [a] ש וְאַכֶּה cf 𝔊 ‖ **18** [a–a] ש למיום ‖ **21** [a] ש עַל ‖ **22** [a] sic L, mlt Mss Edd מֹשֶׁה ‖ **23** [a] 𝔊 *τὴν χεῖρα* ‖ **24** [a] ש𝔊 הַבָ׳ ‖ [b–b] ש 𝔊 במצרים ‖ **28** [a] 𝔊* + *οὖν περὶ ἐμοῦ* cf 8,4[a].24 ‖ [b] 𝔊-A* + *καὶ πῦρ* ‖ [c] ℭ ואשלח.

כְּצֵאתִי֙ אֶת־הָעִ֔יר אֶפְרֹ֥שׂ אֶת־כַּפַּ֖י אֶל־יְהוָ֑ה הַקֹּל֣וֹת[a] יֶחְדָּל֗וּן   ל̇ . ו כת כן . ל
30 וְהַבָּרָד֙[b] לֹ֣א יִֽהְיֶה־ע֔וֹד לְמַ֣עַן תֵּדַ֔ע כִּ֥י לַֽיהוָ֖ה הָאָֽרֶץ׃ 30 וְאַתָּ֖ה   ל
31 וַעֲבָדֶ֑יךָ יָדַ֕עְתִּי כִּ֚י טֶ֣רֶם תִּֽירְא֔וּן מִפְּנֵ֖י יְהוָ֥ה[a] אֱלֹהִֽים[b]׃ 31 וְהַפִּשְׁתָּ֥ה   בׄ[28] . גׄ בׄ[29] מנה בתור . בׄ
32 וְהַשְּׂעֹרָ֖ה נֻכָּ֑תָה כִּ֤י הַשְּׂעֹרָה֙ אָבִ֔יב וְהַפִּשְׁתָּ֖ה גִּבְעֹֽל׃ 32 וְהַחִטָּ֥ה   ג . ב . ל . ל
33 וְהַכֻּסֶּ֖מֶת לֹ֣א נֻכּ֑וּ כִּ֥י אֲפִילֹ֖ת הֵֽנָּה׃ 33 וַיֵּצֵ֨א מֹשֶׁ֜ה מֵעִ֤ם פַּרְעֹה֙ אֶת־   ל . ל . ל
הָעִ֔יר וַיִּפְרֹ֥שׂ כַּפָּ֖יו אֶל־יְהוָ֑ה וַיַּחְדְּל֤וּ הַקֹּלוֹת֙ וְהַבָּרָ֔ד וּמָטָ֖ר[a] לֹא־נִתַּ֥ךְ   בׄ[30] . ו כת כן . ג[31]
34 אָֽרְצָה׃ 34 וַיַּ֣רְא פַּרְעֹ֗ה כִּֽי־חָדַ֨ל הַמָּטָ֧ר וְהַבָּרָ֛ד וְהַקֹּלֹ֖ת וַיֹּ֣סֶף   ד חס . כי
35 לַחֲטֹ֑א וַיַּכְבֵּ֥ד לִבּ֖וֹ ה֥וּא וַעֲבָדָֽיו׃ 35 וַֽיֶּחֱזַק֙ לֵ֣ב פַּרְעֹ֔ה וְלֹ֥א שִׁלַּ֖ח   ב . הׄ[32]
אֶת־בְּנֵ֣י יִשְׂרָאֵ֑ל כַּאֲשֶׁ֛ר דִּבֶּ֥ר יְהוָ֖ה בְּיַד־מֹשֶֽׁה׃ פ   קכא
ס [ה] פרש   10 1 וַיֹּ֤אמֶר יְהוָה֙ אֶל־מֹשֶׁ֔ה בֹּ֖א אֶל־פַּרְעֹ֑ה כִּֽי־אֲנִ֞י הִכְבַּ֤דְתִּי
2 אֶת־לִבּוֹ֙ וְאֶת־לֵ֣ב עֲבָדָ֔יו לְמַ֗עַן שִׁתִ֛י[a] אֹתֹתַ֥י אֵ֖לֶּה בְּקִרְבּֽוֹ[b]׃ 2 וּלְמַ֡עַן   ל . ג̇[1] . ט מיחד בׄ[2] מנה ר״פ
[a]תְּסַפֵּר֩ בְּאָזְנֵ֨י בִנְךָ֜ וּבֶן־בִּנְךָ֗[a] אֵ֣ת אֲשֶׁ֤ר הִתְעַלַּ֙לְתִּי֙ בְּמִצְרַ֔יִם וְאֶת־   לז . ל
3 אֹתֹתַ֖י אֲשֶׁר־שַׂ֣מְתִּי בָ֑ם וִֽידַעְתֶּ֖ם כִּֽי־אֲנִ֥י יְהוָֽה[b]׃ 3 וַיָּבֹ֨א מֹשֶׁ֣ה וְאַהֲרֹן֮   כט בתור
אֶל־פַּרְעֹה֒ וַיֹּאמְר֣וּ אֵלָ֗יו כֹּֽה־אָמַ֤ר יְהוָה֙ אֱלֹהֵ֣י הָעִבְרִ֔ים עַד־מָתַ֣י   הׄ[3]
4 מֵאַ֔נְתָּ לֵעָנֹ֖ת מִפָּנָ֑י שַׁלַּ֥ח עַמִּ֖י וְיַֽעַבְדֻֽנִי׃ 4 כִּ֛י אִם־מָאֵ֥ן אַתָּ֖ה לְשַׁלֵּ֣חַ   ל . ל וחס . ז
5 אֶת־עַמִּ֑י הִנְנִ֨י מֵבִ֥יא[a] מָחָ֛ר אַרְבֶּ֖ה בִּגְבֻלֶֽךָ׃ 5 וְכִסָּ֣ה אֶת־עֵ֣ין הָאָ֔רֶץ   יו פסוק את את את את
וְלֹ֥א יוּכַ֖ל לִרְאֹ֣ת אֶת־הָאָ֑רֶץ וְאָכַ֣ל ׀ אֶת־יֶ֣תֶר הַפְּלֵטָ֗ה הַנִּשְׁאֶ֤רֶת לָכֶם֙   ד[4] . ג חס[5] . ב . ג חס[6]
6 מִן־הַבָּרָ֔ד וְאָכַל֙ אֶת־כָּל־[a]הָעֵ֔ץ הַצֹּמֵ֥חַ לָכֶ֖ם מִן־הַשָּׂדֶֽה׃ 6 וּמָלְא֨וּ   ל . ג בתור
בָתֶּ֜יךָ וּבָתֵּ֣י כָל־עֲבָדֶ֗יךָ וּבָתֵּ֣י כָל־מִצְרַ֔יִם אֲשֶׁ֨ר לֹֽא־רָא֤וּ אֲבֹתֶ֙יךָ֙
וַאֲב֣וֹת אֲבֹתֶ֔יךָ מִיּ֗וֹם הֱיוֹתָם֙ עַל־[a]הָ֣אֲדָמָ֔ה עַ֖ד הַיּ֣וֹם הַזֶּ֑ה וַיִּ֖פֶן[b] וַיֵּצֵ֥א[b]
7 מֵעִ֥ם פַּרְעֹֽה׃ 7 וַיֹּאמְר֜וּ עַבְדֵ֣י פַרְעֹ֗ה אֵלָ֡יו עַד־מָתַי֩ יִהְיֶ֨ה זֶ֣ה לָ֜נוּ֙
לְמוֹקֵ֔שׁ שַׁלַּח֙ אֶת־הָ֣אֲנָשִׁ֔ים וְיַֽעַבְד֖וּ אֶת־יְהוָ֣ה אֱלֹהֵיהֶ֑ם הֲטֶ֣רֶם תֵּדַ֔ע
8 כִּ֥י אָבְדָ֖ה מִצְרָֽיִם׃ 8 וַיּוּשַׁ֞ב אֶת־מֹשֶׁ֤ה וְאֶֽת־אַהֲרֹן֙ אֶל־פַּרְעֹ֔ה וַיֹּ֣אמֶר   ל
9 אֲלֵהֶ֔ם לְכ֖וּ עִבְד֣וּ אֶת־יְהוָ֣ה אֱלֹהֵיכֶ֑ם מִ֥י וָמִ֖י הַהֹלְכִֽים׃ 9 וַיֹּ֣אמֶר   ל

[28] Dt 1,29. [29] Mm 3083. [30] Gn 11,8. [31] Mm 431. [32] Mm 432. Cp 10 [1] Mm 433. [2] Mm 1113. [3] Mm 427. [4] Mm 2268. [5] Mm 608. [6] Mm 434.

29 [a] ⅏𝔊𝔙 'וְהַ ‖ [b] 𝔊 + *καὶ ὁ ὑετός* cf 33[a] ‖ **30** [a] > $𝔊^{B\,min}$ ‖ [b] > $𝔊^{AM\,min}𝔗^{Ms}$; $𝔗^{P}$ + suff 1 pl ‖ **33** [a] ⅏𝔊 'וְהַמ ‖ **Cp 10,1** [a] 𝔊 *ἑξῆς ἐπέλθῃ* ‖ [b] 𝔊 *ἐπ' αὐτούς*, $𝔖𝔗𝔗^{J}$ suff pl ‖ **2** [a–a] 𝔊 *διηγήσησθε εἰς τὰ ὦτα τῶν τέκνων ὑμῶν καὶ τοῖς τέκνοις τῶν τέκνων ὑμῶν* ‖ [b] ⅏ + אֱלֹהֵיכֶם ‖ **4** [a] 𝔊 + *ταύτην τὴν ὥραν* cf 9,18 ‖ **5** [a] ⅏ + עשב הארץ ואת כל פרי ‖ **6** [a] ℭ + פְּנֵי ‖ [b] 𝔖 pl.

מֹשֶׁה בִּנְעָרֵינוּ וּבִזְקֵנֵינוּ נֵלֵךְ בְּבָנֵינוּ וּבִבְנוֹתֵנוּ בְּצֹאנֵנוּ וּבִבְקָרֵנוּ נֵלֵךְ — בֹ חד מל וחד חס . לֹ חס . לֹ חס
10 כִּי חַג־יְהוָה לָנוּ׃ 10 וַיֹּאמֶר אֲלֵהֶם יְהִי כֵן יְהוָה עִמָּכֶם כַּאֲשֶׁר אֲשַׁלַּח — ד[7] . ט[8]
11 אֶתְכֶם וְאֶת־טַפְּכֶם רְאוּ כִּי רָעָה נֶגֶד פְּנֵיכֶם׃ 11 ᵃלֹא כֵןᵃ לְכוּ־נָא — יט[9]
הַגְּבָרִים וְעִבְדוּ אֶת־יְהוָה כִּי אֹתָהּ אַתֶּם מְבַקְשִׁים וַיְגָרֶשׁᵇ אֹתָם מֵאֵת — ה[10]
12 פְּנֵי פַרְעֹה׃ פ 12 וַיֹּאמֶר יְהוָה אֶל־מֹשֶׁה נְטֵה יָדְךָ עַל־אֶרֶץ — יב בטע בסיפ[11] . יח פסוק אל על על[12] . יו חס את
מִצְרַיִם בָּאַרְבֶּה וְיַעַל עַל־אֶרֶץ מִצְרָיִם וְיֹאכַל אֶת־כָּל־עֵשֶׂב הָאָרֶץ — ז רפי[13] . ה . ה
13 ᵃאֵת כָּלᵃ־אֲשֶׁר הִשְׁאִיר הַבָּרָד׃ 13 וַיֵּט מֹשֶׁה אֶת־מַטֵּהוּᵃ ᵇעַל־אֶרֶץ
מִצְרַיִםᵇ וַיהוָה נִהַג רוּחַ־קָדִים בָּאָרֶץ כָּל־הַיּוֹם הַהוּא וְכָל־הַלָּיְלָה — כב בתור
14 הַבֹּקֶר הָיָה וְרוּחַ הַקָּדִים נָשָׂאᶜ אֶת־הָאַרְבֶּה׃ 14 וַיַּעַל הָאַרְבֶּה עַל — ב[14]
כָּל־אֶרֶץ מִצְרַיִם וַיָּנַח בְּכֹל גְּבוּל מִצְרָיִם כָּבֵד מְאֹד לְפָנָיו לֹא־הָיָה — ו[15] . ד דקדים אחריו
15 כֵן אַרְבֶּה כָּמֹהוּ וְאַחֲרָיו לֹא יִהְיֶה־כֵּן׃ 15 וַיְכַס אֶת־עֵין כָּל־הָאָרֶץ
וַתֶּחְשַׁךְᵃ הָאָרֶץ וַיֹּאכַל אֶת־כָּל־עֵשֶׂב הָאָרֶץ וְאֵת כָּל־פְּרִי הָעֵץ אֲשֶׁר — ל[16] . ה
הוֹתִיר הַבָּרָד וְלֹא־נוֹתַר כָּל־יֶרֶק בָּעֵץ וּבְעֵשֶׂב הַשָּׂדֶה בְּכָל־אֶרֶץ — ה[17] . ב[18] . יח
16 מִצְרָיִם׃ 16 וַיְמַהֵר פַּרְעֹה לִקְרֹא לְמֹשֶׁה וּלְאַהֲרֹן וַיֹּאמֶר חָטָאתִי — יז
17 לַיהוָה אֱלֹהֵיכֶם וְלָכֶם׃ 17 וְעַתָּה שָׂאᵃ נָא חַטָּאתִי אַךְ הַפַּעַם
18 וְהַעְתִּירוּᵇ לַיהוָה אֱלֹהֵיכֶם וְיָסֵר מֵעָלַי רַק אֶת־הַמָּוֶת הַזֶּה׃ 18 וַיֵּצֵאᵃ — ג . ל
19 מֵעִם פַּרְעֹה וַיֶּעְתַּר אֶל־יְהוָהᵇ׃ 19 וַיַּהֲפֹךְ יְהוָה רוּחַ־יָם חָזָק מְאֹד — ד ב ר״פ וב מ״פ[19]
וַיִּשָּׂא אֶת־הָאַרְבֶּה וַיִּתְקָעֵהוּ יָמָּה סּוּף לֹא נִשְׁאַר אַרְבֶּה אֶחָד בְּכֹל — ל . ל . ל
20 גְּבוּל מִצְרָיִם׃ 20 וַיְחַזֵּק יְהוָה אֶת־לֵב פַּרְעֹה וְלֹא שִׁלַּח אֶת־בְּנֵי
יִשְׂרָאֵל׃ פ
21 21 וַיֹּאמֶר יְהוָה אֶל־מֹשֶׁה נְטֵה יָדְךָ עַל־הַשָּׁמַיִם וִיהִי חֹשֶׁךְ עַל־ — יב בטע בסיפ[11] . יח פסוק אל על על[12] . יו חס את . לב
22 אֶרֶץ מִצְרָיִם וְיָמֵשׁ חֹשֶׁךְ׃ 22 וַיֵּט מֹשֶׁה אֶת־יָדוֹ עַל־הַשָּׁמָיִם וַיְהִי — ל
23 חֹשֶׁךְ־אֲפֵלָהᵃ בְּכָל־אֶרֶץ מִצְרַיִם שְׁלֹשֶׁת יָמִים׃ 23 לֹא־רָאוּ אִישׁ — יח
אֶת־אָחִיו וְלֹא־קָמוּ אִישׁ מִתַּחְתָּיו שְׁלֹשֶׁת יָמִים וּלְכָל־בְּנֵי יִשְׂרָאֵל — ב

[7] Mm 435. [8] Mm 425. [9] Mm 436. [10] Mm 713. [11] Mm 439. [12] Mm 658. [13] Mm 437. [14] Mm 438 et Mm 2845. [15] Mm 510. [16] וחד תחשך Qoh 12,2. [17] Mm 989. [18] Thr 5,13. [19] Mm 180.

11 a–a ש לָכֵן || b ש𝔊𝔖 ־ְשׁוּ || **12** a–a ש𝔊 ואת כל פרי העץ || **13** a ש𝔊19.130 יָדוֹ (ex 12) || b–b 𝔊 εἰς τὸν οὐρανόν cf 21sq || c ש נָשְׂאָה || **15** a 𝔊(𝔙) καὶ ἐφθάρη || **17** a ש𝔊𝔖𝔙 שְׂאוּ || b ש ה׳ || **18** a nonn Mss 𝔊𝔖𝔙 + מֹשֶׁה || b 𝔊* τὸν θεόν || **22** a 𝔊 + θύελλα (ex Dt 4,11 5,[19]22).

24 הָיָה אוֹר בְּמוֹשְׁבֹתָם׃ 24 וַיִּקְרָא פַרְעֹה אֶל־מֹשֶׁה[a] וַיֹּאמֶר לְכוּ עִבְדוּ
25 אֶת־יְהוָה[b] רַק צֹאנְכֶם וּבְקַרְכֶם יֻצָּג גַּם־טַפְּכֶם יֵלֵךְ עִמָּכֶם׃ 25 וַיֹּאמֶר ל
מֹשֶׁה גַּם־אַתָּה תִּתֵּן בְּיָדֵנוּ[a] זְבָחִים וְעֹלֹת וְעָשִׂינוּ לַיהוָה אֱלֹהֵינוּ׃ כז בטע . ב[20] . ט
26 וְגַם־מִקְנֵנוּ יֵלֵךְ עִמָּנוּ לֹא תִשָּׁאֵר פַּרְסָה כִּי מִמֶּנּוּ נִקַּח לַעֲבֹד אֶת־ יג ר״פ בתור . ל
יְהוָה אֱלֹהֵינוּ וַאֲנַחְנוּ לֹא־נֵדַע מַה־נַּעֲבֹד אֶת־יְהוָה עַד־בֹּאֵנוּ שָׁמָּה׃ ג[21] . ל
27 וַיְחַזֵּק יְהוָה אֶת־לֵב פַּרְעֹה וְלֹא אָבָה לְשַׁלְּחָם׃ 28 וַיֹּאמֶר־לוֹ ג[22] . ב
פַרְעֹה לֵךְ[a] מֵעָלָי הִשָּׁמֶר לְךָ אַל־[b] תֹּסֶף רְאוֹת פָּנַי כִּי בְּיוֹם רְאֹתְךָ פָנַי ל וחס
29 תָּמוּת׃ 29 וַיֹּאמֶר מֹשֶׁה כֵּן דִּבַּרְתָּ לֹא־אֹסִף עוֹד רְאוֹת פָּנֶיךָ׃ פ יט ג מנה חס
ס[ט] **11** 1 וַיֹּאמֶר יְהוָה אֶל־מֹשֶׁה עוֹד נֶגַע אֶחָד אָבִיא עַל־פַּרְעֹה יב בטע בסיפ[1] . ה ג מנה בליש
וְעַל־מִצְרַיִם אַחֲרֵי־[a]כֵן יְשַׁלַּח[b] אֶתְכֶם מִזֶּה כְּשַׁלְּחוֹ[d] כָּלָה גָּרֵשׁ יְגָרֵשׁ יב[2] . ל . ג[3]
2 אֶתְכֶם[d] מִזֶּה׃ 2 דַּבֶּר־נָא בְּאָזְנֵי הָעָם וְיִשְׁאֲלוּ אִישׁ ׀ מֵאֵת רֵעֵהוּ וְאִשָּׁה לז . ל . כב
3 מֵאֵת רְעוּתָהּ כְּלֵי־כֶסֶף וּכְלֵי זָהָב׃ 3 [a]וַיִּתֵּן יְהוָה[a] אֶת־חֵן הָעָם[b] ה
בְּעֵינֵי מִצְרָיִם[c] גַּם ׀ הָאִישׁ מֹשֶׁה גָּדוֹל מְאֹד בְּאֶרֶץ[d] מִצְרַיִם בְּעֵינֵי לג בתור . לג בתור
4 עַבְדֵי־פַרְעֹה וּבְעֵינֵי הָעָם׃ ס 4 וַיֹּאמֶר מֹשֶׁה כֹּה אָמַר יְהוָה י
5 כַּחֲצֹת הַלַּיְלָה אֲנִי יוֹצֵא בְּתוֹךְ מִצְרָיִם׃ 5 וּמֵת כָּל־בְּכוֹר בְּאֶרֶץ ל וחס . ל[4] . ט[5] מל ג מנה באור וכל תלים דכות ב מ א . ב[6]
מִצְרַיִם מִבְּכוֹר פַּרְעֹה הַיֹּשֵׁב עַל־כִּסְאוֹ עַד בְּכוֹר הַשִּׁפְחָה אֲשֶׁר ב מל
6 אַחַר הָרֵחָיִם וְכֹל[a] בְּכוֹר בְּהֵמָה׃ 6 וְהָיְתָה צְעָקָה גְדֹלָה בְּכָל[a]־ ד . יח
7 אֶרֶץ מִצְרָיִם[a] אֲשֶׁר כָּמֹהוּ[b] לֹא נִהְיָתָה וְכָמֹהוּ[b] לֹא תֹסִף׃ 7 וּלְכֹל ׀ יג . ד ר״פ . ב
בְּנֵי יִשְׂרָאֵל לֹא יֶחֱרַץ־כֶּלֶב לְשֹׁנוֹ לְמֵאִישׁ וְעַד־בְּהֵמָה לְמַעַן תֵּדְעוּן[a] ל . ג[7] . ד[8]
8 אֲשֶׁר יַפְלֶה[b] יְהוָה בֵּין מִצְרַיִם וּבֵין יִשְׂרָאֵל׃ 8 וְיָרְדוּ כָל־עֲבָדֶיךָ ל . ז[9]
אֵלֶּה אֵלַי וְהִשְׁתַּחֲווּ[a]־לִי לֵאמֹר צֵא אַתָּה וְכָל־הָעָם אֲשֶׁר־בְּרַגְלֶיךָ ז[10] . נא[11] מ״פ וכל ר״פ דכות ב מ ג
9 וְאַחֲרֵי־כֵן אֵצֵא וַיֵּצֵא מֵעִם־פַּרְעֹה בָּחֳרִי־אָף׃ ס 9 וַיֹּאמֶר יְהוָה ג[12] . ה
אֶל־מֹשֶׁה לֹא־יִשְׁמַע אֲלֵיכֶם פַּרְעֹה לְמַעַן רְבוֹת מוֹפְתַי בְּאֶרֶץ ב מל

[20] 2 R 10,24. [21] Mm 4206. [22] Mm 115. **Cp 11** [1] Mm 439. [2] Mm 440. [3] Mm 137. [4] וחד ואני יוצא Da 10,20. [5] Mm 1268. [6] Mm 1111. [7] Mm 4193. [8] Mm 1255. [9] Mm 3140. [10] Mm 441. [11] Mp sub loco. [12] Mm 1643.

24 [a] 2 Mss 𝔊𝔙 + וְאַהֲרֹן cf ࠔ ‖ [b] Ms 𝔊𝔖 + אֱלֹהֵיכֶם ‖ **25** [a] mlt Mss בידינו, 𝔊(𝔙) ἡμῖν ‖ **28** [a] ࠔ𝔖 + לָךְ ‖ [b] sic L, mlt Mss Edd אַל ‖ **Cp 11,1** [a] nonn Mss 𝔊𝔖𝔗[J] וְא׳ ע׳ ‖ [b] 𝔖 1 sg ‖ [c] 𝔖 suff 1 sg ‖ [d–d] 𝔖 *klkwn pwqw lkwn* = כֻּלְּכֶם צְאוּ לָכֶם ‖ **2** [a] Ms ࠔ𝔊 + ושמלות cf 3,22 12,35 ‖ **3** [a–a] ࠔ וְנָתַתִּי ‖ [b] ࠔ + הַזֶּה, 𝔊(𝔙) τῷ λαῷ αὐτοῦ ‖ [c] ࠔ𝔊 + והשאלום (ex 12,36) ‖ [d] pc Mss 𝔊 בְּעֵינֵי ‖ **5** [a–a] ࠔ𝔊 ועד בכור כל ‖ **6** [a–a] pc Mss ࠔ בְּמִ׳; 𝔖 om כל ‖ [b] ࠔ –מוֹהָ ‖ **7** [a] ࠔ𝔊 תֵּדַע ‖ [b] ࠔ יפלא ‖ **8** [a] sic L, mlt Mss Edd –וּ; ࠔ וַיִּשְׁ׳ cf 𝔊.

מִצְרָיִם׃ 10 וּמֹשֶׁה וְאַהֲרֹן עָשׂוּ אֶת־כָּל־הַמֹּפְתִים הָאֵלֶּה לִפְנֵי פַרְעֹה 10 (ז ר״פ[13] . ב חד ר״פ וחד ס״פ[14])
וַיְחַזֵּק יְהוָה אֶת־לֵב פַּרְעֹה וְלֹא־שִׁלַּח אֶת־בְּנֵי־יִשְׂרָאֵל מֵאַרְצוֹ׃ פ
12 1 וַיֹּאמֶר יְהוָה אֶל־מֹשֶׁה וְאֶל־אַהֲרֹן בְּאֶרֶץ מִצְרַיִם לֵאמֹר׃ **12** (ה)
2 הַחֹדֶשׁ הַזֶּה לָכֶם רֹאשׁ חֳדָשִׁים רִאשׁוֹן הוּא לָכֶם לְחָדְשֵׁי הַשָּׁנָה׃ 2 (ב[1])
3 דַּבְּרוּ אֶל־כָּל־עֲדַת[a] יִשְׂרָאֵל לֵאמֹר בֶּעָשֹׂר לַחֹדֶשׁ הַזֶּה וְיִקְחוּ לָהֶם 3 (ג ר״פ בתור[2] . יא . ל חס . ו רפי[3])
אִישׁ שֶׂה לְבֵית־אָבֹת שֶׂה לַבָּיִת׃ 4 וְאִם־יִמְעַט הַבַּיִת מִהְיֹת מִשֶּׂה 4 (ב חס[4] . ב[5] . ל)
וְלָקַח הוּא וּשְׁכֵנוֹ הַקָּרֹב אֶל־בֵּיתוֹ בְּמִכְסַת[a] נְפָשֹׁת אִישׁ לְפִי אָכְלוֹ (ל . ב חס)
תָּכֹסּוּ עַל־הַשֶּׂה׃ 5 שֶׂה תָמִים זָכָר בֶּן־שָׁנָה יִהְיֶה לָכֶם מִן־הַכְּבָשִׂים[a] 5 (ל . ל)
וּמִן־הָעִזִּים תִּקָּחוּ׃ 6 וְהָיָה לָכֶם לְמִשְׁמֶרֶת עַד אַרְבָּעָה עָשָׂר יוֹם 6
לַחֹדֶשׁ הַזֶּה וְשָׁחֲטוּ אֹתוֹ כֹּל קְהַל עֲדַת[a]־יִשְׂרָאֵל בֵּין הָעַרְבָּיִם׃ (יא)
7 וְלָקְחוּ מִן־הַדָּם וְנָתְנוּ עַל־שְׁתֵּי הַמְּזוּזֹת וְעַל־הַמַּשְׁקוֹף עַל הַבָּתִּים 7 (ל . ג)
אֲשֶׁר־יֹאכְלוּ אֹתוֹ בָּהֶם[a]׃ 8 וְאָכְלוּ אֶת־הַבָּשָׂר בַּלַּיְלָה הַזֶּה צְלִי־אֵשׁ 8
וּמַצּוֹת עַל־מְרֹרִים יֹאכְלֻהוּ׃ 9 אַל־תֹּאכְלוּ מִמֶּנּוּ נָא וּבָשֵׁל מְבֻשָּׁל 9 (ב[6] . ד וחס . ל . ב[7])
בַּמָּיִם כִּי אִם־צְלִי־אֵשׁ רֹאשׁוֹ עַל־כְּרָעָיו וְעַל־קִרְבּוֹ׃ 10 וְלֹא־תוֹתִירוּ 10 (ז ר״פ בסיפ)
מִמֶּנּוּ עַד־בֹּקֶר[a] וְהַנֹּתָר מִמֶּנּוּ עַד־בֹּקֶר בָּאֵשׁ תִּשְׂרֹפוּ׃ 11 וְכָכָה 11 (ל וחס . ב[8])
תֹּאכְלוּ אֹתוֹ מָתְנֵיכֶם חֲגֻרִים נַעֲלֵיכֶם[a] בְּרַגְלֵיכֶם וּמַקֶּלְכֶם[b] בְּיֶדְכֶם[b] (ג חד מל וב חס ובטע . ל)
וַאֲכַלְתֶּם אֹתוֹ בְּחִפָּזוֹן פֶּסַח הוּא לַיהוָה׃ 12 וְעָבַרְתִּי בְאֶרֶץ־מִצְרַיִם 12 (ג ומל)
בַּלַּיְלָה הַזֶּה וְהִכֵּיתִי כָל־בְּכוֹר בְּאֶרֶץ מִצְרַיִם מֵאָדָם וְעַד־בְּהֵמָה
וּבְכָל־אֱלֹהֵי מִצְרַיִם אֶעֱשֶׂה שְׁפָטִים אֲנִי יְהוָה׃ 13 וְהָיָה הַדָּם לָכֶם 13 (ל)
לְאֹת עַל הַבָּתִּים אֲשֶׁר אַתֶּם שָׁם וְרָאִיתִי אֶת־הַדָּם וּפָסַחְתִּי עֲלֵכֶם (ל חס . יב[9] . ל חס)
וְלֹא־יִהְיֶה בָכֶם נֶגֶף לְמַשְׁחִית בְּהַכֹּתִי בְּאֶרֶץ מִצְרָיִם׃ 14 וְהָיָה הַיּוֹם 14 (ב חד מל וחד חס[10])
הַזֶּה לָכֶם לְזִכָּרוֹן וְחַגֹּתֶם אֹתוֹ חַג לַיהוָה לְדֹרֹתֵיכֶם חֻקַּת עוֹלָם (ז[11])
תְּחָגֻּהוּ׃ 15 שִׁבְעַת יָמִים מַצּוֹת תֹּאכֵלוּ אַךְ בַּיּוֹם הָרִאשׁוֹן תַּשְׁבִּיתוּ 15 (ל וחס . סד ב מנה בפסוק)
שְׂאֹר[a] מִבָּתֵּיכֶם כִּי ׀ כָּל־אֹכֵל חָמֵץ וְנִכְרְתָה הַנֶּפֶשׁ הַהִוא מִיִּשְׂרָאֵל
מִיּוֹם הָרִאשֹׁן עַד־יוֹם הַשְּׁבִעִי׃ 16 וּבַיּוֹם הָרִאשׁוֹן מִקְרָא־קֹדֶשׁ וּבַיּוֹם 16 (סד ב מנה חס וב בפסוק . ח חס ג[12] מנה בתור . ל ר״פ[13] . סד)

[13] Mm 3363. [14] Mm 442. **Cp 12** [1] Mm 443. [2] Mm 719. [3] Mm 560. [4] Mm 444. [5] Neh 9,32. [6] Gn 19,3. [7] 1S 2,15. [8] Neh 5,13. [9] Mm 445. [10] Mm 446. [11] Mp sub loco. [12] Mm 490. [13] Mm 877.

Cp 12,3 [a] mlt Mss Smr𝔊𝔖𝔗[Ms]𝔙 + בְּנֵי cf 6[a].47[a] ‖ **4** [a] Smr סות־ ‖ **5** [a] Smr הכשבים ‖ **6** [a] > ℭ𝔙; Smr𝔊𝔖𝔙 + בני cf 3[a] ‖ **7** [a] ℭ שָׁם ‖ **10** [a] 𝔊 + *καὶ ὀστοῦν οὐ συντρίψεται ἀπ' αὐτοῦ* ‖ **11** [a] 𝔊𝔖𝔙 pr cop ‖ [b] Smr Vrs pl ‖ **15** [a] sic L, mlt Mss Edd שאר.

הַשְּׁבִיעִ֔י מִקְרָא־קֹ֖דֶשׁ יִהְיֶ֣ה לָכֶ֑ם כָּל־מְלָאכָה֙ לֹא־יֵעָשֶׂ֣ה בָהֶ֔ם אַ֚ךְ   ד̇[14]. לו̇[15]
17 אֲשֶׁ֣ר יֵאָכֵ֣ל[a] לְכָל־נֶ֔פֶשׁ ה֥וּא לְבַדּ֖וֹ יֵעָשֶׂ֥ה לָכֶֽם׃ 17 וּשְׁמַרְתֶּם֮ אֶת־   לו̇[15]. ל̇
הַמַּצּוֹת֒[a] כִּ֗י בְּעֶ֨צֶם֙ הַיּ֣וֹם הַזֶּ֔ה הוֹצֵ֥אתִי אֶת־צִבְאוֹתֵיכֶ֖ם מֵאֶ֣רֶץ מִצְרָ֑יִם   ל̇ מל בתור
18 וּשְׁמַרְתֶּ֞ם[b] אֶת־הַיּ֥וֹם הַזֶּ֛ה לְדֹרֹתֵיכֶ֖ם חֻקַּ֥ת עוֹלָֽם׃ 18 בָּרִאשֹׁ֡ן בְּאַרְבָּעָה֩   ח̇[16] ב מנה חס
עָשָׂ֨ר י֤וֹם לַחֹ֨דֶשׁ֙ בָּעֶ֔רֶב תֹּאכְל֖וּ מַצֹּ֑ת עַ֠ד י֣וֹם הָאֶחָ֧ד וְעֶשְׂרִ֛ים לַחֹ֖דֶשׁ   ד̇. ד̇ חס. ד̇
19 בָּעָֽרֶב׃ 19 שִׁבְעַ֣ת יָמִ֔ים שְׂאֹ֕ר לֹ֥א יִמָּצֵ֖א בְּבָתֵּיכֶ֑ם כִּ֣י ׀ כָּל־אֹכֵ֣ל
מַחְמֶ֗צֶת וְנִכְרְתָ֞ה הַנֶּ֤פֶשׁ הַהִוא֙ מֵעֲדַ֣ת יִשְׂרָאֵ֔ל בַּגֵּ֖ר וּבְאֶזְרַ֥ח הָאָֽרֶץ׃   יא̇ ב מנה בליש ול בסיפ. ל̇. ל̇
20 כָּל־מַחְמֶ֖צֶת לֹ֣א תֹאכֵ֑לוּ בְּכֹל֙ מוֹשְׁבֹ֣תֵיכֶ֔ם תֹּאכְל֖וּ מַצּֽוֹת׃ פ
21 וַיִּקְרָ֥א מֹשֶׁ֛ה לְכָל־זִקְנֵ֥י[a] יִשְׂרָאֵ֖ל וַיֹּ֣אמֶר אֲלֵהֶ֑ם[b] מִֽשְׁכ֗וּ וּקְח֨וּ[bc]   ל̇
22 לָכֶ֥ם צֹ֛אן לְמִשְׁפְּחֹתֵיכֶ֖ם וְשַׁחֲט֥וּ הַפָּֽסַח׃ 22 וּלְקַחְתֶּ֞ם[a] אֲגֻדַּ֣ת אֵז֗וֹב   ב̇[17]. ו̇. ג מל בתור[18]
וּטְבַלְתֶּם֮ בַּדָּ֣ם [b]אֲשֶׁר־בַּסַּף֒[b] וְהִגַּעְתֶּ֤ם אֶל־הַמַּשְׁקוֹף֙ וְאֶל־שְׁתֵּ֣י הַמְּזוּזֹ֔ת   ל̇. ג̇. ל̇
מִן־הַדָּ֖ם אֲשֶׁ֣ר בַּסָּ֑ף וְאַתֶּ֗ם לֹ֥א[c] תֵצְא֛וּ אִ֥ישׁ מִפֶּֽתַח־בֵּית֖וֹ עַד־בֹּֽקֶר׃   ל̇ זקף קמ̇
23 וְעָבַ֣ר יְהוָה֮ לִנְגֹּ֣ף אֶת־מִצְרַיִם֒ וְרָאָ֤ה אֶת־הַדָּם֙ עַל־הַמַּשְׁק֔וֹף וְעַ֖ל   ל̇. ל̇
שְׁתֵּ֣י הַמְּזוּזֹ֑ת וּפָסַ֤ח יְהוָה֙ עַל־הַפֶּ֔תַח וְלֹ֤א יִתֵּן֙ הַמַּשְׁחִ֔ית לָבֹ֥א אֶל־   ג̇[19]. ט חס[20]
24 בָּתֵּיכֶ֖ם לִנְגֹּֽף׃ 24 וּשְׁמַרְתֶּ֖ם אֶת־הַדָּבָ֣ר הַזֶּ֑ה לְחָק־לְךָ֥ וּלְבָנֶ֖יךָ עַד־
25 עוֹלָֽם׃ 25 וְהָיָ֞ה כִּֽי־תָבֹ֣אוּ אֶל־הָאָ֗רֶץ אֲשֶׁ֨ר יִתֵּ֧ן יְהוָ֛ה לָכֶ֖ם כַּאֲשֶׁ֣ר
26 דִּבֵּ֑ר וּשְׁמַרְתֶּ֖ם אֶת־הָעֲבֹדָ֥ה הַזֹּֽאת׃[a] 26 וְהָיָ֕ה כִּֽי־יֹאמְר֥וּ אֲלֵיכֶ֖ם
27 בְּנֵיכֶ֑ם מָ֛ה הָעֲבֹדָ֥ה הַזֹּ֖את לָכֶֽם׃ 27 וַאֲמַרְתֶּ֡ם זֶֽבַח־פֶּ֨סַח ה֜וּא לַֽיהוָ֗ה
אֲשֶׁ֣ר פָּ֠סַח עַל־בָּתֵּ֤י בְנֵֽי־יִשְׂרָאֵל֙ בְּמִצְרַ֔יִם בְּנָגְפּ֥וֹ אֶת־מִצְרַ֖יִם וְאֶת־   ל̇
28 בָּתֵּ֣ינוּ הִצִּ֑יל וַיִּקֹּ֥ד הָעָ֖ם וַיִּֽשְׁתַּחֲוֽוּ׃[a] 28 וַיֵּלְכ֥וּ וַֽיַּעֲשׂ֖וּ בְּנֵ֣י יִשְׂרָאֵ֑ל כַּאֲשֶׁ֨ר
ס̇[ו] צִוָּ֧ה יְהוָ֛ה אֶת־מֹשֶׁ֥ה וְאַהֲרֹ֖ן[a] כֵּ֥ן עָשֽׂוּ׃ ס 29 וַיְהִ֣י ׀ בַּחֲצִ֣י הַלַּ֗יְלָה   כט בתור. ג̇[21]
וַֽיהוָה֮ הִכָּ֣ה כָל־בְּכוֹר֒ בְּאֶ֣רֶץ מִצְרַ֔יִם מִבְּכֹ֤ר פַּרְעֹה֙ הַיֹּשֵׁ֣ב עַל־   כב̇ בתור
כִּסְא֔וֹ עַ֚ד[a] בְּכ֣וֹר הַשְּׁבִ֔י אֲשֶׁ֖ר בְּבֵ֣ית הַבּ֑וֹר וְכֹ֖ל בְּכ֥וֹר בְּהֵמָֽה׃   ה̇ זוגין בבית בית[22]. ד̇
30 וַיָּ֨קָם פַּרְעֹ֜ה לַ֗יְלָה ה֤וּא[a] וְכָל־עֲבָדָיו֙ וְכָל־מִצְרַ֔יִם וַתְּהִ֛י צְעָקָ֥ה   ח̇ פסוק וכל וכל ומילה חדה ביניה̇. ז̇[23]

[14] Mm 591. [15] Mm 210. [16] Mm 2909. [17] Mm 4263. [18] Mm 447. [19] Mm 683. [20] Mm 355. [21] Mm 448. [22] Mm 3761. [23] Mm 449.

16 [a] 𝔊(𝔗[Ms]) *ποιηθήσεται* ‖ **17** [a] 𝔪𝔊 הַמִּצְוָה ‖ [b] 𝔊 *καὶ ποιήσετε* ‖ **21** [a] 𝔊*(𝔖𝔙) + *υἱῶν* ‖ [b–b] 𝔖 *bʿgl sbw* = celeriter sumite ‖ [c] 𝔪 קחו ‖ **22** [a] ℭ + לכם ‖ [b–b] 𝔖 *d'mr'* = (בַּדָּם) הַשָּׂה ‖ [c] 𝔪 אל ‖ **25** [a] 𝔪 + בַּחֹדֶשׁ הַזֶּה ‖ **27** [a] sic L, mlt Mss Edd וו– ‖ **28** [a] > 𝔊[BA] ‖ **29** [a] 𝔪𝔊[AMmin]𝔖 וְעַד ‖ **30** [a] > 𝔊*𝔙.

31 גְדֹלָה בְּמִצְרַיִם[b] כִּי־אֵין בַּיִת אֲשֶׁר אֵין־שָׁם מֵת׃ 31 וַיִּקְרָא[a] לְמֹשֶׁה
וּלְאַהֲרֹן לַיְלָה וַיֹּאמֶר[b] קוּמוּ צְּאוּ מִתּוֹךְ עַמִּי גַּם־אַתֶּם גַּם־בְּנֵי יִשְׂרָאֵל
32 וּלְכוּ עִבְדוּ אֶת־יְהוָה כְּדַבֶּרְכֶם׃ 32 גַּם־צֹאנְכֶם גַּם־בְּקַרְכֶם קְחוּ
33 כַּאֲשֶׁר דִּבַּרְתֶּם וָלֵכוּ וּבֵרַכְתֶּם גַּם־אֹתִי׃ 33 וַתֶּחֱזַק מִצְרַיִם עַל־
34 הָעָם לְמַהֵר לְשַׁלְּחָם מִן־הָאָרֶץ כִּי אָמְרוּ כֻּלָּנוּ מֵתִים׃ 34 וַיִּשָּׂא
הָעָם אֶת־בְּצֵקוֹ טֶרֶם יֶחְמָץ מִשְׁאֲרֹתָם צְרֻרֹת בְּשִׂמְלֹתָם עַל־
35 שִׁכְמָם׃ 35 וּבְנֵי־יִשְׂרָאֵל עָשׂוּ כִּדְבַר מֹשֶׁה וַיִּשְׁאֲלוּ מִמִּצְרַיִם כְּלֵי־
36 כֶסֶף וּכְלֵי זָהָב וּשְׂמָלֹת׃ 36 וַיהוָה נָתַן אֶת־חֵן הָעָם בְּעֵינֵי מִצְרַיִם
37 וַיַּשְׁאִלוּם וַיְנַצְּלוּ אֶת־מִצְרָיִם׃ פ 37 וַיִּסְעוּ בְנֵי־יִשְׂרָאֵל מֵרַעְמְסֵס
38 סֻכֹּתָה כְּשֵׁשׁ־מֵאוֹת אֶלֶף רַגְלִי הַגְּבָרִים לְבַד מִטָּף׃ 38 וְגַם־עֵרֶב
39 רַב עָלָה אִתָּם וְצֹאן וּבָקָר מִקְנֶה[a] כָּבֵד מְאֹד׃ 39 וַיֹּאפוּ אֶת־הַבָּצֵק
אֲשֶׁר הוֹצִיאוּ מִמִּצְרַיִם עֻגֹת מַצּוֹת כִּי לֹא חָמֵץ כִּי־[a]גֹרְשׁוּ מִמִּצְרַיִם[a]
40 וְלֹא יָכְלוּ לְהִתְמַהְמֵהַּ וְגַם־צֵדָה לֹא־עָשׂוּ לָהֶם׃ 40 וּמוֹשַׁב בְּנֵי
יִשְׂרָאֵל[a] אֲשֶׁר יָשְׁבוּ בְּמִצְרָיִם[b] שְׁלֹשִׁים שָׁנָה וְאַרְבַּע מֵאוֹת שָׁנָה׃
41 41 וַיְהִי מִקֵּץ שְׁלֹשִׁים שָׁנָה וְאַרְבַּע מֵאוֹת שָׁנָה וַיְהִי בְּעֶצֶם הַיּוֹם הַזֶּה
42 יָצְאוּ כָּל־צִבְאוֹת יְהוָה מֵאֶרֶץ מִצְרָיִם׃ 42 לֵיל[a] שִׁמֻּרִים הוּא לַיהוָה
לְהוֹצִיאָם מֵאֶרֶץ מִצְרָיִם הוּא־הַלַּיְלָה הַזֶּה לַיהוָה שִׁמֻּרִים לְכָל־
בְּנֵי יִשְׂרָאֵל לְדֹרֹתָם׃ פ
43 43 וַיֹּאמֶר יְהוָה אֶל־מֹשֶׁה וְאַהֲרֹן[a] זֹאת חֻקַּת הַפָּסַח כָּל־בֶּן־
44 נֵכָר לֹא־יֹאכַל בּוֹ׃ 44 וְכָל־עֶבֶד אִישׁ מִקְנַת־כָּסֶף[a] וּמַלְתָּה אֹתוֹ אָז
45 46 יֹאכַל בּוֹ׃ 45 תּוֹשָׁב וְשָׂכִיר לֹא־יֹאכַל־בּוֹ׃ 46 בְּבַיִת אֶחָד יֵאָכֵל
לֹא־תוֹצִיא[a] מִן־הַבַּיִת מִן־הַבָּשָׂר חוּצָה וְעֶצֶם לֹא תִשְׁבְּרוּ־בוֹ׃
47 48 47 כָּל־עֲדַת[a] יִשְׂרָאֵל יַעֲשׂוּ אֹתוֹ׃ 48 וְכִי־יָגוּר אִתְּךָ[a] גֵּר וְעָשָׂה פֶסַח
לַיהוָה הִמּוֹל לוֹ כָל־זָכָר וְאָז יִקְרַב לַעֲשֹׂתוֹ וְהָיָה כְּאֶזְרַח הָאָרֶץ

יו מ״פ אין אין . יז
ב[24] . י פסוק בתור גם גם ומילה חדה ביניה
ד[25] ר״פ בתור וחד מן יב פסוק גם גם גם
ג . ה וכל עזרא דכות[26]
ג[27] . [28]
ב[29]
כב בתור . לג בתור
ל . ב[30]
ב[31] . יג ר״פ בתור . ב[32]
לז . ב[33] . ל
יז מ״פ לא ולא לא[34] . ל
ל
יב
ג[35] . ב וחס
ב וחס
ל[36] . כט בתור[36]
ח ר״פ בסיפ[37] . ל ומל
ו[38]
ל בתור
א . יו בתור[39]
ד . ה וחס[40] . ד ג קמ וחד פת[41]

[24] Gn 19,14. [25] Mm 52. [26] Mm 1968. [27] Mm 450. [28] Mm 115. [29] Mm 451. [30] Mm 452. [31] Mm 248. [32] Mm 453. [33] Mm 2074. [34] Mm 1613. [35] Mm 454. [36] Mp sub loco. [37] Mm 645. [38] Mm 3067. [39] Mm 60. [40] Mm 305. [41] Mm 455.

30 [b] Ms 𝔊 בְּכָל־אֶרֶץ מ׳, Ms 𝔖 בְּאֶרֶץ מ׳ ‖ **31** [a] Ms 𝔊𝔖𝔙 + פרעה ‖ [b] 𝔊(𝔖) + αὐτοῖς ‖ **38** [a] pc Mss 𝔊𝔖𝔗[J]𝔙 ומ׳ ‖ **39** [a–a] ⅏𝔊𝔖𝔙 גֵּרְשׁוּם מ׳ ‖ **40** [a] ⅏𝔊[Mss] + וַאֲבֹתָם ‖ [b] ⅏ + בְּאֶרֶץ כְּנַעַן וּבְאֶרֶץ מ׳ cf 𝔊 ‖ **42** [a] ⅏𝔊 לַיְלָה (cj c 41) ‖ **43** [a] nonn Mss ⅏𝔖𝔗[J] וְאֶל־א׳ ‖ **44** [a] ⅏ כַּסְפּוֹ ‖ **46** [a] ⅏ Vrs –אוּ ‖ **47** [a] pc Mss 𝔊𝔙 + בְּנֵי cf 3[a] ‖ **48** [a] pc Mss ⅏ Vrs אִתְּכֶם.

49 וְכָל־עָרֵ֖ל לֹא־יֹ֥אכַל בּֽוֹ׃ 49 תּוֹרָ֣ה אַחַ֔ת יִהְיֶ֖ה לָֽאֶזְרָ֑ח וְלַגֵּ֖ר הַגָּ֥ר
50 בְּתוֹכְכֶֽם׃ 50 וַיַּֽעֲשׂ֖וּ כָּל[a]־בְּנֵ֣י יִשְׂרָאֵ֑ל כַּאֲשֶׁ֨ר צִוָּ֧ה יְהוָ֛ה אֶת־מֹשֶׁ֥ה יב בתור
51 וְאֶֽת[b]־אַהֲרֹ֖ן כֵּ֥ן עָשֽׂוּ׃ ס 51 וַיְהִ֕י בְּעֶ֖צֶם הַיּ֣וֹם הַזֶּ֑ה הוֹצִ֨יא יְהוָ֜ה
אֶת־בְּנֵ֧י יִשְׂרָאֵ֛ל מֵאֶ֥רֶץ מִצְרַ֖יִם עַל־צִבְאֹתָֽם׃ פ
סֿ [יא] **13** 1 וַיְדַבֵּ֥ר יְהוָ֖ה אֶל־מֹשֶׁ֥ה לֵּאמֹֽר׃ 2 קַדֶּשׁ־לִ֨י כָל־בְּכ֜וֹר פֶּ֣טֶר ל
כָּל־רֶ֙חֶם֙ בִּבְנֵ֣י יִשְׂרָאֵ֔ל בָּאָדָ֖ם וּבַבְּהֵמָ֑ה לִ֖י הֽוּא׃
3 וַיֹּאמֶר֩ מֹשֶׁ֨ה אֶל־הָעָ֜ם זָכ֞וֹר אֶת־הַיּ֤וֹם הַזֶּה֙ אֲשֶׁ֨ר יְצָאתֶ֤ם[a]
מִמִּצְרַ֙יִם֙[b] מִבֵּ֣ית עֲבָדִ֔ים כִּ֚י בְּחֹ֣זֶק יָ֔ד הוֹצִ֧יא יְהוָ֛ה אֶתְכֶ֖ם מִזֶּ֑ה וְלֹ֥א ל זוגין[1]. ב[2]
4 5 יֵאָכֵ֖ל חָמֵֽץ׃ 4 הַיּ֖וֹם[a] אַתֶּ֣ם יֹצְאִ֑ים בְּחֹ֖דֶשׁ הָאָבִֽיב׃ 5 וְהָיָ֣ה כִֽי־יְבִיאֲךָ֣
יְהוָ֡ה[a] אֶל־אֶ֣רֶץ הַֽכְּנַעֲנִ֡י וְהַֽחִתִּי֩[b] וְהָֽאֱמֹרִ֨י[c] וְהַֽחִוִּ֜י וְהַיְבוּסִ֗י[d] אֲשֶׁ֨ר סימן כ ח מ ו ס[3]
נִשְׁבַּ֤ע לַאֲבֹתֶ֙יךָ֙ לָ֣תֶת לָ֔ךְ אֶ֛רֶץ זָבַ֥ת חָלָ֖ב וּדְבָ֑שׁ וְעָבַדְתָּ֛ אֶת־הָעֲבֹדָ֥ה
6 הַזֹּ֖את בַּחֹ֥דֶשׁ הַזֶּֽה׃ 6 שִׁבְעַ֥ת[a] יָמִ֖ים תֹּאכַ֣ל[b] מַצֹּ֑ת וּבַיּוֹם֙ הַשְּׁבִיעִ֔י חַ֖ג ד חס
7 לַיהוָֽה׃ 7 מַצּוֹת֙ יֵאָכֵ֔ל[a] אֵ֖ת שִׁבְעַ֣ת הַיָּמִ֑ים וְלֹא[b]־יֵרָאֶ֨ה לְךָ֜ חָמֵ֗ץ ג[4]. ח[5]. יג[6]
8 [c]וְלֹֽא־יֵרָאֶ֥ה[d] לְךָ֛ שְׂאֹ֖ר[c] בְּכָל־גְּבֻלֶֽךָ׃ 8 וְהִגַּדְתָּ֣ לְבִנְךָ֔ בַּיּ֥וֹם הַה֖וּא יג[6]
9 לֵאמֹ֑ר בַּעֲב֣וּר זֶ֗ה עָשָׂ֤ה יְהוָה֙ לִ֔י בְּצֵאתִ֖י מִמִּצְרָֽיִם׃ 9 וְהָיָה֩[a] לְךָ֨
לְא֜וֹת עַל־יָדְךָ֗[b] וּלְזִכָּרוֹן֙ בֵּ֣ין עֵינֶ֔יךָ לְמַ֗עַן תִּהְיֶ֛ה תּוֹרַ֥ת יְהוָ֖ה בְּפִ֑יךָ ל[7]
10 כִּ֚י בְּיָ֣ד חֲזָקָ֔ה הוֹצִֽאֲךָ֥ יְהוָ֖ה מִמִּצְרָֽיִם׃ 10 וְשָׁמַרְתָּ֛[a] אֶת־הַחֻקָּ֥ה הַזֹּ֖את ל[1] זוגין ול בעינ. ב חס
11 לְמוֹעֲדָ֑הּ מִיָּמִ֖ים יָמִֽימָה׃ ס 11 וְהָיָ֞ה כִּֽי־יְבִאֲךָ֤ יְהוָה֙[a] אֶל־אֶ֣רֶץ ל. ה[8]. ל חס
12 הַֽכְּנַעֲנִ֔י כַּאֲשֶׁ֥ר נִשְׁבַּ֛ע לְךָ֖ וְלַאֲבֹתֶ֑יךָ וּנְתָנָ֖הּ לָֽךְ׃ 12 וְהַֽעֲבַרְתָּ֥ כָל־ יד פסוק לך לך[9]
פֶּ֥טֶר־רֶ֖חֶם לַיהוָ֑ה וְכָל־פֶּ֣טֶר ׀ שֶׁ֣גֶר בְּהֵמָ֗ה אֲשֶׁ֨ר יִהְיֶ֥ה לְךָ֛ הַזְּכָרִ֖ים[a]
13 לַיהוָֽה׃ 13 וְכָל־פֶּ֤טֶר[a] חֲמֹר֙[b] תִּפְדֶּ֣ה בְשֶׂ֔ה וְאִם־לֹ֥א תִפְדֶּ֖ה[c] וַעֲרַפְתּ֑וֹ ל ר״פ וכל ומ״פ וכל וחד מן ה[10] ר״פ בסיפ. ד חס בתור[11]. יז מ״פ. ב
14 וְכֹ֨ל בְּכ֥וֹר אָדָ֛ם בְּבָנֶ֖יךָ תִּפְדֶּֽה׃ 14 וְהָיָ֞ה [a]כִּֽי־יִשְׁאָלְךָ֥ בִנְךָ֛ מָחָ֖ר ד
לֵאמֹ֣ר מַה־זֹּ֑את וְאָמַרְתָּ֣ אֵלָ֔יו בְּחֹ֣זֶק יָ֔ד הוֹצִיאָ֧נוּ יְהוָ֛ה מִמִּצְרַ֖יִם ל זוגין[1]

Cp 13 [1]Mm 456. [2]Ex 21,28. [3]Okhl 274. [4]Mm 994. [5]Mm 4051. [6]Mm 150. [7]וחד וזכרון Neh 2,20. [8]Mm 457. [9]Mm 1860. [10]Mm 645. [11]Mm 458.

50 [a] > ℭ𝔊* ‖ [b] ℭ𝔊 om את ‖ **Cp 13,3** [a] ⅏𝔊𝔖𝔙 + בּוֹ ‖ [b] ⅏𝔊𝔖 מֵאֶרֶץ מ׳ ‖ **4** [a] ⅏ cj c 3 ‖ **5** [a] pc Mss ⅏𝔊𝔗^J + אֱלֹהֶיךָ ‖ [b] pc Mss ⅏ ה׳ ‖ [c] ⅏ + והפרזי והגרגשי cf 𝔊𝔖 ‖ [d] ℭ𝔖 כא׳ ‖ **6** [a] ⅏𝔊 שֵׁשֶׁת ‖ [b] 𝔊(𝔖) ἔδεσθε ‖ **7** [a] 𝔊𝔖 2 pl ‖ [b] pc Mss 𝔊𝔙 לא ‖ [c–c] > 𝔖 ‖ [d] 𝔊 ἔσται = יִהְיֶה ‖ **9** [a] ⅏ וְהָיוּ ‖ [b] ⅏ ידיך ‖ **10** [a] 𝔊 2 pl ‖ **11** [a] 2 Mss ⅏𝔊 + אֱלֹהֶיךָ ‖ **12** [a] 𝔊(ℭ𝔗^J𝔙) + ἁγιάσεις = תַּקְדִּישׁ cf 34,19b ‖ **13** [a] 𝔊(ℭ^Ms𝔗^J) + *μήτραν* cf 2.12.15 34,19; 𝔖 *bwkr' dkr' ptḥ rḥm'* = primogenitum masculum aperiens vulvam ‖ [b] 𝔖 *db'jr'* = בְּהֵמָה ‖ [c] ⅏ תפדנו ‖ **14** [a–a] ℭ𝔖 וְכִי.

15 מִבֵּית עֲבָדִים׃ 15 וַיְהִי כִּֽי־הִקְשָׁה פַרְעֹה לְשַׁלְּחֵנוּ וַיַּהֲרֹג יְהוָה כָּל־ יג פסוק כל כל וכל
בְּכוֹר בְּאֶרֶץ מִצְרַיִם מִבְּכֹר אָדָם וְעַד־בְּכוֹר בְּהֵמָה עַל־כֵּן אֲנִי ל̇
16 זֹבֵחַ לַֽיהוָה כָּל־פֶּטֶר רֶחֶם הַזְּכָרִים וְכָל־בְּכוֹר[a] בָּנַי אֶפְדֶּה׃ 16 וְהָיָה[a] ד̇
לְאוֹת עַל־יָדְכָה[b] וּלְטוֹטָפֹת בֵּין עֵינֶיךָ כִּי בְּחֹזֶק יָד הוֹצִיאָנוּ[c] יְהוָה כ̇[12] מילין כת ה ול בליש . ב . ל̇[13] זוגין
מִמִּצְרָיִם׃ ס קו
17 וַיְהִי בְּשַׁלַּח פַּרְעֹה אֶת־הָעָם וְלֹא־נָחָם אֱלֹהִים דֶּרֶךְ אֶרֶץ פרש ל̇ . ל̇
פְּלִשְׁתִּים כִּי קָרוֹב הוּא כִּי ׀ אָמַר אֱלֹהִים פֶּן־יִנָּחֵם הָעָם בִּרְאֹתָם ו̇[14] . ד̇[15] . ג בחס וחד מל[16]
18 מִלְחָמָה וְשָׁבוּ מִצְרָיְמָה׃ 18 וַיַּסֵּב אֱלֹהִים ׀ אֶת־הָעָם דֶּרֶךְ הַמִּדְבָּר כח[17]
19 יַם־סוּף וַחֲמֻשִׁים[a] עָלוּ בְנֵֽי־יִשְׂרָאֵל מֵאֶרֶץ מִצְרָיִם׃ 19 וַיִּקַּח מֹשֶׁה ד̇ וחס
אֶת־עַצְמוֹת יוֹסֵף עִמּוֹ כִּי הַשְׁבֵּעַ הִשְׁבִּיעַ[a] אֶת־בְּנֵי יִשְׂרָאֵל לֵאמֹר
פָּקֹד יִפְקֹד אֱלֹהִים[b] אֶתְכֶם וְהַעֲלִיתֶם אֶת־עַצְמֹתַי מִזֶּה אִתְּכֶם׃ ה̇ וחס[18] . ה̇ חס בליש[19]
20 21 20 וַיִּסְעוּ מִסֻּכֹּת וַיַּחֲנוּ בְאֵתָם[a] בִּקְצֵה הַמִּדְבָּר׃ 21 וַֽיהוָה[a] הֹלֵךְ כב בתור
לִפְנֵיהֶם יוֹמָם בְּעַמּוּד עָנָן לַנְחֹתָם הַדֶּרֶךְ וְלַיְלָה בְּעַמּוּד אֵשׁ לְהָאִיר ל̇ וחס . ו̇[20]
22 לָהֶם לָלֶכֶת יוֹמָם וָלָיְלָה׃ 22 לֹא־יָמִישׁ[a] עַמּוּד הֶעָנָן יוֹמָם וְעַמּוּד ז̇[21] ב מנה בתור
הָאֵשׁ לָיְלָה לִפְנֵי הָעָם׃ פ

14 1 וַיְדַבֵּר יְהוָה אֶל־מֹשֶׁה לֵּאמֹר׃ 2 דַּבֵּר אֶל־בְּנֵי יִשְׂרָאֵל 14
וְיָשֻׁבוּ וְיַחֲנוּ לִפְנֵי פִּי הַחִירֹת[a] בֵּין מִגְדֹּל וּבֵין הַיָּם לִפְנֵי בַּעַל צְפֹן ח̇[1] . ב חס בתור
3 נִכְחוֹ תַחֲנוּ עַל־הַיָּם׃ 3 וְאָמַר פַּרְעֹה לִבְנֵי יִשְׂרָאֵל נְבֻכִים הֵם בָּאָרֶץ ב̇[2] . ל̇ וחס
4 סָגַר עֲלֵיהֶם הַמִּדְבָּר׃ 4 וְחִזַּקְתִּי אֶת־לֵב־פַּרְעֹה וְרָדַף אַחֲרֵיהֶם ב̇[3]
וְאִכָּבְדָה בְּפַרְעֹה וּבְכָל־חֵילוֹ וְיָדְעוּ מִצְרַיִם כִּֽי־אֲנִי יְהוָה וַיַּעֲשׂוּ־ ב̇
5 כֵן׃ 5 וַיֻּגַּד לְמֶלֶךְ מִצְרַיִם כִּי בָרַח הָעָם וַיֵּהָפֵךְ לְבַב פַּרְעֹה וַעֲבָדָיו כד̇[4] . ב̇[5]
אֶל־הָעָם וַיֹּאמְרוּ[a] מַה־זֹּאת עָשִׂינוּ כִּֽי־שִׁלַּחְנוּ אֶת־יִשְׂרָאֵל[b] מֵעָבְדֵנוּ׃ ל̇
6 7 6 וַיֶּאְסֹר אֶת־רִכְבּוֹ וְאֶת־עַמּוֹ לָקַח עִמּוֹ׃ 7 וַיִּקַּח שֵׁשׁ־מֵאוֹת רֶכֶב ל̇[6] . ז̇[7]
8 בָּחוּר וְכֹל רֶכֶב מִצְרָיִם וְשָׁלִשִׁם עַל־כֻּלּוֹ׃ 8 וַיְחַזֵּק יְהוָה אֶת־לֵב ל̇ חס

[12] Mm 964. [13] Mm 456. [14] Mm 19. [15] Mm 1403. [16] Mm 459. [17] Mm 84. [18] Mm 388. [19] Mm 3723. [20] Mm 3230. [21] Mm 3293. **Cp 14** [1] Mm 2668. [2] Ez 46,9. [3] Mm 460. [4] Mm 2228. [5] Mm 2437. [6] וחד ואת רכבו Jdc 4,7. [7] Mm 461.

15 [a] 𝔔 + אדם בבני ‖ **16** [a] ut 9[a]; 𝔔 + לכה ‖ [b] 𝔔 𝔪 ידיך ‖ [c] 𝔪𝔊𝔖 אָךְ– ‖ **18** [a] 𝔪[Mss] מיש׳–, 𝔊 *πέμπτη δὲ γενεά* ‖ **19** [a] 𝔪𝔊[-B*75] + יוסף ‖ [b] 𝔊 *κύριος* ‖ **20** [a] 𝔪𝔊[426]𝔄 Syh 𝔖𝔗𝔗[J] + אֲשֶׁר ‖ **21** [a] 𝔊 *ὁ δὲ θεός* ‖ **22** [a] 𝔪 ימושׁ ‖ **Cp 14,2** [a] 𝔊 *τῆς ἐπαύλεως* (= חֲצֵרוֹת?), it 9[b] sed cf Nu 33,7sq ‖ **3** [a] 𝔊* *τῷ λαῷ αὐτοῦ· Οἱ υἱοί* ‖ **5** [a] sic L, mlt Mss Edd ויאמְרו ‖ [b] 2 Mss 𝔊 + בְּנֵי.

פַּרְעֹה֙ מֶ֣לֶךְ מִצְרַ֔יִם וַיִּרְדֹּ֕ף אַחֲרֵ֖י בְּנֵ֣י יִשְׂרָאֵ֑ל וּבְנֵ֣י יִשְׂרָאֵ֔ל יֹצְאִ֖ים ה וכל ר״פ דכות[8]
9 בְּיָ֥ד רָמָֽה׃ 9 וַיִּרְדְּפ֨וּ מִצְרַ֜יִם אַחֲרֵיהֶ֗ם וַיַּשִּׂ֤יגוּ אוֹתָם֙ חֹנִ֣ים עַל־הַיָּ֔ם ג[9] . לט מל בתור
כָּל־ס֗וּס רֶ֚כֶב[a] פַּרְעֹ֔ה וּפָרָשָׁ֖יו וְחֵיל֑וֹ עַל־פִּי֙ הַֽחִירֹ֔ת[b] לִפְנֵ֖י בַּ֥עַל
10 צְפֹֽן׃ 10 וּפַרְעֹ֖ה הִקְרִ֑יב וַיִּשְׂאוּ֩ בְנֵי־יִשְׂרָאֵ֨ל אֶת־עֵינֵיהֶ֜ם[a] וְהִנֵּ֧ה ב חס בתור . ג ב מנה בתור . מג
מִצְרַ֣יִם ׀ נֹסֵ֣עַ[b] אַחֲרֵיהֶ֗ם וַיִּֽירְאוּ֙ מְאֹ֔ד וַיִּצְעֲק֥וּ בְנֵי־יִשְׂרָאֵ֖ל אֶל־יְהוָֽה׃ ז[10]
11 וַיֹּאמְרוּ֮ אֶל־מֹשֶׁה֒ הֲֽמִבְּלִ֤י אֵין־קְבָרִים֙ בְּמִצְרַ֔יִם לְקַחְתָּ֖נוּ לָמ֣וּת ג בטע ר״פ . ד[11]
12 בַּמִּדְבָּ֑ר מַה־זֹּאת֙ עָשִׂ֣יתָ לָּ֔נוּ לְהוֹצִיאָ֖נוּ מִמִּצְרָֽיִם׃ 12 הֲלֹא־זֶ֣ה הַדָּבָ֗ר
אֲשֶׁ֩ר דִּבַּ֨רְנוּ אֵלֶ֤יךָ בְמִצְרַ֙יִם֙ לֵאמֹ֔ר חֲדַ֥ל מִמֶּ֖נּוּ וְנַעַבְדָ֣ה אֶת־מִצְרָ֑יִם
13 כִּ֣י ט֥וֹב לָ֙נוּ֙ עֲבֹ֣ד אֶת־מִצְרַ֔יִם מִמֻּתֵ֖נוּ בַּמִּדְבָּֽר׃ 13 וַיֹּ֨אמֶר מֹשֶׁ֣ה אֶל־ ל וחס
הָעָם֮ אַל־תִּירָאוּ֒ הִֽתְיַצְּב֗וּ[a] וּרְאוּ֙ אֶת־יְשׁוּעַ֣ת יְהוָ֔ה[b] אֲשֶׁר־יַעֲשֶׂ֥ה לָכֶ֖ם ה[12]
הַיּ֑וֹם כִּ֗י אֲשֶׁ֨ר[c] רְאִיתֶ֤ם אֶת־מִצְרַ֙יִם֙ הַיּ֔וֹם לֹ֥א תֹסִ֛פוּ לִרְאֹתָ֥ם ע֖וֹד ל
14 עַד־עוֹלָֽם׃ 14 יְהוָ֖ה יִלָּחֵ֣ם לָכֶ֑ם וְאַתֶּ֖ם תַּחֲרִשֽׁוּן׃ פ ב[13] חד מל וחד מן ז[14] חס בליש
15 וַיֹּ֤אמֶר[a] יְהוָה֙ אֶל־מֹשֶׁ֔ה מַה־תִּצְעַ֖ק אֵלָ֑י דַּבֵּ֥ר אֶל־בְּנֵי־יִשְׂרָאֵ֖ל ס [יב]
16 וְיִסָּֽעוּ׃ 16 וְאַתָּ֞ה הָרֵ֣ם אֶֽת־מַטְּךָ֗ וּנְטֵ֧ה אֶת־יָדְךָ֛ עַל־הַיָּ֖ם וּבְקָעֵ֑הוּ ל . ג
17 וְיָבֹ֧אוּ בְנֵי־יִשְׂרָאֵ֛ל בְּת֥וֹךְ הַיָּ֖ם בַּיַּבָּשָֽׁה׃ 17 וַאֲנִ֗י הִנְנִ֤י מְחַזֵּק֙ אֶת־לֵ֣ב ז רפ[15] . טז ר״פ
מִצְרַ֔יִם וְיָבֹ֖אוּ אַחֲרֵיהֶ֑ם וְאִכָּבְדָ֤ה בְּפַרְעֹה֙ וּבְכָל־חֵיל֔וֹ בְּרִכְבּ֖וֹ ז רפ[15] . ב
18 וּבְפָרָשָֽׁיו׃ 18 וְיָדְע֥וּ[a] מִצְרַ֖יִם כִּֽי־אֲנִ֣י יְהוָ֑ה בְּהִכָּֽבְדִ֣י בְּפַרְעֹ֔ה בְּרִכְבּ֖וֹ ל
19 וּבְפָרָשָֽׁיו׃ 19 וַיִּסַּ֞ע מַלְאַ֣ךְ הָאֱלֹהִ֗ים הַהֹלֵךְ֙ לִפְנֵי֙ מַחֲנֵ֣ה יִשְׂרָאֵ֔ל ח
וַיֵּ֖לֶךְ מֵאַחֲרֵיהֶ֑ם וַיִּסַּ֞ע עַמּ֤וּד הֶֽעָנָן֙ מִפְּנֵיהֶ֔ם וַֽיַּעֲמֹ֖ד מֵאַחֲרֵיהֶֽם׃
20 וַיָּבֹ֞א בֵּ֣ין ׀ מַחֲנֵ֣ה מִצְרַ֗יִם וּבֵין֙ מַחֲנֵ֣ה יִשְׂרָאֵ֔ל וַיְהִ֤י הֶֽעָנָן֙[a] וְהַחֹ֔שֶׁךְ[b] ל
21 וַיָּ֖אֶר אֶת־הַלָּ֑יְלָה[ac] וְלֹא־קָרַ֥ב זֶ֛ה אֶל־זֶ֖ה כָּל־הַלָּֽיְלָה׃ 21 וַיֵּ֨ט מֹשֶׁ֣ה ב בתרי לישנ[16] . ל . ב[17]
אֶת־יָדוֹ֮ עַל־הַיָּם֒ וַיּ֣וֹלֶךְ יְהוָ֣ה ׀ אֶת־הַ֠יָּם בְּר֨וּחַ קָדִ֤ים עַזָּה֙ כָּל־הַלַּ֔יְלָה ד ג חס וחד מל[18] . ב[19]
22 וַיָּ֥שֶׂם אֶת־הַיָּ֖ם לֶחָרָבָ֑ה וַיִּבָּקְע֖וּ הַמָּֽיִם׃ 22 וַיָּבֹ֧אוּ בְנֵי־יִשְׂרָאֵ֛ל בְּת֥וֹךְ פד לג מנה בתור . ל[20]
23 הַיָּ֖ם בַּיַּבָּשָׁ֑ה וְהַמַּ֤יִם לָהֶם֙ חֹמָ֔ה מִֽימִינָ֖ם וּמִשְּׂמֹאלָֽם׃ 23 וַיִּרְדְּפ֤וּ ב חס

[8] Mm 470. [9] Mm 462. [10] Mm 402. [11] Mm 2043. [12] Mm 463. [13] Mm 464. [14] Lectio L unica lectio plena, cf Mp sub loco. [15] Mm 465. [16] Mm 466. [17] Mm 467. [18] Mm 468. [19] Ps 48,8. [20] Mp sub loco.

9 [a] crrp? cf 23 || [b] cf 2[a] || **10** [a] ⅏ + וַיִּֽרְאוּ cf 𝔊 || [b] ⅏ נסעים cf 𝔊𝔖𝔗𝔗[J]; > 𝔙 || **13** [a] sic L, mlt Mss Edd 'צְּ- || [b] 𝔊* τὴν παρὰ τοῦ θεοῦ || [c] ℭ pc Mss ⅏𝔊𝔖𝔗[Ms]𝔗[J] כַּא' || **15** [a] 𝔖 pr *wṣlj mwš' qdm mrj'* = וַיִּצְעַק מֹשֶׁה אֶל־יהוה || **18** [a] ⅏𝔊 + כל || **20** [a–a] crrp; 𝔊 *καὶ ἐγένετο σκότος καὶ γνόφος καὶ διῆλθεν ἡ νύξ*; cf periphrasin Jos 24,7 || [b] 𝔙 *tenebrosa*, 𝔖 + *klh llj'* = כָּל־הַלָּיְלָה || [c] 𝔖 + *lbnj 'jsr'jl.*

מִצְרַ֫יִם וַיָּבֹ֣אוּ אַחֲרֵיהֶ֔ם כֹּ֚ל ס֣וּס פַּרְעֹ֔ה רִכְבּ֖וֹ וּפָרָשָׁ֑יו אֶל־תּ֖וֹךְ הַיָּֽם׃
24 וַיְהִי֙ בְּאַשְׁמֹ֣רֶת הַבֹּ֔קֶר וַיַּשְׁקֵ֤ף יְהוָה֙ אֶל־ᵃמַחֲנֵ֣ה מִצְרַ֔יִם בְּעַמּ֥וּד אֵ֖שׁ 24
וְעָנָ֑ן וַיָּ֕הָם אֵ֖ת מַחֲנֵ֥ה מִצְרָֽיִם׃ 25 וַיָּ֗סַרᵃ אֵ֚ת אֹפַ֣ן מַרְכְּבֹתָ֔יו וַֽיְנַהֲגֵ֖הוּ 25
בִּכְבֵדֻ֑ת וַיֹּ֣אמֶר מִצְרַ֗יִם אָנ֙וּסָה֙ מִפְּנֵ֣י יִשְׂרָאֵ֔ל כִּ֣י יְהוָ֔ה נִלְחָ֥ם לָהֶ֖ם
בְּמִצְרָ֑יִםᵇ פ 26 וַיֹּ֤אמֶר יְהוָה֙ אֶל־מֹשֶׁ֔ה נְטֵ֥ה אֶת־יָדְךָ֖ עַל־הַיָּ֑ם 26
וְיָשֻׁ֤בוּ הַמַּ֙יִם֙ עַל־מִצְרַ֔יִם עַל־רִכְבּ֖וֹ וְעַל־פָּרָשָֽׁיו׃ 27 וַיֵּט֩ מֹשֶׁ֨ה אֶת־ 27
יָד֜וֹ עַל־הַיָּ֗ם וַיָּ֨שָׁב הַיָּ֜ם לִפְנ֥וֹת בֹּ֙קֶר֙ לְאֵ֣יתָנ֔וֹ וּמִצְרַ֖יִם נָסִ֣יםᵃ לִקְרָאת֑וֹ
וַיְנַעֵ֧ר יְהוָ֛ה אֶת־מִצְרַ֖יִם בְּת֥וֹךְ הַיָּֽם׃ 28 וַיָּשֻׁ֣בוּ הַמַּ֗יִם וַיְכַסּ֤וּ אֶת־ 28
הָרֶ֙כֶב֙ וְאֶת־הַפָּ֣רָשִׁ֔ים לְכֹל֙ חֵ֣יל פַּרְעֹ֔ה הַבָּאִ֥ים אַחֲרֵיהֶ֖ם בַּיָּ֑ם לֹֽא־
נִשְׁאַ֥ר בָּהֶ֖ם עַד־אֶחָֽד׃ 29 וּבְנֵ֧י יִשְׂרָאֵ֛ל הָלְכ֥וּ בַיַּבָּשָׁ֖ה בְּת֣וֹךְ הַיָּ֑ם 29
וְהַמַּ֤יִם לָהֶם֙ חֹמָ֔ה מִֽימִינָ֖ם וּמִשְּׂמֹאלָֽםᵃ 30 וַיּ֨וֹשַׁע יְהוָ֜ה בַּיּ֥וֹם הַה֛וּא 30
אֶת־יִשְׂרָאֵ֖ל מִיַּ֣ד מִצְרָ֑יִם וַיַּ֤רְא יִשְׂרָאֵל֙ אֶת־מִצְרַ֔יִם מֵ֖ת עַל־שְׂפַ֥ת
הַיָּֽם׃ 31 וַיַּ֨רְא יִשְׂרָאֵ֜ל אֶת־הַיָּ֣ד הַגְּדֹלָ֗ה אֲשֶׁ֨ר עָשָׂ֤ה יְהוָה֙ בְּמִצְרַ֔יִם 31
וַיִּֽירְא֥וּ הָעָ֖ם אֶת־יְהוָ֑ה וַיַּֽאֲמִ֙ינוּ֙ בַּֽיהוָ֔הᵃ וּבְמֹשֶׁ֖ה עַבְדּֽוֹ׃ פ
15 1 אָ֣ז יָשִֽׁיר־מֹשֶׁה֩ וּבְנֵ֨י יִשְׂרָאֵ֜ל אֶת־הַשִּׁירָ֤ה הַזֹּאת֙ לַֽיהוָ֔הᵃ **15**
וַיֹּאמְר֖וּ לֵאמֹ֑ר

אָשִׁ֤ירָהᵇ לַֽיהוָה֙ כִּֽי־גָאֹ֣הᶜ גָּאָ֔ה ס֥וּס וְרֹכְב֖וֹ רָמָ֥ה בַיָּֽם׃
2 עָזִּ֤י וְזִמְרָתᵃ֙ יָ֔הּᵇ וַֽיְהִי־לִ֖י לִֽישׁוּעָ֑ה
זֶ֤ה אֵלִי֙ וְאַנְוֵ֔הוּᵈ אֱלֹהֵ֥י אָבִ֖י וַאֲרֹמְמֶֽנְהוּ׃
3 יְהוָ֖ה אִ֣ישᵃ מִלְחָמָ֑הᵇ יְהוָ֖ה שְׁמֽוֹ׃ [בְּיַם־סֽוּף׃
4 מַרְכְּבֹ֥ת פַּרְעֹ֛ה וְחֵיל֖וֹ יָרָ֣ה בַיָּ֑ם וּמִבְחַ֥ר שָׁלִשָׁ֖יו טֻבְּע֥וּᵃ
5 תְּהֹמֹ֖ת יְכַסְיֻ֑מוּᵃ יָרְד֥וּ בִמְצוֹלֹ֖ת כְּמוֹ־אָֽבֶן׃
6 יְמִֽינְךָ֣ יְהוָ֔ה נֶאְדָּרִ֖י בַּכֹּ֑חַ יְמִֽינְךָ֥ יְהוָ֖ה תִּרְעַ֥ץ אוֹיֵֽב׃

Masora parva (margin): ב̇ . ד̇[21] | ב̇[22] . ל̇ חס . ל̇ | ל̇ וחס . יב̇ סביר . ל̇ | ח̇[23] | ב̇ . ל̇ | ל̇[24] | ב̇ ס״פ | ג̇[25] חס בתור וכל מלכים דכות ב̇ מ̇ ב̇ . ב̇ חס | ד̇ | ג̇[26] . ב̇[27] | הי̇ וכל ר״פ דכות[1] | ג̇ | יו̇[2] כת̇ ה בתור ב̇ מנה בליש . ב̇ | ג̇ קמ̇ | ל̇ . ל̇ וחס[3] | ו̇ . ד̇[4] | ד̇ ג̇ מל וחד חס[5] . ב̇ . ל̇ | ל̇ . ג̇ | ל̇ . ד̇ דגש[6]

[21] Mm 186. [22] Jdc 4,15. [23] Mm 2668. [24] וחד ונער Ps 136,15. [25] Mm 469. [26] Mm 3376. [27] Nu 21,5.
Cp 15 [1] Mm 470. [2] Mm 598. [3] Mm 471 א. [4] Mp sub loco. [5] Mm 472. [6] Mm 3246.

24 ᵃ 𝔐𝔊* עַל ‖ 25 ᵃ 𝔐𝔊𝔖 וַיֶּאְסֹר ‖ ᵇ sic L, mlt Mss Edd : ‖ 27 ᵃ 𝔐 נִסְעִים ‖ 29 ᵃ sic L, mlt Mss Edd : ‖ 31 ᵃ 𝔊 *τῷ θεῷ* ‖ Cp 15,1 ᵃ 𝔊* *τῷ θεῷ* ‖ ᵇ 𝔐 אשׁרו, Vrs 1 pl ‖ ᶜ 𝔐 גוי, it 21ᵇ ‖ 2 ᵃ pc Mss 𝔐𝔙 ־תִי, 𝔊 *καὶ σκεπαστής* = וְסִתְרָתִי cf Dt 32,38 ‖ ᵇ > 𝔊 ‖ ᶜ 𝔖 *ln* ‖ ᵈ 𝔊(𝔖𝔙) *καὶ δοξάσω αὐτόν* ‖ 3 ᵃ 𝔐𝔖 גִּבּוֹר, 𝔊 *συντρίβων* ‖ ᵇ 𝔐 בַּמִּ׳, 𝔊 pl, 𝔖 *wqrbtn'* = et bellator ‖ 4 ᵃ 𝔊^{-B 82}(𝔖) *κατεπόντισεν* = טִבַּע ‖ 5 ᵃ ℭ תכסיומו; 𝔐 יכסמו cf 𝔊 *ἐκάλυψεν αὐτούς*.

7 וּבְרֹב גְּאוֹנְךָ תַּהֲרֹס קָמֶיךָ תְּשַׁלַּח חֲרֹנְךָ יֹאכְלֵמוֹ כַּקַּשׁ׃
8 וּבְרוּחַ אַפֶּיךָ נֶעֶרְמוּ מַיִם נִצְּבוּ כְמוֹ־נֵד נֹזְלִים
קָפְאוּ תְהֹמֹת בְּלֶב־יָם׃
9 אָמַר אוֹיֵב אֶרְדֹּף אַשִּׂיג אֲחַלֵּק שָׁלָל תִּמְלָאֵמוֹ[a] נַפְשִׁי
אָרִיק חַרְבִּי תּוֹרִישֵׁמוֹ יָדִי׃
10 נָשַׁפְתָּ[a] בְרוּחֲךָ כִּסָּמוֹ יָם צָלֲלוּ כַּעוֹפֶרֶת בְּמַיִם אַדִּירִים׃
11 מִי־כָמֹכָה בָּאֵלִם יְהוָה מִי כָּמֹכָה נֶאְדָּר[a] בַּקֹּדֶשׁ[b]
נוֹרָא תְהִלֹּת עֹשֵׂה פֶלֶא׃ 12 נָטִיתָ יְמִינְךָ תִּבְלָעֵמוֹ אָרֶץ׃
13 נָחִיתָ בְחַסְדְּךָ עַם־זוּ גָּאָלְתָּ נֵהַלְתָּ[a] בְעָזְּךָ אֶל־נְוֵה קָדְשֶׁךָ׃
14 שָׁמְעוּ עַמִּים יִרְגָּזוּן חִיל אָחַז יֹשְׁבֵי פְּלָשֶׁת׃
15 אָז נִבְהֲלוּ אַלּוּפֵי אֱדוֹם אֵילֵי מוֹאָב יֹאחֲזֵמוֹ רָעַד
נָמֹגוּ כֹּל יֹשְׁבֵי כְנָעַן׃
16 תִּפֹּל עֲלֵיהֶם אֵימָתָה[a] וָפַחַד בִּגְדֹל זְרוֹעֲךָ יִדְּמוּ כָּאָבֶן
עַד־יַעֲבֹר עַמְּךָ יְהוָה עַד־יַעֲבֹר עַם־זוּ קָנִיתָ׃
17 תְּבִאֵמוֹ וְתִטָּעֵמוֹ בְּהַר נַחֲלָתְךָ מָכוֹן לְשִׁבְתְּךָ פָּעַלְתָּ יְהוָה
מִקְּדָשׁ[a] אֲדֹנָי[b] כּוֹנְנוּ[c] יָדֶיךָ[c]׃ 18 יְהוָה ׀ יִמְלֹךְ לְעֹלָם וָעֶד׃
19 כִּי בָא סוּס פַּרְעֹה בְּרִכְבּוֹ וּבְפָרָשָׁיו בַּיָּם וַיָּשֶׁב יְהוָה עֲלֵהֶם אֶת־
מֵי הַיָּם וּבְנֵי יִשְׂרָאֵל הָלְכוּ בַיַּבָּשָׁה בְּתוֹךְ הַיָּם׃ פ
20 וַתִּקַּח מִרְיָם הַנְּבִיאָה אֲחוֹת אַהֲרֹן אֶת־הַתֹּף בְּיָדָהּ וַתֵּצֶאןָ
כָל־הַנָּשִׁים אַחֲרֶיהָ בְּתֻפִּים וּבִמְחֹלֹת׃ 21 וַתַּעַן לָהֶם מִרְיָם 21
שִׁירוּ[a] לַיהוָה כִּי־גָאֹה גָּאָה[b] סוּס וְרֹכְבוֹ רָמָה בַיָּם׃ ס

22 וַיַּסַּע מֹשֶׁה אֶת־יִשְׂרָאֵל מִיַּם־סוּף וַיֵּצְאוּ[a] אֶל־מִדְבַּר־שׁוּר
וַיֵּלְכוּ שְׁלֹשֶׁת־יָמִים בַּמִּדְבָּר וְלֹא־מָצְאוּ מָיִם׃ 23 וַיָּבֹאוּ מָרָתָה וְלֹא 23

ב׳[7]. ה׳[8]. ל. ב
ד
ל׳[9]. ג
ג ב חס וחד מל. ל
ד. ל
ל. ג ול בסיפ. ז רפי[10]
ב׳[11] מילין כת ה ב מנה בליש. ב. ב׳[11] מילין כת ה ב מנה בליש
ד׳[12]. ח׳[13] קמ קטן וכל דברים מלכים תרי עשר תלים קהלת עזרא ד״ה דכות ב מ כב. ב
ב ר״פ[14]. ב׳[15]. ג. ג
ג ר״פ[16]. ג[17]
ל
ד וחס[18]
ל ומל[19]. ב[20]
ג
ל. ל. ג[21]
ל. יא[22] מל וכל תלים דכות ב מ ה. יח[23] חס י מנה בתור. ט[24]
י בטע ר״פ בתור[25]. כה. יג חס בתור[26]
ה׳ וכל ר״פ דכות[27]
ה
ב[28]
יו[29] כת ה בתור ב מנה בליש. ב
ג[30]
ב בתרי לישנ[31]

[7] Ps 74,23. [8] Mm 473. [9] Mm 471ב. [10] Mm 753. [11] Mm 964. [12] Mm 474. [13] Mm 475. [14] Mm 3327. [15] Mm 3218. [16] Mm 3725. [17] Mm 3508. [18] Mm 2733. [19] Mm 476. [20] Mm 3511. [21] Mm 1917. [22] Mm 477. [23] Mm 25. [24] Mm 478. [25] Mm 1151. [26] Mm 675. [27] Mm 470. [28] Jdc 11,34. [29] Mm 598. [30] Mm 3493. [31] Mm 479.

9 [a] 𝔊 ἐμπλήσω; 𝔖 *tbl‘ ’nwn* ut 12 ‖ **10** [a] ⅏ נָשַׁבְתָּ ‖ **11** [a] ⅏ נֶאְדָּרִי, 𝔖 *hdjr* = magnificus ‖ [b] 𝔊 ἐν ἁγίοις = בַּקְּדֹשִׁים? ‖ **13** [a] ⅏^Mss 𝔗^J נִחַלְתָּ ‖ **16** [a] ⅏ אֵימָה ‖ **17** [a] 𝔖 + suff 2 sg ‖ [b] ℭ mlt Mss ⅏ יהוה ‖ [c–c] 𝔖 *tqnjhj b’jdjk* = תְּכוֹנֵן בְּי׳? ‖ **21** [a] 𝔊𝔗^J𝔙 1 pl ‖ [b] cf 1[c] ‖ **22** [a] ⅏ וַיּוֹצִאֵהוּ cf 𝔊.

יָכְלוּ לִשְׁתֹּת מַיִם מִמָּרָה כִּי מָרִים הֵם עַל־כֵּן קָרָא־[a]שְׁמָהּ מָרָה[a]׃ ד חס . ב בתרי לישנ[32]
24 וַיִּלֹּנוּ[a] הָעָם עַל־מֹשֶׁה לֵּאמֹר מַה־נִּשְׁתֶּה׃ 25 וַיִּצְעַק[a] אֶל־יְהוָה 24 25
וַיּוֹרֵהוּ[b] יְהוָה עֵץ וַיַּשְׁלֵךְ אֶל־הַמַּיִם וַיִּמְתְּקוּ הַמָּיִם שָׁם שָׂם ל
לוֹ חֹק וּמִשְׁפָּט וְשָׁם נִסָּהוּ׃ 26 וַיֹּאמֶר אִם־שָׁמוֹעַ תִּשְׁמַע לְקוֹל[a] יְהוָה 26 ג . יז שמיעה לקול[33] . ל
אֱלֹהֶיךָ וְהַיָּשָׁר בְּעֵינָיו תַּעֲשֶׂה וְהַאֲזַנְתָּ לְמִצְוֺתָיו וְשָׁמַרְתָּ כָּל־חֻקָּיו נא . ל[34] . י פסוק כל כל ומילה חדה ביניה[35]
כָּל־הַמַּחֲלָה אֲשֶׁר־שַׂמְתִּי בְמִצְרַיִם לֹא־אָשִׂים עָלֶיךָ כִּי אֲנִי יְהוָה ל ת כ ה סימן[36]
רֹפְאֶךָ׃ ס 27 וַיָּבֹאוּ אֵילִמָה וְשָׁם[a] שְׁתֵּים עֶשְׂרֵה עֵינֹת מַיִם 27 ל . ב
וְשִׁבְעִים תְּמָרִים וַיַּחֲנוּ־שָׁם עַל־הַמָּיִם׃ ד וכל תלים דכות[37]
16 1 וַיִּסְעוּ מֵאֵילִם וַיָּבֹאוּ כָּל־עֲדַת בְּנֵי־יִשְׂרָאֵל אֶל־מִדְבַּר־סִין 16
אֲשֶׁר בֵּין־אֵילִם וּבֵין סִינָי בַּחֲמִשָּׁה עָשָׂר יוֹם לַחֹדֶשׁ הַשֵּׁנִי לְצֵאתָם ג
מֵאֶרֶץ מִצְרָיִם׃ 2 וַיִּלּוֹנוּ[a] כָּל־עֲדַת בְּנֵי־יִשְׂרָאֵל עַל־מֹשֶׁה וְעַל־ 2 וילונו[1] ק
אַהֲרֹן בַּמִּדְבָּר׃ 3 וַיֹּאמְרוּ אֲלֵהֶם בְּנֵי יִשְׂרָאֵל מִי־יִתֵּן מוּתֵנוּ בְיַד־ 3 ל
יְהוָה בְּאֶרֶץ מִצְרַיִם בְּשִׁבְתֵּנוּ עַל־סִיר הַבָּשָׂר בְּאָכְלֵנוּ לֶחֶם לָשֹׂבַע ל . ל . ד[2]
כִּי־הוֹצֵאתֶם אֹתָנוּ אֶל־הַמִּדְבָּר הַזֶּה לְהָמִית אֶת־כָּל־הַקָּהָל הַזֶּה
בָּרָעָב׃ ס 4 וַיֹּאמֶר יְהוָה אֶל־מֹשֶׁה הִנְנִי מַמְטִיר לָכֶם לֶחֶם [יג]ס
מִן־הַשָּׁמָיִם וְיָצָא הָעָם וְלָקְטוּ דְּבַר־יוֹם בְּיוֹמוֹ לְמַעַן אֲנַסֶּנּוּ הֲיֵלֵךְ ל . ל
בְּתוֹרָתִי אִם־לֹא׃ 5 וְהָיָה בַּיּוֹם הַשִּׁשִּׁי וְהֵכִינוּ אֵת אֲשֶׁר־יָבִיאוּ וְהָיָה 5 ז ס״פ . ב[3] וכל ד״ה דכות ב מ ב . ט[4]
מִשְׁנֶה עַל אֲשֶׁר־יִלְקְטוּ יוֹם יוֹם׃ ס 6 וַיֹּאמֶר מֹשֶׁה וְאַהֲרֹן אֶל־ 6 ח בטע . ז[5] . כט בתור
כָּל[a]־בְּנֵי יִשְׂרָאֵל עֶרֶב וִידַעְתֶּם כִּי יְהוָה הוֹצִיא אֶתְכֶם מֵאֶרֶץ
מִצְרָיִם׃ 7 וּבֹקֶר וּרְאִיתֶם אֶת־כְּבוֹד יְהוָה בְּשָׁמְעוֹ אֶת־תְּלֻנֹּתֵיכֶם 7 ל . ג[6]
עַל־יְהוָה וְנַחְנוּ[a] מָה כִּי תַלּוֹנוּ[b] עָלֵינוּ׃ 8 וַיֹּאמֶר מֹשֶׁה בְּתֵת יְהוָה 8 לא[7] . ג[8] . תלינו[9] ק
לָכֶם בָּעֶרֶב בָּשָׂר לֶאֱכֹל וְלֶחֶם בַּבֹּקֶר לִשְׂבֹּעַ בִּשְׁמֹעַ יְהוָה אֶת־ ב
תְּלֻנֹּתֵיכֶם אֲשֶׁר־אַתֶּם מַלִּינִם עָלָיו[a] וְנַחְנוּ[b] מָה לֹא־עָלֵינוּ תְלֻנֹּתֵיכֶם ב חס[10] . ג[8]
כִּי עַל־יְהוָה[c]׃ 9 וַיֹּאמֶר מֹשֶׁה אֶל־אַהֲרֹן אֱמֹר אֶל־כָּל־עֲדַת בְּנֵי 9 לא[7]
יִשְׂרָאֵל קִרְבוּ לִפְנֵי יְהוָה[a] כִּי שָׁמַע אֵת תְּלֻנֹּתֵיכֶם׃ 10 וַיְהִי כְּדַבֵּר 10

[32] Mm 480. [33] Mm 23. [34] Mm 481. [35] Mm 3316. [36] Mm 4166. [37] Mm 741. **Cp 16** [1] Mm 832. [2] Mm 482. [3] Mm 483. [4] Mm 501. [5] Mm 484. [6] Mm 485. [7] Mm 486. [8] Mm 487. [9] Mp sub loco. [10] Mp sub loco.

23 [a–a] 𝔊(𝔖) *τὸ ὄνομα τοῦ τόπου ἐκείνου Πικρία* cf 𝔙 ‖ **24** [a] 𝔐𝔊𝔙 וַיָּלֶן ‖ **25** [a] 𝔐𝔊𝔖𝔙 + משה ‖ [b] 𝔐𝔊𝔖𝔗 וַיַּרְאֵהוּ 𝔗J ‖ **26** [a] ℭ בְּקוֹל ‖ **27** [a] 𝔐𝔊[314] Philo 𝔗J וּבְאֵילִים ‖ **Cp 16,2** [a] K וַיִּלִּינוּ, 𝔐 וילנו ‖ **6** [a] 𝔊 + *συναγωγήν* cf 1sq.9sq ‖ **7** [a] 𝔐 וַאֲנַ׳, it 8[b] ‖ [b] K תַּלּוֹנוּ, 𝔐 תלנו ‖ **8** [a] 𝔊 *καθ' ἡμῶν* ‖ [b] cf 7[a] ‖ [c] 𝔊 *τοῦ θεοῦ* ‖ **9** [a] 𝔊 *τοῦ θεοῦ*.

אַהֲרֹן֙ אֶל־כָּל־עֲדַ֣ת בְּנֵֽי־יִשְׂרָאֵ֔ל וַיִּפְנ֖וּ אֶל־הַמִּדְבָּ֑ר וְהִנֵּה֙ כְּב֣וֹד יְהוָ֔ה
11 12 נִרְאָ֖ה בֶּעָנָֽן׃ פ 11 וַיְדַבֵּ֥ר יְהוָ֖ה אֶל־מֹשֶׁ֥ה לֵּאמֹֽר׃ 12 שָׁמַ֗עְתִּי
אֶת־תְּלוּנֹּת֮ בְּנֵ֣י יִשְׂרָאֵל֒ דַּבֵּ֨ר אֲלֵהֶ֜ם לֵאמֹ֗ר בֵּ֤ין הָֽעַרְבַּ֙יִם֙ תֹּאכְל֣וּ ל כת כן
13 בָשָׂ֔ר וּבַבֹּ֖קֶר תִּשְׂבְּעוּ־לָ֑חֶם וִֽידַעְתֶּ֕ם כִּ֛י אֲנִ֥י יְהוָ֖ה אֱלֹהֵיכֶֽם׃ 13 וַיְהִ֣י ו׳. י׳. כד ס״פ
בָעֶ֔רֶב וַתַּ֣עַל הַשְּׂלָ֔וa וַתְּכַ֖ס אֶת־הַֽמַּחֲנֶ֑ה וּבַבֹּ֗קֶר הָֽיְתָה֙ שִׁכְבַ֣ת הַטַּ֔ל ו׳. ל וכל שם תרגום דכות[11]
14 סָבִ֖יב לַֽמַּחֲנֶֽה׃ 14 וַתַּ֖עַל שִׁכְבַ֣ת הַטָּ֑ל וְהִנֵּ֞ה עַל־פְּנֵ֤י הַמִּדְבָּר֙ דַּ֣ק
15 aמְחֻסְפָּ֔ס דַּ֥קa כַּכְּפֹ֖ר עַל־הָאָֽרֶץ׃ 15 וַיִּרְא֣וּ בְנֵֽי־יִשְׂרָאֵ֗ל וַיֹּ֨אמְר֜וּ אִ֤ישׁ ל. ל וחס
אֶל־אָחִיו֙ מָ֣ן ה֔וּא כִּ֛י לֹ֥א יָדְע֖וּ מַה־ה֑וּא וַיֹּ֤אמֶר מֹשֶׁה֙ אֲלֵהֶ֔ם ה֣וּא
16 הַלֶּ֔חֶם אֲשֶׁ֨ר נָתַ֧ן יְהוָ֛ה לָכֶ֖ם לְאָכְלָֽה׃ 16 זֶ֤ה הַדָּבָר֙ אֲשֶׁ֣ר צִוָּ֣ה יְהוָ֔ה כו פסוק דאית בהון א״ב
לִקְט֣וּ מִמֶּ֔נּוּ אִ֖ישׁ לְפִ֣י אָכְל֑וֹ עֹ֣מֶר לַגֻּלְגֹּ֗לֶת מִסְפַּר֙ נַפְשֹׁ֣תֵיכֶ֔ם אִ֛ישׁ ג
17 לַאֲשֶׁ֥ר בְּאָהֳל֖וֹ תִּקָּֽחוּ׃ 17 וַיַּעֲשׂוּ־כֵ֖ן בְּנֵ֣י יִשְׂרָאֵ֑ל וַֽיִּלְקְט֔וּ הַמַּרְבֶּ֖ה ל
18 וְהַמַּמְעִֽיט׃ 18 וַיָּמֹ֣דּוּ בָעֹ֔מֶר וְלֹ֤א הֶעְדִּיף֙ הַמַּרְבֶּ֔ה וְהַמַּמְעִ֖יט לֹ֣א ל וחס. ל
19 הֶחְסִ֑יר אִ֥ישׁ לְפִֽי־אָכְל֖וֹ לָקָֽטוּ׃ 19 וַיֹּ֥אמֶר מֹשֶׁ֖ה אֲלֵהֶ֑ם אִ֕ישׁ אַל־
20 יוֹתֵ֥ר מִמֶּ֖נּוּ עַד־בֹּֽקֶר׃ 20 וְלֹא־שָׁמְע֣וּ אֶל־מֹשֶׁ֗ה וַיּוֹתִ֨רוּ אֲנָשִׁ֤ים מִמֶּ֙נּוּ֙ ז מל בליש[12]. ז ר״פ בסיפ. ב כת כן[13]
21 עַד־בֹּ֔קֶר וַיָּ֥רֻם תּוֹלָעִ֖ים וַיִּבְאַ֑שׁ וַיִּקְצֹ֥ף עֲלֵהֶ֖ם מֹשֶֽׁה׃ 21 וַיִּלְקְט֤וּ ל. ל. יג חס בתור[14]
22 אֹתוֹ֙ בַּבֹּ֣קֶר בַּבֹּ֔קֶר אִ֖ישׁ כְּפִ֣יa אָכְל֑וֹ bוְחַ֥ם הַשֶּׁ֖מֶשׁ וְנָמָֽס׃ 22 וַיְהִ֣י ׀ יג[15]. ג[16]. ב
בַּיּ֣וֹם הַשִּׁשִּׁ֗י לָֽקְט֥וּ לֶ֙חֶם֙ מִשְׁנֶ֔ה שְׁנֵ֥י הָעֹ֖מֶר לָאֶחָ֑ד וַיָּבֹ֙אוּ֙ כָּל־נְשִׂיאֵ֣י ב
23 הָֽעֵדָ֔ה וַיַּגִּ֖ידוּ לְמֹשֶֽׁה׃ 23 וַיֹּ֣אמֶר אֲלֵהֶ֗םa bה֚וּא אֲשֶׁ֣ר דִּבֶּ֣ר יְהוָ֔ה יז
שַׁבָּת֧וֹן שַׁבַּת־קֹ֛דֶשׁ לַיהוָ֖ה מָחָ֑ר אֵ֣ת אֲשֶׁר־תֹּאפ֞וּ אֵפ֗וּ וְאֵ֤ת אֲשֶׁר־ ל. ל. ל
תְּבַשְּׁלוּ֙ בַּשֵּׁ֔לוּ וְאֵת֙ כָּל־הָ֣עֹדֵ֔ף הַנִּ֧יחוּ לָכֶ֛ם לְמִשְׁמֶ֖רֶת עַד־הַבֹּֽקֶר׃ ד בתור
24 וַיַּנִּ֤יחוּ אֹתוֹ֙ עַד־הַבֹּ֔קֶר כַּאֲשֶׁ֖ר צִוָּ֣ה מֹשֶׁ֑ה וְלֹ֣א הִבְאִ֔ישׁ וְרִמָּ֖ה ד בתור. ב[17]
25 לֹא־הָ֥יְתָה בּֽוֹ׃ 25 וַיֹּ֤אמֶר מֹשֶׁה֙ אִכְלֻ֣הוּ הַיּ֔וֹם כִּֽי־שַׁבָּ֥ת הַיּ֖וֹם לַיהוָ֑ה ל וחס
26 הַיּ֕וֹם לֹ֥א תִמְצָאֻ֖הוּ בַּשָּׂדֶֽה׃ 26 שֵׁ֥שֶׁת יָמִ֖ים תִּלְקְטֻ֑הוּ וּבַיּ֤וֹם הַשְּׁבִיעִי֙ ל חס
27 שַׁבָּ֖ת לֹ֥א יִֽהְיֶה־בּֽוֹ׃ 27 וַיְהִי֙ בַּיּ֣וֹם הַשְּׁבִיעִ֔י יָצְא֥וּ מִן־הָעָ֖ם לִלְקֹ֑ט וְלֹ֖א ב[18]
ס̄[יד] מָצָֽאוּ׃ ס 28 וַיֹּ֥אמֶר יְהוָ֖ה אֶל־מֹשֶׁ֑ה עַד־אָ֙נָה֙ מֵֽאַנְתֶּ֔ם לִשְׁמֹ֥ר

[11] Mp sub loco. [12] Mm 3767. [13] Mm 2064. [14] Mm 675. [15] Mm 688. [16] Mm 1863. [17] Hi 21,26. [18] Mm 488.

13 [a] 𝔐 השלוי, 𝔊 ὀρτυγομήτρα, 𝔖 slwj ‖ **14** [a–a] 𝔊 ὡσεὶ κόριον λευκόν = כְּגַד לָבָן cf 31 Nu 11,7; 𝔖 wmtqlp wqrjm ‖ **21** [a] ℭ לְפִי ‖ [b] 𝔐 וְחַמָּה ‖ **23** [a] pc Mss 𝔊-B𝔖ℭJ𝔙 + מֹשֶׁה, 𝔊B + κύριος ‖ [b] 𝔊 τοῦτο τὸ ῥῆμά ἐστιν cf 16.32.

מִצְוֹתַי וְתוֹרֹתָי׃ 29 רְאוּ כִּי־יְהוָה נָתַן לָכֶם הַשַּׁבָּת[a] עַל־כֵּן הוּא נֹתֵן 29
לָכֶם בַּיּוֹם הַשִּׁשִּׁי לֶחֶם יוֹמָיִם שְׁבוּ ׀ אִישׁ תַּחְתָּיו אַל־יֵצֵא אִישׁ מִמְּקֹמוֹ
בַּיּוֹם הַשְּׁבִיעִי[b]׃ 30 וַיִּשְׁבְּתוּ הָעָם בַּיּוֹם הַשְּׁבִעִי׃ 31 וַיִּקְרְאוּ בֵית־[a] 30 31
יִשְׂרָאֵל אֶת־שְׁמוֹ מָן וְהוּא כְּזֶרַע גַּד לָבָן וְטַעְמוֹ כְּצַפִּיחִת בִּדְבָשׁ׃
32 וַיֹּאמֶר מֹשֶׁה זֶה הַדָּבָר אֲשֶׁר צִוָּה יְהוָה מְלֹא[a] הָעֹמֶר מִמֶּנּוּ[b] 32
לְמִשְׁמֶרֶת לְדֹרֹתֵיכֶם לְמַעַן ׀ יִרְאוּ אֶת־הַלֶּחֶם אֲשֶׁר [c]הֶאֱכַלְתִּי אֶתְכֶם[c]
בַּמִּדְבָּר [d]בְּהוֹצִיאִי אֶתְכֶם[d] מֵאֶרֶץ מִצְרָיִם׃ 33 וַיֹּאמֶר מֹשֶׁה אֶל־ 33
אַהֲרֹן קַח צִנְצֶנֶת[a] אַחַת וְתֶן־שָׁמָּה מְלֹא־הָעֹמֶר מָן וְהַנַּח[b] אֹתוֹ לִפְנֵי
יְהוָה[c] לְמִשְׁמֶרֶת לְדֹרֹתֵיכֶם׃ 34 [a]כַּאֲשֶׁר צִוָּה יְהוָה אֶל[b]־מֹשֶׁה וַיַּנִּיחֵהוּ 34
אַהֲרֹן לִפְנֵי הָעֵדֻת[c] לְמִשְׁמָרֶת׃ 35 וּבְנֵי יִשְׂרָאֵל אָכְלוּ אֶת־הַמָּן 35
אַרְבָּעִים שָׁנָה עַד־בֹּאָם אֶל־אֶרֶץ נוֹשָׁבֶת אֶת־הַמָּן אָכְלוּ עַד־בֹּאָם
אֶל־קְצֵה אֶרֶץ כְּנָעַן׃ 36 וְהָעֹמֶר עֲשִׂרִית הָאֵיפָה הוּא׃ פ 36

17 1 וַיִּסְעוּ כָּל־עֲדַת בְּנֵי־יִשְׂרָאֵל מִמִּדְבַּר־סִין לְמַסְעֵיהֶם עַל־ **17**
פִּי יְהוָה וַיַּחֲנוּ בִּרְפִידִים וְאֵין מַיִם לִשְׁתֹּת הָעָם׃ 2 וַיָּרֶב הָעָם עִם[a]־ 2
מֹשֶׁה וַיֹּאמְרוּ תְּנוּ[b]־לָנוּ מַיִם וְנִשְׁתֶּה וַיֹּאמֶר לָהֶם מֹשֶׁה מַה־תְּרִיבוּן
עִמָּדִי מַה[c]־תְּנַסּוּן אֶת־יְהוָה׃ 3 וַיִּצְמָא שָׁם הָעָם לַמַּיִם וַיָּלֶן הָעָם עַל־ 3
מֹשֶׁה וַיֹּאמֶר לָמָּה זֶּה הֶעֱלִיתָנוּ מִמִּצְרַיִם לְהָמִית אֹתִי[a] וְאֶת־בָּנַי[a]
וְאֶת־מִקְנַי[a] בַּצָּמָא׃ 4 וַיִּצְעַק מֹשֶׁה אֶל־יְהוָה לֵאמֹר מָה אֶעֱשֶׂה לָעָם 4
הַזֶּה עוֹד מְעַט וּסְקָלֻנִי׃ 5 וַיֹּאמֶר יְהוָה אֶל־מֹשֶׁה עֲבֹר לִפְנֵי הָעָם 5
וְקַח אִתְּךָ מִזִּקְנֵי יִשְׂרָאֵל וּמַטְּךָ אֲשֶׁר הִכִּיתָ בּוֹ אֶת־הַיְאֹר קַח[a] בְּיָדְךָ
וְהָלָכְתָּ׃ 6 הִנְנִי עֹמֵד לְפָנֶיךָ שָּׁם ׀ עַל־הַצּוּר בְּחֹרֵב וְהִכִּיתָ בַצּוּר 6
וְיָצְאוּ מִמֶּנּוּ מַיִם וְשָׁתָה הָעָם וַיַּעַשׂ כֵּן מֹשֶׁה לְעֵינֵי זִקְנֵי[a] יִשְׂרָאֵל׃
7 וַיִּקְרָא שֵׁם הַמָּקוֹם מַסָּה וּמְרִיבָה עַל־רִיב ׀ בְּנֵי יִשְׂרָאֵל וְעַל נַסֹּתָם 7
אֶת־יְהוָה לֵאמֹר הֲיֵשׁ יְהוָה בְּקִרְבֵּנוּ אִם־אָיִן׃ פ

ב . ב בטע
ה ג מל וב חס[19] . ה בתור . ג[20]
ח חס ג[21] מנה בתור . כ[22] ד מנה בתור וכל ירמיה ויחזק דכות ב מ יח
ב[23] . ל[24] . ל . ל
ג
ל . ו[25] זקף פת וכל חקה מדה שנה תורה וא ס פ דכות ב מ א . ב
ל וכל דיבור משה ב מ א[26]
ו . ל . ל כת כן בתור
ב מל . ב . ד חס
כב[1] וכל ד״ה ועזרא דכות ב מ ה חס בליש . ג מל[2]
ה[3]
ב
ל
ל . יב בטע בסיפ[4]
יג[5] . יו בתור[6] . ב[7]
ג
ז[8]
ל
ל . ד[9]

[19] Mm 517. [20] Mm 2089. [21] Mm 490. [22] Mm 953. [23] Mm 491. [24] Mm 2721. [25] Mm 492. [26] Nu 3,1.
Cp 17 [1] Mm 11. [2] Mm 493. [3] Mm 494. [4] Mm 439. [5] Mm 936. [6] Mm 60. [7] Gn 38,18. [8] Mm 1281. [9] Mm 1798.

29 [a] 𝔊 *τὴν ἡμέραν ταύτην* ‖ [b] ⅏𝔊[F*]𝔄 Orig[lat] הַשַּׁבָּת ‖ **31** [a] pc Mss 𝔊𝔖𝔗[Ms] בְּנֵי ‖ **32** [a] ⅏𝔊𝔗 מְלָאו ‖ [b] 𝔊 *τοῦ μαν* = מִמָּן sive מָן ut 33 ‖ [c–c] 𝔊 *ὃν ἐφάγετε ὑμεῖς* ‖ [d–d] 𝔊 *ὡς ἐξήγαγεν ὑμᾶς κύριος* ‖ **33** [a] 𝔊 *στάμνον χρυσοῦν*, 𝔙 *vas* ‖ [b] ⅏ והניח ‖ [c] 𝔊 *τοῦ θεοῦ* ‖ **34** [a] num exc nonn vb? ‖ [b] ℭ⅏𝔗[J] את ‖ [c] 𝔊[B29] *τοῦ θεοῦ* ‖ **Cp 17,2** [a] ℭ עַל ‖ [b] mlt Mss ⅏𝔊𝔖𝔗[J]𝔙 תְּנָה ‖ [c] mlt Mss ⅏𝔊𝔖𝔗[Ms]𝔗[J] ומה ‖ **3** [a] 𝔊𝔖𝔗[J]𝔙 suff 1 pl ‖ **5** [a] ⅏ תִּקַּח ‖ **6** [a] 𝔊(𝔖) + *τῶν υἱῶν*.

8 וַיָּבֹא עֲמָלֵק וַיִּלָּחֶם עִם־יִשְׂרָאֵל בִּרְפִידִם׃ 9 וַיֹּאמֶר מֹשֶׁה — ב̇ ושאר וילחם בישראל
אֶל־יְהוֹשֻׁעַ בְּחַר־לָנוּ[a] אֲנָשִׁים[b] וְצֵא הִלָּחֵם בַּעֲמָלֵק מָחָר אָנֹכִי[c] נִצָּב — ב̇[10]
10 עַל־רֹאשׁ הַגִּבְעָה וּמַטֵּה הָאֱלֹהִים בְּיָדִי׃ 10 וַיַּעַשׂ יְהוֹשֻׁעַ כַּאֲשֶׁר — ב̇
אָמַר־לוֹ מֹשֶׁה לְהִלָּחֵם[a] בַּעֲמָלֵק וּמֹשֶׁה אַהֲרֹן[b] וְחוּר עָלוּ רֹאשׁ
11 הַגִּבְעָה׃ 11 וְהָיָה כַּאֲשֶׁר יָרִים מֹשֶׁה יָדוֹ[a] וְגָבַר יִשְׂרָאֵל וְכַאֲשֶׁר יָנִיחַ — ג̇ בטע בסיפ̇[11]
12 יָדוֹ[a] וְגָבַר עֲמָלֵק׃ 12 וִידֵי מֹשֶׁה כְּבֵדִים וַיִּקְחוּ־אֶבֶן וַיָּשִׂימוּ תַחְתָּיו — ד̇[12]. ל̇. לה
וַיֵּשֶׁב עָלֶיהָ וְאַהֲרֹן וְחוּר תָּמְכוּ בְיָדָיו מִזֶּה אֶחָד וּמִזֶּה אֶחָד וַיְהִי[a] — ל̇
13 יָדָיו אֱמוּנָה עַד־בֹּא הַשָּׁמֶשׁ׃ 13 וַיַּחֲלֹשׁ יְהוֹשֻׁעַ אֶת־עֲמָלֵק וְאֶת־עַמּוֹ[a] — ל̇[13]. ל̇[14]
לְפִי־חָרֶב׃ פ

14 וַיֹּאמֶר יְהוָה אֶל־מֹשֶׁה כְּתֹב זֹאת זִכָּרוֹן בַּסֵּפֶר וְשִׂים בְּאָזְנֵי — יב̇ בטע בסיפ̇[15]. ט̇. לז
15 יְהוֹשֻׁעַ כִּי־מָחֹה אֶמְחֶה אֶת־זֵכֶר עֲמָלֵק מִתַּחַת הַשָּׁמָיִם׃ 15 וַיִּבֶן — יו̇[16] כת ה̇ בתור ול בליש. ב̇[17]
16 מֹשֶׁה מִזְבֵּחַ[a] וַיִּקְרָא שְׁמוֹ יְהוָה ׀ נִסִּי׃ 16 וַיֹּאמֶר — ל̇[18]. ב̇[19]
כִּי־יָד עַל־[b]כֵּס[a] יָהּ[b] מִלְחָמָה לַיהוָה בַּעֲמָלֵק מִדֹּר דֹּר׃ פ — קיו — ה̇[20] פסוק דאית בהון ה̇ מילין מתאימין ל̇ מנה פלג. ל̇

ס̊ [הי] פרש 18 1 וַיִּשְׁמַע יִתְרוֹ כֹהֵן מִדְיָן חֹתֵן מֹשֶׁה אֵת כָּל־אֲשֶׁר עָשָׂה — ב̇
אֱלֹהִים[a] לְמֹשֶׁה וּלְיִשְׂרָאֵל עַמּוֹ כִּי־הוֹצִיא יְהוָה אֶת־יִשְׂרָאֵל מִמִּצְרָיִם׃ — יז̇[1]. ו̇
2 וַיִּקַּח יִתְרוֹ חֹתֵן מֹשֶׁה אֶת־צִפֹּרָה אֵשֶׁת מֹשֶׁה אַחַר שִׁלּוּחֶיהָ׃ 3 וְאֵת — ל̇. ג̇
שְׁנֵי בָנֶיהָ אֲשֶׁר שֵׁם הָאֶחָד גֵּרְשֹׁם כִּי אָמַר גֵּר הָיִיתִי בְּאֶרֶץ נָכְרִיָּה׃ — ד̇ בתור. ד̇[2] וכל ד״ה דכות ב̇ מ̇ ב̇
4 וְשֵׁם הָאֶחָד אֱלִיעֶזֶר כִּי־אֱלֹהֵי אָבִי בְּעֶזְרִי וַיַּצִּלֵנִי מֵחֶרֶב פַּרְעֹה׃ — יג̇ ר״פ̇[3]. ג̇. ל̇
5 וַיָּבֹא יִתְרוֹ חֹתֵן מֹשֶׁה וּבָנָיו וְאִשְׁתּוֹ אֶל־מֹשֶׁה אֶל־הַמִּדְבָּר אֲשֶׁר־
6 הוּא חֹנֶה שָׁם הַר הָאֱלֹהִים׃ 6 וַיֹּאמֶר[a] אֶל־מֹשֶׁה אֲנִי[b] חֹתֶנְךָ יִתְרוֹ בָּא — ב̇[4]. ד̇
7 אֵלֶיךָ וְאִשְׁתְּךָ וּשְׁנֵי בָנֶיהָ עִמָּהּ׃ 7 וַיֵּצֵא מֹשֶׁה לִקְרַאת חֹתְנוֹ וַיִּשְׁתַּחוּ[a] — ג̇
8 וַיִּשַּׁק־לוֹ וַיִּשְׁאֲלוּ אִישׁ־לְרֵעֵהוּ לְשָׁלוֹם וַיָּבֹאוּ[b] הָאֹהֱלָה׃ 8 וַיְסַפֵּר — ח̇[5]
מֹשֶׁה לְחֹתְנוֹ אֵת כָּל־אֲשֶׁר עָשָׂה יְהוָה לְפַרְעֹה וּלְמִצְרַיִם עַל אוֹדֹת — ל̇. ג̇ חס

[10]Gn 27,3. [11]Mm 495. [12]Mm 496. [13]וחד וַיַּחֲלֹשׁ Hi 14,10. [14]Mm 461. [15]Mm 439. [16]Mm 598. [17]Gn 6,7. [18]Mm 183 et Mm 215. [19]Jes 49,22. [20]פלוגתא דרב נחמן, cf Mm 1890 et Mp sub loco. Cp 18 [1]Mm 967. [2]Mm 3914. [3]Mm 33. [4]Ps 34,8. [5]Mm 111.

9 [a] 𝔊𝔖𝔗[Ms] suff 2 sg ‖ [b] 𝔊* *ἄνδρας δυνατούς* cf 18,21.25 ‖ [c] 𝔊 pr *καὶ ἰδού* cf 𝔖 ‖ 10 [a] 𝔊*(𝔖) *καὶ ἐξελθὼν παρετάξατο* ‖ [b] mlt Mss Sam𝔊𝔖𝔙 וְא׳ ‖ 11 [a] Sam Vrs ידיו ‖ 12 [a] Sam𝔊𝔖𝔗[J] וַיְהִיוּ ‖ 13 [a] Sam + וַיַּכֻּם ‖ 15 [a] 𝔊* + *κυρίῳ* ‖ 16 [a] 𝔖 *h'* = ecce ‖ [b-b] Sam𝔖 כִּסֵּא, 𝔊 (*ἐν χειρὶ*) *κρυφαίᾳ* = כְּסֻיָה, 𝔙 *solium Domini* = כִּסֵּא יָהּ vel כֵּס יָהּ ‖ Cp 18,1 [a] ℭ𝔊 יהוה ‖ 6 [a] 𝔊𝔖 pass ‖ [b] Sam𝔊𝔖 הִנֵּה ‖ 7 [a] Sam וישתחוו למשה ‖ [b] Sam𝔊[BM min] וַיְבִאֵהוּ (𝔊[AF min] suff pl).

9 יִשְׂרָאֵ֑ל אֵ֣תᵃ כָּל־הַתְּלָאָה֙ אֲשֶׁ֣ר מְצָאָ֣תַם בַּדֶּ֔רֶךְ וַיַּצִּלֵ֖ם יְהוָֽה׃ ⁹ וַיִּ֣חַדְּᵃ — ג . ל . ל חס . ל[6]
יִתְר֔וֹ עַ֚ל כָּל־הַטּוֹבָ֔ה אֲשֶׁר־עָשָׂ֥ה יְהוָ֖ה לְיִשְׂרָאֵ֑ל אֲשֶׁ֥ר הִצִּיל֖וֹ מִיַּ֥ד
10 מִצְרָֽיִם׃ ¹⁰ וַיֹּאמֶר֮ יִתְרוֹ֒ בָּר֣וּךְ יְהוָ֔ה אֲשֶׁ֨ר הִצִּ֥יל אֶתְכֶ֛ם מִיַּ֥ד מִצְרַ֖יִם — יב בטע ר״פ ה מנה בתור
11 וּמִיַּ֣ד פַּרְעֹ֑ה אֲשֶׁ֤ר הִצִּיל֙ אֶת־הָעָ֔ם מִתַּ֖חַת יַד־מִצְרָֽיִם׃ ¹¹ עַתָּ֣ה — כה ר״פ[7]
יָדַ֔עְתִּי כִּֽי־גָד֥וֹל יְהוָ֖ה מִכָּל־הָאֱלֹהִ֑ים כִּ֣י בַדָּבָ֔ר אֲשֶׁ֥ר זָד֖וּ עֲלֵיהֶֽםᵃ׃ — ב[8] . ל
12 ¹² וַיִּקַּ֞חᵃ יִתְר֨וֹ חֹתֵ֥ן מֹשֶׁ֛ה עֹלָ֥ה וּזְבָחִ֖ים לֵֽאלֹהִ֑ים וַיָּבֹ֨א אַהֲרֹ֜ןᵇ וְכֹ֣ל ׀ — ג[9]
זִקְנֵ֣יᵇ יִשְׂרָאֵ֗ל לֶֽאֱכָל־לֶ֛חֶם עִם־חֹתֵ֥ן מֹשֶׁ֖ה לִפְנֵ֥י הָאֱלֹהִֽים׃ — ו וכל קהלת דכות[10]
13 ¹³ וַיְהִי֙ מִֽמָּחֳרָ֔ת וַיֵּ֥שֶׁב מֹשֶׁ֖ה לִשְׁפֹּ֣ט אֶת־הָעָ֑ם וַיַּעֲמֹ֤ד הָעָם֙ עַל־מֹשֶׁ֔ה
14 מִן־הַבֹּ֖קֶר עַדᵃ־הָעָֽרֶב׃ ¹⁴ וַיַּרְא֙ חֹתֵ֣ן מֹשֶׁ֔ה אֵ֛ת כָּל־אֲשֶׁר־ה֥וּא עֹשֶׂ֖ה — יו מיחד מן[11]
לָעָ֑ם וַיֹּ֗אמֶר מָֽה־הַדָּבָ֤ר הַזֶּה֙ אֲשֶׁ֨ר אַתָּ֤ה עֹשֶׂה֙ לָעָ֔ם מַדּ֗וּעַ אַתָּ֤ה
15 יוֹשֵׁב֙ לְבַדֶּ֔ךָ וְכָל־הָעָ֛ם נִצָּ֥ב עָלֶ֖יךָ מִן־בֹּ֥קֶר עַדᵃ־עָֽרֶב׃ ¹⁵ וַיֹּ֥אמֶר — יז מל בתור . ג וכל אתנח וס״פ דכות[12] . נא מ״פ וכל ר״פ דכות ב מ ג . יו מיחד מן[11] . ב בתור
16 מֹשֶׁ֖ה לְחֹתְנ֑וֹ כִּֽי־יָבֹ֥א אֵלַ֛י הָעָ֖ם לִדְרֹ֥שׁ אֱלֹהִֽים׃ ¹⁶ כִּֽי־יִהְיֶ֨ה לָהֶ֤ם — ז[13] ד[14] מנה בליש
דָּבָר֙ בָּ֣אᵃ אֵלַ֔י וְשָׁ֣פַטְתִּ֔י בֵּ֥ין אִ֖ישׁ וּבֵ֣ין רֵעֵ֑הוּ וְהוֹדַעְתִּ֛י אֶת־חֻקֵּ֥י — ב ומל
17 הָאֱלֹהִ֖ים וְאֶת־תּוֹרֹתָֽיו׃ ¹⁷ וַיֹּ֛אמֶר חֹתֵ֥ן מֹשֶׁ֖ה אֵלָ֑יו לֹא־טוֹב֙ הַדָּבָ֔ר — ג[15]
18 אֲשֶׁ֥ר אַתָּ֖ה עֹשֶֽׂה׃ ¹⁸ נָבֹ֣ל תִּבֹּ֔ל גַּם־אַתָּ֕ה גַּם־הָעָ֥ם הַזֶּ֖ה אֲשֶׁ֣ר עִמָּ֑ךְ — ל . ל . י פסוק בתור גם גם ומילה חדה ביניה
19 כִּֽי־כָבֵ֤ד מִמְּךָ֙ הַדָּבָ֔ר לֹא־תוּכַ֥ל עֲשֹׂ֖הוּᵃ לְבַדֶּֽךָ׃ ¹⁹ עַתָּ֞ה שְׁמַ֤ע בְּקֹלִי֙ — ל . כה ר״פ[7] . כל אורית חס ב מ א מל[16]
אִיעָ֣צְךָ֔ וִיהִ֥י אֱלֹהִ֖ים עִמָּ֑ךְ הֱיֵ֧ה אַתָּ֣ה לָעָ֗ם מ֚וּל הָֽאֱלֹהִ֔ים וְהֵבֵאתָ֥ — ג[17] . לב
20 אַתָּ֛ה אֶת־הַדְּבָרִ֖יםᵃ אֶל־הָאֱלֹהִֽים׃ ²⁰ וְהִזְהַרְתָּ֣ה אֶתְהֶ֔ם אֶת־הַחֻקִּ֖יםᵃ — כז בטע . כ . ג[18] ב חס וחד[19] מל . ה[20]
וְאֶת־הַתּוֹרֹ֑תᵇ וְהוֹדַעְתָּ֣ לָהֶ֗ם אֶת־הַדֶּ֙רֶךְ֙ᶜ יֵ֣לְכוּ בָ֔הּ וְאֶת־הַֽמַּעֲשֶׂ֖ה — ל
21 אֲשֶׁ֥ר יַעֲשֽׂוּן׃ ²¹ וְאַתָּ֣ה תֶחֱזֶ֣הᵃ מִכָּל־הָ֠עָם אַנְשֵׁי־חַ֜יִל יִרְאֵ֧י אֱלֹהִ֛ים — ה[21] . ב[22]
אַנְשֵׁ֥י אֱמֶ֖ת שֹׂ֣נְאֵי בָ֑צַע וְשַׂמְתָּ֣ עֲלֵהֶ֗ם שָׂרֵ֤י אֲלָפִים֙ שָׂרֵ֣יᵇ מֵא֔וֹת שָׂרֵ֥י — יג חס בתור[23]
22 חֲמִשִּׁ֖ים וְשָׂרֵ֥י עֲשָׂרֹֽת׃ ²² וְשָׁפְט֣וּ אֶת־הָעָם֮ בְּכָל־עֵת֒ וְהָיָ֞ה כָּל־הַדָּבָ֤ר
הַגָּדֹל֙ יָבִ֣יאוּ אֵלֶ֔יךָ וְכָל־הַדָּבָ֥ר הַקָּטֹ֖ן יִשְׁפְּטוּ־הֵ֑ם וְהָקֵל֙ מֵֽעָלֶ֔יךָ — ט[24]
23 וְנָשְׂא֖וּ אִתָּֽךְ׃ ²³ אִ֣ם אֶת־הַדָּבָ֤ר הַזֶּה֙ תַּעֲשֶׂ֔ה וְצִוְּךָ֣ אֱלֹהִ֔ים וְיָֽכָלְתָּ֖ — י . ב[25] . ל

[6] וחד יחד Hi 3,6. [7] Mm 1057. [8] Mm 4155. [9] Mm 366. [10] Mm 4077 א. [11] Okhl 196. [12] Mm 497. [13] Mm 4104. [14] Mm 498. [15] Mm 499. [16] Mm 153. [17] Mm 972. [18] Mm 2779. [19] Mm 1713. [20] Mm 234. [21] Mm 500. [22] Ps 66,16. [23] Mm 675. [24] Mm 501. [25] 1S 25,30.

8 ᵃ ℭ pc Mss 𝔊𝔖𝔙 וְאֵת ‖ **9** ᵃ 𝔊 *ἐξέστη δέ* ‖ **11** ᵃ lacuna ‖ **12** ᵃ 𝔖(𝔗𝔙) *wqrb* cf Gn 14,18 ‖ ᵇ⁻ᵇ 𝔐 וּמִזְ׳ ‖ **13** ᵃ mlt Mss 𝔐𝔖 וְעַד ‖ **14** ᵃ cf 13ᵃ ‖ **16** ᵃ 𝔊 *καὶ ἔλθωσι* ‖ **18** ᵃ 𝔐 עֲשׂוֹתוֹ ‖ **19** ᵃ 𝔊𝔖𝔗ᴶ + suff 3 pl ‖ **20** ᵃ 𝔊 + *τοῦ θεοῦ* = (חֻקֵּי) הָאֱלֹהִים ‖ ᵇ 𝔐 ־רָה; 𝔊 *τὸν νόμον αὐτοῦ* cf 16 ‖ ᶜ nonn Mss Vrs + אֲשֶׁר ‖ **21** ᵃ 𝔐𝔊 + לְךָ ‖ ᵇ ℭ mlt Mss 𝔐𝔊𝔖𝔗ᴹˢ וְשָׂרֵי.

24 עָמֹד וְגַם֙ כָּל־הָעָם הַזֶּה עַל־ᵃמְקֹמוֹ יָבֹא בְשָׁלוֹם׃ 24 וַיִּשְׁמַע מֹשֶׁה — בׄ[26]. יׄז שמיעה לקול[27]
25 לְקוֹל חֹתְנוֹ וַיַּעַשׂ כֹּל אֲשֶׁר אָמָר׃ 25 וַיִּבְחַר מֹשֶׁה אַנְשֵׁי־חַיִל֙ מִכָּל־ — גׄ[28]
יִשְׂרָאֵל וַיִּתֵּן אֹתָם רָאשִׁים עַל־הָעָם שָׂרֵי אֲלָפִים֙ שָׂרֵי מֵאוֹת שָׂרֵי — כׄ. חׄ וכל עזרא דכות[29]
26 חֲמִשִּׁים וְשָׂרֵי עֲשָׂרֹת׃ 26 וְשָׁפְטוּᵃ אֶת־הָעָם בְּכָל־עֵת אֶת־הַדָּבָר
27 הַקָּשֶׁה֙ יְבִיאוּן אֶל־מֹשֶׁה וְכָל־הַדָּבָר הַקָּטֹן יִשְׁפּוּטוּ הֵם׃ 27 וַיְשַׁלַּח — הׄ[30]. לׄ. בׄ. לׄ. יׄבׄ ס״פ[31]. כׄבׄ[32]
מֹשֶׁה אֶת־חֹתְנוֹ וַיֵּלֶךְ לוֹ אֶל־אַרְצוֹ׃ פ

19 1 בַּחֹדֶשׁ֙ הַשְּׁלִישִׁי לְצֵאת בְּנֵי־יִשְׂרָאֵל מֵאֶרֶץ מִצְרָיִם בַּיּוֹם — זׄ ר״פ[1]. גׄ[2]. וׄ[3]
2 הַזֶּה בָּאוּ מִדְבַּר סִינָי׃ 2 וַיִּסְעוּ מֵרְפִידִים וַיָּבֹאוּ֙ מִדְבַּר סִינַי וַיַּחֲנוּ — בׄ מלׄ
3 בַּמִּדְבָּר וַיִּחַן־שָׁם יִשְׂרָאֵל נֶגֶד הָהָר׃ 3 וּמֹשֶׁה עָלָה אֶל־ᵃהָאֱלֹהִים — זׄ ר״פ[4]. כׄ
וַיִּקְרָא אֵלָיו יְהוָה֙ᵇ מִן־הָהָרᶜ לֵאמֹר כֹּה תֹאמַר֙ לְבֵית יַעֲקֹב וְתַגֵּיד — גׄ מלׄ בליש[5]
4 לִבְנֵי יִשְׂרָאֵל׃ 4 אַתֶּם רְאִיתֶם אֲשֶׁר עָשִׂיתִי לְמִצְרָיִםᵃ וָאֶשָּׂא אֶתְכֶם֙ — דׄ ר״פ
5 עַל־ᵇכַּנְפֵי נְשָׁרִים וָאָבִא אֶתְכֶם אֵלָי׃ 5 וְעַתָּה אִם־שָׁמוֹעַ תִּשְׁמְעוּ֙ — בׄ חסׄ
בְּקֹלִי וּשְׁמַרְתֶּם אֶת־בְּרִיתִי וִהְיִיתֶם לִיᵃ סְגֻלָּה֙ מִכָּל־הָעַמִּים כִּי־לִי — כל אורית חס בׄ מׄ אׄ מלׄ[6]
ס [יי] כָּל־הָאָרֶץ׃ 6 וְאַתֶּם תִּהְיוּ־לִי מַמְלֶכֶת כֹּהֲנִים וְגוֹי קָדוֹשׁ אֵלֶּה — דׄ[7]. הׄ[8]
7 הַדְּבָרִים אֲשֶׁר תְּדַבֵּר אֶל־בְּנֵי יִשְׂרָאֵל׃ 7 וַיָּבֹא מֹשֶׁה וַיִּקְרָא לְזִקְנֵי
הָעָםᵃ וַיָּשֶׂם לִפְנֵיהֶם אֵת כָּל־הַדְּבָרִים הָאֵלֶּה אֲשֶׁר צִוָּהוּ יְהוָה׃ — פדׄ לגׄ מנה בתור. כהׄ זׄ מנה בתור. וׄ[9]
8 וַיַּעֲנוּ כָל־הָעָם יַחְדָּו֙ וַיֹּאמְרוּ כֹּל אֲשֶׁר־דִּבֶּר יְהוָהᵃ נַעֲשֶׂה וַיָּשֶׁב — כהׄ
9 מֹשֶׁה אֶת־דִּבְרֵי הָעָם אֶל־יְהוָהᵇ׃ 9 וַיֹּאמֶר יְהוָה אֶל־מֹשֶׁה הִנֵּה — יׄבׄ בטעׄ בסיפׄ[10]
אָנֹכִי בָּא אֵלֶיךָ בְּעַב הֶעָנָן בַּעֲבוּר יִשְׁמַע הָעָם֙ בְּדַבְּרִי עִמָּךְ וְגַם־ — לׄ. לׄ
10 בְּךָ יַאֲמִינוּ לְעוֹלָם וַיַּגֵּד מֹשֶׁה אֶת־דִּבְרֵי הָעָם אֶל־יְהוָה׃ 10 וַיֹּאמֶר — בׄ מלׄ בתור[11]
יְהוָה אֶל־מֹשֶׁה֙ ᵃלֵךְ אֶל־הָעָםᵃ וְקִדַּשְׁתָּם הַיּוֹם וּמָחָר וְכִבְּסוּ שִׂמְלֹתָם׃ — לׄ. וׄ[12]
11 וְהָיוּ נְכֹנִים לַיּוֹם הַשְּׁלִישִׁי כִּי ׀ בַּיּוֹם הַשְּׁלִשִׁי יֵרֵד יְהוָה לְעֵינֵי כָל־ — כׄ[13]. לׄ. גׄ[14] חסׄ וכל ד״ה דכות בׄ מׄ זׄ
12 הָעָם עַל־הַר סִינָי׃ 12 וְהִגְבַּלְתָּ אֶת־הָעָם֙ᵃ סָבִיב לֵאמֹרᵇ הִשָּׁמְרוּ — גׄ ולׄ ס״פ. לׄ
13 לָכֶם עֲלוֹתᶜ בָּהָר וּנְגֹעַ בְּקָצֵהוּ כָּל־הַנֹּגֵעַ בָּהָר מוֹת יוּמָת׃ 13 לֹא־ — לׄ וחסׄ

[26] Mm 502. [27] Mm 23. [28] Mm 135. [29] Mm 1968. [30] Mm 2272. [31] Mm 294. [32] Mm 59. **Cp 19** [1] Mm 791. [2] Mm 1028. [3] Mm 53. [4] Mm 3363. [5] Mp sub loco. [6] Mm 153. [7] Mm 503. [8] Mm 617. [9] Mm 1623. [10] Mm 439. [11] Mm 504. [12] Mm 505. [13] Mm 875. [14] Mm 506.

23 ᵃ 𝔐 אֶל ‖ **26** ᵃ 𝔐 וישפטו ‖ **Cp 19,3** ᵃ 𝔊 + *τὸ ὄρος* ‖ ᵇ Mss 𝔊*𝔖 האלהים 𝔊^{min} + *ὁ θεός* ‖ ᶜ 𝔊$^{B\,314}$ *τοῦ οὐρανοῦ* ‖ **4** ᵃ mlt Mss 𝔗^{Ms} בְּמִ׳ ‖ ᵇ 𝔊(𝔖𝔗𝔗^{JP}) *ὡσεὶ ἐπί* ‖ **5** ᵃ 𝔊 (𝔗^{P}) + *λαός* ‖ **7** ᵃ ℭ ישראל ‖ **8** ᵃ 𝔊 *ὁ θεός* ‖ ᵇ cf ᵃ ‖ **10** ᵃ⁻ᵃ 𝔊 *καταβὰς διαμάρτυραι τῷ λαῷ* cf 21 ‖ **12** ᵃ 𝔐 הָהָר cf 23 ‖ ᵇ 𝔐 ואל העם תֹּאמַר ‖ ᶜ 𝔗𝔗^{J} *mlmjsq* = מֵעֲ׳.

תִגַּע בּוֹ יָד כִּי־סָקוֹל יִסָּקֵל אוֹ־יָרֹה יִיָּרֶה אִם־בְּהֵמָה אִם־אִישׁ לֹא
14 יִחְיֶה בִּמְשֹׁךְ[a] הַיֹּבֵל[a] הֵמָּה[b] יַעֲלוּ בָהָר׃ 14 וַיֵּרֶד מֹשֶׁה מִן־הָהָר אֶל־
15 הָעָם וַיְקַדֵּשׁ אֶת־הָעָם וַיְכַבְּסוּ שִׂמְלֹתָם׃ 15 וַיֹּאמֶר אֶל־הָעָם הֱיוּ
16 נְכֹנִים לִשְׁלֹשֶׁת יָמִים אַל־תִּגְּשׁוּ אֶל־אִשָּׁה׃ 16 וַיְהִי בַיּוֹם הַשְּׁלִישִׁי
בִּהְיֹת הַבֹּקֶר וַיְהִי קֹלֹת וּבְרָקִים וְעָנָן כָּבֵד עַל־הָהָר וְקֹל שֹׁפָר חָזָק
17 מְאֹד וַיֶּחֱרַד כָּל־הָעָם אֲשֶׁר בַּמַּחֲנֶה׃ 17 וַיּוֹצֵא מֹשֶׁה אֶת־הָעָם
18 לִקְרַאת הָאֱלֹהִים מִן־הַמַּחֲנֶה וַיִּתְיַצְּבוּ בְּתַחְתִּית הָהָר׃ 18 וְהַר סִינַי
עָשַׁן כֻּלּוֹ מִפְּנֵי אֲשֶׁר יָרַד עָלָיו יְהוָה[a] בָּאֵשׁ וַיַּעַל עֲשָׁנוֹ כְּעֶשֶׁן הַכִּבְשָׁן
19 וַיֶּחֱרַד כָּל־הָהָר[b] מְאֹד׃ 19 וַיְהִי קוֹל הַשּׁוֹפָר הוֹלֵךְ וְחָזֵק מְאֹד מֹשֶׁה
20 יְדַבֵּר וְהָאֱלֹהִים יַעֲנֶנּוּ בְקוֹל׃ 20 וַיֵּרֶד יְהוָה עַל־הַר סִינַי אֶל־רֹאשׁ
21 הָהָר וַיִּקְרָא יְהוָה לְמֹשֶׁה אֶל־רֹאשׁ הָהָר וַיַּעַל מֹשֶׁה׃ 21 וַיֹּאמֶר
יְהוָה[a] אֶל־מֹשֶׁה רֵד הָעֵד בָּעָם פֶּן־יֶהֶרְסוּ אֶל־יְהוָה[b] לִרְאוֹת וְנָפַל
22 מִמֶּנּוּ רָב׃ 22 וְגַם הַכֹּהֲנִים הַנִּגָּשִׁים אֶל־יְהוָה[a] יִתְקַדָּשׁוּ פֶּן־יִפְרֹץ
23 בָּהֶם יְהוָה׃ 23 וַיֹּאמֶר מֹשֶׁה אֶל־יְהוָה[a] לֹא־יוּכַל הָעָם לַעֲלֹת אֶל־
הַר סִינָי כִּי־אַתָּה הַעֵדֹתָה בָּנוּ לֵאמֹר הַגְבֵּל אֶת־הָהָר וְקִדַּשְׁתּוֹ׃
24 24 וַיֹּאמֶר אֵלָיו יְהוָה לֶךְ־רֵד וְעָלִיתָ אַתָּה וְאַהֲרֹן[a] עִמָּךְ וְהַכֹּהֲנִים
25 וְהָעָם אַל־יֶהֶרְסוּ לַעֲלֹת אֶל־יְהוָה[b] פֶּן־יִפְרָץ־בָּם[c]׃ 25 וַיֵּרֶד מֹשֶׁה[a]
אֶל־הָעָם וַיֹּאמֶר אֲלֵהֶם׃ ס

20 20 1 וַיְדַבֵּר אֱלֹהִים[a] אֵת כָּל־הַדְּבָרִים הָאֵלֶּה לֵאמֹר׃ ס
2 2 אָנֹכִי יְהוָה אֱלֹהֶיךָ אֲשֶׁר הוֹצֵאתִיךָ מֵאֶרֶץ מִצְרַיִם מִבֵּית עֲבָדִים׃
3 4 3 לֹא יִהְיֶה־לְךָ אֱלֹהִים אֲחֵרִים עַל־פָּנַי[a-b-a] 4 לֹא תַעֲשֶׂה־לְךָ פֶסֶל ׀
וְכָל־תְּמוּנָה אֲשֶׁר בַּשָּׁמַיִם ׀ מִמַּעַל וַאֲשֶׁר בָּאָרֶץ מִתָּחַת וַאֲשֶׁר בַּמַּיִם ׀
5 מִתַּחַת לָאָרֶץ[a] 5 לֹא־תִשְׁתַּחֲוֶה לָהֶם וְלֹא תָעָבְדֵם כִּי אָנֹכִי יְהוָה

ב חד מל וחד חס . יו[15] כת ה בתור ול בליש . ל[16]
יח וכל חיו יחיה דכות[17] . ב
ח חס בליש[18] . ד חס[19] . ב[20] . ד[21] . ל חס . ג[22]
יב מל[23]
ה . ל
ל . ל
כז[24] מל ט[25] מנה בתור וכל משלי וקהלת דכות ב מ ה . ב . ב[26]
ז[27] . יד פסוק על אל אל[28] . ג
יז
יג ר״פ בתור
ה[29] . ד חס . יו וכל אל הר הכרמל דכות[30]
ט[31] וכל קריא דכות ב מ יב . ל מל[32] . ב חד ר״פ וחד ס״פ[33]
ל
ד חס
ג . כה ז מנה בתור
יב . ג
ל[1] . ב
יב

[15] Mm 598. [16] וחד ואם כל בהמה Lv 27,11. [17] Mm 107. [18] Mm 725. [19] Mm 1589. [20] Ps 18,15. [21] Mm 1342. [22] Mm 2696. [23] Mm 2194. [24] Mm 1788. [25] Mm 935. [26] Mm 507. [27] Mm 145. [28] Mm 4093. [29] Mp sub loco. [30] Mm 385. [31] Mm 230. [32] Mm 1713. [33] Mm 508. **Cp 20** [1] Mm 1082.

13 [a–a] 𝔊 *ὅταν αἱ φωναὶ καὶ αἱ σάλπιγγες καὶ ἡ νεφέλη ἀπέλθῃ ἀπὸ τοῦ ὄρους*, 𝔖 *wm' dštqt qrn'* = et cum tacuerit cornu ‖ [b] 𝔖 *šr' lkwn* = licet vobis ‖ **18** [a] 𝔊 *τὸν θεόν* ‖ [b] pc Mss 𝔊 הָעָם cf 12[a] ‖ **21** [a] 𝔊 *ὁ θεός* ‖ [b] cf [a] ‖ **22** [a] 𝔊 *κυρίῳ* (> 𝔊[A min]) *τῷ θεῷ* ‖ **23** [a] cf 21[a] ‖ **24** [a] Ms 𝔊[19]𝔏𝔖𝔗[P] + אָחִיךָ ‖ [b] cf 21[a] ‖ [c] 𝔊 + *κύριος* ‖ **25** [a] Ms 𝔐𝔗[JP] + מִן־הָהָר ‖ **Cp 20,1** [a] 𝔊(𝔙) *κύριος* ‖ **3** [a–a] 𝔊(𝔖𝔗𝔗[JP]) *πλὴν ἐμοῦ* ‖ [b] sic L, mlt Mss Edd : ‖ **4** [a] cf 3[b].

אֱלֹהֶ֙יךָ֙ אֵ֣ל קַנָּ֔א[a] פֹּ֠קֵד עֲוֺ֨ן אָבֹ֧ת עַל־בָּנִ֛ים עַל־שִׁלֵּשִׁ֥ים וְעַל־רִבֵּעִ֖ים ב חס[2]. ל[3]. ה
6 7 לְשֹׂנְאָֽי׃ 6 וְעֹ֤שֶׂה חֶ֙סֶד֙ לַאֲלָפִ֔ים לְאֹהֲבַ֖י וּלְשֹׁמְרֵ֥י מִצְוֺתָֽי׃ ס 7 לֹ֥א ד. ו
תִשָּׂ֛א אֶת־שֵֽׁם־יְהוָ֥ה אֱלֹהֶ֖יךָ לַשָּׁ֑וְא כִּ֣י לֹ֤א יְנַקֶּה֙ יְהוָ֔ה אֵ֛ת אֲשֶׁר־יִשָּׂ֥א ל[3]
8 9 אֶת־שְׁמ֖וֹ[a] לַשָּֽׁוְא׃ פ 8 זָכ֛וֹר[a] אֶת־י֥וֹם הַשַּׁבָּ֖ת לְקַדְּשֽׁוֹ[b]׃ 9 שֵׁ֤שֶׁת ל[3] וחד מן ג[4] זוגין
10 יָמִים֙ תַּֽעֲבֹ֔ד וְעָשִׂ֖יתָ כָּל־מְלַאכְתֶּֽךָ[a]׃ 10 וְי֙וֹם֙[a] הַשְּׁבִיעִ֔י שַׁבָּ֖ת ׀ לַיהוָ֣ה
אֱלֹהֶ֑יךָ לֹֽא־תַעֲשֶׂ֨ה[b] כָל־מְלָאכָ֜ה אַתָּ֣ה ׀ וּבִנְךָֽ־וּבִתֶּ֗ךָ עַבְדְּךָ֤[c] וַאֲמָתְךָ֙[d] ל[3]
11 וּבְהֶמְתֶּ֔ךָ[e] וְגֵרְךָ֖ אֲשֶׁ֥ר בִּשְׁעָרֶֽיךָ[fg]׃ 11 כִּ֣י שֵֽׁשֶׁת־יָמִים֩ עָשָׂ֨ה יְהוָ֜ה אֶת־ יג[5]
הַשָּׁמַ֣יִם וְאֶת־הָאָ֗רֶץ אֶת־[a]הַיָּם֙ וְאֶת־כָּל־אֲשֶׁר־בָּ֔ם וַיָּ֖נַח בַּיּ֣וֹם הַשְּׁבִיעִ֑י ו[6]
12 עַל־כֵּ֗ן בֵּרַ֧ךְ יְהוָ֛ה אֶת־י֥וֹם הַשַּׁבָּ֖ת[b] וַֽיְקַדְּשֵֽׁהוּ[c]׃ ס 12 כַּבֵּ֥ד אֶת־ יב
אָבִ֖יךָ וְאֶת־אִמֶּ֑ךָ לְמַ֙עַן֙[a] יַאֲרִכ֣וּן יָמֶ֔יךָ עַ֚ל הָאֲדָמָ֔ה[b] אֲשֶׁר־יְהוָ֥ה ג[7]
13 14 אֱלֹהֶ֖יךָ נֹתֵ֥ן לָֽךְ׃ ס 13 לֹ֥א[a] תִּֿרְצָֽח׃ ס 14 לֹ֥א תִּֿנְאָֽף׃ ס ח[8] פסוק לא לא לא לא וחד מן כב[9] פסוק דלית בהון לא ו ולא י. ל[3]. ל[3]
15 לֹ֥א תִּֿגְנֹֽב׃ ס 16 לֹא־תַעֲנֶ֥ה בְרֵעֲךָ֖ עֵ֥ד שָֽׁקֶר[a]׃ ס 17 לֹ֥א ל[10]. ל[3]. ל[3]
תַחְמֹ֖ד בֵּ֣ית[a] רֵעֶ֑ךָ לֹֽא־תַחְמֹ֞ד[b] אֵ֣שֶׁת[c] רֵעֶ֗ךָ[d] וְעַבְדּ֤וֹ[e] וַאֲמָתוֹ֙ וְשׁוֹר֣וֹ ל[3]. ל
וַחֲמֹר֔וֹ[f] וְכֹ֖ל אֲשֶׁ֥ר לְרֵעֶֽךָ[g]׃ פ
18 וְכָל־הָעָם֩ רֹאִ֨ים[a] אֶת־הַקּוֹלֹ֜ת וְאֶת־[b]הַלַּפִּידִ֗ם[b] וְאֵת֙ ק֣וֹל ח ר״פ בסיפ[11]. ל
19 הַשֹּׁפָ֔ר וְאֶת־הָהָ֖ר עָשֵׁ֑ן וַיַּ֤רְא[c] הָעָם֙ וַיָּנֻ֔עוּ וַיַּֽעַמְד֖וּ מֵֽרָחֹֽק׃ 19 וַיֹּֽאמְרוּ֙ ל. ב וחס. ז חס בתור
אֶל־מֹשֶׁ֔ה [a]דַּבֵּר־אַתָּ֥ה עִמָּ֖נוּ וְנִשְׁמָ֑עָה[a] וְאַל־יְדַבֵּ֥ר עִמָּ֛נוּ אֱלֹהִ֖ים[b] פֶּן־ ל[12]
20 נָמֽוּת׃ 20 וַיֹּ֨אמֶר מֹשֶׁ֣ה אֶל־הָעָם֮ אַל־תִּירָאוּ֒ כִּ֗י לְבַֽעֲבוּר֙ נַסּ֣וֹת ג[13]
אֶתְכֶ֔ם בָּ֖א הָאֱלֹהִ֑ים וּבַעֲב֗וּר תִּהְיֶ֧ה יִרְאָת֛וֹ עַל־פְּנֵיכֶ֖ם לְבִלְתִּ֥י ל[14]. ב[15]. ל
21 תֶחֱטָֽאוּ׃ 21 וַיַּעֲמֹ֥ד הָעָ֖ם מֵרָחֹ֑ק וּמֹשֶׁה֙ נִגַּ֣שׁ אֶל־הָעֲרָפֶ֔ל אֲשֶׁר־שָׁ֖ם ב[16]. ז חס בתור. ב[17]
22 הָאֱלֹהִֽים׃ פ 22 וַיֹּ֤אמֶר יְהוָה֙ [a]אֶל־מֹשֶׁ֔ה כֹּ֥ה תֹאמַ֖ר[a] אֶל־בְּנֵ֣י

[2]Mm 444. [3]Mm 1082. [4]Mm 509. [5]Mm 3139. [6]Mm 510. [7]Mm 1089. [8]Mm 3132. [9]Mm 878. [10]Mm 1083. [11]Mm 645. [12]וחד וְנִשְׁמְעָה 2 S 17,5. [13]Mm 511. [14]וחד בא אלהים 1 S 4,7. [15]Mm 3497. [16]Mm 3197. [17]Mm 1739.

5 [a] Pap Nash קנוא || **7** [a] Pap Nash שמה || **8** [a] ш שמור || [b] cf 3[b] || **9** [a] cf 3[b] || **10** [a] Pap Nash pc Mss 𝔊𝔙 וּבַיּוֹם || [b] Pap Nash 𝔊𝔖𝔙 + בה || [c] ℭ mlt Mss 𝔊[min]𝔖𝔗 וְע׳ cf 𝔗[JP] || [d] Pap Nash 𝔊 sec Dt 5,14 || [e] ш ב׳; > 𝔗[J] || [f–f] 𝔊 *ὁ παροικῶν ἐν σοί* || [g] cf 3[b] || **11** [a] mlt Mss 𝔊𝔖𝔗[Ms]𝔗[P]𝔙 וְאת || [b] Pap Nash 𝔊𝔖 השביעי || [c] Pap Nash שיו– || **12** [a] Pap Nash 𝔊 + ולמען ייטב לך || [b] 𝔊 + *τῆς ἀγαθῆς* || **13** [a] 𝔊* ordinat 14.15.13 et Pap Nash Philo (De Decalogo 12) Lc 18,20 Rm 13,9 ordinant 14.13.15 || **16** [a] Pap Nash שוא || **17** [a] 𝔊 hab [a] et [c] invers, it Pap Nash? cf Dt 5,21 || [b] Pap Nash תתאוה את cf Dt || [c] cf [a] || [d] Pap Nash pc Mss ш𝔊 + שָׂדֵהוּ || [e] ш ש׳, ע׳ || [f] 𝔊 + add sec Dt || [g] ш + add || **18** [a] ш Bo שמע || [b–b] ш וראים את ה׳ et tr post השפר || [c] ш𝔊𝔖𝔗[JP]𝔙 וַיִּרְאוּ cf 20; ℭш𝔊𝔗[JP] + כל || **19** [a–a] ш amplius || [b] ш הָא׳ cf 𝔊; 𝔙 *Dominus* || **22** [a–a] ш לֵאמֹר דַּבֵּר.

23 יִשְׂרָאֵל אַתֶּם רְאִיתֶם כִּי מִן־הַשָּׁמַיִם דִּבַּרְתִּי עִמָּכֶם׃ 23 לֹא תַעֲשׂוּן — יד[18]
24 אִתִּי אֱלֹהֵי כֶסֶף וֵאלֹהֵי זָהָב לֹא תַעֲשׂוּ לָכֶם׃ 24 מִזְבַּח אֲדָמָה — ג בטע[19]. יא[20]
תַּעֲשֶׂה־לִּי וְזָבַחְתָּ עָלָיו אֶת־עֹלֹתֶיךָ וְאֶת־שְׁלָמֶיךָ [a]אֶת־צֹאנְךָ וְאֶת־ — ג וכל משנה תורה דכות[21]
בְּקָרֶךָ[a] [b]בְּכָל־הַמָּקוֹם[bc] אֲשֶׁר [d]אַזְכִּיר אֶת־שְׁמִי אָבוֹא אֵלֶיךָ
25 וּבֵרַכְתִּיךָ׃ 25 וְאִם־מִזְבַּח אֲבָנִים תַּעֲשֶׂה־לִּי לֹא־תִבְנֶה אֶתְהֶן גָּזִית
26 כִּי חַרְבְּךָ הֵנַפְתָּ [a]עָלֶיהָ וַתְּחַלְלֶהָ[a]׃ 26 וְלֹא־תַעֲלֶה בְמַעֲלֹת עַל־ — ל. ז ר״פ בסיפ וחד מן יז[22] ר״פ ולא לא
מִזְבְּחִי אֲשֶׁר לֹא־תִגָּלֶה עֶרְוָתְךָ עָלָיו[a]׃ פ עב — ח[23]. ג[24]
ס [יז] פרש 21 1 וְאֵלֶּה[a] הַמִּשְׁפָּטִים אֲשֶׁר תָּשִׂים לִפְנֵיהֶם׃ 2 כִּי תִקְנֶה עֶבֶד — יז[1] ר״פ בתור וכל תלדות דכות ב מ ד. ל
3 עִבְרִי שֵׁשׁ שָׁנִים יַעֲבֹד[a] וּבַשְּׁבִעִת יֵצֵא לַחָפְשִׁי חִנָּם׃ 3 אִם־בְּגַפּוֹ[a] — ל חס. יב ר״פ אם אם[2]
4 יָבֹא בְּגַפּוֹ[a] יֵצֵא אִם־בַּעַל[b] אִשָּׁה הוּא וְיָצְאָה אִשְׁתּוֹ עִמּוֹ׃ 4 אִם־
אֲדֹנָיו יִתֶּן־לוֹ אִשָּׁה וְיָלְדָה־לוֹ בָנִים אוֹ בָנוֹת הָאִשָּׁה וִילָדֶיהָ תִּהְיֶה
5 לַאדֹנֶיהָ[b] וְהוּא יֵצֵא בְגַפּוֹ[c]׃ 5 וְאִם־אָמֹר יֹאמַר הָעֶבֶד אָהַבְתִּי — ל[3]. ג חס[4]
6 אֶת־אֲדֹנִי אֶת־אִשְׁתִּי וְאֶת־בָּנָי לֹא אֵצֵא חָפְשִׁי׃ 6 וְהִגִּישׁוֹ אֲדֹנָיו — יב פסוק את את ואת ומילה חדה ביניה[5]. ב בפסוק
אֶל־הָאֱלֹהִים[a] וְהִגִּישׁוֹ אֶל־הַדֶּלֶת אוֹ אֶל־הַמְּזוּזָה וְרָצַע אֲדֹנָיו אֶת־ — כ. ב בפסוק. ל. ל. ל
7 אָזְנוֹ בַּמַּרְצֵעַ וַעֲבָדוֹ לְעֹלָם׃ ס 7 וְכִי־יִמְכֹּר אִישׁ אֶת־בִּתּוֹ — ז[6]. ל. יח[7] חס י מנה בתור. יא בפרש
8 לְאָמָה לֹא תֵצֵא כְּצֵאת הָעֲבָדִים׃ 8 אִם־רָעָה[a] בְּעֵינֵי אֲדֹנֶיהָ אֲשֶׁר־ — ג[8]. לג בתור
לֹא[b] יְעָדָהּ וְהֶפְדָּהּ לְעַם נָכְרִי לֹא־יִמְשֹׁל לְמָכְרָהּ בְּבִגְדוֹ־בָהּ׃ — לו חד מן יז[9] כת כן. ק ג[10]. ל. ל[11]. ב
9 10 9 וְאִם־לִבְנוֹ יִיעָדֶנָּה כְּמִשְׁפַּט הַבָּנוֹת יַעֲשֶׂה־לָּהּ׃ 10 אִם־[a]אַחֶרֶת — ל. ה[12]
11 יִקַּח־לוֹ שְׁאֵרָהּ כְּסוּתָהּ וְעֹנָתָהּ לֹא יִגְרָע׃ 11 וְאִם־שְׁלָשׁ־אֵלֶּה לֹא — ל. ל. ל. ל
12 יַעֲשֶׂה לָהּ וְיָצְאָה חִנָּם אֵין כָּסֶף׃ ס 12 מַכֵּה אִישׁ וָמֵת מוֹת
13 יוּמָת׃ 13 וַאֲשֶׁר לֹא צָדָה וְהָאֱלֹהִים אִנָּה לְיָדוֹ וְשַׂמְתִּי[a] לְךָ מָקוֹם — יב ר״פ. ח[13]. ז[14]. ל
14 אֲשֶׁר יָנוּס שָׁמָּה׃ ס 14 וְכִי־[a]יָזִד אִישׁ עַל־רֵעֵהוּ לְהָרְגוֹ בְעָרְמָה — יא בפרש. ב חד מל וחד חס. ה[15]. ב[16]
15 מֵעִם מִזְבְּחִי תִּקָּחֶנּוּ לָמוּת׃ ס 15 וּמַכֵּה אָבִיו וְאִמּוֹ מוֹת יוּמָת׃ — ח[17]. ד
16 17 16 וְגֹנֵב אִישׁ וּמְכָרוֹ וְנִמְצָא בְיָדוֹ מוֹת יוּמָת׃ ס 17 וּמְקַלֵּל אָבִיו — ל. ב חד ר״פ וחד ס״פ

[18] Mm 393. [19] Mm 68. [20] Mm 512. [21] Mm 3285. [22] Mm 2708. [23] Mm 2410. [24] Mm 3647. **Cp 21** [1] Mm 267. [2] Mm 519. [3] וחד אם אמר 1S 20,21. [4] Mm 1487. [5] Mm 44. [6] Mm 3650. [7] Mm 25. [8] Mm 1426. [9] Mm 1795. [10] Mm 513. [11] Mm 666. [12] Mm 514. [13] Mm 3985. [14] Mm 145. [15] Mm 515. [16] Mm 1289. [17] Mm 2410.

24 [a–a] ⅏ מִצ׳ וּמִב׳ || [b–b] ⅏ בַּמ׳ || [c] 𝔊𝔖𝔗𝔗P om ה ? || [d] 𝔖 2 sg, l תַּזְ׳ ? || **25** [a–a] ⅏ עליו ־ֶהוּ cf 𝔊𝔖 || **26** [a] ⅏ אליו || **Cp 21,1** [a] ⅏𝔙 א׳ || **2** [a] ⅏𝔊𝔖𝔙 יַעֲבָדְךָ || **3** [a] ⅏ בגפיו || [b] 𝔊𝔖𝔗J pr cop || **4** [a] 2 Mss 𝔊𝔖𝔙 ואם || [b] ⅏𝔊*𝔖𝔙 ־ָיו || [c] cf 3[a] || **5** [a] ⅏ אם || **6** [a] 𝔊 pr τὸ κριτήριον; 𝔖(𝔗𝔗J) *djn'* = judices || **8** [a] ⅏ + היא, 𝔖 *snj'* = שְׂנוּאָה || [b] 𝔊*𝔗𝔙 ut Q לו || **10** [a] nonn Mss ⅏𝔊𝔖𝔙 ואם || **13** [a] 𝔖 3 sg. || **14** [a] ga'ya eras.

18 וְאִמּ֖וֹ מ֥וֹת יוּמָֽת׃ ס 18 וְכִֽי־יְרִיבֻ֣ן אֲנָשִׁ֔ים וְהִכָּה־אִישׁ֙ אֶת־רֵעֵ֔הוּ יא בפרש . ל
19 [a]בְּאֶ֖בֶן א֣וֹ בְאֶגְרֹ֑ף[a] וְלֹ֥א יָמ֖וּת וְנָפַ֥ל לְמִשְׁכָּֽב׃ 19 אִם־יָק֞וּם וְהִתְהַלֵּ֥ךְ ג[18] . ב[19]
בַּח֛וּץ עַל־מִשְׁעַנְתּ֖וֹ וְנִקָּ֣ה הַמַּכֶּ֑ה רַ֥ק שִׁבְתּ֛וֹ יִתֵּ֖ן וְרַפֹּ֥א יְרַפֵּֽא׃ ס ג[20] . ל
20 וְכִֽי־יַכֶּה֩ אִ֨ישׁ אֶת־עַבְדּ֜וֹ א֤וֹ אֶת־אֲמָתוֹ֙ בַּשֵּׁ֔בֶט[a] וּמֵ֖ת תַּ֣חַת יָד֑וֹ[b] נָקֹ֖ם יא בפרש . ו
21 יִנָּקֵֽם׃[b] 21 אַ֥ךְ אִם־י֛וֹם א֥וֹ יוֹמַ֖יִם יַעֲמֹ֑ד לֹ֣א יֻקַּ֔ם[a] כִּ֥י כַסְפּ֖וֹ הֽוּא׃ ס ה ג מל וב חס[21] . ג ב פת וחד קמ[22]
22 וְכִֽי־יִנָּצ֣וּ אֲנָשִׁ֗ים וְנָ֨גְפ֜וּ אִשָּׁ֤ה הָרָה֙ [a]וְיָצְא֣וּ יְלָדֶ֔יהָ[a] וְלֹ֥א יִהְיֶ֖ה אָס֑וֹן יא בפרש . ב[23] . ז[24]
23 עָנ֣וֹשׁ יֵעָנֵ֗שׁ כַּֽאֲשֶׁ֨ר יָשִׁ֤ית עָלָיו֙ בַּ֣עַל הָֽאִשָּׁ֔ה וְנָתַ֖ן בִּפְלִלִֽים׃ 23 וְאִם־ ל ומל . ז ומל[25] . ל . ל[26]
24 אָס֖וֹן יִהְיֶ֑ה וְנָתַתָּ֥ה נֶ֖פֶשׁ תַּ֥חַת נָֽפֶשׁ׃ 24 עַ֚יִן תַּ֣חַת עַ֔יִן שֵׁ֖ן תַּ֣חַת שֵׁ֑ן יָ֚ד ה' מל בסיפ
25 תַּ֣חַת יָ֔ד רֶ֖גֶל תַּ֥חַת רָֽגֶל׃ 25 כְּוִיָּה֙[a] תַּ֣חַת כְּוִיָּ֔ה[a] פֶּ֖צַע תַּ֣חַת פָּ֑צַע ב בפסוק . ב בפסוק
26 חַבּוּרָ֕ה תַּ֖חַת חַבּוּרָֽה׃ ס 26 וְכִֽי־יַכֶּ֨ה אִ֜ישׁ אֶת־עֵ֥ין עַבְדּ֛וֹ אֽוֹ־ ב בפסוק . ב בפסוק . יא בפרש
27 אֶת־עֵ֥ין אֲמָת֖וֹ וְשִֽׁחֲתָ֑הּ לַֽחָפְשִׁ֥י יְשַׁלְּחֶ֖נּוּ תַּ֥חַת עֵינֽוֹ׃ ס 27 וְאִם־ ו . ט[27]
שֵׁ֥ן עַבְדּ֛וֹ אֽוֹ־שֵׁ֥ן אֲמָת֖וֹ יַפִּ֑יל לַֽחָפְשִׁ֥י יְשַׁלְּחֶ֖נּוּ תַּ֥חַת שִׁנּֽוֹ׃ פ ו . ל כת כן[28] . ל
28 וְכִֽי־יִגַּ֨ח[a] שׁ֥וֹר[b] אֶת־אִ֛ישׁ א֥וֹ אֶת־אִשָּׁ֖ה וָמֵ֑ת סָק֨וֹל יִסָּקֵ֜ל הַשּׁ֗וֹר יא בפרש . ב חד מל וחד חס
29 וְלֹ֤א יֵאָכֵל֙ אֶת־בְּשָׂר֔וֹ וּבַ֥עַל הַשּׁ֖וֹר נָקִֽי׃ 29 וְאִ֡ם שׁוֹר֩ נַגָּ֨ח ה֜וּא מִתְּמֹ֣ל ב[29] . ד חס[30]
שִׁלְשֹׁ֗ם וְהוּעַ֣ד בִּבְעָלָיו֮ וְלֹ֣א יִשְׁמְרֶ֔נּוּ[a] וְהֵמִ֥ית אִ֖ישׁ א֣וֹ אִשָּׁ֑ה הַשּׁוֹר֙ ל
30 יִסָּקֵ֔ל וְגַם־בְּעָלָ֖יו יוּמָֽת׃ 30 אִם[a]־כֹּ֖פֶר יוּשַׁ֣ת עָלָ֑יו וְנָתַן֙ פִּדְיֹ֣ן נַפְשׁ֔וֹ יא ס"פ[31] . ב בפסוק . ב חד מל וחד חס[32]
31 כְּכֹ֥ל אֲשֶׁר־יוּשַׁ֖ת עָלָֽיו׃ 31 אוֹ־בֵ֥ן יִגָּ֖ח אוֹ־בַ֣ת יִגָּ֑ח כַּמִּשְׁפָּ֥ט הַזֶּ֖ה ב בפסוק . ב קמ בפסוק . ב קמ בפסוק
32 יֵעָ֥שֶׂה לּֽוֹ׃ 32 אִם־עֶ֛בֶד יִגַּ֥ח הַשּׁ֖וֹר א֣וֹ אָמָ֑ה כֶּ֣סֶף ׀ שְׁלֹשִׁ֣ים שְׁקָלִ֗ים לו[33] . ה
33 יִתֵּן֙ לַֽאדֹנָ֔יו וְהַשּׁ֖וֹר יִסָּקֵֽל׃ ס 33 וְכִֽי־יִפְתַּ֨ח אִ֜ישׁ בּ֗וֹר א֠וֹ כִּֽי־יִכְרֶ֥ה יא בפרש
34 אִ֛ישׁ בֹּ֖ר וְלֹ֣א יְכַסֶּ֑נּוּ וְנָֽפַל־שָׁ֣מָּה שּׁ֔וֹר א֖וֹ חֲמֽוֹר׃[a] 34 בַּ֤עַל הַבּוֹר֙ יְשַׁלֵּ֔ם ל חס[34]
35 כֶּ֖סֶף יָשִׁ֣יב לִבְעָלָ֑יו וְהַמֵּ֖ת יִֽהְיֶה־לּֽוֹ׃ ס 35 וְכִֽי־יִגֹּ֧ף שֽׁוֹר־אִ֛ישׁ[a] כד בליש[35] . יא בפרש
אֶת־שׁ֥וֹר רֵעֵ֖הוּ[a] וָמֵ֑ת וּמָ֨כְר֜וּ אֶת־הַשּׁ֤וֹר הַחַי֙ וְחָצ֣וּ אֶת־כַּסְפּ֔וֹ וְגַ֥ם ין פסוק את את את את . ל . כג פסוק וגם ובתר תלת מילין[36] . ט
36 אֶת־הַמֵּ֖ת יֶחֱצֽוּן׃ 36 א֣וֹ נוֹדַ֗ע כִּ֠י שׁ֣וֹר נַגָּ֥ח הוּא֙ מִתְּמ֣וֹל שִׁלְשֹׁ֔ם וְלֹ֥א ל
יִשְׁמְרֶ֖נּוּ[a] בְּעָלָ֑יו שַׁלֵּ֨ם יְשַׁלֵּ֥ם שׁוֹר֙ תַּ֣חַת הַשּׁ֔וֹר וְהַמֵּ֖ת יִֽהְיֶה־לּֽוֹ׃ ס

[18] Mm 1783. [19] Jes 58,4. [20] Mm 516. [21] Mm 517. [22] Mm 32. [23] Dt 25,11. [24] Mm 1281. [25] Mm 2737. [26] וחד פלילים Dt 32,31. [27] Mm 3145. [28] Mm 839. [29] Ex 13,3. [30] Mm 518. [31] Okhl 357. [32] Mm 3280. [33] Mm 210. [34] Mp sub loco. [35] Mm 1685. [36] Mm 1629.

18 a–a > Sam ‖ **20** a > Ms Sam ‖ b–b Sam מות יומת ‖ **21** a Sam יומת ‖ **22** a–a Sam𝔊 וְיָצָא וְלָדָהּ ‖ **25** a Sam מִכְוָה ‖ **28** a Sam יִכֶּה ‖ b Sam + אוֹ כָל בְּהֵמָה (Sam in sq saepe בהמה pro שׁוֹר) ‖ **29** a 𝔊 ἀφανίσῃ αὐτόν = יַשְׁמִידֶנּוּ, it 36[a] ‖ **30** a pc Mss 𝔊𝔖𝔙 וְאִם ‖ **33** a ut 28[b] ‖ **35** a Sam + אוֹ כָל בְּהֶמְתּוֹ ‖ **36** a cf 29[a].

37 כִּ֤י[a] יִגְנֹֽב־אִישׁ֙ שׁ֣וֹר אוֹ־שֶׂ֔ה וּטְבָח֖וֹ א֣וֹ מְכָר֑וֹ חֲמִשָּׁ֣ה בָקָ֗ר יְשַׁלֵּם֙ 37 ב̇ חד חס וחד מל . ל̇
תַּ֣חַת הַשּׁ֔וֹר וְאַרְבַּע־צֹ֖אן תַּ֥חַת הַשֶּֽׂה׃ 22 ¹ אִם־בַּמַּחְתֶּ֛רֶת יִמָּצֵ֥א 22 ב̇[1]
הַגַּנָּ֖ב וְהֻכָּ֣ה[a] וָמֵ֑ת אֵ֥ין ל֖וֹ דָּמִֽים׃ 2 אִם־זָרְחָ֥ה[a] הַשֶּׁ֛מֶשׁ עָלָ֖יו דָּמִ֣ים 2 ל̇[2] . יב̇ ר״פ אם אם[3] . ד̇[4]
ל֑וֹ שַׁלֵּ֣ם יְשַׁלֵּ֔ם אִם־אֵ֣ין ל֔וֹ וְנִמְכַּ֖ר בִּגְנֵבָתֽוֹ׃ 3 אִם־הִמָּצֵא֩ תִמָּצֵ֨א 3
בְיָד֜וֹ הַגְּנֵבָ֗ה מִשּׁ֧וֹר עַד־חֲמ֛וֹר עַד־שֶׂ֖ה חַיִּ֑ים שְׁנַ֖יִם[a] יְשַׁלֵּֽם׃ ס ל̇
4 כִּ֤י[a] יַבְעֶר־אִישׁ֙ שָׂדֶ֣ה אוֹ־כֶ֔רֶם וְשִׁלַּח֙ אֶת־בְּעִירֹ֔ה וּבִעֵ֖ר בִּשְׂדֵ֣ה 4 בעירו ק̇ חד מן ה̇ כת ה[5] יו̇ בתור ול בליש . ב̇[6]
אַחֵ֑ר[b] מֵיטַ֥ב שָׂדֵ֛הוּ וּמֵיטַ֥ב[c] כַּרְמ֖וֹ יְשַׁלֵּֽם׃ ס 5 כִּֽי־תֵצֵ֨א אֵ֜שׁ 5 ג̇ . ל̇ . ל̇
וּמָצְאָ֣ה קֹצִ֔ים וְנֶאֱכַ֣ל גָּדִ֔ישׁ א֥וֹ הַקָּמָ֖ה א֣וֹ הַשָּׂדֶ֑ה שַׁלֵּ֣ם יְשַׁלֵּ֔ם הַמַּבְעִ֖ר ד̇ ב̇ חס וב̇ מל[7] . ג̇ . ל̇
אֶת־הַבְּעֵרָֽה׃ ס 6 כִּֽי[a]־יִתֵּ֨ן אִ֜ישׁ אֶל־רֵעֵ֗הוּ כֶּ֤סֶף אֽוֹ־כֵלִים֙ 6
לִשְׁמֹ֔ר וְגֻנַּ֖ב[b] מִבֵּ֣ית הָאִ֑ישׁ אִם־יִמָּצֵ֥א הַגַּנָּ֖ב יְשַׁלֵּ֥ם שְׁנָֽיִם׃ 7 אִם[a]־לֹ֤א 7 ל̇ . יב̇ ר״פ אם אם[3] . ח̇[8] ר״פ וכל איוב דכות ב̇ מ̇ ב̇
יִמָּצֵא֙ הַגַּנָּ֔ב וְנִקְרַ֥ב בַּֽעַל־הַבַּ֖יִת אֶל־הָאֱלֹהִ֑ים[b] אִם־לֹ֥א שָׁלַ֛ח יָד֖וֹ כ̇
בִּמְלֶ֥אכֶת רֵעֵֽהוּ׃ 8 עַֽל־כָּל־דְּבַר־פֶּ֡שַׁע עַל־שׁ֡וֹר עַל־חֲ֠מוֹר עַל־שֶׂ֨ה 8 ל̇ . ב̇[9]
עַל־שַׂלְמָ֜ה[a] עַל־כָּל־אֲבֵדָ֗ה אֲשֶׁ֤ר יֹאמַר֙ כִּי־ה֣וּא זֶ֔ה עַ֚ד הָֽאֱלֹהִ֔ים[b] ד̇[10] בתור וכל קריא דכות ב̇ מ̇ ו̇ . ל̇
יָבֹ֖א דְּבַר־שְׁנֵיהֶ֑ם אֲשֶׁ֤ר יַרְשִׁיעֻן֙[c] אֱלֹהִ֔ים[d] יְשַׁלֵּ֥ם שְׁנַ֖יִם לְרֵעֵֽהוּ׃ ס ל̇ וחס
9 כִּֽי־יִתֵּן֩ אִ֨ישׁ אֶל־רֵעֵ֜הוּ חֲמ֨וֹר אוֹ־שׁ֥וֹר אוֹ־שֶׂ֛ה וְכָל[b]־בְּהֵמָ֖ה לִשְׁמֹ֑ר 9 ג̇[11] ב̇ מנה בתור
וּמֵ֛ת אוֹ־נִשְׁבַּ֥ר אוֹ־נִשְׁבָּ֖ה אֵ֥ין רֹאֶֽה׃ 10 שְׁבֻעַ֣ת יְהוָ֗ה תִּהְיֶה֙ בֵּ֣ין שְׁנֵיהֶ֔ם 10 ג̇[12] . ה̇[13]
אִם־לֹ֥א שָׁלַ֛ח יָד֖וֹ בִּמְלֶ֣אכֶת רֵעֵ֑הוּ וְלָקַ֥ח בְּעָלָ֖יו וְלֹ֥א יְשַׁלֵּֽם׃ 11 וְאִם־ 11 ב̇[14]
גָּנֹ֥ב יִגָּנֵ֖ב מֵעִמּ֑וֹ יְשַׁלֵּ֖ם לִבְעָלָֽיו׃ 12 אִם־טָרֹ֥ף יִטָּרֵ֖ף יְבִאֵ֣הוּ[a] עֵ֑ד[b] 12 ג̇ . ל̇ חס
הַטְּרֵפָ֖ה לֹ֥א[c] יְשַׁלֵּֽם׃ פ 13 וְכִֽי־יִשְׁאַ֥ל אִ֛ישׁ מֵעִ֥ם רֵעֵ֖הוּ[a] וְנִשְׁבַּ֣ר 13 יא̇ בפרש
אוֹ־מֵ֑ת[b] בְּעָלָ֥יו אֵין־עִמּ֖וֹ שַׁלֵּ֥ם יְשַׁלֵּֽם׃ 14 אִם־בְּעָלָ֥יו עִמּ֖וֹ לֹ֣א יְשַׁלֵּ֑ם 14 יב̇ ר״פ אם אם[3]
אִם־שָׂכִ֣יר ה֔וּא בָּ֖א בִּשְׂכָרֽוֹ׃ ס 15 וְכִֽי־יְפַתֶּ֣ה אִ֗ישׁ בְּתוּלָ֛ה אֲשֶׁ֥ר 15 יא̇ בפרש . ד̇[15]
לֹא־אֹרָ֖שָׂה וְשָׁכַ֣ב עִמָּ֑הּ מָהֹ֛ר יִמְהָרֶ֥נָּה לּ֖וֹ לְאִשָּֽׁה׃ 16 אִם[a]־מָאֵ֧ן יְמָאֵ֛ן 16 ל̇ . ל̇
אָבִ֖יהָ לְתִתָּ֣הּ ל֑וֹ כֶּ֣סֶף יִשְׁקֹ֔ל כְּמֹ֖הַר הַבְּתוּלֹֽת׃ ס 17 מְכַשֵּׁפָ֖ה[a] 17 ב̇[16] . ל̇[17] . יד̇ פסוק בתור[18]

Cp 22 [1] Jer 2,34. [2] Mm 979. [3] Mm 519. [4] Mm 520. [5] Mm 598. [6] Lv 6,5. [7] Mm 3402. [8] Mm 3185. [9] Mm 3168. [10] Mm 1213. [11] Mm 1138. [12] Mm 93. [13] Mm 1833. [14] Mm 521. [15] Mm 522. [16] Ez 47,14. [17] וחד במהר 1S 18,25. [18] Mm 750.

37 [a] pc Mss ш𝔊𝔖 וְכִי ‖ **Cp 22,1** [a] ш וְהִכָּהוּ ‖ **2** [a] ш זרח ‖ **3** [a] ш pr אחד ‖ **4** [a] 2 Mss ш𝔊𝔖 וְכִי ‖ [b] ш(𝔊) + (𝔊 *καταβοσκήσῃ* = יַבְעֵר) שַׁלֵּם יְשַׁלֵּם מִשָּׂדֵהוּ כִּתְבוּאָתָהּ וְאִם כָּל־הַשָּׂדֶה יַבְעֶה ‖ [c] 𝔖 *(w)mn ṭb'* = מֵטּוֹב(וּ) ‖ **6** [a] pc Mss ш𝔊𝔖 וְכִי ‖ [b] ш וְנִגְנַב ‖ **7** [a] nonn Mss ш𝔊𝔖 וְאִם ‖ [b] 𝔊(𝔗ᴶ𝔙) + *καὶ ὀμεῖται* ‖ **8** [a] ш שמלה ‖ [b] ш יהוה ‖ [c] ш ־נוּ ‖ [d] ш הָאֱ׳ ‖ **9** [a] pc Mss ш𝔊𝔖 וְכִי ‖ [b] ш𝔊𝔖 אוֹ כל ‖ **12** [a] ш יביא ‖ [b] 𝔊 𝔗ᴶ (dupl) 𝔙 leg עַד ‖ [c] ш𝔊𝔗ᴶ𝔙 וְלֹא ‖ **13** [a] 𝔊¹⁹(𝔖) + *κτῆνος*, 𝔗ᴶ + *md'm*, 𝔙 + *quidquam horum*, exc vb? ‖ [b] 𝔊* + *ἢ αἰχμάλωτον γένηται* cf 9 ‖ **16** [a] nonn Mss ш𝔊𝔖 וְאִם ‖ **17** [a] 𝔊 *φαρμακούς* cf 7,11; 𝔖𝔗𝔗ᴶ m (ךְ־?).

18 19 לֹ֥א תְחַיֶּֽה׃ ס 18 כָּל־שֹׁכֵ֥ב עִם־בְּהֵמָ֖ה מ֥וֹת יוּמָֽת׃ ס 19 זֹבֵ֥חַ°   ג . ל

לָאֱלֹהִ֖ים[a] יָחֳרָ֑ם [b]בִּלְתִּ֥י לַיהוָ֖ה לְבַדּֽוֹ[b]׃   ג ב פת וחד קמ[19]

20 וְגֵ֥ר לֹא־תוֹנֶ֖ה[a] וְלֹ֣א תִלְחָצֶ֑נּוּ[b] כִּֽי־גֵרִ֥ים הֱיִיתֶ֖ם בְּאֶ֥רֶץ מִצְרָֽיִם׃

21 כָּל־אַלְמָנָ֥ה וְיָת֖וֹם לֹ֥א תְעַנּֽוּן׃ 22 אִם־עַנֵּ֥ה תְעַנֶּ֖ה[a] אֹת֑וֹ[b] כִּ֣י אִם־   ה[20]. ל . יב ר״פ אם אם[21]. ל . ב[22]

23 צָעֹ֤ק יִצְעַק֙[c] אֵלַ֔י שָׁמֹ֥עַ אֶשְׁמַ֖ע צַעֲקָתֽוֹ[d]׃ 23 וְחָרָ֣ה אַפִּ֔י וְהָרַגְתִּ֥י אֶתְכֶ֖ם   ל וחס . ה חס[23] . ב

בֶּחָ֑רֶב וְהָי֤וּ נְשֵׁיכֶם֙ אַלְמָנ֔וֹת וּבְנֵיכֶ֖ם יְתֹמִֽים׃ פ 24 אִם־כֶּ֣סֶף ׀ [יח]סֹ   ב חס

תַּלְוֶ֣ה [a]אֶת־עַמִּ֗י[a] אֶת־הֶֽעָנִי֙ עִמָּ֔ךְ לֹא־תִהְיֶ֥ה ל֖וֹ כְּנֹשֶׁ֑ה לֹֽא־[b]תְשִׂימ֥וּן[c]   כו פסוק את את ומילה חדה ביניה . ל . ג[24]

25 עָלָ֖יו נֶֽשֶׁךְ׃ 25 אִם־חָבֹ֥ל תַּחְבֹּ֖ל שַׂלְמַ֣ת[a] רֵעֶ֑ךָ עַד־בֹּ֥א הַשֶּׁ֖מֶשׁ תְּשִׁיבֶ֥נּוּ[b]   ד[25] בתור וכל קריא דכות ב מ ו

26 ל֗וֹ׃ 26 כִּ֣י הִ֤וא כְסוּתֹה֙ לְבַדָּ֔הּ הִ֥וא שִׂמְלָת֖וֹ לְעֹר֑וֹ בַּמֶּ֣ה יִשְׁכָּ֔ב וְהָיָה֙   כסותו חד מן יו[26] כת ה . ל בתור ול בליש. ל זקף קמ

27 כִּֽי־יִצְעַ֣ק אֵלַ֔י וְשָׁמַעְתִּ֖י כִּֽי־חַנּ֥וּן אָֽנִי׃ ס 27 אֱלֹהִ֖ים לֹ֣א תְקַלֵּ֑ל   ל בתור . [חצי הספר בפסוקים][27]

28 וְנָשִׂ֥יא בְעַמְּךָ֖ לֹ֥א תָאֹֽר׃ 28 מְלֵאָתְךָ֥ וְדִמְעֲךָ֖ לֹ֣א תְאַחֵ֑ר בְּכ֥וֹר בָּנֶ֖יךָ   ג[28]. ל . ד[29]

29 תִּתֶּן־לִּֽי׃ 29 כֵּן־תַּעֲשֶׂ֥ה לְשֹׁרְךָ֖ לְצֹאנֶ֑ךָ[a] שִׁבְעַ֤ת יָמִים֙ יִהְיֶ֣ה עִם־אִמּ֔וֹ   ל חס

30 בַּיּ֥וֹם[b] הַשְּׁמִינִ֖י תִּתְּנוֹ־לִֽי׃ 30 וְאַנְשֵׁי־קֹ֖דֶשׁ תִּהְי֣וּן לִ֑י וּבָשָׂ֨ר בַּשָּׂדֶ֤ה[a]   ל . יח[30] ד[31] מנה ר״פ . ה[32]

טְרֵפָה֙ לֹ֣א תֹאכֵ֔לוּ לַכֶּ֖לֶב[b] תַּשְׁלִכ֥וּן אֹתֽוֹ׃ ס   ל . ל וחס

23 1 לֹ֥א תִשָּׂ֖א שֵׁ֣מַע שָׁ֑וְא אַל־תָּ֤שֶׁת יָֽדְךָ֙ עִם־רָשָׁ֔ע לִהְיֹ֖ת עֵ֥ד   ה[1]. ה חס בליש[2]

2 חָמָֽס׃ ס 2 לֹא־תִהְיֶ֥ה אַחֲרֵֽי־רַבִּ֖ים לְרָעֹ֑ת וְלֹא־תַעֲנֶ֣ה [a]עַל־רִ֗ב[a]   ד חס בליש. ה חס בליש[3]

3 לִנְטֹ֛ת אַחֲרֵ֥י רַבִּ֖ים לְהַטֹּֽת[b]׃ 3 וְדָ֕ל[a] לֹ֥א תֶהְדַּ֖ר בְּרִיבֽוֹ׃ ס   ל חס . ל חס . ל . ד

4 כִּ֣י תִפְגַּ֞ע שׁ֧וֹר אֹֽיִבְךָ֛ א֥וֹ חֲמֹר֖וֹ[a] תֹּעֶ֑ה הָשֵׁ֥ב תְּשִׁיבֶ֖נּוּ לֽוֹ׃ ס 5 כִּֽי־   י בטע ר״פ בתור[4]. ג ב חס וחד מל

תִרְאֶ֞ה חֲמ֣וֹר שֹׂנַאֲךָ֗ רֹבֵץ֙ תַּ֣חַת מַשָּׂא֔וֹ וְחָדַלְתָּ֖ מֵעֲזֹ֣ב ל֑וֹ [a]עָזֹ֥ב תַּעֲזֹ֖ב[a]   ב[5]. ג[6]. ל וחס

6 7 עִמּֽוֹ׃ ס 6 לֹ֥א תַטֶּ֛ה מִשְׁפַּ֥ט אֶבְיֹנְךָ֖ בְּרִיבֽוֹ׃ 7 מִדְּבַר־שֶׁ֖קֶר תִּרְחָ֑ק   ב חס[7]. ד . ג

8 וְנָקִ֤י וְצַדִּיק֙ אַֽל־תַּהֲרֹ֔ג כִּ֥י[a] לֹא־אַצְדִּ֖יק[b] רָשָֽׁע[c]׃ 8 וְשֹׁ֖חַד לֹ֣א[a] תִקָּ֑ח   ג . ה[8]

9 כִּ֤י הַשֹּׁ֙חַד֙ יְעַוֵּ֣ר[b] פִּקְחִ֔ים וִֽיסַלֵּ֖ף דִּבְרֵ֥י צַדִּיקִֽים׃ 9 וְגֵ֖ר לֹ֣א תִלְחָ֑ץ[a]   ב . ל מל בתור

[19] Mm 523. [20] Mm 524. [21] Mm 519. [22] Gn 31,50. [23] Mm 1115. [24] Mm 2697. [25] Mm 1213. [26] Mm 598. [27] Mp sub loco. [28] Mm 525. [29] Mm 526. [30] Mm 2952. [31] Mm 88. [32] Mm 527. **Cp 23** [1] Mm 206. [2] Mm 725. [3] Mm 3480. [4] Mm 1151. [5] Mm 3643. [6] Mm 28. [7] Mp sub loco. [8] Mm 528.

19 [a] ⅏𝔊[A min] + אֲחֵרִים, ins (hpgr)? ‖ [b–b] > ⅏ ‖ **20** [a] ⅏𝔊𝔖𝔗𝔗[J] 2 pl ‖ [b] ⅏𝔖𝔗𝔗[J] תִּלְחָצוּ cf 𝔊 ‖ **22** [a] ⅏𝔊𝔖𝔗[P]𝔙 תענו ‖ [b] 𝔊(𝔖𝔗[P]𝔙) *αὐτούς* ‖ [c] 𝔊𝔖𝔙 pl ‖ [d] 𝔊𝔖𝔙 suff pl; 𝔗[P] + *'rwm ḥnn wrḥmn 'nh 'mr mmrh djhwh* = כִּי חַנּוּן וְרַחוּם אֲנִי אָמַר יהוה ‖ **24** [a–a] 𝔊* *τῷ ἀδελφῷ* ‖ [b] Seb 𝔖𝔗[Ms]𝔗[P]𝔙 וְלֹא ‖ [c] 𝔊𝔖𝔙 sg ‖ **25** [a] ⅏ שמלת ‖ [b] ⅏ ־נָּה ‖ **29** [a] ⅏𝔊𝔖𝔗[J]𝔙 וּלְ׳, 𝔊 + *καὶ τὸ ὑποζύγιόν σου* ‖ [b] mlt Mss ⅏𝔊𝔖𝔗[Mss]𝔗[J] וּבַ׳ ‖ **30** [a] > Vrs ‖ [b] ⅏ הַשְׁלֵךְ ‖ **Cp 23,2** [a–a] 𝔊 *μετὰ πλήθους* ‖ [b] 𝔊 + *κρίσιν* ‖ **3** [a] דל lapsus pro גָּדֹל? cf Lv 19,15 ‖ **4** [a] ut 21,35[a] ‖ **5** [a–a] obscure, si non crrp; 𝔊 *συνεγερεῖς αὐτό*, 𝔖 *mšql šqwl*, 𝔙 *sublevabis* ‖ **7** [a] 𝔊 *καί* ‖ [b] 𝔊 2 sg ‖ [c] 𝔊* + *ἕνεκεν δώρων* ‖ **8** [a] ⅏ [b] nonn Mss ⅏𝔊𝔖𝔗𝔗[J] + עֵינֵי cf Dt 16,19 Sir 20,29 ‖ **9** [a] ⅏𝔊𝔖𝔗𝔗[J] ־צוּ־ָ.

וְאַתֶּ֗ם יְדַעְתֶּם֙ אֶת־נֶ֣פֶשׁ הַגֵּ֔ר כִּֽי־גֵרִ֥ים הֱיִיתֶ֖ם בְּאֶ֥רֶץ מִצְרָֽיִם׃
10 11 10 וְשֵׁ֥שׁ שָׁנִ֖ים תִּזְרַ֣ע אֶת־אַרְצֶ֑ךָ וְאָסַפְתָּ֖ אֶת־תְּבוּאָתָֽהּ׃ 11 וְהַשְּׁבִיעִ֞ת ג ר״פ[9]
תִּשְׁמְטֶ֣נָּה וּנְטַשְׁתָּ֗הּ וְאָֽכְלוּ֙ אֶבְיֹנֵ֣י עַמֶּ֔ךָ וְיִתְרָ֕ם תֹּאכַ֖ל חַיַּ֣ת הַשָּׂדֶ֑ה ל . ל . ב חד חס וחד מל[10] . ב[11]
12 כֵּֽן־תַּעֲשֶׂ֥ה לְכַרְמְךָ֖ לְזֵיתֶֽךָ[a]׃ 12 שֵׁ֤שֶׁת יָמִים֙ תַּעֲשֶׂ֣ה מַעֲשֶׂ֔יךָ וּבַיּ֥וֹם
הַשְּׁבִיעִ֖י תִּשְׁבֹּ֑ת לְמַ֣עַן יָנ֗וּחַ[a] שֽׁוֹרְךָ֙ וַחֲמֹרֶ֔ךָ וְיִנָּפֵ֥שׁ בֶּן־אֲמָתְךָ֖[a] וְהַגֵּֽר׃ ל
13 13 וּבְכֹ֛ל[a] אֲשֶׁר־אָמַ֥רְתִּי אֲלֵיכֶ֖ם תִּשָּׁמֵ֑רוּ וְשֵׁ֨ם אֱלֹהִ֤ים אֲחֵרִים֙ לֹ֣א ה[12] . ל . ד פסוק דאית בהון לא לא ומילה חדה ביניה[13]
תַזְכִּ֔ירוּ לֹ֥א[b] יִשָּׁמַ֖ע עַל־פִּֽיךָ׃ ב[14] . ל[15]
14 15 14 שָׁלֹ֣שׁ רְגָלִ֔ים תָּחֹ֥ג[a] לִ֖י בַּשָּׁנָֽה׃ 15 אֶת־חַ֣ג הַמַּצּוֹת֮ תִּשְׁמֹר֒ שִׁבְעַ֣ת
יָמִים֩ תֹּאכַ֨ל מַצּ֜וֹת כַּאֲשֶׁ֣ר צִוִּיתִ֗ךָ לְמוֹעֵד֙ חֹ֣דֶשׁ הָֽאָבִ֔יב כִּי־ב֖וֹ יָצָ֣אתָ ו רפי[16]
16 מִמִּצְרָ֑יִם וְלֹא־יֵרָא֥וּ פָנַ֖י רֵיקָֽם׃ 16 וְחַ֤ג הַקָּצִיר֙ בִּכּוּרֵ֣י מַעֲשֶׂ֔יךָ אֲשֶׁ֥ר ד[17]
תִּזְרַ֖ע בַּשָּׂדֶ֑ה וְחַ֤ג הָֽאָסִף֙ בְּצֵ֣את הַשָּׁנָ֔ה בְּאָסְפְּךָ֥ אֶֽת־מַעֲשֶׂ֖יךָ מִן־ ב חד חס וחד מל
17 הַשָּׂדֶֽה׃ 17 שָׁלֹ֥שׁ פְּעָמִ֖ים בַּשָּׁנָ֑ה יֵרָאֶה֙ כָּל־זְכ֣וּרְךָ֔ אֶל[a]־פְּנֵ֖י[b] הָאָדֹ֥ן[c] ׀ יג[18] . ט[19] וכל צורת הבית דכות ב מ ד . ב חס
18 יְהוָֽה[b]׃ 18 לֹֽא[a]־תִזְבַּ֥ח עַל־חָמֵ֖ץ דַּם־זִבְחִ֑י וְלֹֽא־יָלִ֥ין חֵֽלֶב־חַגִּ֖י עַד־ ג זוגין[20]
19 בֹּֽקֶר׃ 19 רֵאשִׁ֗ית בִּכּוּרֵי֙ אַדְמָ֣תְךָ֔ תָּבִ֕יא בֵּ֖ית יְהוָ֣ה אֱלֹהֶ֑יךָ לֹֽא־תְבַשֵּׁ֥ל כח . יג[21]
גְּדִ֖י בַּחֲלֵ֥ב אִמּֽוֹ[a]׃ ס
20 הִנֵּ֨ה אָנֹכִ֜י שֹׁלֵ֤חַ מַלְאָךְ֙[a] לְפָנֶ֔יךָ לִשְׁמָרְךָ֖ בַּדָּ֑רֶךְ וְלַהֲבִ֣יאֲךָ֔ אֶל־ ס [יט] ל
21 הַמָּק֖וֹם[b] אֲשֶׁ֥ר הֲכִנֹֽתִי׃ 21 הִשָּׁ֧מֶר מִפָּנָ֛יו וּשְׁמַ֥ע בְּקֹל֖וֹ אַל־תַּמֵּ֣ר[a] בּ֑וֹ ל חס . כג . ל
22 כִּ֣י לֹ֤א יִשָּׂא֙ לְפִשְׁעֲכֶ֔ם כִּ֥י שְׁמִ֖י בְּקִרְבּֽוֹ׃ 22 כִּ֣י אִם־שָׁמ֤וֹעַ תִּשְׁמַע֙[a] לז . ב[22]
בְּקֹל֔וֹ[b] וְעָשִׂ֕יתָ כֹּ֖ל אֲשֶׁ֣ר אֲדַבֵּ֑ר וְאָֽיַבְתִּי֙ אֶת־אֹ֣יְבֶ֔יךָ וְצַרְתִּ֖י אֶת־ ל . ב[23]
23 צֹרְרֶֽיךָ׃ 23 כִּֽי־יֵלֵ֣ךְ מַלְאָכִי֮ לְפָנֶ֒יךָ֒ וֶהֱבִֽיאֲךָ֗ אֶל־הָֽאֱמֹרִי֙ וְהַֽחִתִּ֔י סימן מ ת פ כ ו ס[24]
24 וְהַפְּרִזִּי֙ וְהַֽכְּנַעֲנִ֔י[a] הַחִוִּ֖י[b] וְהַיְבוּסִ֑י וְהִכְחַדְתִּֽיו[c]׃ 24 לֹֽא־תִשְׁתַּחֲוֶ֤ה ז . ל . לד פסוק לא ולא ולא[25]
לֵאלֹֽהֵיהֶם֙ וְלֹ֣א תָֽעָבְדֵ֔ם וְלֹ֥א תַעֲשֶׂ֖ה כְּמַֽעֲשֵׂיהֶ֑ם כִּ֤י הָרֵס֙ תְּהָ֣רְסֵ֔ם ג[26]
25 וְשַׁבֵּ֥ר תְּשַׁבֵּ֖ר מַצֵּבֹתֵיהֶֽם׃ 25 וַעֲבַדְתֶּ֗ם[a] אֵ֚ת יְהוָ֣ה אֱלֹהֵיכֶ֔ם[b] וּבֵרַ֥ךְ[c] ג[27]

[9] Mm 4173ב. [10] Mm 529. [11] Hi 22,20. [12] Mm 781. [13] Mm 2267. [14] Mm 530. [15] Mm 3112. [16] Mm 613. [17] Mm 1916. [18] Mm 150. [19] Mm 3937. [20] Mm 509. [21] Mm 1228. [22] Mp falsa, ms L cum ו erasum videtur contra Mm 1115. [23] Jes 29,3. [24] Okhl 274. [25] Mm 771. [26] Mm 531. [27] Mm 1538.

11 [a] pc Mss ⅏𝔊𝔖𝔙 וּלְ' ‖ 12 [a–a] ⅏ עַבְדְּךָ וַאמתך כָּמוֹךָ וְכָל בְּהֶמְתֶּךָ ‖ 13 [a] ⅏𝔊𝔖 וְכֹל ‖ [b] ℭ mlt Mss ⅏𝔊𝔗^Mss𝔗^J𝔙 וְלֹא cf 𝔖 ‖ 14 [a] 𝔊𝔖𝔗^Mss𝔗^J𝔙 pl ‖ 17 [a] ⅏ את ut 34,23 ‖ [b–b] 𝔊(𝔖𝔙) κυρίου τοῦ θεοῦ σου ‖ [c] ⅏ ארון cf 34,23[a] ‖ 18 [a] 𝔊* pr nonn vb ex 34,24 ‖ 19 [a] ⅏ + add ‖ 20 [a] ⅏𝔊𝔙 ־כִי ut 23 ‖ [b] 𝔊(𝔖) τὴν γῆν ‖ 21 [a] 𝔊 ἀπείθει = 𝔖 תֶּמֶר tthr' ‖ 22 [a] ⅏𝔊 ־עוּ ‖ [b] ⅏𝔊 ־לִי ‖ 23 [a] 𝔊 + καὶ Γεργεσαῖον cf ⅏ ‖ [b] mlt Mss ⅏𝔊𝔖𝔗^Mss𝔙 וְהַ' ‖ [c] Vrs suff pl ‖ 25 [a] 𝔊 sg ‖ [b] 𝔊 suff sg ‖ [c] 𝔊𝔙 1 sg.

26 אֶת־לַחְמְךָ֖[d] וְאֶת־מֵימֶ֑יךָ וַהֲסִרֹתִ֥י מַחֲלָ֖ה מִקִּרְבֶּֽךָ[e]׃ 26 לֹ֥א תִהְיֶ֛ה
מְשַׁכֵּלָ֥ה וַעֲקָרָ֖ה בְּאַרְצֶ֑ךָ אֶת־מִסְפַּ֥ר יָמֶ֖יךָ אֲמַלֵּֽא׃
27 אֶת־אֵֽימָתִי֙ אֲשַׁלַּ֣ח לְפָנֶ֔יךָ וְהַמֹּתִי֙ אֶת־כָּל־הָעָ֔ם אֲשֶׁ֥ר תָּבֹ֖א
28 בָּהֶ֑ם וְנָתַתִּ֧י אֶת־כָּל־אֹיְבֶ֛יךָ אֵלֶ֖יךָ עֹֽרֶף׃ 28 וְשָׁלַחְתִּ֥י אֶת־הַצִּרְעָ֖ה
29 לְפָנֶ֑יךָ וְגֵרְשָׁ֗ה[a] אֶת־הַחִוִּ֧י[b] אֶת־[c]הַֽכְּנַעֲנִ֛י וְאֶת־הַחִתִּ֖י מִלְּפָנֶֽיךָ׃ 29 לֹ֧א
אֲגָרְשֶׁ֛נּוּ[a] מִפָּנֶ֖יךָ בְּשָׁנָ֣ה אֶחָ֑ת פֶּן־תִּהְיֶ֤ה הָאָ֙רֶץ֙ שְׁמָמָ֔ה וְרַבָּ֥ה עָלֶ֖יךָ חַיַּ֥ת
30 הַשָּׂדֶֽה׃ 30 מְעַ֥ט מְעַ֖ט אֲגָרְשֶׁ֣נּוּ[a] מִפָּנֶ֑יךָ עַ֚ד אֲשֶׁ֣ר תִּפְרֶ֔ה וְנָחַלְתָּ֖ אֶת־
31 הָאָֽרֶץ׃ 31 וְשַׁתִּ֣י אֶת־גְּבֻלְךָ֗ מִיַּם־סוּף֙ וְעַד־יָ֣ם פְּלִשְׁתִּ֔ים וּמִמִּדְבָּ֖ר עַד־
32 הַנָּהָ֑ר כִּ֣י ׀ אֶתֵּ֣ן בְּיֶדְכֶ֗ם אֵ֚ת[a] יֹשְׁבֵ֣י הָאָ֔רֶץ וְגֵרַשְׁתָּ֖מוֹ[b] מִפָּנֶֽיךָ׃ 32 לֹא־[a]
33 תִכְרֹ֥ת לָהֶ֛ם וְלֵאלֹהֵיהֶ֖ם בְּרִֽית׃ 33 לֹ֤א יֵשְׁבוּ֙ בְּאַרְצְךָ֔ פֶּן־יַחֲטִ֥יאוּ
אֹתְךָ֖ לִ֑י כִּ֤י תַעֲבֹד֙ אֶת־אֱלֹ֣הֵיהֶ֔ם כִּֽי־יִהְיֶ֥ה[a] לְךָ֖ לְמוֹקֵֽשׁ׃ פ
24 1 וְאֶל־מֹשֶׁ֨ה אָמַ֜ר עֲלֵ֣ה אֶל־יְהוָ֗ה אַתָּה֙ וְאַהֲרֹן֙ נָדָ֣ב וַאֲבִיה֔וּא[a]
2 וְשִׁבְעִ֖ים מִזִּקְנֵ֣י יִשְׂרָאֵ֑ל וְהִשְׁתַּחֲוִיתֶ֖ם[b] מֵרָחֹֽק[c]׃ 2 וְנִגַּ֨שׁ מֹשֶׁ֤ה לְבַדּוֹ֙
3 אֶל־יְהוָ֔ה[a] וְהֵ֖ם לֹ֣א יִגָּ֑שׁוּ וְהָעָ֕ם לֹ֥א יַעֲל֖וּ עִמּֽוֹ[b]׃ 3 וַיָּבֹ֣א מֹשֶׁ֗ה וַיְסַפֵּ֤ר
לָעָם֙ אֵ֚ת כָּל־דִּבְרֵ֣י יְהוָ֔ה[a] וְאֵ֖ת כָּל־הַמִּשְׁפָּטִ֑ים וַיַּ֨עַן כָּל־הָעָ֜ם ק֤וֹל
4 אֶחָד֙ וַיֹּ֣אמְר֔וּ כָּל־הַדְּבָרִ֛ים אֲשֶׁר־דִּבֶּ֥ר יְהוָ֖ה נַעֲשֶֽׂה[b]׃ 4 וַיִּכְתֹּ֣ב מֹשֶׁ֗ה
אֵ֚ת כָּל־דִּבְרֵ֣י יְהוָ֔ה וַיַּשְׁכֵּ֣ם בַּבֹּ֔קֶר וַיִּ֥בֶן מִזְבֵּ֖חַ תַּ֣חַת הָהָ֑ר וּשְׁתֵּ֤ים
5 עֶשְׂרֵה֙ מַצֵּבָ֔ה[a] לִשְׁנֵ֥ים עָשָׂ֖ר שִׁבְטֵ֥י יִשְׂרָאֵֽל׃ 5 וַיִּשְׁלַ֗ח אֶֽת־נַעֲרֵי֙ בְּנֵ֣י
6 יִשְׂרָאֵ֔ל וַֽיַּעֲל֖וּ עֹלֹ֑ת וַֽיִּזְבְּח֞וּ זְבָחִ֧ים שְׁלָמִ֛ים לַיהוָ֖ה[a] פָּרִֽים[b]׃ 6 וַיִּקַּ֤ח
7 מֹשֶׁה֙ חֲצִ֣י הַדָּ֔ם וַיָּ֖שֶׂם בָּאַגָּנֹ֑ת וַחֲצִ֣י הַדָּ֔ם זָרַ֖ק עַל־הַמִּזְבֵּֽחַ׃ 7 וַיִּקַּח֙
סֵ֣פֶר הַבְּרִ֔ית וַיִּקְרָ֖א בְּאָזְנֵ֣י הָעָ֑ם וַיֹּ֣אמְר֔וּ כֹּ֛ל אֲשֶׁר־דִּבֶּ֥ר יְהוָ֖ה[a] נַעֲשֶׂ֥ה
8 וְנִשְׁמָֽע[a]׃ 8 וַיִּקַּ֤ח מֹשֶׁה֙ אֶת־הַדָּ֔ם וַיִּזְרֹ֖ק עַל־הָעָ֑ם וַיֹּ֗אמֶר הִנֵּ֤ה דַֽם־
הַבְּרִית֙ אֲשֶׁ֨ר כָּרַ֤ת יְהוָה֙ עִמָּכֶ֔ם עַ֥ל כָּל־הַדְּבָרִ֖ים[a] הָאֵֽלֶּה׃

ג[28] . ו זוגין[29]
ב[30]
ל מל . ט[31] . ל . יז[32] חס וכל משלי דכות ב מ ד
ג[33]
סימן ו כת[34] . י
ד[35]
ל
ל[36] . ג פסוק ועד עד[37] . ד[38] . ב
ל
ל . כ[39] . ל
ל
ז חס בתור[1]
ב
ב
פד לג מנה בתור . ל וחס
לז
ג ב פת וחד קמ[2] . ח וכל עזרא דכות[3]
ח בטע

[28] Mm 532. [29] Mm 2036. [30] Mm 3590. [31] Mm 425. [32] Mp sub loco. [33] Mm 1379. [34] Okhl 274. [35] Mm 533. [36] וחד שתי Ps 73,28. [37] Mm 3938. [38] Mm 1081. [39] Mm 534. Cp 24 [1] Mp sub loco. [2] Mm 568. [3] Mm 1968.

25 d 𝔊* + *καὶ τὸν οἶνόν σου* ‖ e 𝔊 *ἀφ' ὑμῶν* cf 𝔖 ‖ **28** a 𝔊B 2 sg, 𝔊A min 𝔖 1 sg ‖ b 𝔊 + *καὶ τοὺς Ἀμορραίους* ‖ c ℭ mlt Mss 𝔊𝔗Ms𝔗J𝔙 וְאֶת ‖ **29** a 𝔊𝔖𝔗ℭJ𝔙 suff pl ‖ **30** a cf 29a ‖ **31** a ℭ nonn Mss 𝔗J + כל ‖ b ш ־תָּם cf 𝔊𝔙 ‖ **32** a ga'ya eras ‖ **33** a ш𝔊𝔖𝔗ℭJ יהיו ‖ **Cp 24,1** a ш + אֶלְעָזָר וְאִיתָמָר, it 9a ‖ b 𝔊 3 pl ‖ c 𝔊 + *τῷ κυρίῳ* ‖ **2** a 𝔊 *τὸν θεόν* ‖ b 𝔊 *μετ' αὐτῶν* ‖ **3** a 𝔊 *τοῦ θεοῦ* ‖ b 𝔊 + *καὶ ἀκουσόμεθα* cf 7 ‖ **4** a ш𝔊 אֲבָנִים ‖ **5** a 𝔊* *τῷ θεῷ* ‖ b ш + בְּנֵי בָקָר ‖ **7** a–a 𝔊F𝔖 invers ‖ **8** a ℭ הַמִּשְׁפָּטִים.

9 10 וַיַּעַל מֹשֶׁה וְאַהֲרֹן נָדָב וַאֲבִיהוּא[a] וְשִׁבְעִים מִזִּקְנֵי יִשְׂרָאֵל׃ 10 וַיִּרְאוּ כט בתור
אֵת[a] אֱלֹהֵי יִשְׂרָאֵל וְתַחַת רַגְלָיו כְּמַעֲשֵׂה לִבְנַת הַסַּפִּיר וּכְעֶצֶם כה[4] . ב חד פת וחד קמ[5] . ל
11 הַשָּׁמַיִם לָטֹהַר׃ 11 [a]וְאֶל־אֲצִילֵי בְּנֵי יִשְׂרָאֵל לֹא שָׁלַח יָדוֹ וַיֶּחֱזוּ[b] אֶת־ ל . ב[6]
12 הָאֱלֹהִים[a] וַיֹּאכְלוּ וַיִּשְׁתּוּ׃ ס 12 וַיֹּאמֶר יְהוָה אֶל־מֹשֶׁה עֲלֵה אֵלַי יב בטע בסיפ[7]
הָהָרָה וֶהְיֵה־שָׁם וְאֶתְּנָה לְךָ אֶת־לֻחֹת הָאֶבֶן וְהַתּוֹרָה[a] וְהַמִּצְוָה אֲשֶׁר יג[8] . ל . ב[9]
13 כָּתַבְתִּי לְהוֹרֹתָם׃ 13 וַיָּקָם מֹשֶׁה וִיהוֹשֻׁעַ מְשָׁרְתוֹ וַיַּעַל[a] מֹשֶׁה[b] אֶל־ ל . יו וכל אל הר הכרמל דכות[10]
14 הַר הָאֱלֹהִים׃ 14 וְאֶל־הַזְּקֵנִים אָמַר שְׁבוּ־לָנוּ בָזֶה עַד אֲשֶׁר־נָשׁוּב ד . ל . ה בתור
אֲלֵיכֶם וְהִנֵּה אַהֲרֹן וְחוּר עִמָּכֶם מִי־בַעַל דְּבָרִים יִגַּשׁ אֲלֵהֶם׃
15 16 15 וַיַּעַל מֹשֶׁה[a] אֶל־הָהָר וַיְכַס הֶעָנָן אֶת־הָהָר׃ 16 וַיִּשְׁכֹּן כְּבוֹד־יְהוָה[a] ה ד חס וחד מל[11]
עַל־הַר סִינַי וַיְכַסֵּהוּ הֶעָנָן שֵׁשֶׁת יָמִים וַיִּקְרָא[b] אֶל־מֹשֶׁה בַּיּוֹם ג . ב[12]
17 הַשְּׁבִיעִי מִתּוֹךְ הֶעָנָן׃ 17 וּמַרְאֵה כְּבוֹד יְהוָה כְּאֵשׁ אֹכֶלֶת בְּרֹאשׁ ז[13] . לה[14]
18 הָהָר לְעֵינֵי בְּנֵי יִשְׂרָאֵל׃ 18 וַיָּבֹא מֹשֶׁה בְּתוֹךְ הֶעָנָן וַיַּעַל אֶל־הָהָר ג[15]
וַיְהִי מֹשֶׁה[a] בָּהָר אַרְבָּעִים יוֹם וְאַרְבָּעִים לָיְלָה׃ פ קי״ח

ס [כ] פרש 25 1 וַיְדַבֵּר יְהוָה אֶל־מֹשֶׁה לֵּאמֹר׃ 2 דַּבֵּר אֶל־בְּנֵי יִשְׂרָאֵל
וְיִקְחוּ־לִי תְּרוּמָה מֵאֵת כָּל־אִישׁ אֲשֶׁר יִדְּבֶנּוּ לִבּוֹ תִּקְחוּ אֶת־תְּרוּמָתִי׃ ו רפי[1] . ל
3 4 3 וְזֹאת הַתְּרוּמָה אֲשֶׁר תִּקְחוּ מֵאִתָּם זָהָב וָכֶסֶף וּנְחֹשֶׁת׃ 4 וּתְכֵלֶת כה יו[2] מנה ר״פ . ג
5 וְאַרְגָּמָן וְתוֹלַעַת שָׁנִי וְשֵׁשׁ וְעִזִּים׃ 5 וְעֹרֹת אֵילִם מְאָדָּמִים וְעֹרֹת
6 תְּחָשִׁים וַעֲצֵי שִׁטִּים׃ 6 שֶׁמֶן לַמָּאֹר בְּשָׂמִים לְשֶׁמֶן הַמִּשְׁחָה וְלִקְטֹרֶת ח זוגין מחליפין[3] . ג חד חס וב מל בסיפ
7 8 הַסַּמִּים׃ 7 אַבְנֵי־שֹׁהַם וְאַבְנֵי מִלֻּאִים לָאֵפֹד וְלַחֹשֶׁן׃ 8 וְעָשׂוּ[a] לִי ח זוגין מחליפין[3] . ג ב מל וחד חס
9 מִקְדָּשׁ [b]וְשָׁכַנְתִּי בְּתוֹכָם[b]׃ 9 כְּכֹל[a] אֲשֶׁר אֲנִי מַרְאֶה אוֹתְךָ[b] אֵת יז מל בליש[4]
תַּבְנִית הַמִּשְׁכָּן וְאֵת תַּבְנִית כָּל־כֵּלָיו וְכֵן תַּעֲשׂוּ[c]׃ ס ל . ב[5]
10 10 וְעָשׂוּ[a] אֲרוֹן עֲצֵי שִׁטִּים אַמָּתַיִם וָחֵצִי אָרְכּוֹ וְאַמָּה וָחֵצִי רָחְבּוֹ
11 וְאַמָּה וָחֵצִי קֹמָתוֹ׃ 11 וְצִפִּיתָ אֹתוֹ זָהָב טָהוֹר מִבַּיִת וּמִחוּץ תְּצַפֶּנּוּ ל בתור

[4]Mm 2364. [5]Mm 535. [6]Mm 3729. [7]Mm 439. [8]Mm 1100. [9]Mm 536. [10]Mm 385. [11]Mm 537. [12]Mm 538. [13]Mm 539. [14]Mm 2840. [15]Mm 540. **Cp 25** [1]Mm 560. [2]Mm 856. [3]Mm 3964. [4]Mm 541. [5]Mm 1438.

9 [a] cf 1[a] ‖ **10** [a] 𝔊 *τὸν τόπον οὗ εἱστήκει ἐκεῖ* (> 𝔊[BO min]) cf 11[a–a] ‖ **11** [a–a] 𝔊 *καὶ τῶν ἐπιλέκτων τοῦ Ισραηλ οὐ διεφώνησεν οὐδὲ εἷς· καὶ ὤφθησαν ἐν τῷ τόπῳ τοῦ θεοῦ* ‖ [b] ⅏[Mss] **וַיֶּאֱחֲזוּ** ‖ **12** [a] ⅏𝔊 הַ׳ ‖ **13** [a] 𝔊 pl ‖ [b] > 𝔊 ‖ **15** [a] 𝔊* + *καὶ Ιησοῦς* cf 13 ‖ **16** [a] 𝔊 *τοῦ θεοῦ* ‖ [b] 𝔊(𝔖) + *κύριος* ‖ **18** [a] 𝔊 *ἐκεῖ* ‖ **Cp 25,8** [a] 𝔊 2 sg cf 10[a] ‖ [b–b] 𝔊 *καὶ ὀφθήσομαι ἐν ὑμῖν* ‖ **9** [a] 𝔊 pr *καὶ ποιήσεις μοι* (ex 8) ‖ [b] ⅏𝔊 + **בָּהָר** ‖ [c] ⅏𝔊 **תַּעֲשֶׂה** ‖ **10** [a] ⅏𝔊 **וְעָשִׂיתָ**.

12 וְעָשִׂיתָ עָלָיו[a] זֵר זָהָב סָבִיב׃ 12 וְיָצַקְתָּ לּוֹ אַרְבַּע טַבְּעֹת זָהָב וְנָתַתָּה — הׄ מל בסיפׄ
עַל אַרְבַּע פַּעֲמֹתָיו וּשְׁתֵּי טַבָּעֹת עַל־צַלְעוֹ הָאֶחָת וּשְׁתֵּי טַבָּעֹת עַל־
13 14 צַלְעוֹ הַשֵּׁנִית׃ 13 וְעָשִׂיתָ בַדֵּי עֲצֵי שִׁטִּים וְצִפִּיתָ אֹתָם זָהָב׃ 14 וְהֵבֵאתָ[a] — גׄ
אֶת־הַבַּדִּים בַּטַּבָּעֹת עַל צַלְעֹת הָאָרֹן לָשֵׂאת אֶת־הָאָרֹן בָּהֶם׃ — כׄד
15 בְּטַבְּעֹת הָאָרֹן יִהְיוּ הַבַּדִּים לֹא יָסֻרוּ מִמֶּנּוּ׃ 16 וְנָתַתָּ אֶל־הָאָרֹן — לׄ חס . כׄט חס[6] . הׄ בליש[7] . בׄ[8]
17 אֵת הָעֵדֻת אֲשֶׁר אֶתֵּן אֵלֶיךָ׃ 17 וְעָשִׂיתָ כַפֹּרֶת זָהָב טָהוֹר אַמָּתַיִם
18 וָחֵצִי אָרְכָּהּ וְאַמָּה וָחֵצִי רָחְבָּהּ׃ 18 וְעָשִׂיתָ שְׁנַיִם כְּרֻבִים זָהָב מִקְשָׁה — כל אורית חס וכל נביא וכתיב מל בׄ מׄ יבׄ[9]
19 תַּעֲשֶׂה אֹתָם מִשְּׁנֵי קְצוֹת הַכַּפֹּרֶת׃ 19 וַעֲשֵׂה[a] כְּרוּב אֶחָד מִקָּצָה — גׄ ר״פׄ[10]
מִזֶּה וּכְרוּב־אֶחָד מִקָּצָה מִזֶּה מִן־הַכַּפֹּרֶת תַּעֲשׂוּ[b] אֶת־הַכְּרֻבִים עַל־
20 שְׁנֵי קְצוֹתָיו׃ 20 וְהָיוּ הַכְּרֻבִים פֹּרְשֵׂי כְנָפַיִם לְמַעְלָה סֹכְכִים
בְּכַנְפֵיהֶם עַל־הַכַּפֹּרֶת וּפְנֵיהֶם אִישׁ אֶל־אָחִיו אֶל־הַכַּפֹּרֶת יִהְיוּ פְּנֵי — יד פסוק על אל אל[11] . טׄ . בׄ
21 הַכְּרֻבִים׃ 21 וְנָתַתָּ אֶת־הַכַּפֹּרֶת עַל־הָאָרֹן מִלְמָעְלָה וְאֶל־הָאָרֹן — כׄט חס[6] . הׄ בליש[7] . לׄ[8]
22 תִּתֵּן אֶת־הָעֵדֻת [a]אֲשֶׁר אֶתֵּן אֵלֶיךָ[a]׃ 22 וְנוֹעַדְתִּי[a] לְךָ שָׁם וְדִבַּרְתִּי — בׄ חד מל וחד חס[12]
אִתְּךָ מֵעַל הַכַּפֹּרֶת מִבֵּין שְׁנֵי הַכְּרֻבִים אֲשֶׁר עַל־אֲרוֹן הָעֵדֻת [c]אֵת[b] — יׄו בתור[13] . יבׄ[14]
כָּל־[b]אֲשֶׁר אֲצַוֶּה אוֹתְךָ אֶל־בְּנֵי יִשְׂרָאֵל׃ פ — יׄז מל בליש[15]

23 וְעָשִׂיתָ שֻׁלְחָן [a]עֲצֵי שִׁטִּים[a] אַמָּתַיִם אָרְכּוֹ וְאַמָּה רָחְבּוֹ וְאַמָּה
24 וָחֵצִי קֹמָתוֹ׃ 24 [a]וְצִפִּיתָ אֹתוֹ זָהָב טָהוֹר[a] וְעָשִׂיתָ לּוֹ זֵר זָהָב סָבִיב׃
25 וְעָשִׂיתָ לּוֹ מִסְגֶּרֶת טֹפַח סָבִיב וְעָשִׂיתָ זֵר־זָהָב לְמִסְגַּרְתּוֹ סָבִיב׃
26 וְעָשִׂיתָ לּוֹ[a] אַרְבַּע טַבְּעֹת זָהָב וְנָתַתָּ אֶת־הַטַּבָּעֹת עַל אַרְבַּע הַפֵּאֹת — כׄט חס[6] . בׄ וחס
27 אֲשֶׁר לְאַרְבַּע רַגְלָיו׃ 27 לְעֻמַּת הַמִּסְגֶּרֶת תִּהְיֶיןָ הַטַּבָּעֹת לְבָתִּים
28 לְבַדִּים לָשֵׂאת אֶת־הַשֻּׁלְחָן׃ 28 וְעָשִׂיתָ אֶת־הַבַּדִּים עֲצֵי שִׁטִּים וְצִפִּיתָ — כׄד
29 אֹתָם זָהָב וְנִשָּׂא־[a]בָם אֶת־הַשֻּׁלְחָן׃ 29 וְעָשִׂיתָ קְּעָרֹתָיו וְכַפֹּתָיו וּקְשׂוֹתָיו — יבׄ[16]
30 וּמְנַקִּיֹּתָיו אֲשֶׁר יֻסַּךְ[a] בָּהֵן[b] זָהָב טָהוֹר תַּעֲשֶׂה אֹתָם׃ 30 וְנָתַתָּ עַל־ — בׄ . הׄ[17] . כׄט חס[6]
הַשֻּׁלְחָן לֶחֶם פָּנִים לְפָנַי תָּמִיד׃ פ — לׄ

[6] Mm 657. [7] Mm 2775. [8] Mm 542. [9] Cf Mm 543. [10] Mm 196. [11] Mm 4093. [12] Mm 544. [13] Mm 60. [14] Mm 853. [15] Mm 541. [16] Mm 545. [17] Mm 640.

11 [a] pc Mss 𝔐𝔊𝔖𝔗[Ms] לוֹ cf 30,3 ‖ **14** [a] ga'ya eras ‖ **19** [a] 𝔐𝔊 יַעֲשׂוּ (𝔐 cj c 18) ‖ [b] ℭ cod Hillel pc Mss 𝔐𝔗[Mss]𝔗[J] תעשה cf 𝔊(𝔖) *καὶ ποιήσεις* ‖ **21** [a–a] > 𝔐 ‖ **22** [a] 𝔊 *καὶ γνωσθήσομαι* = וְנוֹדַעְתִּי ‖ [b–b] 𝔊 *καὶ κατὰ πάντα* ‖ [c] mlt Mss 𝔐 וְאֵת ‖ **23** [a–a] 𝔊* *χρυσίου καθαροῦ* cf 24 ‖ **24** [a–a] > 𝔊* ‖ **26** [a] > 𝔊*𝔙 ‖ **28** [a] 𝔐𝔖𝔗𝔗[J] וְנָשְׂאוּ ‖ **29** [a] 𝔐 יִסְּכוּ ‖ [b] mlt Mss 𝔐 בהם.

31 וְעָשִׂיתָ מְנֹרַת זָהָב טָהוֹר מִקְשָׁה תֵּעָשֶׂה[a] הַמְּנוֹרָה [b]יְרֵכָהּ וְקָנָהּ[b] 31 ז̇[18]. ג̇ מל בתור[19]
גְּבִיעֶיהָ כַּפְתֹּרֶיהָ וּפְרָחֶיהָ מִמֶּנָּה יִהְיוּ׃ 32 וְשִׁשָּׁה קָנִים יֹצְאִים מִצִּדֶּיהָ 32 כל אורית חס
שְׁלֹשָׁה ׀ קְנֵי מְנֹרָה מִצִּדָּהּ הָאֶחָד וּשְׁלֹשָׁה קְנֵי מְנֹרָה מִצִּדָּהּ הַשֵּׁנִי׃ ד̇ כת י̇ . ד̇ כת י̇
33 שְׁלֹשָׁה גְבִעִים מְשֻׁקָּדִים בַּקָּנֶה הָאֶחָד כַּפְתֹּר וָפֶרַח וּשְׁלֹשָׁה גְבִעִים 33
מְשֻׁקָּדִים בַּקָּנֶה הָאֶחָד כַּפְתֹּר וָפָרַח כֵּן[a] לְשֵׁשֶׁת הַקָּנִים הַיֹּצְאִים
מִן־הַמְּנֹרָה׃ 34 וּבַמְּנֹרָה אַרְבָּעָה גְבִעִים מְשֻׁקָּדִים[a] כַּפְתֹּרֶיהָ וּפְרָחֶיהָ׃ 34 ב̇[20]. כל אורית חס
35 וְכַפְתֹּר תַּחַת שְׁנֵי הַקָּנִים מִמֶּנָּה וְכַפְתֹּר תַּחַת שְׁנֵי[a] הַקָּנִים מִמֶּנָּה 35
וְכַפְתֹּר תַּחַת־שְׁנֵי הַקָּנִים מִמֶּנָּה לְשֵׁשֶׁת[b] הַקָּנִים הַיֹּצְאִים מִן־הַמְּנֹרָה׃
36 כַּפְתֹּרֵיהֶם וּקְנֹתָם מִמֶּנָּה יִהְיוּ כֻּלָּהּ מִקְשָׁה אַחַת זָהָב טָהוֹר׃ 36
37 וְעָשִׂיתָ אֶת־נֵרֹתֶיהָ שִׁבְעָה וְהֶעֱלָה[a] אֶת־נֵרֹתֶיהָ וְהֵאִיר[b] עַל־עֵבֶר 37 ל̇
פָּנֶיהָ׃ 38 וּמַלְקָחֶיהָ וּמַחְתֹּתֶיהָ זָהָב טָהוֹר׃[a] 39 כִּכָּר זָהָב טָהוֹר 38 39
יַעֲשֶׂה[a] אֹתָהּ אֵת[b] כָּל־הַכֵּלִים הָאֵלֶּה׃ 40 וּרְאֵה וַעֲשֵׂה בְּתַבְנִיתָם[a] 40 ג̇ ר״פ[21]. ל̇
אֲשֶׁר־אַתָּה מָרְאֶה בָּהָר׃ ס ל̇
26 1 וְאֶת־הַמִּשְׁכָּן תַּעֲשֶׂה עֶשֶׂר יְרִיעֹת שֵׁשׁ מָשְׁזָר וּתְכֵלֶת וְאַרְגָּמָן ס̄[כא] ל̇
וְתֹלַעַת שָׁנִי כְּרֻבִים מַעֲשֵׂה חֹשֵׁב תַּעֲשֶׂה אֹתָם׃ 2 אֹרֶךְ ׀ הַיְרִיעָה 2 ב̇ חס[1]. ד̇ דמטע בטע[2]
הָאַחַת שְׁמֹנֶה וְעֶשְׂרִים בָּאַמָּה וְרֹחַב אַרְבַּע בָּאַמָּה הַיְרִיעָה הָאֶחָת ד̇[3]
מִדָּה אַחַת לְכָל־הַיְרִיעֹת׃ 3 חֲמֵשׁ[a] הַיְרִיעֹת תִּהְיֶיןָ חֹבְרֹת [b]אִשָּׁה 3
אֶל־אֲחֹתָהּ[b] וְחָמֵשׁ יְרִיעֹת חֹבְרֹת [b]אִשָּׁה אֶל־אֲחֹתָהּ[b]׃ 4 וְעָשִׂיתָ לֻלְאֹת 4
תְּכֵלֶת עַל שְׂפַת הַיְרִיעָה הָאֶחָת [a]מִקָּצָה בַּחֹבָרֶת[a] וְכֵן תַּעֲשֶׂה בִּשְׂפַת ב̇[4]. ה̇[5]
הַיְרִיעָה הַקִּיצוֹנָה בַּמַּחְבֶּרֶת הַשֵּׁנִית׃ 5 חֲמִשִּׁים לֻלָאֹת תַּעֲשֶׂה בַּיְרִיעָה 5 ב̇ מל. י̇ זוגין[6]
הָאֶחָת וַחֲמִשִּׁים לֻלָאֹת תַּעֲשֶׂה בִּקְצֵה הַיְרִיעָה אֲשֶׁר בַּמַּחְבֶּרֶת ג̇ קמ̇ וכל אתנח זקף וס״פ דכות ב̇ מ̇ ב̇
הַשֵּׁנִית מַקְבִּילֹת הַלֻּלָאֹת אִשָּׁה אֶל־אֲחֹתָהּ׃ 6 וְעָשִׂיתָ חֲמִשִּׁים קַרְסֵי 6
זָהָב וְחִבַּרְתָּ אֶת־הַיְרִיעֹת אִשָּׁה אֶל־אֲחֹתָהּ בַּקְּרָסִים וְהָיָה הַמִּשְׁכָּן
אֶחָד׃ פ 7 וְעָשִׂיתָ יְרִיעֹת עִזִּים לְאֹהֶל עַל־הַמִּשְׁכָּן עַשְׁתֵּי־ 7

[18] Mm 546. [19] Mm 547. [20] Ex 37,20. [21] Mm 548. **Cp 26** [1] Mm 549. [2] Okhl 222. [3] Mm 2960. [4] Ex 26,10. [5] Mm 550. [6] Mm 456.

31 [a] mlt Mss ш𝔊𝔖𝔗^Ms𝔗^J תֵּעָ׳ || [b–b] ш יְרֵכָהּ קָנֶיהָ || **33** [a] ш𝔏 + תעשה || **34** [a] > 𝔖; 𝔊 + ἐν τῷ ἑνὶ καλαμίσκῳ cf 33 || **35** [a] 𝔊* 4 || [b] 𝔊(𝔖) pr οὕτως cf 33 || **37** [a] ш𝔊𝔖𝔗𝔙 וְהַעֲלִיתָ || [b] ш Vrs –רו || **38** [a] 𝔊 + ποιήσεις || **39** [a] pc Mss ш𝔊𝔖𝔗^Ms תַּעֲ׳ || [b] pc Mss ш𝔖 וְאֵת cf 37,24 || **40** [a] nonn Mss 𝔗^Ms כת׳ cf 𝔊𝔙 || **Cp 26,3** [a] ш𝔊 וְחָ׳ || [b–b] ш אַחַת אֶל אַחַת, it in 5 sq. 17 cf 36,10.12 sq. 22 || **4** [a–a] ш בַּקָּצָה בַּמַּחְבֶּרֶת.

8 עֶשְׂרֵה יְרִיעֹת תַּעֲשֶׂה אֹתָם׃ 8 אֹרֶךְ ׀ הַיְרִיעָה הָאַחַת שְׁלֹשִׁים° בָּאַמָּה ד̇ דמטע בטע[7] . ד̇[8]
וְרֹחַב אַרְבַּע בָּאַמָּה הַיְרִיעָה הָאֶחָת מִדָּה אַחַת לְעַשְׁתֵּי עֶשְׂרֵה
9 יְרִיעֹת׃ 9 וְחִבַּרְתָּ אֶת־חֲמֵשׁ הַיְרִיעֹת לְבָד וְאֶת־שֵׁשׁ הַיְרִיעֹת לְבָד
10 וְכָפַלְתָּ אֶת־הַיְרִיעָה הַשִּׁשִּׁית אֶל־מוּל פְּנֵי הָאֹהֶל׃ 10 וְעָשִׂיתָ חֲמִשִּׁים ל̇ וחס̇ . ב̇ בתור
לֻלָאֹת עַל שְׂפַת הַיְרִיעָה הָאֶחָת הַקִּיצֹנָה[a] בַּחֹבָרֶת[b] וַחֲמִשִּׁים לֻלָאֹת ב̇[9] וחד מן ל̇[10] זוגין
11 עַל שְׂפַת הַיְרִיעָה הַחֹבֶרֶת הַשֵּׁנִית׃ 11 וְעָשִׂיתָ קַרְסֵי נְחֹשֶׁת חֲמִשִּׁים
וְהֵבֵאתָ אֶת־הַקְּרָסִים בַּלֻּלָאֹת וְחִבַּרְתָּ אֶת־הָאֹהֶל[a] וְהָיָה אֶחָד׃
12 וְסֶרַח הָעֹדֵף בִּירִיעֹת הָאֹהֶל חֲצִי הַיְרִיעָה הָעֹדֶפֶת תִּסְרַח עַל° ל̇ . ל̇ . ל̇ . ל̇ . ב̇ בליש[11]
13 אֲחֹרֵי הַמִּשְׁכָּן׃ 13 וְהָאַמָּה מִזֶּה וְהָאַמָּה מִזֶּה בָּעֹדֵף[a] בְּאֹרֶךְ יְרִיעֹת ג̇[12]
14 הָאֹהֶל יִהְיֶה סָרוּחַ עַל־צִדֵּי הַמִּשְׁכָּן מִזֶּה וּמִזֶּה לְכַסֹּתוֹ׃ 14 וְעָשִׂיתָ ל̇ . ל̇ חס̇
מִכְסֶה לָאֹהֶל עֹרֹת אֵילִם מְאָדָּמִים וּמִכְסֵה עֹרֹת תְּחָשִׁים מִלְמָעְלָה׃ ב̇ . ג̇[13]
פ 15 וְעָשִׂיתָ אֶת־הַקְּרָשִׁים לַמִּשְׁכָּן עֲצֵי שִׁטִּים עֹמְדִים׃ 16 עֶשֶׂר
17 אַמּוֹת אֹרֶךְ[a] הַקָּרֶשׁ[b] וְאַמָּה וַחֲצִי הָאַמָּה רֹחַב הַקֶּרֶשׁ הָאֶחָד׃ 17 שְׁתֵּי
יָדוֹת[a] לַקֶּרֶשׁ הָאֶחָד מְשֻׁלָּבֹת אִשָּׁה אֶל־אֲחֹתָהּ כֵּן תַּעֲשֶׂה לְכֹל קַרְשֵׁי
18 הַמִּשְׁכָּן׃ 18 וְעָשִׂיתָ אֶת־הַקְּרָשִׁים לַמִּשְׁכָּן עֶשְׂרִים קֶרֶשׁ[a] לִפְאַת[b] נֶגְבָּה° יד̇ . ל̇[14] . כז̇
19 תֵּימָנָה[b]׃ 19 וְאַרְבָּעִים אַדְנֵי־כֶסֶף תַּעֲשֶׂה תַּחַת עֶשְׂרִים הַקָּרֶשׁ שְׁנֵי
אֲדָנִים תַּחַת־°הַקֶּרֶשׁ° הָאֶחָד לִשְׁתֵּי יְדֹתָיו וּשְׁנֵי אֲדָנִים תַּחַת־הַקֶּרֶשׁ ל̇[15]
20 הָאֶחָד לִשְׁתֵּי יְדֹתָיו׃ 20 וּלְצֶלַע הַמִּשְׁכָּן הַשֵּׁנִית לִפְאַת צָפוֹן עֶשְׂרִים ב̇ . יד̇
21 קָרֶשׁ׃ 21 וְאַרְבָּעִים אַדְנֵיהֶם כָּסֶף שְׁנֵי אֲדָנִים תַּחַת הַקֶּרֶשׁ הָאֶחָד
22 וּשְׁנֵי אֲדָנִים תַּחַת הַקֶּרֶשׁ הָאֶחָד׃ 22 וּלְיַרְכְּתֵי הַמִּשְׁכָּן יָמָּה תַּעֲשֶׂה ב̇
23 שִׁשָּׁה קְרָשִׁים׃ 23 וּשְׁנֵי קְרָשִׁים[a] תַּעֲשֶׂה לִמְקֻצְעֹת[b] הַמִּשְׁכָּן בַּיַּרְכָתָיִם׃ ב̇ . יא̇ רפי̇[16]
24 וְיִהְיוּ[a] תֹאֲמִם מִלְּמַטָּה וְיַחְדָּו יִהְיוּ תַמִּים[b] עַל־[c]°רֹאשׁוֹ אֶל־הַטַּבַּעַת ב̇ . ג̇[17] . לב̇
25 הָאֶחָת כֵּן יִהְיֶה[d] לִשְׁנֵיהֶם לִשְׁנֵי הַמִּקְצֹעֹת יִהְיוּ׃ 25 וְהָיוּ שְׁמֹנָה קְרָשִׁים
וְאַדְנֵיהֶם כֶּסֶף שִׁשָּׁה עָשָׂר אֲדָנִים שְׁנֵי אֲדָנִים [a]תַּחַת הַקֶּרֶשׁ הָאֶחָד[a]

[7] Okhl 222. [8] Mm 551. [9] Ex 26,4. [10] Mm 456 [11] Ez 41,15. [12] Mm 3642. [13] Mm 633. [14] Mm 552. [15] Mm 553. [16] Mm 417. [17] Mm 634.

10 [a] ℭ החיצונה, 𝔊 *τῆς ἀνὰ μέσον* = הַתִּיכוֹנָה cf 36,33 ‖ [b] 𝔐 בַּמַּחְבָּרֶת ‖ **11** [a] 𝔊 *τὰς δέρρεις* cf 9 ‖ **13** [a] 𝔊 + *τῶν δέρρεων* ‖ **16** [a] 𝔊* *ποιήσεις* ‖ [b] 𝔐𝔊𝔖 + הָאֶחָד ‖ **17** [a] 𝔊 *ἀγκωνίσκους* ‖ **18** [a] pc Mss 𝔐𝔊𝔖ℭℭ[J] קְרָשִׁים, it in 19sq 36,23.25 ‖ [b–b] 𝔊 *πρὸς βορρᾶν* = צָפוֹנָה ut 35 ‖ **23** [a] ℭ אדנים ‖ [b] l לִמְקֻצְעֹת cf 24 ‖ **24** [a] pc Mss 𝔐 Vrs וְהָיוּ ‖ [b] 𝔐𝔊ℭℭ[J] תְּאֹמִים ‖ [c] 𝔐 אֶל ‖ [d] 𝔊 *ποιήσεις* ‖ **25** [a–a] > 𝔐.

וּשְׁנֵי[b] אֲדָנִים [c]תַּחַת הַקֶּרֶשׁ[c] הָאֶחָד׃ 26 וְעָשִׂיתָ בְרִיחִם עֲצֵי 26
ל̇[18] שִׁטִּים חֲמִשָּׁה לְקַרְשֵׁי צֶלַע־הַמִּשְׁכָּן הָאֶחָד׃ 27 וַחֲמִשָּׁה בְרִיחִם 27
לְקַרְשֵׁי צֶלַע־הַמִּשְׁכָּן הַשֵּׁנִית וַחֲמִשָּׁה בְרִיחִם לְקַרְשֵׁי צֶלַע הַמִּשְׁכָּן
ג חס בליש[19] לַיַּרְכָתַיִם יָמָּה׃ 28 וְהַבְּרִיחַ הַתִּיכֹן בְּתוֹךְ הַקְּרָשִׁים מַבְרִחַ מִן־הַקָּצֶה 28
ב. ל אֶל־הַקָּצֶה׃ 29 וְאֶת־הַקְּרָשִׁים תְּצַפֶּה זָהָב וְאֶת־טַבְּעֹתֵיהֶם תַּעֲשֶׂה 29
ב וחס[20] זָהָב בָּתִּים לַבְּרִיחִם וְצִפִּיתָ אֶת־הַבְּרִיחִם זָהָב׃ 30 וַהֲקֵמֹתָ אֶת־ 30
ב חד מל וחד חס הַמִּשְׁכָּן כְּמִשְׁפָּטוֹ אֲשֶׁר הָרְאֵיתָ בָּהָר׃ ס 31 וְעָשִׂיתָ פָרֹכֶת תְּכֵלֶת ס[כב]
וְאַרְגָּמָן וְתוֹלַעַת שָׁנִי וְשֵׁשׁ מָשְׁזָר מַעֲשֵׂה חֹשֵׁב יַעֲשֶׂה[a] אֹתָהּ כְּרֻבִים׃
הׄ מל בסיפׄ. דׄ מל בסיפׄ[21] 32 וְנָתַתָּה אֹתָהּ עַל־אַרְבָּעָה עַמּוּדֵי שִׁטִּים מְצֻפִּים זָהָב וָוֵיהֶם זָהָב 32
הׄ מל בסיפׄ עַל־אַרְבָּעָה אַדְנֵי־כָסֶף׃ 33 וְנָתַתָּה אֶת־הַפָּרֹכֶת תַּחַת[a] הַקְּרָסִים[b] 33
יבׄ[22]. חׄ מל בתור[23]. ל וְהֵבֵאתָ שָׁמָּה מִבֵּית לַפָּרֹכֶת אֵת אֲרוֹן הָעֵדוּת וְהִבְדִּילָה הַפָּרֹכֶת
כט חס[24] לָכֶם בֵּין הַקֹּדֶשׁ וּבֵין קֹדֶשׁ הַקֳּדָשִׁים׃ 34 וְנָתַתָּ אֶת־הַכַּפֹּרֶת[a] עַל 34
יבׄ[22] ג רפי[25] אֲרוֹן הָעֵדֻת בְּקֹדֶשׁ הַקֳּדָשִׁים׃ 35 וְשַׂמְתָּ אֶת־הַשֻּׁלְחָן מִחוּץ לַפָּרֹכֶת 35
ג[26] וְאֶת־הַמְּנֹרָה נֹכַח הַשֻּׁלְחָן עַל צֶלַע[a] הַמִּשְׁכָּן תֵּימָנָה וְהַשֻּׁלְחָן תִּתֵּן
ג קמׄ וכל המסך דכות עַל־צֶלַע צָפוֹן[b]׃ 36 וְעָשִׂיתָ מָסָךְ לְפֶתַח הָאֹהֶל תְּכֵלֶת וְאַרְגָּמָן 36
ל[27] וְתוֹלַעַת שָׁנִי וְשֵׁשׁ מָשְׁזָר מַעֲשֵׂה רֹקֵם׃ 37 וְעָשִׂיתָ לַמָּסָךְ חֲמִשָּׁה 37
דׄ מל בסיפׄ[21] עַמּוּדֵי שִׁטִּים וְצִפִּיתָ אֹתָם זָהָב[a] וָוֵיהֶם זָהָב וְיָצַקְתָּ לָהֶם חֲמִשָּׁה
אַדְנֵי נְחֹשֶׁת׃ ס

27 1 וְעָשִׂיתָ [a]אֶת־הַמִּזְבֵּחַ[a] עֲצֵי שִׁטִּים חָמֵשׁ אַמּוֹת אֹרֶךְ וְחָמֵשׁ **27**
אַמּוֹת רֹחַב רָבוּעַ יִהְיֶה הַמִּזְבֵּחַ וְשָׁלֹשׁ אַמּוֹת קֹמָתוֹ׃ 2 וְעָשִׂיתָ קַרְנֹתָיו 2
עַל אַרְבַּע פִּנֹּתָיו מִמֶּנּוּ תִּהְיֶיןָ קַרְנֹתָיו וְצִפִּיתָ אֹתוֹ[a] נְחֹשֶׁת׃ 3 וְעָשִׂיתָ 3
ל. ל[1] סִירֹתָיו[a] לְדַשְּׁנוֹ[a] וְיָעָיו וּמִזְרְקֹתָיו וּמִזְלְגֹתָיו וּמַחְתֹּתָיו לְכָל־[b]כֵּלָיו
ב תַּעֲשֶׂה נְחֹשֶׁת׃ 4 וְעָשִׂיתָ לּוֹ מִכְבָּר מַעֲשֵׂה רֶשֶׁת נְחֹשֶׁת וְעָשִׂיתָ עַל־ 4
הׄ מל בסיפׄ הָרֶשֶׁת[a] אַרְבַּע טַבְּעֹת נְחֹשֶׁת עַל אַרְבַּע קְצוֹתָיו׃ 5 וְנָתַתָּה אֹתָהּ[a] תַּחַת 5

[18] Mm 636. [19] Mm 554. [20] Mm 555. [21] Mm 637. [22] Mm 853. [23] Mm 556. [24] Mm 657. [25] Mm 557. [26] Mm 584. [27] וחד לַמָּסָךְ Ps 105,39. Cp 27 [1] Mm 959.

25 [b] ш שְׁנֵי ‖ [c–c] ш לַק ‖ **31** [a] 𝔈 pc Mss 𝔊𝔖 תַּע׳ ‖ **33** [a] 𝔊 *ἐπί* = עַל ‖ [b] 𝔈𝔊 הַקְּרָשִׁים ‖ **34** [a] 𝔊 *τῷ καταπετάσματι* = הַפָּרֹכֶת ut 33 ‖ **35** [a] 𝔈ш יֶרֶךְ ‖ [b] ш huc tr 30,1–10 ‖ **37** [a] ш + טָהוֹר ‖ **Cp 27,1** [a–a] ш𝔊 מזבח ‖ **2** [a] 𝔊 *αὐτά* ‖ **3** [a–a] 𝔊 *στεφάνην τῷ θυσιαστηρίῳ* cf Nu 4,13 ‖ [b] 𝔈𝔗[J] כל, 𝔊*(𝔖) *καὶ πάντα* ‖ **4** [a] 𝔊 *τῇ ἐσχάρᾳ* = מִכְבָּד ‖ **5** [a] ш אתו, 𝔊(𝔙) *αὐτούς*.

6 כַּרְכֹּ֥ב הַמִּזְבֵּ֖חַ מִלְּמָ֑טָּה וְהָיְתָ֣ה הָרֶ֔שֶׁת עַ֖ד חֲצִ֥י הַמִּזְבֵּֽחַ׃ 6 וְעָשִׂ֤יתָ
7 בַדִּים֙ לַמִּזְבֵּ֔חַ בַּדֵּ֖י עֲצֵ֣י שִׁטִּ֑ים וְצִפִּיתָ֥ אֹתָ֖ם נְחֹֽשֶׁת׃ 7 וְהוּבָ֥א[a] אֶת־ ג
בַּדָּ֖יו בַּטַּבָּעֹ֑ת וְהָי֤וּ הַבַּדִּים֙ עַל־שְׁתֵּ֣י צַלְעֹ֣ת הַמִּזְבֵּ֔חַ בִּשְׂאֵ֖ת אֹתֽוֹ׃ ל
8 נְב֥וּב לֻחֹ֖ת תַּעֲשֶׂ֣ה אֹת֑וֹ כַּאֲשֶׁ֨ר הֶרְאָ֥ה אֹתְךָ֛ בָּהָ֖ר כֵּ֥ן יַעֲשֽׂוּ׃ ס ב
9 וְעָשִׂ֕יתָ אֵ֖ת חֲצַ֣ר הַמִּשְׁכָּ֑ן לִפְאַ֣ת נֶֽגֶב־תֵּ֠ימָנָה קְלָעִ֨ים לֶחָצֵ֜ר[a] שֵׁ֣שׁ יד . ל[2]
10 מָשְׁזָ֗ר מֵאָ֤ה בָֽאַמָּה֙ אֹ֔רֶךְ לַפֵּאָ֖ה הָאֶחָֽת׃ 10 וְעַמֻּדָ֣יו[a] עֶשְׂרִ֔ים וְאַדְנֵיהֶ֥ם ל[3]
11 עֶשְׂרִ֖ים נְחֹ֑שֶׁת [b]וָוֵ֧י הָֽעַמֻּדִ֛ים[b] וַחֲשֻׁקֵיהֶ֖ם כָּֽסֶף׃ 11 וְכֵ֨ן לִפְאַ֤ת צָפוֹן֙ יא חס[4] . יד
בָּאֹ֔רֶךְ[a] קְלָעִ֖ים מֵ֣אָה אֹ֑רֶךְ[b] וְעַמֻּדָ֣ו[c] עֶשְׂרִ֔ים וְאַדְנֵיהֶ֤ם עֶשְׂרִים֙ נְחֹ֔שֶׁת ועמודיו ול כת כן ק
12 וָוֵ֧י הָֽעַמֻּדִ֛ים וַחֲשֻׁקֵיהֶ֖ם כָּֽסֶף׃ 12 וְרֹ֤חַב הֶֽחָצֵר֙ לִפְאַת־יָ֔ם קְלָעִ֖ים יא חס[4] . יד
13 חֲמִשִּׁ֣ים אַמָּ֑ה עַמֻּדֵיהֶ֣ם עֲשָׂרָ֔ה וְאַדְנֵיהֶ֖ם עֲשָׂרָֽה[a]׃ 13 וְרֹ֣חַב הֶֽחָצֵ֗ר
14 לִפְאַ֛ת קֵ֥דְמָה מִזְרָ֖חָה חֲמִשִּׁ֥ים אַמָּֽה׃ 14 וַחֲמֵ֨שׁ עֶשְׂרֵ֥ה אַמָּ֛ה[a] קְלָעִ֖ים יד . ל ר״פ
15 לַכָּתֵ֑ף עַמֻּדֵיהֶ֣ם שְׁלֹשָׁ֔ה וְאַדְנֵיהֶ֖ם שְׁלֹשָֽׁה׃ 15 וְלַכָּתֵף֙ הַשֵּׁנִ֔ית חֲמֵ֥שׁ[a]
16 עֶשְׂרֵ֖ה[b] קְלָעִ֑ים עַמֻּדֵיהֶ֣ם שְׁלֹשָׁ֔ה וְאַדְנֵיהֶ֖ם שְׁלֹשָֽׁה׃ 16 וּלְשַׁ֨עַר הֶחָצֵ֜ר
מָסָ֣ךְ ׀ עֶשְׂרִ֣ים אַמָּ֗ה[a] תְּכֵ֨לֶת וְאַרְגָּמָ֜ן וְתוֹלַ֧עַת שָׁנִ֛י וְשֵׁ֥שׁ מָשְׁזָ֖ר מַעֲשֵׂ֣ה ג קמ וכל המסך דכות
17 רֹקֵ֑ם עַמֻּדֵיהֶם֙ אַרְבָּעָ֔ה וְאַדְנֵיהֶ֖ם אַרְבָּעָֽה׃ 17 כָּל־עַמּוּדֵ֨י הֶחָצֵ֤ר ד מל בסיפ[5]
18 סָבִיב֙ מְחֻשָּׁקִ֣ים כֶּ֔סֶף וָוֵיהֶ֖ם[a] כָּ֑סֶף וְאַדְנֵיהֶ֖ם נְחֹֽשֶׁת׃ 18 אֹ֣רֶךְ הֶחָצֵר֩
מֵאָ֨ה בָֽאַמָּ֜ה[a] וְרֹ֣חַב ׀ חֲמִשִּׁ֣ים בַּחֲמִשִּׁ֗ים[b] וְקֹמָ֛ה חָמֵ֥שׁ אַמּ֖וֹת שֵׁ֣שׁ מָשְׁזָ֑ר ל חס
19 וְאַדְנֵיהֶ֖ם נְחֹֽשֶׁת׃ 19 לְכֹ֙ל[a] כְּלֵ֣י הַמִּשְׁכָּ֔ן בְּכֹ֖ל[b] עֲבֹדָת֑וֹ[c] [d]וְכָל־יְתֵדֹתָ֛יו[d] ח פסוק וכל וכל ומילה חדה ביניה
וְכָל־יִתְדֹ֥ת הֶחָצֵ֖ר נְחֹֽשֶׁת[e]׃ ס צו 20 וְאַתָּ֞ה תְּצַוֶּ֣ה ׀ אֶת־בְּנֵ֣י ב ר״פ[6] ס [כג] פרש
יִשְׂרָאֵ֗ל וְיִקְח֨וּ אֵלֶ֜יךָ שֶׁ֣מֶן זַ֥יִת זָ֛ךְ כָּתִ֖ית לַמָּא֑וֹר לְהַעֲלֹ֥ת נֵ֖ר תָּמִֽיד׃ ו רפי[7] . ב קמ . ג ב מל וחד חס בסיפ . ג[8] ב[9] מנה בתור
21 בְּאֹ֣הֶל מוֹעֵ֗ד מִח֨וּץ לַפָּרֹ֜כֶת אֲשֶׁ֣ר עַל־הָעֵדֻ֗ת יַעֲרֹךְ֩ אֹת֨וֹ אַהֲרֹ֧ן ב פסוק דמטע בתור
וּבָנָ֛יו מֵעֶ֥רֶב עַד־בֹּ֖קֶר לִפְנֵ֣י יְהוָ֑ה חֻקַּ֤ת עוֹלָם֙ לְדֹ֣רֹתָ֔ם[a] מֵאֵ֖ת בְּנֵ֥י ב[10]
יִשְׂרָאֵֽל׃ ס

[2] Mm 552. [3] וחד לְפֵאָה Neh 9,22. [4] Mm 558. [5] Mm 637. [6] Mm 559. [7] Mm 560. [8] Mm 1523. [9] Mm 561. [10] Mm 562.

7 [a] ɯ𝔊𝔖𝔗𝔙 וְהֵבֵאתָ ‖ 9 [a] ℭ + המשכן ‖ 10 [a] 𝔊 suff pl ‖ [b–b] ɯ וויהם cf 𝔊 *καὶ οἱ κρίκοι αὐτῶν* ‖ 11 [a] > 𝔊 ‖ [b] ɯ בָּאַמָּה, 𝔊 *πηχῶν μῆκος* ‖ [c] ɯ𝔊𝔗[J] ־דֵיהֶם, ℭ תימנה ‖ 12 [a] ɯ + נְחֹשֶׁת, it in 14–16 ‖ 14 [a] 𝔊 + *τὸ ὕψος* cf 15 ‖ 15 [a] sic L, mlt Mss Edd חֲמֵשׁ ‖ [b] ɯ𝔊 + אַמָּה cf 14 ‖ 16 [a] ut 14[a] ‖ 17 [a] 𝔊𝔖 pr cop ‖ 18 [a] 𝔊 *ἐφ' ἑκατόν* = בְּמֵאָה ‖ [b] ɯ בָּאַמָּה, 𝔊[58.75] + *πήχεων* ‖ 19 [a] ɯ וְעָשִׂיתָ את כל, 𝔊 *καὶ πᾶσα* ‖ [b] 𝔊(𝔖) *καὶ πάντα* ‖ [c] ℭ ־תָם ‖ [d–d] > 𝔊 ‖ [e] ɯ𝔊[min] + וְעָשִׂיתָ בִגְדֵי תְכֵלֶת וְאַרְגָּמָן וְתוֹלַעַת שָׁנִי לְשָׁרֵת בָּהֶם בַּקֹּדֶשׁ ‖ 21 [a] ɯ𝔊𝔖 ־תֵיכֶם.

28 ¹ 28 וְאַתָּ֡ה הַקְרֵ֣ב אֵלֶיךָ֩ אֶת־אַהֲרֹ֨ן אָחִ֜יךָ וְאֶת־בָּנָ֣יו אִתּ֗וֹ מִתּ֛וֹךְ ב בטע ר״פ בתור . ד[1]
בְּנֵ֥י יִשְׂרָאֵ֖ל לְכַהֲנוֹ[a]־לִ֑י אַהֲרֹ֕ן נָדָ֧ב וַאֲבִיה֛וּא אֶלְעָזָ֥ר וְאִיתָמָ֖ר בְּנֵ֥י ג
2 אַהֲרֹֽן׃ ² וְעָשִׂ֥יתָ בִגְדֵי־קֹ֖דֶשׁ לְאַהֲרֹ֣ן אָחִ֑יךָ לְכָב֖וֹד וּלְתִפְאָֽרֶת׃ ל . ג[2] [3]
3 ³ וְאַתָּ֗ה תְּדַבֵּר֙ אֶל־כָּל־חַכְמֵי[a]־לֵ֔ב אֲשֶׁ֥ר מִלֵּאתִ֖יו ר֣וּחַ חָכְמָ֑ה וְעָשׂ֞וּ
4 אֶת־בִּגְדֵ֧י אַהֲרֹ֛ן לְקַדְּשׁ֖וֹ[b] לְכַהֲנוֹ־לִֽי׃ ⁴ וְאֵ֨לֶּה הַבְּגָדִ֜ים אֲשֶׁ֣ר יַעֲשׂ֗וּ ג . יג[4] ר״פ בתור וכל תלדות דכות ב מ ד . ל
חֹ֤שֶׁן וְאֵפוֹד֙ וּמְעִ֔יל וּכְתֹ֥נֶת תַּשְׁבֵּ֖ץ מִצְנֶ֣פֶת וְאַבְנֵ֑ט וְעָשׂ֨וּ בִגְדֵי־קֹ֜דֶשׁ ל . ג[2]
5 לְאַהֲרֹ֥ן אָחִ֛יךָ וּלְבָנָ֖יו לְכַהֲנוֹ־לִֽי׃ ⁵ וְהֵם֙ יִקְח֣וּ אֶת־הַזָּהָ֔ב וְאֶת[a]־ ג . ט ר״פ[5] . ו[6]
6 הַתְּכֵ֖לֶת וְאֶת־הָֽאַרְגָּמָ֑ן וְאֶת־תּוֹלַ֥עַת הַשָּׁנִ֖י וְאֶת־הַשֵּֽׁשׁ׃ פ ⁶ וְעָשׂ֖וּ ו
אֶת־הָאֵפֹ֑ד זָ֠הָב תְּכֵ֨לֶת וְאַרְגָּמָ֜ן תּוֹלַ֧עַת שָׁנִ֛י וְשֵׁ֥שׁ מָשְׁזָ֖ר מַעֲשֵׂ֥ה חֹשֵֽׁב׃ ב בטע . ב
7 8 ⁷ שְׁתֵּ֧י כְתֵפֹ֣ת חֹֽבְרֹ֗ת יִֽהְיֶה־לּ֛וֹ אֶל[a]־שְׁנֵ֥י קְצוֹתָ֖יו וְחֻבָּֽר[b]׃ ⁸ וְחֵ֤שֶׁב ג[7] . ל בתור
אֲפֻדָּתוֹ֙ אֲשֶׁ֣ר עָלָ֔יו כְּמַעֲשֵׂ֖הוּ מִמֶּ֣נּוּ יִהְיֶ֑ה זָהָ֗ב תְּכֵ֧לֶת וְאַרְגָּמָ֛ן וְתוֹלַ֥עַת
9 שָׁנִ֖י וְשֵׁ֥שׁ מָשְׁזָֽר׃ ⁹ וְלָ֣קַחְתָּ֔ אֶת־שְׁתֵּ֖י[a] אַבְנֵי־שֹׁ֑הַם וּפִתַּחְתָּ֣ עֲלֵיהֶ֔ם[b] ג
10 שְׁמ֖וֹת בְּנֵ֥י יִשְׂרָאֵֽל׃ ¹⁰ שִׁשָּׁה֙ מִשְּׁמֹתָ֔ם עַ֖ל הָאֶ֣בֶן הָאֶחָ֑ת וְאֶת־שְׁמ֞וֹת ל . ל
11 הַשִּׁשָּׁ֧ה הַנּוֹתָרִ֛ים עַל־הָאֶ֥בֶן הַשֵּׁנִ֖ית כְּתוֹלְדֹתָֽם׃ ¹¹ מַעֲשֵׂ֣ה חָרַשׁ֮ אֶבֶן֒ ל . ל . ג[8]
פִּתּוּחֵ֣י חֹתָ֗ם תְּפַתַּח֙ אֶת־שְׁתֵּ֣י הָאֲבָנִ֔ים עַל־שְׁמֹ֖ת בְּנֵ֣י יִשְׂרָאֵ֑ל מֻסַבֹּ֛ת ל . ג חס בסיפ
12 מִשְׁבְּצ֥וֹת זָהָ֖ב תַּעֲשֶׂ֥ה אֹתָֽם׃ ¹² וְשַׂמְתָּ֞ אֶת־שְׁתֵּ֣י הָאֲבָנִ֗ים עַ֚ל כִּתְפֹ֣ת ג מל
הָאֵפֹ֔ד אַבְנֵ֥י זִכָּרֹ֖ן[a] לִבְנֵ֣י יִשְׂרָאֵ֑ל וְנָשָׂא֩ אַהֲרֹ֨ן אֶת־שְׁמוֹתָ֜ם[b] לִפְנֵ֧י יְהוָ֛ה ג חס בליש . יז . ב מל בתור[9]
13 14 עַל־שְׁתֵּ֥י כְתֵפָ֖יו לְזִכָּרֹֽן[c]׃ ס ¹³ וְעָשִׂ֥יתָ מִשְׁבְּצֹ֖ת זָהָֽב׃ ¹⁴ וּשְׁתֵּ֤י ז ג מנה חס בליש . יד פסוק בתור[10]
שַׁרְשְׁרֹת֙ זָהָ֣ב טָה֔וֹר מִגְבָּלֹ֛ת תַּעֲשֶׂ֥ה אֹתָ֖ם[a] מַעֲשֵׂ֣ה עֲבֹ֑ת וְנָתַתָּ֛ה אֶת־ ל . הי מל בסיפ
15 שַׁרְשְׁרֹ֥ת הָעֲבֹתֹ֖ת עַל־הַֽמִּשְׁבְּצֹֽת[b]׃ ס ¹⁵ וְעָשִׂ֜יתָ חֹ֤שֶׁן מִשְׁפָּט֙ ל
מַעֲשֵׂ֣ה חֹשֵׁ֔ב כְּמַעֲשֵׂ֥ה אֵפֹ֖ד[a] תַּעֲשֶׂ֑נּוּ זָ֠הָב תְּכֵ֨לֶת וְאַרְגָּמָ֜ן וְתוֹלַ֧עַת שָׁנִ֛י ל בתור . ב בטע
16 וְשֵׁ֥שׁ מָשְׁזָ֖ר תַּעֲשֶׂ֥ה אֹתֽוֹ׃ ¹⁶ רָב֤וּעַ יִהְיֶה֙ כָּפ֔וּל זֶ֥רֶת אָרְכּ֖וֹ וְזֶ֥רֶת
17 רָחְבּֽוֹ׃ ¹⁷ וּמִלֵּאתָ֥ בוֹ֙ מִלֻּ֣אַת אֶ֔בֶן אַרְבָּעָ֖ה טוּרִ֣ים אָ֑בֶן[a] ט֚וּר[b] אֹ֣דֶם
18 פִּטְדָה֙ וּבָרֶ֔קֶת הַטּ֖וּר הָאֶחָֽד׃ ¹⁸ וְהַטּ֖וּר הַשֵּׁנִ֑י נֹ֥פֶךְ סַפִּ֖יר וְיָהֲלֹֽם׃ ב . ג[11]

Cp 28 [1]Mm 847. [2]Mm 563. [3]Mm 2218. [4]Mm 267. [5]Mm 564. [6]Mm 1904. [7]Mm 2071. [8]Mm 2375. [9]Mm 905. [10]Mm 750. [11]Mm 650.

Cp 28,1 [a] ꟿ𝔊(vid)𝔖 ־ךָ, it in 3 sq ‖ **3** [a] Ms ꟿ חָכְמֵי ‖ [b] 𝔊 *εἰς τὸ ἅγιον* ‖ **5** [a] ℭ mlt Mss את ‖ **7** [a] ℭ על ‖ [b] ꟿ יְח' cf 39,4 ‖ **9** [a] 𝔊 + *λίθους* ‖ [b] ꟿ הן את– ‖ **12** [a] ꟿ + הֵנָּה cf 𝔊 ‖ [b] 𝔊 pro suff *τῶν υἱῶν Ισραηλ* ‖ [c] 𝔊 + *περὶ αὐτῶν* ‖ **14** [a] > ℭ𝔊𝔙 ‖ [b] 𝔊 + *κατὰ τὰς παρωμίδας αὐτῶν ἐκ τῶν ἐμπροσθίων* ‖ **15** [a] ꟿ𝔊 הָא' ‖ **17** [a] > ꟿ ‖ [b] 𝔖(𝔗𝔗[J]) *sdr' qdmj'* = הַטּוּר הָרִאשׁוֹן.

19 וְהַטּוּר הַשְּׁלִישִׁי לֶשֶׁם שְׁבוֹ וְאַחְלָמָה׃ 20 וְהַטּוּר הָרְבִיעִי תַּרְשִׁישׁ ב̇
21 וְשֹׁהַם וְיָשְׁפֵה[a] מְשֻׁבָּצִים[b] זָהָב יִהְיוּ בְּמִלּוּאֹתָם[c]׃ 21 וְהָאֲבָנִים תִּהְיֶיןָ ב̇ בתרי לישנ̇[12]. ג̇. ב̇ חד מל וחד חס
עַל־שְׁמֹת בְּנֵי־יִשְׂרָאֵל שְׁתֵּים עֶשְׂרֵה עַל־שְׁמֹתָם פִּתּוּחֵי חוֹתָם אִישׁ ג̇ חס בסיפ̇
22 עַל־שְׁמוֹ תִּהְיֶיןָ לִשְׁנֵי עָשָׂר שָׁבֶט׃ 22 וְעָשִׂיתָ עַל־הַחֹשֶׁן [a]שַׁרְשֹׁת גַּבְלֻת[a] ו̇ בליש̇[13]. ל̇
23 מַעֲשֵׂה עֲבֹת זָהָב טָהוֹר׃ 23 וְעָשִׂיתָ עַל־הַחֹשֶׁן[a] שְׁתֵּי טַבְּעוֹת זָהָב ז̇ מל
24 וְנָתַתָּ אֶת־שְׁתֵּי[b] הַטַּבָּעוֹת עַל־שְׁנֵי[b] קְצוֹת הַחֹשֶׁן׃ 24 וְנָתַתָּה אֶת־שְׁתֵּי כ̇ט חס̇[14]. ז̇ מל. ה̇י מל בסיפ̇. י̇ד זוגין[15]
25 עֲבֹתֹת הַזָּהָב עַל־שְׁתֵּי הַטַּבָּעֹת אֶל־קְצוֹת הַחֹשֶׁן׃ 25 וְאֵת שְׁתֵּי קְצוֹת ו̇ וכל ואת שתי הכלית דכות[16]
שְׁתֵּי הָעֲבֹתֹת תִּתֵּן עַל־שְׁתֵּי הַמִּשְׁבְּצוֹת וְנָתַתָּה עַל־כִּתְפוֹת הָאֵפֹד ג̇ מל. ה̇י מל בסיפ̇. ב̇ מל בתור
26 אֶל־מוּל פָּנָיו׃ 26 וְעָשִׂיתָ שְׁתֵּי טַבְּעוֹת זָהָב וְשַׂמְתָּ אֹתָם עַל־שְׁנֵי[a] ז̇ מל
27 קְצוֹת הַחֹשֶׁן עַל־שְׂפָתוֹ אֲשֶׁר אֶל־עֵבֶר הָאֵפֹד בָּיְתָה׃ 27 וְעָשִׂיתָ ה̇[17]
שְׁתֵּי טַבְּעוֹת זָהָב וְנָתַתָּה אֹתָם עַל־שְׁתֵּי כִתְפוֹת הָאֵפוֹד מִלְּמַטָּה ז̇ מל. ה̇י מל בסיפ̇. ב̇ מל בתור
28 מִמּוּל פָּנָיו לְעֻמַּת מֶחְבַּרְתּוֹ מִמַּעַל לְחֵשֶׁב הָאֵפוֹד׃ 28 וְיִרְכְּסוּ אֶת־ ל̇
הַחֹשֶׁן מִטַּבְּעֹתָו אֶל־טַבְּעֹת הָאֵפֹד בִּפְתִיל תְּכֵלֶת לִהְיוֹת עַל־חֵשֶׁב מטבעתיו ק̇
29 הָאֵפוֹד וְלֹא־יִזַּח הַחֹשֶׁן מֵעַל הָאֵפוֹד׃ 29 וְנָשָׂא אַהֲרֹן אֶת־שְׁמוֹת בְּנֵי־ ז̇ מל. ב̇. יז̇
יִשְׂרָאֵל בְּחֹשֶׁן הַמִּשְׁפָּט עַל־לִבּוֹ בְּבֹאוֹ אֶל־הַקֹּדֶשׁ לְזִכָּרֹן לִפְנֵי־יְהוָה ז̇ ג̇ מנה חס בליש̇
30 תָּמִיד׃ 30 וְנָתַתָּ[a] אֶל[b]־חֹשֶׁן הַמִּשְׁפָּט אֶת־הָאוּרִים וְאֶת־הַתֻּמִּים וְהָיוּ כ̇ט חס̇[14]. י̇ח פסוק אל על על[18]. ל̇
עַל־לֵב אַהֲרֹן בְּבֹאוֹ לִפְנֵי יְהוָה וְנָשָׂא אַהֲרֹן אֶת־מִשְׁפַּט בְּנֵי־יִשְׂרָאֵל יז̇
31 עַל־לִבּוֹ לִפְנֵי יְהוָה תָּמִיד׃ ס 31 וְעָשִׂיתָ אֶת־מְעִיל הָאֵפוֹד
32 כְּלִיל תְּכֵלֶת׃ 32 וְהָיָה פִי־רֹאשׁוֹ בְּתוֹכוֹ שָׂפָה יִהְיֶה לְפִיו סָבִיב ג̇[19]
33 מַעֲשֵׂה אֹרֵג כְּפִי תַחְרָא יִהְיֶה־לּוֹ לֹא יִקָּרֵעַ׃ 33 וְעָשִׂיתָ עַל־שׁוּלָיו ב̇. ו̇ בתור
רִמֹּנֵי תְּכֵלֶת וְאַרְגָּמָן וְתוֹלַעַת שָׁנִי[a] עַל־שׁוּלָיו סָבִיב וּפַעֲמֹנֵי זָהָב ב̇ חד מל וחד מן ט̇[20] חס בליש̇
34 בְּתוֹכָם סָבִיב׃ 34 פַּעֲמֹן זָהָב וְרִמּוֹן פַּעֲמֹן זָהָב וְרִמּוֹן עַל־שׁוּלֵי
35 הַמְּעִיל סָבִיב׃ 35 וְהָיָה עַל־אַהֲרֹן לְשָׁרֵת וְנִשְׁמַע קוֹלוֹ בְּבֹאוֹ אֶל־ ה̇[21]. ג̇ ב̇ פת̇ וחד קמ̇[22]. ל̇ מל בתור[23]
36 הַקֹּדֶשׁ לִפְנֵי יְהוָה וּבְצֵאתוֹ וְלֹא יָמוּת׃ ס 36 וְעָשִׂיתָ צִּיץ זָהָב ב̇[24]
37 טָהוֹר וּפִתַּחְתָּ עָלָיו פִּתּוּחֵי חֹתָם קֹדֶשׁ לַיהוָה׃ 37 וְשַׂמְתָּ אֹתוֹ עַל־ ג̇

[12] Mm 4117. [13] Mm 874. [14] Mm 657. [15] Mm 565. [16] Mm 124. [17] Mm 651. [18] Mm 658. [19] Mm 566. [20] Mm 653. [21] Mm 567. [22] Mm 568. [23] Mm 1669. [24] 2 Ch 23,7.

20 [a] mlt Mss ה֯ה ‖ [b] ɯ מוּסַבֹּת מִשְׁבְּצוֹת ‖ [c] 𝔊 *κατὰ στίχον αὐτῶν* = בְּטוּרָם ‖ 22 [a–a] ɯ𝔊 שַׁרְשְׁרוֹת גַּבְלוּת ‖ 23 [a] ɯ + שְׁתֵּי מִשְׁבְּצוֹת זָהָב וּ ‖ [b] ɯ > ‖ 26 [a] ℭ שתי ‖ 30 [a] ɯ pr וְעָשִׂיתָ אֶת־הָאֻרִים וְאֶת־הַתֻּמִּים ‖ [b] ɯ𝔊 עַל ‖ 33 [a] ɯ𝔊 + וְשֵׁשׁ מָשְׁזָר.

פְּתִיל תְּכֵלֶת וְהָיָה עַל־הַמִּצְנָפֶת אֶל־מוּל פְּנֵי־הַמִּצְנֶפֶת יִהְיֶה׃
38 וְהָיָה עַל־מֵצַח אַהֲרֹן וְנָשָׂא אַהֲרֹן אֶת־עֲוֺן הַקֳּדָשִׁים אֲשֶׁר יַקְדִּישׁוּ 38 — ב̇[25]. יז
בְּנֵי יִשְׂרָאֵל לְכָל־מַתְּנֹת קָדְשֵׁיהֶם וְהָיָה עַל־מִצְחוֹ תָּמִיד לְרָצוֹן — ל̇
לָהֶם לִפְנֵי יְהוָה׃ 39 וְשִׁבַּצְתָּ הַכְּתֹנֶת שֵׁשׁ וְעָשִׂיתָ מִצְנֶפֶת שֵׁשׁ 39 — ל̇[26]. ב̇[27]
וְאַבְנֵט תַּעֲשֶׂה מַעֲשֵׂה רֹקֵם׃ 40 וְלִבְנֵי אַהֲרֹן תַּעֲשֶׂה כֻתֳּנֹת [a]וְעָשִׂיתָ 40
לָהֶם אַבְנֵטִים[a] וּמִגְבָּעוֹת תַּעֲשֶׂה לָהֶם לְכָבוֹד וּלְתִפְאָרֶת׃ 41 וְהִלְבַּשְׁתָּ 41 — ל̇. ב מל ול בליש
אֹתָם אֶת־אַהֲרֹן אָחִיךָ וְאֶת־בָּנָיו אִתּוֹ וּמָשַׁחְתָּ אֹתָם וּמִלֵּאתָ אֶת־
יָדָם וְקִדַּשְׁתָּ אֹתָם וְכִהֲנוּ לִי׃ 42 וַעֲשֵׂה לָהֶם מִכְנְסֵי־בָד לְכַסּוֹת בְּשַׂר 42 — ג ר״פ[28]. ל̇ זקף קמ וכל הבד דכות
עֶרְוָה מִמָּתְנַיִם וְעַד־יְרֵכַיִם יִהְיוּ׃ 43 וְהָיוּ עַל־אַהֲרֹן וְעַל־בָּנָיו בְּבֹאָם 43 — ה̇[29]
אֶל־אֹהֶל מוֹעֵד אוֹ בְגִשְׁתָּם אֶל־הַמִּזְבֵּחַ לְשָׁרֵת בַּקֹּדֶשׁ וְלֹא־יִשְׂאוּ — ט̇[30]. ד. כ
עָוֺן וָמֵתוּ חֻקַּת עוֹלָם לוֹ וּלְזַרְעוֹ אַחֲרָיו׃ ס — ח̇[31]
29 1 וְזֶה הַדָּבָר אֲשֶׁר־תַּעֲשֶׂה לָהֶם לְקַדֵּשׁ אֹתָם לְכַהֵן לִי לְקַח ס[כד] — כג ר״פ. ד ר״פ[1]. ב
פַּר אֶחָד בֶּן־בָּקָר וְאֵילִם שְׁנַיִם תְּמִימִם׃ 2 וְלֶחֶם מַצּוֹת וְחַלֹּת מַצֹּת 2 — ז בליש. ד ר״פ[2]. ד חס
בְּלוּלֹת בַּשֶּׁמֶן וּרְקִיקֵי מַצּוֹת [a]מְשֻׁחִים בַּשָּׁמֶן[a] סֹלֶת חִטִּים תַּעֲשֶׂה
אֹתָם׃ 3 וְנָתַתָּ אוֹתָם עַל־סַל אֶחָד וְהִקְרַבְתָּ אֹתָם בַּסָּל וְאֶת־הַפָּר 3 — כט חס[3]. ל̇ט מל בתור. ג̇[4]
וְאֵת שְׁנֵי הָאֵילִם׃ 4 וְאֶת־אַהֲרֹן וְאֶת־בָּנָיו תַּקְרִיב אֶל־פֶּתַח אֹהֶל 4 — ג̇
מוֹעֵד וְרָחַצְתָּ אֹתָם בַּמָּיִם׃ 5 וְלָקַחְתָּ אֶת־הַבְּגָדִים וְהִלְבַּשְׁתָּ אֶת־ 5 — כו̇ פסוק את את ומילה חדה ביניה
אַהֲרֹן אֶת־הַכֻּתֹּנֶת [a]וְאֵת מְעִיל הָאֵפֹד[b] וְאֶת־[a]הָאֵפֹד וְאֶת־הַחֹשֶׁן — ל̇. ב
וְאָפַדְתָּ לוֹ בְּחֵשֶׁב הָאֵפֹד׃ 6 וְשַׂמְתָּ הַמִּצְנֶפֶת עַל־רֹאשׁוֹ וְנָתַתָּ אֶת־ 6 — ל̇[5]. לב. כט חס[3]
נֵזֶר הַקֹּדֶשׁ עַל־הַמִּצְנָפֶת׃ 7 וְלָקַחְתָּ אֶת־שֶׁמֶן הַמִּשְׁחָה וְיָצַקְתָּ עַל־ 7 — ל̇ב
רֹאשׁוֹ וּמָשַׁחְתָּ אֹתוֹ׃ 8 וְאֶת־בָּנָיו תַּקְרִיב וְהִלְבַּשְׁתָּם כֻּתֳּנֹת׃ 9 וְחָגַרְתָּ 8 9 — ב̇[6]
אֹתָם אַבְנֵט[a] [b]אַהֲרֹן וּבָנָיו[b] וְחָבַשְׁתָּ לָהֶם מִגְבָּעֹת וְהָיְתָה לָהֶם כְּהֻנָּה
לְחֻקַּת עוֹלָם וּמִלֵּאתָ יַד־אַהֲרֹן וְיַד־בָּנָיו׃ 10 וְהִקְרַבְתָּ אֶת־הַפָּר 10 — ה̇
לִפְנֵי[a] אֹהֶל מוֹעֵד וְסָמַךְ אַהֲרֹן וּבָנָיו אֶת־יְדֵיהֶם עַל־רֹאשׁ הַפָּר׃ — ז̇[7]
11 וְשָׁחַטְתָּ אֶת־הַפָּר לִפְנֵי יְהוָה פֶּתַח אֹהֶל מוֹעֵד׃ 12 וְלָקַחְתָּ מִדַּם 11 12

[25] וחד ומצח Jer 3,3. [26] Mm 481. [27] Gn 37,32. [28] Mm 196. [29] Mm 567. [30] Mm 583. [31] Mm 3068.
Cp 29 [1] Mm 569. [2] Mm 349. [3] Mm 657. [4] Mm 570. [5] Mm 481. [6] Mm 571. [7] Mm 671.

40 a–a > 𝔊 ‖ **Cp 29,2** a–a > 𝔐 ‖ **5** a–a 𝔐 וְחָגַרְתָּ אֹתוֹ אַבְנֵט וְהִלְבַּשְׁתָּ אֹתוֹ אֶת הַמְּעִיל וְנָתַתָּ עָלָיו אֶת ‖ b > 𝔊𝔖 ‖ **9** a 𝔐 Vrs טִים– ‖ b–b > 𝔊 ‖ **10** a 𝔊 *ἐπὶ τὰς θύρας* cf 11; 𝔐 + יהוה פֶּתַח.

הַפָּר וְנָתַתָּה עַל־קַרְנֹת הַמִּזְבֵּחַ בְּאֶצְבָּעֶךָ וְאֶת־כָּל־הַדָּם תִּשְׁפֹּךְ אֶל־ | ה̇י מל̇ בסיפ̇
13 יְסוֹד הַמִּזְבֵּחַ׃ 13 וְלָקַחְתָּ אֶת־כָּל־הַחֵלֶב הַֽמְכַסֶּה אֶת־הַקֶּרֶב וְאֵת | י̇ד̇ פסוק̇ את את ואת ואת ואת
הַיֹּתֶרֶת עַל־הַכָּבֵד וְאֵת שְׁתֵּי הַכְּלָיֹת וְאֶת־הַחֵלֶב אֲשֶׁר עֲלֵיהֶן
14 וְהִקְטַרְתָּ הַמִּזְבֵּחָה׃ 14 וְאֶת־בְּשַׂר הַפָּר וְאֶת־עֹרוֹ וְאֶת־פִּרְשׁוֹ תִּשְׂרֹף | ב̇[8]. ג̇[9]
15 בָּאֵשׁ מִחוּץ לַֽמַּחֲנֶה חַטָּאת הוּא׃ 15 וְאֶת־הָאַיִל הָאֶחָד תִּקָּח וְסָמְכוּ | ד̇[10]. ה̇[11]
16 אַהֲרֹן וּבָנָיו אֶת־יְדֵיהֶם עַל־רֹאשׁ הָאָיִל׃ 16 וְשָׁחַטְתָּ[a] אֶת־הָאָיִל[a]
17 וְלָקַחְתָּ אֶת־דָּמוֹ וְזָרַקְתָּ עַל־הַמִּזְבֵּחַ סָבִיב׃ 17 וְאֶת־הָאַיִל תְּנַתֵּחַ | ה̇[11]. ל̇
לִנְתָחָיו וְרָחַצְתָּ קִרְבּוֹ וּכְרָעָיו וְנָתַתָּ עַל־נְתָחָיו [a]וְעַל־רֹאשׁוֹ׃ | כ̇ט חס̇[12]. ל̇ב̇
18 וְהִקְטַרְתָּ אֶת־כָּל־הָאַיִל הַמִּזְבֵּחָה עֹלָה הוּא לַיהוָה [a]רֵיחַ נִיחוֹחַ | ח̇ וכל אשה ריח ניחח דכות̇. ג̇ מל̇ בתור̇
19 אִשֶּׁה לַיהוָה הוּא׃ 19 וְלָקַחְתָּ אֵת הָאַיִל הַשֵּׁנִי וְסָמַךְ אַהֲרֹן וּבָנָיו אֶת־ | ל̇ וכל קריא אשה הוא ליי
20 יְדֵיהֶם עַל־רֹאשׁ הָאָיִל׃ 20 וְשָׁחַטְתָּ אֶת־הָאַיִל וְלָקַחְתָּ מִדָּמוֹ וְנָתַתָּה | ה̇י מל̇ בסיפ̇
עַל־תְּנוּךְ אֹזֶן אַהֲרֹן[a] וְעַל־תְּנוּךְ אֹזֶן בָּנָיו הַיְמָנִית וְעַל־בֹּהֶן יָדָם | ח̇[13]. כ̇ה. ח̇[13]. כ̇ה
הַיְמָנִית וְעַל־בֹּהֶן רַגְלָם הַיְמָנִית וְזָרַקְתָּ אֶת־הַדָּם עַל־הַמִּזְבֵּחַ סָבִיב׃
21 [a]וְלָקַחְתָּ מִן־הַדָּם אֲשֶׁר עַל־הַמִּזְבֵּחַ וּמִשֶּׁמֶן הַמִּשְׁחָה וְהִזֵּיתָ עַל־ | ל̇. ה̇[14]
אַהֲרֹן וְעַל־בְּגָדָיו וְעַל־בָּנָיו וְעַל־בִּגְדֵי בָנָיו אִתּוֹ [b]וְקָדַשׁ הוּא וּבְגָדָיו | ל̇[15]. ד̇
22 וּבָנָיו וּבִגְדֵי[b] בָנָיו אִתּוֹ׃ 22 וְלָקַחְתָּ מִן־הָאַיִל הַחֵלֶב וְהָאַלְיָה[a] וְאֶת־ | ה̇ וכל ואת שתי הכלית דכות̇[16]
הַחֵלֶב ׀ הַֽמְכַסֶּה אֶת־הַקֶּרֶב וְאֵת יֹתֶרֶת הַכָּבֵד וְאֵת ׀ שְׁתֵּי הַכְּלָיֹת
וְאֶת־הַחֵלֶב אֲשֶׁר עֲלֵיהֶן וְאֵת שׁוֹק הַיָּמִין כִּי אֵיל מִלֻּאִים הוּא׃
23 וְכִכַּר לֶחֶם אַחַת וְחַלַּת לֶחֶם שֶׁמֶן אַחַת וְרָקִיק אֶחָד מִסַּל הַמַּצּוֹת | ב̇
24 אֲשֶׁר לִפְנֵי יְהוָה׃ 24 וְשַׂמְתָּ הַכֹּל עַל כַּפֵּי אַהֲרֹן וְעַל כַּפֵּי בָנָיו וְהֵנַפְתָּ
25 אֹתָם תְּנוּפָה לִפְנֵי יְהוָה׃ 25 וְלָקַחְתָּ אֹתָם מִיָּדָם וְהִקְטַרְתָּ[a] [b]הַמִּזְבֵּחָה
26 עַל־הָעֹלָה[b] לְרֵיחַ נִיחוֹחַ [c]לִפְנֵי יְהוָה[c] אִשֶּׁה הוּא לַיהוָה׃ 26 וְלָקַחְתָּ | י̇ן̇[17]. ג̇ מל̇ בתור̇. ג̇[18]
אֶת־הֶחָזֶה מֵאֵיל הַמִּלֻּאִים אֲשֶׁר לְאַהֲרֹן וְהֵנַפְתָּ אֹתוֹ תְּנוּפָה לִפְנֵי
27 יְהוָה וְהָיָה לְךָ לְמָנָה׃ 27 וְקִדַּשְׁתָּ אֵת ׀ חֲזֵה הַתְּנוּפָה וְאֵת שׁוֹק

[8] Mm 2564. [9] Mm 572. [10] Mm 573. [11] Mm 872. [12] Mm 657. [13] Mm 742. [14] Mm 567. [15] Mp sub loco. [16] Mm 669. [17] Mm 574. [18] Mm 575.

16 [a–a] 𝔊*(𝔙) *αὐτόν*, it in 20 ‖ **17** [a–a] 𝔊 *σὺν τῇ κεφαλῇ* ‖ **18** [a] pc Mss 𝔊𝔖𝔗𝔗[J] לְרֵ׳ ‖ **20** [a] 𝔊(𝔖𝔗[J]𝔙) + *τοῦ δεξιοῦ* (𝔊 praeterea + *καὶ ἐπὶ τὸ ἄκρον τῆς δεξιᾶς χειρὸς καὶ ἐπὶ τὸ ἄκρον τοῦ ποδὸς τοῦ δεξιοῦ*) ‖ **21** [a] 𝔐 tr post 28 ‖ [b–b] 𝔐 וְקִדַּשְׁתּוֹ וְאֶת־בְּ׳ וְאֶת־ב׳ ‖ **22** [a] 𝔐 אֶת־הָאֵ׳ וְאֶת־בּ׳ ‖ **25** [a] 𝔖 + *ḥdj' mn dkr'* = הֶחָזֶה מִן הָאַיִל ‖ [b–b] 𝔊 *καὶ ἀνοίσεις ἐπὶ τὸ θυσιαστήριον τῆς ὁλοκαυτώσεως* ‖ [c–c] > 𝔐.

הַתְּרוּמָה אֲשֶׁר הוּנַף וַאֲשֶׁר הוּרָם מֵאֵיל֙ הַמִּלֻּאִים מֵאֲשֶׁר לְאַהֲרֹן ל̇. ב̇ חד קמ̇ וחד פת̇
28 וּמֵאֲשֶׁר לְבָנָיו׃ 28 וְהָיָה לְאַהֲרֹן וּלְבָנָיו לְחָק־עוֹלָם מֵאֵת֙ בְּנֵי יִשְׂרָאֵל ב̇[19]. ו̇
כִּי תְרוּמָה הוּא וּתְרוּמָה יִהְיֶה מֵאֵת בְּנֵי־יִשְׂרָאֵל֙ מִזִּבְחֵי שַׁלְמֵיהֶם ד̇ דמטע[20]
29 תְּרוּמָתָם לַיהוָה[a]׃ 29 וּבִגְדֵי הַקֹּדֶשׁ֙ אֲשֶׁר לְאַהֲרֹן יִהְיוּ לְבָנָיו ל̇
30 אַחֲרָיו לְמָשְׁחָה בָהֶם וּלְמַלֵּא־בָם אֶת־יָדָם׃ 30 שִׁבְעַת יָמִים יִלְבָּשָׁם ל̇. ל̇
31 הַכֹּהֵן תַּחְתָּיו מִבָּנָיו אֲשֶׁר יָבֹא אֶל־אֹהֶל מוֹעֵד לְשָׁרֵת בַּקֹּדֶשׁ׃ 31 וְאֵת
32 אֵיל הַמִּלֻּאִים תִּקָּח וּבִשַּׁלְתָּ אֶת־בְּשָׂרוֹ בְּמָקֹם קָדֹשׁ׃ 32 וְאָכַל אַהֲרֹן ל̇ חס̇. יג̇ חס̇[21]
וּבָנָיו֙ אֶת־בְּשַׂר הָאַיִל וְאֶת־הַלֶּחֶם אֲשֶׁר בַּסָּל פֶּתַח אֹהֶל מוֹעֵד׃ ג̇
33 33 וְאָכְלוּ אֹתָם֙ אֲשֶׁר כֻּפַּר בָּהֶם לְמַלֵּא אֶת־יָדָם לְקַדֵּשׁ אֹתָם וְזָר ל̇
34 לֹא־יֹאכַל[a] כִּי־קֹדֶשׁ הֵם׃ 34 וְאִם־יִוָּתֵר מִבְּשַׂר הַמִּלֻּאִים וּמִן־הַלֶּחֶם ג̇[22]. יב̇ ס״פ[23]. ל̇
עַד־הַבֹּקֶר וְשָׂרַפְתָּ אֶת־הַנּוֹתָר֙ בָּאֵשׁ לֹא יֵאָכֵל כִּי־קֹדֶשׁ הוּא׃ ד̇ בתור̇
35 35 וְעָשִׂיתָ לְאַהֲרֹן וּלְבָנָיו֙ כָּכָה כְּכֹל אֲשֶׁר־צִוִּיתִי אֹתָכָה שִׁבְעַת ל̇ ומל̇
36 יָמִים תְּמַלֵּא יָדָם׃ 36 וּפַר חַטָּאת תַּעֲשֶׂה לַיּוֹם֙ עַל־הַכִּפֻּרִים וְחִטֵּאתָ֙ ל̇. כ̇[24]. ג̇[25]
37 עַל־הַמִּזְבֵּחַ בְּכַפֶּרְךָ עָלָיו וּמָשַׁחְתָּ אֹתוֹ לְקַדְּשׁוֹ׃ 37 שִׁבְעַת יָמִים ל̇
תְּכַפֵּר֙ עַל־הַמִּזְבֵּחַ וְקִדַּשְׁתָּ אֹתוֹ וְהָיָה הַמִּזְבֵּחַ֙ קֹדֶשׁ קָדָשִׁים כָּל־ ב̇. ב̇
הַנֹּגֵעַ בַּמִּזְבֵּחַ יִקְדָּשׁ׃ ס
38 38 וְזֶה אֲשֶׁר תַּעֲשֶׂה עַל־הַמִּזְבֵּחַ כְּבָשִׂים בְּנֵי־שָׁנָה שְׁנַיִם לַיּוֹם[a] כג̇ ר״פ. כ̇[24]
39 תָּמִיד׃ 39 אֶת־הַכֶּבֶשׂ הָאֶחָד תַּעֲשֶׂה בַבֹּקֶר וְאֵת֙ הַכֶּבֶשׂ הַשֵּׁנִי תַּעֲשֶׂה ד̇[26]
40 בֵּין הָעַרְבָּיִם׃ 40 וְעִשָּׂרֹן סֹלֶת בָּלוּל בְּשֶׁמֶן כָּתִית֙ רֶבַע הַהִין וְנֵסֶךְ ה̇ ג̇ מל̇ וב̇ חס̇[27]. ד̇. ו̇ רפי̇[28]. ב̇ וכל̇ שם אנש דכות. ל̇. ב̇[29]
41 רְבִיעִת הַהִין יָיִן לַכֶּבֶשׂ הָאֶחָד׃ 41 וְאֵת֙ הַכֶּבֶשׂ הַשֵּׁנִי תַּעֲשֶׂה בֵּין ד̇[26]
הָעַרְבָּיִם כְּמִנְחַת הַבֹּקֶר וּכְנִסְכָּהּ֙[a] תַּעֲשֶׂה־לָּהּ[b] לְרֵיחַ[c] נִיחֹחַ אִשֶּׁה ל̇. ו̇[30]
42 לַיהוָה׃ 42 עֹלַת תָּמִיד֙ לְדֹרֹתֵיכֶם פֶּתַח אֹהֶל־מוֹעֵד לִפְנֵי יְהוָה אֲשֶׁר ד̇[31]
43 [a]אִוָּעֵד לָכֶם֙[a] שָׁמָּה לְדַבֵּר אֵלֶיךָ שָׁם׃ 43 [a]וְנֹעַדְתִּי שָׁמָּה[a] לִבְנֵי יִשְׂרָאֵל ה̇ פסוק שמה שם[32]. ב̇ חד מל̇ וחד חס̇[33]. י̇ מילין ר״פ ובתר שמה[34]
44 וְנִקְדַּשׁ[b] בִּכְבֹדִי׃ 44 וְקִדַּשְׁתִּי אֶת־אֹהֶל מוֹעֵד וְאֶת־הַמִּזְבֵּחַ וְאֶת־אַהֲרֹן ד̇[35]
45 וְאֶת־בָּנָיו אֲקַדֵּשׁ לְכַהֵן לִי׃ 45 וְשָׁכַנְתִּי בְּתוֹךְ בְּנֵי יִשְׂרָאֵל וְהָיִיתִי לָהֶם

[19]Gn 31,1. [20]Mm 811. [21]Mm 783. [22]Mm 942. [23]Mm 294. [24]Mm 875. [25]Mm 2973. [26]Mm 576. [27]Mm 999. [28]Mm 577. [29]Ex 30,9. [30]Mm 574. [31]Mm 578. [32]Mm 2341. [33]Mm 544. [34]Mm 1123. [35]Mm 760.

28 [a] cf 21[a] ‖ **33** [a] 𝔊(𝔙) + ἀπ' αὐτῶν (𝔊[B] -τοῦ) ‖ **38** [a] 𝔖 + תָּמִיד עֹלַת, 𝔊 + ἐπὶ τὸ *θυσιαστήριον* ‖ **41** [a] 𝔖 כּוֹ– ‖ [b] 𝔖 לוֹ ‖ [c] 𝔖 ריח ‖ **42** [a–a] 𝔊 *γνωσθήσομαί σοι* = אִוָּדַע לְךָ, it in 30,6.36 Nu 17,19 ‖ **43** [a–a] 𝔖 וְנִדְרַשְׁתִּי שָׁם, 𝔊 *καὶ τάξομαι ἐκεῖ*, 𝔙 *ibique praecipiam* ‖ [b] 𝔊𝔖𝔗𝔗[J] 1 sg.

46 לֵאלֹהִֽים׃ 46 וְיָדְע֗וּ כִּ֣י אֲנִ֤י יְהוָה֙ אֱלֹ֣הֵיהֶ֔ם אֲשֶׁ֨ר הוֹצֵ֧אתִי אֹתָ֛ם מֵאֶ֥רֶץ ח̇
מִצְרַ֖יִם לְשָׁכְנִ֣י בְתוֹכָ֑ם אֲנִ֖י יְהוָ֥ה אֱלֹהֵיהֶֽם׃ פ ל̇. ח̇
ס̇ [כה] 30 1 וְעָשִׂ֥יתָ[a] מִזְבֵּ֖חַ מִקְטַ֣ר קְטֹ֑רֶת עֲצֵ֥י שִׁטִּ֖ים תַּעֲשֶׂ֥ה אֹתֽוֹ׃ ל̇
2 אַמָּ֨ה אָרְכּ֜וֹ וְאַמָּ֤ה רָחְבּוֹ֙ רָב֣וּעַ יִהְיֶ֔ה וְאַמָּתַ֖יִם קֹמָת֑וֹ מִמֶּ֖נּוּ קַרְנֹתָֽיו׃
3 וְצִפִּיתָ֨ אֹת֜וֹ זָהָ֣ב טָה֗וֹר אֶת־גַּגּ֧וֹ וְאֶת־קִירֹתָ֛יו סָבִ֖יב וְאֶת־קַרְנֹתָ֑יו ד̇[1]. ד̇[2]
4 וְעָשִׂ֥יתָ לּ֛וֹ זֵ֥ר זָהָ֖ב סָבִֽיב׃ 4 וּשְׁתֵּי֩ טַבְּעֹ֨ת זָהָ֜ב תַּעֲשֶׂה־לּ֣וֹ ׀ מִתַּ֣חַת
לְזֵר֗וֹ עַ֚ל שְׁתֵּ֣י צַלְעֹתָ֔יו תַּעֲשֶׂ֖ה עַל־שְׁנֵ֣י צִדָּ֑יו וְהָיָה֙[a] לְבָתִּ֣ים לְבַדִּ֔ים ב̇. ל̇
5 לָשֵׂ֥את אֹת֖וֹ בָּהֵֽמָּה׃ 5 וְעָשִׂ֥יתָ אֶת־הַבַּדִּ֖ים עֲצֵ֣י שִׁטִּ֑ים וְצִפִּיתָ֥ אֹתָ֖ם כ̇ד̇. ג̇[3]
6 זָהָֽב׃ 6 וְנָתַתָּ֤ה אֹתוֹ֙ לִפְנֵ֣י הַפָּרֹ֔כֶת אֲשֶׁ֖ר עַל־אֲרֹ֣ן הָעֵדֻ֑ת [a]לִפְנֵ֣י[b] הׄי מל בסיפ. ג̇ חס. יב̇[4]
7 הַכַּפֹּ֗רֶת אֲשֶׁר֙ עַל־הָ֣עֵדֻ֔ת[a] אֲשֶׁ֛ר אִוָּעֵ֥ד[c] לְךָ֖ שָֽׁמָּה׃ 7 וְהִקְטִ֥יר עָלָ֛יו
אַהֲרֹ֖ן קְטֹ֣רֶת סַמִּ֑ים בַּבֹּ֨קֶר בַּבֹּ֜קֶר בְּהֵיטִיב֧וֹ אֶת־הַנֵּרֹ֛ת יַקְטִירֶֽנָּה[a]׃ ד̇[5]. יג̇[6]. ל̇
8 וּבְהַעֲלֹ֨ת אַהֲרֹ֧ן אֶת־הַנֵּרֹ֛ת בֵּ֥ין הָעַרְבַּ֖יִם[a] יַקְטִירֶ֑נָּה קְטֹ֧רֶת תָּמִ֛יד ל̇[7]
9 לִפְנֵ֥י יְהוָ֖ה לְדֹרֹתֵיכֶֽם׃ 9 לֹֽא־תַעֲל֥וּ עָלָ֛יו קְטֹ֥רֶת זָרָ֖ה וְעֹלָ֣ה וּמִנְחָ֑ה ב̇
10 וְנֵ֕סֶךְ לֹ֥א תִסְּכ֖וּ עָלָֽיו׃ 10 וְכִפֶּ֤ר אַהֲרֹן֙ עַל־קַרְנֹתָ֔יו אַחַ֖ת בַּשָּׁנָ֑ה ב̇[8]
מִדַּ֞ם חַטַּ֣את הַכִּפֻּרִ֗ים אַחַ֤ת בַּשָּׁנָה֙ יְכַפֵּ֤ר עָלָיו֙ לְדֹרֹ֣תֵיכֶ֔ם קֹֽדֶשׁ־ ז̇[9] פת וכל תרי עשר דכות ב מ א . ז̇[10] ו̇[11] מנה בתור
קָֽדָשִׁ֥ים ה֖וּא לַֽיהוָֽה׃ פ קׄא
פרש 11 וַיְדַבֵּ֥ר יְהוָ֖ה אֶל־מֹשֶׁ֥ה לֵּאמֹֽר׃ 12 כִּ֣י תִשָּׂ֞א אֶת־רֹ֥אשׁ בְּנֵֽי־ ל̇ בטע ר״פ בתור[12]
יִשְׂרָאֵל֮ לִפְקֻדֵיהֶם֒ וְנָ֨תְנ֜וּ אִ֣ישׁ כֹּ֧פֶר נַפְשׁ֛וֹ לַיהוָ֖ה [a]בִּפְקֹ֣ד אֹתָ֑ם[a] וְלֹא־ ב̇ ובפסוק
13 יִהְיֶ֥ה בָהֶ֛ם נֶ֖גֶף בִּפְקֹ֥ד אֹתָֽם׃ 13 זֶ֣ה ׀ יִתְּנ֗וּ כָּל־הָעֹבֵר֙ עַל־הַפְּקֻדִ֔ים ב̇ ובפסוק. ג̇ ר״פ בטע לגר[13]
מַחֲצִ֥ית הַשֶּׁ֖קֶל בְּשֶׁ֣קֶל הַקֹּ֑דֶשׁ[a] עֶשְׂרִ֤ים גֵּרָה֙ הַשֶּׁ֔קֶל[b] מַחֲצִ֣ית[c] הַשֶּׁ֔קֶל ה̇ ג̇ כת ה וב̇ בליש שם ברנש כת א[14]
14 תְּרוּמָ֖ה לַיהוָֽה׃ 14 כֹּ֗ל הָעֹבֵר֙ עַל־הַפְּקֻדִ֔ים מִבֶּ֛ן עֶשְׂרִ֥ים שָׁנָ֖ה וָמָ֑עְלָה
15 יִתֵּ֖ן תְּרוּמַ֥ת יְהוָֽה׃ 15 הֶעָשִׁ֣יר לֹֽא־יַרְבֶּ֗ה וְהַדַּל֙ לֹ֣א יַמְעִ֔יט מִֽמַּחֲצִ֖ית יב̇ וכל דל ואביון דכות ול̇ בליש
16 הַשָּׁ֑קֶל לָתֵת֙ אֶת־תְּרוּמַ֣ת יְהוָ֔ה לְכַפֵּ֖ר עַל־נַפְשֹׁתֵיכֶֽם׃ 16 וְלָקַחְתָּ֞ אֶת־
כֶּ֣סֶף הַכִּפֻּרִ֗ים[a] מֵאֵת֙ בְּנֵ֣י יִשְׂרָאֵ֔ל וְנָתַתָּ֣ אֹת֔וֹ עַל־עֲבֹדַ֖ת אֹ֣הֶל מוֹעֵ֑ד כט̇ חס[15] . כל אורית חס
וְהָיָה֩ לִבְנֵ֨י יִשְׂרָאֵ֤ל לְזִכָּרוֹן֙ לִפְנֵ֣י יְהוָ֔ה לְכַפֵּ֖ר עַל־נַפְשֹׁתֵיכֶֽם׃ פ ז̇[16]

Cp 30 [1]Mm 641. [2]Mm 642. [3]Mm 579. [4]Mm 853. [5]Mm 580. [6]Mm 688. [7]Mm 581. [8]Ex 29,40. [9]Mm 676. [10]Mm 4108. [11]Mm 831. [12]Mm 1151. [13]Mm 3714. [14]Mm 1405. [15]Mm 657. [16]Mp sub loco.

Cp 30,1 [a] ⅏ tr 1–10 post 26,35 ‖ **4** [a] ⅏𝔊𝔖𝔗Ms𝔙 וְהָיוּ ‖ **6** [a–a] > mlt Mss ⅏𝔊 ‖ [b] ℭ mlt Mss 𝔗Ms וְלִ׳ ‖ [c] cf 29,42 [a–a] ‖ **7** [a] ⅏ ־נוּ, 𝔊 *θυμιάσει ἐπ' αὐτοῦ* cf 7 ‖ **8** [a] sic L, mlt Mss Edd הָעַר׳ ‖ **12** [a–a] > 𝔊 ‖ **13** [a] ⅏ + וְשֶׁקֶל הַקֹּדֶשׁ ‖ [b] ⅏ הוא ‖ [c] > ⅏ ‖ **16** [a] 𝔊 *τῆς εἰσφορᾶς* = הַתְּרוּמָה?

17 18 17 וַיְדַבֵּ֥ר יְהוָ֖ה אֶל־מֹשֶׁ֥ה לֵּאמֹֽר׃ 18 וְעָשִׂ֜יתָ כִּיּ֥וֹר נְחֹ֛שֶׁת וְכַנּ֥וֹ
נְחֹ֖שֶׁת לְרָחְצָ֑ה וְנָתַתָּ֣ אֹת֗וֹ בֵּֽין־אֹ֤הֶל מוֹעֵד֙ וּבֵ֣ין הַמִּזְבֵּ֔חַ וְנָתַתָּ֥ שָׁ֖מָּה
19 מָֽיִם׃ 19 וְרָחֲצ֛וּ[a] אַהֲרֹ֥ן וּבָנָ֖יו מִמֶּ֑נּוּ אֶת־יְדֵיהֶ֖ם וְאֶת־רַגְלֵיהֶֽם׃
20 20 בְּבֹאָ֞ם אֶל־אֹ֧הֶל מוֹעֵ֛ד יִרְחֲצוּ־מַ֖יִם וְלֹ֣א יָמֻ֑תוּ א֣וֹ בְגִשְׁתָּ֤ם אֶל־
21 הַמִּזְבֵּ֙חַ֙ לְשָׁרֵ֔ת לְהַקְטִ֥יר אִשֶּׁ֖ה לַיהוָֽה׃ 21 וְרָחֲצ֛וּ יְדֵיהֶ֥ם וְרַגְלֵיהֶ֖ם[a]
וְלֹ֣א יָמֻ֑תוּ וְהָיְתָ֨ה לָהֶ֧ם חָק־עוֹלָ֛ם ל֥וֹ וּלְזַרְע֖וֹ לְדֹרֹתָֽם׃ פ
22 23 22 וַיְדַבֵּ֥ר יְהוָ֖ה אֶל־מֹשֶׁ֥ה לֵּאמֹֽר׃ 23 וְאַתָּ֣ה קַח־לְךָ֮ בְּשָׂמִ֣ים
רֹאשׁ֒ מָר־דְּרוֹר֙ חֲמֵ֣שׁ מֵא֔וֹת וְקִנְּמָן־בֶּ֥שֶׂם מַחֲצִית֖וֹ חֲמִשִּׁ֣ים וּמָאתָ֑יִם
24 וּקְנֵה־בֹ֖שֶׂם חֲמִשִּׁ֥ים וּמָאתָֽיִם׃ 24 וְקִדָּ֕ה חֲמֵ֥שׁ מֵא֖וֹת בְּשֶׁ֣קֶל הַקֹּ֑דֶשׁ
25 וְשֶׁ֥מֶן זַ֖יִת הִֽין׃ 25 וְעָשִׂ֣יתָ אֹת֗וֹ שֶׁ֚מֶן מִשְׁחַת־קֹ֔דֶשׁ רֹ֥קַח מִרְקַ֖חַת מַעֲשֵׂ֣ה
26 רֹקֵ֑חַ שֶׁ֥מֶן מִשְׁחַת־קֹ֖דֶשׁ יִהְיֶֽה׃ 26 וּמָשַׁחְתָּ֥ ב֖וֹ אֶת־אֹ֣הֶל מוֹעֵ֑ד וְאֵ֖ת
27 אֲר֥וֹן הָעֵדֻֽת׃ 27 וְאֶת־הַשֻּׁלְחָן֙ וְאֶת־כָּל־כֵּלָ֔יו וְאֶת־הַמְּנֹרָ֖ה וְאֶת־[a]
28 כֵּלֶ֑יהָ וְאֵ֖ת מִזְבַּ֥ח הַקְּטֹֽרֶת׃ 28 וְאֶת־מִזְבַּ֥ח הָעֹלָ֖ה וְאֶת־כָּל־כֵּלָ֑יו
29 וְאֶת־הַכִּיֹּ֖ר וְאֶת־כַּנּֽוֹ׃ 29 וְקִדַּשְׁתָּ֣ אֹתָ֔ם וְהָי֖וּ קֹ֣דֶשׁ קָֽדָשִׁ֑ים כָּל־הַנֹּגֵ֥עַ
30 בָּהֶ֖ם יִקְדָּֽשׁ׃ 30 וְאֶת־אַהֲרֹ֥ן וְאֶת־בָּנָ֖יו תִּמְשָׁ֑ח וְקִדַּשְׁתָּ֥ אֹתָ֖ם לְכַהֵ֥ן לִֽי׃
31 31 וְאֶל־בְּנֵ֥י יִשְׂרָאֵ֖ל תְּדַבֵּ֣ר לֵאמֹ֑ר שֶׁ֠מֶן מִשְׁחַת־קֹ֨דֶשׁ יִהְיֶ֥ה זֶ֛ה לִ֖י[a]
32 לְדֹרֹתֵיכֶֽם׃ 32 עַל־בְּשַׂ֤ר אָדָם֙ לֹ֣א יִיסָ֔ךְ[a] וּבְמַ֨תְכֻּנְתּ֔וֹ לֹ֥א תַעֲשׂ֖וּ כָּמֹ֑הוּ
33 קֹ֣דֶשׁ ה֔וּא קֹ֖דֶשׁ יִהְיֶ֥ה לָכֶֽם׃ 33 אִ֚ישׁ אֲשֶׁ֣ר יִרְקַ֣ח כָּמֹ֔הוּ וַאֲשֶׁ֥ר יִתֵּ֛ן
34 מִמֶּ֖נּוּ עַל־זָ֑ר וְנִכְרַ֖ת מֵעַמָּֽיו׃ ס 34 וַיֹּאמֶר֩ יְהוָ֨ה אֶל־מֹשֶׁ֜ה קַח־
לְךָ֣ סַמִּ֗ים נָטָ֤ף ׀ וּשְׁחֵ֙לֶת֙ וְחֶלְבְּנָ֔ה סַמִּ֖ים וּלְבֹנָ֣ה זַכָּ֑ה בַּ֥ד בְּבַ֖ד יִהְיֶֽה׃
35 35 וְעָשִׂ֤יתָ אֹתָהּ֙ קְטֹ֔רֶת רֹ֖קַח מַעֲשֵׂ֣ה רוֹקֵ֑חַ מְמֻלָּ֖ח טָה֥וֹר קֹֽדֶשׁ׃
36 36 וְשָׁחַקְתָּ֣ מִמֶּ֘נָּה֮ הָדֵק֒ וְנָתַתָּ֨ה מִמֶּ֜נָּה לִפְנֵ֤י הָעֵדֻת֙ בְּאֹ֣הֶל מוֹעֵ֔ד אֲשֶׁ֛ר
37 אִוָּעֵ֥ד[a] לְךָ֖ שָׁ֑מָּה קֹ֥דֶשׁ קָֽדָשִׁ֖ים תִּהְיֶ֥ה לָכֶֽם׃ 37 וְהַקְּטֹ֙רֶת֙ אֲשֶׁ֣ר תַּעֲשֶׂ֔ה[a]
38 בְּמַ֨תְכֻּנְתָּ֔הּ לֹ֥א תַעֲשׂ֖וּ לָכֶ֑ם קֹ֛דֶשׁ תִּהְיֶ֥ה לְךָ֖[b] לַיהוָֽה׃ 38 אִ֛ישׁ אֲשֶׁר־
יַעֲשֶׂ֥ה כָמ֖וֹהָ לְהָרִ֣יחַ בָּ֑הּ וְנִכְרַ֖ת מֵעַמָּֽיו׃ ס

ג בליש וחד מן ג[17] מל רחור וכל נביא דכות ב מ ב
ד[18] . כת חס[19] . כת חס[19] . ב
ט[20]
ה[21]
ל מחליפין . ל
ל
יב[22] . ג . ג[23]
ט . כו פסוק ואת ואת ואת ואת . ט
ג
ד[24]
ל קמ . ל[25]
ל
ל . ל . ל . ג[26]
ב מל[27]
הי מל בסיפ
ל[28]
ל
ל . ד[29]

[17]Mm 582. [18]Mm 659. [19]Mm 657. [20]Mm 583. [21]Mm 2476. [22]Mm 853. [23]Mm 584. [24]Mm 585. [25]Mm 2981. [26]Mm 586. [27]Mm 587. [28]Mp sub loco. [29]Mm 588.

19 [a] ⅏𝔊 ־ךָ ‖ **21** [a] 𝔊 + *ὕδατι· ὅταν εἰσπορεύονται εἰς τὴν σκηνὴν τοῦ μαρτυρίου, νίψονται ὕδατι* ‖ **27** [a] pc Mss ⅏𝔊 + כל ‖ **31** [a] 𝔊 *ὑμῖν* cf 37[b] ‖ **32** [a] ⅏ יוסך cf 𝔊 ‖ **36** [a] cf 29,42[a–a] ‖ **37** [a] 𝔖 pl ‖ [b] ⅏𝔊𝔗[J] לָכֶם cf 31[a].

ס̈[כו] 31 1 וַיְדַבֵּ֥ר יְהוָ֖ה אֶל־מֹשֶׁ֥ה לֵּאמֹֽר׃ 2 רְאֵ֖ה קָרָ֣אתִֽי בְשֵׁ֑ם
3 בְּצַלְאֵ֛ל בֶּן־אוּרִ֥יa בֶן־ח֖וּר לְמַטֵּ֥ה יְהוּדָֽה׃ 3 וָאֲמַלֵּ֥א אֹת֖וֹ ר֣וּחַ אֱלֹהִ֑ים — ל̇[1]. ח̇ וכל שמואל דכות ב̇ מ̇ ה̇ רוח יי
4 בְּחָכְמָ֛ה וּבִתְבוּנָ֥הa וּבְדַ֖עַת וּבְכָל־aמְלָאכָֽה׃ 4 לַחְשֹׁ֖בa מַחֲשָׁבֹ֑ת — ה̇. ג̇ חס
5 לַעֲשׂ֛וֹת בַּזָּהָ֥ב וּבַכֶּ֖סֶף וּבַנְּחֹֽשֶׁת׃ 5 וּבַחֲרֹ֥שֶׁת אֶ֛בֶן לְמַלֹּ֖אתa וּבַחֲרֹ֣שֶׁת — ב̇ ר״פ. ו̇ ב̇ חס וד̇ מל[2]. ב̇ מ״פ
6 עֵ֑ץ לַעֲשׂ֖וֹת בְּכָל־מְלָאכָֽה׃ 6 וַאֲנִ֞י הִנֵּ֧ה נָתַ֣תִּי אִתּ֗וֹa אֵ֣ת אָהֳלִיאָ֜בb — ט̇ז̇ ר״פ
בֶּן־אֲחִֽיסָמָךְ֙ לְמַטֵּה־דָ֔ן וּבְלֵ֥ב כָּל־חֲכַם־לֵ֖ב נָתַ֣תִּי חָכְמָ֑ה וְעָשׂ֕וּ אֵ֖ת
7 כָּל־אֲשֶׁ֥ר צִוִּיתִֽךָ׃ 7 אֵ֣ת ׀ אֹ֣הֶל מוֹעֵ֗ד וְאֶת־הָֽאָרֹן֙ לָֽעֵדֻ֔ת וְאֶת־הַכַּפֹּ֖רֶת — ל̇ וחס
8 אֲשֶׁ֣ר עָלָ֑יו וְאֵ֖ת כָּל־כְּלֵ֥י הָאֹֽהֶל׃ 8 וְאֶת־הַשֻּׁלְחָן֙ וְאֶת־aכֵּלָ֔יו וְאֶת־ — ג̇. ג̇[3]. ג̇[4]
9 הַמְּנֹרָ֥ה הַטְּהֹרָ֖ה וְאֶת־כָּל־כֵּלֶ֑יהָ וְאֵ֖ת מִזְבַּ֥ח הַקְּטֹֽרֶת׃ 9 וְאֶת־מִזְבַּ֥ח — ט̇. כ̇ו̇ פסוק ואת ואת ואת ואת. ט̇
10 הָעֹלָ֖ה וְאֶת־כָּל־כֵּלָ֑יו וְאֶת־הַכִּיּ֖וֹר וְאֶת־כַּנּֽוֹ׃ 10 וְאֵ֖ת בִּגְדֵ֣י הַשְּׂרָ֑דa — ג̇. ג̇[5] מל בתור וכל נביא דכות ב̇ מ̇ ב̇. ז̇[6]
11 וְאֶת־בִּגְדֵ֤י הַקֹּ֙דֶשׁ֙ לְאַהֲרֹ֣ן הַכֹּהֵ֔ן וְאֶת־בִּגְדֵ֥י בָנָ֖יו לְכַהֵֽןb׃ 11 וְאֵ֨ת שֶׁ֧מֶן — ז̇[6]. ז̇[6]. ז̇
הַמִּשְׁחָ֛ה וְאֶת־קְטֹ֥רֶת הַסַּמִּ֖ים לַקֹּ֑דֶשׁ כְּכֹ֥ל אֲשֶׁר־צִוִּיתִ֖ךָ יַעֲשֽׂוּ׃ פ — ל̇. ד̇[7]
12 וַיֹּ֥אמֶר יְהוָ֖ה אֶל־מֹשֶׁ֥ה לֵּאמֹֽר׃ 13 וְאַתָּ֞ה דַּבֵּ֨ר אֶל־בְּנֵ֤י יִשְׂרָאֵל֙ — ה̇
לֵאמֹ֔ר אַ֥ךְ אֶת־שַׁבְּתֹתַ֖י תִּשְׁמֹ֑רוּ כִּי֩ א֨וֹת הִ֜וא בֵּינִ֣י וּבֵינֵיכֶ֗ם לְדֹרֹ֣תֵיכֶ֔ם
14 לָדַ֕עַת כִּ֛י אֲנִ֥י יְהוָ֖ה מְקַדִּשְׁכֶֽםa׃ 14 וּשְׁמַרְתֶּם֙ אֶת־הַשַּׁבָּ֔ת כִּ֛י קֹ֥דֶשׁ — ד̇[8]. ד̇
הִ֖וא לָכֶ֑ם מְחַֽלְלֶ֙יהָ֙ מ֣וֹת יוּמָ֔ת כִּ֗י כָּל־הָעֹשֶׂ֥ה בָהּ֙ מְלָאכָ֔ה וְנִכְרְתָ֛ה — ד̇ קמ̇ וכל אתנח וס״פ דכות[9]
15 הַנֶּ֥פֶשׁ הַהִ֖וא מִקֶּ֥רֶבa עַמֶּֽיהָa׃ 15 שֵׁ֣שֶׁת יָמִים֮ יֵעָשֶׂ֣הa מְלָאכָה֒ וּבַיּ֣וֹם — ל̇ וכל מעמיה דכות. ל̇[10]. ד̇[11]
הַשְּׁבִיעִ֗י שַׁבַּ֧ת שַׁבָּת֛וֹן קֹ֖דֶשׁ לַיהוָ֑ה כָּל־הָעֹשֶׂ֧ה מְלָאכָ֛ה בְּי֥וֹם הַשַּׁבָּ֖ת
16 מ֥וֹת יוּמָֽת׃ 16 וְשָׁמְר֥וּ בְנֵֽי־יִשְׂרָאֵ֖ל אֶת־הַשַּׁבָּ֑ת לַעֲשׂ֧וֹת aאֶת־הַשַּׁבָּ֛תa — ד̇. ד̇
17 לְדֹרֹתָ֖ם בְּרִ֥ית עוֹלָֽם׃ 17 בֵּינִ֗י וּבֵין֙ בְּנֵ֣י יִשְׂרָאֵ֔ל א֥וֹת הִ֖וא לְעֹלָ֑ם כִּי־ — י̇ח̇[12] חס י̇ מנה בתור
שֵׁ֣שֶׁת יָמִ֗ים עָשָׂ֤ה יְהוָה֙ אֶת־הַשָּׁמַ֣יִם וְאֶת־הָאָ֔רֶץa וּבַיּוֹם֙ הַשְּׁבִיעִ֔י — ג̇ג̇[13]
שָׁבַ֖ת וַיִּנָּפַֽשׁ׃ ס — ל̇
18 וַיִּתֵּ֣ן אֶל־מֹשֶׁ֗ה כְּכַלֹּתוֹ֙ לְדַבֵּ֤ר אִתּוֹ֙ בְּהַ֣ר סִינַ֔י שְׁנֵ֖י לֻחֹ֣ת הָעֵדֻ֑ת — ג̇
לֻחֹ֣ת אֶ֔בֶן כְּתֻבִ֖ים בְּאֶצְבַּ֥ע אֱלֹהִֽים׃ — ל̇

Cp 31 [1]Mm 3590. [2]Mm 4269. [3]Mm 589. [4]Mm 584. [5]Mm 582. [6]Mm 2895. [7]Mm 1933. [8]Mm 775. [9]Mm 590. [10]Mm 210. [11]Mm 591. [12]Mm 25. [13]Mm 3139.

Cp 31,2 [a] ⅏[Mss]⅏[T] חורי ‖ **3** [a] nonn Mss 'ב ‖ [b] 𝔊𝔙 om cop ‖ **4** [a] pc Mss ⅏ℭ[Ms] 'וְל ‖ **5** [a] > ℭ𝔊 ‖ **6** [a] 𝔊 *αὐτὸν καί* = אתו וְ ‖ [b] 𝔊 *Ελιαβ*, 𝔖 *'ljhb* ‖ **8** [a] ℭ mlt Mss ⅏𝔊𝔖 + כל cf 30,27[a] ‖ **10** [a] pc Mss + לשרת בקדש cf 35,19 39,1; ⅏[Mss] הַשָּׁרֵת cf 𝔊𝔖ℭ𝔗[J] ‖ [b] 𝔊 (𝔖) + *μοι* ‖ **13** [a] ℭ שם– ‖ **14** [a–a] pc Mss 𝔖ℭ[Ms]𝔗[J] 'מֵע ‖ **15** [a] 𝔊 2 sg et 𝔖𝔙 2 pl act ‖ **16** [a–a] 𝔊(𝔙) *αὐτά* ‖ **17** [a] 𝔊[426](𝔖) + *καὶ τὴν θάλασσαν καὶ πάντα τὰ ἐν αὐτοῖς*.

32 [1] וַיַּרְא הָעָם כִּי־בֹשֵׁשׁ מֹשֶׁה לָרֶדֶת מִן־הָהָר וַיִּקָּהֵל הָעָם 32 ב . ב[2]
עַל־אַהֲרֹן וַיֹּאמְרוּ אֵלָיו קוּם ׀ עֲשֵׂה־לָנוּ אֱלֹהִים אֲשֶׁר יֵלְכוּ לְפָנֵינוּ ה[3]
כִּי־זֶה ׀ מֹשֶׁה הָאִישׁ אֲשֶׁר הֶעֱלָנוּ מֵאֶרֶץ מִצְרַיִם לֹא יָדַעְנוּ מֶה־הָיָה כד[4]
2 לוֹ׃ [2] וַיֹּאמֶר אֲלֵהֶם אַהֲרֹן פָּרְקוּ נִזְמֵי הַזָּהָב אֲשֶׁר בְּאָזְנֵי נְשֵׁיכֶם ל . לז
3 בְּנֵיכֶם וּבְנֹתֵיכֶם וְהָבִיאוּ אֵלָי׃ [3] וַיִּתְפָּרְקוּ כָּל־הָעָם אֶת־נִזְמֵי הַזָּהָב ו[5] . ל
4 אֲשֶׁר בְּאָזְנֵיהֶם וַיָּבִיאוּ אֶל־אַהֲרֹן׃ [4] וַיִּקַּח מִיָּדָם וַיָּצַר אֹתוֹ בַּחֶרֶט ח . לו[6] . ה וחד מן ג[7] בליש וכל לשון עלייה דכות . ל
וַיַּעֲשֵׂהוּ עֵגֶל מַסֵּכָה וַיֹּאמְרוּ אֵלֶּה אֱלֹהֶיךָ יִשְׂרָאֵל אֲשֶׁר הֶעֱלוּךָ ג
5 מֵאֶרֶץ מִצְרָיִם׃ [5] וַיַּרְא[a] אַהֲרֹן וַיִּבֶן מִזְבֵּחַ לְפָנָיו וַיִּקְרָא אַהֲרֹן י
6 וַיֹּאמַר חַג לַיהוָה מָחָר׃ [6] וַיַּשְׁכִּימוּ[a] מִמָּחֳרָת וַיַּעֲלוּ עֹלֹת וַיַּגִּשׁוּ צא . ג ב חס וחד מל[8]
7 שְׁלָמִים[b] וַיֵּשֶׁב הָעָם לֶאֱכֹל וְשָׁתוֹ וַיָּקֻמוּ לְצַחֵק׃ פ [7] וַיְדַבֵּר ל . י בתור
יְהוָה אֶל־מֹשֶׁה [a]לֶךְ־רֵד[a] כִּי שִׁחֵת עַמְּךָ אֲשֶׁר הֶעֱלֵיתָ מֵאֶרֶץ מִצְרָיִם׃ ל
8 [8] סָרוּ מַהֵר מִן־הַדֶּרֶךְ אֲשֶׁר צִוִּיתִם[a] עָשׂוּ לָהֶם עֵגֶל מַסֵּכָה וַיִּשְׁתַּחֲווּ־ ב ר״פ בתור[9]
לוֹ וַיִּזְבְּחוּ־לוֹ וַיֹּאמְרוּ אֵלֶּה אֱלֹהֶיךָ יִשְׂרָאֵל אֲשֶׁר הֶעֱלוּךָ מֵאֶרֶץ ג
9 מִצְרָיִם׃ [9] וַיֹּאמֶר[a] יְהוָה אֶל־מֹשֶׁה רָאִיתִי אֶת־הָעָם הַזֶּה וְהִנֵּה עַם־
10 קְשֵׁה־עֹרֶף הוּא׃ [10] וְעַתָּה הַנִּיחָה לִּי וְיִחַר־אַפִּי בָהֶם וַאֲכַלֵּם ב[10] . ל . ל[11]
11 וְאֶעֱשֶׂה אוֹתְךָ לְגוֹי גָּדוֹל[a]׃ [11] וַיְחַל מֹשֶׁה אֶת־פְּנֵי יְהוָה אֱלֹהָיו וַיֹּאמֶר יז מל בליש[12] . ד[13]
[a]לָמָה יְהוָה יֶחֱרֶה[a] אַפְּךָ בְּעַמֶּךָ אֲשֶׁר הוֹצֵאתָ [b]מֵאֶרֶץ מִצְרַיִם[b] בְּכֹחַ ג[14]
12 גָּדוֹל [c]וּבְיָד חֲזָקָה[c]׃ [12] לָמָּה יֹאמְרוּ מִצְרַיִם לֵאמֹר בְּרָעָה הוֹצִיאָם
לַהֲרֹג אֹתָם בֶּהָרִים וּלְכַלֹּתָם מֵעַל פְּנֵי הָאֲדָמָה שׁוּב מֵחֲרוֹן אַפֶּךָ ל
13 וְהִנָּחֵם עַל־הָרָעָה לְעַמֶּךָ׃ [13] זְכֹר לְאַבְרָהָם לְיִצְחָק וּלְיִשְׂרָאֵל[a] ב[15] . ד בליש[16] . ו[17]
עֲבָדֶיךָ אֲשֶׁר נִשְׁבַּעְתָּ לָהֶם בָּךְ וַתְּדַבֵּר אֲלֵהֶם אַרְבֶּה[b] אֶת־זַרְעֲכֶם ל
כְּכוֹכְבֵי הַשָּׁמָיִם וְכָל־הָאָרֶץ הַזֹּאת אֲשֶׁר [c]אָמַרְתִּי אֶתֵּן לְזַרְעֲכֶם[c] ה[18]
14 וְנָחֲלוּ[d] לְעֹלָם׃ [14] וַיִּנָּחֶם יְהוָה עַל־הָרָעָה אֲשֶׁר דִּבֶּר לַעֲשׂוֹת לְעַמּוֹ׃ פ ל . יח[19] חס י מנה בתור
15 וַיִּפֶן וַיֵּרֶד מֹשֶׁה מִן־הָהָר וּשְׁנֵי לֻחֹת הָעֵדֻת בְּיָדוֹ לֻחֹת כְּתֻבִים ס [כז] ג

Cp 32 [1]Jdc 5,28. [2]Jer 26,9. [3]Mm 567. [4]Mm 592. [5]Mm 593. [6]Mp sub loco. [7]Mm 1908, lect Mm frt inc. [8]Mm 1601. [9]Mm 594. [10]Jdc 16,26. [11]Mm 595. [12]Mm 541. [13]Mm 596. [14]Mm 597. [15]Mm 3354. [16]Mm 4147. [17]Mm 967. [18]Mm 310. [19]Mm 25.

Cp 32,5 [a] 𝔖 leg וַיִּרָא ‖ **6** [a] 𝔊 sg ‖ [b] 𝔖 + *wqrbw qwrbn'* ‖ **7** [a–a] 𝔊 *βάδιζε τὸ τάχος ἐντεῦθεν* cf Dt 9,12, 𝔖 *ḥwt zl lk mk'* = רֵד לֶךְ־לְךָ מִזֶּה ‖ **8** [a] Ms 𝔊𝔙 ־ָם ‖ **9** [a] > 𝔊, add ex Dt 9,13? ‖ **10** [a] ш𝔊[58] + add ex Dt 9,20 ‖ **11** [a–a] ш ל׳ י׳ יִחַר, 𝔖 *l' mrj' l' ntqp* = אַל יהוה אַל יִחַר ‖ [b–b] ш𝔊[129]𝔏𝔖 מִמִּ׳ ‖ [c–c] ш וּבִזְרוֹעַ נְטוּיָה cf 𝔊𝔖 et 6,1 [b–b] Dt 9,29 ‖ **13** [a] ш𝔊 וּלְיַעֲקֹב ‖ [b] ш pr הרבה cf 𝔊 ‖ [c–c] 𝔊* *εἶπας δοῦναι αὐτοῖς* ‖ [d] ш𝔊 𝔖 וּנְחָלוּהָ.

16 מִשְּׁנֵ֥י עֶבְרֵיהֶ֖ם מִזֶּ֥ה וּמִזֶּ֖ה הֵ֥ם כְּתֻבִֽים׃ 16 וְהַ֨לֻּחֹ֔ת מַעֲשֵׂ֥ה אֱלֹהִ֖ים ל̇. ל̇. ל̇
17 הֵ֑מָּה וְהַמִּכְתָּ֗ב מִכְתַּ֤ב אֱלֹהִים֙ ה֔וּא חָר֖וּת עַל־הַלֻּחֹֽת׃ 17 וַיִּשְׁמַ֧ע ה̇ פסוק דמיין דאית בהון ב̇ מילין חד קמ̇ וחד פת̇. ל̇
יְהוֹשֻׁ֛עַ אֶת־ק֥וֹל הָעָ֖ם בְּרֵעֹ֑ה וַיֹּ֙אמֶר֙ אֶל־מֹשֶׁ֔ה ק֥וֹל מִלְחָמָ֖ה בַּֽמַּחֲנֶֽה[a]׃ ברעו ק̇ חד מן יו̇[20] כת̇ ה בתור̇ ול בליש
18 וַיֹּ֗אמֶר[a] אֵ֥ין קוֹל֙ עֲנ֣וֹת גְּבוּרָ֔ה י̇ אין ואין ר״פ[21]
וְאֵ֥ין ק֖וֹל עֲנ֣וֹת חֲלוּשָׁ֑ה
ק֣וֹל עַנּ֔וֹת[b] אָנֹכִ֖י שֹׁמֵֽעַ׃ ב̇[22]. ד̇
19 וַיְהִ֗י כַּאֲשֶׁ֤ר קָרַב֙ אֶל־הַֽמַּחֲנֶ֔ה וַיַּ֥רְא אֶת־הָעֵ֖גֶל וּמְחֹלֹ֑ת[a] וַיִּֽחַר־ ל̇
20 אַ֣ף מֹשֶׁ֗ה וַיַּשְׁלֵ֤ךְ מִיָּדָו֙ אֶת־הַלֻּחֹ֔ת וַיְשַׁבֵּ֥ר אֹתָ֖ם תַּ֥חַת[b] הָהָֽר׃ 20 וַיִּקַּ֞ח מידיו ק̇ חד מן ה̇ כת̇ חס̇
אֶת־הָעֵ֨גֶל אֲשֶׁ֤ר עָשׂוּ֙ וַיִּשְׂרֹ֣ף בָּאֵ֔שׁ וַיִּטְחַ֖ן עַ֣ד אֲשֶׁר־דָּ֑ק וַיִּ֙זֶר֙ עַל־פְּנֵ֣י ל̇
21 הַמַּ֔יִם וַיַּ֖שְׁקְ אֶת־בְּנֵ֥י יִשְׂרָאֵֽל׃ 21 וַיֹּ֤אמֶר מֹשֶׁה֙ אֶֽל־אַהֲרֹ֔ן מֶֽה־עָשָׂ֥ה
22 לְךָ֖ הָעָ֣ם הַזֶּ֑ה כִּֽי־הֵבֵ֥אתָ עָלָ֖יו חֲטָאָ֥ה גְדֹלָֽה׃ 22 וַיֹּ֣אמֶר אַהֲרֹ֔ן אַל־
23 יִ֥חַר אַ֖ף אֲדֹנִ֑י אַתָּה֙ יָדַ֣עְתָּ אֶת־[a]הָעָ֔ם כִּ֥י בְרָ֖ע[b] הֽוּא[a]׃ 23 וַיֹּ֣אמְרוּ לִ֔י ה̇. ב̇
עֲשֵׂה־לָ֣נוּ אֱלֹהִ֔ים אֲשֶׁ֥ר יֵלְכ֖וּ לְפָנֵ֑ינוּ כִּי־זֶ֣ה ׀ מֹשֶׁ֣ה הָאִ֗ישׁ אֲשֶׁ֤ר הֶֽעֱלָ֙נוּ֙
24 מֵאֶ֣רֶץ מִצְרַ֔יִם לֹ֥א יָדַ֖עְנוּ מֶה־הָ֥יָה לֽוֹ׃ 24 וָאֹמַ֤ר לָהֶם֙ לְמִ֣י זָהָ֔ב כ̇ד[23]
25 הִתְפָּרָ֖קוּ וַיִּתְּנוּ־לִ֑י וָאַשְׁלִכֵ֣הוּ בָאֵ֔שׁ וַיֵּצֵ֖א הָעֵ֥גֶל הַזֶּֽה׃ 25 וַיַּ֤רְא מֹשֶׁה֙ ל̇. ל̇
26 אֶת־הָעָ֔ם כִּ֥י פָרֻ֖עַ ה֑וּא כִּֽי־פְרָעֹ֣ה אַהֲרֹ֔ן לְשִׁמְצָ֖ה בְּקָמֵיהֶֽם׃ 26 וַיַּעֲמֹ֤ד ב̇ חד מל וחד חס̇[24]. יו̇ כת̇ ה בתור̇[25]. ל̇. ל̇
מֹשֶׁה֙ בְּשַׁ֣עַר הַֽמַּחֲנֶ֔ה וַיֹּ֕אמֶר מִ֥י לַֽיהוָ֖ה אֵלָ֑י וַיֵּאָסְפ֥וּ אֵלָ֖יו כָּל־בְּנֵ֥י י̇ב
27 לֵוִֽי׃ 27 וַיֹּ֣אמֶר לָהֶ֗ם כֹּֽה־אָמַ֤ר יְהוָה֙ אֱלֹהֵ֣י יִשְׂרָאֵ֔ל שִׂ֥ימוּ אִישׁ־חַרְבּ֖וֹ כ̇ב[26] וכל ד״ה ועזרא דכות ב̇ מ̇ ה̇ חס̇ בליש̇. כ̇ד ב̇ מנה בתור̇. יו̇
עַל־יְרֵכ֑וֹ עִבְר֨וּ[a] וָשׁ֜וּבוּ מִשַּׁ֤עַר לָשַׁ֙עַר֙ בַּֽמַּחֲנֶ֔ה וְהִרְג֧וּ אִֽישׁ־אֶת־אָחִ֛יו ג̇ מל בתור̇[27]. ל̇
28 וְאִ֥ישׁ אֶת־רֵעֵ֖הוּ וְאִ֥ישׁ אֶת־קְרֹבֽוֹ׃ 28 וַיַּעֲשׂ֥וּ בְנֵֽי־לֵוִ֖י כִּדְבַ֣ר מֹשֶׁ֑ה ג̇ חס̇[28]
29 וַיִּפֹּ֤ל מִן־הָעָם֙ בַּיּ֣וֹם הַה֔וּא כִּשְׁלֹ֥שֶׁת אַלְפֵ֖י אִֽישׁ׃ 29 וַיֹּ֣אמֶר מֹשֶׁ֗ה
מִלְא֨וּ[a] יֶדְכֶ֤ם[b] הַיּוֹם֙ לַֽיהוָ֔ה כִּ֛י[c] אִ֥ישׁ בִּבְנ֖וֹ וּבְאָחִ֑יו וְלָתֵ֧ת[d] עֲלֵיכֶ֛ם ח̇[29]
30 הַיּ֖וֹם בְּרָכָֽה׃ 30 וַיְהִי֙ מִֽמָּחֳרָ֔ת וַיֹּ֤אמֶר מֹשֶׁה֙ אֶל־הָעָ֔ם אַתֶּ֥ם
חֲטָאתֶ֖ם חֲטָאָ֣ה גְדֹלָ֑ה וְעַתָּה֙ אֶֽעֱלֶ֣ה אֶל־יְהוָ֔ה[a] אוּלַ֥י אֲכַפְּרָ֖ה[b] בְּעַ֥ד ב̇[30]

[20] Mm 598, Q^Occ addidi, Or sine Q, cf Mp sub loco. [21] Mm 1269. [22] Mm 2421. [23] Mm 592. [24] Mm 599. [25] Mm 598. [26] Mm 11. [27] Mm 1087. [28] Mm 600. [29] Mm 601. [30] Gn 32,21.

17 [a] sic L, mlt Mss Edd נֶה– ‖ **18** [a] 𝔊^{Fc min}(𝔏𝔖) + *Μωυσῆς* ‖ [b] 𝔊 + *οἴνου* cf 𝔏, frt exc vb ‖ **19** [a] ⅏𝔊 וְאֶת־הַמְּ׳ ‖ [b] ⅏𝔖𝔗^J בְּתַחְתִּית ‖ **22** [a–a] 𝔊 *τὸ ὅρμημα* (= עֶבְרַת?) *τοῦ λαοῦ τούτου* ‖ [b] ⅏ פרוע cf 25 ‖ **27** [a] ⅏𝔊𝔖 וְעִ׳ ‖ **29** [a] 𝔊(𝔙) *ἐπληρώσατε* ‖ [b] nonn Mss ⅏𝔊𝔖𝔗𝔙 יְדֵיכֶם ‖ [c] > 𝔊𝔖𝔙 ‖ [d] 𝔊𝔖𝔙 om cop ‖ **30** [a] 𝔊 *τὸν θεόν* ‖ [b] ⅏ ־ֵר.

31 חַטַּאתְכֶם׃ 31 וַיָּשָׁב מֹשֶׁה אֶל־יְהוָה וַיֹּאמַר אָנָּא[a] חָטָא הָעָם הַזֶּה
32 חֲטָאָה גְדֹלָה וַיַּעֲשׂוּ לָהֶם אֱלֹהֵי זָהָב׃ 32 וְעַתָּה אִם־תִּשָּׂא חַטָּאתָם[a]
33 וְאִם־אַיִן מְחֵנִי נָא[b] מִסִּפְרְךָ אֲשֶׁר כָּתָבְתָּ׃ 33 וַיֹּאמֶר יְהוָה אֶל־מֹשֶׁה
34 מִי אֲשֶׁר חָטָא־לִי אֶמְחֶנּוּ מִסִּפְרִי׃ 34 וְעַתָּה לֵךְ ׀ נְחֵה אֶת־הָעָם אֶל[a]
אֲשֶׁר־דִּבַּרְתִּי לָךְ הִנֵּה מַלְאָכִי יֵלֵךְ לְפָנֶיךָ וּבְיוֹם פָּקְדִי וּפָקַדְתִּי
35 עֲלֵיהֶם חַטָּאתָם׃ 35 וַיִּגֹּף יְהוָה אֶת־הָעָם עַל אֲשֶׁר עָשׂוּ[a] אֶת־הָעֵגֶל
אֲשֶׁר עָשָׂה אַהֲרֹן׃ ס

33 1 **33** וַיְדַבֵּר יְהוָה אֶל־מֹשֶׁה לֵךְ עֲלֵה מִזֶּה אַתָּה וְהָעָם אֲשֶׁר
הֶעֱלִיתָ מֵאֶרֶץ מִצְרָיִם אֶל־הָאָרֶץ אֲשֶׁר נִשְׁבַּעְתִּי לְאַבְרָהָם לְיִצְחָק
2 וּלְיַעֲקֹב לֵאמֹר לְזַרְעֲךָ אֶתְּנֶנָּה׃ 2 וְשָׁלַחְתִּי לְפָנֶיךָ מַלְאָךְ[a] וְגֵרַשְׁתִּי
3 אֶת־הַכְּנַעֲנִי הָאֱמֹרִי[b] וְהַחִתִּי[c] וְהַפְּרִזִּי הַחִוִּי[d] וְהַיְבוּסִי׃ 3 אֶל[a]־אֶרֶץ
זָבַת חָלָב וּדְבָשׁ כִּי לֹא אֶעֱלֶה בְּקִרְבְּךָ כִּי עַם־קְשֵׁה־עֹרֶף אַתָּה פֶּן־
4 אֲכֶלְךָ בַּדָּרֶךְ׃ 4 וַיִּשְׁמַע הָעָם אֶת־הַדָּבָר הָרָע הַזֶּה וַיִּתְאַבָּלוּ וְלֹא־
5 שָׁתוּ אִישׁ עֶדְיוֹ עָלָיו׃ 5 וַיֹּאמֶר יְהוָה אֶל־מֹשֶׁה אֱמֹר אֶל־בְּנֵי־יִשְׂרָאֵל
אַתֶּם עַם־קְשֵׁה־עֹרֶף רֶגַע אֶחָד אֶעֱלֶה בְקִרְבְּךָ וְכִלִּיתִיךָ וְעַתָּה
6 הוֹרֵד עֶדְיְךָ מֵעָלֶיךָ וְאֵדְעָה[a] מָה אֶעֱשֶׂה־לָּךְ׃ 6 וַיִּתְנַצְּלוּ בְנֵי־יִשְׂרָאֵל
אֶת־עֶדְיָם מֵהַר חוֹרֵב׃
7 7 וּמֹשֶׁה יִקַּח אֶת־הָאֹהֶל וְנָטָה־לוֹ ׀ מִחוּץ לַמַּחֲנֶה הַרְחֵק מִן־
הַמַּחֲנֶה וְקָרָא לוֹ אֹהֶל מוֹעֵד וְהָיָה כָּל־מְבַקֵּשׁ יְהוָה יֵצֵא אֶל־אֹהֶל
8 מוֹעֵד אֲשֶׁר מִחוּץ לַמַּחֲנֶה׃ 8 וְהָיָה כְּצֵאת מֹשֶׁה אֶל־הָאֹהֶל יָקוּמוּ
כָּל־הָעָם וְנִצְּבוּ[a] אִישׁ פֶּתַח אָהֳלוֹ וְהִבִּיטוּ אַחֲרֵי מֹשֶׁה עַד־בֹּאוֹ
9 הָאֹהֱלָה׃ 9 וְהָיָה כְּבֹא מֹשֶׁה הָאֹהֱלָה יֵרֵד עַמּוּד הֶעָנָן וְעָמַד פֶּתַח
10 הָאֹהֶל וְדִבֶּר עִם־מֹשֶׁה׃ 10 וְרָאָה כָל־הָעָם אֶת־עַמּוּד הֶעָנָן עֹמֵד
11 פֶּתַח הָאֹהֶל וְקָם כָּל־הָעָם וְהִשְׁתַּחֲווּ[a] אִישׁ פֶּתַח אָהֳלוֹ׃ 11 וְדִבֶּר יְהוָה

צא . ה בטע[31] | ז פסוק אם ואם | ל . ל | ל . ל . ל . ה[32] | ב[33] . ד דמטע | יג חס בתור[34] | י בתור | ג[1] | ז . סימן כמתפוס[2] | כו מלעיל | ל | ד . ג[3] . יב בטע בסיפ[4] | ל | ג[5] . ל[6] . ל | ל מל | ז ר״פ[7] | ג בטע בסיפ[8] . ג[9] . ג מל בתור[10] | ב[11] | ח[12] . ג בטע בסיפ[8] . ו חס . ח[12] . ח[13] | ז[14]

[31]Mm 3160. [32]Mm 602. [33]Gn 28,15. [34]Mm 675 contra textum. Cp 33 [1]Mm 603. [2]Okhl 274. [3]Mm 2796. [4]Mm 439. [5]Mm 604. [6]Mm 961. [7]Mm 3363. [8]Mm 495. [9]Mm 1426. [10]Mm 1216. [11]Mm 3177. [12]Mm 111. [13]Mp sub loco. [14]Mm 441.

31 [a] Smr הִנֵּה, 𝔊 + *κύριε*, 𝔖 + *mrj' 'lh'* ‖ **32** [a] Smr𝔊𝔗[J] + שָׂא ‖ [b] > Smr𝔊𝔖𝔙 ‖ **34** [a] Ms 𝔊𝔗𝔗[J] + הַמָּקוֹם ‖ **35** [a] 𝔖(𝔗) *plḥw* = ministraverunt cf 𝔙 *pro reatu* ‖ **Cp 33,2** [a] 𝔊 + suff 1 sg ‖ [b] nonn Mss Smr𝔖𝔗[Ms]𝔙 'וְה ‖ [c] Smr + וְהַגִּרְגָּשִׁי cf 𝔊 ‖ [d] ℭ mlt Mss Smr𝔊𝔖𝔗𝔙 'וְה ‖ **3** [a] 𝔊 pr *καὶ εἰσάξω* (𝔊[Mss] *-ξει*) *σε* cf 6,8; 𝔙 pr *et intres* ‖ **5** [a] 𝔊 *καὶ δείξω σοι* = וְאוֹדִיעֲךָ ‖ **8** [a] 𝔊 *σκοπεύοντες* = וְצָפוּ? ‖ **10** [a] sic L, mlt Mss Edd וּ-.

אֶל־מֹשֶׁה֙ פָּנִ֣ים אֶל־פָּנִ֔ים כַּאֲשֶׁ֛ר יְדַבֵּ֥ר אִ֖ישׁ אֶל־רֵעֵ֑הוּ וְשָׁב֙ אֶל־ ה̇[15]
הַֽמַּחֲנֶ֔ה וּמְשָׁ֨רְת֜וֹ יְהוֹשֻׁ֤עַ בִּן־נוּן֙ נַ֔עַר לֹ֥א יָמִ֖ישׁa מִתּ֥וֹךְ הָאֹֽהֶל׃ ס ז̇[16] ב̇ מנה בתור
12 וַיֹּ֨אמֶר מֹשֶׁ֜ה אֶל־יְהוָ֗ה רְ֠אֵה אַתָּ֞ה אֹמֵ֤ר אֵלַי֙ הַ֚עַל אֶת־הָעָ֣ם ה̇
הַזֶּ֔ה וְאַתָּה֙ לֹ֣א הֽוֹדַעְתַּ֔נִי אֵ֥ת אֲשֶׁר־תִּשְׁלַ֖ח עִמִּ֑י וְאַתָּ֣ה אָמַ֗רְתָּ יְדַעְתִּ֣יךָ ב̇ ומל[17]
13 בְשֵׁ֔םa וְגַם־מָצָ֥אתָ חֵ֖ן בְּעֵינָֽי׃ 13 וְעַתָּ֡ה אִם־נָא֩ מָצָ֨אתִי חֵ֜ן בְּעֵינֶ֗יךָ כ̇ג̇ פסוק וגם ובתר תלת מילין[18]. ס̇ו̇
aהוֹדִעֵ֤נִי נָא֙ אֶת־דְּרָכֶ֔ךָa וְאֵדָ֣עֲךָ֔ לְמַ֥עַן אֶמְצָא־חֵ֖ן בְּעֵינֶ֑יךָ וּרְאֵ֕ה כִּ֥י ג̇ חס[19]. ס̇ו̇
14 15 עַמְּךָ֖ הַגּ֥וֹי הַזֶּֽה׃ 14 וַיֹּאמַ֑רa bפָּנַ֥י יֵלֵ֖כוּb וַהֲנִחֹ֥תִי לָֽךְ׃ 15 וַיֹּ֖אמֶר אֵלָ֑יו צ̇א̇ י̇ט̇ מנה ר"פ י̇ מנה בתור. ב̇ חס[20]
16 אִם־אֵ֤ין aפָּנֶ֙יךָ֙ הֹלְכִ֔יםa אַֽל־תַּעֲלֵ֖נוּb מִזֶּֽה׃ 16 וּבַמֶּ֣ה ׀ יִוָּדַ֣ע אֵפ֗וֹא כִּֽי־ ב̇ מיחד וכל במה ובמה דכות[21]
מָצָ֨אתִי חֵ֤ן בְּעֵינֶ֙יךָ֙ אֲנִ֣י וְעַמֶּ֔ךָ הֲל֖וֹא בְּלֶכְתְּךָ֣ עִמָּ֑נוּ וְנִפְלֵ֙ינוּ֙ אֲנִ֣י וְעַמְּךָ֔ ל̇. ס̇ו̇. י̇ב̇ מל בתור[22]
17 מִכָּל־הָעָ֔ם אֲשֶׁ֖ר עַל־פְּנֵ֥י הָאֲדָמָֽה׃ פ 17 וַיֹּ֤אמֶר יְהוָה֙ אֶל־
מֹשֶׁ֔ה גַּ֚ם אֶת־הַדָּבָ֥ר הַזֶּ֛ה אֲשֶׁ֥ר דִּבַּ֖רְתָּ אֶֽעֱשֶׂ֑ה כִּֽי־מָצָ֤אתָ חֵן֙ בְּעֵינַ֔י
18 19 וָאֵדָעֲךָ֖ בְּשֵֽׁםa׃ 18 וַיֹּאמַ֑ר aהַרְאֵ֥נִי נָ֖א אֶת־כְּבֹדֶֽךָa׃ 19 וַיֹּ֗אמֶר aאֲנִ֨י ל̇. צ̇א̇ י̇ט̇ מנה ר"פ י̇ מנה בתור. ב̇ חס[23]
אַעֲבִ֤יר כָּל־טוּבִי֙ עַל־פָּנֶ֔יךָa וְקָרָ֧אתִי בְשֵׁ֛םb יְהוָ֖ה לְפָנֶ֑יךָ וְחַנֹּתִי֙ אֶת־ ג̇. ב̇ ומל[24]. ב̇[25]
20 אֶת־אֲשֶׁ֣ר אָחֹ֔ן וְרִחַמְתִּ֖י אֶת־אֲשֶׁ֥ר אֲרַחֵֽם׃ 20 וַיֹּ֕אמֶר לֹ֥א תוּכַ֖ל לִרְאֹ֣ת ל̇. ג̇ חס[26]. ב̇
21 אֶת־פָּנָ֑י כִּ֛י לֹֽא־יִרְאַ֥נִי הָאָדָ֖ם וָחָֽי׃ 21 וַיֹּ֣אמֶר יְהוָ֔ה הִנֵּ֥ה מָק֖וֹם אִתִּ֑י
22 וְנִצַּבְתָּ֖ עַל־הַצּֽוּר׃ 22 וְהָיָה֙ בַּעֲבֹ֣ר כְּבֹדִ֔י וְשַׂמְתִּ֖יךָ בְּנִקְרַ֣ת הַצּ֑וּר ל̇. ל̇
23 וְשַׂכֹּתִ֥י כַפִּ֛י עָלֶ֖יךָ עַד־עָבְרִֽי׃ 23 וַהֲסִרֹתִי֙ אֶת־כַּפִּ֔י וְרָאִ֖יתָ אֶת־אֲחֹרָ֑י ל̇. ט̇[27]. ט̇[27]. ל̇
וּפָנַ֖י לֹ֥א יֵרָאֽוּ׃ ס ג̇[28]
ס̇ [כח] 34 1 וַיֹּ֤אמֶר יְהוָה֙ אֶל־מֹשֶׁ֔ה פְּסָל־לְךָ֛ שְׁנֵֽי־לֻחֹ֥ת אֲבָנִ֖ים י̇ח̇ פסוק אל על על[1]
כָּרִאשֹׁנִ֑יםa וְכָתַבְתִּי֙ עַל־הַלֻּחֹ֔ת אֶת־הַדְּבָרִ֔ים אֲשֶׁ֥ר הָי֛וּ עַל־הַלֻּחֹ֥ת ד̇[2]
2 הָרִאשֹׁנִ֖ים אֲשֶׁ֥ר שִׁבַּֽרְתָּ׃ 2 וֶהְיֵ֥ה נָכ֖וֹן לַבֹּ֑קֶר וְעָלִ֤יתָ בַבֹּ֙קֶר֙ אֶל־הַ֣ר כ̇י̇. י̇ו̇ וכל אל הר הכרמל דכות[3]
3 סִינַ֔י וְנִצַּבְתָּ֥ לִ֛י שָׁ֖ם עַל־רֹ֥אשׁ הָהָֽר׃ 3 וְאִישׁ֙ לֹא־יַעֲלֶ֣ה עִמָּ֔ךְ וְגַם־אִ֥ישׁ ה̇[4]. ב̇[5]
אַל־יֵרָ֖א בְּכָל־הָהָ֑ר גַּםa־הַצֹּ֤אן וְהַבָּקָר֙ אַל־יִרְע֔וּ אֶל־מ֖וּל הָהָ֥ר

[15]Mm 243. [16]Mm 3293. [17]Mm 3797. [18]Mm 1629. [19]Mm 605. [20]Mm 606. [21]Mm 607. [22]Mm 27. [23]Mm 3974. [24]Mm 2635. [25]Mm 3495. [26]Mm 608. [27]Mm 609. [28]Mm 610. **Cp 34** [1]Mm 658. [2]Mm 611. [3]Mm 385. [4]Mm 1680. [5]Mm 2608.

11 a 𝔐 ימוש ‖ **12** a 𝔊 *παρὰ πάντας* ‖ **13** a–a 𝔊 *ἐμφάνισόν μοι σεαυτόν* cf 18 a–a; 𝔙 *ostende mihi faciem tuam* ‖ **14** a 𝔊^{Fc min} + *αὐτῷ κύριος*, 𝔖 + *mrj' lmwš'* ‖ b–b 𝔊 *αὐτὸς προπορεύσομαί σου*, 𝔖 *qdmj zl* = לְפָנַי לֵךְ ‖ **15** a–a 𝔊 *αὐτὸς σὺ πορεύῃ* (𝔊^{Mss} + *μεθ' ἡμῶν* cf 𝔖 et 16) ‖ b 𝔊 suff sg ‖ **17** a ut 12 a ‖ **18** a–a 𝔊 *ἐμφάνισόν μοι σεαυτόν* cf 13 a–a ‖ **19** a–a 𝔊 *ἐγὼ παρελεύσομαι πρότερός σου τῇ δόξῃ μου* ‖ b 𝔊 *ἐπὶ τῷ ὀνόματί μου* ‖ **Cp 34,1** a 𝔊 + *καὶ ἀνάβηθι πρός με εἰς τὸ ὄρος* (ex 24,12) ‖ **3** a 𝔐𝔗^{Ms} וְגַם.

הַהֽוּא׃ 4 וַיִּפְסֹ֞ל[a] שְׁנֵֽי־לֻחֹ֣ת אֲבָנִים֮ כָּרִאשֹׁנִים֒ וַיַּשְׁכֵּ֨ם מֹשֶׁ֜ה[b] בַבֹּ֗קֶר 4 — ד̇[6]
וַיַּ֙עַל֙ אֶל־הַ֣ר סִינַ֔י כַּאֲשֶׁ֛ר צִוָּ֥ה יְהוָ֖ה אֹת֑וֹ וַיִּקַּ֣ח בְּיָד֔וֹ[c] שְׁנֵ֖י לֻחֹ֥ת — יו וכל אל הר הכרמל דכות[7]
אֲבָנִֽים׃ 5 וַיֵּ֤רֶד יְהוָה֙ בֶּֽעָנָ֔ן וַיִּתְיַצֵּ֥ב עִמּ֖וֹ שָׁ֑ם וַיִּקְרָ֥א בְשֵׁ֖ם יְהוָֽה׃ 5
6 וַיַּעֲבֹ֨ר יְהוָ֥ה ׀ עַל־פָּנָיו֮ וַיִּקְרָא֒ יְהוָ֣ה ׀ יְהוָ֔ה[a] אֵ֥ל רַח֖וּם וְחַנּ֑וּן אֶ֥רֶךְ 6 — ג̇
אַפַּ֖יִם וְרַב־חֶ֥סֶד וֶאֱמֶֽת׃ 7 נֹצֵ֥ר חֶ֙סֶד֙ לָאֲלָפִ֔ים נֹשֵׂ֥א עָוֺ֛ן וָפֶ֖שַׁע וְחַטָּאָ֑ה 7 — ב̇. ל̇. לח̇. ל̇
וְנַקֵּה֙ לֹ֣א יְנַקֶּ֔ה פֹּקֵ֣ד ׀ עֲוֺ֣ן אָב֗וֹת עַל־בָּנִים֙ וְעַל־בְּנֵ֣י בָנִ֔ים עַל־שִׁלֵּשִׁ֖ים — ה̇
וְעַל־רִבֵּעִֽים׃ 8 וַיְמַהֵ֖ר מֹשֶׁ֑ה וַיִּקֹּ֥ד אַ֖רְצָה וַיִּשְׁתָּֽחוּ׃ 9 וַיֹּ֡אמֶר אִם־ 8 9
נָא֩ מָצָ֨אתִי חֵ֤ן בְּעֵינֶ֙יךָ֙ אֲדֹנָ֔י[a] יֵֽלֶךְ־נָ֥א אֲדֹנָ֖י[b] בְּקִרְבֵּ֑נוּ כִּ֤י עַם־קְשֵׁה־ — סו̇. קלד̇[8]. קלד̇[8]
עֹ֙רֶף֙ ה֔וּא וְסָלַחְתָּ֛ לַעֲוֺנֵ֥נוּ[c] וּלְחַטָּאתֵ֖נוּ וּנְחַלְתָּֽנוּ׃ 10 וַיֹּ֗אמֶר[a] הִנֵּ֣ה אָנֹכִי֮ 10 — ל̇. ל̇
כֹּרֵ֣ת בְּרִית֒[b] נֶ֤גֶד כָּל־עַמְּךָ֙ אֶעֱשֶׂ֣ה נִפְלָאֹ֔ת אֲשֶׁ֛ר לֹא־נִבְרְא֥וּ בְכָל־ — ל̇ חס
הָאָ֖רֶץ וּבְכָל־הַגּוֹיִ֑ם וְרָאָ֣ה כָל־הָ֠עָם אֲשֶׁר־אַתָּ֨ה בְקִרְבּ֜וֹ אֶת־מַעֲשֵׂ֤ה — ל̇. ב̇
יְהוָה֙ כִּֽי־נוֹרָ֣א ה֔וּא אֲשֶׁ֥ר אֲנִ֖י עֹשֶׂ֥ה עִמָּֽךְ׃ 11 שְׁמָ֨ר־לְךָ֔ אֵ֛ת אֲשֶׁ֥ר אָנֹכִ֖י 11
מְצַוְּךָ֣ הַיּ֑וֹם הִנְנִ֧י גֹרֵ֣שׁ מִפָּנֶ֗יךָ אֶת־[a]הָֽאֱמֹרִי֙ וְהַֽכְּנַעֲנִ֔י[a] וְהַחִתִּי֙[b] וְהַפְּרִזִּ֔י — סימן מכחפוס[9]
וְהַחִוִּ֖י וְהַיְבוּסִֽי׃ 12 הִשָּׁ֣מֶר לְךָ֗ פֶּן־תִּכְרֹ֤ת בְּרִית֙ לְיוֹשֵׁ֣ב הָאָ֔רֶץ אֲשֶׁ֥ר 12 — יז מל בתור ב מנה בליש ובסיפ
אַתָּ֖ה בָּ֣א עָלֶ֑יהָ[a] פֶּן־יִהְיֶ֥ה לְמוֹקֵ֖שׁ בְּקִרְבֶּֽךָ׃ 13 כִּ֤י אֶת־מִזְבְּחֹתָם֙ 13
תִּתֹּצ֔וּן וְאֶת־מַצֵּבֹתָ֖ם תְּשַׁבֵּר֑וּן וְאֶת־אֲשֵׁרָ֖יו[a] תִּכְרֹתֽוּן[b]׃ 14 כִּ֛י לֹ֥א 14 — ב̇. ג̇. ל̇. ל̇
תִֽשְׁתַּחֲוֶ֖ה[a] לְאֵ֣ל אַחֵ֑ר[a] כִּ֤י יְהוָה֙ קַנָּ֣א שְׁמ֔וֹ אֵ֥ל קַנָּ֖א הֽוּא׃ 15 פֶּן־ 15 — ל̇
תִּכְרֹ֥ת בְּרִ֖ית לְיוֹשֵׁ֣ב[a] הָאָ֑רֶץ וְזָנ֣וּ ׀ אַחֲרֵ֣י אֱלֹהֵיהֶ֗ם וְזָבְחוּ֙ לֵאלֹ֣הֵיהֶ֔ם — יז מל בתור ב מנה בליש ובסיפ
וְקָרָ֣א לְךָ֔ וְאָכַלְתָּ֖ מִזִּבְחֽוֹ׃ 16 וְלָקַחְתָּ֥ מִבְּנֹתָ֖יו לְבָנֶ֑יךָ[a] וְזָנ֣וּ בְנֹתָ֗יו[b] 16 — ל̇
אַחֲרֵי֙ אֱלֹ֣הֵיהֶ֔ן [c]וְהִזְנוּ֙ אֶת־[c]בָּנֶ֔יךָ אַחֲרֵ֖י אֱלֹהֵיהֶֽן׃ 17 אֱלֹהֵ֥י מַסֵּכָ֖ה 17 — ה̇[10]. ה̇[10]
לֹ֥א תַעֲשֶׂה־לָּֽךְ׃ 18 אֶת־חַ֣ג הַמַּצּוֹת֮ תִּשְׁמֹר֒ שִׁבְעַ֨ת יָמִ֜ים תֹּאכַ֤ל מַצּוֹת֙ 18
אֲשֶׁ֣ר[a] צִוִּיתִ֔ךָ לְמוֹעֵ֖ד חֹ֣דֶשׁ הָאָבִ֑יב כִּ֚י [b]בְּחֹ֣דֶשׁ הָֽאָבִ֔יב[b] יָצָ֖אתָ — ו רפי[11]

[6]Mm 611. [7]Mm 385. [8]Cf Okhl II, 151 et Mp sub loco. [9]Okhl 274. [10]Mm 612. [11]Mm 613.

4 [a] ⅏𝔊^{426}𝔄 + מֹשֶׁה ‖ [b] > ⅏𝔙 ‖ [c] 𝔊 *Μωυσῆς* (𝔊^{Mss} + *μεθ' ἑαυτοῦ*) ‖ **6** [a] > 𝔊* ‖ **9** [a] > 𝔊 ‖ [b] 𝔊* *ὁ κύριός μου* ‖ [c] ℭ mlt Mss ־נינו ‖ **10** [a] 𝔊 + *κύριος πρὸς Μωυσῆν* cf 𝔙 ‖ [b] 𝔊$^{-A}$ + *σοι* ‖ **11** [a–a] ⅏𝔖 invers ‖ [b] ⅏ + וְהַגִּרְגָּשִׁי cf 𝔊 ‖ **12** [a] ⅏ עליו ‖ **13** [a] Ms 𝔊𝔖ℭ𝔗^{J} ־יהם cf ⅏ ‖ [b] 𝔊 + *καὶ τὰ γλυπτὰ τῶν θεῶν αὐτῶν κατακαύσετε ἐν πυρί* cf Dt 7,5.25 12,3 ‖ **14** [a] 𝔊 pl ‖ **15** [a] 𝔊$^{BA^{c}15}$ + *πρὸς ἀλλοφύλους*, 𝔊^{407} + *ἀλλοφύλοις* ‖ **16** [a] 𝔊(𝔖) + *καὶ τῶν θυγατέρων σου δῷς τοῖς υἱοῖς αὐτῶν* ‖ [b] 𝔊 suff 2 sg, 𝔖 suff 2 pl ‖ [c–c] 𝔊 *καὶ ἐκπορνεύσωσιν* ‖ **18** [a] ℭ mlt Mss ⅏𝔊𝔖𝔗^{Ms}𝔗^{J}𝔙 כַּא' ‖ [b–b] ⅏ בּוֹ.

19 מִמִּצְרָֽיִם׃ 19 כָּל־פֶּ֥טֶר רֶ֖חֶם לִ֑י [a]וְכָל־מִקְנְךָ֙[a] תִּזָּכָ֔ר[b] פֶּ֖טֶר שׁ֥וֹר ל̇
20 וָשֶֽׂה׃ 20 וּפֶ֤טֶר חֲמוֹר֙ תִּפְדֶּ֣ה בְשֶׂ֔ה וְאִם־לֹ֥א תִפְדֶּ֖ה[a] וַעֲרַפְתּ֑וֹ[b] כֹּ֣ל[c] ה . יז מ״פ . ב
21 בְּכ֤וֹר[d] בָּנֶ֙יךָ֙ תִּפְדֶּ֔ה וְלֹא־יֵרָא֥וּ פָנַ֖י רֵיקָֽם׃ 21 שֵׁ֤שֶׁת יָמִים֙ תַּעֲבֹ֔ד וּבַיּ֥וֹם ד̇[12]
22 הַשְּׁבִיעִ֖י תִּשְׁבֹּ֑ת בֶּחָרִ֥ישׁ[a] וּבַקָּצִ֖יר תִּשְׁבֹּֽת׃ 22 וְחַ֤ג שָׁבֻעֹת֙ תַּעֲשֶׂ֣ה לְךָ֔[a] ב חס[13]
23 בִּכּוּרֵ֖י קְצִ֣יר חִטִּ֑ים וְחַג֙ הָֽאָסִ֔יף תְּקוּפַ֖ת הַשָּׁנָֽה׃ 23 שָׁלֹ֥שׁ פְּעָמִ֖ים ב חד חס וחד מל
24 בַּשָּׁנָ֑ה יֵרָאֶה֙ כָּל־זְכ֣וּרְךָ֔ אֶת־פְּנֵ֛י הָאָדֹ֥ן ׀[a] יְהוָ֖ה אֱלֹהֵ֥י יִשְׂרָאֵֽל׃ 24 כִּֽי־ יג[14]. ב חס
אוֹרִ֤ישׁ גּוֹיִם֙[a] מִפָּנֶ֔יךָ וְהִרְחַבְתִּ֖י אֶת־גְּבוּלֶ֑ךָ וְלֹא־יַחְמֹ֥ד אִישׁ֙ אֶת־
אַרְצְךָ֔ בַּעֲלֹֽתְךָ֗ לֵרָאוֹת֙ אֶת־פְּנֵי֙ יְהוָ֣ה אֱלֹהֶ֔יךָ שָׁל֥שׁ פְּעָמִ֖ים בַּשָּׁנָֽה׃ ל̇. ג[15]
25 לֹֽא־תִשְׁחַ֥ט עַל־חָמֵ֖ץ דַּם־זִבְחִ֑י וְלֹֽא־יָלִ֣ין לַבֹּ֔קֶר זֶ֖בַח חַ֥ג הַפָּֽסַח׃ ג זוגין[16]
26 רֵאשִׁ֗ית בִּכּוּרֵי֙ אַדְמָ֣תְךָ֔ תָּבִ֕יא בֵּ֖ית יְהוָ֣ה אֱלֹהֶ֑יךָ לֹֽא־תְבַשֵּׁ֥ל גְּדִ֖י כח. יג[17]
בַּחֲלֵ֥ב אִמּֽוֹ׃ פ
ס[כט] 27 וַיֹּ֤אמֶר יְהוָה֙ אֶל־מֹשֶׁ֔ה כְּתָב־לְךָ֖ אֶת־הַדְּבָרִ֣ים הָאֵ֑לֶּה כִּ֞י עַל־ ב̇[18]
28 פִּ֣י ׀ הַדְּבָרִ֣ים הָאֵ֗לֶּה כָּרַ֧תִּי אִתְּךָ֛ בְּרִ֖ית וְאֶת־יִשְׂרָאֵֽל׃ 28 וַֽיְהִי־שָׁ֣ם[a] יו בתור[19]
עִם־יְהוָ֗ה[b] אַרְבָּעִ֥ים יוֹם֙ וְאַרְבָּעִ֣ים לַ֔יְלָה לֶ֚חֶם לֹ֣א אָכַ֔ל וּמַ֖יִם לֹ֣א ב̇[20]
29 שָׁתָ֑ה וַיִּכְתֹּ֣ב עַל־הַלֻּחֹ֗ת אֵ֚ת דִּבְרֵ֣י הַבְּרִ֔ית עֲשֶׂ֖רֶת הַדְּבָרִֽים׃ 29 וַיְהִ֗י
בְּרֶ֤דֶת מֹשֶׁה֙ מֵהַ֣ר סִינַ֔י וּשְׁנֵ֨י לֻחֹ֤ת הָֽעֵדֻת֙ [a]בְּיַד־מֹשֶׁ֔ה[a] בְּרִדְתּ֖וֹ מִן־ ד. ל. ג. ל̇
30 הָהָ֑ר וּמֹשֶׁ֣ה לֹא־יָדַ֗ע כִּ֥י קָרַ֛ן ע֥וֹר פָּנָ֖יו בְּדַבְּר֥וֹ אִתּֽוֹ׃ 30 וַיַּ֨רְא אַהֲרֹ֜ן ג
וְכָל־בְּנֵ֤י[a] יִשְׂרָאֵל֙ אֶת־מֹשֶׁ֔ה וְהִנֵּ֥ה[b] קָרַ֖ן ע֣וֹר פָּנָ֑יו וַיִּֽירְא֖וּ מִגֶּ֥שֶׁת אֵלָֽיו׃ ו̇[21]. ג
31 וַיִּקְרָ֤א אֲלֵהֶם֙ מֹשֶׁ֔ה וַיָּשֻׁ֣בוּ אֵלָ֔יו אַהֲרֹ֥ן וְכָל־הַנְּשִׂאִ֖ים בָּעֵדָ֑ה וַיְדַבֵּ֥ר ג. ל̇
32 מֹשֶׁ֖ה אֲלֵהֶֽם׃ 32 וְאַחֲרֵי־כֵ֥ן נִגְּשׁ֖וּ[a] כָּל־בְּנֵ֣י יִשְׂרָאֵ֑ל וַיְצַוֵּ֕ם אֵת֩ כָּל־אֲשֶׁ֨ר ד̇[22]
33 דִּבֶּ֧ר יְהוָ֛ה אִתּ֖וֹ בְּהַ֥ר סִינָֽי׃ 33 וַיְכַ֣ל מֹשֶׁ֔ה מִדַּבֵּ֖ר אִתָּ֑ם וַיִּתֵּ֥ן עַל־פָּנָ֖יו ח̇[23]. לז
34 מַסְוֶֽה׃ 34 וּבְבֹ֨א מֹשֶׁ֜ה לִפְנֵ֤י יְהוָה֙ לְדַבֵּ֣ר אִתּ֔וֹ יָסִ֥יר אֶת־הַמַּסְוֶ֖ה עַד־ ד בליש ב מל וב חס[24] . ב
35 צֵאת֑וֹ וְיָצָ֗א וְדִבֶּר֙ אֶל־בְּנֵ֣י יִשְׂרָאֵ֔ל אֵ֖ת אֲשֶׁ֥ר יְצֻוֶּֽה[a]׃ 35 וְרָא֤וּ בְנֵֽי־ ל̇

[12]Mm 1916. [13]Mm 1148. [14]Mm 150. [15]Mm 2209. [16]Mm 509. [17]Mm 1228. [18]Mm 614. [19]Mm 60. [20]Esr 10,6. [21]Mm 1436. [22]Mm 409. [23]Mm 615. [24]Mm 616.

19 [a–a] > 𝔊* ‖ [b] 𝔐[Mss] תזכיר crrp, 𝔊 *τὰ ἀρσενικά* cf 𝔙; > 𝔖; 𝔗(𝔗[J]) + *tqdjš dkrjn* ‖ **20** [a] 𝔐𝔊*𝔖𝔙 תפדנו ‖ [b] 𝔊 *τιμὴν δώσεις* ‖ [c] ℭ mlt Mss 𝔐𝔗[J] וְכָל ‖ [d] 𝔐 + אָדָם בְּ ‖ **21** [a] 𝔊(𝔖𝔗) *τῷ σπόρῳ* ‖ **22** [a] 𝔊 *μοι* ‖ **23** [a] 𝔐 הָאָרוֹן cf 23,17[c] ‖ **24** [a] Ms + גְּדוֹלִים, 𝔐 + רַבִּים ‖ **28** [a] 𝔊 + *Μωυσῆς* ‖ [b] 𝔐𝔊 לִפְנֵי ‖ **29** [a–a] 𝔐𝔎 בְּיָדוֹ ‖ **30** [a] 𝔊* *οἱ πρεσβύτεροι* ‖ [b] ℭ כי cf 29 ‖ **32** [a] 𝔐𝔊𝔖𝔙 + אֵלָיו ‖ **34** [a] 𝔐𝔊 יְצַוֵּהוּ, 𝔊 + *κύριος*.

ג יִשְׂרָאֵל֙ אֶת־פְּנֵ֣י מֹשֶׁ֔ה כִּ֣י קָרַ֔ן ע֖וֹר פְּנֵ֣י מֹשֶׁ֑ה וְהֵשִׁ֨יב מֹשֶׁ֤ה[a] אֶת־
ב הַמַּסְוֶה֙ עַל־פָּנָ֔יו עַד־בֹּא֖וֹ לְדַבֵּ֥ר אִתּֽוֹ׃ ס קלט
פרש 35 1 וַיַּקְהֵ֣ל מֹשֶׁ֗ה אֶֽת־כָּל־עֲדַ֛ת בְּנֵ֥י יִשְׂרָאֵ֖ל וַיֹּ֣אמֶר אֲלֵהֶ֑ם
ה̇[1]. יב חס למערב. ז̇[2] 2 אֵ֚לֶּה הַדְּבָרִ֔ים אֲשֶׁר־צִוָּ֥ה יְהוָ֖ה לַעֲשֹׂ֥ת אֹתָֽם׃ 2 שֵׁ֣שֶׁת יָמִים֮ תֵּעָשֶׂ֣ה[a] 2
מְלָאכָה֒ וּבַיּ֣וֹם הַשְּׁבִיעִ֗י יִהְיֶ֨ה לָכֶ֥ם קֹ֛דֶשׁ שַׁבַּ֥ת שַׁבָּת֖וֹן לַיהוָ֑ה כָּל־
ל̇. ג חס[3] הָעֹשֶׂ֥ה ב֛וֹ מְלָאכָ֖ה יוּמָֽת׃ 3 לֹא־תְבַעֲר֣וּ[a] אֵ֔שׁ בְּכֹ֖ל מֹשְׁבֹתֵיכֶ֑ם בְּי֖וֹם 3
הַשַּׁבָּֽת׃ פ
ג 4 וַיֹּ֣אמֶר מֹשֶׁ֔ה אֶל־כָּל־עֲדַ֥ת בְּנֵֽי־יִשְׂרָאֵ֖ל לֵאמֹ֑ר זֶ֣ה הַדָּבָ֔ר 4
ה ר״פ[4] אֲשֶׁר־צִוָּ֥ה יְהוָ֖ה לֵאמֹֽר׃ 5 קְח֨וּ מֵאִתְּכֶ֤ם תְּרוּמָה֙ לַֽיהוָ֔ה כֹּ֚ל נְדִ֣יב 5
ל̇[5]. ג̇ לִבּ֔וֹ יְבִיאֶ֕הָ[a] אֵ֖ת תְּרוּמַ֣ת יְהוָ֑ה זָהָ֥ב וָכֶ֖סֶף וּנְחֹֽשֶׁת׃ 6 וּתְכֵ֧לֶת וְאַרְגָּמָ֛ן 6
וְתוֹלַ֥עַת שָׁנִ֖י וְשֵׁ֥שׁ וְעִזִּֽים׃ 7 וְעֹרֹ֨ת אֵילִ֧ם מְאָדָּמִ֛ים וְעֹרֹ֥ת תְּחָשִׁ֖ים וַעֲצֵ֥י 7
ח̇ זוגין מחליפין[6]. ג ב מל וחד חס בסיפ שִׁטִּֽים[a]׃ 8 וְשֶׁ֖מֶן לַמָּא֑וֹר וּבְשָׂמִים֙ לְשֶׁ֣מֶן הַמִּשְׁחָ֔ה וְלִקְטֹ֖רֶת הַסַּמִּֽים׃ 8
ח̇ זוגין מחליפין[6]. ג ב מל וחד חס. ה ר״פ בסיפ[7] 9 וְאַבְנֵי־שֹׁ֔הַם וְאַבְנֵ֖י מִלֻּאִ֑ים לָאֵפ֖וֹד וְלַחֹֽשֶׁן׃ 10 וְכָל־חֲכַם־לֵ֖ב בָּכֶ֑ם 9 10
ג רפ[8] יָבֹ֣אוּ[a] וְיַעֲשׂ֔וּ[a] אֵ֛ת כָּל־אֲשֶׁ֥ר צִוָּ֖ה יְהוָֽה׃ 11 אֶת־הַמִּשְׁכָּ֕ן אֶֽת־אָהֳל֖וֹ[a] 11
בריחיו ק. חד מן ב[9] חס בליש וְאֶת־מִכְסֵ֑הוּ אֶת־קְרָסָיו֙ וְאֶת־קְרָשָׁ֔יו אֶת־בְּרִיחָ֕ו אֶֽת־עַמֻּדָ֖יו וְאֶת־
ל̇ ר״פ את ואת את ואת[10]. ד̇[11]. ב̇[12] אֲדָנָֽיו׃ 12 אֶת־הָאָרֹ֥ן וְאֶת־בַּדָּ֖יו אֶת־הַכַּפֹּ֑רֶת וְאֵ֖ת פָּרֹ֥כֶת הַמָּסָֽךְ׃ 12
ד̇[11]. ב̇[13]. י̇. כו פסוק ואת ואת ואת ואת. ל̇ 13 אֶת־הַשֻּׁלְחָ֥ן וְאֶת־בַּדָּ֖יו וְאֶת־כָּל־כֵּלָ֑יו[a] וְאֵ֖ת לֶ֥חֶם הַפָּנִֽים[a]׃ 14 וְאֶת־ 13 14
ב̇. ז̇. ט̇ מְנֹרַ֧ת הַמָּא֛וֹר וְאֶת־כֵּלֶ֖יהָ[a] וְאֶת־נֵרֹתֶ֑יהָ[b] וְאֵ֖ת שֶׁ֥מֶן הַמָּאֽוֹר׃ 15 וְאֶת־ 15
ד̇[11]. ז̇ מִזְבַּ֤ח הַקְּטֹ֙רֶת֙ וְאֶת־בַּדָּ֔יו וְאֵת֙ שֶׁ֣מֶן הַמִּשְׁחָ֔ה וְאֵ֖ת קְטֹ֣רֶת הַסַּמִּ֑ים
וְאֶת־מָסַ֥ךְ הַפֶּ֖תַח לְפֶ֥תַח הַמִּשְׁכָּֽן׃ 16 אֵ֣ת ׀ מִזְבַּ֣ח הָעֹלָ֗ה וְאֶת־מִכְבַּ֤ר 16
הַנְּחֹ֙שֶׁת֙ אֲשֶׁר־ל֔וֹ אֶת־בַּדָּ֖יו[a] וְאֶת־כָּל־כֵּלָ֑יו אֶת־הַכִּיֹּ֖ר וְאֶת־כַּנּֽוֹ׃
יח̇ פסוק את את ואת ואת 17 אֵ֨ת קַלְעֵ֤י הֶֽחָצֵר֙ אֶת־עַמֻּדָ֣יו[a] וְאֶת־אֲדָנֶ֔יהָ וְאֵ֕ת מָסַ֖ךְ שַׁ֥עַר הֶחָצֵֽר׃ 17
ו̇ ר״פ את ואת ואת[14]. ל̇. ל̇. ד̇ ר״פ את את ואת[14] 18 אֶת־יִתְדֹ֧ת הַמִּשְׁכָּ֛ן וְאֶת־יִתְדֹ֥ת הֶחָצֵ֖ר וְאֶת־מֵיתְרֵיהֶֽם׃ 19 אֶת־בִּגְדֵ֥י 18 19
ז̇[15] הַשְּׂרָ֖ד לְשָׁרֵ֣ת בַּקֹּ֑דֶשׁ אֶת־בִּגְדֵ֤י הַקֹּ֙דֶשׁ֙ לְאַהֲרֹ֣ן הַכֹּהֵ֔ן וְאֶת־בִּגְדֵ֥י בָנָ֖יו

Cp 35 [1] Mm 617. [2] Mm 546. [3] Mm 798. [4] Mm 3588. [5] Mm 3861. [6] Mm 3964. [7] Mm 645. [8] Mm 618. [9] Mm 619, Q^occ addidi, Or sine Q, cf Mp sub loco. [10] Mm 2692. [11] Mm 620. [12] Mm 654. [13] Mm 621. [14] Mm 2599. [15] Mm 2895.

35 [a] > 𝔐 ‖ **Cp 35,2** [a] 𝔐 יעשה; 𝔊𝔖 leg תַּעָ׳ cf 𝔙 ‖ **3** [a] 𝔐 תַּבְעִירוּ ‖ **5** [a] 𝔐𝔖𝔗^J יָבִיא cf 𝔊 ‖ **7** [a] sic L, mlt Mss Edd שטים ‖ **10** [a–a] 𝔐𝔊𝔙 יָבוֹא וְעָשָׂה ‖ **11** [a] ℭ nonn Mss וְאֵת, it in 12sq. 16–19 ‖ **13** [a–a] > 𝔊 ‖ **14** [a] ℭ𝔐𝔊 + כל ‖ [b–b] > 𝔐𝔊 ‖ **16** [a] ℭ וְאֵת ‖ **17** [a] pc Mss 𝔐 ־ֶיהָ.

20 21 לְכֹהֵֽן׃ 20 וַיֵּצְא֛וּ כָּל־עֲדַ֥ת בְּנֵֽי־יִשְׂרָאֵ֖ל מִלִּפְנֵ֥י מֹשֶֽׁה׃ 21 וַיָּבֹ֕אוּ[a] כָּל־ ב
אִ֕ישׁ אֲשֶׁר־נְשָׂא֖וֹ לִבּ֑וֹ וְכֹ֡ל[b] אֲשֶׁר֩ נָדְבָ֨ה רוּח֜וֹ אֹת֗וֹ הֵ֠בִיאוּ אֶת־תְּרוּמַ֨ת ג
22 יְהוָ֜ה לִמְלֶ֨אכֶת אֹ֤הֶל מוֹעֵד֙ וּלְכָל־עֲבֹ֣דָת֔וֹ וּלְבִגְדֵ֖י הַקֹּֽדֶשׁ׃ 22 וַיָּבֹ֥אוּ[a]
הָֽאֲנָשִׁ֖ים עַל־הַנָּשִׁ֑ים כֹּ֣ל ׀ נְדִ֣יב לֵ֗ב הֵ֠בִיאוּ חָ֣ח וָנֶ֜זֶם וְטַבַּ֤עַת[b] וְכוּמָז֙ יג פסוק כל כל וכל. ל. ב
23 כָּל־[c]כְּלִ֣י[d] זָהָ֔ב וְכָל־[e]אִ֕ישׁ אֲשֶׁ֥ר הֵנִ֛יף תְּנוּפַ֥ת[f] זָהָ֖ב לַיהוָֽה׃ 23 וְכָל־ יח[16] וכל יוצר חפץ חמדה דכות ב מ א. ג[17]. יג[18]. ח ר״פ בסיפ[19]. יו[18]
אִ֞ישׁ אֲשֶׁר־נִמְצָ֣א אִתּ֗וֹ תְּכֵ֧לֶת וְאַרְגָּמָ֛ן וְתוֹלַ֥עַת שָׁנִ֖י וְשֵׁ֣שׁ וְעִזִּ֑ים וְעֹרֹ֨ת
24 אֵילִ֧ם מְאָדָּמִ֛ים וְעֹרֹ֥ת תְּחָשִׁ֖ים הֵבִֽיאוּ׃ 24 כָּל־[a]מֵרִ֗ים תְּר֤וּמַת כֶּ֙סֶף֙ ג[20]
וּנְחֹ֔שֶׁת הֵבִ֕יאוּ אֵ֖ת תְּרוּמַ֣ת יְהוָ֑ה וְכֹ֡ל אֲשֶׁר֩ נִמְצָ֨א אִתּ֜וֹ עֲצֵ֥י שִׁטִּ֛ים
25 [b]לְכָל־מְלֶ֥אכֶת[b] הָעֲבֹדָ֖ה הֵבִֽיאוּ׃ 25 וְכָל־אִשָּׁ֥ה חַכְמַת־לֵ֖ב בְּיָדֶ֣יהָ ב[21]. ח ר״פ בסיפ[19]. ג. ל. ג[22]
טָו֑וּ[a] וַיָּבִ֣יאוּ מַטְוֶ֗ה אֶת־[b]הַתְּכֵ֙לֶת֙ וְאֶת־הָֽאַרְגָּמָ֔ן אֶת־[c]תּוֹלַ֥עַת הַשָּׁנִ֖י ב. לו. ל. ל. ל. ו
26 וְאֶת־הַשֵּֽׁשׁ׃ 26 וְכָל־הַנָּשִׁ֔ים אֲשֶׁ֨ר נָשָׂ֥א לִבָּ֛ן אֹתָ֖נָה בְּחָכְמָ֑ה טָו֖וּ אֶת־ ח ר״פ בסיפ[19]. ג[23]. ל. ב חד מל וחד חס[24]. ב
27 הָעִזִּֽים׃ 27 וְהַנְּשִׂאִ֣ם הֵבִ֔יאוּ אֵ֚ת אַבְנֵ֣י הַשֹּׁ֔הַם וְאֵ֖ת אַבְנֵ֣י הַמִּלֻּאִ֑ים ב חד מל וחד[25] חס
28 לָאֵפ֖וֹד וְלַחֹֽשֶׁן׃ 28 וְאֶת־הַבֹּ֖שֶׂם וְאֶת־הַשָּׁ֑מֶן לְמָא֕וֹר וּלְשֶׁ֙מֶן֙ הַמִּשְׁחָ֔ה ג ב מל וחד חס. ל
29 וְלִקְטֹ֖רֶת הַסַּמִּֽים׃ 29 כָּל־[a]אִ֣ישׁ וְאִשָּׁ֗ה אֲשֶׁ֨ר נָדַ֣ב [b]לִבָּם֮ אֹתָם֒[bc] לְהָבִיא֙ כב
לְכָל־הַמְּלָאכָ֗ה אֲשֶׁ֨ר צִוָּ֧ה יְהוָ֛ה לַעֲשׂ֖וֹת בְּיַד־מֹשֶׁ֑ה הֵבִ֧יאוּ בְנֵֽי־ ג[26]
יִשְׂרָאֵ֛ל נְדָבָ֖ה לַיהוָֽה׃ פ

ס[ל] 30 וַיֹּ֤אמֶר מֹשֶׁה֙ אֶל־בְּנֵ֣י יִשְׂרָאֵ֔ל רְא֛וּ קָרָ֥א יְהוָ֖ה בְּשֵׁ֑ם בְּצַלְאֵ֛ל
31 בֶּן־אוּרִ֥י בֶן־ח֖וּר לְמַטֵּ֥ה יְהוּדָֽה׃ 31 וַיְמַלֵּ֥א אֹת֖וֹ ר֣וּחַ אֱלֹהִ֑ים בְּחָכְמָ֛ה ט. ח וכל שמואל דכות ב מ ה רוח יי
32 בִּתְבוּנָ֥ה[a] וּבְדַ֖עַת וּבְכָל־מְלָאכָֽה׃ 32 וְלַחְשֹׁ֖ב מַחֲשָׁבֹ֑ת[a] לַעֲשֹׂ֛ת[b] בַּזָּהָ֥ב ל. ה. ב. ג חס. יב חס למערב
33 וּבַכֶּ֖סֶף וּבַנְּחֹֽשֶׁת׃ 33 וּבַחֲרֹ֥שֶׁת אֶ֛בֶן לְמַלֹּ֖את וּבַחֲרֹ֣שֶׁת עֵ֑ץ לַעֲשׂ֖וֹת ב ר״פ. ו ב חס וד מל[27]. ב מ״פ
34 בְּכָל־מְלֶ֥אכֶת מַחֲשָֽׁבֶת[a]׃ 34 וּלְהוֹרֹ֖ת נָתַ֣ן בְּלִבּ֑וֹ ה֕וּא וְאָֽהֳלִיאָ֥ב[a] בֶּן־ ב קמ. ב[28]
35 אֲחִיסָמָ֖ךְ לְמַטֵּה־דָֽן׃ 35 מִלֵּ֨א אֹתָ֜ם חָכְמַת־לֵ֗ב לַעֲשׂוֹת֮ כָּל־[a]מְלֶ֣אכֶת
חָרָ֣שׁ ׀ וְחֹשֵׁב֒ וְרֹקֵ֞ם בַּתְּכֵ֣לֶת וּבָֽאַרְגָּמָ֗ן בְּתוֹלַ֧עַת[b] הַשָּׁנִ֛י וּבַשֵּׁ֖שׁ וְאֹרֵ֑ג ו ול בליש
36 עֹשֵׂי֙ כָּל־מְלָאכָ֔ה וְחֹשְׁבֵ֖י מַחֲשָׁבֹֽת׃ 36 1 וְעָשָׂה֩ בְצַלְאֵ֨ל וְאָהֳלִיאָ֜ב יו[29] כת י וחד מן ח[30] קמ קטן וכל דברים מלכים תרי עשר תלים קהלת עזרא ד״ה דכות ב מ כב. ג חס

[16]Mm 2781. [17]Mm 622. [18]Mm 1520. [19]Mm 645. [20]Mm 623. [21]Mm 4050. [22]Mm 624. [23]Mm 625. [24]Mm 626. [25]Mm 1367. [26]Mm 1360. [27]Mm 4269. [28]Lv 10,11. [29]Mm 627. [30]Mm 475.

21 [a] ⅏𝔊𝔖𝔙 ויביאו || [b] ⅏𝔖 + איש || **22** [a] ⅏𝔊𝔖𝔗𝔙 ויביאו || [b] > pc Mss ⅏; pc Mss ⅏ + עָגִיל; 2 Mss 𝔊 + וְעָגִיל al ordine || [c] nonn Mss 𝔊^min𝔖𝔗^J וְכָל || [d] pc Mss כְּלִי || [e] > ⅏𝔊 || [f] ℭ תרומת || **24** [a] ⅏𝔊* וְכָל || [b–b] ⅏ לְמְ׳ || **25** [a] ⅏ טוה || [b] ℭ וְאֶת || [c] ℭ mlt Mss Vrs וְאֶת || **29** [a] pc Mss ⅏𝔊 וְכָל || [b–b] ⅏ invers || [c] ℭ אִתָּם || **31** [a] pc Mss ⅏𝔊𝔖𝔗𝔙 וּבִ׳ || **32** [a] sic L, mlt Mss Edd מַחֲ׳ || [b] pc Mss 𝔙 וְלַ׳ || **33** [a] ⅏ ‑בות || **34** [a] cf 31,6[b] || **35** [a] mlt Mss בְּכָל || [b] ℭ mlt Mss ⅏𝔖𝔗^J𝔙 וּבְ׳.

וְכֹ֣ל ׀ אִ֣ישׁ חֲכַם־לֵ֗ב [a]אֲשֶׁר֩ נָתַ֨ן יְהוָ֜ה[a] חָכְמָ֧ה וּתְבוּנָ֛ה בָּהֵ֖מָּה לָדַ֣עַת יו׳[1] . ג[2]
לַעֲשֹׂ֕ת אֶֽת־כָּל־מְלֶ֖אכֶת עֲבֹדַ֣ת הַקֹּ֑דֶשׁ לְכֹ֥ל אֲשֶׁר־צִוָּ֖ה יְהוָֽה׃ יב חס למערב . כל אורית חס
2 וַיִּקְרָ֣א מֹשֶׁ֗ה אֶל־בְּצַלְאֵל֮ וְאֶל־אָֽהֳלִיאָב֒ וְאֶל֙ כָּל־אִ֣ישׁ חֲכַם־ 2
לֵ֔ב אֲשֶׁ֨ר נָתַ֧ן יְהוָ֛ה חָכְמָ֖ה בְּלִבּ֑וֹ כֹּ֚ל אֲשֶׁ֣ר נְשָׂא֣וֹ לִבּ֔וֹ לְקָרְבָ֥ה אֶל־ ג
הַמְּלָאכָ֖ה לַעֲשֹׂ֥ת אֹתָֽהּ׃ 3 וַיִּקְח֞וּ מִלִּפְנֵ֣י מֹשֶׁ֗ה אֵ֤ת כָּל־הַתְּרוּמָה֙ אֲשֶׁ֨ר 3 יב חס למערב . ב
הֵבִ֜יאוּ בְּנֵ֣י יִשְׂרָאֵ֗ל לִמְלֶ֛אכֶת עֲבֹדַ֥ת הַקֹּ֖דֶשׁ לַעֲשֹׂ֣ת אֹתָ֑הּ וְ֠הֵם הֵבִ֨יאוּ כל אורית חס . יב חס למערב
אֵלָ֥יו ע֛וֹד נְדָבָ֖ה בַּבֹּ֥קֶר בַּבֹּֽקֶר׃ 4 וַיָּבֹ֙אוּ֙ כָּל־הַ֣חֲכָמִ֔ים הָעֹשִׂ֕ים אֵ֖ת 4 יג[3] . ב
כָּל־מְלֶ֣אכֶת הַקֹּ֑דֶשׁ אִישׁ־אִ֥ישׁ מִמְּלַאכְתּ֖וֹ אֲשֶׁר־הֵ֥מָּה עֹשִֽׂים׃ ב . ה[4]
5 וַיֹּאמְרוּ֙[a] אֶל־מֹשֶׁ֣ה לֵּאמֹ֔ר מַרְבִּ֥ים הָעָ֖ם לְהָבִ֑יא מִדֵּ֤י הָֽעֲבֹדָה֙ 5
לַמְּלָאכָ֔ה אֲשֶׁר־צִוָּ֥ה יְהוָ֖ה לַעֲשֹׂ֥ת אֹתָֽהּ׃ 6 וַיְצַ֣ו מֹשֶׁ֗ה [a]וַיַּעֲבִ֨ירוּ ק֥וֹל[a] 6 יב חס למערב . ד[5]
בַּֽמַּחֲנֶה֮ לֵאמֹר֒ אִ֣ישׁ וְאִשָּׁ֗ה אַל־יַעֲשׂוּ[b]־ע֛וֹד מְלָאכָ֖ה לִתְרוּמַ֣ת הַקֹּ֑דֶשׁ כב
וַיִּכָּלֵ֥א[c] הָעָ֖ם מֵהָבִֽיא׃ 7 וְהַמְּלָאכָ֗ה הָיְתָ֥ה דַיָּ֛ם לְכָל־הַמְּלָאכָ֖ה 7 ב[6] . ל . ג[7] . ג
לַעֲשׂ֣וֹת[a] אֹתָ֑הּ וְהוֹתֵֽר[b]׃ ס ג[8]
8 וַיַּעֲשׂ֨וּ כָל־חֲכַם[a]־לֵ֜ב בְּעֹשֵׂ֧י הַמְּלָאכָ֛ה [b]אֶת־הַמִּשְׁכָּ֖ן[c] עֶ֣שֶׂר 8 ג וכת י
יְרִיעֹ֑ת שֵׁ֣שׁ מָשְׁזָ֗ר וּתְכֵ֤לֶת וְאַרְגָּמָן֙ וְתוֹלַ֣עַת שָׁנִ֔י כְּרֻבִ֛ים מַעֲשֵׂ֥ה חֹשֵׁ֖ב
עָשָׂ֥ה אֹתָֽם׃ 9 אֹ֜רֶךְ הַיְרִיעָ֣ה הָאַחַ֗ת שְׁמֹנֶ֤ה וְעֶשְׂרִים֙ בָּֽאַמָּ֔ה וְרֹ֨חַב֙ 9 ד דמטע בטע[9] . ד[10]
אַרְבַּ֣ע בָּֽאַמָּ֔ה הַיְרִיעָ֖ה הָאֶחָ֑ת מִדָּ֥ה אַחַ֖ת לְכָל־הַיְרִיעֹֽת׃ 10 וַיְחַבֵּר֙[a] 10
אֶת־חֲמֵ֣שׁ הַיְרִיעֹ֔ת אַחַ֖ת אֶל־אֶחָ֑ת וְחָמֵ֤שׁ יְרִיעֹת֙[b] חִבַּ֔ר אַחַ֖ת אֶל־ ל
אֶחָֽת׃ 11 וַיַּ֜עַשׂ לֻֽלְאֹ֣ת תְּכֵ֗לֶת עַ֣ל שְׂפַ֤ת הַיְרִיעָה֙ הָאֶחָ֔ת מִקָּצָ֖ה[a] 11
בַּמַּחְבָּ֑רֶת כֵּ֣ן[b] עָשָׂה֙ בִּשְׂפַ֣ת הַיְרִיעָ֔ה הַקִּ֣יצוֹנָ֔ה בַּמַּחְבֶּ֖רֶת הַשֵּׁנִֽית׃ י זוגין[11] . ב מל

Cp 36 [1]Mm 1520. [2]Mm 579. [3]Mm 688. [4]Mm 628. [5]Mm 1826. [6]Gn 8,2. [7]Mm 629. [8]Mm 630. [9]Okhl 222. [10]Mm 2960. [11]Mm 456.

Cp 36,1 a–a 𝔊 *ᾧ ἐδόθη* ‖ **5** a 𝔪 וַיְדַבְּרוּ ‖ **6** a–a 𝔊 *καὶ ἐκήρυξεν*, 𝔖 *wqrw krwz'* = et proclamaverunt praecones ‖ b 𝔪 יעשה ‖ c 𝔪 ויכל ‖ **7** a ga'ya eras ‖ b 𝔊 *καὶ προσκατέλιπον* ‖ **8** a 𝔪𝔖𝔗J חַכְמֵי ע׳ ‖ b 𝔊 abhinc usque ad fin libri ordinem partim admodum abbreviatum et confusum praebet. Invenies 𝔐, quoad exstat, in 𝔊 sub his numeris: 36,8b–9 = 37,1sq 𝔊; 36,35–38 = 37,3–6 𝔊; 37,1–24 = 38,1–17 𝔊; 37,29 = 38,25 𝔊; 38,1–7 = 38,22–24 𝔊; 38,8 = 38,26 𝔊; 38,9–23 = 37,7–21 𝔊; 38,20 = 38,21 𝔊; 38,24–29 = 39,1–6 𝔊; 38,30a = 39,7 𝔊; 38,30b = 39,9 𝔊; 38,31a = 39,8 𝔊; 39,1 = 39,12 𝔊; 39,1b–31 = 36,8a–31 𝔊; 39,32b = 39,10 𝔊; 39,33 = 39,13 𝔊; 39,34 = 39,20 𝔊; 39,35 = 39,14 𝔊; 39,36 = 39,17 𝔊; 39,37 = 39,16 𝔊; 39,38 = 39,15 𝔊; 39,40 = 39,19 𝔊; 39,41 = 39,18 𝔊; 39,42 = 39,22 𝔊; 39,43 = 39,45 𝔊; Cp 40 sine 30–32 = Cp 40 𝔊; 40,30–32 = 38,27 𝔊 ‖ c 𝔪 + עָשׂוּ ‖ **10** a 𝔊 om 10–34 ‖ b 𝔪 הַיְ׳ ‖ **11** a 𝔪 בְּקְ׳ ‖ b 𝔪 וְכֵן.

12 חֲמִשִּׁים לֻלָאֹת עָשָׂה בַּיְרִיעָה הָאֶחָת וַחֲמִשִּׁים לֻלָאֹת עָשָׂה בִּקְצֵה ג קמ וכל אתנח זקף ס״פ דכות ב מ ב
הַיְרִיעָה אֲשֶׁר בַּמַּחְבֶּרֶת הַשֵּׁנִית מַקְבִּילֹת הַלֻּלָאֹת אַחַת אֶל־אֶחָת׃
13 וַיַּעַשׂ חֲמִשִּׁים קַרְסֵי זָהָב וַיְחַבֵּר אֶת־הַיְרִיעֹת אַחַת אֶל־אַחַת ב[12]
14 בַּקְּרָסִים וַיְהִי הַמִּשְׁכָּן אֶחָד׃ ס 14 וַיַּעַשׂ יְרִיעֹת עִזִּים לְאֹהֶל כל ליש חס ו ב מ ה[13]
15 עַל־הַמִּשְׁכָּן עַשְׁתֵּי־עֶשְׂרֵה יְרִיעֹת עָשָׂה אֹתָם׃ 15 אֹרֶךְ הַיְרִיעָה ד דמטע בטע[14]
הָאַחַת שְׁלֹשִׁים בָּאַמָּה וְאַרְבַּע אַמּוֹת רֹחַב הַיְרִיעָה הָאֶחָת מִדָּה ד[15]
16 אַחַת לְעַשְׁתֵּי עֶשְׂרֵה יְרִיעֹת[a]׃ 16 וַיְחַבֵּר אֶת־חֲמֵשׁ הַיְרִיעֹת לְבָד
17 וְאֶת־שֵׁשׁ הַיְרִיעֹת לְבָד׃ 17 וַיַּעַשׂ לֻלָאֹת חֲמִשִּׁים עַל שְׂפַת הַיְרִיעָה ל
הַקִּיצֹנָה בַּמַּחְבָּרֶת וַחֲמִשִּׁים לֻלָאֹת עָשָׂה עַל־שְׂפַת הַיְרִיעָה הַחֹבֶרֶת י זוגין[16]
18 הַשֵּׁנִית׃ 18 וַיַּעַשׂ קַרְסֵי נְחֹשֶׁת חֲמִשִּׁים לְחַבֵּר אֶת־הָאֹהֶל לִהְיֹת[a] אֶחָד׃ ל . ח חס בליש[17]
19 וַיַּעַשׂ מִכְסֶה לָאֹהֶל עֹרֹת אֵילִם מְאָדָּמִים וּמִכְסֵה עֹרֹת תְּחָשִׁים ב . ג[18]
20 מִלְמָעְלָה׃ ס 20 וַיַּעַשׂ אֶת־הַקְּרָשִׁים לַמִּשְׁכָּן עֲצֵי שִׁטִּים עֹמְדִים׃
21 עֶשֶׂר אַמֹּת אֹרֶךְ הַקָּרֶשׁ[a] וְאַמָּה[b] וַחֲצִי הָאַמָּה רֹחַב הַקֶּרֶשׁ הָאֶחָד׃ ל חס
22 שְׁתֵּי יָדֹת לַקֶּרֶשׁ הָאֶחָד מְשֻׁלָּבֹת אַחַת אֶל־אֶחָת כֵּן עָשָׂה לְכֹל ג חס
23 קַרְשֵׁי הַמִּשְׁכָּן׃ 23 וַיַּעַשׂ אֶת־הַקְּרָשִׁים לַמִּשְׁכָּן עֶשְׂרִים קְרָשִׁים[a]
24 לִפְאַת נֶגֶב תֵּימָנָה׃ 24 וְאַרְבָּעִים אַדְנֵי־כֶסֶף עָשָׂה תַּחַת עֶשְׂרִים יד
הַקְּרָשִׁים שְׁנֵי אֲדָנִים תַּחַת־הַקֶּרֶשׁ הָאֶחָד לִשְׁתֵּי יְדֹתָיו וּשְׁנֵי אֲדָנִים
25 תַּחַת־הַקֶּרֶשׁ הָאֶחָד לִשְׁתֵּי יְדֹתָיו׃ 25 וּלְצֶלַע הַמִּשְׁכָּן הַשֵּׁנִית לִפְאַת ב[19] . יד
26 צָפוֹן עָשָׂה עֶשְׂרִים קְרָשִׁים׃ 26 וְאַרְבָּעִים אַדְנֵיהֶם כָּסֶף שְׁנֵי אֲדָנִים
27 תַּחַת הַקֶּרֶשׁ הָאֶחָד וּשְׁנֵי אֲדָנִים תַּחַת הַקֶּרֶשׁ הָאֶחָד׃ 27 וּלְיַרְכְּתֵי ב
28 הַמִּשְׁכָּן יָמָּה עָשָׂה שִׁשָּׁה קְרָשִׁים׃ 28 וּשְׁנֵי קְרָשִׁים עָשָׂה לִמְקֻצְעֹת ב
29 הַמִּשְׁכָּן בַּיַּרְכָתָיִם׃ 29 וְהָיוּ תוֹאֲמִם מִלְּמַטָּה וְיַחְדָּו[a] יִהְיוּ[b] תַמִּים[c] אֶל־[d] ב . ג[20] . ב[21]
30 רֹאשׁוֹ אֶל־הַטַּבַּעַת הָאֶחָת כֵּן עָשָׂה לִשְׁנֵיהֶם לִשְׁנֵי הַמִּקְצֹעֹת׃ 30 וְהָיוּ
שְׁמֹנָה קְרָשִׁים וְאַדְנֵיהֶם כֶּסֶף שִׁשָּׁה עָשָׂר אֲדָנִים שְׁנֵי אֲדָנִים שְׁנֵי
31 אֲדָנִים תַּחַת הַקֶּרֶשׁ הָאֶחָד׃ 31 וַיַּעַשׂ בְּרִיחֵי עֲצֵי שִׁטִּים חֲמִשָּׁה ל
32 לְקַרְשֵׁי צֶלַע־הַמִּשְׁכָּן הָאֶחָת׃ 32 וַחֲמִשָּׁה בְרִיחִם לְקַרְשֵׁי צֶלַע־ ל . ל[22]

15 [a] ut 10[b] || **18** [a] gaʿya eras || **21** [a] ⅏ + הָאֶחָד || [b] ⅏ א׳ || **23** [a] ℭ קרשׁ cf 26,18 ||
29 [a] ⅏ י׳ || [b] L (sub rasura) mlt Mss ⅏𝔖ℭ𝔗ᴶ הָיוּ ע׳ || [c] ⅏ℭ𝔗ᴶ תאמים || [d] 26,24 עַל.

הַמִּשְׁכָּן הַשֵּׁנִית וַחֲמִשָּׁה בְרִיחִם לְקַרְשֵׁי[a] הַמִּשְׁכָּן לַיַּרְכָתַיִם יָמָּה׃
33 וַיַּעַשׂ אֶת־הַבְּרִיחַ הַתִּיכֹן לִבְרֹחַ בְּתוֹךְ הַקְּרָשִׁים מִן־הַקָּצֶה אֶל־ 33
ב̇ . ל̇ הַקָּצֶה׃ 34 וְאֶת־הַקְּרָשִׁים צִפָּה זָהָב וְאֶת־טַבְּעֹתָם עָשָׂה זָהָב בָּתִּים 34
לַבְּרִיחִם וַיְצַף אֶת־הַבְּרִיחִם זָהָב׃ 35 וַיַּעַשׂ[a] אֶת־הַפָּרֹכֶת[a] 35
תְּכֵלֶת וְאַרְגָּמָן וְתוֹלַעַת שָׁנִי וְשֵׁשׁ מָשְׁזָר מַעֲשֵׂה חֹשֵׁב עָשָׂה אֹתָהּ[b]
ד̇ מל בסיפ̇[23] כְּרֻבִים׃ 36 וַיַּעַשׂ לָהּ אַרְבָּעָה עַמּוּדֵי שִׁטִּים וַיְצַפֵּם זָהָב וָוֵיהֶם זָהָב 36
ג̇ קמ̇ וכל המסך דכות וַיִּצֹק לָהֶם אַרְבָּעָה אַדְנֵי־כָסֶף׃ 37 וַיַּעַשׂ מָסָךְ לְפֶתַח הָאֹהֶל תְּכֵלֶת 37
ל̇ . ד̇ מל̇[24] וְאַרְגָּמָן וְתוֹלַעַת שָׁנִי וְשֵׁשׁ מָשְׁזָר מַעֲשֵׂה רֹקֵם׃ 38 וְאֶת־עַמּוּדָיו 38
יג̇[25] חֲמִשָּׁה וְאֶת־וָוֵיהֶם וְצִפָּה רָאשֵׁיהֶם וַחֲשֻׁקֵיהֶם זָהָב וְאַדְנֵיהֶם חֲמִשָּׁה
נְחֹשֶׁת׃ פ

[לא] ס 37 1 וַיַּעַשׂ בְּצַלְאֵל אֶת־הָאָרֹן עֲצֵי שִׁטִּים אַמָּתַיִם וָחֵצִי אָרְכּוֹ
וְאַמָּה וָחֵצִי רָחְבּוֹ וְאַמָּה וָחֵצִי קֹמָתוֹ׃ 2 וַיְצַפֵּהוּ זָהָב טָהוֹר מִבַּיִת 2
וּמִחוּץ וַיַּעַשׂ לוֹ זֵר זָהָב סָבִיב׃ 3 וַיִּצֹק לוֹ אַרְבַּע טַבְּעֹת זָהָב עַל 3
אַרְבַּע פַּעֲמֹתָיו וּשְׁתֵּי טַבָּעֹת עַל־צַלְעוֹ הָאֶחָת וּשְׁתֵּי טַבָּעֹת עַל־
ג̇ . נא̇[1] יח̇ מנה בתור וחד מן יח̇ ר״פ צַלְעוֹ הַשֵּׁנִית׃ 4 וַיַּעַשׂ בַּדֵּי עֲצֵי שִׁטִּים וַיְצַף אֹתָם זָהָב׃ 5 וַיָּבֵא אֶת־ 4 5
כ̇ד הַבַּדִּים בַּטַּבָּעֹת עַל צַלְעֹת הָאָרֹן לָשֵׂאת אֶת־הָאָרֹן[a]׃ 6 וַיַּעַשׂ 6
כַּפֹּרֶת זָהָב טָהוֹר אַמָּתַיִם וָחֵצִי אָרְכָּהּ[a] וְאַמָּה וָחֵצִי רָחְבָּהּ[b]׃ 7 וַיַּעַשׂ 7
שְׁנֵי כְרֻבִים זָהָב מִקְשָׁה עָשָׂה אֹתָם מִשְּׁנֵי קְצוֹת הַכַּפֹּרֶת׃ 8 כְּרוּב־ 8
אֶחָד מִקָּצָה מִזֶּה וּכְרוּב־אֶחָד מִקָּצָה מִזֶּה מִן־הַכַּפֹּרֶת עָשָׂה אֶת־
קצותיו ק̇ חד מן יא̇[2] כת̇ תרי ו̇ . ב̇ הַכְּרֻבִים מִשְּׁנֵי קְצוֹוֹתָו׃ 9 וַיִּהְיוּ[a] הַכְּרֻבִים פֹּרְשֵׂי כְנָפַיִם לְמַעְלָה 9
יד̇ פסוק על אל אל[3] . ט̇ . ב̇ סֹכְכִים בְּכַנְפֵיהֶם עַל־הַכַּפֹּרֶת וּפְנֵיהֶם [b]אִישׁ אֶל־אָחִיו[b] אֶל־הַכַּפֹּרֶת
הָיוּ פְּנֵי הַכְּרֻבִים׃ פ 10 וַיַּעַשׂ אֶת־הַשֻּׁלְחָן עֲצֵי שִׁטִּים אַמָּתַיִם 10
אָרְכּוֹ וְאַמָּה רָחְבּוֹ וְאַמָּה וָחֵצִי קֹמָתוֹ׃ 11 וַיְצַף אֹתוֹ זָהָב טָהוֹר וַיַּעַשׂ 11
לוֹ זֵר זָהָב סָבִיב׃ 12 וַיַּעַשׂ לוֹ מִסְגֶּרֶת טֹפַח סָבִיב וַיַּעַשׂ זֵר־זָהָב 12
לְמִסְגַּרְתּוֹ סָבִיב׃ 13 וַיִּצֹק לוֹ[a] אַרְבַּע טַבְּעֹת זָהָב וַיִּתֵּן אֶת־הַטַּבָּעֹת 13

[23] Mm 637. [24] Mm 638. [25] Mm 2897. Cp 37 [1] Mm 639. [2] Mm 648. [3] Mm 4093.

32 [a] ℭ mlt Mss ɯ𝔗[J] + צֶלַע ut 26,27 || **35** [a–a] ɯ פ׳ || [b] ℭ mlt Mss אתם || **Cp 37,5** [a] 𝔊 αὐτὴν ἐν αὐτοῖς, ɯ + בָּהֶם || **6** [a] ɯ ארכו || [b] ɯ רחבו || **9** [a] ℭ ɯ וְהָיוּ || [b–b] ɯ אֶחָד אֶל־אֶחָד || **13** [a] > ɯ.

14 עַ֚ל אַרְבַּ֣ע הַפֵּאֹ֔ת אֲשֶׁ֖ר לְאַרְבַּ֥ע רַגְלָֽיו׃ 14 לְעֻמַּת֙ הַמִּסְגֶּ֔רֶת הָי֖וּ ב וחס
15 הַטַּבָּעֹ֑ת בָּתִּים֙ לַבַּדִּ֔ים לָשֵׂ֖את אֶת־הַשֻּׁלְחָֽן׃ 15 וַיַּ֤עַשׂ אֶת־הַבַּדִּים֙ כד . ג[4]
16 עֲצֵ֣י שִׁטִּ֔ים וַיְצַ֥ף אֹתָ֖ם זָהָ֑ב לָשֵׂ֖את אֶת־הַשֻּׁלְחָֽן׃ 16 וַיַּ֜עַשׂ [a]אֶֽת־ כד . יד פסוק את את ואת ואת ואת
הַכֵּלִ֣ים ׀ אֲשֶׁ֣ר עַל־הַשֻּׁלְחָ֗ן[a] אֶת־קְעָרֹתָ֤יו וְאֶת־כַּפֹּתָיו֙ וְאֵת֙ מְנַקִּיֹּתָ֔יו
17 וְאֶת־הַקְּשָׂו֔וֹת אֲשֶׁ֥ר יֻסַּ֖ךְ בָּהֵ֑ן[b] זָהָ֖ב טָהֽוֹר׃ פ 17 וַיַּ֥עַשׂ אֶת־ ב . ה[5]
הַמְּנֹרָ֖ה זָהָ֣ב טָה֑וֹר מִקְשָׁ֞ה עָשָׂ֣ה אֶת־הַמְּנֹרָ֗ה [a]יְרֵכָ֣הּ וְקָנָ֔הּ[a] גְּבִיעֶ֛יהָ
18 כַּפְתֹּרֶ֥יהָ וּפְרָחֶ֖יהָ מִמֶּ֥נָּה הָיֽוּ׃ 18 וְשִׁשָּׁ֣ה קָנִ֔ים יֹצְאִ֖ים מִצִּדֶּ֑יהָ שְׁלֹשָׁ֣ה ׀ כל אורית חס
19 קְנֵ֣י מְנֹרָ֗ה מִצִּדָּהּ֙ הָֽאֶחָ֔ד וּשְׁלֹשָׁה֙ קְנֵ֣י מְנֹרָ֔ה מִצִּדָּ֖הּ הַשֵּׁנִֽי׃ 19 שְׁלֹשָׁ֣ה ד כת י
גְ֠בִעִ֠ים מְשֻׁקָּדִ֞ים בַּקָּנֶ֣ה הָאֶחָ֗ד כַּפְתֹּ֣ר וָפֶרַח֒ וּשְׁלֹשָׁ֣ה גְבִעִ֗ים מְשֻׁקָּדִ֛ים
בְּקָנֶ֥ה[a] אֶחָ֖ד[b] כַּפְתֹּ֣ר וָפָ֑רַח כֵּ֚ן לְשֵׁ֣שֶׁת הַקָּנִ֔ים הַיֹּצְאִ֖ים מִן־הַמְּנֹרָֽה׃ ג[6]
20 וּבַמְּנֹרָ֖ה אַרְבָּעָ֣ה גְבִעִ֑ים מְשֻׁקָּדִ֕ים כַּפְתֹּרֶ֖יהָ וּפְרָחֶֽיהָ׃ 21 וְכַפְתֹּ֡ר ב[7]
תַּחַת֩ שְׁנֵ֨י הַקָּנִ֜ים מִמֶּ֗נָּה וְכַפְתֹּר֙ תַּ֣חַת שְׁנֵ֤י הַקָּנִים֙ מִמֶּ֔נָּה וְכַפְתֹּ֕ר תַּֽחַת־
22 שְׁנֵ֥י הַקָּנִ֖ים מִמֶּ֑נָּה לְשֵׁ֙שֶׁת֙ הַקָּנִ֔ים הַיֹּצְאִ֖ים מִמֶּֽנָּה[a]׃ 22 כַּפְתֹּרֵיהֶ֥ם ל
23 וּקְנֹתָ֖ם מִמֶּ֣נָּה הָי֑וּ כֻּלָּ֛הּ מִקְשָׁ֥ה אַחַ֖ת[a] זָהָ֥ב טָהֽוֹר׃ 23 וַיַּ֥עַשׂ אֶת־נֵרֹתֶ֖יהָ
24 שִׁבְעָ֑ה וּמַלְקָחֶ֥יהָ וּמַחְתֹּתֶ֖יהָ זָהָ֥ב טָהֽוֹר׃ 24 כִּכָּ֛ר[a] זָהָ֥ב טָה֖וֹר עָשָׂ֣ה
25 אֹתָ֑הּ וְאֵ֖ת כָּל־כֵּלֶֽיהָ׃ פ 25 וַיַּ֛עַשׂ אֶת־מִזְבַּ֥ח הַקְּטֹ֖רֶת עֲצֵ֣י שִׁטִּ֑ים
אַמָּ֣ה אָרְכּוֹ֩ וְאַמָּ֨ה רָחְבּ֜וֹ רָב֗וּעַ וְאַמָּתַ֙יִם֙ קֹמָת֔וֹ מִמֶּ֖נּוּ הָי֥וּ קַרְנֹתָֽיו׃
26 וַיְצַ֨ף אֹת֜וֹ זָהָ֣ב טָה֗וֹר אֶת־גַּגּ֧וֹ וְאֶת־קִירֹתָ֛יו סָבִ֖יב וְאֶת־קַרְנֹתָ֑יו ד[8] . ד[9]
27 וַיַּ֥עַשׂ ל֛וֹ זֵ֥ר זָהָ֖ב סָבִֽיב׃ 27 וּשְׁתֵּי֩ טַבְּעֹ֨ת זָהָ֜ב עָֽשָׂה־ל֣וֹ ׀ מִתַּ֣חַת לְזֵר֗וֹ ב
עַ֚ל שְׁתֵּ֣י צַלְעֹתָ֔יו עַ֖ל שְׁנֵ֣י צִדָּ֑יו לְבָתִּ֣ים לְבַדִּ֔ים לָשֵׂ֥את אֹת֖וֹ בָּהֶֽם׃ כד
28 וַיַּ֥עַשׂ אֶת־הַבַּדִּ֖ים עֲצֵ֣י שִׁטִּ֑ים וַיְצַ֥ף אֹתָ֖ם זָהָֽב׃ 29 וַיַּ֜עַשׂ אֶת־שֶׁ֤מֶן ג
הַמִּשְׁחָה֙ קֹ֔דֶשׁ וְאֶת־קְטֹ֥רֶת הַסַּמִּ֖ים טָה֑וֹר מַעֲשֵׂ֖ה רֹקֵֽחַ׃ פ
38 1 וַיַּ֛עַשׂ אֶת־מִזְבַּ֥ח הָעֹלָ֖ה עֲצֵ֣י שִׁטִּ֑ים חָמֵשׁ֩ אַמּ֨וֹת אָרְכּ֜וֹ[a]
2 וְחָֽמֵשׁ־אַמּ֤וֹת רָחְבּוֹ֙[b] רָב֔וּעַ[c] וְשָׁלֹ֥שׁ אַמּ֖וֹת קֹמָתֽוֹ׃ 2 וַיַּ֣עַשׂ קַרְנֹתָ֗יו עַ֚ל
3 אַרְבַּ֣ע פִּנֹּתָ֔יו מִמֶּ֖נּוּ הָי֣וּ קַרְנֹתָ֑יו וַיְצַ֥ף אֹת֖וֹ נְחֹֽשֶׁת׃ 3 וַיַּ֜עַשׂ אֶת־כָּל־

[4]Mp sub loco. [5]Mm 640. [6]Mm 298. [7]Ex 25,34. [8]Mm 641. [9]Mm 642.

16 a–a > 25,29 ‖ b ⅏ בָּהֶם ‖ **17** a–a ⅏ יְרֵכֶיהָ קָנֶיהָ ‖ **19** a ℭ בַּקָ׳ cf ⅏ ‖ b ⅏ הָא׳ ‖ **21** a nonn Mss 𝔖 מִן־הַמְּנוֹרָה ‖ **22** a ⅏ אֶחָד ‖ **24** a mlt Mss כִּכַּר ‖ **Cp 38,1** a ⅏ אֹרֶךְ ‖ b ⅏ רֹחַב ‖ c > pc Mss ⅏.

ב כת כן[1] . ב[2] — כְּלֵ֣י הַמִּזְבֵּ֗חַ אֶת־הַסִּירֹ֤ת וְאֶת־הַיָּעִים֙ וְאֶת־הַמִּזְרָקֹ֔ת אֶת־ᵃהַמִּזְלָגֹ֖ת
ל[3] . ב — וְאֶת־הַמַּחְתֹּ֑ת כָּל־כֵּלָ֖יו עָשָׂ֥ה נְחֹֽשֶׁת׃ 4 וַיַּ֤עַשׂ לַמִּזְבֵּ֙חַ֙ מִכְבָּ֔ר מַעֲשֵׂ֖ה 4
ל — רֶ֣שֶׁת נְחֹ֑שֶׁת תַּ֣חַת כַּרְכֻּבּ֔וֹ מִלְּמַ֖טָּה עַד־חֶצְיֽוֹ׃ 5 וַיִּצֹ֞ק אַרְבַּ֧ע טַבָּעֹ֛ת 5
ל . ג — בְּאַרְבַּ֥ע הַקְּצָוֺ֖ת לְמִכְבַּ֣ר הַנְּחֹ֑שֶׁת בָּתִּ֖ים לַבַּדִּֽים׃ 6 וַיַּ֥עַשׂ אֶת־הַבַּדִּ֖ים 6
נא[4] יח מנה בתור וחד מן יח ר״פ — עֲצֵ֣י שִׁטִּ֑ים וַיְצַ֥ף אֹתָ֖ם נְחֹֽשֶׁת׃ 7 וַיָּבֵ֨א אֶת־הַבַּדִּ֜ים בַּטַּבָּעֹ֗ת עַ֚ל 7
כד . ב — צַלְעֹ֣ת הַמִּזְבֵּ֔חַ לָשֵׂ֥את אֹת֖וֹ בָּהֶ֑ם נְב֥וּב לֻחֹ֖ת עָשָׂ֥ה אֹתֽוֹ׃ ס
ג[5] מל בתור וכל נביא דכות ב מ ב . ד ב מל וב חס[6] . ב חד חס וחד מל[7] — 8 וַיַּ֗עַשׂ אֵ֚ת הַכִּיּ֣וֹר נְחֹ֔שֶׁת וְאֵ֖ת כַּנּ֣וֹ נְחֹ֑שֶׁת בְּמַרְאֹת֙ הַצֹּ֣בְאֹ֔ת אֲשֶׁ֣ר צָֽבְא֔וּ 8
יד — פֶּ֖תַח אֹ֥הֶל מוֹעֵֽד׃ ס 9 וַיַּ֖עַשׂ אֶת־הֶחָצֵ֑ר לִפְאַ֣ת ׀ נֶ֣גֶב תֵּימָ֗נָה 9
ד מל[8] — קַלְעֵ֤י הֶֽחָצֵר֙ שֵׁ֣שׁ מָשְׁזָ֔ר מֵאָ֖ה בָּאַמָּֽהᵃ׃ 10 עַמּוּדֵיהֶ֣ם עֶשְׂרִ֔ים וְאַדְנֵיהֶ֥ם 10
יא חס[9] — עֶשְׂרִ֖ים נְחֹ֑שֶׁתᵃ וָוֵ֧י הָעַמֻּדִ֛ים וַחֲשֻׁקֵיהֶ֖ם כָּֽסֶף׃ 11 וְלִפְאַ֨ת צָפ֜וֹן מֵאָ֣ה 11
ד מל[8] — בָאַמָּ֗הᵃ עַמּוּדֵיהֶ֣ם עֶשְׂרִ֔ים וְאַדְנֵיהֶ֥ם עֶשְׂרִ֖ים נְחֹ֑שֶׁת וָוֵ֧י הָעַמּוּדִ֛ים
ד מל[8] — וַחֲשֻׁקֵיהֶ֖ם כָּֽסֶף׃ 12 וְלִפְאַת־יָ֗ם קְלָעִים֙ חֲמִשִּׁ֣ים בָּֽאַמָּ֔הᵃ עַמּוּדֵיהֶ֥ם 12
יא חס[9] . ב מל — עֲשָׂרָ֖ה וְאַדְנֵיהֶ֣ם עֲשָׂרָ֑ה וָוֵ֧י הָעַמֻּדִ֛ים וַחֲשׁוּקֵיהֶ֖ם כָּֽסֶף׃ 13 וְלִפְאַ֛ת 13
קֵ֥דְמָה מִזְרָ֖חָה חֲמִשִּׁ֥ים אַמָּֽה׃ 14 קְלָעִ֛ים חֲמֵשׁ־עֶשְׂרֵ֥ה אַמָּ֖ה אֶל־ 14
ד מל[8] — הַכָּתֵ֑ף עַמּוּדֵיהֶ֣ם שְׁלֹשָׁ֔ה וְאַדְנֵיהֶ֖ם שְׁלֹשָֽׁה׃ 15 וְלַכָּתֵ֣ף הַשֵּׁנִ֗ית מִזֶּ֤ה 15
וּמִזֶּה֙ לְשַׁ֣עַר הֶֽחָצֵ֔ר קְלָעִ֕ים חֲמֵ֥שׁ עֶשְׂרֵ֖ה אַמָּ֑ה עַמֻּדֵיהֶ֣ם שְׁלֹשָׁ֔ה
וְאַדְנֵיהֶ֖ם שְׁלֹשָֽׁה׃ 16 כָּל־קַלְעֵ֧י הֶחָצֵ֛ר סָבִ֖יב שֵׁ֥שׁ מָשְׁזָֽר׃ 17 וְהָאֲדָנִ֣ים 16 17
ב חד חס וחד מל . ב מל . ה[10] ב מנה בליש . יג[11] — לָֽעַמֻּדִים֮ נְחֹשֶׁת֒ᵃ וָוֵ֨י הָעַמּוּדִ֜ים וַחֲשׁוּקֵיהֶ֗םᵃ כֶּ֔סֶף וְצִפּ֥וּי רָאשֵׁיהֶ֖ם
ב חס[12] — כָּ֑סֶף וְהֵם֙ מְחֻשָּׁקִ֣ים כֶּ֔סֶף כֹּ֖ל עַמֻּדֵ֥י הֶחָצֵֽר׃ 18 וּמָסַ֞ךְ שַׁ֤עַר הֶֽחָצֵר֙ 18
מַעֲשֵׂ֣ה רֹקֵ֔ם תְּכֵ֥לֶת וְאַרְגָּמָ֛ן וְתוֹלַ֥עַת שָׁנִ֖י וְשֵׁ֣שׁ מָשְׁזָ֑ר וְעֶשְׂרִ֤ים
אַמָּה֙ אֹ֔רֶךְ וְקוֹמָ֤ה בְרֹ֙חַב֙ חָמֵ֣שׁ אַמּ֔וֹת לְעֻמַּ֖ת קַלְעֵ֥י הֶחָצֵֽר׃
ה[10] ב מנה בליש — 19 וְעַמֻּֽדֵיהֶם֙ אַרְבָּעָ֔ה וְאַדְנֵיהֶ֥ם אַרְבָּעָ֖ה נְחֹ֑שֶׁת וָוֵיהֶ֣ם כֶּ֔סֶף וְצִפּ֧וּי 19
יג[11] . ה ר״פ בסיפ[13] — רָאשֵׁיהֶ֛ם וַחֲשֻׁקֵיהֶ֖ם כָּֽסֶף׃ 20 וְֽכָל־הַיְתֵדֹ֞תᵃ לַמִּשְׁכָּ֧ן וְלֶחָצֵ֛רᵃ סָבִ֖יב 20
נְחֹֽשֶׁת׃ ס קכב
ה פסוק דמיין דאית בהון ב מילין חד קמ וחד פת[14] . ל — 21 אֵ֣לֶּה פְקוּדֵ֤י הַמִּשְׁכָּן֙ מִשְׁכַּ֣ן הָעֵדֻ֔ת אֲשֶׁ֥ר פֻּקַּ֖ד עַל־פִּ֣י מֹשֶׁ֑ה ס [לב] פרש
כל אורית חס . ל — עֲבֹדַת֙ הַלְוִיִּ֔ם בְּיַד֙ אִֽיתָמָ֔ר בֶּֽן־אַהֲרֹ֖ן הַכֹּהֵֽן׃ 22 וּבְצַלְאֵ֥ל בֶּן־אוּרִ֛י 22

Cp 38 [1]Mm 2196. [2]Mm 854. [3]Mm 959. [4]Mm 639. [5]Mm 582. [6]Mm 340. [7]Mm 1539. [8]Mm 643. [9]Mm 558. [10]Mm 644. [11]Mm 2897. [12]Nu 3,37. [13]Mm 645. [14]Mp sub loco.

3 ᵃ 𝔗 mlt Mss 𝔖𝔗^Mss^𝔗^J וְאֵת ‖ **9** ᵃ 𝔊 ἐφ' ἑκατόν = בְּמֵאָה ‖ **10** ᵃ > 𝔪 ‖ **11** ᵃ ut 9ᵃ ‖ **12** ᵃ pc Mss 𝔪 א' ‖ **17** ᵃ⁻ᵃ 𝔪 וָוֵיהֶם ‖ **20** ᵃ⁻ᵃ 𝔊 τῆς αὐλῆς.

בֶּן־ח֖וּר לְמַטֵּ֣ה יְהוּדָ֑ה עָשָׂ֕ה אֵ֛ת כָּל־אֲשֶׁר־צִוָּ֥ה יְהוָ֖ה אֶת־מֹשֶֽׁה׃ ל̇
23 וְאִתּ֗וֹ אָהֳלִיאָ֛ב בֶּן־אֲחִֽיסָמָ֖ךְ לְמַטֵּה־דָ֑ן חָרָ֖שׁ וְחֹשֵׁ֑ב וְרֹקֵ֗ם בַּתְּכֵ֙לֶת֙
24 וּבָֽאַרְגָּמָ֔ן וּבְתוֹלַ֥עַת הַשָּׁנִ֖י וּבַשֵּֽׁשׁ׃ ס 24 כָּל־הַזָּהָ֗ב[a] הֶֽעָשׂוּי֙ ו̇. ב̇[15]
לַמְּלָאכָ֔ה בְּכֹ֖ל מְלֶ֣אכֶת הַקֹּ֑דֶשׁ וַיְהִ֣י ׀ זְהַ֣ב הַתְּנוּפָ֗ה תֵּ֤שַׁע וְעֶשְׂרִים֙ ב̇. ד̇
25 כִּכָּ֔ר וּשְׁבַ֨ע מֵא֤וֹת וּשְׁלֹשִׁים֙ שֶׁ֔קֶל בְּשֶׁ֖קֶל הַקֹּֽדֶשׁ׃ 25 וְכֶ֛סֶף פְּקוּדֵ֥י
הָעֵדָ֖ה מְאַ֣ת כִּכָּ֑ר וְ֠אֶלֶף וּשְׁבַ֨ע מֵא֜וֹת וַחֲמִשָּׁ֧ה וְשִׁבְעִ֛ים שֶׁ֖קֶל[a] בְּשֶׁ֥קֶל ב̇
26 הַקֹּֽדֶשׁ׃[a] 26 בֶּ֚קַע לַגֻּלְגֹּ֔לֶת מַחֲצִ֥ית הַשֶּׁ֖קֶל בְּשֶׁ֣קֶל הַקֹּ֑דֶשׁ לְכֹ֨ל הָעֹבֵ֜ר ב̇. ג̇
עַל־הַפְּקֻדִ֗ים מִבֶּ֨ן עֶשְׂרִ֤ים שָׁנָה֙ וָמַ֔עְלָה לְשֵׁשׁ־מֵא֥וֹת אֶ֙לֶף֙ וּשְׁלֹ֣שֶׁת
27 אֲלָפִ֔ים וַחֲמֵ֥שׁ מֵא֖וֹת וַחֲמִשִּֽׁים׃ 27 וַֽיְהִ֗י מְאַת֙ כִּכַּ֣ר הַכֶּ֔סֶף לָצֶ֗קֶת
אֵ֚ת אַדְנֵ֣י הַקֹּ֔דֶשׁ וְאֵ֖ת אַדְנֵ֣י הַפָּרֹ֑כֶת מְאַ֧ת אֲדָנִ֛ים[a] לִמְאַ֥ת הַכִּכָּ֖ר ב̇. ב̇[16]
28 כִּכָּ֥ר לָאָֽדֶן׃ 28 וְאֶת־הָאֶ֜לֶף וּשְׁבַ֤ע הַמֵּאוֹת֙ וַחֲמִשָּׁ֣ה וְשִׁבְעִ֔ים עָשָׂ֥ה ב̇. ג̇[17]. ל̇
29 וָוִ֣ים לָֽעַמּוּדִ֑ים וְצִפָּ֥ה רָאשֵׁיהֶ֖ם וְחִשַּׁ֥ק אֹתָֽם׃ 29 וּנְחֹ֥שֶׁת הַתְּנוּפָ֖ה ב חד חס וחד מל̇ . יג̇[18]
30 שִׁבְעִ֣ים כִּכָּ֑ר וְאַלְפַּ֥יִם וְאַרְבַּע־מֵא֖וֹת שָֽׁקֶל׃ 30 וַיַּ֣עַשׂ בָּ֗הּ אֶת־אַדְנֵי֙ ל̇. ב̇
פֶּ֚תַח אֹ֣הֶל מוֹעֵ֔ד וְאֵת֙ מִזְבַּ֣ח הַנְּחֹ֔שֶׁת וְאֶת־מִכְבַּ֥ר הַנְּחֹ֖שֶׁת אֲשֶׁר־ל֑וֹ ט̇. ב̇ בתור
31 וְאֵ֖ת כָּל־כְּלֵ֥י הַמִּזְבֵּֽחַ׃ 31 וְאֶת־אַדְנֵ֤י הֶֽחָצֵר֙ סָבִ֔יב וְאֶת־אַדְנֵ֖י שַׁ֣עַר כו̇ פסוק ואת ואת ואת ואת
הֶחָצֵ֑ר וְאֵ֨ת כָּל־יִתְדֹ֧ת הַמִּשְׁכָּ֛ן וְאֶת־כָּל־יִתְדֹ֥ת הֶחָצֵ֖ר סָבִֽיב׃

39 1 וּמִן־הַתְּכֵ֤לֶת וְהָֽאַרְגָּמָן֙ וְתוֹלַ֣עַת הַשָּׁנִ֔י עָשׂ֥וּ בִגְדֵי־שְׂרָ֖ד ו̇. ל̇
לְשָׁרֵ֣ת בַּקֹּ֑דֶשׁ וַֽיַּעֲשׂ֞וּ אֶת־בִּגְדֵ֤י הַקֹּ֙דֶשׁ֙ אֲשֶׁ֣ר לְאַהֲרֹ֔ן כַּאֲשֶׁ֛ר צִוָּ֥ה
2 יְהוָ֖ה אֶת־מֹשֶֽׁה׃ פ 2 וַיַּ֖עַשׂ[a] אֶת־הָאֵפֹ֑ד זָהָ֗ב תְּכֵ֧לֶת וְאַרְגָּמָ֛ן
3 וְתוֹלַ֥עַת שָׁנִ֖י וְשֵׁ֥שׁ מָשְׁזָֽר׃ 3 וַֽיְרַקְּע֞וּ אֶת־פַּחֵ֣י הַזָּהָב֮ וְקִצֵּ֣ץ[a] פְּתִילִם֒ ב̇
לַעֲשׂ֗וֹת בְּת֤וֹךְ הַתְּכֵ֙לֶת֙ וּבְת֣וֹךְ הָֽאַרְגָּמָ֔ן וּבְת֖וֹךְ תּוֹלַ֣עַת הַשָּׁנִ֑י וּבְת֣וֹךְ יח̇ פסוק דמיין[1] . ו̇ . ל̇
4 הַשֵּׁ֑שׁ מַעֲשֵׂ֖ה חֹשֵֽׁב׃ 4 כְּתֵפֹ֥ת עָֽשׂוּ־ל֖וֹ חֹבְרֹ֑ת עַל־שְׁנֵ֥י קְצוֹוֹתָ֖ו חֻבָּֽר׃ קצותיו ק̇ חד מן יא̇[2] כת תרי̇ ו̇ . ל̇
5 וְחֵ֨שֶׁב אֲפֻדָּת֜וֹ אֲשֶׁ֣ר עָלָ֗יו מִמֶּ֣נּוּ הוּא֙ כְּמַֽעֲשֵׂ֔הוּ זָהָ֕ב תְּכֵ֥לֶת וְאַרְגָּמָ֖ן
6 וְתוֹלַ֣עַת שָׁנִ֑י וְשֵׁ֥שׁ מָשְׁזָ֖ר כַּאֲשֶׁ֛ר צִוָּ֥ה יְהוָ֖ה אֶת־מֹשֶֽׁה׃ 6 וַֽיַּעֲשׂוּ֙[a]
אֶת־אַבְנֵ֣י הַשֹּׁ֔הַם מֻסַבֹּ֖ת מִשְׁבְּצֹ֣ת זָהָ֑ב מְפֻתָּחֹת֙ פִּתּוּחֵ֣י חוֹתָ֔ם עַל־
7 שְׁמ֖וֹת בְּנֵ֥י יִשְׂרָאֵֽל׃ 7 וַיָּ֣שֶׂם[a] אֹתָ֗ם עַ֚ל כִּתְפֹ֣ת הָאֵפֹ֔ד אַבְנֵ֥י זִכָּר֖וֹן פד̇ ל̇ג̇ מנה בתור

[15] Ex 3,16. [16] Mm 4223. [17] Mm 646. [18] Mm 2897. **Cp 39** [1] Mm 647 et Mm 3911. [2] Mm 648.

24 [a] ⅏ זָ׳ ‖ **25** [a–a] > ⅏𝔊 ‖ **27** [a] ⅏ הָאֲ׳ ‖ **Cp 39,2** [a] ⅏𝔖 ־שׂוּ ‖ **3** [a] ⅏𝔖𝔗[J] וְקִצְּצוּ ‖
6 [a] 2 Mss 𝔙 ־שׂ ‖ **7** [a] ⅏𝔖 וישׂמו.

8 לִבְנֵ֥י יִשְׂרָאֵ֖ל כַּאֲשֶׁ֛ר צִוָּ֥ה יְהוָ֖ה אֶת־מֹשֶֽׁה׃ פ 8 וַיַּ֧עַשׂ[a] אֶת־
הַחֹ֛שֶׁן מַעֲשֵׂ֥ה חֹשֵׁ֖ב כְּמַעֲשֵׂ֣ה אֵפֹ֑ד[b] זָהָ֗ב תְּכֵ֧לֶת וְאַרְגָּמָ֛ן וְתוֹלַ֥עַת שָׁנִ֖י
9 וְשֵׁ֥שׁ מָשְׁזָֽר׃ 9 רָב֧וּעַ הָיָ֛ה כָּפ֖וּל עָשׂ֣וּ[a] אֶת־הַחֹ֑שֶׁן זֶ֧רֶת אָרְכּ֛וֹ וְזֶ֥רֶת
10 רָחְבּ֖וֹ כָּפֽוּל[b]׃ 10 וַיְמַלְאוּ־ב֔וֹ אַרְבָּעָ֖ה ט֣וּרֵי אָ֑בֶן ט֗וּר אֹ֤דֶם פִּטְדָה֙ ג̇[3]
11 12 וּבָרֶ֔קֶת הַטּ֖וּר הָאֶחָֽד׃ 11 וְהַטּ֖וּר הַשֵּׁנִ֑י נֹ֥פֶךְ סַפִּ֖יר וְיָהֲלֹֽם[a]׃ 12 וְהַטּ֖וּר ב̇. ג̇[4]
13 הַשְּׁלִישִׁ֑י לֶ֥שֶׁם שְׁב֖וֹ וְאַחְלָֽמָה׃ 13 וְהַטּוּר֙ הָֽרְבִיעִ֔י תַּרְשִׁ֥ישׁ שֹׁ֖הַם ב̇
14 וְיָשְׁפֵ֑ה מֽוּסַבֹּ֛ת מִשְׁבְּצ֥וֹת זָהָ֖ב בְּמִלֻּאֹתָֽם׃ 14 וְ֠הָאֲבָנִים עַל־שְׁמֹ֨ת בְּנֵֽי־ ג̇. ב̇ כת כן . ב̇ חד מל וחד חס . ג̇ חס בסיפ
יִשְׂרָאֵ֥ל הֵ֛נָּה שְׁתֵּ֥ים עֶשְׂרֵ֖ה עַל־שְׁמֹתָ֑ם פִּתּוּחֵ֨י חֹתָ֜ם אִ֣ישׁ עַל־שְׁמ֔וֹ ב̇
15 לִשְׁנֵ֥ים עָשָׂ֖ר שָֽׁבֶט׃ 15 וַיַּעֲשׂ֧וּ עַל־הַחֹ֛שֶׁן שַֽׁרְשְׁרֹ֥ת גַּבְלֻ֖ת מַעֲשֵׂ֣ה עֲבֹ֑ת
16 זָהָ֖ב טָהֽוֹר׃ 16 וַֽיַּעֲשׂ֗וּ שְׁתֵּי֙ מִשְׁבְּצֹ֣ת זָהָ֔ב וּשְׁתֵּ֖י טַבְּעֹ֣ת זָהָ֑ב וַֽיִּתְּנ֗וּ אֶת־
17 שְׁתֵּי֙ הַטַּבָּעֹ֔ת עַל־שְׁנֵ֖י קְצ֥וֹת הַחֹֽשֶׁן׃ 17 וַֽיִּתְּנ֗וּ שְׁתֵּי֙ הָעֲבֹתֹ֣ת[a] הַזָּהָ֔ב יד זוגין[5]
18 עַל־שְׁתֵּ֖י הַטַּבָּעֹ֑ת עַל־קְצ֖וֹת הַחֹֽשֶׁן׃ 18 וְאֵ֨ת שְׁתֵּ֤י קְצוֹת֙ שְׁתֵּ֣י הָעֲבֹתֹ֔ת ל̇. ו̇ וכל ואת שתי הכלית דכות[6]
נָתְנ֖וּ עַל־שְׁתֵּ֣י הַֽמִּשְׁבְּצֹ֑ת וַֽיִּתְּנֻ֛ם עַל־כִּתְפֹ֥ת הָאֵפֹ֖ד אֶל־מ֥וּל פָּנָֽיו׃ ג̇ ב̇ חס וחד מל[7]
19 וַֽיַּעֲשׂ֗וּ שְׁתֵּי֙ טַבְּעֹ֣ת זָהָ֔ב וַיָּשִׂ֖ימוּ עַל־שְׁנֵ֣י קְצ֣וֹת הַחֹ֑שֶׁן עַל־שְׂפָת֕וֹ ל̇ה
20 אֲשֶׁ֛ר אֶל־עֵ֥בֶר הָאֵפֹ֖ד בָּֽיְתָה׃ 20 וַֽיַּעֲשׂוּ֮ שְׁתֵּ֣י טַבְּעֹ֣ת זָהָב֒ וַֽיִּתְּנֻ֡ם עַל־ ח̇[8]. ג̇ ב̇ חס וחד מל[7]
שְׁתֵּי֩ כִתְפֹ֨ת הָאֵפֹ֤ד מִלְּמַ֙טָּה֙ מִמּ֣וּל פָּנָ֔יו לְעֻמַּ֖ת מֶחְבַּרְתּ֑וֹ מִמַּ֕עַל
21 לְחֵ֖שֶׁב הָאֵפֹֽד׃ 21 וַיִּרְכְּס֣וּ אֶת־הַחֹ֡שֶׁן מִטַּבְּעֹתָיו֩ אֶל־טַבְּעֹ֨ת הָאֵפֹ֜ד ל̇
בִּפְתִ֣יל תְּכֵ֗לֶת לִֽהְיֹת֙ עַל־חֵ֣שֶׁב הָאֵפֹ֔ד וְלֹֽא־יִזַּ֣ח הַחֹ֔שֶׁן מֵעַ֖ל הָאֵפֹ֑ד ח̇ חס בליש[9] . ב̇
22 כַּאֲשֶׁ֛ר צִוָּ֥ה יְהוָ֖ה אֶת־מֹשֶֽׁה[a]׃ 22 וַיַּ֛עַשׂ[a] אֶת־[b]מְעִ֥יל הָאֵפֹ֖ד[b] מַעֲשֵׂ֣ה
23 אֹרֵ֑ג כְּלִ֖יל תְּכֵֽלֶת׃ 23 וּפִֽי־הַמְּעִ֥יל בְּתוֹכ֖וֹ כְּפִ֣י תַחְרָ֑א שָׂפָ֥ה לְפִ֛יו ג̇[10] . ב̇
24 סָבִ֖יב לֹ֥א יִקָּרֵֽעַ׃ 24 וַֽיַּעֲשׂוּ֙ עַל־שׁוּלֵ֣י הַמְּעִ֔יל רִמּוֹנֵ֕י תְּכֵ֥לֶת וְאַרְגָּמָ֖ן ב̇ חד מל וחד חס
25 וְתוֹלַ֣עַת שָׁנִ֑י[a] מָשְׁזָֽר׃ 25 וַיַּעֲשׂ֥וּ פַעֲמֹנֵ֖י זָהָ֣ב טָה֑וֹר וַיִּתְּנ֨וּ אֶת־הַפַּעֲמֹנִ֜ים
26 בְּת֣וֹךְ הָרִמֹּנִ֗ים עַל־שׁוּלֵ֤י הַמְּעִיל֙ סָבִ֔יב בְּת֖וֹךְ הָרִמֹּנִֽים׃ 26 פַּעֲמֹ֤ן[a]
וְרִמֹּן֙ פַּעֲמֹ֣ן וְרִמֹּ֔ן עַל־שׁוּלֵ֥י הַמְּעִ֖יל סָבִ֑יב לְשָׁרֵ֕ת כַּאֲשֶׁ֛ר צִוָּ֥ה יְהוָ֖ה ט̇ חס[11] . ט̇ חס[11]
27 אֶת־מֹשֶֽׁה׃ ס 27 וַֽיַּעֲשׂ֛וּ אֶת־הַכָּתְנֹ֥ת שֵׁ֖שׁ מַעֲשֵׂ֣ה אֹרֵ֑ג לְאַהֲרֹ֖ן ל̇

[3]Mm 649. [4]Mm 650. [5]Mm 565. [6]Mm 124. [7]Mm 652. [8]Mm 651. [9]Mm 725. [10]Mm 566. [11]Mm 653.

8 [a] ut 2[a] ‖ [b] ⅏𝔊 הָאֵ׳ ‖ **9** [a] ⅏ עָשָׂה ‖ [b] > ⅏ ‖ **11** [a] sic L, mlt Mss Edd וְיָהֲ׳ ‖ **17** [a] ⅏ ע׳ ‖ **21** [a] ⅏ + ויעשו אֶת־הָאֻרִים וְאֶת־הַתֻּמִּים כַּאֲשֶׁר צִוָּה יהוה אֶת־מֹשֶׁה ‖ **22** [a] ut 2[a] ‖ [b–b] ⅏ הַמְּ׳ ‖ **24** [a] pc Mss ⅏𝔊𝔖𝔙 + וְשֵׁשׁ ‖ **26** [a] ⅏ + זָהָב cf 𝔊𝔖𝔙.

28 וּלְבָנָֽיו׃ 28 וְאֵת֙ הַמִּצְנֶ֣פֶת שֵׁ֔שׁ וְאֶת־פַּאֲרֵ֥י הַמִּגְבָּעֹ֖ת שֵׁ֑שׁ וְאֶת־מִכְנְסֵ֥י בׄ[12]
29 הַבָּ֖ד שֵׁ֥שׁ מָשְׁזָֽר׃ 29 וְֽאֶת־הָֽאַבְנֵ֞ט שֵׁ֣שׁ מָשְׁזָ֗ר וּתְכֵ֧לֶת[a] וְאַרְגָּמָ֛ן וְתוֹלַ֥עַת לׄ
30 שְׁנִ֖י מַעֲשֵׂ֣ה רֹקֵ֑ם כַּאֲשֶׁ֛ר צִוָּ֥ה יְהוָ֖ה אֶת־מֹשֶֽׁה׃ ס 30 וַיַּֽעֲשׂ֛וּ אֶת־
צִ֥יץ נֵֽזֶר־הַקֹּ֖דֶשׁ זָהָ֣ב טָה֑וֹר וַיִּכְתְּב֣וּ עָלָ֗יו מִכְתַּב֙ פִּתּוּחֵ֣י חוֹתָ֔ם קֹ֖דֶשׁ
31 לַיהוָֽה׃ 31 וַיִּתְּנ֤וּ עָלָיו֙ פְּתִ֣יל תְּכֵ֔לֶת לָתֵ֥ת עַל־הַמִּצְנֶ֖פֶת מִלְמָ֑עְלָה
כַּאֲשֶׁ֛ר צִוָּ֥ה יְהוָ֖ה אֶת־מֹשֶֽׁה׃ ס
32 וַתֵּ֕כֶל כָּל־עֲבֹדַ֕ת מִשְׁכַּ֖ן אֹ֣הֶל מוֹעֵ֑ד וַֽיַּעֲשׂוּ֙ בְּנֵ֣י יִשְׂרָאֵ֔ל[a] כְּכֹל֩ לׄ . כל אורית חס
סׄ[לג] אֲשֶׁ֨ר[a] צִוָּ֧ה יְהוָ֛ה אֶת־מֹשֶׁ֖ה [b]כֵּ֥ן עָשֽׂוּ׃[b] פ 33 וַיָּבִ֤יאוּ [a]אֶת־הַמִּשְׁכָּן֙[a] לׄו
אֶל־מֹשֶׁ֔ה אֶת־הָאֹ֖הֶל וְאֶת־כָּל־כֵּלָ֑יו קְרָסָ֣יו קְרָשָׁ֔יו בְּרִיחָ֖ו וְעַמֻּדָ֥יו בריחיו חד מן בׄ[13] קׄ חס בליש
34 וַאֲדָנָֽיו׃ 34 וְאֶת־מִכְסֵ֞ה עוֹרֹ֤ת הָֽאֵילִם֙ הַמְאָדָּמִ֔ים וְאֶת־מִכְסֵ֖ה עֹרֹ֣ת לׄ כתׄ כן . לׄ
35 הַתְּחָשִׁ֑ים וְאֵ֖ת פָּרֹ֥כֶת הַמָּסָֽךְ׃ 35 אֶֽת[a]־אֲר֥וֹן הָעֵדֻ֖ת וְאֶת־בַּדָּ֑יו וְאֵ֖ת בׄ[14] . וׄ ר״פ את ואת ואת[15] . יׄבׄ[16] . דׄ[17]
36 37 הַכַּפֹּֽרֶת׃ 36 אֶת־הַשֻּׁלְחָן֙ אֶת־כָּל־כֵּלָ֔יו וְאֵ֖ת לֶ֥חֶם הַפָּנִֽים׃ 37 אֶת־ דׄ ר״פ את את ואת[15] . בׄ[18] . בׄ[19] . לׄ . יׄח פסוק את את ואת ואת
הַמְּנֹרָ֨ה הַטְּהֹרָ֜ה אֶת[a]־נֵֽרֹתֶ֗יהָ נֵרֹ֛ת הַמַּעֲרָכָ֖ה וְאֶת־כָּל־כֵּלֶ֑יהָ וְאֵ֖ת זׄ
38 שֶׁ֥מֶן הַמָּאֽוֹר׃ 38 וְאֵ֗ת מִזְבַּ֣ח הַזָּהָ֔ב וְאֵת֙ שֶׁ֣מֶן הַמִּשְׁחָ֔ה וְאֵ֖ת קְטֹ֣רֶת כׄו פסוק ואת ואת ואת ואת . טׄ . זׄ
39 הַסַּמִּ֑ים וְאֵ֕ת מָסַ֖ךְ פֶּ֥תַח הָאֹֽהֶל׃ 39 אֵ֣ת ׀ מִזְבַּ֣ח הַנְּחֹ֗שֶׁת וְאֶת־מִכְבַּ֤ר בׄ בתור
הַנְּחֹ֙שֶׁת֙ אֲשֶׁר־ל֔וֹ אֶת־בַּדָּ֖יו וְאֶת־כָּל־כֵּלָ֑יו אֶת־הַכִּיֹּ֖ר וְאֶת־כַּנּֽוֹ׃
40 אֵת֩ קַלְעֵ֨י הֶחָצֵ֜ר אֶֽת[a]־עַמֻּדֶ֣יהָ וְאֶת־אֲדָנֶ֗יהָ וְאֶת־הַמָּסָךְ֙ לְשַׁ֣עַר דׄ
הֶחָצֵ֔ר אֶת־מֵיתָרָ֖יו[b] וִיתֵדֹתֶ֑יהָ וְאֵ֗ת כָּל־כְּלֵ֛י עֲבֹדַ֥ת הַמִּשְׁכָּ֖ן לְאֹ֥הֶל כל אורית חס . הׄ
41 מוֹעֵֽד׃ 41 אֶֽת[a]־בִּגְדֵ֥י הַשְּׂרָ֖ד לְשָׁרֵ֣ת בַּקֹּ֑דֶשׁ אֶת[b]־בִּגְדֵ֤י הַקֹּ֙דֶשׁ֙ דׄ ר״פ את את ואת[15]
42 לְאַהֲרֹ֣ן הַכֹּהֵ֔ן וְאֶת־בִּגְדֵ֥י בָנָ֖יו לְכַהֵֽן׃ 42 כְּכֹ֛ל אֲשֶׁר־צִוָּ֥ה יְהוָ֖ה אֶת־ זׄ[20]
43 מֹשֶׁ֑ה כֵּ֤ן עָשׂוּ֙ בְּנֵ֣י יִשְׂרָאֵ֔ל אֵ֖ת כָּל־הָעֲבֹדָֽה׃ 43 וַיַּ֨רְא מֹשֶׁ֜ה אֶת־
כָּל־הַמְּלָאכָ֗ה וְהִנֵּה֙ עָשׂ֣וּ אֹתָ֔הּ כַּאֲשֶׁ֛ר צִוָּ֥ה יְהוָ֖ה כֵּ֣ן עָשׂ֑וּ וַיְבָ֥רֶךְ הׄ בתור
אֹתָ֖ם מֹשֶֽׁה׃ פ

40 1 וַיְדַבֵּ֥ר יְהוָ֖ה אֶל־מֹשֶׁ֥ה לֵּאמֹֽר׃ 2 בְּיוֹם־הַחֹ֥דֶשׁ הָרִאשׁ֖וֹן סׄד
3 בְּאֶחָ֣ד לַחֹ֑דֶשׁ תָּקִ֕ים אֶת־מִשְׁכַּ֖ן[a] אֹ֥הֶל מוֹעֵֽד׃ 3 וְשַׂמְתָּ֣ שָׁ֔ם אֵ֖ת אֲר֣וֹן יׄבׄ[1]

[12] Ez 44,18. [13] Mm 619. [14] Mm 654. [15] Mm 2599. [16] Mm 853. [17] Mm 620. [18] Mm 655. [19] Mm 621. [20] Mm 2895. Cp 40 [1] Mm 853.

29 [a] pc Mss ⅏𝔖𝔙 ׳וּתְ ‖ **32** [a–a] Ms ⅏𝔗J ׳כַּאֲ ‖ [b–b] > pc Mss 𝔙 ‖ **33** [a–a] 𝔊 *τὰς στολάς* ‖ **35** [a] nonn Mss 𝔊𝔖𝔗J וְאֶת ‖ **37** [a] ℭ⅏𝔖𝔗MsJ וְאֶת ‖ **40** [a] ℭ ⅏𝔖𝔗J𝔙 וְאֶת ‖ [b] ⅏ ־רֶיהָ ‖ **41** [a] ℭ𝔖𝔙 וְאֶת ‖ [b] ⅏𝔖𝔗Mss וְאֶת ‖ **Cp 40,2** [a] ⅏ הַמִּשְׁכָּן, it 6[a].29[b]; > ℭ𝔊.

4 הָעֵד֑וּת וְסַכֹּתָ֥ עַל־הָאָרֹ֖ן אֶת־הַפָּרֹֽכֶת[a]׃ 4 וְהֵבֵאתָ֙ אֶת־הַשֻּׁלְחָ֔ן — ח̇ מל בתור[2]. יו̇ פסוק את את את את
5 וְעָרַכְתָּ֖ אֶת־עֶרְכּ֑וֹ וְהֵבֵאתָ֙ אֶת־הַמְּנֹרָ֔ה וְהַעֲלֵיתָ֖ אֶת־נֵרֹתֶֽיהָ׃ 5 וְנָתַתָּ֞ה — ג̇[3]. ל̇ וטעם באות ת. ה̇י מל בסיפ[4]
אֶת־מִזְבַּ֤ח הַזָּהָב֙ לִקְטֹ֔רֶת לִפְנֵ֖י אֲר֣וֹן הָעֵדֻ֑ת וְשַׂמְתָּ֛ אֶת־מָסַ֥ךְ הַפֶּ֖תַח — יב̇[5]
6 לַמִּשְׁכָּֽן׃ 6 וְנָ֣תַתָּ֔ה אֵ֖ת מִזְבַּ֣ח הָעֹלָ֑ה לִפְנֵ֕י פֶּ֖תַח מִשְׁכַּ֥ן[a] אֹֽהֶל־מוֹעֵֽד׃ — ה̇י מל בסיפ[4]. ב̇[6]
7 וְנָתַתָּ֙ אֶת־הַכִּיֹּ֔ר בֵּין־אֹ֥הֶל מוֹעֵ֖ד וּבֵ֣ין הַמִּזְבֵּ֑חַ וְנָתַתָּ֥ שָׁ֖ם מָֽיִם׃ — ב̇. ז̇. כט חס[7]. כט חס[7]
8 9 8 וְשַׂמְתָּ֥ אֶת־הֶחָצֵ֖ר סָבִ֑יב וְנָ֣תַתָּ֔ אֶת־מָסַ֖ךְ שַׁ֥עַר הֶחָצֵֽר׃ 9 וְלָקַחְתָּ֙ — כט חס[7]
אֶת־שֶׁ֣מֶן הַמִּשְׁחָ֔ה וּמָשַׁחְתָּ֥ אֶת־הַמִּשְׁכָּ֖ן וְאֶת־כָּל־אֲשֶׁר־בּ֑וֹ וְקִדַּשְׁתָּ֥ — יח̇ פסוק את את ואת ואת
10 אֹת֛וֹ וְאֶת־כָּל־כֵּלָ֖יו וְהָ֥יָה קֹֽדֶשׁ׃ 10 וּמָשַׁחְתָּ֛ אֶת־מִזְבַּ֥ח הָעֹלָ֖ה וְאֶת־
11 כָּל־כֵּלָ֑יו וְקִדַּשְׁתָּ֙ אֶת־הַמִּזְבֵּ֔חַ וְהָיָ֥ה הַמִּזְבֵּ֖חַ קֹ֥דֶשׁ קָֽדָשִֽׁים׃ 11 וּמָשַׁחְתָּ֥ — ב̇
12 אֶת־הַכִּיֹּ֖ר וְאֶת־כַּנּ֑וֹ וְקִדַּשְׁתָּ֖ אֹתֽוֹ׃ 12 וְהִקְרַבְתָּ֤ אֶת־אַהֲרֹן֙ וְאֶת־בָּנָ֔יו
13 אֶל־פֶּ֖תַח אֹ֣הֶל מוֹעֵ֑ד וְרָחַצְתָּ֥ אֹתָ֖ם בַּמָּֽיִם׃ 13 וְהִלְבַּשְׁתָּ֙ אֶֽת־אַהֲרֹ֔ן
14 אֵ֖ת בִּגְדֵ֣י הַקֹּ֑דֶשׁ וּמָשַׁחְתָּ֥ אֹת֛וֹ וְקִדַּשְׁתָּ֥ אֹת֖וֹ וְכִהֵ֥ן לִֽי׃ 14 וְאֶת־בָּנָ֖יו — ל̇[8]
15 תַּקְרִ֑יב וְהִלְבַּשְׁתָּ֥ אֹתָ֖ם כֻּתֳּנֹֽת׃ 15 וּמָשַׁחְתָּ֣ אֹתָ֗ם כַּאֲשֶׁ֤ר מָשַׁ֙חְתָּ֙ אֶת־
אֲבִיהֶ֔ם וְכִהֲנ֖וּ לִ֑י וְהָ֨יְתָ֜ה לִהְיֹ֨ת לָהֶ֧ם מָשְׁחָתָ֛ם לִכְהֻנַּ֥ת עוֹלָ֖ם לְדֹרֹתָֽם׃ — ח̇ חס בליש[9]. ב̇ בתרי לישנ̇
16 17 16 וַיַּ֖עַשׂ מֹשֶׁ֑ה כְּ֠כֹל אֲשֶׁ֨ר צִוָּ֧ה יְהוָ֛ה אֹת֖וֹ כֵּ֥ן עָשָֽׂה׃ ס 17 וַיְהִ֞י
18 בַּחֹ֧דֶשׁ הָרִאשׁ֛וֹן בַּשָּׁנָ֥ה הַשֵּׁנִ֖ית[a] בְּאֶחָ֣ד לַחֹ֑דֶשׁ הוּקַ֖ם הַמִּשְׁכָּֽן׃ 18 וַיָּ֨קֶם — סד. ג̇[10]. כ̇[11]
מֹשֶׁ֜ה אֶת־הַמִּשְׁכָּ֗ן וַיִּתֵּן֙ אֶת־אֲדָנָ֔יו וַיָּ֙שֶׂם֙ אֶת־קְרָשָׁ֔יו וַיִּתֵּ֖ן אֶת־בְּרִיחָ֑יו — פד̇ ל̇ג מנה בתור
19 וַיָּ֖קֶם אֶת־עַמּוּדָֽיו׃ 19 וַיִּפְרֹ֤שׂ אֶת־הָאֹ֙הֶל֙[a] עַל־הַמִּשְׁכָּ֔ן וַיָּ֜שֶׂם אֶת־ — כ̇[11]. ד̇ מל[12]. פד̇ ל̇ג מנה בתור. ב̇[13]
מִכְסֵ֥ה הָאֹ֛הֶל עָלָ֖יו מִלְמָ֑עְלָה כַּאֲשֶׁ֛ר צִוָּ֥ה יְהוָ֖ה אֶת־מֹשֶֽׁה׃ ס
20 20 וַיִּקַּ֞ח וַיִּתֵּ֤ן אֶת־הָעֵדֻת֙ אֶל־הָ֣אָרֹ֔ן וַיָּ֥שֶׂם אֶת־הַבַּדִּ֖ים עַל־הָאָרֹ֑ן — יח̇ פסוק אל על על[14]. ב̇[15]. פד̇ ל̇ג מנה בתור
21 וַיִּתֵּ֧ן אֶת־הַכַּפֹּ֛רֶת עַל־הָאָרֹ֖ן מִלְמָֽעְלָה׃ 21 וַיָּבֵ֣א אֶת־הָאָרֹן֮ אֶל־ — נא̇[16] יח̇ מנה בתור וחד מן יח̇ ר״פ. ג̇ בליש[17]
הַמִּשְׁכָּן֒ וַיָּ֗שֶׂם אֵ֚ת פָּרֹ֣כֶת הַמָּסָ֔ךְ וַיָּ֕סֶךְ עַ֖ל אֲר֣וֹן הָעֵד֑וּת כַּאֲשֶׁ֛ר צִוָּ֥ה — פד̇ ל̇ג מנה בתור. ד̇[18]. יב̇[5]. ח̇ מל בתור[2]
22 יְהוָ֖ה אֶת־מֹשֶֽׁה׃ ס 22 וַיִּתֵּ֤ן[a] אֶת־הַשֻּׁלְחָן֙ בְּאֹ֣הֶל מוֹעֵ֔ד עַ֛ל יֶ֥רֶךְ
23 הַמִּשְׁכָּ֖ן צָפֹ֑נָה מִח֖וּץ לַפָּרֹֽכֶת׃ 23 וַיַּעֲרֹ֥ךְ עָלָ֛יו עֵ֥רֶךְ לֶ֖חֶם לִפְנֵ֣י יְהוָ֑ה — נג̇ ח̇[19] מנה בתור. ל̇
24 כַּאֲשֶׁ֛ר צִוָּ֥ה יְהוָ֖ה אֶת־מֹשֶֽׁה׃ ס 24 וַיָּ֤שֶׂם אֶת־הַמְּנֹרָה֙ בְּאֹ֣הֶל — פד̇ ל̇ג מנה בתור
25 מוֹעֵ֔ד נֹ֖כַח הַשֻּׁלְחָ֑ן עַ֛ל יֶ֥רֶךְ הַמִּשְׁכָּ֖ן נֶֽגְבָּה׃ 25 וַיַּ֥עַל הַנֵּרֹ֖ת לִפְנֵ֣י — כ̇ז

[2]Mm 556. [3]Mm 3562. [4]Mp sub loco. [5]Mm 853. [6]Mm 656. [7]Mm 657. [8]וחד כהן 1Ch 5,36. [9]Mm 725. [10]Mm 2666. [11]Mm 1991. [12]Mm 638. [13]Gn 8,13. [14]Mm 658. [15]Mm 542. [16]Mm 639. [17]Mm 938. [18]Mm 1764. [19]Mm 845.

3 [a] ш הַכַּפֹּרֶת ‖ **6** [a] cf 2[a] ‖ **17** [a] ш𝔊 + לְצֵאתָם מִמִּצְרָיִם ‖ **19** [a] 𝔊 τὰς αὐλαίας = הַיְרִיעוֹת vel הַקְּלָעִים ‖ **22** [a] ш וַיָּשֶׂם cf 𝔊.

26 יְהוָ֑ה כַּאֲשֶׁ֛ר צִוָּ֥ה יְהוָ֖ה אֶת־מֹשֶֽׁה׃ ס 26 וַיָּ֛שֶׂם אֶת־מִזְבַּ֥ח הַזָּהָ֖ב
27 בְּאֹ֣הֶל מוֹעֵ֑ד לִפְנֵ֖י הַפָּרֹֽכֶת׃ 27 וַיַּקְטֵ֥ר עָלָ֖יו קְטֹ֣רֶת סַמִּ֑ים[a] כַּאֲשֶׁ֛ר
28 צִוָּ֥ה יְהוָ֖ה אֶת־מֹשֶֽׁה׃ פ 28 וַיָּ֛שֶׂם אֶת־מָסַ֥ךְ הַפֶּ֖תַח לַמִּשְׁכָּֽן׃
29 וְאֵ֗ת מִזְבַּ֣ח הָעֹלָ֔ה שָׂ֕ם[a] פֶּ֖תַח מִשְׁכַּ֣ן[b] אֹֽהֶל־מוֹעֵ֑ד וַיַּ֣עַל עָלָ֗יו אֶת־
30 הָֽעֹלָה֙ וְאֶת־הַמִּנְחָ֔ה כַּאֲשֶׁ֛ר צִוָּ֥ה יְהוָ֖ה אֶת־מֹשֶֽׁה׃ ס 30 וַיָּ֙שֶׂם֙
אֶת־הַכִּיֹּ֔ר בֵּֽין־אֹ֥הֶל מוֹעֵ֖ד וּבֵ֣ין הַמִּזְבֵּ֑חַ וַיִּתֵּ֥ן שָׁ֛מָּה מַ֖יִם לְרָחְצָֽה׃
31 וְרָחֲצ֣וּ[a] מִמֶּ֔נּוּ מֹשֶׁ֖ה וְאַהֲרֹ֣ן וּבָנָ֑יו אֶת־יְדֵיהֶ֖ם וְאֶת־רַגְלֵיהֶֽם׃
32 בְּבֹאָ֞ם אֶל־אֹ֣הֶל מוֹעֵ֗ד וּבְקָרְבָתָ֛ם אֶל־הַמִּזְבֵּ֖חַ יִרְחָ֑צוּ כַּאֲשֶׁ֛ר צִוָּ֥ה
33 יְהוָ֖ה אֶת־מֹשֶֽׁה׃ ס 33 וַיָּ֣קֶם אֶת־הֶחָצֵ֗ר סָבִיב֙ לַמִּשְׁכָּ֣ן וְלַמִּזְבֵּ֔חַ
וַיִּתֵּ֕ן אֶת־מָסַ֖ךְ שַׁ֣עַר הֶחָצֵ֑ר
34 וַיְכַ֥ל מֹשֶׁ֖ה אֶת־[a]הַמְּלָאכָֽה׃ פ 34 וַיְכַ֥ס הֶעָנָ֖ן אֶת־אֹ֣הֶל
35 מוֹעֵ֑ד וּכְב֣וֹד יְהוָ֔ה מָלֵ֖א אֶת־הַמִּשְׁכָּֽן׃ 35 וְלֹא־יָכֹ֣ל מֹשֶׁ֗ה לָבוֹא֙
אֶל־אֹ֣הֶל מוֹעֵ֔ד כִּֽי־שָׁכַ֥ן עָלָ֖יו הֶעָנָ֑ן וּכְב֣וֹד יְהוָ֔ה מָלֵ֖א אֶת־הַמִּשְׁכָּֽן׃
36 וּבְהֵעָל֤וֹת הֶֽעָנָן֙ מֵעַ֣ל הַמִּשְׁכָּ֔ן יִסְע֖וּ בְּנֵ֣י יִשְׂרָאֵ֑ל בְּכֹ֖ל מַסְעֵיהֶֽם׃
37 וְאִם־לֹ֥א יֵעָלֶ֖ה הֶעָנָ֑ן וְלֹ֤א[a] יִסְע֔וּ עַד־י֖וֹם הֵעָלֹתֽוֹ׃ 38 כִּי֩ עֲנַ֨ן יְהוָ֤ה[a]
עַל־הַמִּשְׁכָּן֙ יוֹמָ֔ם וְאֵ֕שׁ תִּהְיֶ֥ה [b]לַ֖יְלָה בּ֑וֹ[b] לְעֵינֵ֥י כָל־בֵּית־[c]יִשְׂרָאֵ֖ל
בְּכָל־מַסְעֵיהֶֽם׃ צב

סכום הפסוקים של ספר
אלף ומאתים ותשעה:
ארט
וחציו אלהים לא תקלל[32]
וסדרים לג

פד לג מנה בתור
ד[20]
פד לג מנה בתור
ג ר״פ ואת את ואת את[21]. ט. ב פסוק דמטע[22]. ב[23]
ח[24]. פד לג מנה בתור
ד[25]
כט בתור. ג[26]
ל. ט[27]
ב[28]. ב[29]
ז ר״פ בסיפ
ל וחס
ל. ד[30]
כ[31] ד מנה בתור וכל ירמיה ויחזק דכות ב מ יח

[20] Mm 580. [21] Mm 2692. [22] Mm 4153. [23] Mm 656. [24] Mm 1930. [25] Mm 659. [26] Mm 851. [27] Mm 583. [28] Mm 1991. [29] Jo 2,17. [30] Mm 758. [31] Mm 953. [32] Ex 22,27, cf Mp sub loco.

27 [a] ⅏ + לִפְנֵי יהוה ∥ **29** [a] ⅏ + לִפְנֵי cf 𝔊 ∥ [b] ut 2[a] ∥ **31** [a] ⅏ וַיִּרְחַץ ∥ **33** [a] ⅏𝔊𝔙 + כל ∥ **37** [a] Ms 𝔊𝔖𝔙 לא ∥ **38** [a] > 𝔊* ∥ [b–b] ⅏𝔊* invers ∥ [c] > 2 Mss 𝔊*.

LEVITICUS ויקרא

ב̇[1] . ד̇[2] — **1** [1] וַיִּקְרָא אֶל־מֹשֶׁה וַיְדַבֵּר יְהוָה[a] אֵלָיו מֵאֹהֶל מוֹעֵד לֵאמֹר׃ ס̄[א]
ה̇[3] — 2 דַּבֵּר אֶל־בְּנֵי יִשְׂרָאֵל וְאָמַרְתָּ אֲלֵהֶם אָדָם כִּֽי־יַקְרִיב מִכֶּם קָרְבָּן
ד̇ פסוק מן מן ומן[4] — לַֽיהוָה מִן־הַבְּהֵמָה[a] מִן־הַבָּקָר וּמִן־הַצֹּאן תַּקְרִיבוּ אֶת־קָרְבַּנְכֶם[b]׃
ז̇ ר״פ בסיפ̇ — 3 אִם־עֹלָה קָרְבָּנוֹ מִן־הַבָּקָר זָכָר תָּמִים יַקְרִיבֶנּוּ אֶל־פֶּתַח אֹהֶל
ד̇[5] חס וכל לרצנכם דכות ול̇ בליש̇ . ד̇[6] ג̇ מנה̇ בתור — 4 מוֹעֵד יַקְרִיב אֹתוֹ לִרְצֹנוֹ לִפְנֵי יְהוָה[a]׃ 4 וְסָמַךְ יָדוֹ עַל רֹאשׁ הָעֹלָה[a]
ו̇[7] . י̇ג̇ פסוק את את את בסיפ̇[8] . ו̇ בטע̇[9] . ב̇ — 5 וְנִרְצָה לוֹ לְכַפֵּר עָלָיו׃ 5 וְשָׁחַט[a] אֶת־בֶּן הַבָּקָר לִפְנֵי יְהוָה וְהִקְרִיבוּ
בְּנֵי אַהֲרֹן[b] הַכֹּהֲנִים [c]אֶת־הַדָּם[c] וְזָרְקוּ אֶת־הַדָּם עַל־הַמִּזְבֵּחַ סָבִיב
ל̇ ומל̇ . ב̇ ובתור[8] — 6 אֲשֶׁר־פֶּתַח אֹהֶל מוֹעֵד׃ 6 וְהִפְשִׁיט[a] אֶת־הָעֹלָה וְנִתַּח[a] אֹתָהּ לִנְתָחֶיהָ׃
ג̇[10] — 7 וְנָתְנוּ [a]בְּנֵי אַהֲרֹן הַכֹּהֵן[ab] אֵשׁ עַל־הַמִּזְבֵּחַ וְעָרְכוּ עֵצִים עַל־הָאֵשׁ׃
י̇ב̇ פסוק את את ואת ומילה חדה ביניה[11] . ל̇ז — 8 וְעָרְכוּ בְּנֵי אַהֲרֹן הַכֹּהֲנִים אֵת הַנְּתָחִים אֶת[a]־הָרֹאשׁ וְאֶת־הַפָּדֶר
ב̇[12] — 9 עַל־הָעֵצִים אֲשֶׁר [b]עַל־הָאֵשׁ אֲשֶׁר[b] עַל־הַמִּזְבֵּחַ׃ 9 וְקִרְבּוֹ וּכְרָעָיו
ה̇ ד̇ פת̇ וחד קמ̇[13] . ב̇ בטע̇ בסיפ̇[14] — יִרְחַץ[a] בַּמָּיִם [b]וְהִקְטִיר הַכֹּהֵן[b] אֶת־הַכֹּל הַמִּזְבֵּחָה עֹלָה[c] אִשֵּׁה רֵיחַ־
ג̇ מל̇ בתור̇ . ז̇ בליש[15] — 10 נִיחוֹחַ לַיהוָה׃ ס 10 וְאִם־מִן־הַצֹּאן[a] קָרְבָּנוֹ[b] מִן־הַכְּשָׂבִים אוֹ
ח̇ בטע̇ בסיפ̇[16] — 11 מִן־הָעִזִּים לְעֹלָה[c] זָכָר תָּמִים יַקְרִיבֶנּוּ[d]׃ 11 וְשָׁחַט[a] אֹתוֹ עַל יֶרֶךְ
נ̇ג̇ ח̇[17] מנה̇ בתור — הַמִּזְבֵּחַ צָפֹנָה לִפְנֵי יְהוָה וְזָרְקוּ בְּנֵי אַהֲרֹן הַכֹּהֲנִים אֶת־דָּמוֹ עַל־
ב̇ יבתור . ל̇ . ל̇ — 12 הַמִּזְבֵּחַ סָבִיב׃ 12 וְנִתַּח[a] אֹתוֹ לִנְתָחָיו וְאֶת־רֹאשׁוֹ וְאֶת־פִּדְרוֹ [b]וְעָרַךְ
ד̇[18] — 13 הַכֹּהֵן[b] אֹתָם עַל־הָעֵצִים אֲשֶׁר עַל־הָאֵשׁ אֲשֶׁר עַל־הַמִּזְבֵּחַ׃ 13 וְהַקֶּרֶב

Cp 1 [1] Mm 538. [2] Mm 660. [3] Mm 694. [4] Mm 422. [5] Mm 3874. [6] Mm 3065. [7] Mm 745. [8] Mp sub loco. [9] Mm 3746. [10] Mm 661. [11] Mm 44. [12] Lv 4,11. [13] Mm 662. [14] Mm 663. [15] Mm 220. [16] Mm 747. [17] Mm 845. [18] Mm 664.

Cp 1,1 [a] 𝔖 tr post ויקרא ‖ **2** [a] 𝔙 + *id est*; num huc tr ‸? ‖ [b] ɯ𝔊𝔖 ־ֵיכם ‖ **3** [a] > ℭ ‖ **4** [a] 𝔖 *qwrbnh* = קָרְבָּנוֹ ‖ **5** [a] 𝔊 pl, it 11[a] ‖ [b] > ℭ ‖ [c–c] > ℭ ‖ **6** [a] ɯ𝔊 pl, it 9[a].12[a].13[a] ‖ **7** [a–a] 𝔖 *khn' bnj 'hrwn* = הכהנים ב׳ א׳ cf 5.8.11 etc; > 𝔙 ‖ [b] pc Mss ɯ𝔊𝔖𝔗[Ms] pl ut 5.8, prb sic l ‖ **8** [a] l c pc Mss ɯ𝔊𝔖𝔗[Ms] וְאת ‖ [b–b] > ℭ (homtel) ‖ **9** [a] cf 6[a] ‖ [b–b] 𝔊* pl ‖ [c] pc Mss (L sub rasura?) ɯ𝔊 *(ἐστιν)* 𝔖𝔗[J] + הוא ut 13.17 ‖ **10** [a] ɯ + עלה cf [c] ‖ [b] ɯ𝔊 + ליהוה ut 14 ‖ [c] > ɯ ‖ [d] ɯ + 3bα; 𝔊 + *καὶ ἐπιθήσει τὴν χεῖρα ἐπὶ τὴν κεφαλὴν αὐτοῦ* cf 4a ‖ **11** [a] cf 5[a] ‖ **12** [a] cf 6[a] ‖ [b–b] ɯ וְעָרַךְ ה׳; 𝔊𝔙 pl.

וְהַכְּרָעַיִם יִרְחַץ[a] בַּמָּיִם וְהִקְרִיב הַכֹּהֵן אֶת־הַכֹּל וְהִקְטִיר הַמִּזְבֵּחָה ה ד פת וחד קמ[19]
14 עֹלָה הוּא אִשֵּׁה רֵיחַ נִיחֹחַ לַיהוָה׃ פ 14 וְאִם מִן־הָעוֹף עֹלָה
קָרְבָּנוֹ לַיהוָה וְהִקְרִיב מִן־הַתֹּרִים[a] אוֹ מִן־בְּנֵי הַיּוֹנָה אֶת־קָרְבָּנוֹ׃ ד[20] וכל לשון ארמי וכל ד״ה דכות ב מ ז
15 וְהִקְרִיבוֹ הַכֹּהֵן אֶל־הַמִּזְבֵּחַ וּמָלַק אֶת־רֹאשׁוֹ וְהִקְטִיר הַמִּזְבֵּחָה ג[21]. ט[22]
16 וְנִמְצָה[a] דָמוֹ עַל[b] קִיר הַמִּזְבֵּחַ׃ 16 וְהֵסִיר אֶת־מֻרְאָתוֹ בְּנֹצָתָהּ[a] ל כת ה. ל. ל
17 וְהִשְׁלִיךְ[b] אֹתָהּ[c] אֵצֶל הַמִּזְבֵּחַ קֵדְמָה אֶל־מְקוֹם הַדָּשֶׁן׃ 17 וְשִׁסַּע ל
אֹתוֹ בִכְנָפָיו לֹא[a] יַבְדִּיל וְהִקְטִיר אֹתוֹ הַכֹּהֵן הַמִּזְבֵּחָה עַל־הָעֵצִים ל[23]
אֲשֶׁר עַל־הָאֵשׁ עֹלָה הוּא אִשֵּׁה רֵיחַ נִיחֹחַ לַיהוָה׃ ס

2 1 וְנֶפֶשׁ כִּי־תַקְרִיב קָרְבַּן מִנְחָה לַיהוָה סֹלֶת יִהְיֶה קָרְבָּנוֹ וְיָצַק ג ר״פ[1]
2 עָלֶיהָ שֶׁמֶן וְנָתַן עָלֶיהָ לְבֹנָה[a]׃ 2 וֶהֱבִיאָהּ אֶל־[a]בְּנֵי אַהֲרֹן הַכֹּהֲנִים[a] ב ר״פ
וְקָמַץ מִשָּׁם[b] מְלֹא קֻמְצוֹ מִסָּלְתָּהּ וּמִשַּׁמְנָהּ עַל כָּל־לְבֹנָתָהּ וְהִקְטִיר ל. ג[2]
3 הַכֹּהֵן אֶת־אַזְכָּרָתָהּ הַמִּזְבֵּחָה אִשֵּׁה רֵיחַ נִיחֹחַ לַיהוָה׃ 3 וְהַנּוֹתֶרֶת
4 מִן־הַמִּנְחָה לְאַהֲרֹן וּלְבָנָיו קֹדֶשׁ קָדָשִׁים[a] מֵאִשֵּׁי יְהוָה׃ ס 4 וְכִי
תַקְרִב קָרְבַּן מִנְחָה מַאֲפֵה תַנּוּר סֹלֶת חַלּוֹת מַצֹּת[a] בְּלוּלֹת בַּשֶּׁמֶן י חס בליש[3]. ג מל בסיפ. ד חס
5 וּרְקִיקֵי מַצּוֹת[a] מְשֻׁחִים בַּשָּׁמֶן׃ ס 5 וְאִם־מִנְחָה עַל־הַמַּחֲבַת
6 קָרְבָּנֶךָ סֹלֶת בְּלוּלָה בַשֶּׁמֶן מַצָּה תִהְיֶה׃ 6 פָּתוֹת[a] אֹתָהּ פִּתִּים וְיָצַקְתָּ ל. ב
7 עָלֶיהָ שָׁמֶן מִנְחָה הִוא׃ ס 7 וְאִם־מִנְחַת[a] מַרְחֶשֶׁת קָרְבָּנֶךָ סֹלֶת ל
8 בַּשֶּׁמֶן תֵּעָשֶׂה׃ 8 וְהֵבֵאתָ[a] אֶת־הַמִּנְחָה אֲשֶׁר יֵעָשֶׂה[b] מֵאֵלֶּה לַיהוָה ז[4]. לו[5]
9 וְהִקְרִיבָהּ[c] אֶל־הַכֹּהֵן וְהִגִּישָׁהּ אֶל־הַמִּזְבֵּחַ׃ 9 וְהֵרִים הַכֹּהֵן מִן־ ל. ל. ט[6]
הַמִּנְחָה אֶת־אַזְכָּרָתָהּ וְהִקְטִיר הַמִּזְבֵּחָה אִשֵּׁה רֵיחַ נִיחֹחַ לַיהוָה׃
10 וְהַנּוֹתֶרֶת מִן־הַמִּנְחָה לְאַהֲרֹן וּלְבָנָיו קֹדֶשׁ קָדָשִׁים מֵאִשֵּׁי יְהוָה׃
11 כָּל־הַמִּנְחָה אֲשֶׁר תַּקְרִיבוּ לַיהוָה לֹא תֵעָשֶׂה[a] חָמֵץ כִּי כָל־שְׂאֹר יג פסוק כל כל וכל. ל[7]. ז[4]
12 וְכָל־דְּבַשׁ לֹא־תַקְטִירוּ[b] מִמֶּנּוּ אִשֶּׁה לַיהוָה׃ 12 קָרְבַּן רֵאשִׁית ב[8]. כח

[19] Mm 662. [20] Mm 665. [21] Mm 670. [22] Mm 583. [23] Mm 666. **Cp 2** [1] Mm 680. [2] Mm 689. [3] Mm 667. [4] Mm 546. [5] Mm 210. [6] Mm 583. [7] Mm 666. [8] 2 Ch 32,12.

13 [a] cf 6[a] ‖ **14** [a] 𝔖 + *lmrj'* = ליהוה ‖ **15** [a] ⅏ צא–; 𝔊 *καὶ στραγγιεῖ* et 𝔙 *decurrere faciet* = וּמָצָא cf 5,9[b] ‖ [b] ⅏ אל cf 𝔊 *πρός* ‖ **16** [a] l c ⅏𝔖𝔗[J] תו–; prp וְאֶת־נ׳ ‖ [b] 𝔗 והקטיר ‖ [c] ⅏𝔖𝔗[J] אתו ‖ **17** [a] nonn Mss ⅏𝔊𝔖𝔗[Ms]𝔗[J] וְלא ע׳ ‖ **Cp 2,1** [a] ⅏𝔊 + מנחה היא ut 6.15 ‖ **2** [a–a] 𝔖 *khn' br 'hrwn* = הַכֹּהֵן בֶּן־א׳ ‖ [b] ⅏𝔊 מִמֶּנָּה ‖ **3** [a] 𝔖 + *hw* ‖ **4** [a–a] > 𝔗 (homtel) ‖ **6** [a] 𝔊 *καὶ διαθρύψεις*, prp וּפַתּוֹתָ ‖ **7** [a] ⅏ מנחה ‖ **8** [a] 𝔊 3 sg ‖ [b] 𝔊(𝔗) *ἂν ποιῇ* = יַעֲשֶׂה ‖ [c] l prb וְהִקְ׳ ‖ **11** [a] 𝔊 *ποιήσετε* = תַּעֲשׂוּ ‖ [b] pc Mss ⅏𝔊𝔗[J] תקריבו.

ג ⁹·ⁱ°וₓₓ . ל	¹³ תַּקְרִיבוּ אֹתָם לַיהוָה וְאֶל־הַמִּזְבֵּחַ לֹא־יַעֲלוּ לְרֵיחַ נִיחֹחַ׃ ¹³ וְכָל־
ל . ⁶	קָרְבַּן מִנְחָתְךָ בַּמֶּלַח תִּמְלָח וְלֹא תַשְׁבִּית מֶלַח בְּרִית אֱלֹהֶיךָ
ח¹¹ בטע בסיפֿ\nוחד מן ח בטע דֿין . ל	מֵעַל מִנְחָתֶךָ עַל כָּל־קָרְבָּנְךָ תַּקְרִיב מֶלַח׃ ס ¹⁴ וְאִם־
ג . ל . ל	תַּקְרִיב מִנְחַת בִּכּוּרִים לַיהוָה אָבִיב קָלוּי בָּאֵשׁ גֶּרֶשׂ כַּרְמֶל תַּקְרִיב
ל ומלֿ . כט חסֿ¹² . ג חסֿ¹³	אֵת מִנְחַת בִּכּוּרֶיךָ׃ ¹⁵ וְנָתַתָּ עָלֶיהָ שֶׁמֶן וְשַׂמְתָּ עָלֶיהָ לְבֹנָה מִנְחָה
ל . ג¹⁴	הִוא׃ ¹⁶ וְהִקְטִיר הַכֹּהֵן אֶת־אַזְכָּרָתָהּ מִגִּרְשָׂהּ וּמִשַּׁמְנָהּ עַל כָּל־
	לְבֹנָתָהּ אִשֶּׁה לַיהוָה׃ פ
ד	**3** ¹ וְאִם־זֶבַח שְׁלָמִים קָרְבָּנוֹ אִם מִן־הַבָּקָר הוּא מַקְרִיב אִם־
ד¹ ג מנחֿ בתור	זָכָר אִם־נְקֵבָה תָּמִים יַקְרִיבֶנּוּ לִפְנֵי יְהוָה׃ ² וְסָמַךְ יָדוֹ עַל־רֹאשׁ
ל	קָרְבָּנוֹ וּשְׁחָטוֹ פֶּתַח אֹהֶל מוֹעֵד וְזָרְקוּ בְּנֵי אַהֲרֹן הַכֹּהֲנִים אֶת־הַדָּם
	עַל־הַמִּזְבֵּחַ סָבִיב׃ ³ וְהִקְרִיב מִזֶּבַח הַשְּׁלָמִים אִשֶּׁה לַיהוָה אֶת־
	הַחֵלֶב הַמְכַסֶּה אֶת־הַקֶּרֶב וְאֵת כָּל־הַחֵלֶב אֲשֶׁר עַל־הַקֶּרֶב׃ ⁴ וְאֵת
ג חסֿ בתור	שְׁתֵּי הַכְּלָיֹת וְאֶת־הַחֵלֶב אֲשֶׁר עֲלֵהֶן אֲשֶׁר עַל־הַכְּסָלִים וְאֶת־
ב מלֿ בתור	הַיֹּתֶרֶת עַל־הַכָּבֵד עַל־הַכְּלָיוֹת יְסִירֶנָּה׃ ⁵ וְהִקְטִירוּ אֹתוֹ בְנֵי־
	אַהֲרֹן הַמִּזְבֵּחָה עַל־הָעֹלָה אֲשֶׁר עַל־הָעֵצִים אֲשֶׁר עַל־הָאֵשׁ אִשֵּׁה
ב²	רֵיחַ נִיחֹחַ לַיהוָה׃ פ ⁶ וְאִם־מִן־הַצֹּאן קָרְבָּנוֹ לְזֶבַח שְׁלָמִים
ז רֿ״פ בסיפֿ . ל . ל	לַיהוָה זָכָר אוֹ נְקֵבָה תָּמִים יַקְרִיבֶנּוּ׃ ⁷ אִם־כֶּשֶׂב הוּא־מַקְרִיב
	אֶת־קָרְבָּנוֹ וְהִקְרִיב אֹתוֹ לִפְנֵי יְהוָה׃ ⁸ וְסָמַךְ אֶת־יָדוֹ עַל־רֹאשׁ
ג⁺	קָרְבָּנוֹ וְשָׁחַט אֹתוֹ לִפְנֵי אֹהֶל מוֹעֵד וְזָרְקוּ בְּנֵי אַהֲרֹן אֶת־דָּמוֹ עַל־
ל . ה וכל ואת שתי\nהכלית דכות⁴	הַמִּזְבֵּחַ סָבִיב׃ ⁹ וְהִקְרִיב מִזֶּבַח הַשְּׁלָמִים אִשֶּׁה לַיהוָה חֶלְבּוֹ
	הָאַלְיָה תְמִימָה לְעֻמַּת הֶעָצֶה יְסִירֶנָּה וְאֶת־הַחֵלֶב הַמְכַסֶּה אֶת־
ג חסֿ בתור	הַקֶּרֶב וְאֵת כָּל־הַחֵלֶב אֲשֶׁר עַל־הַקֶּרֶב׃ ¹⁰ וְאֵת שְׁתֵּי הַכְּלָיֹת וְאֶת־
	הַחֵלֶב אֲשֶׁר עֲלֵהֶן אֲשֶׁר עַל־הַכְּסָלִים וְאֶת־הַיֹּתֶרֶת עַל־הַכָּבֵד עַל־

⁹Mm 668. ¹⁰Mm 574. ¹¹Mm 747. ¹²Mm 657. ¹³Mp sub loco. ¹⁴Mm 689. Cp 3 ¹Mm 3065. ²Mp sub loco. ³Mm 671. ⁴Mm 669.

12 ᵃ 𝕲 + κυρίῳ, it 14ᵃ 3,1ᵃ ‖ 13 ᵃ 𝕲 2 pl ‖ ᵇ 𝕲 ἁλισθήσεται ‖ ᶜ 𝕲 κυρίου ‖ ᵈ 𝕲 θυσιασμάτων ὑμῶν = מנחתיכֶם ‖ ᵉ 𝕲* pr κυρίῳ τῷ θεῷ ὑμῶν ‖ 14 ᵃ cf 12ᵃ ‖ ᵇ 𝕲 τῶν πρωτογενημάτων = הַבִּכּוּרים ‖ 15 ᵃ 𝕮 היא ‖ Cp 3,1 ᵃ cf 2,12ᵃ ‖ 2 ᵃ 𝕲ᴮ + ἐναντίον κυρίου, ex 1 ‖ ᵇ 𝕲 + τῶν ὁλοκαυτωμάτων ‖ 3 ᵃ 𝕲𝔙 pl ‖ 5 ᵃ⁻ᵃ > 𝔙; 𝕲 + οἱ ἱερεῖς, it 8ᵇ ‖ ᵇ ⳽𝕲* + אשר על־המזבח ut 1,8.12 ‖ 7 ᵃ pc Mss כֶּבֶשׂ ‖ 8 ᵃ 𝕲 + τὰς θύρας cf 13ᵇ; ⳽ + mrj' btr'' d = פֶּתַח יהוה ‖ ᵇ 𝕲 + οἱ ἱερεῖς cf 5ᵃ⁻ᵃ ‖ ᶜ ⳽𝕲* הַדָּם ‖ 9 ᵃ 𝕲* τῷ θεῷ ‖ ᵇ 𝕲𝔙 pr cop cf 7,3ᵃ 8,25 Ex 29,22 ‖ ᶜ mlt Mss ⳽𝕮𝕿ᴶ את.

11 הַכְּלָיֹת יְסִירֶנָּה׃ 11 וְהִקְטִירוֹ הַכֹּהֵן הַמִּזְבֵּחָה לֶחֶם אִשֶּׁה לַיהוָה׃ פ
12 וְאִם עֵז קָרְבָּנוֹ וְהִקְרִיבוֹ לִפְנֵי יְהוָה׃ 13 וְסָמַךְ אֶת־יָדוֹ עַל־רֹאשׁוֹ ג̇[5]
וְשָׁחַט[a] אֹתוֹ לִפְנֵי[b] אֹהֶל מוֹעֵד וְזָרְקוּ בְּנֵי אַהֲרֹן[c] אֶת־דָּמוֹ עַל־הַמִּזְבֵּחַ ז̇[6]
14 סָבִיב׃ 14 וְהִקְרִיב[a] מִמֶּנּוּ קָרְבָּנוֹ אִשֶּׁה לַיהוָה אֶת־הַחֵלֶב הַמְכַסֶּה
15 אֶת־הַקֶּרֶב וְאֵת כָּל־הַחֵלֶב אֲשֶׁר עַל־הַקֶּרֶב׃ 15 וְאֵת שְׁתֵּי הַכְּלָיֹת
וְאֶת־הַחֵלֶב אֲשֶׁר עֲלֵהֶן אֲשֶׁר עַל־הַכְּסָלִים וְאֶת־הַיֹּתֶרֶת עַל־הַכָּבֵד ג חס בתור
16 עַל־הַכְּלָיֹת יְסִירֶנָּה׃ 16 וְהִקְטִירָם הַכֹּהֵן הַמִּזְבֵּחָה לֶחֶם אִשֶּׁה לְרֵיחַ ב. ב̇[7]. י̇[8]
17 נִיחֹחַ[a] כָּל־חֵלֶב לַיהוָה׃ 17 חֻקַּת עוֹלָם לְדֹרֹתֵיכֶם בְּכֹל מוֹשְׁבֹתֵיכֶם ד. ל̇ ר״פ
כָּל־חֵלֶב וְכָל־דָּם לֹא תֹאכֵלוּ׃ פ ד. ד̇[9]
ס̇[ב] 4 1 וַיְדַבֵּר יְהוָה אֶל־מֹשֶׁה לֵּאמֹר׃ 2 דַּבֵּר אֶל־בְּנֵי יִשְׂרָאֵל
לֵאמֹר נֶפֶשׁ כִּי־תֶחֱטָא[a] בִשְׁגָגָה מִכֹּל מִצְוֺת יְהוָה אֲשֶׁר לֹא תֵעָשֶׂינָה
3 וְעָשָׂה מֵאַחַת מֵהֵנָּה׃ 3 אִם הַכֹּהֵן הַמָּשִׁיחַ יֶחֱטָא לְאַשְׁמַת הָעָם ז̇[1]. ז ר״פ בסיפ. ב̇[2]
וְהִקְרִיב עַל חַטָּאתוֹ אֲשֶׁר חָטָא פַּר בֶּן־בָּקָר תָּמִים לַיהוָה לְחַטָּאת[a]׃ ח̇ בטע בסיפ[3]
4 וְהֵבִיא אֶת־הַפָּר אֶל־פֶּתַח אֹהֶל מוֹעֵד לִפְנֵי יְהוָה וְסָמַךְ אֶת־יָדוֹ י̇ג̇ פסוק את את את בסיפ
5 עַל־רֹאשׁ הַפָּר[a] וְשָׁחַט אֶת־הַפָּר לִפְנֵי יְהוָה׃ 5 וְלָקַח הַכֹּהֵן הַמָּשִׁיחַ[a]
6 מִדַּם הַפָּר וְהֵבִיא אֹתוֹ אֶל־אֹהֶל מוֹעֵד׃ 6 וְטָבַל הַכֹּהֵן אֶת־[a]אֶצְבָּעוֹ
בַּדָּם וְהִזָּה מִן־הַדָּם שֶׁבַע פְּעָמִים[b] לִפְנֵי יְהוָה אֶת־פְּנֵי פָּרֹכֶת הַקֹּדֶשׁ׃ ל̇
7 וְנָתַן הַכֹּהֵן מִן־הַדָּם עַל־קַרְנוֹת מִזְבַּח[a] קְטֹרֶת הַסַּמִּים לִפְנֵי יְהוָה ד̇ מל בתור[4]
אֲשֶׁר בְּאֹהֶל מוֹעֵד וְאֵת ׀ כָּל־דַּם[b] הַפָּר יִשְׁפֹּךְ אֶל־יְסוֹד מִזְבַּח הָעֹלָה
8 אֲשֶׁר־פֶּתַח אֹהֶל מוֹעֵד׃ 8 וְאֶת־כָּל־חֵלֶב פַּר הַחַטָּאת[a] יָרִים מִמֶּנּוּ ד̇
אֶת־הַחֵלֶב הַמְכַסֶּה עַל[b]־הַקֶּרֶב וְאֵת כָּל־הַחֵלֶב אֲשֶׁר עַל־הַקֶּרֶב׃ ל̇
9 וְאֵת שְׁתֵּי הַכְּלָיֹת וְאֶת־הַחֵלֶב אֲשֶׁר עֲלֵיהֶן[a] אֲשֶׁר עַל־[a]הַכְּסָלִים
10 וְאֶת־הַיֹּתֶרֶת עַל־הַכָּבֵד עַל־הַכְּלָיוֹת יְסִירֶנָּה׃ 10 כַּאֲשֶׁר יוּרַם ב מל בתור. ל̇
11 מִשּׁוֹר זֶבַח הַשְּׁלָמִים וְהִקְטִירָם הַכֹּהֵן עַל מִזְבַּח הָעֹלָה׃ 11 וְאֶת־ ב̇

[5] Mm 670 [6] Mm 671. [7] Mm 672. [8] Mm 574. [9] Mm 673. **Cp 4** [1] Mm 2967. [2] Mm 674. [3] Mm 747. [4] Mm 704.

13 [a] 𝔊 pl ‖ [b] 𝔊 + *κυρίου παρὰ τὰς θύρας* cf 8[a] ‖ [c] 𝔐𝔊 + הכהנים ‖ **14** [a] 𝔊 *καὶ ἀνοίσει* = והקטיר ‖ **16** [a] 𝔐𝔊 + ליהוה ‖ **Cp 4,2** [a] 𝔊 + *ἔναντι κυρίου*, it 4[a] ‖ **3** [a] 𝔊𝔖 suff 3 sg = תּוֹ– ‖ **4** [a] cf 2[a] ‖ **5** [a] 𝔐𝔊 + אֲשֶׁר מִלֵּא אֶת־יָדוֹ ‖ **6** [a] > 𝔗 ‖ [b] 𝔐𝔊[-BA] + בְּאֶצְבָּעוֹ ‖ **7** [a] 𝔗 המ׳; 𝔗 + יהוה ‖ [b] 𝔗𝔐 הדם ‖ **8** [a] > 𝔗 ‖ [b] mlt Mss 𝔐𝔊𝔖𝔗[Mss]𝔗[J] אֶת ‖ **9** [a–a] > 𝔗.

ג̇. ב̇. ל̇ עוֹר הַפָּר וְאֶת־כָּל־בְּשָׂרוֹ עַל־רֹאשׁוֹ וְעַל־כְּרָעָיו וְקִרְבּוֹ וּפִרְשׁוֹ׃
ד̇. ל̇ 12 וְהוֹצִיא[a] אֶת־כָּל־הַפָּר אֶל־מִחוּץ לַמַּחֲנֶה אֶל־מָקוֹם טָהוֹר אֶל־ 12
ל̇ שֶׁפֶךְ הַדֶּשֶׁן וְשָׂרַף[a] אֹתוֹ עַל־עֵצִים בָּאֵשׁ עַל־שֶׁפֶךְ הַדֶּשֶׁן יִשָּׂרֵף׃ פ
יא. ב̇. ד̇ 13 וְאִם כָּל־עֲדַת יִשְׂרָאֵל יִשְׁגּוּ וְנֶעְלַם דָּבָר מֵעֵינֵי הַקָּהָל וְעָשׂוּ אַחַת 13
ל̇. ב̇ ומל מִכָּל־מִצְוֹת יְהוָה אֲשֶׁר לֹא־תֵעָשֶׂינָה וְאָשֵׁמוּ׃ 14 וְנוֹדְעָה הַחַטָּאת 14
ד̇ אֲשֶׁר חָטְאוּ עָלֶיהָ וְהִקְרִיבוּ הַקָּהָל פַּר[a] בֶּן־בָּקָר[b] לְחַטָּאת וְהֵבִיאוּ
ז̇ אֹתוֹ לִפְנֵי[c] אֹהֶל מוֹעֵד׃ 15 וְסָמְכוּ זִקְנֵי הָעֵדָה אֶת־יְדֵיהֶם עַל־רֹאשׁ 15
הַפָּר לִפְנֵי יְהוָה וְשָׁחַט[a] אֶת־הַפָּר לִפְנֵי יְהוָה׃ 16 וְהֵבִיא הַכֹּהֵן 16
הַמָּשִׁיחַ מִדַּם הַפָּר אֶל־אֹהֶל מוֹעֵד׃ 17 וְטָבַל הַכֹּהֵן אֶצְבָּעוֹ מִן־ 17
ל̇ הַדָּם וְהִזָּה[a] שֶׁבַע פְּעָמִים לִפְנֵי יְהוָה אֵת פְּנֵי הַפָּרֹכֶת[b]׃ 18 וּמִן־הַדָּם 18
יִתֵּן[a] | עַל־קַרְנֹת הַמִּזְבֵּחַ[b] אֲשֶׁר לִפְנֵי יְהוָה אֲשֶׁר בְּאֹהֶל מוֹעֵד וְאֵת
כָּל־הַדָּם יִשְׁפֹּךְ אֶל־יְסוֹד מִזְבַּח הָעֹלָה אֲשֶׁר־פֶּתַח אֹהֶל מוֹעֵד[c]׃
19 וְאֵת כָּל־חֶלְבּוֹ יָרִים מִמֶּנּוּ וְהִקְטִיר הַמִּזְבֵּחָה׃ 20 וְעָשָׂה לַפָּר 19 20
ל̇. יג̇ חס בתור. ב̇ כַּאֲשֶׁר עָשָׂה לְפַר הַחַטָּאת כֵּן יַעֲשֶׂה־לּוֹ וְכִפֶּר עֲלֵהֶם[a] הַכֹּהֵן וְנִסְלַח
לָהֶם׃ 21 וְהוֹצִיא[a] אֶת־הַפָּר אֶל־מִחוּץ לַמַּחֲנֶה וְשָׂרַף[a] אֹתוֹ[b] כַּאֲשֶׁר 21
סד̇. ז̇ פת וכל תרי עשר דכות ב מ א. ד̇ שָׂרַף[a] אֵת הַפָּר הָרִאשׁוֹן חַטַּאת הַקָּהָל הוּא[c]׃ פ
22 אֲשֶׁר נָשִׂיא יֶחֱטָא וְעָשָׂה אַחַת מִכָּל־מִצְוֹת יְהוָה אֱלֹהָיו אֲשֶׁר 22
ל̇ לֹא־תֵעָשֶׂינָה[a] בִּשְׁגָגָה וְאָשֵׁם׃ 23 אוֹ־[a]הוֹדַע[a] אֵלָיו חַטָּאתוֹ אֲשֶׁר חָטָא 23
ד̇ ג̇ מנה בתור בָּהּ וְהֵבִיא אֶת־קָרְבָּנוֹ שְׂעִיר עִזִּים זָכָר תָּמִים׃ 24 וְסָמַךְ יָדוֹ עַל־ 24
רֹאשׁ הַשָּׂעִיר וְשָׁחַט[a] אֹתוֹ בִּמְקוֹם אֲשֶׁר־יִשְׁחַט אֶת־הָעֹלָה לִפְנֵי יְהוָה
ד̇ חַטָּאת הוּא[b]׃ 25 וְלָקַח הַכֹּהֵן מִדַּם הַחַטָּאת בְּאֶצְבָּעוֹ וְנָתַן עַל־קַרְנֹת 25
ב̇ מִזְבַּח הָעֹלָה [a]וְאֶת־[b]דָּמוֹ יִשְׁפֹּךְ אֶל־יְסוֹד מִזְבַּח הָעֹלָה[a]׃ 26 וְאֶת־ 26
כָּל־חֶלְבּוֹ יַקְטִיר הַמִּזְבֵּחָה כְּחֵלֶב זֶבַח הַשְּׁלָמִים וְכִפֶּר עָלָיו הַכֹּהֵן

[5] Mm 754. [6] Lv 1,9. [7] Ez 34,6. [8] Mm 866. [9] Mm 749. [10] Mm 671. [11] Mm 675. [12] Mm 676. [13] Mm 573. [14] Mm 3065. [15] Mm 677.

12 [a] ⅏𝔊 pl ‖ **14** [a] 𝔖 + *ḥd* = אֶחָד ‖ [b] ⅏𝔊 + תָּמִים ‖ [c] 𝔊 *παρὰ τὰς θύρας*, 𝔙 *ad ostium* ‖ **15** [a] 𝔊𝔖 pl ‖ **17** [a] pc Mss ⅏ + מִן־הַדָּם cf 𝔗[J] ‖ [b] Ms ⅏𝔊 פ׳ הקדש ut 6 ‖ **18** [a] ⅏𝔊 + הכהן ‖ [b] ⅏𝔊 מִזְבַּח קְטֹרֶת הַסַּמִּים ‖ [c] > ℭ ‖ **20** [a] ℭ עליהן ‖ **21** [a] 𝔊 pl ‖ [b] ℭ + מחוץ למחנה ‖ [c] ⅏ היא ‖ **22** [a] ℭ תשינה ‖ **23** [a–a] 𝔊 *καὶ γνωσθῇ*, 𝔖 *ʼn ʼtjdʻ* = אִם נוֹדַע, it 28[a–a] ‖ **24** [a] 𝔊 pl, it 29[b].33[a] ‖ [b] ⅏ℭ היא ‖ **25** [a–a] > ℭ (homtel) ‖ [b] pc Mss 𝔊 + כָּל.

27 מֵחַטָּאתוֹ וְנִסְלַח לוֹ׃ פ 27 וְאִם־נֶפֶשׁ אַחַת תֶּחֱטָא בִשְׁגָגָה מֵעַם
28 הָאָרֶץ בַּעֲשֹׂתָהּ אַחַת מִמִּצְוֺת[a] יְהוָה אֲשֶׁר לֹא־תֵעָשֶׂינָה וְאָשֵׁם׃ 28 [a]אוֹ ל
הוֹדַע[a] אֵלָיו חַטָּאתוֹ אֲשֶׁר חָטָא[b] וְהֵבִיא קָרְבָּנוֹ שְׂעִירַת עִזִּים תְּמִימָה ב
29 נְקֵבָה עַל־חַטָּאתוֹ אֲשֶׁר חָטָא׃ 29 וְסָמַךְ אֶת־יָדוֹ עַל רֹאשׁ הַחַטָּאת
30 [a]וְשָׁחַט[b] אֶת־הַחַטָּאת[a] בִּמְקוֹם הָעֹלָה׃ 30 וְלָקַח הַכֹּהֵן מִדָּמָהּ ו ה[16] מנה בתור
בְּאֶצְבָּעוֹ וְנָתַן עַל־קַרְנֹת מִזְבַּח הָעֹלָה וְאֶת־כָּל־דָּמָהּ יִשְׁפֹּךְ אֶל־
31 יְסוֹד הַמִּזְבֵּחַ׃[a] 31 וְאֶת־כָּל־חֶלְבָּהּ יָסִיר כַּאֲשֶׁר הוּסַר[a] חֵלֶב מֵעַל ב[17]
זֶבַח הַשְּׁלָמִים וְהִקְטִיר הַכֹּהֵן הַמִּזְבֵּחָה [b]לְרֵיחַ נִיחֹחַ לַיהוָה[b] וְכִפֶּר יו[18]
32 עָלָיו הַכֹּהֵן וְנִסְלַח לוֹ׃ פ 32 וְאִם־כֶּבֶשׂ[a] יָבִיא קָרְבָּנוֹ לְחַטָּאת יג[19]
33 נְקֵבָה תְמִימָה יְבִיאֶנָּה׃ 33 וְסָמַךְ אֶת־יָדוֹ עַל רֹאשׁ הַחַטָּאת וְשָׁחַט[a]
34 אֹתָהּ לְחַטָּאת בִּמְקוֹם אֲשֶׁר יִשְׁחַט[a] אֶת־הָעֹלָה׃ 34 וְלָקַח הַכֹּהֵן מִדַּם
הַחַטָּאת בְּאֶצְבָּעוֹ וְנָתַן עַל־קַרְנֹת מִזְבַּח הָעֹלָה וְאֶת־כָּל־דָּמָהּ יִשְׁפֹּךְ
35 אֶל־יְסוֹד הַמִּזְבֵּחַ׃ 35 וְאֶת־כָּל־חֶלְבָּהּ[a] יָסִיר כַּאֲשֶׁר יוּסַר[b] חֵלֶב־ ל[20]
הַכֶּשֶׂב מִזֶּבַח הַשְּׁלָמִים וְהִקְטִיר הַכֹּהֵן אֹתָם[c] הַמִּזְבֵּחָה עַל אִשֵּׁי יְהוָה ו . ד[21] . ט[22] כת י וכל מאשי דכות
וְכִפֶּר עָלָיו הַכֹּהֵן עַל־חַטָּאתוֹ אֲשֶׁר־חָטָא וְנִסְלַח לוֹ׃ פ
ס [ג] 5 1 וְנֶפֶשׁ כִּי־תֶחֱטָא וְשָׁמְעָה קוֹל אָלָה וְהוּא עֵד אוֹ רָאָה אוֹ יָדָע ג ר״פ[1] . ל
2 אִם־לוֹא יַגִּיד וְנָשָׂא עֲוֺנוֹ׃ 2 אוֹ נֶפֶשׁ אֲשֶׁר[a] תִּגַּע בְּכָל־דָּבָר טָמֵא אוֹ לה מל ב[2] מנה בתור . יז
בְנִבְלַת חַיָּה טְמֵאָה אוֹ בְּנִבְלַת בְּהֵמָה טְמֵאָה אוֹ בְּנִבְלַת שֶׁרֶץ טָמֵא יא בטע לאחור . ב
3 [b]וְנֶעְלַם מִמֶּנּוּ וְהוּא טָמֵא[c] וְאָשֵׁם׃[b] 3 אוֹ כִי יִגַּע בְּטֻמְאַת אָדָם לְכֹל
4 טֻמְאָתוֹ אֲשֶׁר יִטְמָא בָּהּ וְנֶעְלַם מִמֶּנּוּ וְהוּא יָדַע וְאָשֵׁם׃ 4 אוֹ נֶפֶשׁ כִּי
תִשָּׁבַע לְבַטֵּא בִשְׂפָתַיִם לְהָרַע ׀ אוֹ לְהֵיטִיב לְכֹל אֲשֶׁר יְבַטֵּא הָאָדָם ל . ו[3] . ל[4]
5 בִּשְׁבֻעָה וְנֶעְלַם מִמֶּנּוּ וְהוּא־יָדַע וְאָשֵׁם לְאַחַת מֵאֵלֶּה׃ 5 [a]וְהָיָה כִי־
6 יֶאְשַׁם[b] לְאַחַת מֵאֵלֶּה[a] וְהִתְוַדָּה[c] אֲשֶׁר חָטָא עָלֶיהָ׃ 6 וְהֵבִיא אֶת־ ב
אֲשָׁמוֹ לַיהוָה עַל חַטָּאתוֹ אֲשֶׁר חָטָא נְקֵבָה מִן־הַצֹּאן כִּשְׂבָּה אוֹ־ ח בטע בסיפ[5] . ל

[16]Mm 678. [17]Da 12,11. [18]Mm 574. [19]Mm 679. [20]וחד יושר Jes 26,1. [21]Mm 664. [22]Mp sub loco.
Cp 5 [1]Mm 680. [2]Mm 681. [3]Mm 227. [4]וחד ויבטא Ps 106,33. [5]Mm 747.

27 [a] pc Mss 𝔐𝔊 מִכָּל־מצות || **28** [a–a] cf 23[a–a] || [b] 𝔐𝔊 + עָלֶיהָ || **29** [a–a] > 𝔗 (homtel) || [b] cf 24[a] || **30** [a] 𝔐 מזבח העלה ut 34 || **31** [a] 𝔐 יסיר, it 35[b] || [b–b] 𝔗 על אשי יהוה || **32** [a] 𝔐 כִּשְׂבָּה || **33** [a] cf 24[a] || **35** [a] sic L, mlt Mss Edd בָּהּ– || [b] cf 31[a] || [c] > 𝔐 || **Cp 5,2** [a] pc Mss 𝔐𝔊 כִּי || [b–b] > 𝔊* || [c] 𝔗 ידע ut 3.4 || **5** [a–a] > 𝔗𝔊*𝔙 (homtel?) || [b] 𝔐 יחטא || [c] 𝔊($𝔗^J$) + τὴν ἁμαρτίαν cf 𝔐.

7 שְׂעִירַ֥ת עִזִּ֖ים לְחַטָּ֑את וְכִפֶּ֥ר עָלָ֛יו הַכֹּהֵ֖ן מֵחַטָּאתֽוֹ[a]׃ 7 וְאִם־לֹ֨א ב̇
תַגִּ֣יע[a] יָדוֹ֮ דֵּ֣י שֶׂה֒ וְהֵבִ֨יא [b]אֶת־אֲשָׁמ֜וֹ[b] אֲשֶׁ֣ר חָטָ֗א שְׁתֵּ֥י תֹרִ֛ים אֽוֹ־שְׁנֵ֥י ו̇
8 בְנֵי־יוֹנָ֖ה לַֽיהוָ֑ה[c] אֶחָ֥ד לְחַטָּ֖את וְאֶחָ֥ד לְעֹלָֽה׃ 8 וְהֵבִ֤יא אֹתָם֙ אֶל־
הַכֹּהֵ֔ן וְהִקְרִ֛יב אֶת־אֲשֶׁ֥ר לַֽחַטָּ֖את[a] רִאשׁוֹנָ֑ה וּמָלַ֧ק[b] אֶת־רֹאשׁ֛וֹ מִמּ֥וּל ל̇[6]. י ג̇[7] מנה מל
9 עָרְפּ֖וֹ וְלֹ֥א יַבְדִּֽיל׃ 9 וְהִזָּ֞ה מִדַּ֤ם הַֽחַטָּאת֙ עַל[a]־קִ֣יר הַמִּזְבֵּ֔חַ וְהַנִּשְׁאָ֣ר ל̇[8]
10 בַּדָּ֔ם יִמָּצֵ֖ה[a] אֶל־יְס֣וֹד הַמִּזְבֵּ֑חַ חַטָּ֖את הֽוּא[c]׃ 10 וְאֶת־הַשֵּׁנִ֛י יַעֲשֶׂ֥ה עֹלָ֖ה ל̇ כת ה . ד̇[9] . ל̇[10]
כַּמִּשְׁפָּ֑ט וְכִפֶּ֨ר עָלָ֧יו הַכֹּהֵ֛ן מֵחַטָּאת֥וֹ אֲשֶׁר־חָטָ֖א וְנִסְלַ֥ח לֽוֹ׃ ס

11 11 וְאִם־לֹא֩ תַשִּׂ֨יג יָד֜וֹ לִשְׁתֵּ֣י תֹרִ֗ים א֨וֹ לִשְׁנֵ֣י בְנֵי־יוֹנָה֒ וְהֵבִ֨יא אֶת־
קָרְבָּנ֜וֹ אֲשֶׁ֣ר חָטָ֗א עֲשִׂירִ֧ת הָאֵפָ֛ה סֹ֖לֶת לְחַטָּ֑את לֹא־יָשִׂ֨ים[a] עָלֶ֜יהָ שֶׁ֗מֶן ב̇ חס
12 וְלֹא־יִתֵּ֤ן עָלֶ֙יהָ֙ לְבֹנָ֔ה כִּ֥י חַטָּ֖את הִֽוא׃ 12 וֶהֱבִיאָהּ֮ אֶל־הַכֹּהֵן֒ וְקָמַ֣ץ ג̇[11] . ב̇ ר״פ
הַכֹּהֵ֣ן ׀ מִ֠מֶּנָּה מְל֨וֹא קֻמְצ֜וֹ אֶת־אַזְכָּרָתָהּ֙[a] וְהִקְטִ֣יר הַמִּזְבֵּ֔חָה עַ֖ל אִשֵּׁ֣י ב̇ מל̇[12] . ט̇ כת י וכל מאשי דכות
13 יְהוָ֑ה חַטָּ֖את הִֽוא׃ 13 וְכִפֶּר֩ עָלָ֨יו הַכֹּהֵ֜ן עַל־חַטָּאת֧וֹ אֲשֶׁר־חָטָ֛א
מֵאַחַ֥ת מֵאֵ֖לֶּה וְנִסְלַ֣ח ל֑וֹ וְהָיְתָ֥ה[a] לַכֹּהֵ֖ן כַּמִּנְחָֽה[b]׃ ס ל̇

14 15 14 וַיְדַבֵּ֥ר יְהוָ֖ה אֶל־מֹשֶׁ֥ה לֵּאמֹֽר׃ 15 נֶ֗פֶשׁ כִּֽי־תִמְעֹ֥ל מַ֙עַל֙ וְחָֽטְאָה֙
בִּשְׁגָגָ֔ה מִקָּדְשֵׁ֖י יְהוָ֑ה וְהֵבִיא֩ אֶת־אֲשָׁמ֨וֹ לַֽיהוָ֜ה אַ֣יִל תָּמִ֤ים מִן־הַצֹּאן֙
16 בְּעֶרְכְּךָ֛ כֶּֽסֶף־שְׁקָלִ֥ים בְּשֶֽׁקֶל־הַקֹּ֖דֶשׁ לְאָשָֽׁם׃ 16 וְאֵ֨ת אֲשֶׁר֩ חָטָ֨א מִן־
הַקֹּ֜דֶשׁ יְשַׁלֵּ֗ם וְאֶת־חֲמִֽישִׁתוֹ֙ יוֹסֵ֣ף עָלָ֔יו וְנָתַ֥ן אֹת֖וֹ לַכֹּהֵ֑ן וְהַכֹּהֵ֗ן יְכַפֵּ֥ר ג̇[13] מל̇ וכל שם ברנש דכות ול̇ בתור
17 עָלָ֛יו בְּאֵ֥יל הָאָשָׁ֖ם וְנִסְלַ֥ח לֽוֹ׃ פ 17 [a]וְאִם־נֶ֙פֶשׁ֙ כִּ֣י[a] תֶחֱטָ֔א[b]
וְעָֽשְׂתָ֗ה אַחַת֙ מִכָּל־מִצְוֺ֣ת יְהוָ֔ה אֲשֶׁ֖ר לֹ֣א תֵעָשֶׂ֑ינָה וְלֹֽא־יָדַ֥ע וְאָשֵׁ֖ם י̇א̇[14] ו̇ מנה בתור
18 וְנָשָׂ֥א עֲוֺנֽוֹ׃ 18 וְ֠הֵבִיא אַ֣יִל תָּמִ֧ים מִן־הַצֹּ֛אן בְּעֶרְכְּךָ֥ לְאָשָׁ֖ם אֶל־הַכֹּהֵ֑ן י̇ז̇
וְכִפֶּר֩ עָלָ֨יו הַכֹּהֵ֜ן עַ֧ל שִׁגְגָת֛וֹ אֲשֶׁר־שָׁגָ֥ג וְה֛וּא לֹא־יָדַ֖ע וְנִסְלַ֥ח לֽוֹ׃ ל̇[15] . ח̇ בטע בסיפ
19 20 19 [a]אָשָׁ֖ם ה֑וּא[a] אָשֹׁ֥ם אָשַׁ֖ם לַֽיהוָֽה׃ פ 20 [a]וַיְדַבֵּ֥ר יְהוָ֖ה אֶל־מֹשֶׁ֥ה ב̇[16] מל̇ . ב̇[17] חד חס וחד מל
21 לֵּאמֹֽר׃ 21 נֶ֚פֶשׁ כִּ֣י תֶחֱטָ֔א וּמָעֲלָ֥ה מַ֖עַל בַּֽיהוָ֑ה וְכִחֵ֨שׁ בַּעֲמִית֜וֹ ג̇[18]

[6] Mp sub loco. [7] Mm 682. [8] Mm 666. [9] Mm 573. [10] וחד את השני Gn 32,20. [11] Mm 683. [12] Mm 684. [13] Mm 3038 א. [14] Mm 130. [15] Mm 747. [16] Mm 685. [17] Mm 863. [18] Mm 3471.

6 [a] 𝔐𝔊 על ח׳ אשר חטא ונסלח לו cf 4,35; ℭ ונסלח לו מח׳ ‖ **7** [a] sic L, mlt Mss Edd תַגִּיע; 𝔐 תשיג ‖ [b–b] 𝔊 *περὶ τῆς ἁμαρτίας αὐτοῦ* = אֶת־חַטָּאתוֹ ‖ [c] > 𝔖 ‖ **8** [a] ℭ לעלה ‖ [b] 𝔐𝔊 + הכהן ‖ **9** [a] 𝔐 אל ‖ [b] 𝔐 ימצא cf 1,15[a] ‖ [c] 𝔐𝔗 היא ‖ **11** [a] 𝔐𝔊𝔖 יִצֹּק ‖ **12** [a] sic L, mlt Mss Edd תָהּ– ‖ **13** [a] 𝔊(𝔙) *τὸ δὲ καταλειφθὲν ἔσται* = וְהַנּוֹתָר ‖ [b] 𝔊 *ὡς ἡ θυσία τῆς σεμιδάλεως* ‖ **17** [a–a] 𝔊 *καὶ ἡ ψυχὴ ἣ ἂν* ‖ [b] 𝔙 + *per ignorantiam* ‖ **19** [a–a] > 𝔊 ‖ **20** [a] hic 𝔊[Edd]𝔙 incip cp 6.

22 בְּפִקָּדוֹן אוֹ־בִתְשׂוּמֶת יָד אוֹ בְגָזֵל אוֹ עָשַׁק אֶת־עֲמִיתוֹ׃ 22 אוֹ־מָצָא ל̇. ל̇[19]
אֲבֵדָה וְכִחֶשׁ בָּהּ וְנִשְׁבַּע עַל־שָׁקֶר עַל־אַחַת מִכֹּל אֲשֶׁר־יַעֲשֶׂה הָאָדָם ג̇[20]. כא פסוק על על ומילה חדה ביניה[21]. ב̇
23 לַחֲטֹא בָהֵנָּה׃ 23 וְהָיָה כִּי־יֶחֱטָא וְאָשֵׁם וְהֵשִׁיב אֶת־הַגְּזֵלָה אֲשֶׁר גָּזָל ג̇[22]. יו̇ פסוק את את את את. ג̇ ב מנה זקף קמ̇
אוֹ אֶת־הָעֹשֶׁק אֲשֶׁר עָשָׁק אוֹ אֶת־הַפִּקָּדוֹן אֲשֶׁר הָפְקַד אִתּוֹ אוֹ אֶת־ ל̇ זקף קמ̇. ב̇
24 הָאֲבֵדָה אֲשֶׁר מָצָא׃ 24 אוֹ[a] מִכֹּל[b] אֲשֶׁר־יִשָּׁבַע עָלָיו לַשֶּׁקֶר וְשִׁלַּם ג̇
אֹתוֹ בְּרֹאשׁוֹ וַחֲמִשִׁתָיו[c] יֹסֵף עָלָיו לַאֲשֶׁר הוּא לוֹ יִתְּנֶנּוּ בְּיוֹם אַשְׁמָתוֹ׃ יד̇. ל̇ וקמ̇. ל̇. ב̇[23]. ל̇
25 וְאֶת־אֲשָׁמוֹ יָבִיא לַיהוָה אַיִל תָּמִים מִן־הַצֹּאן בְּעֶרְכְּךָ לְאָשָׁם ל̇. יג̇[24]
26 אֶל־הַכֹּהֵן׃[a] 26 וְכִפֶּר עָלָיו הַכֹּהֵן לִפְנֵי יְהוָה וְנִסְלַח לוֹ עַל־אַחַת ב̇
מִכֹּל אֲשֶׁר־יַעֲשֶׂה לְאַשְׁמָה בָהּ׃ פ קי̇א ב̇[25]
פרש 6 1 וַיְדַבֵּר יְהוָה אֶל־מֹשֶׁה לֵּאמֹר׃ 2 צַו אֶת־אַהֲרֹן וְאֶת־בָּנָיו
לֵאמֹר זֹאת תּוֹרַת הָעֹלָה הִוא הָעֹלָה עַל מוֹקְדָה[a] עַל־הַמִּזְבֵּחַ כָּל־ כא פסוק על על ומילה חדה ביניה[1]. ל̇
3 הַלַּיְלָה עַד־הַבֹּקֶר וְאֵשׁ הַמִּזְבֵּחַ תּוּקַד בּוֹ[b]׃ 3 וְלָבַשׁ הַכֹּהֵן מִדּוֹ[a] בַד ד̇ בתור. ה̇. ב̇[2]
וּמִכְנְסֵי־בַד יִלְבַּשׁ[b] עַל־בְּשָׂרוֹ וְהֵרִים אֶת־הַדֶּשֶׁן אֲשֶׁר תֹּאכַל הָאֵשׁ
4 אֶת־הָעֹלָה עַל[c]־הַמִּזְבֵּחַ וְשָׂמוֹ אֵצֶל הַמִּזְבֵּחַ׃ 4 וּפָשַׁט אֶת־בְּגָדָיו ל̇[3]
וְלָבַשׁ בְּגָדִים אֲחֵרִים וְהוֹצִיא אֶת־הַדֶּשֶׁן אֶל־מִחוּץ לַמַּחֲנֶה אֶל־
5 מָקוֹם טָהוֹר׃ 5 וְהָאֵשׁ עַל־הַמִּזְבֵּחַ תּוּקַד־בּוֹ לֹא תִכְבֶּה וּבִעֵר[a] עָלֶיהָ ד̇. ג̇. ה̇. ו̇[4]. ב̇[5]
הַכֹּהֵן עֵצִים בַּבֹּקֶר בַּבֹּקֶר[b] וְעָרַךְ עָלֶיהָ הָעֹלָה וְהִקְטִיר עָלֶיהָ חֶלְבֵי יג̇[6]
6 הַשְּׁלָמִים׃ 6 אֵשׁ תָּמִיד תּוּקַד עַל־הַמִּזְבֵּחַ לֹא תִכְבֶּה׃[a] ס ה̇. ו̇[4]
7 וְזֹאת[a] תּוֹרַת הַמִּנְחָה הַקְרֵב[b] אֹתָהּ בְּנֵי־אַהֲרֹן לִפְנֵי יְהוָה אֶל־פְּנֵי כה̇ יו̇[7] מנה ר״פ. ד̇[8]. ט̇[9] וכל צורת הבית דכות̇ ב̇ מ̇ ד̇
8 הַמִּזְבֵּחַ׃ 8 וְהֵרִים מִמֶּנּוּ[a] בְּקֻמְצוֹ מִסֹּלֶת הַמִּנְחָה וּמִשַּׁמְנָהּ וְאֵת כָּל־ ו̇ סביר̇ ממנה[10]. ג̇[11]
הַלְּבֹנָה אֲשֶׁר עַל־הַמִּנְחָה וְהִקְטִיר הַמִּזְבֵּחַ[b] רֵיחַ נִיחֹחַ אַזְכָּרָתָהּ ג̇ בליש̇[12]. ה̇ וכל אשה ריח ניחח דכות̇
9 לַיהוָה׃ 9 וְהַנּוֹתֶרֶת מִמֶּנָּה יֹאכְלוּ[a] אַהֲרֹן וּבָנָיו מַצּוֹת תֵּאָכֵל בְּמָקוֹם ט̇[13]
10 קָדֹשׁ בַּחֲצַר אֹהֶל־מוֹעֵד יֹאכְלוּהָ׃ 10 לֹא תֵאָפֶה חָמֵץ חֶלְקָם נָתַתִּי יג̇ חס[14]

[19] וחד ובגזל Ps 62,11. [20] Mm 3471. [21] Mm 686. [22] Mm 909. [23] Qoh 2,21. [24] Mm 679. [25] 1Ch 21,3. **Cp 6** [1] Mm 686. [2] 2 S 20,8. [3] Mm 2842. [4] Mm 687. [5] Ex 22,4. [6] Mm 688. [7] Mm 856. [8] Mm 847. [9] Mm 3937. [10] Mm 2038. [11] Mm 689. [12] Mm 4235. [13] Mm 690. [14] Mm 783.

24 [a] > 𝔊 ‖ [b] 𝔐𝔊𝔖𝔗J + דָּבָר ‖ [c] mlt Mss 𝔐𝔖𝔗Ms𝔗J תו– cf 16; 𝔊BA(𝔙) *καὶ τὸ πέμπτον* = ־ִית ‖ **25** [a–a] > 𝔐𝔊 cf 15 ‖ **Cp 6,2** [a] mlt Mss מ min; 𝔐 הַמּ׳; l ־ָהּ ‖ [b] 𝔊* + *οὐ σβεσθήσεται* cf 5.6 ‖ **3** [a] 𝔐𝔖𝔗𝔗J מַדֵּי ‖ [b] pc Mss יִהְיוּ ut 16,4 ‖ [c] 𝔊 *ἀπό*; 𝔖 *d'l* = אֲשֶׁר־עַל ‖ **5** [a] ℭ ונתן ‖ [b] > 𝔊* ‖ **6** [a] sic L, mlt Mss Edd –בה ‖ **7** [a] Ms 𝔊𝔙 זאת ‖ [b] 𝔐 הקריבו; 𝔊(𝔗𝔗J𝔙) *ἣν προσάξουσιν* = אֲשֶׁר יַקְרִיבוּ ‖ **8** [a] ℭ𝔐𝔗Ms –נָּה ‖ [b] ℭ הזבח, 𝔐 –ָחָה; Ms 𝔐𝔊 + אשה ut 2,2 etc ‖ **9** [a] 𝔐𝔊 sg.

אֹתָהּ[a] מֵאִשָּׁי[b] קֹדֶשׁ קָדָשִׁים הִוא[c] כַּחַטָּאת וְכָאָשָׁם׃ 11 כָּל־זָכָר[a] בִּבְנֵי 11
אַהֲרֹן[a] יֹאכְלֶנָּה חָק־עוֹלָם לְדֹרֹתֵיכֶם מֵאִשֵּׁי יְהוָה כֹּל אֲשֶׁר־יִגַּע בָּהֶם
יִקְדָּשׁ׃ פ 12 וַיְדַבֵּר יְהוָה אֶל־מֹשֶׁה לֵּאמֹר׃ 13 זֶה קָרְבַּן אַהֲרֹן ס[ד]
וּבָנָיו אֲשֶׁר־יַקְרִיבוּ לַיהוָה בְּיוֹם הִמָּשַׁח אֹתוֹ עֲשִׂירִת הָאֵפָה סֹלֶת
מִנְחָה[a] תָּמִיד מַחֲצִיתָהּ בַּבֹּקֶר וּמַחֲצִיתָהּ בָּעָרֶב[b]׃ 14 עַל־מַחֲבַת 14
בַּשֶּׁמֶן תֵּעָשֶׂה מֻרְבֶּכֶת תְּבִיאֶנָּה[a] תֻּפִינֵי[b] מִנְחַת פִּתִּים תַּקְרִיב[c] רֵיחַ־
נִיחֹחַ לַיהוָה׃ 15 וְהַכֹּהֵן הַמָּשִׁיחַ תַּחְתָּיו מִבָּנָיו יַעֲשֶׂה אֹתָהּ חָק־ 15
עוֹלָם לַיהוָה[a] כָּלִיל תָּקְטָר׃ 16 וְכָל־מִנְחַת כֹּהֵן כָּלִיל תִּהְיֶה לֹא 16
תֵאָכֵל׃ פ 17 וַיְדַבֵּר יְהוָה אֶל־מֹשֶׁה לֵּאמֹר׃ 18 דַּבֵּר אֶל־ 17 18
אַהֲרֹן וְאֶל־בָּנָיו לֵאמֹר זֹאת תּוֹרַת הַחַטָּאת בִּמְקוֹם אֲשֶׁר תִּשָּׁחֵט
הָעֹלָה תִּשָּׁחֵט הַחַטָּאת לִפְנֵי יְהוָה קֹדֶשׁ קָדָשִׁים הִוא׃ 19 הַכֹּהֵן 19
הַמְחַטֵּא אֹתָהּ יֹאכְלֶנָּה בְּמָקוֹם קָדֹשׁ תֵּאָכֵל בַּחֲצַר אֹהֶל מוֹעֵד׃
20 כֹּל אֲשֶׁר־יִגַּע בִּבְשָׂרָהּ יִקְדָּשׁ וַאֲשֶׁר יִזֶּה מִדָּמָהּ עַל־הַבֶּגֶד אֲשֶׁר יִזֶּה 20
עָלֶיהָ[a] תְּכַבֵּס[b] בְּמָקוֹם קָדֹשׁ׃ 21 וּכְלִי־חֶרֶשׂ אֲשֶׁר תְּבֻשַּׁל־בּוֹ יִשָּׁבֵר 21
וְאִם־בִּכְלִי נְחֹשֶׁת בֻּשָּׁלָה וּמֹרַק וְשֻׁטַּף בַּמָּיִם׃ 22 כָּל־זָכָר בַּכֹּהֲנִים 22
יֹאכַל אֹתָהּ קֹדֶשׁ קָדָשִׁים הִוא[a]׃ 23 וְכָל־חַטָּאת אֲשֶׁר יוּבָא[a] מִדָּמָהּ 23
אֶל־אֹהֶל מוֹעֵד לְכַפֵּר בַּקֹּדֶשׁ לֹא תֵאָכֵל בָּאֵשׁ תִּשָּׂרֵף׃ פ
7 1 וְזֹאת תּוֹרַת הָאָשָׁם קֹדֶשׁ קָדָשִׁים הוּא׃ 2 בִּמְקוֹם אֲשֶׁר 7
יִשְׁחֲטוּ אֶת־הָעֹלָה יִשְׁחֲטוּ אֶת־הָאָשָׁם[a] וְאֶת־דָּמוֹ יִזְרֹק עַל־הַמִּזְבֵּחַ
סָבִיב׃ 3 וְאֵת כָּל־חֶלְבּוֹ יַקְרִיב מִמֶּנּוּ אֵת[a] הָאַלְיָה וְאֶת־הַחֵלֶב 3
הַמְכַסֶּה אֶת־הַקֶּרֶב[b]׃ 4 וְאֵת שְׁתֵּי הַכְּלָיֹת וְאֶת־הַחֵלֶב אֲשֶׁר עֲלֵיהֶן 4
אֲשֶׁר עַל־הַכְּסָלִים וְאֶת־הַיֹּתֶרֶת עַל־הַכָּבֵד עַל־הַכְּלָיֹת יְסִירֶנָּה׃
5 וְהִקְטִיר אֹתָם הַכֹּהֵן הַמִּזְבֵּחָה אִשֶּׁה לַיהוָה אָשָׁם הוּא׃ 6 כָּל־זָכָר 5 6
בַּכֹּהֲנִים יֹאכְלֶנּוּ בְּמָקוֹם קָדוֹשׁ יֵאָכֵל קֹדֶשׁ קָדָשִׁים הוּא׃ 7 כַּחַטָּאת 7

ל̇. ה̇ דסמיכ̇ בתור
[15]ה̇
ב̇ חס
[16]ל̇. ל̇. ג̇
[17]ז̇. ב̇. ל̇. ל̇. ב̇. ה̇ וכל אשה ריח ניחח דכות
[15]ה̇
ל̇. ל̇
[18]ט̇
ב̇
ב̇. ה̇ דסמיכ̇ בתור[19]. הי ר״פ מיחד[20]
[18]ט̇. [21]יג̇ חס. ל̇
ב̇. ו̇ ה̇[22] מנה בתור. ב̇
[21]יג̇ חס. ל̇
ל̇. ל̇. ל̇
ה̇ דסמיכ̇ בתור[19]. [23]ה̇. ו̇ ה̇[22] מנה בתור
[18]ט̇. ד̇
כה̇ יו̇[1] מנה ר״פ. ז̇[2] ו̇[3] מנה בתור
[4]ב̇
ג̇ ר״פ ואת את ואת את[5]. ה̇ וכל ואת שתי הכלית דכות[6]
ז̇[2] ו̇[3] מנה בתור

[15]Mm 2476. [16]Mm 693. [17]Mm 546. [18]Mm 690. [19]Q היא suppressi, cf Lv 13,20, Dt 13,16 et Mp sub loco. [20]Mm 944. [21]Mm 783. [22]Mm 678. [23]Mm 691. Cp 7 [1]Mm 856. [2]Mm 4108. [3]Mm 831. [4]Mm 677. [5]Mm 2692. [6]Mm 669.

10 [a] 𝔊 *αὐτοῖς* ‖ [b] pc Mss ש𝔊𝔙 יְהוָה ־ֵי ut 11 ‖ [c] ℭ היא ‖ **11** [a–a] 𝔊 *τῶν ἱερέων* ‖ **13** [a] ש𝔊 לְמ׳ ‖ [b] ש בֵּין הָעַרְבַּיִם ‖ **14** [a] 𝔊𝔙 3 sg ‖ [b] crrp? prp תְּפֻתֶּנָּה (a פתת) sec 𝔖 ‖ [c] 𝔊 *θυσίαν* ‖ **15** [a] > 𝔊* ‖ **20** [a] ש עליו ‖ [b] ש𝔊𝔖𝔗[J]𝔙 יְכֻבַּס ‖ **22** [a] 𝔊 + *κυρίου* ‖ **23** [a] ש יָבוֹא ‖ **Cp 7,2** [a] 𝔊 + *ἔναντι κυρίου* ‖ **3** [a] 𝔊 pr cop cf 3,9[b] ‖ [b] ש𝔊 ins ואת כל הַחֵלֶב אשר על־הַקֶּרֶב.

8 כָּֽאָשָׁם֙ תּוֹרָ֣ה אַחַ֔ת לָהֶ֑ם הַכֹּהֵ֛ן אֲשֶׁ֥ר יְכַפֶּר־בּ֖וֹ ל֥וֹ יִהְיֶֽה׃ 8 וְהַ֨כֹּהֵ֔ן
הַמַּקְרִ֖יב אֶת־עֹ֣לַת אִ֑ישׁ ע֤וֹר הָֽעֹלָה֙ אֲשֶׁ֣ר הִקְרִ֔יב[a] לַכֹּהֵ֖ן[b] ל֥וֹ[c] יִהְיֶֽה׃ ב̇
9 וְכָל־מִנְחָ֗ה אֲשֶׁ֤ר תֵּאָפֶה֙ בַּתַּנּ֔וּר וְכָל־נַעֲשָׂ֥ה בַמַּרְחֶ֖שֶׁת וְעַל־מַחֲבַ֑ת[a] י̇ ר״פ וכל ומ״פ וכל . ל̇ . ח̇ קמ וכל חומש המגילות דכות ב מ ב . ג̇[8]
10 לַכֹּהֵ֛ן הַמַּקְרִ֥יב אֹתָ֖הּ ל֥וֹ[b] תִהְיֶֽה׃ 10 וְכָל־מִנְחָ֥ה בְלוּלָֽה־בַשֶּׁ֖מֶן
וַחֲרֵבָ֑ה לְכָל־בְּנֵ֧י אַהֲרֹ֛ן תִּהְיֶ֖ה אִ֥ישׁ כְּאָחִֽיו׃ פ ל̇[9] . ב̇
11 וְזֹ֥את[a] תּוֹרַ֖ת זֶ֣בַח הַשְּׁלָמִ֑ים אֲשֶׁ֥ר יַקְרִ֖יב[b] לַיהוָֽה׃ 12 אִ֣ם עַל־ כה̇ יו̇[10] מנה ר״פ . ז̇ ר״פ בסיפ
תּוֹדָה֮ יַקְרִיבֶ֒נּוּ֒ וְהִקְרִ֣יב ׀ עַל־זֶ֣בַח הַתּוֹדָ֗ה חַלּ֤וֹת מַצּוֹת֙ בְּלוּלֹ֣ת בַּשֶּׁ֔מֶן ג̇ מל בסיפ
וּרְקִיקֵ֥י מַצּ֖וֹת מְשֻׁחִ֣ים בַּשָּׁ֑מֶן וְסֹ֣לֶת מֻרְבֶּ֔כֶת [a]חַלֹּ֖ת בְּלוּלֹ֥ת[a] בַּשָּֽׁמֶן׃ ב̇
13 עַל־חַלֹּת֙ לֶ֣חֶם חָמֵ֔ץ יַקְרִ֖יב קָרְבָּנ֑וֹ עַל־זֶ֖בַח תּוֹדַ֥ת שְׁלָמָֽיו׃
14 וְהִקְרִ֨יב [a]מִמֶּ֤נּוּ אֶחָד֙ מִכָּל־קָרְבָּ֔ן[a] תְּרוּמָ֖ה לַיהוָ֑ה לַכֹּהֵ֗ן הַזֹּרֵ֛ק אֶת־ ה̇[11] . ל̇
15 דַּ֥ם הַשְּׁלָמִ֖ים ל֥וֹ יִהְיֶֽה׃ 15 וּבְשַׂ֗ר זֶ֚בַח תּוֹדַ֣ת שְׁלָמָ֔יו[a] בְּי֥וֹם קָרְבָּנ֖וֹ ד̇
16 יֵאָכֵ֑ל לֹֽא־יַנִּ֥יחַ[b] מִמֶּ֖נּוּ עַד־בֹּֽקֶר׃ 16 וְאִם־נֶ֣דֶר ׀ א֣וֹ נְדָבָ֗ה זֶ֚בַח קָרְבָּנ֔וֹ
בְּי֛וֹם הַקְרִיב֥וֹ אֶת־זִבְח֖וֹ יֵאָכֵ֑ל וּמִֽמָּחֳרָ֔ת [a]וְהַנּוֹתָ֥ר מִמֶּ֖נּוּ יֵאָכֵֽל[a]׃ ל̇ . ג̇[12]
17 וְהַנּוֹתָ֖ר[a] מִבְּשַׂ֣ר הַזָּ֑בַח בַּיּוֹם֙ הַשְּׁלִישִׁ֔י בָּאֵ֖שׁ יִשָּׂרֵֽף׃ 18 וְאִ֣ם הֵאָכֹ֣ל[a]
יֵ֠אָכֵל מִבְּשַׂר־זֶ֨בַח שְׁלָמָ֜יו בַּיּ֣וֹם הַשְּׁלִישִׁי֮ לֹ֣א יֵרָצֶה֒ הַמַּקְרִ֣יב אֹת֗וֹ לֹ֧א
19 יֵחָשֵׁ֛ב ל֖וֹ פִּגּ֣וּל יִהְיֶ֑ה וְהַנֶּ֛פֶשׁ הָאֹכֶ֥לֶת מִמֶּ֖נּוּ עֲוֺנָ֥הּ תִּשָּֽׂא׃ 19 וְהַבָּשָׂ֞ר ג̇[13] ב מנה בפסוק
אֲשֶׁר־יִגַּ֤ע בְּכָל־טָמֵא֙ לֹ֣א יֵאָכֵ֔ל בָּאֵ֖שׁ יִשָּׂרֵ֑ף וְהַבָּשָׂ֕ר[a] כָּל־טָה֖וֹר ג̇[13] ב מנה בפסוק
20 יֹאכַ֥ל בָּשָֽׂר׃ 20 וְהַנֶּ֜פֶשׁ אֲשֶׁר־תֹּאכַ֣ל בָּשָׂ֗ר מִזֶּ֤בַח הַשְּׁלָמִים֙ אֲשֶׁ֣ר
21 לַֽיהוָ֔ה וְטֻמְאָת֖וֹ עָלָ֑יו וְנִכְרְתָ֛ה הַנֶּ֥פֶשׁ הַהִ֖וא מֵעַמֶּֽיהָ׃ 21 וְנֶ֜פֶשׁ כִּֽי־ ב̇ . ג̇ ר״פ[14]
תִגַּ֣ע בְּכָל־טָמֵ֗א בְּטֻמְאַ֤ת אָדָם֙ א֣וֹ ׀ בִּבְהֵמָ֣ה טְמֵאָ֗ה א֚וֹ בְּכָל־שֶׁ֣קֶץ[a] ד̇ רפי בסיפ[15] . ל̇ וכל קריא שרץ טמא
טָמֵ֔א וְאָכַ֛ל מִבְּשַׂר־זֶ֥בַח הַשְּׁלָמִ֖ים אֲשֶׁ֣ר לַיהוָ֑ה וְנִכְרְתָ֛ה הַנֶּ֥פֶשׁ הַהִ֖וא
מֵעַמֶּֽיהָ׃ פ
22 וַיְדַבֵּ֥ר יְהוָ֖ה אֶל־מֹשֶׁ֥ה לֵּאמֹֽר׃ 23 דַּבֵּ֛ר אֶל־בְּנֵ֥י יִשְׂרָאֵ֖ל לֵאמֹ֑ר ד̇ בטע בסיפ[16]
24 כָּל־חֵ֜לֶב שׁ֥וֹר וְכֶ֛שֶׂב וָעֵ֖ז לֹ֥א תֹאכֵֽלוּ׃ 24 וְחֵ֤לֶב נְבֵלָה֙ וְחֵ֣לֶב טְרֵפָ֔ה ד̇ . ו̇ . ל̇ קמ
25 יֵעָשֶׂ֖ה לְכָל־מְלָאכָ֑ה וְאָכֹ֖ל לֹ֥א תֹאכְלֻֽהוּ׃ 25 כִּ֚י[a] כָּל־אֹכֵ֣ל חֵ֔לֶב מִן־ ל̇[17] . ל̇ וחס

[7] Mm 692. [8] Mm 693. [9] Mm 3935. [10] Mm 856. [11] Mm 694. [12] Mm 695. [13] Mm 1130. [14] Mm 680. [15] Mm 829. [16] Mm 696. [17] Mm 210.

8 [a] ш יקריבו ‖ [b] > 𝔊 ‖ [c] > 𝔖, it 9[b] ‖ **9** [a] ш הַמ׳ ‖ [b] cf 8[c] ‖ **11** [a] 𝔊𝔖𝔙 om cop ‖ [b] ш𝔊 pl ‖ **12** [a–a] > 𝔊 ‖ **14** [a–a] 𝔊 ἓν ἀπὸ πάντων τῶν δώρων αὐτοῦ ‖ **15** [a] 𝔊 + αὐτῷ ἔσται cf 14 ‖ [b] 𝔊 pl ‖ **16** [a–a] > 𝔊 ‖ **17** [a] ℭ + מזבח ‖ **18** [a] ш אָכֹל ‖ **19** [a] ш ה׳; > 𝔊𝔖𝔙 ‖ **21** [a] pc Mss ш𝔖𝔗[Ms] שרץ ut 5,2 ‖ **25** [a] > 𝔊.

הַבְּהֵמָ֔ה אֲשֶׁ֨ר יַקְרִ֥יב[b] מִמֶּ֛נָּה אִשֶּׁ֖ה[c] לַיהוָ֑ה וְנִכְרְתָ֛ה הַנֶּ֥פֶשׁ הָאֹכֶ֖לֶת
מֵעַמֶּֽיהָ׃ 26 וְכָל־דָּם֙ לֹ֣א תֹאכְל֔וּ בְּכֹ֖ל מוֹשְׁבֹתֵיכֶ֑ם לָע֖וֹף וְלַבְּהֵמָֽה׃ 26 ל̇[18] . ל̇[19] . ג̇[20]
27 כָּל־נֶ֖פֶשׁ[a] אֲשֶׁר־תֹּאכַ֣ל כָּל־דָּ֑ם וְנִכְרְתָ֛ה הַנֶּ֥פֶשׁ הַהִ֖וא מֵעַמֶּֽיהָ׃ פ 27 ל̇ ר״פ
28 וַיְדַבֵּ֥ר יְהוָ֖ה אֶל־מֹשֶׁ֥ה לֵּאמֹֽר׃ 29 [a]דַּבֵּ֛ר אֶל־בְּנֵ֥י יִשְׂרָאֵ֖ל[a] 28 29 ד̇ בטע בסיפ̇[21]
לֵאמֹ֑ר הַמַּקְרִ֞יב אֶת־זֶ֤בַח שְׁלָמָיו֙ לַיהוָ֔ה יָבִ֧יא אֶת־קָרְבָּנ֛וֹ לַיהוָ֖ה יג̇[22]
מִזֶּ֥בַח שְׁלָמָֽיו׃ 30 יָדָ֣יו תְּבִיאֶ֔ינָה אֵ֖ת אִשֵּׁ֣י יְהוָ֑ה אֶת־הַחֵ֣לֶב עַל־הֶחָזֶה֙ 30 ל̇ ומל̇ . יג̇ פסוק את את את בסיפ̇ . ט̇ כת̇ י וכל מאשי דכות
יְבִיאֶ֔נּוּ אֵ֣ת[a] הֶחָזֶ֗ה[b] לְהָנִ֥יף אֹת֛וֹ תְּנוּפָ֖ה לִפְנֵ֥י יְהוָֽה׃ 31 וְהִקְטִ֥יר הַכֹּהֵ֛ן 31
אֶת־הַחֵ֖לֶב הַמִּזְבֵּ֑חָה וְהָיָה֙ הֶחָזֶ֔ה לְאַהֲרֹ֖ן וּלְבָנָֽיו׃ 32 וְאֵת֙ שׁ֣וֹק הַיָּמִ֔ין 32
תִּתְּנ֥וּ תְרוּמָ֖ה לַכֹּהֵ֑ן[a] מִזִּבְחֵ֖י שַׁלְמֵיכֶֽם׃ 33 הַמַּקְרִ֞יב אֶת־דַּ֧ם הַשְּׁלָמִ֛ים 33
וְאֶת־הַחֵ֖לֶב מִבְּנֵ֣י אַהֲרֹ֑ן ל֧וֹ תִהְיֶ֛ה שׁ֥וֹק הַיָּמִ֖ין לְמָנָֽה׃ 34 כִּי֩ אֶת־חֲזֵ֨ה 34 ה̇ וכל ואת שתי הכלית דכות[23] . ו̇ זוגין[24]
הַתְּנוּפָ֜ה[a] וְאֵ֣ת ׀ שׁ֣וֹק הַתְּרוּמָ֗ה לָקַ֙חְתִּי֙ מֵאֵ֣ת בְּנֵֽי־יִשְׂרָאֵ֔ל מִזִּבְחֵ֖י
שַׁלְמֵיהֶ֑ם[b] וָאֶתֵּ֣ן אֹ֠תָם לְאַהֲרֹ֨ן הַכֹּהֵ֜ן וּלְבָנָ֗יו לְחָק־עוֹלָ֔ם מֵאֵ֖ת בְּנֵ֥י ו̇
יִשְׂרָאֵֽל׃ 35 זֹ֣את מִשְׁחַ֤ת אַהֲרֹן֙ וּמִשְׁחַ֣ת בָּנָ֔יו מֵאִשֵּׁ֖י יְהוָ֑ה בְּיוֹם֙ 35 ל̇
הִקְרִ֣יב אֹתָ֔ם לְכַהֵ֖ן לַיהוָֽה׃ 36 אֲשֶׁר֩[a] צִוָּ֨ה יְהוָ֜ה לָתֵ֣ת לָהֶ֗ם בְּיוֹם֙ 36
מָשְׁח֣וֹ אֹתָ֔ם מֵאֵ֖ת בְּנֵ֣י יִשְׂרָאֵ֑ל חֻקַּ֥ת עוֹלָ֖ם לְדֹרֹתָֽם׃ 37 זֹ֣את הַתּוֹרָ֗ה 37 ב̇[25]
לָֽעֹלָה֙ לַמִּנְחָ֔ה[a] וְלַֽחַטָּ֖את וְלָאָשָׁ֑ם וְלַ֨מִּלּוּאִ֔ים וּלְזֶ֖בַח הַשְּׁלָמִֽים׃ ה̇[26] . ב̇[27] . ל̇ . ב̇ מל בליש[28]
38 אֲשֶׁ֨ר[a] צִוָּ֧ה יְהוָ֛ה אֶת־מֹשֶׁ֖ה בְּהַ֣ר סִינָ֑י[b] בְּי֨וֹם צַוֺּת֜וֹ אֶת־בְּנֵ֣י יִשְׂרָאֵ֗ל 38 יג̇ פסוק את את את בסיפ̇ . ל̇[29]
לְהַקְרִ֧יב אֶת־קָרְבְּנֵיהֶ֛ם לַיהוָ֖ה בְּמִדְבַּ֥ר סִינָֽי׃ פ ל̇ . ל̇ וכל וידבר דכות ב̇ מ̇ ב̇
8 1 וַיְדַבֵּ֥ר יְהוָ֖ה אֶל־מֹשֶׁ֥ה לֵּאמֹֽר׃ 2 קַ֤ח אֶֽת־אַהֲרֹן֙ וְאֶת־בָּנָ֣יו ס[ה] יב̇ ר״פ . ז̇ פסוק את ואת ואת ואת ואת ואת[1]
אִתּ֔וֹ וְאֵ֨ת הַבְּגָדִ֔ים וְאֵ֖ת שֶׁ֣מֶן הַמִּשְׁחָ֑ה וְאֵ֣ת ׀ פַּ֣ר הַֽחַטָּ֗את וְאֵת֙ שְׁנֵ֣י ל̇ . ז̇ . ב̇ . ג̇
הָֽאֵילִ֔ים וְאֵ֖ת סַ֥ל הַמַּצּֽוֹת׃ 3 וְאֵ֥ת כָּל־הָעֵדָ֖ה הַקְהֵ֑ל אֶל־פֶּ֖תַח אֹ֥הֶל 3 ד̇[2] מל̇ בתור̇ וכל נביא דכות ב̇ מ̇ ג̇[3]
מוֹעֵֽד׃ 4 וַיַּ֣עַשׂ מֹשֶׁ֔ה כַּאֲשֶׁ֛ר צִוָּ֥ה יְהוָ֖ה אֹת֑וֹ וַתִּקָּהֵל֙[a] הָֽעֵדָ֔ה אֶל־פֶּ֖תַח 4 ב̇[4]
אֹ֥הֶל מוֹעֵֽד׃ 5 וַיֹּ֥אמֶר מֹשֶׁ֖ה אֶל־הָעֵדָ֑ה זֶ֣ה הַדָּבָ֔ר אֲשֶׁר־צִוָּ֥ה יְהוָ֖ה 5
לַעֲשֽׂוֹת׃ 6 וַיַּקְרֵ֣ב מֹשֶׁ֔ה אֶֽת־אַהֲרֹ֖ן וְאֶת־בָּנָ֑יו וַיִּרְחַ֥ץ אֹתָ֖ם בַּמָּֽיִם׃ 6
7 וַיִּתֵּ֨ן עָלָ֜יו אֶת־הַכֻּתֹּ֗נֶת וַיַּחְגֹּ֤ר אֹתוֹ֙ בָּֽאַבְנֵ֔ט וַיַּלְבֵּ֤שׁ אֹתוֹ֙ אֶת־הַמְּעִ֔יל 7 יג̇ פסוק את את את בסיפ̇

[18] Mm 673. [19] וחד לָעוֹף Prv 26,2. [20] Mm 697. [21] Mm 696. [22] Mm 679. [23] Mm 669. [24] Mm 2036. [25] Mm 562. [26] Mm 698. [27] Mm 699. [28] Mm 700. [29] וחד בצוותו Ez 10,6. **Cp 8** [1] Mm 2135. [2] Mm 879. [3] Mm 701. [4] Mm 702.

25 [b] nonn Mss ɯ[Mss]𝔗 pl ‖ [c] 𝔗 קרבן ‖ **27** [a] ɯ הַנּ׳ ‖ **29** [a–a] ɯ𝔊 ואל־ב׳ י׳ תדבר ‖ **30** [a] mlt Mss 𝔊𝔗[J]𝔙 ואת ע׳ ‖ [b] 𝔊 *τὸν λοβὸν τοῦ ἥπατος* = ?יֹתֶרֶת הַכָּבֵד ‖ **32** [a] 𝔖 *lmrj'* = ליהוה ‖ **34** [a] > 𝔗 ‖ [b] pc Mss 𝔊𝔗[J] –יכֶם ‖ **36** [a] 𝔊 *καθά* cf 38[a] ‖ **37** [a] mlt Mss ɯ𝔊𝔖𝔗[Ms] וְל׳ ‖ **38** [a] 𝔊 *ὃν τρόπον* cf 36[a] ‖ [b] > 𝔗 ‖ **Cp 8,4** [a] 𝔊 *καὶ ἐξεκκλησίασεν* = וַיַּקְהֵל cf 3.

8 וַיִּתֵּ֤ן עָלָיו֙ אֶת־הָ֣אֵפֹ֔ד וַיַּחְגֹּ֣ר אֹת֗וֹ בְּחֵ֙שֶׁב֙ הָֽאֵפֹ֔ד וַיֶּאְפֹּ֥ד ל֖וֹ בּֽוֹ׃ 8 וַיָּ֥שֶׂם — ל̇. חצי התורה בפסוק פד לג מנה בתור
9 עָלָ֖יו אֶת־הַחֹ֑שֶׁן וַיִּתֵּן֙ אֶל־[a]הַחֹ֔שֶׁן אֶת־הָאוּרִ֖ים וְאֶת־הַתֻּמִּֽים׃ 9 וַיָּ֥שֶׂם — ל̇. פד לג מנה בתור וחד מן ב פסוק וישם וישם
אֶת־הַמִּצְנֶ֖פֶת עַל־רֹאשׁ֑וֹ וַיָּ֨שֶׂם[a] עַל־הַמִּצְנֶ֜פֶת אֶל־מ֣וּל פָּנָ֗יו אֵ֣ת צִ֤יץ — יג פסוק את את את בסיפ. פד לג מנה בתור
10 הַזָּהָב֙ נֵ֣זֶר הַקֹּ֔דֶשׁ כַּאֲשֶׁ֛ר צִוָּ֥ה יְהוָ֖ה אֶת־מֹשֶֽׁה׃ 10 וַיִּקַּ֤ח מֹשֶׁה֙[a] אֶת־
שֶׁ֣מֶן[a] הַמִּשְׁחָ֔ה [b]וַיִּמְשַׁ֥ח אֶת־הַמִּשְׁכָּ֖ן וְאֶת־כָּל־אֲשֶׁר־בּ֑וֹ וַיְקַדֵּ֖שׁ אֹתָֽם[b]׃
11 וַיַּ֥ז מִמֶּ֛נּוּ עַל־הַמִּזְבֵּ֖חַ שֶׁ֣בַע פְּעָמִ֑ים וַיִּמְשַׁ֨ח אֶת־הַמִּזְבֵּ֜חַ[a] וְאֶת־כָּל־ — ב̇ [5]
12 כֵּלָ֗יו וְאֶת־הַכִּיֹּ֛ר וְאֶת־כַּנּ֖וֹ לְקַדְּשָֽׁם׃ 12 וַיִּצֹק֙ מִשֶּׁ֣מֶן הַמִּשְׁחָ֔ה עַ֖ל — ג̇
13 רֹ֣אשׁ אַהֲרֹ֑ן וַיִּמְשַׁ֥ח אֹת֖וֹ לְקַדְּשֽׁוֹ׃ 13 וַיַּקְרֵ֨ב מֹשֶׁ֜ה אֶת־בְּנֵ֣י אַהֲרֹ֗ן
וַיַּלְבִּשֵׁ֤ם כֻּתֳּנֹת֙ וַיַּחְגֹּ֤ר אֹתָם֙ אַבְנֵ֔ט[a] וַיַּחֲבֹ֥שׁ לָהֶ֖ם מִגְבָּע֑וֹת כַּאֲשֶׁ֛ר צִוָּ֥ה — ב וחס. ב מל בליש [6]
14 יְהוָ֖ה אֶת־מֹשֶֽׁה׃ 14 וַיַּגֵּ֕שׁ[a] אֵ֖ת פַּ֣ר הַֽחַטָּ֑את וַיִּסְמֹ֞ךְ אַהֲרֹ֤ן וּבָנָיו֙ אֶת־ — ה̇ [7]
15 יְדֵיהֶ֔ם עַל־רֹ֖אשׁ פַּ֥ר הַֽחַטָּֽאת׃ 15 וַיִּשְׁחָ֗ט[a] וַיִּקַּ֨ח מֹשֶׁ֥ה אֶת[b]־הַדָּם֙ — ג קמ וחד מן יא [8] זוגין בטע
[c]וַ֠יִּתֵּן עַל־קַרְנ֨וֹת הַמִּזְבֵּ֤חַ סָבִיב֙ בְּאֶצְבָּע֔וֹ וַיְחַטֵּ֖א אֶת־הַמִּזְבֵּ֑חַ[c] וְאֶת־ — ד מל בתור [9]
16 הַדָּ֗ם יָצַק֙ אֶל־יְס֣וֹד הַמִּזְבֵּ֔חַ וַֽיְקַדְּשֵׁ֖הוּ לְכַפֵּ֥ר עָלָֽיו׃ 16 וַיִּקַּ֗ח[a] אֶֽת־ — ו̇ [10]
כָּל־הַחֵלֶב֮ אֲשֶׁ֣ר עַל־הַקֶּרֶב֒ וְאֵ֙ת יֹתֶ֣רֶת הַכָּבֵ֔ד וְאֶת־שְׁתֵּ֥י הַכְּלָיֹ֖ת
17 וְאֶֽת־חֶלְבְּהֶ֑ן[b] וַיַּקְטֵ֥ר מֹשֶׁ֖ה הַמִּזְבֵּֽחָה׃ 17 וְאֶת־הַפָּ֤ר וְאֶת־עֹרוֹ֙ וְאֶת־ — ג̇ [11]
בְּשָׂר֣וֹ וְאֶת־פִּרְשׁ֔וֹ שָׂרַ֣ף בָּאֵ֔שׁ מִח֖וּץ לַֽמַּחֲנֶ֑ה כַּאֲשֶׁ֛ר צִוָּ֥ה יְהוָ֖ה אֶת־
18 מֹשֶֽׁה׃ 18 וַיַּקְרֵ֕ב[a] אֵ֖ת אֵ֣יל הָעֹלָ֑ה וַיִּסְמְכ֞וּ[b] אַהֲרֹ֧ן וּבָנָ֛יו אֶת־יְדֵיהֶ֖ם — ל̇
19 עַל־רֹ֥אשׁ[c] הָאָֽיִל׃ 19 וַיִּשְׁחָ֑ט[a] וַיִּזְרֹ֨ק מֹשֶׁ֧ה אֶת־הַדָּ֛ם עַל־הַמִּזְבֵּ֖חַ — ג קמ
20 סָבִֽיב׃ 20 וְאֶת־הָאַ֕יִל נִתַּ֖ח לִנְתָחָ֑יו וַיַּקְטֵ֤ר מֹשֶׁה֙ אֶת־הָרֹ֔אשׁ וְאֶת־ — ה̇ [12]. לז
21 הַנְּתָחִ֖ים וְאֶת־הַפָּֽדֶר׃ 21 [a]וְאֶת־הַקֶּ֥רֶב[a] [b]וְאֶת־הַכְּרָעַ֖יִם[b] רָחַ֣ץ בַּמָּ֑יִם — ל̇. ג̇
וַיַּקְטֵר֩ מֹשֶׁ֨ה אֶת־כָּל־הָאַ֜יִל הַמִּזְבֵּ֗חָה עֹלָ֨ה ה֤וּא לְרֵֽיחַ־נִיחֹ֙חַ֙ אִשֶּׁ֥ה — יו [13]. ג̇ [14]
22 ה֖וּא לַֽיהוָ֑ה כַּאֲשֶׁ֛ר צִוָּ֥ה יְהוָ֖ה אֶת־מֹשֶֽׁה׃ 22 וַיַּקְרֵב֙[a] אֶת־הָאַ֣יִל הַשֵּׁנִ֔י
אֵ֖יל הַמִּלֻּאִ֑ים וַֽיִּסְמְכ֞וּ[b] אַהֲרֹ֧ן וּבָנָ֛יו אֶת־יְדֵיהֶ֖ם עַל־רֹ֥אשׁ הָאָֽיִל׃

[5] Mm 703. [6] Mp sub loco. [7] Mm 356. [8] Mm 915. [9] Mm 704. [10] Mm 745. [11] Mm 570. [12] Mm 872. [13] Mm 574. [14] Mm 575.

8 [a] ш𝔊𝔖 על ‖ **9** [a] ш ויתן ‖ **10** [a–a] 𝔊 *ἀπὸ τοῦ ἐλαίου* = מִשׁ׳ ‖ [b–b] 𝔊 tr post 11 ‖ **11** [a] 𝔊 + *καὶ ἡγίασεν αὐτό* = ויקדשהו ut 15 ‖ **13** [a] ш Vrs pl ‖ **14** [a] 𝔊 + *Μωυσῆς*, it 16[a].18[a].19[a].22[a].24[a].28[a] ‖ **15** [a] > 𝔗; ш cj c 14, prb sic l cf 19[a].23[a] ‖ [b] 𝔊(𝔖𝔗[Ms]) *ἀπό*, l frt מִן ‖ [c–c] > 𝔗 (homtel) ‖ **16** [a] cf 14[a] ‖ [b] ш ־בֵיהֶן, it 25[a] ‖ **18** [a] ш ויגש; cf 14[a] ‖ [b] ш𝔊 sg ut 14, it 22[b] ‖ [c] > 𝔗 ‖ **19** [a] cf 14[a]; 𝔖 *wnksh mwš'* = טֵחוּ מֹשֶׁה; prb huc tr : cf 15[a] ‖ **21** [a–a] ш cj c 20 ‖ [b–b] ш והכ׳ ‖ **22** [a] cf 14[a] ‖ [b] cf 18[b].

23 וַיִּשְׁחָט[a] | וַיִּקַּח מֹשֶׁה מִדָּמוֹ וַיִּתֵּן עַל־תְּנוּךְ אֹזֶן־אַהֲרֹן הַיְמָנִית וְעַל־
24 בֹּהֶן יָדוֹ הַיְמָנִית וְעַל־בֹּהֶן רַגְלוֹ הַיְמָנִית׃ 24 וַיַּקְרֵב[a] אֶת־בְּנֵי אַהֲרֹן
וַיִּתֵּן מֹשֶׁה מִן־הַדָּם עַל־תְּנוּךְ אָזְנָם הַיְמָנִית וְעַל־בֹּהֶן יָדָם הַיְמָנִית
וְעַל־בֹּהֶן רַגְלָם הַיְמָנִית וַיִּזְרֹק מֹשֶׁה אֶת־הַדָּם עַל־הַמִּזְבֵּחַ סָבִיב׃
25 וַיִּקַּח אֶת־הַחֵלֶב וְאֶת־הָאַלְיָה וְאֶת־כָּל־הַחֵלֶב אֲשֶׁר עַל־הַקֶּרֶב
וְאֵת יֹתֶרֶת הַכָּבֵד וְאֶת־שְׁתֵּי הַכְּלָיֹת וְאֶת־חֶלְבְּהֶן[a] וְאֵת שׁוֹק הַיָּמִין׃
26 וּמִסַּל הַמַּצּוֹת[a] אֲשֶׁר | לִפְנֵי יְהוָה לָקַח חַלַּת מַצָּה אַחַת וְחַלַּת לֶחֶם
27 שֶׁמֶן אַחַת וְרָקִיק אֶחָד וַיָּשֶׂם עַל־הַחֲלָבִים וְעַל שׁוֹק הַיָּמִין׃ 27 וַיִּתֵּן
אֶת־הַכֹּל עַל כַּפֵּי אַהֲרֹן וְעַל כַּפֵּי בָנָיו וַיָּנֶף אֹתָם תְּנוּפָה לִפְנֵי
28 יְהוָה׃ 28 וַיִּקַּח מֹשֶׁה אֹתָם מֵעַל כַּפֵּיהֶם וַיַּקְטֵר[a] הַמִּזְבֵּחָה עַל־
29 הָעֹלָה מִלֻּאִים הֵם לְרֵיחַ נִיחֹחַ אִשֶּׁה הוּא לַיהוָה׃ 29 וַיִּקַּח מֹשֶׁה
אֶת־הֶחָזֶה וַיְנִיפֵהוּ תְנוּפָה לִפְנֵי יְהוָה מֵאֵיל הַמִּלֻּאִים לְמֹשֶׁה הָיָה
30 לְמָנָה כַּאֲשֶׁר צִוָּה יְהוָה אֶת־מֹשֶׁה׃ 30 וַיִּקַּח מֹשֶׁה מִשֶּׁמֶן הַמִּשְׁחָה וּמִן־
הַדָּם אֲשֶׁר עַל־הַמִּזְבֵּחַ וַיַּז עַל־אַהֲרֹן עַל[a]־בְּגָדָיו וְעַל־בָּנָיו וְעַל־
בִּגְדֵי בָנָיו אִתּוֹ וַיְקַדֵּשׁ[b] אֶת־אַהֲרֹן אֶת[c]־בְּגָדָיו וְאֶת־בָּנָיו וְאֶת־בִּגְדֵי
31 בָנָיו אִתּוֹ[b]׃ 31 וַיֹּאמֶר מֹשֶׁה אֶל־אַהֲרֹן וְאֶל־בָּנָיו בַּשְּׁלוּ אֶת־הַבָּשָׂר
פֶּתַח[a] אֹהֶל מוֹעֵד[b] וְשָׁם תֹּאכְלוּ אֹתוֹ וְאֶת־הַלֶּחֶם אֲשֶׁר בְּסַל הַמִּלֻּאִים
32 כַּאֲשֶׁר צִוֵּיתִי[c] לֵאמֹר אַהֲרֹן וּבָנָיו יֹאכְלֻהוּ׃ 32 וְהַנּוֹתָר בַּבָּשָׂר
33 וּבַלָּחֶם בָּאֵשׁ תִּשְׂרֹפוּ׃ 33 וּמִפֶּתַח אֹהֶל מוֹעֵד לֹא תֵצְאוּ שִׁבְעַת יָמִים
עַד יוֹם מְלֹאת יְמֵי מִלֻּאֵיכֶם כִּי שִׁבְעַת יָמִים יְמַלֵּא אֶת־יֶדְכֶם[a]׃
34 35 34 כַּאֲשֶׁר עָשָׂה בַּיּוֹם הַזֶּה צִוָּה יְהוָה לַעֲשֹׂת לְכַפֵּר עֲלֵיכֶם׃ 35 וּפֶתַח
אֹהֶל מוֹעֵד[a] תֵּשְׁבוּ יוֹמָם וָלַיְלָה שִׁבְעַת יָמִים וּשְׁמַרְתֶּם אֶת־מִשְׁמֶרֶת
36 יְהוָה וְלֹא תָמוּתוּ כִּי־כֵן צֻוֵּיתִי[b]׃ 36 וַיַּעַשׂ אַהֲרֹן וּבָנָיו אֵת כָּל־
הַדְּבָרִים אֲשֶׁר־צִוָּה יְהוָה בְּיַד־מֹשֶׁה׃ ס צז

ג קמ׳ וחד מן ז[15] בטע׳ מרעימין וחד מן יא[16] זוגין בטע׳ . ה[17] . כה
ה[17] . ל
ז פסוק את ואת ואת ואת ואת ואת ואת[18]
ל
ב . פד לג מנה בתור
יי[19] . ג[20]
יז
ב[21] . ה[22]
יח פסוק את את ואת ואת . ז[23]
ל
ג
ה . ד וחס
ז דגש[24] . ב
ז[25]
ו[26] . יב חס למערב . ה[27]
ז מל ג[28] מנה בתור . ה[29] . יג חס האלה[30]
ל[31]

[15] Mm 705. [16] Mm 915. [17] Mm 742. [18] Mm 2135. [19] Mm 574. [20] Mm 575. [21] Mm 703. [22] Mm 567. [23] Mm 2895. [24] Mm 351. [25] Mm 706. [26] Mm 53. [27] Mm 2965. [28] Mm 314. [29] Mm 2811. [30] Mm 707. [31] Mm 1360.

23 [a] prb huc tr : cf 15[a] ‖ **24** [a] cf 14[a] ‖ **25** [a] cf 16[b] ‖ **26** [a] 𝔊 *τῆς τελειώσεως* = המלאים, ex 31 ‖ **28** [a] cf 14[a] ‖ **30** [a] mlt Mss 𝔐 Vrs 𝔗[J] וְעַל cf Ex 29,21 ‖ [b–b] > 𝔊[B*A] ‖ [c] mlt Mss 𝔐𝔊𝔖𝔗[Ms]𝔗[J] וְאֶת ‖ **31** [a] 𝔊 *ἐν τῇ αὐλῇ* = בַּחֲצַר? ‖ [b] > ℭ, it 35[a]; 𝔊 + *ἐν τόπῳ ἁγίῳ* ‖ [c] 𝔊𝔖𝔗 pass, l prb צֻוֵּ׳ ut 35 10,13, cf 10,18[a] ‖ **33** [a] pc Mss 𝔐𝔊𝔖 pl ‖ **35** [a] cf 31[b] ‖ [b] 𝔊 *ἐνετείλατό μοι κύριος ὁ θεός*.

פרש **9** 1 וַיְהִי֙ בַּיּ֣וֹם הַשְּׁמִינִ֔י קָרָ֣א מֹשֶׁ֔ה לְאַהֲרֹ֖ן וּלְבָנָ֑יו [a]וּלְזִקְנֵ֖י ל
2 יִשְׂרָאֵֽל׃[a] 2 וַיֹּ֣אמֶר אֶֽל־אַהֲרֹ֗ן קַח־לְךָ֨ עֵ֧גֶל בֶּן־בָּקָ֛ר לְחַטָּ֖את וְאַ֣יִל
3 לְעֹלָ֑ה תְּמִימִ֑ם וְהַקְרֵ֖ב לִפְנֵ֥י יְהוָֽה׃ 3 וְאֶל־בְּנֵ֥י[a] יִשְׂרָאֵ֖ל תְּדַבֵּ֣ר ל[1]. ד[2]
לֵאמֹ֑ר קְח֤וּ שְׂעִיר־עִזִּים֙ לְחַטָּ֔את וְעֵ֨גֶל וָכֶ֧בֶשׂ בְּנֵי־שָׁנָ֛ה תְּמִימִ֖ם
4 לְעֹלָֽה׃ 4 וְשׁ֨וֹר וָאַ֜יִל לִשְׁלָמִ֗ים לִזְבֹּ֙חַ֙ לִפְנֵ֣י יְהוָ֔ה וּמִנְחָ֖ה בְּלוּלָ֣ה ה
5 בַשָּׁ֑מֶן כִּ֣י הַיּ֔וֹם יְהוָ֖ה נִרְאָ֥ה[a] אֲלֵיכֶֽם׃ 5 וַיִּקְח֗וּ אֵ֚ת אֲשֶׁ֣ר צִוָּ֣ה מֹשֶׁ֔ה
6 אֶל־פְּנֵ֖י אֹ֣הֶל מוֹעֵ֑ד וַיִּקְרְבוּ֙ כָּל־הָ֣עֵדָ֔ה וַיַּֽעַמְד֖וּ לִפְנֵ֥י יְהוָֽה׃ 6 וַיֹּ֣אמֶר ט[3] וכל צורת הבית דכות ב מ ד
מֹשֶׁ֔ה זֶ֧ה הַדָּבָ֛ר אֲשֶׁר־צִוָּ֥ה יְהוָ֖ה תַּעֲשׂ֑וּ וְיֵרָ֥א אֲלֵיכֶ֖ם כְּב֥וֹד יְהוָֽה׃
7 וַיֹּ֨אמֶר מֹשֶׁ֜ה אֶֽל־אַהֲרֹ֗ן קְרַ֤ב אֶל־הַמִּזְבֵּ֙חַ֙ וַעֲשֵׂ֞ה [a]אֶת־חַטָּֽאתְךָ֙ ט[4]. ב[5]
וְאֶת־עֹ֣לָתֶ֔ךָ וְכַפֵּ֥ר בַּֽעַדְךָ֖ וּבְעַ֣ד הָעָ֑ם[b] וַעֲשֵׂ֞ה[a] אֶת־קָרְבַּ֤ן הָעָם֙ וְכַפֵּ֣ר ג. ד[6]. ד[6]
8 בַּֽעֲדָ֔ם כַּאֲשֶׁ֖ר צִוָּ֥ה יְהוָֽה׃ 8 וַיִּקְרַ֥ב אַהֲרֹ֖ן אֶל־הַמִּזְבֵּ֑חַ וַיִּשְׁחַ֛ט אֶת־ ג ס״פ. ה פת[7]. ט[4]
9 עֵ֥גֶל הַחַטָּ֖את [a]אֲשֶׁר־לֽוֹ׃[a] 9 וַ֠יַּקְרִבוּ בְּנֵ֨י אַהֲרֹ֣ן אֶת־הַדָּם֮ אֵלָיו֒ וַיִּטְבֹּ֤ל ל[8] חס ב מנה בליש
אֶצְבָּעוֹ֙ בַּדָּ֔ם וַיִּתֵּ֖ן עַל־קַרְנ֣וֹת הַמִּזְבֵּ֑חַ וְאֶת־הַדָּ֣ם יָצַ֔ק אֶל־יְס֖וֹד ד מל בתור[9]
10 הַמִּזְבֵּֽחַ׃ 10 וְאֶת־הַחֵ֨לֶב וְאֶת־הַכְּלָיֹ֜ת וְאֶת־הַיֹּתֶ֤רֶת מִן־הַכָּבֵד֙ מִן־ ה וכל ואת שתי הכלית דכות[10]
11 הַ֣חַטָּ֔את הִקְטִ֖יר הַמִּזְבֵּ֑חָה כַּאֲשֶׁ֛ר צִוָּ֥ה יְהוָ֖ה אֶת־מֹשֶֽׁה׃ 11 וְאֶת־
12 הַבָּשָׂ֖ר וְאֶת־הָע֑וֹר שָׂרַ֣ף בָּאֵ֔שׁ מִח֖וּץ לַֽמַּחֲנֶֽה׃ 12 וַיִּשְׁחַ֖ט אֶת־הָעֹלָ֑ה
וַ֠יַּמְצִאוּ בְּנֵ֨י אַהֲרֹ֤ן אֵלָיו֙ אֶת־הַדָּ֔ם וַיִּזְרְקֵ֥הוּ עַל־הַמִּזְבֵּ֖חַ סָבִֽיב׃ ב וחס
13 וְאֶת־הָעֹלָ֗ה הִמְצִ֧יאוּ אֵלָ֛יו לִנְתָחֶ֖יהָ וְאֶת־הָרֹ֑אשׁ וַיַּקְטֵ֖ר עַל־ ג[11]. ל. לז. ג בליש[12]
14 הַמִּזְבֵּֽחַ׃ 14 וַיִּרְחַ֥ץ אֶת־הַקֶּ֖רֶב וְאֶת־הַכְּרָעָ֑יִם וַיַּקְטֵ֥ר עַל־הָעֹלָ֖ה
15 הַמִּזְבֵּֽחָה׃ 15 וַיַּקְרֵ֕ב אֵ֖ת קָרְבַּ֣ן הָעָ֑ם וַיִּקַּ֞ח אֶת־שְׂעִ֤יר הַֽחַטָּאת֙ אֲשֶׁ֣ר
16 לָעָ֔ם וַיִּשְׁחָטֵ֥הוּ וַֽיְחַטְּאֵ֖הוּ כָּרִאשֽׁוֹן׃ 16 וַיַּקְרֵ֖ב אֶת־הָעֹלָ֑ה[a] וַֽיַּעֲשֶׂ֖הָ ל. ל. ב
17 כַּמִּשְׁפָּֽט׃ 17 וַיַּקְרֵב֮ אֶת־הַמִּנְחָה֒ וַיְמַלֵּ֤א כַפּוֹ֙[a] מִמֶּ֔נָּה וַיַּקְטֵ֖ר עַל־ ט. ג בליש[12]
18 הַמִּזְבֵּ֑חַ מִלְּבַ֖ד עֹלַ֥ת הַבֹּֽקֶר׃ 18 וַיִּשְׁחַ֤ט אֶת־הַשּׁוֹר֙ וְאֶת־הָאַ֔יִל זֶ֥בַח ה[13]
הַשְּׁלָמִ֖ים אֲשֶׁ֣ר לָעָ֑ם וַ֠יַּמְצִאוּ בְּנֵ֨י אַהֲרֹ֤ן אֶת־הַדָּם֙ אֵלָ֔יו וַיִּזְרְקֵ֥הוּ עַל־ ב וחס
19 הַמִּזְבֵּ֖חַ סָבִֽיב׃ 19 וְאֶת־הַחֲלָבִ֖ים מִן־הַשּׁ֑וֹר וּמִן־הָאַ֔יִל הָֽאַלְיָ֗ה

Cp 9 [1] Mm 847. [2] Mm 585. [3] Mm 3937. [4] Mm 583. [5] Mm 708. [6] Mm 709. [7] Mm 710. [8] Mm 667. [9] Mm 704. [10] Mm 669. [11] Mm 2983. [12] Mm 4235. [13] Mm 872.

Cp 9,1 [a–a] dl? cf 3[a] ‖ **3** [a] ⅿ𝔊 זִקְנֵי ‖ **4** [a] 𝔊(𝔖𝔗𝔗ʲ𝔗ᴼ) ὀφθήσεται = נראה cf 6 וירא ‖ **7** [a–a] > ℭ (homtel) ‖ [b] 𝔊 τοῦ οἴκου σου cf 16,17 ‖ **8** [a–a] > 𝔊* ‖ **16** [a] ℭ קרבן ‖ **17** [a] ⅿ𝔊 כַּפָּיו.

לה ‏ ‏ ‏ ‏ ‏ ‏ ‏ ‏ ‏ 20 ‏ וַיָּשִׂ֥ימוּ אֶת־הַחֲלָבִ֖ים עַל־ ‏ ‏ ‏ ‏ ‏ ‏ ‏ ‏ ‏ ‏ ‏ ‏ ‏ aוַהֶחָזֶ֖הa וְהַכְּלָיֹ֑ת וְיֹתֶ֖רֶת הַכָּבֵֽד׃ 20

הֶחָז֑וֹת וַיַּקְטֵ֥רb הַחֲלָבִ֖ים הַמִּזְבֵּֽחָה׃ 21 וְאֵ֣ת הֶחָז֗וֹת וְאֵת֙ שׁ֣וֹק הַיָּמִ֔ין 21

הֵנִ֧יף אַהֲרֹ֛ן תְּנוּפָ֖ה לִפְנֵ֣י יְהוָ֑ה כַּאֲשֶׁ֖ר צִוָּ֥הb מֹשֶֽׁה׃ 22 וַיִּשָּׂ֨א 22

אַהֲרֹ֤ן אֶת־יָדָוa֙ aֶל־הָעָ֔ם וַֽיְבָרְכֵ֑ם וַיֵּ֗רֶד מֵעֲשֹׂ֧ת הַֽחַטָּ֛את וְהָעֹלָ֖ה

וְהַשְּׁלָמִֽים׃ 23 וַיָּבֹ֨א מֹשֶׁ֤ה וְאַהֲרֹן֙ אֶל־אֹ֣הֶל מוֹעֵ֔ד וַיֵּ֣צְא֔וּ וַֽיְבָרֲכ֖וּ 23

אֶת־הָעָ֑םa וַיֵּרָ֥א כְבוֹד־יְהוָ֖ה אֶל־כָּל־הָעָֽם׃ 24 וַתֵּ֤צֵא אֵשׁ֙ מִלִּפְנֵ֣י 24

יְהוָ֔ה וַתֹּ֨אכַל֙ עַל־הַמִּזְבֵּ֔חַ אֶת־הָעֹלָ֖ה וְאֶת־הַחֲלָבִ֑ים וַיַּ֤רְא כָּל־הָעָם֙

וַיָּרֹ֔נּוּ וַֽיִּפְּל֖וּ עַל־פְּנֵיהֶֽם׃

10 1 וַיִּקְח֣וּ בְנֵֽי־אַ֠הֲרֹן נָדָ֨ב וַאֲבִיה֜וּאa אִ֣ישׁ מַחְתָּת֗וֹ וַיִּתְּנ֤וּ בָהֵן֙ **10**

אֵ֔שׁ וַיָּשִׂ֥ימוּ עָלֶ֖יהָa קְטֹ֑רֶת וַיַּקְרִ֜בוּ לִפְנֵ֤י יְהוָה֙ cאֵ֣שׁ זָרָ֔הc אֲשֶׁ֧ר לֹ֦א

צִוָּ֖הd אֹתָֽם׃ 2 וַתֵּ֥צֵא אֵ֛שׁ מִלִּפְנֵ֥י יְהוָ֖ה וַתֹּ֣אכַל אוֹתָ֑ם וַיָּמֻ֖תוּ לִפְנֵ֥י 2

יְהוָֽה׃ 3 וַיֹּ֨אמֶר מֹשֶׁ֜ה אֶֽל־אַהֲרֹ֗ן ה֩וּא אֲשֶׁר־דִּבֶּ֨ר יְהוָ֤ה ׀ לֵאמֹר֙

בִּקְרֹבַ֣י אֶקָּדֵ֔שׁ וְעַל־פְּנֵ֥י כָל־הָעָ֖ם אֶכָּבֵ֑ד

וַיִּדֹּ֖ם אַהֲרֹֽן׃ 4 וַיִּקְרָ֣א מֹשֶׁ֗ה אֶל־מִֽישָׁאֵל֙ וְאֶ֣ל אֶלְצָפָ֔ןb בְּנֵ֥י עֻזִּיאֵ֖לc 4

דֹּ֣ד אַהֲרֹ֑ן וַיֹּ֣אמֶר אֲלֵהֶ֗ם קִ֠רְבוּ שְׂא֤וּ אֶת־אֲחֵיכֶם֙ מֵאֵ֣ת פְּנֵי־הַקֹּ֔דֶשׁ

אֶל־מִח֖וּץ לַֽמַּחֲנֶֽה׃ 5 וַֽיִּקְרְב֗וּ וַיִּשָּׂאֻם֙ בְּכֻתֳּנֹתָ֔ם אֶל־מִח֖וּץ לַֽמַּחֲנֶ֑ה 5

כַּאֲשֶׁ֖ר דִּבֶּ֥ר מֹשֶֽׁה׃ 6 וַיֹּ֣אמֶר מֹשֶׁ֣ה אֶֽל־אַהֲרֹ֡ן וּלְאֶלְעָזָר֩ וּלְאִֽיתָמָ֨ר ׀a 6

בָּנָ֜יוb רָֽאשֵׁיכֶ֥ם אַל־cתִּפְרָ֣עוּ ׀ וּבִגְדֵיכֶ֤ם לֹֽא־תִפְרֹ֨מוּ֙ וְלֹ֣א תָמֻ֔תוּ וְעַ֥ל

כָּל־הָעֵדָ֖ה יִקְצֹ֑ף וַאֲחֵיכֶם֙ כָּל־בֵּ֣ית יִשְׂרָאֵ֔ל יִבְכּוּ֙ אֶת־הַשְּׂרֵפָ֔ה

אֲשֶׁ֖ר שָׂרַ֥ף יְהוָֽה׃ 7 וּמִפֶּתַח֩ אֹ֨הֶל מוֹעֵ֜ד לֹ֤א תֵֽצְאוּ֙ פֶּן־תָּמֻ֔תוּ כִּי־ 7

שֶׁ֛מֶן מִשְׁחַ֥ת יְהוָ֖ה עֲלֵיכֶ֑ם וַֽיַּעֲשׂ֖וּ כִּדְבַ֥ר מֹשֶֽׁה׃ פ

8 וַיְדַבֵּ֣ר יְהוָ֔ה אֶֽל־אַהֲרֹ֖ן לֵאמֹֽר׃ 9 יַ֣יִן וְשֵׁכָ֞ר אַל־תֵּ֣שְׁתְּ ׀ אַתָּ֣ה ׀ 8

וּבָנֶ֣יךָ אִתָּ֗ךְa בְּבֹאֲכֶ֛ם אֶל־אֹ֥הֶל מוֹעֵ֖ד וְלֹ֣א תָמֻ֑תוּ חֻקַּ֥ת עוֹלָ֖ם

[margin notes:] לה ‖ ידיי חד מן ה כת ק חס. ב חס14 ‖ לח בתור ‖ כ15. ג. 16 ‖ ב ‖ ל ‖ הל1 ‖ לח. יד בטל2 ‖ ג. לט מל בתור ‖ ל. ל. ל ‖ ב3 ‖ ה בתרי טעמ4. הל ‖ ב חד חס רחד מל6 ‖ ז. ב3. ל ‖ כל ד מנה בתור וכל ירמיה ויחזק דכות ב מ יח ‖ ב ‖ ג. ל ר״פ ‖ ד. ד קמ וכל יחזק נקובה אתנח רס״פ דכות10. ג3

14 Mm 711. 15 Mm 1227. 16 Mm 712. **Cp 10** 1 Mm 640. 2 Mm 3948. 3 Mm 3247. 4 Mm 2991. 5 Mm 713. 6 1Ch 23,22. 7 Mm 1215. 8 Mm 3593. 9 Mm 953. 10 Mm 172. 11 Mm 920.

19 ᵃ⁻ᵃ 𝔊 καὶ τὸ στέαρ τὸ κατακαλύπτον ἐπὶ τῆς κοιλίας καὶ τοὺς δύο νεφροὺς καὶ τὸ στέαρ τὸ ἐπ᾽ αὐτῶν cf 4,9 ‖ **20** ᵃ ᴹˢˢ𝔊𝔖 sg ‖ ᵇ 𝔊 pl ‖ **21** ᵃ mlt Mss ᴹˢˢ𝔊 + יְהוָה אֶת, prb sic l; 𝔖 pass ‖ ᵇ > ℭ ‖ **22** ᵃ ᴹˢˢ𝔊𝔖 עַל ‖ **23** ᵃ 𝔊 + πάντα ‖ **24** ᵃ ℭᵀᴶ pl ‖ **Cp 10,1** ᵃ 𝔊 καὶ Αβιουδ ‖ ᵇ ᴹˢ𝔖𝔗ᴹˢ עֲלֵיהֶן ‖ ᶜ⁻ᶜ > ℭ ‖ ᵈ 𝔊 + κύριος; 𝔙 pass ‖ **4** ᵃ 𝔊* Μισαδαι ‖ ᵇ ᴹˢˢ𝔊𝔖 אֶלִיצָפָן ‖ ᶜ ℭ עֻזָּאֵל, 𝔊ᴮ Αζιηλ ‖ **5** ᵃ ℭ וַיְקָרִיבוּ ‖ **6** ᵃ ᴹˢˢ וְאֶל אַ ‖ ᵇ 𝔊(𝔖) + τοὺς καταλελειμμένους cf 12 ‖ ᶜ ᴹˢˢ לֹא ‖ **9** ᵃ 𝔊 + ἢ προσπορευομένων ὑμῶν πρὸς τὸ θυσιαστήριον.

10 לְדֹרֹתֵיכֶם׃ 10 וּֽלֲהַבְדִּיל[a] בֵּין הַקֹּדֶשׁ וּבֵין הַחֹל [b]וּבֵין הַטָּמֵא[b] וּבֵין — בׄ[12]. בׄ חד חס וחד מל[13]
11 הַטָּהוֹר׃ 11 וּלְהוֹרֹת אֶת־בְּנֵי יִשְׂרָאֵל אֵת כָּל־הַחֻקִּים[a] אֲשֶׁר דִּבֶּר — בׄ[14]
12 יְהוָה אֲלֵיהֶם בְּיַד־מֹשֶׁה׃ פ 12 וַיְדַבֵּר מֹשֶׁה[a] אֶל־אַהֲרֹן וְאֶל — יׄז מל בתור[15]
אֶלְעָזָר וְאֶל־אִיתָמָר ׀ בָּנָיו הַנּוֹתָרִים קְחוּ אֶת־הַמִּנְחָה הַנּוֹתֶרֶת מֵאִשֵּׁי
13 יְהוָה וְאִכְלוּהָ מַצּוֹת אֵצֶל הַמִּזְבֵּחַ כִּי קֹדֶשׁ קָדָשִׁים הִוא׃ 13 וַאֲכַלְתֶּם — הׄ דסמיכׄ בתור
אֹתָהּ בְּמָקוֹם קָדֹשׁ כִּי חָקְךָ וְחָק־בָּנֶיךָ הִוא מֵאִשֵּׁי יְהוָה כִּי־כֵן צֻוֵּיתִי׃ — [16]
14 וְאֵת חֲזֵה הַתְּנוּפָה וְאֵת ׀ שׁוֹק הַתְּרוּמָה תֹּאכְלוּ בְּמָקוֹם טָהוֹר[a] — דׄ
אַתָּה וּבָנֶיךָ וּבְנֹתֶיךָ[b] אִתָּךְ כִּי־חָקְךָ וְחָק־בָּנֶיךָ נִתְּנוּ מִזִּבְחֵי שַׁלְמֵי — גׄ[17]. וׄ דגש[18]
15 בְּנֵי יִשְׂרָאֵל׃ 15 שׁוֹק הַתְּרוּמָה וַחֲזֵה הַתְּנוּפָה עַל אִשֵּׁי הַחֲלָבִים — הׄ בטעׄ בסיפׄ[19]. טׄ כתׄ י וכל מאשי דכות
יָבִיאוּ לְהָנִיף תְּנוּפָה לִפְנֵי יְהוָה וְהָיָה לְךָ וּלְבָנֶיךָ[a] אִתְּךָ לְחָק־עוֹלָם — טׄ[20]. יׄז בתור[21]. וׄ
16 כַּאֲשֶׁר צִוָּה יְהוָה[b]׃ 16 וְאֵת ׀ שְׂעִיר הַחַטָּאת דָּרֹשׁ דָּרַשׁ מֹשֶׁה — גׄ ס״פ. בׄ. חצי התורה בתיבות
וְהִנֵּה שֹׂרָף וַיִּקְצֹף עַל־אֶלְעָזָר וְעַל־אִיתָמָר בְּנֵי אַהֲרֹן הַנּוֹתָרִם — לׄ. לׄ חס
17 לֵאמֹר׃ 17 מַדּוּעַ לֹא־אֲכַלְתֶּם אֶת־הַחַטָּאת[a] בִּמְקוֹם הַקֹּדֶשׁ [b]כִּי קֹדֶשׁ — הׄ דסמיכׄ בתור
קָדָשִׁים הִוא[b] וְאֹתָהּ ׀ נָתַן לָכֶם[c] לָשֵׂאת אֶת־עֲוֺן הָעֵדָה לְכַפֵּר עֲלֵיהֶם — כדׄ. בׄ
18 לִפְנֵי יְהוָה׃ 18 הֵן לֹא־הוּבָא אֶת־דָּמָהּ אֶל־הַקֹּדֶשׁ פְּנִימָה אָכוֹל — הׄ[22]. יׄ מלׄ. בׄ[23] מנה בתור
19 תֹּאכְלוּ אֹתָהּ בַּקֹּדֶשׁ כַּאֲשֶׁר צִוֵּיתִי[a]׃ 19 וַיְדַבֵּר אַהֲרֹן אֶל־מֹשֶׁה הֵן — הׄ
הַיּוֹם הִקְרִיבוּ אֶת־חַטָּאתָם וְאֶת־עֹלָתָם לִפְנֵי יְהוָה וַתִּקְרֶאנָה אֹתִי — דׄ
20 כָּאֵלֶּה וְאָכַלְתִּי חַטָּאת הַיּוֹם הַיִּיטַב[a] בְּעֵינֵי יְהוָה׃ 20 וַיִּשְׁמַע מֹשֶׁה — לׄ. לגׄ בתור
וַיִּיטַב בְּעֵינָיו׃ פ — נׄא
ס̊ [t] **11** 1 וַיְדַבֵּר יְהוָה אֶל־מֹשֶׁה וְאֶל־אַהֲרֹן לֵאמֹר אֲלֵהֶם[a]׃ 2 דַּבְּרוּ — גׄ בטעׄ דמטעׄ. יאׄ[1]. לׄ. גׄ ר״פ בתור[2]
אֶל־בְּנֵי יִשְׂרָאֵל לֵאמֹר זֹאת הַחַיָּה אֲשֶׁר תֹּאכְלוּ[a] מִכָּל־הַבְּהֵמָה אֲשֶׁר
3 עַל־הָאָרֶץ׃ 3 כֹּל ׀ מַפְרֶסֶת פַּרְסָה וְשֹׁסַעַת שֶׁסַע[a] פְּרָסֹת[b] מַעֲלַת — הׄ זוגין מחליפין[3]
4 גֵּרָה בַּבְּהֵמָה אֹתָהּ תֹּאכֵלוּ׃ 4 אַךְ אֶת־זֶה לֹא תֹאכְלוּ מִמַּעֲלֵי הַגֵּרָה — הׄ גׄ כתׄ הׄ וׄבׄ בליש שם ברגש כתׄ אׄ[4]. וׄ דגש[5]

[12] Mm 714. [13] Mm 715. [14] Ex 35,34. [15] Mm 250. [16] Mm 2811. [17] Mm 122. [18] Mm 716. [19] Mm 747. [20] Mm 501. [21] Mm 60. [22] Mm 717. [23] Mm 718. **Cp 11** [1] Mm 852. [2] Mm 719. [3] Mm 3964. [4] Mm 1405. [5] Mm 64.

10 [a] 𝔊𝔖 om cop ‖ [b–b] > 𝔗 ‖ **11** [a] 𝔗 הדברים ‖ **12** [a] 𝔗 יהוה ‖ **14** [a] 𝔊 *ἁγίῳ* cf 13.17 ‖ [b] 𝔊 *καὶ ὁ οἶκός σου* = וּבֵיתְךָ ‖ **15** [a] 𝔐𝔊 + וְלִבְנֹתֶיךָ ‖ [b] 𝔊 + *τῷ Μωυσῇ* ‖ **17** [a] gaʿya eras ‖ [b–b] > 𝔗 ‖ [c] 𝔊 + *φαγεῖν* = לֶאֱכֹל ‖ **18** [a] 𝔖𝔗[Ms]𝔗[J] pass cf 8,31[c]; 𝔊 *μοι συνέταξεν κύριος*; 𝔖 + verba ex 8,31 ‖ **19** [a] 𝔊 *μὴ ἀρεστόν*, l frt הֲיִי' ‖ **Cp 11,1** [a] 𝔗 להם; > 𝔊𝔙 ‖ **2** [a] > 𝔗 ‖ **3** [a] pc Mss 𝔐𝔊𝔖 + שְׁתֵּי ut Dt 14,6 ‖ [b] 𝔊𝔖𝔙 pr cop.

וּמִמַּפְרִיסֵי הַפַּרְסָה[a] אֶת־הַגָּמָל כִּי־מַעֲלֵה גֵרָה הוּא וּפַרְסָה[b] אֵינֶנּוּ
5 מַפְרִיס טָמֵא הוּא לָכֶם׃ 5 וְאֶת־הַשָּׁפָן כִּי־מַעֲלֵה גֵרָה הוּא וּפַרְסָה[b]
6 לֹא יַפְרִיס טָמֵא הוּא לָכֶם׃ 6 [a]וְאֶת־הָאַרְנֶבֶת כִּי־מַעֲלַת גֵּרָה הִוא ה̇ ג̇ כת ה וב̇ בליש שם ברנש כת א[6]
7 וּפַרְסָה לֹא הִפְרִיסָה טְמֵאָה הִוא לָכֶם׃[a] 7 וְאֶת־הַחֲזִיר כִּי־מַפְרִיס ל̇
פַּרְסָה הוּא וְשֹׁסַע שֶׁסַע פַּרְסָה וְהוּא גֵּרָה לֹא־יִגָּר[a] טָמֵא הוּא לָכֶם׃ ל̇ . ל̇
8 9 מִבְּשָׂרָם לֹא תֹאכֵלוּ וּבְנִבְלָתָם לֹא תִגָּעוּ טְמֵאִים הֵם לָכֶם׃ 9 [a]אֶת־ 8
זֶה תֹּאכְלוּ מִכֹּל אֲשֶׁר בַּמָּיִם כֹּל אֲשֶׁר־לוֹ סְנַפִּיר וְקַשְׂקֶשֶׂת בַּמַּיִם
10 בַּיַּמִּים וּבַנְּחָלִים אֹתָם תֹּאכֵלוּ׃ 10 וְכֹל אֲשֶׁר אֵין־לוֹ סְנַפִּיר וְקַשְׂקֶשֶׂת[a] ה̇[7]
בַּיַּמִּים וּבַנְּחָלִים מִכֹּל שֶׁרֶץ הַמַּיִם וּמִכֹּל נֶפֶשׁ הַחַיָּה אֲשֶׁר בַּמָּיִם ה̇[7]
11 שֶׁקֶץ הֵם לָכֶם׃ 11 וְשֶׁקֶץ יִהְיוּ לָכֶם מִבְּשָׂרָם לֹא תֹאכֵלוּ וְאֶת־ ל̇ . ל̇
12 נִבְלָתָם תְּשַׁקֵּצוּ׃ 12 כֹּל[a] אֲשֶׁר אֵין־לוֹ סְנַפִּיר וְקַשְׂקֶשֶׂת בַּמָּיִם שֶׁקֶץ ל̇ . ו̇ זוגין[8]
13 הוּא לָכֶם׃ 13 וְאֶת־אֵלֶּה תְּשַׁקְּצוּ מִן־הָעוֹף לֹא יֵאָכְלוּ[a] שֶׁקֶץ ל̇
14 הֵם אֶת־הַנֶּשֶׁר וְאֶת־הַפֶּרֶס וְאֵת הָעָזְנִיָּה׃ 14 וְאֶת־הַדָּאָה וְאֶת־הָאַיָּה ל̇ . ל̇
15 16 לְמִינָהּ׃ 15 [a]אֵת[b] כָּל־עֹרֵב לְמִינוֹ׃ 16 וְאֵת בַּת הַיַּעֲנָה וְאֶת־הַתַּחְמָס ל̇[9] . ד̇[10] . כו̇ פסוק ואת ואת ואת ואת . ה̇[11] . ב̇
17 וְאֶת־הַשָּׁחַף[a] וְאֶת־הַנֵּץ לְמִינֵהוּ׃ 17 וְאֶת־הַכּוֹס וְאֶת־הַשָּׁלָךְ וְאֶת־ יד̇ . ל̇
18 19 הַיַּנְשׁוּף׃ 18 וְאֶת־הַתִּנְשֶׁמֶת וְאֶת־הַקָּאָת וְאֶת־הָרָחָם׃ 19 [a]וְאֵת ל̇ . ל̇
20 הַחֲסִידָה[b] הָאֲנָפָה לְמִינָהּ וְאֶת־הַדּוּכִיפַת[c] וְאֶת־הָעֲטַלֵּף׃ 20 [a]כֹּל ב̇ . ל̇ . ל̇ . ל̇
21 שֶׁרֶץ הָעוֹף הַהֹלֵךְ עַל־אַרְבַּע שֶׁקֶץ הוּא לָכֶם׃ ס 21 אַךְ[a] אֶת־
זֶה תֹּאכְלוּ מִכֹּל שֶׁרֶץ הָעוֹף הַהֹלֵךְ עַל־אַרְבַּע אֲשֶׁר־לֹא[b] כְרָעַיִם לו̇ ק̇ חד מן יז̇[12] כת כן
22 מִמַּעַל לְרַגְלָיו לְנַתֵּר בָּהֵן[c] עַל־הָאָרֶץ׃ 22 אֶת־אֵלֶּה מֵהֶם תֹּאכֵלוּ ד̇[13] . ה̇[14] . יד̇ פסוק את את ואת ואת ואת
אֶת־הָאַרְבֶּה לְמִינוֹ וְאֶת־הַסָּלְעָם לְמִינֵהוּ וְאֶת־הַחַרְגֹּל לְמִינֵהוּ וְאֶת־ ד̇[10] . ל̇ . יד̇ . ל̇ . יד̇
23 הֶחָגָב לְמִינֵהוּ׃ 23 וְכֹל[a] שֶׁרֶץ הָעוֹף אֲשֶׁר־לוֹ אַרְבַּע רַגְלָיִם שֶׁקֶץ ב̇[15] . יד̇
24 הוּא לָכֶם׃ 24 וּלְאֵלֶּה תִּטַּמָּאוּ כָּל־הַנֹּגֵעַ בְּנִבְלָתָם יִטְמָא עַד־הָעָרֶב׃ ג̇ ר״פ[16] . ב̇ חס[17]

[6]Mm 1405. [7]Mm 720. [8]Mm 2036. [9]Mm 721. [10]Mm 722. [11]Mm 768. [12]Mm 1795. [13]Mm 396. [14]Mm 640. [15]Qoh 12,5. [16]Mm 2803. [17]Lv 11,31.

4/5 [a] 𝔊 + *καὶ ὀνυχιζόντων ὀνυχιστῆρας* (it 𝔊 Dt 14,7) cf 3 ‖ [b–b] > ℭ (homtel) ‖ **6** [a–a] > ℭ (homtel) ‖ **7** [a] ш יגור cf Dt 14,8 ‖ **9** [a] Ms ш𝔊𝔖 ואת ‖ **10** [a] ш + במים cf 𝔊 ‖ **12** [a] nonn Mss ш𝔊𝔖 וכל ‖ **13** [a] ш תאכלו ‖ **15** [a] v 15 > 𝔊^B*A min^, it Dt 14,14 ‖ [b] mlt Mss ш𝔊𝔖𝔗^J^𝔙 ואת ‖ **16** [a] ш𝔊 + לְמִינוֹ ‖ **19** [a] 𝔊* pr *καὶ γλαῦκα* = והתחמס ut 16 Dt 14,15 ‖ [b] 𝔊 + *καί*, ins frt וְאֵת ‖ [c] ш הדגיפת ‖ **20** [a] pc Mss ш𝔊𝔖𝔗^J^ וְכֹל ‖ **21** [a] > ℭ𝔊^Mss^ ‖ [b] ℭ Vrs לו ‖ [c] mlt Mss ш בָּהֶם ‖ **23** [a] pc Mss 𝔊* כֹּל.

25 וְכָל־הַנֹּשֵׂא מִנִּבְלָתָם[a] יְכַבֵּס בְּגָדָיו[b] וְטָמֵא עַד־הָעָרֶב׃ 26 לְכָל־[a]
הַבְּהֵמָה אֲשֶׁר הִוא מַפְרֶסֶת פַּרְסָה וְשֶׁסַע ׀ אֵינֶנָּה[b] שֹׁסַעַת וְגֵרָה אֵינֶנָּה ג̇18 קמׄ ול בליש . כז19 מל ט20 מנה בתור
27 מַעֲלָה טְמֵאִים הֵם לָכֶם כָּל־הַנֹּגֵעַ בָּהֶם[c] יִטְמָא׃ 27 וְכֹל ׀ הוֹלֵךְ עַל־ ג בסיפ וכל משלי וקהלת דכות ב מ ה
כַּפָּיו[a] בְּכָל־הַחַיָּה הַהֹלֶכֶת עַל־אַרְבַּע טְמֵאִים הֵם לָכֶם כָּל־הַנֹּגֵעַ ג ב חס וחד מל21
28 בְּנִבְלָתָם יִטְמָא עַד־הָעָרֶב׃ 28 וְהַנֹּשֵׂא [a]אֶת־נִבְלָתָם[a] יְכַבֵּס בְּגָדָיו
29 וְטָמֵא עַד־הָעָרֶב טְמֵאִים הֵמָּה לָכֶם׃ ס 29 וְזֶה לָכֶם הַטָּמֵא כג ר״פ
בַּשֶּׁרֶץ הַשֹּׁרֵץ עַל־הָאָרֶץ הַחֹלֶד וְהָעַכְבָּר[a] וְהַצָּב לְמִינֵהוּ[b]׃ יד
30 וְהָאֲנָקָה וְהַכֹּחַ וְהַלְּטָאָה וְהַחֹמֶט וְהַתִּנְשָׁמֶת׃ 31 אֵלֶּה הַטְּמֵאִים ל̇ . ל̇ . ל̇ . ל̇ . ב ול בסיפ22
לָכֶם בְּכָל־[a]הַשָּׁרֶץ כָּל־הַנֹּגֵעַ בָּהֶם בְּמֹתָם יִטְמָא עַד־הָעָרֶב׃ ב חס23
32 וְכֹל אֲשֶׁר־יִפֹּל־עָלָיו מֵהֶם ׀ בְּמֹתָם יִטְמָא מִכָּל־כְּלִי־עֵץ אוֹ בֶגֶד
אוֹ־עוֹר אוֹ שָׂק כָּל־כְּלִי אֲשֶׁר־יֵעָשֶׂה מְלָאכָה בָּהֶם בַּמַּיִם יוּבָא[a] ד קמׄ וכל בשק אתנח וס״פ דכות24 . לו25 . ד26 . ה27
33 וְטָמֵא עַד־הָעֶרֶב וְטָהֵר׃ 33 וְכָל־כְּלִי־חֶרֶשׂ אֲשֶׁר־יִפֹּל מֵהֶם אֶל־ ה28
34 תּוֹכוֹ כֹּל אֲשֶׁר בְּתוֹכוֹ יִטְמָא וְאֹתוֹ תִשְׁבֹּרוּ׃ 34 מִכָּל־הָאֹכֶל אֲשֶׁר
יֵאָכֵל אֲשֶׁר יָבוֹא עָלָיו מַיִם יִטְמָא וְכָל־מַשְׁקֶה אֲשֶׁר יִשָּׁתֶה בְּכָל־ ז מל בתור . ל̇
35 כְּלִי יִטְמָא׃ 35 וְכֹל אֲשֶׁר־יִפֹּל מִנִּבְלָתָם ׀ עָלָיו יִטְמָא תַּנּוּר וְכִירַיִם ל̇
36 יֻתָּץ[a] טְמֵאִים הֵם וּטְמֵאִים יִהְיוּ לָכֶם׃ 36 אַךְ מַעְיָן[a] וּבוֹר מִקְוֵה־מַיִם ל̇ . ל̇
37 יִהְיֶה טָהוֹר וְנֹגֵעַ בְּנִבְלָתָם יִטְמָא׃ 37 וְכִי יִפֹּל מִנִּבְלָתָם עַל־כָּל־ ל̇22 . ל̇
38 זֶרַע זֵרוּעַ אֲשֶׁר יִזָּרֵעַ טָהוֹר הוּא׃ 38 וְכִי יֻתַּן־מַיִם עַל־זֶרַע[a] וְנָפַל ל̇ . ב בתור29 . ז30
39 מִנִּבְלָתָם עָלָיו טָמֵא הוּא לָכֶם׃ ס 39 וְכִי יָמוּת מִן־הַבְּהֵמָה ב31
אֲשֶׁר־הִיא[a] לָכֶם לְאָכְלָה הַנֹּגֵעַ בְּנִבְלָתָהּ יִטְמָא עַד־הָעָרֶב׃ יא כת י בתור
40 וְהָאֹכֵל מִנִּבְלָתָהּ יְכַבֵּס בְּגָדָיו וְטָמֵא עַד־הָעָרֶב וְהַנֹּשֵׂא [a]אֶת־
41 נִבְלָתָהּ[a] יְכַבֵּס בְּגָדָיו[b] וְטָמֵא עַד־הָעָרֶב׃ 41 וְכָל־הַשֶּׁרֶץ הַשֹּׁרֵץ ה̇ פסוק כל וכל כל . כז19 מל ט20 מנה בתור ג בסיפ
42 עַל־הָאָרֶץ שֶׁקֶץ הוּא לֹא יֵאָכֵל׃ 42 כֹּל[a] הוֹלֵךְ עַל־גָּחוֹן[b] וְכֹל ׀ הוֹלֵךְ וכל משלי וקהלת דכות ב מ ה

חצי אותיות בתור32 כז19 מל ט20 מנה בתור ג בסיפ וכל משלי וקהלת דכות ב מ ה

[18] Mm 3909. [19] Mm 1788. [20] Mm 935. [21] Mm 241. [22] Mp sub loco. [23] Lv 11,24. [24] Mm 2484. [25] Mm 210. [26] Mm 591. [27] Mm 691. [28] Mm 945. [29] Dt 21,4. [30] Mm 723. [31] Mm 724. [32] Littera ו major est quam aliae litterae.

25 a ℭ pc Mss 𝔖 אֶת־נ׳ ut 28.40 ‖ b 𝔐 + ורחץ במים cf 40b ‖ **26** a pc Mss 𝔊*𝔖 וּל׳ ‖ b > 𝔊 ‖ c pc Mss 𝔊 בְּנִבְלָתָם ‖ **27** a ℭ גחון ‖ **28** a–a 𝔐𝔊 מִנ׳ ut 25 ‖ **29** a 𝔐 —בור ‖ b > 𝔊* ‖ **31** a 𝔐𝔊 מִכֹּל ‖ **32** a 𝔐 יָבוֹא, 𝔊 *βαφήσεται* ‖ **35** a 𝔐𝔊𝔖𝔗ᴶ𝔙 pl ‖ **36** a 𝔐 𝔊 מעין מים ‖ **38** a 𝔐 הַזּ׳; 𝔊 pr *πᾶν* = כָּל־ ‖ **39** a ℭ הוא ‖ **40** a–a 𝔊 *ἀπὸ θνησιμαίων αὐτῶν* = מנבלתם ut 25 ‖ b 𝔊* + *καὶ λούσεται ὕδατι* cf 25b ‖ **42/43** a pc Mss 𝔊𝔖ℭ וְכל ‖ b mlt Mss ו maj.

עַל־אַרְבַּע עַד[c] כָּל־מַרְבֵּה רַגְלַיִם לְכָל־הַשֶּׁרֶץ הַשֹּׁרֵץ[d] עַל־הָאָרֶץ
43 לֹא תֹאכְלוּם כִּי־שֶׁקֶץ הֵם׃ 43 אַל־תְּשַׁקְּצוּ אֶת־נַפְשֹׁתֵיכֶם בְּכָל־ ל̇ . יב ס״פ[33]
44 הַשֶּׁרֶץ הַשֹּׁרֵץ[d] וְלֹא תִטַּמְּאוּ בָּהֶם וְנִטְמֵתֶם בָּם׃ 44 כִּי אֲנִי יְהוָה ט[34] כת חס א ול בליש . ג . ל
אֱלֹהֵיכֶם וְהִתְקַדִּשְׁתֶּם וִהְיִיתֶם קְדֹשִׁים כִּי קָדוֹשׁ אָנִי[a] וְלֹא תְטַמְּאוּ
45 אֶת־נַפְשֹׁתֵיכֶם בְּכָל־הַשֶּׁרֶץ הָרֹמֵשׂ עַל־הָאָרֶץ׃ 45 כִּי ׀ אֲנִי יְהוָה[a]
הַמַּעֲלֶה אֶתְכֶם מֵאֶרֶץ מִצְרַיִם לִהְיֹת לָכֶם לֵאלֹהִים וִהְיִיתֶם קְדֹשִׁים ח̇ חס בליש[35]
46 כִּי קָדוֹשׁ אָנִי[b]׃ 46 זֹאת תּוֹרַת הַבְּהֵמָה וְהָעוֹף וְכֹל נֶפֶשׁ ג[36] . ג[37]
47 הַחַיָּה הָרֹמֶשֶׂת בַּמָּיִם וּלְכָל־נֶפֶשׁ הַשֹּׁרֶצֶת עַל־הָאָרֶץ׃ 47 לְהַבְדִּיל ג . ל[37] . ל
בֵּין הַטָּמֵא וּבֵין הַטָּהֹר וּבֵין הַחַיָּה הַנֶּאֱכֶלֶת וּבֵין הַחַיָּה אֲשֶׁר לֹא ה̇ חס . ל
תֵאָכֵל׃ פ צא ט[38]

ס̄ [ח] פרש **12** 1 וַיְדַבֵּר יְהוָה אֶל־מֹשֶׁה לֵּאמֹר׃ 2 דַּבֵּר אֶל־בְּנֵי יִשְׂרָאֵל
לֵאמֹר אִשָּׁה כִּי תַזְרִיעַ[a] וְיָלְדָה זָכָר וְטָמְאָה שִׁבְעַת יָמִים כִּימֵי נִדַּת ל
3 4 דְּוֺתָהּ תִּטְמָא׃ 3 וּבַיּוֹם הַשְּׁמִינִי יִמּוֹל[a] בְּשַׂר עָרְלָתוֹ׃ 4 וּשְׁלֹשִׁים ל
יוֹם וּשְׁלֹשֶׁת יָמִים תֵּשֵׁב בִּדְמֵי טָהֳרָה בְּכָל־קֹדֶשׁ לֹא־תִגָּע וְאֶל־ ג . ל̇ זקף קמ̇
5 הַמִּקְדָּשׁ לֹא תָבֹא עַד־מְלֹאת יְמֵי טָהֳרָהּ׃ 5 וְאִם־נְקֵבָה תֵלֵד יז[1] חס וכל משלי דכות ב מ ד
וְטָמְאָה שְׁבֻעַיִם כְּנִדָּתָהּ וְשִׁשִּׁים יוֹם וְשֵׁשֶׁת יָמִים תֵּשֵׁב עַל־דְּמֵי ל̇ . יב
6 טָהֳרָה׃ 6 וּבִמְלֹאת ׀ יְמֵי טָהֳרָהּ לְבֵן אוֹ לְבַת תָּבִיא כֶּבֶשׂ בֶּן־שְׁנָתוֹ ג . ב̇ ר״פ חד חס וחד מל[2] . יג[3]
לְעֹלָה וּבֶן־יוֹנָה אוֹ־תֹר לְחַטָּאת אֶל־פֶּתַח אֹהֶל־מוֹעֵד אֶל־הַכֹּהֵן׃
7 וְהִקְרִיבוֹ לִפְנֵי יְהוָה וְכִפֶּר עָלֶיהָ[a] וְטָהֲרָה[b] מִמְּקֹר דָּמֶיהָ זֹאת תּוֹרַת ג[4] . ב̇ חד מל וחד חס . ג[5]
8 הַיֹּלֶדֶת לַזָּכָר אוֹ לַנְּקֵבָה׃ 8 וְאִם־לֹא תִמְצָא יָדָהּ דֵּי שֶׂה וְלָקְחָה ו
שְׁתֵּי־תֹרִים אוֹ שְׁנֵי[a] בְּנֵי יוֹנָה אֶחָד לְעֹלָה וְאֶחָד לְחַטָּאת וְכִפֶּר עָלֶיהָ ל̇ . ל
הַכֹּהֵן וְטָהֵרָה׃ פ ל

13 **13** 1 וַיְדַבֵּר יְהוָה אֶל־מֹשֶׁה וְאֶל־אַהֲרֹן לֵּאמֹר׃ 2 אָדָם כִּי־ יא[1]
יִהְיֶה בְעוֹר־בְּשָׂרוֹ שְׂאֵת אוֹ־סַפַּחַת אוֹ בַהֶרֶת וְהָיָה בְעוֹר־בְּשָׂרוֹ יד
לְנֶגַע צָרָעַת וְהוּבָא אֶל־אַהֲרֹן הַכֹּהֵן אוֹ אֶל־אַחַד מִבָּנָיו הַכֹּהֲנִים׃ ל̇ . כה[2]

[33] Mm 294. [34] Mm 922. [35] Mm 725. [36] Mm 726. [37] Mm 766. [38] Mm 690. **Cp 12** [1] Mp sub loco. [2] Mm 727. [3] Mm 1228. [4] Mm 670. [5] Mm 2303. **Cp 13** [1] Mm 852. [2] Mm 187.

42/43 [c] > Ms || [d–d] > ℭ (homtel) || **44** [a] 𝔊 + *κύριος ὁ θεὸς ὑμῶν* || **45** [a] ɯ𝔖 + אלהיכם || [b] 𝔊* + *κύριος* || **Cp 12,2** [a] ɯ𝔊 תִּזְרַע || **3** [a] ɯ + את || **7** [a] Ms ɯ𝔊𝔖 𝔗[J] + הכהן ut 8 || [b] 𝔊 *καὶ καθαριεῖ αὐτήν* = וְטִהֲרָהּ || **8** [a] ℭ לשני.

3 וְרָאָה הַכֹּהֵן אֶת־הַנֶּגַע בְּעוֹר־הַבָּשָׂר וְשֵׂעָר בַּנֶּגַע הָפַךְ ׀ לָבָן וּמַרְאֵה ל̇. ז̇[3]
הַנֶּגַע עָמֹק מֵעוֹר בְּשָׂרוֹ נֶגַע צָרַעַת הוּא וְרָאָהוּ[a] הַכֹּהֵן וְטִמֵּא אֹתוֹ׃ כל חס ב מ ב[4] מל. ד. ה[5]
4 וְאִם־בַּהֶרֶת לְבָנָה הִוא בְּעוֹר בְּשָׂרוֹ וְעָמֹק אֵין־מַרְאֶהָ מִן־הָעוֹר[a] כל חס ב מ ב[4] מל
וּשְׂעָרָה[b] לֹא־הָפַךְ לָבָן וְהִסְגִּיר הַכֹּהֵן אֶת־הַנֶּגַע שִׁבְעַת יָמִים׃ ל̇. ד זוגין[6]
5 וְרָאָהוּ[a] הַכֹּהֵן בַּיּוֹם הַשְּׁבִיעִי וְהִנֵּה הַנֶּגַע עָמַד בְּעֵינָיו[b] לֹא־פָשָׂה ה̇[5]. נא
6 הַנֶּגַע בָּעוֹר וְהִסְגִּירוֹ הַכֹּהֵן שִׁבְעַת יָמִים שֵׁנִית׃ 6 וְרָאָה הַכֹּהֵן אֹתוֹ ג ובעינ
בַּיּוֹם הַשְּׁבִיעִי שֵׁנִית וְהִנֵּה כֵּהָה הַנֶּגַע וְלֹא־פָשָׂה הַנֶּגַע בָּעוֹר וְטִהֲרוֹ ל̇. ו̇. ד בפרש
7 הַכֹּהֵן מִסְפַּחַת הִיא וְכִבֶּס בְּגָדָיו וְטָהֵר׃ 7 וְאִם־פָּשֹׂה תִפְשֶׂה ט̇[7] וכל במדבר דכות ב מ ב
הַמִּסְפַּחַת בָּעוֹר אַחֲרֵי הֵרָאֹתוֹ אֶל־הַכֹּהֵן לְטָהֳרָתוֹ וְנִרְאָה שֵׁנִית ל̇. ה̇[8]
8 אֶל־הַכֹּהֵן׃ 8 וְרָאָה הַכֹּהֵן וְהִנֵּה פָּשְׂתָה הַמִּסְפַּחַת בָּעוֹר וְטִמְּאוֹ הַכֹּהֵן ד בעינ
9 צָרַעַת הִוא׃ פ 9 נֶגַע[a] צָרַעַת כִּי תִהְיֶה[b] בְּאָדָם וְהוּבָא אֶל־ יא ר״פ וס״פ נ̇[9]. ד̇[10]
10 הַכֹּהֵן׃ 10 וְרָאָה הַכֹּהֵן וְהִנֵּה שְׂאֵת־לְבָנָה בָּעוֹר וְהִיא הָפְכָה שֵׂעָר יד. יא כת י בתור
11 לָבָן וּמִחְיַת בָּשָׂר חַי בַּשְׂאֵת׃ 11 צָרַעַת נוֹשֶׁנֶת הִוא בְּעוֹר בְּשָׂרוֹ ל̇. ל̇[11]. ל̇
12 וְטִמְּאוֹ הַכֹּהֵן לֹא יַסְגִּרֶנּוּ כִּי טָמֵא הוּא׃ 12 וְאִם־פָּרוֹחַ תִּפְרַח הַצָּרַעַת ד בעינ. ל̇ וחס. ב̇[12] ול מל
בָּעוֹר וְכִסְּתָה הַצָּרַעַת אֵת כָּל־עוֹר הַנֶּגַע מֵרֹאשׁוֹ וְעַד־רַגְלָיו לְכָל־ ל̇. ל̇
13 מַרְאֵה עֵינֵי הַכֹּהֵן׃ 13 וְרָאָה הַכֹּהֵן וְהִנֵּה כִסְּתָה הַצָּרַעַת אֶת־כָּל־ ד. ג̇[13]
14 בְּשָׂרוֹ וְטִהַר אֶת־הַנָּגַע כֻּלּוֹ הָפַךְ לָבָן טָהוֹר הוּא׃ 14 וּבְיוֹם הֵרָאוֹת ד̇[14]
15 בּוֹ בָּשָׂר חַי יִטְמָא׃ 15 וְרָאָה הַכֹּהֵן אֶת־הַבָּשָׂר הַחַי וְטִמְּאוֹ הַבָּשָׂר ד בעינ
16 הַחַי טָמֵא הוּא צָרַעַת הוּא[a]׃ 16 אוֹ כִי יָשׁוּב הַבָּשָׂר הַחַי וְנֶהְפַּךְ לְלָבָן ד
17 וּבָא אֶל־הַכֹּהֵן׃ 17 וְרָאָהוּ[a] הַכֹּהֵן וְהִנֵּה נֶהְפַּךְ הַנֶּגַע לְלָבָן וְטִהַר ה̇[5]
18 הַכֹּהֵן אֶת־הַנֶּגַע טָהוֹר הוּא׃ פ 18 וּבָשָׂר כִּי־יִהְיֶה[a] בוֹ־בְעֹרוֹ[a] ה̇[15]
19 שְׁחִין וְנִרְפָּא׃ 19 וְהָיָה בִּמְקוֹם הַשְּׁחִין שְׂאֵת לְבָנָה אוֹ בַהֶרֶת לְבָנָה יד
20 אֲדַמְדָּמֶת וְנִרְאָה אֶל־הַכֹּהֵן׃ 20 וְרָאָה הַכֹּהֵן וְהִנֵּה מַרְאֶהָ[a] שָׁפָל[b] ה̇[8]
מִן־הָעוֹר וּשְׂעָרָהּ הָפַךְ[c] לָבָן וְטִמְּאוֹ הַכֹּהֵן נֶגַע־צָרַעַת הִוא בַּשְּׁחִין ל̇. ד זוגין[6]. ד בעינ. ד̇ דסמיכ[16]
21 פָּרָחָה׃ 21 וְאִם ׀ יִרְאֶנָּה[a] הַכֹּהֵן וְהִנֵּה אֵין־בָּהּ שֵׂעָר לָבָן וּשְׁפָלָה

[3]Mm 539. [4]Cf Mm 3990. [5]Mm 728. [6]Mm 1940. [7]Mm 734. [8]Mm 732. [9]Mm 729. [10]Mm 730. [11]Mm 3750. [12]Mp sub loco. [13]Mm 754. [14]Mm 731. [15]Mm 527. [16]Q היא suppressi, cf Lv 6,18.22; Dt 13,16 et Mp sub loco.

Cp 13,3 [a] ш𝔊 וראה, it 5[a].17[a].27[a].36[a] ‖ **4** [a] 𝔊* + αὐτῆς ‖ [b] Or 𝔗[J] הּ– cf 𝔊 + αὐτοῦ ‖ **5** [a] cf 3[a] ‖ [b] 𝔊 ἐναντίον αὐτοῦ cf עינו 55 ‖ **9** [a] ш𝔊𝔖 'וְנ ut 18.29 etc ‖ [b] ℭ יהיה ‖ **15** [a] ш𝔗 היא ‖ **17** [a] cf 3[a], it ℭ ‖ **18** [a-a] l c ш בו vel c pc Mss 𝔊𝔖𝔙 בערו (cf 24) ‖ **20** [a] ш𝔊[58] הו– ‖ [b] ℭ עמק ‖ [c] ℭ pr לא ‖ **21** [a] ш𝔊*𝔖 יִרְאֶה, it 26[a].

יא כת י בתור אֵינֶנָּה מִן־הָעוֹר וְהִיא כֵהָה וְהִסְגִּירוֹ הַכֹּהֵן שִׁבְעַת יָמִים׃ 22 וְאִם־ 22
ג ובעינ. ל פָּשֹׂה תִפְשֶׂה בָּעוֹר וְטִמֵּא הַכֹּהֵן אֹתוֹ נֶגַע הִוא[a]׃ 23 וְאִם־תַּחְתֶּיהָ 23
ו. ד בפרש תַּעֲמֹד הַבַּהֶרֶת לֹא פָשָׂתָה צָרֶבֶת הַשְּׁחִין הִוא וְטִהֲרוֹ הַכֹּהֵן׃ ס
24 אוֹ בָשָׂר כִּי־יִהְיֶה בְעֹרוֹ מִכְוַת־אֵשׁ וְהָיְתָה מִחְיַת הַמִּכְוָה בַּהֶרֶת 24
לְבָנָה אֲדַמְדֶּמֶת אוֹ לְבָנָה׃ 25 וְרָאָה אֹתָה הַכֹּהֵן וְהִנֵּה נֶהְפַּךְ שֵׂעָר 25
כל חס ב מ ב[17] מל לָבָן בַּבַּהֶרֶת וּמַרְאֶהָ עָמֹק מִן־הָעוֹר צָרַעַת הִוא בַּמִּכְוָה פָּרָחָה
ד דסמיכ וְטִמֵּא אֹתוֹ הַכֹּהֵן נֶגַע צָרַעַת הִוא׃ 26 וְאִם ׀ יִרְאֶנָּה[a] הַכֹּהֵן וְהִנֵּה 26
אֵין־[b]בַּבֶּהֶרֶת[c] שֵׂעָר לָבָן וּשְׁפָלָה אֵינֶנָּה מִן־הָעוֹר וְהִוא כֵהָה וְהִסְגִּירוֹ
ה[18] הַכֹּהֵן שִׁבְעַת יָמִים׃ 27 וְרָאָהוּ[a] הַכֹּהֵן בַּיּוֹם הַשְּׁבִיעִי אִם־פָּשֹׂה תִפְשֶׂה 27
ג ובעינ. ד דסמיכ בָּעוֹר וְטִמֵּא הַכֹּהֵן אֹתוֹ נֶגַע צָרַעַת הִוא[b]׃ 28 וְאִם־תַּחְתֶּיהָ תַעֲמֹד[a] 28
יד. ו. ד בפרש הַבַּהֶרֶת לֹא־פָשְׂתָה בָעוֹר וְהִוא כֵהָה שְׂאֵת הַמִּכְוָה הִוא וְטִהֲרוֹ
הַכֹּהֵן כִּי־צָרֶבֶת הַמִּכְוָה הִוא׃ פ 29 וְאִישׁ אוֹ אִשָּׁה כִּי־יִהְיֶה בוֹ ס[ט]
לה[19]. כל חס ב מ ב[17] מל נָגַע בְּרֹאשׁ אוֹ בְזָקָן׃ 30 וְרָאָה הַכֹּהֵן אֶת־הַנֶּגַע וְהִנֵּה מַרְאֵהוּ עָמֹק 30
ד מִן־הָעוֹר וּבוֹ שֵׂעָר צָהֹב דָּק וְטִמֵּא אֹתוֹ הַכֹּהֵן נֶתֶק הוּא צָרַעַת
לז. ג[20]. ל הָרֹאשׁ אוֹ הַזָּקָן הוּא[a]׃ 31 וְכִי־יִרְאֶה הַכֹּהֵן אֶת־נֶגַע הַנֶּתֶק וְהִנֵּה 31
יו מ״פ אין אין. כל חס ב מ ב[17] מל אֵין־[a]מַרְאֵהוּ עָמֹק מִן־הָעוֹר וְשֵׂעָר שָׁחֹר אֵין בּוֹ וְהִסְגִּיר הַכֹּהֵן אֶת־
נֶגַע הַנֶּתֶק שִׁבְעַת יָמִים׃ 32 וְרָאָה הַכֹּהֵן אֶת־הַנֶּגַע[a] בַּיּוֹם הַשְּׁבִיעִי 32
כה. ז[21] וְהִנֵּה לֹא־פָשָׂה הַנֶּתֶק וְלֹא־הָיָה בוֹ שֵׂעָר צָהֹב וּמַרְאֵה הַנֶּתֶק אֵין
כל חס ב מ ב[17] מל. ל. ל עָמֹק מִן־הָעוֹר׃ 33 וְהִתְגַּלָּח[a] וְאֶת־הַנֶּתֶק לֹא יְגַלֵּחַ וְהִסְגִּיר הַכֹּהֵן 33
אֶת־הַנֶּתֶק שִׁבְעַת יָמִים שֵׁנִית׃ 34 וְרָאָה הַכֹּהֵן אֶת־הַנֶּתֶק בַּיּוֹם 34
ב. כל חס ב מ ב[17] מל הַשְּׁבִיעִי וְהִנֵּה לֹא־פָשָׂה הַנֶּתֶק בָּעוֹר וּמַרְאֵהוּ אֵינֶנּוּ עָמֹק מִן־הָעוֹר
ט[22] וכל במדבר דכות ב מ ב וְטִהַר אֹתוֹ הַכֹּהֵן וְכִבֶּס בְּגָדָיו וְטָהֵר׃ 35 וְאִם־פָּשֹׂה יִפְשֶׂה הַנֶּתֶק 35
ה[18] בָּעוֹר אַחֲרֵי טָהֳרָתוֹ׃ 36 וְרָאָהוּ[a] הַכֹּהֵן וְהִנֵּה פָּשָׂה הַנֶּתֶק בָּעוֹר לֹא־ 36
ל. נא יְבַקֵּר הַכֹּהֵן לַשֵּׂעָר הַצָּהֹב טָמֵא הוּא׃ 37 וְאִם־בְּעֵינָיו[a] עָמַד הַנֶּתֶק 37
ל. ו. ד בפרש וְשֵׂעָר שָׁחֹר[b] צָמַח־בּוֹ נִרְפָּא הַנֶּתֶק טָהוֹר הוּא וְטִהֲרוֹ הַכֹּהֵן׃ ס

[17] Cf Mm 3990. [18] Mm 728. [19] Mm 2840. [20] Mm 733. [21] Mm 539. [22] Mm 734.

22 [a] 𝔊 + ἐν τῷ ἕλκει ἐξήνθησεν (ex 20), it 27[b] ‖ **26** [a] cf 21[a] ‖ [b] > 𝔗 ‖ [c] sic L, mlt Mss Edd בַּבַּ׳ ‖ **27** [a] cf 3[a] ‖ [b] cf 22[a] ‖ **28** [a] > 𝔗 ‖ **30** [a] ш היא ‖ **31** [a] > 𝔗 ‖ **32** [a] ш הנתק cf 53[a] ‖ **33** [a] mlt Mss ג maj ‖ **36** [a] cf 3[a] ‖ **37** [a] l נוֹ–? cf 5[b] ‖ [b] > 𝔗.

38 וְאִישׁ אֽוֹ־אִשָּׁה כִּֽי־יִהְיֶה בְעוֹר־בְּשָׂרָם בֶּהָרֹת בֶּהָרֹת לְבָנֹֽת׃ ד ב חס וב מל[23]
39 וְרָאָה הַכֹּהֵן וְהִנֵּה בְעוֹר־בְּשָׂרָם בֶּהָרֹת כֵּהוֹת לְבָנֹת בֹּהַק הוּא ד ב חס וב מל[23]. ל
40 פָּרַח בָּעוֹר טָהוֹר הֽוּא׃ ס 40 וְאִישׁ כִּי יִמָּרֵט רֹאשׁוֹ קֵרֵחַ הוּא
41 טָהוֹר הֽוּא׃ 41 וְאִם מִפְּאַת פָּנָיו ᵃיִמָּרֵט רֹאשׁוֹᵃ גִּבֵּחַ הוּא טָהוֹר הֽוּא׃
42 וְכִֽי־יִהְיֶה בַקָּרַחַת אוֹ בַגַּבַּחַתᵃ נֶגַע לָבָן אֲדַמְדָּם צָרַעַת פֹּרַחַת ד[24]
43 הִוא בְּקָרַחְתּוֹ אוֹ בְגַבַּחְתּֽוֹ׃ 43 וְרָאָה אֹתוֹᵃ הַכֹּהֵן וְהִנֵּה שְׂאֵת־הַנֶּגַע ג. יד
לְבָנָה אֲדַמְדֶּמֶת בְּקָרַחְתּוֹ אוֹ בְגַבַּחְתּוֹ כְּמַרְאֵה צָרַעַת עוֹר בָּשָֽׂר׃ ג
44 אִישׁ־צָרוּעַ הוּא טָמֵא הוּא טַמֵּא יְטַמְּאֶנּוּ הַכֹּהֵן בְּרֹאשׁוֹ נִגְעֽוֹ׃ ב[25]. יד. ב[26]
45 וְהַצָּרוּעַ אֲשֶׁר־בּוֹ הַנֶּגַע בְּגָדָיו יִהְיוּ פְרֻמִים וְרֹאשׁוֹ יִהְיֶה פָרוּעַ ל. ד[27] ב חד מל וחד חס[28]
46 וְעַל־שָׂפָם יַעְטֶהᵃ וְטָמֵא ׀ טָמֵא יִקְרָֽא׃ 46 כָּל־יְמֵי אֲשֶׁר הַנֶּגַע בּוֹ יִטְמָא ד[29]
47 טָמֵא הוּא בָּדָד יֵשֵׁב מִחוּץ לַֽמַּחֲנֶה מוֹשָׁבֽוֹ׃ ס 47 וְהַבֶּגֶד כִּֽי־ ח[30]. ב[31]. ב[32]
48 יִהְיֶה בוֹ נֶגַע צָרָעַת בְּבֶגֶד צֶמֶר אוֹ בְּבֶגֶד פִּשְׁתִּֽים׃ 48 אוֹ בִשְׁתִי אוֹ ל
49 בְעֵרֶב לַפִּשְׁתִּים וְלַצָּמֶר אוֹ בְעוֹר אוֹ בְּכָל־מְלֶאכֶת עֽוֹר׃ 49 וְהָיָה ל
הַנֶּגַע יְרַקְרַק ׀ אוֹ אֲדַמְדָּם בַּבֶּגֶד אוֹ בָעוֹר אֽוֹ־בַשְּׁתִי אֽוֹ־בָעֵרֶב אוֹ ל
50 בְּכָל־כְּלִי־עוֹר נֶגַע צָרַעַת הוּא וְהָרְאָה אֶת־הַכֹּהֵֽן׃ 50 וְרָאָה הַכֹּהֵן ד. ל
51 אֶת־הַנָּגַע וְהִסְגִּירᵃ אֶת־הַנֶּגַע שִׁבְעַת יָמִֽים׃ 51 וְרָאָה אֶת־הַנֶּגַע בַּיּוֹם
הַשְּׁבִיעִי כִּֽי־פָשָׂה הַנֶּגַע בַּבֶּגֶד אֽוֹ־בַשְּׁתִי אֽוֹ־בָעֵרֶב אוֹ בָעוֹר לְכֹל
אֲשֶׁר־יֵעָשֶׂה הָעוֹר לִמְלָאכָה צָרַעַת מַמְאֶרֶתᵃ הַנֶּגַע טָמֵא הֽוּא׃ לו[33]. ל וכל יחזק דכות[34]
52 וְשָׂרַף אֶת־הַבֶּגֶד אוֹ אֶת־הַשְּׁתִי ׀ אוֹ אֶת־הָעֵרֶב בַּצֶּמֶר אוֹ בַפִּשְׁתִּים יו פסוק את את את. ל
אוֹ אֶת־כָּל־כְּלִי הָעוֹר אֲשֶׁר־יִהְיֶה בוֹ הַנָּגַע כִּֽי־צָרַעַת מַמְאֶרֶתᵃ הִוא
53 בָּאֵשׁ תִּשָּׂרֵֽף׃ 53 וְאִם יִרְאֶה הַכֹּהֵן וְהִנֵּה לֹא־פָשָׂה הַנֶּגַעᵃ בַּבֶּגֶד אוֹ ד. ב בטע בעינ
54 בַשְּׁתִי אוֹ בָעֵרֶב אוֹ בְּכָל־כְּלִי־עֽוֹר׃ 54 וְצִוָּה הַכֹּהֵן וְכִבְּסוּ אֵת אֲשֶׁר־
55 בּוֹ הַנָּגַע וְהִסְגִּירוֹᵃ שִׁבְעַת־יָמִים שֵׁנִֽית׃ 55 וְרָאָה הַכֹּהֵן אַחֲרֵי ׀ הֻכַּבֵּס ב[35]
אֶת־הַנֶּגַע וְהִנֵּה לֹא־הָפַךְ הַנֶּגַע אֶת־עֵינוֹᵃ וְהַנֶּגַע לֹא־פָשָׂה טָמֵא הוּא ט[36]. ל
56 בָּאֵשׁ תִּשְׂרְפֶנּוּ פְּחֶתֶת הִוא בְּקָרַחְתּוֹ אוֹ בְגַבַּחְתּֽוֹ׃ 56 וְאִם רָאָה הַכֹּהֵן ל. ג. ב בטע בעינ[37]

[23] Mm 222. [24] Mm 1147. [25] Lv 20,3. [26] 2 Ch 6,29. [27] Mm 3498. [28] Mm 599. [29] Mm 2703. [30] Mm 2544. [31] 1 S 20,25. [32] Mm 737. [33] Mm 210. [34] Cf Ez 15,3.4.5. [35] Mm 735. [36] Mm 3145. [37] Mp sub loco.

41 a–a > 𝔗 ‖ **42** a ⅏𝔊𝔖𝔗Ms ־חְתּוֹ ‖ **43** a ⅏ אתה ‖ **45** a ⅏ יעטא ‖ **50** a 2 Mss 𝔊𝔖 + הַכֹּהֵן cf 54a ‖ **51** a ⅏ ממראת, it 52a 14,44b ‖ **52** a cf 51a ‖ **53** a 𝔗 הנתק cf 32a ‖ **54** a pc Mss 𝔊𝔖𝔗 + הַכֹּהֵן cf 50a ‖ **55** a ⅏ עיניו ut 5.37.

וְהִנֵּה כֵּהָה הַנֶּגַע אַחֲרֵי הֻכַּבֵּס[a] אֹתוֹ וְקָרַע[b] אֹתוֹ מִן־הַבֶּגֶד אוֹ מִן־ ב̇[38]. ב̇ פסוק מן מן מן מן
57 הָעוֹר אוֹ מִן־הַשְּׁתִי אוֹ מִן־הָעֵרֶב׃ 57 וְאִם־תֵּרָאֶה עוֹד בַּבֶּגֶד אוֹ־ ב̇[39]
בַשְּׁתִי אוֹ־בָעֵרֶב אוֹ בְכָל־כְּלִי־עוֹר פֹּרַחַת הִוא בָּאֵשׁ תִּשְׂרְפֶנּוּ אֵת
58 אֲשֶׁר־בּוֹ הַנָּגַע׃ 58 וְהַבֶּגֶד אוֹ־הַשְּׁתִי אוֹ־הָעֵרֶב אוֹ־כָל־כְּלִי הָעוֹר ב̇[40]
59 אֲשֶׁר תְּכַבֵּס וְסָר מֵהֶם הַנָּגַע וְכֻבַּס שֵׁנִית וְטָהֵר׃ 59 זֹאת תּוֹרַת נֶגַע־ ב̇
צָרַעַת[a] בֶּגֶד הַצֶּמֶר ׀ אוֹ הַפִּשְׁתִּים אוֹ הַשְּׁתִי אוֹ הָעֵרֶב אוֹ כָּל־כְּלִי־ ל̇
עוֹר[b] לְטַהֲרוֹ אוֹ לְטַמְּאוֹ׃ פ טז

ס[י] פרש **14** 1 וַיְדַבֵּר יְהוָה אֶל־מֹשֶׁה לֵּאמֹר׃ 2 זֹאת תִּהְיֶה תּוֹרַת הַמְּצֹרָע
3 בְּיוֹם טָהֳרָתוֹ וְהוּבָא אֶל־הַכֹּהֵן׃ 3 וְיָצָא הַכֹּהֵן אֶל־מִחוּץ לַמַּחֲנֶה
4 וְרָאָה הַכֹּהֵן וְהִנֵּה נִרְפָּא נֶגַע־הַצָּרַעַת מִן־הַצָּרוּעַ׃ 4 וְצִוָּה הַכֹּהֵן ג̇[1]
וְלָקַח[a] לַמִּטַּהֵר שְׁתֵּי־צִפֳּרִים[b] חַיּוֹת טְהֹרוֹת[b] וְעֵץ אֶרֶז וּשְׁנִי תוֹלַעַת
5 וְאֵזֹב׃ 5 וְצִוָּה הַכֹּהֵן וְשָׁחַט[a] אֶת־הַצִּפּוֹר הָאֶחָת אֶל־כְּלִי־חֶרֶשׂ עַל־ ט̇ מל בתור. ז̇[2]
6 מַיִם חַיִּים׃ 6 אֶת־[a]הַצִּפֹּר הַחַיָּה יִקַּח אֹתָהּ וְאֶת־עֵץ הָאֶרֶז[b] וְאֶת־ ל̇
שְׁנִי הַתּוֹלַעַת וְאֶת־הָאֵזֹב וְטָבַל אוֹתָם וְאֵת ׀ הַצִּפֹּר הַחַיָּה בְּדַם ל̇ט מל בתור. ג̇[3] ול פסוק
7 הַצִּפֹּר[b] הַשְּׁחֻטָה עַל[c] הַמַּיִם הַחַיִּים[c]׃ 7 וְהִזָּה עַל הַמִּטַּהֵר מִן־ ב̇ חד מל וחד חס. ד̇ וכל תלים דכות[4]. ל̇[5] ג̇
הַצָּרַעַת שֶׁבַע פְּעָמִים וְטִהֲרוֹ[a] וְשִׁלַּח אֶת־הַצִּפֹּר הַחַיָּה עַל־פְּנֵי ו̇
8 הַשָּׂדֶה׃ 8 וְכִבֶּס הַמִּטַּהֵר אֶת־בְּגָדָיו וְגִלַּח אֶת־כָּל־שְׂעָרוֹ וְרָחַץ ט̇[6] וכל במדבר דכות ב̇ מ̇ ב̇
בַּמַּיִם וְטָהֵר וְאַחַר יָבוֹא אֶל־הַמַּחֲנֶה וְיָשַׁב מִחוּץ לְאָהֳלוֹ שִׁבְעַת ז̇ מל בתור
9 יָמִים׃ 9 וְהָיָה בַיּוֹם הַשְּׁבִיעִי יְגַלַּח אֶת־כָּל־שְׂעָרוֹ אֶת־רֹאשׁוֹ וְאֶת־ ב̇
זְקָנוֹ וְאֵת גַּבֹּת עֵינָיו וְאֶת־כָּל־שְׂעָרוֹ יְגַלֵּחַ וְכִבֶּס אֶת־בְּגָדָיו וְרָחַץ ט̇[6] וכל במדבר דכות ב̇ מ̇ ב̇
10 אֶת־בְּשָׂרוֹ בַּמַּיִם וְטָהֵר׃ 10 וּבַיּוֹם הַשְּׁמִינִי יִקַּח שְׁנֵי־כְבָשִׂים
תְּמִימִים[a] וְכַבְשָׂה אַחַת בַּת־שְׁנָתָהּ תְּמִימָה וּשְׁלֹשָׁה עֶשְׂרֹנִים סֹלֶת
11 מִנְחָה בְּלוּלָה בַשֶּׁמֶן וְלֹג[b] אֶחָד שָׁמֶן[b]׃ 11 וְהֶעֱמִיד הַכֹּהֵן הַמְטַהֵר ל̇
12 אֵת הָאִישׁ הַמִּטַּהֵר וְאֹתָם לִפְנֵי יְהוָה פֶּתַח אֹהֶל מוֹעֵד׃ 12 וְלָקַח ג̇ ב̇ מל וחד חס[7]
הַכֹּהֵן אֶת־הַכֶּבֶשׂ הָאֶחָד וְהִקְרִיב אֹתוֹ לְאָשָׁם וְאֶת־לֹג הַשָּׁמֶן וְהֵנִיף

[38]Mm 735. [39]Mm 736. [40]Mm 737. **Cp 14** [1]Mm 738. [2]Mm 739. [3]Mm 740. [4]Mm 741. [5]Mm 880. [6]Mm 734. [7]Mm 2807.

56 [a] ш הכבסו ‖ [b] ш pl ‖ **59** [a] ш הצ׳ ‖ [b] ш הע׳ ‖ **Cp 14,4** [a] ш𝔊𝔖 pl, it 5[a] ‖ [b–b] > ℭ ‖ **5** [a] cf 4[a] ‖ **6** [a] pc Mss ш𝔊𝔖𝔙 ואת ‖ [b] > ℭ ‖ [c–c] ш מ׳ ח׳ ‖ **7** [a] 𝔊 *καὶ καθαρὸς ἔσται* cf 8.9 ‖ **10** [a] ш𝔊 + בני שנה ‖ [b–b] ш𝔊 invers cf 21[a].

13 אֹתָ֛ם תְּנוּפָ֖ה לִפְנֵ֥י יְהוָֽה׃ ‏13 וְשָׁחַ֣ט אֶת־הַכֶּ֗בֶשׂ בִּמְק֞וֹם אֲשֶׁ֤ר יִשְׁחַט֙

אֶת־הַֽחַטָּאת֙ וְאֶת־הָ֣עֹלָ֔ה בִּמְק֖וֹם הַקֹּ֑דֶשׁ כִּ֡י כַּ֠חַטָּאת הָאָשָׁ֥ם הוּא֙

14 לַכֹּהֵ֔ן קֹ֥דֶשׁ קָֽדָשִׁ֖ים הֽוּא׃ ‏14 וְלָקַ֣ח הַכֹּהֵן֮ מִדַּ֣ם הָאָשָׁם֒ וְנָתַן֙ הַכֹּהֵ֔ן

עַל־תְּנ֛וּךְ אֹ֥זֶן הַמִּטַּהֵ֖ר הַיְמָנִ֑ית וְעַל־בֹּ֤הֶן יָדוֹ֙ הַיְמָנִ֔ית וְעַל־בֹּ֥הֶן רַגְל֖וֹ

15 הַיְמָנִֽית׃ ‏15 וְלָקַ֥ח הַכֹּהֵ֖ן מִלֹּ֣ג הַשָּׁ֑מֶן וְיָצַ֛ק עַל־כַּ֥ף הַכֹּהֵ֖ן הַשְּׂמָאלִֽית׃

16 וְטָבַ֤ל הַכֹּהֵן֙ אֶת־אֶצְבָּע֣וֹ הַיְמָנִ֔ית מִן־הַשֶּׁ֕מֶן אֲשֶׁ֥ר עַל־כַּפּ֖וֹ

הַשְּׂמָאלִ֑ית וְהִזָּ֨ה מִן־הַשֶּׁ֧מֶן בְּאֶצְבָּע֛וֹ שֶׁ֥בַע פְּעָמִ֖ים לִפְנֵ֥י יְהוָֽה׃

17 וּמִיֶּ֨תֶר הַשֶּׁ֜מֶן אֲשֶׁ֣ר עַל־כַּפּ֗וֹ יִתֵּ֤ן הַכֹּהֵן֙ עַל־תְּנ֞וּךְ אֹ֤זֶן הַמִּטַּהֵר֙

הַיְמָנִ֔ית וְעַל־בֹּ֤הֶן יָדוֹ֙ הַיְמָנִ֔ית וְעַל־בֹּ֥הֶן רַגְל֖וֹ הַיְמָנִ֑ית עַ֖ל דַּ֥ם

18 הָאָשָֽׁם׃ ‏18 וְהַנּוֹתָ֗ר בַּשֶּׁ֙מֶן֙ אֲשֶׁר֙ עַל־כַּ֣ף הַכֹּהֵ֔ן יִתֵּ֖ן עַל־רֹ֣אשׁ הַמִּטַּהֵ֑ר

19 וְכִפֶּ֥ר עָלָ֛יו הַכֹּהֵ֖ן לִפְנֵ֥י יְהוָֽה׃ ‏19 וְעָשָׂ֤ה הַכֹּהֵן֙ אֶת־הַ֣חַטָּ֔את וְכִפֶּ֕ר

20 עַל־הַמִּטַּהֵ֖ר מִטֻּמְאָת֑וֹ וְאַחַ֖ר יִשְׁחַ֥ט אֶת־הָעֹלָֽה׃ ‏20 וְהֶעֱלָ֧ה הַכֹּהֵ֛ן

אֶת־הָעֹלָ֥ה וְאֶת־הַמִּנְחָ֖ה הַמִּזְבֵּ֑חָה וְכִפֶּ֥ר עָלָ֛יו הַכֹּהֵ֖ן וְטָהֵֽר׃ ס

21 וְאִם־דַּ֣ל ה֗וּא וְאֵ֣ין יָדוֹ֮ מַשֶּׂגֶת֒ וְ֠לָקַח כֶּ֣בֶשׂ אֶחָ֥ד אָשָׁ֛ם לִתְנוּפָ֖ה

לְכַפֵּ֣ר עָלָ֑יו וְעִשָּׂר֨וֹן סֹ֜לֶת אֶחָ֨ד בָּל֥וּל בַּשֶּׁ֛מֶן לְמִנְחָ֖ה וְלֹ֥ג שָֽׁמֶן׃

22 וּשְׁתֵּ֣י תֹרִ֗ים א֤וֹ שְׁנֵי֙ בְּנֵ֣י יוֹנָ֔ה אֲשֶׁ֥ר תַּשִּׂ֖יג יָד֑וֹ וְהָיָ֤ה אֶחָד֙ חַטָּ֔את

23 וְהָאֶחָ֖ד עֹלָֽה׃ ‏23 וְהֵבִ֨יא אֹתָ֜ם בַּיּ֧וֹם הַשְּׁמִינִ֛י לְטָהֳרָת֖וֹ אֶל־הַכֹּהֵ֑ן

24 אֶל־פֶּ֥תַח אֹֽהֶל־מוֹעֵ֖ד לִפְנֵ֥י יְהוָֽה׃ ‏24 וְלָקַ֧ח הַכֹּהֵ֛ן אֶת־כֶּ֥בֶשׂ הָאָשָׁ֖ם

וְאֶת־לֹ֣ג הַשָּׁ֑מֶן וְהֵנִ֨יף אֹתָ֧ם הַכֹּהֵ֛ן תְּנוּפָ֖ה לִפְנֵ֥י יְהוָֽה׃ ‏25 וְשָׁחַט֮ אֶת־

25 כֶּ֣בֶשׂ הָאָשָׁם֒ וְלָקַ֤ח הַכֹּהֵן֙ מִדַּ֣ם הָֽאָשָׁ֔ם וְנָתַ֛ן עַל־תְּנ֥וּךְ אֹֽזֶן־הַמִּטַּהֵ֖ר

26 הַיְמָנִ֑ית וְעַל־בֹּ֤הֶן יָדוֹ֙ הַיְמָנִ֔ית וְעַל־בֹּ֥הֶן רַגְל֖וֹ הַיְמָנִֽית׃ ‏26 וּמִן־הַשֶּׁ֖מֶן

יִצֹ֣ק הַכֹּהֵ֑ן עַל־כַּ֥ף הַכֹּהֵ֖ן הַשְּׂמָאלִֽית׃ ‏27 וְהִזָּ֤ה הַכֹּהֵן֙ בְּאֶצְבָּע֣וֹ

27 הַיְמָנִ֔ית מִן־הַשֶּׁ֕מֶן אֲשֶׁ֥ר עַל־כַּפּ֖וֹ הַשְּׂמָאלִ֑ית שֶׁ֥בַע פְּעָמִ֖ים לִפְנֵ֥י

28 יְהוָֽה׃ ‏28 וְנָתַ֨ן הַכֹּהֵ֜ן מִן־הַשֶּׁ֗מֶן ׀ אֲשֶׁ֣ר עַל־כַּפּוֹ֮ עַל־תְּנ֣וּךְ אֹ֣זֶן הַמִּטַּהֵר֒

הַיְמָנִ֔ית וְעַל־בֹּ֤הֶן יָדוֹ֙ הַיְמָנִ֔ית וְעַל־בֹּ֥הֶן רַגְל֖וֹ הַיְמָנִ֑ית עַל־מְק֖וֹם דַּ֥ם

Masora parva (right margin):

ח⁸ ג

ז⁹ וⁱ⁰ מנה בתורי

ח¹¹ . כה

ל . ח¹¹ . כה

ח¹² . ה¹³ וכל הקטרה דכות ב מ ג

ל¹⁴ . יב וכל דל ואביון דכות ל¹⁵ . ל

וⁱ⁶ . ה ג מל וב חס¹⁷ . ד

ל¹⁸

ח¹¹ . כה

ח¹¹ . כה

ג¹⁹

Masora magna footnotes:

⁸Mm 2983.   ⁹Mm 4108.   ¹⁰Mm 831.   ¹¹Mm 742.   ¹²Mm 1930.   ¹³Mm 4235.   ¹⁴וחד אם דל¹⁴ Ru 3,10.   ¹⁵וחד למשגבת 1Ch 21,12.   ¹⁶Mm 745.   ¹⁷Mm 999.   ¹⁸Mm 743.   ¹⁹Mm 744.

Apparatus:

13 ᵃ ꟙ𝔊 pl ‖ ᵇ Ms ꟙ כָא' ‖ 14 ᵃ > pc Mss ꟙ𝔊ᵐⁱⁿ ‖ 16 ᵃ > ꟙ ‖ 17 ᵃ 𝔊𝔖𝔗ᴶ + τὸν τόπον cf 28 ‖ 19 ᵃ 𝔊 + ὁ ἱερεύς ‖ 20 ᵃ ꟙ𝔊 + לִפְנֵי יהוה ‖ 21 ᵃ 𝔊 ἐλαίου μίαν cf 10ᵇ⁻ᵇ ‖ 22 ᵃ 𝔊(𝔖𝔗𝔗ᴶ) ἡ μία = הָאֶחָד ut 22bβ.31 ‖ ᵇ ꟙ𝔊ᵐⁱⁿ ואחד ‖ 24 ᵃ > 𝔗 Ms ꟙ𝔊𝔗ᴶ ‖ 27 ᵃ⁻ᵃ > 𝔗 (homtel).

29 הָאָשָׁם׃ 29 וְהַנּוֹתָר [a]מִן־הַשֶּׁמֶן[a] אֲשֶׁר עַל־כַּף הַכֹּהֵן יִתֵּן עַל־רֹאשׁ
30 הַמִּטַּהֵר לְכַפֵּר עָלָיו לִפְנֵי יְהוָה׃ 30 וְעָשָׂה אֶת־הָאֶחָד מִן־הַתֹּרִים — ל[20]
31 אוֹ מִן־בְּנֵי הַיּוֹנָה מֵאֲשֶׁר תַּשִּׂיג יָדוֹ׃ 31 [a]אֵת אֲשֶׁר־תַּשִּׂיג יָדוֹ[a] אֶת־ — ד[21] וכל לשון ארמי וכל ד״ה דכות ב מ ז . ד ר״פ את את ואת[22]
הָאֶחָד חַטָּאת וְאֶת־הָאֶחָד עֹלָה עַל־הַמִּנְחָה וְכִפֶּר הַכֹּהֵן[b] עַל — ד[23] . ח[24] בטע בסיפ וחד מן ח בטע דין . ג
32 הַמִּטַּהֵר לִפְנֵי יְהוָה׃ 32 זֹאת תּוֹרַת אֲשֶׁר־בּוֹ נֶגַע צָרָעַת אֲשֶׁר לֹא־
תַשִּׂיג יָדוֹ בְּטָהֳרָתוֹ׃ פ — ל
ס[יא] 33 וַיְדַבֵּר יְהוָה אֶל־מֹשֶׁה וְאֶל־אַהֲרֹן לֵאמֹר׃ 34 כִּי תָבֹאוּ אֶל־ — יא[25]
אֶרֶץ כְּנַעַן אֲשֶׁר אֲנִי נֹתֵן לָכֶם לַאֲחֻזָּה וְנָתַתִּי נֶגַע צָרַעַת בְּבֵית אֶרֶץ
35 אֲחֻזַּתְכֶם׃ 35 וּבָא אֲשֶׁר־לוֹ הַבַּיִת וְהִגִּיד לַכֹּהֵן לֵאמֹר כְּנֶגַע נִרְאָה לִי — יז ר״פ . ל . ב[26]
36 בַּבָּיִת׃ 36 וְצִוָּה הַכֹּהֵן וּפִנּוּ אֶת־הַבַּיִת בְּטֶרֶם יָבֹא הַכֹּהֵן לִרְאוֹת — יג פסוק את את את בסיפ
אֶת־הַנֶּגַע וְלֹא יִטְמָא כָּל־אֲשֶׁר בַּבָּיִת וְאַחַר[a] כֵּן יָבֹא הַכֹּהֵן לִרְאוֹת — ב
37 אֶת־הַבָּיִת׃ 37 וְרָאָה[a] אֶת־הַנֶּגַע וְהִנֵּה הַנֶּגַע בְּקִירֹת הַבַּיִת שְׁקַעֲרוּרֹת — ל
38 יְרַקְרַקֹּת אוֹ אֲדַמְדַּמֹּת וּמַרְאֵיהֶן שָׁפָל מִן־הַקִּיר׃ 38 וְיָצָא הַכֹּהֵן — ל . ל . ד[27]
39 מִן־הַבַּיִת אֶל־פֶּתַח הַבָּיִת וְהִסְגִּיר אֶת־הַבַּיִת שִׁבְעַת יָמִים׃ 39 וְשָׁב
40 הַכֹּהֵן בַּיּוֹם הַשְּׁבִיעִי וְרָאָה[a] וְהִנֵּה פָּשָׂה הַנֶּגַע בְּקִירֹת הַבָּיִת׃ 40 וְצִוָּה — ג בעינ
הַכֹּהֵן וְחִלְּצוּ אֶת־הָאֲבָנִים אֲשֶׁר בָּהֵן הַנָּגַע וְהִשְׁלִיכוּ אֶתְהֶן אֶל־ — ל . הי[28]
41 מִחוּץ לָעִיר אֶל־מָקוֹם טָמֵא׃ 41 וְאֶת־הַבַּיִת יַקְצִעַ[a] מִבַּיִת סָבִיב — ה[29] . ל וחס
וְשָׁפְכוּ אֶת־הֶעָפָר [b]אֲשֶׁר הִקְצוּ[b][c] אֶל־מִחוּץ לָעִיר אֶל־מָקוֹם טָמֵא׃ — ל
42 42 וְלָקְחוּ אֲבָנִים[a] אֲחֵרוֹת[b] וְהֵבִיאוּ אֶל־תַּחַת הָאֲבָנִים וְעָפָר אַחֵר — ד[30]
43 יִקַּח[c] וְטָח אֶת־הַבָּיִת׃ 43 וְאִם־יָשׁוּב הַנֶּגַע וּפָרַח בַּבַּיִת אַחַר[a] חִלֵּץ[b] — ל קמ . ל[31]
44 אֶת־הָאֲבָנִים וְאַחֲרֵי הִקְצוֹת[c] אֶת־הַבַּיִת וְאַחֲרֵי הִטּוֹחַ׃ 44 וּבָא — ב . יז ר״פ
הַכֹּהֵן וְרָאָה וְהִנֵּה פָּשָׂה[a] הַנֶּגַע בַּבָּיִת צָרַעַת מַמְאֶרֶת[b] הִוא[c] בַּבַּיִת — ג בעינ
45 טָמֵא הוּא׃ 45 וְנָתַץ[a] אֶת־הַבַּיִת אֶת־אֲבָנָיו וְאֶת־עֵצָיו וְאֵת כָּל־עֲפַר — יח פסוק את את ואת . ל[32] . ה דקדמין לעצים[33] . ב
46 הַבָּיִת וְהוֹצִיא[b] אֶל־מִחוּץ לָעִיר אֶל־מָקוֹם טָמֵא׃ 46 וְהַבָּא אֶל־ — ב[34]

[20] Mm 745. [21] Mm 665. [22] Mm 2599. [23] Mm 746. [24] Mm 747. [25] Mm 852. [26] Jer 31,3. [27] Mm 302. [28] Mm 640. [29] Mm 748. [30] Mm 749. [31] Mm 2172. [32] וחד ואת אבניו Sach 5,4. [33] Mm 4157. [34] 2 Ch 23,7.

29 [a–a] 𝔪 בַּשֶּׁמֶן ‖ **31** [a–a] > 𝔊𝔖, dl (dttg) ‖ [b] > 𝔪 ‖ **36** [a] 𝔪 ־רֵי cf 43[a] ‖ **37** [a] 𝔪𝔊[Mmin] 𝔏𝔗[J] + הכהן ‖ **39** [a] 𝔊 + *τὴν οἰκίαν* ‖ **41** [a] 𝔪𝔊𝔖𝔗𝔗[J] pl ‖ [b–b] > 𝔊* ‖ [c] 𝔪 הקיצו; l prb הִקְצִעוּ cf 𝔊[Mss]𝔖𝔗𝔗[J] et 43[c] ‖ **42** [a] 𝔊 + *ἀπεξυσμένους* ‖ [b] 𝔊[BA] *στερεούς*. ‖ [c] 𝔪𝔊 pl ‖ **43** [a] cf 36[a] ‖ [b] 𝔊(𝔖𝔗𝔗[J]) *τὸ ἐξελεῖν* = חַלֵּץ, 𝔪 חִלְּצוּ ‖ [c] crrp; 𝔊(𝔖𝔗𝔗[J]) *τὸ ἀποξυσθῆναι* (ad inf cf הטוח), l הַקְצִיעַ cf 41[c] ‖ **44** [a] 𝔪 פרח, it 48[a] ‖ [b] cf 13,51[a] ‖ [c] > 𝔪 ‖ **45** [a] 𝔪𝔊𝔖𝔗[J] pl ‖ [b] 𝔪𝔊𝔖 pl.

47 הַבַּיִת כָּל־יְמֵי הִסְגִּיר אֹתוֹ יִטְמָא עַד־הָעָרֶב׃ 47 וְהַשֹּׁכֵב בַּבַּיִת יְכַבֵּס
48 אֶת־בְּגָדָיו[a] וְהָאֹכֵל בַּבַּיִת יְכַבֵּס אֶת־בְּגָדָיו[a]׃ 48 וְאִם־בֹּא יָבֹא הַכֹּהֵן ל
וְרָאָה וְהִנֵּה לֹא־פָשָׂה[a] הַנֶּגַע בַּבַּיִת אַחֲרֵי הִטֹּחַ אֶת־הַבָּיִת וְטִהַר ג בעינ . ב ול חס
49 הַכֹּהֵן אֶת־הַבַּיִת כִּי נִרְפָּא הַנָּגַע׃ 49 וְלָקַח[a] לְחַטֵּא אֶת־הַבַּיִת שְׁתֵּי ל
50 צִפֳּרִים[b] וְעֵץ אֶרֶז וּשְׁנִי תוֹלַעַת וְאֵזֹב׃ 50 וְשָׁחַט אֶת־הַצִּפֹּר הָאֶחָת
51 אֶל־כְּלִי־חֶרֶשׂ עַל־מַיִם חַיִּים׃ 51 וְלָקַח אֶת־עֵץ־הָאֶרֶז[a] וְאֶת־הָאֵזֹב ז[35]
וְאֵת ׀ שְׁנִי הַתּוֹלַעַת[a] וְאֵת הַצִּפֹּר הַחַיָּה וְטָבַל אֹתָם[b] בְּדַם הַצִּפֹּר ג[36]
52 הַשְּׁחוּטָה וּבַמַּיִם הַחַיִּים וְהִזָּה אֶל־הַבַּיִת שֶׁבַע פְּעָמִים׃ 52 וְחִטֵּא אֶת־ ב חד מל וחד חס . ל
הַבַּיִת בְּדַם הַצִּפּוֹר וּבַמַּיִם הַחַיִּים וּבַצִּפֹּר הַחַיָּה וּבְעֵץ הָאֶרֶז[a] וּבָאֵזֹב ט מל בתור . ל
53 וּבִשְׁנִי הַתּוֹלָעַת[a]׃ 53 וְשִׁלַּח אֶת־הַצִּפֹּר הַחַיָּה אֶל־מִחוּץ לָעִיר אֶל־ ט[37] וכל צורת הבית דכות ב מ ד
54 פְּנֵי הַשָּׂדֶה וְכִפֶּר עַל־הַבַּיִת וְטָהֵר׃ 54 זֹאת הַתּוֹרָה לְכָל־נֶגַע הַצָּרַעַת ד וכל מלכים וישעיה דכות ב מ ד . ג[38]
55 56 וְלַנָּתֶק׃ 55 וּלְצָרַעַת הַבֶּגֶד וְלַבָּיִת׃ 56 וְלַשְׂאֵת וְלַסַּפַּחַת וְלַבֶּהָרֶת׃ ל . יד פסוק בתור[39] . ל וחד מן יד[39] פסוק בתור . ל . ל
57 לְהוֹרֹת[a] בְּיוֹם הַטָּמֵא וּבְיוֹם הַטָּהֹר זֹאת תּוֹרַת הַצָּרָעַת׃ ס ה חס
ס [יב] **15** 1 וַיְדַבֵּר יְהוָה אֶל־מֹשֶׁה וְאֶל־אַהֲרֹן לֵאמֹר׃ 2 דַּבְּרוּ[a] אֶל־ יא[1] . ג ר״פ בתור[2]
בְּנֵי יִשְׂרָאֵל וַאֲמַרְתֶּם[a] אֲלֵהֶם אִישׁ אִישׁ [b]כִּי יִהְיֶה זָב[b] מִבְּשָׂרוֹ זוֹבוֹ ב
3 טָמֵא הוּא׃ 3 וְזֹאת תִּהְיֶה[a] טֻמְאָתוֹ בְּזוֹבוֹ רָר בְּשָׂרוֹ אֶת־זוֹבוֹ אוֹ־ כה וי[3] מנה ר״פ . ל
4 הֶחְתִּים בְּשָׂרוֹ מִזּוֹבוֹ[b] טֻמְאָתוֹ הִוא׃ 4 כָּל־[a]הַמִּשְׁכָּב אֲשֶׁר יִשְׁכַּב ל
5 עָלָיו הַזָּב יִטְמָא וְכָל־הַכְּלִי אֲשֶׁר־יֵשֵׁב עָלָיו יִטְמָא׃ 5 וְאִישׁ אֲשֶׁר ב
6 יִגַּע בְּמִשְׁכָּבוֹ יְכַבֵּס בְּגָדָיו וְרָחַץ בַּמַּיִם וְטָמֵא עַד־הָעָרֶב׃ 6 וְהַיֹּשֵׁב
עַל־הַכְּלִי אֲשֶׁר־יֵשֵׁב עָלָיו הַזָּב יְכַבֵּס בְּגָדָיו וְרָחַץ בַּמַּיִם וְטָמֵא עַד־ ב
7 הָעָרֶב׃ 7 וְהַנֹּגֵעַ בִּבְשַׂר הַזָּב יְכַבֵּס בְּגָדָיו וְרָחַץ בַּמַּיִם וְטָמֵא עַד־ חצי הספר בפסוקים ג בתור
8 הָעָרֶב׃ 8 וְכִי־יָרֹק הַזָּב בַּטָּהוֹר וְכִבֶּס[a] בְּגָדָיו וְרָחַץ בַּמַּיִם וְטָמֵא ג ב חס וחד מל[4] . ט[5] ד מנה בעינ וכל במדבר דכות ב מ ב
9 10 עַד־הָעָרֶב׃ 9 וְכָל־הַמֶּרְכָּב אֲשֶׁר יִרְכַּב[a] עָלָיו הַזָּב יִטְמָא[b]׃ 10 וְכָל־
הַנֹּגֵעַ בְּכֹל אֲשֶׁר יִהְיֶה תַחְתָּיו יִטְמָא עַד־הָעָרֶב וְהַנּוֹשֵׂא אוֹתָם יְכַבֵּס ל מל . לט מל בתור

[35]Mm 739. [36]Mm 740. [37]Mm 3937. [38]Mm 738. [39]Mm 750. **Cp 15** [1]Mm 852. [2]Mm 719. [3]Mm 856. [4]Mm 751. [5]Mm 734.

47 a 𝔊 + *καὶ ἀκάθαρτος ἔσται ἕως ἑσπέρας* ‖ **48** a cf 44a ‖ **49** a ш pl ‖ b 𝔊* + *ζῶντα καθαρά* cf 4 ‖ **51** a–a ш𝔊 invers ut 49 ‖ b 𝔊BA *αὐτό* = אתה ‖ **52** a–a ш invers ‖ **57** a pc Mss 𝔊𝔖 'וּל ‖ **Cp 15,2** a 𝔊 sg ‖ b–b 𝔊 *ᾧ ἐὰν γένηται ῥύσις* ‖ **3** a 𝔊 *ὁ νόμος* cf 32 ‖ b ш𝔊 + טמא הוא כל־יְמֵי־זֹב בשרו או החתים בשרו מזובו ‖ **4** a pc Mss 𝔖 וְכָל ‖ **8** a ш𝔊𝔖𝔗Ms יכבס cf 11b ‖ **9** a > ℭ 1°, 2° ישכב ‖ b 𝔊 + *ἕως ἑσπέρας*.

11 בְּגָדָ֛יו וְרָחַ֥ץ בַּמַּ֖יִם וְטָמֵ֥א עַד־הָעָֽרֶב׃ 11 וְכֹ֨ל אֲשֶׁ֤ר יִגַּע־בּוֹ֙ הַזָּ֔ב
וְיָדָ֖יו[a] לֹא־שָׁטַ֣ף בַּמָּ֑יִם וְכִבֶּ֧ס[b] בְּגָדָ֛יו וְרָחַ֥ץ בַּמַּ֖יִם וְטָמֵ֥א עַד־הָעָֽרֶב׃ ד . ט[6] ד מנה בעינ וכל במדבר דכות ב מ ב
12 וּכְלִי־חֶ֛רֶשׂ אֲשֶׁר־יִגַּע־בּ֥וֹ הַזָּ֖ב יִשָּׁבֵ֑ר[a] וְכָל־כְּלִי־[a] עֵ֔ץ יִשָּׁטֵ֖ף בַּמָּֽיִם׃ ה[7]
13 וְכִֽי־יִטְהַ֤ר הַזָּב֙ מִזּוֹב֔וֹ וְסָ֨פַר ל֜וֹ שִׁבְעַ֥ת יָמִ֛ים לְטָהֳרָת֖וֹ וְכִבֶּ֣ס בְּגָדָ֑יו ל . ט[6] ד מנה בעינ וכל במדבר דכות ב מ ב
14 וְרָחַ֧ץ בְּשָׂר֛וֹ בְּמַ֥יִם חַיִּ֖ים[a] וְטָהֵֽר׃ 14 וּבַיּ֣וֹם הַשְּׁמִינִ֗י יִֽקַּֽח־לוֹ֙ שְׁתֵּ֣י ד[8] . ז רפי[9]
תֹרִ֔ים א֥וֹ שְׁנֵ֖י בְּנֵ֣י יוֹנָ֑ה וּבָ֣א[a] ׀ לִפְנֵ֣י יְהוָ֗ה אֶל־פֶּ֙תַח֙ אֹ֣הֶל מוֹעֵ֔ד וּנְתָנָ֖ם
15 אֶל־הַכֹּהֵֽן׃ 15 וְעָשָׂ֤ה אֹתָם֙ הַכֹּהֵ֔ן אֶחָ֣ד חַטָּ֔את וְהָאֶחָ֖ד[a] עֹלָ֑ה וְכִפֶּ֨ר ד[10]
16 עָלָ֧יו הַכֹּהֵ֛ן לִפְנֵ֥י יְהוָ֖ה מִזּוֹבֽוֹ׃ ס 16 וְאִ֕ישׁ כִּֽי־תֵצֵ֥א מִמֶּ֖נּוּ
17 שִׁכְבַת־זָ֑רַע וְרָחַ֥ץ בַּמַּ֛יִם אֶת־כָּל־בְּשָׂר֖וֹ וְטָמֵ֥א עַד־הָעָֽרֶב׃ 17 וְכָל־ ג[11] . ח פסוק וכל וכל ומילה חדה ביניה וחד מנ י ר"פ וכל ומ"פ וכל
בֶּ֣גֶד וְכָל־ע֔וֹר אֲשֶׁר־יִהְיֶ֥ה עָלָ֖יו שִׁכְבַת־זָ֑רַע וְכֻבַּ֥ס בַּמַּ֖יִם וְטָמֵ֥א ל . ב
18 עַד־הָעָֽרֶב׃ פ 18 וְאִשָּׁ֕ה אֲשֶׁ֨ר יִשְׁכַּ֥ב אִ֛ישׁ[a] אֹתָ֖הּ שִׁכְבַת־זָ֑רַע כב
19 וְרָחֲצ֣וּ בַמַּ֔יִם וְטָמְא֖וּ עַד־הָעָֽרֶב׃ 19 וְאִשָּׁה֙ כִּֽי־תִהְיֶ֣ה זָבָ֔ה דָּ֛ם יִהְיֶ֥ה כב
זֹבָ֖הּ בִּבְשָׂרָ֑הּ שִׁבְעַ֤ת יָמִים֙ תִּהְיֶ֣ה בְנִדָּתָ֔הּ וְכָל־הַנֹּגֵ֥עַ בָּ֖הּ יִטְמָ֥א עַד־ ב
20 הָעָֽרֶב׃ 20 וְכֹל֩ אֲשֶׁ֨ר תִּשְׁכַּ֥ב עָלָ֛יו בְּנִדָּתָ֖הּ יִטְמָ֑א וְכֹ֛ל אֲשֶׁר־תֵּשֵׁ֥ב י ר"פ וכל ומ"פ וכל
21 עָלָ֖יו יִטְמָֽא׃ 21 וְכָל־הַנֹּגֵ֖עַ בְּמִשְׁכָּבָ֑הּ יְכַבֵּ֥ס בְּגָדָ֛יו וְרָחַ֥ץ בַּמַּ֖יִם וְטָמֵ֥א
22 עַד־הָעָֽרֶב׃ 22 וְכָל־הַנֹּגֵ֔עַ [a]בְּכָל־כְּלִי[b] אֲשֶׁר־תֵּשֵׁ֥ב עָלָ֖יו[a] יְכַבֵּ֣ס
23 בְּגָדָ֛יו וְרָחַ֥ץ בַּמַּ֖יִם וְטָמֵ֥א עַד־הָעָֽרֶב׃ 23 וְאִ֨ם עַֽל־הַמִּשְׁכָּ֜ב ה֗וּא[a] א֧וֹ
עַֽל־הַכְּלִ֛י אֲשֶׁר־הִ֥וא יֹשֶֽׁבֶת־עָלָ֖יו בְּנָגְעוֹ־ב֑וֹ יִטְמָ֖א עַד־הָעָֽרֶב׃ ב . ח חס[12]
24 וְאִ֨ם שָׁכֹ֜ב יִשְׁכַּ֥ב אִישׁ֙[a] אֹתָ֔הּ וּתְהִ֤י נִדָּתָהּ֙ עָלָ֔יו וְטָמֵ֖א[b] שִׁבְעַ֣ת יָמִ֑ים יד רפי[13] . ב
[יג]ס 25 וְכָל־הַמִּשְׁכָּ֛ב אֲשֶׁר־יִשְׁכַּ֥ב עָלָ֖יו יִטְמָֽא׃ פ 25 וְאִשָּׁ֡ה כִּֽי־יָזוּב֩ כב ב מנה בטע
ז֨וֹב דָּמָ֜הּ יָמִ֣ים רַבִּ֗ים בְּלֹא֙ עֶת־נִדָּתָ֔הּ א֥וֹ כִֽי־תָז֖וּב עַל־נִדָּתָ֑הּ כָּל־
26 יְמֵ֞י ז֣וֹב טֻמְאָתָ֗הּ כִּימֵ֧י נִדָּתָ֛הּ תִּהְיֶ֖ה טְמֵאָ֥ה הִֽוא׃ 26 כָּל[a]־הַמִּשְׁכָּ֞ב יג פסוק כל כל וכל
אֲשֶׁר־תִּשְׁכַּ֤ב עָלָיו֙ כָּל־יְמֵ֣י זוֹבָ֔הּ כְּמִשְׁכַּ֥ב נִדָּתָ֖הּ יִֽהְיֶה־לָּ֑הּ וְכָל־ ב . ב
27 הַכְּלִי֙ אֲשֶׁ֣ר תֵּשֵׁ֣ב עָלָ֔יו טָמֵ֣א יִהְיֶ֔ה כְּטֻמְאַ֖ת נִדָּתָֽהּ׃ 27 וְכָל[a]־הַנּוֹגֵ֥עַ ב[14] . ג מל[15]
28 בָּ֖ם[b] יִטְמָ֑א וְכִבֶּ֧ס בְּגָדָ֛יו וְרָחַ֥ץ בַּמַּ֖יִם וְטָמֵ֥א עַד־הָעָֽרֶב׃ 28 וְאִם־ ט[6] ד מנה בעינ וכל במדבר דכות ב מ ב

[6] Mm 734. [7] Mm 945. [8] Mm 752. [9] Mm 753. [10] Mm 743. [11] Mm 754. [12] Mm 2184. [13] Mm 174. [14] Ez 36,17. [15] Mm 755.

11 [a] pc Mss ш וידו ‖ [b] ш𝔊𝔖 ut 8[a] ‖ **12** [a–a] Ms 𝔊𝔙 וּכְלִי ‖ **13** [a] > 𝔊[BA] ‖ **14** [a] 𝔊(𝔖𝔗[J]) *καὶ οἴσει αὐτά* = וֶהֱבִיאָם cf 29 ‖ **15** [a] ш𝔊𝔖𝔗𝔗[J] ואחד ‖ **18** [a] ш אִשָּׁה, it 24[a] ‖ **22** [a–a] > ℭ ‖ [b] шℭ𝔗[J] הַכְּלִי ‖ **23** [a] ш היא ‖ **24** [a] cf 18[a] ‖ [b] ш יטמא ‖ **26** [a] pc Mss 𝔊*𝔖𝔗[J] וְכָל ‖ **27** [a] 2 Mss 𝔊 om cop ‖ [b] pc Mss 𝔊 בָּהּ.

29 טָהֲרָה מִזּוֹבָהּ וְסָפְרָה לָּהּ שִׁבְעַת יָמִים וְאַחַר תִּטְהָר׃ 29 וּבַיּוֹם ל
הַשְּׁמִינִי תִּקַּח־לָהּ שְׁתֵּי תֹרִים אוֹ שְׁנֵי בְּנֵי יוֹנָה וְהֵבִיאָה אוֹתָם אֶל־ ל[16]. לט מל בתור
30 הַכֹּהֵן אֶל־פֶּתַח אֹהֶל מוֹעֵד׃ 30 וְעָשָׂה הַכֹּהֵן אֶת־הָאֶחָד חַטָּאת
וְאֶת־הָאֶחָד עֹלָה וְכִפֶּר עָלֶיהָ הַכֹּהֵן לִפְנֵי יְהוָה מִזּוֹב טֻמְאָתָהּ׃ ד[17]
31 וְהִזַּרְתֶּם[a] אֶת־בְּנֵי־יִשְׂרָאֵל מִטֻּמְאָתָם וְלֹא יָמֻתוּ בְּטֻמְאָתָם בְּטַמְּאָם ל. ב. ל
32 אֶת־מִשְׁכָּנִי אֲשֶׁר בְּתוֹכָם׃ 32 זֹאת תּוֹרַת הַזָּב וַאֲשֶׁר תֵּצֵא ג[18]. ל
33 מִמֶּנּוּ שִׁכְבַת־זֶרַע לְטָמְאָה־בָהּ׃ 33 וְהַדָּוָה בְּנִדָּתָהּ וְהַזָּב אֶת־זוֹבוֹ ל
לַזָּכָר וְלַנְּקֵבָה וּלְאִישׁ אֲשֶׁר יִשְׁכַּב עִם־טְמֵאָה׃ פ צ ג[19]
פרש 16 1 וַיְדַבֵּר יְהוָה אֶל־מֹשֶׁה אַחֲרֵי מוֹת שְׁנֵי בְּנֵי אַהֲרֹן בְּקָרְבָתָם[a] ל בתור. ג בטע
2 לִפְנֵי־יְהוָה וַיָּמֻתוּ׃ 2 וַיֹּאמֶר יְהוָה אֶל־מֹשֶׁה דַּבֵּר אֶל־אַהֲרֹן אָחִיךָ
וְאַל־יָבֹא בְכָל־עֵת אֶל־הַקֹּדֶשׁ מִבֵּית לַפָּרֹכֶת[a] אֶל־פְּנֵי הַכַּפֹּרֶת ב[1]. ט[2] וכל צורת הבית דכות ב מ ד
3 אֲשֶׁר עַל־הָאָרֹן וְלֹא יָמוּת כִּי בֶּעָנָן אֵרָאֶה עַל־הַכַּפֹּרֶת׃ 3 בְּזֹאת ב. ד[3]
יָבֹא אַהֲרֹן אֶל־הַקֹּדֶשׁ בְּפַר בֶּן־בָּקָר לְחַטָּאת וְאַיִל לְעֹלָה׃ ב[4]
4 [a]כְּתֹנֶת־בַּד קֹדֶשׁ יִלְבָּשׁ וּמִכְנְסֵי־בַד יִהְיוּ עַל־בְּשָׂרוֹ וּבְאַבְנֵט בַּד ל זקף קמ[5]
יַחְגֹּר וּבְמִצְנֶפֶת בַּד יִצְנֹף בִּגְדֵי־קֹדֶשׁ הֵם וְרָחַץ בַּמַּיִם אֶת־[b]בְּשָׂרוֹ ל. ג[6]. ג[7]
5 וּלְבֵשָׁם׃ 5 וּמֵאֵת עֲדַת בְּנֵי יִשְׂרָאֵל יִקַּח שְׁנֵי־שְׂעִירֵי עִזִּים לְחַטָּאת ל
6 וְאַיִל אֶחָד לְעֹלָה׃ 6 וְהִקְרִיב אַהֲרֹן אֶת־פַּר הַחַטָּאת אֲשֶׁר־לוֹ וְכִפֶּר
7 בַּעֲדוֹ וּבְעַד בֵּיתוֹ׃ 7 וְלָקַח אֶת־שְׁנֵי הַשְּׂעִירִם וְהֶעֱמִיד אֹתָם לִפְנֵי
8 יְהוָה פֶּתַח אֹהֶל מוֹעֵד׃ 8 וְנָתַן אַהֲרֹן עַל־שְׁנֵי הַשְּׂעִירִם גֹּרָלוֹת ל חס[8]
9 גּוֹרָל אֶחָד לַיהוָה וְגוֹרָל אֶחָד לַעֲזָאזֵל[a]׃ 9 וְהִקְרִיב אַהֲרֹן אֶת־ ב[9]
10 הַשָּׂעִיר אֲשֶׁר עָלָה עָלָיו הַגּוֹרָל לַיהוָה וְעָשָׂהוּ חַטָּאת׃ 10 וְהַשָּׂעִיר ל
אֲשֶׁר עָלָה עָלָיו הַגּוֹרָל לַעֲזָאזֵל[a] יָעֳמַד־[b]חַי לִפְנֵי יְהוָה לְכַפֵּר עָלָיו ל. ל[10]
11 לְשַׁלַּח אֹתוֹ לַעֲזָאזֵל[a] הַמִּדְבָּרָה׃ 11 וְהִקְרִיב אַהֲרֹן אֶת־פַּר[a] יב[11]
הַחַטָּאת [b]אֲשֶׁר־לוֹ[b] וְכִפֶּר בַּעֲדוֹ וּבְעַד בֵּיתוֹ וְשָׁחַט אֶת־פַּר הַחַטָּאת
12 אֲשֶׁר־לוֹ׃ 12 וְלָקַח מְלֹא־הַמַּחְתָּה גַּחֲלֵי־אֵשׁ מֵעַל הַמִּזְבֵּחַ מִלִּפְנֵי

[16] Mm 4173 א. [17] Mm 746. [18] Mm 756. [19] Mm 1710. Cp 16 [1] 2 Ch 23,6. [2] Mm 3937. [3] Mm 405. [4] 2 Ch 13,9. [5] Mp sub loco. [6] Mm 563. [7] Mm 942. [8] Mm 4119 contra textum. [9] Jes 17,14. [10] Mm 745. [11] Mm 757.

31 [a] prb l c Sam𝔖 והִזְהַרְתֶּם, 𝔊 *καὶ εὐλαβεῖς ποιήσετε* ‖ **Cp 16,1** [a] 𝔊(𝔖𝔗𝔙) *ἐν τῷ προσάγειν αὐτοὺς πῦρ ἀλλότριον*, ex Nu 3,4 ‖ **2** [a–a] > ℭ (homtel) ‖ **4** [a] Sam𝔊𝔖 וכ׳ ‖ [b] Sam𝔊 + כל ‖ **8** [a] 𝔊 *τῷ ἀποπομπαίῳ*, 𝔖 *l'zz'jl* cf 10[a].26[a] ‖ **10** [a] 𝔊𝔖 sim ac 8[a] ‖ [b] 𝔊 *στήσει αὐτόν* = יַעֲמִיד אֹתוֹ ‖ **11** [a] > ℭ ‖ [b–b] 𝔊[BA] *τὸν αὐτοῦ καὶ τοῦ οἴκου αὐτοῦ μόνον*.

13 יְהוָ֑ה וּמְלֹ֣א חָפְנָ֗יו קְטֹ֤רֶת סַמִּים֙ דַּקָּ֔ה וְהֵבִ֖יא מִבֵּ֥ית לַפָּרֹֽכֶת׃ 13 וְנָתַ֧ן ב[12] . ד[13] . ב
אֶֽת־הַקְּטֹ֛רֶת עַל־הָאֵ֖שׁ לִפְנֵ֣י יְהוָ֑ה וְכִסָּ֣ה׀ עֲנַ֣ן הַקְּטֹ֗רֶת אֶת־הַכַּפֹּ֛רֶת ד[14] . ב
14 אֲשֶׁ֥ר עַל־הָעֵד֖וּת וְלֹ֥א יָמֽוּת׃ 14 וְלָקַח֙ מִדַּ֣ם הַפָּ֔ר וְהִזָּ֧ה בְאֶצְבָּע֛וֹ ח מל בתור[15]
עַל־פְּנֵ֥י הַכַּפֹּ֖רֶת קֵ֑דְמָה וְלִפְנֵ֣י הַכַּפֹּ֗רֶת יַזֶּ֛ה שֶֽׁבַע־פְּעָמִ֥ים מִן־הַדָּ֖ם יו וכל לפני ולפני דכות . ב[16]
15 בְּאֶצְבָּעֽוֹ׃ 15 וְשָׁחַ֞ט אֶת־שְׂעִ֤יר הַֽחַטָּאת֙ אֲשֶׁ֣ר לָעָ֔ם[a] וְהֵבִיא֙ [b]אֶת־דָּמ֔וֹ[b] יג פסוק את את את בסיפ
אֶל־מִבֵּ֖ית לַפָּרֹ֑כֶת וְעָשָׂ֣ה אֶת־דָּמ֗וֹ כַּאֲשֶׁ֤ר עָשָׂה֙ לְדַ֣ם הַפָּ֔ר וְהִזָּ֥ה
16 אֹת֛וֹ עַל־הַכַּפֹּ֖רֶת וְלִפְנֵ֥י הַכַּפֹּֽרֶת׃ 16 וְכִפֶּ֣ר עַל־הַקֹּ֗דֶשׁ מִטֻּמְאֹת֙ יו וכל לפני ולפני דכות
בְּנֵ֣י יִשְׂרָאֵ֔ל וּמִפִּשְׁעֵיהֶ֖ם לְכָל־חַטֹּאתָ֑ם וְכֵ֤ן יַעֲשֶׂה֙ לְאֹ֣הֶל מוֹעֵ֔ד הַשֹּׁכֵ֣ן ל . ט בליש וכל בחטאתם ובחטאתם דכות[17] . ה
17 אִתָּ֔ם בְּת֖וֹךְ טֻמְאֹתָֽם׃ 17 וְכָל־אָדָ֞ם לֹא־יִהְיֶ֣ה׀ בְּאֹ֣הֶל מוֹעֵ֗ד בְּבֹא֛וֹ לז . ל
לְכַפֵּ֥ר בַּקֹּ֖דֶשׁ עַד־צֵאת֑וֹ וְכִפֶּ֤ר בַּעֲדוֹ֙ וּבְעַ֣ד בֵּית֔וֹ וּבְעַ֖ד כָּל־קְהַ֥ל[a]
18 יִשְׂרָאֵֽל׃ 18 וְיָצָ֗א אֶל־הַמִּזְבֵּ֛חַ אֲשֶׁ֥ר לִפְנֵֽי־יְהוָ֖ה וְכִפֶּ֣ר עָלָ֑יו וְלָקַ֞ח ט[18]
19 מִדַּ֤ם הַפָּר֙ וּמִדַּ֣ם הַשָּׂעִ֔יר וְנָתַ֛ן עַל־קַרְנ֥וֹת הַמִּזְבֵּ֖חַ סָבִֽיב׃ 19 [a]וְהִזָּ֨ה ד מל בתור[19]
עָלָ֧יו מִן־הַדָּ֛ם בְּאֶצְבָּע֖וֹ שֶׁ֣בַע פְּעָמִ֑ים וְטִהֲר֣וֹ וְקִדְּשׁ֔וֹ מִטֻּמְאֹ֖ת בְּנֵ֥י ו . ל
20 יִשְׂרָאֵֽל׃ 20 וְכִלָּה֙ מִכַּפֵּ֣ר אֶת־הַקֹּ֔דֶשׁ וְאֶת־אֹ֥הֶל מוֹעֵ֖ד וְאֶת־הַמִּזְבֵּ֑חַ[a] ו[20] ג[21] מנה בתור . יח פסוק את ואת ואת את . ה . ד[22]
21 וְהִקְרִ֖יב אֶת־הַשָּׂעִ֥יר הֶחָֽי׃ 21 וְסָמַ֨ךְ אַהֲרֹ֜ן[a] אֶת־שְׁתֵּ֣י יָדָ֗ו עַ֨ל רֹ֣אשׁ ידיו חד מן ה כת חס ק
הַשָּׂעִיר֮ הַחַי֒ וְהִתְוַדָּ֣ה עָלָ֗יו אֶת־כָּל־עֲוֺנֹת֙ בְּנֵ֣י יִשְׂרָאֵ֔ל וְאֶת־כָּל־ ב . ד חס
פִּשְׁעֵיהֶ֖ם לְכָל־חַטֹּאתָ֑ם וְנָתַ֤ן אֹתָם֙ עַל־רֹ֣אשׁ הַשָּׂעִ֔יר וְשִׁלַּ֛ח בְּיַד־ ט בליש וכל בחטאתם ובחטאתם דכות[17]
22 אִ֥ישׁ עִתִּ֖י הַמִּדְבָּֽרָה׃ 22 וְנָשָׂ֨א הַשָּׂעִ֥יר עָלָ֛יו אֶת־כָּל־עֲוֺנֹתָ֖ם אֶל־אֶ֣רֶץ יב[23] . יז
23 גְּזֵרָ֑ה וְשִׁלַּ֥ח אֶת־הַשָּׂעִ֖יר בַּמִּדְבָּֽר׃ 23 וּבָ֤א אַהֲרֹן֙ אֶל־אֹ֣הֶל מוֹעֵ֔ד ל . יז ר״פ
וּפָשַׁט֙ אֶת־בִּגְדֵ֣י הַבָּ֔ד אֲשֶׁ֥ר לָבַ֖שׁ בְּבֹא֣וֹ אֶל־הַקֹּ֑דֶשׁ וְהִנִּיחָ֖ם שָֽׁם׃ ב
24 24 וְרָחַ֨ץ אֶת־בְּשָׂר֤וֹ בַמַּ֙יִם֙ בְּמָק֣וֹם קָד֔וֹשׁ וְלָבַ֖שׁ אֶת־בְּגָדָ֑יו וְיָצָ֗א וְעָשָׂ֤ה
25 אֶת־עֹֽלָתוֹ֙ וְאֶת־עֹלַ֣ת הָעָ֔ם וְכִפֶּ֥ר בַּעֲד֖וֹ[a] וּבְעַ֥ד הָעָֽם[b]׃ 25 וְאֵ֛ת חֵ֥לֶב ל[24]
26 הַֽחַטָּ֖את יַקְטִ֥יר הַמִּזְבֵּֽחָה׃ 26 וְהַֽמְשַׁלֵּ֤חַ אֶת־הַשָּׂעִיר֙ לַעֲזָאזֵ֔ל[a] יְכַבֵּ֣ס ל
27 בְּגָדָ֔יו וְרָחַ֥ץ אֶת־בְּשָׂר֖וֹ בַּמָּ֑יִם וְאַחֲרֵי־כֵ֖ן יָב֥וֹא אֶל־הַֽמַּחֲנֶֽה׃ 27 וְאֵת֩ ז מל בתור . ב
פַּ֨ר הַחַטָּ֜את [a]וְאֵ֣ת׀ שְׂעִ֣יר הַחַטָּ֗את[a] אֲשֶׁ֨ר[b] הוּבָ֤א אֶת־דָּמָם֙ לְכַפֵּ֣ר ב

[12]Mm 1745. [13]Mm 580. [14]Mm 758. [15]Mm 556. [16]Jes 52,15. [17]Mm 759 et Mm 929. [18]Mm 583. [19]Mm 704. [20]Mm 1385. [21]Mm 304. [22]Mm 760. [23]Mm 757. [24]וחד את חלב Gn 45,18.

15 [a] 𝔊 + ἔναντι κυρίου ‖ [b–b] 𝔊 ἀπὸ τοῦ αἵματος αὐτοῦ ‖ **17** [a] 𝔊*(𝔖) + υἱῶν ‖ **19** [a] v 19 > ℭ ‖ **20** [a] 𝔊 + καὶ περὶ τῶν ἱερέων καθαριεῖ ‖ **21** [a] > ℭ ‖ **24** [a] 𝔊 + καὶ περὶ τοῦ οἴκου αὐτοῦ ‖ [b] 𝔊 + ὡς περὶ τῶν ἱερέων ‖ **26** [a] 𝔊 τὸν διεσταλμένον εἰς ἄφεσιν, 𝔖 ut 8[a] ‖ **27** [a–a] > ℭ (homtel) ‖ [b] ℭ + לעם.

בַּקֹּ֔דֶשׁ יוֹצִ֖יא אֶל־מִח֣וּץ לַֽמַּחֲנֶ֑ה וְשָׂרְפ֣וּ[c] בָאֵ֔שׁ אֶת־עֹרֹתָ֥ם וְאֶת־
28 בְּשָׂרָ֖ם וְאֶת־פִּרְשָֽׁם׃ 28 וְהַשֹּׂרֵ֣ף אֹתָ֔ם יְכַבֵּ֣ס בְּגָדָ֔יו וְרָחַ֥ץ אֶת־בְּשָׂר֖וֹ
29 בַּמָּ֑יִם וְאַחֲרֵי־כֵ֖ן יָב֥וֹא אֶל־הַֽמַּחֲנֶֽה׃ 29 וְהָיְתָ֥ה[a] לָכֶ֖ם לְחֻקַּ֣ת — ז מל בתור
עוֹלָ֑ם בַּחֹ֣דֶשׁ הַ֠שְּׁבִיעִי בֶּעָשׂ֨וֹר לַחֹ֜דֶשׁ תְּעַנּ֣וּ אֶת־נַפְשֹֽׁתֵיכֶ֗ם וְכָל־ — ג[25]
30 מְלָאכָה֙ לֹ֣א תַעֲשׂ֔וּ הָֽאֶזְרָ֔ח וְהַגֵּ֖ר הַגָּ֥ר בְּתוֹכְכֶֽם׃ 30 כִּֽי־בַיּ֥וֹם הַזֶּ֛ה — יב בתור . ו[26]
יְכַפֵּ֥ר[a] עֲלֵיכֶ֖ם לְטַהֵ֣ר אֶתְכֶ֑ם מִכֹּל֙ חַטֹּ֣אתֵיכֶ֔ם לִפְנֵ֥י יְהוָ֖ה תִּטְהָֽרוּ׃
31 שַׁבַּ֨ת שַׁבָּת֥וֹן הִיא[a]֙ לָכֶ֔ם וְעִנִּיתֶ֖ם אֶת־נַפְשֹׁתֵיכֶ֑ם חֻקַּ֖ת עוֹלָֽם׃ — יא כת י בתור
32 וְכִפֶּ֨ר[a] הַכֹּהֵ֜ן אֲשֶׁר־יִמְשַׁ֣ח[b] אֹת֗וֹ וַאֲשֶׁ֤ר יְמַלֵּא֙[c] אֶת־יָד֔וֹ לְכַהֵ֖ן תַּ֣חַת — ז[27]
33 אָבִ֑יו וְלָבַ֛שׁ אֶת־בִּגְדֵ֥י הַבָּ֖ד בִּגְדֵ֥י הַקֹּֽדֶשׁ׃ 33 וְכִפֶּר֙ אֶת־מִקְדַּ֣שׁ
הַקֹּ֔דֶשׁ וְאֶת־אֹ֥הֶל מוֹעֵ֖ד וְאֶת־הַמִּזְבֵּ֣חַ יְכַפֵּ֑ר וְעַ֧ל[a] הַכֹּהֲנִ֛ים וְעַל־ — ה . ד[28] . ל[29]
34 כָּל־עַ֥ם הַקָּהָ֖ל יְכַפֵּֽר׃ 34 וְהָֽיְתָה־זֹּ֨את לָכֶ֜ם לְחֻקַּ֣ת עוֹלָ֗ם לְכַפֵּ֞ר
עַל־בְּנֵ֤י יִשְׂרָאֵל֙ מִכָּל־חַטֹּאתָ֔ם אַחַ֖ת בַּשָּׁנָ֑ה וַיַּ֕עַשׂ[a] כַּאֲשֶׁ֛ר צִוָּ֥ה יְהוָ֖ה — ז[30] . ט בליש וכל בחטאתם ובחטאתם דכות[31]
אֶת־מֹשֶֽׁה׃ פ

ס [יד] **17** 1 וַיְדַבֵּ֥ר יְהוָ֖ה אֶל־מֹשֶׁ֥ה לֵּאמֹֽר׃ 2 דַּבֵּ֨ר אֶֽל־אַהֲרֹ֜ן וְאֶל־
בָּנָ֗יו וְאֶל֙ כָּל־בְּנֵ֣י יִשְׂרָאֵ֔ל וְאָמַרְתָּ֖ אֲלֵיהֶ֑ם זֶ֣ה הַדָּבָ֔ר אֲשֶׁר־צִוָּ֥ה יְהוָ֖ה — יז מל בתור[1]
3 לֵאמֹֽר׃ 3 אִ֥ישׁ אִישׁ֙ מִבֵּ֣ית[a] יִשְׂרָאֵ֔ל[b] אֲשֶׁ֨ר יִשְׁחַ֜ט שׁ֥וֹר אוֹ־כֶ֛שֶׂב אוֹ־עֵ֖ז — ו[2] . ו
4 בַּֽמַּחֲנֶ֑ה א֚וֹ אֲשֶׁ֣ר יִשְׁחַ֔ט מִח֖וּץ לַֽמַּחֲנֶֽה׃ 4 וְאֶל־פֶּ֜תַח אֹ֣הֶל מוֹעֵד֮ לֹ֣א
הֱבִיאוֹ֒[a] לְהַקְרִ֤יב[b] קָרְבָּן֙ לַֽיהוָ֔ה לִפְנֵ֖י מִשְׁכַּ֣ן יְהוָ֑ה דָּ֣ם יֵחָשֵׁ֞ב לָאִ֤ישׁ — ב[3] . ה[4] . לב[5]
5 הַהוּא֙[c] דָּ֣ם שָׁפָ֔ךְ וְנִכְרַ֛ת[d] הָאִ֥ישׁ הַה֖וּא[cd] מִקֶּ֥רֶב עַמּֽוֹ׃ 5 לְמַ֡עַן אֲשֶׁר֩ — ב זקף קמ . ג
יָבִ֨יאוּ בְּנֵ֜י יִשְׂרָאֵ֗ל אֶת־זִבְחֵיהֶם֮ אֲשֶׁ֣ר הֵ֣ם זֹבְחִים֮ עַל־פְּנֵ֣י הַשָּׂדֶה֒ — ט[6] . יד פסוק על אל אל[7]
וֶהֱבִיאֻ֣ם לַֽיהוָ֗ה אֶל־פֶּ֛תַח אֹ֥הֶל מוֹעֵ֖ד אֶל־הַכֹּהֵ֑ן וְזָבְח֗וּ זִבְחֵ֧י שְׁלָמִ֛ים — ג ב מל וחד חס[8]
6 לַֽיהוָ֖ה אוֹתָֽם׃ 6 וְזָרַ֨ק הַכֹּהֵ֤ן אֶת־הַדָּם֙ עַל־מִזְבַּ֣ח[a] יְהוָ֔ה[b] פֶּ֖תַח אֹ֣הֶל — לט מל בתור
7 מוֹעֵ֑ד וְהִקְטִ֣יר הַחֵ֔לֶב[c] לְרֵ֥יחַ נִיחֹ֖חַ לַֽיהוָֽה׃ 7 וְלֹא־יִזְבְּח֥וּ עוֹד֙ אֶת־ — יו[9]

[25]Mm 2558. [26]Mm 53. [27]Mm 706. [28]Mm 760. [29]Mm 761. [30]Mm 762. [31]Mm 759 et Mm 929. Cp 17 [1]Mm 250. [2]Mm 764. [3]Mm 3332. [4]Mm 694. [5]Mm 319. [6]Mm 501. [7]Mm 4093. [8]Mm 763. [9]Mm 574.

27 [c] ⅏ sg ‖ **29** [a] 𝔊 + *τοῦτο* cf 34 et 𝔗ᴶ𝔙 ‖ **30** [a] 𝔖 *nṭhs'*, l frt יְכֻפַּר cf 𝔙 *expiatio erit* ‖ **31** [a] ℭ⅏𝔗ᴶ הוא ‖ **32** [a] ⅏𝔊 יכפר ‖ [b] 𝔊 pl; 𝔖𝔙 pass ‖ [c] 𝔊 pl ‖ **33** [a] pc Mss Or ⅏ על ‖ **34** [a] 𝔊 *(ἅπαξ τοῦ ἐνιαυτοῦ) ποιηθήσεται*; 𝔖 pl ‖ **Cp 17,3** [a] Ms 𝔊 מבני ut 13, it 8[a].10[b] ‖ [b] 𝔊* + *ἢ τῶν προσηλύτων τῶν προσκειμένων ἐν ὑμῖν* cf 16,29 17,8.10.13 ‖ **4** [a] 𝔊⅏ + לַעֲשׂוֹת אֹתוֹ עֹלָה אוֹ שְׁלָמִים לַיהוה לִרְצוֹנְכֶם לְרֵיחַ נִיחֹחַ וְיִשְׁחָטֵהוּ בַּחוּץ ואל־ פתח אהל מועד לא הביאו ‖ [b] ⅏ ־בוֹ ‖ [c–c] > ℭ (homtel) ‖ [d–d] 𝔊 *ἡ ψυχὴ ἐκείνη* (cf 22,3) et tum *τοῦ λαοῦ αὐτῆς* pro עמו ‖ **6** [a] 𝔊 *τὸ θυσιαστήριον κύκλῳ ἀπέναντι* ‖ [b] ⅏ + אשר ‖ [c] > ℭ.

ל זִבְחֵיהֶ֔ם לַשְּׂעִירִ֕ם אֲשֶׁ֛ר הֵ֥ם זֹנִ֖ים אַחֲרֵיהֶ֑ם חֻקַּ֥ת עוֹלָ֛ם תִּֽהְיֶה־זֹּ֥את
8 ב חד חס וחד מל . ו[10] לָהֶ֖ם לְדֹרֹתָֽם׃ 8 וַאֲלֵהֶ֣ם תֹּאמַ֔ר אִ֥ישׁ אִישׁ֙ מִבֵּ֣יתᵃ יִשְׂרָאֵ֔ל
9 וּמִן־הַגֵּ֖ר אֲשֶׁר־יָג֣וּר בְּתוֹכָ֑םᵇ אֲשֶׁר־יַעֲלֶ֥הᶜ עֹלָ֖ה אוֹ־זָֽבַח׃ 9 וְאֶל־
פֶּ֜תַח אֹ֤הֶל מוֹעֵד֙ לֹ֣א יְבִיאֶ֔נּוּ לַעֲשׂ֥וֹת אֹת֖וֹ לַֽיהוָ֑ה וְנִכְרַ֛ת הָאִ֥ישׁ הַה֖וּא
10 ב בטע . ו[10] מֵעַמָּֽיו׃ 10 וְאִ֨ישׁᵃ אִ֜ישׁ מִבֵּ֣יתᵇ יִשְׂרָאֵ֗ל וּמִן־הַגֵּר֙ הַגָּ֣ר בְּתוֹכָ֔םᶜ
ד[11] אֲשֶׁ֥ר יֹאכַ֖ל כָּל־דָּ֑םᵈ וְנָתַתִּ֣י פָנַ֗י בַּנֶּ֙פֶשׁ֙ הָאֹכֶ֣לֶת אֶת־הַדָּ֔ם וְהִכְרַתִּ֥י
11 ג . ב פסוק דמטע[12] אֹתָ֖הּ מִקֶּ֥רֶב עַמָּֽהּ׃ 11 כִּ֣י נֶ֣פֶשׁ הַבָּשָׂר֮ בַּדָּ֣םᵃ הִוא֒ וַאֲנִ֞י נְתַתִּ֤יו לָכֶם֙
עַל־הַמִּזְבֵּ֔חַ לְכַפֵּ֖ר עַל־נַפְשֹׁתֵיכֶ֑ם כִּֽי־הַדָּ֥ם ה֖וּא בַּנֶּ֥פֶשׁ יְכַפֵּֽר׃
12 12 עַל־כֵּ֤ן אָמַ֙רְתִּי֙ לִבְנֵ֣י יִשְׂרָאֵ֔ל כָּל־נֶ֥פֶשׁ מִכֶּ֖ם לֹא־תֹ֣אכַל דָּ֑ם וְהַגֵּ֛ר
13 יב בתור . ב בטע הַגָּ֥ר בְּתוֹכְכֶ֖ם לֹא־יֹ֥אכַל דָּֽם׃ ס 13 וְאִ֨ישׁ אִ֜ישׁ מִבְּנֵ֣יᵃ יִשְׂרָאֵ֗ל
ל וּמִן־הַגֵּר֙ הַגָּ֣ר בְּתוֹכָ֔םᵇ אֲשֶׁ֨ר יָצ֜וּד צֵ֥יד חַיָּ֛ה אוֹ־ע֖וֹף אֲשֶׁ֣ר יֵאָכֵ֑ל
14 ב פסוק דמטע[13] וְשָׁפַךְ֙ אֶת־דָּמ֔וֹ וְכִסָּ֖הוּ בֶּעָפָֽר׃ 14 כִּֽי־נֶ֣פֶשׁ כָּל־בָּשָׂ֗ר דָּמ֣וֹ בְנַפְשׁוֹ֮ᵃ
הוּא֒ᵇ וָאֹמַר֙ לִבְנֵ֣י יִשְׂרָאֵ֔ל דַּ֥ם כָּל־בָּשָׂ֖ר לֹ֣א תֹאכֵ֑לוּ כִּ֣י נֶ֤פֶשׁ כָּל־
15 ג[14] בָּשָׂר֙ דָּמ֣וֹ הִ֔וא כָּל־אֹכְלָ֖יוᶜ יִכָּרֵֽת׃ 15 וְכָל־נֶ֗פֶשׁ אֲשֶׁ֨ר תֹּאכַ֤ל
ט[15] וכל במדבר דכות ב מ ב נְבֵלָה֙ וּטְרֵפָ֔ה בָּאֶזְרָ֖ח וּבַגֵּ֑ר וְכִבֶּ֨ס בְּגָדָ֜יו וְרָחַ֥ץ בַּמַּ֛יִם וְטָמֵ֥א עַד־
16 ה ד פת וחד קמ[16] . יז הָעֶ֖רֶב וְטָהֵֽרᵃ׃ 16 וְאִם֙ לֹ֣א יְכַבֵּ֔ס וּבְשָׂר֖וֹ לֹ֣א יִרְחָ֑ץ וְנָשָׂ֖א עֲוֺנֽוֹ׃ פ
18 1 וַיְדַבֵּ֥ר יְהוָ֖ה אֶל־מֹשֶׁ֥ה לֵּאמֹֽר׃ 2 דַּבֵּר֙ אֶל־בְּנֵ֣י יִשְׂרָאֵ֔ל ס̊[ה״]
3 כד ס״פ וְאָמַרְתָּ֖ אֲלֵהֶ֑ם אֲנִ֖י יְהוָ֥ה אֱלֹהֵיכֶֽם׃ 3 כְּמַעֲשֵׂ֧ה אֶֽרֶץ־מִצְרַ֛יִם אֲשֶׁ֥ר
מז פסוק לא לא לא . ב[1] יְשַׁבְתֶּם־בָּ֖הּ לֹ֣א תַעֲשׂ֑וּ וּכְמַעֲשֵׂ֣ה אֶֽרֶץ־כְּנַ֡עַן אֲשֶׁ֣ר אֲנִי֩ מֵבִ֨יא אֶתְכֶ֥ם
4 ג[2] . ה[3] שָׁ֙מָּה֙ לֹ֣א תַעֲשׂ֔וּ וּבְחֻקֹּתֵיהֶ֖ם לֹ֥א תֵלֵֽכוּ׃ 4 אֶת־מִשְׁפָּטַ֧י תַּעֲשׂ֛וּ וְאֶת־
5 כד ס״פ חֻקֹּתַ֥י תִּשְׁמְר֖וּ לָלֶ֣כֶת בָּהֶ֑ם אֲנִ֖י יְהוָ֥ה אֱלֹהֵיכֶֽם׃ 5 וּשְׁמַרְתֶּ֤ם אֶת־
חֻקֹּתַי֙ וְאֶת־מִשְׁפָּטַ֔י אֲשֶׁ֨ר יַעֲשֶׂ֥ה אֹתָ֛ם הָאָדָ֖ם וָחַ֣יᵃ בָּהֶ֑ם אֲנִ֖י יְהוָֽהᵇ׃
6 ס 6 אִ֥ישׁ אִישׁ֙ אֶל־כָּל־שְׁאֵ֣ר בְּשָׂר֔וֹ לֹ֥א תִקְרְב֖וּ לְגַלּ֣וֹת עֶרְוָ֑ה
7 ג . כל אתנח וס״פ כת כן[4] אֲנִ֖י יְהוָֽה׃ ס 7 עֶרְוַ֥ת אָבִ֛יךָ וְעֶרְוַ֥ת אִמְּךָ֖ לֹ֣א תְגַלֵּ֑ה אִמְּךָ֣ הִ֔וא
8 לֹ֥א תְגַלֶּ֖ה עֶרְוָתָֽהּ׃ ס 8 עֶרְוַ֥ת אֵֽשֶׁת־אָבִ֖יךָ לֹ֣א תְגַלֵּ֑ה עֶרְוַ֥ת

[10]Mm 764. [11]Mm 2825. [12]Mm 765. [13]Mm 765. [14]Mm 766. [15]Mm 734. [16]Mm 662. **Cp 18** [1]Mm 2598. [2]Mm 818. [3]Mm 2786. [4]Mm 767.

8 a cf 3a ‖ b 2 Mss 𝔊𝔖𝔙 כֶּם–, it 10c ‖ c ⅏𝔊 יעשה cf 9 ‖ **10** a ℭ om 10–12 (homark) ‖ b cf 3a ‖ c cf 8b ‖ d > 2 Mss 𝔖𝔙 ‖ **11** a 𝔊 *αἷμα αὐτοῦ* cf 14 ‖ **13** a pc Mss ⅏𝔗[J] מבית ut 3 ‖ b ⅏[Mss]𝔊𝔖𝔗[Mss]𝔗[J] כֶם ע– ‖ **14** a > 𝔊𝔖𝔙 ‖ b ℭ היא ‖ c ⅏𝔊𝔖ℭ𝔗[J] לו–, it 19,8a ‖ **15** a > ⅏ ‖ **Cp 18,5** a ⅏ וְחָיָה ‖ b 𝔊 + *ὁ θεὸς ὑμῶν*.

9 אָבִ֖יךָ הִֽוא׃ ס 9 עֶרְוַ֨ת אֲחוֹתְךָ֤ בַת־אָבִ֙יךָ֙ א֣וֹ בַת־אִמֶּ֔ךָ מוֹלֶ֣דֶת
10 בַּ֔יִת א֖וֹ מוֹלֶ֣דֶת ח֑וּץ לֹ֥א תְגַלֶּ֖ה עֶרְוָתָֽן[a]׃ ס 10 עֶרְוַ֤ת בַּת־בִּנְךָ֙ א֣וֹ ב
11 בַת־בִּתְּךָ֔ לֹ֥א תְגַלֶּ֖ה עֶרְוָתָ֑ן כִּ֥י עֶרְוָתְךָ֖ הֵֽנָּה׃ ס 11 עֶרְוַ֨ת בַּת־ ב
אֵ֤שֶׁת אָבִ֙יךָ֙[a] מוֹלֶ֣דֶת אָבִ֔יךָ אֲחוֹתְךָ֖ הִ֑וא לֹ֥א תְגַלֶּ֖ה עֶרְוָתָֽהּ׃ ס
12 עֶרְוַ֥ת אֲחוֹת־אָבִ֖יךָ לֹ֣א תְגַלֵּ֑ה[a] שְׁאֵ֥ר אָבִ֖יךָ הִֽוא׃ ס 13 עֶרְוַ֥ת
14 אֲח֥וֹת־אִמְּךָ֖ לֹ֣א תְגַלֵּ֑ה כִּֽי־[a]שְׁאֵ֥ר אִמְּךָ֖ הִֽוא׃ ס 14 עֶרְוַ֥ת אֲחִֽי־
15 אָבִ֖יךָ לֹ֣א תְגַלֵּ֑ה[a] אֶל־[b]אִשְׁתּוֹ֙ לֹ֣א תִקְרָ֔ב דֹּדָֽתְךָ֖ הִֽוא׃ ס 15 עֶרְוַ֥ת ל זקף קמ . ל
16 כַּלָּתְךָ֖ לֹ֣א תְגַלֵּ֑ה אֵ֤שֶׁת בִּנְךָ֙ הִ֔וא לֹ֥א תְגַלֶּ֖ה עֶרְוָתָֽהּ׃ ס 16 עֶרְוַ֥ת
17 אֵֽשֶׁת־אָחִ֖יךָ לֹ֣א תְגַלֵּ֑ה עֶרְוַ֥ת אָחִ֖יךָ הִֽוא׃ ס 17 עֶרְוַ֤ת אִשָּׁה֙
וּבִתָּ֔הּ לֹ֣א תְגַלֵּ֑ה אֶת־בַּת־בְּנָ֞הּ וְאֶת־בַּת־בִּתָּ֗הּ לֹ֤א תִקַּח֙ לְגַלּ֣וֹת ה[5]
18 עֶרְוָתָ֔הּ[a] שַׁאֲרָ֥ה[b] הֵ֖נָּה זִמָּ֥ה הִֽוא׃ 18 וְאִשָּׁ֥ה אֶל־אֲחֹתָ֖הּ לֹ֣א תִקָּ֑ח לִצְרֹ֗ר ל . כב . ל
19 לְגַלּ֧וֹת עֶרְוָתָ֛הּ עָלֶ֖יהָ בְּחַיֶּֽיהָ׃ 19 וְאֶל־אִשָּׁ֖ה בְּנִדַּ֣ת טֻמְאָתָ֑הּ ג בליש[6] . ב[7] . ב[8]
20 לֹ֣א תִקְרַ֔ב לְגַלּ֖וֹת עֶרְוָתָֽהּ׃ 20 וְאֶל־אֵ֙שֶׁת֙ עֲמִֽיתְךָ֔ לֹא־תִתֵּ֥ן שְׁכָבְתְּךָ֖
21 לְזָ֑רַע לְטָמְאָה־בָֽהּ׃ 21 וּמִֽזַּרְעֲךָ֥ לֹא־תִתֵּ֖ן לְהַעֲבִ֣יר[a] לַמֹּ֑לֶךְ[b] וְלֹ֧א ל
22 תְחַלֵּ֛ל אֶת־שֵׁ֥ם אֱלֹהֶ֖יךָ[c] אֲנִ֥י יְהוָֽה׃ 22 וְאֶ֨ת־זָכָ֔ר לֹ֥א תִשְׁכַּ֖ב מִשְׁכְּבֵ֣י ל[9]
23 אִשָּׁ֑ה תּוֹעֵבָ֖ה הִֽוא׃ 23 וּבְכָל־בְּהֵמָ֛ה לֹא־תִתֵּ֥ן שְׁכָבְתְּךָ֖ לְטָמְאָה־בָ֑הּ
24 וְאִשָּׁ֗ה לֹא־תַעֲמֹ֞ד לִפְנֵ֧י בְהֵמָ֛ה לְרִבְעָ֖הּ[a] תֶּ֥בֶל הִֽוא[b]׃ 24 אַל־ כב . ל
תִּֽטַּמְּא֖וּ בְּכָל־אֵ֑לֶּה כִּ֤י בְכָל־אֵ֙לֶּה֙ נִטְמְא֣וּ הַגּוֹיִ֔ם אֲשֶׁר־אֲנִ֥י מְשַׁלֵּ֖חַ ז
25 מִפְּנֵיכֶֽם׃ 25 וַתִּטְמָ֣א הָאָ֔רֶץ וָאֶפְקֹ֥ד עֲוֺנָ֖הּ עָלֶ֑יהָ וַתָּקִ֥א הָאָ֖רֶץ אֶת־ ג . ל וחס
26 יֹשְׁבֶֽיהָ׃ 26 וּשְׁמַרְתֶּ֣ם אַתֶּ֗ם[a] אֶת־חֻקֹּתַי֙ וְאֶת־מִשְׁפָּטַ֔י וְלֹ֣א תַעֲשׂ֔וּ ג[10]
27 מִכֹּ֥ל הַתּוֹעֵבֹ֖ת הָאֵ֑לֶּה הָֽאֶזְרָ֔ח וְהַגֵּ֖ר הַגָּ֥ר בְּתוֹכְכֶֽם׃ 27 כִּ֚י אֶת־כָּל־ יב בתור
הַתּוֹעֵבֹ֣ת הָאֵ֔ל[a] עָשׂ֥וּ אַנְשֵֽׁי־הָאָ֖רֶץ אֲשֶׁ֣ר לִפְנֵיכֶ֑ם וַתִּטְמָ֖א הָאָֽרֶץ׃ ח לשון חול[11] . ג
28 וְלֹֽא־תָקִ֤יא הָאָ֙רֶץ֙ אֶתְכֶ֔ם בְּטַֽמַּאֲכֶ֖ם אֹתָ֑הּ כַּאֲשֶׁ֥ר קָאָ֛ה[a] אֶת־הַגּ֖וֹי[b] ב . ל . ל

[5] Mm 768. [6] Mm 769. [7] Mm 2848. [8] Mm 3924. [9] Mm 776. [10] Mm 770. [11] Mm 119.

9 [a] nonn Mss ⅏𝔊𝔖 תה– ‖ **11** [a] 𝔊 + *οὐκ ἀποκαλύψεις* = **לא תגלה**, it aliqui codd teste R. Elia Karaeo ‖ **12** [a] pc Mss 𝔊𝔖𝔙 + כִּי, it 14[a] ‖ **13** [a] > pc Mss ⅏ ‖ **14** [a] cf 12[a] ‖ [b] nonn Mss ⅏𝔊𝔖𝔗[Ms]𝔗[J]𝔙 וְאֶל ‖ **17** [a] 𝔊𝔖 suff 3 pl f = תָן– ‖ [b] 𝔊 *οἰκεῖαι γάρ σου*; l prb שְׁאֵרָהּ ‖ **21** [a] ⅏ יד– cf 𝔊 *λατρεύειν* ‖ [b] 𝔊 *ἄρχοντι*, α′σ′θ′ *τῷ Μολοχ*, 𝔖 *(b)nwkrjt'* mulier aliena, it 20,2[c].3[a].4[a] ‖ [c] 𝔊 *τὸ ἅγιον* cf 20,3 22,2.32 ‖ **23** [a] cf עָה– 20,16 ‖ [b] ⅏𝔖𝔗[Mss]𝔗[J] היא ‖ **26** [a] > pc Mss ⅏𝔊𝔖𝔙 ‖ **27** [a] ⅏ האֵלֶּה ‖ **28** [a] l frt paenultimam acutam (3 f pf) ‖ [b] 𝔊𝔖𝔗 pl cf 24.

29 אֲשֶׁ֥ר לִפְנֵיכֶֽם׃ 29 כִּ֚י כָּל־אֲשֶׁ֣ר יַעֲשֶׂ֔ה מִכֹּ֖ל הַתּוֹעֵב֣וֹת הָאֵ֑לֶּה וְנִכְרְת֛וּ ב̇12
30 הַנְּפָשׁ֥וֹת הָעֹשֹׂ֖ת מִקֶּ֥רֶב עַמָּֽם׃ 30 וּשְׁמַרְתֶּ֣ם אֶת־מִשְׁמַרְתִּ֗י לְבִלְתִּ֞י ל̇ וחס
עֲשׂ֨וֹת מֵחֻקּ֤וֹת הַתּֽוֹעֵבֹת֙ אֲשֶׁ֣ר נַעֲשׂ֣וּ לִפְנֵיכֶ֔ם וְלֹ֥א תִֽטַּמְּא֖וּ בָּהֶ֑ם[a] אֲנִ֖י ל̇ ומל13. כ̇ד ס״פ
יְהוָ֥ה אֱלֹהֵיכֶֽם׃ פ פ

ס̄[יז] פרש 19 1 וַיְדַבֵּ֥ר יְהוָ֖ה אֶל־מֹשֶׁ֥ה לֵּאמֹֽר׃ 2 דַּבֵּ֞ר אֶל־[a]כָּל־עֲדַ֧ת[a] בְּנֵֽי־
יִשְׂרָאֵ֛ל וְאָמַרְתָּ֥ אֲלֵהֶ֖ם קְדֹשִׁ֣ים תִּהְי֑וּ כִּ֣י קָד֔וֹשׁ אֲנִ֖י יְהוָ֥ה אֱלֹהֵיכֶֽם׃ כ̇ד ס״פ
3 3 אִ֣ישׁ [a]אִמּ֤וֹ וְאָבִיו֙[a] תִּירָ֔אוּ וְאֶת־שַׁבְּתֹתַ֖י תִּשְׁמֹ֑רוּ אֲנִ֖י יְהוָ֥ה אֱלֹהֵיכֶֽם׃ ל̇ וכל קריא אביו ואמו. ט̇ו1. כ̇ד ס״פ
4 4 אַל־תִּפְנוּ֙ אֶל־הָ֣אֱלִילִ֔ם וֵֽאלֹהֵי֙ מַסֵּכָ֔ה לֹ֥א תַעֲשׂ֖וּ לָכֶ֑ם אֲנִ֖י יְהוָ֥ה ב̇ חס בליש2. כ̇ד ס״פ
5 אֱלֹהֵיכֶֽם׃ 5 וְכִ֧י תִזְבְּח֛וּ זֶ֥בַח שְׁלָמִ֖ים לַיהוָ֑ה לִֽרְצֹנְכֶ֖ם תִּזְבָּחֻֽהוּ׃ ד̇. ד̇3. ל̇ וחס
6 6 בְּי֧וֹם זִבְחֲכֶ֛ם יֵאָכֵ֖ל וּמִֽמָּחֳרָ֑ת וְהַנּוֹתָר֙ עַד־י֣וֹם הַשְּׁלִישִׁ֔י בָּאֵ֖שׁ ג̇4
7 יִשָּׂרֵֽף׃ 7 וְאִ֛ם הֵאָכֹ֥ל[a] יֵאָכֵ֖ל בַּיּ֣וֹם הַשְּׁלִישִׁ֑י פִּגּ֥וּל ה֖וּא לֹ֥א יֵרָצֶֽה׃
8 8 וְאֹֽכְלָיו֙[a] עֲוֺנ֣וֹ יִשָּׂ֔א כִּֽי־אֶת־קֹ֥דֶשׁ יְהוָ֖ה חִלֵּ֑ל וְנִכְרְתָ֛ה הַנֶּ֥פֶשׁ הַהִ֖וא ל̇ז
9 מֵעַמֶּֽיהָ׃ 9 וּֽבְקֻצְרְכֶם֙ אֶת־קְצִ֣יר אַרְצְכֶ֔ם לֹ֧א תְכַלֶּ֛ה פְּאַ֥ת ב̇
10 שָׂדְךָ֖ לִקְצֹ֑ר וְלֶ֥קֶט קְצִֽירְךָ֖ לֹ֥א תְלַקֵּֽט׃ 10 וְכַרְמְךָ֙ לֹ֣א תְעוֹלֵ֔ל וּפֶ֥רֶט
כַּרְמְךָ֖ לֹ֣א תְלַקֵּ֑ט לֶֽעָנִ֤י וְלַגֵּר֙ תַּעֲזֹ֣ב אֹתָ֔ם אֲנִ֖י יְהוָ֥ה אֱלֹהֵיכֶֽם׃ כ̇ד ס״פ
11 12 11 לֹ֖א תִּגְנֹ֑בוּ וְלֹא־תְכַחֲשׁ֥וּ וְלֹֽא־תְשַׁקְּר֖וּ אִ֥ישׁ בַּעֲמִיתֽוֹ׃ 12 וְלֹֽא־ ל̇ד פסוק לא ולא ולא5. ל̇
13 תִשָּׁבְע֥וּ בִשְׁמִ֖י לַשָּׁ֑קֶר וְחִלַּלְתָּ֛[a] אֶת־שֵׁ֥ם אֱלֹהֶ֖יךָ[a] אֲנִ֥י יְהוָֽה[b]׃ 13 לֹֽא־ ג̇ ר״פ לא ולא לא6
תַעֲשֹׁ֥ק אֶת־רֵֽעֲךָ֖ וְלֹ֣א תִגְזֹ֑ל לֹֽא־[a]תָלִ֞ין פְּעֻלַּ֥ת שָׂכִ֛יר אִתְּךָ֖ עַד־בֹּֽקֶר׃ י̇ו בתור7
14 14 לֹא־תְקַלֵּ֣ל חֵרֵ֔שׁ וְלִפְנֵ֣י עִוֵּ֔ר לֹ֥א תִתֵּ֖ן מִכְשֹׁ֑ל וְיָרֵ֥אתָ מֵּאֱלֹהֶ֖יךָ[a] אֲנִ֥י י̇ו וכל לפני ולפני דכות. ל̇ חס
15 יְהוָֽה[b]׃ 15 לֹא־תַעֲשׂ֥וּ[a] עָ֙וֶל֙ בַּמִּשְׁפָּ֔ט לֹא־[b]תִשָּׂ֣א פְנֵי־דָ֔ל וְלֹ֥א ו̇ ר״פ לא לא ולא8. ח̇9 דגש וכל איוב דכות ב̇ מ̇ א̇. ל̇
16 תֶהְדַּ֖ר פְּנֵ֣י גָד֑וֹל בְּצֶ֖דֶק תִּשְׁפֹּ֥ט עֲמִיתֶֽךָ׃ 16 לֹא־תֵלֵ֤ךְ רָכִיל֙ בְּעַמֶּ֔יךָ[a] ל̇ מל
17 לֹ֥א[b] תַעֲמֹ֖ד עַל־דַּ֣ם רֵעֶ֑ךָ אֲנִ֖י יְהוָֽה[c]׃ 17 לֹֽא־תִשְׂנָ֥א אֶת־אָחִ֖יךָ
18 בִּלְבָבֶ֑ךָ הוֹכֵ֤חַ תּוֹכִ֙יחַ֙ אֶת־עֲמִיתֶ֔ךָ וְלֹא־[a]תִשָּׂ֥א עָלָ֖יו חֵֽטְא׃ 18 [a]לֹֽא־[b] ה̇. ג̇10
תִקֹּ֤ם[ac] וְלֹֽא־תִטֹּר֙ אֶת־בְּנֵ֣י עַמֶּ֔ךָ וְאָֽהַבְתָּ֥ לְרֵעֲךָ֖ כָּמ֑וֹךָ אֲנִ֖י יְהוָֽה׃ ל̇. ל̇

[12] Qoh 3,14. [13] Mm 2640. **Cp 19** [1] Mm 3056. [2] Mp contra textum, lectio L plena sicut K^{Or}, cf 26,1 et Mp sub loco. [3] Mm 789. [4] Mm 695. [5] Mm 771. [6] Mm 3021. [7] Mm 60. [8] Mm 1245. [9] Mm 772. [10] Mm 773.

30 [a] > 𝔗; 𝔐 בהן ‖ **Cp 19,2** [a–a] > 𝔗 pc Mss; 𝔊* om כל־ ‖ **3** [a–a] 𝔊𝔖𝔗^{Ms}𝔙 invers cf 21,2[a–a] ‖ **7** [a] 𝔐 אָכֹל ‖ **8** [a] cf 17,14[c] ‖ **12** [a] 𝔊 pl ‖ [b] 𝔊 + *ὁ θεὸς ὑμῶν*, it 14[b]. 16[c].28[b].32[a].37[a] ‖ **13** [a] mlt Mss 𝔐𝔊𝔗^{Ms}𝔗^{J} וְלֹא ‖ **14** [a] 𝔊 *κύριον τὸν θεόν σου* ‖ [b] cf 12[b]; 𝔖 *'n' 'n'* cf 2[b] ‖ **15** [a] 𝔐 sg ‖ [b] pc Mss 𝔖 וְלֹא ‖ **16** [a] mlt Mss 𝔐 Vrs בְּעַמְּךָ ‖ [b] mlt Mss 𝔐^{Mss}𝔖𝔗^{Mss} וְלֹא ‖ [c] cf 12[b] ‖ **17** [a] pc Mss לֹא ‖ **18** [a–a] > 𝔖 ‖ [b] 𝔊 pr cop ‖ [c] 𝔊 + *σου ἡ χείρ*.

19 אֶת־חֻקֹּתַי[a] תִּשְׁמֹרוּ בְּהֶמְתְּךָ לֹא־תַרְבִּיעַ כִּלְאַיִם שָׂדְךָ[b] לֹא־תִזְרַע   מ̇ז פסוק לא לא לא
20 כִּלְאָיִם וּבֶגֶד כִּלְאַיִם שַׁעַטְנֵז לֹא יַעֲלֶה עָלֶיךָ׃ פ 20 וְאִישׁ כִּי־   ב̇
יִשְׁכַּב אֶת־אִשָּׁה שִׁכְבַת־זֶרַע וְהִוא שִׁפְחָה נֶחֱרֶפֶת לְאִישׁ וְהָפְדֵּה[a] לֹא   ל̇. ל̇. ח̇ פסוק לא לא לא לא[11]
נִפְדָּתָה אוֹ חֻפְשָׁה לֹא נִתַּן־לָהּ בִּקֹּרֶת תִּהְיֶה[b] לֹא יוּמְתוּ[c] כִּי־לֹא   ל̇. כ̇א[12]. ל̇
21 חֻפָּשָׁה׃ 21 וְהֵבִיא אֶת־אֲשָׁמוֹ לַיהוָה אֶל־פֶּתַח אֹהֶל מוֹעֵד אֵיל   ל̇
22 אָשָׁם׃ 22 וְכִפֶּר עָלָיו הַכֹּהֵן בְּאֵיל הָאָשָׁם לִפְנֵי יְהוָה עַל־חַטָּאתוֹ
ס̊[יז] אֲשֶׁר חָטָא וְנִסְלַח לוֹ מֵחַטָּאתוֹ אֲשֶׁר חָטָא׃ פ 23 וְכִי־תָבֹאוּ   ב̇[13]
אֶל־הָאָרֶץ[a] וּנְטַעְתֶּם כָּל־עֵץ מַאֲכָל וַעֲרַלְתֶּם עָרְלָתוֹ אֶת־פִּרְיוֹ   ג̇ בסיפ̇[14]. ל̇[15]. ל̇
24 שָׁלֹשׁ שָׁנִים יִהְיֶה לָכֶם עֲרֵלִים לֹא יֵאָכֵל׃ 24 וּבַשָּׁנָה הָרְבִיעִת יִהְיֶה[a]
25 כָּל־פִּרְיוֹ[b] קֹדֶשׁ הִלּוּלִים[c] לַיהוָה׃ 25 וּבַשָּׁנָה הַחֲמִישִׁת תֹּאכְלוּ אֶת־   ב̇ ומל̇[16]. ה̇ ג̇ מל̇ וב̇ חס̇[17]
26 פִּרְיוֹ לְהוֹסִיף לָכֶם תְּבוּאָתוֹ אֲנִי יְהוָה אֱלֹהֵיכֶם׃ 26 לֹא   ד̇. כ̇ד ס״פ. ו̇ ר״פ לא לא ולא[18]
27 תֹאכְלוּ [a]עַל־הַדָּם[a] לֹא[b] תְנַחֲשׁוּ וְלֹא תְעוֹנֵנוּ׃ 27 לֹא[a] תַקִּפוּ פְּאַת   ל̇ וחס̇
28 רֹאשְׁכֶם וְלֹא תַשְׁחִית[b] אֵת פְּאַת זְקָנֶךָ[c]׃ 28 וְשֶׂרֶט[a] לָנֶפֶשׁ לֹא תִתְּנוּ   ל̇. ג̇
29 בִּבְשַׂרְכֶם וּכְתֹבֶת קַעֲקַע לֹא תִתְּנוּ בָּכֶם אֲנִי יְהוָה[b]׃ 29 אַל־תְּחַלֵּל   ל̇. ל̇
אֶת־בִּתְּךָ לְהַזְנוֹתָהּ וְלֹא־תִזְנֶה הָאָרֶץ וּמָלְאָה הָאָרֶץ זִמָּה׃   ל̇
30 אֶת־שַׁבְּתֹתַי תִּשְׁמֹרוּ וּמִקְדָּשִׁי תִּירָאוּ אֲנִי יְהוָה׃ 31 אַל־תִּפְנוּ אֶל־   כ̇ו ר״פ אל אל[19]
הָאֹבֹת וְאֶל־הַיִּדְּעֹנִים אַל־תְּבַקְשׁוּ לְטָמְאָה בָהֶם אֲנִי יְהוָה אֱלֹהֵיכֶם׃   כ̇ד ס״פ
32 מִפְּנֵי שֵׂיבָה תָּקוּם וְהָדַרְתָּ פְּנֵי זָקֵן וְיָרֵאתָ מֵּאֱלֹהֶיךָ אֲנִי יְהוָה[a]׃   כ̇ל ליש כ̇ת כן
פ 33 וְכִי־יָגוּר אִתְּךָ[a] גֵּר בְּאַרְצְכֶם לֹא תוֹנוּ אֹתוֹ׃ 34 כְּאֶזְרָח   י̇ו בתור̇[20]. ל̇. ד̇ ג̇ קמ̇ וחד פת̇[21]
מִכֶּם יִהְיֶה לָכֶם הַגֵּר ׀ הַגָּר אִתְּכֶם וְאָהַבְתָּ לוֹ כָּמוֹךָ כִּי־גֵרִים הֱיִיתֶם   ב̇
35 בְּאֶרֶץ מִצְרָיִם אֲנִי יְהוָה אֱלֹהֵיכֶם׃ 35 לֹא־תַעֲשׂוּ עָוֶל בַּמִּשְׁפָּט   כ̇ד ס״פ. ח̇[22] דגש וכל איוב דכות ב̇ מ̇ א̇
36 בַּמִּדָּה בַּמִּשְׁקָל וּבַמְּשׂוּרָה׃ 36 מֹאזְנֵי צֶדֶק אַבְנֵי־צֶדֶק [a]אֵיפַת צֶדֶק[a]   ג̇ דגש̇[23]. ד̇ דגש̇[24]. ל̇
וְהִין צֶדֶק יִהְיֶה לָכֶם אֲנִי יְהוָה אֱלֹהֵיכֶם אֲשֶׁר־הוֹצֵאתִי אֶתְכֶם מֵאֶרֶץ   ל̇

[11] Mm 3132. [12] Mm 2838. [13] Mm 892. [14] Mm 793. [15] Mp sub loco. [16] Mm 1453. [17] Mm 1976. [18] Mm 1245. [19] Mm 3261. [20] Mm 60. [21] Mm 455. [22] Mm 772. [23] Mm 774. [24] Mm 820.

19 [a] 𝔊 *τὸν νόμον μου* ‖ [b] 𝔊 *καὶ τὸν ἀμπελῶνά σου* ‖ **20** [a] l frt וְהִפָּדֵה ‖ [b] ɯ + לו, 𝔊 + *αὐτοῖς* ‖ [c] ɯ sg ‖ **23** [a] 𝔊 + *ἣν κύριος ὁ θεὸς δίδωσιν ὑμῖν* ‖ **24** [a] ɯ pl ‖ [b] dl ‸ ‖ [c] ɯ חל׳ ‖ **26** [a–a] 𝔊 *ἐπὶ τῶν ὀρέων* cf Ez 18,6.11.15 22,9 ‖ [b] 2 Mss ɯ𝔊 וְלֹא ‖ **27** [a] Ms ɯ𝔊[19.314]𝔗𝔙𝔘 וְלֹא ‖ [b] ɯ𝔊𝔖𝔗[J] pl ‖ [c] ɯ𝔊𝔖𝔗[J] זְקַנְכֶם ‖ **28** [a] ɯ ושרטה cf 21,5 ‖ [b] pc Mss, 𝔊𝔖 + אֱלֹהֵיכֶם cf 12[b] ‖ **32** [a] cf 12[b]; 𝔊[54.75](𝔖𝔘) + *ὁ θεός σου* ‖ **33** [a] ɯ Vrs אתכם ‖ **36** [a–a] > 𝔊.

37 מִצְרָֽיִם׃ 37 וּשְׁמַרְתֶּם אֶת־כָּל־חֻקֹּתַי וְאֶת־כָּל־מִשְׁפָּטַי וַעֲשִׂיתֶם אֹתָם
אֲנִי יְהוָה[a]׃ פ
20 [1] וַיְדַבֵּר יְהוָה אֶל־מֹשֶׁה לֵּאמֹר׃ 2 וְאֶל־בְּנֵי יִשְׂרָאֵל תֹּאמַר[a]
אִישׁ אִישׁ מִבְּנֵי[b] יִשְׂרָאֵל וּמִן־הַגֵּר ׀ הַגָּר בְּיִשְׂרָאֵל אֲשֶׁר יִתֵּן מִזַּרְעוֹ
3 לַמֹּלֶךְ[c] מוֹת יוּמָת עַם הָאָרֶץ יִרְגְּמֻהוּ בָאָבֶן׃ 3 וַאֲנִי אֶתֵּן אֶת־פָּנַי — סז ר״פ . ב[1] . יג פסוק את את את בסיפ
בָּאִישׁ הַהוּא וְהִכְרַתִּי אֹתוֹ מִקֶּרֶב עַמּוֹ כִּי מִזַּרְעוֹ נָתַן לַמֹּלֶךְ[a] לְמַעַן — ה בתור . ג
4 טַמֵּא אֶת־מִקְדָּשִׁי וּלְחַלֵּל[b] אֶת־שֵׁם קָדְשִׁי׃ 4 וְאִם הַעְלֵם יַעְלִימוּ עַם — ב[2] . ל
הָאָרֶץ אֶת־עֵינֵיהֶם מִן־הָאִישׁ הַהוּא בְּתִתּוֹ מִזַּרְעוֹ לַמֹּלֶךְ[a] לְבִלְתִּי
5 הָמִית אֹתוֹ׃ 5 וְשַׂמְתִּי אֲנִי אֶת־פָּנַי בָּאִישׁ הַהוּא וּבְמִשְׁפַּחְתּוֹ וְהִכְרַתִּי — ה בתור . ל
אֹתוֹ וְאֵת ׀ כָּל־הַזֹּנִים אַחֲרָיו לִזְנוֹת[a] אַחֲרֵי הַמֹּלֶךְ[a] מִקֶּרֶב עַמָּם׃
6 וְהַנֶּפֶשׁ אֲשֶׁר תִּפְנֶה אֶל־הָאֹבֹת וְאֶל־הַיִּדְּעֹנִים לִזְנוֹת אַחֲרֵיהֶם וְנָתַתִּי — ל חס
7 אֶת־פָּנַי בַּנֶּפֶשׁ הַהִוא וְהִכְרַתִּי אֹתוֹ[a] מִקֶּרֶב עַמּוֹ[b]׃ 7 וְהִתְקַדִּשְׁתֶּם[a] — ג
8 וִהְיִיתֶם קְדֹשִׁים כִּי[b] אֲנִי יְהוָה אֱלֹהֵיכֶם׃ 8 וּשְׁמַרְתֶּם[a] אֶת־חֻקֹּתַי — י . כד ס״פ
9 וַעֲשִׂיתֶם אֹתָם אֲנִי יְהוָה מְקַדִּשְׁכֶם׃ 9 כִּי־אִישׁ אִישׁ אֲשֶׁר יְקַלֵּל אֶת־ — ד[3]
10 אָבִיו וְאֶת־אִמּוֹ מוֹת יוּמָת אָבִיו וְאִמּוֹ קִלֵּל דָּמָיו[a] בּוֹ׃ 10 וְאִישׁ אֲשֶׁר — ג
יִנְאַף אֶת־אֵשֶׁת [a]אִישׁ אֲשֶׁר[b] יִנְאַף אֶת־אֵשֶׁת[a] רֵעֵהוּ מוֹת־יוּמַת[c] הַנֹּאֵף
11 וְהַנֹּאָפֶת׃ 11 וְאִישׁ אֲשֶׁר יִשְׁכַּב אֶת־אֵשֶׁת אָבִיו עֶרְוַת אָבִיו גִּלָּה מוֹת־ — ל
12 יוּמְתוּ שְׁנֵיהֶם דְּמֵיהֶם בָּם׃ 12 וְאִישׁ אֲשֶׁר יִשְׁכַּב אֶת־כַּלָּתוֹ מוֹת יוּמְתוּ
13 שְׁנֵיהֶם תֶּבֶל עָשׂוּ דְּמֵיהֶם בָּם׃ 13 וְאִישׁ אֲשֶׁר יִשְׁכַּב אֶת־זָכָר מִשְׁכְּבֵי — ל[4]
14 אִשָּׁה תּוֹעֵבָה עָשׂוּ שְׁנֵיהֶם[a] מוֹת יוּמָתוּ דְּמֵיהֶם בָּם׃ 14 וְאִישׁ אֲשֶׁר — ג
יִקַּח אֶת־אִשָּׁה וְאֶת־אִמָּהּ זִמָּה הִוא בָּאֵשׁ יִשְׂרְפוּ אֹתוֹ וְאֶתְהֶן וְלֹא־ — ח[5]
15 תִהְיֶה זִמָּה בְּתוֹכְכֶם׃ 15 וְאִישׁ אֲשֶׁר יִתֵּן שְׁכָבְתּוֹ בִּבְהֵמָה מוֹת יוּמָת — יב בתור . ד רפי בסיפ[6]
16 וְאֶת־הַבְּהֵמָה תַּהֲרֹגוּ׃ 16 וְאִשָּׁה אֲשֶׁר תִּקְרַב אֶל־כָּל־בְּהֵמָה לְרִבְעָה — כב . ל
אֹתָהּ[a] וְהָרַגְתָּ אֶת־הָאִשָּׁה וְאֶת־הַבְּהֵמָה מוֹת יוּמָתוּ דְּמֵיהֶם בָּם׃ — ג
17 וְאִישׁ אֲשֶׁר־יִקַּח אֶת־אֲחֹתוֹ בַּת־אָבִיו אוֹ בַת־אִמּוֹ וְרָאָה אֶת־ — יג פסוק את את את בסיפ

Cp 20 [1]Ex 2,9. [2]Lv 13,44. [3]Mm 775. [4]Mm 776. [5]Mm 777. [6]Mm 829.

37 [a] cf 12[b] ‖ **Cp 20,2** [a] ш תדבר ‖ [b] ш מבית ‖ [c] cf 18,21[b] ‖ **3** [a] cf 18,21[b] ‖ [b] ш וחלל ‖ **4** [a] cf 18,21[b] ‖ **5** [a–a] 𝔊 *εἰς τοὺς ἄρχοντας* ‖ **6** [a] ш𝔊 אתָהּ ‖ [b] ш𝔊 עמהּ ‖ **7** [a] > ш𝔊* ‖ [b] pc Mss 𝔊 + קָדוֹשׁ cf 26 ‖ **8** [a] ш + כל ‖ **9** [a] ш דמוֹ ‖ **10** [a–a] > 𝔊[min], dl (dttg) ‖ [b] pc Mss 𝔊𝔖𝔗[Ms]𝔗[J]𝔙 וַא׳ ‖ [c] 𝔊*𝔖𝔙 pl ut 11–13 ‖ **13** [a] ш𝔊[72]𝔄 tr post יומתו ‖ **16** [a] cf 18,23[a]; 𝔊(𝔖) *ὑπ' αὐτοῦ*.

עֶרְוָתָהּ וְהִיא־תִרְאֶה אֶת־עֶרְוָתוֹ חֶסֶד הוּא וְנִכְרְתוּ לְעֵינֵי בְּנֵי עַמָּם [יא̇ כת̇ י̇ בתור̇]
18 עֶרְוַת אֲחֹתוֹ גִּלָּה [a]עֲוֺנוֹ יִשָּׂא[a]׃ 18 וְאִישׁ אֲשֶׁר־יִשְׁכַּב אֶת־אִשָּׁה דָּוָה [לז̇. יו̇ פסוק את את את את. ג̇[7]]
וְגִלָּה אֶת־עֶרְוָתָהּ אֶת־[a]מְקֹרָהּ הֶעֱרָה וְהִיא גִּלְּתָה אֶת־מְקוֹר דָּמֶיהָ [ב̇ חד מל̇ וחד חס̇[8]. ג̇[9]. ל̇[10]. ל̇[11]. ג̇[12]]
19 וְנִכְרְתוּ שְׁנֵיהֶם מִקֶּרֶב עַמָּם׃ 19 וְעֶרְוַת[a] [b]אֲחוֹת אִמְּךָ וַאֲחוֹת אָבִיךָ[b] [ג̇]
20 לֹא תְגַלֵּה כִּי אֶת־שְׁאֵרוֹ הֶעֱרָה עֲוֺנָם יִשָּׂאוּ׃ 20 וְאִישׁ אֲשֶׁר יִשְׁכַּב [ג̇[9]. ו̇]
21 אֶת־דֹּדָתוֹ עֶרְוַת דֹּדוֹ גִּלָּה [a]חֶטְאָם יִשָּׂאוּ[a] עֲרִירִים יָמֻתוּ[b]׃ 21 וְאִישׁ [ו̇]
אֲשֶׁר יִקַּח אֶת־אֵשֶׁת אָחִיו נִדָּה הִוא[a] עֶרְוַת אָחִיו גִּלָּה עֲרִירִים יִהְיוּ[b]׃
22 וּשְׁמַרְתֶּם אֶת־כָּל־חֻקֹּתַי וְאֶת־כָּל־מִשְׁפָּטַי וַעֲשִׂיתֶם אֹתָם
וְלֹא־תָקִיא [a]אֶתְכֶם הָאָרֶץ[a] אֲשֶׁר אֲנִי מֵבִיא אֶתְכֶם שָׁמָּה לָשֶׁבֶת בָּהּ׃ [ב̇]
23 וְלֹא תֵלְכוּ בְּחֻקֹּת הַגּוֹי[a] אֲשֶׁר־אֲנִי מְשַׁלֵּחַ מִפְּנֵיכֶם כִּי אֶת־כָּל־ [ב̇[13]. ג̇[14] חס̇ בליש̇ וכל אורית̇ דכות̇ ב̇ מ̇ א̇. ז̇]
24 אֵלֶּה עָשׂוּ וָאָקֻץ בָּם׃ 24 וָאֹמַר לָכֶם אַתֶּם תִּירְשׁוּ אֶת־אַדְמָתָם וַאֲנִי [ל̇ וחס̇]
אֶתְּנֶנָּה לָכֶם לָרֶשֶׁת אֹתָהּ אֶרֶץ זָבַת חָלָב וּדְבָשׁ אֲנִי יְהוָה אֱלֹהֵיכֶם
25 אֲשֶׁר־הִבְדַּלְתִּי אֶתְכֶם מִן[a]־הָעַמִּים׃ 25 וְהִבְדַּלְתֶּם בֵּין־הַבְּהֵמָה
הַטְּהֹרָה לַטְּמֵאָה וּבֵין־הָעוֹף הַטָּמֵא לַטָּהֹר וְלֹא־תְשַׁקְּצוּ אֶת־ [ל̇. ה̇ חס̇ ול̇[15] בליש̇]
נַפְשֹׁתֵיכֶם בַּבְּהֵמָה וּבָעוֹף וּבְכֹל אֲשֶׁר תִּרְמֹשׂ הָאֲדָמָה אֲשֶׁר־ [ו̇ דגש̇[16]. ה̇[17]]
26 הִבְדַּלְתִּי לָכֶם לְטַמֵּא[a]׃ 26 וִהְיִיתֶם לִי קְדֹשִׁים כִּי קָדוֹשׁ[a] אֲנִי יְהוָה[b] [ל̇]
27 וָאַבְדִּל אֶתְכֶם מִן־[c]הָעַמִּים לִהְיוֹת לִי׃ 27 וְאִישׁ אוֹ־אִשָּׁה [ל̇ וחס̇]
כִּי[a]־יִהְיֶה בָהֶם אוֹב אוֹ יִדְּעֹנִי מוֹת יוּמָתוּ [b]בָּאֶבֶן יִרְגְּמוּ אֹתָם[b] דְּמֵיהֶם [ד̇ למערב̇[18]. ג̇]
בָּם׃ פ סד

[יח] ס̄ פרש 21 1 וַיֹּאמֶר יְהוָה אֶל־מֹשֶׁה אֱמֹר אֶל־הַכֹּהֲנִים בְּנֵי אַהֲרֹן וְאָמַרְתָּ [ד̇ בליש̇[1]]
2 אֲלֵהֶם לְנֶפֶשׁ לֹא־יִטַּמָּא בְּעַמָּיו[a]׃ 2 כִּי אִם־לִשְׁאֵרוֹ הַקָּרֹב אֵלָיו [ה̇[2]. ב̇ בתור̇]
3 [a]לְאִמּוֹ וּלְאָבִיו[a] וְלִבְנוֹ[b] וּלְבִתּוֹ וּלְאָחִיו[c]׃ 3 וְלַאֲחֹתוֹ הַבְּתוּלָה [ג̇[3]]
4 הַקְּרוֹבָה אֵלָיו אֲשֶׁר לֹא־הָיְתָה לְאִישׁ לָהּ יִטַּמָּא׃ 4 לֹא יִטַּמָּא בַּעַל[a] [ב̇ חד מל̇ וחד חס̇. ה̇[2]. ה̇[2]]

[7] Mm 778. [8] Mm 779. [9] Mm 780. [10] L והיא contra TM והוא, cf Mp sub loco et Mp יא̇ כת̇ י̇ בתור̇, Lv 13,10.21; 20,17 etc. [11] Mm 476. [12] Mm 2303. [13] Mm 3091. [14] Mm 2640. [15] Mp sub loco. [16] Mm 64. [17] Mm 781. [18] Mm 1158. Cp 21 [1] Mm 4228. [2] Mm 870. [3] Mm 337.

17 a–a 𝔊 *ἁμαρτίαν κομιοῦνται* cf 𝔖𝔙 ‖ **18** a mlt Mss 𝔗Mss𝔗J וְאֵת ‖ **19** a 2 Mss 𝔊min𝔖𝔙 ע׳ ‖ b–b 𝔪𝔊 invers ‖ **20** a–a > 𝔊* ‖ b 𝔪 יוּמָתוּ ‖ **21** a 𝔔 הִיא ‖ b 𝔊 *ἀποθανοῦνται*, ex 20 ‖ **22** a–a 𝔪 invers ‖ **23** a Ms 𝔪 Vrs pl ‖ **24** a 𝔊 + *πάντων*, it 26c ‖ **25** a 𝔪𝔊𝔖 לְטֻמְאָה ‖ **26** a > 𝔪; 𝔊376 ut 7 ‖ b 𝔊 + *ὁ θεὸς ὑμῶν*, ex 7 ‖ c cf 24a ‖ **27** a 𝔪𝔊𝔖𝔗Mss אשר ‖ b–b 𝔪𝔊 בַּאֲבָנִים תִּרְגְּמוּם ‖ **Cp 21,1** a 𝔪𝔊𝔖𝔗𝔗J מ׳–, it 4b.14b.15a ‖ **2** a–a 𝔪𝔊𝔖 invers cf 19,3a–a ‖ b 𝔪𝔊min𝔗Ms ול׳ ‖ c 𝔪𝔊min ול׳ ‖ **3** a 𝔊 *ἐπὶ τούτοις* ‖ **4** a inc.

5 בְּעַמָּ֑יו[b] לְהֵ֖חַלּֽוֹ׃ 5 [a]לֹא־יִקְרְחָ֤ה[a] קָרְחָה֙ בְּרֹאשָׁ֔ם[b] וּפְאַ֥ת זְקָנָ֖ם לֹ֣א
6 יְגַלֵּ֑חוּ וּבִבְשָׂרָ֕ם לֹ֥א יִשְׂרְט֖וּ שָׂרָֽטֶת[c]׃ 6 קְדֹשִׁ֤ים יִהְיוּ֙ לֵאלֹ֣הֵיהֶ֔ם וְלֹ֣א
יְחַלְּל֔וּ שֵׁ֖ם אֱלֹהֵיהֶ֑ם כִּי֩ אֶת־אִשֵּׁ֨י יְהוָ֜ה לֶ֧חֶם אֱלֹהֵיהֶ֛ם הֵ֥ם מַקְרִיבִ֖ם
7 וְהָ֥יוּ קֹֽדֶשׁ׃[a] 7 אִשָּׁ֨ה זֹנָ֤ה וַחֲלָלָה֙ לֹ֣א יִקָּ֔חוּ וְאִשָּׁ֛ה גְּרוּשָׁ֥ה מֵאִישָׁ֖הּ[a] לֹ֣א
8 יִקָּ֑חוּ[a] כִּֽי־קָדֹ֥שׁ ה֖וּא לֵאלֹהָֽיו[b]׃ 8 וְקִדַּשְׁתּ֔וֹ[a] כִּֽי־אֶת־לֶ֥חֶם אֱלֹהֶ֖יךָ[b] ה֣וּא
9 מַקְרִ֑יב קָדֹשׁ֙ יִֽהְיֶה־לָּ֔ךְ כִּ֣י קָד֔וֹשׁ אֲנִ֥י יְהוָ֖ה מְקַדִּשְׁכֶֽם[c]׃ 9 וּבַת֙ אִ֣ישׁ
כֹּהֵ֔ן כִּ֥י תֵחֵ֖ל לִזְנ֑וֹת אֶת־[a]אָבִ֙יהָ֙ הִ֣יא מְחַלֶּ֔לֶת בָּאֵ֖שׁ תִּשָּׂרֵֽף׃ ס
10 10 וְהַכֹּהֵן֩ הַגָּד֨וֹל מֵאֶחָ֜יו אֲשֶׁר־יוּצַ֥ק עַל־רֹאשׁ֣וֹ ׀ שֶׁ֣מֶן הַמִּשְׁחָה֮ וּמִלֵּ֣א
אֶת־יָד֔וֹ לִלְבֹּ֖שׁ אֶת־הַבְּגָדִ֑ים אֶת־רֹאשׁוֹ֙ לֹ֣א יִפְרָ֔ע וּבְגָדָ֖יו לֹ֥א יִפְרֹֽם׃
11 12 11 וְעַ֛ל כָּל־נַפְשֹׁ֥ת[a] מֵ֖ת לֹ֣א יָבֹ֑א לְאָבִ֥יו וּלְאִמּ֖וֹ לֹ֥א יִטַּמָּֽא׃ 12 וּמִן־
הַמִּקְדָּשׁ֙ לֹ֣א יֵצֵ֔א וְלֹ֣א יְחַלֵּ֔ל אֵ֖ת מִקְדַּ֣שׁ אֱלֹהָ֑יו כִּ֡י נֵ֠זֶר שֶׁ֣מֶן מִשְׁחַ֧ת
13 14 אֱלֹהָ֛יו עָלָ֖יו אֲנִ֥י יְהוָֽה׃ 13 וְה֕וּא אִשָּׁ֥ה בִבְתוּלֶ֖יהָ[a] יִקָּֽח׃ 14 אַלְמָנָ֤ה
וּגְרוּשָׁה֙ וַחֲלָלָ֣ה זֹנָ֔ה[a] אֶת־אֵ֖לֶּה לֹ֣א יִקָּ֑ח כִּ֛י אִם־בְּתוּלָ֥ה מֵעַמָּ֖יו[b] יִקַּ֥ח
15 אִשָּֽׁה׃ 15 וְלֹֽא־יְחַלֵּ֥ל זַרְע֖וֹ בְּעַמָּ֑יו[a] כִּ֛י אֲנִ֥י יְהוָ֖ה מְקַדְּשֽׁוֹ׃ פ
16 17 16 וַיְדַבֵּ֥ר יְהוָ֖ה אֶל־מֹשֶׁ֥ה לֵּאמֹֽר׃ 17 דַּבֵּ֥ר אֶֽל־אַהֲרֹ֖ן לֵאמֹ֑ר אִ֣ישׁ
מִזַּרְעֲךָ֞ לְדֹרֹתָ֗ם אֲשֶׁ֨ר יִהְיֶ֥ה בוֹ֙ מ֔וּם לֹ֣א יִקְרַ֔ב לְהַקְרִ֖יב[a] לֶ֥חֶם
18 אֱלֹהָֽיו׃ 18 כִּ֥י[a] כָל־אִ֛ישׁ אֲשֶׁר־בּ֥וֹ מ֖וּם לֹ֣א יִקְרָ֑ב אִ֤ישׁ עִוֵּר֙ א֣וֹ פִסֵּ֔חַ
19 א֥וֹ חָרֻ֖ם א֥וֹ שָׂרֽוּעַ׃ 19 א֣וֹ אִ֔ישׁ אֲשֶׁר־יִהְיֶ֥ה ב֖וֹ שֶׁ֣בֶר רָ֑גֶל א֖וֹ שֶׁ֥בֶר יָֽד׃
20 20 אֽוֹ־גִבֵּ֣ן אוֹ־דַ֔ק א֖וֹ תְּבַלֻּ֣ל בְּעֵינ֑וֹ[a] א֤וֹ גָרָב֙ א֣וֹ יַלֶּ֔פֶת א֖וֹ מְר֥וֹחַ אָֽשֶׁךְ׃
21 21 כָּל־אִ֞ישׁ אֲשֶׁר־בּ֣וֹ מ֗וּם מִזֶּ֙רַע֙ אַהֲרֹ֣ן הַכֹּהֵ֔ן לֹ֣א [a]יִגַּ֔שׁ לְהַקְרִ֖יב[a]
[b]אֶת־אִשֵּׁ֣י יְהוָ֑ה[b] מ֣וּם בּ֔וֹ [c]אֵ֚ת לֶ֣חֶם אֱלֹהָ֔יו[c] לֹ֥א יִגַּ֖שׁ לְהַקְרִֽיב׃
22 23 22 [a]לֶ֚חֶם אֱלֹהָ֔יו[a] מִקָּדְשֵׁ֖י הַקֳּדָשִׁ֑ים וּמִן־הַקֳּדָשִׁ֖ים יֹאכֵֽל׃ 23 אַ֣ךְ אֶל־
הַפָּרֹ֜כֶת לֹ֣א יָבֹ֗א וְאֶל־הַמִּזְבֵּ֛חַ לֹ֥א יִגַּ֖שׁ כִּֽי־מ֣וּם בּ֑וֹ וְלֹ֤א יְחַלֵּל֙ אֶת־

ד בטע ס״פ[4]. מז פסוק לא לא לא ד[5] מנה ר״פ. יקרחו חד מן יד[6] כת ה ק וקר ו. ה[7]. ה
ל. ל. ל
ל. ט כת י וכל מאשי דכות. ל חס
ג חס. ח[8]. כב
ל[8]. יג חס[9]. ב חד ר״פ וחד ס״פ[10]
יג חס[9]. ד[11]
יא כת י בתור. ד
ב[12]. ה מל בתור[13]. ב מל[14]. ל
יג פסוק את את את בסיפ. ב[15]. ל. ד
ל[16]. ל חס. ה[17]
לג ר״פ ג מנה בתור. ל
ג חס
ל וחס
ל וחס. ב. ל. ל
ט כת י וכל מאשי דכות
יג[18]
ג[19]

[4]Mm 4015. [5]Mm 814. [6]Mm 782. [7]Mm 2876. [8]Mm 1853. [9]Mm 783. [10]Mm 508. [11]Mm 775. [12]Mm 2114. [13]Mm 73. [14]Hi 22,16. [15]Gn 28,20. [16]Mm 712. [17]Mm 870. [18]Mm 784. [19]Mm 668.

4 [b] cf 1[a] ‖ **5** [a–a] ш ולא יקרחו ‖ [b] 𝔊 + *ἐπὶ νεκρῷ*, ex Dt 14,1 ‖ [c] ш שׂרטה ‖ **6** [a] ш Vrs קדשים ‖ **7** [a–a] > 𝔊 ‖ [b] 𝔊 pr *τῷ κυρίῳ* ‖ **8** [a] 𝔊 3 sg ‖ [b] 𝔊 *κυρίου θεοῦ ὑμῶν* ‖ [c] ш𝔊 דְּשָׁם– ut 23, cf 22,32[a] ‖ **9** [a] 𝔊(𝔙) + *τὸ ὄνομα* ‖ **11** [a] 𝔊𝔖 sg ut Nu 6,6 ‖ **13** [a] 𝔊 + *ἐκ τοῦ γένους αὐτοῦ* ‖ **14** [a] ш𝔊𝔗[J]𝔙 וְז׳ ‖ [b] cf 1[a] ‖ **15** [a] cf 1[a] ‖ **17** [a] > ℭ; ш להגיש ‖ **18** [a] > Ms 𝔊𝔙 ‖ **20** [a] ш𝔖𝔗[J] נָיו– cf 𝔊 ‖ **21** [a–a] ш יגיש ‖ [b–b] 𝔊 *τὰς θυσίας τῷ θεῷ σου· ὅτι* ‖ [c–c] ш tr ad fin ‖ **22** [a–a] > ш.

24 מִקְדָּשַׁ֔יa כִּ֛י אֲנִ֥י יְהוָ֖ה מְקַדְּשָֽׁם׃ 24 וַיְדַבֵּ֣ר מֹשֶׁ֔ה אֶֽל־אַהֲרֹ֖ן וְאֶל־ ל̇. ד[20]
בָּנָ֑יו וְאֶל־כָּל־בְּנֵ֖י יִשְׂרָאֵֽל׃ פ

22 1 וַיְדַבֵּ֥ר יְהוָ֖ה אֶל־מֹשֶׁ֥ה לֵּאמֹֽר׃ 2 דַּבֵּ֨ר אֶֽל־אַהֲרֹ֜ן וְאֶל־
בָּנָ֗יו וְיִנָּֽזְרוּ֙ מִקָּדְשֵׁ֣י בְנֵֽי־יִשְׂרָאֵ֔ל וְלֹ֥א יְחַלְּל֖וּ אֶת־שֵׁ֣ם קָדְשִׁ֑י אֲשֶׁ֨ר הֵ֧ם ל̇
3 מַקְדִּשִׁ֛ים לִ֖י אֲנִ֥י יְהוָֽה׃ 3 אֱמֹ֣ר אֲלֵהֶ֗ם לְדֹרֹ֨תֵיכֶ֜ם כָּל־אִ֣ישׁ ׀ אֲשֶׁר־ ו חס ב מנה בליש
יִקְרַ֣ב aמִכָּל־זַרְעֲכֶ֗םa אֶל־הַקֳּדָשִׁים֙ אֲשֶׁ֨ר יַקְדִּ֤ישׁוּ בְנֵֽי־יִשְׂרָאֵל֙ לַֽיהוָ֔ה
4 וְטֻמְאָת֖וֹ עָלָ֑יו וְנִכְרְתָ֞ה הַנֶּ֧פֶשׁ הַהִ֛וא מִלְּפָנַ֖י אֲנִ֥י יְהוָֽהb׃ 4 אִ֣ישׁ אִ֞ישׁ ב. יב
מִזֶּ֣רַע אַהֲרֹ֗ןa וְה֤וּא צָר֙וּעַ֙ א֣וֹ זָ֔ב בַּקֳּדָשִׁים֙ לֹ֣א יֹאכַ֔ל עַ֖ד אֲשֶׁ֣ר יִטְהָ֑ר
5 וְהַנֹּגֵ֙עַ֙ בְּכָל־טְמֵא־נֶ֔פֶשׁ א֣וֹ אִ֔ישׁ אֲשֶׁר־תֵּצֵ֥א מִמֶּ֖נּוּ שִׁכְבַת־זָֽרַע׃ 5 אוֹ־ ג בתור . ד
אִישׁ֙ אֲשֶׁ֣ר יִגַּ֔ע בְּכָל־שֶׁ֖רֶץa אֲשֶׁ֣ר יִטְמָא־ל֑וֹ א֤וֹ בְאָדָם֙ אֲשֶׁ֣ר יִטְמָא־ל֔וֹ ד[1]
6 לְכֹ֖ל טֻמְאָתֽוֹ׃ 6 נֶ֚פֶשׁ אֲשֶׁ֣ר תִּגַּע־בּ֔וֹ וְטָמְאָ֖ה עַד־הָעָ֑רֶב וְלֹ֤א יֹאכַל֙ ל̇
7 מִן־הַקֳּדָשִׁ֔ים כִּ֛י אִם־רָחַ֥ץ בְּשָׂר֖וֹ בַּמָּֽיִם׃ 7 וּבָ֥א הַשֶּׁ֖מֶשׁ וְטָהֵ֑ר וְאַחַר֙ ג. ד[2]. יז ר״פ
8 יֹאכַ֣ל מִן־הַקֳּדָשִׁ֔ים כִּ֥י לַחְמ֖וֹ הֽוּא׃ 8 נְבֵלָ֧ה וּטְרֵפָ֛ה לֹ֥א יֹאכַ֖לa
9 לְטָמְאָה־בָ֑הּ אֲנִ֖י יְהוָֽה׃ 9 וְשָׁמְר֣וּ אֶת־מִשְׁמַרְתִּ֗י וְלֹֽא־יִשְׂא֤וּ עָלָיו֙ חֵ֔טְא ד. כ
10 וּמֵ֥תוּ ב֖וֹ כִּ֣י יְחַלְּלֻ֑הוּ אֲנִ֥י יְהוָ֖הa מְקַדְּשָֽׁם׃ 10 וְכָל־זָ֖ר לֹא־יֹ֣אכַל קֹ֑דֶשׁ ד[3]
11 תּוֹשַׁ֥ב כֹּהֵ֛ן וְשָׂכִ֖יר לֹא־יֹ֥אכַל קֹֽדֶשׁ׃ 11 וְכֹהֵ֗ן כִּֽי־יִקְנֶ֥ה נֶ֙פֶשׁ֙ קִנְיַ֣ן ל̇ פת. ב חד ר״פ וחד ס״פ
12 כַּסְפּ֔וֹ ה֖וּא יֹ֣אכַל בּ֑וֹ וִילִ֣ידa בֵית֔וֹ הֵ֖ם יֹאכְל֥וּ בְלַחְמֽוֹ׃ 12 וּבַת־כֹּהֵ֕ן ג[4]
13 כִּ֥י תִהְיֶ֖ה לְאִ֣ישׁ זָ֑ר הִ֕וא בִּתְרוּמַ֥ת הַקֳּדָשִׁ֖ים לֹ֥א תֹאכֵֽל׃ 13 וּבַת־כֹּהֵ֡ן יז[5]
כִּי֩ תִהְיֶ֨ה אַלְמָנָ֜ה וּגְרוּשָׁ֗ה וְזֶ֘רַע֮ אֵ֣ין לָהּ֒ וְשָׁבָ֞ה אֶל־בֵּ֣ית אָבִ֗יהָ ג בטע מלרע ב מנה בליש
כִּנְעוּרֶ֔יהָa מִלֶּ֥חֶם אָבִ֖יהָ תֹּאכֵ֑ל וְכָל־זָ֖ר לֹא־יֹ֥אכַל בּֽוֹ׃ ס ל ומל. יז[5]
14 וְאִ֕ישׁ כִּֽי־יֹאכַ֥ל קֹ֖דֶשׁ בִּשְׁגָגָ֑ה וְיָסַ֤ף חֲמִשִׁיתוֹ֙ עָלָ֔יו וְנָתַ֥ן לַכֹּהֵ֖ן אֶת־
15 הַקֹּֽדֶשׁ׃ 15 וְלֹ֣א יְחַלְּל֔וּ אֶת־קָדְשֵׁ֖י בְּנֵ֣י יִשְׂרָאֵ֑ל אֵ֥ת אֲשֶׁר־יָרִ֖ימוּ
16 לַֽיהוָֽה׃ 16 וְהִשִּׂ֤יאוּ אוֹתָם֙ עֲוֹ֣ן אַשְׁמָ֔ה בְּאָכְלָ֖ם אֶת־קָדְשֵׁיהֶ֑ם כִּ֛י אֲנִ֥י ב[6]. לט מל באור. ב[7]. ד[3]
יְהוָ֖ה מְקַדְּשָֽׁם׃ פ
ס[יט] 17 וַיְדַבֵּ֥ר יְהוָ֖ה אֶל־מֹשֶׁ֥ה לֵּאמֹֽר׃ 18 דַּבֵּ֨ר אֶֽל־אַהֲרֹ֜ן וְאֶל־בָּנָ֗יו

[20]Mm 785. **Cp 22** [1]Mm 730. [2]Mm 752. [3]Mm 785. [4]Mm 786. [5]Mm 787. [6]2 S 17,13. [7]Mm 788.

23 a 𝔊 *τὸ ἅγιον τοῦ θεοῦ αὐτοῦ* ‖ **Cp 22,3** a–a 2 Mss 𝔊^B*min^𝔙 מִזּ׳ ‖ b 𝔊* + *ὁ θεὸς ὑμῶν* ‖ **4** a pc Mss 𝔊 + הַכֹּהֵן ‖ **5** a 𝔐𝔊 + טמא ‖ **8** a 𝔐𝔙 pl ‖ **9** a 𝔊* + *ὁ θεός* ‖ **11** a 𝔐^Mss^𝔊𝔖𝔗𝔗^J^ דֵי– ‖ **13** a nonn Mss בִּנ׳.

8ו וְאֶל־כָּל־בְּנֵי [a] יִשְׂרָאֵל וְאָמַרְתָּ אֲלֵהֶם אִישׁ אִישׁ מִבֵּית [b] יִשְׂרָאֵל וּמִן־
ל ומל הַגֵּר [c] בְּיִשְׂרָאֵל אֲשֶׁר יַקְרִיב קָרְבָּנוֹ לְכָל־נִדְרֵיהֶם וּלְכָל־נִדְבוֹתָם
9ד 19 אֲשֶׁר־יַקְרִיבוּ לַיהוָה [d] לְעֹלָה׃ 19 לִרְצֹנְכֶם תָּמִים זָכָר בַּבָּקָר
ז בליש10 20 בַּכְּשָׂבִים וּבָעִזִּים׃ 20 כֹּל אֲשֶׁר־בּוֹ מוּם [a] לֹא תַקְרִיבוּ [b] כִּי־לֹא לְרָצוֹן
11ד. ג 21 יִהְיֶה לָכֶם׃ 21 וְאִישׁ כִּי־יַקְרִיב זֶבַח־שְׁלָמִים לַיהוָה לְפַלֵּא־נֶדֶר אוֹ
לִנְדָבָה [a] בַּבָּקָר אוֹ בַצֹּאן תָּמִים יִהְיֶה לְרָצוֹן כָּל־מוּם לֹא יִהְיֶה־בּוֹ׃
ב 22 22 עַוֶּרֶת אוֹ שָׁבוּר אוֹ־חָרוּץ אוֹ־יַבֶּלֶת אוֹ גָרָב אוֹ יַלֶּפֶת לֹא־תַקְרִיבוּ
ל. ה 23 אֵלֶּה לַיהוָה וְאִשֶּׁה לֹא־תִתְּנוּ מֵהֶם עַל־הַמִּזְבֵּחַ לַיהוָה׃ 23 וְשׁוֹר
ה. ל. ה ול בליש. ל וחד מן 12ל פסוק מן ד מילין נסבין ו ר״פ 24 וָשֶׂה שָׂרוּעַ וְקָלוּט נְדָבָה תַּעֲשֶׂה [a] אֹתוֹ וּלְנֵדֶר לֹא יֵרָצֶה׃ 24 וּמָעוּךְ [a]
ל. ל. ל וְכָתוּת וְנָתוּק וְכָרוּת לֹא תַקְרִיבוּ [b] לַיהוָה וּבְאַרְצְכֶם לֹא תַעֲשׂוּ׃
25 25 וּמִיַּד בֶּן־נֵכָר לֹא תַקְרִיבוּ אֶת־לֶחֶם אֱלֹהֵיכֶם מִכָּל־אֵלֶּה כִּי
ל. ב בתרי לישנ מָשְׁחָתָם בָּהֶם מוּם בָּם לֹא יֵרָצוּ לָכֶם׃ פ
ו 26 27 26 וַיְדַבֵּר יְהוָה אֶל־מֹשֶׁה לֵּאמֹר׃ 27 שׁוֹר אוֹ־כֶשֶׂב אוֹ־עֵז כִּי יִוָּלֵד
ל. ל וְהָיָה שִׁבְעַת יָמִים תַּחַת אִמּוֹ וּמִיּוֹם הַשְּׁמִינִי וָהָלְאָה יֵרָצֶה לְקָרְבַּן
ה. ב 28 אִשֶּׁה לַיהוָה׃ 28 וְשׁוֹר [a] אוֹ־שֶׂה [a] אֹתוֹ וְאֶת־בְּנוֹ לֹא תִשְׁחֲטוּ בְּיוֹם אֶחָד׃
9ד 29 30 29 וְכִי־תִזְבְּחוּ זֶבַח־תּוֹדָה לַיהוָה לִרְצֹנְכֶם תִּזְבָּחוּ [a]׃ 30 בַּיּוֹם הַהוּא
31 יֵאָכֵל לֹא־[a]תוֹתִירוּ מִמֶּנּוּ עַד־בֹּקֶר אֲנִי יְהוָה׃ 31 וּשְׁמַרְתֶּם
32 מִצְוֺתַי וַעֲשִׂיתֶם אֹתָם [a] אֲנִי יְהוָה [a]׃ 32 וְלֹא תְחַלְּלוּ אֶת־שֵׁם קָדְשִׁי
13ד 33 וְנִקְדַּשְׁתִּי בְּתוֹךְ בְּנֵי יִשְׂרָאֵל אֲנִי יְהוָה מְקַדִּשְׁכֶם [a]׃ 33 הַמּוֹצִיא אֶתְכֶם
מֵאֶרֶץ מִצְרַיִם לִהְיוֹת לָכֶם לֵאלֹהִים אֲנִי יְהוָה׃ פ
23 23 1 וַיְדַבֵּר יְהוָה אֶל־מֹשֶׁה לֵּאמֹר׃ 2 דַּבֵּר אֶל־בְּנֵי יִשְׂרָאֵל
וְאָמַרְתָּ אֲלֵהֶם מוֹעֲדֵי יְהוָה אֲשֶׁר־תִּקְרְאוּ אֹתָם מִקְרָאֵי [a] קֹדֶשׁ אֵלֶּה
1ז 3 הֵם מוֹעֲדָי׃ 3 שֵׁשֶׁת יָמִים תֵּעָשֶׂה [a] מְלָאכָה וּבַיּוֹם הַשְּׁבִיעִי שַׁבַּת
שַׁבָּתוֹן מִקְרָא־קֹדֶשׁ [b] כָּל־מְלָאכָה לֹא תַעֲשׂוּ [c] שַׁבָּת הִוא לַיהוָה
בְּכֹל מוֹשְׁבֹתֵיכֶם׃ פ

[8] Mm 764. [9] Mm 789. [10] Mm 220. [11] Mm 790. [12] Mm 4162. [13] Mm 775. Cp 23 [1] Mm 546.

18 [a] 𝔊 συναγωγῇ = עֲדַת ‖ [b] 𝔊(𝔗Ms) ἀπὸ τῶν υἱῶν = מִבְּנֵי ‖ [c] nonn Mss 𝔐𝔊𝔖𝔙 + הַגֵּר ‖ [d] 𝔊* τῷ θεῷ ‖ **20** [a] > ℭ ‖ [b] 𝔊 + κυρίῳ ‖ **21** [a] 𝔐𝔗J נ' ‖ **23** [a] 𝔐 pl ‖ **24** [a] 𝔐𝔊𝔙 מ' ‖ [b] 𝔊* προσάξεις αὐτά ‖ **28** [a–a] 𝔐𝔊* ושה ut 23 ‖ **29** [a] pc Mss 𝔐𝔊𝔖 –חָהוּ ut 19,5 ‖ **30** [a] Ms 𝔊[52]𝔖𝔄𝔘 Bo ולא ‖ **31** [a–a] > 𝔐𝔊* ‖ **32** [a] 𝔐𝔗Ms –דְּשָׁם cf 21,8[c] ‖ **Cp 23,2** [a] ℭℭ sg cf 4[b] ‖ **3** [a] 𝔐 יעשה, 𝔊 ποιήσεις, 𝔊min(𝔖𝔙) -σετε ‖ [b] 𝔊(𝔖) + τῷ κυρίῳ ‖ [c] 𝔊* sg.

4 אֵ֚לֶּה[a] מוֹעֲדֵ֣י יְהוָ֔ה מִקְרָאֵ֖י[b] קֹ֑דֶשׁ אֲשֶׁר־תִּקְרְא֥וּ אֹתָ֖ם בְּמוֹעֲדָֽם׃

5 בַּחֹ֣דֶשׁ הָֽרִאשׁ֗וֹן בְּאַרְבָּעָ֥ה עָשָׂ֛ר[a] לַחֹ֖דֶשׁ בֵּ֣ין הָֽעַרְבָּ֑יִם פֶּ֖סַח לַיהוָֽה׃ ז ר״פ[2]. סד

6 וּבַחֲמִשָּׁ֨ה עָשָׂ֥ר י֙וֹם֙ לַחֹ֣דֶשׁ הַזֶּ֔ה חַ֥ג הַמַּצּ֖וֹת לַיהוָ֑ה שִׁבְעַ֥ת יָמִ֖ים ג ר״פ[3]

7 מַצּ֥וֹת תֹּאכֵֽלוּ׃ 7 בַּיּוֹם֙ הָֽרִאשׁ֔וֹן מִקְרָא־קֹ֖דֶשׁ יִהְיֶ֣ה לָכֶ֑ם כָּל־מְלֶ֥אכֶת סד

8 עֲבֹדָ֖ה לֹ֥א תַעֲשֽׂוּ׃ 8 [a]וְהִקְרַבְתֶּ֥ם אִשֶּׁ֛ה[b] לַיהוָ֖ה שִׁבְעַ֣ת יָמִ֑ים בַּיּ֤וֹם[c]

הַשְּׁבִיעִי֙ מִקְרָא־קֹ֔דֶשׁ כָּל־מְלֶ֥אכֶת עֲבֹדָ֖ה לֹ֥א תַעֲשֽׂוּ׃ פ

9 [כ] ס̄ וַיְדַבֵּ֥ר יְהוָ֖ה אֶל־מֹשֶׁ֥ה לֵּאמֹֽר׃ 10 דַּבֵּ֞ר אֶל־בְּנֵ֤י יִשְׂרָאֵל֙ וְאָמַרְתָּ֣

אֲלֵהֶ֔ם כִּֽי־תָבֹ֣אוּ אֶל־הָאָ֗רֶץ אֲשֶׁ֤ר אֲנִי֙ נֹתֵ֣ן לָכֶ֔ם וּקְצַרְתֶּ֖ם אֶת־קְצִירָ֑הּ ג בסיפ[4]. ב[5]

11 וַהֲבֵאתֶ֥ם אֶת־עֹ֛מֶר[a] רֵאשִׁ֥ית קְצִירְכֶ֖ם אֶל־הַכֹּהֵֽן׃ 11 וְהֵנִ֧יף אֶת־ כח

12 הָעֹ֛מֶר לִפְנֵ֥י יְהוָ֖ה לִֽרְצֹנְכֶ֑ם מִֽמָּחֳרַת֙ הַשַּׁבָּ֔ת יְנִיפֶ֖נּוּ הַכֹּהֵֽן׃ 12 וַעֲשִׂיתֶ֕ם ד[6]. יא זוגין דמטע בטע[7]

בְּי֥וֹם הֲנִֽיפְכֶ֖ם אֶת־הָעֹ֑מֶר כֶּ֣בֶשׂ תָּמִ֧ים בֶּן־שְׁנָת֛וֹ לְעֹלָ֖ה לַיהוָֽה׃ ל

13 וּמִנְחָתוֹ֩ שְׁנֵ֨י עֶשְׂרֹנִ֜ים סֹ֣לֶת בְּלוּלָ֥ה בַשֶּׁ֛מֶן אִשֶּׁ֥ה לַיהוָ֖ה רֵ֣יחַ נִיחֹ֑חַ[a] ח וכל אשה ריח ניחח דכות

14 וְנִסְכֹּ֥ה[b] יַ֖יִן רְבִיעִ֥ת הַהִֽין׃ 14 וְלֶ֩חֶם֩ וְקָלִ֨י וְכַרְמֶ֜ל לֹ֣א תֹֽאכְל֗וּ עַד־ ונסכו[8] חד מן יו[9] ק. כת ה בתור ול בליש. ד ר״פ[10]. ג[11]. ג[12]

עֶ֨צֶם֙ הַיּ֣וֹם הַזֶּ֔ה עַ֚ד הֲבִ֣יאֲכֶ֔ם אֶת־קָרְבַּ֖ן אֱלֹהֵיכֶ֑ם חֻקַּ֤ת עוֹלָם֙

15 לְדֹרֹ֣תֵיכֶ֔ם בְּכֹ֖ל מֹשְׁבֹתֵיכֶֽם׃ ס 15 וּסְפַרְתֶּ֤ם לָכֶם֙ מִמָּחֳרַ֣ת ג חס[13]. ל

הַשַּׁבָּ֔ת מִיּוֹם֙ הֲבִ֣יאֲכֶ֔ם אֶת־עֹ֖מֶר הַתְּנוּפָ֑ה שֶׁ֥בַע שַׁבָּת֖וֹת תְּמִימֹ֥ת ל ומל

16 תִּהְיֶֽינָה[a]׃ 16 עַ֣ד מִֽמָּחֳרַ֤ת הַשַּׁבָּת֙ הַשְּׁבִיעִ֔ת תִּסְפְּר֖וּ חֲמִשִּׁ֣ים י֑וֹם

17 וְהִקְרַבְתֶּ֛ם מִנְחָ֥ה חֲדָשָׁ֖ה לַיהוָֽה׃ 17 מִמּוֹשְׁבֹתֵיכֶ֞ם[a] תָּבִ֣יאּוּ ׀ לֶ֣חֶם ו חד מן ד[14] מילין דגש א וחד מן יז[15] מפק א

תְּנוּפָ֗ה שְׁתַּ֨יִם֙[b] שְׁנֵ֣י[c] עֶשְׂרֹנִ֔ים סֹ֣לֶת תִּהְיֶ֔ינָה חָמֵ֖ץ תֵּאָפֶ֑ינָה בִּכּוּרִ֖ים

18 לַיהוָֽה׃ 18 וְהִקְרַבְתֶּ֣ם עַל־הַלֶּ֗חֶם שִׁבְעַ֨ת[a] כְּבָשִׂ֤ים תְּמִימִם֙ בְּנֵ֣י שָׁנָ֔ה ב

וּפַ֧ר בֶּן־בָּקָ֛ר אֶחָ֖ד וְאֵילִ֣ם שְׁנָ֑יִם[b] יִהְי֤וּ עֹלָה֙ לַֽיהוָ֔ה וּמִנְחָתָם֙ וְנִסְכֵּיהֶ֔ם ב[16]. ד[17]. ז בליש

19 אִשֵּׁ֥ה רֵֽיחַ־נִיחֹ֖חַ לַיהוָֽה׃ 19 וַעֲשִׂיתֶ֛ם[a] שְׂעִיר־עִזִּ֥ים אֶחָ֖ד לְחַטָּ֑את[b] ב בטע בסיפ[18]. יא זוגין דמטע בטע[7]

20 וּשְׁנֵ֧י כְבָשִׂ֛ים בְּנֵ֥י שָׁנָ֖ה לְזֶ֥בַח שְׁלָמִֽים[c]׃ 20 וְהֵנִ֣יף הַכֹּהֵ֣ן ׀ אֹתָ֡ם עַל֩ ד. ב. ד[19]. ח בטע בסיפ[20]. ב

[2] Mm 791. [3] Mm 792. [4] Mm 793. [5] Jes 27,11. [6] Mm 789. [7] Mm 794. [8] Q ונסכו addidi, cf Mp sub loco. [9] Mm 598. [10] Mm 349. [11] Mm 1802. [12] Mm 795. [13] Mm 798. [14] Mp sub loco. [15] Mm 411. [16] Mm 2974. [17] Mm 998. [18] Mm 663. [19] Mm 664. [20] Mm 747.

4 [a] ⅏𝔊^min וְאֵ' ‖ [b] ℭ𝔗^Mss sg cf 2[a] ‖ **5** [a] ⅏𝔊𝔙 + יוֹם ‖ **8** [a] v 8 > ℭ ‖ [b] ℭ + עולה ‖ [c] Ms ⅏𝔊𝔖 וּבַ' ‖ **10** [a] ⅏𝔗^J הָעֹ' ‖ **13** [a] 𝔊 + κυρίῳ ‖ [b] ⅏ —כו ‖ **15** [a] > 𝔊*; 𝔊^FM min ἀριθμήσεις; 𝔊^376.426(𝔖) + ὑμῖν ‖ **17** [a] 𝔙 *ex omnibus habitaculis* = מִכָּל־מ' ‖ [b] ⅏𝔊𝔖𝔗𝔗^J + חַלּוֹת ‖ [c] 𝔊(𝔖𝔙) ἐκ δύο = מִשְּׁ' ‖ **18** [a] ⅏𝔗𝔗^J שִׁבְעָה ‖ [b] ⅏𝔊 + תמימם ‖ **19** [a] 𝔊* 3 pl ‖ [b] ℭ ליהוה ‖ [c] ⅏ הַשְּׁ', 𝔊 + μετὰ τῶν ἄρτων τοῦ πρωτογενήματος, ex 20.

לֶ֣חֶם הַבִּכֻּרִ֗ים תְּנוּפָה֙ לִפְנֵ֣י יְהוָ֔ה ᵃעַל־שְׁנֵ֖י כְּבָשִׂ֑יםᵇ קֹ֛דֶשׁ יִהְי֥וּ ב חד מל וחד חס
21 לַיהוָ֖ה לַכֹּהֵֽןᵃᶜ׃ 21 וּקְרָאתֶ֞ם ᵃבְּעֶ֣צֶם׀ הַיּ֣וֹם הַזֶּ֗ה מִֽקְרָאᵃ־קֹ֙דֶשׁ֙ᵇ יִהְיֶ֣ה
לָכֶ֔םᵇ כָּל־מְלֶ֥אכֶת עֲבֹדָ֖ה לֹ֣א תַעֲשׂ֑וּ חֻקַּ֥ת עוֹלָ֛ם בְּכָל־מוֹשְׁבֹתֵיכֶ֖ם ח בטע[21]
22 לְדֹרֹתֵיכֶֽם׃ 22 וּֽבְקֻצְרְכֶ֞ם אֶת־קְצִ֣יר אַרְצְכֶ֗ם לֹֽא־תְכַלֶּ֞ה פְּאַ֤ת שָֽׂדְךָ֙ ב
בְּקֻצְרֶ֔ךָᵃ וְלֶ֥קֶט קְצִירְךָ֖ לֹ֣א תְלַקֵּ֑ט לֶעָנִ֤י וְלַגֵּר֙ תַּעֲזֹ֣ב אֹתָ֔ם אֲנִ֖י יְהוָ֥ה כד ס״פ
23 24 אֱלֹהֵיכֶֽם׃ ס 23 וַיְדַבֵּ֥ר יְהוָ֖ה אֶל־מֹשֶׁ֥ה לֵּאמֹֽר׃ 24 דַּבֵּ֛ר אֶל־ ד בטע בסיפ[22]
בְּנֵ֥י יִשְׂרָאֵ֖ל לֵאמֹ֑ר בַּחֹ֨דֶשׁ הַשְּׁבִיעִ֜י בְּאֶחָ֣ד לַחֹ֗דֶשׁ יִהְיֶ֤ה לָכֶם֙ שַׁבָּת֔וֹן
25 זִכְר֥וֹן תְּרוּעָ֖ה מִקְרָא־קֹֽדֶשׁ׃ 25 כָּל־מְלֶ֥אכֶת עֲבֹדָ֖ה לֹ֣א תַעֲשׂ֑וּ ג[23]
26 וְהִקְרַבְתֶּ֥ם אִשֶּׁ֖הᵃ לַיהוָֽה׃ ס 26 וַיְדַבֵּ֥ר יְהוָ֖ה אֶל־מֹשֶׁ֥ה לֵּאמֹֽרᵃ׃
27 27 אַ֡ךְ בֶּעָשׂ֣וֹר לַחֹדֶשׁ֩ הַשְּׁבִיעִ֨י הַזֶּ֜ה י֧וֹם הַכִּפֻּרִ֣יםᵃ ה֗וּא מִֽקְרָא־קֹ֙דֶשׁ֙ ל
28 יִהְיֶ֣ה לָכֶ֔ם וְעִנִּיתֶ֖ם אֶת־נַפְשֹׁתֵיכֶ֑ם וְהִקְרַבְתֶּ֥ם אִשֶּׁ֖ה לַיהוָֽה׃ 28 וְכָל־ ג[24]
מְלָאכָה֙ לֹ֣א תַעֲשׂ֔וּ בְּעֶ֖צֶם הַיּ֣וֹם הַזֶּ֑ה כִּ֣י י֤וֹם כִּפֻּרִים֙ ה֔וּא לְכַפֵּ֣ר ל
29 עֲלֵיכֶ֔ם לִפְנֵ֖י יְהוָ֥ה אֱלֹהֵיכֶֽם׃ 29 כִּ֤י כָל־הַנֶּ֙פֶשׁ֙ אֲשֶׁ֣ר לֹֽא־תְעֻנֶּ֔ה ד בתור . ל
30 בְּעֶ֖צֶם הַיּ֣וֹם הַזֶּ֑ה וְנִכְרְתָ֖ה מֵעַמֶּֽיהָ׃ 30 וְכָל־הַנֶּ֗פֶשׁ אֲשֶׁ֤ר תַּעֲשֶׂה֙ כָּל־ ד בתור
מְלָאכָ֔ה בְּעֶ֖צֶם הַיּ֣וֹם הַזֶּ֑ה וְהַאֲבַדְתִּ֛י אֶת־הַנֶּ֥פֶשׁ הַהִ֖וא מִקֶּ֥רֶב עַמָּֽהּᵃ׃ ג
31 31 כָּלᵃ־מְלָאכָ֖ה לֹ֣א תַעֲשׂ֑וּ חֻקַּ֤ת עוֹלָם֙ לְדֹרֹ֣תֵיכֶ֔ם בְּכֹ֖ל מֹשְׁבֹתֵיכֶֽם׃ ל ר״פ . ג חס[25]
32 32 שַׁבַּ֨ת שַׁבָּת֥וֹן הוּא֙ לָכֶ֔ם וְעִנִּיתֶ֖ם אֶת־נַפְשֹׁתֵיכֶ֑ם בְּתִשְׁעָ֤ה לַחֹ֙דֶשׁ֙ ד
33 בָּעֶ֔רֶבᵃ מֵעֶ֣רֶב עַד־עֶ֔רֶב תִּשְׁבְּת֖וּᵇ שַׁבַּתְּכֶֽם׃ פ 33 וַיְדַבֵּ֥ר יְהוָ֖ה ל . ל
34 אֶל־מֹשֶׁ֥ה לֵּאמֹֽר׃ 34 דַּבֵּ֛ר אֶל־בְּנֵ֥י יִשְׂרָאֵ֖ל לֵאמֹ֑ר בַּחֲמִשָּׁ֨ה עָשָׂ֜ר ד בטע בסיפ[22]
35 י֗וֹם לַחֹ֤דֶשׁ הַשְּׁבִיעִי֙ הַזֶּ֔ה חַ֧ג הַסֻּכּ֛וֹת שִׁבְעַ֥ת יָמִ֖ים לַיהוָֽה׃ 35 בַּיּ֥וֹם
36 הָרִאשׁ֖וֹן מִקְרָא־קֹ֑דֶשׁᵃ כָּל־מְלֶ֥אכֶת עֲבֹדָ֖ה לֹ֥א תַעֲשֽׂוּ׃ 36 שִׁבְעַ֣ת סד
יָמִ֔ים תַּקְרִ֥יבוּ אִשֶּׁ֖ה לַיהוָ֑ה בַּיּ֣וֹםᵃ הַשְּׁמִינִ֡י מִקְרָא־קֹדֶשׁ֩ יִהְיֶ֨ה לָכֶ֜ם
וְהִקְרַבְתֶּ֨ם אִשֶּׁ֤ה לַיהוָה֙ עֲצֶ֣רֶת הִ֔וא כָּל־מְלֶ֥אכֶת עֲבֹדָ֖ה לֹ֥א תַעֲשֽׂוּ׃
37 37 אֵ֚לֶּה מוֹעֲדֵ֣י יְהוָ֔ה אֲשֶׁר־תִּקְרְא֥וּ אֹתָ֖ם מִקְרָאֵ֣י קֹ֑דֶשׁ

[21]Mm 796. [22]Mm 696. [23]Mm 797. [24]Mm 2558. [25]Mm 798.

20 ᵃ⁻ᵃ 𝔙 *cedent in usum eius* ‖ ᵇ ⅏𝔊 הַכֹּ׳ ‖ ᶜ 𝔊 + *τῷ προσφέροντι αὐτὰ αὐτῷ ἔσται* ‖ **21** ᵃ⁻ᵃ 𝔊(𝔙) *ταύτην τὴν ἡμέραν κλητήν·* ‖ ᵇ⁻ᵇ > 𝔖 ‖ **22** ᵃ ⅏ לִקְצֹר ‖ **25** ᵃ 𝔊 *ὁλοκαύτωμα* = עֹלָה? ‖ **26** ᵃ 𝔖 + *mll ʿm bnj ʾjsrjl wʾmr lhwn* = דַּבֵּר אֶל־בְּנֵי יִשְׂרָאֵל לֵאמֹר ‖ **27** ᵃ ⅏𝔊 כִּ׳ ‖ **30** ᵃ ⅏ עמיה cf 29 ‖ **31** ᵃ pc Mss ⅏𝔖 וְכָל ‖ **32** ᵃ > Ms 𝔊𝔙 ‖ ᵇ ⅏ תשביתו ‖ **35** ᵃ $𝔊^{min}$(𝔖) + *ἔσται ὑμῖν* ‖ **36** ᵃ ⅏ וּבַ׳ cf 𝔊𝔖𝔙.

לְהַקְרִ֨יב אִשֶּׁ֜ה לַיהוָ֗ה [a]עֹלָ֧ה וּמִנְחָ֛ה זֶ֥בַח וּנְסָכִ֖ים[a] דְּבַר־י֥וֹם בְּיוֹמֽוֹ׃
38 מִלְּבַ֖ד שַׁבְּתֹ֣ת יְהוָ֑ה וּמִלְּבַ֣ד[a] מַתְּנֽוֹתֵיכֶ֗ם וּמִלְּבַ֤ד כָּל־נִדְרֵיכֶם֙ — יח̇ פסוק דמיין[26] . ד
39 וּמִלְּבַד֙ כָּל־נִדְבֹ֣תֵיכֶ֔ם אֲשֶׁ֥ר תִּתְּנ֖וּ לַיהוָֽה׃ 39 אַ֡ךְ בַּחֲמִשָּׁה֩
עָשָׂ֨ר י֜וֹם לַחֹ֣דֶשׁ הַשְּׁבִיעִ֗י בְּאָסְפְּכֶם֙ אֶת־תְּבוּאַ֣ת הָאָ֔רֶץ תָּחֹ֥גּוּ אֶת־ — ל̇ . ב
חַג־יְהוָ֖ה שִׁבְעַ֣ת יָמִ֑ים בַּיּ֤וֹם הָֽרִאשׁוֹן֙ שַׁבָּת֔וֹן וּבַיּ֥וֹם הַשְּׁמִינִ֖י שַׁבָּתֽוֹן׃ — ד[27] . סד . ב מ״פ[28]
40 וּלְקַחְתֶּ֨ם לָכֶ֜ם בַּיּ֣וֹם הָרִאשׁ֗וֹן פְּרִ֨י עֵ֤ץ הָדָר֙ כַּפֹּ֣ת תְּמָרִ֔ים וַעֲנַ֥ף[a] — ו[29] . סד . ב[30] . ב חס[31]
עֵץ־עָבֹ֖ת וְעַרְבֵי־נָ֑חַל וּשְׂמַחְתֶּ֗ם לִפְנֵ֛י יְהוָ֥ה אֱלֹהֵיכֶ֖ם שִׁבְעַ֥ת יָמִֽים׃ — כל חס ב מ ב[32] מל . ל̇
41 [a]וְחַגֹּתֶ֤ם אֹתוֹ֙ חַ֣ג לַֽיהוָ֔ה שִׁבְעַ֥ת יָמִ֖ים[a] בַּשָּׁנָ֑ה חֻקַּ֤ת עוֹלָם֙ לְדֹרֹ֣תֵיכֶ֔ם
42 בַּחֹ֥דֶשׁ הַשְּׁבִיעִ֖י תָּחֹ֥גּוּ אֹתֽוֹ׃ 42 בַּסֻּכֹּ֥ת תֵּשְׁב֖וּ שִׁבְעַ֣ת יָמִ֑ים כָּל־הָֽאֶזְרָח֙ — ב
43 בְּיִשְׂרָאֵ֔ל יֵשְׁב֖וּ בַּסֻּכֹּֽת׃ 43 לְמַ֘עַן֮ יֵדְע֣וּ דֹרֹתֵיכֶם֒ כִּ֣י בַסֻּכּ֗וֹת הוֹשַׁ֙בְתִּי֙ — כ̇[33] . יב[34] . ב מל בתור
אֶת־בְּנֵ֣י יִשְׂרָאֵ֔ל בְּהוֹצִיאִ֥י אוֹתָ֖ם מֵאֶ֣רֶץ מִצְרָ֑יִם אֲנִ֖י יְהוָ֥ה אֱלֹהֵיכֶֽם׃ — ג . לט מל בתור . כד ס״פ
44 וַיְדַבֵּ֣ר מֹשֶׁ֔ה אֶת־מֹעֲדֵ֖י יְהוָ֑ה אֶל־בְּנֵ֖י יִשְׂרָאֵֽל׃ פ — ג[35] חס בליש וכל במעדו דכות ב מ ב באור
ס [כא] **24** 1 וַיְדַבֵּ֥ר יְהוָ֖ה אֶל־מֹשֶׁ֥ה לֵּאמֹֽר׃ 2 צַ֞ו אֶת־בְּנֵ֣י יִשְׂרָאֵ֗ל וְיִקְח֨וּ — ו רפי[1]
3 אֵלֶ֜יךָ[a] שֶׁ֣מֶן זַ֥יִת זָ֛ךְ כָּתִ֖ית לַמָּא֑וֹר לְהַעֲלֹ֥ת נֵ֖ר תָּמִֽיד׃ 3 מִחוּץ֩ לְפָרֹ֨כֶת — ב קמ ול בסיפ . ג[2] ב[3] מנה בתור . ב פסוק דמטע בתור
הָעֵדֻ֜ת בְּאֹ֣הֶל מוֹעֵ֗ד יַעֲרֹךְ֩ אֹת֨וֹ אַהֲרֹ֜ן[a] מֵעֶ֧רֶב עַד־בֹּ֛קֶר לִפְנֵ֥י יְהוָ֖ה
4 תָּמִ֑יד חֻקַּ֥ת עוֹלָ֖ם לְדֹרֹתֵיכֶֽם׃ 4 [a]עַ֚ל הַמְּנֹרָ֣ה הַטְּהֹרָ֔ה יַעֲרֹ֖ךְ[b] אֶת־
5 הַנֵּר֑וֹת לִפְנֵ֥י יְהוָ֖ה תָּמִֽיד[c]׃ פ 5 וְלָקַחְתָּ֣[a] סֹ֔לֶת וְאָפִיתָ֣[a] אֹתָ֔הּ — ב[4] מל בתור וכל נ״ך דכות ב מ א . ל̇
6 שְׁתֵּ֥ים עֶשְׂרֵ֖ה חַלּ֑וֹת שְׁנֵי֙ עֶשְׂרֹנִ֔ים יִהְיֶ֖ה הַחַלָּ֥ה הָאֶחָֽת׃ 6 וְשַׂמְתָּ֥[a] — ג מל בסיפ
אוֹתָ֛ם שְׁתַּ֥יִם[b] מַֽעֲרָכ֖וֹת שֵׁ֣שׁ הַֽמַּעֲרָ֑כֶת עַ֛ל הַשֻּׁלְחָ֥ן הַטָּהֹ֖ר לִפְנֵ֥י יְהוָֽה׃ — לט מל בתור . ב . ה̇ חס
7 וְנָתַתָּ֥[a] עַל־הַֽמַּעֲרֶ֖כֶת[b] לְבֹנָ֣ה זַכָּ֑ה[c] וְהָיְתָ֤ה לַלֶּ֙חֶם֙ לְאַזְכָּרָ֔ה אִשֶּׁ֖ה — כט חס[5] . ג חס[6] . ד[7]
8 לַיהוָֽה׃ 8 בְּי֨וֹם הַשַּׁבָּ֜ת [a]בְּי֣וֹם הַשַּׁבָּ֗ת[a] יַֽעַרְכֶ֛נּוּ לִפְנֵ֥י יְהוָ֖ה תָּמִ֑יד מֵאֵ֥ת
9 בְּנֵֽי־יִשְׂרָאֵ֖ל בְּרִ֥ית עוֹלָֽם׃ 9 וְהָֽיְתָה֙ לְאַהֲרֹ֣ן וּלְבָנָ֔יו וַאֲכָלֻ֖הוּ[a] בְּמָק֣וֹם — ג
קָדֹ֑שׁ כִּ֡י קֹ֩דֶשׁ֩ קָֽדָשִׁ֨ים[b] ה֥וּא[c] ל֛וֹ מֵאִשֵּׁ֥י יְהוָ֖ה חָק־עוֹלָֽם׃ ס — יג חס[8] . ז[9] . ו[10] מנה בתור . ד דמטע[11] . ה[12]

[26]Mm 647 et Mm 3911. [27]Mm 435. [28]Mm 877. [29]Mp sub loco. [30]Gn 1,29. [31]Mm 799. [32]Cf Mm 800. [33]Mm 534. [34]Mm 801. [35]Mm 3727. Cp 24 [1]Mm 560. [2]Mm 1523. [3]Mm 561. [4]Mm 882. [5]Mm 657. [6]Mm 586. [7]Mm 3073. [8]Mm 783. [9]Mm 4108. [10]Mm 831. [11]Mm 811. [12]Mm 2476.

37 [a–a] 𝔊 *ὁλοκαυτώματα καὶ θυσίας αὐτῶν καὶ σπονδὰς αὐτῶν* = עֹלוֹת(יהם) וְזִבְחֵיהֶם וְנִסְכֵּיהֶם ‖ **38** [a] ш + כל ‖ **40** [a] ш pl ‖ **41** [a–a] > 𝔊 ‖ **Cp 24,2** [a] 𝔊* *μοι* ‖ **3** [a] nonn Mss ш𝔊 + וּבָנָיו ‖ **4** [a] v 4 > ℭ ‖ [b] 𝔊 2 pl, it 5[a].6[a].7[a] ‖ [c] ш𝔊 עד בקר ‖ **5** [a] cf 4[b] ‖ **6** [a] cf 4[b] ‖ [b] ш שְׁתֵּי ‖ **7** [a] cf 4[b] ‖ [b] 𝔖𝔗[J] pl ‖ [c] 𝔊 + *καὶ ἅλα* ‖ **8** [a–a] > pc Mss 𝔊𝔖 ‖ **9** [a] ш –לוּהָ ‖ [b] > ℭ ‖ [c] ш היא.

10 10 וַיֵּצֵא֙ בֶּן־אִשָּׁ֣ה יִשְׂרְאֵלִ֔ית וְהוּא֙ בֶּן־אִ֣ישׁ מִצְרִ֔י בְּת֖וֹךְ בְּנֵ֣י
11 יִשְׂרָאֵ֑ל וַיִּנָּצוּ֙ בַּֽמַּחֲנֶ֔ה בֶּ֚ן הַיִּשְׂרְאֵלִ֔ית וְאִ֖ישׁ הַיִּשְׂרְאֵלִֽי[a]׃ 11 וַ֠יִּקֹּב בֶּן־ בׄ[13]. וׄ בטעׄ[14]. בׄ
הָֽאִשָּׁ֨ה הַיִּשְׂרְאֵלִ֤ית אֶת־הַשֵּׁם[a]֙ וַיְקַלֵּ֔ל וַיָּבִ֥יאוּ אֹת֖וֹ אֶל־מֹשֶׁ֑ה וְשֵׁ֥ם אִמּ֛וֹ דׄ. לׄוׄ[15]
12 שְׁלֹמִ֥ית בַּת־דִּבְרִ֖י לְמַטֵּה־דָֽן׃ 12 וַיַּנִּיחֻ֖הוּ בַּמִּשְׁמָ֑ר לִפְרֹ֥שׁ לָהֶ֖ם עַל־ לׄ. בׄ חד מלׄ וחד חסׄ. בׄ. לׄ
13 14 פִּ֥י יְהוָֽה׃ פ 13 וַיְדַבֵּ֥ר יְהוָ֖ה אֶל־מֹשֶׁ֥ה לֵּאמֹֽר׃ 14 הוֹצֵ֣א אֶת־ הׄ[16]
הַֽמְקַלֵּ֗ל אֶל־מִחוּץ֙ לַֽמַּחֲנֶ֔ה וְסָמְכ֧וּ כָֽל־הַשֹּׁמְעִ֛ים אֶת־יְדֵיהֶ֖ם עַל־
15 רֹאשׁ֑וֹ וְרָגְמ֥וּ אֹת֖וֹ כָּל־הָעֵדָֽה׃ 15 וְאֶל־בְּנֵ֥י יִשְׂרָאֵ֖ל תְּדַבֵּ֣ר לֵאמֹ֑ר דׄ[17]
16 אִ֥ישׁ אִ֛ישׁ כִּֽי־יְקַלֵּ֥ל אֱלֹהָ֖יו[a] וְנָשָׂ֥א חֶטְאֽוֹ׃ 16 וְנֹקֵ֤ב שֵׁם־יְהוָה֙ מ֣וֹת יׄוׄ
יוּמָ֔ת רָג֥וֹם יִרְגְּמוּ־ב֖וֹ כָּל־הָעֵדָ֑ה כַּגֵּר֙ כָּֽאֶזְרָ֔ח בְּנָקְבוֹ־שֵׁ֖ם[a] יוּמָֽת׃ דׄ קמׄ וכל אתנׄ וס״פ דכותׄ[18]. גׄ[19]. לׄ
17 18 17 וְאִ֕ישׁ כִּ֥י יַכֶּ֖ה כָּל־נֶ֣פֶשׁ אָדָ֑ם[a] מ֖וֹת יוּמָֽת׃ 18 וּמַכֵּ֥ה נֶֽפֶשׁ[a]־בְּהֵמָ֖ה[b] דׄ
19 יְשַׁלְּמֶ֑נָּה נֶ֖פֶשׁ תַּ֥חַת נָֽפֶשׁ׃ 19 וְאִ֕ישׁ כִּֽי־יִתֵּ֥ן מ֖וּם בַּעֲמִית֑וֹ כַּאֲשֶׁ֣ר עָשָׂ֔ה גׄ[20]
20 כֵּ֖ן יֵעָ֥שֶׂה לּֽוֹ׃ 20 שֶׁ֚בֶר תַּ֣חַת שֶׁ֔בֶר עַ֚יִן תַּ֣חַת עַ֔יִן שֵׁ֖ן תַּ֣חַת שֵׁ֑ן כַּאֲשֶׁ֨ר לׄוׄ[21]. הׄ
21 יִתֵּ֥ן מוּם֙ בָּֽאָדָ֔ם כֵּ֖ן יִנָּ֥תֶן בּֽוֹ׃ 21 [a]וּמַכֵּ֥ה בְהֵמָ֖ה יְשַׁלְּמֶ֑נָּה[a] וּמַכֵּ֥ה אָדָ֖ם[b] דׄ. גׄ[20]. דׄ
22 יוּמָֽת׃ 22 מִשְׁפַּ֤ט[a] אֶחָד֙ יִהְיֶ֣ה לָכֶ֔ם כַּגֵּ֖ר כָּאֶזְרָ֣ח יִהְיֶ֑ה כִּ֛י אֲנִ֥י יְהוָ֖ה גׄ[19]. יׄ. כׄד ס״פ
23 אֱלֹהֵיכֶֽם׃ 23 וַיְדַבֵּ֣ר מֹשֶׁה֮ אֶל־בְּנֵ֣י יִשְׂרָאֵל֒ וַיּוֹצִ֣יאוּ אֶת־הַֽמְקַלֵּ֗ל אֶל־ יׄבׄ[22]
מִחוּץ֙ לַֽמַּחֲנֶ֔ה וַיִּרְגְּמ֥וּ אֹת֖וֹ אָ֑בֶן[a] וּבְֽנֵי־יִשְׂרָאֵ֣ל עָשׂ֔וּ כַּאֲשֶׁ֛ר צִוָּ֥ה יְהוָ֖ה הׄ וכל ר״פ דכותׄ[23]
אֶת־מֹשֶֽׁה׃ פ קכד
פרש 25 1 וַיְדַבֵּ֤ר יְהוָה֙ אֶל־מֹשֶׁ֔ה בְּהַ֥ר סִינַ֖י לֵאמֹֽר׃ 2 דַּבֵּ֞ר אֶל־בְּנֵ֤י יׄ בתורׄ
יִשְׂרָאֵל֙ וְאָמַרְתָּ֣ אֲלֵהֶ֔ם כִּ֤י תָבֹ֙אוּ֙ אֶל־הָאָ֔רֶץ אֲשֶׁ֥ר אֲנִ֖י נֹתֵ֣ן לָכֶ֑ם גׄ בסיפׄ[1]
3 וְשָׁבְתָ֣ה הָאָ֔רֶץ שַׁבָּ֖ת לַיהוָֽה׃ 3 שֵׁ֤שׁ שָׁנִים֙ תִּזְרַ֣ע שָׂדֶ֔ךָ וְשֵׁ֥שׁ שָׁנִ֖ים
4 תִּזְמֹ֣ר כַּרְמֶ֑ךָ וְאָסַפְתָּ֖ אֶת־תְּבוּאָתָֽהּ׃ 4 וּבַשָּׁנָ֣ה הַשְּׁבִיעִ֗ת שַׁבַּ֤ת שַׁבָּתוֹן֙
5 יִהְיֶ֣ה לָאָ֔רֶץ שַׁבָּ֖ת לַיהוָ֑ה שָֽׂדְךָ֙ לֹ֣א תִזְרָ֔ע וְכַרְמְךָ֖ לֹ֥א תִזְמֹֽר׃ 5 אֵ֣ת[a] בׄ זקף קמׄ[2]
סְפִ֤יחַ[b] קְצִֽירְךָ֙ לֹ֣א תִקְצ֔וֹר וְאֶת־עִנְּבֵ֥י נְזִירֶ֖ךָ[c] לֹ֣א תִבְצֹ֑ר שְׁנַ֥ת שַׁבָּת֖וֹן בׄ מלׄ[3]. בׄ[4]. לׄ
6 יִהְיֶ֥ה לָאָֽרֶץ׃ 6 וְֽהָיְתָה֩ שַׁבַּ֨ת הָאָ֤רֶץ לָכֶם֙ לְאָכְלָ֔ה לְךָ֖[a] וּלְעַבְדְּךָ֣ דׄ פתׄ וכל שבת שבתון דכותׄ[5]

[13] 2S 14,6. [14] Mm 3746. [15] Mp sub loco. [16] Mm 802. [17] Mm 585. [18] Mm 590. [19] Mm 804. [20] Mm 803. [21] Mm 210. [22] Mm 2610. [23] Mm 470. Cp 25 [1] Mm 793. [2] Mm 1181. [3] Mm 805. [4] Mp sub loco. [5] Mm 806.

10 [a] ш ישׂ׳ ‖ **11** [a] 𝔊[59](𝔄𝔗[Ms]) τὸ ὄνομα κυρίου cf 16 ‖ **15** [a] 𝔊[BA] θεόν ‖ **16** [a] 𝔊(𝔙) τὸ ὄνομα κυρίου cf 11[a] ‖ **17** [a] 𝔊 + καὶ ἀποθάνῃ, it 18[b].21[b] ‖ **18** [a] > ℭ pc Mss 𝔊𝔙 ‖ [b] cf 17[a] ‖ **21** [a–a] > 𝔊 ‖ [b] cf 17[a] ‖ **22** [a] l ־ט ut Nu 15,16 ‖ **23** [a] 𝔖 + *wmjt* = וַיָּמֹת ‖ **Cp 25,5** [a] ш𝔊𝔖 וְאֵת ‖ [b] ш𝔗 ספחי cf 11 ‖ [c] nonn Mss ־ריך ‖ **6** [a–a] ш pl it 44[a–a].

7 וְלַאֲמָתֶךָ וְלִשְׂכִירְךָ וּלְתוֹשָׁבְךָ[a] הַגָּרִים עִמָּךְ׃ 7 וְלִבְהֶמְתְּךָ וְלַחַיָּה — ל̇.ל̇.ד קמ̇[6].ל̇.ל̇
8 אֲשֶׁר בְּאַרְצֶךָ תִּהְיֶה כָל־תְּבוּאָתָהּ לֶאֱכֹל׃ ס 8 וְסָפַרְתָּ לְךָ — ל̇
שֶׁבַע שַׁבְּתֹת שָׁנִים שֶׁבַע שָׁנִים שֶׁבַע פְּעָמִים וְהָיוּ לְךָ יְמֵי שֶׁבַע שַׁבְּתֹת — ל̇.ל̇
9 הַשָּׁנִים תֵּשַׁע וְאַרְבָּעִים שָׁנָה׃ 9 וְהַעֲבַרְתָּ שׁוֹפַר תְּרוּעָה בַּחֹדֶשׁ — ב̇ מל בתור ול פת
הַשְּׁבִעִי בֶּעָשׂוֹר לַחֹדֶשׁ בְּיוֹם הַכִּפֻּרִים תַּעֲבִירוּ שׁוֹפָר בְּכָל־אַרְצְכֶם׃ — ח̇ חס ג̇[7] מנה בתור . ב̇ מל בתור
10 וְקִדַּשְׁתֶּם אֵת שְׁנַת הַחֲמִשִּׁים שָׁנָה וּקְרָאתֶם דְּרוֹר בָּאָרֶץ לְכָל־ — ח̇[8].ב̇
יֹשְׁבֶיהָ יוֹבֵל הִוא[a] תִּהְיֶה לָכֶם וְשַׁבְתֶּם אִישׁ אֶל־אֲחֻזָּתוֹ וְאִישׁ אֶל־ — ח̇ מל[9]
11 מִשְׁפַּחְתּוֹ תָּשֻׁבוּ׃ 11 יוֹבֵל הִוא[a] שְׁנַת הַחֲמִשִּׁים שָׁנָה תִּהְיֶה לָכֶם לֹא — ח̇ מל[9]. ח̇[8]. ל̇ד פסוק לא ולא ולא[10]
12 תִזְרָעוּ וְלֹא תִקְצְרוּ אֶת־סְפִיחֶיהָ וְלֹא תִבְצְרוּ אֶת־נְזִרֶיהָ׃ 12 כִּי יוֹבֵל — ב̇. ב̇ ומל[11]. ב̇ חד חס וחד מל. ח̇ מל[9]
הִוא[a] קֹדֶשׁ תִּהְיֶה לָכֶם מִן־הַשָּׂדֶה תֹּאכְלוּ אֶת־תְּבוּאָתָהּ׃
ס̄ [כב] 13 בִּשְׁנַת הַיּוֹבֵל הַזֹּאת תָּשֻׁבוּ אִישׁ אֶל־אֲחֻזָּתוֹ׃ 14 וְכִי־תִמְכְּרוּ[a] — ח̇ מל[9]
מִמְכָּר לַעֲמִיתֶךָ אוֹ קָנֹה מִיַּד עֲמִיתֶךָ [b]אַל־תּוֹנוּ אִישׁ אֶת־אָחִיו׃ — ג̇ חד כת ו וב̇ כת ה[12]
15 בְּמִסְפַּר שָׁנִים אַחַר הַיּוֹבֵל תִּקְנֶה מֵאֵת עֲמִיתֶךָ[b] בְּמִסְפַּר שְׁנֵי־ — ח̇ מל[9]
16 תְבוּאֹת יִמְכָּר־לָךְ׃ 16 לְפִי | רֹב הַשָּׁנִים תַּרְבֶּה מִקְנָתוֹ וּלְפִי מְעֹט — ז̇[13].ל̇
17 הַשָּׁנִים תַּמְעִיט מִקְנָתוֹ כִּי מִסְפַּר תְּבוּאֹת הוּא מֹכֵר לָךְ׃ 17 וְלֹא — ז̇[13].ל̇
תוֹנוּ אִישׁ אֶת־עֲמִיתוֹ וְיָרֵאתָ מֵּאֱלֹהֶיךָ[a] [b]כִּי אֲנִי יְהוָה אֱלֹהֵיכֶם[c]׃ — י̇. כ̇ד ס״פ
18 וַעֲשִׂיתֶם אֶת־[a]חֻקֹּתַי וְאֶת־[b]מִשְׁפָּטַי תִּשְׁמְרוּ וַעֲשִׂיתֶם אֹתָם[c] וִישַׁבְתֶּם
19 [d]עַל־הָאָרֶץ לָבֶטַח׃ 19 וְנָתְנָה הָאָרֶץ פִּרְיָהּ וַאֲכַלְתֶּם לָשֹׂבַע[d] וִישַׁבְתֶּם — ד̇[14]
20 לָבֶטַח עָלֶיהָ׃ 20 וְכִי תֹאמְרוּ מַה־נֹּאכַל בַּשָּׁנָה הַשְּׁבִיעִת הֵן לֹא נִזְרָע — ל̇ זקף קמ̇
21 וְלֹא נֶאֱסֹף אֶת־תְּבוּאָתֵנוּ[a]׃ 21 וְצִוִּיתִי אֶת־בִּרְכָתִי לָכֶם בַּשָּׁנָה הַשִּׁשִּׁית — ל̇.ג̇[15]. ב̇ בתור
22 וְעָשָׂת[a] אֶת־הַתְּבוּאָה[b] לִשְׁלֹשׁ הַשָּׁנִים׃ 22 וּזְרַעְתֶּם אֵת הַשָּׁנָה[a] הַשְּׁמִינִת — ב̇ וחס[16]
וַאֲכַלְתֶּם מִן־הַתְּבוּאָה יָשָׁן עַד | הַשָּׁנָה הַתְּשִׁיעִת עַד־בּוֹא תְּבוּאָתָהּ — י̇ד̇[17] מל וכל שמואל וכתיב דכות ב̇ מ̇ ה̇
23 תֹּאכְלוּ יָשָׁן׃[b] 23 וְהָאָרֶץ לֹא תִמָּכֵר לִצְמִתֻת כִּי־לִי הָאָרֶץ כִּי־גֵרִים — ח̇ ר״פ[18]. ל̇

[6] Mm 807. [7] Mm 490. [8] Mm 808. [9] Mm 1270. [10] Mm 771. [11] Hi 14,19. [12] Mm 1861. [13] Mm 1240. [14] Mm 482. [15] Mm 244. [16] Mm 809. [17] Mm 169. [18] Mm 4.

10 [a] 𝔗 היא ‖ **11** [a] cf 10[a] ‖ **12** [a] cf 10[a] ‖ **14/15** [a] ⅏ Vrs sg ‖ [b–b] > 𝔗 (homtel) cf 18/19[d–d] ‖ **17** [a] 𝔊* *κύριον τὸν θεόν σου*, it 43[a] ‖ [b] > 𝔊 ‖ [c] 𝔖 suff 2 sg ‖ **18/19** [a] 𝔊 + *πάντα* ‖ [b] 𝔊 + *πάσας* ‖ [c] 𝔗 + אני יהוה ‖ [d–d] > 𝔗, cf 14/15[b–b] ‖ **20** [a] mlt Mss ⅏[Mss] 𝔊𝔖𝔙 אתינו– ‖ **21** [a] ⅏ ועשתה ‖ [b] ⅏𝔊 תבואתה ‖ **22** [a] L marg ‖ [b] 𝔊 *παλαιὰ παλαιῶν* cf 26,10a.

ה וְתוֹשָׁבִים אַתֶּם עִמָּדִי׃ 24 וּבְכֹל אֶרֶץ אֲחֻזַּתְכֶם גְּאֻלָּה תִּתְּנוּ לָאָרֶץ׃ 24
ל[19] ס 25 כִּי־יָמוּךְ[a] אָחִיךָ[b] וּמָכַר מֵאֲחֻזָּתוֹ וּבָא גֹאֲלוֹ הַקָּרֹב אֵלָיו 25
ל וְגָאַל אֵת מִמְכַּר אָחִיו׃ 26 וְאִישׁ כִּי לֹא יִהְיֶה־לּוֹ גֹּאֵל וְהִשִּׂיגָה יָדוֹ 26
וּמָצָא כְּדֵי גְאֻלָּתוֹ׃ 27 וְחִשַּׁב אֶת־שְׁנֵי מִמְכָּרוֹ וְהֵשִׁיב אֶת־הָעֹדֵף 27
ל[20] . ו . ב לָאִישׁ אֲשֶׁר מָכַר־לוֹ וְשָׁב לַאֲחֻזָּתוֹ׃ 28 וְאִם לֹא־מָצְאָה יָדוֹ דֵּי הָשִׁיב 28
ח מל[21] לוֹ וְהָיָה מִמְכָּרוֹ בְּיַד הַקֹּנֶה אֹתוֹ עַד שְׁנַת הַיּוֹבֵל וְיָצָא בַּיֹּבֵל וְשָׁב
לַאֲחֻזָּתוֹ׃ 29 וְאִישׁ כִּי־יִמְכֹּר בֵּית־מוֹשַׁב עִיר חוֹמָה וְהָיְתָה גְּאֻלָּתוֹ 29
עַד־תֹּם שְׁנַת מִמְכָּרוֹ[a] יָמִים תִּהְיֶה גְאֻלָּתוֹ׃ 30 וְאִם לֹא־יִגָּאֵל עַד־ 30
לו חד מן יז[22] כת כן . ק ג[23] חס בתור וכל מלכים דכות ב מ ב מְלֹאת לוֹ שָׁנָה תְמִימָה וְקָם הַבַּיִת אֲשֶׁר־בָּעִיר אֲשֶׁר־לֹא[a] חֹמָה
לַצְּמִיתֻת לַקֹּנֶה אֹתוֹ לְדֹרֹתָיו לֹא יֵצֵא בַּיֹּבֵל׃ 31 וּבָתֵּי הַחֲצֵרִים 31
ג[23] חס בתור וכל מלכים דכות ב מ ב אֲשֶׁר אֵין־לָהֶם חֹמָה סָבִיב עַל־שְׂדֵה הָאָרֶץ יֵחָשֵׁב[a] גְּאֻלָּה תִּהְיֶה־לּוֹ
וּבַיֹּבֵל יֵצֵא׃ 32 וְעָרֵי הַלְוִיִּם בָּתֵּי עָרֵי אֲחֻזָּתָם גְּאֻלַּת עוֹלָם תִּהְיֶה 32
יב ר״פ . ל לַלְוִיִּם׃ 33 וַאֲשֶׁר[a] יִגְאַל מִן־הַלְוִיִּם וְיָצָא מִמְכַּר־[b]בַּיִת וְעִיר[b] אֲחֻזָּתוֹ 33
ב חד כת י וחד כת ה בַּיֹּבֵל כִּי בָתֵּי עָרֵי הַלְוִיִּם הִוא אֲחֻזָּתָם בְּתוֹךְ בְּנֵי יִשְׂרָאֵל׃ 34 וּשְׂדֵה 34
ד דמטע[24] . ב[19] מִגְרַשׁ עָרֵיהֶם לֹא יִמָּכֵר כִּי־אֲחֻזַּת עוֹלָם הוּא[a] לָהֶם[b]׃ ס 35 וְכִי־ 35 ס̄ [כג]
יָמוּךְ אָחִיךָ וּמָטָה יָדוֹ עִמָּךְ וְהֶחֱזַקְתָּ[a] בּוֹ גֵּר[b] וְתוֹשָׁב וָחַי[c] עִמָּךְ׃
36 אַל־תִּקַּח מֵאִתּוֹ נֶשֶׁךְ וְתַרְבִּית וְיָרֵאתָ מֵאֱלֹהֶיךָ[a] וְחֵי אָחִיךָ עִמָּךְ׃ 36
ב . ל . ל[25] 37 אֶת־כַּסְפְּךָ לֹא־תִתֵּן לוֹ בְּנֶשֶׁךְ וּבְמַרְבִּית[a] לֹא־תִתֵּן אָכְלֶךָ׃ 38 אֲנִי 37 38
יְהוָה אֱלֹהֵיכֶם אֲשֶׁר־הוֹצֵאתִי אֶתְכֶם מֵאֶרֶץ מִצְרָיִם לָתֵת לָכֶם אֶת־
ב[19] אֶרֶץ כְּנַעַן לִהְיוֹת לָכֶם לֵאלֹהִים׃ ס 39 וְכִי־יָמוּךְ אָחִיךָ עִמָּךְ 39
כל אורית חס . ב[26] וְנִמְכַּר־לָךְ לֹא־[a]תַעֲבֹד בּוֹ[a] עֲבֹדַת עָבֶד׃ 40 כְּשָׂכִיר כְּתוֹשָׁב יִהְיֶה 40
ד עִמָּךְ עַד־שְׁנַת הַיֹּבֵל יַעֲבֹד עִמָּךְ׃ 41 וְיָצָא מֵעִמָּךְ הוּא וּבָנָיו עִמּוֹ 41
ז חס בתור וְשָׁב אֶל־מִשְׁפַּחְתּוֹ וְאֶל־אֲחֻזַּת אֲבֹתָיו יָשׁוּב׃ 42 כִּי־עֲבָדַי הֵם אֲשֶׁר־ 42
הוֹצֵאתִי אֹתָם מֵאֶרֶץ מִצְרָיִם לֹא יִמָּכְרוּ מִמְכֶּרֶת עָבֶד׃ 43 לֹא־ 43

[19] Mm 810 et Mm 2373. [20] Mm 319. [21] Mm 1270. [22] Mm 1795. [23] Mm 469. [24] Mm 811. [25] וחד אָכְלְךָ Gn 2,17. [26] Mm 812.

25 [a] nonn Mss ⅏𝔊𝔖 וְכִי ‖ [b] 𝔊 + *ὁ μετά σου* cf 39 ‖ **29** [a] > 𝔊 ‖ **30** [a] ⅏ Vrs לו; prp לָהּ ‖ **31** [a] ⅏𝔊𝔖𝔗𝔗^J pl ‖ **33** [a] 𝔙 + *non*, frt recte ‖ [b–b] l בֵּית עִיר? cf בתי ערי ‖ **34** [a] ⅏ היא ‖ [b] pc Mss לָכֶם ‖ **35** [a] ⅏ וחזקת ‖ [b] 𝔊 pr *ὡς* ‖ [c] 2 Mss ⅏𝔊 + אחיך, ex 36 ‖ **36** [a] 𝔊 + *ἐγώ κύριος* ‖ **37** [a] ⅏ ובתר׳ ‖ **39** [a–a] 𝔊 *δουλεύσει σοι.*

44 תִרְדֶּ֥ה ב֖וֹ בְּפָ֑רֶךְ וְיָרֵ֖אתָ מֵאֱלֹהֶֽיךָ[a]׃ 44 [a]וְעַבְדְּךָ֥ וַאֲמָתְךָ֖[a] אֲשֶׁ֣ר יִהְיוּ־ ל
45 לָ֑ךְ מֵאֵ֣ת הַגּוֹיִ֗ם אֲשֶׁר֙ סְבִיבֹ֣תֵיכֶ֔ם מֵהֶ֥ם תִּקְנ֖וּ עֶ֥בֶד וְאָמָֽה׃ 45 וְ֠גַם יג ר״פ בתור
מִבְּנֵ֨י הַתּוֹשָׁבִ֜ים הַגָּרִ֤ים עִמָּכֶם֙ מֵהֶ֣ם תִּקְנ֔וּ וּמִמִּשְׁפַּחְתָּם֙ אֲשֶׁ֣ר עִמָּכֶ֔ם ד קמ[27]. ל
46 אֲשֶׁ֥ר הוֹלִ֖ידוּ בְּאַרְצְכֶ֑ם וְהָי֥וּ לָכֶ֖ם לַאֲחֻזָּֽה׃ 46 וְהִתְנַחַלְתֶּ֨ם[a] אֹתָ֜ם ב חד מל וחד חס[28]. ב[29]
לִבְנֵיכֶ֤ם אַחֲרֵיכֶם֙ לָרֶ֣שֶׁת אֲחֻזָּ֔ה לְעֹלָ֖ם [b]בָּהֶ֣ם תַּעֲבֹ֑דוּ[b] וּבְאַ֨חֵיכֶ֤ם יח[30] חס י מנה בתור. ג בליש[31]. ל
47 בְּנֵֽי־יִשְׂרָאֵל֙ אִ֣ישׁ בְּאָחִ֔יו לֹא־תִרְדֶּ֥ה ב֖וֹ בְּפָֽרֶךְ׃ ס 47 וְכִ֣י תַשִּׂ֗יג
יַ֣ד גֵּ֤ר וְתוֹשָׁב֙ עִמָּ֔ךְ וּמָ֥ךְ אָחִ֖יךָ עִמּ֑וֹ וְנִמְכַּ֗ר לְגֵ֤ר תּוֹשָׁב֙[a] עִמָּ֔ךְ [b]א֥וֹ ל. ל
48 לְעֵ֖קֶר[b] מִשְׁפַּ֥חַת גֵּֽר׃ 48 אַחֲרֵ֣י נִמְכַּ֔ר גְּאֻלָּ֖ה תִּהְיֶה־לּ֑וֹ אֶחָ֥ד מֵאֶחָ֖יו ל
49 יִגְאָלֶֽנּוּ׃ 49 אוֹ־[a]דֹד֞וֹ א֤וֹ בֶן־דֹּדוֹ֙ יִגְאָלֶ֔נּוּ אֽוֹ־מִשְּׁאֵ֧ר בְּשָׂר֛וֹ מִמִּשְׁפַּחְתּ֖וֹ
50 יִגְאָלֶ֑נּוּ אֽוֹ־[b]הִשִּׂ֥יגָה יָד֖וֹ וְנִגְאָֽל׃ 50 וְחִשַּׁב֙ עִם־קֹנֵ֔הוּ מִשְּׁנַת֙ הִמָּ֣כְרוֹ ל. ל
ל֔וֹ עַ֖ד שְׁנַ֣ת הַיֹּבֵ֑ל וְהָיָ֞ה כֶּ֤סֶף מִמְכָּרוֹ֙ בְּמִסְפַּ֣ר שָׁנִ֔ים כִּימֵ֥י שָׂכִ֖יר
51 יִהְיֶ֥ה עִמּֽוֹ׃ 51 אִם־ע֥וֹד רַבּ֖וֹת בַּשָּׁנִ֑ים לְפִיהֶן֙ יָשִׁ֣יב גְּאֻלָּת֔וֹ מִכֶּ֖סֶף ז ר״פ בסיפ. ל. כד בליש[32]
52 מִקְנָתֽוֹ׃ 52 וְאִם־מְעַ֞ט נִשְׁאַ֧ר בַּשָּׁנִ֛ים עַד־שְׁנַ֥ת הַיֹּבֵ֖ל וְחִשַּׁב־ל֑וֹ כְּפִ֣י
53 שָׁנָ֔יו יָשִׁ֖יב אֶת־גְּאֻלָּתֽוֹ׃ 53 כִּשְׂכִ֥יר שָׁנָ֖ה בְּשָׁנָ֑ה יִהְיֶ֣ה עִמּ֔וֹ לֹֽא־יִרְדֶּ֥נּוּ ג[33]. כד בליש[32]. ל
54 בְּפֶ֖רֶךְ לְעֵינֶֽיךָ׃ 54 וְאִם־לֹ֥א יִגָּאֵ֖ל בְּאֵ֑לֶּה וְיָצָא֙ בִּשְׁנַ֣ת הַיֹּבֵ֔ל ה֖וּא
וּבָנָ֥יו עִמּֽוֹ׃ ד
55 כִּֽי־לִ֤י בְנֵֽי־יִשְׂרָאֵל֙ עֲבָדִ֔ים עֲבָדַ֣י הֵ֔ם אֲשֶׁר־הוֹצֵ֥אתִי אוֹתָ֖ם לט מל בתור
26 מֵאֶ֣רֶץ מִצְרָ֑יִם אֲנִ֖י יְהוָ֥ה אֱלֹהֵיכֶֽם׃ 26 1 לֹֽא־תַעֲשׂ֨וּ לָכֶ֜ם אֱלִילִ֗ם כד ס״פ. מז פסוק לא לא לא ד[1] מנה ר״פ. ב חס בליש
וּפֶ֤סֶל וּמַצֵּבָה֙ לֹא־תָקִ֣ימוּ לָכֶ֔ם וְאֶ֣בֶן מַשְׂכִּ֗ית לֹ֤א תִתְּנוּ֙ בְּאַרְצְכֶ֔ם ב[2]. ל
2 לְהִֽשְׁתַּחֲוֹ֖ת עָלֶ֑יהָ כִּ֛י[a] אֲנִ֥י יְהוָ֖ה אֱלֹהֵיכֶֽם׃ 2 אֶת־שַׁבְּתֹתַ֣י[a] תִּשְׁמֹ֔רוּ י. כד ס״פ
וּמִקְדָּשִׁ֖י תִּירָ֑אוּ אֲנִ֖י יְהוָֽה׃ ס נז
ס [כד] פרש 3 אִם־בְּחֻקֹּתַ֖י תֵּלֵ֑כוּ וְאֶת־מִצְוֺתַ֣י תִּשְׁמְר֔וּ וַעֲשִׂיתֶ֖ם אֹתָֽם׃ 4 וְנָתַתִּ֥י ז ר״פ בסיפ
5 גִשְׁמֵיכֶ֖ם בְּעִתָּ֑ם וְנָתְנָ֤ה הָאָ֙רֶץ֙ יְבוּלָ֔הּ וְעֵ֥ץ הַשָּׂדֶ֖ה יִתֵּ֥ן פִּרְיֽוֹ׃ 5 וְהִשִּׂ֨יג ד חס את בליש[3]
לָכֶ֥ם דַּ֙יִשׁ֙ אֶת־בָּצִ֔יר וּבָצִ֖יר יַשִּׂ֣יג אֶת־זָ֑רַע[a] וַאֲכַלְתֶּ֤ם לַחְמְכֶם֙ לָשֹׂ֔בַע ד[4]

[27]Mm 807. [28]Mm 2989. [29]Mm 813. [30]Mm 25. [31]Mm 2933. [32]Mm 1685. [33]Mm 3553. Cp 26 [1]Mm 814. [2]Jes 19,19. [3]Mm 2932. [4]Mm 482.

43 [a] cf 17[a] ‖ **44** [a–a] cf 6[a–a] ‖ **46** [a] sic L, mlt Mss Edd 'נַחַ– ‖ [b–b] > 𝔊 ‖ **47** [a] pc Mss ɯ[Mss]𝔊𝔖 'וְת; ɯ 'וּלְת ‖ [b–b] > 𝔊 ‖ **49** [a] > 𝔊 ‖ [b] 𝔊(𝔖) ἐὰν δέ = וְאִם ‖ **Cp 26,1** [a] > 𝔊𝔖 ‖ **2** [a] 𝔖 *pwqdnj* = מִצְוֺתַי ‖ **5** [a] ɯ 'הז.

6 וִישַׁבְתֶּם לָבֶטַח בְּאַרְצְכֶם׃ 6 וְנָתַתִּי שָׁלוֹם בָּאָרֶץ וּשְׁכַבְתֶּם וְאֵין
מַחֲרִיד וְהִשְׁבַּתִּי חַיָּה רָעָה מִן־הָאָרֶץ ᵃוְחֶרֶב לֹא־תַעֲבֹר בְּאַרְצְכֶםᵃ׃ יג⁵
7 8 7 וּרְדַפְתֶּם אֶת־אֹיְבֵיכֶם וְנָפְלוּ לִפְנֵיכֶם לֶחָרֶב׃ 8 וְרָדְפוּ מִכֶּם חֲמִשָּׁה
מֵאָה וּמֵאָה מִכֶּם רְבָבָה יִרְדֹּפוּ וְנָפְלוּ אֹיְבֵיכֶם לִפְנֵיכֶם לֶחָרֶב׃ ד
9 9 וּפָנִיתִי אֲלֵיכֶם וְהִפְרֵיתִי אֶתְכֶם וְהִרְבֵּיתִי אֶתְכֶםᵃ וַהֲקִימֹתִי אֶת־ ג ב מל וחד חס⁶. ו כת כן⁷
10 בְּרִיתִי אִתְּכֶם׃ 10 וַאֲכַלְתֶּם יָשָׁן נוֹשָׁן וְיָשָׁן מִפְּנֵי חָדָשׁ תּוֹצִיאוּ׃ ל
11 12 11 וְנָתַתִּי מִשְׁכָּנִיᵃ בְּתוֹכְכֶם וְלֹא־תִגְעַל נַפְשִׁי אֶתְכֶם׃ 12 וְהִתְהַלַּכְתִּי ג⁸. יב בתור
13 בְּתוֹכְכֶם וְהָיִיתִי לָכֶם לֵאלֹהִים וְאַתֶּם תִּהְיוּ־לִי לְעָם׃ 13 אֲנִי יְהוָה יב בתור. ב בטע בתור
אֱלֹהֵיכֶם אֲשֶׁר הוֹצֵאתִי אֶתְכֶם מֵאֶרֶץ מִצְרַיִםᵃ מִהְיֹת לָהֶםᵇ עֲבָדִיםᵃ ח חס בליש⁹
14 וָאֶשְׁבֹּר מֹטֹת עֻלְּכֶם וָאוֹלֵךְ אֶתְכֶם קוֹמְמִיּוּת׃ פ 14 וְאִם־לֹא ל. ד¹⁰
15 תִשְׁמְעוּ לִי וְלֹא תַעֲשׂוּ אֵת כָּל־ᵃהַמִּצְוֺת הָאֵלֶּה׃ 15 וְאִםᵃ־בְּחֻקֹּתַי ג¹¹. ח פסוק ואם ואם¹²
תִּמְאָסוּ וְאִם אֶת־מִשְׁפָּטַי תִּגְעַל נַפְשְׁכֶם לְבִלְתִּי עֲשׂוֹת אֶת־כָּל־מִצְוֺתַי אם האם ואם כן בטע¹³. ג¹⁴
16 לְהַפְרְכֶם אֶת־בְּרִיתִי׃ 16 אַף־אֲנִי אֶעֱשֶׂה־זֹּאת לָכֶםᵃ וְהִפְקַדְתִּי ל
עֲלֵיכֶם בֶּהָלָהᵇ אֶת־הַשַּׁחֶפֶת וְאֶת־הַקַּדַּחַת מְכַלּוֹת עֵינַיִם וּמְדִיבֹת ל. ל. כה. ל
17 נָפֶשׁ וּזְרַעְתֶּם לָרִיק זַרְעֲכֶם וַאֲכָלֻהוּ אֹיְבֵיכֶם׃ 17 וְנָתַתִּי פָנַי בָּכֶם ג. ד¹⁵
וְנִגַּפְתֶּם לִפְנֵי אֹיְבֵיכֶם וְרָדוּᵃ בָכֶם שֹׂנְאֵיכֶם וְנַסְתֶּם וְאֵין־רֹדֵף ל. ב¹⁶. ג¹⁷
18 אֶתְכֶם׃ ס 18 וְאִם־עַד־אֵלֶּה לֹא תִשְׁמְעוּ לִי וְיָסַפְתִּי לְיַסְּרָה ל
19 אֶתְכֶם שֶׁבַע עַל־חַטֹּאתֵיכֶם׃ 19 וְשָׁבַרְתִּי אֶת־גְּאוֹן עֻזְּכֶם וְנָתַתִּי אֶת־ י זוגין¹⁸
20 שְׁמֵיכֶם כַּבַּרְזֶל וְאֶת־אַרְצְכֶם כַּנְּחֻשָׁה׃ 20 וְתַם לָרִיק כֹּחֲכֶם וְלֹא־ י. ב חס בליש¹⁹. ב
21 תִתֵּן אַרְצְכֶם אֶת־יְבוּלָהּ וְעֵץ הָאָרֶץᵃ לֹא יִתֵּן פִּרְיוֹ׃ 21 וְאִם־תֵּלְכוּ
עִמִּי קֶרִי וְלֹא תֹאבוּ לִשְׁמֹעַ לִי וְיָסַפְתִּי עֲלֵיכֶם מַכָּה שֶׁבַע
22 כְּחַטֹּאתֵיכֶם׃ 22 וְהִשְׁלַחְתִּיᵃ בָכֶם אֶת־חַיַּת הַשָּׂדֶהᵇ וְשִׁכְּלָה אֶתְכֶםᵇ ג. זוגין ול בעינ¹⁸
23 וְהִכְרִיתָה אֶת־בְּהֶמְתְּכֶם וְהִמְעִיטָה אֶתְכֶם וְנָשַׁמּוּ דַּרְכֵיכֶם׃ 23 וְאִם־ ל. ל
24 בְּאֵלֶּה לֹא תִוָּסְרוּ לִי וַהֲלַכְתֶּם עִמִּי קֶרִי׃ 24 וְהָלַכְתִּי אַף־ᵃאֲנִי עִמָּכֶם

[5] Mm 815. [6] Mm 108. [7] Mm 816. [8] Mm 756. [9] Mm 725. [10] Mm 817. [11] Mm 770. [12] Mm 4191. [13] Mm 3887. [14] Mm 818. [15] Mm 2825. [16] Jes 14,2. [17] Mm 819. [18] Mm 456. [19] Mm 3564.

6 ᵃ⁻ᵃ 𝔊ᴮ tr ad fin 5 ‖ **9** ᵃ cod Hillel אִתָּם ‖ **11** ᵃ 𝔊ᴮᴬ *τὴν διαθήκην μου* = בְּרִיתִי ‖ **13** ᵃ⁻ᵃ > ℭ (homtel) ‖ ᵇ > 𝔊 ‖ **14** ᵃ > 𝔊 ‖ **15** ᵃ pc Mss 𝔐ᴹˢˢ𝔖𝔙 אם; 𝔊 *ἀλλά* ‖ **16** ᵃ > ℭ ‖ ᵇ 𝔐 בחלה ‖ **17** ᵃ 𝔊 *καὶ διώξονται* = וְרָדְפוּ ‖ **20** ᵃ ℭ nonn Mss 𝔐𝔊ℭᴶ השדה ut 4 ‖ **22** ᵃ 𝔐 ושלחתי ‖ ᵇ⁻ᵇ > ℭ ‖ **24** ᵃ 𝔐 גם.

25 בְּקֶרִי וְהִכֵּיתִי אֶתְכֶם גַּם־אָנִי שֶׁבַע עַל־חַטֹּאתֵיכֶם׃ 25 וְהֵבֵאתִי — י זוגין[20]
עֲלֵיכֶם חֶרֶב נֹקֶמֶת נְקַם־בְּרִית וְנֶאֱסַפְתֶּם אֶל־עָרֵיכֶם וְשִׁלַּחְתִּי — ב[21]
26 דֶבֶר בְּתוֹכְכֶם וְנִתַּתֶּם בְּיַד־אוֹיֵב׃ 26 בְּשִׁבְרִי לָכֶם מַטֵּה־לֶחֶם וְאָפוּ — יב בתור . ל
עֶשֶׂר נָשִׁים לַחְמְכֶם בְּתַנּוּר אֶחָד וְהֵשִׁיבוּ לַחְמְכֶם בַּמִּשְׁקָל וַאֲכַלְתֶּם — ל . ד דגש[22]
27 וְלֹא תִשְׂבָּעוּ׃ ס 27 וְאִם־בְּזֹאת לֹא תִשְׁמְעוּ לִי וַהֲלַכְתֶּם עִמִּי — ל[23]
28 בְּקֶרִי׃ 28 וְהָלַכְתִּי עִמָּכֶם בַּחֲמַת־קֶרִי וְיִסַּרְתִּי אֶתְכֶם אַף־אָנִי שֶׁבַע
29 עַל־חַטֹּאתֵיכֶם׃ 29 וַאֲכַלְתֶּם בְּשַׂר בְּנֵיכֶם וּבְשַׂר בְּנֹתֵיכֶם תֹּאכֵלוּ׃ — י זוגין[20] . ד . ל
30 וְהִשְׁמַדְתִּי אֶת־בָּמֹתֵיכֶם וְהִכְרַתִּי אֶת־חַמָּנֵיכֶם וְנָתַתִּי אֶת־פִּגְרֵיכֶם — יג פסוק את את את בסיפ . ל
31 עַל־פִּגְרֵי גִּלּוּלֵיכֶם וְגָעֲלָה נַפְשִׁי אֶתְכֶם׃ 31 וְנָתַתִּי אֶת־עָרֵיכֶם חָרְבָּה — ל
32 וַהֲשִׁמּוֹתִי אֶת־מִקְדְּשֵׁיכֶם[a] וְלֹא אָרִיחַ בְּרֵיחַ נִיחֹחֲכֶם׃ 32 וַהֲשִׁמֹּתִי — ב מל . ב[24] . ב[25]
33 אֲנִי אֶת־הָאָרֶץ וְשָׁמְמוּ עָלֶיהָ אֹיְבֵיכֶם הַיֹּשְׁבִים בָּהּ׃ 33 וְאֶתְכֶם
אֱזָרֶה בַגּוֹיִם וַהֲרִיקֹתִי אַחֲרֵיכֶם חָרֶב וְהָיְתָה אַרְצְכֶם שְׁמָמָה וְעָרֵיכֶם — ג[26] . ב[27]
34 יִהְיוּ חָרְבָּה׃ 34 אָז תִּרְצֶה הָאָרֶץ אֶת־שַׁבְּתֹתֶיהָ כֹּל יְמֵי הֳשַׁמָּה[a] — ד ג חס וחד מל[28] . ג[29]
וְאַתֶּם בְּאֶרֶץ אֹיְבֵיכֶם אָז תִּשְׁבַּת [b]הָאָרֶץ וְהִרְצָת[c] אֶת־[b]שַׁבְּתֹתֶיהָ׃ — ב[30] . ל . ד ג חס וחד מל[28]
35 כָּל־יְמֵי הָשַּׁמָּה[a] תִּשְׁבֹּת אֵת אֲשֶׁר לֹא־שָׁבְתָה בְּשַׁבְּתֹתֵיכֶם בְּשִׁבְתְּכֶם — ג[29] . ב
36 עָלֶיהָ׃ 36 וְהַנִּשְׁאָרִים בָּכֶם וְהֵבֵאתִי מֹרֶךְ בִּלְבָבָם בְּאַרְצֹת אֹיְבֵיהֶם — ל . ט . ב חס . ג בפרש[31]
וְרָדַף אֹתָם קוֹל עָלֶה נִדָּף וְנָסוּ מְנֻסַת־חֶרֶב וְנָפְלוּ וְאֵין רֹדֵף׃ — ד . ל וחס
37 וְכָשְׁלוּ אִישׁ־בְּאָחִיו כְּמִפְּנֵי־חֶרֶב וְרֹדֵף אָיִן וְלֹא־תִהְיֶה לָכֶם — ג . ח[32]
38 תְּקוּמָה לִפְנֵי אֹיְבֵיכֶם׃ 38 וַאֲבַדְתֶּם בַּגּוֹיִם וְאָכְלָה אֶתְכֶם אֶרֶץ — ל
39 אֹיְבֵיכֶם׃ 39 וְהַנִּשְׁאָרִים בָּכֶם יִמַּקּוּ בַּעֲוֹנָם[a] בְּאַרְצֹת [b]אֹיְבֵיכֶם[c] וְאַף — ב חס . יא זוגין דמטע בטע[33]
40 בַּעֲוֹנֹת אֲבֹתָם אִתָּם[c] יִמָּקּוּ׃ 40 וְהִתְוַדּוּ אֶת־עֲוֹנָם[a] וְאֶת־עֲוֹן אֲבֹתָם — לז . ב[34]
41 בְּמַעֲלָם אֲשֶׁר מָעֲלוּ־בִי וְאַף אֲשֶׁר־הָלְכוּ עִמִּי בְּקֶרִי׃ 41 אַף־אֲנִי — יא זוגין דמטע בטע[33]
אֵלֵךְ עִמָּם בְּקֶרִי וְהֵבֵאתִי[a] אֹתָם בְּאֶרֶץ אֹיְבֵיהֶם [b]אוֹ־אָז[b] יִכָּנַע — ג בפרש[31]

[20] Mm 456. [21] Jdc 16,28. [22] Mm 820. [23] וחד כי אם בזאת Jer 9,23. [24] Mm 3066. [25] Ez 20,41. [26] Mm 2816. [27] Mal 3,10. [28] Mm 4270. [29] Mm 4271. [30] Neh 6,3. [31] Mm 821. [32] Mm 777. [33] Mm 794. [34] Mm 862.

31 [a] mlt Mss 𝔐 𝔖 מקדְּשְׁכֶם ‖ **34** [a] 𝔐 אשמה, it 35[a]; 𝔊 + *αὐτῆς* ‖ [b–b] > 𝔗 ‖ [c] 𝔐 צְתָה־ cf 43[a] ‖ **35** [a] cf 34[a] ‖ **39** [a] 𝔊 *διὰ τὰς ἁμαρτίας ὑμῶν* ‖ [b] cod Muga (Q) mlt Mss 𝔐 Vrs ־יְהֶם ‖ [c–c] > 𝔊 ‖ **40** [a] 𝔗 חטאתם ‖ **41** [a] 𝔊 *καὶ ἀπολῶ* = וְהַאֲבַדְתִּי? ‖ [b–b] 𝔖 *whjdjn* = וְאָז cf 𝔊.

לְבָבָם֙ הֶֽעָרֵ֔ל וְאָ֖ז יִרְצ֥וּ אֶת־עֲוֺנָֽם׃ 42 וְזָכַרְתִּ֖י אֶת־בְּרִיתִ֣י[a] יַעֲק֑וֹב 42
וְאַף֩ אֶת־בְּרִיתִ֨י[a] יִצְחָ֜ק וְאַ֨ף אֶת־בְּרִיתִ֧י[a] אַבְרָהָ֛ם אֶזְכֹּ֖ר וְהָאָ֥רֶץ
אֶזְכֹּֽר׃ 43 וְהָאָ֩רֶץ֩ תֵּעָזֵ֨ב מֵהֶ֜ם וְתִ֣רֶץ[a] אֶת־שַׁבְּתֹתֶ֗יהָ בָּהְשַׁמָּה[b]֙ מֵהֶ֔ם 43
וְהֵ֖ם יִרְצ֣וּ אֶת־עֲוֺנָ֑ם יַ֣עַן וּבְיַ֔עַן[c] בְּמִשְׁפָּטַ֣י מָאָ֔סוּ וְאֶת־חֻקֹּתַ֖י גָּעֲלָ֥ה
נַפְשָֽׁם׃ 44 וְאַף־גַּם־זֹ֠את[a] בִּֽהְיוֹתָ֞ם בְּאֶ֣רֶץ[b] אֹֽיְבֵיהֶ֗ם לֹֽא־מְאַסְתִּ֤ים 44
וְלֹֽא־גְעַלְתִּים֙ לְכַלֹּתָ֔ם לְהָפֵ֥ר בְּרִיתִ֖י אִתָּ֑ם כִּ֛י אֲנִ֥י יְהוָ֖ה אֱלֹהֵיהֶֽם[c]׃
45 וְזָכַרְתִּ֥י לָהֶ֖ם בְּרִ֣ית רִאשֹׁנִ֑ים אֲשֶׁ֣ר הוֹצֵֽאתִי־אֹתָם֩ מֵאֶ֨רֶץ מִצְרַ֜יִם 45
לְעֵינֵ֣י הַגּוֹיִ֗ם לִהְי֥וֹת לָהֶ֛ם לֵאלֹהִ֖ים אֲנִ֥י יְהוָֽה׃ 46 אֵ֠לֶּה הַֽחֻקִּ֣ים 46
וְהַמִּשְׁפָּטִים֮ וְהַתּוֹרֹת[a]֒ אֲשֶׁר֙ נָתַ֣ן יְהוָ֔ה בֵּינ֕וֹ וּבֵ֖ין בְּנֵ֣י יִשְׂרָאֵ֑ל בְּהַ֥ר
סִינַ֖י בְּיַד־מֹשֶֽׁה׃ פ

27 1 וַיְדַבֵּ֥ר יְהוָ֖ה אֶל־מֹשֶׁ֥ה לֵּאמֹֽר׃ 2 דַּבֵּ֞ר אֶל־בְּנֵ֤י יִשְׂרָאֵל֙ ס[כה]
וְאָמַרְתָּ֣ אֲלֵהֶ֔ם אִ֕ישׁ כִּ֥י יַפְלִ֖א[a] נֶ֑דֶר בְּעֶרְכְּךָ֥ נְפָשֹׁ֖ת לַיהוָֽה׃ 3 וְהָיָ֤ה 3
עֶרְכְּךָ֙ הַזָּכָ֔ר מִבֶּן֙ עֶשְׂרִ֣ים שָׁנָ֔ה וְעַ֖ד בֶּן־שִׁשִּׁ֣ים שָׁנָ֑ה וְהָיָ֣ה עֶרְכְּךָ֗
חֲמִשִּׁ֛ים שֶׁ֥קֶל כֶּ֖סֶף בְּשֶׁ֥קֶל הַקֹּֽדֶשׁ׃ 4 וְאִם־נְקֵבָ֖ה הִ֑וא וְהָיָ֥ה עֶרְכְּךָ֖ 4
שְׁלֹשִׁ֥ים שָֽׁקֶל׃ 5 וְאִ֨ם מִבֶּן־חָמֵ֜שׁ שָׁנִ֗ים וְעַד֙ בֶּן־עֶשְׂרִ֣ים שָׁנָ֔ה וְהָיָ֧ה 5
עֶרְכְּךָ֛ הַזָּכָ֖ר עֶשְׂרִ֣ים שְׁקָלִ֑ים וְלַנְּקֵבָ֖ה עֲשֶׂ֥רֶת שְׁקָלִֽים׃ 6 וְאִ֣ם מִבֶּן־ 6
חֹ֗דֶשׁ וְעַד֙ בֶּן־חָמֵ֣שׁ שָׁנִ֔ים וְהָיָ֤ה עֶרְכְּךָ֙ הַזָּכָ֔ר חֲמִשָּׁ֥ה שְׁקָלִ֖ים כָּ֑סֶף
וְלַנְּקֵבָ֣ה עֶרְכְּךָ֔ שְׁלֹ֥שֶׁת שְׁקָלִ֖ים כָּֽסֶף[a]׃ 7 וְאִ֨ם מִבֶּן־שִׁשִּׁ֣ים שָׁנָ֤ה 7
וָמַ֙עְלָה֙ אִם־זָכָ֔ר וְהָיָ֣ה עֶרְכְּךָ֔ חֲמִשָּׁ֥ה עָשָׂ֖ר שָׁ֑קֶל[a] וְלַנְּקֵבָ֖ה עֲשָׂרָ֥ה[b]
שְׁקָלִֽים׃ 8 וְאִם־מָ֥ךְ הוּא֙ מֵֽעֶרְכֶּ֔ךָ וְהֶֽעֱמִידוֹ֙ לִפְנֵ֣י הַכֹּהֵ֔ן וְהֶעֱרִ֥יךְ אֹת֖וֹ 8
הַכֹּהֵ֑ן עַל־פִּ֗י אֲשֶׁ֤ר תַּשִּׂיג֙ יַ֣ד הַנֹּדֵ֔ר יַעֲרִיכֶ֖נּוּ הַכֹּהֵֽן׃ ס 9 וְאִ֨ם־ 9
בְּהֵמָ֔ה אֲשֶׁ֨ר יַקְרִ֧יבוּ[a] מִמֶּ֛נָּה קָרְבָּ֖ן לַיהוָ֑ה כֹּל֩ אֲשֶׁ֨ר יִתֵּ֥ן מִמֶּ֛נּוּ[b] לַֽיהוָ֖ה
יִֽהְיֶה־קֹּֽדֶשׁ׃ 10 לֹ֣א יַחֲלִיפֶ֗נּוּ וְלֹֽא־יָמִ֥יר אֹת֛וֹ ט֥וֹב בְּרָ֖ע אוֹ־רַ֣ע בְּט֑וֹב 10
וְאִם־הָמֵ֨ר יָמִ֤יר בְּהֵמָה֙ בִּבְהֵמָ֔ה וְהָֽיָה־ה֥וּא וּתְמוּרָת֖וֹ[a] יִֽהְיֶה־קֹּֽדֶשׁ׃

ד. ד[35]. ד ור״פ. יג פסוק את את את בסיפ. ה מל[36]
ח ר״פ[37]. ל. ד ג חס וחד מל[38]. ל
ד[35]. ב. ה[39]
ט ר״פ[40]. ג בפרש[41]. ל
ל. לז. ח
ד ור״פ. ה[42]
ל
ד חס בליש. ב חס
ג פסוק ואם אם[1]
ל
ה[2]. ו סביר ממנה[3]
ה. ט[4] וכל אמירה יצר לשון עשייה ועין דכות ב מ ז. ד רפי[5]
ד רפי בסיפ[6]

[35] Mm 3282. [36] Mm 822. [37] Mm 4. [38] Mm 4270. [39] Mm 2786. [40] Mp sub loco. [41] Mm 821. [42] Mm 823.
Cp 27 [1] Mm 2723. [2] Mm 694. [3] Mm 2038. [4] Mm 824. [5] Mm 825. [6] Mm 829.

42 [a] 𝔊 om suff; 𝔖 + *d'm* = עם ‖ **43** [a] 𝔐 והרצתה cf 34[c] ‖ [b] 𝔐 באשמה cf 34[a] ‖ [c] 𝔐 ב׳ ‖ **44** [a] 𝔗[Ms] *bd'*, prp בזאת ut 27 ‖ [b] 𝔐 pl ‖ [c] nonn Mss 𝔊[min]Bo –יכֶם ‖ **46** [a] 𝔊 sg ‖ **Cp 27,2** [a] prp יְפַלֵּא cf 22,21 ‖ **6** [a] > 𝔊*𝔖 ‖ **7** [a] 𝔊 + ἀργυρίου = (שֶׁקֶל) כֶּסֶף ‖ [b] Ms 𝔐 עֲשֶׂרֶת ‖ **9** [a] nonn Mss 𝔐𝔗[Ms]𝔙 sg cf 11[a] ‖ [b] Ms 𝔐[Mss]𝔊𝔖 ממנה ‖ **10** [a] 𝔐 ותמי׳, it 33[d].

11 וְאִם֙ כָּל־בְּהֵמָה טְמֵאָה אֲשֶׁר לֹא־יַקְרִיבוּ[a] מִמֶּנָּה קָרְבָּן לַיהוָה ל[7] . ב . ה[8]
12 וְהֶעֱמִיד אֶת־הַבְּהֵמָה לִפְנֵי הַכֹּהֵן׃ 12 וְהֶעֱרִיךְ הַכֹּהֵן֙ אֹתָהּ[a] בֵּין טוֹב
13 וּבֵין רָע כְּעֶרְכְּךָ הַכֹּהֵן כֵּן יִהְיֶה׃ 13 וְאִם־גָּאֹל יִגְאָלֶנָּה[a] וְיָסַף חֲמִישִׁתוֹ ב . ל בעינ[9] . ג וחס בסיפ[10]
14 עַל־עֶרְכֶּךָ׃ 14 וְאִישׁ כִּי־יַקְדִּשׁ אֶת־בֵּיתוֹ קֹדֶשׁ לַיהוָה ו חס ול בליש
וְהֶעֱרִיכוֹ֙ הַכֹּהֵן בֵּין טוֹב וּבֵין רָע כַּאֲשֶׁר יַעֲרִיךְ אֹתוֹ הַכֹּהֵן כֵּן יָקוּם׃ ל בעינ[9]
15 וְאִם־הַמַּקְדִּישׁ יִגְאַל אֶת־בֵּיתוֹ וְיָסַף חֲמִישִׁית כֶּסֶף־עֶרְכְּךָ עָלָיו ג מל[11]
16 וְהָיָה לוֹ׃ 16 וְאִם ׀ מִשְּׂדֵה אֲחֻזָּתוֹ יַקְדִּישׁ אִישׁ֙ לַיהוָה וְהָיָה ל בעינ[12]
17 עֶרְכְּךָ לְפִי זַרְעוֹ זֶרַע חֹמֶר שְׂעֹרִים בַּחֲמִשִּׁים שֶׁקֶל כָּסֶף׃ 17 אִם־[a] ז ר"פ בסיפ
18 מִשְּׁנַת הַיֹּבֵל יַקְדִּישׁ שָׂדֵהוּ כְּעֶרְכְּךָ יָקוּם׃ 18 וְאִם־אַחַר הַיֹּבֵל֮ יַקְדִּישׁ ב . ל בעינ[9]
שָׂדֵהוּ֒ וְחִשַּׁב־לוֹ הַכֹּהֵן אֶת־הַכֶּסֶף עַל־פִּי הַשָּׁנִים֙ הַנּוֹתָרֹת עַד שְׁנַת ג ב חס וחד מל
19 הַיֹּבֵל וְנִגְרַע מֵעֶרְכֶּךָ׃ 19 וְאִם־גָּאֹל יִגְאַל֙ אֶת־הַשָּׂדֶה הַמַּקְדִּישׁ אֹתוֹ ג וחס בסיפ[10]
20 וְיָסַף חֲמִשִׁית כֶּסֶף־עֶרְכְּךָ עָלָיו וְקָם לוֹ׃ 20 וְאִם־לֹא יִגְאַל֙ אֶת־ ל בעינ[12] . ח פסוק ואם ואם[13]
21 הַשָּׂדֶה וְאִם־מָכַר אֶת־הַשָּׂדֶה לְאִישׁ אַחֵר לֹא יִגָּאֵל עוֹד׃ 21 וְהָיָה
הַשָּׂדֶה בְּצֵאתוֹ בַיֹּבֵל קֹדֶשׁ לַיהוָה כִּשְׂדֵה הַחֵרֶם לַכֹּהֵן תִּהְיֶה אֲחֻזָּתוֹ׃ ל
22 וְאִם֙ אֶת־שְׂדֵה מִקְנָתוֹ אֲשֶׁר לֹא מִשְּׂדֵה אֲחֻזָּתוֹ יַקְדִּישׁ[a] ב
23 לַיהוָה׃ 23 וְחִשַּׁב־לוֹ הַכֹּהֵן אֵת מִכְסַת[a] הָעֶרְכְּךָ עַד שְׁנַת הַיֹּבֵל וְנָתַן
24 אֶת־הָעֶרְכְּךָ֙ בַּיּוֹם הַהוּא קֹדֶשׁ לַיהוָה׃ 24 בִּשְׁנַת[a] הַיּוֹבֵל֙ יָשׁוּב הַשָּׂדֶה ח מל[14]
25 לַאֲשֶׁר קָנָהוּ מֵאִתּוֹ לַאֲשֶׁר־לוֹ אֲחֻזַּת הָאָרֶץ׃ 25 וְכָל־עֶרְכְּךָ יִהְיֶה
26 בְּשֶׁקֶל הַקֹּדֶשׁ עֶשְׂרִים גֵּרָה יִהְיֶה[a] הַשָּׁקֶל׃ ס 26 אַךְ־[a]בְּכוֹר
אֲשֶׁר־יְבֻכַּר לַיהוָה֙ בִּבְהֵמָה לֹא־יַקְדִּישׁ אִישׁ אֹתוֹ אִם־שׁוֹר אִם־שֶׂה ל . ד רפי בסיפ[15] . ב[16]
27 לַיהוָה הוּא׃ 27 וְאִם בַּבְּהֵמָה הַטְּמֵאָה֙ וּפָדָה בְעֶרְכֶּךָ וְיָסַף חֲמִשִׁתוֹ ח פסוק ואם ואם[13] . ו דגש[17] . ל חס
28 עָלָיו[a] וְאִם־לֹא יִגָּאֵל וְנִמְכַּר בְּעֶרְכֶּךָ׃ 28 אַךְ־כָּל־חֵרֶם אֲשֶׁר יַחֲרִם יז מ"פ . ל וחס
אִישׁ לַיהוָה מִכָּל־אֲשֶׁר־לוֹ מֵאָדָם וּבְהֵמָה֙ וּמִשְּׂדֵה אֲחֻזָּתוֹ לֹא יִמָּכֵר ל
29 וְלֹא יִגָּאֵל כָּל־חֵרֶם קֹדֶשׁ־קָדָשִׁים הוּא לַיהוָה׃ 29 כָּל־חֵרֶם אֲשֶׁר ז[18] ו[19] מנה בתור
30 יָחֳרַם מִן־הָאָדָם לֹא יִפָּדֶה מוֹת יוּמָת׃ 30 וְכָל־מַעְשַׂר הָאָרֶץ ג ב פת וחד קמ[20] . ל

[7] וחד אם בהמה Ex 19,13. [8] Mm 694. [9] Mm 826א. [10] Mm 827. [11] Mm 828. [12] Mm 826ב. [13] Mm 4191. [14] Mm 1270. [15] Mm 829. [16] Mm 830. [17] Mm 64. [18] Mm 4108. [19] Mm 831. [20] Mm 523.

11 [a] 2 Mss 𝔐𝔙 sg cf 9[a] ‖ **12** [a] 𝔐𝔊[min]𝔗[Ms] אתו ‖ **13** [a] 𝔐𝔊[B*59]𝔗[Mss]𝔗[J] —נּוּ ‖ **17** [a] nonn Mss 𝔐𝔊𝔖 וְאִם ‖ **22** [a] Ms 𝔖 + אִישׁ ‖ **23** [a] 𝔐 pl ‖ **24** [a] 𝔊𝔖 pr cop ‖ **25** [a] > 2 Mss 𝔐 ‖ **26** [a] 𝔐𝔊 + כל ‖ **27** [a] 𝔊 + *καὶ ἔσται αὐτῷ*, it 31[b].

ג וחס בסיפ[21] מִזֶּ֤רַע הָאָ֙רֶץ֙ מִפְּרִ֣י[a] הָעֵ֔ץ לַיהוָ֖ה ה֑וּא קֹ֖דֶשׁ לַֽיהוָֽה׃ 31 וְאִם־גָּאֹ֥ל 31
ל . ד[22] יִגְאַ֥ל אִ֖ישׁ מִמַּֽעַשְׂר֑וֹ[a] חֲמִשִׁית֖וֹ יֹסֵ֥ף עָלָֽיו[b]׃ 32 וְכָל־מַעְשַׂ֤ר בָּקָר֙ וָצֹ֔אן 32
ג ר״פ לא ולא לא[23] כֹּ֥ל אֲשֶׁר־יַעֲבֹ֖ר תַּ֣חַת הַשָּׁ֑בֶט הָעֲשִׂירִ֕י יִהְיֶה־קֹּ֖דֶשׁ לַיהוָֽה׃ 33 לֹ֧א 33
ד[24] [a]יְבַקֵּ֛ר בֵּֽין־ט֥וֹב לָרַ֖ע וְלֹ֣א יְמִירֶ֑נּוּ[a] [b]וְאִם־הָמֵ֣ר יְמִירֶ֔נּוּ[bc] וְהָֽיָה־ה֛וּא
וּתְמוּרָת֥וֹ[d] יִהְיֶה־קֹּ֖דֶשׁ לֹ֥א יִגָּאֵֽל׃ 34 אֵ֣לֶּה הַמִּצְוֺ֗ת אֲשֶׁ֨ר צִוָּ֧ה 34
יְהוָ֛ה אֶת־מֹשֶׁ֖ה אֶל־בְּנֵ֣י יִשְׂרָאֵ֑ל בְּהַ֖ר סִינָֽי׃ פה

סכום הפסוקים של ספר
שמונה מאות
וחמשים ותשעה :
טנף
וחציו והנגע בבשר[25]
וסדרים כה

[21] Mm 827. [22] Mm 3688. [23] Mm 3021. [24] Mm 3570. [25] Lv 15,7, cf Mp sub loco.

30 [a] mlt Mss ⅏𝔊𝔖𝔙 ומ׳ ‖ **31** [a] 𝔊𝔙 acc = מע׳ ‖ [b] cf 27[a] ‖ **33** [a–a] 𝔊 *ἀλλάξεις καλὸν πονηρῷ* = תָּמִיר טוֹב בְּרָע ‖ [b–b] > ℭ (homtel) ‖ [c] 𝔊 2 sg ‖ [d] cf 10[a].

במדבר NUMERI

ס [א] **1** 1 וַיְדַבֵּ֨ר יְהוָ֧ה אֶל־מֹשֶׁ֛ה בְּמִדְבַּ֥ר סִינַ֖י בְּאֹ֣הֶל מוֹעֵ֑ד בְּאֶחָ֩ד י̇ בתור
2 לַחֹ֨דֶשׁ הַשֵּׁנִ֜י בַּשָּׁנָ֣ה הַשֵּׁנִ֗ית לְצֵאתָ֛ם מֵאֶ֥רֶץ מִצְרַ֖יִם לֵאמֹֽר׃ 2 שְׂא֗וּ ג̇. יא̇ ר״פ[1]
אֶת־רֹאשׁ֙ כָּל־ᵃעֲדַ֣ת בְּנֵֽי־יִשְׂרָאֵ֔ל לְמִשְׁפְּחֹתָ֖ם לְבֵ֣ית אֲבֹתָ֑ם בְּמִסְפַּ֣ר כל עינ̇ חס
3 שֵׁמ֔וֹת כָּל־זָכָ֖ר לְגֻלְגְּלֹתָֽם׃ 3 מִבֶּ֨ן עֶשְׂרִ֤ים שָׁנָה֙ וָמַ֔עְלָה כָּל־יֹצֵ֥א ט̇ מל בתור[2]. ל̇. ג̇[3]
4 צָבָ֖א בְּיִשְׂרָאֵ֑ל תִּפְקְד֥וּᵃ אֹתָ֛ם לְצִבְאֹתָ֖ם אַתָּ֥ה וְאַהֲרֹֽן׃ 4 וְאִתְּכֶ֣ם יִהְי֔וּ ג̇
5 אִ֥ישׁ אִ֖ישׁ לַמַּטֶּ֑ה אִ֛ישׁ רֹ֥אשׁ לְבֵית־אֲבֹתָ֖יו הֽוּאᵃ׃ 5 וְאֵ֙לֶּה֙ שְׁמ֣וֹת ז̇ חס בתור. ל̇. י̇ בתור
6 הָֽאֲנָשִׁ֔ים אֲשֶׁ֥ר יַֽעַמְד֖וּ אִתְּכֶ֑ם לִרְאוּבֵ֕ן אֱלִיצ֖וּר בֶּן־שְׁדֵיאֽוּר׃ 6 לְשִׁמְע֕וֹן
7 8 שְׁלֻמִיאֵ֖ל בֶּן־צוּרִֽישַׁדָּֽי׃ 7 לִֽיהוּדָ֕ה נַחְשׁ֖וֹן בֶּן־עַמִּֽינָדָֽב׃ 8 לְיִ֨שָּׂשכָ֔ר ג̇ בטע בעינ̇
9 10 נְתַנְאֵ֖ל בֶּן־צוּעָֽר׃ 9 לִזְבוּלֻ֕ן אֱלִיאָ֖ב בֶּן־חֵלֹֽןᵃ׃ 10 לִבְנֵ֣י יוֹסֵ֔ף לְאֶפְרַ֕יִם
11 אֱלִישָׁמָ֖ע בֶּן־עַמִּיה֑וּד לִמְנַשֶּׁ֕ה גַּמְלִיאֵ֖ל בֶּן־פְּדָהצֽוּר׃ 11 לְבִ֨נְיָמִ֔ןᵃ ג̇ בטע בעינ̇
12 13 אֲבִידָ֖ן בֶּן־גִּדְעֹנִֽי׃ 12 לְדָ֕ן אֲחִיעֶ֖זֶר בֶּן־עַמִּֽישַׁדָּֽיᵃ׃ 13 לְאָשֵׁ֕ר פַּגְעִיאֵ֖ל
14 15 בֶּן־עָכְרָֽן׃ 14 לְגָ֕ד אֶלְיָסָ֖ף בֶּן־דְּעוּאֵֽלᵃ׃ 15 לְנַ֨פְתָּלִ֔י אֲחִירַ֖ע בֶּן־עֵינָֽן׃ ו̇. ג̇ בטע בעינ̇. ח̇
16 אֵ֚לֶּה קְרִיאֵ֣יᵃ הָֽעֵדָ֔ה נְשִׂיאֵ֖י מַטּ֣וֹת אֲבוֹתָ֑ם רָאשֵׁ֛י אַלְפֵ֥י יִשְׂרָאֵ֖ל קרואי[4] ק̇ . ב̇ מל בתור[5]. עֹה
17 הֵֽם׃ 17 וַיִּקַּ֥ח מֹשֶׁ֖ה וְאַהֲרֹ֑ן אֵ֚ת הָאֲנָשִׁ֣ים הָאֵ֔לֶּה אֲשֶׁ֥ר נִקְּב֖וּ בְּשֵׁמֽוֹת׃ יב̇ ס״פ[6]. כט̇ בתור
18 וְאֵ֨ת כָּל־הָעֵדָ֜ה הִקְהִ֗ילוּ בְּאֶחָד֙ לַחֹ֣דֶשׁ הַשֵּׁנִ֔יᵃ וַיִּתְיַלְד֥וּᵇ עַל־ ל̇. ל̇
מִשְׁפְּחֹתָ֖ם לְבֵ֣ית אֲבֹתָ֑ם בְּמִסְפַּ֣ר שֵׁמ֗וֹת מִבֶּ֨ן עֶשְׂרִ֥ים שָׁנָ֛ה וָמַ֖עְלָה כל עינ̇ חס. ט̇ מל בתור[2]
19 לְגֻלְגְּלֹתָֽם׃ 19 ᵃכַּאֲשֶׁ֛ר צִוָּ֥ה יְהוָ֖ה אֶת־מֹשֶׁ֑הᵃ וַֽיִּפְקְדֵ֖םᵇ בְּמִדְבַּ֥ר סִינָֽי׃
פ 20 וַיִּהְי֤וּ בְנֵֽי־רְאוּבֵן֙ בְּכֹ֣ר יִשְׂרָאֵ֔ל תּוֹלְדֹתָ֥ם לְמִשְׁפְּחֹתָ֖ם ו̇ חס בתור[7]
לְבֵ֣ית אֲבֹתָ֑ם בְּמִסְפַּ֤ר שֵׁמוֹת֙ ᵃלְגֻלְגְּלֹתָ֔ם כָּל־זָכָ֔רᵃ מִבֶּ֨ן עֶשְׂרִ֤ים שָׁנָה֙ כל עינ̇ חס. ב̇ בטע בעינ̇. ט̇ מל בתור[8]

Cp 1 [1]Mp sub loco. [2]Mm 834. [3]Mm 836. [4]Mm 832. [5]Mm 833 et Mm 3967. [6]Mm 294. [7]Mm 410. [8]Mm 834.

Cp 1,2 ᵃ > ɯ ‖ **3** ᵃ ɯ𝔖 sg ‖ **4** ᵃ prp יִהְיוּ cf 44 ‖ **9** ᵃ ɯ𝔊* חילן, id 2,7 7,24.29 10,6 ‖ **11** ᵃ ɯ מים– semper in ɯ ‖ **12** ᵃ nonn Mss עמי שדי ‖ **14** ᵃ 𝔊(𝔖) *Ραγουηλ* = רְעׄ׳, id 7,42.47 10,20 cf 𝔐 2,14 ‖ **16** ᵃ K ɯ𝔖𝔙 קְרִי׳, Q cf 𝔊 *ἐπίκλητοι*; cf 26,9 ‖ **18** ᵃ 𝔊 *τοῦ δευτέρου ἔτους* ‖ ᵇ 𝔊-B *καὶ ἐπεσκέπησαν* ut 19 ‖ **19** ᵃ⁻ᵃ cj c 18 ‖ ᵇ prp –דָם ‖ **20** ᵃ⁻ᵃ ɯ𝔖 כל־ז׳ לג׳.

וָמַ֔עְלָה כֹּ֖ל יֹצֵ֥א צָבָֽא׃ 21 פְּקֻדֵיהֶ֖ם לְמַטֵּ֣ה רְאוּבֵ֑ן שִׁשָּׁ֧ה וְאַרְבָּעִ֛ים 21
אֶ֖לֶף וַחֲמֵ֥שׁ מֵאֽוֹת׃ פ 22 לִבְנֵ֣י שִׁמְע֔וֹן תּוֹלְדֹתָ֥ם לְמִשְׁפְּחֹתָ֖ם 22
לְבֵ֣ית אֲבֹתָ֑ם פְּקֻדָ֗יו[a] בְּמִסְפַּ֤ר שֵׁמוֹת֙ לְגֻלְגְּלֹתָ֔ם כָּל־זָכָ֕ר מִבֶּ֛ן עֶשְׂרִ֥ים
שָׁנָה֙ וָמַ֔עְלָה כֹּ֖ל יֹצֵ֥א צָבָֽא׃ 23 פְּקֻדֵיהֶ֖ם לְמַטֵּ֣ה שִׁמְע֑וֹן תִּשְׁעָ֧ה 23
וַחֲמִשִּׁ֛ים אֶ֖לֶף וּשְׁלֹ֥שׁ מֵאֽוֹת׃ פ 24[a] לִבְנֵ֣י גָ֔ד תּוֹלְדֹתָ֖ם לְמִשְׁפְּחֹתָ֑ם 24
לְבֵ֣ית אֲבֹתָ֔ם בְּמִסְפַּ֣ר שֵׁמ֗וֹת מִבֶּ֨ן עֶשְׂרִ֤ים שָׁנָה֙ וָמַ֔עְלָה כֹּ֖ל יֹצֵ֥א
צָבָֽא׃ 25 פְּקֻדֵיהֶ֖ם לְמַטֵּ֣ה גָ֑ד חֲמִשָּׁ֤ה וְאַרְבָּעִים֙ אֶ֔לֶף וְשֵׁ֥שׁ מֵא֖וֹת 25
וַחֲמִשִּֽׁים׃ פ 26 לִבְנֵ֣י יְהוּדָ֔ה תּוֹלְדֹתָ֖ם לְמִשְׁפְּחֹתָ֣ם לְבֵ֣ית 26
אֲבֹתָ֑ם בְּמִסְפַּ֣ר שֵׁמֹ֗ת מִבֶּ֨ן עֶשְׂרִ֤ים שָׁנָה֙ וָמַ֔עְלָה כֹּ֖ל יֹצֵ֥א צָבָֽא׃
27 פְּקֻדֵיהֶ֖ם לְמַטֵּ֣ה יְהוּדָ֑ה אַרְבָּעָ֧ה וְשִׁבְעִ֛ים אֶ֖לֶף וְשֵׁ֥שׁ מֵאֽוֹת׃ פ 27
28 לִבְנֵ֣י יִשָּׂשכָ֔ר תּוֹלְדֹתָ֖ם לְמִשְׁפְּחֹתָ֣ם לְבֵ֣ית אֲבֹתָ֑ם בְּמִסְפַּ֣ר שֵׁמֹ֗ת 28
מִבֶּ֨ן עֶשְׂרִ֤ים שָׁנָה֙ וָמַ֔עְלָה כֹּ֖ל יֹצֵ֥א צָבָֽא׃ 29 פְּקֻדֵיהֶ֖ם לְמַטֵּ֣ה יִשָּׂשכָ֑ר 29
אַרְבָּעָ֧ה וַחֲמִשִּׁ֛ים אֶ֖לֶף וְאַרְבַּ֥ע מֵאֽוֹת׃ פ 30 לִבְנֵ֣י זְבוּלֻ֔ן 30
תּוֹלְדֹתָ֖ם לְמִשְׁפְּחֹתָ֣ם לְבֵ֣ית אֲבֹתָ֑ם בְּמִסְפַּ֣ר שֵׁמֹ֗ת מִבֶּ֨ן עֶשְׂרִ֤ים שָׁנָה֙
וָמַ֔עְלָה כֹּ֖ל יֹצֵ֥א צָבָֽא׃ 31 פְּקֻדֵיהֶ֖ם לְמַטֵּ֣ה זְבוּלֻ֑ן שִׁבְעָ֧ה וַחֲמִשִּׁ֛ים 31
אֶ֖לֶף וְאַרְבַּ֥ע מֵאֽוֹת׃ פ 32 לִבְנֵ֤י יוֹסֵף֙ לִבְנֵ֣י אֶפְרַ֔יִם תּוֹלְדֹתָ֖ם 32
לְמִשְׁפְּחֹתָ֣ם לְבֵ֣ית אֲבֹתָ֑ם בְּמִסְפַּ֣ר שֵׁמֹ֗ת מִבֶּ֨ן עֶשְׂרִ֤ים שָׁנָה֙ וָמַ֔עְלָה
כֹּ֖ל יֹצֵ֥א צָבָֽא׃ 33 פְּקֻדֵיהֶ֖ם לְמַטֵּ֣ה אֶפְרָ֑יִם אַרְבָּעִ֥ים אֶ֖לֶף וַחֲמֵ֥שׁ 33
מֵאֽוֹת׃ פ 34 לִבְנֵ֣י מְנַשֶּׁ֔ה תּוֹלְדֹתָ֖ם לְמִשְׁפְּחֹתָ֣ם לְבֵ֣ית אֲבֹתָ֑ם 34
בְּמִסְפַּ֣ר שֵׁמ֗וֹת מִבֶּ֨ן עֶשְׂרִ֤ים שָׁנָה֙ וָמַ֔עְלָה כֹּ֖ל יֹצֵ֥א צָבָֽא׃ 35 פְּקֻדֵיהֶ֖ם 35
לְמַטֵּ֣ה מְנַשֶּׁ֑ה שְׁנַ֧יִם וּשְׁלֹשִׁ֛ים אֶ֖לֶף וּמָאתָֽיִם׃ פ 36 לִבְנֵ֣י בִנְיָמִ֔ן 36
תּוֹלְדֹתָ֖ם לְמִשְׁפְּחֹתָ֣ם לְבֵ֣ית אֲבֹתָ֑ם בְּמִסְפַּ֣ר שֵׁמֹ֗ת מִבֶּ֨ן עֶשְׂרִ֤ים שָׁנָה֙
וָמַ֔עְלָה כֹּ֖ל יֹצֵ֥א צָבָֽא׃ 37 פְּקֻדֵיהֶ֖ם לְמַטֵּ֣ה בִנְיָמִ֑ן חֲמִשָּׁ֧ה וּשְׁלֹשִׁ֛ים 37
אֶ֖לֶף וְאַרְבַּ֥ע מֵאֽוֹת׃ פ 38 לִבְנֵ֣י דָ֔ן תּוֹלְדֹתָ֖ם לְמִשְׁפְּחֹתָ֣ם לְבֵ֣ית 38
אֲבֹתָ֑ם בְּמִסְפַּ֣ר שֵׁמֹ֗ת מִבֶּ֨ן עֶשְׂרִ֤ים שָׁנָה֙ וָמַ֔עְלָה כֹּ֖ל יֹצֵ֥א צָבָֽא׃
39 פְּקֻדֵיהֶ֖ם לְמַטֵּ֣ה דָ֑ן שְׁנַ֧יִם וְשִׁשִּׁ֛ים אֶ֖לֶף וּשְׁבַ֥ע מֵאֽוֹת׃ פ 39

כל קריא חס ב מ א מל[9]
כל עינ֯ חס . ו ול בעינ֯[10] . ב בטע בעינ֯ . ט מל בתור[11]
כל עינ֯ חס . ט מל בתור[11] . כל אורית חס ב מ ג מל[12]
כל אורית חס ב מ א מל[13]
כל עינ֯ חס . ח חס בעינ֯[10]
כל עינ֯ חס . ח חס בעינ֯[10]
כל קריא חס ב מ א מל[9]
כל אורית חס וכל עינ֯ ב מ ב[14] מל . ח חס בעינ֯[10]
כל עינ֯ חס . ח חס בעינ֯[10]
כל עינ֯ חס
ט מל בתור[11]
כל עינ֯ חס . ח חס בעינ֯[10]
כל קריא חס ב מ ד מל[15]
כל אורית חס וכל עינ֯ ב מ ב[14] מל . ח חס בעינ֯[10] . כל אורית חס ב מ ג מל[16]

[9] Cf Mm 858. [10] Mp sub loco. [11] Mm 834. [12] Ex 8,16.25 et 11,4. [13] Nu 4,38. [14] Cf Mm 833. [15] Est 4,11 et 1Ch 11,15.25 et 2Ch 16,12. [16] Ex 8,16.25 et 11,4.

22 [a] > nonn Mss 𝔊*𝔖𝔗[J], dl; 𝔐 דֵיהֶם– ut 21 etc ‖ **24** [a] 𝔊 24sq post 37.

40 לִבְנֵ֣י אָשֵׁ֔ר תּוֹלְדֹתָ֥ם לְמִשְׁפְּחֹתָ֖ם לְבֵ֣ית אֲבֹתָ֑ם בְּמִסְפַּ֣ר שֵׁמֹ֗ת מִבֶּ֨ן כל עינ חס . ה חס בעינ[17]
41 עֶשְׂרִ֤ים שָׁנָה֙ וָמַ֔עְלָה כֹּ֖ל יֹצֵ֥א צָבָֽא׃ 41 פְּקֻדֵיהֶ֖ם לְמַטֵּ֣ה אָשֵׁ֑ר אֶחָ֧ד
42 וְאַרְבָּעִ֛ים אֶ֖לֶף וַחֲמֵ֥שׁ מֵאֽוֹת׃ פ 42 בְּנֵ֣י[a] נַפְתָּלִ֔י תּוֹלְדֹתָ֥ם ב בסיפ[18]
לְמִשְׁפְּחֹתָ֖ם לְבֵ֣ית אֲבֹתָ֑ם בְּמִסְפַּ֣ר שֵׁמֹ֗ת מִבֶּ֨ן עֶשְׂרִ֤ים שָׁנָה֙ וָמַ֔עְלָה כל עינ חס . ה חס בעינ[17]
43 כֹּ֖ל יֹצֵ֥א צָבָֽא׃ 43 פְּקֻדֵיהֶ֖ם לְמַטֵּ֣ה נַפְתָּלִ֑י שְׁלֹשָׁ֧ה וַחֲמִשִּׁ֛ים אֶ֖לֶף
44 וְאַרְבַּ֥ע מֵאֽוֹת׃ פ 44 אֵ֣לֶּה הַפְּקֻדִ֡ים אֲשֶׁר֩ פָּקַ֨ד מֹשֶׁ֤ה וְאַהֲרֹן֙ ל בטע . כט בתור
וּנְשִׂיאֵ֣י יִשְׂרָאֵ֔ל שְׁנֵ֥ים עָשָׂ֖ר אִ֑ישׁ [a]אִישׁ־אֶחָ֥ד[b] לְבֵית־אֲבֹתָ֖יו[c] הָיֽוּ[a]׃ ב . ז חס בתור
45 וַיִּהְי֛וּ כָּל־פְּקוּדֵ֥י בְנֵי־יִשְׂרָאֵ֖ל [a]לְבֵ֣ית אֲבֹתָ֑ם[a] מִבֶּ֨ן עֶשְׂרִ֤ים שָׁנָה֙ כל עינ חס
46 וָמַ֔עְלָה כָּל־יֹצֵ֥א צָבָ֖א בְּיִשְׂרָאֵֽל׃ 46 וַיִּהְיוּ֙ כָּל־הַפְּקֻדִ֔ים שֵׁשׁ־מֵא֥וֹת ג[19]
47 אֶ֙לֶף֙ וּשְׁלֹ֣שֶׁת אֲלָפִ֔ים וַחֲמֵ֥שׁ מֵא֖וֹת וַחֲמִשִּֽׁים׃ 47 וְהַלְוִיִּ֖ם לְמַטֵּ֣ה אֲבֹתָ֑ם כל עינ חס
48 לֹ֥א הָתְפָּקְד֖וּ בְּתוֹכָֽם׃ פ 48 וַיְדַבֵּ֥ר יְהוָ֖ה אֶל־מֹשֶׁ֥ה לֵּאמֹֽר׃ ד[20]
49 אַ֣ךְ[a] אֶת־מַטֵּ֤ה לֵוִי֙[b] לֹ֣א תִפְקֹ֔ד וְאֶת־רֹאשָׁ֣ם לֹ֣א תִשָּׂ֔א בְּת֖וֹךְ בְּנֵ֥י ד[21] . ל
50 יִשְׂרָאֵֽל׃ 50 וְאַתָּ֡ה הַפְקֵ֣ד אֶת־הַלְוִיִּם֩ עַל־מִשְׁכַּ֨ן הָעֵדֻ֜ת וְעַ֣ל כָּל־ ב בטע ר"פ בתור . ב[22] . ל . ו בסיפ[23]
כֵּלָיו֮ וְעַ֣ל כָּל־אֲשֶׁר־לוֹ֒[a] הֵ֜מָּה יִשְׂא֤וּ אֶת־הַמִּשְׁכָּן֙ וְאֶת־כָּל־כֵּלָ֔יו וְהֵ֖ם ו בסיפ[23] . כ
51 יְשָׁרְתֻ֑הוּ וְסָבִ֥יב לַמִּשְׁכָּ֖ן יַחֲנֽוּ׃ 51 וּבִנְסֹ֣עַ הַמִּשְׁכָּ֗ן יוֹרִ֤ידוּ אֹתוֹ֙ הַלְוִיִּ֔ם ל וחס . ב . ל . ב מל בליש[24]
52 וּבַחֲנֹת֙ הַמִּשְׁכָּ֔ן יָקִ֥ימוּ אֹת֖וֹ הַלְוִיִּ֑ם וְהַזָּ֥ר הַקָּרֵ֖ב יוּמָֽת׃ 52 וְחָנ֖וּ בְּנֵ֣י ל כת כן[25] . ד . ז
53 יִשְׂרָאֵ֑ל אִ֧ישׁ עַל־מַחֲנֵ֛הוּ וְאִ֥ישׁ עַל־דִּגְל֖וֹ[a] לְצִבְאֹתָֽם׃ 53 וְהַלְוִיִּ֞ם יַחֲנ֤וּ ל . ב
סָבִיב֙ לְמִשְׁכַּ֣ן הָעֵדֻ֔ת וְלֹא־יִהְיֶ֥ה קֶ֖צֶף[a] עַל־עֲדַ֖ת בְּנֵ֣י יִשְׂרָאֵ֑ל וְשָֽׁמְרוּ֙
54 הַלְוִיִּ֔ם אֶת־מִשְׁמֶ֖רֶת מִשְׁכַּ֥ן הָעֵדֽוּת׃ 54 וַֽיַּעֲשׂ֖וּ בְּנֵ֣י יִשְׂרָאֵ֑ל כְּ֠כֹל ה מל בתור[26]
אֲשֶׁ֨ר צִוָּ֧ה יְהוָ֛ה אֶת־מֹשֶׁ֖ה[a] כֵּ֥ן עָשֽׂוּ׃ פ
ס [ב] 2 1 וַיְדַבֵּ֣ר יְהוָ֔ה אֶל־מֹשֶׁ֥ה וְאֶֽל־אַהֲרֹ֖ן לֵאמֹֽר׃ 2 אִ֣ישׁ עַל־דִּגְל֤וֹ יא[1] . ב
בְאֹתֹת֙ לְבֵ֣ית אֲבֹתָ֔ם יַחֲנ֖וּ בְּנֵ֣י יִשְׂרָאֵ֑ל מִנֶּ֕גֶד סָבִ֥יב לְאֹֽהֶל־מוֹעֵ֖ד ה
3 יַחֲנֽוּ[b]׃ 3 וְהַחֹנִים֙ קֵ֣דְמָה[a] מִזְרָ֔חָה דֶּ֛גֶל מַחֲנֵ֥ה יְהוּדָ֖ה לְצִבְאֹתָ֑ם וְנָשִׂיא֙
4 לִבְנֵ֣י יְהוּדָ֔ה נַחְשׁ֖וֹן בֶּן־עַמִּינָדָֽב׃ 4 וּצְבָא֖וֹ וּפְקֻדֵיהֶ֑ם[a] אַרְבָּעָ֧ה ט[2]

17 Mp sub loco. 18 Mm 835. 19 Mm 836. 20 Mm 837. 21 Mm 838. 22 Mm 3387. 23 Mm 884. 24 Mm 1493. 25 Mm 839. 26 Mm 556. Cp 2 1 Mm 852. 2 Mm 842.

42 [a] l c nonn Mss 𝔐𝔊𝔖𝔙 לִבְ׳ ‖ **44** [a–a] prb dl ‖ [b] 𝔐𝔊 + לְמַטֵּה אֶחָד לְמַטֵּה; ins לְמַטֵּה אֶחָד אִישׁ רֹאשׁ cf 4 ‖ [c] 2 Mss 𝔐$𝔊^{AOL}$ ‑תָם ‖ **45** [a–a] 𝔐𝔊 לְצִבְאֹתָם ut 52 ‖ **49** [a] 𝔊 *ὅρα* ‖ [b] 𝔐 הַלְ׳ ‖ **50** [a] prp בּוֹ cf 𝔊*𝔖 ‖ **52** [a] 𝔐 יָדוֹ ‖ **53** [a] 𝔊 *ἁμάρτημα* ‖ **54** [a] 𝔊* + *καὶ Ααρων* ‖ **Cp 2,2** [a] 𝔐 דגליו ‖ [b] prb tr huc 17b ‖ **3** [a] $𝔊^{B}$𝔏 *κατὰ νότον*, $𝔊^{rel}$ *πρῶτοι* ‖ **4** [a] 𝔐 ‑קודיו cf 6[a].

5 וְשִׁבְעִ֥ים אֶ֖לֶף וְשֵׁ֥שׁ מֵאֽוֹת׃ 5 וְהַחֹנִ֥ים עָלָ֖יו מַטֵּ֣ה יִשָּׂשכָ֑ר וְנָשִׂיא֙ לִבְנֵ֣י
6 יִשָּׂשכָ֔ר נְתַנְאֵ֖ל בֶּן־צוּעָֽר׃ 6 וּצְבָא֖וֹ וּפְקֻדָ֑יו[a] אַרְבָּעָ֧ה וַחֲמִשִּׁ֛ים אֶ֖לֶף ג . ו
7 וְאַרְבַּ֥ע מֵאֽוֹת׃ ס 7 מַטֵּ֖ה[a] זְבוּל֑וּן וְנָשִׂיא֙ לִבְנֵ֣י זְבוּל֔וּן אֱלִיאָ֖ב בֶּן־ ב ר״פ[3]
8 9 חֵלֹֽן[b]׃ 8 וּצְבָא֖וֹ וּפְקֻדָ֑יו[a] שִׁבְעָ֧ה וַחֲמִשִּׁ֛ים אֶ֖לֶף וְאַרְבַּ֥ע מֵאֽוֹת׃ 9 כָּֽל־ ג . ו
הַפְּקֻדִ֞ים לְמַחֲנֵ֣ה יְהוּדָ֗ה מְאַ֨ת אֶ֜לֶף וּשְׁמֹנִ֨ים אֶ֜לֶף וְשֵֽׁשֶׁת־אֲלָפִ֧ים
10 וְאַרְבַּע־מֵא֖וֹת לְצִבְאֹתָ֑ם רִאשֹׁנָ֖ה יִסָּֽעוּ׃ ס 10 דֶּ֣גֶל מַחֲנֵ֧ה רְאוּבֵ֛ן ו
11 תֵּימָ֖נָה לְצִבְאֹתָ֑ם וְנָשִׂיא֙ לִבְנֵ֣י רְאוּבֵ֔ן אֱלִיצ֖וּר בֶּן־שְׁדֵיאֽוּר׃ 11 וּצְבָא֖וֹ ג
12 וּפְקֻדָ֑יו[a] שִׁשָּׁ֧ה וְאַרְבָּעִ֛ים אֶ֖לֶף וַחֲמֵ֥שׁ מֵאֽוֹת׃ 12 וְהַחוֹנִ֥ם עָלָ֖יו מַטֵּ֣ה ו . ל חס[4]
13 שִׁמְע֑וֹן וְנָשִׂיא֙ לִבְנֵ֣י שִׁמְע֔וֹן שְׁלֻמִיאֵ֖ל בֶּן־צוּרִֽי־שַׁדָּֽי׃ 13 וּצְבָא֖וֹ ט[5]
14 וּפְקֻדֵיהֶ֑ם תִּשְׁעָ֧ה וַחֲמִשִּׁ֛ים אֶ֖לֶף וּשְׁלֹ֥שׁ מֵאֽוֹת׃ 14 וּמַטֵּ֖ה[a] גָּ֑ד וְנָשִׂיא֙
15 לִבְנֵ֣י גָ֔ד אֶלְיָסָ֖ף בֶּן־רְעוּאֵֽל[b]׃ 15 וּצְבָא֖וֹ וּפְקֻדֵיהֶ֑ם חֲמִשָּׁ֧ה וְאַרְבָּעִ֛ים ו . ל בשבט . יב ר״פ בסיפ[6] . ט[5]
16 אֶ֕לֶף וְשֵׁ֥שׁ מֵא֖וֹת וַחֲמִשִּֽׁים׃ 16 כָּֽל־הַפְּקֻדִ֞ים לְמַחֲנֵ֣ה רְאוּבֵ֗ן מְאַ֨ת
אֶ֜לֶף וְאֶחָ֨ד וַחֲמִשִּׁ֥ים אֶ֛לֶף וְאַרְבַּע־מֵא֥וֹת וַחֲמִשִּׁ֖ים לְצִבְאֹתָ֑ם וּשְׁנִיִּ֖ם[a] ל[7]
17 יִסָּֽעוּ׃ ס 17 וְנָסַ֧ע אֹֽהֶל־מוֹעֵ֛ד מַחֲנֵ֥ה[a] הַלְוִיִּ֖ם בְּת֣וֹךְ הַמַּחֲנֹ֑ת ג חס[8]
18 [b]כַּאֲשֶׁ֤ר יַחֲנוּ֙ כֵּ֣ן יִסָּ֔עוּ אִ֥ישׁ עַל־יָד֖וֹ לְדִגְלֵיהֶֽם[b]׃ ס 18 דֶּ֣גֶל מַחֲנֵ֥ה
אֶפְרַ֛יִם לְצִבְאֹתָ֖ם יָ֑מָּה וְנָשִׂיא֙ לִבְנֵ֣י אֶפְרַ֔יִם אֱלִישָׁמָ֖ע בֶּן־עַמִּיהֽוּד׃
19 20 19 וּצְבָא֖וֹ וּפְקֻדֵיהֶ֑ם אַרְבָּעִ֥ים אֶ֖לֶף וַחֲמֵ֥שׁ מֵאֽוֹת׃ 20 וְעָלָ֖יו[a] מַטֵּ֣ה ט[5] . ז
21 מְנַשֶּׁ֑ה וְנָשִׂיא֙ לִבְנֵ֣י מְנַשֶּׁ֔ה גַּמְלִיאֵ֖ל בֶּן־פְּדָהצֽוּר׃ 21 וּצְבָא֖וֹ וּפְקֻדֵיהֶ֑ם ט[5]
22 שְׁנַ֧יִם וּשְׁלֹשִׁ֛ים אֶ֖לֶף וּמָאתָֽיִם׃ 22 וּמַטֵּ֖ה בִּנְיָמִ֑ן וְנָשִׂיא֙ לִבְנֵ֣י בִנְיָמִ֔ן
23 אֲבִידָ֖ן בֶּן־גִּדְעֹנִֽי׃ 23 וּצְבָא֖וֹ וּפְקֻדֵיהֶ֑ם חֲמִשָּׁ֧ה וּשְׁלֹשִׁ֛ים אֶ֖לֶף וְאַרְבַּ֥ע ט[5]
24 מֵאֽוֹת׃ 24 כָּֽל־הַפְּקֻדִ֞ים לְמַחֲנֵ֣ה אֶפְרַ֗יִם מְאַ֥ת אֶ֛לֶף וּשְׁמֹנַֽת־אֲלָפִ֥ים [9]כל אורית חס וכל קריא דכות ב מ א
25 וּמֵאָ֖ה לְצִבְאֹתָ֑ם וּשְׁלִשִׁ֖ים[a] יִסָּֽעוּ׃ ס 25 דֶּ֣גֶל מַחֲנֵ֥ה דָ֛ן צָפֹ֖נָה ב[10] . נג ה[11] מנה בתור
26 לְצִבְאֹתָ֑ם וְנָשִׂיא֙ לִבְנֵ֣י דָ֔ן אֲחִיעֶ֖זֶר בֶּן־עַמִּישַׁדָּֽי[a]׃ 26 וּצְבָא֖וֹ וּפְקֻדֵיהֶ֑ם ט[5]
27 שְׁנַ֧יִם וְשִׁשִּׁ֛ים אֶ֖לֶף וּשְׁבַ֥ע מֵאֽוֹת׃ 27 וְהַחֹנִ֥ים עָלָ֖יו מַטֵּ֣ה אָשֵׁ֑ר וְנָשִׂיא֙
28 לִבְנֵ֣י אָשֵׁ֔ר פַּגְעִיאֵ֖ל בֶּן־עָכְרָֽן׃ 28 וּצְבָא֖וֹ וּפְקֻדֵיהֶ֑ם אֶחָ֧ד וְאַרְבָּעִ֛ים ט[5]

[3]Mm 840. [4]Mm 841. [5]Mm 842. [6]Mp sub loco. [7]וחד שנים Gn 6,16. [8]Mm 843. [9]1 Ch 29,7. [10]Mm 844. [11]Mm 845.

6 [a] l דֵיהֶם– ut 4.13 etc, id 8.11; ɯ ubique = 𝔐 ‖ **7** [a] l c pc Mss ɯ𝔖 'וּמ ut 14.22.29 ‖ [b] cf 1,9[a] ‖ **8** [a] cf 6[a] ‖ **11** [a] cf 6[a] ‖ **14** [a] sic L, mlt Mss Edd 'וּמ ‖ [b] l c mlt Mss ɯ𝔙 'דְּע ut 1,14 ‖ **16** [a] 𝔊*𝔖𝔗𝔍𝔙 om cop, dl cf 9.31 ‖ **17** [a] 𝔊 pr cop ‖ [b–b] cf 2[b] ‖ **20** [a] l 'וְהַחֹנִים ע? cf 𝔊 et 5.12.27 ‖ **24** [a] ut 16[a] ‖ **25** [a] cf 1,12[a].

29 אֶ֥לֶף וַחֲמֵ֖שׁ מֵאֽוֹת׃ 29 וּמַטֵּ֖ה נַפְתָּלִ֑י וְנָשִׂיא֙ לִבְנֵ֣י נַפְתָּלִ֔י אֲחִירַ֖ע בֶּן־
30 עֵינָֽן׃ 30 וּצְבָא֖וֹ וּפְקֻדֵיהֶ֑ם שְׁלֹשָׁ֤ה וַחֲמִשִּׁים֙ אֶ֔לֶף וְאַרְבַּ֖ע מֵאֽוֹת׃ ח̇. ט̇[12]
31 כָּל־הַפְּקֻדִים֙ לְמַחֲנֵ֣ה דָ֔ן מְאַ֣ת אֶ֗לֶף וְשִׁבְעָ֧ה וַחֲמִשִּׁ֛ים אֶ֖לֶף וְשֵׁ֣שׁ ל̇ בטע בעינ
32 מֵא֑וֹת לָאַחֲרֹנָ֥ה יִסְע֖וּ לְדִגְלֵיהֶֽם׃[a] פ 32 אֵ֛לֶּה פְּקוּדֵ֥י בְנֵֽי־יִשְׂרָאֵ֖ל ב̇[13]
לְבֵ֣ית אֲבֹתָ֑ם כָּל־פְּקוּדֵ֤י הַמַּחֲנֹת֙ לְצִבְאֹתָ֔ם שֵׁשׁ־מֵא֤וֹת אֶ֙לֶף֙ וּשְׁלֹ֣שֶׁת ג̇ חס̇[14]
33 אֲלָפִ֔ים וַחֲמֵ֥שׁ מֵא֖וֹת וַחֲמִשִּֽׁים׃ 33 וְהַלְוִיִּ֗ם לֹ֣א הָתְפָּקְד֔וּ בְּת֖וֹךְ בְּנֵ֣י ד̇[15]
34 יִשְׂרָאֵ֑ל כַּאֲשֶׁ֛ר צִוָּ֥ה יְהוָ֖ה אֶת־מֹשֶֽׁה׃ 34 וַֽיַּעֲשׂ֖וּ בְּנֵ֣י יִשְׂרָאֵ֑ל כְּכֹל֩ אֲשֶׁר־
צִוָּ֨ה יְהוָ֜ה אֶת־מֹשֶׁ֗ה כֵּן־חָנ֤וּ לְדִגְלֵיהֶם֙ וְכֵ֣ן נָסָ֔עוּ אִ֥ישׁ לְמִשְׁפְּחֹתָ֖יו ד̇[16]
עַל־בֵּ֥ית אֲבֹתָֽיו׃ יג̇[17] וכל מלכים ישעיה וירמיה דכות ב̇ מ̇ א̇. ז̇ חס̇ בתור

ס [ג] 3 1 וְאֵ֛לֶּה תּוֹלְדֹ֥ת אַהֲרֹ֖ן וּמֹשֶׁ֑ה[a] בְּי֗וֹם דִּבֶּ֧ר יְהוָ֛ה אֶת־מֹשֶׁ֖ה בְּהַ֥ר ב̇ בתור. ב̇ בסיפ
2 סִינָֽי׃ 2 וְאֵ֛לֶּה שְׁמ֥וֹת בְּנֵֽי־אַהֲרֹ֖ן הַבְּכֹ֣ר ׀ נָדָ֑ב וַאֲבִיה֕וּא אֶלְעָזָ֖ר י̇ בתור
3 וְאִיתָמָֽר׃ 3 אֵ֗לֶּה[a] שְׁמוֹת֙ בְּנֵ֣י אַהֲרֹ֔ן הַכֹּהֲנִ֖ים הַמְּשֻׁחִ֑ים אֲשֶׁר־מִלֵּ֥א[b] ה̇[1]
4 יָדָ֖ם לְכַהֵֽן׃ 4 וַיָּ֣מָת נָדָ֣ב וַאֲבִיה֣וּא [a]לִפְנֵ֣י יְהוָ֡ה[a] בְּהַקְרִבָ֞ם אֵ֣שׁ זָרָ֜ה ב̇ חד מל וחד מן ד̇[2] חס̇ בליש
לִפְנֵ֤י יְהוָה֙ בְּמִדְבַּ֣ר סִינַ֔י וּבָנִ֖ים לֹא־הָי֣וּ לָהֶ֑ם וַיְכַהֵ֤ן אֶלְעָזָר֙ וְאִ֣יתָמָ֔ר
5 עַל־פְּנֵ֖י אַהֲרֹ֥ן אֲבִיהֶֽם׃ פ 5 וַיְדַבֵּ֥ר יְהוָ֖ה אֶל־מֹשֶׁ֥ה לֵּאמֹֽר׃
6 הַקְרֵב֙ אֶת־מַטֵּ֣ה לֵוִ֔י וְהַעֲמַדְתָּ֣ אֹת֔וֹ לִפְנֵ֖י אַהֲרֹ֣ן הַכֹּהֵ֑ן וְשֵׁרְת֖וּ אֹתֽוֹ׃ ד̇[3]. ד̇[4]. ל̇
7 וְשָׁמְר֣וּ אֶת־מִשְׁמַרְתּ֗וֹ וְאֶת־מִשְׁמֶ֙רֶת֙ כָּל־הָ֣עֵדָ֔ה לִפְנֵ֖י אֹ֣הֶל מוֹעֵ֑ד ג̇. ד̇[5]. ז̇[6]
8 לַעֲבֹ֖ד אֶת־עֲבֹדַ֥ת הַמִּשְׁכָּֽן׃ 8 וְשָׁמְר֗וּ אֶֽת־כָּל־כְּלֵי֙ אֹ֣הֶל מוֹעֵ֔ד[a] וְאֶת־ כל אורית חס̇. ד̇[5]
9 מִשְׁמֶ֖רֶת בְּנֵ֣י יִשְׂרָאֵ֑ל לַעֲבֹ֖ד אֶת־עֲבֹדַ֥ת הַמִּשְׁכָּֽן׃[a] 9 וְנָתַתָּה֙ אֶת־ כל אורית חס̇
הַלְוִיִּ֔ם לְאַהֲרֹ֖ן וּלְבָנָ֑יו נְתוּנִ֨ם נְתוּנִ֥ם הֵ֙מָּה֙ ל֔וֹ[a] מֵאֵ֖ת[b] בְּנֵ֥י יִשְׂרָאֵֽל׃
10 וְאֶת־אַהֲרֹ֤ן וְאֶת־בָּנָיו֙ תִּפְקֹ֔ד[a] וְשָׁמְר֖וּ אֶת־כְּהֻנָּתָ֑ם[a] וְהַזָּ֥ר הַקָּרֵ֖ב ד̇. ז̇
11 12 י֥וּמָת׃ פ 11 וַיְדַבֵּ֥ר יְהוָ֖ה אֶל־מֹשֶׁ֥ה לֵּאמֹֽר׃ 12 וַאֲנִ֞י הִנֵּ֧ה לָקַ֣חְתִּי סז̇ ר״פ
אֶת־הַלְוִיִּ֗ם מִתּוֹךְ֙ בְּנֵ֣י יִשְׂרָאֵ֔ל תַּ֥חַת כָּל־בְּכ֛וֹר פֶּ֥טֶר רֶ֖חֶם מִבְּנֵ֣י[a]
13 יִשְׂרָאֵ֑ל[b] וְהָ֥יוּ לִ֖י הַלְוִיִּֽם׃ 13 כִּ֣י לִי֮ כָּל־בְּכוֹר֒ בְּיוֹם֩ הַכֹּתִ֨י[a] כָל־בְּכ֜וֹר
בְּאֶ֣רֶץ מִצְרַ֗יִם הִקְדַּ֨שְׁתִּי לִ֤י כָל־בְּכוֹר֙ בְּיִשְׂרָאֵ֔ל מֵאָדָ֖ם עַד־בְּהֵמָ֑ה ו̇. ד̇[7]

[12] Mm 842. [13] Mm 846. [14] Mm 843. [15] Mm 837. [16] Mm 4028. [17] Mm 324. **Cp 3** [1] Mm 265. [2] Mm 667. [3] Mm 847. [4] Mm 838. [5] Mm 848. [6] Mm 671. [7] Mm 849.

31 [a] prp לְצִבְאֹתָם cf 9.16.24 ‖ **Cp 3,1** [a] dl ‖ **3** [a] mlt Mss ⅏[Mss]𝔗[J] 'וְא ‖ [b] 𝔊*𝔖 pl ‖ **4** [a–a] > Ms ⅏𝔙, sed cf Lv 10,3 ‖ **8** [a–a] frt add ‖ **9** [a] nonn Mss ⅏𝔊 לִי ut 8,16 ‖ [b] ⅏𝔖 מִתּוֹךְ ut 12 8,16 ‖ **10** [a] 𝔊 + nonn vb cf 𝔐 18,6sq ‖ **12** [a] mlt Mss ⅏𝔙 בִּבְנֵי ut 41sq.45 ‖ [b] ⅏𝔊 + פְּדוּיֵהֶם יִהְיוּ cf 46sqq ‖ **13** [a] ⅏ הכיתי.

14 לִי יִהְיוּ אֲנִי יְהוָה׃ ס 14 וַיְדַבֵּר יְהוָה אֶל־מֹשֶׁה בְּמִדְבַּר סִינַי ל בתור
15 לֵאמֹר׃ 15 פְּקֹד אֶת־בְּנֵי לֵוִי לְבֵית אֲבֹתָם לְמִשְׁפְּחֹתָם כָּל־זָכָר מִבֶּן־
16 חֹדֶשׁ וָמַעְלָה תִּפְקְדֵם׃ 16 וַיִּפְקֹד אֹתָם מֹשֶׁה[a] עַל־פִּי יְהוָה כַּאֲשֶׁר
17 צֻוָּה[b]׃ 17 וַיִּהְיוּ־אֵלֶּה[b] בְנֵי־לֵוִי בִּשְׁמֹתָם גֵּרְשׁוֹן וּקְהָת[c] וּמְרָרִי׃ ב[8]. ב
18 19 18 וְאֵלֶּה שְׁמוֹת בְּנֵי־גֵרְשׁוֹן לְמִשְׁפְּחֹתָם לִבְנִי וְשִׁמְעִי׃ 19 וּבְנֵי קְהָת ל בתור . ה פסוק דמיין
20 לְמִשְׁפְּחֹתָם עַמְרָם וְיִצְהָר חֶבְרוֹן[a] וְעֻזִּיאֵל׃ 20 וּבְנֵי מְרָרִי לְמִשְׁפְּחֹתָם[a]
21 מַחְלִי וּמוּשִׁי אֵלֶּה הֵם מִשְׁפְּחֹת הַלֵּוִי[b] לְבֵית אֲבֹתָם׃ 21 לְגֵרְשׁוֹן
מִשְׁפַּחַת הַלִּבְנִי וּמִשְׁפַּחַת הַשִּׁמְעִי אֵלֶּה הֵם מִשְׁפְּחֹת הַגֵּרְשֻׁנִּי׃
22 22 פְּקֻדֵיהֶם[a] בְּמִסְפַּר כָּל־זָכָר מִבֶּן־חֹדֶשׁ וָמָעְלָה פְּקֻדֵיהֶם[b] שִׁבְעַת
23 אֲלָפִים וַחֲמֵשׁ מֵאוֹת׃ 23 מִשְׁפְּחֹת הַגֵּרְשֻׁנִּי אַחֲרֵי הַמִּשְׁכָּן יַחֲנוּ יָמָּה׃ יא[9] וכל כל אלה בני דכות ב מ ב
24 25 24 וּנְשִׂיא בֵית־אָב לַגֵּרְשֻׁנִּי אֶלְיָסָף בֶּן־לָאֵל׃ 25 וּמִשְׁמֶרֶת בְּנֵי־גֵרְשׁוֹן ו . יא
בְּאֹהֶל מוֹעֵד הַמִּשְׁכָּן וְהָאֹהֶל מִכְסֵהוּ[a] וּמָסַךְ פֶּתַח אֹהֶל מוֹעֵד׃ ל
26 26 וְקַלְעֵי הֶחָצֵר [a]וְאֶת־מָסַךְ[a] פֶּתַח הֶחָצֵר אֲשֶׁר עַל־הַמִּשְׁכָּן וְעַל־ ב
27 הַמִּזְבֵּחַ סָבִיב [b]וְאֵת מֵיתָרָיו[b] לְכֹל עֲבֹדָתוֹ׃ 27 וְלִקְהָת מִשְׁפַּחַת ל . יח פסוק דמיין[10]
הָעַמְרָמִי וּמִשְׁפַּחַת הַיִּצְהָרִי וּמִשְׁפַּחַת הַחֶבְרֹנִי וּמִשְׁפַּחַת הָעָזִּיאֵלִי
28 אֵלֶּה הֵם מִשְׁפְּחֹת הַקְּהָתִי׃ 28 בְּמִסְפַּר[a] כָּל־זָכָר מִבֶּן־חֹדֶשׁ וָמָעְלָה
29 שְׁמֹנַת אֲלָפִים וְשֵׁשׁ[b] מֵאוֹת שֹׁמְרֵי מִשְׁמֶרֶת הַקֹּדֶשׁ׃ 29 מִשְׁפְּחֹת בְּנֵי־ כל אורית חס וכל קריא דכות ב מ א[11]
30 קְהָת יַחֲנוּ עַל יֶרֶךְ הַמִּשְׁכָּן תֵּימָנָה׃ 30 וּנְשִׂיא בֵית־אָב לְמִשְׁפְּחֹת יא[9] וכל כל אלה בני דכות ב מ ב
31 הַקְּהָתִי אֱלִיצָפָן בֶּן־עֻזִּיאֵל׃ 31 וּמִשְׁמַרְתָּם הָאָרֹן וְהַשֻּׁלְחָן וְהַמְּנֹרָה ב
וְהַמִּזְבְּחֹת וּכְלֵי הַקֹּדֶשׁ אֲשֶׁר יְשָׁרְתוּ בָּהֶם וְהַמָּסָךְ וְכֹל עֲבֹדָתוֹ[a]׃ ב חס בליש[12]
32 32 וּנְשִׂיא נְשִׂיאֵי הַלֵּוִי[a] אֶלְעָזָר בֶּן־אַהֲרֹן הַכֹּהֵן פְּקֻדַּת[b] שֹׁמְרֵי מִשְׁמֶרֶת
33 הַקֹּדֶשׁ׃ 33 לִמְרָרִי מִשְׁפַּחַת הַמַּחְלִי וּמִשְׁפַּחַת הַמּוּשִׁי אֵלֶּה
34 הֵם מִשְׁפְּחֹת מְרָרִי׃ 34 וּפְקֻדֵיהֶם בְּמִסְפַּר כָּל־זָכָר מִבֶּן־חֹדֶשׁ וָמָעְלָה ל ר״פ
35 שֵׁשֶׁת אֲלָפִים וּמָאתָיִם׃ 35 וּנְשִׂיא בֵית־אָב לְמִשְׁפְּחֹת מְרָרִי צוּרִיאֵל יא[9] וכל כל אלה בני דכות ב מ ב
36 בֶּן־אֲבִיחָיִל[a] עַל יֶרֶךְ הַמִּשְׁכָּן יַחֲנוּ צָפֹנָה׃ 36 וּפְקֻדַּת מִשְׁמֶרֶת בְּנֵי נג ח[13] מנה בתור . ג[14]

[8] Mm 1040. [9] Mm 3361. [10] Mm 3911. [11] 1Ch 29,7. [12] Mp sub loco. [13] Mm 845. [14] Mm 850.

16/17 [a] 𝔊 + *καὶ Ααρων* ‖ [b–b] l וַיִּ׳ צִוָּהוּ יהוה: cf ⅏(𝔊) צִוָּהוּ et 51 ‖ [c] ⅏𝔊 ק׳ ‖ **19** [a] mlt Mss 𝔖𝔗J וְח׳ ‖ **20** [a] > mlt Mss ‖ [b] 𝔖(𝔗J) *dlwj'* = הלוים ‖ **22** [a] ⅏𝔖 ופ׳ ‖ [b] > 𝔖𝔙, dl ‖ **25** [a] pc Mss ⅏𝔊𝔖𝔙 ומ׳ ‖ **26** [a–a] l ומסך ‖ [b–b] l ומי׳ ‖ **28** [a] pr c Ms 𝔖𝔙 פְּקֻדֵיהֶם ut 22.34 ‖ [b] 𝔊L *τριακόσιοι*, l (מ׳) וּשְׁלֹשׁ ‖ **31** [a] ⅏𝔊 –תָם ‖ **32** [a] ⅏𝔖𝔗𝔗J הלוים ‖ [b] 𝔊(𝔖) recte *καθεσταμένος* cf 𝔗𝔗J ‖ **35** [a] ⅏Mss𝔖 –חַל.

מְרָרִ֗י קַרְשֵׁי֙ הַמִּשְׁכָּ֔ן וּבְרִיחָ֖יו וְעַמֻּדָ֣יו וַאֲדָנָ֑יו וְכָל־כֵּלָ֔יו וְכֹ֖ל עֲבֹדָתֽוֹ׃ — ח̇ פסוק וכל וכל ומילה חדה ביניה
37 וְעַמֻּדֵ֧י הֶחָצֵ֛ר סָבִ֖יב וְאַדְנֵיהֶ֑ם וִיתֵדֹתָ֖ם וּמֵיתְרֵיהֶֽם׃ 38 וְהַחֹנִ֣ים — ב חס[15]
לִפְנֵ֣י[a] הַ֠מִּשְׁכָּן קֵ֡דְמָה לִפְנֵ֣י אֹֽהֶל־מוֹעֵ֣ד ׀ מִזְרָ֡חָה מֹשֶׁ֣ה ׀ וְאַהֲרֹ֣ן[b] וּ֠בָנָיו — ז[16]. כט בתור. ג[17]
שֹֽׁמְרִים֙[c] מִשְׁמֶ֣רֶת הַמִּקְדָּ֔שׁ[d] לְמִשְׁמֶ֖רֶת בְּנֵ֣י יִשְׂרָאֵ֑ל וְהַזָּ֥ר הַקָּרֵ֖ב — ד . ז
39 יוּמָֽת׃ 39 כָּל־פְּקוּדֵ֨י הַלְוִיִּ֜ם אֲשֶׁר֩ פָּקַ֨ד מֹשֶׁ֧ה וְאַהֲרֹ֛ן[a] עַל־פִּ֥י יְהוָ֖ה — כל קריא מל ב מ א[18]. ה̇י נקוד י מנה בתור[19]
לְמִשְׁפְּחֹתָ֑ם כָּל־זָכָר֙ מִבֶּן־חֹ֣דֶשׁ וָמַ֔עְלָה שְׁנַ֥יִם וְעֶשְׂרִ֖ים אָֽלֶף׃ ס
40 וַיֹּ֨אמֶר יְהוָ֜ה אֶל־מֹשֶׁ֗ה פְּקֹ֨ד כָּל־בְּכֹ֤ר זָכָר֙ לִבְנֵ֣י יִשְׂרָאֵ֔ל מִבֶּ֥ן־ — ט בטע בסיפ. ו חס בתור[20]
41 חֹ֖דֶשׁ וָמָ֑עְלָה וְשָׂ֕א אֵ֖ת מִסְפַּ֥ר שְׁמֹתָֽם׃ 41 וְלָקַחְתָּ֨ אֶת־הַלְוִיִּ֥ם לִי֙ אֲנִ֣י — ג[21]
יְהוָ֔ה תַּ֥חַת כָּל־בְּכֹ֖ר בִּבְנֵ֣י יִשְׂרָאֵ֑ל וְאֵת֙ בֶּהֱמַ֣ת הַלְוִיִּ֔ם תַּ֣חַת כָּל־ — ו חס בתור[20]. ל̇
42 בְּכ֔וֹר בְּבֶהֱמַ֖ת בְּנֵ֥י יִשְׂרָאֵֽל׃ 42 וַיִּפְקֹ֣ד מֹשֶׁ֔ה כַּאֲשֶׁ֛ר צִוָּ֥ה יְהוָ֖ה אֹת֑וֹ
43 אֶת־כָּל־בְּכֹ֖ר בִּבְנֵ֥י יִשְׂרָאֵֽל׃ 43 וַיְהִי֩[a] כָל־בְּכ֨וֹר זָכָ֜ר בְּמִסְפַּ֥ר שֵׁמֹ֛ת
מִבֶּן־חֹ֥דֶשׁ וָמַ֖עְלָה לִפְקֻדֵיהֶ֑ם שְׁנַ֤יִם וְעֶשְׂרִים֙ אֶ֔לֶף שְׁלֹשָׁ֥ה וְשִׁבְעִ֖ים
44 45 וּמָאתָֽיִם׃ פ 44 וַיְדַבֵּ֥ר יְהוָ֖ה אֶל־מֹשֶׁ֥ה לֵּאמֹֽר׃ 45 קַ֣ח אֶת־ — יב ר״פ
הַלְוִיִּ֗ם תַּ֤חַת כָּל־בְּכוֹר֙ בִּבְנֵ֣י יִשְׂרָאֵ֔ל וְאֶת־בֶּהֱמַ֥ת הַלְוִיִּ֖ם תַּ֣חַת
46 בְּהֶמְתָּ֑ם וְהָיוּ־לִ֥י הַלְוִיִּ֖ם אֲנִ֥י יְהוָֽה׃ 46 וְאֵת֙ פְּדוּיֵ֣י[a] הַשְּׁלֹשָׁ֔ה וְהַשִּׁבְעִ֖ים — ל̇
47 וְהַמָּאתָ֑יִם הָעֹֽדְפִים֙ עַל־הַלְוִיִּ֔ם מִבְּכ֖וֹר[b] בְּנֵ֥י יִשְׂרָאֵֽל׃ 47 וְלָקַחְתָּ֗ — ב בליש[22]. ב מל
חֲמֵ֧שֶׁת חֲמֵ֛שֶׁת שְׁקָלִ֖ים לַגֻּלְגֹּ֑לֶת בְּשֶׁ֨קֶל הַקֹּ֤דֶשׁ תִּקָּח֙ עֶשְׂרִ֥ים גֵּרָ֖ה — ג. ב זקף קמ
48 הַשָּֽׁקֶל׃ 48 וְנָתַתָּ֣ה הַכֶּ֔סֶף לְאַהֲרֹ֖ן וּלְבָנָ֑יו פְּדוּיֵ֕י[a] הָעֹדְפִ֖ים בָּהֶֽם׃
49 וַיִּקַּ֣ח מֹשֶׁ֔ה אֵ֖ת כֶּ֣סֶף הַפִּדְי֑וֹם[a] מֵאֵת֙ הָעֹ֣דְפִ֔ים עַ֖ל פְּדוּיֵ֥י[b] הַלְוִיִּֽם׃ — ל̇
50 מֵאֵ֗ת בְּכ֛וֹר[a] בְּנֵ֥י יִשְׂרָאֵ֖ל לָקַ֣ח אֶת־הַכָּ֑סֶף חֲמִשָּׁ֨ה וְשִׁשִּׁ֜ים וּשְׁלֹ֧שׁ
51 מֵא֛וֹת וָאֶ֖לֶף בְּשֶׁ֥קֶל הַקֹּֽדֶשׁ׃ 51 וַיִּתֵּ֨ן מֹשֶׁ֜ה אֶת־כֶּ֧סֶף הַפְּדֻיִ֛ם[a] לְאַהֲרֹ֥ן — ד ב קמ וב פת[23]. ל וחס
וּלְבָנָ֖יו עַל־פִּ֣י יְהוָ֑ה כַּאֲשֶׁ֛ר צִוָּ֥ה יְהוָ֖ה אֶת־מֹשֶֽׁה׃ פ
4 1 וַיְדַבֵּ֣ר יְהוָ֔ה אֶל־מֹשֶׁ֥ה[a] וְאֶֽל־אַהֲרֹ֖ן[a] לֵאמֹֽר׃ 2 נָשֹׂ֗א אֶת־רֹאשׁ֙ — יא[1]
3 בְּנֵ֣י קְהָ֔ת מִתּ֖וֹךְ בְּנֵ֣י לֵוִ֑י לְמִשְׁפְּחֹתָ֖ם לְבֵ֥ית אֲבֹתָֽם׃ 3 מִבֶּ֨ן שְׁלֹשִׁ֤ים[a]

[15] Ex 38,17. [16] Mm 671. [17] Mm 851. [18] 2R 11,15. [19] Mp sub loco. [20] Mm 410. [21] Mm 3237. [22] Mm 2982. [23] Mm 986. **Cp 4** [1] Mm 852.

38 [a] ⅏ את־פ׳ ‖ [b] nonn Mss ⅏ א׳ ‖ [c] pc Mss ⅏ שמרי ‖ [d] ⅏ הַקֹּדֶשׁ ‖ **39** [a] > nonn Mss ⅏𝔖, dl cf 𝔐 (punct extr) ‖ **43** [a] 2 Mss ⅏ Vrs pl ‖ **46** [a] ⅏^Mss פדוי, id 48sq ‖ [b] ⅏ Vrs pl, id 50 ‖ **48** [a] cf 46[a] ‖ **49** [a] l c ⅏ הַפְּדוּיִם cf 51[a] ‖ [b] cf 46[a] ‖ **50** [a] cf 46[b] ‖ **51** [a] Q^Mss ⅏ הַפְּדוּיִם ‖ **Cp 4,1** [a–a] > pc Mss ‖ **3** [a] 𝔊 25 (ex 8,24), id 23.30sqq.

שָׁנָה וָמַעְלָה וְעַד בֶּן־חֲמִשִּׁים שָׁנָה כָּל־[b]בָּא לַצָּבָא לַעֲשׂוֹת מְלָאכָה ל
4 בְּאֹהֶל מוֹעֵד׃ 4 זֹאת עֲבֹדַת בְּנֵי־קְהָת בְּאֹהֶל מוֹעֵד קֹדֶשׁ הַקֳּדָשִׁים׃ כל אורית חס
5 וּבָא אַהֲרֹן וּבָנָיו בִּנְסֹעַ הַמַּחֲנֶה וְהוֹרִדוּ אֵת פָּרֹכֶת הַמָּסָךְ וְכִסּוּ־ 5 יז ר״פ. ב חס[2]
6 בָהּ אֵת אֲרֹן הָעֵדֻת׃ 6 וְנָתְנוּ עָלָיו כְּסוּי עוֹר תַּחַשׁ[a] וּפָרְשׂוּ[b] בֶגֶד־ ג חס. יב[3]
7 כְּלִיל תְּכֵלֶת מִלְמָעְלָה וְשָׂמוּ בַּדָּיו׃ 7 וְעַל ׀ שֻׁלְחַן הַפָּנִים יִפְרְשׂוּ ג[4]. ב. ל. ו
בֶּגֶד תְּכֵלֶת וְנָתְנוּ עָלָיו אֶת־הַקְּעָרֹת וְאֶת־הַכַּפֹּת וְאֶת־הַמְּנַקִּיֹּת וְאֵת ב חס[5]
8 קְשׂוֹת הַנָּסֶךְ וְלֶחֶם הַתָּמִיד עָלָיו יִהְיֶה׃ 8 וּפָרְשׂוּ עֲלֵיהֶם[a] בֶּגֶד
9 תּוֹלַעַת שָׁנִי וְכִסּוּ אֹתוֹ בְּמִכְסֵה עוֹר תָּחַשׁ[b] וְשָׂמוּ אֶת־[c]בַּדָּיו׃ 9 וְלָקְחוּ ׀ ב
בֶּגֶד תְּכֵלֶת וְכִסּוּ אֶת־מְנֹרַת הַמָּאוֹר וְאֶת־נֵרֹתֶיהָ וְאֶת־מַלְקָחֶיהָ ל. ב
10 וְאֶת־מַחְתֹּתֶיהָ וְאֵת כָּל־כְּלֵי שַׁמְנָהּ אֲשֶׁר יְשָׁרְתוּ־לָהּ בָּהֶם׃ 10 וְנָתְנוּ ל[6]
11 אֹתָהּ וְאֶת־כָּל־כֵּלֶיהָ אֶל־מִכְסֵה עוֹר תָּחַשׁ[a] וְנָתְנוּ עַל־הַמּוֹט׃ 11 וְעַל ׀ ב
מִזְבַּח הַזָּהָב יִפְרְשׂוּ בֶּגֶד תְּכֵלֶת וְכִסּוּ אֹתוֹ בְּמִכְסֵה עוֹר תָּחַשׁ וְשָׂמוּ
12 אֶת־בַּדָּיו׃ 12 וְלָקְחוּ אֶת־כָּל־כְּלֵי הַשָּׁרֵת אֲשֶׁר יְשָׁרְתוּ־בָם[a] בַּקֹּדֶשׁ ל. ג
וְנָתְנוּ אֶל־בֶּגֶד תְּכֵלֶת וְכִסּוּ אוֹתָם בְּמִכְסֵה עוֹר תָּחַשׁ וְנָתְנוּ עַל־ ל. לט מל בתור
13 14 הַמּוֹט׃ 13 [a]וְדִשְּׁנוּ אֶת־הַמִּזְבֵּחַ וּפָרְשׂוּ עָלָיו בֶּגֶד אַרְגָּמָן׃ 14 וְנָתְנוּ עָלָיו
אֶת־כָּל־כֵּלָיו אֲשֶׁר יְשָׁרְתוּ עָלָיו בָּהֶם אֶת־הַמַּחְתֹּת אֶת[a]־הַמִּזְלָגֹת ב[7]. ב[8]
וְאֶת־הַיָּעִים וְאֶת־הַמִּזְרָקֹת כֹּל כְּלֵי הַמִּזְבֵּחַ וּפָרְשׂוּ עָלָיו כְּסוּי עוֹר
15 תַּחַשׁ[b] וְשָׂמוּ בַדָּיו[c]׃ 15 וְכִלָּה אַהֲרֹן־וּבָנָיו לְכַסֹּת אֶת־הַקֹּדֶשׁ וְאֶת־ ב. ג[9] ג[10] מנה בתור. ל חס
כָּל־כְּלֵי הַקֹּדֶשׁ בִּנְסֹעַ הַמַּחֲנֶה וְאַחֲרֵי־כֵן יָבֹאוּ בְנֵי־קְהָת לָשֵׂאת כד
וְלֹא־יִגְּעוּ אֶל־הַקֹּדֶשׁ וָמֵתוּ אֵלֶּה מַשָּׂא[a] בְנֵי־קְהָת בְּאֹהֶל מוֹעֵד׃ ח[11]. מא
16 וּפְקֻדַּת אֶלְעָזָר ׀ בֶּן־אַהֲרֹן הַכֹּהֵן שֶׁמֶן הַמָּאוֹר וּקְטֹרֶת הַסַּמִּים 16 ג[12] וחד מן ז[13] פסוק. ל
וּמִנְחַת הַתָּמִיד וְשֶׁמֶן הַמִּשְׁחָה פְּקֻדַּת כָּל־הַמִּשְׁכָּן וְכָל־אֲשֶׁר־בּוֹ
בְּקֹדֶשׁ וּבְכֵלָיו[a]׃ ס 17 וַיְדַבֵּר יְהוָה אֶל־מֹשֶׁה וְאֶל־אַהֲרֹן ס [ד] ג רפי[14]. יא[15]
18 לֵאמֹר׃ 18 אַל־תַּכְרִיתוּ אֶת־שֵׁבֶט מִשְׁפְּחֹת הַקְּהָתִי מִתּוֹךְ הַלְוִיִּם׃ 18 יא[16] וכל כל אלה בני דכות ב מ ב

[2]Mm 1176. [3]Mm 853. [4]Mm 566. [5]Mm 799. [6]Mm 689. [7]Mm 655. [8]Mm 854. [9]Mm 1385. [10]Mm 304. [11]Mm 3068. [12]Mm 850. [13]Mm 855. [14]Mm 557. [15]Mm 852. [16]Mm 3361.

3 [b] l c Seb ﬡ הַבָּא ut 23.30 etc ‖ **6** [a] 𝔊 ὑακίνθινον = תְּכֵלֶת, id 8.10.14 ‖ [b] ins c 2 Mss ﬡ𝔊𝔗[J] עָלָיו ‖ **8** [a] ﬡ + כסוי ‖ [b] cf 6[a] ‖ [c] > ﬡ ‖ **10** [a] cf 6[a] ‖ **12** [a] ﬡ בָּהֶם ‖ **13** [a–a] 𝔊 alit ‖ **14** [a] mlt Mss 𝔊𝔖𝔗[J] וְאֵת ‖ [b] cf 6[a] ‖ [c] ﬡ𝔊 + וְלָקְחוּ בֶּגֶד אַרְגָּמָן וְכִסּוּ אֶת־הַכִּיּוֹר וְאֶת־כַּנּוֹ וְנָתְנוּ אֹתָם אֶל־מִכְסֵה עוֹר תַּחַשׁ וְנָתְנוּ עַל־הַמּוֹט ‖ **15** [a] ﬡ𝔖𝔙 pl ‖ **16** [a] 𝔊* (καὶ) ἐν πᾶσι τοῖς ἔργοις.

19 וְזֹ֣את[a]׀ עֲשׂ֣וּ לָהֶ֗ם וְחָיוּ֙ וְלֹ֣א יָמֻ֔תוּ בְּגִשְׁתָּ֖ם אֶת־[b]קֹ֣דֶשׁ הַקֳּדָשִׁ֑ים אַהֲרֹ֤ן כה יו[17] מנה ר״פ . ב
20 וּבָנָיו֙ יָבֹ֔אוּ וְשָׂמ֣וּ אוֹתָ֔ם אִ֥ישׁ[c] אִ֛ישׁ עַל־עֲבֹדָת֖וֹ וְאֶל־[d]מַשָּׂאֽוֹ׃ 20 וְלֹא־ לט מל בתור . ל
פרש יָבֹ֥אוּ לִרְא֛וֹת כְּבַלַּ֥ע אֶת־הַקֹּ֖דֶשׁ וָמֵֽתוּ׃ קמץ פ 21 וַיְדַבֵּ֥ר יְהוָ֖ה ל . ח[18]
22 אֶל־מֹשֶׁ֥ה לֵּאמֹֽר׃ 22 נָשֹׂ֗א אֶת־רֹ֛אשׁ בְּנֵ֥י גֵרְשׁ֖וֹן גַּם־הֵ֑ם לְבֵ֥ית אֲבֹתָ֖ם
23 לְמִשְׁפְּחֹתָֽם׃ 23 מִבֶּן֩ שְׁלֹשִׁ֨ים[a] שָׁנָ֜ה וָמַ֗עְלָה עַ֛ד[b] בֶּן־חֲמִשִּׁ֥ים שָׁנָ֖ה ב בטע בעינ . ל
תִּפְקֹ֣ד אוֹתָ֑ם כָּל־הַבָּא֙ לִצְבֹ֣א צָבָ֔א לַעֲבֹ֥ד עֲבֹדָ֖ה בְּאֹ֥הֶל מוֹעֵֽד׃ לט מל בתור
24 זֹ֣את עֲבֹדַ֔ת מִשְׁפְּחֹ֖ת הַגֵּרְשֻׁנִּ֑י לַעֲבֹ֖ד וּלְמַשָּֽׂא׃ 25 וְנָ֨שְׂא֜וּ אֶת־יְרִיעֹ֤ת כל אורית חס . יא[19] וכל כל אלה בני דכות במ ב . י
הַמִּשְׁכָּן֙ וְאֶת־אֹ֣הֶל מוֹעֵ֔ד מִכְסֵ֕הוּ וּמִכְסֵ֥ה[a] הַתַּ֛חַשׁ אֲשֶׁר־עָלָ֖יו ה
26 מִלְמָ֑עְלָה וְאֶ֨ת־מָסַ֔ךְ פֶּ֖תַח אֹ֥הֶל מוֹעֵֽד׃ 26 וְאֵת֩ קַלְעֵ֨י הֶחָצֵ֜ר וְאֶת־
מָסַ֣ךְ׀ פֶּ֣תַח׀ שַׁ֣עַר הֶחָצֵ֗ר אֲשֶׁ֨ר עַל־הַמִּשְׁכָּ֤ן וְעַל־הַמִּזְבֵּ֨חַ֙ סָבִ֔יב וְאֵת֙ ב
מֵיתְרֵיהֶ֔ם[a] וְאֶֽת־כָּל־כְּלֵ֖י עֲבֹדָתָ֑ם וְאֵ֨ת כָּל־אֲשֶׁ֧ר יֵעָשֶׂ֛ה לָהֶ֖ם וְעָבָֽדוּ׃ לו[20]
27 עַל־פִּי֩ אַהֲרֹ֨ן וּבָנָ֜יו תִּֽהְיֶ֗ה כָּל־עֲבֹדַת֙ בְּנֵ֣י הַגֵּרְשֻׁנִּ֔י לְכָל־מַשָּׂאָ֔ם כל אורית חס
28 וּלְכֹ֖ל עֲבֹדָתָ֑ם וּפְקַדְתֶּ֤ם[a] עֲלֵהֶם֙ בְּמִשְׁמֶ֔רֶת[b] אֵ֖ת כָּל־מַשָּׂאָֽם[c]׃ 28 זֹ֣את יג חס בתור[21]
עֲבֹדַ֗ת מִשְׁפְּחֹת֙[a] בְּנֵ֣י הַגֵּרְשֻׁנִּ֔י בְּאֹ֖הֶל מוֹעֵ֑ד וּמִ֨שְׁמַרְתָּ֔ם בְּיַד֙ אִיתָמָ֔ר כל אורית חס . ב
29 בֶּן־אַהֲרֹ֖ן הַכֹּהֵֽן׃ פ 29 בְּנֵ֖י מְרָרִ֑י לְמִשְׁפְּחֹתָ֥ם לְבֵית־אֲבֹתָ֖ם
30 תִּפְקֹ֥ד אֹתָֽם׃ 30 מִבֶּן֩ שְׁלֹשִׁ֨ים[a] שָׁנָ֜ה וָמַ֗עְלָה וְעַ֛ד בֶּן־חֲמִשִּׁ֥ים שָׁנָ֖ה ב בטע בעינ
31 תִּפְקְדֵ֑ם כָּל־הַבָּא֙ לַצָּבָ֔א לַעֲבֹ֕ד אֶת־עֲבֹדַ֖ת אֹ֥הֶל מוֹעֵֽד׃ 31 וְזֹאת֙ כל אורית חס . כה יו[17] מנה ר״פ
מִשְׁמֶ֣רֶת מַשָּׂאָ֔ם לְכָל־עֲבֹדָתָ֖ם בְּאֹ֣הֶל מוֹעֵ֑ד קַרְשֵׁי֙ הַמִּשְׁכָּ֔ן וּבְרִיחָ֖יו
32 וְעַמּוּדָ֥יו וַאֲדָנָֽיו[a]׃ 32 וְעַמּוּדֵ֨י הֶחָצֵ֜ר סָבִ֗יב וְאַדְנֵיהֶם֮[a] וִיתֵדֹתָם֮ ד מל[22]
וּמֵיתְרֵיהֶם֒ לְכָל־כְּלֵיהֶ֔ם וּלְכֹ֖ל עֲבֹדָתָ֑ם וּבְשֵׁמֹ֣ת תִּפְקְד֔וּ אֶת־[b]כְּלֵ֖י
33 מִשְׁמֶ֥רֶת מַשָּׂאָֽם׃ 33 זֹ֣את עֲבֹדַ֗ת מִשְׁפְּחֹת֙ בְּנֵ֣י מְרָרִ֔י לְכָל־עֲבֹדָתָ֖ם כל אורית חס
34 בְּאֹ֣הֶל מוֹעֵ֑ד בְּיַד֙ אִֽיתָמָ֔ר בֶּן־אַהֲרֹ֖ן הַכֹּהֵֽן׃ 34 וַיִּפְקֹ֨ד מֹשֶׁ֧ה כה
וְאַהֲרֹ֛ן וּנְשִׂיאֵ֥י הָעֵדָ֖ה אֶת־בְּנֵ֣י הַקְּהָתִ֑י לְמִשְׁפְּחֹתָ֖ם וּלְבֵ֥ית[a] אֲבֹתָֽם׃ ג[23] . [24]
35 מִבֶּ֨ן שְׁלֹשִׁ֤ים[a] שָׁנָה֙ וָמַ֔עְלָה וְעַ֖ד בֶּן־חֲמִשִּׁ֣ים שָׁנָ֑ה כָּל־הַבָּא֙ לַצָּבָ֔א

[17] Mm 856. [18] Mm 3068. [19] Mm 3361. [20] Mm 210. [21] Mm 675. [22] Mm 638. [23] Mm 1749. [24] Mm 857.

19 [a] pc Mss ɯ𝔊 ז׳ || [b] mlt Mss ɯ אֶל || [c] > 2 Mss ɯ || [d] Seb mlt Mss ɯ וְעַל || **23** [a] cf 3[a] || [b] mlt Mss ɯ𝔖𝔗[J] וְעַד ut 𝔐 30.35sqq || **25** [a] ɯ[Mss] מ׳ || **26** [a] cf 3,26[b–b] || **27** [a] 𝔊* sg; prp וּפְקַדְתָּם || [b] 𝔊 ἐξ ὀνομάτων, l בְּשֵׁמוֹת ut 32 || [c] prb dl cf a || **28** [a] > pc Mss 𝔊* || **30** [a] cf 3[a] || **31** [a] 𝔊 + nonn vb || **32** [a] 𝔊 + nonn vb || [b] l c Ms ɯ𝔊𝔗[J] אֶת־כָּל־ || **34** [a] pc Mss ɯ𝔊𝔖 ל׳ || **35** [a] cf 3[a], id in 39.43.47.

36 לַעֲבֹדָ֖ה בְּאֹ֥הֶל מוֹעֵֽד׃ 36 וַיִּהְי֥וּ פְקֻדֵיהֶ֖ם לְמִשְׁפְּחֹתָ֑ם אַלְפַּ֕יִם שְׁבַ֥עa   כל קריא חס ב מ א מל[25]
37 מֵא֖וֹת וַחֲמִשִּֽׁים׃ 37 אֵ֚לֶּה פְקוּדֵי֙ מִשְׁפְּחֹ֣ת הַקְּהָתִ֔י כָּל־הָעֹבֵ֖ד בְּאֹ֣הֶל
מוֹעֵ֑ד אֲשֶׁ֨ר פָּקַ֤ד מֹשֶׁה֙ וְאַהֲרֹ֔ן עַל־פִּ֥י יְהוָ֖ה בְּיַד־מֹשֶֽׁה׃ ס   כט . ו[26]
38 39 38 וּפְקוּדֵ֖י בְּנֵ֣י גֵרְשׁ֑וֹן לְמִשְׁפְּחוֹתָ֖ם וּלְבֵ֥יתa אֲבֹתָֽם׃ 39 מִבֶּ֨ן שְׁלֹשִׁ֤יםa   ה̇ מל באור ובנביא[27] . ג[28], [29]
שָׁנָה֙ וָמַ֔עְלָה וְעַ֖ד בֶּן־חֲמִשִּׁ֣ים שָׁנָ֑ה כָּל־הַבָּא֙ לַצָּבָ֔א לַעֲבֹדָ֖ה בְּאֹ֥הֶל
40 מוֹעֵֽד׃ 40 וַיִּהְיוּ֙ פְּקֻ֣דֵיהֶ֔ם לְמִשְׁפְּחֹתָ֖ם לְבֵ֣ית אֲבֹתָ֑ם אַלְפַּ֕יִם וְשֵׁ֥שׁ
41 מֵא֖וֹת וּשְׁלֹשִֽׁים׃ 41 אֵ֣לֶּה פְקוּדֵ֗י מִשְׁפְּחֹת֙ בְּנֵ֣י גֵרְשׁ֔וֹן כָּל־הָעֹבֵ֖ד
42 בְּאֹ֣הֶל מוֹעֵ֑ד אֲשֶׁ֨ר פָּקַ֥ד מֹשֶׁ֛ה וְאַהֲרֹ֖ן עַל־פִּ֥י יְהוָֽה׃ 42 וּפְקוּדֵ֕י   כט בתור
43 מִשְׁפְּחֹ֖ת בְּנֵ֣י מְרָרִ֑י לְמִשְׁפְּחֹתָ֖ם לְבֵ֥ית אֲבֹתָֽם׃ 43 מִבֶּ֨ן שְׁלֹשִׁ֤יםa שָׁנָה֙
וָמַ֔עְלָה וְעַ֖ד בֶּן־חֲמִשִּׁ֣ים שָׁנָ֑ה כָּל־הַבָּא֙ לַצָּבָ֔א לַעֲבֹדָ֖ה בְּאֹ֥הֶל מוֹעֵֽד׃
44 45 44 וַיִּהְי֥וּ פְקֻדֵיהֶ֖ם לְמִשְׁפְּחֹתָ֑ם שְׁלֹ֥שֶׁת אֲלָפִ֖ים וּמָאתָֽיִם׃ 45 אֵ֣לֶּה
פְּקוּדֵ֔י מִשְׁפְּחֹ֖ת בְּנֵ֣י מְרָרִ֑י אֲשֶׁ֨ר פָּקַ֤ד מֹשֶׁה֙ וְאַהֲרֹ֔ן עַל־פִּ֥י יְהוָ֖ה בְּיַד־   כט בתור . ו[26]
46 מֹשֶֽׁה׃ 46 כָּל־הַפְּקֻדִ֡ים אֲשֶׁר֩ פָּקַ֨ד מֹשֶׁ֧ה וְאַהֲרֹ֛ן וּנְשִׂיאֵ֥י יִשְׂרָאֵ֖ל   כט בתור . ב
47 אֶת־הַלְוִיִּ֑ם לְמִשְׁפְּחֹתָ֖ם וּלְבֵ֥יתa אֲבֹתָֽם׃ 47 מִבֶּ֨ן שְׁלֹשִׁ֤יםa שָׁנָה֙ וָמַ֔עְלָה   ג[28], [29]
וְעַ֖ד בֶּן־חֲמִשִּׁ֣ים שָׁנָ֑ה כָּל־הַבָּ֗א לַעֲבֹ֨ד עֲבֹדַ֧ת עֲבֹדָ֛ה וַעֲבֹדַ֥ת מַשָּׂ֖א   כל אורית חס . מא
48 בְּאֹ֥הֶל מוֹעֵֽד׃ 48 וַיִּהְי֖וּ פְּקֻדֵיהֶ֑ם שְׁמֹנַ֣ת אֲלָפִ֔ים וַחֲמֵ֥שׁ מֵא֖וֹת וּשְׁמֹנִֽים׃   כל אורית חס וכל קריא דכות ב מ א[30]
49 49 עַל־פִּ֨י יְהוָ֜ה פָּקַ֤דa אוֹתָם֙ bבְּיַד־מֹשֶׁהb אִ֥ישׁ אִ֛ישׁ עַל־עֲבֹדָת֖וֹ וְעַל־   ל . לט מל בתור . ו[26]
מַשָּׂא֑וֹ וּפְקֻדָ֕יוc אֲשֶׁר־dצִוָּ֥ה יְהוָ֖ה אֶתe־מֹשֶֽׁה׃ פ   ו

5 5 1 וַיְדַבֵּ֥ר יְהוָ֖ה אֶל־מֹשֶׁ֥ה לֵּאמֹֽר׃ 2 צַ֚ו אֶת־בְּנֵ֣י יִשְׂרָאֵ֔ל וִישַׁלְּחוּ֙   ל
3 מִן־הַֽמַּחֲנֶ֔ה כָּל־צָר֖וּעַ וְכָל־זָ֑ב וְכֹ֖ל טָמֵ֥א לָנָֽפֶשׁ׃ 3 aמִזָּכָ֤ר עַדb־נְקֵבָה֙   ט פסוק כל וכל וכל[1] . ל . ג ול קמ
תְּשַׁלֵּ֔חוּ אֶל־מִח֥וּץ לַֽמַּחֲנֶ֖ה תְּשַׁלְּח֑וּםa וְלֹ֤א יְטַמְּאוּ֙ אֶת־מַ֣חֲנֵיהֶ֔ם אֲשֶׁ֥ר   ל . ל . ב
4 אֲנִ֖י שֹׁכֵ֥ן בְּתוֹכָֽם׃ 4 וַיַּֽעֲשׂוּ־כֵן֙ בְּנֵ֣י יִשְׂרָאֵ֔ל וַיְשַׁלְּח֣וּ אוֹתָ֔ם אֶל־מִח֖וּץ   לט מל בתור
לַֽמַּחֲנֶ֑ה כַּאֲשֶׁ֨ר דִּבֶּ֤ר יְהוָה֙ אֶל־מֹשֶׁ֔ה כֵּ֥ן עָשׂ֖וּ בְּנֵ֥י יִשְׂרָאֵֽל׃ פ
5 6 5 וַיְדַבֵּ֥ר יְהוָ֖ה אֶל־מֹשֶׁ֥ה לֵּאמֹֽר׃ 6 דַּבֵּר֮ אֶל־בְּנֵ֣י יִשְׂרָאֵל֒a אִ֣ישׁ אֽוֹ־
אִשָּׁ֗ה כִּ֤י יַעֲשׂוּ֙ מִכָּל־חַטֹּ֣את הָֽאָדָ֔ם לִמְעֹ֥ל מַ֖עַל בַּֽיהוָ֑ה וְאָֽשְׁמָ֖ה   ו חס[2] . ל

[25] Cf Mm 858. [26] Mm 860. [27] Mm 859. [28] Mm 1749. [29] Mm 857. [30] 1 Ch 29,7. Cp 5 [1] Mm 1981. [2] Mm 861.

36 a Seb pc Mss ꟺ$\mathfrak{S}\mathfrak{T}^J$ ושׁ׳ ‖ **38** a pc Mss ꟺ$\mathfrak{G}\mathfrak{S}\mathfrak{T}^J$ ל׳ ‖ **39** a cf 3a ‖ **41** a frt ins c pc Mss $\mathfrak{G}\mathfrak{T}^J$ בְּיַד מֹשֶׁה ‖ **43** a cf 3a ‖ **46** a cf 34a ‖ **47** a cf 3a ‖ **49** a prp pl ‖ b–b tr post עַל־פִּי׳ ut 37.(41.) 45 ‖ c dl? vel l וַיִּתְפָּקְדוּ cf $\mathfrak{G}\mathfrak{S}$ ‖ d Seb Ms ꟺ כַּא׳ cf $\mathfrak{G}\mathfrak{S}\mathfrak{T}^{Mss}\mathfrak{T}^J$ עַ׳ ‖ e prp בְּיַד = $\mathfrak{T}^{Ms}$ ‖ **Cp 5,3** a–a add? ‖ b mlt Mss ꟺ$\mathfrak{S}\mathfrak{T}^J$ וְעַד ‖ **6** a ꟺ$\mathfrak{S}^L$ + לאמר.

7 הַנֶּ֥פֶשׁ הַהִֽוא׃ 7 וְהִתְוַדּ֗וּ אֶֽת־חַטָּאתָם֮ אֲשֶׁ֣ר עָשׂוּ֒ וְהֵשִׁ֤יב אֶת־אֲשָׁמוֹ֙ בׄ[3]. הׄ[4]
8 בְּרֹאשׁ֔וֹ וַחֲמִישִׁת֖וֹ יֹסֵ֣ף עָלָ֑יו וְנָתַ֕ן לַאֲשֶׁ֖ר אָשַׁ֥ם לֽוֹ׃[a] 8 וְאִם־אֵ֨ין לָאִ֜ישׁ יׄדׄ. בׄ[5]. לבׄ[6]
גֹּאֵ֗ל לְהָשִׁ֤יב הָאָשָׁם֙ אֵלָ֔יו הָאָשָׁ֛ם הַמּוּשָׁ֥ב לַיהוָ֖ה[a] לַכֹּהֵ֑ן מִלְּבַ֗ד אֵ֚יל בׄ[7]
9 הַכִּפֻּרִ֔ים אֲשֶׁ֥ר יְכַפֶּר־בּ֖וֹ עָלָֽיו׃ 9 וְכָל־תְּרוּמָ֞ה לְכָל־קָדְשֵׁ֧י ט ר״פ בסיפׄ[8]
10 בְנֵֽי־יִשְׂרָאֵ֛ל אֲשֶׁר־יַקְרִ֥יבוּ לַכֹּהֵ֖ן[a] ל֥וֹ יִהְיֶֽה׃ 10 וְאִ֥ישׁ אֶת־קֳדָשָׁ֖יו ל֣וֹ[a] ז פסוקׄ[9]. בׄ[10]
יִהְי֑וּ[b] אִ֛ישׁ[c] אֲשֶׁר־יִתֵּ֥ן לַכֹּהֵ֖ן[d] ל֥וֹ יִהְיֶֽה׃ פ
ס [הׄ] 11 וַיְדַבֵּ֥ר יְהוָ֖ה אֶל־מֹשֶׁ֥ה לֵּאמֹֽר׃ 12 דַּבֵּר֙ אֶל־בְּנֵ֣י יִשְׂרָאֵ֔ל
13 וְאָמַרְתָּ֖ אֲלֵהֶ֑ם אִ֥ישׁ אִישׁ֙ כִּֽי־תִשְׂטֶ֣ה אִשְׁתּ֔וֹ וּמָעֲלָ֥ה ב֖וֹ מָֽעַל׃ 13 וְשָׁכַ֨ב בׄ
אִ֣ישׁ אֹתָהּ֮[a] שִׁכְבַת־זֶרַע֒ וְנֶעְלַם֙[b] מֵעֵינֵ֣י אִישָׁ֔הּ וְנִסְתְּרָ֖ה וְהִ֣יא נִטְמָ֑אָה דׄ[11]. כהׄ[12]. לא כתׄ י בתור
14 וְעֵד֙ אֵ֣ין בָּ֔הּ וְהִ֖וא לֹ֥א נִתְפָּֽשָׂה׃ 14 וְעָבַ֨ר עָלָ֧יו רֽוּחַ־קִנְאָ֛ה וְקִנֵּ֥א אֶת־ בׄ
אִשְׁתּ֖וֹ וְהִ֣וא נִטְמָ֑אָה אֽוֹ־עָבַ֨ר עָלָ֤יו רֽוּחַ־קִנְאָה֙ וְקִנֵּ֣א אֶת־אִשְׁתּ֔וֹ וְהִ֖יא לא כתׄ י בתור
15 לֹ֥א נִטְמָֽאָה׃ 15 וְהֵבִ֨יא הָאִ֣ישׁ אֶת־אִשְׁתּוֹ֮ אֶל־הַכֹּהֵן֒ וְהֵבִ֤יא אֶת־
קָרְבָּנָהּ֙ עָלֶ֔יהָ עֲשִׂירִ֥ת הָאֵיפָ֖ה קֶ֣מַח שְׂעֹרִ֑ים לֹֽא־יִצֹ֨ק עָלָ֜יו[a] שֶׁ֗מֶן
וְלֹֽא־יִתֵּ֤ן עָלָיו֙ לְבֹנָ֔ה כִּֽי־מִנְחַ֤ת קְנָאֹת֙ ה֔וּא[b] מִנְחַ֥ת זִכָּר֖וֹן מַזְכֶּ֥רֶת גׄ[13]. לׄ. דׄ דמטעׄ[14]. לׄ
16 17 עָוֺֽן׃ 16 וְהִקְרִ֥יב אֹתָ֖הּ הַכֹּהֵ֑ן וְהֶֽעֱמִדָ֖הּ לִפְנֵ֥י יְהוָֽה׃ 17 וְלָקַ֧ח הַכֹּהֵ֛ן לׄ וחסׄ
מַ֥יִם קְדֹשִׁ֖ים[a] בִּכְלִי־חָ֑רֶשׂ וּמִן־הֶֽעָפָ֗ר אֲשֶׁ֤ר יִהְיֶה֙ בְּקַרְקַ֣ע הַמִּשְׁכָּ֔ן[b] לׄ. בׄ[15]
18 יִקַּ֥ח הַכֹּהֵ֖ן וְנָתַ֥ן אֶל־הַמָּֽיִם׃ 18 וְהֶעֱמִ֨יד הַכֹּהֵ֥ן אֶֽת־הָאִשָּׁה֮ לִפְנֵ֣י יְהוָה֒
וּפָרַע֙ אֶת־רֹ֣אשׁ הָֽאִשָּׁ֔ה וְנָתַ֣ן עַל־כַּפֶּ֗יהָ אֵ֚ת מִנְחַ֣ת הַזִּכָּר֔וֹן מִנְחַ֥ת
19 קְנָאֹ֖ת הִ֑וא וּבְיַ֤ד הַכֹּהֵן֙ יִהְי֔וּ מֵ֥י הַמָּרִ֖ים[a] הַמְאָרְרִֽים׃[b] 19 וְהִשְׁבִּ֨יעַ לׄ
אֹתָ֜הּ הַכֹּהֵ֗ן וְאָמַ֤ר אֶל־הָֽאִשָּׁה֙ אִם־לֹ֨א שָׁכַ֥ב אִישׁ֙ אֹתָ֔ךְ[a] וְאִם־לֹ֥א ז פסוק בתור אם ואם. יׄז מ״פ
שָׂטִ֛ית טֻמְאָ֖ה תַּ֣חַת אִישֵׁ֑ךְ הִנָּקִ֕י מִמֵּ֛י הַמָּרִ֥ים[b] הַמְאָרְרִ֖ים[c] הָאֵֽלֶּה׃ לׄ. בׄ[16]
20 וְאַ֗תְּ כִּ֥י שָׂטִ֛ית תַּ֥חַת אִישֵׁ֖ךְ וְכִ֣י נִטְמֵ֑את וַיִּתֵּ֨ן אִ֥ישׁ בָּךְ֙ אֶת־שְׁכָבְתּ֔וֹ לא פסוק כי וכי[17]. בׄ
21 מִֽבַּלְעֲדֵ֖י אִישֵֽׁךְ׃ 21 [a]וְהִשְׁבִּ֨יעַ הַכֹּהֵ֥ן אֶֽת־הָאִשָּׁה֮ בִּשְׁבֻעַ֣ת הָאָלָה֒
וְאָמַ֤ר הַכֹּהֵן֙ לָֽאִשָּׁ֔ה[a] יִתֵּ֨ן יְהוָ֥ה אוֹתָ֛ךְ לְאָלָ֥ה וְלִשְׁבֻעָ֖ה בְּת֣וֹךְ עַמֵּ֑ךְ הׄ[18]. יׄז מלׄ בלשון נקיבה[19]. בׄ בתור. הׄ[20]

[3] Mm 862. [4] Mm 2851. [5] Mm 863. [6] Mm 319. [7] Mm 864. [8] Mm 881. [9] Mm 855. [10] Mm 865. [11] Mm 866. [12] Mm 1506. [13] Mm 683. [14] Mm 811. [15] Am 9,3. [16] Mm 66. [17] Mm 2059. [18] Mm 867. [19] Mm 287. [20] Mm 868.

7 [a] nonn vb exc? ‖ **8** [a] l יִהְיֶה, 𝔊(𝔖𝔙) + *ἔσται* ‖ **9** [a] cj c לו, cf Lv 7,8; Ms pr ליהוה cf 𝔊 ‖ **10** [a] 2 Mss לא ‖ [b] nonn Mss 𝔐𝔖𝔗 יהיה ‖ [c] nonn Mss 𝔐𝔖𝔙 וְא׳ ‖ [d] cj c לו cf 9[a] ‖ **13** [a] = אִתָּהּ ‖ [b] 𝔐[Mss] למה– ‖ **15** [a] pc Mss 𝔐𝔗[J] עליה ‖ [b] Seb הִיא ‖ **17** [a] 𝔐 קדישים, 𝔊 *καθαρὸν ζῶν*, 𝔗 (מֵי) כִּיּוֹר cf Ex 30,17sqq ‖ [b] 𝔖 *dmdbḥ'* = הַמִּזְבֵּחַ ‖ **18** [a] 𝔐 (𝔐[T]) הַמְאָרִים 𝔊 *τοῦ ἐλεγμοῦ* id?; prp הָאוֹרִים vel הַמּוֹרִים, l 𝔐 cf 𝔖𝔗𝔙 ‖ [b] 𝔖 *bhr'* = הַמְאָרְרִים?, id 19.22.24.(27) ‖ **19** [a] cf 13[a] ‖ [b] cf 18[a] ‖ [c] cf 18[b] ‖ **21** [a–a] add?

22 בְּתֵ֣ת יְהוָ֗ה אֶת־יְרֵכֵךְ֙ נֹפֶ֔לֶת וְאֶת־בִּטְנֵ֖ךְ צָבָֽה׃ᵇ 22 וּ֠בָאוּ הַמַּ֨יִם ל כת ה
הַמְאָרְרִ֤יםᵃ הָאֵ֨לֶּה֙ בְּמֵעַ֔יִךְ לַצְבּ֥וֹתᵇ בֶּ֖טֶן וְלַנְפִּ֣לᶜ יָרֵ֑ךְ וְאָמְרָ֥ה הָאִשָּׁ֖ה ל . ו חס בליש[21] . ה[22]
23 אָמֵ֥ן ׀ אָמֵֽן׃ 23 וְ֠כָתַב אֶת־הָאָלֹ֥ת הָאֵ֛לֶּה הַכֹּהֵ֖ן בַּסֵּ֑פֶר וּמָחָ֖ה אֶל־מֵ֥י ב̇[23] . ג ב מל וחד חס[24] . ד[25]
24 הַמָּרִֽים׃ᵃ 24 וְהִשְׁקָה֙ אֶת־הָ֣אִשָּׁ֔ה אֶת־מֵ֖י ᵃהַמָּרִ֣ים הַמְאָרְרִ֑יםᵃ וּבָ֥אוּ ג[26] . כו פסוק את את ומילה חדה ביניה
25 בָ֛הּ הַמַּ֥יִם ᵃהַמְאָרְרִ֖ים לְמָרִֽים׃ᵃ 25 וְלָקַ֤ח הַכֹּהֵן֙ מִיַּ֣ד הָֽאִשָּׁ֔ה אֵ֖ת ב̇
מִנְחַ֣ת הַקְּנָאֹ֑ת וְהֵנִ֤יף אֶת־הַמִּנְחָה֙ לִפְנֵ֣י יְהוָ֔ה וְהִקְרִ֥יב אֹתָ֖הּ אֶל־ ט[27]
26 הַמִּזְבֵּֽחַ׃ 26 וְקָמַ֨ץᵃ הַכֹּהֵ֤ן מִן־הַמִּנְחָה֙ אֶת־אַזְכָּ֣רָתָ֔הּ וְהִקְטִ֖יר הַמִּזְבֵּ֑חָה
27 ᵇוְאַחַ֛ר יַשְׁקֶ֥ה אֶת־הָאִשָּׁ֖ה אֶת־הַמָּֽיִם׃ᵇ 27 ᵃוְהִשְׁקָ֣הּ אֶת־הַמַּ֗יִםᵃ וְהָיְתָ֣הᵇ ל[26]
אִֽם־נִטְמְאָה֮ וַתִּמְעֹ֣ל מַ֣עַל בְּאִישָׁהּ֒ וּבָ֨אוּ בָ֜הּ הַמַּ֤יִם ᶜהַמְאָרְרִים֙
לְמָרִ֔יםᶜ וְצָבְתָ֣ה בִטְנָ֔הּ וְנָפְלָ֖ה יְרֵכָ֑הּ וְהָיְתָ֧ה הָאִשָּׁ֛ה לְאָלָ֖ה בְּקֶ֥רֶב ב . ב בתור
28 עַמָּֽהּ׃ 28 וְאִם־לֹ֤א נִטְמְאָה֙ הָֽאִשָּׁ֔ה וּטְהֹרָ֖ה הִ֑וא וְנִקְּתָ֖ה וְנִזְרְעָ֥הᵃ ל[28] . ל . ל
29 זָֽרַע׃ 29 זֹ֥את תּוֹרַ֖ת הַקְּנָאֹ֑ת אֲשֶׁ֨ר תִּשְׂטֶ֥ה אִשָּׁ֛ה תַּ֥חַת אִישָׁ֖הּ ב . כה[29]
30 וְנִטְמָֽאָה׃ 30 א֣וֹ אִ֗ישׁ אֲשֶׁ֨ר תַּעֲבֹ֥ר עָלָ֛יו ר֥וּחַ קִנְאָ֖ה וְקִנֵּ֣א אֶת־אִשְׁתּ֑וֹ
וְהֶעֱמִ֤יד אֶת־הָֽאִשָּׁה֙ לִפְנֵ֣י יְהוָ֔ה וְעָ֤שָׂה לָהּ֙ הַכֹּהֵ֔ן אֵ֖ת כָּל־הַתּוֹרָ֥ה
31 הַזֹּֽאת׃ 31 וְנִקָּ֥ה הָאִ֖ישׁ מֵעָוֺ֑ן וְהָאִשָּׁ֣ה הַהִ֔וא תִּשָּׂ֖א אֶת־עֲוֺנָֽהּ׃ פ ג[30] . ה[31]
6 1 וַיְדַבֵּ֥ר יְהוָ֖ה אֶל־מֹשֶׁ֥ה לֵּאמֹֽר׃ 2 דַּבֵּר֙ אֶל־בְּנֵ֣י יִשְׂרָאֵ֔ל ס [1]
וְאָמַרְתָּ֖ אֲלֵהֶ֑ם אִ֣ישׁ אֽוֹ־אִשָּׁ֗ה כִּ֤י יַפְלִאᵃ֙ לִנְדֹּר֙ נֶ֣דֶר נָזִ֔ירᵇ לְהַזִּ֖יר ד חס בליש
3 לַֽיהוָֽה׃ 3 מִיַּ֤יִן וְשֵׁכָר֙ יַזִּ֔יר חֹ֥מֶץ יַ֛יִן וְחֹ֥מֶץ שֵׁכָ֖ר לֹ֣א יִשְׁתֶּ֑ה וְכָל־ מז פסוק לא לא לא
4 מִשְׁרַ֤תᵃ עֲנָבִים֙ לֹ֣א יִשְׁתֶּ֔ה וַעֲנָבִ֛ים לַחִ֥ים וִיבֵשִׁ֖ים לֹ֥א יֹאכֵֽל׃ 4 כֹּ֖ל ל . יג[1]
יְמֵ֣י נִזְר֑וֹ מִכֹּל֩ אֲשֶׁ֨ר יֵעָשֶׂ֜ה מִגֶּ֣פֶן הַיַּ֗יִן מֵחַרְצַנִּ֛ים וְעַד־זָ֖ג לֹ֥א יֹאכֵֽל׃ יג[1] . ל . ל . ל[2]
5 כָּל־יְמֵי֙ נֶ֣דֶרᵃ נִזְר֔וֹ תַּ֖עַר לֹא־יַעֲבֹ֣ר עַל־רֹאשׁ֑וֹ עַד־מְלֹ֨את הַיָּמִ֜ם 5 ב[3] חס ול בליש
6 אֲשֶׁר־יַזִּ֤יר לַֽיהוָה֙ קָדֹ֣שׁ יִהְיֶ֔ה גַּדֵּ֥ל פֶּ֖רַע שְׂעַ֥ר רֹאשֽׁוֹ׃ 6 כָּל־יְמֵ֥י יג חס[4] . ל . ל . ד[5]

[21] Mm 1317. [22] Mm 3001. [23] Neh 8,6. [24] Mm 1221. [25] Mm 869. [26] Mm 3048. [27] Mm 583. [28] Mm 1140. [29] Mm 1506. [30] Mm 516. [31] Mm 1758. Cp 6 [1] Mm 784. [2] Mm 210. [3] Gn 36,24. [4] Mm 783. [5] Mm 1782.

21 ᵇ 𝔐 צבא ‖ **22** ᵃ cf 18ᵇ ‖ ᵇ l לִצְבּוֹת ‖ ᶜ 𝔊 *καὶ διαπεσεῖν*, l וְלִנְפֹּל ‖ **23** ᵃ cf 18ᵃ, 𝔊 (𝔙) + *τοῦ ἐπικαταρομένου* = הַמְאָרֲרִים ut 18.19.24; 𝔖 *bhr'* = הַמָּאֲרִים? ut 22 ‖ **24** ᵃ⁻ᵃ 𝔐𝔊𝔖 sim ac 18 ‖ **26** ᵃ 𝔐𝔖 והרים ‖ ᵇ⁻ᵇ add (gl ad 24 propter 27) ‖ **27** ᵃ⁻ᵃ > 𝔊*𝔖 (homtel) ‖ ᵇ l c 𝔐𝔗ᴶ וְהָיָה ‖ ᶜ⁻ᶜ cf 24ᵃ⁻ᵃ ‖ **28** ᵃ 𝔐ᴹˢˢ ע– ‖ **Cp 6,2** ᵃ prp יַפְלִא cf Lv 27,2 ‖ ᵇ 𝔊(𝔖𝔗𝔗ᴶ) *ἁγνείαν* = נֵזֶר ‖ **3** ᵃ 𝔐 משארת; α'σ'(𝔖) recte *ἀπόβρεξιν* ‖ **5** ᵃ dl c pc Mss cf 8 (dttg)?

7 הַזִּרוֹ לַיהוָה עַל־נֶפֶשׁ מֵת לֹא יָבֹא׃ 7 לְאָבִיו וּלְאִמּוֹ לְאָחִיו וּלְאַחֹתוֹ ל.ל
8 לֹא־יִטַּמָּא לָהֶם בְּמֹתָם כִּי נֵזֶר אֱלֹהָיו עַל־רֹאשׁוֹ׃ 8 כֹּל יְמֵי ה בתור[6]
9 נִזְרוֹ קָדֹשׁ הוּא לַיהוָה׃ 9 וְכִי־יָמוּת מֵת עָלָיו בְּפֶתַע פִּתְאֹם וְטִמֵּא יג חס[7]. ב[8]
10 רֹאשׁ נִזְרוֹ וְגִלַּח רֹאשׁוֹ בְּיוֹם טָהֳרָתוֹ בַּיּוֹם הַשְּׁבִיעִי יְגַלְּחֶנּוּ׃ 10 וּבַיּוֹם
הַשְּׁמִינִי יָבִא שְׁתֵּי תֹרִים אוֹ שְׁנֵי בְּנֵי יוֹנָה אֶל־הַכֹּהֵן אֶל־פֶּתַח אֹהֶל יג[9] ה[10] מנה חס
11 מוֹעֵד׃ 11 וְעָשָׂה הַכֹּהֵן אֶחָד לְחַטָּאת וְאֶחָד לְעֹלָה וְכִפֶּר עָלָיו מֵאֲשֶׁר
12 חָטָא עַל־הַנָּפֶשׁ וְקִדַּשׁ אֶת־רֹאשׁוֹ בַּיּוֹם הַהוּא׃ 12 וְהִזִּיר לַיהוָה אֶת־ ל
יְמֵי נִזְרוֹ [a]וְהֵבִיא כֶּבֶשׂ בֶּן־שְׁנָתוֹ לְאָשָׁם[a] וְהַיָּמִים הָרִאשֹׁנִים יִפְּלוּ כִּי כי
13 טָמֵא[b] נִזְרוֹ׃ 13 וְזֹאת תּוֹרַת הַנָּזִיר בְּיוֹם מְלֹאת יְמֵי נִזְרוֹ יָבִיא[a] כה יו[11] מנה ר״פ. יג[12]
14 אֹתוֹ אֶל־פֶּתַח אֹהֶל מוֹעֵד׃ 14 וְהִקְרִיב אֶת־קָרְבָּנוֹ לַיהוָה כֶּבֶשׂ
בֶּן־שְׁנָתוֹ תָמִים אֶחָד[a] לְעֹלָה וְכַבְשָׂה אַחַת בַּת־שְׁנָתָהּ תְּמִימָה
15 לְחַטָּאת וְאַיִל־אֶחָד תָּמִים לִשְׁלָמִים׃ 15 וְסַל מַצּוֹת סֹלֶת חַלֹּת
בְּלוּלֹת בַּשֶּׁמֶן וּרְקִיקֵי מַצּוֹת מְשֻׁחִים בַּשָּׁמֶן וּמִנְחָתָם וְנִסְכֵּיהֶם׃
16 וְהִקְרִיב הַכֹּהֵן לִפְנֵי יְהוָה וְעָשָׂה אֶת־חַטָּאתוֹ וְאֶת־עֹלָתוֹ׃ 17 וְאֶת־ ה[13]
הָאַיִל יַעֲשֶׂה זֶבַח שְׁלָמִים לַיהוָה עַל סַל הַמַּצּוֹת וְעָשָׂה הַכֹּהֵן אֶת־ ד.ל
18 מִנְחָתוֹ וְאֶת־נִסְכּוֹ׃ 18 וְגִלַּח הַנָּזִיר פֶּתַח אֹהֶל מוֹעֵד אֶת־רֹאשׁ נִזְרוֹ ל
וְלָקַח אֶת־שְׂעַר רֹאשׁ נִזְרוֹ וְנָתַן עַל־הָאֵשׁ אֲשֶׁר־תַּחַת זֶבַח הַשְּׁלָמִים׃ ד[14]
19 וְלָקַח הַכֹּהֵן אֶת־הַזְּרֹעַ בְּשֵׁלָה מִן־הָאַיִל וְחַלַּת מַצָּה אַחַת מִן־ ל
הַסַּל וּרְקִיק מַצָּה אֶחָד וְנָתַן עַל־כַּפֵּי הַנָּזִיר אַחַר הִתְגַּלְּחוֹ אֶת־נִזְרוֹ׃ ל
20 וְהֵנִיף אוֹתָם הַכֹּהֵן ׀ תְּנוּפָה לִפְנֵי יְהוָה קֹדֶשׁ הוּא לַכֹּהֵן[a] עַל חֲזֵה לט מל בתור
21 הַתְּנוּפָה וְעַל שׁוֹק הַתְּרוּמָה וְאַחַר יִשְׁתֶּה הַנָּזִיר יָיִן׃ 21 זֹאת
תּוֹרַת הַנָּזִיר[a] אֲשֶׁר[b] יִדֹּר קָרְבָּנוֹ לַיהוָה עַל־נִזְרוֹ [c]מִלְּבַד אֲשֶׁר־תַּשִּׂיג
[t]ס יָדוֹ[c] כְּפִי נִדְרוֹ[d] אֲשֶׁר יִדֹּר כֵּן יַעֲשֶׂה עַל תּוֹרַת נִזְרוֹ׃ פ 22 וַיְדַבֵּר ל
23 יְהוָה אֶל־מֹשֶׁה לֵּאמֹר׃ 23 דַּבֵּר אֶל־אַהֲרֹן וְאֶל־בָּנָיו לֵאמֹר כֹּה
תְבָרְכוּ אֶת־בְּנֵי יִשְׂרָאֵל אָמוֹר[a] לָהֶם׃ ס ג מל[15]

[6] Mm 870. [7] Mm 783. [8] Mm 724. [9] Mm 679. [10] Mm 871. [11] Mm 856. [12] Mm 679. [13] Mm 872. [14] Mm 1782. [15] Mm 873.

12 [a–a] add? ‖ [b] l טָמֵא רֹאשׁ, cf 𝔊 et 9 ‖ **13** [a] l יָבוֹא (dl אֹתוֹ) vel יְבִיאוּ ‖ **14** [a] tr post כבשׂ? ‖ **20** [a] ⅏𝔊 + יִהְיֶה ‖ **21** [a] tr huc [c–c] ‖ [b] l וא׳ ‖ [c–c] cf [a] ‖ [d] nonn Mss Edd נִזְרוֹ cf 4[a] ‖ **23** [a] prp לֵאמֹר vel אִמְרוּ, l ⅏.

24 יְבָרֶכְךָ֥ יְהוָ֖ה וְיִשְׁמְרֶֽךָ׃ ס

25 יָאֵ֨ר יְהוָ֧ה ׀ פָּנָ֛יו אֵלֶ֖יךָ וִֽיחֻנֶּֽךָּ׃ ס

26 יִשָּׂ֨א יְהוָ֤ה ׀ פָּנָיו֙ אֵלֶ֔יךָ וְיָשֵׂ֥ם לְךָ֖ שָׁלֽוֹם׃ ס

27 וְשָׂמ֥וּ אֶת־שְׁמִ֖י עַל־בְּנֵ֣י יִשְׂרָאֵ֑ל וַאֲנִ֖י אֲבָרֲכֵֽם׃ פ

7 1 וַיְהִ֡י בְּיוֹם֩ כַּלּ֨וֹת מֹשֶׁ֜ה לְהָקִ֣ים אֶת־הַמִּשְׁכָּ֗ן וַיִּמְשַׁ֨ח אֹת֜וֹ וַיְקַדֵּ֤שׁ אֹתוֹ֙ וְאֶת־כָּל־כֵּלָ֔יו וְאֶת־הַמִּזְבֵּ֖חַ וְאֶת־כָּל־כֵּלָ֑יו וַיִּמְשָׁחֵ֖ם וַיְקַדֵּ֥שׁ אֹתָֽם׃

2 וַיַּקְרִ֙יבוּ֙ נְשִׂיאֵ֣י יִשְׂרָאֵ֔ל רָאשֵׁ֖י בֵּ֣ית אֲבֹתָ֑ם הֵ֚ם נְשִׂיאֵ֣י הַמַּטֹּ֔ת הֵ֥ם הָעֹמְדִ֖ים עַל־הַפְּקֻדִֽים׃

3 וַיָּבִ֣יאוּ אֶת־קָרְבָּנָ֞ם לִפְנֵ֣י יְהוָ֗ה שֵׁשׁ־עֶגְלֹ֥ת צָב֙ וּשְׁנֵ֣י עָשָׂ֣ר בָּקָ֔ר עֲגָלָ֛ה עַל־שְׁנֵ֥י הַנְּשִׂאִ֖ים וְשׁ֣וֹר לְאֶחָ֑ד וַיַּקְרִ֥יבוּ אוֹתָ֖ם לִפְנֵ֥י הַמִּשְׁכָּֽן׃

4 וַיֹּ֥אמֶר יְהוָ֖ה אֶל־מֹשֶׁ֥ה לֵּאמֹֽר׃

5 קַ֚ח מֵֽאִתָּ֔ם וְהָי֕וּ לַעֲבֹ֕ד אֶת־עֲבֹדַ֖ת אֹ֣הֶל מוֹעֵ֑ד וְנָתַתָּ֤ה אוֹתָם֙ אֶל־הַלְוִיִּ֔ם אִ֖ישׁ כְּפִ֥י עֲבֹדָתֽוֹ׃

6 וַיִּקַּ֣ח מֹשֶׁ֔ה אֶת־הָעֲגָלֹ֖ת וְאֶת־הַבָּקָ֑ר וַיִּתֵּ֥ן אוֹתָ֖ם אֶל־הַלְוִיִּֽם׃

7 אֵ֣ת ׀ שְׁתֵּ֣י הָעֲגָלֹ֗ת וְאֵת֙ אַרְבַּ֣עַת הַבָּקָ֔ר נָתַ֖ן לִבְנֵ֣י גֵרְשׁ֑וֹן כְּפִ֖י עֲבֹדָתָֽם׃

8 וְאֵ֣ת ׀ אַרְבַּ֣ע הָעֲגָלֹ֗ת וְאֵת֙ שְׁמֹנַ֣ת הַבָּקָ֔ר נָתַ֖ן לִבְנֵ֣י מְרָרִ֑י כְּפִי֙ עֲבֹ֣דָתָ֔ם בְּיַד֙ אִֽיתָמָ֔ר בֶּֽן־אַהֲרֹ֖ן הַכֹּהֵֽן׃

9 וְלִבְנֵ֥י קְהָ֖ת לֹ֣א נָתָ֑ן כִּֽי־עֲבֹדַ֤ת הַקֹּ֙דֶשׁ֙ עֲלֵהֶ֔ם בַּכָּתֵ֖ף יִשָּֽׂאוּ׃

10 וַיַּקְרִ֣יבוּ הַנְּשִׂאִ֗ים אֵ֚ת חֲנֻכַּ֣ת הַמִּזְבֵּ֔חַ בְּי֖וֹם הִמָּשַׁ֣ח אֹת֑וֹ וַיַּקְרִ֧יבוּ הַנְּשִׂיאִ֛ם אֶת־קָרְבָּנָ֖ם לִפְנֵ֥י הַמִּזְבֵּֽחַ׃

11 וַיֹּ֥אמֶר יְהוָ֖ה אֶל־מֹשֶׁ֑ה נָשִׂ֨יא אֶחָ֜ד לַיּ֗וֹם נָשִׂ֤יא אֶחָד֙ לַיּ֔וֹם יַקְרִ֙יבוּ֙ אֶת־קָרְבָּנָ֔ם לַחֲנֻכַּ֖ת הַמִּזְבֵּֽחַ׃ ס

12 וַיְהִ֗י הַמַּקְרִ֛יב בַּיּ֥וֹם הָרִאשׁ֖וֹן אֶת־קָרְבָּנ֑וֹ נַחְשׁ֥וֹן בֶּן־עַמִּינָדָ֖ב לְמַטֵּ֥ה יְהוּדָֽה׃

13 וְקָרְבָּנ֞וֹ קַֽעֲרַת־כֶּ֣סֶף אַחַ֗ת שְׁלֹשִׁ֣ים וּמֵאָה֮ מִשְׁקָלָהּ֒ מִזְרָ֤ק אֶחָד֙ כֶּ֔סֶף שִׁבְעִ֥ים שֶׁ֖קֶל בְּשֶׁ֣קֶל הַקֹּ֑דֶשׁ שְׁנֵיהֶ֣ם ׀ מְלֵאִ֗ים סֹ֛לֶת בְּלוּלָ֥ה בַשֶּׁ֖מֶן לְמִנְחָֽה׃

14 כַּ֣ף אַחַ֧ת עֲשָׂרָ֛ה זָהָ֖ב מְלֵאָ֥ה קְטֹֽרֶת׃

15 פַּ֣ר אֶחָ֞ד בֶּן־בָּקָ֗ר אַ֧יִל אֶחָ֛ד כֶּֽבֶשׂ־אֶחָ֥ד בֶּן־שְׁנָת֖וֹ לְעֹלָֽה׃

16 שְׂעִיר־עִזִּ֥ים

Masorah parva (right margin):

יד פסוק בתור¹⁶
ד מיחד וכל תלים
דכות¹⁷ . ל

¹⁸ ב

לז ד מנה ר״פ . ו רפי¹⁹

²⁰ ל . ²¹

ל

ד

עה

ל . יא בתור ובנביא . לו

ג חס . ל . ו בליש² . ה

לט מל בתור . ה . יב ר״פ

כל אורית חס .
לט מל בתור . ב

ג חס . לט מל בתור

ב

ג חס . כל אורית חס
וכל קריא דכות ב מ א³

כל אורית חס .
יג חס בתור⁴ . ו

ד חס בתור כת כן⁵

ב⁶

ב⁶ . ל

סד

ל . כל קמ

כל מל . כל כת כן
כל קריא רפי ב מ ב
דגש⁷ . כב פסוק דלית
בהון לא ו ולא ל⁸
כל ליש חס

כל עיניב שעיר ר״פ⁹

---

¹⁶Mm 750.   ¹⁷Mm 2636.   ¹⁸Mm 3309.   ¹⁹Mm 3131.   ²⁰Mm 762.   ²¹ וחד ואברכם Gn 48,9.   Cp 7   ¹Mm
760.   ²Mm 874.   ³1Ch 29,7.   ⁴Mm 675.   ⁵Mm 1367.   ⁶Mm 875.   ⁷Cf Mm 699.   ⁸Mm 878.   ⁹Mm 876.

25 ᵃ ﻉ יָאֵר ‖ ᵇ S wnhjk = וְיִחָנֶּךָ ‖ 27 ᵃ 𝕲* tr post 23 ‖ ᵇ ﻉ ושימו ‖ ᶜ 𝕲 + κύριος ‖
Cp 7,2 ᵃ prp וַיַּקְרִבוּ, ויקרבוᴹˢˢ ‖ 3 ᵃ Seb ﻉ שְׁנַיִם ‖ ᵇ 1 ? שְׁנֵי הַנְּ ל cf הַנְּ ‖ 7 ᵃ pc Mss
וְאֶת ‖ 8 ᵃ nonn Mss ﻉ עת— ‖ 10 ᵃ 𝕲 εἰς 𝒱 in, cf 11 ‖ 12 ᵃ 𝕲(S𝕿ᴶ) + ἄρχων = נָשִׂיא
cf 18.24 etc ‖ 13 ᵃ 𝕲 καὶ προσήνεγκεν τὸ δῶρον αὐτοῦ cf 19 ‖ 16 ᵃ Ms ﻉS𝒱 וּשְׂ,
id 22.28 etc.

יב ר״פ	17 אֶחָ֖ד לְחַטָּֽאת: וּלְזֶ֣בַח הַשְּׁלָמִים֮ בָּקָ֣ר שְׁנַ֒יִם֒ אֵילִ֤ם חֲמִשָּׁה֙
ב מל בתור . ל	עַתּוּדִ֣ים חֲמִשָּׁ֔ה כְּבָשִׂ֥ים בְּנֵֽי־שָׁנָ֖ה חֲמִשָּׁ֑ה זֶ֛ה קָרְבַּ֥ן נַחְשׁ֖וֹן בֶּן־
ל ר״פ[10]	18 עַמִּֽינָדָֽב: פ בַּיּוֹם֙ הַשֵּׁנִ֔י הִקְרִ֖יב נְתַנְאֵ֣ל בֶּן־צוּעָ֑ר נְשִׂ֖יא[a]
הֵי[11] ר״פ מיחד וחד מן ד[12] חס בליש	19 יִשָּׂשכָֽר: הִקְרִ֨ב[ba] אֶת־קָרְבָּנ֜וֹ[b] קַֽעֲרַת־כֶּ֣סֶף אַחַ֗ת שְׁלֹשִׁ֣ים וּמֵאָה֮
כל קמ׳ . כל מל . כל כת כן	מִשְׁקָלָהּ֒ מִזְרָ֤ק אֶחָד֙ כֶּ֔סֶף שִׁבְעִ֥ים שֶׁ֖קֶל בְּשֶׁ֣קֶל הַקֹּ֑דֶשׁ שְׁנֵיהֶ֣ם ׀ מְלֵאִ֗ים
כב פסוק דלית בהון לא ו[13] רלא	20 סֹ֛לֶת בְּלוּלָ֥ה בַשֶּׁ֖מֶן לְמִנְחָֽה: כַּ֥ף[a] אַחַ֛ת עֲשָׂרָ֥ה זָהָ֖ב מְלֵאָ֥ה
כל ליש חס	21 קְטֹֽרֶת: פַּ֣ר[a] אֶחָ֞ד בֶּן־בָּקָ֗ר אַ֧יִל אֶחָ֛ד כֶּֽבֶשׂ־אֶחָ֥ד בֶּן־שְׁנָת֖וֹ
	22 לְעֹלָֽה: שְׂעִיר־עִזִּ֥ים אֶחָ֖ד לְחַטָּֽאת: 23 וּלְזֶ֣בַח הַשְּׁלָמִים֮ בָּקָ֣ר
ל	שְׁנַ֒יִם֒ אֵילִ֤ם חֲמִשָּׁה֙ עַתֻּדִ֣ים חֲמִשָּׁ֔ה כְּבָשִׂ֥ים בְּנֵֽי־שָׁנָ֖ה חֲמִשָּׁ֑ה זֶ֛ה קָרְבַּ֥ן
ל	24 נְתַנְאֵ֖ל בֶּן־צוּעָֽר: פ בַּיּוֹם֙ הַשְּׁלִישִׁ֔י נָשִׂ֖יא לִבְנֵ֣י זְבוּלֻ֑ן אֱלִיאָ֖ב
יר״פ	25 בֶּן־חֵלֹֽן: קָרְבָּנ֜וֹ[b] קַֽעֲרַת־כֶּ֣סֶף אַחַ֗ת שְׁלֹשִׁ֣ים וּמֵאָה֮ מִשְׁקָלָהּ֒
כל קמ׳ . כל מל . כל כת כן	מִזְרָ֤ק אֶחָד֙ כֶּ֔סֶף שִׁבְעִ֥ים שֶׁ֖קֶל בְּשֶׁ֣קֶל הַקֹּ֑דֶשׁ שְׁנֵיהֶ֣ם ׀ מְלֵאִ֗ים סֹ֛לֶת
כב פסוק דלית בהון לא ו לא[13] . כל ליש חס	26 בְּלוּלָ֥ה בַשֶּׁ֖מֶן לְמִנְחָֽה: כַּ֥ף[a] אַחַ֛ת עֲשָׂרָ֥ה זָהָ֖ב מְלֵאָ֥ה קְטֹֽרֶת:
	27 פַּ֣ר[a] אֶחָ֞ד בֶּן־בָּקָ֗ר אַ֧יִל אֶחָ֛ד כֶּֽבֶשׂ־אֶחָ֥ד בֶּן־שְׁנָת֖וֹ לְעֹלָֽה:
יב ר״פ	28 שְׂעִיר־עִזִּ֥ים[b] אֶחָ֖ד[a] לְחַטָּֽאת: 29 וּלְזֶ֣בַח הַשְּׁלָמִים֮ בָּקָ֣ר שְׁנַ֒יִם֒
	אֵילִ֤ם חֲמִשָּׁה֙ עַתֻּדִ֣ים חֲמִשָּׁ֔ה כְּבָשִׂ֥ים בְּנֵֽי־שָׁנָ֖ה חֲמִשָּׁ֑ה זֶ֛ה קָרְבַּ֥ן
כל ר״פ ביום הרביעי ב מ ג וביום הרביעי[10] . כל קריא מל ב מ ג[14] חס	30 אֱלִיאָ֖ב בֶּן־חֵלֹֽן[b]: פ בַּיּוֹם֙ הָרְבִיעִ֔י נָשִׂ֖יא לִבְנֵ֣י רְאוּבֵ֑ן
יר״פ	31 אֱלִיצ֖וּר בֶּן־שְׁדֵיאֽוּר: קָרְבָּנ֜וֹ[b] קַֽעֲרַת־כֶּ֣סֶף אַחַ֗ת שְׁלֹשִׁ֣ים וּמֵאָ֮ה
כל קמ׳ . כל מל . כל כת כן	מִשְׁקָלָהּ֒ מִזְרָ֤ק אֶחָד֙ כֶּ֔סֶף שִׁבְעִ֥ים שֶׁ֖קֶל בְּשֶׁ֣קֶל הַקֹּ֑דֶשׁ שְׁנֵיהֶ֣ם ׀ מְלֵאִ֗ים
כל דגש ב מ[15] רפי . כב פסוק דלית בהון לא ו לא[13] . כל ליש חס	32 סֹ֛לֶת בְּלוּלָ֥ה בַשֶּׁ֖מֶן לְמִנְחָֽה: כַּ֥ף[a] אַחַ֛ת עֲשָׂרָ֥ה זָהָ֖ב מְלֵאָ֥ה קְטֹֽרֶת
	33 פַּ֣ר[a] אֶחָ֞ד בֶּן־בָּקָ֗ר אַ֧יִל אֶחָ֛ד כֶּֽבֶשׂ־אֶחָ֥ד בֶּן־שְׁנָת֖וֹ לְעֹלָֽה:
יב ר״פ	34 שְׂעִיר־עִזִּ֥ים אֶחָ֖ד לְחַטָּֽאת: 35 וּלְזֶ֣בַח הַשְּׁלָמִים֮ בָּקָ֣ר שְׁנַ֒יִם֒ אֵילִ֤ם
	חֲמִשָּׁה֙ עַתֻּדִ֣ים חֲמִשָּׁ֔ה כְּבָשִׂ֥ים בְּנֵֽי־שָׁנָ֖ה חֲמִשָּׁ֑ה זֶ֛ה קָרְבַּ֥ן אֱלִיצֻ֖ר
ל ר״פ[10] . כל קריא מל ב מ ג[14] חס	36 בֶּן־שְׁדֵיאֽוּר: פ בַּיּוֹם֙ הַחֲמִישִׁ֔י נָשִׂ֖יא לִבְנֵ֣י שִׁמְע֑וֹן שְׁלֻמִיאֵ֖ל
יר״פ	37 בֶּן־צוּרִֽישַׁדָּֽי: קָרְבָּנ֜וֹ[b] קַֽעֲרַת־כֶּ֣סֶף אַחַ֗ת שְׁלֹשִׁ֣ים וּמֵאָה֮ מִשְׁקָלָהּ֒

[10]Mm 877 et cf Mm 3920.   [11]Mm 944.   [12]Mm 667.   [13]Mm 878.   [14]Cf Mm 4113.   [15]Cf Mm 577.   [16]Cf Mm 2853.

18 [a] 𝔊(𝔖𝔗𝔗עי) + τῆς φυλῆς = לְמַטֵּה (נְ') cf 12 ‖ **19**[a]–**23**[a] generatim sine punctis, sed cum accentibus ‖ **19** [b-b] 𝔖 qwrbnh = קרבנו cf 13[a].25[a] ‖ [c] 𝔊 pr cop cf 13[a] ‖ **22** [b] 16[a] ‖ **24** [a] cf 1,9[a] ‖ **25**[a]–**29**[a] cf 19[a]–23[a] ‖ **25** [b] שׁ וְקׄ ‖ **28** [b] cf 16[a] ‖ **29** [b] 1,9[a] ‖ **31**[a]–**35**[a] cf 19[a]–23[a] ‖ **31** [b] cf 25[b] ‖ **37**[a]–**41**[a] cf 19[a]–23[a] ‖ **37** [b] cf 25[b].

מִזְרָ֤ק אֶחָד֙ כֶּ֣סֶף שִׁבְעִ֣ים שֶׁ֔קֶל בְּשֶׁ֖קֶל הַקֹּ֑דֶשׁ שְׁנֵיהֶ֣ם ׀ מְלֵאִ֗ים סֹ֛לֶת
בְּלוּלָ֥ה בַשֶּׁ֖מֶן לְמִנְחָֽה׃ 38 כַּ֣ף אַחַ֗ת עֲשָׂרָ֥ה זָהָ֖ב מְלֵאָ֥ה קְטֹֽרֶת׃
39 פַּ֣ר אֶחָ֞ד בֶּן־בָּקָ֗ר אַ֧יִל אֶחָ֛ד כֶּֽבֶשׂ־אֶחָ֥ד בֶּן־שְׁנָת֖וֹ לְעֹלָֽה׃ 40 שְׂעִיר־
עִזִּ֥ים אֶחָ֖ד לְחַטָּֽאת׃ 41 וּלְזֶ֣בַח הַשְּׁלָמִים֮ בָּקָ֣ר שְׁנַיִם֒ אֵילִ֤ם חֲמִשָּׁה֙
עַתֻּדִ֣ים חֲמִשָּׁ֔ה כְּבָשִׂ֥ים בְּנֵֽי־שָׁנָ֖ה חֲמִשָּׁ֑ה זֶ֛ה קָרְבַּ֥ן שְׁלֻֽמִיאֵ֖ל בֶּן־
צוּרִֽישַׁדָּֽי׃ פ 42 בְּיוֹם֙ הַשִּׁשִּׁ֔י נָשִׂ֖יא לִבְנֵ֣י גָ֑ד אֶלְיָסָ֖ף בֶּן־דְּעוּאֵֽל׃
43 קָרְבָּנ֞וֹ קַֽעֲרַת־כֶּ֣סֶף אַחַ֗ת שְׁלֹשִׁ֣ים וּמֵאָה֮ מִשְׁקָלָהּ֒ מִזְרָ֤ק אֶחָד֙
כֶּ֣סֶף שִׁבְעִ֣ים שֶׁ֔קֶל בְּשֶׁ֖קֶל הַקֹּ֑דֶשׁ שְׁנֵיהֶ֣ם ׀ מְלֵאִ֗ים סֹ֛לֶת בְּלוּלָ֥ה בַשֶּׁ֖מֶן
לְמִנְחָֽה׃ 44 כַּ֣ף אַחַ֗ת עֲשָׂרָ֥ה זָהָ֖ב מְלֵאָ֥ה קְטֹֽרֶת׃ 45 פַּ֣ר אֶחָ֞ד בֶּן־
בָּקָ֗ר אַ֧יִל אֶחָ֛ד כֶּֽבֶשׂ־אֶחָ֥ד בֶּן־שְׁנָת֖וֹ לְעֹלָֽה׃ 46 שְׂעִיר־עִזִּ֥ים אֶחָ֖ד
לְחַטָּֽאת׃ 47 וּלְזֶ֣בַח הַשְּׁלָמִים֮ בָּקָ֣ר שְׁנַיִם֒ אֵילִ֤ם חֲמִשָּׁה֙ עַתֻּדִ֣ים חֲמִשָּׁ֔ה
כְּבָשִׂ֥ים בְּנֵֽי־שָׁנָ֖ה חֲמִשָּׁ֑ה זֶ֛ה קָרְבַּ֥ן אֶלְיָסָ֖ף בֶּן־דְּעוּאֵֽל׃
פ
48 בְּיוֹם֙ הַשְּׁבִיעִ֔י נָשִׂ֖יא לִבְנֵ֣י אֶפְרָ֑יִם אֱלִישָׁמָ֖ע בֶּן־עַמִּיהֽוּד׃ 49 קָרְבָּנ֞וֹ
קַֽעֲרַת־כֶּ֣סֶף אַחַ֗ת שְׁלֹשִׁ֣ים וּמֵאָה֮ מִשְׁקָלָהּ֒ מִזְרָ֤ק אֶחָד֙ כֶּ֣סֶף שִׁבְעִ֣ים
שֶׁ֔קֶל בְּשֶׁ֖קֶל הַקֹּ֑דֶשׁ שְׁנֵיהֶ֣ם ׀ מְלֵאִ֗ים סֹ֛לֶת בְּלוּלָ֥ה בַשֶּׁ֖מֶן לְמִנְחָֽה׃
50 כַּ֣ף אַחַ֗ת עֲשָׂרָ֥ה זָהָ֖ב מְלֵאָ֥ה קְטֹֽרֶת׃ 51 פַּ֣ר אֶחָ֞ד בֶּן־בָּקָ֗ר אַ֧יִל
אֶחָ֛ד כֶּֽבֶשׂ־אֶחָ֥ד בֶּן־שְׁנָת֖וֹ לְעֹלָֽה׃ 52 שְׂעִיר־עִזִּ֥ים אֶחָ֖ד לְחַטָּֽאת׃
53 וּלְזֶ֣בַח הַשְּׁלָמִים֮ בָּקָ֣ר שְׁנַיִם֒ אֵילִ֤ם חֲמִשָּׁה֙ עַתֻּדִ֣ים חֲמִשָּׁ֔ה כְּבָשִׂ֥ים
בְּנֵֽי־שָׁנָ֖ה חֲמִשָּׁ֑ה זֶ֛ה קָרְבַּ֥ן אֱלִישָׁמָ֖ע בֶּן־עַמִּיהֽוּד׃ פ 54 בְּיוֹם֙
הַשְּׁמִינִ֔י נָשִׂ֖יא לִבְנֵ֣י מְנַשֶּׁ֑ה גַּמְלִיאֵ֖ל בֶּן־פְּדָהצֽוּר׃ 55 קָרְבָּנ֞וֹ קַֽעֲרַת־
כֶּ֣סֶף אַחַ֗ת שְׁלֹשִׁ֣ים וּמֵאָה֮ מִשְׁקָלָהּ֒ מִזְרָ֤ק אֶחָד֙ כֶּ֣סֶף שִׁבְעִ֣ים שֶׁ֔קֶל
בְּשֶׁ֖קֶל הַקֹּ֑דֶשׁ שְׁנֵיהֶ֣ם ׀ מְלֵאִ֗ים סֹ֛לֶת בְּלוּלָ֥ה בַשֶּׁ֖מֶן לְמִנְחָֽה׃ 56 כַּ֣ף
אַחַ֗ת עֲשָׂרָ֥ה זָהָ֖ב מְלֵאָ֥ה קְטֹֽרֶת׃ 57 פַּ֣ר אֶחָ֞ד בֶּן־בָּקָ֗ר אַ֧יִל אֶחָ֛ד
כֶּֽבֶשׂ־אֶחָ֥ד בֶּן־שְׁנָת֖וֹ לְעֹלָֽה׃ 58 שְׂעִיר־עִזִּ֥ים אֶחָ֖ד לְחַטָּֽאת׃

Masora marginalis:

כל קמ׳ . כל מל . כל כת כן
כב פסוק דלית בהון
לא ו ולא י¹⁷ . כל ליש חס

יב ר״פ
כל אורית חס
ב מ ב מל¹⁸ . ל
ל ר״פ¹⁹ . ו
י ר״פ . כל קמ
כל מל . כל כת כן
כב פסוק דלית בהון
לא ו ולא י¹⁷ . כל ליש חס
יב ר״פ
ב ר״פ¹⁹ . י ר״פ
כל קמ׳ . כל מל
כל כת כן
כב פסוק דלית בהון
לא ו ולא י¹⁷ . כל ליש חס
יב ר״פ.
כל אורית חס ב מ ד²⁰
ג ר״פ²¹
י ר״פ
כל²² אורית וד״ה
חס ב מ ²³ד . מל
כל קמ׳ . כל מל
כל כת כן . כב פסוק
דלית בהון לא ו ולא י¹⁷
כל ליש חס

Masora marginalis (left numbers):
38 / 39 40 / 41 / 42 / 43 / 44 45 / 46 / 47 / 48 49 / 50 51 / 52 / 53 / 54 / 55 / 56 / 57 / 58

---

¹⁷Mm 878. ¹⁸Nu 7,17 et Dt 32,14. ¹⁹Mm 877. ²⁰Cf Mm 879. ²¹Mm 1006. ²²Mp sub loco. ²³Cf Mm
4060.

42 ᵃ cf 1,14ᵃ ‖ 43ᵃ–47ᵃ cf 19ᵃ–23ᵃ ‖ 43 ᵇ cf 25ᵇ ‖ 46 ᵇ cf 16ᵃ ‖ 47 ᵇ cf 1,14ᵃ ‖
49ᵃ–53ᵃ cf 19ᵃ–23ᵃ ‖ 49 ᵇ cf 25ᵇ ‖ 55ᵃ–59ᵃ cf 19ᵃ–23ᵃ ‖ 55 ᵇ cf 25ᵇ ‖ ᶜ sic
L, mlt Mss Edd cum : ‖ 58 ᵇ cf 16ᵃ.

59 וּלְזֶ֣בַח[a] הַשְּׁלָמִים֮ בָּקָ֣ר שְׁנַ֒יִם֒ אֵילִ֤ם חֲמִשָּׁה֙ עַתֻּדִ֣ים חֲמִשָּׁ֔ה כְּבָשִׂ֥ים   יב ר״פ
60 בְּנֵי־שָׁנָ֖ה חֲמִשָּׁ֑ה זֶ֛ה קָרְבַּ֥ן גַּמְלִיאֵ֖ל בֶּן־פְּדָהצֽוּר׃ פ 60 בַּיּוֹם֙
61 הַתְּשִׁיעִ֔י נָשִׂ֖יא לִבְנֵ֣י בִנְיָמִ֑ן אֲבִידָ֖ן בֶּן־גִּדְעֹנִֽי׃ 61 קָרְבָּנ֞וֹ[a][b] קַֽעֲרַת־כֶּ֣סֶף   כל קריא מל ב מ ג[27]. כל קריא חס ב מ א[28]. י ר״פ
אַחַ֗ת שְׁלֹשִׁ֣ים וּמֵאָה֮ מִשְׁקָלָהּ֒ מִזְרָ֤ק אֶחָד֙ כֶּ֔סֶף שִׁבְעִ֥ים שֶׁ֖קֶל בְּשֶׁ֣קֶל   כל קמ. כל מל
62 הַקֹּ֑דֶשׁ שְׁנֵיהֶ֣ם׀ מְלֵאִ֗ים סֹ֛לֶת בְּלוּלָ֥ה בַשֶּׁ֖מֶן לְמִנְחָֽה׃ 62 כַּ֥ף[a] אַחַ֛ת   כל כת כן. כל רפי ב מ ב דגש[29]. כב פסוק דלית בהון לא ו ולא י[30]
63 עֲשָׂרָ֥ה זָהָ֖ב מְלֵאָ֥ה קְטֹֽרֶת׃ 63 פַּ֣ר[a] אֶחָ֞ד בֶּן־בָּקָ֗ר אַ֧יִל אֶחָ֛ד כֶּֽבֶשׂ־   כל ליש חס
64 65 אֶחָ֥ד בֶּן־שְׁנָת֖וֹ לְעֹלָֽה׃ 64 שְׂעִיר־עִזִּ֥ים אֶחָ֖ד לְחַטָּֽאת׃ 65 וּלְזֶ֣בַח[a]   יב ר״פ
הַשְּׁלָמִים֮ בָּקָ֣ר שְׁנַ֒יִם֒ אֵילִ֤ם חֲמִשָּׁה֙ עַתֻּדִ֣ים חֲמִשָּׁ֔ה כְּבָשִׂ֥ים בְּנֵי־שָׁנָ֖ה
66 חֲמִשָּׁ֑ה זֶ֛ה קָרְבַּ֥ן אֲבִידָ֖ן בֶּן־גִּדְעֹנִֽי׃ פ 66 בַּיּוֹם֙ הָעֲשִׂירִ֔י נָשִׂ֖יא   ל. כל קריא חס ב מ א[28]. כל אורית מל וכל ב״ך דכות ב מ ד[31]
67 לִבְנֵ֣י דָ֑ן אֲחִיעֶ֖זֶר בֶּן־עַמִּישַׁדָּֽי[a]׃ 67 קָרְבָּנ֞וֹ[a][b] קַֽעֲרַת־כֶּ֣סֶף אַחַ֗ת שְׁלֹשִׁ֣ים   י ר״פ
וּמֵאָה֮ מִשְׁקָלָהּ֒ מִזְרָ֤ק אֶחָד֙ כֶּ֔סֶף שִׁבְעִ֥ים שֶׁ֖קֶל בְּשֶׁ֣קֶל הַקֹּ֑דֶשׁ שְׁנֵיהֶ֣ם׀   כל קמ. כל מל
68 מְלֵאִ֗ים סֹ֛לֶת בְּלוּלָ֥ה בַשֶּׁ֖מֶן לְמִנְחָֽה׃ 68 כַּ֥ף[a] אַחַ֛ת עֲשָׂרָ֥ה זָהָ֖ב מְלֵאָ֥ה   כל כת כן. כב פסוק דלית בהון לא ו ולא י[30]
69 קְטֹֽרֶת[b]׃ 69 פַּ֣ר[a] אֶחָ֞ד בֶּן־בָּקָ֗ר אַ֧יִל אֶחָ֛ד כֶּֽבֶשׂ־אֶחָ֥ד בֶּן־שְׁנָת֖וֹ לְעֹלָֽה׃   כל ליש חס. כל אורית חס ב מ א[32]
70 שְׂעִיר־עִזִּ֥ים[a] אֶחָ֖ד לְחַטָּֽאת׃ 71 וּלְזֶ֣בַח[a] הַשְּׁלָמִים֮ בָּקָ֣ר שְׁנַ֒יִם֒ אֵילִ֤ם   יב ר״פ
חֲמִשָּׁה֙ עַתֻּדִ֣ים חֲמִשָּׁ֔ה כְּבָשִׂ֥ים בְּנֵי־שָׁנָ֖ה חֲמִשָּׁ֑ה זֶ֛ה קָרְבַּ֥ן אֲחִיעֶ֖זֶר בֶּן־   כל אורית חס ב מ ב[33]. ל
72 עַמִּישַׁדָּֽי[b]׃ פ 72 בְּי֗וֹם עַשְׁתֵּ֤י עָשָׂר֙ י֔וֹם נָשִׂ֖יא לִבְנֵ֣י אָשֵׁ֑ר פַּגְעִיאֵ֖ל   ב רפי בעינ
73 בֶּן־עָכְרָֽן׃ 73 קָרְבָּנ֞וֹ[a][b] קַֽעֲרַת־כֶּ֣סֶף אַחַ֗ת שְׁלֹשִׁ֣ים וּמֵאָה֮ מִשְׁקָלָהּ֒   י ר״פ
מִזְרָ֤ק אֶחָד֙ כֶּ֔סֶף שִׁבְעִ֥ים שֶׁ֖קֶל בְּשֶׁ֣קֶל הַקֹּ֑דֶשׁ שְׁנֵיהֶ֣ם׀ מְלֵאִ֗ים סֹ֛לֶת   כל קמ. כל מל. כל כת כן
74 בְּלוּלָ֥ה בַשֶּׁ֖מֶן לְמִנְחָֽה׃ 74 כַּ֥ף[a] אַחַ֛ת עֲשָׂרָ֥ה זָהָ֖ב מְלֵאָ֥ה קְטֹֽרֶת׃   כב פסוק דלית בהון לא ו ולא י[34]. כל ליש חס
75 פַּ֣ר[a] אֶחָ֞ד בֶּן־בָּקָ֗ר אַ֧יִל אֶחָ֛ד כֶּֽבֶשׂ־אֶחָ֥ד בֶּן־שְׁנָת֖וֹ לְעֹלָֽה׃
76 שְׂעִיר־עִזִּ֥ים[a] אֶחָ֖ד לְחַטָּֽאת׃ 77 וּלְזֶ֣בַח[a] הַשְּׁלָמִים֮ בָּקָ֣ר שְׁנַ֒יִם֒ אֵילִ֤ם   יב ר״פ
חֲמִשָּׁה֙ עַתֻּדִ֣ים חֲמִשָּׁ֔ה כְּבָשִׂ֥ים בְּנֵי־שָׁנָ֖ה חֲמִשָּׁ֑ה זֶ֛ה קָרְבַּ֥ן פַּגְעִיאֵ֖ל בֶּן־   ל
78 עָכְרָֽן׃ פ 78 בְּיוֹם֙ שְׁנֵ֣ים עָשָׂ֣ר י֔וֹם נָשִׂ֖יא לִבְנֵ֣י נַפְתָּלִ֑י אֲחִירַ֖ע בֶּן־   ב רפי בעינ
79 עֵינָֽן׃ 79 קָרְבָּנ֞וֹ[a][b] קַֽעֲרַת־כֶּ֣סֶף אַחַ֗ת שְׁלֹשִׁ֣ים וּמֵאָה֮ מִשְׁקָלָהּ֒ מִזְרָ֤ק   ח. י ר״פ. כל קמ
אֶחָד֙ כֶּ֔סֶף שִׁבְעִ֥ים שֶׁ֖קֶל בְּשֶׁ֣קֶל הַקֹּ֑דֶשׁ שְׁנֵיהֶ֣ם׀ מְלֵאִ֗ים סֹ֛לֶת בְּלוּלָ֥ה   כל מל. כל כת כן

[27] Cf Mm 2670. [28] Nu 10,24. [29] Cf Mm 699. [30] Mm 878. [31] Jer 39,1 et 1Ch 24,11. [32] Nu 28,27. [33] Nu 7,17 et Dt 32,14. [34] Mm 878.

61[a] – **65**[a] cf 19[a] – 23[a] ‖ **61** [b] cf 25[b] ‖ **66** [a] cf 1,12[a] ‖ **67**[a] – **71**[a] cf 19[a] – 23[a] ‖ **67** [b] cf 25[b] ‖ **68** [b] sic L, mlt Mss Edd cum : ‖ **71** [b] cf 1,12[a] ‖ **73**[a] – **77**[a] cf 19[a] – 23[a] ‖ **73** [b] cf 25[b] ‖ **79**[a] – **83**[a] cf 19[a] – 23[a] ‖ **79** [b] cf 25[b].

80 81 בַּשֶּׁמֶן לְמִנְחָה׃ 80 כַּף^a אַחַת עֲשָׂרָה זָהָב מְלֵאָה קְטֹרֶת׃ 81 פַּר אֶחָד
82 בֶּן־בָּקָר אַיִל אֶחָד כֶּבֶשׂ־אֶחָד בֶּן־שְׁנָתוֹ לְעֹלָה׃ 82 שְׂעִיר־עִזִּים אֶחָד
83 לְחַטָּאת׃ 83 וּלְזֶבַח^a הַשְּׁלָמִים בָּקָר שְׁנַיִם אֵילִם חֲמִשָּׁה עַתֻּדִים
חֲמִשָּׁה כְּבָשִׂים בְּנֵי־שָׁנָה חֲמִשָּׁה זֶה קָרְבַּן אֲחִירַע בֶּן־עֵינָן׃ פ
84 זֹאת ׀ חֲנֻכַּת הַמִּזְבֵּחַ בְּיוֹם הִמָּשַׁח אֹתוֹ מֵאֵת נְשִׂיאֵי יִשְׂרָאֵל קַעֲרֹת
כֶּסֶף שְׁתֵּים עֶשְׂרֵה מִזְרְקֵי־כֶסֶף שְׁנֵים עָשָׂר כַּפּוֹת זָהָב שְׁתֵּים עֶשְׂרֵה׃
85 שְׁלֹשִׁים וּמֵאָה הַקְּעָרָה הָאַחַת כֶּסֶף^a וְשִׁבְעִים הַמִּזְרָק הָאֶחָד כֹּל
86 כֶּסֶף הַכֵּלִים אַלְפַּיִם וְאַרְבַּע־מֵאוֹת בְּשֶׁקֶל הַקֹּדֶשׁ׃ 86 כַּפּוֹת זָהָב
שְׁתֵּים־עֶשְׂרֵה מְלֵאֹת קְטֹרֶת עֲשָׂרָה עֲשָׂרָה הַכַּף בְּשֶׁקֶל הַקֹּדֶשׁ כָּל־
87 זְהַב הַכַּפּוֹת עֶשְׂרִים וּמֵאָה׃ 87 כָּל־הַבָּקָר לָעֹלָה שְׁנֵים עָשָׂר פָּרִים
אֵילִם שְׁנֵים־עָשָׂר כְּבָשִׂים בְּנֵי־שָׁנָה שְׁנֵים עָשָׂר וּמִנְחָתָם^a וּשְׂעִירֵי
88 עִזִּים שְׁנֵים עָשָׂר לְחַטָּאת׃ 88 וְכֹל בְּקַר ׀ זֶבַח הַשְּׁלָמִים עֶשְׂרִים
וְאַרְבָּעָה פָּרִים אֵילִם שִׁשִּׁים עַתֻּדִים שִׁשִּׁים כְּבָשִׂים בְּנֵי־שָׁנָה
89 שִׁשִּׁים זֹאת חֲנֻכַּת הַמִּזְבֵּחַ^a אַחֲרֵי הִמָּשַׁח אֹתוֹ׃ 89 וּבְבֹא
מֹשֶׁה אֶל־אֹהֶל מוֹעֵד לְדַבֵּר אִתּוֹ וַיִּשְׁמַע אֶת־הַקּוֹל^a מִדַּבֵּר^b אֵלָיו
מֵעַל הַכַּפֹּרֶת אֲשֶׁר עַל־אֲרֹן הָעֵדֻת מִבֵּין שְׁנֵי הַכְּרֻבִים וַיְדַבֵּר
אֵלָיו׃ פ קטו

ס [ט] פרש 8 1 וַיְדַבֵּר יְהוָה אֶל־מֹשֶׁה לֵּאמֹר׃ 2 דַּבֵּר אֶל־אַהֲרֹן וְאָמַרְתָּ
אֵלָיו בְּהַעֲלֹתְךָ אֶת־הַנֵּרֹת אֶל־מוּל פְּנֵי הַמְּנוֹרָה יָאִירוּ שִׁבְעַת
3 הַנֵּרוֹת׃ 3 וַיַּעַשׂ כֵּן אַהֲרֹן אֶל־מוּל פְּנֵי הַמְּנוֹרָה הֶעֱלָה נֵרֹתֶיהָ כַּאֲשֶׁר
4 צִוָּה יְהוָה אֶת־מֹשֶׁה׃ 4 וְזֶה מַעֲשֵׂה הַמְּנֹרָה מִקְשָׁה זָהָב עַד־יְרֵכָהּ^a
עַד־^bפִּרְחָהּ^c מִקְשָׁה הִוא כַּמַּרְאֶה אֲשֶׁר הֶרְאָה יְהוָה אֶת־מֹשֶׁה כֵּן
עָשָׂה אֶת־הַמְּנֹרָה׃ פ
5 6 5 וַיְדַבֵּר יְהוָה אֶל־מֹשֶׁה לֵּאמֹר׃ 6 קַח אֶת־הַלְוִיִּם מִתּוֹךְ בְּנֵי
7 יִשְׂרָאֵל וְטִהַרְתָּ אֹתָם׃ 7 וְכֹה־תַעֲשֶׂה לָהֶם לְטַהֲרָם הַזֵּה עֲלֵיהֶם מֵי

כל קריא רפי ב מ ב דגש[35]. כב פסוק דלית בהון לא ו ולא י[36]. כל ליש חס
עלה לעלה ועלה העלה כל אורית חס ב מ א[37]
יב ר״פ
ל. ח
ב בעינ[38]. ל וחס. ל
כל[38] אורית וד״ה חס ב מ ד מל[39]. ל. ל[40]
כל ליש חס
ד. ה[41]
ט ר״פ בסיפ[42]. ל
ב בעינ. ד בליש ב מל וב חס[43]
ח[44]
ג חס. יב[45]
ל. ג מל בתור[1]
ב[2] מל בתור וכל נ״ך דכות ב מ א. ג מל בתור[1]
כג ר״פ
ה[3]
יב ר״פ
ב ר״פ. ב[4]. ל

[35] Cf Mm 699. [36] Mm 878. [37] Nu 28,27. [38] Mp sub loco. [39] Cf Mm 4060. [40] Mm 880. [41] Mm 698. [42] Mm 881. [43] Mm 616. [44] Mm 615. [45] Mm 853. **Cp 8** [1] Mm 547. [2] Mm 882. [3] Mm 883. [4] Mm 887.

79^a–83^a cf 19^a–23^a ‖ **85^a** 𝔐 הַכ׳ ‖ **87^a** 𝔊 + *καὶ αἱ σπονδαὶ αὐτῶν* ‖ **88^a** 𝔊 + nonn vb ‖ **89^a** 𝔊 *τὴν φωνὴν κυρίου* ‖ ^b 𝔊 *λαλοῦντος* 𝔖 *dmmll*, l מְדַבֵּר? ‖ ^c 𝔗(𝔗^J) *wmtmll* = וַיְּדַבֵּר ‖ **Cp 8,4^a** 𝔐 כיה– ‖ ^b Seb nonn Mss 𝔐𝔗^J וְעַד ‖ ^c l c 𝔐 פִּרְחֶיהָ cf 𝔊𝔙.

חַטָּ֔את וְהֶעֱבִ֤ירוּ תַ֙עַר֙ עַל־כָּל־בְּשָׂרָ֔ם וְכִבְּס֥וּ בִגְדֵיהֶ֖ם וְהִטֶּהָֽרוּ׃ ו בסיפ.[5] ל[6]
8 וְלָֽקְחוּ֙ פַּ֣ר בֶּן־בָּקָ֔ר[a] וּמִנְחָת֔וֹ סֹ֖לֶת בְּלוּלָ֣ה בַשָּׁ֑מֶן וּפַר־שֵׁנִ֥י[b] בֶן־בָּקָ֖ר ל
9 תִּקַּ֥ח לְחַטָּֽאת׃ 9 וְהִקְרַבְתָּ֙ אֶת־הַלְוִיִּ֔ם לִפְנֵ֖י אֹ֣הֶל מוֹעֵ֑ד וְהִ֨קְהַלְתָּ֔ ז[7]
10 אֶֽת־כָּל־עֲדַ֖ת בְּנֵ֥י יִשְׂרָאֵֽל׃ 10 וְהִקְרַבְתָּ֥ אֶת־הַלְוִיִּ֖ם לִפְנֵ֣י יְהוָ֑ה
11 וְסָמְכ֧וּ בְנֵי־יִשְׂרָאֵ֛ל אֶת־יְדֵיהֶ֖ם עַל־הַלְוִיִּֽם׃ 11 וְהֵנִיף֩ אַהֲרֹ֨ן אֶת־
הַלְוִיִּ֤ם תְּנוּפָה֙ לִפְנֵ֣י יְהוָ֔ה מֵאֵ֖ת בְּנֵ֣י יִשְׂרָאֵ֑ל וְהָי֕וּ לַעֲבֹ֖ד אֶת־עֲבֹדַ֥ת כל אורית חס . ג[8]
12 יְהוָֽה׃ 12 וְהַלְוִיִּם֙ יִסְמְכ֣וּ אֶת־יְדֵיהֶ֔ם עַ֖ל רֹ֣אשׁ הַפָּרִ֑ים וַ֠עֲשֵׂה[a] יו ר״פ וס״פ חד
אֶת־הָאֶחָ֨ד חַטָּ֜את וְאֶת־הָאֶחָ֤ד עֹלָה֙ לַֽיהוָ֔ה לְכַפֵּ֖ר עַל־הַלְוִיִּֽם׃ ד[9]
13 וְהַֽעֲמַדְתָּ֙ אֶת־הַלְוִיִּ֔ם[a] לִפְנֵ֥י אַהֲרֹ֖ן וְלִפְנֵ֣י בָנָ֑יו וְהֵנַפְתָּ֥ אֹתָ֛ם תְּנוּפָ֖ה
14 לַֽיהוָֽה׃[b] 14 וְהִבְדַּלְתָּ֙ אֶת־הַלְוִיִּ֔ם מִתּ֖וֹךְ בְּנֵ֣י יִשְׂרָאֵ֑ל וְהָ֥יוּ לִ֖י הַלְוִיִּֽם׃[a]
15 וְאַֽחֲרֵי־כֵן֙ יָבֹ֣אוּ הַלְוִיִּ֔ם לַעֲבֹ֖ד אֶת־[a]אֹ֣הֶל מוֹעֵ֑ד וְטִֽהַרְתָּ֣[b] אֹתָ֔ם
16 וְהֵנַפְתָּ֥ אֹתָ֖ם תְּנוּפָֽה׃[c] 16 כִּי֩ נְתֻנִ֨ים נְתֻנִ֥ים הֵ֨מָּה֙ לִ֔י מִתּ֖וֹךְ בְּנֵ֣י יִשְׂרָאֵ֑ל
תַּחַת֩ [a]פִּטְרַ֨ת כָּל־רֶ֜חֶם בְּכ֣וֹר כֹּל֙[a] מִבְּנֵ֣י[b] יִשְׂרָאֵ֔ל לָקַ֥חְתִּי אֹתָ֖ם לִֽי׃ ל
17 כִּ֣י לִ֤י כָל־בְּכוֹר֙ בִּבְנֵ֣י יִשְׂרָאֵ֔ל בָּאָדָ֖ם וּבַבְּהֵמָ֑ה בְּי֗וֹם הַכֹּתִ֤י[a] כָל־
18 בְּכוֹר֙ בְּאֶ֣רֶץ מִצְרַ֔יִם הִקְדַּ֥שְׁתִּי אֹתָ֖ם לִֽי׃ 18 וָאֶקַּח֙ אֶת־הַלְוִיִּ֔ם תַּ֥חַת ו
19 כָּל־בְּכ֖וֹר בִּבְנֵ֥י יִשְׂרָאֵֽל׃ 19 וָאֶתְּנָ֨ה אֶת־הַלְוִיִּ֜ם נְתֻנִ֣ים[a] ׀ לְאַהֲרֹ֣ן ל בסיפ[10]
וּלְבָנָ֗יו מִתּוֹךְ֮ בְּנֵ֣י יִשְׂרָאֵל֒ לַעֲבֹ֞ד אֶת־עֲבֹדַ֤ת בְּנֵֽי־יִשְׂרָאֵל֙ בְּאֹ֣הֶל ד בפסוק . כל אורית חס . ד בפסוק
מוֹעֵ֔ד וּלְכַפֵּ֖ר עַל־בְּנֵ֣י יִשְׂרָאֵ֑ל וְלֹ֨א יִהְיֶ֜ה בִּבְנֵ֤י יִשְׂרָאֵל֙[b] נֶ֔גֶף בְּגֶ֥שֶׁת ג[11] . ז[12] . ד בפסוק
20 בְּנֵֽי־יִשְׂרָאֵ֖ל[b] אֶל־הַקֹּֽדֶשׁ׃ 20 וַיַּ֨עַשׂ מֹשֶׁ֧ה וְאַהֲרֹ֛ן וְכָל־עֲדַ֥ת בְּנֵֽי־ ד בפסוק . כט בתור . ג[13]
יִשְׂרָאֵ֖ל לַלְוִיִּ֑ם כְּ֠כֹל אֲשֶׁר־צִוָּ֨ה יְהוָ֤ה אֶת־מֹשֶׁה֙ לַלְוִיִּ֔ם כֵּן־עָשׂ֥וּ לָהֶ֖ם
21 בְּנֵ֥י יִשְׂרָאֵֽל׃ 21 וַיִּֽתְחַטְּא֣וּ הַלְוִיִּ֗ם וַֽיְכַבְּסוּ֙ בִּגְדֵיהֶ֔ם וַיָּ֨נֶף אַהֲרֹ֥ן אֹתָ֛ם
22 תְּנוּפָ֖ה לִפְנֵ֣י יְהוָ֑ה וַיְכַפֵּ֧ר עֲלֵיהֶ֛ם אַהֲרֹ֖ן לְטַהֲרָֽם׃ 22 וְאַחֲרֵי־כֵ֞ן בָּ֣אוּ ב[14]
הַלְוִיִּ֗ם לַעֲבֹ֤ד אֶת־עֲבֹדָתָם֙ בְּאֹ֣הֶל מוֹעֵ֔ד לִפְנֵ֥י אַהֲרֹ֖ן וְלִפְנֵ֣י בָנָ֑יו
כַּאֲשֶׁ֨ר צִוָּ֤ה יְהוָה֙ אֶת־מֹשֶׁה֙ עַל־הַלְוִיִּ֔ם כֵּ֖ן עָשׂ֥וּ לָהֶֽם׃ ס

[5] Mm 884. [6] וחד הטהרו 2Ch 30,18. [7] Mm 671. [8] Mm 885. [9] Mm 746. [10] Mm 886. [11] Mm 3865. [12] Mm 762. [13] Mm 1915. [14] Mm 887.

8 [a] frt ins לְעֹלָה ‖ [b] 𝔊 ἐνιαυσιον ‖ **12** [a] l וְעָשָׂה (cf 𝔊*) vel וְעָשֹׂה (inf abs) ‖ **13** [a] 𝔊 + ἔναντι κυρίου καί ‖ [b] mlt Mss 𝔊* לִפְנֵי יהוה ‖ **14** [a] > 𝔊* ‖ **15** [a] ins c pc Mss 𝔐𝔊𝔗J עֲבֹדַת ‖ [b] prp כִּי ט׳ ‖ [c] 𝔊 ἔναντι κυρίου, 𝔊LO(𝔏𝔖) ἀπόδομα (δόμα) ἔναντι κυρίου = ת׳ לִפְנֵי יהוה ut 11.13.21 ‖ **16** [a–a] Seb 𝔐 כל־בכור פֶּטֶר רחם cf 𝔖, sed tr tantum כל 2° ante בכור ‖ [b] nonn Mss 𝔐𝔙 בְּבְ׳ ‖ **17** [a] 𝔐 הכיתי ‖ **19** [a] 𝔊 ἀπόδομα δεδομένους cf 16 ‖ [b–b] 𝔊* προσεγγίζων.

23 וַיְדַבֵּר יְהוָה אֶל־מֹשֶׁה לֵּאמֹר׃ 24 זֹאת אֲשֶׁר לַלְוִיִּם מִבֶּן חָמֵשׁ 23 24
וְעֶשְׂרִים שָׁנָה וָמַעְלָה יָבוֹא לִצְבֹא צָבָא בַּעֲבֹדַת אֹהֶל מוֹעֵד׃ ז מל̇ בתור̇
25 וּמִבֶּן חֲמִשִּׁים שָׁנָה יָשׁוּב מִצְּבָא הָעֲבֹדָה וְלֹא יַעֲבֹד עוֹד׃ 26 וְשֵׁרֵת 25 26 ב̇[15] . ל̇ . ב̇ ר״פ[16]
[a]אֶת־אֶחָיו[a] בְּאֹהֶל מוֹעֵד לִשְׁמֹר מִשְׁמֶרֶת וַעֲבֹדָה לֹא יַעֲבֹד כָּכָה
תַּעֲשֶׂה לַלְוִיִּם בְּמִשְׁמְרֹתָם׃ פ ב חד חס̇ וחד מל̇[17]
9 1 וַיְדַבֵּר יְהוָה אֶל־מֹשֶׁה בְמִדְבַּר־סִינַי בַּשָּׁנָה הַשֵּׁנִית לְצֵאתָם 9 י̇ בתור̇ . ג̇
מֵאֶרֶץ מִצְרַיִם בַּחֹדֶשׁ הָרִאשׁוֹן לֵאמֹר׃ 2 וְיַעֲשׂוּ[a] בְנֵי־יִשְׂרָאֵל אֶת־ 2 סד̇ . ג̇ רפי̇[1]
הַפָּסַח בְּמוֹעֲדוֹ[b]׃ 3 בְּאַרְבָּעָה עָשָׂר־יוֹם [a]בַּחֹדֶשׁ הַזֶּה[a] בֵּין הָעַרְבַּיִם[b] 3 ל̇ . ג̇[2] מל̇ ב̇[3] מנה̇ בתור̇
תַּעֲשׂוּ[c] אֹתוֹ בְּמֹעֲדוֹ[d] כְּכָל־חֻקֹּתָיו[e] וּכְכָל־מִשְׁפָּטָיו תַּעֲשׂוּ[f] אֹתוֹ׃ ה̇ . [4]°
4 וַיְדַבֵּר מֹשֶׁה אֶל־בְּנֵי יִשְׂרָאֵל לַעֲשֹׂת הַפָּסַח׃ 5 [a]וַיַּעֲשׂוּ אֶת־הַפֶּסַח[a] 4 5 יב̇ חס̇ למערב̇
בָּרִאשׁוֹן בְּאַרְבָּעָה עָשָׂר יוֹם לַחֹדֶשׁ [b]בֵּין הָעַרְבַּיִם[b] בְּמִדְבַּר סִינָי ח̇[5]
כְּכֹל אֲשֶׁר צִוָּה יְהוָה אֶת־מֹשֶׁה כֵּן עָשׂוּ בְּנֵי יִשְׂרָאֵל׃ 6 וַיְהִי[a] 6
אֲנָשִׁים[b] אֲשֶׁר הָיוּ טְמֵאִים לְנֶפֶשׁ אָדָם וְלֹא־יָכְלוּ לַעֲשֹׂת־הַפֶּסַח יב̇ חס̇ למערב̇
בַּיּוֹם הַהוּא וַיִּקְרְבוּ לִפְנֵי מֹשֶׁה וְלִפְנֵי אַהֲרֹן בַּיּוֹם הַהוּא׃ 7 וַיֹּאמְרוּ 7
הָאֲנָשִׁים הָהֵמָּה אֵלָיו אֲנַחְנוּ טְמֵאִים לְנֶפֶשׁ אָדָם לָמָּה נִגָּרַע לְבִלְתִּי י̇ב̇[6] . ל̇
הַקְרִב אֶת־קָרְבַּן יְהוָה בְּמֹעֲדוֹ[a] בְּתוֹךְ בְּנֵי יִשְׂרָאֵל׃ 8 וַיֹּאמֶר אֲלֵהֶם 8 ל̇ . ג̇
מֹשֶׁה עִמְדוּ וְאֶשְׁמְעָה מַה־יְצַוֶּה יְהוָה לָכֶם׃ פ 9 וַיְדַבֵּר יְהוָה 9 ל̇
אֶל־מֹשֶׁה לֵּאמֹר׃ 10 דַּבֵּר אֶל־בְּנֵי יִשְׂרָאֵל לֵאמֹר אִישׁ אִישׁ כִּי־ 10
יִהְיֶה־טָמֵא ׀ לָנֶפֶשׁ אוֹ בְדֶרֶךְ רְחֹקָה[a] לָכֶם אוֹ לְדֹרֹתֵיכֶם וְעָשָׂה פֶסַח ג̇ . ה̇י̇ נקוד̇ י̇ מנה̇ בתור̇
לַיהוָה׃ 11 בַּחֹדֶשׁ הַשֵּׁנִי בְּאַרְבָּעָה עָשָׂר יוֹם בֵּין הָעַרְבַּיִם יַעֲשׂוּ 11 ז̇ ר״פ[7]
אֹתוֹ עַל־מַצּוֹת וּמְרֹרִים יֹאכְלֻהוּ׃ 12 לֹא־יַשְׁאִירוּ מִמֶּנּוּ עַד־בֹּקֶר 12 ד̇ וחס̇ . ז̇ ר״פ בסיפ̇
וְעֶצֶם לֹא יִשְׁבְּרוּ־בוֹ כְּכָל־חֻקַּת הַפֶּסַח יַעֲשׂוּ אֹתוֹ׃ 13 וְהָאִישׁ אֲשֶׁר־ 13
הוּא טָהוֹר וּבְדֶרֶךְ[a] לֹא־הָיָה וְחָדַל לַעֲשׂוֹת הַפֶּסַח וְנִכְרְתָה הַנֶּפֶשׁ ד̇[8] . ב̇[9]

[15] Mm 888. [16] Mm 889. [17] Mm 890. **Cp 9** [1] Mm 618. [2] Mm 3003. [3] Mm 3727. [4] Lectio plen TM crrp contra Mm 3003 et Mm 3727. [5] Mm 2909. [6] Mm 891. [7] Mm 791. [8] Mm 3194. [9] Ps 49,9.

26 [a–a] 𝔊 *ὁ ἀδελφὸς αὐτοῦ* ‖ **Cp 9,2** [a] 𝔊 pr *εἰπόν*, pr אֱמֹר (hpgr); 𝔖𝔙 om cop ‖ [b] ш ־דָיו, id 3.7.13 ‖ **3** [a–a] 𝔊 *τοῦ μηνὸς τοῦ πρώτου* ‖ [b] sic L, mlt Mss Edd הָעַרְ׳ ‖ [c] pc Mss ш𝔊^{L}𝔖 יַעֲ׳, 𝔊^{Mss}(𝔏) *ποιήσεις* = תַּעֲשֶׂה ‖ [d] ш𝔊^{Mss} ־דָיו cf 2[b] ‖ [e] 𝔊 sg cf 14 ‖ [f] ш𝔊^{L}𝔖 יַעֲ׳, 𝔊* *ποιήσεις* = ־שֶׂה ‖ **5** [a–a] > 𝔊* ‖ [b–b] > 𝔊* ‖ **6** [a] Seb pc Mss ш𝔊𝔗𝔗^{J} pl ‖ [b] 𝔊 *οἱ ἄνδρες* cf 𝔗𝔗^{J} ‖ **7** [a] cf 2[b] ‖ **10** [a] sic 𝔐 (ה punct extr) ‖ **13** [a] 𝔊 + *μακρᾷ (-άν)* cf 10.

הַהִוא מֵעַמֶּיהָ כִּי ׀ קָרְבַּן יְהוָה לֹא הִקְרִיב בְּמֹעֲדוֹᵇ חֶטְאוֹ יִשָּׂא הָאִישׁ ל̇ז
14 הַהוּא׃ 14 וְכִֽי־יָגוּר אִתְּכֶם גֵּר וְעָשָׂה פֶסַח לַיהוָה כְּחֻקַּת
הַפֶּסַח וּכְמִשְׁפָּטוֹᵃ כֵּן יַעֲשֶׂה חֻקָּה אַחַת יִהְיֶה לָכֶם וְלַגֵּר וּלְאֶזְרַח ב̇. ל̇[10]
15 הָאָרֶץ׃ פ 15 וּבְיוֹם הָקִיםᵃ אֶת־הַמִּשְׁכָּן כִּסָּה הֶעָנָן אֶת־הַמִּשְׁכָּן
לְאֹהֶל הָעֵדֻת וּבָעֶרֶב יִהְיֶהᵇ עַל־הַמִּשְׁכָּן כְּמַרְאֵה־אֵשׁ עַד־בֹּקֶר׃ ד̇[11]
16 כֵּן יִהְיֶה תָמִיד הֶעָנָן יְכַסֶּנּוּᵃ וּמַרְאֵה־אֵשׁ לָיְלָה׃ 17 וּלְפִי הֵעָלֹת ז̇[12]. ל̇. ב̇ ומל[13]
הֶעָנָן מֵעַל הָאֹהֶל וְאַחֲרֵי־כֵן יִסְעוּ בְּנֵי יִשְׂרָאֵל וּבִמְקוֹם אֲשֶׁר יִשְׁכָּן־ ב̇
18 שָׁם הֶעָנָן שָׁם יַחֲנוּ בְּנֵי יִשְׂרָאֵל׃ 18 עַל־פִּי יְהוָה יִסְעוּ בְּנֵי יִשְׂרָאֵל
וְעַל־פִּי יְהוָה יַחֲנוּ כָּל־יְמֵי אֲשֶׁר יִשְׁכֹּן הֶעָנָן עַל־הַמִּשְׁכָּן יַחֲנוּ׃
19 וּבְהַאֲרִיךְ הֶעָנָן עַל־הַמִּשְׁכָּן יָמִים רַבִּים וְשָׁמְרוּ בְנֵי־יִשְׂרָאֵל אֶת־ ל̇
20 מִשְׁמֶרֶת יְהוָהᵃ וְלֹא יִסָּעוּ׃ 20 וְיֵשׁ אֲשֶׁר יִהְיֶה הֶעָנָן יָמִיםᵃ מִסְפָּרᵇ
21 עַל־הַמִּשְׁכָּן עַל־פִּי יְהוָה יַחֲנוּ וְעַל־פִּי יְהוָה יִסָּעוּ׃ 21 וְיֵשׁ אֲשֶׁר
יִהְיֶה הֶעָנָן מֵעֶרֶב עַד־ᵃבֹּקֶר וְנַעֲלָה הֶעָנָן בַּבֹּקֶר וְנָסָעוּ אוֹᵇ יוֹמָם
22 וָלַיְלָהᵇ ᶜוְנַעֲלָה הֶעָנָן וְנָסָעוּᶜ׃ 22 ᵃאֹו־יֹמַיִם אוֹ־חֹדֶשׁ אוֹ־יָמִיםᵃ יב פסוק דמיין[14]. ה̇ג מל וב חס[15]
בְּהַאֲרִיךְ הֶעָנָן עַל־הַמִּשְׁכָּןᵇ לִשְׁכֹּן עָלָיו יַחֲנוּ בְנֵי־יִשְׂרָאֵל וְלֹא יִסָּעוּ ל̇
23 ᵇוּבְהֵעָלֹתוֹ יִסָּעוּᵇ׃ 23 ᵃעַל־פִּי יְהוָה יַחֲנוּ וְעַל־ᵃפִּי יְהוָה יִסָּעוּ אֶת־ ל̇
מִשְׁמֶרֶת יְהוָה שָׁמָרוּ עַל־פִּי יְהוָה בְּיַד־מֹשֶׁה׃ פ ו̇ קמ[16]. ו̇[17]
ס̊ [ז] **10** 1 וַיְדַבֵּר יְהוָה אֶל־מֹשֶׁה לֵּאמֹר׃ 2 עֲשֵׂה לְךָ שְׁתֵּי חֲצוֹצְרֹת ז̇. ל̇ כת כן
כֶּסֶף מִקְשָׁה תַּעֲשֶׂה אֹתָם וְהָיוּ לְךָ לְמִקְרָא הָעֵדָה וּלְמַסַּע אֶת־
3 הַמַּחֲנוֹת׃ 3 וְתָקְעוּᵃ בָּהֵןᵇ וְנוֹעֲדוּ אֵלֶיךָᶜ כָּל־הָעֵדָה אֶל־פֶּתַח אֹהֶל ה̇[1]
4 מוֹעֵד׃ 4 וְאִם־בְּאַחַת יִתְקָעוּ וְנוֹעֲדוּ אֵלֶיךָᵃ הַנְּשִׂיאִים רָאשֵׁיᵇ ל̇ מל דמל[2]. עה
5 אַלְפֵי יִשְׂרָאֵל׃ 5 וּתְקַעְתֶּם תְּרוּעָה וְנָסְעוּ הַמַּחֲנוֹת הַחֹנִים קֵדְמָה׃
6 וּתְקַעְתֶּם תְּרוּעָה שֵׁנִית וְנָסְעוּ הַמַּחֲנוֹת הַחֹנִים תֵּימָנָהᵃ תְּרוּעָה

[10] Mp sub loco. [11] Mm 2812. [12] Mm 539. [13] Mp contra textum, cf Mp sub loco. [14] Mm 3896. [15] Mm 517. [16] Mm 3053. [17] Mm 860. **Cp 10** [1] Mm 640. [2] Mm 1367.

13 ᵇ cf 2ᵇ ‖ **14** ᵃ ש𝔖𝔙 pl cf 𝔐 3 ‖ **15** ᵃ ש הוקם ‖ ᵇ prp הָיָה ‖ **16** ᵃ 𝔊(𝔖𝔗ᴶ𝔙) + *ἡμέρας*, ins יוֹמָם ‖ **19** ᵃ 𝔊 *τοῦ θεοῦ* ‖ **20** ᵃ prb l יְמֵי ‖ ᵇ ש בְּמ׳ cf 𝔊 *ἀριθμῷ* ‖ **21** ᵃ nonn Mss 𝔖𝔗ᴶ וְעַד ‖ ᵇ⁻ᵇ 𝔊 *ἡμέρας ἢ νυκτός*, prb l או יום וְל׳ ‖ ᶜ⁻ᶜ > 𝔊* ‖ **22** ᵃ⁻ᵃ 𝔊* *μηνὸς ἡμέρας*, pc Mss 𝔊 om או 3° ‖ ᵇ⁻ᵇ > 𝔊* ‖ **23** ᵃ⁻ᵃ 𝔊* *ὅτι διά*, tantum כִּי עַל־ (aberratio oculi) ‖ **Cp 10,3** ᵃ 𝔊(𝔙) *καὶ σαλπίσεις* ‖ ᵇ mlt Mss בָּהֶם ‖ ᶜ > 𝔊* ‖ **4** ᵃ 2 Mss 𝔊 + כָּל־ ‖ ᵇ 𝔖𝔖𝔙 pr cop ‖ **6** ᵃ ש צפונה; 𝔊 + nonn vb cf 𝔙.

יִתְקְעוּ לְמַסְעֵיהֶם׃ 7 וּבְהַקְהִיל אֶת־הַקָּהָל תִּתְקְעוּ וְלֹא תָרִיעוּ[a]׃ 7 ל̇[3]
8 וּבְנֵי אַהֲרֹן הַכֹּהֲנִים יִתְקְעוּ בַּחֲצֹצְרוֹת וְהָיוּ לָכֶם לְחֻקַּת עוֹלָם 8
לְדֹרֹתֵיכֶם׃ 9 וְכִי־תָבֹאוּ מִלְחָמָה[a] בְּאַרְצְכֶם עַל־הַצַּר הַצֹּרֵר 9 ב̇[4]. ג̇ ב̇ קמ וחד פת̇[5]. כל חס
אֶתְכֶם וַהֲרֵעֹתֶם בַּחֲצֹצְרוֹת וְנִזְכַּרְתֶּם[b] לִפְנֵי יְהוָה אֱלֹהֵיכֶם וְנוֹשַׁעְתֶּם ל̇. ב̇ חס[6]
מֵאֹיְבֵיכֶם׃ 10 וּבְיוֹם שִׂמְחַתְכֶם[a] וּבְמוֹעֲדֵיכֶם וּבְרָאשֵׁי חָדְשֵׁיכֶם 10 ל̇[7]. ל̇. ב̇[8]
וּתְקַעְתֶּם בַּחֲצֹצְרֹת עַל עֹלֹתֵיכֶם וְעַל זִבְחֵי שַׁלְמֵיכֶם וְהָיוּ לָכֶם ב̇ חס
לְזִכָּרוֹן לִפְנֵי[b] אֱלֹהֵיכֶם אֲנִי יְהוָה אֱלֹהֵיכֶם׃ פ 11 וַיְהִי[a] בַּשָּׁנָה 11 ז̇. כ̇ד ס״פ
הַשֵּׁנִית בַּחֹדֶשׁ הַשֵּׁנִי בְּעֶשְׂרִים בַּחֹדֶשׁ[b] נַעֲלָה הֶעָנָן מֵעַל מִשְׁכַּן הָעֵדֻת׃ ב̇[9]
12 וַיִּסְעוּ בְנֵי־יִשְׂרָאֵל לְמַסְעֵיהֶם מִמִּדְבַּר סִינָי וַיִּשְׁכֹּן הֶעָנָן בְּמִדְבַּר 12 ה̇ ד̇ חס וחד מל[10]
פָּארָן[a]׃ 13 וַיִּסְעוּ בָּרִאשֹׁנָה עַל־פִּי יְהוָה בְּיַד־מֹשֶׁה׃ 14 וַיִּסַּע[a] דֶּגֶל 13 14 כב̇[11]. ו̇[12]
מַחֲנֵה בְנֵי־יְהוּדָה בָּרִאשֹׁנָה[b] לְצִבְאֹתָם וְעַל־צְבָאוֹ נַחְשׁוֹן בֶּן־ כב̇[11]
עַמִּינָדָב׃ 15 וְעַל־צְבָא מַטֵּה בְּנֵי יִשָּׂשכָר[a] נְתַנְאֵל בֶּן־צוּעָר׃ 16 וְעַל־ 15 16 ה̇י בתור[13]
צְבָא מַטֵּה בְּנֵי זְבוּלֻן אֱלִיאָב בֶּן־חֵלֹן׃[a] 17 וְהוּרַד הַמִּשְׁכָּן וְנָסְעוּ 17 ה̇י בתור[13]. ב̇
בְנֵי־גֵרְשׁוֹן וּבְנֵי מְרָרִי נֹשְׂאֵי הַמִּשְׁכָּן׃ ס 18 וְנָסַע דֶּגֶל מַחֲנֵה 18 כו̇
רְאוּבֵן[a] לְצִבְאֹתָם וְעַל־צְבָאוֹ אֱלִיצוּר בֶּן־שְׁדֵיאוּר׃ 19 וְעַל־צְבָא 19
מַטֵּה בְּנֵי שִׁמְעוֹן שְׁלֻמִיאֵל בֶּן־צוּרִישַׁדָּי׃ 20 וְעַל־צְבָא מַטֵּה בְנֵי־גָד 20 ה̇י בתור[13]. ה̇י בתור[13]
אֶלְיָסָף בֶּן־דְּעוּאֵל[a]׃ 21 וְנָסְעוּ הַקְּהָתִים נֹשְׂאֵי הַמִּקְדָּשׁ וְהֵקִימוּ אֶת־ 21 ו̇. ג̇[14]. כו̇. ה̇
הַמִּשְׁכָּן עַד־בֹּאָם׃ ס 22 וְנָסַע דֶּגֶל מַחֲנֵה בְנֵי־אֶפְרַיִם לְצִבְאֹתָם 22
וְעַל־צְבָאוֹ אֱלִישָׁמָע בֶּן־עַמִּיהוּד׃ 23 וְעַל־צְבָא מַטֵּה בְּנֵי מְנַשֶּׁה 23 ה̇י בתור[13]
גַּמְלִיאֵל בֶּן־פְּדָה־צוּר׃ 24 וְעַל־צְבָא מַטֵּה בְּנֵי בִנְיָמִן אֲבִידָן בֶּן־ 24 ה̇י בתור[13]
גִּדְעוֹנִי׃ ס 25 וְנָסַע דֶּגֶל מַחֲנֵה בְנֵי־דָן מְאַסֵּף לְכָל־הַמַּחֲנֹת 25 ל̇ מל[15]. ד̇. ג̇ חס[16]
לְצִבְאֹתָם וְעַל־צְבָאוֹ אֲחִיעֶזֶר בֶּן־[a]עַמִּי שַׁדָּי[a]׃ 26 וְעַל־צְבָא מַטֵּה 26 ה̇י בתור[13]
בְּנֵי אָשֵׁר פַּגְעִיאֵל בֶּן־עָכְרָן׃ 27 וְעַל־צְבָא מַטֵּה בְּנֵי נַפְתָּלִי אֲחִירַע 27 ה̇י בתור[13]
בֶּן־עֵינָן׃ 28 אֵלֶּה מַסְעֵי[a] בְנֵי־יִשְׂרָאֵל[b] לְצִבְאֹתָם וַיִּסָּעוּ[b]׃ ס 28 ח̇. ב̇ חד ר״פ וחד ס״פ[17]

[3] וחד ויקהיל Hi 11,10. [4] Mm 892. [5] Mm 893. [6] Mp contra textum. [7] Mm 2936. [8] Mm 993. [9] Mm 894. [10] Mm 537. [11] Mm 1743. [12] Mm 860. [13] Mm 895. [14] Mm 4208. [15] Mm 896. [16] Mm 843. [17] Mm 256.

7 [a] 𝔊 *σημασίᾳ* ‖ **9** [a] prp לְמִ׳ ‖ [b] sic L, mlt Mss Edd וְ׳ ‖ **10** [a] ⅏ pl ‖ [b] nonn Mss ⅏ + יהוה ‖ **11** [a] ⅏ Syh[mg] pr Dt 1,6–8 (non verbotenus) ‖ [b] 𝔗[J] *ljrḥ'* = לַחֹ׳ ‖ **12** [a] ⅏ פראן ‖ **14** [a] prp c pc Mss וְנָסַע (cf 17sqq) vel וְיִסַּע ‖ [b] dl בּ? cf 2,9 ‖ **15** [a] sic L, mlt Mss Edd יִשָּׂ׳ ‖ **16** [a] cf 1,9[a] ‖ **18** [a] pc Mss ⅏𝔙 pr בְּנֵי ‖ **20** [a] cf 1,14[a] ‖ **22** [a] > pc Mss 𝔊*𝔖 cf 18[a] ‖ **25** [a–a] mlt Mss Edd עמישדי ‖ **28** [a] 𝔊 *αἱ στρατιαί* ‖ [b–b] 𝔊 invers; 𝔖 om ויסעו.

29 וַיֹּ֣אמֶר מֹשֶׁ֗ה לְ֠חֹבָב בֶּן־רְעוּאֵ֣ל הַמִּדְיָנִי֮ חֹתֵ֣ן[a] מֹשֶׁה֒ נֹסְעִ֣ים ׀
אֲנַ֗חְנוּ אֶל־הַמָּקוֹם֙ אֲשֶׁ֣ר אָמַ֣ר יְהוָ֔ה אֹת֖וֹ אֶתֵּ֣ן לָכֶ֑ם לְכָ֤ה[b] אִתָּ֙נוּ֙
30 וְהֵטַ֣בְנוּ לָ֔ךְ כִּֽי־יְהוָ֥ה דִּבֶּר־ט֖וֹב עַל־יִשְׂרָאֵֽל׃ 30 וַיֹּ֥אמֶר אֵלָ֖יו לֹ֣א — ב. ב[18]
31 אֵלֵ֑ךְ כִּ֛י אִם־אֶל־אַרְצִ֥י וְאֶל־מוֹלַדְתִּ֖י אֵלֵֽךְ׃ 31 וַיֹּ֕אמֶר אַל־נָ֖א תַּעֲזֹ֣ב — ל
32 אֹתָ֑נוּ כִּ֣י ׀ עַל־כֵּ֣ן[a] יָדַ֗עְתָּ חֲנֹתֵ֙נוּ֙[ab] בַּמִּדְבָּ֔ר וְהָיִ֥יתָ לָּ֖נוּ לְעֵינָֽיִם[c]׃ 32 וְהָיָ֖ה — ל. ל[19]
כִּֽי־תֵלֵ֣ךְ עִמָּ֑נוּ וְהָיָ֣ה ׀ הַטּ֣וֹב הַה֗וּא אֲשֶׁ֨ר יֵיטִ֧יב יְהוָ֛ה עִמָּ֖נוּ וְהֵטַ֥בְנוּ — ב
33 לָֽךְ׃ 33 וַיִּסְעוּ֙ מֵהַ֣ר יְהוָ֔ה דֶּ֖רֶךְ שְׁלֹ֣שֶׁת יָמִ֑ים וַאֲר֨וֹן בְּרִית־יְהוָ֜ה נֹסֵ֣עַ — כו̇ בליש וכל מלכים דכות ב מנה בסיפ
34 לִפְנֵיהֶ֗ם [a]דֶּ֚רֶךְ שְׁלֹ֣שֶׁת יָמִ֔ים[a] לָת֥וּר לָהֶ֖ם מְנוּחָֽה׃ 34 [ba]וַעֲנַ֧ן יְהוָ֛ה[b] — ל. ל[20]
35 עֲלֵיהֶ֖ם יוֹמָ֑ם[c] בְּנָסְעָ֖ם מִן־הַֽמַּחֲנֶֽה׃ ס 35 וַיְהִ֛י בִּנְסֹ֥עַ הָאָרֹ֖ן — ב[21]. כ בטע ר״פ[22]. ב
וַיֹּ֣אמֶר מֹשֶׁ֑ה
קוּמָ֣ה ׀ יְהוָ֗ה וְיָפֻ֙צוּ֙ אֹֽיְבֶ֔יךָ וְיָנֻ֥סוּ מְשַׂנְאֶ֖יךָ מִפָּנֶֽיךָ׃ — ב[23] בטע וכל תלים דכות ב מ א. ב. ב
36 וּבְנֻחֹ֖ה[a] יֹאמַ֑ר — יו[24] כת ה בתור ול בליש
שׁוּבָ֣ה[b] יְהוָ֔ה רִבְב֖וֹת[c] אַלְפֵ֥י יִשְׂרָאֵֽל׃ פ — ה בטע. ג געיא ול בליש בסיפ

11 1 וַיְהִ֤י הָעָם֙ כְּמִתְאֹ֣נְנִ֔ים רַ֖ע[a] בְּאָזְנֵ֣י[b] יְהוָ֑ה וַיִּשְׁמַ֤ע יְהוָה֙ וַיִּ֣חַר — ל. ט[1] וכל אמירה יצר לשון עשייה ועין דכות ב מ ז. לז. ג[2]
2 אַפּ֔וֹ וַתִּבְעַר־בָּם֙ אֵ֣שׁ יְהוָ֔ה וַתֹּ֖אכַל בִּקְצֵ֥ה הַֽמַּחֲנֶֽה׃ 2 וַיִּצְעַ֥ק הָעָ֖ם
3 אֶל־מֹשֶׁ֑ה וַיִּתְפַּלֵּ֤ל מֹשֶׁה֙ אֶל־יְהוָ֔ה וַתִּשְׁקַ֖ע הָאֵֽשׁ׃ 3 וַיִּקְרָ֛א שֵֽׁם־ — ל
4 הַמָּק֥וֹם הַה֖וּא תַּבְעֵרָ֑ה כִּֽי־בָעֲרָ֥ה בָ֖ם אֵ֥שׁ יְהוָֽה׃ 4 וְהָֽאסַפְסֻף֙ — מח כת א לא קר ול בליש[3]
אֲשֶׁ֣ר בְּקִרְבּ֔וֹ הִתְאַוּ֖וּ תַּאֲוָ֑ה וַיָּשֻׁ֣בוּ[a] וַיִּבְכּ֗וּ[b] גַּ֚ם בְּנֵ֣י יִשְׂרָאֵ֔ל וַיֹּ֣אמְר֔וּ
5 מִ֥י יַאֲכִלֵ֖נוּ בָּשָֽׂר׃ 5 זָכַ֙רְנוּ֙ אֶת־הַדָּגָ֔ה אֲשֶׁר־נֹאכַ֥ל בְּמִצְרַ֖יִם חִנָּ֑ם אֵ֣ת — ב וחס
הַקִּשֻּׁאִ֗ים וְאֵת֙ הָֽאֲבַטִּחִ֔ים וְאֶת־הֶחָצִ֥יר וְאֶת־הַבְּצָלִ֖ים וְאֶת־הַשּׁוּמִֽים׃ — ל. ל. ל
6 וְעַתָּ֛ה נַפְשֵׁ֥נוּ יְבֵשָׁ֖ה אֵ֣ין כֹּ֑ל בִּלְתִּ֖י אֶל־הַמָּ֥ן עֵינֵֽינוּ[a]׃ 7 וְהַמָּ֕ן כִּזְרַע־ — כ בטע. ל
8 גַּ֖ד ה֑וּא וְעֵינ֖וֹ כְּעֵ֥ין הַבְּדֹֽלַח׃ 8 שָׁטוּ֩ הָעָ֨ם וְלָֽקְט֜וּ וְטָחֲנ֣וּ בָרֵחַ֗יִם א֤וֹ — ל. ל. ב. ל[4]. ל
דָכוּ֙ בַּמְּדֹכָ֔ה וּבִשְּׁלוּ֙ בַּפָּר֔וּר וְעָשׂ֥וּ אֹת֖וֹ עֻג֑וֹת וְהָיָ֣ה טַעְמ֔וֹ כְּטַ֖עַם — ל. ל. ג. ל[5]. ד[6]

[18] Mm 897. [19] Mm 3598. [20] Mm 758. [21] Mm 75. [22] Mm 1017. [23] Mm 4168. [24] Mm 598. **Cp 11** [1] Mm 824. [2] Mm 1570. [3] Mm 898. [4] Mm 491. [5] Mm 899. [6] Mm 2721.

29 [a] prb l חֹתַן || [b] ⅏ לך || **31** [a–a] 𝔊* *ἦσθα μεθ' ἡμῶν* cf 𝔗𝔗J || [b] ⅏ חנתינו || [c] 𝔊 *πρεσβύτης* 𝔙 *ductor* || **33** [a–a] dl (ex 33a); 𝔖 *mrd' jwm' ḥd* = דרך יום אֶחָד || **34** [a] 𝔊 tr post 36 || [b–b] 𝔊 *καὶ ἡ νεφέλη ἐγένετο σκιάζουσα* cf 𝔗J || [c] prp יום יום || **36** [a] ⅏ ובמנוחה || [b] frt l שְׁבָה || [c] 𝔊LC(𝔏L𝔖𝔗𝔙) pr *ἐν*, prp וּבִרְכַּת (vel pr hoc vb) vel וְרִבְתָּ || **Cp 11,1** [a] prp רָעָב || [b] mlt Mss בְּעֵינֵי ut 10; l 𝔐 cf 18 || **4** [a] 𝔊 *καὶ καθίσαντες* 𝔙 *sedens* = וַיֵּשְׁבוּ || [b] 𝔖 *'bkjw* = וַיִּבְכּוּ || **6** [a] pc Mss ⅏ עינינו.

9 לְשַׁד הַשָּׁמֶן׃ 9 וּבְרֶדֶת הַטַּל עַל־הַמַּחֲנֶה לָיְלָה יֵרֵד הַמָּן עָלָיו׃
10 10 וַיִּשְׁמַע מֹשֶׁה אֶת־הָעָם בֹּכֶה[a] לְמִשְׁפְּחֹתָיו אִישׁ לְפֶתַח אָהֳלוֹ וַיִּחַר־
11 אַף יְהוָה מְאֹד וּבְעֵינֵי[b] מֹשֶׁה רָע׃ 11 וַיֹּאמֶר מֹשֶׁה אֶל־יְהוָה לָמָה
הֲרֵעֹתָ לְעַבְדֶּךָ וְלָמָּה לֹא־מָצָתִי[a] חֵן בְּעֵינֶיךָ לָשׂוּם אֶת־מַשָּׂא כָּל־
12 הָעָם הַזֶּה עָלָי׃ 12 הֶאָנֹכִי הָרִיתִי אֵת כָּל־הָעָם הַזֶּה אִם־אָנֹכִי
יְלִדְתִּיהוּ כִּי־תֹאמַר אֵלַי שָׂאֵהוּ בְחֵיקֶךָ כַּאֲשֶׁר יִשָּׂא הָאֹמֵן אֶת־הַיֹּנֵק
13 עַל[a] הָאֲדָמָה אֲשֶׁר נִשְׁבַּעְתָּ[b] לַאֲבֹתָיו׃ 13 מֵאַיִן לִי בָּשָׂר לָתֵת לְכָל־
14 הָעָם הַזֶּה כִּי־יִבְכּוּ עָלַי לֵאמֹר תְּנָה־לָּנוּ בָשָׂר וְנֹאכֵלָה׃ 14 לֹא־אוּכַל
15 אָנֹכִי לְבַדִּי לָשֵׂאת אֶת־כָּל־הָעָם הַזֶּה כִּי כָבֵד מִמֶּנִּי׃ 15 וְאִם־כָּכָה ׀
אַתְּ־עֹשֶׂה[a] לִּי הָרְגֵנִי נָא הָרֹג אִם־[b]מָצָאתִי חֵן בְּעֵינֶיךָ וְאַל־אֶרְאֶה
בְּרָעָתִי׃[c] פ 16 וַיֹּאמֶר יְהוָה אֶל־מֹשֶׁה אֶסְפָה־לִּי שִׁבְעִים אִישׁ ס[יא]
מִזִּקְנֵי יִשְׂרָאֵל אֲשֶׁר יָדַעְתָּ כִּי־הֵם זִקְנֵי הָעָם וְשֹׁטְרָיו וְלָקַחְתָּ אֹתָם
17 אֶל־אֹהֶל מוֹעֵד וְהִתְיַצְּבוּ שָׁם עִמָּךְ׃ 17 וְיָרַדְתִּי וְדִבַּרְתִּי עִמְּךָ שָׁם
וְאָצַלְתִּי[a] מִן־הָרוּחַ אֲשֶׁר עָלֶיךָ וְשַׂמְתִּי עֲלֵיהֶם וְנָשְׂאוּ אִתְּךָ בְּמַשָּׂא
18 הָעָם וְלֹא־תִשָּׂא אַתָּה לְבַדֶּךָ׃ 18 וְאֶל־הָעָם תֹּאמַר הִתְקַדְּשׁוּ לְמָחָר
וַאֲכַלְתֶּם בָּשָׂר כִּי בְּכִיתֶם בְּאָזְנֵי יְהוָה לֵאמֹר מִי יַאֲכִלֵנוּ בָּשָׂר כִּי־
19 טוֹב לָנוּ בְּמִצְרָיִם וְנָתַן יְהוָה לָכֶם בָּשָׂר וַאֲכַלְתֶּם׃ 19 לֹא יוֹם אֶחָד
תֹּאכְלוּן וְלֹא יוֹמָיִם וְלֹא ׀ חֲמִשָּׁה יָמִים וְלֹא עֲשָׂרָה יָמִים וְלֹא עֶשְׂרִים
20 יוֹם׃ 20 עַד ׀ חֹדֶשׁ יָמִים עַד אֲשֶׁר־יֵצֵא מֵאַפְּכֶם וְהָיָה לָכֶם לְזָרָא[a]
יַעַן כִּי־מְאַסְתֶּם אֶת־יְהוָה אֲשֶׁר בְּקִרְבְּכֶם וַתִּבְכּוּ לְפָנָיו לֵאמֹר לָמָּה
21 זֶּה יָצָאנוּ מִמִּצְרָיִם׃ 21 וַיֹּאמֶר מֹשֶׁה שֵׁשׁ־מֵאוֹת אֶלֶף רַגְלִי הָעָם אֲשֶׁר
אָנֹכִי בְּקִרְבּוֹ וְאַתָּה אָמַרְתָּ בָּשָׂר אֶתֵּן לָהֶם[a] וְאָכְלוּ חֹדֶשׁ יָמִים׃
22 22 הֲצֹאן וּבָקָר[a] יִשָּׁחֵט לָהֶם וּמָצָא לָהֶם אִם אֶת־כָּל־דְּגֵי הַיָּם יֵאָסֵף
לָהֶם וּמָצָא לָהֶם׃ פ 23 וַיֹּאמֶר יְהוָה אֶל־מֹשֶׁה הֲיַד יְהוָה תִּקְצָר ס[יב]

ל . ל
ז[7] . ד[8] . ל
י . כל עשייה רע פת ב מ ז[9] קמ . ה . מא
ג[10] . ז[11] . וכל אתנח וס״פ דכות ב מ א . ט[12] כת חס א ול בליש . סו . ל[13]
ב[14] . ל
ל . ב . לז . ל . ל
ז ר״פ בסיפ
כד . נז וכל תלים דכות ב מ יא . ג פסוק ואם אם[15]
ג בלשון זכר[16] . ג[17] . ג . סו . ל
ט בטע בסיפ . ל . כל מל
יב בתור
ל . י . יו[18] בתור ד[19] מנה בסיפ
ג[20] . ה[21]
לז . ג[22] . ב וחס
ז ר״פ בסיפ וחד מן ג[23] פסוק לא ולא ולא ולא ולא . ל
ל . ה ג מל וב חס[24]
ל כת א
יב בטע ר״פ ה מנה בתור
ל
ב[25] . ל קמ

[7] Mm 1813. [8] Mm 4028. [9] Mm 824. [10] Mm 406. [11] Mm 1660. [12] Mm 922. [13] וחד ואת משא Ez 24,25. [14] Mm 3501. [15] Mm 2723. [16] Mm 900. [17] Mm 901. [18] Mm 60. [19] Mm 940. [20] Mm 773. [21] Mm 420. [22] Mm 1570. [23] Mm 2466. [24] Mm 517. [25] Mm 1780.

10 [a] Seb (𝔊)𝔖𝔗[J] בֹּכִים ‖ [b] prp נָיו– ‖ **11** [a] 𝔐 מָצָאתִי ‖ **12** [a] 𝔐𝔊𝔖𝔗[J] אֶל ‖ [b] Ms 𝔐[Mss]𝔊[min]𝔖𝔗 תִּי– ‖ **15** [a–a] l vel תַּעֲשֶׂה vel אַתָּ תַּעֲשֶׂה; 𝔐 אתה pro את ‖ [b] pc Mss 𝔐 ואם ‖ [c] Tiq soph pro בְּרָעָתֶךָ ‖ **17** [a] 𝔐 וְהִצ׳ ‖ **20** [a] 𝔐 רה– ‖ **21** [a] Seb[Or] mlt Mss לָכֶם ‖ **22** [a] 𝔐 והב׳.

24 עַתָּה[a] תִרְאֶה הֲיִקְרְךָ[b] דְבָרִי אִם־לֹא׃ 24 וַיֵּצֵא[a] מֹשֶׁה וַיְדַבֵּר אֶל־ ב̇. ל̇. יג̇[26]. ו ס״פ
הָעָם אֵת דִּבְרֵי יְהוָה וַיֶּאֱסֹף שִׁבְעִים אִישׁ מִזִּקְנֵי הָעָם[b] וַיַּעֲמֵד אֹתָם ה̇. כ̇ ה מנה בתור[27]. כל מל̇. ד̇[28] וכל ד״ה דכות ב̇ מ̇ ז̇
25 סְבִיבֹת הָאֹהֶל׃ 25 וַיֵּרֶד יְהוָה ׀ בֶּעָנָן וַיְדַבֵּר אֵלָיו וַיָּאצֶל[a] מִן־הָרוּחַ מ̇ח כת̇ א ל̇א קר̇ ול בליש[29]
אֲשֶׁר עָלָיו וַיִּתֵּן עַל־שִׁבְעִים אִישׁ הַזְּקֵנִים וַיְהִי כְּנוֹחַ עֲלֵיהֶם הָרוּחַ כל מל̇. ב̇[30]
26 וַיִּתְנַבְּאוּ וְלֹא יָסָפוּ[b]׃ 26 וַיִּשָּׁאֲרוּ שְׁנֵי־אֲנָשִׁים ׀ בַּמַּחֲנֶה שֵׁם הָאֶחָד ׀ ל̇. ד בתור
אֶלְדָּד[a] וְשֵׁם הַשֵּׁנִי מֵידָד[b] וַתָּנַח עֲלֵיהֶם הָרוּחַ וְהֵמָּה בַּכְּתֻבִים וְלֹא ב̇[31]. יג̇ חס בתור[32]
27 יָצְאוּ הָאֹהֱלָה וַיִּתְנַבְּאוּ בַּמַּחֲנֶה׃ 27 וַיָּרָץ הַנַּעַר וַיַּגֵּד לְמֹשֶׁה וַיֹּאמַר ח̇[33]. י̇ו̇. צא
28 אֶלְדָּד[a] וּמֵידָד[b] מִתְנַבְּאִים בַּמַּחֲנֶה׃ 28 וַיַּעַן יְהוֹשֻׁעַ בִּן־נוּן מְשָׁרֵת ב̇[34]
29 מֹשֶׁה מִבְּחֻרָיו[a] וַיֹּאמַר אֲדֹנִי מֹשֶׁה כְּלָאֵם׃ 29 וַיֹּאמֶר לוֹ מֹשֶׁה הַמְקַנֵּא צא. ל̇. ל̇
אַתָּה לִי וּמִי יִתֵּן כָּל־עַם יְהוָה נְבִיאִים כִּי־יִתֵּן יְהוָה אֶת־רוּחוֹ ב̇[35]
30 31 עֲלֵיהֶם׃ 30 וַיֵּאָסֵף מֹשֶׁה אֶל־הַמַּחֲנֶה הוּא וְזִקְנֵי יִשְׂרָאֵל׃ 31 וְרוּחַ ז̇ ה מלעיל וב̇ מלרע[36]
נָסַע ׀ מֵאֵת יְהוָה וַיָּגָז[a] שַׂלְוִים[b] מִן־הַיָּם וַיִּטֹּשׁ עַל[c]־הַמַּחֲנֶה כְּדֶרֶךְ יוֹם ב̇[37]. ב̇[38]
כֹּה וּכְדֶרֶךְ יוֹם כֹּה סְבִיבוֹת הַמַּחֲנֶה וּכְאַמָּתַיִם עַל־פְּנֵי[d] הָאָרֶץ׃ ל̇. ה̇
32 וַיָּקָם הָעָם כָּל־הַיּוֹם הַהוּא וְכָל־הַלַּיְלָה וְכֹל ׀ יוֹם[a] הַמָּחֳרָת ט̇ פסוק כל וכל וכל[39]. ל̇
וַיַּאַסְפוּ אֶת־הַשְּׂלָו[b] הַמַּמְעִיט אָסַף עֲשָׂרָה חֳמָרִים וַיִּשְׁטְחוּ[c] לָהֶם ו̇[40]. ג̇. ל̇
33 שָׁטוֹחַ[d] סְבִיבוֹת הַמַּחֲנֶה׃ 33 הַבָּשָׂר עוֹדֶנּוּ בֵּין שִׁנֵּיהֶם טֶרֶם יִכָּרֵת וְאַף ל̇. ל̇ר״פ. ב̇[41]. ל̇
34 יְהוָה חָרָה בָעָם וַיַּךְ יְהוָה בָּעָם מַכָּה רַבָּה מְאֹד׃ 34 וַיִּקְרָא אֶת[a]־שֵׁם־ ה̇[42]. ב̇[43]
הַמָּקוֹם הַהוּא קִבְרוֹת הַתַּאֲוָה כִּי־שָׁם קָבְרוּ אֶת־הָעָם הַמִּתְאַוִּים׃ ב̇[44]
35 מִקִּבְרוֹת הַתַּאֲוָה נָסְעוּ הָעָם חֲצֵרוֹת[a] וַיִּהְיוּ בַּחֲצֵרוֹת׃ פ
12 1 וַתְּדַבֵּר מִרְיָם וְאַהֲרֹן בְּמֹשֶׁה עַל־אֹדוֹת הָאִשָּׁה הַכֻּשִׁית[a] ל̇
2 אֲשֶׁר לָקָח [b]כִּי־אִשָּׁה כֻשִׁית לָקָח[b]׃ 2 וַיֹּאמְרוּ הֲרַק אַךְ־בְּמֹשֶׁה דִּבֶּר ל̇. ל̇
3 יְהוָה הֲלֹא גַּם־בָּנוּ דִבֵּר וַיִּשְׁמַע יְהוָה׃ 3 וְהָאִישׁ מֹשֶׁה עָנָו מְאֹד מִכֹּל ענ̇יו̇ ול וחס ק̇

[26] Mm 902. [27] Mm 4234. [28] Mm 903. [29] Mm 898. [30] Mm 1256. [31] Gn 8,4. [32] Mm 675 contra textum. [33] Mm 111. [34] Jos 1,1. [35] Mm 1455. [36] Mp sub loco. [37] Hi 1,20. [38] Mm 128. [39] Mm 1981. [40] Mm 399. [41] Ps 57,5. [42] Mm 2987. [43] Gn 28,19. [44] Am 5,18.

23 [a] ш אתה ‖ [b] ш^Mss ־ראך; prp הֲיִקּוֹם ‖ **24** [a] l c Ms 𝔗 וַיָּבֹא cf 𝔙 ‖ [b] nonn Mss 𝔗^J ע׳ יִשְׂרָאֵל ‖ **25** [a] ш ויצל = וַיֵּצֶל cf 17[a] ‖ [b] ш יאס׳, 𝔗𝔗^J(𝔙) *psqjn* = יָסְפוּ cf Dt 5,22; l 𝔐 ‖ **26** [a] 34,21 אֱלִידָד ‖ [b] ш𝔊 מוֹדָד cf Gn 10,26 ‖ **27** [a.b] cf 26[a.b] ‖ **28** [a] ш^Mss מבחיריו, 𝔊 *ὁ ἐκλεκτὸς (αὐτοῦ)*; 𝔖𝔗𝔗^J = 𝔐 ‖ **31** [a] l וַיָּגָז? ‖ [b] l c ш שלוי (מ dttg) vel שְׂלָו ‖ [c] ш אל ‖ [d] mlt Mss + כָּל־ ‖ **32** [a] ш הי׳ ‖ [b] pc Mss השליו; l 𝔐 vel c ш ־לוי ‖ [c] 𝔊^B *καὶ ἔσφαξαν* = וישחטו cf [d]; pr hoc vb (hpgr) cf 𝔊^{OL} ‖ [d] ш שחוט ш^Mss שְׁחוּטָה ‖ **34** [a] > ш ‖ **35** [a] ш הח׳ ‖ **Cp 12,1** [a] 𝔊(𝔙) *Αἰθιόπισσα* 𝔗 *špjrt'* = pulchra ‖ [b–b] 𝔗𝔗^J vertunt sensum in contrarium.

הָֽאָדָ֔ם אֲשֶׁ֖ר עַל־פְּנֵ֥י הָאֲדָמָֽה׃ ס 4 וַיֹּ֨אמֶר יְהוָ֜ה פִּתְאֹ֗ם אֶל־ 4 — ט בטע בסיפ
מֹשֶׁ֤ה aוְאֶֽל־אַהֲרֹן֙ וְאֶל־מִרְיָ֔םa צְא֥וּ שְׁלָשְׁתְּכֶ֖ם אֶל־אֹ֣הֶל מוֹעֵ֑ד וַיֵּצְא֖וּ — ל . ל
שְׁלָשְׁתָּֽם׃ 5 וַיֵּ֤רֶד יְהוָה֙ בְּעַמּ֣וּד עָנָ֔ןa וַֽיַּעֲמֹ֖ד פֶּ֣תַח הָאֹ֑הֶל וַיִּקְרָא֙ אַהֲרֹ֣ן 5 — ל
וּמִרְיָ֔ם וַיֵּצְא֖וּb שְׁנֵיהֶֽם׃ 6 וַיֹּ֖אמֶרa — ג׳1
שִׁמְעוּ־נָ֣א דְבָרָ֑י אִם־יִֽהְיֶה֙ נְבִ֣יאֲכֶ֔םb יְהוָ֗הc — ל
בַּמַּרְאָה֙ אֵלָ֣יו אֶתְוַדָּ֔עd בַּחֲל֖וֹםe אֲדַבֶּר־בּֽוֹ׃ — ב קמ . ל
7 לֹא־כֵ֖ן עַבְדִּ֣י מֹשֶׁ֑ה בְּכָל־בֵּיתִ֖י נֶאֱמָ֥ן הֽוּא׃ — ז ר״פ בסיפ . יט2 . ב
8 פֶּ֣ה אֶל־פֶּ֞ה אֲדַבֶּר־בּ֗וֹ וּמַרְאֶה֙a וְלֹ֣א בְחִידֹ֔ת וּתְמֻנַ֥תb יְהוָ֖ה יַבִּ֑יט — ב3 . ל4 . ל
וּמַדּ֙וּעַ֙ לֹ֣א יְרֵאתֶ֔ם לְדַבֵּ֖ר בְּעַבְדִּ֥י בְמֹשֶֽׁה׃ — ג . ל5
9 וַיִּחַר־אַ֧ףa יְהוָ֛ה בָּ֖ם וַיֵּלַֽךְ׃ 10 וְהֶעָנָ֗ן סָ֚ר מֵעַ֣ל הָאֹ֔הֶל וְהִנֵּ֥ה מִרְיָ֖ם 9 10 — ז6
מְצֹרַ֣עַת כַּשָּׁ֑לֶג וַיִּ֧פֶן אַהֲרֹ֛ן אֶל־מִרְיָ֖ם וְהִנֵּ֥ה מְצֹרָֽעַת׃ 11 וַיֹּ֥אמֶר 11
אַהֲרֹ֖ן אֶל־מֹשֶׁ֑ה בִּ֣י אֲדֹנִ֔י אַל־נָ֨א תָשֵׁ֤תa עָלֵ֙ינוּ֙ חַטָּ֔את אֲשֶׁ֥ר נוֹאַ֖לְנוּ — ל . ז7
וַאֲשֶׁ֥ר חָטָֽאנוּ׃ 12 אַל־נָ֥א תְהִ֖יa כַּמֵּ֑תb אֲשֶׁ֤ר בְּצֵאתוֹ֙ מֵרֶ֣חֶם אִמּ֔וֹc 12 — ל . ל
וַיֵּאָכֵ֖ל חֲצִ֥י בְשָׂרֽוֹc׃ 13 וַיִּצְעַ֣ק מֹשֶׁ֔ה אֶל־יְהוָ֖ה לֵאמֹ֑ר אֵ֕לa נָ֛א רְפָ֥א 13 — ב חד כת פא וחד כת פה8
נָ֖א לָֽהּ׃ פ 14 וַיֹּ֨אמֶר יְהוָ֜ה אֶל־מֹשֶׁ֗הa וְאָבִ֙יהָ֙ יָרֹ֤ק יָרַק֙ בְּפָנֶ֔יהָ 14 — ט בטע בסיפ . ל . ג ב חס וחד מל9 . ל
הֲלֹ֥א תִכָּלֵ֖ם שִׁבְעַ֣ת יָמִ֑ים תִּסָּגֵ֞ר שִׁבְעַ֤ת יָמִים֙ מִח֣וּץ לַֽמַּחֲנֶ֔ה וְאַחַ֖ר — ל . ל
תֵּאָסֵֽף׃ 15 וַתִּסָּגֵ֥ר מִרְיָ֛ם מִח֥וּץ לַֽמַּחֲנֶ֖ה שִׁבְעַ֣ת יָמִ֑ים וְהָעָם֙ לֹ֣א נָסַ֔עa 15 — ל
עַד־הֵאָסֵ֖ףb מִרְיָֽם׃ 16 aוְאַחַ֛ר נָסְע֥וּ הָעָ֖ם מֵחֲצֵר֑וֹת וַֽיַּחֲנ֖וּ בְּמִדְבַּ֥ר 16
פָּארָֽןb׃ פ קלו
13 1 aוַיְדַבֵּ֥ר יְהוָ֖ה אֶל־מֹשֶׁ֥ה לֵּאמֹֽר׃ 2 שְׁלַח־לְךָ֣ אֲנָשִׁ֗ים וְיָתֻ֙רוּ֙ ס [יג] פרש — ל
אֶת־אֶ֣רֶץ כְּנַ֔עַן אֲשֶׁר־אֲנִ֥י נֹתֵ֖ן לִבְנֵ֣י יִשְׂרָאֵ֑ל אִ֣ישׁ אֶחָד֩ אִ֨ישׁ אֶחָ֜ד
לְמַטֵּ֤ה אֲבֹתָיו֙ תִּשְׁלָ֔חוּa כֹּ֖ל נָשִׂ֥יא בָהֶֽם׃ 3 וַיִּשְׁלַ֨ח אֹתָ֥ם מֹשֶׁ֛ה מִמִּדְבַּ֥ר 3 — ז חס בתור . ל

Cp 12 [1] Mm 904. [2] Mm 436. [3] Mm 3925. [4] Mm 539. [5] Mm 1454. [6] Mm 175. [7] Mm 328. [8] Mm 3298. [9] Mm 751.

4 a–a 𝔊* invers cf 1 ∥ **5** a ш^Mss 'הע ∥ b l וַיָּבֹאוּ? cf 11,24a ∥ **6** a tr huc יהוה ex 6b; 𝔊(𝔖) + (𝔊^L[𝔖] *κύριος*) *πρὸς αὐτούς* ∥ b l נָבִיא בָּכֶם cf 𝔏𝔙 ∥ c dl, cf a; 𝔊(𝔙) *κυρίῳ* = ליהוה; 𝔖(𝔗) *'n' mrj'* = אֲנִי יהוה ∥ d ш 'התו ∥ e l c ш𝔊𝔖𝔙 'ובו ∥ **8** a pc Mss 𝔊𝔖𝔗 ш 'בַּמ, prp וְאָמְרָה, 'בממ; dl (gl ad ותמנת cf b) ∥ b 𝔊(𝔖) *καὶ τὴν δόξαν* cf 𝔗 ∥ **9** a–a sic L, mlt Mss Edd וַיִּחַר־אַף ∥ **11** a ш תשית ∥ **12** a ш תהיה; 𝔖 *nhw'* = יְהִי ∥ b 𝔊(𝔙) + *ὡσεὶ ἔκτρωμα* ∥ c Tiq soph pro אִמֵּנוּ et בְּשָׂרֵנוּ; 𝔊(𝔙) *τῶν σαρκῶν αὐτῆς* ∥ **13** a l אַל ∥ **14** a nonn vb exc? ∥ **15** a ш נסעו ∥ b ш –פה 𝔊 *ἐκαθαρίσθη* ∥ **16** a 𝔅 hic incip cp 13 (cf 𝔊𝔙) ∥ b ш ut 10,12a ∥ **Cp 13,1** a ш𝔊^min Syh pr vb sec Dt 1,20–23a ∥ **2** a ш𝔊𝔖 sg.

4 פָּארָ֑ן [a]עַל־פִּ֣י יְהוָ֑ה כֻּלָּ֣ם אֲנָשִׁ֔ים רָאשֵׁ֥י בְנֵֽי־יִשְׂרָאֵ֖ל הֵֽמָּה׃ 4 וְאֵ֖לֶּה — עה. יז[1] ר״פ בתור וכל תלדות דכות ב מ ד
5 שְׁמוֹתָ֑ם לְמַטֵּ֣ה רְאוּבֵ֔ן שַׁמּ֖וּעַ בֶּן־זַכּֽוּר׃ 5 לְמַטֵּ֣ה שִׁמְע֔וֹן שָׁפָ֖ט בֶּן־ — ב מל בתור[2]
6 7 חוֹרִֽי׃ 6 לְמַטֵּ֣ה יְהוּדָ֔ה כָּלֵ֖ב בֶּן־יְפֻנֶּֽה׃ 7 לְמַטֵּ֣ה יִשָּׂשכָ֔ר יִגְאָ֖ל [a]בֶּן־ — ל
8 9 יוֹסֵֽף׃[ba] 8 לְמַטֵּ֥ה אֶפְרָ֖יִם הוֹשֵׁ֥עַ[a] בִּן־נֽוּן׃ 9 לְמַטֵּ֣ה בִנְיָמִ֔ן פַּלְטִ֖י בֶּן־ — ד קמ וכל אתנח וס״פ דכות[3]. ג בתור בליש
10 11 רָפֽוּא׃[a] 10 [a]לְמַטֵּ֣ה זְבוּלֻ֔ן גַּדִּיאֵ֖ל בֶּן־סוֹדִֽי׃ 11 לְמַטֵּ֥ה[a] יוֹסֵ֖ף לְמַטֵּ֥ה — יב יתיר א ס״ת[4]. ל
12 13 מְנַשֶּׁ֖ה גַּדִּ֥י בֶּן־סוּסִֽי׃ 12 לְמַטֵּ֣ה דָ֔ן עַמִּיאֵ֖ל בֶּן־גְּמַלִּֽי׃ 13 לְמַטֵּ֣ה אָשֵׁ֔ר — ל. ל
14 15 סְת֖וּר בֶּן־מִֽיכָאֵֽל׃ 14 לְמַטֵּ֣ה נַפְתָּלִ֔י נַחְבִּ֖י בֶּן־וָפְסִֽי׃[a] 15 לְמַטֵּ֣ה גָ֔ד — ל בתור. ל. ל
16 גְּאוּאֵ֖ל[a] בֶּן־מָכִֽי׃[b] 16 אֵ֚לֶּה שְׁמ֣וֹת הָֽאֲנָשִׁ֔ים אֲשֶׁר־שָׁלַ֥ח מֹשֶׁ֖ה לָת֣וּר — ל. ל. ה[5]
17 אֶת־הָאָ֑רֶץ וַיִּקְרָ֥א מֹשֶׁ֛ה לְהוֹשֵׁ֥עַ[a] בִּן־נ֖וּן יְהוֹשֻֽׁעַ׃ 17 וַיִּשְׁלַ֤ח — ג בתור בליש
אֹתָם֙ מֹשֶׁ֔ה[a] לָת֖וּר אֶת־אֶ֣רֶץ כְּנָ֑עַן וַיֹּ֣אמֶר אֲלֵהֶ֗ם עֲל֥וּ זֶה֙ בַּנֶּ֔גֶב
18 וַעֲלִיתֶ֖ם אֶת־הָהָֽר׃ 18 וּרְאִיתֶ֥ם אֶת־הָאָ֖רֶץ מַה־הִ֑וא וְאֶת־הָעָם֙ — ד[6]. יב[7]
19 הַיֹּשֵׁ֣ב עָלֶ֔יהָ הֶחָזָ֥ק הוּא֙ הֲרָפֶ֔ה[a] הַמְעַ֥ט ה֖וּא אִם־רָֽב׃ 19 וּמָ֣ה הָאָ֗רֶץ — ל
אֲשֶׁר־הוּא֙ יֹשֵׁ֣ב בָּ֔הּ הֲטוֹבָ֥ה הִ֖וא אִם־רָעָ֑ה וּמָ֣ה הֶֽעָרִ֗ים אֲשֶׁר־הוּא֙ — ל
20 יוֹשֵׁ֣ב בָּהֵ֔נָּה[a] [b]הַבְּמַֽחֲנִ֖ים אִ֥ם בְּמִבְצָרִֽים׃[b] 20 וּמָ֣ה הָ֠אָרֶץ הַשְּׁמֵנָ֨ה — יז מל בתור. ג[8]. ל. אם האם ואם כן בטע[9]. ג[10]
הִ֜וא אִם־רָזָ֗ה הֲיֵֽשׁ־בָּ֥הּ עֵץ֙ אִם־אַ֔יִן וְהִ֨תְחַזַּקְתֶּ֔ם וּלְקַחְתֶּ֖ם מִפְּרִ֣י — ד[11]. ו
21 הָאָ֑רֶץ וְהַ֨יָּמִ֔ים יְמֵ֖י[a] בִּכּוּרֵ֥י[b] עֲנָבִֽים׃ 21 וַֽיַּעֲל֖וּ[a] וַיָּתֻ֣רוּ אֶת־הָאָ֑רֶץ — ל
22 מִמִּדְבַּר־צִ֥ן עַד־רְחֹ֖ב לְבֹ֥א חֲמָֽת׃[b] 22 וַיַּעֲל֣וּ בַנֶּגֶב֮ וַיָּבֹ֣א[a] עַד־חֶבְרוֹן֒ — ט חס[12]. ח סביר לשון רבים
וְשָׁ֤ם אֲחִימַן֙ שֵׁשַׁ֣י וְתַלְמַ֔י יְלִידֵ֖י הָעֲנָ֑ק[b] וְחֶבְר֗וֹן שֶׁ֤בַע שָׁנִים֙ נִבְנְתָ֔ה — ל
23 לִפְנֵ֖י צֹ֥עַן מִצְרָֽיִם׃ 23 וַיָּבֹ֜אוּ עַד־נַ֣חַל אֶשְׁכֹּ֗ל וַיִּכְרְת֨וּ[a] מִשָּׁ֤ם זְמוֹרָה֙ — ה חס[13]
וְאֶשְׁכּ֤וֹל עֲנָבִים֙ אֶחָ֔ד וַיִּשָּׂאֻ֥הוּ[b] בַמּ֖וֹט בִּשְׁנָ֑יִם וּמִן־הָֽרִמֹּנִ֖ים וּמִן־ — ד חס[14]. ל
24 הַתְּאֵנִֽים׃ 24 לַמָּק֣וֹם הַה֔וּא קָרָ֖א[a] נַ֣חַל אֶשְׁכּ֑וֹל עַ֚ל אֹד֣וֹת הָֽאֶשְׁכּ֔וֹל
25 אֲשֶׁר־כָּרְת֥וּ מִשָּׁ֖ם בְּנֵ֥י יִשְׂרָאֵֽל׃ 25 וַיָּשֻׁ֖בוּ מִתּ֣וּר הָאָ֑רֶץ[a] מִקֵּ֖ץ אַרְבָּעִ֥ים
26 יֽוֹם׃ 26 וַיֵּלְכ֡וּ וַיָּבֹ֩אוּ֩ אֶל־מֹשֶׁ֨ה וְאֶֽל־אַהֲרֹ֜ן וְאֶל־כָּל־עֲדַ֧ת בְּנֵֽי־יִשְׂרָאֵ֛ל

Cp 13 [1]Mm 267. [2]Mm 905. [3]Mm 906. [4]Mm 907. [5]Mm 265. [6]Mm 908. [7]Mm 1055. [8]Mm 909. [9]Mm 3887. [10]Mp sub loco. [11]Mm 1798. [12]Mm 355. [13]Mm 92. [14]Mm 1737.

3 [a] 𝔐 ut 10,12[a] ‖ **7** [a–a] crrp ex לִבְנֵי י׳, quod tr in 11 loco למטה יו׳; deest patronymicum Jigali ‖ [b] huc tr 10.11 ‖ **8** [a] 𝔐 יהושע, id 16 ‖ **9** [a] 𝔖 *dpw* ‖ **10** [a] cf 7[b] ‖ **11** [a] l לִבְנֵי cf 7[a–a] et 1,10 ‖ **14** [a] 𝔊 *Ιαβι* ‖ **15** [a] 𝔊 *Γουδιηλ* = 10 ‖ [b] 𝔐 מיכי ‖ **16** [a] cf 8[a] ‖ **17** [a] > 𝔐 ‖ **18** [a] 𝔐 –פא ‖ **19** [a] 𝔐 בהן ‖ [b–b] 𝔐 המבחנים אך מבצרים ‖ **20** [a] 𝔊 + *ἔαρος* ‖ [b] 𝔐 –תה ‖ 𝔐 בכרות ‖ **21** [a] 𝔐 וילכו ויבאו ut 26 ‖ [b] 𝔐 –תה ‖ **22** [a] l c Seb pc Mss 𝔐 Vrs pl ‖ [b] 𝔐 ענק ut 𝔐 33, id 28 ‖ **23** [a] pr וַיְתֻרֻהוּ? (hpgr) cf 𝔊 *καὶ κατεσκέψαντο αὐτήν* ‖ [b] 𝔐 וישאו ‖ **24** [a] 𝔐𝔊𝔖𝔗[J] pl ‖ **25** [a] 𝔐𝔗[J] את ה׳.

בׄ[15] . ל[16] גׄ מנה מלׄ . לׄ — אֶל־מִדְבַּר פָּארָן[a] קָדֵשָׁה וַיָּשִׁיבוּ אֹתָם דָּבָר וְאֶת־כָּל־הָעֵדָה וַיַּרְאוּם

27 אֶת־פְּרִי הָאָרֶץ׃ 27 וַיְסַפְּרוּ־לוֹ וַיֹּאמְרוּ בָּאנוּ אֶל־הָאָרֶץ אֲשֶׁר

28 שְׁלַחְתָּנוּ וְגַם זָבַת חָלָב וּדְבַשׁ הִוא וְזֶה־פִּרְיָהּ׃ 28 אֶפֶס כִּי־עַז הָעָם

לׄ . בׄ חס — הַיֹּשֵׁב בָּאָרֶץ וְהֶעָרִים בְּצֻרוֹת גְּדֹלֹת מְאֹד וְגַם־יְלִדֵי הָעֲנָק[a] רָאִינוּ

29 יׄז מלׄ בתורׄ . סימן תׄ סׄ מׄ כׄ[17] . יׄז מלׄ בתורׄ — שָׁם׃ 29 עֲמָלֵק יוֹשֵׁב בְּאֶרֶץ הַנֶּגֶב וְהַחִתִּי[a] וְהַיְבוּסִי וְהָאֱמֹרִי יוֹשֵׁב

30 יׄז מלׄ בתורׄ[18] . לׄ . לׄ — בָּהָר וְהַכְּנַעֲנִי יֹשֵׁב עַל־הַיָּם וְעַל יַד הַיַּרְדֵּן׃ 30 וַיַּהַס[a] כָּלֵב אֶת־

גׄ כתׄ ה[19] . דׄ מלׄ[20] — הָעָם אֶל[b]־מֹשֶׁה וַיֹּאמֶר[c] עָלֹה נַעֲלֶה וְיָרַשְׁנוּ אֹתָהּ כִּי־יָכוֹל נוּכַל לָהּ׃

31 חׄ ר״פ — 31 וְהָאֲנָשִׁים אֲשֶׁר־עָלוּ עִמּוֹ אָמְרוּ לֹא נוּכַל לַעֲלוֹת אֶל־הָעָם כִּי־

32 יׄבׄ[21] — חָזָק הוּא מִמֶּנּוּ׃ 32 וַיֹּצִיאוּ דִּבַּת הָאָרֶץ אֲשֶׁר תָּרוּ אֹתָהּ אֶל־בְּנֵי

יִשְׂרָאֵל לֵאמֹר הָאָרֶץ אֲשֶׁר עָבַרְנוּ בָהּ לָתוּר אֹתָהּ אֶרֶץ אֹכֶלֶת

33 בׄ מלׄ[22] . נׄאׄ[23] מ״פ וכל ר״פ דכותׄ בׄ מׄ גׄ . הׄ ר״פ[24] — יוֹשְׁבֶיהָ הִוא וְכָל־הָעָם אֲשֶׁר־רָאִינוּ בְתוֹכָהּ אַנְשֵׁי מִדּוֹת׃ 33 וְשָׁם

גׄ בׄ חסׄ וחד מלׄ . גׄ בׄ חסׄ וחד מלׄ . בׄ[25] . בׄ[26] — רָאִינוּ אֶת־הַנְּפִילִים [a]בְּנֵי עֲנָק מִן־הַנְּפִלִים[a] וַנְּהִי בְעֵינֵינוּ כַּחֲגָבִים וְכֵן

14 יׄ — הָיִינוּ בְּעֵינֵיהֶם[b]׃ **14** 1 וַתִּשָּׂא[a] כָּל־הָעֵדָה וַיִּתְּנוּ אֶת־קוֹלָם

2 וַיִּבְכּוּ[b] הָעָם בַּלַּיְלָה הַהוּא׃ 2 וַיִּלֹּנוּ עַל־מֹשֶׁה וְעַל־אַהֲרֹן כֹּל בְּנֵי

כׄבׄ[1] — יִשְׂרָאֵל[a] וַיֹּאמְרוּ אֲלֵהֶם כָּל־הָעֵדָה לוּ־מַתְנוּ בְּאֶרֶץ מִצְרַיִם אוֹ

3 כׄבׄ[1] . לׄ — בַּמִּדְבָּר הַזֶּה לוּ־מָתְנוּ׃ 3 וְלָמָה יְהוָה מֵבִיא אֹתָנוּ אֶל־הָאָרֶץ הַזֹּאת

דׄ דגשׄ[2] . יׄבׄ מלׄ בתורׄ[3] . יׄדׄ בטעׄ[4] . כׄחׄ[5] — לִנְפֹּל בַּחֶרֶב נָשֵׁינוּ וְטַפֵּנוּ יִהְיוּ לָבַז הֲלוֹא טוֹב לָנוּ שׁוּב מִצְרָיְמָה׃

4 5 זׄ[6] . כׄחׄ[5] — 4 וַיֹּאמְרוּ אִישׁ אֶל־אָחִיו נִתְּנָה[a] רֹאשׁ וְנָשׁוּבָה[b] מִצְרָיְמָה׃ 5 וַיִּפֹּל

6 כׄטׄ בתורׄ . יׄאׄ זוגין בטעׄ[7] — מֹשֶׁה וְאַהֲרֹן עַל־פְּנֵיהֶם לִפְנֵי כָּל־קְהַל[a] עֲדַת בְּנֵי יִשְׂרָאֵל׃ 6 וִיהוֹשֻׁעַ

גׄ — בִּן־נוּן וְכָלֵב בֶּן־יְפֻנֶּה מִן־הַתָּרִים[a] אֶת־הָאָרֶץ קָרְעוּ בִּגְדֵיהֶם׃

7 גׄ — 7 וַיֹּאמְרוּ אֶל־כָּל־עֲדַת בְּנֵי־יִשְׂרָאֵל לֵאמֹר הָאָרֶץ אֲשֶׁר עָבַרְנוּ בָהּ

8 וׄ . וׄ ר״פ — לָתוּר אֹתָהּ טוֹבָה הָאָרֶץ מְאֹד מְאֹד׃ 8 אִם־חָפֵץ בָּנוּ יְהוָה וְהֵבִיא

אֹתָנוּ אֶל־הָאָרֶץ הַזֹּאת וּנְתָנָהּ לָנוּ אֶרֶץ אֲשֶׁר־הִוא זָבַת חָלָב וּדְבָשׁ׃

9 9 אַךְ בַּיהוָה אַל־תִּמְרֹדוּ וְאַתֶּם אַל־תִּירְאוּ אֶת־עַם הָאָרֶץ כִּי לַחְמֵנוּ

10 הֶם סָר צִלָּםᵃ מֵעֲלֵיהֶם וַיהוָה אִתָּנוּ אַל־תִּירָאֻם׃ 10 וַיֹּאמְרוּᵃ כָּל־
הָעֵדָה לִרְגּוֹם אֹתָם בָּאֲבָנִים וּכְבוֹד יְהוָה נִרְאָה בְּאֹהֶלᵇ מוֹעֵד אֶל־
ס[יד] כָּל־בְּנֵי יִשְׂרָאֵל׃ פ 11 וַיֹּאמֶר יְהוָה אֶל־מֹשֶׁה עַד־אָנָה יְנַאֲצֻנִי
הָעָם הַזֶּה וְעַד־אָנָה לֹא־יַאֲמִינוּ בִי בְּכֹל הָאֹתוֹת אֲשֶׁר עָשִׂיתִי
12 בְּקִרְבּוֹ׃ 12 אַכֶּנּוּ בַדֶּבֶר וְאוֹרִשֶׁנּוּ וְאֶעֱשֶׂה אֹתְךָᵃ לְגוֹי־גָּדוֹל וְעָצוּם
13 מִמֶּנּוּ׃ 13 וַיֹּאמֶר מֹשֶׁה אֶל־יְהוָה וְשָׁמְעוּ מִצְרַיִם כִּי־הֶעֱלִיתָ בְכֹחֲךָ
14 אֶת־הָעָם הַזֶּה מִקִּרְבּוֹ׃ 14 ᵃוְאָמְרוּ אֶל־ᵃיוֹשֵׁב הָאָרֶץ הַזֹּאתᵇ שָׁמְעוּ
כִּי־אַתָּה יְהוָה בְּקֶרֶב הָעָם הַזֶּה אֲשֶׁר־עַיִן בְּעַיִן נִרְאָהᶜ ׀ אַתָּה יְהוָה
וַעֲנָנְךָ עֹמֵד עֲלֵהֶם וּבְעַמֻּד עָנָן אַתָּה הֹלֵךְ לִפְנֵיהֶם יוֹמָם וּבְעַמּוּד אֵשׁ
15 לָיְלָה׃ 15 וְהֵמַתָּה אֶת־הָעָם הַזֶּה כְּאִישׁ אֶחָד וְאָמְרוּ הַגּוֹיִם אֲשֶׁר־
16 שָׁמְעוּ אֶת־שִׁמְעֲךָᵃ לֵאמֹר׃ 16 מִבִּלְתִּי יְכֹלֶת יְהוָה לְהָבִיא אֶת־הָעָם
17 הַזֶּה אֶל־הָאָרֶץ אֲשֶׁר־נִשְׁבַּע לָהֶם וַיִּשְׁחָטֵםᵃ בַּמִּדְבָּר׃ 17 וְעַתָּה
18 יִגְדַּל־ᵃנָא כֹּחַ אֲדֹנָיᵇ כַּאֲשֶׁר דִּבַּרְתָּ לֵאמֹר׃ 18 יְהוָה אֶרֶךְ אַפַּיִם
וְרַב־חֶסֶדᵃ נֹשֵׂא עָוֺן וָפָשַׁעᵇ וְנַקֵּה לֹאᶜ יְנַקֶּה פֹּקֵד עֲוֺן אָבוֹת עַל־בָּנִים
19 עַלᵈ־שִׁלֵּשִׁים וְעַל־רִבֵּעִים׃ 19 סְלַח־נָא לַעֲוֺן הָעָם הַזֶּה כְּגֹדֶל חַסְדֶּךָ
20 וְכַאֲשֶׁר נָשָׂאתָה לָעָם הַזֶּה מִמִּצְרַיִם וְעַד־הֵנָּה׃ 20 וַיֹּאמֶר יְהוָה
21 סָלַחְתִּי כִּדְבָרֶךָᵃ׃ 21 וְאוּלָם חַי־אָנִי וְיִמָּלֵאᵃ כְבוֹד־יְהוָה אֶת־כָּל־
22 הָאָרֶץ׃ 22 כִּי כָל־הָאֲנָשִׁים הָרֹאִים אֶת־כְּבֹדִי וְאֶת־אֹתֹתַי אֲשֶׁר־
עָשִׂיתִי בְמִצְרַיִם וּבַמִּדְבָּר וַיְנַסּוּ אֹתִי זֶה עֶשֶׂר פְּעָמִים וְלֹא שָׁמְעוּ
23 בְּקוֹלִי׃ 23 אִם־יִרְאוּ אֶת־הָאָרֶץ אֲשֶׁר נִשְׁבַּעְתִּי לַאֲבֹתָםᵃ וְכָל־
24 מְנַאֲצַי לֹא יִרְאוּהָ׃ 24 וְעַבְדִּי כָלֵב עֵקֶב הָיְתָה רוּחַ אַחֶרֶת עִמּוֹ
וַיְמַלֵּא אַחֲרָי וַהֲבִיאֹתִיו אֶל־הָאָרֶץ אֲשֶׁר־בָּא שָׁמָּה וְזַרְעוֹ יוֹרִשֶׁנָּהᵃ׃

ל. כב בתור. ב חד מל וחד חס
יז פסוק עד ועד[8]. ל
ל. ב מל בתור
ל
ה. ב בתור. ג[9]
ל. יז מל בתור
ט[10] וכל קריא דכות ב מ יב. ג[11]
ל. יג חס בתור[12]. ב חס ול בליש
ב[13]. כ[14]
ב[15]. ב
ג[16]
קלד[17]
לח
ה. ב ר״פ בתור[18]. ב[19]
ל מל[20]. ד[21]
יג חס בליש. ה ר״פ וכל איוב דכות ב מ ג[22]. ב[23]. יד
ג[24]
ל מל בתור[25]. ו ר״פ בסיפ
ל. ל
ט ול בסיפ[26]. ד. ב[26]. ז[27]

[8]Mm 912. [9]Mm 603. [10]Mm 230. [11]Mm 1169. [12]Mm 675. [13]Mm 1607. [14]Mm 1514. [15]Ez 16,28. [16]Mm 2007. [17]Cf Okhl II, 151 et Mp sub loco. [18]Mm 594. [19]Ps 79,11. [20]Mm 1713. [21]Mm 913. [22]Cf Hi 2,5; 5,8; 13,3. [23]Mm 3319. [24]Mm 1052. [25]Mm 153. [26]Mp sub loco. [27]Mm 970.

9 ᵃ 𝔊 *ὁ καιρός* ‖ **10** ᵃ pr וַיִּמְאֲנוּ (hpgr)? ‖ ᵇ 𝔊(𝔖𝔗ᴶ) *ἐν νεφέλῃ ἐπὶ τῆς σκηνῆς*, frt l בֶּעָנָן עַל־א׳ ‖ **12** ᵃ ⅏𝔊 + וְאֶת־בֵּית אָבִיךָ ‖ **14** ᵃ⁻ᵃ crrp; 𝔊 *ἀλλὰ καὶ πάντες*, l וְגַם כָּל־ cf 𝔖𝔙? ‖ ᵇ ins אֲשֶׁר cf 𝔖𝔗ᴶ𝔙? ‖ ᶜ l נראה ‖ **15** ᵃ 𝔊 *τὸ ὄνομά σου* = שִׁמְךָ ‖ **16** ᵃ 𝔊 *κατέστρωσεν αὐτούς* = וַיִּשְׁטָחֵם ‖ **17** ᵃ sic L, mlt Mss Edd י maj ‖ ᵇ mlt Mss Edd יהוה ‖ **18** ᵃ pc Mss ⅏𝔊 + וֶאֱמֶת ‖ ᵇ pc Mss ⅏𝔊 + וְחַטָּאָה ‖ ᶜ ⅏ לו ‖ ᵈ pc Mss ⅏ᴹˢˢ וְעַל ‖ **20** ᵃ mlt Mss ⅏ ריך– ‖ **21** ᵃ l וִימָּלֵא? ‖ **23** ᵃ ⅏ + לתת להם; 𝔊 + nonn vb ex Dt 1,39 ‖ **24** ᵃ ⅏ יִירָשֶׁנָּה.

25 וְהָעֲמָלֵקִי וְהַֽכְּנַעֲנִי יוֹשֵׁב בָּעֵמֶק[a] מָחָר פְּנוּ וּסְעוּ לָכֶם הַמִּדְבָּר[b] 25 — יז מל בתור
26 דֶּרֶךְ יַם־סֽוּף׃ פ 26 וַיְדַבֵּר יְהוָה אֶל־מֹשֶׁה וְאֶל־אַהֲרֹן לֵאמֹֽר׃ — יא[28]
27 עַד־מָתַי[a] לָעֵדָה הָרָעָה הַזֹּאת אֲשֶׁר הֵמָּה מַלִּינִים עָלָי אֶת־תְּלֻנּוֹת 27 — ב מל
28 בְּנֵי יִשְׂרָאֵל אֲשֶׁר הֵמָּה מַלִּינִים עָלַי[b] שָׁמָֽעְתִּי׃ 28 אֱמֹר אֲלֵהֶם חַי־ — ב מל
אָנִי נְאֻם־יְהוָה אִם־לֹא כַּאֲשֶׁר דִּבַּרְתֶּם בְּאָזְנָי כֵּן אֶעֱשֶׂה לָכֶֽם׃ — ב בתור[29]. יב ח מנה קמ
29 בַּמִּדְבָּר הַזֶּה יִפְּלוּ פִגְרֵיכֶם וְכָל־פְּקֻדֵיכֶם לְכָל־[a]מִסְפַּרְכֶם מִבֶּן 29 — ל
30 עֶשְׂרִים שָׁנָה וָמָעְלָה אֲשֶׁר הֲלִֽינֹתֶם עָלָֽי׃ 30 אִם־אַתֶּם תָּבֹאוּ אֶל־ — ל. ו ר״פ בסיפ וחד מן יב[30] ר״פ אם אם
הָאָרֶץ אֲשֶׁר נָשָׂאתִי אֶת־יָדִי לְשַׁכֵּן אֶתְכֶם בָּהּ כִּי אִם־כָּלֵב בֶּן־יְפֻנֶּה — יט
31 וִיהוֹשֻׁעַ בִּן־נֽוּן׃ 31 וְטַפְּכֶם אֲשֶׁר אֲמַרְתֶּם לָבַז יִהְיֶה[a] וְהֵבֵיאתִי אֹתָם — ל מל
32 וְיָֽדְעוּ[b] אֶת־הָאָרֶץ אֲשֶׁר מְאַסְתֶּם בָּֽהּ׃ 32 וּפִגְרֵיכֶם אַתֶּם יִפְּלוּ
33 בַּמִּדְבָּר הַזֶּֽה׃ 33 וּבְנֵיכֶם יִהְיוּ רֹעִים[a] בַּמִּדְבָּר אַרְבָּעִים שָׁנָה וְנָשְׂאוּ — י
34 אֶת־זְנוּתֵיכֶם[b] עַד־תֹּם פִּגְרֵיכֶם בַּמִּדְבָּֽר׃ 34 בְּמִסְפַּר הַיָּמִים אֲשֶׁר־ — ל
תַּרְתֶּם אֶת־הָאָרֶץ אַרְבָּעִים יוֹם יוֹם לַשָּׁנָה [a]יוֹם לַשָּׁנָה[a] תִּשְׂאוּ אֶת־ — ב[31]
35 עֲוֺנֹתֵיכֶם אַרְבָּעִים שָׁנָה וִידַעְתֶּם אֶת־תְּנוּאָתִֽי[b]׃ 35 אֲנִי יְהוָה דִּבַּרְתִּי — ל. ב ר״פ[32]
אִם־לֹא ׀ זֹאת אֶעֱשֶׂה לְכָל־הָעֵדָה הָרָעָה הַזֹּאת הַנּוֹעָדִים עָלָי
36 בַּמִּדְבָּר הַזֶּה יִתַּמּוּ וְשָׁם יָמֻֽתוּ׃ 36 וְהָאֲנָשִׁים אֲשֶׁר־שָׁלַח מֹשֶׁה לָתוּר — ח ר״פ
אֶת־הָאָרֶץ וַיָּשֻׁבוּ וַיַּלִּינוּ[a] עָלָיו[b] אֶת־כָּל־הָעֵדָה לְהוֹצִיא דִבָּה עַל־ — וילינו[33] ק. ב בסיפ[34]
37 הָאָֽרֶץ׃ 37 וַיָּמֻתוּ הָאֲנָשִׁים מוֹצִאֵי דִבַּת־הָאָרֶץ רָעָה בַּמַּגֵּפָה לִפְנֵי — ל חס
38 יְהוָֽה׃ 38 וִיהוֹשֻׁעַ בִּן־נוּן וְכָלֵב בֶּן־יְפֻנֶּה חָיוּ מִן־הָאֲנָשִׁים הָהֵם — ל. יא זוגין בטע[35]
39 הַהֹלְכִים לָתוּר אֶת־הָאָֽרֶץ׃ 39 וַיְדַבֵּר מֹשֶׁה אֶת־[a]הַדְּבָרִים
40 הָאֵלֶּה אֶל־כָּל־בְּנֵי יִשְׂרָאֵל וַיִּתְאַבְּלוּ הָעָם מְאֹֽד׃ 40 וַיַּשְׁכִּמוּ בַבֹּקֶר — ב. ג חס[36]
וַיַּעֲלוּ אֶל־רֹאשׁ־הָהָר לֵאמֹר הִנֶּנּוּ וְעָלִינוּ אֶל־הַמָּקוֹם אֲשֶׁר־אָמַר — ב[37]. ג דגש[38]
41 יְהוָה כִּי חָטָֽאנוּ[a]׃ 41 וַיֹּאמֶר מֹשֶׁה לָמָּה זֶּה אַתֶּם עֹבְרִים אֶת־פִּי יְהוָה

[28] Mm 852. [29] Gn 22,16. [30] Mm 519. [31] Ez 4,6. [32] Mm 914. [33] Mm 839. [34] Mm 1030. [35] Mm 915. [36] Mp sub loco. [37] Mm 327. [38] Mm 916.

25 [a–a] cj c 24 (l יֹשֵׁב) ‖ [b] Seb nonn Mss ꟺ ברה– ‖ **27** [a] ins לִי cf Jer 2,18 ‖ [b] 𝔊 *περὶ ὑμῶν* ‖ **29** [a] pc Mss 𝔖 וְכָל; 𝔊* *καί* ‖ **31** [a] 𝔖 + nonn vb ex Dt 1,39 (cf 23) ‖ [b] prp וְיִרְשׁוּ cf 33, 𝔊* *καὶ κληρονομήσουσιν*; l 𝔐 ‖ **33** [a] prp תֹּעִים (cf 𝔗J ע׳׳ט) vel נָעִים (cf 32,13); l 𝔐 ‖ [b] l ? תְּלֻנֹּתֵיכֶם cf 27 ‖ **34** [a–a] > pc Mss ‖ [b] 𝔊 *τὸν θυμὸν τῆς ὀργῆς μου*, 𝔖𝔗𝔗J alit ‖ **36** [a] l ut Q; K וַיִּלּוֹנוּ ‖ [b] 𝔊 *κατ' αὐτῆς* ‖ **39** [a] nonn Mss 𝔊O𝔙 + כָּל־ ‖ **40** [a] ꟺ Syh + Dt 1,42.

42 וְה֖וּא לֹ֥א תִצְלָֽחᵃ׃ 42 אַֽל־תַּעֲל֔וּ כִּ֛י אֵ֥ין יְהוָ֖ה בְּקִרְבְּכֶ֑ם וְלֹא֙ תִּנָּ֣גְפ֔וּ
43 לִפְנֵ֖י אֹיְבֵיכֶֽם׃ 43 כִּי֩ הָעֲמָלֵקִ֨י וְהַכְּנַעֲנִ֥י שָׁם֙ לִפְנֵיכֶ֔ם וּנְפַלְתֶּ֖ם בֶּחָ֑רֶב
44 כִּֽי־עַל־כֵּ֤ן שַׁבְתֶּם֙ מֵאַחֲרֵ֣י יְהוָ֔ה וְלֹא־יִהְיֶ֥ה יְהוָ֖ה עִמָּכֶֽם׃ 44 וַיַּעְפִּ֕לוּ — ל̇ וחס
לַעֲל֖וֹת אֶל־רֹ֣אשׁ הָהָ֑ר וַאֲר֤וֹן בְּרִית־יְהוָה֙ וּמֹשֶׁ֔ה לֹא־מָ֖שׁוּ מִקֶּ֥רֶב — כו̇ בליש וכל מלכים דכות̇ ב̇ מנה בסיפ̇
45 הַֽמַּחֲנֶֽה׃ 45 וַיֵּ֤רֶד הָֽעֲמָלֵקִי֙ וְהַֽכְּנַעֲנִ֔י הַיֹּשֵׁ֖ב בָּהָ֣ר הַה֑וּאᵃ וַיַּכּ֥וּם — יא̇ [39]
וַֽיַּכְּת֖וּם עַד־הַֽחָרְמָֽהᵇ׃ פ — ל̇

ס̄ [ה̇ י̇] 15 1 וַיְדַבֵּ֥ר יְהוָ֖ה אֶל־מֹשֶׁ֥ה לֵּאמֹֽר׃ 2 דַּבֵּר֙ אֶל־בְּנֵ֣י יִשְׂרָאֵ֔ל
וְאָמַרְתָּ֖ אֲלֵהֶ֑ם כִּ֣י תָבֹ֗אוּ אֶל־אֶ֙רֶץ֙ מוֹשְׁבֹ֣תֵיכֶ֔ם אֲשֶׁ֥ר אֲנִ֖י נֹתֵ֥ן לָכֶֽם׃
3 וַעֲשִׂיתֶ֨ם אִשֶּׁ֤ה לַֽיהוָה֙ עֹלָ֣ה אוֹ־זֶ֔בַח לְפַלֵּא־נֶ֙דֶר֙ א֣וֹ בִנְדָבָ֔הᵃ א֖וֹ — ג̇ [1]
בְּמֹעֲדֵיכֶ֑ם לַעֲשׂ֞וֹת רֵ֤יחַ נִיחֹ֙חַ֙ לַֽיהוָ֔ה מִן־הַבָּקָ֖ר א֥וֹ מִן־הַצֹּֽאן׃ — ב̇ [2] חד מל וחד מן ג̇ חס בליש̇ . ח̇ וכל אשה ריח ניחח דכות̇
4 וְהִקְרִ֛יב הַמַּקְרִ֥יב קָרְבָּנ֖וֹᵃ לַֽיהוָ֑ה מִנְחָה֙ סֹ֣לֶת עִשָּׂר֔וֹןᵇ בָּל֕וּל — ד̇
5 בִּרְבִעִ֥ית הַהִ֖ין שָֽׁמֶן׃ 5 וְיַ֤יִן לַנֶּ֙סֶךְ֙ רְבִיעִ֣ית הַהִ֔ין תַּעֲשֶׂ֥ה עַל־הָעֹלָ֖ה — ד̇ מל̇ [3]
6 א֣וֹ לַזָּ֑בַח לַכֶּ֖בֶשׂ הָאֶחָֽדᵃ׃ 6 א֤וֹ לָאַ֙יִל֙ᵃ תַּעֲשֶׂ֣ה מִנְחָ֔ה סֹ֖לֶת שְׁנֵ֣י עֶשְׂרֹנִ֑ים — ב̇ [4]
7 בְּלוּלָ֥הᵇ בַשֶּׁ֖מֶן שְׁלִשִׁ֥ית הַהִֽין׃ 7 וְיַ֥יִן לַנֶּ֖סֶךְ שְׁלִשִׁ֣ית הַהִ֑ין תַּקְרִ֥יב
8 רֵֽיחַ־נִיחֹ֖חַ לַיהוָֽה׃ 8 וְכִֽי־תַעֲשֶׂ֥ה בֶן־בָּקָ֖ר עֹלָ֣ה אוֹ־זָ֑בַח לְפַלֵּא־ — ח̇ וכל אשה ריח ניחח דכות̇ . ל̇ . ג̇ [1]
9 נֶ֥דֶר אֽוֹ־שְׁלָמִ֖ים לַיהוָֽה׃ 9 וְהִקְרִ֣יבᵃ עַל־בֶּן־הַבָּקָר֮ מִנְחָה֒ סֹ֚לֶת — ב̇ [5] . ב̇
10 שְׁלֹשָׁ֣ה עֶשְׂרֹנִ֔ים בָּל֥וּל בַּשֶּׁ֖מֶן חֲצִ֥י הַהִֽין׃ 10 וְיַ֛יִן תַּקְרִ֥יב לַנֶּ֖סֶךְ חֲצִ֣י — ד̇
11 הַהִ֑ין אִשֵּׁ֥ה רֵֽיחַ־נִיחֹ֖חַ לַיהוָֽה׃ 11 כָּ֣כָה יֵעָשֶׂ֗ה לַשּׁוֹר֙ הָאֶחָ֔ד א֖וֹ לָאַ֣יִל — ד̇ [6] . לו̇ [7] . ל̇
12 הָֽאֶחָ֑ד אֽוֹ־לַשֶּׂ֥ה בַכְּבָשִׂ֖יםᵃ א֥וֹ בָעִזִּֽים׃ 12 כַּמִּסְפָּ֖רᵃ אֲשֶׁ֣ר תַּעֲשׂ֑וּ כָּ֛כָה — ל̇ . ל̇
13 תַּעֲשׂ֥וּ לָאֶחָ֖ד כְּמִסְפָּרָֽםᵇ׃ 13 כָּל־הָאֶזְרָ֥ח יַעֲשֶׂה־כָּ֖כָה אֶת־אֵ֑לֶּה — ב̇
14 לְהַקְרִ֛יב אִשֵּׁ֥ה רֵֽיחַ־נִיחֹ֖חַ לַיהוָֽה׃ 14 וְכִֽי־יָג֨וּר אִתְּכֶ֜ם גֵּ֗ר א֤וֹ אֲשֶׁר־
בְּתוֹכְכֶם֙ לְדֹרֹ֣תֵיכֶ֔ם וְעָשָׂ֛ה אִשֵּׁ֥ה רֵֽיחַ־נִיחֹ֖חַ לַיהוָ֑ה כַּאֲשֶׁ֥ר תַּעֲשׂ֖וּ — יב̇ בתור
15 כֵּ֥ן יַעֲשֶֽׂה׃ 15 הַקָּהָ֕לᵃ חֻקָּ֥ה אַחַ֛ת לָכֶ֖ם וְלַגֵּ֣ר הַגָּ֑רᵇ חֻקַּ֤ת עוֹלָם֙ — ב̇
16 לְדֹרֹ֣תֵיכֶ֔ם כָּכֶ֛ם כַּגֵּ֥ר יִהְיֶ֖ה לִפְנֵ֥י יְהוָֽה׃ 16 תּוֹרָ֥ה אַחַ֛ת וּמִשְׁפָּ֥ט אֶחָ֖ד — ל̇

[39] Mm 917. Cp 15 [1] Mm 790. [2] Mm 918. [3] Mm 919. [4] 1S 16,5. [5] Mp sub loco. [6] Mm 1191. [7] Mm 210.

41 ᵃ ш תצליח ‖ **45** ᵃ ш Syh + nonn vb sec Dt 1,44 ‖ ᵇ ш𝔗 חרמה; add c ш𝔊 וַיָּשֻׁבוּ אֶל־הַמַּחֲנֶה cf Dt 1,45a ‖ **Cp 15,3** ᵃ ш𝔖 נ׳ ‖ **4** ᵃ ш את ק׳ ‖ ᵇ 𝔊(𝔙) + τοῦ οἰφί ‖ **5** ᵃ 𝔊 + nonn vb (cf 10b) ‖ **6** ᵃ 𝔊 + nonn vb (cf 5ᵃ) ‖ ᵇ ш בלול ‖ **9** ᵃ prp וְהִקְרַבְתָּ (cf 𝔖𝔙?) ‖ **11** ᵃ Seb בכשבים ‖ **12** ᵃ ш כְּמִסְפָּרָם ‖ ᵇ nonn Mss ш במ׳ ‖ **15** ᵃ > 𝔖𝔙, dl (dttg); ш𝔊 cj c 14, 𝔊 + κυρίῳ ‖ ᵇ frt ins אִתְּכֶם cf 𝔊𝔖 et 16.

ב יִהְיֶה לָכֶם וְלַגֵּר הַגָּר אִתְּכֶם׃ פ 17 וַיְדַבֵּר יְהוָה אֶל־מֹשֶׁה לֵּאמֹר׃ 17
ג[8] 18 דַּבֵּר אֶל־בְּנֵי יִשְׂרָאֵל וְאָמַרְתָּ אֲלֵהֶם בְּבֹאֲכֶם אֶל־הָאָרֶץ אֲשֶׁר 18
יח ס״פ . ל אֲנִי מֵבִיא אֶתְכֶם שָׁמָּה׃ 19 וְהָיָה בַּאֲכָלְכֶם מִלֶּחֶם הָאָרֶץ תָּרִימוּ 19
כח . ג ול חס תְרוּמָה לַיהוָה׃ 20 רֵאשִׁית עֲרִסֹתֵכֶם חַלָּה תָּרִימוּ תְרוּמָה כִּתְרוּמַת 20
ה[9] . ג גֹּרֶן כֵּן תָּרִימוּ אֹתָהּ׃ 21 מֵרֵאשִׁית עֲרִסֹתֵיכֶם תִּתְּנוּ לַיהוָה תְּרוּמָה 21
ד בטע ס״פ[10] . ג[11] לְדֹרֹתֵיכֶם׃ ס 22 וְכִי תִשְׁגּוּ וְלֹא תַעֲשׂוּ אֵת כָּל־הַמִּצְוֺת הָאֵלֶּה 22
ב בתור[12] . ל[13] אֲשֶׁר־דִּבֶּר יְהוָה אֶל־מֹשֶׁה׃ 23 אֵת כָּל־אֲשֶׁר צִוָּה יְהוָה אֲלֵיכֶם[a] 23
בְּיַד־מֹשֶׁה מִן[b]־הַיּוֹם אֲשֶׁר צִוָּה יְהוָה וָהָלְאָה לְדֹרֹתֵיכֶם׃ 24 וְהָיָה 24
ד[14] . ד[15] אִם מֵעֵינֵי הָעֵדָה נֶעֶשְׂתָה לִשְׁגָגָה[a] וְעָשׂוּ כָל־הָעֵדָה פַּר בֶּן־בָּקָר
ל[16] אֶחָד לְעֹלָה לְרֵיחַ נִיחֹחַ לַיהוָה וּמִנְחָתוֹ וְנִסְכּוֹ[b] כַּמִּשְׁפָּט וּשְׂעִיר־
ט[17] כת חס א ול בליש . ו בסיפ[18] . ב עִזִּים אֶחָד לְחַטָּת[c]׃ 25 וְכִפֶּר הַכֹּהֵן עַל־כָּל־עֲדַת בְּנֵי יִשְׂרָאֵל וְנִסְלַח 25
לָהֶם כִּי־שְׁגָגָה הִוא וְהֵם הֵבִיאוּ אֶת־קָרְבָּנָם אִשֶּׁה לַיהוָה וְחַטָּאתָם
י פסוק לכל לכל לִפְנֵי יְהוָה עַל־שִׁגְגָתָם׃ 26 וְנִסְלַח לְכָל־עֲדַת בְּנֵי יִשְׂרָאֵל וְלַגֵּר הַגָּר 26
בְּתוֹכָם כִּי לְכָל־הָעָם בִּשְׁגָגָה[a]׃ ס 27 וְאִם־נֶפֶשׁ אַחַת תֶּחֱטָא 27
ל בִשְׁגָגָה וְהִקְרִיבָה עֵז בַּת־שְׁנָתָהּ לְחַטָּאת׃ 28 וְכִפֶּר הַכֹּהֵן עַל־ 28
ל . ל . ל[19] הַנֶּפֶשׁ הַשֹּׁגֶגֶת בְּחֶטְאָה[a] בִשְׁגָגָה לִפְנֵי יְהוָה לְכַפֵּר עָלָיו וְנִסְלַח לוֹ׃
29 הָאֶזְרָח[a] בִּבְנֵי יִשְׂרָאֵל וְלַגֵּר[a] הַגָּר בְּתוֹכָם תּוֹרָה אַחַת יִהְיֶה לָכֶם[b] 29
ל . ג[20] לָעֹשֶׂה בִּשְׁגָגָה׃ 30 וְהַנֶּפֶשׁ אֲשֶׁר־תַּעֲשֶׂה ׀ בְּיָד רָמָה מִן־הָאֶזְרָח וּמִן־ 30
ג הַגֵּר אֶת־יְהוָה[a] הוּא מְגַדֵּף וְנִכְרְתָה הַנֶּפֶשׁ הַהִוא מִקֶּרֶב עַמָּהּ[b]׃ 31 כִּי 31
ח[21] . ל . ב . ל דְבַר[a]־יְהוָה בָּזָה וְאֶת־מִצְוָתוֹ[b] הֵפַר הִכָּרֵת ׀ תִּכָּרֵת הַנֶּפֶשׁ הַהִוא עֲוֺנָה[c]
בָהּ׃ פ 32 וַיִּהְיוּ בְנֵי־יִשְׂרָאֵל בַּמִּדְבָּר וַיִּמְצְאוּ אִישׁ מְקֹשֵׁשׁ עֵצִים 32
ל וחס בְּיוֹם הַשַּׁבָּת׃ 33 וַיַּקְרִיבוּ אֹתוֹ הַמֹּצְאִים אֹתוֹ מְקֹשֵׁשׁ עֵצִים אֶל־מֹשֶׁה 33
ב . ל וְאֶל־אַהֲרֹן וְאֶל כָּל־הָעֵדָה׃ 34 וַיַּנִּיחוּ אֹתוֹ בַּמִּשְׁמָר כִּי לֹא פֹרַשׁ 34
ל[22] . ה מַה־יֵּעָשֶׂה לוֹ׃ ס 35 וַיֹּאמֶר יְהוָה אֶל־מֹשֶׁה מוֹת יוּמַת הָאִישׁ 35

[8] Mm 920. [9] Mm 921. [10] Mm 4015. [11] Mm 770. [12] Ex 4,30. [13] Mm 1360. [14] Mm 866. [15] Mm 998. [16] Mm 574. [17] Mm 922. [18] Mm 884. [19] Mm 745. [20] Mm 462. [21] Mm 2353. [22] Mm 210.

23 [a] 𝔈 לַעֲשׂוֹת ‖ [b] pc Mss 𝔐 לְמִן ‖ **24** [a] pc Mss בשׁ׳ ut 27.29 Lv 4,22 ‖ [b] 𝔐[Mss] pl ‖ [c] 𝔐 טאת– ‖ **26** [a] l הַשֹּׁ׳ ? ‖ **28** [a] = בחטאה; aut l בְּחַטָּאָה ? ‖ **29** [a] l aut הא׳ et וְהַגֵּר aut לָא׳ et ולגר ‖ [b] 𝔊 *αὐτοῖς* ‖ **30** [a] 𝔊 *τὸν θεόν* ‖ [b] 𝔐 עַמֶּיהָ, prb sic l ‖ **31** [a] 𝔐 את ד׳ ‖ [b] 𝔐𝔊𝔖𝔗 pl ‖ [c] = –נה.

36 רָגוֹם[a] אֹתוֹ בָאֲבָנִים כָּל־הָעֵדָה מִחוּץ[b] לַמַּחֲנֶה׃ 36 וַיֹּצִיאוּ אֹתוֹ כָּל־ יב[23]
הָעֵדָה אֶל־מִחוּץ לַמַּחֲנֶה וַיִּרְגְּמוּ אֹתוֹ בָּאֲבָנִים וַיָּמֹת כַּאֲשֶׁר צִוָּה
37 38 יְהוָה אֶת־מֹשֶׁה׃ פ 37 וַיֹּאמֶר יְהוָה אֶל־מֹשֶׁה לֵּאמֹר׃ 38 דַּבֵּר ה
אֶל־בְּנֵי יִשְׂרָאֵל וְאָמַרְתָּ אֲלֵהֶם וְעָשׂוּ לָהֶם צִיצִת[a] עַל־כַּנְפֵי בִגְדֵיהֶם יח פסוק אל על על[24] . ד בליש[25]
39 לְדֹרֹתָם וְנָתְנוּ עַל־צִיצִת הַכָּנָף פְּתִיל תְּכֵלֶת׃ 39 וְהָיָה[a] לָכֶם לְצִיצִת[b] ד בליש[25] . ל
וּרְאִיתֶם אֹתוֹ[c] וּזְכַרְתֶּם אֶת־כָּל־מִצְוֺת יְהוָה וַעֲשִׂיתֶם אֹתָם וְלֹא־ ג[26]
תָתֻרוּ אַחֲרֵי לְבַבְכֶם וְאַחֲרֵי עֵינֵיכֶם אֲשֶׁר־אַתֶּם זֹנִים אַחֲרֵיהֶם׃ יג
40 לְמַעַן תִּזְכְּרוּ וַעֲשִׂיתֶם אֶת־כָּל־מִצְוֺתָי וִהְיִיתֶם קְדֹשִׁים[a] לֵאלֹהֵיכֶם׃
41 אֲנִי יְהוָה אֱלֹהֵיכֶם אֲשֶׁר הוֹצֵאתִי אֶתְכֶם מֵאֶרֶץ מִצְרַיִם לִהְיוֹת ב בטע בתור
לָכֶם לֵאלֹהִים אֲנִי יְהוָה אֱלֹהֵיכֶם׃ פ קי״ט כד ס״פ
ס[ין] פרש 16 1 וַיִּקַּח[a] קֹרַח בֶּן־יִצְהָר בֶּן־קְהָת בֶּן־לֵוִי וְדָתָן וַאֲבִירָם בְּנֵי ג[1]
2 אֱלִיאָב וְאוֹן[b] בֶּן־פֶּלֶת[c] בְּנֵי[d] רְאוּבֵן׃ 2 וַיָּקֻמוּ לִפְנֵי מֹשֶׁה וַאֲנָשִׁים ג מל ול בליש . ב[2] . ל[3]
מִבְּנֵי־יִשְׂרָאֵל חֲמִשִּׁים וּמָאתָיִם נְשִׂיאֵי עֵדָה קְרִאֵי מוֹעֵד אַנְשֵׁי־שֵׁם׃ ל
3 וַיִּקָּהֲלוּ עַל־מֹשֶׁה וְעַל־אַהֲרֹן וַיֹּאמְרוּ אֲלֵהֶם רַב־לָכֶם[a] כִּי כָל־ ב בטע
הָעֵדָה כֻּלָּם קְדֹשִׁים וּבְתוֹכָם יְהוָה וּמַדּוּעַ תִּתְנַשְּׂאוּ עַל־קְהַל יְהוָה׃ ל[4] . ל
4 וַיִּשְׁמַע מֹשֶׁה [a]וַיִּפֹּל עַל־[a]פָּנָיו׃ 5 וַיְדַבֵּר אֶל־קֹרַח וְאֶל־כָּל־עֲדָתוֹ ל
לֵאמֹר [a]בֹּקֶר וְיֹדַע[a] יְהוָה[b] אֶת־אֲשֶׁר־לוֹ וְאֶת־הַקָּדוֹשׁ וְהִקְרִיב[c] ל וחס . ד מל[5]
6 אֵלָיו וְאֵת אֲשֶׁר יִבְחַר־בּוֹ יַקְרִיב אֵלָיו׃ 6 זֹאת עֲשׂוּ קְחוּ־לָכֶם
7 מַחְתּוֹת קֹרַח וְכָל־עֲדָתוֹ׃ 7 וּתְנוּ בָהֵן ׀ אֵשׁ וְשִׂימוּ עֲלֵיהֶן קְטֹרֶת לִפְנֵי ג מל . ל . ה[6] . ז וכל כלית דכות[7] . כל ליש הס
יְהוָה מָחָר וְהָיָה הָאִישׁ אֲשֶׁר־יִבְחַר יְהוָה הוּא הַקָּדוֹשׁ רַב־לָכֶם ד מל[5]
8 9 בְּנֵי לֵוִי׃ 8 וַיֹּאמֶר מֹשֶׁה אֶל־קֹרַח שִׁמְעוּ־נָא[a] בְּנֵי לֵוִי׃ 9 הַמְעַט
מִכֶּם כִּי־הִבְדִּיל אֱלֹהֵי יִשְׂרָאֵל אֶתְכֶם מֵעֲדַת יִשְׂרָאֵל לְהַקְרִיב כה[8] . יא ב מנה בליש

[23] Mm 2610. [24] Mm 658. [25] Mm 923. [26] Mm 924. **Cp 16** [1] Mm 925. [2] 1Ch 2,33. [3] Mm 2882. [4] Mm 1454. [5] Mm 2223. [6] Mm 640. [7] Mm 1197. [8] Mm 2364.

35 [a] ⅏ רִגְמוּ ‖ [b] mlt Mss Edd אֶל־מ׳ ut 36 ‖ **38** [a] ⅏ ציציות cf 39 ‖ **39** [a] ⅏ וְהָיוּ ‖ [b] ⅏ ציציות; prp לְאוֹת vel לְמִצְוֺת ? ‖ [c] ⅏𝔊𝔖𝔗[O] אֹתָם ‖ **40** [a] ⅏ קדושים ‖ **Cp 16,1** [a] 𝔊 *καὶ ἐλάλησεν*, 𝔖(𝔗) *w'tplg* (= et divisit se), 𝔙 *ecce autem*; l וַיָּקָם? cf ο εβρ' *ὑπερηφανεύθη*; prp וַיִּקַּח (a* יקח = arab *waqiḥa*) impudice egit ‖ [b] l הוּא (ראובן—הוא gl ex 26,8.5) ‖ [c] l c 26,5.8 (Gn 46,9 etc) פַּלּוּא ‖ [d] l c Ms ⅏𝔊* בֶּן־ ‖ **3** [a] ins ex 7 בְּנֵי לֵוִי? ‖ **4** [a–a] prp וַיִּפְּלוּ cf Gn 4,5 ‖ **5** [a–a] 𝔊 *ἐπέσκεπται καὶ ἔγνω* = בִּקֵּר וַיֵּדַע ‖ [b] 𝔊 *ὁ θεός* cf 11[b], sed 𝔏 2Tim 2,19 *κύριος* = 𝔐 ‖ [c] ⅏ יק׳; prp וְהַקָּרוֹב ‖ **8** [a–a] 𝔊 *εἰσακούσατέ μου* = שְׁמָעוּנִי (cf 20,10[a–a]).

אֶתְכֶם אֵלָיו לַעֲבֹד אֶת־עֲבֹדַת מִשְׁכַּן יְהוָה וְלַעֲמֹד לִפְנֵי הָעֵדָה
10 לְשָׁרְתָם׃ 10 וַיַּקְרֵב אֹתְךָ וְאֶת־כָּל־אַחֶיךָ בְנֵי־לֵוִי אִתָּךְ וּבִקַּשְׁתֶּם
11 גַּם־כְּהֻנָּה׃ 11 לָכֵן אַתָּה וְכָל־[a]עֲדָתְךָ הַנֹּעָדִים[a] עַל־יְהוָה[b] וְאַהֲרֹן
12 מַה־הוּא כִּי תַלּוֹנוּ[c] עָלָיו׃ 12 וַיִּשְׁלַח מֹשֶׁה לִקְרֹא לְדָתָן וְלַאֲבִירָם
13 בְּנֵי אֱלִיאָב וַיֹּאמְרוּ לֹא נַעֲלֶה׃ 13 הַמְעַט כִּי הֶעֱלִיתָנוּ מֵאֶרֶץ זָבַת
חָלָב וּדְבַשׁ לַהֲמִיתֵנוּ בַּמִּדְבָּר כִּי־תִשְׂתָּרֵר עָלֵינוּ גַּם־הִשְׂתָּרֵר׃
14 14 [a]אַף לֹא[a] אֶל־אֶרֶץ זָבַת חָלָב וּדְבַשׁ הֲבִיאֹתָנוּ וַתִּתֶּן־לָנוּ נַחֲלַת
15 שָׂדֶה וָכָרֶם הַעֵינֵי הָאֲנָשִׁים הָהֵם תְּנַקֵּר לֹא נַעֲלֶה׃ 15 וַיִּחַר לְמֹשֶׁה
מְאֹד וַיֹּאמֶר אֶל־יְהוָה אַל־תֵּפֶן אֶל־מִנְחָתָם[a] לֹא חֲמוֹר[b] אֶחָד מֵהֶם
16 נָשָׂאתִי וְלֹא הֲרֵעֹתִי אֶת־אַחַד מֵהֶם׃ 16 וַיֹּאמֶר מֹשֶׁה אֶל־קֹרַח
17 [a]אַתָּה וְכָל־[a]עֲדָתְךָ הֱיוּ לִפְנֵי יְהוָה אַתָּה וָהֵם וְאַהֲרֹן מָחָר׃ 17 וּקְחוּ
אִישׁ מַחְתָּתוֹ וּנְתַתֶּם עֲלֵיהֶם[a] קְטֹרֶת וְהִקְרַבְתֶּם לִפְנֵי יְהוָה אִישׁ
18 מַחְתָּתוֹ חֲמִשִּׁים וּמָאתַיִם מַחְתֹּת וְאַתָּה וְאַהֲרֹן אִישׁ מַחְתָּתוֹ׃ 18 וַיִּקְחוּ
אִישׁ מַחְתָּתוֹ וַיִּתְּנוּ עֲלֵיהֶם[a] אֵשׁ וַיָּשִׂימוּ עֲלֵיהֶם[b] קְטֹרֶת וַיַּעַמְדוּ פֶּתַח
19 אֹהֶל מוֹעֵד וּמֹשֶׁה[c] וְאַהֲרֹן׃ 19 וַיַּקְהֵל עֲלֵיהֶם קֹרַח אֶת־כָּל־הָעֵדָה
אֶל־פֶּתַח אֹהֶל מוֹעֵד וַיֵּרָא[a] כְבוֹד־יְהוָה אֶל־כָּל־הָעֵדָה׃ פ
20 21 20 וַיְדַבֵּר יְהוָה אֶל־מֹשֶׁה וְאֶל־אַהֲרֹן לֵאמֹר׃ 21 הִבָּדְלוּ מִתּוֹךְ הָעֵדָה
22 הַזֹּאת וַאֲכַלֶּה[a] אֹתָם כְּרָגַע׃ 22 וַיִּפְּלוּ עַל־פְּנֵיהֶם וַיֹּאמְרוּ אֵל אֱלֹהֵי
הָרוּחֹת לְכָל־בָּשָׂר[a] [b]הָאִישׁ אֶחָד[b] יֶחֱטָא וְעַל כָּל־הָעֵדָה תִּקְצֹף׃
23 24 פ 23 וַיְדַבֵּר יְהוָה אֶל־מֹשֶׁה לֵּאמֹר׃ 24 דַּבֵּר אֶל־הָעֵדָה לֵאמֹר
25 הֵעָלוּ מִסָּבִיב לְמִשְׁכַּן־[a]קֹרַח דָּתָן וַאֲבִירָם[a]׃ 25 וַיָּקָם מֹשֶׁה
26 וַיֵּלֶךְ אֶל־דָּתָן וַאֲבִירָם וַיֵּלְכוּ אַחֲרָיו זִקְנֵי יִשְׂרָאֵל׃ 26 וַיְדַבֵּר אֶל־
הָעֵדָה לֵאמֹר סוּרוּ נָא מֵעַל אָהֳלֵי הָאֲנָשִׁים הָרְשָׁעִים הָאֵלֶּה וְאַל־
27 תִּגְּעוּ בְּכָל־אֲשֶׁר לָהֶם פֶּן־תִּסָּפוּ בְּכָל־חַטֹּאתָם׃ 27 וַיֵּעָלוּ מֵעַל

[9] כל אורית חס . ג
[10] ג
[11] ל חס . לא
תלינו ק
ב
ל . ל
ל
ל . ב . ל . יז
[12] ג
יט . כה [13] . ב בתור
ל
כל ליש חס
לה . כל ליש חס
[14] ב חד ר״פ וחד ס״פ
[15] כ
[16] יא . ל
ב
[17] ז . ח בטע . ו בסיפ [18]
[19] ל
[20] ב . ט בליש וכל בחטאתם ובחטאתם דכות [21] . ב [22]

[9] Mm 3775. [10] Mm 926. [11] Mm 486. [12] Mm 3551. [13] Mm 187. [14] Mm 442. [15] Mm 1227. [16] Mm 852. [17] Mm 927. [18] Mm 884. [19] Mm 959. [20] Mm 928. [21] Mm 759 et Mm 929. [22] Mm 930.

11 a–a l prb עדתכָה נע׳ || b 𝔊 ut 5b; 𝔖 in 11a alit || c l c Q תַּלִּינוּ cf 14,36a || **14** a–a 𝔊 εἰ καί = אף לו? || **15** a prp תִּכְחֹתָם vel אנחתם || b 𝔊 ἐπιθύμημα = חָמוּד || **16** a–a 𝔊 ἁγίασον || **17** a ⅏ ־הֵן cf 7 || **18** a nonn Mss ⅏ בָּהֵן cf 7 || b ⅏ ut 17a || c 2 Mss 𝔊𝔖𝔙 מ׳ || **19** a ⅏Mss ויראה || **21** a sic L, mlt Mss Edd וַאֲ׳ || **22** a ⅏ הַבּ׳ || b–b ⅏ הָאִישׁ הָאחד, l sic vel הַאִישׁ א׳ || **24** a–a 𝔊* sol Κορε; originaliter prb יהוה.

מִשְׁכַּן־[a]קֹרַח[b] דָּתָן וַאֲבִירָם[a] מִסָּבִיב וְדָתָן וַאֲבִירָם יָצְאוּ נִצָּבִים פֶּתַח ל[23]. ג[24]
28 אָהֳלֵיהֶם וּנְשֵׁיהֶם וּבְנֵיהֶם וְטַפָּם׃ 28 וַיֹּאמֶר מֹשֶׁה בְּזֹאת תֵּדְעוּן כִּי־ ס. יב בטע ר״פ / ה מנה בתור. ד[25]
29 יְהוָה שְׁלָחַנִי לַעֲשׂוֹת אֵת כָּל־הַמַּעֲשִׂים הָאֵלֶּה כִּי־לֹא מִלִּבִּי׃ 29 אִם־ ו ר״פ בסיפ
כְּמוֹת כָּל־הָאָדָם יְמֻתוּן אֵלֶּה וּפְקֻדַּת כָּל־הָאָדָם יִפָּקֵד עֲלֵיהֶם לֹא ג[26]. ב חד חס וחד מל[27]. / ג[28]. ל
30 יְהוָה שְׁלָחָנִי׃ 30 וְאִם־[a]בְּרִיאָה[b] יִבְרָא[a] יְהוָה וּפָצְתָה הָאֲדָמָה אֶת־ ב חד מל וחד חס
פִּיהָ וּבָלְעָה אֹתָם וְאֶת־כָּל־אֲשֶׁר לָהֶם וְיָרְדוּ חַיִּים שְׁאֹלָה וִידַעְתֶּם י. ז[29]
31 כִּי נִאֲצוּ הָאֲנָשִׁים הָאֵלֶּה אֶת־יְהוָה׃ 31 וַיְהִי כְּכַלֹּתוֹ לְדַבֵּר אֵת כָּל־ ב[30]. כה ז מנה בתור
32 הַדְּבָרִים הָאֵלֶּה וַתִּבָּקַע הָאֲדָמָה אֲשֶׁר תַּחְתֵּיהֶם׃ 32 וַתִּפְתַּח הָאָרֶץ ד[31]
אֶת־פִּיהָ וַתִּבְלַע אֹתָם וְאֶת־בָּתֵּיהֶם וְאֵת כָּל־הָאָדָם אֲשֶׁר לְקֹרַח וְאֵת
33 כָּל־הָרְכוּשׁ׃ 33 וַיֵּרְדוּ הֵם וְכָל־אֲשֶׁר לָהֶם חַיִּים שְׁאֹלָה וַתְּכַס עֲלֵיהֶם ל מל בתור. י
34 הָאָרֶץ וַיֹּאבְדוּ מִתּוֹךְ הַקָּהָל׃ 34 וְכָל־יִשְׂרָאֵל אֲשֶׁר סְבִיבֹתֵיהֶם נָסוּ ב[32]. ט ר״פ בסיפ[33]
35 לְקֹלָם כִּי אָמְרוּ פֶּן־תִּבְלָעֵנוּ הָאָרֶץ׃ 35 וְאֵשׁ יָצְאָה מֵאֵת יְהוָה וַתֹּאכַל ג חס[34]
אֵת הַחֲמִשִּׁים[a] וּמָאתַיִם אִישׁ מַקְרִיבֵי הַקְּטֹרֶת׃ פ ח[35]
17 1 וַיְדַבֵּר יְהוָה אֶל־מֹשֶׁה [a]לֵּאמֹר׃ 2 אֱמֹר אֶל־[a]אֶלְעָזָר בֶּן־
אַהֲרֹן הַכֹּהֵן וְיָרֵם[b] אֶת־הַמַּחְתֹּת מִבֵּין הַשְּׂרֵפָה וְאֶת־הָאֵשׁ זְרֵה[c]־ ב רפי[1]. ב
3 הָלְאָה[d] [e]כִּי קָדֵשׁוּ׃ 3 [e]אֵת מַחְתּוֹת הַחַטָּאִים הָאֵלֶּה בְּנַפְשֹׁתָם[a] וְעָשׂוּ[b] ל. ג מל. ב[2]. / ב חס בליש[3]
אֹתָם רִקֻּעֵי פַחִים צִפּוּי לַמִּזְבֵּחַ[a] כִּי־הִקְרִיבֻם לִפְנֵי־יְהוָה וַיִּקְדָּשׁוּ ל וחס. ה[4]. ל וחס. ל
4 וְיִהְיוּ[c] לְאוֹת לִבְנֵי יִשְׂרָאֵל׃ 4 וַיִּקַּח אֶלְעָזָר[a] הַכֹּהֵן אֵת מַחְתּוֹת יא רפי[5]. ג מל
5 הַנְּחֹשֶׁת אֲשֶׁר הִקְרִיבוּ הַשְּׂרֻפִים וַיְרַקְּעוּם צִפּוּי לַמִּזְבֵּחַ׃ 5 זִכָּרוֹן ל וחס. ל. ה[4]
לִבְנֵי יִשְׂרָאֵל לְמַעַן אֲשֶׁר לֹא־יִקְרַב אִישׁ זָר אֲשֶׁר לֹא מִזֶּרַע אַהֲרֹן
הוּא לְהַקְטִיר קְטֹרֶת לִפְנֵי יְהוָה וְלֹא־יִהְיֶה כְקֹרַח וְכַעֲדָתוֹ כַּאֲשֶׁר כל ליש חס. ל. ל
6 דִּבֶּר יְהוָה בְּיַד־מֹשֶׁה לוֹ׃ 6 וַיִּלֹּנוּ כָּל־עֲדַת בְּנֵי־יִשְׂרָאֵל
מִמָּחֳרָת עַל־מֹשֶׁה וְעַל־אַהֲרֹן לֵאמֹר אַתֶּם הֲמִתֶּם אֶת־עַם יְהוָה׃ ב[6] ול בליש
7 וַיְהִי בְּהִקָּהֵל הָעֵדָה עַל־מֹשֶׁה וְעַל־אַהֲרֹן וַיִּפְנוּ אֶל־אֹהֶל מוֹעֵד ל

[23] Mm 959. [24] Mm 925. [25] Mm 1255. [26] Mm 931. [27] Mm 2396. [28] Mm 850. [29] Mm 3140. [30] 1S 2,17. [31] Mm 932. [32] Mm 933. [33] Mm 881. [34] Mm 1693. [35] Mm 808. **Cp 17** [1] Mm 4264. [2] 1S 15,18. [3] Mm 2557. [4] Mm 644. [5] Mm 417. [6] Mm 934.

27 [a–a] cf 24[a–a] ‖ [b] sic L, mlt Mss Edd קֹרַח ‖ **30** [a–a] 𝔊 *ἐν φάσματι* (vel *χάσματι*) *δείξει* = בְּרָאִי יַרְאֶה? ‖ [b] Sam בריה ‖ [c] 𝔊 + nonn vb cf 32 ‖ **35** [a] Sam ח׳ ‖ **Cp 17,1/2** [a–a] 𝔊 *καὶ πρός* ‖ [b] 𝔊 *ἀνέλεσθε* ‖ [c] l יִזְרֶה? ‖ [d] huc tr 3[a–a]? ‖ **2/3** [e–e] l כִּי קָדְשׁוּ? cf 𝔏𝔖𝔙, quod init 3; 𝔊 *ἡγίασαν* pro קדשו ‖ **3** [a–a] cf 2[d] ‖ [b] 𝔊(𝔖) *καὶ ποίησον* ‖ [c] Sam והיו ‖ **4** [a] Sam𝔊 + בֶּן־אַהֲרֹן ut 2.

8 וְהִנֵּ֛ה כִסָּ֥הוּ הֶעָנָ֖ן וַיֵּרָ֥א[a] כְּב֥וֹד יְהוָֽה׃ 8 וַיָּבֹ֤א מֹשֶׁה֙ וְאַהֲרֹ֔ן אֶל־פְּנֵ֖י
9 10 אֹ֥הֶל מוֹעֵֽד׃ פ 9 וַיְדַבֵּ֥ר יְהוָ֖ה אֶל־מֹשֶׁ֥ה[a] לֵּאמֹֽר׃ 10 הֵרֹ֗מּוּ
11 מִתּוֹךְ֙ הָעֵדָ֣ה הַזֹּ֔את וַאֲכַלֶּ֥ה אֹתָ֖ם כְּרָ֑גַע וַֽיִּפְּל֖וּ עַל־פְּנֵיהֶֽם׃ 11 וַיֹּ֨אמֶר
מֹשֶׁ֜ה אֶֽל־אַהֲרֹ֗ן קַ֣ח אֶת־הַמַּחְתָּ֡ה וְתֶן־עָלֶ֩יהָ֩ אֵ֨שׁ מֵעַ֣ל הַמִּזְבֵּחַ֮ וְשִׂ֣ים
קְטֹ֒רֶת֒ [a]וְהוֹלֵ֧ךְ מְהֵרָ֛ה[a] אֶל־הָעֵדָ֖ה וְכַפֵּ֣ר עֲלֵיהֶ֑ם כִּֽי־יָצָ֥א הַקֶּ֛צֶף
12 מִלִּפְנֵ֥י יְהוָ֖ה הֵחֵ֥ל הַנָּֽגֶף׃ 12 וַיִּקַּ֨ח אַהֲרֹ֜ן כַּאֲשֶׁ֣ר ׀ דִּבֶּ֣ר מֹשֶׁ֗ה וַיָּ֙רָץ֙
אֶל־תּ֣וֹךְ[a] הַקָּהָ֔ל וְהִנֵּ֥ה הֵחֵ֛ל הַנֶּ֖גֶף בָּעָ֑ם וַיִּתֵּן֙ אֶת־הַקְּטֹ֔רֶת וַיְכַפֵּ֖ר עַל־
13 14 הָעָֽם׃ 13 וַיַּעֲמֹ֥ד בֵּין־הַמֵּתִ֖ים וּבֵ֣ין הַֽחַיִּ֑ים וַתֵּעָצַ֖ר הַמַּגֵּפָֽה׃ 14 וַיִּהְי֗וּ
הַמֵּתִים֙ בַּמַּגֵּפָ֔ה אַרְבָּעָ֥ה עָשָׂ֛ר אֶ֖לֶף וּשְׁבַ֣ע מֵא֑וֹת מִלְּבַ֥ד הַמֵּתִ֖ים עַל־
15 דְּבַר־קֹֽרַח׃ 15 וַיָּ֤שָׁב אַהֲרֹן֙ אֶל־מֹשֶׁ֔ה אֶל־פֶּ֖תַח אֹ֣הֶל מוֹעֵ֑ד וְהַמַּגֵּפָ֖ה
[יז]ס נֶעֱצָֽרָה׃ פ 16 וַיְדַבֵּ֥ר יְהוָ֖ה אֶל־מֹשֶׁ֥ה לֵּאמֹֽר׃ 17 דַּבֵּ֣ר ׀ אֶל־בְּנֵ֣י
יִשְׂרָאֵ֗ל וְקַ֣ח מֵאִתָּ֡ם מַטֶּה֩ מַטֶּ֨ה לְבֵ֜ית אָ֗ב מֵאֵת֙ כָּל־נְשִׂ֣יאֵהֶ֔ם לְבֵ֣ית
18 אֲבֹתָ֔ם שְׁנֵ֥ים עָשָׂ֖ר מַטּ֑וֹת[a] אִ֣ישׁ אֶת־שְׁמ֔וֹ תִּכְתֹּ֖ב עַל־מַטֵּֽהוּ׃ 18 וְאֵת֙
שֵׁ֣ם אַהֲרֹ֔ן תִּכְתֹּ֖ב עַל־מַטֵּ֣ה לֵוִ֑י [a]כִּ֚י מַטֶּ֣ה אֶחָ֔ד לְרֹ֖אשׁ בֵּ֥ית אֲבוֹתָֽם[a]׃
19 19 וְהִנַּחְתָּ֖ם בְּאֹ֣הֶל מוֹעֵ֑ד לִפְנֵי֙ הָעֵד֔וּת אֲשֶׁ֛ר אִוָּעֵ֥ד לָכֶ֖ם[a] שָֽׁמָּה׃
20 20 וְהָיָ֗ה הָאִ֛ישׁ אֲשֶׁ֥ר אֶבְחַר־בּ֖וֹ מַטֵּ֣הוּ יִפְרָ֑ח וַהֲשִׁכֹּתִ֣י מֵעָלַ֗י אֶת־תְּלֻנּוֹת֙
21 בְּנֵ֣י יִשְׂרָאֵ֔ל אֲשֶׁ֛ר הֵ֥ם מַלִּינִ֖ם עֲלֵיכֶֽם׃ 21 וַיְדַבֵּ֨ר מֹשֶׁ֜ה אֶל־בְּנֵ֣י יִשְׂרָאֵ֗ל
וַיִּתְּנ֣וּ אֵלָ֣יו ׀ כָּל־נְשִׂיאֵיהֶ֡ם מַטֶּה֩ לְנָשִׂ֨יא אֶחָ֜ד מַטֶּ֨ה לְנָשִׂ֤יא אֶחָד֙ לְבֵ֣ית
22 אֲבֹתָ֔ם שְׁנֵ֥ים עָשָׂ֖ר מַטּ֑וֹת [a]וּמַטֵּ֥ה אַהֲרֹ֖ן בְּת֥וֹךְ מַטּוֹתָֽם[a]׃ 22 וַיַּנַּ֥ח מֹשֶׁ֛ה
23 אֶת־הַמַּטֹּ֖ת לִפְנֵ֣י יְהוָ֑ה בְּאֹ֖הֶל הָעֵדֻֽת׃ 23 וַיְהִ֣י מִֽמָּחֳרָ֗ת וַיָּבֹ֤א מֹשֶׁה֙[a]
אֶל־אֹ֣הֶל הָעֵד֔וּת וְהִנֵּ֛ה פָּרַ֥ח מַטֵּֽה־אַהֲרֹ֖ן לְבֵ֣ית לֵוִ֑י וַיֹּ֤צֵא פֶ֙רַח֙ וַיָּ֣צֵֽץ
24 צִ֔יץ וַיִּגְמֹ֖ל שְׁקֵדִֽים[b]׃ 24 וַיֹּצֵ֨א מֹשֶׁ֤ה אֶת־כָּל־הַמַּטֹּת֙ מִלִּפְנֵ֣י יְהוָ֔ה אֶל־
25 כָּל־בְּנֵ֣י יִשְׂרָאֵ֑ל וַיִּרְא֥וּ וַיִּקְח֖וּ אִ֥ישׁ מַטֵּֽהוּ׃ ס 25 וַיֹּ֨אמֶר יְהוָ֜ה אֶל־
מֹשֶׁ֗ה הָשֵׁ֞ב אֶת־מַטֵּ֤ה אַהֲרֹן֙ לִפְנֵ֣י הָעֵד֔וּת לְמִשְׁמֶ֥רֶת לְא֖וֹת לִבְנֵי־מֶ֑רִי

כ֗[7]. כט בתור . ט֗[8] וכל צורת הבית דכות ב מ ד
ל
ב
ט
כל ליש חס . כז֗[9] מל ול[10] בליש וכל משלי וקהלת דכות ב מ ה . ד֗[11]. ב בסיפ
ח וכל עזרא דכות[12]
יא זוגין בטע[13]
ל. ב בטע
יג֗[14]. ב חד מל וחד חס
ד֗[15]
ד֗[16]. כד . ב מל בתור[17]
ל֗[18]. ח מל בתור[19]. יח ס״פ
חצי הספר בפסוקים
ד ב קמ וב פת[20]. ל
ל. ב חס
ב חד מל וחד חס
ב חד מל וחד חס . ז֗[21]
ל בטע בתור
ח מל בתור[22]. יג חס[23]
ל וחס . יג חס[23]
ט בטע בסיפ
ח מל בתור[22]. ל . ד֗[24]

[7] Mm 1227. [8] Mm 3937. [9] Mm 1788. [10] Mm 935. [11] Mm 709. [12] Mm 1968. [13] Mm 915. [14] Mm 936. [15] Mm 309. [16] Mm 838. [17] Mm 833 et Mm 3967. [18] Mm 1260. [19] Mm 556. [20] Mm 937. [21] Mm 2011. [22] Mm 556. [23] Mm 1509. [24] Mm 1611.

7 [a] ⅏[Mss] ויראה ‖ **9** [a] 𝔊(𝔖) + *καὶ Ααρων*, ins וְאֶל־אַהֲרֹן cf 23[a] ‖ **11** [a–a] ⅏ והלך מהר ‖ **12** [a] sic L, mlt Mss Edd תּוֹךְ ‖ **16** [a] 𝔊𝔖𝔙 hic init cp 17 ‖ **17** [a] huc tr 18[a–a]? ‖ **18** [a–a] cf 17[a] ‖ **19** [a] l c pc Mss ⅏𝔊𝔙 לְךָ ‖ **21** [a–a] 𝔙 *absque virga Aaron* ‖ **23** [a] 𝔊 + *καὶ Ἀαρων* cf 9[a] ‖ [b] ⅏[Mss] שקידים.

26 וַתְּכַ֣לa תְּלוּנֹּתָ֥ם מֵעָלַ֖י וְלֹ֥א יָמֻֽתוּ׃ 26 וַיַּ֖עַשׂ מֹשֶׁ֑הa כַּאֲשֶׁ֨ר צִוָּ֧ה יְהוָ֛ה ל̇
27 אֹת֖וֹb כֵּ֥ן עָשָֽׂה׃c ס 27 וַיֹּאמְרוּ֙ בְּנֵ֣י יִשְׂרָאֵ֔ל אֶל־מֹשֶׁ֖ה לֵאמֹ֑ר הֵ֥ן
28 גָּוַ֛עְנוּ אָבַ֖דְנוּ כֻּלָּ֥נוּ אָבָֽדְנוּ׃ 28 כֹּ֣ל הַקָּרֵ֧בa ׀ הַקָּרֵ֛ב אֶל־מִשְׁכַּ֥ן יְהוָ֖ה ז̇ . ז̇ . ג̇[25] ול בליש
יָמ֑וּתb הַאִ֥ם תַּ֖מְנוּ לִגְוֹֽעַ׃ ס ב̇[26] ול̇[27] בטע
18 1 וַיֹּ֨אמֶר יְהוָ֜ה אֶֽל־אַהֲרֹ֗ן אַתָּ֤ה וּבָנֶ֙יךָ֙ וּבֵית־אָבִ֣יךָ אִתָּ֔ךְa ג̇[1] . ג̇[2]
תִּשְׂא֖וּ אֶת־עֲוֺ֣ן הַמִּקְדָּ֑שׁ וְאַתָּה֙ וּבָנֶ֣יךָ אִתָּ֔ךְb תִּשְׂא֖וּ אֶת־עֲוֺ֥ן כְּהֻנַּתְכֶֽם׃ ג̇[2] . ד̇
2 וְגַ֣ם אֶת־אַחֶ֩יךָ֩ מַטֵּ֨ה לֵוִ֜י שֵׁ֤בֶט אָבִ֙יךָ֙ הַקְרֵ֣בa אִתָּ֔ךְ וְיִלָּו֥וּ עָלֶ֖יךָ י̇ג̇ ר״פ בתור . ט̇ . ד̇[3] . ד̇[4] . ל̇
3 וִישָׁרְת֑וּךָ וְאַתָּה֙ וּבָנֶ֣יךָ אִתָּ֔ךְ לִפְנֵ֖י אֹ֥הֶל הָעֵדֻֽת׃ 3 וְשָׁמְרוּ֙ מִשְׁמַרְתְּךָ֔ ג̇[2] . ד̇
וּמִשְׁמֶ֖רֶת כָּל־הָאֹ֑הֶל אַ֠ךְ אֶל־כְּלֵ֨י הַקֹּ֤דֶשׁ וְאֶל־הַמִּזְבֵּ֙חַ֙ לֹ֣א יִקְרָ֔בוּ ג̇[5]
4 וְלֹֽא־יָמֻ֥תוּ גַם־הֵ֖ם גַּם־אַתֶּֽם׃ 4 וְנִלְו֣וּ עָלֶ֔יךָ וְשָׁמְר֗וּ אֶת־מִשְׁמֶ֙רֶת֙ אֹ֣הֶל י̇ פסוק בתור גם גם ומילה חדה ביניה . ד̇[6]
5 מוֹעֵ֔ד לְכֹ֖ל עֲבֹדַ֣ת הָאֹ֑הֶל וְזָ֖ר לֹא־יִקְרַ֥ב אֲלֵיכֶֽם׃ 5 וּשְׁמַרְתֶּ֗ם אֵ֚ת כל אורית חס
מִשְׁמֶ֣רֶת הַקֹּ֔דֶשׁ וְאֵ֖ת מִשְׁמֶ֣רֶת הַמִּזְבֵּ֑חַ וְלֹֽא־יִהְיֶ֥ה ע֛וֹד קֶ֖צֶף עַל־בְּנֵ֥י ד̇[7] . ד̇[8]
6 יִשְׂרָאֵֽל׃ 6 וַאֲנִ֗י הִנֵּ֤ה לָקַ֙חְתִּי֙ אֶת־אֲחֵיכֶ֣ם הַלְוִיִּ֔ם מִתּ֖וֹךְ בְּנֵ֣י יִשְׂרָאֵ֑ל סז ר״פ
7 לָכֶ֞םa מַתָּנָ֤ה נְתֻנִים֙ לַֽיהוָ֔ה לַעֲבֹ֕ד אֶת־עֲבֹדַ֖ת אֹ֥הֶל מוֹעֵֽד׃ 7 וְאַתָּ֣ה כל אורית חס . ג̇[2]
וּבָנֶ֣יךָ אִ֠תְּךָ תִּשְׁמְר֨וּ אֶת־כְּהֻנַּתְכֶ֜ם לְכָל־דְּבַ֧ר הַמִּזְבֵּ֛חַ וּלְמִבֵּ֥ית ד̇ . י̇ו̇[9] בתור ד̇[10] מנה בסיפ . ל̇
לַפָּרֹ֖כֶת וַעֲבַדְתֶּ֑םa עֲבֹדַ֣תb מַתָּנָ֗הc אֶתֵּן֙ אֶת־כְּהֻנַּתְכֶ֔ם וְהַזָּ֥ר הַקָּרֵ֖ב כל אורית חס . ד̇ . ז̇
8 יוּמָֽת׃ ס 8 וַיְדַבֵּ֣ר יְהוָה֮ אֶֽל־אַהֲרֹן֒ וַאֲנִי֙ הִנֵּ֣ה נָתַ֣תִּי לְךָ֔ אֶת־ ב̇
מִשְׁמֶ֖רֶת תְּרוּמֹתָ֑י לְכָל־קָדְשֵׁ֣י בְנֵֽי־יִשְׂרָאֵ֞ל לְךָ֧ נְתַתִּ֣ים לְמָשְׁחָ֛ה ג̇[11] . ל̇
9 וּלְבָנֶ֖יךָ לְחָק־עוֹלָֽם׃ 9 זֶֽה־יִהְיֶ֥ה לְךָ֛ מִקֹּ֥דֶשׁa הַקֳּדָשִׁ֖ים מִן־הָאֵ֑שׁb י̇[12] . ל̇ בתור
כָּל־c קָ֠רְבָּנָם לְֽכָל־מִנְחָתָ֞ם וּֽלְכָל־חַטָּאתָ֗ם וּלְכָל־אֲשָׁמָם֙ אֲשֶׁ֣ר יָשִׁ֣יבוּd ל̇
10 לִ֔י קֹ֣דֶשׁ קָֽדָשִׁ֥ים לְךָ֛ ה֖וּא וּלְבָנֶֽיךָ׃ 10 בְּקֹ֥דֶשׁ הַקֳּדָשִׁ֖ים תֹּאכְלֶ֑נּוּ כָּל־ ג̇ רפ̇[13]
11 זָכָר֙ יֹאכַ֣ל אֹת֔וֹ קֹ֖דֶשׁ יִהְיֶה־לָּֽךְ׃ 11 וְזֶה־לְּךָ֞ תְּרוּמַ֣ת מַתָּנָ֗םa לְכָל־ כג̇ ר״פ
תְּנוּפֹת֮ בְּנֵ֣י יִשְׂרָאֵל֒ לְךָ֣ נְתַתִּ֗ים וּלְבָנֶ֧יךָ וְלִבְנֹתֶ֛יךָ אִתְּךָ֖ לְחָק־עוֹלָ֑ם ג̇[11] . י̇ו̇[9] בתור ד̇[10] מנה בסיפ . ו̇[12]
12 כָּל־טָה֥וֹר בְּבֵיתְךָ֖ יֹאכַ֥ל אֹתֽוֹ׃ 12 כֹּ֚ל חֵ֣לֶב יִצְהָ֔ר וְכָל־חֵ֖לֶב תִּיר֣וֹשׁ ל̇ וכל קריא דגן ותירוש

[25] Mm 938. [26] Mm 3469. [27] Mm 3887. **Cp 18** [1] Mm 398. [2] Mm 939. [3] Mm 838. [4] Mm 847. [5] Mm 668. [6] Mm 3146. [7] Mm 848. [8] Mm 762. [9] Mm 60. [10] Mm 940. [11] Mm 941. [12] Mp sub loco. [13] Mm 557.

25 [a] prb l וְתֵכֶל ‖ **26** [a] 𝔊 ut 23[a] cf [b] et [c] ‖ [b] 𝔊* *τῷ Μωυσῇ* ‖ [c] 𝔊* pl ‖ **28** [a] > 𝔊𝔖𝔙, 𝔐𝔰𝔰 הקרוב; dl? ‖ [b] 𝔐 יומת ‖ **Cp 18,1** [a] > Ms 𝔊* ‖ [b] > pc Mss 𝔊* ‖ **2** [a] 𝔐𝔰𝔰 הקריב ‖ **6** [a] > 𝔊*𝔖𝔙 ‖ **7** [a] dl (dttg) ‖ [b] 𝔐𝔰𝔰𝔊𝔖 דָה–, quod c 7a cj ‖ [c] 𝔐𝔰𝔰 ומ׳ ‖ **9** [a] 𝔐 מקדשי ‖ [b] 𝔊 *τῶν καρπωμάτων*, l הָאִשֶּׁה ‖ [c] pc Mss 𝔗 לְכָל ‖ [d] 𝔐 יאשמו ‖ **11** [a] l מַתְּנֹתָם? cf 29.

13 וְדָגָ֑ן רֵאשִׁיתָ֛ם אֲשֶׁר־יִתְּנ֥וּ לַיהוָ֖ה לְךָ֥ נְתַתִּֽים׃ 13 בִּכּוּרֵ֞י כָּל־אֲשֶׁ֧ר ג̇[14]
בְּאַרְצָ֛ם אֲשֶׁר־יָבִ֥יאוּ לַיהוָ֖ה לְךָ֣ יִהְיֶ֑ה כָּל־טָה֥וֹר בְּבֵיתְךָ֖ יֹאכְלֶֽנּוּ׃ ט[15]
14 15 14 כָּל־חֵ֥רֶם בְּיִשְׂרָאֵ֖ל לְךָ֥ יִהְיֶֽה׃ 15 כָּל־פֶּ֣טֶר רֶ֠חֶם לְכָל־בָּשָׂ֞ר אֲשֶׁר־ ז̇[16]
יַקְרִ֧יבוּ לַיהוָ֛ה בָּאָדָ֥ם וּבַבְּהֵמָ֖ה יִהְיֶה־לָּ֑ךְ אַ֣ךְ ׀ פָּדֹ֣ה תִפְדֶּ֗ה[a] אֵ֚ת ב[17]
16 בְּכ֣וֹר הָֽאָדָ֔ם וְאֵ֛ת בְּכֽוֹר־הַבְּהֵמָ֥ה הַטְּמֵאָ֖ה תִּפְדֶּֽה׃ 16 וּפְדוּיָו֙[a] מִבֶּן־ ל̇ . ל
חֹ֣דֶשׁ [b]תִּפְדֶּ֔ה [c]בְּעֶרְכְּךָ֔ כֶּ֚סֶף[b] חֲמֵ֣שֶׁת שְׁקָלִ֑ים בְּשֶׁ֥קֶל הַקֹּ֖דֶשׁ עֶשְׂרִ֥ים
17 גֵּרָ֥ה הֽוּא׃ 17 אַ֣ךְ בְּכוֹר־שׁ֡וֹר אֽוֹ־בְכ֨וֹר כֶּ֜שֶׂב אֽוֹ־בְכ֥וֹר עֵ֛ז לֹ֥א תִפְדֶּ֖ה ו
קֹ֣דֶשׁ הֵ֑ם אֶת־[a]דָּמָ֞ם תִּזְרֹ֤ק עַל־הַמִּזְבֵּ֙חַ֙ וְאֶת־חֶלְבָּ֣ם תַּקְטִ֔יר אִשֶּׁ֛ה ג̇[18] . ב[19]
18 לְרֵ֥יחַ[b] נִיחֹ֖חַ לַיהוָֽה׃ 18 וּבְשָׂרָ֖ם יִֽהְיֶה־לָּ֑ךְ כַּחֲזֵ֧ה הַתְּנוּפָ֛ה וּכְשׁ֥וֹק י̇[20] . ל̇ . ל
19 הַיָּמִ֖ין לְךָ֥ יִהְיֶֽה׃ 19 כֹּ֣ל ׀ תְּרוּמֹ֣ת[a] הַקֳּדָשִׁ֗ים אֲשֶׁ֨ר יָרִ֥ימוּ בְנֵֽי־יִשְׂרָאֵל֮ ג̇ ול מל[21]
לַֽיהוָה֒ נָתַ֣תִּֽי לְךָ֗ וּלְבָנֶ֧יךָ וְלִבְנֹתֶ֛יךָ אִתְּךָ֖ לְחָק־עוֹלָ֑ם בְּרִ֨ית מֶ֜לַח י̇[22] בתור ד̇[23] מנה בסיפ . ו̇ . ל
20 עוֹלָ֥ם הִוא֙ לִפְנֵ֣י יְהוָ֔ה לְךָ֖ וּלְזַרְעֲךָ֥ אִתָּֽךְ׃ 20 וַיֹּ֨אמֶר יְהוָ֜ה אֶֽל־אַהֲרֹ֗ן ט בטע בסיפ . ג̇[24]
בְּאַרְצָם֙ לֹ֣א תִנְחָ֔ל וְחֵ֕לֶק לֹא־יִהְיֶ֥ה לְךָ֖ בְּתוֹכָ֑ם אֲנִ֤י חֶלְקְךָ֙ וְנַחֲלָ֣תְךָ֔ ב̇[25] זקף חד קמ וחד פת
21 בְּת֖וֹךְ בְּנֵ֥י יִשְׂרָאֵֽל׃ ס 21 וְלִבְנֵ֣י לֵוִ֔י הִנֵּ֥ה נָתַ֛תִּי כָּל־[a]מַעֲשֵׂ֥ר ג וכל המעשר דכות
בְּיִשְׂרָאֵ֖ל לְנַחֲלָ֑ה חֵ֤לֶף עֲבֹֽדָתָם֙ אֲשֶׁר־הֵ֣ם עֹֽבְדִ֔ים אֶת־עֲבֹדַ֖ת אֹ֥הֶל ה̇[26] ג מנה בתור . כל אורית חס
22 מוֹעֵֽד׃ 22 וְלֹא־יִקְרְב֥וּ ע֛וֹד בְּנֵ֥י יִשְׂרָאֵ֖ל אֶל־אֹ֣הֶל מוֹעֵ֑ד לָשֵׂ֥את חֵ֖טְא כ̇ד
23 לָמֽוּת׃ 23 וְעָבַ֨ד הַלֵּוִ֜י ה֗וּא[a] אֶת־עֲבֹדַת֙ אֹ֣הֶל מוֹעֵ֔ד וְהֵ֖ם יִשְׂא֣וּ כל אורית חס . כ
עֲוֹנָ֑ם[b] חֻקַּ֤ת עוֹלָם֙ לְדֹרֹ֣תֵיכֶ֔ם וּבְתוֹךְ֙ בְּנֵ֣י יִשְׂרָאֵ֔ל לֹ֥א יִנְחֲל֖וּ נַחֲלָֽה׃ ל̇[27]
24 24 כִּ֞י אֶת־מַעְשַׂ֣ר בְּנֵֽי־יִשְׂרָאֵ֗ל אֲשֶׁ֨ר יָרִ֤ימוּ לַֽיהוָה֙ תְּרוּמָ֔ה נָתַ֥תִּי
לַלְוִיִּ֖ם לְנַחֲלָ֑ה עַל־כֵּן֙ אָמַ֣רְתִּי לָהֶ֔ם בְּתוֹךְ֙[a] בְּנֵ֣י יִשְׂרָאֵ֔ל לֹ֥א יִנְחֲל֖וּ ה̇[26] ג מנה בתור
25 26 נַחֲלָֽה׃ פ 25 וַיְדַבֵּ֥ר יְהוָ֖ה אֶל־מֹשֶׁ֥ה לֵּאמֹֽר׃ 26 וְאֶל־הַלְוִיִּ֣ם ל
תְּדַבֵּר֮ וְאָמַרְתָּ֣ אֲלֵהֶם֒ כִּֽי־תִקְח֨וּ מֵאֵ֜ת בְּנֵֽי־יִשְׂרָאֵ֗ל אֶת־הַֽמַּעֲשֵׂר֙ אֲשֶׁ֨ר
נָתַ֧תִּי לָכֶ֛ם מֵאִתָּ֖ם בְּנַחֲלַתְכֶ֑ם[a] וַהֲרֵמֹתֶ֤ם מִמֶּ֙נּוּ֙ תְּרוּמַ֣ת[b] יְהוָ֔ה מַעֲשֵׂ֖ר ג וכל המעשר דכות
27 מִן־הַֽמַּעֲשֵֽׂר׃ 27 וְנֶחְשַׁ֥ב לָכֶ֖ם תְּרוּמַתְכֶ֑ם[a] כַּדָּגָן֙ מִן־הַגֹּ֔רֶן וְכַֽמְלֵאָ֖ה ב̇ . ל

[14]Mm 941. [15]Mm 501. [16]Mm 927. [17]Ps 49,8. [18]Mm 942. [19]Mm 672. [20]Mm 574. [21]Mm 1708. [22]Mm 60. [23]Mm 940. [24]Mm 398. [25]Mm 1949. [26]Mm 943. [27]Mm 2819.

15 [a] prp תָּפְדֶּה, id 16sq (cf Ex 21,8) ‖ **16** [a] ɯ ופדיו ‖ [b–b] 𝔊* ἡ συντίμησις ‖ [c] cf 15[a] ‖ **17** [a] mlt Mss 𝔊𝔖𝔗[J] וְאֶת ‖ [b] pc Mss ɯ ריח ‖ **19** [a] Ms 𝔊𝔖𝔗 sg ‖ **21** [a] Seb 𝔗[J] אֶת־כ׳ ‖ **23** [a–a] 𝔖𝔗𝔗[J]𝔙 pl ‖ [b] Seb אֶת־ע׳ ‖ **24** [a] ɯ[Mss] וּבְ׳ ut 23 ‖ **26** [a] ɯ pl ‖ [b] ɯ אֶת ת׳ ‖ **27** [a] ɯ𝔊 pl.

28 מִן־הַיָּקֶב׃ 28 כֵּן תָּרִימוּ גַם־אַתֶּם תְּרוּמַת[a] יְהוָה מִכֹּל מַעְשְׂרֹתֵיכֶם
אֲשֶׁר תִּקְחוּ מֵאֵת בְּנֵי יִשְׂרָאֵל וּנְתַתֶּם מִמֶּנּוּ אֶת־תְּרוּמַת יְהוָה לְאַהֲרֹן
29 הַכֹּהֵן׃ 29 מִכֹּל מַתְּנֹתֵיכֶם תָּרִימוּ אֵת כָּל־[a]תְּרוּמַת יְהוָה מִכָּל־חֶלְבּוֹ ד
30 אֶת־מִקְדְּשׁוֹ[b] מִמֶּנּוּ׃ 30 וְאָמַרְתָּ אֲלֵהֶם בַּהֲרִימְכֶם אֶת־חֶלְבּוֹ מִמֶּנּוּ ל
31 וְנֶחְשַׁב לַלְוִיִּם כִּתְבוּאַת גֹּרֶן וְכִתְבוּאַת יָקֶב׃ 31 וַאֲכַלְתֶּם אֹתוֹ בְּכָל־ ב . ד
מָקוֹם אַתֶּם וּבֵיתְכֶם[a] כִּי־שָׂכָר הוּא לָכֶם חֵלֶף עֲבֹדַתְכֶם בְּאֹהֶל ל . ל
32 מוֹעֵד׃ 32 וְלֹא־תִשְׂאוּ עָלָיו חֵטְא בַּהֲרִימְכֶם אֶת־חֶלְבּוֹ מִמֶּנּוּ וְאֶת־ ד ר״פ ולא לא ולא . ל
קָדְשֵׁי בְנֵי־יִשְׂרָאֵל לֹא תְחַלְּלוּ וְלֹא תָמוּתוּ׃ פ צה ז מל ג[28] מנה בתור
ס [יח] פרש 19 1 וַיְדַבֵּר יְהוָה אֶל־מֹשֶׁה[a] וְאֶל־אַהֲרֹן[a] לֵאמֹר׃ 2 זֹאת חֻקַּת יא[1] . ב
הַתּוֹרָה[a] אֲשֶׁר־צִוָּה יְהוָה לֵאמֹר דַּבֵּר ׀ אֶל־בְּנֵי יִשְׂרָאֵל וְיִקְחוּ אֵלֶיךָ ב בטע . ו רפי[2]
פָרָה אֲדֻמָּה תְּמִימָה אֲשֶׁר אֵין־בָּהּ מוּם אֲשֶׁר[b] לֹא־עָלָה עָלֶיהָ עֹל׃ ל וחד מן ד[3] בחד לשון . ל
3 וּנְתַתֶּם[a] אֹתָהּ אֶל־אֶלְעָזָר הַכֹּהֵן וְהוֹצִיא[b] אֹתָהּ אֶל־מִחוּץ לַמַּחֲנֶה
4 וְשָׁחַט אֹתָהּ לְפָנָיו׃ 4 וְלָקַח אֶלְעָזָר הַכֹּהֵן מִדָּמָהּ בְּאֶצְבָּעוֹ וְהִזָּה ו ה[4] מנה בתור
5 אֶל־נֹכַח פְּנֵי אֹהֶל־מוֹעֵד מִדָּמָהּ שֶׁבַע פְּעָמִים׃ 5 וְשָׂרַף[a] אֶת־הַפָּרָה ו ה[4] מנה בתור . יח פסוק את את ואת ואת
6 לְעֵינָיו אֶת־עֹרָהּ וְאֶת־בְּשָׂרָהּ וְאֶת־דָּמָהּ עַל־פִּרְשָׁהּ יִשְׂרֹף[b]׃ 6 וְלָקַח ה
הַכֹּהֵן עֵץ אֶרֶז וְאֵזוֹב וּשְׁנִי תוֹלָעַת וְהִשְׁלִיךְ אֶל־תּוֹךְ שְׂרֵפַת הַפָּרָה׃ ג מל בתור[5]
7 וְכִבֶּס בְּגָדָיו הַכֹּהֵן וְרָחַץ בְּשָׂרוֹ[a] בַּמַּיִם וְאַחַר יָבֹא אֶל־הַמַּחֲנֶה ד[6] . ז מל בתור
8 וְטָמֵא הַכֹּהֵן עַד־הָעָרֶב׃ 8 וְהַשֹּׂרֵף אֹתָהּ יְכַבֵּס בְּגָדָיו בַּמַּיִם[a] וְרָחַץ ב בסיפ[7] . ד[6]
9 בְּשָׂרוֹ[b] בַּמָּיִם[c] וְטָמֵא עַד־הָעָרֶב׃ 9 וְאָסַף ׀ אִישׁ טָהוֹר אֵת אֵפֶר ג
הַפָּרָה וְהִנִּיחַ מִחוּץ לַמַּחֲנֶה בְּמָקוֹם טָהוֹר וְהָיְתָה לַעֲדַת בְּנֵי־ ד
10 יִשְׂרָאֵל לְמִשְׁמֶרֶת לְמֵי נִדָּה חַטָּאת הִוא׃ 10 וְכִבֶּס הָאֹסֵף אֶת־אֵפֶר ל
הַפָּרָה אֶת־בְּגָדָיו וְטָמֵא עַד־הָעָרֶב וְהָיְתָה לִבְנֵי יִשְׂרָאֵל וְלַגֵּר
11 הַגָּר בְּתוֹכָם לְחֻקַּת עוֹלָם׃ 11 הַנֹּגֵעַ בְּמֵת לְכָל־נֶפֶשׁ אָדָם וְטָמֵא[a] ה׳ ר״פ מיחד[8] . ב
12 שִׁבְעַת יָמִים׃ 12 הוּא יִתְחַטָּא־בוֹ בַּיּוֹם הַשְּׁלִישִׁי וּבַיּוֹם הַשְּׁבִיעִי

[28] Mm 314. **Cp 19** [1] Mm 852. [2] Mm 560. [3] Mm 1347. [4] Mm 678. [5] Mm 447. [6] Mm 752. [7] Mm 734. [8] Mm 944.

28 [a] ש אֶת ת׳ ‖ **29** [a] > nonn Mss 𝔊*𝔗ᴶ𝔙, dl ‖ [b–b] dub; מ׳ = מִקְדָּשׁוֹ? ‖ **31** [a] pc Mss ש Vrs וּבָתֵּיכֶם ‖ **Cp 19,1** [a–a] > pc Mss, add? sed cf 3a ‖ **2** [a] prp הַפָּרָה (cf 𝔙) ‖ [b] ש𝔊𝔙 וא׳ ‖ **3** [a] 𝔊𝔙ᴹˢˢ sg ‖ [b] 𝔊 pl, sic l? ‖ **5** [a] cf 3[b] ‖ [b] l pl? ‖ **7** [a] ש אֶת ב׳ ‖ **8** [a] > pc Mss 𝔊*𝔖(𝔙) ‖ [b] ש אֶת ב׳ ‖ [c] > 𝔊*(𝔙) ‖ **11** [a] ש יט׳.

יִטְהָ֑רa וְאִם־לֹ֨א יִתְחַטָּ֜א בַּיּ֧וֹם הַשְּׁלִישִׁ֛י וּבַיּ֥וֹם הַשְּׁבִיעִ֖י לֹ֥א יִטְהָֽר׃ יז מ״פ
13 כָּל־הַנֹּגֵ֡עַ בְּמֵ֣ת בְּנֶפֶשׁ֩ הָאָדָ֨םa אֲשֶׁר־יָמ֜וּת וְלֹ֣א יִתְחַטָּ֗א אֶת־מִשְׁכַּ֤ן 13 ל
יְהוָה֙ טִמֵּ֔א וְנִכְרְתָ֛ה הַנֶּ֥פֶשׁ הַהִ֖וא מִיִּשְׂרָאֵ֑ל כִּי֩ מֵ֨י נִדָּ֜ה לֹא־זֹרַ֤ק עָלָיו֙ ב וחס
טָמֵ֣א יִהְיֶ֔ה ע֖וֹד טֻמְאָת֥וֹ בֽוֹ׃ 14 זֹ֚אתa הַתּוֹרָ֔ה אָדָ֖ם כִּֽי־יָמ֣וּת 14
בְּאֹ֑הֶלb כָּל־הַבָּ֤א אֶל־הָאֹ֙הֶל֙ וְכָל־אֲשֶׁ֣ר בָּאֹ֔הֶל יִטְמָ֖א שִׁבְעַ֥ת יָמִֽים׃ ו[9]
15 וְכֹל֙ כְּלִ֣י פָת֔וּחַ אֲשֶׁ֛ר אֵין־צָמִ֥יד פָּתִ֖ילa עָלָ֑יו טָמֵ֖א הֽוּא׃ 16 וְכֹ֡ל 15 16 ט ר״פ בסיפ[10] . ה[11] . יה[12] וכל יוצר חפץ חמדה דכות ב מ א . ד[13] . ט ר״פ בסיפ[10]
אֲשֶׁר־יִגַּ֞ע עַל־פְּנֵ֣י הַשָּׂדֶ֗ה בַּֽחֲלַל־חֶ֙רֶב֙ א֣וֹ בְמֵ֔ת אֽוֹ־בְעֶ֥צֶם אָדָ֖ם א֣וֹ ל
בְקָ֑בֶר יִטְמָ֖א שִׁבְעַ֥ת יָמִֽים׃ 17 וְלָֽקְחוּ֙ לַטָּמֵ֔א מֵעֲפַ֖ר שְׂרֵפַ֣ת הַֽחַטָּ֑את 17 ל
וְנָתַ֥ןa עָלָ֛יו מַ֥יִם חַיִּ֖ים אֶל־כֶּֽלִי׃ 18 וְלָקַ֨ח אֵז֜וֹב וְטָבַ֣ל בַּמַּ֘יִם֮ אִ֣ישׁ 18 ב ול בתור . ג מל בתור[14]
טָהוֹר֒ וְהִזָּ֤ה עַל־הָאֹ֙הֶל֙a וְעַל־כָּל־bהַכֵּלִ֔ים וְעַל־cהַנְּפָשׁ֖וֹת אֲשֶׁ֣ר הָֽיוּ־ ו בסיפ[15]
שָׁ֑ם וְעַל־הַנֹּגֵ֗עַ בַּעֶ֙צֶם֙ א֣וֹ בֶֽחָלָ֔ל א֥וֹ בַמֵּ֖ת א֥וֹ בַקָּֽבֶר׃ 19 וְהִזָּ֤ה הַטָּהֹר֙ 19 ב . ל . ג[16] . ה חס
עַל־הַטָּמֵ֔א בַּיּ֥וֹם הַשְּׁלִישִׁ֖י וּבַיּ֣וֹם הַשְּׁבִיעִ֑י וְחִטְּאוֹ֙ בַּיּ֣וֹם הַשְּׁבִיעִ֔י וְכִבֶּ֧ס ל
בְּגָדָ֛יו וְרָחַ֥ץ בַּמַּ֖יִם וְטָהֵ֥רa בָּעָֽרֶב׃a 20 וְאִ֤ישׁa אֲשֶׁר־יִטְמָא֙ וְלֹ֣א 20
יִתְחַטָּ֔א וְנִכְרְתָ֛ה הַנֶּ֥פֶשׁ הַהִ֖וא מִתּ֣וֹךְ הַקָּהָ֑ל כִּי֩ אֶת־מִקְדַּ֨שׁ יְהוָ֜ה טִמֵּ֗א ה
מֵ֥י נִדָּ֛ה לֹא־זֹרַ֥ק עָלָ֖יו טָמֵ֥א הֽוּא׃ 21 וְהָיְתָ֥ה לָהֶ֖םa לְחֻקַּ֣ת עוֹלָ֑ם וּמַזֵּ֤ה 21 ב וחס . ל
מֵֽי־הַנִּדָּה֙ יְכַבֵּ֣ס בְּגָדָ֔יו וְהַנֹּגֵ֙עַ֙ בְּמֵ֣י הַנִּדָּ֔ה יִטְמָ֖א עַד־הָעָֽרֶב׃ 22 וְכֹ֛ל 22 ב בסיפ[17] . ג בתור . ה[18] . ט ר״פ בסיפ[10]
אֲשֶׁר־יִגַּע־בּ֥וֹ הַטָּמֵ֖א יִטְמָ֑א וְהַנֶּ֥פֶשׁ הַנֹּגַ֖עַת תִּטְמָ֥א עַד־הָעָֽרֶב׃ פ ג וחס בליש[19]
20 1 וַיָּבֹ֣אוּ בְנֵֽי־יִ֠שְׂרָאֵל כָּל־הָ֨עֵדָ֤ה מִדְבַּר־צִן֙ בַּחֹ֣דֶשׁ הָֽרִאשׁ֔וֹןa **20** סד
וַיֵּ֥שֶׁב הָעָ֖ם בְּקָדֵ֑שׁ וַתָּ֤מָת שָׁם֙ מִרְיָ֔ם וַתִּקָּבֵ֖ר שָֽׁם׃ 2 וְלֹא־הָ֥יָה מַ֖יִם 2 כה ג מנה ר״פ
לָעֵדָ֑ה וַיִּקָּ֣הֲל֔וּ עַל־מֹשֶׁ֖ה וְעַֽל־אַהֲרֹֽן׃ 3 וַיָּ֥רֶב הָעָ֖ם עִם־מֹשֶׁ֑הa 3
וַיֹּאמְר֣וּb לֵאמֹ֔ר וְל֥וּc גָוַ֛עְנוּ בִּגְוַ֥ע אַחֵ֖ינוּ לִפְנֵ֥י יְהוָֽה׃ 4 וְלָמָ֤ה הֲבֵאתֶם֙ 4 ג . כב[1] ג[2] מנה בליש . ג[3]
אֶת־קְהַ֣ל יְהוָ֔ה אֶל־הַמִּדְבָּ֖ר הַזֶּ֑הa לָמ֣וּת שָׁ֔ם אֲנַ֖חְנוּa וּבְעִירֵֽנוּ׃ ל
5 וְלָמָ֤הa הֶֽעֱלִיתֻ֙נוּ֙ מִמִּצְרַ֔יִם לְהָבִ֣יא אֹתָ֔נוּ אֶל־הַמָּק֥וֹם הָרָ֖ע הַזֶּ֑ה לֹ֣א 5 ב וחס
מְק֣וֹם זֶ֗רַע וּתְאֵנָ֤הb וְגֶ֙פֶן֙ וְרִמּ֔וֹן וּמַ֥יִם אַ֖יִן לִשְׁתּֽוֹת׃ 6 וַיָּבֹא֩ מֹשֶׁ֨ה וְאַהֲרֹ֜ן 6 כט בתור

[9]Mm 113. [10]Mm 881. [11]Mm 945. [12]Mm 2781. [13]Mm 946. [14]Mm 447. [15]Mm 884. [16]Mm 1966. [17]Mm 734. [18]Mm 1013. [19]Mm 947. Cp 20 [1]Mm 1444. [2]Mm 1808. [3]Mm 1650.

12 a l c ɯ𝔊𝔖𝔙 וְטָהֵר ‖ **13** a ɯ אדם cf 11a ‖ **14** a ɯ𝔊 וְז׳ ‖ b 𝔊 *ἐν οἰκίᾳ* cf 18a ‖ **15** a 𝔊 *καταδέδεται*, l prb פָּתוּל ‖ **17** a ɯ𝔊𝔖𝔙 pl ‖ **18** a 𝔊 *ἐπὶ τὸν οἶκον* cf 14b ‖ b > pc Mss ɯ𝔊*𝔖 ‖ c pc Mss 𝔖 + כָּל־ ‖ **19** a–a 𝔊𝔙 ut 𝔐 7.8.10. (21sq) ‖ **20** a ɯ והא׳ ‖ **21** a l c nonn Mss ɯ𝔊𝔖𝔗J לָכֶם ‖ **Cp 20,1** a exc annus? ‖ **3** a Ms 𝔖 + וְעִם־ אַהֲרֹן (Ms bis עַל pro עם) ‖ b prp וימרו cf 10 ‖ c ɯ ולוי ‖ **4** a–a 𝔊 *ἀποκτεῖναι ἡμᾶς*, cf 21,5c et Ex 17,3 ‖ **5** a 𝔊 + *τοῦτο*, cf 21,5a et Ex 17,3 ‖ b ɯMss ת׳.

כׄ[4] מִפְּנֵי הַקָּהָל אֶל־פֶּתַח אֹהֶל מוֹעֵד וַיִּפְּלוּ עַל־פְּנֵיהֶם וַיֵּרָא כְבוֹד־
יז מל בתור[5]. יב ר״פ 7 8 יְהוָה אֲלֵיהֶם׃ פ 7 וַיְדַבֵּר יְהוָה אֶל־מֹשֶׁה לֵּאמֹר׃ 8 קַח אֶת־
ל[6] הַמַּטֶּה וְהַקְהֵל אֶת־הָעֵדָה אַתָּה וְאַהֲרֹן אָחִיךָ וְדִבַּרְתֶּם אֶל־הַסֶּלַע
ל בתור לְעֵינֵיהֶם וְנָתַן מֵימָיו וְהוֹצֵאתָ[a] לָהֶם מַיִם מִן־הַסֶּלַע וְהִשְׁקִיתָ[a] אֶת־
ז[7]. ל. כט בתור. ט[8] וכל צורת הבית דכות במ ד. כב[9] וכל ד״ה ועזרא דכות ב מ ה חס בליש. ד[10] ול בליש. ג[11]. ה דגש[12]
9 הָעֵדָה וְאֶת־בְּעִירָם׃ 9 וַיִּקַּח מֹשֶׁה אֶת־הַמַּטֶּה מִלִּפְנֵי יְהוָה כַּאֲשֶׁר
10 צִוָּהוּ׃ 10 וַיַּקְהִלוּ מֹשֶׁה וְאַהֲרֹן אֶת־הַקָּהָל אֶל־פְּנֵי הַסָּלַע וַיֹּאמֶר
11 לָהֶם [a]שִׁמְעוּ־נָא[a] הַמֹּרִים הֲמִן־הַסֶּלַע הַזֶּה נוֹצִיא לָכֶם מָיִם׃ 11 וַיָּרֶם
מֹשֶׁה אֶת־יָדוֹ וַיַּךְ אֶת־הַסֶּלַע בְּמַטֵּהוּ פַּעֲמָיִם וַיֵּצְאוּ מַיִם רַבִּים וַתֵּשְׁתְּ
ה 12 הָעֵדָה וּבְעִירָם׃ ס 12 וַיֹּאמֶר יְהוָה אֶל־מֹשֶׁה וְאֶל־אַהֲרֹן יַעַן
ב. ג[13]. ו לֹא־הֶאֱמַנְתֶּם בִּי לְהַקְדִּישֵׁנִי לְעֵינֵי בְּנֵי יִשְׂרָאֵל לָכֵן לֹא תָבִיאוּ אֶת־
יט ר״פ[14] 13 הַקָּהָל הַזֶּה אֶל־הָאָרֶץ אֲשֶׁר־נָתַתִּי לָהֶם׃ 13 הֵמָּה מֵי מְרִיבָה[a] אֲשֶׁר־
ל רָבוּ בְנֵי־יִשְׂרָאֵל אֶת־יְהוָה וַיִּקָּדֵשׁ[b] בָּם׃ ס
ס[יט] 14 וַיִּשְׁלַח[a] מֹשֶׁה מַלְאָכִים מִקָּדֵשׁ אֶל־מֶלֶךְ[b] אֱדוֹם[c] כֹּה אָמַר
ג. ג ב פת וחד קמ[15] 15 אָחִיךָ יִשְׂרָאֵל אַתָּה יָדַעְתָּ אֵת כָּל־הַתְּלָאָה אֲשֶׁר מְצָאָתְנוּ׃ 15 וַיֵּרְדוּ
כה[16] אֲבֹתֵינוּ מִצְרַיְמָה וַנֵּשֶׁב בְּמִצְרַיִם יָמִים רַבִּים וַיָּרֵעוּ[a] לָנוּ מִצְרַיִם[b]
ב. ד. ג חס וחד מל בליש[17]. ג בליש[18] 16 וְלַאֲבֹתֵינוּ[c]׃ 16 וַנִּצְעַק אֶל־יְהוָה וַיִּשְׁמַע קֹלֵנוּ וַיִּשְׁלַח מַלְאָךְ וַיֹּצִאֵנוּ
ג[19]. ג[20] ב מנה בליש 17 מִמִּצְרָיִם וְהִנֵּה אֲנַחְנוּ בְקָדֵשׁ עִיר קְצֵה גְבוּלֶךָ׃ 17 נַעְבְּרָה[a]־נָּא
יז מ״פ לא ולא לא[21]. ד[22]. ה רפי[23]. ל בְאַרְצֶךָ לֹא נַעֲבֹר בְּשָׂדֶה וּבְכֶרֶם וְלֹא נִשְׁתֶּה מֵי בְאֵר[b] דֶּרֶךְ הַמֶּלֶךְ
ד 18 נֵלֵךְ לֹא נִטֶּה[c] יָמִין וּשְׂמֹאול עַד אֲשֶׁר־נַעֲבֹר גְּבֻלֶךָ׃ 18 וַיֹּאמֶר אֵלָיו
ד[24] 19 אֱדוֹם לֹא תַעֲבֹר בִּי פֶּן־בַּחֶרֶב אֵצֵא לִקְרָאתֶךָ׃ 19 וַיֹּאמְרוּ אֵלָיו
ב[25]. ג[26]. ל בְּנֵי־יִשְׂרָאֵל בַּמְסִלָּה[a] נַעֲלֶה וְאִם־מֵימֶיךָ[b] נִשְׁתֶּה אֲנִי וּמִקְנַי וְנָתַתִּי
ג[27]. ל[28] 20 מִכְרָם רַק אֵין־דָּבָר בְּרַגְלַי[c] אֶעֱבֹרָה[d]׃ 20 וַיֹּאמֶר לֹא תַעֲבֹר וַיֵּצֵא
ב[29]. ל 21 אֱדוֹם לִקְרָאתוֹ בְּעַם כָּבֵד וּבְיָד חֲזָקָה׃ 21 וַיְמָאֵן אֱדוֹם נְתֹן אֶת־

[4]Mm 1227. [5]Mm 250. [6]Mm 701. [7]Mm 1623. [8]Mm 3937. [9]Mm 11. [10]Mm 948. [11]Mm 949. [12]Mm 1573. [13]Mm 540. [14]Mm 1497. [15]Mm 950. [16]Mm 84. [17]Mm 1194. [18]Mm 951. [19]Mm 952. [20]Mm 1205. [21]Mm 1613. [22]Mp sub loco. [23]Mm 957. [24]Mm 2072. [25]1Ch 26,16. [26]Mm 532. [27]Mm 3054. [28]וחד ואין דבר 1S 20,21. [29]Mm 3260.

8 [a] 𝔊 pl ‖ **10** [a–a] 𝔊 *ἀκούσατέ μου*, cf 16,8[a–a] ‖ **13** [a] prp בַּת קָדֵשׁ– cf 13b ‖ [b] 𝔐 Syh + Dt 3,24.25.26b–28 ‖ **14** [a] 𝔐 Syh pr Dt 2,2–6 ‖ [b] add? cf 18.20sq ‖ [c] 𝔊(𝔗[J]ע) + *λέγων*, ins לֵאמֹר cf 21,21 ‖ **15** [a] 𝔐 וירִיעו ‖ [b] 𝔐 המ׳ ‖ [c] add ‖ **17** [a] 𝔐[Mss] ר– ‖ [b] 𝔐 בור ‖ [c] 𝔐 נסור cf Dt 2,27 ‖ **19** [a] 𝔐[Mss] במסלע = in saxeto?, cf 𝔊 ‖ [b] 𝔐𝔊𝔖 מֵמֵ׳ ‖ [c] 𝔊 *παρὰ τὸ ὄρος* ‖ [d] 𝔐 ר–.

22 יִשְׂרָאֵ֔ל עֲבֹ֖ר[a] בִּגְבֻל֑וֹ וַיֵּ֥ט יִשְׂרָאֵ֖ל מֵעָלָֽיו׃ פ 22 וַיִּסְע֖וּ מִקָּדֵ֑שׁ ה חס
23 וַיָּבֹ֧אוּ בְנֵֽי־יִשְׂרָאֵ֛ל כָּל־הָעֵדָ֖ה הֹ֥ר הָהָֽר׃ 23 וַיֹּ֧אמֶר יְהוָ֛ה אֶל־מֹשֶׁ֥ה ה
24 וְאֶֽל־אַהֲרֹ֖ן בְּהֹ֣ר הָהָ֑ר עַל־גְּב֥וּל אֶֽרֶץ־אֱד֖וֹם לֵאמֹֽר׃ 24 יֵאָסֵ֤ף אַהֲרֹן֙ [30]ה
אֶל־עַמָּ֔יו[a] כִּ֣י לֹ֤א יָבֹא֙[b] אֶל־הָאָ֔רֶץ אֲשֶׁ֥ר נָתַ֖תִּי לִבְנֵ֣י יִשְׂרָאֵ֑ל עַ֛ל
25 אֲשֶׁר־מְרִיתֶ֥ם אֶת־פִּ֖י לְמֵ֥י מְרִיבָֽה׃ 25 קַ֚ח אֶֽת־אַהֲרֹ֔ן וְאֶת־אֶלְעָזָ֖ר ל. יב ר״פ. ב
26 בְּנ֑וֹ וְהַ֥עַל אֹתָ֖ם הֹ֥ר הָהָֽר׃ 26 וְהַפְשֵׁ֨ט[a] אֶֽת־אַהֲרֹ֜ן אֶת־בְּגָדָ֗יו ב. ל
27 וְהִלְבַּשְׁתָּם֙ אֶת־אֶלְעָזָ֣ר בְּנ֔וֹ וְאַהֲרֹ֥ן יֵאָסֵ֖ף וּמֵ֥ת[b] שָֽׁם׃ 27 וַיַּ֣עַשׂ מֹשֶׁ֔ה [31]ב
28 כַּאֲשֶׁ֖ר צִוָּ֣ה יְהוָ֑ה וַֽיַּעֲלוּ֙[a] אֶל־הֹ֣ר הָהָ֔ר לְעֵינֵ֖י כָּל־הָעֵדָֽה׃ 28 וַיַּפְשֵׁט֩
מֹשֶׁ֨ה אֶֽת־אַהֲרֹ֜ן אֶת־בְּגָדָ֗יו וַיַּלְבֵּ֤שׁ אֹתָם֙ אֶת־אֶלְעָזָ֣ר בְּנ֔וֹ וַיָּ֧מָת אַהֲרֹ֛ן
29 שָׁ֖ם[a] בְּרֹ֣אשׁ הָהָ֑ר וַיֵּ֧רֶד מֹשֶׁ֛ה וְאֶלְעָזָ֖ר מִן־הָהָֽר׃ 29 וַיִּרְאוּ֙ כָּל־הָ֣עֵדָ֔ה [32]לה
כִּ֥י גָוַ֖ע אַהֲרֹ֑ן וַיִּבְכּ֤וּ אֶֽת־אַהֲרֹן֙ שְׁלֹשִׁ֣ים י֔וֹם כֹּ֖ל בֵּ֥ית יִשְׂרָאֵֽל׃ ס [33]ב ד מנה בתור וכל ירמיה ויחזק דכות ב מ יח
21 1 וַיִּשְׁמַ֞ע הַֽכְּנַעֲנִ֤י[a] מֶֽלֶךְ־עֲרָד֙[a] יֹשֵׁ֣ב הַנֶּ֔גֶב כִּ֚י בָּ֣א יִשְׂרָאֵ֔ל דֶּ֖רֶךְ
2 הָאֲתָרִ֑ים[b] וַיִּלָּ֙חֶם֙ בְּיִשְׂרָאֵ֔ל וַיִּ֥שְׁבְּ ׀ מִמֶּ֖נּוּ שֶֽׁבִי׃ 2 וַיִּדַּ֨ר יִשְׂרָאֵ֥ל נֶ֛דֶר ל. ב. ג[1]
לַֽיהוָ֖ה וַיֹּאמַ֑ר אִם־נָתֹ֨ן תִּתֵּ֜ן אֶת־הָעָ֤ם הַזֶּה֙ בְּיָדִ֔י וְהַחֲרַמְתִּ֖י[a] אֶת־[b] צא
3 עָרֵיהֶֽם׃ 3 וַיִּשְׁמַ֨ע יְהוָ֜ה בְּק֣וֹל יִשְׂרָאֵ֗ל וַיִּתֵּן֙ אֶת־הַֽכְּנַעֲנִ֔י[a] וַיַּחֲרֵ֥ם
4 אֶתְהֶ֖ם[b] וְאֶת־עָרֵיהֶ֑ם וַיִּקְרָ֥א שֵׁם־הַמָּק֖וֹם חָרְמָֽה׃ פ 4 וַיִּסְע֞וּ [2]ה
מֵהֹ֤ר הָהָר֙ דֶּ֣רֶךְ יַם־ס֔וּף לִסְבֹ֖ב אֶת־אֶ֣רֶץ אֱד֑וֹם וַתִּקְצַ֥ר נֶֽפֶשׁ־הָעָ֖ם ל וחס. ד[3]
5 בַּדָּֽרֶךְ׃ 5 וַיְדַבֵּ֣ר הָעָ֗ם בֵּֽאלֹהִים֮ וּבְמֹשֶׁה֒ לָמָ֤ה[a] הֶֽעֱלִיתֻ֙נוּ֙[b] מִמִּצְרַ֔יִם ב[4]. ב וחס
לָמ֖וּת[c] בַּמִּדְבָּ֑ר כִּ֣י אֵ֥ין לֶ֙חֶם֙ וְאֵ֣ין מַ֔יִם וְנַפְשֵׁ֣נוּ קָ֔צָה בַּלֶּ֖חֶם הַקְּלֹקֵֽל׃ [5]ל מ״פ אין ואין וכל ר״פ דכות ב מ ב. ב. ל. ז דגש[6]. ל
6 6 וַיְשַׁלַּ֨ח יְהוָ֜ה בָּעָ֗ם אֵ֚ת הַנְּחָשִׁ֣ים הַשְּׂרָפִ֔ים[a] וַיְנַשְּׁכ֖וּ אֶת־הָעָ֑ם וַיָּ֥מָת כב[7]. ב[8] ול בליש
7 עַם־רָ֖ב מִיִּשְׂרָאֵֽל׃ 7 וַיָּבֹא֩ הָעָ֨ם אֶל־מֹשֶׁ֜ה וַיֹּאמְר֣וּ חָטָ֗אנוּ כִּֽי־דִבַּ֤רְנוּ לג קמ[9]
בַֽיהוָה֙ וָבָ֔ךְ הִתְפַּלֵּל֙ אֶל־יְהוָ֔ה וְיָסֵ֥ר מֵעָלֵ֖ינוּ אֶת־הַנָּחָ֑שׁ וַיִּתְפַּלֵּ֥ל ל. ג
8 מֹשֶׁ֖ה בְּעַ֥ד הָעָֽם׃ 8 וַיֹּ֨אמֶר יְהוָ֜ה אֶל־מֹשֶׁ֗ה עֲשֵׂ֤ה לְךָ֙ שָׂרָ֔ף[a] וְשִׂ֥ים ט בטע בסיפ. ז. ט

[30]Mm 1348. [31]Mm 571. [32]Mm 2840. [33]Mm 953. Cp 21 [1]Mm 1474. [2]Mm 234. [3]Mm 1492. [4]Ex 14,31. [5]Mm 1269. [6]Mm 351. [7]Mm 59. [8]Mp sub loco. [9]Mm 264.

21 [a] l לַעֲבֹר? cf 21,23 ‖ **24** [a] ш𝔊𝔖𝔗𝔗[J] עַמּוֹ ‖ [b] 𝔊 εἰσέλθητε ‖ **26** [a] ш ־טת ‖ [b] ш וימת ‖ **27** [a] ш ויעלהו, cf 𝔊 ‖ **28** [a] > 𝔊* ‖ **29** [a] 𝔙 hic init cp 21 ‖ **Cp 21,1** [a–a] 𝔖 *mlk' dgdr*; prb add cf Jdc 1,16 ‖ [b] α'σ'(𝔖𝔗𝔗[J]𝔙) κατασκοποί = הַתָּרִים ‖ **2** [a] ш[Mss] וח' ‖ [b] l אתו וְאֶת־ cf 𝔊 ‖ **3** [a] ins c ш𝔊(𝔖) בְּיָדוֹ ‖ [b] ш אתם; l אֹתוֹ? cf 𝔊 ‖ **5** [a] 𝔊[B] + τοῦτο ut 20,5[a] ‖ [b] ш הוֹצֵאתָנוּ, 𝔊 ἐξήγαγες (vel ἐξηγάγετε) ἡμᾶς (> 𝔊[BS min]) ‖ [c] 𝔊 ut 20,4[a–a] ‖ **6** [a] ш[Mss] השרופים, 𝔊 τοὺς θανατοῦντας, 𝔖[A](𝔗[J]) *ḥrmn'* = crudeles, 𝔗 *qln* = urentes, 𝔙 *ignitos* ‖ **8** [a] ш שׂרוף, 𝔊[Mss] (= 𝔏𝔙) ὄφιν χαλκοῦν ut 9.

9 אֹת֖וֹ עַל־נֵ֑סᵇ וְהָיָה֙ כָּל־הַנָּשׁ֔וּךְ וְרָאָ֥ה אֹת֖וֹ וָחָֽי׃ 9 וַיַּ֤עַשׂ מֹשֶׁה֙ נְחַ֣שׁ
נְחֹ֔שֶׁת וַיְשִׂמֵ֖הוּ עַל־הַנֵּ֑ס וְהָיָ֗ה אִם־נָשַׁ֤ךְ הַנָּחָשׁ֙ אֶת־אִ֔ישׁᵃ וְהִבִּ֛יט
10 אֶל־נְחַ֥שׁ הַנְּחֹ֖שֶׁת וָחָֽי׃ 10 וַיִּסְע֖וּᵃ בְּנֵ֣י יִשְׂרָאֵ֑ל וַֽיַּחֲנ֖וּ בְּאֹבֹֽת׃
11 וַיִּסְע֖וּ מֵאֹבֹ֑ת וַֽיַּחֲנ֞וּ בְּעִיֵּ֣יᵃ הָעֲבָרִ֗יםᵇ בַּמִּדְבָּר֙ אֲשֶׁר֙ עַל־פְּנֵ֣י מוֹאָ֔ב
12 13 מִמִּזְרַ֖חᶜ הַשָּֽׁמֶשׁᵈ׃ 12 מִשָּׁ֖ם נָסָ֑עוּ וַֽיַּחֲנ֖וּ בְּנַ֥חַל זָֽרֶדᵃ׃ 13 ᵃמִשָּׁם֮ נָסָעוּ֒ᵃ
וַֽיַּחֲנ֗וּ מֵעֵ֤בֶרᵇ אַרְנוֹן֙ אֲשֶׁ֣רᶜ בַּמִּדְבָּ֔רᵈ הַיֹּצֵ֖א מִגְּב֣וּל הָאֱמֹרִ֑י כִּ֤י אַרְנוֹן֙
14 גְּב֣וּל מוֹאָ֔ב בֵּ֥ין מוֹאָ֖ב וּבֵ֥ין הָאֱמֹרִֽי׃ 14 עַל־כֵּן֙ יֵֽאָמַ֔ר בְּסֵ֖פֶר
מִלְחֲמֹ֣ת יְהוָ֑ה
15 ᵃאֶת־וָהֵ֣בᵃ בְּסוּפָ֔הᵇ וְאֶת־הַנְּחָלִ֖יםᶜ אַרְנֽוֹן׃ 15 וְאֶ֙שֶׁד֙ᵃ הַנְּחָלִ֔יםᵇ
אֲשֶׁ֥רᶜ נָטָ֖הᵈ לְשֶׁ֣בֶת עָ֑רᵉ וְנִשְׁעַ֖ן לִגְב֥וּל מוֹאָֽב׃
16 וּמִשָּׁ֖ם בְּאֵ֑רָה הִ֣וא הַבְּאֵ֗ר אֲשֶׁ֨ר אָמַ֤ר יְהוָה֙ לְמֹשֶׁ֔הᵃ אֱסֹ֣ףᵇ אֶת־הָעָ֔ם
17 וְאֶתְּנָ֥הᶜ לָהֶ֖ם מָֽיִם׃ ס 17 אָ֚ז יָשִׁ֣יר יִשְׂרָאֵ֔ל אֶת־הַשִּׁירָ֖ה הַזֹּ֑את
עֲלִ֥יᵃ בְאֵ֖ר עֱנוּ־לָֽהּ׃
18 בְּאֵ֞ר חֲפָר֣וּהָ שָׂרִ֗ים כָּר֙וּהָ֙ᵃ נְדִיבֵ֣י הָעָ֔םᵇ
בִּמְחֹקֵ֖ק בְּמִשְׁעֲנֹתָ֑םᶜ וּמִמִּדְבָּ֖רᵈ מַתָּנָֽה׃
19 וּמִמַּתָּנָ֖הᵃ נַחֲלִיאֵ֑לᵇ וּמִנַּחֲלִיאֵ֖ל בָּמֽוֹת׃ 20 וּמִבָּמ֗וֹת הַגַּיְא֙ אֲשֶׁר֙
בִּשְׂדֵ֣ה מוֹאָ֔ב רֹ֖אשׁ הַפִּסְגָּ֑ה וְנִשְׁקָ֖פָהᵃ עַל־פְּנֵ֥י הַיְשִׁימֹֽן׃ פ
21 וַיִּשְׁלַ֤חᵃ יִשְׂרָאֵל֙ᵇ מַלְאָכִ֔ים אֶל־סִיחֹ֥ן מֶֽלֶךְ־הָאֱמֹרִ֖יᶜ לֵאמֹֽר׃
22 אֶעְבְּרָ֣ה בְאַרְצֶ֗ךָᵃ לֹ֤א נִטֶּה֙ᵇ בְּשָׂדֶ֣ה וּבְכֶ֔רֶםᶜ לֹ֥א נִשְׁתֶּ֖ה מֵ֣י בְאֵ֑ר

ל . ג[10]
ג[10]
ג[11] מל בתור וכל נביא דכות ב מ א . ט חס . ג[11] מל בתור וכל נביא דכות ב מ א
ג[12]
ל חס
ל . ל . ג[11] מל בתור וכל נביא דכות ב מ א . ל
ב[13] . ב פת[14]
ח[15] . ד[16] . יז
ו[17] . ב[18]
ל
ל . ל . ב
ל . ל . ל
ל
ה רפי[19]

[10] Mm 954. [11] Mm 955. [12] Mm 956. [13] Gn 16,3. [14] Mm 2243. [15] Mm 1349. [16] Mm 339. [17] Mm 2279. [18] Ps 147,7. [19] Mm 957.

8 ᵇ 𝔐 הנס ut 9 ‖ **9** ᵃ 𝔐 הָא׳ ‖ **10** ᵃ pr Dt 10,6sq? ‖ **11** ᵃ 𝔊ᴮ *ἐν Χαλγαει* (𝔊⁻ᴮ *Αχελγαι* vel sim) cf 33,44; 𝔖 *bʻjnʼ* = בְּעֵין, 𝔗 *bmgzt* = in vado ‖ ᵇ 𝔊 *ἐκ τοῦ* (vel *τῷ*) *πέραν*, 𝔖𝔗 = הָעֶבְרִים ‖ ᶜ 𝔐 מִז׳ ‖ ᵈ 𝔐 + Dt 2,9 ‖ **12** ᵃ 𝔐 + Dt 2,17–19 (sec Syh in 13) ‖ **13** ᵃ⁻ᵃ 𝔐 וַיִּסְעוּ מִנַּחַל זֶרֶד ‖ ᵇ 2 Mss 𝔐 בע׳ ‖ ᶜ dl cf 𝔊*𝔖 ‖ ᵈ 𝔐 עַל־הַמ׳ ‖ **14** ᵃ⁻ᵃ nonn Mss אתוהב; 𝔊 *τὴν Ζωοβ* = אֶת־זָהָב (cf Dt 1,1?), 𝔖 *šlhbjtʼ* = להב ‖ ᵇ 𝔊 *ἐφλόγισεν* cf ספף aram incendere; 𝔗(𝔙) *ʼl jmʼ dswp* pro א׳ ו׳ בס׳ (= עַל יַם־סוּף?) ‖ ᶜ huc tr : ‖ **15** ᵃ 𝔐 אֲשֶׁר, 𝔖 *wʼtqn* = וְאִשַּׁר, > 𝔊 ‖ ᵇ 𝔐 הַנְּחָלִם ‖ ᶜ 𝔐 וא׳; > 𝔊 ‖ ᵈ 𝔊 *κατέστησεν* ‖ ᵉ 𝔐 עיר ‖ **16** ᵃ 𝔐 אל־מ׳ ‖ ᵇ 𝔐 אספה לי ‖ ᶜ 𝔐 ואתן ‖ **17** ᵃ 𝔐 עלה = עֲלֵה; 𝔊 *ἐπὶ τοῦ φρέατος* = עֲלֵי ב׳ (cj c 17a) ‖ **18** ᵃ 𝔐ᴹˢˢ כרואה ‖ ᵇ 𝔊 pl ‖ ᶜ 𝔐𝔙 וּבְ׳; 𝔊 *ἐν τῷ κυριεῦσαι αὐτῶν* = בְּמָשְׁלָם? ‖ ᵈ 𝔐𝔙 מ׳, sic l; 𝔊 *καὶ ἀπὸ φρέατος* = וּמִבְּאֵר cf 19ᵃ ‖ **19** ᵃ l וּמִבְּאֵר cf 18ᵈ ‖ ᵇ 𝔐 נחלאל (bis) ‖ **20** ᵃ l c 𝔐𝔊𝔖𝔗ᴶ𝔙 et 23,28 הַנִּשְׁקָף ‖ **21** ᵃ 𝔐 pr Dt 2,24sq ‖ ᵇ 𝔊* *Μωυσῆς* cf 20,14 ‖ ᶜ 𝔐𝔊 + דִּבְרֵי שָׁלוֹם ex Dt 2,26 ‖ **22** ᵃ 𝔐 + בְּדֶרֶךְ הַמֶּלֶךְ אֵלֵךְ לֹא אָסוּר יָמִין וּשְׂמֹאול + 𝔐, 𝔊 + *τῇ ὁδῷ πορευσόμεθα* = בַּדֶּרֶךְ נֵלֵךְ; ex Dt 2,27 ‖ ᵇ 𝔐 אטה ‖ ᶜ⁻ᶜ 𝔐 ut Dt 2,28–29a.

ד . ד[20] בַּדֶּרֶךְ[d] הַמֶּלֶךְ נֵלֵךְ עַד אֲשֶׁר־נַעֲבֹר גְּבֻלֶךָ[c]׃ 23 וְלֹא־נָתַן סִיחֹן אֶת־ 23
ה חס . כ ה מנה בתור[21] יִשְׂרָאֵל עֲבֹר[a] בִּגְבֻלוֹ[b] וַיֶּאֱסֹף סִיחֹן אֶת־כָּל־עַמּוֹ וַיֵּצֵא לִקְרַאת
יב[22] יִשְׂרָאֵל הַמִּדְבָּרָה וַיָּבֹא יָהְצָה[c] וַיִּלָּחֶם בְּיִשְׂרָאֵל׃ 24 וַיַּכֵּהוּ יִשְׂרָאֵל[a] 24
ל לְפִי־חָרֶב וַיִּירַשׁ[b] אֶת־אַרְצוֹ מֵאַרְנֹן עַד־יַבֹּק עַד־בְּנֵי עַמּוֹן כִּי עַז[c]
גְּבוּל בְּנֵי עַמּוֹן׃ 25 וַיִּקַּח יִשְׂרָאֵל אֵת כָּל־הֶעָרִים הָאֵלֶּה וַיֵּשֶׁב 25
יִשְׂרָאֵל בְּכָל־עָרֵי הָאֱמֹרִי בְּחֶשְׁבּוֹן וּבְכָל־בְּנֹתֶיהָ׃ 26 כִּי חֶשְׁבּוֹן עִיר 26
ב[23] . יב[24] . סד סִיחֹן מֶלֶךְ הָאֱמֹרִי הִוא וְהוּא נִלְחַם[a] בְּמֶלֶךְ מוֹאָב הָרִאשׁוֹן וַיִּקַּח
אֶת־כָּל־אַרְצוֹ מִיָּדוֹ[b] עַד־אַרְנֹן׃ 27 עַל־כֵּן יֹאמְרוּ הַמֹּשְׁלִים[a]

ל . ד מל בתור בֹּאוּ[b] חֶשְׁבּוֹן תִּבָּנֶה וְתִכּוֹנֵן[c] עִיר סִיחוֹן׃
28 כִּי־אֵשׁ יָצְאָה מֵחֶשְׁבּוֹן לֶהָבָה מִקִּרְיַת סִיחֹן
אָכְלָה עָר[a] מוֹאָב בַּעֲלֵי[b] בָּמוֹת אַרְנֹן׃
29 אוֹי־לְךָ מוֹאָב אָבַדְתָּ עַם־כְּמוֹשׁ
ל . כט וכל משיחה מצרים אשור ישראל דכות[25] . ד מל בתור נָתַן בָּנָיו פְּלֵיטִם וּבְנֹתָיו בַּשְּׁבִית[a] לְמֶלֶךְ אֱמֹרִי[b] סִיחוֹן׃
ל 30 וַנִּירָם[a] אָבַד[b] חֶשְׁבּוֹן עַד־דִּיבֹן
הׄ נקוד ׳ מנה בתור . ד זוגין חד עד וחד על[26] וַנַּשִּׁים[c] עַד[d]־נֹפַח[e] אֲשֶׁר[f][g] עַד[h]־מֵידְבָא[f i]׃

31 וַיֵּשֶׁב יִשְׂרָאֵל בְּאֶרֶץ[a] הָאֱמֹרִי׃ 32 וַיִּשְׁלַח מֹשֶׁה לְרַגֵּל אֶת־יַעְזֵר 31 32
ויורש[27] ק וַיִּלְכְּדוּ[a] בְּנֹתֶיהָ[a] וַיִּירֶשׁ[b] אֶת־הָאֱמֹרִי אֲשֶׁר־שָׁם׃ 33 וַיִּפְנוּ וַיַּעֲלוּ דֶּרֶךְ 33
ד[28] הַבָּשָׁן וַיֵּצֵא עוֹג מֶלֶךְ־הַבָּשָׁן לִקְרָאתָם הוּא וְכָל־עַמּוֹ לַמִּלְחָמָה
אֶדְרֶעִי׃ 34 וַיֹּאמֶר יְהוָה אֶל־מֹשֶׁה אַל־תִּירָא אֹתוֹ כִּי בְיָדְךָ נָתַתִּי 34
ה[29] אֹתוֹ וְאֶת־כָּל־עַמּוֹ וְאֶת־אַרְצוֹ וְעָשִׂיתָ לּוֹ כַּאֲשֶׁר עָשִׂיתָ לְסִיחֹן מֶלֶךְ
יז מל בתור הָאֱמֹרִי אֲשֶׁר יוֹשֵׁב בְּחֶשְׁבּוֹן׃ 35 וַיַּכּוּ אֹתוֹ[a] וְאֶת־בָּנָיו[a] וְאֶת־כָּל־עַמּוֹ 35
עַד־בִּלְתִּי הִשְׁאִיר[b]־לוֹ שָׂרִיד וַיִּירְשׁוּ אֶת־אַרְצוֹ׃ **22** 1 וַיִּסְעוּ בְּנֵי **22**

[20] Mm 1212. [21] Mm 4234. [22] Mm 757. [23] Mm 4229. [24] Mm 1748. [25] Mm 958. [26] Mm 1318. [27] Mm 832. [28] Mm 1062. [29] Mm 1061.

22 [d] mlt Mss 𝔗[J] דרך ut 20,17 ‖ **23** [a] cf 20,21[a] ‖ [b] ш + Dt 2,31 ‖ [c] ш יחצה ‖ **24** [a] ш + nonn vb ex 35 ‖ [b] ш𝔊𝔖 pl ‖ [c] l יַעְזֵר cf 𝔊 ‖ **26** [a] ш הנ׳ ‖ [b] 𝔊 *ἀπὸ Αροηρ*, prp מִיַּבֹּק (cf 24); l 𝔐 ‖ **27** [a] 𝔖(𝔙) *bmtl'* = בִּמְשָׁלִים ‖ [b] ш באי ‖ [c] ш[Mss] ותתכ׳ ‖ **28** [a] pc Mss 𝔊(𝔖) עַד; l עָרֵי ‖ [b] 𝔊 *καὶ κατέπιεν*, l בָּלְעָה ‖ **29** [a] 2 Mss ш בשבי ‖ [b] ш הָא׳ ‖ **30** [a] crrp; 𝔊 *καὶ τὸ σπέρμα αὐτῶν* = וְנִינָם? 𝔙(𝔖) *jugum ipsorum* = וְנִירָם, 𝔗 *mlkw*, l וּבְיָדֵנוּ? ‖ [b] ш דה– ‖ [c] 𝔊 *καὶ αἱ γυναῖκες (αὐτῶν)* = וְנָשִׁים, prp (אֵשׁ ...) נַשֹּׁם; l 𝔐 ‖ [d] 𝔊 *ἔτι* = עֹד ‖ [e] ш הנ׳ = הַנֹּפֵחַ?, 𝔊 *προσεξέκαυσαν* = נָפְחוּ, 𝔖 *(l)nbḥ* cf Jdc 8,11; l 𝔐 ‖ [f–f] 𝔖 *dbmdbr'* = מִדְבָּר ‖ [g] sic 𝔐 (ר punct extr), ш𝔊 אֵשׁ; l שְׁאָה? ‖ [h] l c pc Mss ш𝔊𝔗 עַל ‖ [i] 𝔊 *Μωαβ* ‖ **31** [a] ш בערי, 𝔊 ut 25b ‖ **32** [a–a] 𝔊 *καὶ κατελάβοντο αὐτὴν καὶ τὰς κώμας αὐτῆς*, l וב׳ והָ– cf 2[b] ‖ [b] l c ш𝔊𝔗[J] ויּוֹ(י)רשׁוּ ‖ **35** [a–a] > ш ut Dt 3,3 ‖ [b] = הַשׁ׳.

יִשְׂרָאֵל וַיַּחֲנוּ בְּעַרְבוֹת מוֹאָב מֵעֵבֶר לְיַרְדֵּן יְרֵחוֹ׃ ס פז ‏ל מל
ב[כ] פרש 2 וַיַּרְא בָּלָק בֶּן־צִפּוֹר אֵת כָּל־אֲשֶׁר־עָשָׂה יִשְׂרָאֵל לָאֱמֹרִי׃ ‏ט מל בתור . ל
3 וַיָּגָר מוֹאָב מִפְּנֵי הָעָם מְאֹד כִּי רַב־הוּא וַיָּקָץ מוֹאָב מִפְּנֵי בְּנֵי ‏ב׳
4 יִשְׂרָאֵל׃ 4 וַיֹּאמֶר מוֹאָב אֶל־זִקְנֵי מִדְיָן עַתָּה יְלַחֲכוּ[a] הַקָּהָל[b] אֶת־ ‏ב
כָּל־סְבִיבֹתֵינוּ כִּלְחֹךְ הַשּׁוֹר אֵת יֶרֶק הַשָּׂדֶה וּבָלָק בֶּן־צִפּוֹר מֶלֶךְ ‏ל וחס . ט מל בתור . ל[2]
5 לְמוֹאָב בָּעֵת הַהִוא׃ 5 וַיִּשְׁלַח מַלְאָכִים אֶל־בִּלְעָם בֶּן־בְּעוֹר פְּתוֹרָה[a] ‏ל
אֲשֶׁר עַל־הַנָּהָר[b] אֶרֶץ[b] בְּנֵי־עַמּוֹ[c] לִקְרֹא־לוֹ לֵאמֹר הִנֵּה עַם יָצָא ‏ל . ב בסיפ
6 מִמִּצְרַיִם הִנֵּה[d] כִסָּה אֶת־עֵין הָאָרֶץ וְהוּא יֹשֵׁב מִמֻּלִי׃ 6 וְעַתָּה ‏ד דמטע . ל וחס
לְכָה־נָּא אָרָה־לִּי אֶת־הָעָם הַזֶּה כִּי־עָצוּם הוּא [a]מִמֶּנִּי אוּלַי אוּכַל[a] ‏ב . נז וכל תלים דכות ב מ יא
נַכֶּה־בּוֹ וַאֲגָרְשֶׁנּוּ מִן־הָאָרֶץ כִּי יָדַעְתִּי אֵת אֲשֶׁר־תְּבָרֵךְ מְבֹרָךְ וַאֲשֶׁר[b] ‏ל . ג[3]
7 תָּאֹר יוּאָר[c]׃ 7 וַיֵּלְכוּ זִקְנֵי מוֹאָב וְזִקְנֵי מִדְיָן וּקְסָמִים[a] בְּיָדָם וַיָּבֹאוּ ‏ג[4] . ל
8 אֶל־בִּלְעָם וַיְדַבְּרוּ אֵלָיו דִּבְרֵי בָלָק׃ 8 וַיֹּאמֶר אֲלֵיהֶם לִינוּ פֹה ‏יז מל בתור[5]
הַלַּיְלָה וַהֲשִׁבֹתִי אֶתְכֶם דָּבָר כַּאֲשֶׁר יְדַבֵּר יְהוָה אֵלָי וַיֵּשְׁבוּ שָׂרֵי־
9 מוֹאָב עִם־בִּלְעָם׃ 9 וַיָּבֹא אֱלֹהִים אֶל־בִּלְעָם וַיֹּאמֶר מִי[a] הָאֲנָשִׁים
10 הָאֵלֶּה עִמָּךְ׃ 10 וַיֹּאמֶר בִּלְעָם אֶל־הָאֱלֹהִים בָּלָק בֶּן־צִפֹּר מֶלֶךְ ‏כ . ב חס . ל[2]
11 מוֹאָב שָׁלַח אֵלָי[a]׃ 11 הִנֵּה[a] הָעָם הַיֹּצֵא[a] מִמִּצְרַיִם וַיְכַס אֶת־עֵין
הָאָרֶץ עַתָּה[b] לְכָה קָבָה־לִּי אֹתוֹ אוּלַי אוּכַל לְהִלָּחֶם בּוֹ וְגֵרַשְׁתִּיו׃ ‏ב
12 וַיֹּאמֶר אֱלֹהִים אֶל־בִּלְעָם לֹא תֵלֵךְ עִמָּהֶם לֹא[a] תָאֹר אֶת־הָעָם ‏כה[6] . ג[4]
13 כִּי בָרוּךְ הוּא׃ 13 וַיָּקָם בִּלְעָם בַּבֹּקֶר וַיֹּאמֶר אֶל־שָׂרֵי בָלָק לְכוּ
14 אֶל־אַרְצְכֶם[a] כִּי מֵאֵן יְהוָה[b] לְתִתִּי לַהֲלֹךְ עִמָּכֶם׃ 14 וַיָּקוּמוּ שָׂרֵי ‏ב[7] . ד וחס[8] . ט מל[9]
15 מוֹאָב וַיָּבֹאוּ אֶל־בָּלָק וַיֹּאמְרוּ מֵאֵן בִּלְעָם הֲלֹךְ עִמָּנוּ׃ 15 וַיֹּסֶף עוֹד ‏כ׳
16 בָּלָק שְׁלֹחַ שָׂרִים רַבִּים וְנִכְבָּדִים מֵאֵלֶּה׃ 16 וַיָּבֹאוּ אֶל־בִּלְעָם ‏ל
וַיֹּאמְרוּ לוֹ כֹּה אָמַר בָּלָק בֶּן־צִפּוֹר אַל־נָא תִמָּנַע מֵהֲלֹךְ אֵלָי׃ ‏ט מל בתור . ל

Cp 22 [1]Mm 1944. [2]Mm 959. [3]Mm 3392. [4]Mm 525. [5]Mm 250. [6]Mm 5. [7]2S 4,10. [8]Mm 3547. [9]Mm 1663.

Cp 22,4 [a] ш sg ‖ [b] ins c ш𝔊𝔖𝔙 הַזֶּה ‖ **5** [a] 𝔖(𝔙) *pšwr'* = הַפּוֹתֵר cf 𝔗[J] ‖ [b–b] 𝔊(𝔙) *ἐπὶ τοῦ ποταμοῦ γῆς* = עַל־נְהַר א׳? ‖ [c] nonn Mss ш𝔖𝔙 עַמּוֹן; prp עמו = terra *ʿAmau* (inter Aleppo et Carchemisch) ‖ [d] Seb mlt Mss ш𝔊𝔖𝔗[J] וְה׳, sic l ‖ **6** [a–a] l מִמֶּנּוּ אולי נוּכַל (cf 𝔊)? aut 𝔐 (נכה inf pi?)? ‖ [b] ш ואת א׳ ‖ [c] ш ויאר ‖ **7** [a] ш𝔖 ־יהם ‖ **9** [a] ш מֶה = 𝔊𝔙? ‖ **10** [a] 𝔊(𝔖𝔙) + *λέγων* ‖ **11** [a–a] l frt c ш𝔊𝔖𝔗𝔗[J] עַם יָצָא cf 5 ‖ [b] mlt Mss ш𝔊𝔗[J] וְעתה, sic l ‖ **12** [a] Seb mlt Mss ш𝔊𝔖𝔗[J]𝔙 ולא, frt sic l ‖ **13** [a] 𝔊 *τὸν κύριον ὑμῶν* = אֲדֹנֵיכֶם ‖ [b] 𝔊* *ὁ θεός*.

17 כִּֽי־כַבֵּ֤ד אֲכַבֶּדְךָ֙ מְאֹ֔ד וְכֹ֛ל אֲשֶׁר־תֹּאמַ֥ר אֵלַ֖י אֶֽעֱשֶׂ֑ה וּלְכָה־נָּא֙ 17
קָֽבָה־לִּ֔י אֵ֖ת הָעָ֥ם הַזֶּֽה׃ 18 וַיַּ֣עַן בִּלְעָ֗ם וַיֹּ֙אמֶר֙ אֶל־עַבְדֵ֣י[a] בָלָ֔ק אִם־ 18 ב̇. יא זוגין בטע[10]
יִתֶּן־לִ֥י בָלָ֛ק מְלֹ֥א בֵית֖וֹ כֶּ֣סֶף וְזָהָ֑ב[b] לֹ֣א אוּכַ֗ל לַעֲבֹר֙ אֶת־פִּי֙ יְהוָ֣ה
19 אֱלֹהָ֔י[c] לַעֲשׂ֥וֹת קְטַנָּ֖ה א֥וֹ גְדוֹלָֽה[d]׃ 19 וְעַתָּ֗ה שְׁב֨וּ נָ֥א בָזֶ֛ה גַּם־אַתֶּ֖ם ח̇[11] קמ וכל אתנח וס״פ דכות ב̇ מ̇ ב̇. ד̇[12] מל בתור וכל קריא דכות ב̇ מ̇ ז̇. ה̇ בתור
20 הַלָּ֑יְלָה וְאֵ֣דְעָ֔ה מַה־יֹּסֵ֥ף יְהוָ֖ה דַּבֵּ֥ר עִמִּֽי׃ 20 וַיָּבֹ֨א אֱלֹהִ֥ים[a] ׀ אֶל־ ו̇[13]
בִּלְעָם֮ לַ֒יְלָה֒ וַיֹּ֣אמֶר ל֗וֹ אִם־לִקְרֹ֤א לְךָ֙ בָּ֣אוּ הָאֲנָשִׁ֔ים ק֖וּם לֵ֣ךְ אִתָּ֑ם ל̇[14]. לז
21 וְאַ֗ךְ אֶת־הַדָּבָ֛ר אֲשֶׁר־אֲדַבֵּ֥ר אֵלֶ֖יךָ אֹת֥וֹ תַעֲשֶֽׂה׃ 21 וַיָּ֤קָם בִּלְעָם֙ ג̇ ב̇ מנה ר״פ ול מ״פ[15]
22 בַּבֹּ֔קֶר וַֽיַּחֲבֹ֖שׁ אֶת־אֲתֹנ֑וֹ וַיֵּ֖לֶךְ עִם־שָׂרֵ֥י מוֹאָֽב׃ 22 וַיִּֽחַר־אַ֣ף
אֱלֹהִים֮[a] כִּֽי־הוֹלֵ֣ךְ[b] הוּא֒ וַיִּתְיַצֵּ֞ב מַלְאַ֧ךְ יְהוָ֛ה[c] בַּדֶּ֖רֶךְ לְשָׂטָ֣ן ל֑וֹ וְהוּא֙ כז̇[16] מל ט̇[17] מנה בתור וכל משלי וקהלת דכות ב̇ מ̇ ה̇
23 רֹכֵ֣ב עַל־אֲתֹנ֔וֹ וּשְׁנֵ֥י נְעָרָ֖יו עִמּֽוֹ׃ 23 וַתֵּ֣רֶא הָאָת֡וֹן אֶת־מַלְאַ֨ךְ יְהוָ֜ה
נִצָּ֣ב בַּדֶּ֗רֶךְ וְחַרְבּ֤וֹ שְׁלוּפָה֙ בְּיָד֔וֹ וַתֵּ֤ט הָֽאָתוֹן֙ מִן־הַדֶּ֔רֶךְ וַתֵּ֖לֶךְ בַּשָּׂדֶ֑ה ל̇ מל בתור. ג̇
24 וַיַּ֤ךְ בִּלְעָם֙ אֶת־הָ֣אָת֔וֹן לְהַטֹּתָ֖הּ הַדָּֽרֶךְ׃ 24 וַֽיַּעֲמֹד֙ מַלְאַ֣ךְ יְהוָ֔ה
25 בְּמִשְׁע֖וֹל הַכְּרָמִ֑ים גָּדֵ֥ר מִזֶּ֖ה וְגָדֵ֥ר מִזֶּֽה׃ 25 וַתֵּ֨רֶא הָאָת֜וֹן אֶת־מַלְאַ֣ךְ ל̇ ומל
יְהוָ֗ה וַתִּלָּחֵץ֙ אֶל־הַקִּ֔יר וַתִּלְחַ֛ץ אֶת־רֶ֥גֶל בִּלְעָ֖ם אֶל־הַקִּ֑יר וַיֹּ֖סֶף ל̇. כ̇י
26 לְהַכֹּתָֽהּ׃ 26 וַיּ֥וֹסֶף מַלְאַךְ־יְהוָ֖ה עֲב֑וֹר וַיַּֽעֲמֹד֙ בְּמָק֣וֹם צָ֔ר אֲשֶׁ֥ר אֵין־ כ̇י ז̇[18] מנה מל. ד̇ מל[19]
27 דֶּ֛רֶךְ לִנְט֖וֹת יָמִ֥ין וּשְׂמֹֽאול׃ 27 וַתֵּ֤רֶא הָֽאָתוֹן֙ אֶת־מַלְאַ֣ךְ יְהוָ֔ה וַתִּרְבַּ֖ץ ל̇
28 תַּ֣חַת בִּלְעָ֑ם וַיִּֽחַר־אַ֣ף בִּלְעָ֔ם וַיַּ֥ךְ אֶת־הָאָת֖וֹן בַּמַּקֵּֽל׃ 28 וַיִּפְתַּ֥ח ל̇
יְהוָ֖ה אֶת־פִּ֣י הָאָת֑וֹן וַתֹּ֤אמֶר לְבִלְעָם֙[a] מֶה־עָשִׂ֣יתִֽי לְךָ֔ כִּ֣י הִכִּיתַ֔נִי זֶ֖ה
29 שָׁלֹ֥שׁ רְגָלִֽים׃ 29 וַיֹּ֤אמֶר בִּלְעָם֙ לָֽאָת֔וֹן כִּ֥י הִתְעַלַּ֖לְתְּ[a] בִּ֑י ל֤וּ יֶשׁ־ ל̇. כב[20]
30 חֶ֙רֶב֙ בְּיָדִ֔י כִּ֥י עַתָּ֖ה הֲרַגְתִּֽיךְ׃ 30 וַתֹּ֨אמֶר הָאָת֜וֹן אֶל־בִּלְעָ֗ם הֲלוֹא֙ יב̇ מל בתור[21]
אָנֹכִ֣י אֲתֹֽנְךָ֗ אֲשֶׁר־רָכַ֣בְתָּ עָלַ֗י מֵעֽוֹדְךָ֙ עַד־הַיּ֣וֹם הַזֶּ֔ה[a] הַהַסְכֵּ֣ן[b] ל̇
31 הִסְכַּ֔נְתִּי לַעֲשׂ֥וֹת לְךָ֖ כֹּ֑ה[a] וַיֹּ֖אמֶר לֹֽא׃ 31 וַיְגַ֣ל יְהוָה֮ אֶת־עֵינֵ֣י בִלְעָם֒ ל̇. ב̇[22]
וַיַּ֞רְא אֶת־מַלְאַ֤ךְ יְהוָה֙[a] נִצָּ֣ב בַּדֶּ֔רֶךְ וְחַרְבּ֖וֹ שְׁלֻפָ֣ה בְּיָד֑וֹ וַיִּקֹּ֥ד וַיִּשְׁתַּ֖חוּ[b] ג̇[23]
32 לְאַפָּֽיו׃ 32 וַיֹּ֤אמֶר אֵלָיו֙ מַלְאַ֣ךְ יְהוָ֔ה עַל־מָ֗ה הִכִּ֙יתָ֙ אֶת־אֲתֹ֣נְךָ֔ זֶ֖ה

[10] Mm 915. [11] Mm 960. [12] Mm 1193. [13] Mm 961. [14] וחד באו אנשים Ez 20,1. [15] Mm 63. [16] Mm 1788. [17] Mm 935. [18] Mm 962. [19] Mp sub loco. [20] Mm 1444. [21] Mm 27. [22] Jes 22,8. [23] Mm 963.

18 [a] 𝔊 *τοῖς ἄρχουσιν*, 𝔖 *l'jzgdwhj* = nuntiis ‖ [b] 𝔐𝔰𝔰 𝔖 או ז׳ ‖ [c] > 𝔊[72]𝔏𝔄; 𝔊* *τοῦ θεοῦ* ‖ [d] 𝔊 + *ἐν τῇ διανοίᾳ μου* cf 24,13 ‖ **20** [a] 𝔐 pr מלאך ‖ **22** [a] l c Ms 𝔐𝔊[FN 53] יהוה ‖ [b] 𝔐 הלך = הָלַךְ? cf 𝔊𝔖 ‖ [c] 𝔊* *τοῦ θεοῦ* = האלהים, id ubique in 23–35 praeter 34 (cf 31[a]) ‖ **28** [a] 𝔐 אל ב׳ ‖ **29** [a] 𝔐 ־תִּי ‖ **30** [a–a] 𝔊 *μὴ ὑπεροράσει ὑπεριδοῦσα ἐποίησά σοι* ‖ [b] 𝔐 הס׳ ‖ **31** [a] 𝔊[BO] = 𝔐 cf 22[c] ‖ [b] 𝔐 ־חוי.

שָׁלֹ֥ושׁ רְגָלִ֑ים הִנֵּ֤ה אָנֹכִי֙ יָצָ֣אתִי לְשָׂטָ֔ן[a] כִּֽי־יָרַ֥ט[b] הַדֶּ֖רֶךְ[c] לְנֶגְדִּֽי׃ ה מל ג מנה בתור וכל כתיב דכות . ל
33 וַתִּרְאַ֙נִי֙ הָֽאָתֹ֔ון וַתֵּ֣ט לְפָנַ֔י[a] זֶ֖ה שָׁלֹ֣שׁ רְגָלִ֑ים אוּלַי֙[b] נָטְתָ֣ה מִפָּנַ֔י כִּ֥י ג . ז
34 עַתָּ֛ה גַּם־אֹתְכָ֥ה[c] הָרַ֖גְתִּי[d] וְאוֹתָ֥הּ הֶחֱיֵֽיתִי׃ 34 וַיֹּ֨אמֶר בִּלְעָ֜ם אֶל־ כ֯ בטע . כ֯[24] מילין כת ה ס״ת ול בליש . י֯ב[25] מל ב֯ מנה בתור וכל יהושע שפטים ויחזק דכות ב֯ מ֯ ג
מַלְאַ֤ךְ יְהוָה֙ חָטָ֔אתִי כִּ֚י לֹ֣א יָדַ֔עְתִּי כִּ֥י אַתָּ֛ה נִצָּ֥ב לִקְרָאתִ֖י בַּדָּ֑רֶךְ ט[26] וכל קריא דכות ב֯ מ֯ י֯ב . כ֯ז בטע
35 וְעַתָּ֛ה אִם־רַ֥ע בְּעֵינֶ֖יךָ אָשׁ֥וּבָה לִּֽי׃ 35 וַיֹּאמֶר֩ מַלְאַ֨ךְ יְהוָ֜ה אֶל־ י֯ בטע . ס֯ו
בִּלְעָ֗ם לֵ֚ךְ עִם־הָ֣אֲנָשִׁ֔ים וְאֶ֗פֶס אֶת־הַדָּבָ֛ר אֲשֶׁר־אֲדַבֵּ֥ר אֵלֶ֖יךָ אֹת֣וֹ
36 תְדַבֵּ֑ר[a] וַיֵּ֥לֶךְ בִּלְעָ֖ם עִם־שָׂרֵ֥י בָלָֽק׃ 36 וַיִּשְׁמַ֥ע בָּלָ֖ק כִּ֣י בָ֣א
בִלְעָ֑ם וַיֵּצֵ֨א לִקְרָאת֜וֹ אֶל־עִ֣יר[a] מוֹאָ֗ב אֲשֶׁר֙ עַל־גְּב֣וּל[b] אַרְנֹ֔ן אֲשֶׁ֖ר ה[27]
37 בִּקְצֵ֥ה הַגְּבֽוּל׃ 37 וַיֹּ֨אמֶר בָּלָ֜ק אֶל־בִּלְעָ֗ם הֲלֹא֩ שָׁלֹ֨חַ שָׁלַ֤חְתִּי אֵלֶ֙יךָ֙
לִקְרֹא־לָ֔ךְ[a] לָ֥מָּה לֹא־הָלַ֖כְתָּ אֵלָ֑י הַֽאֻמְנָ֔ם לֹ֥א אוּכַ֖ל כַּבְּדֶֽךָ׃ ד
38 וַיֹּ֨אמֶר בִּלְעָ֜ם אֶל־בָּלָ֗ק הִֽנֵּה־בָ֙אתִי֙ אֵלֶ֔יךָ עַתָּ֕ה הֲיָכֹ֥ל אוּכַ֖ל דַּבֵּ֣ר ב֯ חד מל וחד חס[28]
39 מְא֑וּמָה הַדָּבָ֗ר אֲשֶׁ֨ר יָשִׂ֧ים אֱלֹהִ֛ים[a] בְּפִ֖י אֹת֥וֹ אֲדַבֵּֽר[b]׃ 39 וַיֵּ֥לֶךְ בִּלְעָ֖ם ב֯
40 עִם־בָּלָ֑ק וַיָּבֹ֖אוּ[a] קִרְיַ֥ת[b][c] חֻצֽוֹת[bd]׃ 40 וַיִּזְבַּ֥ח בָּלָ֖ק בָּקָ֣ר וָצֹ֑אן וַיְשַׁלַּ֣ח ב֯[29] כת כן וכל ירמיה דכות ב֯ מ֯ א מל . ד֯[30] . כ֯ב[31]
41 לְבִלְעָ֔ם וְלַשָּׂרִ֖ים אֲשֶׁ֥ר אִתּֽוֹ׃ 41 וַיְהִ֣י בַבֹּ֔קֶר וַיִּקַּ֤ח בָּלָק֙ אֶת־בִּלְעָ֔ם
23 וַיַּעֲלֵ֖הוּ בָּמ֣וֹת[a] בָּ֑עַל וַיַּ֥רְא מִשָּׁ֖ם קְצֵ֥ה הָעָֽם׃ 23 1 וַיֹּ֤אמֶר בִּלְעָם֙
אֶל־בָּלָ֔ק בְּנֵה־[a]לִ֥י בָזֶ֖ה שִׁבְעָ֣ה מִזְבְּחֹ֑ת וְהָכֵ֥ן לִי֙ בָּזֶ֔ה שִׁבְעָ֥ה פָרִ֖ים
2 וְשִׁבְעָ֥ה אֵילִֽים׃ 2 וַיַּ֕עַשׂ בָּלָ֔ק כַּאֲשֶׁ֖ר דִּבֶּ֣ר בִּלְעָ֑ם וַיַּ֨עַל[a] בָּלָ֧ק וּבִלְעָ֛ם[a] ד֯[1] מל בתור וכל נביא דכות ב֯ מ֯ ג
3 פַּ֥ר וָאַ֖יִל בַּמִּזְבֵּֽחַ[b]׃ 3 וַיֹּ֨אמֶר בִּלְעָ֜ם לְבָלָ֗ק[a] הִתְיַצֵּב֮[b] עַל־עֹלָתֶ֒ךָ֒[c] ג
וְאֵֽלְכָ֔ה[d] אוּלַ֞י יִקָּרֶ֤ה[e] יְהוָה֙[f] לִקְרָאתִ֔י וּדְבַ֥ר מַה־יַּרְאֵ֖נִי וְהִגַּ֣דְתִּי לָ֑ךְ[g] כ֯א ול כת ה[2] . י֯ח
4 וַיֵּ֖לֶךְ[h] שֶֽׁפִי[h]׃ 4 וַיִּקָּ֥ר[a] אֱלֹהִ֖ים[b] אֶל־[c]בִּלְעָ֑ם וַיֹּ֣אמֶר[d] אֵלָ֗יו[e] אֶת־שִׁבְעַ֤ת ל֯ . ב֯ . ג֯ זוגין[3]
5 הַמִּזְבְּחֹת֙ עָרַ֔כְתִּי וָאַ֛עַל פָּ֥ר וָאַ֖יִל בַּמִּזְבֵּֽחַ[d]׃ 5 וַיָּ֧שֶׂם יְהוָ֛ה[a] דָּבָ֖ר בְּפִ֣י ב֯ חס בליש[4] . ג֯ . פ֯ד ל֯ג מנה בתור

[24] Mm 964. [25] Mm 1009. [26] Mm 230. [27] Mm 1348. [28] Mp contra textum. [29] Mm 2026. [30] Mm 3688. [31] Mm 59. **Cp 23** [1] Mm 879. [2] Mm 17. [3] Mm 3268. [4] Mp sub loco.

32 [a] ins לְךָ cf 𝔖𝔗[J]𝔙, 𝔐𝔊 לשׂטנך ‖ [b] prp יָרַטְתָּ (cf 𝔖) vel יָרַט; l prb יֵרַע cf 𝔐 הרע, 𝔊 *οὐκ ἀστεία* 𝔙 *perversa* ‖ [c] l c 𝔐𝔊𝔙 דַּרְכְּךָ ‖ **33** [a] 𝔐 מל׳ ‖ [b] l (וְ)לוּלֵי cf Vrs ‖ [c] 𝔐 אתך ‖ [d] 𝔐 הכיתי ‖ **35** [a] 𝔐𝔊 תִּשְׁמֹר לְדַבֵּר, cf 23,12; 𝔖 *ʿbd* = תַּעֲשֶׂה (cf 20) ‖ **36** [a] prp עָר ‖ [b] dl ‖ **37** [a] Or לְךָ ‖ **38** [a] l אֱלֹהַי? cf 18 ‖ [b] 𝔐𝔊[Mss] אֶשְׁמֹר לְדַבֵּר cf 35 ‖ **39** [a] 𝔐𝔖𝔗 וַיְבִאֵהוּ ‖ [b–b] 𝔗 *lqrjt mḥwzwhj* = in metropolim eius ‖ [c] 𝔊 pl ‖ [d] 𝔐[Mss] חיצ׳, 𝔊(𝔖) *ἐπαύλεων* = חֲצֵרוֹת ‖ **41** [a] prp בָּמַת cf 𝔊 ‖ **Cp 23,1** [a] 𝔐 עֲשֵׂה ‖ **2** [a–a] > pc Mss 𝔊*, dl cf 30 ‖ [b] huc tr 4[d–d] ‖ **3** [a] nonn Mss 𝔐𝔊 אל־ב׳ ‖ [b] ins c nonn Mss 𝔖 כֹּה ut 15 ‖ [c] 𝔐𝔖 pl ‖ [d] ins כֹּה (hpgr) cf 15 ‖ [e] 𝔐 יקרא ‖ [f] 𝔐𝔊 אלהים ‖ [g] 𝔊 + nonn vb ex 3a ‖ [h–h] 𝔊 *καὶ Βαλααμ ἐπορεύθη ἐπερωτῆσαι τὸν θεὸν* (cf 15) *καὶ ἐπορεύθη εὐθεῖαν* (versio duplex?) ‖ **4** [a] 𝔐 וַיִּמְצָא ‖ [b] 𝔐 pr מלאך ‖ [c] 𝔐 את ‖ [d–d] cf 2[b] ‖ [e] 𝔊 + *Βαλααμ* (𝔊[N134] *-λακ*), sed cf 2[b] ‖ **5** [a] 𝔐 pr מלאך, 𝔊 *ὁ θεός*; dl.

בִּלְעָ֑ם וַיֹּ֥אמֶר שׁ֛וּב אֶל־בָּלָ֖ק וְכֹ֥ה תְדַבֵּֽר׃ 6 וַיָּ֣שָׁב אֵלָ֔יו וְהִנֵּ֥ה נִצָּ֖ב 6
עַל־עֹלָת֑וֹ[a] ה֖וּא וְכָל־שָׂרֵ֥י מוֹאָֽב׃[b] 7 וַיִּשָּׂ֥א מְשָׁל֖וֹ וַיֹּאמַ֑ר   ז̇[5]. צא
מִן־אֲ֠רָם[a] יַנְחֵ֨נִי בָלָ֤ק מֶֽלֶךְ־מוֹאָב֙ מֵֽהַרְרֵי־קֶ֔דֶם   ב̇[6]. ב̇[7]. ג̇[8]
לְכָה֙ אָֽרָה־לִּ֣י יַעֲקֹ֔ב וּלְכָ֖ה זֹעֲמָ֥ה יִשְׂרָאֵֽל׃   ב̇. ל̇
8 מָ֣ה אֶקֹּ֔ב לֹ֥א קַבֹּ֖ה אֵ֑ל וּמָ֣ה אֶזְעֹ֔ם לֹ֥א זָעַ֖ם[a] יְהוָֽה׃   י̇ו̇[9] כת ה בתור ול̇ בליש. ל̇
9 כִּֽי־מֵרֹ֤אשׁ צֻרִים֙ אֶרְאֶ֔נּוּ וּמִגְּבָע֖וֹת אֲשׁוּרֶ֑נּוּ   י̇ד. ל̇. ב̇
הֶן־עָם֙ לְבָדָ֣ד יִשְׁכֹּ֔ן וּבַגּוֹיִ֖ם לֹ֥א יִתְחַשָּֽׁב׃   ה̇ וכל כל אל אלה דכות̇. י̇ז וכל̇ זקף אתנח̇ וס״פ דכות̇[10]. ג̇[11]. ד̇[12]
10 מִ֤י מָנָה֙ עֲפַ֣ר[a] יַעֲקֹ֔ב וּמִסְפָּ֖ר[b] אֶת־רֹ֣בַע[c] יִשְׂרָאֵ֑ל   ס̇[כא]   ב̇[13]. ה̇
תָּמֹ֤ת נַפְשִׁי֙ מ֣וֹת[d] יְשָׁרִ֔ים וּתְהִ֥י אַחֲרִיתִ֖י כָּמֹֽהוּ[e]׃   ג̇[14]. י̇ד רפי̇[15]
11 וַיֹּ֤אמֶר בָּלָק֙ אֶל־בִּלְעָ֔ם מֶ֥ה עָשִׂ֖יתָ לִ֑י לָקֹ֤ב אֹיְבַי֙ לְקַחְתִּ֔יךָ וְהִנֵּ֖ה 11
בֵּרַ֥כְתָּ בָרֵֽךְ[a]׃ 12 וַיַּ֖עַן וַיֹּאמַ֑ר הֲלֹ֗א אֵ֠ת אֲשֶׁ֨ר יָשִׂ֤ים יְהוָה֙[a] בְּפִ֔י אֹת֥וֹ 12   צא
אֶשְׁמֹ֖ר לְדַבֵּֽר׃ 13 וַיֹּ֨אמֶר אֵלָ֜יו בָּלָ֗ק לְךָ[a]־נָּ֨א אִתִּ֜י אֶל־מָק֤וֹם 13   לכה ק̇ חד מן ג̇[16] חס̇ בליש
אַחֵר֙ אֲשֶׁ֣ר[b] תִּרְאֶ֣נּוּ מִשָּׁ֔ם אֶ֚פֶס קָצֵ֣הוּ תִרְאֶ֔ה וְכֻלּ֖וֹ לֹ֣א תִרְאֶ֑ה וְקָבְנוֹ־[c]   ב̇[17]. ל̇
לִ֖י מִשָּֽׁם׃ 14 וַיִּקָּחֵ֙הוּ֙ שְׂדֵ֣ה צֹפִ֔ים אֶל־רֹ֖אשׁ הַפִּסְגָּ֑ה וַיִּ֙בֶן֙ שִׁבְעָ֣ה 14   ג̇ חד מל̇ וב̇ חס̇[18]. ב̇[19] וכל ההר דכות ב̇ מ̇ ה̇
מִזְבְּחֹ֔ת וַיַּ֛עַל פָּ֥ר וָאַ֖יִל בַּמִּזְבֵּֽחַ׃ 15 וַיֹּ֙אמֶר֙[a] אֶל־בָּלָ֔ק הִתְיַצֵּ֥ב כֹּ֖ה[b] 15
עַל־עֹלָתֶ֑ךָ[c] וְאָנֹכִ֖י [d]אִקָּ֥רֶה כֹּֽה[d]׃ 16 וַיִּקָּ֤ר[a] יְהוָה֙[b] אֶל־בִּלְעָ֔ם וַיָּ֥שֶׂם 16   ג̇. ל̇. ב̇. ג̇ זוגין[20]. פ̇ד ל̇ג מנה̇ בתור
דָּבָ֖ר בְּפִ֑יו וַיֹּ֛אמֶר שׁ֥וּב אֶל־בָּלָ֖ק וְכֹ֥ה תְדַבֵּֽר׃ 17 וַיָּבֹ֣א[a] אֵלָ֔יו וְהִנּ֥וֹ[b] 17   ג̇ ול̇ בליש
נִצָּ֖ב עַל־עֹ֣לָת֔וֹ[c] וְשָׂרֵ֥י מוֹאָ֖ב אִתּ֑וֹ וַיֹּ֤אמֶר לוֹ֙[d] בָּלָ֔ק מַה־דִּבֶּ֖ר יְהוָֽה׃
18 וַיִּשָּׂ֥א מְשָׁל֖וֹ וַיֹּאמַ֑ר   צא
ק֤וּם בָּלָק֙ וּֽשֲׁמָ֔ע[a] הַאֲזִ֥ינָה עָדַ֖י[b] בְּנ֥וֹ[c] צִפֹּֽר׃   ה̇. י̇ו̇. ב̇ חס̇[21]
19 לֹ֣א אִ֥ישׁ אֵל֙ וִיכַזֵּ֔ב וּבֶן־אָדָ֖ם וְיִתְנֶחָ֑ם   ז̇ ר״פ בסיפ̇. ה̇[22]. ל̇

[5] Mm 965. [6] Mm 4096. [7] Mm 3233. [8] Mm 966. [9] Mm 598. [10] Mm 2120. [11] Mm 3199. [12] Mm 4000. [13] 1S 1,5. [14] Mm 3550. [15] Mm 174. [16] Mm 2214. [17] Cant 5,16. [18] Mm 1528. [19] Mm 2009. [20] Mm 3268. [21] Mp sub loco. [22] Mm 3207.

6 [a] 𝔪𝔊𝔖 pl cf 3[c] ‖ [b] 𝔊 + *καὶ ἐγενήθη πνεῦμα θεοῦ ἐπ᾽ αὐτῷ*, cf 24,2b ‖ 7 [a] 𝔪 מא׳; prp אֱדֹם; l 𝔐 ‖ 8 [a] 𝔪[Mss] וְזָעְמוֹ ‖ 10 [a] 𝔪[Mss] מע׳; prp מִסְפַּר ‖ [b] l c 𝔪𝔊 וּמִי סָפַר ‖ [c–c] 𝔪 מרבע(ת), prp* תַּרְבְּעֹת (= nubes pulveris) vel אֶת־רִבְבֹת; l 𝔐? (רבע = pulvis?) ‖ [d] 𝔊 *ἐν ψυχαῖς* ‖ [e] l כָּהֵם cf Vrs (ו dttg) ‖ 11 [a] 𝔪 ברוך ‖ 12 [a] 𝔊 *ὁ θεός* ‖ 13 [a] Q לְכָה ‖ [b] > 𝔪; 𝔊 + *οὐκ* ‖ [c] = וְקָבֶנּוּ ‖ 15 [a] ins c pc Mss 𝔊𝔖 בִּלְעָם ‖ [b] > pc Mss 𝔪𝔊 ‖ [c] mlt Mss 𝔪𝔖 pl, cf 3[c] ‖ [d–d] 𝔊 *πορεύσομαι ἐπερωτῆσαι τὸν θεόν*, 𝔪 אקרא כה (cf 3) ‖ 16 [a] 𝔪 ויקרא cf 3[e] ‖ [b] l c pc Mss 𝔊 אלהים (𝔪 ut 5[a]) ‖ 17 [a] Ms 𝔊𝔙 וַיָּשָׁב cf 6 ‖ [b] pc Mss 𝔪𝔗[J] וְהִנֵּה ‖ [c] cf 3[c] ‖ [d] 𝔪 אליו ‖ 18 [a] 𝔪 ושמעה ‖ [b] 𝔊 *μάρτυς* = עֵד, sim 𝔖; l עָלַי = אֵלַי? ‖ [c] Seb בֵּן.

לֹד פסוק לא ולא ולא[23] . ב[24] — הַהוּא אָמַר֙ וְלֹ֣א יַעֲשֶׂ֔ה וְדִבֶּ֖רᵃ וְלֹ֥א יְקִימֶֽנָּה׃

ל . ל — 20 הִנֵּ֥הᵃ בָרֵ֖ךְᵇ לָקָ֑חְתִּיᶜ וּבֵרֵ֖ךְᵈ וְלֹ֥א אֲשִׁיבֶֽנָּה׃

ז ר״פ בסיפ — 21 לֹא־הִבִּ֥יטᵃ אָ֙וֶן֙ᵇ בְּיַעֲקֹ֔ב וְלֹא־רָאָ֥הᶜ עָמָ֖ל בְּיִשְׂרָאֵ֑ל

ה . ל — יְהוָ֤ה אֱלֹהָיו֙ עִמּ֔וֹ וּתְרוּעַ֥תᵈ מֶ֖לֶךְ בּֽוֹ׃

22 ᵃאֵ֖ל מוֹצִיאָ֣םᵇ מִמִּצְרָ֑יִם כְּתוֹעֲפֹ֥תᶜ רְאֵ֖ם לֽוֹ׃

ל — 23 ᵃכִּ֤י לֹא־נַ֙חַשׁ֙ בְּיַעֲקֹ֔ב וְלֹא־קֶ֖סֶם בְּיִשְׂרָאֵ֑ל

ו[25] — כָּעֵ֗ת יֵאָמֵ֤ר לְיַעֲקֹב֙ וּלְיִשְׂרָאֵ֔ל מַה־פָּ֖עַלᵇ אֵֽל׃

ה וכל כל אל אלה דכות . יז וכל זקף אתנח וס״פ דכות — 24 הֶן־עָם֙ כְּלָבִ֣יאᵃ יָק֔וּם וְכַאֲרִ֖יᵇ יִתְנַשָּׂ֑א

לֹ֤א יִשְׁכַּב֙ עַד־יֹ֣אכַל טֶ֔רֶף וְדַם־חֲלָלִ֖ים יִשְׁתֶּֽה׃

25 וַיֹּ֤אמֶר בָּלָק֙ אֶל־בִּלְעָ֔ם גַּם־קֹ֖ב לֹ֣א תִקֳּבֶ֑נּוּ גַּםᵃ־בָּרֵ֖ךְᵇ לֹ֥א תְבָרֲכֶֽנּוּ׃

יא זוגין בטע[26] — 26 וַיַּ֣עַן בִּלְעָ֔ם וַיֹּ֖אמֶר אֶל־בָּלָ֑ק הֲלֹ֗א דִּבַּ֤רְתִּי אֵלֶ֙יךָ֙ לֵאמֹ֔ר כֹּ֛לᵃ אֲשֶׁר־

יְדַבֵּ֥ר יְהוָ֖הᵇ אֹת֥וֹ אֶֽעֱשֶֽׂה׃

27 וַיֹּ֤אמֶר בָּלָק֙ אֶל־בִּלְעָ֔ם לְכָהᵃ־נָּא֙ אֶקָּ֣חֲךָ֔ אֶל־מָק֖וֹם אַחֵ֑ר

ג מל[27] . לג בתור . ב[28] . ל — 28 אוּלַ֤י יִישַׁר֙ בְּעֵינֵ֣י הָֽאֱלֹהִ֔ים וְקַבֹּ֥תוֹ לִ֖י מִשָּֽׁם׃ 28 וַיִּקַּ֥ח בָּלָ֖ק אֶת־בִּלְעָ֑ם

29 רֹ֣אשׁ הַפְּע֔וֹר הַנִּשְׁקָ֖ף עַל־פְּנֵ֥י הַיְשִׁימֹֽן׃ 29 וַיֹּ֤אמֶר בִּלְעָם֙ אֶל־בָּלָ֔ק

בְּנֵה־לִ֥י בָזֶ֖ה שִׁבְעָ֣ה מִזְבְּחֹ֑ת וְהָכֵ֥ן לִי֙ בָּזֶ֔ה שִׁבְעָ֥ה פָרִ֖ים וְשִׁבְעָ֥ה

30 אֵילִֽים׃ 30 וַיַּ֣עַשׂ בָּלָ֔ק כַּאֲשֶׁ֖ר אָמַ֣רᵃ בִּלְעָ֑ם וַיַּ֛עַל פַּ֥ר וָאַ֖יִל בַּמִּזְבֵּֽחַᵇ׃

לג בתור . ט[1] . ג[2] — **24** 1 וַיַּ֣רְא בִּלְעָ֗ם כִּ֣י ט֞וֹב בְּעֵינֵ֤י יְהוָה֙ לְבָרֵ֣ךְ אֶת־יִשְׂרָאֵ֔ל וְלֹא־הָלַ֥ךְ

ו[3] — 2 כְּפַֽעַם־בְּפַ֖עַם לִקְרַ֣את נְחָשִׁ֑ים וַיָּ֥שֶׁתᵃ אֶל־הַמִּדְבָּ֖ר פָּנָֽיו׃ 2 וַיִּשָּׂ֨א

ב[4] . ה וכל שמואל דכות ב מ ה רוח יי[5] — בִלְעָ֜ם אֶת־עֵינָ֗יו וַיַּרְא֙ אֶת־יִשְׂרָאֵ֔ל שֹׁכֵ֖ן לִשְׁבָטָ֑יו וַתְּהִ֥י עָלָ֖יו ר֥וּחַ

צא — 3 אֱלֹהִֽים׃ 3 וַיִּשָּׂ֥א מְשָׁל֖וֹ וַיֹּאמַ֑ר

נְאֻ֤ם בִּלְעָם֙ בְּנ֣וֹᵃ בְעֹ֔ר וּנְאֻ֥ם הַגֶּ֖בֶר שְׁתֻ֥םᵇ הָעָֽיִן׃

[23] Mm 771. [24] Mm 2849. [25] Mm 967. [26] Mm 915. [27] Mm 968. [28] Mm 4099. Cp 24 [1] Mm 969. [2] Mm 2179. [3] Mm 3666. [4] Jos 7,16. [5] Mp sub loco.

19 ᵃ ﬡ𝔊𝔙 ד׳ ‖ **20** ᵃ ﬡ הן ‖ ᵇ ﬡ𝔖 לב׳; l בְּרָכָה? ‖ ᶜ 𝔊𝔖𝔙 לְקַחְתִּי ‖ ᵈ l prb c ﬡ𝔊 (𝔗) אֲבָרֵךְ ‖ **21** ᵃ ﬡ𝔖(𝔗𝔗ᴶ) אַבִּיט; l 𝔐 ‖ ᵇ ﬡ עָוֹן ‖ ᶜ > 𝔗𝔗ᴶ, 𝔖 *ḥ'r 'n'* = אֶרְאֶה; l 𝔐 ‖ ᵈ prp* וְתוֹרַעַת (= maiestas a ירע) cf 𝔊𝔖𝔗 ‖ **22** ᵃ add? ex 24,8 ‖ ᵇ l c Ms 𝔊ᴹˢˢ𝔏𝔙 ‑אוֹ ut 24,8 ‖ ᶜ dub; 𝔊 *ὡς δόξα*, 𝔖(𝔗𝔗ᴶ𝔙) *b'wšnh* = fortitudo ‖ **23** ᵃ add? ‖ ᵇ l prb פֹּעַל ‖ **24** ᵃ ﬡ ‑יה ‖ ᵇ ﬡ ‑יה ‖ **25** ᵃ ﬡ וְגַם ‖ ᵇ ﬡ ut 11ᵃ ‖ **26** ᵃ ﬡ + הדבר, 𝔊 *τὸ ῥῆμα* ‖ ᵇ ﬡ𝔊𝔙 האלהים ‖ **27** ᵃ ﬡ לְךָ cf 13 ‖ **30** ᵃ pc Mss ﬡ דִּבֶּר ‖ ᵇ ﬡ אֶל הַמִּ׳ ‖ **Cp 24,1** ᵃ ﬡ𝔊 הַנִּ׳ ‖ **3** ᵃ cf 23,18ᶜ ‖ ᵇ 𝔖 *(d)glj'* = apertus, 𝔙 *obturatus* = שְׁתֻם; l שֶׁתָּם vel (pro ש׳ ה׳) שֶׁתַּמָּה עֵינוֹ cf 𝔊𝔗.

4 נְאֻם[a] שֹׁמֵעַ אִמְרֵי־אֵל[b][a]
אֲשֶׁר מַחֲזֵה שַׁדַּי[c] יֶחֱזֶה נֹפֵל[d] וּגְלוּי עֵינָיִם[e]׃ כח
5 מַה־טֹּבוּ אֹהָלֶיךָ יַעֲקֹב מִשְׁכְּנֹתֶיךָ[a] יִשְׂרָאֵל׃ ב̇[6]. ג חס בליש
6 כִּנְחָלִים נִטָּיוּ[a] כְּגַנֹּת עֲלֵי נָהָר ל̇.ל̇
כַּאֲהָלִים[b] נָטַע[c] יְהוָה כַּאֲרָזִים עֲלֵי־מָיִם׃ ל̇.ל̇[7]
7 יִזַּל־מַיִם מִדָּלְיָו[a] וְזַרְעוֹ בְּמַיִם[b] רַבִּים ל̇.ל̇.[8]ז̇.ז רפי[9]
וְיָרֹם[c] מֵאֲגַג[d] מַלְכּוֹ[e] וְתִנַּשֵּׂא[f] מַלְכֻתוֹ׃ ג חס[10]
8 אֵל מוֹצִיאוֹ[a] מִמִּצְרַיִם כְּתוֹעֲפֹת[b] רְאֵם לוֹ
יֹאכַל גּוֹיִם[c] צָרָיו וְעַצְמֹתֵיהֶם יְגָרֵם וְחִצָּיו[d] יִמְחָץ[e]׃ ל̇.ל̇
9 כָּרַע שָׁכַב כַּאֲרִי[a] וּכְלָבִיא[a] מִי יְקִימֶנּוּ
מְבָרֲכֶיךָ[b] בָרוּךְ וְאֹרְרֶיךָ אָרוּר[b]׃ ל̇
10 וַיִּחַר־אַף בָּלָק אֶל־בִּלְעָם וַיִּסְפֹּק אֶת־כַּפָּיו וַיֹּאמֶר בָּלָק אֶל־ 10 ל חס[11]
בִּלְעָם לָקֹב אֹיְבַי קְרָאתִיךָ[a] וְהִנֵּה בֵּרַכְתָּ בָרֵךְ[b] זֶה שָׁלֹשׁ פְּעָמִים[c]׃
11 וְעַתָּה בְּרַח־לְךָ אֶל־מְקוֹמֶךָ אָמַרְתִּי כַּבֵּד אֲכַבֶּדְךָ וְהִנֵּה מְנָעֲךָ 11 ב̇[12]
יְהוָה מִכָּבוֹד׃ 12 וַיֹּאמֶר בִּלְעָם אֶל־בָּלָק הֲלֹא גַּם אֶל־מַלְאָכֶיךָ 12
אֲשֶׁר־שָׁלַחְתָּ אֵלַי דִּבַּרְתִּי לֵאמֹר׃ 13 אִם־יִתֶּן־לִי בָלָק מְלֹא בֵיתוֹ 13 ו ר״פ בסיפ
כֶּסֶף וְזָהָב[a] לֹא אוּכַל לַעֲבֹר[b] אֶת־פִּי יְהוָה לַעֲשׂוֹת טוֹבָה אוֹ רָעָה
מִלִּבִּי אֲשֶׁר־יְדַבֵּר יְהוָה[c] אֹתוֹ אֲדַבֵּר[d]׃ 14 וְעַתָּה הִנְנִי הוֹלֵךְ לְעַמִּי[a] 14 כז[13] מל ט[14] מנה בתור וכל משלי וקהלת דכות ב מ ה
לְכָה[b] אִיעָצְךָ[c] אֲשֶׁר יַעֲשֶׂה הָעָם הַזֶּה לְעַמְּךָ בְּאַחֲרִית הַיָּמִים׃ ג[15]
15 וַיִּשָּׂא מְשָׁלוֹ וַיֹּאמַר צא
נְאֻם בִּלְעָם בְּנוֹ[a] בְעֹר וּנְאֻם הַגֶּבֶר שְׁתֻם[b] הָעָיִן׃

[6] Cant 4,10. [7] וחד כַּאֲרָזִים Cant 5,15. [8] Mm 970. [9] Mm 753. [10] Mm 971. [11] Mm 2018. [12] 1S 25,16. [13] Mm 1788. [14] Mm 935. [15] Mm 972.

4 [a–a] > 𝔐𝔊* ‖ [b] ins 16 aβ ‖ [c] 𝔐[Mss] שדה ‖ [d] 𝔊 *ἐν ὕπνῳ* ‖ [e] 𝔐 sg ‖ **5** [a] nonn Mss 𝔐𝔖𝔗[J]𝔙 ומ׳ ‖ **6** [a] Ms 𝔐[Mss] נטוי, 𝔐 נטוים; et 𝔊𝔙 et 𝔖𝔗 ad sensum ‖ [b] 𝔗 = 𝔐, 𝔊𝔖𝔗[J]𝔙 כָּא׳; prp כְּאַלּוֹנִים vel כְּאֵילִים ‖ [c] 𝔐𝔊𝔙 נָטָה ‖ **7** [a–a] 𝔊 *ἐξελεύσεται ἄνθρωπος ἐκ τοῦ σπέρματος αὐτοῦ*, sim 𝔖𝔗; prp יִזַּלוּ לְאֻמִּים מֵחֵילוֹ ‖ [b–b] prp וּזְרֹעוֹ בְּעַמִּים cf 𝔊𝔗 ‖ [c] l prb יָרוּם ‖ [d] 𝔐𝔊 α′σ′θ′ מִגּוֹג ‖ [e] 𝔊 *βασιλεία (αὐτοῦ)* ‖ [f] l aut c 𝔐 ותִתְנַ׳ aut וְתִנָּשֵׂא ‖ **8** [a] pc Mss 𝔖𝔗𝔗[J] אָם– cf 23,22; 𝔐𝔊 נָחָהוּ ‖ [b] cf 23,22[c] ‖ [c] dl ‖ [d] prp וַחֲלָצָיו cf 𝔖; l prb וְלֹחֲצָיו ‖ [e] 𝔊 + *ἐχθρόν* ‖ **9** [a] 𝔐 ut 23,24 ‖ [b–b] cf Gn 27,29 ‖ **10** [a] ℭ לקחתיך, 𝔐 קראתי לך ‖ [b] 𝔐 ut 23,11.25 ‖ [c] pc Mss 𝔐 רְגָלִים ‖ **13** [a] cf 22,18[b] ‖ [b] 𝔐[Mss] עבור(א) ‖ [c] 𝔊 *ὁ θεός*, nonn Mss 𝔙 + אֱלֹהַי cf 22,18; 𝔐𝔊* + אֵלַי ‖ [d] 𝔐 –רה ‖ **14** [a] 𝔊 *εἰς τὸν τόπον μου* cf 11.25; 𝔖 *l'r'j* = לְאַרְצִי ‖ [b] 𝔐 לך ut 23,27[a] ‖ [c] 𝔐 ואעיצך את ‖ **15** [a] cf 3[a] ‖ [b] cf 3[b].

16ג | 16 נְאֻ֗ם[a] שֹׁמֵ֙עַ֙ אִמְרֵי־אֵ֔ל וְיֹדֵ֖עַ דַּ֣עַת עֶלְי֑וֹן
כת | מַחֲזֵ֤ה שַׁדַּי֙[b] יֶֽחֱזֶ֔ה נֹפֵ֖ל[c] וּגְל֥וּי עֵינָֽיִם׃
17ב | 17 אֶרְאֶ֙נּוּ֙[a] וְלֹ֣א עַתָּ֔ה אֲשׁוּרֶ֖נּוּ[b] וְלֹ֣א קָר֑וֹב
ב חד קמ וחד פת18 | דָּרַ֨ךְ[c] כּוֹכָ֜ב[d] מִֽיַּעֲקֹ֗ב וְקָ֥ם שֵׁ֙בֶט֙[e] מִיִּשְׂרָאֵ֔ל
ל. ב | וּמָחַץ֙ פַּאֲתֵ֣י[f] מוֹאָ֔ב וְקַרְקַ֖ר[g] כָּל־בְּנֵי־שֵֽׁת[h]׃
ב. ב | 18 וְהָיָ֨ה אֱד֜וֹם יְרֵשָׁ֗ה[a] וְהָיָ֧ה[b] יְרֵשָׁ֛ה שֵׂעִ֖יר[bc] אֹיְבָ֑יו[d]
לג. ב19 | וְיִשְׂרָאֵ֖ל עֹ֥שֶׂה חָֽיִל׃ 19 וְיֵ֖רְדְּ[a] מִֽיַּעֲקֹ֑ב[b]
וְהֶֽאֱבִ֥יד[c] שָׂרִ֖יד מֵעִֽיר[cd]׃
צא | 20 וַיַּרְא֙ אֶת־עֲמָלֵ֔ק וַיִּשָּׂ֥א מְשָׁל֖וֹ וַיֹּאמַ֑ר
כת. ל | רֵאשִׁ֤ית גּוֹיִם֙ עֲמָלֵ֔ק וְאַחֲרִית֖וֹ[a] עֲדֵ֥י אֹבֵֽד[a]׃
צא | 21 וַיַּרְא֙ אֶת־הַקֵּינִ֔י וַיִּשָּׂ֥א מְשָׁל֖וֹ וַיֹּאמַ֑ר
ג. ט. ג20 | אֵיתָן֙ מֽוֹשָׁבֶ֔ךָ[a] וְשִׂ֥ים בַּסֶּ֖לַע קִנֶּֽךָ׃
ל בטע. ד21. ל | 22 כִּ֥י אִם־יִהְיֶ֖ה לְבָ֣עֵֽר[a] קָ֑יִן[b] עַד־מָ֖ה[c] אַשּׁ֥וּר תִּשְׁבֶּֽךָּ[c]׃
צא | 23 וַיִּשָּׂ֥א[a] מְשָׁל֖וֹ וַיֹּאמַ֑ר[b]
יח וכל חיו יחיה דכות22 ל | א֕וֹי מִ֥י יִחְיֶ֖ה[c] מִשֻּׂמ֥וֹ[d] אֵֽל[d]׃ 24 וְצִים֙[a] מִיַּ֣ד[b] כִּתִּ֔ים[b]
כג פסוק וגם ובתר תלת מילין23. ז24 | וְעִנּ֥וּ[c] אַשּׁ֖וּר וְעִנּוּ[d]־עֵ֑בֶר[e] וְגַם־ה֖וּא[f] עֲדֵ֥י[g] אֹבֵֽד[g]׃
כג פסוק וגם ובתר תלת מילין23 | 25 וַיָּ֣קָם בִּלְעָ֔ם וַיֵּ֖לֶךְ וַיָּ֣שָׁב לִמְקֹמ֑וֹ וְגַם־בָּלָ֖ק הָלַ֥ךְ לְדַרְכּֽוֹ׃ פ
ט. 1ג2 | ס [כב] **25** 1 וַיֵּ֥שֶׁב יִשְׂרָאֵ֖ל בַּשִּׁטִּ֑ים וַיָּ֣חֶל[a] הָעָ֔ם לִזְנ֖וֹת אֶל[b]־בְּנ֥וֹת מוֹאָֽב׃

[16] Mm 973. [17] Mp sub loco. [18] Mm 974. [19] Ps 72,8. [20] Mm 3079. [21] Mm 975. [22] Mm 107. [23] Mm 1629. [24] Mm 357. Cp 25 [1] Mm 4056. [2] Mm 2820.

16 [a] > 𝔊* ‖ [b] ш[Mss] שדה ut 4[c] ‖ [c] cf 4[d] ‖ **17** [a] 𝔊 *δείξω αὐτῷ* ‖ [b] 𝔊 *μακαρίζω* ‖ [c] 𝔊(𝔖𝔙) *ἀνατελεῖ* = זָרַח ‖ [d] 𝔗(𝔗[J]) *mlk'* = rex ‖ [e] = stella crinita; 𝔊 *ἄνθρωπος*, 𝔖 *rjš'* = princeps, 𝔗(𝔗[J]) *mšjḥ'* = Messias ‖ [f] ш[Mss] פתי, Jer 48,45 sg, 𝔊(𝔖𝔗𝔗[J]𝔙) *τοὺς ἀρχηγούς* ‖ [g] l c ш et Jer 48,45 וְקָדְקֹד ‖ [h] Jer 48,45 שָׁאוֹן, 𝔗 pro כ' ב' ש' *bkl bnj 'nš'* = omnes homines propter Gn 4,25 ‖ **18** [a] prp יָרוּשׁ cf ш[Mss] ירושה; l יְרֻשָּׁתוֹ? cf 𝔖 ‖ [b–b] dl et huc tr 19[c–c] ‖ [c] ш𝔊 עֵשָׂו ‖ [d] tr ad fin 19a ‖ **19** [a] 𝔖(𝔗) *wnḥwt* = וְיֵרֵד; l וְיִרְדֵּה ‖ [b] l יעקב אֹיְבָיו cf 18[d] ‖ [c–c] cf 18[b–b] ‖ [d] l מִשֵּׂעִיר ‖ **20** [a–a] ш עד יא' cf Vrs; l ע' אָבַד cf arab *abadan* = semper ‖ **21** [a] huc tr קין ex 22 ‖ **22** [a] 𝔊 *τῷ Βεωρ* ‖ [b] cf 21[a] ‖ [c–c] dub (אשור fem? ut Ez 32,22); l frt עֲרֵמָה וְאַשְׁפַּת מִשְׁכָּבֵךְ (𝔊 *πανουργίας* = עָרְמָה) cf Neh 3,34; ш עד מאשור תשבך ‖ **23** [a] 𝔊* pr *καὶ ἰδὼν τὸν (γ)ωγ* ‖ [b] vs 23b/24 cf Da 11,30 ‖ [c] ш יחיה ‖ [d–d] cod Jericho Edd משמואל; dub (prp מִשְּׂמֹאל vel מִשְּׁמֹאל vel מִיִּשְׁמָעֵאל), Vrs = 𝔐, sed ш mlt Mss cj אל c sq ‖ **24** [a] ш יוצאים, 𝔊 *καὶ ἐξελεύσεται* = וְיֹצְאִים? 𝔖 *wlgjwn' npqn* = et legiones egredientur ‖ [b–b] 𝔙 *de Italia*, 𝔗 *mrwm'j* = a Romanis; prp מִיַּרְכְּתֵי יָם ‖ [c] ш יענו ‖ [d] ш ויענו ‖ [e] 𝔊(𝔖𝔙) *Ἑβραίους* = עִבְרִים; 𝔗 *l'br prt* = עבר פְּרָת ‖ [f] Vrs pl ‖ [g–g] ш ut 20; l ut 20 et adde יֹאבֵד (hpgr) ‖ **Cp 25,1** [a] 𝔊 *καὶ ἐβεβηλώθη* = וַיֵּחַל cf Lv 19,29; 21,9 ‖ [b] nonn Mss אֶת.

2 וַתִּקְרֶ֣אןָ[a] לָעָ֔ם לְזִבְחֵ֖י אֱלֹהֵיהֶ֑ן וַיֹּ֣אכַל הָעָ֔ם וַיִּֽשְׁתַּחֲוּ֖[b] לֵאלֹהֵיהֶֽן׃ 2 ד̇ . ה̇[3] . ה̇[3]
3 וַיִּצָּ֥מֶד יִשְׂרָאֵ֖ל[a] לְבַ֣עַל פְּע֑וֹר וַיִּֽחַר־אַ֥ף יְהוָ֖ה בְּיִשְׂרָאֵֽל׃ 4 וַיֹּ֨אמֶר 3 4 ט בטע בסיפ
יְהוָ֜ה אֶל־מֹשֶׁ֗ה [a]קַ֚ח אֶת־כָּל־[b]רָאשֵׁ֣י הָעָ֔ם[b] וְהוֹקַ֥ע[c] אוֹתָ֛ם לַיהוָ֖ה נֶ֣גֶד עה . ל̇ . לט מל בתור
הַשָּׁ֑מֶשׁ[a] וְיָשֹׁ֛ב חֲר֥וֹן אַף־יְהוָ֖ה מִיִּשְׂרָאֵֽל׃ 5 וַיֹּ֣אמֶר מֹשֶׁ֔ה אֶל־שֹׁפְטֵ֖י[a] 5 ה̇[4] . ב̇
יִשְׂרָאֵ֑ל הִרְגוּ֙ אִ֣ישׁ אֲנָשָׁ֔יו[b] הַנִּצְמָדִ֖ים לְבַ֥עַל פְּעֽוֹר׃ 6 וְהִנֵּ֡ה 6 ל̇[5] . ל̇
אִ֣ישׁ מִבְּנֵ֣י יִשְׂרָאֵ֗ל בָּ֚א וַיַּקְרֵ֤ב[a] אֶל־אֶחָיו֙ אֶת־[a]הַמִּדְיָנִ֔ית לְעֵינֵ֣י מֹשֶׁ֔ה
וּלְעֵינֵ֖י כָּל־עֲדַ֣ת בְּנֵֽי־יִשְׂרָאֵ֑ל וְהֵ֣מָּה בֹכִ֔ים פֶּ֖תַח אֹ֥הֶל מוֹעֵֽד׃ 7 וַיַּ֗רְא 7 ד̇[6]
פִּֽינְחָס֙ בֶּן־אֶלְעָזָ֔ר בֶּן־אַהֲרֹ֖ן הַכֹּהֵ֑ן וַיָּ֙קָם֙ מִתּ֣וֹךְ הָעֵדָ֔ה וַיִּקַּ֥ח רֹ֖מַח
בְּיָדֽוֹ׃ 8 וַ֠יָּבֹא אַחַ֨ר אִֽישׁ־יִשְׂרָאֵ֜ל אֶל־הַקֻּבָּ֗ה וַיִּדְקֹר֙ אֶת־שְׁנֵיהֶ֔ם אֵ֚ת 8 ל̇ . ל̇
אִ֣ישׁ יִשְׂרָאֵ֔ל וְאֶֽת־הָאִשָּׁ֖ה [a]אֶל־קֳבָתָ֑הּ[a] וַתֵּֽעָצַר֙ הַמַּגֵּפָ֔ה מֵעַ֖ל בְּנֵ֥י ל̇ . ל̇
יִשְׂרָאֵֽל׃ 9 וַיִּהְי֕וּ הַמֵּתִ֖ים בַּמַּגֵּפָ֑ה [a]אַרְבָּעָ֥ה וְעֶשְׂרִ֖ים אָֽלֶף׃[a] פ קד 9 יא זוגין בטע[7]
10 וַיְדַבֵּ֥ר יְהוָ֖ה אֶל־מֹשֶׁ֥ה לֵּאמֹֽר׃ 11 פִּֽינְחָ֨ס בֶּן־אֶלְעָזָ֜ר בֶּן־אַהֲרֹ֣ן ס [כג] פרש ל̇ ר״פ[8]
הַכֹּהֵ֗ן הֵשִׁ֤יב אֶת־חֲמָתִי֙ מֵעַ֣ל בְּנֵֽי־יִשְׂרָאֵ֔ל בְּקַנְא֥וֹ אֶת־קִנְאָתִ֖י בְּתוֹכָ֑ם ל̇
וְלֹא־כִלִּ֥יתִי אֶת־בְּנֵֽי־יִשְׂרָאֵ֖ל בְּקִנְאָתִֽי׃ 12 לָכֵ֖ן אֱמֹ֑ר[a] הִנְנִ֨י נֹתֵ֥ן ל֛וֹ 12 ב̇ ר״פ בתור
אֶת־בְּרִיתִ֖י[b] שָׁלֽוֹם׃[c] 13 וְהָ֣יְתָה לּ֗וֹ וּלְזַרְע֤וֹ אַחֲרָיו֙ בְּרִ֖ית כְּהֻנַּ֣ת עוֹלָ֑ם 13
תַּ֗חַת אֲשֶׁ֤ר קִנֵּא֙ לֵֽאלֹהָ֔יו וַיְכַפֵּ֖ר[a] עַל־בְּנֵ֥י יִשְׂרָאֵֽל׃ 14 וְשֵׁ֨ם אִ֤ישׁ 14 ז̇[9] . י̇ג ר״פ[10]
יִשְׂרָאֵ֨ל הַמֻּכֶּ֜ה אֲשֶׁ֤ר הֻכָּה֙ אֶת־הַמִּדְיָנִ֔ית זִמְרִ֖י בֶּן־סָל֑וּא נְשִׂ֥יא בֵֽית־ ל̇ . ג̇ ב̇ חס וחד מל[11]
אָ֖ב לַשִּׁמְעֹנִֽי׃ 15 וְשֵׁ֨ם הָאִשָּׁ֧ה [a]הַמֻּכָּ֛ה הַמִּדְיָנִ֖ית[a] כָּזְבִּ֣י[b] בַת־צ֑וּר 15 ב̇ חד מל וחד חס[12] . י̇ג ר״פ[10] . ב̇
רָ֣אשׁ אֻמּ֥וֹת [c]בֵּית־אָ֛ב[c] בְּמִדְיָ֖ן הֽוּא׃ פ 16 וַיְדַבֵּ֥ר יְהוָ֖ה אֶל־ 16 ל̇
מֹשֶׁ֥ה לֵּאמֹֽר׃ 17 צָר֖וֹר[a] אֶת־הַמִּדְיָנִ֑ים וְהִכִּיתֶ֖ם אוֹתָֽם׃ 18 כִּ֣י צֹרְרִ֥ים 17 18 ל̇ . לט מל בתור
הֵם֙ לָכֶ֔ם בְּנִכְלֵיהֶ֛ם אֲשֶׁר־נִכְּל֥וּ לָכֶ֖ם עַל־דְּבַר־פְּע֑וֹר וְעַל־דְּבַ֞ר ל̇ . ל̇ . ל̇
כָּזְבִּ֨י בַת־נְשִׂ֤יא מִדְיָן֙ אֲחֹתָ֔ם הַמֻּכָּ֥ה בְיוֹם־הַמַּגֵּפָ֖ה עַל־דְּבַר־פְּעֽוֹר׃ ב̇

[3] Mm 612. [4] Mm 976. [5] Mm 1664. [6] Mm 977. [7] Mm 915. [8] Mm 978. [9] Mm 762. [10] Mm 33. [11] Mm 979. [12] Mm 4134.

2 [a] ш נה– ‖ [b] sic L, mlt Mss Edd ־וּו ‖ **3** [a] ш pr מִבְּנֵי ‖ **4** [a–a] ш אמר ויהרגו את האנשים הנצמדים לבעל פעור (cf 5) ‖ [b–b] prp רִשְׁעֵי ה׳; l הָרְשָׁעִים? ‖ [c] = et luxa? α′ *ἀνάπηξον*, σ′ *κρέμασον*, 𝔙(𝔗𝔗[J]) *suspende*, 𝔖 *wprs’* = expone, 𝔊 *παραδειγμάτισον* ‖ **5** [a] l c ш[Mss]𝔊 שִׁבְטֵי? ‖ [b] ш pr את ‖ **6** [a–a] 𝔊 *τὸν ἀδελφὸν αὐτοῦ πρός*; pro אחיו prp אָהֳלוֹ cf Gn 31,25b ‖ **8** [a–a] crrp? ex אל־הקבה, quod ex aα falso repetitum; 𝔖 *bqljt’* = בַּקֻּבָּה ‖ **9** [a–a] 1 Cor 10,8: 23000 ‖ **12** [a] 𝔏(𝔖) *dixi*, 𝔊 *ειπον* = *εἶπον*?, l prb אָמַר ‖ [b] 𝔊*𝔖 sine suff ‖ [c] 𝔅 mlt Mss ו min; l שָׁלוֹם? ‖ **13** [a] prp וְכִפֶּר ‖ **15** [a–a] tr vb ‖ [b] ш[Mss] ־ית ‖ [c–c] gl? ad אמות ‖ **17** [a] ш צררו (cf 15,35[a]).

26 [19] וַיְהִ֖י אַחֲרֵ֣י הַמַּגֵּפָ֑ה פ **26** [1] וַיֹּ֤אמֶרᵃ יְהוָה֙ אֶל־מֹשֶׁ֔ה וְאֶ֛ל
2 אֶלְעָזָ֛ר בֶּן־אַהֲרֹ֥ן הַכֹּהֵ֖ן לֵאמֹֽר׃ [2] שְׂא֞וּ אֶת־רֹ֣אשׁ ׀ כָּל־עֲדַ֣ת בְּנֵֽי־ יא ר״פ
יִשְׂרָאֵ֗ל מִבֶּ֨ן עֶשְׂרִ֥ים שָׁנָ֛ה וָמַ֖עְלָה לְבֵ֣ית אֲבֹתָ֑ם כָּל־יֹצֵ֥א צָבָ֖א ג[1]
3 בְּיִשְׂרָאֵֽל׃ [3] וַיְדַבֵּ֨רᵃ מֹשֶׁ֜ה וְאֶלְעָזָ֧ר הַכֹּהֵ֛ן אֹתָ֖םᵇ בְּעַרְבֹ֣ת מוֹאָ֑ב עַל־ ד[2]. ט רפי וכל יחזק דכות[3]
4 יַרְדֵּ֥ן יְרֵח֖וֹ לֵאמֹֽרᶜ׃ [4] מִבֶּ֛ן עֶשְׂרִ֥ים שָׁנָ֖ה וָמָ֑עְלָה כַּאֲשֶׁ֨ר צִוָּ֤ה יְהוָה֙
5 אֶת־מֹשֶׁה֙ᵃ וּבְנֵ֣י יִשְׂרָאֵ֔ל הַיֹּצְאִ֖ים מֵאֶ֥רֶץ מִצְרָֽיִם׃ [5] רְאוּבֵ֖ן הׄ וכל ר״פ דכות[4]
בְּכ֣וֹר יִשְׂרָאֵ֑ל בְּנֵ֣יᵃ רְאוּבֵ֗ןᵇ חֲנוֹךְ֙ᶜ מִשְׁפַּ֣חַת הַחֲנֹכִ֔י לְפַלּ֕וּא מִשְׁפַּ֖חַת ג חס בליש[5]
6 הַפַּלֻּאִֽי׃ [6] לְחֶצְרֹ֕ן מִשְׁפַּ֖חַת הַֽחֶצְרוֹנִ֑י לְכַרְמִ֕י מִשְׁפַּ֖חַת הַכַּרְמִֽי׃ ל. ל מל
7 אֵ֖לֶּה מִשְׁפְּחֹ֣ת הָרֻֽאוּבֵנִ֑יᵃ וַיִּהְי֣וּ פְקֻדֵיהֶ֗ם שְׁלֹשָׁ֤ה וְאַרְבָּעִים֙ אֶ֔לֶף ד בטע
8 9 וּשְׁבַ֥ע מֵא֖וֹת וּשְׁלֹשִֽׁים׃ [8] וּבְנֵ֥יᵃ פַלּ֖וּא אֱלִיאָֽב׃ [9] וּבְנֵ֣י אֱלִיאָ֔ב יד פסוק בתור[6]
נְמוּאֵ֖לᵃ וְדָתָ֣ןᵇ וַאֲבִירָ֑ם הֽוּא־דָתָ֨ן וַאֲבִירָ֜ם קְרוּאֵ֣יᶜ הָעֵדָ֗ה אֲשֶׁ֨ר ג[7]. קריאי ק
הִצּ֜וּᵈ עַל־מֹשֶׁ֤ה וְעַל־אַהֲרֹן֙ בַּעֲדַת־קֹ֔רַח בְּהַצֹּתָ֖םᵉ עַל־יְהוָֽה׃ ל. ל. לא[8]
10 וַתִּפְתַּ֨ח הָאָ֜רֶץ אֶת־פִּ֗יהָ וַתִּבְלַ֥ע אֹתָ֛ם ᵃוְאֶת־קֹ֖רַחᵃ בְּמ֣וֹת הָעֵדָ֑ה ל
11 בַּאֲכֹ֣ל הָאֵ֔שׁ אֵ֗תᵇ חֲמִשִּׁ֤ים וּמָאתַ֙יִם֙ אִ֔ישׁ וַיִּהְי֖וּ לְנֵֽס׃ [11] וּבְנֵי־קֹ֖רַח ל
12 לֹא־מֵֽתוּ׃ ס [12] בְּנֵ֣י שִׁמְעוֹן֮ לְמִשְׁפְּחֹתָם֒ᵃ לִנְמוּאֵ֗לᵇ מִשְׁפַּ֙חַת֙ ז בטע בעינ
13 הַנְּמ֣וּאֵלִ֔י לְיָמִ֕ין מִשְׁפַּ֖חַת הַיָּמִינִ֑י לְיָכִ֕יןᶜ מִשְׁפַּ֖חַת הַיָּכִינִֽי׃ [13] לְזֶ֕רַחᵃ ל. ל
14 מִשְׁפַּ֖חַת הַזַּרְחִ֑י לְשָׁא֕וּל מִשְׁפַּ֖חַת הַשָּׁאוּלִֽי׃ [14] אֵ֖לֶּה מִשְׁפְּחֹ֣ת הַשִּׁמְעֹנִ֑יᵃ ד בטע
15 שְׁנַ֧יִם וְעֶשְׂרִ֛ים אֶ֖לֶף וּמָאתָֽיִם׃ ס [15] ᵃבְּנֵ֣י גָד֮ לְמִשְׁפְּחֹתָם֒ לִצְפ֗וֹןᵇ ז בטע בעינ
16 מִשְׁפַּ֙חַת֙ הַצְּפוֹנִ֔יᵇ לְחַגִּ֕י מִשְׁפַּ֖חַת הַחַגִּ֑י לְשׁוּנִ֕י מִשְׁפַּ֖חַת הַשּׁוּנִֽי׃ [16] לְאָזְנִ֕יᵃ ב בתרי לישנ[9]. ל. ל. ל
17 מִשְׁפַּ֖חַת הָאָזְנִ֑י לְעֵרִ֕יᵇ מִשְׁפַּ֖חַת הָעֵרִֽיᵇ׃ [17] לַאֲר֕וֹדᵃ מִשְׁפַּ֖חַת הָאֲרוֹדִ֑י ל. ל
18 לְאַ֨רְאֵלִ֔יᵇ מִשְׁפַּ֖חַת הָאַרְאֵלִֽי׃ [18] אֵ֛לֶּה מִשְׁפְּחֹ֥ת בְּנֵי־ᵃגָ֖ד לִפְקֻדֵיהֶ֑ם ל. ל. ג[10]
19 אַרְבָּעִ֥ים אֶ֛לֶף וַחֲמֵ֥שׁ מֵאֽוֹת׃ ס [19] בְּנֵ֥י יְהוּדָ֖ה עֵ֣ר וְאוֹנָ֑ן וַיָּ֥מָת

Cp 26 [1]Mm 836. [2]Mm 664. [3]Mm 136. [4]Mm 470. [5]Mm 176. [6]Mm 750. [7]Mm 925. [8]Mm 486. [9]Mm 980. [10]Mm 985.

Cp 26,1 ᵃ ш וידבר ‖ **3** ᵃ l וַיִּפְקֹד (al וַיִּסְפְּרוּ cf 𝔗𝔗ᴶ et 𝔖 4 init) ‖ ᵇ > 𝔊*; l 𝔐 ‖ ᶜ dl; cf ᵃ ‖ **4** ᵃ huc tr : ‖ **5** ᵃ Ms ш𝔊 *(δέ)* וּבְ׳ ‖ ᵇ ins למשפחתם ut 12.15 etc ‖ ᶜ l לַח׳ ut 12.15 etc ‖ **7** ᵃ sic L, mlt Mss Edd הָרְאוּ׳ ‖ **8** ᵃ Seb וּבֵן, ш בני ‖ **9** ᵃ dl (ex 12) ‖ ᵇ l c nonn Mss ш ד׳ ‖ ᶜ K קְרוּאֵי cf 𝔊 *ἐπίκλητοι*, Q ш𝔖𝔙 קְרִיאֵי cf 1,16 ‖ ᵈ ш הועדו (pro נוֹעֲדוּ?) ‖ ᵉ ш בהועדתם ‖ **10** ᵃ⁻ᵃ ш הארץ cf ᵇ ‖ ᵇ ш + קרח ואת ‖ **12** ᵃ ш פחת– השמעוני cf 𝔊 ‖ ᵇ 𝔖 *jmw'jl* = לִימ׳ cf Gn 46,10 Ex 6,15 ‖ ᶜ 1 Ch 4,24 יָרִיב ‖ **13** ᵃ Gn 46,10 Ex 6,15 לְצֹחַר ‖ **14** ᵃ ins לִפְקֻדֵיהֶם cf 𝔊 et (7.) 18 etc ‖ **15** ᵃ 𝔊 15–18 post 27 ‖ ᵇ Gn 46,16 et 𝔖 לְצִפְיוֹן, הַצִּפְיוֹנִי ‖ **16** ᵃ Gn 46,16 אֶצְבֹּן ‖ ᵇ pro ערי ш𝔊𝔖 עֲדִי ‖ **17** ᵃ Gn 46,16 ш𝔊𝔖 –דִי ‖ ᵇ ш ארולי 𝔊(𝔙) *Αριηλ (Αριηλι)* ‖ **18** ᵃ > Ms ш𝔊ᴹˢˢ𝔙.

20 עֵ֥ר וְאוֹנָ֖ן בְּאֶ֥רֶץ כְּנָֽעַן׃ 20 וַיִּהְי֣וּ בְנֵֽי־יְהוּדָה֮ לְמִשְׁפְּחֹתָם֒ לְשֵׁלָ֕ה ז̇ בטע בעינ
מִשְׁפַּ֙חַת֙ הַשֵּׁ֣לָנִ֔י לְפֶ֕רֶץ מִשְׁפַּ֖חַת הַפַּרְצִ֑י לְזֶ֕רַח מִשְׁפַּ֖חַת הַזַּרְחִֽי׃
21 וַיִּהְי֣וּ בְנֵי־פֶ֔רֶץ לְחֶצְרֹ֕ן מִשְׁפַּ֖חַת הַֽחֶצְרֹנִ֑י לְחָמ֕וּל[a] מִשְׁפַּ֖חַת ל̇ חס
22 הֶחָמוּלִֽי[a]׃ 22 אֵ֛לֶּה מִשְׁפְּחֹ֥ת יְהוּדָ֖ה לִפְקֻדֵיהֶ֑ם שִׁשָּׁ֧ה וְשִׁבְעִ֛ים אֶ֖לֶף
23 וַחֲמֵ֥שׁ מֵאֽוֹת׃ ס 23 בְּנֵ֤י יִשָּׂשכָר֙ לְמִשְׁפְּחֹתָ֔ם תּוֹלָ֕ע[a] מִשְׁפַּ֖חַת ג̇ בטע בעינ[11]
24 הַתּוֹלָעִ֑י לְפֻוָ֕ה[b] מִשְׁפַּ֖חַת הַפּוּנִֽי׃ 24 לְיָשׁ֕וּב מִשְׁפַּ֖חַת הַיָּשֻׁבִ֑י לְשִׁמְרֹ֕ן ל̇. ל̇. ב̇ חס ול בליש[12]
25 מִשְׁפַּ֖חַת הַשִּׁמְרֹנִֽי׃ 25 אֵ֛לֶּה מִשְׁפְּחֹ֥ת יִשָּׂשכָ֖ר לִפְקֻדֵיהֶ֑ם אַרְבָּעָ֧ה
26 וְשִׁשִּׁ֛ים אֶ֖לֶף וּשְׁלֹ֥שׁ מֵאֽוֹת׃ ס 26 בְּנֵ֤י זְבוּלֻן֙ לְמִשְׁפְּחֹתָ֔ם לְסֶ֕רֶד ז̇ בטע בעינ
מִשְׁפַּ֙חַת֙ הַסַּרְדִּ֔י לְאֵל֕וֹן מִשְׁפַּ֖חַת הָאֵלֹנִ֑י לְיַ֨חְלְאֵ֔ל מִשְׁפַּ֖חַת הַיַּחְלְאֵלִֽי׃ ל̇. ל̇
27 27 אֵ֛לֶּה מִשְׁפְּחֹ֥ת הַזְּבוּלֹנִ֖י[a] לִפְקֻדֵיהֶ֑ם שִׁשִּׁ֥ים אֶ֖לֶף וַחֲמֵ֥שׁ מֵאֽוֹת׃[b] ס ג̇[13]
28 29 28 בְּנֵ֥י יוֹסֵ֖ף לְמִשְׁפְּחֹתָ֑ם[a] מְנַשֶּׁ֖ה וְאֶפְרָֽיִם׃ 29 בְּנֵ֣י מְנַשֶּׁ֗ה לְמָכִיר֙
מִשְׁפַּ֣חַת הַמָּכִירִ֔י וּמָכִ֖יר הוֹלִ֣יד אֶת־גִּלְעָ֑ד לְגִלְעָ֕ד[a] מִשְׁפַּ֖חַת הַגִּלְעָדִֽי׃
30 30 אֵ֚לֶּה בְּנֵ֣י גִלְעָ֔ד אִיעֶ֕זֶר[a] מִשְׁפַּ֖חַת הָאִֽיעֶזְרִ֑י לְחֵ֕לֶק[b] מִשְׁפַּ֖חַת הַֽחֶלְקִֽי׃ ל̇
31 32 31 וְאַ֨שְׂרִיאֵ֔ל[a] מִשְׁפַּ֖חַת הָאַשְׂרְאֵלִ֑י וְשֶׁ֕כֶם[b] מִשְׁפַּ֖חַת הַשִּׁכְמִֽי׃ 32 וּשְׁמִידָ֕ע[a] ל̇. ל̇
33 מִשְׁפַּ֖חַת הַשְּׁמִידָעִ֑י וְחֵ֕פֶר[b] מִשְׁפַּ֖חַת הַֽחֶפְרִֽי׃ 33 וּצְלָפְחָ֣ד בֶּן־חֵ֗פֶר
לֹא־הָ֥יוּ[a] ל֛וֹ בָּנִ֖ים כִּ֣י אִם־בָּנ֑וֹת וְשֵׁם֙ בְּנ֣וֹת צְלָפְחָ֔ד מַחְלָ֣ה וְנֹעָ֔ה חָגְלָ֥ה סימן מ̇ו̇ח̇מ̇ו̇[14]
34 מִלְכָּ֖ה[b] וְתִרְצָֽה׃ 34 אֵ֖לֶּה מִשְׁפְּחֹ֣ת מְנַשֶּׁ֑ה וּפְקֻדֵיהֶ֕ם[a] שְׁנַ֧יִם וַחֲמִשִּׁ֛ים ד̇ בטע . ג̇ בעינ
35 אֶ֖לֶף וּשְׁבַ֥ע מֵאֽוֹת׃ ס 35 אֵ֣לֶּה[a] בְנֵֽי־אֶפְרַיִם֮ לְמִשְׁפְּחֹתָם֒ ז̇ בטע בעינ
לְשׁ֙וּתֶ֙לַח֙ מִשְׁפַּ֣חַת הַשֻּֽׁתַלְחִ֔י [b]לְבֶ֕כֶר מִשְׁפַּ֖חַת הַבַּכְרִ֑י[b] לְתַ֕חַן[c] מִשְׁפַּ֖חַת ל̇. ל̇
36 37 הַתַּחֲנִֽי׃ 36 וְאֵ֖לֶּה[a] בְּנֵ֣י שׁוּתָ֑לַח לְעֵרָ֕ן[b] מִשְׁפַּ֖חַת הָעֵרָנִֽי׃ 37 אֵ֣לֶּה יז̇[15] ר״פ בתור וכל תלדות דכות ב מ ד̇. ג̇[16]. ל̇. ג̇[17]
מִשְׁפְּחֹ֣ת בְּנֵֽי־אֶפְרַיִם֮ לִפְקֻדֵיהֶם֒ שְׁנַ֧יִם וּשְׁלֹשִׁ֛ים אֶ֖לֶף וַחֲמֵ֣שׁ מֵא֑וֹת
38 אֵ֥לֶּה בְנֵי־יוֹסֵ֖ף לְמִשְׁפְּחֹתָֽם׃ ס 38 בְּנֵ֤י בִנְיָמִן֙ לְמִשְׁפְּחֹתָ֔ם לְבֶ֕לַע ז̇ בטע בעינ
מִשְׁפַּ֙חַת֙ הַבַּלְעִ֔י לְאַשְׁבֵּ֕ל[a] מִשְׁפַּ֖חַת הָאַשְׁבֵּלִ֑י לַאֲחִירָ֕ם מִשְׁפַּ֖חַת ל̇. ל̇

[11] Mm 981. [12] Mm 4023 contra textum. [13] Mm 982. [14] Mm 983. [15] Mm 267. [16] Mm 984. [17] Mm 985.

21 [a] ⅏ –מואל, –מואלי, 𝔊^Mss *Ιαμουηλ, -λι* ‖ **23** [a] l c pc Mss ⅏𝔊 לַתּ׳ ‖ [b] mlt Mss לְפֻוָּה; ⅏𝔊𝔖𝔙 הפואי, לפואה cf 1Ch 7,1 ‖ **27** [a] ⅏𝔊 זְבוּלֻן ‖ [b] 𝔊 huc tr 15–18 et 44–47 ‖ **28** [a] tr post מנשה in 29 ‖ **29** [a] > ⅏ ‖ **30** [a] ⅏𝔊 אחיעזר, האחיע׳; 𝔊^Mss *τῷ Ἀχιεζερ*, l לַאִ׳ ‖ [b] pc Mss ⅏𝔙 וְחֵ׳ ‖ **31** [a] 𝔊 *τῷ Ἐσριηλ*, l לַאַ׳; ⅏ אשרואל ‖ [b] 𝔊 *τῷ Συχεμ*, l לְשֶׁ׳ ‖ **32** [a] 𝔊 *τῷ Συμαερ*, l לִשְׁ׳ ‖ [b] 𝔊^AF *τῷ Οφερ*, l לְחֵ׳ ‖ **33** [a] ⅏ היה ‖ [b] mlt Mss 𝔊𝔖𝔙 ומ׳ ‖ **34** [a] l c pc Mss ⅏𝔊 לִפְ׳ ‖ **35** [a] ⅏𝔊 וְאֵ׳ ‖ [b–b] > 𝔊* ‖ [c] ⅏ לתחם 𝔊 *τῷ Ταναχ* ‖ **36** [a] mlt Mss ⅏𝔊 א׳ ‖ [b] nonn Mss ⅏𝔊𝔖 לעדן ‖ **38** [a] ⅏^Mss –באל, 𝔊 *Ἀσ(ο)υβηρ*.

39 הָאֲחִירָמִֽי׃ 39 לִשְׁפוּפָם[a] מִשְׁפַּחַת הַשּׁוּפָמִי [b]לְחוּפָם מִשְׁפַּחַת ל̇. ל̇
40 הַחוּפָמִֽי׃[b] 40 [a]וַיִּהְיוּ בְנֵי־בֶלַע אַרְדְּ[b] וְנַעֲמָן[a] [c]מִשְׁפַּחַת הָאַרְדִּי[c] ל̇. ל̇
41 לְנַעֲמָן מִשְׁפַּחַת הַנַּעֲמִֽי׃ 41 אֵלֶּה בְנֵי־בִנְיָמִן לְמִשְׁפְּחֹתָם[a] וּפְקֻדֵיהֶם[b] ל̇. ג̇ בעינ̇
42 חֲמִשָּׁה וְאַרְבָּעִים אֶלֶף וְשֵׁשׁ מֵאֽוֹת׃ ס 42 אֵלֶּה בְנֵי־דָן ג̇ בטע בעינ̇[18]
לְמִשְׁפְּחֹתָם לְשׁוּחָם[a] מִשְׁפַּחַת הַשּׁוּחָמִי[a] אֵלֶּה מִשְׁפְּחֹת דָּן [b]לְמִשְׁפְּחֹתָֽם׃ ב̇
43 כָּל־מִשְׁפְּחֹת הַשּׁוּחָמִי[b] לִפְקֻדֵיהֶם[c] אַרְבָּעָה וְשִׁשִּׁים אֶלֶף וְאַרְבַּע ב̇
44 מֵאֽוֹת׃ ס 44 [a]בְּנֵי אָשֵׁר לְמִשְׁפְּחֹתָם לְיִמְנָה[b] מִשְׁפַּחַת הַיִּמְנָה[c] ז̇ בטע בעינ̇. ל̇
45 לְיִשְׁוִי[d] מִשְׁפַּחַת הַיִּשְׁוִי לִבְרִיעָה מִשְׁפַּחַת הַבְּרִיעִֽי׃ 45 [a]לִבְנֵי בְרִיעָה[a] ל̇. ל̇
46 לְחֶבֶר מִשְׁפַּחַת הַחֶבְרִי לְמַלְכִּיאֵל מִשְׁפַּחַת הַמַּלְכִּיאֵלִֽי׃ 46 וְשֵׁם ל̇. ל̇. יג̇ ר״פ[19]
47 בַּת־אָשֵׁר שָֽׂרַח[a]׃ 47 אֵלֶּה מִשְׁפְּחֹת בְּנֵי־אָשֵׁר לִפְקֻדֵיהֶם שְׁלֹשָׁה ג̇[20]
48 וַחֲמִשִּׁים אֶלֶף וְאַרְבַּע מֵאֽוֹת׃ ס 48 בְּנֵי נַפְתָּלִי לְמִשְׁפְּחֹתָם ב̇[21] בסיפ̇ וחד מנ̇ ג̇[18] בטע בעינ̇
49 לְיַחְצְאֵל מִשְׁפַּחַת הַיַּחְצְאֵלִי לְגוּנִי מִשְׁפַּחַת הַגּוּנִֽי׃ 49 לְיֵצֶר מִשְׁפַּחַת ל̇
50 הַיִּצְרִי לְשִׁלֵּם[a] מִשְׁפַּחַת הַשִּׁלֵּמִֽי׃ 50 אֵלֶּה מִשְׁפְּחֹת נַפְתָּלִי לְמִשְׁפְּחֹתָם[a]
51 וּפְקֻדֵיהֶם[b] חֲמִשָּׁה וְאַרְבָּעִים אֶלֶף וְאַרְבַּע מֵאֽוֹת׃ 51 אֵלֶּה פְּקוּדֵי ג̇ בעינ̇
בְּנֵי יִשְׂרָאֵל שֵׁשׁ־מֵאוֹת אֶלֶף וָאָלֶף שְׁבַע[a] מֵאוֹת וּשְׁלֹשִֽׁים׃ פ ד̇ ב̇ קמ̇ וב̇ פת̇[22]
52 ס̇[כד] 52 וַיְדַבֵּר יְהוָה אֶל־מֹשֶׁה לֵּאמֹֽר׃ 53 לָאֵלֶּה[a] תֵּחָלֵק הָאָרֶץ בְּנַחֲלָה ה̇[23]
54 בְּמִסְפַּר שֵׁמֽוֹת׃ 54 לָרַב תַּרְבֶּה נַחֲלָתוֹ וְלַמְעַט תַּמְעִיט נַחֲלָתוֹ אִישׁ ט̇ מל̇ בתור̇[24]
55 לְפִי פְקֻדָיו יֻתַּן נַחֲלָתֽוֹ׃ 55 אַךְ־בְּגוֹרָל יֵחָלֵק אֶת־הָאָרֶץ לִשְׁמוֹת ו̇. ז̇[25]
56 מַטּוֹת־אֲבֹתָם יִנְחָֽלוּ[a]׃ 56 עַל־פִּי הַגּוֹרָל תֵּחָלֵק[a] נַחֲלָתוֹ בֵּין רַב ג̇[26]
57 לִמְעָֽט׃ ס 57 [a]וְאֵלֶּה פְקוּדֵי הַלֵּוִי[a] [b]לְמִשְׁפְּחֹתָם לְגֵרְשׁוֹן מִשְׁפַּחַת יז̇[27] ר״פ בתור̇ וכל תלדות דכות̇ ב̇ מ̇ ד̇. ז̇
58 הַגֵּרְשֻׁנִּי לִקְהָת מִשְׁפַּחַת הַקְּהָתִי לִמְרָרִי מִשְׁפַּחַת הַמְּרָרִֽי׃ 58 אֵלֶּה ׀ ל̇
מִשְׁפְּחֹת לֵוִי[a] מִשְׁפַּחַת הַלִּבְנִי מִשְׁפַּחַת[b] הַחֶבְרֹנִי[c] מִשְׁפַּחַת[b] הַמַּחְלִי[c] ל̇

[18] Mm 981. [19] Mm 33. [20] Mm 985. [21] Mm 835. [22] Mm 986. [23] Mm 232. [24] Mm 834. [25] Mm 723. [26] Mm 3577. [27] Mm 267.

39 a 𝔊 τῷ Σωφαν, l c pc Mss ш𝔊𝔖𝔗𝔙 לְשׁוּפָם ‖ b–b > 𝔊*; 𝔖 in 40 ‖ **40** a–a > ш ‖ b 𝔊 Αδαρ, 1 Ch 8,3 אַדָּר; 𝔖 *ʼrwd* ‖ c–c > 𝔊*; pr c ш𝔊[O]𝔙 לְאַרְדְּ ‖ **41** a dl c 𝔖 ‖ b l c ш𝔊𝔖 לְפְ׳ ‖ **42/43** a 𝔊 Σαμι, 𝔊[A] Σαμειδη, -ηι ‖ b–b add ‖ c ш וּפ׳ (cf 34.41) ‖ **44** a cf 27[b] ‖ b 𝔊 τῷ Ιαμιν ‖ c 𝔊 ὁ Ιαμινι; Mss ш –ני = הַיָּמִינִי? ‖ d ш יִשְׁוָה cf Gn 46,17, 𝔊 Ιεσου, -ουι ‖ **45** a–a > pc Mss ш𝔊 ‖ **46** a pc Mss סרח ‖ **49** a ш לשלום ‖ **50** a.b cf 41[a.b] ‖ **51** a nonn Mss Seb ш𝔊*𝔖 וש׳ ‖ **53** a prp תְּחַלֵּק cf 54a ‖ **55** a ш יתנ׳, ш[Mss] תתנ׳ ‖ **56** a ш ׳יְ, 𝔊 μεριεῖς ‖ **57** a–a 𝔊* καὶ υἱοὶ ut 11 etc ‖ b ш𝔖𝔗[J] הלוים ‖ **58** a ш𝔊 pr בְּנֵי, 𝔖𝔗[J] ut 57[b] ‖ b ш ומ׳ ‖ c–c > 𝔊*.

[d]מִשְׁפַּ֤חַת הַמּוּשִׁי֙[e] מִשְׁפַּ֣חַת הַקָּרְחִ֑י[f] וּקְהָ֖ת הוֹלִ֥ד אֶת־עַמְרָֽם׃ 59 וְשֵׁ֣ם ׀ 59 — ל̇. ל̇ חס[28]. יג̇ ר״פ[29]
אֵ֣שֶׁת עַמְרָ֗ם יוֹכֶ֙בֶד֙ בַּת־לֵוִ֔י אֲשֶׁ֨ר יָלְדָ֥ה אֹתָ֛הּ[a] לְלֵוִ֖י בְּמִצְרָ֑יִם וַתֵּ֣לֶד — ג̇[30]
לְעַמְרָ֗ם אֶֽת־אַהֲרֹן֙ וְאֶת־מֹשֶׁ֔ה וְאֵ֖ת מִרְיָ֥ם אֲחֹתָֽם׃ 60 וַיִּוָּלֵ֣ד לְאַהֲרֹ֔ן 60 — ב̇. ל̇[31]. ג̇[32]
אֶת־נָדָ֖ב וְאֶת־אֲבִיה֑וּא אֶת־[a]אֶלְעָזָ֖ר וְאֶת־אִיתָמָֽר׃ 61 וַיָּ֥מָת נָדָ֖ב 61
וַאֲבִיה֑וּא בְּהַקְרִיבָ֥ם אֵשׁ־זָרָ֖ה לִפְנֵ֥י יְהוָֽה[a]׃ 62 וַיִּהְי֣וּ פְקֻדֵיהֶ֗ם שְׁלֹשָׁ֤ה 62 — ב̇ חד מל וחד חס
וְעֶשְׂרִים֙ אֶ֔לֶף כָּל־זָכָ֖ר מִבֶּן־חֹ֣דֶשׁ וָמָ֑עְלָה כִּ֣י ׀ לֹ֣א הָתְפָּקְד֗וּ בְּתוֹךְ֙ — ד̇[33]
בְּנֵ֣י יִשְׂרָאֵ֔ל כִּ֠י לֹא־נִתַּ֤ן לָהֶם֙ נַחֲלָ֔ה בְּת֖וֹךְ בְּנֵ֥י יִשְׂרָאֵֽל׃ 63 אֵ֚לֶּה 63 — כא̇[34]
פְּקוּדֵ֣י מֹשֶׁ֔ה וְאֶלְעָזָ֖ר הַכֹּהֵ֑ן אֲשֶׁ֨ר פָּֽקְד֜וּ אֶת־בְּנֵ֤י יִשְׂרָאֵל֙ בְּעַֽרְבֹ֣ת
מוֹאָ֔ב עַ֖ל יַרְדֵּ֥ן יְרֵחֽוֹ׃ 64 וּבְאֵ֙לֶּה֙ לֹא־הָ֣יָה אִ֔ישׁ מִפְּקוּדֵ֖י מֹשֶׁ֑ה וְאַהֲרֹ֣ן 64 — כ̇ט בתור
הַכֹּהֵ֔ן אֲשֶׁ֥ר פָּקְד֛וּ אֶת־בְּנֵ֥י יִשְׂרָאֵ֖ל בְּמִדְבַּ֥ר סִינָֽי׃ 65 כִּֽי־אָמַ֤ר יְהוָה֙ 65
לָהֶ֔ם מ֥וֹת יָמֻ֖תוּ[a] בַּמִּדְבָּ֑ר וְלֹֽא־נוֹתַ֤ר מֵהֶם֙ אִ֔ישׁ כִּ֚י אִם־כָּלֵ֣ב בֶּן־ — ל̇[35] באור וכל קריא דכות ב̇ מ̇ ב̇. ה̇[36]
יְפֻנֶּ֔ה וִיהוֹשֻׁ֖עַ בִּן־נֽוּן׃ ס

27 1 וַתִּקְרַ֜בְנָה בְּנ֣וֹת צְלָפְחָ֗ד בֶּן־חֵ֤פֶר בֶּן־גִּלְעָד֙ בֶּן־מָכִ֣יר[a] בֶּן־ 27
מְנַשֶּׁ֔ה[a] [b]לְמִשְׁפְּחֹ֖ת מְנַשֶּׁ֣ה[b] בֶן־[c]יוֹסֵ֑ף וְאֵ֙לֶּה֙ שְׁמ֣וֹת בְּנֹתָ֔יו מַחְלָ֣ה [d]נֹעָ֔ה — יא̇[1] וכל כל אלה בני דכות ב̇ מ̇ ב̇. י̇ בתור. סימן מ̇ נ̇ ו̇ ו̇ ו̇[2]
וְחָגְלָ֖ה[e] וּמִלְכָּ֥ה[f] וְתִרְצָֽה׃ 2 וַתַּעֲמֹ֜דְנָה לִפְנֵ֣י מֹשֶׁ֗ה וְלִפְנֵי֙ אֶלְעָזָ֣ר 2 — ל̇ ר״פ
הַכֹּהֵ֔ן וְלִפְנֵ֥י הַנְּשִׂיאִ֖ם וְכָל־הָעֵדָ֑ה פֶּ֥תַח אֹֽהֶל־מוֹעֵ֖ד לֵאמֹֽר׃ 3 אָבִ֘ינוּ֮ 3 — ד̇ חס בתור כת כן[3]. ב̇
מֵ֣ת בַּמִּדְבָּ֒ר֒ וְה֨וּא לֹא־הָיָ֜ה בְּת֣וֹךְ הָעֵדָ֗ה הַנּוֹעָדִ֛ים עַל־יְהוָ֖ה בַּעֲדַת־ — לא̇[4]
קֹ֑רַח כִּֽי־בְחֶטְא֣וֹ מֵ֔ת[a] וּבָנִ֖ים לֹא־הָ֥יוּ[b] לֽוֹ׃ 4 לָ֣מָּה יִגָּרַ֤ע שֵׁם־אָבִ֙ינוּ֙ 4
מִתּ֣וֹךְ מִשְׁפַּחְתּ֔וֹ כִּ֛י אֵ֥ין ל֖וֹ בֵּ֑ן תְּנָה[a]־לָּ֣נוּ אֲחֻזָּ֔ה[b] בְּת֖וֹךְ אֲחֵ֥י אָבִֽינוּ׃
5 וַיַּקְרֵ֥ב מֹשֶׁ֛ה אֶת־מִשְׁפָּטָ֖ן[a] לִפְנֵ֥י יְהוָֽה׃ ס 6 וַיֹּ֥אמֶר[a] יְהוָ֖ה אֶל־ 5 6 — ל̇ נון רבתי. ה̇
מֹשֶׁ֥ה לֵּאמֹֽר׃ 7 כֵּ֗ן בְּנ֣וֹת צְלָפְחָד֮ דֹּבְרֹת֒ נָתֹ֨ן תִּתֵּ֤ן לָהֶם֙[a] אֲחֻזַּ֣ת 7 — ב̇[5]
נַחֲלָ֔ה בְּת֖וֹךְ אֲחֵ֣י אֲבִיהֶ֑ם[b] וְהַֽעֲבַרְתָּ֛ אֶת־נַחֲלַ֥ת אֲבִיהֶ֖ן לָהֶֽן׃ 8 וְאֶל־ 8 — ג̇ נקיבה. ז̇[6]. יד̇[7]. ד̇[8]
בְּנֵ֥י יִשְׂרָאֵ֖ל תְּדַבֵּ֣ר לֵאמֹ֑ר אִ֣ישׁ כִּֽי־יָמ֗וּת וּבֵן֙ אֵ֣ין ל֔וֹ וְהַֽעֲבַרְתֶּ֥ם[a]

[28]Mm 4032. [29]Mm 33. [30]Mm 987. [31]וחד את מרים 1Ch 4,17. [32]Mm 342. [33]Mm 837. [34]Mm 2838. [35]Mm 988. [36]Mm 989. Cp 27 [1]Mm 3361. [2]Mm 983. [3]Mm 1367. [4]Mm 486. [5]Mm 1898. [6]Mm 1043. [7]Mm 190. [8]Mm 585.

58 [d] 𝔪 ומ׳ ‖ [e.f] 𝔪𝔊 invers ‖ **59** [a] l אִמָּה; > ℭ𝔗[J]; 𝔊 τούτους; 𝔖𝔙 יָלְדָה pro י׳ א׳ ‖ **60** [a] mlt Mss 𝔊𝔖𝔙 ואת ‖ **61** [a] 𝔊 + ἐν τῇ ἐρήμῳ Σινα cf 64 ‖ **65** [a] nonn Mss 𝔪[Mss] יוּמְתוּ ‖ **Cp 27,1** [a–a] > 𝔊 ‖ [b–b] > 𝔙 ‖ [c] 𝔊 τῶν υἱῶν = לִבְנֵי ‖ [d] pc Mss 𝔪𝔊𝔖ℭ𝔙 וְנ׳ ‖ [e] nonn Mss 𝔪 ח׳ ‖ [f] nonn Mss 𝔪 מ׳ ‖ **3** [a] 𝔪 + אָבִינוּ ‖ [b] 𝔪 היה cf 26,33 ‖ **4** [a] l c 𝔪𝔊𝔙 תְּנוּ ‖ [b] 𝔪 –זת נחלה ut 7 ‖ **5** [a] sic 𝔐 (ן maj) ‖ **6** [a] 2 Mss 𝔪𝔊 וַיְדַבֵּר ‖ **7** [a] nonn Mss 𝔪 לָהֶן ‖ [b] mlt Mss 𝔪 –הֶן ‖ **8** [a] 𝔪𝔖 וּנְתַתֶּם.

9 אֶת־נַחֲלָת֖וֹ לְבִתּֽוֹ׃ 9 וְאִם־אֵ֥ין ל֖וֹ בַּ֑ת וּנְתַתֶּ֥ם אֶת־נַחֲלָת֖וֹ לְאֶחָֽיו׃
10 וְאִם־אֵ֥ין ל֖וֹ אַחִ֑ים וּנְתַתֶּ֥ם אֶת־נַחֲלָת֖וֹ לַאֲחֵ֥י אָבִֽיו׃ 11 וְאִם־אֵ֨ין
אַחִ֜ים לְאָבִ֗יו וּנְתַתֶּ֣ם אֶת־נַחֲלָת֗וֹ לִשְׁאֵר֞וֹ[a] הַקָּרֹ֥ב אֵלָ֛יו מִמִּשְׁפַּחְתּ֖וֹ — בׄ בתור
וְיָרַ֣שׁ[b] אֹתָ֑הּ[c] וְהָֽיְתָ֞ה[d] לִבְנֵ֤י יִשְׂרָאֵל֙ לְחֻקַּ֣ת מִשְׁפָּ֔ט כַּאֲשֶׁ֛ר צִוָּ֥ה יְהוָ֖ה — לׄ בטע בתור . בׄ[9]
אֶת־מֹשֶֽׁה׃ ס
12 וַיֹּ֤אמֶר[a] יְהוָה֙ אֶל־מֹשֶׁ֔ה[b] עֲלֵ֛ה אֶל־הַ֥ר הָעֲבָרִ֖ים הַזֶּ֑ה וּרְאֵה֙ — יׄו וכל אל הר הכרמל דכות[10]
13 אֶת־הָאָ֔רֶץ אֲשֶׁ֥ר נָתַ֖תִּי לִבְנֵ֥י יִשְׂרָאֵֽל׃ 13 וְרָאִ֣יתָה אֹתָ֔הּ וְנֶאֱסַפְתָּ֥ — לׄ מל[11] . גׄ[12]
14 אֶל־עַמֶּ֖יךָ[a] גַּם־אָ֑תָּה כַּאֲשֶׁ֥ר נֶאֱסַ֖ף אַהֲרֹ֥ן אָחִֽיךָ׃ 14 כַּאֲשֶׁר֩[a] מְרִיתֶ֨ם — גׄ מל בתור[13] . גׄ בׄ פת וחד קמׄ . בׄ חס את[14]
פִּ֜י[b] בְּמִדְבַּר־צִ֗ן בִּמְרִיבַת֙ הָֽעֵדָ֔ה לְהַקְדִּישֵׁ֥נִי[c] בַמַּ֖יִם לְעֵינֵיהֶ֑ם הֵ֛ם — בׄ
ס [כה] מֵֽי־מְרִיבַ֥ת קָדֵ֖שׁ מִדְבַּר־צִֽן׃ פ 15 וַיְדַבֵּ֣ר מֹשֶׁ֔ה אֶל־יְהוָ֖ה — לׄ
16 לֵאמֹֽר׃ 16 יִפְקֹ֣ד יְהוָ֔ה אֱלֹהֵ֥י הָרוּחֹ֖ת לְכָל־בָּשָׂ֑ר[a] אִ֖ישׁ עַל־הָעֵדָֽה׃ — דׄ . זׄ[15]
17 אֲשֶׁר־יֵצֵ֣א לִפְנֵיהֶ֗ם וַאֲשֶׁ֤ר יָבֹא֙ לִפְנֵיהֶ֔ם וַאֲשֶׁ֥ר יוֹצִיאֵ֖ם וַאֲשֶׁ֣ר — בׄ[16]
18 יְבִיאֵ֑ם וְלֹ֤א תִהְיֶה֙ עֲדַ֣ת יְהוָ֔ה כַּצֹּ֕אן אֲשֶׁ֥ר אֵין־לָהֶ֖ם רֹעֶֽה׃ 18 וַיֹּ֨אמֶר — חׄ[17] . טׄ בטע בסיפׄ
יְהוָ֤ה אֶל־מֹשֶׁה֙ קַח־לְךָ֙ אֶת־יְהוֹשֻׁ֣עַ בִּן־נ֔וּן אִ֖ישׁ[a] אֲשֶׁר־ר֣וּחַ בּ֑וֹ
19 וְסָמַכְתָּ֥ אֶת־יָדְךָ֖ עָלָֽיו׃ 19 וְהַֽעֲמַדְתָּ֣ אֹת֗וֹ לִפְנֵי֙ אֶלְעָזָ֣ר הַכֹּהֵ֔ן וְלִפְנֵ֖י
20 כָּל־הָעֵדָ֑ה וְצִוִּיתָ֥ה אֹת֖וֹ לְעֵינֵיהֶֽם׃ 20 וְנָתַתָּ֥ה מֵהֽוֹדְךָ֖[a] עָלָ֑יו לְמַ֣עַן — בׄ בליש חד חס וחד מן דׄ מל בליש . לׄ
21 יִשְׁמְע֔וּ[b] כָּל־עֲדַ֖ת בְּנֵ֥י יִשְׂרָאֵֽל׃ 21 וְלִפְנֵ֨י אֶלְעָזָ֤ר הַכֹּהֵן֙ יַעֲמֹ֔ד וְשָׁ֥אַל — יׄו וכל לפני ולפני דכות
ל֛וֹ בְּמִשְׁפַּ֥ט הָאוּרִ֖ים לִפְנֵ֣י יְהוָ֑ה עַל־פִּ֨יו יֵצְא֜וּ[a] וְעַל־פִּ֣יו יָבֹ֗אוּ[a] ה֛וּא — יׄ[18]
22 וְכָל־בְּנֵֽי־יִשְׂרָאֵ֥ל אִתּ֖וֹ וְכָל־הָעֵדָֽה׃ 22 וַיַּ֣עַשׂ מֹשֶׁ֔ה כַּאֲשֶׁ֛ר צִוָּ֥ה יְהוָ֖ה — וׄ[19] . בׄ
אֹת֑וֹ וַיִּקַּ֣ח אֶת־יְהוֹשֻׁ֗עַ וַיַּֽעֲמִדֵ֙הוּ֙ לִפְנֵי֙ אֶלְעָזָ֣ר הַכֹּהֵ֔ן וְלִפְנֵ֖י כָּל־ — בׄ וחס
23 הָעֵדָֽה׃ 23 וַיִּסְמֹ֧ךְ אֶת־יָדָ֛יו[a] עָלָ֖יו וַיְצַוֵּ֑הוּ כַּאֲשֶׁ֛ר דִּבֶּ֥ר[b] יְהוָ֖ה[c] בְּיַד־
מֹשֶֽׁה[c]׃ פ

28 1 וַיְדַבֵּ֥ר יְהוָ֖ה אֶל־מֹשֶׁ֥ה לֵּאמֹֽר׃ 2 צַ֚ו[a] אֶת־בְּנֵ֣י יִשְׂרָאֵ֔ל וְאָמַרְתָּ֖

[9] Mm 990. [10] Mm 385. [11] Mm 1713. [12] Mm 4262. [13] Mm 1010. [14] Mm 991. [15] Mm 927. [16] Mm 1162. [17] Mm 777. [18] Mm 98. [19] Mm 1436.

11 [a] 𝔖(𝔙) *l'jn' d* = לַאֲשֶׁר ‖ [b] ⅏ וְיִירַשׁ ‖ [c] ⅏ (𝔊?𝔖) אֹתוֹ ‖ [d] l וַתְּהִי? (vel 𝔐 = et erat?) cf bβ ‖ **12** [a] ⅏ ut 6[a] ‖ [b] Ms ⅏ + לאמר cf 6 ‖ **13** [a] ⅏ Vrs עמך ‖ **14** [a] ⅏ אשר ‖ [b] ⅏ אֶת פִּי ‖ [c] 𝔖(𝔙) *wl' qdštwnj* = וְלֹא־קִדַּשְׁתֶּם אוֹתִי cf Dt 32,51; 𝔊 + *οὐχ ἡγιάσατέ με* ‖ **16** [a] ⅏ הַבָּ׳ cf 16,22 ‖ **18** [a] ⅏ הָאִ׳ ‖ **20** [a] ⅏ וְלִ׳ ‖ [b] ⅏ —עוּן; ins c 𝔊𝔖 𝔗[J]𝔙? לוֹ ‖ **21** [a] ⅏𝔙 sg ‖ **23** [a] 2 Mss ⅏𝔖 יָדוֹ cf 18 ‖ [b] nonn Mss 𝔊𝔗[J]𝔙 צִוָּה cf 22a ‖ [c–c] > 𝔙; nonn Mss 𝔊𝔗[J] אֶת־מ׳ cf [b]; ⅏ + וַיֹּאמֶר אֵלָיו et Dt 3,21 b.22 ‖ **Cp 28,2** [a] ⅏[Mss] צַוִּי.

אֲלֵהֶ֗ם אֶת־קָרְבָּנִ֨י[b] לַחְמִ֜י[c] לְאִשַּׁ֗י[d] רֵ֚יחַ[d] נִיחֹחִ֔י תִּשְׁמְר֖וּ לְהַקְרִ֥יב
לִ֖י בְּמוֹעֲדֽוֹ[e]׃ 3 וְאָמַרְתָּ֣ לָהֶ֔ם זֶ֚ה הָֽאִשֶּׁ֔ה[a] אֲשֶׁ֥ר תַּקְרִ֖יבוּ 3
לַֽיהוָ֑ה כְּבָשִׂ֨ים בְּנֵֽי־שָׁנָ֧ה תְמִימִ֛ם שְׁנַ֥יִם לַיּ֖וֹם עֹלָ֥ה[b] תָמִֽיד׃ 4 אֶת־ 4
הַכֶּ֥בֶשׂ אֶחָ֖ד[a] תַּעֲשֶׂ֣ה בַבֹּ֑קֶר וְאֵת֙ הַכֶּ֣בֶשׂ הַשֵּׁנִ֔י תַּעֲשֶׂ֖ה בֵּ֥ין
הָעַרְבָּֽיִם׃ 5 וַעֲשִׂירִ֧ית[a] הָאֵיפָ֛ה סֹ֖לֶת לְמִנְחָ֑ה בְּלוּלָ֛ה בְּשֶׁ֥מֶן כָּתִ֖ית[b] 5
רְבִיעִ֥ת הַהִֽין׃ 6 עֹלַ֖ת תָּמִ֑יד הָעֲשֻׂיָה֙ בְּהַ֣ר סִינַ֔י לְרֵ֣יחַ נִיחֹ֔חַ אִשֶּׁ֖ה 6
לַיהוָֽה׃ 7 וְנִסְכּוֹ֙[a] רְבִיעִ֣ת הַהִ֔ין לַכֶּ֖בֶשׂ הָאֶחָ֑ד בַּקֹּ֗דֶשׁ הַסֵּ֛ךְ נֶ֥סֶךְ 7
שֵׁכָ֖ר[b] לַיהוָֽה׃ 8 וְאֵת֙ הַכֶּ֣בֶשׂ הַשֵּׁנִ֔י תַּעֲשֶׂ֖ה בֵּ֣ין הָעַרְבָּ֑יִם כְּמִנְחַ֨ת 8
הַבֹּ֤קֶר[a] וּכְנִסְכּוֹ֙ תַּעֲשֶׂ֔ה אִשֵּׁ֛ה רֵ֥יחַ נִיחֹ֖חַ לַיהוָֽה׃ פ 9 וּבְיוֹם֙ 9
הַשַּׁבָּ֔ת שְׁנֵֽי־כְבָשִׂ֥ים בְּנֵֽי־שָׁנָ֖ה תְּמִימִ֑ם וּשְׁנֵ֣י עֶשְׂרֹנִ֗ים סֹ֧לֶת מִנְחָ֛ה
בְּלוּלָ֥ה בַשֶּׁ֖מֶן וְנִסְכּֽוֹ׃ 10 עֹלַ֥ת שַׁבַּ֖ת בְּשַׁבַּתּ֑וֹ[a] עַל־עֹלַ֥ת הַתָּמִ֖יד 10
וְנִסְכָּֽהּ[b]׃ ס 11 וּבְרָאשֵׁי֙ חָדְשֵׁיכֶ֔ם תַּקְרִ֥יבוּ עֹלָ֖ה לַיהוָ֑ה פָּרִ֨ים 11
בְּנֵֽי־בָקָ֜ר שְׁנַ֗יִם וְאַ֣יִל אֶחָ֔ד כְּבָשִׂ֧ים בְּנֵי־שָׁנָ֛ה שִׁבְעָ֖ה תְּמִימִֽם׃
12 וּשְׁלֹשָׁ֣ה עֶשְׂרֹנִ֗ים סֹ֤לֶת מִנְחָה֙ בְּלוּלָ֣ה בַשֶּׁ֔מֶן לַפָּ֖ר הָאֶחָ֑ד וּשְׁנֵ֣י 12
עֶשְׂרֹנִ֗ים סֹ֤לֶת מִנְחָה֙ בְּלוּלָ֣ה בַשֶּׁ֔מֶן לָאַ֖יִל הָאֶחָֽד׃ 13 וְעִשָּׂרֹ֣ן עִשָּׂר֗וֹן 13
סֹ֤לֶת מִנְחָה֙ בְּלוּלָ֣ה בַשֶּׁ֔מֶן לַכֶּ֖בֶשׂ הָאֶחָ֑ד עֹלָה֙ רֵ֣יחַ נִיחֹ֔חַ אִשֶּׁ֖ה
לַיהוָֽה׃ 14 וְנִסְכֵּיהֶ֗ם חֲצִ֣י הַהִין֩ יִהְיֶ֨ה[a] לַפָּ֜ר[b] וּשְׁלִישִׁ֧ת הַהִ֣ין לָאַ֗יִל[b] 14
וּרְבִיעִ֥ת הַהִ֛ין לַכֶּ֖בֶשׂ[c] יָ֑יִן[d] זֹ֣את עֹלַ֥ת חֹ֨דֶשׁ֙[e] בְּחָדְשׁ֔וֹ לְחָדְשֵׁ֖י הַשָּׁנָֽה׃
15 וּשְׂעִ֨יר עִזִּ֥ים אֶחָ֛ד לְחַטָּ֖את לַיהוָ֑ה עַל־עֹלַ֨ת הַתָּמִ֥יד יֵעָשֶׂ֖ה[a] 15
וְנִסְכּֽוֹ[b]׃ ס 16 וּבַחֹ֣דֶשׁ[a] הָרִאשׁ֗וֹן בְּאַרְבָּעָ֥ה עָשָׂ֛ר י֖וֹם לַחֹ֑דֶשׁ 16
פֶּ֖סַח לַיהוָֽה׃ 17 וּבַחֲמִשָּׁ֨ה עָשָׂ֥ר י֛וֹם לַחֹ֥דֶשׁ הַזֶּ֖ה חָ֑ג שִׁבְעַ֣ת יָמִ֔ים 17
מַצּ֖וֹת יֵאָכֵֽל[a]׃ 18 בַּיּ֥וֹם הָרִאשׁ֖וֹן מִקְרָא־קֹ֑דֶשׁ[a] כָּל־מְלֶ֥אכֶת עֲבֹדָ֖ה 18

ל̇ . ח̇ וכל אשה ריח ניחח דכות . ל̇
ג̇[1] מל ב̇[2] מנה בתור . ל̇ בעינ̇
כ̇[3]
ל̇ . ד̇[4]
ל̇ מל בתור . ו̇ רפ̇[5]
ד̇[6] . ב̇ חד חס וחד מל[7] . ב̇ בסיפ . י̇ג[8]
ד̇[4]
ב̇
ד̇ פת̇ וכל שבת שבתון דכות[9] . ב̇[10]
ב̇[11] . ה̇[12]
ה̇ ג̇ מל וב̇ חס[13] . ב̇[14]
ח̇ וכל אשה ריח ניחח דכות
ד̇ חס בליש
ב̇[15]
ל̇[16]
ה̇ ר״פ . סד̇
ג̇ ר״פ[17]
ג̇[18] . סד̇

Cp 28 [1]Mm 3003. [2]Mm 3727. [3]Mm 875. [4]Mm 576. [5]Mm 577. [6]Mm 578. [7]Mm 992. [8]Mm 574. [9]Mm 806. [10]Jes 66,23. [11]Mm 993. [12]Mm 1001. [13]Mm 999. [14]Mm 1003. [15]Mm 443. [16]Mm 210. [17]Mm 792. [18]Mm 994.

2 [b] 𝔊(𝔖) *τὰ δῶρά μου* = ־ַי; sic l? ‖ [c] l prb לַחְמִי cf 24 ‖ [d–d] 𝔊 *καρπώματά μου εἰς ὀσμήν* l לְר׳ אִשֵּׁי ‖ [e] ࠔ ־דיו, 𝔊 *ἐν ταῖς ἑορταῖς μου* = ־ַדַי cf Lv 23,2 ‖ **3** [a] ࠔ האש ‖ [b] l c pc Mss ࠔ עֹלַת ut 6.15 ‖ **4** [a] l c ࠔ הָא׳? ‖ **5** [a] 𝔊 *καὶ ποιήσεις τὸ δέκατον*, l וְעָשִׂיתָ עשׂ׳? (hpgr) ‖ [b] > ࠔ𝔊* ‖ **7** [a] 𝔊^Mss σ′(𝔖𝔙) + *τοῦ οἴνου*, ins יַיִן ‖ [b] 𝔖𝔗 leg vinum vetus ‖ **8** [a] 𝔊 *αὐτοῦ* ‖ **10** [a] ࠔ𝔖𝔗^J בְּשַׁבָּת ‖ [b] ࠔ ־כיהם ‖ **14** [a] l c ࠔ𝔖𝔙 יַיִן ‖ [b] ࠔ𝔊 הָאֶחָד (𝔊 id in 20) ‖ [c] 𝔊 + *τῷ ἑνί* = האחד cf [b] ‖ [d] dl, cf 𝔖𝔙 ‖ [e] ࠔ הח׳ ‖ **15** [a] ࠔ יעשו ‖ [b] ࠔ ut 10[b] ‖ **16** [a] ࠔ בַּ׳ ‖ **17** [a] Ms ࠔ𝔊 תֹּאכֵלוּ ut Lv 23,6 ‖ **18** [a] pc Mss 𝔊 + יִהְיֶה לָכֶם (ex 25).

19 לֹ֥א תַעֲשֽׂוּ׃ 19 וְהִקְרַבְתֶּ֨ם אִשֶּׁ֤ה עֹלָה֙ לַֽיהוָ֔ה פָּרִ֧ים בְּנֵי־בָקָ֛ר שְׁנַ֖יִם ה̇[19]
20 וְאַ֣יִל אֶחָ֑ד וְשִׁבְעָ֤ה כְבָשִׂים֙ בְּנֵ֣י שָׁנָ֔ה תְּמִימִ֖ם יִהְי֥וּ לָכֶֽם׃ 20 וּמִ֨נְחָתָ֔ם ל̇[20]. ג̇ בעינ̇[21]
סֹ֖לֶת בְּלוּלָ֣ה בַשָּׁ֑מֶן שְׁלֹשָׁ֨ה עֶשְׂרֹנִ֜ים לַפָּ֗ר וּשְׁנֵ֧י עֶשְׂרֹנִ֛ים לָאַ֖יִל תַּעֲשֽׂוּ׃ ב̇ בטע̇[22]
21 עִשָּׂר֤וֹן[a] עִשָּׂרוֹן֙ תַּעֲשֶׂ֔ה[b] לַכֶּ֖בֶשׂ הָאֶחָ֑ד לְשִׁבְעַ֖ת הַכְּבָשִֽׂים׃ 22 וּשְׂעִ֥יר ג̇[23]
23 [a]חַטָּ֖את אֶחָ֑ד[a] לְכַפֵּ֖ר עֲלֵיכֶֽם׃ 23 מִלְּבַד֙ עֹלַ֣ת הַבֹּ֔קֶר אֲשֶׁ֖ר לְעֹלַ֣ת
24 הַתָּמִ֑יד תַּעֲשׂ֖וּ[a] [b]אֶת־אֵֽלֶּה[b]׃ 24 כָּאֵ֜לֶּה [a]תַּעֲשׂ֤וּ לַיּוֹם֙[a] שִׁבְעַ֣ת יָמִ֔ים[b] כ̇[24]
לֶ֛חֶם אִשֵּׁ֥ה רֵֽיחַ[c]־נִיחֹ֖חַ לַֽיהוָ֑ה עַל־עוֹלַ֧ת הַתָּמִ֛יד יֵעָשֶׂ֖ה[d] וְנִסְכּֽוֹ[e]׃ ג̇ מל̇[25]. ל̇[26]
25 וּבַיּוֹם֙ הַשְּׁבִיעִ֔י מִקְרָא־קֹ֖דֶשׁ יִהְיֶ֣ה לָכֶ֑ם כָּל־מְלֶ֥אכֶת עֲבֹדָ֖ה לֹ֥א
ס̊[כו] תַעֲשֽׂוּ׃ ס 26 וּבְי֣וֹם[a] הַבִּכּוּרִ֗ים בְּהַקְרִ֨יבְכֶ֜ם מִנְחָ֤ה חֲדָשָׁה֙ לַֽיהוָ֔ה ב̇ חד מל וחד חס. ב̇ ומל[27]
בְּשָׁבֻעֹֽתֵיכֶ֑ם מִֽקְרָא־קֹ֙דֶשׁ֙ יִהְיֶ֣ה לָכֶ֔ם כָּל־מְלֶ֥אכֶת עֲבֹדָ֖ה לֹ֥א תַעֲשֽׂוּ׃ ל̇[28] בטע ול בליש
27 וְהִקְרַבְתֶּ֨ם עוֹלָ֜ה לְרֵ֤יחַ[a] נִיחֹ֙חַ֙ לַֽיהוָ֔ה פָּרִ֧ים בְּנֵי־בָקָ֛ר שְׁנַ֖יִם ל̇ מל בתור. יו̇[29]. ה̇[19]
28 אַ֣יִל[b] אֶחָ֑ד [c]שִׁבְעָ֥ה כְבָשִׂ֖ים בְּנֵ֥י שָׁנָֽה[c][d]׃ 28 וּמִ֨נְחָתָ֔ם סֹ֖לֶת בְּלוּלָ֣ה ל̇[20]
בַשָּׁ֑מֶן שְׁלֹשָׁ֤ה עֶשְׂרֹנִים֙ לַפָּ֣ר הָאֶחָ֔ד שְׁנֵי֙[a] עֶשְׂרֹנִ֔ים לָאַ֖יִל הָאֶחָֽד׃
29 עִשָּׂרוֹן֙ עִשָּׂר֔וֹן[a] לַכֶּ֖בֶשׂ הָאֶחָ֑ד לְשִׁבְעַ֖ת הַכְּבָשִֽׂים׃ 30 שְׂעִ֥יר[a] עִזִּ֖ים ג̇[23]. ב̇ בעינ̇[30]
31 אֶחָ֑ד[b] לְכַפֵּ֖ר עֲלֵיכֶֽם׃ 31 מִלְּבַ֞ד עֹלַ֧ת הַתָּמִ֛יד וּמִנְחָת֖וֹ[a] תַּעֲשׂ֑וּ
29 [b]תְּמִימִ֥ם יִהְיוּ־לָכֶ֖ם[b] וְנִסְכֵּיהֶֽם׃ פ 29 1 וּבַחֹ֨דֶשׁ הַשְּׁבִיעִ֜י בְּאֶחָ֣ד ג̇ בעינ. ה̇ ר״פ
לַחֹ֗דֶשׁ מִֽקְרָא־קֹ֙דֶשׁ֙ יִהְיֶ֣ה לָכֶ֔ם כָּל־מְלֶ֥אכֶת עֲבֹדָ֖ה לֹ֣א תַעֲשׂ֑וּ י֥וֹם
2 תְּרוּעָ֖ה יִהְיֶ֥ה לָכֶֽם׃ 2 וַעֲשִׂיתֶ֨ם עֹלָ֜ה לְרֵ֤יחַ נִיחֹ֙חַ֙ לַֽיהוָ֔ה פַּ֧ר בֶּן־ ל̇ בעינ̇[1]. יו̇[2]. ד̇[3]
3 בָּקָ֛ר אֶחָ֖ד אַ֣יִל[a] אֶחָ֑ד כְּבָשִׂ֧ים בְּנֵי־שָׁנָ֛ה שִׁבְעָ֖ה תְּמִימִֽם׃ 3 וּמִ֨נְחָתָ֔ם
סֹ֖לֶת בְּלוּלָ֣ה בַשָּׁ֑מֶן שְׁלֹשָׁ֤ה עֶשְׂרֹנִים֙ לַפָּ֔ר שְׁנֵ֥י[a] עֶשְׂרֹנִ֖ים לָאָֽיִל׃
4 וְעִשָּׂר֣וֹן[a] אֶחָ֔ד לַכֶּ֖בֶשׂ הָאֶחָ֑ד לְשִׁבְעַ֖ת הַכְּבָשִֽׂים׃ 5 וּשְׂעִיר־עִזִּ֥ים ה̇ ג̇ מל וב חס[4]
6 אֶחָ֖ד חַטָּ֑את[a] לְכַפֵּ֖ר עֲלֵיכֶֽם׃ 6 מִלְּבַד֩ עֹלַ֨ת הַחֹ֜דֶשׁ וּמִנְחָתָ֗הּ וְעֹלַ֤ת

[19] Mm 1001. [20] Mm 996. [21] Mp sub loco. [22] Mm 1002. [23] Mm 1000. [24] Mm 875. [25] Mm 995. [26] Mm 210. [27] Mm 2977. [28] Mm 3661. [29] Mm 574. [30] Mm 876. **Cp 29** [1] Mm 997. [2] Mm 574. [3] Mm 998. [4] Mm 999.

21 [a] pc Mss ш𝔖𝔙 'וְעִ' ‖ [b] > 2 Mss ш𝔙, cf 𝔖 ‖ **22** [a–a] 2 Mss ш𝔊𝔖 עִזִּים אחד לְחַ' ut 15.30 etc ‖ **23** [a] > 𝔊* ‖ [b–b] > 𝔙(𝔊 ad init 24) ‖ **24** [a–a] ш invers ‖ [b] ш𝔊 הי' ‖ [c] ш𝔊𝔖 (אִשֶּׁה) לְרֵ' ‖ [d] ш יעשׂו cf 15, 𝔊 ποιήσεις ‖ [e] ш ut 10.15 ‖ **26** [a] ш בְּ' ‖ **27** [a] ш אִשֵּׁה ר' cf 24 ‖ [b] mlt Mss ш𝔖𝔗[J] וְא' ‖ [c–c] ш𝔊[Mss]𝔖𝔗(𝔙) invers ut 𝔐 11 etc ‖ [d] ins c ш תְּמִימִים יִהְיוּ לָכֶם, 𝔊 (cf 𝔙) + ἀμώμους cf 31 ‖ **28** [a] mlt Mss ш𝔊𝔖 וּשְׁ' ‖ **29** [a] pc Mss ш𝔖 'וְעִ' ‖ **30** [a] pc Mss ш𝔊𝔖𝔙 וּשְׂ' ‖ [b] ins c pc Mss ш𝔊 לְחַטָּאת? ut 15 etc ‖ **31** [a] Ms ш תָהּ– ut 29,11 ‖ [b–b] dl cf 27[d] ‖ **Cp 29,2** [a] nonn Mss וְא' ‖ **3** [a] nonn Mss ш𝔊𝔖𝔗[J] וּשְׁ' (cf 28,28) id 9.14 ‖ **4** [a] ш𝔊 עִשָּׂרוֹן ‖ **5** [a] nonn Mss ш𝔊𝔖𝔗[J] לְחַ', id 11.16.19.25.

הַתָּמִיד וּמִנְחָתָהּ וְנִסְכֵּיהֶם[a] כְּמִשְׁפָּטָם לְרֵיחַ נִיחֹחַ אִשֶּׁה לַיהוָה׃ ס — ג . יו[5]
7 וּבֶעָשׂוֹר לַחֹדֶשׁ הַשְּׁבִיעִי הַזֶּה מִקְרָא־קֹדֶשׁ יִהְיֶה לָכֶם וְעִנִּיתֶם אֶת־ 7 — ל
נַפְשֹׁתֵיכֶם כָּל[a]־מְלָאכָה[b] לֹא תַעֲשׂוּ׃ 8 וְהִקְרַבְתֶּם עֹלָה לַיהוָה רֵיחַ 8 — ח וכל אשה ריח ניחח דכות
נִיחֹחַ פַּר בֶּן־בָּקָר אֶחָד אַיִל[a] אֶחָד כְּבָשִׂים בְּנֵי־שָׁנָה שִׁבְעָה תְּמִימִם — ד[6] . ג בעינ
יִהְיוּ לָכֶם׃ 9 וּמִנְחָתָם סֹלֶת בְּלוּלָה בַשָּׁמֶן שְׁלֹשָׁה עֶשְׂרֹנִים לַפָּר שְׁנֵי 9
עֶשְׂרֹנִים לָאַיִל הָאֶחָד׃ 10 עִשָּׂרוֹן[a] עִשָּׂרוֹן לַכֶּבֶשׂ הָאֶחָד לְשִׁבְעַת 10 — ג[7]
הַכְּבָשִׂים׃ 11 שְׂעִיר[a]־עִזִּים אֶחָד חַטָּאת מִלְּבַד חַטַּאת הַכִּפֻּרִים 11 — ב בעינ[8] . ז[9] פת וכל תרי עשר דכות ב מ א
וְעֹלַת הַתָּמִיד וּמִנְחָתָהּ[b] וְנִסְכֵּיהֶם[c]׃ פ 12 וּבַחֲמִשָּׁה עָשָׂר יוֹם 12 — ג ב מנה ס״פ . ג ר״פ[10]
לַחֹדֶשׁ הַשְּׁבִיעִי[a] מִקְרָא־קֹדֶשׁ יִהְיֶה לָכֶם כָּל־מְלֶאכֶת עֲבֹדָה לֹא
תַעֲשׂוּ וְחַגֹּתֶם[b] חַג לַיהוָה שִׁבְעַת יָמִים׃ 13 וְהִקְרַבְתֶּם עֹלָה אִשֵּׁה 13
רֵיחַ נִיחֹחַ לַיהוָה פָּרִים[a] בְּנֵי־בָקָר שְׁלֹשָׁה עָשָׂר אֵילִם שְׁנָיִם כְּבָשִׂים — ה[11]
בְּנֵי־שָׁנָה אַרְבָּעָה עָשָׂר תְּמִימִם יִהְיוּ[b]׃ 14 וּמִנְחָתָם סֹלֶת בְּלוּלָה בַשָּׁמֶן 14
שְׁלֹשָׁה עֶשְׂרֹנִים לַפָּר הָאֶחָד לִשְׁלֹשָׁה עָשָׂר פָּרִים[a] שְׁנֵי עֶשְׂרֹנִים — ב בטע[12]
לָאַיִל הָאֶחָד לִשְׁנֵי הָאֵילִם׃ 15 וְעִשָּׂרוֹן[a] עִשָּׂרוֹן לַכֶּבֶשׂ הָאֶחָד 15 — ה[13] ג מל וב חס וחד מן הי נקוד י מנה בתור . ב[14]
לְאַרְבָּעָה עָשָׂר כְּבָשִׂים[b]׃ 16 וּשְׂעִיר־עִזִּים אֶחָד חַטָּאת מִלְּבַד עֹלַת 16 — ל . ג
הַתָּמִיד מִנְחָתָהּ[a] וְנִסְכָּהּ[b]׃ ס 17 וּבַיּוֹם הַשֵּׁנִי פָּרִים בְּנֵי־בָקָר 17 — ד בעינ[15] . ה[11]
שְׁנֵים עָשָׂר אֵילִם שְׁנָיִם כְּבָשִׂים בְּנֵי־שָׁנָה אַרְבָּעָה עָשָׂר תְּמִימִם׃
18 וּמִנְחָתָם וְנִסְכֵּיהֶם לַפָּרִים לָאֵילִם וְלַכְּבָשִׂים בְּמִסְפָּרָם כַּמִּשְׁפָּט׃ 18
19 וּשְׂעִיר־עִזִּים אֶחָד חַטָּאת מִלְּבַד עֹלַת הַתָּמִיד וּמִנְחָתָהּ[a] וְנִסְכֵּיהֶם[b]׃ 19 — ג . ג ב מנה ס״פ
ס 20 וּבַיּוֹם הַשְּׁלִישִׁי פָּרִים עַשְׁתֵּי־עָשָׂר אֵילִם שְׁנָיִם כְּבָשִׂים 20 — ל ר״פ[16]
בְּנֵי־שָׁנָה אַרְבָּעָה עָשָׂר תְּמִימִם׃ 21 וּמִנְחָתָם וְנִסְכֵּיהֶם לַפָּרִים 21
לָאֵילִם וְלַכְּבָשִׂים בְּמִסְפָּרָם כַּמִּשְׁפָּט׃ 22 וּשְׂעִיר[a] חַטָּאת אֶחָד[a] 22

[5]Mm 574. [6]Mm 998. [7]Mm 1000. [8]Mm 876. [9]Mm 676 [10]Mm 792. [11]Mm 1001. [12]Mm 1002. [13]Mm 999. [14]Mm 1003. [15]Mm 1004. [16]Mm 877.

6 [a] ш וּנְסָכֶיהָ ‖ **7** [a] ш𝔊𝔖 וְכָל ‖ [b] pc Mss 𝔊^Mss𝔖𝔗^J𝔙 מְלֶאכֶת עֲבֹדָה– ut 12.35 ‖ **8** [a] pc Mss וְאַ׳ ‖ **10** [a] pc Mss ш𝔖 וְעִ׳ ‖ **11** [a] pc Mss ш𝔊𝔖𝔙 וּשְׂ׳ ‖ [b] pc Mss 𝔖𝔗^J –תָם ‖ [c] ш ut 6[a] ‖ **12** [a] pc Mss ш𝔊𝔖 + הַזֶּה ‖ [b] pc Mss 𝔊* + אֹתוֹ ‖ **13** [a] 𝔊 pr *τῇ ἡμέρᾳ τῇ πρώτῃ* ‖ [b] ш + לכם ‖ **14** [a] l c ш𝔊 הַפָּ׳ ‖ **15** [a] sic 𝔐 (ו punct extr) ‖ [b] l c ш𝔊 הַכְּ׳ et ins c ш וְנִסְכֵּיהֶם ‖ **16** [a] mlt Mss ш𝔖𝔙 וּמִ׳ (ut 6), id 25.31.34 ‖ [b] ш ut 6[a] ‖ **19** [a] nonn Mss 𝔗^J –תָם ‖ [b] pc Mss 𝔖𝔙 –כָּה, ш ut 6[a] ‖ **22** [a–a] ш𝔊𝔖𝔙 עִזִּים א׳ לְחַ׳, id 28 etc.

23 מִלְּבַד֙ עֹלַ֣ת הַתָּמִ֔יד וּמִנְחָתָ֖הּ וְנִסְכָּֽהּ׃ ס 23 וּבַיּ֧וֹם הָֽרְבִיעִ֛י ג ר״פ[17]
פָּרִ֥ים עֲשָׂרָ֖ה אֵילִ֣ם שְׁנָ֑יִם כְּבָשִׂ֧ים בְּנֵי־שָׁנָ֛ה אַרְבָּעָ֥ה עָשָׂ֖ר תְּמִימִֽם׃
24 מִנְחָתָ֣ם[a] וְנִסְכֵּיהֶ֡ם לַ֠פָּרִים לָאֵילִ֧ם וְלַכְּבָשִׂ֛ים בְּמִסְפָּרָ֖ם כַּמִּשְׁפָּֽט׃ ב ר״פ[18]
25 וּשְׂעִיר־עִזִּ֥ים אֶחָ֖ד חַטָּ֑את מִלְּבַד֙ עֹלַ֣ת הַתָּמִ֔יד מִנְחָתָ֖הּ וְנִסְכָּֽהּ׃ ג . ד בעינ[19]
ס 26 וּבַיּ֧וֹם הַחֲמִישִׁ֛י פָּרִ֥ים תִּשְׁעָ֖ה אֵילִ֣ם שְׁנָ֑יִם כְּבָשִׂ֧ים בְּנֵי־
27 שָׁנָ֛ה אַרְבָּעָ֥ה עָשָׂ֖ר תְּמִימִֽם׃ 27 וּמִנְחָתָ֣ם וְנִסְכֵּיהֶ֡ם לַ֠פָּרִים לָאֵילִ֧ם
28 וְלַכְּבָשִׂ֛ים בְּמִסְפָּרָ֖ם כַּמִּשְׁפָּֽט׃ 28 וּשְׂעִ֥יר חַטָּ֖את אֶחָ֑ד מִלְּבַד֙ עֹלַ֣ת
29 הַתָּמִ֔יד וּמִנְחָתָ֖הּ וְנִסְכָּֽהּ׃ ס 29 וּבַיּ֧וֹם הַשִּׁשִּׁ֛י פָּרִ֥ים שְׁמֹנָ֖ה אֵילִ֣ם
30 שְׁנָ֑יִם כְּבָשִׂ֧ים בְּנֵי־שָׁנָ֛ה אַרְבָּעָ֥ה עָשָׂ֖ר תְּמִימִֽם׃ 30 וּמִנְחָתָ֣ם וְנִסְכֵּיהֶ֡ם
31 לַ֠פָּרִים לָאֵילִ֧ם וְלַכְּבָשִׂ֛ים בְּמִסְפָּרָ֖ם כַּמִּשְׁפָּֽט׃ 31 וּשְׂעִ֥יר חַטָּ֖את
32 אֶחָ֑ד מִלְּבַד֙ עֹלַ֣ת הַתָּמִ֔יד מִנְחָתָ֖הּ וּנְסָכֶֽיהָ[a]׃ פ 32 וּבַיּ֧וֹם ד בעינ[19] . ל
הַשְּׁבִיעִ֛י פָּרִ֥ים שִׁבְעָ֖ה אֵילִ֣ם שְׁנָ֑יִם כְּבָשִׂ֧ים בְּנֵי־שָׁנָ֛ה אַרְבָּעָ֥ה עָשָׂ֖ר
33 תְּמִימִֽם׃ 33 וּמִנְחָתָ֣ם וְנִסְכֵּהֶ֡ם לַ֠פָּרִים לָאֵילִ֧ם וְלַכְּבָשִׂ֛ים בְּמִסְפָּרָ֖ם ב פסוק בתור כל ס״ת ם[20]
34 כְּמִשְׁפָּטָֽם[a]׃ 34 וּשְׂעִ֥יר חַטָּ֖את אֶחָ֑ד מִלְּבַד֙ עֹלַ֣ת הַתָּמִ֔יד מִנְחָתָ֖הּ סימן בנזמים[21]. ד בעינ[19]
35 וְנִסְכָּֽהּ׃ פ 35 בַּיּוֹם֙[a] הַשְּׁמִינִ֔י עֲצֶ֖רֶת תִּהְיֶ֣ה לָכֶ֑ם כָּל־מְלֶ֥אכֶת ג ר״פ[22]
36 עֲבֹדָ֖ה לֹ֥א תַעֲשֽׂוּ׃ 36 וְהִקְרַבְתֶּ֨ם עֹלָ֜ה אִשֵּׁ֨ה רֵ֤יחַ נִיחֹ֙חַ֙ לַֽיהוָ֔ה פַּ֥ר
37 אֶחָ֖ד אַ֣יִל אֶחָ֑ד כְּבָשִׂ֧ים בְּנֵי־שָׁנָ֛ה שִׁבְעָ֖ה תְּמִימִֽם׃ 37 מִנְחָתָ֣ם[a] ב ר״פ[18]
38 וְנִסְכֵּיהֶ֡ם לַ֠פָּר לָאַ֧יִל וְלַכְּבָשִׂ֛ים בְּמִסְפָּרָ֖ם כַּמִּשְׁפָּֽט׃ 38 וּשְׂעִ֥יר
39 חַטָּ֖את אֶחָ֑ד מִלְּבַד֙ עֹלַ֣ת הַתָּמִ֔יד וּמִנְחָתָ֖הּ וְנִסְכָּֽהּ׃ 39 אֵ֛לֶּה
תַּעֲשׂ֥וּ לַיהוָ֖ה בְּמוֹעֲדֵיכֶ֑ם לְבַ֨ד מִנִּדְרֵיכֶ֜ם וְנִדְבֹתֵיכֶ֗ם לְעֹלֹֽתֵיכֶם֙ ב חד מל וחד חס[23]
30 וּלְמִנְחֹ֣תֵיכֶ֔ם וּלְנִסְכֵּיכֶ֖ם וּלְשַׁלְמֵיכֶֽם׃ **30** 1 וַיֹּ֣אמֶר מֹשֶׁ֔ה אֶל־בְּנֵ֖י ל . ל . ל
יִשְׂרָאֵ֑ל כְּכֹ֛ל אֲשֶׁר־צִוָּ֥ה יְהוָ֖ה אֶת־מֹשֶֽׁה׃ פ קסח
ס̄ [כז] פרש 2 וַיְדַבֵּ֤ר מֹשֶׁה֙ אֶל־רָאשֵׁ֣י הַמַּטּ֔וֹת לִבְנֵ֥י יִשְׂרָאֵ֖ל לֵאמֹ֑ר זֶ֣ה הַדָּבָ֔ר עה
3 אֲשֶׁ֖ר צִוָּ֥ה יְהוָֽה׃ 3 אִישׁ֩ כִּֽי־יִדֹּ֨ר נֶ֜דֶר לַֽיהוָ֗ה אֽוֹ־הִשָּׁ֤בַע[a] שְׁבֻעָה֙ ל בטע
לֶאְסֹ֤ר אִסָּר֙ עַל־נַפְשׁ֔וֹ לֹ֥א יַחֵ֖ל דְּבָר֑וֹ[b] כְּכָל־הַיֹּצֵ֥א מִפִּ֖יו יַעֲשֶֽׂה׃ ה[1]

[17] Mm 3920. [18] Mm 1007. [19] Mm 1004. [20] Mm 1005. [21] Okhl 293. [22] Mm 1006. [23] Mm 918.
Cp 30 [1] Mm 1008.

24 [a] mlt Mss ⅏𝔖𝔙 'וּמ, id 37 || **31** [a] nonn Mss 𝔖𝔗[J]𝔙 וְנִסְכָּהּ cf 16 etc || **33** [a] nonn Mss ⅏𝔙 sine suff || **35** [a] nonn Mss ⅏𝔊*𝔖 'וּבַ || **37** [a] mlt Mss ⅏𝔖𝔙 'וּמ || **Cp 30,3** [a] l 'יִ? || [b] ⅏ —ריו.

(כב . ל . ב וחס בתור) 4 וְאִשָּׁה כִּי־תִדֹּר נֶדֶר לַיהוָה וְאָסְרָה אִסָּר בְּבֵית אָבִיהָ בִּנְעֻרֶיהָ׃ 4
5 וְשָׁמַע אָבִיהָ אֶת־[a]נִדְרָהּ וֶאֱסָרָהּ[a] אֲשֶׁר אָסְרָה עַל־נַפְשָׁהּ וְהֶחֱרִישׁ 5
לָהּ אָבִיהָ וְקָמוּ כָּל־נְדָרֶיהָ [b]וְכָל־אִסָּר[b] אֲשֶׁר־אָסְרָה עַל־נַפְשָׁהּ
יָקוּם[c]׃ 6 וְאִם־הֵנִיא[a] אָבִיהָ אֹתָהּ בְּיוֹם שָׁמְעוֹ כָּל־נְדָרֶיהָ וֶאֱסָרֶיהָ 6
(כב בתור) אֲשֶׁר־אָסְרָה עַל־נַפְשָׁהּ לֹא יָקוּם[b] וַיהוָה[c] יִסְלַח־לָהּ כִּי־הֵנִיא אָבִיהָ
אֹתָהּ׃ 7 וְאִם־הָיוֹ תִהְיֶה לְאִישׁ וּנְדָרֶיהָ עָלֶיהָ אוֹ[a] מִבְטָא שְׂפָתֶיהָ 7
(כה²) אֲשֶׁר אָסְרָה עַל־נַפְשָׁהּ׃ 8 וְשָׁמַע אִישָׁהּ [a]בְּיוֹם שָׁמְעוֹ[a] וְהֶחֱרִישׁ לָהּ 8
(ל . ל חס . ז חס³) וְקָמוּ נְדָרֶיהָ וֶאֱסָרֶהָ[b] אֲשֶׁר־אָסְרָה עַל־נַפְשָׁהּ יָקֻמוּ׃ 9 וְאִם בְּיוֹם 9
(יא⁴ . כה² . יב⁵ מל ב מנה בתור וכל יהושע שפטים ויחזק דכות ב מ ג) שְׁמֹעַ אִישָׁהּ יָנִיא אוֹתָהּ[a] וְהֵפֵר אֶת־נִדְרָהּ[b] אֲשֶׁר עָלֶיהָ וְאֵת[c] מִבְטָא
(כב בתור . ה) שְׂפָתֶיהָ[a] אֲשֶׁר אָסְרָה עַל־נַפְשָׁהּ[d] וַיהוָה יִסְלַח־לָהּ׃ 10 וְנֵדֶר אַלְמָנָה 10
(ב . כה²) וּגְרוּשָׁה כֹּל אֲשֶׁר־אָסְרָה עַל־נַפְשָׁהּ יָקוּם עָלֶיהָ׃ 11 וְאִם־בֵּית אִישָׁהּ 11
(ל . כה² . ז חס ג מנה בליש) נָדָרָה אוֹ־אָסְרָה אִסָּר עַל־נַפְשָׁהּ בִּשְׁבֻעָה׃ 12 וְשָׁמַע אִישָׁהּ וְהֶחֱרִשׁ 12
לָהּ לֹא הֵנִיא אֹתָהּ וְקָמוּ כָּל־נְדָרֶיהָ וְכָל־אִסָּר[a] אֲשֶׁר־אָסְרָה עַל־
(כה²) נַפְשָׁהּ יָקוּם[b]׃ 13 וְאִם־הָפֵר יָפֵר אֹתָם ׀ אִישָׁהּ בְּיוֹם שָׁמְעוֹ כָּל־מוֹצָא 13
(ל . כה² . ל . כב בתור) שְׂפָתֶיהָ לִנְדָרֶיהָ וּלְאִסַּר[a] נַפְשָׁהּ לֹא יָקוּם[b] אִישָׁהּ הֲפֵרָם וַיהוָה יִסְלַח־
(ה . ה⁶ . ב חד מל וחד חס⁷ . כה²) לָהּ׃ 14 כָּל־נֵדֶר וְכָל־שְׁבֻעַת אִסָּר לְעַנֹּת נָפֶשׁ אִישָׁהּ יְקִימֶנּוּ וְאִישָׁהּ 14
(כה² . ב⁸) יְפֵרֶנּוּ׃ 15 וְאִם־הַחֲרֵשׁ יַחֲרִישׁ לָהּ אִישָׁהּ מִיּוֹם אֶל־יוֹם וְהֵקִים אֶת־ 15
(ז חס ג מנה בליש) כָּל־נְדָרֶיהָ אוֹ אֶת־כָּל־אֱסָרֶיהָ אֲשֶׁר עָלֶיהָ הֵקִים אֹתָם כִּי־הֶחֱרִשׁ
(יז) לָהּ בְּיוֹם שָׁמְעוֹ׃ 16 וְאִם־הָפֵר יָפֵר אֹתָם[a] אַחֲרֵי שָׁמְעוֹ וְנָשָׂא אֶת־ 16
(ג פסוק בין בין) עֲוֺנָהּ[b]׃ 17 אֵלֶּה הַחֻקִּים אֲשֶׁר צִוָּה יְהוָה אֶת־מֹשֶׁה בֵּין אִישׁ 17
(ג . ב וחס בתור) לְאִשְׁתּוֹ בֵּין־[a]אָב לְבִתּוֹ בִּנְעֻרֶיהָ בֵּית[b] אָבִיהָ׃ פ
31 1 וַיְדַבֵּר יְהוָה אֶל־מֹשֶׁה לֵּאמֹר׃ 2 נְקֹם[a] נִקְמַת בְּנֵי יִשְׂרָאֵל ס [כח]
(ג מל בתור¹) מֵאֵת הַמִּדְיָנִים אַחַר[b] תֵּאָסֵף אֶל־עַמֶּיךָ[c]׃ 3 וַיְדַבֵּר מֹשֶׁה אֶל־הָעָם 3

[2] Mm 1506. [3] Mm 1709. [4] Mm 2550. [5] Mm 1009. [6] Mm 1833. [7] Ps 88,1. [8] Mm 4079. **Cp 31** [1] Mm 1010.

5 a–a 𝔪𝔊𝔖 נְדָרֶיהָ וֶאֱסָרֶיהָ ‖ b–b 𝔪𝔖 וֶאֱסָרֶיהָ ‖ c 𝔪𝔊𝔗 pl; > 𝔖 ‖ **6** a 𝔪𝔊 הָנֵא יָנִיא ‖ b l c 𝔪𝔊𝔖𝔗^{J} יָקוּמוּ cf 5c ‖ c 𝔪^{Mss} יְ׳ ‖ **7** a 𝔊 *κατά* ‖ **8** a–a tr post לָהּ cf 𝔊 ‖ b nonn Mss 𝔪𝔊𝔖 pr כָּל־ ‖ **9** a–a 𝔊* *πᾶσαι αἱ εὐχαὶ αὐτῆς καὶ οἱ ὁρισμοὶ αὐτῆς* ‖ b 𝔪𝔖 נדריה ‖ c 𝔪 אוֹ ‖ d 𝔊* + *οὐ μενοῦσιν, ὅτι ὁ ἀνὴρ ἀνένευσεν ἀπ᾿ αὐτῆς* ‖ **12** a 𝔪𝔊*𝔖 ־ריה ‖ b 𝔪𝔊𝔖𝔗^{J} pl ‖ **13** a pc Mss Or ־סָר ‖ b 𝔪𝔖𝔗^{J} pl ‖ **16** a 𝔊* *αὐτῆς*, 𝔊$^{Fc\,min}$𝔏 *ὁ ἀνὴρ αὐτῆς* ex 13 ‖ b 𝔪𝔊𝔖^{U} עֲוֺנוֹ ‖ **17** a Ms 𝔪𝔊𝔖 וּבֵ׳ ‖ b 𝔪 בְּבֵ׳ ut 4 ‖ **Cp 31,2** a 𝔖 *ʾt(t)bʿ* = אֶקֹּם cf 3b ‖ b nonn Mss 𝔪𝔊𝔖𝔗^{J}𝔙 וְא׳ ע׳ ‖ c cf 27,13^{a}.

לֵאמֹר הֵחָלְצוּ[a] מֵאִתְּכֶם אֲנָשִׁים לַצָּבָא וְיִהְיוּ[b] עַל־מִדְיָן לָתֵת נִקְמַת־ ל. יא רפי[2]
4 יְהוָה בְּמִדְיָן׃ 4 אֶלֶף לַמַּטֶּה אֶלֶף לַמַּטֶּה לְכֹל מַטּוֹת יִשְׂרָאֵל
5 תִּשְׁלְחוּ לַצָּבָא׃ 5 וַיִּמָּסְרוּ[a] מֵאַלְפֵי יִשְׂרָאֵל אֶלֶף לַמַּטֶּה שְׁנֵים־עָשָׂר ל
6 אֶלֶף חֲלוּצֵי צָבָא׃ 6 וַיִּשְׁלַח אֹתָם מֹשֶׁה אֶלֶף לַמַּטֶּה לַצָּבָא אֹתָם
וְאֶת־פִּינְחָס בֶּן־אֶלְעָזָר הַכֹּהֵן לַצָּבָא[a] וּכְלֵי הַקֹּדֶשׁ וַחֲצֹצְרוֹת ל
7 הַתְּרוּעָה בְּיָדוֹ׃ 7 וַיִּצְבְּאוּ עַל־מִדְיָן כַּאֲשֶׁר צִוָּה יְהוָה אֶת־מֹשֶׁה ל
8 וַיַּהַרְגוּ כָּל־זָכָר׃ 8 וְאֶת־מַלְכֵי מִדְיָן הָרְגוּ עַל־חַלְלֵיהֶם אֶת־אֱוִי ל
וְאֶת־רֶקֶם וְאֶת־צוּר וְאֶת־חוּר וְאֶת־רֶבַע חֲמֵשֶׁת מַלְכֵי מִדְיָן וְאֵת ג[3]
9 בִּלְעָם בֶּן־בְּעוֹר הָרְגוּ בֶּחָרֶב׃ 9 וַיִּשְׁבּוּ בְנֵי־יִשְׂרָאֵל אֶת־נְשֵׁי מִדְיָן ט[4]
וְאֶת־טַפָּם וְאֵת כָּל־בְּהֶמְתָּם וְאֶת־כָּל־מִקְנֵהֶם[a] וְאֶת־כָּל־חֵילָם בָּזָזוּ׃ ד חס בליש
10 וְאֵת כָּל־עָרֵיהֶם בְּמוֹשְׁבֹתָם וְאֵת כָּל־טִירֹתָם שָׂרְפוּ בָּאֵשׁ׃ ל
11 וַיִּקְחוּ אֶת־כָּל־הַשָּׁלָל וְאֵת כָּל־הַמַּלְקוֹחַ בָּאָדָם וּבַבְּהֵמָה׃
12 וַיָּבִאוּ אֶל־מֹשֶׁה וְאֶל־אֶלְעָזָר הַכֹּהֵן וְאֶל־עֲדַת[a] בְּנֵי־יִשְׂרָאֵל אֶת־ לו. ל
הַשְּׁבִי וְאֶת־הַמַּלְקוֹחַ וְאֶת־הַשָּׁלָל אֶל־הַמַּחֲנֶה אֶל־עַרְבֹת מוֹאָב אֲשֶׁר ל
13 עַל־יַרְדֵּן יְרֵחוֹ׃ ס 13 וַיֵּצְאוּ[a] מֹשֶׁה וְאֶלְעָזָר הַכֹּהֵן וְכָל־נְשִׂיאֵי ב
14 הָעֵדָה לִקְרָאתָם אֶל־מִחוּץ לַמַּחֲנֶה׃ 14 וַיִּקְצֹף מֹשֶׁה עַל פְּקוּדֵי ד בליש[5]
הֶחָיִל שָׂרֵי הָאֲלָפִים וְשָׂרֵי הַמֵּאוֹת הַבָּאִים מִצְּבָא הַמִּלְחָמָה׃ ל
15 וַיֹּאמֶר אֲלֵיהֶם מֹשֶׁה הַחִיִּיתֶם[a] כָּל־נְקֵבָה׃ 16 הֵן[a] הֵנָּה הָיוּ לִבְנֵי יז מל בתור[6]. ל
יִשְׂרָאֵל בִּדְבַר בִּלְעָם [b]לִמְסָר־מַעַל בַּיהוָה[b] [c]עַל־דְּבַר־פְּעוֹר[c] וַתְּהִי
17 הַמַּגֵּפָה בַּעֲדַת יְהוָה׃ 17 וְעַתָּה הִרְגוּ כָל־זָכָר בַּטָּף[a] וְכָל־אִשָּׁה ג
18 יֹדַעַת אִישׁ לְמִשְׁכַּב זָכָר הֲרֹגוּ׃ 18 וְכֹל הַטַּף בַּנָּשִׁים אֲשֶׁר לֹא־יָדְעוּ ג[7]. ב. ט ר"פ בסיפ[8]. ל וכל שיר השירים דכות
19 מִשְׁכַּב זָכָר הַחֲיוּ לָכֶם׃ 19 וְאַתֶּם חֲנוּ[a] מִחוּץ לַמַּחֲנֶה שִׁבְעַת יָמִים ל. ב[9]
כֹּל הֹרֵג נֶפֶשׁ וְכֹל ׀ נֹגֵעַ[b] בֶּחָלָל תִּתְחַטְּאוּ בַּיּוֹם הַשְּׁלִישִׁי וּבַיּוֹם ל. ב. ל

[2]Mm 417. [3]Mm 1011. [4]Mm 1694. [5]Mp sub loco. [6]Mm 250. [7]Mm 3430. [8]Mm 881. [9]Mm 2744.

3 [a] l c 𝔐[Mss]𝔊𝔖𝔙 הֶחָלִיצוּ ‖ [b] l ליהוה? cf 𝔊 *ἔναντι κυρίου* ‖ **5** [a] 𝔙 *dederunt* = וַיִּמְסְרוּ 𝔖(𝔗𝔍) *w'tgbjw* = et electi sunt; 𝔊 *καὶ ἐξηρίθμησαν*, prb l וַיִּסָּפְרוּ ‖ **6** [a] dl? cf 𝔊* ‖ **9** [a] mlt Mss 𝔐 ניהם– ‖ **12** [a] mlt Mss 𝔐(𝔊)𝔖𝔗[J]𝔙 pr כָּל־ ‖ **13** [a] Ms 𝔐𝔊 sg ‖ **15** [a] 𝔐𝔊𝔖𝔙 לָמָּה הַחִי׳, sic l? ‖ **16** [a] 𝔐 הנה ‖ [b–b] 𝔊 *τοῦ ἀποστῆσαι καὶ ὑπεριδεῖν τὸ ῥῆμα κυρίου*, 𝔖 *wmrdw w''ljw bmrj'* = et rebellaverunt et iniuste egerunt contra Dominum cf 𝔙, l aut c 𝔗𝔍 למעל מ׳ ב׳ aut לָסוּר מֵעַל י׳ ‖ [c–c] add ‖ **17** [a] 𝔊 *ἐν πάσῃ τῇ ἀπαρτίᾳ* (sim 18) ‖ **18** [a] 𝔊 *αὐτάς* (de pudicitia) ‖ **19** [a] 𝔐 + לָכֶם ‖ [b] 𝔐 הנ׳.

20 הַשְּׁבִיעִ֔י אַתֶּ֖ם וּשְׁבִיכֶֽם׃[c] 20 וְכָל־בֶּ֛גֶד וְכָל־כְּלִי־ע֖וֹר וְכָל־מַעֲשֵׂ֣ה ל̇. ט̇ ר״פ בסיפ[10]. ה̇[11]. ג̇[12]
21 עִזִּ֑ים וְכָל־כְּלִי־עֵ֖ץ תִּתְחַטָּֽאוּ׃[a] ס 21 וַיֹּ֨אמֶר [a]אֶלְעָזָ֤ר הַכֹּהֵן֙[a] ה̇[11]. ל̇
אֶל־אַנְשֵׁ֣י הַצָּבָ֔א הַבָּאִ֖ים לַמִּלְחָמָ֑ה[b] זֹ֚את חֻקַּ֣ת הַתּוֹרָ֔ה אֲשֶׁר־צִוָּ֥ה ב̇
22 יְהוָ֖ה [c]אֶת־מֹשֶֽׁה׃[c] 22 אַ֥ךְ אֶת־הַזָּהָ֖ב וְאֶת־הַכָּ֑סֶף אֶת־[a]הַנְּחֹ֨שֶׁת֙ אֶת־ ו̇[13]. ד̇[14]
23 הַבַּרְזֶ֔ל אֶת־הַבְּדִ֖יל וְאֶת־הָעֹפָֽרֶת׃ 23 כָּל־דָּבָ֞ר אֲשֶׁר־יָבֹ֣א בָאֵ֗שׁ ל̇. ד̇ חס
[a]תַּעֲבִ֤ירוּ בָאֵשׁ֙[a] וְטָהֵ֔ר [b]אַ֕ךְ בְּמֵ֥י נִדָּ֖ה יִתְחַטָּ֑א וְכֹ֨ל אֲשֶׁ֧ר לֹא־יָבֹ֛א ה̇[15]
24 בָּאֵ֖שׁ תַּעֲבִ֥ירוּ בַמָּֽיִם׃[b] 24 וְכִבַּסְתֶּ֧ם בִּגְדֵיכֶ֛ם בַּיּ֥וֹם הַשְּׁבִיעִ֖י וּטְהַרְתֶּ֑ם ב̇[16]
וְאַחַ֖ר תָּבֹ֥אוּ אֶל־הַֽמַּחֲנֶֽה׃[a] פ 25 וַיֹּ֥אמֶר יְהוָ֖ה אֶל־מֹשֶׁ֥ה לֵּאמֹֽר׃ ס [כט] ה̇
26 26 שָׂ֗א אֵ֣ת רֹ֤אשׁ מַלְק֨וֹחַ֙[a] הַשְּׁבִ֔י בָּאָדָ֖ם וּבַבְּהֵמָ֑ה אַתָּה֙ וְאֶלְעָזָ֣ר
27 הַכֹּהֵ֔ן וְרָאשֵׁ֖י אֲב֥וֹת הָעֵדָֽה׃ 27 וְחָצִ֨יתָ֙ אֶת־הַמַּלְק֔וֹחַ בֵּ֚ין תֹּפְשֵׂ֣י י̇
28 הַמִּלְחָמָ֔ה הַיֹּצְאִ֖ים לַצָּבָ֑א וּבֵ֖ין כָּל־הָעֵדָֽה׃ 28 וַהֲרֵמֹתָ֨ מֶ֜כֶס לַֽיהוָ֗ה
מֵאֵת֙ אַנְשֵׁ֣י הַמִּלְחָמָ֔ה הַיֹּצְאִ֖ים לַצָּבָ֑א אֶחָ֣ד[a] נֶ֗פֶשׁ מֵחֲמֵ֛שׁ הַמֵּא֖וֹת[b]
29 מִן־הָֽאָדָם֙[c] וּמִן־הַבָּקָ֔ר [d]וּמִן־הַחֲמֹרִ֖ים[d] וּמִן־הַצֹּֽאן׃[e] 29 מִמַּחֲצִיתָ֖ם יח̇ פסוק דמיין[17]
30 תִּקָּ֑חוּ[a] וְנָתַתָּ֛ה לְאֶלְעָזָ֥ר הַכֹּהֵ֖ן תְּרוּמַ֥ת[b] יְהוָֽה׃ 30 וּמִמַּחֲצִ֨ת בְּנֵֽי־ ב̇ חס
יִשְׂרָאֵ֜ל תִּקַּ֣ח ׀ אֶחָ֣ד ׀ אָחֻ֣ז[a] מִן־הַחֲמִשִּׁ֗ים מִן־הָֽאָדָ֛ם[b] מִן־הַבָּקָ֥ר מִן־[b] ד̇[18]. ח̇[19]
הַחֲמֹרִ֖ים וּמִן־הַצֹּ֑אן מִכָּל־[b]הַבְּהֵמָ֑ה וְנָתַתָּ֤ה אֹתָם֙ לַלְוִיִּ֔ם שֹׁמְרֵ֕י
31 מִשְׁמֶ֖רֶת מִשְׁכַּ֥ן יְהוָֽה׃ 31 וַיַּ֣עַשׂ מֹשֶׁ֔ה וְאֶלְעָזָ֖ר הַכֹּהֵ֑ן כַּאֲשֶׁ֛ר
32 צִוָּ֥ה יְהוָ֖ה אֶת־מֹשֶֽׁה׃ 32 וַיְהִי֙ הַמַּלְק֔וֹחַ יֶ֣תֶר הַבָּ֔ז אֲשֶׁ֥ר בָּזְז֖וּ עַ֣ם ל̇ וכל בזוי דמשלי דכות
33 הַצָּבָ֑א צֹ֗אן שֵׁשׁ־מֵא֥וֹת אֶ֛לֶף וְשִׁבְעִ֥ים אֶ֖לֶף וַחֲמֵ֥שֶׁת אֲלָפִֽים׃ 33 וּבָקָ֕ר
34 35 שְׁנַ֥יִם וְשִׁבְעִ֖ים אָֽלֶף׃ 34 וַחֲמֹרִ֕ים אֶחָ֥ד וְשִׁשִּׁ֖ים אָֽלֶף׃ 35 וְנֶ֣פֶשׁ אָדָ֔ם
מִן־הַ֨נָּשִׁ֔ים אֲשֶׁ֥ר לֹא־יָדְע֖וּ מִשְׁכַּ֣ב זָכָ֑ר כָּל־נֶ֕פֶשׁ שְׁנַ֥יִם וּשְׁלֹשִׁ֖ים אָֽלֶף׃
36 36 וַתְּהִי֙ הַמֶּ֣חֱצָ֔ה חֵ֖לֶק הַיֹּצְאִ֣ים בַּצָּבָ֑א מִסְפַּ֨ר הַצֹּ֜אן[a] שְׁלֹשׁ־מֵא֤וֹת ד̇ דגש[20]
37 אֶ֨לֶף֙ וּשְׁלֹשִׁ֣ים אֶ֔לֶף וְשִׁבְעַ֥ת אֲלָפִ֖ים וַחֲמֵ֥שׁ מֵאֽוֹת׃ 37 וַיְהִ֛י הַמֶּ֥כֶס כ̇ בטע ר״פ[21]

[10]Mm 881. [11]Mm 945. [12]Mm 1012. [13]Mm 1904. [14]Mm 320. [15]Mm 1013. [16]Mm 1014. [17]Mm 3911. [18]Mm 1015. [19]Mm 808. [20]Mm 1016. [21]Mm 1017.

19 [c] ⅏ ־יתכם ‖ **20** [a] l תִּתְחַטָּאוּ? cf 𝔊𝔖 ‖ **21** [a–a] ⅏ משה אל א׳ ה׳ אָמַר ‖ [b] l מִמְּ׳? cf 𝔊𝔖𝔗[J] ‖ [c–c] > ⅏ ‖ **22** [a] mlt Mss ⅏𝔊𝔖𝔗[J]𝔙 וְאֶת ‖ **23** [a–a] > 𝔊* (homtel) ‖ [b–b] 𝔙 alit ‖ **24** [a] ⅏ + 21–24 𝔐 ‖ **26** [a] ⅏ המ׳ ‖ **28** [a] ⅏ אחת, sed prb נפש dl ‖ [b] ⅏ מְ׳ ‖ [c] Ms 𝔊 + וּמִן־הַבְּהֵמָה (ex 30) ‖ [d–d] 𝔊* *καὶ ἀπὸ τῶν αἰγῶν* (et invers) ‖ [e] ⅏ + ומכל הבהמה cf [c] ‖ **29** [a] l c ⅏𝔖 sg? ‖ [b] ⅏ את ת׳ ‖ **30** [a] dl? cf 𝔊*𝔖𝔙 ‖ [b] nonn Mss ⅏𝔊𝔖𝔗[J] ומ׳ ‖ **36** [a] ⅏ צ׳.

38 לַיהוָה מִן־הַצֹּאן שֵׁשׁ מֵאוֹת חָמֵשׁ[a] וְשִׁבְעִים׃ 38 וְהַבָּקָר[a] שִׁשָּׁה
39 וּשְׁלֹשִׁים אָלֶף וּמִכְסָם לַיהוָה שְׁנַיִם וְשִׁבְעִים׃ 39 וַחֲמֹרִים שְׁלֹשִׁים
40 אֶלֶף וַחֲמֵשׁ מֵאוֹת וּמִכְסָם לַיהוָה אֶחָד וְשִׁשִּׁים׃ 40 וְנֶפֶשׁ אָדָם שִׁשָּׁה — יו ר״פ וס״פ חד
41 עָשָׂר אָלֶף וּמִכְסָם לַיהוָה שְׁנַיִם וּשְׁלֹשִׁים נָפֶשׁ׃ 41 וַיִּתֵּן מֹשֶׁה אֶת־
מֶכֶס תְּרוּמַת יְהוָה לְאֶלְעָזָר הַכֹּהֵן כַּאֲשֶׁר צִוָּה יְהוָה אֶת־מֹשֶׁה׃
42 וּמִמַּחֲצִית בְּנֵי יִשְׂרָאֵל אֲשֶׁר חָצָה מֹשֶׁה מִן־הָאֲנָשִׁים הַצֹּבְאִים׃ — ג . ל[22]
43 וַתְּהִי מֶחֱצַת[a] הָעֵדָה מִן־הַצֹּאן שְׁלֹשׁ־מֵאוֹת אֶלֶף וּשְׁלֹשִׁים אֶלֶף
44 שִׁבְעַת[b] אֲלָפִים וַחֲמֵשׁ מֵאוֹת׃ 44 וּבָקָר שִׁשָּׁה וּשְׁלֹשִׁים אָלֶף׃
45 וַחֲמֹרִים שְׁלֹשִׁים אֶלֶף וַחֲמֵשׁ מֵאוֹת׃ 46 וְנֶפֶשׁ אָדָם שִׁשָּׁה עָשָׂר
47 אָלֶף׃ 47 וַיִּקַּח מֹשֶׁה מִמַּחֲצִת בְּנֵי־יִשְׂרָאֵל[a] אֶת־הָאָחֻז[a] אֶחָד מִן־ — ב חס . ד פסוק מן מן ומן[23]
הַחֲמִשִּׁים מִן־הָאָדָם וּמִן־הַבְּהֵמָה וַיִּתֵּן אֹתָם לַלְוִיִּם[b] שֹׁמְרֵי מִשְׁמֶרֶת — ח[24]
48 מִשְׁכַּן יְהוָה כַּאֲשֶׁר צִוָּה יְהוָה אֶת־מֹשֶׁה׃ 48 וַיִּקְרְבוּ אֶל־מֹשֶׁה
הַפְּקֻדִים אֲשֶׁר לְאַלְפֵי הַצָּבָא שָׂרֵי° הָאֲלָפִים° וְשָׂרֵי° הַמֵּאוֹת׃ — ד בליש
49 וַיֹּאמְרוּ אֶל־מֹשֶׁה עֲבָדֶיךָ נָשְׂאוּ אֶת־רֹאשׁ אַנְשֵׁי הַמִּלְחָמָה אֲשֶׁר — ׳
50 בְּיָדֵנוּ[a] וְלֹא־נִפְקַד מִמֶּנּוּ אִישׁ׃ 50 וַנַּקְרֵב אֶת־קָרְבַּן יְהוָה אִישׁ אֲשֶׁר
מָצָא כְלִי°[a]־זָהָב אֶצְעָדָה וְצָמִיד טַבַּעַת עָגִיל וְכוּמָז לְכַפֵּר עַל־ — ג[25] . ל . ב
51 נַפְשֹׁתֵינוּ לִפְנֵי יְהוָה׃ 51 וַיִּקַּח מֹשֶׁה וְאֶלְעָזָר הַכֹּהֵן אֶת־°הַזָּהָב מֵאִתָּם — ו[26]
52 כֹּל כְּלִי מַעֲשֶׂה׃ 52 וַיְהִי ׀ כָּל־[a]זְהַב הַתְּרוּמָה אֲשֶׁר הֵרִימוּ לַיהוָה — ו[27] . ד
שִׁשָּׁה עָשָׂר אֶלֶף שְׁבַע־[b]מֵאוֹת וַחֲמִשִּׁים שָׁקֶל מֵאֵת שָׂרֵי הָאֲלָפִים
53 54 וּמֵאֵת שָׂרֵי הַמֵּאוֹת׃ 53 [a]אַנְשֵׁי[b] הַצָּבָא בָּזְזוּ אִישׁ לוֹ׃ 54 וַיִּקַּח מֹשֶׁה
וְאֶלְעָזָר הַכֹּהֵן אֶת־הַזָּהָב מֵאֵת שָׂרֵי הָאֲלָפִים וְהַמֵּאוֹת וַיָּבִאוּ אֹתוֹ — ו[26] . לו
אֶל־אֹהֶל מוֹעֵד זִכָּרוֹן לִבְנֵי־יִשְׂרָאֵל לִפְנֵי יְהוָה׃ פ
ס [ל] 32 1 וּמִקְנֶה ׀ רַב הָיָה לִבְנֵי רְאוּבֵן וְלִבְנֵי־גָד[a] עָצוּם מְאֹד וַיִּרְאוּ — ג[1] וחד מן יו ר״פ וס״פ חד
2 אֶת־אֶרֶץ יַעְזֵר וְאֶת־אֶרֶץ גִּלְעָד וְהִנֵּה הַמָּקוֹם מְקוֹם מִקְנֶה׃ 2 וַיָּבֹאוּ — ב וכל בארץ דכות ב מ ב[2]

[22]Mm 1018. [23]Mm 422. [24]Mm 808. [25]Mm 622. [26]Mm 1904. [27]Mm 2217. **Cp 32** [1]Mm 1019. [2]Jdc 10,4 et 1Ch 2,22.

37 [a] ⅏ –שה || **38** [a] ⅏ וב׳ || **43** [a] ⅏ –צית || [b] mlt Mss ⅏𝔊𝔖𝔗[J] וְשׁ׳ || **47** [a–a] > 𝔊* 𝔖𝔙, dl? cf 30[a] || [b] ⅏ אל־הל׳ || **49** [a] mlt Mss Edd –דינו || **50** [a] Seb nonn Mss כְּלֵי || **52** [a] > pc Mss ⅏ || [b] Seb nonn Mss ⅏𝔊𝔖𝔗[J] וש׳ || **53** [a] 𝔙 alit || [b] 𝔊 *καὶ οἱ ἄνδρες*, l וְא׳? || **Cp 32,1** [a] ⅏ + וְלַחֲצִי שֵׁבֶט הַמְנַשֶּׁה, id 2 (post ראובן) 6.25.29.31 (cf 33).

בְּנֵי־גָ֖ד[a] וּבְנֵ֣י רְאוּבֵ֑ן[a] וַיֹּאמְר֤וּ אֶל־מֹשֶׁה֙ וְאֶל־אֶלְעָזָ֣ר הַכֹּהֵ֔ן וְאֶל־
3 נְשִׂיאֵ֥י הָעֵדָ֖ה לֵאמֹֽר׃ 3 עֲטָר֤וֹת וְדִיבֹן֙ וְיַעְזֵ֣ר וְנִמְרָ֔ה וְחֶשְׁבּ֖וֹן וְאֶלְעָלֵ֑ה
4 וּשְׂבָ֥ם[a] וּנְב֖וֹ וּבְעֹֽן[b]׃ 4 הָאָ֗רֶץ אֲשֶׁ֨ר הִכָּ֤ה[a] יְהוָה֙ לִפְנֵי֙ עֲדַ֣ת[b] יִשְׂרָאֵ֔ל — ל. ל. הי ר״פ מיחד[3]. יא
5 אֶ֥רֶץ מִקְנֶ֖ה הִ֑וא וְלַעֲבָדֶ֖יךָ מִקְנֶֽה׃ ס 5 וַיֹּאמְר֗וּ אִם־מָצָ֤אנוּ חֵן֙ — ג[4]. ל
בְּעֵינֶ֔יךָ יֻתַּ֞ן אֶת־הָאָ֧רֶץ הַזֹּ֛את לַעֲבָדֶ֖יךָ לַאֲחֻזָּ֑ה אַל־[a]תַּעֲבִרֵ֖נוּ אֶת־ — סו. ז[5]. ל וחס
6 הַיַּרְדֵּֽן׃ 6 וַיֹּ֣אמֶר מֹשֶׁ֔ה לִבְנֵי־גָ֖ד וְלִבְנֵ֣י רְאוּבֵ֑ן הַאַחֵיכֶ֗ם יָבֹ֙אוּ֙ — ל
7 לַמִּלְחָמָ֔ה וְאַתֶּ֖ם תֵּ֥שְׁבוּ פֹֽה׃ 7 וְלָ֣מָּה תְנוּא֔וּן[a] אֶת־לֵ֖ב בְּנֵ֣י יִשְׂרָאֵ֑ל — ה ר״פ[6]. תניאון ק
8 מֵֽעֲבֹר֙ אֶל־הָאָ֔רֶץ אֲשֶׁר־נָתַ֥ן לָהֶ֖ם יְהוָֽה׃ 8 כֹּ֥ה עָשׂ֖וּ אֲבֹתֵיכֶ֑ם בְּשָׁלְחִ֥י — ל
9 אֹתָ֛ם מִקָּדֵ֥שׁ בַּרְנֵ֖עַ לִרְא֥וֹת אֶת־הָאָֽרֶץ׃ 9 וַיַּעֲל֞וּ עַד־נַ֣חַל אֶשְׁכּ֗וֹל
וַיִּרְאוּ֙ אֶת־הָאָ֔רֶץ וַיָּנִ֕יאוּ אֶת־לֵ֖ב בְּנֵ֣י יִשְׂרָאֵ֑ל לְבִלְתִּי־בֹא֙ אֶל־הָאָ֔רֶץ — ל
10 אֲשֶׁר־נָתַ֥ן לָהֶ֖ם יְהוָֽה׃ 10 וַיִּֽחַר־אַ֥ף יְהוָ֖ה בַּיּ֣וֹם הַה֑וּא וַיִּשָּׁבַ֖ע לֵאמֹֽר׃
11 11 אִם־יִרְא֨וּ הָאֲנָשִׁ֜ים[a] הָעֹלִ֣ים מִמִּצְרַ֗יִם מִבֶּ֨ן עֶשְׂרִ֤ים שָׁנָה֙ וָמַ֔עְלָה[b] — ו ר״פ בסיפ
אֵ֚ת הָאֲדָמָ֔ה אֲשֶׁ֥ר נִשְׁבַּ֛עְתִּי לְאַבְרָהָ֥ם לְיִצְחָ֖ק וּֽלְיַעֲקֹ֑ב כִּ֥י לֹא־מִלְא֖וּ
12 אַחֲרָֽי׃ 12 בִּלְתִּ֞י כָּלֵ֤ב בֶּן־יְפֻנֶּה֙ הַקְּנִזִּ֔י[a] וִיהוֹשֻׁ֖עַ בִּן־נ֑וּן כִּ֥י מִלְא֖וּ — ג בליש. ב
13 אַחֲרֵ֥י יְהוָֽה׃ 13 וַיִּֽחַר־אַ֤ף יְהוָה֙ בְּיִשְׂרָאֵ֔ל וַיְנִעֵם֙ בַּמִּדְבָּ֔ר אַרְבָּעִ֖ים — ג חס ול בליש[7]
14 שָׁנָ֑ה עַד־תֹּם֙ כָּל־הַדּ֔וֹר הָעֹשֶׂ֥ה הָרַ֖ע בְּעֵינֵ֥י יְהוָֽה׃ 14 וְהִנֵּ֣ה קַמְתֶּ֗ם — לג בתור
תַּ֚חַת אֲבֹ֣תֵיכֶ֔ם תַּרְבּ֖וּת אֲנָשִׁ֣ים חַטָּאִ֑ים לִסְפּ֣וֹת[a] ע֗וֹד עַ֛ל חֲר֥וֹן אַף־ — ל. ל
15 יְהוָ֖ה אֶל־[b]יִשְׂרָאֵֽל׃ 15 כִּ֤י תְשׁוּבֻן֙ מֵאַֽחֲרָ֔יו וְיָסַ֣ף ע֔וֹד לְהַנִּיח֖וֹ[a] בַּמִּדְבָּ֑ר — ז[8] וכל משחתיך למלך דכות ב מ א
16 וְשִֽׁחַתֶּ֖ם לְכָל־הָעָ֥ם הַזֶּֽה׃ ס 16 וַיִּגְּשׁ֤וּ אֵלָיו֙ וַיֹּ֣אמְר֔וּ גִּדְרֹ֥ת צֹ֛אן — ל[9]
17 נִבְנֶ֥ה לְמִקְנֵ֖נוּ[a] פֹּ֑ה וְעָרִ֖ים לְטַפֵּֽנוּ׃ 17 וַאֲנַ֜חְנוּ נֵחָלֵ֣ץ חֻשִׁ֗ים[a] לִפְנֵי֙ בְּנֵ֣י — ב בתרי לישנ[9]
יִשְׂרָאֵ֔ל עַ֛ד אֲשֶׁ֥ר אִם־הֲבִֽיאֹנֻ֖ם אֶל־מְקוֹמָ֑ם וְיָשַׁ֤ב טַפֵּ֙נוּ֙ בְּעָרֵ֣י הַמִּבְצָ֔ר — ל וחס. ב[10]
18 מִפְּנֵ֖י יֹשְׁבֵ֥י הָאָֽרֶץ׃ 18 לֹ֥א נָשׁ֖וּב אֶל־בָּתֵּ֑ינוּ עַ֗ד הִתְנַחֵל֙[a] בְּנֵ֣י יִשְׂרָאֵ֔ל — ז ר״פ בסיפ. ל
19 אִ֖ישׁ נַחֲלָתֽוֹ[b]׃ 19 כִּ֣י לֹ֤א נִנְחַל֙ אִתָּ֔ם מֵעֵ֥בֶר לַיַּרְדֵּ֖ן וָהָ֑לְאָה כִּ֣י בָ֤אָה — ל. לז

[3] Mm 4 et Mm 944. [4] Mm 419. [5] Mm 723. [6] Mm 1020. [7] Mm 3730. [8] Mm 1021. [9] Mp sub loco. [10] Mm 1022.

2 [a] 𝔊𝔖 invers (id 𝔊* 25.29.31, 𝔐𝔖 6.25.29.31.33) ‖ **3** [a] l c 𝔐𝔊 וְשִׂבְמָה ut 38 ‖ [b] l בַּעַל מְ׳ = בֵּית מְעֹן = וּבְעֹן 38 ‖ **4** [a] 𝔊 *παρέδωκεν* ‖ [b] 𝔊(𝔖𝔙) *τῶν υἱῶν* = בְּנֵי ‖ **5** [a] 𝔐𝔊𝔖𝔙 וְאַל ‖ **7** [a] l c Q תְּנִיאוּן cf 9; K תְּנוּאוּן, 𝔐^Mss תְּנִיאוּ ‖ **11** [a] 𝔊(𝔙) + *οὗτοι* = הָאֵלֶּה ‖ [b] 𝔊 + *οἱ ἐπιστάμενοι τὸ κακὸν καὶ τὸ ἀγαθόν* ‖ **12** [a] 𝔊 *ὁ διακεχωρισμένος* ‖ **14** [a] l לְסֶפֶת cf Vrs ‖ [b] 𝔐 עַל ‖ **15** [a] 𝔖 *lmtʿjwtkwn* = לַהֲנִיעֲכֶם cf 13 ‖ **16** [a] mlt Mss 𝔐 ־נֵינוּ ‖ **17** [a] 𝔊(𝔙) *προφυλακήν*, l חֲמֻשִׁים ‖ **18** [a] 𝔐 ־לוּ ‖ [b] 𝔐 אֶת נ׳.

20 נַחֲלָתֵ֙נוּ֙ אֵלֵ֔ינוּ מֵעֵ֥בֶר הַיַּרְדֵּ֖ןª מִזְרָֽחָה׃ פ 20 וַיֹּ֤אמֶר אֲלֵיהֶם֙ יז מל בתור[11]
מֹשֶׁ֔ה אִם־תַּעֲשׂ֖וּן אֶת־הַדָּבָ֣ר הַזֶּ֑ה אִם־ª תֵּחָלְצ֛וּ לִפְנֵ֥י יְהוָ֖ה לַמִּלְחָמָֽה׃ יד[12]
21 וְעָבַ֨ר לָכֶ֧ם כָּל־חָל֛וּץ אֶת־הַיַּרְדֵּ֖ן לִפְנֵ֣י יְהוָ֑ה עַ֧ד הוֹרִישׁ֛וֹ אֶת־
22 אֹיְבָ֖יו מִפָּנָֽיו׃ 22 וְנִכְבְּשָׁ֨ה הָאָ֜רֶץ לִפְנֵ֤י יְהוָה֙ וְאַחַ֣ר תָּשֻׁ֔בוּª וִהְיִיתֶ֧ם כג. ג
נְקִיִּ֛םᵇ מֵיְהוָ֖ה וּמִיִּשְׂרָאֵ֑ל וְֽהָיְתָה֩ הָאָ֨רֶץ הַזֹּ֥את לָכֶ֛ם לַאֲחֻזָּ֖ה לִפְנֵ֥י ב[13]
23 יְהוָֽה׃ 23 וְאִם־לֹ֤א תַעֲשׂוּן֙ כֵּ֔ן הִנֵּ֥הª חֲטָאתֶ֖ם לַיהוָ֑ה וּדְעוּ֙ חַטַּאתְכֶ֔םᵇ יד[12]. ד דמטע
24 אֲשֶׁ֥ר תִּמְצָ֖א אֶתְכֶֽם׃ 24 בְּנֽוּ־לָכֶ֤ם עָרִים֙ לְטַפְּכֶ֔ם וּגְדֵרֹ֖ת לְצֹנַאֲכֶ֑םª ב[14]. יז מפק א[15]
25 וְהַיֹּצֵ֥א מִפִּיכֶ֖ם תַּעֲשֽׂוּᵇ׃ 25 וַיֹּ֤אמֶרª בְּנֵי־גָד֙ וּבְנֵ֣י רְאוּבֵ֔ן אֶל־ יב סביר
26 מֹשֶׁ֖ה לֵאמֹ֑ר עֲבָדֶ֣יךָ יַעֲשׂ֔וּ כַּאֲשֶׁ֥ר אֲדֹנִ֖י מְצַוֶּֽה׃ 26 טַפֵּ֣נוּª נָשֵׁ֔ינוּᵇ מִקְנֵ֖נוּᶜ
27 וְכָל־בְּהֶמְתֵּ֑נוּ יִֽהְיוּ־שָׁ֖םᵈ בְּעָרֵ֥י הַגִּלְעָֽד׃ 27 וַעֲבָדֶ֨יךָ יַעַבְר֜וּ כָּל־ ל[16]
28 חֲל֥וּץ צָבָ֛א לִפְנֵ֥י יְהוָ֖ה לַמִּלְחָמָ֑ה כַּאֲשֶׁ֥ר אֲדֹנִ֖י דֹּבֵֽר׃ 28 וַיְצַ֤ו ב[17]
לָהֶם֙ מֹשֶׁ֔ה אֵ֚ת אֶלְעָזָ֣ר הַכֹּהֵ֔ן וְאֵ֖ת יְהוֹשֻׁ֣עַ בִּן־נ֑וּן וְאֶת־רָאשֵׁ֛י אֲב֥וֹת ז דמטע בטע[18]. ב[19]. ל. עה
29 הַמַּטּ֖וֹת לִבְנֵ֥י יִשְׂרָאֵֽל׃ 29 וַיֹּ֨אמֶר מֹשֶׁ֜ה אֲלֵהֶ֗ם אִם־יַעַבְר֣וּ בְנֵי־גָ֣ד
וּבְנֵי־רְאוּבֵ֣ן ׀ אִ֠תְּכֶם אֶת־הַיַּרְדֵּ֞ן כָּל־חָל֤וּץ לַמִּלְחָמָה֙ לִפְנֵ֣י יְהוָ֔ה
וְנִכְבְּשָׁ֥ה הָאָ֖רֶץ לִפְנֵיכֶ֑ם וּנְתַתֶּ֥ם לָהֶ֛ם אֶת־אֶ֥רֶץ הַגִּלְעָ֖ד לַאֲחֻזָּֽה׃ ג
30 וְאִם־לֹ֧א יַעַבְר֛וּ חֲלוּצִ֖ים אִתְּכֶ֑םª וְנֹאחֲז֥וּ בְתֹכְכֶ֖ם בְּאֶ֥רֶץ כְּנָֽעַן׃ יב בתור ב מנה חס
31 וַיַּעֲנ֧וּ בְנֵי־גָ֛ד וּבְנֵ֥י רְאוּבֵ֖ן לֵאמֹ֑ר אֵת֩ª אֲשֶׁ֨ר דִּבֶּ֧ר יְהוָ֛הᵇ אֶל־עֲבָדֶ֖יךָ ה
32 כֵּ֥ן נַעֲשֶֽׂה׃ 32 נַ֣חְנוּª נַעֲבֹ֧ר חֲלוּצִ֛ים לִפְנֵ֥י יְהוָ֖ה אֶ֣רֶץᵇ כְּנָ֑עַן וְאִתָּ֙נוּ֙ᶜ ג ב פת וחד קמ[20]. ד. ה דמטע
33 אֲחֻזַּ֣ת נַחֲלָתֵ֔נוּ מֵעֵ֖בֶר לַיַּרְדֵּֽן׃ 33 וַיִּתֵּ֣ן לָהֶ֣ם ׀ מֹשֶׁ֡ה לִבְנֵי־גָ֡ד וְלִבְנֵ֣י יא ר״פ וס״פ ב[21]
רְאוּבֵ֡ן וְלַחֲצִ֣י ׀ שֵׁ֣בֶט ׀ מְנַשֶּׁ֣הª בֶן־ᵇיוֹסֵ֗ף אֶת־מַמְלֶ֙כֶת֙ סִיחֹן֙ מֶ֣לֶךְ ל
הָאֱמֹרִ֔י וְאֶת־מַ֨מְלֶ֔כֶת ע֖וֹג מֶ֣לֶךְ הַבָּשָׁ֑ן הָאָ֗רֶץᶜ לְעָרֶ֙יהָ֙ בִּגְבֻלֹ֔ת עָרֵ֥י ל. ל. ל וכת חס[22]
34 הָאָ֖רֶץ סָבִֽיב׃ 34 וַיִּבְנ֣וּ בְנֵי־גָ֔ד אֶת־דִּיבֹ֖ן וְאֶת־עֲטָרֹ֑ת וְאֵ֖ת עֲרֹעֵֽר׃ ל חס

[11] Mm 250. [12] Mm 393. [13] Mm 1023. [14] Jos 15,41. [15] Mm 411. [16] וחד בערי גלעד Jdc 12,7. [17] Dt 25,10. [18] Mm 2139. [19] Mm 1065. [20] Mm 1024. [21] Mm 729. [22] Mm 2241.

19 a mlt Mss ɯ לי׳ || **20** a nonn Mss ɯMss ואם || **22** a ɯ בון– || b ɯ נקוים, ɯMss נקואים || **23** a > 𝔊𝔖; Seb וה׳ || b ɯ𝔖 pl || **24** a l c mlt Mss ɯ לצאנכם || b ɯ –שון || **25** a l c Seb nonn Mss ɯ𝔊𝔖𝔙 pl || **26** a mlt Mss ɯ טפינו || b ɯ𝔊𝔖𝔙 ונ׳ || c mlt Mss ɯ ut 16a, Ms ɯ𝔖𝔙 ומ׳; > 𝔊* || d–d 𝔊*𝔖𝔙 om שם, in 6.16 פה (recte); l וְנוֹשְׁבִם cf 17b || **30** a 𝔊 + add || **31** a 2 Mss 𝔗J + כָּל־ || b l אֲדֹנִי ? ut 25.27 || **32** a ɯ אנ׳ || b Seb אַרְצָה || c 𝔊 *καὶ δώσετε* = וּתְנוּ, prp תְּנָה (ה)וְאַתָּ aut וְאָתְנוּ (a אתה cf 19b); l prb נוֹ || **33** a ɯ המ׳ cf 1a || b 𝔊* *υἱῶν* ut 36,12b || c ɯ א׳.

35 36 וְאֶת־עַטְרֹ֥תa שׁוֹפָ֖ןb וְאֶת־יַעְזֵ֥ר וְיָגְבְּהָֽהc׃ 36 וְאֶת־בֵּ֥יתa נִמְרָ֖ה וְאֶת־ ל חס. ל. ב
37 בֵּ֣ית הָרָ֑ן עָרֵ֥י מִבְצָ֖ר וְגִדְרֹ֥ת צֹֽאן׃ 37 וּבְנֵ֤י רְאוּבֵן֙ בָּנ֔וּ אֶת־חֶשְׁבּ֖וֹן ג23
38 וְאֶת־אֶלְעָלֵ֑אa וְאֵ֖ת קִרְיָתָֽיִם׃ 38 וְאֶת־נְב֞וֹa וְאֶת־בַּ֧עַל מְע֛וֹןb מֽוּסַבֹּ֥תc ל כת א . ב כת כן
שֵׁ֖םc וְאֶת־שִׂבְמָ֑ה וַיִּקְרְא֣וּ בְשֵׁמֹ֔תd אֶת־שְׁמ֥וֹת הֶעָרִ֖ים אֲשֶׁ֥ר בָּנֽוּ׃
39 וַ֠יֵּלְכוּa בְּנֵ֨יa מָכִ֧יר בֶּן־מְנַשֶּׁ֛ה גִּלְעָ֖דָה וַֽיִּלְכְּדֻ֑הָb וַיּ֖וֹרֶשc אֶת־הָאֱמֹרִ֥י ג בליש24. ה ג מל וב חס25
40 אֲשֶׁר־בָּֽהּ׃ 40 וַיִּתֵּ֤ן מֹשֶׁה֙ אֶת־הַגִּלְעָ֔ד לְמָכִ֖יר בֶּן־מְנַשֶּׁ֑ה וַיֵּ֖שֶׁב בָּֽהּ׃
41 וְיָאִ֤יר בֶּן־מְנַשֶּׁה֙ הָלַ֔ךְ וַיִּלְכֹּ֖ד אֶת־חַוֺּתֵיהֶ֑םa וַיִּקְרָ֥א אֶתְהֶ֖ן חַוֺּ֥ת יו ר״פ וס״פ חד . ל
42 יָאִֽיר׃ 42 וְנֹ֣בַחa הָלַ֔ךְ וַיִּלְכֹּ֥ד אֶת־קְנָ֖ת וְאֶת־בְּנֹתֶ֑יהָ וַיִּקְרָ֧א לָ֦הb יד בטע26 . ג לא מפק ה27
נֹ֖בַחc בִּשְׁמֽוֹ׃ פ קי״ב

[לא] ס פרש 33 1 אֵ֜לֶּה מַסְעֵ֣י בְנֵֽי־יִשְׂרָאֵ֗ל אֲשֶׁ֥ר יָצְא֛וּ מֵאֶ֥רֶץ מִצְרַ֖יִם לְצִבְאֹתָ֑ם
2 בְּיַד־מֹשֶׁ֖ה וְאַהֲרֹֽן׃ 2 וַיִּכְתֹּ֨ב מֹשֶׁ֜ה אֶת־מוֹצָאֵיהֶ֛ם לְמַסְעֵיהֶ֖ם עַל־פִּ֣י ב וס״פ . כט בתור . ל
3 יְהוָ֑ה וְאֵ֥לֶּה מַסְעֵיהֶ֖ם לְמוֹצָאֵיהֶֽם׃ 3 וַיִּסְע֤וּ מֵֽרַעְמְסֵס֙ בַּחֹ֣דֶשׁ הָֽרִאשׁ֔וֹן ל1. סד
בַּחֲמִשָּׁ֥ה עָשָׂ֛ר י֖וֹם לַחֹ֣דֶשׁ הָרִאשׁ֑וֹןa מִמָּחֳרַ֣ת הַפֶּ֗סַח יָצְא֤וּ בְנֵֽי־יִשְׂרָאֵל֙ סד
4 בְּיָ֣ד רָמָ֔ה לְעֵינֵ֖י כָּל־מִצְרָֽיִם׃ 4 וּמִצְרַ֣יִם מְקַבְּרִ֗ים אֵת֩a אֲשֶׁ֨ר הִכָּ֧ה ג2. ב3
5 יְהוָ֛ה בָּהֶ֖ם bכָּל־בְּכ֑וֹרb וּבֵאלֹ֣הֵיהֶ֔ם עָשָׂ֥ה יְהוָ֖ה שְׁפָטִֽים׃ 5 וַיִּסְע֥וּ ל
6 בְנֵֽי־יִשְׂרָאֵ֖ל מֵרַעְמְסֵ֑ס וַֽיַּחֲנ֖וּ בְּסֻכֹּֽת׃ 6 וַיִּסְע֖וּ מִסֻּכֹּ֑ת וַיַּחֲנ֣וּ בְאֵתָ֔ם
7 אֲשֶׁ֖ר בִּקְצֵ֥ה הַמִּדְבָּֽר׃ 7 וַיִּסְעוּ֙ מֵֽאֵתָ֔ם וַיָּ֙שָׁב֙a עַל־פִּ֣י הַֽחִירֹ֔ת אֲשֶׁ֥ר
8 עַל־פְּנֵ֖י בַּ֣עַל צְפ֑וֹן וַֽיַּחֲנ֖וּ לִפְנֵ֥י מִגְדֹּֽל׃ 8 וַיִּסְעוּ֙ מִפְּנֵ֣יa הַֽחִירֹ֔ת וַיַּעַבְר֥וּ ג דמטע4
בְתוֹךְ־הַיָּ֖ם הַמִּדְבָּ֑רָה וַיֵּ֨לְכ֜וּ דֶּ֣רֶךְ שְׁלֹ֤שֶׁת יָמִים֙ בְּמִדְבַּ֣ר אֵתָ֔םb וַֽיַּחֲנ֖וּ יב5. ג6
9 בְּמָרָֽה׃ 9 וַיִּסְעוּ֙ מִמָּרָ֔ה וַיָּבֹ֖אוּ אֵילִ֑מָה וּבְאֵילִ֡ם שְׁתֵּים֩ עֶשְׂרֵ֨ה עֵינֹ֥ת ב . ל
10 מַ֛יִם וְשִׁבְעִ֥ים תְּמָרִ֖ים וַיַּחֲנוּ־שָֽׁם׃ 10 וַיִּסְע֖וּ מֵאֵילִ֑ם וַיַּחֲנ֖וּ עַל־יַם־סֽוּף׃
11 12 וַיִּסְע֖וּ מִיַּם־ס֑וּף וַֽיַּחֲנ֖וּ בְּמִדְבַּר־סִֽין׃ 12 וַיִּסְע֖וּ מִמִּדְבַּר־סִ֑ין וַֽיַּחֲנ֖וּ
13 14 בְּדָפְקָֽהa׃ 13 וַיִּסְע֖וּ מִדָּפְקָ֑הa וַֽיַּחֲנ֖וּ בְּאָלֽוּשׁb׃ 14 וַיִּסְע֖וּ מֵאָל֑וּשׁa ל. ל. ל. ל

23 Mm 4039. 24 Mm 1859. 25 Mm 1301. 26 Mm 3948. 27 Mm 3154. Cp 33 1 וחד לְמֹצָאֵיהֶם Prv 4,22. 2 Mm 462. 3 Mm 2953. 4 Mm 1025. 5 Mm 757. 6 Mm 1730.

35 a > 𝔊*; 𝔙 + *et* || b ɯ שפים, 𝔊 *Σωφαρ (-φαν)* || c ɯMss בחה– || 36 a > 𝔊* || 37 a nonn Mss ɯ –לה || 38 a–a > 𝔊* || b–b ɯMss𝔖 בעלמון || c–c l בַּת שֵׁם– (gl ad בעל מ׳ propter בעין in 3) || d 𝔊(𝔖) *κατὰ τὰ ὀνόματα αὐτῶν*, l בְּשְׁמֹתָן || 39 a–a 𝔊 sg (Ms בֶּן־); l וילך cf 40 || b l –דֶהָ || c ɯ𝔖𝔗J וַיּוֹרִישׁוּ || 41 a ɯ –תים || 42 a 𝔊 *καὶ Ναβαυ* cf c || b 𝔊 *αὐτάς* = לָהֶן || c 𝔊 *Ναβωθ* cf a || Cp 33,3 a ga'ya eras || 4 a huc tr b–b? cf 𝔖𝔙 || b–b cf a || 7 a l c ɯ𝔗J pl; 𝔊(𝔖) *καὶ παρενέβαλον* = וַיַּחֲנוּ cf Ex 14,2 || 8 a l c Seb mlt Mss ɯ𝔖𝔙 מִפִּי? || b 𝔊 *αὐτοί* = אֹתָם? || 12 a. 13 a 𝔊(𝔖) *Ραφακα* = ר׳ || 13 b. 14 a ɯ אליש.

15 וַֽיַּחֲנוּ֙ בִּרְפִידִ֔ם וְלֹא־הָ֨יָה שָׁ֥ם מַ֛יִם לָעָ֖ם לִשְׁתּֽוֹת׃ 15 וַיִּסְע֖וּ מֵרְפִידִ֑ם כה
16 וַֽיַּחֲנ֖וּ בְּמִדְבַּ֥ר סִינָֽי׃ 16 וַיִּסְע֖וּ מִמִּדְבַּ֣ר סִינָ֑י וַֽיַּחֲנ֖וּ בְּקִבְרֹ֥ת הַתַּאֲוָֽה׃
17 וַיִּסְע֖וּ מִקִּבְרֹ֣ת הַתַּאֲוָ֑ה וַֽיַּחֲנ֖וּ בַּחֲצֵרֹֽת׃ 18 וַיִּסְע֖וּ מֵחֲצֵרֹ֑ת וַֽיַּחֲנ֖וּ ד חס בתור[7] . ד חס בתור[7]
19 20 בְּרִתְמָֽה׃ 19 וַיִּסְע֖וּ מֵרִתְמָ֑ה וַֽיַּחֲנ֖וּ בְּרִמֹּ֥ן פָּֽרֶץ׃ 20 וַיִּסְע֖וּ מֵרִמֹּ֣ן פָּ֑רֶץ ל̇ . ל̇ . ט חס בליש[8] . ט חס בליש[8]
21 22 וַֽיַּחֲנ֖וּ בְּלִבְנָֽה׃[a] 21 וַיִּסְע֖וּ מִלִּבְנָ֑ה[a] וַֽיַּחֲנ֖וּ בְּרִסָּֽה׃ 22 וַיִּסְע֖וּ מֵרִסָּ֑ה ל̇ . ל̇
23 24 וַֽיַּחֲנ֖וּ בִּקְהֵלָֽתָה׃[a] 23 וַיִּסְע֖וּ מִקְּהֵלָ֑תָה[a] וַֽיַּחֲנ֖וּ בְּהַר־שָֽׁפֶר׃ 24 וַיִּסְע֖וּ ל̇ . ל̇ . ל̇
25 מֵהַר־שָׁ֑פֶר וַֽיַּחֲנ֖וּ בַּחֲרָדָֽה׃ 25 וַיִּסְע֖וּ מֵחֲרָדָ֑ה וַֽיַּחֲנ֖וּ בְּמַקְהֵלֹֽת׃ ל̇ . ל̇ . ב חד מל וחד חס[9]
26 וַיִּסְע֖וּ מִמַּקְהֵלֹ֑ת וַֽיַּחֲנ֖וּ בְּתָֽחַת׃[a] 27 וַיִּסְע֖וּ מִתָּ֑חַת[a] וַֽיַּחֲנ֖וּ בְּתָֽרַח׃
28 וַיִּסְע֖וּ מִתָּ֑רַח וַֽיַּחֲנ֖וּ בְּמִתְקָֽה׃[a] 29 וַיִּסְע֖וּ מִמִּתְקָ֑ה[a] וַֽיַּחֲנ֖וּ בְּחַשְׁמֹנָֽה׃[b] ל̇ . ל̇ . ל̇
30 וַיִּסְע֖וּ מֵחַשְׁמֹנָ֑ה[a][b] וַֽיַּחֲנ֖וּ בְּמֹסֵרֽוֹת׃ 31 וַיִּסְע֖וּ מִמֹּסֵר֑וֹת וַֽיַּחֲנ֖וּ בִּבְנֵ֥י ל̇ . ל̇
32 33 יַעֲקָֽן׃ 32 וַיִּסְע֖וּ מִבְּנֵ֣י יַעֲקָ֑ן וַֽיַּחֲנ֖וּ בְּחֹ֥ר[a] הַגִּדְגָּֽד׃[b] 33 וַיִּסְע֖וּ מֵחֹ֣ר[a] ל̇ . ל̇ . ל̇
34 35 הַגִּדְגָּ֑ד[b] וַֽיַּחֲנ֖וּ בְּיָטְבָֽתָה׃ 34 וַיִּסְע֖וּ מִיָּטְבָ֑תָה וַֽיַּחֲנ֖וּ בְּעַבְרֹנָֽה׃ 35 וַיִּסְע֖וּ ל̇ . ל̇ . ל̇
36 מֵעַבְרֹנָ֑ה וַֽיַּחֲנ֖וּ בְּעֶצְיֹ֥ן גָּֽבֶר׃ 36 וַיִּסְע֖וּ מֵעֶצְיֹ֣ן גָּ֑בֶר[a] וַֽיַּחֲנ֥וּ בְמִדְבַּר־ ל̇
37 צִ֖ן[b] הִ֥וא קָדֵֽשׁ׃ 37 וַיִּסְע֖וּ מִקָּדֵ֑שׁ וַֽיַּחֲנוּ֙ בְּהֹ֣ר הָהָ֔ר בִּקְצֵ֖ה אֶ֥רֶץ אֱדֽוֹם׃
38 וַיַּ֩עַל֩ אַהֲרֹ֨ן הַכֹּהֵ֜ן אֶל־הֹ֥ר הָהָ֛ר[a] עַל־פִּ֥י יְהוָ֖ה וַיָּ֣מָת שָׁ֑ם בִּשְׁנַ֣ת ב̇[10]
הָֽאַרְבָּעִ֗ים לְצֵ֤את בְּנֵֽי־יִשְׂרָאֵל֙ מֵאֶ֣רֶץ מִצְרַ֔יִם בַּחֹ֥דֶשׁ הַחֲמִישִׁ֖י[b] ג̇[11] . ג̇[12]
39 בְּאֶחָ֥ד לַחֹֽדֶשׁ׃ 39 וְאַהֲרֹ֕ן בֶּן־שָׁלֹ֛שׁ וְעֶשְׂרִ֥ים וּמְאַ֖ת שָׁנָ֑ה בְּמֹת֖וֹ בְּהֹ֥ר ג חס[13]
40 הָהָֽר׃ ס 40 וַיִּשְׁמַ֗ע הַכְּנַעֲנִי֙ מֶ֣לֶךְ עֲרָ֔ד[a] וְהֽוּא־יֹשֵׁ֥ב בַּנֶּ֖גֶב בְּאֶ֣רֶץ
41 42 כְּנָ֑עַן בְּבֹ֖א בְּנֵ֥י יִשְׂרָאֵֽל׃ 41 וַיִּסְע֖וּ מֵהֹ֣ר הָהָ֑ר וַֽיַּחֲנ֖וּ בְּצַלְמֹנָֽה׃ 42 וַיִּסְע֖וּ
43 44 מִצַּלְמֹנָ֑ה וַֽיַּחֲנ֖וּ בְּפּוּנֹֽן׃[a] 43 וַיִּסְע֖וּ מִפּוּנֹ֑ן[a] וַֽיַּחֲנ֖וּ בְּאֹבֹֽת׃ 44 וַיִּסְע֖וּ ל̇ . ל̇
45 מֵאֹבֹ֑ת וַֽיַּחֲנ֛וּ בְּעִיֵּ֥י[a] הָעֲבָרִ֖ים[b] בִּגְב֥וּל מוֹאָֽב׃ 45 וַיִּסְע֖וּ מֵעִיִּ֑ים[a] וַֽיַּחֲנ֖וּ
46 47 בְּדִיבֹ֥ן גָּֽד׃ 46 וַיִּסְע֖וּ מִדִּיבֹ֣ן גָּ֑ד וַֽיַּחֲנ֖וּ בְּעַלְמֹ֥ן דִּבְלָתָֽיְמָה׃ 47 וַיִּסְע֖וּ ל̇ . ל̇ . ב̇
48 מֵעַלְמֹ֣ן דִּבְלָתָ֑יְמָה וַֽיַּחֲנ֛וּ בְּהָרֵ֥י הָעֲבָרִ֖ים לִפְנֵ֥י נְבֽוֹ׃ 48 וַיִּסְע֖וּ מֵהָרֵ֣י ב̇
49 הָעֲבָרִ֑ים וַֽיַּחֲנוּ֙ בְּעַרְבֹ֣ת מוֹאָ֔ב עַ֖ל יַרְדֵּ֥ן יְרֵחֽוֹ׃ 49 וַיַּחֲנ֤וּ עַל־הַיַּרְדֵּן֙
מִבֵּ֣ית[a] הַיְשִׁמֹ֔ת עַ֖ד אָבֵ֣ל הַשִּׁטִּ֑ים[b] בְּעַרְבֹ֖ת מוֹאָֽב׃ ס ד̇[14]

[7] Mm 1026. [8] Mm 653. [9] Mm 1027. [10] 1Ch 26,31. [11] Mm 116. [12] Mm 1028. [13] Mm 1029. [14] Mm 2891.

20 [a]. **21** [a] ш(𝔊) לְבוֹנָה || **22** [a]. **23** [a] 𝔊 *Μακελλαθ* cf 25sq || **26** [a]. **27** [a] 𝔊 *Κατααθ* || **28** [a]. **29** [a] ш[Mss] מתיקה || **29** [b]. **30** [a] 𝔊 *Σελμωνα* || **30** [b] huc tr 36b–41a? || **32** [a]. **33** [a] nonn Mss 𝔊𝔙 הַר || **32** [b]. **33** [b] ш דה– || **36** [a] cf 30[b] || [b] 𝔊 + add || **38** [a–a] > 𝔊* || [b] 𝔖 *qdmj'* = primo || **40** [a] 𝔖 ut 21,1 || **42** [a]. **43** [a] ш𝔊𝔖 פינן || **44** [a]. **45** [a] 𝔊 *Γαι* = עַי?, 𝔖𝔗 ut 21,11[a] || **44** [b] 𝔊 *ἐν τῷ πέραν*, 𝔖𝔗 ut 21,11 (id 47sq) || **49** [a] 𝔊 *ἀνὰ μέσον* || [b] ш שׁ'.

50 וַיְדַבֵּ֧ר יְהוָ֛ה אֶל־מֹשֶׁ֖ה בְּעַֽרְבֹ֣ת מוֹאָ֑ב עַל־יַרְדֵּ֥ן יְרֵח֖וֹ לֵאמֹֽר׃ י בתור
51 דַּבֵּר֙ אֶל־בְּנֵ֣י יִשְׂרָאֵ֔ל וְאָמַרְתָּ֖ אֲלֵהֶ֑ם כִּ֥י אַתֶּ֛ם עֹבְרִ֥ים אֶת־הַיַּרְדֵּ֖ן
אֶל־אֶ֥רֶץ כְּנָֽעַן׃ 52 וְהוֹרַשְׁתֶּ֞ם אֶת־כָּל־יֹשְׁבֵ֤י הָאָ֙רֶץ֙ מִפְּנֵיכֶ֔ם וְאִ֨בַּדְתֶּ֔ם ב . ד[15] . ב[16]
אֵ֖ת כָּל־מַשְׂכִּיֹּתָ֑ם וְאֵ֨ת כָּל־צַלְמֵ֤י מַסֵּֽכֹתָם֙ תְּאַבֵּ֔דוּ וְאֵ֥ת כָּל־בָּמוֹתָ֖ם יח פסוק את את ואת ואת . ל . ל
תַּשְׁמִֽידוּ׃ 53 וְהוֹרַשְׁתֶּ֥ם אֶת־הָאָ֖רֶץ וִישַׁבְתֶּם־בָּ֑הּ כִּ֥י לָכֶ֛ם נָתַ֥תִּי אֶת־ ב
הָאָ֖רֶץ לָרֶ֥שֶׁת אֹתָֽהּ׃ 54 וְהִתְנַחַלְתֶּם֩ אֶת־הָאָ֨רֶץ בְּגוֹרָ֜ל לְמִשְׁפְּחֹתֵיכֶ֗ם ב[17]
לָ֠רַב תַּרְבּ֨וּ[a] אֶת־נַחֲלָת֜וֹ וְלַמְעַט֙ תַּמְעִ֣יט אֶת־נַחֲלָת֔וֹ אֶל֩ אֲשֶׁר־יֵ֨צֵא ה[18]
ל֥וֹ שָׁ֛מָּה[b] הַגּוֹרָ֖ל[c] ל֣וֹ יִהְיֶ֑ה לְמַטּ֥וֹת אֲבֹתֵיכֶ֖ם תִּתְנֶחָֽלוּ׃ 55 וְאִם־לֹ֨א ב
תוֹרִ֜ישׁוּ אֶת־יֹשְׁבֵ֣י הָאָרֶץ֮ מִפְּנֵיכֶם֒ וְהָיָ֗ה אֲשֶׁ֤ר תּוֹתִ֙ירוּ֙ מֵהֶ֔ם לְשִׂכִּים֙ ל
בְּעֵ֣ינֵיכֶ֔ם וְלִצְנִינִ֖ם[a] בְּצִדֵּיכֶ֑ם וְצָרְר֣וּ אֶתְכֶ֔ם[b] עַל־הָאָ֕רֶץ אֲשֶׁ֥ר אַתֶּ֖ם יח . ב . ב בסיפ[19]
יֹשְׁבִ֥ים בָּֽהּ׃ 56 וְהָיָ֗ה כַּאֲשֶׁ֥ר דִּמִּ֛יתִי לַעֲשׂ֥וֹת לָהֶ֖ם אֶעֱשֶׂ֥ה[a] לָכֶֽם׃ פ ב[20]

34 1 וַיְדַבֵּ֥ר יְהוָ֖ה אֶל־מֹשֶׁ֥ה לֵּאמֹֽר׃ 2 צַ֞ו אֶת־בְּנֵ֣י יִשְׂרָאֵל֮ וְאָמַרְתָּ֣ ס[לב]
אֲלֵהֶם֒ כִּֽי־אַתֶּ֥ם בָּאִ֖ים אֶל־[a]הָאָ֣רֶץ כְּנָ֑עַן[a] זֹ֣את הָאָ֗רֶץ אֲשֶׁ֨ר תִּפֹּ֤ל ל
לָכֶם֙ בְּנַ֣חֲלָ֔ה אֶ֥רֶץ כְּנַ֖עַן לִגְבֻלֹתֶֽיהָ׃ 3 וְהָיָ֨ה לָכֶ֧ם פְּאַת־נֶ֛גֶב[a] מִמִּדְבַּר־ ד[1]
צִ֖ן עַל־יְדֵ֣י אֱד֑וֹם וְהָיָ֤ה לָכֶם֙ גְּב֣וּל נֶ֔גֶב[a] מִקְצֵ֥ה יָם־הַמֶּ֖לַח קֵֽדְמָה׃
4 וְנָסַ֣ב לָכֶם֩ הַגְּב֨וּל מִנֶּ֜גֶב לְמַעֲלֵ֤ה עַקְרַבִּים֙[a] וְעָ֣בַר צִ֔נָה וְהָיָה֙[b] ב . והיו חד מן ז בליש כת ה וקר ו ק . ה מנה בליש
תּ֣וֹצְאֹתָ֔יו מִנֶּ֖גֶב לְקָדֵ֣שׁ בַּרְנֵ֑עַ וְיָצָ֥א חֲצַר־[c]אַדָּ֖ר וְעָבַ֥ר עַצְמֹֽנָה׃ 5 וְנָסַ֧ב כת כן[2] . ב חד מל וחד חס
הַגְּב֛וּל מֵעַצְמ֖וֹן[a] נַ֣חְלָה[b] מִצְרָ֑יִם וְהָי֥וּ[c] תוֹצְאֹתָ֖יו הַיָּֽמָּה[d]׃ 6 וּגְב֣וּל יָ֔ם[a] ב מילין ב בטע וחד מן ב[3] בתרי לישנ
וְהָיָ֥ה[b] לָכֶ֛ם הַיָּ֥ם הַגָּד֖וֹל וּגְב֑וּל[c] זֶה־יִהְיֶ֥ה לָכֶ֖ם גְּב֥וּל יָֽם[a]׃ 7 וְזֶה־יִהְיֶ֥ה ח מל בתור[4] . כג ר״פ
לָכֶ֖ם גְּב֣וּל צָפ֑וֹן[a] מִן־הַיָּם֙ הַגָּדֹ֔ל תְּתָא֥וּ לָכֶ֖ם הֹ֥ר[b] הָהָֽר׃ 8 מֵהֹ֣ר[a] ב
הָהָ֔ר תְּתָא֖וּ לְבֹ֣א חֲמָ֑ת[b] וְהָי֛וּ[c] תּוֹצְאֹ֥ת[d] הַגְּבֻ֖ל צְדָֽדָה[e]׃ 9 וְיָצָ֤א הַגְּבֻל֙ ב . ט חס[5] . ב כת כן . ב[6]
זִפְרֹ֔נָה וְהָי֥וּ[a] תוֹצְאֹתָ֖יו חֲצַ֣ר עֵינָ֑ן זֶה־יִהְיֶ֥ה לָכֶ֖ם גְּב֥וּל צָפֽוֹן[b]׃ ל . ח

[15] Mm 1296. [16] Mm 1122. [17] Mm 813. [18] Mm 602. [19] Mm 1030. [20] Jes 14,24. Cp 34 [1] Mm 1031. [2] Mm 1335. [3] Mm 1032. [4] Mm 73. [5] Mm 355. [6] Mp sub loco.

54 [a] nonn Mss 𝔐 –בה ‖ [b] 𝔐 שם, 𝔊 *τὸ ὄνομα αὐτοῦ ἐκεῖ* = שְׁמוֹ שָׁם, > 𝔖 ‖ [c] > 𝔊* ‖ **55** [a] 𝔐 וּלְצִנִּים ‖ [b] > 𝔊* ‖ **56** [a] 𝔐 pr כן ‖ **Cp 34,2** [a–a] Seb pc Mss 𝔐 ארץ כ׳; dl כנען ‖ **3** [a] 𝔐𝔊 –בה ‖ **4** [a] 𝔖 *dsprwjm* = סְפָרְוַיִם ‖ [b] K 𝔐 וְהָיָה (𝔐 id 5.8.9.12), Q וְהָיוּ ‖ [c] Jos 15,3 חֶצְרוֹן ‖ **5** [a] 𝔐𝔊𝔗 –מונה cf 4 ‖ [b] 𝔐 נחל ‖ [c] 𝔐 וְהָיָה cf 4[b] ‖ [d] l c 𝔐𝔊 הַיָּם; adde Jos 15,4b? ‖ **6** [a] 𝔐 ימה (cf קדמה 10) ‖ [b] 𝔐𝔊𝔖 יִהְיֶה ‖ [c] cf Jos 15,12.47 (13,23.27 Dt 3,16sq); 𝔐𝔊 יִגְבַּל, 𝔖 + suff 3 m sg ‖ **7** [a] 𝔐𝔊 –נה ‖ [b] 𝔊* *παρὰ τὸ ὄρος* cf 𝔙 ‖ **8** [a] 𝔊 *καὶ ἀπὸ τοῦ ὄρους*; 𝔐𝔖 ומ׳ ‖ [b] 𝔐 –תה ‖ [c] 𝔐 cf 5[c] ‖ [d] 𝔐𝔊 תוצאתו ‖ [e] 𝔐𝔗^O צר׳ ‖ **9** [a] 𝔐 cf 5[c] ‖ [b] cf 7[a].

10 וְהִתְאַוִּיתֶם[a] לָכֶם לִגְבוּל[b] קֵדְמָה מֵחֲצַר עֵינָן שְׁפָמָה׃ 11 וְיָרַד ח̇ . ל̇
הַגְּבֻל מִשְּׁפָם[a] הָרִבְלָה[b] מִקֶּדֶם לָעָיִן[c] וְיָרַד הַגְּבֻל וּמָחָה[d] עַל־[e]כֶּתֶף ט חס . ל̇ . ל̇ . ב חד פת וחד קמ׳[7] . ט חס[8] . ד . ה[9]
12 יָם־כִּנֶּרֶת קֵדְמָה׃ 12 וְיָרַד הַגְּבוּל הַיַּרְדֵּנָה וְהָיוּ[a] תוֹצְאֹתָיו יָם הַמֶּלַח ד[10]
13 זֹאת תִּהְיֶה לָכֶם הָאָרֶץ לִגְבֻלֹתֶיהָ סָבִיב׃ 13 וַיְצַו מֹשֶׁה אֶת־ ד[11]
בְּנֵי יִשְׂרָאֵל לֵאמֹר זֹאת הָאָרֶץ אֲשֶׁר תִּתְנַחֲלוּ אֹתָהּ בְּגוֹרָל אֲשֶׁר צִוָּה
14 יְהוָה לָתֵת לְתִשְׁעַת הַמַּטּוֹת וַחֲצִי הַמַּטֶּה׃ 14 כִּי לָקְחוּ מַטֵּה בְנֵי י̇ בטע ר״פ בתור[12]
הָרְאוּבֵנִי לְבֵית אֲבֹתָם וּמַטֵּה בְנֵי־הַגָּדִי לְבֵית אֲבֹתָם וַחֲצִי מַטֵּה ג וכל מחצי דכות
15 מְנַשֶּׁה לָקְחוּ נַחֲלָתָם׃ 15 שְׁנֵי הַמַּטּוֹת וַחֲצִי הַמַּטֶּה לָקְחוּ נַחֲלָתָם
16 מֵעֵבֶר לְיַרְדֵּן יְרֵחוֹ קֵדְמָה[a] מִזְרָחָה׃ פ 16 וַיְדַבֵּר יְהוָה אֶל־
17 מֹשֶׁה לֵּאמֹר׃ 17 אֵלֶּה שְׁמוֹת הָאֲנָשִׁים אֲשֶׁר־יִנְחֲלוּ[a] לָכֶם אֶת־הָאָרֶץ ה[13]
18 אֶלְעָזָר הַכֹּהֵן וִיהוֹשֻׁעַ בִּן־נוּן׃ 18 וְנָשִׂיא אֶחָד נָשִׂיא אֶחָד מִמַּטֶּה
19 תִּקְחוּ לִנְחֹל[a] אֶת־הָאָרֶץ׃ 19 וְאֵלֶּה שְׁמוֹת הָאֲנָשִׁים לְמַטֵּה יְהוּדָה ב[14] . י̇ בתור
20 כָּלֵב בֶּן־יְפֻנֶּה׃ 20 וּלְמַטֵּה[a] בְּנֵי[b] שִׁמְעוֹן שְׁמוּאֵל בֶּן־עַמִּיהוּד׃ ה̇ בתור[15] . ל̇ בתור
21 לְמַטֵּה בִנְיָמִן אֱלִידָד[a] בֶּן־כִּסְלוֹן׃ 22 וּלְמַטֵּה[a] בְנֵי־דָן נָשִׂיא[b] בֻּקִּי[c] ל̇ . ה̇ בתור[15]
23 בֶּן־יָגְלִי׃ 23 לִבְנֵי יוֹסֵף לְמַטֵּה בְנֵי־מְנַשֶּׁה נָשִׂיא[a] חַנִּיאֵל[b] בֶּן־אֵפֹד[c]׃ ל̇ . ל̇ . ל̇ שם אנש
24 וּלְמַטֵּה[a] בְנֵי־אֶפְרַיִם נָשִׂיא[b] קְמוּאֵל בֶּן־שִׁפְטָן׃ 25 וּלְמַטֵּה[a] בְנֵי־ ה̇ בתור[15] . ג[16] . ה̇ בתור[15]
26 זְבוּלֻן נָשִׂיא[b] אֱלִיצָפָן בֶּן־פַּרְנָךְ׃ 26 וּלְמַטֵּה[a] בְנֵי־יִשָּׂשכָר[b] נָשִׂיא[c] ל̇ . ה̇ בתור[15]
27 פַּלְטִיאֵל בֶּן־עַזָּן[d]׃ 27 וּלְמַטֵּה[a] בְנֵי־אָשֵׁר נָשִׂיא[b] אֲחִיהוּד[c] בֶּן־שְׁלֹמִי׃ ל̇ . ה̇ בתור[15] . ל̇ . ב חס
28 וּלְמַטֵּה[a] בְנֵי־נַפְתָּלִי נָשִׂיא[b] פְּדַהְאֵל[c] [d]בֶּן־עַמִּיהוּד[d]׃ 29 אֵלֶּה אֲשֶׁר ה̇ בתור[15]
צִוָּה יְהוָה לְנַחֵל אֶת־בְּנֵי־יִשְׂרָאֵל בְּאֶרֶץ כְּנָעַן׃ פ ל̇
35 1 וַיְדַבֵּר יְהוָה אֶל־מֹשֶׁה בְּעַרְבֹת מוֹאָב עַל־יַרְדֵּן יְרֵחוֹ י̇ בתור

[7] Mm 2815. [8] Mp contra textum. [9] Mm 1033. [10] Mm 1441. [11] Mm 1031. [12] Mm 1151. [13] Mm 265. [14] Mm 1358. [15] Mm 895. [16] Mm 155.

10 [a] l אֵיתם– vel וְתֵאִיתֶם cf 7sq ‖ [b] l הַגְּ׳ ‖ **11** [a] ⅏ –מה ‖ [b] ⅏[Mss] האר׳ cf 𝔊 ‖ [c] prp לְעִיּׄן cf 1 R 15,20; 𝔙 + *Daphnim* ‖ [d] 𝔊 *Βηλα, Αρβηλα* ‖ [e] ⅏ אל ‖ **12** [a] ⅏ cf 5[c] ‖ **15** [a] 𝔊 *ἀπὸ νότου* ‖ **17** [a] ⅏[Mss] ינחילו; l יְנַחֲלוּ cf 𝔖 et 29 ‖ **18** [a] l לְנַחֵל cf 𝔊𝔖 et 29 ‖ **20** [a] pc Mss ⅏𝔊𝔖𝔙 ל׳ ‖ [b] > pc Mss 𝔊*𝔖𝔗[J]𝔙 ‖ **21** [a] nonn Mss ⅏𝔊𝔖 אלדד cf 11,26sq ‖ **22** [a] nonn Mss ⅏𝔊𝔖𝔗[J]𝔙 ל׳ ‖ [b] > Ms 𝔊*𝔖 ‖ [c] 𝔊[BL] *Βακχιρ* ‖ **23** [a] > 2 Mss 𝔖𝔙 ‖ [b] ⅏ חנאל ‖ [c] 𝔊 *Ουφι(δ)* ‖ **24** [a] Ms ⅏𝔊𝔖𝔗𝔙 ל׳ ‖ [b] > 𝔖𝔙 ‖ **25** [a] pc Mss 𝔊𝔖𝔙 ל׳ ‖ [b] > 𝔊*𝔖𝔙 ‖ **26** [a] 𝔊𝔖𝔙 ל׳ ‖ [b] sic L, mlt Mss Edd יִשָּׂשכָר ‖ [c] > 𝔖 ‖ [d] 𝔊 *Οζα*, 𝔖 *ʿzwr* = עָזּוּר ‖ **27** [a] 𝔊𝔖𝔙 ל׳ ‖ [b] > 𝔖𝔙 ‖ [c] 𝔊* *Αχιωρ* ‖ **28** [a] 𝔊𝔖𝔗[J]𝔙 ל׳ ‖ [b] > 2 Mss 𝔊*𝔖𝔙 ‖ [c] nonn Mss Edd –דָ׳ ‖ [d–d] 𝔊* *υἱὸς Βεναμιουδ* (versio duplex).

2 לֵאמֹר׃ 2 צַוᵃ אֶת־בְּנֵי יִשְׂרָאֵל וְנָתְנוּ לַלְוִיִּם מִנַּחֲלַת אֲחֻזָּתָם עָרִים
3 לָשָׁבֶת וּמִגְרָשׁ לֶעָרִים סְבִיבֹתֵיהֶם תִּתְּנוּ לַלְוִיִּם׃ 3 וְהָיוּ הֶעָרִים לָהֶם ל
4 לָשָׁבֶת וּמִגְרְשֵׁיהֶםᵃ יִהְיוּ לִבְהֶמְתָּם וְלִרְכֻשָׁם וּלְכֹל חַיָּתָם׃ 4 וּמִגְרְשֵׁי ל בתור[1] . ל . ל
הֶעָרִים אֲשֶׁר תִּתְּנוּ לַלְוִיִּם מִקִּיר הָעִיר וָחוּצָהᵃ אֶלֶףᵇ אַמָּה סָבִיב׃ ל
5 5 וּמַדֹּתֶם מִחוּץ לָעִיר אֶת־פְּאַת־קֵדְמָה אַלְפַּיִם בָּאַמָּה וְאֶת־פְּאַת־ ל . יו בטע[2]
נֶגֶבᵃ אַלְפַּיִם בָּאַמָּה וְאֶת־פְּאַת־יָםᵃ ׀ אַלְפַּיִם בָּאַמָּה וְאֵת פְּאַת צָפוֹןᵃ
6 אַלְפַּיִם בָּאַמָּה וְהָעִיר בַּתָּוֶךְ זֶה יִהְיֶהᵇ לָהֶם מִגְרְשֵׁי הֶעָרִים׃ 6 וְאֵתᵃ ה[3] . ל וכל קריא זה יהיה לכם
הֶעָרִים אֲשֶׁרᵇ תִּתְּנוּ לַלְוִיִּם אֵת שֵׁשׁ־עָרֵי הַמִּקְלָט אֲשֶׁר תִּתְּנוּᶜ לָנֻס ל . ד[4] . ב חס
7 שָׁמָּה הָרֹצֵחַᵈ וַעֲלֵיהֶםᵉ תִּתְּנוּ אַרְבָּעִים וּשְׁתַּיִם עִיר׃ 7 כָּל־הֶעָרִים
אֲשֶׁר תִּתְּנוּ לַלְוִיִּםᵃ אַרְבָּעִים וּשְׁמֹנֶה עִיר אֶתְהֶן וְאֶת־מִגְרְשֵׁיהֶן׃ ל בתור וכל יהושע דכות ב מ א[5]
8 8 וְהֶעָרִים אֲשֶׁר תִּתְּנוּ מֵאֲחֻזַּת בְּנֵי־יִשְׂרָאֵל מֵאֵת הָרַבᵃ תַּרְבּוּ ל
וּמֵאֵת הַמְעַט תַּמְעִיטוּ אִישׁ כְּפִי נַחֲלָתוֹ אֲשֶׁר יִנְחָלוּᵇ יִתֵּן מֵעָרָיו ג[6]
לַלְוִיִּם׃ פ
9 וַיְדַבֵּר יְהוָה אֶל־מֹשֶׁה לֵּאמֹר׃ 10 דַּבֵּר אֶל־בְּנֵי יִשְׂרָאֵל וְאָמַרְתָּ ס[לג]
11 אֲלֵהֶם כִּי אַתֶּם עֹבְרִים אֶת־הַיַּרְדֵּן אַרְצָהᵃ כְּנָעַן׃ 11 וְהִקְרִיתֶם ה[7]
לָכֶם עָרִים עָרֵי מִקְלָט תִּהְיֶינָה לָכֶם וְנָס שָׁמָּה רֹצֵחַᵃ מַכֵּה־ᵇנֶפֶשׁ
12 בִּשְׁגָגָה׃ 12 וְהָיוּ לָכֶם הֶעָרִים לְמִקְלָט מִגֹּאֵלᵃ וְלֹא יָמוּתᵇ הָרֹצֵחַ עַד־
13 עָמְדוֹ לִפְנֵי הָעֵדָה לַמִּשְׁפָּט׃ 13 וְהֶעָרִים אֲשֶׁר תִּתֵּנוּ שֵׁשׁ־עָרֵי מִקְלָט ד . ה״[8] . ג
14 תִּהְיֶינָה לָכֶם׃ 14 אֵת ׀ שְׁלֹשׁ הֶעָרִים תִּתְּנוּ מֵעֵבֶר לַיַּרְדֵּן וְאֵת שְׁלֹשׁ ל
15 הֶעָרִים תִּתְּנוּ בְּאֶרֶץ כְּנָעַן עָרֵי מִקְלָט תִּהְיֶינָה׃ 15 לִבְנֵי יִשְׂרָאֵל ל . ד פסוק דאית בהון ד מילין ר״פ ב קדמ לא נסבין ו וב בתר נסבין ו[1]
וְלַגֵּר וְלַתּוֹשָׁב בְּתוֹכָם תִּהְיֶינָה שֵׁשׁ־הֶעָרִים הָאֵלֶּה לְמִקְלָט לָנוּס ל
16 שָׁמָּה כָּל־מַכֵּה־נֶפֶשׁ בִּשְׁגָגָה׃ 16 וְאִם־בִּכְלִי בַרְזֶל ׀ הִכָּהוּ
17 וַיָּמֹת רֹצֵחַ הוּא מוֹת יוּמַת הָרֹצֵחַ׃ 17 וְאִם בְּאֶבֶן יָד אֲשֶׁר־יָמוּת בָּהּ ג[9]
18 הִכָּהוּ וַיָּמֹת רֹצֵחַ הוּא מוֹת יוּמַתᵃ הָרֹצֵחַ׃ 18 אוֹ בִּכְלִי עֵץ־יָד אֲשֶׁר־

Cp 35 [1]Mp sub loco. [2]Mm 3998. [3]Mm 97. [4]Mm 1034. [5]Jos 14,4. [6]Mm 3577. [7]Mm 77. [8]Mm 1035. [9]Mm 1783.

Cp 35,2 ᵃ ш צוי ‖ **3** ᵃ ш –הן ‖ **4** ᵃ ш הח׳ ‖ ᵇ 𝔊* *δισχιλίους* cf 5 ‖ **5** ᵃ ш נגבה, ימה, צפונה cf 𝔖 ‖ ᵇ Seb mlt Mss Edd ш𝔊𝔖𝔗ᴶ לָכֶם ‖ **6** ᵃ 1 ואלה ‖ ᵇ > 𝔊* ‖ ᶜ 1 תִּהְיֶנָה? ‖ ᵈ 𝔖 + nonn vb ‖ ᵉ ш –הן ‖ **7** ᵃ huc tr 7b? ‖ **8** ᵃ pc Mss Edd הָרָב ‖ ᵇ Ms ш𝔖 sg ‖ **10** ᵃ ш אל ארץ ‖ **11** ᵃ dl? ш הר׳ ‖ ᵇ pc Mss 𝔊 כָּל־מ׳ ‖ **12** ᵃ ins frt הַדָּם cf Vrs et 19sq ‖ ᵇ ш^Mss יומת cf 17 ‖ **17** ᵃ ш ימות ‖ **18** ᵃ pc Mss ш𝔊𝔖𝔙 וְאִם.

19 יָמוּת בּוֹ הִכָּהוּ וַיָּמֹת רֹצֵחַ הוּא מוֹת יוּמַת הָרֹצֵחַ׃ 19 גֹּאֵל
20 הַדָּם הוּא יָמִית אֶת־הָרֹצֵחַ בְּפִגְעוֹ־[a]בוֹ הוּא יְמִתֶנּוּ׃ 20 וְאִם־בְּשִׂנְאָה ח̇[10]. ב̇. ה̇ חס בליש[11]
21 יֶהְדֳּפֶנּוּ אוֹ־הִשְׁלִיךְ עָלָיו בִּצְדִיָּה וַיָּמֹת׃ 21 אוֹ בְאֵיבָה הִכָּהוּ ל̇
בְיָדוֹ וַיָּמֹת מוֹת־יוּמַת הַמַּכֶּה רֹצֵחַ הוּא גֹּאֵל הַדָּם יָמִית אֶת־הָרֹצֵחַ ח̇[10]
22 בְּפִגְעוֹ־בוֹ׃ 22 וְאִם־בְּפֶתַע בְּלֹא־אֵיבָה הֲדָפוֹ[a] אוֹ־הִשְׁלִיךְ ב̇. ב̇[12]
23 עָלָיו כָּל־כְּלִי בְּלֹא צְדִיָּה׃ 23 אוֹ בְכָל־[a]אֶבֶן אֲשֶׁר־יָמוּת בָּהּ בְּלֹא ל̇
רְאוֹת וַיַּפֵּל עָלָיו וַיָּמֹת וְהוּא לֹא־אוֹיֵב לוֹ וְלֹא מְבַקֵּשׁ רָעָתוֹ׃ ג̇[13]
24 וְשָׁפְטוּ הָעֵדָה בֵּין הַמַּכֶּה וּבֵין גֹּאֵל הַדָּם עַל הַמִּשְׁפָּטִים הָאֵלֶּה׃ ח̇ בטע[14]
25 וְהִצִּילוּ הָעֵדָה אֶת־הָרֹצֵחַ[a] מִיַּד גֹּאֵל הַדָּם וְהֵשִׁיבוּ אֹתוֹ הָעֵדָה
אֶל־עִיר מִקְלָטוֹ אֲשֶׁר־נָס שָׁמָּה וְיָשַׁב בָּהּ עַד־מוֹת הַכֹּהֵן הַגָּדֹל
26 אֲשֶׁר־מָשַׁח אֹתוֹ בְּשֶׁמֶן הַקֹּדֶשׁ׃ 26 וְאִם־יָצֹא יֵצֵא הָרֹצֵחַ אֶת־גְּבוּל ו̇ רפי[15]. ז̇ ג̇ מל̇ וד̇ חס[16]
27 עִיר מִקְלָטוֹ אֲשֶׁר יָנוּס שָׁמָּה׃ 27 וּמָצָא אֹתוֹ גֹּאֵל הַדָּם מִחוּץ לִגְבוּל יח̇ ס״פ
28 עִיר מִקְלָטוֹ וְרָצַח גֹּאֵל הַדָּם אֶת־הָרֹצֵחַ אֵין לוֹ דָּם׃ 28 כִּי בְעִיר
מִקְלָטוֹ יֵשֵׁב עַד־מוֹת הַכֹּהֵן הַגָּדֹל וְאַחֲרֵי מוֹת הַכֹּהֵן הַגָּדֹל יָשׁוּב ב̇[14]
29 הָרֹצֵחַ אֶל־אֶרֶץ אֲחֻזָּתוֹ׃ 29 וְהָיוּ אֵלֶּה לָכֶם לְחֻקַּת מִשְׁפָּט[a] לְדֹרֹתֵיכֶם ב̇[17]
30 בְּכֹל מוֹשְׁבֹתֵיכֶם׃ 30 כָּל־מַכֵּה־נֶפֶשׁ לְפִי עֵדִים יִרְצַח אֶת־
31 הָרֹצֵחַ וְעֵד אֶחָד לֹא־יַעֲנֶה בְנֶפֶשׁ לָמוּת׃ 31 וְלֹא־תִקְחוּ כֹפֶר לְנֶפֶשׁ
32 רֹצֵחַ אֲשֶׁר־הוּא רָשָׁע לָמוּת כִּי־מוֹת יוּמָת׃ 32 וְלֹא־תִקְחוּ כֹפֶר
לָנוּס[a] אֶל־עִיר מִקְלָטוֹ לָשׁוּב לָשֶׁבֶת בָּאָרֶץ עַד־מוֹת הַכֹּהֵן[b]׃
33 וְלֹא־תַחֲנִיפוּ אֶת־הָאָרֶץ אֲשֶׁר אַתֶּם[a] בָּהּ כִּי הַדָּם הוּא יַחֲנִיף אֶת־ יז̇ ר״פ ולא לא[18]
הָאָרֶץ וְלָאָרֶץ לֹא־יְכֻפַּר לַדָּם אֲשֶׁר שֻׁפַּךְ־בָּהּ כִּי־אִם בְּדַם שֹׁפְכוֹ׃ ל̇. ד̇[19]. ל̇. ל̇. ג̇[20] בטע ול בסיפ
34 וְלֹא תְטַמֵּא[a] אֶת־הָאָרֶץ אֲשֶׁר אַתֶּם יֹשְׁבִים בָּהּ אֲשֶׁר אֲנִי שֹׁכֵן
בְּתוֹכָהּ כִּי אֲנִי יְהוָה שֹׁכֵן בְּתוֹךְ בְּנֵי יִשְׂרָאֵל׃ פ
36 1 וַיִּקְרְבוּ רָאשֵׁי הָאָבוֹת לְמִשְׁפַּחַת בְּנֵי־גִלְעָד בֶּן־מָכִיר בֶּן־ עה̇. ב̇[1]. ב̇[2]
מְנַשֶּׁה מִמִּשְׁפְּחֹת[a] בְּנֵי[b] יוֹסֵף וַיְדַבְּרוּ לִפְנֵי מֹשֶׁה[c] וְלִפְנֵי הַנְּשִׂאִים

[10] Mm 1873. [11] Mm 1036 contra textum. [12] Jer 46,15. [13] Mm 16. [14] Mp sub loco. [15] Mm 577. [16] Mm 1037. [17] Mm 990. [18] Mm 2708. [19] Mm 1038. [20] Mm 1039. **Cp 36** [1] Mm 4048. [2] Mm 3361.

19 [a] Q[Or] nonn Mss כ׳ ‖ **22** [a] ⅏ הדי״ ‖ **23** [a] l prb כָּל ‖ **25** [a] ⅏ הַמַּכֶּה ‖ **29** [a] S *l'lm* = עוֹלָם ‖ **32** [a] prp לָנֻס ‖ [b] Ms ⅏GS + הַגָּדוֹל ut 28 ‖ **33** [a] ins c pc Mss ⅏GSV יֹשְׁבִים ut 34? ‖ **34** [a] l c pc Mss ⅏GSTJ pl ‖ **Cp 36,1** [a] Ms GSV sg ‖ [b] nonn Mss S מְנַשֶּׁה בֶּן־ ‖ [c] G(S) + *καὶ ἔναντι Ελεαζαρ τοῦ ἱερέως*, ins prb וְלִפְנֵי אֶלְעָזָר הַכֹּהֵן.

עה רָאשֵׁ֥י אָב֖וֹת[d] לִבְנֵ֥י יִשְׂרָאֵֽל׃ 2 וַיֹּאמְר֗וּ אֶת־אֲדֹנִי֙ צִוָּ֣ה יְהוָ֔ה לָתֵ֨ת 2
ב̇[3] אֶת־הָאָ֧רֶץ בְּנַחֲלָ֛ה בְּגוֹרָ֖ל לִבְנֵ֣י יִשְׂרָאֵ֑ל [a]וַֽאדֹנִי֙ צֻוָּ֣ה בַֽיהוָ֔ה[a] לָתֵ֗ת
ג̇[4] אֶת־נַחֲלַ֛ת צְלָפְחָ֥ד אָחִ֖ינוּ לִבְנֹתָֽיו׃ 3 וְ֠הָיוּ לְאֶחָ֞ד מִבְּנֵ֣י שִׁבְטֵ֥י בְנֵֽי־ 3
יד . ד . ג ב פת וחד קמ[5] יִשְׂרָאֵל֮ לְנָשִׁים֒ וְנִגְרְעָ֤ה נַחֲלָתָן֙ מִנַּחֲלַ֣ת אֲבֹתֵ֔ינוּ[a] וְנוֹסַ֕ף[b] עַ֚ל נַחֲלַ֣ת
ד פת ול בליש[6] הַמַּטֶּ֔ה אֲשֶׁ֥ר תִּהְיֶ֖ינָה לָהֶ֑ם וּמִגֹּרַ֥ל נַחֲלָתֵ֖נוּ[c] יִגָּרֵֽעַ׃ 4 וְאִם־יִהְיֶ֣ה הַיֹּבֵל֮ 4
ד לִבְנֵ֣י יִשְׂרָאֵל֒ וְנוֹסְפָה֙ נַחֲלָתָ֔ן עַ֚ל נַחֲלַ֣ת הַמַּטֶּ֔ה אֲשֶׁ֥ר תִּהְיֶ֖ינָה לָהֶ֑ם
ד וּמִֽנַּחֲלַת֙ מַטֵּ֣ה אֲבֹתֵ֔ינוּ[a] יִגָּרַ֖ע נַחֲלָתָֽן׃ 5 וַיְצַ֤ו מֹשֶׁה֙ אֶת־בְּנֵ֣י 5
ל̇ יִשְׂרָאֵ֔ל עַל־פִּ֥י יְהוָ֖ה לֵאמֹ֑ר כֵּ֛ן מַטֵּ֥ה בְנֵֽי־יוֹסֵ֖ף דֹּבְרִֽים׃ 6 זֶ֣ה הַדָּבָ֞ר 6
ב דגש[7] . י ול בנקיבה אֲשֶׁר־צִוָּ֣ה יְהוָ֗ה לִבְנ֤וֹת צְלָפְחָד֙ לֵאמֹ֔ר לַטּ֥וֹב בְּעֵינֵיהֶ֖ם תִּהְיֶ֣ינָה
יד . ג בנקיבה . יד לְנָשִׁ֑ים אַ֗ךְ לְמִשְׁפַּ֛חַת מַטֵּ֥ה אֲבִיהֶ֖ם[a] תִּהְיֶ֥ינָה לְנָשִֽׁים׃ 7 וְלֹֽא־תִסֹּ֤ב 7
ז חס בתור נַחֲלָה֙ לִבְנֵ֣י יִשְׂרָאֵ֔ל מִמַּטֶּ֖ה אֶל־מַטֶּ֑ה כִּ֣י אִ֗ישׁ בְּנַחֲלַת֙ מַטֵּ֣ה אֲבֹתָ֔יו
ט̇[8] ר״פ בסיפ וחד מן ג[9] ר״פ וכל ופ אות יִדְבְּק֖וּ בְּנֵ֥י יִשְׂרָאֵֽל׃ 8 וְכָל־בַּ֞ת יֹרֶ֣שֶׁת נַחֲלָ֗ה מִמַּטּוֹת֙ בְּנֵ֣י יִשְׂרָאֵ֔ל 8
לְאֶחָ֗ד מִמִּשְׁפַּ֛חַת מַטֵּ֥ה אָבִ֖יהָ תִּהְיֶ֣ה לְאִשָּׁ֑ה לְמַ֗עַן יִֽירְשׁוּ֙ בְּנֵ֣י יִשְׂרָאֵ֔ל
ז חס בתור אִ֖ישׁ נַחֲלַ֥ת[a] אֲבֹתָֽיו׃ 9 וְלֹא־תִסֹּ֧ב נַחֲלָ֛ה מִמַּטֶּ֖ה לְמַטֵּ֣ה[a] אַחֵ֑ר כִּי־ 9
אִישׁ֙ בְּנַ֣חֲלָת֔וֹ יִדְבְּק֔וּ מַטּ֖וֹת בְּנֵ֥י יִשְׂרָאֵֽל׃ 10 כַּאֲשֶׁ֛ר צִוָּ֥ה יְהוָ֖ה 10
סימן מ̇ ת̇ ו̇ ו̇ י̇[10] אֶת־מֹשֶׁ֑ה כֵּ֥ן עָשׂ֖וּ בְּנ֥וֹת צְלָפְחָֽד׃ 11 וַתִּהְיֶ֜ינָה מַחְלָ֣ה[a] תִרְצָ֗ה[b] וְחָגְלָ֧ה[c] 11
ל̇ . יד וּמִלְכָּ֛ה[d] וְנֹעָ֖ה בְּנ֣וֹת צְלָפְחָ֑ד לִבְנֵ֥י דֹדֵיהֶ֖ן לְנָשִֽׁים׃ 12 מִֽמִּשְׁפְּחֹ֛ת[a] 12
יד . ד בְּנֵֽי־מְנַשֶּׁ֥ה בֶן־[b]יוֹסֵ֖ף הָי֣וּ לְנָשִׁ֑ים וַתְּהִי֙ נַחֲלָתָ֔ן עַל־מַטֵּ֖ה מִשְׁפַּ֥חַת
ז̇[11] . ל̇[12] אֲבִיהֶֽן׃ 13 אֵ֣לֶּה הַמִּצְוֺ֞ת וְהַמִּשְׁפָּטִ֗ים אֲשֶׁ֨ר צִוָּ֤ה יְהוָה֙ בְּיַד־ 13
מֹשֶׁ֔ה אֶל־בְּנֵ֖י יִשְׂרָאֵ֑ל בְּעַֽרְבֹ֣ת מוֹאָ֔ב עַ֖ל יַרְדֵּ֥ן יְרֵחֽוֹ׃ קלב

סכום הפסוקים של ספר
אלף ומאתים שמונים
ושמונה:
אפרח
וחציו והיה האיש[13]
וסדרים לג

[3] Mm 1040. [4] Mm 1041. [5] Mm 3601. [6] Mm 3420. [7] Mm 1042. [8] Mm 881. [9] Okhl 316. [10] Mm 983. [11] Mm 1043. [12] Mm 1360. [13] Nu 17,20, cf Mp sub loco.

1 [d] ⅏ הָאָ׳ ‖ **2** [a–a] prp וְאֹתָנוּ צִוָּה י׳ vel ו׳ צִוָּה בְּשֵׁם י׳ ‖ **3** [a] 𝔖 *d'bwhjn* = אֲבִיהֶן, id 4 ‖ [b] ⅏ –פה ut 4 ‖ [c] mlt Mss –תינו ‖ **4** [a] cf 3[a] ‖ **6** [a] mlt Mss ⅏ –הן ‖ **8** [a] ⅏ את נ׳ ‖ **9** [a] ⅏ אל מ׳ ut 7 ‖ **11** [a] ordo nominum in ⅏ = 26,33 27,1, in 𝔊* *Μααλα* = מחלה ultima ‖ [b] nonn Mss ⅏𝔖𝔙 וְת׳ ‖ [c] ⅏ ח׳ ‖ [d] ⅏ מ׳ ‖ **12** [a] Ms 𝔊𝔖𝔙 sg ‖ [b] 𝔊* *υἱῶν* ut 32,33[b].

DEUTERONOMIUM אלה הדברים

ס[א] **1** 1 אֵלֶּה[a] הַדְּבָרִים אֲשֶׁר דִּבֶּר מֹשֶׁה אֶל־כָּל־יִשְׂרָאֵל בְּעֵבֶר ה[1]
הַיַּרְדֵּן בַּמִּדְבָּר בָּעֲרָבָה מוֹל סוּף בֵּין־פָּארָן וּבֵין־תֹּפֶל וְלָבָן וַחֲצֵרֹת ב. ל. ג. ד חס בתור[2]
2 וְדִי זָהָב׃ 2 אַחַד עָשָׂר יוֹם מֵחֹרֵב דֶּרֶךְ הַר־שֵׂעִיר עַד קָדֵשׁ בַּרְנֵעַ׃ ל. כה[3]
3 וַיְהִי בְּאַרְבָּעִים שָׁנָה בְּעַשְׁתֵּי־עָשָׂר חֹדֶשׁ בְּאֶחָד לַחֹדֶשׁ דִּבֶּר מֹשֶׁה ב[4]. ג[5]
4 אֶל־בְּנֵי[a] יִשְׂרָאֵל כְּכֹל אֲשֶׁר צִוָּה יְהוָה אֹתוֹ אֲלֵהֶם׃ 4 אַחֲרֵי הַכֹּתוֹ
אֵת סִיחֹן מֶלֶךְ הָאֱמֹרִי אֲשֶׁר יוֹשֵׁב בְּחֶשְׁבּוֹן וְאֵת עוֹג מֶלֶךְ הַבָּשָׁן יא בטע לאחור. יז מל בתור
5 אֲשֶׁר־יוֹשֵׁב בְּעַשְׁתָּרֹת בְּאֶדְרֶעִי[a]׃ 5 בְּעֵבֶר הַיַּרְדֵּן בְּאֶרֶץ מוֹאָב יז מל בתור. ל
6 הוֹאִיל מֹשֶׁה בֵּאֵר אֶת־הַתּוֹרָה הַזֹּאת לֵאמֹר׃ 6 יְהוָה אֱלֹהֵינוּ דִּבֶּר ג ומל[6]. ל[7]
7 אֵלֵינוּ בְּחֹרֵב לֵאמֹר רַב־לָכֶם שֶׁבֶת בָּהָר הַזֶּה׃ 7 פְּנוּ ׀ וּסְעוּ לָכֶם
וּבֹאוּ הַר הָאֱמֹרִי וְאֶל־כָּל־שְׁכֵנָיו בָּעֲרָבָה בָהָר וּבַשְּׁפֵלָה[a] וּבַנֶּגֶב[b]
וּבְחוֹף הַיָּם אֶרֶץ הַכְּנַעֲנִי וְהַלְּבָנוֹן עַד־הַנָּהָר הַגָּדֹל נְהַר־פְּרָת׃ ה[8] ג מנה בתור
8 רְאֵה[a] נָתַתִּי לִפְנֵיכֶם אֶת־הָאָרֶץ בֹּאוּ וּרְשׁוּ אֶת־הָאָרֶץ אֲשֶׁר [b]נִשְׁבַּע ה
יְהוָה[b] לַאֲבֹתֵיכֶם לְאַבְרָהָם לְיִצְחָק וּלְיַעֲקֹב לָתֵת [c]לָהֶם וּלְזַרְעָם[c]
9 אַחֲרֵיהֶם׃ 9 וָאֹמַר אֲלֵכֶם בָּעֵת הַהִוא לֵאמֹר לֹא־אוּכַל לְבַדִּי ו חס בתור
10 שְׂאֵת אֶתְכֶם׃ 10 יְהוָה אֱלֹהֵיכֶם הִרְבָּה אֶתְכֶם וְהִנְּכֶם הַיּוֹם כְּכוֹכְבֵי יד. ב[9]
11 הַשָּׁמַיִם לָרֹב׃ 11 יְהוָה אֱלֹהֵי אֲבוֹתֵכֶם יֹסֵף עֲלֵיכֶם כָּכֶם אֶלֶף ל כת כן בתור[10]
12 פְּעָמִים וִיבָרֵךְ אֶתְכֶם כַּאֲשֶׁר דִּבֶּר לָכֶם׃ 12 אֵיכָה אֶשָּׂא לְבַדִּי ב[11]. יז[12]. כג
13 טָרְחֲכֶם וּמַשַּׂאֲכֶם[a] וְרִיבְכֶם׃ 13 הָבוּ לָכֶם אֲנָשִׁים חֲכָמִים וּנְבֹנִים ל. ל
14 וִידֻעִים לְשִׁבְטֵיכֶם וַאֲשִׂימֵם בְּרָאשֵׁיכֶם׃ 14 וַתַּעֲנוּ אֹתִי וַתֹּאמְרוּ טוֹב־ ב. ל[13]

Cp 1 [1]Mm 617. [2]Mm 1026. [3]Mm 187. [4]Mm 1415. [5]Mm 2683. [6]Mm 1044. [7]Mp sub loco. [8]Mm 1243. [9]Mm 1045. [10]Mm 387. [11]Mm 3442. [12]Mm 1095. [13]וחד אשימם 1R 5,23.

Cp 1,1 [a] 2 Mss 𝔊^{AS}𝔖^{W} ′ואׄ cf 12,1[a] ‖ **3** [a] pc Mss 𝔊^{-L}α′σ′θ′ pr כל, pc Mss כל ut 1 ‖ **4** [a] Ms 𝔊𝔖𝔙 ′ובׄ cf Jos 12,4; pc Mss ־רֵעִי—; add ex 3,1? ‖ **7** [a] V^{Ken 9} pc Mss 𝔗^{J} ′בׄ ‖ [b] 𝔪𝔙 ′בׄ ‖ **8** [a] Ms 𝔔 𝔪𝔊𝔖𝔗𝔗^{J} pl, sed l 𝔐 ut 4,5[a] 11,26[a] cf שְׁמַע 4,1 ‖ [b–b] 𝔪𝔊^{-LO} נִשְׁבַּעְתִּי cf 36 [b–b] ‖ [c–c] Ms 𝔪 לזרעם ‖ **12** [a] 𝔪 ′מׄ.

עה הַדָּבָר אֲשֶׁר־דִּבַּרְתָּ לַעֲשׂוֹת׃ 15 וָאֶקַּח [a]אֶת־רָאשֵׁי שִׁבְטֵיכֶם[a] אֲנָשִׁים 15
ב . לט מל בתור[14] . כ . יח פסוק דמיין[15] חֲכָמִים וִידֻעִים וָאֶתֵּן אֹתָם רָאשִׁים עֲלֵיכֶם שָׂרֵי אֲלָפִים וְשָׂרֵי מֵאוֹת
וְשָׂרֵי[b] חֲמִשִּׁים וְשָׂרֵי עֲשָׂרֹת וְשֹׁטְרִים לְשִׁבְטֵיכֶם[c]׃ 16 וָאֲצַוֶּה אֶת־ 16
ה חס[16] שֹׁפְטֵיכֶם בָּעֵת הַהִוא לֵאמֹר שָׁמֹעַ[a] בֵּין־אֲחֵיכֶם וּשְׁפַטְתֶּם צֶדֶק בֵּין־
ל . ח[17] דגש וכל איוב דכות ב מ א . [18] ג . חס[19] אִישׁ וּבֵין־אָחִיו וּבֵין גֵּרוֹ׃ 17 [a]לֹא־תַכִּירוּ פָנִים בַּמִּשְׁפָּט כַּקָּטֹן כַּגָּדֹל 17
ג[20] תִּשְׁמָעוּן לֹא[b] תָגוּרוּ מִפְּנֵי־אִישׁ כִּי הַמִּשְׁפָּט לֵאלֹהִים הוּא[a] וְהַדָּבָר
י חס בליש[21] אֲשֶׁר יִקְשֶׁה מִכֶּם תַּקְרִבוּן אֵלַי וּשְׁמַעְתִּיו׃ 18 וָאֲצַוֶּה אֶתְכֶם בָּעֵת 18
יג חס האלה[22] . יד[23] הַהִוא אֵת כָּל־הַדְּבָרִים אֲשֶׁר תַּעֲשׂוּן׃ 19 וַנִּסַּע מֵחֹרֵב וַנֵּלֶךְ 19
ח מל בתור[24] אֵת כָּל־הַמִּדְבָּר הַגָּדוֹל וְהַנּוֹרָא הַהוּא אֲשֶׁר רְאִיתֶם דֶּרֶךְ הַר
ג חס[25] הָאֱמֹרִי כַּאֲשֶׁר צִוָּה יְהוָה אֱלֹהֵינוּ אֹתָנוּ וַנָּבֹא עַד קָדֵשׁ בַּרְנֵעַ׃
ו חס בתור 20 וָאֹמַר אֲלֵכֶם בָּאתֶם עַד־הַר הָאֱמֹרִי אֲשֶׁר־יְהוָה אֱלֹהֵינוּ נֹתֵן לָנוּ׃ 20
ג ב חס וחד מל וכל לשון מסכינו דכות[26] 21 רְאֵה נָתַן יְהוָה אֱלֹהֶיךָ לְפָנֶיךָ אֶת־הָאָרֶץ עֲלֵה רֵשׁ כַּאֲשֶׁר דִּבֶּר 21
ג[27] יְהוָה אֱלֹהֵי אֲבֹתֶיךָ לָךְ אַל־תִּירָא וְאַל־תֵּחָת׃ 22 וַתִּקְרְבוּן אֵלַי 22
ג ב מל וחד חס[28] כֻּלְּכֶם וַתֹּאמְרוּ נִשְׁלְחָה אֲנָשִׁים לְפָנֵינוּ וְיַחְפְּרוּ־לָנוּ אֶת־הָאָרֶץ וְיָשִׁבוּ
ג חס[25] אֹתָנוּ דָּבָר אֶת־הַדֶּרֶךְ אֲשֶׁר נַעֲלֶה־בָּהּ וְאֵת הֶעָרִים אֲשֶׁר נָבֹא
ה ד מל וחד חס[29] אֲלֵיהֶן[a]׃ 23 וַיִּיטַב בְּעֵינַי הַדָּבָר וָאֶקַּח [a]מִכֶּם שְׁנֵים[a] עָשָׂר אֲנָשִׁים אִישׁ 23
ג[30] . יג[31] . ה חס[32] אֶחָד לַשָּׁבֶט׃ 24 וַיִּפְנוּ וַיַּעֲלוּ הָהָרָה וַיָּבֹאוּ עַד־נַחַל אֶשְׁכֹּל וַיְרַגְּלוּ 24
ב חס . ל[33] אֹתָהּ[a]׃ 25 וַיִּקְחוּ בְיָדָם מִפְּרִי הָאָרֶץ וַיּוֹרִדוּ אֵלֵינוּ [a]וַיָּשִׁבוּ אֹתָנוּ דָבָר[a] 25
יז ר״פ בסיפ[34] . ב[35] וַיֹּאמְרוּ טוֹבָה הָאָרֶץ אֲשֶׁר־יְהוָה אֱלֹהֵינוּ נֹתֵן לָנוּ׃ 26 וְלֹא אֲבִיתֶם 26
ד חס . ל לַעֲלֹת וַתַּמְרוּ אֶת־פִּי יְהוָה אֱלֹהֵיכֶם[a]׃ 27 וַתֵּרָגְנוּ בְאָהֳלֵיכֶם וַתֹּאמְרוּ 27
בְּשִׂנְאַת יְהוָה אֹתָנוּ הוֹצִיאָנוּ מֵאֶרֶץ מִצְרָיִם לָתֵת אֹתָנוּ בְּיַד הָאֱמֹרִי
ב בטע מלרע[36] . ל . ד וחס[37] לְהַשְׁמִידֵנוּ[a]׃ 28 אָנָה ׀ אֲנַחְנוּ עֹלִים אַחֵינוּ[a] הֵמַסּוּ אֶת־לְבָבֵנוּ[b] לֵאמֹר 28

[14] Mp contra textum, cf Mp sub loco. [15] Mm 3911. [16] Mm 1115. [17] Mm 772. [18] Mm 4123. [19] Mm 1195. [20] Mm 1046. [21] Mm 667. [22] Mm 707. [23] Mm 393. [24] Mm 73. [25] Mm 2080. [26] Mm 2032. [27] Mm 1085. [28] Mm 1047. [29] Mm 1048. [30] Mm 1049. [31] Mm 1100. [32] Mm 92. [33] Mm 910. [34] Mm 1165. [35] Mm 2319. [36] Mm 1050. [37] Mm 1051.

15 a–a 𝔊 ἐξ ὑμῶν = מִכֶּם ut 23; prb dl ‖ b V$^{Ken 9.107}$ mlt Mss ш𝔊^{min}𝔗^{Ms}𝔗^{J} 'שׂ ‖ c 𝔊 τοῖς κριταῖς ὑμῶν = 'לְשֹׁפְ, 𝔙 alit; prb l 𝔐 ‖ **16** a ш Vrs 𝔗^{J} שמעו ‖ **17** a–a frt dl (𝔊 sg) ‖ b V$^{Ken 69}$ pc Mss 𝔗^{J}𝔙𝔄𝔑 ולא ‖ **21** a frt dl (sg), sed 𝔊𝔖𝔗^{J} pl ‖ **22** a ш 'על ‖ **23** a–a 𝔔 מכמה שני ‖ **24** a 𝔔𝔖𝔙 הארץ ‖ **25** a–a > 𝔊$^{-L}$𝔙 ‖ **26** a 𝔊$^{-AFMO min}$𝔖𝔙 1 pl ‖ **27** a 𝔊$^{OL min}$𝔙 pr cop ‖ **28** a ш 'ואֵ; 𝔊$^{-\Theta O min}$ 2 pl ‖ b V$^{Ken 1.9.69.107}$ mlt Mss 𝔏𝔄𝔎(?) pl.

עַם גָּדוֹל וָרָם[c] מִמֶּנּוּ[d] עָרִים[e] גְּדֹלֹת וּבְצוּרֹת בַּשָּׁמָיִם וְגַם־בְּנֵי עֲנָקִים ב . ב כת כן
29 30 רָאִינוּ שָׁם׃ 29 וָאֹמַר אֲלֵכֶם לֹא־תַעַרְצוּן וְלֹא־תִירְאוּן מֵהֶם׃ 30 יְהוָה ו חס בתור . ב[38]
אֱלֹהֵיכֶם[a] הַהֹלֵךְ לִפְנֵיכֶם הוּא יִלָּחֵם לָכֶם כְּכֹל אֲשֶׁר עָשָׂה אִתְּכֶם ב
31 בְּמִצְרַיִם לְעֵינֵיכֶם׃ 31 [a]וּבַמִּדְבָּר אֲשֶׁר רָאִיתָ אֲשֶׁר נְשָׂאֲךָ יְהוָה ח . ג[39] . ח פסוק מן ד מילין דמיין ותלת משני . ל
אֱלֹהֶיךָ כַּאֲשֶׁר יִשָּׂא־אִישׁ אֶת־בְּנוֹ[a] בְּכָל־הַדֶּרֶךְ אֲשֶׁר הֲלַכְתֶּם עַד־ לז
32 בֹּאֲכֶם עַד־הַמָּקוֹם הַזֶּה׃ 32 וּבַדָּבָר הַזֶּה אֵינְכֶם מַאֲמִינִם בַּיהוָה ה . ב . ל חס
33 אֱלֹהֵיכֶם[a]׃ 33 הַהֹלֵךְ לִפְנֵיכֶם[a] בַּדֶּרֶךְ לָתוּר לָכֶם מָקוֹם לַחֲנֹתְכֶם[b] ל חס
בָּאֵשׁ ׀ לַיְלָה לַרְאֹתְכֶם בַּדֶּרֶךְ אֲשֶׁר תֵּלְכוּ־בָהּ וּבֶעָנָן יוֹמָם׃ ל
34 וַיִּשְׁמַע יְהוָה אֶת־קוֹל דִּבְרֵיכֶם וַיִּקְצֹף וַיִּשָּׁבַע לֵאמֹר׃ 35 אִם־יִרְאֶה ד ר״פ בסיפ[40]
אִישׁ בָּאֲנָשִׁים הָאֵלֶּה [a]הַדּוֹר הָרָע הַזֶּה[a] אֵת הָאָרֶץ הַטּוֹבָה אֲשֶׁר ג
36 נִשְׁבַּעְתִּי לָתֵת[b] לַאֲבֹתֵיכֶם[c]׃ 36 זוּלָתִי כָּלֵב בֶּן־יְפֻנֶּה הוּא יִרְאֶנָּה וְלוֹ־
אֶתֵּן אֶת־הָאָרֶץ אֲשֶׁר דָּרַךְ־בָּהּ וּלְבָנָיו יַעַן אֲשֶׁר[a] מִלֵּא [b]אַחֲרֵי יְהוָה[b]׃ ג בטע[41] . ב
37 גַּם־בִּי הִתְאַנַּף יְהוָה בִּגְלַלְכֶם לֵאמֹר גַּם־אַתָּה לֹא־תָבֹא שָׁם[a]׃ ד ר״פ בתור[42] . יז חס וכל משלי דכות ב מ ד . יב[43]
38 יְהוֹשֻׁעַ בִּן־נוּן הָעֹמֵד לְפָנֶיךָ הוּא יָבֹא שָׁמָּה אֹתוֹ חַזֵּק[a] כִּי־הוּא ל ר״פ[44] . ב מלעיל . ד[45]
39 יַנְחִלֶנָּה אֶת־יִשְׂרָאֵל׃ 39 [a]וְטַפְּכֶם אֲשֶׁר אֲמַרְתֶּם לָבַז יִהְיֶה[a] [b]וּבְנֵיכֶם ל חס
[c]אֲשֶׁר לֹא־יָדְעוּ הַיּוֹם טוֹב וָרָע הֵמָּה[c] יָבֹאוּ שָׁמָּה וְלָהֶם אֶתְּנֶנָּה וְהֵם ח[46]
40 41 יִירָשׁוּהָ׃ 40 וְאַתֶּם פְּנוּ לָכֶם וּסְעוּ הַמִּדְבָּרָה דֶּרֶךְ יַם־סוּף׃ 41 וַתַּעֲנוּ ׀ ב . יב[47]
וַתֹּאמְרוּ אֵלַי חָטָאנוּ לַיהוָה[a] אֲנַחְנוּ נַעֲלֶה וְנִלְחַמְנוּ כְּכֹל אֲשֶׁר־צִוָּנוּ ה
יְהוָה אֱלֹהֵינוּ וַתַּחְגְּרוּ אִישׁ אֶת־כְּלֵי מִלְחַמְתּוֹ וַתָּהִינוּ לַעֲלֹת הָהָרָה׃ ל . ד חס . יג[48]
42 וַיֹּאמֶר יְהוָה אֵלַי אֱמֹר לָהֶם לֹא תַעֲלוּ וְלֹא־תִלָּחֲמוּ כִּי אֵינֶנִּי ה בטע ר״פ בסיפ . לד פסוק לא ולא ולא[49] . ב[50]
43 בְּקִרְבְּכֶם וְלֹא תִּנָּגְפוּ לִפְנֵי אֹיְבֵיכֶם׃ 43 [a]וָאֲדַבֵּר אֲלֵיכֶם וְלֹא שְׁמַעְתֶּם
44 וַתַּמְרוּ אֶת־פִּי יְהוָה וַתָּזִדוּ וַתַּעֲלוּ הָהָרָה׃ 44 וַיֵּצֵא הָאֱמֹרִי[a] הַיֹּשֵׁב ל וחס . יג[48]

[38] Ex 9,30. [39] Mm 1052. [40] Mp sub loco. [41] Mm 2597. [42] Mm 52. [43] Mm 2938. [44] Mm 978. [45] Mm 2112. [46] Mm 1053. [47] Mm 757. [48] Mm 1100. [49] Mm 771. [50] Mm 4180.

28 [c] pc Mss ⅏ ורב, 𝔊 pr *καὶ πολύ* = ורב (dupl cf 2,10.21) ‖ [d] 𝔊^{B*min} 2 pl cf 2,21[a] ‖ [e] ⅏𝔊𝔖 וְעָ׳ ‖ **30** [a] 𝔊$^{FMΘ 963 L min}$ 1 pl ‖ **31** [a–a] frt dl (sg), sed 𝔖 pl ‖ **32** [a] 𝔊$^{BN 963 min}$ 1 pl ‖ **33** [a] 𝔊$^{963 Ms}$ 1 pl ‖ [b] 𝔊 *ὁδηγῶν ὑμᾶς* = לַנְחֹתְכֶם (hi נחה) cf Ex 13,21 ‖ **35** [a–a] > 𝔊$^{-963 LO}$ cf Nu 14,22sq ‖ [b] > pc Mss ⅏𝔊$^{-min}$𝔙 ‖ [c] 𝔊$^{-963 O min}$𝔖𝔗 3 pl ‖ **36** [a] ⅏ כי ‖ [b–b] prp אחרי cf Ms, sed cf 1,8[b–b] נשבע יהוה ‖ **37** [a] 𝔙$^{Ken 69.107}$ mlt Mss ⅏𝔖𝔗𝔗^{J} שָׁמָּה ע׳ cf 38sq ‖ **38** [a] ⅏ החז(י)ק, ⅏^{Mss} אחז(י)ק ‖ **39** [a–a] > 𝔊$^{BMΘ 963 OL min}$ (add ex Nu 14, 31?) ‖ [b] 𝔊 *καὶ πᾶν παιδίον νέον* = וְכָל טַף? ‖ [c–c] ⅏ הם ‖ **41** [a] 2 Mss ⅏𝔊𝔖 + אלהינו ‖ **43** [a] ⅏ + אלהיכם ut 26, 𝔊^{min} + *τοῦ θεοῦ* ‖ **44** [a] ⅏ העמלקי והכנעני.

ג בליש ב מל וחד חס[51] בָּהָ֣ר הַה֗וּא לִקְרַאתְכֶ֔ם וַֽיִּרְדְּפ֣וּ אֶתְכֶ֔ם כַּאֲשֶׁ֥ר תַּעֲשֶׂ֖ינָה הַדְּבֹרִ֑ים
ל וַֽיַּכְּת֥וּ אֶתְכֶ֛ם בְּשֵׂעִ֖יר[b] עַד־חָרְמָֽה׃ 45 וַתָּשֻׁ֥בוּ[a] וַתִּבְכּ֖וּ לִפְנֵ֣י יְהוָ֑ה[b] 45
ב וחס וְלֹא־שָׁמַ֤ע יְהוָה֙ בְּקֹ֣לְכֶ֔ם וְלֹ֥א הֶאֱזִ֖ין אֲלֵיכֶֽם׃ 46 וַתֵּשְׁב֥וּ בְקָדֵ֖שׁ יָמִ֣ים 46
ד[52] רַבִּ֑ים כַּיָּמִ֖ים אֲשֶׁ֥ר יְשַׁבְתֶּֽם׃
יב[1] 2 1 וַנֵּ֜פֶן וַנִּסַּ֤ע הַמִּדְבָּ֙רָה֙ דֶּ֣רֶךְ יַם־ס֔וּף כַּאֲשֶׁ֛ר דִּבֶּ֥ר יְהוָ֖ה אֵלָ֑י 2
ל וַנָּ֥סָב אֶת־הַר־שֵׂעִ֖יר יָמִ֥ים רַבִּֽים׃ ס 2 וַיֹּ֥אמֶר יְהוָ֖ה אֵלַ֥י לֵאמֹֽר׃ ס [ב]
ו וחס[2]. גג ה[3] מנה בתור. יב[4] 3 רַב־לָכֶ֕ם סֹ֖ב אֶת־הָהָ֣ר הַזֶּ֑ה פְּנ֥וּ לָכֶ֖ם צָפֹֽנָה׃ 4 וְאֶת־הָעָם֮ צַ֣ו[a] 3 4
ה ומל[5] לֵאמֹר֒ אַתֶּ֣ם עֹֽבְרִ֗ים בִּגְבוּל֙ אֲחֵיכֶ֣ם בְּנֵי־עֵשָׂ֔ו הַיֹּשְׁבִ֖ים בְּשֵׂעִ֑יר [b]וְיִֽירְא֣וּ
ה[6] מִכֶּ֔ם[b] וְנִשְׁמַרְתֶּ֖ם[c] מְאֹֽד׃ 5 אַל־תִּתְגָּר֣וּ בָ֔ם[a] כִּ֠י לֹֽא־אֶתֵּ֤ן לָכֶם֙ מֵֽאַרְצָ֔ם[b] 5
עַ֖ד מִדְרַ֣ךְ כַּף־רָ֑גֶל כִּֽי־יְרֻשָּׁ֣ה לְעֵשָׂ֔ו נָתַ֖תִּי אֶת־הַ֥ר שֵׂעִֽיר׃ 6 אֹ֣כֶל 6
תִּשְׁבְּר֧וּ מֵאִתָּ֛ם בַּכֶּ֖סֶף וַאֲכַלְתֶּ֑ם וְגַם־מַ֗יִם תִּכְר֧וּ מֵאִתָּ֛ם בַּכֶּ֖סֶף
וּשְׁתִיתֶֽם׃ 7 [a]כִּי֩ יְהוָ֨ה אֱלֹהֶ֜יךָ[b] בֵּֽרַכְךָ֗ בְּכֹל֙ מַעֲשֵׂ֣ה יָדֶ֔ךָ[c] יָדַ֣ע[d] לֶכְתְּךָ֔ 7
אֶת־הַמִּדְבָּ֥ר הַגָּדֹ֖ל[e] הַזֶּ֑ה זֶ֣ה ׀ אַרְבָּעִ֣ים שָׁנָ֗ה יְהוָ֤ה אֱלֹהֶ֙יךָ֙ עִמָּ֔ךְ לֹ֥א
חָסַ֖רְתָּ דָּבָֽר׃[f] 8 וַנַּעֲבֹ֞ר מֵאֵ֧ת[a] אַחֵ֣ינוּ[b] בְנֵי־עֵשָׂ֗ו הַיֹּֽשְׁבִים֙ בְּשֵׂעִ֔יר 8
מִדֶּ֙רֶךְ֙[c] הָֽעֲרָבָ֔ה מֵאֵילַ֖ת וּמֵעֶצְיֹ֣ן גָּ֑בֶר ס וַנֵּ֙פֶן֙ וַֽנַּעֲבֹ֔ר דֶּ֖רֶךְ מִדְבַּ֥ר
ה בטע ר"פ בסיפ. ל מוֹאָֽב׃ 9 [a]וַיֹּ֨אמֶר יְהוָ֜ה אֵלַ֗י אַל־[b]תָּ֙צַר֙ אֶת־מוֹאָ֔ב וְאַל־תִּתְגָּ֥ר[c] בָּ֖ם 9
מִלְחָמָ֑ה[c] כִּ֠י לֹֽא־אֶתֵּ֨ן לְךָ֤ מֵֽאַרְצוֹ֙ יְרֻשָּׁ֔ה כִּ֣י לִבְנֵי־ל֔וֹט נָתַ֥תִּי אֶת־עָ֖ר
יְרֻשָּֽׁה׃ 10 הָאֵמִ֥ים לְפָנִ֖ים יָ֣שְׁבוּ[a] בָ֑הּ עַ֣ם גָּד֥וֹל וְרַ֛ב וָרָ֖ם כָּעֲנָקִֽים׃ 10
ב חד חס וחד מל 11 רְפָאִ֛ים יֵחָשְׁב֥וּ אַף־הֵ֖ם כָּעֲנָקִ֑ים וְהַמֹּ֣אָבִ֔ים יִקְרְא֥וּ לָהֶ֖ם אֵמִֽים׃ 11
ל. ג ב חס וחד מל 12 וּבְשֵׂעִ֞יר יָשְׁב֣וּ הַחֹרִים֮[a] לְפָנִים֒ וּבְנֵ֧י עֵשָׂ֣ו יִֽירָשׁ֗וּם[b] וַיַּשְׁמִידוּם֙ מִפְּנֵיהֶ֔ם[b] 12
וַיֵּשְׁב֖וּ תַּחְתָּ֑ם כַּאֲשֶׁ֧ר עָשָׂ֣ה יִשְׂרָאֵ֗ל לְאֶ֙רֶץ֙ יְרֻשָּׁת֔וֹ אֲשֶׁר־נָתַ֥ן יְהוָ֖ה
כה ר"פ[7]. ל חס לָהֶֽם׃ 13 עַתָּ֗ה[a] קֻ֛מוּ[b] וְעִבְר֥וּ לָכֶ֖ם אֶת־נַ֣חַל זָ֑רֶד וַֽנַּעֲבֹ֖ר אֶת־נַ֥חַל 13

[51]Mm 3401. [52]Mm 3162. Cp 2 [1]Mm 757. [2]Mm 1054. [3]Mm 845. [4]Mm 1055. [5]Mm 1056. [6]Mm 1070. [7]Mm 1057.

44 [b] 𝔊(𝔖𝔙) *ἀπὸ Σηειρ* = 𝔐 (cf ug) ‖ **45** [a] ⅏𝔊𝔖 וַתֵּשְׁבוּ ut 46 ‖ [b] 𝔊[Bmin] + *τοῦ θεοῦ ἡμῶν (ὑμῶν)* ‖ **Cp 2,4** [a] ⅏ צוי cf 3,28[a] ‖ [b–b] prp וִירָאוּ לָכֶם (imp qal cf Jos 24,14) ‖ [c] 𝔊[-963](𝔙) *καὶ εὐλαβηθήσονται ὑμᾶς* ‖ **5** [a] 𝔊 + *πόλεμον* cf 9.19[c].24; 𝔊 Da 11,25 ‖ [b] ⅏ 𝔖 + ירשה ‖ **7** [a] frt dl (sg) ‖ [b] 𝔊[-O Mss] suff pl cf 𝔖𝔗[J] ‖ [c] mlt Mss ℭ⅏𝔊𝔙 du ut 16,15 24,19 et 31,29, cf 𝔖𝔗[J] ‖ [d] 𝔊 *διάγνωθι*; 𝔖 pr cop ‖ [e] 𝔊 + *καὶ τὴν φοβεράν* = והנורא ut 1,19 ‖ [f] ⅏ + Nu 20,14.17sq ‖ **8** [a] 𝔊(𝔙) *τούς*, frt l את (מן add ex Nu 20,21) ‖ [b] 𝔊[B*min] 2 pl ‖ [c] 𝔊(𝔙) *παρὰ τὴν ὁδόν* = דרך ‖ **9** [a] 𝔊 pl ‖ [b] sic L, mlt Mss Edd אַל ‖ [c–c] ⅏ בו ‖ **10** [a] ℭ יֵשְׁבוּ ‖ **12** [a] 2 Mss ⅏𝔊 sg ‖ [b] ⅏ וישמ(י)דם יהוה מ׳ ויירשום ut 21 ‖ **13** [a] pc Mss ⅏𝔗[Ms] וע׳ cf 𝔊 (+ *οὖν*) ‖ [b] ⅏𝔊[-AO] + סעו ut 24.

14 זָֽרֶד׃ 14 וְהַיָּמִ֞ים אֲשֶׁר־הָלַ֣כְנוּ ׀ מִקָּדֵ֣שׁ בַּרְנֵ֗עַ עַ֤ד אֲשֶׁר־עָבַ֙רְנוּ֙ אֶת־
נַ֣חַל זֶ֔רֶד שְׁלֹשִׁ֥ים וּשְׁמֹנֶ֖ה שָׁנָ֑ה עַד־תֹּ֨ם כָּל־הַדּ֜וֹר אַנְשֵׁ֤י הַמִּלְחָמָה֙[a]
15 מִקֶּ֣רֶב הַֽמַּחֲנֶ֔ה כַּאֲשֶׁ֛ר נִשְׁבַּ֥ע יְהוָ֖ה[b] לָהֶֽם׃ 15 וְגַ֤ם יַד־יְהוָה֙ הָ֣יְתָה בָּ֔ם — יג ר״פ בתור
16 לְהֻמָּ֖ם מִקֶּ֣רֶב הַֽמַּחֲנֶ֑ה עַ֖ד תֻּמָּֽם׃ 16 וַיְהִ֨י כַאֲשֶׁר־תַּ֜מּוּ כָּל־ — ב
17 אַנְשֵׁ֧י הַמִּלְחָמָ֛ה לָמ֖וּת מִקֶּ֥רֶב הָעָֽם׃ ס 17 וַיְדַבֵּ֥ר יְהוָ֖ה אֵלַ֥י — ל
18 19 לֵאמֹֽר׃ 18 אַתָּ֨ה עֹבֵ֥ר הַיּ֛וֹם אֶת־גְּב֥וּל מוֹאָ֖ב אֶת־עָֽר׃ 19 וְקָֽרַבְתָּ֗[a] — יא ר״פ ד מנה בתור . ל[8]
מ֚וּל בְּנֵ֣י עַמּ֔וֹן אַל־תְּצֻרֵ֖ם[b] וְאַל־תִּתְגָּ֣ר[c] בָּ֑ם כִּ֡י לֹא־אֶ֠תֵּן מֵאֶ֨רֶץ בְּנֵי־ — ל
20 עַמּ֤וֹן לְךָ֙ יְרֻשָּׁ֔ה כִּ֥י לִבְנֵי־ל֖וֹט נְתַתִּ֥יהָ יְרֻשָּֽׁה׃ 20 אֶֽרֶץ־רְפָאִ֥ים תֵּחָשֵׁ֖ב — יג ר״פ
אַף־הִ֑וא רְפָאִ֤ים יָֽשְׁבוּ־בָהּ֙ לְפָנִ֔ים וְהָֽעַמֹּנִ֔ים יִקְרְא֥וּ לָהֶ֖ם זַמְזֻמִּֽים׃ — ל
21 עַ֣ם גָּד֥וֹל וְרַ֛ב וָרָ֖ם[a] כָּֽעֲנָקִ֑ים וַיַּשְׁמִידֵ֤ם יְהוָה֙ מִפְּנֵיהֶ֔ם וַיִּֽירָשֻׁ֖ם וַיֵּשְׁב֥וּ — ג חד מל וב חס
22 תַחְתָּֽם׃ 22 כַּאֲשֶׁ֣ר עָשָׂ֗ה לִבְנֵ֣י עֵשָׂ֔ו הַיֹּשְׁבִ֖ים בְּשֵׂעִ֑יר אֲשֶׁ֨ר הִשְׁמִ֤יד אֶת־
23 הַחֹרִי֙ מִפְּנֵיהֶ֔ם וַיִּֽירָשֻׁם֙ וַיֵּשְׁב֣וּ תַחְתָּ֔ם עַ֖ד הַיּ֥וֹם הַזֶּֽה׃ 23 וְהָֽעַוִּ֛ים — ג חד מל וב חס . ד
הַיֹּשְׁבִ֥ים בַּחֲצֵרִ֖ים[a] עַד־עַזָּ֑ה כַּפְתֹּרִ֗ים[b] הַיֹּצְאִ֣ים מִכַּפְתֹּ֔ר[c] הִשְׁמִידֻ֖ם — ב חד חס וחד מל[9]
24 וַיֵּשְׁב֥וּ תַחְתָּֽם׃ 24 ק֣וּמוּ סְּע֗וּ וְעִבְרוּ֮ אֶת־נַ֣חַל אַרְנֹן֒ רְ֠אֵה נָתַ֨תִּי בְיָדְךָ֜[a]
אֶת־סִיחֹ֨ן מֶֽלֶךְ־חֶשְׁבּ֧וֹן הָֽאֱמֹרִ֛י וְאֶת־אַרְצ֖וֹ הָחֵ֣ל רָ֑שׁ[b] וְהִתְגָּ֥ר בּ֖וֹ — ה[10] . ג קמ[11]
25 מִלְחָמָֽה׃ 25 הַיּ֣וֹם הַזֶּ֗ה אָחֵל֙[a] תֵּ֤ת פַּחְדְּךָ֙ וְיִרְאָ֣תְךָ֔ עַל־פְּנֵ֣י[b] הָֽעַמִּ֔ים — ג[12]
תַּ֖חַת כָּל־[c]הַשָּׁמָ֑יִם אֲשֶׁ֤ר יִשְׁמְעוּן֙[d] שִׁמְעֲךָ֔ וְרָגְז֥וּ וְחָל֖וּ מִפָּנֶֽיךָ׃ — ה[13]
26 וָאֶשְׁלַ֤ח מַלְאָכִים֙ מִמִּדְבַּ֣ר קְדֵמ֔וֹת אֶל־סִיח֖וֹן מֶ֣לֶךְ חֶשְׁבּ֑וֹן — ד מל בתור
27 דִּבְרֵ֥י שָׁל֖וֹם לֵאמֹֽר׃ 27 אֶעְבְּרָ֣ה בְאַרְצֶ֔ךָ בַּדֶּ֥רֶךְ בַּדֶּ֖רֶךְ[a] אֵלֵ֑ךְ לֹ֥א
28 אָס֖וּר יָמִ֥ין וּשְׂמֹֽאול׃ 28 אֹ֣כֶל בַּכֶּ֤סֶף תַּשְׁבִּרֵ֙נִי֙ וְאָכַ֔לְתִּי וּמַ֛יִם בַּכֶּ֥סֶף — ל
29 תִּתֶּן־לִ֖י וְשָׁתִ֑יתִי רַ֖ק אֶעְבְּרָ֥ה בְרַגְלָֽי׃ 29 כַּאֲשֶׁ֨ר עָֽשׂוּ־לִ֜י בְּנֵ֣י עֵשָׂ֗ו
הַיֹּֽשְׁבִים֙ בְּשֵׂעִ֔יר וְהַמּ֣וֹאָבִ֔ים הַיֹּשְׁבִ֖ים בְּעָ֑ר עַ֤ד אֲשֶׁר־אֶֽעֱבֹר֙ אֶת־ — ב חד חס וחד מל
30 הַיַּרְדֵּ֔ן אֶל־הָאָ֕רֶץ אֲשֶׁר־יְהוָ֥ה אֱלֹהֵ֖ינוּ נֹתֵ֥ן לָֽנוּ׃ 30 וְלֹ֣א אָבָ֗ה סִיחֹן֙ — יז ר״פ בסיפ[14]

[8]Mm 481. [9]Mm 1058. [10]Mm 1061. [11]Mm 1546. [12]Mm 1059. [13]Mm 1060. [14]Mm 1165.

14 [a] 𝔊[BLmin] + *ἀποθνήσκοντες* = לָמוּת ut 16 ‖ [b] 𝔊[B*min] *ὁ θεός* = אֱלֹהִים cf 𝔊[MNmin] ‖ **19** [a] 𝔊𝔗[J] pl ‖ [b] 𝔊 pl ‖ [c] 𝔊(𝔗𝔗[J]) + *εἰς πόλεμον* = מלחמה cf 5[a].9.24 ‖ **21** [a] 𝔊[-ΘO min] *δυνατώτερον (ὑμῶν)* ‖ **23** [a] 𝔊[BMs] *Ασηδωθ* = אשדוד? 𝔊[rel](𝔏) *Ασηρωθ* = חצרות cf Nu 11,35 et saepe ‖ [b] 𝔊(𝔖𝔗𝔗[J]𝔙) *Καππάδοκες* ‖ [c] 𝔊(𝔖𝔗𝔗[J]𝔙) *ἐκ Καππαδοκίας* ‖ **24** [a] 𝔊𝔖 du cf 𝔗[J] ‖ [b] 𝔊(𝔙) *κληρονομεῖν* cf 31[b–b] ‖ **25** [a] Ms 𝔐𝔊 החל ut 24 ‖ [b] Ms ℭ𝔊 + כל ‖ [c] > V[Ken 80] Ms 𝔊[-LO]𝔖 ‖ [d] 𝔐 + את ‖ **27** [a] > 𝔊; 𝔙 *publica*; l הַמֶּלֶךְ (homtel? cf Nu 21,22).

ל̇ וחס מֶלֶךְ חֶשְׁבּוֹן הַעֲבִרֵנוּ בּוֹ [a]כִּי־הִקְשָׁה יְהוָה אֱלֹהֶיךָ[b] אֶת־רוּחוֹ וְאִמֵּץ
ג̇15 ול̇16 בסיפ̇ אֶת־לְבָבוֹ לְמַעַן תִּתּוֹ בְיָדְךָ[c] כַּיּוֹם[d] הַזֶּה[a]׃ ס 31 וַיֹּאמֶר יְהוָה אֵלַי ס̄[ג]
ב̇17 . ה̇18 . ג̇ קמ̇19 רְאֵה הַחִלֹּתִי תֵּת לְפָנֶיךָ אֶת־סִיחֹן[a] וְאֶת־אַרְצוֹ הָחֵל [b]רָשׁ לָרֶשֶׁת[b]
ד̇20 אֶת־אַרְצוֹ׃ 32 וַיֵּצֵא סִיחֹן לִקְרָאתֵנוּ הוּא וְכָל־עַמּוֹ לַמִּלְחָמָה יָהְצָה׃ 32
בניו ק̇ חד מן ד̇21 כת̇ חס̇ בליש̇ 33 וַיִּתְּנֵהוּ יְהוָה אֱלֹהֵינוּ לְפָנֵינוּ[a] וַנַּךְ אֹתוֹ וְאֶת־בָּנָו[b] וְאֶת־כָּל־עַמּוֹ׃ 33
34 וַנִּלְכֹּד אֶת־כָּל־עָרָיו בָּעֵת הַהִוא וַנַּחֲרֵם אֶת־כָּל־עִיר[a] מְתִם 34
ל̇ . ל̇ וְהַנָּשִׁים[b] וְהַטָּף לֹא הִשְׁאַרְנוּ שָׂרִיד׃ 35 רַק הַבְּהֵמָה בָּזַזְנוּ לָנוּ וּשְׁלַל 35
הֶעָרִים אֲשֶׁר לָכָדְנוּ׃ 36 מֵעֲרֹעֵר אֲשֶׁר עַל־שְׂפַת־נַחַל אַרְנֹן וְהָעִיר 36
ל̇ אֲשֶׁר בַּנַּחַל וְעַד־הַגִּלְעָד לֹא הָיְתָה קִרְיָה אֲשֶׁר שָׂגְבָה מִמֶּנּוּ אֶת־הַכֹּל
ב̇ . ל̇ נָתַן יְהוָה אֱלֹהֵינוּ לְפָנֵינוּ[a]׃ 37 [a]רַק אֶל־אֶרֶץ בְּנֵי־עַמּוֹן לֹא קָרָבְתָּ[b] 37
כָּל־יַד נַחַל יַבֹּק[c] וְעָרֵי הָהָר וְכֹל[d] אֲשֶׁר־צִוָּה[e] יְהוָה אֱלֹהֵינוּ[a]׃

3 1 וַנֵּפֶן וַנַּעַל דֶּרֶךְ הַבָּשָׁן וַיֵּצֵא עוֹג מֶלֶךְ־הַבָּשָׁן לִקְרָאתֵנוּ הוּא **3**
ד̇1 וְכָל־עַמּוֹ[a] לַמִּלְחָמָה אֶדְרֶעִי[b]׃ 2 וַיֹּאמֶר יְהוָה אֵלַי אַל־תִּירָא אֹתוֹ כִּי 2
ה̇2 בְיָדְךָ[a] נָתַתִּי אֹתוֹ וְאֶת־כָּל־עַמּוֹ וְאֶת־אַרְצוֹ וְעָשִׂיתָ לּוֹ כַּאֲשֶׁר עָשִׂיתָ
יז מל̇ בתור̇ לְסִיחֹן מֶלֶךְ הָאֱמֹרִי אֲשֶׁר יוֹשֵׁב בְּחֶשְׁבּוֹן׃ 3 וַיִּתֵּן יְהוָה אֱלֹהֵינוּ בְּיָדֵנוּ[a] 3
גַּם אֶת־עוֹג מֶלֶךְ־הַבָּשָׁן וְאֶת־כָּל־עַמּוֹ וַנַּכֵּהוּ[b] עַד־בִּלְתִּי הִשְׁאִיר־לוֹ
שָׂרִיד׃ 4 וַנִּלְכֹּד אֶת־כָּל־עָרָיו בָּעֵת הַהִוא לֹא הָיְתָה קִרְיָה אֲשֶׁר 4
ד̇ לֹא־לָקַחְנוּ מֵאִתָּם שִׁשִּׁים עִיר כָּל־חֶבֶל[a] אַרְגֹּב[b] מַמְלֶכֶת עוֹג בַּבָּשָׁן׃
ח̇ ר״פ בסיפ̇ . ב̇ חס̇3 5 כָּל־אֵלֶּה[a] עָרִים[b] בְּצֻרוֹת חוֹמָה גְבֹהָה דְּלָתַיִם וּבְרִיחַ לְבַד מֵעָרֵי 5
ב̇ . ל̇ט מל̇ בתור̇ הַפְּרָזִי הַרְבֵּה מְאֹד׃ 6 וַנַּחֲרֵם אוֹתָם כַּאֲשֶׁר עָשִׂינוּ לְסִיחֹן מֶלֶךְ 6
חֶשְׁבּוֹן הַחֲרֵם כָּל־עִיר מְתִם הַנָּשִׁים[a] וְהַטָּף׃ 7 וְכָל־הַבְּהֵמָה וּשְׁלַל 7

[15] Mm 2753. [16] Mp sub loco. [17] 1S 22,15, cf Mp sub loco. [18] Mm 1061. [19] Mm 1546. [20] Mm 1062. [21] Mm 1063. **Cp 3** [1] Mm 1062. [2] Mm 1061. [3] Mp contra textum, cf Mp sub loco.

30 [a–a] dl? (sg, sed cf 𝔊) ‖ [b] 𝔖 2 pl, 𝔊 1 pl; 𝔊[min] *ὁ θεός* ‖ [c] 𝔊𝔙 du cf 𝔖 ‖ [d] 𝔊[B 963 min] (𝔗[J]) *ἐν τῇ ἡμέρᾳ* = בַּיּוֹם ‖ **31** [a] ш𝔊 + מלך חשבון האמרי ut 24 ‖ [b–b] 𝔊[-ΘMs](𝔙) *κληρονομῆσαι* cf 24[b] ‖ **33** [a] 𝔊[963 Ms](𝔏) *εἰς τὰς χεῖρας ἡμῶν* quod pr 𝔊[ΘLO min]; 𝔙 *vobis* ‖ [b] K sg, V[Ken 1.107] mlt Mss ℭ ш Vrs 𝔗[J] pl ut Q ‖ **34** [a] ш עריו ‖ [b] V[Ken 9] pc Mss ш 𝔖[W] 'ה ut 3,6 ‖ **36** [a] ш בידנו cf 𝔊; 𝔙 *nobis* cf 33[a] ‖ **37** [a–a] dl? vel cf [b] ‖ [b] l c 𝔊𝔖𝔙 1 pl vel cf [a–a] ‖ [c] ш 'הי cf 𝔗𝔗[J] et 3,16[d] ‖ [d] l כְּכֹל cf 𝔊𝔗[J] ‖ [e] ш𝔊[-O min]𝔖 צונו cf 𝔙 ‖ **Cp 3,1** [a] 𝔊[-BΘ 963 LO min] + *μετ' αὐτοῦ* = עִמּוֹ (dupl) ‖ [b] pc Mss רֵעִי– cf 1,4[a] ‖ **2** [a] 𝔊𝔖 du ‖ **3** [a] mlt Mss ℭ𝔊𝔙 du ‖ [b] ш ונכנו ‖ **4** [a] pc Mss חֵבֶל cf 13[b] 14[b] ‖ [b] V[Ken 69] ш 'הא ut 13 ‖ **5** [a] > Ms 𝔊[-O min]𝔙 ‖ [b] V[Ken 69.107] ш[Mss] 'הע (dttg) ‖ **6** [a] V[Ken 1] pc Mss ℭ (?) Vrs 𝔗[J] 'וה ut 2,34.

8 הֶעָרִים בְּזוֹנוּ[a] לָנוּ׃ 8 וַנִּקַּח בָּעֵת הַהִוא אֶת־הָאָרֶץ מִיַּד שְׁנֵי — ל
מַלְכֵי הָאֱמֹרִי אֲשֶׁר בְּעֵבֶר הַיַּרְדֵּן מִנַּחַל אַרְנֹן עַד־[a]הַר חֶרְמוֹן׃ — ד[4]
9 צִידֹנִים[a] יִקְרְאוּ לְחֶרְמוֹן שִׂרְיֹן וְהָאֱמֹרִי יִקְרְאוּ־לוֹ שְׂנִיר׃ 10 כֹּל | — ל ר״פ. ל וחס. ב. ח ר״פ בסיפ
עָרֵי הַמִּישֹׁר וְכָל־הַגִּלְעָד וְכָל־הַבָּשָׁן עַד־סַלְכָה וְאֶדְרֶעִי[a] עָרֵי — ט פסוק כל וכל וכל[5]. ג
11 מַמְלֶכֶת עוֹג בַּבָּשָׁן׃ 11 כִּי רַק־עוֹג מֶלֶךְ הַבָּשָׁן נִשְׁאַר מִיֶּתֶר הָרְפָאִים — ד. י בטע ר״פ בתור[6]
הִנֵּה[a] עַרְשׂוֹ עֶרֶשׂ בַּרְזֶל הֲלֹה[b] הִוא בְּרַבַּת בְּנֵי עַמּוֹן תֵּשַׁע אַמּוֹת — ד דמטע. ל. ל כת ה. ג
12 אָרְכָּהּ וְאַרְבַּע אַמּוֹת רָחְבָּהּ בְּאַמַּת־אִישׁ׃ 12 וְאֶת־הָאָרֶץ הַזֹּאת — ל. ה וכל את השמים ואת הארץ דכות[7]
יָרַשְׁנוּ בָּעֵת הַהִוא מֵעֲרֹעֵר אֲשֶׁר־עַל־[a]נַחַל אַרְנֹן וַחֲצִי הַר־הַגִּלְעָד — ב[8]
13 וְעָרָיו נָתַתִּי לָראוּבֵנִי[b] וְלַגָּדִי׃ 13 וְיֶתֶר הַגִּלְעָד וְכָל־הַבָּשָׁן מַמְלֶכֶת
עוֹג נָתַתִּי לַחֲצִי שֵׁבֶט הַמְנַשֶּׁה[a] כֹּל חֶבֶל[b] הָאַרְגֹּב לְכָל־[c]הַבָּשָׁן[d] הַהוּא — ל בתור. ל. ל
14 יִקָּרֵא אֶרֶץ רְפָאִים׃ 14 יָאִיר[a] בֶּן־מְנַשֶּׁה לָקַח אֶת־כָּל־חֶבֶל[b] אַרְגֹּב[c] — כא[9]. ל ר״פ[10]
עַד־גְּבוּל הַגְּשׁוּרִי וְהַמַּעֲכָתִי[d] וַיִּקְרָא אֹתָם עַל־שְׁמוֹ אֶת־הַבָּשָׁן חַוֹּת — יב
15 16 יָאִיר עַד הַיּוֹם הַזֶּה׃ 15 וּלְמָכִיר נָתַתִּי אֶת־הַגִּלְעָד׃ 16 וְלָראוּבֵנִי[a] — ל. ב[11]
וְלַגָּדִי נָתַתִּי מִן־הַגִּלְעָד וְעַד־[b]נַחַל אַרְנֹן תּוֹךְ הַנַּחַל וּגְבֻל וְעַד[c] [d]יַבֹּק — ב ול בתור[12]. יד פסוק ועד ועד[13]. ט חס ג[14] מנה בליש
17 הַנַּחַל גְּבוּל בְּנֵי עַמּוֹן׃ 17 וְהָעֲרָבָה וְהַיַּרְדֵּן וּגְבֻל מִכִּנֶּרֶת וְעַד יָם — ב. ג[15]. ט חס ג[14] מנה בליש. ד[16]
18 הָעֲרָבָה יָם הַמֶּלַח תַּחַת אַשְׁדֹּת הַפִּסְגָּה מִזְרָחָה׃ 18 וָאֲצַו — ל
אֶתְכֶם בָּעֵת הַהִוא לֵאמֹר יְהוָה אֱלֹהֵיכֶם נָתַן לָכֶם[a] אֶת־הָאָרֶץ הַזֹּאת
לְרִשְׁתָּהּ חֲלוּצִים תַּעַבְרוּ לִפְנֵי אֲחֵיכֶם בְּנֵי־יִשְׂרָאֵל כָּל־בְּנֵי־חָיִל׃
19 [a]רַק נְשֵׁיכֶם וְטַפְּכֶם[b] וּמִקְנֵכֶם[ac] יָדַעְתִּי כִּי־מִקְנֶה רַב לָכֶם יֵשְׁבוּ — ל. ד חס ול בליש. כ[17]
20 בְּעָרֵיכֶם אֲשֶׁר נָתַתִּי לָכֶם׃ 20 עַד אֲשֶׁר־יָנִיחַ יְהוָה[a] | לַאֲחֵיכֶם כָּכֶם
וְיָרְשׁוּ גַם־הֵם אֶת־הָאָרֶץ אֲשֶׁר [b]יְהוָה אֱלֹהֵיכֶם[b] נֹתֵן לָהֶם[c] בְּעֵבֶר — ד בטע בסיפ

[4]Mm 2193. [5]Mm 1981. [6]Mm 1151. [7]Mm 2574. [8]Mm 2104. [9]Mm 17. [10]Mm 978. [11]Mm 1246. [12]Mp sub loco. [13]Mm 1244. [14]Mm 1320. [15]Mm 1064. [16]Mm 1081. [17]Mm 534.

7 [a] ⅏ בזונו ut 2,35 ‖ **8** [a] pc Mss ⅏𝔊$^{BN\Theta L\ min}$𝔖 וְעַד ‖ **9** [a] 𝔊 *οἱ Φοίνικες* ‖ **10** [a] cf 1[b] ‖ **11** [a] V$^{Ken\ 80}$ nonn Mss 'וה; > 𝔖 ‖ [b] l c mlt Mss ℭ⅏𝔗 הֲלֹא cf 𝔊𝔖𝔗^{J}; 𝔙 *qui est* ‖ **12** [a] V$^{Ken\ 80.107}$ nonn Mss ⅏𝔊𝔖𝔗^{Ms}𝔗^{J}𝔙 + שְׂפַת ut 2,36 4,48 ‖ [b] sic L, mlt Mss Edd לָרְאוּ' ‖ **13** [a] tr ^ ad הארגב ‖ [b] cf 4[a] ‖ [c] V$^{Ken\ 9.69}$ mlt Mss 𝔊$^{N\Theta L\ min}$𝔖𝔗^{Ms}𝔗^{J}𝔙^{Edd} וכל, sed l 𝔐 ‖ [d] tr Zaqef ad ההוא ‖ **14** [a] ⅏𝔊𝔖𝔗^{J} 'וי ‖ [b] cf 4[a] ‖ [c] V$^{Ken\ 69}$ pc Mss ⅏ הארג(ו)ב cf 4[b] ‖ [d] ⅏ והמכעתי ‖ **16** [a] cf 12[b] ‖ [b] V$^{Ken\ 9.69.107}$ pc Mss 𝔊𝔙 עד ‖ [c] ⅏𝔙 עד ‖ [d] ⅏^{Mss} 'הי cf 2,37[c] ‖ **18** [a] 𝔊$^{963\ BN\Theta\ min}$ 1 pl cf 1,26[a].30[a] ‖ **19** [a–a] 𝔙 sine suff; ⅏ 'טפ' ונש' ומק ‖ [b] V$^{Ken\ 80}$ Ms ⅏ 'ט ‖ [c] mlt Mss ℭ ⅏ ‑ניכם ‖ **20** [a] 𝔊$^{963\ L\ min}$ + *ὁ θεὸς ἡμῶν* (𝔊^{rel} *ὑμῶν*); V$^{Ken\ 107}$ + עֲלֵיכֶם ‖ [b–b] 𝔊$^{AB\ 963\ LO\ min}$ *κύριος ὁ θεὸς ἡμῶν*; > 𝔙 ‖ [c] Seb mlt Mss ℭ^{Mss} לכם.

הַיַּרְדֵּן וְשַׁבְתֶּם אִישׁ לִֽירֻשָּׁתוֹ אֲשֶׁר נָתַתִּי לָכֶם׃ 21 וְאֶת־יְהוֹשׁוּעַ 21
צִוֵּיתִי בָּעֵת הַהִוא לֵאמֹר עֵינֶיךָ[a] הָרֹאֹת אֵת כָּל־[b]אֲשֶׁר עָשָׂה יְהוָה
אֱלֹהֵיכֶם[c] לִשְׁנֵי הַמְּלָכִים הָאֵלֶּה כֵּן־יַעֲשֶׂה יְהוָה[d] לְכָל־הַמַּמְלָכוֹת
אֲשֶׁר אַתָּה עֹבֵר שָׁמָּה׃ 22 [a]לֹא תִּירָאוּם[b] כִּי יְהוָה אֱלֹהֵיכֶם הוּא 22
הַנִּלְחָם לָכֶם׃ ס קה
ס[ד] פרש 23 וָאֶתְחַנַּן[a] אֶל־יְהוָה בָּעֵת הַהִוא לֵאמֹר׃ 24 [a]אֲדֹנָי יְהוִה[a] אַתָּה
הַחִלּוֹתָ לְהַרְאוֹת אֶת־עַבְדְּךָ אֶת־גָּדְלְךָ וְאֶת־יָדְךָ הַחֲזָקָה[b] אֲשֶׁר מִי־
אֵל בַּשָּׁמַיִם וּבָאָרֶץ אֲשֶׁר־יַעֲשֶׂה כְמַעֲשֶׂיךָ וְכִגְבוּרֹתֶךָ[c]׃ 25 אֶעְבְּרָה־ 25
נָּא וְאֶרְאֶה אֶת־הָאָרֶץ הַטּוֹבָה[a] אֲשֶׁר בְּעֵבֶר הַיַּרְדֵּן הָהָר הַטּוֹב הַזֶּה[b]
וְהַלְּבָנֹן׃ 26 וַיִּתְעַבֵּר יְהוָה בִּי לְמַעַנְכֶם וְלֹא שָׁמַע אֵלָי וַיֹּאמֶר יְהוָה 26
אֵלַי רַב־לָךְ אַל־תּוֹסֶף דַּבֵּר אֵלַי עוֹד בַּדָּבָר הַזֶּה׃ 27 עֲלֵה[a] ׀ רֹאשׁ 27
הַפִּסְגָּה[b] וְשָׂא עֵינֶיךָ יָמָּה וְצָפֹנָה וְתֵימָנָה וּמִזְרָחָה וּרְאֵה בְעֵינֶיךָ כִּי־
לֹא תַעֲבֹר אֶת־הַיַּרְדֵּן הַזֶּה׃ 28 וְצַו[a] אֶת־יְהוֹשֻׁעַ וְחַזְּקֵהוּ וְאַמְּצֵהוּ 28
כִּי־הוּא יַעֲבֹר לִפְנֵי הָעָם הַזֶּה וְהוּא יַנְחִיל אוֹתָם אֶת־הָאָרֶץ אֲשֶׁר
תִּרְאֶה׃ 29 וַנֵּשֶׁב בַּגָּיְא מוּל בֵּית פְּעוֹר׃ פ 29
4 1 וְעַתָּה יִשְׂרָאֵל שְׁמַע אֶל־הַחֻקִּים וְאֶל־הַמִּשְׁפָּטִים אֲשֶׁר אָנֹכִי **4**
מְלַמֵּד אֶתְכֶם[a] לַעֲשׂוֹת לְמַעַן תִּחְיוּ וּבָאתֶם וִירִשְׁתֶּם אֶת־הָאָרֶץ אֲשֶׁר
יְהוָה אֱלֹהֵי אֲבֹתֵיכֶם[b] נֹתֵן לָכֶם׃ 2 לֹא תֹסִפוּ עַל־הַדָּבָר אֲשֶׁר אָנֹכִי 2
מְצַוֶּה אֶתְכֶם[a] וְלֹא תִגְרְעוּ מִמֶּנּוּ לִשְׁמֹר אֶת־מִצְוֺת יְהוָה אֱלֹהֵיכֶם[b]
אֲשֶׁר אָנֹכִי מְצַוֶּה אֶתְכֶם[c]׃ 3 עֵינֵיכֶם הָרֹאֹת אֵת[a] אֲשֶׁר־עָשָׂה יְהוָה 3
[b]בְּבַעַל פְּעוֹר[b] כִּי כָל־הָאִישׁ אֲשֶׁר הָלַךְ אַחֲרֵי בַעַל־פְּעוֹר הִשְׁמִידוֹ

בֹּ[18] . בֹּ מלֹ[19]
הֹ . דֹ[20]
בֹ חד מלֹ וחד חסֹ . גֹ[21]
לֹ[22] . חֹ[23] דֹ מנהֹ בתורֹ
בֹ . גֹ . יֹבֹ פסוק את את ואת ומילה חדה ביניה[24] . בֹ[25]
גֹ[26]
הֹ[27]
הֹ[28] גֹ מנהֹ בתורֹ ולֹ חסֹ בליש
בֹ מלֹ בליש[22] . חֹ
גֹ[29] . נגֹ חֹ[30] מנהֹ בתורֹ הֹ[31] מנהֹ בליש . סֹוֹ
וֹ[32] . בֹ
לטֹ מלֹ בתורֹ
לֹ זקף קמֹ
גֹ
הֹ מיחדֹ חסֹ היום וכל העם דכותֹ[1] . וֹ בטעֹ הֹ[2] מנהֹ בליש
הֹ מיחדֹ חסֹ היום וכל העם דכותֹ[1] . יֹגֹ . דֹ[3]

[18]Mm 1065. [19]Mm 1066. [20]Mm 3719. [21]Mm 1374 א. [22]Mp sub loco. [23]Mm 95. [24]Mm 44. [25]Mm 1926. [26]Mm 2439. [27]Mm 394. [28]Mm 1243. [29]Mm 3237. [30]Mm 845. [31]Mm 1325. [32]Mm 1225. **Cp 4** [1]Mm 1067. [2]Mp sub loco. [3]Mm 3719.

21 [a] 𝔊 2 pl, 𝔊[min] 1 pl, 𝔊[963] 3 pl ‖ [b] > pc Mss ⅏𝔙 ‖ [c] > 2 Mss ⅏; 𝔊[-AMs] 1 pl ‖ [d] 𝔊[-Θmin] + *ὁ θεὸς ἡμῶν (ὑμῶν)* ‖ **22** [a] dl? ‖ [b] nonn Mss ℭ⅏𝔊[B*?]𝔙 אִם— ‖ **23** [a] pc Mss נַּן— ‖ **24** [a–a] 𝔊[B*?] *κύριε ὁ θεός* cf 𝔖𝔗[J]𝔙 ‖ [b] 𝔊(𝔖) + *καὶ τὸν βραχίονά (σου) τὸν ὑψηλόν* = וְאֶת־זְרֹעֲךָ הַנְּטוּיָה cf 4,34 ‖ [c] V[Ken 80.107] Ms ⅏ תֶיךָ— ‖ **25** [a] 𝔊(𝔙) + *ταύτην* = הַזֹּאת ‖ [b] > 𝔊[B*F 963 min] ‖ **27** [a] ⅏ + אל ‖ [b] 𝔊 *(τοῦ) λελαξευμένου* cf 𝔖𝔗[J] et 4,49 ‖ **28** [a] ⅏ וצוי cf 2,4[a] ‖ **Cp 4,1** [a] 𝔊(𝔖) + *σήμερον* = הַיּוֹם cf 2[a.c] ‖ [b] 𝔊[Bc Θ963𝔏min] 1 pl cf 2[b] ‖ **2** [a] 𝔊[Bab𝔏min] (𝔄 c ob) + *σήμερον* = הַיּוֹם cf 1[a] ‖ [b] 𝔊[B?NΘ963 𝔏min] 1 pl cf 1[b] ‖ [c] 𝔊[-F?Ms] + *σήμερον* = הַיּוֹם cf 1[a] ‖ **3** [a] pc Mss 𝔊[-Θmin]𝔖𝔙 + כל ut 3,21 ‖ [b–b] pc Mss 𝔊𝔖 לְבַעַל פ׳, 𝔙 *contra Beelphegor*.

4 [c]יְהוָה אֱלֹהֶיךָ[c] מִקִּרְבֶּךָ׃[d] 4 וְאַתֶּם הַדְּבֵקִים בַּיהוָה אֱלֹהֵיכֶם[a] חַיִּים ל̇
5 כֻּלְּכֶם הַיּוֹם׃ 5 רְאֵה[a] ׀ לִמַּדְתִּי אֶתְכֶם חֻקִּים וּמִשְׁפָּטִים כַּאֲשֶׁר צִוַּנִי
יְהוָה אֱלֹהָי[b] לַעֲשׂוֹת כֵּן בְּקֶרֶב הָאָרֶץ אֲשֶׁר אַתֶּם בָּאִים שָׁמָּה ב̇ . ב̇ ושאר עברים שמה לרשתה[4]
6 לְרִשְׁתָּהּ׃ 6 וּשְׁמַרְתֶּם וַעֲשִׂיתֶם כִּי הוּא חָכְמַתְכֶם וּבִינַתְכֶם לְעֵינֵי[a]
הָעַמִּים אֲשֶׁר יִשְׁמְעוּן אֵת כָּל־הַחֻקִּים הָאֵלֶּה וְאָמְרוּ רַק עַם־חָכָם ה̇[5]
7 וְנָבוֹן הַגּוֹי הַגָּדוֹל הַזֶּה׃ 7 כִּי מִי־גוֹי גָּדוֹל אֲשֶׁר־לוֹ אֱלֹהִים קְרֹבִים[a] ח̇ מל̇ בתור[6]
8 אֵלָיו כַּיהוָה אֱלֹהֵינוּ בְּכָל־קָרְאֵנוּ אֵלָיו׃ 8 וּמִי גּוֹי גָּדוֹל אֲשֶׁר־לוֹ ד̇[7] . ב̇[8]
חֻקִּים וּמִשְׁפָּטִים צַדִּיקִם כְּכֹל הַתּוֹרָה הַזֹּאת אֲשֶׁר אָנֹכִי נֹתֵן לִפְנֵיכֶם ז̇
9 הַיּוֹם׃ 9 רַק[a] הִשָּׁמֶר לְךָ וּשְׁמֹר נַפְשְׁךָ מְאֹד פֶּן־תִּשְׁכַּח אֶת־[b]
הַדְּבָרִים אֲשֶׁר־רָאוּ עֵינֶיךָ וּפֶן־יָסוּרוּ מִלְּבָבְךָ כֹּל יְמֵי חַיֶּיךָ וְהוֹדַעְתָּם ה̇ . ב̇ מל̇[9]
10 לְבָנֶיךָ וְלִבְנֵי בָנֶיךָ׃ 10 יוֹם אֲשֶׁר עָמַדְתָּ[a] לִפְנֵי יְהוָה אֱלֹהֶיךָ[b] בְּחֹרֵב
בֶּאֱמֹר יְהוָה אֵלַי הַקְהֶל־לִי אֶת־הָעָם וְאַשְׁמִעֵם אֶת־דְּבָרָי אֲשֶׁר ג̇[10] . ג̇[11] . ב̇ חד חס וחד מל̇[12]
יִלְמְדוּן לְיִרְאָה אֹתִי כָּל־הַיָּמִים אֲשֶׁר הֵם חַיִּים עַל־הָאֲדָמָה וְאֶת־ ב̇[13] . ג̇[14] . ד̇[15]
11 בְּנֵיהֶם יְלַמֵּדוּן׃ 11 וַתִּקְרְבוּן וַתַּעַמְדוּן תַּחַת הָהָר וְהָהָר בֹּעֵר ל̇ . ג̇[16] . ל̇ . ג̇
12 בָּאֵשׁ עַד־לֵב[a] הַשָּׁמַיִם חֹשֶׁךְ עָנָן וַעֲרָפֶל׃[b] 12 וַיְדַבֵּר יְהוָה אֲלֵיכֶם
מִתּוֹךְ הָאֵשׁ קוֹל דְּבָרִים אַתֶּם שֹׁמְעִים וּתְמוּנָה אֵינְכֶם רֹאִים זוּלָתִי
13 קוֹל׃ 13 וַיַּגֵּד לָכֶם אֶת־בְּרִיתוֹ אֲשֶׁר צִוָּה אֶתְכֶם לַעֲשׂוֹת עֲשֶׂרֶת
14 הַדְּבָרִים וַיִּכְתְּבֵם עַל־שְׁנֵי לֻחוֹת אֲבָנִים׃ 14 וְאֹתִי צִוָּה יְהוָה בָּעֵת
הַהִוא לְלַמֵּד אֶתְכֶם חֻקִּים וּמִשְׁפָּטִים לַעֲשֹׂתְכֶם אֹתָם בָּאָרֶץ אֲשֶׁר ב̇ חד חס וחד מל̇[17]
15 אַתֶּם עֹבְרִים שָׁמָּה לְרִשְׁתָּהּ׃ 15 וְנִשְׁמַרְתֶּם מְאֹד לְנַפְשֹׁתֵיכֶם כִּי לֹא ה̇[18]
רְאִיתֶם כָּל־תְּמוּנָה בְּיוֹם דִּבֶּר יְהוָה אֲלֵיכֶם בְּחֹרֵב מִתּוֹךְ הָאֵשׁ׃
16 פֶּן־תַּשְׁחִתוּן וַעֲשִׂיתֶם לָכֶם פֶּסֶל תְּמוּנַת כָּל־סָמֶל תַּבְנִית זָכָר אוֹ ז̇[19] חס̇ ב̇ מנה בליש
17 נְקֵבָה׃ 17 תַּבְנִית כָּל־בְּהֵמָה אֲשֶׁר בָּאָרֶץ תַּבְנִית כָּל־צִפּוֹר כָּנָף אֲשֶׁר ט̇ מל̇ בתור
18 תָּעוּף בַּשָּׁמָיִם׃ 18 תַּבְנִית כָּל־[a]רֹמֵשׂ בָּאֲדָמָה[b] תַּבְנִית כָּל־דָּגָה אֲשֶׁר־ ל̇

[4] Dt 30,18. [5] Mm 1060. [6] Mm 73. [7] Mm 421. [8] Ps 20,10. [9] Mm 3015. [10] Mm 1068. [11] Mm 701. [12] Mm 2388. [13] Mm 3098. [14] Mm 1925. [15] Mm 1069. [16] Mm 1085. [17] Mm 2490. [18] Mm 1070. [19] Mm 1757.

3 c–c > 𝔙; 𝔊𝔖 2 pl, 𝔊 min 1 pl; frt dl? ‖ d 𝔊 1 pl, 𝔊 min 𝔖𝔙 2 pl; frt dl? ‖ **4** a 𝔊 Bab M Θ 963 L min 1 pl cf 1b.2b ‖ **5** a ɯ Vrs 𝔗J pl, sed 1 𝔐 cf 1,8a ‖ b > Ms 𝔊 B min; 𝔖 sine suff ‖ **6** a Ms 𝔊 + כל ‖ **7** a 𝔊𝔖𝔗𝔗J sg ‖ **9** a > 𝔊 ‖ b Ms 𝔊𝔖 + כל ‖ **10** a 𝔊𝔖𝔗J pl ‖ b 𝔊 AMNL min 𝔖𝔗J 2 pl, 𝔊 BΘ 963 min 1 pl ‖ **11** a ɯ לבב; > 𝔊𝔙 ‖ b 𝔊 BL min + *φωνὴ μεγάλη* (ex 5,22?) ‖ **18** a 𝔊(𝔙) + *ἑρπετοῦ* = רֶמֶשׂ ‖ b 𝔅 בָּא׳.

19 בַּמַּיִם מִתַּחַת לָאָרֶץ׃ 19 וּפֶן־תִּשָּׂא עֵינֶיךָ הַשָּׁמַיְמָה[a] וְרָאִיתָ אֶת־ ה̇ . יא[20]
הַשֶּׁמֶשׁ וְאֶת־הַיָּרֵחַ וְאֶת־הַכּוֹכָבִים כֹּל צְבָא הַשָּׁמַיִם וְנִדַּחְתָּ וְהִשְׁתַּחֲוִיתָ ל̇[21]
לָהֶם וַעֲבַדְתָּם אֲשֶׁר חָלַק יְהוָה אֱלֹהֶיךָ אֹתָם לְכֹל הָעַמִּים תַּחַת ד̇[22]
20 כָּל־הַשָּׁמָיִם׃ 20 וְאֶתְכֶם לָקַח יְהוָה[a] וַיּוֹצִא אֶתְכֶם מִכּוּר הַבַּרְזֶל ד̇[23]
21 מִמִּצְרָיִם לִהְיוֹת לוֹ לְעַם נַחֲלָה כַּיּוֹם הַזֶּה׃ 21 וַיהוָה הִתְאַנֶּף[a]־בִּי עַל־ כב בתור
דִּבְרֵיכֶם וַיִּשָּׁבַע[b] לְבִלְתִּי עָבְרִי אֶת־הַיַּרְדֵּן[c] וּלְבִלְתִּי־בֹא[d] אֶל־
22 הָאָרֶץ הַטּוֹבָה[e] אֲשֶׁר [f]יְהוָה אֱלֹהֶיךָ[fg] נֹתֵן לְךָ[h] נַחֲלָה׃ 22 כִּי אָנֹכִי מֵת
בָּאָרֶץ הַזֹּאת אֵינֶנִּי עֹבֵר אֶת־הַיַּרְדֵּן[a] וְאַתֶּם עֹבְרִים וִירִשְׁתֶּם אֶת־
23 הָאָרֶץ הַטּוֹבָה הַזֹּאת׃ 23 הִשָּׁמְרוּ לָכֶם פֶּן־תִּשְׁכְּחוּ אֶת־בְּרִית יְהוָה
אֱלֹהֵיכֶם[a] אֲשֶׁר כָּרַת עִמָּכֶם וַעֲשִׂיתֶם לָכֶם פֶּסֶל תְּמוּנַת כֹּל אֲשֶׁר[b]
24 צִוְּךָ יְהוָה אֱלֹהֶיךָ[c]׃ 24 כִּי יְהוָה אֱלֹהֶיךָ[a] אֵשׁ אֹכְלָה הוּא אֵל קַנָּא׃ פ ה̇[24]
25 כִּי־תוֹלִיד[a] בָּנִים וּבְנֵי בָנִים וְנוֹשַׁנְתֶּם בָּאָרֶץ וְהִשְׁחַתֶּם וַעֲשִׂיתֶם ס̇ [ה̇]
פֶּסֶל תְּמוּנַת כֹּל וַעֲשִׂיתֶם הָרַע בְּעֵינֵי יְהוָה־אֱלֹהֶיךָ[b] לְהַכְעִיסוֹ׃ לג בתור
26 הַעִידֹתִי בָכֶם הַיּוֹם אֶת־הַשָּׁמַיִם וְאֶת־הָאָרֶץ כִּי־אָבֹד תֹּאבֵדוּן ב מל . יג̇[25] . ד̇
מַהֵר[a] מֵעַל הָאָרֶץ אֲשֶׁר אַתֶּם עֹבְרִים אֶת־הַיַּרְדֵּן שָׁמָּה לְרִשְׁתָּהּ לֹא־
27 תַאֲרִיכֻן יָמִים עָלֶיהָ כִּי הִשָּׁמֵד תִּשָּׁמֵדוּן׃ 27 וְהֵפִיץ יְהוָה אֶתְכֶם ב̇ . ל̇
בָּעַמִּים[a] וְנִשְׁאַרְתֶּם מְתֵי מִסְפָּר בַּגּוֹיִם[b] אֲשֶׁר יְנַהֵג יְהוָה אֶתְכֶם שָׁמָּה׃ ה̇
28 וַעֲבַדְתֶּם־שָׁם אֱלֹהִים[a] מַעֲשֵׂה יְדֵי אָדָם עֵץ וָאֶבֶן אֲשֶׁר לֹא־יִרְאוּן ט פסוק לא ולא ולא ולא
29 וְלֹא יִשְׁמְעוּן וְלֹא יֹאכְלוּן וְלֹא יְרִיחֻן׃ 29 וּבִקַּשְׁתֶּם[a] מִשָּׁם אֶת־יְהוָה ה̇[26] . ב̇ חד מל וחד חס[27] . ג̇[28]
30 אֱלֹהֶיךָ וּמָצָאתָ[b] כִּי תִדְרְשֶׁנּוּ בְּכָל־לְבָבְךָ וּבְכָל־נַפְשֶׁךָ׃ 30 בַּצַּר
לְךָ[a] וּמְצָאוּךָ כֹּל הַדְּבָרִים הָאֵלֶּה בְּאַחֲרִית הַיָּמִים וְשַׁבְתָּ עַד־יְהוָה ב̇[29] . ה̇[30]

[20] Mm 1071. [21] Mm 1072. [22] Mm 1073. [23] Mm 1074. [24] Mm 1128. [25] Mm 3139. [26] Mm 1060. [27] Mm 3393. [28] Mm 926. [29] Mm 1075. [30] Mm 1076.

19 [a] ɯ השמים ‖ **20** [a] 𝔊$^{B\Theta 963 min}$ ὁ θεός 𝔊^{rel} (𝔊^{O} c ob) κύριος ὁ θεός ‖ **21** [a] 𝔅 נַף– ‖ [b] > Ms ɯ ‖ [c] Ms 𝔊$^{-O min}$𝔖 + הזה cf 22[a] ‖ [d] 𝔊(𝔖𝔗^{J}𝔙) εἰσέλθω = בֹּאִי ‖ [e] > 𝔊$^{-L}$ min(𝔊^{O} c ast)𝔗^{J} ‖ [f–f] > 𝔙 ‖ [g] 𝔊$^{AFN963 L min}$ ὁ θεός, 𝔊$^{\Theta}$𝔖𝔗^{J} 2 pl, 𝔊^{min} 1 pl ‖ [h] 𝔊$^{\Theta min}$𝔖𝔗^{J}𝔙 2 pl ‖ **22** [a] 𝔊$^{ABa FMN 963 min}$(𝔊^{O} c ob)(𝔖) + τοῦτον cf 21[c] ‖ **23** [a] 𝔊$^{N963 LO min}$ 1 pl ‖ [b] Seb Ms (?) כַּאֲשֶׁר ‖ [c] > 𝔙; 𝔏𝔖𝔗^{J} pl ‖ **24** [a] H 12,29 1 pl, 𝔏𝔖𝔗^{J} 2 pl ‖ **25** [a] ɯ𝔏𝔖𝔗𝔗^{J}𝔙 pl, l 𝔐 ‖ [b] ɯ𝔊𝔖𝔗^{J}𝔙 2 pl, 𝔊$^{N min}$ 1 pl; l 𝔐 ‖ **26** [a] > 𝔊$^{-min}$, 𝔊^{O} c ast; cf 9,3[b].16[b] ‖ **27** [a] 𝔊$^{-L}$(𝔙) ἐν πᾶσιν τοῖς ἔθνεσιν = בכל העמים ‖ [b] 𝔊$^{ABc min}$ ἐν πᾶσι(ν) τοῖς ἔθνεσιν = בכל הגוים ‖ **28** [a] pc Mss 𝔊 + אֲחֵרִים (> 𝔐, homtel) cf 𝔗𝔗^{J} ‖ **29** [a] prb l c ɯ𝔗𝔙 sg ‖ [b] ɯ𝔙 וּמְצָאתוֹ cf 𝔊$^{-B\Theta min}$𝔖; ɯ^{Mss} hic fin 29 ‖ **30** [a] ɯ^{Mss} hic fin 29.

31 אֱלֹהֶיךָ וְשָׁמַעְתָּ בְּקֹלוֹ׃ 31 כִּי אֵל רַחוּם יְהוָה אֱלֹהֶיךָ לֹא יַרְפְּךָ וְלֹא
32 יַשְׁחִיתֶךָ וְלֹא יִשְׁכַּח אֶת־בְּרִית אֲבֹתֶיךָ אֲשֶׁר נִשְׁבַּע לָהֶם׃ 32 כִּי
שְׁאַל־נָא [a]לְיָמִים רִאשֹׁנִים[a] אֲשֶׁר־הָיוּ לְפָנֶיךָ לְמִן־הַיּוֹם אֲשֶׁר בָּרָא
אֱלֹהִים׀ אָדָם עַל־הָאָרֶץ וּלְמִקְצֵה הַשָּׁמַיִם וְעַד־קְצֵה הַשָּׁמָיִם הֲנִהְיָה[b]
33 כַּדָּבָר הַגָּדוֹל הַזֶּה אוֹ הֲנִשְׁמַע כָּמֹהוּ׃ 33 הֲשָׁמַע עָם קוֹל אֱלֹהִים[a]
34 מְדַבֵּר מִתּוֹךְ־הָאֵשׁ כַּאֲשֶׁר־שָׁמַעְתָּ אַתָּה וַיֶּחִי[b]׃ 34 אוֹ׀ הֲנִסָּה אֱלֹהִים
לָבוֹא לָקַחַת לוֹ גוֹי מִקֶּרֶב גּוֹי בְּמַסֹּת בְּאֹתֹת וּבְמוֹפְתִים וּבְמִלְחָמָה
וּבְיָד חֲזָקָה וּבִזְרוֹעַ נְטוּיָה וּבְמוֹרָאִים גְּדֹלִים כְּכֹל אֲשֶׁר־עָשָׂה לָכֶם[a]
35 יְהוָה אֱלֹהֵיכֶם[b] בְּמִצְרַיִם לְעֵינֶיךָ[c]׃ 35 אַתָּה הָרְאֵתָ לָדַעַת כִּי יְהוָה[a]
36 הוּא הָאֱלֹהִים אֵין עוֹד מִלְּבַדּוֹ[b]׃ 36 מִן־הַשָּׁמַיִם הִשְׁמִיעֲךָ אֶת־קֹלוֹ
לְיַסְּרֶךָּ וְעַל־הָאָרֶץ הֶרְאֲךָ אֶת־אִשּׁוֹ הַגְּדוֹלָה וּדְבָרָיו שָׁמַעְתָּ מִתּוֹךְ
37 [a]הָאֵשׁ׃ 37 וְתַחַת[a] כִּי אָהַב אֶת־אֲבֹתֶיךָ וַיִּבְחַר [b]בְּזַרְעוֹ אַחֲרָיו[b] וַיּוֹצִאֲךָ[c]
38 בְּפָנָיו בְּכֹחוֹ[d] הַגָּדֹל מִמִּצְרָיִם׃ 38 לְהוֹרִישׁ גּוֹיִם גְּדֹלִים וַעֲצֻמִים מִמְּךָ
39 מִפָּנֶיךָ לַהֲבִיאֲךָ לָתֶת־לְךָ אֶת־אַרְצָם נַחֲלָה כַּיּוֹם הַזֶּה׃ 39 [a]וְיָדַעְתָּ
הַיּוֹם[a] וַהֲשֵׁבֹתָ אֶל[b]־לְבָבֶךָ כִּי יְהוָה הוּא הָאֱלֹהִים בַּשָּׁמַיִם מִמַּעַל
40 וְעַל־הָאָרֶץ מִתָּחַת אֵין עוֹד׃ 40 וְשָׁמַרְתָּ אֶת־חֻקָּיו וְאֶת־מִצְוֺתָיו אֲשֶׁר
אָנֹכִי מְצַוְּךָ הַיּוֹם אֲשֶׁר יִיטַב לְךָ וּלְבָנֶיךָ אַחֲרֶיךָ וּלְמַעַן תַּאֲרִיךְ
יָמִים עַל־הָאֲדָמָה אֲשֶׁר יְהוָה אֱלֹהֶיךָ נֹתֵן לְךָ כָּל־הַיָּמִים׃ פ
ס [ו] 41 אָז יַבְדִּיל מֹשֶׁה שָׁלֹשׁ עָרִים בְּעֵבֶר הַיַּרְדֵּן [a]מִזְרְחָה שָׁמֶשׁ[a]׃
42 לָנֻס שָׁמָּה רוֹצֵחַ[a] אֲשֶׁר יִרְצַח אֶת־רֵעֵהוּ בִּבְלִי־דַעַת וְהוּא לֹא־
43 שֹׂנֵא לוֹ מִתְּמֹל שִׁלְשֹׁם וְנָס אֶל־אַחַת מִן־הֶעָרִים הָאֵל[b] וָחָי׃ 43 אֶת־

ג חס ס״פ בסיפ . לד פסוק לא ולא ולא[31]
ב[32] . י בטע ר״פ בתור[33]
ה . ה[34] . ח ג מנה בתור . ג בתור[35]
ה[36] . ל
ג . ח מל בתור[37] . ב[38] . ל . יז וכל זקף אתנח וס״פ דכות[39]
כו פסוק דאית בהון א״ב . ב[40]
ג ב מנה מל בליש בתור . ג[41]
ג[42] מל בתור וכל בנ״ך דכות ב מ ג . ל מל
יא ר״פ ד מנה בתור . ב חד מל וחד חס
ג[43] ר״פ בתור וכל נביא דכות ב מ ה
ב[44] . ד[45] מל בתור וכל קריא דכות ב מ ז . ה[46]
ב ר״פ . ד[47] . ב חד חס וחד מל[48]
ה[49]
ב[50]
ג[51] . [52]
ט מיחד
ד בטע בסיפ
ג . ל
ב חס . י מילין ר״פ ובתר שמה[53] . ד מל
ד חס[54] . ג[55] . ח לשון חול[56] . ז[57] ר״פ בסיפ וחד מן ו[58] ר״פ את ואת ואת

[31] Mm 771. [32] 2 Ch 35,21. [33] Mm 1151. [34] Mm 823. [35] Mm 3. [36] Mm 2525. [37] Mm 73. [38] Mm 4001. [39] Mm 2120. [40] Mm 3458. [41] Mm 3000. [42] Mm 408. [43] Mm 2980. [44] Hi 18,5. [45] Mm 1193. [46] Mm 1077. [47] Mm 1078. [48] Mp sub loco. [49] Mm 3008. [50] Mm 1219. [51] Mm 1920. [52] Mm 1079. [53] Mm 1123. [54] Mm 518 contra textum. [55] Mm 4192. [56] Mm 119. [57] Mm 1143. [58] Mm 2599.

32 a–a Ms ⅏𝔖𝔗 לְיֹ׳ הָרִ׳ ‖ b ⅏ הן היה, 𝔗𝔗^{J} *hhwh* = הֲהָיָה ‖ **33** a 2 Mss ⅏𝔊𝔗^{J} + חַיִּים(הַ) ut 5,26 ‖ b 𝔊𝔙 2 sg, 𝔖 2 pl cf 37.42 ‖ **34** a > V$^{Ken 80}$ Ms 𝔊$^{AB\Theta 963 min}$𝔖; cf b ‖ b prb l c 𝔊$^{-N min}$ 1 pl ‖ c Ms ⅏𝔖𝔗 2 pl cf 𝔗^{J} ‖ **35** a 𝔊 + *ὁ θεός σου* (> 𝔊^{129}), cf 𝔊 39 ‖ b 𝔙 מְלֹ׳ ‖ **36/37** a–a prb l הָאֵשׁ וְתַחַת cf 33 ‖ b–b ⅏𝔊𝔖𝔗𝔙 3 pl ut 10,15; 𝔊 + *ὑμᾶς*; 𝔊$^{L min}$ + *παρὰ πάντα τὰ ἔθνη* ex 10,15 ‖ c 𝔏𝔖 suff 2 pl ‖ d ⅏ וּבְ׳ ‖ **39** a–a > 𝔊$^{\Theta min}$ ‖ b ⅏ על ‖ **41** a–a Ms ⅏^{Mss}𝔗𝔗^{J} מזרח השׁ׳ cf 𝔖, Ms ⅏ מִ׳ הַשׁ׳; cf 47 b–b ‖ **42** a ⅏𝔊 הר׳ cf 𝔖𝔗𝔗^{J} et 19,4 ‖ b l c Seb Ms ⅏ הָאֵלֶּה cf 7,22^{a} 19,11^{c}.

בֶּ֣צֶר בַּמִּדְבָּ֛ר בְּאֶ֥רֶץ הַמִּישֹׁ֖ר לָֽרְאוּבֵנִ֑י[a] וְאֶת־רָאמֹ֤ת בַּגִּלְעָד֙ לַגָּדִ֔י ג בליש[59]. ג כת כן
וְאֶת־גּוֹלָ֥ן בַּבָּשָׁ֖ן לַֽמְנַשִּֽׁי׃ ד בליש[60]
44 וְזֹ֖את[a] הַתּוֹרָ֑ה אֲשֶׁר־שָׂ֣ם מֹשֶׁ֔ה לִפְנֵ֖י בְּנֵ֥י יִשְׂרָאֵֽל׃ 45 אֵ֚לֶּה כה ית[61] מנה ר״פ
הָֽעֵדֹ֔ת[a] וְהַֽחֻקִּ֖ים[b] וְהַמִּשְׁפָּטִ֑ים אֲשֶׁ֨ר דִּבֶּ֤ר מֹשֶׁה֙ אֶל־בְּנֵ֣י יִשְׂרָאֵ֔ל[c]
46 בְּצֵאתָ֖ם מִמִּצְרָֽיִם׃ 46 בְּעֵ֣בֶר הַיַּרְדֵּ֗ן בַּגַּ֙יְא מ֚וּל בֵּ֣ית פְּע֔וֹר בְּאֶ֗רֶץ
סִיחֹן֙ מֶ֣לֶךְ הָֽאֱמֹרִ֔י אֲשֶׁ֥ר יוֹשֵׁ֖ב בְּחֶשְׁבּ֑וֹן אֲשֶׁ֨ר הִכָּ֤ה מֹשֶׁה֙ וּבְנֵ֣י יִשְׂרָאֵ֔ל יז מל בתור. הׄ וכל ר״פ דכות[62]
47 בְּצֵאתָ֖ם מִמִּצְרָֽיִם׃ 47 וַיִּֽירְשׁ֨וּ אֶת־אַרְצ֜וֹ[a] וְאֶת־אֶ֣רֶץ ׀ ע֣וֹג מֶֽלֶךְ־הַבָּשָׁ֗ן
48 שְׁנֵי֙ מַלְכֵ֣י הָֽאֱמֹרִ֔י אֲשֶׁ֖ר בְּעֵ֣בֶר הַיַּרְדֵּ֑ן מִזְרַ֖ח[b] שָֽׁמֶשׁ׃[b] 48 מֵעֲרֹעֵ֞ר אֲשֶׁ֨ר ל
49 עַל־שְׂפַת־נַ֣חַל אַרְנֹ֔ן וְעַד־הַ֥ר שִׂיאֹ֖ן ה֥וּא חֶרְמֽוֹן׃ 49 וְכָל־הָ֨עֲרָבָ֜ה ל. ב
[a]עֵ֤בֶר הַיַּרְדֵּן֙ מִזְרָ֔חָה וְעַ֖ד יָ֣ם הָעֲרָבָ֑ה[a] תַּ֖חַת אַשְׁדֹּ֥ת הַפִּסְגָּֽה׃[b] פ ד[63]
5 1 וַיִּקְרָ֣א מֹשֶׁה֮ אֶל־כָּל־יִשְׂרָאֵל֒ וַיֹּ֣אמֶר אֲלֵהֶ֗ם שְׁמַ֤ע יִשְׂרָאֵל֙
אֶת־הַחֻקִּ֣ים וְאֶת־הַמִּשְׁפָּטִ֔ים אֲשֶׁ֧ר אָנֹכִ֛י דֹּבֵ֥ר בְּאָזְנֵיכֶ֖ם הַיּ֑וֹם[a] ד
2 וּלְמַדְתֶּ֣ם אֹתָ֔ם וּשְׁמַרְתֶּ֖ם לַעֲשֹׂתָֽם׃ 2 יְהוָ֣ה אֱלֹהֵ֗ינוּ כָּרַ֥ת עִמָּ֛נוּ בְּרִ֖ית ד ב חס וב מל[1]
3 בְּחֹרֵֽב׃ 3 לֹ֣א[a] אֶת־אֲבֹתֵ֔ינוּ כָּרַ֥ת יְהוָ֖ה אֶת־הַבְּרִ֣ית הַזֹּ֑את כִּ֣י אִתָּ֔נוּ
4 אֲנַ֨חְנוּ אֵ֥לֶּה פֹ֛ה[b] הַיּ֖וֹם כֻּלָּ֥נוּ חַיִּֽים׃ 4 פָּנִ֣ים ׀ בְּפָנִ֗ים דִּבֶּ֨ר יְהוָ֧ה עִמָּכֶ֛ם
5 בָּהָ֖ר[a] מִתּ֥וֹךְ הָאֵֽשׁ׃ 5 אָֽנֹכִ֞י[a] עֹמֵ֨ד בֵּין־יְהוָ֤ה וּבֵֽינֵיכֶם֙ בָּעֵ֣ת הַהִ֔וא
לְהַגִּ֥יד לָכֶ֖ם אֶת־דְּבַ֣ר[b] יְהוָ֑ה כִּ֤י יְרֵאתֶם֙ מִפְּנֵ֣י הָאֵ֔שׁ וְלֹֽא־עֲלִיתֶ֥ם ג. ל
בָּהָ֖ר לֵאמֹֽר׃ ס
6 6 [a]אָֽנֹכִי֙ יְהוָ֣ה אֱלֹהֶ֔יךָ אֲשֶׁ֧ר הוֹצֵאתִ֛יךָ מֵאֶ֥רֶץ מִצְרַ֖יִם מִבֵּ֣ית יב. ג
7 8 עֲבָדִ֑ים׃ 7 לֹ֣א[a] יִהְיֶ֥ה־לְךָ֛ אֱלֹהִ֥ים אֲחֵרִ֖ים עַל־פָּנָֽיַ׃ 8 לֹֽא־
תַֽעֲשֶׂה־לְךָ֥ פֶ֙סֶל֙ ׀ [a]כָּל־תְּמוּנָ֔ה[a] אֲשֶׁ֤ר בַּשָּׁמַ֙יִם֙ ׀ מִמַּ֔עַל וַֽאֲשֶׁר֙ בָּאָ֖רֶץ ל[2]
9 מִתַּ֑חַת וַאֲשֶׁ֥ר בַּמַּ֖יִם ׀ מִתַּ֥חַת לָאָֽרֶץ׃ 9 לֹא־תִשְׁתַּחֲוֶ֥ה לָהֶ֖ם וְלֹ֣א ב
תָעָבְדֵ֑ם[a] כִּ֣י אָנֹכִ֞י יְהוָ֤ה אֱלֹהֶ֙יךָ֙ אֵ֣ל קַנָּ֔א פֹּ֠קֵד עֲוֺ֨ן אָב֧וֹת עַל־בָּנִ֛ים יב

[59] Mm 1080. [60] Mm 4130. [61] Mm 856. [62] Mm 470. [63] Mm 1081. Cp 5 [1] Mp sub loco. [2] Mm 1082.

43 [a] sic L, mlt Mss Edd לָרְאוּ׳ || 44 [a] 2 Mss 𝔊𝔖𝔙 זאת || 45 [a] 1 העדות? cf 𝔊 *τὰ μαρτύρια* ut 𝔊 2 R 17,15 || [b] V[Ken69] pc Mss ⅏ ה׳ || [c] 𝔊[-B min] + *ἐν τῇ ἐρήμῳ* cf 6,3 8,3 || 47 [a] 𝔊[Θ min] 3 pl || [b–b] Ms חה ש׳–, pc Mss ⅏𝔗[J] מ׳ הש׳ cf 𝔖, ⅏[Mss] חה הש׳–; cf 41 [a–a] || 49 [a–a] prb > 𝔔; ⅏ + ים המלח ut 3,17 || [b] 𝔊 *τὴν λαξευτήν*, 𝔊[L] *τὴν λελαξευμένην* cf 𝔗𝔗[J] et 3,27[b] || Cp 5,1 [a] 𝔔𝔊 + הזה || 3 [a] 𝔔 ולא || [b] pc Mss פֹּה || 4 [a] > Ms 𝔔𝔊[A] || 5 [a] ⅏𝔊𝔖 וא׳ || [b] Ms ⅏ Vrs דִּבְרֵי || 6 [a] 6–21 𝔗[J] libere tradit || 7 [a] 𝔔 כי לא || 8 [a–a] mlt Mss 𝔔⅏𝔖𝔗[Ms]𝔗[J]𝔙 וכל־ת׳ ut Ex 20,4; 𝔊 *οὐδὲ παντὸς ὁμοίωμα* || 9 [a] prb recte, 𝔔 תעוב׳; prp תַּעַ׳ cf 13,3[a].

10 וְעַל[b]־שִׁלֵּשִׁ֛ים וְעַל־רִבֵּעִ֖ים לְשֹׂנְאָֽי׃ 10 וְעֹ֤שֶׂה[a] חֶ֙סֶד֙ לַאֲלָפִ֔ים לְאֹהֲבַ֖י[b] — ל̇[3]. ה̇. כב̇[4] ג̇ מנה בסיפ̇. ד̇
11 וּלְשֹׁמְרֵ֥י מִצְוֹתָֽו[c]׃ ס 11 לֹ֥א תִשָּׂ֛א אֶת־שֵׁם־יְהוָ֥ה אֱלֹהֶ֖יךָ לַשָּׁ֑וְא — ו̇. מצותי ק̇ חד מן מח̇[5] כת̇ ו וקר̇ י
12 כִּ֣י לֹ֤א יְנַקֶּה֙ יְהוָ֔ה אֵ֛ת[a] אֲשֶׁר־יִשָּׂ֥א אֶת־שְׁמ֖וֹ לַשָּֽׁוְא[b]׃ ס 12 שָׁמ֣וֹר — לז̇. ג̇ מל̇ בתור̇ וחד מן ג̇[6] זוגין ול̇[3] בעינ̇
13 אֶת־י֤וֹם הַשַּׁבָּת֙ לְקַדְּשׁ֔וֹ כַּאֲשֶׁ֥ר צִוְּךָ֖ ׀ יְהוָ֥ה אֱלֹהֶֽיךָ 13 שֵׁ֤שֶׁת יָמִים֙
14 תַּעֲבֹ֔ד וְעָשִׂ֖יתָ כָּל[a]־מְלַאכְתֶּֽךָ׃ 14 וְי֙וֹם[a] הַשְּׁבִיעִ֜י שַׁבָּ֥ת ׀ לַיהוָ֖ה אֱלֹהֶ֑יךָ
לֹ֣א תַעֲשֶׂ֣ה[b] כָל־מְלָאכָ֡ה אַתָּ֣ה וּבִנְךָֽ־וּבִתֶּ֣ךָ וְעַבְדְּךָֽ[c]־וַאֲמָתֶ֡ךָ וְשׁוֹרְךָ֩[d] — ל̇[3]
וַחֲמֹרְךָ֨ וְכָל־בְּהֶמְתֶּ֜ךָ וְגֵרְךָ֙ אֲשֶׁ֣ר בִּשְׁעָרֶ֔יךָ לְמַ֗עַן יָנ֛וּחַ עַבְדְּךָ֥
15 וַאֲמָתְךָ֖ כָּמֽוֹךָ׃ 15 וְזָכַרְתָּ֞ כִּי־עֶ֣בֶד הָיִ֣יתָ ׀ בְּאֶ֣רֶץ מִצְרַ֗יִם וַיֹּצִ֨אֲךָ֜ יְהוָ֤ה — ב̇ חד חס̇ וחד מל̇[7]
אֱלֹהֶ֙יךָ֙ מִשָּׁ֔ם בְּיָ֤ד חֲזָקָה֙ וּבִזְרֹ֣עַ נְטוּיָ֔ה עַל־כֵּ֗ן צִוְּךָ֙ יְהוָ֣ה אֱלֹהֶ֔יךָ
16 לַעֲשׂ֖וֹת אֶת־י֥וֹם הַשַּׁבָּֽת[a]׃ ס 16 כַּבֵּ֤ד אֶת־אָבִ֙יךָ֙ וְאֶת־אִמֶּ֔ךָ
כַּאֲשֶׁ֥ר צִוְּךָ֖ יְהוָ֣ה אֱלֹהֶ֑יךָ לְמַ֣עַן ׀ יַאֲרִיכֻ֣ן יָמֶ֗יךָ וּלְמַ֙עַן֙ יִ֣יטַב לָ֔ךְ עַ֚ל — ג̇[8]
17 הָאֲדָמָ֔ה אֲשֶׁר־יְהוָ֥ה אֱלֹהֶ֖יךָ נֹתֵ֥ן לָֽךְ׃ ס 17 לֹ֖א תִּרְצָֽח׃ ס — ט̇ פסוק לא ולא ולא ולא וחד מן יח̇[9] פסוק דמיין. ל̇ בסיפ̇[3]
18 וְלֹ֖א[a] תִּנְאָֽף׃ ס 19 וְלֹ֣א[a] תִּגְנֹֽב׃ ס 20 וְלֹא[a]־תַעֲנֶ֥ה בְרֵעֲךָ֖ — ל̇. ל̇. ל̇
21 עֵ֥ד שָֽׁוְא[b]׃ ס 21(18) וְלֹ֥א[a] תַחְמֹ֖ד אֵ֣שֶׁת[b] רֵעֶ֑ךָ ס וְלֹ֨א[c] — ל̇ בסיפ̇[10]. יז̇ ר״פ בסיפ̇[11]
[d]תִתְאַוֶּ֜ה בֵּ֣ית[d] רֵעֶ֗ךָ שָׂדֵ֞הוּ וְעַבְדּ֤וֹ[e] וַאֲמָתוֹ֙ שׁוֹר֣וֹ[f] וַחֲמֹר֔וֹ וְכֹ֖ל אֲשֶׁ֥ר — ל̇[3]
22 לְרֵעֶֽךָ[g]׃ ס 22(19) אֶת־הַדְּבָרִ֣ים הָאֵ֡לֶּה דִּבֶּר֩ יְהוָ֨ה אֶל־כָּל־ — י̇ ר״פ בסיפ̇[12]
קְהַלְכֶ֜ם בָּהָ֗ר מִתּ֛וֹךְ הָאֵ֥שׁ [a]הֶעָנָ֖ן וְהָעֲרָפֶ֑ל[a] ק֥וֹל גָּד֖וֹל וְלֹ֣א יָסָ֑ף — ה̇[13]
23 וַֽיִּכְתְּבֵ֗ם עַל־שְׁנֵי֙ לֻחֹ֣ת אֲבָנִ֔ים[b] וַֽיִּתְּנֵ֖ם אֵלָֽי׃ 23(20) וַֽיְהִ֗י
כְּשָׁמְעֲכֶ֤ם אֶת־הַקּוֹל֙ מִתּ֣וֹךְ הַחֹ֔שֶׁךְ[a] וְהָהָ֖ר בֹּעֵ֣ר בָּאֵ֑שׁ וַתִּקְרְב֣וּן — ג̇. ג̇. ג̇[14]
24 אֵלַ֔י כָּל־רָאשֵׁ֥י שִׁבְטֵיכֶ֖ם וְזִקְנֵיכֶֽם׃ 24(21) וַתֹּאמְר֗וּ[a] הֵ֣ן הֶרְאָ֜נוּ יְהוָ֤ה — עה̇. ב̇
אֱלֹהֵ֙ינוּ֙ אֶת־כְּבֹד֣וֹ [b]וְאֶת־גָּדְל֔וֹ[b] וְאֶת־קֹל֥וֹ שָׁמַ֖עְנוּ מִתּ֣וֹךְ הָאֵ֑שׁ הַיּ֣וֹם — יח̇ פסוק את ואת ואת את. ג̇ חס̇. ג̇ בליש̇. ל̇

[3] Mm 1082. [4] Mm 475. [5] Mm 3811. [6] Mm 509. [7] Mp sub loco. [8] Mm 1089. [9] Mm 647 et Mm 3911. [10] Mm 1083. [11] Mm 1165. [12] Mm 1143. [13] Mm 1084. [14] Mm 1085.

9 [b] mlt Mss Vrs 𝔗[J] על ut Ex 20,5 ‖ **10** [a] 𝔔 עושי ‖ [b] 𝔔 אוהבי ‖ [c] l c Q mlt Mss ℭ ш Vrs 𝔗[J] ־תי– ut Ex 20,6 ‖ **11** [a] 𝔔𝔗[J] + כ(ו)ל, 1 𝔐 ut Ex 20,7 ‖ [b–b] > 𝔔 ‖ **13** [a] 𝔔 את כ(ו)ל ‖ **14** [a] V[Ken 69] pc Mss 𝔔 Pap Nash וּבַיּוֹם cf Ex 20,10; 𝔔 כי ביום ‖ [b] 𝔔 Pap Nash + ב(ו)ה, ш𝔊𝔖𝔙 + בו ‖ [c] Ms 𝔔 ш𝔊𝔙 ע׳ ut Ex 20,10 cf 12,18[a] 16,11[a] ‖ [d] Ms 𝔔 Pap Nash ш𝔊 ש׳ ‖ **15** [a] 𝔊[-O] + καὶ ἁγιάζειν αὐτήν = וּלְקַדְּשׁוֹ cf Ex 20,11 ‖ **18** [a] V[Ken 107] pc Mss ш𝔊𝔖𝔗[J] לא ut Ex 20,14 sqq ‖ **19** [a] cf 18[a] ‖ **20** [a] V[Ken 107] 2 Mss ш𝔊𝔖𝔗[J] לא cf 18[a] ‖ [b] nonn Mss שָׁקֶר ut Ex 20,16 ‖ **21** [a] cf 18[a] ‖ [b] 2 Mss ш בית ‖ [c] 𝔊𝔖𝔙 om cop ut Ex 20,17 ‖ [d–d] ш תחמד אשת ‖ [e] Ms ш ע׳ ‖ [f] mlt Mss ℭ𝔊 *(οὔτε)* 𝔖 וש׳ ‖ [g] ш + 27,2 sqq ‖ **22** [a–a] ш𝔊 חשך ענן ערפל = 4,11 bβ ‖ [b] 𝔔 הא׳ ‖ **23** [a] Ms 𝔊 הָאֵשׁ, 2 Mss + הָאֵשׁ ‖ **24** [a] 𝔔 ואתם ת׳ ‖ [b–b] > 𝔊[-LO].

25 הַזֶּה רָאִינוּ כִּי־יְדַבֵּר אֱלֹהִיםᶜ אֶת־הָאָדָם וָחָי׃ 25(22) וְעַתָּה לָמָּה
נָמוּת כִּי תֹאכְלֵנוּ הָאֵשׁ הַגְּדֹלָה הַזֹּאת אִם־יֹסְפִים ׀ אֲנַחְנוּ לִשְׁמֹעַ אֶת־
26 קוֹל יְהוָה אֱלֹהֵינוּ עוֹד וָמָתְנוּ׃ 26(23) כִּי מִי כָל־בָּשָׂר אֲשֶׁר שָׁמַע ה̇[15]
27 ᵃקוֹל אֱלֹהִים חַיִּיםᵃ מְדַבֵּר מִתּוֹךְ־הָאֵשׁ כָּמֹנוּ וַיֶּחִי׃ 27(24) קְרַב ד̇[16] ג̇ חס וחד מל̇
אַתָּה וּשֲׁמָע אֵת כָּל־אֲשֶׁר יֹאמַר יְהוָה אֱלֹהֵינוּᵃ וְאַתְּᵇ ׀ תְּדַבֵּר אֵלֵינוּ ה̇. ג̇ בלשון זכר[17]
28 אֵת כָּל־אֲשֶׁר יְדַבֵּר יְהוָה אֱלֹהֵינוּᶜ אֵלֶיךָ וְשָׁמַעְנוּ וְעָשִׂינוּ׃ 28(25) וַיִּשְׁמַע
יְהוָה אֶת־קוֹל דִּבְרֵיכֶם בְּדַבֶּרְכֶם אֵלָיᶜ וַיֹּאמֶר יְהוָה אֵלַי שָׁמַעְתִּיᵈ
אֶת־קוֹל דִּבְרֵי הָעָם הַזֶּהᵉ ᶠאֲשֶׁר דִּבְּרוּ אֵלֶיךָ הֵיטִיבוּ כָּל־אֲשֶׁר ל̇[18]
29 דִּבֵּרוּ׃ᶠ 29(26) מִי־יִתֵּןᵃ וְהָיָה ᵇלְבָבָם זֶהᵇ לָהֶם לְיִרְאָה אֹתִי וְלִשְׁמֹר
ᶜאֶת־כָּל־מִצְוֹתַיᶜ כָּל־הַיָּמִים לְמַעַן יִיטַב לָהֶם וְלִבְנֵיהֶם לְעֹלָם׃ יח̇[19] חס̇ י̇ מנה בתור
30
31 לֵךְ אֱמֹר לָהֶם שׁוּבוּ לָכֶם לְאָהֳלֵיכֶם׃ 31(28) וְאַתָּה פֹּה עֲמֹד 30(27) ג̇ מל̇ בתור[20]
עִמָּדִי וַאֲדַבְּרָה אֵלֶיךָ אֵת כָּלᵃ־הַמִּצְוָה וְהַחֻקִּיםᵇ וְהַמִּשְׁפָּטִים אֲשֶׁר
32 תְּלַמְּדֵם וְעָשׂוּ בָאָרֶץ אֲשֶׁר אָנֹכִי נֹתֵן לָהֶם לְרִשְׁתָּהּ׃ 32(29) וּשְׁמַרְתֶּם ז̇
לַעֲשׂוֹת כַּאֲשֶׁר צִוָּה יְהוָה אֱלֹהֵיכֶם אֶתְכֶם לֹא תָסֻרוּ יָמִין וּשְׂמֹאל׃ ל̇ חס
33 33(30) בְּכָל־הַדֶּרֶךְ אֲשֶׁר צִוָּה יְהוָה ᵃאֱלֹהֵיכֶם אֶתְכֶם תֵּלֵכוּᵃ לְמַעַן
תִּחְיוּן וְטוֹב לָכֶם וְהַאֲרַכְתֶּם יָמִים בָּאָרֶץ אֲשֶׁר תִּירָשׁוּן׃ ב̇. יז̇[21]. ל̇
6 6 1 וְזֹאת הַמִּצְוָה הַחֻקִּיםᵃ וְהַמִּשְׁפָּטִים אֲשֶׁר צִוָּה יְהוָה אֱלֹהֵיכֶם כה̇ יז̇[1] מנה ר״פ
לְלַמֵּד אֶתְכֶם לַעֲשׂוֹת בָּאָרֶץ אֲשֶׁר אַתֶּם עֹבְרִים שָׁמָּה לְרִשְׁתָּהּ׃
2 2 ᵃלְמַעַן תִּירָא אֶת־יְהוָה אֱלֹהֶיךָ לִשְׁמֹר אֶת־כָּל־חֻקֹּתָיוᵇ וּמִצְוֹתָיו
אֲשֶׁר אָנֹכִי מְצַוֶּךָᶜ אַתָּה ᵈוּבִנְךָ וּבֶן־בִּנְךָᵈ כֹּל יְמֵי חַיֶּיךָ וּלְמַעַן יַאֲרִכֻן ג̇ ב̇ דגש וחד רפי[2]. ג̇[3]
3 יָמֶיךָ׃ 3 וְשָׁמַעְתָּ יִשְׂרָאֵל וְשָׁמַרְתָּ לַעֲשׂוֹת אֲשֶׁרᵃ יִיטַב לְךָ וַאֲשֶׁר יד̇ פסוק לך לך[4]
תִּרְבּוּןᵇ מְאֹדᶜ כַּאֲשֶׁר דִּבֶּר יְהוָה אֱלֹהֵי אֲבֹתֶיךָ לָךְᵈ אֶרֶץ זָבַת ל̇
חָלָב וּדְבָשׁ׃ פ

[15]Mm 1086. [16]Mm 252. [17]Mm 900. [18]Mm 1160. [19]Mm 25. [20]Mm 1087. [21]Mm 1088. **Cp 6** [1]Mm 856. [2]Mp sub loco. [3]Mm 1089. [4]Mm 1860.

24 ᶜ 𝔔 יהוה cf 𝔖 ‖ **26** ᵃ⁻ᵃ 𝔔 pr את, 𝔔 ק׳ חי א׳ ‖ **27/28** ᵃ 𝔔𝔊ᴬ𝔖𝔙 + אליכה ‖ ᵇ l c pc Mss ш (ה)ואתָּ ‖ ᶜ⁻ᶜ > 𝔔 ‖ ᵈ 𝔔 שמעת (= שְׁמַעְתָּ?) ‖ ᵉ > 𝔖 ‖ ᶠ⁻ᶠ > 𝔔 ‖ **29** ᵃ 𝔔 ינתן ‖ ᵇ⁻ᵇ 𝔔 זה לבבם ‖ ᶜ⁻ᶜ > $V^{Ken\,69}$ Ms; $V^{Ken\,1}$ Ms om את, ш$𝔊^{-LO}$ om כל ‖ **31** ᵃ > $𝔊^{-LO}𝔗^{J}$ ‖ ᵇ $V^{Ken\,69}$ pc Mss ш ה׳ cf 6,1 7,11 ‖ **33** ᵃ⁻ᵃ 𝔔 תלכונו ‖ **Cp 6,1** ᵃ $V^{Ken\,9}$ pc Mss 𝔊𝔖 והַ׳, 𝔔 וחקים ‖ **2** ᵃ > 𝔔 ‖ ᵇ ш חקיו ‖ ᶜ Ms 𝔔ш𝔊 + היום ‖ ᵈ⁻ᵈ 𝔊𝔙 pl ‖ **3** ᵃ 𝔔 כאשר ‖ ᵇ ш𝔖𝔙 sg ‖ ᶜ 𝔔 מואדה ‖ ᵈ 𝔊 pr *δοῦναι*, 𝔖 + *dntl lk* = dare tibi; prb nonn vb exc, cf 26,15 27,3.

ס̊ [ז] 4 שְׁמַ֖ע[a] יִשְׂרָאֵ֑ל יְהוָ֥ה אֱלֹהֵ֖ינוּ יְהוָ֥ה׀ אֶחָֽד׃ 5 וְאָ֣הַבְתָּ֔ אֵ֖ת יְהוָ֣ה
6 אֱלֹהֶ֑יךָ בְּכָל־לְבָבְךָ֥ וּבְכָל־נַפְשְׁךָ֖ וּבְכָל־מְאֹדֶֽךָ׃ 6 וְהָי֞וּ הַדְּבָרִ֣ים
7 הָאֵ֗לֶּה אֲשֶׁ֨ר אָנֹכִ֧י מְצַוְּךָ֛ הַיּ֖וֹם עַל־לְבָבֶֽךָ׃ 7 וְשִׁנַּנְתָּ֣ם לְבָנֶ֔יךָ וְדִבַּרְתָּ֖ ב̇[5]. ל̇
8 בָּ֑ם בְּשִׁבְתְּךָ֤ בְּבֵיתֶ֙ךָ֙[a] וּבְלֶכְתְּךָ֣[b] בַדֶּ֔רֶךְ וּֽבְשָׁכְבְּךָ֖[c] וּבְקוּמֶֽךָ׃ 8 וּקְשַׁרְתָּ֥ם ב̇. ב̇. ל̇
9 לְא֖וֹת עַל־יָדֶ֑ךָ[a] וְהָי֥וּ לְטֹטָפֹ֖ת בֵּ֥ין עֵינֶֽיךָ׃ 9 [a]וּכְתַבְתָּ֛ם עַל־מְזֻז֥וֹת ל חס. ב̇
10 בֵּיתֶ֖ךָ[b] וּבִשְׁעָרֶֽיךָ׃[c] ס 10 וְהָיָ֞ה כִּ֥י יְבִיאֲךָ֣׀ יְהוָ֣ה אֱלֹהֶ֗יךָ אֶל־ ב̇
הָאָ֛רֶץ אֲשֶׁ֨ר נִשְׁבַּ֧ע לַאֲבֹתֶ֛יךָ לְאַבְרָהָ֛ם לְיִצְחָ֥ק וּֽלְיַעֲקֹ֖ב לָ֣תֶת לָ֑ךְ
11 עָרִ֛ים גְּדֹלֹ֥ת וְטֹבֹ֖ת אֲשֶׁ֥ר לֹא־בָנִֽיתָ׃ 11 וּבָ֨תִּ֜ים[a] מְלֵאִ֣ים כָּל־ט֗וּב ד̇ חס̇[6]. ד̇[7]. כל כת̇ כן . יט̇ בליש̇[8]
אֲשֶׁ֣ר לֹא־מִלֵּ֔אתָ וּבֹרֹ֤ת[b] חֲצוּבִים֙ אֲשֶׁ֣ר לֹא־חָצַ֔בְתָּ כְּרָמִ֥ים וְזֵיתִ֖ים מ̇ז̇ פסוק לא לא לא . ל חס . ב̇ מל
12 אֲשֶׁ֣ר לֹא־נָטָ֑עְתָּ וְאָכַלְתָּ֖ וְשָׂבָֽעְתָּ׃ 12 [a]הִשָּׁ֣מֶר לְךָ֔ פֶּן־תִּשְׁכַּ֖ח אֶת־
13 יְהוָ֑ה[b] אֲשֶׁ֧ר הוֹצִֽיאֲךָ֛ מֵאֶ֥רֶץ מִצְרַ֖יִם מִבֵּ֥ית עֲבָדִֽים׃ 13 אֶת־יְהוָ֧ה י̇ ר״פ בסיפ̇[9]
14 אֱלֹהֶ֛יךָ תִּירָ֖א וְאֹת֣וֹ תַעֲבֹ֑ד[a] וּבִשְׁמ֖וֹ תִּשָּׁבֵֽעַ׃ 14 [a]לֹ֣א[b] תֵֽלְכ֔וּן אַחֲרֵ֖י ד̇ זוגין[10] . ג̇[11] . ל̇
15 אֱלֹהִ֣ים אֲחֵרִ֑ים מֵֽאֱלֹהֵי֙ הָֽעַמִּ֔ים אֲשֶׁ֖ר סְבִיבוֹתֵיכֶֽם׃ 15 כִּ֣י אֵ֤ל קַנָּא֙ ל̇ מל בתור̇
יְהוָ֥ה אֱלֹהֶ֖יךָ בְּקִרְבֶּ֑ךָ פֶּן־יֶ֠חֱרֶה[a] אַף־יְהוָ֤ה אֱלֹהֶ֙יךָ֙ בָּ֔ךְ וְהִשְׁמִ֣ידְךָ֔ ג̇[12]
16 מֵעַ֖ל פְּנֵ֥י הָאֲדָמָֽה׃ ס 16 לֹ֣א תְנַסּ֔וּ אֶת־יְהוָ֖ה אֱלֹהֵיכֶ֑ם כַּאֲשֶׁ֥ר
17 נִסִּיתֶ֖ם בַּמַּסָּֽה׃ 17 שָׁמ֣וֹר תִּשְׁמְר֔וּן אֶת־מִצְוֺ֖ת יְהוָ֣ה אֱלֹהֵיכֶ֑ם וְעֵדֹתָ֥יו ב̇ חד כת̇ סה וחד כת̇ שא . ג̇ מל̇ בתור̇ . ה̇[13] . ו̇ בטע̇ ה̇[6] מנה̇ בליש̇ . ה̇
18 וְחֻקָּ֖יו אֲשֶׁ֥ר צִוָּֽךְ׃ 18 וְעָשִׂ֛יתָ הַיָּשָׁ֥ר וְהַטּ֖וֹב בְּעֵינֵ֣י יְהוָ֑ה[a] לְמַ֙עַן֙ יִ֣יטַב ד̇[14] . ל̇ג בתור̇
לָ֔ךְ וּבָ֗אתָ וְיָֽרַשְׁתָּ֙ אֶת־הָאָ֣רֶץ הַטֹּבָ֔ה אֲשֶׁר־נִשְׁבַּ֥ע יְהוָ֖ה לַאֲבֹתֶֽיךָ׃ ג̇ בטע̇[15] . ג̇ חס̇[16]
19 לַהֲדֹ֥ף[a] אֶת־כָּל־אֹיְבֶ֖יךָ מִפָּנֶ֑יךָ כַּאֲשֶׁ֖ר דִּבֶּ֥ר יְהוָֽה׃ ס 20 [a]כִּֽי־
יִשְׁאָלְךָ֥ בִנְךָ֛ מָחָ֖ר לֵאמֹ֑ר מָ֣ה הָעֵדֹ֗ת וְהַֽחֻקִּים֙[b] וְהַמִּשְׁפָּטִ֔ים אֲשֶׁ֥ר
21 צִוָּ֛ה יְהוָ֥ה אֱלֹהֵ֖ינוּ[c] אֶתְכֶֽם׃[d] 21 וְאָמַרְתָּ֣ לְבִנְךָ֔ עֲבָדִ֛ים הָיִ֥ינוּ לְפַרְעֹ֖ה
22 בְּמִצְרָ֑יִם וַיֹּצִיאֵ֧נוּ יְהוָ֛ה מִמִּצְרַ֖יִם בְּיָ֥ד חֲזָקָֽה׃ 22 וַיִּתֵּ֣ן יְהוָ֡ה אוֹתֹ֣ת ג̇[17] בליש̇ ול̇ כת̇ כן . ל̇ מל̇[6]
וּמֹפְתִ֡ים גְּדֹלִ֣ים וְרָעִ֣ים׀ בְּמִצְרַ֛יִם בְּפַרְעֹ֥ה וּבְכָל־בֵּית֖וֹ לְעֵינֵֽינוּ׃ ג̇[18]

[5]Mm 1219. [6]Mp sub loco. [7]Mm 1090. [8]Mm 335. [9]Mm 1143. [10]Mm 2810. [11]Mm 3170. [12]Mm 597. [13]Mm 2153. [14]Mm 2170. [15]Mm 2016. [16]Mm 1116. [17]Mm 951 contra textum. [18]Mm 347.

4 [a] 𝔊 pr nonn vb ‖ 7 [a] ш𝔊(𝔊^{L} pl) בבית cf 11,19[a] ‖ [b] ш ב׳ cf 11,19[b] ‖ [c] pc Mss ш𝔙 ב׳ cf 11,19[c] ‖ 8 [a] mlt Mss ℭш ידיך ‖ 9 [a] 𝔊 pl ‖ [b] ш𝔊𝔖 pl cf 11,20[c] ‖ [c] V$^{Ken 69}$ ושׁ׳ cf 𝔊 (2 pl) 𝔙 ‖ 11 [a] ш𝔊$^{-O}$𝔙 ב׳ ‖ [b] ш𝔊𝔙 ברות ‖ 12 [a] 𝔗^{J} 2 pl ‖ [b] mlt Mss ш𝔊𝔖 + אלהיך ‖ 13 [a] pc Mss 𝔊 + וּבוֹ תִּדְבָּק ex 10,20 ‖ 14 [a] dl (pl)? ‖ [b] ℭ𝔊$^{M min}$ ולא ‖ 15 [a] ш יחר ‖ 18 [a] ш𝔊 (𝔊^{B*min}𝔏 τοῦ θεοῦ ὑμῶν) 𝔖 + אלהיך ‖ 19 [a] ш להדיף (hi נדף) cf 9,4[a] ‖ 20 [a] Ms ш𝔊 pr וְהָיָה ‖ [b] pc Mss ш ה׳ cf 4,45[b] ‖ [c] ℭ 2 sg, 𝔊$^{L min}$ ὁ θεός, 𝔊^{min}𝔏 2 pl ‖ [d] 𝔊^{min}𝔙 1 pl.

23 וְאוֹתָנוּ הוֹצִיא מִשָּׁם לְמַעַן הָבִיא אֹתָנוּ לָתֶת לָנוּ אֶת־הָאָרֶץ אֲשֶׁר 23 ג מל[19]. ה קמ[20]
24 נִשְׁבַּע[a] לַאֲבֹתֵינוּ׃ 24 וַיְצַוֵּנוּ יְהוָה לַעֲשׂוֹת אֶת־כָּל־הַחֻקִּים הָאֵלֶּה
לְיִרְאָה אֶת־יְהוָה אֱלֹהֵינוּ לְטוֹב לָנוּ כָּל־הַיָּמִים לְחַיֹּתֵנוּ כְּהַיּוֹם הַזֶּה׃ ל חס. ד וכל עזרא דכות[21]
25 וּצְדָקָה תִּהְיֶה־לָּנוּ כִּי־נִשְׁמֹר לַעֲשׂוֹת אֶת־כָּל־הַמִּצְוָה הַזֹּאת לִפְנֵי 25
7 יְהוָה אֱלֹהֵינוּ כַּאֲשֶׁר צִוָּנוּ׃ ס 7 1 כִּי יְבִיאֲךָ יְהוָה אֱלֹהֶיךָ אֶל־ ה
הָאָרֶץ אֲשֶׁר־אַתָּה בָא־שָׁמָּה לְרִשְׁתָּהּ וְנָשַׁל גּוֹיִם־רַבִּים ׀ מִפָּנֶיךָ ג[1]
הַחִתִּי וְהַגִּרְגָּשִׁי וְהָאֱמֹרִי וְהַכְּנַעֲנִי וְהַפְּרִזִּי וְהַחִוִּי וְהַיְבוּסִי שִׁבְעָה סימן ת ג מ כ פ ו ס[2]
2 גּוֹיִם רַבִּים וַעֲצוּמִים מִמֶּךָּ׃ 2 וּנְתָנָם יְהוָה אֱלֹהֶיךָ לְפָנֶיךָ וְהִכִּיתָם ל מל[3]
3 הַחֲרֵם תַּחֲרִים אֹתָם לֹא־תִכְרֹת לָהֶם בְּרִית וְלֹא תְחָנֵּם׃ 3 וְלֹא[a] ל מל. ל. יז[4] ר״פ בסיפ וחד מן ה[5] פסוק ולא לא לא
4 תִתְחַתֵּן בָּם בִּתְּךָ לֹא־תִתֵּן לִבְנוֹ וּבִתּוֹ לֹא־תִקַּח לִבְנֶךָ׃ 4 כִּי־יָסִיר
אֶת־בִּנְךָ מֵאַחֲרַי[a] וְעָבְדוּ[b] אֱלֹהִים אֲחֵרִים[c] וְחָרָה[d] אַף־יְהוָה בָּכֶם
5 וְהִשְׁמִידְךָ מַהֵר׃ 5 כִּי־אִם־כֹּה תַעֲשׂוּ[e] לָהֶם מִזְבְּחֹתֵיהֶם תִּתֹּצוּ ג ב חס וחד מל
וּמַצֵּבֹתָם תְּשַׁבֵּרוּ וַאֲשֵׁירֵהֶם תְּגַדֵּעוּן וּפְסִילֵיהֶם תִּשְׂרְפוּן בָּאֵשׁ[c]׃ ג מל בליש. ג
6 6[a] כִּי עַם קָדוֹשׁ אַתָּה לַיהוָה אֱלֹהֶיךָ בְּךָ[b] בָּחַר ׀ יְהוָה אֱלֹהֶיךָ לִהְיוֹת ה זוגין[6]
7 לוֹ לְעַם סְגֻלָּה מִכֹּל הָעַמִּים אֲשֶׁר עַל־פְּנֵי הָאֲדָמָה׃ ס 7 לֹא[a]
מֵרֻבְּכֶם מִכָּל־הָעַמִּים חָשַׁק יְהוָה בָּכֶם וַיִּבְחַר בָּכֶם כִּי־אַתֶּם הַמְעַט ל. ב
8 מִכָּל־הָעַמִּים׃ 8 כִּי מֵאַהֲבַת[b] יְהוָה אֶתְכֶם וּמִשָּׁמְרוֹ אֶת־הַשְּׁבֻעָה ל. ג חס
אֲשֶׁר נִשְׁבַּע לַאֲבֹתֵיכֶם הוֹצִיא יְהוָה אֶתְכֶם בְּיָד חֲזָקָה[a] וַיִּפְדְּךָ מִבֵּית
9 עֲבָדִים מִיַּד פַּרְעֹה מֶלֶךְ־מִצְרָיִם׃ 9 וְיָדַעְתָּ כִּי־יְהוָה אֱלֹהֶיךָ הוּא
הָאֱלֹהִים הָאֵל הַנֶּאֱמָן שֹׁמֵר הַבְּרִית וְהַחֶסֶד לְאֹהֲבָיו וּלְשֹׁמְרֵי מִצְוֹתָו[a] ו. מצותיו ק חד מן ג בליש
10 לְאֶלֶף דּוֹר׃ 10 וּמְשַׁלֵּם לְשֹׂנְאָיו[a] אֶל־[b]פָּנָיו לְהַאֲבִידוֹ לֹא[c] יְאַחֵר ג. ז[7]. ו[8]. ל
11 לְשֹׂנְאוֹ[d] אֶל־[b]פָּנָיו יְשַׁלֶּם־לוֹ׃ 11 וְשָׁמַרְתָּ אֶת־הַמִּצְוָה וְאֶת־[a]הַחֻקִּים ו[8]. ד[9]
וְאֶת־הַמִּשְׁפָּטִים אֲשֶׁר אָנֹכִי מְצַוְּךָ הַיּוֹם לַעֲשׂוֹתָם׃ פ קי״ט ד ב מל וב חס

[19]Mm 1091. [20]Mm 1092. [21]Mm 288. Cp 7 [1]Mm 1096. [2]Okhl 274. [3]Mm 3063. [4]Mm 1165. [5]Mm 1139. [6]Okhl 234, 235. [7]Mm 1093. [8]Mm 1094. [9]Mm 1156.

23 [a] Ms ɯ + יהוה, 𝔊[AFMO min] + κύριος ὁ θεὸς ἡμῶν = יהוה אלהינו ‖ **Cp 7,3** [a] 2 Mss לא ‖ **4/5** [a] prp מֵאַחֲרֵי יהוה, sed cf [c–c] ‖ [b] 2 Mss ɯ𝔊𝔙 sg ‖ [c–c] dl (pl) ut 7.8a. 12a? sed cf [a] ‖ [d] ɯ[Mss] וחר ‖ [e] ɯ𝔏 sg ‖ **6** [a] 𝔗[J] 2 pl ‖ [b] pc Mss ℭɯ𝔊𝔖 ובך cf 14,2 ‖ **7/8** [a–a] cf 4/5 [c–c] ‖ [b] ɯ[Mss] –בות ‖ **9** [a] mlt Mss ℭɯ Vrs 𝔗[J] ut Q ‖ **10** [a] prb l c Ms –או ‖ [b] ɯ על ‖ [c] mlt Mss 𝔊𝔗[J]𝔙 ולא ‖ [d] 2 Mss ɯ𝔊𝔖ℭ𝔗[J] pl ut 10a; 𝔙 *eis* ‖ **11** [a] nonn Mss ɯ את cf 5,31 6,1.

12 וְהָיָה ׀ עֵקֶב תִּשְׁמְעוּן אֵת הַמִּשְׁפָּטִים הָאֵלֶּה וּשְׁמַרְתֶּם וַעֲשִׂיתֶם ס[ח] פרש ל ו[10]
אֹתָם [a] וְשָׁמַר יְהוָה אֱלֹהֶיךָ לְךָ אֶת־הַבְּרִית וְאֶת־הַחֶסֶד אֲשֶׁר נִשְׁבַּע ל
13 לַאֲבֹתֶיךָ׃ 13 וַאֲהֵבְךָ וּבֵרַכְךָ וְהִרְבֶּךָ וּבֵרַךְ פְּרִי־בִטְנְךָ וּפְרִי־אַדְמָתֶךָ ל פסוק מן ד מילין נסבין ו ר״פ[11]. ג[12]
דְּגָנְךָ [a] וְתִירֹשְׁךָ [b] וְיִצְהָרֶךָ שְׁגַר־אֲלָפֶיךָ וְעַשְׁתְּרֹת צֹאנֶךָ עַל הָאֲדָמָה ד[13]
14 אֲשֶׁר־נִשְׁבַּע [c] לַאֲבֹתֶיךָ לָתֶת לָךְ׃ 14 בָּרוּךְ תִּהְיֶה מִכָּל־הָעַמִּים לֹא־
15 יִהְיֶה בְךָ עָקָר וַעֲקָרָה וּבִבְהֶמְתֶּךָ׃ 15 וְהֵסִיר יְהוָה מִמְּךָ כָּל־חֹלִי ב. ל
וְכָל־מַדְוֵי [a] מִצְרַיִם הָרָעִים אֲשֶׁר יָדַעְתָּ לֹא יְשִׂימָם בָּךְ וּנְתָנָם ב חד כת ה וחד כת י[14]
16 בְּכָל־שֹׂנְאֶיךָ׃ 16 וְאָכַלְתָּ אֶת־כָּל־הָעַמִּים אֲשֶׁר יְהוָה אֱלֹהֶיךָ נֹתֵן
לָךְ לֹא־תָחֹס עֵינְךָ עֲלֵיהֶם וְלֹא תַעֲבֹד אֶת־אֱלֹהֵיהֶם כִּי־מוֹקֵשׁ ל
17 הוּא לָךְ׃ ס 17 כִּי תֹאמַר בִּלְבָבְךָ רַבִּים הַגּוֹיִם הָאֵלֶּה מִמֶּנִּי נז וכל תלים דכות ב מ א
18 אֵיכָה [a] אוּכַל לְהוֹרִישָׁם׃ 18 לֹא תִירָא מֵהֶם זָכֹר תִּזְכֹּר אֵת אֲשֶׁר־ יז[15]. ו[16]. ב חס
19 עָשָׂה יְהוָה אֱלֹהֶיךָ לְפַרְעֹה וּלְכָל־מִצְרָיִם׃ 19 הַמַּסֹּת הַגְּדֹלֹת אֲשֶׁר־ ב חד חס וחד מל
רָאוּ עֵינֶיךָ וְהָאֹתֹת [a] וְהַמֹּפְתִים וְהַיָּד הַחֲזָקָה וְהַזְּרֹעַ הַנְּטוּיָה אֲשֶׁר ל
הוֹצִאֲךָ יְהוָה אֱלֹהֶיךָ כֵּן־יַעֲשֶׂה יְהוָה אֱלֹהֶיךָ לְכָל־הָעַמִּים אֲשֶׁר־ ב חס
20 אַתָּה יָרֵא מִפְּנֵיהֶם׃ 20 וְגַם אֶת־הַצִּרְעָה יְשַׁלַּח יְהוָה אֱלֹהֶיךָ בָּם עַד־ יג ר״פ בתור. ט. ג[17]. יב[18]
21 אֲבֹד הַנִּשְׁאָרִים וְהַנִּסְתָּרִים מִפָּנֶיךָ׃ 21 לֹא תַעֲרֹץ מִפְּנֵיהֶם כִּי־יְהוָה
22 אֱלֹהֶיךָ בְּקִרְבֶּךָ אֵל גָּדוֹל וְנוֹרָא׃ 22 וְנָשַׁל יְהוָה אֱלֹהֶיךָ אֶת־הַגּוֹיִם ז[19]. ג[20]
הָאֵל [a] מִפָּנֶיךָ [b] מְעַט מְעָט לֹא תוּכַל כַּלֹּתָם מַהֵר פֶּן־תִּרְבֶּה עָלֶיךָ ח לשון חול[21]. ב חס
23 חַיַּת הַשָּׂדֶה׃ 23 וּנְתָנָם יְהוָה אֱלֹהֶיךָ לְפָנֶיךָ וְהָמָם [a] מְהוּמָה גְדֹלָה ב חד קמ וחד פת
24 עַד הִשָּׁמְדָם׃ 24 וְנָתַן מַלְכֵיהֶם בְּיָדֶךָ [a] וְהַאֲבַדְתָּ [b] אֶת־שְׁמָם מִתַּחַת
25 הַשָּׁמָיִם לֹא־יִתְיַצֵּב אִישׁ בְּפָנֶיךָ [c] עַד הִשְׁמִדְךָ אֹתָם׃ 25 פְּסִילֵי ב. ה חס בליש[22]
אֱלֹהֵיהֶם תִּשְׂרְפוּן בָּאֵשׁ לֹא־תַחְמֹד כֶּסֶף וְזָהָב עֲלֵיהֶם וְלָקַחְתָּ לָךְ ג
26 פֶּן תִּוָּקֵשׁ בּוֹ כִּי תוֹעֲבַת יְהוָה אֱלֹהֶיךָ הוּא׃ 26 וְלֹא־תָבִיא תוֹעֵבָה יז ר״פ בסיפ[23]. ל[24]. יג[25]
אֶל־בֵּיתֶךָ וְהָיִיתָ חֵרֶם כָּמֹהוּ שַׁקֵּץ ׀ תְּשַׁקְּצֶנּוּ וְתַעֵב ׀ תְּתַעֲבֶנּוּ כִּי־ ל
חֵרֶם הוּא׃ פ

10 Mm 3155. 11 Mm 4162. 12 Mm 1538. 13 Mp sub loco. 14 Dt 28,60. 15 Mm 1095. 16 Mm 3355. 17 Mm 1379. 18 Mm 440. 19 Mm 3040. 20 Mm 1096. 21 Mm 119. 22 Mm 1983. 23 Mm 1165. 24 וחד לא תביא Dt 23,19. 25 Mm 1228.

12 a–a cf 4/5 c–c ‖ **13** a pc Mss 𝔐 דגניך ‖ b V$^{Ken 107}$ nonn Mss 𝔐𝔊^{min} ת׳ ‖ c 2 Mss 𝔐𝔊 + יהוה ‖ **15** a mlt Mss ℭ𝔊^{min} מדוה cf 28,60 ‖ **17** a 𝔔 𝔐 איך ‖ **19** a V$^{Ken 9}$ nonn Mss 𝔐𝔊$^{-OMs}$𝔖ℭ^{Ms*}𝔗^{J} ה׳ ‖ **22** a Ms 𝔐 הָאֵלֶּה cf 4,42b ‖ b 𝔐 מלפ׳ ‖ **23** a prp וַהֲמָמָם cf Vrs ‖ **24** a pc Mss ℭ𝔖𝔙 בידיך cf 𝔊 ‖ b 𝔐 ואבדת ‖ c Ms 𝔐 לפ׳.

8 ¹ כָּל־הַמִּצְוָ֗ה אֲשֶׁ֨ר אָנֹכִ֧י מְצַוְּךָ֛ הַיּ֖וֹם תִּשְׁמְר֣וּן לַעֲשׂ֑וֹת [a]לְמַ֨עַן 8 חׄ ר״פ בסיפׄ . הׄ[1]
תִּֽחְי֗וּן וּרְבִיתֶ֔ם וּבָאתֶם֙ וִֽירִשְׁתֶּ֣ם אֶת־הָאָ֔רֶץ אֲשֶׁר־נִשְׁבַּ֥ע יְהוָ֖ה בׄ
לַאֲבֹתֵיכֶֽם[a]׃ ² וְזָכַרְתָּ֣ אֶת־כָּל־הַדֶּ֗רֶךְ אֲשֶׁ֨ר הוֹלִֽיכְךָ֜ יְהוָ֧ה אֱלֹהֶ֛יךָ 2
זֶ֛ה אַרְבָּעִ֥ים שָׁנָ֖ה בַּמִּדְבָּ֑ר לְמַ֨עַן עַנֹּֽתְךָ֜ לְנַסֹּֽתְךָ֗ לָדַ֜עַת אֶת־[a]אֲשֶׁ֧ר בׄ
בִּֽלְבָבְךָ֛ הֲתִשְׁמֹ֥ר מִצְוֺתָ֖ו[b] אִם־לֹֽא׃ ³ וַיְעַנְּךָ֮ וַיַּרְעִבֶ֒ךָ֒ וַיַּאֲכִֽלְךָ֤ אֶֽת־ 3 לׄ . מצותיו חד מן גׄ קׄ בליש׳ . וׄ ס״פ
הַמָּן֙ אֲשֶׁ֣ר לֹא־יָדַ֔עְתָּ וְלֹ֥א יָדְע֖וּן[a] אֲבֹתֶ֑יךָ לְמַ֨עַן הוֹדִֽעֲךָ֜ כִּ֣י לֹ֧א עַל־ יזׄ מ״פ לא ולא לא[2] . בׄ . לׄ . בׄ
הַלֶּ֣חֶם לְבַדּוֹ֙ יִחְיֶ֣ה הָֽאָדָ֔ם כִּ֛י עַל־כָּל־מוֹצָ֥א פִֽי־יְהוָ֖ה יִחְיֶ֥ה הָאָדָֽם׃ יחׄ וכל חיו יחיה דכותׄ[3] . הׄ בסיפׄ . יחׄ וכל חיו יחיה דכותׄ[3]
⁴ שִׂמְלָ֨תְךָ֜ לֹ֤א בָֽלְתָה֙ מֵֽעָלֶ֔יךָ וְרַגְלְךָ֖[a] לֹ֣א בָצֵ֑קָה זֶ֖ה אַרְבָּעִ֥ים שָׁנָֽה׃ 4 בׄ
⁵ וְיָדַעְתָּ֖ עִם־לְבָבֶ֑ךָ כִּ֗י כַּאֲשֶׁ֨ר יְיַסֵּ֥ר אִישׁ֙ אֶת־בְּנ֔וֹ יְהוָ֥ה אֱלֹהֶ֖יךָ 5 לׄ
מְיַסְּרֶֽךָּ׃ ⁶ וְשָׁ֣מַרְתָּ֔ אֶת־מִצְוֺ֖ת יְהוָ֣ה אֱלֹהֶ֑יךָ לָלֶ֥כֶת בִּדְרָכָ֖יו וּלְיִרְאָ֥ה 6 לׄ . בׄ
אֹתֽוֹ׃ ⁷ כִּ֚י יְהוָ֣ה אֱלֹהֶ֔יךָ מְבִֽיאֲךָ֖ אֶל־אֶ֣רֶץ טוֹבָ֑ה[a] אֶ֚רֶץ נַ֣חֲלֵי מָ֔יִם 7 בׄ[4] זקף קמׄ וכל אתנח וס״פ דכותׄ בׄ מׄ גׄ
עֲיָנֹת֙ וּתְהֹמֹ֔ת יֹצְאִ֥ים בַּבִּקְעָ֖ה וּבָהָֽר׃ ⁸ אֶ֤רֶץ חִטָּה֙ וּשְׂעֹרָ֔ה וְגֶ֥פֶן[a] 8 בׄ חד ר״פ וחד ס״פ . יגׄ ר״פ . בׄ
וּתְאֵנָ֖ה[b] וְרִמּ֑וֹן אֶֽרֶץ־זֵ֥ית שֶׁ֖מֶן וּדְבָֽשׁ׃ ⁹ אֶ֗רֶץ אֲשֶׁ֨ר לֹ֤א בְמִסְכֵּנֻת֙ 9 יגׄ ר״פ . לׄ
תֹּֽאכַל־בָּ֣הּ לֶ֔חֶם לֹֽא־[a]תֶחְסַ֥ר כֹּ֖ל בָּ֑הּ אֶ֚רֶץ אֲשֶׁ֣ר אֲבָנֶ֣יהָ בַרְזֶ֔ל גׄ
וּמֵהֲרָרֶ֖יהָ תַּחְצֹ֥ב נְחֹֽשֶׁת׃ ¹⁰ וְאָכַלְתָּ֖ וְשָׂבָ֑עְתָּ וּבֵֽרַכְתָּ֙ אֶת־יְהוָ֣ה אֱלֹהֶ֔יךָ 10 לׄ
עַל־[a]הָאָ֥רֶץ הַטֹּבָ֖ה אֲשֶׁ֥ר נָתַן־לָֽךְ׃ ¹¹ הִשָּׁ֣מֶר לְךָ֔ פֶּן־תִּשְׁכַּ֖ח אֶת־ 11 גׄ חסׄ[5]
יְהוָ֣ה אֱלֹהֶ֑יךָ לְבִלְתִּ֨י שְׁמֹ֤ר מִצְוֺתָיו֙ וּמִשְׁפָּטָ֣יו וְחֻקֹּתָ֔יו אֲשֶׁ֛ר אָנֹכִ֥י וׄ פסוק מן גׄ מילין מתחלפׄ צׄ פׄ קׄ סימן[6]
מְצַוְּךָ֖ הַיּֽוֹם׃ ¹² פֶּן־תֹּאכַ֖ל וְשָׂבָ֑עְתָּ וּבָתִּ֥ים טֹבִ֛ים תִּבְנֶ֖ה וְיָשָֽׁבְתָּ׃ 12 דׄ[7] . הׄ חסׄ[8]
¹³ וּבְקָֽרְךָ֤ וְצֹֽאנְךָ֙ יִרְבְּיֻ֔ן[a] וְכֶ֥סֶף וְזָהָ֖ב יִרְבֶּה־לָּ֑ךְ וְכֹ֥ל אֲשֶׁר־לְךָ֖ יִרְבֶּֽה׃ 13 לׄ וחסׄ . גׄ[9] . הׄ[10] בׄ מנהׄ בפסוק וכל כי וכי דכותׄ בׄ מׄ אׄ
¹⁴ וְרָ֖ם לְבָבֶ֑ךָ וְשָֽׁכַחְתָּ֙ אֶת־יְהוָ֣ה אֱלֹהֶ֔יךָ הַמּוֹצִיאֲךָ֛ מֵאֶ֥רֶץ מִצְרַ֖יִם 14 לׄ בסיפׄ
מִבֵּ֥ית עֲבָדִֽים׃ ¹⁵ הַמּוֹלִ֨יכְךָ֜ בַּמִּדְבָּ֣ר ׀ הַגָּדֹ֣ל וְהַנּוֹרָ֗א נָחָ֤שׁ ׀ [a]שָׂרָף֙ 15
וְעַקְרָ֔ב[a] וְצִמָּא֖וֹן אֲשֶׁ֣ר אֵֽין־מָ֑יִם הַמּוֹצִ֤יא לְךָ֙ מַ֔יִם מִצּ֖וּר הַֽחַלָּמִֽישׁ׃ בׄ . לׄ[11]
¹⁶ הַמַּאֲכִ֨לְךָ֥ מָן֙ בַּמִּדְבָּ֔ר אֲשֶׁ֥ר לֹא־יָדְע֖וּן[a] אֲבֹתֶ֑יךָ לְמַ֣עַן עַנֹּֽתְךָ֗ וּלְמַ֙עַן֙ 16 בׄ . בׄ
נַסֹּתֶ֔ךָ לְהֵיטִֽבְךָ֖ בְּאַחֲרִיתֶֽךָ׃ ¹⁷ וְאָמַרְתָּ֖ בִּלְבָבֶ֑ךָ כֹּחִי֙ וְעֹ֣צֶם יָדִ֔י עָ֥שָׂה 17 חׄ חסׄ בליש[12] . לׄ
לִ֖י אֶת־הַחַ֥יִל הַזֶּֽה׃ ¹⁸ וְזָֽכַרְתָּ֙ אֶת־יְהוָ֣ה אֱלֹהֶ֔יךָ כִּ֣י ה֗וּא הַנֹּתֵ֥ן לְךָ֛ 18

Cp 8 [1]Mm 2153. [2]Mm 1613. [3]Mm 107. [4]Mm 1097. [5]Mm 1116. [6]Okhl 276. [7]Mm 1090. [8]Textus contra Mp, cf Mp sub loco. [9]Mm 171. [10]Mm 372. [11]וחד בחלמיש Hi 28,9. [12]Mm 1098.

Cp 8,1 a–a dl (pl)? ‖ **2** a > Ms ⅏ ‖ b mlt Mss ℭ⅏Vrs 𝔗J ut Q ‖ **3** a Ms ⅏ עו־ cf 16 a ‖ **4** a ⅏𝔖 ליך־ ‖ **7** a Ms 𝔔⅏𝔊(𝔊O c ob) + וּרְחָבָה cf Ex 3,8 ‖ **8** a ⅏𝔊 ג׳ ‖ b ⅏𝔊-FNOmin ת׳ ‖ **9** a Ms 𝔊𝔖 ולא cf 𝔙 ‖ **10** a pc Mss ⅏ אל ‖ **13** a ⅏ ירבון, 𝔙 libere vertit ‖ **15** a–a ⅏ שרוף ע׳ ‖ **16** a ⅏ עו־ cf 3a.

כֹּחַ לַעֲשׂוֹת חָיִל לְמַעַן[a] הָקִים אֶת־בְּרִיתוֹ אֲשֶׁר־נִשְׁבַּע לַאֲבֹתֶיךָ[b]
19 כַּיּוֹם הַזֶּה׃ פ 19 וְהָיָה אִם־שָׁכֹחַ תִּשְׁכַּח אֶת־יְהוָה אֱלֹהֶיךָ וְהָלַכְתָּ
אַחֲרֵי אֱלֹהִים אֲחֵרִים וַעֲבַדְתָּם וְהִשְׁתַּחֲוִיתָ לָהֶם [a]הַעִדֹתִי בָכֶם ד[13]
20 הַיּוֹם כִּי אָבֹד תֹּאבֵדוּן[a]׃ 20 כַּגּוֹיִם אֲשֶׁר יְהוָה מַאֲבִיד[a] מִפְּנֵיכֶם כֵּן ד. ג[14]
תֹּאבֵדוּן עֵקֶב לֹא תִשְׁמְעוּן בְּקוֹל יְהוָה אֱלֹהֵיכֶם׃ פ ד. ו[15]
ס̄ [ט] 9 1 [a]שְׁמַע יִשְׂרָאֵל אַתָּה עֹבֵר הַיּוֹם אֶת־הַיַּרְדֵּן לָבֹא לָרֶשֶׁת גּוֹיִם ט חס[1]
2 גְּדֹלִים וַעֲצֻמִים מִמֶּךָּ[b] עָרִים גְּדֹלֹת וּבְצֻרֹת בַּשָּׁמָיִם׃ 2 עַם־גָּדוֹל[a] ב חס. ב
וָרָם בְּנֵי עֲנָקִים אֲשֶׁר אַתָּה יָדַעְתָּ וְאַתָּה שָׁמַעְתָּ מִי יִתְיַצֵּב לִפְנֵי בְּנֵי ל
3 עֲנָק׃ 3 וְיָדַעְתָּ הַיּוֹם כִּי יְהוָה אֱלֹהֶיךָ הוּא־הָעֹבֵר לְפָנֶיךָ אֵשׁ אֹכְלָה ה[2]
הוּא יַשְׁמִידֵם וְהוּא יַכְנִיעֵם לְפָנֶיךָ וְהוֹרַשְׁתָּם וְהַאֲבַדְתָּם[a] מַהֵר[b] כַּאֲשֶׁר
4 דִּבֶּר יְהוָה לָךְ׃ 4 אַל־תֹּאמַר בִּלְבָבְךָ בַּהֲדֹף[a] יְהוָה אֱלֹהֶיךָ אֹתָם ׀
מִלְּפָנֶיךָ[b] לֵאמֹר בְּצִדְקָתִי הֱבִיאַנִי יְהוָה לָרֶשֶׁת אֶת־הָאָרֶץ הַזֹּאת י. ב[3]. ד[4]
5 וּבְרִשְׁעַת הַגּוֹיִם הָאֵלֶּה יְהוָה מוֹרִישָׁם מִפָּנֶיךָ׃ 5 [a]לֹא בְצִדְקָתְךָ וּבְיֹשֶׁר ב[5]
לְבָבְךָ אַתָּה בָא לָרֶשֶׁת אֶת־אַרְצָם כִּי בְּרִשְׁעַת ׀ הַגּוֹיִם הָאֵלֶּה יְהוָה ל
אֱלֹהֶיךָ[a] מוֹרִישָׁם מִפָּנֶיךָ וּלְמַעַן הָקִים אֶת־הַדָּבָר אֲשֶׁר נִשְׁבַּע יְהוָה[b] ט מיחד[6]
6 לַאֲבֹתֶיךָ לְאַבְרָהָם לְיִצְחָק וּלְיַעֲקֹב׃ 6 וְיָדַעְתָּ כִּי לֹא בְצִדְקָתְךָ
יְהוָה אֱלֹהֶיךָ נֹתֵן לְךָ אֶת־הָאָרֶץ הַטּוֹבָה הַזֹּאת לְרִשְׁתָּהּ כִּי עַם־
7 קְשֵׁה־עֹרֶף אָתָּה׃ 7 זְכֹר אַל[a]־תִּשְׁכַּח אֵת אֲשֶׁר־הִקְצַפְתָּ אֶת־
יְהוָה אֱלֹהֶיךָ בַּמִּדְבָּר לְמִן־הַיּוֹם אֲשֶׁר־יָצָאתָ[b] ׀ מֵאֶרֶץ מִצְרַיִם עַד־ ח ג מנה בתור
8 בֹּאֲכֶם עַד־הַמָּקוֹם הַזֶּה מַמְרִים הֱיִיתֶם עִם־יְהוָה׃ 8 וּבְחֹרֵב ה. ל
9 הִקְצַפְתֶּם אֶת־יְהוָה וַיִּתְאַנַּף יְהוָה בָּכֶם לְהַשְׁמִיד אֶתְכֶם׃ 9 בַּעֲלֹתִי
הָהָרָה לָקַחַת לוּחֹת הָאֲבָנִים לוּחֹת הַבְּרִית אֲשֶׁר־כָּרַת יְהוָה עִמָּכֶם יג[7]. ה חס. ד[8]. ה חס
וָאֵשֵׁב בָּהָר אַרְבָּעִים יוֹם וְאַרְבָּעִים לַיְלָה לֶחֶם לֹא אָכַלְתִּי וּמַיִם לֹא ה[9]

[13] Mm 1073. [14] Mm 2144. [15] Mm 3155. **Cp 9** [1] Mm 355. [2] Mm 1128. [3] Mm 3519. [4] Mm 1099. [5] Mm 1932. [6] Mp sub loco. [7] Mm 1100. [8] Mm 1101. [9] Mm 2778.

18 [a] 𝔔 𝔐 𝔊$^{-BMNL\,min}$ ול' ‖ [b] 𝔐 𝔊^{L} + לאברהם ליצחק וליעקב ut 9,5 ‖ **19** [a–a] frt dl (ex 4,26)? 𝔊$^{-B*\Theta O}$ pr *τόν τε οὐρανὸν καὶ τὴν γῆν* ex 4,26 ‖ **20** [a] 𝔐 מאבד ‖ **Cp 9,1** [a] 𝔗^{J} tot cp 2 pl pro 2 sg ‖ [b] 𝔊 2 pl ‖ **2** [a] 𝔊 + *καὶ πολύν* = וָרָב cf 1,28[c] ‖ **3** [a] 𝔐 וא' ‖ [b] > 𝔊^{B} cf 4,26[a] ‖ **4** [a] 𝔐 –דיף, 2 Mss –דוף cf 6,19[a] ‖ [b] V^{Ken1} Ms 𝔐 מִפָּ' cf 7,22 ‖ **5** [a] > 2 Mss 𝔐𝔊 ‖ [b] > V^{Ken1} Ms 𝔐𝔊$^{B\,min}$𝔖 ‖ **7** [a] V^{Ken69} 𝔐𝔖𝔗 וְאַל ‖ [b] 𝔐𝔊𝔖 pl; 𝔄 *eduxit te*.

10 שְׁתִיתִי׃ 10 וַיִּתֵּן יְהוָה אֵלַי אֶת־שְׁנֵי לוּחֹת הָאֲבָנִים כְּתֻבִים בְּאֶצְבַּע ה חס. ד[10]
אֱלֹהִים וַעֲלֵיהֶם כְּכָל־[a]הַדְּבָרִים אֲשֶׁר דִּבֶּר יְהוָה עִמָּכֶם[b] בָּהָר[c]
11 [d]מִתּוֹךְ הָאֵשׁ[d] [e]בְּיוֹם הַקָּהָל[e]׃ 11 וַיְהִי מִקֵּץ אַרְבָּעִים יוֹם וְאַרְבָּעִים יב
12 לַיְלָה נָתַן יְהוָה אֵלַי אֶת־[a]שְׁנֵי לֻחֹת הָאֲבָנִים[a] לֻחוֹת הַבְּרִית׃ 12 וַיֹּאמֶר ד[10]. ה בטע ר״פ בסיפ
יְהוָה אֵלַי קוּם רֵד מַהֵר מִזֶּה כִּי שִׁחֵת עַמְּךָ אֲשֶׁר הוֹצֵאתָ מִמִּצְרָיִם
13 סָרוּ מַהֵר מִן־הַדֶּרֶךְ אֲשֶׁר צִוִּיתִם עָשׂוּ לָהֶם[a] מַסֵּכָה׃ 13 וַיֹּאמֶר יְהוָה
אֵלַי לֵאמֹר רָאִיתִי אֶת־הָעָם הַזֶּה וְהִנֵּה עַם־קְשֵׁה[a]־עֹרֶף הוּא׃
14 14 הֶרֶף מִמֶּנִּי וְאַשְׁמִידֵם וְאֶמְחֶה אֶת־שְׁמָם מִתַּחַת הַשָּׁמָיִם וְאֶעֱשֶׂה ו. נז וכל תלים דכות ב מ יא. ל. ל
15 אוֹתְךָ לְגוֹי־[a]עָצוּם וָרָב מִמֶּנּוּ׃ 15 וָאֵפֶן וָאֵרֵד מִן־הָהָר וְהָהָר בֹּעֵר יז מל בליש[11]. ג[12]. ה[13]. ב. ג
16 בָּאֵשׁ וּשְׁנֵי לֻחֹת הַבְּרִית עַל שְׁתֵּי יָדָי׃ 16 וָאֵרֶא וְהִנֵּה חֲטָאתֶם לַיהוָה ה חס[14]. כב[15]
אֱלֹהֵיכֶם עֲשִׂיתֶם לָכֶם עֵגֶל[a] מַסֵּכָה סַרְתֶּם מַהֵר[b] מִן־הַדֶּרֶךְ אֲשֶׁר־
17 צִוָּה יְהוָה אֶתְכֶם׃ 17 וָאֶתְפֹּשׂ בִּשְׁנֵי הַלֻּחֹת וָאַשְׁלִכֵם מֵעַל שְׁתֵּי יָדָי כב[15]
18 וָאֲשַׁבְּרֵם לְעֵינֵיכֶם׃ 18 וָאֶתְנַפַּל לִפְנֵי יְהוָה כָּרִאשֹׁנָה אַרְבָּעִים יוֹם ח. ב[16]
וְאַרְבָּעִים לַיְלָה לֶחֶם לֹא אָכַלְתִּי וּמַיִם לֹא שָׁתִיתִי עַל כָּל־ ה בסיפ
19 חַטַּאתְכֶם[a] אֲשֶׁר חֲטָאתֶם לַעֲשׂוֹת הָרַע בְּעֵינֵי יְהוָה[b] לְהַכְעִיסוֹ׃ 19 כִּי לג בתור
יָגֹרְתִּי מִפְּנֵי הָאַף וְהַחֵמָה אֲשֶׁר קָצַף יְהוָה עֲלֵיכֶם לְהַשְׁמִיד אֶתְכֶם ד וחס[17]. ג[18]
20 וַיִּשְׁמַע יְהוָה אֵלַי גַּם בַּפַּעַם הַהִוא׃ 20 וּבְאַהֲרֹן הִתְאַנַּף [a]יְהוָה מְאֹד[a]
21 לְהַשְׁמִידוֹ וָאֶתְפַּלֵּל גַּם־בְּעַד אַהֲרֹן בָּעֵת הַהִוא׃ 21 וְאֶת־חַטַּאתְכֶם[a] ח[19]
אֲשֶׁר־עֲשִׂיתֶם אֶת־הָעֵגֶל לָקַחְתִּי וָאֶשְׂרֹף אֹתוֹ ׀ בָּאֵשׁ וָאֶכֹּת אֹתוֹ ל
טָחוֹן הֵיטֵב עַד אֲשֶׁר־דַּק לְעָפָר וָאַשְׁלִךְ אֶת־עֲפָרוֹ אֶל־הַנַּחַל הַיֹּרֵד ל. כל תורה כת כן. ג. ב חד מל וחד חס[20]
22 מִן־הָהָר׃ 22 וּבְתַבְעֵרָה וּבְמַסָּה וּבְקִבְרֹת הַתַּאֲוָה מַקְצִפִים ל. ל
23 הֱיִיתֶם אֶת־יְהוָה׃ 23 וּבִשְׁלֹחַ יְהוָה אֶתְכֶם מִקָּדֵשׁ בַּרְנֵעַ לֵאמֹר עֲלוּ ל
וּרְשׁוּ אֶת־הָאָרֶץ אֲשֶׁר נָתַתִּי לָכֶם וַתַּמְרוּ אֶת־פִּי יְהוָה אֱלֹהֵיכֶם וְלֹא

[10] Mm 1101. [11] Mm 541. [12] Mm 1102. [13] Mm 1103. [14] TM et Mp לוחת contra L, cf Mp sub loco. [15] Mm 1104. [16] Da 11,29. [17] Mm 3404. [18] Mm 2669. [19] Mm 2851. [20] Mm 1105.

10 [a] V$^{Ken 69}$ Ms 𝔊𝔖𝔙 כל ‖ [b] ⅏ אליכם ut 10,4 ‖ [c] > 𝔊^{min} ‖ [d–d] > 𝔊$^{B\Theta\, min}$, 𝔊^{O} c ast ‖ [e–e] > 𝔊$^{A* min}$ cf 10,4[b–b] ‖ **11** [a–a] > ⅏ ‖ **12** [a] 2 Mss ⅏ + עֵגֶל ut 16 Ex 32,8 ‖ **13** [a] pc Mss ⅏^{Mss} קְשִׁי ‖ **14** [a] nonn Mss 𝔊$^{-O}$ + גדול ‖ **16** [a] > 𝔊$^{B\Theta\, min}$ ut 12 ‖ [b] > pc Mss ⅏^{Mss}𝔊$^{BN\Theta}$, 𝔊^{O} c ast pro ob cf 4,26[a] ‖ **18** [a] V$^{Ken 69.107}$ pc Mss ⅏𝔊𝔖𝔗^{J}𝔙 תיכם– cf 21[a] ‖ [b] V$^{Ken 9.69}$ pc Mss + אלהיך, 𝔊 + *τοῦ θεοῦ ὑμῶν* (𝔊$^{L\, min}$ *ἡμῶν*), 𝔊^{B} + *τοῦ θεοῦ* ‖ **20** [a–a] > 𝔊^{B} ‖ **21** [a] ⅏ cf 18[a].

24 הֶֽאֱמַנְתֶּם֙ לֹ֔ו וְלֹ֥א שְׁמַעְתֶּ֖ם בְּקֹלֽוֹ׃ 24 מַמְרִ֥ים הֱיִיתֶ֖ם עִם־יְהוָ֑ה מִיּ֖וֹם — ג חס ס״פ בסיפ
25 דַּעְתִּ֥י[a] אֶתְכֶֽם׃ 25 וָאֶתְנַפַּ֞ל לִפְנֵ֣י יְהוָ֗ה אֵ֣ת אַרְבָּעִ֥ים הַיּ֛וֹם וְאֶת־ — ל̇ . ל̇
אַרְבָּעִ֥ים הַלַּ֖יְלָה אֲשֶׁ֣ר הִתְנַפָּ֑לְתִּי כִּֽי־אָמַ֥ר יְהוָ֖ה לְהַשְׁמִ֥יד אֶתְכֶֽם׃
26 וָאֶתְפַּלֵּ֣ל אֶל־יְהוָה֮ וָאֹמַר֒ אֲדֹנָ֣י יְהוִ֗ה אַל־תַּשְׁחֵ֤ת עַמְּךָ֙ וְנַחֲלָ֣תְךָ֔ — ב . ח[21] ד מנה בתור
27 אֲשֶׁ֥ר פָּדִ֖יתָ בְּגָדְלֶ֑ךָ[a] אֲשֶׁר־הוֹצֵ֥אתָ מִמִּצְרַ֖יִם [b]בְּיָ֥ד חֲזָקָֽה[b]׃ 27 זְכֹר֙ — ב[22]
לַעֲבָדֶ֔יךָ לְאַבְרָהָ֖ם לְיִצְחָ֣ק וּֽלְיַעֲקֹ֑ב[a] אַל־[b]תֵּ֗פֶן אֶל־קְשִׁי֙[c] הָעָ֣ם הַזֶּ֔ה — ג[23] . ל̇
28 וְאֶל־[d]רִשְׁע֖וֹ[e] וְאֶל־חַטָּאתֽוֹ[e]׃ 28 פֶּן־יֹאמְר֗וּ[a] הָאָרֶץ֮ אֲשֶׁ֣ר הוֹצֵאתָ֣נוּ[b] — ל̇ . ל̇
מִשָּׁם֒ מִבְּלִי֙[c] יְכֹ֣לֶת יְהוָ֔ה לַהֲבִיאָ֕ם[d] אֶל־הָאָ֖רֶץ אֲשֶׁר־דִּבֶּ֣ר לָהֶ֑ם — ב[24]
29 וּמִשִּׂנְאָת֣וֹ אוֹתָ֔ם הוֹצִיאָ֖ם לַהֲמִתָ֥ם בַּמִּדְבָּֽר׃ 29 וְהֵ֥ם עַמְּךָ֖ וְנַחֲלָתֶ֑ךָ — לט מל בתור . ב חד חס וחד מל[24] . ט ר״פ[25]
אֲשֶׁ֤ר הוֹצֵ֙אתָ֙[a] בְּכֹחֲךָ֣ הַגָּדֹ֔ל[b] וּבִזְרֹעֲךָ֖ הַנְּטוּיָֽה׃ פ — ה חס[26]
ס[י] 10 1 בָּעֵ֨ת הַהִ֜וא אָמַ֧ר יְהוָ֣ה אֵלַ֗י פְּסָל־לְךָ֞ שְׁנֵֽי־לוּחֹ֤ת אֲבָנִים֙ — ה חס
2 כָּרִ֣אשֹׁנִ֔ים וַעֲלֵ֥ה אֵלַ֖י הָהָ֑רָה וְעָשִׂ֥יתָ לְּךָ֖ אֲר֥וֹן עֵֽץ׃ 2 וְאֶכְתֹּב֙ עַל־ — ד[1] . יג[2] . ל̇
הַלֻּחֹ֔ת אֶת־הַ֨דְּבָרִ֔ים אֲשֶׁ֥ר הָי֛וּ עַל־הַלֻּחֹ֥ת הָרִאשֹׁנִ֖ים אֲשֶׁ֣ר שִׁבַּ֑רְתָּ — כ׳
3 וְשַׂמְתָּ֖ם בָּאָרֽוֹן׃ 3 וָאַ֤עַשׂ אֲרוֹן֙ עֲצֵ֣י שִׁטִּ֔ים וָאֶפְסֹ֛ל שְׁנֵֽי־לֻחֹ֥ת אֲבָנִ֖ים — ב[3]
4 כָּרִאשֹׁנִ֑ים וָאַ֣עַל הָהָ֔רָה וּשְׁנֵ֥י הַלֻּחֹ֖ת בְּיָדִֽי׃ 4 וַיִּכְתֹּ֨ב עַֽל־הַלֻּחֹ֜ת — ד[1] . יג[2]
כַּמִּכְתָּ֣ב הָרִאשׁ֗וֹן אֵ֚ת עֲשֶׂ֣רֶת הַדְּבָרִ֔ים אֲשֶׁר֩ דִּבֶּ֨ר יְהוָ֧ה אֲלֵיכֶ֛ם[a] — ל̇ . סד
5 בָּהָ֛ר מִתּ֥וֹךְ הָאֵ֖שׁ [b]בְּי֣וֹם הַקָּהָ֑ל[b] וַיִּתְּנֵ֥ם יְהוָ֖ה אֵלָֽי׃ 5 וָאֵ֗פֶן וָֽאֵרֵד֙ מִן־ — ב[4]
הָהָ֔ר וָֽאָשִׂם֙ אֶת־הַלֻּחֹ֔ת בָּאָר֖וֹן אֲשֶׁ֣ר עָשִׂ֑יתִי וַיִּ֣הְיוּ שָׁ֔ם כַּאֲשֶׁ֥ר צִוַּ֖נִי — ט[5] ה[6] מנה חס
6 יְהוָֽה׃ 6 וּבְנֵ֣י יִשְׂרָאֵ֗ל נָֽסְע֛וּ [a]מִבְּאֵרֹ֥ת בְּנֵי־יַעֲקָ֖ן מוֹסֵרָ֑ה[a] [b][c]שָׁ֣ם — כל אורית חס וכל שמואל דכות ב מ א[7]
7 מֵ֤ת[c] אַהֲרֹן֙ וַיִּקָּבֵ֣ר שָׁ֔ם וַיְכַהֵ֛ן אֶלְעָזָ֥ר בְּנ֖וֹ תַּחְתָּֽיו[b]׃ 7 מִשָּׁ֥ם נָסְע֖וּ[a]
8 הַגֻּדְגֹּ֑דָה [b]וּמִן־הַגֻּדְגֹּ֣דָה יָטְבָ֔תָה[b] אֶ֖רֶץ נַ֥חֲלֵי[c] מָֽיִם[d]׃ 8 בָּעֵ֣ת

[21]Mm 95. [22]Mm 2914. [23]Mm 3551. [24]Mp sub loco. [25]Mm 564. [26]Mm 1927. **Cp 10** [1]Mm 611. [2]Mm 1100. [3]Gn 47,6. [4]Mp sub loco. [5]Mm 1918. [6]Mm 2528. [7]2 S 4,2.

24 [a] ш𝔊 תו– ‖ **26** [a] 𝔊$^{-B\,min}$ *ἐν τῇ ἰσχύι σου (τῇ μεγάλῃ)* ‖ [b–b] ш𝔊$^{-O}$ בידך הח׳ ut 3,24 cf 11,2; 𝔊$^{-min}$ *ἐν τῇ ἰσχύι σου (τῇ μεγάλῃ)* cf 29 et 𝔗^{J} ‖ **27** [a] 𝔔 קוב–; 𝔊$^{-O}$ + *οἷς ὤμοσας κατὰ σεαυτοῦ* ‖ [b] 𝔊^{min}𝔗^{J} pr cop ‖ [c] 𝔅 קְשִׁי ‖ [d] V$^{Ken\,107}$ nonn Mss 𝔊^{Ms} 𝔗^{Mss}𝔗^{J} אל ‖ [e] 𝔊𝔗𝔗^{J} pl ‖ **28** [a] ш + עם pro עַמֵּי ut 28,10; 𝔊(𝔖𝔗𝔗^{J}𝔙) + *οἱ κατοικοῦντες* ‖ [b] 𝔔 יוצאנ(ו) ‖ [c] V$^{Ken\,9.69}$ Ms ш מבלתי ‖ [d] ш להביא אתם ‖ **29** [a] ш𝔊$^{-Ms}$ + ממצרים ‖ [b] 𝔊^{B} + *καὶ ἐν τῇ χειρί σου τῇ κραταιᾷ* ex 26 (Ex 32,11) ‖ **Cp 10,4** [a] pc Mss ш^{Mss} עִמָּכֶם ut 5,4 9,10 ‖ [b–b] > ℭ𝔊$^{-ML}$(^{O} c ast); 𝔊$^{\Theta}$ *ἐν τῇ ἐρήμῳ* cf 9,10 ‖ **6** [a–a] ш ממסרות ויחנו בבני יעקן ut Nu 33,31 ‖ [b–b] ш tr post ההר in 7 ‖ [c–c] ш וימת שם ‖ **7** [a] ш + ויחנו ‖ [b–b] ш משם נסעו ויחנו ביטבתה ‖ [c] ш + pl vb et 6[b–b] cf Nu 33,34sqq.

הַהִוא הִבְדִּיל יְהוָה אֶת־שֵׁבֶט הַלֵּוִי לָשֵׂאת אֶת־אֲרוֹן בְּרִית־יְהוָה
לַעֲמֹד[a] לִפְנֵי[b] יְהוָה לְשָׁרְתוֹ[c] וּלְבָרֵךְ בִּשְׁמוֹ עַד הַיּוֹם הַזֶּה׃ 9 עַל־כֵּן 9
לֹא־הָיָה לְלֵוִי חֵלֶק וְנַחֲלָה עִם־אֶחָיו יְהוָה הוּא נַחֲלָתוֹ כַּאֲשֶׁר דִּבֶּר
[a]יְהוָה אֱלֹהֶיךָ[a] לוֹ׃ 10 וְאָנֹכִי עָמַדְתִּי בָהָר [a]כַּיָּמִים הָרִאשֹׁנִים[a] אַרְבָּעִים 10
יוֹם וְאַרְבָּעִים לַיְלָה וַיִּשְׁמַע יְהוָה אֵלַי גַּם בַּפַּעַם הַהִוא לֹא־[b]אָבָה
יְהוָה הַשְׁחִיתֶךָ[c]׃ 11 וַיֹּאמֶר יְהוָה אֵלַי קוּם לֵךְ לְמַסַּע לִפְנֵי הָעָם[a] 11
וְיָבֹאוּ וְיִרְשׁוּ[b] אֶת־הָאָרֶץ אֲשֶׁר־נִשְׁבַּעְתִּי לַאֲבֹתָם[c] לָתֵת לָהֶם׃ פ
12 וְעַתָּה יִשְׂרָאֵל מָה יְהוָה אֱלֹהֶיךָ שֹׁאֵל מֵעִמָּךְ כִּי אִם־לְיִרְאָה 12
אֶת־יְהוָה אֱלֹהֶיךָ לָלֶכֶת[a] בְּכָל־דְּרָכָיו וּלְאַהֲבָה אֹתוֹ וְלַעֲבֹד אֶת־
יְהוָה אֱלֹהֶיךָ בְּכָל־לְבָבְךָ וּבְכָל־נַפְשֶׁךָ׃ 13 לִשְׁמֹר[a] אֶת־מִצְוֺת יְהוָה[b] 13
וְאֶת־חֻקֹּתָיו אֲשֶׁר אָנֹכִי מְצַוְּךָ הַיּוֹם לְטוֹב לָךְ׃ 14 הֵן לַיהוָה אֱלֹהֶיךָ 14
הַשָּׁמַיִם וּשְׁמֵי הַשָּׁמָיִם הָאָרֶץ וְכָל־אֲשֶׁר־בָּהּ׃ 15 רַק[a] בַּאֲבֹתֶיךָ חָשַׁק 15
יְהוָה לְאַהֲבָה אוֹתָם וַיִּבְחַר בְּזַרְעָם אַחֲרֵיהֶם בָּכֶם מִכָּל־הָעַמִּים
כַּיּוֹם הַזֶּה׃ 16 [a]וּמַלְתֶּם אֵת עָרְלַת לְבַבְכֶם וְעָרְפְּכֶם לֹא תַקְשׁוּ עוֹד׃ 16
17 כִּי יְהוָה אֱלֹהֵיכֶם הוּא אֱלֹהֵי הָאֱלֹהִים [a]וַאֲדֹנֵי[b] הָאֲדֹנִים[a] הָאֵל 17
הַגָּדֹל הַגִּבֹּר[c] וְהַנּוֹרָא אֲשֶׁר לֹא־יִשָּׂא פָנִים וְלֹא יִקַּח שֹׁחַד׃ 18 עֹשֶׂה 18
מִשְׁפַּט יָתוֹם וְאַלְמָנָה וְאֹהֵב גֵּר לָתֶת לוֹ לֶחֶם וְשִׂמְלָה׃ 19 וַאֲהַבְתֶּם 19
אֶת־הַגֵּר כִּי־גֵרִים הֱיִיתֶם בְּאֶרֶץ מִצְרָיִם׃ 20 אֶת־יְהוָה אֱלֹהֶיךָ תִּירָא 20
אֹתוֹ[a] תַעֲבֹד וּבוֹ תִדְבָּק[b] וּבִשְׁמוֹ תִּשָּׁבֵעַ׃ 21 הוּא תְהִלָּתְךָ וְהוּא אֱלֹהֶיךָ 21
אֲשֶׁר־עָשָׂה אִתְּךָ אֶת־הַגְּדֹלֹת וְאֶת־הַנּוֹרָאֹת הָאֵלֶּה[a] אֲשֶׁר [b]רָאוּ
עֵינֶיךָ[b]׃ 22 בְּשִׁבְעִים נֶפֶשׁ יָרְדוּ אֲבֹתֶיךָ[a] מִצְרָיְמָה וְעַתָּה שָׂמְךָ יְהוָה 22
אֱלֹהֶיךָ כְּכוֹכְבֵי הַשָּׁמַיִם לָרֹב׃ 11 1 וְאָהַבְתָּ[a] אֵת יְהוָה 11

כו . כו בליש וכל מלכים דכות
ד[8]
ג[9]
ט ר״פ וכל תרי עשר דכות[10] . ד[11] . כו
ג[12]
ל
ז רפי[13] . ל . ב[14]
ד[15] . ב . ב
ב
לט מל בתור
ל[16] . ג
ט פת ול[17] בליש . ט פת בליש . ב[18]
ג חס בתור . לז . ג[19] . כב[20] ג מנה בסיפ
ב[21] . ב
י ר״פ בסיפ[22]
ד זוגין[23] . ל . ג[24]
יו בתור[25]
כה[26] . ב[27]

[8] Mm 1106. [9] Mm 987. [10] Mm 1472. [11] Mm 3162. [12] Mm 1107. [13] Mm 465. [14] Jos 1,6. [15] Mm 1108. [16] Mm 1109. [17] Mm 291. [18] Mm 3980. [19] Mm 1110. [20] Mm 475. [21] Ps 11,5. [22] Mm 1143. [23] Mm 2810. [24] Mm 3170. [25] Mm 60. [26] Mm 84. [27] Ex 2,14.

8 a pc Mss 𝔔𝔐^{Mss}𝔖𝔙 ולעמוד ‖ b–b 𝔙 *coram eo* ‖ c 𝔊$^{-L}$(𝔊^{O} c ast)(𝔙) λειτουργεῖν = לְשָׁרֵת cf 18,5 ‖ **9** a–a > Ms 𝔊$^{-L}$(^{O} c ast) ‖ **10** a–a > 𝔊* ‖ b V$^{Ken\,1.9.69}$𝔔 mlt Mss 𝔐𝔊$^{-min}$𝔖𝔗^{Ms}𝔙 ולא ‖ c 𝔊$^{-O}$ ἐξολεθρεῦσαι ὑμᾶς (𝔊^{Ms} ἡμᾶς) ‖ **11** a Ms 𝔐 𝔊* + הזה ‖ b mlt Mss 𝔅 וייר׳ ‖ c pc Mss 𝔐^{Ms} לאבותם, 𝔔 לאבותיהמה ‖ **12** a 2 Mss 𝔊$^{B\,min}$𝔖𝔙 ול׳ cf 11,22 19,9 30,16 ‖ **13** a 𝔐𝔖𝔙 ול׳ ‖ b 𝔔𝔐𝔊$^{-Ms}$𝔖 + אלהיך cf V$^{Ken\,69}$ ‖ **15** a 𝔔 על כן ‖ **16** a 16–19 dl (pl)? ‖ **17** a–a 𝔗𝔗^{J} *wmrj mlkjn* ‖ b 𝔐𝔖 ־ון ‖ c Ms 𝔔𝔐𝔊$^{-ALMs}$𝔖𝔙 והג(י)בר ‖ **20** a mlt Mss 𝔔 Vrs 𝔗^{J} ואׄ ut 6,13 ‖ b 𝔔 תקרב cf 𝔗𝔗^{J} ‖ **21** a > 𝔔𝔖 Arm ‖ b–b 𝔔 ביעיניכם ‖ **22** a pc Mss 𝔔𝔐^{Mss} אבות׳ ‖ **Cp 11,1** a 𝔗^{J} 2 pl.

ג . ו פסוק מן ג מילין מתחלפ קפ צ סימן[1] — אֱלֹהֶ֑יךָ וְשָׁמַרְתָּ֣ מִשְׁמַרְתּ֗וֹ [b]וְחֻקֹּתָ֧יו[b] וּמִשְׁפָּטָ֛יו וּמִצְוֺתָ֖יו כָּל־הַיָּמִֽים׃

מז פסוק לא לא לא . יו פסוק את את את את . ח[2] — 2 וִֽידַעְתֶּם֮ הַיּוֹם֒ כִּ֣י ׀ לֹ֣א אֶת־בְּנֵיכֶ֗ם אֲשֶׁ֤ר לֹֽא־יָדְעוּ֙ וַאֲשֶׁ֣ר לֹא־רָא֔וּ

ג בליש — אֶת־מוּסַ֖ר יְהוָ֣ה אֱלֹהֵיכֶ֑ם אֶת־[a]גָּ֨דְל֔וֹ אֶת־יָדוֹ֙ הַחֲזָקָ֔ה וּזְרֹע֖וֹ[b] הַנְּטוּיָֽה׃

ג[3] . ב[4] — 3 וְאֶת־[a]אֹתֹתָיו֙ וְאֶֽת־מַעֲשָׂ֔יו אֲשֶׁ֥ר עָשָׂ֖ה בְּת֣וֹךְ מִצְרָ֑יִם לְפַרְעֹ֥ה [b]מֶֽלֶךְ־

יב ר״פ . ז[5] — 4 מִצְרַ֖יִם[b] וּלְכָל־אַרְצֽוֹ׃ 4 וַאֲשֶׁ֣ר עָשָׂה֩ לְחֵ֨יל מִצְרַ֜יִם לְסוּסָ֣יו וּלְרִכְבּ֗וֹ

ל . ל — אֲשֶׁ֨ר הֵצִ֜יף[a] אֶת־מֵ֤י יַם־סוּף֙ עַל־פְּנֵיהֶ֔ם בְּרָדְפָ֖ם אַחֲרֵיכֶ֑ם[b] וַיְאַבְּדֵ֣ם

יב ר״פ . ז[5] . ה — 5 יְהוָ֔ה עַ֖ד הַיּ֥וֹם הַזֶּֽה׃ 5 וַאֲשֶׁ֨ר עָשָׂ֥ה לָכֶ֖ם בַּמִּדְבָּ֑ר עַד־בֹּאֲכֶ֖ם עַד־

יב ר״פ . ז[5] — 6 הַמָּק֥וֹם הַזֶּֽה׃ 6 וַאֲשֶׁ֨ר עָשָׂ֜ה לְדָתָ֣ן וְלַאֲבִירָ֗ם בְּנֵ֣י אֱלִיאָב֮ בֶּן־רְאוּבֵן֒

ב . ל — אֲשֶׁ֨ר פָּצְתָ֤ה הָאָ֙רֶץ֙ אֶת־פִּ֔יהָ וַתִּבְלָעֵ֥ם[a] וְאֶת־בָּתֵּיהֶ֖ם וְאֶת־אָהֳלֵיהֶ֑ם

ג[6] . יג — 7 וְאֵ֤ת כָּל־הַיְקוּם֙ אֲשֶׁ֣ר בְּרַגְלֵיהֶ֔ם בְּקֶ֖רֶב כָּל־[b]יִשְׂרָאֵֽל׃ 7 כִּ֤י עֵֽינֵיכֶם֙

ד[7] . ב[8] — 8 הָֽרֹאֹ֔ת אֶֽת־כָּל־מַעֲשֵׂ֥ה יְהוָ֖ה הַגָּדֹ֑ל אֲשֶׁ֖ר עָשָֽׂה[a]׃ 8 וּשְׁמַרְתֶּם֙

אֶת־כָּל־[a]הַמִּצְוָ֔ה אֲשֶׁ֛ר אָנֹכִ֥י מְצַוְּךָ֖[b] הַיּ֑וֹם לְמַ֣עַן תֶּחֶזְק֗וּ וּבָאתֶם֙

ב[9] ר״פ וחד מן ט מיחד — 9 וִֽירִשְׁתֶּ֣ם אֶת־הָאָ֔רֶץ אֲשֶׁ֥ר אַתֶּ֛ם עֹבְרִ֥ים[c] שָׁ֖מָּה לְרִשְׁתָּֽהּ׃ 9 וּלְמַ֨עַן

ג — [a]תַּאֲרִ֤יכוּ יָמִים֙[a] עַל־הָ֣אֲדָמָ֔ה אֲשֶׁר֩ נִשְׁבַּ֨ע יְהוָ֧ה לַאֲבֹתֵיכֶ֛ם לָתֵ֥ת לָהֶ֖ם

ס [יא] — [b]וּלְזַרְעָ֑ם[b] אֶ֛רֶץ זָבַ֥ת חָלָ֖ב וּדְבָֽשׁ׃ ס 10 כִּ֣י הָאָ֗רֶץ אֲשֶׁ֨ר [a]אַתָּ֤ה

ה[10] — בָא[a]־שָׁ֙מָּה֙ לְרִשְׁתָּ֔הּ לֹ֤א כְאֶ֙רֶץ֙ מִצְרַ֣יִם הִ֔וא [b]אֲשֶׁ֥ר יְצָאתֶ֖ם מִשָּׁ֑ם[b]

ל בטע . ז . ח ר״פ[11] — 11 אֲשֶׁ֤ר תִּזְרַע֙ אֶת־זַרְעֲךָ֔ וְהִשְׁקִ֥יתָ בְרַגְלְךָ֖[c] כְּגַ֥ן הַיָּרָֽק׃ 11 [a]וְהָאָ֗רֶץ

ל חס — אֲשֶׁ֨ר [b]אַתֶּ֜ם עֹבְרִ֥ים[b] שָׁ֙מָּה֙ לְרִשְׁתָּ֔הּ[a] אֶ֥רֶץ הָרִ֖ים וּבְקָעֹ֑ת[c] לִמְטַ֥ר

יג ר״פ — 12 הַשָּׁמַ֖יִם תִּשְׁתֶּה־מָּֽיִם׃ 12 אֶ֕רֶץ[a] אֲשֶׁר־יְהוָ֥ה אֱלֹהֶ֖יךָ דֹּרֵ֣שׁ אֹתָ֑הּ תָּמִ֞יד

ה[12] וחד מן ט[13] כת חס א . ל — עֵינֵ֨י יְהוָ֤ה אֱלֹהֶ֙יךָ֙ בָּ֔הּ מֵֽרֵשִׁית֙[b] הַשָּׁנָ֔ה[c] וְעַ֖ד אַחֲרִ֥ית שָׁנָֽה[d]׃ ס

Cp 11 [1]Okhl 276. [2]Mm 3985. [3]Mp sub loco. [4]Mm 1111. [5]Mm 1112. [6]Mm 55. [7]Mm 3719. [8]Mm 1400. [9]Mm 1113. [10]Mm 1114. [11]Mm 4. [12]Mm 921. [13]Mm 922.

1 b–b Ms ⅏ 'וש' משמרתו חקתיו, frt l וש' מִשְׁמֶרֶת חקתיו cf V[Ken 69] et Jos 22,3 ‖ **2** a mlt Mss 𝔔ℭ⅏𝔊𝔖𝔗[J]𝔙 וְאֶת ‖ b ⅏ ואת ז' ‖ **3** a pc Mss 𝔔⅏𝔙 את ‖ b–b > ⅏𝔊[Ms] ‖ **4** a 𝔙 alit ‖ b V[Ken 9.69] mlt Mss ℭ[Mss] יהם– ‖ **6** a ⅏ + ואת כל האדם אשר לקרח ‖ b > Ms 𝔊[Ms]𝔙 ‖ **7** a 𝔊 + (ἐν) ὑμῖν (ἡμῖν) σήμερον ‖ **8** a > Ms ‖ b Ms 𝔔⅏𝔊[AFMO min] 𝔖𝔗[J]𝔙 מִצְוָה אֶתְכֶם ‖ c 𝔔⅏𝔙 באים ‖ **9** a–a 𝔔 ירבו ימיכם ‖ b–b ⅏ לזרעם ‖ **10** a–a 𝔔⅏𝔊[-BΘ min]𝔖 pl cf 11 ‖ b–b > V[Ken 9] Ms (homtel); 𝔄(𝔏) = א' יְצָאתָ מ' (homtel), sic l vel dl? 𝔊[Ms] om משם (homtel) ‖ c ⅏ –לֶיךָ; 𝔊(𝔊[O] c ast) τοῖς ποσίν (𝔊[B] + αὐτῶν); > 𝔙; prp בְּדָלְיֶךָ cf Nu 24,7 ‖ **11** a–a > 𝔙, frt dl, sed cf b–b ‖ b–b 𝔊 εἰσπορεύῃ, frt l אתה בא, sed cf a–a ‖ c V[Ken 9.69.107] nonn Mss ⅏ עות– cf 𝔔 ‖ **12** a ⅏[Mss]𝔖[MU] ℭ𝔗[J] הארץ ‖ b mlt Mss ⅏ מראש' ut 21,17 26,2 ‖ c pc Mss 𝔔 שָׁנָה cf d ‖ d mlt Mss ⅏𝔖ℭ𝔗[J] הַשָּׁנָה.

13 ה חס[14] 13 וְהָיָה[a] אִם־שָׁמֹעַ תִּשְׁמְעוּ֙ אֶל־מִצְוֹתַ֔י[b] אֲשֶׁ֧ר אָנֹכִ֛י מְצַוֶּ֥ה אֶתְכֶ֖ם
ב הַיּ֑וֹם לְאַהֲבָ֞ה אֶת־יְהוָ֤ה אֱלֹֽהֵיכֶם֙ וּלְעָבְד֔וֹ[c] בְּכָל[d]־לְבַבְכֶ֖ם וּבְכָל־
14 ד[15] נַפְשְׁכֶֽם׃ 14 וְנָתַתִּ֧י[a] מְטַֽר־אַרְצְכֶ֛ם[b] בְּעִתּ֖וֹ יוֹרֶ֣ה[c] וּמַלְק֑וֹשׁ וְאָסַפְתָּ֣[d]
15 דְגָנֶ֔ךָ וְתִֽירֹשְׁךָ֖ וְיִצְהָרֶֽךָ[e]׃ 15 וְנָתַתִּ֛י[a] עֵ֥שֶׂב בְּשָׂדְךָ֖ לִבְהֶמְתֶּ֑ךָ וְאָכַלְתָּ֖[b]
16 ל וְשָׂבָֽעְתָּ[b]׃ 16 הִשָּׁמְר֣וּ[a] לָכֶ֔ם פֶּ֥ן יִפְתֶּ֖ה לְבַבְכֶ֑ם[a] וְסַרְתֶּ֗ם וַעֲבַדְתֶּם֙
17 אֱלֹהִ֣ים אֲחֵרִ֔ים וְהִשְׁתַּחֲוִיתֶ֖ם לָהֶֽם׃ 17 וְחָרָה֩ אַף־יְהוָ֨ה בָּכֶ֜ם וְעָצַ֤ר
ל. ג[16] אֶת־הַשָּׁמַ֙יִם֙ וְלֹא־יִהְיֶ֣ה מָטָ֔ר וְהָ֣אֲדָמָ֔ה לֹ֥א תִתֵּ֖ן אֶת־יְבוּלָ֑הּ וַאֲבַדְתֶּ֣ם
18 ג חס[18] . יא זוגין בטע[17] מְהֵרָ֗ה[a] מֵעַל֙ הָאָ֣רֶץ הַטֹּבָ֔ה אֲשֶׁ֥ר יְהוָ֖ה נֹתֵ֥ן לָכֶֽם׃ 18 וְשַׂמְתֶּם֙ אֶת־
ל דְּבָרַ֣י אֵ֔לֶּה עַל־לְבַבְכֶ֖ם וְעַֽל־נַפְשְׁכֶ֑ם וּקְשַׁרְתֶּ֨ם אֹתָ֤ם לְאוֹת֙ עַל־
19 ב. יג יֶדְכֶ֔ם[a] וְהָי֥וּ לְטוֹטָפֹ֖ת בֵּ֥ין עֵינֵיכֶֽם׃ 19 וְלִמַּדְתֶּ֥ם אֹתָ֛ם אֶת־בְּנֵיכֶ֖ם
ב. ב לְדַבֵּ֣ר בָּ֑ם בְּשִׁבְתְּךָ֤ בְּבֵיתֶ֙ךָ֙[a] וּבְלֶכְתְּךָ֣[b] בַדֶּ֔רֶךְ וּֽבְשָׁכְבְּךָ֖[c] וּבְקוּמֶֽךָ׃
20 21 ב. ל מל. ב 20 [b a]וּכְתַבְתָּ֛ם עַל־מְזוּז֥וֹת בֵּיתֶ֖ךָ[c] וּבִשְׁעָרֶֽיךָ[bd]׃ 21 לְמַ֨עַן יִרְבּ֤וּ יְמֵיכֶם֙
ב[19] וִימֵ֣י בְנֵיכֶ֔ם עַ֚ל הָֽאֲדָמָ֔ה אֲשֶׁ֨ר נִשְׁבַּ֧ע יְהוָ֛ה לַאֲבֹתֵיכֶ֖ם לָתֵ֣ת לָהֶ֑ם
22 ה[21] . ל[20] כִּימֵ֥י הַשָּׁמַ֖יִם עַל־הָאָֽרֶץ׃ ס 22 כִּי֩ אִם־שָׁמֹ֨ר תִּשְׁמְר֜וּן אֶת־כָּל־
ה מיחד חס היום וכל העם דכות[22] . ב[23] הַמִּצְוָ֣ה הַזֹּ֗את אֲשֶׁ֧ר [a]אָנֹכִ֛י מְצַוֶּ֥ה אֶתְכֶ֖ם[a] לַעֲשֹׂתָ֑הּ לְאַהֲבָ֞ה אֶת־יְהוָ֧ה
23 ל. ד[24] אֱלֹהֵיכֶ֛ם[b] לָלֶ֥כֶת[c] בְּכָל־דְּרָכָ֖יו וּלְדָבְקָה־בֽוֹ׃ 23 וְהוֹרִ֧ישׁ יְהוָ֛ה אֶת־
ג[25] כָּל־הַגּוֹיִ֥ם הָאֵ֖לֶּה מִלִּפְנֵיכֶ֑ם[a] וִירִשְׁתֶּ֣ם גּוֹיִ֔ם גְּדֹלִ֥ים וַעֲצֻמִ֖ים מִכֶּֽם[b]׃
24 ח ר״פ בסיפ. ה וחס[26] 24 כָּל־הַמָּק֗וֹם אֲשֶׁ֨ר תִּדְרֹ֤ךְ כַּף־רַגְלְכֶם֙ בּ֖וֹ לָכֶ֣ם יִהְיֶ֑ה מִן־הַמִּדְבָּ֨ר
ה[27] ג מנה בתור. ב. ג ב חס וחד מל וְהַלְּבָנ֜וֹן[a] מִן[b]־הַנָּהָ֣ר[c] נְהַר־פְּרָ֗ת וְעַד֙ הַיָּ֣ם הָאַחֲר֔וֹן יִהְיֶ֖ה גְּבֻלְכֶֽם׃
25 ד. ג[28]. ב 25 לֹא־יִתְיַצֵּ֥ב אִ֖ישׁ בִּפְנֵיכֶ֑ם[a] פַּחְדְּכֶ֨ם וּמוֹרַאֲכֶ֜ם יִתֵּ֣ן ׀ יְהוָ֣ה אֱלֹהֵיכֶ֗ם
עַל־פְּנֵ֤י כָל־הָאָ֙רֶץ֙ אֲשֶׁ֣ר תִּדְרְכוּ־בָ֔הּ כַּאֲשֶׁ֖ר דִּבֶּ֥ר לָכֶֽם׃ ס קי״א

[14]Mm 1115. [15]Mm 2321. [16]Mm 352. [17]Mm 915. [18]Mm 1116. [19]Mm 3782. [20]וחד כימי שמים Ps 89,30. [21]Mm 2153. [22]Mm 1067. [23]Mp sub loco. [24]Mm 1108. [25]Mm 1117. [26]Mm 1118. [27]Mm 1243. [28]Mm 1119.

13 [a] frt dl vel l 2 sg cf 𝔊[Mss] || [b] 𝔊 *πάσας τὰς ἐντολὰς αὐτοῦ* (> 𝔊[B], 𝔊[Mss] *μου*) || [c] 𝔙[Ken 9]𝔊[Ms] ל׳ || [d] 𝔔 בכול || **14** [a] 𝔐𝔊[-Θmin]𝔙 ונתן cf 15[a] || [b] Ms 𝔐𝔊 (ל)ארצך || [c] 𝔐 יורא || [d] 𝔙 2 pl || [e] (𝔙[Ken 69]) pc Mss ת׳ cf 12,17 || **15** [a] > ℭ𝔙; 𝔐𝔊[BNΘL min] ונתן cf 14[a] 𝔊[AFMO min] *καὶ δώσεις* = וְנָתַתָּ || [b] 𝔙 2 pl || **16** [a–a] 𝔊[-min] sg || **17** [a] 𝔐 מהר || **18** [a] 𝔐𝔊[Ms]𝔏𝔖𝔙 יְדֵיכם cf 6,8 || **19** [a] 𝔙[Ken 69] pc Mss תיך–, ℭ בבאתיך; 𝔐𝔊[-O] בַּבַּיִת cf 6,7 || [b] 𝔐 ב׳ || [c] 𝔙[Ken 69] pc Mss 𝔐 ב׳ || **20** [a] 𝔊𝔖𝔗[J] 2 pl pro 2 sg || [b–b] 𝔙 *scribes ea super postes et ianuas domus tuae* || [c] 𝔐𝔊𝔖𝔗[J] rectius pl cf 6,9[b] || [d] 𝔊[-min] *καὶ τῶν πυλῶν ὑμῶν* || **22** [a–a] 𝔊[B min] *ἐντέλλομαί σοι*; pc Mss 𝔐𝔊(𝔊[O] c ob)𝔖 + היום || [b] 𝔊[-MΘLO min] *τὸν θεὸν ἡμῶν* || [c] ℭ𝔊[B min]𝔖𝔙 ול׳ || **23** [a] 𝔐 יך– || [b] 𝔐 ממך || **24** [a] prb l וְעַד הל׳ cf Jos 1,4 || [b] pc Mss 𝔐𝔊𝔖 ומן || [c] pc Mss ℭ𝔊𝔗[Ms]𝔗[J]𝔙 + הגדול || **25** [a] 𝔐 לפ׳.

פרשׁ 26 רְאֵה[a] אָנֹכִי נֹתֵן לִפְנֵיכֶם הַיּוֹם בְּרָכָה וּקְלָלָה׃ 27 אֶת־הַבְּרָכָה ז̇ . י̇ ר״פ בסיפ[29] . ב̇ בטע
אֲשֶׁר תִּשְׁמְעוּ אֶל־מִצְוֺת יְהוָה אֱלֹהֵיכֶם אֲשֶׁר אָנֹכִי[a] מְצַוֶּה אֶתְכֶם ו̇ בטע ה̇[30] מנה בליש
28 הַיּוֹם׃ 28 וְהַקְּלָלָה אִם־לֹא תִשְׁמְעוּ אֶל־מִצְוֺת יְהוָה אֱלֹהֵיכֶם וְסַרְתֶּם ל̇ ר״פ . ו̇ בטע ה̇[30] מנה בליש
מִן־הַדֶּרֶךְ אֲשֶׁר אָנֹכִי[a] מְצַוֶּה אֶתְכֶם הַיּוֹם לָלֶכֶת אַחֲרֵי אֱלֹהִים
29 אֲחֵרִים אֲשֶׁר לֹא־יְדַעְתֶּם׃ ס 29 וְהָיָה כִּי יְבִיאֲךָ יְהוָה אֱלֹהֶיךָ
אֶל־הָאָרֶץ אֲשֶׁר־אַתָּה בָא־שָׁמָּה לְרִשְׁתָּהּ וְנָתַתָּה אֶת־הַבְּרָכָה עַל־ י̇ח̇ פסוק אל על על[31]
30 הַר[a] גְּרִזִים[a] וְאֶת־הַקְּלָלָה עַל־הַר עֵיבָל׃ 30 הֲלֹא[a]־הֵמָּה[a] בְּעֵבֶר ל̇ . ד̇[32]
הַיַּרְדֵּן אַחֲרֵי דֶּרֶךְ מְבוֹא הַשֶּׁמֶשׁ בְּאֶרֶץ הַכְּנַעֲנִי הַיֹּשֵׁב בָּעֲרָבָה מוּל
31 הַגִּלְגָּל אֵצֶל אֵלוֹנֵי[b] מֹרֶה[c]׃ 31 כִּי אַתֶּם עֹבְרִים אֶת־הַיַּרְדֵּן לָבֹא ל̇ מל̇ . ה̇ חס[33] . ט̇ חס[34]
לָרֶשֶׁת אֶת־הָאָרֶץ אֲשֶׁר־יְהוָה אֱלֹהֵיכֶם נֹתֵן לָכֶם וִירִשְׁתֶּם אֹתָהּ[a]
32 וִישַׁבְתֶּם־בָּהּ׃ 32 וּשְׁמַרְתֶּם לַעֲשׂוֹת אֵת כָּל־הַחֻקִּים וְאֶת־הַמִּשְׁפָּטִים
אֲשֶׁר אָנֹכִי נֹתֵן לִפְנֵיכֶם הַיּוֹם׃ ז̇
12 1 אֵלֶּה[a] הַחֻקִּים וְהַמִּשְׁפָּטִים אֲשֶׁר תִּשְׁמְרוּן לַעֲשׂוֹת[b] בָּאָרֶץ ה̇[1]
אֲשֶׁר נָתַן יְהוָה אֱלֹהֵי אֲבֹתֶיךָ[c] לְךָ[d] לְרִשְׁתָּהּ[b] כָּל־הַיָּמִים אֲשֶׁר־אַתֶּם
2 חַיִּים עַל־הָאֲדָמָה׃ 2 אַבֵּד תְּאַבְּדוּן אֶת־כָּל־הַמְּקֹמוֹת אֲשֶׁר עָבְדוּ־
שָׁם הַגּוֹיִם אֲשֶׁר אַתֶּם יֹרְשִׁים אֹתָם אֶת־אֱלֹהֵיהֶם עַל־הֶהָרִים הָרָמִים ב̇ חד מל̇ וחד חס
3 וְעַל־הַגְּבָעוֹת וְתַחַת כָּל־עֵץ רַעֲנָן׃ 3 וְנִתַּצְתֶּם אֶת־מִזְבְּחֹתָם[a]
וְשִׁבַּרְתֶּם אֶת־מַצֵּבֹתָם[b] וַאֲשֵׁרֵיהֶם תִּשְׂרְפוּן בָּאֵשׁ וּפְסִילֵי אֱלֹהֵיהֶם ג̇ . ג̇
4 תְּגַדֵּעוּן[b] וְאִבַּדְתֶּם אֶת־שְׁמָם מִן־הַמָּקוֹם הַהוּא׃ 4 לֹא־תַעֲשׂוּן ב̇[2] . י̇ד̇[3]
5 כֵּן לַיהוָה אֱלֹהֵיכֶם׃ 5 כִּי אִם־אֶל־הַמָּקוֹם אֲשֶׁר־יִבְחַר[a] יְהוָה
אֱלֹהֵיכֶם מִכָּל־שִׁבְטֵיכֶם לָשׂוּם[b] אֶת־שְׁמוֹ שָׁם לְשִׁכְנוֹ[c] תִדְרְשׁוּ[d] וּבָאתָ ג̇ . ו̇ פסוק שם שמה[4] . ב̇
6 שָׁמָּה[d]׃ 6 וַהֲבֵאתֶם שָׁמָּה עֹלֹתֵיכֶם[a] וְזִבְחֵיכֶם[b] וְאֵת מַעְשְׂרֹתֵיכֶם[b] י̇ מילין ר״פ ובתר שמה[5]

[29] Mm 1143. [30] Mp sub loco. [31] Mm 658. [32] Mm 1120. [33] Mm 1121. [34] Mm 355. Cp 12 [1] Mm 2153. [2] Mm 1122. [3] Mm 393. [4] Mm 2057. [5] Mm 1123.

26 [a] > V[Ken 69] Ms; 𝔖[MU]𝔗[J] pl, sed cf 1,8[a] ‖ **27** [a] 𝔔 אנוכי ‖ **28** [a] 𝔔 אנוכי ‖ **29** [a–a] 𝔅 הַר גְּרִזִים, 𝔔 𝔪 הר גריזים, 𝔪[Mss] הרגר(י)זים cf 27,12 ‖ **30** [a–a] 𝔪 הלוא הם ‖ [b] 𝔊(𝔖)α′σ′θ′ *τῆς δρυός*, 1 אֵלוֹן cf 𝔪[W]; 𝔗 *mjšrj*, 𝔗[J] *ḥzwj*; 𝔙 alit; cf Gn 12,6 ‖ [c] V[Ken 9] 𝔪 מורא, 𝔖𝔗[J] *mmr'* = מַמְרֵא; 𝔪 + מול שכם ‖ **31** [a] 𝔊[-Ms] + *πάσας τὰς ἡμέρας* = כָּל־הַיָּמִים ex 4,40 ‖ **Cp 12,1** [a] 𝔊[-min] pr cop cf 1,1[a] ‖ [b–b] frt dl (sg) ‖ [c] 𝔊[ABmin] 1 pl, 𝔊[rel]𝔖𝔗[J] 2 pl ‖ [d] 𝔊𝔖𝔗[J] 2 pl ‖ **3** [a] sic L, mlt Mss Edd ′בְּ–; 𝔪 תיהם– ‖ [b–b] 𝔊 ut 7,5; dl? ‖ **5** [a] 𝔪 בחר ut semper ‖ [b] 𝔪 לשים ‖ [c] 𝔗𝔗[J] cf 11[d]; prb l לְשַׁכְּנוֹ cf 𝔪[Mss] לשכינו, frt gl; 𝔊 *ἐπικληθῆναι* ut semper ‖ [d–d] 𝔪𝔊[-N]𝔖𝔗[J] ובאתם שמה; prb dl (dttg cf 𝔙) ‖ **6** [a–a] > 𝔊[B] (homtel) ‖ [b–b] > 𝔊[-O] (dupl).

ל וְאֵ֗ת °תְּרוּמַ֣ת יֶדְכֶ֔ם[c]° וְנִדְרֵיכֶם֙[a] וְנִדְבֹ֣תֵיכֶ֔ם וּבְכֹרֹ֥ת בְּקַרְכֶ֖ם וְצֹאנְכֶֽם׃
7 וַאֲכַלְתֶּם־שָׁ֗ם לִפְנֵי֙ יְהוָ֣ה אֱלֹהֵיכֶ֔ם וּשְׂמַחְתֶּ֗ם בְּכֹל֙ מִשְׁלַ֣ח יֶדְכֶ֔ם[a] 7
יד[6] אַתֶּ֖ם וּבָתֵּיכֶ֑ם [b]אֲשֶׁ֥ר בֵּֽרַכְךָ֖ יְהוָ֥ה אֱלֹהֶֽיךָ׃[b] 8 לֹ֣א תַעֲשׂ֔וּן כְּכֹ֗ל 8
נא אֲשֶׁ֧ר אֲנַ֛חְנוּ עֹשִׂ֥ים פֹּ֖ה הַיּ֑וֹם אִ֖ישׁ כָּל־הַיָּשָׁ֥ר בְּעֵינָֽיו׃ 9 כִּ֥י לֹא־בָאתֶ֖ם[a] 9
ד[7]. ג בליש[8] עַד־עָ֑תָּה אֶל־הַמְּנוּחָה֙ וְאֶל־הַֽנַּחֲלָ֔ה אֲשֶׁר־יְהוָ֥ה אֱלֹהֶ֖יךָ[b] נֹתֵ֥ן לָֽךְ׃[c]
10 וַעֲבַרְתֶּם֮ אֶת־הַיַּרְדֵּן֒ וִישַׁבְתֶּ֣ם בָּאָ֔רֶץ אֲשֶׁר־יְהוָ֥ה אֱלֹהֵיכֶ֖ם מַנְחִ֣יל 10
אֶתְכֶ֑ם וְהֵנִ֨יחַ לָכֶ֧ם מִכָּל־אֹיְבֵיכֶ֛ם מִסָּבִ֖יב וִישַׁבְתֶּם־בֶּֽטַח׃ 11 וְהָיָ֣ה 11
ו פסוק שם שמה[9]. ו הַמָּק֗וֹם אֲשֶׁר־יִבְחַר֩[a] יְהוָ֨ה אֱלֹהֵיכֶ֥ם[b] בּוֹ֙ לְשַׁכֵּ֤ן[c] שְׁמוֹ֙[d] שָׁ֔ם שָׁ֣מָּה תָבִ֔יאוּ
ה מיחד חס היום וכל העם דכות[10]. ב כת כן אֵ֛ת כָּל־אֲשֶׁ֥ר אָנֹכִ֖י מְצַוֶּ֣ה °אֶתְכֶ֑ם[e] עוֹלֹתֵיכֶ֣ם וְזִבְחֵיכֶ֗ם מַעְשְׂרֹֽתֵיכֶם֮[f]
ל חס [g]וּתְרֻמַ֣ת יֶדְכֶ֔ם[g] וְכֹל֙ מִבְחַ֣ר נִדְרֵיכֶ֔ם אֲשֶׁ֥ר תִּדְּר֖וּ לַֽיהוָֽה׃ 12 וּשְׂמַחְתֶּ֗ם 12
ב לִפְנֵי֮ יְהוָ֣ה אֱלֹהֵיכֶם֒ אַתֶּ֗ם וּבְנֵיכֶם֙ וּבְנֹ֣תֵיכֶ֔ם וְעַבְדֵיכֶ֖ם[a] וְאַמְהֹתֵיכֶ֑ם[b]
וְהַלֵּוִי֙ אֲשֶׁ֣ר בְּשַֽׁעֲרֵיכֶ֔ם כִּ֣י אֵ֥ין ל֛וֹ חֵ֥לֶק וְנַחֲלָ֖ה אִתְּכֶֽם׃ 13 הִשָּׁ֣מֶר לְךָ֔ 13
ד. י בטע ר״פ בתור[11] פֶּֽן־תַּעֲלֶ֖ה עֹלֹתֶ֑יךָ [a]בְּכָל־°מָק֖וֹם[a] אֲשֶׁ֥ר תִּרְאֶֽה׃ 14 כִּ֣י אִם־בַּמָּק֞וֹם 14
אֲשֶׁר־יִבְחַ֤ר[a] יְהוָה֙ בְּאַחַ֣ד שְׁבָטֶ֔יךָ שָׁ֖ם תַּעֲלֶ֣ה עֹלֹתֶ֑יךָ וְשָׁ֣ם תַּעֲשֶׂ֔ה כֹּ֛ל[b]
אֲשֶׁ֥ר אָנֹכִ֖י מְצַוֶּֽךָּ׃[c] 15 רַק֩ בְּכָל־אַוַּ֨ת נַפְשְׁךָ֜ תִּזְבַּ֣ח ׀ וְאָכַלְתָּ֣ 15
ב[12]. ה בָשָׂ֗ר כְּבִרְכַּ֨ת יְהוָ֧ה אֱלֹהֶ֛יךָ אֲשֶׁ֥ר נָֽתַן־לְךָ֖ בְּכָל־°שְׁעָרֶ֑יךָ הַטָּמֵ֤א[a]
ב[13] וְהַטָּהוֹר֙ יֹאכְלֶ֔נּוּ[b] כַּצְּבִ֖י °וְכָאַיָּֽל׃ 16 [a]רַ֥ק הַדָּ֖ם לֹ֣א תֹאכֵ֑לוּ[b] עַל־הָאָ֥רֶץ 16
כת כן[14] תִּשְׁפְּכֶ֖נּוּ כַּמָּֽיִם׃ 17 לֹא־תוּכַ֞ל לֶאֱכֹ֣ל בִּשְׁעָרֶ֗יךָ מַעְשַׂ֤ר דְּגָֽנְךָ֙ וְתִירֹשְׁךָ֣[a] 17
וְיִצְהָרֶ֔ךָ וּבְכֹרֹ֥ת בְּקָרְךָ֖ וְצֹאנֶ֑ךָ וְכָל־נְדָרֶ֙יךָ֙ אֲשֶׁ֣ר תִּדֹּ֔ר וְנִדְבֹתֶ֖יךָ
וּתְרוּמַ֥ת יָדֶֽךָ׃[b] 18 כִּ֣י אִם־לִפְנֵי֩ יְהוָ֨ה אֱלֹהֶ֜יךָ תֹּאכְלֶ֗נּוּ בַּמָּקוֹם֙ אֲשֶׁ֨ר 18

[6] Mm 393. [7] Mm 236. [8] Mm 1124. [9] Mm 2057. [10] Mm 1067. [11] Mm 1151. [12] Mm 1125. [13] Mm 1126. [14] Mm 1127.

6 c–c ш𝔊$^{-O}$(𝔊^{O} c ast) תְּרוּמֹתֵיכֶם; 𝔖 *(w)pwršn' d'jdjkwn* cf 11 g–g ‖ **7** a ш𝔊$^{-B\,min}$(𝔊^{O} c ast)𝔖 יְדֵיכֶם cf 17 ‖ b–b frt dl (sg, sed cf 𝔖𝔗^{J}𝔙) ‖ **9** a sic L, mlt Mss Edd בָ׳ ‖ b ш𝔊$^{NLO\,min}$𝔏𝔗^{J}𝔙𝔄 2 pl, 𝔊^{rel} 1 pl; cf 11,22 ‖ c ш𝔊𝔗^{J}𝔙 2 pl, 𝔊^{O} 1 pl ‖ **11** a cf 5 a ‖ b 𝔊$^{B\,Ms}$ *ὁ θεός σου*, 𝔊^{Ms} *ὁ θεὸς ἡμῶν*; > 𝔗^{J} ‖ c 𝔊 *ἐπικληθῆναι* cf 5 c ‖ d ш pr את ut semper; 𝔗𝔗^{J} *škjntjh* ut semper, sed cf 5,11; 32,3 *šm' (šwm)* ‖ e 𝔊(𝔊^{O} c ob) + *σήμερον* = היום ut 11,8 et saepe cf 14,28 (𝔐 homtel) ‖ f 2 Mss ш𝔊𝔖𝔙 ומ׳ ‖ g–g ш ותרמתיכם ונדבתיכם; 𝔊(𝔖) *τὰς ἀπαρχὰς τῶν χειρῶν ὑμῶν* = ותרמת ידיכם cf 6 c–c ‖ **12** a ш𝔊$^{-O}$𝔙 ע׳ cf 18 ‖ b ш^{Mss} ואמתיכם ‖ **13** a–a V$^{Ken\,69}$ pc Mss ш^{W}𝔗𝔗^{J} בכל־הַמָּקוֹם 𝔊 *ἐν παντὶ τόπῳ* 𝔙 *in omni loco* ‖ **14** a cf 5 a ‖ b V$^{Ken\,69.107}$ pc Mss ш pr את ‖ c 𝔊$^{-Ms}$(𝔊^{O} c ob) + *σήμερον* cf 11 e ‖ **15** a 𝔊$^{-Ms}$ + *ἐν σοί* (𝔊^{Ms} c ob) cf 22 ‖ b 𝔊(𝔊^{O} c ob) + *ἐπὶ τὸ αὐτό* = יַחְדָּו cf 22 ‖ **16** a frt tot v dl (𝔊 2 pl ut 24) ‖ b pc Mss ш𝔙 תאכל, pc Mss תֹּאכְלֻנּוּ ‖ **17** a V$^{Ken\,69.107}$ nonn Mss ш𝔗𝔗^{J} ת׳ cf 7,13 11,14 ‖ b mlt Mss ш𝔊^{B}𝔙 ידיך, 𝔊^{rel}(𝔖) *τῶν χειρῶν ὑμῶν* = ידיכם.

יִבְחַ֜ר יְהוָ֤ה אֱלֹהֶ֙יךָ֙ בּ֔וֹ אַתָּ֨ה וּבִנְךָ֤ וּבִתֶּ֙ךָ֙ וְעַבְדְּךָ֣ᵃ וַאֲמָתֶ֔ךָ וְהַלֵּוִ֖י
אֲשֶׁ֣ר בִּשְׁעָרֶ֑יךָᵇ וְשָׂמַחְתָּ֗ לִפְנֵי֙ יְהוָ֣ה אֱלֹהֶ֔יךָ בְּכֹ֖ל מִשְׁלַ֥ח יָדֶֽךָᶜ׃
19 הִשָּׁ֣מֶר לְךָ֔ פֶּֽן־תַּעֲזֹ֖ב אֶת־הַלֵּוִ֑י כָּל־יָמֶ֖יךָᵃ ᵇעַל־אַדְמָתֶֽךָᵇ׃ ס
ס̇ [יב] 20 כִּֽי־יַרְחִיב֩ יְהוָ֨ה אֱלֹהֶ֥יךָ אֶת־גְּבֻֽלְךָ֮ כַּאֲשֶׁ֣ר דִּבֶּר־לָךְ֒ וְאָמַרְתָּ֙
אֹכְלָ֣ה בָשָׂ֔ר כִּֽי־תְאַוֶּ֥ה נַפְשְׁךָ֖ לֶאֱכֹ֣ל בָּשָׂ֑ר בְּכָל־אַוַּ֥ת נַפְשְׁךָ֖ תֹּאכַ֥ל ה̇ 15
21 בָּשָֽׂר׃ 21 כִּֽי־יִרְחַ֨ק מִמְּךָ֜ הַמָּק֗וֹם אֲשֶׁ֨ר יִבְחַ֜ר יְהוָ֤ה אֱלֹהֶ֙יךָ֙ לָשׂ֧וּםᵃ
שְׁמ֣וֹ שָׁ֗ם וְזָבַחְתָּ֞ מִבְּקָרְךָ֣ וּמִצֹּֽאנְךָ֗ אֲשֶׁ֨ר נָתַ֤ן יְהוָה֙ לְךָ֔ כַּאֲשֶׁ֖ר צִוִּיתִ֑ךָᵇ
22 וְאָֽכַלְתָּ֙ בִּשְׁעָרֶ֔יךָ בְּכֹ֖ל אַוַּ֥ת נַפְשֶֽׁךָ׃ 22 אַ֗ךְ כַּאֲשֶׁ֨ר יֵאָכֵ֤ל אֶת־הַצְּבִי֙
23 וְאֶת־הָ֣אַיָּ֔ל כֵּ֖ן תֹּאכְלֶ֑נּוּ הַטָּמֵא֙ᵃ וְהַטָּה֔וֹר יַחְדָּ֖ו יֹאכְלֶֽנּוּ׃ 23 רַ֣ק חֲזַ֗ק
לְבִלְתִּי֙ אֲכֹ֣ל הַדָּ֔ם כִּ֥י הַדָּ֖ם ה֣וּא הַנָּ֑פֶשׁ וְלֹא־תֹאכַ֥לᵃ הַנֶּ֖פֶשׁ עִם־ ל̇. ג̇ 16
24 25 הַבָּשָֽׂר׃ 24 ᵃᵇלֹ֖א תֹּאכְלֶ֑נּוּᵇ עַל־הָאָ֥רֶץ תִּשְׁפְּכֶ֖נּוּᶜ כַּמָּֽיִם׃ 25 לֹ֖א
תֹּאכְלֶ֑נּוּ לְמַ֨עַן יִיטַ֤ב לְךָ֙ וּלְבָנֶ֣יךָ אַחֲרֶ֔יךָ כִּֽי־תַעֲשֶׂ֥ה הַיָּשָׁ֖רᵃ בְּעֵינֵ֥י לג בתור
26 יְהוָֽהᵇ׃ 26 רַ֧ק קָֽדָשֶׁ֛יךָ אֲשֶׁר־יִהְי֥וּ לְךָ֖ וּנְדָרֶ֑יךָ תִּשָּׂ֣א וּבָ֔אתָ אֶל־הַמָּק֖וֹם ב̇ 17
27 אֲשֶׁר־יִבְחַ֥ר יְהוָֽהᵃ׃ 27 וְעָשִׂ֤יתָ עֹלֹתֶ֙יךָ֙ הַבָּשָׂ֣ר וְהַדָּ֔םᵃ עַל־מִזְבַּ֖ח יְהוָ֣ה
אֱלֹהֶ֑יךָ וְדַם־זְבָחֶ֗יךָ יִשָּׁפֵךְ֙ ᵇעַל־מִזְבַּח֙ᵇ יְהוָ֣ה אֱלֹהֶ֔יךָ וְהַבָּשָׂ֖ר תֹּאכֵֽל׃ ג̇ 18. יוּ̇ 19
28 שְׁמֹ֣ר וְשָׁמַעְתָּ֗ᵃ אֵ֚ת כָּל־הַדְּבָרִ֣ים הָאֵ֔לֶּהᵇ אֲשֶׁ֥ר אָנֹכִ֖י מְצַוֶּ֑ךָּᶜ לְמַ֨עַן כה ז מנה בתור
יִיטַ֨ב לְךָ֜ וּלְבָנֶ֤יךָ אַחֲרֶ֙יךָ֙ עַד־עוֹלָ֔ם כִּ֤י תַעֲשֶׂה֙ ᵈהַטּ֣וֹב וְהַיָּשָׁ֔רᵈ בְּעֵינֵ֖י ד̇ 20. לג בתור
29 יְהוָ֥ה אֱלֹהֶֽיךָ׃ ס 29 כִּֽי־יַכְרִית֩ יְהוָ֨ה אֱלֹהֶ֜יךָ אֶת־הַגּוֹיִ֗ם אֲשֶׁ֨ר
אַתָּ֥ה בָא־שָׁ֛מָּה לָרֶ֥שֶׁת אוֹתָ֖ם מִפָּנֶ֑יךָ וְיָרַשְׁתָּ֣ אֹתָ֔ם וְיָשַׁבְתָּ֖ בְּאַרְצָֽם׃ לט מל בתור
30 הִשָּׁ֣מֶר לְךָ֗ פֶּן־תִּנָּקֵשׁ֙ᵃ ᵇאַחֲרֵיהֶ֔ם אַחֲרֵ֖י הִשָּׁמְדָ֣ם מִפָּנֶ֑יךָᵇ וּפֶן־תִּדְרֹ֨שׁ ה̇
לֵאלֹהֵיהֶ֜ם לֵאמֹ֗ר אֵיכָ֨הᶜ יַעַבְד֜וּ הַגּוֹיִ֤ם הָאֵ֙לֶּה֙ אֶת־אֱלֹ֣הֵיהֶ֔ם וְאֶעֱשֶׂה־ יוּ̇ 21
31 כֵּ֖ן גַּם־אָֽנִי׃ 31 לֹא־תַעֲשֶׂ֣ה כֵ֔ן לַיהוָ֖ה אֱלֹהֶ֑יךָ כִּי֩ כָלᵃ־תּוֹעֲבַ֨ת יְהוָ֜ה ג̇

[15]Mm 1128. [16]Mm 1129. [17]Mm 3506. [18]Mm 1130. [19]Mm 787. [20]Mm 1131. [21]Mm 1095.

18 ᵃ ш𝔊^-Ms ע׳ cf 5,14ᶜ 12,12 ‖ ᵇ 𝔊(𝔗^J) *ἐν ταῖς πόλεσιν ὑμῶν* ‖ ᶜ mlt Mss ш ידיך cf 15,10 23,21 28,8.20 ‖ **19** ᵃ 𝔊^AMss 3 sg cf 𝔗^J ‖ ᵇ⁻ᵇ 𝔊(𝔖𝔙) *ἐπὶ τῆς γῆς* = עַל־הָֽאֲדָמָה ‖ **21** ᵃ ш לשכן את ‖ ᵇ 𝔅ш צויתיך ‖ **22** ᵃ ш𝔊^-Ms(𝔊^O c ob) + בך cf 15ᵃ 15,22ᵃ ‖ **23** ᵃ 𝔊 *βρωθήσεται* = תֵּאָכֵל ‖ **24** ᵃ frt dl ut 16 ‖ ᵇ⁻ᵇ > 𝔙; 𝔊^-L(𝔊^O c ast) *οὐ φάγεσθε* = לא תאכלו ‖ ᶜ 𝔊^-min *ἐκχεεῖτε αὐτό* = תִּשְׁפְּכֻהוּ; 𝔙 *fundes* = תִּשְׁפֹּךְ ‖ **25** ᵃ Ms 𝔊^-Ms (𝔊^O c ob) הַטּוֹב וְהַי׳ cf 28 13,19 ‖ ᵇ 𝔊(𝔖) + *τοῦ θεοῦ σου* = אלהיך ‖ **26** ᵃ 𝔊 + *ὁ θεός σου ἐπικληθῆναι τὸ ὄνομα αὐτοῦ ἐκεῖ* ut 11 ‖ **27** ᵃ > 𝔊 ‖ ᵇ⁻ᵇ 𝔊 *πρὸς τὴν βάσιν τοῦ θυσιαστηρίου* ‖ **28** ᵃ ш𝔊(𝔊^O c ob) + וְעָשִׂיתָ ‖ ᵇ > 𝔊^-L(𝔊^O c ast)𝔗^J ‖ ᶜ Ms 𝔊^MLO min 𝔖 + היום cf 11ᵉ ‖ ᵈ⁻ᵈ ш הי׳ והט׳ ‖ **30** ᵃ prp תוקש ut 7,25 ‖ ᵇ⁻ᵇ > Ms; ш^Mss א׳ הַשְׁמִידָם מ׳ cf 𝔖; frt dl ‖ ᶜ ш איך ‖ **31** ᵃ > 𝔊^-LO.

אֲשֶׁר שָׂנֵא עָשׂוּ לֵאלֹהֵיהֶם כִּי גַם֩[b] אֶת־בְּנֵיהֶם וְאֶת־בְּנֹתֵיהֶם יִשְׂרְפוּ   ה̇[22]. ה̇ חס̇ וכל עזרא דכות̇[23]
בָאֵשׁ לֵאלֹהֵיהֶם׃
13 1 אֵת כָּל־הַדָּבָר אֲשֶׁר אָנֹכִי [a]מְצַוֶּה אֶתְכֶם[a] אֹתוֹ תִשְׁמְרוּ[b] 13   י̇ ר״פ[1]. ה̇ מיחד חס̇ היום וכל העם דכות̇[2]. ב̇ בסיפ̇[3]
לַעֲשׂוֹת לֹא־תֹסֵף[c] עָלָיו וְלֹא תִגְרַע[c] מִמֶּנּוּ׃ פ   ג̇[4]
2 כִּי־יָקוּם בְּקִרְבְּךָ נָבִיא אוֹ חֹלֵם חֲלוֹם וְנָתַן אֵלֶיךָ אוֹת אוֹ ס[יג]   ה̇ בליש̇[5]
מוֹפֵת׃ 3 וּבָא הָאוֹת וְהַמּוֹפֵת אֲשֶׁר־דִּבֶּר אֵלֶיךָ לֵאמֹר נֵלְכָה אַחֲרֵי 3   יז̇ ר״פ
אֱלֹהִים אֲחֵרִים אֲשֶׁר לֹא־יְדַעְתָּם וְנָעָבְדֵם[a]׃ 4 לֹא[a] תִשְׁמַע[b] אֶל־ 4   ד̇[6]. ל̇ בתור̇
דִּבְרֵי [c]הַנָּבִיא הַהוּא[c] אוֹ אֶל־חוֹלֵם[d] הַחֲלוֹם הַהוּא כִּי מְנַסֶּה יְהוָה   ל̇ מל̇ בתור̇
אֱלֹהֵיכֶם אֶתְכֶם לָדַעַת הֲיִשְׁכֶם אֹהֲבִים אֶת־יְהוָה אֱלֹהֵיכֶם בְּכָל־   ל̇
לְבַבְכֶם וּבְכָל־נַפְשְׁכֶם׃ 5 אַחֲרֵי[a] יְהוָה אֱלֹהֵיכֶם [b]תֵּלֵכוּ וְאֹתוֹ תִירָאוּ[b] 5
וְאֶת־מִצְוֹתָיו תִּשְׁמֹרוּ[c] וּבְקֹלוֹ תִשְׁמָעוּ וְאֹתוֹ תַעֲבֹדוּ וּבוֹ תִדְבָּקוּן׃   ג̇[7]. ב̇ חד מל̇ וחד חס̇[8]. ל̇
6 [a]וְהַנָּבִיא הַהוּא[a] אוֹ חֹלֵם[b] הַחֲלוֹם הַהוּא יוּמָת כִּי דִבֶּר־סָרָה עַל־ 6   ג̇ ר״פ[9]. ד̇ קמ̇ וכל אתנח̇ וס״פ דכות̇[10]. ל̇א[11]
יְהוָה [c]אֱלֹהֵיכֶם הַמּוֹצִיא אֶתְכֶם[c] ׀ מֵאֶרֶץ מִצְרַיִם וְהַפֹּדְךָ מִבֵּית   ל̇
עֲבָדִים לְהַדִּיחֲךָ מִן־הַדֶּרֶךְ אֲשֶׁר צִוְּךָ יְהוָה אֱלֹהֶיךָ לָלֶכֶת בָּהּ
[d]וּבִעַרְתָּ הָרָע[e] מִקִּרְבֶּךָ[d]׃ 7 כִּי יְסִיתְךָ אָחִיךָ[a] בֶן־אִמֶּךָ אוֹ־ 7
בִנְךָ אוֹ־בִתְּךָ אוֹ ׀ אֵשֶׁת חֵיקֶךָ אוֹ רֵעֲךָ אֲשֶׁר כְּנַפְשְׁךָ בַּסֵּתֶר לֵאמֹר   ב̇
נֵלְכָה וְנַעַבְדָה אֱלֹהִים אֲחֵרִים אֲשֶׁר לֹא יָדַעְתָּ אַתָּה וַאֲבֹתֶיךָ׃
8 מֵאֱלֹהֵי הָעַמִּים [a]אֲשֶׁר סְבִיבֹתֵיכֶם[a] הַקְּרֹבִים אֵלֶיךָ אוֹ הָרְחֹקִים 8
מִמֶּךָּ מִקְצֵה הָאָרֶץ וְעַד־קְצֵה הָאָרֶץ׃ 9 לֹא־תֹאבֶה לוֹ[a] וְלֹא תִשְׁמַע 9   ה̇[12]. ג̇ פסוק לא ולא ולא ולא ולא[13]. ד̇[14]
אֵלָיו וְלֹא־תָחוֹס עֵינְךָ עָלָיו וְלֹא־[b]תַחְמֹל וְלֹא־תְכַסֶּה עָלָיו׃ 10 [a]כִּי 10   ה̇[15]. ב̇[16]. ב̇. ג̇
הָרֹג תַּהַרְגֶנּוּ[a] יָדְךָ[b] תִּהְיֶה־[c]בּוֹ בָרִאשׁוֹנָה לַהֲמִיתוֹ וְיַד[d] כָּל־הָעָם   ג̇[17]. כב̇[18] ח̇[19] מנה מל̇. ה̇י

[22] Mm 1150. [23] Mm 1132. Cp 13 [1] Mm 1143. [2] Mm 1067. [3] Mm 1189. [4] Mm 30. [5] Mm 2775. [6] Mm 1133. [7] Mm 1079. [8] Mm 1387. [9] Mm 1134. [10] Mm 590. [11] Mm 486. [12] Mm 2525. [13] Mm 2466. [14] Mm 2475. [15] Mm 2789. [16] Mm 1606. [17] Mm 901. [18] Mm 1743. [19] Mm 1135.

31 [b] > 𝔊[ABΘL min] 𝔏𝔗[Ms] 𝔙 ‖ **Cp 13,1** [a–a] ⅏𝔊[-B] 𝔖𝔙 מצוך; ⅏𝔊[-Ms](𝔊[O] c ob) + היום cf 12,28 ‖ [b] 𝔊[-min] 𝔖𝔙 sg; 𝔊[ΘL] inf, sed cf [c] ‖ [c] Ms ⅏ pl ‖ **3** [a] prb l וְנַעַבְדֵם cf 14 5,9[a] ‖ **4** [a] dl (pl)? ‖ [b] 𝔊𝔗[J] pl ‖ [c–c] 𝔔 הנבי ההואה cf 6[a–a] ‖ [d] ⅏ החלם cf 6[b] ‖ **5** [a] dl (pl)? cf 4[a] ‖ [b–b] ⅏ תלכון ואתו תיראון, 𝔔 תלכון ואותו תעב ‖ [c] 𝔔 תשמר ‖ **6** [a–a] cf 4[c–c] ‖ [b] ⅏[Mss] החלם cf 4[d] ‖ [c–c] ⅏𝔊 אלהיך המוציאֲךָ ‖ [d–d] 𝔊[-B min] pl ‖ [e] 𝔊[min](𝔖 *bjšt'*) *τὸ πονηρόν*, 𝔊[rel] *τὸν πονηρόν*, 𝔗 *'bjd dbjš* cf 17,7.12 19,19 21,21 22,21sq 24,7; 𝔗[J] *'bdj bjšt'* ‖ **7** [a] add c ⅏𝔊 בֶּן אָבִיךָ אוֹ ‖ **8** [a–a] prb dl (pl), sed 𝔊[min] sg ‖ **9** [a] ⅏ אליו, V[Ken 80] לא ‖ [b] V[Ken 1] ⅏[Mss] לא ‖ **10** [a–a] 𝔊 *ἀναγγέλλων ἀναγγελεῖς περὶ αὐτοῦ* = הַגֵּד תַּגִּידֶנּוּ ‖ [b] 𝔊[B min] *αἱ χεῖρές σου* = ידיך; 𝔗[J] *jdjkwn* = ידיכם ‖ [c] 𝔊[B min] pl ‖ [d] 𝔊[-ΘLO min] pl.

11 בָּאַחֲרֹנָה׃ 11 וּסְקַלְתּוֹ[a] בָאֲבָנִים וָמֵת כִּי בִקֵּשׁ לְהַדִּיחֲךָ מֵעַל יְהוָה ל
12 אֱלֹהֶיךָ הַמּוֹצִיאֲךָ מֵאֶרֶץ מִצְרַיִם מִבֵּית עֲבָדִים׃ 12 וְכָל־יִשְׂרָאֵל
יִשְׁמְעוּ וְיִרָאוּן וְלֹא־יוֹסִפוּ לַעֲשׂוֹת[a] כַּדָּבָר הָרָע הַזֶּה בְּקִרְבֶּךָ[b]׃ ס ל. ט בליש ד[20] מנה כת כן
13 כִּי־תִשְׁמַע בְּאַחַת עָרֶיךָ[a] אֲשֶׁר יְהוָה אֱלֹהֶיךָ נֹתֵן לְךָ לָשֶׁבֶת שָׁם
14 לֵאמֹר׃ 14 יָצְאוּ אֲנָשִׁים בְּנֵי־בְלִיַּעַל מִקִּרְבֶּךָ[a] וַיַּדִּיחוּ אֶת־יֹשְׁבֵי
עִירָם[b] לֵאמֹר נֵלְכָה וְנַעַבְדָה אֱלֹהִים אֲחֵרִים אֲשֶׁר לֹא־יְדַעְתֶּם׃
15 [a]וְדָרַשְׁתָּ וְחָקַרְתָּ[b] וְשָׁאַלְתָּ[a] הֵיטֵב וְהִנֵּה אֱמֶת נָכוֹן הַדָּבָר נֶעֶשְׂתָה ל. כל תורה כת כן
16 הַתּוֹעֵבָה הַזֹּאת בְּקִרְבֶּךָ[c]׃ 16 הַכֵּה תַכֶּה אֶת־יֹשְׁבֵי הָעִיר הַהִוא לְפִי־ ב ר״פ[21]. ההיא[22] ק
חָרֶב הַחֲרֵם[a] אֹתָהּ וְאֶת־כָּל־אֲשֶׁר־בָּהּ [b]וְאֶת־בְּהֶמְתָּהּ לְפִי־חָרֶב[b]׃
17 וְאֶת־כָּל־שְׁלָלָהּ תִּקְבֹּץ אֶל־תּוֹךְ רְחֹבָהּ וְשָׂרַפְתָּ בָאֵשׁ אֶת־הָעִיר כל חס
וְאֶת־כָּל־שְׁלָלָהּ כָּלִיל לַיהוָה אֱלֹהֶיךָ וְהָיְתָה תֵּל עוֹלָם לֹא תִבָּנֶה ב ול בתור
18 עוֹד׃ 18 וְלֹא־[a]יִדְבַּק בְּיָדְךָ מְאוּמָה מִן־הַחֵרֶם לְמַעַן יָשׁוּב יְהוָה יז ר״פ בסיפ[23]. ל[24]
מֵחֲרוֹן אַפּוֹ וְנָתַן־לְךָ רַחֲמִים וְרִחַמְךָ וְהִרְבֶּךָ כַּאֲשֶׁר נִשְׁבַּע לַאֲבֹתֶיךָ׃ ל
19 כִּי תִשְׁמַע בְּקוֹל יְהוָה אֱלֹהֶיךָ לִשְׁמֹר אֶת־כָּל־מִצְוֹתָיו אֲשֶׁר אָנֹכִי ד בתור
ס[יד] מְצַוְּךָ הַיּוֹם לַעֲשׂוֹת הַיָּשָׁר[a] בְּעֵינֵי יְהוָה אֱלֹהֶיךָ׃ ס **14** 1 בָּנִים לג בתור
אַתֶּם לַיהוָה אֱלֹהֵיכֶם לֹא תִתְגֹּדְדוּ וְלֹא־תָשִׂימוּ קָרְחָה בֵּין עֵינֵיכֶם ל. ל. יג
2 לָמֵת׃ 2 כִּי עַם קָדוֹשׁ אַתָּה לַיהוָה אֱלֹהֶיךָ וּבְךָ בָּחַר יְהוָה[a] לִהְיוֹת ל. ל וחד מן ה זוגין[1]
לוֹ לְעַם סְגֻלָּה מִכֹּל הָעַמִּים אֲשֶׁר עַל־פְּנֵי הָאֲדָמָה׃ ס
3 לֹא תֹאכַל[a] כָּל־תּוֹעֵבָה׃ 4 זֹאת[a] הַבְּהֵמָה אֲשֶׁר תֹּאכֵלוּ[b] שׁוֹר[c] שֵׂה ד ג כת ה וחד כת א[2]
5 כְשָׂבִים[d] וְשֵׂה עִזִּים׃ 5 אַיָּל וּצְבִי וְיַחְמוּר[a] וְאַקּוֹ[b] וְדִישֹׁן וּתְאוֹ[c] וָזָמֶר[d]׃ ז בליש[3]. ד ג כת ה וחד כת א[2]. ג. ב. ל. ד בתור בליש. ל
6 וְכָל־[a]בְּהֵמָה מַפְרֶסֶת פַּרְסָה וְשֹׁסַעַת שֶׁסַע שְׁתֵּי פְרָסוֹת מַעֲלַת[b] ח זוגין מחליפין[4]. ג[5] ב מנה בתור

[20]Mm 3031. [21]2 R 14,10. [22]Mp sub loco. [23]Mm 1165. [24]Mm 1136. **Cp 14** [1]Okhl 234, 235. [2]Mm 1137. [3]Mm 220. [4]Mm 3964. [5]Mm 1138.

11 [a] 𝔊 3 pl; 𝔖(𝔗[Mss]) *wrwgmwhj* = וּסְקַלְתּוּהוּ cf 𝔗[J] ‖ **12** [a] 𝔐𝔊𝔙 pr עוד; V[Ken 69] mlt Mss 𝔊[min] + עוד ‖ [b] > 𝔊[Mss]𝔙; 𝔊[Ms] 1 pl, 𝔊[rel]𝔖𝔗[J] 2 pl ‖ **13** [a] 𝔔 עריכה ‖ **14** [a] 𝔊[B min]𝔗[J] 2 pl, 𝔊[rel] 1 pl cf 12[b] ‖ [b] 𝔔 עירמה (?) ‖ **15** [a–a] 𝔊[-O] 2 vb ‖ [b] 𝔅 mlt Mss תָּ– ‖ [c] 𝔊[Θ] *ἐν Ισραηλ* = בקרב ישראל; 𝔊[rel]𝔗[J] 2 pl; > 𝔙; cf 12.14 ‖ **16** [a] 𝔊[-Ms] *ἀναθεματιεῖτε* ‖ [b–b] > 𝔊(𝔊[O] c ast); 𝔙 om לפי־ח׳, ℭ om ואת בהמתה ‖ **18** [a] ℭ𝔊[-B] לא ‖ **19** [a] 𝔐𝔊(𝔊[O] c ob) + וְהַטּוֹב cf 12,25 ‖ **Cp 14,2** [a] > 𝔙; V[Ken 9.107] nonn Mss 𝔐𝔊𝔖 + אלהיך ut 7,6 cf 𝔗[J] ‖ **3** [a] 1 c 𝔐𝔊𝔖𝔗[J]𝔙 תאכלו cf 4[b] ‖ **4** [a] 2 Mss 𝔐 וז׳ ‖ [b] V[Ken 9.69] Mss תאכל cf 3[a] ‖ [c] 𝔐𝔊ℭ𝔖𝔗[J]𝔙 וְשֵׂה ‖ [d] nonn Mss כְּבָשִׂים cf Ex 12,5; 𝔗[J]𝔙 alit ‖ **5** [a] 𝔙 *bubalum* ‖ [b] 2 Mss 𝔐 אקו cf 𝔙 ‖ [c] 𝔐 תאי cf 𝔊[B]𝔙 ‖ [d] 𝔙 om cop ‖ **6** [a] V[Ken 107]ℭ𝔐𝔊𝔖𝔙 כל ‖ [b] 𝔊𝔙 pr cop, sed cf Lv 11,3.

וׄ דגש[6] . יׄח פסוק את את ואת ואת — גֵּרָה בַּבְּהֵמָה אֹתָהּ תֹּאכֵלוּ׃ 7 אַךְ אֶת־זֶה לֹא תֹאכְלוּ מִמַּעֲלֵי[a] הַגֵּרָה 7
לׄ — וּמִמַּפְרִיסֵי הַפַּרְסָה הַשְּׁסוּעָה[b] אֶת־הַגָּמָל וְאֶת־הָאַרְנֶבֶת וְאֶת־הַשָּׁפָן
כִּי־מַעֲלֵה[c] גֵרָה הֵמָּה וּפַרְסָה לֹא הִפְרִיסוּ טְמֵאִים הֵם לָכֶם׃ 8 וְאֶת־ 8
יׄ פסוק ולא לא לא[7] — הַחֲזִיר כִּי־מַפְרִיס פַּרְסָה הוּא[a] וְלֹא גֵרָה[a] טָמֵא הוּא לָכֶם מִבְּשָׂרָם
יׄ ר״פ בסיפׄ[8] — לֹא תֹאכֵלוּ וּבְנִבְלָתָם לֹא תִגָּעוּ׃ ס 9 אֶת[a]־זֶה תֹּאכְלוּ מִכֹּל 9
אֲשֶׁר בַּמָּיִם כֹּל אֲשֶׁר־לוֹ סְנַפִּיר וְקַשְׂקֶשֶׂת תֹּאכֵלוּ׃ 10 וְכֹל אֲשֶׁר 10
וׄ זוגין[9] — אֵין־לוֹ סְנַפִּיר וְקַשְׂקֶשֶׂת לֹא תֹאכֵלוּ טָמֵא הוּא לָכֶם׃ ס
חׄ ר״פ בסיפׄ . טׄ מל בתור . הׄ[10] . כׄגׄ ר״פ — 11 כָּל־צִפּוֹר טְהֹרָה תֹּאכֵלוּ׃ 12 וְזֶה אֲשֶׁר לֹא־תֹאכְלוּ מֵהֶם 11 12
לׄ — הַנֶּשֶׁר[a] וְהַפֶּרֶס וְהָעָזְנִיָּה׃ 13 וְהָרָאָה[a] וְאֶת־הָאַיָּה וְהַדַּיָּה[b] לְמִינָהּ׃ 13
לׄ[11] . דׄ[12] . כׄוׄ פסוק ואת ואת ואת ואת . הׄ[13] . בׄ — 14 וְאֵת כָּל־עֹרֵב[a] לְמִינוֹ׃ 15 וְאֵת בַּת הַיַּעֲנָה וְאֶת־הַתַּחְמָס וְאֶת־ 14 15
לׄ . יׄדׄ . יׄ ר״פ בסיפׄ[8] . בׄ ול בסיפׄ — הַשָּׁחַף[a] [b]וְאֶת־הַנֵּץ לְמִינֵהוּ[b]׃ 16 אֶת[a]־הַכּוֹס[b] וְאֶת־הַיַּנְשׁוּף וְהַתִּנְשָׁמֶת׃ 16
לׄ . לׄ . לׄ — 17 וְהַקָּאָת וְאֶת־הָרָחָמָה[a] וְאֶת־הַשָּׁלָךְ׃ 18 וְהַחֲסִידָה וְהָאֲנָפָה לְמִינָהּ 17 18
לׄ . לׄ — וְהַדּוּכִיפַת[a] וְהָעֲטַלֵּף׃ 19 וְכֹל שֶׁרֶץ הָעוֹף טָמֵא הוּא לָכֶם [a]לֹא 19
בׄ . חׄ ר״פ בסיפׄ — יֵאָכֵלוּ[a]׃ 20 כָּל־עוֹף טָהוֹר תֹּאכֵלוּ׃ 21 לֹא תֹאכְלוּ כָל־נְבֵלָה 20 21
לׄ . לׄ — לַגֵּר אֲשֶׁר־בִּשְׁעָרֶיךָ תִּתְּנֶנָּה וַאֲכָלָהּ אוֹ מָכֹר[a] לְנָכְרִי כִּי עַם קָדוֹשׁ
לׄ[14] — אַתָּה לַיהוָה אֱלֹהֶיךָ לֹא־תְבַשֵּׁל [b]גְּדִי בַּחֲלֵב אִמּוֹ[b]׃ פ
בׄ . לׄ . לׄ — 22 עַשֵּׂר תְּעַשֵּׂר אֵת כָּל־תְּבוּאַת זַרְעֶךָ הַיֹּצֵא[a] הַשָּׂדֶה שָׁנָה שָׁנָה[b]׃ 22
23 וְאָכַלְתָּ[a] [b]לִפְנֵי ׀ יְהוָה אֱלֹהֶיךָ[b] בַּמָּקוֹם אֲשֶׁר־יִבְחַר[c] לְשַׁכֵּן שְׁמוֹ 23
שָׁם מַעְשַׂר דְּגָנְךָ[d] תִּירֹשְׁךָ וְיִצְהָרֶךָ וּבְכֹרֹת בְּקָרְךָ וְצֹאנֶךָ לְמַעַן
חׄ ר״פ בסיפׄ . לׄ — תִּלְמַד לְיִרְאָה אֶת־יְהוָה אֱלֹהֶיךָ[e] כָּל־הַיָּמִים׃ 24 וְכִי־יִרְבֶּה[a] מִמְּךָ 24

[6] Mm 64. [7] Mm 1139. [8] Mm 1143. [9] Mm 2036. [10] Mm 1140. [11] Mm 721. [12] Mm 722. [13] Mm 768. [14] Mp sub loco.

7 [a] pc Mss ⅏^{Mss} –לה, sed cf [c] || [b] > ⅏ || [c] V^{Ken9} nonn Mss ⅏𝔗^{J} –לי cf [a] || **8** [a–a] l c ⅏𝔊(𝔊^{O} c ob) (יְגוֹר vel) וְשֹׁסַע שֶׁסַע פַּרְסָה וְהוּא גֵרָה לֹא יָגוּר cf Lv 11,7 || **9** [a] V^{Ken69} ⅏𝔊𝔖 ואת || **12** [a] in 12–18 ⅏𝔙 ואת ante omnia nomina avium (excepto והאנפה 18) ut Lv 11,13 || **13** [a] V^{Ken1} pc Mss 𝔊 והדאה cf ⅏ || [b] > pc Mss ℭ⅏𝔊, dl cf Lv 11,14 || **14** [a] 𝔊$^{-B\Theta L min}$ huc tr 15 ואת הנץ || **15** [a] ⅏^{Ms} השאף || [b–b] ⅏ למינו ואת הנץ || **16** [a] mlt Mss ℭ⅏𝔊𝔖 וְאֶת ut Lv 11,17 || [b] ⅏ huc tr 17 ואת השלך cf Ms || **17** [a] Lv 11,18 הרחם, sed cf Lv 11,19 החסידה ut Dt 14,18 || **18** [a] ⅏ הד(ו)ג(י)פת ut ⅏ Lv 11,19 || **19** [a–a] 2 Mss ℭ𝔙 לא יאכל, ⅏𝔊 לא תֹאכְלוּ מֵהֶם (ἀπ' αὐτῶν = מֵהֶם c ob) || **21** [a] ⅏𝔖𝔗 –רה || [b–b] 𝔊$^{(FM)\Theta min}$ (prb sec Σαμ) + *ὅς γὰρ ποιεῖ τοῦτο ὡσεὶ θύ(σ)ει ἀσφάλακα μήνιμά* (𝔊^{min} *ὅτι μίασμά*) *ἐστιν τῷ θεῷ Ιακωβ* cf ⅏ Ex 23,19 || **22** [a] ⅏ יוצא || [b] pc Mss 𝔖 בְּשָׁנָה cf 15,20 || **23** [a] ⅏𝔊(𝔊^{O} c ob) וַאֲכַלְתּוֹ || [b–b] > 𝔊^{B} || [c] 𝔊$^{-min}$(𝔊^{O} c ob) + *κύριος ὁ θεός σου* = יהוה אלהיך cf ⅏ || [d] ⅏^{Mss} דגניך || [e] 𝔔 אלוהיכה cf 24[e] || **24** [a] Seb תרבה cf 19,6.

הַדֶּ֗רֶךְ כִּ֣י לֹ֣א תוּכַל֮ שְׂאֵתוֹ֒[b] כִּֽי־[c]יִרְחַ֤ק מִמְּךָ֙ הַמָּק֔וֹם אֲשֶׁ֤ר יִבְחַר֙ — ב[15]
25 יְהוָ֣ה אֱלֹהֶ֔יךָ לָשׂ֥וּם[d] שְׁמ֖וֹ שָׁ֑ם כִּ֥י יְבָרֶכְךָ֖ יְהוָ֥ה אֱלֹהֶֽיךָ׃[e] 25 וְנָתַתָּ֖ה[a]
בַּכָּ֑סֶף וְצַרְתָּ֤ הַכֶּ֙סֶף֙ בְּיָ֣דְךָ֔[b] וְהָלַכְתָּ֙ אֶל־הַמָּק֔וֹם אֲשֶׁ֥ר יִבְחַ֛ר יְהוָ֥ה — ב קמ בתור . ב בתור[16]
26 אֱלֹהֶ֖יךָ בּֽוֹ׃[c] 26 וְנָתַתָּ֣ה הַכֶּ֡סֶף בְּכֹל֩ אֲשֶׁר־תְּאַוֶּ֨ה נַפְשְׁךָ֜ בַּבָּקָ֣ר וּבַצֹּ֗אן
וּבַיַּ֙יִן֙[a] וּבַשֵּׁכָ֔ר וּבְכֹ֛ל אֲשֶׁ֥ר תִּֽשְׁאָלְךָ֖ נַפְשֶׁ֑ךָ וְאָכַ֣לְתָּ שָּׁ֗ם לִפְנֵי֙ יְהוָ֣ה — ה[17]
27 אֱלֹהֶ֔יךָ וְשָׂמַחְתָּ֖ אַתָּ֥ה וּבֵיתֶֽךָ׃ 27 וְהַלֵּוִ֥י אֲשֶׁר־בִּשְׁעָרֶ֖יךָ[a] [b]לֹ֣א תַעַזְבֶ֑נּוּ[b]
28 כִּ֣י אֵ֥ין ל֛וֹ[c] חֵ֥לֶק וְנַחֲלָ֖ה עִמָּֽךְ׃ ס 28 מִקְצֵ֣ה ׀ שָׁלֹ֣שׁ שָׁנִ֗ים תּוֹצִיא֙ — ל ר״פ
29 אֶת־כָּל־מַעְשַׂר֙ תְּבוּאָ֣תְךָ֔ בַּשָּׁנָ֖ה הַהִ֑וא וְהִנַּחְתָּ֖[a] בִּשְׁעָרֶֽיךָ׃[b] 29 וּבָ֣א — יז ר״פ
הַלֵּוִ֡י כִּ֣י אֵֽין־לוֹ֩ חֵ֨לֶק וְנַחֲלָ֜ה עִמָּ֗ךְ וְהַגֵּ֨ר וְהַיָּת֤וֹם וְהָֽאַלְמָנָה֙ אֲשֶׁ֣ר
בִּשְׁעָרֶ֔יךָ וְאָכְל֖וּ וְשָׂבֵ֑עוּ לְמַ֤עַן יְבָרֶכְךָ֙ יְהוָ֣ה אֱלֹהֶ֔יךָ [a]בְּכָל־מַעֲשֵׂ֥ה — ב[18]
15 יָדְךָ֖[a] [b]אֲשֶׁ֥ר תַּעֲשֶֽׂה׃[b] ס 15 1 מִקֵּ֥ץ שֶֽׁבַע־שָׁנִ֖ים תַּעֲשֶׂ֥ה שְׁמִטָּֽה׃ — ב ר״פ[1]
2 וְזֶה֮ דְּבַ֣ר הַשְּׁמִטָּה֒ שָׁמ֗וֹט כָּל־בַּ֙עַל֙[b] מַשֵּׁ֣ה יָד֔וֹ אֲשֶׁ֥ר יַשֶּׁ֖ה בְּרֵעֵ֑הוּ — כג ר״פ . ל ומל . ל . ב[2]
3 לֹֽא־יִגֹּ֤שׂ [c]אֶת־רֵעֵ֙הוּ֙[c] [d]וְאֶת־אָחִ֔יו[d] כִּֽי־קָרָ֥א שְׁמִטָּ֖ה לַיהוָֽה׃ 3 אֶת־ — ל . י ר״פ בסיפ[3]
4 הַנָּכְרִ֖י תִּגֹּ֑שׂ וַאֲשֶׁ֨ר יִהְיֶ֥ה לְךָ֛ אֶת־אָחִ֖יךָ תַּשְׁמֵ֥ט יָדֶֽךָ׃ 4 אֶ֕פֶס[a] כִּ֛י לֹ֥א — ל
יִֽהְיֶה־בְּךָ֖ אֶבְי֑וֹן כִּֽי־בָרֵ֤ךְ יְבָרֶכְךָ֙ יְהוָ֔ה[b] בָּאָ֕רֶץ אֲשֶׁר֙ יְהוָ֣ה אֱלֹהֶ֔יךָ — ד מיחד וכל תלים דכות[4]
5 נֹֽתֵן־לְךָ֥ נַחֲלָ֖ה לְרִשְׁתָּֽהּ׃ 5 [a]רַ֚ק אִם־שָׁמ֣וֹעַ תִּשְׁמַ֔ע בְּק֖וֹל יְהוָ֣ה אֱלֹהֶ֑יךָ[b] — ב
לִשְׁמֹ֤ר לַעֲשׂוֹת֙[c] אֶת־כָּל־הַמִּצְוָ֣ה הַזֹּ֔את אֲשֶׁ֛ר אָנֹכִ֥י מְצַוְּךָ֖ הַיּֽוֹם׃
6 [a]כִּֽי־יְהוָ֤ה אֱלֹהֶ֙יךָ֙ בֵּֽרַכְךָ֔ כַּאֲשֶׁ֖ר דִּבֶּר־לָ֑ךְ וְהַעֲבַטְתָּ֞ גּוֹיִ֣ם רַבִּ֗ים — ל וחס
ס̄ [הי] וְאַתָּה֙ לֹ֣א תַעֲבֹ֔ט וּמָֽשַׁלְתָּ֙ בְּגוֹיִ֣ם רַבִּ֔ים וּבְךָ֖ לֹ֥א יִמְשֹֽׁלוּ׃ ס 7 כִּֽי־ — ל
יִהְיֶ֨ה בְךָ֜ אֶבְי֗וֹן [a]מֵאַחַ֤ד אַחֶ֙יךָ֙[a] בְּאַחַ֣ד[b] שְׁעָרֶ֔יךָ בְּאַ֨רְצְךָ֔[c] אֲשֶׁר־יְהוָ֥ה

[15] Hi 13,11. [16] Mm 1141. [17] Mm 781. [18] Mm 1142. **Cp 15** [1] Mm 2661. [2] Hi 11,6. [3] Mm 1143. [4] Mm 2636.

24 [b] 𝔔 לשׂתו cf V[Ken9] || [c] 𝔔 כיא || [d] ⅏ לשכן את || [e] cf 23[e] || **25** [a] ℭ ונתת; 𝔊(𝔊[O] c ob) (𝔖) + *αὐτά* = וּנְתַתָּהּ (וּנְתַתּוֹ?); 𝔙 + *omnia* || [b] 𝔊 pl || [c] 𝔊[B*min] + *ἐπικληθῆναι τὸ ὄνομα αὐτοῦ ἐκεῖ* ex 23sq || **26** [a] pc Mss ביין, 𝔊[Θ min] *ἢ ἐπὶ οἴνῳ* = או ביין || **27** [a] Ms רך– || [b–b] > V[Ken69] 𝔊 || [c] ⅏[W] לה || **28** [a] ⅏𝔊 תו– cf 26,10 || [b] ℭ בשערך cf 27[a], 𝔗[J] *bqjrwjkwn* = בשעריכם || **29** [a–a] 𝔊* *ἐν πᾶσιν τοῖς ἔργοις (σου)* = בכל מעשׂיך ut 15,10; V[Ken1.9] nonn Mss 𝔊[Lmin](𝔊[O] c ast)𝔖𝔙 בכל מ׳ יָדֶיךָ, 𝔗[J] *bkl ʿwbdj jdjkwn* = בכל מעשׂי ידיכם || [b–b] > 𝔊[min] || **Cp 15,2** [a] 𝔊 2 sg ut 3 || [b] frt ins מַשֵּׁה את || [c–c] > 𝔊 || [d–d] > Ms; pc Mss ⅏ את־א׳, dl (gl)? 𝔗[J] libere vertit || **4** [a] dl? || [b] pc Mss ℭ⅏𝔊(𝔊[O] c ob)𝔖𝔙 + אלהיך || **5** [a] dl ? || [b] 𝔊[-(A)min] pl || [c] V[Ken9] 2 Mss ⅏𝔊𝔖 ול׳, > 𝔊[A]𝔙 cf 24,8 || **6** [a] dl? || **7** [a–a] 𝔗 *ḥd mʾḥk* = אַחַד מֵאַחֶיךָ, 𝔖 *ḥd mn ʾḥjkwn* = אַחַד מֵאַחֵיכֶם || [b] ⅏ באחת ut semper || [c] > pc Mss; ⅏𝔊𝔖𝔙 בְּאָרֶץ.

אֱלֹהֶ֙יךָ֙ נֹתֵ֣ן לָ֔ךְ לֹ֧א[d] תְאַמֵּ֣ץ אֶת־לְבָבְךָ֗ וְלֹ֤א תִקְפֹּץ֙ אֶת־יָ֣דְךָ֔ מֵאָחִ֖יךָ

ג ב חס וחד מל . ו הָאֶבְיֽוֹן׃ 8 כִּֽי־פָתֹ֧חַ תִּפְתַּ֛ח אֶת[a]־יָדְךָ֖[b] ל֑וֹ וְהַעֲבֵט֙[c] תַּעֲבִיטֶ֔נּוּ דֵּ֚י מַחְסֹר֔וֹ 8

[d]אֲשֶׁ֥ר יֶחְסַ֖ר לֽוֹ׃[d] 9 הִשָּׁ֣מֶר לְךָ֡ פֶּן־יִהְיֶ֣ה דָבָר֩[a] עִם־לְבָבְךָ֨ בְלִיַּ֜עַל 9

ל . ט[5] לֵאמֹ֗ר קָֽרְבָ֣ה שְׁנַֽת־הַשֶּׁבַע֮ שְׁנַ֣ת הַשְּׁמִטָּה֒ וְרָעָ֣ה עֵינְךָ֗ בְּאָחִ֙יךָ֙ הָֽאֶבְי֔וֹן

ב . ב . ז מל בליש וְלֹ֥א תִתֵּ֖ן ל֑וֹ וְקָרָ֤א עָלֶ֙יךָ֙ אֶל־יְהוָ֔ה וְהָיָ֥ה בְךָ֖ חֵֽטְא׃[b] 10 נָת֤וֹן תִּתֵּן֙ ל֔וֹ[a] 10

ב[6] וְלֹא־יֵרַ֥ע לְבָבְךָ֖ בְּתִתְּךָ֣ ל֑וֹ כִּ֞י בִּגְלַ֣ל ׀ הַדָּבָ֣ר הַזֶּ֗ה יְבָרֶכְךָ֙ יְהוָ֣ה

ל חס אֱלֹהֶ֔יךָ בְּכָֽל־מַעֲשֶׂ֔ךָ[b] וּבְכֹ֖ל מִשְׁלַ֥ח יָדֶֽךָ׃[c] 11 כִּ֛י לֹא־יֶחְדַּ֥ל אֶבְי֖וֹן[a] 11

ג ב חס וחד מל מִקֶּ֣רֶב הָאָ֑רֶץ עַל־כֵּ֞ן אָנֹכִ֤י מְצַוְּךָ֙ לֵאמֹ֔ר פָּ֠תֹחַ תִּפְתַּ֨ח אֶת[b]־יָדְךָ֜[c]

ג חד חס וב מל[7] . ב חס[8] לְאָחִ֧יךָ לַעֲנִיֶּ֛ךָ וּלְאֶבְיֹנְךָ֖ בְּאַרְצֶֽךָ׃ ס 12 כִּֽי־יִמָּכֵ֨ר לְךָ֜ אָחִ֣יךָ 12

ל . ב בליש[9] הָֽעִבְרִ֗י א֚וֹ הָֽעִבְרִיָּ֔ה וַעֲבָֽדְךָ֖ שֵׁ֣שׁ שָׁנִ֑ים וּבַשָּׁנָה֙ הַשְּׁבִיעִ֔ת תְּשַׁלְּחֶ֥נּוּ

ח ר״פ בסיפ חָפְשִׁ֖י מֵעִמָּֽךְ׃ 13 וְכִֽי־תְשַׁלְּחֶ֥נּוּ חָפְשִׁ֖י מֵֽעִמָּ֑ךְ לֹ֥א תְשַׁלְּחֶ֖נּוּ רֵיקָֽם׃ 13

ל ומל . ב 14 הַעֲנֵ֤יק תַּעֲנִיק֙ ל֔וֹ מִצֹּ֣אנְךָ֔ וּמִגָּרְנְךָ֖[a] וּמִיִּקְבֶ֑ךָ[b] אֲשֶׁ֧ר[c] בֵּרַכְךָ֛ יְהוָ֥ה[d] 14

אֱלֹהֶ֖יךָ תִּתֶּן־לֽוֹ׃ 15 וְזָכַרְתָּ֗ כִּ֣י עֶ֤בֶד הָיִ֙יתָ֙ בְּאֶ֣רֶץ מִצְרַ֔יִם וַֽיִּפְדְּךָ֖ יְהוָ֣ה 15

אֱלֹהֶ֑יךָ[a] עַל־כֵּ֞ן אָנֹכִ֧י מְצַוְּךָ֛[b] אֶת־הַדָּבָ֥ר הַזֶּ֖ה הַיּֽוֹם׃[c] 16 וְהָיָה֙ כִּֽי־ 16

ל יֹאמַ֣ר אֵלֶ֔יךָ לֹ֥א אֵצֵ֖א מֵעִמָּ֑ךְ כִּ֤י אֲהֵֽבְךָ֙ וְאֶת־בֵּיתֶ֔ךָ כִּי־ט֥וֹב ל֖וֹ עִמָּֽךְ׃

ל 17 וְלָקַחְתָּ֣ אֶת־הַמַּרְצֵ֗עַ וְנָתַתָּ֤ה בְאָזְנוֹ֙ וּבַדֶּ֔לֶת וְהָיָ֥ה לְךָ֖ עֶ֣בֶד עוֹלָ֑ם 17

סו ו[10] מנה חס וְאַ֥ף לַאֲמָתְךָ֖ תַּעֲשֶׂה־כֵּֽן׃ 18 לֹא[a]־יִקְשֶׁ֣ה בְעֵינֶ֗ךָ[b] בְּשַׁלֵּֽחֲךָ֙ אֹת֤וֹ חָפְשִׁי֙ 18

מֵֽעִמָּ֔ךְ כִּ֣י מִשְׁנֶ֗ה[c] שְׂכַ֤ר שָׂכִיר֙ עֲבָֽדְךָ֖ שֵׁ֣שׁ שָׁנִ֑ים וּבֵֽרַכְךָ֙ יְהוָ֣ה אֱלֹהֶ֔יךָ

ח ר״פ בסיפ . ד[11] מל בתור וכל ב״ך דכות ב מ א בְּכֹ֖ל אֲשֶׁ֥ר תַּעֲשֶֽׂה׃ פ 19 כָּֽל־הַבְּכ֡וֹר אֲשֶׁר֩ יִוָּלֵ֨ד בִּבְקָרְךָ֤ 19

ל וחס וּבְצֹאנְךָ֙ הַזָּכָ֔ר תַּקְדִּ֖ישׁ לַיהוָ֣ה אֱלֹהֶ֑יךָ לֹ֤א תַעֲבֹד֙ בִּבְכֹ֣ר שׁוֹרֶ֔ךָ וְלֹ֥א

תָגֹ֖ז בְּכ֥וֹר צֹאנֶֽךָ׃ 20 לִפְנֵי֩ יְהוָ֨ה אֱלֹהֶ֜יךָ תֹֽאכְלֶ֜נּוּ שָׁנָ֣ה בְשָׁנָ֗ה בַּמָּק֛וֹם 20

[5] Mm 1144. [6] 1S 22,13. [7] Mm 3315. [8] Mp sub loco. [9] Mm 2662. [10] Mm 1145. [11] Mm 1146.

7 [d] ℭ ולא ‖ **8** [a] > ш ‖ [b] 𝔊$^{-ΘLO min}$ pl, sed l 𝔐 ‖ [c] Ms ш𝔊$^{-M min}$ העבט ‖ [d–d] > 𝔊^{min}(𝔏)𝔙, sed cf 10 ‖ **9** [a] 𝔊$^{-Ms}$(𝔊^{O} c ob) + *κρυπτόν*, ins מִסְתַּתֵּר vel tr post לבבך ‖ [b] 𝔊 (𝔊^{O} c ob) + *μεγάλη* = גָּדוֹל ‖ **10** [a] 𝔊$^{-O}$ + *καὶ δάνειον δανιεῖς αὐτῷ ὅσον ἐπιδέεται* (𝔊^{BLO} *καθότι ἐνδεεῖται*) = (ex 8 והעבט תעביטנו די מחסרו (אשר יחסר לו ‖ [b] mlt Mss ℭш 𝔊$^{-B min}$𝔖 ־שׂיך cf 𝔙 et 14,29; 𝔗^{J} *ʿwbdjkwn* = מעשׂיכם ‖ [c] mlt Mss ш ידיך cf 12,18; 𝔗^{J} *jdjkwn* = ידיכם ‖ **11** [a] ш𝔖𝔗 הָא׳; 𝔙 pl ‖ [b] > ш ‖ [c] 𝔊$^{-ΘO min}$ pl; 𝔗^{J} *jdjkwn* = ידיכם ‖ **14** [a] nonn Mss 𝔗^{Mss} מ׳ cf 𝔗^{J} ‖ [b] 𝔅 ומיקבך ‖ [c] ш𝔊$^{ΘL min}$ כאשר ‖ [d] 𝔔 אדני ‖ **15** [a] 𝔊$^{-min}$(𝔊^{O} c ob) + *ἐκεῖθεν* ‖ [b] 𝔔𝔊^{min}(𝔊^{O} c ob)𝔗^{J} + לעשׂות ‖ [c] > 𝔊$^{-L min}$(𝔊^{O} c ast) ‖ **18** [a] pc Mss ш𝔊^{min}𝔏𝔖 ולא ‖ [b] mlt Mss ℭш בעיניך, 𝔊 *ἐναντίον σου* ‖ [c] pc Mss 𝔅 מִשְׁנֵה, prb recte.

21 אֲשֶׁר־יִבְחַר יְהוָה אַתָּה וּבֵיתֶךָ׃ 21 וְכִי־יִהְיֶה בוֹ מוּם פִּסֵּחַ אוֹ עִוֵּר ח ר״פ בסיפ . ד[12]
22 כֹּל[a] מוּם רָע לֹא תִזְבָּחֶנּוּ לַיהוָה אֱלֹהֶיךָ׃ 22 בִּשְׁעָרֶיךָ תֹּאכְלֶנּוּ
23 הַטָּמֵא[a] וְהַטָּהוֹר יַחְדָּו כַּצְּבִי וְכָאַיָּל׃ 23 רַק אֶת־דָּמוֹ לֹא תֹאכֵל ב[13] . יג[14]
עַל־הָאָרֶץ תִּשְׁפְּכֶנּוּ כַּמָּיִם׃ פ

16 1 שָׁמוֹר אֶת־חֹדֶשׁ הָאָבִיב וְעָשִׂיתָ פֶּסַח לַיהוָה אֱלֹהֶיךָ כִּי ג מל בתור
2 בְּחֹדֶשׁ הָאָבִיב [a]הוֹצִיאֲךָ יְהוָה אֱלֹהֶיךָ[a] מִמִּצְרַיִם לָיְלָה׃ 2 וְזָבַחְתָּ
פֶּסַח לַיהוָה אֱלֹהֶיךָ צֹאן וּבָקָר בַּמָּקוֹם אֲשֶׁר־יִבְחַר יְהוָה[a] לְשַׁכֵּן
3 שְׁמוֹ שָׁם׃ 3 לֹא־תֹאכַל[a] עָלָיו[b] חָמֵץ שִׁבְעַת יָמִים תֹּאכַל[a]־עָלָיו מַצּוֹת
לֶחֶם עֹנִי[c] כִּי בְחִפָּזוֹן יָצָאתָ[d] מֵאֶרֶץ מִצְרַיִם לְמַעַן תִּזְכֹּר אֶת־יוֹם ג ומל
4 צֵאתְךָ מֵאֶרֶץ מִצְרַיִם כֹּל יְמֵי חַיֶּיךָ[c]׃ 4 וְלֹא[a]־יֵרָאֶה לְךָ[b] שְׂאֹר בְּכָל־ יז ר״פ בסיפ[1] . יג[2]
גְּבֻלְךָ שִׁבְעַת יָמִים וְלֹא־יָלִין מִן־הַבָּשָׂר אֲשֶׁר תִּזְבַּח בָּעֶרֶב[c] בַּיּוֹם
5 הָרִאשׁוֹן לַבֹּקֶר׃ 5 לֹא[a] תוּכַל לִזְבֹּחַ אֶת־הַפָּסַח בְּאַחַד[b] שְׁעָרֶיךָ סד
6 אֲשֶׁר־יְהוָה אֱלֹהֶיךָ נֹתֵן לָךְ׃ 6 כִּי אִם־[a]אֶל־הַמָּקוֹם[a] אֲשֶׁר־יִבְחַר
יְהוָה אֱלֹהֶיךָ[b] לְשַׁכֵּן[c] שְׁמוֹ שָׁם[c] תִּזְבַּח אֶת־הַפֶּסַח בָּעָרֶב כְּבוֹא הַשֶּׁמֶשׁ
7 מוֹעֵד צֵאתְךָ מִמִּצְרָיִם׃ 7 וּבִשַּׁלְתָּ[a] וְאָכַלְתָּ בַּמָּקוֹם אֲשֶׁר יִבְחַר יְהוָה
8 אֱלֹהֶיךָ בּוֹ וּפָנִיתָ בַבֹּקֶר וְהָלַכְתָּ לְאֹהָלֶיךָ׃ 8 שֵׁשֶׁת יָמִים תֹּאכַל מַצּוֹת
וּבַיּוֹם הַשְּׁבִיעִי עֲצֶרֶת[a] לַיהוָה אֱלֹהֶיךָ לֹא תַעֲשֶׂה מְלָאכָה[b]׃ ס
9 שִׁבְעָה שָׁבֻעֹת תִּסְפָּר־לָךְ מֵהָחֵל[a] חֶרְמֵשׁ בַּקָּמָה תָּחֵל לִסְפֹּר שִׁבְעָה ב חס[3] . ב[4] . ל[5]
10 שָׁבֻעוֹת׃ 10 וְעָשִׂיתָ חַג שָׁבֻעוֹת לַיהוָה אֱלֹהֶיךָ מִסַּת[a] נִדְבַת יָדְךָ[b] ג כת כן . ג כת כן . ל
11 אֲשֶׁר תִּתֵּן[c] [d]כַּאֲשֶׁר יְבָרֶכְךָ[d] יְהוָה אֱלֹהֶיךָ׃ 11 וְשָׂמַחְתָּ לִפְנֵי ׀ יְהוָה

[12]Mm 1147. [13]Mm 1126. [14]Mm 787. **Cp 16** [1]Mm 1165. [2]Mm 150. [3]Mm 1148. [4]Mm 1149. [5]Mm 3816.

21 [a] 𝔐𝔖𝔙 pr או, 𝔊^-B pr *(ἤ) καί* ‖ **22** [a] 𝔊^-Ms(𝔊^O c ob) + *ἐν σοί* cf 12,15.22 ‖ **Cp 16,1** [a–a] 𝔊^-O *ἐξῆλθες* (Ex 34,18), sed l 𝔐 ‖ **2** [a] 2 Mss 𝔐𝔖𝔗^Ms𝔙 + אלהיך, 𝔊^-min + *ὁ θεός σου (αὐτόν)* ‖ **3** [a] 𝔐𝔗^J pl ‖ [b] > 𝔈 ‖ [c–c] 𝔊𝔗^J 2 pl (dl?) ‖ [d] 𝔖 2 pl ‖ **4** [a] 𝔔 לוא(ו); 2 Mss 𝔊^-min לא; 𝔗^J libere vertit ‖ [b] 𝔔 לכה ‖ [c] 𝔐 בֵּין הָעַרְבַּיִם cf Ex 12,6 ‖ **5** [a] V^Ken 69 Ms 𝔐 ולא ‖ [b] 𝔐 באחת cf 15,7 ‖ **6** [a–a] V^Ken 69 om אל (homark); 𝔐𝔖𝔗^Mss𝔗^J𝔙 בַּמָּקוֹם ‖ [b] 𝔔 (אלו)היכה בו cf 2 ‖ [c–c] l c 𝔐𝔊^ΘL min (את) שְׁמוֹ שָׁם cf 12,11.14 ‖ **7** [a] 𝔊(𝔊^O c ob) + *καὶ ὀπτήσεις* cf Ex 12, sed l 𝔐 ‖ **8** [a] 𝔐 חג ‖ [b] V^Ken 69 pc Mss 𝔊(𝔊^O c ob)𝔖 pr כל; 𝔐 כל מלאכת עבדה; 𝔊(𝔊^O c ob) *ἐν αὐτῇ πᾶν ἔργον, πλὴν ὅσα ποιηθήσεται ψυχῇ* ‖ **9** [a] 𝔐𝔊^-min𝔖 מֵהַחִלְּךָ cf 𝔙 ‖ **10** [a] prp כְּמַתְּנַת ut 17, sed 𝔊 *καθότι … ἰσχύει*, 𝔊 17 *κατὰ δύναμιν* ‖ [b] V^Ken 69 𝔐𝔖 ידיך ‖ [c] 𝔊 *δῷ* = יתן, 𝔊^-B(Ms) + *σοί* ‖ [d–d] 𝔐𝔊𝔈 כ׳ בֵּרַכְךָ; > 𝔊^B; cf 15,14, sed 16,15.

אֱלֹהֶ֡יךָ אַתָּ֨ה וּבִנְךָ֣ וּבִתֶּךָ֮ וְעַבְדְּךָ֣[a] וַאֲמָתֶךָ֒ וְהַלֵּוִי֙ אֲשֶׁ֣ר בִּשְׁעָרֶ֔יךָ וְהַגֵּ֛ר
וְהַיָּת֥וֹם וְהָאַלְמָנָ֖ה אֲשֶׁ֣ר בְּקִרְבֶּ֑ךָ בַּמָּק֗וֹם אֲשֶׁ֤ר יִבְחַר֙ יְהוָ֣ה אֱלֹהֶ֔יךָ
12 לְשַׁכֵּ֥ן שְׁמ֖וֹ שָֽׁם׃ 12 וְזָ֣כַרְתָּ֔ כִּי־עֶ֥בֶד הָיִ֖יתָ בְּמִצְרָ֑יִם[a] וְשָׁמַרְתָּ֣ וְעָשִׂ֔יתָ ב
אֶת־הַחֻקִּ֖ים הָאֵֽלֶּה׃ פ
13 חַ֧ג הַסֻּכֹּ֛ת תַּעֲשֶׂ֥ה לְךָ֖ שִׁבְעַ֣ת יָמִ֑ים בְּאָ֨סְפְּךָ֔ מִגָּרְנְךָ֖ וּמִיִּקְבֶֽךָ׃ 13 ל חס בתור[6] . ל . ב
14 וְשָׂמַחְתָּ֖ בְּחַגֶּ֑ךָ 14 אַתָּ֨ה וּבִנְךָ֤ וּבִתֶּ֙ךָ֙ וְעַבְדְּךָ֣[a] וַאֲמָתֶ֔ךָ וְהַלֵּוִ֗י וְהַגֵּ֛ר
15 וְהַיָּת֥וֹם וְהָאַלְמָנָ֖ה אֲשֶׁ֥ר בִּשְׁעָרֶֽיךָ׃ 15 שִׁבְעַ֣ת יָמִ֗ים תָּחֹג֙ לַיהוָ֣ה
אֱלֹהֶ֔יךָ בַּמָּק֖וֹם אֲשֶׁר־יִבְחַ֣ר יְהוָ֑ה[a] כִּ֣י יְבָרֶכְךָ֞ יְהוָ֣ה אֱלֹהֶ֗יךָ בְּכֹ֤ל
16 תְּבוּאָתְךָ֙ וּבְכֹל֙ מַעֲשֵׂ֣ה יָדֶ֔יךָ[b] וְהָיִ֖יתָ אַ֥ךְ שָׂמֵֽחַ׃ 16 שָׁל֣וֹשׁ יא[7] מל כל תלים דכות ב מ ה . ה מל ג מנה בתור וכל כתיב דכות
פְּעָמִ֣ים ׀ בַּשָּׁנָ֡ה יֵרָאֶ֨ה[a] כָל־זְכוּרְךָ֜ אֶת־פְּנֵ֣י ׀ יְהוָ֣ה אֱלֹהֶ֗יךָ בַּמָּקוֹם֙ אֲשֶׁ֣ר יג[8]
יִבְחָ֔ר[b] בְּחַ֧ג הַמַּצּ֛וֹת וּבְחַ֥ג הַשָּׁבֻע֖וֹת וּבְחַ֣ג הַסֻּכּ֑וֹת וְלֹ֧א יֵרָאֶ֛ה[c] אֶת־ ל זקף קמ . ג כת כן . יג[8]
17 פְּנֵ֥י יְהוָ֖ה רֵיקָֽם׃ 17 אִ֖ישׁ כְּמַתְּנַ֣ת יָד֑וֹ כְּבִרְכַּ֛ת יְהוָ֥ה אֱלֹהֶ֖יךָ אֲשֶׁ֥ר ב[9]
נָֽתַן־לָֽךְ׃ ס קכו
ס [יז] פרש 18 שֹׁפְטִ֣ים וְשֹֽׁטְרִ֗ים תִּֽתֶּן־לְךָ֙ בְּכָל־שְׁעָרֶ֔יךָ אֲשֶׁ֨ר יְהוָ֧ה אֱלֹהֶ֛יךָ ה . ד בטע בסיפ
19 נֹתֵ֥ן לְךָ֖ לִשְׁבָטֶ֑יךָ[a] וְשָׁפְט֥וּ אֶת־הָעָ֖ם מִשְׁפַּט־צֶֽדֶק׃ 19 [a]לֹא־תַטֶּ֣ה ל וכל קריא צדקה ומשפט דכות . ו ר״פ לא לא ולא[10]
מִשְׁפָּ֔ט[a] לֹ֥א[b] תַכִּ֖יר[c] פָּנִ֑ים וְלֹא־תִקַּ֣ח שֹׁ֔חַד כִּ֣י הַשֹּׁ֗חַד יְעַוֵּר֙ עֵינֵ֣י ל
20 חֲכָמִ֔ים וִֽיסַלֵּ֖ף דִּבְרֵ֥י צַדִּיקִֽם׃ 20 צֶ֥דֶק צֶ֖דֶק תִּרְדֹּ֑ף לְמַ֤עַן תִּֽחְיֶה֙[a] ב
21 וְיָרַשְׁתָּ֣[a] אֶת־הָאָ֔רֶץ אֲשֶׁר־יְהוָ֥ה אֱלֹהֶ֖יךָ נֹתֵ֥ן לָֽךְ׃ ס 21 לֹא־תִטַּ֥ע
לְךָ֛ אֲשֵׁרָ֖ה כָּל־עֵ֑ץ אֵ֗צֶל מִזְבַּ֛ח יְהוָ֥ה אֱלֹהֶ֖יךָ אֲשֶׁ֥ר תַּעֲשֶׂה־לָּֽךְ׃ ס יד פסוק לך לך[11]
17 1 22 וְלֹא־תָקִ֥ים לְךָ֖ מַצֵּבָ֑ה אֲשֶׁ֥ר שָׂנֵ֖א[a] יְהוָ֥ה אֱלֹהֶֽיךָ׃ ס 17 1 לֹֽא־ יז ר״פ בסיפ[12] . ה[13]
תִזְבַּח֩ לַיהוָ֨ה אֱלֹהֶ֜יךָ שׁ֣וֹר וָשֶׂ֗ה אֲשֶׁ֨ר יִהְיֶ֥ה בוֹ֙ מ֔וּם כֹּ֖ל דָּבָ֣ר רָ֑ע כִּ֧י ה
2 תוֹעֲבַ֛ת יְהוָ֥ה אֱלֹהֶ֖יךָ הֽוּא׃ ס 2 כִּֽי־יִמָּצֵ֤א בְקִרְבְּךָ֙ בְּאַחַ֣ד[a]

[6] Mp sub loco. [7] Mm 477. [8] Mm 150. [9] Mm 1125. [10] Mm 1245. [11] Mm 1860. [12] Mm 1165. [13] Mm 1150.

11 [a] ⅏𝔊$^{-min}$𝔙 ע׳ ut 15,14; cf 14[a] 5,14 12,12 ‖ **12** [a] V$^{Ken 1.69}$ pc Mss ⅏𝔊$^{-Ms}$(𝔊^{O} c ob) בארץ מ׳ cf 5,15 (24,18) ‖ **14** [a] ⅏𝔊𝔙 ע׳ cf 11[a], sed > 𝔗^{J} ‖ **15** [a] Ms ⅏𝔙 + אלהיך, 𝔊(𝔊^{O} c ob) + *ὁ θεός σου αὐτόν* cf 2 ‖ [b] V$^{Ken 1.69}$ nonn Mss ידך ‖ **16** [a] l יִרְאֶה ‖ [b] ⅏ + בו, 𝔊 + *αὐτὸν* (> 𝔊$^{AMO\,min}$𝔏) *κύριος* ‖ [c] Ms ⅏ יראו (Ex 23,15; 34,20 יֵרָאוּ); l יִרְאוּ ‖ **18** [a] 𝔊 *κατὰ φύλας* = לִשְׁבָטִים, 𝔗^{J} *lšbṭjkwn* = לְשִׁבְטֵיכֶם ‖ **19** [a–a] > 𝔊^{BMs}, 𝔊^{rel} *οὐκ ἐκκλινοῦσιν κρίσιν* = לֹא יַטּוּ מ׳ cf 𝔙 ‖ [b] V$^{Ken 9.69}$ mlt Mss ℭ⅏𝔊^{min} *(οὐδέ)* 𝔖𝔗^{J} ולא ‖ [c] 𝔊 3 pl ‖ **20** [a] 𝔊𝔗^{J} 2 pl ‖ **22** [a] ⅏ שְׂנֵאָה ‖ **Cp 17,2** [a] V$^{Ken 69}$ Ms ⅏ באחת cf 15,7.

שְׁעָרֶ֔יךָ אֲשֶׁר־יְהוָ֥ה אֱלֹהֶ֖יךָ נֹתֵ֣ן לָ֑ךְ אִ֣ישׁ אוֹ־אִשָּׁ֗ה אֲשֶׁ֨ר יַעֲשֶׂ֥ה אֶת־ ז
3 הָרַ֛ע בְּעֵינֵ֥י יְהוָֽה־אֱלֹהֶ֖יךָ לַעֲבֹ֥ר בְּרִיתֽוֹ׃ 3 וַיֵּ֗לֶךְ וַֽיַּעֲבֹד֙ אֱלֹהִ֣ים לג בתור
אֲחֵרִ֔ים וַיִּשְׁתַּ֖חוּ[a] לָהֶ֑ם וְלַשֶּׁ֣מֶשׁ[b] ׀ א֣וֹ לַיָּרֵ֗חַ א֛וֹ לְכָל־צְבָ֥א הַשָּׁמַ֖יִם אֲשֶׁ֥ר ל
4 לֹֽא־צִוִּֽיתִי[c]׃ 4 וְהֻֽגַּד[a]־לְךָ֖ וְשָׁמָ֑עְתָּ[b] וְדָרַשְׁתָּ֣ הֵיטֵ֔ב וְהִנֵּ֤ה אֱמֶת֙ נָכ֣וֹן ה זוגין[1]. כל תורה כת כן
5 הַדָּבָ֔ר נֶעֶשְׂתָ֛ה הַתּוֹעֵבָ֥ה הַזֹּ֖את בְּיִשְׂרָאֵֽל׃ 5 וְהוֹצֵאתָ֣ אֶת־הָאִ֣ישׁ
הַ֠הוּא א֣וֹ אֶת־הָאִשָּׁ֨ה הַהִ֜וא [a]אֲשֶׁ֨ר עָשׂ֜וּ אֶת־הַדָּבָ֨ר הָרָ֤ע[b] הַזֶּה֙[c] אֶל־[d]
6 שְׁעָרֶ֔יךָ[ad] [e]אֶת־הָאִ֕ישׁ א֖וֹ אֶת־הָאִשָּׁ֑ה[e] וּסְקַלְתָּ֥ם בָּאֲבָנִ֖ים וָמֵֽתוּ[f]׃ 6 עַל־ ח[2]. ד זוגין[3]
פִּ֣י ׀ שְׁנַ֣יִם[a] עֵדִ֗ים א֛וֹ[b] שְׁלֹשָׁ֥ה עֵדִ֖ים יוּמַ֣ת הַמֵּ֑ת לֹ֣א יוּמַ֔ת עַל־פִּ֖י עֵ֥ד
7 אֶחָֽד׃ 7 יַ֣ד הָעֵדִ֞ים תִּֽהְיֶה־בּ֤וֹ בָרִאשֹׁנָה֙ לַהֲמִית֔וֹ וְיַ֥ד כָּל־הָעָ֖ם כב[4]. ה׳
8 בָּאַחֲרֹנָ֑ה וּבִעַרְתָּ֥ הָרָ֖ע[a] מִקִּרְבֶּֽךָ׃ פ 8 כִּ֣י יִפָּלֵא֩ מִמְּךָ֨ דָבָ֜ר י בטע ר״פ בתור[5]. ב פסוק דמטע[6]
לַמִּשְׁפָּ֗ט בֵּֽין־דָּ֨ם ׀ לְדָ֜ם [a]בֵּֽין־[b]דִּ֣ין לְדִ֗ין וּבֵ֥ין[c] נֶ֙גַע֙ לָנֶ֔גַע דִּבְרֵ֥י[a] רִיבֹ֖ת ה׳[7]. ב[8]
בִּשְׁעָרֶ֑יךָ וְקַמְתָּ֣ וְעָלִ֔יתָ אֶ֨ל־הַמָּק֔וֹם אֲשֶׁ֥ר יִבְחַ֛ר יְהוָ֥ה אֱלֹהֶ֖יךָ בּֽוֹ[d]׃
9 וּבָאתָ֗ אֶל־[a]הַכֹּהֲנִים֙ הַלְוִיִּ֔ם וְאֶל[ab]־הַשֹּׁפֵ֔ט אֲשֶׁ֥ר יִהְיֶ֖ה בַּיָּמִ֣ים הָהֵ֑ם ז בטע[9]. יג[10]
10 וְדָרַשְׁתָּ֙[c] וְהִגִּ֣ידוּ לְךָ֔ אֵ֖ת דְּבַ֥ר הַמִּשְׁפָּֽט׃ 10 וְעָשִׂ֗יתָ עַל־פִּ֤י הַדָּבָר֙ חצי הספר בפסוקים
אֲשֶׁ֣ר יַגִּ֣ידוּ לְךָ֔ [a]מִן־הַמָּק֣וֹם הַה֔וּא[b] אֲשֶׁ֥ר יִבְחַ֖ר יְהוָ֑ה[ac] וְשָׁמַרְתָּ֣ לַעֲשׂ֔וֹת
11 כְּכֹ֖ל אֲשֶׁ֥ר יוֹרֽוּךָ[d]׃ 11 עַל־פִּ֨י הַתּוֹרָ֜ה [a]אֲשֶׁ֣ר יוֹר֗וּךָ[a] וְעַל־[b]הַמִּשְׁפָּ֛ט ל
אֲשֶׁר־יֹאמְר֥וּ לְךָ֖ תַּעֲשֶׂ֑ה לֹ֣א[c] תָס֗וּר מִן־הַדָּבָ֛ר אֲשֶׁר־יַגִּ֥ידוּ לְךָ֖ יָמִ֥ין
12 וּשְׂמֹֽאל׃ 12 וְהָאִ֞ישׁ אֲשֶׁר־יַעֲשֶׂ֣ה בְזָד֗וֹן לְבִלְתִּ֨י שְׁמֹ֤עַ אֶל־הַכֹּהֵן֙ הָעֹמֵ֞ד יא[11]
לְשָׁ֤רֶת [a]שָׁם֙ אֶת־[a]יְהוָ֣ה אֱלֹהֶ֔יךָ [b]א֖וֹ אֶל־[b]הַשֹּׁפֵ֑ט וּמֵת֙ הָאִ֣ישׁ הַה֔וּא ל בטע

Cp 17 [1]Mp dub, cf Mp sub loco. [2]Mm 3068. [3]Mm 2810. [4]Mm 1743. [5]Mm 1151. [6]Mm 1152. [7]Mm 1035. [8]Mm 1153. [9]Mm 50. [10]Mm 1188. [11]Mm 2550.

3 [a] Smr חוי–, pc Mss חוו– ‖ [b] V^{Ken9} pc Mss 𝔊𝔗^{Ms}𝔙 ל׳; 𝔊$^{\Theta L}$(𝔖) *ἢ τῷ ἡλίῳ* = אוֹ ל׳ ‖ [c] Ms תים–, Smr יו–, 𝔊$^{-BO}$ *προσέταξά σοι* = ךָ–, 𝔊^{BO} *προσέταξεν* = צִוָּה ‖ **4** [a] Smr וְהִגִּידוּ ‖ [b] > 𝔊$^{-L\,min}$(𝔊^{O} c ast) cf 13,15 ‖ **5** [a–a] > 𝔊$^{B\,min}$(𝔊^{O} c ast) ‖ [b] pc Mss 𝔅 הָרַע id 7 ‖ [c] > 𝔙 ‖ [d–d] 𝔗 *ltrʿ bjt djnk* cf 𝔗^{J} ‖ [e–e] > 𝔊𝔙 ‖ [f] > 𝔙 ‖ **6** [a] Smr שְׁנֵי ‖ [b] pc Mss ℭSmr 𝔊$^{-F\,min}$𝔖^{AMU} + עַל־פִּי cf 19,5 ‖ **7** [a] cf 5[b]; 𝔊$^{-min}$ *τὸ πονηρόν*, 𝔊^{rel} *τὸν πονηρόν* cf 13,6 ‖ **8** [a–a] prp בֵּין דָּן לְדָן וּבֵין נֶגַע לְנֶגַע דִּבְרֵי ‖ [b] nonn Mss ℭSmr𝔊𝔖𝔗^{J} ובין ‖ [c] V$^{Ken1.9}$ nonn Mss 𝔗 בין ‖ [d] > Smr𝔊^{min}; 𝔊^{B}(𝔏) *ἐκεῖ*, 𝔊^{O}(c ast)^{L} *ἐν αὐτῷ*, 𝔊(𝔊^{O} c ob)$^{-B\,min}$ + *ἐπικληθῆναι τὸ ὄνομα αὐτοῦ ἐκεῖ* ‖ **9** [a–a] > 𝔊^{B} (homtel hebr?); 𝔖 *khnʾ ʾw lwt lwjʾ ʾw lwt* = הכהן או אל הלוי או אל ‖ [b] Ms 𝔊$^{\Theta LO\,min}$ או אל ‖ [c] Smr𝔊 וְדָרְשׁוּ ‖ **10** [a–a] > 𝔊^{min} ‖ [b] > 𝔊$^{-LO}$ ‖ [c] Smr𝔊^{B} + אלהיך, 𝔊^{rel}(𝔊^{O} c ob) *ὁ θεός σου ἐπικληθῆναι τὸ ὄνομα αὐτοῦ ἐκεῖ* = אֱלֹהֶיךָ לְשַׁכֵּן שְׁמוֹ שָׁם ‖ [d] 𝔊 pass *(νομοθετηθῇ σοι* vel sim, 𝔊^{min} om *σοι)* ‖ **11** [a–a] > 𝔊𝔙; 𝔊^{L}(𝔊^{O} c ast) *οἳ ἂν φωτίσωσίν (-ίσουσίν, -ιοῦσίν) σοι* (a אור!) ‖ [b] Smr + פי ‖ [c] Ms Edd Smr𝔖 ולא ‖ **12** [a–a] 𝔊 *ἐπὶ τῷ ὀνόματι* = אֶת־שֵׁם ‖ [b–b] Smr^{Mss}𝔙 ואל.

ו̇[12] . ל וּבִעַרְתָּ֥ הָרָ֖ע[c] מִיִּשְׂרָאֵֽל׃ 13 וְכָל־הָעָ֖ם יִשְׁמְע֣וּ וְיִרָ֑אוּ וְלֹ֥א יְזִיד֖וּן 13
עֽוֹד׃ ס
יז חס וכל משלי דכות ב מ ד 14 כִּֽי־תָבֹ֣א אֶל־הָאָ֗רֶץ אֲשֶׁר֙ יְהוָ֣ה אֱלֹהֶ֔יךָ נֹתֵ֣ן לָ֔ךְ וִֽירִשְׁתָּ֖הּ ס[יז]
ל מל[13] . ד[14] וְיָשַׁ֣בְתָּה בָּ֑הּ וְאָמַרְתָּ֗ אָשִׂ֤ימָה עָלַי֙ מֶ֔לֶךְ כְּכָל־הַגּוֹיִ֖ם אֲשֶׁ֥ר סְבִיבֹתָֽי׃
ב[15] 15 שׂ֣וֹם תָּשִׂ֤ים עָלֶ֙יךָ֙ מֶ֔לֶךְ אֲשֶׁ֥ר יִבְחַ֛ר יְהוָ֥ה אֱלֹהֶ֖יךָ בּ֑וֹ מִקֶּ֣רֶב אַחֶ֗יךָ 15
תָּשִׂ֤ים עָלֶ֙יךָ֙ מֶ֔לֶךְ לֹ֣א תוּכַ֗ל לָתֵ֤ת עָלֶ֙יךָ֙ אִ֣ישׁ נָכְרִ֔י אֲשֶׁ֥ר לֹא־אָחִ֖יךָ
יז מ״פ לא ולא לא[16] . כד בליש[17] . כה[18] הֽוּא׃ 16 רַק֮ לֹא־יַרְבֶּה־לּ֣וֹ סוּסִים֒ וְלֹֽא־יָשִׁ֤יב אֶת־הָעָם֙ מִצְרַ֔יְמָה 16
כב בתור . ד בליש[19] לְמַ֖עַן הַרְבּ֣וֹת[a] ס֑וּס וַֽיהוָה֙ אָמַ֣ר[b] לָכֶ֔ם[c] לֹ֣א תֹסִפ֗וּן לָשׁ֛וּב בַּדֶּ֥רֶךְ הַזֶּ֖ה
יו[20] ר״פ בסיפ וחד מן ד פסוק ולא ולא לא . ג[21] עֽוֹד׃ 17 וְלֹ֤א יַרְבֶּה־לּוֹ֙ נָשִׁ֔ים וְלֹ֥א יָס֖וּר לְבָב֑וֹ וְכֶ֣סֶף וְזָהָ֔ב לֹ֥א יַרְבֶּה־ 17
ב[22] . ב . ד[23] לּ֖וֹ מְאֹֽד׃ 18 וְהָיָ֣ה כְשִׁבְתּ֔וֹ עַ֖ל כִּסֵּ֣א מַמְלַכְתּ֑וֹ וְכָ֨תַב ל֜וֹ [a]אֶת־מִשְׁנֵ֨ה 18
ג[24] הַתּוֹרָ֤ה הַזֹּאת֙[a] עַל־סֵ֔פֶר מִלִּפְנֵ֖י הַכֹּהֲנִ֥ים הַלְוִיִּֽם׃ 19 וְהָיְתָ֣ה עִמּ֔וֹ 19
וְקָ֥רָא ב֖וֹ[a] כָּל־יְמֵ֣י חַיָּ֑יו לְמַ֣עַן יִלְמַ֗ד לְיִרְאָה֙ אֶת־יְהוָ֣ה אֱלֹהָ֔יו[b] לִ֠שְׁמֹר
ד[25] . ד ב מל וב חס [c]אֶֽת־כָּל־דִּבְרֵ֞י הַתּוֹרָ֥ה הַזֹּ֛את[c] וְאֶת־הַחֻקִּ֥ים[d] הָאֵ֖לֶּה לַעֲשֹׂתָֽם׃
20 לְבִלְתִּ֤י רוּם[a]־לְבָבוֹ֙ מֵאֶחָ֔יו וּלְבִלְתִּ֛י ס֥וּר[b] מִן־הַמִּצְוָ֖ה יָמִ֣ין וּשְׂמֹ֑אול 20
לְמַ֡עַן יַאֲרִיךְ֩ יָמִ֨ים [c]עַל־מַמְלַכְתּ֥וֹ[c] ה֛וּא וּבָנָ֖יו בְּקֶ֥רֶב יִשְׂרָאֵֽל׃ ס
ל[1] . ל 18 1 לֹא־יִֽהְיֶה֩ [a]לַכֹּהֲנִ֨ים הַלְוִיִּ֜ם[a] כָּל־שֵׁ֥בֶט לֵוִ֛י חֵ֥לֶק וְנַחֲלָ֖ה עִם־ 18
ט כת י וכל מאשי דכות . ל יִשְׂרָאֵ֑ל אִשֵּׁ֧י[b] יְהוָ֛ה וְנַחֲלָת֖וֹ[c] יֹאכֵלֽוּן׃ 2 [a]וְנַחֲלָ֥ה לֹא־יִֽהְיֶה־לּ֖וֹ בְּקֶ֣רֶב 2
כג ר״פ אֶחָ֑יו יְהוָה֙ ה֣וּא נַחֲלָת֔וֹ כַּאֲשֶׁ֖ר דִּבֶּר־לֽוֹ׃ ס 3 וְזֶ֡ה יִהְיֶה֩ מִשְׁפַּ֨ט 3
ב[2] . ב[3] הַכֹּהֲנִ֜ים מֵאֵ֣ת[a] הָעָ֗ם מֵאֵ֛ת זֹבְחֵ֥י הַזֶּ֖בַח אִם־שׁ֣וֹר אִם־שֶׂ֑ה וְנָתַן֙ לַכֹּהֵ֔ן
ל . ל . כה . ו[4] הַזְּרֹ֥עַ וְהַלְּחָיַ֖יִם וְהַקֵּבָֽה׃ 4 רֵאשִׁ֨ית דְּגָנְךָ֜[a] תִּירֹֽשְׁךָ֣ וְיִצְהָרֶ֗ךָ וְרֵאשִׁ֛ית 4
ב[5] גֵּ֥ז צֹאנְךָ֖ תִּתֶּן־לּֽוֹ׃ 5 כִּ֣י ב֗וֹ בָּחַ֛ר יְהוָ֥ה אֱלֹהֶ֖יךָ[a] מִכָּל־שְׁבָטֶ֑יךָ לַעֲמֹד֙[b] 5

[12] Mm 1180. [13] Mm 1713. [14] Mm 1565. [15] Mm 1154. [16] Mm 1613. [17] Mm 1685. [18] Mm 84. [19] Mm 430. [20] Mm 1165. [21] Mm 171. [22] Mm 1988. [23] Mm 1155. [24] Mm 1188. [25] Mm 1156. **Cp 18** [1] Mm 2451. [2] Ho 13,2. [3] Mm 830. [4] Mm 1157. [5] Ps 72,6.

12 [c] 𝔊^{min} *τὸ πονηρόν*, 𝔊^{rel} *τὸν πονηρόν* cf 7 ‖ **16** [a] 𝔊$^{-Ms}$(𝔖𝔗𝔗^{J}𝔙) + *ἑαυτῷ* ‖ [b] ⅏^{Mss} האמר ‖ [c] > V^{Ken9}𝔊$^{BΘ\ min}$; V$^{Ken1.107}$ Ms אֵלַי ‖ **18** [a–a] 𝔊 *τὸ δευτερονόμιον τοῦτο* cf 𝔙 ‖ **19** [a] Seb ⅏𝔗 בָּהּ ‖ [b] V$^{Ken69.107}$ pc Mss 𝔊$^{BΘ\ min}$ אלהיך ‖ [c–c] 𝔊 *τὰς ἐντολὰς ταύτας* = הדברים האלה, 𝔊^{Fmin} *τὰς ἐντολὰς αὐτοῦ* = דבריו ‖ [d] V^{Ken69}𝔗^{J} pr כל ‖ **20** [a] ⅏ רם, ⅏^{Mss} ראם ‖ [b] ⅏ סר ‖ [c–c] ⅏ על כסא מ׳ ‖ **Cp 18,1** [a–a] 𝔖 *lkhn' wllwj'* = לכהן וללוי ‖ [b] pc Mss ⅏^{Mss} אשה ‖ [c] 𝔊$^{-min}$ *ὁ κλῆρος αὐτῶν* = נַחֲלָתָם ‖ **2** [a] add ex 10,9? ‖ **3** [a] Seb 𝔗𝔗^{J} מן ‖ **4** [a] ⅏^{Mss} דגניך cf 12,17 ‖ **5** [a] > 𝔊^{BFmin}𝔏 ‖ [b] ⅏𝔊$^{-min}$ + לפני יהוה אלהיך cf 10,8.

6 לְשָׁרֵ֛ת[c] בְּשֵׁם־יְהוָ֖ה[d] ה֥וּא וּבָנָ֖יו [e]כָּל־הַיָּמִֽים׃[e] ס 6 וְכִֽי־יָבֹ֨א — ח̇ ר״פ בסיפ̇
הַלֵּוִ֜י מֵאַחַ֤ד[a] שְׁעָרֶ֙יךָ֙ מִכָּל־יִשְׂרָאֵ֔ל אֲשֶׁר־ה֖וּא גָּ֣ר שָׁ֑ם וּבָא֙ בְּכָל־אַוַּ֣ת — ד̇
7 נַפְשׁ֔וֹ אֶל־הַמָּק֖וֹם אֲשֶׁר־יִבְחַ֥ר יְהוָֽה׃ 7 וְשֵׁרֵ֕ת בְּשֵׁ֖ם יְהוָ֣ה אֱלֹהָ֑יו — ב̇ ר״פ[6]
8 כְּכָל־אֶחָיו֙ הַלְוִיִּ֔ם הָעֹמְדִ֥ים שָׁ֖ם לִפְנֵ֥י יְהוָֽה׃ 8 חֵ֥לֶק כְּחֵ֖לֶק יֹאכֵ֑לוּ[a] — י̇א בתור ובנביא . ב̇
לְבַ֥ד מִמְכָּרָ֖יו[b] עַל־הָאָבֽוֹת׃ ס — ל̇
9 כִּ֤י אַתָּה֙ בָּ֣א אֶל־הָאָ֔רֶץ אֲשֶׁר־יְהוָ֥ה אֱלֹהֶ֖יךָ נֹתֵ֣ן לָ֑ךְ לֹֽא־תִלְמַ֣ד — ט̇[7] וכל קריא דכות ב̇ מ̇ יב̇
10 לַעֲשׂ֔וֹת כְּתוֹעֲבֹ֖ת הַגּוֹיִ֥ם הָהֵֽם׃ 10 לֹֽא־יִמָּצֵ֣א בְךָ֔ מַעֲבִ֥יר בְּנֽוֹ־וּבִתּ֖וֹ
11 בָּאֵ֑שׁ קֹסֵ֣ם קְסָמִ֔ים מְעוֹנֵ֥ן וּמְנַחֵ֖שׁ[a] וּמְכַשֵּֽׁף׃[b] 11 וְחֹבֵ֖ר[a] חָ֑בֶר וְשֹׁאֵ֥ל[b]
12 א֙וֹב֙ וְיִדְּעֹנִ֔י וְדֹרֵ֖שׁ[c] אֶל־הַמֵּתִֽים׃ 12 כִּֽי־תוֹעֲבַ֥ת יְהוָ֖ה[a] כָּל־עֹ֣שֵׂה אֵ֑לֶּה — ד̇ למערב[8] . ג̇ וחס̇[9] . ג̇
13 וּבִגְלַל֙ הַתּוֹעֵבֹ֣ת הָאֵ֔לֶּה יְהוָ֣ה אֱלֹהֶ֔יךָ [b]מוֹרִ֥ישׁ אוֹתָ֖ם[b] מִפָּנֶֽיךָ׃ 13 תָּמִ֣ים[a] — ל̇ט מל̇ בתור
ס̄ [יח] תִּֽהְיֶ֔ה עִ֖ם יְהוָ֥ה אֱלֹהֶֽיךָ׃ ס 14 כִּ֣י ׀ הַגּוֹיִ֣ם הָאֵ֗לֶּה אֲשֶׁ֤ר [a]אַתָּה֙
יוֹרֵ֣שׁ[a] אוֹתָ֔ם אֶל־מְעֹנְנִ֥ים[b] וְאֶל־קֹסְמִ֖ים[c] יִשְׁמָ֑עוּ וְאַתָּ֕ה לֹ֣א כֵ֔ן נָ֥תַן לְךָ֖ — ל̇ט מל̇ בתור . ג̇ ב̇ מל̇ וחד חס̇[10] . י̇ט[11]
15 יְהוָ֥ה אֱלֹהֶֽיךָ׃ 15 נָבִ֨יא [a]מִקִּרְבְּךָ֤ מֵאַחֶ֙יךָ֙[a] כָּמֹ֔נִי יָקִ֥ים לְךָ֖ יְהוָ֣ה — י̇א ר״פ וס״פ ב̇[12]
16 אֱלֹהֶ֑יךָ אֵלָ֖יו תִּשְׁמָעֽוּן׃ 16 כְּכֹ֨ל אֲשֶׁר־שָׁאַ֜לְתָּ מֵעִ֨ם יְהוָ֤ה אֱלֹהֶ֙יךָ֙ — ט̇ ומן ראש דמלכים עד ויירא כל ישראל דכות[13]
בְּחֹרֵ֔ב בְּי֥וֹם הַקָּהָ֖ל לֵאמֹ֑ר לֹ֣א אֹסֵ֗ף[a] לִשְׁמֹ֙עַ֙ אֶת־ק֨וֹל יְהוָ֜ה אֱלֹהָ֗י[b] — ג̇ . ח̇[14] קמ̇ וכל אתנח וס״פ דכות ב̇ מ̇ ב̇
17 וְאֶת־הָאֵ֨שׁ[c] הַגְּדֹלָ֥ה הַזֹּ֛את[d] לֹֽא־אֶרְאֶ֥ה[d] ע֖וֹד וְלֹ֥א אָמֽוּת׃[e] 17 וַיֹּ֥אמֶר — ב̇
18 יְהוָ֖ה אֵלָ֑י הֵיטִ֖יבוּ[a] אֲשֶׁ֥ר דִּבֵּֽרוּ׃ 18 נָבִ֨יא[a] אָקִ֥ים [b]לָהֶ֛ם מִקֶּ֥רֶב אֲחֵיהֶ֖ם — ל̇[15] . ב̇
כָּמ֑וֹךָ[b] וְנָתַתִּ֤י דְבָרַי֙ [c]בְּפִ֔יו וְדִבֶּ֣ר אֲלֵיהֶ֔ם[c] אֵ֖ת כָּל־אֲשֶׁ֥ר אֲצַוֶּֽנּוּ׃ — י̇ז מל̇ בתור[16]
19 וְהָיָ֗ה הָאִישׁ֙ אֲשֶׁ֤ר לֹֽא־יִשְׁמַע֙ אֶל־דְּבָרַ֔י[a] אֲשֶׁ֥ר יְדַבֵּ֖ר[b] בִּשְׁמִ֑י אָנֹכִ֖י — ג̇
20 אֶדְרֹ֥שׁ מֵעִמּֽוֹ׃ 20 אַ֣ךְ הַנָּבִ֡יא אֲשֶׁ֣ר יָזִיד֩ לְדַבֵּ֨ר דָּבָ֜ר בִּשְׁמִ֗י אֵ֣ת אֲשֶׁ֤ר — ב̇ חד מל̇ וחד חס̇

[6] Mm 889. [7] Mm 230. [8] Mm 1158. [9] Mm 1159. [10] Mm 1457. [11] Mm 436. [12] Mm 729. [13] Mm 3417. [14] Mm 960. [15] Mm 1160. [16] Mm 250.

5 [c] ш𝔊^{L} לשרתו(ו) = 10,8; ш𝔊$^{-Ms}$(𝔊^{O} c ob) + ולברך cf 10,8 21,5 ‖ [d–d] ш𝔊$^{BN\Theta LO\,min}$ בשמו cf 10,8 21,5; 𝔖 + *'lhk* = אלהיך ‖ [e–e] 𝔊$^{BM(N)\Theta\,min}$ pr *ἐν τοῖς υἱοῖς Ισραηλ* (= 17,20; 32,51); > 𝔊^{B} ‖ **6** [a] ш מאחת cf 15,7 (12,15) ‖ **8** [a] ш^{Mss}𝔊$^{-N}$ יאכל cf 𝔙 ‖ [b] frt l מִמְּכָרָיו vel מִמַּכָּרָיו cf 2 R 12,6.8; 𝔗𝔗^{J} alit ‖ **10** [a] V^{Ken9} pc Mss ш מ׳ ‖ [b] ш𝔊 מ׳ ‖ **11** [a] ш𝔊 ח׳ ‖ [b] ш𝔊 ש׳ ‖ [c] 𝔊$^{B\Theta\,min}$ om cop ‖ **12** [a] pc Mss ш𝔊(𝔊^{O} c ob)𝔖𝔗^{Ms} + אלהיך ‖ [b–b] Ms ш מוֹרִ(י)שָׁם ‖ **13** [a] 𝔅 ת maj ‖ **14** [a–a] ш𝔗^{J} pl ‖ [b] ш𝔖𝔗 המ׳ ‖ [c] ш𝔖𝔗 הק׳ ‖ **15** [a–a] ш𝔊(𝔊^{O} c ast) מִקֶּרֶב אַחֶיךָ ut 17,15 cf 18,18 ‖ **16** [a] V^{Ken107} pc Mss ш^{Mss} א(וֹ)סִ(י)ף; 𝔊𝔗^{J} 1 pl ‖ [b] 𝔊^{B} 2 sg, 𝔊^{min} 2 pl, 𝔊^{rel}𝔗^{J} 1 pl cf 5,25 ‖ [c] ш 𝔊^{Ms} אִשּׁוֹ ‖ [d] 𝔊𝔗^{J} 1 pl; > 𝔊^{Ms}𝔏 ‖ [e] 𝔊𝔗^{J} 1 pl ‖ **17** [a] pc Mss + אֵת, pc Mss ℭ𝔊$^{-Ms}$ (𝔊^{O} c ob)𝔖𝔙 + כל ‖ **18** [a] 𝔔 נבי ‖ [b–b] 𝔔 כמוכה (sic!) לאהם מקרב אחיהםה ‖ [c–c] 𝔔 בפיהו (sic!) וידבר אליהםה ‖ **19** [a] > 𝔊$^{B\Theta\,min}$; 𝔊^{O} *πάντα* = כל; ш𝔊^{rel} –רָיו ‖ [b] 𝔔𝔊$^{-min}$ + הנביא, 𝔊^{BMs} + *ἐκεῖνος* (ex 22?).

ל לֹא־צִוִּיתִיו לְדַבֵּר וַאֲשֶׁר יְדַבֵּר בְּשֵׁם אֱלֹהִים אֲחֵרִים וּמֵת הַנָּבִיא
ח ר״פ בסיפ . ב[17] . יז[18] הַהוּא׃ 21 וְכִי תֹאמַר בִּלְבָבֶךָ אֵיכָה[a] נֵדַע[b] אֶת־הַדָּבָר אֲשֶׁר לֹא־ 21
דִּבְּרוֹ יְהוָה׃ 22 אֲשֶׁר יְדַבֵּר הַנָּבִיא בְּשֵׁם יְהוָה וְלֹא[a]־יִהְיֶה הַדָּבָר 22
ב וְלֹא יָבוֹא הוּא הַדָּבָר אֲשֶׁר לֹא־דִבְּרוֹ יְהוָה בְּזָדוֹן דִּבְּרוֹ הַנָּבִיא
[b]לֹא תָגוּר[c] מִמֶּנּוּ[b]׃ ס
19 1 כִּי־יַכְרִית יְהוָה אֱלֹהֶיךָ אֶת־הַגּוֹיִם אֲשֶׁר יְהוָה אֱלֹהֶיךָ נֹתֵן 19
ה מל ג מנה בתור וכל כתיב דכות לְךָ אֶת־אַרְצָם וִירִשְׁתָּם וְיָשַׁבְתָּ בְעָרֵיהֶם וּבְבָתֵּיהֶם׃ 2 שָׁלוֹשׁ עָרִים 2
ג תַּבְדִּיל לָךְ בְּתוֹךְ אַרְצְךָ אֲשֶׁר יְהוָה אֱלֹהֶיךָ נֹתֵן לְךָ לְרִשְׁתָּהּ[a]׃
ב[1] 3 תָּכִין לְךָ הַדֶּרֶךְ וְשִׁלַּשְׁתָּ אֶת־גְּבוּל אַרְצְךָ אֲשֶׁר יַנְחִילְךָ יְהוָה 3
כג ר״פ אֱלֹהֶיךָ וְהָיָה לָנוּס שָׁמָּה כָּל־רֹצֵחַ׃ 4 וְזֶה דְּבַר הָרֹצֵחַ אֲשֶׁר־יָנוּס 4
ד חס[2] שָׁמָּה וָחָי אֲשֶׁר יַכֶּה אֶת־רֵעֵהוּ בִּבְלִי־דַעַת וְהוּא לֹא־שֹׂנֵא לוֹ מִתְּמֹל
יב ר״פ . ב[3] . ז פסוק דמיין בטע שִׁלְשֹׁם׃ 5 וַאֲשֶׁר יָבֹא אֶת־רֵעֵהוּ בַיַּעַר לַחְטֹב עֵצִים וְנִדְּחָה[a] יָדוֹ 5
ל . ג[4] בַגַּרְזֶן לִכְרֹת הָעֵץ וְנָשַׁל הַבַּרְזֶל מִן־הָעֵץ וּמָצָא אֶת־רֵעֵהוּ וָמֵת הוּא
יָנוּס אֶל־אַחַת הֶעָרִים[a]־הָאֵלֶּה וָחָי׃ 6 פֶּן־יִרְדֹּף גֹּאֵל הַדָּם אַחֲרֵי 6
ב חד קמ וחד פת[5] . ב חד קמ וחד פת[6] הָרֹצֵחַ כִּי־יֵחַם לְבָבוֹ וְהִשִּׂיגוֹ כִּי־יִרְבֶּה[a] הַדֶּרֶךְ וְהִכָּהוּ נָפֶשׁ[b] וְלוֹ אֵין
ב מל בתור[7] מִשְׁפַּט־מָוֶת כִּי לֹא שֹׂנֵא הוּא לוֹ מִתְּמוֹל שִׁלְשׁוֹם׃ 7 עַל־כֵּן אָנֹכִי 7
מְצַוְּךָ לֵאמֹר שָׁלֹשׁ עָרִים תַּבְדִּיל לָךְ׃ ס 8 וְאִם־יַרְחִיב יְהוָה 8
יד אֱלֹהֶיךָ אֶת־גְּבֻלְךָ כַּאֲשֶׁר נִשְׁבַּע לַאֲבֹתֶיךָ וְנָתַן לְךָ אֶת־כָּל־הָאָרֶץ
אֲשֶׁר דִּבֶּר לָתֵת לַאֲבֹתֶיךָ׃ 9 כִּי־תִשְׁמֹר אֶת־כָּל־הַמִּצְוָה הַזֹּאת 9
ב[8] . ד[9] לַעֲשֹׂתָהּ אֲשֶׁר אָנֹכִי מְצַוְּךָ הַיּוֹם לְאַהֲבָה אֶת־יְהוָה אֱלֹהֶיךָ וְלָלֶכֶת[a]
ל בִּדְרָכָיו[b] כָּל־הַיָּמִים וְיָסַפְתָּ לְךָ עוֹד שָׁלֹשׁ עָרִים עַל הַשָּׁלֹשׁ הָאֵלֶּה׃
יז ר״פ בסיפ[10] 10 וְלֹא יִשָּׁפֵךְ דָּם[a] נָקִי[b] בְּקֶרֶב אַרְצְךָ אֲשֶׁר יְהוָה אֱלֹהֶיךָ נֹתֵן לְךָ 10
ח ר״פ בסיפ . ד[11] נַחֲלָה וְהָיָה עָלֶיךָ דָּמִים׃ ס 11 וְכִי[a]־יִהְיֶה אִישׁ שֹׂנֵא לְרֵעֵהוּ 11

[17] Mm 1161. [18] Mm 1095. **Cp 19** [1] 1 S 20,19. [2] Mm 518. [3] Mm 1162. [4] Mm 1096. [5] Mm 1163. [6] Mm 2428. [7] Mm 1164. [8] Mp sub loco. [9] Mm 1196. [10] Mm 1165. [11] Mm 1147.

21 [a] ш איך || [b] ш נודע, 𝔊[Ms](𝔖𝔙) γνώσομαι = אֵדַע || **22** [a] pc Mss ш לא || [b-b] add? || [c] Ms Vrs 𝔗[J] pl || **Cp 19,2** [a] > 𝔊* || **5** [a] ш ונדח || [b] Ms ш pr מן cf 11[b] || **6** [a] Seb תרבה cf 14,24 || [b] 𝔊[-B min] + καὶ ἀποθάνῃ = ומת cf 11 || **9** [a] V[Ken9.69.107] pc Mss ш[Mss]𝔊[-ΘLO] ל׳ cf 11,22 30,16 || [b] 𝔊[-Ms] ἐν πάσαις ταῖς ὁδοῖς αὐτοῦ = בְּכָל ד׳ ut 𝔊 10,12 11,22 30,16 || **10** [a] pc Mss דַּם cf 13 || [b] ш נקיא ut 13 21,8sq 24,5 27,25 || **11** [a] ш כִּי.

וְאָרַב לוֹ֙ וְקָם עָלָיו וְהִכָּהוּ נֶפֶשׁ וָמֵת וְנָס אֶל־אַחַת הֶעָרִים[b] הָאֵל[c]׃ ח לשון חול[12]
12 וְשָׁלְחוּ֙ זִקְנֵי עִירוֹ וְלָקְחוּ אֹתוֹ מִשָּׁם וְנָתְנוּ אֹתוֹ בְּיַד גֹּאֵל הַדָּם וָמֵת[a]׃
13 לֹא־תָחוֹס עֵינְךָ עָלָיו וּבִעַרְתָּ דַם־[a]הַנָּקִי[b] מִיִּשְׂרָאֵל וְטוֹב לָךְ׃ ס ג[13]. יו[14]
14 לֹא תַסִּיג֙ גְּבוּל רֵעֲךָ אֲשֶׁר גָּבְלוּ רִאשֹׁנִים בְּנַחֲלָתְךָ֙ אֲשֶׁר תִּנְחַל ל. ה[15]. ב זקף חד קמ וחד פת[16]
15 בָּאָרֶץ אֲשֶׁר֙ יְהוָה אֱלֹהֶיךָ נֹתֵן לְךָ[a] לְרִשְׁתָּהּ׃ ס 15 לֹא־יָקוּם ג
עֵד אֶחָד בְּאִישׁ לְכָל־עָוֺן֙ וּלְכָל־חַטָּאת[a] [b]בְּכָל־חֵטְא אֲשֶׁר יֶחֱטָא[b]
16 עַל־פִּי ׀ שְׁנֵי עֵדִים אוֹ עַל־פִּי שְׁלֹשָׁה־עֵדִים יָקוּם[c] דָּבָר׃ 16 כִּי[a]־יָקוּם ד זוגין[17]
17 עֵד־חָמָס בְּאִישׁ לַעֲנוֹת בּוֹ סָרָה׃ 17 וְעָמְדוּ שְׁנֵי־הָאֲנָשִׁים[a] אֲשֶׁר־ ד[18]
לָהֶם הָרִיב לִפְנֵי יְהוָה לִפְנֵי[b] הַכֹּהֲנִים֙ וְהַשֹּׁפְטִים אֲשֶׁר יִהְיוּ[c] בַּיָּמִים ב ומל[19]. ל[20]
18 הָהֵם׃ 18 וְדָרְשׁוּ הַשֹּׁפְטִים הֵיטֵב וְהִנֵּה עֵד־שֶׁקֶר֙ הָעֵד שֶׁקֶר עָנָה ד[20]. כל תורה כת כן
19 בְאָחִיו׃ 19 וַעֲשִׂיתֶם[a] לוֹ כַּאֲשֶׁר זָמַם לַעֲשׂוֹת לְאָחִיו וּבִעַרְתָּ[b] הָרָע[c]
20 מִקִּרְבֶּךָ[d]׃ 20 וְהַנִּשְׁאָרִים יִשְׁמְעוּ וְיִרָאוּ וְלֹא־יֹסִפוּ לַעֲשׂוֹת עוֹד כַּדָּבָר ו[21]. ט בליש ול חס דחס
21 הָרָע הַזֶּה בְּקִרְבֶּךָ[a]׃ 21 וְלֹא[a] תָחוֹס עֵינֶךָ נֶפֶשׁ בְּנֶפֶשׁ עַיִן בְּעַיִן שֵׁן יז ר״פ בסיפ[22]. ה[23]. סו ו[24] מנה חס. ג[25]
בְּשֵׁן יָד בְּיָד רֶגֶל בְּרָגֶל׃ ס
ס[1] 20 1 כִּי־תֵצֵא לַמִּלְחָמָה עַל־אֹיְבֶךָ[a] וְרָאִיתָ סוּס וָרֶכֶב֙ עַם[b] רַב ב חס
מִמְּךָ לֹא תִירָא מֵהֶם כִּי־יְהוָה אֱלֹהֶיךָ֙ עִמָּךְ הַמַּעַלְךָ מֵאֶרֶץ מִצְרָיִם׃ ו[2]. ב[3]
2 [a]וְהָיָה כְּקָרָבְכֶם אֶל־הַמִּלְחָמָה וְנִגַּשׁ הַכֹּהֵן וְדִבֶּר אֶל־הָעָם׃[a] 3 וְאָמַר ל. ל
אֲלֵהֶם֙ שְׁמַע יִשְׂרָאֵל אַתֶּם קְרֵבִים הַיּוֹם לַמִּלְחָמָה עַל־אֹיְבֵיכֶם אַל־ ג[4]
4 יֵרַךְ לְבַבְכֶם אַל־תִּירְאוּ וְאַל־[b]תַּחְפְּזוּ וְאַל־תַּעַרְצוּ[b] מִפְּנֵיהֶם׃ 4 [a]כִּי ג[5]
יְהוָה אֱלֹהֵיכֶם הַהֹלֵךְ עִמָּכֶם לְהִלָּחֵם לָכֶם עִם־אֹיְבֵיכֶם לְהוֹשִׁיעַ[b]

[12] Mm 119. [13] Mm 1166. [14] Mm 1088. [15] Mm 823. [16] Mm 1949. [17] Mm 2810. [18] Mm 1167. [19] Mm 3619. [20] Mm 1168. [21] Mm 1180. [22] Mm 1165. [23] Mm 2789. [24] Mm 1145. [25] Mm 1169. **Cp 20** [1] Mp sub loco. [2] Mm 3355. [3] Mm 1170. [4] Mm 2964. [5] Mm 1171.

11 [b] ℭ ш[W] pr מן cf 5[b] ‖ [c] Seb 2 Mss ш הָאֵלֶּה cf 4,42[b] ‖ **12** [a] ш והומת, 𝔗[J] *wjtqṭjl* cf 𝔖 ‖ **13** [a] Ms ш𝔖 הַדָּם cf 21,9 ‖ [b] ш הנקיא, 𝔗𝔗[J] *zk(ʾ)j* ‖ **14** [a] ℭ + נחלה ‖ **15** [a] ш חטא ‖ [b–b] frt dl cf 𝔊[Lmin] ‖ [c] 𝔊[-Ms](𝔊[O] c ob)𝔙 + πᾶν = כָּל ‖ **16** [a] ш𝔖 וְכִי cf 𝔊 δέ ‖ **17** [a] ш[Mss] א׳ cf 𝔗𝔗[J] ‖ [b] V[Ken 69] pc Mss ш[Mss]𝔊(𝔊[O] c ob)𝔖 ול׳ ‖ [c] pc Mss ш[Mss] sg ‖ **19** [a] 𝔊[AΘ min] *καὶ ποιήσεται* = וְנַעֲשָׂה vel וְיֵעָשֶׂה cf Lv 7,9 vel Dt 25,9? prp וְעָשִׂיתָ ‖ [b] 𝔊[-BΘLO min] 𝔖𝔗[J] 2 pl ‖ [c] 𝔊[-F*Ms] *τὸν πονηρόν* cf 13,6 ‖ [d] 𝔊𝔖𝔗[J] 2 pl ‖ **20** [a] 𝔊𝔖𝔗[J] 2 pl; > 𝔙 ‖ **21** [a] V[Ken 69] pc Mss ш𝔊[-N]𝔖𝔙 לא ‖ **Cp 20,1** [a] (V[Ken 69]) mlt Mss 𝔅 איבך ‖ [b] ш𝔊𝔙 וְעַם; 𝔗[J] pl ‖ **2** [a] frt dl (pl) ‖ **3** [a] frt dl (pl) ‖ [b–b] ш תע׳ ואל תח׳ ‖ **4** [a] cf 2[a] ‖ [b] ш 𝔊[-B min] וּל׳; 𝔊[M min](𝔖) *καὶ διασώσει* = וְיוֹשִׁיעַ.

5 אֶתְכֶֽם׃ 5 וְדִבְּר֣וּ הַשֹּׁטְרִים֮ אֶל־הָעָ֣ם לֵאמֹר֒ מִֽי־הָאִ֞ישׁ אֲשֶׁ֨ר בָּנָ֤ה
בַֽיִת־חָדָשׁ֙ וְלֹ֣א חֲנָכ֔וֹ יֵלֵ֖ךְ וְיָשֹׁ֣ב לְבֵית֑וֹ פֶּן־יָמוּת֙ בַּמִּלְחָמָ֔ה וְאִ֥ישׁ ה׳[6]
6 אַחֵ֖ר יַחְנְכֶֽנּוּ׃ 6 וּמִֽי־[a]הָאִ֞ישׁ אֲשֶׁר־נָטַ֥ע כֶּ֙רֶם֙ וְלֹ֣א חִלְּל֔וֹ יֵלֵ֖ךְ וְיָשֹׁ֣ב ל̇. ב̇. ה׳[6]
7 לְבֵית֑וֹ פֶּן־יָמוּת֙ בַּמִּלְחָמָ֔ה וְאִ֥ישׁ אַחֵ֖ר יְחַלְּלֶֽנּוּ׃ 7 וּמִֽי־[a]הָאִ֞ישׁ אֲשֶׁר־ ב̇
אֵרַ֤שׂ אִשָּׁה֙ וְלֹ֣א לְקָחָ֔הּ יֵלֵ֖ךְ וְיָשֹׁ֣ב לְבֵית֑וֹ פֶּן־יָמוּת֙ בַּמִּלְחָמָ֔ה וְאִ֥ישׁ ה׳[6]
8 אַחֵ֖ר יִקָּחֶֽנָּה׃ 8 וְיָסְפ֣וּ[a] הַשֹּׁטְרִים֮ לְדַבֵּ֣ר אֶל־הָעָם֒ וְאָמְר֗וּ מִֽי־הָאִ֤ישׁ
הַיָּרֵא֙ וְרַ֣ךְ הַלֵּבָ֔ב יֵלֵ֖ךְ וְיָשֹׁ֣ב לְבֵית֑וֹ וְלֹ֥א יִמַּ֛ס[b] אֶת־לְבַ֥ב אֶחָ֖יו ב׳[7]. ל̇[8]. ה׳[6]
9 כִּלְבָבֽוֹ׃ 9 וְהָיָ֛ה כְּכַלֹּ֥ת הַשֹּׁטְרִ֖ים לְדַבֵּ֣ר אֶל־הָעָ֑ם וּפָקְד֛וּ שָׂרֵ֥י ב׳[9]. ל̇ חס
צְבָא֖וֹת בְּרֹ֥אשׁ הָעָֽם׃ ס 10 כִּֽי־תִקְרַ֣ב אֶל־[a]עִ֔יר לְהִלָּחֵ֖ם עָלֶ֑יהָ ס [יט] ל̇ בתור. לה[10]
11 וְקָרָ֥אתָ אֵלֶ֖יהָ לְשָׁלֽוֹם׃ 11 וְהָיָה֙ אִם־שָׁל֣וֹם תַּֽעַנְךָ֔ וּפָתְחָ֖ה לָ֑ךְ וְהָיָ֗ה ל̇. ל̇
12 כָּל־הָעָ֤ם הַנִּמְצָא־בָהּ֙ יִהְי֥וּ לְךָ֛ לָמַ֖ס וַעֲבָדֽוּךָ׃ 12 וְאִם־לֹ֤א תַשְׁלִים֙ ל̇
13 עִמָּ֔ךְ וְעָשְׂתָ֥ה עִמְּךָ֖ מִלְחָמָ֑ה וְצַרְתָּ֖ עָלֶֽיהָ׃ 13 וּנְתָנָ֛הּ יְהוָ֥ה אֱלֹהֶ֖יךָ יב̇ בתור. ב̇ בתור[11]. ב̇[12]
14 בְּיָדֶ֑ךָ[a] וְהִכִּיתָ֥ אֶת־כָּל־זְכוּרָ֖הּ לְפִי־חָֽרֶב׃ 14 רַ֣ק הַ֠נָּשִׁים וְהַטַּ֨ף ה̇ בטע. ל̇
וְהַבְּהֵמָ֜ה וְכֹל֩ אֲשֶׁ֨ר יִהְיֶ֥ה בָעִ֛יר כָּל־[a]שְׁלָלָ֖הּ תָּבֹ֣ז לָ֑ךְ וְאָכַלְתָּ֙ אֶת־
15 שְׁלַ֣ל אֹיְבֶ֔יךָ אֲשֶׁ֥ר נָתַ֛ן יְהוָ֥ה אֱלֹהֶ֖יךָ לָֽךְ׃ 15 כֵּ֤ן תַּעֲשֶׂה֙ לְכָל־הֶ֣עָרִ֔ים
16 הָרְחֹקֹ֥ת מִמְּךָ֖ מְאֹ֑ד אֲשֶׁ֛ר לֹא־מֵעָרֵ֥י הַגּֽוֹיִם־הָאֵ֖לֶּה הֵֽנָּה׃ 16 רַ֗ק
מֵעָרֵ֤י הָֽעַמִּים֙ הָאֵ֔לֶּה אֲשֶׁר֙ יְהוָ֣ה אֱלֹהֶ֔יךָ נֹתֵ֥ן לְךָ֖ נַחֲלָ֑ה לֹ֥א תְחַיֶּ֖ה ג̇
17 כָּל־נְשָׁמָֽה׃ 17 כִּֽי־הַחֲרֵ֣ם תַּחֲרִימֵ֗ם [a]הַֽחִתִּ֤י וְהָֽאֱמֹרִי֙ הַכְּנַעֲנִ֣י[ab] וְהַפְּרִזִּ֔י סימן ת̇ מ̇ כ̇ פ̇ ו̇ ט̇[13]
18 הַחִוִּ֖י[c] וְהַיְבוּסִ֑י[d] כַּאֲשֶׁ֥ר צִוְּךָ֖ יְהוָ֥ה אֱלֹהֶֽיךָ׃ 18 לְמַ֗עַן[a] אֲשֶׁ֤ר לֹֽא־ ז̇
[b]יְלַמְּד֤וּ אֶתְכֶם֙[b] לַעֲשׂ֔וֹת כְּכֹל֙ תּוֹעֲבֹתָ֔ם אֲשֶׁ֥ר עָשׂ֖וּ לֵאלֹֽהֵיהֶ֑ם וַחֲטָאתֶ֖ם ב׳[14]. ה̇
19 לַיהוָ֥ה אֱלֹהֵיכֶֽם׃ ס 19 כִּֽי־תָצ֣וּר אֶל־[a]עִיר֩ יָמִ֨ים רַבִּ֜ים לְֽהִלָּחֵ֧ם ל̇
עָלֶ֣יהָ לְתָפְשָׂ֗הּ לֹֽא־תַשְׁחִ֤ית אֶת־עֵצָהּ֙ לִנְדֹּ֤חַ עָלָיו֙ גַּרְזֶ֔ן כִּ֚י מִמֶּ֣נּוּ תֹאכֵ֔ל ל̇. ל̇. ז̇[15]
20 וְאֹת֖וֹ לֹ֣א תִכְרֹ֑ת כִּ֤י הָֽאָדָם֙[b] עֵ֣ץ הַשָּׂדֶ֔ה לָבֹ֥א מִפָּנֶ֖יךָ בַּמָּצֽוֹר׃ 20 רַ֞ק ט̇ חס[16]

[6] Mm 976. [7] Mm 1172. [8] וחד ורך לבב 2 Ch 13,7. [9] Mm 1173. [10] Mm 2840. [11] Mm 1141. [12] Mm 1283. [13] Okhl 274. [14] Jer 31,34. [15] Mm 787. [16] Mm 355.

6 [a] 𝔗 מי ‖ **7** [a] 𝔗 מי ‖ **8** [a] 𝔐 וְיוֹסִיפוּ ‖ [b] 𝔐𝔊𝔖𝔙 יִמַּ(י)ס ‖ **10** [a] 𝔐 על ‖ **13** [a] nonn Mss 𝔊𝔖 בידיך ‖ **14** [a] mlt Mss 𝔊𝔖 וכל ‖ **17** [a–a] 𝔐 הכ׳ והא׳ והח׳ ‖ [b] V[Ken 69(107)] mlt Mss 𝔖𝔙 + וה׳, 𝔐 + והגרגשי ‖ [c] V[Ken 69(107)] mlt Mss 𝔐𝔊[-L]𝔖𝔗𝔙 וה׳ ‖ [d] 𝔊[-B*Ms] + *καὶ Γεργεσαῖον* = וְהַגִּרְגָּשִׁי ut 7,1 ‖ **18** [a] frt dl (pl) cf 2[a] ‖ [b–b] 𝔖 *nlpwnk* = יְלַמְּדוּךָ ‖ **19** [a] Ms 𝔐𝔗[J] על cf 10[a] ‖ [b] 𝔊 *μὴ ἄνθρωπος*, l הֶאָדָם (ה interrogativum); 𝔖 *l' hw' 'jk brnš'* = לֹא כָּאָדָם cf 𝔗𝔗[J]; 𝔙 *et non homo*.

עֵץ אֲשֶׁר־תֵּדַע כִּי־לֹא־עֵץ מַאֲכָל הוּא אֹתוֹ תַשְׁחִית וְכָרָתָּ וּבָנִיתָ
מָצוֹר עַל־הָעִיר אֲשֶׁר־הִוא עֹשָׂה[a] עִמְּךָ מִלְחָמָה עַד רִדְתָּהּ׃ פ
21 1 כִּי־יִמָּצֵא חָלָל בָּאֲדָמָה אֲשֶׁר יְהוָה אֱלֹהֶיךָ נֹתֵן לְךָ לְרִשְׁתָּהּ
2 נֹפֵל בַּשָּׂדֶה לֹא[a] נוֹדַע מִי הִכָּהוּ׃ 2 וְיָצְאוּ זְקֵנֶיךָ וְשֹׁפְטֶיךָ[a] וּמָדְדוּ
3 אֶל[b]־הֶעָרִים אֲשֶׁר סְבִיבֹת הֶחָלָל׃ 3 וְהָיָה הָעִיר הַקְּרֹבָה אֶל־הֶחָלָל
וְלָקְחוּ זִקְנֵי הָעִיר הַהִוא עֶגְלַת בָּקָר אֲשֶׁר לֹא־עֻבַּד בָּהּ אֲשֶׁר[a] לֹא־
4 מָשְׁכָה בְּעֹל׃ 4 וְהוֹרִדוּ זִקְנֵי הָעִיר הַהִוא אֶת־הָעֶגְלָה אֶל־נַחַל אֵיתָן
5 אֲשֶׁר לֹא־יֵעָבֵד בּוֹ וְלֹא יִזָּרֵעַ וְעָרְפוּ־שָׁם אֶת־הָעֶגְלָה בַּנָּחַל׃ 5 וְנִגְּשׁוּ
הַכֹּהֲנִים בְּנֵי לֵוִי כִּי בָם בָּחַר יְהוָה אֱלֹהֶיךָ לְשָׁרְתוֹ[a] וּלְבָרֵךְ בְּשֵׁם
6 יְהוָה וְעַל־פִּיהֶם יִהְיֶה כָּל־רִיב וְכָל־נָגַע׃ 6 וְכֹל זִקְנֵי הָעִיר הַהִוא
הַקְּרֹבִים[a] אֶל־הֶחָלָל יִרְחֲצוּ אֶת־יְדֵיהֶם עַל־הָעֶגְלָה הָעֲרוּפָה בַנָּחַל׃
7 וְעָנוּ וְאָמְרוּ יָדֵינוּ[a] לֹא שָׁפְכָה[b] אֶת־הַדָּם הַזֶּה וְעֵינֵינוּ לֹא רָאוּ׃
8 כַּפֵּר לְעַמְּךָ יִשְׂרָאֵל אֲשֶׁר־פָּדִיתָ יְהוָה[a] וְאַל־תִּתֵּן דָּם נָקִי[b] בְּקֶרֶב
9 עַמְּךָ יִשְׂרָאֵל וְנִכַּפֵּר לָהֶם הַדָּם׃ 9 וְאַתָּה תְּבַעֵר הַדָּם הַנָּקִי[a] מִקִּרְבֶּךָ[b]
פרש ס [כב] כִּי־תַעֲשֶׂה הַיָּשָׁר בְּעֵינֵי יְהוָה׃ ס 10 כִּי־תֵצֵא לַמִּלְחָמָה
11 עַל־אֹיְבֶיךָ[a] וּנְתָנוֹ יְהוָה אֱלֹהֶיךָ בְּיָדֶךָ[b] וְשָׁבִיתָ שִׁבְיוֹ׃ 11 וְרָאִיתָ
12 בַּשִּׁבְיָה[a] אֵשֶׁת[a] יְפַת־תֹּאַר וְחָשַׁקְתָּ בָהּ וְלָקַחְתָּ[b] לְךָ לְאִשָּׁה׃ 12 וַהֲבֵאתָהּ
13 אֶל־תּוֹךְ בֵּיתֶךָ וְגִלְּחָה[a] אֶת־רֹאשָׁהּ וְעָשְׂתָה[a] אֶת־צִפָּרְנֶיהָ׃ 13 וְהֵסִירָה[a]
אֶת־שִׂמְלַת שִׁבְיָהּ מֵעָלֶיהָ וְיָשְׁבָה בְּבֵיתֶךָ וּבָכְתָה אֶת־אָבִיהָ וְאֶת־
אִמָּהּ יֶרַח יָמִים וְאַחַר כֵּן תָּבוֹא אֵלֶיהָ וּבְעַלְתָּהּ וְהָיְתָה לְךָ לְאִשָּׁה׃
14 וְהָיָה אִם־לֹא חָפַצְתָּ בָּהּ וְשִׁלַּחְתָּהּ לְנַפְשָׁהּ וּמָכֹר לֹא־תִמְכְּרֶנָּה[a]
15 בַּכָּסֶף לֹא־תִתְעַמֵּר[b] בָּהּ תַּחַת אֲשֶׁר עִנִּיתָהּ׃ ס 15 כִּי־תִהְיֶיןָ

[17]Mm 1174. [18]Mm 1175. [19]Mm 284. **Cp 21** [1]Mm 1281. [2]Ho 13,10. [3]Ez 43,10. [4]Jes 14,3. [5]Mm 1176. [6]Lv 11,37. [7]Mm 1106. [8]Mm 366. [9]Mm 782. [10]Mm 880. [11]Mm 1397. [12]Mm 1177. [13]Mm 2134.

20 [a] V[Ken69] pc Mss עוֹשָׂה, ⅏ עֹשָׂה || **Cp 21,1** [a] pc Mss 𝔊S𝔙 ולא || **2** [a] ⅏ ושטריך (dl?) || [b] ⅏[Mss] על || **3** [a] Ms ⅏𝔊S𝔗[Mss]𝔗[J] נָא׳ || **5** [a] ⅏ לשרת cf 18,5 || **6** [a] prp הַקְּרֹבָה || **7** [a] S sg || [b] K S שָׁפְכָה; pc Mss ℭ⅏𝔗 ut Q שָׁפְכוּ cf 𝔊 ἐξέχεαν; 𝔗[J] alit || **8** [a] 𝔊[-B Ms] + ἐκ γῆς Αἰγύπτου = מארץ מצרים || [b] ⅏ נקיא cf 19,10 || **9** [a] ⅏ הנקיא cf 8[b] || [b] 𝔊[NΘLO min] + καὶ εὖ σοι ἔσται ex 19,13 || **10** [a] V[Ken69] Edd ℭ אֹיִבְךָ || [b] nonn Mss ℭS בידיך, 𝔗[J] *bjdkwn* || **11** [a–a] ⅏ בְּשִׁבְיוֹ אִשָּׁה cf S || [b] V[Ken1] ⅏𝔊S𝔗 וְלָקַחְתָּהּ cf 𝔗[J] || **12** [a] 𝔊 2 sg || **13** [a] 𝔊 2 sg || **14** [a] 𝔊(𝔙) *πραθήσεται* = תִּמָּכֵר || [b] 𝔊 *ἀθετήσεις* = תְעַמֵּר (?) cf 24,7.

לְאִ֨ישׁ שְׁתֵּ֣י נָשִׁ֗ים הָאַחַ֤ת[a] אֲהוּבָה֙ וְהָאַחַ֣ת[b] שְׂנוּאָ֔ה וְיָֽלְדוּ־ל֣וֹ בָנִ֔ים
הָאֲהוּבָ֖ה וְהַשְּׂנוּאָ֑ה וְהָיָ֛ה הַבֵּ֥ן הַבְּכֹ֖ר לַשְּׂנִיאָֽה[c]׃ 16 וְהָיָ֗ה בְּיוֹם֙ 16
הַנְחִיל֣וֹ אֶת־בָּנָ֔יו אֵ֥ת אֲשֶׁר־יִהְיֶ֖ה ל֑וֹ לֹ֣א יוּכַ֗ל לְבַכֵּר֙ אֶת־בֶּן־הָ֣אֲהוּבָ֔ה
עַל־פְּנֵ֥י בֶן־הַשְּׂנוּאָ֖ה הַבְּכֹֽר׃ 17 כִּי֩ אֶת־הַבְּכֹ֨ר בֶּן־הַשְּׂנוּאָ֜ה יַכִּ֗יר[a] 17
לָ֤תֶת לוֹ֙ פִּ֣י שְׁנַ֔יִם בְּכֹ֥ל אֲשֶׁר־יִמָּצֵ֖א ל֑וֹ כִּי־הוּא֙ רֵאשִׁ֣ית אֹנ֔וֹ ל֖וֹ[b] מִשְׁפַּ֥ט
הַבְּכֹרָֽה׃ ס 18 כִּֽי־יִהְיֶ֣ה לְאִ֗ישׁ בֵּ֚ן סוֹרֵ֣ר וּמוֹרֶ֔ה[a] אֵינֶ֣נּוּ שֹׁמֵ֔עַ 18
בְּק֥וֹל אָבִ֖יו וּבְק֣וֹל אִמּ֑וֹ וְיִסְּר֣וּ אֹת֔וֹ וְלֹ֥א יִשְׁמַ֖ע אֲלֵיהֶֽם׃ 19 וְתָ֥פְשׂוּ ב֖וֹ 19
אָבִ֣יו וְאִמּ֑וֹ וְהוֹצִ֧יאוּ אֹת֛וֹ אֶל־זִקְנֵ֥י עִיר֖וֹ וְאֶל־[a]שַׁ֥עַר[b] מְקֹמֽוֹ׃ 20 וְאָמְר֞וּ 20
[a]אֶל־זִקְנֵ֣י[a] עִיר֗וֹ בְּנֵ֤נוּ זֶה֙ סוֹרֵ֣ר וּמֹרֶ֔ה[b] אֵינֶ֥נּוּ שֹׁמֵ֖עַ בְּקֹלֵ֑נוּ זוֹלֵ֖ל וְסֹבֵֽא׃
21 וּ֠רְגָמֻהוּ כָּל־[a]אַנְשֵׁ֨י עִיר֤וֹ בָאֲבָנִים֙ וָמֵ֔ת וּבִֽעַרְתָּ֥ הָרָ֖ע[b] מִקִּרְבֶּ֑ךָ[c] 21
[d]וְכָל־יִשְׂרָאֵ֖ל[d] יִשְׁמְע֥וּ וְיִרָֽאוּ׃ ס 22 וְכִֽי־[a]יִהְיֶ֣ה בְאִ֗ישׁ חֵ֛טְא 22
מִשְׁפַּט־מָ֖וֶת וְהוּמָ֑ת וְתָלִ֥יתָ אֹת֖וֹ עַל־עֵֽץ[b]׃ 23 לֹא־תָלִ֨ין נִבְלָת֜וֹ עַל־ 23
הָעֵ֗ץ[a] כִּֽי־קָב֤וֹר תִּקְבְּרֶ֨נּוּ֙ בַּיּ֣וֹם הַה֔וּא כִּֽי־[b]קִלְלַ֥ת אֱלֹהִ֖ים תָּל֑וּי[b] וְלֹ֤א
תְטַמֵּא֙[c] אֶת־אַדְמָ֣תְךָ֔ אֲשֶׁר֙ יְהוָ֣ה אֱלֹהֶ֔יךָ נֹתֵ֥ן לְךָ֖ נַחֲלָֽה׃ ס
22 1 לֹא־תִרְאֶה֩ אֶת־שׁ֨וֹר אָחִ֜יךָ א֤וֹ אֶת־שֵׂיוֹ֙[a] נִדָּחִ֔ים וְהִתְעַלַּמְתָּ֖ **22**
מֵהֶ֑ם הָשֵׁ֥ב תְּשִׁיבֵ֖ם לְאָחִֽיךָ׃ 2 וְאִם־לֹ֨א קָר֥וֹב אָחִ֛יךָ אֵלֶ֖יךָ וְלֹ֣א 2
יְדַעְתּ֑וֹ וַאֲסַפְתּוֹ֙ אֶל־תּ֣וֹךְ בֵּיתֶ֔ךָ וְהָיָ֣ה עִמְּךָ֗ עַ֣ד דְּרֹ֤שׁ אָחִ֨יךָ֙ אֹת֔וֹ[a]
וַהֲשֵׁבֹת֖וֹ לֽוֹ׃ 3 וְכֵ֣ן[a] תַּעֲשֶׂה֩ לַחֲמֹר֨וֹ וְכֵ֣ן תַּעֲשֶׂה֮ לְשִׂמְלָתוֹ֒ וְכֵ֣ן תַּעֲשֶׂ֜ה 3
לְכָל־אֲבֵדַ֥ת אָחִ֛יךָ אֲשֶׁר־תֹּאבַ֥ד מִמֶּ֖נּוּ וּמְצָאתָ֑הּ לֹ֥א תוּכַ֖ל לְהִתְעַלֵּֽם׃
ס 4 לֹא־תִרְאֶה֩ אֶת־חֲמ֨וֹר אָחִ֜יךָ[a] א֤וֹ שׁוֹרוֹ֙[b] נֹפְלִ֣ים בַּדֶּ֔רֶךְ 4
וְהִתְעַלַּמְתָּ֖ מֵהֶ֑ם הָקֵ֥ם תָּקִ֖ים עִמּֽוֹ׃ ס 5 לֹא־יִהְיֶ֤ה כְלִי־גֶ֨בֶר֙ עַל־ 5

ל בסיפ וכל בראשית דכות ב מ א[14]
ל כת כן[15] . ה
ל . ד בתור . ל
ג . כה . ג חס[16]
ב . ד[17] . יז מל בתור[18]
ו
ל חס . ה חס[19] . ד ג חס והד מל בליש[20] . ל
לה וכל ר״פ דכות . ו[21] . ח ר״פ בסיפ . ד[22]
ל מל . ג[23] . ג[24]
ל
ל
ב[1] . יב בתור
ה[2] . ה[2] . ה[2]
יח[3] וכל יוצר חפץ חמדה דכות ב מ א . ב

[14]Gn 10,1. [15]Mm 839. [16]Mm 1178. [17]Mm 1179. [18]Mm 250. [19]Mm 1121. [20]Mm 1194. [21]Mm 1180. [22]Mm 1147. [23]Mm 1459. [24]Mm 1807. **Cp 22** [1]Mm 2066. [2]Mm 550. [3]Mm 2781.

15 [a] V$^{Ken 69}$ ⅏ א׳ ‖ [b] V$^{Ken 69}$ ⅏ וא׳ ‖ [c] ⅏ –נואה ‖ **17** [a] frt l יְבַכֵּר cf 𝔙 ‖ [b] V$^{Ken 69}$ nonn Mss ⅏𝔊𝔖𝔙 וְלוֹ ‖ **18** [a] ⅏^{Mss} –רא id 20 ‖ **19** [a] pc Mss ⅏ אל ‖ [b] 𝔗(𝔗^{J}) *bjt djn* cf 17,5 (22,15 25,7) ‖ **20** [a–a] ⅏𝔊 (*τοῖς ἀνδράσιν*) אֶל־אַנְשֵׁי cf 21; 𝔙 *ad eos* ‖ [b] cf 18[a] ‖ **21** [a] > 𝔊$^{-L}$(𝔊^{O} c ast)𝔙 ‖ [b] 𝔊^{min} *τὸ πονηρόν*, 𝔊^{rel} *τὸν πονηρόν* cf 13,6 ‖ [c] 𝔊𝔖𝔗^{J}𝔙 2 pl ‖ [d–d] 𝔊$^{-\Theta min}$ *καὶ οἱ ἐπίλοιποι* = וְהַנִּשְׁאָרִים ex 19,20 ‖ **22** [a] V$^{Ken 1}$ ⅏𝔊^{N}𝔙 כִּי ‖ [b] Ms ⅏𝔊^{min}𝔗𝔗^{J} העץ cf 𝔖 ‖ **23** [a] Ms 𝔊$^{-min}$ עץ ‖ [b–b] ⅏ ק׳ א׳ תלאי; 𝔊 *κεκαταραμένος (-ηραμένος) ὑπὸ τοῦ θεοῦ πᾶς* (𝔊^{O} c ob?) *κρεμάμενος ἐπὶ ξύλου*, G 3,13 *ἐπικατάρατος πᾶς ὁ κρεμάμενος ἐπὶ ξύλου*; 𝔖 alit ‖ [c] 𝔊𝔗^{J} pl ‖ **Cp 22,1** [a] ⅏ + או את כל בהמתו cf 4[b] ‖ **2** [a] ⅏ + מעמך ‖ **3** [a] pc Mss ⅏𝔊𝔖𝔙 כֵּן ‖ **4** [a] V$^{Ken 107}$ 2 Mss ⅏𝔗^{Ms} + את ‖ [b] cf 1[a].

אִשָּׁ֔ה וְלֹֽא־יִלְבַּ֥שׁ גֶּ֖בֶר שִׂמְלַ֣ת אִשָּׁ֑ה כִּ֧י תוֹעֲבַ֛ת יְהוָ֥ה אֱלֹהֶ֖יךָ כָּל־
עֹ֥שֵׂה אֵֽלֶּה׃ פ
ס̈[כא] 6 כִּ֣י יִקָּרֵ֣א קַן־צִפּ֣וֹר ׀ לְפָנֶ֡יךָ בַּדֶּ֜רֶךְ בְּכָל־עֵ֣ץ ׀ א֣וֹ עַל־הָאָ֗רֶץ   כא̇[4]. ט̇ מל בתור
אֶפְרֹחִים֙ א֣וֹ בֵיצִ֔ים וְהָאֵ֤ם רֹבֶ֙צֶת֙ עַל־הָֽאֶפְרֹחִ֔ים א֖וֹ עַל־הַבֵּיצִ֑ים   ז̇ בתור[5]. ג̇
7 לֹא־תִקַּ֥ח הָאֵ֖ם עַל־הַבָּנִֽים׃ 7 שַׁלֵּ֤חַ תְּשַׁלַּח֙ אֶת־הָאֵ֔ם וְאֶת־הַבָּנִ֖ים   ז̇ בתור[5]. ב̇. ה̇[6]. ז̇ בתור[5]
8 תִּֽקַּֽח־לָ֑ךְ לְמַ֙עַן֙ יִ֣יטַב לָ֔ךְ וְהַאֲרַכְתָּ֖ יָמִֽים׃ ס 8 כִּ֤י תִבְנֶה֙ בַּ֣יִת
חָדָ֔שׁ וְעָשִׂ֥יתָ מַעֲקֶ֖ה לְגַגֶּ֑ךָ וְלֹֽא־תָשִׂ֤ים דָּמִים֙ בְּבֵיתֶ֔ךָ כִּֽי־יִפֹּ֥ל הַנֹּפֵ֖ל   ל̇. ל̇. ל̇
9 מִמֶּֽנּוּ׃ ס 9 לֹא־תִזְרַ֥ע כַּרְמְךָ֖ כִּלְאָ֑יִם פֶּן־תִּקְדַּ֞שׁ[a] הַֽמְלֵאָ֤ה הַזֶּ֙רַע֙   ל̇
10 אֲשֶׁ֣ר תִּזְרָ֔ע וּתְבוּאַ֖ת הַכָּֽרֶם׃ ס 10 לֹֽא־תַחֲרֹ֥שׁ[a] בְּשׁוֹר־וּבַחֲמֹ֖ר   ב̇ זקף קמ̇[7]. ב̇ וחס[8]. ד̇ חס בתור[9]
11 יַחְדָּֽו׃ ס 11 לֹ֤א תִלְבַּשׁ֙ שַֽׁעַטְנֵ֔ז צֶ֥מֶר וּפִשְׁתִּ֖ים יַחְדָּֽו׃ ס   ב̇. ב̇[10]
12 גְּדִלִ֖ים תַּֽעֲשֶׂה־לָּ֑ךְ עַל־אַרְבַּ֛ע כַּנְפ֥וֹת כְּסוּתְךָ֖ אֲשֶׁ֥ר תְּכַסֶּה[a]־בָּֽהּ׃   ב̇. ג̇
ס 13 כִּֽי־יִקַּ֥ח אִ֖ישׁ אִשָּׁ֑ה וּבָ֥א אֵלֶ֖יהָ וּשְׂנֵאָֽהּ׃ 14 וְשָׂ֥ם לָהּ֙ עֲלִילֹ֣ת   ב̇[11]. ב̇. ח̇[12]. ד̇
דְּבָרִ֔ים וְהוֹצִ֥א עָלֶ֖יהָ שֵׁ֣ם רָ֑ע וְאָמַ֗ר אֶת־הָאִשָּׁ֤ה הַזֹּאת֙ לָקַ֔חְתִּי   ל̇ חס
15 וָאֶקְרַ֣ב אֵלֶ֔יהָ וְלֹא־מָצָ֥אתִי לָ֖הּ בְּתוּלִֽים׃ 15 וְלָקַ֛ח אֲבִ֥י הַֽנַּעֲרָ֖[a]   ה̇[13]. הנערה[14] ק̇
16 וְאִמָּ֑הּ וְהוֹצִ֜יאוּ אֶת־בְּתוּלֵ֧י הַֽנַּעֲרָ֛[a] אֶל־זִקְנֵ֥י הָעִ֖יר הַשָּֽׁעְרָה[b]׃ 16 וְאָמַ֛ר   ו̇. ב̇ בסיפ. הנערה[14] ק̇. ג̇
אֲבִ֥י הַֽנַּעֲרָ֖ אֶל־הַזְּקֵנִ֑ים אֶת־בִּתִּ֗י[a] נָתַ֜תִּי לָאִ֥ישׁ הַזֶּ֛ה לְאִשָּׁ֖ה וַיִּשְׂנָאֶֽהָ׃   הנערה[14] ק̇. ל̇ב̇[15]. ב̇ חד ר״פ וחד ס״פ
17 וְהִנֵּה־ה֡וּא שָׂ֠ם[a] עֲלִילֹ֨ת דְּבָרִ֜ים לֵאמֹ֗ר לֹֽא־מָצָ֤אתִי לְבִתְּךָ֙ בְּתוּלִ֔ים   ה̇[16]. ד̇
18 וְאֵ֖לֶּה בְּתוּלֵ֣י בִתִּ֑י וּפָֽרְשׂוּ֙[b] הַשִּׂמְלָ֔ה לִפְנֵ֖י זִקְנֵ֥י הָעִֽיר׃ 18 וְלָקְח֛וּ זִקְנֵ֥י
19 הָֽעִיר־הַהִ֖וא אֶת־הָאִ֑ישׁ[a] וְיִסְּר֖וּ אֹתֽוֹ׃ 19 וְעָנְשׁ֨וּ אֹת֜וֹ מֵ֣אָה כֶ֗סֶף וְנָֽתְנוּ֙   ב̇
לַאֲבִ֣י הַֽנַּעֲרָ֔ה כִּ֤י הוֹצִיא֙ שֵׁ֣ם רָ֔ע עַ֖ל בְּתוּלַ֣ת יִשְׂרָאֵ֑ל וְלֽוֹ־תִהְיֶ֣ה   ל̇ מל בתור
20 לְאִשָּׁ֔ה לֹא־יוּכַ֥ל לְשַׁלְּחָ֖הּ[a] כָּל־יָמָֽיו׃ ס 20 וְאִם־אֱמֶ֣ת הָיָ֔ה   ל̇[17]. ל̇
21 הַדָּבָ֖ר הַזֶּ֑ה[a] לֹא־נִמְצְא֥וּ בְתוּלִ֖ים לַֽנַּעֲרָ׃ 21 וְהוֹצִ֨יאוּ אֶת־הַֽנַּעֲרָ֜ אֶל־   לנערה[14] ק̇. ו̇. ב̇ בסיפ. הנערה[14] ק̇
פֶּ֣תַח בֵּית־אָבִ֗יהָ וּסְקָל֩וּהָ֩ [a]אַנְשֵׁ֨י עִירָ֤הּ[a] בָּאֲבָנִים֙ וָמֵ֔תָה כִּֽי־עָשְׂתָ֤ה

[4] Mm 17. [5] Mm 381. [6] Mm 473. [7] Mm 1181. [8] Prv 3,29. [9] Mm 458. [10] Mm 1182. [11] Mm 3716. [12] Mm 224. [13] Mm 2875. [14] Q perpetuum; archetypus Dt contra archetypum Dt, cf Gn 24,14sqq et Mp sub loco. [15] Mm 319. [16] Mm 315. [17] Mm 959.

9 [a] 𝔐 ־דיש, 𝔖(𝔙 pl) *ttqdš* = תתקדש(ו) ‖ **10** [a] 𝔐 ־ריש, sed pc Mss ־רוש ‖ **12** [a] 𝔖(𝔗) *(d)mtks''nt* = תִּתְכַּסֶּה cf 𝔗[J]𝔙 et Gn 38,14 ‖ **15** [a] mlt Mss ℭ𝔐 ut Q הַנַּעֲרָה cf saepe in 15–29 ‖ [b] cf 21,19[b] ‖ **16** [a] $𝔊^{-min}$($𝔊^{O}$ c ob) + ταύτην = הזאת ‖ **17** [a] $V^{Ken 69}$ pc Mss ℭ𝔊($𝔊^{O}$ c ob)𝔖𝔙 + לָהּ, 𝔐 pr לה ‖ [b] 𝔐 ־שׂ ‖ **18** [a] Ms 𝔐$𝔊^{-Ms}$($𝔊^{O}$ c ob)𝔖 + הַהוּא ‖ **19** [a] Ms 𝔐 שַׁלְּחָהּ cf 29 ‖ **20** [a] > $V^{Ken 9}$ $𝔊^{Ms}$ ‖ **21** [a–a] $V^{Ken 69.107}$ mlt Mss ℭ$𝔗^{Ms}$ pr כל; > $𝔊^{B}$.

נְבָלָה֙ בְּיִשְׂרָאֵ֔ל לִזְנ֖וֹת[b] בֵּ֣ית אָבִ֑יהָ וּבִעַרְתָּ֥ הָרָ֖ע[c] מִקִּרְבֶּֽךָ[d]׃ ס
22 22 כִּֽי־יִמָּצֵ֨א אִ֜ישׁ שֹׁכֵ֣ב ׀ עִם־אִשָּׁ֣ה בְעֻֽלַת[a]־בַּ֗עַל וּמֵ֙תוּ֙ גַּם־שְׁנֵיהֶ֔ם — ב̇[18]
הָאִ֛ישׁ הַשֹּׁכֵ֥ב עִם־הָאִשָּׁ֖ה וְהָאִשָּׁ֑ה וּבִעַרְתָּ֥ הָרָ֖ע[b] מִיִּשְׂרָאֵֽל׃ ס — ה̇[19]
23 23 כִּ֤י יִהְיֶה֙ נַעֲרָ֣[a] בְתוּלָ֔ה מְאֹרָשָׂ֖ה לְאִ֑ישׁ וּמְצָאָ֥הּ אִ֛ישׁ בָּעִ֖יר וְשָׁכַ֥ב — נערה ק̇[20]
24 עִמָּֽהּ׃ 24 וְהוֹצֵאתֶ֨ם אֶת־שְׁנֵיהֶ֜ם אֶל־שַׁ֣עַר ׀ הָעִ֣יר הַהִ֗וא וּסְקַלְתֶּ֨ם — יב̇ פסוק את את ואת את . יח̇ פסוק אל על על[21]
אֹתָ֥ם בָּאֲבָנִים֮ וָמֵתוּ֒ אֶת־הַֽנַּעֲרָ֗ עַל־דְּבַר֙ אֲשֶׁ֣ר לֹא־צָעֲקָ֣ה בָעִ֔יר — הנערה ק̇[20] . ח̇[22]
וְאֶ֨ת־הָאִ֔ישׁ עַל־דְּבַ֥ר אֲשֶׁר־עִנָּ֖ה אֶת־אֵ֣שֶׁת רֵעֵ֑הוּ וּבִעַרְתָּ֥ הָרָ֖ע[a] — ב̇[23]
25 מִקִּרְבֶּֽךָ׃ ס 25 וְאִם־בַּשָּׂדֶ֞ה יִמְצָ֣א הָאִ֗ישׁ אֶת־הַֽנַּעֲרָ֙ הַמְאֹ֣רָשָׂ֔ה — הנערה ק̇[20]
וְהֶחֱזִֽיק־בָּ֥הּ הָאִ֖ישׁ וְשָׁכַ֣ב עִמָּ֑הּ וּמֵ֗ת הָאִ֛ישׁ אֲשֶׁר־שָׁכַ֥ב עִמָּ֖הּ לְבַדּֽוֹ׃
26 26 וְלַֽנַּעֲרָ֙ לֹא־תַעֲשֶׂ֣ה[a] דָבָ֔ר[b] אֵ֥ין לַֽנַּעֲרָ֖ חֵ֣טְא מָ֑וֶת כִּ֡י כַּאֲשֶׁר֩ יָק֨וּם — לנערה ק̇[20] . לנערה ק̇[20]
27 אִ֤ישׁ עַל־רֵעֵ֙הוּ֙ וּרְצָח֣וֹ נֶ֔פֶשׁ כֵּ֖ן הַדָּבָ֥ר הַזֶּֽה׃ 27 כִּ֥י בַשָּׂדֶ֖ה מְצָאָ֑הּ — ל̇ . ה̇[24]
28 צָעֲקָ֗ה הַֽנַּעֲרָ֙ הַמְאֹ֣רָשָׂ֔ה וְאֵ֥ין מוֹשִׁ֖יעַ לָֽהּ׃ ס 28 כִּֽי־יִמְצָ֣א אִ֗ישׁ — הנערה ק̇[20]
29 נַעֲרָ֤ בְתוּלָה֙ אֲשֶׁ֣ר לֹא־אֹרָ֔שָׂה וּתְפָשָׂ֖הּ וְשָׁכַ֣ב עִמָּ֑הּ וְנִמְצָֽאוּ[a]׃ 29 וְנָתַן֩ — נערה ק̇[20]
הָאִ֨ישׁ הַשֹּׁכֵ֥ב עִמָּ֛הּ לַאֲבִ֥י הַֽנַּעֲרָ֖ חֲמִשִּׁ֣ים כָּ֑סֶף וְלֽוֹ־תִהְיֶ֣ה לְאִשָּׁ֗ה תַּ֚חַת — הנערה ק̇[20]
23 אֲשֶׁ֣ר עִנָּ֔הּ לֹא־יוּכַ֥ל שַׁלְּחָ֖הּ[a] כָּל־יָמָֽיו׃ ס 23 1 לֹא־יִקַּ֥ח אִ֖ישׁ — ל̇[25]
2 אֶת־אֵ֣שֶׁת אָבִ֑יו וְלֹ֥א יְגַלֶּ֖ה כְּנַ֥ף אָבִֽיו׃ ס 2 לֹֽא־יָבֹ֧א פְצֽוּעַ־דַּכָּ֛א[a] — ג̇[1]
3 וּכְר֥וּת שָׁפְכָ֖ה בִּקְהַ֥ל יְהוָֽה׃ ס 3 לֹא־יָבֹ֥א מַמְזֵ֖ר בִּקְהַ֣ל יְהוָ֑ה — ל̇ . ב̇[2]
4 [a]גַּ֚ם דּ֣וֹר עֲשִׂירִ֔י לֹא־יָ֥בֹא ל֖וֹ בִּקְהַ֥ל יְהוָֽה[a]׃ ס 4 לֹא־יָבֹ֧א עַמּוֹנִ֛י — ה̇ מל[3]
וּמוֹאָבִ֖י בִּקְהַ֣ל יְהוָ֑ה [a]גַּ֚ם[b] דּ֣וֹר עֲשִׂירִ֔י לֹא־יָבֹ֥א לָהֶ֛ם בִּקְהַ֥ל יְהוָ֖ה[a]
5 עַד־עוֹלָֽם׃ 5 עַל־דְּבַ֞ר אֲשֶׁ֨ר [a]לֹא־קִדְּמ֤וּ אֶתְכֶם֙ בַּלֶּ֣חֶם וּבַמַּ֔יִם — ה̇ . ז̇ דגש[4]
בַּדֶּ֖רֶךְ בְּצֵאתְכֶ֣ם מִמִּצְרָ֑יִם וַאֲשֶׁ֨ר[a] שָׂכַ֤ר[b] עָלֶ֙יךָ֙ אֶת־בִּלְעָ֣ם בֶּן־בְּע֔וֹר — ב̇
6 מִפְּת֖וֹר[c] אֲרַ֥ם נַהֲרַ֖יִם לְקַֽלְלֶֽךָּ׃ 6 [a]וְלֹֽא־אָבָ֞ה יְהוָ֤ה אֱלֹהֶ֙יךָ֙ לִשְׁמֹ֣עַ — יז̇ ר״פ בסיפ̇[5]
אֶל־בִּלְעָ֔ם וַיַּהֲפֹ֨ךְ יְהוָ֜ה אֱלֹהֶ֧יךָ לְּךָ֛ אֶת־הַקְּלָלָ֖ה לִבְרָכָ֑ה כִּ֥י אֲהֵבְךָ֖

[18] Mm 1183. [19] Mm 1758. [20] Q perpetuum; archetypus Dt contra archetypum Dt, cf Gn 24,14sqq et Mp sub loco. [21] Mm 658. [22] Mm 3068. [23] Mm 1184. [24] Mm 515. [25] Mm 959. Cp 23 [1] Mm 1185. [2] Sach 9,6. [3] Mm 4063. [4] Mm 351. [5] Mm 1165.

21 [b] 𝔐𝔊(𝔊^O) לְהַזְנוֹת ‖ [c] 𝔊^min τὸ πονηρόν, 𝔊^rel τὸν πονηρόν cf 13,6 ‖ [d] 𝔊𝔖𝔗^J 2 pl, 𝔙^Mss *de medio Israhel* = מקרב ישראל ‖ **22** [a] 𝔐^Mss בעילת, 𝔙^Ken 69 pc Mss בעולת ‖ [b] 𝔊^min τὸ πονηρόν, 𝔊^rel τὸν πονηρόν cf 13,6 ‖ **24** [a] cf 22[b] ‖ **26** [a] 𝔐𝔊𝔖𝔗^J תַּעֲשׂוּ–, 𝔊^AΘ min ποιήσεται = תֵּעָשֶׂה cf 𝔙 ‖ [b] 𝔙^Ken 9 Ms 𝔊^Ms𝔖 + כִּי ‖ **28** [a] 𝔊 sg, 𝔙 alit ‖ **29** [a] 𝔙^Ken 9 pc Mss 𝔙 לשׁ׳ ut 19 ‖ **Cp 23,2** [a] mlt Mss Edd ℭ𝔐 דכה ‖ **3** [a–a] > 𝔊; 𝔊^O c ast; frt dl? (cf Neh 13,13) ‖ **4** [a–a] frt dl? cf 3[a–a] ‖ [b] > 𝔊^Ms; 𝔊^rel (καὶ) ἕως ‖ **5** [a–a] cf 4[a–a] (dl pl)? ‖ [b] 𝔊-min𝔙 pl ‖ [c] 𝔐 פתרה ‖ **6** [a] cf 4[a–a].

7 יְהוָ֥ה אֱלֹהֶֽיךָ׃ 7 [a]לֹֽא־תִדְרֹ֥שׁ שְׁלֹמָ֖ם וְטֹבָתָ֑ם כָּל־יָמֶ֖יךָ לְעוֹלָֽם׃ ס ב̇ חד חס וחד מל ב̇ מל בתור[6]
8 לֹֽא־תְתַעֵ֣ב אֲדֹמִ֔י כִּ֥י אָחִ֖יךָ ה֑וּא ס לֹא־[a]תְתַעֵ֣ב מִצְרִ֔י כִּי־גֵ֖ר
9 הָיִ֥יתָ בְאַרְצֽוֹ׃ 9 בָּנִ֛ים אֲשֶׁר־יִוָּלְד֥וּ לָהֶ֖ם[a] דּ֣וֹר שְׁלִישִׁ֑י יָבֹ֥א לָהֶ֖ם
בִּקְהַ֥ל יְהוָֽה׃ ס 10 כִּֽי־תֵצֵ֥א מַחֲנֶ֖ה עַל־אֹיְבֶ֑יךָ וְנִ֨שְׁמַרְתָּ֔ מִכֹּ֖ל ס̄[כב]
11 דָּבָ֥ר רָֽע׃ 11 כִּֽי־יִהְיֶ֤ה בְךָ֙ אִ֔ישׁ אֲשֶׁ֛ר לֹא־יִהְיֶ֥ה טָה֖וֹר מִקְּרֵה־לָ֑יְלָה ל̇
12 וְיָצָא֙ אֶל־מִח֣וּץ לַֽמַּחֲנֶ֔ה לֹ֥א[a] יָבֹ֖א אֶל־תּ֥וֹךְ הַֽמַּחֲנֶֽה׃ 12 [a]וְהָיָ֥ה לִפְנֽוֹת־
13 עֶ֖רֶב יִרְחַ֣ץ בַּמָּ֑יִם וּכְבֹ֣א הַשֶּׁ֔מֶשׁ יָבֹ֖א אֶל־תּ֥וֹךְ[b] הַֽמַּחֲנֶֽה׃[a] 13 וְיָד֙[a] תִּהְיֶ֣ה ה̇ ד̇ פת וחד קמ[7]. ג̇ ב̇ מל וחד חס[8]. ה̇י ג̇ מנה קמ
14 לְךָ֔ מִח֖וּץ לַֽמַּחֲנֶ֑ה וְיָצָ֥אתָ שָׁ֖מָּה חֽוּץ׃[b] 14 וְיָתֵ֛ד תִּהְיֶ֥ה לְךָ֖ עַל־אֲזֵנֶ֑ךָ[a] ל̇
15 וְהָיָה֙ בְּשִׁבְתְּךָ֣ ח֔וּץ[b] וְחָפַרְתָּ֣ה בָ֔הּ וְשַׁבְתָּ֖ וְכִסִּ֥יתָ אֶת־צֵאָתֶֽךָ׃ 15 כִּי֩ ב̇[9] חד חס וחד[10] מל. ל̇
יְהוָ֨ה אֱלֹהֶ֜יךָ מִתְהַלֵּ֣ךְ ׀ בְּקֶ֣רֶב מַחֲנֶ֗ךָ[a] לְהַצִּֽילְךָ֙ וְלָתֵ֤ת אֹיְבֶ֨יךָ֙[b] לְפָנֶ֔יךָ ל̇ חס . ג̇ . ה̇[11]
וְהָיָ֥ה מַחֲנֶ֖יךָ[c] קָד֑וֹשׁ וְלֹֽא־יִרְאֶ֤ה בְךָ֙ עֶרְוַ֣ת דָּבָ֔ר וְשָׁ֖ב מֵאַחֲרֶֽיךָ׃ ס ו̇[12]
16 לֹא־תַסְגִּ֥יר עֶ֖בֶד אֶל־אֲדֹנָ֑יו אֲשֶׁר־יִנָּצֵ֥ל אֵלֶ֖יךָ מֵעִ֥ם אֲדֹנָֽיו׃ 17 עִמְּךָ֞ י̇ב̇ בתור ול̇ ר״פ
יֵשֵׁ֣ב [a]בְּקִרְבְּךָ֗ בַּמָּק֧וֹם אֲשֶׁר־יִבְחַ֛ר בְּאַחַ֥ד[b] שְׁעָרֶ֖יךָ[a] בַּטּ֣וֹב ל֑וֹ לֹ֖א ט̇ דגש[13]. ו̇ בתור
18 תּוֹנֶֽנּוּ׃ ס 18 לֹא־תִהְיֶ֥ה קְדֵשָׁ֖ה מִבְּנ֣וֹת יִשְׂרָאֵ֑ל וְלֹֽא־יִהְיֶ֥ה קָדֵ֖שׁ ב̇
19 מִבְּנֵ֥י יִשְׂרָאֵֽל׃ 19 לֹא־תָבִיא֩ אֶתְנַ֨ן זוֹנָ֜ה וּמְחִ֣יר כֶּ֗לֶב בֵּ֛ית יְהוָ֥ה אֱלֹהֶ֖יךָ ל̇[14]. יג̇[15]. ה̇ פת . ב̇[16]
20 לְכָל־נֶ֑דֶר כִּ֧י תוֹעֲבַ֛ת יְהוָ֥ה אֱלֹהֶ֖יךָ גַּם־שְׁנֵיהֶֽם׃ 20 לֹא־תַשִּׁ֣יךְ
21 לְאָחִ֔יךָ נֶ֥שֶׁךְ כֶּ֖סֶף נֶ֣שֶׁךְ אֹ֑כֶל[a] נֶ֕שֶׁךְ[a] כָּל־דָּבָ֖ר אֲשֶׁ֥ר יִשָּֽׁךְ׃[b] 21 לַנָּכְרִ֣י ב̇[17]. ל̇
תַשִּׁ֔יךְ וּלְאָחִ֖יךָ לֹ֣א תַשִּׁ֑יךְ לְמַ֨עַן יְבָרֶכְךָ֜ יְהוָ֣ה אֱלֹהֶ֗יךָ בְּכֹל֙[a] מִשְׁלַ֣ח
יָדֶ֔ךָ[a] עַל־הָאָ֕רֶץ אֲשֶׁר־אַתָּ֥ה בָא־שָׁ֖מָּה לְרִשְׁתָּֽהּ׃ ס 22 [a]כִּֽי־תִדֹּ֥ר ס̄[כג]
נֶ֙דֶר֙ לַיהוָ֣ה אֱלֹהֶ֔יךָ לֹ֥א תְאַחֵ֖ר לְשַׁלְּמ֑וֹ כִּֽי־דָרֹ֨שׁ יִדְרְשֶׁ֜נּוּ יְהוָ֤ה ד̇[18]
23 אֱלֹהֶ֙יךָ֙ מֵֽעִמָּ֔ךְ וְהָיָ֥ה בְךָ֖ חֵֽטְא׃ 23 [a]וְכִ֥י תֶחְדַּ֖ל לִנְדֹּ֑ר לֹא־יִהְיֶ֥ה בְךָ֖ ה̇ ר״פ בסיפ
24 חֵֽטְא׃ 24 מוֹצָ֥א שְׂפָתֶ֖יךָ תִּשְׁמֹ֣ר וְעָשִׂ֑יתָ כַּאֲשֶׁ֨ר נָדַ֜רְתָּ [a]לַיהוָ֤ה אֱלֹהֶ֙יךָ֙[a]

7 [a] cf 4[a–a] ‖ **8** [a] mlt Mss ⅏𝔖 ולא ‖ **9** [a] huc tr ‸ cf 3sq ‖ **11** [a] V[Ken9] nonn Mss 𝔊[-N] 𝔖𝔙 ולא ‖ **12** [a–a] ⅏ כי אם רחץ בשרו במים ובא השמש ואחרי כן יבוא אל המחנה ‖ [b] > Ms ⅏𝔙 cf 𝔊 ‖ **13** [a] 𝔊(𝔖𝔙) *καὶ τόπος* cf 𝔗𝔗[J] ‖ [b] ⅏ החוצה cf 14[b] ‖ **14** [a] V[Ken 69.107] mlt Mss ℭ אֲזֵנֶיךָ, 𝔊 *ἐπὶ τῆς ζώνης σου* = אֶזְרֶךָ, sed cf frt Jes 8,9 הַאֲזִינוּ pro הַאֲזֵנוּ ‖ [b] cf 13[b] ‖ **15** [a] mlt Mss ℭ⅏[Mss] ־ניך cf aγ; 𝔗[J] 2 pl ‖ [b] 𝔊 sg ‖ [c] V[Ken9] mlt Mss ℭ⅏𝔊𝔖𝔗 ־נך ut aα ‖ **17** [a–a] 𝔊[B] *ἐν ὑμῖν· κατοικήσει οὗ ἐὰν ἀρέσῃ αὐτῷ* ‖ [b] ⅏ באחת ‖ **20** [a] 𝔊(𝔖𝔙) pr cop ‖ [b] 𝔊[MΘL](𝔊[O] c ob) + *τῷ ἀδελφῷ σου* = לאחיך ‖ **21** [a–a] V[Ken1.107] mlt Mss ⅏ מ׳ ידיך cf 12,18; 𝔊(𝔙) *τοῖς ἔργοις σου* = מַעֲשֶׂיךָ cf 15,10 ‖ **22** [a] Ms 𝔖 וְכִי ‖ **23** [a] Ms ⅏[Mss]𝔙 כִּי ‖ **24** [a–a] 𝔊[B min](𝔏) *τῷ θεῷ (σου).*

25 נְדָבָה אֲשֶׁר דִּבַּרְתָּ בְּפִיךָ׃ ס 25 כִּי תָבֹא[a] בְּכֶרֶם רֵעֶךָ וְאָכַלְתָּ — יז[19] חס וכל משלי דכות ב מ ד
26 עֲנָבִים [b]כְּנַפְשְׁךָ שָׂבְעֶךָ[b] וְאֶל־כֶּלְיְךָ לֹא תִתֵּן׃ ס 26 כִּי תָבֹא בְּקָמַת — ב. ל. יז חס וכל משלי דכות ב מ ד
רֵעֶךָ וְקָטַפְתָּ מְלִילֹת בְּיָדֶךָ[a] וְחֶרְמֵשׁ לֹא תָנִיף עַל קָמַת רֵעֶךָ׃ ס — ל. ל. ל[20]
24 1 כִּי־יִקַּח אִישׁ אִשָּׁה[a] וּבְעָלָהּ וְהָיָה אִם־לֹא תִמְצָא־חֵן בְּעֵינָיו כִּי־ — נא
מָצָא בָהּ עֶרְוַת דָּבָר וְכָתַב לָהּ סֵפֶר כְּרִיתֻת וְנָתַן בְּיָדָהּ[b] וְשִׁלְּחָהּ — ג ב חס וחד מל
2 3 מִבֵּיתוֹ׃ 2 וְיָצְאָה [a]מִבֵּיתוֹ וְהָלְכָה[a] וְהָיְתָה לְאִישׁ־אַחֵר׃ 3 וּשְׂנֵאָהּ — ב
הָאִישׁ הָאַחֲרוֹן וְכָתַב לָהּ סֵפֶר כְּרִיתֻת וְנָתַן בְּיָדָהּ[a] וְשִׁלְּחָהּ מִבֵּיתוֹ — ג ב חס וחד מל
4 אוֹ כִי יָמוּת הָאִישׁ[b] [c]הָאַחֲרוֹן אֲשֶׁר־לְקָחָהּ לוֹ לְאִשָּׁה׃[c] 4 לֹא־יוּכַל
בַּעְלָהּ הָרִאשׁוֹן אֲשֶׁר־שִׁלְּחָהּ לָשׁוּב לְקַחְתָּהּ לִהְיוֹת לוֹ לְאִשָּׁה אַחֲרֵי — סד
אֲשֶׁר הֻטַּמָּאָה כִּי־תוֹעֵבָה הִוא לִפְנֵי יְהוָה וְלֹא תַחֲטִיא[a] אֶת־הָאָרֶץ — ל. ל
5 אֲשֶׁר יְהוָה אֱלֹהֶיךָ נֹתֵן לְךָ נַחֲלָה׃ ס 5 כִּי־יִקַּח אִישׁ אִשָּׁה
חֲדָשָׁה לֹא יֵצֵא בַּצָּבָא וְלֹא־יַעֲבֹר עָלָיו לְכָל[a]־דָּבָר נָקִי[b] יִהְיֶה — ד דגש[1]
6 לְבֵיתוֹ שָׁנָה אֶחָת וְשִׂמַּח[c] אֶת־אִשְׁתּוֹ אֲשֶׁר־לָקָח׃ ס 6 לֹא־יַחֲבֹל[a] — ל. ל[2]
7 רֵחַיִם וָרָכֶב כִּי־נֶפֶשׁ הוּא חֹבֵל׃ ס 7 כִּי־יִמָּצֵא אִישׁ גֹּנֵב נֶפֶשׁ — ג. ל קמ בתור
מֵאֶחָיו מִבְּנֵי יִשְׂרָאֵל וְהִתְעַמֶּר[a]־בּוֹ[b] וּמְכָרוֹ וּמֵת הַגַּנָּב הַהוּא וּבִעַרְתָּ
8 הָרָע[c] מִקִּרְבֶּךָ[d]׃ 8 הִשָּׁמֶר בְּנֶגַע־הַצָּרַעַת לִשְׁמֹר מְאֹד וְלַעֲשׂוֹת[a] — ג[3]. ה[4]
כְּכֹל[b] אֲשֶׁר־יוֹרוּ[c] אֶתְכֶם הַכֹּהֲנִים הַלְוִיִּם[d] כַּאֲשֶׁר צִוִּיתִם תִּשְׁמְרוּ — יג[5]. ב בסיפ[6]
9 לַעֲשׂוֹת[c]׃ ס 9 זָכוֹר אֵת אֲשֶׁר־עָשָׂה יְהוָה אֱלֹהֶיךָ לְמִרְיָם בַּדֶּרֶךְ — ל
10 [a]בְּצֵאתְכֶם מִמִּצְרָיִם[a]׃ ס 10 כִּי־תַשֶּׁה[a] בְרֵעֲךָ[b] מַשַּׁאת מְאוּמָה — מח כת א לא קר ול בליש[7]
11 לֹא־תָבֹא אֶל־בֵּיתוֹ לַעֲבֹט עֲבֹטוֹ׃ 11 בַּחוּץ תַּעֲמֹד וְהָאִישׁ אֲשֶׁר אַתָּה — יז חס וכל משלי דכות ב מ ד. ב ר״פ[8]
12 נֹשֶׁה[a] בוֹ יוֹצִיא[b] אֵלֶיךָ אֶת־הַעֲבוֹט הַחוּצָה׃ 12 וְאִם־אִישׁ עָנִי הוּא לֹא — ב. יו[9]. ג[10]

[19] Mp sub loco. [20] Mm 3816. **Cp 24** [1] Mm 1016. [2] Mm 492. [3] Mm 738. [4] Mm 1376. [5] Mm 1188. [6] Mm 1189. [7] Mm 898. [8] Mm 3536. [9] Mm 290. [10] Mm 1190.

25 [a] 𝔊^{min} *ἐπέλθῃς*, 𝔊^{rel} *εἰσέλθῃς* ‖ [b–b] 𝔊^{min} *ὅσον (ἂν) ψυχή σου (ἐμ)πλησθείῃ (-σθῇ)* (𝔊$^{A\,min}$ *ἐμπλησθῆναι*), 𝔊^{rel} *ὅσον τὴν ψυχήν σου ἐμπλησθῆναι* ‖ **26** [a] 𝔙$^{Ken 80}$ pc Mss 𝔊 בידיך ‖ **Cp 24,1** [a] ⅏ + ובא אליה ‖ [b] 𝔊 pl, id 3; 𝔗^{J} alit; 𝔖(𝔙) *lh* = לָהּ ‖ **2** [a–a] > 𝔊; 𝔊^{O} c ast ‖ **3** [a] cf 1[b] ‖ [b] ⅏ בעלה ut 4; 𝔊$^{FMNO\,min}$ + *αὐτῆς* ‖ [c–c] > 𝔙 ‖ **4** [a] ⅏𝔊$^{-Ms}$ pl ‖ **5** [a] pc Mss 𝔊𝔗^{Ms}𝔗^{J} כל ‖ [b] ⅏ נקיא cf 19,10 ‖ [c] 𝔖(𝔗^{J}ע׳) *wnḥdʾ* = וְשָׂמַח ‖ **6** [a] 𝔊 (𝔖𝔗^{Ms}𝔙) *ἐνεχυράσεις*, l תַחְבֹּל ‖ **7** [a] 𝔊 *καταδυναστεύσας* (𝔊^{min} *-σῃ*) cf 𝔏 *deprehendens* et 21,14 ‖ [b] Seb בָּהּ ‖ [c] 𝔊^{min} *τὸ πονηρόν*, 𝔊^{rel} *τὸν πονηρόν* cf 13,6 ‖ [d] 𝔊𝔖 2 pl ‖ **8** [a] 𝔙$^{Ken 9}$ Ms ⅏𝔊 ל׳, sed cf 15,5 ‖ [b] ⅏𝔊 + הַתּוֹרָה; 𝔖 om כל ‖ [c–c] dl (pl)? ‖ [d] 𝔖 pr cop cf 18,1 ‖ **9** [a–a] dl (pl)? vel l בצאתך ממ׳ ut 𝔙 25,17 ‖ **10** [a] Ms ⅏ תשא ‖ [b] sic L, mlt Mss Edd ברעך ‖ **11** [a] 2 Mss ⅏ נשא ‖ [b] 𝔔 יוצא.

13 תִשְׁכַּ֖ב בַּעֲבֹטֽוֹ׃ 13 הָשֵׁב֩ תָּשִׁ֨יב ל֤וֹ אֶֽת־הַעֲבוֹט֙[a] כְּב֣וֹא הַשֶּׁ֔מֶשׁ וְשָׁכַ֖ב ל.ל ר״פ. י״[11]. ב
בְּשַׂלְמָת֑וֹ[b] וּבֵֽרְכֶ֑ךָּ וּלְךָ֙ תִּהְיֶ֣ה צְדָקָ֔ה[c] לִפְנֵ֖י יְהוָ֥ה אֱלֹהֶֽיךָ׃ ס ד[12] בתור ול בליש וכל קריא דכות ב מ ו
14 לֹא־תַעֲשֹׁ֥ק שָׂכִ֖יר[a] עָנִ֣י וְאֶבְי֑וֹן מֵֽאַחֶ֕יךָ א֥וֹ מִגֵּרְךָ֛[b] אֲשֶׁ֥ר בְּאַרְצְךָ֖[c]
15 בִּשְׁעָרֶֽיךָ[d]׃ 15 בְּיוֹמוֹ֩ תִתֵּ֨ן שְׂכָר֜וֹ וְֽלֹא־תָב֧וֹא עָלָ֣יו הַשֶּׁ֗מֶשׁ כִּ֤י עָנִי֙ ה֔וּא ג
וְאֵלָ֕יו ה֖וּא נֹשֵׂ֣א אֶת־נַפְשׁ֑וֹ וְלֹֽא־יִקְרָ֤א עָלֶ֙יךָ֙ אֶל־יְהוָ֔ה וְהָיָ֥ה בְךָ֖ ל.לח
16 חֵֽטְא׃ ס 16 לֹא־יוּמְת֤וּ[a] אָבוֹת֙ עַל־בָּנִ֔ים וּבָנִ֖ים לֹא־יוּמְת֣וּ[b] עַל־ ג פסוק דמטע[13]
17 אָב֑וֹת אִ֥ישׁ בְּחֶטְא֖וֹ יוּמָֽתוּ[c]׃ ס 17 לֹ֣א תַטֶּ֔ה מִשְׁפַּ֖ט גֵּ֣ר יָת֑וֹם[b] וְלֹ֣א
18 תַחֲבֹ֔ל בֶּ֖גֶד אַלְמָנָֽה[a]׃ 18 וְזָכַרְתָּ֗ כִּ֣י עֶ֤בֶד הָיִ֙יתָ֙ בְּמִצְרַ֔יִם[a] וַֽיִּפְדְּךָ֛ יְהוָ֥ה ב
אֱלֹהֶ֖יךָ מִשָּׁ֑ם[b] עַל־כֵּ֞ן אָנֹכִ֤י מְצַוְּךָ֙ לַעֲשׂ֔וֹת אֶת־הַדָּבָ֖ר הַזֶּֽה׃ ס
ס̄[כה] 19 כִּ֣י תִקְצֹר֩ קְצִֽירְךָ֨ בְשָׂדֶ֜ךָ וְשָֽׁכַחְתָּ֧ עֹ֣מֶר בַּשָּׂדֶ֗ה לֹ֤א תָשׁוּב֙ לְקַחְתּ֔וֹ[a] ל בטע ר״פ בתור[14]
לַגֵּ֛ר לַיָּת֥וֹם[b] וְלָאַלְמָנָ֖ה[c] יִהְיֶ֑ה לְמַ֤עַן יְבָרֶכְךָ֙ יְהוָ֣ה אֱלֹהֶ֔יךָ בְּכֹ֖ל
20 מַעֲשֵׂ֥ה יָדֶֽיךָ[d]׃ 20 כִּ֤י תַחְבֹּט֙ זֵיתְךָ֔ לֹ֥א תְפַאֵ֖ר אַחֲרֶ֑יךָ[a] לַגֵּ֛ר יא[15] מל וכל תלים דכות ב מ ה. ל
21 לַיָּת֥וֹם[b] וְלָאַלְמָנָ֖ה[c] יִהְיֶֽה׃ ס 21 כִּ֤י תִבְצֹר֙ כַּרְמְךָ֔ לֹ֥א תְעוֹלֵ֖ל
22 אַחֲרֶ֑יךָ[a] לַגֵּ֛ר לַיָּת֥וֹם[b] וְלָאַלְמָנָ֖ה יִהְיֶֽה׃ 22 וְזָכַרְתָּ֕ כִּי־עֶ֥בֶד הָיִ֖יתָ
בְּאֶ֣רֶץ מִצְרָ֑יִם עַל־כֵּ֞ן אָנֹכִ֤י מְצַוְּךָ֙ לַעֲשׂ֔וֹת אֶת־הַדָּבָ֖ר הַזֶּֽה׃ ס
25 1 כִּֽי־יִהְיֶ֥ה רִיב֙ בֵּ֣ין אֲנָשִׁ֔ים וְנִגְּשׁ֥וּ אֶל־הַמִּשְׁפָּ֖ט וּשְׁפָט֑וּם[a] וְהִצְדִּ֙יקוּ֙ ל. ל
2 אֶת־הַצַּדִּ֔יק וְהִרְשִׁ֖יעוּ אֶת־הָרָשָֽׁע׃ 2 וְהָיָ֛ה אִם־בִּ֥ן הַכּ֖וֹת הָרָשָׁ֑ע ב
3 [a]וְהִפִּיל֤וֹ הַשֹּׁפֵט֙ וְהִכָּ֣הוּ לְפָנָ֔יו[a] [b]כְּדֵ֥י רִשְׁעָת֖וֹ[b] בְּמִסְפָּֽר[c]׃ 3 אַרְבָּעִ֥ים ב ר״פ[1]
יַכֶּ֖נּוּ לֹ֣א יֹסִ֑יף פֶּן־יֹסִ֨יף לְהַכֹּת֤וֹ עַל־אֵ֙לֶּה֙ מַכָּ֣ה רַבָּ֔ה וְנִקְלָ֥ה[a] אָחִ֖יךָ יד כת כן ב[2] מנה בתור. יד כת כן ב[2] מנה בתור. ב
4 5 לְעֵינֶֽיךָ׃ ס 4 לֹא־תַחְסֹ֥ם שׁ֖וֹר בְּדִישֽׁוֹ׃ ס 5 כִּֽי־יֵשְׁב֨וּ אַחִ֜ים ל. ל. ב[3]

[11] Mm 161. [12] Mm 1213. [13] Mm 4221. [14] Mm 1151. [15] Mm 477. Cp 25 [1] Mm 3359. [2] Mm 3038 ב. [3] Mm 534.

13 [a] V[Ken1.9.69.107] mlt Mss 𝔔 העבט ‖ [b] ш[W] בְּשִׂמְלָתוֹ ‖ [c] cf 6,25 ‖ **14** [a] V[Ken9] Ms 𝔔 שכר ‖ [b] ш[Mss]𝔊𝔗[J] pl ‖ [c] > 2 Mss 𝔊[-O]𝔖 ‖ [d] 𝔗 sg ‖ **16** [a] ш[Mss]𝔊𝔖𝔗 יָמוּתוּ, 2 Mss (ימתון); 𝔗[J] cf 19,12 ‖ [b] cf [a], V[Ken1] ימתו ‖ [c] V[Ken1] ш יומת ut Q 2 R 14,6; Ms 𝔔 Σαμ 𝔊𝔖𝔙 יָמוּת ut K 𝔊𝔖𝔙 2 R 14,6; 𝔗 ut [a] ‖ **17** [a–a] frt dl ‖ [b] V[Ken9] 2 Mss 𝔊[-Ms]𝔖𝔗[Mss] 𝔗[J] ויתום ע׳; 𝔊(𝔊[O] c ob) + καὶ χήρας cf 19,20sq 27,19 ‖ **18** [a] pc Mss 𝔊[-Ms](𝔊[O] c ob)𝔗[J] בְּאֶרֶץ מ׳ ‖ [b] > Ms ш ‖ **19** [a] 𝔊[-B min](𝔊[O] c ob vel ast?) + τῷ πτωχῷ καί = לְאֶבְיוֹן ו׳ cf 20sq ‖ [b] 2 Mss 𝔊𝔖𝔙 ול׳ ‖ [c] Ms 𝔊[Ms] ל׳ cf 20 ‖ [d] V[Ken9] mlt Mss ידך; 𝔗[J] 2 pl ‖ **20** [a] 𝔊[Θ min] + τῷ πτωχῷ καί = לאביון ו׳ cf 19 ‖ [b] pc Mss 𝔊𝔖𝔙[Mss] ול׳ ‖ [c] Ms ל׳ ‖ **21** [a] 𝔊[Θ min] + τῷ πτωχῷ καί = לאביון ו׳ cf 19 ‖ [b] 𝔊[-Ms]𝔖 pr cop ‖ **Cp 25,1** [a] > 𝔊[B], 𝔊[O] c ast? 𝔙 libere vertit ‖ **2** [a–a] 𝔊[B] *καθιεῖς αὐτὸν ἐναντίον αὐτῶν* = הִפַּלְתּוֹ לִפְנֵיהֶם, 𝔊[Ms] *καὶ καθιεῖ* (vel *καθίει* imp?) *αὐτὸν ἐν(αντίον αὐτ)οῦ καὶ μαστιγῶσιν (αὐτὸν ἐναντίον αὐ)τῶν*, 𝔊[rel] + *ἔναντι τῶν κριτῶν* (𝔊[Θ] *τῶν κριμάτων*) *καὶ μαστιγώσωσι αὐτόν* ‖ [b–b] > 𝔊[B] ‖ [c] 𝔊[B] pr cop et tr ad init 3 ‖ **3** [a] ш[Mss] ל—.

יַחְדָּו וּמֵת אַחַד מֵהֶם וּבֵן אֵין־לוֹ לֹא־תִהְיֶה אֵשֶׁת־הַמֵּת הַחוּצָה כה[4]. ב בתור. ו בתור. יו[5]
6 לְאִישׁ זָר יְבָמָהּ יָבֹא עָלֶיהָ[a] וּלְקָחָהּ לוֹ לְאִשָּׁה וְיִבְּמָהּ׃ 6 וְהָיָה ל
הַבְּכוֹר[a] אֲשֶׁר תֵּלֵד יָקוּם עַל־שֵׁם אָחִיו הַמֵּת וְלֹא־יִמָּחֶה שְׁמוֹ ד[6] מל בתור וכל נ״ך דכות ב מ א
7 מִיִּשְׂרָאֵל׃ 7 וְאִם־לֹא יַחְפֹּץ הָאִישׁ לָקַחַת אֶת־יְבִמְתּוֹ וְעָלְתָה יְבִמְתּוֹ
הַשַּׁעְרָה אֶל־הַזְּקֵנִים וְאָמְרָה מֵאֵין[a] יְבָמִי לְהָקִים לְאָחִיו שֵׁם בְּיִשְׂרָאֵל ג. ח[7]
8 לֹא[b] אָבָה יַבְּמִי׃ 8 וְקָרְאוּ־לוֹ זִקְנֵי־עִירוֹ וְדִבְּרוּ אֵלָיו וְעָמַד וְאָמַר לֹא ג[8]
9 חָפַצְתִּי לְקַחְתָּהּ׃ 9 וְנִגְּשָׁה יְבִמְתּוֹ אֵלָיו לְעֵינֵי הַזְּקֵנִים וְחָלְצָה נַעֲלוֹ
מֵעַל רַגְלוֹ וְיָרְקָה בְּפָנָיו וְעָנְתָה וְאָמְרָה כָּכָה יֵעָשֶׂה לָאִישׁ אֲשֶׁר לֹא־ ל. ה[9]. ד. ח[7]. ד[10]. לו[11]. לב[12]
10 יִבְנֶה אֶת־בֵּית אָחִיו׃ 10 וְנִקְרָא שְׁמוֹ בְּיִשְׂרָאֵל בֵּית חֲלוּץ הַנָּעַל׃ ס ב[13]
11 כִּי־יִנָּצוּ אֲנָשִׁים יַחְדָּו אִישׁ וְאָחִיו וְקָרְבָה אֵשֶׁת הָאֶחָד לְהַצִּיל אֶת־ 11 ב[14]. ל
12 אִישָׁהּ מִיַּד מַכֵּהוּ וְשָׁלְחָה יָדָהּ וְהֶחֱזִיקָה בִּמְבֻשָׁיו[a]׃ 12 וְקַצֹּתָה אֶת־ כה[15]. ב. ל. ל
13 כַּפָּהּ לֹא תָחוֹס עֵינֶךָ[a]׃ ס 13 לֹא־יִהְיֶה לְךָ בְּכִיסְךָ אֶבֶן וָאָבֶן ב[16]. סו ו[17] מנה חס
14 גְּדוֹלָה וּקְטַנָּה׃ ס 14 לֹא־יִהְיֶה לְךָ בְּבֵיתְךָ אֵיפָה וְאֵיפָה גְּדוֹלָה ד[18] מל בתור וכל קריא דכות ב מ ז. ד[18] מל בתור וכל קריא דכות ב מ ז
15 וּקְטַנָּה׃ 15 אֶבֶן שְׁלֵמָה וָצֶדֶק יִהְיֶה־לָּךְ אֵיפָה שְׁלֵמָה וָצֶדֶק יִהְיֶה־לָּךְ ד. ד
16 לְמַעַן יַאֲרִיכוּ יָמֶיךָ עַל הָאֲדָמָה אֲשֶׁר־יְהוָה אֱלֹהֶיךָ נֹתֵן לָךְ׃ 16 כִּי
17 תוֹעֲבַת יְהוָה אֱלֹהֶיךָ[a] כָּל־עֹשֵׂה אֵלֶּה כֹּל עֹשֵׂה עָוֶל׃ פ 17 זָכוֹר
18 אֵת אֲשֶׁר־עָשָׂה לְךָ עֲמָלֵק בַּדֶּרֶךְ בְּצֵאתְכֶם[a] מִמִּצְרָיִם׃ 18 אֲשֶׁר
קָרְךָ בַּדֶּרֶךְ וַיְזַנֵּב בְּךָ כָּל־הַנֶּחֱשָׁלִים אַחֲרֶיךָ[a] וְאַתָּה עָיֵף וְיָגֵעַ וְלֹא ל. ל. ל. ח[19]
19 יָרֵא אֱלֹהִים[b]׃ 19 וְהָיָה בְּהָנִיחַ יְהוָה אֱלֹהֶיךָ ׀ לְךָ מִכָּל־אֹיְבֶיךָ ל
מִסָּבִיב בָּאָרֶץ אֲשֶׁר יְהוָה־אֱלֹהֶיךָ נֹתֵן לְךָ נַחֲלָה לְרִשְׁתָּהּ תִּמְחֶה ב
אֶת־זֵכֶר עֲמָלֵק מִתַּחַת הַשָּׁמָיִם לֹא תִּשְׁכָּח׃ פ קי ל[20]
ס[כה] פרש 26 1 וְהָיָה כִּי־תָבוֹא אֶל־הָאָרֶץ אֲשֶׁר יְהוָה אֱלֹהֶיךָ נֹתֵן לְךָ
2 נַחֲלָה וִירִשְׁתָּהּ וְיָשַׁבְתָּ בָּהּ׃ 2 וְלָקַחְתָּ מֵרֵאשִׁית ׀ כָּל[a]־פְּרִי הָאֲדָמָה ה[1]

[4]Mm 187. [5]Mm 290. [6]Mm 1146. [7]Mm 3001. [8]Mm 1107. [9]Mm 3008. [10]Mm 1191. [11]Mm 210. [12]Mm 319. [13]Nu 32,27. [14]Ex 21,22. [15]Mm 1506. [16]Mm 1192. [17]Mm 1145. [18]Mm 1193. [19]Mm 184. [20]Mm 1136. Cp 26 [1]Mm 921.

5 [a] ш אליה ‖ **6** [a] ш pr הַבֵּן; 𝔊 *τὸ παιδίον* (𝔊[L] + *τὸ πρωτότοκον*) ‖ **7** [a] sic L, mlt Mss Edd מֵאֵן ‖ [b] nonn Mss ш[Ms]𝔊[N]𝔖𝔙 וְלֹא ‖ **11** [a] ш בִּבְשָׂרוֹ ‖ **12** [a] V[Ken1.9] nonn Mss ℭ𝔊 עיניך, 𝔗[J] *'jnjkwn* = עיניכם; 𝔊(𝔖𝔙) + *ἐπ' αὐτῇ* = עָלֶיהָ ‖ **16** [a] > V[Ken9] nonn Mss ℭ𝔏 ‖ **17** [a] 𝔊[-ΘLmin]𝔙 2 sg cf 23,5 24,9 ‖ **18** [a] sic L, mlt Mss Edd אַחַ' ‖ [b] 𝔊[A] *τὸν κύριον* = יהוה, 𝔖 *mrj' 'lhk* = יהוה אלהיך ‖ **Cp 26,2** [a] > V[Ken80] 2 Mss ш𝔊; 𝔊[O] c ast.

[b]אֲשֶׁר תָּבִיא מֵאַרְצְךָ[b] אֲשֶׁר יְהוָה אֱלֹהֶיךָ נֹתֵן לָךְ וְשַׂמְתָּ בַטֶּנֶא — יג[2]. ד בטע בסיפ
וְהָלַכְתָּ אֶל־הַמָּקוֹם אֲשֶׁר יִבְחַר יְהוָה אֱלֹהֶיךָ לְשַׁכֵּן שְׁמוֹ שָׁם׃
3 וּבָאתָ אֶל־הַכֹּהֵן אֲשֶׁר יִהְיֶה בַּיָּמִים הָהֵם וְאָמַרְתָּ אֵלָיו הִגַּדְתִּי הַיּוֹם — ו בטע[3]
לַיהוָה אֱלֹהֶיךָ[a] כִּי־בָאתִי אֶל־הָאָרֶץ אֲשֶׁר נִשְׁבַּע יְהוָה[b] לַאֲבֹתֵינוּ
4 לָתֶת לָנוּ׃ 4 וְלָקַח הַכֹּהֵן הַטֶּנֶא מִיָּדֶךָ[a] וְהִנִּיחוֹ לִפְנֵי מִזְבַּח יְהוָה
5 אֱלֹהֶיךָ׃ 5 וְעָנִיתָ וְאָמַרְתָּ לִפְנֵי׀ יְהוָה אֱלֹהֶיךָ [a]אֲרַמִּי אֹבֵד[a] אָבִי וַיֵּרֶד — ד
מִצְרַיְמָה וַיָּגָר שָׁם בִּמְתֵי מְעָט וַיְהִי־שָׁם לְגוֹי גָּדוֹל עָצוּם[b] וָרָב[c]׃ — כה[4]. ה[5]
6 וַיָּרֵעוּ אֹתָנוּ הַמִּצְרִים וַיְעַנּוּנוּ וַיִּתְּנוּ עָלֵינוּ עֲבֹדָה קָשָׁה׃ 7 וַנִּצְעַק — ה ד מנה בתור . ל . ב
אֶל־יְהוָה אֱלֹהֵי אֲבֹתֵינוּ וַיִּשְׁמַע יְהוָה אֶת־קֹלֵנוּ וַיַּרְא אֶת־עָנְיֵנוּ וְאֶת־ — יה פסוק את את ואת ואת . ד ג חס וחד מל בליש[6]
8 עֲמָלֵנוּ וְאֶת־לַחֲצֵנוּ׃ 8 וַיּוֹצִאֵנוּ יְהוָה מִמִּצְרַיִם בְּיָד חֲזָקָה וּבִזְרֹעַ — ג[7] בליש ול כת כן
9 נְטוּיָה [a]וּבְמֹרָא גָּדֹל[a] וּבְאֹתוֹת וּבְמֹפְתִים׃ 9 וַיְבִאֵנוּ אֶל־הַמָּקוֹם הַזֶּה — ב חד חס וחד מל . ג חס[8] . ג . ל חס
10 וַיִּתֶּן־לָנוּ אֶת־הָאָרֶץ הַזֹּאת אֶרֶץ זָבַת חָלָב וּדְבָשׁ׃ 10 וְעַתָּה הִנֵּה
הֵבֵאתִי אֶת־רֵאשִׁית פְּרִי הָאֲדָמָה אֲשֶׁר־נָתַתָּה לִּי יְהוָה[a] וְהִנַּחְתּוֹ — כה . ל
11 לִפְנֵי יְהוָה אֱלֹהֶיךָ וְהִשְׁתַּחֲוִיתָ לִפְנֵי יְהוָה אֱלֹהֶיךָ׃ 11 וְשָׂמַחְתָּ בְכָל־
הַטּוֹב אֲשֶׁר נָתַן־לְךָ יְהוָה אֱלֹהֶיךָ [a]וּלְבֵיתֶךָ אַתָּה[a] וְהַלֵּוִי וְהַגֵּר אֲשֶׁר
בְּקִרְבֶּךָ׃ ס
12 כִּי תְכַלֶּה לַעְשֵׂר[a] אֶת־כָּל־מַעְשַׂר תְּבוּאָתְךָ בַּשָּׁנָה הַשְּׁלִישִׁת — ל בטע ר״פ בתור[9] . ב בליש[10] . ד חס בליש[11]
[b]שְׁנַת הַמַּעֲשֵׂר וְנָתַתָּה[b] לַלֵּוִי לַגֵּר[c] לַיָּתוֹם[d] וְלָאַלְמָנָה וְאָכְלוּ בִשְׁעָרֶיךָ — ל
13 וְשָׂבֵעוּ׃ 13 וְאָמַרְתָּ לִפְנֵי יְהוָה אֱלֹהֶיךָ בִּעַרְתִּי הַקֹּדֶשׁ מִן־הַבַּיִת[a] וְגַם
נְתַתִּיו לַלֵּוִי וְלַגֵּר[b] לַיָּתוֹם[c] וְלָאַלְמָנָה[d] כְּכָל־מִצְוָתְךָ[e] אֲשֶׁר צִוִּיתָנִי — ב[12]

[2] Mm 1228. [3] Mm 50. [4] Mm 84. [5] Mm 1103. [6] Mm 1194. [7] Mm 951. [8] Mm 1195. [9] Mm 1151. [10] Mm 3986. [11] Mp sub loco. [12] Ps 119,96.

2 [b–b] > 𝔊$^{-O\,Ms}$ ‖ **3** [a] 𝔊$^{-F*MO\,min}$ *τῷ θεῷ μου* = אֱלֹהָי (כ dttg) ‖ [b] 𝔖 + *ʼlhk* = אלהיך ‖ **4** [a] pc Mss 𝔊$^{-Ms}$ מידיך ‖ **5** [a–a] 𝔊^{B} *Συριαν ἀπέβαλεν* (pro *ἀπέλαβεν* ut 𝔊^{AF*min}?), 𝔊$^{MN\,min}$ *Συριαν κατέλ(ε)ιπεν*; pc Mss ℭ אר׳ אוֹבֵד cf 𝔗(𝔙) *lbn ʼrmʼh bʻʼ lʼwbdʼ jt*; 𝔖𝔗^{J} alit ‖ [b] pc Mss ш^{W}𝔊^{L}𝔖𝔗^{J}𝔙 וְעָ׳; > 𝔊^{rel} ‖ [c] > 𝔖 ‖ **8** [a–a] ш –אה גדול; 𝔊 pl ut 4,34 ‖ **10** [a] 𝔊 + *γῆν ῥέουσαν γάλα καὶ μέλι* ex 9 ‖ **11** [a–a] 𝔊^{min}(ℭ) *σὺ καὶ ἡ οἰκία σου*, 𝔊$^{AO\,min}$ *καὶ τῇ οἰκίᾳ σου* (𝔊^{min} + *σὺ*) *καί*; ℭ –תיך; 𝔙 *tibi et domui tuae* ‖ **12** [a] l לְעַשֵּׂר vel לַעְשֹׂר (pro לְהַעְשִׂיר) ‖ [b–b] 𝔊 *τὸ δεύτερον ἐπιδέκατον δώσεις* = שֵׁנִת המ׳ נ׳; ш וּנְתַתּוֹ ‖ [c] 2 Mss ℭ𝔊𝔖𝔙 ול׳ ‖ [d] pc Mss ℭ𝔊𝔖𝔙 ול׳ ‖ **13** [a] 𝔊$^{-min}$(𝔙) *ἐκ τῆς οἰκίας μου*, 𝔊^{rel} 2 sg ‖ [b] mlt Mss ш𝔊^{Ms}𝔗^{J} לגר ut 12; > 𝔊^{N} ‖ [c] V^{Ken69} pc Mss 𝔊$^{-Ms}$𝔖𝔙 ול׳ ‖ [d] 𝔊^{Ms} om cop ‖ [e] V^{Ken69} ш𝔖 מצותיך cf 𝔊.

14 לֹֽא־עָבַ֥רְתִּי מִמִּצְוֺתֶ֖יךָ[f] וְלֹ֥א שָׁכָֽחְתִּי׃ 14 לֹֽא־[a]אָכַ֨לְתִּי בְאֹנִ֜י מִמֶּ֗נּוּ
וְלֹא־[b]בִעַ֤רְתִּי מִמֶּ֙נּוּ֙ בְּטָמֵ֔א וְלֹא־[c]נָתַ֥תִּי מִמֶּ֖נּוּ לְמֵ֑ת שָׁמַ֗עְתִּי בְּקוֹל֙ יְהוָ֣ה
15 אֱלֹהָ֔י עָשִׂ֕יתִי [d]כְּכֹ֖ל אֲשֶׁ֥ר[d] צִוִּיתָֽנִי׃ 15 הַשְׁקִ֩יפָה֩[a] מִמְּע֨וֹן קָדְשְׁךָ֜ מִן־
הַשָּׁמַ֗יִם וּבָרֵ֤ךְ אֶת־עַמְּךָ֙ אֶת־יִשְׂרָאֵ֔ל וְאֵת֙ הָאֲדָמָ֔ה אֲשֶׁ֖ר נָתַ֣תָּה לָ֑נוּ
כַּאֲשֶׁ֤ר נִשְׁבַּ֙עְתָּ֙ לַאֲבֹתֵ֔ינוּ אֶ֛רֶץ זָבַ֥ת חָלָ֖ב וּדְבָֽשׁ׃ ס
16 16 הַיּ֣וֹם הַזֶּ֗ה יְהוָ֨ה אֱלֹהֶ֜יךָ מְצַוְּךָ֧ לַעֲשׂ֛וֹת אֶת־הַחֻקִּ֥ים הָאֵ֖לֶּה
וְאֶת־הַמִּשְׁפָּטִ֑ים וְשָׁמַרְתָּ֤ וְעָשִׂיתָ֙ אוֹתָ֔ם בְּכָל־לְבָבְךָ֖ וּבְכָל־נַפְשֶֽׁךָ׃
17 17 [a]אֶת־יְהוָ֥ה הֶאֱמַ֖רְתָּ הַיּ֑וֹם לִהְי֨וֹת לְךָ֜ לֵֽאלֹהִ֗ים וְלָלֶ֨כֶת בִּדְרָכָ֜יו
18 וְלִשְׁמֹ֨ר חֻקָּ֧יו וּמִצְוֺתָ֛יו וּמִשְׁפָּטָ֖יו[b] וְלִשְׁמֹ֥עַ בְּקֹלֽוֹ׃ 18 [a]וַֽיהוָ֞ה הֶאֱמִֽירְךָ֤
הַיּוֹם֙ לִהְי֥וֹת[b] לוֹ֙ לְעַ֣ם סְגֻלָּ֔ה כַּאֲשֶׁ֖ר דִּבֶּר־לָ֑ךְ[c] וְלִשְׁמֹ֖ר כָּל־מִצְוֺתָֽיו׃
19 19 [a]וּֽלְתִתְּךָ֣ עֶלְי֗וֹן עַ֤ל כָּל־הַגּוֹיִם֙ אֲשֶׁ֣ר עָשָׂ֔ה לִתְהִלָּ֖ה וּלְשֵׁ֣ם[b]
וּלְתִפְאָ֑רֶת וְלִֽהְיֹתְךָ֧ עַם־קָדֹ֛שׁ לַיהוָ֥ה אֱלֹהֶ֖יךָ כַּאֲשֶׁ֥ר דִּבֵּֽר׃ ס
27 27 1 וַיְצַ֤ו מֹשֶׁה֙ [a]וְזִקְנֵ֣י יִשְׂרָאֵ֔ל אֶת־הָעָ֖ם[a] לֵאמֹ֑ר שָׁמֹר֙[b] אֶת־כָּל־
2 הַמִּצְוָ֔ה אֲשֶׁ֧ר אָנֹכִ֛י מְצַוֶּ֥ה אֶתְכֶ֖ם הַיּֽוֹם׃ 2 וְהָיָ֗ה בַּיּוֹם֮ אֲשֶׁ֣ר תַּעַבְר֣וּ
אֶת־הַיַּרְדֵּן֒ אֶל־הָאָ֕רֶץ אֲשֶׁר־יְהוָ֥ה אֱלֹהֶ֖יךָ נֹתֵ֣ן לָ֑ךְ וַהֲקֵמֹתָ֤ לְךָ֙ אֲבָנִ֣ים
3 גְּדֹל֔וֹת וְשַׂדְתָּ֥ אֹתָ֖ם בַּשִּֽׂיד׃ 3 וְכָתַבְתָּ֣ עֲלֵיהֶ֗ן אֶֽת־כָּל־דִּבְרֵ֛י הַתּוֹרָ֥ה
הַזֹּ֖את בְּעָבְרֶ֑ךָ[a] לְמַ֡עַן אֲשֶׁר֩ תָּבֹ֨א[b] אֶל־הָאָ֜רֶץ אֲֽשֶׁר־יְהוָ֥ה[c] אֱלֹהֶ֣יךָ ׀
נֹתֵ֣ן לְךָ֗ אֶ֣רֶץ זָבַ֤ת חָלָב֙ וּדְבַ֔שׁ כַּאֲשֶׁ֥ר דִּבֶּ֛ר יְהוָ֥ה אֱלֹהֵֽי־אֲבֹתֶ֖יךָ לָֽךְ׃
4 4 [a]וְהָיָה֮ בְּעָבְרְכֶ֣ם אֶת־הַיַּרְדֵּן֒ תָּקִ֜ימוּ אֶת־הָאֲבָנִ֣ים הָאֵ֗לֶּה אֲשֶׁ֨ר אָנֹכִ֜י
5 מְצַוֶּ֥ה אֶתְכֶ֛ם הַיּ֖וֹם [b]בְּהַ֣ר עֵיבָ֑ל[b] וְשַׂדְתָּ֥ אוֹתָ֖ם בַּשִּֽׂיד׃ 5 וּבָנִ֤יתָ שָּׁם֙
מִזְבֵּ֔חַ לַיהוָ֖ה אֱלֹהֶ֑יךָ מִזְבַּ֣ח אֲבָנִ֔ים לֹא־תָנִ֥יף עֲלֵיהֶ֖ם[a] בַּרְזֶֽל׃
6 6 אֲבָנִ֤ים שְׁלֵמוֹת֙ תִּבְנֶ֔ה אֶת־מִזְבַּ֖ח יְהוָ֣ה אֱלֹהֶ֑יךָ וְהַעֲלִ֤יתָ עָלָיו֙ עוֹלֹ֔ת

לד פסוק לא ולא ולא[13]
ל. ב[14]. ב
ח[15] קמ וכל אתנח וס״פ דכות ב מ ב
ג[16]. יב פסוק את את ואת ומילה חדה ביניה[17]. ב[18]
לט מל בתור
י ר״פ בסיפ[19]. ד[20]
ו פסוק מן ג מילין מתחלפ קצפ סימן[21]. ג חס ס״פ בסיפ. כב בתור. ל
ל. ה בסיפ. י. ד[22]
ל וחס. יג חס[23]
ג
ב וחס[1]
ב כת כן בתור. ז וכל כלית דכות[2]
יז[3] חס וכל משלי דכות ב מ ד
יד פסוק לך לך[4]
לט מל בתור
ג[5]. ג כת כן בתור ובתלים[6]

[13] Mm 771. [14] Mm 3535. [15] Mm 960. [16] Mm 3245. [17] Mm 44. [18] Mm 2646. [19] Mm 1143. [20] Mm 1196. [21] Okhl 276. [22] Mm 72. [23] Mm 783. Cp 27 [1] Mm 555. [2] Mm 1197. [3] Mp sub loco. [4] Mm 1860. [5] Mm 1198. [6] Mm 297.

13 [f] ℭ𝔊 תך– ‖ **14** [a] pc Mss 𝔊$^{-N\Theta}$𝔖 ולא ‖ [b] 𝔊$^{-Ms}$ om cop ‖ [c] 𝔊$^{-L\,min}$ om cop ‖ [d–d] 𝔊(𝔖) *καθά* = כַּאֲשֶׁר, 𝔙 *omnia sicut* = כל אשר ‖ **15** [a] ⅏ השקף ‖ **17** [a] 17–19 perturbati; frt l 17a.19a.18.17b.19b ‖ [b] > Ms ⅏𝔊* cf 8,11[a] ‖ **18** [a] cf 17[a] ‖ [b] 𝔊$^{-min}$ *γενέσθαι σε* = לִהְיוֹתְךָ ‖ [c] > Ms 𝔊$^{B\Theta\,min}$; 𝔗^{J} pl ‖ **19** [a] cf 17[a] ‖ [b] 𝔙^{Ken9} nonn Mss ⅏𝔊^{Ms} לי ‖ **Cp 27,1** [a–a] 𝔊$^{-LO}$ om את־העם; frt l אֶת ז׳ י׳ ‖ [b] 𝔙^{Ken107} pc Mss שמור, ⅏𝔖𝔗𝔗^{J}𝔙 רו– ‖ **3** [a] 𝔊$^{-Ms}$(𝔗^{J}) *ὡς ἂν διαβῆτε* = בְּעָבְרְכֶם ut 4 ‖ [b] 𝔊$^{-AM\,min}$𝔗^{J} pl ‖ [c] sic L ‖ **4** [a] dl (pl)? ‖ [b–b] l c ⅏ בהר גריזים cf ⅏^{Mss} בהרגר(י)זים, Σαμ *αργαρ(ι)ζιμ*, 𝔏 *Garzin* ‖ **5** [a] mlt Mss ⅏^{Mss} הן–.

7 לַיהוָה אֱלֹהֶיךָ׃ 7 וְזָבַחְתָּ שְׁלָמִים[a] וְאָכַלְתָּ שָּׁם וְשָׂמַחְתָּ לִפְנֵי יְהוָה
8 אֱלֹהֶיךָ׃ 8 וְכָתַבְתָּ עַל־הָאֲבָנִים אֶת־כָּל־דִּבְרֵי הַתּוֹרָה הַזֹּאת בַּאֵר[a] ל
9 הֵיטֵב׃ ס 9 וַיְדַבֵּר מֹשֶׁה וְהַכֹּהֲנִים הַלְוִיִּם[a] אֶל כָּל־יִשְׂרָאֵל כל תורה כת כן . ג[7]
לֵאמֹר הַסְכֵּת ׀ וּשְׁמַע יִשְׂרָאֵל הַיּוֹם הַזֶּה נִהְיֵיתָ לְעָם[b] לַיהוָה אֱלֹהֶיךָ׃ ל . ל
10 וְשָׁמַעְתָּ בְּקוֹל יְהוָה אֱלֹהֶיךָ וְעָשִׂיתָ אֶת־מִצְוֺתָו[a] וְאֶת־חֻקָּיו[b] אֲשֶׁר מצותיו[8] ק חד מן ג בליש . ל בתור
11 אָנֹכִי מְצַוְּךָ הַיּוֹם׃ ס 11 וַיְצַו מֹשֶׁה אֶת־הָעָם בַּיּוֹם הַהוּא לֵאמֹר׃
12 אֵלֶּה יַעַמְדוּ לְבָרֵךְ אֶת־הָעָם עַל־[a]הַר גְּרִזִּים[a] בְּעָבְרְכֶם אֶת־ ט[9]
13 הַיַּרְדֵּן שִׁמְעוֹן וְלֵוִי[b] וִיהוּדָה[c] וְיִשָּׂשכָר[d] וְיוֹסֵף[e] וּבִנְיָמִן׃ 13 וְאֵלֶּה ל[10] . יז[11] ר״פ בתור וכל תלדות דכות ב מ ד
יַעַמְדוּ עַל־הַקְּלָלָה בְּהַר עֵיבָל רְאוּבֵן גָּד וְאָשֵׁר וּזְבוּלֻן[a] דָּן[b] וְנַפְתָּלִי׃
14 וְעָנוּ הַלְוִיִּם וְאָמְרוּ אֶל־כָּל־אִישׁ יִשְׂרָאֵל קוֹל רָם׃ ס 15 אָרוּר
הָאִישׁ אֲשֶׁר יַעֲשֶׂה פֶסֶל וּמַסֵּכָה תּוֹעֲבַת יְהוָה מַעֲשֵׂה יְדֵי חָרָשׁ וְשָׂם ג . ה[12]
16 בַּסָּתֶר וְעָנוּ כָל־הָעָם וְאָמְרוּ אָמֵן׃ ס 16 אָרוּר מַקְלֶה[a] אָבִיו ד קמ[13] . ז בטע . ל
17 וְאִמּוֹ וְאָמַר[b] כָּל־הָעָם אָמֵן׃ ס 17 אָרוּר מַסִּיג גְּבוּל רֵעֵהוּ וְאָמַר[a] ז בטע
18 כָּל־הָעָם אָמֵן׃ ס 18 אָרוּר מַשְׁגֶּה עִוֵּר בַּדָּרֶךְ וְאָמַר[a] כָּל־הָעָם ז בטע . ב[14]
19 אָמֵן׃ ס 19 אָרוּר מַטֶּה[a] מִשְׁפַּט גֵּר־יָתוֹם[b] וְאַלְמָנָה וְאָמַר[c] כָּל־ ה בטע[15]
20 הָעָם אָמֵן׃ ס 20 אָרוּר שֹׁכֵב עִם־אֵשֶׁת אָבִיו כִּי גִלָּה כְּנַף אָבִיו ה בטע[15]
21 וְאָמַר[a] כָּל־הָעָם אָמֵן׃ ס 21 אָרוּר שֹׁכֵב עִם־כָּל־בְּהֵמָה וְאָמַר[a] ז בטע
22 כָּל־הָעָם אָמֵן׃ ס 22 אָרוּר שֹׁכֵב עִם־[a]אֲחֹתוֹ בַּת־אָבִיו אוֹ בַת־ ה בטע[15]
23 אִמּוֹ[a] וְאָמַר[b] כָּל־הָעָם אָמֵן׃ ס 23 אָרוּר שֹׁכֵב עִם־חֹתַנְתּוֹ וְאָמַר[a] ז בטע . ל
24 כָּל־הָעָם אָמֵן׃ ס 24 אָרוּר מַכֵּה רֵעֵהוּ בַּסָּתֶר וְאָמַר[a] כָּל־ ז בטע . ד קמ[13]
25 הָעָם אָמֵן׃ ס 25 אָרוּר לֹקֵחַ שֹׁחַד לְהַכּוֹת נֶפֶשׁ [a]דַּם נָקִי[a] וְאָמַר[b] ח[16]

[7] Mm 1199. [8] Q addidi, cf Dt 7,9; 8,2 et Mp sub loco. [9] Mm 969. [10] Mm 1858. [11] Mm 267. [12] Mm 224. [13] Mm 1202. [14] Mm 1200. [15] Mm 1201. [16] Mm 201.

7 [a] 𝔊$^{F*N min}$ + *κυρίῳ*, 𝔊$^{AFaΘL min}$ + *κυρίῳ τῷ θεῷ σου* ‖ **8** [a] mlt Mss ׳בָּ; > 𝔊^{min}; ℭ *diligenter*, 𝔙 *et lucide* (a אור) ‖ **9** [a] V^{Ken1} pc Mss 𝔊$^{AΘL min}$𝔖 ׳וְה ‖ [b] ⅏𝔊^{Ms} + קָדֹשׁ cf 28,9 ‖ **10** [a] K מִצְוֺתוֹ, Q mlt Mss ℭ⅏𝔖𝔗𝔗^{J} מִצְוֹתָיו cf 𝔙; 𝔊 pr *πάσας* = כל ‖ [b] ⅏ חקתיו ‖ **12** [a–a] 𝔅 הַר גְרִזִּים ut 11,29; ⅏^{Ms} הרגרזים ut 4; ℭ הר גריז(י)ם ‖ [b] V$^{Ken9.69}$ pc Mss 𝔊$^{-A}$𝔙 ׳לְ ‖ [c] ⅏𝔊𝔙 ׳י ‖ [d] pc Mss 𝔊𝔙 ׳י ‖ [e] pc Mss ⅏𝔊^{min}𝔙 ׳י ‖ **13** [a] V^{Ken1} Ms ⅏ ׳ז ‖ [b] 𝔖 *wdn* = וְדָן ‖ **16** [a] 2 Mss לֵה–; prp c 2 Mss מְקַלֵּל (Ex 21,17), sed cf 𝔊 *(ὁ ἀτιμάζων)* 𝔗^{J}𝔖𝔙 ‖ [b] ⅏ pl ut 15 cf 𝔗^{J} ‖ **17** [a] cf 16[b] ‖ **18** [a] cf 16[b] ‖ **19** [a] nonn Mss 𝔅 מַטֵּה ‖ [b] 𝔊𝔖 pr cop cf 26,13 ‖ [c] cf 16[b] ‖ **20** [a] cf 16[b] ‖ **21** [a] cf 16[b] ‖ **22** [a–a] 𝔊^{BMs} *ἀδελφῆς πατρὸς ἢ μητρὸς αὐτοῦ* = אחות אביו ואמו ‖ [b] cf 16[b] ‖ **23** [a] cf 16[b] ‖ **24** [a] cf 16[b] ‖ **25** [a–a] 𝔅 (א)דַּם נָקִי cf 19,10 ‖ [b] cf 16[b].

ה בטע[17]. ב[18] כָּל־הָעָם אָמֵן׃ ס 26 [a]אָרוּר אֲשֶׁר לֹא־יָקִים אֶת־דִּבְרֵי[b] הַתּוֹרָה־ 26
לט מל בתור הַזֹּאת [c]לַעֲשׂוֹת אוֹתָם[c] וְאָמַר[d] כָּל־הָעָם אָמֵן׃ פ
28 1 וְהָיָה[a] אִם־שָׁמוֹעַ תִּשְׁמַע בְּקוֹל יְהוָה אֱלֹהֶיךָ לִשְׁמֹר לַעֲשׂוֹת[b] ס[כו]
ד בתור אֶת־כָּל־מִצְוֺתָיו אֲשֶׁר אָנֹכִי מְצַוְּךָ הַיּוֹם וּנְתָנְךָ יְהוָה אֱלֹהֶיךָ עֶלְיוֹן
ה בסיפ. כל אורית מל[1]. ג ב מל וחד חס עַל כָּל־גּוֹיֵי[c] הָאָרֶץ׃ 2 וּבָאוּ עָלֶיךָ כָּל־הַבְּרָכוֹת הָאֵלֶּה וְהִשִּׂיגֻךָ כִּי 2
ל[2] תִשְׁמַע בְּקוֹל יְהוָה אֱלֹהֶיךָ׃ 3 בָּרוּךְ אַתָּה בָּעִיר וּבָרוּךְ אַתָּה בַּשָּׂדֶה׃ 3
ד[3] 4 בָּרוּךְ פְּרִי־בִטְנְךָ וּפְרִי אַדְמָתְךָ [a]וּפְרִי בְהֶמְתֶּךָ[a] שְׁגַר אֲלָפֶיךָ 4
ל מל בתור. יד פסוק בתור[4] וְעַשְׁתְּרוֹת צֹאנֶךָ׃ 5 בָּרוּךְ טַנְאֲךָ וּמִשְׁאַרְתֶּךָ׃ 6 בָּרוּךְ אַתָּה בְּבֹאֶךָ 5 6
ל[2] וּבָרוּךְ אַתָּה בְּצֵאתֶךָ׃ 7 יִתֵּן יְהוָה אֶת־אֹיְבֶיךָ הַקָּמִים[a] עָלֶיךָ 7
יד[5]. ב מל[6] נִגָּפִים לְפָנֶיךָ בְּדֶרֶךְ אֶחָד[b] יֵצְאוּ אֵלֶיךָ וּבְשִׁבְעָה דְרָכִים יָנוּסוּ
ל. יו בתור[7]. ל לְפָנֶיךָ׃ 8 יְצַו[a] יְהוָה אִתְּךָ אֶת־הַבְּרָכָה בַּאֲסָמֶיךָ[b] וּבְכֹל מִשְׁלַח 8
ל יָדֶךָ[c] וּבֵרַכְךָ בָּאָרֶץ אֲשֶׁר־יְהוָה אֱלֹהֶיךָ נֹתֵן לָךְ׃ 9 יְקִימְךָ יְהוָה לוֹ 9
לְעַם קָדוֹשׁ כַּאֲשֶׁר נִשְׁבַּע־לָךְ[a] כִּי תִשְׁמֹר אֶת־מִצְוֺת יְהוָה אֱלֹהֶיךָ
וְהָלַכְתָּ בִּדְרָכָיו׃ 10 וְרָאוּ כָּל־עַמֵּי הָאָרֶץ כִּי שֵׁם יְהוָה נִקְרָא עָלֶיךָ 10
ב. ב חד מל וחד חס וְיָרְאוּ מִמֶּךָּ׃ 11 וְהוֹתִרְךָ[a] יְהוָה לְטוֹבָה[b] בִּפְרִי בִטְנְךָ וּבִפְרִי 11
בְהֶמְתְּךָ[c] וּבִפְרִי אַדְמָתֶךָ עַל הָאֲדָמָה אֲשֶׁר נִשְׁבַּע יְהוָה לַאֲבֹתֶיךָ
לָתֶת לָךְ׃ 12 יִפְתַּח יְהוָה׀ לְךָ אֶת־אוֹצָרוֹ הַטּוֹב אֶת־הַשָּׁמַיִם לָתֵת 12
ד[8]. ד[9] מְטַר־[a]אַרְצְךָ בְּעִתּוֹ וּלְבָרֵךְ[b] אֵת כָּל־מַעֲשֵׂה יָדֶךָ[c] וְהִלְוִיתָ גּוֹיִם רַבִּים
כד וְאַתָּה לֹא תִלְוֶה[d]׃ 13 וּנְתָנְךָ[a] יְהוָה לְרֹאשׁ וְלֹא לְזָנָב וְהָיִיתָ רַק 13
ח[10] לְמַעְלָה וְלֹא תִהְיֶה לְמָטָּה כִּי־תִשְׁמַע אֶל־מִצְוֺת׀ יְהוָה אֱלֹהֶיךָ אֲשֶׁר
ה[11]. יז ר"פ בסיפ[12]. ל אָנֹכִי מְצַוְּךָ הַיּוֹם לִשְׁמֹר וְלַעֲשׂוֹת׃ 14 וְלֹא תָסוּר [a]מִכָּל־הַדְּבָרִים 14
אֲשֶׁר אָנֹכִי [b]מְצַוֶּה אֶתְכֶם[b] הַיּוֹם[a] יָמִין וּשְׂמֹאול לָלֶכֶת אַחֲרֵי אֱלֹהִים

[17]Mm 1201. [18]Mm 1203. **Cp 28** [1]Mm 152. [2]Mm 1850. [3]Mp sub loco. [4]Mm 750. [5]Mm 98. [6]Mm 2255. [7]Mm 60. [8]Mm 2321. [9]Mm 1106. [10]Mm 777. [11]Mm 1376. [12]Mm 1165.

26 [a] 𝔗J alit ‖ [b] pc Mss ɯ𝔊min pr כֹּל cf G 3,10 ‖ [c–c] ɯ לַעֲשׂוֹתָם ‖ [d] cf 16[b] ‖ **Cp 28,1** [a] 𝔊-B min pr 27,2a, sed 2 pl ‖ [b] VKen 69 pc Mss ɯ𝔊-Ms𝔗J וְלֹ׳ cf 𝔖𝔙 et 15 15,5 ‖ [c] pc Mss ɯ גוי ‖ **4** [a–a] > 𝔊-Ms (homtel) cf 18[a] ‖ **7** [a] ɯMss הקאמים ‖ [b] ɯMss אחת ‖ **8** [a] ɯ יצוה ‖ [b] ɯ באסימך ‖ [c] mlt Mss ℭɯ𝔙 ידיך cf 20 et 12,18[c]; 𝔗J *jdjkwn* = ידיכם ‖ **9** [a] 𝔊-min *τοῖς πατράσιν σου* = לַאֲבוֹתֶיךָ; 𝔗J 2 pl ‖ **11** [a] gaʿya eras ‖ [b] ɯ ב– ‖ [c] sic L, mlt Mss Edd בְּהֶמ׳ ‖ **12** [a] ɯ pr את ‖ [b] VKen 9 ɯMss𝔊 לֹ׳ ‖ [c] mlt Mss ℭɯ𝔊𝔖𝔙 ידיך cf 2,7[a]; 𝔗J ut 8[c] ‖ [d] 𝔊-B*min𝔏 + 15,6 bγ (𝔊O c ob) ‖ **13** [a] 𝔊-Ms𝔖𝔙 om cop ‖ **14** [a–a] 𝔙 *ab eis* ‖ [b–b] Ms ɯ𝔊𝔖 מְצַוְּךָ.

15 אֲחֵרִ֖ים לְעָבְדָֽם׃ ס 15 [a]וְהָיָ֗ה אִם־לֹ֤א תִשְׁמַע֙ בְּקוֹל֙ יְהוָ֣ה אֱלֹהֶ֔יךָ
[b]לִשְׁמֹ֤ר לַעֲשׂוֹת֙[c] אֶת־[d]כָּל־מִצְוֺתָ֣יו וְחֻקֹּתָ֔יו[e] אֲשֶׁ֛ר אָנֹכִ֥י מְצַוְּךָ֖ הַיּ֑וֹם[b] ד̇ בתור
16 וּבָ֧אוּ עָלֶ֛יךָ כָּל־הַקְּלָל֥וֹת הָאֵ֖לֶּה וְהִשִּׂיגֽוּךָ׃ 16 אָר֥וּר אַתָּ֖ה בָּעִ֑יר ג̇ ב̇ מל וחד חס
17 18 וְאָר֥וּר אַתָּ֖ה בַּשָּׂדֶֽה׃ 17 אָר֥וּר טַנְאֲךָ֖ וּמִשְׁאַרְתֶּֽךָ׃ 18 אָר֥וּר פְּרִֽי־ יד̇ פסוק בתור[13]
19 בִטְנְךָ֖ וּפְרִ֣י אַדְמָתֶ֑ךָ[a] שְׁגַ֥ר אֲלָפֶ֖יךָ וְעַשְׁתְּר֥וֹת צֹאנֶֽךָ׃ 19 אָר֥וּר אַתָּ֖ה ל̇[14]
20 בְּבֹאֶ֑ךָ וְאָר֥וּר אַתָּ֖ה בְּצֵאתֶֽךָ׃ 20 יְשַׁלַּ֣ח יְהוָ֣ה ׀ בְּ֠ךָ אֶת־הַמְּאֵרָ֣ה[a] יב̇[15] . יב̇[16] פסוק את את ואת ומילה חדה ביניה̇ . ב̇
אֶת־[b]הַמְּהוּמָה֙ וְאֶת־הַמִּגְעֶ֔רֶת בְּכָל־מִשְׁלַ֥ח יָדְךָ֖[c] [d]אֲשֶׁ֣ר תַּעֲשֶׂ֑ה עַ֣ד ב̇[17] . ל̇ . יז̇ פסוק עד ועד[18]
[e]הִשָּׁמֶדְךָ֞ וְעַד־אֲבָדְךָ֙[e] [f]מַהֵ֔ר מִפְּנֵ֖י רֹ֣עַ מַעֲלָלֶ֑יךָ אֲשֶׁ֖ר עֲזַבְתָּֽנִי[fg]׃
21 יַדְבֵּ֧ק יְהוָ֛ה בְּךָ֖ אֶת־הַדָּ֑בֶר עַ֚ד כַּלֹּת֣וֹ אֹֽתְךָ֔ מֵעַל֙ הָֽאֲדָמָ֔ה אֲשֶׁר־ ל̇ . ג̇
22 אַתָּ֥ה בָא־שָׁ֖מָּה לְרִשְׁתָּֽהּ׃ 22 יַכְּכָ֣ה[a] יְ֠הוָה בַּשַּׁחֶ֨פֶת וּבַקַּדַּ֜חַת וּבַדַּלֶּ֗קֶת ד̇ פסוק דאית בהון ח̇ מילין נסיב ו̇[19] . ל̇ . ל̇
23 וּבַֽחַרְחֻר֙ וּבַחֶ֔רֶב[b] וּבַשִּׁדָּפ֖וֹן וּבַיֵּרָק֑וֹן [c]וּרְדָפ֖וּךָ עַ֥ד אָבְדֶֽךָ[c]׃ 23 וְהָי֥וּ ל̇ וחס . יא̇ בטע[20] . ל̇
24 שָׁמֶ֛יךָ[a] אֲשֶׁ֥ר עַל־רֹאשְׁךָ֖ נְחֹ֑שֶׁת וְהָאָ֥רֶץ אֲשֶׁר־תַּחְתֶּ֖יךָ בַּרְזֶֽל׃ 24 יִתֵּ֧ן ג̇ ומל[21]
יְהוָ֛ה אֶת־מְטַ֥ר אַרְצְךָ֖ אָבָ֣ק וְעָפָ֑ר מִן־הַשָּׁמַ֨יִם֙ יֵרֵ֣ד עָלֶ֔יךָ עַ֖ד ל̇[22]
25 הִשָּׁמְדָֽךְ[a]׃ 25 יִתֶּנְךָ֨ יְהוָ֥ה ׀ נִגָּף֮ לִפְנֵ֣י אֹיְבֶ֒יךָ֒ בְּדֶ֤רֶךְ אֶחָד֙[a] תֵּצֵ֣א אֵלָ֔יו ד̇ . ג̇
וּבְשִׁבְעָ֥ה דְרָכִ֖ים תָּנ֣וּס לְפָנָ֑יו וְהָיִ֣יתָ לְזַעֲוָ֔ה[b] לְכֹ֖ל מַמְלְכ֥וֹת הָאָֽרֶץ׃
26 וְהָיְתָ֤ה נִבְלָֽתְךָ֙ לְמַאֲכָ֔ל[a] לְכָל־ע֥וֹף[a] הַשָּׁמַ֖יִם וּלְבֶהֱמַ֣ת הָאָ֑רֶץ וְאֵ֖ין ל̇
27 מַחֲרִֽיד׃ 27 יַכְּכָ֨ה יְהוָ֜ה בִּשְׁחִ֤ין מִצְרַ֙יִם֙ וּבַעְפֹלִ֔ים[a] וּבַגָּרָ֖ב ג̇[23] . ובטחרים ק̇
28 וּבֶחָ֑רֶס[b] אֲשֶׁ֥ר לֹא־תוּכַ֖ל לְהֵרָפֵֽא׃ 28 יַכְּכָ֣ה יְהוָ֔ה בְּשִׁגָּע֖וֹן וּבְעִוָּר֑וֹן[a] ב̇[24]
29 וּבְתִמְה֖וֹן[b] לֵבָֽב׃ 29 וְהָיִ֜יתָ מְמַשֵּׁ֣שׁ בַּֽצָּהֳרַ֗יִם[a] כַּאֲשֶׁ֨ר יְמַשֵּׁ֤שׁ הָעִוֵּר֙ יב̇
בָּֽאֲפֵלָ֔ה וְלֹ֥א תַצְלִ֖יחַ אֶת־דְּרָכֶ֑יךָ[b] וְהָיִ֨יתָ אַ֜ךְ[c] עָשׁ֧וּק וְגָז֛וּל כָּל־ ב̇[25] . ד̇ ג̇ מל וחד חס[26]

[13]Mm 750. [14]Mp sub loco. [15]Mm 440. [16]Mm 44. [17]Mm 2868. [18]Mm 912. [19]Mm 4156. [20]Mm 284. [21]Mm 1204. [22]Mm 2321. [23]Mm 3455. [24]2 R 9,20. [25]Mm 2581. [26]Mm 3009.

15 [a] 𝔗^{J} alit ‖ [b–b] > 𝔊^{min} ‖ [c] > ⅏𝔊^{B}; V$^{Ken 107}$ pc Mss 𝔊$^{-BFmin}$ ול' cf 𝔖 ‖ [d–d] > ⅏𝔊^{min} ‖ [e] > V$^{Ken 69}$ pc Mss 𝔊$^{-Ms}$(𝔊^{O} c ast)𝔖 ‖ **18** [a] Ms + ופרי בהמתך cf 4[a] ‖ **20** [a] ⅏ המרה ‖ [b] L* mlt Mss ℭ⅏ Vrs α′ וְאֵת ‖ [c] V$^{Ken 69}$ pc Mss ⅏ ידיך ut 8; 𝔗^{J} *jdkwn* = ידכם; > 𝔙 ‖ [d–d] > 𝔊^{B} ‖ [e–e] ⅏ השמידו)ך ועד (ה)אבו(י)ד(ו)ך cf 24.45 ‖ [f–f] frt dl (1 sg), sed cf [g] ‖ [g] 𝔊^{L} *ἐγκατέλιπες κύριον* (𝔊^{Ms} *αὐτόν*) ‖ **22** [a] ⅏ יכך, id 27.28.35 ‖ [b] > 𝔊^{B}; 𝔙 *et aestu* ‖ [c–c] ⅏𝔖 ירדפוך עד אבו(י)ד(ו)ך (⅏^{Mss} הבידוך) cf 𝔊$^{-963}$ *ἕως ἂν ἀπολέσωσίν* (𝔊^{963} *ἀπολέσῃ*) *σε* ‖ **23** [a] 𝔊$^{BNΘ 963 L min}$ *σοι (ὁ) οὐρανός*; 𝔖(𝔗𝔗^{J} 𝔙) *šmj'* = השמים ‖ **24** [a] ⅏^{Mss} השמידוך cf 20; 𝔊^{B} + *ἐν τάχει* = מַהֵר cf 63[a] 7,4 ‖ **25** [a] cf 7[b] ‖ [b] V$^{Ken 1}$ ⅏ לְזָוָעָה cf Jes 28,19 ‖ **26** [a–a] V$^{Ken 69}$ pc Mss ⅏𝔊$^{-L}$(𝔊^{O} c ast)𝔖 לעוף ‖ **27** [a] K וּבָעֳפָלִים, V$^{Ken 9.69}$ nonn Mss 𝔖𝔗𝔗^{J} ut Q וּבַטְּחֹרִים ‖ [b] ⅏^{Mss} ובהרס ‖ **28** [a] 𝔊$^{B 963 min}$ om cop ‖ [b] 𝔊$^{963 min}$ om cop ‖ **29** [a] 𝔅 בַּצָּהֳרַיִם ‖ [b] V$^{Ken 9}$ nonn Mss ⅏𝔖 דַּרְכְּךָ; 𝔗^{J} 2 pl ‖ [c] ⅏ רַק ut 33; 𝔗 *brm* ut 13 pro רק.

30 הַיָּמִים וְאֵין [d]מוֹשִׁיעַ׃ 30 אִשָּׁה תְאָרֵשׂ וְאִישׁ אַחֵר [a]יִשְׁגָּלֶנָּה בַּיִת תִּבְנֶה ישכבנה ק
31 וְלֹא־תֵשֵׁב בּוֹ כֶּרֶם תִּטַּע וְלֹא תְחַלְּלֶנּוּ׃ 31 שׁוֹרְךָ טָבוּחַ לְעֵינֶיךָ ד[27] . ל
וְלֹא תֹאכַל מִמֶּנּוּ חֲמֹרְךָ גָּזוּל מִלְּפָנֶיךָ וְלֹא יָשׁוּב לָךְ צֹאנְךָ נְתֻנוֹת ג[28] . ל . [29]
32 לְאֹיְבֶיךָ וְאֵין לְךָ מוֹשִׁיעַ׃ 32 בָּנֶיךָ וּבְנֹתֶיךָ נְתֻנִים לְעַם אַחֵר וְעֵינֶיךָ ז
33 רֹאוֹת וְכָלוֹת אֲלֵיהֶם [a]כָּל־הַיּוֹם[a] וְאֵין לְאֵל יָדֶךָ[b]׃ 33 פְּרִי[a] אַדְמָתְךָ ל . ג כלייה אל . יז מל בתור[30] . ב[31]
וְכָל־יְגִיעֲךָ יֹאכַל עַם אֲשֶׁר לֹא־יָדָעְתָּ וְהָיִיתָ רַק עָשׁוּק וְרָצוּץ כָּל־ ד ג מל וחד חס[32]
34 35 הַיָּמִים׃ 34 וְהָיִיתָ מְשֻׁגָּע מִמַּרְאֵה עֵינֶיךָ אֲשֶׁר תִּרְאֶה׃ 35 יַכְּכָה יְהוָה ג וחס[33]
בִּשְׁחִין רָע עַל־הַבִּרְכַּיִם וְעַל־הַשֹּׁקַיִם אֲשֶׁר לֹא־תוּכַל לְהֵרָפֵא מִכַּף ג[34] . ל
36 רַגְלְךָ וְעַד קָדְקֳדֶךָ׃ 36 [a]יוֹלֵךְ יְהוָה אֹתְךָ וְאֶת־מַלְכְּךָ[b] אֲשֶׁר תָּקִים יא בטע[35]
עָלֶיךָ אֶל־גּוֹי אֲשֶׁר לֹא־יָדַעְתָּ אַתָּה וַאֲבֹתֶיךָ [c]וְעָבַדְתָּ[d] שָּׁם אֱלֹהִים
37 אֲחֵרִים עֵץ וָאָבֶן[c]׃ 37 וְהָיִיתָ לְשַׁמָּה[a] לְמָשָׁל[b] וְלִשְׁנִינָה בְּכֹל הָעַמִּים ג
38 אֲשֶׁר־יְנַהֶגְךָ יְהוָה שָׁמָּה׃ 38 זֶרַע רַב תּוֹצִיא הַשָּׂדֶה וּמְעַט
39 תֶּאֱסֹף כִּי יַחְסְלֶנּוּ הָאַרְבֶּה׃ 39 כְּרָמִים תִּטַּע וְעָבָדְתָּ וְיַיִן לֹא־תִשְׁתֶּה ב[36] . ל
40 וְלֹא תֶאֱגֹר[a] כִּי תֹאכְלֶנּוּ הַתֹּלָעַת׃ 40 זֵיתִים יִהְיוּ לְךָ בְּכָל־גְּבוּלֶךָ ב חס[37] . ג[38] ב מנה בליש
41 וְשֶׁמֶן לֹא תָסוּךְ כִּי יִשַּׁל[a] זֵיתֶךָ׃ 41 בָּנִים וּבָנוֹת תּוֹלִיד וְלֹא־יִהְיוּ לָךְ כִּי ב . ג וכל יחזק דכות ב מ א
42 43 יֵלְכוּ בַּשֶּׁבִי׃ 42 כָּל־עֵצְךָ וּפְרִי אַדְמָתֶךָ יְיָרֵשׁ[a] הַצְּלָצַל׃ 43 הַגֵּר אֲשֶׁר ח ר״פ בסיפ . ל . ל
44 בְּקִרְבְּךָ יַעֲלֶה עָלֶיךָ מַעְלָה מָּעְלָה וְאַתָּה תֵרֵד מַטָּה מָּטָּה׃ 44 הוּא ג ס״פ ב מנה דגש[39]
יַלְוְךָ וְאַתָּה לֹא תַלְוֶנּוּ הוּא יִהְיֶה לְרֹאשׁ וְאַתָּה תִּהְיֶה לְזָנָב׃ כד
45 45 וּבָאוּ עָלֶיךָ כָּל־הַקְּלָלוֹת הָאֵלֶּה וּרְדָפוּךָ וְהִשִּׂיגוּךָ עַד הִשָּׁמְדָךְ[a] ג ב מל וחד חס . ד
כִּי־לֹא שָׁמַעְתָּ בְּקוֹל יְהוָה אֱלֹהֶיךָ לִשְׁמֹר מִצְוֹתָיו וְחֻקֹּתָיו אֲשֶׁר צִוָּךְ׃
46 47 46 וְהָיוּ בְךָ לְאוֹת וּלְמוֹפֵת וּבְזַרְעֲךָ עַד־עוֹלָם׃ 47 תַּחַת אֲשֶׁר לֹא־
48 עָבַדְתָּ אֶת־יְהוָה אֱלֹהֶיךָ בְּשִׂמְחָה וּבְטוּב לֵבָב מֵרֹב כֹּל׃ 48 וְעָבַדְתָּ[a] יט[40] ול[41] בליש

[27] Mm 2750. [28] Mm 1129. [29] Mm 2494. [30] Mm 250. [31] Neh 5,5. [32] Mm 3009. [33] Mm 2622. [34] Mm 3455. [35] Mm 284. [36] Ps 26,9. [37] Mm 549. [38] Mm 1205. [39] Mp sub loco. [40] Mm 335. [41] Mm 3242.

29 [d] 𝔊[-B](𝔊[O] c ob)(𝔖𝔙) + *σοι* = לך ut 31 ‖ **30** [a] 𝔙[Ken 9.69] nonn Mss ℭ ut Q; ⅏𝔗[J]𝔙 ישכב עמה ‖ **32** [a–a] > 𝔙[Ken 9] 𝔊(𝔊[O] c ast) ‖ [b] mlt Mss ℭ𝔖 יָדֶיךָ, 𝔗[J] *bjdjkwn* = ידיכם, sed prb l 𝔐 cf Gn 31,29 החיל בידך ‖ **33** [a] ⅏[Mss] ופ׳ ‖ **36** [a] ⅏[Mss] יוליך ‖ [b] 𝔗[J] 2 pl, 𝔊 *τοὺς ἄρχοντάς σου* cf 17,14 sqq ‖ [c–c] dl? ‖ [d] 𝔊[L]𝔏 (ut 64) 𝔗[J] 2 pl ‖ **37** [a] ⅏ לשם, 𝔊(𝔊[O] c ob) *ἐκεῖ ἐν αἰνίγματι* = שָׁם לְשַׁמָּה (?) ‖ [b] ⅏𝔊 ול׳; 𝔗[J] alit ‖ **39** [a] ⅏[Mss] תגאר, 𝔊 *εὐφρανθήσῃ ἐξ αὐτοῦ* ‖ **40** [a] ⅏[Mss]𝔖ℭ𝔗[J]𝔙 ישׁ(ע)לו ‖ **42** [a] ⅏ יוריש ‖ **45** [a] ⅏ℭ𝔖 השמיד(ו)ך cf 20.24 ‖ **48** [a] 𝔊[963 min] + *ἐκεῖ*.

אֶת־אֹיְבֶ֗יךָ[b] אֲשֶׁ֨ר יְשַׁלְּחֶ֤נּוּ יְהוָה֙ בָּ֔ךְ בְּרָעָ֧ב [c]וּבְצָמָ֛א וּבְעֵירֹ֖ם[c] וּבְחֹ֣סֶר
49 כֹּ֑ל וְנָתַ֞ן עֹ֤ל בַּרְזֶל֙ עַל־צַוָּארֶ֔ךָ עַ֥ד הִשְׁמִיד֖וֹ אֹתָֽךְ׃ 49 יִשָּׂ֣א
יְהוָה֩ עָלֶ֨יךָ גּ֤וֹי מֵֽרָחֹק֙ מִקְצֵ֣ה הָאָ֔רֶץ כַּאֲשֶׁ֥ר יִדְאֶ֖ה[a] הַנָּ֑שֶׁר גּ֕וֹי אֲשֶׁ֥ר
50 לֹא־תִשְׁמַ֖ע לְשֹׁנֽוֹ׃ 50 גּ֖וֹי עַ֣ז פָּנִ֑ים אֲשֶׁ֨ר לֹא־יִשָּׂ֤א פָנִים֙ לְזָקֵ֔ן וְנַ֖עַר לֹ֥א
51 יָחֹֽן׃ 51 וְ֠אָכַל פְּרִ֨י בְהֶמְתְּךָ֤ וּפְרִֽי־אַדְמָתְךָ֙ עַ֣ד הִשָּֽׁמְדָ֔ךְ[a] אֲשֶׁ֨ר לֹֽא־
יַשְׁאִ֜יר לְךָ֗ דָּגָן֙ תִּיר֣וֹשׁ[b] וְיִצְהָ֔ר שְׁגַ֥ר אֲלָפֶ֖יךָ וְעַשְׁתְּרֹ֣ת צֹאנֶ֑ךָ עַ֖ד
52 הַאֲבִיד֖וֹ אֹתָֽךְ׃ 52 וְהֵצַ֨ר לְךָ֜ [a]בְּכָל־שְׁעָרֶ֗יךָ[a] עַ֣ד רֶ֤דֶת חֹמֹתֶ֨יךָ֙
הַגְּבֹהֹ֣ת וְהַבְּצֻר֔וֹת אֲשֶׁ֥ר אַתָּ֛ה בֹּטֵ֥חַ בָּהֵ֖ן בְּכָל־אַרְצֶ֑ךָ [b]וְהֵצַ֨ר לְךָ֜
53 [c]בְּכָל־שְׁעָרֶ֗יךָ[c] [d]בְּכָל־אַ֨רְצְךָ֔[bd] אֲשֶׁ֥ר נָתַ֛ן [e]יְהוָ֥ה אֱלֹהֶ֖יךָ[e] לָֽךְ׃ 53 וְאָכַלְתָּ֣
פְרִֽי־בִטְנְךָ֗ בְּשַׂ֤ר בָּנֶ֨יךָ֙ וּבְנֹתֶ֔יךָ אֲשֶׁ֥ר נָֽתַן־לְךָ֖ [a]יְהוָ֣ה אֱלֹהֶ֑יךָ[a] בְּמָצוֹר֙
54 וּבְמָצ֔וֹק אֲשֶׁר־יָצִ֥יק[b] לְךָ֖ אֹיְבֶֽךָ׃[c] 54 הָאִישׁ֙ הָרַ֣ךְ בְּךָ֔ וְהֶעָנֹ֖ג מְאֹ֑ד תֵּרַ֨ע
55 עֵינ֤וֹ בְאָחִיו֙ וּבְאֵ֣שֶׁת חֵיק֔וֹ וּבְיֶ֥תֶר בָּנָ֖יו אֲשֶׁ֥ר יוֹתִֽיר׃ 55 מִתֵּ֣ת ׀ לְאַחַ֣ד
מֵהֶ֗ם מִבְּשַׂ֤ר בָּנָיו֙ אֲשֶׁ֣ר יֹאכֵ֔ל מִבְּלִ֥י הִשְׁאִֽיר־ל֖וֹ כֹּ֑ל בְּמָצוֹר֙ וּבְמָצ֔וֹק
56 אֲשֶׁ֨ר [a]יָצִ֥יק לְךָ֛ אֹיִבְךָ֖[a] בְּכָל־שְׁעָרֶֽיךָ׃ 56 הָרַכָּ֨ה בְךָ֜[a] וְהָעֲנֻגָּ֗ה[b] אֲשֶׁ֨ר
לֹֽא־נִסְּתָ֤ה כַף־רַגְלָהּ֙ הַצֵּ֣ג[c] עַל־הָאָ֔רֶץ מֵהִתְעַנֵּ֖ג וּמֵרֹ֑ךְ תֵּרַ֤ע עֵינָהּ֙
57 בְּאִ֣ישׁ חֵיקָ֔הּ וּבִבְנָ֖הּ[d] וּבְבִתָּֽהּ׃ 57 וּבְשִׁלְיָתָ֞הּ הַיּוֹצֵ֣ת[a] ׀ מִבֵּ֣ין רַגְלֶ֗יהָ
וּבְבָנֶ֨יהָ֙[b] אֲשֶׁ֣ר תֵּלֵ֔ד כִּֽי־תֹאכְלֵ֥ם בְּחֹסֶר־כֹּ֖ל בַּסָּ֑תֶר בְּמָצוֹר֙ וּבְמָצ֔וֹק
58 אֲשֶׁ֨ר יָצִ֥יק לְךָ֛ אֹיִבְךָ֖[c] בִּשְׁעָרֶֽיךָ׃[d] 58 אִם־לֹ֨א תִשְׁמֹ֜ר לַעֲשׂ֗וֹת
אֶת־כָּל־דִּבְרֵי֙ הַתּוֹרָ֣ה הַזֹּ֔את הַכְּתֻבִ֖ים בַּסֵּ֣פֶר הַזֶּ֑ה לְ֠יִרְאָה אֶת־
59 הַשֵּׁ֞ם הַנִּכְבָּ֤ד וְהַנּוֹרָא֙ הַזֶּ֔ה אֵ֖ת יְהוָ֥ה אֱלֹהֶֽיךָ׃ 59 וְהִפְלָ֤א יְהוָה֙[a] אֶת־
מַכֹּ֣תְךָ֔[b] וְאֵ֖ת מַכּ֣וֹת זַרְעֶ֑ךָ מַכּ֤וֹת גְּדֹלֹת֙ וְנֶ֣אֱמָנ֔וֹת וָחֳלָיִ֥ם[c] רָעִ֖ים

ד̇[42]
ל̇ז̇ ד̇ מנה ר״פ
ז̇ חס בתור[43]. ב̇
ב̇[44]. ל̇ז
ל̇ וחס. ד̇
ב̇[45]. ד̇[46]
ב̇ ובפסוק. ה̇. ב̇[47]
כ̇ז̇ בטע. ה̇[48]. ב̇ ובפסוק
ה̇
ב̇ חס. ה̇ ר״פ מיחד ול̇ ר״פ בליש[49]
ט̇[50]. ב̇. ב̇[51]. ז̇[52]
ג̇[53]
ה̇. ל̇. ל̇
ג̇[54] ב̇ מנה בליש. ל̇. ל̇
ל̇. ט̇[55] כת חס א ול̇ בליש וחד מן ה̇ מלרע
ד̇ קמ[56]
ד̇ ר״פ בסיפ. ה̇[57] ר״פ וכל איוב דכות ב̇ מ̇ ב̇
ב̇ חד כת א וחד כת ה
ב̇ כת כן בתור. ט̇[55] כת חס א ול̇ בליש

[42] Mm 1206. [43] Mp contra textum, cf Mp sub loco. [44] Mm 3856. [45] Mm 4242. [46] Mp sub loco. [47] Mm 2298. [48] Mm 640. [49] Mm 944 et Mm 978. [50] Mm 3145. [51] Qoh 4,17. [52] Mm 1207. [53] Mm 784. [54] Mm 1677. [55] Mm 922. [56] Mm 1202. [57] Mm 3185.

48 [b] 𝔙 *inimico tuo* = אֹיִבְךָ, 𝔗[J] *b'lj dbbjkwn* = אֹיְבֵיכֶם ‖ [c–c] > 𝔊[B] ‖ **49** [a] ɯɯ יראה ‖ **51** [a] V[Ken69] ɯɯ𝔖 הִשְׁמִידְךָ, 𝔏 = הִשְׁמִידוּךָ cf 45 ‖ [b] nonn Mss ɯɯ𝔏𝔖 ות' ‖ **52** [a–a] 𝔊[B] om כל ‖ [b–b] frt dl (dttg) ‖ [c–c] cf [a–a] ‖ [d–d] > 𝔊[-L](𝔊[O] c ast) ‖ [e–e] > 𝔊[B] cf 53[a–a] ‖ **53** [a–a] > ɯɯ𝔊[B] cf 52[e–e]; Ms om אלהיך ‖ [b] ɯɯ𝔗[J] pl ‖ [c] mlt Mss ℭɯɯ איביך; 𝔗[J] *sn'jkwn* = איביכם; 𝔊[min] + ἐν (πάσαις) ταῖς πόλεσίν σου ex 55.57 ‖ **55** [a–a] ɯɯ𝔊[-AMs]𝔏𝔙 ‑קו לך איביך cf 53 ‖ **56** [a] > 𝔙; 𝔊𝔗[J] 2 pl ‖ [b] 𝔅 ‑גָה; 𝔊[-BΘO] + σφόδρα ex 54 ‖ [c] ɯɯ הציגה ‖ [d] ɯɯ𝔊[Ms]𝔙 ב' ‖ **57** [a] mlt Mss ɯɯ הי(ו)צאת ‖ [b] 𝔊[-BΘLOmin](𝔖) καὶ τὸ τέκνον αὐτῆς ‖ [c–c] ɯɯ cf 55[a–a] ‖ [d] 𝔊[-BΘLO](𝔖) ἐν πάσαις ταῖς πόλεσίν σου cf 55 ‖ **59** [a] V[Ken9] ɯɯ + אלהיך ‖ [b] pc Mss 𝔖𝔙 מכו(ו)תֶיךָ ‖ [c] V[Ken1.9] nonn Mss וחלאים, V[Ken107] Ms ℭ וחליים.

וְנֶאֱמָנִים׃ 60 וְהֵשִׁיב בְּךָ אֵת כָּל־מַדְוֵה[a] מִצְרַיִם אֲשֶׁר יָגֹרְתָּ מִפְּנֵיהֶם 60
וְדָבְקוּ[b] בָּךְ׃ 61 גַּם כָּל־חֳלִי וְכָל־מַכָּה אֲשֶׁר לֹא כָתוּב בְּסֵפֶר הַתּוֹרָה 61
הַזֹּאת[a] יַעְלֵם יְהוָה עָלֶיךָ עַד הִשָּׁמְדָךְ[b]׃ 62 [a]וְנִשְׁאַרְתֶּם בִּמְתֵי מְעָט 62
תַּחַת אֲשֶׁר הֱיִיתֶם כְּכוֹכְבֵי הַשָּׁמַיִם לָרֹב כִּי־לֹא שָׁמַעְתָּ[b] בְּקוֹל יְהוָה
אֱלֹהֶיךָ[c]׃ 63 [a]וְהָיָה כַּאֲשֶׁר־שָׂשׂ יְהוָה עֲלֵיכֶם לְהֵיטִיב אֶתְכֶם וּלְהַרְבּוֹת 63
אֶתְכֶם כֵּן יָשִׂישׂ יְהוָה עֲלֵיכֶם לְהַאֲבִיד אֶתְכֶם וּלְהַשְׁמִיד אֶתְכֶם
וְנִסַּחְתֶּם[b] מֵעַל הָאֲדָמָה אֲשֶׁר־אַתָּה בָא־שָׁמָּה לְרִשְׁתָּהּ׃ 64 וֶהֱפִיצְךָ 64
יְהוָה בְּכָל־הָעַמִּים מִקְצֵה הָאָרֶץ וְעַד־קְצֵה הָאָרֶץ [a]וְעָבַדְתָּ שָּׁם
אֱלֹהִים אֲחֵרִים אֲשֶׁר לֹא־יָדַעְתָּ אַתָּה וַאֲבֹתֶיךָ עֵץ וָאָבֶן[a]׃ 65 וּבַגּוֹיִם 65
הָהֵם לֹא תַרְגִּיעַ וְלֹא־יִהְיֶה מָנוֹחַ לְכַף־רַגְלֶךָ וְנָתַן יְהוָה לְךָ שָׁם לֵב
רַגָּז וְכִלְיוֹן[a] עֵינַיִם וְדַאֲבוֹן[b] נָפֶשׁ׃ 66 וְהָיוּ חַיֶּיךָ תְּלֻאִים לְךָ מִנֶּגֶד 66
וּפָחַדְתָּ לַיְלָה וְיוֹמָם וְלֹא תַאֲמִין בְּחַיֶּיךָ׃ 67 בַּבֹּקֶר תֹּאמַר מִי־יִתֵּן 67
עֶרֶב וּבָעֶרֶב תֹּאמַר מִי־יִתֵּן בֹּקֶר מִפַּחַד לְבָבְךָ אֲשֶׁר תִּפְחָד וּמִמַּרְאֵה
עֵינֶיךָ אֲשֶׁר תִּרְאֶה׃ 68 וֶהֱשִׁיבְךָ יְהוָה ׀ מִצְרַיִם[a] בָּאֳנִיּוֹת[b] [c]בַּדֶּרֶךְ אֲשֶׁר 68
אָמַרְתִּי לְךָ לֹא־תֹסִיף[d] עוֹד לִרְאֹתָהּ[c] וְהִתְמַכַּרְתֶּם[e] שָׁם לְאֹיְבֶיךָ[f]
לַעֲבָדִים וְלִשְׁפָחוֹת וְאֵין קֹנֶה׃ ס 69 אֵלֶּה[a] דִבְרֵי הַבְּרִית אֲשֶׁר־ 69
צִוָּה יְהוָה אֶת־מֹשֶׁה לִכְרֹת אֶת־בְּנֵי יִשְׂרָאֵל בְּאֶרֶץ מוֹאָב מִלְּבַד
הַבְּרִית אֲשֶׁר־כָּרַת אִתָּם בְּחֹרֵב׃ פ

29 1 וַיִּקְרָא מֹשֶׁה אֶל־כָּל־יִשְׂרָאֵל וַיֹּאמֶר אֲלֵהֶם אַתֶּם רְאִיתֶם 29
אֵת כָּל־אֲשֶׁר עָשָׂה יְהוָה לְעֵינֵיכֶם בְּאֶרֶץ מִצְרַיִם לְפַרְעֹה וּלְכָל־
עֲבָדָיו וּלְכָל־אַרְצוֹ׃ 2 [a]הַמַּסּוֹת הַגְּדֹלֹת אֲשֶׁר רָאוּ עֵינֶיךָ[b] הָאֹתֹת[c] 2
וְהַמֹּפְתִים הַגְּדֹלִים הָהֵם׃ 3 וְלֹא־נָתַן יְהוָה לָכֶם לֵב לָדַעַת וְעֵינַיִם 3

ב חד כת ה וחד כת י[58]
ד ר״פ בתור[59]
ל . ד . ז קמ וכל אתנח וס״פ דכות[60]
ד[61]
ד . ד[62]
ל
ה[63]
ד[64]
כל מל . ו[65] חס וכל כתיב דכות ב מ א . ז
ל . ל וכל שם אנש דכות . כח . ב חד חס וחד מל[66]
ג
ד[67] . ל קמ . ב
ל[68] . ד[69]
יג ג מנה כת כן
לז
ח
ב חד מל וחד חס
יז ר״פ בסיפ[1] . ד[2]

[58] Dt 7,15. [59] Mm 52. [60] Mm 1208. [61] Mm 1210. [62] Mm 1209. [63] Mm 2525. [64] Mm 4000. [65] Mm 1267. [66] Mm 3029. [67] Mm 2812. [68] וחד וֶהֱשִׁיבְךָ Gn 40,13. [69] Mm 1211. Cp 29 [1] Mm 1165. [2] Mm 1212.

60 [a] V[Ken107] nonn Mss ℭш𝔖𝔗𝔗[J]𝔙 מַדְוֵי ut 7,15 ‖ [b] ш ־ק ‖ **61** [a] nonn Mss ш𝔊[Lmin]𝔏𝔖𝔗[J] הַזֶּה ut 29,20 30,10 31,26 ‖ [b] V[Ken69] ш[Mss]𝔖𝔙 השמידך ut 51 ‖ **62** [a] add (pl)? ‖ [b] ш𝔊[-B]𝔏𝔗[J] 2 pl ‖ [c] cf [b]; 𝔊[Θmin] 1 pl ‖ **63** [a] add (pl)? ‖ [b] 𝔊[B] + ἐν τάχει = מהר cf 24 ‖ **64** [a–a] = 36 aγ.b, sed tr אשר ... אבתיך ‖ **65** [a] ш כ׳ ‖ [b] ш ודיבון ш[Ms] ומדיבון ‖ **68** [a] Seb ш ־יְמָה cf 𝔖𝔗𝔗[J]; pc Mss צ maj ‖ [b] ш[Ms] באונ׳ ‖ [c–c] frt dl ut 20 (1 sg) ‖ [d] ш𝔗[J] 2 pl ‖ [e] 𝔙 *venderis* = הִתְמַכַּרְתָּ, sed cf [f]; pc Mss כ maj ‖ [f] frt l c ш𝔊𝔖𝔗𝔗[J] לְאֹיְבֵיכֶם, sed cf [e] ‖ **69** [a] ш𝔊[Ms] ואלה cf 1,1 ‖ **Cp 29,2** [a] dl (sg)? ‖ [b] 𝔊[L]𝔖𝔗[J] 2 pl ‖ [c] V[Ken69.107] Ms 𝔊[Ms]𝔏 וה׳.

4 לִרְא֔וֹת וְאָזְנַ֖יִם לִשְׁמֹ֑עַ עַ֖ד הַיּ֥וֹם הַזֶּֽה׃ 4 וָאוֹלֵ֥ךְ[a] אֶתְכֶ֛ם אַרְבָּעִ֥ים
שָׁנָ֖ה בַּמִּדְבָּ֑ר לֹא־בָל֤וּ שַׂלְמֹֽתֵיכֶם֙[b] מֵעֲלֵיכֶ֔ם [c]וְנַעַלְךָ֥ לֹא־בָלְתָ֖ה מֵעַ֥ל
5 רַגְלֶֽךָ׃[c] 5 לֶ֚חֶם לֹ֣א אֲכַלְתֶּ֔ם וְיַ֥יִן וְשֵׁכָ֖ר לֹ֣א שְׁתִיתֶ֑ם לְמַ֙עַן֙ תֵּֽדְע֔וּ [a]כִּ֛י
6 אֲנִ֥י יְהוָ֖ה אֱלֹהֵיכֶֽם[a]׃ 6 וַתָּבֹ֖אוּ אֶל־הַמָּק֣וֹם הַזֶּ֑ה וַיֵּצֵ֣א סִיחֹ֣ן מֶֽלֶךְ־
7 חֶ֠שְׁבּוֹן וְע֨וֹג מֶֽלֶךְ־הַבָּשָׁ֧ן לִקְרָאתֵ֛נוּ[a] לַמִּלְחָמָ֖ה וַנַּכֵּֽם׃ 7 וַנִּקַּח֙
אֶת־אַרְצָ֔ם וַנִּתְּנָ֣הּ[a] לְנַחֲלָ֔ה[b] לָראוּבֵנִ֖י וְלַגָּדִ֑י וְלַחֲצִ֖י שֵׁ֥בֶט הַֽמְנַשִּֽׁי׃
8 וּשְׁמַרְתֶּ֗ם אֶת־[a]דִּבְרֵי֙ הַבְּרִ֣ית הַזֹּ֔את וַעֲשִׂיתֶ֖ם אֹתָ֑ם לְמַ֣עַן תַּשְׂכִּ֔ילוּ
ס [כז] פרש אֵ֖ת כָּל־אֲשֶׁ֥ר תַּעֲשֽׂוּן׃ פ קכב 9 אַתֶּ֨ם נִצָּבִ֤ים הַיּוֹם֙ כֻּלְּכֶ֔ם
לִפְנֵ֖י יְהוָ֣ה אֱלֹהֵיכֶ֑ם [a]רָאשֵׁיכֶ֣ם שִׁבְטֵיכֶ֗ם[a] זִקְנֵיכֶם֙ וְשֹׁ֣טְרֵיכֶ֔ם כֹּ֖ל אִ֥ישׁ
10 יִשְׂרָאֵֽל׃ 10 טַפְּכֶ֣ם נְשֵׁיכֶ֔ם[a] וְגֵ֣רְךָ֔ אֲשֶׁ֖ר בְּקֶ֣רֶב מַחֲנֶ֑יךָ[b] מֵחֹטֵ֣ב עֵצֶ֔יךָ
11 עַ֖ד[c] שֹׁאֵ֥ב מֵימֶֽיךָ׃ 11 לְעָבְרְךָ֗[a] בִּבְרִ֛ית יְהוָ֥ה אֱלֹהֶ֖יךָ וּבְאָלָת֑וֹ אֲשֶׁר֙
12 יְהוָ֣ה אֱלֹהֶ֔יךָ כֹּרֵ֥ת עִמְּךָ֖ הַיּֽוֹם׃ 12 לְמַ֣עַן הָקִֽים־אֹתְךָ֩ הַיּ֨וֹם ׀ ל֜וֹ לְעָ֗ם
וְה֤וּא יִֽהְיֶה־לְּךָ֙ לֵֽאלֹהִ֔ים כַּאֲשֶׁ֖ר דִּבֶּר־לָ֑ךְ וְכַאֲשֶׁ֤ר נִשְׁבַּע֙ לַאֲבֹתֶ֔יךָ
13 לְאַבְרָהָ֥ם לְיִצְחָ֖ק וּֽלְיַעֲקֹֽב׃ 13 וְלֹ֥א אִתְּכֶ֖ם לְבַדְּכֶ֑ם אָנֹכִ֗י כֹּרֵת֙ אֶת־
14 הַבְּרִ֣ית הַזֹּ֔את וְאֶת־הָאָלָ֖ה הַזֹּֽאת׃ 14 [a]כִּ֠י אֶת־אֲשֶׁ֨ר יֶשְׁנ֜וֹ פֹּ֗ה עִמָּ֙נוּ֙
עֹמֵ֣ד הַיּ֔וֹם לִפְנֵ֖י יְהוָ֣ה אֱלֹהֵ֑ינוּ[b] וְאֵ֨ת אֲשֶׁ֥ר אֵינֶ֛נּוּ פֹּ֖ה עִמָּ֥נוּ[c] הַיּֽוֹם׃
15 כִּֽי־אַתֶּ֣ם יְדַעְתֶּ֔ם אֵ֥ת אֲשֶׁר־יָשַׁ֖בְנוּ בְּאֶ֣רֶץ מִצְרָ֑יִם וְאֵ֧ת אֲשֶׁר־
16 עָבַ֛רְנוּ בְּקֶ֥רֶב הַגּוֹיִ֖ם אֲשֶׁ֥ר עֲבַרְתֶּֽם׃ 16 וַתִּרְאוּ֙ אֶת־שִׁקּ֣וּצֵיהֶ֔ם וְאֵ֖ת
17 גִּלֻּלֵיהֶ֑ם[a] עֵ֣ץ וָאֶ֔בֶן כֶּ֥סֶף וְזָהָ֖ב אֲשֶׁ֥ר עִמָּהֶֽם׃ 17 פֶּן־יֵ֣שׁ בָּ֠כֶם אִ֣ישׁ אוֹ־
אִשָּׁ֞ה א֧וֹ מִשְׁפָּחָ֣ה אוֹ־שֵׁ֗בֶט אֲשֶׁר֩ לְבָב֨וֹ פֹנֶ֤ה הַיּוֹם֙[a] מֵעִם֙ יְהוָ֣ה
אֱלֹהֵ֔ינוּ[b] לָלֶ֣כֶת לַעֲבֹ֔ד אֶת־אֱלֹהֵ֖י הַגּוֹיִ֣ם הָהֵ֑ם פֶּן־יֵ֣שׁ בָּכֶ֗ם שֹׁ֛רֶשׁ פֹּרֶ֥ה

ג[3]
ד . ד[4] בתור בליש וכל קריא דכות ב מ ו . ב
ו[5] חס וכל כתיב דכות ב מ א . ג[6] . ל
כד ס״פ
ל . ה[7] ג מנה בתור . ד בליש[8]
יד[9] . ד ר״פ
ו[10]
ל ר״פ[11]
ל . ג[12] . ל . ג[13] . ל
יב בתור
יד פסוק לך לך[14]
יז ר״פ בסיפ[15]
ד[16]
ל חס בתור
ג וחס[17] . ט ומן ראש דמלכים עד ויירא כל ישראל דכות[18]
ל[19]

[3] Mm 817. [4] Mm 1213. [5] Mm 1267. [6] Mm 1214. [7] Mm 943. [8] Mm 4130. [9] Mm 393. [10] Mm 1215. [11] Mm 978. [12] Mm 532. [13] Mm 1641. [14] Mm 1860. [15] Mm 1165. [16] Mm 1662. [17] Mm 1326. [18] Mm 3417. [19] וחד פודה Ps 34,23.

4 [a] 𝔊[-Ms]𝔖𝔙 3 m sg ‖ [b] V[Ken 69.80] pc Mss ш שְׂמְל(ו)תֵיכֶם cf 8,4 24,13 ‖ [c—c] frt dl (sg), quamvis ш𝔊𝔖𝔗 ע׳ ונעליכם לא בָלוּ מעל רגליכם ‖ **5** [a—a] 𝔊[B] *ὅτι οὗτός (ἐστιν) κύριος ὁ θεὸς ὑμῶν* ‖ **6** [a] 𝔊[BLO min] 2 pl ‖ **7** [a] 𝔊 1 sg ‖ [b] > Ms; ш𝔖𝔗[J] נ׳ ‖ **8** [a] 𝔊[-min](𝔊[O] c ob) + *πάντας* = כל ‖ **9** [a—a] 𝔖(𝔗[J]) *rjšj šbtjkwn*, prb l רָאשֵׁי שׁ׳ (cf 𝔊 *οἱ ἀρχίφυλοι ὑμῶν*) vel ר׳ שֹׁפְטֵיכֶם ut Jos 23,2 24,1 (𝔊 *οἱ κριταὶ ὑμῶν* inter זק׳ et (ושט׳)) ‖ **10** [a] 𝔔ш𝔊[AMO min]𝔖𝔗[J]𝔙 ונ׳ ‖ [b] V[Ken 1.9.69] pc Mss ш𝔖 מַחֲנֶךָ, 𝔊 *τῆς παρεμβολῆς ὑμῶν* = מַחֲנֵכֶם, 𝔗[J] *mšrwjjkwn* = מַחֲנֵיכֶם ‖ [c] Ms ш𝔊[BF*963(?)L min]𝔖𝔙 וְעַד ‖ **11** [a] 𝔖 2 pl pro 2 sg, ш[Mss]𝔗 לְהַעֲבִירְךָ, 𝔗[J] *l''lwtkwn* = לְהַעֲבִירְכֶם ‖ **14** [a] 𝔙 brevius ‖ [b] 𝔊[-min] 2 pl ‖ [c] 𝔔𝔊[Θ 963 min]𝔏 2 pl ‖ **16** [a] 𝔔 V[Ken 1.69] mlt Mss 𝔖𝔙 גלוליהם ‖ **17** [a] > 𝔊[-L]; 𝔊[O] c ast ‖ [b] 𝔊[-O Ms] 2 pl.

ל̇ . ג̇[20] רֹאשׁ וְלַעֲנָה׃ 18 וְהָיָה בְּשָׁמְעוֹ אֶת־דִּבְרֵי הָאָלָה הַזֹּאת וְהִתְבָּרֵךְ 18
ה̇[21] . ב̇ בִּלְבָבוֹ לֵאמֹר שָׁלוֹם יִהְיֶה־לִּי כִּי בִּשְׁרִרוּת לִבִּי אֵלֵךְ לְמַעַן [a]סְפוֹת
ל̇ . ל̇ . ל̇ חס . ב̇ הָרָוָה[b] אֶת־הַצְּמֵאָה[a]׃ 19 לֹא־יֹאבֶה יְהוָה סְלֹחַ[a] לוֹ כִּי אָז [b]יֶעְשַׁן 19
ה̇ בתור . ל̇ אַף־יְהוָה וְקִנְאָתוֹ בָּאִישׁ הַהוּא וְרָבְצָה[c] בּוֹ כָּל־הָאָלָה הַכְּתוּבָה
ד̇ . ל̇ בַּסֵּפֶר הַזֶּה וּמָחָה יְהוָה אֶת־שְׁמוֹ מִתַּחַת הַשָּׁמָיִם׃ 20 וְהִבְדִּילוֹ יְהוָה 20
לְרָעָה מִכֹּל שִׁבְטֵי יִשְׂרָאֵל כְּכֹל אָלוֹת הַבְּרִית הַכְּתוּבָה[a] בְּסֵפֶר
ג̇ מל בתור[22] הַתּוֹרָה הַזֶּה[b]׃ 21 וְאָמַר הַדּוֹר הָאַחֲרוֹן בְּנֵיכֶם אֲשֶׁר יָקוּמוּ 21
ל̇ מל בתור מֵאַחֲרֵיכֶם וְהַנָּכְרִי אֲשֶׁר יָבֹא מֵאֶרֶץ רְחוֹקָה וְרָאוּ[a] אֶת־מַכּוֹת הָאָרֶץ
ב̇ בתרי לישנ̇[23] . ל̇ הַהִוא וְאֶת־תַּחֲלֻאֶיהָ אֲשֶׁר־חִלָּה[b] יְהוָה בָּהּ׃ 22 גָּפְרִית וָמֶלַח שְׂרֵפָה 22
ל̇ . לד̇ פסוק לא ולא ולא[24] . ל̇ חס . ג̇[25] כָל־אַרְצָהּ לֹא תִזָּרַע[a] וְלֹא תַצְמִחַ וְלֹא־יַעֲלֶה בָהּ כָּל־עֵשֶׂב כְּמַהְפֵּכַת
וצבוים ק̇ סְדֹם וַעֲמֹרָה אַדְמָה וּצְבֹיִים[b] אֲשֶׁר הָפַךְ יְהוָה בְּאַפּוֹ וּבַחֲמָתוֹ׃
23 וְאָמְרוּ כָּל־הַגּוֹיִם עַל־מֶה עָשָׂה יְהוָה כָּכָה לָאָרֶץ הַזֹּאת מֶה[a] 23
ג̇[26] . ח̇ מל בתור[27] חֳרִי הָאַף הַגָּדוֹל הַזֶּה׃ 24 וְאָמְרוּ עַל אֲשֶׁר עָזְבוּ אֶת־בְּרִית יְהוָה 24
ד̇[28] . ב̇ ומל[29] אֱלֹהֵי אֲבֹתָם אֲשֶׁר כָּרַת עִמָּם בְּהוֹצִיאוֹ אֹתָם מֵאֶרֶץ מִצְרָיִם׃
25 וַיֵּלְכוּ וַיַּעַבְדוּ אֱלֹהִים אֲחֵרִים [a]וַיִּשְׁתַּחֲוּוּ[b] לָהֶם[a] אֱלֹהִים[c] אֲשֶׁר לֹא־ 25
יְדָעוּם וְלֹא חָלַק לָהֶם׃ 26 וַיִּחַר־אַף יְהוָה בָּאָרֶץ הַהִוא לְהָבִיא 26
ל̇ עָלֶיהָ אֶת־כָּל־הַקְּלָלָה הַכְּתוּבָה בַּסֵּפֶר הַזֶּה׃ 27 וַיִּתְּשֵׁם יְהוָה מֵעַל 27
ל̇ חס אַדְמָתָם בְּאַף וּבְחֵמָה וּבְקֶצֶף גָּדוֹל וַיַּשְׁלִכֵם[a] אֶל־אֶרֶץ אַחֶרֶת כַּיּוֹם
ל̇ חס . ט̇ . ל̇ וחס . הי̇ נקוד י̇ מנה בתור . ב̇[30] הַזֶּה׃ 28 הַנִּסְתָּרֹת לַיהוָה אֱלֹהֵינוּ[a] וְהַנִּגְלֹת [b]לָנוּ וּלְבָנֵינוּ[b] עַד־עוֹלָם 28
לַעֲשׂוֹת אֶת־כָּל־דִּבְרֵי הַתּוֹרָה הַזֹּאת׃ ס

30 1 וְהָיָה כִי־יָבֹאוּ עָלֶיךָ כָּל־הַדְּבָרִים הָאֵלֶּה הַבְּרָכָה וְהַקְּלָלָה **30**
ב̇[1] . ג̇[2] אֲשֶׁר נָתַתִּי לְפָנֶיךָ וַהֲשֵׁבֹתָ אֶל־[a]לְבָבֶךָ בְּכָל־הַגּוֹיִם אֲשֶׁר הִדִּיחֲךָ[b]
ה̇[3] יְהוָה אֱלֹהֶיךָ[c] שָׁמָּה׃ 2 וְשַׁבְתָּ עַד־יְהוָה אֱלֹהֶיךָ וְשָׁמַעְתָּ בְקֹלוֹ כְּכֹל 2

[20]Mm 485. [21]Mm 2238. [22]Mm 1216. [23]Mm 4254. [24]Mm 771. [25]Mm 1217. [26]Mm 2669. [27]Mm 73. [28]Mm 1218. [29]Mm 1919. [30]Gn 31,16 et Mp sub loco. **Cp 30** [1]Mm 1219. [2]Mm 1220. [3]Mm 1076.

18 a–a 𝔊 *συναπολέσῃ ὁ ἁμαρτωλὸς τὸν ἀναμάρτητον* cf 𝔏; 𝔗𝔗^J alit ‖ b ɯ^Mss הרוחה, ɯ^Mss הרואה ‖ **19** a ɯ𝔖𝔗^J לס׳ ‖ b ɯ יחר ‖ c ɯ –צו ‖ **20** a ɯ𝔖 –בים, sed cf 𝔊^AFM min *τῆς γεγραμμένης* ‖ b 𝔖𝔙 f cf 𝔊 ‖ **21** a ɯ וראה ‖ b Ms ɯ^Mss חלא ‖ **22** a ɯ תַּזְרִיעַ ‖ b V^Ken107 nonn Mss 𝔔 ɯ^Mss וּצְבֹ(ו)יִם, ɯ𝔗 וצב(ו)אים, 𝔗^J *wṣbwjjm* cf Gn 10,19; 𝔊 *καὶ Σεβωειμ* (𝔊^AFOMs *-ειν, -ιν*) ‖ **23** a V^Ken9.69 nonn Mss ɯ𝔖 ומה ‖ **25** a–a > 𝔊^BMs ‖ b sic L, mlt Mss Edd –וו ‖ c > 𝔊^-L(𝔊^O c ast) ‖ **27** a mlt Mss 𝔅 ל maj ‖ **28** a 𝔊^BΘ min 2 pl ‖ b–b 𝔊^BΘL min 2 pl ‖ **Cp 30,1** a ɯ^Mss על ‖ b ɯ יד׳ ‖ c > 𝔊^BΘ min 𝔏𝔗^J.

אֲשֶׁר־אָנֹכִי מְצַוְּךָ הַיּוֹם [a]אַתָּה וּבָנֶיךָ[a] בְּכָל־לְבָבְךָ וּבְכָל־נַפְשֶׁךָ׃
3 וְשָׁב[a] יְהוָה אֱלֹהֶיךָ אֶת־שְׁבוּתְךָ[b] וְרִחֲמֶךָ וְשָׁב וְקִבֶּצְךָ מִכָּל־הָעַמִּים ל̇. ל̇
4 אֲשֶׁר הֱפִיצְךָ [c]יְהוָה אֱלֹהֶיךָ[c] שָׁמָּה׃ 4 אִם־יִהְיֶה נִדַּחֲךָ בִּקְצֵה הַשָּׁמָיִם ד̇ ר״פ בסיפ[4]. ל̇
5 מִשָּׁם יְקַבֶּצְךָ יְהוָה אֱלֹהֶיךָ וּמִשָּׁם יִקָּחֶךָ[a]׃ 5 וֶהֱבִיאֲךָ יְהוָה[a] אֱלֹהֶיךָ[b] ל̇. ח̇[5]
אֶל־הָאָרֶץ אֲשֶׁר־יָרְשׁוּ אֲבֹתֶיךָ וִירִשְׁתָּהּ וְהֵיטִבְךָ[c] וְהִרְבְּךָ מֵאֲבֹתֶיךָ׃ ח̇ חס בליש[6]
6 וּמָל יְהוָה אֱלֹהֶיךָ אֶת־לְבָבְךָ וְאֶת־לְבַב זַרְעֶךָ לְאַהֲבָה אֶת־יְהוָה ל̇. ל̇
7 אֱלֹהֶיךָ בְּכָל־לְבָבְךָ וּבְכָל־נַפְשְׁךָ לְמַעַן חַיֶּיךָ׃ 7 וְנָתַן יְהוָה אֱלֹהֶיךָ
אֵת כָּל־הָאָלוֹת הָאֵלֶּה עַל־אֹיְבֶיךָ[a] וְעַל־שֹׂנְאֶיךָ אֲשֶׁר רְדָפוּךָ׃ ג̇ ב̇ מל̇ וחד חס[7]
8 וְאַתָּה תָשׁוּב וְשָׁמַעְתָּ בְּקוֹל יְהוָה[a] וְעָשִׂיתָ אֶת־כָּל־מִצְוֹתָיו אֲשֶׁר ד̇ בתור
9 אָנֹכִי מְצַוְּךָ הַיּוֹם׃ 9 וְהוֹתִירְךָ יְהוָה אֱלֹהֶיךָ בְּכֹל ׀ מַעֲשֵׂה יָדֶךָ[a] בִּפְרִי ב̇ חד מל̇ וחד חס
בִטְנְךָ וּבִפְרִי [b]בְהֶמְתְּךָ וּבִפְרִי אַדְמָתְךָ[b] לְטֹבָה כִּי ׀ יָשׁוּב יְהוָה לָשׂוּשׂ ב̇ חס[8]. ל̇
10 עָלֶיךָ לְטוֹב כַּאֲשֶׁר־שָׂשׂ עַל־אֲבֹתֶיךָ׃ 10 כִּי תִשְׁמַע בְּקוֹל יְהוָה ד̇[9]. ב̇[10]
אֱלֹהֶיךָ לִשְׁמֹר מִצְוֹתָיו וְחֻקֹּתָיו הַכְּתוּבָה[a] [b]בְּסֵפֶר הַתּוֹרָה[b] הַזֶּה[c] כִּי
תָשׁוּב אֶל־יְהוָה אֱלֹהֶיךָ בְּכָל־לְבָבְךָ וּבְכָל־נַפְשֶׁךָ׃ פ 11 כִּי [כח] ס̇
הַמִּצְוָה הַזֹּאת אֲשֶׁר אָנֹכִי מְצַוְּךָ הַיּוֹם לֹא־נִפְלֵאת הִוא[a] מִמְּךָ וְלֹא ל̇
12 רְחֹקָה הִוא[a]׃ 12 לֹא בַשָּׁמַיִם הִוא[a] לֵאמֹר מִי יַעֲלֶה־לָּנוּ הַשָּׁמַיְמָה[b] י̇א[11]
13 וְיִקָּחֶהָ לָּנוּ וְיַשְׁמִעֵנוּ אֹתָהּ וְנַעֲשֶׂנָּה׃ 13 וְלֹא־מֵעֵבֶר לַיָּם הִוא[a] לֵאמֹר ג̇. ב̇ וחס. י̇ז ר״פ בסיפ[12]
מִי יַעֲבָר־לָנוּ אֶל־עֵבֶר הַיָּם וְיִקָּחֶהָ לָּנוּ וְיַשְׁמִעֵנוּ אֹתָהּ וְנַעֲשֶׂנָּה׃ ג̇. ב̇ וחס
14 כִּי־קָרוֹב אֵלֶיךָ הַדָּבָר מְאֹד בְּפִיךָ וּבִלְבָבְךָ לַעֲשֹׂתוֹ׃ ס ה̇ וחס[13]
15 רְאֵה נָתַתִּי לְפָנֶיךָ הַיּוֹם[a] אֶת־הַחַיִּים וְאֶת־הַטּוֹב וְאֶת־הַמָּוֶת וְאֶת־ ג̇[14]. ל̇. ב̇[15]
16 הָרָע׃ 16 אֲשֶׁר[a] אָנֹכִי מְצַוְּךָ הַיּוֹם לְאַהֲבָה אֶת־יְהוָה אֱלֹהֶיךָ לָלֶכֶת[b]

[4] Mp sub loco. [5] Mm 1349. [6] Mm 1098. [7] Mm 1221. [8] Mm 1222. [9] Mm 1210. [10] Mm 2187. [11] Mm 1071. [12] Mm 1165. [13] Mm 305. [14] Mm 1223. [15] Hi 2,10.

2 [a–a] > 𝔊[-L](𝔊[O] c ast); homtel hebr ‖ **3** [a] 𝔊 *καὶ ἰάσεται (-ηται)*, 𝔊[LO min] *καὶ ἐξιλάσεται* ‖ [b] 𝔐 שׁוּבתך ‖ [c–c] 𝔊[BΘ min] om אלהיך; > 𝔙? ‖ **4** [a] 𝔊[BN963 min] + *κύριος ὁ θεός σου* ‖ **5** [a] > 𝔊[B](𝔙)? ‖ [b] > 𝔙? 𝔊[-B Ms] + *ἐκεῖθεν* ‖ [c] > 𝔐, homtel ‖ **7** [a] V[Ken 9] Ms ℭ איבך ‖ **8** [a] pc Mss 𝔐𝔊𝔖𝔙 + אלהיך; 2 Mss sine punctis ‖ **9** [a] mlt Mss ℭ𝔐𝔊𝔖𝔙 יָדֶיךָ, 𝔗[J] *jdjkwn* = יְדֵיכֶם cf 2,7[a] ‖ [b–b] 𝔐 אד׳ וב׳ בה׳ ‖ **10** [a] 𝔖𝔗𝔗[J] *dktjbjn* = הַכְּתוּבִים, sed cf 29,20 אָלוֹת ... הכתובה ‖ [b–b] 𝔖 *bktb'*, 𝔙 *in ... lege* ‖ [c] ℭ f, 𝔊 *(τοῦ νόμου) τούτου* cf 28,61 ‖ **11** [a] mlt Mss ו maj ‖ **12** [a] cf 11[a] ‖ [b] 𝔐 ־ם cf 4,19 ‖ **13** [a] cf 11[a] ‖ **15** [a] > 𝔐 ‖ **16** [a] 𝔊[-Ms] pr *(καὶ) εἰσακούσῃς τὰς ἐντολὰς κυρίου τοῦ θεοῦ σου*, ins (וְ)אִם תִּשְׁמַע אֶל מִצְוֺת יהוה אֱלֹהֶיךָ cf 11,27 ‖ [b] pc Mss 𝔐[Ms]𝔊[LO]𝔖𝔗[J]𝔙 ול׳ cf 10,12 11,22 19,9.

בִּדְרָכָיו [c]וְלִשְׁמֹר [d]מִצְוֺתָיו וְחֻקֹּתָיו[d] וּמִשְׁפָּטָיו [e]וְחָיִיתָ וְרָבִיתָ[e] וּבֵרַכְךָ
17 [f]יְהוָה אֱלֹהֶיךָ[f] בָּאָרֶץ אֲשֶׁר־אַתָּה בָא־שָׁמָּה לְרִשְׁתָּהּ׃ 17 וְאִם־יִפְנֶה
לְבָבְךָ וְלֹא תִשְׁמָע וְנִדַּחְתָּ וְהִשְׁתַּחֲוִיתָ לֵאלֹהִים אֲחֵרִים וַעֲבַדְתָּם׃
18 18 הִגַּדְתִּי לָכֶם[a] הַיּוֹם כִּי אָבֹד תֹּאבֵדוּן [b]לֹא־תַאֲרִיכֻן יָמִים עַל־
הָאֲדָמָה אֲשֶׁר [c]אַתָּה עֹבֵר[c] אֶת־הַיַּרְדֵּן [d]לָבוֹא שָׁמָּה לְרִשְׁתָּהּ׃
19 19 הַעִידֹתִי בָכֶם הַיּוֹם אֶת־הַשָּׁמַיִם וְאֶת־הָאָרֶץ הַחַיִּים וְהַמָּוֶת נָתַתִּי
לְפָנֶיךָ[a] הַבְּרָכָה וְהַקְּלָלָה וּבָחַרְתָּ בַּחַיִּים לְמַעַן תִּחְיֶה אַתָּה וְזַרְעֶךָ׃
20 20 לְאַהֲבָה אֶת־יְהוָה אֱלֹהֶיךָ לִשְׁמֹעַ[a] בְּקֹלוֹ וּלְדָבְקָה־בוֹ כִּי הוּא
חַיֶּיךָ וְאֹרֶךְ יָמֶיךָ לָשֶׁבֶת עַל־הָאֲדָמָה אֲשֶׁר נִשְׁבַּע יְהוָה לַאֲבֹתֶיךָ
לְאַבְרָהָם לְיִצְחָק וּלְיַעֲקֹב לָתֵת לָהֶם׃[b] פ

31 31 1 [a]וַיֵּלֶךְ מֹשֶׁה וַיְדַבֵּר[a] [b]אֶת־הַדְּבָרִים הָאֵלֶּה אֶל־[c]כָּל־יִשְׂרָאֵל׃ **31**
2 2 וַיֹּאמֶר אֲלֵהֶם בֶּן־מֵאָה וְעֶשְׂרִים שָׁנָה אָנֹכִי הַיּוֹם לֹא־אוּכַל עוֹד
3 לָצֵאת וְלָבוֹא וַיהוָה אָמַר[a] אֵלַי לֹא תַעֲבֹר אֶת־הַיַּרְדֵּן הַזֶּה׃ 3 יְהוָה
אֱלֹהֶיךָ הוּא ׀ עֹבֵר[a] לְפָנֶיךָ הוּא־יַשְׁמִיד אֶת־הַגּוֹיִם הָאֵלֶּה מִלְּפָנֶיךָ
4 וִירִשְׁתָּם יְהוֹשֻׁעַ[b] הוּא עֹבֵר[c] לְפָנֶיךָ כַּאֲשֶׁר דִּבֶּר יְהוָה׃ 4 [a]וְעָשָׂה
יְהוָה לָהֶם כַּאֲשֶׁר עָשָׂה לְסִיחוֹן וּלְעוֹג[b] מַלְכֵי הָאֱמֹרִי[c] וּלְאַרְצָם אֲשֶׁר
5 הִשְׁמִיד אֹתָם׃ 5 [a]וּנְתָנָם יְהוָה לִפְנֵיכֶם [b]וַעֲשִׂיתֶם לָהֶם [c]כְּכָל־הַמִּצְוָה
6 אֲשֶׁר[c] צִוִּיתִי אֶתְכֶם׃ 6 [a]חִזְקוּ וְאִמְצוּ אַל־תִּירְאוּ וְאַל־תַּעַרְצוּ מִפְּנֵיהֶם
כִּי ׀ יְהוָה אֱלֹהֶיךָ הוּא הַהֹלֵךְ עִמָּךְ[b] לֹא יַרְפְּךָ וְלֹא יַעַזְבֶךָּ׃ פ
7 7 וַיִּקְרָא מֹשֶׁה לִיהוֹשֻׁעַ וַיֹּאמֶר אֵלָיו לְעֵינֵי כָל־יִשְׂרָאֵל חֲזַק וֶאֱמָץ

ו̇ פסוק מן ג̇ מילין מתחלפ צ̇ ק̇ פ̇ סימן [16] . ב̇ חד חס וחד מל [17]
ד̇ [18] . ל̇ [19]
ד̇ . ב̇ [20]
ב̇ ושאר עברים שמה לרשתה [21]
י̇ג̇ [22]
ד̇ [1] . כ̇ב̇ בתור . ו̇ [2] . ג̇ ר״פ וס״פ [3]
ל̇
ב̇ [4]
ד̇ מל בתור
ג̇

[16] Okhl 276. [17] Jer 38,17, cf Mp sub loco. [18] Mm 2475. [19] Mm 1073. [20] Mp sub loco. [21] Dt 4,5. [22] Mm 3139. Cp 31 [1] Mm 1224. [2] Mm 1225. [3] Mm 1226. [4] Jes 25,6.

16 [c] 𝔊(𝔊^{O} c ob) ἐν πάσαις ταῖς ὁδοῖς σου = בכל דרכיך cf 10,12 11,22, sed etiam 19,9 ‖ [d–d] ש𝔊$^{FMN\Theta\,min}$ חקיו ומ׳, 𝔊$^{BL\,min}$(𝔊^{O} c ast) om מצותיו ‖ [e–e] dl (𝔊 pl)? ‖ [f–f] 𝔊^{963} κύριος ὁ θεός = אלהים; > 𝔏𝔙 ‖ **18** [a] 𝔊𝔙 2 sg ‖ [b] V$^{Ken\,9}$ pc Mss 𝔊𝔖𝔗^{J}𝔙 ולא; > 𝔊^{Ms}, sed cf 4,26 (𝔊 οὐχί) ‖ [c–c] ש𝔊𝔖𝔗^{J} pl ut 4,26 ‖ [d] > 𝔊^{MsL}(^{O} c ast vel ob?) ut 𝔐 4,26 ‖ **19** [a] 𝔊𝔖𝔗^{J}𝔙 2 pl ut 11,26 ‖ **20** [a] 2 Mss ℭ𝔊^{Ms}ש^{Mss}𝔏𝔖𝔙 ול׳ ‖ [b] ש𝔊^{L} 2 pl, 𝔊^{min}𝔖 2 sg ‖ **Cp 31,1** [a–a] 𝔔𝔊 וַיְכַל מֹשֶׁה לְדַבֵּר ‖ [b] V$^{Ken\,1.69}$ mlt Mss 𝔔ℭ𝔊𝔖𝔙 + כל ‖ [c] 𝔊 + (𝔊$^{NL\,min}$ τοὺς) υἱούς cf 7; 1,1 ‖ **2** [a] ש^{Mss} האמר ‖ **3** [a] ש𝔊 הָע׳ ut 𝔐 ש 9,3; 𝔔 עובר ‖ [b] ש𝔊𝔙 וי׳ ‖ [c] 2 Mss ש𝔊 הָע׳ ‖ **4** [a] dl 4–6 vel 6a (pl)? ‖ [b] 𝔊$^{-Ms}$(𝔊^{O} c ob) + τοῖς δυσί = לִשְׁנֵי אֲשֶׁר בְּעֵבֶר הַיַּרְדֵּן ut 3,21 ‖ [c] 𝔊$^{-min}$(𝔊^{O} c ob) + οἳ ἦσαν πέραν τοῦ Ιορδανου = ex 3,8 4,47 ‖ **5** [a] cf 4[a] ‖ [b] 𝔔 2 sg ‖ [c–c] 𝔊$^{-L}$(𝔊^{O} c ast)(𝔙) καθότι = כַּאֲשֶׁר cf 12,21; (24,8) ‖ **6** [a] cf 4[a] ‖ [b] 𝔊𝔗^{J} pl; > 𝔊^{min}; 𝔊$^{B\Theta\,min}$ + ἐν ὑμῖν.

ט׳[5] וכל קריא דכות ב מ יב . ב׳[6] כִּי אַתָּה תָּבוֹא[a] אֶת[b]־הָעָם הַזֶּה אֶל־הָאָרֶץ אֲשֶׁר נִשְׁבַּע יְהוָה לַאֲבֹתָם
לט מל בתור . כב בתור 8 לָתֵת לָהֶם וְאַתָּה תַּנְחִילֶנָּה אוֹתָם׃ 8 וַיהוָה הוּא[a] ׀ הַהֹלֵךְ לְפָנֶיךָ
ו[7] [b]הוּא[c] יִהְיֶה[b] עִמָּךְ לֹא יַרְפְּךָ וְלֹא יַעַזְבֶךָּ לֹא תִירָא וְלֹא תֵחָת׃
9 וַיִּכְתֹּב מֹשֶׁה אֶת־הַתּוֹרָה הַזֹּאת וַיִּתְּנָהּ אֶל־הַכֹּהֲנִים בְּנֵי לֵוִי הַנֹּשְׂאִים
כו בליש וכל מלכים דכות . לט מל בתור 10 אֶת־אֲרוֹן בְּרִית יְהוָה וְאֶל־כָּל־זִקְנֵי יִשְׂרָאֵל׃ 10 וַיְצַו מֹשֶׁה אוֹתָם
ג[8] חס בליש וכל במעדו דכות ב מ ב באור . ט מל[9] 11 לֵאמֹר מִקֵּץ ׀ שֶׁבַע שָׁנִים בְּמֹעֵד שְׁנַת הַשְּׁמִטָּה בְּחַג הַסֻּכּוֹת׃ 11 בְּבוֹא
ג[10] כָל־יִשְׂרָאֵל לֵרָאוֹת[a] אֶת־פְּנֵי יְהוָה אֱלֹהֶיךָ בַּמָּקוֹם אֲשֶׁר [b]יִבְחָר
ב[11] . ח . ג[12] 12 תִּקְרָא[bc] אֶת־הַתּוֹרָה הַזֹּאת נֶגֶד כָּל־יִשְׂרָאֵל בְּאָזְנֵיהֶם׃ 12 הַקְהֵל
אֶת־הָעָם הָאֲנָשִׁים וְהַנָּשִׁים וְהַטַּף וְגֵרְךָ אֲשֶׁר בִּשְׁעָרֶיךָ לְמַעַן יִשְׁמְעוּ
ב וּלְמַעַן יִלְמְדוּ וְיָרְאוּ אֶת־יְהוָה אֱלֹהֵיכֶם[a] וְשָׁמְרוּ לַעֲשׂוֹת אֶת־כָּל־
13 דִּבְרֵי הַתּוֹרָה הַזֹּאת׃ 13 וּבְנֵיהֶם אֲשֶׁר לֹא־יָדְעוּ יִשְׁמְעוּ וְלָמְדוּ
לְיִרְאָה אֶת־יְהוָה אֱלֹהֵיכֶם[a] כָּל־הַיָּמִים אֲשֶׁר אַתֶּם[b] חַיִּים עַל־
הָאֲדָמָה אֲשֶׁר אַתֶּם עֹבְרִים אֶת־הַיַּרְדֵּן שָׁמָּה לְרִשְׁתָּהּ׃ פ
ה בטע ר״פ בסיפ . ג קריבה למיתא[13] ס[כט] 14 וַיֹּאמֶר יְהוָה אֶל־מֹשֶׁה הֵן קָרְבוּ יָמֶיךָ לָמוּת קְרָא אֶת־יְהוֹשֻׁעַ
ה וְהִתְיַצְּבוּ בְּאֹהֶל[a] מוֹעֵד וַאֲצַוֶּנּוּ וַיֵּלֶךְ מֹשֶׁה וִיהוֹשֻׁעַ וַיִּתְיַצְּבוּ בְּאֹהֶל[a]
כ[14] . ו[15] 15 מוֹעֵד׃ 15 וַיֵּרָא[a] יְהוָה בָּאֹהֶל[b] [c]בְּעַמּוּד עָנָן[c] וַיַּעֲמֹד עַמּוּד הֶעָנָן עַל־
16 פֶּתַח הָאֹהֶל[d]׃ ס 16 וַיֹּאמֶר יְהוָה אֶל־מֹשֶׁה הִנְּךָ שֹׁכֵב עִם־
ל . ג[16] . ל אֲבֹתֶיךָ וְקָם הָעָם הַזֶּה וְזָנָה ׀ אַחֲרֵי ׀ אֱלֹהֵי נֵכַר־[a]הָאָרֶץ אֲשֶׁר הוּא
בָא־שָׁמָּה[b] בְּקִרְבּוֹ[a] וַעֲזָבַנִי[c] וְהֵפֵר אֶת־בְּרִיתִי אֲשֶׁר כָּרַתִּי אִתּוֹ׃
17 וְחָרָה אַפִּי בוֹ בַיּוֹם־הַהוּא וַעֲזַבְתִּים[a] וְהִסְתַּרְתִּי פָנַי מֵהֶם [b]וְהָיָה
ל חס . ב לֶאֱכֹל[b] וּמְצָאֻהוּ רָעוֹת רַבּוֹת וְצָרוֹת וְאָמַר בַּיּוֹם הַהוּא הֲלֹא עַל כִּי־

[5] Mm 230. [6] Mm 1265. [7] Mm 3355. [8] Mm 3727. [9] Mm 2069. [10] Mm 2209. [11] Mm 1763. [12] Mm 701. [13] Mm 1874. [14] Mm 1227. [15] Mm 113. [16] Mm 1384.

7 [a] V[Ken1.9.107] mlt Mss תבא, pc Mss ш𝔖𝔙 תָּבִיא cf 23 ‖ [b] 𝔊 *πρὸ προσώπου* = לִפְנֵי ‖ **8** [a] > 𝔊[-Ms](𝔊[O] c ast) ‖ [b–b] > 𝔊[-L](𝔊[O] c ast) ‖ [c] 𝔗[J] *wmjmrjh* ‖ **11** [a] ш להראות; l לִרְאוֹת cf 16,16 ‖ [b–b] ш בחר יקרא (pro תִּקְרָא ב׳ ?) ‖ [c] 𝔊 *ἀναγνώσεσθε* = תִּקְרְאוּ, 𝔊[O] *ἀναγνώσῃ* = תִּקְרָא cf 𝔗[J] ‖ **12** [a] Seb V[Ken107] mlt Mss ш𝔊[Ms] 3 pl ‖ **13** [a] pc Mss ш𝔖𝔙 3 pl, 𝔊[B] 2 sg, 𝔊[N min] 1 pl ‖ [b] ш𝔊𝔙 הֵם ‖ **14** [a] 𝔊 *παρὰ τὰς θύρας τῆς σκηνῆς* = עַל פֶּתַח הָא׳ ut 15 ‖ **15** [a] ш[Mss] –אה; 𝔊 *καὶ κατέβη* = וַיֵּרֶד ‖ [b] > 𝔊[-L](𝔊[O] c ast); 𝔖 + *zbn'* = מוֹעֵד ‖ [c–c] 𝔊[B*Θ min]𝔏 om עמוד ‖ [d] Ms 𝔊[ABL min]𝔖 אֹהֶל מוֹעֵד ‖ **16** [a–a] Ms הארץ; > 𝔊[min] ‖ [b] ш[Mss]𝔗[J] שֵׁם ‖ [c] ш𝔊𝔗𝔗[J] 3 pl ut plerumque 16–21 ‖ **17** [a] pc Mss ш –תָּם ‖ [b–b] ш𝔖 והיו לאכלה cf 𝔗𝔗[J].

18 אֵ֣ין אֱלֹהַ֔י בְּקִרְבִּ֔י מְצָא֖וּנִי הָרָע֥וֹת הָאֵֽלֶּה׃ 18 וְאָנֹכִ֗י ᵃהַסְתֵּ֨ר אַסְתִּ֤ירᵃ
פָּנַי֙ᵇ בַּיּ֣וֹם הַה֔וּא עַ֥ל כָּל־הָרָעָ֖ה אֲשֶׁ֣ר עָשָׂ֑הᶜ כִּ֣י פָנָ֔הᵈ אֶל־אֱלֹהִ֖ים
19 אֲחֵרִֽים׃ 19 וְעַתָּ֗ה ᵃכִּתְב֤וּ לָכֶם֙ אֶת־הַשִּׁירָ֣ה הַזֹּ֔את ᵇוְלַמְּדָ֥הּ אֶת־בְּנֵֽי־
יִשְׂרָאֵ֖ל שִׂימָ֣הּᵃ בְּפִיהֶ֑ם לְמַ֨עַן תִּֽהְיֶה־לִּ֜י הַשִּׁירָ֥ה הַזֹּ֛אתᵇ לְעֵ֖ד בִּבְנֵ֥י
20 יִשְׂרָאֵֽל׃ 20 כִּֽי־אֲבִיאֶ֜נּוּᵃ אֶל־הָאֲדָמָ֣ה׀ᵇ אֲשֶׁר־נִשְׁבַּ֣עְתִּי לַאֲבֹתָ֗יוᶜ זָבַ֤ת
חָלָב֙ וּדְבַ֔שׁ וְאָכַ֥ל וְשָׂבַ֖ע וְדָשֵׁ֑ן וּפָנָ֞ה אֶל־אֱלֹהִ֤ים אֲחֵרִים֙ וַעֲבָד֔וּם
21 וְנִ֣אֲצ֔וּנִי וְהֵפֵ֖ר אֶת־בְּרִיתִֽי׃ 21 ᵃוְהָיָה֩ כִֽי־תִמְצֶ֨אןָ אֹת֜וֹ רָע֣וֹת רַבּוֹת֮
וְצָרוֹת֒ᵃ וְעָנְתָ֨ה הַשִּׁירָ֤ה הַזֹּאת֙ לְפָנָיו֙ᵇ לְעֵ֔ד כִּ֛י לֹ֥א תִשָּׁכַ֖ח מִפִּ֣י זַרְע֑וֹ
כִּ֧י יָדַ֣עְתִּי אֶת־יִצְר֗וֹ אֲשֶׁ֨ר ה֤וּא עֹשֶׂה֙ הַיּ֔וֹם בְּטֶ֣רֶם אֲבִיאֶ֔נּוּ אֶל־הָאָ֖רֶץᶜ
22 אֲשֶׁ֥ר נִשְׁבָּֽעְתִּיᵈ׃ 22 וַיִּכְתֹּ֥ב מֹשֶׁ֛ה אֶת־הַשִּׁירָ֥ה הַזֹּ֖את בַּיּ֣וֹם הַה֑וּא
23 וַֽיְלַמְּדָ֖הּ אֶת־בְּנֵ֥י יִשְׂרָאֵֽל׃ 23 וַיְצַ֞ו אֶת־יְהוֹשֻׁ֣עַ בִּן־נ֗וּן וַיֹּאמֶר֮
חֲזַ֣ק וֶֽאֱמָץ֒ כִּ֣י אַתָּ֗ה תָּבִיא֙ אֶת־בְּנֵ֣י יִשְׂרָאֵ֔ל אֶל־הָאָ֖רֶץ ᵃאֲשֶׁר־נִשְׁבַּ֣עְתִּי
24 לָהֶ֑ם וְאָנֹכִ֖י אֶהְיֶ֥ה עִמָּֽךְᵃ׃ 24 וַיְהִ֣י׀ כְּכַלּ֣וֹת מֹשֶׁ֗ה לִכְתֹּ֛ב אֶת־
25 ᵃדִּבְרֵ֥י הַתּוֹרָֽה־ᵇהַזֹּ֖את עַל־סֵ֑פֶר עַ֖ד תֻּמָּֽם׃ 25 וַיְצַ֤ו מֹשֶׁה֙ אֶת־הַלְוִיִּ֔ם
26 נֹֽשְׂאֵ֛י אֲר֥וֹן בְּרִית־יְהוָ֖ה לֵאמֹֽר׃ 26 לָקֹ֗חַᵃ אֵ֣ת סֵ֤פֶר הַתּוֹרָה֙ᵇ הַזֶּ֔הᶜ
וְשַׂמְתֶּ֣ם אֹת֔וֹ מִצַּ֛ד אֲר֥וֹן בְּרִית־יְהוָ֖ה אֱלֹהֵיכֶ֑ם וְהָֽיָה־שָׁ֥ם בְּךָ֖ לְעֵֽד׃
27 27 כִּ֣י אָנֹכִ֤י יָדַ֙עְתִּי֙ אֶֽת־מֶרְיְךָ֔ וְאֶת־עָרְפְּךָ֖ הַקָּשֶׁ֑ה הֵ֣ן בְּעוֹדֶ֩נִּי֩ חַ֨י עִמָּכֶ֜ם
28 הַיּ֗וֹם מַמְרִ֤ים הֱיִתֶם֙ עִם־יְהוָ֔הᵃ וְאַ֖ף כִּֽי־אַחֲרֵ֥י מוֹתִֽי׃ 28 הַקְהִ֤ילוּ אֵלַי֙
אֶת־כָּל־זִקְנֵ֥יᵃ שִׁבְטֵיכֶ֖םᵇ וְשֹׁטְרֵיכֶ֑םᶜ וַאֲדַבְּרָ֣ה בְאָזְנֵיהֶ֗ם אֵ֚ת הַדְּבָרִ֣יםᵈ
29 הָאֵ֔לֶּה וְאָעִ֣ידָה בָּ֔ם אֶת־הַשָּׁמַ֖יִם וְאֶת־הָאָֽרֶץ׃ 29 כִּ֣י יָדַ֗עְתִּי אַחֲרֵ֤י

יא[17]. ט ר״פ וכל תרי עשר דכות[18]
ח בטע. ה בסיפ. ג בליש[19]
ל
ל
ו[20]. ז חס
ב[21]. ל[22]
ל
ב. ד
ב[23]. כב[24] ג מנה בסיפ
ט[25] וכל קריא דכות. ב מ״ב. יג[26]
ב[27]
כו. כו בליש וכל מלכים דכות. ד[28]
כו בליש וכל מלכים דכות
ג[29]. ל. ל. ה[30]
ב חס. ל
ח
ה[31]. יג[32]

[17] Mm 2580. [18] Mm 1472. [19] Mm 1987. [20] Mm 24. [21] 1 Ch 23,1. [22] וחד דשן Jes 30,23. [23] Hab 2,18. [24] Mm 475. [25] Mm 230. [26] Mm 1228. [27] Mm 1203. [28] Mm 1229. [29] Mm 131. [30] Mm 2272. [31] Mm 1230. [32] Mm 3139.

18 a–a ⅏[Mss] אסתר הסתיר ‖ b V[Ken 69] 2 Mss ⅏𝔊[-O]𝔖ℭ𝔗[J] + מֵהֶם ut 17 ‖ c Seb ⅏𝔊[-N]𝔖ℭ𝔗[J] עשׂו; > 𝔊[44] ‖ d ⅏𝔊[-Ms] פנו cf 𝔖ℭ𝔗[J] ‖ **19** a–a 𝔖 *ktwb lhwn* … = … כתב להם; l כְּתָב־לְךָ cf 22 vel (⅏𝔖[A] ושימה) וְלַמְּדָהּ … שִׂימָהּ cf 𝔊𝔏𝔙 et 32,44b ‖ b–b > 𝔖[W] ‖ **20** a Seb 𝔖ℭ𝔗[J] 3 pl ‖ b 𝔊(𝔊[O] c ob) + *τὴν ἀγαθήν* = הַטּוֹבָה ‖ c Seb 𝔊[BL] + לתת להם; 𝔊[-min] + *γῆν* ‖ **21** a–a > 𝔊[BMNΘ min](𝔊[O] c ast), sed l 𝔐 ‖ b > 2 Mss 𝔙; 𝔊[BΘ min](𝔏) *κατὰ πρόσωπον* (𝔊[O] + *αὐτοῦ* = 𝔐; 𝔊[rel] + *αὐτῶν* = 𝔗[J] cf 𝔖) ‖ c ⅏ האדמה ‖ d Ms 𝔊𝔖 + לַאֲבֹתָם cf 7.20, ⅏ + לַאֲבֹתָיו, 𝔙 + *ei* = לוֹ cf 16 ‖ **23** a–a > Ms; 𝔊 *ἣν ὤμοσεν κύριος αὐτοῖς* (𝔊[min][𝔏] *τοῖς πατράσιν αὐτῶν*)· *καὶ αὐτὸς ἔσται μετὰ σοῦ* ‖ **24** a pc Mss 𝔊[-Ms] + כָּל cf 28 ‖ b 2 Mss הַשִּׁירָה; > V[Ken 69] ‖ **26** a ⅏𝔊 pl cf 𝔖ℭ𝔗[J]𝔙 ‖ b > 𝔙 ‖ c ℭ𝔊 הזאת ‖ **27** a 𝔊 *τὸν θεόν* ‖ **28** a > V[Ken 69.80]; V[Ken 107] pc Mss 𝔊[-B min] רָאשֵׁי ‖ b 𝔊[-B min] + *καὶ τοὺς πρεσβυτέρους ὑμῶν* = וְזִקְנֵיכֶם ‖ c 𝔊[-O] pr *καὶ τοὺς κριτὰς ὑμῶν* = וְשֹׁפְטֵיכֶם cf 29,9 ‖ d V[Ken 9] nonn Mss 𝔊ℭ[Ms]𝔗[J] pr כָּל.

מוֹתִי כִּי־הַשְׁחֵת תַּשְׁחִתוּן וְסַרְתֶּם מִן־הַדֶּרֶךְ אֲשֶׁר צִוִּיתִי אֶתְכֶם
וְקָרָאתᵃ אֶתְכֶם הָרָעָה בְּאַחֲרִית הַיָּמִים כִּי־תַעֲשׂוּ אֶת־הָרַעᵇ בְּעֵינֵי
30 יְהוָהᶜ לְהַכְעִיסוֹ בְּמַעֲשֵׂה יְדֵיכֶם׃ 30 וַיְדַבֵּר מֹשֶׁה בְּאָזְנֵי כָּל־קְהַל
יִשְׂרָאֵל אֶת־דִּבְרֵי הַשִּׁירָה הַזֹּאת עַד תֻּמָּם׃ פ

ס̄[לן] פרש 32 1 ᵃהַאֲזִינוּ הַשָּׁמַיִם וַאֲדַבֵּרָה וְתִשְׁמַע הָאָרֶץ אִמְרֵי־פִיᵇ׃

2 יַעֲרֹף כַּמָּטָר לִקְחִי תִּזַּלᵃ כַּטַּל אִמְרָתִי
כִּשְׂעִירִם עֲלֵי־דֶשֶׁא וְכִרְבִיבִים עֲלֵי־עֵשֶׂב׃
3 כִּי שֵׁםᵃ יְהוָה אֶקְרָא הָבוּᵇ גֹדֶל לֵאלֹהֵינוּ׃
4 הַצּוּרᵃ תָּמִים פָּעֳלוֹ כִּי כָל־דְּרָכָיו מִשְׁפָּט
אֵל אֱמוּנָה וְאֵין עָוֶל צַדִּיק וְיָשָׁר ᵇהוּא׃
5 ᵃשִׁחֵת לוֹ לֹא בָּנָיו מוּמָםᵃ דּוֹר עִקֵּשׁ וּפְתַלְתֹּל׃
6 ᵃהֲ־לַיהוָהᵃ תִּגְמְלוּ־זֹאת עַם נָבָל וְלֹא חָכָם
הֲלוֹא־הוּא אָבִיךָ קָּנֶךָᵇ הוּא עָשְׂךָ וַיְכֹנְנֶךָ׃
7 ᵃזְכֹר יְמוֹת עוֹלָםᵃ בִּינוּᵇ שְׁנוֹת דֹּר־וָדֹר
שְׁאַל אָבִיךָ וְיַגֵּדְךָ זְקֵנֶיךָ וְיֹאמְרוּ לָךְ׃
8 בְּהַנְחֵלᵃ עֶלְיוֹן גּוֹיִם בְּהַפְרִידוֹ בְּנֵי אָדָם
יַצֵּבᵇ גְּבֻלֹת עַמִּים לְמִסְפַּרᶜ ᵈבְּנֵי יִשְׂרָאֵלᵈ׃
9 ᵃᵇכִּי חֵלֶקᵇ יְהוָה עַמּוֹᶜ יַעֲקֹב חֶבֶל נַחֲלָתוֹᵃᵈ׃
10 יִמְצָאֵהוּᵃ בְּאֶרֶץ מִדְבָּרᵇ ᶜוּבְתֹהוּ יְלֵלᵈ יְשִׁמֹןᶜ

ב . ג[3] . ל . ב
ל
ל[8]
ט רפי[9]
ל . ל . ל . ל

29 a ш וקרתה, ш^Mss תה– ‖ b 𝔊^B *τὰ πονηρά*, 𝔊^rel (et Fuad) *τὸ πονηρόν* = 𝔏𝔖𝔙 ‖ c 𝔊^L min + *τοῦ θεοῦ (ὑμῶν* vel *ἡμῶν)* ‖ **Cp 32,1** a Cp 32 et sq 𝔗𝔗^J saepe libere vertunt et exegesim praebent ‖ b ш פיי ‖ **2** a ш𝔊 *(καὶ καταβήτω)* 𝔖𝔗^J ות׳, ш^Mss ותזאל ‖ **3** a ш𝔗 בְּשֵׁם ‖ b ш והו׳ ‖ **4** a 𝔅 צ maj; 𝔊 *θεός* cf 15^e.18^a.30^c (𝔊 30 *ὁ θεός* pro צורם) ‖ b 𝔊 *(ὁ) κύριος* ‖ **5** a–a l c ш שִׁחֲתוּ לוֹ לֹא בָנָיו מְאֻמָּם vel שחתו לא בניו מום; 𝔊 *ἡμάρτοσαν, οὐκ αὐτῷ τέκνα, μωμητά* = ש׳ לא לו ב׳ מ׳ cf 𝔗; 𝔖 *ḥblw wl' lh bnj' dmwm'* = ש׳ ולא לו בני מום; 𝔙 *peccaverunt ei (et) non filii eius in sordibus*; 𝔗^J alit ‖ **6** a–a mlt Mss הל יהוה vel הליהוה; mlt Mss ה maj ‖ b pc Mss 𝔅ℭ קניך, ш^Ms קנאך ‖ **7** a–a ш זכרו יומת, 2 Mss זכ(ו)ר ימת ‖ b 𝔖𝔗𝔙 sg, prp בִּינָה vel בִּין ‖ **8** a 2 Mss ш^Mss חיל– ‖ b ш^Ms יַצִּיב ‖ c 𝔗^J + 70 ‖ d–d 𝔔𝔊 *(ἀγγέλων θεοῦ)* σ'𝔏^Syh prb recte בני אֵל vel בני אֵלִים ‖ **9** a–a prb l וַיְהִי חֵלֶק (vel וַיֵּחָלֵק) יהוה יַעֲקֹב ח׳ נ׳ ישראל ‖ b–b 𝔊 *καὶ ἐγενήθη μερίς* = וַיְהִי חֵלֶק ‖ c dl (m cs)? ‖ d ш𝔊 + ישראל ‖ **10** a ш יאמצהו cf 𝔊 *αὐτάρκησεν*? ‖ b ш הַמּ׳ ‖ c–c ш ובתהללות יש(י)מנהו cf 15 (Neh 9,25) ‖ d prp וְלֵיל cf 𝔙.

יְסֹבְבֶנְהוּ [e]יְבֽוֹנְנֵהוּ יִצְּרֶנְהוּ[e] כְּאִישׁוֹן עֵינֽוֹ׃

11 כְּנֶשֶׁר יָעִיר[a] קִנּוֹ עַל־[b]גּוֹזָלָיו יְרַחֵף

יִפְרֹשׂ כְּנָפָיו יִקָּחֵהוּ[c] יִשָּׂאֵהוּ[d] עַל־אֶבְרָתֽוֹ׃

12 יְהוָה בָּדָד יַנְחֶנּוּ וְאֵין עִמּוֹ אֵל נֵכָֽר׃

13 יַרְכִּבֵהוּ עַל־בָּמֳותֵי[a] אָרֶץ וַיֹּאכַל[b] תְּנוּבֹת שָׂדָי

וַיֵּנִקֵהוּ[c] דְבַשׁ מִסֶּלַע וְשֶׁמֶן מֵחַלְמִישׁ צֽוּר׃

14 חֶמְאַת[a] בָּקָר וַחֲלֵב צֹאן עִם־חֵלֶב[a] כָּרִים

וְאֵילִים בְּנֵֽי־בָשָׁן וְעַתּוּדִים עִם־חֵלֶב כִּלְיוֹת חִטָּה

וְדַם־עֵנָב תִּשְׁתֶּה־חָֽמֶר[b]׃

15 וַיִּשְׁמַן[a] יְשֻׁרוּן וַיִּבְעָט[b] [c]שָׁמַנְתָּ עָבִיתָ כָּשִׂיתָ[c]

וַיִּטֹּשׁ אֱלוֹהַ[d] עָשָׂהוּ וַיְנַבֵּל[e] צוּר[f] יְשֻׁעָתֽוֹ׃

16 יַקְנִאֻהוּ[a] בְּזָרִים[b] בְּתוֹעֵבֹת[c] יַכְעִיסֻֽהוּ[d]׃

17 יִזְבְּחוּ לַשֵּׁדִים לֹא אֱלֹהַ[a] אֱלֹהִים לֹא יְדָעוּם

חֲדָשִׁים מִקָּרֹב בָּאוּ לֹא שְׂעָרוּם אֲבֹתֵיכֶֽם[b]׃

18 צוּר[a] יְלָדְךָ תֶּשִׁי[b] וַתִּשְׁכַּח אֵל מְחֹלְלֶֽךָ[c]׃

19 וַיַּרְא יְהוָה [a]וַיִּנְאָץ מִכַּעַס[a] בָּנָיו וּבְנֹתָֽיו׃

20 וַיֹּאמֶר אַסְתִּירָה פָנַי מֵהֶם אֶרְאֶה[a] מָה אַחֲרִיתָם

כִּי דוֹר [b]תַּהְפֻּכֹת הֵמָּה[b] בָּנִים לֹא־אֵמֻן[c] בָּֽם׃

21 הֵם קִנְאוּנִי בְלֹא־אֵל כִּעֲסוּנִי בְּהַבְלֵיהֶם[a]

וַאֲנִי אַקְנִיאֵם בְּלֹא־עָם בְּגוֹי נָבָל אַכְעִיסֵֽם׃

ל.ל.ל.ג.ט[12]
ד[13].ח.ג.ל
ל בתור.ב.ל[14]
ב.ב.ח[15]
ל וחס. במתי[16] ק חד מן ג[17] יתיר ו. יד[18] קמ וכל אתנח וס״פ דכות ב מ ד. ל[19]
ל.ל
ג
ז בליש וחד מן ד[20] מל בתור וכל נביא דכות ב מ ג. ה[21] ב מנה מל. ב מל
ל.ל
ב.ל.ל.ל.ל
ל.ו חס בליש[17]
ב חד ר״פ וחד ס״פ
ה. מז פסוק לא לא לא. ב חס בליש[22]
ב חס. ל ומל
ל.ל
ד בתור ול בסיפ
ל
ה חס בליש[23]
ל ומל. ג
ל

[12] Mm 3145. [13] Mm 3635. [14] וחד באברתו Ps 91,4. [15] Mm 2544. [16] Q addidi, cf Mi 1,3 et Mp sub loco. [17] Mp sub loco. [18] Mm 1234. [19] וחד מתנובת Thr 4,9. [20] Mm 879 [21] Mm 2338. [22] Sine mappiq, cf Da 11,38 et Mp sub loco. [23] Mm 2116.

10 [e–e] ɯ𝔊 וַיִּ׳ וַיִּצֹ׳ ‖ **11** [a] V[Ken 69] Ms ɯ יער, 𝔊 *σκεπάσαι* = יְצֹר? cf 𝔗 ‖ [b] V[Ken 69] Ms ɯ𝔊𝔖𝔗[J]𝔙 וְעַל (hpgr) ‖ [c] ɯ וי׳; 𝔖 suff 3 pl ‖ [d] 𝔖 suff 3 pl ‖ **13** [a] K בָּמוֹתֵי, Q pc Mss ℭ בָּמֳתֵי cf mlt Mss? 𝔊 *τὴν ἰσχύν* cf 𝔖𝔗 ‖ [b] ɯ𝔊 יַאֲכִ(י)לֵהוּ cf 𝔖; 𝔗(𝔗[J]) *w'wkjljnwn* = וַיַּאֲכִילֵם ‖ [c] ɯ𝔖 ויינ׳; 𝔗𝔗[J] suff 3 pl; 𝔊 *ἐθήλασαν* = יִינְקוּ cf 33,19 ‖ **14** [a] ɯ חמת ‖ [b] ɯ[Mss] עמר; ins c ɯ𝔊 (ו)יֹאכַל יַעֲקֹב וַיִּשְׂבַּע vel huc tr 15aβ et dl 14b? ‖ **15** [a] ɯ𝔗𝔙 וי׳ ‖ [b] 𝔅 ־עַט ‖ [c–c] 𝔊 3 sg ‖ [d] sic L, mlt Mss Edd ־הַּ ‖ [e] ɯ 3 pl ‖ [f] cf 4[a]; 𝔖 hic et 18. (30) *ltqjp'* potentem ‖ **16** [a] ɯ[Mss] ויקניאהו, 𝔊[-F] *παρώξυνάν με* = יַקְנִאֻנִי ‖ [b] 𝔙 *in diis alienis*, l בֵּאלֹהִים זָרִים m cs ‖ [c] ɯ𝔏𝔖𝔙 ובו׳; ins זרות? ‖ [d] 𝔊[-B] *ἐξεπίκρανάν με* = יַכְעִיסֻנִי ‖ **17** [a] cf 15[d] ‖ [b] 𝔊[-O]𝔗𝔙 3 pl ‖ **18** [a] cf 4[a].15[e] ‖ [b] mlt Mss י min; frt l c ɯ תַּשָּׁא vel melius תִּשָּׁה ‖ [c] ɯ מהל׳ ‖ **19** [a–a] prp וַיִּכְעַס וַיִּנְאַץ ‖ **20** [a] 2 Mss ɯ𝔖𝔙 ואר׳; 𝔊 *καὶ δείξω*, frt l וְאַרְאֶה ‖ [b–b] ɯ הפ(י)כות הם cf Gn 19,29 ‖ [c] ɯ הא׳ ‖ **21** [a] ɯ באב׳.

22 כִּי־אֵשׁ֙ קָדְחָ֣ה בְאַפִּ֔י וַתִּיקַ֖ד[a] עַד־שְׁא֣וֹל תַּחְתִּ֑ית
וַתֹּ֤אכַל[b] אֶ֙רֶץ֙ וִֽיבֻלָ֔הּ וַתְּלַהֵ֖ט[c] מוֹסְדֵ֥י הָרִֽים׃
23 אַסְפֶּ֥ה[a] עָלֵ֖ימוֹ רָע֑וֹת חִצַּ֖י[b] אֲכַלֶּה־בָּֽם׃
24 מְזֵ֥י[a] רָעָ֛ב וּלְחֻ֥מֵי[b] רֶ֖שֶׁף וְקֶ֣טֶב[c] מְרִירִ֑י[d]
וְשֶׁן־בְּהֵמֹת֙ אֲשַׁלַּח־בָּ֔ם עִם־חֲמַ֖ת זֹחֲלֵ֥י[e] עָפָֽר׃
25 מִחוּץ֙ תְּשַׁכֶּל־חֶ֔רֶב וּמֵחֲדָרִ֖ים[a] אֵימָ֑ה
גַּם־בָּחוּר֙ גַּם־בְּתוּלָ֔ה יוֹנֵ֖ק[b] עִם־אִ֥ישׁ שֵׂיבָֽה׃
26 אָמַ֖רְתִּי אַפְאֵיהֶ֑ם[a] אַשְׁבִּ֥יתָה[b] מֵאֱנ֖וֹשׁ זִכְרָֽם׃
27 לוּלֵ֗י[a] כַּ֤עַס אוֹיֵב֙[b] אָג֔וּר פֶּֽן־יְנַכְּר֖וּ[c] צָרֵ֑ימוֹ[d]
פֶּן־יֹֽאמְרוּ֙ יָדֵ֣ינוּ[e] רָ֔מָה וְלֹ֥א יְהוָ֖ה[f] פָּעַ֥ל כָּל־זֹֽאת׃
28 כִּי־ג֛וֹי אֹבַ֥ד עֵצ֖וֹת[a] הֵ֑מָּה[a] וְאֵ֥ין בָּהֶ֖ם תְּבוּנָֽה׃
29 ל֥וּ[a] חָכְמ֖וּ יַשְׂכִּ֣ילוּ[b] זֹ֑את יָבִ֖ינוּ[c] לְאַחֲרִיתָֽם׃
30 אֵיכָ֞ה[a] יִרְדֹּ֤ף אֶחָד֙ אֶ֔לֶף וּשְׁנַ֖יִם יָנִ֣יסוּ רְבָבָ֑ה
אִם־לֹא֙ כִּי־צ֣וּרָם[c] מְכָרָ֔ם וַֽיהוָ֖ה[d] הִסְגִּירָֽם׃
31 כִּ֛י לֹ֥א כְצוּרֵ֖נוּ צוּרָ֑ם וְאֹיְבֵ֖ינוּ[a] פְּלִילִֽים[b]׃
32 כִּֽי־מִגֶּ֤פֶן סְדֹם֙ גַּפְנָ֔ם וּמִשַּׁדְמֹ֖ת עֲמֹרָ֑ה
עֲנָבֵ֙מוֹ֙[a] עִנְּבֵי־[b]ר֔וֹשׁ[c] אַשְׁכְּלֹ֥ת מְרֹרֹ֖ת לָֽמוֹ׃
33 חֲמַ֥ת תַּנִּינִ֖ם יֵינָ֑ם וְרֹ֥אשׁ פְּתָנִ֖ים אַכְזָֽר׃
34 הֲלֹא־ה֖וּא כָּמֻ֣ס[a] עִמָּדִ֑י חָת֖וּם בְּאוֹצְרֹתָֽי׃
35 לִ֤י[a] נָקָם֙ וְשִׁלֵּ֔ם[b] לְעֵ֖ת תָּמ֣וּט רַגְלָ֑ם

ל באורית . ל כת כן[24]
ל[25]
ל . ל . ג . ל[26]
ל . ט[27]
ג[28] . ל
י פסוק בתור גם גם ומילה חדה ביניה . כל ליש כת כן
ל . ל
ב . ל . ל
ס[29] . ג מלעיל[30]
ב
כב[31] ו[32] מנה ר״פ
יז[33] . ל כת כן[24] . ד
כב בתור
ל[34]
ל . ו[35] כת כן וחד מן ט[36] כת חס א . ל[37] . ב
ג חס בתור[38] . יא[39] ול בתור . ל בתור
פלג[40] . ל וחס . ג
ל וכל שם ברנש כת כן

[24] Mm 839. [25] וחד וּתְלַהֵט Ps 97,3. [26] וחד קטב Jes 28,2. [27] Mm 425. [28] Mm 3191. [29] TM contra Mp Dt 21,7, cf Mp sub loco. [30] Mm 1235. [31] Mm 1444. [32] Mm 1236. [33] Mm 1095. [34] וחד בפללים Ex 21,22. [35] Mm 1237. [36] Mm 922. [37] Mp sub loco. [38] Mm 8. [39] Mm 1554. [40] Mm 27 contra textum, mlt var.

22 [a] 𝔊^{-O min} om cop cf 𝔗; Ms ɯ ותוקד ‖ [b] ɯ𝔊𝔖𝔗 'ת ‖ [c] ɯ𝔊𝔗 'ת ‖ **23** [a] prp אֹסְפָה; 𝔊 συνάξω 𝔙 congregabo cf 𝔖; cf Mi 4,6 ‖ [b] ɯ𝔊𝔖𝔙 'וח ‖ **24** [a] Ms ℭɯ מזה ‖ [b] 𝔔 'ל; ɯ לחמו cf 𝔗𝔗^J𝔙 et Prv 9,5; 𝔖 alit ‖ [c] pc Mss וקטף, ɯ𝔙 קטף ‖ [d] ɯ מררים ‖ [e] ɯ^{Mss} זהלי ‖ **25** [a] ɯ^{Ms} 'ומהד ‖ [b] ɯ וינק (= וְיֹנֵק) cf 𝔖 ‖ **26** [a] ɯ אפיהם, ɯ^{Mss} אפי הם; l אֵיפֹה הֵם cf α'𝔖𝔙 vel אֲפִיצֵם? cf 𝔊 διασπερῶ αὐτούς ‖ [b] Ms 𝔔ɯ ־ית ‖ **27** [a] V^{Ken 107} Ms לולא, ɯ לו לא, 𝔊 εἰ μή ‖ [b] ɯ אֹיְבֵי, 𝔊𝔙 pl ‖ [c] prp ־רֵנִי (?) ‖ [d] ɯ𝔊^{O(?)} צרינו (pro צָרֵינִי ?) ‖ [e] mlt Mss ℭɯ𝔊𝔖𝔙 יָדֵנוּ ‖ [f] 𝔔 אדני ‖ **28** [a–a] ɯ עצותם cf 𝔖; ɯ^{Mss} עצותיהם ‖ **29** [a] pc Mss ɯ^{Mss}𝔊 לא, ɯ ולא ‖ [b] 𝔊^{L min}(𝔏) + πάντα = כל ‖ [c] ɯ𝔖𝔙 'וי cf 𝔗^J ‖ **30** [a] ɯ איך ‖ [b] > 2 Mss ɯ cf 𝔊 ‖ [c] cf 4[a].15[e].18[a] ‖ [d] frt ins הוא m cs ‖ **31** [a] frt ins כֻּלָּם m cs ‖ [b] 𝔊 ἀνόητοι = אֱוִילִים? ‖ **32** [a] ɯ𝔖 ענביהם ‖ [b] 𝔅 'עִנְ ‖ [c] pc Mss ɯ ראש ‖ **34** [a] frt l c ɯ כָּנוּס cf 𝔊 συνῆκται ‖ **35** [a] ɯ𝔊 ליום ‖ [b] prp וְשִׁלֵּם cf Ho 9,7; 𝔗𝔗^J𝔙 et Rm 12,19 H 10,30 prb leg 1 sg cf 𝔖.

כִּ֤י קָרוֹב֙ י֣וֹם אֵידָ֔ם וְחָ֖שׁ עֲתִדֹ֥ת לָֽמוֹ׃
36 כִּֽי־יָדִ֤ין יְהוָה֙ עַמּ֔וֹ וְעַל־עֲבָדָ֖יו יִתְנֶחָ֑ם
כִּ֤י יִרְאֶה֙ כִּי־אָ֣זְלַת יָ֔ד[a] וְאֶ֖פֶס עָצ֥וּר וְעָזֽוּב׃
37 וְאָמַ֖ר[a] אֵ֣י[b] אֱלֹהֵ֑ימוֹ צ֖וּר[c] חָסָ֥יוּ בֽוֹ[c]׃
38 אֲשֶׁ֨ר חֵ֤לֶב[a] זְבָחֵ֙ימוֹ֙ יֹאכֵ֔לוּ[b] יִשְׁתּ֖וּ[c] יֵ֣ין נְסִיכָ֑ם[d]
יָק֙וּמוּ֙ וְיַעְזְרֻכֶ֔ם[e] יְהִ֥י[f] עֲלֵיכֶ֖ם סִתְרָֽה׃
39 רְא֣וּ ׀ עַתָּ֗ה כִּ֣י אֲנִ֤י אֲנִי֙ ה֔וּא וְאֵ֥ין אֱלֹהִ֖ים עִמָּדִ֑י
אֲנִ֧י אָמִ֣ית וַאֲחַיֶּ֗ה מָחַ֙צְתִּי֙ וַאֲנִ֣י אֶרְפָּ֔א וְאֵ֥ין מִיָּדִ֖י מַצִּֽיל׃
40 כִּֽי־אֶשָּׂ֥א אֶל־שָׁמַ֖יִם[a] יָדִ֑י וְאָמַ֕רְתִּי חַ֥י אָנֹכִ֖י לְעֹלָֽם׃
41 אִם־שַׁנּוֹתִי֙[a] בְּרַ֣ק חַרְבִּ֔י וְתֹאחֵ֥ז[b] בְּמִשְׁפָּ֖ט יָדִ֑י
אָשִׁ֤יב נָקָם֙ לְצָרָ֔י וְלִמְשַׂנְאַ֖י אֲשַׁלֵּֽם׃
42 אַשְׁכִּ֤יר[a] חִצַּי֙ מִדָּ֔ם וְחַרְבִּ֖י תֹּאכַ֣ל בָּשָׂ֑ר
מִדַּ֤ם חָלָל֙ וְשִׁבְיָ֔ה מֵרֹ֖אשׁ פַּרְע֥וֹת אוֹיֵֽב׃
43 הַרְנִ֤ינוּ גוֹיִם֙[a] עַמּ֔וֹ[b] [c]כִּ֥י דַם־עֲבָדָ֖יו[d] יִקּ֑וֹם
וְנָקָם֙ יָשִׁ֣יב לְצָרָ֔יו[e] וְכִפֶּ֥ר[f] אַדְמָת֖וֹ[g] עַמּֽוֹ[h]׃ פ

44 וַיָּבֹ֣א[a] מֹשֶׁ֗ה וַיְדַבֵּ֛ר אֶת־כָּל־דִּבְרֵ֥י הַשִּׁירָֽה־הַזֹּ֖את בְּאָזְנֵ֣י הָעָ֑ם 44
ה֖וּא וְהוֹשֵׁ֥עַ בִּן־נֽוּן׃ 45 וַיְכַ֣ל מֹשֶׁ֔ה לְדַבֵּ֛ר [a]אֶת־כָּל־הַדְּבָרִ֥ים הָאֵ֖לֶּה[a] 45
אֶל־כָּל־יִשְׂרָאֵֽל׃ 46 וַיֹּ֤אמֶר אֲלֵהֶם֙ שִׂ֣ימוּ לְבַבְכֶ֔ם לְכָל־[a]הַ֨דְּבָרִ֔ים 46
אֲשֶׁ֧ר אָנֹכִ֛י מֵעִ֥יד בָּכֶ֖ם הַיּ֑וֹם אֲשֶׁ֤ר תְּצַוֻּם֙ אֶת־בְּנֵיכֶ֔ם לִשְׁמֹ֣ר לַעֲשׂ֔וֹת[b]
אֶת־כָּל־דִּבְרֵ֖י הַתּוֹרָ֥ה הַזֹּֽאת׃ 47 כִּ֠י לֹֽא־דָבָ֨ר רֵ֥ק הוּא֙ מִכֶּ֔ם כִּי־ה֖וּא 47

ל . ל כת כן[41]
ג[42]
ל . ח . ב[43]
לא ג מנה בתור . ל . ל
ל . י בליש
ג מל בתור[44] . ג חס ול בליש
ג . יג פסוק ואין ואין[45] . ג
ל[46]
כג וחד מן ה[47] חס את . ל[48] . ל ושאר חי אני . יח[49] חס י מנה בתור
ד ר״פ בסיפ . ל
ל זקף קמ
ל
ל . יד . ל ומל
ב ר״פ[50] . ב חד מל וחד חס[51]
כד בליש[52]
לז
ג בתור בליש . כה ז מנה בתור
יג
ל
ב[53]

[41] Mm 839. [42] Mm 2675. [43] Mm 1971. [44] Mm 1216. [45] Mm 2004. [46] וחד אחיה Jer 49,11. [47] Mm 1830. [48] Mm 1923. [49] Mm 25. [50] Mm 3335. [51] Jos 10,13. [52] Mm 1685. [53] Mm 278.

36 [a] prp יָדוֹ ‖ **37** [a] 𝔔𝔊 + יהוה; ш pl ‖ [b] ш𝔗[J] אַיֵּה ‖ [c–c] 𝔊 *ἐφ' οἷς ἐπεποίθεισαν ἐπ' αὐτοῖς* cf 𝔖𝔙 ‖ **38** [a] ℭ חלבי cf 𝔙 ‖ [b] 𝔊 2 pl ‖ [c] ш𝔊𝔖𝔙 וי׳; 𝔊 2 pl ‖ [d] Ms ш נְסָכָם ‖ [e] V[Ken 9] pc Mss ш𝔖𝔙 (ו)יַעַזְרוּכֶם ‖ [f] ш Vrs pl ‖ **40** [a] ш𝔖𝔗[J] הַשּׁ׳ ‖ **41** [a] V[Ken 1.107] nonn Mss ш שנתי; Ms שַׁנּוֹתִי ‖ [b] prp וַתּ׳ ‖ **42** [a] 𝔔 –רה ‖ **43** [a] frt l c 𝔔𝔊 שמים ‖ [b] Ms pr אֶת; 𝔊 *ἅμα αὐτῷ* = עִמּוֹ; frt l עִם עַמּוֹ; 𝔔𝔊 et H 1,6 + והשתחוו לו (כל) אלהים vel בני אל ‖ [c] 𝔊 pr (partim ex αα) *εὐφράνθητε, ἔθνη, μετὰ τοῦ λαοῦ αὐτοῦ, καὶ ἐνισχυσάτωσαν αὐτῷ πάντες ἄγγελοι θεοῦ* ‖ [d] 𝔔𝔊 בָּנָיו ‖ [e] 𝔙 *in hostes eorum* = לְצָרֵימוֹ; 𝔔𝔊 + ולשנאיו ישלם cf 41b 7,10 ‖ [f] 𝔔 ויכ׳; 𝔊[-F*min] + *κύριος* ‖ [g] 𝔔ш𝔊𝔙 –ת ‖ [h] 𝔖𝔗[J] pr cop ‖ **44** [a] prb dl cf 31,30; 𝔊[-Ms] pr 31,22 ‖ **45** [a–a] > 𝔊[BΘ min]; pc Mss ш𝔊[-LO]𝔖 om כל ‖ **46** [a] ш על כל ‖ [b] pc Mss ш𝔊𝔖𝔙 ול׳ cf 28,1.

ב̇ . ג̇ חַיֵּיכֶ֑ם וּבַדָּבָ֣ר הַזֶּ֗ה תַּאֲרִ֤יכוּ יָמִים֙ עַל־הָ֣אֲדָמָ֔ה אֲשֶׁ֨ר אַתֶּ֜ם עֹבְרִ֧ים
אֶת־הַיַּרְדֵּ֛ן שָׁ֖מָּה לְרִשְׁתָּֽהּ׃ פ
י̇ בתור . יו̇ וכל אל הר הכרמל דכות[54] 48 וַיְדַבֵּ֤ר יְהוָה֙ אֶל־מֹשֶׁ֔ה בְּעֶ֛צֶם הַיּ֥וֹם הַזֶּ֖ה לֵאמֹֽר׃ 49 עֲלֵ֡ה אֶל־
הַר֩ הָעֲבָרִ֨ים הַזֶּ֜ה הַר־נְב֗וֹ[a] אֲשֶׁר֙ בְּאֶ֣רֶץ מוֹאָ֔ב אֲשֶׁ֖ר עַל־פְּנֵ֣י יְרֵח֑וֹ
50 ל̇ וחס וּרְאֵה֙ אֶת־אֶ֣רֶץ כְּנַ֔עַן אֲשֶׁ֨ר אֲנִ֥י נֹתֵ֛ן לִבְנֵ֥י יִשְׂרָאֵ֖ל לַאֲחֻזָּֽה׃ 50 וּמֻ֗ת
ל̇ . ג̇ מל בתור[55] בָּהָר֙ אֲשֶׁ֤ר אַתָּה֙ עֹלֶ֣ה שָׁ֔מָּה וְהֵאָסֵ֖ף אֶל־עַמֶּ֑יךָ[a] כַּאֲשֶׁר־מֵ֞ת אַהֲרֹ֣ן
51 ז̇ ה̇ מלעיל וב̇ מלרע אָחִ֗יךָ בְּהֹ֣ר הָהָ֔ר וַיֵּאָ֖סֶף אֶל־עַמָּֽיו[b]׃ 51 עַל֩ אֲשֶׁ֨ר מְעַלְתֶּ֜ם בִּ֗י[a] בְּת֙וֹךְ֙
ה̇[56] בְּנֵ֣י יִשְׂרָאֵ֔ל בְּמֵי־מְרִיבַ֥ת קָדֵ֖שׁ מִדְבַּר־צִ֑ן עַ֣ל אֲשֶׁ֤ר לֹא־קִדַּשְׁתֶּם֙
52 כ̇י[57] מל ול̇ בתור . ח̇ אוֹתִ֔י בְּת֖וֹךְ בְּנֵ֥י יִשְׂרָאֵֽל׃ 52 כִּ֥י מִנֶּ֖גֶד תִּרְאֶ֣ה אֶת־הָאָ֑רֶץ וְשָׁ֙מָּה֙ לֹ֣א
תָב֔וֹא [a]אֶל־הָאָ֕רֶץ אֲשֶׁר־אֲנִ֥י נֹתֵ֖ן לִבְנֵ֥י יִשְׂרָאֵֽל[a]׃ פ נב
כה̇ יו̇[1] מנה ר״פ . יב̇ . ו̇[2] 33 1 וְזֹ֣את הַבְּרָכָ֗ה אֲשֶׁ֨ר בֵּרַ֥ךְ מֹשֶׁ֛ה אִ֥ישׁ הָאֱלֹהִ֖ים אֶת־בְּנֵ֣י ס̇[לא] פרש̇
2 צא̇ יט̇ ר״פ י̇ מנה בתור יִשְׂרָאֵ֑ל לִפְנֵ֖י מוֹתֽוֹ׃ 2 וַיֹּאמַ֗ר

ג̇[3] יְהוָ֞ה מִסִּינַ֥י בָּא֙ וְזָרַ֤ח מִשֵּׂעִיר֙ לָ֔מוֹ[a]
ג̇[4] . ל̇ . ב̇[5] הוֹפִ֙יעַ֙ מֵהַ֣ר פָּארָ֔ן [b]וְאָתָ֖ה מֵרִבְבֹ֣ת קֹ֑דֶשׁ[b]
אש דת חד מן ה̇י[6] כת̇ מילה חדה וקר̇ תרי ק̇ מִֽימִינ֕וֹ [d][c]אֵשְׁדָּ֖ת לָֽמוֹ[d]׃
ב̇[7] 3 [a]אַ֚ף חֹבֵ֣ב עַמִּ֔ים[a] [b]כָּל־[c]קְדֹשָׁ֖יו [d]בְּיָדֶ֑ךָ
ב̇[8] . ל̇ז [e]וְהֵם֙ תֻּכּ֣וּ[e] [f]לְרַגְלֶ֔ךָ [g]יִשָּׂ֖א מִדַּבְּרֹתֶֽיךָ[g]׃
ב̇ בתור[9] 4 [a]תּוֹרָ֥ה צִוָּה־לָ֖נוּ מֹשֶׁ֑ה[a] [b]מוֹרָשָׁ֖ה קְהִלַּ֥ת יַעֲקֹֽב׃
ל̇ . עה̇ 5 וַיְהִ֥י בִישֻׁר֖וּן מֶ֑לֶךְ[a] בְּהִתְאַסֵּף֙ רָ֣אשֵׁי[b] עָ֔ם
יַ֖חַד שִׁבְטֵ֥י יִשְׂרָאֵֽל׃

[54] Mm 385. [55] Mm 1010. [56] Mm 1013. [57] Mm 1238 א. Cp 33 [1] Mm 856. [2] Mm 3890. [3] Mm 2424. [4] Mm 3357. [5] Ps 3,7. [6] Mm 214. [7] Ps 34,10. [8] Jes 1,5. [9] Mm 1238 ב.

49 [a] ɯ נבא, 𝔊 *Ναβαυ* ∥ **50** [a] V^{Ken1} mlt Mss ɯ𝔊𝔖𝔗^{J} עמך ∥ [b] ɯ𝔊𝔖𝔗^{J} (solus) עמו ∥ **51** [a] 𝔊 *τῷ ῥήματί μου* = בִּדְבָרִי ∥ **52** [a–a] > 𝔊$^{-L}$(𝔊^{O} c ast) ∥ **Cp 33,2** [a] 𝔊(𝔖𝔗𝔙) *ἡμῖν* = לָנוּ; frt l לְעַמּוֹ? ∥ [b–b] 𝔊 *σὺν μυριάσιν Καδες* = אֶת רִבְבֹת קָדֵשׁ; 𝔖(𝔗𝔗^{J}𝔙) *wʿmh mn rbwtʾ dqdjšʾ* = וְאִתּוֹ רִבְבֹת קֹדֶשׁ; prp וְאָתָה מִמְּרִבַת קָדֵשׁ ∥ [c] 𝔅ɯ^{Mss} אֵשׁ דָּת cf 𝔙 *ignea lex*; txt iam ante ɯ crrp (deest 2bβ vel 3+3+3) ∥ [d–d] 𝔊 *ἄγγελοι μετ' αὐτοῦ* = אֵשְׁרוּ אֵלִים (?) cf Act 7,53 G 3,19 H 2,2; 𝔖 hic et 3a alit ∥ **3** [a–a] ɯ^{Mss} אב pro אף, 𝔊 *καὶ* (אף = etiam?) *ἐφείσατο τοῦ λαοῦ αὐτοῦ*, frt l אף חבב עַמּוֹ (cf nab *rḥm ʿmh*) vel אַפְפוּ חֹבְבֵי עמים? cf Gn 28,3 48,4 Dt 33,19 ∥ [b] ɯ𝔊𝔖 וכל ∥ [c] 𝔊$^{-LO}$(𝔙) *οἱ ἡγιασμένοι* = קְדֹשִׁים ∥ [d] 𝔊$^{\Theta Lmin}$(𝔙) *ὑπὸ τὰς χεῖρας αὐτοῦ* = בְּיָדָיו, 𝔖 *brk* = בֵּרֵךְ ∥ [e–e] prp הַמִּתְכַּוּ (a מכך); 𝔊^{min} om cop ∥ [f] mlt Mss ℭɯα' ליך– cf 𝔙 ∥ [g–g] ɯ𝔙 ושאו מ' ; prp יִשְׂאוּם דָּ' vel cf Gn 29,1 ∥ **4** [a–a] dl et tr 4b post 5a? ∥ [b] prp –שׁוֹ ∥ **5** [a] 𝔊 *ἄρχων*; prp לְמֶלֶךְ ∥ [b] ɯ𝔖𝔗^{J} העם, 𝔊 pl cf 21.

6 יְחִ֥י רְאוּבֵ֖ן וְאַל־[a]יָמֹ֑ת [b]וִיהִ֥י מְתָ֖יו מִסְפָּֽר׃ ס
7 וְזֹ֣את לִֽיהוּדָה֮ וַיֹּאמַר֒
שְׁמַ֤ע יְהוָה֙ [a]ק֣וֹל יְהוּדָ֔ה[a] וְאֶל־עַמּ֖וֹ תְּבִיאֶ֑נּוּ[b]
[c]יָדָיו֙ רָ֣ב ל֔וֹ[c] וְעֵ֥זֶר מִצָּרָ֖יו תִּהְיֶֽה׃ ס
8 וּלְלֵוִ֣י אָמַ֔ר
תֻּמֶּ֥יךָ[a] וְאוּרֶ֖יךָ[b] לְאִ֣ישׁ חֲסִידֶ֑ךָ[c]
אֲשֶׁ֤ר נִסִּיתוֹ֙[d] בְּמַסָּ֔ה תְּרִיבֵ֖הוּ[e] עַל־מֵ֥י מְרִיבָֽה׃
9 הָאֹמֵ֞ר לְאָבִ֤יו וּלְאִמּוֹ֙[a] לֹ֣א רְאִיתִ֔יו[b]
וְאֶת־אֶחָיו֙ לֹ֣א הִכִּ֔יר וְאֶת־בָּנָ֖ו[c] לֹ֣א יָדָ֑ע
כִּ֤י שָֽׁמְרוּ֙[d] אִמְרָתֶ֔ךָ[e] וּבְרִֽיתְךָ֖ יִנְצֹֽרוּ[d]׃
10 יוֹר֤וּ[a] מִשְׁפָּטֶ֙יךָ֙ לְיַעֲקֹ֔ב וְתוֹרָתְךָ֖[b] לְיִשְׂרָאֵ֑ל
יָשִׂ֤ימוּ קְטוֹרָה֙ בְּאַפֶּ֔ךָ וְכָלִ֖יל עַֽל־מִזְבְּחֶֽךָ׃
11 בָּרֵ֤ךְ יְהוָה֙ חֵיל֔וֹ וּפֹ֥עַל יָדָ֖יו[a] תִּרְצֶ֑ה
מְחַ֨ץ מָתְנַ֧יִם[b] קָמָ֛יו[c] וּמְשַׂנְאָ֖יו[d] [e]מִן־יְקוּמֽוּן[e]׃ ס
12 לְבִנְיָמִ֣ן[a] אָמַ֔ר
[b]יְדִ֣יד יְהוָ֔ה[b] יִשְׁכֹּ֥ן לָבֶ֖טַח[c] עָלָ֑יו[d] חֹפֵ֤ף[e] עָלָיו֙ כָּל־הַיּ֔וֹם
וּבֵ֥ין כְּתֵפָ֖יו[f] שָׁכֵֽן׃ ס
13 וּלְיוֹסֵ֣ף אָמַ֔ר
מְבֹרֶ֥כֶת יְהוָ֖ה אַרְצ֑וֹ מִמֶּ֤גֶד[a] שָׁמַ֙יִם֙ מִטָּ֔ל[b]
וּמִתְּה֖וֹם רֹבֶ֥צֶת תָּֽחַת׃

ב̇ וכל יחי המלך דכות[10] . ל̇ב
כה יו̇[11] מנה ר״פ . צ̇א
ב̇[12]
ל̇ג קמ̇[13]
ל̇[14]
מ̇ז פסוק לא לא לא . ב̇[15]
ה̇[16] . בניו ק̇ חד מן ד̇[17] כת̇ חס בליש
י̇ב̇ וחס
ב̇ וכל א״ב דכות
ל̇ . ב̇[18]
ל̇ . ז̇[19]
ב̇[20]
ג̇ ול̇ זקף קמ̇
ג̇

[10] Mm 1239. [11] Mm 856. [12] Mm 4252. [13] Mm 264. [14] Mm 987. [15] Mm 330. [16] Mm 348. [17] Mm 1063. [18] Ps 51,21. [19] Mm 2302. [20] Gn 41,50.

6 [a] ⅏[Mss] אל ‖ [b–b] prp וְיִהְיוּ מת׳ מס׳ vel ויהי תָמִים מספָּרוֹ ‖ **7** [a–a] prp קולו m cs ‖ [b] 𝔊 *(εἰσ)έλθοις ἄν* ‖ [c–c] 𝔊[BN min] pr *καί*; prp יד(י)ך יָרֶב לו (cf תהיה) vel (pt) בְּיָדָיו רָב ‖ **8** [a] 𝔔𝔊 *(δότε Λευι)* pr הבו ללוי; 𝔗𝔗[J] *twmj'* = הַתֻּמִּים ‖ [b] 𝔔 ואורך, 𝔗𝔗[J] *w'wrj'* = וְהָאוּרִים ‖ [c] mlt Mss ℭ דיך–; 𝔊 *τῷ ἀνδρὶ τῷ ὁσίῳ* cf 𝔖; prp חַסְדֶּךָ; 𝔔 = 𝔐 ‖ [d] ⅏ תהו– ‖ [e] 𝔔⅏ ותריבהו ‖ **9** [a] frt dl m cs? ‖ [b] 𝔔 לי רעתיכהו cf ⅏𝔙; 𝔊 suff 2 sg ‖ [c] mlt Mss ℭ𝔊𝔖𝔙 ut Q; 𝔔 = K ‖ [d] 𝔔𝔊 sg ‖ [e] ℭ𝔊 *(τὰ λόγια σου)* אמרתיך ‖ **10** [a] 𝔔 ויאירו (hi אור); > 𝔙 ‖ [b] 𝔔 תורתכה; ⅏[Mss]𝔖 pl ‖ **11** [a] 2 Mss 𝔔⅏ ידו ‖ [b] ⅏ ני– cf 𝔙 ‖ [c] 𝔔 קמו ‖ [d] 𝔔 משׂנאו ‖ [e–e] 𝔔 בל יקומו, ⅏[W] מי יקימנו (= Gn 49,9); prp מְנִי קוּם ‖ **12** [a] l c pc Mss ℭ⅏𝔊𝔖𝔙 ול׳ ‖ [b–b] ⅏ יד יד י׳; prp יְדִד יָהּ cf 2 S 12,25 et ug *jdd 'l* ‖ [c] huc tr כל־הַיּוֹם vel l לָבֶטַח cf 𝔖? ‖ [d] l עֶלְיוֹן (𝔊 *ὁ θεός*) vel עָל (ug *'lj* Baal)?; > ⅏ ‖ [e] ⅏ וחופף cf 𝔖 ‖ [f] ⅏ כתפתיו ‖ **13** [a] prp hic et 14–16 מִמֶּגֶד (?) cf 𝔖𝔙 ‖ [b] pc Mss מֵעַל; 𝔖(𝔗) *mn ṭl' dšmj' mn l'l* = מטל שמים מֵעָל cf Gn 49,25 et par תחת.

ז̇[21]. ל̇. ד̇[22] 14 וּמִמֶּ֖גֶד תְּבוּאֹ֣ת שָׁ֑מֶשׁ וּמִמֶּ֖גֶד גֶּ֥רֶשׁ[a] יְרָחִֽים׃

ג̇ 15 [a]וּמֵרֹ֖אשׁ[b] הַרְרֵי־[c]קֶ֑דֶם וּמִמֶּ֖גֶד גִּבְע֥וֹת[d] עוֹלָֽם׃

ל̇. ד̇[23] 16 וּמִמֶּ֗גֶד אֶ֚רֶץ וּמְלֹאָ֔הּ[a] וּרְצ֥וֹן שֹׁכְנִ֖י[b] סְנֶ֑ה[c]

ל̇. כ̇ד תָּב֙וֹאתָה֙[d] לְרֹ֣אשׁ יוֹסֵ֔ף וּלְקָדְקֹ֖ד נְזִ֥יר אֶחָֽיו׃

17 בְּכ֨וֹר שׁוֹר֜וֹ[a] הָדָ֣ר ל֔וֹ וְקַרְנֵ֤י רְאֵם֙[b] קַרְנָ֔יו

בָּהֶ֗ם עַמִּ֛ים יְנַגַּ֥ח יַחְדָּ֖ו[c] אַפְסֵי־אָ֑רֶץ[d]

ג̇ געיא בליש[24] וְהֵם֙[e] רִבְב֣וֹת אֶפְרַ֔יִם וְהֵ֖ם[f] אַלְפֵ֥י מְנַשֶּֽׁה׃ ס

ל̇ 18 וְלִזְבוּלֻ֣ן[a] אָמַ֔ר

ב̇[25] שְׂמַ֥ח זְבוּלֻ֖ן בְּצֵאתֶ֑ךָ וְיִשָּׂשכָ֖ר[b] בְּאֹהָלֶֽיךָ׃

19 עַמִּים֙[a] הַר־[b]יִקְרָ֔אוּ[a] שָׁ֖ם[c] יִזְבְּח֣וּ זִבְחֵי־צֶ֑דֶק

כִּ֣י שֶׁ֤פַע יַמִּים֙ יִינָ֔קוּ וּשְׂפֻנֵ֖י[d] טְמ֥וּנֵי חֽוֹל׃ ס

ל̇ 20 וּלְגָ֣ד אָמַ֔ר

ב̇[26]. ג̇[27] מל בתור וכל בנ״ך דכות ב̇ מ̇ ג̇ בָּר֖וּךְ מַרְחִ֣יב גָּ֑ד כְּלָבִ֣יא[a] שָׁכֵ֔ן וְטָרַ֥ף[b] זְר֖וֹעַ אַף־[c]קָדְקֹֽד׃

כ̇ח 21 וַיַּ֤רְא רֵאשִׁית֙ ל֔וֹ כִּי־שָׁ֛ם[a] חֶלְקַ֥ת מְחֹקֵ֖ק סָפ֑וּן[b]

ל̇. עה. ה̇[28] וַיֵּתֵא֙ רָ֣אשֵׁי עָ֔ם[b] צִדְקַ֤ת יְהוָה֙ עָשָׂ֔ה

וּמִשְׁפָּטָ֖יו עִם־יִשְׂרָאֵֽל׃ ס

ל̇ 22 וּלְדָ֣ן אָמַ֔ר

ל̇ דָּ֖ן גּ֣וּר[a] אַרְיֵ֑ה יְזַנֵּ֖ק[b] מִן־הַבָּשָֽׁן[c]׃

23 וּלְנַפְתָּלִ֣י אָמַ֔ר

נַפְתָּלִי֙ שְׂבַ֣ע רָצ֔וֹן[a] וּמָלֵ֖א בִּרְכַּ֣ת יְהוָ֑ה

ל̇ יָ֥ם[b] וְדָר֖וֹם יְרָֽשָׁה[c]׃ ס

[21] Mm 1240. [22] Mm 378. [23] Mm 2727. [24] Mp contra textum, TM רְבְבוֹת cum meteg. [25] Mm 1241. [26] Mi 5,7. [27] Mm 408. [28] Mm 1242.

14 [a] 𝔐 גרושי ‖ **15** [a] > 𝔔 ‖ [b] prp וּמִמֶּגֶד ut 14.16 vel וּמִנֶּגֶד ‖ [c] 𝔐 הרי ‖ [d] V[Ken 9.107] nonn Mss 𝔐 גבעת ‖ **16** [a] 𝔔𝔊 מ׳ ‖ [b] pc Mss ℭ שׁוכני, 𝔐 שׁכן, 𝔊(𝔙) τῷ ὀφθέντι ‖ [c] prp סִנַי; 𝔊(𝔙) ἐν τῷ (τῇ) βάτῳ ‖ [d] l תְּאֻתָה vel תָּבֹאנָה cf Gn 49,26 תִּהְיֶיןָ ‖ **17** [a] 𝔔𝔐𝔊𝔖𝔙 שׁור ‖ [b] 𝔐 –מי ‖ [c] V[Ken 1.9.69] nonn Mss ℭ יחדיו; prp יִדְּחֶה; 𝔊(𝔙) + ἕως = עד ‖ [d] 𝔐𝔊[AFL min]𝔖𝔗𝔗[J] הא׳ ‖ [e] pc Mss 𝔐𝔊𝔖𝔙 הֵם ‖ [f] > V[Ken 69] 𝔊[min]; prp הֵם ‖ **18** [a] 𝔔 –בלון ‖ [b] prp וְשִׂישׂ י׳ ‖ **19** [a–a] 𝔊 alit ‖ [b] 𝔐 הרי; prp הַר תָּבוֹר ‖ [c] 𝔐𝔖 ושׁ׳ ‖ [d] prp וּצְפֻנֵי vel וְשֶׁפַע ut bα? ‖ **20** [a] prb ins גָּד ‖ [b] 𝔐 ט׳, 𝔐[Mss] טרוף (pro טוֹרֵף = 𝔊 συντρίψας) ‖ [c] cf 3 ‖ **21** [a] prp יִשֹּׁם (a נשׁם anhelare = desiderare)? 𝔊 + ἐμερίσθη = חֻלְּקָה ‖ [b–b] crrp, frt l (𝔐𝔖 העם) עם ר׳ וְהִתְאַסְּפוּן et dl (gl marg ad 5) ‖ **22** [a] 𝔐 גר cf 𝔗 ‖ [b] 𝔐 וי׳ ‖ [c] l מִבָּשָׁן (ב׳ = ug *bṯn* serpens)? ‖ **23** [a] 𝔐 ור׳ ‖ [b] 𝔐 ימה ‖ [c] 𝔐 Vrs 𝔗[J] יִירָשׁ.

24 וּלְאָשֵׁ֣ר אָמַ֔ר ל[29]
בָּר֥וּךְ מִבָּנִ֖ים אָשֵׁ֑ר יְהִ֤יa רְצוּי֙ אֶחָ֔יו וְטֹבֵ֥לb בַּשֶּׁ֖מֶן רַגְלֽוֹc׃ ל
25 בַּרְזֶ֥ל וּנְחֹ֖שֶׁת מִנְעָלֶ֑ךָa וּכְיָמֶ֖יךָ דָּבְאֶֽךָb׃ ל . ל
26 אֵ֥ין כָּאֵ֖לa יְשֻׁר֑וּן רֹכֵ֤ב שָׁמַ֙יִם֙ בְּעֶזְרֶ֔ךָb ב . ב[30]
וּבְגַאֲוָת֖וֹb שְׁחָקִֽים׃
27 מְעֹנָה֙a אֱלֹ֣הֵי קֶ֔דֶםb וּמִתַּ֖חַתac זְרֹעֹ֣תd עוֹלָ֑םe ל . ג בטע[31] . ג[32]
וַיְגָ֧רֶשׁ מִפָּנֶ֛יךָ אוֹיֵ֖ב וַיֹּ֥אמֶרf הַשְׁמֵֽדg׃
28 וַיִּשְׁכֹּן֩a יִשְׂרָאֵ֨ל בֶּ֜טַח בָּדָ֗ד עֵ֣יןb יַעֲקֹ֔ב ה ד חס וחד מל[33] . ח[34] . ל
אֶל־c אֶ֖רֶץ דָּגָ֣ן וְתִיר֑וֹשׁ אַף־d שָׁמָ֖יוd יַ֥עַרְפוּ טָֽלe׃
29 אַשְׁרֶ֨יךָ יִשְׂרָאֵ֜ל מִ֣י כָמ֗וֹךָ עַ֚ם נוֹשַׁ֣עa בַּֽיהוָ֔ה ב ומל[35] . ב
מָגֵ֣ן עֶזְרֶ֔ךָb וַאֲשֶׁר־c חֶ֖רֶבc גַּאֲוָתֶ֑ךָd ל
וְיִכָּחֲשׁ֤וּ אֹיְבֶ֙יךָ֙ לָ֔ךְ וְאַתָּ֖ה עַל־בָּמוֹתֵ֥ימוֹe תִדְרֹֽךְ׃ ס ה וחס[36]

34 1 וַיַּ֨עַלa מֹשֶׁ֜ה מֵעַרְבֹ֤ת מוֹאָב֙ אֶל־הַ֣ר נְב֔וֹ רֹ֚אשׁ הַפִּסְגָּ֔ה אֲשֶׁ֖ר 34 ל . יו וכל אל הר הכרמל דכות[1]
עַל־פְּנֵ֣י יְרֵח֑וֹ וַיַּרְאֵ֨הוּ יְהוָ֧ה אֶת־כָּל־הָאָ֛רֶץ אֶת־הַגִּלְעָ֖דb עַד־דָּֽןb׃ ב . יד
2 וְאֵת֙a כָּל־נַפְתָּלִ֔יb וְאֶת־c אֶ֥רֶץ אֶפְרַ֖יִם וּמְנַשֶּׁ֑ה וְאֵת֙ כָּל־אֶ֣רֶץ יְהוּדָ֔הa 2 ל
עַ֖דd הַיָּ֥ם הָאַחֲרֽוֹן׃ 3 וְאֶת־הַנֶּ֗גֶב וְאֶת־הַכִּכָּ֞ר בִּקְעַ֧ת יְרֵח֛וֹ עִ֥יר 3
הַתְּמָרִ֖ים עַד־צֹֽעַר׃ 4 וַיֹּ֨אמֶר יְהוָ֜ה אֵלָ֗יוa זֹ֤את הָאָ֙רֶץ֙ אֲשֶׁ֨ר נִשְׁבַּ֜עְתִּיb 4 ה בטע ר״פ בסיפ . ו ר״פ[2]
לְאַבְרָהָ֨ם לְיִצְחָ֤ק וּֽלְיַעֲקֹב֙ לֵאמֹ֔ר לְזַרְעֲךָ֖c אֶתְּנֶ֑נָּה הֶרְאִיתִ֣יךָ בְעֵינֶ֔יךָ ל ומל . טו
וְשָׁ֖מָּה לֹ֥א תַעֲבֹֽר׃ 5 וַיָּ֨מָתa שָׁ֜ם מֹשֶׁ֧ה עֶֽבֶד־יְהוָ֛ה בְּאֶ֥רֶץ מוֹאָ֖ב עַל־פִּ֥י 5 ח

[29] Mp sub loco. [30] Mm 3035. [31] Mm 68. [32] Mm 1912. [33] Mm 537. [34] Mm 2544. [35] Mm 3425. [36] Mm 1118. Cp 34 [1] Mm 385. [2] Mm 1931.

24 a 𝔐𝔊 'וי; prp יִהְיֶה ‖ b 𝔊-LO om cop ‖ c 𝔐𝔗J ליו– ‖ 25 a mlt Mss 𝔅𝔈𝔖 לֵךְ–, 𝔊(𝔙) *τὸ ὑπόδημα αὐτοῦ* = מִנְעָלוֹ ‖ b 𝔐 רביך (רְבֵיךָ vel רַבֶּיךָ?); 𝔊(𝔖) *ἡ ἰσχύς σου* cf ug IV AB II: 21f; 𝔙 libere vertit ‖ 26 a 𝔊(𝔖) *ὥσπερ ὁ θεός* = כְּאֵל; 𝔗J *'lh' k'lh'* cf 𝔙 ‖ b–b prp בְּעֻזּוֹ רֹכֵב בג' vel בע' בְּגַאֲוָתֶךָ ‖ 27 a–a 𝔖 libere vertit ‖ b prp מְמַּעַל (cf 𝔙) vel מענו ‖ c prp מִתַּחְתּוֹ ‖ d 𝔐Mss זרועתו ‖ e nom proprium divinum? ‖ f prp (וְאֵת הָאֱמֹרִי) ‖ g 𝔈𝔐Mss מיד–; prp אַשְׁמִיד (cf 𝔖) vel יַשְׁמִיד m cs cf f ‖ 28 a 𝔙 om cop ‖ b prp עָן vel יָעוֹן (a עון) cf Jes 13,22 𝔊 *κατοικήσουσι* ‖ c > VKen69; 𝔐 על ‖ d–d 𝔐 ואף שמיך, 𝔖(𝔙) *w'p šmj'* = ואף שמים ‖ e sic vid L ‖ 29 a–a 𝔐 𝔈𝔗J הָעָם הַנּוֹשָׁע ‖ b pr יהוה (cf 𝔖) vel 1 מָגִנּוֹ ‖ c–c prp וְשַׁדַּי ח' vel 1 חַרְבּוֹ ‖ d 1 c 𝔐 גַּאֲתֶךָ? cf 26 ‖ e 𝔐 במתם cf 𝔊 ‖
Cp 34,1 a 𝔗J libere vertit et exegesim praebet ‖ b–b 𝔐 מנהר מצרים עד הנהר הגדול נהר פרת ‖ 2 a–a > 𝔐 ‖ b Ms 𝔊-Ms + ארץ ‖ c Ms 𝔈𝔊𝔖 + כל ‖ d 𝔐 ועד ‖ 3 a > 𝔐 ‖ 4 a 𝔊 *πρὸς Μωυσην* = לְמֹשֶׁה ‖ b 𝔐𝔖 + לאבתיך ‖ c 𝔊𝔖 pl ‖ 5 a > 𝔊BΘL min.

בֿ³ . גֿ חס בליש וחד
מן טֿ⁴ כֿת חס אֿ .
לֿאֿ⁵ ו מנה בתור

6 יְהוָֽה: 6 וַיִּקְבֹּר֩ אֹת֨וֹ בַגַּ֜יְ בְּאֶ֤רֶץ מוֹאָב֙ מ֣וּל בֵּ֣ית פְּע֑וֹר וְלֹֽא־יָדַ֥ע

ד רֿ״פֿ⁶

7 אִ֤ישׁ אֶת־קְבֻ֣רָת֔וֹ עַ֖ד הַיּ֥וֹם הַזֶּֽה: 7 וּמֹשֶׁ֗ה בֶּן־מֵאָ֧ה וְעֶשְׂרִ֛ים שָׁנָ֖ה

גֿ חסֿ⁷ . טֿ . ל וכֿתֿ⁸

8 בְּמֹת֑וֹ לֹא־כָהֲתָ֥ה עֵינ֖וֹ וְלֹא־נָ֥ס לֵחֹֽה: 8 וַיִּבְכּוּ֩ בְנֵ֨י יִשְׂרָאֵ֧ל אֶת־

יֿז רֿ״פ בסיףֿ¹⁰ . בֿ¹¹

9 מֹשֶׁ֛ה בְּעַֽרְבֹ֥ת מוֹאָ֖ב שְׁלֹשִׁ֣ים י֑וֹם וַיִּתְּמ֔וּ יְמֵ֥י בְכִ֖י אֵ֥בֶל מֹשֶֽׁה: 9 וִֽיהוֹשֻׁ֣עַ
בִּן־נ֗וּן מָלֵא֙ ר֣וּחַ חָכְמָ֔ה כִּֽי־סָמַ֥ךְ מֹשֶׁ֛ה אֶת־יָדָ֖יו עָלָ֑יו וַיִּשְׁמְע֨וּ אֵלָ֜יו

לֿ . בֿ . הֿ¹²

10 בְּנֵֽי־יִשְׂרָאֵ֗ל וַֽיַּעֲשׂ֔וּ כַּאֲשֶׁ֛ר צִוָּ֥ה יְהוָ֖ה אֶת־מֹשֶֽׁה: 10 וְלֹֽא־קָ֨ם נָבִ֥יא
11 ע֛וֹד בְּיִשְׂרָאֵ֖ל כְּמֹשֶׁ֑ה אֲשֶׁר֙ יְדָע֣וֹ יְהוָ֔ה פָּנִ֖ים אֶל־פָּנִֽים: 11 לְכָל־

גֿ בֿ מנה מֿל בליש בתור

הָ֨אֹת֜וֹת וְהַמּוֹפְתִ֗ים אֲשֶׁ֤ר שְׁלָחוֹ֙ יְהוָ֔ה לַעֲשׂ֖וֹת בְּאֶ֣רֶץ מִצְרָ֑יִם לְפַרְעֹ֥ה

ד רֿ״פֿ . לֿ . דֿ . לֿ

12 וּלְכָל־עֲבָדָ֖יו וּלְכָל־אַרְצֽוֹ: 12 וּלְכֹל֙ הַיָּ֣ד הַחֲזָקָ֔ה וּלְכֹ֖ל הַמּוֹרָ֣א

חֿ מֿל בתורֿ¹³

הַגָּד֑וֹל אֲשֶׁר֙ עָשָׂ֣ה מֹשֶׁ֔ה לְעֵינֵ֖י כָּל־יִשְׂרָאֵֽל: מֿאֿ

סכום הפסוקים של ספר
תשע מאות
וחמשים וחמשה:
הֿנֿךֿ

וחציו ועשית על־פי¹⁴
וסדרים לֿאֿ

סכום הפסוקים של תורה
חמשת אלפים
ושמונה מאות
וארבעים
וחמשה:
הֿףֿ מֿהֿ

כל סדרי התורה
מאה וששים ושבעה:
קֿסֿזֿ

סכום התיבות של תורה
תשעה ושבעים אלף
ושמונה מאות
וחמשים
וששה

סכום האותיות של תורה ארבע מאות אלף
ותשע מאות וארבעים וחמשה

³ Mm 2180. ⁴ Mm 922. ⁵ Mm 130. ⁶ Mm 3363. ⁷ Mm 1029. ⁸ Mm 3145. ⁹ Mm 598. ¹⁰ Mm 1165. ¹¹ Est
5,9. ¹² Mm 243. ¹³ Mm 73. ¹⁴ Dt 17,10, cf Mp sub loco.

6 ^a ﹖ Mss 𝔊 רו— ‖ ^b V^{Ken1} nonn Mss ℭ ﹖ בגיא cf 3,29 4,46 ‖ ^{c—c} > 𝔊^{BⓄLmin} ‖ 7 ^a
Ms ℭ𝔊^{min} ולא ‖ ^b ﹖ Ms כחתה ‖ ^c > 𝔊^{Omin}; 𝔙 dentes ‖ 9 ^a 2 Mss ﹖ ידו cf Nu
27,18.23 ‖ 10 ^{a—a} ﹖ ע׳ נ׳ ‖ 11 ^{a—a} > ℭ cf 𝔊^{Ms} ‖ 12 ^a mlt Mss ל maj.

JOSUA יהושע

1 1 וַיְהִ֗י אַחֲרֵ֛י מ֥וֹת מֹשֶׁ֖ה [a]עֶ֣בֶד יְהוָ֑ה[a] וַיֹּ֤אמֶר יְהוָה֙ אֶל־יְהוֹשֻׁ֣עַ[b] ס א — יא זוגין דמטע בטע[1]. ד. יד בסיפ. ג
2 בִּן־נ֔וּן[c] מְשָׁרֵ֥ת מֹשֶׁ֖ה לֵאמֹֽר׃ 2 מֹשֶׁ֥ה עַבְדִּ֖י מֵ֑ת וְעַתָּה֩ ק֨וּם עֲבֹ֜ר אֶת־ — ב[2]. ג ר״פ[3]. ו[4]
הַיַּרְדֵּ֣ן הַזֶּ֗ה[a] אַתָּה֙ וְכָל־הָעָ֣ם הַזֶּ֔ה אֶל־הָאָ֕רֶץ אֲשֶׁ֧ר אָנֹכִ֛י נֹתֵ֥ן לָהֶ֖ם — נא מ״פ וכל ר״פ דכות ב מ ג. ז
3 לִבְנֵ֥י יִשְׂרָאֵֽל[b]׃ 3 כָּל־מָק֗וֹם אֲשֶׁ֨ר תִּדְרֹ֧ךְ כַּף־רַגְלְכֶ֛ם[a] בּ֖וֹ לָכֶ֣ם — ט ר״פ בסיפ. ב. ה וחס[5]. ל
4 נְתַתִּ֑יו[b] כַּאֲשֶׁ֥ר דִּבַּ֖רְתִּי אֶל־מֹשֶֽׁה׃ 4 מֵהַמִּדְבָּ֨ר וְהַלְּבָנ֜וֹן הַזֶּ֗ה[a] וְעַד־[b] — ב[6]. ה[7]. יד פסוק ועד ועד[8]
הַנָּהָ֤ר הַגָּדוֹל֙ נְהַר־פְּרָ֔ת [c]כֹּ֚ל אֶ֣רֶץ הַֽחִתִּ֔ים[c] וְעַד־הַיָּ֥ם הַגָּד֖וֹל מְב֣וֹא — ה. ב
5 הַשָּׁ֑מֶשׁ יִהְיֶ֖ה גְּבוּלְכֶֽם׃ 5 לֹא־יִתְיַצֵּ֥ב אִישׁ֙ לְפָנֶ֔יךָ[a] כֹּ֖ל יְמֵ֣י חַיֶּ֑יךָ — ג ב חס וחד מל. ז ר״פ בסיפ וחד מן ו[9] ר״פ לא לא ולא
6 כַּאֲשֶׁ֨ר הָיִ֤יתִי עִם־מֹשֶׁה֙ אֶהְיֶ֣ה עִמָּ֔ךְ לֹ֥א אַרְפְּךָ֖ וְלֹ֥א אֶעֶזְבֶֽךָּ׃ 6 חֲזַ֖ק — ב. ל
וֶאֱמָ֑ץ כִּ֣י אַתָּ֗ה תַּנְחִיל֙ אֶת־הָעָ֣ם הַזֶּ֔ה אֶת־[a]הָאָ֕רֶץ אֲשֶׁר־נִשְׁבַּ֥עְתִּי — ב[10]
7 לַאֲבוֹתָ֖ם[b] לָתֵ֥ת לָהֶֽם׃ 7 רַק֩ חֲזַ֨ק וֶאֱמַ֜ץ מְאֹ֗ד[a] לִשְׁמֹ֤ר לַעֲשׂוֹת֙[b] [c]כְּכָל־[d] — ב פת
הַתּוֹרָ֗ה אֲשֶׁ֤ר[c] צִוְּךָ֙ מֹשֶׁ֣ה עַבְדִּ֔י אַל־[e]תָּס֥וּר מִמֶּ֖נּוּ יָמִ֣ין וּשְׂמֹ֑אול לְמַ֣עַן — ל. ו סביר ממנה[11]
8 תַּשְׂכִּ֔יל בְּכֹ֖ל אֲשֶׁ֥ר תֵּלֵֽךְ׃ 8 לֹֽא־[a]יָמ֡וּשׁ סֵפֶר֩ הַתּוֹרָ֨ה הַזֶּ֜ה[b] מִפִּ֗יךָ — ג[12]. ז ר״פ בסיפ. ב
וְהָגִ֤יתָ בּוֹ֙ יוֹמָ֣ם וָלַ֔יְלָה לְמַ֙עַן֙ תִּשְׁמֹ֣ר לַעֲשׂ֔וֹת כְּכָל־[c]הַכָּת֖וּב[d] בּ֑וֹ כִּי־[d] — ל
9 אָ֛ז תַּצְלִ֥יחַ אֶת־דְּרָכֶ֖ךָ[e] וְאָ֥ז תַּשְׂכִּֽיל׃ 9 הֲל֤וֹא צִוִּיתִ֙יךָ֙ חֲזַ֣ק וֶאֱמָ֔ץ אַֽל־ — ג חס[13]. ד. ל
תַּעֲרֹ֖ץ וְאַל־תֵּחָ֑ת כִּ֤י עִמְּךָ֙ יְהוָ֣ה אֱלֹהֶ֔יךָ בְּכֹ֖ל אֲשֶׁ֥ר תֵּלֵֽךְ׃ פ — ג[12]
10 11 10 וַיְצַ֣ו יְהוֹשֻׁ֔עַ אֶת־שֹׁטְרֵ֥י הָעָ֖ם לֵאמֹֽר׃ 11 עִבְר֣וּ׀ בְּקֶ֣רֶב הַֽמַּחֲנֶ֗ה וְצַוּ֤וּ — ב
אֶת־הָעָם֙ לֵאמֹ֔ר הָכִ֥ינוּ לָכֶ֖ם[a] צֵידָ֑ה כִּ֡י בְּע֣וֹד׀ שְׁלֹ֣שֶׁת יָמִ֗ים אַתֶּ֤ם[b] — ג. ז. ג חס בנביא[14]
עֹֽבְרִים֙ אֶת־הַיַּרְדֵּ֣ן הַזֶּ֔ה לָבוֹא֙ לָרֶ֣שֶׁת אֶת־הָאָ֔רֶץ אֲשֶׁ֨ר יְהוָ֜ה — ו[4]. ב בסיפ

Cp 1 [1]Mm 794. [2]Nu 11,28. [3]Mm 3363. [4]Mm 1225. [5]Mm 1118. [6]1S 25,14. [7]Mm 1243. [8]Mm 1244. [9]Mm 1245. [10]Dt 10,11. [11]Mm 2038. [12]Mm 204. [13]Mm 605. [14]Mp contra textum; mlt Mss plen, duae scholae non congruentes, cf Mp sub loco.

Cp 1,1 [a–a] > 𝔊* ‖ [b] Dt 3,21 Jdc 2,7 שׁוּעַ– ‖ [c] 𝔊 ubique *Ναυη* (false pro *Ναυυ*) ‖ **2** [a] > 𝔊* ‖ [b–b] > 𝔊*, gl ‖ **3** [a] pc Mss 𝔊 רגליכם ‖ [b] pc Mss 𝔖 יִהְיֶה ‖ **4** [a] > 𝔊*𝔙 et Dt 11,7, dl ‖ [b] 𝔊𝔖[A] ut Dt 11,7 עד, sic l ‖ [c–c] > 𝔊*, gl ‖ **5** [a] 𝔊𝔖𝔙 suff pl ‖ **6** [a] mlt Mss Edd אל ‖ [b] 𝔊* suff 2 pl ‖ **7** [a] > 𝔊* ‖ [b] nonn Mss 𝔊*𝔙 עֲ'וְל ‖ [c–c] 𝔊 *καθότι*, l כאשר (cf ממנו) ‖ [d] pc Mss 𝔄 בְּכֹל, 2 Mss* 𝔖𝔙 כל ‖ [e] 𝔊* pr *καί* ‖ **8** [a] 𝔊𝔖 pr cop ‖ [b] Ms 𝔊𝔙 הזאת ‖ [c] Ms* בְּכֹל, 𝔊(𝔖𝔙) *πάντα* ‖ [d–d] > 𝔊*; 𝔙 om כי ‖ [e] mlt Mss 𝔊𝔗 דרכיך, 𝔙 sg ‖ **11** [a] > 𝔊* ‖ [b] 𝔊* pr *καί*.

12 אֱלֹהֵיכֶם֙[c] נֹתֵ֥ן לָכֶ֖ם לְרִשְׁתָּֽהּ׃[d] ס 12 וְלָרֻֽאוּבֵנִי֙ וְלַגָּדִ֔י וְלַחֲצִ֖י ב̇[15]
13 שֵׁ֣בֶט הַֽמְנַשֶּׁ֑ה אָמַ֥ר יְהוֹשֻׁ֖עַ לֵאמֹֽר׃ 13 זָכוֹר֙ אֶת־הַדָּבָ֔ר אֲשֶׁ֨ר צִוָּ֥ה כל סיפ דכות ב מ ג[16]
אֶתְכֶ֛ם מֹשֶׁ֥ה עֶֽבֶד־יְהוָ֖ה לֵאמֹ֑ר יְהוָ֤ה אֱלֹֽהֵיכֶם֙ מֵנִ֣יחַ לָכֶ֔ם וְנָתַ֥ן לָכֶ֖ם יד בסיפ . ל̇
14 אֶת־הָאָ֥רֶץ הַזֹּֽאת׃ 14 נְשֵׁיכֶ֣ם טַפְּכֶם֮[a] וּמִקְנֵיכֶם֒ יֵשְׁב֕וּ בָּאָ֕רֶץ אֲשֶׁ֨ר נָתַ֥ן ל̇. ב̇[17]
לָכֶ֛ם מֹשֶׁ֖ה[b] בְּעֵ֣בֶר הַיַּרְדֵּ֑ן[b] וְאַתֶּ֡ם תַּעַבְר֣וּ חֲמֻשִׁים֩ לִפְנֵ֨י אֲחֵיכֶ֜ם כֹּ֚ל ד וחס
15 גִּבּוֹרֵ֣י הַחַ֔יִל וַעֲזַרְתֶּ֖ם אוֹתָֽם׃ 15 עַ֠ד אֲשֶׁר־יָנִ֨יחַ יְהוָ֥ה ׀ לַאֲחֵיכֶם֮ כָּכֶם֒ ה פת
וְיָרְשׁ֣וּ גַם־הֵ֔מָּה אֶת־הָאָ֕רֶץ אֲשֶׁר־יְהוָ֥ה אֱלֹהֵיכֶ֖ם נֹתֵ֣ן לָהֶ֑ם וְשַׁבְתֶּ֞ם
לְאֶ֤רֶץ יְרֻשַּׁתְכֶם֙ [a]וִֽירִשְׁתֶּ֣ם אוֹתָ֔הּ[a] אֲשֶׁ֣ר ׀ נָתַ֣ן לָכֶ֗ם מֹשֶׁה֙ עֶ֣בֶד[b] ל̇. יד בסיפ
16 יְהוָ֔ה[b] בְּעֵ֥בֶר הַיַּרְדֵּ֖ן מִזְרַ֥ח הַשָּֽׁמֶשׁ׃ 16 וַֽיַּעֲנ֔וּ אֶת־יְהוֹשֻׁ֖עַ לֵאמֹ֑ר כֹּ֤ל
17 אֲשֶׁר־צִוִּיתָ֙נוּ֙ נַעֲשֶׂ֔ה וְאֶֽל־כָּל־אֲשֶׁ֥ר תִּשְׁלָחֵ֖נוּ נֵלֵֽךְ׃ 17 כְּכֹ֤ל אֲשֶׁר־ ל̇. ל̇
שָׁמַ֙עְנוּ֙ אֶל־מֹשֶׁ֔ה כֵּ֖ן[a] נִשְׁמַ֣ע אֵלֶ֑יךָ רַ֠ק יִֽהְיֶ֞ה יְהוָ֤ה אֱלֹהֶ֙יךָ֙[b] עִמָּ֔ךְ
18 כַּאֲשֶׁ֥ר הָיָ֖ה עִם־מֹשֶֽׁה׃ 18 כָּל־אִ֞ישׁ אֲשֶׁר־יַמְרֶ֣ה אֶת־פִּ֗יךָ וְלֹֽא־יִשְׁמַ֧ע ט ר״פ בסיפ . ד̇[18]
אֶת־[a]דְּבָרֶ֛יךָ לְכֹ֥ל[b] אֲשֶׁר־[b]תְּצַוֶּ֖נּוּ יוּמָ֑ת רַ֖ק חֲזַ֥ק וֶאֱמָֽץ׃ פ ל̇

2 1 וַיִּשְׁלַ֣ח יְהוֹשֻֽׁעַ־בִּן־נ֠וּן מִֽן־הַשִּׁטִּ֞ים[a] שְׁנַֽיִם־אֲנָשִׁ֤ים מְרַגְּלִים֙ ב̇[1]
חֶ֣רֶשׁ[b] לֵאמֹ֔ר לְכ֛וּ רְא֥וּ[c] אֶת־הָאָ֖רֶץ וְאֶת־[d]יְרִיח֑וֹ[de] וַיֵּ֨לְכ֜וּ וַ֠יָּבֹאוּ[f] בֵּית־ ב כת ש[2]
2 אִשָּׁ֥ה זוֹנָ֛ה וּשְׁמָ֥הּ רָחָ֖ב וַיִּשְׁכְּבוּ־שָֽׁמָּה׃ 2 וַיֵּ֣אָמַ֔ר לְמֶ֥לֶךְ יְרִיח֖וֹ לֵאמֹ֑ר ג . יח ס״פ . ל̇. כט וכל משיחה מצרים אשור ישראל דכות[3]
הִנֵּה֩ אֲנָשִׁ֨ים בָּ֜אוּ הֵ֧נָּה הַלַּ֛יְלָה[a] מִבְּנֵ֥י יִשְׂרָאֵ֖ל לַחְפֹּ֥ר אֶת־הָאָֽרֶץ׃ ג . ל̇[4]
3 וַיִּשְׁלַח֙ מֶ֣לֶךְ יְרִיח֔וֹ אֶל־רָחָ֖ב לֵאמֹ֑ר הוֹצִ֨יאִי הָאֲנָשִׁ֜ים הַבָּאִ֤ים אֵלַ֙יִךְ֙[a] ל̇ לשון נקיבה ומלעיל . כט
4 [b]אֲשֶׁר־בָּ֣אוּ[a] לְבֵיתֵ֔ךְ[bc] כִּ֛י לַחְפֹּ֥ר אֶת־[d]כָּל־הָאָ֖רֶץ בָּֽאוּ׃ 4 וַתִּקַּ֧ח ג . יד̇
הָאִשָּׁ֛ה אֶת־שְׁנֵ֥י[a] הָאֲנָשִׁ֖ים וַֽתִּצְפְּנ֑וֹ[b] וַתֹּ֣אמֶר ׀ כֵּ֗ן בָּ֤אוּ אֵלַי֙ הָֽאֲנָשִׁ֔ים ל̇. ד̇[5]
5 [c]וְלֹ֥א יָדַ֖עְתִּי מֵאַ֥יִן הֵֽמָּה׃[c] 5 וַיְהִ֨י הַשַּׁ֜עַר לִסְגּ֗וֹר בַּחֹ֙שֶׁךְ֙ וְהָאֲנָשִׁ֣ים יָצָ֔אוּ ה̇[6]. ג מל[7]. ח̇[8]
לֹ֣א[a] יָדַ֔עְתִּי אָ֥נָה הָלְכ֖וּ הָאֲנָשִׁ֑ים[b] רִדְפ֥וּ מַהֵ֛ר[c] אַחֲרֵיהֶ֖ם כִּ֥י תַשִּׂיגֽוּם׃ ל̇

[15] Mm 1246. [16] Jos 13,29; 22,13 et 15. [17] Mm 534. [18] Mm 1179. Cp 2 [1] Mm 1247. [2] Mm 4049. [3] Mm 958. [4] Mp sub loco. [5] Mm 1167. [6] Mm 1248. [7] Mm 3034. [8] Mm 1602.

11 [c] 𝔊* *ὁ θεὸς τῶν πατέρων ὑμῶν* cf 𝔏 ‖ [d] > 𝔊* ‖ **14** [a] ℭ nonn Mss 𝔊𝔖𝔗[Mss]𝔙 וְט׳ ‖ [b–b] > 𝔊* ‖ **15** [a–a] > 𝔊*, dl ‖ [b–b] > 𝔊* ‖ **17** [a] > 𝔊*𝔖[W] ‖ [b] 𝔊 suff 1 pl ‖ **18** [a] ℭ mlt Mss אל ‖ [b–b] 𝔊 *καθότι* = כַּאֲשֶׁר ‖ **Cp 2,1** [a] 𝔊* *Σαττιν*, 𝔖 *stjm*, 𝔙 *Setim* ‖ [b] > 𝔊*𝔖 ‖ [c] mlt Mss 𝔊𝔙 וּראו ‖ [d–d] 𝔖 *djrjḥw* 𝔗[f Ms] *jt jrjḥw*; frt hic dl et ‸ tr ad הארץ ‖ [e] sic vel יְרִחוֹ ubique in Jos Jer et septies in 1.2 R, sed Nu Dt 1.2 S Esr Neh 1.2 Chr ubique et 1.2 R semel יְרֵחוֹ ‖ [f] ins prb יריחו cf 𝔊 ‖ **2** [a] > 𝔊* ‖ **3** [a–a] > 𝔊* ‖ [b–b] > 𝔖, frt dl ‖ [c] 𝔊(𝔖) + *τὴν νύκτα* cf 2[a] ‖ [d] > pc Mss 𝔊*𝔖 ‖ **4** [a] > 𝔊*𝔙 ‖ [b] l ־נֵם cf 𝔊𝔖𝔗 ‖ [c–c] > 𝔊* ‖ **5** [a] mlt Mss 𝔊[min]𝔖𝔗[Ms] וְלֹא ‖ [b] > 𝔊*𝔖𝔙 ‖ [c] > 𝔊*.

6 וְהִיא הֶעֱלָתַם הַגָּגָה וַתִּטְמְנֵם בְּפִשְׁתֵּי הָעֵץ הָעֲרֻכוֹת לָהּ עַל־הַגָּג׃ 6 — ב. ל. ל
7 וְהָאֲנָשִׁים רָדְפוּ אַחֲרֵיהֶם דֶּרֶךְ הַיַּרְדֵּן עַל[a] הַמַּעְבְּרוֹת וְהַשַּׁעַר סָגָרוּ 7 — חר״פ. ל. ב
8 [b]אַחֲרֵי כַּאֲשֶׁר[b] יָצְאוּ הָרֹדְפִים אַחֲרֵיהֶם׃ 8 וְהֵמָּה טֶרֶם יִשְׁכָּבוּן וְהִיא — יר״פ[9]. ב[10]
9 עָלְתָה עֲלֵיהֶם עַל־הַגָּג׃ 9 וַתֹּאמֶר אֶל־הָאֲנָשִׁים יָדַעְתִּי כִּי־נָתַן יְהוָה
לָכֶם אֶת־הָאָרֶץ וְכִי־נָפְלָה אֵימַתְכֶם עָלֵינוּ [a]וְכִי נָמֹגוּ כָּל־יֹשְׁבֵי — ל. ל. ד וחס[11]
10 הָאָרֶץ מִפְּנֵיכֶם[a]׃ 10 כִּי שָׁמַעְנוּ אֵת אֲשֶׁר־הוֹבִישׁ יְהוָה אֶת־מֵי יַם־ — כל סיפ מל
סוּף מִפְּנֵיכֶם בְּצֵאתְכֶם מִמִּצְרָיִם[a] וַאֲשֶׁר עֲשִׂיתֶם[b] לִשְׁנֵי מַלְכֵי הָאֱמֹרִי — ל
11 אֲשֶׁר בְּעֵבֶר הַיַּרְדֵּן לְסִיחֹן וּלְעוֹג אֲשֶׁר הֶחֱרַמְתֶּם אוֹתָם׃ 11 וַנִּשְׁמַע — ל[12] חס בנ״ך וכל אורית דכות ב מ ד מל. ג[13]
וַיִּמַּס לְבָבֵנוּ וְלֹא־קָמָה עוֹד רוּחַ בְּאִישׁ מִפְּנֵיכֶם כִּי יְהוָה אֱלֹהֵיכֶם — ד וחס[14]
12 הוּא אֱלֹהִים בַּשָּׁמַיִם מִמַּעַל וְעַל־הָאָרֶץ מִתָּחַת׃ 12 וְעַתָּה הִשָּׁבְעוּ־ — ד[15]. ג[16]
נָא לִי בַּיהוָה כִּי־עָשִׂיתִי עִמָּכֶם חָסֶד וַעֲשִׂיתֶם גַּם־אַתֶּם עִם־בֵּית אָבִי
13 חֶסֶד [a]וּנְתַתֶּם לִי אוֹת אֱמֶת[a]׃ 13 וְהַחֲיִתֶם אֶת־אָבִי וְאֶת־אִמִּי וְאֶת־ — ל. ל
אַחַי וְאֶת־אַחְוֹתַי[a] וְאֵת כָּל־אֲשֶׁר לָהֶם וְהִצַּלְתֶּם אֶת־נַפְשֹׁתֵינוּ מִמָּוֶת׃ — אחיותי ק חד מן ה[17] בליש
14 וַיֹּאמְרוּ לָהּ הָאֲנָשִׁים נַפְשֵׁנוּ תַחְתֵּיכֶם לָמוּת אִם לֹא תַגִּידוּ[a] אֶת־ 14
דְּבָרֵנוּ זֶה וְהָיָה בְּתֵת[b]־יְהוָה לָנוּ אֶת־הָאָרֶץ וְעָשִׂינוּ עִמָּךְ חֶסֶד וֶאֱמֶת׃ — ב וחס
15 וַתּוֹרִדֵם בַּחֶבֶל[a] בְּעַד הַחַלּוֹן [b]כִּי בֵיתָהּ בְּקִיר הַחוֹמָה וּבַחוֹמָה 15 — ל. ל
16 הִיא יוֹשָׁבֶת[b]׃ 16 וַתֹּאמֶר לָהֶם הָהָרָה לֵּכוּ פֶּן־יִפְגְּעוּ בָכֶם הָרֹדְפִים — ב חד חס וחד מל[18]. יג[19]. ג
וְנַחְבֵּתֶם שָׁמָּה שְׁלֹשֶׁת יָמִים עַד שׁוֹב הָרֹדְפִים[a] וְאַחַר תֵּלְכוּ — ל וחס
17 לְדַרְכְּכֶם׃ 17 וַיֹּאמְרוּ אֵלֶיהָ הָאֲנָשִׁים נְקִיִּם אֲנַחְנוּ מִשְּׁבֻעָתֵךְ הַזֶּה[a] — ב. ב
18 [b]אֲשֶׁר הִשְׁבַּעְתָּנוּ[bc]׃ 18 הִנֵּה אֲנַחְנוּ בָאִים בָּאָרֶץ אֶת־תִּקְוַת חוּט הַשָּׁנִי — ג
הַזֶּה תִּקְשְׁרִי בַּחַלּוֹן אֲשֶׁר הוֹרַדְתֵּנוּ[a] בוֹ וְאֶת־אָבִיךְ וְאֶת־אִמֵּךְ — ל. ל
19 וְאֶת־אַחַיִךְ וְאֵת כָּל־בֵּית אָבִיךְ תַּאַסְפִי אֵלַיִךְ הַבָּיְתָה׃ 19 וְהָיָה כֹּל — ט. ל. כט. יט[20]
אֲשֶׁר־יֵצֵא מִדַּלְתֵי בֵיתֵךְ ׀ הַחוּצָה דָּמוֹ בְרֹאשׁוֹ וַאֲנַחְנוּ נְקִיִּם וְכֹל — יו[21]. יד
20 אֲשֶׁר יִהְיֶה אִתָּךְ בַּבַּיִת דָּמוֹ בְרֹאשֵׁנוּ אִם־יָד תִּהְיֶה־בּוֹ׃ 20 וְאִם־ — ב וחס[22]

[9] Mm 1249. [10] Hi 30,17. [11] Mm 2733. [12] Mp sub loco. [13] Mm 2665. [14] Mm 1051. [15] Mm 1250. [16] Mm 1920. [17] Mm 1251. [18] Mm 2058. [19] Mm 1100. [20] Mm 1557. [21] Mm 290. [22] Mm 2023.

7 [a] mlt Mss 𝔗[f Mss] עד ‖ [b–b] l aut c pc Mss כ׳ (cf 𝔊) aut c pc Mss אחרי אשר (cf 𝔖𝔗) ‖ **9** [a–a] > 𝔊*, prb ex 24 ‖ **10** [a] Ms* 𝔊* מֵאֶרֶץ מ׳ ‖ [b] 𝔊* 3 sg ‖ **12** [a–a] > 𝔊* ‖ **13** [a] mlt Mss ut Q, 𝔊* *πάντα τὸν οἶκόν μου* ‖ **14** [a] mlt Mss 𝔊[O]𝔙 –דִי ‖ [b] 2 Mss כְּתֵת ‖ **15** [a] > 𝔊* ‖ [b–b] > 𝔊* ‖ **16** [a] 𝔊 + *ὀπίσω ὑμῶν* cf 5.7 ‖ **17** [a] > pc Mss; 2 Mss הזאת cf Vrs ‖ [b–b] > 𝔊* cf 20[b–b] ‖ [c] l frt –תְּנוּ ‖ **18** [a] ut 17[c].

תַּגִּידִי אֶת־דְּבָרֵנוּ זֶה וְהָיִינוּ נְקִיִּם מִשְּׁבֻעָתֵךְ[a] [b]אֲשֶׁר הִשְׁבַּעְתָּנוּ[bc]׃ ב̇ וחס̇ . ב̇ . ג̇
21 וַתֹּאמֶר כְּדִבְרֵיכֶם כֶּן־הוּא וַֽתְּשַׁלְּחֵם וַיֵּלֵכוּ וַתִּקְשֹׁר אֶת־תִּקְוַת[a] ג̇[23]
22 הַשָּׁנִי בַּחַלּוֹן׃ 22 וַיֵּלְכוּ וַיָּבֹאוּ הָהָרָה וַיֵּשְׁבוּ שָׁם שְׁלֹשֶׁת יָמִים [a]עַד־ יג̇[24]
23 שָׁבוּ הָרֹדְפִים[a] וַיְבַקְשׁוּ הָרֹדְפִים בְּכָל־הַדֶּרֶךְ וְלֹא מָצָאוּ׃ 23 וַיָּשֻׁבוּ
שְׁנֵי הָאֲנָשִׁים וַיֵּרְדוּ מֵהָהָר וַיַּעַבְרוּ וַיָּבֹאוּ אֶל־יְהוֹשֻׁעַ בִּן־נוּן וַיְסַפְּרוּ־ ד̇[25]
24 לוֹ אֵת כָּל־הַמֹּצְאוֹת אוֹתָם׃ 24 וַיֹּאמְרוּ אֶל־יְהוֹשֻׁעַ כִּֽי־נָתַן יְהוָה ל̇
בְּיָדֵנוּ[a] אֶת־כָּל־הָאָרֶץ וְגַם־נָמֹגוּ כָּל־יֹשְׁבֵי הָאָרֶץ מִפָּנֵינוּ׃ ס יד̇ . ד̇ וחס̇[26] . ה̇

3 1 וַיַּשְׁכֵּם יְהוֹשֻׁעַ בַּבֹּקֶר וַיִּסְעוּ מֵהַשִּׁטִּים וַיָּבֹאוּ עַד־הַיַּרְדֵּן [a]הוּא ל̇
2 וְכָל־בְּנֵי יִשְׂרָאֵל[a] וַיָּלִנוּ שָׁם טֶרֶם יַעֲבֹרוּ׃ 2 וַיְהִי מִקְצֵה שְׁלֹשֶׁת ו̇ . ה̇
3 יָמִים וַיַּעַבְרוּ הַשֹּׁטְרִים בְּקֶרֶב הַמַּחֲנֶה׃ 3 וַיְצַוּוּ אֶת־הָעָם לֵאמֹר ד̇ ג̇ מל̇ וחד חס̇[2] . ג̇
כִּרְאֹתְכֶם אֵת אֲרוֹן בְּרִית־יְהוָה אֱלֹהֵיכֶם וְהַכֹּהֲנִים הַלְוִיִּם[a] נֹשְׂאִים ל̇ . כ̇ו בליש וכל מלכים דכות . ג̇[3] . ה̇
4 אֹתוֹ וְאַתֶּם[b] תִּסְעוּ מִמְּקוֹמְכֶם וַהֲלַכְתֶּם אַחֲרָיו׃ 4 אַךְ ׀ רָחוֹק יִהְיֶה ל̇
בֵּינֵיכֶם וּבֵינָו[a] כְּאַלְפַּיִם אַמָּה בַּמִּדָּה אַל[b]־תִּקְרְבוּ אֵלָיו לְמַעַן אֲשֶׁר־ וביניו חד מן ב̇[4] בליש . ק̇ ב̇ . ג̇ דגש̇[5] . ל̇
תֵּדְעוּ אֶת־הַדֶּרֶךְ אֲשֶׁר תֵּלְכוּ־בָהּ כִּי לֹא עֲבַרְתֶּם בַּדֶּרֶךְ מִתְּמוֹל
5 שִׁלְשׁוֹם׃ ס 5 וַיֹּאמֶר יְהוֹשֻׁעַ אֶל־הָעָם הִתְקַדָּשׁוּ כִּי מָחָר יַעֲשֶׂה י̇ו . ג̇ קמ̇
6 יְהוָה בְּקִרְבְּכֶם נִפְלָאוֹת׃ 6 וַיֹּאמֶר יְהוֹשֻׁעַ אֶל־הַכֹּהֲנִים לֵאמֹר שְׂאוּ י̇ו
אֶת־אֲרוֹן הַבְּרִית וְעִבְרוּ לִפְנֵי הָעָם וַיִּשְׂאוּ אֶת־אֲרוֹן הַבְּרִית וַיֵּלְכוּ מ̇ג
ס̇ב 7 לִפְנֵי הָעָם׃ ס 7 וַיֹּאמֶר יְהוָה אֶל־יְהוֹשֻׁעַ הַיּוֹם הַזֶּה אָחֵל גַּדֶּלְךָ ג̇[6] . ל̇
בְּעֵינֵי[a] כָּל־יִשְׂרָאֵל אֲשֶׁר יֵדְעוּן כִּי כַּאֲשֶׁר הָיִיתִי עִם־מֹשֶׁה אֶהְיֶה ד̇[7] . ב̇
8 עִמָּךְ׃ 8 וְאַתָּה תְּצַוֶּה אֶת־הַכֹּהֲנִים נֹשְׂאֵי אֲרוֹן־הַבְּרִית לֵאמֹר ב̇ ר״פ̇[8] . כ̇ו
9 כְּבֹאֲכֶם[a] עַד־קְצֵה מֵי הַיַּרְדֵּן בַּיַּרְדֵּן תַּעֲמֹדוּ׃ פ 9 וַיֹּאמֶר ג̇ וחס̇[9] . י̇ו
יְהוֹשֻׁעַ אֶל־בְּנֵי יִשְׂרָאֵל גֹּשׁוּ הֵנָּה וְשִׁמְעוּ אֶת־דִּבְרֵי[a] יְהוָה אֱלֹהֵיכֶם׃ ג̇ וחס̇[10] . ה̇
10 [a]וַיֹּאמֶר יְהוֹשֻׁעַ[a] בְּזֹאת תֵּדְעוּן כִּי אֵל חַי בְּקִרְבְּכֶם וְהוֹרֵשׁ יוֹרִישׁ י̇ו . ד̇[11] . ב̇ בסיפ̇
מִפְּנֵיכֶם אֶת־הַכְּנַעֲנִי וְאֶת־הַחִתִּי וְאֶת־הַחִוִּי וְאֶת־הַפְּרִזִּי וְאֶת־הַגִּרְגָּשִׁי סימן[12] כ̇ת̇ו̇פ̇ג̇מ̇ס̇

[23] Mm 2694. [24] Mm 1100. [25] Mm 1167. [26] Mm 2733. **Cp 3** [1] Mm 1436. [2] Mm 368. [3] Mm 1199. [4] Mm 1284. [5] Mm 774. [6] Mm 1059. [7] Mm 1252. [8] Mm 559. [9] Mm 1253. [10] Mm 1254. [11] Mm 1255. [12] Okhl 274 et Mp sub loco.

20 a 2 Mss 𝔊*𝔖𝔙 + הַזֶּה cf 17 ‖ b–b > 𝔊* cf 17 b–b ‖ c ut 17 c ‖ **21** a pc Mss + חוט cf 18 ‖ **22** a–a > 𝔊* ‖ **24** a mlt Mss 𝔖𝔗f𝔙 בידינו ‖ **Cp 3,1** a–a > 𝔊* ‖ **3** a nonn Mss 𝔊*𝔖𝔗Edd וְה' ‖ b > 𝔊* ‖ **4** a K נו–, mlt Mss ut Q ‖ b 𝔊 pr στήσεσθε ‖ **7** a nonn Mss לְעֵ' ‖ **8** a pc Mss 𝔗f Ms בְּבֵ' ‖ **9** a 𝔊𝔗Mss𝔙 sg ‖ **10** a–a > 𝔊*.

11 וְהָאֱמֹרִי וְהַיְבוּסִי׃ 11 הִנֵּה אֲרוֹן הַבְּרִית אֲדוֹן כָּל־הָאָרֶץ עֹבֵר — ל
12 לִפְנֵיכֶם בַּיַּרְדֵּן׃ 12 וְעַתָּה[a] קְחוּ לָכֶם שְׁנֵי[b] עָשָׂר אִישׁ [c]מִשִּׁבְטֵי יִשְׂרָאֵל — ו בליש[13]
13 אִישׁ־אֶחָד אִישׁ־אֶחָד לַשָּׁבֶט׃ 13 וְהָיָה כְּנוֹחַ[a] כַּפּוֹת רַגְלֵי הַכֹּהֲנִים — ג[14] . ב[15]
נֹשְׂאֵי אֲרוֹן יְהוָה אֲדוֹן כָּל־הָאָרֶץ בְּמֵי הַיַּרְדֵּן מֵי הַיַּרְדֵּן יִכָּרֵתוּן — כו . כו[16] ל[17] מנה בסיפ . ה[18] . ב
14 הַמַּיִם[b] הַיֹּרְדִים מִלְמָעְלָה [c]וְיַעַמְדוּ נֵד[d] אֶחָד[d]׃ 14 וַיְהִי בִּנְסֹעַ הָעָם — ב
מֵאָהֳלֵיהֶם לַעֲבֹר אֶת־הַיַּרְדֵּן וְהַכֹּהֲנִים נֹשְׂאֵי הָאָרוֹן[a] הַבְּרִית לִפְנֵי — כו . ל
15 הָעָם׃ 15 וּכְבוֹא[a] נֹשְׂאֵי הָאָרוֹן עַד־הַיַּרְדֵּן וְרַגְלֵי הַכֹּהֲנִים נֹשְׂאֵי הָאָרוֹן — ג ב מל וחד חס[19] . כו . כו
נִטְבְּלוּ בִּקְצֵה הַמָּיִם וְהַיַּרְדֵּן מָלֵא עַל־כָּל־גְּדוֹתָיו כֹּל יְמֵי קָצִיר׃ — ג[20] . ג בסיפ . ד[21]
16 16 וַיַּעַמְדוּ הַמַּיִם הַיֹּרְדִים מִלְמַעְלָה קָמוּ נֵד־אֶחָד הַרְחֵק [a]מְאֹד
בָאָדָם[b] הָעִיר אֲשֶׁר מִצַּד צָרְתָן[a] וְהַיֹּרְדִים עַל יָם הָעֲרָבָה יָם־הַמֶּלַח — מאדם ק . ב . ד
17 תַּמּוּ נִכְרָתוּ וְהָעָם עָבְרוּ נֶגֶד יְרִיחוֹ׃ 17 וַיַּעַמְדוּ הַכֹּהֲנִים נֹשְׂאֵי הָאָרוֹן[a] — כו . כו ול בליש
בְּרִית־יְהוָה בֶּחָרָבָה בְּתוֹךְ הַיַּרְדֵּן הָכֵן וְכָל־יִשְׂרָאֵל עֹבְרִים בֶּחָרָבָה — לה וכל ר״פ דכות
עַד אֲשֶׁר־תַּמּוּ כָּל־הַגּוֹי לַעֲבֹר אֶת־הַיַּרְדֵּן׃

4 1 וַיְהִי כַּאֲשֶׁר־תַּמּוּ כָל־הַגּוֹי לַעֲבוֹר אֶת־הַיַּרְדֵּן פ וַיֹּאמֶר — ד מל[1] . ג
2 יְהוָה אֶל־יְהוֹשֻׁעַ לֵאמֹר׃ 2 קְחוּ[a] לָכֶם[b] מִן־הָעָם [c]שְׁנֵים עָשָׂר[c] אֲנָשִׁים — ה ר״פ[2]
3 אִישׁ־אֶחָד [d]אִישׁ־אֶחָד[d] מִשָּׁבֶט׃ 3 וְצַוּוּ[a] אוֹתָם לֵאמֹר שְׂאוּ־לָכֶם מִזֶּה — ב
מִתּוֹךְ הַיַּרְדֵּן [b]מִמַּצַּב רַגְלֵי הַכֹּהֲנִים[b] הָכִין שְׁתֵּים־עֶשְׂרֵה אֲבָנִים — ל
וְהַעֲבַרְתֶּם אוֹתָם עִמָּכֶם וְהִנַּחְתֶּם אוֹתָם בַּמָּלוֹן אֲשֶׁר־תָּלִינוּ בוֹ — ב[3]
4 הַלָּיְלָה׃ ס 4 וַיִּקְרָא יְהוֹשֻׁעַ אֶל־שְׁנֵים הֶעָשָׂר אִישׁ אֲשֶׁר הֵכִין — ל
5 מִבְּנֵי יִשְׂרָאֵל אִישׁ־אֶחָד אִישׁ־אֶחָד מִשָּׁבֶט׃ 5 וַיֹּאמֶר לָהֶם יְהוֹשֻׁעַ[a] — כב[4] וכל ד״ה ועזרא דכות ב מ ה חס בליש
עִבְרוּ[b] לִפְנֵי אֲרוֹן[c] יְהוָה אֱלֹהֵיכֶם[d] אֶל־תּוֹךְ הַיַּרְדֵּן וְהָרִימוּ לָכֶם — כו[5] ל[6] מנה בסיפ
6 אִישׁ אֶבֶן אַחַת עַל־שִׁכְמוֹ לְמִסְפַּר שִׁבְטֵי בְנֵי־יִשְׂרָאֵל׃ 6 לְמַעַן — ג[7]
תִּהְיֶה זֹאת אוֹת בְּקִרְבְּכֶם כִּי־יִשְׁאָלוּן בְּנֵיכֶם מָחָר[a] לֵאמֹר מָה — ב

[13]Mm 874. [14]Mm 1049. [15]Mm 1256. [16]Mm 1553. [17]Mm 1257. [18]Mm 1013. [19]Mm 1186. [20]Mm 1064. [21]Mm 1258. **Cp 4** [1]Mm 1259. [2]Mm 3588. [3]Mm 1260. [4]Mm 11. [5]Mm 1553. [6]Mm 1257. [7]Mm 1041.

12 [a] > 𝔊*𝔙; 𝔖 om cop ‖ [b] nonn Mss שְׁנֵים ‖ [c] 𝔊* *ἀπὸ τῶν υἱῶν* = מִבְּנֵי ‖ **13** [a] 2 Mss בְּנוּחַ ‖ [b] 2 Mss וְה׳ cf 𝔊 ‖ [c] 𝔊𝔖 om cop ‖ [d–d] > 𝔊* ‖ **14** [a] 2 Mss אֲ׳ cf Vrs ‖ **15** [a] pc Mss וּבְבוֹא ‖ **16** [a–a] 𝔊* *σφόδρα σφοδρῶς ἕως μέρους Καριαθιαριμ* ‖ [b] mlt Mss Vrs ut Q ‖ **17** [a] Vrs leg אֲ׳ cf 14[a] ‖ **Cp 4,2** [a] 𝔊𝔙 sg ‖ [b] > 𝔊𝔙 ‖ [c–c] > 𝔊* ‖ [d–d] > pc Mss ‖ **3** [a] 𝔊𝔖𝔙 sg ‖ [b–b] > 𝔊* ‖ **5** [a] > 𝔊*𝔙 ‖ [b] 𝔊 + *ἔμπροσθέν μου* ‖ [c] > 𝔊 ‖ [d] > 𝔊* ‖ **6** [a] pc Mss Edd + אֶת־אֲבֹתָם, ex 21.

7 הָאֲבָנִים הָאֵלֶּה לָכֶם׃ 7 וַאֲמַרְתֶּם לָהֶם אֲשֶׁר נִכְרְתוּ מֵימֵי הַיַּרְדֵּן
מִפְּנֵי אֲרוֹן בְּרִית־יְהוָה בְּעָבְרוֹ בַּיַּרְדֵּן[a] נִכְרְתוּ מֵי הַיַּרְדֵּן[a] וְהָיוּ
8 הָאֲבָנִים הָאֵלֶּה לְזִכָּרוֹן לִבְנֵי יִשְׂרָאֵל עַד־עוֹלָם׃ 8 וַיַּעֲשׂוּ־כֵן בְּנֵי־
יִשְׂרָאֵל כַּאֲשֶׁר צִוָּה יְהוֹשֻׁעַ וַיִּשְׂאוּ שְׁתֵּי־עֶשְׂרֵה אֲבָנִים מִתּוֹךְ הַיַּרְדֵּן
כַּאֲשֶׁר דִּבֶּר יְהוָה אֶל־יְהוֹשֻׁעַ לְמִסְפַּר שִׁבְטֵי בְנֵי־יִשְׂרָאֵל וַיַּעֲבִרוּם
9 עִמָּם אֶל־הַמָּלוֹן וַיַּנִּחוּם שָׁם׃ 9 וּשְׁתֵּים עֶשְׂרֵה אֲבָנִים הֵקִים יְהוֹשֻׁעַ
בְּתוֹךְ הַיַּרְדֵּן תַּחַת מַצַּב רַגְלֵי הַכֹּהֲנִים נֹשְׂאֵי אֲרוֹן הַבְּרִית וַיִּהְיוּ שָׁם
10 עַד הַיּוֹם הַזֶּה׃ 10 וְהַכֹּהֲנִים נֹשְׂאֵי הָאָרוֹן עֹמְדִים בְּתוֹךְ הַיַּרְדֵּן עַד
תֹּם כָּל־הַדָּבָר אֲשֶׁר־צִוָּה יְהוָה אֶת[a]־יְהוֹשֻׁעַ לְדַבֵּר אֶל־הָעָם [b]כְּכֹל
11 אֲשֶׁר־צִוָּה מֹשֶׁה אֶת־יְהוֹשֻׁעַ[b] וַיְמַהֲרוּ הָעָם וַיַּעֲבֹרוּ׃ 11 וַיְהִי כַּאֲשֶׁר־
תַּם כָּל־הָעָם לַעֲבוֹר וַיַּעֲבֹר אֲרוֹן־יְהוָה וְהַכֹּהֲנִים[a] [b]לִפְנֵי הָעָם[b]׃
12 וַיַּעַבְרוּ בְּנֵי־רְאוּבֵן וּבְנֵי־גָד וַחֲצִי שֵׁבֶט הַמְנַשֶּׁה חֲמֻשִׁים לִפְנֵי בְּנֵי
13 יִשְׂרָאֵל כַּאֲשֶׁר דִּבֶּר אֲלֵיהֶם מֹשֶׁה׃ 13 כְּאַרְבָּעִים[a] אֶלֶף חֲלוּצֵי
14 הַצָּבָא עָבְרוּ לִפְנֵי יְהוָה לַמִּלְחָמָה אֶל עַרְבוֹת יְרִיחוֹ׃ ס 14 בַּיּוֹם
הַהוּא גִּדַּל יְהוָה אֶת־יְהוֹשֻׁעַ בְּעֵינֵי כָּל[a]־יִשְׂרָאֵל וַיִּרְאוּ אֹתוֹ כַּאֲשֶׁר
יָרְאוּ אֶת־מֹשֶׁה כָּל־יְמֵי חַיָּיו׃ פ
15 וַיֹּאמֶר יְהוָה אֶל־יְהוֹשֻׁעַ לֵאמֹר׃ 16 צַוֵּה אֶת־הַכֹּהֲנִים נֹשְׂאֵי
17 אֲרוֹן הָעֵדוּת וְיַעֲלוּ מִן־הַיַּרְדֵּן׃ 17 וַיְצַו יְהוֹשֻׁעַ אֶת־הַכֹּהֲנִים לֵאמֹר
18 עֲלוּ מִן־הַיַּרְדֵּן׃ 18 וַיְהִי בַּעֲלוֹת[a] הַכֹּהֲנִים נֹשְׂאֵי אֲרוֹן בְּרִית־יְהוָה
מִתּוֹךְ הַיַּרְדֵּן נִתְּקוּ כַּפּוֹת רַגְלֵי הַכֹּהֲנִים אֶל הֶחָרָבָה וַיָּשֻׁבוּ מֵי־
19 הַיַּרְדֵּן לִמְקוֹמָם וַיֵּלְכוּ כִתְמוֹל־שִׁלְשׁוֹם עַל־כָּל־גְּדוֹתָיו׃ 19 וְהָעָם
עָלוּ מִן־הַיַּרְדֵּן בֶּעָשׂוֹר לַחֹדֶשׁ הָרִאשׁוֹן וַיַּחֲנוּ בַּגִּלְגָּל בִּקְצֵה מִזְרַח
20 יְרִיחוֹ׃ 20 וְאֵת שְׁתֵּים עֶשְׂרֵה הָאֲבָנִים הָאֵלֶּה אֲשֶׁר לָקְחוּ מִן־הַיַּרְדֵּן
21 הֵקִים יְהוֹשֻׁעַ בַּגִּלְגָּל׃ 21 וַיֹּאמֶר אֶל־בְּנֵי יִשְׂרָאֵל לֵאמֹר אֲשֶׁר יִשְׁאָלוּן
22 בְּנֵיכֶם מָחָר[a] אֶת־אֲבוֹתָם[a] לֵאמֹר מָה הָאֲבָנִים הָאֵלֶּה׃ 22 וְהוֹדַעְתֶּם

ב[8]
כו בליש וכל מלכים דכות
ז
מג
ל. ג[9]
ב חד מל וחד חס
כו
כו
ב[10]
ב[11]. כ בטע ר״פ[12]
ד מל[13]. כו[14]. ל[15] מנה בסיפ
ה. כל סיפ דכות ב מ ג[16]. ד וחס
ג[17]. ל[18]. ל
ב[19]. ד[20] חס וכל שמואל דכות ב מ א
ג. ג. כו
יב[21]. ג
כעלות ק. כו. כו בליש וכל מלכים דכות
ד[22]. ג בנביא[23]. ג בסיפ. ד[24]
סד
ב. ב
ל

[8] Mm 1261. [9] Mm 1041. [10] Mm 4035. [11] Mm 1262. [12] Mm 1017. [13] Mm 1259. [14] Mm 1553. [15] Mm 1257. [16] Jos 13,29; 22,13 et 15. [17] Alii Mss אלהם def sicut Ex 34,31; Nu 9,8, cf Mp sub loco. [18] Mm 1263 et Mm 1415. [19] Est 3,1. [20] Mm 1891. [21] Mm 853. [22] Mm 401. [23] Mm 2119. [24] Mm 1258.

7 a–a > 𝔊*𝔙 ‖ **10** a nonn Mss אל ‖ b–b > 𝔊* ‖ **11** a 𝔊 *καὶ οἱ λίθοι* = וְהָאֲבָנִים ‖ b–b 𝔊 *ἔμπροσθεν αὐτῶν* = לפניהם ‖ **13** a 𝔊𝔖𝔙 om כְּ ‖ **14** a 𝔊 + *γένους* ‖ **18** a nonn Mss K[Or] ut Q cf 𝔖𝔗𝔙 ‖ **21** a–a 𝔊 *ὑμᾶς*.

ו25 אֶת־בְּנֵיכֶ֖ם לֵאמֹ֑ר בַּיַּבָּשָׁה֙ עָבַ֣ר יִשְׂרָאֵ֔ל אֶת־הַיַּרְדֵּ֖ן הַזֶּֽה׃ 23 אֲשֶׁר־ 23
כל סיפ מל הוֹבִישׁ֩ יְהוָ֨ה אֱלֹהֵיכֶ֜ם אֶת־מֵ֧י הַיַּרְדֵּ֛ן מִפְּנֵיכֶ֖ם עַד־עָבְרְכֶ֑ם[a] כַּאֲשֶׁ֨ר
ה עָשָׂ֜ה יְהוָ֧ה אֱלֹהֵיכֶ֛ם לְיַם־ס֖וּף אֲשֶׁר־הוֹבִ֣ישׁ מִפָּנֵ֑ינוּ עַד־עָבְרֵֽנוּ׃
ו26 פסוק למען למען ג מנה ר״פ 24 לְמַ֡עַן דַּ֜עַת כָּל־עַמֵּ֣י הָאָ֗רֶץ אֶת־יַ֤ד יְהוָה֙ כִּ֣י חֲזָקָ֣ה הִ֔יא לְמַ֧עַן ס 24
ל יְרָאתֶ֛ם[a] אֶת־יְהוָ֥ה אֱלֹהֵיכֶ֖ם[b] כָּל־הַיָּמִֽים׃ ס
5 1 וַיְהִ֣י כִשְׁמֹ֣עַ כָּל־[a]מַלְכֵ֣י הָאֱ֠מֹרִ֠י אֲשֶׁ֨ר בְּעֵ֥בֶר הַיַּרְדֵּן֮ יָמָּה֒[b] 5
ו1. כל סיפ מל וְכָל־[a]מַלְכֵ֤י הַֽכְּנַעֲנִי֙ אֲשֶׁ֣ר עַל־הַיָּ֔ם אֵ֣ת אֲשֶׁר־הוֹבִ֨ישׁ יְהוָ֜ה אֶת־מֵ֧י
עברם ק חד מן ז2 חס מ בליש. כה הַיַּרְדֵּ֛ן מִפְּנֵ֥י בְנֵֽי־יִשְׂרָאֵ֖ל עַד־עָבְרָ֑נוּ[c] וַיִּמַּ֣ס לְבָבָ֗ם וְלֹא־הָ֨יָה בָ֥ם עוֹד֙
ר֔וּחַ מִפְּנֵ֖י בְּנֵֽי־יִשְׂרָאֵֽל׃ ס
ז. ב 2 בָּעֵ֣ת הַהִ֗יא אָמַ֤ר יְהוָה֙ אֶל־יְהוֹשֻׁ֔עַ עֲשֵׂ֥ה לְךָ֖ חַרְב֣וֹת צֻרִ֑ים 2
ב. ב וְשׁ֛וּב[a] מֹ֥ל אֶת־בְּנֵֽי־יִשְׂרָאֵ֖ל שֵׁנִֽית׃[b] 3 וַיַּֽעַשׂ־ל֥וֹ יְהוֹשֻׁ֖עַ חַרְב֣וֹת צֻרִ֑ים 3
ל. ל. כג ר״פ. ד ר״פ3 וַיָּ֙מָל֙ אֶת־בְּנֵ֣י יִשְׂרָאֵ֔ל אֶל־גִּבְעַ֖ת הָעֲרָלֽוֹת׃ 4 וְזֶ֥ה הַדָּבָ֖ר אֲשֶׁר־מָ֣ל 4
יְהוֹשֻׁ֑עַ כָּל־הָעָ֨ם הַיֹּצֵ֜א מִמִּצְרַ֗יִם הַזְּכָרִים֙ כֹּ֣ל׀ אַנְשֵׁ֣י הַמִּלְחָמָ֗ה מֵ֤תוּ
ל בַמִּדְבָּר֙ בַּדֶּ֔רֶךְ בְּצֵאתָ֖ם מִמִּצְרָֽיִם׃ 5 כִּֽי־מֻלִ֣ים הָי֔וּ כָּל־הָעָ֖ם הַיֹּצְאִ֑ים 5
נא מ״פ וכל ר״פ דכות ב מ ג. ג ב חס וחד מל4 וְכָל־הָעָ֨ם הַיִּלֹּדִ֜ים בַּמִּדְבָּ֤ר בַּדֶּ֙רֶךְ֙ בְּצֵאתָ֣ם מִמִּצְרַ֔יִם לֹא־מָֽלוּ׃
6 כִּ֣י׀ אַרְבָּעִ֣ים[a] שָׁנָ֗ה הָלְכ֣וּ בְנֵֽי־יִשְׂרָאֵל֮ בַּמִּדְבָּר֒ עַד־תֹּ֨ם כָּל־הַגּ֜וֹי[b] 6
אַנְשֵׁ֣י הַמִּלְחָמָה֮ הַיֹּצְאִ֣ים מִמִּצְרַיִם֒ אֲשֶׁ֥ר לֹא־שָׁמְע֖וּ בְּק֣וֹל יְהוָ֑ה אֲשֶׁ֨ר
ל. ב5 נִשְׁבַּ֤ע יְהוָה֙ לָהֶ֔ם לְבִלְתִּ֞י הַרְאוֹתָ֣ם אֶת־הָאָ֗רֶץ אֲשֶׁר֩ נִשְׁבַּ֨ע יְהוָ֤ה
ד6 לַאֲבוֹתָם֙ לָ֣תֶת לָ֔נוּ[c] אֶ֛רֶץ זָבַ֥ת חָלָ֖ב וּדְבָֽשׁ׃ 7 וְאֶת־בְּנֵיהֶם֮ הֵקִ֣ים[a] 7
ו חס בסיפ תַּחְתָּם֒ אֹתָ֖ם מָ֣ל יְהוֹשֻׁ֑עַ כִּֽי־עֲרֵלִ֣ים הָי֔וּ כִּ֛י לֹא־מָ֥לוּ אוֹתָ֖ם בַּדָּֽרֶךְ׃
ב בטע ר״פ7. יא בטע8 8 [a]וַיְהִ֛י כַּאֲשֶׁר־תַּ֥מּוּ כָל־הַגּ֖וֹי לְהִמּ֑וֹל[a] וַיֵּשְׁב֥וּ תַחְתָּ֛ם בַּֽמַּחֲנֶ֖ה עַ֥ד 8
ל חֲיוֹתָֽם׃ פ 9 וַיֹּ֤אמֶר יְהוָה֙ אֶל־יְהוֹשֻׁ֔עַ הַיּ֗וֹם גַּלּ֛וֹתִי אֶת־חֶרְפַּ֥ת 9
מִצְרַ֖יִם[a] מֵעֲלֵיכֶ֑ם וַיִּקְרָ֞א שֵׁ֣ם הַמָּק֤וֹם הַהוּא֙ גִּלְגָּ֔ל[b] עַ֖ד הַיּ֥וֹם הַזֶּֽה׃[b]
10 [a]וַיַּחֲנ֥וּ בְנֵֽי־יִשְׂרָאֵ֖ל בַּגִּלְגָּ֑ל[a] וַיַּעֲשׂ֣וּ אֶת־הַפֶּ֡סַח[b] בְּאַרְבָּעָה֩ עָשָׂ֨ר 10

[25] Mm 1225. [26] Mm 2707. Cp 5 [1] Mm 1264. [2] Mm 1646. [3] Mm 569. [4] Mm 1733. [5] Mm 1265. [6] Mm 1069. [7] Mm 1017. [8] Mm 284.

23 [a] 𝔊𝔖 suff 3 pl ‖ **24** [a] prb l יְרָאתָם (inf c suff) ‖ [b] Ms 𝔊^Bal ־ינו– ‖ **Cp 5,1** [a] > 𝔊* ‖ [b] > 𝔊* ‖ [c] mlt Mss Edd Vrs ut Q ‖ **2** [a] 𝔊 *καὶ καθίσας* = וְשֵׁב ‖ [b] > 𝔊* ‖ **6** [a] 𝔊* 42 ‖ [b] nonn Mss 𝔗^Mss הַדּוֹר ‖ [c] nonn Mss 𝔖 לָהֶם ‖ **7** [a] 𝔗 *dqmw* הַקָּמִים cf 𝔖𝔙 ‖ **8** [a–a] 𝔊* *περιτμηθέντες* ‖ **9** [a] 𝔖(𝔗) *dmṣrj* = הַמִּצְרִים ‖ [b–b] > 𝔊* ‖ **10** [a–a] > 𝔊* ‖ [b] mlt Mss + בָּרִאשׁוֹן mense primo cf 𝔊^L𝔖.

11 יֹ֣ום לַֽחֳדֶשׁ֒ בָּעֶ֔רֶב בְּעַֽרְבֹ֖ות יְרִיחֹֽו׃ 11וַיֹּאכְל֞וּ מֵעֲב֤וּר הָאָ֙רֶץ֙ מִֽמׇּחֳרַ֣ת

12 הַפֶּ֔סַח מַצֹּ֖ות וְקָל֑וּי בְּעֶ֖צֶם הַיֹּ֥ום הַזֶּֽה׃ 12וַיִּשְׁבֹּ֤ת הַמָּן֙ מִֽמׇּחֳרָ֔ת

בְּאׇכְלָם֙ מֵעֲב֣וּר הָאָ֔רֶץ וְלֹא־הָ֥יָה עֹ֖וד לִבְנֵ֣י יִשְׂרָאֵ֑ל מָ֑ן וַיֹּאכְל֞וּ

מִתְּבוּאַת֙ אֶ֣רֶץ כְּנַ֔עַן בַּשָּׁנָ֖ה הַהִֽיא׃ ס

13 וַיְהִ֗י בִּֽהְיֹ֣ות יְהֹושֻׁ֮עַ֮ בִּֽירִיחֹו֒ וַיִּשָּׂ֤א עֵינָיו֙ וַיַּ֔רְא וְהִנֵּה־אִישׁ֙ עֹמֵ֣ד

לְנֶגְדֹּ֔ו וְחַרְבֹּ֥ו שְׁלוּפָ֖ה בְּיָדֹ֑ו וַיֵּ֙לֶךְ֙ יְהֹושֻׁ֤עַ אֵלָיו֙ וַיֹּ֣אמֶר לֹ֔ו הֲלָ֥נוּ אַתָּ֖ה

14 אִם־לְצָרֵֽינוּ׃ 14וַיֹּ֣אמֶר ׀ לֹ֗א כִּ֛י אֲנִ֥י שַׂר־צְבָֽא־יְהֹוָ֖ה עַתָּ֣ה בָ֑אתִי

וַיִּפֹּל֩ יְהֹושֻׁ֨עַ אֶל־פָּנָ֤יו אַ֙רְצָה֙ וַיִּשְׁתָּ֔חוּ וַיֹּ֣אמֶר לֹ֔ו מָ֥ה אֲדֹנִ֖י מְדַבֵּ֥ר

15 אֶל־עַבְדֹּֽו׃ 15וַיֹּאמֶר֩ שַׂר־צְבָ֨א יְהֹוָ֜ה אֶל־יְהֹושֻׁ֗עַ שַׁל־נַֽעַלְךָ֙ מֵעַ֣ל

רַגְלֶ֔ךָ כִּ֣י הַמָּקֹ֗ום אֲשֶׁ֨ר אַתָּ֤ה עֹמֵד֙ עָלָ֖יו קֹ֣דֶשׁ ה֑וּא וַיַּ֥עַשׂ יְהֹושֻׁ֖עַ כֵּֽן׃

6 1וִֽירִיחֹו֙ סֹגֶ֣רֶת וּמְסֻגֶּ֔רֶת מִפְּנֵ֖י בְּנֵ֣י יִשְׂרָאֵ֑ל אֵ֥ין יֹוצֵ֖א וְאֵ֥ין בָּֽא׃ ס

2וַיֹּ֤אמֶר יְהֹוָה֙ אֶל־יְהֹושֻׁ֔עַ רְאֵה֙ נָתַ֣תִּי בְיָֽדְךָ֔ אֶת־יְרִיחֹ֖ו

3 וְאֶת־מַלְכָּ֑הּ גִּבֹּורֵ֖י הֶחָֽיִל׃ 3וְסַבֹּתֶ֣ם אֶת־הָעִ֗יר כֹּ֚ל אַנְשֵׁ֣י הַמִּלְחָמָ֔ה

4 הַקֵּ֥יף אֶת־הָעִ֖יר פַּ֣עַם אֶחָ֑ת כֹּ֥ה תַעֲשֶׂ֖ה שֵׁ֥שֶׁת יָמִֽים׃ 4וְשִׁבְעָ֣ה

כֹהֲנִ֡ים יִשְׂאוּ֩ שִׁבְעָ֨ה שֹׁופְרֹ֤ות הַיֹּֽובְלִים֙ לִפְנֵ֣י הָֽאָרֹ֔ון וּבַיֹּום֙ הַשְּׁבִיעִ֔י

5 תָּסֹ֥בּוּ אֶת־הָעִ֖יר שֶׁ֣בַע פְּעָמִ֑ים וְהַכֹּ֣הֲנִ֔ים יִתְקְע֖וּ בַּשֹּׁופָרֹֽות׃ 5וְהָיָ֞ה

בִּמְשֹׁ֣ךְ ׀ בְּקֶ֣רֶן הַיֹּובֵ֗ל בְּשׇׁמְעֲכֶם֙ אֶת־קֹ֣ול הַשֹּׁופָ֔ר יָרִ֥יעוּ כׇל־הָעָ֖ם

תְּרוּעָ֣ה גְדֹולָ֑ה וְנָ֨פְלָ֜ה חֹומַ֤ת הָעִיר֙ תַּחְתֶּ֔יהָ וְעָל֥וּ הָעָ֖ם אִ֥ישׁ נֶגְדֹּֽו׃

6 וַיִּקְרָ֞א יְהֹושֻׁ֤עַ בִּן־נוּן֙ אֶל־הַכֹּ֣הֲנִ֔ים וַיֹּ֣אמֶר אֲלֵהֶ֔ם שְׂא֖וּ אֶת־אֲרֹ֣ון

הַבְּרִ֑ית וְשִׁבְעָ֣ה כֹֽהֲנִ֗ים יִשְׂא֞וּ שִׁבְעָ֤ה שֹֽׁופְרֹות֙ יֹובְלִ֔ים לִפְנֵ֖י אֲרֹ֥ון

7 יְהֹוָֽה׃ 7וַיֹּ֙אמְרוּ֙ אֶל־הָעָ֔ם עִבְר֖וּ וְסֹ֣בּוּ אֶת־הָעִ֑יר וְהֶ֣חָל֔וּץ יַעֲבֹ֕ר

8 לִפְנֵ֖י אֲרֹ֥ון יְהֹוָֽה׃ 8וַיְהִ֗י כֶּֽאֱמֹ֤ר יְהֹושֻׁ֙עַ֙ אֶל־הָעָ֔ם וְשִׁבְעָ֣ה הַכֹּהֲנִ֗ים

נֹֽשְׂאִ֞ים שִׁבְעָ֤ה שֹֽׁופְרֹות֙ הַיֹּֽובְלִים֙ לִפְנֵ֣י יְהֹוָ֔ה עָבְר֕וּ וְתָקְע֖וּ בַּשֹּׁופָרֹֽות

Masora margin (right column):
ד.ב
ל.ב חס9
ב10.ב.כה
ה
ל
ב
וי11.ב זקף קמ12
ב
חס13 וכל כתיב דכות
ב מ א . לז בטע
ל.ל. י1 מ״פ אין ראין
וכל ר״פ דכות ב מ ב . ט5
מל וכל תלים דכות ב מ א
ו.ל
ל מל
כ.י זוגין3
ב.ח מל4.
כשמעכם חד מן ג בליש
ק
בט5 חס בנביא ב מנה
בסיפׂ
כ.34 זוגין ול בעינׂ
וי47 מנה בסיפׂ
ויאמר חד מן ג בליש
כת כן וקר
וי47 מנה בסיפ ל.
ח.י זוגין3

9Mm 14. 10Mm 788. 11Mm 1094. 12Mm 1266. 13Mm 1267. **Cp 6** 1Mm 1269. 2Mm 1268. 3Mm
456. 4Mm 1270. 5Mm 1954. 6Mm 1553. 7Mm 1257.

11 ᵃ⁻ᵃ > 𝔊* ‖ **12** ᵃ⁻ᵃ 𝔊* μετὰ τὸ βεβρωκέναι αὐτούς = 'א אַחֲרֵי ‖ **13** ᵃ > 𝔊𝔖𝔙 ‖
14 ᵃ mlt Mss 𝔊𝔖 לֹו, false (prb ex b) ‖ ᵇ mlt Mss Or עַל ‖ ᶜ > 𝔊* ‖ **15** ᵃ pc Mss
𝔖 נַעֲלֶיךָ ‖ ᵇ mlt Mss 𝔊𝔖𝔙 רַגְלֶיךָ ‖ ᶜ nonn Mss 𝔊𝔖𝔗 קָדֹושׁ; nonn Mss 𝔊ᴸ𝔗ᴹˢˢ pr
אֲדָמַת cf Ex 3,5 ‖ **Cp 6,2** ᵃ⁻ᵃ prb gl ‖ **3** ᵃ 𝔊ᴼᴸ𝔖𝔙 pl ‖ **4** ᵃ > 𝔊* ‖ **5** ᵃ⁻ᵃ > 𝔊* ‖
ᵇ nonn Mss 𝔗 ut Q ‖ **6** ᵃ 𝔊 καὶ εἰσῆλθεν ‖ ᵇ⁻ᵇ > 𝔊* ‖ **7** ᵃ mlt Mss 𝔖𝔗𝔙ᴱᵈᵈ ut Q;
𝔊 παραγγείλατε = אִמְרוּ? ‖ **8** ᵃ⁻ᵃ > 𝔊* ‖ ᵇ mlt Mss 'בָּא ‖ ᶜ pc Mss 𝔖𝔗𝔙 + אֲרֹון.

9 וַאֲרוֹן בְּרִית יְהוָה הֹלֵךְ אַחֲרֵיהֶם׃ 9 וְהֶחָלוּץ הֹלֵךְ לִפְנֵי הַכֹּהֲנִים — כו̇ בליש וכל מלכים דכות
תָּקְעוּ[a] הַשּׁוֹפָרוֹת וְהַמְאַסֵּף הֹלֵךְ אַחֲרֵי הָאָרוֹן הָלוֹךְ וְתָקוֹעַ — תקעי חד מן מח[8] כת ו וקר י ק
10 בַּשּׁוֹפָרוֹת׃ 10 וְאֶת־הָעָם צִוָּה יְהוֹשֻׁעַ לֵאמֹר לֹא תָרִיעוּ וְלֹא־תַשְׁמִיעוּ — יב[9] . לד פסוק לא ולא ולא[10] . ל . ל
אֶת־קוֹלְכֶם [a]וְלֹא־יֵצֵא מִפִּיכֶם דָּבָר[a] עַד יוֹם אָמְרִי אֲלֵיכֶם הָרִיעוּ — ב[11] . ב[12]
11 וַהֲרִיעֹתֶם׃ 11 וַיַּסֵּב[a] אֲרוֹן־יְהוָה אֶת־הָעִיר הַקֵּף פַּעַם אֶחָת וַיָּבֹאוּ — כו[13] ו[14] מנה בסיפ
12 הַמַּחֲנֶה וַיָּלִינוּ בַּמַּחֲנֶה׃ פ 12 וַיַּשְׁכֵּם יְהוֹשֻׁעַ בַּבֹּקֶר וַיִּשְׂאוּ הַכֹּהֲנִים — מג
13 אֶת־אֲרוֹן יְהוָה׃ 13 וְשִׁבְעָה הַכֹּהֲנִים נֹשְׂאִים שִׁבְעָה שׁוֹפְרוֹת [a]הַיֹּבְלִים — כו[13] ו[14] מנה בסיפ . ח . ו[15] זוגין ול חס בליש
לִפְנֵי אֲרוֹן יְהוָה הֹלְכִים הָלוֹךְ וְתָקְעוּ[b] בַּשּׁוֹפָרוֹת[a] וְהֶחָלוּץ הֹלֵךְ — כו[13] ו[14] מנה בסיפ
לִפְנֵיהֶם וְהַמְאַסֵּף הֹלֵךְ[c] אַחֲרֵי אֲרוֹן יְהוָה הוֹלֵךְ[d] וְתָקוֹעַ בַּשּׁוֹפָרוֹת׃ — כו[13] ו[14] מנה בסיפ . הלוך ק
14 14 וַיָּסֹבּוּ אֶת־הָעִיר בַּיּוֹם הַשֵּׁנִי פַּעַם אַחַת וַיָּשֻׁבוּ הַמַּחֲנֶה כֹּה עָשׂוּ — ו[16] זקף פת וכל חקה מדה שנה תורה וא ס פ דכות ב מ א
15 שֵׁשֶׁת יָמִים׃ 15 וַיְהִי ׀ בַּיּוֹם הַשְּׁבִיעִי וַיַּשְׁכִּמוּ כַּעֲלוֹת[a] הַשַּׁחַר וַיָּסֹבּוּ — ג חס[17]
אֶת־הָעִיר [b]כַּמִּשְׁפָּט הַזֶּה[b] שֶׁבַע פְּעָמִים [b]רַק בַּיּוֹם הַהוּא סָבְבוּ אֶת־
16 הָעִיר שֶׁבַע פְּעָמִים[b]׃ 16 וַיְהִי בַּפַּעַם הַשְּׁבִיעִית תָּקְעוּ הַכֹּהֲנִים — ו[18]
בַּשּׁוֹפָרוֹת וַיֹּאמֶר יְהוֹשֻׁעַ אֶל־הָעָם הָרִיעוּ כִּי־נָתַן יְהוָה לָכֶם אֶת־ — יו
17 הָעִיר׃ 17 וְהָיְתָה הָעִיר חֵרֶם הִיא וְכָל־אֲשֶׁר־בָּהּ לַיהוָה רַק רָחָב
הַזּוֹנָה תִּחְיֶה הִיא וְכָל־אֲשֶׁר אִתָּהּ בַּבַּיִת [a]כִּי הֶחְבְּאַתָה[b] אֶת־הַמַּלְאָכִים — ל
18 אֲשֶׁר שָׁלָחְנוּ[a]׃ 18 וְרַק־אַתֶּם שִׁמְרוּ[a] מִן־הַחֵרֶם פֶּן־תַּחֲרִימוּ[b] וּלְקַחְתֶּם — ל . ב . ו
19 מִן־הַחֵרֶם וְשַׂמְתֶּם אֶת־מַחֲנֵה יִשְׂרָאֵל לְחֵרֶם וַעֲכַרְתֶּם אוֹתוֹ[c]׃ 19 וְכֹל ׀ — ב . כד מל ד מנה בסיפ
כֶּסֶף וְזָהָב וּכְלֵי נְחֹשֶׁת וּבַרְזֶל קֹדֶשׁ הוּא לַיהוָה אוֹצַר[a] יְהוָה יָבוֹא׃ — ל מל בסיפ
20 20 [a]וַיָּרַע[b] הָעָם[a] וַיִּתְקְעוּ בַּשֹּׁפָרוֹת וַיְהִי כִשְׁמֹעַ[c] הָעָם אֶת־קוֹל הַשּׁוֹפָר — ב . ל חס
וַיָּרִיעוּ[d] הָעָם תְּרוּעָה גְדוֹלָה וַתִּפֹּל הַחוֹמָה תַּחְתֶּיהָ וַיַּעַל הָעָם הָעִירָה — ד מל . ט[19]
21 אִישׁ נֶגְדּוֹ וַיִּלְכְּדוּ אֶת־הָעִיר׃ 21 וַיַּחֲרִימוּ אֶת־כָּל־אֲשֶׁר בָּעִיר מֵאִישׁ
22 וְעַד־אִשָּׁה מִנַּעַר וְעַד־זָקֵן וְעַד שׁוֹר וָשֶׂה וַחֲמוֹר לְפִי־חָרֶב׃ 22 וְלִשְׁנַיִם — ג פסוק ועד ועד ועד[20] . ה . ל

[8]Mm 3811. [9]Mm 1055. [10]Mm 771. [11]Mm 3113. [12]Mm 3474. [13]Mm 1553. [14]Mm 1257. [15]Mm 456. [16]Mm 492. [17]Mp sub loco. [18]Mm 1703. [19]Mm 1972. [20]Mm 56.

9 [a] mlt Mss 𝔖𝔗 ut Q, K תָּקְעוּ ‖ **10** [a–a] > 𝔊* ‖ **11** [a] 𝔊(𝔖𝔙) *καὶ περιελθοῦσα* = וַיָּסֹב ‖ **13** [a–a] 𝔊* *προεπορεύοντο ἐναντίον κυρίου* = הלכים לפני יהוה cf 𝔖 ‖ [b] l ותקוע ut 9b ‖ [c] > 𝔊 ‖ [d] mlt Mss ut Q, K הוֹלֵךְ ‖ **15** [a] K[Or] al בַּע׳ cf 4,18[a] ‖ [b–b] > 𝔊* ‖ **17** [a–a] > 𝔊* ‖ [b] 25 הֶחְבִּיאָה ‖ **18** [a] l prb הִשָּׁ׳ cf Vrs ‖ [b] 𝔊 *ἐνθυμηθέντες*, l תַּחְמְדוּ cf 7,21 ‖ [c] Ms אתם ‖ **19** [a] Ms 𝔖𝔗 + בֵּית, frt ex 1Ch 29,8 cf 24 ‖ [b] 𝔊(𝔗) *εἰσενεχθήσεται* = יוּבָא ‖ **20** [a–a] > 𝔊* ‖ [b] Ms* 𝔖𝔗 וירעו ‖ [c] C כִּ׳ ‖ [d] pc Mss 𝔊 + כֹּל.

הָאֲנָשִׁים הַֽמְרַגְּלִים אֶת־הָאָרֶץ אָמַר יְהוֹשֻׁעַ בֹּאוּ בֵּית־הָאִשָּׁה הַזּוֹנָה ל[21]
וְהוֹצִיאוּ מִשָּׁם אֶת־הָאִשָּׁה וְאֶת־כָּל־אֲשֶׁר־לָהּ כַּאֲשֶׁר נִשְׁבַּעְתֶּם לָהּ׃ ו
23 וַיָּבֹאוּ הַנְּעָרִים הַֽמְרַגְּלִים וַיֹּצִיאוּ אֶת־רָחָב וְאֶת־אָבִיהָ וְאֶת־אִמָּהּ יב[22] . ב[23]
וְאֶת־אַחֶיהָ וְאֶת־כָּל־אֲשֶׁר־לָהּ [a]וְאֵת כָּל־מִשְׁפְּחוֹתֶיהָ[b] הוֹצִיאוּ[a] ל
24 וַיַּנִּיחוּם מִחוּץ לְמַחֲנֵה יִשְׂרָאֵל׃ 24 וְהָעִיר שָׂרְפוּ בָאֵשׁ וְכָל־אֲשֶׁר־ ב חד מל וחד חס
בָּהּ רַק ׀ הַכֶּסֶף וְהַזָּהָב וּכְלֵי הַנְּחֹשֶׁת וְהַבַּרְזֶל נָתְנוּ אוֹצַר בֵּית[a]־יְהוָה׃ ד[24]
25 וְאֶת־רָחָב הַזּוֹנָה וְאֶת־בֵּית אָבִיהָ וְאֶת־כָּל־אֲשֶׁר־לָהּ הֶחֱיָה יְהוֹשֻׁעַ ל
וַתֵּשֶׁב בְּקֶרֶב יִשְׂרָאֵל עַד הַיּוֹם הַזֶּה כִּי הֶחְבִּיאָה אֶת־הַמַּלְאָכִים[a] יב[25] . ל
26 אֲשֶׁר־שָׁלַח יְהוֹשֻׁעַ לְרַגֵּל אֶת־יְרִיחוֹ׃ פ 26 וַיַּשְׁבַּע יְהוֹשֻׁעַ בָּעֵת ד פת[26]
הַהִיא לֵאמֹר אָרוּר הָאִישׁ [a]לִפְנֵי יְהוָה[a] אֲשֶׁר יָקוּם וּבָנָה אֶת־הָעִיר
ס הַזֹּאת [b]אֶת־יְרִיחוֹ[b] בִּבְכֹרוֹ יְיַסְּדֶנָּה וּבִצְעִירוֹ יַצִּיב דְּלָתֶיהָ׃ 27 וַיְהִי ל . ל וכל לשון ארמי דכות . ו בנ״ך
יְהוָה אֶת־יְהוֹשֻׁעַ וַיְהִי שָׁמְעוֹ בְּכָל־הָאָרֶץ׃ ד וכל נדרים דכות[27]
7 1 וַיִּמְעֲלוּ בְנֵי־יִשְׂרָאֵל מַעַל בַּחֵרֶם וַיִּקַּח עָכָן[a] בֶּן־כַּרְמִי בֶן־ ב[1]
זַבְדִּי[b] בֶּן־זֶרַח לְמַטֵּה יְהוּדָה מִן־הַחֵרֶם וַיִּחַר־אַף יְהוָה [c]בִּבְנֵי ל
2 יִשְׂרָאֵל[c]׃ 2 וַיִּשְׁלַח יְהוֹשֻׁעַ אֲנָשִׁים מִירִיחוֹ הָעַי אֲשֶׁר [a]עִם־בֵּית אָוֶן
מִקֶּדֶם לְבֵית־אֵל[a] וַיֹּאמֶר אֲלֵיהֶם לֵאמֹר עֲלוּ וְרַגְּלוּ אֶת־הָאָרֶץ ב
3 וַיַּעֲלוּ הָאֲנָשִׁים וַיְרַגְּלוּ אֶת־הָעָי׃ 3 וַיָּשֻׁבוּ אֶל־יְהוֹשֻׁעַ וַיֹּאמְרוּ אֵלָיו ל
אַל־יַעַל כָּל־הָעָם כְּאַלְפַּיִם[a] אִישׁ אוֹ כִּשְׁלֹשֶׁת אֲלָפִים אִישׁ יַעֲלוּ וְיַכּוּ ב . ג . ל
4 אֶת־הָעָי[b] אַל־תְּיַגַּע־שָׁמָּה אֶת־כָּל־הָעָם כִּי מְעַט הֵמָּה׃ 4 וַיַּעֲלוּ מִן־ ל
5 הָעָם שָׁמָּה כִּשְׁלֹשֶׁת אֲלָפִים אִישׁ וַיָּנֻסוּ לִפְנֵי אַנְשֵׁי הָעָי׃ 5 וַיַּכּוּ מֵהֶם ג . ב[2]
אַנְשֵׁי הָעַי כִּשְׁלֹשִׁים וְשִׁשָּׁה אִישׁ וַיִּרְדְּפוּם לִפְנֵי הַשַּׁעַר עַד־הַשְּׁבָרִים ב . ל
6 וַיַּכּוּם בַּמּוֹרָד וַיִּמַּס לְבַב־הָעָם וַיְהִי לְמָיִם׃ 6 וַיִּקְרַע יְהוֹשֻׁעַ שִׂמְלֹתָיו יא[3] . ל . ו[4]
וַיִּפֹּל עַל־פָּנָיו אַרְצָה לִפְנֵי אֲרוֹן[a] יְהוָה עַד־הָעֶרֶב הוּא וְזִקְנֵי יִשְׂרָאֵל כו[5] ל[6] מנה בסיפ
7 וַיַּעֲלוּ עָפָר עַל־רֹאשָׁם׃ 7 וַיֹּאמֶר יְהוֹשֻׁעַ אֲהָהּ ׀ אֲדֹנָי יְהוִה לָמָה יי

[21] Mm 880. [22] Mm 2610. [23] Mm 1271. [24] Mm 1272. [25] Mm 140. [26] Mm 1273. [27] Mp sub loco. Cp 7 [1] Mm 1274. [2] Mm 1275. [3] Mm 917. [4] Mm 1213. [5] Mm 1553. [6] Mm 1257.

23 [a-a] prb add ‖ [b] 𝔊𝔖 sg ‖ **24** [a] > Ms 𝔊*𝔙, frt ex 1Ch 29,8 ‖ **25** [a] 𝔊(𝔖) *τοὺς κατασκοπεύσαντας* = הַֽמְרַגְּלִים ‖ **26** [a-a] > Ms* 𝔊*; 𝔊[BL] tr ante לֵאמֹר ‖ [b-b] > 𝔊*, prb gl ‖ **Cp 7,1** [a] 𝔊*(𝔖) *Αχαρ* cf 1Ch 2,7; id in 18 20.24 ‖ [b] 𝔊* *Ζαμβρι* = זִמְרִי cf 1Ch 2,6 𝔐 et 𝔊 ‖ [c-c] nonn Mss 𝔗[f] בְּיִשׂ׳ ‖ **2** [a-a] 𝔊* sol *κατὰ Βαιθηλ*; עִם־ב׳ א׳ frt gl ‖ **3** [a] 𝔊(𝔖) *ἀλλ᾿ ὡς* … = כִּי אִם כ׳ cf 𝔙 ‖ [b] 𝔊(𝔙) *τὴν πόλιν* = הָעִיר ‖ **6** [a] > 𝔊*.

הֶעֱבַרְתָּ הַעֲבִיר֩ אֶת־הָעָ֨ם הַזֶּ֜ה אֶת־הַיַּרְדֵּ֗ן לָתֵ֥ת אֹתָ֛נוּ בְּיַ֥ד הָאֱמֹרִ֖י

לְהַאֲבִידֵ֑נוּ וְל֣וּ הוֹאַ֔לְנוּ וַנֵּ֖שֶׁב בְּעֵ֥בֶר הַיַּרְדֵּֽן׃ 8 בִּ֣י אֲדֹנָ֔י מָ֣ה אֹמַ֔ר

אַ֠חֲרֵי אֲשֶׁ֨ר הָפַ֧ךְ יִשְׂרָאֵ֛ל עֹ֖רֶף לִפְנֵ֥י אֹיְבָֽיו׃ 9 וְיִשְׁמְע֣וּ הַֽכְּנַעֲנִ֗י וְכֹל֙

יֹשְׁבֵ֣י הָאָ֔רֶץ וְנָסַ֣בּוּ עָלֵ֔ינוּ וְהִכְרִ֥יתוּ אֶת־שְׁמֵ֖נוּ מִן־הָאָ֑רֶץ וּמַֽה־תַּעֲשֵׂ֖ה

לְשִׁמְךָ֥ הַגָּדֽוֹל׃ ס 10 וַיֹּ֥אמֶר יְהוָ֖ה אֶל־יְהוֹשֻׁ֑עַ קֻ֚ם לָ֣ךְ לָ֣מָּה זֶּ֔ה

אַתָּ֖ה נֹפֵ֥ל עַל־פָּנֶֽיךָ׃ 11 חָטָא֙ יִשְׂרָאֵ֔ל וְגַם֙ עָבְר֣וּ אֶת־בְּרִיתִ֔י אֲשֶׁ֖ר

צִוִּ֣יתִי אוֹתָ֑ם וְגַ֤ם לָֽקְחוּ֙ מִן־הַחֵ֔רֶם וְגַ֤ם גָּֽנְבוּ֙ וְגַ֣ם כִּֽחֲשׁ֔וּ וְגַ֖ם שָׂ֥מוּ

בִּכְלֵיהֶֽם׃ 12 וְלֹ֨א יֻכְל֜וּ בְּנֵ֣י יִשְׂרָאֵ֗ל לָקוּם֙ לִפְנֵ֣י אֹ֣יְבֵיהֶ֔ם עֹ֗רֶף יִפְנוּ֙

לִפְנֵ֣י אֹֽיְבֵיהֶ֔ם כִּ֥י הָי֖וּ לְחֵ֑רֶם לֹ֣א אוֹסִ֤יף לִֽהְיוֹת֙ עִמָּכֶ֔ם אִם־לֹ֧א

תַשְׁמִ֛ידוּ הַחֵ֖רֶם מִֽקִּרְבְּכֶֽם׃ 13 קֻ֚ם קַדֵּ֣שׁ אֶת־הָעָ֔ם וְאָמַרְתָּ֖ הִתְקַדְּשׁ֣וּ

לְמָחָ֑ר כִּ֣י כֹ֣ה אָמַר֩ יְהוָ֨ה אֱלֹהֵ֣י יִשְׂרָאֵ֗ל חֵ֤רֶם בְּקִרְבְּךָ֙ יִשְׂרָאֵ֔ל לֹ֣א

תוּכַל֙ לָקוּם֙ לִפְנֵ֣י אֹ֣יְבֶ֔יךָ עַד־הֲסִירְכֶ֥ם הַחֵ֖רֶם מִֽקִּרְבְּכֶֽם׃ 14 וְנִקְרַבְתֶּ֥ם בַּבֹּ֖קֶר לְשִׁבְטֵיכֶ֑ם וְהָיָ֞ה הַשֵּׁ֗בֶט אֲשֶׁר־יִלְכְּדֶ֤נּוּ יְהוָה֙

יִקְרַב֙ לַמִּשְׁפָּח֔וֹת וְהַמִּשְׁפָּחָ֞ה אֲשֶֽׁר־יִלְכְּדֶ֤נָּה יְהוָה֙ תִּקְרַ֣ב לַבָּתִּ֔ים

וְהַבַּ֙יִת֙ אֲשֶׁ֣ר יִלְכְּדֶ֣נּוּ יְהוָ֔ה יִקְרַ֖ב לַגְּבָרִֽים׃ 15 וְהָיָה֙ הַנִּלְכָּ֣ד בַּחֵ֔רֶם

יִשָּׂרֵ֣ף בָּאֵ֔שׁ אֹת֖וֹ וְאֶת־כָּל־אֲשֶׁר־ל֑וֹ כִּ֤י עָבַר֙ אֶת־בְּרִ֣ית יְהוָ֔ה וְכִֽי־

עָשָׂ֥ה נְבָלָ֖ה בְּיִשְׂרָאֵֽל׃ 16 וַיַּשְׁכֵּ֤ם יְהוֹשֻׁ֙עַ֙ בַּבֹּ֔קֶר וַיַּקְרֵ֥ב אֶת־יִשְׂרָאֵ֖ל לִשְׁבָטָ֑יו וַיִּלָּכֵ֖ד

שֵׁ֥בֶט יְהוּדָֽה׃ 17 וַיַּקְרֵב֙ אֶת־מִשְׁפַּ֣חַת יְהוּדָ֔ה וַיִּלְכֹּ֕ד אֵ֖ת מִשְׁפַּ֣חַת

הַזַּרְחִ֑י וַיַּקְרֵ֞ב אֶת־מִשְׁפַּ֤חַת הַזַּרְחִי֙ לַגְּבָרִ֔ים וַיִּלָּכֵ֖ד זַבְדִּֽי׃ 18 וַיַּקְרֵ֣ב

אֶת־בֵּית֖וֹ לַגְּבָרִ֑ים וַיִּלָּכֵ֗ד עָכָ֞ן בֶּן־כַּרְמִ֧י בֶן־זַבְדִּ֛י בֶּן־זֶ֖רַח לְמַטֵּ֥ה

יְהוּדָֽה׃ 19 וַיֹּ֨אמֶר יְהוֹשֻׁ֜עַ אֶל־עָכָ֗ן בְּנִי֙ שִֽׂים־נָ֣א כָב֗וֹד לַֽיהוָ֛ה אֱלֹהֵ֥י

יִשְׂרָאֵ֖ל וְתֶן־ל֣וֹ תוֹדָ֑ה וְהַגֶּד־נָ֥א לִי֙ מֶ֣ה עָשִׂ֔יתָ אַל־תְּכַחֵ֖ד מִמֶּֽנִּי׃

[Masorah marginal notes:]

ל . ל

ל . כָּב֯ ג֯ מנה בליש
ל . ה֯ . ב֯

ב . ה֯

ל . ד֯

ב חס

יא ס״פ

י פסוק ולא לא לא
יא֯ ב֯ מנה חס . ל

ב . יט

ט֯ ר״פ ב מנה חס

ה֯א֯ . ה

ל

ל

ל

ל

ב . , זוגין

ג בסיפ . , זוגין
ול בעינ . ג בסיפ

ג בסיפ , זוגין

, זוגין

יו . כד

נז וכל תלים דכות
ב מ יא

7Mm 1444. 8Mm 1808. 9Mm 392. 10Ex 3,13. 11Mm 2556. 12Mm 193. 13Okhl 357. 14Mm 1139.
15Mm 2545. 16Mm 1276. 17Mm 1995. 18Mm 420. 19Mm 2059. 20Nu 24,2. 21Mm 456. 22Mm 3361.

7 a–a 𝔊* διεβίβασεν ὁ παῖς σου = הֶעֱבִיר עַבְדְּךָ ‖ b prb l ־יר ‖ c Ms אַתֶּם, 𝔊 αὐτόν =
אֹתוֹ ‖ 8 a–a > 𝔊* ‖ 11 a ὁ λαός = הָעָם cf 16a 24b ‖ 12 a 𝔗 יְ׳ ‖ 13 a 𝔊 suff pl
cf fin v ‖ b 𝔊𝔗 pl ‖ c 2 Mss אֹיְבָךְ, Ms* 𝔊𝔗 ־יכֶם ‖ 14 a 𝔊 προσάξετε ‖ 16 a 𝔊 τὸν
λαόν cf 11a ‖ 17 a pc Mss 𝔗Mss ־חוֹת, frt l cf 𝔊 κατὰ δήμους; cf 𝔖 ‖ b 𝔊(𝔖𝔗)
καὶ ἐνεδείχθη = וַיִּלָּכֵד ‖ c 𝔗 לְגִ׳, pc Mss 𝔖 לַבָּתִּים ‖ 18 a 𝔗 ut 17c ‖ b cf 1b ‖
19 a 𝔊𝔖 pr cop.

20 וַיַּ֤עַן עָכָן֙ אֶת־יְהוֹשֻׁ֔עַ וַיֹּאמַ֑ר אָמְנָ֗ה אָנֹכִ֤י חָטָ֙אתִי֙ לַיהוָה֙ אֱלֹהֵ֣י   צא . ב[23]
21 יִשְׂרָאֵ֔ל וְכָזֹ֥את וְכָזֹ֖את עָשִֽׂיתִי׃ 21 וָאֵרֶא[a] בַשָּׁלָל֩ אַדֶּ֨רֶת שִׁנְעָ֜ר אַחַ֣ת   ב[24] . וארא ק
טוֹבָ֗ה וּמָאתַ֨יִם שְׁקָלִ֥ים כֶּ֛סֶף וּלְשׁ֨וֹן זָהָ֥ב אֶחָ֛ד חֲמִשִּׁ֥ים שְׁקָלִ֖ים מִשְׁקָל֑וֹ   ה[25]
וָאֶחְמְדֵ֖ם וָאֶקָּחֵ֑ם וְהִנָּ֨ם טְמוּנִ֥ים בָּאָ֛רֶץ בְּת֥וֹךְ הָאָהֳלִ֖י[b] וְהַכֶּ֥סֶף   ל . ל . ל . ל
22 תַּחְתֶּֽיהָ׃ 22 וַיִּשְׁלַ֤ח יְהוֹשֻׁ֙עַ֙ מַלְאָכִ֔ים וַיָּרֻ֖צוּ הָאֹ֑הֱלָה וְהִנֵּ֨ה טְמוּנָ֧ה   ח[26] . ל
23 בְּאָהֳל֛וֹ וְהַכֶּ֖סֶף תַּחְתֶּֽיהָ׃ 23 וַיִּקָּח֞וּם מִתּ֣וֹךְ הָאֹ֗הֶל וַיְבִאוּם֙ אֶל־   ב ומל[27] . ל חס
24 יְהוֹשֻׁ֔עַ וְאֶ֖ל כָּל־בְּנֵ֣י יִשְׂרָאֵ֑ל וַיַּצִּקֻ֖ם[a] לִפְנֵ֥י יְהוָֽה׃ 24 וַיִּקַּ֣ח יְהוֹשֻׁ֡עַ   ל וחס
אֶת־עָכָ֣ן בֶּן־זֶ֡רַח [a]וְאֶת־הַכֶּ֣סֶף וְֽאֶת־הָאַדֶּ֩רֶת֩ וְֽאֶת־לְשׁ֨וֹן הַזָּהָ֜ב[a]   ד[28] . ל
וְֽאֶת־בָּנָ֣יו וְֽאֶת־בְּנֹתָ֡יו וְֽאֶת־שׁוֹרוֹ֩ וְֽאֶת־חֲמֹר֨וֹ וְֽאֶת־צֹאנ֤וֹ וְֽאֶת־אָהֳלוֹ֙   ו וכל אורית דכות ב מ ד . ל
וְאֶת־כָּל־אֲשֶׁר־ל֔וֹ וְכָל־יִשְׂרָאֵ֖ל[b] עִמּ֑וֹ וַיַּעֲל֥וּ אֹתָ֖ם עֵ֥מֶק עָכֽוֹר׃   לה וכל ר״פ דכות . ו חס בסיפ
25 וַיֹּ֣אמֶר יְהוֹשֻׁ֗עַ מֶ֤ה עֲכַרְתָּ֙נוּ֙ יַעְכָּרְךָ֣[a] יְהוָ֔ה בַּיּ֖וֹם[b] הַזֶּ֑ה וַיִּרְגְּמ֨וּ אֹת֤וֹ   יו . ל . ל . ו[29]
כָל־יִשְׂרָאֵל֙ אֶ֔בֶן [c]וַיִּשְׂרְפ֤וּ אֹתָם֙ בָּאֵ֔שׁ [d]וַיִּסְקְל֥וּ אֹתָ֖ם בָּאֲבָנִֽים׃[cd]   ו חס בסיפ . ו חס בסיפ
26 וַיָּקִ֨ימוּ עָלָ֜יו גַּל־אֲבָנִ֣ים גָּד֗וֹל [a]עַ֚ד הַיּ֣וֹם הַזֶּ֔ה[a] וַיָּ֥שָׁב יְהוָ֖ה מֵחֲר֣וֹן   ג
אַפּ֑וֹ עַל־כֵּ֡ן קָרָ֞א שֵׁ֣ם הַמָּק֤וֹם הַהוּא֙ עֵ֣מֶק עָכ֔וֹר עַ֖ד הַיּ֥וֹם הַזֶּֽה׃ פ   ב בטע
8 1 וַיֹּ֨אמֶר יְהוָ֜ה אֶל־יְהוֹשֻׁ֗עַ אַל־תִּירָא֙ וְאַל־תֵּחָ֔ת קַ֣ח עִמְּךָ֗ אֵ֚ת   סֿה   ב זקף קמ׳ . יד פסוק את את ואת ואת ואת
כָּל־עַ֣ם הַמִּלְחָמָ֔ה וְק֖וּם עֲלֵ֣ה הָעָ֑י רְאֵ֣ה ׀ נָתַ֣תִּי בְיָדְךָ֗ אֶת־מֶ֤לֶךְ הָעַי֙   ד
2 וְאֶת־עַמּ֔וֹ וְאֶת־עִיר֖וֹ וְאֶת־אַרְצֽוֹ׃ 2 וְעָשִׂ֨יתָ לָעַ֜י וּלְמַלְכָּ֗הּ כַּאֲשֶׁ֨ר   ז[2] . ה[3]
עָשִׂ֤יתָ לִֽירִיחוֹ֙ וּלְמַלְכָּ֔הּ רַק־שְׁלָלָ֥הּ וּבְהֶמְתָּ֖הּ תָּבֹ֣זּוּ לָכֶ֑ם שִׂים־לְךָ֥   כד
3 אֹרֵ֖ב לָעִ֥יר מֵאַחֲרֶֽיהָ׃ 3 וַיָּ֧קָם יְהוֹשֻׁ֛עַ וְכָל־עַ֥ם הַמִּלְחָמָ֖ה לַעֲל֣וֹת   ז[4]
הָעָ֑י וַיִּבְחַ֣ר יְהוֹשֻׁ֡עַ שְׁלֹשִׁ֣ים אֶלֶף֩ אִ֨ישׁ גִּבּוֹרֵ֜י הַחַ֗יִל וַיִּשְׁלָחֵ֖ם לָֽיְלָה׃   ה פת . ד
4 וַיְצַ֨ו אֹתָ֜ם לֵאמֹ֗ר רְ֠אוּ אַתֶּ֞ם אֹרְבִ֤ים לָעִיר֙ מֵאַחֲרֵ֣י הָעִ֔יר אַל־   ו חס בסיפ
5 תַּרְחִ֥יקוּ מִן־הָעִ֖יר מְאֹ֑ד וִהְיִיתֶ֥ם כֻּלְּכֶ֖ם נְכֹנִֽים׃ 5 וַאֲנִ֗י וְכָל־הָעָם֙   טז ר״פ . נא מ״פ וכל ר״פ דכות ב מ ג
אֲשֶׁ֣ר אִתִּ֔י נִקְרַ֖ב אֶל־הָעִ֑יר וְהָיָ֗ה כִּֽי־יֵצְא֤וּ לִקְרָאתֵ֙נוּ֙ כַּאֲשֶׁ֣ר בָּרִאשֹׁנָ֔ה   יד[5] . כב[6]
6 וְנַ֖סְנוּ לִפְנֵיהֶֽם׃ 6 וְיָצְא֣וּ אַחֲרֵ֗ינוּ עַ֣ד הַתִּיקֵ֤נוּ אוֹתָם֙ מִן־הָעִ֔יר כִּ֣י   ב . ז[7] . ל
7 יֹֽאמְר֔וּ נָסִ֥ים לְפָנֵ֖ינוּ כַּאֲשֶׁ֣ר בָּרִאשֹׁנָ֑ה [a]וְנַ֖סְנוּ לִפְנֵיהֶֽם׃[a] 7 וְאַתֶּ֗ם   כב[6] . ב

[23] Mm 277. [24] Mm 1800. [25] Mm 1278. [26] Mm 111. [27] Mm 1279. [28] Mm 320. [29] Mm 53. Cp 8 [1] Mm 1280. [2] Mm 461. [3] Mm 1061. [4] Mm 2108. [5] Mm 98. [6] Mm 1743. [7] Mm 1281.

21 [a] K Q[Or] וָאֵרֶא, K[Or] nonn Mss ut Q ‖ [b] dl הָ (cf 𝔊𝔖𝔗) vel l הָאֹהֶל (cf 𝔗[Ms]) ‖ **23** [a] ℭ וַיַּצִּיקֻם ‖ **24** [a–a] > 𝔊* ‖ [b] 𝔊* ὁ λαός cf 11[a] ‖ **25** [a] sic L 𝔅; ℭ יַעְכָּ׳, Edd כָּ׳— ‖ [b] pc Mss 𝔗[f] הַיּוֹם ‖ [c–c] > 𝔊* ‖ [d–d] > 𝔖𝔙 ‖ **26** [a–a] > 𝔊* ‖ **Cp 8,6** [a–a] > 𝔊*.

תָּקֻמוּ מֵהָאוֹרֵב[a] [b]וְהוֹרַשְׁתֶּם אֶת־[b]הָעִיר [c]וּנְתָנָהּ יְהוָה אֱלֹהֵיכֶם — ב חד מל וחד חס . ג מל בליש[8] . ב[9]
8 בְּיֶדְכֶם[c]׃ 8 [a]וְהָיָה כְּתָפְשְׂכֶם אֶת־הָעִיר תַּצִּיתוּ אֶת־הָעִיר בָּאֵשׁ[a]
9 [b]כִּדְבַר יְהוָה[b] תַּעֲשׂוּ רְאוּ צִוִּיתִי אֶתְכֶם׃ 9 וַיִּשְׁלָחֵם יְהוֹשֻׁעַ וַיֵּלְכוּ — ד
אֶל־הַמַּאְרָב וַיֵּשְׁבוּ בֵּין בֵּית־אֵל וּבֵין הָעַי מִיָּם לָעָי[a] [b]וַיָּלֶן יְהוֹשֻׁעַ
בַּלַּיְלָה הַהוּא בְּתוֹךְ הָעָם[bc]׃
10 וַיַּשְׁכֵּם יְהוֹשֻׁעַ בַּבֹּקֶר וַיִּפְקֹד אֶת־הָעָם וַיַּעַל הוּא וְזִקְנֵי יִשְׂרָאֵל 10
11 לִפְנֵי הָעָם הָעָי׃ 11 וְכָל־הָעָם[a] הַמִּלְחָמָה אֲשֶׁר אִתּוֹ עָלוּ וַיִּגְּשׁוּ וַיָּבֹאוּ — ל
12 נֶגֶד הָעִיר [b]וַיַּחֲנוּ מִצְּפוֹן לָעַי וְהַגַּי בֵּינָו[c] וּבֵין־הָעָי[b]׃ 12 וַיִּקַּח כַּחֲמֵשֶׁת — ג חס . ביניו ק חד מן ב[10] בליש
אֲלָפִים אִישׁ וַיָּשֶׂם אוֹתָם אֹרֵב בֵּין בֵּית־אֵל[a] וּבֵין הָעַי מִיָּם לָעִיר[b]׃ — פד . ס[11]
13 13 [a]וַיָּשִׂמוּ הָעָם אֶת־כָּל־הַמַּחֲנֶה אֲשֶׁר מִצְּפוֹן לָעִיר[b] וְאֶת־עֲקֵבוֹ מִיָּם — לה
14 לָעִיר [c]וַיֵּלֶךְ יְהוֹשֻׁעַ בַּלַּיְלָה הַהוּא בְּתוֹךְ הָעֵמֶק[d]׃ 14 וַיְהִי כִּרְאוֹת — ד בטע בסיפ
מֶלֶךְ־הָעַי [a]וַיְמַהֲרוּ וַיַּשְׁכִּימוּ וַיֵּצְאוּ[a] אַנְשֵׁי־הָעִיר לִקְרַאת־יִשְׂרָאֵל
לַמִּלְחָמָה הוּא וְכָל־עַמּוֹ [b]לַמּוֹעֵד לִפְנֵי הָעֲרָבָה[b] וְהוּא לֹא יָדַע — ד[12]
15 כִּי־אֹרֵב לוֹ מֵאַחֲרֵי הָעִיר׃ 15 וַיִּנָּגְעוּ יְהוֹשֻׁעַ וְכָל־יִשְׂרָאֵל לִפְנֵיהֶם — ל . לה וכל ר״פ דכות
16 [a]וַיָּנֻסוּ דֶּרֶךְ הַמִּדְבָּר׃ 16 וַיִּזָּעֲקוּ כָּל־הָעָם אֲשֶׁר בָּעִיר[b] לִרְדֹּף — בעי ק
17 אַחֲרֵיהֶם[a] וַיִּרְדְּפוּ אַחֲרֵי יְהוֹשֻׁעַ[c] וַיִּנָּתְקוּ מִן־הָעִיר׃ 17 וְלֹא־נִשְׁאַר — ל . יז ר״פ ולא לא[13] . ד[14]
אִישׁ בָּעַי [a]וּבֵית אֵל[a] אֲשֶׁר לֹא־יָצְאוּ אַחֲרֵי יִשְׂרָאֵל וַיַּעַזְבוּ אֶת־ — ג בטע וחד מן ד סביר ובבית
18 הָעִיר פְּתוּחָה וַיִּרְדְּפוּ אַחֲרֵי יִשְׂרָאֵל׃ פ 18 וַיֹּאמֶר יְהוָה אֶל־ — ג מל[15]
יְהוֹשֻׁעַ נְטֵה בַּכִּידוֹן אֲשֶׁר־בְּיָדְךָ אֶל־הָעַי[a] כִּי בְיָדְךָ אֶתְּנֶנָּה וַיֵּט
19 יְהוֹשֻׁעַ בַּכִּידוֹן אֲשֶׁר־בְּיָדוֹ אֶל־הָעִיר[b]׃ 19 וְהָאוֹרֵב קָם מְהֵרָה — ג מל בליש[a]
מִמְּקוֹמוֹ וַיָּרוּצוּ כִּנְטוֹת[a] יָדוֹ וַיָּבֹאוּ הָעִיר וַיִּלְכְּדוּהָ וַיְמַהֲרוּ וַיַּצִּיתוּ — יו חס את . ה ג מל וב חס[16]

[8] Mm 1282. [9] Mm 1283. [10] Mm 1284. [11] Alii Mss Q לעי, cf Mp sub loco. [12] Mm 1062. [13] Mm 2708. [14] Mm 1285. [15] Mm 3956. [16] Mm 1301.

7 [a] prp מֵהַמַּאְרָב sec 9 ‖ [b–b] 𝔊 *καὶ πορεύσεσθε εἰς* = וְנִגַּשְׁתֶּם אל cf 11 ‖ [c–c] > 𝔊* ‖ **8** [a–a] > 𝔊* ‖ [b–b] 𝔊 *κατὰ τὸ ῥῆμα τοῦτο* = כַּדָּבָר הַזֶּה ‖ **9** [a] 𝔖 *dmdjnt'* = לעיר ‖ [b–b] > 𝔊* ‖ [c] l prb העמק ut 13 ‖ **11** [a] Ms 𝔗 עַם ut 3 ‖ [b–b] > 𝔊* ‖ [c] K בינו, nonn Mss ut Q; cf 3,4[a] ‖ **12** [a] Ms K[Or] 𝔊[O min] אָוֶן ‖ [b] pc Mss Q[Or] 𝔊[O min]𝔗𝔙 לָעָי ‖ **13** [a] > 𝔊* ‖ [b] pc Mss לָעָי ‖ [c] l frt c nonn Mss וַיָּלֶן ut 9 ‖ [d] 𝔖 *'m'* = הָעָם ut 9 ‖ **14** [a–a] 𝔊* *ἔσπευσεν καὶ ἐξῆλθεν* = וימהר ויצא cf 𝔙 ‖ [b–b] > 𝔊* ‖ **15/16** [a–a] > 𝔊* ‖ [b] K בעיר, id K in C𝔅 et Q[Ms] 𝔗[f]; Q[C Or Mss] K[Ms] 𝔊[OL]𝔖𝔗 ut Q; 𝔗[Ed] *dbqrt' b'j* = בְּעִיר בָּעַי ‖ [c] 𝔊 *τῶν υἱῶν Ισραηλ* ‖ **17** [a–a] > 𝔊*, dl ‖ **18** [a] 𝔊 *τὴν πόλιν* = הָעִיר ‖ [b] pc Mss הָעָי ‖ **19** [a] nonn Mss בְּנ׳.

20 אֶת־הָעִיר בָּאֵשׁ׃ 20 וַיִּפְנוּ אַנְשֵׁי[a] הָעַי[b] אַחֲרֵיהֶם וַיִּרְאוּ וְהִנֵּה עָלָה
עֲשַׁן הָעִיר הַשָּׁמַיְמָה וְלֹא־הָיָה בָהֶם יָדַיִם לָנוּס הֵנָּה וָהֵנָּה[c] וְהָעָם יא[17]. כה. ד ול בסיפ[18]
21 הַנָּס הַמִּדְבָּר[d] נֶהְפַּךְ אֶל־הָרוֹדֵף[c]׃ 21 וִיהוֹשֻׁעַ וְכָל־יִשְׂרָאֵל רָאוּ כִּי־ ג ב חס וחד מל[19]. ב מל בליש[20]. לה וכל ר״פ דכות. לא פסוק כי וכי[21]
לָכַד הָאֹרֵב אֶת־הָעִיר וְכִי עָלָה עֲשַׁן הָעִיר וַיָּשֻׁבוּ וַיַּכּוּ אֶת־אַנְשֵׁי
22 הָעָי[a]׃ 22 וְאֵלֶּה יָצְאוּ מִן־הָעִיר לִקְרָאתָם וַיִּהְיוּ לְיִשְׂרָאֵל בַּתָּוֶךְ אֵלֶּה ח פסוק דמיין[22]. ה[23]
מִזֶּה וְאֵלֶּה מִזֶּה וַיַּכּוּ אוֹתָם עַד־בִּלְתִּי הִשְׁאִיר[a]־לוֹ[b] שָׂרִיד וּפָלִיט׃ ל ס״פ
23 וְאֶת־מֶלֶךְ הָעַי תָּפְשׂוּ חָי וַיַּקְרִבוּ אֹתוֹ אֶל־יְהוֹשֻׁעַ׃ ד[24]. ל[25] חס ב מנה בליש
24 וַיְהִי כְּכַלּוֹת יִשְׂרָאֵל לַהֲרֹג אֶת־כָּל־יֹשְׁבֵי הָעַי בַּשָּׂדֶה בַּמִּדְבָּר
אֲשֶׁר רְדָפוּם בּוֹ [a]וַיִּפְּלוּ כֻלָּם לְפִי־חֶרֶב[a] עַד־תֻּמָּם וַיָּשֻׁבוּ[b] [c]כָל־ ל ומל
25 יִשְׂרָאֵל[c] הָעַי וַיַּכּוּ[b] אֹתָהּ לְפִי־חָרֶב׃ 25 וַיְהִי כָל־הַנֹּפְלִים בַּיּוֹם הַהוּא ג[26] חס ב מנה בסיפ
26 מֵאִישׁ וְעַד־אִשָּׁה שְׁנֵים עָשָׂר אָלֶף כֹּל אַנְשֵׁי[a] הָעָי׃ 26 [a]וִיהוֹשֻׁעַ לֹא־
הֵשִׁיב יָדוֹ אֲשֶׁר נָטָה בַּכִּידוֹן עַד אֲשֶׁר הֶחֱרִים אֵת כָּל־יֹשְׁבֵי הָעָי׃
27 רַק הַבְּהֵמָה וּשְׁלַל הָעִיר הַהִיא בָּזְזוּ לָהֶם יִשְׂרָאֵל[a] כִּדְבַר יְהוָה ל
28 אֲשֶׁר צִוָּה אֶת־יְהוֹשֻׁעַ׃ 28 וַיִּשְׂרֹף יְהוֹשֻׁעַ אֶת־הָעָי[a] וַיְשִׂימֶהָ תֵּל־ ב חד מל וחד חס . ב
29 עוֹלָם שְׁמָמָה עַד הַיּוֹם הַזֶּה׃ 29 וְאֶת־מֶלֶךְ הָעַי תָּלָה עַל־הָעֵץ עַד־ ד[24]
עֵת הָעָרֶב וּכְבוֹא הַשֶּׁמֶשׁ צִוָּה יְהוֹשֻׁעַ וַיֹּרִידוּ אֶת־נִבְלָתוֹ מִן־הָעֵץ ג ב מל וחד חס[27]
וַיַּשְׁלִיכוּ אוֹתָהּ אֶל־[a]פֶּתַח שַׁעַר הָעִיר[a] וַיָּקִימוּ עָלָיו גַּל־אֲבָנִים גָּדוֹל ד[28] מל וכל כתיב דכות ב מ א . ג
עַד הַיּוֹם הַזֶּה׃ פ
30 [a]אָז יִבְנֶה יְהוֹשֻׁעַ מִזְבֵּחַ לַיהוָה אֱלֹהֵי יִשְׂרָאֵל בְּהַר עֵיבָל׃
31 כַּאֲשֶׁר צִוָּה מֹשֶׁה עֶבֶד־יְהוָה אֶת־[a]בְּנֵי יִשְׂרָאֵל כַּכָּתוּב[b] בְּסֵפֶר יד בסיפ[18]. ל בסיפ[18]. ג ול בליש בסיפ[18]
תּוֹרַת[b] מֹשֶׁה מִזְבַּח אֲבָנִים שְׁלֵמוֹת אֲשֶׁר לֹא־הֵנִיף עֲלֵיהֶן בַּרְזֶל וַיַּעֲלוּ ז וכל כלית דכות[29]
32 עָלָיו עֹלוֹת לַיהוָה וַיִּזְבְּחוּ שְׁלָמִים׃ 32 וַיִּכְתָּב־שָׁם עַל־הָאֲבָנִים אֵת
ס מִשְׁנֵה תּוֹרַת מֹשֶׁה [a]אֲשֶׁר כָּתַב[a] לִפְנֵי בְּנֵי יִשְׂרָאֵל׃ 33 וְכָל־יִשְׂרָאֵל ד[30]

[17] Mm 1071. [18] Mp sub loco. [19] Mm 1286. [20] Mm 1287. [21] Mm 2059. [22] Mm 3838. [23] Mm 97. [24] Mm 1752. [25] Mm 667. [26] Mm 1009. [27] Mm 1186. [28] Mm 415. [29] Mm 1197. [30] Mm 1155.

20 [a] 𝔊 *οἱ κάτοικοι* = יֹשְׁבֵי cf 25[a] ‖ [b] pc Mss 𝔙 הָעִיר ‖ [c–c] > 𝔊* ‖ [d] nonn Mss pr אֶל ‖ **21** [a] pc Mss הָעִיר ‖ **22** [a] 𝔊(𝔗) *καταλειφθῆναι*, l הִשָּׁאֵ(י)ר cf 10,33[a] 11,8[c]; prp הַ׳ cf 𝔖 ‖ [b] mlt Mss 𝔅𝔖𝔗 לָהֶם ‖ **24** [a–a] > 𝔊* ‖ [b] 𝔊 sg ‖ [c–c] 𝔊 *Ἰησοῦς* ‖ **25** [a] 𝔊 *τοὺς κατοικοῦντας* cf 20[a] et 24.26 ‖ **26** [a] > 𝔊*, homtel? ‖ **27** [a] ℭ mlt Mss 𝔊𝔖𝔗[f Ms]𝔙 pr בְּנֵי ‖ **28** [a] Ms* 𝔊𝔙 הָעִיר ‖ **29** [a–a] 𝔊* *τὸν βόθρον* = הַפַּחַת ‖ **30** [a] 𝔊 tr 30–35 post 9,2 ‖ **31** [a] pc Mss אל ‖ [b–b] Ms* 𝔊 בתורת cf 34[a–a] ‖ **32** [a–a] > 𝔊*, prb gl.

וּזְקֵנָיו וְשֹׁטְרִים[a] ׀ וְשֹׁפְטָיו עֹמְדִים מִזֶּה ׀ וּמִזֶּה ׀ לָאָרוֹן נֶגֶד הַכֹּהֲנִים
הַלְוִיִּם נֹשְׂאֵי ׀ אֲרוֹן בְּרִית־יְהוָה כַּגֵּר כָּאֶזְרָח חֶצְיוֹ אֶל־מוּל הַר־
גְּרִזִּים[b] וְהַחֶצְיוֹ[c] אֶל־מוּל הַר־עֵיבָל כַּאֲשֶׁר צִוָּה מֹשֶׁה עֶבֶד־יְהוָה
34 לְבָרֵךְ אֶת־הָעָם יִשְׂרָאֵל בָּרִאשֹׁנָה׃ 34 וְאַחֲרֵי־כֵן קָרָא אֶת־כָּל־
דִּבְרֵי הַתּוֹרָה הַבְּרָכָה וְהַקְּלָלָה כְּכָל־הַכָּתוּב [a]בְּסֵפֶר הַתּוֹרָה[a]׃
35 לֹא־הָיָה דָבָר מִכֹּל אֲשֶׁר־צִוָּה מֹשֶׁה אֲשֶׁר לֹא־קָרָא יְהוֹשֻׁעַ נֶגֶד 35
כָּל־קְהַל יִשְׂרָאֵל וְהַנָּשִׁים[a] וְהַטַּף וְהַגֵּר הַהֹלֵךְ בְּקִרְבָּם׃ פ
9 9 1 וַיְהִי כִשְׁמֹעַ כָּל־הַמְּלָכִים אֲשֶׁר בְּעֵבֶר הַיַּרְדֵּן בָּהָר וּבַשְּׁפֵלָה
וּבְכֹל חוֹף הַיָּם הַגָּדוֹל אֶל־מוּל הַלְּבָנוֹן הַחִתִּי וְהָאֱמֹרִי[a] הַכְּנַעֲנִי[b]
2 הַפְּרִזִּי[c] הַחִוִּי[d] וְהַיְבוּסִי׃ 2 וַיִּתְקַבְּצוּ יַחְדָּו לְהִלָּחֵם עִם־יְהוֹשֻׁעַ וְעִם־
3 יִשְׂרָאֵל פֶּה אֶחָד[a]׃ פ 3 וְיֹשְׁבֵי גִבְעוֹן שָׁמְעוּ אֵת[a] אֲשֶׁר עָשָׂה
4 יְהוֹשֻׁעַ[b] לִירִיחוֹ וְלָעָי׃ 4 וַיַּעֲשׂוּ גַם־הֵמָּה בְּעָרְמָה וַיֵּלְכוּ וַיִּצְטַיָּרוּ[a]
וַיִּקְחוּ שַׂקִּים בָּלִים לַחֲמוֹרֵיהֶם וְנֹאדוֹת יַיִן בָּלִים וּמְבֻקָּעִים וּמְצֹרָרִים׃
5 5 וּנְעָלוֹת בָּלוֹת וּמְטֻלָּאוֹת בְּרַגְלֵיהֶם וּשְׂלָמוֹת בָּלוֹת עֲלֵיהֶם וְכֹל
6 לֶחֶם צֵידָם יָבֵשׁ הָיָה נִקֻּדִים[a]׃ 6 וַיֵּלְכוּ אֶל־יְהוֹשֻׁעַ אֶל־הַמַּחֲנֶה
הַגִּלְגָּל וַיֹּאמְרוּ אֵלָיו[a] וְאֶל־אִישׁ[b] יִשְׂרָאֵל מֵאֶרֶץ רְחוֹקָה בָּאנוּ וְעַתָּה
7 כִּרְתוּ־לָנוּ בְרִית׃ 7 וַיֹּאמְרוּ[a] אִישׁ־יִשְׂרָאֵל אֶל־הַחִוִּי אוּלַי בְּקִרְבִּי
8 אַתָּה יוֹשֵׁב וְאֵיךְ אֶכְרָות[c]־לְךָ בְרִית׃ 8 וַיֹּאמְרוּ אֶל־יְהוֹשֻׁעַ עֲבָדֶיךָ
9 אֲנָחְנוּ וַיֹּאמֶר אֲלֵיהֶם יְהוֹשֻׁעַ מִי אַתֶּם וּמֵאַיִן תָּבֹאוּ׃ 9 וַיֹּאמְרוּ אֵלָיו
מֵאֶרֶץ רְחוֹקָה מְאֹד בָּאוּ עֲבָדֶיךָ לְשֵׁם יְהוָה אֱלֹהֶיךָ כִּי־שָׁמַעְנוּ
10 שָׁמְעוֹ[a] וְאֵת כָּל־אֲשֶׁר עָשָׂה בְּמִצְרָיִם׃ 10 וְאֵת ׀ כָּל־אֲשֶׁר עָשָׂה לִשְׁנֵי
מַלְכֵי הָאֱמֹרִי אֲשֶׁר בְּעֵבֶר הַיַּרְדֵּן לְסִיחוֹן מֶלֶךְ חֶשְׁבּוֹן וּלְעוֹג מֶלֶךְ־

בׄ[31] . לׄ . יגׄ[32]
כוׄ . כוׄ בליש וכל מלכים דכותׄ . גׄ[33] . וׄ בנביאׄ[34]
לׄ . וׄ בנביאׄ . יד בסיפׄ
טׄ[35] . גׄ[36] . כבׄ[37] . לׄ וכל אורייתׄ דכותׄ בׄ מׄ בׄ[38]
זׄ ר״פ בסיפׄ
וׄ בנביאׄ . סימן[1] תׄ מׄ כׄ פׄ וׄ סׄ
זׄ . לׄ בסיפׄ
גׄ
לׄ . בׄ[2] . לׄ
בׄ . לׄ מלׄ . בׄ . לׄ וחסׄ
לׄ ומלׄ . דׄ . לׄ
בׄ
בׄ[3]
ויאמר קׄ חד מן גׄ כתׄ כן וקרׄ . יאׄ[4]
מטׄ[5] מלׄ בנביאׄ ולׄ בסיפׄ . אכרת קׄ חד מן בׄ[6] כתׄ מלׄ בליש
הׄ[7]
דׄ וכל נדרים דכותׄ

[31] Mm 3374. [32] Mm 1188. [33] Mm 804. [34] Mp sub loco. [35] Mm 969. [36] Mm 1288. [37] Mm 1743. [38] Dt 27,26 et 31,24. Cp 9 [1] Okhl 274. [2] Mm 1289. [3] Mm 1290. [4] Mm 2580. [5] Mp sub loco. [6] Mm 1291. [7] Mm 1292.

33 [a] pc Mss 𝔊$^{-B\,min}$𝔖𝔗 רָיו– ‖ [b] sic L, mlt Mss Edd זִים– ‖ [c] prb contaminatum ex וְהַחֵצִי (cf 𝔊* *ἥμισυ*) et חציו ‖ **34** [a–a] 𝔊 *ἐν τῷ νόμῳ Μωυσῆ* cf 31[b–b] ‖ **35** [a] 𝔊 pr *τοῖς ἀνδράσιν* = הָאֲנָשִׁים ‖ **Cp 9,1** [a] 𝔊 + *καὶ οἱ Γεργεσαῖοι* = וְהַגִּרְגָּשִׁי ‖ [b] pc Mss 𝔊𝔖𝔗^{Ms} וְהַ׳ ‖ [c] nonn Mss 𝔊𝔖𝔗^{Ms} וְהַ׳ ‖ [d] pc Mss 𝔊𝔖 וְהַ׳ ‖ **2** [a] cf 8,30[a] ‖ **3** [a] pc Mss 𝔊𝔙 + כָּל־ ‖ [b] 𝔊* *κύριος* = יהוה ‖ **4** [a] l prb c nonn Mss Vrs ידו– cf 12 ‖ **5** [a] 𝔊 pr *καί* ‖ **6** [a] 𝔊 *πρὸς Ἰησοῦν* ‖ [b] Ms 𝔄 בְּנֵי, 𝔊^{OLC}(𝔙) *πάντα* = כָּל־ ‖ **7** [a] mlt Mss 𝔗 ut Q, K 𝔊 𝔖𝔗^{Edd}𝔙 רוּ– cf 6,7[a] ‖ [b] 𝔊 *οἱ υἱοί* = בְּנֵי ‖ [c] K רוֹת– ‖ **9** [a] 𝔊(𝔖𝔗$^{f\,Ms}$) *τὸ ὄνομα αὐτοῦ* = שְׁמוֹ.

11 הַבָּשָׁן אֲשֶׁר בְּעַשְׁתָּרוֹת[a]׃ 11 וַיֹּאמְרוּ אֵלֵינוּ זְקֵינֵינוּ וְכָל־יֹשְׁבֵי אַרְצֵנוּ — ב חד מל וחד חס . ח[8]
לֵאמֹר קְחוּ בְיֶדְכֶם צֵידָה לַדֶּרֶךְ וּלְכוּ לִקְרָאתָם וַאֲמַרְתֶּם אֲלֵיהֶם — ב
12 עַבְדֵיכֶם אֲנַחְנוּ וְעַתָּה כִּרְתוּ־לָנוּ בְרִית׃ 12 זֶה ׀ לַחְמֵנוּ חָם הִצְטַיַּדְנוּ — ג ר״פ בטע לגר[9]
אֹתוֹ מִבָּתֵּינוּ[a] בְּיוֹם צֵאתֵנוּ לָלֶכֶת אֲלֵיכֶם וְעַתָּה הִנֵּה יָבֵשׁ וְהָיָה
13 נִקֻּדִים׃ 13 וְאֵלֶּה נֹאדוֹת הַיַּיִן אֲשֶׁר מִלֵּאנוּ חֲדָשִׁים וְהִנֵּה הִתְבַּקָּעוּ — ב . ל . ל
14 [a]וְאֵלֶּה שַׂלְמוֹתֵינוּ[a] וּנְעָלֵינוּ בָּלוּ מֵרֹב הַדֶּרֶךְ מְאֹד׃ 14 וַיִּקְחוּ הָאֲנָשִׁים[a] — ל ומל . ד . ל
15 מִצֵּידָם וְאֶת־פִּי[b] יְהוָה לֹא שָׁאָלוּ׃ 15 וַיַּעַשׂ לָהֶם יְהוֹשֻׁעַ שָׁלוֹם וַיִּכְרֹת — ג . ל
לָהֶם בְּרִית לְחַיּוֹתָם וַיִּשָּׁבְעוּ לָהֶם נְשִׂיאֵי הָעֵדָה׃ — ל ומל[10]
16 וַיְהִי מִקְצֵה שְׁלֹשֶׁת יָמִים אַחֲרֵי אֲשֶׁר־כָּרְתוּ לָהֶם בְּרִית — ה
17 וַיִּשְׁמְעוּ כִּי־קְרֹבִים הֵם אֵלָיו וּבְקִרְבּוֹ הֵם יֹשְׁבִים׃ 17 וַיִּסְעוּ בְנֵי־ — ג[11]
יִשְׂרָאֵל וַיָּבֹאוּ אֶל־עָרֵיהֶם [a]בַּיּוֹם הַשְּׁלִישִׁי[a] וְעָרֵיהֶם גִּבְעוֹן וְהַכְּפִירָה
18 וּבְאֵרוֹת וְקִרְיַת יְעָרִים׃ 18 וְלֹא הִכּוּם בְּנֵי יִשְׂרָאֵל כִּי־נִשְׁבְּעוּ לָהֶם — ב ומל[12]
נְשִׂיאֵי הָעֵדָה בַּיהוָה אֱלֹהֵי יִשְׂרָאֵל וַיִּלֹּנוּ כָל־הָעֵדָה עַל־הַנְּשִׂיאִים׃ — ל
19 וַיֹּאמְרוּ כָל־הַנְּשִׂיאִים אֶל־כָּל־הָעֵדָה אֲנַחְנוּ נִשְׁבַּעְנוּ לָהֶם בַּיהוָה — ל
20 אֱלֹהֵי יִשְׂרָאֵל וְעַתָּה לֹא נוּכַל לִנְגֹּעַ בָּהֶם׃ 20 זֹאת נַעֲשֶׂה לָהֶם — ג ב חס וחד מל[13]
וְהַחֲיֵה אוֹתָם וְלֹא־יִהְיֶה עָלֵינוּ קֶצֶף עַל־הַשְּׁבוּעָה אֲשֶׁר־נִשְׁבַּעְנוּ — ל
21 לָהֶם׃ 21 [a]וַיֹּאמְרוּ אֲלֵיהֶם הַנְּשִׂיאִים[a] יִחְיוּ וַיִּהְיוּ[b] חֹטְבֵי עֵצִים וְשֹׁאֲבֵי־ — ב בנביא[14] . ‡[15]
22 מַיִם לְכָל־הָעֵדָה[c] כַּאֲשֶׁר דִּבְּרוּ לָהֶם הַנְּשִׂיאִים׃ 22 וַיִּקְרָא לָהֶם — ל
יְהוֹשֻׁעַ וַיְדַבֵּר אֲלֵיהֶם לֵאמֹר לָמָּה רִמִּיתֶם אֹתָנוּ לֵאמֹר רְחוֹקִים — ז מל בליש[16]
23 אֲנַחְנוּ מִכֶּם מְאֹד וְאַתֶּם בְּקִרְבֵּנוּ יֹשְׁבִים׃ 23 וְעַתָּה אֲרוּרִים אַתֶּם — ג ומל[17]
וְלֹא־יִכָּרֵת מִכֶּם עֶבֶד וְחֹטְבֵי[b] עֵצִים [c]וְשֹׁאֲבֵי[d]־מַיִם[c] לְבֵית אֱלֹהָי׃ — ד[18] . ל
24 וַיַּעֲנוּ אֶת־יְהוֹשֻׁעַ וַיֹּאמְרוּ כִּי הֻגֵּד הֻגַּד לַעֲבָדֶיךָ אֵת[a] אֲשֶׁר צִוָּה — ב[19]
יְהוָה אֱלֹהֶיךָ אֶת־מֹשֶׁה עַבְדּוֹ לָתֵת לָכֶם אֶת־כָּל־הָאָרֶץ וּלְהַשְׁמִיד — יד . ד[20]
אֶת־כָּל־יֹשְׁבֵי הָאָרֶץ מִפְּנֵיכֶם וַנִּירָא מְאֹד לְנַפְשֹׁתֵינוּ מִפְּנֵיכֶם וַנַּעֲשֵׂה — ד[21] . ל ומל ותרי[22] דכות נירא . ל

[8] Mm 2556. [9] Mm 3714. [10] וחד ולחיתם Ps 33,19. [11] Mm 3646. [12] Mm 1293. [13] Mm 133. [14] Mp sub loco. [15] Mm 1294. [16] Mm 3780. [17] Mm 1682. [18] Mm 65. [19] Mm 1295. [20] Mm 1209. [21] Mm 1296. [22] Jer 5,24 et Ps 46,3.

10 [a] 𝔊 + *καὶ ἐν Εδραϊν* cf 12,4 et Dt 1,4 ‖ **12** [a] > 𝔊* ‖ **13** [a–a] 𝔊*(𝔙) *καὶ τὰ ἱμάτια ἡμῶν* = וְשַׂ׳ ‖ **14** [a] 𝔊 *οἱ ἄρχοντες* = הַנְּשִׂאִים ‖ [b] > 𝔊* ‖ **17** [a–a] > 𝔊* ‖ **21** [a–a] > 𝔊*𝔙 ‖ [b] 𝔊(𝔖𝔗) *καὶ ἔσονται* = וְהָיוּ ‖ [c] 𝔊[Mss] + *καὶ ἐποίησαν (-σεν) πᾶσα ἡ συναγωγή* = וַיַּעֲשׂוּ כָּל־הָעֵדָה; 𝔖[W] + *whww lqṭj qjs' wmljn mj' lknwšth dmrj' 'dm' ljwmn'* = וַיִּהְיוּ חטבי עצים ושאבי־מים לַעֲדַת יְהוָה עַד־הַיּוֹם הַזֶּה cf 𝔖[A] ‖ **23** [a] 𝔊 om cop ‖ [b] mlt Mss 𝔊[Mss] 𝔖𝔗[f Mss]𝔙 ח׳; 𝔊𝔖𝔙 sg ‖ [c–c] > 𝔊* ‖ [d] 𝔊[OLC]𝔖𝔙 sg ‖ **24** [a] 2 Mss + כל cf 𝔊.

25 אֶת־הַדָּבָר הַזֶּה׃ 25 וְעַתָּה הִנְנוּ בְיָדֶךָ כַּטּוֹב וְכַיָּשָׁר בְּעֵינֶיךָ לַעֲשׂוֹת — ד̇[23]. ב. טו

26 לָנוּ עֲשֵׂה׃ 26 וַיַּעַשׂ לָהֶם כֵּןa וַיַּצֵּל אוֹתָם מִיַּד בְּנֵי־bיִשְׂרָאֵל וְלֹא

27 הֲרָגוּם׃ 27 וַיִּתְּנֵם יְהוֹשֻׁעַ בַּיּוֹם הַהוּא חֹטְבֵי עֵצִים וְשֹׁאֲבֵי מַיִם לָעֵדָהa — ל̇[24]

וּלְמִזְבַּח יְהוָהb עַד־הַיּוֹם הַזֶּה אֶל־cהַמָּקוֹם אֲשֶׁר יִבְחָרd׃ פ — ב̇[25]

10 1 וַיְהִי כִשְׁמֹעַa אֲדֹנִי־צֶדֶקb מֶלֶךְ יְרוּשָׁלִַם כִּי־לָכַד יְהוֹשֻׁעַ — לא פסוק כי וכי[1]

אֶת־הָעַי וַיַּחֲרִימָהּ כַּאֲשֶׁר עָשָׂה לִירִיחוֹ וּלְמַלְכָּהּ כֵּן־עָשָׂה לָעַי — ל̇

וּלְמַלְכָּהּ וְכִי הִשְׁלִימוּ יֹשְׁבֵי גִבְעוֹן אֶת־cיִשְׂרָאֵל וַיִּהְיוּ בְּקִרְבָּם׃ — ל̇. ד̇

2 וַיִּירְאוּa מְאֹד כִּי עִיר גְּדוֹלָה גִּבְעוֹן כְּאַחַת עָרֵי הַמַּמְלָכָהb וְכִי הִיא — לא פסוק כי וכי[1]. ב. ל̇

3 גְדוֹלָה מִן־הָעַיb וְכָל־אֲנָשֶׁיהָ גִּבֹּרִים׃ 3 וַיִּשְׁלַח aאֲדֹנִי־צֶדֶקa מֶלֶךְ — ז חס[2]

יְרוּשָׁלִַם אֶל־הוֹהָם מֶלֶךְ־חֶבְרוֹן וְאֶל־פִּרְאָם מֶלֶךְ־יַרְמוּת וְאֶל־ — ל̇ ומל̇

4 יָפִיעַ מֶלֶךְ־לָכִישׁ וְאֶל־דְּבִיר מֶלֶךְ־עֶגְלוֹן לֵאמֹר׃ 4 עֲלוּ־אֵלַי וְעִזְרֻנִי — ל̇ מל̇ בסיפ. ג חס ול̇ בליש

5 וְנַכֶּה אֶת־גִּבְעוֹן כִּי־הִשְׁלִימָה אֶת־יְהוֹשֻׁעַ וְאֶת־בְּנֵי יִשְׂרָאֵל׃ 5 וַיֵּאָסְפוּ — ל̇. ד̇. יא̇[3]. יב

וַיַּעֲלוּ חֲמֵשֶׁת׀ מַלְכֵי הָאֱמֹרִי מֶלֶךְ יְרוּשָׁלִַם מֶלֶךְ־חֶבְרוֹן מֶלֶךְ־יַרְמוּת

מֶלֶךְ־לָכִישׁ מֶלֶךְ־עֶגְלוֹן הֵם וְכָל־מַחֲנֵיהֶם וַיַּחֲנוּ עַל־גִּבְעוֹן וַיִּלָּחֲמוּ

6 עָלֶיהָ׃ 6 וַיִּשְׁלְחוּ אַנְשֵׁיa גִבְעוֹן אֶל־יְהוֹשֻׁעַ אֶל־הַמַּחֲנֶה הַגִּלְגָּלָה — ל̇[4]

לֵאמֹר אַל־תֶּרֶף יָדֶיךָb מֵעֲבָדֶיךָ עֲלֵה אֵלֵינוּ מְהֵרָה וְהוֹשִׁיעָה לָּנוּ — ג̇[5]. יא̇[6] מל̇ וכל תלים דכות ב מ ה. ב̇

7 וְעָזְרֵנוּ כִּי נִקְבְּצוּ אֵלֵינוּ כָּל־מַלְכֵי הָאֱמֹרִי יֹשְׁבֵי הָהָר׃ 7 וַיַּעַל יְהוֹשֻׁעַ — ז̇[7]

מִן־הַגִּלְגָּל הוּא וְכָל־עַם הַמִּלְחָמָה עִמּוֹ וְכֹלa גִּבּוֹרֵי הֶחָיִל׃ פ — ז̇[8]. ל̇

8 וַיֹּאמֶר יְהוָה אֶל־יְהוֹשֻׁעַ אַל־תִּירָא מֵהֶם כִּי בְיָדְךָa נְתַתִּים סז — ב̇

9 לֹאb־יַעֲמֹד אִישׁ מֵהֶם בְּפָנֶיךָ׃ 9 וַיָּבֹא אֲלֵיהֶם יְהוֹשֻׁעַ פִּתְאֹם כָּל־ — ב̇

10 הַלַּיְלָה עָלָה מִן־הַגִּלְגָּל׃ 10 וַיְהֻמֵּם יְהוָה לִפְנֵי יִשְׂרָאֵל וַיַּכֵּםa מַכָּה־ — ג̇[9]

גְדוֹלָה בְּגִבְעוֹן וַיִּרְדְּפֵםb דֶּרֶךְ מַעֲלֵה בֵית־חוֹרֹן וַיַּכֵּםb עַד־עֲזֵקָה — יז פסוק עד ועד[10]

[23] Mm 1297. [24] וחד והרגום 1Ch 7,21. [25] Mm 1298. **Cp 10** [1] Mm 2059. [2] Mm 3633. [3] Mm 271. [4] Mm 1817. [5] Mm 3578. [6] Mm 477. [7] Mm 4189. [8] Mm 2108. [9] Mm 3222. [10] Mm 912.

26 a > 𝔗 ‖ b > 2 Mss* 𝔖 ‖ **27** a 𝔊 *πάσῃ τῇ συναγωγῇ* = לְכָל־הָעֵדָה ‖ b 𝔊 *τοῦ θεοῦ* = אֱלֹהִים; 𝔊* + *διὰ τοῦτο ἐγένοντο οἱ κατοικοῦντες Γαβαων ξυλοκόποι καὶ ὑδροφόροι τοῦ θυσιαστηρίου τοῦ θεοῦ*, 𝔐 homtel? ‖ c 𝔊 pr *καί* ‖ d 𝔊*(𝔖𝔙) + *κύριος* ‖ **Cp 10,1** a C כְּ (ben Naft) ‖ b–b 𝔊 *Αδωνιβεζεκ* cf Jdc 1,5–7 ‖ c 𝔊 + *Ἰησοῦν καὶ πρός* = יְהוֹשֻׁעַ וְאֶת־ cf 4 ‖ **2** a Ms 𝔖W𝔙 sg ‖ b–b > 𝔊* ‖ **3** a–a ut 1b–b ‖ **6** a 𝔊(𝔙) *οἱ κατοικοῦντες* = יֹשְׁבֵי ‖ b nonn Mss Edd ידך יָדְךָ ‖ **7** a > 𝔙, 𝔊 om וְ ‖ **8** a K in 𝔅 et 𝔊𝔖𝔙 בידיך ‖ b pc Mss 𝔖𝔗 וְלֹא ‖ **10** a 𝔊* + *κύριος*, 𝔖(𝔗f) *wmḥw ʾnwn* = וַיַּכֵּם ‖ b 𝔊*𝔖𝔗f pl = ־ֵם.

11 וְעַד־מַקֵּדָה׃ 11 וַיְהִי בְּנֻסָם ׀ מִפְּנֵי[a] יִשְׂרָאֵל הֵם בְּמוֹרַד בֵּית־חוֹרֹן — ד̇ בטע בסיפ . ג̇ ב̇ פת̇ וחד קמ̇[11]
וַיהוָה הִשְׁלִיךְ עֲלֵיהֶם אֲבָנִים גְּדֹלוֹת מִן־הַשָּׁמַיִם עַד־עֲזֵקָה וַיָּמֻתוּ
רַבִּים אֲשֶׁר־מֵתוּ בְּאַבְנֵי הַבָּרָד מֵאֲשֶׁר הָרְגוּ בְּנֵי יִשְׂרָאֵל בֶּחָרֶב׃ ס
12 אָז יְדַבֵּר יְהוֹשֻׁעַ לַיהוָה בְּיוֹם תֵּת יְהוָה[a] אֶת־הָאֱמֹרִי לִפְנֵי [b]בְּנֵי — ב̇[12]
יִשְׂרָאֵל וַיֹּאמֶר[c] ׀ [d]לְעֵינֵי[e] יִשְׂרָאֵל[d] — ל̇

שֶׁמֶשׁ בְּגִבְעוֹן דּוֹם וְיָרֵחַ בְּעֵמֶק אַיָּלוֹן׃ — ג̇[13] . ט̇ . ט̇[14]

13 וַיִּדֹּם הַשֶּׁמֶשׁ וְיָרֵחַ עָמָד עַד־יִקֹּם גּוֹי אֹיְבָיו[a] — ב̇[15] . ט̇ . ב̇ . ב̇ חד חס וחד מל̇[16]

[b]הֲלֹא־הִיא כְתוּבָה [c]עַל־סֵפֶר[c] הַיָּשָׁר[b] וַיַּעֲמֹד הַשֶּׁמֶשׁ בַּחֲצִי הַשָּׁמַיִם — ג̇ . ב̇ . ל̇
14 וְלֹא־אָץ לָבוֹא כְּיוֹם תָּמִים׃ 14 וְלֹא הָיָה כַּיּוֹם הַהוּא לְפָנָיו וְאַחֲרָיו — ו̇ . יא̇[17] . כה̇[12] ג̇ מנה ר״פ . ל̇ . ד̇ דקדים אחריו
לִשְׁמֹעַ יְהוָה[a] בְּקוֹל אִישׁ כִּי יְהוָה נִלְחָם לְיִשְׂרָאֵל׃ פ
15 וַ[a]יָּשָׁב יְהוֹשֻׁעַ וְכָל־יִשְׂרָאֵל עִמּוֹ אֶל־הַמַּחֲנֶה הַגִּלְגָּלָה׃ 16 וַיָּנֻסוּ — לה̇ וכל ר״פ דכות . ו̇[18]
17 חֲמֵשֶׁת הַמְּלָכִים הָאֵלֶּה וַיֵּחָבְאוּ בַמְּעָרָה בְּמַקֵּדָה׃ 17 וַיֻּגַּד לִיהוֹשֻׁעַ — ל̇ . כד̇[19]
18 לֵאמֹר נִמְצְאוּ חֲמֵשֶׁת הַמְּלָכִים נֶחְבְּאִים בַּמְּעָרָה בְּמַקֵּדָה׃ 18 וַיֹּאמֶר — ל̇ . יו̇
יְהוֹשֻׁעַ גֹּלּוּ אֲבָנִים גְּדֹלוֹת אֶל־פִּי הַמְּעָרָה וְהַפְקִידוּ עָלֶיהָ אֲנָשִׁים — ב̇ וחס . ה̇[20] . ל̇
19 לְשָׁמְרָם׃ 19 וְאַתֶּם אַל־תַּעֲמֹדוּ רִדְפוּ אַחֲרֵי אֹיְבֵיכֶם וְזִנַּבְתֶּם אוֹתָם
אַל־תִּתְּנוּם לָבוֹא אֶל־עָרֵיהֶם כִּי נְתָנָם יְהוָה אֱלֹהֵיכֶם בְּיֶדְכֶם׃
20 וַיְהִי כְּכַלּוֹת יְהוֹשֻׁעַ וּבְנֵי יִשְׂרָאֵל לְהַכּוֹתָם מַכָּה גְדוֹלָה־מְאֹד עַד־ — הי̇ וכל ר״פ דכות[21] . ב̇
21 תֻּמָּם וְהַשְּׂרִידִים שָׂרְדוּ מֵהֶם וַיָּבֹאוּ אֶל־עָרֵי הַמִּבְצָר׃ 21 וַיָּשֻׁבוּ כָל־ — ב̇ בליש
הָעָם [a]אֶל־הַמַּחֲנֶה[a] אֶל־יְהוֹשֻׁעַ מַקֵּדָה בְּשָׁלוֹם לֹא־חָרַץ לִבְנֵי יִשְׂרָאֵל — ל̇
22 לְאִישׁ[b] אֶת־לְשֹׁנוֹ׃ 22 וַיֹּאמֶר יְהוֹשֻׁעַ פִּתְחוּ אֶת־פִּי הַמְּעָרָה וְהוֹצִיאוּ — יו̇ . ו̇
23 אֵלַי אֶת־חֲמֵשֶׁת הַמְּלָכִים הָאֵלֶּה מִן־הַמְּעָרָה׃ 23 וַיַּעֲשׂוּ כֵּן וַיֹּצִיאוּ — ב̇[22]
אֵלָיו אֶת־חֲמֵשֶׁת הַמְּלָכִים הָאֵלֶּה מִן־הַמְּעָרָה אֶת ׀ מֶלֶךְ יְרוּשָׁלַםִ אֶת־
מֶלֶךְ חֶבְרוֹן אֶת־מֶלֶךְ יַרְמוּת אֶת־מֶלֶךְ לָכִישׁ אֶת־מֶלֶךְ עֶגְלוֹן׃
24 וַיְהִי כְּהוֹצִיאָם[a] [b]אֶת־הַמְּלָכִים הָאֵלֶּה[b] אֶל־יְהוֹשֻׁעַ וַיִּקְרָא יְהוֹשֻׁעַ — ב̇ ומל

[11] Mm 1299. [12] Mp sub loco. [13] Mm 3263. [14] Mm 1356. [15] Mm 3247. [16] Dt 32,43. [17] Mm 1630. [18] Mm 1817. [19] Mm 2228. [20] Mm 1334. [21] Mm 470. [22] Mm 2610.

11 [a] 2 Mss 𝔊𝔗[Mss]𝔙 + בְּנֵי ‖ **12** [a] 𝔊* ὁ θεός ‖ [b] > 𝔊*𝔖 ‖ [c] 𝔊(𝔖) + Ἰησοῦς ‖ [d–d] > 𝔊* ‖ [e] Ms* 𝔖 + בְּנֵי ‖ **13** [a] 𝔊𝔗 suff pl ‖ [b–b] > 𝔊* ‖ [c–c] Ms* 𝔖𝔙 בְּסֵפֶר ‖ **14** [a] 𝔊 *θεόν* ‖ **15** [a] > 𝔊* ‖ **21** [a–a] > 𝔊* ‖ [b] prb dl ל (dttg) cf 𝔊; frt l כֶּלֶב sec Ex 11,7 ‖ **24** [a] 2 Mss בְּה׳ ‖ [b–b] > 𝔊.

[c]אֶל־כָּל־אִ֣ישׁ[d] יִשְׂרָאֵ֗ל וַיֹּ֜אמֶר[c] אֶל־קְצִינֵ֞י אַנְשֵׁ֤י הַמִּלְחָמָה֙ הֶהָלְכ֣וּא[e]
אִתּ֔וֹ קִרְב֗וּ שִׂ֚ימוּ[f] אֶת־רַגְלֵיכֶ֔ם עַֽל־צַוְּארֵ֖י הַמְּלָכִ֣ים הָאֵ֑לֶּה וַֽיִּקְרְב֔וּ
25 וַיָּשִׂ֥ימוּ אֶת־רַגְלֵיהֶ֖ם עַל־צַוְּארֵיהֶֽם׃ 25 וַיֹּ֤אמֶר אֲלֵיהֶם֙ יְהוֹשֻׁ֔עַ אַל־
תִּֽירְא֖וּ וְאַל־תֵּחָ֑תּוּ חִזְק֣וּ וְאִמְצ֔וּ כִּ֣י כָ֗כָה יַעֲשֶׂ֤ה יְהוָה֙ לְכָל־אֹ֣יְבֵיכֶ֔ם
26 אֲשֶׁ֥ר אַתֶּ֖ם נִלְחָמִ֥ים אוֹתָֽם[a]׃ 26 וַיַּכֵּ֨ם יְהוֹשֻׁ֤עַ אַֽחֲרֵי־כֵן֙ וַיְמִיתֵ֔ם וַיִּתְלֵ֕ם
27 עַ֖ל חֲמִשָּׁ֣ה עֵצִ֑ים וַיִּֽהְי֛וּ תְּלוּיִ֥ם עַל־הָעֵצִ֖ים עַד־הָעָֽרֶב׃ 27 וַיְהִ֞י לְעֵ֣ת ׀
בּ֣וֹא הַשֶּׁ֗מֶשׁ צִוָּ֤ה יְהוֹשֻׁ֙עַ֙ וַיֹּֽרִידוּם֙ מֵעַ֣ל הָעֵצִ֔ים וַיַּ֨שְׁלִכֻ֔ם אֶל־הַמְּעָרָ֖ה
אֲשֶׁ֣ר נֶחְבְּאוּ־שָׁ֑ם וַיָּשִׂ֜מוּ אֲבָנִ֤ים גְּדֹלוֹת֙ עַל־פִּ֣י הַמְּעָרָ֔ה עַד־עֶ֖צֶם הַיּ֥וֹם
28 הַזֶּֽה׃ פ 28 וְאֶת־מַקֵּדָה֩ לָכַ֨ד יְהוֹשֻׁ֜עַ בַּיּ֣וֹם הַה֗וּא וַיַּכֶּ֣הָ לְפִי־חֶרֶב֮
[a]וְאֶת־מַלְכָּהּ֒[a] הֶחֱרִ֣ם אוֹתָם֩[b] וְאֶת־כָּל־הַנֶּ֨פֶשׁ אֲשֶׁר־בָּ֔הּ לֹ֥א הִשְׁאִ֖יר
29 שָׂרִ֑יד וַיַּ֙עַשׂ֙ לְמֶ֣לֶךְ מַקֵּדָ֔ה כַּאֲשֶׁ֥ר עָשָׂ֖ה לְמֶ֥לֶךְ יְרִיחֽוֹ׃ 29 וַיַּעֲבֹ֨ר
30 יְהוֹשֻׁ֜עַ וְכָל־יִשְׂרָאֵ֥ל עִמּ֛וֹ מִמַּקֵּדָ֖ה לִבְנָ֑ה וַיִּלָּ֖חֶם עִם[a]־לִבְנָֽה׃ 30 וַיִּתֵּן֩
יְהוָ֨ה גַּם[a]־אוֹתָ֜הּ בְּיַ֣ד יִשְׂרָאֵל֮ וְאֶת־מַלְכָּהּ֒ וַיַּכֶּ֣הָ לְפִי־חֶ֗רֶב וְאֶת־כָּל־
הַנֶּ֙פֶשׁ֙ אֲשֶׁר־בָּ֔הּ לֹא־הִשְׁאִ֥יר בָּ֖הּ[b] שָׂרִ֑יד וַיַּ֙עַשׂ֙ לְמַלְכָּ֔הּ כַּאֲשֶׁ֥ר עָשָׂ֖ה
31 לְמֶ֥לֶךְ יְרִיחֽוֹ׃ ס 31 וַיַּעֲבֹ֣ר יְהוֹשֻׁ֗עַ וְכָל־יִשְׂרָאֵ֤ל עִמּוֹ֙ מִלִּבְנָ֔ה
32 לָכִ֑ישָׁה וַיִּ֣חַן עָלֶ֔יהָ וַיִּלָּ֖חֶם בָּֽהּ׃ 32 וַיִּתֵּן֩ יְהוָ֨ה אֶת־לָכִ֜ישׁ בְּיַ֣ד יִשְׂרָאֵ֗ל
וַֽיִּלְכְּדָהּ֙ בַּיּ֣וֹם הַשֵּׁנִ֔י וַיַּכֶּ֣הָ לְפִי־חֶ֔רֶב [a]וְאֶת־כָּל־הַנֶּ֖פֶשׁ אֲשֶׁר־בָּ֑הּ[a]
33 [b]כְּכֹ֥ל אֲשֶׁר[b]־עָשָׂ֖ה לְלִבְנָֽה׃ פ 33 אָ֣ז עָלָ֗ה הֹרָם֙ מֶ֣לֶךְ גֶּ֔זֶר לַעְזֹ֖ר
אֶת־לָכִ֑ישׁ וַיַּכֵּ֤הוּ יְהוֹשֻׁ֙עַ֙ וְאֶת־עַמּ֔וֹ עַד־בִּלְתִּ֥י הִשְׁאִֽיר[a]־ל֖וֹ שָׂרִֽיד׃
34 34 וַיַּעֲבֹ֨ר יְהוֹשֻׁ֜עַ וְכָל־יִשְׂרָאֵ֥ל עִמּ֛וֹ מִלָּכִ֖ישׁ עֶגְלֹ֑נָה וַיַּחֲנ֣וּ עָלֶ֔יהָ וַיִּֽלָּחֲמ֖וּ
35 עָלֶֽיהָ׃ 35 וַֽיִּלְכְּד֜וּהָ בַּיּ֣וֹם הַה֗וּא וַיַּכּ֣וּהָ לְפִי־חֶ֔רֶב וְאֵת֙ כָּל־הַנֶּ֣פֶשׁ
אֲשֶׁר־בָּ֔הּ [a]בַּיּ֥וֹם הַה֖וּא[a] הֶחֱרִ֑ים [b]כְּכֹ֥ל אֲשֶׁר[b]־עָשָׂ֖ה לְלָכִֽישׁ׃ פ
36 36 וַיַּ֨עַל יְהוֹשֻׁ֜עַ וְכָל־יִשְׂרָאֵ֥ל עִמּ֛וֹ מֵעֶגְל֖וֹנָה חֶבְר֑וֹנָה וַיִּֽלָּחֲמ֖וּ עָלֶֽיהָ׃
37 37 וַיִּלְכְּד֣וּהָ וַיַּכּֽוּהָ־לְפִי־חֶ֠רֶב וְֽאֶת־מַלְכָּ֞הּ וְאֶת־כָּל־עָרֶ֗יהָ וְאֶת־כָּל־

יב יתיר א ס״ת[23]
יו . ב
לה
ג . ב[24]
ל . [25]ד . [25]ל
ל . ד בטע בסיפ
יד[26] מל וכל שמואל וכתיב דכות ב מ ה . ל ומל . ב חד מל וחד חס[27]
לה ד מנה חס . ג[28]
ל . ג
ו . ל חס
כט וכל משיחה מצרים אשור ישראל דכות[29] . כט וכל משיחה מצרים אשור ישראל דכות[29]
לה וכל ר״פ דכות
ו . ג
ל
כט וכל משיח המצרים אשור ישראל דכות[29] . לה וכל ר״פ דכות
ו[30]
ג
ל וחס
ז[31]
לה וכל ר״פ דכות . ל
ה ג מל וב חס[32] . ד
לה וכל ר״פ דכות . ל . ט[33] ה מנה מל
ה ג מל וב חס[32] . ד . כו פסוק ואת ואת ואת . ו

[23] Mm 907. [24] Hi 1,5. [25] Mp sub loco. [26] Mm 169. [27] Mm 1300. [28] Mm 795. [29] Mm 958. [30] Mm 2126. [31] Mm 461. [32] Mm 1301. [33] Mm 1302.

24 c–c > 𝔖 ‖ d > pc Mss 𝔊* ‖ e א metatheticum duodecies in 𝔐, saepius in 𝔔 ‖ f 𝔊𝔖𝔙 pr cop ‖ **25** a frt pro אֹתָם cf 1 R 20,25 sed etiam Ps 109,3 (וַיִּלָּחֲמוּנִי) ‖ **28** a–a 𝔊* ‖ b mlt Mss $𝔊^{LC}𝔗^{Mss}$ אֹו(ת)ָהּ ‖ **29** a pc Mss $𝔊^{O}𝔙$ עַל ‖ **30** a > pc Mss 𝔊*𝔄𝔙 ‖ b > mlt Mss ‖ **32** a–a *καὶ ἐξωλέθρευσαν (-σεν) αὐτήν* ‖ b–b Ms* $𝔊𝔖𝔗^{f}𝔙$ כַּאֲשֶׁר ‖ **33** a $𝔊𝔗^{f\,Mss}$ pass, l frt הִשְׁאָר cf 8,22[a] 11,8[c]; prp הַ׳ cf 𝔖 ‖ **35** a–a > 𝔊*𝔖 ‖ b–b $𝔊𝔖𝔗^{f}$ ut 32[b–b].

הַנֶּפֶשׁ אֲשֶׁר־בָּהּ לֹא־הִשְׁאִיר שָׂרִיד [a]כְּכֹל אֲשֶׁר־[a] עָשָׂה לְעֶגְלוֹן וַיַּחֲרֵם
38 אֹתָהּ וְאֶת־כָּל־הַנֶּפֶשׁ אֲשֶׁר־בָּהּ׃ ס 38 וַיָּשָׁב יְהוֹשֻׁעַ וְכָל־יִשְׂרָאֵל   לה וכל ר״פ דכות
39 עִמּוֹ דְּבִרָה וַיִּלָּחֶם עָלֶיהָ׃ 39 וַיִּלְכְּדָהּ[a] וְאֶת־מַלְכָּהּ וְאֶת־כָּל־עָרֶיהָ   ב וחס. ל̊
וַיַּכּוּם לְפִי־חֶרֶב וַיַּחֲרִימוּ אֶת־כָּל־נֶפֶשׁ אֲשֶׁר־בָּהּ לֹא הִשְׁאִיר שָׂרִיד   יא[34]. ל
כַּאֲשֶׁר עָשָׂה לְחֶבְרוֹן כֵּן־עָשָׂה לִדְבִרָה וּלְמַלְכָּהּ [b]וְכַאֲשֶׁר עָשָׂה   ל וחס
40 לְלִבְנָה וּלְמַלְכָּהּ׃[b] 40 וַיַּכֶּה יְהוֹשֻׁעַ אֶת־כָּל־הָאָרֶץ הָהָר וְהַנֶּגֶב   ל[35]. יד
וְהַשְּׁפֵלָה וְהָאֲשֵׁדוֹת וְאֵת כָּל־מַלְכֵיהֶם לֹא הִשְׁאִיר שָׂרִיד וְאֵת כָּל־   ב[36]. ל ומל
41 הַנְּשָׁמָה הֶחֱרִים כַּאֲשֶׁר צִוָּה יְהוָה אֱלֹהֵי יִשְׂרָאֵל׃ 41 וַיַּכֵּם יְהוֹשֻׁעַ   ג[37]
מִקָּדֵשׁ בַּרְנֵעַ וְעַד־עַזָּה וְאֵת כָּל־אֶרֶץ גֹּשֶׁן וְעַד־גִּבְעוֹן׃ 42 וְאֵת כָּל־ ס̊ח   יד פסוק ועד ועד[38]. ב[39]
הַמְּלָכִים הָאֵלֶּה וְאֶת־אַרְצָם לָכַד יְהוֹשֻׁעַ פַּעַם אֶחָת כִּי יְהוָה אֱלֹהֵי   ג[40]. ד[41] ג מנה בנביא
43 יִשְׂרָאֵל נִלְחָם לְיִשְׂרָאֵל׃ 43 [a]וַיָּשָׁב יְהוֹשֻׁעַ וְכָל־יִשְׂרָאֵל עִמּוֹ אֶל־   ל. לה וכל ר״פ דכות
הַמַּחֲנֶה הַגִּלְגָּלָה׃ פ   ו[42]

11 1 וַיְהִי כִּשְׁמֹעַ יָבִין מֶלֶךְ־חָצוֹר וַיִּשְׁלַח אֶל־יוֹבָב מֶלֶךְ מָדוֹן[a]
2 וְאֶל־מֶלֶךְ שִׁמְרוֹן[b] וְאֶל־מֶלֶךְ אַכְשָׁף[c]׃ 2 וְאֶל־הַמְּלָכִים אֲשֶׁר מִצְּפוֹן[a]   ב[1]
3 בָּהָר וּבָעֲרָבָה [b]נֶגֶב [c]כִּנֲרוֹת[b] וּבַשְּׁפֵלָה וּבְנָפוֹת[d] דּוֹר מִיָּם׃ 3 הַכְּנַעֲנִי   ב. ל. ל ר״פ וסימן[2] כמתפסו
מִמִּזְרָח וּמִיָּם וְהָאֱמֹרִי וְהַחִתִּי וְהַפְּרִזִּי וְהַיְבוּסִי בָּהָר וְהַחִוִּי תַּחַת
4 חֶרְמוֹן בְּאֶרֶץ הַמִּצְפָּה[a]׃ 4 וַיֵּצְאוּ הֵם וְכָל־מַחֲנֵיהֶם עִמָּם עַם־רָב   ל[3] בסיפ וכל קריא דכות ב מ ב[4]. לג קמ[5]
5 כַּחוֹל אֲשֶׁר עַל־שְׂפַת־הַיָּם לָרֹב וְסוּס וָרֶכֶב רַב־מְאֹד׃ 5 וַיִּוָּעֲדוּ   ב[6]
כֹּל הַמְּלָכִים הָאֵלֶּה וַיָּבֹאוּ וַיַּחֲנוּ יַחְדָּו אֶל[a]־מֵי מֵרוֹם[b] לְהִלָּחֵם עִם־   ג[7]
6 יִשְׂרָאֵל׃ פ 6 וַיֹּאמֶר יְהוָה אֶל־יְהוֹשֻׁעַ אַל־תִּירָא מִפְּנֵיהֶם כִּי־   ב[8]
מָחָר כָּעֵת הַזֹּאת אָנֹכִי נֹתֵן [a]אֶת־כֻּלָּם[a] חֲלָלִים לִפְנֵי יִשְׂרָאֵל אֶת־   ל. ז
7 סוּסֵיהֶם תְּעַקֵּר וְאֶת־מַרְכְּבֹתֵיהֶם תִּשְׂרֹף בָּאֵשׁ׃ 7 וַיָּבֹא יְהוֹשֻׁעַ וְכָל־   ל. ב. ג[9]. ז[10]
עַם הַמִּלְחָמָה עִמּוֹ עֲלֵיהֶם עַל[a]־מֵי מֵרוֹם[b] פִּתְאֹם וַיִּפְּלוּ בָּהֶם׃   ל
8 וַיִּתְּנֵם יְהוָה בְּיַד־יִשְׂרָאֵל וַיַּכּוּם וַיִּרְדְּפוּם עַד־צִידוֹן רַבָּה וְעַד   יא[11]. ב

[34] Mm 917. [35] Mm 1303. [36] Ps 150,6. [37] Mm 1304. [38] Mm 1244. [39] Mm 1305. [40] Mm 1306. [41] Mp sub loco. [42] Mm 1817. **Cp 11** [1] Mm 1307. [2] Okhl 274. [3] Mm 2281. [4] Jos 11,8 et Jes 21,8. [5] Mm 264. [6] Hi 2,11. [7] Mm 869. [8] Mm 1308. [9] Mm 572. [10] Mm 2108. [11] Mm 917.

37 a–a 𝔊𝔖𝔙 ut 32 b–b ‖ **39** a pc Mss 𝔊𝔗f –דוּהָ ‖ b–b > Ms* 𝔊* ‖ **43** a > 𝔊*𝔖 ‖ **Cp 11,1** a 𝔊*(𝔖) *Μαρρων* = מרון cf 5 b 7 b ‖ b 𝔊* *Συμοων* = שמעון ‖ c 𝔊* *Αζιφ* prb ־ף ‖ **2** a sic; Ms מִצָּ׳ prb lect facilior ‖ b–b prb gl ‖ c 𝔊 *ἀπέναντι* = (מִ)נֶּגֶד ‖ d 𝔊AOL𝔖 sg ut 12,23 ‖ **3** a v 8 הָ־ ‖ **5** a 2 Mss 𝔊𝔖𝔗 עַל cf 7 a ‖ b 𝔊*(𝔖) *Μαρρων* cf 1 a, it 7 b ‖ **6** a–a 𝔊* *αὐτούς* = אֹתָם ‖ **7** a Ms 𝔖𝔙 אֶל cf 5 a ‖ b cf 5 b.

מִשְׂרְפוֹת מַיִםᵃ וְעַד־בִּקְעַת מִצְפֶּהᵇ מִזְרָחָה וַיַּכֻּם עַד־בִּלְתִּי הִשְׁאִיר־ᶜ — ב̇[12] וכל יהושע דכות ב̇ מ א . יא[13]
9 לָהֶם שָׂרִיד׃ [9] וַיַּעַשׂ לָהֶם יְהוֹשֻׁעַ כַּאֲשֶׁר אָמַר־לוֹ יְהוָה אֶת־סוּסֵיהֶם
עִקֵּר וְאֶת־מַרְכְּבֹתֵיהֶם שָׂרַף בָּאֵשׁ׃ ס — ל̇ . ב
10 [10] וַיָּשָׁב יְהוֹשֻׁעַ בָּעֵת הַהִיא וַיִּלְכֹּד אֶת־חָצוֹר וְאֶת־מַלְכָּהּ הִכָּה — ל̇ . ב̇[14] . ו̇
11 בֶחָרֶב כִּי־חָצוֹר לְפָנִים הִיא רֹאשׁ כָּל־ᵃהַמַּמְלָכוֹת הָאֵלֶּה׃ [11] וַיַּכּוּᵃ — ל̇
אֶת־כָּל־הַנֶּפֶשׁ אֲשֶׁר־בָּהּ לְפִי־חֶרֶב הַחֲרֵם לֹא נוֹתַר כָּל־נְשָׁמָה — ל̇ וכל משנה תורה דכות
12 וְאֶת־חָצוֹר שָׂרַףᵇ בָּאֵשׁ׃ [12] וְאֶת־כָּל־עָרֵי הַמְּלָכִים־הָאֵלֶּה וְאֶת־
כָּל־מַלְכֵיהֶם לָכַד יְהוֹשֻׁעַ וַיַּכֵּם לְפִי־חֶרֶב הֶחֱרִים אוֹתָם כַּאֲשֶׁר
13 צִוָּה מֹשֶׁה עֶבֶד יְהוָה׃ [13] רַק כָּל־הֶעָרִים הָעֹמְדוֹת עַל־תִּלָּםᵃ לֹא — יד בסיפ . ב̇[15] . ל̇[16]
14 שְׂרָפָם יִשְׂרָאֵל זוּלָתִי אֶת־חָצוֹר לְבַדָּהּ שָׂרַף יְהוֹשֻׁעַ׃ [14] וְכֹל שְׁלַל — ל̇[16] . ב̇[14] . ג̇ פסוק וכל כל וחד מן ג[17] ר״פ וכל ופ אות
ᵃהֶעָרִים הָאֵלֶּה וְהַבְּהֵמָהᵃ בָּזְזוּ לָהֶם בְּנֵי יִשְׂרָאֵל רַק אֶת־כָּל־
הָאָדָם הִכּוּ לְפִי־חֶרֶב עַד־הִשְׁמִדָםᵇ אוֹתָם לֹא הִשְׁאִירוּ כָּל־ — ה̇ חס בליש[18]
15 נְשָׁמָה׃ [15] כַּאֲשֶׁר צִוָּה יְהוָה אֶת־מֹשֶׁה עַבְדּוֹ כֵּן־צִוָּה מֹשֶׁה אֶת־ — ל̇
יְהוֹשֻׁעַ וְכֵן עָשָׂה יְהוֹשֻׁעַ לֹא־הֵסִיר דָּבָר מִכֹּל אֲשֶׁר־צִוָּה ᵃיְהוָה
אֶת־מֹשֶׁהᵃ׃

16 [16] וַיִּקַּח יְהוֹשֻׁעַ אֶת־כָּל־הָאָרֶץ הַזֹּאת הָהָר וְאֶת־כָּל־הַנֶּגֶב — יד
וְאֵת כָּל־אֶרֶץ הַגֹּשֶׁן וְאֶת־הַשְּׁפֵלָה וְאֶת־הָעֲרָבָה וְאֶת־הַר יִשְׂרָאֵל — ל̇ . ל̇
17 וּשְׁפֵלָתֹה׃ [17] מִן־הָהָר הֶחָלָק הָעוֹלֶה שֵׂעִיר וְעַד־בַּעַל גָּד בְּבִקְעַת — ל̇ וכת ה[19] . ה̇[20] מל וחד מן ג בליש
הַלְּבָנוֹן תַּחַת הַר־חֶרְמוֹן וְאֵת כָּל־מַלְכֵיהֶם לָכַד וַיַּכֵּם וַיְמִיתֵםᵃ׃ — ד̇
18 [18] יָמִים רַבִּים עָשָׂה יְהוֹשֻׁעַ אֶת־כָּל־הַמְּלָכִים הָאֵלֶּה מִלְחָמָה׃ — ג̇ ר״פ[21] . ל̇ ר״פ
19 [19] לֹא־הָיְתָה עִיר ᵃאֲשֶׁר הִשְׁלִימָה אֶל־ᵇבְּנֵיᵃ יִשְׂרָאֵל ᶜבִּלְתִּי הַחִוִּי — ז̇ ר״פ בסיפ
20 יֹשְׁבֵי גִבְעוֹןᶜ אֶת־הַכֹּל לָקְחוּ בַמִּלְחָמָה׃ [20] כִּי מֵאֵת יְהוָה ׀ הָיְתָה
לְחַזֵּק אֶת־לִבָּם לִקְרַאת הַמִּלְחָמָה אֶת־יִשְׂרָאֵל לְמַעַן הַחֲרִימָם — ל̇ . ו̇ פסוק למען למען[22] . ב
לְבִלְתִּי הֱיוֹת־לָהֶם תְּחִנָּה כִּי לְמַעַן הַשְׁמִידָם כַּאֲשֶׁר צִוָּה יְהוָה אֶת־ — ל̇[16]
21 מֹשֶׁה׃ ס [21] וַיָּבֹא יְהוֹשֻׁעַ בָּעֵת הַהִיא וַיַּכְרֵת אֶת־הָעֲנָקִים מִן־ — ב̇ . ב̇ פסוק מן מן מן

[12] Mm 2281. [13] Mm 917. [14] Mm 1311. [15] Mm 1309. [16] Mm 1310. [17] Okhl 316. [18] Mm 1983. [19] Mp sub loco. [20] Mm 1624. [21] Mm 3300. [22] Mm 2707.

8 a–a 𝔊* *Μασερων* ‖ b v 3 ־הָ ‖ c 𝔊𝔗^Mss pass cf 8,22a; 𝔖 *šbq(w)* prb = הָ׳ ‖ **10** a mlt Mss 𝔗^f Mss לְכָל ‖ **11** a 𝔊^A min 𝔖𝔙 sg ‖ b 𝔊* pl ‖ **13** a 𝔖 *tll'* = תִּלִּים ‖ **14** a–a > 𝔊* ‖ b 1 הָ׳ cf 𝔖𝔗 et 20; 𝔊* *ἀπώλεσεν* ‖ **15** a–a 𝔊* *αὐτῷ Μωυσῆς* ‖ **17** a C^mg K^Or ־תוּם ‖ **19** a–a 𝔊* *ἣν οὐκ ἔλαβεν* ‖ b mlt Mss 𝔗 את ut 10,1 ‖ c–c > 𝔊*.

הָהָ֗ר מִן־חֶבְר֤וֹן מִן[a]־דְּבִ֣ר מִן[b]־עֲנָ֔ב וּמִכֹּל֙ הַ֣ר יְהוּדָ֔ה וּמִכֹּ֖ל הַ֣ר כל סיפ חס ב מ א[23]. ב פסוק ומכל ומכל[24]
22 יִשְׂרָאֵ֑ל עִם־עָרֵיהֶ֖ם הֶחֱרִימָ֥ם יְהוֹשֻֽׁעַ׃ 22 לֹֽא־נוֹתַ֣ר עֲנָקִ֔ים בְּאֶ֖רֶץ ז ר״פ בסיפ
23 בְּנֵ֣י יִשְׂרָאֵ֑ל רַ֗ק בְּעַזָּ֛ה בְּגַ֥ת וּבְאַשְׁדּ֖וֹד נִשְׁאָֽרוּ׃ 23 וַיִּקַּ֨ח יְהוֹשֻׁ֜עַ אֶת־ יד
כָּל־הָאָ֗רֶץ כְּכֹל֮ אֲשֶׁ֣ר דִּבֶּ֣ר יְהוָה֮ אֶל־מֹשֶׁה֒ וַיִּתְּנָהּ֩ יְהוֹשֻׁ֨עַ לְנַחֲלָ֧ה ה[25]
לְיִשְׂרָאֵ֛ל כְּמַחְלְקֹתָ֖ם[a] לְשִׁבְטֵיהֶ֑ם וְהָאָ֥רֶץ שָׁקְטָ֖ה מִמִּלְחָמָֽה׃ פ ג . ב
12 [1] וְאֵ֣לֶּה ׀ מַלְכֵ֣י הָאָ֗רֶץ אֲשֶׁ֨ר הִכּ֜וּ בְנֵֽי־יִשְׂרָאֵ֗ל וַיִּֽרְשׁ֤וּ אֶת־ ד חס
אַרְצָ֔ם בְּעֵ֥בֶר הַיַּרְדֵּ֖ן מִזְרְחָ֣ה הַשָּׁ֑מֶשׁ מִנַּ֤חַל אַרְנוֹן֙ עַד[a]־הַ֣ר חֶרְמ֔וֹן ג . ד[1]
2 וְכָל־הָעֲרָבָ֖ה מִזְרָֽחָה׃ 2 סִיחוֹן֙ מֶ֣לֶךְ הָאֱמֹרִ֔י הַיּוֹשֵׁ֖ב בְּחֶשְׁבּ֑וֹן מֹשֵׁ֡ל ב . ה בסיפ ד מל וחד חס
מֵעֲרוֹעֵר֩ אֲשֶׁ֨ר עַל־שְׂפַת־נַ֜חַל אַרְנֹ֗ן וְת֤וֹךְ[a] הַנַּ֙חַל֙ וַחֲצִ֣י הַגִּלְעָ֔ד וְעַד֙[b]
3 יַבֹּ֣ק הַנַּ֔חַל גְּב֖וּל בְּנֵ֥י עַמּֽוֹן׃ 3 וְהָעֲרָבָ֞ה עַד[a]־יָ֤ם כִּנְרוֹת֙[b] מִזְרָ֔חָה וְעַ֨ד ב . יז פסוק עד ועד[2]. ד[3]
יָ֤ם הָעֲרָבָה֙ יָם־הַמֶּ֣לַח מִזְרָ֔חָה דֶּ֖רֶךְ בֵּ֣ית הַיְשִׁמ֑וֹת וּמִתֵּימָ֕ן תַּ֖חַת ד[4]. ל
4 אַשְׁדּ֥וֹת הַפִּסְגָּֽה׃ 4 [a]וּגְבוּל ע֚וֹג[a] מֶ֣לֶךְ הַבָּשָׁ֔ן מִיֶּ֖תֶר הָרְפָאִ֑ים הַיּוֹשֵׁ֥ב ה בסיפ ד מל וחד חס
5 בְּעַשְׁתָּר֖וֹת וּבְאֶדְרֶֽעִי׃ 5 וּמֹשֵׁל[a] בְּהַ֨ר[b] חֶרְמ֜וֹן וּבְסַלְכָ֗ה[c] וּבְכָל־
הַבָּשָׁן֙ עַד־גְּב֣וּל הַגְּשׁוּרִ֔י וְהַמַּעֲכָתִ֖י וַחֲצִי֙ הַגִּלְעָ֔ד[d] גְּב֖וּל סִיח֥וֹן מֶֽלֶךְ־ יב[5]
6 חֶשְׁבּֽוֹן׃ 6 מֹשֶׁ֧ה עֶֽבֶד־יְהוָ֛ה וּבְנֵ֥י יִשְׂרָאֵ֖ל הִכּ֑וּם וַֽיִּתְּנָהּ֩[a] מֹשֶׁ֨ה [b]עֶֽבֶד־ ג ר״פ[6]. יד בסיפ. ה׳ וכל ר״פ דכות[7]. ב ומל[8]. יד בסיפ
7 יְהוָ֜ה[b] יְרֻשָּׁ֗ה לָרֽאוּבֵנִי֙[c] וְלַגָּדִ֔י וְלַחֲצִ֖י שֵׁ֥בֶט הַֽמְנַשֶּֽׁה׃ ס 7 וְאֵ֨לֶּה כל סיפ דכות ב מ ג[9]
מַלְכֵ֣י הָאָ֗רֶץ אֲשֶׁ֨ר הִכָּ֣ה יְהוֹשֻׁעַ֮ וּבְנֵ֣י יִשְׂרָאֵל֒ בְּעֵ֣בֶר הַיַּרְדֵּן֮ יָ֗מָּה ה׳ וכל ר״פ דכות[7]
מִבַּ֤עַל גָּד֙ בְּבִקְעַ֣ת הַלְּבָנ֔וֹן וְעַד[a]־הָהָ֥ר הֶחָלָ֖ק הָעֹלֶ֣ה שֵׂעִ֑ירָה וַיִּתְּנָ֨הּ ג . ג[10]
8 יְהוֹשֻׁ֜עַ לְשִׁבְטֵ֧י יִשְׂרָאֵ֛ל יְרֻשָּׁ֖ה כְּמַחְלְקֹתָֽם[b]׃ 8 בָּהָ֣ר וּבַשְּׁפֵלָ֗ה ג
וּבָעֲרָבָה֙ וּבָ֣אֲשֵׁד֔וֹת וּבַמִּדְבָּ֖ר וּבַנֶּ֑גֶב הַֽחִתִּי֙ הָֽאֱמֹרִ֔י וְהַֽכְּנַעֲנִ֔י הַפְּרִזִּ֖י ב . ל . ג[11]. סימן תמכפוס[12]. ב
הַֽחִוִּ֥י וְהַיְבוּסִֽי׃ פ ז
9 מֶ֤לֶךְ[a] יְרִיחוֹ֙ אֶחָ֔ד מֶ֧לֶךְ הָעַ֛י אֲשֶׁר־מִצַּ֥ד בֵּֽית־אֵ֖ל אֶחָֽד׃ כל קריא יריחו כת ב מ א[13]
10 מֶ֤לֶךְ יְרֽוּשָׁלִַ֙ם֙ אֶחָ֔ד מֶ֥לֶךְ חֶבְר֖וֹן אֶחָֽד׃

[23] Jos 10,3. [24] Mm 4259. [25] Mm 943. **Cp 12** [1] Mm 2193. [2] Mm 912. [3] Mm 1081. [4] Mm 2891. [5] Mp sub loco. [6] Mm 3363. [7] Mm 470. [8] Mm 1293. [9] Jos 13,29; 22,13 et 15. [10] Mm 246. [11] Mm 1052. [12] Okhl 274. [13] Mm 1312.

21 [a] 𝔊𝔖𝔗[Mss]𝔙 pr cop ‖ [b] mlt Mss 𝔊𝔖𝔗[f Mss]𝔙 ומן ‖ **23** [a] mlt Mss 𝔊𝔖𝔗[Edd] בְּמַ׳ ‖ **Cp 12,1** [a] ℭ nonn Mss 𝔖𝔗[Mss] וְעַד ‖ **2** [a] 𝔊 *κατὰ μέρος* (vel *κατὰ μέσον* = (בְּתוֹךְ ‖ [b] 𝔊 om cop ‖ **3** [a] 2 Mss וְעַד ‖ [b] 𝔊 *Χεν(ν)ερεθ* = כִּנֶּרֶת ‖ **4** [a–a] 𝔊* *καὶ Ωγ*, 1 וְעוֹג cf 1 ‖ **5** [a] 𝔊 om cop ‖ [b] 𝔊 *ἀπὸ ὄρους* = מֵהַר ‖ [c] 𝔊 *καὶ ἀπὸ Σελχα* = וּמִסּ׳ ‖ [d] 𝔊[O] + *ἕως*, ins עַד (hpgr) ‖ **6** [a] 2 Mss –נֵם ‖ [b–b] > 𝔊*𝔙 ‖ [c] sic L, mlt Mss Edd לָרְאוּבֵנִי ‖ **7** [a] ℭ 2 Mss 𝔙 עד ‖ [b] mlt Mss 𝔖𝔗[Edd] בְּמַ׳ cf 11,23[a], 2 Mss* לְמַ׳ ‖ **9** [a] 9–24 a 𝔊* om אחד.

11 מֶ֤לֶךְ יַרְמוּת֙ אֶחָ֔ד מֶ֥לֶךְ לָכִ֖ישׁ אֶחָֽד׃

12 מֶ֤לֶךְ עֶגְלוֹן֙ אֶחָ֔ד מֶ֥לֶךְ גֶּ֖זֶר אֶחָֽד׃ ל . ל

13 מֶ֤לֶךְ דְּבִר֙ אֶחָ֔ד מֶ֥לֶךְ גֶּ֖דֶר אֶחָֽד׃ כב פסוק דלית בהון לא ו ולא י[14] . ל . כל סיפ חס ב מ א[15]

14 מֶ֤לֶךְ חָרְמָה֙ אֶחָ֔ד מֶ֥לֶךְ עֲרָ֖ד אֶחָֽד׃ כב פסוק דלית בהון לא ו ולא י[14] . ל

15 מֶ֤לֶךְ לִבְנָה֙ אֶחָ֔ד מֶ֥לֶךְ עֲדֻלָּ֖ם אֶחָֽד׃ כב פסוק דלית בהון לא ו ולא י[14] . ל . ל

16 מֶ֤לֶךְ מַקֵּדָה֙ אֶחָ֔ד [a]מֶ֥לֶךְ בֵּֽית־אֵ֖ל אֶחָֽד׃[a] ל . ל

17 מֶ֤לֶךְ תַּפּ֙וּחַ֙ אֶחָ֔ד מֶ֥לֶךְ חֵ֖פֶר אֶחָֽד׃ ל . ל

18 מֶ֤לֶךְ אֲפֵק֙ אֶחָ֔ד [a]מֶ֥לֶךְ לַשָּׁר֖וֹן[b] אֶחָֽד׃[a] ל . ל

19 מֶ֤לֶךְ [a]מָדוֹן֙ אֶחָ֔ד[a] מֶ֥לֶךְ חָצ֖וֹר אֶחָֽד׃ ל . ל

20 מֶ֜לֶךְ שִׁמְר֤וֹן[a] מְרֹאון֙[b] אֶחָ֔ד מֶ֥לֶךְ אַכְשָׁ֖ף[c] אֶחָֽד׃ ל . מח[16] כת א לא קר ול בליש . ל . ב[17]

21 [a]מֶ֤לֶךְ תַּעְנַךְ֙ אֶחָ֔ד מֶ֥לֶךְ מְגִדּ֖וֹ אֶחָֽד׃ ל . ל

22 מֶ֤לֶךְ קֶ֙דֶשׁ֙ אֶחָ֔ד מֶ֥לֶךְ־יָקְנְעָ֥ם לַכַּרְמֶ֖ל אֶחָֽד׃ ל

23 מֶ֥לֶךְ דּ֛וֹר לְנָפַ֥ת[a] דּ֖וֹר אֶחָ֑ד מֶֽלֶךְ־גּוֹיִ֥ם[b] לְגִלְגָּ֖ל[c] אֶחָֽד׃ ל . ל . ל

24 מֶ֥לֶךְ תִּרְצָ֖ה אֶחָ֑ד כָּל־מְלָכִ֖ים [a]שְׁלֹשִׁ֥ים וְאֶחָֽד׃[a] פ ב[18]

13 1 וִיהוֹשֻׁ֣עַ זָקֵ֔ן בָּ֖א בַּיָּמִ֑ים וַיֹּ֨אמֶר יְהוָ֜ה אֵלָ֗יו אַתָּ֤ה זָקַ֙נְתָּה֙ ס ד[1] . ב חד מל וחד חס[2]
2 בָּ֣אתָ בַיָּמִ֔ים וְהָאָ֛רֶץ נִשְׁאֲרָ֥ה הַרְבֵּֽה־מְאֹ֖ד לְרִשְׁתָּֽהּ׃ 2 זֹ֥את הָאָ֖רֶץ ל
3 הַנִּשְׁאָ֑רֶת כָּל־גְּלִיל֥וֹת הַפְּלִשְׁתִּ֖ים[a] וְכָל־הַגְּשׁוּרִֽי[b]׃ 3 מִן־הַשִּׁיחוֹר֩ אֲשֶׁ֨ר ׀ ח[3] . ל
עַל־פְּנֵ֜י מִצְרַ֗יִם וְעַ֨ד גְּב֤וּל עֶקְרוֹן֙[a] צָפ֔וֹנָה לַֽכְּנַעֲנִ֖י תֵּחָשֵׁ֑ב חֲמֵ֣שֶׁת ׀ סַרְנֵ֣י יב ד[4] מנה בליש . נג . ג
פְלִשְׁתִּ֗ים הָֽעַזָּתִ֤י וְהָֽאַשְׁדּוֹדִי֙ [b]הָֽאֶשְׁקְלוֹנִ֣י הַגִּתִּ֔י[b] וְהָֽעֶקְרוֹנִ֖י וְהָעַוִּֽים׃ ד . ל . ל . ל
4 4 מִתֵּימָ֞ן[a] כָּל־אֶ֣רֶץ הַֽכְּנַעֲנִ֗י וּמְעָרָה֙[b] אֲשֶׁ֣ר לַצִּידֹנִ֔ים עַד־אֲפֵ֕קָה עַ֖ד יב . ד[5] . ל . ג
5 גְּב֥וּל [c]הָאֱמֹרִֽי׃ 5 וְהָאָ֣רֶץ[c] הַגִּבְלִ֗י וְכָל־הַלְּבָנוֹן֙ מִזְרַ֣ח הַשֶּׁ֔מֶשׁ מִבַּ֣עַל ח ר״פ[6] . ל
6 גָּ֔ד תַּ֖חַת הַר־חֶרְמ֑וֹן עַ֖ד לְב֥וֹא חֲמָֽת׃ 6 כָּל־יֹשְׁבֵ֨י הָהָ֜ר מִן־הַלְּבָנ֗וֹן ט ר״פ בסיפ
עַד־מִשְׂרְפֹ֥ת מַ֙יִם֙ כָּל־צִ֣ידֹנִ֔ים אָנֹכִ֣י אֽוֹרִישֵׁ֔ם מִפְּנֵ֖י בְּנֵ֣י יִשְׂרָאֵ֑ל רַ֗ק ל . ל חס

[14]Mm 878. [15]Jos 10,3. [16]Mm 898. [17]Mm 1307. [18]Mm 1313. **Cp 13** [1]Mm 159. [2]Mm 1314. [3]Mm 1315. [4]Mm 2906. [5]Mm 1316. [6]Mm 4.

16 $^{a-a}$ > 𝔊* ‖ **18** $^{a-a}$ > 𝔊^{Mss} ‖ ^{b} orig gl ad אפק cf 𝔊*𝔏 ‖ **19** $^{a-a}$ > 𝔊*, sed cf 20^{b} ‖ **20** ^{a} 𝔊* *Συμοων* cf 11,1^{b} ‖ ^{b} > pc Mss 𝔙𝔄; 𝔊 *βασιλέα Μαρρων* cf 19^{a-a} ‖ ^{c} 𝔊* *Αζιφ* cf 11,1^{c} ‖ **21** ^{a} 𝔊* tr huc 22a ‖ **23** ^{a} pc Mss 𝔗 לנפות ‖ ^{b} 𝔊* *Γεει* ‖ ^{c} 𝔊* *τῆς Γαλιλαίας*, l frt לַגָּלִיל ‖ **24** $^{a-a}$ 𝔊* 29 cf 16.18^{a-a} ‖ **Cp 13,2** ^{a} pc Mss ־תי ‖ ^{b} 𝔊* *ὁ Γεσιρι* (id in 11.13) cf 1 S 27,8 Q 𝔊 ‖ **3** ^{a} 𝔊 *Ακκαρων* akk *Amqarruna* ‖ $^{b-b}$ Mss 𝔊𝔖𝔗^{Ms} הַ׳ וְהַ׳, al הא׳ וְהַ׳ ‖ **4** ^{a} cj c 3 cf 𝔖 et 𝔙 ‖ ^{b} inc; 𝔊 *ἐναντίον* (𝔊^{OL} *ἀπὸ*) *Γάζης* = מֵעַזָּה ‖ **4/5** $^{c-c}$ crrp; frt dl.

7 הַפִּ֣לֶהָ[a] לְיִשְׂרָאֵל֙ בְּֽנַחֲלָ֔ה כַּאֲשֶׁ֖ר צִוִּיתִֽיךָ׃ 7 וְעַתָּ֗ה חַלֵּ֞ק אֶת־הָאָ֤רֶץ ו חס בליש[7] . ל
8 הַזֹּאת֙ בְּֽנַחֲלָ֔ה לְתִשְׁעַ֖ת הַשְּׁבָטִ֑ים וַחֲצִ֖י הַשֵּׁ֥בֶט הַֽמְנַשֶּֽׁה[a]׃ 8 עִמּ֗וֹ ל . ל . ד ר״פ[8]
הָרֽאוּבֵנִי֙ וְהַגָּדִ֔י לָקְח֖וּ נַחֲלָתָ֑ם אֲשֶׁר֩ נָתַ֨ן לָהֶ֜ם מֹשֶׁ֗ה בְּעֵ֤בֶר הַיַּרְדֵּן֙
9 מִזְרָ֔חָה כַּאֲשֶׁר֙ נָתַ֣ן לָהֶ֔ם מֹשֶׁ֖ה עֶ֥בֶד יְהוָֽה׃ 9 מֵעֲרוֹעֵ֞ר אֲשֶׁ֨ר עַל־ יד בסיפ
שְׂפַת־נַ֣חַל אַרְנ֗וֹן וְהָעִיר֙ אֲשֶׁ֣ר בְּתוֹךְ־הַנַּ֔חַל וְכָל־הַמִּישֹׁ֥ר מֵידְבָ֖א[a] ב
10 עַד־[b]דִּיבֽוֹן׃ 10 וְכֹ֗ל עָרֵי֙ סִיח֣וֹן מֶ֣לֶךְ הָאֱמֹרִ֔י אֲשֶׁ֥ר מָלַ֖ךְ בְּחֶשְׁבּ֑וֹן ג מל
11 עַד־גְּב֖וּל בְּנֵ֥י עַמּֽוֹן׃ 11 וְהַגִּלְעָ֗ד וּגְב֛וּל הַגְּשׁוּרִ֥י וְהַמַּעֲכָתִ֖י וְכֹל֙ הַ֣ר יב . ג . ב[9]
12 חֶרְמ֔וֹן וְכָל־הַבָּשָׁ֖ן עַד־סַלְכָֽה׃ 12 כָּל־מַמְלְכ֤וּת עוֹג֙ בַּבָּשָׁ֔ן אֲשֶׁר־ ג ב מיחד ס״פ[10] . ט ר״פ בסיפ . ד ב מנה בסיפ
מָלַ֥ךְ בְּעַשְׁתָּר֖וֹת וּבְאֶדְרֶ֑עִי ה֚וּא נִשְׁאַר֙ מִיֶּ֣תֶר הָרְפָאִ֔ים וַיַּכֵּ֥ם מֹשֶׁ֖ה
13 וַיֹּרִשֵֽׁם׃ 13 וְלֹ֤א הוֹרִ֨ישׁוּ֙ בְּנֵ֣י יִשְׂרָאֵ֔ל אֶת־הַגְּשׁוּרִ֖י וְאֶת־הַמַּעֲכָתִ֑י ל וחס
14 וַיֵּ֨שֶׁב גְּשׁ֤וּר וּמַעֲכָת֙ בְּקֶ֣רֶב יִשְׂרָאֵ֔ל עַ֖ד הַיּ֥וֹם הַזֶּֽה׃ 14 רַ֚ק לְשֵׁ֣בֶט ל
הַלֵּוִ֔י לֹ֥א נָתַ֖ן[a] נַחֲלָ֑ה אִשֵּׁ֞י[b] יְהוָ֨ה אֱלֹהֵ֤י יִשְׂרָאֵל֙ ה֣וּא נַחֲלָת֔וֹ כַּאֲשֶׁ֖ר ט כת י וכל מאשי דכות
15 דִּבֶּר־לֽוֹ׃ ס 15 וַיִּתֵּ֣ן מֹשֶׁ֔ה לְמַטֵּ֥ה בְנֵֽי־רְאוּבֵ֖ן לְמִשְׁפְּחֹתָֽם׃
16 וַיְהִ֨י לָהֶ֜ם הַגְּב֗וּל מֵעֲרוֹעֵר֙ אֲשֶׁר֙ עַל־שְׂפַת־נַ֣חַל אַרְנ֔וֹן וְהָעִיר֙ אֲשֶׁ֣ר
17 בְּתוֹךְ־הַנַּ֔חַל וְכָל־הַמִּישֹׁ֖ר עַל־[a]מֵידְבָֽא׃ 17 חֶשְׁבּ֖וֹן וְכָל־עָרֶ֣יהָ[a] ב . ד זוגין חד עד וחד על[11]
18 אֲשֶׁ֣ר בַּמִּישֹׁ֑ר דִּיבוֹן֙ וּבָמ֣וֹת בַּ֔עַל וּבֵ֖ית בַּ֥עַל מְעֽוֹן׃ 18 וְיַ֥הְצָה וּקְדֵמֹ֖ת ל חס
19 20 וּמֵפָֽעַת׃ 19 וְקִרְיָתַ֣יִם וְשִׂבְמָ֔ה וְצֶ֥רֶת הַשַּׁ֖חַר בְּהַ֥ר הָעֵֽמֶק׃ 20 וּבֵ֥ית ל
21 פְּע֛וֹר וְאַשְׁד֥וֹת הַפִּסְגָּ֖ה וּבֵ֥ית הַיְשִׁמֽוֹת׃ 21 וְכֹל֮ עָרֵ֣י הַמִּישֹׁר֒ וְכָל־ ד[12] . י ר״פ וכל ומ״פ וכל
מַמְלְכ֗וּת סִיחוֹן֙ מֶ֣לֶךְ הָאֱמֹרִ֔י [a]אֲשֶׁ֥ר מָלַ֖ךְ בְּחֶשְׁבּ֑וֹן[a] אֲשֶׁר֩ הִכָּ֨ה מֹשֶׁ֜ה
אֹת֣וֹ ׀ וְֽאֶת־נְשִׂיאֵ֣י מִדְיָ֡ן אֶת־אֱוִ֣י וְאֶת־רֶ֩קֶם֩ וְאֶת־צ֨וּר וְאֶת־ח֜וּר וְאֶת־
22 רֶ֗בַע נְסִיכֵ֣י סִיח֔וֹן יֹשְׁבֵ֖י הָאָֽרֶץ׃ 22 וְאֶת־בִּלְעָ֥ם בֶּן־בְּע֖וֹר הַקּוֹסֵ֑ם הָרְג֧וּ ל . ג[13]
23 [a]בְנֵֽי־יִשְׂרָאֵ֛ל[a] בַּחֶ֖רֶב [b]אֶל־[c]חַלְלֵיהֶֽם[b]׃ 23 וַיְהִ֗י גְּבוּל֙ בְּנֵ֣י רְאוּבֵ֔ן הַיַּרְדֵּ֖ן ל
וּגְב֑וּל זֹ֡את נַחֲלַ֣ת בְּנֵֽי־רְאוּבֵן֩ לְמִשְׁפְּחֹתָ֔ם הֶעָרִ֖ים וְחַצְרֵיהֶֽן[a]׃ פ ה חס מטה[14] . ה מל באור ובנביא[15]

6 [a] Ms + לְגוֹרָל cf Nu 36,2 ‖ **7** [a] 𝔊 + *ἀπὸ τοῦ Ἰορδάνου ἕως τῆς θαλάσσης τῆς μεγάλης κατὰ δυσμὰς ἡλίου δώσεις αὐτήν, ἡ θάλασσα ἡ μεγάλη ὁριεῖ.* (8) *ταῖς δὲ δύο φυλαῖς καὶ τῷ ἡμίσει φυλῆς Μανασση*, 𝔐 homtel? ‖ **9** [a] 𝔊 pr *ἀπό*, 1 ׳מִמֵּי ‖ [b] 2 Mss וְעַד ‖ **14** [a] pc Mss 𝔗[f] + מֹשֶׁה, prb ex 33 ‖ [b] > 𝔊* et 33, prb gl ‖ **16** [a] l c mlt Mss 𝔊𝔖𝔗 עַד ‖ **17** [a] 𝔊* 𝔖 om suff ‖ **21** [a–a] > 𝔊* ‖ **22** [a–a] > 𝔊* ‖ [b–b] > 𝔊 ‖ [c] l c nonn Mss 𝔖𝔗 עַל ut Nu 31,8 ‖ **23** [a] nonn Mss 𝔊𝔗𝔄 ־יהֶם cf 28[a].

24 25 24 וַיִּתֵּן מֹשֶׁה ᵃלְמַטֵּה־גָדᵃ ᵇלִבְנֵי־גָדᵇ לְמִשְׁפְּחֹתָם׃ 25 וַיְהִי לָהֶם הַגְּבוּל
יַעְזֵר וְכָל־עָרֵי הַגִּלְעָד וַחֲצִי אֶרֶץ בְּנֵי עַמּוֹן עַד־עֲרוֹעֵר אֲשֶׁר עַל־
26 פְּנֵי רַבָּה׃ 26 וּמֵחֶשְׁבּוֹן עַד־רָמַת הַמִּצְפֶּה וּבְטֹנִים וּמִמַּחֲנַיִם עַד־גְּבוּל   חצי הספר בפסוקים ל̇. ל̇. יב̇
27 לִדְבִרᵃ׃ 27 וּבָעֵמֶק בֵּית הָרָם וּבֵית נִמְרָה וְסֻכּוֹת וְצָפוֹן יֶתֶר מַמְלְכוּת   ב̇ חד חס וחד מל[16]. ל̇. ל̇. ב̇
סִיחוֹן מֶלֶךְ חֶשְׁבּוֹן הַיַּרְדֵּן וּגְבֻל עַד־קְצֵה יָם־כִּנֶּרֶתᵃ עֵבֶר הַיַּרְדֵּן   ט̇ חס ג̇[17] מנה בליש
28 מִזְרָחָה׃ 28 זֹאת נַחֲלַת בְּנֵי־גָד לְמִשְׁפְּחֹתָם הֶעָרִים וְחַצְרֵיהֶםᵃ׃   ה̇ חס מטה[18]. ל̇ בסיפ̇
29 29 וַיִּתֵּן מֹשֶׁה לַחֲצִי שֵׁבֶט מְנַשֶּׁה ᵃוַיְהִי לַחֲצִי מַטֵּה בְנֵי־מְנַשֶּׁהᵃ   ג̇ בסיפ̇. ל̇
30 לְמִשְׁפְּחוֹתָם׃ 30 וַיְהִי גְבוּלָם מִמַּחֲנַיִםᵃ כָּלᵇ־הַבָּשָׁן כָּל־מַמְלְכוּת ׀   ח̇ מל. יג̇ פסוק כל כל וכל. ל̇
31 עוֹג מֶלֶךְ־הַבָּשָׁן וְכָל־חַוֺּת יָאִיר אֲשֶׁר בַּבָּשָׁן שִׁשִּׁים עִיר׃ 31 וַחֲצִי
הַגִּלְעָד וְעַשְׁתָּרוֹת וְאֶדְרֶעִי עָרֵי מַמְלְכוּת עוֹג בַּבָּשָׁן לִבְנֵי מָכִיר   ד̇ ב̇ מנה בסיפ̇
32 בֶּן־מְנַשֶּׁה לַחֲצִי בְנֵי־מָכִיר לְמִשְׁפְּחוֹתָם׃ 32 אֵלֶּה אֲשֶׁר־נִחַל מֹשֶׁה   ח̇ מל באור ובנביא[19]. ז̇ ר״פ בנביא[20]. ב̇ חד קמ̇ וחד פת̇[21]
33 בְּעַרְבוֹת מוֹאָב מֵעֵבֶר לְיַרְדֵּן יְרִחוֹ מִזְרָחָה׃ ס 33 ᵃוּלְשֵׁבֶט   ל̇[22]
הַלֵּוִי לֹא־נָתַן מֹשֶׁה נַחֲלָה יְהוָה אֱלֹהֵי יִשְׂרָאֵל הוּא נַחֲלָתָם כַּאֲשֶׁר
דִּבֶּר לָהֶם׃

14 **14** 1 וְאֵלֶּה אֲשֶׁר־נָחֲלוּ בְנֵי־יִשְׂרָאֵל בְּאֶרֶץ כְּנָעַן אֲשֶׁר נִחֲלוּ   ב̇. ד̇[1]. ב̇
אוֹתָם אֶלְעָזָר הַכֹּהֵן וִיהוֹשֻׁעַ בִּן־נוּן וְרָאשֵׁי אֲבוֹת הַמַּטּוֹת לִבְנֵי   ל̇
2 יִשְׂרָאֵל׃ 2 ᵃבְּגוֹרַל נַחֲלָתָםᵃ כַּאֲשֶׁר צִוָּה יְהוָה בְּיַד־מֹשֶׁה ᵇלְתִשְׁעַת   ד̇[2] פת̇ וחד מן ד̇ רפי̇ בליש וכל וידבר דכות. ל̇[3]
3 הַמַּטּוֹת וַחֲצִי הַמַּטֶּה׃ 3 כִּי־נָתַן מֹשֶׁה נַחֲלַת שְׁנֵי הַמַּטּוֹת וַחֲצִי הַמַּטֶּה
4 מֵעֵבֶר לַיַּרְדֵּן וְלַלְוִיִּם לֹא־נָתַן נַחֲלָה בְּתוֹכָם׃ 4 כִּי־הָיוּ בְנֵי־יוֹסֵף   ב̇[4] מיחד וכל לכהנים וללוים דכות ב̇ מ̇ א̇
שְׁנֵי מַטּוֹת מְנַשֶּׁה וְאֶפְרָיִם וְלֹא־נָתְנוּ חֵלֶק לַלְוִיִּם בָּאָרֶץ כִּי אִם־
5 עָרִים לָשֶׁבֶת וּמִגְרְשֵׁיהֶם לְמִקְנֵיהֶם וּלְקִנְיָנָם׃ 5 כַּאֲשֶׁר צִוָּה יְהוָה   ל̇ בסיפ̇ וכל קריא דכות ב̇ מ̇ א̇[5]
6 אֶת־מֹשֶׁה כֵּן עָשׂוּ בְּנֵי יִשְׂרָאֵל וַיַּחְלְקוּ אֶת־הָאָרֶץ׃ פ 6 וַיִּגְּשׁוּ   ל̇
בְנֵי־יְהוּדָה אֶל־יְהוֹשֻׁעַ בַּגִּלְגָּל וַיֹּאמֶר אֵלָיו כָּלֵב בֶּן־יְפֻנֶּה הַקְּנִזִּי   ג̇ בליש
אַתָּה יָדַעְתָּ אֶת־הַדָּבָר אֲשֶׁר־דִּבֶּר יְהוָה אֶל־מֹשֶׁה אִישׁ־הָאֱלֹהִים   ל̇[6]

[16] Mm 1319. [17] Mm 1320. [18] Mm 1350. [19] Mm 859 contra textum. [20] Mm 3164. [21] Mm 2889. [22] וחד ובשבט Ps 78,67. **Cp 14** [1] Mm 1321. [2] Mm 3420. [3] Mm 1360. [4] Mm 1322. [5] Nu 35,7. [6] Mm 3890.

24 a–a > 𝔊 ‖ b–b > 𝔖 ‖ **26** a 𝔊𝔖𝔙 om ל; prb l לֹא (לוֹ)־דְבָר cf 2 S 9,4.5 17,27 Am 6,13 ‖ **27** a 𝔊^AOC *Χενερωθ* cf 11,2 ‖ **28** a nonn Mss 𝔖 ־יהֶן– cf 23a ‖ **29** a–a > 𝔊* ‖ **30** a l prb מח׳ (dttg) ‖ b l prb c nonn Mss 𝔊𝔖𝔗^f וְכָל ‖ **33** a > 𝔊* cf 14 ‖ **Cp 14,2** a–a inc; 𝔊 *κατὰ κλήρους ἐκληρονόμησαν*, prp בְּגוֹרָל נָחֲלוּ אוֹתָם ‖ b nonn Mss 𝔖𝔗^f pr לָתֵת cf Nu 34,13, frt lect facilior.

7 עַל אֲדוֹתַ֑י וְעַל אֲדוֹתֶ֔יךָ בְּקָדֵ֖שׁ בַּרְנֵֽעַ׃ 7 בֶּן־אַרְבָּעִ֨ים שָׁנָ֜ה אָנֹכִ֗י ל̇. ל̇. ב̇ ר״פ בטע̇[7]
בִּשְׁלֹ֨חַ מֹשֶׁ֧ה עֶֽבֶד־יְהוָ֛ה אֹתִ֛י מִקָּדֵ֥שׁ בַּרְנֵ֖עַ לְרַגֵּ֣ל אֶת־הָאָ֑רֶץ וָאָשֵׁ֤ב יד̇ בסיפ̇. ב̇[8] חס ול̇ בסיפ̇. ל̇
8 אֹתוֹ֙ דָּבָ֔ר כַּאֲשֶׁ֖ר[a] עִם־לְבָבִֽי[b]׃ 8 וְאַחַ֗י אֲשֶׁ֤ר עָלוּ֙ עִמִּ֔י הִמְסִ֖יו[a] אֶת־ ל̇
9 לֵ֣ב הָעָ֑ם וְאָנֹכִ֣י מִלֵּ֔אתִי אַחֲרֵ֖י יְהוָ֥ה אֱלֹהָֽי׃ 9 וַיִּשָּׁבַ֣ע מֹשֶׁ֗ה בַּיּ֣וֹם ב̇[9]
הַהוּא֮ לֵאמֹר֒ אִם־לֹ֗א הָאָ֙רֶץ֙ אֲשֶׁ֨ר דָּֽרְכָ֤ה רַגְלְךָ֙ בָּ֔הּ לְךָ֨ תִהְיֶ֧ה לְנַחֲלָ֛ה ל̇. ה̇י[10]
10 וּלְבָנֶ֖יךָ עַד־עוֹלָ֑ם כִּ֣י מִלֵּ֔אתָ אַחֲרֵ֖י יְהוָ֥ה אֱלֹהָֽי׃ 10 וְעַתָּ֗ה הִנֵּה֩ הֶחֱיָ֨ה ב̇[9]
יְהוָ֥ה ׀ אוֹתִי֮ כַּאֲשֶׁ֣ר דִּבֵּר֒ זֶ֡ה אַרְבָּעִ֣ים וְחָמֵשׁ֩ שָׁנָ֨ה מֵאָ֜ז דִּבֶּ֣ר יְהוָ֗ה אֶת־ ג̇ מל̇ בסיפ̇. ל̇ וכל אתנח̇ וס״פ דכות̇
הַדָּבָ֤ר הַזֶּה֙ אֶל־מֹשֶׁ֔ה אֲשֶׁר־הָלַ֥ךְ יִשְׂרָאֵ֖ל בַּמִּדְבָּ֑ר וְעַתָּה֙ הִנֵּ֣ה אָנֹכִ֔י
11 הַיּ֕וֹם בֶּן־חָמֵ֥שׁ וּשְׁמוֹנִ֖ים שָׁנָֽה׃ 11 עוֹדֶ֨נִּי הַיּ֜וֹם חָזָ֗ק כַּאֲשֶׁר֙ בְּי֙וֹם שְׁלֹ֣חַ
12 אוֹתִי֙ מֹשֶׁ֔ה כְּכֹ֥חִי[a] אָ֖ז וּכְכֹ֣חִי[b] עָ֑תָּה לַמִּלְחָמָ֖ה וְלָצֵ֥את וְלָבֽוֹא׃ 12 וְעַתָּ֗ה ג̇ מל̇ בסיפ̇[11]. ל̇. ד̇[12]
תְּנָה־לִּי֙ אֶת־הָהָ֣ר הַזֶּ֔ה אֲשֶׁר־דִּבֶּ֥ר יְהוָ֖ה בַּיּ֣וֹם הַה֑וּא כִּֽי־אַתָּ֣ה שָׁמַעְתָּ֩
בַיּ֨וֹם הַה֜וּא כִּֽי־עֲנָקִ֣ים שָׁ֗ם וְעָרִים֙ גְּדֹל֣וֹת בְּצֻר֔וֹת אוּלַ֨י יְהוָ֤ה אוֹתִי֙[a] ל̇. ג̇ מל̇ בסיפ̇[11]
13 וְהֽוֹרַשְׁתִּ֔ים כַּאֲשֶׁ֖ר דִּבֶּ֥ר יְהוָֽה׃ 13 וַֽיְבָרְכֵ֖הוּ יְהוֹשֻׁ֑עַ וַיִּתֵּ֧ן אֶת־חֶבְר֛וֹן
14 לְכָלֵ֥ב בֶּן־יְפֻנֶּ֖ה[a] לְנַחֲלָֽה׃ 14 עַל־כֵּ֣ן הָיְתָֽה־חֶ֠בְרוֹן לְכָלֵ֨ב בֶּן־יְפֻנֶּ֤ה ה̇י[10]. ג̇ בליש
הַקְּנִזִּי֙ לְנַחֲלָ֔ה עַ֖ד הַיּ֣וֹם הַזֶּ֑ה יַ֗עַן אֲשֶׁ֤ר מִלֵּא֙ אַחֲרֵ֔י יְהוָ֖ה אֱלֹהֵ֥י ה̇י[10]
15 יִשְׂרָאֵֽל׃ ס 15 וְשֵׁ֨ם חֶבְר֤וֹן לְפָנִים֙ קִרְיַ֣ת אַרְבַּ֔ע הָאָדָ֧ם הַגָּד֛וֹל בָּעֲנָקִ֖ים יג̇ ר״פ[13]. ל̇[14]. ל̇
ה֑וּא וְהָאָ֥רֶץ שָׁקְטָ֖ה מִמִּלְחָמָֽה׃ פ ב̇

15 1 וַיְהִ֣י הַגּוֹרָ֗ל לְמַטֵּ֛ה בְּנֵ֥י יְהוּדָ֖ה לְמִשְׁפְּחֹתָ֑ם אֶל־גְּב֨וּל אֱד֜וֹם
2 מִדְבַּר־צִ֥ן נֶ֛גְבָּה מִקְצֵ֖ה תֵימָֽן׃ 2 וַיְהִ֤י לָהֶם֙ גְּב֣וּל נֶ֔גֶב מִקְצֵ֖ה יָ֣ם הַמֶּ֑לַח כז̇
3 מִן־הַלָּשֹׁ֖ן הַפֹּנֶ֥ה נֶֽגְבָּה׃ 3 וְ֠יָצָא אֶל־מִנֶּ֜גֶב[a] לְמַעֲלֵ֤ה עַקְרַבִּים֙ וְעָ֣בַר ל̇ חס. כז̇[1]
צִ֔נָה וְעָלָ֥ה מִנֶּ֖גֶב לְקָדֵ֣שׁ בַּרְנֵ֑עַ וְעָבַ֤ר חֶצְרוֹן֙ וְעָלָ֣ה אַדָּ֔רָה וְנָסַ֖ב ב̇. ל̇
4 הַקַּרְקָֽעָה׃ 4 וְעָבַ֤ר עַצְמ֙וֹנָה֙ וְיָצָא֙ נַ֣חַל מִצְרַ֔יִם וְהָיָ֛ה[a] תֹּצְא֥וֹת הַגְּב֖וּל ל̇. ב̇. והיו̇ ק̇ חד מן ז̇ בליש כת̇ ה וקר̇ ו ה̇ מנה̇ בליש
5 יָ֑מָּה זֶה־יִהְיֶ֥ה לָכֶ֖ם[b] גְּב֥וּל נֶֽגֶב׃ 5 וּגְב֤וּל קֵ֙דְמָה֙ יָ֣ם הַמֶּ֔לַח עַד־קְצֵ֖ה
6 הַיַּרְדֵּ֑ן וּגְב֞וּל לִפְאַ֤ת צָפ֙וֹנָה֙ מִלְּשׁ֣וֹן הַיָּ֔ם מִקְצֵ֖ה הַיַּרְדֵּֽן׃ 6 וְעָלָ֣ה יד̇. ג̇[2]. גג̇
הַגְּב֗וּל בֵּ֚ית חָגְלָ֔ה וְעָבַ֕ר מִצְּפ֖וֹן לְבֵ֣ית הָעֲרָבָ֑ה וְעָלָ֣ה הַגְּב֔וּל אֶ֥בֶן בֹּ֖הַן ל̇

[7] Mm 1323. [8] Mm 1238 א. [9] Mm 1324. [10] Mm 943. [11] Mp sub loco. [12] Mm 1224. [13] Mm 33. [14] Mm 880.
Cp 15 [1] Mp sub loco. [2] Mm 2988.

7 [a] pc Mss 𝔖𝔗𝔄 + הָיָה ‖ [b] Ms* 𝔊 לבבו ‖ **8** [a] aram (Ms —יְ) pro הֵמַסּוּ cf Dt 1,28 ‖ **11** [a] Ms בְּכֹחִי ‖ [b] Ms וּבְכֹחִי ‖ **12** [a] ℭ mlt Mss אתי (Vrs leg אִתִּי) ‖ **13** [a] pc Mss 𝔊 + הקנזי ut 6.14 ‖ **Cp 15,3** [a] 𝔊 ἀπέναντι = מנגד ‖ **4** [a] K הָ—, nonn Mss ut Q ‖ [b] 𝔊 αὐτῶν = לָהֶם.

7 בֶּן־רְאוּבֵן׃ 7 וְעָלָה הַגְּבוּל ׀ [a]דְּבִרָה מֵעֵמֶק[a] עָכוֹר [b]וְצָפוֹנָה פֹּנֶה[b] אֶל־ ב וחס . נג ה̇[3] מנה בליש . ג וחס[4]
הַגִּלְגָּל[c] אֲשֶׁר־נֹכַח לְמַעֲלֵה אֲדֻמִּים אֲשֶׁר מִנֶּגֶב לַנָּחַל וְעָבַר הַגְּבוּל ל[5]
8 אֶל־[d]מֵי־עֵין[d] שֶׁמֶשׁ וְהָיוּ תֹצְאֹתָיו אֶל־עֵין רֹגֵל׃ 8 וְעָלָה הַגְּבוּל גֵּי [a]בֶן־ ג[6] . ב[7] . ט כת י וכל יהושע דכות[8]
9 הִנֹּם אֶל־כֶּתֶף הַיְבוּסִי מִנֶּגֶב [b]הִיא יְרוּשָׁלִָם[b] וְעָלָה הַגְּבוּל אֶל־רֹאשׁ
הָהָר אֲשֶׁר עַל־פְּנֵי גֵי־[c]הִנֹּם יָמָּה אֲשֶׁר בִּקְצֵה עֵמֶק־רְפָאִים צָפֹנָה׃ ג . נג
9 וְתָאַר הַגְּבוּל מֵרֹאשׁ הָהָר אֶל־מַעְיַן [a]מֵי נֶפְתּוֹחַ[a] וְיָצָא אֶל־עָרֵי[b] יד . ד . ב
10 הַר־עֶפְרוֹן וְתָאַר הַגְּבוּל בַּעֲלָה הִיא קִרְיַת יְעָרִים׃ 10 וְנָסַב הַגְּבוּל
מִבַּעֲלָה יָמָּה אֶל־הַר שֵׂעִיר וְעָבַר אֶל־כֶּתֶף הַר־יְעָרִים מִצָּפוֹנָה ל . יו וכל אל הר הכרמל דכות[9] . נג
11 הִיא כְסָלוֹן וְיָרַד בֵּית־שֶׁמֶשׁ וְעָבַר תִּמְנָה[a]׃ 11 וְיָצָא הַגְּבוּל אֶל־כֶּתֶף ג
עֶקְרוֹן צָפוֹנָה וְתָאַר הַגְּבוּל שִׁכְּרוֹנָה וְעָבַר הַר־הַבַּעֲלָה וְיָצָא יַבְנְאֵל נג . ל . ל . ל
12 וְהָיוּ תֹּצְאוֹת הַגְּבוּל יָמָּה׃ 12 וּגְבוּל [a]יָם הַיָּמָּה[a] הַגָּדוֹל וּגְבוּל זֶה גְּבוּל ל
13 בְּנֵי־יְהוּדָה סָבִיב לְמִשְׁפְּחֹתָם׃ 13 וּלְכָלֵב בֶּן־יְפֻנֶּה נָתַן חֵלֶק בְּתוֹךְ ל
בְּנֵי־יְהוּדָה אֶל־פִּי יְהוָה לִיהוֹשֻׁעַ אֶת־קִרְיַת אַרְבַּע אֲבִי[a] הָעֲנָק ה[10]
14 הִיא חֶבְרוֹן׃ 14 וַיֹּרֶשׁ מִשָּׁם כָּלֵב אֶת־שְׁלוֹשָׁה בְּנֵי הָעֲנָק אֶת־שֵׁשַׁי ב חס . יח פסוק את את ואת ואת . יו מל וכל מגלה דכות[11]
15 וְאֶת־אֲחִימַן וְאֶת־תַּלְמַי [a]יְלִידֵי הָעֲנָק[a]׃ 15 וַיַּעַל מִשָּׁם אֶל־יֹשְׁבֵי דְּבִר כל סיפ חס ב מ א[12]
16 וְשֵׁם־דְּבִר לְפָנִים [a]קִרְיַת־סֵפֶר[a]׃ 16 וַיֹּאמֶר כָּלֵב אֲשֶׁר־יַכֶּה אֶת־ כל סיפ חס ב מ א[12]
17 קִרְיַת־סֵפֶר וּלְכָדָהּ וְנָתַתִּי לוֹ אֶת־עַכְסָה בִתִּי לְאִשָּׁה׃ 17 וַיִּלְכְּדָהּ
18 עָתְנִיאֵל בֶּן־קְנַז אֲחִי כָלֵב[a] וַיִּתֶּן־לוֹ אֶת־עַכְסָה בִתּוֹ לְאִשָּׁה׃ 18 וַיְהִי
בְּבוֹאָהּ וַתְּסִיתֵהוּ[a] לִשְׁאוֹל מֵאֵת־אָבִיהָ שָׂדֶה וַתִּצְנַח מֵעַל הַחֲמוֹר ב מל . ב . ג ול בסיפ
19 וַיֹּאמֶר־לָהּ כָּלֵב מַה־לָּךְ׃ 19 וַתֹּאמֶר תְּנָה[a]־לִּי בְרָכָה כִּי אֶרֶץ הַנֶּגֶב
נְתַתָּנִי וְנָתַתָּה לִי גֻּלֹּת[b] מָיִם וַיִּתֶּן־לָהּ[c] אֵת [d]גֻּלֹּת עִלִּיּוֹת וְאֵת גֻּלֹּת ב . ז חס . ז חס . ז חס
20 תַּחְתִּיּוֹת[d]׃ פ 20 זֹאת נַחֲלַת מַטֵּה בְנֵי־יְהוּדָה לְמִשְׁפְּחֹתָם׃ ז ומל[13]
21 וַיִּהְיוּ הֶעָרִים מִקְצֵה לְמַטֵּה בְנֵי־יְהוּדָה אֶל־גְּבוּל אֱדוֹם בַּנֶּגְבָּה ל . כז ול בליש

[3] Mm 1325. [4] Mm 1326. [5] Mm 959. [6] Mm 869. [7] Gn 14,7. [8] Mm 3989. [9] Mm 385. [10] Mm 1334. [11] Mm 2959. [12] Jos 10,3. [13] Mm 1327.

7 [a–a] inc; 𝔊 *ἐπὶ τὸ τέταρτον τῆς φάραγγος* ‖ [b–b] 𝔊* *καὶ καταβαίνει* = וּפָנָה ‖ [c] 18,7 prb recte גְּלִילוֹת cf 𝔖 ‖ [d–d] 𝔗 pc Mss מעין cf 𝔖 et 18,17 ‖ 8 [a] > 𝔊* ‖ [b–b] prb gl cf 18,16 ‖ [c] nonn Mss 𝔖 + בֶּן־ ‖ 9 [a–a] prp מינפתח = Merenptach (rex aeg) ‖ [b] > 𝔊*; 𝔖 *qrn'* קֶרֶן ‖ 10 [a] pc Mss תֵּימָנָה ‖ 12 [a–a] 𝔗 *m'rb' jm'*, l frt יָמָּה הַיָּם ‖ 13 [a] 𝔊* *μητρόπολιν* cf 14,15 ‖ 14 [a–a] > 𝔊* ‖ 15 [a–a] 𝔊 *Πόλις γραμμάτων*, sim 16[a–a]; Jdc 1,11 $𝔊^{B}$ *Καριασσωφαρ* ק׳ סֵפֶר ‖ 16 [a–a] cf 15[a–a] ‖ 17 [a] $𝔊^{-B\,120.129}$ + *ὁ νεώτερος* = הַקָּטֹן מִמֶּנּוּ ut Jdc 1,13 ‖ 18 [a] $𝔊^{L}$ suff f (it Jdc 1,14 𝔊𝔙) = וַיְסִתֶהָ ‖ 19 [a] Jdc 1,15 הָבָה ‖ [b] 𝔊𝔖𝔗 sg ‖ [c] 𝔗 mlt Mss $𝔊^{AOLC}𝔖𝔗^{f\,Ms}𝔙$ + כָּלֵב ut Jdc 1,13 ‖ [d–d] Vrs semper sg cf Jdc 1,15 𝔊.

22 23 קַבְצְאֵל[a] וְעֵדֶר וְיָגוּר׃ 22 וְקִינָה וְדִימוֹנָה[a] וְעַדְעָדָה[b]׃ 23 וְקֶדֶשׁ וְחָצוֹר
24 25 וְיִתְנָן׃ 24 זִיף וָטֶלֶם[a] וּבְעָלוֹת׃ 25 וְחָצוֹר ׀ חֲדַתָּה וּקְרִיּוֹת[a] חֶצְרוֹן
26 27 הִיא חָצוֹר[b]׃ 26 אֲמָם וּשְׁמַע וּמוֹלָדָה׃ 27 וַחֲצַר גַּדָּה וְחֶשְׁמוֹן וּבֵית
28 29 פָּלֶט׃ 28 וַחֲצַר שׁוּעָל וּבְאֵר שֶׁבַע וּבִזְיוֹתְיָה[a]׃ 29 בַּעֲלָה[a] וְעִיִּים[b] וָעָצֶם׃
30 וְאֶלְתּוֹלַד[a] וּכְסִיל[b] וְחָרְמָה׃ 31 וְצִקְלַג[a] וּמַדְמַנָּה וְסַנְסַנָּה[a]׃ 32 וּלְבָאוֹת[a]
וְשִׁלְחִים[b] [c]וְעַיִן וְרִמּוֹן[c] כָּל־[d]עָרִים עֶשְׂרִים וָתֵשַׁע וְחַצְרֵיהֶן׃ ס
33 בַּשְּׁפֵלָה אֶשְׁתָּאוֹל וְצָרְעָה וְאַשְׁנָה׃ 34 וְזָנוֹחַ וְעֵין גַּנִּים תַּפּוּחַ
35 36 וְהָעֵינָם׃ 35 יַרְמוּת וַעֲדֻלָּם שׂוֹכֹה וַעֲזֵקָה׃ 36 וְשַׁעֲרַיִם וַעֲדִיתַיִם
37 וְהַגְּדֵרָה וּגְדֵרֹתָיִם[a] עָרִים אַרְבַּע־עֶשְׂרֵה וְחַצְרֵיהֶן׃ 37 צְנָן וַחֲדָשָׁה
38 39 וּמִגְדַּל־גָּד׃ 38 וְדִלְעָן וְהַמִּצְפֶּה[a] וְיָקְתְאֵל׃ 39 לָכִישׁ וּבָצְקַת וְעֶגְלוֹן׃
40 וְכַבּוֹן וְלַחְמָס[a] וְכִתְלִישׁ׃ 41 וּגְדֵרוֹת בֵּית־[a]דָּגוֹן וְנַעֲמָה וּמַקֵּדָה
42 43 עָרִים שֵׁשׁ־עֶשְׂרֵה וְחַצְרֵיהֶן׃ ס 42 לִבְנָה וָעֶתֶר[a] וְעָשָׁן׃ 43 וְיִפְתָּח
44 וְאַשְׁנָה וּנְצִיב׃ 44 וּקְעִילָה וְאַכְזִיב וּמָרֵאשָׁה[a] עָרִים תֵּשַׁע וְחַצְרֵיהֶן׃
45 עֶקְרוֹן וּבְנֹתֶיהָ וַחֲצֵרֶיהָ׃ 46 מֵעֶקְרוֹן וָיָמָּה כֹּל[a] אֲשֶׁר־עַל־יַד
47 אַשְׁדּוֹד[b] וְחַצְרֵיהֶן׃ 47 אַשְׁדּוֹד בְּנוֹתֶיהָ וַחֲצֵרֶיהָ עַזָּה בְּנוֹתֶיהָ וַחֲצֵרֶיהָ
48 עַד־נַחַל מִצְרָיִם וְהַיָּם הַגָּבוֹל[a] וּגְבוּל׃ ס 48 וּבָהָר שָׁמִיר וְיַתִּיר
49 50 וְשׂוֹכֹה׃ 49 וְדַנָּה וְקִרְיַת־סַנָּה[a] [b]הִיא דְבִר[b]׃ 50 וַעֲנָב וְאֶשְׁתְּמֹה[a] וְעָנִים׃
51 וְגֹשֶׁן וְחֹלֹן וְגִלֹה עָרִים אַחַת־עֶשְׂרֵה וְחַצְרֵיהֶן׃ 52 אֲרַב וְרוּמָה[a]

ל . ל . ל . ל . ל
ל . ב חד שם קריה וחד שם ברנש[14] . ב[15] . יו ר״פ וס״פ חד
ל . ל . ל . ל
ד[16] . ל . ב
ב . ל . ל וחד מן ד[17] פסוק מן ד מילין נסבין ו ר״פ
ל . ד[18] . ל . ג[19]
ג וחד מן ב מל בליש ובסיפ . ה[20]
ל . ב כת כן[21] . ל . ל וחד מן ד[17] פסוק מן ד מילין נסבין ו ר״פ . ל
ל . ל
ז[22] . ל . ב . ל . ל
ל . ל . ל . ב[23]
ב . ה שם קריה[24] . ג ב קמ וחד פת[25]
ל
ה חס בנביא ב מנה בסיפ . ג[26]
ז . הגדול ק . ב חד ר״פ וחד ס״פ . ב מל
ל וכת כן[21] . כל סיפ חס במ א[27] . ל כת ה[21]
ב חס . ל כת ה[21] . ל . ל

[14] Mm 1328. [15] Mm 1329. [16] Mm 3062. [17] Mm 4162. [18] Mm 3629. [19] Mm 1361. [20] Mm 3900. [21] Mp sub loco. [22] Mm 1330. [23] Nu 32,24. [24] Mm 1346. [25] Mm 1331. [26] Mm 89. [27] Jos 10,3.

21 [a] Neh 11,25 יְקַ׳ || **22** [a] Neh 11,25 דִּיבֹן || [b] l prb וערערה; 𝔊* *Αρουηλ* (𝔊[120] *-ηρ*) = וַעֲרֹעֵר cf 1 S 30,28 || **24** [a] l וְטֶלֶם? 1 S 15,4 טְלָאִים = טְלָאם || **25** [a] cj c nom sq cf 𝔊𝔖 || [b–b] > 𝔖, add || **28** [a] l וּבְנוֹתֶיהָ cf 𝔊 et Neh 11,27 || **29** [a] 19,3 בָּלָה, 1 Ch 4,29 בִּלְהָה || [b] > 19,3 et 1 Ch 4,29 || **30** [a] Ms דָ־, pc Mss ואל ת׳, 1 Ch 4,29 תּוֹלָד || [b] 𝔊[B 120.129] *Βαιθηλ* cf 1 S 30,27; 19,4 בְּתוּל, 1 Ch 4,30 בְּתוּאֵל || **31** [a–a] 19,5 וּבֵית־הַמַּרְכָּבוֹת וַחֲצַר סוּסָה (𝔊 leg סוּסִים ... ut 1 Ch 4,31), Neh 11,28 מְכֹנָה וּבְנֹתֶיהָ || **32** [a] 19,6 בֵּית לְ׳, 1 Ch 4,31 בֵּית בִּרְאִי || [b] 19,6 frt rectius שָׁרוּחֶן (aeg *š'rahuna*, prp שָׁרְחֹן, שַׁרְחֹן); 1 Ch 4,31 crrp שַׁעֲרַיִם || [c–c] l c Neh 11,29 וְעֵין ר׳ cf 𝔊[B min] et Jos 19,7 1 Ch 4,32 || [d] > 𝔊* || **36** [a] 𝔊 *καὶ αἱ ἐπαύλεις αὐτῆς* = וְגִדְרֹתֶיהָ || **38** [a] 𝔊 *καὶ Μασφα* || **40** [a] mlt Mss 𝔗(𝔙) ולחמם (false) || **41** [a] 𝔊𝔖𝔙 pr cop || **42** [a] 𝔊[B 129] *καὶ Ιθακ* (𝔊[120] *Ιαθακ* 𝔊[L] *Αθακ*), l frt וַעֲתָךְ ut 1 S 30,30; cf 19,7[b] et 1 Ch 4,32 (וְתֹכֶן) || **44** [a] ℭ pc Mss ומרשה || **46** [a] 𝔊𝔖 pr cop || [b] 𝔊[B min] *Ασηδωθ* (ex 10,40) || **47** [a] mlt Mss Edd Vrs ut Q || **49** [a] 𝔊(𝔖) *γραμμάτων* = סֵפֶר, frt false ex abbreviatione ס׳ cf 15 || [b–b] frt orig add ad ק׳ סֵפֶר (cf [a]) || **50** [a] l מַעֲ־ ut 21,14 1 S 30,28 1 Ch 4,17.19 || **52** [a] sic L mlt Mss Edd 𝔊[Mss]𝔖𝔙 (false), mlt Mss Edd 𝔊[Mss]𝔗 ודומה.

53 54 וְאֶשְׁעָן׃ 53 וְיָנִים[a] וּבֵית־תַּפּוּחַ וַאֲפֵקָה׃ 54 וְחֻמְטָה וְקִרְיַת[a] אַרְבַּע — וינום[28] ק . ל[29]
55 הִיא[a] חֶבְרוֹן וְצִיעֹר עָרִים תֵּשַׁע וְחַצְרֵיהֶן׃ ס 55 מָעוֹן ׀ כַּרְמֶל — ל . ד פסוק דאית בהון ד מילין ר״פ ב קדמ לא נסבין ו וב בתר נסבין ו[30]
56 57 וָזִיף וְיוּטָּה׃ 56 וְיִזְרְעֶאל וְיָקְדְעָם וְזָנוֹחַ׃ 57 הַקַּיִן[a] גִּבְעָה וְתִמְנָה — ל . ל . ל . ג
58 59 עָרִים עֶשֶׂר[b] וְחַצְרֵיהֶן׃ 58 חַלְחוּל בֵּית־צוּר וּגְדוֹר׃ 59 וּמַעֲרָת — ל . ל
60 וּבֵית־עֲנוֹת וְאֶלְתְּקֹן עָרִים שֵׁשׁ וְחַצְרֵיהֶן׃[a] 60 [a]קִרְיַת־בַּעַל הִיא[a] — ל . ל
61 קִרְיַת יְעָרִים וְהָרַבָּה עָרִים שְׁתַּיִם וְחַצְרֵיהֶן׃ ס 61 בַּמִּדְבָּר בֵּית — ל
62 הָעֲרָבָה מִדִּין וּסְכָכָה׃ 62 וְהַנִּבְשָׁן [a]וְעִיר־הַמֶּלַח[a] וְעֵין גֶּדִי עָרִים שֵׁשׁ — ח[32] . ל . ל . ל . ל . ג[31]
63 וְחַצְרֵיהֶן׃ 63 וְאֶת־הַיְבוּסִי יוֹשְׁבֵי יְרוּשָׁלַםִ לֹא־יָכְלוּ[a] בְנֵי־יְהוּדָה — יכלו ק . לד מל[30]
לְהוֹרִישָׁם וַיֵּשֶׁב הַיְבוּסִי [b]אֶת־בְּנֵי יְהוּדָה[b] בִּירוּשָׁלַםִ עַד הַיּוֹם הַזֶּה׃
פ 16 1 [a]וַיֵּצֵא הַגּוֹרָל[a] לִבְנֵי יוֹסֵף מִיַּרְדֵּן יְרִיחוֹ לְמֵי יְרִיחוֹ מִזְרָחָה 16
2 הַמִּדְבָּר עֹלֶה[b] מִירִיחוֹ בָּהָר בֵּית־אֵל׃ 2 וְיָצָא מִבֵּית־אֵל לוּזָה וְעָבַר — ד[1]
3 אֶל־גְּבוּל הָאַרְכִּי עֲטָרוֹת׃ 3 וְיָרַד־יָמָּה אֶל־גְּבוּל הַיַּפְלֵטִי עַד גְּבוּל — ל . יז פסוק עד ועד[2] . יב
4 בֵּית־חוֹרֹן תַּחְתּוֹן וְעַד־גָּזֶר וְהָיוּ תֹצְאֹתָו[a] יָמָּה[b]׃ 4 וַיִּנְחֲלוּ בְנֵי־ — תצאתיו ק
5 יוֹסֵף מְנַשֶּׁה וְאֶפְרָיִם׃ 5 [a]וַיְהִי גְּבוּל בְּנֵי־אֶפְרַיִם לְמִשְׁפְּחֹתָם וַיְהִי — כ בטע ר״פ[3] . ד בטע בסיפ
6 גְּבוּל נַחֲלָתָם מִזְרָחָה[b] עַטְרוֹת אַדָּר עַד־בֵּית חוֹרֹן עֶלְיוֹן[c]׃ 6 וְיָצָא
הַגְּבוּל הַיָּמָּה הַמִּכְמְתָת מִצָּפוֹן[a] וְנָסַב הַגְּבוּל מִזְרָחָה תַּאֲנַת שִׁלֹה — ב[4] . ל
7 וְעָבַר אוֹתוֹ[b] מִמִּזְרַח יָנוֹחָה׃ 7 וְיָרַד מִיָּנוֹחָה עֲטָרוֹת וְנַעֲרָתָה[a] וּפָגַע — כד[5] מל ד מנה בסיפ . ל
8 בִּירִיחוֹ וְיָצָא הַיַּרְדֵּן׃ 8 מִתַּפּוּחַ יֵלֵךְ הַגְּבוּל יָמָּה נַחַל קָנָה וְהָיוּ — ל
9 תֹצְאֹתָיו הַיָּמָּה[a] זֹאת נַחֲלַת מַטֵּה בְנֵי־אֶפְרַיִם לְמִשְׁפְּחֹתָם׃ 9 וְהֶעָרִים
הַמִּבְדָּלוֹת[a] לִבְנֵי אֶפְרַיִם בְּתוֹךְ נַחֲלַת בְּנֵי־מְנַשֶּׁה כָּל־הֶעָרִים — ל
10 וְחַצְרֵיהֶן׃ 10 וְלֹא הוֹרִישׁוּ אֶת־הַכְּנַעֲנִי הַיּוֹשֵׁב בְּגָזֶר וַיֵּשֶׁב — ה בסיפ ד מל וחד חס
הַכְּנַעֲנִי בְּקֶרֶב אֶפְרַיִם עַד־הַיּוֹם הַזֶּה[a] [b]וַיְהִי לְמַס־עֹבֵד[b]׃ פ — ג[6]

[28] Mm 832. [29] Mm 1316. [30] Mp sub loco. [31] Mm 1332. [32] Mm 3900. **Cp 16** [1] Mm 258. [2] Mm 912. [3] Mm 1017. [4] Mm 1333. [5] Mp sub loco. [6] Mm 1937 et cf Mp 2 Ch 8, 8.

53 [a] K ־ים cf 𝔊[BLmin], ℭ𝔅 mlt Mss 𝔊[Mss]𝔗 ut Q ‖ **54** [a–a] add cf 13 14,15 ‖ **57** [a] 𝔊 cj c 56 (*Ζανωακιμ* vel sim) ‖ [b] 𝔊* 9 ‖ **59** [a] 𝔊 + *Θεκω* (= תְּקוֹעַ) *καὶ Εφραθα* (= אֶפְרָתָה) *αὕτη ἐστὶν Βαιθλεεμ* (= בֵּית־לֶחֶם) *καὶ Φαγωρ* (פְּעוֹר) *καὶ Αιταν* (-*αμ*, = עֵיטָם) *καὶ Κουλον καὶ Ταταμ(ι) καὶ Σωρης* (𝔊[B] *Εωβης*) *καὶ Καρεμ καὶ Γαλλιμ* (𝔊[B] *Γαλεμ*) *καὶ Βαιθηρ* (cf *bittīr*; 𝔊[BO] *Θεθηρ*) *καὶ Μανοχω, πόλεις ἕνδεκα καὶ αἱ κῶμαι αὐτῶν*; 𝔐 homtel ‖ **60** [a–a] add cf 18, 14 ‖ **62** [a–a] prb = *ḫirbet qumrān* ‖ **63** [a] K 'יו, ℭ mlt Mss ut Q ‖ [b–b] > 𝔊* ‖ **Cp 16,1** [a–a] 𝔊 *καὶ ἐγένετο τὰ ὅρια* cf 5 ‖ [b] 𝔊 *καὶ ἀναβήσεται*, l וְעָלָה ‖ **3** [a] ℭ mlt Mss ut Q ‖ [b] ℭ nonn Mss הַיָּמָּה ‖ **5** [a] prb tr 5–10 post 17,13 ‖ [b] > 𝔖 ‖ [c] ℭ Ms 'הָע ‖ **6** [a] 𝔊[Bmin] + *Θερμα* ‖ [b] > 𝔊*𝔖𝔙 ‖ **7** [a] 1 Ch 7,28 נַעֲרָן ‖ **8** [a] pc Mss 𝔙 יַם־הַמֶּלַח (false) ‖ **9** [a] forma mixta, l vel 'הַנִּבְ vel 'הַמֻּבְ ‖ **10** [a] 𝔊 ins fere verbatim 1 R 9,16 (= 3 R 15,14b 𝔊) ‖ [b–b] > 𝔊*.

17 1 וַיְהִ֤י[a] הַגּוֹרָל֙[b] לְמַטֵּ֣ה מְנַשֶּׁ֔ה כִּי־ה֖וּא בְּכ֣וֹר יוֹסֵ֑ף לְמָכִ֨יר
בְּכ֤וֹר מְנַשֶּׁה֙ אֲבִ֣י הַגִּלְעָ֔ד כִּ֣י ה֤וּא הָיָה֙ אִ֣ישׁ מִלְחָמָ֔ה וַֽיְהִי־ל֖וֹ הַגִּלְעָ֥ד
2 וְהַבָּשָֽׁן׃ 2 וַיְהִ֡י לִבְנֵי֩ מְנַשֶּׁ֨ה הַנּֽוֹתָרִ֜ים לְמִשְׁפְּחֹתָ֗ם לִבְנֵ֣י אֲבִיעֶ֡זֶר
וְלִבְנֵי־חֵ֩לֶק֩ וְלִבְנֵ֨י אַשְׂרִיאֵ֜ל וְלִבְנֵי־שֶׁ֗כֶם וְלִבְנֵי־חֵ֙פֶר֙ וְלִבְנֵ֣י שְׁמִידָ֔ע
3 אֵ֠לֶּה בְּנֵ֨י מְנַשֶּׁ֧ה בֶּן[a]־יוֹסֵ֛ף הַזְּכָרִ֖ים לְמִשְׁפְּחֹתָֽם׃ 3 וְלִצְלָפְחָד֩ בֶּן־ ל
חֵ֨פֶר בֶּן־גִּלְעָ֜ד בֶּן־מָכִ֣יר בֶּן־מְנַשֶּׁ֗ה לֹא־הָ֥יוּ ל֛וֹ בָּנִ֖ים כִּ֣י אִם־בָּנ֑וֹת
ס[a] וְאֵ֙לֶּה֙ שְׁמ֣וֹת בְּנֹתָ֔יו מַחְלָ֣ה וְנֹעָ֔ה חָגְלָ֥ה מִלְכָּ֖ה[a] וְתִרְצָֽה׃ 4 וַתִּקְרַ֡בְנָה סימן מוחמו[1]
לִפְנֵי֩ אֶלְעָזָ֨ר הַכֹּהֵ֜ן וְלִפְנֵ֣י ׀ יְהוֹשֻׁ֣עַ בִּן־נ֗וּן וְלִפְנֵ֣י הַנְּשִׂיאִים֮ לֵאמֹר֒
יְהוָה֙[a] צִוָּ֣ה אֶת[b]־מֹשֶׁ֔ה לָֽתֶת־לָ֥נוּ נַחֲלָ֖ה בְּת֣וֹךְ אַחֵ֑ינוּ וַיִּתֵּ֨ן לָהֶ֜ם[c] אֶל־פִּ֤י ה[2]
5 יְהוָה֙ נַחֲלָ֔ה בְּת֖וֹךְ אֲחֵ֥י אֲבִיהֶֽן׃ 5 וַיִּפְּל֥וּ חַבְלֵֽי־מְנַשֶּׁ֖ה עֲשָׂרָ֑ה לְבַ֞ד ז[3]. ל וכל בחבלי דכות
6 מֵאֶ֤רֶץ הַגִּלְעָד֙ וְהַבָּשָׁ֔ן אֲשֶׁ֖ר מֵעֵ֥בֶר לַיַּרְדֵּֽן׃ 6 כִּ֚י בְּנ֣וֹת מְנַשֶּׁ֔ה נָחֲל֥וּ ד[4]
נַחֲלָ֖ה בְּת֣וֹךְ בָּנָ֑יו וְאֶ֙רֶץ֙ הַגִּלְעָ֔ד הָיְתָ֥ה לִבְנֵֽי־מְנַשֶּׁ֖ה הַנּוֹתָרִֽים׃
7 וַיְהִ֤י גְבֽוּל־[a]מְנַשֶּׁה֙ מֵֽאָשֵׁ֔ר הַֽמִּכְמְתָ֔ת אֲשֶׁ֖ר עַל־פְּנֵ֣י שְׁכֶ֑ם וְהָלַ֤ךְ ב[5]. יד פסוק על אל אל[6]. ל
8 הַגְּבוּל֙ אֶל־הַיָּמִ֔ין אֶל־יֹשְׁבֵ֖י[b] עֵ֥ין תַּפּֽוּחַ׃ 8 לִמְנַשֶּׁ֕ה הָיְתָ֖ה אֶ֣רֶץ תַּפּ֑וּחַ ב
9 וְתַפּ֛וּחַ אֶל־גְּב֥וּל מְנַשֶּׁ֖ה לִבְנֵ֥י אֶפְרָֽיִם׃ 9 וְיָרַ֨ד הַגְּב֜וּל נַ֣חַל קָנָ֗ה נֶ֤גְבָּה ג ב מל וחד חס[7]. כז[8]
לַנַּ֙חַל֙ [a]עָרִ֣ים הָאֵ֔לֶּה[a] לְאֶפְרַ֕יִם בְּת֖וֹךְ עָרֵ֣י מְנַשֶּׁ֑ה וּגְב֤וּל מְנַשֶּׁה֙ מִצְּפ֣וֹן
10 לַנַּ֔חַל וַיְהִ֥י[b] תֹצְאֹתָ֖יו הַיָּֽמָּה[c]׃ 10 נֶ֣גְבָּה לְאֶפְרַ֗יִם וְצָפ֙וֹנָה֙ לִמְנַשֶּׁ֔ה ב[9]. כז[8]. נג ה[10] מנה בליש
11 וַיְהִ֥י[a] הַיָּ֖ם גְּבוּל֑וֹ[b] וּבְאָשֵׁר֙ יִפְגְּע֣וּן מִצָּפ֔וֹן וּבְיִשָּׂשכָ֖ר מִמִּזְרָֽח׃ 11 וַיְהִ֨י ל. ל
לִמְנַשֶּׁ֜ה בְּיִשָּׂשכָ֣ר וּבְאָשֵׁ֗ר בֵּית־שְׁאָ֣ן וּ֠בְנוֹתֶיהָ וְיִבְלְעָ֨ם וּבְנוֹתֶ֜יהָ וְֽאֶת[a]־ ט[11]
יֹשְׁבֵ֧י דֹ֣אר וּבְנוֹתֶ֗יהָ[a] [b][c]וְיֹשְׁבֵ֤י עֵין־[c]דֹּר֙ וּבְנֹתֶ֔יהָ[b] [c][d]וְיֹשְׁבֵ֤י תַעְנַךְ֙[c] וּבְנֹתֶ֔יהָ[d] יח פסוק דמיין[12]. ד כת א. ב חס מיחד. ס[13]. ה חס בנביא ב מנה בסיפ
12 וְיֹשְׁבֵ֥י מְגִדּ֖וֹ וּבְנוֹתֶ֑יהָ [e][f]שְׁלֹ֖שֶׁת הַנָּֽפֶת[e]׃ 12 וְלֹ֤א יָֽכְלוּ֙ בְּנֵ֣י מְנַשֶּׁ֔ה לְהוֹרִ֖ישׁ ל
13 אֶת־הֶעָרִ֣ים הָאֵ֑לֶּה וַיּ֙וֹאֶל֙ הַֽכְּנַעֲנִ֔י לָשֶׁ֖בֶת בָּאָ֥רֶץ הַזֹּֽאת׃ 13 וַֽיְהִ֗י כִּ֤י ז
חָֽזְקוּ֙ בְּנֵ֣י יִשְׂרָאֵ֔ל וַיִּתְּנ֥וּ אֶת־הַֽכְּנַעֲנִ֖י לָמַ֑ס וְהוֹרֵ֖שׁ לֹ֥א הֽוֹרִישֽׁוֹ׃[a] ס ג[14]. ב בסיפ

Cp 17 [1]Mm 983. [2]Mm 1334. [3]Mm 1043. [4]Mm 1321. [5]Mm 1333. [6]Mm 4093. [7]Mm 4013. [8]Mp sub loco. [9]Mm 1335. [10]Mm 1325. [11]Mm 1395. [12]Mm 3911. [13]Textus contra Mp ה חס בנביא ב מנה בסיפ, cf Jos 15,45; Jer 49,2 et Mp sub loco. [14]Mm 1336.

Cp 17,1 [a] Ms* 𝔙 ויצא (ex 16,1) ‖ [b] 𝔊 *τὰ ὅρια* = הַגְּבוּל cf 16,1[a–a] ‖ **2** [a] ℭ𝔙 בֶּן ‖ **3** [a] nonn Mss Edd 𝔊𝔖𝔙 ומ׳ ‖ **4** [a] 𝔊 *ὁ θεός* ‖ [b] mlt Mss Edd 𝔊𝔗[Ms]𝔙 בְּיַד ‖ [c] Ms Edd 𝔊𝔖 להן ‖ **7** [a] 𝔊(𝔖) + *υἱῶν* = בְּנֵי ‖ [b] 𝔊 *Ιασσιβ* cf arab *jāsūf* sam (ה)יסופ, l יָשׁוּב ‖ **9** [a–a] prb crrp; dl ׳הא? (vel l הֶעָ׳) ‖ [b] nonn Mss 𝔗 וְהָיוּ ‖ [c] ℭ ימה ‖ **10** [a] 𝔊(𝔗) *καὶ ἔσται* = וְהָיָה ‖ [b] 𝔊𝔖 suff pl ‖ **11** [a–a] > 𝔖, add ex Jdc 1,27 Q mlt Mss ‖ [b–b] > ℭ*𝔊*𝔗[f] ‖ [c–c] 𝔖 om ישבי ‖ [d–d] > 𝔊* ‖ [e–e] inc, frt gl ad דאר cf נָפַת דּאר 11,2 12,23 1R 4,11 ‖ [f] 𝔊(𝔙) *καὶ τὸ τρίτον* = וּשְׁלִשִׁית ‖ **13** [a] cf 16,5[a].

[14] וַיְדַבְּרוּ בְּנֵי יוֹסֵף אֶת־[a]יְהוֹשֻׁעַ לֵאמֹר מַדּוּעַ נָתַתָּה לִּי נַחֲלָה 14
גּוֹרָל אֶחָד וְחֶבֶל אֶחָד וַאֲנִי עַם־רָב עַד[b] אֲשֶׁר־[c]עַד־[d]כֹּה[c] בֵּרְכַנִי — בׄ[15] . לג קמׄ[16]
יְהוָה[e]׃ [15] וַיֹּאמֶר אֲלֵיהֶם יְהוֹשֻׁעַ אִם־עַם־רַב אַתָּה עֲלֵה לְךָ הַיַּעְרָה 15 — לׄ . לׄ
וּבֵרֵאתָ לְךָ שָׁם בְּאֶרֶץ הַפְּרִזִּי וְהָרְפָאִים כִּי־אָץ לְךָ הַר־אֶפְרָיִם׃ — לׄ . וׄ
[16] וַיֹּאמְרוּ בְּנֵי יוֹסֵף לֹא־יִמָּצֵא לָנוּ הָהָר וְרֶכֶב בַּרְזֶל בְּכָל־הַכְּנַעֲנִי 16
הַיֹּשֵׁב בְּאֶרֶץ־הָעֵמֶק [a]לַאֲשֶׁר[b] בְּבֵית־שְׁאָן וּבְנוֹתֶיהָ וְלַאֲשֶׁר בְּעֵמֶק — הׄ דׄ מל ול[17] חס בסיפ
יִזְרְעֶאל[a]׃ [17] וַיֹּאמֶר יְהוֹשֻׁעַ [a]אֶל־בֵּית[a] יוֹסֵף [b]לְאֶפְרַיִם וְלִמְנַשֶּׁה[b] 17 — יׄ . לׄ
לֵאמֹר עַם־רַב אַתָּה וְכֹחַ גָּדוֹל לָךְ לֹא־יִהְיֶה לְךָ גּוֹרָל אֶחָד׃ [18] כִּי 18 — לׄ . בׄ פסוק כי כי כי כי[18]
הַר יִהְיֶה־לָּךְ כִּי־יַעַר הוּא וּבֵרֵאתוֹ וְהָיָה[a] לְךָ תֹּצְאֹתָיו כִּי־[b]תוֹרִישׁ — לׄ . ל[19]
אֶת־הַכְּנַעֲנִי כִּי רֶכֶב בַּרְזֶל לוֹ [c]כִּי חָזָק הוּא׃ פ

18 [1] וַיִּקָּהֲלוּ כָּל־עֲדַת בְּנֵי־יִשְׂרָאֵל שִׁלֹה וַיַּשְׁכִּינוּ שָׁם אֶת־אֹהֶל **18** — לׄ
מוֹעֵד וְהָאָרֶץ נִכְבְּשָׁה לִפְנֵיהֶם׃ [2] וַיִּוָּתְרוּ בִּבְנֵי[a] יִשְׂרָאֵל אֲשֶׁר לֹא־ 2 — לׄ . לׄ
חָלְקוּ אֶת־[b]נַחֲלָתָם שִׁבְעָה שְׁבָטִים׃ [3] וַיֹּאמֶר יְהוֹשֻׁעַ אֶל־בְּנֵי יִשְׂרָאֵל 3 — בׄ . יׄ
עַד־אָנָה אַתֶּם מִתְרַפִּים לָבוֹא לָרֶשֶׁת אֶת־הָאָרֶץ אֲשֶׁר נָתַן לָכֶם — לׄ . בׄ בסיפ
יְהוָה אֱלֹהֵי אֲבוֹתֵיכֶם׃ [4] הָבוּ לָכֶם שְׁלֹשָׁה אֲנָשִׁים לַשָּׁבֶט וְאֶשְׁלָחֵם 4 — כל סיפ מל . לׄ . גׄ[1]
וְיָקֻמוּ וְיִתְהַלְּכוּ בָאָרֶץ וְיִכְתְּבוּ אוֹתָהּ לְפִי נַחֲלָתָם וְיָבֹאוּ[a] אֵלָי׃ — לׄ . זׄ רפ[2]
[5] וְהִתְחַלְּקוּ אֹתָהּ לְשִׁבְעָה חֲלָקִים יְהוּדָה יַעֲמֹד עַל־גְּבוּלוֹ מִנֶּגֶב 5 — גׄ[3] חס בׄ מנה בסיפ . בׄ[4] . דׄ[5] . הׄ חס
וּבֵית[a] יוֹסֵף יַעַמְדוּ עַל־גְּבוּלָם מִצָּפוֹן׃ [6] וְאַתֶּם תִּכְתְּבוּ אֶת־הָאָרֶץ 6 — בׄ[6] . בׄ[7] . דׄ בטעׄ[8]
שִׁבְעָה[a] חֲלָקִים וַהֲבֵאתֶם אֵלַי הֵנָּה וְיָרִיתִי לָכֶם גּוֹרָל פֹּה[b] לִפְנֵי יְהוָה — לׄ[9] . דׄ[5] . לׄ[10]
אֱלֹהֵינוּ׃ [7] כִּי אֵין־חֵלֶק לַלְוִיִּם בְּקִרְבְּכֶם כִּי־כְהֻנַּת יְהוָה נַחֲלָתוֹ[a] 7 — לׄ בסיפ
וְגָד וּרְאוּבֵן וַחֲצִי שֵׁבֶט הַמְנַשֶּׁה לָקְחוּ נַחֲלָתָם מֵעֵבֶר לַיַּרְדֵּן מִזְרָחָה — בׄ[11] . כל סיפ דכות בׄ מׄ גׄ[12]
אֲשֶׁר נָתַן לָהֶם מֹשֶׁה עֶבֶד יְהוָה׃ [8] וַיָּקֻמוּ הָאֲנָשִׁים וַיֵּלֵכוּ וַיְצַו 8 — יד בסיפ . בׄ[13]
יְהוֹשֻׁעַ אֶת־הַהֹלְכִים לִכְתֹּב אֶת־הָאָרֶץ לֵאמֹר לְכוּ וְהִתְהַלְּכוּ בָאָרֶץ

[15] Mi 2,10, cf Mp sub loco. [16] Mm 264. [17] Mm 2620. [18] Mm 1337. [19] Mm 1335. **Cp 18** [1] Mm 1049. [2] Mm 465. [3] Mm 1009. [4] Mm 1338. [5] Mm 2993. [6] Mm 3082. [7] Mm 3130. [8] Mm 1451. [9] Mm 1338. [10] וחד יריתי Gn 31,51. [11] Mm 1339. [12] Jos 13,29; 22,13 et 15. [13] Mm 1340.

14 [a] mlt Mss אל ‖ [b] > pc Mss cf 𝔊𝔙; prp עַל דְּבַר = ע׳ ד׳ vel על ‖ [c–c] > 𝔊𝔙 ‖ [d] > ℭ mlt Mss ‖ [e] 𝔊 *ὁ θεός* ‖ **16** [a–a] prb add ‖ [b] nonn Mss וְל׳ ‖ **17** [a–a] 𝔊 *τοῖς υἱοῖς* = אֶל־בְּנֵי cf 14.16 ‖ [b–b] > 𝔊*, frt add ‖ **18** [a] nonn Mss Q[Mss] 𝔖𝔗[f Mss] וְהָיוּ ‖ [b] prb ins לֹא ‖ [c–c] 𝔊 *σὺ γὰρ ὑπερισχύ(σ)εις αὐτοῦ (-τόν)* ‖ **Cp 18,2** [a] ℭ*𝔊 בני ‖ [b] > ℭ Ms ‖ **4** [a] 𝔙 *referantque* = וְיָבִאוּ cf 6 ‖ **5** [a] 𝔊 *καὶ οἱ υἱοί* cf 17,17[a–a] ‖ **6** [a] ℭ mlt Mss 𝔊[min]𝔖[MUW]𝔗 לְשִׁ׳ ‖ [b] > 𝔊*𝔖 ‖ **7** [a] 2 Mss 𝔊[Mss]𝔖𝔗 ־תָם.

וְכִתְב֣וּ אוֹתָהּ֮ וְשׁ֣וּבוּ אֵלַי֒ וֹפֹ֗ה אַשְׁלִ֨יךְ לָכֶ֥ם גּוֹרָ֛ל לִפְנֵ֥י יְהוָ֖ה בְּשִׁלֹֽה׃ ב חד כת ה וחד כת א[14]

9 וַיֵּלְכ֨וּ הָאֲנָשִׁ֜ים[a] וַיַּעַבְר֣וּ בָאָ֗רֶץ[b] וַיִּכְתְּב֤וּהָ לֶֽעָרִים֙ לְשִׁבְעָ֣ה חֲלָקִ֔ים ב[15]. ד[16]

10 עַל־סֵ֑פֶר וַיָּבֹ֧אוּ[c] אֶל־יְהוֹשֻׁ֛עַ אֶל־הַֽמַּחֲנֶ֖ה שִׁלֹֽה׃ 10 וַיַּשְׁלֵךְ֩ לָהֶ֨ם יד פסוק על אל אל[17]

יְהוֹשֻׁ֧עַ גּוֹרָ֛ל בְּשִׁלֹ֖ה לִפְנֵ֣י יְהוָ֑ה[a] וַיְחַלֶּק־שָׁ֨ם יְהוֹשֻׁ֧עַ אֶת־הָאָ֛רֶץ לִבְנֵ֥י ג. ל

11 יִשְׂרָאֵ֖ל כְּמַחְלְקֹתָֽם׃[ab] פ 11 וַיַּ֗עַל[a] גּוֹרַ֛ל מַטֵּ֥ה בְנֵֽי־בִנְיָמִ֖ן ג. ד[18] ב מנה בליש

12 לְמִשְׁפְּחֹתָ֑ם וַיֵּצֵא֙ גְּב֣וּל גּֽוֹרָלָ֔ם בֵּ֚ין בְּנֵ֣י יְהוּדָ֔ה וּבֵ֖ין בְּנֵ֥י יוֹסֵֽף׃ 12 וַיְהִ֨י

לָהֶ֧ם הַגְּב֛וּל לִפְאַ֥ת צָפ֖וֹנָה מִן־הַיַּרְדֵּ֑ן וְעָלָ֣ה הַגְּב֣וּל אֶל־כֶּ֣תֶף יְרִיח֣וֹ יד. ג[19]. נג[20]

13 מִצָּפ֗וֹן וְעָלָ֤ה בָהָר֙ יָ֔מָּה וְהָיָה֙[a] תֹּֽצְאֹתָ֔יו מִדְבַּ֖רָה בֵּ֥ית אָֽוֶן׃ 13 וְעָבַר֩ והיו ק חד מן ז בליש כת ה וקר ו ה מנה בליש. ה ג קמ וב[21] פת

מִשָּׁ֨ם הַגְּב֜וּל ל֗וּזָה אֶל־כֶּ֤תֶף[a] ל֙וּזָה֙ נֶ֔גְבָּה הִ֖יא בֵּֽית־אֵ֑ל וְיָרַ֤ד הַגְּבוּל֙ ד[22]. ד[22]. כז

14 עַטְר֣וֹת אַדָּ֔ר עַל־הָהָ֕ר אֲשֶׁ֥ר מִנֶּ֛גֶב לְבֵית־חֹר֖וֹן תַּחְתּֽוֹן׃ 14 וְתָאַ֣ר ד[23]. ג כת כן

הַגְּב֗וּל וְנָסַ֤ב לִפְאַת־יָם֙ נֶ֔גְבָּה מִן־הָהָר֙ אֲשֶׁ֨ר עַל־פְּנֵ֤י בֵית־חֹרוֹן֙ יד. כז. ז פסוק דמיין בטע. ג כת כן

נֶ֔גְבָּה וְהָיָ֣ה[a] תֹצְאֹתָ֗יו אֶל־קִרְיַת־בַּ֙עַל֙ הִ֚יא קִרְיַ֣ת יְעָרִ֔ים עִ֖יר בְּנֵ֣י כז. והיו ק חד מן ז בליש כת ה וקר ו ה מנה בליש

15 יְהוּדָ֑ה זֹ֖את פְּאַת־יָֽם׃ 15 וּפְאַת־נֶ֕גְבָּה מִקְצֵ֖ה[a] קִרְיַ֣ת יְעָרִ֑ים[a] וְיָצָ֤א ב. ה. כז

16 הַגְּבוּל֙ יָ֔מָּה וְיָצָ֕א[b] אֶל־מַעְיַ֖ן מֵ֥י[c] נֶפְתּֽוֹחַ׃ 16 וְיָרַ֨ד הַגְּב֜וּל אֶל־קְצֵ֣ה ד. ב[20]. ז פסוק אל על אל. ו

הָהָ֗ר אֲשֶׁר֙ עַל־פְּנֵ֔י גֵּ֣י בֶן־הִנֹּ֔ם אֲשֶׁ֛ר[a] בְּעֵ֥מֶק רְפָאִ֖ים[a] צָפ֑וֹנָה וְיָרַ֨ד גֵּ֤י[b] נג. ג

17 הִנֹּם֙ אֶל־כֶּ֣תֶף הַיְבוּסִ֔י נֶ֕גְבָּה וְיָרַ֖ד עֵ֥ין רֹגֵֽל׃ 17 וְתָאַ֣ר מִצָּפ֗וֹן וְיָצָא֙ כז[20]

עֵ֣ין שֶׁ֔מֶשׁ וְיָצָא֙ אֶל־גְּלִיל֔וֹת[a] אֲשֶׁר־נֹ֖כַח מַעֲלֵ֣ה[b] אֲדֻמִּ֑ים וְיָרַ֕ד אֶ֖בֶן ל[24]

18 בֹּ֥הַן בֶּן־רְאוּבֵֽן׃ 18 וְעָבַ֛ר אֶל־כֶּ֥תֶף מוּל־[a]הָעֲרָבָ֖ה[a] צָפ֑וֹנָה וְיָרַ֖ד נג

19 הָעֲרָבָֽתָה׃[b] 19 וְעָבַ֣ר[b] הַגְּבוּל֩ אֶל־כֶּ֨תֶף בֵּית־חָגְלָ֜ה צָפ֗וֹנָה וְהָיָ֣ה[c] | ל. נג ב מנה בפסוק. והיו ק חד מן ז בליש כת ה וקר ו ה מנה בליש

תֹּצְאוֹתָ֣יו[d] הַגְּב֗וּל אֶל־לְשׁוֹן֙ יָם־הַמֶּ֣לַח צָפ֔וֹנָה אֶל־קְצֵ֥ה הַיַּרְדֵּ֖ן תצאות ק. נג ב מנה בפסוק. ו

20 נֶ֑גְבָּה זֶ֖ה גְּב֥וּל נֶֽגֶב׃ 20 וְהַיַּרְדֵּ֥ן [a]יִגְבֹּל־אֹת֖וֹ[a] לִפְאַת־קֵ֑דְמָה זֹ֡את כז. ג[25]. יד[20]. ה חס מטה[26]

21 נַחֲלַ֞ת בְּנֵ֧י בִנְיָמִ֛ן לִגְבוּלֹתֶ֖יהָ סָבִ֥יב לְמִשְׁפְּחֹתָֽם׃ 21 וְהָי֣וּ[a] הֶעָרִ֗ים ד[27]

[14] Mm 3556. [15] Mm 1338. [16] Mm 2993. [17] Mm 4093. [18] Mm 3420. [19] Mm 2988. [20] Mp sub loco. [21] Mm 1341. [22] Mm 258. [23] Mm 1342. [24] Mm 959. [25] Mm 1064. [26] Mm 1350. [27] Mm 1031.

9 a > 𝔊* ‖ b 𝔊 + καὶ εἴδοσαν αὐτήν = וַיִּרְאוּהָ cf 2,1 ‖ c 𝔊 καὶ ἤνεγκαν = ־ב' cf 4a ‖ **10** a–a > 𝔊* ‖ b mlt Mss Edd 𝔖𝔗Ed בְּמ' cf 11,23a 12,7b ‖ **11** a 𝔊 καὶ ἐξῆλθεν = וַיֵּצֵא it 19,10a ‖ **12** a K ה־ָ, ℭ mlt Mss ut Q ‖ **13** a–a > 𝔊min𝔏𝔙 (homtel) ‖ **14** a cf 12a ‖ **15** a–a 𝔊 *Καριαθβααλ* = ק' בַּעַל cf 14 ‖ b–b 𝔊 *εἰς Γα(σ)ιν* ‖ c–c cf 15,9a–a ‖ **16** a–a 𝔊(𝔙) *ἐκ μέρους Εμεκραφαιν* = בִּקְצֵה ע' ר' ut 15,8 ‖ b 𝔖(𝔗f) + *dbr* = ־בֶּן ‖ **17** a 𝔗Mss *lglgl'* = הַגִּלְגָּל ut 15,7 ‖ b mlt Mss 𝔊 לְמ' ut 15,7 ‖ **18** a–a 𝔊 *Βαιθαραβα*, l prb בֵּית־ע' ‖ **18/19** b–b > 𝔊*, 𝔐 prb dttg (הערבה–הערבתה) ‖ c cf 12a ‖ d K ־ָיו, ℭ mlt Mss Edd 𝔊𝔖𝔗 ut Q cf 15,4 ‖ **20** a–a prp וגבל cf 13,23.27 15,47 (𝔊* om אתו) ‖ **21** a Vrs leg וַיִּהְיוּ.

ב חד מל וחד חס[28]   22 לְמַטֵּ֤ה בְנֵֽי־בִנְיָמִן֙ לְמִשְׁפְּחֹֽתֵיהֶ֔םᵇ יְרִיח֥וֹ וּבֵית־חָגְלָ֖ה וְעֵ֥מֶק קְצִֽיץ׃

לֹֽ[29]. ד . בחד לשון[30]. ל .   23 וּבֵ֧ית הָעֲרָבָ֛ה וּצְמָרַ֖יִם וּבֵֽית־אֵֽל׃ 23 וְהָעַוִּ֥ים וְהַפָּרָ֖ה וְעָפְרָֽה׃

העמנה חד מן וֹ[31] כֹּ י[ֹ]
ק ס״ת וקר ה   24 וּכְפַ֧ר הָֽעַמֹּנִ֛יᵃ וְהָֽעָפְנִ֖יᵇ וָגָ֑בַע עָרִ֥ים שְׁתֵּים־עֶשְׂרֵ֖ה וְחַצְרֵיהֶֽן׃

ב . ל וחס[32]   25 גִּבְע֥וֹן וְהָֽרָמָ֖ה וּבְאֵרֽוֹת׃ 26 וְהַמִּצְפֶּ֥הᵃ וְהַכְּפִירָ֖ה וְהַמֹּצָֽה׃ 27 וְרֶ֥קֶם

ג[33]   28 וְיִרְפְּאֵ֖ל וְתַרְאֲלָֽה׃ 28 וְצֵלַ֡ע הָאֶ֜לֶף וְהַיְבוּסִי֙ᵃ הִ֣יא יְרֽוּשָׁלִַ֔םᵇ ס

ב[34] . ה חס מטה[35]   גִּבְעַ֤ת קִרְיַת֙ᶜ עָרִ֔ים אַרְבַּֽע־עֶשְׂרֵ֖ה וְחַצְרֵיהֶ֑ן זֹ֛את נַחֲלַ֥ת בְּנֵֽי־בִנְיָמִ֖ן

לְמִשְׁפְּחֹתָֽם׃ פ

ח מל באור ובנביא[1]   **19** 1 וַיֵּצֵ֞א הַגּוֹרָ֤ל הַשֵּׁנִי֙ לְשִׁמְע֔וֹןᵃ לְמַטֵּ֥ה בְנֵֽי־שִׁמְע֖וֹן לְמִשְׁפְּחוֹתָ֑ם **19**

ל .   וַֽיְהִי֙ נַחֲלָתָ֔ם בְּת֖וֹךְ נַחֲלַ֥ת בְּנֵֽי־יְהוּדָֽה׃ 2 וַיְהִ֥י לָהֶ֖ם בְּנַֽחֲלָתָ֑ם בְּאֵֽר־

ל . ב . ב .   שֶׁ֥בַע וְשֶׁ֖בַעᵃ וּמוֹלָדָֽה׃ 3 וַחֲצַ֥ר שׁוּעָ֛ל וּבָלָ֖הᵃ וָעָֽצֶם׃ 4 וְאֶלְתּוֹלַ֥ד

ל . ל .   וּבְת֖וּלᵇ וְחָרְמָֽה׃ 5 וְצִֽקְלַ֥ג וּבֵית־הַמַּרְכָּב֖וֹת וַחֲצַ֥ר סוּסָֽהᵃ׃ 6 וּבֵ֥ית

ל . ל . ד פסוק דאית
בהון ד מילין ר״פ ב ל   לְבָא֖וֹתᵃ וְשָֽׁרוּחֶ֑ןᵇ עָרִ֥ים שְׁלֹשׁ־עֶשְׂרֵ֖ה וְחַצְרֵיהֶֽן׃ 7 עַ֥יִןᵃ רִמּ֥וֹן וָעֶ֖תֶרᵇ
קדם לא נסבין ו ו ב
בתר נסבין ר[2] . ב .   וְעָשָׁ֑ן עָרִ֥ים אַרְבַּ֖ע וְחַצְרֵיהֶֽן׃ 8 וְכָל־הַ֨חֲצֵרִ֜ים אֲשֶׁ֤ר סְבִיבוֹת֙ הֶֽעָרִ֣ים

ח שם קריה[3]   הָאֵ֔לֶּה עַד־בַּֽעֲלַ֥ת בְּאֵ֖ר רָ֣אמַת נֶ֑גֶב זֹ֚את נַחֲלַ֛ת מַטֵּ֥ה בְנֵֽי־שִׁמְע֖וֹן

ל כת כן   לְמִשְׁפְּחֹתָֽם׃ 9 מֵחֶ֨בֶל֙ בְּנֵ֣י יְהוּדָ֔ה נַחֲלַ֖ת בְּנֵ֣י שִׁמְע֑וֹן כִּֽי־הָיָ֞ה חֵ֤לֶק

ב[3]   בְּנֵֽי־יְהוּדָה֙ רַ֣ב מֵהֶ֔ם וַיִּנְחֲל֥וּ בְנֵֽי־שִׁמְע֖וֹן בְּת֥וֹךְ נַחֲלָתָֽם׃ פ

ל .   10 וַיַּ֨עַל֙ᵃ הַגּוֹרָ֣ל הַשְּׁלִישִׁ֔י לִבְנֵ֥יᵇ זְבוּלֻ֖ן לְמִשְׁפְּחֹתָ֑ם וַיְהִ֛י גְּב֥וּל נַחֲלָתָ֖ם

ה[5] . ל וחס . ל חס   עַד־שָׂרִֽיד׃ 11 וְעָלָ֨ה גְבוּלָ֧ם ׀ לַיָּ֛מָּהᵃ וּמַרְעֲלָ֖ה וּפָגַ֣ע בְּדַבָּ֑שֶׁת וּפָגַע֙

ל . ל . ל .   אֶל־הַנַּ֔חַל אֲשֶׁ֖ר עַל־פְּנֵ֥י יָקְנְעָֽם׃ 12 וְשָׁ֣ב מִשָּׂרִיד֩ᵃ קֵ֨דְמָה מִזְרַ֜ח

ח[5] . ל . ל .   הַשֶּׁ֗מֶשׁ עַל־גְּבוּל֙ כִּסְלֹ֣ת תָּבֹ֔ר וְיָצָ֥א אֶל־הַדָּֽבְרַ֖ת וְעָלָ֥ה יָפִֽיעַ׃

ל . ל . ל .   13 וּמִשָּׁ֤ם עָבַר֙ קֵ֣דְמָה מִזְרָ֔חָה גִּתָּ֥ה חֵ֖פֶר עִתָּ֣ה קָצִ֑ין וְיָצָ֛א רִמּ֥וֹן

ל . ל . ל .   הַמְּתֹאָ֖רᵃ הַנֵּעָֽה׃ 14 וְנָסַ֤ב אֹתוֹ֙ᵃ הַגְּב֔וּל מִצְּפ֖וֹן חַנָּתֹ֑ן וְהָיוּ֙ תֹּצְאֹתָ֔יו גֵּ֖י

[28] Mm 1343.   [29] צמרים 2 Ch 13,4.   [30] Mm 1347.   [31] Mm 1344.   [32] Mm 3558.   [33] Mm 646.   [34] Mm 1345.
[35] Mm 1350.   **Cp 19**   [1] Mm 859.   [2] Mp sub loco.   [3] Mm 1346.   [4] Mm 1354.   [5] Mm 1348.   [6] Mm 1349.

21 ᵇ 𝔖 pc Mss חתם— cf 28 ‖ **24** ᵃ K י־ cf 𝔊ᴮ, 𝔊ᴼ ut Q ‖ ᵇ > 𝔊*, frt dl (dttg) ‖ **26** ᵃ
𝔊ᴬᴸ καὶ Μασφα cf 15,38ᵃ ‖ **27** ᵃ 𝔖 ותרעלה ‖ **28** ᵃ 𝔊(𝔖𝔗𝔙) καὶ Ιεβους, frt l ויבוס
‖ ᵇ⁻ᵇ frt add cf Jdc 19,10 ‖ ᶜ l וְק cf 𝔊ᴬᴼᶜ𝔖 ‖ ᵈ 𝔊ᴬᶜ min καὶ πόλις Ιαριμ cf 𝔖, l וְק
יְעָרִים (hpgr) ‖ ᵉ⁻ᵉ 𝔊 13 ‖ **Cp 19,1** ᵃ > 𝔖𝔙, frt dl cf 24.40 13,15 15,1 18,11 ‖ **2** ᵃ >
1 Ch 4,28; 𝔊* καὶ Σαμαα cf 𝔏 (et Sama) et 1 Ch 𝔊 (καὶ Σαμα), l prb וּשְׁמַע ut 15,26 ‖
3 ᵃ cf 15,29ᵃ ‖ **4** ᵃ C pc Mss ואל־ת ‖ ᵇ cf 15,30ᵇ ‖ **5** ᵃ⁻ᵃ cf 15,31ᵃ⁻ᵃ ‖ **6** ᵃ⁻ᵃ cf 15,
32ᵃ ‖ ᵇ cf 15,32ᵇ ‖ **7** ᵃ l prb עֵין cf 𝔊ᴮ et 15,32ᶜ⁻ᶜ ‖ ᵇ frt l וְעֶתֶך cf 15,42ᵃ ‖ **10** ᵃ
cf 18,11ᵃ ‖ ᵇ l prb למטה בני ut 1 ‖ ᶜ prp שָׁדוּד cf 𝔊ᴸ𝔖𝔖 ‖ **11** ᵃ 𝔊ᴸ Λαχα(α) 𝔏
Lancha; frt crrp ‖ **12** ᵃ prp מִשָּׁדוּד cf 10ᶜ ‖ ᵇ 𝔖 Ms* אֶל ‖ **13** ᵃ⁻ᵃ prb crrp; prp
־נָה וְתָאַר cf 21,35ᵃ ‖ **14** ᵃ > 𝔊.

15 יִפְתַּח־אֵֽל׃ 15 וְקַטָּ֣ת[a] וְנַהֲלָ֗ל[b] וְשִׁמְר֛וֹן[c] וְיִדְאֲלָ֖ה[d] וּבֵ֣ית לָ֑חֶם עָרִ֥ים ל . ל . ל
16 שְׁתֵּים־עֶשְׂרֵ֖ה וְחַצְרֵיהֶֽן׃ 16 זֹ֛את נַחֲלַ֥ת[a] בְּנֵֽי־זְבוּלֻ֖ן לְמִשְׁפְּחוֹתָ֑ם ה חס מטה[7] ה מל באור ובנביא[8]
17 הֶעָרִ֣ים הָאֵ֔לֶּה[b] וְחַצְרֵיהֶֽן׃ פ 17 [a]לְיִשָּׂשכָ֔ר יָצָ֖א הַגּוֹרָ֣ל הָֽרְבִיעִ֑י ג .
18 [a]לִבְנֵ֥י יִשָּׂשכָ֖ר לְמִשְׁפְּחוֹתָֽם׃[a] 18 וַיְהִ֖י גְּבוּלָ֑ם יִזְרְעֶ֖אלָה[a] וְהַכְּסוּלֹ֥ת[b] ח מל באור ובנביא[8] . ז[9] . ל
19 20 וְשׁוּנֵֽם׃ 19 וַחֲפָרַ֥יִם וְשִׁיאֹ֖ן[a] וַאֲנָחֲרַֽת׃ 20 וְהָֽרַבִּ֥ית[a] וְקִשְׁי֖וֹן וָאָֽבֶץ׃ ל
21 וְרֶ֧מֶת[a] וְעֵין־גַּנִּ֛ים וְעֵ֥ין חַדָּ֖ה וּבֵ֥ית פַּצֵּֽץ׃ 22 וּפָגַ֨ע הַגְּב֜וּל בְּתָב֗וֹר ח[10] . ח[10] . ה[11] . ל
וְשַׁחֲצ֙וּמָה֙[a] וּבֵ֣ית שֶׁ֔מֶשׁ וְהָי֛וּ תֹּצְא֥וֹת גְּבוּלָ֖ם הַיַּרְדֵּ֑ן עָרִ֥ים שֵׁשׁ־עֶשְׂרֵ֖ה ושחצימה ק ל .
23 וְחַצְרֵיהֶֽן׃ 23 זֹ֗את נַחֲלַ֛ת מַטֵּ֥ה בְנֵֽי־יִשָּׂשכָ֖ר לְמִשְׁפְּחֹתָ֑ם הֶעָרִ֖ים
24 וְחַצְרֵיהֶֽן׃ פ 24 וַיֵּצֵא֙ הַגּוֹרָ֣ל הַחֲמִישִׁ֔י לְמַטֵּ֥ה בְנֵי־אָשֵׁ֖ר
25 26 לְמִשְׁפְּחוֹתָֽם׃ 25 וַיְהִ֖י גְּבוּלָ֑ם חֶלְקַ֥ת[a] וַחֲלִ֖י וָבֶ֥טֶן וְאַכְשָֽׁף׃ 26 וְאַלַמֶּ֥לֶךְ ח מל באור ובנביא[8] . ב בתרי לישנ[12] . ל . ל[13] . ל . י פסוק מן ד מילין נסבין ו ר״פ[14]
27 וְעַמְעָ֖ד וּמִשְׁאָ֑ל וּפָגַ֤ע בְּכַרְמֶל֙ הַיָּ֔מָּה וּבְשִׁיח֖וֹר לִבְנָֽת׃ 27 וְשָׁ֞ב מִזְרַ֣ח ל . ל . ל . ל . ב חד פת וחד קמ[15]
הַשֶּׁ֗מֶשׁ בֵּ֣ית דָּגֹ֔ן וּפָגַ֡ע בִּ֠זְבֻלוּן וּבְגֵ֨י[a] יִפְתַּח־אֵ֥ל צָפ֛וֹנָה[b] בֵּ֥ית הָעֵ֖מֶק ל חס . ט[16] כת כן וכל כתיב דכות ב מ א . נג
28 וּנְעִיאֵ֑ל וְיָצָ֛א אֶל־כָּב֖וּל מִשְּׂמֹֽאל׃[c] 28 וְעֶבְרֹ֥ן[a] וּרְחֹ֖ב וְחַמּ֣וֹן וְקָנָ֑ה עַ֖ד ד חס . ל וחד מן ה[14] פסוק מן ד מילין נסבין ו ר״פ . ל
29 צִיד֥וֹן רַבָּֽה׃ 29 וְשָׁ֤ב הַגְּבוּל֙ הָֽרָמָ֔ה וְעַד־עִ֖יר מִבְצַר־צֹ֑ר וְשָׁ֤ב הַגְּבוּל֙ ל[17] . ב[18]
30 חֹסָ֔ה וַיִּהְי֧וּ[a] תֹצְאֹתָ֛יו הַיָּ֖מָּה מֵחֶ֥בֶל[b] אַכְזִֽיבָה׃[c] 30 וְעֻמָ֥ה[a] וַאֲפֵ֖ק[b] וּרְחֹ֑ב והיו ק ב[19] . ל[17]
31 עָרִ֛ים עֶשְׂרִ֥ים וּשְׁתַּ֖יִם וְחַצְרֵיהֶֽן׃ 31 זֹ֗את נַחֲלַ֛ת מַטֵּ֥ה בְנֵֽי־אָשֵׁ֖ר
32 לְמִשְׁפְּחֹתָ֑ם הֶעָרִ֥ים הָאֵ֖לֶּה[a] וְחַצְרֵיהֶֽן׃ פ 32 [a]לִבְנֵ֣י נַפְתָּלִ֔י[a] יָצָ֖א ג
33 הַגּוֹרָ֣ל הַשִּׁשִּׁ֑י [b]לִבְנֵ֥י[c] נַפְתָּלִ֖י לְמִשְׁפְּחֹתָֽם׃[b] 33 וַיְהִ֣י גְבוּלָ֗ם מֵחֵ֨לֶף
מֵֽאֵל֤וֹן בְּצַֽעֲנַנִּים֙[a] וַאֲדָמִ֣י הַנֶּ֔קֶב וְיַבְנְאֵ֖ל עַד־לַקּ֑וּם וַיְהִ֥י תֹצְאֹתָ֖יו ה חס בליש בנביא[20] ב[21] . ל . ל . ל . ל . ב[22]
34 הַיַּרְדֵּֽן׃ 34 וְשָׁ֨ב הַגְּב֥וּל יָ֙מָּה֙ אַזְנ֣וֹת תָּב֔וֹר וְיָצָ֥א מִשָּׁ֖ם חוּקֹ֑קָה וּפָגַ֨ע ל

[7] Mm 1350. [8] Mm 859. [9] Mm 1351. [10] Mm 3900. [11] Mm 3295. [12] Mm 1352. [13] Mm 1307. [14] Mm 4162. [15] Mm 535. [16] Mm 218. [17] Mp sub loco. [18] Mm 1353. [19] Mm 1354. [20] Mm 1448. [21] Mm 1355. [22] Mm 1335.

15 [a] Jdc 1,30 קִטְרוֹן ‖ [b] 𝔊^Mss *Νααλωλ* cf Jdc 1,30 ‖ [c] 𝔊* *Συμοων* cf 11,1[b] ‖ [d] nonn Mss Edd 𝔖𝔙 ויראלה ‖ **16** [a] nonn Mss 𝔊𝔗^f Mss 𝔙 מַטֵּה ‖ [b] 𝔊*𝔙 cf 23,39 ‖ **17** [a–a] > 𝔊* ‖ **18** [a] 𝔊^Mss 𝔖𝔗^Mss 𝔙 om ה ‖ [b] ℭ ־סְלוֹת ‖ **19** [a] 𝔊^B*min *καὶ Ρεηρωθ*, 𝔊^Mss *καὶ Ρεναθ*, prb ins וּבְאֵרוֹת (cf 22b) ‖ **20** [a] 21,28 1Ch 6,57 דָּבְרַת ‖ **21** [a] 21,29 יַרְמוּת 1Ch 6,58 רָאמוֹת ‖ **22** [a] K ־צוֹ׳, nonn Mss 𝔖𝔗𝔙 ut Q ‖ **25** [a] prp מֵח׳ cf 𝔊^BC ‖ **27** [a] ℭ וגי ‖ [b] 𝔊 *καὶ εἰσελεύσεται ὅρια* = וְהָלַךְ הַגְּבוּל ‖ [c] prb l וּמִשְׁאָל cf 21,30 **28** [a] l prb c ℭ nonn Mss וְעַבְדּוֹן cf 21,30 1Ch 6,39 ‖ **29** [a] K וַיִּהְיוּ, mlt Mss ut Q ‖ [b] crrp; prp וּמַחֲלֵב cf 𝔊^B *(καὶ ἀπὸ Λεβ)* et ad Jdc 1,31 (akk *Maḫallība*) ‖ [c] 𝔊^O *καὶ Αχζειβ* cf Jdc 1,31, l prb וְאַכְזִיב ‖ **30** [a] sic L𝔅, C Mss ׳מ־; 𝔊^C *καὶ Ακκω* cf Jdc 1,31, prb l וְעַכֹּה ‖ [b] Jdc 1,31 אֲפִיק ‖ **31** [a] > 𝔊*𝔙 cf 16[b] ‖ **32** [a–a] 𝔊 *καὶ τῷ Νεφθαλι* וּלְנ׳; prb dl et postea l וַיֵּצֵא cf 𝔖 et 1 ‖ [b–b] > 𝔊* ‖ [c] cf 10[b] ‖ **33** [a] Jdc 4,11 K בְּצַעֲנִים.

בִּזְבֻלֻן֙ מִנֶּ֔גֶב וּבְאָשֵׁר֙ פָּגַ֣ע מִיָּ֔ם [a]וּבִֽיהוּדָ֔ה הַיַּרְדֵּ֖ן[a] מִזְרַ֥ח הַשָּֽׁמֶשׁ׃ ט[23] כת כן וכל כתיב דכות ב מ א . ה[24]
35 36 [35] [a]וְעָרֵ֖י מִבְצָ֑ר הַצִּדִּ֣ים צֵ֔ר[a] וְחַמַּ֥ת רַקַּ֖ת וְכִנָּֽרֶת׃ [36] וַאֲדָמָ֥ה וְהָרָמָ֖ה ל . ל . ל . ל . ל שם קריה . ז[25]
37 38 וְחָצֽוֹר׃ [37] וְקֶ֥דֶשׁ וְאֶדְרֶ֖עִי וְעֵ֥ין חָצֽוֹר׃ [38] וְיִרְאוֹן֙ וּמִגְדַּל־אֵ֔ל חֳרֵ֥ם[a] ח[26] . ל ומל . ז[27]
39 וּבֵית־עֲנָ֖ת וּבֵ֣ית שָׁ֑מֶשׁ עָרִ֛ים תְּשַֽׁע־עֶשְׂרֵ֖ה וְחַצְרֵיהֶֽן׃ [39] זֹ֗את נַחֲלַ֛ת
40 מַטֵּ֥ה בְנֵֽי־נַפְתָּלִ֖י לְמִשְׁפְּחֹתָ֑ם הֶעָרִ֖ים וְחַצְרֵיהֶֽן׃ פ [40] לְמַטֵּ֥ה
41 בְנֵי־דָ֖ן לְמִשְׁפְּחֹתָ֑ם יָצָ֖א הַגּוֹרָ֥ל הַשְּׁבִיעִֽי׃ [41] וַיְהִ֖י גְּב֣וּל נַחֲלָתָ֑ם
42 43 צָרְעָ֥ה וְאֶשְׁתָּא֖וֹל וְעִ֥יר[a] שָֽׁמֶשׁ׃ [42] וְשַֽׁעֲלַבִּ֥ין[a] וְאַיָּל֖וֹן וְיִתְלָֽה׃ [43] וְאֵיל֥וֹן ב מל בליש ובסיפ . ט[28] . ל
44 45 וְתִמְנָ֖תָה[a] וְעֶקְרֽוֹן׃ [44] וְאֶלְתְּקֵ֥ה[a] וְגִבְּת֖וֹן וּבַעֲלָֽת׃ [45] וִיהֻ֥ד וּבְנֵֽי־בְרַ֖ק ל . ל
46 47 וְגַת־רִמּֽוֹן׃ [46] וּמֵ֥י[a] הַיַּרְק֖וֹן וְהָֽרַקּ֑וֹן[b] עִֽם[c]־הַגְּב֖וּל מ֥וּל יָפֽוֹ׃[d] [47] [a]וַיֵּצֵ֥א
גְבוּל־בְּנֵי־דָ֖ן מֵהֶ֑ם[a] וַיַּעֲל֣וּ בְנֵי־דָ֡ן וַיִּלָּחֲמ֣וּ עִם־לֶ֩שֶׁם֩[b] וַיִּלְכְּד֨וּ אוֹתָ֤הּ ׀
וַיַּכּ֨וּ אוֹתָ֤הּ לְפִי־חֶ֙רֶב֙ וַיִּֽרְשׁ֣וּ אוֹתָ֔הּ וַיֵּ֣שְׁבוּ בָ֔הּ וַיִּקְרְא֤וּ לְלֶ֙שֶׁם֙[b] דָּ֔ן ד חס
48 כְּשֵׁ֖ם דָּ֥ן אֲבִיהֶֽם[c]׃ [48] זֹ֗את נַחֲלַ֛ת מַטֵּ֥ה בְנֵי־דָ֖ן לְמִשְׁפְּחֹתָ֑ם הֶעָרִ֥ים ד[29] . ל[30] . ג
49 הָאֵ֖לֶּה[a] וְחַצְרֵיהֶֽן׃ פ [49] וַיְכַלּ֥וּ לִנְחֹל־אֶת־הָאָ֖רֶץ לִגְבוּלֹתֶ֑יהָ ג[31] . ב[32] . ד[33]
50 וַיִּתְּנ֨וּ בְנֵֽי־יִשְׂרָאֵ֧ל נַחֲלָ֛ה לִיהוֹשֻׁ֥עַ בִּן־נ֖וּן בְּתוֹכָֽם׃ [50] עַל־פִּ֨י יְהוָ֜ה
נָ֣תְנוּ ל֗וֹ אֶת־הָעִיר֙ אֲשֶׁ֣ר שָׁאָ֔ל אֶת־[a]תִּמְנַת־סֶ֖רַח[a] בְּהַ֣ר אֶפְרָ֑יִם וַיִּבְנֶ֥ה ג קמ[34] . ג[35] . ל[36]
אֶת־הָעִ֖יר וַיֵּ֥שֶׁב בָּֽהּ׃

[51] אֵ֣לֶּה הַנְּחָלֹ֡ת אֲשֶׁר֩ נִחֲל֨וּ אֶלְעָזָ֣ר הַכֹּהֵ֣ן ׀ וִיהוֹשֻׁ֣עַ בִּן־נ֡וּן וְרָאשֵׁ֣י ס ג ז ר״פ בנביא[37] . ב . יו בטע[38] . ל . ב[39]
הָאָב֣וֹת לְמַטּ֣וֹת בְּנֵֽי־יִשְׂרָאֵ֣ל ׀ בְּגוֹרָ֣ל ׀ בְּשִׁלֹה֙ לִפְנֵ֣י יְהוָ֔ה פֶּ֖תַח אֹ֣הֶל ב . ד רפי וכל וידבר דכות
מוֹעֵ֑ד וַיְכַלּ֕וּ מֵחַלֵּ֖ק אֶת־הָאָֽרֶץ׃ פ ג[31]

20 [1] וַיְדַבֵּ֣ר יְהוָ֔ה אֶל־יְהוֹשֻׁ֖עַ לֵאמֹֽר׃ [2] דַּבֵּ֛ר אֶל־בְּנֵ֥י יִשְׂרָאֵ֖ל
לֵאמֹ֑ר תְּנ֤וּ לָכֶם֙ אֶת־עָרֵ֣י הַמִּקְלָ֔ט אֲשֶׁר־דִּבַּ֥רְתִּי אֲלֵיכֶ֖ם בְּיַד־מֹשֶֽׁה׃ ד[1]
3 [3] לָנ֥וּס שָׁ֙מָּה֙ רוֹצֵ֔חַ מַכֵּה־נֶ֥פֶשׁ בִּשְׁגָגָ֖ה [a]בִּבְלִי־דָ֑עַת[a] וְהָי֤וּ לָכֶם֙[b] י מילין ר״פ ובתר שמה[2] . ד מל

[23] Mm 218. [24] Mm 2147. [25] Mm 1705. [26] Mm 3900. [27] Mm 1330. [28] Mm 1356. [29] Mm 1357. [30] Mm 1263. [31] Mm 1359. [32] Mm 1358. [33] Mm 1031. [34] Mm 1445. [35] Mm 4227. [36] וחד ויבן העיר 1Ch 11,8. [37] Mm 3164. [38] Mm 3998. [39] Mm 4048. **Cp 20** [1] Mm 1034. [2] Mm 1123.

34 [a–a] prb crrp; 𝔊* *καὶ ὁ Ἰορδάνης* ‖ **35** [a–a] crrp ex 29aβ.28b ‖ **38** [a] K[Or] 𝔖 חָרוּם, al חוֹרֵם (𝔊[AO min] *Ωραμ*) et חָרֵם (𝔊[BC] *Αριμ* 𝔄 *ḥarīm*) ‖ **41** [a] pc Mss Edd וְעֵין, pc Mss 𝔗[f Mss] וּבֵית ‖ **42** [a] pc Mss Edd שַׁעַלְבִים ut Jdc 1,35 1 R 4,9 ‖ **43** [a] 𝔊[Mss](𝔖𝔙) *καὶ Θαμνα* –נָה ‖ **44** [a] 𝔊[Mss] *καὶ Ελθεκω* (akk *Altaqū*) ‖ **46** [a] 𝔊* *καὶ ἀπὸ θαλάσσης*, l prb וּמִיָּם ‖ [b] > 𝔊*, prb dl (dttg) ‖ [c] l frt c Ms 𝔖 עַד; > 𝔊 ‖ [d] 𝔊 huc tr 48 ‖ **47** [a–a] 𝔊* alit cf Jdc 1,34 ‖ [b] Jdc 18,7.27.29 לַיִשׁ; prp לֶשֶׁם ‖ [c] 𝔊 + plur vb cf Jdc 1,35 ‖ **48** [a] > 𝔊* 𝔙 cf 16[b] ‖ **50** [a–a] 𝔊[B*] *Θαμαρχαρης* 𝔏 *Chamahares* = ת׳ חֶרֶס ut Jdc 2,9 cf 24,30[a–a] ‖ **Cp 20,3** [a–a] > 𝔊*𝔙 ‖ [b] 𝔊 + *αἱ πόλεις* cf Nu 35,12.

4 לְמִקְלָ֑ט מִגֹּאֵ֖ל[c] הַדָּֽם׃ 4 וְנָ֞ס[a] אֶל־אַחַ֣ת׀ מֵהֶעָרִ֣ים[b] הָאֵ֗לֶּה וְעָמַד֙ — ג[3]
פֶּ֚תַח שַׁ֣עַר הָעִ֔יר וְדִבֶּ֛ר בְּאָזְנֵ֛י זִקְנֵ֥י הָֽעִיר־הַהִ֖יא אֶת־דְּבָרָ֑יו וְאָסְפ֨וּ — לז
5 אֹת֤וֹ הָעִ֙ירָה֙ אֲלֵיהֶ֔ם וְנָתְנוּ־ל֥וֹ מָק֖וֹם וְיָשַׁ֥ב עִמָּֽם׃ 5 וְכִ֨י יִרְדֹּ֜ף גֹּאֵ֤ל — ט[4]
הַדָּם֙ אַחֲרָ֔יו וְלֹֽא־יַסְגִּ֥רוּ אֶת־הָרֹצֵ֖חַ בְּיָד֑וֹ כִּ֤י בִבְלִי־דַ֙עַת֙ הִכָּ֣ה אֶת־ — ב חד חס וחד מל
6 רֵעֵ֔הוּ וְלֹֽא־שֹׂנֵ֥א ה֛וּא ל֖וֹ מִתְּמ֥וֹל שִׁלְשֽׁוֹם׃ 6 וְיָשַׁ֣ב׀ בָּעִ֣יר הַהִ֗יא[a] עַד־ — ד חס וכל אורית דכות[5]
עָמְד֞וֹ לִפְנֵ֤י הָֽעֵדָה֙ לַמִּשְׁפָּ֔ט[b] עַד־מוֹת֙ הַכֹּהֵ֣ן הַגָּד֔וֹל אֲשֶׁ֥ר יִהְיֶ֖ה בַּיָּמִ֣ים — ד . ה[6]
הָהֵ֑ם אָ֣ז׀ יָשׁ֣וּב הָרוֹצֵ֗חַ וּבָ֤א אֶל־עִירוֹ֙ וְאֶל־בֵּית֔וֹ[c] אֶל־הָעִ֖יר[c] אֲשֶׁר־ — ד מל . ג . ל[7]
7 נָ֥ס מִשָּֽׁם[b]׃ 7 וַיַּקְדִּ֜שׁוּ[a] אֶת־קֶ֤דֶשׁ בַּגָּלִיל֙ בְּהַ֣ר נַפְתָּלִ֔י וְאֶת־שְׁכֶ֖ם בְּהַ֣ר — ו חס בליש[7] . ב
8 אֶפְרָ֑יִם וְאֶת־קִרְיַ֥ת אַרְבַּ֛ע הִ֥יא חֶבְר֖וֹן בְּהַ֥ר יְהוּדָֽה׃ 8 וּמֵעֵ֜בֶר — ל
[a]לְיַרְדֵּ֤ן יְרִיחוֹ֙ מִזְרָ֔חָה[a] נָתְנ֞וּ אֶת־בֶּ֧צֶר בַּמִּדְבָּ֛ר בַּמִּישֹׁ֖ר מִמַּטֵּ֣ה רְאוּבֵ֑ן
וְֽאֶת־רָאמֹ֤ת בַּגִּלְעָד֙ מִמַּטֵּה־גָ֔ד וְאֶת־גּלָ֥ן[b] בַּבָּשָׁ֖ן מִמַּטֵּ֥ה מְנַשֶּֽׁה׃ — ג[8] . ג כת כן . גולן ק
9 אֵ֣לֶּה הָי֞וּ עָרֵ֣י הַמּֽוּעָדָ֗ה לְכֹ֣ל׀ בְּנֵ֣י יִשְׂרָאֵ֗ל וְלַגֵּר֙ הַגָּ֣ר בְּתוֹכָ֔ם לָנ֣וּס — ז ר״פ בנביא[9]
שָׁ֔מָּה כָּל־מַכֵּה־נֶ֖פֶשׁ בִּשְׁגָגָ֑ה וְלֹ֣א יָמ֗וּת בְּיַד֙ גֹּאֵ֣ל הַדָּ֔ם עַד־עָמְד֖וֹ — ד
לִפְנֵ֥י הָעֵדָֽה׃ פ

21 1 וַֽיִּגְּשׁ֗וּ רָאשֵׁי֙ אֲב֣וֹת הַלְוִיִּ֔ם אֶל־אֶלְעָזָר֙ הַכֹּהֵ֔ן וְאֶל־יְהוֹשֻׁ֖עַ — עה ב מנה בפסוק
2 בִּן־נ֑וּן וְאֶל־רָאשֵׁ֛י אֲב֥וֹת הַמַּטּ֖וֹת לִבְנֵ֥י יִשְׂרָאֵֽל׃ 2 וַיְדַבְּר֨וּ אֲלֵיהֶ֜ם — עה ב מנה בפסוק
בְּשִׁלֹ֗ה בְּאֶ֤רֶץ כְּנַ֙עַן֙ לֵאמֹ֔ר יְהוָה֙ צִוָּ֣ה בְיַד־מֹשֶׁ֔ה לָתֶת־לָ֥נוּ עָרִ֖ים — ל[1]
3 לָשָׁ֑בֶת וּמִגְרְשֵׁיהֶ֖ן לִבְהֶמְתֵּֽנוּ׃ 3 וַיִּתְּנ֨וּ בְנֵֽי־יִשְׂרָאֵ֧ל לַלְוִיִּ֛ם מִנַּחֲלָתָ֖ם
4 אֶל־פִּ֣י יְהוָ֑ה אֶת־הֶעָרִ֥ים הָאֵ֖לֶּה וְאֶת־מִגְרְשֵׁיהֶֽן׃ 4 וַיֵּצֵ֥א הַגּוֹרָ֖ל — ה[2]
לְמִשְׁפְּחֹ֣ת הַקְּהָתִ֑י וַיְהִי֩ לִבְנֵ֨י אַהֲרֹ֜ן הַכֹּהֵ֣ן מִן־הַלְוִיִּ֗ם מִמַּטֵּ֣ה — ג חס בנביא . ג[3]
יְ֠הוּדָה וּמִמַּטֵּ֨ה הַשִּׁמְעֹנִ֜י וּמִמַּטֵּ֤ה בִנְיָמִן֙ בַּגּוֹרָ֔ל עָרִ֖ים שְׁלֹ֥שׁ עֶשְׂרֵֽה׃ — ז דגש[4]
ס 5 וְלִבְנֵ֨י קְהָ֜ת הַנּֽוֹתָרִ֗ים מִמִּשְׁפְּחֹ֣ת[a] מַטֵּֽה־[a]אֶ֠פְרַיִם וּמִמַּטֵּה־דָ֞ן — ג בטע בעינ[5] . ג חס בנביא
6 וּמֵחֲצִ֨י מַטֵּ֧ה מְנַשֶּׁ֛ה בַּגּוֹרָ֖ל עָרִ֥ים עָֽשֶׂר׃ ס 6 וְלִבְנֵ֣י גֵרְשׁ֗וֹן — ז דגש[4]
[a]מִ֠מִּשְׁפְּח֠וֹת[b] מַטֵּֽה[a]־יִשָּׂשכָ֨ר וּמִמַּטֵּֽה־אָשֵׁ֜ר וּמִמַּטֵּ֣ה נַפְתָּלִ֗י וּמֵחֲצִ֨י — ס[6]

[3]Mm 1517. [4]Mm 1972. [5]Mm 3599. [6]Mm 1035. [7]Mp sub loco. [8]Mm 1080. [9]Mm 3164. Cp 21 [1]Mm 1360. [2]Mm 1334. [3]Mm 661. [4]Mm 4037. [5]Mp sub loco. [6]Cf Mp sub loco.

3 [c] 𝔊 + *καὶ οὐκ ἀποθανεῖται ὁ φονευτής*, ex Nu 35,12 ∥ **4** [a] 𝔊[Mss] om usque ad 6[a] cf Nu 35,12 ∥ [b] 2 Mss 𝔊𝔙 ה׳ ∥ **6** [a] cf 4[a] ∥ [b–b] > 𝔊[Mss] cf Nu 35,12 ∥ [c–c] > ℭ Ms ∥ **7** [a] 𝔊 *διέστειλαν (-εν)*, prb l וַיִּקְרוּ cf Nu 35,11 ∥ **8** [a–a] 𝔊* sol *τοῦ Ἰορδανου* = לַיּ׳, prb dl י׳ מ׳ (ex 13,32) ∥ [b] ℭ mlt Mss 𝔊[Mss]𝔖𝔗 et Dt 4,43 ut Q; 𝔊[BLmin](𝔙) *Γαυλων* ∥ **Cp 21,5** [a–a] 𝔊*(𝔖𝔙) *ἐκ τῆς φυλῆς* = מִמַּטֵּה; prp לְמִשְׁפְּחֹתָם מִמַּטֵּה ∥ **6** [a–a] cf 5[a–a] ∥ [b] ℭ Mss 𝔅 חת– cf 10[a].

ז דגש[7] . ג בטע בעינ — מַטֵּה מְנַשֶּׁה בַּבָּשָׁן בְּגוֹרָל עָרִים שְׁלֹשׁ עֶשְׂרֵה׃ ס 7 לִבְנֵי[a] 7
מְרָרִי לְמִשְׁפְּחֹתָם מִמַּטֵּה רְאוּבֵן וּמִמַּטֵּה־גָד וּמִמַּטֵּה זְבוּלֻן[b] עָרִים
שְׁתֵּים עֶשְׂרֵה׃ 8 וַיִּתְּנוּ בְנֵי־יִשְׂרָאֵל לַלְוִיִּם אֶת־הֶעָרִים הָאֵלֶּה וְאֶת־ 8
י[8] . ז דגש[7] — מִגְרְשֵׁיהֶן כַּאֲשֶׁר צִוָּה יְהוָה בְּיַד־מֹשֶׁה בַּגּוֹרָל׃ פ 9 וַיִּתְּנוּ מִמַּטֵּה[a] 9
בְּנֵי יְהוּדָה וּמִמַּטֵּה בְּנֵי שִׁמְעוֹן אֵת הֶעָרִים הָאֵלֶּה[a] אֲשֶׁר־יִקְרָא[b]
אֶתְהֶן בְּשֵׁם׃ 10 וַיְהִי לִבְנֵי אַהֲרֹן מִמִּשְׁפְּחוֹת[a] הַקְּהָתִי מִבְּנֵי לֵוִי כִּי 10
י ול[9] כת כן . כח בעינ — לָהֶם הָיָה הַגּוֹרָל רִאישֹׁנָה[b]׃ 11 וַיִּתְּנוּ לָהֶם אֶת־[a]קִרְיַת אַרְבַּע אֲבִי[b] 11
הָעֲנוֹק[c] הִיא[a] חֶבְרוֹן בְּהַר יְהוּדָה וְאֶת־מִגְרָשֶׁהָ סְבִיבֹתֶיהָ׃ 12 וְאֶת־ 12
שְׂדֵה הָעִיר וְאֶת־חֲצֵרֶיהָ נָתְנוּ לְכָלֵב בֶּן־יְפֻנֶּה בַּאֲחֻזָּתוֹ׃ ס
ג[10] . יד פסוק את את ואת ואת ואת . כח בעינ — 13 וְלִבְנֵי ׀ אַהֲרֹן הַכֹּהֵן[a] נָתְנוּ אֶת־עִיר מִקְלַט הָרֹצֵחַ אֶת־חֶבְרוֹן 13
כו פסוק ואת ואת ואת ואת — וְאֶת־מִגְרָשֶׁהָ וְאֶת־לִבְנָה וְאֶת־מִגְרָשֶׁהָ׃ 14 וְאֶת־יַתִּר[a] וְאֶת־מִגְרָשֶׁהָ 14
כו פסוק ואת ואת ואת ואת . ב חס . ל . כל סיפ חס ב מ א[11] — וְאֶת־אֶשְׁתְּמֹעַ וְאֶת־מִגְרָשֶׁהָ׃ 15 וְאֶת־חֹלֹן[a] וְאֶת־מִגְרָשֶׁהָ וְאֶת־דְּבִר 15
ל — וְאֶת־מִגְרָשֶׁהָ׃ 16 וְאֶת־עַיִן[a] וְאֶת־מִגְרָשֶׁהָ וְאֶת־יֻטָּה וְאֶת־מִגְרָשֶׁהָ 16
כח בעינ[9] — אֶת[b]־בֵּית שֶׁמֶשׁ וְאֶת־מִגְרָשֶׁהָ עָרִים תֵּשַׁע מֵאֵת שְׁנֵי הַשְּׁבָטִים הָאֵלֶּה׃
יז מל[12] . כח בעינ . כח בעינ — פ 17 וּמִמַּטֵּה בִנְיָמִן אֶת־גִּבְעוֹן וְאֶת־מִגְרָשֶׁהָ אֶת־גֶּבַע וְאֶת־ 17
כח בעינ . ל . ז — מִגְרָשֶׁהָ׃ 18 אֶת[a]־עֲנָתוֹת וְאֶת־מִגְרָשֶׁהָ וְאֶת[b]־עַלְמוֹן[c] וְאֶת־מִגְרָשֶׁהָ 18
ט ר״פ בסיפ — עָרִים אַרְבַּע׃ 19 כָּל־עָרֵי בְנֵי־אַהֲרֹן הַכֹּהֲנִים שְׁלֹשׁ־עֶשְׂרֵה עָרִים 19
וּמִגְרְשֵׁיהֶן׃ ס 20 וּלְמִשְׁפְּחוֹת[a] בְּנֵי־קְהָת הַלְוִיִּם הַנּוֹתָרִים מִבְּנֵי 20
ל . יד פסוק את את ואת ואת ואת — קְהָת וַיְהִי עָרֵי גוֹרָלָם[b] מִמַּטֵּה אֶפְרָיִם׃ 21 וַיִּתְּנוּ לָהֶם אֶת־עִיר 21
כח בעינ — מִקְלַט הָרֹצֵחַ אֶת־שְׁכֶם וְאֶת־מִגְרָשֶׁהָ בְּהַר אֶפְרָיִם וְאֶת־גֶּזֶר וְאֶת־
כו פסוק ואת ואת ואת ואת . ל . ז — מִגְרָשֶׁהָ׃ 22 וְאֶת־קִבְצַיִם[a] וְאֶת־מִגְרָשֶׁהָ וְאֶת־בֵּית חוֹרֹן וְאֶת־מִגְרָשֶׁהָ 22
כח בעינ . ל כת א . כח בעינ — עָרִים אַרְבַּע׃ ס 23 וּמִמַּטֵּה־דָן אֶת־אֶלְתְּקֵא[a] וְאֶת־מִגְרָשֶׁהָ אֶת[b]־ 23
כח בעינ . ט[13] . כח בעינ — גִּבְּתוֹן וְאֶת־מִגְרָשֶׁהָ׃ 24 אֶת־[a]אַיָּלוֹן[b] וְאֶת־מִגְרָשֶׁהָ אֶת־גַּת־רִמּוֹן וְאֶת־ 24

[7] Mm 4037. [8] Mm 1360. [9] Mp sub loco. [10] Mm 661. [11] Jos 10,3. [12] Mm 262 contra textum. [13] Mm 1356.

7 [a] pc Mss 𝔊𝔖𝔙 וְלִ׳ ‖ [b] 𝔊 + *κληρωτί*, ins בְּגוֹרָל cf 5.6 ‖ **9** [a] > 𝔊*𝔖𝔗^Mss𝔙 ‖ [b] prp יִקָּרֵא cf 𝔊𝔗 ‖ **10** [a] ℭ Mss 𝔙 חת– cf 𝔊𝔖 (sg) et 1 Ch 6,39 ‖ [b] > pc Mss 𝔊* et 1 Ch 6,39 ‖ **11** [a–a] prb add ex 15,13 cf 1 Ch 6,40 ‖ [b] 𝔊* *μητρόπολιν* ut 15,13[a] ‖ [c] ℭ nonn Mss העֲנָק cf 15,13 ‖ **13** [a] > 𝔊^{B min}𝔏 et 1 Ch 6,42 ‖ **14** [a] 𝔊^{B min} *Αιλωμ* cf 1 Ch 6,42 𝔊 ‖ **15** [a] 1 Ch 6,43 חִילֵן ‖ **16** [a] 𝔊^Mss *Ασα(ν)* cf 𝔏 et 15,42 19,7 1 Ch 6,44, prb l עָשָׁן ‖ [b] ℭ mlt Mss Edd 𝔊𝔖𝔗^f𝔙 וְאֶת ‖ **18** [a] mlt Mss 𝔊𝔖𝔙 וְאֶת ‖ [b] pc Mss Edd 𝔗^Ms אֶת ‖ [c] 𝔊^L𝔏 ut 1 Ch 6,45 עָלֶמֶת ‖ **20** [a] ℭ mlt Mss חת– cf 𝔖 (sg) et 26[a] ‖ [b] 𝔊 ut 1 Ch 6,51 גְּבוּלָם ‖ **22** [a] 1 Ch 6,53 יָקְנְעָם ‖ **23** [a] cf 19,44[a] ‖ [b] mlt Mss Edd 𝔊𝔖𝔗^Ed וְאֶת ‖ **24** [a] pc Mss Edd 𝔊𝔖𝔗^Ed𝔙 וְאֶת ‖ [b] K^Ms אֵלוֹן cf 𝔊^Mss.

25 מִגְרָשֶׁ֖הָ עָרִ֥ים אַרְבַּֽע׃ ס 25 וּֽמִמַּחֲצִית֙ מַטֵּ֣ה מְנַשֶּׁ֔ה אֶת־תַּעְנַךְ֙ ז̇. כ̇ה̇ בעינ̇
26 וְאֶת־מִגְרָשֶׁ֔הָ וְאֶת־[a]גַּת־רִמּ֖וֹן[a] וְאֶת־מִגְרָשֶׁ֑הָ עָרִ֖ים שְׁתָּֽיִם׃ 26 כָּל־ ט ר״פ בסיפ̇. ג̇[14]
עָרִ֥ים עֶ֖שֶׂר וּמִגְרְשֵׁיהֶ֑ן לְמִשְׁפְּח֥וֹת[a] בְּנֵי־קְהָ֖ת הַנּוֹתָרִֽים׃ ס
27 וְלִבְנֵ֣י גֵרְשׁוֹן֮ מִמִּשְׁפְּחֹ֣ת הַלְוִיִּם֒ מֵחֲצִ֞י מַטֵּ֣ה מְנַשֶּׁ֗ה אֶת־עִיר֙ מִקְלַ֣ט ג̇ חס בנביא[15]. יד פסוק את את ואת ואת ואת
הָרֹצֵ֔חַ אֶת־גֹּלָ֥ן[a] בַּבָּשָׁן֙ וְאֶת־מִגְרָשֶׁ֔הָ וְאֶֽת־בְּעֶשְׁתְּרָ֖ה[b] וְאֶת־מִגְרָשֶׁ֑הָ כ̇ה̇ בעינ̇. גולן ק̇. ל̇
28 עָרִ֖ים שְׁתָּֽיִם׃ ס 28 וּמִמַּטֵּ֣ה יִשָּׂשכָ֔ר אֶת־קִשְׁי֖וֹן[a] וְאֶת־מִגְרָשֶׁ֑הָ כ̇ה̇ בעינ̇. ל̇
29 אֶת־דָּֽבְרַ֖ת וְאֶת־מִגְרָשֶֽׁהָ׃ 29 אֶת־יַרְמוּת֙[a] וְאֶת־מִגְרָשֶׁ֔הָ אֶת־[b]עֵ֥ין גַּנִּ֖ים כ̇ה̇ בעינ̇. כ̇ה̇ בעינ̇. כ̇ה̇ בעינ̇
30 וְאֶת־מִגְרָשֶׁ֑הָ עָרִ֖ים אַרְבַּֽע׃ ס 30 וּמִמַּטֵּ֣ה אָשֵׁ֔ר אֶת־מִשְׁאָ֖ל וְאֶת־ ז̇. כ̇ה̇ בעינ̇. ל̇ מפק א[16]
31 מִגְרָשֶׁ֑הָ אֶת־עַבְדּ֖וֹן וְאֶת־מִגְרָשֶֽׁהָ׃ 31 אֶת־[a]חֶלְקָת֙[b] וְאֶת־מִגְרָשֶׁ֔הָ כ̇ה̇ בעינ̇. כ̇ה̇ בעינ̇. ל̇
32 וְאֶת־רְחֹ֖ב וְאֶת־מִגְרָשֶׁ֑הָ עָרִ֖ים אַרְבַּֽע׃ ס 32 וּמִמַּטֵּ֨ה נַפְתָּלִ֜י ז̇. ג̇ בטע בעינ̇
אֶת־עִ֣יר ׀ מִקְלַ֣ט הָרֹצֵ֗חַ אֶת־קֶ֤דֶשׁ בַּגָּלִיל֙ וְאֶת־מִגְרָשֶׁ֔הָ וְאֶת־[a]חַמֹּ֥ת כ̇ה̇ בעינ̇
דֹּאר֙[a] וְאֶת־מִגְרָשֶׁ֔הָ וְאֶת־קַרְתָּ֖ן[b] וְאֶת־מִגְרָשֶׁ֑הָ עָרִ֖ים שָׁלֹֽשׁ׃ ד̇ כת̇ א̇
33 כָּל־עָרֵ֥י הַגֵּרְשֻׁנִּ֖י לְמִשְׁפְּחֹתָ֑ם שְׁלֹשׁ־עֶשְׂרֵ֥ה עִ֖יר וּמִגְרְשֵׁיהֶֽן׃ ט ר״פ בסיפ̇
ס 34 וּלְמִשְׁפְּח֣וֹת[a] בְּנֵי־מְרָרִי֮ הַלְוִיִּם֒ הַנּֽוֹתָרִים֒ מֵאֵת֙ מַטֵּ֣ה
35 זְבוּלֻ֔ן אֶת־יָקְנְעָ֖ם וְאֶת־מִגְרָשֶׁ֑הָ אֶת־[b]קַרְתָּ֖ה וְאֶת־מִגְרָשֶֽׁהָ׃ 35 אֶת־ כ̇ה̇ בעינ̇. כ̇ה̇ בעינ̇. ל̇. כ̇ה̇ בעינ̇
דִּמְנָה֙[a] וְאֶת־מִגְרָשֶׁ֔הָ אֶֽת־נַהֲלָ֖ל וְאֶת־מִגְרָשֶׁ֑הָ עָרִ֖ים אַרְבַּֽע׃ כ̇ה̇ בעינ̇. ל̇. ז̇[15]
36 [a][b]וּמִמַּטֵּ֣ה רְאוּבֵ֗ן[b] אֶת־בֶּ֥צֶר[c] וְאֶת־מִגְרָשֶׁ֖הָ וְאֶת־יַ֥הְצָה וְאֶת־מִגְרָשֶֽׁהָ׃ 37 אֶת־קְדֵמוֹת֙ וְאֶת־
38 מִגְרָשֶׁ֔הָ וְאֶת־מֵיפַ֖עַת וְאֶת־מִגְרָשֶׁ֑הָ עָרִ֖ים אַרְבַּֽע׃ ס 38 וּמִמַּטֵּה־גָ֞ד אֶת־עִיר֙ ז̇. יד פסוק את את ואת ואת
מִקְלַ֣ט הָרֹצֵ֔חַ אֶת־רָמֹ֥ת בַּגִּלְעָ֖ד וְאֶת־מִגְרָשֶׁ֑הָ וְאֶֽת־מַחֲנַ֖יִם וְאֶת־ כ̇ה̇ בעינ̇
39 מִגְרָשֶֽׁהָ׃ 39 אֶת־חֶשְׁבּוֹן֙ וְאֶת־מִגְרָשֶׁ֔הָ אֶת־יַעְזֵ֖ר וְאֶת־מִגְרָשֶׁ֑הָ כָּל־ כ̇ה̇ בעינ̇. ג̇[17]. כ̇ה̇ בעינ̇. ג̇[14]
40 עָרִ֖ים אַרְבַּֽע׃ 40 כָּל־הֶ֣עָרִ֔ים לִבְנֵ֤י מְרָרִי֙ לְמִשְׁפְּחֹתָ֔ם הַנּֽוֹתָרִ֖ים ט ר״פ בסיפ̇
41 מִמִּשְׁפְּח֣וֹת הַלְוִיִּ֑ם וַיְהִי֙ גּֽוֹרָלָ֔ם[a] עָרִ֖ים שְׁתֵּ֥ים עֶשְׂרֵֽה׃ 41 כֹּ֚ל עָרֵ֣י ט ר״פ בסיפ̇

[14] Mm 1361. [15] Mp sub loco. [16] Mm 331. [17] Mm 4037.

25 [a–a] 𝔊[B min] *Ιεβαθα* cf 1 Ch 6,55 Mss 𝔊[A]𝔗, prp יִבְלְעָם; 𝔊[-B min] *Βαιθσα(ν)* = בֵּית־שְׁאָן ‖ **26** [a] ℭ Mss 𝔅 חת– cf 𝔖 et 1 Ch 6,55 (sg); cf 20[a] ‖ **27** [a] ℭ mlt Mss 𝔊[Mss]𝔖𝔗 et 1 Ch 6,56 ut Q, cf 20,8[b] ‖ [b] 𝔖 ut 1 Ch 6,56 עַשְׁתָּרוֹת ‖ **28** [a] 1 Ch 6,56 קֶדֶשׁ ‖ **29** [a] 𝔊[B 129] *Ρεμμαθ* cf 19,21[a] ‖ [b] mlt Mss Edd Vrs וְאֵת ‖ **31** [a] pc Mss 𝔊𝔖𝔙 וְאֵת ‖ [b] 1 Ch 6,60 חוּקֹק ‖ **32** [a–a] 𝔊* ut 19,35 חַמַּת; 1 Ch 6,61 חַמּוֹן ‖ [b] 19,35 רַקַּת, 1 Ch 6,61 קִרְיָתַיִם ‖ **34** [a] Mss 𝔅 חת– cf 𝔊𝔖 (sg) ‖ [b] mlt Mss Edd 𝔖𝔗𝔙 וְאֵת ‖ **35** [a] 19,13 רִמּוֹן, 1 Ch 6,62 רִמּוֹנוֹ ‖ **36** [a] v 36.37 > LC Mss 𝔅𝔗 (Syh c ob); exstat in mlt Mss Edd 𝔊𝔗[Mss]𝔙 cf 1 Ch 6,63 sq; 𝔖 tr post 34a ‖ [b–b] 𝔊 ut 1 Ch 6,63 וּמֵעֵבֶר לַיַּרְדֵּן מִמַּטֵּה רְאוּבֵן אֶת־עִיר מִקְלַט הָרֹצֵחַ cf 20,8, prb l ‖ [c] nonn Mss + בַּמִּדְבָּר ut 1 Ch; 𝔊 + *ἐν τῇ ἐρήμῳ τῇ Μισωρ* cf 20,8, prb ins בַּמִּדְבָּר בַּמִּישֹׁר ‖ **40** [a] 𝔊 *τὰ ὅρια* (𝔊[O] + *αὐτῶν*) = גְּבוּלָם.

הַלְוִיִּם בְּתוֹךְ אֲחֻזַּת בְּנֵי־יִשְׂרָאֵל עָרִים אַרְבָּעִים וּשְׁמֹנֶה וּמִגְרְשֵׁיהֶן׃
42 תִּהְיֶינָה[a] הֶעָרִים הָאֵלֶּה עִיר וּמִגְרָשֶׁיהָ סְבִיבֹתֶיהָ כֵּן לְכָל־ 42 — ל̇ ר״פ . ב מל[18]
הֶעָרִים הָאֵלֶּה׃ ס
43 וַיִּתֵּן יְהוָה לְיִשְׂרָאֵל אֶת־כָּל־הָאָרֶץ אֲשֶׁר נִשְׁבַּע לָתֵת לַאֲבוֹתָם ס — יד
וַיִּרָשׁוּהָ וַיֵּשְׁבוּ בָהּ׃ 44 וַיָּנַח יְהוָה לָהֶם מִסָּבִיב כְּכֹל אֲשֶׁר־נִשְׁבַּע 44 — ל̇ חס . ו̇[19]
לַאֲבוֹתָם וְלֹא־עָמַד אִישׁ בִּפְנֵיהֶם מִכָּל־אֹיְבֵיהֶם אֵת כָּל־אֹיְבֵיהֶם — ג̇[20] . ב̇
נָתַן יְהוָה בְּיָדָם׃ 45 לֹא־נָפַל דָּבָר מִכֹּל הַדָּבָר הַטּוֹב אֲשֶׁר־דִּבֶּר 45 — ז̇ ר״פ בסיפ
יְהוָה אֶל־בֵּית יִשְׂרָאֵל הַכֹּל בָּא׃ פ — כ̇[21] וכל ירמיה ויחזק דכות ב מ״ח

22 1 אָז יִקְרָא יְהוֹשֻׁעַ לָרֽאוּבֵנִי וְלַגָּדִי וְלַחֲצִי מַטֵּה[a] מְנַשֶּׁה[b]׃ 22 — ג̇ וכל מחצי דכות
2 וַיֹּאמֶר אֲלֵיהֶם אַתֶּם שְׁמַרְתֶּם אֵת כָּל־אֲשֶׁר צִוָּה אֶתְכֶם מֹשֶׁה עֶבֶד 2 — יד בסיפ
יְהוָה וַתִּשְׁמְעוּ בְקוֹלִי לְכֹל אֲשֶׁר־צִוִּיתִי אֶתְכֶם׃ 3 לֹא־עֲזַבְתֶּם אֶת־ 3 — ז̇ ר״פ בסיפ
אֲחֵיכֶם זֶה יָמִים רַבִּים עַד הַיּוֹם הַזֶּה וּשְׁמַרְתֶּם[a] אֶת־מִשְׁמֶרֶת מִצְוַת — ג̇[1] . ו̇ בטע ל̇[2] מנה בליש ובסיפ
יְהוָה אֱלֹהֵיכֶם׃ 4 וְעַתָּה הֵנִיחַ יְהוָה אֱלֹהֵיכֶם לַאֲחֵיכֶם כַּאֲשֶׁר דִּבֶּר 4
לָהֶם וְעַתָּה פְּנוּ וּלְכוּ[a] לָכֶם לְאָהֳלֵיכֶם אֶל־[b]אֶרֶץ אֲחֻזַּתְכֶם אֲשֶׁר ׀
נָתַן לָכֶם מֹשֶׁה עֶבֶד יְהוָה בְּעֵבֶר הַיַּרְדֵּן׃ 5 רַק ׀ שִׁמְרוּ מְאֹד לַעֲשׂוֹת 5 — יד בסיפ
אֶת־הַמִּצְוָה וְאֶת־הַתּוֹרָה אֲשֶׁר צִוָּה אֶתְכֶם מֹשֶׁה עֶבֶד־יְהוָה לְאַהֲבָה — ל̇ . יד בסיפ
אֶת־יְהוָה אֱלֹהֵיכֶם [a]וְלָלֶכֶת בְּכָל־דְּרָכָיו[a] וְלִשְׁמֹר מִצְוֺתָיו וּלְדָבְקָה־ — ד̇[3] . ד̇[4]
בוֹ וּלְעָבְדוֹ בְּכָל־לְבַבְכֶם וּבְכָל־נַפְשְׁכֶם׃ 6 וַיְבָרְכֵם יְהוֹשֻׁעַ וַיְשַׁלְּחֵם 6 — ב̇ . ב בסיפ . ט̇[5]
וַיֵּלְכוּ אֶל־אָהֳלֵיהֶם׃ ס 7 וְלַחֲצִי ׀ שֵׁבֶט הַמְנַשֶּׁה נָתַן מֹשֶׁה בַּבָּשָׁן 7 — ב̇ . כל סיפ דכות ב מ ג[6]
וּלְחֶצְיוֹ נָתַן יְהוֹשֻׁעַ עִם־אֲחֵיהֶם מֵעֵבֶר[a] הַיַּרְדֵּן יָמָּה וְגַם כִּי שִׁלְּחָם — ל̇ . בעבר ק̇
יְהוֹשֻׁעַ אֶל־אָהֳלֵיהֶם וַיְבָרְכֵם׃ 8 וַיֹּאמֶר אֲלֵיהֶם לֵאמֹר בִּנְכָסִים 8 — ב̇ . ב בסיפ . ב̇ . ל̇
רַבִּים שׁוּבוּ אֶל־אָהֳלֵיכֶם וּבְמִקְנֶה רַב־מְאֹד בְּכֶסֶף וּבְזָהָב וּבִנְחֹשֶׁת — ל̇ . ה̇[7] . ג̇[8]
וּבְבַרְזֶל וּבִשְׂלָמוֹת הַרְבֵּה מְאֹד חִלְקוּ שְׁלַל־אֹיְבֵיכֶם עִם־אֲחֵיכֶם׃ פ — ד̇ ול בליש
9 וַיָּשֻׁבוּ וַיֵּלְכוּ בְּנֵי־רְאוּבֵן וּבְנֵי־גָד וַחֲצִי ׀ שֵׁבֶט הַמְנַשֶּׁה מֵאֵת בְּנֵי 9 — ה̇[2] . כל סיפ דכות ב מ ג[6]
יִשְׂרָאֵל מִשִּׁלֹה אֲשֶׁר בְּאֶרֶץ־כְּנָעַן לָלֶכֶת אֶל־אֶרֶץ הַגִּלְעָד אֶל־

[18] Mm 1362. [19] Mm 510. [20] Mm 1363. [21] Mm 953. **Cp 22** [1] Mm 1364. [2] Mp sub loco. [3] Mm 1196. [4] Mm 1108. [5] Mm 2192. [6] Jos 13,29; 22,13. 15. [7] Mm 158. [8] Mm 1365.

42 [a] prp וַתּ׳ ‖ **Cp 22,1** [a] mlt Mss שׁבט ut 13.15 ‖ [b] mlt Mss הַמ׳ ut 7.9 11.21 ‖ **3** [a] 𝔊* om cop ‖ **4** [a] pc Mss וּסְעוּ, frt ex Nu 14,25 Dt 1,7 ‖ [b] 𝔊𝔖𝔙 pr cop ‖ **5** [a–a] > 𝔖 ‖ **7** [a] K 𝔗[f] מְ׳ ut 17,5, nonn Mss 𝔊𝔖𝔗 ut Q.

10 אֶרֶץ אֲחֻזָּתָם אֲשֶׁר נֹאחֲזוּ־בָהּ עַל־פִּי יְהוָה בְּיַד־מֹשֶׁה׃ 10 וַיָּבֹאוּ   ו[9]
אֶל־גְּלִילוֹת הַיַּרְדֵּן אֲשֶׁר בְּאֶרֶץ כְּנָעַן וַיִּבְנוּ בְנֵי־רְאוּבֵן וּבְנֵי־גָד   ב . ה
וַחֲצִי שֵׁבֶט הַמְנַשֶּׁה שָׁם מִזְבֵּחַ עַל־הַיַּרְדֵּן מִזְבֵּחַ גָּדוֹל לְמַרְאֶה׃   כל סיפ דכות ב מ ג[10] . ב[11]
11 וַיִּשְׁמְעוּ בְנֵי־יִשְׂרָאֵל לֵאמֹר הִנֵּה בָנוּ בְנֵי־רְאוּבֵן וּבְנֵי־גָד וַחֲצִי   ה . כל סיפ דכות ב מ ג[10]
שֵׁבֶט הַמְנַשֶּׁה אֶת־הַמִּזְבֵּחַ אֶל־מוּל[a] אֶרֶץ כְּנַעַן אֶל־גְּלִילוֹת הַיַּרְדֵּן   ו בנביא . ב
12 אֶל־עֵבֶר בְּנֵי יִשְׂרָאֵל׃ 12 [a]וַיִּשְׁמְעוּ בְּנֵי יִשְׂרָאֵל[a] וַיִּקָּהֲלוּ כָּל־עֲדַת
13 בְּנֵי־יִשְׂרָאֵל שִׁלֹה לַעֲלוֹת עֲלֵיהֶם לַצָּבָא׃ פ 13 וַיִּשְׁלְחוּ בְנֵי־   ב[12]
יִשְׂרָאֵל אֶל־בְּנֵי־רְאוּבֵן וְאֶל־בְּנֵי־גָד וְאֶל־חֲצִי שֵׁבֶט־מְנַשֶּׁה אֶל־   ג בסיפ
14 אֶרֶץ הַגִּלְעָד אֶת־פִּינְחָס בֶּן־אֶלְעָזָר[a] הַכֹּהֵן׃ 14 וַעֲשָׂרָה נְשִׂאִים עִמּוֹ   ד[13] חס בנ״ך וכל אורית דכות ב מ ד
נָשִׂיא אֶחָד נָשִׂיא אֶחָד[a] לְבֵית אָב[a] לְכֹל מַטּוֹת יִשְׂרָאֵל וְאִישׁ רָאשׁ   ל
15 [a]בֵּית־אֲבוֹתָם[a] הֵמָּה לְאַלְפֵי יִשְׂרָאֵל׃ 15 וַיָּבֹאוּ אֶל־בְּנֵי־רְאוּבֵן וְאֶל־   ל
בְּנֵי־גָד וְאֶל־חֲצִי שֵׁבֶט־מְנַשֶּׁה אֶל־אֶרֶץ הַגִּלְעָד וַיְדַבְּרוּ אִתָּם לֵאמֹר׃   ג בסיפ . ל . לז
16 כֹּה אָמְרוּ כֹּל ׀ עֲדַת יְהוָה[a] מָה־הַמַּעַל הַזֶּה אֲשֶׁר מְעַלְתֶּם בֵּאלֹהֵי   כה[14]
יִשְׂרָאֵל לָשׁוּב הַיּוֹם מֵאַחֲרֵי יְהוָה בִּבְנוֹתְכֶם לָכֶם מִזְבֵּחַ לִמְרָדְכֶם   ב חד מל וחד חס . ל
17 הַיּוֹם בַּיהוָה׃ 17 הַמְעַט־לָנוּ אֶת־עֲוֺן פְּעוֹר אֲשֶׁר לֹא־הִטַּהַרְנוּ מִמֶּנּוּ   ל
18 עַד הַיּוֹם הַזֶּה וַיְהִי הַנֶּגֶף בַּעֲדַת יְהוָה׃ 18 וְאַתֶּם תָּשֻׁבוּ הַיּוֹם מֵאַחֲרֵי   ל . ל
יְהוָה וְהָיָה אַתֶּם[a] תִּמְרְדוּ הַיּוֹם בַּיהוָה וּמָחָר אֶל־[b]כָּל־עֲדַת יִשְׂרָאֵל   ו[15] . יא
19 יִקְצֹף[c]׃ 19 וְאַךְ אִם־טְמֵאָה אֶרֶץ אֲחֻזַּתְכֶם עִבְרוּ לָכֶם אֶל־אֶרֶץ   ג[16] ב מנה ר״פ
אֲחֻזַּת יְהוָה אֲשֶׁר שָׁכַן־שָׁם מִשְׁכַּן יְהוָה וְהֵאָחֲזוּ בְּתוֹכֵנוּ וּבַיהוָה אַל־   ב[17] . ב
תִּמְרֹדוּ וְאֹתָנוּ[a] אַל־[b]תִּמְרֹדוּ[c] בִּבְנֹתְכֶם לָכֶם מִזְבֵּחַ מִבַּלְעֲדֵי מִזְבַּח   ב חד מל וחד חס
20 יְהוָה אֱלֹהֵינוּ׃ 20 הֲלוֹא ׀ עָכָן[a] בֶּן־זֶרַח מָעַל מַעַל בַּחֵרֶם וְעַל־[b]כָּל־   ג בסיפ
עֲדַת יִשְׂרָאֵל הָיָה קָצֶף וְהוּא אִישׁ אֶחָד לֹא גָוַע בַּעֲוֺנוֹ׃ פ   יא . ל
21 וַיַּעֲנוּ בְּנֵי־רְאוּבֵן וּבְנֵי־גָד וַחֲצִי שֵׁבֶט הַמְנַשֶּׁה וַיְדַבְּרוּ אֶת[a]־רָאשֵׁי   ה . כל סיפ דכות ב מ ג[10] . עה
22 אַלְפֵי יִשְׂרָאֵל׃ 22 אֵל ׀ אֱלֹהִים ׀ יְהוָה אֵל ׀ אֱלֹהִים ׀ יְהוָה הוּא יֹדֵעַ   ח בטע[18] . ג[19] . ג[19]

[9] Mm 860. [10] Jos 13,29; 22,13.15. [11] Mm 2878. [12] Mm 1366. [13] Mm 1367. [14] Mm 2364. [15] Mm 505. [16] Mm 63. [17] Gn 34,10. [18] Mm 4137. [19] Mm 1368.

11 [a] 𝔊 *ὁρίων* = גְּבוּל ‖ **12** [a–a] > pc Mss 𝔊*𝔖𝔙 ‖ **13** [a] 𝔊 + *υἱοῦ Ααρων* ‖ **14** [a–a] > 𝔖, prb dl ‖ **16** [a] pc Mss Edd 𝔗^Ms יִשְׂרָאֵל, Ms Ms^mg 𝔊^52𝔄 בְּנֵי יִשְׂרָאֵל cf 𝔊^O ‖ **18** [a] 𝔊 *ἐάν* (𝔊^O + *ὑμεῖς*) = אִם? ‖ [b] l עַל ut 20 ‖ [c] 𝔊(𝔖𝔗) *ἔσται ἡ ὀργή* cf 20 ‖ **19** [a] 𝔗 *wbn'* = וּבָנוּ ‖ [b] sic L, mlt Mss Edd אֶל ‖ [c] prp תִּמְרְדוּ ‖ **20** [a] 𝔊*(𝔖) *Αχαρ* cf 7,1[a] ‖ [b] Or וְאֶל cf 18 ‖ **21** [a] mlt Mss אל.

וְיִשְׂרָאֵל הוּא יֵדָע אִם־בְּמֶרֶד וְאִם־בְּמַעַל בַּיהוָה אַל־תּוֹשִׁיעֵנוּ[a] הַיּוֹם ל̇ג. יט̇[20]. ל̇. ל̇
הַזֶּה׃ 23 לִבְנוֹת[a] לָנוּ מִזְבֵּחַ לָשׁוּב מֵאַחֲרֵי יְהוָה וְאִם־לְהַעֲלוֹת עָלָיו 23 ח̇ פסוק ואם ואם[21]. ג̇[22] ול מל
עוֹלָה וּמִנְחָה וְאִם־לַעֲשׂוֹת עָלָיו זִבְחֵי שְׁלָמִים יְהוָה הוּא יְבַקֵּשׁ׃ ג̇ מל בסיפ̇[23]
24 וְאִם־לֹא מִדְּאָגָה מִדָּבָר עָשִׂינוּ אֶת־זֹאת לֵאמֹר מָחָר יֹאמְרוּ בְנֵיכֶם 24 ל̇. ל̇
לִבְנֵינוּ לֵאמֹר מַה־לָּכֶם וְלַיהוָה אֱלֹהֵי יִשְׂרָאֵל׃ 25 וּגְבוּל נָתַן־יְהוָה 25 ב̇[24]
בֵּינֵנוּ וּבֵינֵיכֶם [a]בְּנֵי־רְאוּבֵן וּבְנֵי־גָד[a] אֶת־הַיַּרְדֵּן אֵין־לָכֶם חֵלֶק ל̇ חס
בַּיהוָה וְהִשְׁבִּיתוּ בְנֵיכֶם אֶת־בָּנֵינוּ לְבִלְתִּי יְרֹא אֶת־יְהוָה׃ 26 וַנֹּאמֶר 26 ל̇. ל̇
נַעֲשֶׂה־נָּא לָנוּ[a] לִבְנוֹת אֶת־הַמִּזְבֵּחַ לֹא לְעוֹלָה וְלֹא לְזָבַח׃ 27 כִּי 27 ג̇ מל בסיפ̇[23]
עֵד הוּא בֵּינֵינוּ וּבֵינֵיכֶם וּבֵין דֹּרוֹתֵינוּ אַחֲרֵינוּ לַעֲבֹד אֶת־עֲבֹדַת ב̇ חד חס וחד מל. ג̇[25]
יְהוָה לְפָנָיו בְּעֹלוֹתֵינוּ וּבִזְבָחֵינוּ וּבִשְׁלָמֵינוּ וְלֹא־יֹאמְרוּ בְנֵיכֶם מָחָר ל̇. ל̇. ל̇. ב̇[26]
לְבָנֵינוּ אֵין־לָכֶם חֵלֶק בַּיהוָה׃ 28 וַנֹּאמֶר וְהָיָה כִּי־יֹאמְרוּ אֵלֵינוּ 28
וְאֶל־דֹּרֹתֵינוּ מָחָר וְאָמַרְנוּ רְאוּ אֶת־תַּבְנִית מִזְבַּח יְהוָה אֲשֶׁר־עָשׂוּ ב̇ חד מל וחד חס
אֲבוֹתֵינוּ לֹא לְעוֹלָה וְלֹא לְזֶבַח כִּי־עֵד הוּא בֵּינֵינוּ וּבֵינֵיכֶם׃ ג̇ מל בסיפ̇[23]
29 חָלִילָה לָּנוּ מִמֶּנּוּ לִמְרֹד בַּיהוָה וְלָשׁוּב הַיּוֹם מֵאַחֲרֵי יְהוָה לִבְנוֹת 29 ב̇ חד מל וחד חס. ג̇[27]
מִזְבֵּחַ לְעֹלָה לְמִנְחָה וּלְזָבַח מִלְּבַד מִזְבַּח יְהוָה אֱלֹהֵינוּ[a] אֲשֶׁר לִפְנֵי ל̇
מִשְׁכָּנוֹ׃ פ 30 וַיִּשְׁמַע פִּינְחָס הַכֹּהֵן וּנְשִׂיאֵי הָעֵדָה וְרָאשֵׁי אַלְפֵי 30 ׳
יִשְׂרָאֵל אֲשֶׁר אִתּוֹ אֶת־הַדְּבָרִים אֲשֶׁר דִּבְּרוּ בְּנֵי־רְאוּבֵן וּבְנֵי־גָד
וּבְנֵי[a] מְנַשֶּׁה וַיִּיטַב בְּעֵינֵיהֶם׃ 31 וַיֹּאמֶר פִּינְחָס בֶּן־אֶלְעָזָר הַכֹּהֵן אֶל־ 31 ׳
בְּנֵי־רְאוּבֵן וְאֶל־בְּנֵי־גָד[a] וְאֶל־בְּנֵי[a] מְנַשֶּׁה הַיּוֹם ׀ יָדַעְנוּ כִּי־בְתוֹכֵנוּ ל̇[28]
יְהוָה אֲשֶׁר לֹא־מְעַלְתֶּם בַּיהוָה הַמַּעַל הַזֶּה אָז הִצַּלְתֶּם אֶת־בְּנֵי
יִשְׂרָאֵל מִיַּד יְהוָה׃ 32 וַיָּשָׁב פִּינְחָס בֶּן־אֶלְעָזָר הַכֹּהֵן ׀ וְהַנְּשִׂיאִים 32 ל̇. ב̇ חד מל וחד חס
מֵאֵת בְּנֵי־רְאוּבֵן וּמֵאֵת בְּנֵי־גָד[a] מֵאֶרֶץ הַגִּלְעָד אֶל־אֶרֶץ כְּנַעַן אֶל־
בְּנֵי יִשְׂרָאֵל וַיָּשִׁבוּ אוֹתָם דָּבָר׃ 33 וַיִּיטַב הַדָּבָר בְּעֵינֵי בְּנֵי יִשְׂרָאֵל 33 ׳[29]. ג̇[30] ול בליש
וַיְבָרְכוּ אֱלֹהִים בְּנֵי יִשְׂרָאֵל וְלֹא אָמְרוּ לַעֲלוֹת עֲלֵיהֶם לַצָּבָא לְשַׁחֵת ד̇[31]. ב̇[32]
אֶת־הָאָרֶץ אֲשֶׁר בְּנֵי־רְאוּבֵן וּבְנֵי־גָד[a] יֹשְׁבִים בָּהּ׃ 34 וַיִּקְרְאוּ בְּנֵי־ ס ה̇[28]

[20] Mm 1369. [21] Mm 4191. [22] Mm 1523. [23] Mm 1370. [24] Prv 21,31. [25] Mm 885. [26] Mm 2579. [27] Mm 4239. [28] Mp sub loco. [29] Mm 910. [30] Mm 540. [31] Mm 1371. [32] Mm 1366.

22 [a] 𝔊𝔖𝔙 3 sg, l prb יוֹ׳ ‖ **23** [a] 𝔊(𝔖) pr *(καὶ) εἰ* = (וְ)אִם ‖ **25** [a–a] ⁀ 𝔊*𝔖 ‖ **26** [a] prb exc vb cf $𝔖^{A}𝔗^{f}$ et 34[b] ‖ **29** [a] 𝔖 *'lh' d'jsrjl* ‖ **30** [a] 𝔊*(𝔖𝔙) *καὶ τὸ ἥμισυ φυλῆς* cf 13.15 ‖ **31** [a–a] 𝔊* *καὶ τῷ ἡμίσει φυλῆς* cf 30[a] ‖ **32** [a] 𝔊 + *καὶ ἀπὸ τοῦ ἡμίσους φυλῆς Μανασση* cf 30[a] ‖ **33** [a] 𝔊 + *καὶ τοῦ ἡμίσους φυλῆς Μανασση* cf 30[a].

רְאוּבֵן וּבְנֵי־גָד^a לַמִּזְבֵּחַ^b כִּי עֵד הוּא בֵּינֹתֵינוּ כִּי יְהוָה הָאֱלֹהִים׃ פ — ג̇ ב מל וחד חס[33]. [34]

23 1 וַיְהִי מִיָּמִים רַבִּים אַחֲרֵי אֲשֶׁר־הֵנִיחַ יְהוָה לְיִשְׂרָאֵל מִכָּל־ — ג̇[1]

2 אֹיְבֵיהֶם מִסָּבִיב וִיהוֹשֻׁעַ זָקֵן בָּא בַּיָּמִים׃ 2 וַיִּקְרָא יְהוֹשֻׁעַ לְכָל־ — ד̇[2]

יִשְׂרָאֵל לִזְקֵנָיו וּלְרָאשָׁיו וּלְשֹׁפְטָיו וּלְשֹׁטְרָיו וַיֹּאמֶר אֲלֵהֶם אֲנִי זָקַנְתִּי — ב̇[3]. כט̇[4] חס בנביא ב מנה בסיפ

3 בָּאתִי בַּיָּמִים׃ 3 וְאַתֶּם רְאִיתֶם אֵת כָּל־אֲשֶׁר עָשָׂה יְהוָה אֱלֹהֵיכֶם

לְכָל־הַגּוֹיִם הָאֵלֶּה מִפְּנֵיכֶם^a כִּי יְהוָה אֱלֹהֵיכֶם הוּא הַנִּלְחָם לָכֶם׃ — ל̇. ג̇[5]

4 רְאוּ הִפַּלְתִּי לָכֶם אֶת־הַגּוֹיִם הַנִּשְׁאָרִים הָאֵלֶּה בְּנַחֲלָה לְשִׁבְטֵיכֶם

מִן־הַיַּרְדֵּן ^aוְכָל־הַגּוֹיִם אֲשֶׁר הִכְרַתִּי^a וְהַיָּם^b הַגָּדוֹל מְבוֹא הַשָּׁמֶשׁ׃ — ב̇[6]. ז̇

5 וַיהוָה אֱלֹהֵיכֶם הוּא יֶהְדֳּפֵם מִפְּנֵיכֶם^a וְהוֹרִישׁ אֹתָם מִלִּפְנֵיכֶם — ל̇. ו̇ חס בסיפ. ג̇[7]

6 וִירִשְׁתֶּם אֶת־אַרְצָם כַּאֲשֶׁר דִּבֶּר יְהוָה אֱלֹהֵיכֶם לָכֶם׃ 6 וַחֲזַקְתֶּם — ל̇

מְאֹד לִשְׁמֹר וְלַעֲשׂוֹת אֵת כָּל־הַכָּתוּב בְּסֵפֶר תּוֹרַת מֹשֶׁה לְבִלְתִּי — ה̇י[8]. ג̇ בליש

7 סוּר־מִמֶּנּוּ יָמִין וּשְׂמֹאול׃ 7 לְבִלְתִּי־בוֹא בַּגּוֹיִם הָאֵלֶּה^a הַנִּשְׁאָרִים — יד̇[9] מל וכל שמואל וכתיב דכות ב מ ה

הָאֵלֶּה^b אִתְּכֶם וּבְשֵׁם אֱלֹהֵיהֶם לֹא־תַזְכִּירוּ^c וְלֹא תַשְׁבִּיעוּ^cd וְלֹא — ט̇ פסוק לא ולא ולא ולא. ב̇[10]

8 תַעַבְדוּם וְלֹא תִשְׁתַּחֲווּ לָהֶם׃ 8 כִּי אִם־בַּיהוָה אֱלֹהֵיכֶם תִּדְבָּקוּ

9 כַּאֲשֶׁר עֲשִׂיתֶם עַד הַיּוֹם הַזֶּה׃ 9 וַיּוֹרֶשׁ יְהוָה מִפְּנֵיכֶם גּוֹיִם גְּדֹלִים

10 וַעֲצוּמִים וְאַתֶּם לֹא־עָמַד אִישׁ בִּפְנֵיכֶם עַד הַיּוֹם הַזֶּה׃ 10 אִישׁ־אֶחָד — ד̇

מִכֶּם יִרְדָּף־אָלֶף כִּי ׀ יְהוָה אֱלֹהֵיכֶם הוּא הַנִּלְחָם לָכֶם כַּאֲשֶׁר דִּבֶּר — ג̇[11]

11 לָכֶם׃ 11 וְנִשְׁמַרְתֶּם מְאֹד לְנַפְשֹׁתֵיכֶם לְאַהֲבָה אֶת־יְהוָה אֱלֹהֵיכֶם׃ — ה̇[12]

12 כִּי ׀ אִם־שׁוֹב תָּשׁוּבוּ וּדְבַקְתֶּם בְּיֶתֶר^a הַגּוֹיִם הָאֵלֶּה^b הַנִּשְׁאָרִים — ל̇ מל בנביא

13 הָאֵלֶּה^bc אִתְּכֶם וְהִתְחַתַּנְתֶּם בָּהֶם וּבָאתֶם בָּהֶם וְהֵם בָּכֶם׃ 13 יָדוֹעַ — ל̇ מל

תֵּדְעוּ כִּי לֹא יוֹסִיף יְהוָה אֱלֹהֵיכֶם לְהוֹרִישׁ אֶת־הַגּוֹיִם הָאֵלֶּה — כו̇ פסוק דאית בהון א״ב

מִלִּפְנֵיכֶם וְהָיוּ לָכֶם לְפַח וּלְמוֹקֵשׁ וּלְשֹׁטֵט^a בְּצִדֵּיכֶם וְלִצְנִנִים — ג̇[7]. ב̇[13]. ל̇. ב̇

בְּעֵינֵיכֶם עַד־אֲבָדְכֶם מֵעַל הָאֲדָמָה הַטּוֹבָה הַזֹּאת אֲשֶׁר נָתַן לָכֶם — יח̇. ג̇

14 יְהוָה אֱלֹהֵיכֶם׃ 14 וְהִנֵּה אָנֹכִי הוֹלֵךְ הַיּוֹם בְּדֶרֶךְ כָּל־הָאָרֶץ וִידַעְתֶּם — ה̇[14]. כז̇[15] מל ול̇ בסיפ וכל משלי וקהלת דכות ב מ ה

[33]Mp sub loco. [34]Mm 1372. **Cp 23** [1]Mm 1374 ב. [2]Mm 159. [3]Mm 1373. [4]Mm 1954. [5]Mm 1374 א. [6]Mm 1375. [7]Mm 1117. [8]Mm 1376. [9]Mm 169. [10]Mm 530. [11]Mm 1374 א. [12]Mm 1070. [13]Mm 2234. [14]Mm 1377. [15]Mm 1788.

34 [a] 𝕲 + *καὶ τοῦ ἡμίσους φυλῆς Μανασση* cf 33[a] ‖ [b] prb exc nom altaris cf 26[a]; pc Mss Edd 𝕿[Ms Edd] addunt sive pr עֵד cf 𝕾 ‖ [c] 𝕲 pr *καὶ εἶπεν (-ον)* ‖ **Cp 23,3** [a] nonn Mss מִלִּפְ׳ cf 5 ‖ **4** [a–a] prb add ‖ [b] l וְעַד־הַיָּם cf [a–a] ‖ **5** [a] 𝕲 + plur vb ‖ **7** [a] > 𝕲* ‖ [b] > 𝕾 ‖ [c–c] > 𝕲* ‖ [d] 𝕾(𝕿𝕿) *t'mwn* = תִשָּׁבְעוּ, prb l ‖ **12** [a] mlt Mss Edd + כָּל־ ‖ [b–b] > 𝕲* ‖ [c] > 𝕾 ‖ **13** [a] prp וּלְשֹׁטִים.

בְּכָל־לְבַבְכֶ֣ם וּבְכָל־נַפְשְׁכֶ֗ם כִּ֣י לֹֽא־נָפַ֞ל דָּבָ֣ר אֶחָ֗ד מִכֹּ֣ל ׀ הַדְּבָרִ֣ים
הַטּוֹבִ֗ים אֲשֶׁ֨ר דִּבֶּ֜ר יְהוָ֤ה אֱלֹֽהֵיכֶם֙ עֲלֵיכֶ֔ם הַכֹּל֙ בָּ֣אוּ[a] לָכֶ֔ם לֹֽא־נָפַ֥ל
15 מִמֶּ֖נּוּ דָּבָ֥ר אֶחָֽד׃ 15 וְהָיָ֗ה כַּאֲשֶׁר־בָּ֤א עֲלֵיכֶם֙ כָּל־הַדָּבָ֣ר הַטּ֔וֹב אֲשֶׁ֛ר
דִּבֶּ֥ר יְהוָ֖ה אֱלֹהֵיכֶ֣ם אֲלֵיכֶ֑ם כֵּ֣ן יָבִ֨יא יְהוָ֜ה עֲלֵיכֶ֗ם אֵ֚ת כָּל־הַדָּבָ֣ר יג[16]
הָרָ֔ע עַד־הַשְׁמִיד֣וֹ אוֹתְכֶ֗ם מֵעַ֨ל הָאֲדָמָ֤ה הַטּוֹבָה֙ הַזֹּ֔את אֲשֶׁר֙ נָתַ֣ן ג. ל. ל
16 לָכֶ֔ם יְהוָ֖ה אֱלֹהֵיכֶֽם׃ 16 בְּעָבְרְכֶ֞ם אֶת־בְּרִ֨ית יְהוָ֤ה אֱלֹהֵיכֶם֙ אֲשֶׁ֣ר
צִוָּ֣ה אֶתְכֶ֔ם וַהֲלַכְתֶּ֗ם וַעֲבַדְתֶּם֙ אֱלֹהִ֣ים אֲחֵרִ֔ים וְהִשְׁתַּחֲוִיתֶ֖ם לָהֶ֑ם
[a]וְחָרָ֤ה אַף־יְהוָה֙ בָּכֶ֔ם וַאֲבַדְתֶּ֣ם מְהֵרָ֔ה מֵעַל֙ הָאָ֣רֶץ הַטּוֹבָ֔ה אֲשֶׁ֖ר יא זוגין בטע[17]
נָתַ֥ן לָכֶֽם׃[a] פ

24 1 וַיֶּאֶסֹ֧ף[a] יְהוֹשֻׁ֛עַ אֶת־כָּל־שִׁבְטֵ֥י יִשְׂרָאֵ֖ל שְׁכֶ֑מָה וַיִּקְרָא֩ לְזִקְנֵ֨י כ' ול בסיפ. ו[2]
יִשְׂרָאֵ֜ל וּלְרָאשָׁ֗יו וּלְשֹֽׁפְטָיו֙ וּלְשֹׁ֣טְרָ֔יו וַיִּֽתְיַצְּב֖וּ לִפְנֵ֥י הָאֱלֹהִֽים׃ ב[3]. ה. ו וכל קהלת דכות[4]
2 וַיֹּ֨אמֶר יְהוֹשֻׁ֜עַ אֶל־כָּל־הָעָ֗ם כֹּֽה־אָמַ֣ר יְהוָה֮ אֱלֹהֵ֣י יִשְׂרָאֵל֒ בְּעֵ֣בֶר יו[5]. כד
הַנָּהָ֗ר יָשְׁב֤וּ אֲבֽוֹתֵיכֶם֙ מֵֽעוֹלָ֔ם תֶּ֛רַח אֲבִ֥י אַבְרָהָ֖ם וַאֲבִ֣י נָח֑וֹר וַיַּעַבְד֖וּ כל סיפ מל
3 אֱלֹהִ֥ים אֲחֵרִֽים׃ 3 וָ֠אֶקַּח אֶת־אֲבִיכֶ֤ם אֶת־אַבְרָהָם֙ מֵעֵ֣בֶר יו פסוק את את את את
הַנָּהָ֔ר וָאוֹלֵ֥ךְ אוֹת֖וֹ בְּכָל־אֶ֣רֶץ כְּנָ֑עַן וָאַרְבֶּ֙[a] אֶת־זַרְע֔וֹ וָֽאֶתֶּן־ל֖וֹ אֶת־ ד[6]. וארבה ק
4 יִצְחָֽק׃ 4 וָאֶתֵּ֣ן לְיִצְחָ֔ק אֶֽת־יַעֲקֹ֖ב וְאֶת־עֵשָׂ֑ו וָאֶתֵּ֨ן לְעֵשָׂ֜ו אֶת־הַ֤ר ב[7]
5 שֵׂעִיר֙ לָרֶ֣שֶׁת אוֹת֔וֹ וְיַעֲקֹ֣ב וּבָנָ֔יו יָרְד֖וּ מִצְרָֽיִם׃[a] 5 [a]וָאֶשְׁלַ֞ח אֶת־מֹשֶׁ֤ה כד מל ד מנה בסיפ. יד[8]. ד
וְאֶֽת־אַהֲרֹן֙[a] וָאֶגֹּ֣ף אֶת־מִצְרַ֔יִם כַּאֲשֶׁ֥ר[b] עָשִׂ֖יתִי בְּקִרְבּ֑וֹ וְאַחַ֖ר הוֹצֵ֥אתִי ל
6 [c]אֶתְכֶֽם׃ 6 [d]וָאוֹצִ֤יא[c] אֶת־אֲבֽוֹתֵיכֶם֙[d] מִמִּצְרַ֔יִם וַתָּבֹ֖אוּ הַיָּ֑מָּה וַיִּרְדְּפ֨וּ ג ב חס וחד מל. כל סיפ מל
7 מִצְרַ֜יִם אַחֲרֵ֧י אֲבֽוֹתֵיכֶ֛ם בְּרֶ֥כֶב וּבְפָרָשִׁ֖ים יַם־סֽוּף׃ 7 וַיִּצְעֲק֣וּ אֶל־ כל סיפ מל. ז[9]
יְהוָ֗ה וַיָּ֨שֶׂם מַאֲפֵ֜ל[a] בֵּינֵיכֶ֣ם ׀ וּבֵ֣ין הַמִּצְרִ֗ים וַיָּבֵ֨א עָלָ֤יו אֶת־הַיָּם֙ פד. ל. ה. נא[10]. ל
וַיְכַסֵּ֔הוּ וַתִּרְאֶ֙ינָה֙ עֵֽינֵיכֶ֔ם אֵ֥ת אֲשֶׁר־עָשִׂ֖יתִי בְּמִצְרָ֑יִם וַתֵּשְׁב֥וּ בַמִּדְבָּ֖ר יג
8 יָמִ֥ים רַבִּֽים׃ 8 וָאָבִ֣אה[a] אֶתְכֶ֗ם אֶל־אֶ֤רֶץ הָֽאֱמֹרִי֙ הַיּוֹשֵׁב֙ בְּעֵ֣בֶר ואביא ק כן למערב[5]. ה בסיפ ד מל וחד חס
הַיַּרְדֵּ֔ן וַיִּֽלָּחֲמ֖וּ אִתְּכֶ֑ם וָאֶתֵּ֨ן אוֹתָ֤ם בְּיֶדְכֶם֙ וַתִּֽירְשׁ֣וּ אֶת־אַרְצָ֔ם
9 וָאַשְׁמִידֵ֖ם מִפְּנֵיכֶֽם׃ 9 וַיָּ֨קָם בָּלָ֤ק בֶּן־צִפּוֹר֙ מֶ֣לֶךְ מוֹאָ֔ב וַיִּלָּ֖חֶם

[16]Mm 679. [17]Mm 915. **Cp 24** [1]Mm 4234. [2]Mm 274. [3]Mm 1373. [4]Mm 4077 א. [5]Mp sub loco. [6]Mm 817. [7]Mm 1378. [8]Mm 247. [9]Mm 402. [10]Mm 639.

14 [a] prp בָּא cf ממנו ‖ **16** [a–a] > 𝔊* ‖ **Cp 24,1** [a] sic L, mlt Mss Edd ויא' ‖ **3** [a] K וארב, mlt Mss ut Q ‖ **4** [a] nonn Mss יָמָּה– ‖ **5** [a–a] > 𝔊 ‖ [b] 𝔊* *ἐν σημείοις οἷς* cf 𝔖𝔙, l frt בְּאֹתוֹת א' cf Nu 14,11; 𝔊^{BO} *ἐν οἷς* = בַּא' ‖ **5/6** [c–c] > 𝔊 ‖ [d–d] > 𝔊^{Mss} ‖ **7** [a] prp אֹפֶל (מ dttg) ‖ **8** [a] K –אָה, nonn Mss ut Q.

10 בְּיִשְׂרָאֵ֑ל וַיִּשְׁלַ֗ח וַיִּקְרָ֛א לְבִלְעָ֥ם בֶּן־בְּע֖וֹר לְקַלֵּ֥ל אֶתְכֶֽם׃ 10 וְלֹ֥א — ל
אָבִ֖יתִי לִשְׁמֹ֣עַ לְבִלְעָ֑ם וַיְבָ֤רֶךְ בָּרוֹךְ֙ אֶתְכֶ֔ם וָאַצִּ֥ל אֶתְכֶ֖ם מִיָּדֽוֹ׃ — ל . ג ב חס וחד מל[11]
11 וַתַּעַבְר֣וּ אֶת־הַיַּרְדֵּן֮ וַתָּבֹ֣אוּ אֶל־יְרִיחוֹ֒ וַיִּלָּחֲמ֣וּ בָכֶ֣ם בַּעֲלֵי־יְ֠רִיח֠וֹ
[a]הָאֱמֹרִ֨י וְהַפְּרִזִּ֜י וְהַֽכְּנַעֲנִ֗י וְהַֽחִתִּי֙ וְהַגִּרְגָּשִׁ֔י הַחִוִּ֖י וְהַיְבוּסִ֑י[a] וָאֶתֵּ֥ן אוֹתָ֖ם — סימן מפכחגוט[12] . ז
12 בְּיֶדְכֶֽם׃ 12 וָאֶשְׁלַ֤ח לִפְנֵיכֶם֙ אֶת־הַצִּרְעָ֔ה וַתְּגָ֤רֶשׁ אוֹתָם֙ מִפְּנֵיכֶ֔ם — ג[13]
13 שְׁנֵ֖י[a] מַלְכֵ֣י הָאֱמֹרִ֑י לֹ֥א בְחַרְבְּךָ֖ [b]וְלֹ֥א בְקַשְׁתֶּֽךָ׃[b] 13 וָאֶתֵּ֨ן לָכֶ֜ם אֶ֣רֶץ ׀ — ב . ב בליש
אֲשֶׁ֧ר לֹא־יָגַ֣עְתָּ[a] בָּ֗הּ וְעָרִים֙ אֲשֶׁ֣ר לֹא־בְנִיתֶ֔ם וַתֵּשְׁב֖וּ בָּהֶ֑ם כְּרָמִ֤ים — מז פסוק לא לא לא
14 וְזֵיתִים֙ אֲשֶׁ֣ר לֹא־נְטַעְתֶּ֔ם אַתֶּ֖ם אֹכְלִֽים׃ 14 וְעַתָּ֞ה יְר֧אוּ אֶת־יְהוָ֛ה — ג יתיר א
וְעִבְד֥וּ אֹת֖וֹ בְּתָמִ֣ים וּבֶאֱמֶ֑ת וְהָסִ֣ירוּ אֶת־אֱלֹהִ֗ים[a] אֲשֶׁר֩ עָבְד֨וּ — ל
15 אֲבוֹתֵיכֶ֜ם בְּעֵ֤בֶר הַנָּהָר֙ וּבְמִצְרַ֔יִם וְעִבְד֖וּ אֶת־יְהוָֽה׃ 15 וְאִם֩ רַ֨ע — כל סיפ מל . כל יהושע ושפטים ר״פ וכל שמואל דכות ב מ ו[14] וחד מן ח[15] פסוק דמיין
בְּעֵינֵיכֶ֜ם לַעֲבֹ֣ד אֶת־יְהוָ֗ה בַּחֲר֨וּ לָכֶ֣ם הַיּוֹם֮ אֶת־מִ֣י תַעֲבֹדוּן֒ אִ֣ם — יח . ד ב מנה בלשון ארמי
[a]אֶת־אֱלֹהִ֞ים אֲשֶׁר־עָבְד֣וּ אֲבוֹתֵיכֶ֗ם[a] אֲשֶׁר֙ בְּעֵ֣בֶר[b] הַנָּהָ֔ר וְאִם֙ אֶת־ — כל סיפ מל . מעבר כן ק למדינ[16]
אֱלֹהֵ֣י הָאֱמֹרִ֔י אֲשֶׁ֥ר אַתֶּ֖ם יֹשְׁבִ֣ים בְּאַרְצָ֑ם וְאָנֹכִ֣י וּבֵיתִ֔י נַעֲבֹ֖ד אֶת־ — ל
16 יְהוָֽה׃ פ 16 וַיַּ֤עַן [a]הָעָם֙ וַיֹּ֔אמֶר חָלִ֣ילָה לָּ֔נוּ מֵעֲזֹ֖ב אֶת־יְהוָ֑ה לַעֲבֹ֖ד
17 אֱלֹהִ֥ים אֲחֵרִֽים׃ 17 כִּ֚י יְהוָ֣ה אֱלֹהֵ֔ינוּ ה֗וּא הַמַּעֲלֶ֨ה אֹתָ֧נוּ [a]וְאֶת־ — ל
אֲבוֹתֵ֛ינוּ[a] מֵאֶ֥רֶץ מִצְרַ֖יִם [b]מִבֵּ֣ית עֲבָדִ֑ים וַאֲשֶׁ֣ר עָשָׂ֗ה לְעֵינֵ֙ינוּ֙ אֶת־ — ז[17]
הָאֹת֤וֹת הַגְּדֹלוֹת֙ הָאֵ֔לֶּה[b] וַֽיִּשְׁמְרֵ֗נוּ בְּכָל־הַדֶּ֙רֶךְ֙ אֲשֶׁ֣ר הָלַ֣כְנוּ בָ֔הּ
18 וּבְכֹל֙ הָֽעַמִּ֔ים אֲשֶׁ֥ר עָבַ֖רְנוּ בְּקִרְבָּֽם׃ 18 וַיְגָ֨רֶשׁ יְהוָ֜ה אֶת־[a]כָּל־הָעַמִּ֗ים — ל
וְֽאֶת־[a]הָֽאֱמֹרִ֛י יֹשֵׁ֥ב הָאָ֖רֶץ מִפָּנֵ֑ינוּ גַּם־אֲנַ֙חְנוּ֙ נַעֲבֹ֣ד אֶת־יְהוָ֔ה כִּי־ה֖וּא — ד[18] . ה
19 אֱלֹהֵֽינוּ׃ ס 19 וַיֹּ֨אמֶר יְהוֹשֻׁ֜עַ אֶל־[a]הָעָ֗ם לֹ֤א תוּכְלוּ֙ לַעֲבֹ֣ד אֶת־ — ״
יְהוָ֔ה כִּֽי־אֱלֹהִ֥ים קְדֹשִׁ֖ים ה֑וּא אֵֽל־[b]קַנּ֣וֹא ה֔וּא לֹֽא־יִשָּׂ֥א לְפִשְׁעֲכֶ֖ם — ל . ד ב מל וב חס[19] . לז
20 וּלְחַטֹּאותֵיכֶֽם׃ 20 כִּ֤י תַֽעַזְבוּ֙ אֶת־יְהוָ֔ה וַעֲבַדְתֶּ֖ם אֱלֹהֵ֣י נֵכָ֑ר וְשָׁ֨ב — ד מל[20] . ג[21]
21 וְהֵרַ֤ע לָכֶם֙ וְכִלָּ֣ה אֶתְכֶ֔ם אַחֲרֵ֖י אֲשֶׁר־הֵיטִ֥יב לָכֶֽם׃ 21 וַיֹּ֥אמֶר — ל[22] . ו[23] . יב סביר
22 הָעָ֖ם אֶל־יְהוֹשֻׁ֑עַ לֹּ֕א כִּ֥י אֶת־יְהוָ֖ה נַעֲבֹֽד׃ 22 וַיֹּ֨אמֶר יְהוֹשֻׁ֜עַ אֶל־הָעָ֗ם — ״
עֵדִ֤ים אַתֶּם֙ בָּכֶ֔ם כִּֽי־אַתֶּ֞ם בְּחַרְתֶּ֥ם לָכֶ֛ם אֶת־יְהוָ֖ה לַעֲבֹ֣ד אוֹת֑וֹ — כד מל ד מנה בסיפ

[11] Mm 1427. [12] Okhl 274. [13] Mm 1379. [14] Mm 1380. [15] Mm 3838. [16] Mp sub loco. [17] Mm 1112. [18] Mm 1381. [19] Mm 1382. [20] Mm 1383. [21] Mm 1384. [22] Mm 407. [23] Mm 1385.

11 [a–a] prb add ‖ **12** [a] 𝔊 12 = שְׁנֵים עָשָׂר ‖ [b] 𝔖 suff pl ‖ **13** [a] Vrs pl ‖ **14** [a] 𝔊 + *τοὺς ἀλλοτρίους* cf 23 ‖ **15** [a–a] 𝔊 *τοῖς θεοῖς τῶν πατέρων ὑμῶν* ‖ [b] K 𝔊𝔖𝔗[Edd]𝔙 בְּ׳, pc Mss 𝔗 et 17,5 ut Q cf 22,7[a] ‖ **16** [a] 𝔖 + *k(w)lh* = כָּל־ ‖ **17** [a–a] > 𝔖 ‖ [b–b] > 𝔊* ‖ **18** [a–a] frt add cf 11[a–a] ‖ **19** [a] nonn Mss + כָּל־ cf 16[a].27 ‖ [b] 𝔊 *καί*, 𝔊[O](𝔖) *καὶ θεός*.

וַיֹּאמְר֖וּ עֵדִֽים׃ 23 וְעַתָּ֕ה הָסִ֛ירוּ אֶת־אֱלֹהֵ֥י הַנֵּכָ֖ר אֲשֶׁ֣ר בְּקִרְבְּכֶ֑ם 23
24 ל̇ . ג̇ 25 וְהַטּוּ֙ אֶת־לְבַבְכֶ֔ם אֶל־יְהוָ֖ה אֱלֹהֵ֥י יִשְׂרָאֵֽל׃ 24 וַיֹּאמְר֥וּ[a] הָעָ֖ם אֶל־ 24
ב חד מל וחד חס 26 יְהוֹשֻׁ֑עַ אֶת־יְהוָ֤ה אֱלֹהֵ֙ינוּ֙[b] נַעֲבֹ֔ד וּבְקוֹל֖וֹ נִשְׁמָֽע׃ 25 וַיִּכְרֹ֨ת 25
פד . ג יְהוֹשֻׁ֧עַ בְּרִ֛ית לָעָ֖ם בַּיּ֣וֹם הַה֑וּא וַיָּ֥שֶׂם ל֛וֹ חֹ֥ק וּמִשְׁפָּ֖ט בִּשְׁכֶֽם׃ 26 וַיִּכְתֹּ֤ב 26
ל יְהוֹשֻׁ֙עַ֙ אֶת־הַדְּבָרִ֣ים הָאֵ֔לֶּה בְּסֵ֖פֶר תּוֹרַ֣ת אֱלֹהִ֑ים וַיִּקַּח֙ אֶ֣בֶן גְּדוֹלָ֔ה
ל . ה ב מנה בליש . יו וַיְקִימֶ֣הָ שָּׁ֔ם תַּ֚חַת הָֽאַלָּ֔ה[a] אֲשֶׁ֖ר בְּמִקְדַּ֥שׁ יְהוָֽה׃ ס 27 וַיֹּ֨אמֶר 27
ג 27 יְהוֹשֻׁ֜עַ אֶל־כָּל[a]־הָעָ֗ם הִנֵּ֨ה הָאֶ֤בֶן הַזֹּאת֙ תִּֽהְיֶה־בָּ֣נוּ לְעֵדָ֔ה כִּֽי־הִ֣יא
ל . ג 27 שָׁמְעָ֗ה אֵ֚ת כָּל־אִמְרֵ֣י יְהוָ֔ה אֲשֶׁ֥ר דִּבֶּ֖ר עִמָּ֑נוּ[b] וְהָיְתָ֥ה בָכֶ֛ם לְעֵדָ֖ה
כב 28 פֶּֽן־תְּכַחֲשׁ֥וּן בֵּאלֹהֵיכֶֽם׃[c] 28 וַיְשַׁלַּ֤ח יְהוֹשֻׁ֙עַ֙ אֶת־הָעָ֔ם אִ֖ישׁ לְנַחֲלָתֽוֹ׃ 28
ב . ג 29 פ 29 וַֽיְהִ֗י אַחֲרֵי֙ הַדְּבָרִ֣ים הָאֵ֔לֶּה וַיָּ֛מָת יְהוֹשֻׁ֥עַ בִּן־נ֖וּן עֶ֣בֶד יְהוָ֑ה 29
ל בֶּן־מֵאָ֥ה וָעֶ֖שֶׂר שָׁנִֽים׃ 30 וַיִּקְבְּר֤וּ אֹתוֹ֙ בִּגְב֣וּל נַחֲלָת֔וֹ [a]בְּתִמְנַת־סֶ֖רַח[ab] 30
ב אֲשֶׁ֣ר[c] בְּהַר־אֶפְרָ֑יִם מִצְּפ֖וֹן לְהַר־גָּֽעַשׁ׃[d] 31 [a]וַיַּעֲבֹ֤ד יִשְׂרָאֵל֙ אֶת־יְהוָ֔ה 31
ה פסוק כל וכל כל . ג 30 כֹּ֖ל יְמֵ֣י יְהוֹשֻׁ֑עַ וְכֹ֣ל ׀ יְמֵ֣י הַזְּקֵנִ֗ים אֲשֶׁ֨ר הֶאֱרִ֤יכוּ יָמִים֙ אַחֲרֵ֣י יְהוֹשֻׁ֔עַ
ל . ז 31 וַאֲשֶׁ֣ר יָֽדְע֗וּ אֵ֚ת כָּל־מַעֲשֵׂ֣ה[b] יְהוָ֔ה אֲשֶׁ֥ר עָשָׂ֖ה לְיִשְׂרָאֵֽל׃ 32 וְאֶת־ 32
עַצְמ֣וֹת יוֹסֵ֡ף אֲשֶׁר־הֶעֱל֣וּ בְנֵֽי־יִשְׂרָאֵ֣ל ׀ מִמִּצְרַ֡יִם קָבְר֣וּ בִשְׁכֶם֩
ה בְּחֶלְקַ֨ת הַשָּׂדֶ֜ה אֲשֶׁ֨ר קָנָ֧ה יַעֲקֹ֛ב מֵאֵ֛ת בְּנֵֽי־חֲמ֥וֹר אֲבִֽי־שְׁכֶ֖ם בְּמֵאָ֣ה
ג 32 . הי 33 קְשִׂיטָ֑ה וַיִּהְי֥וּ[a] לִבְנֵֽי־יוֹסֵ֖ף לְנַחֲלָֽה׃ 33 וְאֶלְעָזָ֤ר[a] בֶּֽן־אַהֲרֹן֙[b] מֵ֔ת וַיִּקְבְּר֣וּ 33
כא 34 אֹת֗וֹ בְּגִבְעַת֙ פִּנְחָ֣ס בְּנ֔וֹ אֲשֶׁ֥ר נִתַּן־ל֖וֹ בְּהַ֥ר אֶפְרָֽיִם׃

סכום הפסוקים של ספר
שש מאות וחמשים וששה
וחציו ומחשבון[35]
וסדרים הי׳

[24] Mm 3328. [25] Mm 1386. [26] Mm 1387. [27] Mm 144. [28] Mm 59. [29] Mm 154. [30] Mm 1399. [31] Mm 1836. [32] Mm 249. [33] Mm 943. [34] Mm 2838. [35] Jos 13,26, cf Mp sub loco.

24 [a] pc Mss ר־ cf 𝔊𝔖^W𝔙 ‖ [b] > 2 Mss 𝔊* ‖ **26** [a] al locis אֵלָה ‖ **27** [a] > 𝔊* cf 16. 19.21 ‖ [b] 𝔊 + *σήμερον* = הַיּוֹם ‖ [c] 𝔊(𝔖𝔙) *κυρίῳ τῷ θεῷ …* = בַּיהוה אֱ׳ ‖ **30** [a–a] 𝔊 *ἐν Θαμνα(θα)σαχαρ(α)* ‖ [b] Ms 𝔄 et Jdc 2,9 חֶרֶס cf 19,50[a–a] ‖ [c] > nonn Mss Edd 𝔊*𝔗^Mss et 19,50 Jdc 2,9 ‖ [d] 𝔊 + *ἐκεῖ ἔθηκαν μετ᾽ αὐτοῦ εἰς τὸ μνῆμα, εἰς ὃ ἔθαψαν αὐτὸν ἐκεῖ, τὰς μαχαίρας τὰς πετρίνας, ἐν αἷς περιέτεμεν τοὺς υἱοὺς Ισραηλ ἐν Γαλγαλοις, ὅτε ἐξήγαγεν αὐτοὺς ἐξ Αἰγύπτου, καθὰ συνέταξεν αὐτοῖς κύριος, καὶ ἐκεῖ εἰσιν ἕως τῆς σήμερον ἡμέρας* ‖ **31** [a] 𝔊 tr post 28 ‖ [b] 𝔊𝔖𝔙 pl ‖ **32** [a] prb l וַתְּהִי cf 𝔖𝔙 ‖ **33** [a] 𝔖 + *khn᾽* = הַכֹּהֵן ‖ [b] 2 Mss 𝔖𝔄 + הַכֹּהֵן.

JUDICES שפטים

[ס̊א] 1 ¹ וַיְהִי אַחֲרֵי מוֹת יְהוֹשֻׁעַ[a] וַיִּשְׁאֲלוּ בְּנֵי יִשְׂרָאֵל בַּיהוָה לֵאמֹר — יא זוגין דמטע בטע[1] . ד . ב[2]
2 מִי יַעֲלֶה־לָּנוּ אֶל־הַכְּנַעֲנִי בַּתְּחִלָּה לְהִלָּחֶם בּוֹ׃ ² וַיֹּאמֶר יְהוָה יְהוּדָה — ל
3 יַעֲלֶה הִנֵּה נָתַתִּי אֶת־הָאָרֶץ בְּיָדוֹ׃ ³ וַיֹּאמֶר יְהוּדָה לְשִׁמְעוֹן אָחִיו — ל
עֲלֵה אִתִּי בְגוֹרָלִי וְנִלָּחֲמָה בַּכְּנַעֲנִי וְהָלַכְתִּי גַם־אֲנִי אִתְּךָ בְּגוֹרָלֶךָ — ל . ד[3] . ל
4 וַיֵּלֶךְ אִתּוֹ שִׁמְעוֹן׃ ⁴ וַיַּעַל יְהוּדָה וַיִּתֵּן יְהוָה אֶת־הַכְּנַעֲנִי וְהַפְּרִזִּי — ל
5 בְּיָדָם וַיַּכּוּם בְּבֶזֶק עֲשֶׂרֶת אֲלָפִים אִישׁ׃ ⁵ וַיִּמְצְאוּ אֶת־אֲדֹנִי בֶזֶק — יא[4]
6 בְּבֶזֶק וַיִּלָּחֲמוּ בּוֹ וַיַּכּוּ אֶת־הַכְּנַעֲנִי וְאֶת־הַפְּרִזִּי׃ ⁶ וַיָּנָס אֲדֹנִי בֶזֶק — ב בטע[5]
7 וַיִּרְדְּפוּ אַחֲרָיו וַיֹּאחֲזוּ אֹתוֹ וַיְקַצְּצוּ אֶת־בְּהֹנוֹת יָדָיו וְרַגְלָיו׃ ⁷ וַיֹּאמֶר — ב . ב
אֲדֹנִי־בֶזֶק שִׁבְעִים ׀ מְלָכִים בְּהֹנוֹת יְדֵיהֶם וְרַגְלֵיהֶם מְקֻצָּצִים הָיוּ — ב . ל
מְלַקְּטִים תַּחַת שֻׁלְחָנִי כַּאֲשֶׁר עָשִׂיתִי כֵּן שִׁלַּם־לִי אֱלֹהִים וַיְבִיאֻהוּ — ב[6] . ל . יא[7] . ז[8]
8 יְרוּשָׁלִַם וַיָּמָת שָׁם׃ פ ⁸ וַיִּלָּחֲמוּ בְנֵי־יְהוּדָה בִּירוּשָׁלִַם וַיִּלְכְּדוּ
9 אוֹתָהּ וַיַּכּוּהָ לְפִי־חָרֶב וְאֶת־הָעִיר שִׁלְּחוּ בָאֵשׁ׃ ⁹ וְאַחַר יָרְדוּ בְּנֵי — ד . ח[9] . ד
10 יְהוּדָה לְהִלָּחֵם בַּכְּנַעֲנִי יוֹשֵׁב הָהָר וְהַנֶּגֶב וְהַשְּׁפֵלָה׃ ¹⁰ וַיֵּלֶךְ יְהוּדָה[a] — מט מל בנביא ד[10] מנה בסיפ
אֶל־הַכְּנַעֲנִי הַיּוֹשֵׁב בְּחֶבְרוֹן[b] וְשֵׁם־חֶבְרוֹן לְפָנִים [c]קִרְיַת אַרְבַּע[c]
11 וַיַּכּוּ[d] אֶת־שֵׁשַׁי וְאֶת־אֲחִימַן וְאֶת־תַּלְמָי׃ ¹¹ וַיֵּלֶךְ[a] מִשָּׁם אֶל־יוֹשְׁבֵי — לד מל
12 דְּבִיר וְשֵׁם־דְּבִיר לְפָנִים [b]קִרְיַת־סֵפֶר[b]׃ ¹² וַיֹּאמֶר כָּלֵב אֲשֶׁר־יַכֶּה
[a]אֶת־קִרְיַת־סֵפֶר[a] וּלְכָדָהּ וְנָתַתִּי לוֹ אֶת־עַכְסָה בִתִּי לְאִשָּׁה׃
13 וַיִּלְכְּדָהּ עָתְנִיאֵל בֶּן־קְנַז אֲחִי כָלֵב [a]הַקָּטֹן מִמֶּנּוּ[a] וַיִּתֶּן־לוֹ אֶת־
14 עַכְסָה בִתּוֹ לְאִשָּׁה׃ ¹⁴ וַיְהִי בְּבוֹאָהּ וַתְּסִיתֵהוּ[a] לִשְׁאוֹל מֵאֵת־אָבִיהָ — ב מל . ב . ו חס[11] . ל

Cp 1 [1]Mm 794. [2]Mm 1388. [3]Mm 1389. [4]Mm 917. [5]Mm 3870. [6]Mm 1390. [7]Mm 3286. [8]Mm 1391. [9]Mm 1392. [10]Mp sub loco. [11]Mm 1393 contra textum.

Cp 1,1 [a] frt orig מֹשֶׁה cf 2,6 ∥ **10** [a] prp כָּלֵב cf Jos 15,13sq ∥ [b] 𝔊 *καὶ ἐξῆλθεν Χεβρων ἐξ ἐναντίας* ∥ [c–c] 𝔊 *Καριαθαρβοκσεφερ* ex קִ' א' et קִ' סֵפֶר cf 11 [b–b] ∥ [d] prp וַיַּךְ ∥ **11** [a] 𝔊* *καὶ ἀνέβησαν*, l וַיַּעַל cf Jos 15,15 ∥ [b–b] 𝔊 *Πόλις γραμμάτων* (𝔊[B min] pr *Καριασσωφαρ*); 𝔄 *qrjt ʿlkʾtb* קִ' סֵפֶר; cf Jos 15,15[a–a] ∥ **12** [a–a] 𝔊 *τὴν Πόλιν τῶν γραμμάτων* ∥ **13** [a–a] cf Jos 15,17[a] ∥ **14** [a] 𝔊(𝔙) *καὶ ἐπέσεισεν αὐτήν*, l וַיְסִיתֶהָ; cf Jos 15,18[a].

15 הַשָּׂדֶה[b] וַתִּצְנַח[c] מֵעַל הַחֲמוֹר וַיֹּאמֶר־לָהּ כָּלֵב מַה־לָּךְ׃ 15 וַתֹּאמֶר — ג
לוֹ הָבָה־לִּי בְרָכָה כִּי אֶרֶץ הַנֶּגֶב נְתַתָּנִי וְנָתַתָּה לִי גֻּלֹּת[a] מָיִם וַיִּתֶּן־ — ב . ז חס
16 לָהּ כָּלֵב[b] [c]אֵת גֻּלֹּת[a] עִלִּית וְאֵת גֻּלֹּת תַּחְתִּית׃[c] פ 16 וּבְנֵי קֵינִי[a] — ז חס . ז חס . ל
חֹתֵן מֹשֶׁה עָלוּ מֵעִיר הַתְּמָרִים אֶת־בְּנֵי יְהוּדָה מִדְבַּר יְהוּדָה[b] [c]אֲשֶׁר
17 בְּנֶגֶב עֲרָד[c] [d] [e]וַיֵּלֶךְ וַיֵּשֶׁב אֶת־הָעָם׃[e] 17 וַיֵּלֶךְ יְהוּדָה אֶת־שִׁמְעוֹן — ל . ל
אָחִיו וַיַּכּוּ[a] אֶת־הַכְּנַעֲנִי יוֹשֵׁב צְפַת וַיַּחֲרִימוּ אוֹתָהּ וַיִּקְרָא[b] אֶת־שֵׁם־ — מט מל בנביא ד[12] מנה בסיפ . ל . ב
18 הָעִיר חָרְמָה׃ 18 וַיִּלְכֹּד[a] יְהוּדָה אֶת־עַזָּה וְאֶת־גְּבוּלָהּ וְאֶת־[b]אַשְׁקְלוֹן
19 וְאֶת־גְּבוּלָהּ וְאֶת־עֶקְרוֹן וְאֶת־גְּבוּלָהּ׃ 19 וַיְהִי יְהוָה אֶת־יְהוּדָה וַיֹּרֶשׁ — ו בנ״ך . ב חס
אֶת־הָהָר כִּי לֹא[a] לְהוֹרִישׁ אֶת־יֹשְׁבֵי הָעֵמֶק כִּי־רֶכֶב בַּרְזֶל לָהֶם׃
20 וַיִּתְּנוּ לְכָלֵב אֶת־חֶבְרוֹן כַּאֲשֶׁר דִּבֶּר מֹשֶׁה וַיּוֹרֶשׁ[a] מִשָּׁם אֶת־
21 שְׁלֹשָׁה[b] בְּנֵי הָעֲנָק׃[c] 21 וְאֶת־הַיְבוּסִי יֹשֵׁב[a] יְרוּשָׁלִַם לֹא הוֹרִישׁוּ בְּנֵי — ד . ז[12]
בִנְיָמִן[b] וַיֵּשֶׁב הַיְבוּסִי אֶת־בְּנֵי בִנְיָמִן[b] בִּירוּשָׁלִַם עַד הַיּוֹם הַזֶּה׃ ס
22 23 וַיַּעֲלוּ בֵית[a]־יוֹסֵף גַּם־הֵם בֵּית־אֵל וַיהוָה עִמָּם׃ 23 וַיָּתִירוּ בֵית־ — ג בנביא . ל
24 יוֹסֵף בְּבֵית־אֵל וְשֵׁם־הָעִיר לְפָנִים לוּז׃ 24 וַיִּרְאוּ הַשֹּׁמְרִים אִישׁ יוֹצֵא — ט[13] מל וכל תלים דכות ב מ א
מִן־הָעִיר וַיֹּאמְרוּ לוֹ הַרְאֵנוּ נָא אֶת־מְבוֹא הָעִיר וְעָשִׂינוּ עִמְּךָ חָסֶד׃ — ב[14]
25 וַיַּרְאֵם אֶת־מְבוֹא הָעִיר וַיַּכּוּ אֶת־הָעִיר לְפִי־חָרֶב וְאֶת־הָאִישׁ — יח פסוק את את ואת ואת . ב[15]
26 וְאֶת־כָּל־מִשְׁפַּחְתּוֹ שִׁלֵּחוּ׃ 26 וַיֵּלֶךְ הָאִישׁ אֶרֶץ[a] הַחִתִּים וַיִּבֶן[b] עִיר — ל[12] . ג[16] . ב[17] . ה
27 וַיִּקְרָא[c] שְׁמָהּ לוּז[d] הוּא שְׁמָהּ עַד הַיּוֹם הַזֶּה׃ פ 27 וְלֹא־הוֹרִישׁ — ג[18] . ל
מְנַשֶּׁה אֶת־בֵּית־שְׁאָן וְאֶת־בְּנוֹתֶיהָ וְאֶת־תַּעְנַךְ וְאֶת־בְּנֹתֶיהָ וְאֶת־ — ה חס בנביא ב[12] מנה בפסוק ובסיפ . ט[19]
יֹשֵׁב[a] דּוֹר וְאֶת־בְּנוֹתֶיהָ וְאֶת־יוֹשְׁבֵי יִבְלְעָם וְאֶת־בְּנֹתֶיהָ וְאֶת־יוֹשְׁבֵי — ישבי[12] ק . ט[19] . לד מל . ה חס בנביא ב מנה בפסוק ובסיפ . ט[19] . לד מל
28 מְגִדּוֹ וְאֶת־בְּנוֹתֶיהָ וַיּוֹאֶל הַכְּנַעֲנִי לָשֶׁבֶת בָּאָרֶץ הַזֹּאת׃ 28 וַיְהִי כִּי־ — ז . י בטע בסיפ

[12] Mp sub loco. [13] Mm 1268. [14] Mm 3341. [15] Mm 1184. [16] Mm 1394. [17] Mm 377. [18] Mm 191. [19] Mm 1395.

14 [b] 𝔊* *ἀγρόν*, l שָׂדֶה cf Jos 15,18 ‖ [c] 𝔊 *καὶ ἐγόγγυζεν καὶ ἔκραξεν* ‖ **15** [a] α′ sg cf Jos 15,19[b], l prb גֻּלַּת (𝔊 *λύτρωσιν* = גְּאֻלַּת ex גלת) ‖ [b] 𝔊 + *κατὰ τὴν καρδίαν αὐτῆς*, ins frt כְּלִבָּהּ (hpgr) ‖ [c–c] cf Jos 15,19[d–d] **16** [a] l הַקֵּינִי ut 4,11 ‖ [b] > 𝔊*, dl ‖ [c–c] prb gl, dl ‖ [d] 𝔊* pr *ἐπὶ καταβάσεως* = בְּמוֹרַד (ex במדבר) ‖ [e–e] crrp, frt l ־כוּ ־בוּ אֶת־ הָעֲמָלֵקִי cf 𝔊* *κατῴκησαν* (pro וי׳ וי׳) et 𝔊^{C}𝔏 + *Αμαληκ* ‖ **17** [a] 2 Mss 𝔊^{BC} וַיַּכֶּה ‖ [b] 𝔊* pl, l ־ְאוּ ‖ **18** [a] 𝔊 *καὶ οὐκ ἐκληρονόμησεν*, l וְלֹא הוֹרִישׁ cf 19b ‖ [b] ℭ אֶת ‖ **19** [a] ins c Ms Ms^{mg} 𝔊ℭ𝔙 יָכְלוּ cf Jos 15,63 ‖ **20** [a] frt nonn vb exc cf [b.c] et Jos 11,21 ‖ [b] 𝔊 + *πόλεις* (𝔊^{AO}𝔏 praeterea + *καὶ ἐξῆρεν ἐκεῖθεν τὰς τρεῖς*) ‖ [c] 𝔊^{RL} Sa Syh 𝔄 + *καὶ ἐξῆρεν ἐκεῖθεν τοὺς τρεῖς υἱοὺς Εναк* ‖ **21** [a] nonn Mss Q^{Or} יֹשְׁבֵי cf 27[a] et Jos 15,63 ‖ [b] l c Jos 15,63 יְהוּדָה ‖ **22** [a] nonn Mss 𝔊 בְּנֵי ‖ **26** [a] pc Mss אֶל־א׳, Ms לְא׳ ‖ [b] 𝔊 + *ἐκεῖ* ‖ [c] ℭ pc Mss + אֹתָהּ ‖ [d] 𝔊 *Λουζα* ‖ **27** [a] mlt Mss Vrs ut Q, l.

חָזַ֣ק יִשְׂרָאֵ֔ל וַיָּ֥שֶׂם אֶת־הַֽכְּנַעֲנִ֖י לָמַ֑ס וְהוֹרֵ֖ישׁ לֹ֥א הוֹרִישֽׁוֹ׃ ס   ה[20] . פד . ל מל
29 וְאֶפְרַ֙יִם֙ לֹ֣א הוֹרִ֔ישׁ אֶת־הַֽכְּנַעֲנִ֖י הַיּוֹשֵׁ֣ב בְּגָ֑זֶר וַיֵּ֧שֶׁב הַֽכְּנַעֲנִ֛י בְּקִרְבּ֖וֹ   ה וכל מנשה ואפרים דכות[21]
30 בְּגָֽזֶר׃ פ 30 זְבוּלֻ֗ן לֹ֤א הוֹרִישׁ֙ אֶת־יוֹשְׁבֵ֣י קִטְר֔וֹן וְאֶת־יוֹשְׁבֵ֖י   לד מל . ל . ט[22] . לד מל
31 נַהֲלֹ֑לᵃ וַיֵּ֤שֶׁב הַֽכְּנַעֲנִי֙ בְּקִרְבּ֔וֹ וַיִּהְי֖וּᵇ לָמַֽס׃ ס 31 אָשֵׁ֗ר לֹ֤א הוֹרִישׁ֙   ל
אֶת־יֹשְׁבֵ֣י עַכּ֔וֹ וְאֶת־יוֹשְׁבֵ֖י צִיד֑וֹן וְאֶת־אַחְלָ֤בᵃ וְאֶת־אַכְזִיב֙ᵇ וְאֶת־   ז פסוק את ואת ואת ואת ואת ואת ואת[23] . ל . ט[22] . לד מל . ל
32 חֶלְבָּ֔הᵇ וְאֶת־אֲפִ֖יקᶜ וְאֶת־רְחֹֽב׃ 32 וַיֵּ֙שֶׁב֙ הָֽאָשֵׁרִ֔י בְּקֶ֖רֶב הַֽכְּנַעֲנִ֣י   ל . ל . ל
33 יֹשְׁבֵ֣יᵃ הָאָ֑רֶץ כִּ֖י לֹ֥א הוֹרִישֽׁוֹᵇ׃ ס 33 נַפְתָּלִ֗י לֹֽא־הוֹרִ֞ישׁ אֶת־   לד מל[24]
יֹשְׁבֵ֤י בֵֽית־שֶׁ֙מֶשׁ֙ וְאֶת־יֹשְׁבֵ֣י בֵית־עֲנָ֔ת וַיֵּ֕שֶׁב בְּקֶ֖רֶב הַֽכְּנַעֲנִ֣י יֹשְׁבֵ֣יᵃ   ט[22]
34 הָאָ֑רֶץ וְיֹשְׁבֵ֤י בֵית־שֶׁ֙מֶשׁ֙ וּבֵ֣ית עֲנָ֔ת הָי֥וּ לָהֶ֖ם לָמַֽס׃ ס 34 וַיִּלְחֲצ֧וּ   ל
35 הָֽאֱמֹרִ֛י אֶת־בְּנֵי־דָ֖ן הָהָ֑רָה כִּֽי־לֹ֥א נְתָנ֖וֹᵃ לָרֶ֥דֶת לָעֵֽמֶק׃ 35 וַיּ֤וֹאֶל   יג[25] . ה[26] . ז
הָֽאֱמֹרִי֙ לָשֶׁ֣בֶת ᵃבְּהַר־חֶ֔רֶסᵃ בְּאַיָּל֖וֹן וּבְשַֽׁעַלְבִ֑ים וַתִּכְבַּד֙ᵇ יַ֣ד בֵּית־   ט[27] . ב[28]
36 יוֹסֵ֔ףᶜ וַיִּהְי֖וּᵈ לָמַֽס׃ 36 וּגְבוּל֙ הָֽאֱמֹרִ֔יᵃ מִֽמַּעֲלֵ֖ה עַקְרַבִּ֑ים מֵהַסֶּ֖לַעᵇ   ל
וָמָֽעְלָה׃ פ

2 1 וַיַּ֧עַל מַלְאַךְ־יְהוָ֛ה מִן־הַגִּלְגָּ֖ל אֶל־הַבֹּכִ֑יםᵃ פ וַיֹּ֡אמֶרᵇ
אַעֲלֶהᶜ אֶתְכֶם֩ מִמִּצְרַ֨יִם וָאָבִ֤יא אֶתְכֶם֙ אֶל־הָאָ֔רֶץ אֲשֶׁ֤ר נִשְׁבַּ֙עְתִּי֙   ח פת[1]
2 לַאֲבֹ֣תֵיכֶ֔ם וָאֹמַ֕ר לֹֽא־אָפֵ֥ר בְּרִיתִ֛י אִתְּכֶ֖ם לְעוֹלָֽם׃ 2 וְאַתֶּ֗ם לֹֽא־   ח[2] חס ול בסיפ וכל עזרא דכות . ל . ל
תִכְרְת֤וּ בְרִית֙ לְיֽוֹשְׁבֵי֙ הָאָ֣רֶץ הַזֹּ֔את מִזְבְּחוֹתֵיהֶ֖ם תִּתֹּצ֑וּן וְלֹֽא־   ג[3] . ג ב חס וחד מל[4] . ב
3 שְׁמַעְתֶּ֥ם בְּקֹלִ֖י מַה־זֹּ֥את עֲשִׂיתֶֽם׃ 3 וְגַ֣ם אָמַ֔רְתִּי לֹֽא־אֲגָרֵ֥שׁᵃ אוֹתָ֖ם
4 מִפְּנֵיכֶ֑םᵇ וְהָי֤וּ לָכֶם֙ לְצִדִּ֔יםᶜ וֵאלֹ֣הֵיהֶ֔ם יִהְי֥וּ לָכֶ֖ם לְמוֹקֵֽשׁ׃ 4 וַיְהִ֗י   ל
כְּדַבֵּ֞ר מַלְאַ֤ךְ יְהוָה֙ אֶת־הַדְּבָרִ֣ים הָאֵ֔לֶּה אֶל־כָּל־בְּנֵ֖י יִשְׂרָאֵ֑ל וַיִּשְׂא֥וּ   ב בסיפ[5] . מג
5 הָעָ֛ם אֶת־קוֹלָ֖ם וַיִּבְכּֽוּ׃ 5 וַיִּקְרְא֛וּ שֵֽׁם־הַמָּק֥וֹם הַה֖וּא בֹּכִ֑ים וַיִּזְבְּחוּ־

[20] Mm 311. [21] Mm 1396. [22] Mm 1395. [23] Mm 2135. [24] Mp contra textum, cf Mp sub loco. [25] Mm 1100. [26] Mm 1397. [27] Mm 1356. [28] Mm 1893. **Cp 2** [1] Mm 389. [2] Mm 1586. [3] Mm 4205. [4] Mp sub loco. [5] Mm 1398.

30 ᵃ 𝔊[II] *Ev(v)aala*, Jos 19,15 21,35 ־ָל || ᵇ ℭ ויהי || **31** ᵃ prp מַחֲלֵב cf Jos 19,29ᵇ || ᵇ⁻ᵇ dupl ad ואת־אחלב? prb dl || ᶜ mlt Mss אֲפֵק vel אֲפֵק (sic Jos 19,30) || **32** ᵃ ℭ pc Mss 𝔊 יושב || ᵇ 𝔊 *ἐδυνάσθη (ἠδυνήθη) ἐξᾶραι αὐτόν*, l frt יָכֹל לְהוֹרִישׁוֹ || **33** ᵃ cf 32ᵃ || **34** ᵃ Ms 𝔊*𝔖ℭ et Jos 19,47a 𝔊 נתנום || **35** ᵃ⁻ᵃ Jos 19,41 עִיר שֶׁמֶשׁ || ᵇ ins עֲלֵיהֶם cf Jos 19,48a 𝔊 et ᶜ || ᶜ 𝔊 + *ἐπὶ τὸν Ἀμορραῖον* || ᵈ 𝔊* + *αὐτῷ*, 𝔊[B] et Jos 19,48 𝔊 + *αὐτοῖς* || **36** ᵃ 𝔊[AOL]𝔏𝔄 Syh (sub ob) + *ὁ Ἰδουμαῖος*, l הָאֲדֹמִי || ᵇ 𝔊* *ἐπὶ τῆς πέτρας*, dl מ (dttg) || **Cp 2,1** ᵃ LC al Mss 𝔅 interv || ᵇ hic frt nonn vb exc cf ᵃ et 𝔊 + *πρὸς αὐτοὺς* (𝔊[B] *τάδε λέγει*) *κύριος* || ᶜ prp וָאַ׳ || **3** ᵃ 𝔊* *προσθήσω τοῦ μετοικίσαι τὸν λαόν, ὃν εἶπα τοῦ ἐξολεθρεῦσαι αὐτούς* || ᵇ nonn Mss מִלִּפְ׳ || ᶜ 𝔊(𝔗𝔙) *εἰς συνοχάς*, l frt לְצָרִים; prp 𝔐 a *צַד cf akk *ṣaddu*.

כב⁵	⁶ וַיְשַׁלַּ֤ח יְהוֹשֻׁ֙עַ֙ אֶת־הָעָ֔ם וַיֵּלְכ֥וּ בְנֵֽי־יִשְׂרָאֵ֖ל שָׁ֥ם לַיהוָֽה׃ פ
ה פסוק כל וכל כל	אִ֥ישׁ לְנַחֲלָת֖וֹ לָרֶ֥שֶׁת אֶת־הָאָֽרֶץ׃ ⁷ וַיַּעַבְד֤וּ הָעָם֙ אֶת־יְהוָ֔ה כֹּ֖ל יְמֵ֣י ס
ג׳ . ב מל⁹	יְהוֹשֻׁ֑עַ וְכֹ֣ל ׀ יְמֵ֣י הַזְּקֵנִ֗ים אֲשֶׁ֨ר הֶאֱרִ֤יכוּ יָמִים֙ אַחֲרֵ֣י יְהוֹשֻׁ֔עַ אֲשֶׁ֣ר רָא֗וּ
ב¹⁰ . ב	אֵ֣ת כָּל־מַעֲשֵׂ֤ה יְהוָה֙ הַגָּד֔וֹל אֲשֶׁ֥ר עָשָׂ֖ה לְיִשְׂרָאֵֽל׃ ⁸ וַיָּ֛מָת יְהוֹשֻׁ֥עַ
	בִּן־נ֖וּן עֶ֣בֶד יְהוָ֑ה בֶּן־מֵאָ֥ה וָעֶ֖שֶׂר שָׁנִֽים׃ ⁹ וַיִּקְבְּר֤וּ אֹתוֹ֙ בִּגְב֣וּל
הי . ג מל¹¹	נַחֲלָת֔וֹ בְּתִמְנַת־חֶ֖רֶס בְּהַ֣ר אֶפְרָ֑יִם מִצְּפ֖וֹן לְהַר־גָּֽעַשׁ׃ ¹⁰ וְגַם֙ כָּל־
	הַדּ֣וֹר הַה֔וּא נֶאֶסְפ֖וּ אֶל־אֲבוֹתָ֑יו וַיָּקָם֩ דּ֨וֹר אַחֵ֜ר אַחֲרֵיהֶ֗ם אֲשֶׁ֤ר
	לֹא־יָֽדְעוּ֙ אֶת־יְהוָ֔ה וְגַם֙ אֶת־הַֽמַּעֲשֶׂ֔ה אֲשֶׁ֥ר עָשָׂ֖ה לְיִשְׂרָאֵֽל׃ ס
† . ב זוגין¹²	¹¹ וַיַּעֲשׂ֧וּ בְנֵֽי־יִשְׂרָאֵ֛ל אֶת־הָרַ֖ע בְּעֵינֵ֣י יְהוָ֑ה וַיַּעַבְד֖וּ אֶת־הַבְּעָלִֽים׃
ד¹³	¹² וַיַּעַזְב֞וּ אֶת־יְהוָ֣ה ׀ אֱלֹהֵ֣י אֲבוֹתָ֗ם הַמּוֹצִ֣יא אוֹתָם֮ מֵאֶ֣רֶץ מִצְרַיִם֒
ב¹⁴	וַיֵּלְכ֞וּ אַחֲרֵ֣י ׀ אֱלֹהִ֣ים אֲחֵרִ֗ים מֵאֱלֹהֵ֤י הָֽעַמִּים֙ אֲשֶׁר֙ סְבִיבֽוֹתֵיהֶ֔ם
הֹ¹⁵ חס בליש וכל מכעסים דכות ב מ א	וַיִּֽשְׁתַּחֲו֖וּ לָהֶ֑ם וַיַּכְעִ֖סוּ אֶת־יְהוָֽה׃ ¹³ וַיַּעַזְב֖וּ אֶת־יְהוָ֑ה וַיַּעַבְד֥וּ לַבַּ֖עַל
ל	וְלָעַשְׁתָּרֽוֹת׃ ¹⁴ וַיִּֽחַר־אַ֤ף יְהוָה֙ בְּיִשְׂרָאֵ֔ל וַֽיִּתְּנֵם֙ בְּיַד־שֹׁסִ֔ים וַיָּשֹׁ֖סּוּ
ו מל	אוֹתָ֑ם וַיִּמְכְּרֵ֞ם בְּיַ֤ד אֽוֹיְבֵיהֶם֙ מִסָּבִ֔יב וְלֹא־יָכְל֣וּ ע֔וֹד לַעֲמֹ֖ד לִפְנֵ֥י
ו מל	אוֹיְבֵיהֶֽם׃ ¹⁵ בְּכֹ֣ל ׀ אֲשֶׁ֣ר יָצָא֗וּ יַד־יְהוָה֙ הָיְתָה־בָּ֣ם לְרָעָ֔ה כַּֽאֲשֶׁר֙
ₐ¹⁶. כב¹⁷	דִּבֶּ֣ר יְהוָ֔ה וְכַאֲשֶׁ֛ר נִשְׁבַּ֥ע יְהוָ֖ה לָהֶ֑ם וַיֵּ֥צֶר לָהֶ֖ם מְאֹֽד׃ ¹⁶ וַיָּ֥קֶם
ל . ב	יְהוָ֖ה שֹֽׁפְטִ֑ים וַיּ֣וֹשִׁיע֔וּם מִיַּ֖ד שֹׁסֵיהֶֽם׃ ¹⁷ וְגַ֤ם אֶל־שֹֽׁפְטֵיהֶם֙ לֹ֣א
	שָׁמֵ֔עוּ כִּ֣י זָנ֗וּ אַֽחֲרֵי֙ אֱלֹהִ֣ים אֲחֵרִ֔ים וַיִּֽשְׁתַּחֲו֖וּ לָהֶ֑ם סָ֣רוּ מַהֵ֗ר מִן־
ל	הַדֶּ֗רֶךְ אֲשֶׁ֨ר הָלְכ֤וּ אֲבוֹתָם֙ לִשְׁמֹ֣עַ מִצְוֺת־יְהוָ֔ה לֹא־עָ֖שׂוּ כֵֽן׃ ¹⁸ וְכִֽי־
וₐ¹⁸. ב ומל¹⁹	הֵקִ֧ים יְהוָ֣ה ׀ לָהֶם֮ שֹֽׁפְטִים֒ וְהָיָ֤ה יְהוָה֙ עִם־הַשֹּׁפֵ֔ט וְהֽוֹשִׁיעָם֙ מִיַּ֣ד
ב מל . ד²⁰. ל	אֹ֣יְבֵיהֶ֔ם כֹּ֖ל יְמֵ֣י הַשּׁוֹפֵ֑ט כִּֽי־יִנָּחֵ֤ם יְהוָה֙ מִנַּֽאֲקָתָ֔ם מִפְּנֵ֥י לֹחֲצֵיהֶ֖ם
ל . ב מל †חס . ל	וְדֹחֲקֵיהֶֽם׃ ¹⁹ וְהָיָ֣ה ׀ בְּמ֣וֹת הַשּׁוֹפֵ֗ט יָשֻׁ֙בוּ֙ וְהִשְׁחִ֣יתוּ מֵֽאֲבוֹתָ֔ם לָלֶ֗כֶת
	אַֽחֲרֵי֙ אֱלֹהִ֣ים אֲחֵרִ֔ים לְעָבְדָ֖ם וּלְהִשְׁתַּחֲוֺ֣ת לָהֶ֑ם לֹ֤א הִפִּ֙ילוּ֙
ל	מִמַּ֣עַלְלֵיהֶ֔ם וּמִדַּרְכָּ֖ם הַקָּשָֽׁה׃ ²⁰ וַיִּֽחַר־אַ֤ף יְהוָה֙ בְּיִשְׂרָאֵ֔ל וַיֹּ֕אמֶר
	יַ֜עַן אֲשֶׁ֣ר עָבְר֗וּ הַגּ֤וֹי הַזֶּה֙ אֶת־בְּרִיתִ֔י אֲשֶׁ֥ר צִוִּ֖יתִי אֶת־אֲבוֹתָ֑ם וְלֹ֛א

---

⁶Mm 59.   ⁷Mp sub loco.   ⁸Mm 1399.   ⁹Mm 1066.   ¹⁰Mm 1400.   ¹¹Mm 4240.   ¹²Okhl 232.   ¹³Mm 1218.   ¹⁴Mm 257.   ¹⁵Mm 1401.   ¹⁶Mm 1767.   ¹⁷Mm 1991.   ¹⁸Mm 2154.   ¹⁹Mm 1402.   ²⁰Mm 1403.

7 ᵃ nonn Mss וַא׳ ‖ 9 ᵃ pc Mss סֶרַח et Jos 19,50 24,30 ‖ 15 ᵃ 𝕲 καὶ ἐξέθλιψεν (scl κύριος) = וַיָּ֫צֶר ‖ 16 ᵃ ins antea sec 3,9.15 6,6 10,10 וַיִּזְעֲקוּ אֶל־יְהוָה ‖ ᵇ 𝕲 sg cf 15ᵃ.

שִׁמְעוּ לְקוֹלִֽי: 21 גַּם־אֲנִ֗י לֹא אוֹסִ֛יף לְהוֹרִ֥ישׁ אִ֖ישׁ מִפְּנֵיהֶ֑ם מִן־הַגּוֹיִ֛ם

אֲשֶׁר־עָזַ֥ב יְהוֹשֻׁ֖עַ וַיָּמֹֽת: 22 לְמַ֙עַן֙ נַסּ֣וֹת בָּ֔ם אֶת־יִשְׂרָאֵ֖ל הֲשֹׁמְרִ֣ים

הֵ֡ם אֶת־דֶּרֶךְ֩ יְהוָ֨ה לָלֶ֤כֶת בָּם֙ כַּאֲשֶׁ֣ר שָׁמְר֣וּ אֲבוֹתָ֔ם אִם־לֹֽא:

23 וַיַּנַּ֣ח יְהוָ֗ה אֶת־הַגּוֹיִ֤ם הָאֵ֙לֶּה֙ לְבִלְתִּ֣י הוֹרִישָׁ֣ם מַהֵ֑ר וְלֹ֥א נְתָנָ֖ם בְּיַד־

3 ¹ וְאֵ֣לֶּה הַגּוֹיִם֮ אֲשֶׁ֣ר הִנִּ֣יחַ יְהוָה֒ לְנַסּ֣וֹת בָּ֔ם אֶת־ יְהוֹשֻֽׁעַ: פ

יִשְׂרָאֵ֑ל אֵ֚ת כָּל־אֲשֶׁ֣ר לֹֽא־יָדְע֔וּ אֵ֥ת כָּל־מִלְחֲמ֖וֹת כְּנָֽעַן: 2 רַ֗ק

לְמַ֙עַן֙ דַּ֣עַת דֹּר֣וֹת בְּנֵֽי־יִשְׂרָאֵ֔ל לְלַמְּדָ֖ם מִלְחָמָ֑ה רַ֥ק אֲשֶׁר־לְפָנִ֖ים

לֹ֥א יְדָעֽוּם: 3 חֲמֵ֣שֶׁת ׀ סַרְנֵ֣י פְלִשְׁתִּ֗ים וְכָל־הַֽכְּנַעֲנִי֙ וְהַצִּ֣ידֹנִ֔י וְהַ֣חִוִּ֔י

יֹשֵׁ֖ב הַ֣ר הַלְּבָנ֑וֹן מֵהַ֣ר בַּֽעַל חֶרְמ֔וֹן עַ֖ד לְב֥וֹא חֲמָֽת: 4 וַיִּֽהְי֕וּ לְנַסּ֥וֹת

בָּ֖ם אֶת־יִשְׂרָאֵ֑ל לָדַ֗עַת הֲיִשְׁמְעוּ֙ אֶת־מִצְוֺ֣ת יְהוָ֔ה אֲשֶׁר־צִוָּ֥ה אֶת־

אֲבוֹתָ֖ם בְּיַד־מֹשֶֽׁה: 5 וּבְנֵ֣י יִשְׂרָאֵ֔ל יָשְׁב֖וּ בְּקֶ֣רֶב הַֽכְּנַעֲנִ֑י הַחִתִּ֤י

וְהָֽאֱמֹרִי֙ וְהַפְּרִזִּ֔י וְהַֽחִוִּ֖י וְהַיְבוּסִֽי: 6 וַיִּקְח֨וּ אֶת־בְּנוֹתֵיהֶ֤ם לָהֶם֙ לְנָשִׁ֔ים

וְאֶת־בְּנֽוֹתֵיהֶ֔ם נָתְנ֖וּ לִבְנֵיהֶ֑ם וַיַּעַבְד֖וּ אֶת־אֱלֹהֵיהֶֽם: פ

7 וַיַּעֲשׂ֨וּ בְנֵֽי־יִשְׂרָאֵ֤ל אֶת־הָרַע֙ בְּעֵינֵ֣י יְהוָ֔ה וַֽיִּשְׁכְּח֖וּ אֶת־יְהוָ֣ה

אֱלֹֽהֵיהֶ֑ם וַיַּעַבְד֥וּ אֶת־הַבְּעָלִ֖ים וְאֶת־הָאֲשֵׁרֽוֹת: 8 וַיִּֽחַר־אַ֤ף יְהוָה֙

בְּיִשְׂרָאֵ֔ל וַֽיִּמְכְּרֵ֗ם בְּיַד֙ כּוּשַׁ֣ן רִשְׁעָתַ֔יִם מֶ֖לֶךְ אֲרַ֣ם נַהֲרָ֑יִם וַיַּעַבְד֧וּ

בְנֵֽי־יִשְׂרָאֵ֛ל אֶת־כּוּשַׁ֥ן רִשְׁעָתַ֖יִם שְׁמֹנֶ֥ה שָׁנִֽים: 9 וַיִּזְעֲק֤וּ בְנֵֽי־יִשְׂרָאֵל֙

אֶל־יְהוָ֔ה וַיָּ֨קֶם יְהוָ֥ה מוֹשִׁ֛יעַ לִבְנֵ֥י יִשְׂרָאֵ֖ל וַיּֽוֹשִׁיעֵ֑ם אֵ֚ת עָתְנִיאֵ֣ל בֶּן־

קְנַ֔ז אֲחִ֥י כָלֵ֖ב הַקָּטֹ֥ן מִמֶּֽנּוּ: 10 וַתְּהִ֨י עָלָ֥יו רֽוּחַ־יְהוָה֮ וַיִּשְׁפֹּ֣ט אֶת־

יִשְׂרָאֵל֒ וַיֵּצֵא֙ לַמִּלְחָמָ֔ה וַיִּתֵּ֤ן יְהוָה֙ בְּיָד֔וֹ אֶת־כּוּשַׁ֥ן רִשְׁעָתַ֖יִם מֶ֣לֶךְ

אֲרָ֑ם וַתָּ֣עָז יָד֔וֹ עַ֖ל כּוּשַׁ֥ן רִשְׁעָתָֽיִם: 11 וַתִּשְׁקֹ֥ט הָאָ֖רֶץ אַרְבָּעִ֣ים שָׁנָ֑ה

וַיָּ֖מָת עָתְנִיאֵ֥ל בֶּן־קְנַֽז: פ

12 וַיֹּסִ֙פוּ֙ בְּנֵ֣י יִשְׂרָאֵ֔ל לַעֲשׂ֥וֹת הָרַ֖ע בְּעֵינֵ֣י יְהוָ֑ה וַיְחַזֵּ֨ק יְהוָ֜ה אֶת־

עֶגְל֤וֹן מֶֽלֶךְ־מוֹאָב֙ עַל־יִשְׂרָאֵ֔ל עַ֥ל כִּֽי־עָשׂ֥וּ אֶת־הָרַ֖ע בְּעֵינֵ֥י יְהוָֽה:

13 וַיֶּאֱסֹ֣ף אֵלָ֔יו אֶת־בְּנֵ֥י עַמּ֖וֹן וַעֲמָלֵ֑ק וַיֵּ֗לֶךְ וַיַּךְ֙ אֶת־יִשְׂרָאֵ֔ל וַיִּֽירְשׁ֖וּ

אֶת־הָעִיר הַתְּמָרִים: 14 וַיַּעַבְדוּ בְנֵי־יִשְׂרָאֵל אֶת־עֶגְלוֹן מֶלֶךְ־מוֹאָב

שְׁמוֹנֶה עֶשְׂרֵה שָׁנָה: ס 15 וַיִּזְעֲקוּ בְנֵי־יִשְׂרָאֵל אֶל־יְהוָה וַיָּקֶם

יְהוָה לָהֶם מוֹשִׁיעַ אֶת־אֵהוּד בֶּן־גֵּרָא בֶּן־הַיְמִינִי אִישׁ אִטֵּר יַד־יְמִינוֹ

וַיִּשְׁלְחוּ בְנֵי־יִשְׂרָאֵל בְּיָדוֹ מִנְחָה לְעֶגְלוֹן מֶלֶךְ מוֹאָב: 16 וַיַּעַשׂ לוֹ

אֵהוּד חֶרֶב וְלָהּ שְׁנֵי פֵיוֹת גֹּמֶד אָרְכָּהּ וַיַּחְגֹּר אוֹתָהּ מִתַּחַת לְמַדָּיו

עַל יֶרֶךְ יְמִינוֹ: 17 וַיַּקְרֵב אֶת־הַמִּנְחָה לְעֶגְלוֹן מֶלֶךְ מוֹאָב וְעֶגְלוֹן

אִישׁ בָּרִיא מְאֹד: 18 וַיְהִי כַּאֲשֶׁר כִּלָּה לְהַקְרִיב אֶת־הַמִּנְחָה וַיְשַׁלַּח

אֶת־הָעָם נֹשְׂאֵי הַמִּנְחָה: 19 וְהוּא שָׁב מִן־הַפְּסִילִים אֲשֶׁר אֶת־הַגִּלְגָּל

וַיֹּאמֶר דְּבַר־סֵתֶר לִי אֵלֶיךָ הַמֶּלֶךְ וַיֹּאמֶר הָס וַיֵּצְאוּ מֵעָלָיו כָּל־

הָעֹמְדִים עָלָיו: 20 וְאֵהוּד בָּא אֵלָיו וְהוּא־יֹשֵׁב בַּעֲלִיַּת הַמְּקֵרָה

אֲשֶׁר־לוֹ לְבַדּוֹ וַיֹּאמֶר אֵהוּד דְּבַר־אֱלֹהִים לִי אֵלֶיךָ וַיָּקָם מֵעַל

הַכִּסֵּא: 21 וַיִּשְׁלַח אֵהוּד אֶת־יַד שְׂמֹאלוֹ וַיִּקַּח אֶת־הַחֶרֶב מֵעַל יֶרֶךְ

יְמִינוֹ וַיִּתְקָעֶהָ בְּבִטְנוֹ: 22 וַיָּבֹא גַם־הַנִּצָּב אַחַר הַלַּהַב וַיִּסְגֹּר הַחֵלֶב

בְּעַד הַלַּהַב כִּי לֹא שָׁלַף הַחֶרֶב מִבִּטְנוֹ וַיֵּצֵא הַפַּרְשְׁדֹנָה: 23 וַיֵּצֵא

אֵהוּד הַמִּסְדְּרוֹנָה וַיִּסְגֹּר דַּלְתוֹת הָעֲלִיָּה בַּעֲדוֹ וְנָעָל: 24 וְהוּא

יָצָא וַעֲבָדָיו בָּאוּ וַיִּרְאוּ וְהִנֵּה דַּלְתוֹת הָעֲלִיָּה נְעֻלוֹת וַיֹּאמְרוּ אַךְ

מֵסִיךְ הוּא אֶת־רַגְלָיו בַּחֲדַר הַמְּקֵרָה: 25 וַיָּחִילוּ עַד־בּוֹשׁ וְהִנֵּה

אֵינֶנּוּ פֹתֵחַ דַּלְתוֹת הָעֲלִיָּה וַיִּקְחוּ אֶת־הַמַּפְתֵּחַ וַיִּפְתָּחוּ וְהִנֵּה אֲדֹנֵיהֶם

נֹפֵל אַרְצָה מֵת: 26 וְאֵהוּד נִמְלַט עַד הִתְמַהְמְהָם וְהוּא עָבַר אֶת־

הַפְּסִילִים וַיִּמָּלֵט הַשְּׂעִירָתָה: 27 וַיְהִי בְּבוֹאוֹ וַיִּתְקַע בַּשּׁוֹפָר בְּהַר

אֶפְרָיִם וַיֵּרְדוּ עִמּוֹ בְנֵי־יִשְׂרָאֵל מִן־הָהָר וְהוּא לִפְנֵיהֶם: 28 וַיֹּאמֶר

אֲלֵהֶם רִדְפוּ אַחֲרַי כִּי־נָתַן יְהוָה אֶת־אֹיְבֵיכֶם אֶת־מוֹאָב בְּיֶדְכֶם

וַיֵּרְדוּ אַחֲרָיו וַיִּלְכְּדוּ אֶת־מַעְבְּרוֹת הַיַּרְדֵּן לְמוֹאָב וְלֹא־נָתְנוּ אִישׁ

לַעֲבֹר: 29 וַיַּכּוּ אֶת־מוֹאָב בָּעֵת הַהִיא כַּעֲשֶׂרֶת אֲלָפִים אִישׁ כָּל־

Masora parva (margin):

ג מל בנביא וכל ד"ה דכות¹⁰ . ב¹¹

ח ג כת ה בליש וב ברנש כת א¹² . ב

ג¹³ . ל . ל . ל . ב

ל מל¹⁴ . ל בטע בסיפ . בב¹⁵

כו . לג ר"פ . ד מל

ל . ב זקף קמ¹⁶

יא בתור ובנביא . ב

ג¹⁷

ל

ל . ל

ל . ל וחס

ל ומל . ב חד פת וחד קמ . לג ר"פ וחד מן ח פסוק והוא הוא

ל

ל . ב . ל . ג¹⁸

ל . ב

ל

ד מל . ל . ב מל

כט¹⁹ חס בנביא ו²⁰ מנה בסיפ וחד מן ב בטע בנביא

ב . ל

[10]Mm 34.   [11]Mm 1991.   [12]Mm 1405.   [13]Mm 103.   [14]וחד ובריא Ps 73,4.   [15]Mm 59.   [16]Mm 1406.   [17]Mm 4085.   [18]Mm 226.   [19]Mm 1954.   [20]Mm 1508.

16 [a] mlt Mss שְׁתֵּי ‖ **19** [a] 𝔊ᴮᶜ σ′ καὶ ἐξαπέστειλεν = וַיּוֹצֵא ‖ **22** [a] 𝔊 καὶ ἐπεισήνεγκεν = וַיָּבֵא ‖ [b-b] prb dupl ad 23a, הפ׳ hpleg inc ‖ **23** [a] hpleg inc; 𝔊 (εἰς) τὴν προστάδα ‖ [b] sic L, mlt Mss Edd הָעֲ׳ ‖ [c] prp וַיִּנְעַל ‖ **25** [a] dub; l frt וַיְיָחֲלוּ (cf Gn 8,10) vel וַיּוֹחִילוּ ‖ **26** [a] 𝔊ᴬᴼ Σε(ε)ιρωθα ‖ **28** [a] 𝔊* καταβαίνετε (𝔊ᴮᶜ κατάβητε) = רְדוּ cf וירדו ‖ **29** [a] 𝔖 nonn Mss ההוא.

30 שָׁמֵן[b] וְכָל־אִישׁ חָיִל וְלֹא נִמְלַט אִישׁ׃ 30 וַתִּכָּנַע מוֹאָב [a]בַּיּוֹם הַהוּא[a]   ד[22] . יו[21]

ס̇ג[24] תַּחַת יַד יִשְׂרָאֵל וַתִּשְׁקֹט הָאָרֶץ שְׁמוֹנִים שָׁנָה׃ ס 31 וְאַחֲרָיו הָיָה   ו[23] מל וכל ד״ה דכות ב מ א

שַׁמְגַּר בֶּן־עֲנָת וַיַּךְ אֶת־פְּלִשְׁתִּים שֵׁשׁ־מֵאוֹת אִישׁ בְּמַלְמַד הַבָּקָר   ל

וַיּוֹשַׁע גַּם־הוּא אֶת־יִשְׂרָאֵל׃ ס

4 1 וַיֹּסִפוּ בְּנֵי יִשְׂרָאֵל לַעֲשׂוֹת הָרַע בְּעֵינֵי יְהוָה וְאֵהוּד מֵת׃

2 וַיִּמְכְּרֵם יְהוָה בְּיַד יָבִין מֶלֶךְ־כְּנַעַן אֲשֶׁר מָלַךְ בְּחָצוֹר וְשַׂר־צְבָאוֹ   ל[1]

3 סִיסְרָא וְהוּא יוֹשֵׁב בַּחֲרֹשֶׁת הַגּוֹיִם׃ 3 וַיִּצְעֲקוּ[a] בְנֵי־יִשְׂרָאֵל אֶל־יְהוָה   מט מל בנביא ד מנה בסיפ . ז[2]

כִּי תְּשַׁע מֵאוֹת רֶכֶב־בַּרְזֶל לוֹ וְהוּא לָחַץ אֶת־בְּנֵי[b] יִשְׂרָאֵל בְּחָזְקָה   ג[3]

4 עֶשְׂרִים שָׁנָה׃ ס 4 וּדְבוֹרָה אִשָּׁה נְבִיאָה אֵשֶׁת לַפִּידוֹת הִיא[a]   ל . ל

5 שֹׁפְטָה אֶת־יִשְׂרָאֵל בָּעֵת הַהִיא׃ 5 וְהִיא יוֹשֶׁבֶת תַּחַת־תֹּמֶר דְּבוֹרָה   ל . ל

בֵּין הָרָמָה וּבֵין בֵּית־אֵל בְּהַר אֶפְרָיִם וַיַּעֲלוּ אֵלֶיהָ בְּנֵי יִשְׂרָאֵל

6 לַמִּשְׁפָּט׃ 6 וַתִּשְׁלַח וַתִּקְרָא לְבָרָק בֶּן־אֲבִינֹעַם מִקֶּדֶשׁ נַפְתָּלִי וַתֹּאמֶר   ה[4]

אֵלָיו הֲלֹא צִוָּה יְהוָה אֱלֹהֵי־יִשְׂרָאֵל לֵךְ[a] וּמָשַׁכְתָּ בְּהַר תָּבוֹר וְלָקַחְתָּ   ג[5] . ל

7 עִמְּךָ עֲשֶׂרֶת אֲלָפִים אִישׁ מִבְּנֵי נַפְתָּלִי וּמִבְּנֵי זְבֻלוּן׃ 7 וּמָשַׁכְתִּי אֵלֶיךָ   ט[6] כת כן וכל כתיב דכות ב מ א

אֶל־נַחַל קִישׁוֹן אֶת־סִיסְרָא שַׂר־צְבָא יָבִין וְאֶת־[a]רִכְבּוֹ וְאֶת־הֲמוֹנוֹ   ל[7] . ג מל

8 וּנְתַתִּיהוּ בְּיָדֶךָ[b]׃ 8 וַיֹּאמֶר אֵלֶיהָ בָּרָק אִם־תֵּלְכִי עִמִּי וְהָלָכְתִּי וְאִם־   ב[8] . יג מ״פ

9 לֹא תֵלְכִי עִמִּי לֹא אֵלֵךְ[a]׃ 9 וַתֹּאמֶר הָלֹךְ אֵלֵךְ עִמָּךְ אֶפֶס[a] כִּי לֹא   ד[9] חס וכל ירמיה דכות ב מ ו

תִהְיֶה תִּפְאַרְתְּךָ עַל־הַדֶּרֶךְ אֲשֶׁר אַתָּה הוֹלֵךְ כִּי בְיַד־אִשָּׁה יִמְכֹּר   ל . כז[10] מל ב[11] מנה בסיפ וכל משלי וקהלת דכות ב מ ה

10 יְהוָה אֶת־סִיסְרָא וַתָּקָם דְּבוֹרָה וַתֵּלֶךְ עִם־בָּרָק קֶדְשָׁה׃ 10 וַיַּזְעֵק   ב . ד

בָּרָק אֶת־זְבוּלֻן וְאֶת־נַפְתָּלִי קֶדְשָׁה וַיַּעַל בְּרַגְלָיו עֲשֶׂרֶת אַלְפֵי[a] אִישׁ   ב . ל . ל

11 וַתַּעַל עִמּוֹ דְּבוֹרָה׃ 11 וְחֶבֶר הַקֵּינִי נִפְרָד מִקַּיִן מִבְּנֵי חֹבָב חֹתֵן[a]   ב . ל

12 מֹשֶׁה וַיֵּט אָהֳלוֹ[b] עַד־אֵלוֹן בְּצַעֲנַיִּם[c] אֲשֶׁר אֶת־קֶדֶשׁ׃ 12 וַיַּגִּדוּ   ה חס בליש בנביא[12] . בצעננים חד מן ב[13] בליש ק

13 לְסִיסְרָא כִּי עָלָה בָּרָק בֶּן־אֲבִינֹעַם הַר־[a]תָּבוֹר׃ ס 13 וַיַּזְעֵק   ד

[21] Mm 1407. [22] Mm 1520. [23] Mm 43. [24] Mp sub loco. **Cp 4** [1] Mp sub loco. [2] Mm 402. [3] Mm 1439. [4] Mm 1035. [5] Mm 1304. [6] Mm 218. [7] וחד את רכבו Ex 14,6. [8] Mm 2833. [9] Mm 1408. [10] Mm 1788. [11] Mm 1409. [12] Mm 1448. [13] Mm 1355.

29 [b] 𝔊* *τοὺς μαχητάς* ‖ **30** [a–a] nonn Mss 𝔖 בָּעֵת הַהִיא cf 29 a ‖ **Cp 4,3** [a] Ms ויזעקו ‖ [b] > pc Mss 𝔊 ‖ **4** [a] mlt Mss וְהִיא ‖ **6** [a] 𝔊 *σοι* = לְךָ ‖ **7** [a] mlt Mss את ‖ [b] nonn Mss בידיך ‖ **8** [a] 𝔊 + *ὅτι οὐκ οἶδα τὴν ἡμέραν ἐν ᾗ εὐοδοῖ κύριος τὸν ἄγγελον μετ' ἐμοῦ*, frt e gl hebr cf 14 ‖ **9** [a] 𝔊 + *γίνωσκε* = דַּע ‖ **10** [a] pc Mss Seb אֲלָפִים cf 14 ‖ **11** [a] prp חֲתַן cf Nu 10,29 ‖ [b] pc Mss אהלה ‖ [c] Q בְּצַעֲנַנִּים ut Jos 19,33; K ־נַיִם vel בְּצַעֲנִים ‖ **12** [a] pc Mss בְּהַר.

סִֽיסְרָ֜א אֶת־כָּל־רִכְבּ֗וֹ תְּשַׁ֤ע מֵאוֹת֙ רֶ֣כֶב בַּרְזֶ֔ל וְאֶת־כָּל־הָעָ֖ם אֲשֶׁ֣ר ג[14]
14 אִתּ֑וֹ מֵחֲרֹ֥שֶׁת הַגּוֹיִ֖ם אֶל־[a]נַ֥חַל קִישֽׁוֹן׃ 14 וַתֹּאמֶר֩ דְּבֹרָ֨ה אֶל־בָּרָ֜ק ג חס[15]
ק֗וּם כִּ֣י זֶ֤ה הַיּוֹם֙ אֲשֶׁר֩ נָתַ֨ן יְהוָ֤ה אֶת־סִֽיסְרָא֙ בְּיָדֶ֔ךָ[a] הֲלֹ֥א יְהוָ֖ה יָצָ֣א
15 לְפָנֶ֑יךָ וַיֵּ֤רֶד בָּרָק֙ מֵהַ֣ר תָּב֔וֹר וַעֲשֶׂ֧רֶת אֲלָפִ֛ים אִ֖ישׁ אַחֲרָֽיו׃ 15 וַיָּ֣הָם ב[16]
יְהוָ֡ה אֶת־סִֽיסְרָ֩א וְאֶת־כָּל־הָרֶ֨כֶב וְאֶת־כָּל־הַֽמַּחֲנֶ֜ה [a]לְפִי־חֶ֗רֶב[a] ב
16 לִפְנֵ֣י בָרָ֑ק וַיֵּ֤רֶד סִֽיסְרָא֙ מֵעַ֣ל הַמֶּרְכָּבָ֔ה וַיָּ֖נָס בְּרַגְלָֽיו׃ 16 וּבָרָ֗ק ג
רָדַ֞ף[a] אַחֲרֵ֤י הָרֶ֙כֶב֙ וְאַחֲרֵ֣י הַֽמַּחֲנֶ֔ה עַ֖ד חֲרֹ֣שֶׁת הַגּוֹיִ֑ם וַיִּפֹּ֞ל כָּל־
17 מַחֲנֵ֤ה סִֽיסְרָא֙ לְפִי־חֶ֔רֶב לֹ֥א נִשְׁאַ֖ר עַד־אֶחָֽד׃ 17 וְסִֽיסְרָא֙ נָ֣ס בְּרַגְלָ֔יו ב ס״פ
אֶל־אֹ֣הֶל יָעֵ֔ל אֵ֖שֶׁת חֶ֣בֶר הַקֵּינִ֑י כִּ֣י שָׁל֗וֹם בֵּ֚ין יָבִ֣ין מֶֽלֶךְ־חָצ֔וֹר וּבֵ֕ין
18 בֵּ֖ית חֶ֥בֶר הַקֵּינִֽי׃ 18 וַתֵּצֵ֣א יָעֵל֮ לִקְרַ֣את סִֽיסְרָא֒ וַתֹּ֣אמֶר אֵלָ֗יו ס֧וּרָה וׄ בטע זקף בסיפ׳ . ג[17] בטע ב מנה בליש
אֲדֹנִ֛י ס֥וּרָה אֵלַ֖י אַל־תִּירָ֑א וַיָּ֤סַר אֵלֶ֙יהָ֙ הָאֹ֔הֱלָה וַתְּכַסֵּ֖הוּ בַּשְּׂמִיכָֽה[a]׃ ג[17] בטע ב מנה בליש . ח[18] . ל[19] . כת ש ול בליש
19 וַיֹּ֧אמֶר אֵלֶ֛יהָ הַשְׁקִֽינִי־נָ֥א מְעַט־מַ֖יִם כִּ֣י צָמֵ֑אתִי[a] וַתִּפְתַּ֞ח אֶת־נֹ֧אוד[b] 19 ל . ל מל[20]
20 הֶחָלָ֛ב וַתַּשְׁקֵ֖הוּ וַתְּכַסֵּֽהוּ׃ 20 וַיֹּ֣אמֶר אֵלֶ֔יהָ עֲמֹ֖ד[a] פֶּ֣תַח הָאֹ֑הֶל וְהָיָה֩
21 אִם־אִ֨ישׁ יָב֜וֹא וּשְׁאֵלֵ֗ךְ וְאָמַ֛ר הֲיֵֽשׁ־פֹּ֥ה אִ֖ישׁ וְאָמַ֥רְתְּ אָֽיִן׃ 21 וַתִּקַּ֣ח ג[21]
יָעֵ֣ל אֵֽשֶׁת־חֶ֠בֶר אֶת־יְתַ֨ד הָאֹ֜הֶל וַתָּ֧שֶׂם אֶת־הַמַּקֶּ֣בֶת בְּיָדָ֗הּ וַתָּב֤וֹא י מל בנביא
אֵלָיו֙ בַּלָּ֔אט[a] וַתִּתְקַ֤ע אֶת־הַיָּתֵד֙ בְּרַקָּת֔וֹ וַתִּצְנַ֖ח בָּאָ֑רֶץ וְהֽוּא־נִרְדָּ֥ם[b] ד[22] ג חס א וחד מן מח[23] כת א לא קר׳ . ב . ג . ה
22 וַיָּ֖עַף[c] וַיָּמֹֽת׃ 22 וְהִנֵּ֣ה בָרָק֮ רֹדֵ֣ף אֶת־סִֽיסְרָא֒ וַתֵּצֵ֤א יָעֵל֙ לִקְרָאת֔וֹ ב ר״פ בסיפ[24]
וַתֹּ֣אמֶר ל֔וֹ לֵ֣ךְ וְאַרְאֶ֔ךָּ אֶת־הָאִ֖ישׁ אֲשֶׁר־אַתָּ֣ה מְבַקֵּ֑שׁ וַיָּבֹ֣א אֵלֶ֔יהָ ל[25]
23 וְהִנֵּ֤ה סִֽיסְרָא֙ נֹפֵ֣ל מֵ֔ת וְהַיָּתֵ֖ד בְּרַקָּתֽוֹ׃ 23 וַיַּכְנַ֣ע אֱלֹהִ֗ים[a] בַּיּ֣וֹם הַה֔וּא ל . ב[26]
24 אֵ֖ת יָבִ֣ין מֶֽלֶךְ־כְּנָ֑עַן לִפְנֵ֖י בְּנֵ֥י יִשְׂרָאֵֽל׃ 24 וַתֵּ֨לֶךְ יַ֤ד בְּנֵֽי־יִשְׂרָאֵל֙
הָל֣וֹךְ וְקָשָׁ֔ה עַ֖ל יָבִ֣ין מֶֽלֶךְ־כְּנָ֑עַן עַ֚ד אֲשֶׁ֣ר הִכְרִ֔יתוּ אֵ֖ת יָבִ֥ין מֶֽלֶךְ־ ל . ל
כְּנָֽעַן׃ פ

5 1 וַתָּ֣שַׁר דְּבוֹרָ֔ה וּבָרָ֖ק בֶּן־אֲבִינֹ֑עַם בַּיּ֥וֹם הַה֖וּא לֵאמֹֽר׃ ל . ג
2 בִּפְרֹ֤עַ פְּרָעוֹת֙ בְּיִשְׂרָאֵ֔ל בְּהִתְנַדֵּ֖ב עָ֑ם בָּרְכ֖וּ יְהוָֽה׃ ל . ל . ל . ה[1]

[14]Mm 2693. [15]Mm 259. [16]Ex 14,24. [17]Mm 1410. [18]Mm 111. [19]Mm 1411. [20]Mm 1619. [21]Mm 1742. [22]Mm 1412. [23]Mm 898. [24]Mm 1413. [25]Mm 80. [26]Mm 3382. Cp 5 [1]Mm 1414.

13 [a] pc Mss עַד ‖ **14** [a] pc Mss 𝔖𝔙 בידיך cf 7[b] ‖ **15** [a–a] prb dl cf 16b ‖ **16** [a] 𝔊 *διώκων* cf 22 ‖ **18** [a] 2 Mss בס׳, 𝔊[B] *ἐπιβολαίῳ* = במכסה? 𝔊* *ἐν τῇ δέρρει αὐτῆς* ‖ **19** [a] mlt Mss 𝔙 צמתי ‖ [b] ℭ mlt Mss נאד, pc Mss נוד, 2 Mss נואד ‖ **20** [a] 𝔖[WMU]𝔗 *qwmj*, prp עִמְדִי ‖ **21** [a] mlt Mss בַּלָּט ‖ [b] nonn Mss ־ַם ‖ [c] l prb וְיָעֵף ‖ **23** [a] Ms 𝔖 יהוה; 𝔊* pr *κύριος*.

3 שִׁמְע֣וּ מְלָכִ֔ים הַאֲזִ֖ינוּ רֹֽזְנִ֑ים [a]אָנֹכִ֗י לַֽיהוָה֙[a] אָנֹכִ֣י[b] אָשִׁ֔ירָה — ח. ל. ב בנביא
[c]אֲזַמֵּ֕ר לַֽיהוָ֖ה אֱלֹהֵ֥י יִשְׂרָאֵֽל׃[c]
4 יְהוָ֗ה בְּצֵאתְךָ֤ מִשֵּׂעִיר֙ בְּצַעְדְּךָ֙ מִשְּׂדֵ֣ה אֱד֔וֹם — ל. ב
אֶ֣רֶץ רָעָ֔שָׁה גַּם־שָׁמַ֖יִם נָטָ֑פוּ[a] גַּם־עָבִ֖ים נָ֥טְפוּ מָֽיִם׃ — ל. ג[2]
5 הָרִ֥ים נָזְל֖וּ[a] מִפְּנֵ֣י יְהוָ֑ה [b]זֶ֣ה סִינַ֔י[b] מִפְּנֵ֕י יְהוָ֖ה אֱלֹהֵ֥י יִשְׂרָאֵֽל׃
6 בִּימֵ֞י שַׁמְגַּ֤ר בֶּן־עֲנָת֙ בִּימֵ֣י יָעֵ֔ל חָדְל֖וּ אֳרָח֑וֹת[a] — ב ובפסוק
וְהֹלְכֵ֣י[b] נְתִיב֔וֹת יֵלְכ֕וּ אֳרָח֖וֹת[c] עֲקַלְקַלּֽוֹת׃ — ב ובפסוק[2]. ל
7 [a]חָדְל֧וּ פְרָז֛וֹן[b] בְּיִשְׂרָאֵ֖ל חָדֵ֑לּוּ — ל ומל. ב
עַ֤ד שַׁקַּ֙מְתִּי֙ דְּבוֹרָ֔ה שַׁקַּ֥מְתִּי[c] אֵ֖ם בְּיִשְׂרָאֵֽל׃ — ב ובפסוק[2]. ב ובפסוק
8 יִבְחַר֙ אֱלֹהִ֣ים חֲדָשִׁ֔ים [a]אָ֖ז לָחֶ֣ם שְׁעָרִ֑ים[a] — ל
מָגֵ֤ן אִם־יֵרָאֶה֙ וָרֹ֔מַח בְּאַרְבָּעִ֥ים אֶ֖לֶף בְּיִשְׂרָאֵֽל׃ — יג[3]. ב[4] ול[5] בעינ
9 [a]לִבִּי֙ לְחוֹקְקֵ֣י יִשְׂרָאֵ֔ל הַמִּֽתְנַדְּבִ֖ים בָּעָ֑ם בָּרְכ֖וּ יְהוָֽה׃ — ל ומל. ב[6]. ה[7]
10 [a]רֹכְבֵי֩ אֲתֹנ֨וֹת צְחֹר֜וֹת יֹשְׁבֵ֧י עַל־מִדִּ֛ין וְהֹלְכֵ֥י[b] עַל־דֶּ֖רֶךְ שִֽׂיחוּ׃ — ל. ג[8]. ה וכל על הדרך דכות[9]
11 [a]מִקּ֣וֹל מְחַצְצִ֗ים[a] בֵּ֚ין מַשְׁאַבִּ֔ים שָׁ֤ם יְתַנּוּ֙[b] צִדְק֣וֹת יְהוָ֔ה — ל. ל. ל. ד
צִדְקֹ֥ת פִּרְזֹנ֖וֹ בְּיִשְׂרָאֵ֑ל[c] — ל. ד
[d]אָ֛ז יָרְד֥וּ לַשְּׁעָרִ֖ים עַם־יְהוָֽה׃[d] — ל
12 [a]ע֤וּרִי עוּרִי֙ דְּבוֹרָ֔ה [b]ע֥וּרִי ע֖וּרִי דַּבְּרִי־שִׁ֑יר[b] — ג[10]
ק֥וּם בָּרָ֛ק וּֽשֲׁבֵ֥ה שֶׁבְיְךָ֖[c] בֶּן־אֲבִינֹֽעַם׃ — ל. ל
13 אָ֤ז [a]יְרַד֙ שָׂרִ֔יד לְאַדִּירִ֖ים[a] [b]עָ֑ם יְהוָ֕ה [c]יְרַד־לִ֖י[c] בַּגִּבּוֹרִֽים׃ — ב. ב. ד
14 מִנִּ֣י אֶפְרַ֗יִם שָׁרְשָׁם֙[a] בַּעֲמָלֵ֔ק[b] אַחֲרֶ֥יךָ[c] בִנְיָמִ֖ין בַּעֲמָמֶ֑יךָ[c] — ב ר״פ[11]. יז מל[12]. ל
מִנִּ֣י מָכִ֗יר יָרְדוּ֙ מְחֹ֣קְקִ֔ים וּמִזְּבוּלֻ֔ן מֹשְׁכִ֖ים בְּשֵׁ֥בֶט סֹפֵֽר׃[d][e] — ל. ב[13]. ו[14]

[2]Mp sub loco. [3]Mm 150. [4]Mm 1415. [5]Mm 1263. [6]Mm 1416. [7]Mm 1414. [8]Mm 1332. [9]Mm 3032. [10]Mm 1417. [11]Mm 1418. [12]Mm 262. [13]Mm 1419. [14]Mm 1420.

Cp 5,3 a–a > pc Mss ‖ b > pc Mss 𝔊* ‖ c–c prb add ‖ **4** a 𝔊^{A} *ἐξεστάθη* 𝔊* *ἐταράχθη*, prp נָמוֹגוּ vel נָמוֹטוּ ‖ **5** a 𝔊(𝔖𝔗) *ἐσαλεύθησαν*, l נָזֹלּוּ cf Jes 63,19 64,2 ‖ b–b frt add ‖ **6** a prp אֹרְחֹת ‖ b nonn Mss 'ה ‖ c frt dl ‖ **7** a tr post 8 ‖ b pc Mss –ות ‖ c 𝔊(𝔙) *(ἐξ)ανέστη* ‖ **8** a–a crrp; prp מֵאָז לֹא לָהֶם שְׁעָ' cf Dt 32,17 ‖ **9** a prb add (dupl ad 2?) ‖ **10** a huc tr 12 ‖ b pc Mss 'ה cf 6b ‖ **11** a–a crrp; frt l קוֹל מְחַצְּצְרִים cf 𝔊* ‖ b 𝔊 *δώσουσιν* ‖ c prb stich exc ‖ d–d add cf 13a ‖ **12** a cf 10a ‖ b–b 𝔊* *ἐξέγειρον μυριάδας μετὰ λαοῦ* prb = הָעִירִי רִבְבוֹת עַם ‖ c l שְׁבֵיךָ cf 𝔖𝔄 et Jes 14,2 ‖ **13** a–a frt l יָרַד יִשְׂרָאֵל בָּאַדִּירִים (sic 𝔊^{BC}) ‖ b l c nonn Mss 𝔊^{BRlIIC} עַם ‖ c–c frt l יָרַד־לוֹ cf 𝔊^{B} ‖ **14** a crrp; Vrs hab vrb, prp אָשְׁרוּ ‖ b 𝔊*θ' *ἐν κοιλάδι*, l בָּעֵמֶק ‖ c l –יו ‖ d prp סֵפֶר cf akk *siparru* = aes ‖ e huc tr 18.

15 [a]וְשָׂרַ֤י בְּיִשָּׂשכָר֙[a] עִם־דְּבֹרָ֔ה [b]וְיִשָּׂשכָר֙[c] כֵּ֣ן בָּרָ֔ק[b] בָּעֵ֖מֶק שֻׁלַּ֣ח	ב ר״פ[15]. ג חס[16]. ג[17]
בִּפְלַגּ֣וֹת רְאוּבֵ֔ן גְּדֹלִ֖ים חִקְקֵי־[e]לֵֽב׃ [בְּרַגְלָ֑יו[d]	ב. ב
16 לָ֣מָּה יָשַׁ֗בְתָּ בֵּ֚ין הַֽמִּשְׁפְּתַ֔יִם לִשְׁמֹ֖עַ שְׁרִק֣וֹת עֲדָרִ֑ים	ב. ב
[a]לִפְלַגּ֣וֹת[b] רְאוּבֵ֔ן גְּדוֹלִ֖ים חִקְרֵי־לֵֽב[a]׃	ר מל[18]
17 גִּלְעָ֗ד בְּעֵ֤בֶר הַיַּרְדֵּן֙ שָׁכֵ֔ן וְדָ֕ן לָ֥מָּה[a] יָג֖וּר אֳנִיּ֑וֹת	ב
אָשֵׁ֗ר יָשַׁב֙ לְח֣וֹף יַמִּ֔ים וְעַ֥ל מִפְרָצָ֖יו יִשְׁכּֽוֹן[b]׃	הי[19]. ל. ב מל[20]
18 [a]זְבֻל֗וּן עַ֣ם חֵרֵ֥ף נַפְשׁ֛וֹ לָמ֖וּת וְנַפְתָּלִ֑י עַ֖ל מְר֥וֹמֵי שָׂדֶֽה[b]׃	ט[21] כת כן וכל כתיב דכות ב מ א. ה[22]. ג חד מל וב חס
19 בָּ֤אוּ מְלָכִים֙ נִלְחָ֔מוּ אָ֤ז נִלְחֲמוּ֙ מַלְכֵ֣י כְנַ֔עַן	ב ר״פ[23]
בְּתַעְנַ֖ךְ עַל־מֵ֣י מְגִדּ֑וֹ בֶּ֥צַע כֶּ֖סֶף לֹ֥א לָקָֽחוּ׃	
20 מִן־שָׁמַ֖יִם[a] נִלְחָ֑מוּ הַכּֽוֹכָבִים֙[b] מִמְּסִלּוֹתָ֔ם נִלְחֲמ֖וּ עִם־סִיסְרָֽא[c]׃	ב[22]. ל
21 נַ֤חַל קִישׁוֹן֙ גְּרָפָ֔ם נַ֥חַל[a] קְדוּמִ֖ים[b] נַ֣חַל קִישׁ֑וֹן	יב פסוק דמיין[24]. ל. ל
[c]תִּדְרְכִ֥י נַפְשִׁ֖י עֹֽז[c]׃	ל
22 [a]אָ֚ז הָלְמ֣וּ עִקְּבֵי־ס֔וּס[b] מִֽדַּהֲר֖וֹת דַּהֲר֥וֹת אַבִּירָֽיו׃	ב. ל
23 [a]א֣וֹרוּ מֵר֗וֹז אָמַר֙ מַלְאַ֣ךְ[b] יְהוָ֔ה אֹ֥רוּ אָר֖וֹר יֹשְׁבֶ֑יהָ	ג חד מל וב חס[25]. ל. ג חד מל וב חס[25]
כִּ֤י לֹא־בָ֙אוּ֙ לְעֶזְרַ֣ת יְהוָ֔ה [c]לְעֶזְרַ֥ת יְהוָ֖ה[c] בַּגִּבּוֹרִֽים׃	ב. ב. ד
24 תְּבֹרַךְ֙ מִנָּשִׁ֔ים יָעֵ֕ל [a]אֵ֖שֶׁת חֶ֣בֶר הַקֵּינִ֑י[a] מִנָּשִׁ֥ים בָּאֹ֖הֶל תְּבֹרָֽךְ׃	ג. ג. ג. ו[26]. ג
25 מַ֥יִם שָׁאַ֖ל חָלָ֣ב נָתָ֑נָה בְּסֵ֥פֶל אַדִּירִ֖ים הִקְרִ֥יבָה חֶמְאָֽה׃	ל. ל. ל
26 יָדָהּ֙ לַיָּתֵ֣ד תִּשְׁלַ֔חְנָה[a] וִֽימִינָ֖הּ לְהַלְמ֣וּת עֲמֵלִ֑ים	ל. ל
וְהָלְמָ֤ה סִֽיסְרָא֙ מָחֲקָ֣ה רֹאשׁ֔וֹ וּמָחֲצָ֥ה[b] וְחָלְפָ֖ה רַקָּתֽוֹ׃	ל. ל. לב בנביא ד מנה בסיפ. ל. ל
27 [a]בֵּ֤ין רַגְלֶ֙יהָ֙ כָּרַ֣ע נָפַ֔ל שָׁכָ֑ב[ab] בֵּ֤ין רַגְלֶ֙יהָ֙ כָּרַ֣ע נָפָ֔ל	ל זקף קמ
בַּאֲשֶׁ֣ר כָּרַ֔ע שָׁ֖ם נָפַ֥ל שָׁדֽוּד׃	הי[27]
28 בְּעַד֩ הַחַלּ֨וֹן נִשְׁקְפָ֧ה וַתְּיַבֵּ֛ב[a] אֵ֥ם סִֽיסְרָ֖א בְּעַ֣ד הָֽאֶשְׁנָ֑ב	ד. ל. ל

[15] Mm 102. [16] Mm 259. [17] Mm 3077. [18] Mm 1421. [19] Mm 87. [20] Mm 1422. [21] Mm 218. [22] Mp sub loco. [23] Mm 3022. [24] Mm 3896. [25] Mm 1423. [26] Mm 113. [27] Mm 2386.

15 [a–a] l שָׂרֵי בְ׳ cf 𝔊𝔖𝔗𝔙 et 18[b] ‖ [b–b] > 𝔊* ‖ [c] prp וְכִי׳ ‖ [d] frt huc tr : ‖ [e] l c pc Mss 𝔖 חקרי cf 16 ‖ **16** [a–a] dupl cf 15[b] ‖ [b] 𝔆 nonn Mss בִּפְ׳ cf 15b ‖ **17** [a] > 2 Mss 𝔗𝔙, dl ‖ [b] huc tr 23 ‖ **18** [a] cf 14[e] ‖ [b] l שָׂדֵהוּ cf 15[a–a] ‖ **20** [a] pc Mss הַשְּׁ׳ ‖ [b] huc tr cf 𝔊 ‖ [c] huc tr 22 ‖ **21** [a] dl ‖ [b] crrp; frt l קִדְּמָם ‖ [c–c] prb add ‖ **22** [a] cf 20[c] ‖ [b] 𝔊* 𝔙 pl, l סוּסָיו (מ hpgr) ‖ **23** [a] cf 17[b] ‖ [b] prb add ‖ [c–c] > mlt Mss 𝔖, prb dl ‖ **24** [a–a] prb add ex 4,17 ‖ **26** [a] prp חָ– (cf 𝔖𝔗) vel תִּשְׁלְחֶנָּה (? orig energicus *tišlaḥanna*) ‖ [b] prb vb exc ‖ **27** [a–a] > nonn Mss, prb dl (dttg) ‖ [b] > pc Mss ‖ **28** [a] 𝔊[AO](𝔗) *καὶ κατεμάνθανεν* = וַתַּבֵּט.

מַדּ֗וּעַ בֹּשֵׁ֤שׁ רִכְבּוֹ֙ לָב֔וֹא מַדּ֣וּעַ אֶֽחֱר֔וּ פַּעֲמֵ֖י מַרְכְּבוֹתָֽיו׃ ב[28]. ל. ב מל[29]
29 חַכְמ֥וֹת[a] שָׂרוֹתֶ֖יהָ תַּעֲנֶ֑ינָּה אַף־הִ֕יא תָּשִׁ֥יב אֲמָרֶ֖יהָ לָֽהּ׃ ב[30]. ל. ל[31]
30 הֲלֹ֨א יִמְצְא֜וּ יְחַלְּק֣וּ שָׁלָ֗ל רַ֚חַם רַחֲמָתַ֙יִם֙ לְרֹ֣אשׁ גֶּ֔בֶר ל. ה[32]. כד[33] ה מנה בסיפ
שְׁלַ֤ל צְבָעִים֙ לְסִ֣יסְרָ֔א[a] [b]שְׁלַ֥ל צְבָעִ֖ים[b] ל. ל
רִקְמָ֑ה צֶ֛בַע[c] רִקְמָתַ֖יִם לְצַוְּארֵ֥י שָׁלָֽל[d]׃
ס[33] 31 כֵּ֠ן יֹאבְד֤וּ כָל־אוֹיְבֶ֙יךָ֙ יְהוָ֔ה וְאֹ֣הֲבָ֔יו[a] כְּצֵ֥את הַשֶּׁ֖מֶשׁ בִּגְבֻרָת֑וֹ ז מל[34]. ג[35]. ל חס
וַתִּשְׁקֹ֥ט הָאָ֖רֶץ אַרְבָּעִ֥ים שָׁנָֽה׃ פ

6 1 וַיַּעֲשׂ֧וּ בְנֵֽי־יִשְׂרָאֵ֛ל הָרַ֖ע בְּעֵינֵ֣י יְהוָ֑ה וַיִּתְּנֵ֧ם יְהוָ֛ה בְּיַד־מִדְיָ֖ן ב זוגין[1]
2 שֶׁ֥בַע שָׁנִֽים׃ 2 וַתָּ֥עָז יַד־מִדְיָ֖ן עַל־יִשְׂרָאֵ֑ל מִפְּנֵ֨י מִדְיָ֜ן עָשׂ֥וּ[a] לָהֶ֣ם ׀ בְּנֵ֣י ב
יִשְׂרָאֵ֗ל אֶת־הַמִּנְהָרוֹת֙ אֲשֶׁ֣ר בֶּֽהָרִ֔ים וְאֶת־הַמְּעָר֖וֹת וְאֶת־הַמְּצָדֽוֹת׃ ל. ה בליש[2]
3 וְהָיָ֖ה אִם־זָרַ֣ע יִשְׂרָאֵ֑ל וְעָלָ֨ה מִדְיָ֧ן וַעֲמָלֵ֛ק וּבְנֵי־קֶ֖דֶם [a]וְעָל֥וּ עָלָֽיו[a]׃ ל בטע
4 וַיַּחֲנ֣וּ עֲלֵיהֶ֗ם וַיַּשְׁחִ֙יתוּ֙ אֶת־יְב֣וּל הָאָ֔רֶץ עַד־בּוֹאֲךָ֖ עַזָּ֑ה וְלֹֽא־יַשְׁאִ֤ירוּ ג[3]. ה מל
5 מִֽחְיָה֙ בְּיִשְׂרָאֵ֔ל וְשֶׂ֖ה וָשׁ֥וֹר וַחֲמֽוֹר׃ 5 כִּ֡י הֵם֩ וּמִקְנֵיהֶ֨ם יַעֲל֜וּ[a] וְאָהֳלֵיהֶ֗ם
יָבֹ֤אוּ[b] כְדֵי־אַרְבֶּה֙ לָרֹ֔ב וְלָהֶ֥ם וְלִגְמַלֵּיהֶ֖ם אֵ֣ין מִסְפָּ֑ר וַיָּבֹ֥אוּ בָאָ֖רֶץ ובאו ק. ח[4]
6 לְשַׁחֲתָֽהּ׃ 6 וַיִּדַּ֧ל יִשְׂרָאֵ֛ל מְאֹ֖ד מִפְּנֵ֣י מִדְיָ֑ן וַיִּזְעֲק֥וּ בְנֵֽי־יִשְׂרָאֵ֖ל אֶל־ יב וכל דל ואביון דכות ול בליש
7 יְהוָֽה׃ פ 7 [a]וַיְהִ֕י כִּֽי־זָעֲק֥וּ בְנֵֽי־יִשְׂרָאֵ֖ל אֶל־יְהוָ֑ה[a] עַ֖ל אֹד֥וֹת ב בטע בסיפ[5]
8 מִדְיָֽן׃ 8 וַיִּשְׁלַ֧ח יְהוָ֛ה אִ֥ישׁ נָבִ֖יא אֶל־בְּנֵ֣י יִשְׂרָאֵ֑ל וַיֹּ֨אמֶר לָהֶ֜ם כֹּה־ כב[6] וכל ד״ה ועזרא דכות ב מ ה חס בליש . כד
אָמַ֣ר יְהוָ֣ה ׀ אֱלֹהֵ֣י יִשְׂרָאֵ֗ל אָנֹכִ֞י הֶעֱלֵ֤יתִי אֶתְכֶם֙ מִמִּצְרַ֔יִם[a] וָאֹצִ֥יא ג ב חס וחד מל
9 אֶתְכֶ֖ם מִבֵּ֥ית עֲבָדִֽים׃ 9 וָאַצִּ֤ל אֶתְכֶם֙ מִיַּ֣ד מִצְרַ֔יִם וּמִיַּ֖ד כָּל־ ג ב חס וחד מל[7]
10 לֹחֲצֵיכֶ֑ם וָאֲגָרֵ֤שׁ[a] אוֹתָם֙ מִפְּנֵיכֶ֔ם וָאֶתְּנָ֥ה לָכֶ֖ם אֶת־אַרְצָֽם׃ 10 וָאֹמְרָ֣ה
לָכֶ֗ם אֲנִי֙ יְהוָ֣ה אֱלֹֽהֵיכֶ֔ם לֹ֤א תִֽירְאוּ֙ אֶת־אֱלֹהֵ֣י הָאֱמֹרִ֔י אֲשֶׁ֥ר אַתֶּ֖ם
11 יוֹשְׁבִ֣ים בְּאַרְצָ֑ם וְלֹ֥א שְׁמַעְתֶּ֖ם בְּקוֹלִֽי׃ פ 11 וַיָּבֹ֞א מַלְאַ֣ךְ יְהוָ֗ה י מל
וַיֵּ֙שֶׁב֙ תַּ֤חַת הָאֵלָה֙ אֲשֶׁ֣ר בְּעָפְרָ֔ה אֲשֶׁ֖ר לְיוֹאָ֣שׁ אֲבִ֣י הָעֶזְרִ֑י וְגִדְע֣וֹן ג
12 בְּנ֗וֹ חֹבֵ֤ט חִטִּים֙ בַּגַּ֔ת לְהָנִ֖יס מִפְּנֵ֥י מִדְיָֽן׃ 12 וַיֵּרָ֥א אֵלָ֖יו מַלְאַ֣ךְ יְהוָ֑ה ל. ל. ל. כ[8]

[28] Ex 32,1. [29] Mm 2472. [30] Mm 1424. [31] Mm 161. [32] Mm 1425. [33] Mp sub loco. [34] Mm 3348. [35] Mm 1426. Cp 6 [1] Okhl 232. [2] Mm 1666. [3] Mp sub loco. [4] Mm 1053. [5] Mm 1467. [6] Mm 11. [7] Mm 1427. [8] Mm 1227.

29 [a] pc Mss חכמת, l חַכְמַת cf 𝔖𝔙 ‖ **30** [a] huc tr ‸ ‖ [b–b] dttg, dl ‖ [c] dl ‖ [d] prp שֵׁגָל, melius dl ׳שׁ et l antea לְצַוָּארוֹ (cf 𝔊) ‖ **31** [a] l c 2 Mss 𝔖𝔙 ־בֶיךָ ‖ **Cp 6,2** [a] sic L, mlt Mss Edd ־עָשׂוּ ‖ **3** [a–a] prb add ‖ **5** [a] > 𝔖 cf 𝔙, prb dl ‖ [b] nonn Mss ut Q; prb l c K יָבֹאוּ cf 𝔊[B] *παρεγίνοντο*; 𝔊* *παρέφερον* ‖ **7** [a–a] > 𝔊*𝔖𝔙, dupl ad 6b? ‖ **8** [a] pc Mss 𝔊[BC]𝔖 מ׳ מֵאֶרֶץ ‖ **9** [a] pc Mss 𝔅 וַא׳.

וַיֹּאמֶר אֵלָיו יְהוָה עִמְּךָ גִּבּוֹר הֶחָיִל׃ 13 וַיֹּאמֶר אֵלָיו גִּדְעוֹן בִּי אֲדֹנִי 13
וְיֵשׁ יְהוָה עִמָּנוּ וְלָמָּה מְצָאַתְנוּ כָּל־זֹאת[a] וְאַיֵּה כָל־נִפְלְאֹתָיו אֲשֶׁר
סִפְּרוּ־לָנוּ אֲבוֹתֵינוּ לֵאמֹר הֲלֹא מִמִּצְרַיִם הֶעֱלָנוּ יְהוָה וְעַתָּה נְטָשָׁנוּ
יְהוָה וַיִּתְּנֵנוּ[b] בְּכַף־מִדְיָן׃ 14 וַיִּפֶן אֵלָיו יְהוָה[a] וַיֹּאמֶר לֵךְ בְּכֹחֲךָ זֶה 14
וְהוֹשַׁעְתָּ אֶת־יִשְׂרָאֵל מִכַּף מִדְיָן הֲלֹא שְׁלַחְתִּיךָ׃ 15 וַיֹּאמֶר אֵלָיו 15
בִּי אֲדֹנָי[a] בַּמָּה אוֹשִׁיעַ אֶת־יִשְׂרָאֵל הִנֵּה אַלְפִּי הַדַּל בִּמְנַשֶּׁה וְאָנֹכִי
הַצָּעִיר בְּבֵית אָבִי׃ 16 וַיֹּאמֶר אֵלָיו [a]יְהוָה כִּי אֶהְיֶה עִמָּךְ[a] וְהִכִּיתָ 16
אֶת־מִדְיָן כְּאִישׁ אֶחָד׃ 17 וַיֹּאמֶר אֵלָיו אִם־נָא מָצָאתִי חֵן בְּעֵינֶיךָ 17
וְעָשִׂיתָ לִּי אוֹת שָׁאַתָּה מְדַבֵּר עִמִּי׃ 18 אַל־נָא תָמֻשׁ מִזֶּה עַד־בֹּאִי 18
אֵלֶיךָ וְהֹצֵאתִי אֶת־מִנְחָתִי וְהִנַּחְתִּי לְפָנֶיךָ וַיֹּאמַר אָנֹכִי אֵשֵׁב עַד
שׁוּבֶךָ׃ 19 וְגִדְעוֹן בָּא וַיַּעַשׂ גְּדִי־עִזִּים וְאֵיפַת־קֶמַח מַצּוֹת הַבָּשָׂר שָׂם 19
בַּסַּל וְהַמָּרַק שָׂם בַּפָּרוּר וַיּוֹצֵא אֵלָיו אֶל־תַּחַת הָאֵלָה וַיַּגַּשׁ[a]׃ ס
וַיֹּאמֶר אֵלָיו מַלְאַךְ הָאֱלֹהִים[a] קַח אֶת־הַבָּשָׂר וְאֶת־הַמַּצּוֹת וְהַנַּח 20 20
אֶל־הַסֶּלַע הַלָּז וְאֶת־הַמָּרַק שְׁפוֹךְ וַיַּעַשׂ כֵּן׃ 21 וַיִּשְׁלַח מַלְאַךְ יְהוָה 21
אֶת־קְצֵה הַמִּשְׁעֶנֶת אֲשֶׁר בְּיָדוֹ וַיִּגַּע בַּבָּשָׂר וּבַמַּצּוֹת וַתַּעַל הָאֵשׁ מִן־
הַצּוּר וַתֹּאכַל אֶת־הַבָּשָׂר וְאֶת־הַמַּצּוֹת וּמַלְאַךְ יְהוָה הָלַךְ מֵעֵינָיו׃
22 וַיַּרְא גִּדְעוֹן כִּי־מַלְאַךְ יְהוָה הוּא ס וַיֹּאמֶר גִּדְעוֹן אֲהָהּ אֲדֹנָי 22
יְהוִה כִּי־עַל־כֵּן רָאִיתִי מַלְאַךְ יְהוָה פָּנִים אֶל־פָּנִים׃ 23 וַיֹּאמֶר לוֹ 23
יְהוָה שָׁלוֹם לְךָ אַל־תִּירָא לֹא תָּמוּת׃ 24 וַיִּבֶן שָׁם גִּדְעוֹן מִזְבֵּחַ 24
לַיהוָה וַיִּקְרָא־לוֹ יְהוָה שָׁלוֹם עַד הַיּוֹם הַזֶּה עוֹדֶנּוּ בְּעָפְרָת[a] אֲבִי
הָעֶזְרִי׃ פ 25 וַיְהִי בַּלַּיְלָה הַהוּא וַיֹּאמֶר לוֹ יְהוָה קַח [a]אֶת־פַּר־ 25
הַשּׁוֹר[a] אֲשֶׁר לְאָבִיךָ וּפַר[b] הַשֵּׁנִי[c] שֶׁבַע שָׁנִים וְהָרַסְתָּ אֶת־מִזְבַּח
הַבַּעַל אֲשֶׁר לְאָבִיךָ וְאֶת־הָאֲשֵׁרָה אֲשֶׁר־עָלָיו תִּכְרֹת׃ 26 וּבָנִיתָ 26
מִזְבֵּחַ לַיהוָה אֱלֹהֶיךָ עַל רֹאשׁ הַמָּעוֹז[a] הַזֶּה בַּמַּעֲרָכָה וְלָקַחְתָּ אֶת־

ל[9]
ל . ג ב פת וחד קמ[10]
ל . ב[11]
ב . ל
ה[12] . ח קמ[13] . יב וכל דל ואביון דכות ול בליש
ה בטע[11]
כ[14] . סו
ל . ג[15]
ב חס . ג[16] . צא . יא בטע[17]
ג[18] . יב מל[19]
ה . ב
ב מל בליש
ל . ל
ל
ה[20] . ד[21] ב מנה בטע
ג ב מנה בנביא
ל . ג
ד[21] ב מנה בטע
ל . ל
ל
ב[22]

[9] Mm 328. [10] Mm 950. [11] Mp sub loco. [12] Mm 392. [13] Mm 96. [14] Mm 1514. [15] Mm 1428. [16] Mm 2873. [17] Mm 284. [18] Mm 899. [19] Mm 2194. [20] Mm 243. [21] Mm 4073. [22] Mm 1429.

13 [a] 𝔊* *τὰ κακὰ ταῦτα* = הָרָעָה הַזֹּאת || [b] > ℭ || **14** [a] Ms מלאך, 𝔊 pr *ὁ ἄγγελος* cf 11sq || **15** [a] pc Mss 𝔊^BOC ℭ^f ־ִי || **16** [a–a] 𝔊* *ὁ ἄγγελος κυρίου· κύριος ἔσται μετὰ σοῦ* cf 14[a] || **19** [a] 𝔊* *καὶ προσεκύνησεν* || **20** [a] 𝔊* *κυρίου* || **24** [a] sic L, C mlt Mss Edd ־ַת || **25** [a–a] 𝔊* *τὸν μόσχον τὸν σιτευτόν*, prb l אֶת־הַפַּר הַשָּׁנִי cf [c] || [b] 𝔊* *τὸν μόσχον* || [c] > 𝔊*, dl || **26** [a] pc Mss et pc Mss^mg ־וֹן (sic Soraei).

27 הַפָּר הַשֵּׁנִי[b] וְהַעֲלִיתָ עוֹלָה בַּעֲצֵי הָאֲשֵׁרָה אֲשֶׁר תִּכְרֹת׃ 27 וַיִּקַּח   ג[23]. ל מל בסיפ
גִּדְעוֹן עֲשָׂרָה אֲנָשִׁים מֵעֲבָדָיו וַיַּעַשׂ כַּאֲשֶׁר דִּבֶּר אֵלָיו יְהוָה וַיְהִי
כַּאֲשֶׁר יָרֵא אֶת־בֵּית אָבִיו וְאֶת־אַנְשֵׁי הָעִיר מֵעֲשׂוֹת יוֹמָם וַיַּעַשׂ   ל
28 לָיְלָה׃ 28 וַיַּשְׁכִּימוּ אַנְשֵׁי הָעִיר בַּבֹּקֶר וְהִנֵּה נֻתַּץ מִזְבַּח הַבַּעַל   ל
וְהָאֲשֵׁרָה אֲשֶׁר־עָלָיו כֹּרָתָה וְאֵת הַפָּר הַשֵּׁנִי[a] הֹעֲלָה עַל־הַמִּזְבֵּחַ   ל וחס . ג[24] . ב וחס[25]
29 הַבָּנוּי׃ 29 וַיֹּאמְרוּ אִישׁ אֶל־רֵעֵהוּ מִי עָשָׂה הַדָּבָר הַזֶּה וַיִּדְרְשׁוּ   ל . יא חס את
30 וַיְבַקְשׁוּ וַיֹּאמְרוּ גִּדְעוֹן בֶּן־יוֹאָשׁ עָשָׂה[a] הַדָּבָר הַזֶּה׃ 30 וַיֹּאמְרוּ אַנְשֵׁי   יא חס את
הָעִיר אֶל־יוֹאָשׁ הוֹצֵא אֶת־בִּנְךָ וְיָמֹת כִּי נָתַץ אֶת־מִזְבַּח הַבַּעַל וְכִי   ה[26] . ב וחס . לא פסוק כי וכי[27]
31 כָרַת הָאֲשֵׁרָה אֲשֶׁר־עָלָיו׃ 31 וַיֹּאמֶר יוֹאָשׁ לְכֹל אֲשֶׁר־עָמְדוּ עָלָיו[a]
הַאַתֶּם ׀ תְּרִיבוּן לַבַּעַל אִם־אַתֶּם תּוֹשִׁיעוּן אוֹתוֹ אֲשֶׁר יָרִיב לוֹ   ל . ג ומל[28] . ל
יוּמַת עַד־הַבֹּקֶר אִם־אֱלֹהִים הוּא יָרֶב לוֹ כִּי נָתַץ אֶת־מִזְבְּחוֹ׃   ג[29]
32 וַיִּקְרָא־לוֹ בַיּוֹם־הַהוּא יְרֻבַּעַל לֵאמֹר יָרֶב בּוֹ הַבַּעַל כִּי נָתַץ אֶת־
33 מִזְבְּחוֹ׃ פ 33 וְכָל־מִדְיָן וַעֲמָלֵק וּבְנֵי־קֶדֶם נֶאֶסְפוּ יַחְדָּו וַיַּעַבְרוּ   ג[29] . הי
34 וַיַּחֲנוּ בְּעֵמֶק יִזְרְעֶאל׃ 34 וְרוּחַ יְהוָה לָבְשָׁה[a] אֶת־גִּדְעוֹן וַיִּתְקַע   ג[30]
35 בַּשּׁוֹפָר וַיִּזָּעֵק[b] אֲבִיעֶזֶר אַחֲרָיו׃ 35 וּמַלְאָכִים שָׁלַח בְּכָל־[a]מְנַשֶּׁה   ג
וַיִּזָּעֵק[b] גַּם־[c]הוּא אַחֲרָיו וּמַלְאָכִים שָׁלַח בְּאָשֵׁר וּבִזְבֻלוּן וּבְנַפְתָּלִי   ג . ט[31] כת כן וכל כתיב דכות ב מ א
36 וַיַּעֲלוּ לִקְרָאתָם[d]׃ 36 וַיֹּאמֶר גִּדְעוֹן אֶל־הָאֱלֹהִים אִם־יֶשְׁךָ מוֹשִׁיעַ   ב . ל
37 בְּיָדִי אֶת־יִשְׂרָאֵל כַּאֲשֶׁר דִּבַּרְתָּ׃ 37 הִנֵּה אָנֹכִי מַצִּיג אֶת־גִּזַּת הַצֶּמֶר
בַּגֹּרֶן אִם טַל יִהְיֶה עַל־הַגִּזָּה לְבַדָּהּ וְעַל־כָּל־הָאָרֶץ חֹרֶב וְיָדַעְתִּי   ל . ז וכל תלים דכות ב מ ב ג מנה בסיפ . יו בליש
38 כִּי־תוֹשִׁיעַ בְּיָדִי אֶת־יִשְׂרָאֵל כַּאֲשֶׁר דִּבַּרְתָּ׃ 38 וַיְהִי־כֵן וַיַּשְׁכֵּם
מִמָּחֳרָת וַיָּזַר אֶת־הַגִּזָּה וַיִּמֶץ טַל מִן־הַגִּזָּה מְלוֹא הַסֵּפֶל מָיִם׃   ל . ל . ב מל[32]
39 וַיֹּאמֶר גִּדְעוֹן אֶל־הָאֱלֹהִים אַל־יִחַר אַפְּךָ בִּי וַאֲדַבְּרָה אַךְ הַפָּעַם   ב . ל
אֲנַסֶּה נָּא־רַק־הַפַּעַם בַּגִּזָּה יְהִי־נָא חֹרֶב אֶל־[a]הַגִּזָּה לְבַדָּהּ וְעַל־כָּל־   ב . יו בליש . ז וכל תלים דכות ב מ ב ג מנה בסיפ
ס̄ ה[34] הָאָרֶץ יִהְיֶה־טָּל׃ 40 וַיַּעַשׂ אֱלֹהִים כֵּן בַּלַּיְלָה הַהוּא וַיְהִי־חֹרֶב אֶל־[a]   ד[33] . יו בליש
הַגִּזָּה לְבַדָּהּ וְעַל־כָּל־הָאָרֶץ הָיָה טָל׃ פ   ז וכל תלים דכות ב מ ב ג מנה בסיפ

[23] Mm 1198. [24] Mm 570. [25] Mm 1430. [26] Mm 802. [27] Mm 2059. [28] Mm 493. [29] Mm 3728. [30] Mm 2001. [31] Mm 218. [32] Mm 684. [33] Mm 1431. [34] Mp sub loco.

26 [b] l הַשֵּׁנִי cf 25[a–a] ‖ **28** [a] l הַשֵּׁנִי cf 𝔊* et 25[a–a] ‖ **29** [a] nonn Mss + את ‖ **31** [a] 𝔗 אֲלֵיו ‖ **34** [a] 𝔊L𝔏 ἐνέδυσεν ‖ [b] l frt וַיִּזְעַק cf 𝔊* et 𝔊L ‖ **35** [a] 𝔗 + הר אפרים ו ‖ [b] cf 34[b], sed l 𝔐 ‖ [c] > 𝔗 ‖ [d] l תוֹ– cf 𝔊* ‖ **39** [a] l c mlt Mss עַל ut 37 cf 40[a] ‖ **40** [a] cf 39[a].

7 ¹ וַיַּשְׁכֵּם יְרֻבַּעַל הוּא גִדְעוֹן וְכָל־הָעָם אֲשֶׁר אִתּוֹ וַיַּחֲנוּ עַל־ 7 — נא מ״פ וכל ר״פ דכות ב מ ג
עֵין חֲרֹד[a] וּמַחֲנֵה מִדְיָן[b] [c]הָיָה־לוֹ מִצָּפוֹן מִגִּבְעַת[c] הַמּוֹרֶה בָּעֵמֶק׃ — ל . ל
2 ² וַיֹּאמֶר יְהוָה אֶל־גִּדְעוֹן רַב הָעָם אֲשֶׁר אִתָּךְ מִתִּתִּי אֶת־מִדְיָן בְּיָדָם — ג[1]
3 פֶּן־יִתְפָּאֵר עָלַי יִשְׂרָאֵל לֵאמֹר יָדִי הוֹשִׁיעָה לִּי׃ ³ וְעַתָּה קְרָא נָא — ל
בְּאָזְנֵי הָעָם לֵאמֹר מִי־יָרֵא וְחָרֵד יָשֹׁב [a]וְיִצְפֹּר מֵהַר הַגִּלְעָד[a] וַיָּשָׁב — לז . ה וחס[2] . ל . ל
4 מִן־הָעָם עֶשְׂרִים וּשְׁנַיִם אֶלֶף וַעֲשֶׂרֶת אֲלָפִים נִשְׁאָרוּ׃ ס ⁴ וַיֹּאמֶר
יְהוָה אֶל־גִּדְעוֹן עוֹד הָעָם רָב הוֹרֵד אוֹתָם אֶל־הַמַּיִם וְאֶצְרְפֶנּוּ לְךָ — לג קמ[3] . ג[4] . ל
שָׁם וְהָיָה אֲשֶׁר אֹמַר אֵלֶיךָ זֶה ׀ יֵלֵךְ אִתָּךְ הוּא יֵלֵךְ אִתָּךְ וְכֹל אֲשֶׁר־ — ד קמ וכל יחזק ונקיבה אתנח וס״פ דכות[5]
5 אֹמַר אֵלֶיךָ זֶה לֹא־יֵלֵךְ עִמָּךְ הוּא לֹא יֵלֵךְ׃ ⁵ וַיּוֹרֶד אֶת־הָעָם אֶל־ — ב[6] . ו[7]
הַמָּיִם ס וַיֹּאמֶר יְהוָה אֶל־גִּדְעוֹן כֹּל אֲשֶׁר־יָלֹק בִּלְשׁוֹנוֹ מִן־הַמַּיִם — ז מל בליש
כַּאֲשֶׁר יָלֹק הַכֶּלֶב תַּצִּיג אוֹתוֹ לְבָד וְכֹל אֲשֶׁר־יִכְרַע עַל־בִּרְכָּיו — ל וכל משכן ותרי עשר דכות
6 לִשְׁתּוֹת[a]׃ ⁶ וַיְהִי מִסְפַּר הַמְלַקְקִים [a]בְּיָדָם אֶל־פִּיהֶם[a] שְׁלֹשׁ מֵאוֹת — ב
אִישׁ וְכֹל יֶתֶר הָעָם כָּרְעוּ עַל־בִּרְכֵיהֶם לִשְׁתּוֹת מָיִם׃ ס — ל . ב רפי בליש[8]
7 ⁷ וַיֹּאמֶר יְהוָה אֶל־גִּדְעוֹן בִּשְׁלֹשׁ מֵאוֹת הָאִישׁ הַמְלַקְקִים אוֹשִׁיעַ — ב
8 אֶתְכֶם וְנָתַתִּי אֶת־מִדְיָן בְּיָדֶךָ וְכָל־הָעָם יֵלְכוּ אִישׁ לִמְקֹמוֹ׃ ⁸ וַיִּקְחוּ — נא מ״פ וכל ר״פ דכות ב מ ג . ג חס בסיפ וכל אורית ושמואל דכות[9]
[a]אֶת־צֵדָה[b] הָעָם בְּיָדָם[ac] וְאֵת שׁוֹפְרֹתֵיהֶם וְאֵת כָּל־אִישׁ יִשְׂרָאֵל שִׁלַּח — ג חס . ל
אִישׁ לְאֹהָלָיו וּבִשְׁלֹשׁ־מֵאוֹת הָאִישׁ הֶחֱזִיק וּמַחֲנֵה מִדְיָן הָיָה לוֹ מִתַּחַת — ל
9 בָּעֵמֶק׃ פ ⁹ וַיְהִי בַּלַּיְלָה הַהוּא וַיֹּאמֶר אֵלָיו יְהוָה קוּם רֵד — י בטע בסיפ
10 בַּמַּחֲנֶה כִּי נְתַתִּיו בְּיָדֶךָ׃ ¹⁰ וְאִם־יָרֵא אַתָּה לָרֶדֶת רֵד אַתָּה וּפֻרָה[a] — ג ר״פ בסיפ[9] . כז בטע . ב וחס
11 נַעַרְךָ אֶל־הַמַּחֲנֶה׃ ¹¹ וְשָׁמַעְתָּ מַה־יְדַבֵּרוּ וְאַחַר תֶּחֱזַקְנָה יָדֶיךָ — ה . יא[10] מל וכל תלים דכות ב מ ה
וְיָרַדְתָּ בַּמַּחֲנֶה וַיֵּרֶד הוּא וּפֻרָה[a] נַעֲרוֹ [b]אֶל־קְצֵה[b] הַחֲמֻשִׁים[c] אֲשֶׁר — ב וחס . ו . ד וחס
12 בַּמַּחֲנֶה׃ ¹² וּמִדְיָן וַעֲמָלֵק וְכָל־בְּנֵי־קֶדֶם נֹפְלִים בָּעֵמֶק כָּאַרְבֶּה — ל . ו[11] . ה
13 לָרֹב וְלִגְמַלֵּיהֶם אֵין מִסְפָּר כַּחוֹל שֶׁעַל־שְׂפַת הַיָּם לָרֹב׃ ¹³ וַיָּבֹא — ב

Cp 7 [1]Mm 1432. [2]Mm 1433. [3]Mm 264. [4]Mm 604. [5]Mm 172. [6]Mm 1434. [7]Mm 3042. [8]Mm 1435 et Mm 3839. [9]Mp sub loco. [10]Mm 477. [11]Mm 1436.

Cp 7,1 [a] 𝔊[BC] *Αραδ* ‖ [b] 𝔊* + *καὶ Αμαληκ* cf 12 6,32 ‖ [c–c] crrp; prp היה־לו מִתַּחַת מצ׳ לְג׳ cf 8b ‖ **3** [a–a] crrp; prp (tr ⁏ ad ישׁב et l) וַיִּצְרְפֵם גדעון cf 𝔗 et 4a ‖ **5** [a] 𝔊* + *μεταστήσεις αὐτὸν καθ᾽ αὐτόν* cf 𝔖𝔙, prb ins תַּצִּיג אוֹתוֹ לְבָד ‖ **6** [a–a] tr in fin v et hic l בִּלְשׁוֹנָם cf 𝔊* ‖ **8** [a–a] frt crrp ex וַיִּקַּח אֶת־כַּדֵּי הָעָם מִיָּדָם ‖ [b] l צֵדַת ‖ [c] prp בְּכַדִּים (צדת העם) ‖ **10** [a] 𝔊 *καὶ Φαρα* cf 11[a] ‖ **11** [a] cf 10[a] ‖ [b–b] prb crrp; prp לִצְפּוֹת ‖ [c] 2 Mss 𝔊𝔖 חֲמִשִּׁים.

גִּדְעוֹן וְהִנֵּה־אִישׁ מְסַפֵּר לְרֵעֵהוּ חֲלוֹם וַיֹּאמֶר הִנֵּה חֲלוֹם חָלַמְתִּי — ל
וְהִנֵּה צְלוֹל[a] לֶחֶם שְׂעֹרִים מִתְהַפֵּךְ בְּמַחֲנֵה מִדְיָן וַיָּבֹא עַד־הָאֹהֶל — צליל ול בליש. ב[12] ק
14 וַיַּכֵּהוּ וַיִּפֹּל[b] וַיַּהַפְכֵהוּ לְמַעְלָה[c] וְנָפַל הָאֹהֶל׃[c] 14 וַיַּעַן רֵעֵהוּ וַיֹּאמֶר — ל
אֵין זֹאת בִּלְתִּי אִם־חֶרֶב גִּדְעוֹן בֶּן־יוֹאָשׁ אִישׁ יִשְׂרָאֵל נָתַן הָאֱלֹהִים[a] — ב
15 בְּיָדוֹ אֶת־מִדְיָן וְאֶת־כָּל־הַמַּחֲנֶה׃ פ 15 וַיְהִי כִשְׁמֹעַ גִּדְעוֹן אֶת־ — ב
מִסְפַּר הַחֲלוֹם וְאֶת־שִׁבְרוֹ וַיִּשְׁתָּחוּ[a] וַיָּשָׁב אֶל־מַחֲנֵה יִשְׂרָאֵל וַיֹּאמֶר — ב[13]
16 קוּמוּ כִּי־נָתַן יְהוָה בְּיֶדְכֶם[b] אֶת־מַחֲנֵה מִדְיָן׃ 16 וַיַּחַץ אֶת־שְׁלֹשׁ־ — ג[14]
מֵאוֹת הָאִישׁ שְׁלֹשָׁה רָאשִׁים וַיִּתֵּן שׁוֹפָרוֹת בְּיַד־כֻּלָּם וְכַדִּים רֵקִים — כ
17 וְלַפִּדִים בְּתוֹךְ הַכַּדִּים׃ 17 וַיֹּאמֶר אֲלֵיהֶם מִמֶּנִּי תִרְאוּ וְכֵן תַּעֲשׂוּ — נז וכל תלים דכות ב מ״א. ב[15]
וְהִנֵּה אָנֹכִי בָא בִּקְצֵה הַמַּחֲנֶה וְהָיָה כַאֲשֶׁר־אֶעֱשֶׂה כֵּן תַּעֲשׂוּן׃ — ה[16]. יד[17]
18 וְתָקַעְתִּי בַּשּׁוֹפָר אָנֹכִי וְכָל־אֲשֶׁר אִתִּי וּתְקַעְתֶּם בַּשּׁוֹפָרוֹת גַּם־אַתֶּם
19 סְבִיבוֹת כָּל־הַמַּחֲנֶה וַאֲמַרְתֶּם[a] לַיהוָה וּלְגִדְעוֹן׃ פ 19 וַיָּבֹא — ל. ג
גִדְעוֹן וּמֵאָה־אִישׁ[a] אֲשֶׁר־אִתּוֹ בִּקְצֵה הַמַּחֲנֶה רֹאשׁ הָאַשְׁמֹרֶת
הַתִּיכוֹנָה אַךְ הָקֵם הֵקִימוּ אֶת־הַשֹּׁמְרִים וַיִּתְקְעוּ[b] בַּשּׁוֹפָרוֹת וְנָפוֹץ — ב מל. ה. ל ומל[18]
20 הַכַּדִּים אֲשֶׁר בְּיָדָם׃[b] 20 וַיִּתְקְעוּ שְׁלֹשֶׁת הָרָאשִׁים בַּשּׁוֹפָרוֹת וַיִּשְׁבְּרוּ — ב
הַכַּדִּים וַיַּחֲזִיקוּ בְיַד־שְׂמֹאולָם בַּלַּפִּדִים וּבְיַד־יְמִינָם[a] הַשּׁוֹפָרוֹת — ו. ל ומל
21 לִתְקוֹעַ[a] וַיִּקְרְאוּ חֶרֶב[b] לַיהוָה וּלְגִדְעוֹן׃ 21 וַיַּעַמְדוּ אִישׁ תַּחְתָּיו — ל. ג
22 סָבִיב לַמַּחֲנֶה וַיָּרָץ[a] כָּל־הַמַּחֲנֶה[b] וַיָּרִיעוּ וַיָּנִיסוּ׃[c] 22 וַיִּתְקְעוּ שְׁלֹשׁ־ — ל. ד מל. וינוסו[19] ק
מֵאוֹת[a] הַשּׁוֹפָרוֹת וַיָּשֶׂם יְהוָה אֵת חֶרֶב אִישׁ בְּרֵעֵהוּ וּבְכָל־[b]הַמַּחֲנֶה — פד. ל
וַיָּנָס[c] הַמַּחֲנֶה עַד־בֵּית הַשִּׁטָּה צְרֵרָתָה[d] עַד שְׂפַת־אָבֵל מְחוֹלָה עַל־[e] — ל. ל[20]
23 טַבָּת׃ 23 וַיִּצָּעֵק[a] אִישׁ־יִשְׂרָאֵל מִנַּפְתָּלִי[b] וּמִן־אָשֵׁר וּמִן־כָּל־מְנַשֶּׁה — ל. ג. ב וכל לשון ארמי דכות
24 וַיִּרְדְּפוּ אַחֲרֵי מִדְיָן׃ 24 וּמַלְאָכִים שָׁלַח גִּדְעוֹן בְּכָל־הַר אֶפְרַיִם
לֵאמֹר רְדוּ לִקְרַאת מִדְיָן וְלִכְדוּ לָהֶם אֶת־הַמַּיִם עַד בֵּית בָּרָה — ה כת כן וכל לשון אכילה דכות[21]

[12] Mm 1437. [13] Gn 44,2. [14] Mm 237. [15] Mm 1438. [16] Mm 1377. [17] Mm 393. [18] Mp sub loco. [19] Mm 832. [20] וחד בין סכות ובין צרדתה 2 Ch 4,17. [21] Mm 3680.

13 a 𝔗 mlt Mss ut Q ‖ b > 𝔊*, frt dl ‖ c–c > 𝔊R, prb add ‖ **14** a 𝔊A𝔏 *κύριος* ‖ **15** a 𝔊 + *κυρίῳ (κύριον)* ‖ b 𝔊* suff 1 pl ‖ **18** a pc Mss 𝔊RIIIC𝔖𝔗 + חֶרֶב, frt ex 20 cf 20b ‖ **19** a prp הָאִישׁ cf 8,14 ‖ b–b 𝔊II (suff) sg, l ויתקע בשופר ונ׳ הכד א׳ בידו cf 20a ‖ **20** a–a prp הַחֶרֶב cf b ‖ b prb dl ‖ **21** a prp וַיָּקֻץ ‖ b 𝔗 (Ms pr) העם ‖ c Vrs ut Q, l ‖ **22** a l frt הַמ׳ cf 𝔊RIII ‖ b 𝔊*𝔖𝔙 om cop, dl ‖ c pc Mss 𝔖 + כל ‖ d nonn Mss צרדתה cf 1 R 11,26 ‖ e pc Mss Seb עד ‖ **23** a 𝔊 *ἐβόησεν* = וַיִּצְעַק, l 𝔐 ‖ b nonn Mss מִן־נ׳.

ב. ג | וְאֶת[a]־הַיַּרְדֵּן וַיִּצָּעֵק[b] כָּל־אִישׁ אֶפְרַיִם וַיִּלְכְּדוּ אֶת־הַמַּיִם עַד בֵּית
ה כת כן וכל לשון אכילה דכות[22]. ב | בָּרָה וְאֶת־הַיַּרְדֵּן׃ 25 וַיִּלְכְּדוּ שְׁנֵי־שָׂרֵי מִדְיָן אֶת־עֹרֵב וְאֶת־זְאֵב 25
ד מל. ד מל | וַיַּהַרְגוּ אֶת־עוֹרֵב בְּצוּר־עוֹרֵב וְאֶת־זְאֵב הָרְגוּ בְיֶקֶב־זְאֵב וַיִּרְדְּפוּ
ל[23] | אֶל[a]־מִדְיָן וְרֹאשׁ־עֹרֵב וּזְאֵב הֵבִיאוּ אֶל־גִּדְעוֹן מֵעֵבֶר לַיַּרְדֵּן׃
8 1 וַיֹּאמְרוּ[a] אֵלָיו אִישׁ אֶפְרַיִם מָה־הַדָּבָר הַזֶּה עָשִׂיתָ לָּנוּ לְבִלְתִּי **8**
ל. ל ומל. ד[1] | קְרֹאות[b] לָנוּ כִּי הָלַכְתָּ לְהִלָּחֵם בְּמִדְיָן וַיְרִיבוּן אִתּוֹ בְּחָזְקָה׃ 2 וַיֹּאמֶר 2
ל כת כן | אֲלֵיהֶם מֶה־עָשִׂיתִי עַתָּה כָּכֶם[a] הֲלוֹא טוֹב עֹלְלוֹת אֶפְרַיִם מִבְצִיר[b]
אֲבִיעֶזֶר׃ 3 בְּיֶדְכֶם נָתַן אֱלֹהִים[a] אֶת־שָׂרֵי מִדְיָן אֶת־עֹרֵב וְאֶת־זְאֵב ס 3
ג[3]. ב[4]. ג מל[5] | וּמַה־יָּכֹלְתִּי עֲשׂוֹת כָּכֶם[b] אָז רָפְתָה רוּחָם מֵעָלָיו בְּדַבְּרוֹ[c] הַדָּבָר הַזֶּה׃
ד[6] | 4 וַיָּבֹא גִדְעוֹן הַיַּרְדֵּנָה עֹבֵר[a] הוּא וּשְׁלֹשׁ־מֵאוֹת הָאִישׁ אֲשֶׁר אִתּוֹ 4
ג | עֲיֵפִים וְרֹדְפִים[b]׃ 5 וַיֹּאמֶר לְאַנְשֵׁי סֻכּוֹת תְּנוּ־נָא כִּכְּרוֹת לֶחֶם לָעָם 5
ג. ה. ז | אֲשֶׁר בְּרַגְלָי כִּי־עֲיֵפִים הֵם וְאָנֹכִי רֹדֵף אַחֲרֵי זֶבַח וְצַלְמֻנָּע מַלְכֵי
יב סביר. ב. ה. ז. ל[7] | מִדְיָן׃ 6 וַיֹּאמֶר[a] שָׂרֵי סֻכּוֹת הֲכַף זֶבַח וְצַלְמֻנָּע עַתָּה בְּיָדֶךָ[b] כִּי־נִתֵּן 6
ל. ג | לִצְבָאֲךָ לָחֶם׃ 7 וַיֹּאמֶר גִּדְעוֹן לָכֵן בְּתֵת יְהוָה אֶת־זֶבַח וְאֶת־צַלְמֻנָּע 7
ב. ל[8]. ל | בְּיָדִי וְדַשְׁתִּי אֶת־בְּשַׂרְכֶם [a]אֶת־קוֹצֵי הַמִּדְבָּר וְאֶת־הַבַּרְקֳנִים[a]׃
ח. ח | 8 וַיַּעַל מִשָּׁם פְּנוּאֵל וַיְדַבֵּר אֲלֵיהֶם כָּזֹאת וַיַּעֲנוּ אוֹתוֹ אַנְשֵׁי פְנוּאֵל 8
ח | כַּאֲשֶׁר עָנוּ אַנְשֵׁי סֻכּוֹת׃ 9 וַיֹּאמֶר גַּם־לְאַנְשֵׁי פְנוּאֵל לֵאמֹר בְּשׁוּבִי 9
ל. ל. ז. ל | בְשָׁלוֹם אֶתֹּץ אֶת־הַמִּגְדָּל הַזֶּה׃ פ 10 וְזֶבַח וְצַלְמֻנָּע בַּקַּרְקֹר 10
ל. ל | וּמַחֲנֵיהֶם עִמָּם כַּחֲמֵשֶׁת עָשָׂר אֶלֶף כֹּל הַנּוֹתָרִים מִכֹּל מַחֲנֵה בְנֵי־
קֶדֶם וְהַנֹּפְלִים מֵאָה וְעֶשְׂרִים אֶלֶף אִישׁ שֹׁלֵף חָרֶב׃ 11 וַיַּעַל גִּדְעוֹן 11
ב. ל. ד[9]. ל | דֶּרֶךְ הַשְּׁכוּנֵי[a] בָאֳהָלִים מִקֶּדֶם לְנֹבַח וְיָגְבֳּהָה[b] וַיַּךְ אֶת־הַמַּחֲנֶה
ז | וְהַמַּחֲנֶה הָיָה בֶטַח[c]׃ 12 וַיָּנוּסוּ[a] זֶבַח וְצַלְמֻנָּע וַיִּרְדֹּף אַחֲרֵיהֶם וַיִּלְכֹּד 12
ג. ל | אֶת־שְׁנֵי ׀ מַלְכֵי מִדְיָן אֶת־זֶבַח וְאֶת־צַלְמֻנָּע וְכָל־הַמַּחֲנֶה הֶחֱרִיד[b]׃

[22]Mm 3680. [23]Mm 1554. **Cp 8** [1]Mm 1439. [2]Mp sub loco. [3]Mm 213. [4]Mm 2734. [5]Mm 1440. [6]Mm 1441. [7]Mm 1442. [8]Mm 1443. [9]Mm 2664.

24 [a] l עַל cf 𝔖 || [b] cf 23[a] || **25** [a] l אֶת cf 𝔊𝔖𝔙 || **Cp 8,1** [a] $𝔊^{AO}$𝔏 sg || [b] mlt Mss קְרֹאת, 2 Mss קְרֹא || **2** [a] mlt Mss בָּכֶם || [b] Ms 𝔅 מִבְּ׳ || **3** [a] pc Mss 𝔊𝔙 יהוה || [b] cf 2[a] || [c] K^{Or} כְּדִ׳ || **4** [a] 𝔊(𝔖𝔙) *καὶ διέβη*, l frt וַיַּעַבְרֵהוּ || [b] 𝔊* *καὶ πεινῶντες* = וּרְעֵבִים || **6** [a] l c pc Mss Seb Vrs –רוּ || [b] pc Mss 𝔖𝔄 בידיך || **7** [a–a] l וּבַר׳ ... בְּקוֹצֵי cf 𝔊 || **11** [a] prp שֹׁוכְנֵי || [b] sic L (etiam Nu 32,35), omnes al Mss Edd –בְּ׳ || [c] pc Mss 𝔊 בֹּטֵחַ || **12** [a] sic L nonn Mss, mlt Mss Edd C𝔅 וַיָּנֻסוּ || [b] $𝔊^{A}$ *ἐξέτριψεν* Josephus Ant *διέφθειρε*, prp הִכְחִיד.

13 וַיָּשָׁב גִּדְעוֹן בֶּן־יוֹאָשׁ מִן־הַמִּלְחָמָה [a]מִלְמַעֲלֵה הֶחָרֶס׃[a] 14 וַיִּלְכָּד־ ל.ל
נַעַר מֵאַנְשֵׁי סֻכּוֹת[a] וַיִּשְׁאָלֵהוּ וַיִּכְתֹּב אֵלָיו אֶת־שָׂרֵי סֻכּוֹת וְאֶת־זְקֵנֶיהָ ג.ל
15 שִׁבְעִים וְשִׁבְעָה אִישׁ׃ 15 וַיָּבֹא אֶל־אַנְשֵׁי[a] סֻכּוֹת וַיֹּאמֶר הִנֵּה זֶבַח ה[10]
וְצַלְמֻנָּע אֲשֶׁר חֵרַפְתֶּם אוֹתִי לֵאמֹר הֲכַף זֶבַח וְצַלְמֻנָּע עַתָּה בְּיָדֶךָ ז.ב.ה.ז
16 כִּי נִתֵּן לַאֲנָשֶׁיךָ הַיְּעֵפִים לָחֶם׃ 16 וַיִּקַּח אֶת־זִקְנֵי הָעִיר וְאֶת־קוֹצֵי ו[11].ל.יח פסוק את ואת ואת את.ל[12]
17 הַמִּדְבָּר וְאֶת־הַבַּרְקֳנִים וַיֹּדַע[a] בָּהֶם אֵת אַנְשֵׁי סֻכּוֹת׃ 17 וְאֶת־מִגְדַּל ב.ל.ל בטע ובסיפ
18 פְּנוּאֵל נָתָץ וַיַּהֲרֹג אֶת־אַנְשֵׁי הָעִיר׃ 18 וַיֹּאמֶר אֶל־זֶבַח וְאֶל־צַלְמֻנָּע ח.ל
אֵיפֹה הָאֲנָשִׁים אֲשֶׁר הֲרַגְתֶּם בְּתָבוֹר וַיֹּאמְרוּ כָּמוֹךָ כְמוֹהֶם אֶחָד[a] י כת ה[13].ג ומל[14]
19 כְּתֹאַר בְּנֵי הַמֶּלֶךְ׃ 19 וַיֹּאמַר אַחַי בְּנֵי־אִמִּי הֵם חַי־יְהוָה לוּ הַחֲיִתֶם ל.צא יט מנה ר״פ. כב[15].ל
20 אוֹתָם לֹא הָרַגְתִּי אֶתְכֶם׃ 20 וַיֹּאמֶר לְיֶתֶר בְּכוֹרוֹ קוּם הֲרֹג אוֹתָם ג מל[16]
21 וְלֹא־שָׁלַף הַנַּעַר חַרְבּוֹ כִּי יָרֵא כִּי עוֹדֶנּוּ נָעַר׃ 21 וַיֹּאמֶר זֶבַח ה
וְצַלְמֻנָּע קוּם אַתָּה וּפְגַע־בָּנוּ כִּי כָאִישׁ גְּבוּרָתוֹ[a] וַיָּקָם גִּדְעוֹן וַיַּהֲרֹג ז[10].ל.ל
אֶת־זֶבַח וְאֶת־צַלְמֻנָּע וַיִּקַּח אֶת־הַשַּׂהֲרֹנִים אֲשֶׁר בְּצַוְּארֵי גְמַלֵּיהֶם׃ ג.ג
22 וַיֹּאמְרוּ[a] אִישׁ־יִשְׂרָאֵל אֶל־גִּדְעוֹן מְשָׁל־בָּנוּ גַּם־אַתָּה גַּם־בִּנְךָ ל.יב פסוק גם גם גם
23 גַּם בֶּן־בְּנֶךָ כִּי הוֹשַׁעְתָּנוּ מִיַּד מִדְיָן׃ 23 וַיֹּאמֶר אֲלֵהֶם גִּדְעוֹן לֹא־ ב.כט[17] חס בנביא ו[18] מנה בסיפ
24 אֶמְשֹׁל אֲנִי בָּכֶם וְלֹא־יִמְשֹׁל בְּנִי בָּכֶם יְהוָה יִמְשֹׁל בָּכֶם׃ 24 וַיֹּאמֶר ל[19]
אֲלֵהֶם גִּדְעוֹן אֶשְׁאֲלָה מִכֶּם שְׁאֵלָה וּתְנוּ־לִי אִישׁ נֶזֶם שְׁלָלוֹ כִּי־ כט[17] חס בנביא ו[18] מנה בסיפ
25 נִזְמֵי זָהָב לָהֶם כִּי יִשְׁמְעֵאלִים הֵם׃ 25 וַיֹּאמְרוּ נָתוֹן נִתֵּן וַיִּפְרְשׂוּ[a] יב ס״פ[20]. ז מל בליש. ו[11]
26 אֶת־הַשִּׂמְלָה וַיַּשְׁלִיכוּ שָׁמָּה אִישׁ נֶזֶם שְׁלָלוֹ׃ 26 וַיְהִי מִשְׁקַל נִזְמֵי ו[21]. ד[22] מל וכל כתיב דכות ב מ א
הַזָּהָב אֲשֶׁר שָׁאָל אֶלֶף וּשְׁבַע־מֵאוֹת זָהָב לְבַד מִן־הַשַּׂהֲרֹנִים ג קמ[23].ג.ב
וְהַנְּטִפוֹת וּבִגְדֵי הָאַרְגָּמָן שֶׁעַל מַלְכֵי מִדְיָן וּלְבַד מִן־הָעֲנָקוֹת אֲשֶׁר ב[24].ל.ל
27 בְּצַוְּארֵי גְמַלֵּיהֶם׃ 27 וַיַּעַשׂ אוֹתוֹ גִדְעוֹן לְאֵפוֹד וַיַּצֵּג אוֹתוֹ בְעִירוֹ ל.ב[25]
בְּעָפְרָה וַיִּזְנוּ כָל־יִשְׂרָאֵל אַחֲרָיו שָׁם וַיְהִי לְגִדְעוֹן וּלְבֵיתוֹ לְמוֹקֵשׁ׃ ל
28 וַיִּכָּנַע מִדְיָן לִפְנֵי בְּנֵי יִשְׂרָאֵל וְלֹא יָסְפוּ לָשֵׂאת רֹאשָׁם וַתִּשְׁקֹט ג.ד[26].כד

[10] Mp sub loco. [11] Mm 1442. [12] Mm 1443. [13] Mm 1750. [14] Mm 3427. [15] Mm 1444. [16] Mm 281. [17] Mm 1954. [18] Mm 1508. [19] Mm 666. [20] Mm 294. [21] Mm 1213. [22] Mm 415. [23] Mm 1445. [24] Mm 2216. [25] Gn 30,38. [26] Mm 1716.

13 [a–a] prb crrp, 𝔊* *ἀπὸ ἀναβάσεως Αρες* = מִמַּ׳ ח׳ ‖ **14** [a] huc tr ‸ ‖ **15** [a] 𝔊 *τοὺς ἄρχοντας* = שָׂרֵי ‖ **16** [a] l וַיָּדָשׁ cf 𝔊S𝔙 et 7 (𝔊* pro 16 *καὶ ἔλαβεν τοὺς ἄρχοντας τῆς πόλεως καὶ κατέξανεν αὐτοὺς ἐν ταῖς ἀκάνθαις τῆς ἐρήμου καὶ ταῖς βαρακηνιμ*?) ‖ **18** [a] 𝔗(𝔙) *ḥd mnhwn* (= אחד אחד?); > Ms $𝔊^R$ θ′𝔖 ‖ **21** [a] $𝔊^{BC}$ suff 2sg ‖ **22** [a] pc Mss Seb $𝔊^{AOL}$ ־ֵר ‖ **25** [a] 𝔊 sg.

29 הָאָ֖רֶץ אַרְבָּעִ֥ים שָׁנָ֖ה בִּימֵ֥י[a] גִדְעֽוֹן׃ פ 29 וַיֵּ֛לֶךְ יְרֻבַּ֥עַל בֶּן־
30 יוֹאָ֖שׁ וַיֵּ֥שֶׁב בְּבֵיתֽוֹ׃ 30 וּלְגִדְע֗וֹן הָי֛וּ שִׁבְעִ֥ים בָּנִ֖ים יֹצְאֵ֣י יְרֵכ֑וֹ כִּֽי־ ג̇
31 נָשִׁ֥ים רַבּ֖וֹת הָ֥יוּ לֽוֹ׃ 31 וּפִֽילַגְשׁוֹ֙ אֲשֶׁ֣ר בִּשְׁכֶ֔ם יָֽלְדָה־לּ֥וֹ גַם־הִ֖יא ב̇ ר״פ[27]
32 בֵּ֑ן וַיָּ֥שֶׂם אֶת־שְׁמ֖וֹ אֲבִימֶֽלֶךְ׃ 32 וַיָּ֛מָת גִּדְע֥וֹן בֶּן־יוֹאָ֖שׁ בְּשֵׂיבָ֣ה פד̇ . ל̇ . כל ליש כת כן . ד̇[28]
טוֹבָ֑ה וַיִּקָּבֵ֗ר בְּקֶ֙בֶר֙ יוֹאָ֣שׁ אָבִ֔יו בְּעָפְרָ֖ה[a] אֲבִ֥י הָֽעֶזְרִֽי׃ פ ג̇
33 וַיְהִ֗י כַּאֲשֶׁר֙ מֵ֣ת גִּדְע֔וֹן וַיָּשׁ֙וּבוּ֙ בְּנֵ֣י יִשְׂרָאֵ֔ל וַיִּזְנ֖וּ אַחֲרֵ֣י הַבְּעָלִ֑ים ו̇ מל בנביא
34 וַיָּשִׂ֧ימוּ לָהֶ֛ם בַּ֥עַל בְּרִ֖ית לֵאלֹהִֽים׃ 34 וְלֹ֤א זָֽכְרוּ֙ בְּנֵ֣י יִשְׂרָאֵ֔ל אֶת־ לה̇ . ג̇[29]
35 יְהוָ֖ה אֱלֹהֵיהֶ֑ם הַמַּצִּ֥יל אוֹתָ֛ם מִיַּ֥ד כָּל־אֹיְבֵיהֶ֖ם מִסָּבִֽיב׃ 35 וְלֹא־ ב̇ בליש . ה̇[30]
עָשׂ֣וּ חֶ֔סֶד עִם־בֵּ֥ית יְרֻבַּ֖עַל גִּדְע֑וֹן כְּכָל־הַטּוֹבָ֔ה אֲשֶׁ֥ר עָשָׂ֖ה[a] עִם־
יִשְׂרָאֵֽל[a]׃ פ

9 9 1 וַיֵּ֨לֶךְ אֲבִימֶ֤לֶךְ בֶּן־יְרֻבַּ֙עַל֙ שְׁכֶ֔מָה אֶל־אֲחֵ֖י אִמּ֑וֹ וַיְדַבֵּ֣ר ו̇[1]
2 אֲלֵיהֶ֗ם וְאֶל־כָּל־מִשְׁפַּ֛חַת בֵּית־אֲבִ֥י אִמּ֖וֹ לֵאמֹֽר׃ 2 דַּבְּרוּ־נָ֞א בְּאָזְנֵ֣י ב̇ בסיפ[2] . ב̇[3] . לז̇
כָל־בַּעֲלֵ֣י שְׁכֶם֮ מַה־טּ֣וֹב לָכֶם֒ הַמְשֹׁ֨ל בָּכֶ֜ם שִׁבְעִ֣ים אִ֗ישׁ כֹּ֚ל בְּנֵ֣י ל̇
יְרֻבַּ֔עַל אִם־מְשֹׁ֥ל בָּכֶ֖ם אִ֣ישׁ אֶחָ֑ד וּזְכַרְתֶּ֕ם כִּֽי־עַצְמְכֶ֥ם[a] וּבְשַׂרְכֶ֖ם ל̇
3 אָֽנִי׃ 3 וַיְדַבְּר֨וּ אֲחֵֽי־אִמּ֜וֹ עָלָ֗יו[a] בְּאָזְנֵי֙ כָּל־בַּעֲלֵ֣י שְׁכֶ֔ם אֵ֥ת כָּל־ לז̇ . כה̇[4]
הַדְּבָרִ֖ים הָאֵ֑לֶּה וַיֵּ֤ט לִבָּם֙ אַחֲרֵ֣י אֲבִימֶ֔לֶךְ כִּ֥י אָמְר֖וּ אָחִ֥ינוּ הֽוּא׃ ל̇
4 4 וַיִּתְּנוּ־לוֹ֙ שִׁבְעִ֣ים כֶּ֔סֶף מִבֵּ֖ית בַּ֣עַל בְּרִ֑ית וַיִּשְׂכֹּ֨ר בָּהֶ֜ם אֲבִימֶ֗לֶךְ
5 אֲנָשִׁ֤ים רֵיקִים֙ וּפֹ֣חֲזִ֔ים וַיֵּלְכ֖וּ אַחֲרָֽיו׃ 5 וַיָּבֹ֤א בֵית־אָבִיו֙ עָפְרָ֔תָה ל̇ . ל̇
וַֽיַּהֲרֹ֞ג אֶת־אֶחָ֧יו בְּנֵֽי־יְרֻבַּ֛עַל שִׁבְעִ֥ים אִ֖ישׁ עַל־אֶ֣בֶן אֶחָ֑ת וַיִּוָּתֵ֞ר יוֹתָ֨ם
6 בֶּן־יְרֻבַּ֛עַל הַקָּטֹ֖ן כִּ֥י נֶחְבָּֽא׃ ס 6 וַיֵּאָסְפ֞וּ כָּל־בַּעֲלֵ֣י שְׁכֶ֗ם וְכָל־ יב̇ . יב̇[5]
בֵּ֣ית מִלּ֔וֹא וַיֵּ֣לְכ֔וּ וַיַּמְלִ֥יכוּ אֶת־אֲבִימֶ֖לֶךְ לְמֶ֑לֶךְ עִם־אֵל֥וֹן[a] מֻצָּ֖ב[b] כט̇ וכל משיחה מצרים אשור ישראל דכות[6] . ה̇ חס בליש בנביא[7] . ג̇[8]
אֲשֶׁ֥ר בִּשְׁכֶֽם׃ 7 וַיַּגִּ֣דוּ לְיוֹתָ֗ם וַיֵּ֙לֶךְ֙ וַֽיַּעֲמֹד֙ בְּרֹ֣אשׁ הַר־גְּרִזִ֔ים וַיִּשָּׂ֥א ס̇[4] לה̇[9]
קוֹל֖וֹ וַיִּקְרָ֑א וַיֹּ֣אמֶר לָהֶ֗ם כב̇[10] וכל ד״ה ועזרא דכות ב מ ה חס בליש
שִׁמְע֤וּ אֵלַי֙ בַּעֲלֵ֣י שְׁכֶ֔ם וְיִשְׁמַ֥ע אֲלֵיכֶ֖ם אֱלֹהִֽים׃ ג̇[11]
8 הָל֤וֹךְ הָֽלְכוּ֙ הָעֵצִ֔ים לִמְשֹׁ֥חַ עֲלֵיהֶ֖ם מֶ֑לֶךְ

[27] Mm 156. [28] Mm 178. [29] Mm 1446. [30] Mm 2512. **Cp 9** [1] Mm 274. [2] Mm 1398. [3] Mm 3361. [4] Mp sub loco. [5] Mm 1447. [6] Mm 958. [7] Mm 1448. [8] Mm 1449. [9] Mm 2840. [10] Mm 11. [11] Mm 1450.

28 [a] prp כִּימֵי vel כָּל־יְמֵי ‖ **32** [a] prb l c Mss ־רַת cf 6,24 ‖ **35** [a–a] nonn Mss ט׳ לִי ‖ **Cp 9,2** [a] sic L, mlt Mss Edd ־מְ׳ ‖ **3** [a] Q אליו ‖ **6** [a] G[BC] + τῇ εὑρετῇ = הַנִּמְצָא ‖ [b] G τῆς στάσεως; prb l הַמַּצֵּבָה.

וַיֹּאמְר֥וּ לַזַּ֖יִת מָלְוּכָ֥ה[a] עָלֵֽינוּ׃ מלכה ק̇
9 וַיֹּ֤אמֶר[a] לָהֶם֙ הַזַּ֔יִת כב̇[12] וכל ד״ה ועזרא דכות ב מ ה חס בליש
הֶחֳדַ֙לְתִּי֙ אֶת־דִּשְׁנִ֔י אֲשֶׁר־בִּ֛י[b] יְכַבְּד֥וּ אֱלֹהִ֖ים וַאֲנָשִׁ֑ים ל̇. ל̇.[13]
וְהָ֣לַכְתִּ֔י לָנ֖וּעַ עַל־הָעֵצִֽים׃ ד̇
10 וַיֹּאמְר֥וּ הָעֵצִ֖ים לַתְּאֵנָ֑ה לְכִי־אַ֖תְּ מָלְכִ֥י עָלֵֽינוּ׃ ב̇
11 וַתֹּ֤אמֶר לָהֶם֙ הַתְּאֵנָ֔ה
הֶחֳדַ֙לְתִּי֙ אֶת־מָתְקִ֔י וְאֶת־תְּנוּבָתִ֖י הַטּוֹבָ֑ה ל̇
וְהָ֣לַכְתִּ֔י לָנ֖וּעַ עַל־הָעֵצִֽים׃ ד̇
12 וַיֹּאמְר֥וּ הָעֵצִ֖ים לַגָּ֑פֶן לְכִי־אַ֖תְּ מָלְוֹכִ֥י[a] עָלֵֽינוּ׃ ל̇. מלכי חד מן ב בליש ק̇
13 וַתֹּ֤אמֶר לָהֶם֙ הַגֶּ֔פֶן
הֶחֳדַ֙לְתִּי֙ אֶת־תִּ֣ירוֹשִׁ֔י הַֽמְשַׂמֵּ֥חַ אֱלֹהִ֖ים וַאֲנָשִׁ֑ים ל̇.[13]
וְהָ֣לַכְתִּ֔י לָנ֖וּעַ עַל־הָעֵצִֽים׃ ד̇
14 וַיֹּאמְר֥וּ כָל־הָעֵצִ֖ים אֶל־הָאָטָ֑ד לֵ֥ךְ אַתָּ֖ה מְלָךְ־עָלֵֽינוּ׃ ל̇
15 וַיֹּ֣אמֶר הָאָטָד֮ אֶל־הָעֵצִים֒
אִ֡ם בֶּאֱמֶת֩ אַתֶּ֨ם מֹשְׁחִ֥ים אֹתִ֛י לְמֶ֖לֶךְ עֲלֵיכֶ֑ם ב̇[14] חס ול בסיפ
בֹּ֖אוּ חֲס֣וּ בְצִלִּ֑י וְאִם־אַ֕יִן תֵּ֤צֵא [a]אֵשׁ֙ מִן־הָ֣אָטָ֔ד[a]
וְתֹאכַ֖ל אֶת־אַרְזֵ֥י הַלְּבָנֽוֹן׃ ו̇ רפ̇[15]
16 וְעַתָּ֗ה אִם־בֶּאֱמֶ֤ת וּבְתָמִים֙ עֲשִׂיתֶ֔ם וַתַּמְלִ֖יכוּ אֶת־אֲבִימֶ֑לֶךְ
וְאִם־טוֹבָ֣ה עֲשִׂיתֶ֗ם עִם־יְרֻבַּ֙עַל֙ וְעִם־בֵּית֔וֹ וְאִם־כִּגְמ֥וּל יָדָ֖יו עֲשִׂ֥יתֶם ל̇. ב̇
17 לֽוֹ׃ 17 אֲשֶׁר־נִלְחַ֥ם אָבִ֖י עֲלֵיכֶ֑ם וַיַּשְׁלֵ֤ךְ אֶת־נַפְשׁוֹ֙ מִנֶּ֔גֶד[a] וַיַּצֵּ֥ל אֶתְכֶ֖ם יב̇[16]
18 מִיַּ֥ד מִדְיָֽן׃ 18 וְאַתֶּ֞ם קַמְתֶּ֨ם עַל־בֵּ֤ית אָבִי֙ הַיּ֔וֹם וַתַּהַרְג֧וּ אֶת־בָּנָ֛יו ד̇ בטע̇[17]. יג̇[18] וכל מלכים ישעיה וירמיה דכות ב מ יא
שִׁבְעִ֥ים אִ֖ישׁ עַל־אֶ֣בֶן אֶחָ֑ת וַתַּמְלִ֜יכוּ אֶת־אֲבִימֶ֨לֶךְ בֶּן־אֲמָת֜וֹ עַל־ ו̇. ל̇
19 בַּעֲלֵ֣י שְׁכֶ֔ם כִּ֥י אֲחִיכֶ֖ם הֽוּא׃ 19 וְאִם־בֶּאֱמֶ֨ת וּבְתָמִ֧ים עֲשִׂיתֶ֛ם עִם־ ג̇ ר״פ בסיפ
יְרֻבַּ֥עַל וְעִם־בֵּית֖וֹ הַיּ֣וֹם הַזֶּ֑ה שִׂמְחוּ֙ בַּאֲבִימֶ֔לֶךְ וְיִשְׂמַ֥ח גַּם־ה֖וּא בָּכֶֽם׃ ל̇
20 וְאִם־אַ֕יִן תֵּ֤צֵא אֵשׁ֙ מֵאֲבִימֶ֔לֶךְ וְתֹאכַ֛ל אֶת־בַּעֲלֵ֥י שְׁכֶ֖ם וְאֶת־ ג̇ ר״פ בסיפ. ו̇ רפ̇[15]
בֵּ֣ית מִלּ֑וֹא וְתֵצֵ֨א אֵ֜שׁ מִבַּעֲלֵ֥י שְׁכֶם֙ וּמִבֵּ֣ית מִלּ֔וֹא וְתֹאכַ֖ל אֶת־ ו̇ רפ̇[15]

[12] Mm 11. [13] Mm 2882. [14] Mm 1238 א. [15] Mm 3171. [16] Mm 1748. [17] Mm 1451. [18] Mm 324.

8 [a] mlt Mss ut Q, Ms מוּלכה, K מָלְוּכָה ‖ **9** [a] pc Mss וַתֹּא' ‖ [b] l בּוֹ cf 𝔊[B] ‖ **12** [a] mlt Mss ut Q, K מָלְוֹכִי ‖ **15** [a–a] 𝔊[BC] ἀπ' ἐμοῦ = מִמֶּנִּי ‖ **17** [a] l ־דוֹ (ו hpgr).

21 אֲבִימֶֽלֶךְ׃ 21 וַיָּ֤נָס יוֹתָם֙ וַיִּבְרַ֔ח וַיֵּ֖לֶךְ בְּאֵ֑רָה וַיֵּ֣שֶׁב שָׁ֔ם מִפְּנֵ֖י אֲבִימֶ֥לֶךְ ד̇[19]
22 23 אָחִֽיו׃ פ 22 וַיָּ֧שַׂר אֲבִימֶ֛לֶךְ עַל־יִשְׂרָאֵ֖ל שָׁל֥שׁ שָׁנִֽים׃ 23 וַיִּשְׁלַ֤ח ג̇ כת ש . ל̇
אֱלֹהִים֙ ר֣וּחַ רָעָ֔ה בֵּ֣ין אֲבִימֶ֔לֶךְ וּבֵ֖ין בַּעֲלֵ֣י שְׁכֶ֑ם וַיִּבְגְּד֥וּ בַעֲלֵֽי־שְׁכֶ֖ם ב̇
24 בַּאֲבִימֶֽלֶךְ[a]׃ 24 לָב֕וֹא[a] חֲמַ֖ס שִׁבְעִ֣ים בְּנֵֽי־יְרֻבָּ֑עַל וְדָמָ֗ם לָשׂ֞וּם עַל־ ל̇
אֲבִימֶ֤לֶךְ אֲחִיהֶם֙ אֲשֶׁ֣ר הָרַ֣ג אוֹתָ֔ם וְעַל֙ בַּעֲלֵ֣י שְׁכֶ֔ם אֲשֶׁר־חִזְּק֥וּ ד̇ . ד̇[20]
25 אֶת־יָדָ֖יו לַהֲרֹ֥ג אֶת־אֶחָֽיו׃ 25 וַיָּשִׂ֩ימוּ֩ ל֨וֹ בַעֲלֵ֜י שְׁכֶ֗ם מְאָֽרְבִים֙ עַ֚ל לה̇
רָאשֵׁ֣י הֶהָרִ֔ים וַֽיִּגְזְל֕וּ אֵ֛ת כָּל־אֲשֶׁר־יַעֲבֹ֥ר עֲלֵיהֶ֖ם בַּדָּ֑רֶךְ וַיֻּגַּ֖ד[a] עה . ה . כד̇[21]
26 לַאֲבִימֶֽלֶךְ׃ פ 26 וַיָּבֹ֞א גַּ֣עַל[a] בֶּן־עֶ֗בֶד[b] וְאֶחָ֔יו וַיַּֽעַבְר֖וּ[c] בִּשְׁכֶ֑ם ל̇
27 וַיִּבְטְחוּ־ב֖וֹ בַּעֲלֵ֥י שְׁכֶֽם׃ 27 וַיֵּצְא֨וּ הַשָּׂדֶ֜ה וַֽיִּבְצְר֤וּ אֶת־כַּרְמֵיהֶם֙ ל̇
וַֽיִּדְרְכ֔וּ וַֽיַּעֲשׂ֖וּ הִלּוּלִ֑ים וַיָּבֹ֙אוּ֙[a] בֵּ֣ית אֱלֹֽהֵיהֶ֔ם וַיֹּֽאכְלוּ֙ וַיִּשְׁתּ֔וּ וַֽיְקַלְל֖וּ ל̇ . ב ומל[22]
28 אֶת־אֲבִימֶֽלֶךְ׃ 28 וַיֹּ֣אמֶר ׀ גַּ֣עַל[a] בֶּן־עֶ֗בֶד[b] מִֽי־אֲבִימֶ֤לֶךְ וּמִֽי[c]־שְׁכֶם֙
כִּ֣י נַֽעַבְדֶ֔נּוּ הֲלֹ֥א בֶן־יְרֻבַּ֖עַל וּזְבֻ֣ל פְּקִיד֑וֹ עִבְד֗וּ[d] אֶת־אַנְשֵׁ֤י חֲמוֹר֙ ל̇ . ל̇
29 אֲבִ֣י שְׁכֶ֔ם וּמַדּ֖וּעַ נַֽעַבְדֶ֥נּוּ אֲנָֽחְנוּ׃ 29 וּמִ֨י יִתֵּ֜ן אֶת־הָעָ֤ם הַזֶּה֙ בְּיָדִ֔י ל̇[23] . ב̇[24]
וְאָסִ֖ירָה אֶת־אֲבִימֶ֑לֶךְ וַיֹּ֙אמֶר֙[a] לַאֲבִימֶ֔לֶךְ רַבֶּ֥ה[b] צְבָאֲךָ֖ וָצֵֽאָה׃ ג̇ . ל̇ . ל̇
30 30 וַיִּשְׁמַע֙ זְבֻל֙ שַׂר־הָעִ֔יר אֶת־דִּבְרֵ֖י גַּ֣עַל[a] בֶּן־עָ֑בֶד[b] וַיִּ֖חַר אַפּֽוֹ[c]׃
31 31 וַיִּשְׁלַ֧ח מַלְאָכִ֛ים אֶל־אֲבִימֶ֖לֶךְ בְּתָרְמָ֣ה[a] לֵאמֹ֑ר הִנֵּה֩ גַ֨עַל[b] בֶּן־ ל̇
32 עֶ֤בֶד[c] וְאֶחָיו֙ בָּאִ֣ים שְׁכֶ֔מָה וְהִנָּ֛ם[d] צָרִ֥ים אֶת[e]־הָעִ֖יר עָלֶֽיךָ׃ 32 וְעַתָּה֙ ל̇ . ל̇[25]
33 ק֣וּם לַ֔יְלָה אַתָּ֖ה וְהָעָ֣ם אֲשֶׁר־אִתָּ֑ךְ וֶאֱרֹ֖ב בַּשָּׂדֶֽה׃ 33 וְהָיָ֤ה בַבֹּ֙קֶר֙ ל̇ . ל̇[26]
כִּזְרֹ֣חַ הַשֶּׁ֔מֶשׁ תַּשְׁכִּ֖ים וּפָשַׁטְתָּ֣ עַל־הָעִ֑יר וְהִנֵּה־ה֞וּא וְהָעָ֣ם אֲשֶׁר־ ב וחס[27] . יז[28] וכל וגנותי דכות ב מ א . ה[29]
34 אִתּוֹ֙ יֹצְאִ֣ים אֵלֶ֔יךָ וְעָשִׂ֣יתָ לּ֔וֹ כַּאֲשֶׁ֖ר תִּמְצָ֥א יָדֶֽךָ׃ ס 34 וַיָּ֧קָם
אֲבִימֶ֛לֶךְ וְכָל־הָעָ֥ם אֲשֶׁר־עִמּ֖וֹ לָ֑יְלָה וַיֶּאֶרְב֣וּ עַל־שְׁכֶ֔ם אַרְבָּעָ֖ה נא מ״פ וכל ר״פ דכות ב מ ג . יא וכל ד״ה דכות
35 רָאשִֽׁים׃ 35 וַיֵּצֵא֙ גַּ֣עַל[a] בֶּן־עֶ֔בֶד[b] וַֽיַּעֲמֹ֔ד פֶּ֖תַח שַׁ֣עַר הָעִ֑יר וַיָּ֧קָם כ̇

[19] Mm 339. [20] Mm 1452. [21] Mm 2228. [22] Mm 1453. [23] Mm 1454. [24] Mm 1455. [25] Mm 274. [26] Mp sub loco. [27] Mm 1456. [28] Mm 1174. [29] Mm 315.

23 [a] 𝔊 *ἐν τῷ οἴκῳ Αβιμελεχ* = בְּבֵית א׳ ‖ **24** [a] 𝔊 *τοῦ ἐπαγαγεῖν* = לָבִיא (ex לְהָבִיא)? ‖ **25** [a] 𝔆 וַיַּגִּדוּ ‖ **26** [a] Josephus Ant *Γυάλης*, prp גֹּעַל ‖ [b] pc Mss עֶבֶר; 𝔊[72.407](𝔙) *Ωβηδ* cf 𝔊[53.509] *Ιωβηδ* (𝔊[BC] *-ηλ*), prp עֹבֵד ‖ [c] prp וַיֵּשְׁבוּ vel וַיַּעַבְדוּ (cf 28) ‖ **27** [a] 𝔊[BC] *καὶ εἰσήνεγκαν* = וַיָּבִיאוּ ‖ **28** [a] cf 26[a] ‖ [b] cf 26[b] ‖ [c] 𝔊 + *(ὁ) υἱός* ‖ [d] prp עָ׳ cf 𝔗? ‖ **29** [a] 𝔔 ויאמרו cf 𝔏𝔙; 𝔊 *καὶ ἐρῶ* = וְאֹמַר ‖ [b] pc Mss רַבֵּה; prp רַבָּה ‖ **30** [a] cf 26[a] ‖ [b] cf 26[b] ‖ [c] 𝔔𝔙 + מאד ‖ **31** [a] crrp; frt l c 41 בָּארוּמָה; prp בֵּת אֲרֻמָּה ‖ [b] cf 26[a] ‖ [c] cf 26[b] ‖ [d] 𝔔𝔊* והמה ‖ [e] 𝔔 על ‖ **35** [a] cf 26[a] ‖ [b] cf 26[b].

36 אֲבִימֶלֶךְ וְהָעָם אֲשֶׁר־אִתּוֹ מִן־הַמַּאְרָב׃ 36 וַיַּרְא־גַּעַל[a] אֶת־הָעָם
וַיֹּאמֶר אֶל־זְבֻל הִנֵּה־עָם יוֹרֵד מֵרָאשֵׁי הֶהָרִים וַיֹּאמֶר אֵלָיו זְבֻל אֵת   יז וכל זקף אתנח וס״פ דכות[30]. ב מל[31]. ג
37 צֵל הֶהָרִים אַתָּה רֹאֶה כַּאֲנָשִׁים[b]׃ ס 37 וַיֹּסֶף עוֹד גַּעַל[a] לְדַבֵּר   כ׳
וַיֹּאמֶר הִנֵּה־עָם יוֹרְדִים מֵעִם טַבּוּר[b] הָאָרֶץ וְרֹאשׁ־אֶחָד בָּא מִדֶּרֶךְ   יז וכל זקף אתנח וס״פ דכות[30]. ב מל[32]. ב ומל[33]. יא[34]
38 אֵלוֹן מְעוֹנְנִים׃ 38 וַיֹּאמֶר אֵלָיו זְבֻל אַיֵּה אֵפוֹא פִיךָ אֲשֶׁר תֹּאמַר מִי   ה חס בליש בנביא[35]. ג ב מל וחד חס[36]
אֲבִימֶלֶךְ כִּי נַעַבְדֶנּוּ הֲלֹא זֶה הָעָם אֲשֶׁר מָאַסְתָּה בּוֹ צֵא־נָא עַתָּה   ב מל
39 וְהִלָּחֶם בּוֹ׃ ס 39 וַיֵּצֵא גַעַל[a] לִפְנֵי בַּעֲלֵי שְׁכֶם וַיִּלָּחֶם בַּאֲבִימֶלֶךְ׃
40 וַיִּרְדְּפֵהוּ[a] אֲבִימֶלֶךְ וַיָּנָס מִפָּנָיו וַיִּפְּלוּ חֲלָלִים רַבִּים עַד־פֶּתַח   כג
41 הַשָּׁעַר[b]׃ 41 [a]וַיֵּשֶׁב אֲבִימֶלֶךְ בָּארוּמָה[a] וַיְגָרֶשׁ זְבֻל אֶת־גַּעַל[b] וְאֶת־   מח[37] כת א לא קר ול בליש. ה[38]
42 אֶחָיו מִשֶּׁבֶת בִּשְׁכֶם׃ 42 וַיְהִי מִמָּחֳרָת וַיֵּצֵא הָעָם הַשָּׂדֶה וַיַּגִּדוּ[a]   י בטע בסיפ
43 לַאֲבִימֶלֶךְ׃ 43 וַיִּקַּח אֶת־הָעָם וַיֶּחֱצֵם לִשְׁלֹשָׁה רָאשִׁים וַיֶּאֱרֹב בַּשָּׂדֶה   ל. כ
44 וַיַּרְא וְהִנֵּה הָעָם יֹצֵא מִן־הָעִיר וַיָּקָם עֲלֵיהֶם וַיַּכֵּם׃ 44 וַאֲבִימֶלֶךְ
וְהָרָאשִׁים[a] אֲשֶׁר עִמּוֹ פָּשְׁטוּ וַיַּעַמְדוּ פֶּתַח שַׁעַר הָעִיר וּשְׁנֵי הָרָאשִׁים   ל. יא וכל ד״ה דכות. ב
45 פָּשְׁטוּ עַל־כָּל־אֲשֶׁר בַּשָּׂדֶה וַיַּכּוּם׃ 45 וַאֲבִימֶלֶךְ נִלְחָם בָּעִיר כֹּל   יא[39]
הַיּוֹם הַהוּא וַיִּלְכֹּד אֶת־הָעִיר וְאֶת־הָעָם אֲשֶׁר־בָּהּ הָרָג וַיִּתֹּץ אֶת־   יב[40]
46 הָעִיר וַיִּזְרָעֶהָ מֶלַח׃ פ 46 וַיִּשְׁמְעוּ כָּל־בַּעֲלֵי מִגְדַּל־שְׁכֶם וַיָּבֹאוּ
47 אֶל־צְרִיחַ בֵּית אֵל[a] בְּרִית׃ 47 וַיֻּגַּד לַאֲבִימֶלֶךְ כִּי הִתְקַבְּצוּ כָּל־   ל בטע. כד[41]
48 בַּעֲלֵי מִגְדַּל־שְׁכֶם׃ 48 וַיַּעַל אֲבִימֶלֶךְ הַר־צַלְמוֹן הוּא וְכָל־הָעָם   נא מ״פ וכל ר״פ דכות ב מ ג
אֲשֶׁר־אִתּוֹ וַיִּקַּח אֲבִימֶלֶךְ [a]אֶת־הַקַּרְדֻּמּוֹת[a] בְּיָדוֹ וַיִּכְרֹת שׂוֹכַת עֵצִים   ל
וַיִּשָּׂאֶהָ וַיָּשֶׂם עַל־שִׁכְמוֹ וַיֹּאמֶר אֶל־הָעָם אֲשֶׁר־עִמּוֹ מָה רְאִיתֶם   ל. פד. יא וכל ד״ה דכות
49 עָשִׂיתִי מַהֲרוּ עֲשׂוּ כָמוֹנִי׃ 49 וַיִּכְרְתוּ גַם־כָּל־הָעָם אִישׁ שׂוֹכֹה[a]   ד[42]. ב כת כן
וַיֵּלְכוּ אַחֲרֵי אֲבִימֶלֶךְ וַיָּשִׂימוּ עַל־הַצְּרִיחַ וַיַּצִּיתוּ עֲלֵיהֶם אֶת־הַצְּרִיחַ   לה
בָּאֵשׁ וַיָּמֻתוּ גַּם כָּל־אַנְשֵׁי מִגְדַּל־שְׁכֶם כְּאֶלֶף אִישׁ וְאִשָּׁה׃ פ   ל. כב
50 וַיֵּלֶךְ אֲבִימֶלֶךְ אֶל־תֵּבֵץ וַיִּחַן בְּתֵבֵץ וַיִּלְכְּדָהּ׃ 51 וּמִגְדַּל־עֹז הָיָה   ל. ז[43]

[30] Mm 2120. [31] Mm 3470. [32] Mm 1575. [33] Mm 2948. [34] Mm 1554. [35] Mm 1448. [36] Mm 1457. [37] Mm 898. [38] Mm 348. [39] Mm 917. [40] Mm 1055. [41] Mm 2228. [42] Mm 332. [43] Mm 1330.

36 [a] cf 26[a] ‖ [b] sic LC, al Mss 𝔅 כַּ׳ ‖ **37** [a] cf 26[a] ‖ [b] ℭ טיבור ‖ **39** [a] cf 26[a] ‖ **40** [a] 𝔔 פם– ‖ [b] 𝔔 שער העיר cf 𝔊*𝔙 ‖ **41** [a–a] l וַיֵּשֶׁב אב׳ אֲר׳ cf 𝔊[L] ‖ [b] cf 26[a] ‖ **42** [a] 𝔔 ויגד cf 𝔊 ἀπηγγέλη ‖ **44** [a] 𝔊[L] sg, l והראשׁ ‖ **46** [a] 𝔊* *Βααλ* cf 4 ‖ **48** [a–a] 𝔊*(𝔖) *ἀξίνην*, prp אַחַת־הק׳ ‖ **49** [a] pc Mss שׁוכו; prp שׂוכתו vel שֹׂכָה.

בְּתוֹךְ־הָעִיר וַיָּנֻסוּ שָׁמָּה כָּל־הָאֲנָשִׁים וְהַנָּשִׁים וְכֹל בַּעֲלֵי הָעִיר ל̇
52 וַיִּסְגְּרוּ בַּעֲדָם וַיַּעֲלוּ עַל־גַּג הַמִּגְדָּל׃ 52 וַיָּבֹא אֲבִימֶלֶךְ עַד־הַמִּגְדָּל
53 וַיִּלָּחֶם בּוֹ וַיִּגַּשׁ עַד־פֶּתַח הַמִּגְדָּל לְשָׂרְפוֹ בָאֵשׁ׃ 53 וַתַּשְׁלֵךְ אִשָּׁה ג̇[44] ל̇
54 אַחַת פֶּלַח רֶכֶב עַל־רֹאשׁ אֲבִימֶלֶךְ וַתָּרִץ[a] אֶת־גֻּלְגָּלְתּוֹ׃ 54 וַיִּקְרָא ב̇ . ל̇ . ל̇
מְהֵרָה אֶל־הַנַּעַר ׀ נֹשֵׂא כֵלָיו וַיֹּאמֶר לוֹ שְׁלֹף חַרְבְּךָ[a] וּמוֹתְתֵנִי פֶּן לח̇ . ב̇ חד חס וחד מל[45]
55 יֹאמְרוּ לִי אִשָּׁה הֲרָגָתְהוּ וַיִּדְקְרֵהוּ נַעֲרוֹ וַיָּמֹת׃ 55 וַיִּרְאוּ אִישׁ־יִשְׂרָאֵל ב̇ . ל̇ . ל̇
56 כִּי מֵת אֲבִימֶלֶךְ וַיֵּלְכוּ אִישׁ לִמְקֹמוֹ׃ 56 וַיָּשֶׁב אֱלֹהִים אֵת רָעַת ג̇ חס בסיפ וכל אורית ושמואל דכות[46] . כה̇ . ל̇
57 אֲבִימֶלֶךְ אֲשֶׁר עָשָׂה לְאָבִיו לַהֲרֹג אֶת־שִׁבְעִים אֶחָיו׃ 57 וְאֵת כָּל־ ל̇
רָעַת אַנְשֵׁי שְׁכֶם הֵשִׁיב אֱלֹהִים בְּרֹאשָׁם וַתָּבֹא אֲלֵיהֶם[a] קִלְלַת יוֹתָם ל̇ . ח̇[47] . ב̇ . ג̇[48]
בֶּן־יְרֻבָּעַל׃ פ
10 1 וַיָּקָם אַחֲרֵי אֲבִימֶלֶךְ לְהוֹשִׁיעַ אֶת־יִשְׂרָאֵל תּוֹלָע בֶּן־פּוּאָה ס ה̇[1]
2 [a]בֶּן־דּוֹדוֹ[a] אִישׁ יִשָּׂשכָר[b] וְהוּא־יֹשֵׁב בְּשָׁמִיר[c] בְּהַר אֶפְרָיִם׃ 2 וַיִּשְׁפֹּט ה̇ מל[2]
אֶת־יִשְׂרָאֵל עֶשְׂרִים וְשָׁלֹשׁ שָׁנָה וַיָּמָת וַיִּקָּבֵר בְּשָׁמִיר׃ פ ל̇
3 3 וַיָּקָם אַחֲרָיו יָאִיר הַגִּלְעָדִי וַיִּשְׁפֹּט אֶת־יִשְׂרָאֵל עֶשְׂרִים וּשְׁתַּיִם
4 שָׁנָה׃ 4 וַיְהִי־לוֹ שְׁלֹשִׁים בָּנִים רֹכְבִים עַל־שְׁלֹשִׁים עֲיָרִים וּשְׁלֹשִׁים
עֲיָרִים[a] לָהֶם יִקְרְאוּ ׀ חַוֺּת יָאִיר עַד הַיּוֹם הַזֶּה אֲשֶׁר[b] בְּאֶרֶץ ל̇ . ב̇
5 הַגִּלְעָד׃ 5 וַיָּמָת יָאִיר וַיִּקָּבֵר בְּקָמוֹן׃ פ ל̇
6 6 וַיֹּסִפוּ ׀ בְּנֵי יִשְׂרָאֵל לַעֲשׂוֹת הָרַע בְּעֵינֵי יְהוָה וַיַּעַבְדוּ אֶת־ ג̇ כת כן[3]
הַבְּעָלִים וְאֶת־הָעַשְׁתָּרוֹת וְאֶת־אֱלֹהֵי אֲרָם וְאֶת־אֱלֹהֵי צִידוֹן וְאֵת ׀
אֱלֹהֵי מוֹאָב וְאֵת אֱלֹהֵי בְנֵי־עַמּוֹן וְאֵת אֱלֹהֵי פְלִשְׁתִּים וַיַּעַזְבוּ אֶת־
7 יְהוָה וְלֹא עֲבָדוּהוּ׃ 7 וַיִּחַר־אַף יְהוָה בְּיִשְׂרָאֵל וַיִּמְכְּרֵם בְּיַד־ ג̇ מל בליש[4]
8 פְּלִשְׁתִּים וּבְיַד בְּנֵי עַמּוֹן׃ 8 וַיִּרְעֲצוּ וַיְרֹצְצוּ אֶת־בְּנֵי יִשְׂרָאֵל[a] בַּשָּׁנָה חצי הספר בפסוקים
הַהִיא[a] שְׁמֹנֶה עֶשְׂרֵה שָׁנָה אֶת־כָּל־בְּנֵי יִשְׂרָאֵל אֲשֶׁר בְּעֵבֶר הַיַּרְדֵּן
9 בְּאֶרֶץ הָאֱמֹרִי אֲשֶׁר בַּגִּלְעָד׃ 9 וַיַּעַבְרוּ בְנֵי־עַמּוֹן אֶת־הַיַּרְדֵּן
לְהִלָּחֵם גַּם־בִּיהוּדָה וּבְבִנְיָמִין וּבְבֵית אֶפְרָיִם וַתֵּצֶר לְיִשְׂרָאֵל מְאֹד׃ יז̇[5] מל ב̇[6] מנה בליש חד חס וחד מל̇ . ב̇

[44]Mm 139. [45]Mm 1458. [46]Mp sub loco. [47]Mm 2876. [48]Mm 1459. **Cp 10** [1]Mp sub loco. [2]Mm 1460. [3]Mm 1461 contra textum. [4]Mm 1462. [5]Mm 262. [6]Mm 1463.

53 [a] pc Mss ־ָץ, pc Mss ־ֶץ || **54** [a] 𝔊^B suff 1sg || **57** [a] pc Mss עליהם || **Cp 10,1** [a–a] nom proprium || [b] Q יִשָּׂכָר Ben Naftali יִשָּׂשכָר, K יִשָּׂשכָר = אִישׁ שָׂכָר cf 𝔊* *Ισσαχαρ* || [c] 𝔊* *ἐν Σαμαρείᾳ* || **4** [a] l c Or Vrs עָרִים || [b] > 𝔗 || **8** [a–a] frt add.

10 וַיִּזְעֲקוּ בְּנֵי יִשְׂרָאֵל אֶל־יְהוָה לֵאמֹר חָטָאנוּ לָךְ וְכִי[a] עָזַבְנוּ אֶת־[b]   ל
11 אֱלֹהֵינוּ וַנַּעֲבֹד אֶת־הַבְּעָלִים׃ פ 11 וַיֹּאמֶר יְהוָה אֶל־בְּנֵי
יִשְׂרָאֵל הֲלֹא[a] מִמִּצְרַיִם וּמִן־הָאֱמֹרִי וּמִן־בְּנֵי עַמּוֹן וּמִן־פְּלִשְׁתִּים׃[a]   ב̇ פסוק ומן ומן ומן . ד̇[7] וכל לשון ארמי וכל ד״ה דכות ב̇ מ̇ ז̇ . ב̇[8]
12 וְצִידוֹנִים וַעֲמָלֵק וּמָעוֹן[a] לָחֲצוּ אֶתְכֶם וַתִּצְעֲקוּ אֵלַי וָאוֹשִׁיעָה   ל ומל . ב̇[9] . ל . ל
13 אֶתְכֶם מִיָּדָם׃ 13 וְאַתֶּם עֲזַבְתֶּם אוֹתִי וַתַּעַבְדוּ אֱלֹהִים אֲחֵרִים לָכֵן
14 לֹא־אוֹסִיף לְהוֹשִׁיעַ אֶתְכֶם׃ 14 לְכוּ וְזַעֲקוּ אֶל־הָאֱלֹהִים אֲשֶׁר   יט . ג פת̇[10] . כ
15 בְּחַרְתֶּם בָּם הֵמָּה יוֹשִׁיעוּ לָכֶם בְּעֵת צָרַתְכֶם׃ 15 וַיֹּאמְרוּ בְנֵי־יִשְׂרָאֵל   ל
אֶל־יְהוָה חָטָאנוּ עֲשֵׂה־אַתָּה לָנוּ כְּכָל־הַטּוֹב בְּעֵינֶיךָ אַךְ הַצִּילֵנוּ נָא   ב . סו
16 הַיּוֹם הַזֶּה׃ 16 וַיָּסִירוּ אֶת־אֱלֹהֵי הַנֵּכָר מִקִּרְבָּם וַיַּעַבְדוּ אֶת־יְהוָה
17 וַתִּקְצַר נַפְשׁוֹ בַּעֲמַל יִשְׂרָאֵל׃ פ 17 וַיִּצָּעֲקוּ בְּנֵי עַמּוֹן וַיַּחֲנוּ   ד̇[11] . ב̇[12] . ג
18 בַּגִּלְעָד וַיֵּאָסְפוּ בְּנֵי יִשְׂרָאֵל וַיַּחֲנוּ בַּמִּצְפָּה׃ 18 וַיֹּאמְרוּ הָעָם[a] שָׂרֵי   יב . ג̇[13]
גִלְעָד[a] אִישׁ אֶל־רֵעֵהוּ מִי הָאִישׁ אֲשֶׁר יָחֵל לְהִלָּחֵם בִּבְנֵי עַמּוֹן יִהְיֶה   ה̇[14]
לְרֹאשׁ לְכֹל יֹשְׁבֵי גִלְעָד׃ פ   כד ה מנה בסיפ

11 1 וְיִפְתָּח הַגִּלְעָדִי הָיָה גִּבּוֹר חַיִל וְהוּא בֶּן־אִשָּׁה זוֹנָה וַיּוֹלֶד   ג̇[1] ב קמ̇ וחד פת̇ וחד מן ל̇ז ר״פ וס״פ חד . ל
2 גִּלְעָד אֶת־יִפְתָּח׃ 2 וַתֵּלֶד אֵשֶׁת־גִּלְעָד לוֹ בָּנִים וַיִּגְדְּלוּ בְנֵי־הָאִשָּׁה
וַיְגָרְשׁוּ אֶת־יִפְתָּח וַיֹּאמְרוּ לוֹ לֹא־תִנְחַל בְּבֵית־אָבִינוּ כִּי בֶּן־אִשָּׁה   ב̇[2]
3 אַחֶרֶת אָתָּה׃ 3 וַיִּבְרַח יִפְתָּח מִפְּנֵי אֶחָיו וַיֵּשֶׁב בְּאֶרֶץ טוֹב וַיִּתְלַקְּטוּ   ל . ל . ל
4 אֶל־יִפְתָּח אֲנָשִׁים רֵיקִים וַיֵּצְאוּ עִמּוֹ׃ פ 4 וַיְהִי[a] מִיָּמִים וַיִּלָּחֲמוּ   ג̇[3]
5 בְנֵי־עַמּוֹן עִם־יִשְׂרָאֵל׃ 5 וַיְהִי כַּאֲשֶׁר־נִלְחֲמוּ בְנֵי־עַמּוֹן עִם־יִשְׂרָאֵל   ב בטע בסיפ[4]
6 וַיֵּלְכוּ זִקְנֵי גִלְעָד לָקַחַת אֶת־יִפְתָּח מֵאֶרֶץ טוֹב׃ 6 וַיֹּאמְרוּ לְיִפְתָּח   ל
7 לְכָה וְהָיִיתָה לָּנוּ לְקָצִין וְנִלָּחֲמָה בִּבְנֵי עַמּוֹן׃ 7 וַיֹּאמֶר יִפְתָּח לְזִקְנֵי[a]   ג חד כת̇ י ו̇ב כת̇ תרי̇ ל̇[5] . ד̇[6]
גִלְעָד הֲלֹא אַתֶּם שְׂנֵאתֶם אוֹתִי וַתְּגָרְשׁוּנִי מִבֵּית אָבִי[b] וּמַדּוּעַ בָּאתֶם   ל̇[7] . ל̇[8] וחד מן ו̇ בטע
8 אֵלַי עַתָּה כַּאֲשֶׁר צַר לָכֶם׃ 8 וַיֹּאמְרוּ זִקְנֵי גִלְעָד אֶל־יִפְתָּח לָכֵן[a]
עַתָּה שַׁבְנוּ אֵלֶיךָ וְהָלַכְתָּ עִמָּנוּ וְנִלְחַמְתָּ בִּבְנֵי עַמּוֹן וְהָיִיתָ לָּנוּ לְרֹאשׁ   כד ה מנה בסיפ

[7] Mm 665. [8] Mm 4196. [9] Mm 4014. [10] Mm 1464. [11] Mm 1492. [12] Mm 1465. [13] Mm 1386. [14] Mm 1008.
Cp 11 [1] Mm 1331. [2] Mm 1466. [3] Mm 1374 ב. [4] Mm 1467. [5] Mm 1755. [6] Mm 1389. [7] Mp sub loco.
[8] Mm 1454.

10 [a] l c nonn Mss 𝔊𝔖𝔙 כִּי ‖ [b] pc Mss 𝔙 + יהוה ‖ **11** [a–a] crrp; prp הלא ממ׳ ומן־הא׳ ‖ **12** [a] 𝔊* *καὶ Μαδιαμ*, l וּמִדְיָן ‖ ומן־הַכְּנַעֲנִים הוֹשַׁעְתִּי אֶתְכֶם וַאֲרָם ובני עמון ופלשתים **18** [a–a] frt gl cf 11,5 ‖ **Cp 11,4** [a] > 𝔊[B] ‖ **7** [a] nonn Mss אֶל־ז׳ ut 9 ‖ [b] 𝔊 + *καὶ ἐξαπεστείλατέ με ἀφ᾽ ὑμῶν* cf Gn 26,27 ‖ **8** [a] 𝔊* *οὐχ οὕτως* = לֹא כֵן, cf Gn 4,15[a].

9 לְכֹל יֹשְׁבֵי גִלְעָד׃ 9 וַיֹּאמֶר יִפְתָּח אֶל־זִקְנֵי גִלְעָד אִם־מְשִׁיבִים אַתֶּם ל
אוֹתִי לְהִלָּחֵם בִּבְנֵי עַמּוֹן וְנָתַן יְהוָה אוֹתָם לְפָנָי[a] אָנֹכִי אֶהְיֶה לָכֶם
10 לְרֹאשׁ׃ 10 וַיֹּאמְרוּ זִקְנֵי־גִלְעָד אֶל־יִפְתָּח יְהוָה יִהְיֶה שֹׁמֵעַ בֵּינוֹתֵינוּ כד ה מנה בסיפ . ג ב מל וחד חס
11 אִם־לֹא כִדְבָרְךָ כֵּן נַעֲשֶׂה׃ 11 וַיֵּלֶךְ יִפְתָּח עִם־זִקְנֵי גִלְעָד וַיָּשִׂימוּ לה
הָעָם אוֹתוֹ עֲלֵיהֶם לְרֹאשׁ וּלְקָצִין וַיְדַבֵּר יִפְתָּח אֶת־כָּל־דְּבָרָיו לִפְנֵי כד ה מנה בסיפ . ל . ב
12 יְהוָה בַּמִּצְפָּה׃ פ 12 וַיִּשְׁלַח יִפְתָּח מַלְאָכִים אֶל־מֶלֶךְ בְּנֵי־עַמּוֹן[a]
13 לֵאמֹר מַה־לִּי וָלָךְ כִּי־בָאתָ אֵלַי לְהִלָּחֵם בְּאַרְצִי׃ 13 וַיֹּאמֶר מֶלֶךְ ד[9]
בְּנֵי־עַמּוֹן[a] אֶל־מַלְאֲכֵי יִפְתָּח כִּי־לָקַח יִשְׂרָאֵל אֶת־אַרְצִי בַּעֲלוֹתוֹ ל . ג בליש
מִמִּצְרַיִם מֵאַרְנוֹן וְעַד[b]־הַיַּבֹּק וְעַד־הַיַּרְדֵּן וְעַתָּה הָשִׁיבָה אֶתְהֶן[c] יד פסוק ועד ועד[10] . ב[11] . ב . ג[12]
14 בְּשָׁלוֹם׃[d] 14 וַיּוֹסֶף עוֹד יִפְתָּח וַיִּשְׁלַח מַלְאָכִים אֶל־מֶלֶךְ בְּנֵי עַמּוֹן[a]׃ כי ז[13] מנה מל
15 15 וַיֹּאמֶר[a] לוֹ כֹּה אָמַר יִפְתָּח לֹא־לָקַח יִשְׂרָאֵל אֶת־אֶרֶץ מוֹאָב יב סביר
16 וְאֶת־אֶרֶץ בְּנֵי עַמּוֹן[b]׃ 16 כִּי בַּעֲלוֹתָם מִמִּצְרָיִם וַיֵּלֶךְ יִשְׂרָאֵל
17 בַּמִּדְבָּר עַד־יַם־סוּף וַיָּבֹא קָדֵשָׁה׃ 17 וַיִּשְׁלַח יִשְׂרָאֵל מַלְאָכִים ׀ אֶל־ ב[14]
מֶלֶךְ אֱדוֹם ׀ לֵאמֹר אֶעְבְּרָה[a]־נָּא בְאַרְצֶךָ וְלֹא שָׁמַע מֶלֶךְ אֱדוֹם וְגַם
18 אֶל־מֶלֶךְ מוֹאָב שָׁלַח וְלֹא אָבָה וַיֵּשֶׁב יִשְׂרָאֵל בְּקָדֵשׁ׃ 18 וַיֵּלֶךְ ל
בַּמִּדְבָּר וַיָּסָב אֶת־אֶרֶץ אֱדוֹם וְאֶת־אֶרֶץ מוֹאָב וַיָּבֹא מִמִּזְרַח־שֶׁמֶשׁ ל
לְאֶרֶץ מוֹאָב וַיַּחֲנוּן בְּעֵבֶר אַרְנוֹן וְלֹא־בָאוּ בִּגְבוּל מוֹאָב כִּי אַרְנוֹן ל . ל . ל
19 גְּבוּל מוֹאָב׃ 19 וַיִּשְׁלַח יִשְׂרָאֵל מַלְאָכִים אֶל־סִיחוֹן מֶלֶךְ־הָאֱמֹרִי
מֶלֶךְ חֶשְׁבּוֹן וַיֹּאמֶר לוֹ יִשְׂרָאֵל נַעְבְּרָה[a]־נָּא בְאַרְצְךָ עַד־מְקוֹמִי׃
20 20 וְלֹא־[a]הֶאֱמִין סִיחוֹן[a] אֶת־יִשְׂרָאֵל עֲבֹר בִּגְבֻלוֹ וַיֶּאֱסֹף סִיחוֹן אֶת־ ה חס . כ ב מנה בסיפ[15]
21 כָּל־עַמּוֹ וַיַּחֲנוּ בְּיָהְצָה וַיִּלָּחֶם עִם[b]־יִשְׂרָאֵל[b]׃ 21 וַיִּתֵּן יְהוָה אֱלֹהֵי־ ב ושאר וילחם בישראל
יִשְׂרָאֵל אֶת־סִיחוֹן וְאֶת־כָּל־עַמּוֹ בְּיַד יִשְׂרָאֵל וַיַּכּוּם וַיִּירַשׁ יִשְׂרָאֵל יא[16]
22 אֵת כָּל־אֶרֶץ הָאֱמֹרִי יוֹשֵׁב הָאָרֶץ הַהִיא׃ 22 וַיִּירְשׁוּ אֵת כָּל־גְּבוּל מט מל בנביא ד מנה בסיפ

[9] Mm 1999. [10] Mm 1244. [11] Mp sub loco. [12] Mm 1468. [13] Mm 962. [14] Mm 1469. [15] Mm 4234. [16] Mm 917.

9 [a] pc Mss בְּיָדִי ‖ **12** [a] prb l מוֹאָב, it 13[a]. 14[a]. 27[a]. 28[a]. 30[a] et 31[c] ‖ **13** [a] cf 12[a] ‖ [b] l c nonn Mss 𝔊*𝔙 עד ‖ [c] $𝔊^L𝔈𝔙$ suff 3 sg f ‖ [d] $𝔊^{BRIIIC}$ + *καὶ πορεύσομαι* = וְאֵלְכָה 𝔊* + *καὶ ἀπέστρεψαν οἱ ἄγγελοι πρὸς Ιεφθαε* = וַיָּשׁוּבוּ הַמַּלְאָכִים אֶל־יִפְתָּח ‖ **14** [a] cf 12[a] ‖ **15** [a] pc Mss Seb ־רוּ ‖ [b–b] prb add cf 12[a] ‖ **17** [a] pc Mss 𝔖 נַעְ׳ cf 19 ‖ **19** [a] mlt Mss 𝔊*𝔙 אֶעְ׳ cf מקומי et 17 ‖ **20** [a–a] 𝔊* *ἠθέλησεν Σηων*, prp אָבָה וַיְמָאֵן ס׳ תֵּת cf 17 Nu 20,21 ‖ [b–b] mlt Mss $𝔊^{BC}$ בְּי׳.

23 הָאֱמֹרִ֔י מֵֽאַרְנוֹן֙ וְעַד־הַיַּבֹּ֔ק וּמִן־הַמִּדְבָּ֖ר וְעַד־הַיַּרְדֵּֽן׃ 23 וְעַתָּ֞ה — יד פסוק ועד ועד[17]. ב[18]. ב
יְהוָ֣ה׀ אֱלֹהֵ֣י יִשְׂרָאֵ֗ל הוֹרִישׁ֙ אֶת־הָ֣אֱמֹרִ֔י מִפְּנֵ֖י עַמּ֣וֹ יִשְׂרָאֵ֑ל וְאַתָּ֖ה
24 תִּירָשֶֽׁנּוּ׃ 24 הֲלֹ֞א אֵ֣ת אֲשֶׁ֧ר יוֹרִֽישְׁךָ֛[a] כְּמ֥וֹשׁ אֱלֹהֶ֖יךָ אוֹת֣וֹ תִירָ֑שׁ וְאֵת֩ — ל. ל
25 כָּל־אֲשֶׁ֨ר הוֹרִ֜ישׁ יְהוָ֧ה אֱלֹהֵ֛ינוּ מִפָּנֵ֖ינוּ אוֹת֥וֹ נִירָֽשׁ׃ 25 וְעַתָּה֙ הֲט֣וֹב — ה. ד[19]
ט֣וֹב אַתָּ֔ה מִבָּלָ֥ק בֶּן־צִפּ֖וֹר מֶ֣לֶךְ מוֹאָ֑ב הֲר֥וֹב רָב֙ עִם־יִשְׂרָאֵ֔ל אִם־[a] — ל. ג ב חס וחד מל. לג קמ[20]
26 נִלְחֹ֥ם נִלְחַ֖ם בָּֽם׃ 26 בְּשֶׁ֣בֶת יִ֠שְׂרָאֵל בְּחֶשְׁבּ֨וֹן וּבִבְנוֹתֶ֜יהָ וּבְעַרְע֣וֹר[a] — ל. יב[21]. ב[22]. ל. ד ב חס וב מל[23]
וּבִבְנוֹתֶ֗יהָ וּבְכָל־הֶֽעָרִים֙ אֲשֶׁר֙ עַל־יְדֵ֣י אַרְנ֔וֹן שְׁלֹ֥שׁ מֵא֖וֹת שָׁנָ֑ה וּמַדּ֥וּעַ — ד ב חס וב מל[23]. ל[24]
27 לֹֽא־הִצַּלְתֶּ֖ם[b] בָּעֵ֥ת הַהִֽיא׃ 27 וְאָֽנֹכִי֙ לֹא־חָטָ֣אתִי לָ֔ךְ וְאַתָּ֞ה עֹשֶׂ֥ה — ט ר״פ וכל תרי עשר דכות[23]. ג בטע בסיפ[18]
אִתִּ֛י רָעָ֖ה לְהִלָּ֣חֶם בִּ֑י יִשְׁפֹּ֨ט יְהוָ֤ה הַשֹּׁפֵט֙ הַיּ֔וֹם בֵּ֚ין בְּנֵ֣י יִשְׂרָאֵ֔ל וּבֵ֖ין
28 בְּנֵ֥י עַמּֽוֹן׃[a] 28 וְלֹ֣א שָׁמַ֔ע מֶ֖לֶךְ בְּנֵ֣י עַמּ֑וֹן[a] אֶל־דִּבְרֵ֣י יִפְתָּ֔ח אֲשֶׁ֖ר שָׁלַ֥ח
29 אֵלָֽיו׃ פ 29 וַתְּהִ֤י עַל־יִפְתָּח֙ ר֣וּחַ יְהוָ֔ה וַיַּעֲבֹ֥ר אֶת־הַגִּלְעָ֖ד וְאֶת־ — ל. ב[26]
מְנַשֶּׁ֑ה וַֽיַּעֲבֹר֙ [a]אֶת־מִצְפֵּ֣ה גִלְעָ֔ד[a] וּמִמִּצְפֵּ֣ה גִלְעָ֔ד עָבַ֖ר[b] בְּנֵ֥י עַמּֽוֹן׃ — ל
30 וַיִּדַּ֨ר יִפְתָּ֥ח נֶ֛דֶר לַיהוָ֖ה וַיֹּאמַ֑ר אִם־נָת֥וֹן תִּתֵּ֛ן אֶת־בְּנֵ֥י עַמּ֖וֹן[a] בְּיָדִֽי׃ — ג[27]. צא. ז מל בליש[18]
31 וְהָיָ֣ה הַיּוֹצֵ֗א[a] אֲשֶׁ֨ר יֵצֵ֜א[b] מִדַּלְתֵ֤י בֵיתִי֙ לִקְרָאתִ֔י בְּשׁוּבִ֥י בְשָׁל֖וֹם — ד מל בנביא וכל כתיב דכות[28]
ס ט[25] מִבְּנֵ֣י עַמּ֑וֹן[c] וְהָיָה֙ לַֽיהוָ֔ה וְהַעֲלִיתִ֖הוּ עוֹלָֽה׃[d] פ 32 וַיַּעֲבֹ֥ר יִפְתָּ֛ח — ל
33 אֶל־בְּנֵ֥י עַמּ֖וֹן לְהִלָּ֣חֶם בָּ֑ם וַיִּתְּנֵ֥ם יְהוָ֖ה בְּיָדֽוֹ׃ 33 וַיַּכֵּ֡ם מֵעֲרוֹעֵר֩ וְעַד־ — יד פסוק ועד ועד[17]. ל
בּוֹאֲךָ֨ מִנִּ֜ית עֶשְׂרִ֣ים עִ֗יר וְעַד[a]֙ אָבֵ֣ל כְּרָמִ֔ים מַכָּ֖ה גְּדוֹלָ֣ה מְאֹ֑ד וַיִּכָּֽנְעוּ֙ — ב. ב. ב[18]
34 בְּנֵ֣י עַמּ֔וֹן מִפְּנֵ֖י בְּנֵ֥י יִשְׂרָאֵֽל׃ פ 34 וַיָּבֹ֨א יִפְתָּ֤ח הַמִּצְפָּה֙ אֶל־
בֵּית֔וֹ וְהִנֵּ֤ה בִתּוֹ֙ יֹצֵ֣את לִקְרָאת֔וֹ בְּתֻפִּ֖ים[a] וּבִמְחֹל֑וֹת וְרַק֙ הִ֣יא יְחִידָ֔ה — ל. ב[29]. ב. ל
35 אֵֽין־ל֥וֹ מִמֶּ֛נּוּ[b] בֵּ֖ן אוֹ־בַֽת׃ 35 וַיְהִי֩ כִרְאוֹת֨וֹ אוֹתָ֜הּ וַיִּקְרַ֣ע אֶת־בְּגָדָ֗יו — ו סביר ממנה[30]
וַיֹּ֙אמֶר֙ אֲהָ֤הּ בִּתִּי֙ [a]הַכְרֵ֣עַ הִכְרַעְתִּ֔נִי[a] וְאַ֖תְּ הָיִ֣ית[b] בְּעֹֽכְרָ֑י וְאָֽנֹכִי֙ פָּצִ֣יתִי־ — ל. ל. ל
36 פִי֙ אֶל־יְהוָ֔ה וְלֹ֥א אוּכַ֖ל לָשֽׁוּב׃ 36 וַתֹּ֣אמֶר אֵלָ֗יו אָבִי֙ פָּצִ֤יתָה אֶת־ — ג[31]. ו בטע זקף בסיפ. ל
פִּ֙יךָ֙ אֶל־יְהוָ֔ה עֲשֵׂ֣ה לִ֔י כַּאֲשֶׁ֖ר יָצָ֣א מִפִּ֑יךָ אַחֲרֵ֠י אֲשֶׁ֣ר עָשָׂ֨ה לְךָ֧ יְהוָ֛ה

[17] Mm 1244. [18] Mp sub loco. [19] Mm 1470. [20] Mm 264. [21] Mm 1748. [22] Mm 1471. [23] Mm 4030. [24] Mm 1454. [25] Mm 1472. [26] Mm 1473. [27] Mm 1474. [28] Mm 1475. [29] Ex 15,20. [30] Mm 2038. [31] Mm 3955.

24 [a] 𝔊* κατεκληρονόμησέν σοι; prb dl ךָ (dttg cf 24b) ‖ **25** [a] mlt Mss וְאִם ‖ **26** [a] 𝔊^BROC καὶ ἐν γῇ Αροηρ, 𝔙 et in Aroer cf 33, prp וּבַעֲרֹעֵר; 𝔊* καὶ ἐν Ιαζηρ ‖ [b] 𝔊^BC leg ־ָם ‖ **27** [a] cf 12[a] ‖ **28** [a] cf 12[a] ‖ **29** [a–a] prb dl et postea l מִמִּצְפָּה ג׳ (לְ)עֵבֶר cf Ms עֵבֶר et 𝔊 εἰς τὸ πέραν ‖ [b] nonn Mss 𝔖𝔗𝔙 + אֶל־ ‖ **30** [a] cf 12[a] ‖ **31** [a] > 𝔊*𝔏𝔙 ‖ [b] 𝔙 + primus ‖ [c] cf 12[a] ‖ [d] pc Mss 𝔖 לְעֹ׳ ‖ **33** [a] mlt Mss עד ‖ **34** [a] sic L, mlt Mss Edd בְּ׳ ‖ [b] Seb 𝔊*𝔖𝔗 מִמֶּנָּה ‖ **35** [a–a] 𝔊^BC ταραχῇ ἐτάραξάς με, prp עָכוֹר עֲכַרְתִּנִי ‖ [b] sic L, mlt Mss Edd ־תְּ.

37 נִקָמ֛וֹת מֵאֹיְבֶ֖יךָ a מִבְּנֵ֥י עַמּֽוֹן a׃ 37 וַתֹּ֙אמֶר֙ אֶל־אָבִ֔יהָ יֵעָ֥שֶׂה לִּ֖י הַדָּבָ֣ר
הַזֶּ֑ה הַרְפֵּ֨ה מִמֶּ֜נִּי שְׁנַ֣יִם חֳדָשִׁ֗ים וְאֵֽלְכָה֙ וְיָרַדְתִּ֣י עַל־הֶהָרִ֔ים וְאֶבְכֶּה֙
38 עַל־בְּתוּלַ֔י אָנֹכִ֖י וְרֵעֹיתָֽי a׃ 38 וַיֹּ֣אמֶר לֵ֔כִי וַיִּשְׁלַ֥ח אוֹתָ֖הּ שְׁנֵ֣י a חֳדָשִׁ֑ים
39 וַתֵּ֤לֶךְ הִיא֙ וְרֵ֣עוֹתֶ֔יהָ וַתֵּ֥בְךְּ עַל־בְּתוּלֶ֖יהָ עַל־הֶהָרִֽים׃ 39 וַיְהִ֞י מִקֵּ֣ץ ׀
שְׁנַ֣יִם חֳדָשִׁ֗ים וַתָּ֙שָׁב֙ אֶל־אָבִ֔יהָ וַיַּ֣עַשׂ לָ֔הּ אֶת־נִדְר֖וֹ אֲשֶׁ֣ר נָדָ֑ר וְהִיא֙
40 לֹא־יָדְעָ֣ה אִ֔ישׁ a וַתְּהִי־b חֹ֖ק בְּיִשְׂרָאֵֽל׃ 40 מִיָּמִ֣ים ׀ יָמִ֗ימָה תֵּלַ֙כְנָה֙ בְּנ֣וֹת
יִשְׂרָאֵ֔ל לְתַנּ֕וֹת a לְבַת־יִפְתָּ֖ח הַגִּלְעָדִ֑י אַרְבַּ֥עַת יָמִ֖ים בַּשָּׁנָֽה׃ ס
12 1 וַיִּצָּעֵק֙ אִ֣ישׁ אֶפְרַ֔יִם וַֽיַּעֲבֹ֖ר צָפ֑וֹנָה a וַיֹּאמְר֨וּ לְיִפְתָּ֜ח מַדּ֣וּעַ ׀
עָבַ֣רְתָּ ׀ לְהִלָּחֵ֣ם בִּבְנֵֽי־עַמּ֗וֹן וְלָ֙נוּ֙ לֹ֣א קָרָ֣אתָ לָלֶ֣כֶת עִמָּ֔ךְ בֵּיתְךָ֕ נִשְׂרֹ֥ף
2 עָלֶ֖יךָ בָּאֵֽשׁ׃ 2 וַיֹּ֤אמֶר יִפְתָּח֙ אֲלֵיהֶ֔ם אִ֣ישׁ רִ֗יב הָיִ֛יתִי אֲנִ֥י וְעַמִּ֖י וּבְנֵֽי־
3 עַמּ֣וֹן a מְאֹ֑ד וָאַזְעִ֣ק אֶתְכֶ֔ם b וְלֹא־הוֹשַׁעְתֶּ֥ם אוֹתִ֖י מִיָּדָֽם׃ 3 וָאֶרְאֶ֞ה
כִּֽי־אֵינְךָ֣ a מוֹשִׁ֗יעַ וָאָשִׂ֨ימָה נַפְשִׁ֤י בְכַפִּי֙ וָאֶעְבְּרָה֙ אֶל־בְּנֵ֣י עַמּ֔וֹן וַיִּתְּנֵ֥ם
4 יְהוָ֖ה בְּיָדִ֑י וְלָמָ֞ה עֲלִיתֶ֥ם אֵלַ֛י הַיּ֥וֹם הַזֶּ֖ה לְהִלָּ֥חֶם בִּֽי׃ 4 וַיִּקְבֹּ֤ץ יִפְתָּח֙
אֶת־כָּל־אַנְשֵׁ֣י גִלְעָ֔ד וַיִּלָּ֖חֶם אֶת־אֶפְרָ֑יִם וַיַּכּ֞וּ אַנְשֵׁ֤י גִלְעָד֙ אֶת־אֶפְרַ֔יִם
a כִּ֣י אָמְר֗וּ פְּלִיטֵ֨י אֶפְרַ֤יִם אַתֶּם֙ גִּלְעָ֔ד בְּת֥וֹךְ אֶפְרַ֖יִם בְּת֥וֹךְ b מְנַשֶּֽׁה a׃
5 5 וַיִּלְכֹּ֥ד גִּלְעָ֛ד אֶת־מַעְבְּר֥וֹת הַיַּרְדֵּ֖ן לְאֶפְרָ֑יִם וְ֠הָיָה כִּ֣י יֹאמְר֞וּ פְּלִיטֵ֤י
אֶפְרַ֙יִם֙ אֶעֱבֹ֔רָה וַיֹּ֨אמְרוּ ל֧וֹ אַנְשֵֽׁי־גִלְעָ֛ד הַאֶפְרָתִ֥י אַ֖תָּה וַיֹּ֥אמֶר ׀ לֹֽא׃
6 6 וַיֹּ֣אמְרוּ ל֡וֹ אֱמָר־נָ֣א שִׁבֹּ֡לֶת וַיֹּ֣אמֶר סִבֹּ֡לֶת וְלֹ֣א יָכִין֮ a לְדַבֵּ֣ר כֵּן֒
וַיֹּאחֲז֣וּ אוֹת֔וֹ וַיִּשְׁחָט֖וּהוּ אֶל־מַעְבְּר֣וֹת הַיַּרְדֵּ֑ן וַיִּפֹּ֞ל בָּעֵ֤ת הַהִיא֙
7 מֵֽאֶפְרַ֔יִם אַרְבָּעִ֥ים וּשְׁנַ֖יִם אָֽלֶף׃ 7 וַיִּשְׁפֹּ֥ט יִפְתָּ֛ח אֶת־יִשְׂרָאֵ֖ל שֵׁ֣שׁ
שָׁנִ֑ים וַיָּ֙מָת֙ יִפְתָּ֣ח הַגִּלְעָדִ֔י וַיִּקָּבֵ֖ר a בְּעָרֵ֥י גִלְעָֽד a׃ פ
8 9 8 וַיִּשְׁפֹּ֤ט אַחֲרָיו֙ אֶת־יִשְׂרָאֵ֔ל אִבְצָ֖ן a מִבֵּ֥ית לָֽחֶם׃ 9 וַיְהִי־ל֡וֹ
שְׁלֹשִׁ֣ים בָּנִ֗ים וּשְׁלֹשִׁ֤ים בָּנוֹת֙ שִׁלַּ֣ח הַח֔וּצָה וּשְׁלֹשִׁ֣ים בָּנ֔וֹת a הֵבִ֥יא לְבָנָ֖יו

יח פסוק אל על על[32] . לז[33] . יא חס את
ב . נג וכל תלים דכות ב מ״א . ג[34] . ב[35]
ורעותי[36] ק
ל . כא פסוק על על ומילה חדה ביניה[37] . יב
ג . ל
ל . ה[38]
ב
ג . נג
ג[1]
יא
ל
ב . ט[2] ד מנה בליש
ב פסוק בתוך בתוך[3]
ב
ל[4] . כו מלעיל
ל
ל . ה[5]
ל[6]
ב
יו[7]

[32] Mm 658. [33] Mm 210. [34] Mp sub loco. [35] Mm 1765. [36] Mm 832. [37] Mm 686. [38] Mm 457. Cp 12 [1] Mm 1476. [2] Mm 609. [3] Mm 1477. [4] Mp sub loco. [5] Mm 2101. [6] וחד בערי הגלעד Nu 32,26. [7] Mm 290.

36 a–a prb gl || **37** a mlt Mss ut Q cf 38, sic l; K prb רַעְיֹתָי || **38** a pc Mss שְׁנִים || **39** a huc tr : || b l וַיְהִי || **40** a 𝔊 *θρηνεῖν* 𝔙 *ut…plangant* cf 𝔖𝔗 || **Cp 12,1** a 𝔊* *Σεφινα* 𝔏 *Sefin* cf nonn Mss צפנה || **2** a 𝔊* + *ἐταπείνουν με* = עִנּוּנִי || b 𝔊* *πρὸς ὑμᾶς* = אֲלֵיכֶם || **3** a l אין cf 𝔊* || **4** a–a > 𝔊* || b mlt Mss 𝔊𝔖𝔙 וּבְ׳ || **6** a nonn Mss יבין || **7** a–a 𝔊 *ἐν (τῇ) πόλει αὐτοῦ (ἐν) Γαλααδ*, prb l בְּעִירוֹ בְּג׳; 𝔊^L (post *ἐν* 2°) + *Σεφ(ε)* (Josephus Ant *Σεβέῃ*) = בְּעִירוֹ בְּמִצְפֵּה ג׳? || **8** a 𝔊^B *Αβαισαν* 𝔊^C *Αβεσσαν* 𝔊^{A*} *Εσ(ε)εβων* || **9** a 𝔊* *γυναῖκες (-ας)* = נָשִׁים.

10 מִן־הַח֖וּץ וַיִּשְׁפֹּ֥ט אֶת־יִשְׂרָאֵ֖ל שֶׁ֥בַע שָׁנִֽים׃ 10 וַיָּ֖מָת אִבְצָ֑ןa וַיִּקָּבֵ֖ר ב̇
11 בְּבֵ֥ית לָֽחֶם׃ פ 11 וַיִּשְׁפֹּ֤ט אַֽחֲרָיו֙ אֶת־יִשְׂרָאֵ֔ל אֵיל֖וֹן הַזְּבוּלֹנִ֑י ג̇[8]. ג̇[9]
12 וַיִּשְׁפֹּ֥ט אֶת־יִשְׂרָאֵ֖ל עֶ֥שֶׂר שָׁנִֽים׃ 12 וַיָּ֛מָת אֵל֥וֹןa הַזְּבוּלֹנִ֖י וַיִּקָּבֵ֣ר ג̇[9]
13 בְּאַיָּל֑וֹןb בְּאֶ֖רֶץ זְבוּלֻֽן׃ פ 13 וַיִּשְׁפֹּ֥ט אַחֲרָ֖יו אֶת־יִשְׂרָאֵ֑ל עַבְדּ֥וֹן ט̇[10]. ל̇ בטע
14 בֶּן־הִלֵּ֖לa הַפִּרְעָתוֹנִֽי׃ 14 וַיְהִי־ל֗וֹ אַרְבָּעִ֤ים בָּנִים֙ וּשְׁלֹשִׁ֣ים בְּנֵ֣י בָנִ֔ים
15 רֹכְבִ֖ים עַל־שִׁבְעִ֣ים עֲיָרִ֑ם וַיִּשְׁפֹּ֥ט אֶת־יִשְׂרָאֵ֖ל שְׁמֹנֶ֥ה שָׁנִֽים׃ 15 וַיָּ֛מָת ב̇ חס[11]. ד̇
עַבְדּ֥וֹן בֶּן־הִלֵּ֖לa הַפִּרְעָתוֹנִ֑י וַיִּקָּבֵר֙ בְּפִרְעָת֔וֹן bבְּאֶ֣רֶץ אֶפְרַ֔יִם בְּהַ֖ר ל̇
הָעֲמָלֵקִֽיb׃ פ

13 1 וַיֹּסִ֙פוּ֙ בְּנֵ֣י יִשְׂרָאֵ֔ל לַעֲשׂ֥וֹת הָרַ֖ע בְּעֵינֵ֣י יְהוָ֑ה וַיִּתְּנֵ֧ם יְהוָ֛ה ג̇ כת כן[1]
2 בְּיַד־פְּלִשְׁתִּ֖ים אַרְבָּעִ֥ים שָׁנָֽה׃ פ 2 וַיְהִ֙י אִ֨ישׁ אֶחָ֧ד מִצָּרְעָ֛ה ב̇
3 מִמִּשְׁפַּ֥חַת הַדָּנִ֖י וּשְׁמ֣וֹ מָנ֑וֹחַ וְאִשְׁתּ֥וֹ עֲקָרָ֖ה וְלֹ֥א יָלָֽדָה׃ 3 וַיֵּרָ֥א מַלְאַךְ־ ל̇. כ̇[2]
יְהוָ֖ה אֶל־הָאִשָּׁ֑ה וַיֹּ֣אמֶר אֵלֶ֗יהָ הִנֵּה־נָ֤א אַתְּ־עֲקָרָה֙ וְלֹ֣א יָלַ֔דְתְּ וְהָרִ֖ית ג̇[3]. ל̇
4 וְיָלַ֥דְתְּ בֵּֽן׃ 4 וְעַתָּה֙ הִשָּׁ֣מְרִי נָ֔א וְאַלa־תִּשְׁתִּ֖י יַ֣יִן וְשֵׁכָ֑ר וְאַל־תֹּאכְלִ֖י ל̇[3]. ל̇. ב̇
5 כָּל־טָמֵֽא׃ 5 כִּי֩ הִנָּ֨ךְ הָרָ֜ה וְיֹלַ֣דְתְּa בֵּ֗ן וּמוֹרָה֙ לֹא־יַעֲלֶ֣ה עַל־רֹאשׁ֔וֹ ל̇. ג̇ חס[4]. ב̇. ל̇ בנביא ד̇ מנה בסיפ
כִּֽי־נְזִ֧יר אֱלֹהִ֛ים יִהְיֶ֥ה הַנַּ֖עַר מִן־הַבָּ֑טֶן וְה֗וּא יָחֵ֛ל לְהוֹשִׁ֥יעַ אֶת־יִשְׂרָאֵ֖ל ה̇[5]
6 מִיַּ֥ד פְּלִשְׁתִּֽים׃ 6 וַתָּבֹ֣א הָאִשָּׁ֗ה וַתֹּ֣אמֶרa לְאִישָׁהּ֮ לֵאמֹר֒ אִ֤ישׁ הָאֱלֹהִים֙b
בָּ֣א אֵלַ֔י וּמַרְאֵ֕הוּ כְּמַרְאֵ֛ה cמַלְאַ֥ךְ הָאֱלֹהִ֖יםc נוֹרָ֣א מְאֹ֑ד וְלֹ֤א ב̇. ח̇
7 שְׁאִלְתִּ֙יהוּ֙ אֵי־מִזֶּ֣ה ה֔וּא וְאֶת־שְׁמ֖וֹ לֹֽא־הִגִּ֥יד לִֽי׃ 7 וַיֹּ֣אמֶר לִ֔י הִנָּ֛ךְ ל̇. לא̇. ח̇[6]
הָרָ֖ה וְיֹלַ֣דְתְּa בֵּ֑ן וְעַתָּ֞ה אַל־תִּשְׁתִּ֣י ׀ יַ֣יִן וְשֵׁכָ֗ר וְאַל־תֹּֽאכְלִי֙ כָּל־טֻמְאָ֔הb ג̇ חס[4]. ב̇[7]
כִּֽי־נְזִ֤יר אֱלֹהִים֙ יִהְיֶ֣ה הַנַּ֔עַר מִן־הַבֶּ֖טֶן עַדc־י֥וֹם מוֹתֽוֹ׃ פ
8 וַיֶּעְתַּ֥ר מָנ֛וֹחַ אֶל־יְהוָ֖ה וַיֹּאמַ֑ר בִּ֣י אֲדוֹנָ֔י אִ֣ישׁ הָאֱלֹהִ֞ים אֲשֶׁ֣ר שָׁלַ֗חְתָּ ד̇ ב̇ ר״פ וב̇ מ״פ[8]. צא. ה̇[9]. ו̇ מל בליש[10]
9 יָבוֹא־נָ֥א עוֹד֙ אֵלֵ֔ינוּ וְיוֹרֵ֕נוּa מַֽה־נַּעֲשֶׂ֖ה לַנַּ֥עַר הַיּוּלָּֽדb׃ 9 וַיִּשְׁמַ֥ע ג̇ ב̇ מל וחד חס[11]. ל̇ ומל. ל̇

[8] Mm 1478. [9] Mm 982. [10] Mm 1356. [11] Mm 238. **Cp 13** [1] Mm 1461 contra textum. [2] Mm 1227. [3] Mm 2834. [4] Mm 1480. [5] Mm 1008. [6] Mm 1479. [7] Mp sub loco. [8] Mm 180. [9] Mm 392. [10] Mm 3182. [11] Mm 1481.

10 a cf 8a ‖ **12** a sic L, mlt Mss Edd אילון ‖ b 𝔊* ἐν Αιλιμ (-ιν) 𝔊BC ἐν Αιλωμ ‖ **13** a 𝔊A Σελλημ 𝔗 Ellen ‖ **15** a cf 13a ‖ b–b prp בהר אפרים בארץ שַׁעֲלִים cf 𝔊L Σελλημ 𝔗 Aellen ‖ **Cp 13,4** a mlt Mss 𝔖𝔙 אַל־ ‖ **5** a forma mixta (ut Gn 16,11), frt l וְיָלַדְתְּ cf 3; nonn Mss וילדת ‖ **6** a nonn Mss וַתַּגֵּד ‖ b prb dl cf 10 ‖ c–c prb ex 9; prp אלהים ‖ **7** a cf 5a ‖ b 𝔗 טָמֵא ‖ c nonn Mss וְעַד ‖ **8** a 𝔊* καὶ φωτισάτω ἡμᾶς = וִיאִירֵנוּ ‖ b mlt Mss הילד.

ה הָאֱלֹהִים[a] בְּקוֹל מָנוֹחַ וַיָּבֹא[b] מַלְאַךְ הָאֱלֹהִים[c] עוֹד אֶל־הָאִשָּׁה וְהִיא
כה[12] יוֹשֶׁבֶת בַּשָּׂדֶה וּמָנוֹחַ אִישָׁהּ אֵין עִמָּהּ׃ 10 וַתְּמַהֵר הָאִשָּׁה וַתָּרָץ וַתַּגֵּד 10
ו בטע זקף בסיפ[13]. ל לְאִישָׁהּ וַתֹּאמֶר אֵלָיו הִנֵּה נִרְאָה אֵלַי הָאִישׁ אֲשֶׁר־בָּא בַיּוֹם[a] אֵלָי׃
11 וַיָּקָם וַיֵּלֶךְ מָנוֹחַ אַחֲרֵי אִשְׁתּוֹ וַיָּבֹא אֶל־הָאִישׁ וַיֹּאמֶר לוֹ הַאַתָּה 11
הָאִישׁ אֲשֶׁר־דִּבַּרְתָּ אֶל־הָאִשָּׁה וַיֹּאמֶר אָנִי׃ 12 וַיֹּאמֶר מָנוֹחַ עַתָּה 12
ג יָבֹא דְבָרֶיךָ[a] מַה־יִּהְיֶה מִשְׁפַּט־הַנַּעַר וּמַעֲשֵׂהוּ׃ 13 וַיֹּאמֶר מַלְאַךְ 13
ל יְהוָה אֶל־מָנוֹחַ מִכֹּל אֲשֶׁר־אָמַרְתִּי אֶל־הָאִשָּׁה תִּשָּׁמֵר׃ 14 מִכֹּל 14
ג[14] אֲשֶׁר־יֵצֵא מִגֶּפֶן הַיַּיִן לֹא תֹאכַל וְיַיִן וְשֵׁכָר אַל־תֵּשְׁתְּ וְכָל־טֻמְאָה
אַל־תֹּאכַל כֹּל אֲשֶׁר־צִוִּיתִיהָ תִּשְׁמֹר׃ 15 וַיֹּאמֶר מָנוֹחַ אֶל־מַלְאַךְ 15
ל. ט[15] מל בלשון זכר וחד מן ד דמטע יְהוָה נַעְצְרָה־נָּא אוֹתָךְ וְנַעֲשֶׂה לְפָנֶיךָ גְּדִי עִזִּים׃[a] 16 וַיֹּאמֶר מַלְאַךְ 16
ל. ל יְהוָה אֶל־מָנוֹחַ אִם־תַּעְצְרֵנִי לֹא־אֹכַל בְּלַחְמֶךָ וְאִם־תַּעֲשֶׂה[a] עֹלָה
ל לַיהוָה תַּעֲלֶנָּה כִּי לֹא־יָדַע מָנוֹחַ כִּי־מַלְאַךְ יְהוָה הוּא[b]׃ 17 וַיֹּאמֶר 17
ל. דברך חד מן ח[16] ק יתיר י בליש מָנוֹחַ אֶל־מַלְאַךְ יְהוָה מִי[a] שְׁמֶךָ כִּי־יָבֹא דְבָרְיךָ[b] וְכִבַּדְנוּךָ׃ 18 וַיֹּאמֶר 18
ל ויתיר א[13] לוֹ מַלְאַךְ יְהוָה לָמָּה זֶּה תִּשְׁאַל לִשְׁמִי וְהוּא־פֶלִאי[a]׃ ס 19 וַיִּקַּח 19
ב. ה[17]. ד חס בליש מָנוֹחַ אֶת־גְּדִי הָעִזִּים וְאֶת־הַמִּנְחָה וַיַּעַל עַל־הַצּוּר לַיהוָה וּמַפְלִא[a]
ב. ה[18] לַעֲשׂוֹת וּמָנוֹחַ וְאִשְׁתּוֹ רֹאִים׃ 20 וַיְהִי בַעֲלוֹת[a] הַלַּהַב מֵעַל הַמִּזְבֵּחַ 20
יא[19]. ב הַשָּׁמַיְמָה וַיַּעַל מַלְאַךְ־יְהוָה בְּלַהַב הַמִּזְבֵּחַ וּמָנוֹחַ וְאִשְׁתּוֹ רֹאִים
ה[20]. ב וַיִּפְּלוּ עַל־פְּנֵיהֶם אָרְצָה׃ 21 וְלֹא־יָסַף עוֹד מַלְאַךְ יְהוָה לְהֵרָאֹה[a] 21
אֶל־מָנוֹחַ וְאֶל־אִשְׁתּוֹ אָז יָדַע מָנוֹחַ כִּי־מַלְאַךְ יְהוָה הוּא׃ 22 וַיֹּאמֶר 22
ל מָנוֹחַ אֶל־אִשְׁתּוֹ מוֹת נָמוּת כִּי אֱלֹהִים רָאִינוּ׃ 23 וַתֹּאמֶר לוֹ אִשְׁתּוֹ 23
כב[21]. יז מ״פ לא ולא לא[22]. ב לוּ חָפֵץ יְהוָה לַהֲמִיתֵנוּ לֹא־לָקַח מִיָּדֵנוּ[a] עֹלָה וּמִנְחָה וְלֹא הֶרְאָנוּ
ל. ל אֶת־כָּל־אֵלֶּה וְכָעֵת[b] לֹא הִשְׁמִיעָנוּ כָּזֹאת׃ 24 וַתֵּלֶד הָאִשָּׁה בֵּן ס[13]
ו[23] וכל ויקרא שמו דכות ב מ ו וַתִּקְרָא אֶת־שְׁמוֹ שִׁמְשׁוֹן וַיִּגְדַּל הַנַּעַר וַיְבָרְכֵהוּ יְהוָה׃ 25 וַתָּחֶל רוּחַ 25
ל. ג וחד מן ב חס בליש ובסיפ יְהוָה לְפַעֲמוֹ בְּמַחֲנֵה־דָן בֵּין צָרְעָה וּבֵין אֶשְׁתָּאֹל׃ פ

[12] Mm 1506. [13] Mp sub loco. [14] Mm 1214. [15] Mm 2565. [16] Mm 1921. [17] Mm 1930. [18] Mm 1943. [19] Mm 1071. [20] Mm 1084. [21] Mm 1444. [22] Mm 1613. [23] Mm 215.

9 a 𝔊$^{58.72}$(𝔏𝔖𝔙) *κύριος* || b Ms וַיֵּרָא || c 𝔊^{61}(𝔖) *κυρίου* || **10** a 𝔊* + *ἐκείνῃ* = ההוא || **12** a l c mlt Mss 𝔊𝔖𝔙 דברך || **15** a huc tr 16^{b-b} || **16** a nonn Mss 𝔖 תַּעֲלֶה || b–b cf 15^{a} || **17** a nonn Mss מה || b mlt Mss Or 𝔊𝔖 ut Q, sic l cf 12^{a} || **18** a Q (א)פֶּלִי cf pc Mss פליא; l c K פִּלְאִי || **19** a prb subjectum hpgr exc; prp וְהוּא מ׳ || **20** a mlt Mss כַּעֲ׳ || **21** a pro אֹת– || **23** a mlt Mss 𝔊$^{A l II}$ מידינו || b > 𝔊*𝔏𝔙, frt dl כעת.

14

¹ וַיֵּ֥רֶד שִׁמְשֹׁ֖ון תִּמְנָ֑תָה וַיַּ֥רְא אִשָּׁ֛ה בְּתִמְנָ֖תָה[ᵃ] מִבְּנֹ֥ות פְּלִשְׁתִּֽים׃

² וַיַּ֗עַל וַיַּגֵּד֙ לְאָבִ֣יו וּלְאִמֹּ֔ו[ᵃ] וַיֹּ֗אמֶר אִשָּׁ֛ה רָאִ֥יתִי בְתִמְנָ֖תָה[ᵇ] מִבְּנֹ֣ות פְּלִשְׁתִּ֑ים וְעַתָּ֕ה קְחוּ[ᶜ]־אֹותָ֥הּ לִּ֖י[ᵈ] לְאִשָּֽׁה׃

³ וַיֹּ֨אמֶר לֹ֜ו אָבִ֣יו וְאִמֹּ֗ו הַאֵין֩ בִּבְנֹ֨ות אַחֶ֤יךָ[ᵇ] וּבְכָל־עַמִּי֙[ᶜ] אִשָּׁ֔ה כִּֽי־אַתָּ֤ה הֹולֵךְ֙ לָקַ֣חַת אִשָּׁ֔ה מִפְּלִשְׁתִּ֖ים הָעֲרֵלִ֑ים וַיֹּ֨אמֶר שִׁמְשֹׁ֤ון אֶל־אָבִיו֙ אֹותָ֣הּ קַֽח־לִ֔י כִּֽי־הִ֖יא יָשְׁרָ֥ה בְעֵינָֽי׃

⁴ וְאָבִ֨יו וְאִמֹּ֜ו לֹ֣א יָדְע֗וּ כִּ֤י מֵֽיְהוָה֙ הִ֔יא כִּי־תֹאֲנָ֥ה הֽוּא־מְבַקֵּ֖שׁ מִפְּלִשְׁתִּ֑ים וּבָעֵ֣ת הַהִ֔יא פְּלִשְׁתִּ֖ים מֹשְׁלִ֥ים בְּיִשְׂרָאֵֽל׃ פ

⁵ וַיֵּ֧רֶד שִׁמְשֹׁ֛ון וְאָבִ֥יו וְאִמֹּ֖ו[ᵃ] תִּמְנָ֑תָה וַיָּבֹ֙אוּ֙[ᵇ] עַד־כַּרְמֵ֣י תִמְנָ֔תָה[ᶜ] וְהִנֵּה֙ כְּפִ֣יר אֲרָיֹ֔ות שֹׁאֵ֖ג לִקְרָאתֹֽו׃

⁶ וַתִּצְלַ֨ח עָלָ֜יו ר֣וּחַ יְהוָ֗ה וַֽיְשַׁסְּעֵ֙הוּ֙ כְּשַׁסַּ֣ע הַגְּדִ֔י וּמְא֖וּמָה אֵ֣ין בְּיָדֹ֑ו וְלֹ֤א הִגִּיד֙ לְאָבִ֣יו וּלְאִמֹּ֔ו אֵ֖ת אֲשֶׁ֥ר עָשָֽׂה׃

⁷ וַיֵּ֖רֶד וַיְדַבֵּ֣ר לָאִשָּׁ֑ה וַתִּישַׁ֖ר בְּעֵינֵ֥י שִׁמְשֹֽׁון׃

⁸ וַיָּ֤שָׁב מִיָּמִים֙ לְקַחְתָּ֔הּ וַיָּ֣סַר לִרְאֹ֔ות אֵ֖ת מַפֶּ֣לֶת הָאַרְיֵ֑ה וְהִנֵּ֞ה עֲדַ֧ת דְּבֹורִ֛ים בִּגְוִיַּ֥ת[ᵃ] הָאַרְיֵ֖ה וּדְבָֽשׁ׃

⁹ וַיִּרְדֵּ֣הוּ אֶל־כַּפָּ֗יו וַיֵּ֤לֶךְ הָלֹוךְ֙ וְאָכֹ֔ל וַיֵּ֙לֶךְ֙ אֶל־אָבִ֣יו וְאֶל־אִמֹּ֔ו[ᵃ] וַיִּתֵּ֥ן לָהֶ֖ם וַיֹּאכֵ֑לוּ וְלֹֽא־הִגִּ֣יד לָהֶ֔ם כִּ֛י מִגְּוִיַּ֥ת הָאַרְיֵ֖ה רָדָ֥ה הַדְּבָֽשׁ׃

¹⁰ וַיֵּ֥רֶד אָבִ֖יהוּ[ᵃ] אֶל־הָאִשָּׁ֑ה וַיַּ֨עַשׂ שָׁ֤ם שִׁמְשֹׁון֙[ᵇ] מִשְׁתֶּ֔ה כִּ֛י כֵּ֥ן יַעֲשׂ֖וּ הַבַּחוּרִֽים׃

¹¹ וַיְהִ֖י כִּרְאֹותָ֣ם[ᵃ] אֹותֹ֑ו וַיִּקְחוּ֙ שְׁלֹשִׁ֣ים מֵֽרֵעִ֔ים וַיִּהְי֖וּ אִתֹּֽו׃

¹² וַיֹּ֤אמֶר לָהֶם֙ שִׁמְשֹׁ֔ון אָחֽוּדָה־נָּ֥א[ᵃ] לָכֶ֖ם חִידָ֑ה אִם־הַגֵּ֣ד תַּגִּ֩ידוּ֩ אֹותָ֨הּ לִ֜י שִׁבְעַ֨ת יְמֵ֤י הַמִּשְׁתֶּה֙ וּמְצָאתֶ֔ם[ᵃ] וְנָתַתִּ֤י לָכֶם֙ שְׁלֹשִׁים֙ סְדִינִ֔ים וּשְׁלֹשִׁ֖ים חֲלִפֹ֥ת בְּגָדִֽים׃

¹³ וְאִם־לֹ֣א תוּכְלוּ֮ לְהַגִּ֣יד לִי֒ וּנְתַתֶּ֨ם[ᵃ] אַתֶּ֥ם לִי֙ שְׁלֹשִׁ֣ים סְדִינִ֔ים וּשְׁלֹשִׁ֖ים חֲלִיפֹ֣ות בְּגָדִ֑ים וַיֹּ֣אמְרוּ לֹ֔ו ח֥וּדָה חִידָתְךָ֖ וְנִשְׁמָעֶֽנָּה[ᵃ]׃

¹⁴ וַיֹּ֣אמֶר לָהֶ֗ם

מֵהָֽאֹכֵל֙ יָצָ֣א מַאֲכָ֔ל וּמֵעַ֖ז יָצָ֣א מָתֹ֑וק[ᵃ]

וְלֹ֥א יָכְל֛וּ לְהַגִּ֥יד הַחִידָ֖ה שְׁלֹ֥שֶׁת[ᵃ] יָמִֽים׃

¹⁵ וַיְהִ֣י[ᵃ] ׀ בַּיֹּ֣ום הַשְּׁבִיעִ֗י[ᵃᵇ] וַיֹּאמְר֣וּ לְאֵֽשֶׁת־שִׁמְשֹׁ֡ון פַּתִּי֩ אֶת־אִישֵׁ֨ךְ וְיַגֶּד־לָ֜נוּ אֶת־הַחִידָ֗ה פֶּן־

Cp 14 ¹Gn 34,1. ²Mm 1788. ³Mm 1409. ⁴Mm 3056. ⁵Mm 1482. ⁶Mm 867. ⁷Mm 3401. ⁸Mm 1483. ⁹Hi 1,5. ¹⁰Mm 336. ¹¹Mm 1484.

Cp 14,1 ᵃ 𝔊 εἰς Θαμναθα ‖ 2 ᵃ prb dl ‖ ᵇ cf 1ᵃ ‖ ᶜ Ms + נָא; prp קַח ‖ ᵈ sic L, rel Mss Edd sine dageš ‖ 3 ᵃ prb dl cf 2ᵃ ‖ ᵇ⁻ᵇ 𝔖 bhjt 'bwk = בְּבֵית אָבִיךְ ‖ ᶜ 𝔊ᴸ suff 2 sg, prb l עַמְּךָ ‖ 5 ᵃ⁻ᵃ prb dl ‖ ᵇ 𝔊ᴮᶜ sg, l וּבָא; 𝔊* καὶ ἐξέκλινεν ‖ ᶜ cf 1ᵃ ‖ 10 ᵃ l שִׁמְשֹׁון cf ᵇ ‖ ᵇ dl ‖ 11 ᵃ 𝔊* ἐν τῷ φοβεῖσθαι αὐτούς = בְּיִרְאָתָם ‖ 12 ᵃ > 𝔊*𝔖, frt add ‖ 14 ᵃ Ms שִׁבְעַת, sed cf 15ᵇ ‖ 15 ᵃ⁻ᵃ > Ms ‖ ᵇ 𝔊*(𝔖) τῇ τετάρτῃ, l הָרְבִיעִי ‖

ה . ב¹ . כז² מל ב³ מנה בסיפ וכל משלי וקהלת דכות ב מ ה

ב . ט⁴ . ל

ה⁵

ט⁴

ל

ב

ה . ל . ל

ל . ג בליש ב מל וחד חס⁷

ל . ל

ל . ב . ו מל⁸

ל

ב⁹

ב . ב חס דחס¹⁰

ב . ל

ל

ל . ל . ל

ב ופת . ד¹¹

נִשְׂרֹף אוֹתָךְ וְאֶת־בֵּית אָבִיךְ בָּאֵשׁ הַלְיָרְשֵׁנוּ[c] קְרָאתֶם לָנוּ הֲלֹא[d]׃ יז מל בלשון נקיבה[12] . ל
16 וַתֵּבְךְּ אֵשֶׁת שִׁמְשׁוֹן עָלָיו וַתֹּאמֶר רַק־שְׂנֵאתַנִי וְלֹא אֲהַבְתָּנִי 16 ל . י פסוק ולא לא[13] . ל
הַחִידָה חַדְתָּ לִבְנֵי עַמִּי וְלִי לֹא הִגַּדְתָּה וַיֹּאמֶר לָהּ הִנֵּה לְאָבִי ל . ח[14] . ל מל
וּלְאִמִּי לֹא הִגַּדְתִּי וְלָךְ אַגִּיד׃ 17 וַתֵּבְךְּ עָלָיו שִׁבְעַת הַיָּמִים אֲשֶׁר־ 17 ח[15]
הָיָה לָהֶם הַמִּשְׁתֶּה וַיְהִי ׀ בַּיּוֹם הַשְּׁבִיעִי וַיַּגֶּד־לָהּ כִּי הֱצִיקַתְהוּ ל
וַתַּגֵּד הַחִידָה לִבְנֵי עַמָּהּ׃ 18 וַיֹּאמְרוּ לוֹ אַנְשֵׁי הָעִיר בַּיּוֹם הַשְּׁבִיעִי 18
בְּטֶרֶם יָבֹא הַחַרְסָה[a] ל
מַה־מָּתוֹק מִדְּבַשׁ וּמֶה עַז מֵאֲרִי ל
וַיֹּאמֶר לָהֶם
לוּלֵא חֲרַשְׁתֶּם בְּעֶגְלָתִי לֹא מְצָאתֶם חִידָתִי׃ ד כת א[16] . ב
19 וַתִּצְלַח עָלָיו רוּחַ יְהוָה וַיֵּרֶד אַשְׁקְלוֹן וַיַּךְ מֵהֶם ׀ שְׁלֹשִׁים אִישׁ 19
וַיִּקַּח אֶת־חֲלִיצוֹתָם וַיִּתֵּן הַחֲלִיפוֹת לְמַגִּידֵי הַחִידָה וַיִּחַר אַפּוֹ וַיַּעַל ל . ל
בֵּית אָבִיהוּ׃ פ 20 וַתְּהִי אֵשֶׁת שִׁמְשׁוֹן לְמֵרֵעֵהוּ אֲשֶׁר רֵעָה לוֹ׃ 20 ז מל[17] . ב . ל
15 1 וַיְהִי מִיָּמִים בִּימֵי קְצִיר־חִטִּים וַיִּפְקֹד שִׁמְשׁוֹן אֶת־אִשְׁתּוֹ **15** ג[1]
בִּגְדִי עִזִּים וַיֹּאמֶר אָבֹאָה אֶל־אִשְׁתִּי הֶחָדְרָה וְלֹא־נְתָנוֹ אָבִיהָ לָבוֹא׃ ל וחס[2] . ב[3] . ד . ה[4]
2 וַיֹּאמֶר אָבִיהָ אָמֹר אָמַרְתִּי כִּי־שָׂנֹא שְׂנֵאתָהּ וָאֶתְּנֶנָּה לְמֵרֵעֶךָ הֲלֹא 2 ג חס[5]
אֲחֹתָהּ הַקְּטַנָּה טוֹבָה מִמֶּנָּה תְּהִי־נָא לְךָ תַּחְתֶּיהָ׃ 3 וַיֹּאמֶר לָהֶם[a] 3
שִׁמְשׁוֹן נִקֵּיתִי הַפַּעַם מִפְּלִשְׁתִּים כִּי־עֹשֶׂה אֲנִי עִמָּם[b] רָעָה׃ 4 וַיֵּלֶךְ 4
שִׁמְשׁוֹן וַיִּלְכֹּד שְׁלֹשׁ־מֵאוֹת שׁוּעָלִים וַיִּקַּח לַפִּדִים וַיֶּפֶן זָנָב אֶל־זָנָב ל מל בנביא[6]
וַיָּשֶׂם לַפִּיד אֶחָד בֵּין־שְׁנֵי הַזְּנָבוֹת בַּתָּוֶךְ׃ 5 וַיַּבְעֶר־אֵשׁ בַּלַּפִּידִים 5 פד . ה[7] . ל . ג מל בליש
וַיְשַׁלַּח בְּקָמוֹת[a] פְּלִשְׁתִּים וַיַּבְעֵר מִגָּדִישׁ וְעַד־קָמָה וְעַד־כֶּרֶם[b] זָיִת׃ כב[8] . יד פסוק ועד ועד[9]
6 וַיֹּאמְרוּ פְלִשְׁתִּים מִי עָשָׂה זֹאת וַיֹּאמְרוּ שִׁמְשׁוֹן חֲתַן הַתִּמְנִי כִּי לָקַח 6 ל . ד[10]
אֶת־אִשְׁתּוֹ וַיִּתְּנָהּ לְמֵרֵעֵהוּ וַיַּעֲלוּ פְלִשְׁתִּים וַיִּשְׂרְפוּ אוֹתָהּ וְאֶת־[a]אָבִיהָ ב . ב[11]
בָּאֵשׁ׃ 7 וַיֹּאמֶר לָהֶם שִׁמְשׁוֹן אִם־תַּעֲשׂוּן כָּזֹאת כִּי אִם־נִקַּמְתִּי בָכֶם 7 יד[12] . ג בליש

[12] Mm 287. [13] Mm 1139. [14] Mm 1485. [15] Mm 4051. [16] Mm 1714. [17] Mm 1483. **Cp 15** [1] Mm 1374 ב. [2] Mm 209. [3] Mm 1486. [4] Mm 1397. [5] Mm 1487. [6] Mp sub loco. [7] Mm 97. [8] Mm 59. [9] Mm 1244. [10] Mm 397. [11] Mm 1271. [12] Mm 393.

15 [c] Ms הליור'; 𝔊* *πτωχεῦσαι … ἡμᾶς*, prp הלהוֹרִישֵׁנוּ ‖ [d] prb l c pc Mss Soraeis[K] Nehardeaeis[Q] 𝔗 הֲלֹם ‖ **18** [a] prp הַחַדְרָה cf 15,1 ‖ **Cp 15,3** [a] 𝔊* *αὐτῷ* ‖ [b] Ms 𝔊*𝔙 עִמָּכֶם ‖ **5** [a] prp קָמַת ‖ [b] 𝔗 + *w'd*, ins וְעַד cf 𝔊𝔙 ‖ **6** [a] ins c mlt Mss 𝔊*𝔖 בֵּית cf 14,15.

8 וְאַחַ֖ר אֶחְדָּֽל׃ 8 וַיַּ֨ךְ אוֹתָ֥ם שׁ֛וֹק עַל־יָרֵ֖ךְ מַכָּ֣ה גְדוֹלָ֑ה וַיֵּ֣רֶד[a] וַיֵּ֔שֶׁב ל
9 בִּסְעִ֖יף[b] סֶ֥לַע[b] עֵיטָֽם׃ ס 9 וַיַּעֲל֣וּ פְלִשְׁתִּ֔ים וַֽיַּחֲנ֖וּ בִּֽיהוּדָ֑ה ל. כל מל
10 וַיִּנָּטְשׁ֖וּ בַּלֶּֽחִי׃ 10 וַיֹּֽאמְרוּ֙ אִ֣ישׁ יְהוּדָ֔ה לָמָ֖ה עֲלִיתֶ֣ם עָלֵ֑ינוּ וַיֹּאמְר֗וּ ג. ל
11 לֶאֱס֤וֹר אֶת־שִׁמְשׁוֹן֙ עָלִ֔ינוּ לַעֲשׂ֣וֹת ל֔וֹ כַּאֲשֶׁ֖ר עָ֥שָׂה לָֽנוּ׃ 11 וַיֵּרְד֡וּ ב[13]. ל מל
שְׁלֹשֶׁת֩ אֲלָפִ֨ים אִ֜ישׁ מִֽיהוּדָ֗ה אֶל־סְעִיף֮ סֶ֣לַע עֵיטָם֒ וַיֹּאמְר֣וּ לְשִׁמְשׁ֗וֹן כל מל
הֲלֹ֤א יָדַ֙עְתָּ֙ כִּֽי־מֹשְׁלִ֥ים בָּ֙נוּ֙ פְּלִשְׁתִּ֔ים וּמַה־זֹּ֖את עָשִׂ֣יתָ לָּ֑נוּ וַיֹּ֣אמֶר לָהֶ֔ם ל
12 כַּאֲשֶׁר֙ עָ֣שׂוּ לִ֔י כֵּ֖ן עָשִׂ֥יתִי לָהֶֽם׃ 12 וַיֹּ֣אמְרוּ ל֗וֹ לֶאֱסָרְךָ֙ יָרַ֔דְנוּ לְתִתְּךָ֖
בְּיַד־פְּלִשְׁתִּ֑ים וַיֹּ֤אמֶר לָהֶם֙ שִׁמְשׁ֔וֹן הִשָּׁבְע֣וּ לִ֔י פֶּן־תִּפְגְּע֥וּן בִּ֖י אַתֶּֽם׃ ל
13 וַיֹּ֧אמְרוּ ל֣וֹ לֵאמֹ֗ר לֹ֚א כִּֽי־אָסֹ֣ר נֶאֱסָרְךָ֙ וּנְתַנּ֣וּךָ בְיָדָ֔ם וְהָמֵ֖ת לֹ֣א ב חד חס וחד מל. ל. ל[14]
14 נְמִיתֶ֑ךָ וַיַּאַסְרֻ֗הוּ בִּשְׁנַ֙יִם֙ עֲבֹתִ֣ים חֲדָשִׁ֔ים וַֽיַּעֲל֖וּהוּ מִן־הַסָּֽלַע׃ 14 הוּא־ ג ב חס וחד מל[15]. ב חד חס וחד מל
בָ֣א עַד־לֶ֔חִי וּפְלִשְׁתִּ֖ים הֵרִ֣יעוּ לִקְרָאת֑וֹ[a] וַתִּצְלַ֨ח עָלָ֜יו ר֣וּחַ יְהוָ֗ה[a] ב
וַתִּהְיֶ֨ינָה הָעֲבֹתִ֜ים אֲשֶׁ֣ר עַל־זְרוֹעוֹתָ֗יו כַּפִּשְׁתִּים֙ אֲשֶׁ֣ר בָּעֲר֣וּ בָאֵ֔שׁ ל מל. ל
15 וַיִּמַּ֥סּוּ אֱסוּרָ֖יו מֵעַ֥ל יָדָֽיו׃ 15 וַיִּמְצָ֥א לְחִֽי־חֲמ֖וֹר טְרִיָּ֑ה וַיִּשְׁלַ֤ח יָדוֹ֙ ב[16]
16 וַיִּקָּחֶ֔הָ וַיַּךְ־בָּ֖הּ אֶ֥לֶף אִֽישׁ׃ 16 וַיֹּ֣אמֶר שִׁמְשׁ֔וֹן

בִּלְחִ֣י הַחֲמ֔וֹר [a]חֲמ֖וֹר חֲמֹרָתָ֑יִם[a] ל
בִּלְחִ֣י הַחֲמ֔וֹר הִכֵּ֖יתִי אֶ֥לֶף אִֽישׁ׃

17 וַיְהִי֙ כְּכַלֹּת֣וֹ לְדַבֵּ֔ר וַיַּשְׁלֵ֥ךְ הַלְּחִ֖י מִיָּד֑וֹ וַיִּקְרָ֛א לַמָּק֥וֹם הַה֖וּא רָ֥מַת י בטע בסיפ[17]. ל
18 לֶֽחִי׃ 18 וַיִּצְמָא֙ מְאֹ֔ד וַיִּקְרָ֥א אֶל־יְהוָ֖ה וַיֹּאמַ֑ר אַתָּ֗ה נָתַ֙תָּ֙ בְיַֽד־עַבְדְּךָ֔ ל[18]. צא. כת חס[19]
אֶת־הַתְּשׁוּעָ֥ה הַגְּדֹלָ֖ה הַזֹּ֑את וְעַתָּה֙ אָמ֣וּת בַּצָּמָ֔א וְנָפַלְתִּ֖י בְּיַ֥ד ז חס[20]
19 הָעֲרֵלִֽים׃ 19 וַיִּבְקַ֨ע אֱלֹהִ֜ים[a] אֶת־הַמַּכְתֵּ֣שׁ אֲשֶׁר־בַּלֶּ֗חִי וַיֵּצְא֨וּ מִמֶּ֜נּוּ ל. ב
מַ֙יִם֙ וַיֵּ֔שְׁתְּ וַתָּ֥שָׁב רוּח֖וֹ וַיֶּ֑חִי עַל־כֵּ֣ן ׀ קָרָ֣א שְׁמָ֗הּ עֵ֤ין הַקּוֹרֵא֙ י מל בליש
20 אֲשֶׁ֣ר בַּלֶּ֔חִי עַ֖ד הַיּ֥וֹם הַזֶּֽה׃ 20 וַיִּשְׁפֹּ֧ט אֶת־יִשְׂרָאֵ֛ל בִּימֵ֥י פְלִשְׁתִּ֖ים
עֶשְׂרִ֥ים שָׁנָֽה׃ פ

16 1 וַיֵּ֥לֶךְ שִׁמְשׁ֖וֹן[a] עַזָּ֑תָה וַיַּרְא־שָׁם֙ אִשָּׁ֣ה זוֹנָ֔ה וַיָּבֹ֖א אֵלֶֽיהָ׃ ב
2 [a]לַעַזָּתִ֣ים ׀ לֵאמֹ֗ר בָּ֤א שִׁמְשׁוֹן֙ הֵ֔נָּה וַיָּסֹ֛בּוּ וַיֶּאֶרְבוּ־ל֥וֹ כָל־הַלַּ֖יְלָה[b] ל

[13] Mm 916. [14] וחד נתנוך 2 Ch 25,16. [15] Mm 4253. [16] Mm 2206. [17] Mp sub loco. [18] Cf Mp Jon 3,4. [19] Mm 657. [20] Mm 1193.

8 [a] mlt Mss 𝔖 וַיֵּלֶךְ ‖ [b–b] 𝔊* *παρὰ τῷ χειμάρρῳ ἐν τῷ σπηλαίῳ*, sed cf 11 a ‖ **14** [a–a] > 𝔗 ‖ **16** [a–a] 𝔊 *ἐξαλείφων ἐξήλειψα αὐτούς*, prb l חֲמַרְתִּים חָ׳; 𝔙 *delevi eos* ‖ **19** [a] 𝔙 leg יהוה ‖ **Cp 16,1** [a] 𝔊* ‖ *ἐκεῖθεν*, frt ins מִשָּׁם ‖ **2** [a] 𝔊 pr *καὶ ἀπηγγέλη*, pr וַיֻּגַּד vel וַיִּוָּדַע ‖ [b] l הַיּוֹם cf 2b.

בְּשַׁ֣עַר הָעִ֑יר וַיִּֽתְחָרְשׁ֤וּ כָל־הַלַּ֙יְלָה֙ לֵאמֹ֔ר עַד־א֥וֹר הַבֹּ֖קֶר וַהֲרְגְנֻֽהוּ׃[c] ל . ו[1]
3 וַיִּשְׁכַּ֣ב שִׁמְשׁוֹן֮ עַד־חֲצִ֣י הַלַּיְלָה֒ וַיָּ֣קָם ׀ בַּחֲצִ֣י הַלַּ֗יְלָה וַיֶּאֱחֹ֞ז בְּדַלְת֤וֹת סא[2] ג[3]
שַֽׁעַר־הָעִיר֙ וּבִשְׁתֵּ֣י הַמְּזוּז֔וֹת וַיִּסָּעֵם֙ עִם־הַבְּרִ֔יחַ וַיָּ֖שֶׂם עַל־כְּתֵפָ֑יו ל . פד . ז פסוק על אל על
4 וַֽיַּעֲלֵם֙ אֶל־רֹ֣אשׁ הָהָ֔ר אֲשֶׁ֖ר עַל־פְּנֵ֥י חֶבְרֽוֹן׃ פ 4 וַֽיְהִי֙ אַחֲרֵי־ י בטע בסיפ
5 כֵ֔ן וַיֶּאֱהַ֥ב אִשָּׁ֖ה בְּנַ֣חַל שֹׂרֵ֑ק וּשְׁמָ֖הּ דְּלִילָֽה׃ 5 וַיַּעֲל֨וּ אֵלֶ֜יהָ סַרְנֵ֣י
פְלִשְׁתִּ֗ים וַיֹּ֨אמְרוּ לָ֜הּ פַּתִּ֣י אוֹת֗וֹ וּרְאִי֙ בַּמֶּה֙ כֹּח֣וֹ גָד֔וֹל וּבַמֶּה֙ נ֣וּכַל ל֔וֹ ב ופת
6 וַאֲסַרְנֻ֖הוּ לְעַנֹּת֑וֹ וַאֲנַ֙חְנוּ֙ נִתַּן־לָ֔ךְ אִ֕ישׁ אֶ֥לֶף וּמֵאָ֖ה כָּֽסֶף׃ 6 וַתֹּ֤אמֶר ל . ג . כא[4]
דְּלִילָה֙ אֶל־שִׁמְשׁ֔וֹן הַגִּֽידָה־נָּ֣א לִ֔י בַּמֶּ֖ה כֹּחֲךָ֣ גָד֑וֹל וּבַמֶּ֥ה תֵאָסֵ֖ר
7 לְעַנּוֹתֶֽךָ׃ 7 וַיֹּ֤אמֶר אֵלֶ֙יהָ֙ שִׁמְשׁ֔וֹן אִם־יַאַסְרֻ֗נִי בְּשִׁבְעָ֛ה יְתָרִ֥ים לַחִ֖ים ב חד חס וחד מל[5]
8 אֲשֶׁ֣ר לֹא־חֹרָ֑בוּ וְחָלִ֥יתִי וְהָיִ֖יתִי כְּאַחַ֥ד הָאָדָֽם׃ 8 וַיַּעֲלוּ־לָ֞הּ סַרְנֵ֣י ב . יב[6]
פְלִשְׁתִּ֗ים שִׁבְעָ֛ה יְתָרִ֥ים לַחִ֖ים אֲשֶׁ֣ר לֹא־חֹרָ֑בוּ וַתַּאַסְרֵ֖הוּ בָּהֶֽם׃ ב
9 וְהָאֹרֵ֗ב יֹשֵׁ֥ב לָהּ֙ בַּחֶ֔דֶר וַתֹּ֣אמֶר אֵלָ֔יו פְּלִשְׁתִּ֥ים עָלֶ֖יךָ שִׁמְשׁ֑וֹן ו בטע זקף בסיפ
וַיְנַתֵּק֙[a] אֶת־הַיְתָרִ֔ים כַּאֲשֶׁ֨ר יִנָּתֵ֤ק פְּתִיל־הַנְּעֹ֙רֶת֙ בַּהֲרִיח֣וֹ אֵ֔שׁ וְלֹ֥א ל . ג . ל
10 נוֹדַ֖ע כֹּחֽוֹ׃ 10 וַתֹּ֤אמֶר דְּלִילָה֙ אֶל־שִׁמְשׁ֔וֹן הִנֵּה֙ הֵתַ֣לְתָּ בִּ֔י וַתְּדַבֵּ֥ר
11 אֵלַ֖י כְּזָבִ֑ים עַתָּה֙ הַגִּֽידָה־נָּ֣א לִ֔י בַּמֶּ֖ה תֵּאָסֵֽר׃ 11 וַיֹּ֣אמֶר אֵלֶ֔יהָ אִם־
אָס֤וֹר יַאַסְר֙וּנִי֙ בַּעֲבֹתִ֣ים חֲדָשִׁ֔ים אֲשֶׁ֛ר לֹא־נַעֲשָׂ֥ה בָהֶ֖ם מְלָאכָ֑ה ב חד חס וחד מל[2] . ב חד חס וחד מל[5] . ח[7] קמ וכל חומש המגילות דכות ב מ ב
12 וְחָלִ֥יתִי וְהָיִ֖יתִי כְּאַחַ֥ד הָאָדָֽם׃ 12 וַתִּקַּ֣ח דְּלִילָה֩ עֲבֹתִ֨ים חֲדָשִׁ֜ים יב[6]
וַתַּאַסְרֵ֣הוּ בָהֶ֗ם וַתֹּ֤אמֶר אֵלָיו֙ פְּלִשְׁתִּ֤ים עָלֶ֙יךָ֙ שִׁמְשׁ֔וֹן וְהָאֹרֵ֖ב יֹשֵׁ֣ב
13 בֶּחָ֑דֶר וַיְנַתְּקֵ֛ם מֵעַ֥ל זְרֹעֹתָ֖יו כַּחֽוּט׃ 13 וַתֹּ֨אמֶר דְּלִילָ֜ה אֶל־שִׁמְשׁ֗וֹן ל
עַד־הֵ֜נָּה הֵתַ֤לְתָּ בִּי֙ וַתְּדַבֵּ֣ר אֵלַ֣י כְּזָבִ֔ים הַגִּ֣ידָה[a] לִ֔י בַּמֶּ֖ה תֵּאָסֵ֑ר
וַיֹּ֣אמֶר אֵלֶ֔יהָ אִם־תַּאַרְגִ֗י אֶת־שֶׁ֛בַע מַחְלְפ֥וֹת רֹאשִׁ֖י עִם־הַמַּסָּֽכֶת׃[b] ל . ב . כו . ב
14 וַתִּתְקַע֙[a] בַּיָּתֵ֔ד[b] וַתֹּ֣אמֶר אֵלָ֔יו פְּלִשְׁתִּ֥ים עָלֶ֖יךָ שִׁמְשׁ֑וֹן וַיִּיקַץ֙ מִשְּׁנָת֔וֹ ו בטע זקף בסיפ
15 וַיִּסַּ֛ע אֶת־[c]הַיְתַ֥ד הָאֶ֖רֶג[c] וְאֶת־הַמַּסָּֽכֶת׃[d] 15 וַתֹּ֣אמֶר אֵלָ֔יו אֵ֚יךְ תֹּאמַ֣ר ל . ב . ו בטע זקף בסיפ

Cp 16 [1]Mm 1488. [2]Mp sub loco. [3]Mm 448. [4]Mm 2838. [5]Mm 1489. [6]Mm 361. [7]Mm 692.

2 [c] sic L, mlt Mss Edd וַהֲרָגְ׳ ‖ **9** [a] pc Mss וינָּתֵק, sic l ‖ **13** [a] nonn Mss + **נא** ut 6.10 ‖ [b] nonn vb exc, 𝔊 + *καὶ ἐγκρούσῃς ἐν τῷ πασσάλῳ εἰς τὸν τοῖχον, καὶ ἔσομαι ἀσθενὴς ὡς εἷς τῶν ἀνθρώπων* = **וְתָקַעַתְּ בְּיָתֵד אֶל־הַקִּיר וְחָלִיתִי וְהָיִיתִי כְּאַחַד הָאָדָם** ‖ **14** [a] ante ותתקע nonn vb exc, 𝔊 pr *καὶ ἐκοίμισεν αὐτὸν Δαλιλα καὶ ἐδιάσατο τοὺς ἑπτὰ βοστρύχους τῆς κεφαλῆς αὐτοῦ μετὰ τῆς ἐκτάσεως* = **וַתְּיַשְּׁנֵהוּ וַתַּאֲרִיג אֶת־שֶׁבַע מַחְלְפוֹת רֹאשׁוֹ עִם־הַמַּסֶּכֶת** ‖ [b] 𝔊 + *εἰς τὸν τοῖχον* = **אֶל־הַקִּיר** ‖ [c–c] crrp; prp **הַיָּתֵד** ‖ [d] 𝔊* + *καὶ οὐκ ἐγνώσθη ἡ ἰσχὺς αὐτοῦ* cf 9b.

אֲהַבְתִּ֔יךְ וְלִבְּךָ֖ אֵ֣ין אִתִּ֑י זֶ֣ה שָׁלֹ֤שׁ פְּעָמִים֙ הֵתַ֣לְתָּ בִּ֔י וְלֹֽא־הִגַּ֣דְתָּ לִּ֔י ב[8]. ה[9]. ב
16 בַּמֶּ֖ה כֹּחֲךָ֥ גָדֽוֹל׃ 16 וַ֠יְהִי כִּֽי־הֵצִ֨יקָה לּ֧וֹ בִדְבָרֶ֛יהָ כָּל־הַיָּמִ֖ים ל
17 וַתְּאַֽלֲצֵ֑הוּ וַתִּקְצַ֥ר נַפְשׁ֖וֹ לָמֽוּת׃ 17 וַיַּגֶּד־לָ֣הּ אֶת־כָּל־לִבּ֗וֹ וַיֹּ֤אמֶר ל. ד[10]
לָהּ֙ מוֹרָה֙ לֹא־עָלָ֣ה עַל־רֹאשִׁ֔י כִּֽי־נְזִ֧יר אֱלֹהִ֛ים אֲנִ֖י מִבֶּ֣טֶן אִמִּ֑י אִם־ כו
18 גֻּלַּ֙חְתִּי֙ וְסָ֣ר מִמֶּ֣נִּי כֹחִ֔י וְחָלִ֥יתִי וְהָיִ֖יתִי כְּכָל־[a]הָאָדָֽם׃ 18 וַתֵּ֣רֶא ל. נז וכל תלים דכות ב מ״א. ל
דְלִילָ֗ה כִּֽי־הִגִּ֣יד לָהּ֮ אֶת־כָּל־לִבּוֹ֒ וַתִּשְׁלַ֡ח וַתִּקְרָא֩ לְסַרְנֵ֨י פְלִשְׁתִּ֤ים
לֵאמֹר֙ עֲל֣וּ הַפַּ֔עַם כִּֽי־הִגִּ֥יד לָ֖הּ[a] אֶת־כָּל־לִבּ֑וֹ וְעָל֤וּ[b] אֵלֶ֙יהָ֙ סַרְנֵ֣י לי ק
19 פְלִשְׁתִּ֔ים [c]וַיַּעֲל֥וּ הַכֶּ֖סֶף[c] בְּיָדָֽם׃ 19 וַתְּיַשְּׁנֵ֙הוּ֙ עַל־[a]בִּרְכֶּ֔יהָ וַתִּקְרָ֣א ל
לָאִ֔ישׁ וַתְּגַלַּ֕ח[b] אֶת־שֶׁ֖בַע מַחְלְפ֣וֹת רֹאשׁ֑וֹ [c]וַתָּ֙חֶל֙ לְעַנּוֹת֔וֹ[c] וַיָּ֥סַר כֹּח֖וֹ לב[11]. ב. לב בנביא. ד[12] מנה בסיפ. ג
20 מֵעָלָֽיו׃ 20 וַתֹּ֕אמֶר פְּלִשְׁתִּ֥ים עָלֶ֖יךָ שִׁמְשׁ֑וֹן וַיִּקַ֣ץ מִשְּׁנָת֗וֹ וַיֹּ֙אמֶר֙ אֵצֵ֞א ג חס[13]
21 כְּפַ֤עַם בְּפַ֙עַם֙ וְאִנָּעֵ֔ר וְהוּא֙ לֹ֣א יָדַ֔ע כִּ֥י יְהוָ֖ה סָ֥ר מֵעָלָֽיו׃ 21 וַיֹּאחֲז֣וּהוּ ל. ל
פְלִשְׁתִּ֔ים וַיְנַקְּר֖וּ אֶת־עֵינָ֑יו וַיּוֹרִ֨ידוּ אוֹת֜וֹ עַזָּ֗תָה וַיַּאַסְר֙וּהוּ֙ בַּֽנְחֻשְׁתַּ֔יִם ל. ב מל בליש[14]. ב. ג ב חס וחד מל[15]
22 וַיְהִ֥י טוֹחֵ֖ן בְּבֵ֥ית הָאֲסִירִֽים[a]׃ 22 וַיָּ֧חֶל שְׂעַר־רֹאשׁ֛וֹ לְצַמֵּ֖חַ כַּאֲשֶׁ֥ר ל. האסורים ק חד מן ה[16] זוגין כת י וקר ו. ט[17]. ד[18]. לב בנביא ד מנה בסיפ
23 גֻּלָּֽח׃ פ 23 וְסַרְנֵ֣י פְלִשְׁתִּ֗ים נֶֽאֶסְפוּ֙ לִזְבֹּ֧חַ זֶֽבַח־גָּד֛וֹל לְדָג֥וֹן ל. הי
אֱלֹהֵיהֶ֖ם וּלְשִׂמְחָ֑ה וַיֹּ֣אמְר֔וּ ג[19]
נָתַ֤ן אֱלֹהֵ֙ינוּ֙ בְּיָדֵ֔נוּ אֵ֖ת שִׁמְשׁ֥וֹן אוֹיְבֵֽינוּ׃ ב חס י[20]
24 [a]וַיִּרְא֤וּ אֹתוֹ֙ הָעָ֔ם וַֽיְהַלְל֖וּ אֶת־אֱלֹהֵיהֶ֑ם כִּ֣י אָמְר֗וּ[b] ב חס בסיפ. ד[21]. יב פסוק את את ואת את
נָתַ֨ן אֱלֹהֵ֤ינוּ בְיָדֵ֙נוּ֙ אֶת־[c]אֽוֹיְבֵ֔נוּ[d] ב חס י[12]
וְאֵת֙ מַחֲרִ֣יב אַרְצֵ֔נוּ וַאֲשֶׁ֥ר הִרְבָּ֖ה אֶת־חֲלָלֵֽינוּ׃
25 [a]וַֽיְהִי֙ [a]כִּ֣י טָ֣וב[a] לִבָּ֔ם וַיֹּ֣אמְר֔וּ קִרְא֥וּ לְשִׁמְשׁ֖וֹן וִישַֽׂחֶק־לָ֑נוּ וַיִּקְרְא֨וּ ל בטע בסיפ. כטוב ק חד מן ד[22] בליש וחד מן ח[23] כת ב מילין וקר חדה. ל
לְשִׁמְשׁ֜וֹן מִבֵּ֣ית הָאֲסִירִ֗ים[b] [c]וַיְצַחֵק֙ לִפְנֵיהֶ֔ם[c] וַיַּעֲמִ֥ידוּ אוֹת֖וֹ בֵּ֥ין האסורים ק חד מן ה[16] זוגין כת י וקר ו
26 הָעַמּוּדִֽים׃ 26 [d]וַיֹּ֨אמֶר שִׁמְשׁ֜וֹן אֶל־הַנַּ֨עַר הַמַּחֲזִ֣יק בְּיָדוֹ֮ הַנִּ֣יחָה אוֹתִי֒ ב[24]
וַהֲמִשֵׁ֙נִי֙[a] אֶת־הָֽעַמֻּדִ֔ים אֲשֶׁ֥ר הַבַּ֖יִת נָכ֣וֹן עֲלֵיהֶ֑ם וְאֶשָּׁעֵ֖ן עֲלֵיהֶֽם[b]׃ והמשני ק[25]. יא חס

[8] Mm 1490. [9] Mm 1491. [10] Mm 1492. [11] Mm 319. [12] Mp sub loco. [13] Mm 3331. [14] Mm 1493. [15] Mm 4253. [16] Mm 2195. [17] Mm 4056. [18] Mm 1782. [19] Mm 1494. [20] Mp contra textum, cf Mp sub loco. [21] Mm 85. [22] Mm 1772. [23] Mm 214. [24] Ex 32,10. [25] Mm 558.

17 [a] pc Mss כאחד ut 7.11 ‖ **18** [a] mlt Mss Vrs ut Q, l ‖ [b] l c mlt Mss וַיַּעֲלוּ cf 𝔊 ‖ [c–c] prp וְהַכֶּסֶף ‖ **19** [a] 𝔊* ἀνὰ μέσον, frt l בֵּין ‖ [b] l c Ms וַיְגַלַּח cf 𝔊* ‖ [c–c] 𝔊* καὶ ἤρξατο ταπεινοῦσθαι = וַיָּחֶל לְעַנּוֹת ‖ **21** [a] mlt Mss ut Q, K סי׳– ‖ **24** [a] tr post 25 ‖ [b] frt dl cf 𝔊[B] ‖ [c] Ms שִׁמְשׁוֹן; Ms + שִׁמְשׁוֹן, prb ins ‖ [d] L* mlt Mss –בינו ‖ **25** [a–a] sic L; mlt Mss Edd כִיטוב, K mlt Mss כִּי־טוֹב, Q nonn Mss כְּטוֹב ‖ [b] cf 21[a] ‖ [c–c] 𝔊* καὶ ἐνέπαιζον αὐτῷ ‖ [d] cf 24[a] ‖ **26** [a] mlt Mss ut Q, K pc Mss וְהֵימִ(י)שֵׁנִי; pc Mss והשמני; prp וַהֲמִשֵּׁנִי a משש ‖ [b] 𝔊* + ὁ δὲ παῖς ἐποίησεν οὕτως = וַיַּעַשׂ הַנַּעַר כֵּן.

27 וְהַבַּ֗יִת מָלֵ֤א הָֽאֲנָשִׁים֙ וְהַנָּשִׁ֔ים וְשָׁ֥מָּה כֹּ֖ל סַרְנֵ֣י פְלִשְׁתִּ֑ים וְעַל־הַגָּ֗ג
כִּשְׁלֹ֤שֶׁת אֲלָפִים֙ אִ֣ישׁ וְאִשָּׁ֔ה הָרֹאִ֖ים בִּשְׂח֥וֹק שִׁמְשֽׁוֹן׃ 28 וַיִּקְרָ֥א
שִׁמְשׁ֛וֹן אֶל־יְהוָ֖ה וַיֹּאמַ֑ר אֲדֹנָ֣י יְהוִ֡ה זָכְרֵ֣נִי נָא֩ וְחַזְּקֵ֨נִי נָ֜א אַ֣ךְ הַפַּ֤עַם
הַזֶּה֙ הָֽאֱלֹהִ֔ים וְאִנָּקְמָ֥ה נְקַם־אַ֛חַת מִשְּׁתֵ֥י עֵינַ֖י מִפְּלִשְׁתִּֽים׃ 29 וַיִּלְפֹּ֨ת
שִׁמְשׁ֜וֹן אֶת־שְׁנֵ֣י ׀ עַמּוּדֵ֣י הַתָּ֗וֶךְ אֲשֶׁ֤ר הַבַּ֙יִת֙ נָכ֣וֹן עֲלֵיהֶ֔ם וַיִּסָּמֵ֖ךְ
עֲלֵיהֶ֑ם אֶחָ֥ד בִּֽימִינ֖וֹ וְאֶחָ֥ד בִּשְׂמֹאלֽוֹ׃ 30 וַיֹּ֣אמֶר שִׁמְשׁ֗וֹן תָּמ֣וֹת נַפְשִׁי֮
עִם־פְּלִשְׁתִּים֒ וַיֵּ֣ט בְּכֹ֔חַ וַיִּפֹּ֤ל הַבַּ֙יִת֙ עַל־הַסְּרָנִ֔ים וְעַל־כָּל־הָעָ֖ם
אֲשֶׁר־בּ֑וֹ וַיִּהְי֤וּ הַמֵּתִים֙ אֲשֶׁ֣ר הֵמִ֣ית בְּמוֹת֔וֹ רַבִּ֕ים מֵאֲשֶׁ֥ר הֵמִ֖ית בְּחַיָּֽיו׃
31 וַיֵּרְד֨וּ אֶחָ֜יו וְכָל־בֵּ֣ית אָבִ֗יהוּ וַיִּשְׂא֤וּ אֹתוֹ֙ וַֽיַּעֲל֣וּ ׀ וַיִּקְבְּר֣וּ אוֹת֗וֹ בֵּ֤ין
צָרְעָה֙ וּבֵ֣ין אֶשְׁתָּאֹ֔ל בְּקֶ֖בֶר מָנ֣וֹחַ אָבִ֑יו וְה֛וּא שָׁפַ֥ט אֶת־יִשְׂרָאֵ֖ל
עֶשְׂרִ֥ים שָׁנָֽה׃ פ

17 1 וַֽיְהִי־אִ֥ישׁ מֵֽהַר־אֶפְרָ֖יִם וּשְׁמ֥וֹ מִיכָֽיְהוּ׃ 2 וַיֹּ֣אמֶר לְאִמּ֗וֹ
אֶ֣לֶף וּמֵאָה֩ הַכֶּ֨סֶף אֲשֶׁ֥ר לֻֽקַּֽח־לָךְ֮ וְאַתְּי֮ אָלִית֒ וְגַם֙ אָמַ֣רְתְּ בְּאָזְנַ֔י
הִנֵּֽה־הַכֶּ֥סֶף אִתִּ֖י אֲנִ֣י לְקַחְתִּ֑יו וַתֹּ֣אמֶר אִמּ֔וֹ בָּר֥וּךְ בְּנִ֖י לַיהוָֽה׃
3 וַיָּ֛שֶׁב אֶת־אֶֽלֶף־וּמֵאָ֥ה הַכֶּ֖סֶף לְאִמּ֑וֹ וַתֹּ֣אמֶר אִמּ֡וֹ הַקְדֵּ֣שׁ הִקְדַּ֣שְׁתִּי
אֶת־הַכֶּסֶף֩ לַיהוָ֨ה מִיָּדִ֜י לִבְנִ֗י לַעֲשׂוֹת֙ פֶּ֣סֶל וּמַסֵּכָ֔ה וְעַתָּ֖ה אֲשִׁיבֶ֥נּוּ
לָֽךְ׃ 4 וַיָּ֥שֶׁב אֶת־הַכֶּ֖סֶף לְאִמּ֑וֹ וַתִּקַּ֣ח אִ֠מּוֹ מָאתַ֨יִם כֶּ֜סֶף וַתִּתְּנֵ֣הוּ
לַצּוֹרֵ֗ף וַיַּעֲשֵׂ֙הוּ֙ פֶּ֣סֶל וּמַסֵּכָ֔ה וַיְהִ֖י בְּבֵ֥ית מִיכָֽיְהוּ׃ 5 וְהָאִ֣ישׁ מִיכָ֔ה ל֖וֹ
בֵּ֣ית אֱלֹהִ֑ים וַיַּ֤עַשׂ אֵפוֹד֙ וּתְרָפִ֔ים וַיְמַלֵּ֗א אֶת־יַ֤ד אַחַד֙ מִבָּנָ֔יו וַֽיְהִי־
ל֖וֹ לְכֹהֵֽן׃ 6 בַּיָּמִ֣ים הָהֵ֔ם אֵ֥ין מֶ֖לֶךְ בְּיִשְׂרָאֵ֑ל אִ֛ישׁ הַיָּשָׁ֥ר בְּעֵינָ֖יו
יַעֲשֶֽׂה׃ פ 7 וַֽיְהִי־נַ֗עַר מִבֵּ֥ית לֶ֙חֶם֙ יְהוּדָ֔ה מִמִּשְׁפַּ֖חַת יְהוּדָ֑ה
וְה֥וּא לֵוִ֖י וְה֥וּא גָֽר־שָֽׁם׃ 8 וַיֵּ֨לֶךְ הָאִ֜ישׁ מֵהָעִ֗יר מִבֵּ֥ית לֶ֙חֶם֙ יְהוּדָ֔ה
לָג֖וּר בַּאֲשֶׁ֣ר יִמְצָ֑א וַיָּבֹ֧א הַר־אֶפְרַ֛יִם עַד־בֵּ֥ית מִיכָ֖ה לַעֲשׂ֥וֹת דַּרְכּֽוֹ׃
9 וַיֹּאמֶר־ל֥וֹ מִיכָ֖ה מֵאַ֣יִן תָּב֑וֹא וַיֹּ֨אמֶר אֵלָ֜יו לֵוִ֣י אָנֹ֗כִי מִבֵּ֥ית לֶ֙חֶם֙
יְהוּדָ֔ה וְאָנֹכִ֣י הֹלֵ֔ךְ לָג֖וּר בַּאֲשֶׁ֥ר אֶמְצָֽא׃ 10 וַיֹּ֨אמֶר ל֜וֹ מִיכָ֗ה שְׁבָ֣ה

ח
ג . כב . ב מל בנביא . [26]
צא
ב . ב[27] . ל
ב . ל[28]
ג[29]
ל . ב[30]
יב[31] . ז מל[32] . מג . ג וחד מן ב חס בליש ובסיפ
ג
ד קמ וכל אתנח וס״פ דכות[1] . ד בנביא וכל מלכים דכות[2]
ה[3] . ואת חד מן ז[4] כת כן . ק . ל[5] . יב
כה . ו
כה
ב חד מל וחד חס . ד בנביא וכל מלכים דכות[2]
ה . ט . כה[6]
ו . נא
ז פסוק והוא והוא[7] . ד . ב[8] . ג[9]
ה[10]
ה[11] בטע וכל זקף אתנח וס״פ דכות ב מ א
ה[10]

[26] Cf Mp Jon 3,4. [27] Lv 26,25. [28] Mm 2343. [29] Mm 3550. [30] Jer 44,20. [31] Mm 1447. [32] Mm 1483. Cp 17 [1] Mm 906. [2] Mm 1495. [3] Mm 1496. [4] Mm 2081. [5] Mm 1742. [6] Mm 187. [7] Mm 2017. [8] Mm 377. [9] Mm 2652. [10] Mm 2386. [11] Mm 1571.

27 a–a prb add ‖ **28** a prp יהוה ‖ b > 𝔊*𝔏, prb dl ‖ **Cp 17,2** a mlt Mss ut Q, K וְאַתִּי ‖ b unum aut pc vb exc ‖ c huc tr 3a–a ‖ **3** a–a cf 2c ‖ **7** a–a > Ms* 𝔖, gl? ‖ **8** a–a 𝔊BC ἀπὸ Βηθλεεμ τῆς πόλεως.

עִמָּדִי וֶהְיֵה־לִי לְאָב וּלְכֹהֵן וְאָנֹכִי אֶתֶּן־לְךָ עֲשֶׂרֶת כֶּסֶף לַיָּמִים וְעֵרֶךְ ג̇[12]. ט. ה̇[13]
11 בְּגָדִים וּמִחְיָתֶךָ[a] [b]וַיֵּלֶךְ הַלֵּוִי[b]׃ 11 וַיּוֹאֶל הַלֵּוִי לָשֶׁבֶת אֶת־הָאִישׁ וַיְהִי ז̇
12 הַנַּעַר לוֹ כְּאַחַד מִבָּנָיו׃ 12 וַיְמַלֵּא מִיכָה אֶת־יַד הַלֵּוִי וַיְהִי־לוֹ הַנַּעַר יב̇[14]. ט
13 לְכֹהֵן וַיְהִי בְּבֵית מִיכָה׃ 13 וַיֹּאמֶר מִיכָה עַתָּה יָדַעְתִּי כִּי־יֵיטִיב יְהוָה ו̇
18 לִי כִּי הָיָה־לִי הַלֵּוִי לְכֹהֵן׃ 18 1 בַּיָּמִים הָהֵם אֵין מֶלֶךְ בְּיִשְׂרָאֵל ו̇
וּבַיָּמִים הָהֵם שֵׁבֶט הַדָּנִי מְבַקֶּשׁ־לוֹ נַחֲלָה לָשֶׁבֶת כִּי לֹא־נָפְלָה לּוֹ ל̇
2 עַד־הַיּוֹם הַהוּא בְּתוֹךְ־שִׁבְטֵי יִשְׂרָאֵל בְּנַחֲלָה[a]׃ ס 2 וַיִּשְׁלְחוּ ב̇[1]
בְנֵי־דָן ׀ מִמִּשְׁפַּחְתָּם[a] חֲמִשָּׁה אֲנָשִׁים [b]מִקְצוֹתָם אֲנָשִׁים[b] בְּנֵי־חַיִל ל̇[2]
מִצָּרְעָה וּמֵאֶשְׁתָּאֹל לְרַגֵּל אֶת־הָאָרֶץ וּלְחָקְרָהּ [c]וַיֹּאמְרוּ אֲלֵהֶם ל̇. ב̇ בנביא. כט[3] חס בנביא ו̇[4] מנה בסיפ
לְכוּ חִקְרוּ אֶת־הָאָרֶץ וַיָּבֹאוּ הַר־אֶפְרַיִם עַד־בֵּית מִיכָה וַיָּלִינוּ[d] שָׁם׃ ל̇[5]
3 הֵמָּה עִם־בֵּית מִיכָה וְהֵמָּה הִכִּירוּ אֶת־קוֹל הַנַּעַר הַלֵּוִי וַיָּסוּרוּ שָׁם יט ר״פ[6]. ב̇ מל
וַיֹּאמְרוּ לוֹ מִי־הֱבִיאֲךָ הֲלֹם וּמָה־אַתָּה עֹשֶׂה בָּזֶה וּמַה־לְּךָ פֹה׃ יא̇. ל̇. ל̇
4 וַיֹּאמֶר אֲלֵהֶם כָּזֹה וְכָזֶה[a] עָשָׂה לִי מִיכָה וַיִּשְׂכְּרֵנִי וָאֱהִי־לוֹ לְכֹהֵן׃ כט[3] חס בנביא ו̇[4] מנה בסיפ. ג̇[7]. ל̇. ו̇
5 וַיֹּאמְרוּ לוֹ שְׁאַל־נָא בֵאלֹהִים וְנֵדְעָה הֲתַצְלִיחַ[a] דַּרְכֵּנוּ אֲשֶׁר אֲנַחְנוּ ה̇[5]. ז̇. ו̇
ס̇,ב̇[5] הֹלְכִים עָלֶיהָ׃ 6 וַיֹּאמֶר לָהֶם הַכֹּהֵן לְכוּ לְשָׁלוֹם נֹכַח יְהוָה דַּרְכְּכֶם כב̇[8] וכל ד״ה ועזרא דכות ב̇ מ̇ ה̇ חס בליש
7 אֲשֶׁר תֵּלְכוּ־בָהּ׃ פ 7 וַיֵּלְכוּ חֲמֵשֶׁת הָאֲנָשִׁים וַיָּבֹאוּ לָיְשָׁה[a] וַיִּרְאוּ ב̇ חד קמ̇ וחד פת̇
אֶת־הָעָם אֲשֶׁר־בְּקִרְבָּהּ [b]יוֹשֶׁבֶת־לָבֶטַח כְּמִשְׁפַּט צִדֹנִים[b] שֹׁקֵט ׀ ה̇[9]. ה̇ חס בליש[10]
וּבֹטֵחַ [c]וְאֵין־מַכְלִים דָּבָר[c] בָּאָרֶץ [d]יוֹרֵשׁ עֶצֶר[d] וּרְחֹקִים הֵמָּה מִצִּדֹנִים ו̇ פסוק ואין אין. ב̇ חד חס וחד מל. ז̇[11] מל ב̇ מנה בליש
8 וְדָבָר אֵין־לָהֶם עִם־אָדָם[e]׃ 8 וַיָּבֹאוּ אֶל־אֲחֵיהֶם צָרְעָה וְאֶשְׁתָּאֹל
9 וַיֹּאמְרוּ לָהֶם אֲחֵיהֶם [a]מָה אַתֶּם[a]׃ 9 וַיֹּאמְרוּ קוּמָה[a] וְנַעֲלֶה עֲלֵיהֶם[b] ל̇
כִּי[c] רָאִינוּ אֶת־הָאָרֶץ וְהִנֵּה טוֹבָה מְאֹד וְאַתֶּם מַחְשִׁים אַל־תֵּעָצְלוּ ד̇[12]. ל̇
10 לָלֶכֶת לָבֹא לָרֶשֶׁת אֶת־הָאָרֶץ׃ 10 כְּבֹאֲכֶם[a] תָּבֹאוּ ׀ אֶל־עַם בֹּטֵחַ ט̇ חס[13]. ג̇ וחס[14]
וְהָאָרֶץ רַחֲבַת יָדַיִם כִּי־נְתָנָהּ אֱלֹהִים[b] בְּיֶדְכֶם מָקוֹם אֲשֶׁר אֵין־שָׁם ל̇

[12] Mm 384. [13] Mm 2872. [14] Mm 361. **Cp 18** [1] Mm 3972. [2] וחד משפחתם 1 Ch 4,27. [3] Mm 1954. [4] Mm 1508. [5] Mp sub loco. [6] Mm 1497. [7] Mm 1760. [8] Mm 11. [9] Mm 514. [10] Mm 3891. [11] Mm 3780 contra textum. [12] Mm 1498. [13] Mm 355. [14] Mm 1253.

10 [a] 𝔊^{L} + *καὶ εὐδόκησεν ὁ Λευίτης*, 𝔏 + *et coegit eum* = וַיָּאֶץ בַּלֵּוִי ‖ [b–b] dttg cf 11, dl ‖ **Cp 18,1** [a] pc Mss 𝔊𝔖 נ׳ ‖ **2** [a] 𝔊𝔗 pl ‖ [b–b] > 𝔊*𝔖 ‖ [c] ℭ Ms ־ֵר ‖ [d] 𝔊^{ARO}(𝔏𝔙) *καὶ κατέπαυσαν* ‖ **4** [a] prp וכזה cf 2 S 11,25 כָּזֹאת וְכָזֹאת ‖ **5** [a] l c ℭ mlt Mss הֲתַצְלַח cf 𝔊𝔖𝔙 ‖ **7** [a] prb ins [b–b] ‖ [b–b] cf [a] ‖ [c–c] prp וְאֵין־מֶלֶךְ מַדְבִּר ‖ [d–d] prp נוֹגֵשׂ וְעֹצֵר cf 𝔊^{B}𝔖 ‖ [e] 𝔊*σ′ *Συρίας* = אֲרָם, frt l ‖ **8** [a–a] cf Rt 3,16 מִי אַתְּ ‖ **9** [a] l c Q^{Or} nonn Mss Vrs קוּמוּ ‖ [b] prb crrp e לַיְשָׁה ‖ [c] 𝔊* + *εἰσήλθαμεν καὶ ἐνεπεριεπατήσαμεν ἐν τῇ γῇ ἕως σιγῆσαι* (𝔊$^{K min}$ *Λαισα*) *καί* ‖ **10** [a] nonn Mss בְּבֹ׳ cf 𝔖 ‖ [b] Ms 𝔙 יהוה.

11 מֵחֹסֵר כָּל־דָּבָר אֲשֶׁר בָּאָרֶץ׃ 11 וַיִּסְעוּ מִשָּׁם מִמִּשְׁפַּחַת
12 הַדָּנִי מִצָּרְעָה וּמֵאֶשְׁתָּאֹל שֵׁשׁ־מֵאוֹת אִישׁ חָגוּר כְּלֵי מִלְחָמָה׃ 12 וַיַּעֲלוּ ל[15]
וַיַּחֲנוּ בְּקִרְיַת יְעָרִים בִּיהוּדָה עַל־כֵּן קָרְאוּ לַמָּקוֹם הַהוּא מַחֲנֵה־דָן ל בסיפ[16] . ט בטע
13 עַד הַיּוֹם הַזֶּה הִנֵּה אַחֲרֵי קִרְיַת יְעָרִים׃ 13 וַיַּעַבְרוּ מִשָּׁם הַר־אֶפְרָיִם
14 וַיָּבֹאוּ עַד־בֵּית מִיכָה׃ 14 וַיַּעֲנוּ חֲמֵשֶׁת הָאֲנָשִׁים הַהֹלְכִים לְרַגֵּל
אֶת־הָאָרֶץ לַיִשׁ[a] וַיֹּאמְרוּ אֶל־אֲחֵיהֶם הַיְדַעְתֶּם כִּי יֵשׁ בַּבָּתִּים הָאֵלֶּה ג[17]
15 אֵפוֹד וּתְרָפִים וּפֶסֶל וּמַסֵּכָה וְעַתָּה דְּעוּ מַה־תַּעֲשׂוּ׃ 15 וַיָּסוּרוּ ב מל . י מילין ר״פ ובתר שמה[18]
שָׁמָּה וַיָּבֹאוּ אֶל־בֵּית־הַנַּעַר הַלֵּוִי [a]בֵּית מִיכָה[a] וַיִּשְׁאֲלוּ־לוֹ לְשָׁלוֹם׃
16 16 וְשֵׁשׁ־מֵאוֹת [a]אִישׁ חֲגוּרִים[a] כְּלֵי מִלְחַמְתָּם[b] נִצָּבִים פֶּתַח הַשָּׁעַר ג ר״פ[19] . ב[15] . ג חד מל וב חס . ל
17 [c]אֲשֶׁר מִבְּנֵי־דָן׃[c] 17 וַיַּעֲלוּ[a] חֲמֵשֶׁת הָאֲנָשִׁים הַהֹלְכִים לְרַגֵּל אֶת־ ל . יד פסוק את את ואת ואת ואת
הָאָרֶץ בָּאוּ שָׁמָּה לָקְחוּ[b] אֶת־הַפֶּסֶל וְאֶת־הָאֵפוֹד וְאֶת־הַתְּרָפִים ב
וְאֶת־הַמַּסֵּכָה וְהַכֹּהֵן נִצָּב פֶּתַח הַשַּׁעַר [c]וְשֵׁשׁ־מֵאוֹת הָאִישׁ הֶחָגוּר ב[15] . ל
18 כְּלֵי הַמִּלְחָמָה׃[c] 18 [a]וְאֵלֶּה בָּאוּ בֵּית מִיכָה וַיִּקְחוּ[b] אֶת־פֶּסֶל הָאֵפוֹד[b] ל
וְאֶת־הַתְּרָפִים וְאֶת־הַמַּסֵּכָה[a] וַיֹּאמֶר אֲלֵיהֶם הַכֹּהֵן מָה אַתֶּם עֹשִׂים׃
19 19 וַיֹּאמְרוּ לוֹ הַחֲרֵשׁ שִׂים־יָדְךָ עַל־פִּיךָ וְלֵךְ עִמָּנוּ וֶהְיֵה־לָנוּ לְאָב כד . יא[20]
וּלְכֹהֵן הֲטוֹב ׀ הֱיוֹתְךָ כֹהֵן לְבֵית אִישׁ אֶחָד אוֹ הֱיוֹתְךָ כֹהֵן לְשֵׁבֶט ג[21] . ד[22]
20 וּלְמִשְׁפָּחָה בְּיִשְׂרָאֵל׃ 20 וַיִּיטַב לֵב הַכֹּהֵן וַיִּקַּח אֶת־הָאֵפוֹד וְאֶת־ ל
21 הַתְּרָפִים וְאֶת־הַפָּסֶל וַיָּבֹא בְּקֶרֶב הָעָם׃ 21 וַיִּפְנוּ וַיֵּלֵכוּ וַיָּשִׂימוּ אֶת־ ל . לה
22 הַטַּף וְאֶת־הַמִּקְנֶה וְאֶת־הַכְּבוּדָּה לִפְנֵיהֶם׃ 22 הֵמָּה הִרְחִיקוּ מִבֵּית ג ומל[23] . יט ר״פ[24]
מִיכָה וְהָאֲנָשִׁים[a] אֲשֶׁר בַּבָּתִּים אֲשֶׁר עִם־בֵּית מִיכָה נִזְעֲקוּ וַיַּדְבִּיקוּ ל . ב[25]
23 אֶת־בְּנֵי־דָן׃ 23 וַיִּקְרְאוּ אֶל־בְּנֵי־דָן וַיַּסֵּבּוּ פְּנֵיהֶם וַיֹּאמְרוּ לְמִיכָה ג[26]
24 מַה־לְּךָ כִּי נִזְעָקְתָּ׃ 24 וַיֹּאמֶר אֶת־אֱלֹהַי אֲשֶׁר־עָשִׂיתִי[a] לְקַחְתֶּם וְאֶת־ ב
25 הַכֹּהֵן וַתֵּלְכוּ וּמַה־לִּי עוֹד וּמַה־זֶּה תֹּאמְרוּ אֵלַי מַה־לָּךְ׃ 25 וַיֹּאמְרוּ ל . ל
אֵלָיו בְּנֵי־דָן אַל־תַּשְׁמַע קוֹלְךָ עִמָּנוּ פֶּן־יִפְגְּעוּ בָכֶם אֲנָשִׁים מָרֵי נֶפֶשׁ ל

[15] Mm 2373. [16] Mp sub loco. [17] Mm 1499. [18] Mm 1123. [19] Mm 4173 ב. [20] Mm 1500. [21] Mm 384. [22] Mm 1470. [23] Mm 1501. [24] Mm 1497. [25] Mm 1502. [26] Mm 1503.

14 [a] > 𝔊*, gl ‖ **15** [a–a] prb gl ‖ **16** [a–a] l הָאִישׁ הַח׳ cf 𝔊[BL] et 17 ‖ [b] huc tr [c–c] cf Syh ‖ [c–c] cf [b] ‖ **17** [a] prp וַיּוֹאִלוּ ‖ [b] prp לָקַחַת ‖ [c–c] prb add ‖ **18** [a–a] prb add ‖ [b–b] 𝔊 *τὸ γλυπτὸν καὶ τὸ εφουδ* = אֶת־הַפֶּ׳ וְאֶת־הָא׳ ‖ **22** [a] pr וּמִכָּה cf 𝔊 ‖ **24** [a] 𝔊*(𝔙) + ἐμαυτῷ, prb ins לִי (hpgr).

26 וְאָסַפְתָּה נַפְשְׁךָ וְנֶפֶשׁ בֵּיתֶךָ׃ 26 וַיֵּלְכוּ בְנֵי־דָן לְדַרְכָּם וַיַּרְא מִיכָה ל מל[27]
27 כִּי־חֲזָקִים הֵמָּה מִמֶּנּוּ וַיִּפֶן וַיָּשָׁב אֶל־בֵּיתוֹ׃ 27 וְהֵמָּה לָקְחוּ ל. ג[28]. י ר״פ[29]
אֵת[a] אֲשֶׁר־עָשָׂה מִיכָה וְאֶת־הַכֹּהֵן אֲשֶׁר הָיָה־לוֹ וַיָּבֹאוּ עַל[b]־לַיִשׁ עַל־ ב. כא פסוק על על ומילה חדה ביניה[30]
עַם שֹׁקֵט וּבֹטֵחַ וַיַּכּוּ אוֹתָם[c] לְפִי־חָרֶב וְאֶת־הָעִיר שָׂרְפוּ בָאֵשׁ׃ ח[31]
28 וְאֵין מַצִּיל כִּי רְחוֹקָה־הִיא מִצִּידוֹן וְדָבָר אֵין־לָהֶם עִם־אָדָם[a] ו פסוק ואין אין
29 וְהִיא בָּעֵמֶק אֲשֶׁר לְבֵית־רְחוֹב וַיִּבְנוּ אֶת־הָעִיר וַיֵּשְׁבוּ בָהּ׃ 29 וַיִּקְרְאוּ ג מל שם קריה[32]
שֵׁם־הָעִיר דָּן בְּשֵׁם[a] דָּן אֲבִיהֶם אֲשֶׁר יוּלַּד לְיִשְׂרָאֵל וְאוּלָם לַיִשׁ ל[33]. ב מל[34]. ג זוגין[35]
30 שֵׁם־הָעִיר לָרִאשֹׁנָה׃ 30 וַיָּקִימוּ לָהֶם בְּנֵי־דָן אֶת־הַפָּסֶל וִיהוֹנָתָן בֶּן־ ב[36]. ג
גֵּרְשֹׁם בֶּן־מְנַשֶּׁה[a] הוּא וּבָנָיו הָיוּ כֹהֲנִים לְשֵׁבֶט הַדָּנִי עַד־יוֹם גְּלוֹת ד[37] וכל ד״ה דכות ב מ ב. ד אותיות תלויות[38]
31 הָאָרֶץ׃ 31 וַיָּשִׂימוּ לָהֶם אֶת־פֶּסֶל מִיכָה אֲשֶׁר עָשָׂה כָּל־יְמֵי הֱיוֹת לה
בֵּית־הָאֱלֹהִים בְּשִׁלֹה[a]׃ פ מח

19 1 וַיְהִי בַּיָּמִים הָהֵם וּמֶלֶךְ אֵין בְּיִשְׂרָאֵל וַיְהִי ׀ אִישׁ לֵוִי גָּר י בטע בסיפ
בְּיַרְכְּתֵי הַר־אֶפְרַיִם וַיִּקַּח־לוֹ אִשָּׁה פִילֶגֶשׁ מִבֵּית לֶחֶם יְהוּדָה׃
2 וַתִּזְנֶה[a] עָלָיו פִּילַגְשׁוֹ וַתֵּלֶךְ מֵאִתּוֹ אֶל־בֵּית אָבִיהָ אֶל־בֵּית לֶחֶם ב חד ר״פ וחד ס״פ[1]
3 יְהוּדָה וַתְּהִי־שָׁם יָמִים אַרְבָּעָה חֳדָשִׁים׃ 3 וַיָּקָם אִישָׁהּ וַיֵּלֶךְ אַחֲרֶיהָ כה[2]
לְדַבֵּר עַל־לִבָּהּ לַהֲשִׁיבוֹ[a] וְנַעֲרוֹ עִמּוֹ וְצֶמֶד חֲמֹרִים וַתְּבִיאֵהוּ[b] בֵּית להשיבה ק חד מן ח[3] כת ו וחד מן ג בליש. ל מל
4 אָבִיהָ וַיִּרְאֵהוּ אֲבִי הַנַּעֲרָה וַיִּשְׂמַח לִקְרָאתוֹ׃ 4 וַיֶּחֱזַק[a]־בּוֹ חֹתְנוֹ אֲבִי
5 הַנַּעֲרָה וַיֵּשֶׁב אִתּוֹ שְׁלֹשֶׁת יָמִים וַיֹּאכְלוּ וַיִּשְׁתּוּ וַיָּלִינוּ[b] שָׁם׃ 5 וַיְהִי י בטע בסיפ
בַּיּוֹם הָרְבִיעִי וַיַּשְׁכִּימוּ בַבֹּקֶר וַיָּקָם לָלֶכֶת וַיֹּאמֶר אֲבִי הַנַּעֲרָה אֶל־
6 חֲתָנוֹ סְעָד לִבְּךָ פַּת־לֶחֶם וְאַחַר תֵּלֵכוּ׃ 6 וַיֵּשְׁבוּ וַיֹּאכְלוּ שְׁנֵיהֶם ל[4]. ב. ל
יַחְדָּו וַיִּשְׁתּוּ וַיֹּאמֶר אֲבִי הַנַּעֲרָה אֶל־הָאִישׁ הוֹאֶל־נָא וְלִין וְיִטַב לִבֶּךָ׃ ד[4]
7 וַיָּקָם הָאִישׁ לָלֶכֶת וַיִּפְצַר־בּוֹ חֹתְנוֹ וַיָּשָׁב[a] וַיָּלֶן שָׁם׃ 8 וַיַּשְׁכֵּם ד
בַבֹּקֶר בַּיּוֹם הַחֲמִישִׁי לָלֶכֶת וַיֹּאמֶר ׀ אֲבִי הַנַּעֲרָה סְעָד־נָא לְבָבְךָ ב

[27] Mm 1713. [28] Mm 2777. [29] Mm 1249. [30] Mm 686. [31] Mm 1392. [32] Mp sub loco. [33] Mm 1263. [34] Mm 1504. [35] Mm 509. [36] Mm 1505. [37] Mm 3914. [38] Mm 3557. **Cp 19** [1] Mm 2413. [2] Mm 1506. [3] Mm 3827. [4] Mp sub loco.

27 [a] 2 Mss + הַפֶּסֶל; prb ins הָאֱלֹהִים cf 24 ‖ [b] frt l c mlt Mss 𝔊* עַד; pc Mss 𝔖𝔙 אֶל ‖ [c] Ms Seb אוֹתָהּ; l 𝔐 ‖ **28** [a] cf 7[e] ‖ **29** [a] l c mlt Mss 𝔊* כְּשֵׁם ‖ **30** [a] L mlt Mss נ suspensum, mlt Mss Edd non suspensum; l c pc Mss 𝔊*𝔙 מֹשֶׁה cf Syh ‖ **31** [a] prp בְּלָיְשָׁה vel בְּשַׁלְוָה ‖ **Cp 19,2** [a] 𝔊*(𝔙) καὶ ὠργίσθη (a זנה II cf akk *zenû*); prp וַתִּזְנַח ‖ **3** [a] mlt Mss ut Q, l; K ־וֹ ‖ [b] 𝔊* καὶ ἐπορεύθη, prp וַיָּבֹא ‖ **4** [a] sic L, mlt Mss Edd וַיֶּחֱזַק ‖ [b] prp וַיָּלֶן cf 𝔊[II]𝔏 ‖ **7** [a] Ms 𝔊[BRIIIC] וַיֵּשֶׁב.

ל וְהִֽתְמַהְמְה֖וּ[a] עַד־נְט֣וֹת הַיּ֑וֹם וַיֹּאכְל֖וּ[b] שְׁנֵיהֶֽם׃ 9 וַיָּ֨קָם הָאִ֜ישׁ לָלֶ֗כֶת 9
ב כת ה[5] ה֚וּא וּפִֽילַגְשׁ֣וֹ וְנַעֲר֔וֹ וַיֹּ֣אמֶר ל֣וֹ חֹתְנ֣וֹ אֲבִ֪י הַֽנַּעֲרָ֟ה הִנֵּ֣ה נָ֠א רָפָ֨ה הַיּ֤וֹם
ב. ג[6] לַעֲרֹב֙ לִֽינוּ־נָ֔א הִנֵּ֙ה חֲנ֤וֹת הַיּוֹם֙[a] לִ֥ין פֹּה֙ וְיִיטַ֣ב לְבָבֶ֔ךָ וְהִשְׁכַּמְתֶּ֥ם
ל חס מָחָר֙ לְדַרְכְּכֶ֔ם וְהָלַכְתָּ֖ לְאֹהָלֶֽךָ[b]׃ 10 וְלֹא־אָבָ֤ה הָאִישׁ֙ לָל֔וּן וַיָּ֣קָם 10
ו מל[7]. ל מל וַיֵּ֔לֶךְ וַיָּבֹא֙ עַד־נֹ֣כַח יְב֔וּס הִ֖יא יְרוּשָׁלִָ֑ם וְעִמּ֗וֹ צֶ֤מֶד חֲמוֹרִים֙ חֲבוּשִׁ֔ים
ל וּפִֽילַגְשׁ֖וֹ עִמּֽוֹ[a]׃ 11 הֵ֣ם עִם־יְב֔וּס וְהַיּ֖וֹם רַ֣ד[a] מְאֹ֑ד וַיֹּ֨אמֶר הַנַּ֜עַר 11
אֶל־אֲדֹנָ֗יו לְכָה־נָּ֛א וְנָס֥וּרָה אֶל־עִיר־הַיְבוּסִ֥י הַזֹּ֖את וְנָלִ֥ין בָּֽהּ׃
ל 12 וַיֹּ֤אמֶר אֵלָיו֙ אֲדֹנָ֔יו לֹ֤א נָסוּר֙ אֶל־עִ֣יר נָכְרִ֔י[a] אֲשֶׁ֛ר לֹא־מִבְּנֵ֥י 12
ב. לכה[a] חד מן ג[9] ק חס בליש יִשְׂרָאֵ֖ל הֵ֑נָּה[b] וְעָבַ֖רְנוּ עַד־גִּבְעָֽה[c]׃ 13 וַיֹּ֣אמֶר לְנַעֲר֔וֹ לְךָ֥[a] וְנִקְרְבָ֖ה 13
ל בְּאַחַ֣ד[b] הַמְּקֹמ֑וֹת וְלַ֥נּוּ בַגִּבְעָ֖ה א֥וֹ בָרָמָֽה׃ 14 וַיַּעַבְר֖וּ וַיֵּלֵ֑כוּ וַתָּבֹ֤א 14
לָהֶם֙ הַשֶּׁ֔מֶשׁ אֵ֥צֶל הַגִּבְעָ֖ה אֲשֶׁ֥ר לְבִנְיָמִֽן׃ 15 וַיָּסֻ֣רוּ שָׁ֔ם[a] לָב֖וֹא לָל֣וּן 15
ז[10]. ד. יט[11] בַּגִּבְעָ֑ה[b] וַיָּבֹ֗א וַיֵּ֙שֶׁב֙[b] בִּרְח֣וֹב הָעִ֔יר וְאֵ֥ין אִ֛ישׁ מְאַסֵּֽף־אוֹתָ֥ם הַבַּ֖יְתָה
ב ר״פ בסיפ[12]. ב לָלֽוּן׃ 16 וְהִנֵּ֣ה ׀ אִ֣ישׁ זָקֵ֗ן בָּ֣א מִן־מַעֲשֵׂ֣הוּ מִן־הַשָּׂדֶה֮ בָּעֶ֒רֶב֒ וְהָאִישׁ֙ 16
יח[13]. ה מֵהַ֣ר אֶפְרַ֔יִם וְהוּא־גָ֖ר בַּגִּבְעָ֑ה וְאַנְשֵׁ֥י הַמָּק֖וֹם בְּנֵ֥י יְמִינִֽי׃ 17 וַיִּשָּׂ֣א 17
ל חס. ב עֵינָ֗יו וַיַּ֛רְא אֶת־הָאִ֥ישׁ הָאֹרֵ֖חַ בִּרְחֹ֣ב הָעִ֑יר וַיֹּ֨אמֶר הָאִ֤ישׁ הַזָּקֵן֙ אָ֥נָה
ה[14] תֵלֵ֖ךְ וּמֵאַ֥יִן תָּבֽוֹא׃ 18 וַיֹּ֣אמֶר אֵלָ֡יו עֹבְרִ֣ים אֲנַ֩חְנוּ֩ מִבֵּֽית־לֶ֨חֶם יְהוּדָ֜ה 18
עַד־יַרְכְּתֵ֣י הַר־אֶפְרַיִם֮ מִשָּׁ֣ם אָנֹכִי֒ וָאֵלֵ֕ךְ עַד־בֵּ֖ית לֶ֣חֶם יְהוּדָ֑ה
ד[15]. ז[10]. ד. יט[11]. ח פסוק דמיין[16] וְאֶת־בֵּ֤ית יְהוָה֙[a] אֲנִ֣י הֹלֵ֔ךְ וְאֵ֣ין אִ֔ישׁ מְאַסֵּ֥ף אוֹתִ֖י הַבָּֽיְתָה׃ 19 וְגַם־ 19
ל מל. ז[17] תֶּ֤בֶן גַּם־מִסְפּוֹא֙ יֵ֣שׁ לַחֲמוֹרֵ֔ינוּ[a] וְגַם֩ לֶ֨חֶם וָיַ֜יִן יֶשׁ־לִ֗י וְלַאֲמָתֶ֔ךָ וְלַנַּ֖עַר
ב. ב עִם־עֲבָדֶ֑יךָ[b] אֵ֥ין מַחְס֖וֹר כָּל־דָּבָֽר׃ 20 וַיֹּ֨אמֶר הָאִ֤ישׁ הַזָּקֵן֙ שָׁל֣וֹם ס [יג][18]
ל[19]. ד[20]. ב. ה[21] מל וכל כתיב דכות ב מ א לָ֔ךְ רַ֥ק כָּל־מַחְסוֹרְךָ֖ עָלָ֑י רַ֥ק בָּרְח֖וֹב אַל־תָּלַֽן׃ 21 וַיְבִיאֵ֣הוּ לְבֵית֔וֹ 21
ויבל[a] ק. ו מל[7]. יט ר״פ[22] וַיָּ֖בָול[a] לַחֲמוֹרִ֑ים וַֽיִּרְחֲצוּ֙ רַגְלֵיהֶ֔ם וַיֹּאכְל֖וּ וַיִּשְׁתּֽוּ׃ 22 הֵ֜מָּה 22
מֵיטִיבִ֣ים אֶת־לִבָּ֗ם וְהִנֵּה֩ אַנְשֵׁ֨י הָעִ֜יר אַנְשֵׁ֣י[a] בְנֵֽי־בְלִיַּ֗עַל נָסַ֙בּוּ֙ אֶת־

[5] Mm 4045. [6] Mm 118. [7] Mm 1507. [8] Q addidi, cf Mp sub loco. [9] Mm 2214. [10] Mm 289. [11] Mm 1557. [12] Mm 1413. [13] Mm 2952. [14] Mm 1292. [15] Mm 1766. [16] Mm 3838. [17] Mm 94. [18] Mp sub loco. [19] וחד ומחסרך Prv 6,11. [20] Mm 2426. [21] Mm 1618. [22] Mm 1497.

8 [a] prp וַיִּתְ׳ ‖ [b] 𝔊* + *καὶ ἔπιον* cf 4.6 ‖ **9** [a–a] > $𝔊^{B}$, dl (dupl) ‖ [b] mlt Mss ־ליך ‖ **10** [a] l prb וְנַעֲרוֹ cf $𝔊^{L}$ Syh ‖ **11** [a] 𝔊* *κεκλικυῖα*, l יָרַד ‖ **12** [a] $𝔊^{BC}$ 𝔖 f ־יָּה; prp ־יִם ‖ [b] pc Mss 𝔗 הֵמָּה (pc Mss הֵם) ‖ [c–c] frt add cf 13sq ‖ **13** [a] Q nonn Mss לְכָה, K לֵךְ ‖ [b] mlt Mss בְּאַחַת ‖ **15** [a] 𝔗 שמה ‖ [b–b] 𝔊* pl ‖ **18** [a–a] 𝔊 *καὶ εἰς* (cf 𝔗) *τὸν οἶκόν μου* cf 29,1 l וְאֶל־בֵּיתִי ‖ **19** [a] nonn Mss ־רנו ‖ [b] l c mlt Mss 𝔖𝔗 עַבְדֶּךָ cf 𝔙 ‖ **21** [a] mlt Mss ut Q, K ויבול vel וַיָּבוֹל ‖ **22** [a] > 𝔊*𝔙 ‖ [b] > pc Mss 𝔖.

הַבַּ֫יִת מִֽתְדַּפְּקִ֖ים עַל־הַדָּ֑לֶת וַיֹּאמְר֗וּ אֶל־הָאִ֜ישׁ בַּ֤עַל הַבַּ֙יִת֙ הַזָּקֵ֣ן ל̇ . יד פסוק על אל אל[23] . ל̇ . ל̇
לֵאמֹ֔ר הוֹצֵ֗א אֶת־הָאִ֛ישׁ אֲשֶׁר־בָּ֥א אֶל־בֵּיתְךָ֖ וְנֵדָעֶֽנּוּ׃ [23] וַיֵּצֵ֨א ה̇[24] . ל̇ 23
אֲלֵיהֶ֜ם הָאִ֗ישׁ בַּ֚עַל הַבַּ֔יִת וַיֹּ֣אמֶר אֲלֵהֶ֔ם אַל־אַחַ֖י אַל־תָּרֵ֣עוּ נָ֑א כט[25] חס בנביא ו[26] מנה בסיפ . ג̇
אַ֠חֲרֵי אֲשֶׁר־בָּ֞א הָאִ֤ישׁ הַזֶּה֙ אֶל[a]־בֵּיתִ֔י אַֽל־תַּעֲשׂ֖וּ אֶת־הַנְּבָלָ֥ה הַזֹּֽאת׃ ג̇
24 הִנֵּה֩ בִתִּ֨י הַבְּתוּלָ֜ה וּפִֽילַגְשֵׁ֗הוּ[a] אוֹצִֽיאָה־נָּ֣א אוֹתָ֔ם[b] וְעַנּ֣וּ אוֹתָ֔ם וַעֲשׂ֣וּ ל̇ . ב̇ . ל̇
לָהֶ֔ם[c] הַטּ֖וֹב[d] בְּעֵינֵיכֶ֑ם וְלָאִ֤ישׁ הַזֶּה֙ לֹ֣א[e] תַעֲשׂ֔וּ דְּבַ֖ר הַנְּבָלָ֥ה הַזֹּֽאת׃ יח̇ . ל̇[27]
25 וְלֹא־אָב֤וּ הָֽאֲנָשִׁים֙ לִשְׁמֹ֣עַ ל֔וֹ וַיַּחֲזֵ֤ק הָאִישׁ֙ בְּפִ֣ילַגְשׁ֔וֹ וַיֹּצֵ֥א אֲלֵיהֶ֖ם יג חס[28] . ב̇[29]
הַח֑וּץ וַיֵּדְע֨וּ אוֹתָ֜הּ וַיִּתְעַלְּלוּ־בָ֤הּ כָּל־הַלַּ֙יְלָה֙ עַד־הַבֹּ֔קֶר וַֽיְשַׁלְּח֖וּהָ ו[30] . ל̇
26 בַּעֲל֥וֹת[a] הַשָּֽׁחַר׃ [26] וַתָּבֹ֤א הָֽאִשָּׁה֙ לִפְנ֣וֹת הַבֹּ֔קֶר וַתִּפֹּ֛ל פֶּ֥תַח בֵּית־ כעלות ק̇ . ל̇
27 הָאִ֛ישׁ אֲשֶׁר־אֲדוֹנֶ֥יהָ שָּׁ֖ם עַד־הָאֽוֹר׃ [27] וַיָּ֨קָם אֲדֹנֶ֜יהָ בַּבֹּ֗קֶר וַיִּפְתַּח֙[a] ו מל בליש[31]
דַּלְת֣וֹת הַבַּ֔יִת וַיֵּצֵ֖א לָלֶ֣כֶת לְדַרְכּ֑וֹ וְהִנֵּ֧ה הָאִשָּׁ֣ה פִֽילַגְשׁ֗וֹ נֹפֶ֙לֶת֙ פֶּ֣תַח ל̇
28 הַבַּ֔יִת וְיָדֶ֖יהָ עַל־הַסַּֽף׃ [28] וַיֹּ֧אמֶר אֵלֶ֛יהָ ק֥וּמִי וְנֵלֵ֖כָה וְאֵ֣ין עֹנֶ֑ה וַיִּקָּחֶ֙הָ֙ ל̇ בסיפ . יא . ל̇[32] . ה̇
29 עַֽל־הַחֲמ֔וֹר וַיָּ֣קָם הָאִ֔ישׁ וַיֵּ֖לֶךְ לִמְקֹמֽוֹ׃ [29] וַיָּבֹ֣א אֶל־בֵּית֗וֹ וַיִּקַּ֤ח אֶת־ ג̇ חס בסיפ וכל אורית ושמואל דכות[32]
הַֽמַּאֲכֶ֙לֶת֙ וַיַּחֲזֵ֣ק בְּפִֽילַגְשׁ֔וֹ וַֽיְנַתְּחֶ֙הָ֙ לַעֲצָמֶ֔יהָ לִשְׁנֵ֥ים עָשָׂ֖ר נְתָחִ֑ים ג̇[33] . ל̇[32]
30 וַֽיְשַׁלְּחֶ֔הָ בְּכֹ֖ל גְּב֥וּל יִשְׂרָאֵֽל׃ [30] וְהָיָ֣ה כָל־הָרֹאֶ֗ה וְאָמַר֙ לֹֽא־נִהְיְתָ֤ה ב̇
וְלֹֽא־נִרְאֲתָה֙ כָּזֹ֔את לְמִיּ֞וֹם עֲל֤וֹת בְּנֵֽי־יִשְׂרָאֵל֙ מֵאֶ֣רֶץ מִצְרַ֔יִם עַ֖ד ג̇[34] . ו ול בסיפ ומל
20 הַיּ֣וֹם הַזֶּ֑ה[a] שִׂימוּ־לָכֶ֥ם[b] עָלֶ֖יהָ עֻ֥צוּ[c] וְדַבֵּֽרוּ׃ פ **20** 1 וַיֵּצְאוּ֮ כָּל־ יו̇ . ב̇ וחס[35]
בְּנֵ֣י יִשְׂרָאֵל֒ וַתִּקָּהֵ֨ל הָעֵדָ֜ה כְּאִ֣ישׁ אֶחָ֗ד לְמִדָּן֙ וְעַד־בְּאֵ֣ר שֶׁ֔בַע וְאֶ֖רֶץ ב̇[1] . כ̇[2]
2 הַגִּלְעָ֑ד אֶל־יְהוָ֖ה הַמִּצְפָּֽה׃ [2] וַיִּֽתְיַצְּב֞וּ פִּנּ֣וֹת כָּל־הָעָ֗ם כֹּ֚ל שִׁבְטֵ֣י ה̇ . י פסוק כל כל ומילה חדה ביניה[3]
יִשְׂרָאֵ֔ל בִּקְהַ֖ל עַ֣ם הָאֱלֹהִ֑ים אַרְבַּ֨ע מֵא֥וֹת אֶ֛לֶף אִ֥ישׁ רַגְלִ֖י שֹׁ֥לֵֽף ד̇[4]
3 חָֽרֶב׃ פ [3] וַֽיִּשְׁמְעוּ֙[a] בְּנֵ֣י בִנְיָמִ֔ן כִּֽי־עָל֥וּ בְנֵי־יִשְׂרָאֵ֖ל הַמִּצְפָּ֑ה[b]

[23] Mm 4093. [24] Mm 802. [25] Mm 1954. [26] Mm 1508. [27] Mm 319. [28] Mm 1509. [29] Mm 1510. [30] Mm 3174. [31] Mm 3182. [32] Mp sub loco. [33] Mm 1511. [34] Mm 1512. [35] Mm 1513. Cp 20 [1] Mm 702. [2] Mm 1514. [3] Mm 3316. [4] Mm 1747.

23 [a] sic L, mlt Mss Edd אֶל ‖ **24** [a] dl cf 25 ‖ [b] l אותהּ cf [a] ‖ [c] mlt Mss לָהֶן; l לָהּ cf [a] ‖ [d] mlt Mss כַּטּוֹב ‖ [e] mlt Mss 𝔊*𝔙 אַל ‖ **25** [a] mlt Mss ut Q ‖ **27** [a] mlt Mss + אֶת ‖ **30** [a] 𝔊* + *καὶ ἐνετείλατο τοῖς ἀνδράσιν, οἷς ἐξαπέστειλεν, λέγων Τάδε ἐρεῖτε πρὸς πάντα ἄνδρα Ισραηλ Εἰ γέγονεν κατὰ τὸ ῥῆμα τοῦτο ἀπὸ τῆς ἡμέρας ἀναβάσεως υἱῶν Ισραηλ ἐξ Αἰγύπτου ἕως τῆς ἡμέρας ταύτης;* ins וַיְצַו אֶת־הָאֲנָשִׁים אֲשֶׁר שָׁלַח לֵאמֹר כֹּה תֹאמְרוּ לְכָל־אִישׁ יִשְׂרָאֵל הֲנִהְיְתָה כַדָּבָר הַזֶּה לְמִיּוֹם עֲלוֹת בְּנֵי יִשְׂרָאֵל מֵאֶרֶץ מִצְרַיִם עַד הַיּוֹם הַזֶּה ‖ [b] pc Mss ℭ לִבַבְכֶם ‖ [c] prp עֲצוּ עֵצָה cf 𝔊 ‖ **Cp 20,3** [a] ℭ + כל ‖ [b] frt nonn vb exc (prp [3a] וישמעו בני בנימן כי־עלו בני־ישראל המצפה [וַיְמָאֲנוּ לָבוֹא בְתוֹכָם] [2a] ויתיצבו פנות כל־העם בקהל עם האלהים [3b] ויאמרו [ל]בני ישראל ...).

4 וַיֹּאמְר֖וּ בְּנֵ֣י יִשְׂרָאֵ֑ל דַּבְּר֕וּ אֵיכָ֥ה נִהְיְתָ֖ה הָרָעָ֥ה הַזֹּֽאת׃ 4 וַיַּ֨עַן הָאִ֜ישׁ יז[3] . ל
הַלֵּוִ֗י אִ֛ישׁ הָאִשָּׁ֥ה הַנִּרְצָחָ֖ה וַיֹּאמַ֑ר הַגִּבְעָ֙תָה֙ אֲשֶׁ֣ר לְבִנְיָמִ֔ן בָּ֛אתִי אֲנִ֥י ל . צא
5 וּפִֽילַגְשִׁ֖י לָלֽוּן׃ 5 וַיָּקֻ֤מוּ עָלַי֙ בַּעֲלֵ֣י הַגִּבְעָ֔ה וַיָּסֹ֧בּוּ עָלַ֛י אֶת־הַבַּ֖יִת
6 לָ֑יְלָה אוֹתִי֙ דִּמּ֣וּ לַהֲרֹ֔ג וְאֶת־פִּילַגְשִׁ֥י עִנּ֖וּ[a] וַתָּמֹֽת׃ 6 וָאֹחֵ֤ז בְּפִֽילַגְשִׁי֙ ל . ל . ל . ל
וָֽאֲנַתְּחֶ֔הָ וָֽאֲשַׁלְּחֶ֔הָ בְּכָל־שְׂדֵ֖ה נַחֲלַ֣ת יִשְׂרָאֵ֑ל כִּ֥י עָשׂ֛וּ [a]זִמָּ֥ה וּנְבָלָ֖ה[a] ל . ל
7 בְּיִשְׂרָאֵֽל׃ 7 הִנֵּ֥ה כֻלְּכֶ֖ם בְּנֵ֣י יִשְׂרָאֵ֑ל הָב֥וּ לָכֶ֛ם דָּבָ֥ר וְעֵצָ֖ה הֲלֹֽם[a]׃ יא
8 8 וַיָּ֙קָם֙ כָּל־הָעָ֔ם כְּאִ֥ישׁ אֶחָ֖ד לֵאמֹ֑ר לֹ֤א נֵלֵךְ֙ אִ֣ישׁ לְאָהֳל֔וֹ וְלֹ֥א נָס֖וּר כ[6]
9 אִ֥ישׁ לְבֵיתֽוֹ׃ 9 וְעַתָּ֕ה זֶ֣ה הַדָּבָ֔ר אֲשֶׁ֥ר נַעֲשֶׂ֖ה לַגִּבְעָ֑ה עָלֶ֖יהָ[a] בְּגוֹרָֽל׃ ד רפי וכל וידבר דכות[7]
10 10 וְלָקַ֣חְנוּ עֲשָׂרָה֩ אֲנָשִׁ֨ים לַמֵּאָ֜ה לְכֹ֣ל ׀ שִׁבְטֵ֣י יִשְׂרָאֵ֗ל וּמֵאָ֤ה לָאֶ֙לֶף֙ ל . ב[8]
וְאֶ֣לֶף לָֽרְבָבָ֔ה לָקַ֥חַת צֵדָ֖ה לָעָ֑ם [a]לַעֲשׂ֗וֹת לְבוֹאָם[a] לְגֶ֙בַע֙[b] בִּנְיָמִ֔ן ל . ג חס בנביא . ב . ל
11 כְּכָל־הַנְּבָלָ֔ה אֲשֶׁ֥ר עָשָׂ֖ה[c] בְּיִשְׂרָאֵֽל׃ 11 וַיֵּאָסֵ֞ף כָּל־אִ֤ישׁ יִשְׂרָאֵל֙ ז ה מלעיל וב מלרע[7]
12 [a]אֶל־הָעִ֔יר[a] כְּאִ֥ישׁ אֶחָ֖ד חֲבֵרִֽים[b]׃ פ 12 [a]וַיִּשְׁלְח֞וּ שִׁבְטֵ֣י יִשְׂרָאֵל֮ כ[9] . כ[6]
אֲנָשִׁים֙ בְּכָל־שִׁבְטֵ֣י[b] בִנְיָמִ֔ן לֵאמֹ֑ר מָ֚ה הָרָעָ֣ה הַזֹּ֔את אֲשֶׁ֥ר נִהְיְתָ֖ה כ[10]
13 בָּכֶֽם׃ 13 וְעַתָּ֡ה תְּנוּ֩ אֶת־הָאֲנָשִׁ֨ים בְּנֵֽי־בְלִיַּ֜עַל אֲשֶׁ֤ר בַּגִּבְעָה֙ וּנְמִיתֵ֔ם
וּנְבַעֲרָ֥ה רָעָ֖ה[a] מִיִּשְׂרָאֵ֑ל וְלֹ֤א אָבוּ֙ [b] בִּנְיָמִ֔ן לִשְׁמֹ֕עַ בְּק֖וֹל אֲחֵיהֶ֥ם ל . בני חד מן יז[11] קר ולא כת
14 בְּנֵֽי־יִשְׂרָאֵֽל׃ 14 וַיֵּאָסְפ֧וּ בְנֵֽי־בִנְיָמִ֛ן מִן־הֶעָרִ֖ים[a] הַגִּבְעָ֑תָה לָצֵ֥את יב . ג[12]
15 לַמִּלְחָמָ֖ה עִם־בְּנֵ֥י יִשְׂרָאֵֽל׃ 15 וַיִּתְפָּקְד֞וּ בְּנֵ֤י בִנְיָמִן֙ בַּיּ֣וֹם הַה֔וּא ל
מֵהֶ֣עָרִ֔ים עֶשְׂרִ֨ים וְשִׁשָּׁ֥ה[a] אֶ֛לֶף אִ֖ישׁ שֹׁ֣לֵֽף חָ֑רֶב לְבַ֞ד מִיֹּשְׁבֵ֤י ד[13] . ג חד חס וב מל[14]
16 הַגִּבְעָה֙ הִתְפָּ֣קְד֔וּ[b] [c]שְׁבַ֥ע מֵא֖וֹת אִ֥ישׁ בָּחֽוּר[c]׃ 16 מִכֹּ֣ל ׀ הָעָ֣ם הַזֶּ֗ה ב
שְׁבַ֨ע מֵא֜וֹת אִ֣ישׁ בָּח֗וּר אִטֵּ֛ר יַד־יְמִינ֑וֹ כָּל־זֶ֗ה קֹלֵ֧עַ בָּאֶ֛בֶן אֶל־ ב . ב חד חס וחד מל[15]
17 הַֽשַּׂעֲרָ֖ה וְלֹ֥א יַחֲטִֽא׃ פ 17 וְאִ֨ישׁ יִשְׂרָאֵ֜ל הִתְפָּקְד֗וּ לְבַד֙ מִבִּנְיָמִ֔ן ד חס . ב[7]
18 אַרְבַּ֨ע מֵא֥וֹת אֶ֛לֶף אִ֖ישׁ שֹׁ֣לֵֽף חָ֑רֶב כָּל־זֶ֖ה אִ֥ישׁ מִלְחָמָֽה׃ 18 וַיָּקֻ֜מוּ ו
וַיַּעֲל֣וּ בֵֽית־אֵל֮ וַיִּשְׁאֲל֣וּ בֵאלֹהִים֒ וַיֹּאמְרוּ֙ בְּנֵ֣י יִשְׂרָאֵ֔ל מִ֚י יַעֲלֶה־לָּ֣נוּ ז

[5]Mm 1095. [6]Mm 1514. [7]Mp sub loco. [8]Mm 1515. [9]Cant 8,13. [10]Mm 1516. [11]Mm 2745. [12]Mm 4192. [13]Mm 1517. [14]Mm 1518. [15]Mm 2509.

5 [a] 𝔊* + *καὶ ἐνέπαιξαν αὐτῇ* cf 19,25 ‖ **6** [a–a] 𝔊* om ו זמה ‖ **7** [a] > 𝔊* ‖ **9** [a] 𝔊 pr *ἀναβησόμεθα*, pr נַעֲלֶה ‖ **10** [a–a] 𝔊* *τοῖς εἰσπορευομένοις ἐπιτελέσαι*, l לַבָּאִים לע׳ ‖ [b] Ms לְגִבְעַת, prp לְגִבְעָה ‖ [c] l c Ms 𝔊*𝔖 עָשׂוּ ‖ **11** [a–a] 𝔊*𝔏 *ἐκ τῶν πόλεων* ‖ [b] 𝔊* *ἐρχόμενοι* ex *ἐχόμενοι* = חֹב׳ ‖ **12** [a] Ms וַיִּשָׁלְחוּ ‖ [b] 𝔊𝔙 sg, l שֵׁבֶט ‖ **13** [a] prp הָרעה vel הָרַע ‖ [b] mlt Mss 𝔊𝔖𝔗 ut Q, ins ‖ **14** [a] 𝔊𝔖 + suff 3 pl ‖ **15** [a] 𝔊* *καὶ πέντε* cf 35.46 ‖ [b] prb huc tr : ‖ [c–c] prb ex 16; dl cf 𝔊*𝔖𝔙.

בַּתְּחִלָּה לַמִּלְחָמָה עִם־בְּנֵי בִנְיָמִן וַיֹּאמֶר יְהוָה יְהוּדָה[a] בַתְּחִלָּה׃ ל זוגין[16]
19 וַיָּקוּמוּ בְנֵי־יִשְׂרָאֵל בַּבֹּקֶר וַיַּחֲנוּ עַל־הַגִּבְעָה׃ פ 20 וַיֵּצֵא ט מל[17] . ב
אִישׁ יִשְׂרָאֵל לַמִּלְחָמָה עִם־[a]בִּנְיָמִן וַיַּעַרְכוּ אִתָּם [b]אִישׁ־יִשְׂרָאֵל ל[16] זוגין ול בעינ . לז[18]
21 מִלְחָמָה[b] אֶל־הַגִּבְעָה׃ 21 וַיֵּצְאוּ בְנֵי־בִנְיָמִן מִן־הַגִּבְעָה וַיַּשְׁחִיתוּ
22 בְיִשְׂרָאֵל בַּיּוֹם הַהוּא שְׁנַיִם וְעֶשְׂרִים אֶלֶף אִישׁ אָרְצָה׃ 22 [a]וַיִּתְחַזֵּק ח[19]
הָעָם[b] אִישׁ יִשְׂרָאֵל וַיֹּסִפוּ לַעֲרֹךְ מִלְחָמָה בַּמָּקוֹם אֲשֶׁר־עָרְכוּ שָׁם
23 בַּיּוֹם הָרִאשׁוֹן׃ 23 וַיַּעֲלוּ בְנֵי־יִשְׂרָאֵל[a] וַיִּבְכּוּ לִפְנֵי־יְהוָה עַד־הָעֶרֶב סד
וַיִּשְׁאֲלוּ בַיהוָה לֵאמֹר הַאוֹסִיף לָגֶשֶׁת לַמִּלְחָמָה עִם־בְּנֵי[b] בִנְיָמִן אָחִי ב[20] . ב . ב[18] . ל זוגין[16]
24 וַיֹּאמֶר יְהוָה עֲלוּ אֵלָיו׃ פ 24 וַיִּקְרְבוּ בְנֵי־יִשְׂרָאֵל אֶל־בְּנֵי[a]
25 בִנְיָמִן בַּיּוֹם הַשֵּׁנִי׃ 25 וַיֵּצֵא בִנְיָמִן ׀ לִקְרָאתָם ׀ מִן־הַגִּבְעָה בַּיּוֹם הַשֵּׁנִי
וַיַּשְׁחִיתוּ בִבְנֵי יִשְׂרָאֵל עוֹד שְׁמֹנַת עָשָׂר אֶלֶף אִישׁ אָרְצָה כָּל־אֵלֶּה כל אורית חס וכל קריא דכות ב מ א[21] . ל
26 שֹׁלְפֵי חָרֶב׃ 26 וַיַּעֲלוּ כָל־בְּנֵי יִשְׂרָאֵל וְכָל־הָעָם וַיָּבֹאוּ בֵית־אֵל ל . נא מ״פ וכל ר״פ דכות ב מ ג
וַיִּבְכּוּ וַיֵּשְׁבוּ שָׁם לִפְנֵי יְהוָה וַיָּצוּמוּ בַיּוֹם־הַהוּא עַד־הָעָרֶב וַיַּעֲלוּ ג מל[22]
עֹלוֹת וּשְׁלָמִים לִפְנֵי יְהוָה׃ 27 [a]וַיִּשְׁאֲלוּ בְנֵי־יִשְׂרָאֵל בַּיהוָה[a] וְשָׁם ל[18] ס
28 אֲרוֹן בְּרִית הָאֱלֹהִים[b] בַּיָּמִים הָהֵם׃ 28 וּפִינְחָס בֶּן־אֶלְעָזָר בֶּן־אַהֲרֹן[a] ד[23] ול בסיפ
עֹמֵד ׀ לְפָנָיו בַּיָּמִים הָהֵם[b] לֵאמֹר הַאוֹסִף עוֹד לָצֵאת לַמִּלְחָמָה עִם־ ב . ל זוגין[16]
בְּנֵי־[c]בִנְיָמִן אָחִי אִם־אֶחְדָּל וַיֹּאמֶר יְהוָה עֲלוּ כִּי מָחָר אֶתְּנֶנּוּ בְיָדֶךָ[d]׃
29 וַיָּשֶׂם יִשְׂרָאֵל אֹרְבִים אֶל־הַגִּבְעָה סָבִיב׃ פ 30 וַיַּעֲלוּ בְנֵי־ פד
יִשְׂרָאֵל אֶל־בְּנֵי בִנְיָמִן בַּיּוֹם הַשְּׁלִישִׁי וַיַּעַרְכוּ אֶל־הַגִּבְעָה כְּפַעַם
31 בְּפָעַם׃ 31 וַיֵּצְאוּ בְנֵי־בִנְיָמִן לִקְרַאת הָעָם הָנְתְּקוּ[a] מִן־הָעִיר [b]וַיָּחֵלּוּ ל . ד
לְהַכּוֹת מֵהָעָם חֲלָלִים כְּפַעַם ׀ בְּפַעַם[b] בַּמְסִלּוֹת אֲשֶׁר אַחַת עֹלָה ב . ב
32 בֵית־אֵל וְאַחַת גִּבְעָתָה[c] בַּשָּׂדֶה כִּשְׁלֹשִׁים אִישׁ בְּיִשְׂרָאֵל׃ 32 וַיֹּאמְרוּ ב . ג
בְּנֵי בִנְיָמִן נִגָּפִים הֵם לְפָנֵינוּ כְּבָרִאשֹׁנָה וּבְנֵי יִשְׂרָאֵל אָמְרוּ נָנוּסָה ה[24] . ה וכל ר״פ דכות[25] . ל
33 וּנְתַקְּנֻהוּ מִן־הָעִיר אֶל־הַמְסִלּוֹת׃ 33 וְכֹל ׀ אִישׁ יִשְׂרָאֵל קָמוּ מִמְּקוֹמוֹ ל . ל[26]

[16] Mm 456. [17] Mm 1663. [18] Mp sub loco. [19] Mm 4195. [20] Mm 1388. [21] 1 Ch 29,7. [22] Mm 1519. [23] Mm 4078. [24] Mm 1962. [25] Mm 470. [26] Mm 1520.

18 [a] 𝔊 + *ἀναβήσεται* ∥ **20** [a] mlt Mss 𝔖 + בְּנֵי, 𝔗 + *dbjt* ∥ [b–b] > 𝔊[BC] ∥ **22** [a] tr post 23 ∥ [b] > 𝔊*𝔖, prb gl ∥ **23** [a] ins בֵּית־אֵל cf 18.26 ∥ [b] > 𝔊*, dl ∥ **24** [a] > Ms 𝔊*, dl ∥ **27** [a–a] 𝔊[BR] apud 28[b] leg vid, frt recte ∥ [b] 2 Mss 𝔊[BR] יהוה א׳, 2 Mss 𝔊*𝔖 יהוה ∥ **28** [a] pc Mss 𝔖 + הַכֹּהֵן ∥ [b] cf 27[a–a] ∥ [c] > pc Mss, dl cf 23[b].24[a] ∥ [d] 2 Mss בידיך ∥ **31** [a] prp וַיִּנָּתְקוּ cf Jos 8,16 ∥ [b–b] tr post [c] ∥ [c] prp גִּבְעֹנָה.

וַיַּֽעַרְכוּ֙ בְּבַ֣עַל תָּמָ֔ר וְאֹרֵ֤ב יִשְׂרָאֵל֙ מֵגִ֥יחַ מִמְּקֹמ֖וֹ מִמַּֽעֲרֵה־[a]גָֽבַע׃ — ל . ו[27] חס וכל אורית ואיוב דכות ב מ ב
34 וַיָּבֹאוּ֩ מִנֶּ֨גֶד[a] לַגִּבְעָ֜ה עֲשֶׂרֶת֩ אֲלָפִ֨ים אִ֤ישׁ בָּחוּר֙ מִכָּל־יִשְׂרָאֵ֔ל
וְהַמִּלְחָמָ֖ה כָּבֵ֑דָה וְהֵם֙ לֹ֣א יָדְע֔וּ כִּֽי־נֹגַ֥עַת עֲלֵיהֶ֖ם הָרָעָֽה׃ פ — ג[28] ל . ג[29] וחס ב מנה בליש
35 וַיִּגֹּ֨ף יְהוָ֥ה׀ אֶֽת־בִּנְיָמִן֮ לִפְנֵ֣י יִשְׂרָאֵל֒ וַיַּשְׁחִיתוּ֩ בְנֵ֨י יִשְׂרָאֵ֤ל בְּבִנְיָמִן֙
בַּיּ֣וֹם הַה֔וּא עֶשְׂרִ֨ים וַחֲמִשָּׁ֥ה אֶ֛לֶף וּמֵאָ֖ה אִ֑ישׁ כָּל־אֵ֖לֶּה שֹׁ֥לֵֽף חָֽרֶב׃
36 וַיִּרְא֥וּ בְנֵֽי־בִנְיָמִ֖ן כִּ֣י נִגָּ֑פוּ וַיִּתְּנ֨וּ אִֽישׁ־יִשְׂרָאֵ֤ל מָקוֹם֙ לְבִנְיָמִ֔ן — ל
37 כִּ֤י בָֽטְחוּ֙ אֶל־הָ֣אֹרֵ֔ב אֲשֶׁר[a] שָׂ֖מוּ אֶל[b]־הַגִּבְעָֽה׃ 37 וְהָאֹרֵ֣ב הֵחִ֔ישׁוּ — י בטח אל[30] . ל
וַֽיִּפְשְׁט֖וּ אֶל־הַגִּבְעָ֑ה וַיִּמְשֹׁךְ֙ הָֽאֹרֵ֔ב וַיַּ֥ךְ אֶת־כָּל־הָעִ֖יר לְפִי־חָֽרֶב׃
38 וְהַמּוֹעֵ֣ד הָיָ֔ה לְאִ֥ישׁ יִשְׂרָאֵ֖ל עִם־הָאֹרֵ֑ב הֶ֛רֶב[a] לְהַעֲלוֹתָ֥ם מַשְׂאַ֖ת — ל . ב[31] . ו[32]
39 הֶעָשָׁ֥ן מִן־הָעִֽיר׃ 39 וַיַּהֲפֹ֥ךְ אִֽישׁ־יִשְׂרָאֵ֖ל בַּמִּלְחָמָ֑ה וּבִנְיָמִ֡ן הֵחֵל֩ — ט וכל יהודה ויוסף דכות[33]
לְהַכּ֣וֹת חֲלָלִ֣ים בְּאִֽישׁ־יִשְׂרָאֵל֮ כִּשְׁלֹשִׁ֣ים אִישׁ֒ כִּ֣י אָמְר֔וּ אַ֣ךְ נִגּ֨וֹף — ג . ל
40 נִגָּ֥ף הוּא֙ לְפָנֵ֔ינוּ כַּמִּלְחָמָ֖ה הָרִאשֹׁנָֽה׃ 40 וְהַמַּשְׂאֵ֗ת הֵחֵ֛לָּה לַעֲל֥וֹת — ג . ל . ח . ה[34] ול בליש . יד[35] וכל אורית ויהושע דכות ב מ ג
מִן־הָעִ֖יר עַמּ֣וּד עָשָׁ֑ן וַיִּ֤פֶן בִּנְיָמִן֙ אַחֲרָ֔יו וְהִנֵּ֛ה עָלָ֥ה כְלִֽיל־הָעִ֖יר
41 הַשָּׁמָֽיְמָה׃ 41 וְאִ֤ישׁ יִשְׂרָאֵל֙ הָפַ֔ךְ וַיִּבָּהֵ֖ל אִ֣ישׁ בִּנְיָמִ֑ן כִּ֣י רָאָ֔ה כִּֽי־ — יא[36] . ל
42 נָגְעָ֥ה עָלָ֖יו[a] הָרָעָֽה׃ 42 וַיִּפְנ֞וּ[a] לִפְנֵ֨י אִ֤ישׁ יִשְׂרָאֵל֙ אֶל־דֶּ֣רֶךְ הַמִּדְבָּ֔ר[b]
וְהַמִּלְחָמָ֖ה הִדְבִּיקָ֑תְהוּ וַאֲשֶׁר֙ מֵהֶ֣עָרִ֔ים[c] מַשְׁחִיתִ֥ים[d] אוֹת֖וֹ בְּתוֹכֽוֹ[e]׃ — ג[28] . ל . ד[37] . ח[30] ד מנה מל
43 כִּתְּר֤וּ[a] אֶת־בִּנְיָמִן֙ הִרְדִיפֻ֔הוּ[b] מְנוּחָ֖ה[c] הִדְרִיכֻ֑הוּ[d] עַ֛ד נֹ֥כַח הַגִּבְעָ֖ה[e] — ב חד חס וחד מל[38]
44 מִמִּזְרַח־שָֽׁמֶשׁ׃ 44 וַֽיִּפְּלוּ֙ מִבִּנְיָמִ֔ן שְׁמֹנָֽה־עָשָׂ֥ר אֶ֖לֶף אִ֑ישׁ אֶת־
45 כָּל־אֵ֖לֶּה אַנְשֵׁי־חָֽיִל׃ 45 וַיִּפְנ֞וּ וַיָּנֻ֣סוּ הַמִּדְבָּ֗רָה אֶל־סֶ֚לַע הָֽרִמּוֹן֒ — יב[39]
וַיְעֹלְלֻ֙הוּ֙ בַּֽמְסִלּ֔וֹת חֲמֵ֥שֶׁת אֲלָפִ֖ים אִ֑ישׁ וַיַּדְבִּ֣יקוּ אַחֲרָיו֙ עַד־גִּדְעֹ֔ם[a] — ל . ב . ב[40] . ל
46 וַיַּכּ֥וּ מִמֶּ֖נּוּ אַלְפַּ֥יִם אִֽישׁ׃ 46 וַיְהִ֨י כָל־הַנֹּ֜פְלִ֣ים מִבִּנְיָמִ֗ן עֶשְׂרִ֨ים וַחֲמִשָּׁ֥ה
47 אֶ֛לֶף אִ֥ישׁ שֹׁ֖לֵֽף חֶ֑רֶב בַּיּ֣וֹם הַה֔וּא אֶֽת־כָּל־אֵ֖לֶּה אַנְשֵׁי־חָֽיִל׃ 47 וַיִּפְנ֞וּ

[27] Mm 489. [28] Mm 1521. [29] Mm 947. [30] Mp sub loco. [31] Mm 1522. [32] Mm 326. [33] Mm 334. [34] Mm 3750. [35] Mm 1523. [36] Mm 1071. [37] Mm 1517. [38] Mm 1524. [39] Mm 757. [40] Mm 1502.

33 [a] 𝔊* *ἀπὸ δυσμῶν* (cf 𝔙), frt l (׳ג)־רַב־ ‖ **34** [a] mlt Mss 𝔗 מִנֶּגֶב ‖ **36** [a] sic L, mlt Mss Edd אֲשֶׁר ‖ [b] mlt Mss עַל ‖ **38** [a] pc Mss 𝔊* חרב; > 𝔖𝔙 cf 𝔊^{L}, dl (dupl) ‖ **41** [a] mlt Mss אֵלָיו ‖ **42** [a] prb l וַיִּפֶן ‖ [b] pc Mss ־רָה ‖ [c] 𝔊^{II} *ἐν τῇ πόλει* 𝔊^{III} *ἀπὸ τῆς πόλεως* cf 𝔙, prp מֵהָעִיר (ם dttg) ‖ [d] prp (הֵם) שָׁתִים ‖ [e] prp בַּתָּוֶךְ cf 𝔖 ‖ **43** [a] 𝔊* *καὶ ἔκοψαν* (𝔊^{B} *κατέκοπτον*) = וַיַּכְּתֻהוּ vel וַיִּכְרְתוּ; prp וַיַּכְּתִרוּ ‖ [b] 𝔊^{BC}(𝔊^{III} +) *καὶ ἐδίωξαν αὐτόν*, prp וַיִּרְדְּפֻהוּ ‖ [c] 𝔊^{BRCIII} *ἀπὸ Νουα* = מְנוּחָה cf 1 Ch 8,2; prp מִמְּ׳ cf 𝔗𝔙 ‖ [d] prp וַיַּדְבִּיקֻהוּ (cf 42.45) vel וַיַּדְחֲקֻהוּ ‖ [e] prp גֶּבַע ‖ **45** [a] 𝔊^{R} *Γαδααμ* 𝔊^{B} *Γεδαν* 𝔖 *(l)gbʿwn*; prp גִּדְעָם cf 21,6.

וַיָּנֻ֤סוּ הַמִּדְבָּ֙רָה֙ אֶל־סֶ֣לַע הָֽרִמּ֔וֹן שֵׁ֥שׁ מֵא֖וֹת אִ֑ישׁ וַיֵּשְׁבוּ֙ בְּסֶ֣לַע רִמּ֔וֹן יב[41]
48 אַרְבָּעָ֖ה חֳדָשִֽׁים׃ 48 וְאִ֣ישׁ יִשְׂרָאֵ֗ל שָׁ֣בוּ אֶל־בְּנֵ֤י בִנְיָמִן֙ וַיַּכּ֣וּם לְפִי־ יא[42]
חֶ֔רֶב מֵעִ֤יר[a] מְתֹם֙[b] עַד־בְּהֵמָ֔ה עַ֖ד[c] כָּל־הַנִּמְצָ֑א גַּ֛ם כָּל־הֶעָרִ֥ים ד
הַנִּמְצָא֖וֹת שִׁלְּח֥וּ בָאֵֽשׁ׃ פ ב חד מל וחד חס[43]. ד

21 1 וְאִ֣ישׁ יִשְׂרָאֵ֔ל נִשְׁבַּ֥ע בַּמִּצְפָּ֖ה לֵאמֹ֑ר אִ֣ישׁ מִמֶּ֔נּוּ לֹא־יִתֵּ֥ן בִּתּ֖וֹ
2 לְבִנְיָמִ֖ן לְאִשָּֽׁה׃ 2 וַיָּבֹ֤א[a] הָעָם֙ בֵּֽית־אֵ֔ל וַיֵּ֤שְׁבוּ שָׁם֙ עַד־הָעֶ֔רֶב לִפְנֵ֖י ו וכל קהלת דכות[1]
3 הָאֱלֹהִ֑ים וַיִּשְׂא֣וּ קוֹלָ֔ם וַיִּבְכּ֖וּ בְּכִ֥י גָדֽוֹל׃ 3 וַיֹּאמְר֗וּ לָמָ֤ה יְהוָה֙ אֱלֹהֵ֣י מג. ג[2]
יִשְׂרָאֵ֔ל הָ֥יְתָה זֹּ֖את בְּיִשְׂרָאֵ֑ל לְהִפָּקֵ֥ד הַיּ֛וֹם מִיִּשְׂרָאֵ֖ל שֵׁ֥בֶט אֶחָֽד׃
4 וַֽיְהִי֙ מִֽמָּחֳרָ֔ת וַיַּשְׁכִּ֖ימוּ הָעָ֑ם וַיִּבְנוּ־שָׁ֣ם מִזְבֵּ֔חַ וַיַּעֲל֥וּ עֹל֖וֹת וּשְׁלָמִֽים׃ י בטע בסיפ
פ 5 וַיֹּֽאמְרוּ֙ בְּנֵ֣י יִשְׂרָאֵ֔ל מִ֠י אֲשֶׁ֨ר לֹא־עָלָ֧ה בַקָּהָ֛ל מִכָּל־שִׁבְטֵ֥י ד דגש[3]
יִשְׂרָאֵ֖ל אֶל־יְהוָ֑ה כִּי֩ הַשְּׁבוּעָ֨ה הַגְּדוֹלָ֜ה הָיְתָ֗ה לַ֠אֲשֶׁר לֹא־עָלָ֨ה אֶל־ ל
6 יְהוָ֧ה הַמִּצְפָּ֛ה לֵאמֹ֖ר מ֥וֹת יוּמָֽת׃ 6 וַיִּנָּֽחֲמוּ֙ בְּנֵ֣י יִשְׂרָאֵ֔ל אֶל־בִּנְיָמִ֖ן ב בנביא[4]. ב. ל
7 אָחִ֑יו וַיֹּֽאמְר֗וּ נִגְדַּ֨ע[a] הַיּ֥וֹם שֵׁ֛בֶט אֶחָ֖ד מִיִּשְׂרָאֵֽל׃ 7 מַה־נַּעֲשֶׂ֥ה לָהֶ֛ם[a]
לַנּוֹתָרִ֖ים לְנָשִׁ֑ים וַאֲנַ֙חְנוּ֙ נִשְׁבַּ֣עְנוּ בַֽיהוָ֔ה לְבִלְתִּ֛י תֵּת־לָהֶ֥ם מִבְּנוֹתֵ֖ינוּ יד. ד מל[5]
8 לְנָשִֽׁים׃ 8 וַיֹּֽאמְר֗וּ מִ֚י אֶחָד֙ מִשִּׁבְטֵ֣י יִשְׂרָאֵ֔ל אֲשֶׁ֛ר לֹא־עָלָ֥ה אֶל־יְהוָ֖ה יד
הַמִּצְפָּ֑ה וְ֠הִנֵּה לֹ֣א בָא־אִ֧ישׁ אֶל־הַֽמַּחֲנֶ֛ה מִיָּבֵ֥ישׁ גִּלְעָ֖ד אֶל־הַקָּהָֽל׃
9 וַיִּתְפָּקֵ֖ד הָעָ֑ם וְהִנֵּ֤ה אֵֽין־שָׁם֙ אִ֔ישׁ מִיּוֹשְׁבֵ֖י יָבֵ֥שׁ גִּלְעָֽד׃ 10 וַיִּשְׁלְחוּ־ ל. ג חד חס וב מל[6]. ו חס
שָׁ֣ם הָעֵדָ֗ה שְׁנֵים־עָשָׂ֥ר אֶ֛לֶף אִ֖ישׁ מִבְּנֵ֣י הֶחָ֑יִל וַיְצַוּ֨וּ אוֹתָ֜ם לֵאמֹ֗ר לְכ֨וּ ד ג מל וחד חס[7]
11 וְהִכִּיתֶ֞ם אֶת־יוֹשְׁבֵ֨י יָבֵ֤שׁ גִּלְעָד֙ לְפִי־חֶ֔רֶב וְהַנָּשִׁ֖ים[a] וְהַטָּֽף[a]׃ 11 וְזֶ֥ה לד מל. ל. ו חס. כג ר״פ. ד ר״פ[8]
הַדָּבָ֖ר אֲשֶׁ֣ר תַּעֲשׂ֑וּ כָּל־זָכָ֗ר וְכָל־אִשָּׁ֛ה יֹדַ֥עַת מִשְׁכַּב־זָכָ֖ר תַּחֲרִֽימוּ[a]׃ ג. ג[9]
12 וַֽיִּמְצְא֞וּ מִיּוֹשְׁבֵ֣י ׀ יָבֵ֣ישׁ גִּלְעָ֗ד אַרְבַּ֤ע מֵאוֹת֙ נַעֲרָ֣ה בְתוּלָ֔ה אֲשֶׁ֥ר לֹא־ ג חד חס וב מל[6]
יָדְעָ֥ה אִ֖ישׁ לְמִשְׁכַּ֣ב זָכָ֑ר וַיָּבִ֨יאוּ אוֹתָ֤ם אֶל־הַֽמַּחֲנֶה֙ שִׁלֹ֔ה אֲשֶׁ֖ר בְּאֶ֥רֶץ ב. לו
13 כְּנָֽעַן׃ ס 13 וַֽיִּשְׁלְחוּ֙ כָּל־הָ֣עֵדָ֔ה וַֽיְדַבְּרוּ֙ אֶל־בְּנֵ֣י בִנְיָמִ֔ן אֲשֶׁ֖ר
14 בְּסֶ֣לַע רִמּ֑וֹן וַיִּקְרְא֥וּ לָהֶ֖ם שָׁלֽוֹם[a]׃ 14 וַיָּ֤שָׁב בִּנְיָמִן֙ בָּעֵ֣ת הַהִ֔יא וַיִּתְּנ֤וּ

[41]Mm 757. [42]Mm 917. [43]Mp sub loco. **Cp 21** [1]Mm 4077 א. [2]Mm 1774. [3]Mm 3722. [4]Mm 988. [5]Mm 3437. [6]Mm 1518. [7]Mm 368. [8]Mm 569. [9]Mm 3430.

48 [a] prb ins וָעִיר (hpgr) || [b] L* nonn Mss מְתֹם, nonn Mss מתים; mlt Mss ut L 2°, pc מתום; l מְתִים cf 𝔖𝔙 || [c] nonn Mss וְעַד || **Cp 21,2** [a] nonn Mss 𝔊*𝔖𝔙 +–אוּ || **6** [a] nonn Mss נגרע || **7** [a] > $\mathfrak{G}^{A}$ || **10** [a–a] > $\mathfrak{G}^{B}$ || **11** [a] $\mathfrak{G}^{BR}$ + *τὰς δὲ παρθένους περιποιήσεσθε. καὶ ἐποίησαν οὕτως* cf $\mathfrak{G}^{L}$𝔙, prb ins וְאֶת־הַבְּתוּלוֹת תְּחַיּוּ וַיַּעֲשׂוּ כֵן || **13** [a] mlt Mss 𝔊 לְשׁ׳.

ל . ו חס — לָהֶם הַנָּשִׁים אֲשֶׁר חִיּוּ מִנְּשֵׁי יָבֵשׁ גִּלְעָד וְלֹא[a]־מָצְאוּ לָהֶם כֵּן׃
15 וְהָעָם נִחָם לְבִנְיָמִן כִּי־עָשָׂה יְהוָה פֶּרֶץ בְּשִׁבְטֵי יִשְׂרָאֵל׃ 16 וַיֹּאמְרוּ 15 16
יד — זִקְנֵי הָעֵדָה מַה־נַּעֲשֶׂה לַנּוֹתָרִים לְנָשִׁים כִּי־נִשְׁמְדָה מִבִּנְיָמִן אִשָּׁה׃
ב וחס — 17 וַיֹּאמְרוּ יְרֻשַּׁת[a] פְּלֵיטָה לְבִנְיָמִן וְלֹא־יִמָּחֶה שֵׁבֶט מִיִּשְׂרָאֵל׃ 17
ד מל[10] — 18 וַאֲנַחְנוּ לֹא נוּכַל לָתֵת־לָהֶם נָשִׁים מִבְּנוֹתֵינוּ כִּי־נִשְׁבְּעוּ בְנֵי־יִשְׂרָאֵל 18
ז בטע[11] . ד[12] — לֵאמֹר אָרוּר נֹתֵן אִשָּׁה לְבִנְיָמִן׃ ס 19 וַיֹּאמְרוּ הִנֵּה חַג־יְהוָה[a] 19
ח כת ו בליש[13] . ה[14] . גג ול בליש . ג — בְּשִׁלוֹ מִיָּמִים ׀ יָמִימָה אֲשֶׁר מִצְּפוֹנָה לְבֵית־אֵל מִזְרְחָה הַשֶּׁמֶשׁ
ל . ו[15] . ל . ויצוו חד מן ד[16] ג מל ול חס — לִמְסִלָּה הָעֹלָה מִבֵּית־אֵל שְׁכֶמָה וּמִנֶּגֶב לִלְבוֹנָה׃ 20 וַיְצַוּ[a] אֶת־בְּנֵי 20
ל . יד[17] — בִנְיָמִן לֵאמֹר לְכוּ וַאֲרַבְתֶּם בַּכְּרָמִים׃ 21 וּרְאִיתֶם וְהִנֵּה אִם־יֵצְאוּ 21
ג כת כן[18] . ל בסיפ . ב[19] . ל — בְנוֹת־שִׁילוֹ לָחוּל בַּמְּחֹלוֹת וִיצָאתֶם מִן־הַכְּרָמִים וַחֲטַפְתֶּם לָכֶם
ב . ג כת כן[18] — אִישׁ אִשְׁתּוֹ מִבְּנוֹת שִׁילוֹ וַהֲלַכְתֶּם[a] אֶרֶץ בִּנְיָמִן׃ 22 וְהָיָה כִּי־יָבֹאוּ 22
לריב חד מן ה[20] בליש . ק ל ומל — אֲבוֹתָם אוֹ אֲחֵיהֶם לָרוֹב[a] ׀ אֵלֵינוּ[b] וְאָמַרְנוּ אֲלֵיהֶם חָנּוּנוּ[c] אוֹתָם כִּי
ב[11] — לֹא לָקַחְנוּ[d] אִישׁ אִשְׁתּוֹ בַּמִּלְחָמָה כִּי לֹא אַתֶּם נְתַתֶּם לָהֶם כָּעֵת[e]
ב . מג — תֶּאְשָׁמוּ׃ ס 23 וַיַּעֲשׂוּ־כֵן בְּנֵי בִנְיָמִן וַיִּשְׂאוּ[a] נָשִׁים לְמִסְפָּרָם מִן־ 23
ל . ו מל בנביא . ג בליש[21] — הַמְּחֹלְלוֹת אֲשֶׁר גָּזָלוּ וַיֵּלְכוּ וַיָּשׁוּבוּ אֶל־נַחֲלָתָם וַיִּבְנוּ אֶת־הֶעָרִים
ל — וַיֵּשְׁבוּ בָּהֶם׃ 24 וַיִּתְהַלְּכוּ מִשָּׁם בְּנֵי־יִשְׂרָאֵל בָּעֵת הַהִיא אִישׁ לְשִׁבְטוֹ 24
ל — וּלְמִשְׁפַּחְתּוֹ וַיֵּצְאוּ מִשָּׁם אִישׁ לְנַחֲלָתוֹ׃ 25 בַּיָּמִים הָהֵם אֵין מֶלֶךְ 25
בְּיִשְׂרָאֵל אִישׁ הַיָּשָׁר בְּעֵינָיו יַעֲשֶׂה׃

סכום הפסוקים של ספר
שש מאות ושמונה עשר׃
יחֿם
וחציו וירעצו וירצצו[22]
וסדרם יד

[10] Mm 3437. [11] Mp sub loco. [12] Mm 435. [13] Mm 1525. [14] Mm 457. [15] Mm 274. [16] Mm 368. [17] Mm 98. [18] Mm 2489. [19] Mm 1527. [20] Mm 1526. [21] Mm 1124. [22] Jdc 10,8.

14 [a] 𝔊$^{-L}$ om לא ‖ **17** [a] crrp; 𝔊^{L} pr *πῶς ἔσται*; prp אֵיךְ תִּשָּׁאֵר vel יְרֻשָּׁה (a רשה cf Sir 3,22) ‖ **19** [a] pc Mss 𝔊* ליי ‖ **20** [a] mlt Mss Vrs ut Q, l; K וַיְצַוּוּ ‖ **21** [a] pc Mss Vrs + אֶל־ ‖ **22** [a] nonn Mss ut Q, l; K לרוב ‖ [b] 𝔊𝔙 suff 2 pl, l אֲלֵיכֶם ‖ [c] 𝔊(𝔖𝔙) *ἐλεήσατε*, l חָנּוּ (vel חָנּוּן) ‖ [d] 𝔊*(𝔖𝔙) *ἔλαβον*, l לָקְחוּ ‖ [e] prb l כִּי עַתָּה ‖ **23** [a] pc Mss 𝔊$^{54.55}$𝔖 + לָהֶם.

SAMUEL I II שמואל א ב

ס̄א **1** [1] וַיְהִי אִישׁ אֶחָד[a] מִן־[b]הָרָמָתַיִם צוֹפִים[b] מֵהַר אֶפְרָיִם וּשְׁמוֹ — ב. ג ב חס וחד מל[1]
2 אֶלְקָנָה בֶּן־יְרֹחָם[c] בֶּן־אֱלִיהוּא בֶּן־תֹּחוּ בֶן־צוּף אֶפְרָתִי׃ [2] וְלוֹ שְׁתֵּי — ג. ד ר״פ[2]. ב[3]
נָשִׁים שֵׁם אַחַת[a] חַנָּה וְשֵׁם הַשֵּׁנִית פְּנִנָּה וַיְהִי לִפְנִנָּה יְלָדִים וּלְחַנָּה — ב. ב
3 אֵין יְלָדִים׃ [3] וְעָלָה הָאִישׁ הַהוּא מֵעִירוֹ מִיָּמִים יָמִימָה לְהִשְׁתַּחֲוֹת — ה[4]
וְלִזְבֹּחַ לַיהוָה צְבָאוֹת בְּשִׁלֹה וְשָׁם שְׁנֵי בְנֵי־עֵלִי חָפְנִי וּפִנְחָס כֹּהֲנִים — ל. ל חס
4 לַיהוָה׃ [4] וַיְהִי הַיּוֹם וַיִּזְבַּח אֶלְקָנָה וְנָתַן לִפְנִנָּה אִשְׁתּוֹ וּלְכָל־בָּנֶיהָ — ב
5 וּבְנוֹתֶיהָ[a] מָנוֹת׃ [5] וּלְחַנָּה יִתֵּן מָנָה אַחַת [a]אַפָּיִם כִּי[a] אֶת־חַנָּה אָהֵב — ב. ב[5]. ט[6]
6 וַיהוָה סָגַר[b] רַחְמָהּ׃ [6] וְכִעֲסַתָּה צָרָתָהּ גַּם־כַּעַס[a] בַּעֲבוּר הַרְּעִמָהּ — ל. ל. ל
7 כִּי־סָגַר יְהוָה בְּעַד רַחְמָהּ׃ [7] וְכֵן[a] יַעֲשֶׂה[b] שָׁנָה בְשָׁנָה מִדֵּי עֲלֹתָהּ[c] — ז פסוק[7]. ג ב מל וחד חס[8]
8 בְּבֵית[d] יְהוָה כֵּן[e] תַּכְעִסֶנָּה וַתִּבְכֶּה וְלֹא תֹאכַל׃ [8] וַיֹּאמֶר לָהּ אֶלְקָנָה — לט. ה[9] חס בליש וכל מכעסים דכות ב מ א. ג[10]
אִישָׁהּ חַנָּה לָמֶה תִבְכִּי וְלָמֶה לֹא תֹאכְלִי וְלָמֶה יֵרַע לְבָבֵךְ הֲלוֹא — כה[11]. ל. ב ובפסוק. ב ובפסוק. ב
9 אָנֹכִי טוֹב לָךְ מֵעֲשָׂרָה בָּנִים׃ [9] וַתָּקָם חַנָּה אַחֲרֵי אָכְלָה[a] בְשִׁלֹה
[b]וְאַחֲרֵי שָׁתֹה[b] וְעֵלִי הַכֹּהֵן יֹשֵׁב עַל־הַכִּסֵּא עַל־מְזוּזַת[c] הֵיכַל[d] יְהוָה׃ — ג כת ה[12]. כא פסוק על על ומילה חדה ביניה[13]
10 וְהִיא מָרַת נָפֶשׁ וַתִּתְפַּלֵּל עַל[a]־יְהוָה וּבָכֹה תִבְכֶּה׃ [11] וַתִּדֹּר נֶדֶר — ל. לא[14]
וַתֹּאמַר יְהוָה צְבָאוֹת אִם־רָאֹה תִרְאֶה ׀ בָּעֳנִי אֲמָתֶךָ וּזְכַרְתַּנִי וְלֹא־ — ה ד מלרע וחד מלעיל[15]. ד ב כת ה וב כת ר[16]. ל. ל[17]
תִשְׁכַּח אֶת־אֲמָתֶךָ וְנָתַתָּה לַאֲמָתְךָ זֶרַע אֲנָשִׁים וּנְתַתִּיו לַיהוָה כָּל־
12 יְמֵי חַיָּיו וּמוֹרָה[a] לֹא־יַעֲלֶה עַל־רֹאשׁוֹ׃ [12] וְהָיָה כִּי הִרְבְּתָה לְהִתְפַּלֵּל — ב. לב בנביא כ מנה בסיפ

Cp 1 [1]Mm 1528. [2]Mm 1529. [3]Gn 4,17. [4]Mm 457. [5]Nu 23,10. [6]Mm 3212. [7]Mm 855. [8]Mm 1530. [9]Mm 1401. [10]Mm 1129. [11]Mm 1506. [12]Mm 1531. [13]Mm 686. [14]Mm 486. [15]Mm 3587. [16]Mm 192. [17]Mm 1136.

Cp 1,1 [a] > Ms Pes R 𝔊[Mss] cf Jdc 13,2 ‖ [b–b] 𝔖 *rmt' ddwq'* (pl), 𝔗 *(m)rmt' mtlmjdj nbjj'*, 𝔊[-O] *Αρμαθαιμ Σειφα* cf 9,5 ‖ [c] 𝔊[-O] *Ιερεμε/ιηλ* cf 1 Ch 2,25 sqq ‖ **2** [a] nonn Mss האחת cf Vrs ‖ **4** [a] pc Mss Pes R ולב' ‖ **5** [a–a] 𝔊 (𝔊[L] + *κατὰ πρόσωπον*) …, *πλὴν ὅτι* cf 2S 12,14 ‖ [b] 2 Mss + בעד cf 𝔊 et 6 ‖ **6** [a] 𝔖𝔗𝔙 verb ‖ **7** [a] Ms כן cf 𝔊[-O]𝔏[93.94] ‖ [b] 𝔖 *'bd' hwt pnn'* ‖ [c] 𝔊[Mss] *ἀναβῆναι αὐτόν*, 𝔙 *ascenderent* ‖ [d] mlt Mss citt בית, 𝔊 *εἰς* …, 𝔖𝔗 *l* …, 𝔙 *templum* ‖ [e] Ms וכן, 𝔊[-O^p] *καί*, 𝔙 *et sic* ‖ **9** [a] 𝔊[-O^p] *(μετὰ) τὸ φάγειν αὐτούς* ‖ [b–b] > 𝔊[-OL]; 𝔊 + *καὶ κατέστη ἐνώπιον κυρίου* ‖ [c] citt pl cf 𝔊𝔗[Buxt]𝔙 ‖ [d] Ms בית, 𝔖[C] *(d)bjth* cf 3,3[a] ‖ **10** [a] mlt Mss cit אל ‖ **11** [a] pc Mss רא–, 𝔗 *wmrwt 'nš*.

13 לִפְנֵ֣י[a] יְהוָ֔ה וְעֵלִ֖י שֹׁמֵ֥ר אֶת־פִּֽיהָ׃ 13 וְחַנָּ֗ה הִ֚יא מְדַבֶּ֣רֶת עַל־[a]לִבָּ֔הּ ל
14 רַ֚ק שְׂפָתֶ֣יהָ נָּע֔וֹת וְקוֹלָ֖הּ לֹ֣א יִשָּׁמֵ֑עַ וַיַּחְשְׁבֶ֥הָ עֵלִ֖י לְשִׁכֹּרָֽה׃ 14 וַיֹּ֤אמֶר ל. ל. ג. ד חס בליש[18]
15 אֵלֶ֙יהָ֙ עֵלִ֔י עַד־מָתַ֖י תִּשְׁתַּכָּרִ֑ין הָסִ֥ירִי אֶת־יֵינֵ֖ךְ מֵעָלָֽיִךְ׃ 15 וַתַּ֨עַן ל. ד[19]
חַנָּ֤ה וַתֹּ֙אמֶר֙ לֹ֣א אֲדֹנִ֔י אִשָּׁ֤ה[a] [b]קְשַׁת־ר֙וּחַ֙[b] אָנֹ֔כִי וְיַ֥יִן וְשֵׁכָ֖ר לֹ֣א שָׁתִ֑יתִי ג[20]
16 וָאֶשְׁפֹּ֥ךְ אֶת־נַפְשִׁ֖י לִפְנֵ֥י יְהוָֽה׃ 16 אַל־תִּתֵּן֙ אֶת־אֲמָ֣תְךָ֔ [a]לִפְנֵ֖י בַּת־[a]
17 בְּלִיָּ֑עַל כִּֽי־מֵרֹ֥ב שִׂיחִ֛י וְכַעְסִ֖י דִּבַּ֥רְתִּי עַד־הֵֽנָּה׃ 17 וַיַּ֧עַן עֵלִ֛י וַיֹּ֖אמֶר ל
לְכִ֣י לְשָׁל֑וֹם וֵאלֹהֵ֣י יִשְׂרָאֵ֗ל יִתֵּן֙[a] אֶת־שֵׁ֣לָתֵ֔ךְ[b] אֲשֶׁ֥ר שָׁאַ֖לְתְּ מֵעִמּֽוֹ׃ כה ול בליש[21]. יא[22] מילין דלא מפק א ול בליש
18 18 וַתֹּ֕אמֶר תִּמְצָ֧א שִׁפְחָתְךָ֛ חֵ֖ן בְּעֵינֶ֑יךָ וַתֵּ֨לֶךְ הָאִשָּׁ֤ה לְדַרְכָּהּ֙ וַתֹּאכַ֔ל[a] סו יט[23] מנה בסיפ
19 וּפָנֶ֥יהָ לֹא־[b]הָֽיוּ־לָ֖הּ[b] עֽוֹד׃ 19 וַיַּשְׁכִּ֣מוּ בַבֹּ֗קֶר וַיִּֽשְׁתַּחֲווּ֙ לִפְנֵ֣י יְהוָ֔ה
וַיָּשֻׁ֛בוּ וַיָּבֹ֥אוּ אֶל־בֵּיתָ֖ם[a] הָרָמָ֑תָה וַיֵּ֤דַע אֶלְקָנָה֙ אֶת־חַנָּ֣ה אִשְׁתּ֔וֹ ח[24]
20 וַיִּֽזְכְּרֶ֖הָ יְהוָֽה׃ 20 וַיְהִי֙ לִתְקֻפ֣וֹת[a] הַיָּמִ֔ים וַתַּ֥הַר חַנָּ֖ה וַתֵּ֣לֶד בֵּ֑ן וַתִּקְרָ֤א ל. ל. [25] וכל ויקרא שמו דכות ב מ ו
21 אֶת־שְׁמוֹ֙ שְׁמוּאֵ֔ל כִּ֥י מֵיְהוָ֖ה שְׁאִלְתִּֽיו׃ 21 וַיַּ֛עַל הָאִ֥ישׁ אֶלְקָנָ֖ה
22 וְכָל־בֵּית֑וֹ לִזְבֹּ֧חַ לַיהוָ֛ה אֶת־זֶ֥בַח הַיָּמִ֖ים וְאֶת־נִדְרֽוֹ׃[a] 22 וְחַנָּ֖ה לֹ֣א ג[26]
עָלָ֑תָה כִּֽי־אָמְרָ֣ה לְאִישָׁ֗הּ עַ֣ד[a] יִגָּמֵ֤ל הַנַּ֙עַר֙ וַהֲבִאֹתִ֗יו וְנִרְאָה֙ אֶת־פְּנֵ֣י ב. ד. ה[27]
23 יְהוָ֔ה וְיָ֥שַׁב [b]שָׁ֖ם עַד־עוֹלָֽם[b]׃ 23 וַיֹּ֣אמֶר לָהּ֩ אֶלְקָנָ֨ה אִישָׁ֜הּ עֲשִׂ֧י הַטּ֣וֹב כה[28]
בְּעֵינַ֗יִךְ שְׁבִי֙ עַד־גָּמְלֵ֣ךְ אֹת֔וֹ אַ֛ךְ יָקֵ֥ם יְהוָ֖ה אֶת־דְּבָר֑וֹ[a] וַתֵּ֤שֶׁב הָֽאִשָּׁה֙ ב חד פת וחד קמ. ל. ג[29]. יב[30]
24 וַתֵּ֣ינֶק אֶת־בְּנָ֔הּ עַד־גָמְלָ֖הּ אֹתֽוֹ׃ 24 וַתַּעֲלֵ֨הוּ עִמָּ֜הּ[a] כַּאֲשֶׁ֣ר גְּמָלַ֗תּוּ ל. ל
[b]בְּפָרִ֤ים שְׁלֹשָׁה֙[b] וְאֵיפָ֨ה אַחַ֥ת קֶ֙מַח֙ וְנֵ֣בֶל יַ֔יִן וַתְּבִאֵ֥הוּ[c] בֵית־יְהוָ֖ה ב חס[31]
25 שִׁל֑וֹ וְהַנַּ֖עַר נָֽעַר׃[d] 25 וַיִּשְׁחֲט֖וּ אֶת־הַפָּ֑ר וַיָּבִ֥יאוּ אֶת־הַנַּ֖עַר אֶל־עֵלִֽי׃ ח כת ו בליש[32]. ל. ל
26 26 וַתֹּ֙אמֶר֙ בִּ֣י אֲדֹנִ֔י חֵ֥י נַפְשְׁךָ֖ אֲדֹנִ֑י אֲנִ֣י הָֽאִשָּׁ֗ה הַנִּצֶּ֤בֶת עִמְּכָה֙ בָּזֶ֔ה ז[33]. כ[34] מילין כת ה ס״ת ול בליש

[18] Mm 1532. [19] Mm 2832. [20] Mm 1214. [21] Mm 2364. [22] Mm 4069 contra textum, lect Mm frt inc. [23] Mm 1533. [24] Mm 1564. [25] Mm 215. [26] Mm 1534. [27] Mm 732. [28] Mm 1506. [29] Mm 1535. [30] Mm 140. [31] Mm 382. [32] Mm 1525. [33] Mm 328. [34] Mm 964.

12 [a] mlt Mss citt אל ‖ **13** [a] Ms אל cf Gn 24,45 ‖ **15** [a] pc Mss pr כי cf 𝔏[93.94]𝔙 sed etiam Gn 23,11 et cet ‖ [b–b] 𝔊 ἡ (𝔊[Mss] ἐν) *σκληρὰ ἡμέρα*, 𝔏[115] *dura dies* (𝔏[93.94] *dierum*) cf Hi 30,25 aut vb רוח ‖ **16** [a–a] 𝔖 *qdmjk brt*, 𝔙 *quasi unam de filiabus*, cf Hi 3,24 4,19 ‖ **17** [a] 𝔊𝔏[115]𝔖[D]𝔙 + pron prs 2 sg dat ‖ [b] mlt Mss Q[Mss] שאל׳ ‖ **18** [a] > nonn Mss 𝔖 ‖ [b–b] 𝔊 *συνέπεσεν* cf 𝔏[93.94] ‖ **19** [a] 𝔊𝔏[115]𝔙 suff sg ‖ **20** [a] nonn Mss cit לתקו)ו(פת cf Vrs ‖ **21** [a] 𝔊𝔏[115.93.94] + nonn vb ‖ **22** [a] > pc Mss, sed cf 2 S 10,5; 𝔔 + אשר ‖ [b–b] 𝔔 alit et + nonn vb (ex 1,11?) ‖ **23** [a] 𝔔 ה היוצא מפיך[cf 𝔊𝔏[93.94], 𝔖 *mltkj* ‖ **24** [a] 𝔔 שילה cf 𝔊 𝔏[115] ‖ [b–b] 𝔔 בקר משלש ולחם[..., 𝔊 *ἐν μόσχῳ τριετίζοντι καὶ ἄρτοις* cf 𝔏[93.94], 𝔖 *btwr' twlt'* ‖ [c] 𝔊 *καὶ εἰσῆλθε/ον* cf 𝔏[115] ‖ [d] 𝔊 *μετ' αὐτῶν* (𝔊[Op] *αὐτῆς*) cf 𝔏[115]; 𝔊𝔏[115.94] + mlt vb cf 𝔔 ... אשר [...] הזוב [....

27 לְהִתְפַּלֵּ֖ל אֶל־יְהוָֽה׃ 27 ᵃאֶל־הַנַּ֥עַר הַזֶּ֖הᵃ הִתְפַּלָּ֑לְתִּי וַיִּתֵּ֨ן יְהוָ֥ה לִי֙ — ל

28 אֶת־שְׁאֵ֣לָתִ֔י אֲשֶׁ֥ר שָׁאַ֖לְתִּי מֵעִמּֽוֹ׃ 28 וְגַ֣ם אָנֹכִ֗י הִשְׁאִלְתִּ֙הוּ֙ לַֽיהוָ֔ה כָּל־ — ד ר״פ בסיפ. ה[35]. ל וחס

הַיָּמִים֙ אֲשֶׁ֣ר ᵃהָיָ֔ה ה֥וּאᵃ שָׁא֖וּל לַֽיהוָ֑ה ᵇוַיִּשְׁתַּ֥חוּᶜ ᵈשָׁ֖ם לַיהוָֽה׃ פ — ב וכל שם ברנש דכות[36]

2 1 וַתִּתְפַּלֵּ֤ל חַנָּה֙ᵇ וַתֹּאמַ֔ר — ה ד מלרע וחד מלעיל[1]

עָלַ֤ץ לִבִּי֙ בַּֽיהוָ֔ה רָ֥מָה קַרְנִ֖י בַּיהוָ֑הᵉ — ג מלעיל[2]

רָ֤חַב פִּי֙ עַל־א֣וֹיְבַ֔י כִּ֥י שָׂמַ֖חְתִּי בִּישׁוּעָתֶֽךָ׃ — ל ובטע. יא מל[3]

2 אֵין־ᵃקָד֥וֹשׁ כַּיהוָ֖ה ᵇכִּ֣י אֵ֣ין בִּלְתֶּ֑ךָᵇ וְאֵ֥ין צ֖וּרᶜ כֵּאלֹהֵֽינוּ׃ — ד[4]. ל

3 אַל־תַּרְבּ֤וּ תְדַבְּרוּ֙ גְּבֹהָ֣ה גְבֹהָ֔הᵃ יֵצֵ֥א עָתָ֖קᵇ מִפִּיכֶ֑ם — ל. ד

כִּ֣י אֵ֤ל דֵּעוֹת֙ᶜ יְהוָ֔ה וְלֹ֥אᵈ נִתְכְּנ֖וּ עֲלִלֽוֹת׃ᵉ — ב[5]. ולו חד מן יז[6] כת כן. ד ק

4 קֶ֥שֶׁת גִּבֹּרִ֖ים חַתִּ֑יםᵃ וְנִכְשָׁלִ֖ים אָ֥זְרוּ חָֽיִל׃ — ז חס[7]. ב. ל

5 שְׂבֵעִ֤ים בַּלֶּ֙חֶם֙ נִשְׂכָּ֔רוּ וּרְעֵבִ֖ים ᵃחָדֵ֑לּוּ עַדᵃ־ — ז דגש[8]. ל. ב

עֲקָרָה֙ יָלְדָ֣ה שִׁבְעָ֔ה וְרַבַּ֥ת בָּנִ֖ים אֻמְלָֽלָה׃ — ב

6 יְהוָ֖ה מֵמִ֣ית וּמְחַיֶּ֑ה מוֹרִ֥יד שְׁא֖וֹל וַיָּֽעַל׃ — ל[9]. ל. ל קמ

7 יְהוָ֖ה מוֹרִ֣ישׁ וּמַעֲשִׁ֑יר מַשְׁפִּ֖יל אַף־מְרוֹמֵֽם׃ — ג ב מל וחד חס[10]. ל

8 מֵקִ֨ים מֵעָפָ֜ר דָּ֗ל מֵֽאַשְׁפֹּת֙ ᵃיָרִ֣ים אֶבְי֔וֹן — ב חס

לְהוֹשִׁיב֙ᵇ עִם־נְדִיבִ֔ים וְכִסֵּ֥א כָב֖וֹד יַנְחִלֵ֑ם — ב חד מל וחד חס[11]. ל

ᶜכִּ֤י לַֽיהוָה֙ מְצֻ֣קֵי אֶ֔רֶץ וַיָּ֥שֶׁת עֲלֵיהֶ֖ם תֵּבֵֽל׃ᶜ — ל[12]. ל

9 ᵃרַגְלֵ֤י חֲסִידָו֙ᵇ יִשְׁמֹ֔ר וּרְשָׁעִ֖ים בַּחֹ֣שֶׁךְ יִדָּ֑מּוּᵃ — חסידיו ק. ז

כִּי־לֹ֥א בְכֹ֖חַ יִגְבַּר־אִֽישׁ׃ — ל

[35]Mm 143. [36]Mm 2075. **Cp 2** [1]Mm 3587. [2]Mm 1235. [3]Mm 3365. [4]Mm 421. [5]Hi 36,4. [6]Mm 1795. [7]Mm 3633. [8]Mm 351. [9]Mp sub loco. [10]Mm 3444. [11]Mm 4002. [12]Mm 3666.

27 a–a 𝔖𝔙 cj c 26 cf 𝔏[115] + *et (oravi)* ‖ **28/Cp 2,1** a–a Ms חיה, Ms חי, 𝔊 *ζῇ αὐτός*, 𝔏[115] *vitae quibus vivit* (𝔏[93.94] *vixerit [in] usum domino*), 𝔖 *(d)hw ḥj*, 𝔗 *(d)hw' qjjm* ‖ b–b > 𝔊[Mss] cf 𝔏[115] ‖ c pc Mss cit 𝔊[L]𝔖𝔙 pl ‖ d 𝔔 + ותשתח[‖ e mlt Mss citt באלהי cf 𝔊 𝔏[115]𝔖[AG corr] (> 𝔖[rel]) 𝔙[Mss] ‖ **2** a 𝔔 pr י[cf? 𝔊[-A] *ὅτι* et cf 𝔏 ‖ b–b 𝔊[-A] tr in fin; > 𝔏[115] ‖ c 𝔊 *δίκαιος* cf 𝔏[115] ‖ **3** a > pc Mss cf 𝔊[Mss]𝔏[115]𝔖 ‖ b Ms pr עשק cf 𝔖 *ṭlwmj'* et Ps 119,134; 𝔏[115] *magnum* (𝔏[93.94] *malignum*) *verbum*; 𝔙 *vetera* ‖ c 𝔔 דעת cf 𝔊[Mss]𝔏[93.94] ‖ d mlt Mss ut Q cf 𝔊𝔏[115.93.94]𝔙, et e ‖ e 𝔊[Mss] + *αὐτοῦ*, 𝔏[115] + (*inventiones* [𝔏[93.94] *inquisitiones*]) *suas* (𝔏[94] *eius*), 𝔖 + *qdmwhj* ex Q? ‖ **4** a 𝔔 cit חתה, 𝔊 *ἠσθένησεν* cf 𝔏[115], sed etiam 10; 2 S 22,35 ‖ **5** a–a 𝔊 *παρῆκαν γῆν*, 𝔏[115] *transierunt* (𝔏[93.94] *habitaverunt*) *terram* (חלדו עד?) ‖ **8** a „mlt Mss" (de Rossi) ומ׳ cf 𝔊𝔏[115TE]𝔖𝔗[Ms]𝔙 ‖ b pc Mss citt —בי; 𝔊[Mss]𝔏[93.94TE]𝔖 + suff 3 sg, 𝔗 + suff 3 pl ‖ c–c 𝔊𝔏[115.93.94] alit; 𝔔 נתן[וידרך[עליהם[נדן[ויברך[‖ **9** a–a 𝔊𝔏[93.94] alit ‖ b mlt Mss ut Q cf 𝔖𝔗𝔙.

10 יְהוָ֞ה יֵחַ֣תּוּᵃ מְרִיבָ֗וᵇᶜ עָלָו֙ᵈ בַּשָּׁמַ֣יִם יַרְעֵ֔םᵉ ס̄ב
יְהוָ֖ה יָדִ֣ין אַפְסֵי־אָ֑רֶץ וְיִתֶּן־עֹ֣ז לְמַלְכּ֔וֹ
וְיָרֵ֖ם קֶ֥רֶן מְשִׁיחֽוֹ׃ פ
11 וַיֵּ֧לֶךְ אֶלְקָנָ֛ה הָרָמָ֖תָה עַל־ᵃבֵּית֑וֹ וְהַנַּ֗עַר הָיָ֤ה מְשָׁרֵת֙ אֶת־יְהוָ֔ה
12 אֶת־פְּנֵ֖י עֵלִ֥י הַכֹּהֵֽן׃ 12 וּבְנֵ֥י עֵלִ֖י בְּנֵ֣י בְלִיָּ֑עַל לֹ֥א יָדְע֖וּ אֶת־יְהוָֽה׃
13 וּמִשְׁפַּ֥ט הַכֹּהֲנִ֖ים אֶתᵃ־הָעָ֑ם כָּל־אִ֞ישׁ זֹבֵ֣חַ זֶ֗בַח וּבָ֨א נַ֤עַר הַכֹּהֵן֙
14 כְּבַשֵּׁ֣ל הַבָּשָׂ֔ר וְהַמַּזְלֵ֛ג שְׁלֹ֥שׁ־הַשִּׁנַּ֖יִם בְּיָדֽוֹ׃ 14 וְהִכָּ֨ה בַכִּיּ֜וֹר א֣וֹ בַדּ֗וּד
א֤וֹ בַקַּלַּ֙חַת֙ א֣וֹ בַפָּר֔וּר כֹּ֚לᵃ אֲשֶׁ֣ר יַעֲלֶ֣ה הַמַּזְלֵ֔ג יִקַּ֥ח הַכֹּהֵ֖ן בּ֑וֹᵇ כָּ֚כָה
15 יַעֲשׂ֣וּᶜ לְכָל־יִשְׂרָאֵ֔ל הַבָּאִ֥ים שָׁ֖םᵈ בְּשִׁלֹֽה׃ 15 גַּ֗ם בְּטֶרֶם֮ יַקְטִר֣וּן אֶת־
הַחֵלֶב֒ וּבָ֣א ׀ נַ֣עַר הַכֹּהֵ֗ן וְאָמַר֙ לָאִ֣ישׁ הַזֹּבֵ֔חַ תְּנָ֣ה בָשָׂ֔ר לִצְל֖וֹת לַכֹּהֵ֑ן
16 וְלֹֽא־יִקַּ֧חᵃ מִמְּךָ֛ בָּשָׂ֥ר מְבֻשָּׁ֖ל כִּ֥י אִם־חָֽי׃ 16 וַיֹּ֨אמֶר אֵלָ֜יו הָאִ֗ישׁ קַטֵּ֨ר
יַקְטִיר֤וּן כַּיּוֹם֙ הַחֵ֔לֶב וְקַח־לְךָ֔ כַּאֲשֶׁ֥רᵃ תְּאַוֶּ֖ה נַפְשֶׁ֑ךָ וְאָמַ֣ר ׀ ל֗וֹᵇ כִּ֚י
17 עַתָּ֣ה תִתֵּ֔ן ᶜוְאִם־לֹ֖אᶜ לָקַ֥חְתִּי בְחָזְקָֽה׃ᵈ 17 וַתְּהִ֨י חַטַּ֤את הַנְּעָרִים֙
גְּדוֹלָ֥ה מְאֹ֖ד אֶת־פְּנֵ֣י יְהוָ֑ה כִּ֤י נִֽאֲצוּ֙ הָאֲנָשִׁ֔יםᵃ אֵ֖ת מִנְחַ֥ת יְהוָֽה׃
18 19 18 וּשְׁמוּאֵ֕ל מְשָׁרֵ֖ת אֶת־פְּנֵ֣י יְהוָ֑ה נַ֕עַר חָג֖וּרᵃ אֵפ֥וֹד בָּֽד׃ 19 וּמְעִ֤יל
קָטֹן֙ תַּעֲשֶׂה־לּ֣וֹ אִמּ֔וֹ וְהַעַלְתָ֥ה ל֖וֹ מִיָּמִ֣ים ׀ יָמִ֑ימָה בַּעֲלוֹתָהּ֙ אֶת־
20 אִישָׁ֔הּ לִזְבֹּ֖חַ אֶת־זֶ֥בַח הַיָּמִֽים׃ 20 וּבֵרַ֨ךְ עֵלִ֜י אֶת־אֶלְקָנָ֣ה וְאֶת־אִשְׁתּ֗וֹ
ᵃוְאָמַר֙ יָשֵׂ֨ם יְהוָ֤ה לְךָ֙ זֶ֔רַע מִן־הָאִשָּׁ֖ה הַזֹּ֑את תַּ֚חַת הַשְּׁאֵלָ֔ה אֲשֶׁ֥ר שָׁאַ֖לᵇ
21 לַיהוָ֑ה וְהָלְכ֖וּᶜ לִמְקֹמֽוֹᵈ׃ 21 ᵃכִּֽי־פָקַ֤דᵃ יְהוָה֙ אֶת־חַנָּ֔ה ᵇוַתַּ֛הַר וַתֵּ֥לֶדᵇ
שְׁלֹשָׁה־בָנִ֖ים וּשְׁתֵּ֣י בָנ֑וֹת וַיִּגְדַּ֛ל הַנַּ֥עַרᶜ שְׁמוּאֵ֖ל עִםᵈ־יְהוָֽה׃ ס

מריביו . עליו . ד̇[13] ק̇ ק̇
ג̇[14]
ב̇ רפי[15]
ח̇[16] . ח̇[17] . כו פסוק את את ומילה חדה ביניה יט מנה בנביא
ל̇
ל̇ . ל̇ . ל̇
ג̇[18]
יב̇[19] ב̇[20] מנה בליש . ב̇ חד חס וחד מל[21]
ל̇ . לב̇[22]
ג̇[23] . ב̇[24]
ב̇ חד חס וחד מל[21] . יג̇[25] . לא̇ . יב̇[26] ק̇ א̇ . מנה בנביא
יז̇ מ״פ . ד̇[27] . ד̇[28] פת וכל תרי עשר דכות ב̇ מ̇ א̇
ב̇[29]
ל̇ . ה̇[30] . ג̇ ב̇ מל וחד חס[31]
ל̇ . ג̇[33] . כה̇[32]
ל̇[13]

[13] Mp sub loco. [14] Mm 157. [15] Mm 4264. [16] Mm 1564. [17] Mm 321. [18] Mm 899. [19] Mm 2938. [20] Mm 1536. [21] Mm 1537. [22] Mm 319. [23] Mm 1110. [24] Ex 12,9. [25] Mm 936. [26] Mm 230. [27] Mm 1439. [28] Mm 676. [29] Nu 16,30. [30] Mm 457. [31] Mm 1530. [32] Mm 1506. [33] Mm 1538.

10 ᵃ 𝔖𝔗 sg; 𝔊𝔏$^{115.93.94}$ alit, vb sim sg ‖ ᵇ mlt Mss ut Q cf 𝔖𝔙 ‖ ᶜ 𝔊𝔏$^{115.93.94}$ + permlt vb partim ex Jer 9,22sq ‖ ᵈ mlt Mss ut Q; 2 Mss ועל(י)ו cf 𝔖 *w'ljhwn*, 𝔗 *'ljhwn*, 𝔙 *et super ipsos* ‖ ᵉ 𝔔 pr cop cf 𝔊 ‖ **11** ᵃ mlt Mss אל, Ms ל׳ cf 10,26 ‖ **13** ᵃ nonn Mss מאת cf 𝔊𝔏^{115}𝔖𝔗 et Dt 18,3 ‖ **14** ᵃ 𝔊^{LMss}𝔏^{94}𝔖𝔙 pr cop ‖ ᵇ 𝔊𝔏$^{115.93.94}$𝔖𝔗𝔙 pron prs 3 sg dat ‖ ᶜ pc Mss יעשה (qal sive ni) ‖ ᵈ Ms שמה, 𝔊 *θῦσαι (τῷ) κυρίῳ* cf 𝔏^{115}, 𝔖 *ltmn*, 𝔗 *ldbḥ' tmn*; > 𝔙 ‖ **15** ᵃ cit 𝔊𝔏^{115}𝔖𝔙 1 sg ‖ **16** ᵃ 𝔔 מכול אשר cf 𝔊 ‖ ᵇ mlt Mss 𝔔 ut Q cf 𝔊𝔙 ‖ ᶜ⁻ᶜ pc Mss om ו; 𝔔 om אם־לא ‖ ᵈ 𝔔 + mlt vb cf 2,13.14 ‖ **17** ᵃ > Ms 𝔔𝔊 ‖ **18** ᵃ 𝔔 חוגר cf 1 R 20,11 2 R 3,21 ‖ **20** ᵃ 𝔔 לאמר ישלם cf 𝔊 *λέγων ἀποτῖσαι*, 𝔙 *dixitque* (𝔙^{Ms} *dicens*) *reddat* et Ex 21,36 ‖ ᵇ 𝔔 השאיל[ה, 𝔊 *ἔχρησας*, 𝔖 *d(')š'lt(j)*, 𝔙 *commodasti* ‖ ᶜ 𝔔 וילך האיש cf 𝔊 ‖ ᵈ nonn Mss למק(ו)מם cf 𝔖𝔗^{Mss} ‖ **21** ᵃ⁻ᵃ 𝔔 ויפקד cf 𝔊; 𝔖 *w(mrj') pqd* ‖ ᵇ⁻ᵇ 𝔔 ותלד עוד cf 𝔊$^{-OL}$ ‖ ᶜ > 𝔔 ‖ ᵈ pc Mss את, 𝔔 לפני cf 𝔊𝔖𝔗.

22 וְעֵלִי זָקֵן מְאֹד[a] וְשָׁמַע אֵת כָּל־[b]אֲשֶׁר יַעֲשׂוּן בָּנָיו לְכָל־[c]יִשְׂרָאֵל — ה[34]
[d]וְאֵת אֲשֶׁר־יִשְׁכְּבוּן אֶת־הַנָּשִׁים הַצֹּבְאוֹת פֶּתַח אֹהֶל מוֹעֵד[d]׃ — ל. ב חד חס וחד מל[35]
23 וַיֹּאמֶר לָהֶם[a] לָמָּה תַעֲשׂוּן כַּדְּבָרִים הָאֵלֶּה אֲשֶׁר אָנֹכִי שֹׁמֵעַ [b]אֶת־ — כב[36] וכל ד״ה ועזרא דכות ב מ ה חס בליש. יד[37]. ד
24 דִּבְרֵיכֶם רָעִים[b] מֵאֵת כָּל־הָעָם אֵלֶּה[c]׃ 24 אַל בָּנָי כִּי לוֹא־טוֹבָה — ל. לה מל
25 הַשְּׁמֻעָה אֲשֶׁר אָנֹכִי שֹׁמֵעַ מַעֲבִרִים[a] עַם־יְהוָה׃ 25 אִם־יֶחֱטָא אִישׁ — ה חס[38]. ד. ו ר״פ בסיפ וכל יהושע שופטים ושמואל ואם ר״פ[39]
לְאִישׁ וּפִלְלוֹ[a] אֱלֹהִים וְאִם לַיהוָה יֶחֱטָא־אִישׁ מִי יִתְפַּלֶּל־לוֹ וְלֹא — ל. ד[40]
26 יִשְׁמְעוּ לְקוֹל אֲבִיהֶם כִּי־חָפֵץ יְהוָה לַהֲמִיתָם׃ 26 וְהַנַּעַר שְׁמוּאֵל — יז שמיעה לקול[41]. ב חד חס וחד מל[42]. יא זוגין דמטע בטע[43]
הֹלֵךְ וְגָדֵל וָטוֹב גַּם עִם־יְהוָה וְגַם עִם־אֲנָשִׁים׃ ס — ג[44]. ה[45]. ל
27 וַיָּבֹא אִישׁ־אֱלֹהִים אֶל־עֵלִי וַיֹּאמֶר אֵלָיו כֹּה אָמַר יְהוָה — ו[46]
הֲנִגְלֹה[a] נִגְלֵיתִי [b]אֶל־בֵּית[b] אָבִיךָ בִּהְיוֹתָם בְּמִצְרַיִם[c] לְבֵית פַּרְעֹה׃ — ל כת ה
28 וּבָחֹר[a] אֹתוֹ מִכָּל־שִׁבְטֵי יִשְׂרָאֵל לִי לְכֹהֵן לַעֲלוֹת עַל־מִזְבְּחִי — ג. ו. יד[47] וכל אורית ויהושע דכות ב מ ג. ח[48]
לְהַקְטִיר קְטֹרֶת לָשֵׂאת אֵפוֹד לְפָנָי[b] וָאֶתְּנָה לְבֵית אָבִיךָ אֶת־כָּל־ — כד
29 אִשֵּׁי בְּנֵי יִשְׂרָאֵל[c]׃ 29 לָמָּה תִבְעֲטוּ[a] בְּזִבְחִי וּבְמִנְחָתִי אֲשֶׁר צִוִּיתִי — ט כת י וכל מאשי דכות
מָעוֹן וַתְּכַבֵּד אֶת־בָּנֶיךָ מִמֶּנִּי לְהַבְרִיאֲכֶם[b] מֵרֵאשִׁית כָּל־מִנְחַת[c] — ד וכל שם קריה ואנש דכת. נז וכל תלים דכות ב מ א. ה[49]
30 יִשְׂרָאֵל לְעַמִּי[d]׃ 30 לָכֵן נְאֻם־יְהוָה אֱלֹהֵי יִשְׂרָאֵל אָמוֹר אָמַרְתִּי — ב. ג מל[50]
בֵּיתְךָ וּבֵית אָבִיךָ יִתְהַלְּכוּ לְפָנַי עַד־עוֹלָם וְעַתָּה נְאֻם־יְהוָה חָלִילָה — ל
31 לִּי כִּי־מְכַבְּדַי אֲכַבֵּד וּבֹזַי יֵקָלּוּ׃ 31 הִנֵּה יָמִים בָּאִים[a] וְגָדַעְתִּי אֶת־ — ל. ל. ד ר״פ בסיפ[51]
32 זְרֹעֲךָ וְאֶת־זְרֹעַ בֵּית אָבִיךָ [b]מִהְיוֹת זָקֵן בְּבֵיתֶךָ[b]׃ 32 [a]וְהִבַּטְתָּ צַר — ה חס[52]. ל. ג חס בנביא[53]. ל
מָעוֹן בְּכֹל אֲשֶׁר־יֵיטִיב אֶת־יִשְׂרָאֵל[a] וְלֹא־יִהְיֶה[b] זָקֵן בְּבֵיתְךָ[c] כָּל־ — ד וכל שם קריה ואנש דכות
33 הַיָּמִים׃ 33 וְאִישׁ לֹא־אַכְרִית לְךָ מֵעִם מִזְבְּחִי לְכַלּוֹת אֶת־עֵינֶךָ[a] — ח[48]
34 וְלַאֲדִיב אֶת־נַפְשֶׁךָ[a] וְכָל־מַרְבִּית בֵּיתְךָ יָמוּתוּ[b] אֲנָשִׁים׃ 34 וְזֶה־לְּךָ — ג[54]. כג ר״פ

[34] Mm 500. [35] Mm 1539. [36] Mm 11. [37] Mm 393. [38] Mm 1540. [39] Mm 1380. [40] Mm 390. [41] Mm 23. [42] Mp sub loco. [43] Mm 794. [44] Mm 4198. [45] Mm 4026. [46] Mm 1957. [47] Mm 1523. [48] Mm 2410. [49] Mm 921. [50] Mm 873. [51] Mm 1541. [52] Mm 1927. [53] Mm 408. [54] Mm 1542.

22 [a] 𝔔 + בן תשעים שנה cf 4,15 ‖ [b] > 2 Mss citt 𝔊^{Mss} ‖ [c] 𝔔 לבני cf 𝔊 ‖ [d–d] > 𝔔 𝔊^{Mss}, sed cf Ex 38,8 ‖ **23** [a] pc Mss אלהם ‖ [b–b] > 𝔊$^{OL\mathrm{Mss}}$ ‖ [c] 𝔊 *κυρίου (τούτου)*; > 𝔙 ‖ **24** [a] 2 Mss (אתם) מעבדים, 𝔊 *τοῦ μὴ δουλεύειν* cf 𝔏$^{93.94}$ ‖ **25** [a] 𝔊 *καὶ προσεύξονται ὑπὲρ / περὶ αὐτοῦ*, 𝔏^{94} *orabunt* (𝔏^{93} *stabunt*) *pro eo* ‖ **27** [a] 𝔊𝔖𝔗$^{\mathrm{-Ms}}$ om particulam interrogativam ‖ [b–b] 2 Mss citt לבית ‖ [c] 𝔔 + עבדים, 𝔊 *ὄντων αὐτῶν … δούλων*, 𝔗^{f} *mšt'bdjn* (𝔗^{rel} *wmš'bdjn*) ‖ **28** [a] citt 𝔊𝔖𝔗$^{\mathrm{-ed\,princ}}$𝔙 1 sg impf ‖ [b] > 𝔔𝔊$^{-OL\mathrm{Mss}}$; 𝔗 pr *lšmš'* ‖ [c] 𝔊 + *εἰς βρῶσιν* cf Dt 18,1 ‖ **29** [a] 𝔔𝔊 sg ‖ [b] 𝔊𝔏$^{93.94}$ a ברך; 𝔗 3 m pl ‖ [c] 𝔔 pl ‖ [d] 𝔊 *ἔμπροσθέν μου* cf 𝔏$^{93.94}$ ‖ **31** [a] pc Mss + נאם יהוה cf 𝔖 ‖ [b–b] > 𝔊$^{-O(L)}$ ‖ **32** [a–a] > 𝔊$^{-O(L)}$ ‖ [b] 𝔔 + לך, 𝔊 + *σου* ‖ [c] 𝔔𝔊 suff 1 sg ‖ **33** [a] 𝔔𝔊𝔏$^{93.94}$ suff 3 sg ‖ [b] 𝔔 + בחרב, 𝔊 + *ἐν ῥομφαίᾳ*.

הָאוֹת אֲשֶׁר יָבֹא אֶל־שְׁנֵי בָנֶיךָ אֶל־חָפְנִי וּפִינְחָס בְּיוֹם אֶחָד יָמוּתוּ
35 שְׁנֵיהֶם׃ 35 וַהֲקִימֹתִי לִי כֹּהֵן נֶאֱמָן כַּאֲשֶׁר[a] בִּלְבָבִי[b] וּבְנַפְשִׁי[c] יַעֲשֶׂה
36 וּבָנִיתִי לוֹ[d] בַּיִת נֶאֱמָן וְהִתְהַלֵּךְ[e] לִפְנֵי־מְשִׁיחִי כָּל־הַיָּמִים׃ 36 וְהָיָה
כָּל־הַנּוֹתָר בְּבֵיתְךָ יָבוֹא לְהִשְׁתַּחֲוֺת לוֹ לַאֲגוֹרַת כֶּסֶף וְכִכַּר־לָחֶם
וְאָמַר סְפָחֵנִי נָא אֶל־אַחַת הַכְּהֻנּוֹת לֶאֱכֹל פַּת־לָחֶם׃ ס
3 1 וְהַנַּעַר שְׁמוּאֵל מְשָׁרֵת אֶת־יְהוָה לִפְנֵי עֵלִי וּדְבַר־יְהוָה הָיָה
2 יָקָר בַּיָּמִים הָהֵם אֵין חָזוֹן נִפְרָץ׃ ס 2 וַיְהִי בַּיּוֹם הַהוּא וְעֵלִי
3 שֹׁכֵב בִּמְקֹמוֹ וְעֵינָו[a] הֵחֵלּוּ כֵהוֹת לֹא[b] יוּכַל[c] לִרְאוֹת׃ 3 וְנֵר אֱלֹהִים
טֶרֶם יִכְבֶּה וּשְׁמוּאֵל שֹׁכֵב בְּהֵיכַל[a] יְהוָה[b] אֲשֶׁר־שָׁם אֲרוֹן אֱלֹהִים׃
4 5 פ 4 וַיִּקְרָא יְהוָה אֶל־שְׁמוּאֵל וַיֹּאמֶר הִנֵּנִי׃ 5 וַיָּרָץ אֶל־עֵלִי
וַיֹּאמֶר הִנְנִי כִּי־קָרָאתָ לִּי וַיֹּאמֶר לֹא־קָרָאתִי[a] שׁוּב שְׁכָב וַיֵּלֶךְ
6 וַיִּשְׁכָּב׃ ס[b] 6 וַיֹּסֶף יְהוָה קְרֹא עוֹד שְׁמוּאֵל[a] וַיָּקָם שְׁמוּאֵל[a]
וַיֵּלֶךְ אֶל־עֵלִי וַיֹּאמֶר הִנְנִי כִּי קָרָאתָ לִי וַיֹּאמֶר לֹא־קָרָאתִי בְנִי
7 שׁוּב שְׁכָב׃ 7 וּשְׁמוּאֵל טֶרֶם יָדַע אֶת־יְהוָה וְטֶרֶם יִגָּלֶה אֵלָיו דְּבַר־
8 יְהוָה׃ 8 וַיֹּסֶף יְהוָה קְרֹא־שְׁמוּאֵל בַּשְּׁלִשִׁית וַיָּקָם וַיֵּלֶךְ אֶל־עֵלִי
9 וַיֹּאמֶר הִנְנִי כִּי קָרָאתָ לִי וַיָּבֶן עֵלִי כִּי יְהוָה קֹרֵא לַנָּעַר׃ 9 וַיֹּאמֶר
עֵלִי לִשְׁמוּאֵל לֵךְ שְׁכָב וְהָיָה אִם[a]־יִקְרָא אֵלֶיךָ וְאָמַרְתָּ דַּבֵּר יְהוָה
10 כִּי שֹׁמֵעַ עַבְדֶּךָ וַיֵּלֶךְ שְׁמוּאֵל וַיִּשְׁכַּב בִּמְקוֹמוֹ׃ 10 וַיָּבֹא יְהוָה וַיִּתְיַצַּב
וַיִּקְרָא כְפַעַם־בְּפַעַם שְׁמוּאֵל ׀ שְׁמוּאֵל וַיֹּאמֶר שְׁמוּאֵל דַּבֵּר כִּי שֹׁמֵעַ
11 עַבְדֶּךָ׃ פ 11 וַיֹּאמֶר יְהוָה אֶל־שְׁמוּאֵל הִנֵּה אָנֹכִי עֹשֶׂה דָבָר
12 בְּיִשְׂרָאֵל אֲשֶׁר כָּל־שֹׁמְעוֹ תְּצִלֶּינָה שְׁתֵּי אָזְנָיו׃ 12 בַּיּוֹם הַהוּא אָקִים
13 אֶל־עֵלִי אֵת כָּל־אֲשֶׁר דִּבַּרְתִּי אֶל־בֵּיתוֹ הָחֵל וְכַלֵּה׃ 13 וְהִגַּדְתִּי לוֹ
כִּי־שֹׁפֵט אֲנִי אֶת־בֵּיתוֹ עַד־עוֹלָם בַּעֲוֺן אֲשֶׁר־יָדַע כִּי־מְקַלְלִים

ב חס בסיפ[55] . ג[56]
ו כת כן[57] . ג[58]
ל
ל
ל . ל
יא זוגין דמטע בטע[1] . יח . ו
ב
ועיניו חד מן יא בליש ק ב מנה בסיפ וחד מן ח[2] כת כן
כי . ד[3]
כי . ד[3] . ד חס בליש
ד[4]
ד שמואתא מתאימין
ג
ל וכת כן . ד[5]
ג קמ[6] . ט כת ה[7]

[55]Mp sub loco. [56]Mm 2071. [57]Mm 816. [58]Mm 3216. **Cp 3** [1]Mm 794. [2]Mm 1543. [3]Mm 1544. [4]Mm 1545. [5]Mm 2561. [6]Mm 1546. [7]Mm 2122.

35 [a] 2 Mss cit אשר cf 𝔊𝔙 ‖ [b] pc Mss cit כל׳ cf 𝔖(𝔙) … *w'jk dblbj*, 𝔗 *(d)kmjmrj* ‖ [c] pc Mss וכנ׳ cf 𝔖𝔗𝔙 ‖ [d] 2–3 Mss לי cf $𝔊^{Ms}$ ‖ [e] sic L, mlt Mss Edd וְהִתְ׳ ‖ **Cp 3,2** [a] mlt Mss ut Q cf Vrs ‖ [b] nonn Mss ולא cf $𝔊𝔏^{94}𝔖𝔗^{Mss}𝔙$ ‖ [c] Ms יוכלו cf $𝔊^{Mss}𝔙^{Ms}$ ‖ **3** [a] Ms בבית cf $𝔊^{Mss}$ et 1,9[d] ‖ [b] > $𝔊^{L\,Mss}$ ‖ **5** [a] Ms cit ins בני cf $𝔏^{93.94}𝔖^{C}$ ex 6 ‖ [b] Mss om interv ‖ **6** [a–a] > 2 Mss cf $𝔊^{Mss}$ ‖ **9** [a] pc Mss citt כי cf $𝔗^{Ms}$.

14 לָהֶם֙[a] בָּנָ֔יו וְלֹ֖א כִּהָ֥ה בָּֽם׃ 14 וְלָכֵ֥ן נִשְׁבַּ֖עְתִּי לְבֵ֣ית עֵלִ֑י אִם־יִתְכַּפֵּ֞ר — ה̇[8]
15 עֲוֺ֧ן בֵּית־עֵלִ֛י בְּזֶ֥בַח וּבְמִנְחָ֖ה[a] עַד־עוֹלָֽם׃ 15 וַיִּשְׁכַּ֤ב שְׁמוּאֵל֙ עַד־
הַבֹּ֔קֶר[a] וַיִּפְתַּ֖ח אֶת־דַּלְת֣וֹת בֵּית־יְהוָ֑ה וּשְׁמוּאֵל֙ יָרֵ֔א מֵהַגִּ֥יד אֶת־ — ב̇ בליש[9]
16 הַמַּרְאָ֖ה אֶל־עֵלִֽי׃ 16 וַיִּקְרָ֤א עֵלִי֙ אֶת־[a] שְׁמוּאֵ֔ל וַיֹּ֖אמֶר שְׁמוּאֵ֣ל בְּנִ֑י — ד̇[10]
17 וַיֹּ֖אמֶר הִנֵּֽנִי[b]׃ 17 וַיֹּ֗אמֶר מָ֤ה הַדָּבָר֙ אֲשֶׁ֣ר דִּבֶּ֣ר אֵלֶ֔יךָ אַל־נָ֥א תְכַחֵ֖ד
מִמֶּ֑נִּי כֹּ֣ה יַעֲשֶׂה־לְּךָ֤ אֱלֹהִים֙ וְכֹ֣ה יוֹסִ֔יף אִם־תְּכַחֵ֤ד מִמֶּ֙נִּי֙ דָּבָ֔ר מִכָּל־ — נ̇ז וכל תלים דכות̇ ב̇ מ̇ י̇א . נ̇ז וכל תלים דכות̇ ב̇ מ̇ י̇א
18 הַדָּבָ֖ר אֲשֶׁר־דִּבֶּ֥ר אֵלֶֽיךָ׃ 18 וַיַּגֶּד־ל֤וֹ שְׁמוּאֵל֙ אֶת־כָּל־הַדְּבָרִ֔ים[a] — י̇ג חס̇ האלה[11]
וְלֹ֥א כִחֵ֖ד מִמֶּ֑נּוּ וַיֹּאמַ֕ר יְהוָ֣ה ה֔וּא[b] הַטּ֥וֹב בְּעֵינָ֖ו[c] יַעֲשֶֽׂה׃ פ — צ̇א . בעיניו[12] ק̇ חד מן י̇א בליש וחד מן ח̇[13] כת̇ כן
19 וַיִּגְדַּ֖ל שְׁמוּאֵ֑ל וַֽיהוָה֙ הָיָ֣ה עִמּ֔וֹ וְלֹֽא־הִפִּ֥יל מִכָּל־דְּבָרָ֖יו אָֽרְצָה׃
ס̇ג 20 וַיֵּ֙דַע֙ כָּל־יִשְׂרָאֵ֔ל מִדָּ֖ן וְעַד־בְּאֵ֣ר שָׁ֑בַע כִּ֤י נֶאֱמָן֙ שְׁמוּאֵ֔ל לְנָבִ֖יא — ב̇
21 לַיהוָֽה׃ 21 וַיֹּ֥סֶף יְהוָ֖ה לְהֵרָאֹ֣ה בְשִׁלֹ֑ה כִּֽי־נִגְלָ֨ה יְהוָ֧ה אֶל־שְׁמוּאֵ֛ל[a] — כ̇י . ב̇
בְּשִׁל֖וֹ[b] [c]בִּדְבַ֥ר יְהוָֽה[c]׃ פ — ח̇ כת̇ ו̇ בליש[14] . ה̇[15]

4 1 [a]וַיְהִ֥י דְבַר־שְׁמוּאֵ֖ל לְכָל־יִשְׂרָאֵ֑ל[ab] וַיֵּצֵ֨א יִשְׂרָאֵ֜ל לִקְרַ֤את — ל̇
פְּלִשְׁתִּים֙ לַמִּלְחָמָ֔ה וַיַּחֲנוּ֙ עַל־הָאֶ֣בֶן הָעֵ֔זֶר וּפְלִשְׁתִּ֖ים חָנ֥וּ בַאֲפֵֽק׃ — ל̇ . ב̇
2 וַיַּעַרְכ֨וּ פְלִשְׁתִּ֜ים לִקְרַ֣את יִשְׂרָאֵ֗ל וַתִּטֹּשׁ֙ הַמִּלְחָמָ֔ה וַיִּנָּ֥גֶף יִשְׂרָאֵ֖ל
לִפְנֵ֣י פְלִשְׁתִּ֑ים וַיַּכּ֤וּ[a] בַמַּעֲרָכָה֙ בַּשָּׂדֶ֔ה כְּאַרְבַּ֥עַת אֲלָפִ֖ים אִֽישׁ׃ — ל̇ . ל̇
3 וַיָּבֹ֤א הָעָם֙ אֶל־הַֽמַּחֲנֶ֔ה וַיֹּֽאמְרוּ֙ זִקְנֵ֣י[a] יִשְׂרָאֵ֔ל לָ֣מָּה נְגָפָ֧נוּ יְהוָ֛ה — ל̇
הַיּ֖וֹם לִפְנֵ֣י פְלִשְׁתִּ֑ים נִקְחָ֧ה אֵלֵ֣ינוּ מִשִּׁלֹ֗ה אֶת־אֲרוֹן֙ [b]בְּרִ֣ית יְהוָ֔ה[b] — ה̇ . כ̇ו בליש וכל מלכים דכות̇
4 וְיָבֹ֣א בְקִרְבֵּ֔נוּ וְיֹשִׁעֵ֖נוּ מִכַּ֥ף אֹיְבֵֽינוּ[c]׃ 4 וַיִּשְׁלַ֤ח הָעָם֙ שִׁלֹ֔ה וַיִּשְׂא֣וּ מִשָּׁ֗ם — י̇א[1] . ג̇ ב̇ חס̇ וחד מל̇[2] . ב̇ . מ̇ג
אֵ֣ת [a]אֲר֧וֹן בְּרִית־יְהוָ֛ה צְבָא֖וֹת[a] יֹשֵׁ֣ב הַכְּרֻבִ֑ים וְשָׁ֞ם[b] שְׁנֵ֣י בְנֵֽי־עֵלִ֗י — כ̇ו בליש וכל מלכים דכות̇ . י̇ב חס̇ וכל אורית̇ דכות̇[3]
5 עִם־אֲרוֹן֙ בְּרִ֣ית[c] הָאֱלֹהִ֔ים[d] חָפְנִ֖י וּפִֽינְחָֽס׃ 5 וַיְהִ֗י כְּב֞וֹא[a] אֲר֤וֹן — ד̇[4] . כ̇ו בליש וכל מלכים דכות̇
בְּרִית־[b]יְהוָה֙ אֶל־הַֽמַּחֲנֶ֔ה וַיָּרִ֥עוּ כָל־יִשְׂרָאֵ֖ל תְּרוּעָ֣ה גְדוֹלָ֑ה וַתֵּהֹ֖ם — ג̇ חס̇ . ג̇ וחס̇[5]

[8]Mm 2231. [9]Mm 1547. [10]Mm 1548. [11]Mm 707. [12]Q addidi, cf Mp sub loco. [13]Mm 1543. [14]Mm 1525. [15]Mm 1549. **Cp 4** [1]Mm 2300. [2]Mm 1550. [3]Mm 543. [4]Mm 4078. [5]Mm 3662.

13 [a] Tiq soph אלהים cf 𝔊𝔏[115.93.94]; לו cf Ginsburg ‖ **14** [a] pc Mss citt ומנחה cf 𝔊[Mss] 𝔏[115] ‖ **15** [a] 𝔊 + *καὶ ὤρθρισεν τὸ πρωΐ* cf 𝔏[115] et 1,19 ‖ **16** [a] mlt Mss אל cf 𝔗[Mss] ‖ [b] 𝔏[115] + *hic sum* ‖ **18** [a] pc Mss cit + האלה cf 𝔊[Ms] ‖ [b] > pc Mss ‖ [c] mlt Mss Mss[Q] ניו– cf Vrs ‖ **21** [a] 𝔊𝔏[115.93.94] + mlt vb ‖ [b] > 𝔊𝔏[115] ‖ [c–c] mlt Mss כד׳ י׳ cf 𝔗[edd]𝔙; > 𝔊𝔏[115] ‖ **Cp 4,1** [a–a] 𝔊𝔏[115] alit cf 3,21[a] ‖ [b] mlt Mss interv ‖ **2** [a] 𝔊𝔏[115]𝔖𝔙 verb pass ‖ **3** [a] 𝔏[115.94] *presbyteris* ‖ [b–b] 𝔊[-OLMss] *(κιβωτὸν) τοῦ θεοῦ* cf 𝔏[115] ‖ [c] nonn Mss איבנו ‖ **4** [a–a] 𝔊[-OLMss] *κιβωτὸν (τοῦ) κυρίου* cf 𝔏[115] ‖ [b] 𝔊𝔏[115]𝔙 om שם ‖ [c] > 2 Mss cf 𝔊[-OLMss] 𝔏[115] ‖ [d] 2 Mss יהוה cf 𝔊[Mss]𝔖𝔗𝔙[Mss]; Ms יהוה האל; > 𝔊[-LMss] ‖ **5** [a] pc Mss בבא ‖ [b] > Ms cf 𝔊[-LMss]𝔏[115].

הָאָֽרֶץ׃ 6 וַיִּשְׁמְעוּ פְלִשְׁתִּים אֶת־קוֹל הַתְּרוּעָה וַיֹּאמְרוּ מֶה קוֹל 6 כד[6]
הַתְּרוּעָה הַגְּדוֹלָה[a] הַזֹּאת בְּמַחֲנֵה הָעִבְרִים וַיֵּדְעוּ כִּי אֲרוֹן יְהוָה בָּא ו[7]. כו[8]
7 אֶל־הַמַּחֲנֶה׃ 7 וַיִּרְאוּ הַפְּלִשְׁתִּים [a]כִּי אָמְרוּ בָּא אֱלֹהִים[a] אֶל־הַמַּחֲנֶה ל. ח[9]. ל[10]
8 וַיֹּאמְרוּ אוֹי לָנוּ[b] כִּי לֹא הָיְתָה כָּזֹאת אֶתְמוֹל שִׁלְשֹׁם׃ 8 אוֹי לָנוּ מִי ג. ד חס וכל אוריתא דכות ב מ ב
יַצִּילֵנוּ מִיַּד הָאֱלֹהִים הָאַדִּירִים הָאֵלֶּה אֵלֶּה הֵם הָאֱלֹהִים הַמַּכִּים ד בליש. ל[11]
9 אֶת־מִצְרַיִם בְּכָל־מַכָּה בַּמִּדְבָּר[a]׃ 9 הִתְחַזְּקוּ וִהְיוּ לַאֲנָשִׁים פְּלִשְׁתִּים ז[12]. ח[13]
פֶּן תַּעַבְדוּ לָעִבְרִים כַּאֲשֶׁר עָבְדוּ לָכֶם וִהְיִיתֶם לַאֲנָשִׁים וְנִלְחַמְתֶּם׃ ל. ח[13]
10 וַיִּלָּחֲמוּ פְלִשְׁתִּים וַיִּנָּגֶף יִשְׂרָאֵל וַיָּנֻסוּ אִישׁ לְאֹהָלָיו[a] וַתְּהִי הַמַּכָּה 10 ג
11 גְּדוֹלָה מְאֹד וַיִּפֹּל[b] מִיִּשְׂרָאֵל שְׁלֹשִׁים אֶלֶף רַגְלִי׃ 11 וַאֲרוֹן אֱלֹהִים ל
12 נִלְקָח וּשְׁנֵי בְנֵי־עֵלִי מֵתוּ חָפְנִי וּפִינְחָס׃ 12 וַיָּרָץ אִישׁ־בִּנְיָמִן
מֵהַמַּעֲרָכָה וַיָּבֹא שִׁלֹה בַּיּוֹם הַהוּא וּמַדָּיו קְרֻעִים וַאֲדָמָה עַל־ ב. ב וחס[14]. ז[15]
13 רֹאשׁוֹ׃ 13 וַיָּבוֹא וְהִנֵּה עֵלִי יֹשֵׁב עַל־הַכִּסֵּא[a] יַךְ[b] דֶּרֶךְ מְצַפֶּה כִּי־הָיָה לב בנביא כ מנה בסיפ. הי[16] מל וכל מגלה דכות ב מ ב. יד ק
לִבּוֹ חָרֵד עַל אֲרוֹן הָאֱלֹהִים וְהָאִישׁ בָּא לְהַגִּיד בָּעִיר וַתִּזְעַק כָּל־ ל. ל
14 הָעִיר׃ 14 וַיִּשְׁמַע עֵלִי אֶת־קוֹל הַצְּעָקָה וַיֹּאמֶר מֶה קוֹל הֶהָמוֹן הַזֶּה ל. כד[6]
15 וְהָאִישׁ מִהַר וַיָּבֹא וַיַּגֵּד לְעֵלִי׃ 15 וְעֵלִי בֶּן־תִּשְׁעִים וּשְׁמֹנֶה שָׁנָה וְעֵינָיו[a] ב. יא ב מנה בסיפ
16 קָמָה[b] וְלֹא יָכוֹל[c] לִרְאוֹת[d]׃ 16 [a]וַיֹּאמֶר הָאִישׁ אֶל־עֵלִי[a] אָנֹכִי הַבָּא מִן־ ל. ד מל[17]
הַמַּעֲרָכָה[b] וַאֲנִי מִן־הַמַּעֲרָכָה נַסְתִּי הַיּוֹם וַיֹּאמֶר מֶה־הָיָה הַדָּבָר ל. כד[6]
17 בְּנִי׃ 17 וַיַּעַן הַמְבַשֵּׂר וַיֹּאמֶר נָס יִשְׂרָאֵל לִפְנֵי[a] פְלִשְׁתִּים וְגַם מַגֵּפָה ל. ל
גְדוֹלָה הָיְתָה בָעָם וְגַם־שְׁנֵי בָנֶיךָ מֵתוּ [b]חָפְנִי וּפִינְחָס[b] וַאֲרוֹן הָאֱלֹהִים
18 נִלְקָחָה׃ פ 18 וַיְהִי כְּהַזְכִּירוֹ[a] | אֶת־אֲרוֹן הָאֱלֹהִים וַיִּפֹּל מֵעַל־ ל. ו בטע בסיפ
הַכִּסֵּא אֲחֹרַנִּית [b]בְּעַד | יַד[b] הַשַּׁעַר וַתִּשָּׁבֵר מַפְרַקְתּוֹ וַיָּמֹת כִּי־זָקֵן ל. ל. ז

[6]Mm 592. [7]Mm 3174. [8]Mm 1553. [9]Mm 1315. [10]וחד בא האלהים Ex 20,20. [11]Mp sub loco. [12]Mm 1773. [13]Mm 1551. [14]Mm 1704. [15]Mm 1705. [16]Mm 1552. [17]Mm 911.

6 [a] > 2 Mss cf 𝔖 ‖ **7** [a–a] 𝔊 *καὶ εἶπον οὗτοι οἱ θεοὶ ἥκασιν* (𝔊[L] *οὗτος ὁ θεὸς αὐτῶν ἥκει*) *πρὸς αὐτούς* cf 𝔏[115] ‖ [b] 𝔊 + *ἐξέλου ἡμᾶς κύριε* cf 𝔏[115] ex 8 ‖ **8** [a] 𝔊 pr cop ‖ **10** [a] pc Mss לאהלו cf 𝔊𝔏[115]𝔖𝔙 ‖ [b] Ms ויפלו cf 𝔊[-Mss]𝔏[115]𝔖𝔗[Mss]𝔙 ‖ **13** [a] 𝔏[115] + *suam* ‖ [b] mlt Mss ut Q cf 𝔊𝔏[115]𝔖𝔗; 𝔙 *contra (viam aspectans)* cf 𝔊𝔏[115] et 18[b–b] ‖ **15** [a] nonn Mss נו– (Ms[Q] עיניו) ‖ [b] Q[Or] קמו cf 𝔊𝔏[115] σ′𝔗𝔙 et 1R 14,4 ‖ [c] pc Mss יוכל ‖ [d] 𝔊 𝔏[115] + mlt vb ‖ **16** [a–a] 𝔊𝔏[115] alit cf 14 ‖ [b] 𝔊 *παρεμβολῆς*, 𝔏[115] *castris* ‖ **17** [a] nonn Mss Mišna Soṭa 8,6 citt מפני cf 𝔊𝔏[115]𝔖𝔗[-edd] ‖ [b–b] > 𝔊[-O Mss]𝔏[115] ‖ **18** [a] nonn Mss citt בה׳ cf 𝔗[ed princ] ‖ [b–b] cit על יד, 𝔊 *ἐχόμενος (-α)*, 𝔏[115] *contra*, 𝔖 *ʿl jd*, 𝔗 *ʿl kjbš ʾwrḥ* cf 13[b], 𝔏[93.94]𝔙 *iuxta*.

19 הָאִ֖ישׁ וְכָבֵ֑ד וְה֛וּא שָׁפַ֥ט אֶת־יִשְׂרָאֵ֖ל אַרְבָּעִ֥ים[c] שָׁנָֽה׃ 19 וְכַלָּת֣וֹ ל
אֵֽשֶׁת־פִּינְחָס֮ הָרָ֣ה לָלַת֒[a] וַתִּשְׁמַ֣ע אֶת־הַשְּׁמֻעָ֔ה אֶל־הִלָּקַח֙ אֲר֣וֹן ל
הָאֱלֹהִ֔ים וּמֵ֖ת חָמִ֣יהָ וְאִישָׁ֑הּ וַתִּכְרַ֣ע וַתֵּ֔לֶד כִּֽי־נֶהֶפְכ֥וּ עָלֶ֖יהָ צִרֶֽיהָ׃ ל
20 וּכְעֵ֣ת[a] מוּתָ֔הּ וַתְּדַבֵּ֙רְנָה֙ הַנִּצָּב֣וֹת עָלֶ֔יהָ אַל־תִּֽירְאִ֖י כִּ֣י בֵ֣ן יָלָ֑דְתְּ ב֗18. ל֗. ג֗19. ג֗20 ול֗21 בליש
21 וְלֹ֥א עָנְתָ֖ה וְלֹא־שָׁ֥תָה לִבָּֽהּ[b]׃ 21 וַתִּקְרָ֣א לַנַּ֗עַר אִֽי־כָבוֹד֙ לֵאמֹ֔ר ל֗. ב חד חס וחד מל למערב22. ב֗23
גָּלָ֥ה כָב֖וֹד מִיִּשְׂרָאֵ֑ל אֶל־הִלָּקַח֙ אֲר֣וֹן הָאֱלֹהִ֔ים וְאֶל[a]־חָמִ֖יהָ וְאִישָֽׁהּ׃ ב
22 וַתֹּ֗אמֶר גָּלָ֥ה כָב֖וֹד מִיִּשְׂרָאֵ֑ל כִּ֥י נִלְקַ֖ח אֲר֥וֹן הָאֱלֹהִֽים׃ פ ב
5 1 וּפְלִשְׁתִּים֙ לָֽקְח֔וּ אֵ֖ת אֲר֣וֹן הָאֱלֹהִ֑ים וַיְבִאֻ֛הוּ מֵאֶ֥בֶן הָעֵ֖זֶר ז֗1
2 אַשְׁדּֽוֹדָה׃ 2 וַיִּקְח֤וּ פְלִשְׁתִּים֙ אֶת־אֲר֣וֹן הָאֱלֹהִ֔ים וַיָּבִ֥יאוּ אֹת֖וֹ בֵּ֣ית ב. לו
3 דָּג֑וֹן וַיַּצִּ֥יגוּ אֹת֖וֹ אֵ֥צֶל דָּגֽוֹן׃ 3 וַיַּשְׁכִּ֤מוּ אַשְׁדּוֹדִים֙ מִֽמָּחֳרָ֔ת[a] וְהִנֵּ֣ה
דָג֗וֹן נֹפֵ֤ל לְפָנָיו֙[b] אַ֔רְצָה לִפְנֵ֖י אֲר֣וֹן יְהוָ֑ה וַיִּקְחוּ֙[c] אֶת־דָּג֔וֹן וַיָּשִׁ֥בוּ אֹת֖וֹ כו֗2. ל֗3
4 לִמְקוֹמֽוֹ[d]׃ 4 וַיַּשְׁכִּ֣מוּ בַבֹּקֶר֮ מִֽמָּחֳרָת֒[a] וְהִנֵּ֣ה דָג֗וֹן נֹפֵ֤ל לְפָנָיו֙[b] אַ֔רְצָה
לִפְנֵ֖י אֲר֣וֹן יְהוָ֑ה וְרֹ֨אשׁ דָּג֜וֹן וּשְׁתֵּ֣י ׀ כַּפּ֣וֹת יָדָ֗יו כְּרֻתוֹת֙ אֶל[c]־הַמִּפְתָּ֔ן כו֗2. יא֗4. ב כת כן5
5 רַ֥ק דָּג֖וֹן[d] נִשְׁאַ֥ר עָלָֽיו׃ 5 עַל־כֵּ֡ן לֹא־יִדְרְכוּ֩ כֹהֲנֵ֨י דָג֜וֹן וְכָל־הַבָּאִ֧ים ט בטע ה֗6 מנה ר״פ. ב֗7
6 בֵּית־דָּג֛וֹן עַל־מִפְתַּ֥ן דָּג֖וֹן בְּאַשְׁדּ֑וֹד עַ֖ד הַיּ֥וֹם הַזֶּֽה[a]׃ ס 6 וַתִּכְבַּ֧ד
יַד־יְהוָ֛ה אֶל[a]־הָאַשְׁדּוֹדִ֖ים וַיְשִׁמֵּ֑ם[b] וַיַּ֤ךְ[c] אֹתָם֙ בַּעְפָלִ֔ים[d] אֶת־אַשְׁדּ֖וֹד ל֗. ל֗. בטחרים ק
7 וְאֶת־גְּבוּלֶֽיהָ[c]׃ 7 וַיִּרְא֥וּ אַנְשֵֽׁי־אַשְׁדּ֖וֹד כִּי־כֵ֑ן וְאָמְרוּ֙ לֹא־יֵשֵׁ֞ב אֲר֨וֹן ג. ז
8 אֱלֹהֵ֤י יִשְׂרָאֵל֙ עִמָּ֔נוּ כִּֽי־קָשְׁתָ֤ה יָדוֹ֙ עָלֵ֔ינוּ וְעַ֖ל דָּג֥וֹן אֱלֹהֵֽינוּ׃ 8 וַיִּשְׁלְח֡וּ
וַיַּאַסְפוּ֩ אֶת־כָּל־סַרְנֵ֨י פְלִשְׁתִּ֜ים אֲלֵיהֶ֗ם וַיֹּֽאמְרוּ֙ מַֽה־נַּעֲשֶׂ֗ה לַֽאֲרוֹן֙ ל֗8. ז
אֱלֹהֵ֣י יִשְׂרָאֵ֔ל [a]וַיֹּ֣אמְר֗וּ גַּ֚ת יִסֹּ֔ב[a] אֲר֖וֹן אֱלֹהֵ֣י יִשְׂרָאֵ֑ל וַיַּסֵּ֕בּוּ אֶת־אֲר֖וֹן ז. ג֗9. ז
9 אֱלֹהֵ֥י יִשְׂרָאֵֽל׃ ס 9 וַיְהִ֞י אַחֲרֵ֣י ׀ הֵסַ֣בּוּ אֹת֗וֹ[a] וַתְּהִ֨י יַד־יְהוָ֤ה ׀ ו בטע בסיפ

[18] Mm 4216. [19] Mm 1888. [20] Mm 2834. [21] Mm 1480. [22] Mm 3340. [23] Cf 1S 14,3 et Mp sub loco. Cp 5 [1] Mm 1391. [2] Mm 1553. [3] Mm 910. [4] Mm 1554. [5] Mm 1555. [6] Mm 3781. [7] Mm 3892. [8] Mm 399. [9] Mm 1503.

18 [c] 𝔊^{-Mss}𝔏^{93.94} 20 ‖ **19** [a] Gn R 82,8 ללדת ‖ **20** [a] mlt Mss וב׳ cf 𝔊σ′𝔖𝔗^{ed princ}𝔙 ‖ [b] pc Mss cit pr על cf 𝔗^{Mss}, Ms pr אל cf Hi 7,17 sed etiam Ps 62,11 Prv 24,32 ‖ **21** [a] pc Mss מ(ו)ת ואל, nonn Mss ומת cf 𝔗 ‖ **Cp 5,3** [a] > 𝔊^{Mss}; 𝔊 + nonn vb ‖ [b] 𝔊 *ἐπὶ πρόσωπον*, 𝔖𝔗 *'l'pwhj* cf 17,49 ‖ [c] 𝔊 *καὶ ἤγειραν*, 𝔖 *w'tqnwhj* ‖ [d] 𝔊^{-L}𝔏^{93.94} + mlt vb ‖ **4** [a] > 𝔊^{Mss} ‖ [b] ut 3[b], 𝔙 + *super faciem* ‖ [c] pc Mss citt על cf 𝔖𝔗? ‖ [d] 𝔊 pr *ἡ ῥάχις* cf 𝔏^{93.94} 𝔖; 𝔗 *gwpjh* (𝔗^{ed princ. Qimḥi} + *ddgwn*); 𝔙 *dagon truncus* ‖ **5** [a] 𝔊^{-Ms} + nonn vb ‖ **6** [a] nonn Mss citt על cf Ps 32,4 ‖ [b] α′θ′ *ἐφαγεδαίνησεν* cf 7,10 a המם ‖ [c–c] 𝔊𝔏^{91.93.94} alit partim ex 6,4 ‖ [d] nonn Mss ut Q cf 𝔖𝔗𝔙 ‖ **8** [a–a] 𝔊 *καὶ λέγουσιν οἱ Γεθθαῖοι Μετελθέτω (… πρὸς ἡμᾶς)*, 𝔙 *responderuntque Getthei Circumducatur*, 𝔖 *w'mrw lgt thpwk*, 𝔗 *w'mrw lgt jstḥr* ‖ **9** [a] 𝔔 גתה, 𝔊^{L} *τὴν κιβωτὸν πρὸς τοὺς Γεθθαίους*.

בעיר[b] מהומה גדולה מאד ויך את־אנשי העיר מקטן ועד־גדול ב בסיפ
10 וישתרו להם עפלים[b]׃ 10 וישלחו את־ארון האלהים[a] עקרון [b]ויהי טחרים ק . ד[10] וכל אורית דכות ב מ א
כבוא ארון האלהים עקרון[b] ויזעקו העקרנים לאמר הסבו[c] אלי[d] ל
11 את־ארון אלהי ישראל להמיתני[d] ואת־עמי[d]׃ 11 וישלחו ויאספו ז . ד[11] . ל[12]
את־כל־סרני פלשתים ויאמרו שלחו את־ארון אלהי ישראל וישב ז . ה[13]
למקמו ולא־ימית אתי[a] ואת־עמי[a] כי־היתה מהומת־מות[b] בכל־ ד[11] . ח[14]
12 העיר כבדה מאד יד האלהים שם׃ 12 והאנשים אשר לא־מתו ד בליש[15] . ח ר״פ
6 הכו בעפלים[a] ותעל שועת העיר השמים[b]׃ 6 1 ויהי ארון־יהוה בטחרים ק
2 בשדה פלשתים שבעה חדשים[a]׃ 2 ויקראו פלשתים לכהנים ל
ולקסמים לאמר מה־נעשה לארון יהוה הודענו במה נשלחנו ל וחס . ל
3 למקומו[a]׃ 3 ויאמרו אם־משלחים[a] את־ארון[b] אלהי ישראל אל־ ל . ז ול[1] בעינ
תשלחו אתו ריקם כי־השב תשיבו לו אשם אז תרפאו ונודע לכם ב . ל . ל
4 למה לא־תסור ידו מכם׃ 4 ויאמרו מה האשם אשר נשיב לו ל . ב[2]
ויאמרו מספר סרני פלשתים חמשה עפלי[a] זהב [b]וחמשה עכברי טחרי ק
5 זהב[b] כי־מגפה אחת לכלם[c] ולסרניכם׃ 5 [a]ועשיתם צלמי עפליכם[b] טחריכם ק . ל
וצלמי עכבריכם[c a] המשחיתם את־הארץ ונתתם [d]לאלהי ישראל[d] ב . ח . כח[3] ד[4] מנה בליש
כבוד אולי יקל את־ידו מעליכם ומעל אלהיכם ומעל ארצכם׃ ל . ל
6 ולמה תכבדו את־לבבכם כאשר כבדו מצרים ופרעה את־לבם ג . ה ר״פ[5]
7 הלוא כאשר התעלל[a] בהם וישלחום וילכו׃ 7 ועתה קחו ועשו ל
עגלה חדשה אחת ושתי פרות עלות אשר לא־עלה עליהם על ה[6]

[10] Mm 1702. [11] Mm 2979. [12] Mm 399. [13] Mm 976. [14] Mm 1873. [15] Mp sub loco. **Cp 6** [1] Mm 1553. [2] Mm 1556. [3] Mm 2364. [4] Mm 3921. [5] Mm 1020. [6] Mm 245.

9 [b] Ms בעם, 𝔙 *per singulas civitates* ‖ [b] pc Mss ut Q cf 𝔖𝔗, σ′ *κατὰ τῶν κρυπτῶν*, 𝔙 *prominentes extales*; 𝔊 *εἰς τὰς ἕδρας αὐτῶν* (+ nonn vb) cf $𝔏^{91.93.94}$, α′ *αἱ ἕδραι* ‖ **10** [a] 𝔔 אלוהי ישרא]ל, $𝔊^{L}$ *θεοῦ Ισραηλ* ‖ [b–b] > nonn Mss cf $𝔊^{Mss}𝔖𝔗^{Mss}𝔙^{Mss}$ ‖ [c] 𝔔𝔊 pr למה ‖ [d] Vrs suff 1 pl ($𝔗^{Mss}$ *lwtj*), 2 Mss ־תנו ‖ **11** [a] 𝔊𝔖𝔙 suff 1 pl ‖ [b] 𝔔 יהון ‖ **12** [a] pc Mss ut Q cf 𝔖𝔗𝔙, 𝔊 *ἕδρας* ‖ [b] nonn Mss ־ימה ‖ **Cp 6,1** [a] $𝔊𝔏^{91.93.94}$ + nonn vb ‖ **2** [a] 𝔔 אל מ׳ ‖ **3** [a] pc Mss cit + אתם cf $𝔊𝔖𝔗^{Mss}$ ‖ [b] 𝔔𝔊 + ברית יהוה ‖ **4** [a] pc Mss ut Q cf 𝔖𝔗𝔙, 𝔊 *ἕδρας*, $𝔏^{115}$ *nates*, $𝔏^{93}$ *sedes* ‖ [b–b] > $𝔔𝔊^{-O\,Mss}𝔏^{115}$ cf 5 [a–a] ‖ [c] nonn Mss לכלכם, 𝔊($𝔏^{115}$ [pr cop]𝔖) *ὑμῖν*, 𝔙($𝔗^{-f}$ + *šwj'*) *omnibus vobis* ‖ **5** [a–a] 𝔊 *καὶ μῦς χρυσοῦς ὁμοίωμα* ($𝔊^{Mss}$ + *τῶν ἑδρῶν ὑμῖν καὶ*) *τῶν μυῶν ὑμῶν*, $𝔊^{L}$ ($𝔏^{93.94}$ om *ὑμῶν*) *καὶ πέντε μύας χρυσοῦς ποιήσατε ὁμοίωμα τῶν μυῶν ὑμῶν*, $𝔏^{115}$ *set et mures aureos similes muribus* … ‖ [b] Ms עפלים; nonn Mss ut Q cf $𝔊^{Mss}𝔖𝔗𝔙$ et [a–a] ‖ [c] 𝔔 העכברים ‖ [d–d] $𝔊^{-Mss}$ *τῷ κυρίῳ* cf $𝔏^{115}$ ‖ **6** [a] 2 Mss citt התעולל cf Ps 141,4.

וַאֲסַרְתֶּם אֶת־הַפָּרוֹת בָּעֲגָלָה וַהֲשֵׁיבֹתֶם בְּנֵיהֶם מֵאַחֲרֵיהֶם הַבָּיְתָה׃ ל. ל מל י. יט[7]
8 וּלְקַחְתֶּם אֶת־אֲרוֹן יְהוָה[a] וּנְתַתֶּם אֹתוֹ אֶל־הָעֲגָלָה וְאֵת ׀ כְּלֵי[b] הַזָּהָב ו. ב[8]
אֲשֶׁר הֲשֵׁבֹתֶם לוֹ אָשָׁם תָּשִׂימוּ בָאַרְגַּז מִצִּדּוֹ וְשִׁלַּחְתֶּם אֹתוֹ וְהָלָךְ׃ ל
9 וּרְאִיתֶם אִם־דֶּרֶךְ גְּבוּלוֹ יַעֲלֶה בֵּית שֶׁמֶשׁ הוּא עָשָׂה לָנוּ אֶת־
הָרָעָה[a] הַגְּדוֹלָה הַזֹּאת וְאִם־לֹא וְיָדַעְנוּ כִּי לֹא יָדוֹ נָגְעָה בָּנוּ מִקְרֶה ו. יז מ״פ. ב וכל קהלת דכות
10 הוּא הָיָה לָנוּ׃ 10 וַיַּעֲשׂוּ הָאֲנָשִׁים כֵּן וַיִּקְחוּ שְׁתֵּי פָרוֹת עָלוֹת וַיַּאַסְרוּם ה[9]. ל
11 בָּעֲגָלָה וְאֶת־בְּנֵיהֶם כָּלוּ בַבָּיִת׃ 11 וַיָּשִׂמוּ אֶת־אֲרוֹן יְהוָה[a] אֶל־ ד[10]. לה ד מנה חס
הָעֲגָלָה וְאֵת הָאַרְגַּז וְאֵת עַכְבְּרֵי הַזָּהָב[b] וְאֵת צַלְמֵי טְחֹרֵיהֶם[bc]׃ ב. ב בליש כת כן[11]
12 וַיִּשַּׁרְנָה[a] הַפָּרוֹת בַּדֶּרֶךְ עַל־דֶּרֶךְ בֵּית שֶׁמֶשׁ בִּמְסִלָּה אַחַת הָלְכוּ ה וכל על הדרך דכות[12]. ל
הָלֹךְ וְגָעוֹ[b] וְלֹא־סָרוּ יָמִין וּשְׂמֹאול וְסַרְנֵי פְלִשְׁתִּים הֹלְכִים אַחֲרֵיהֶם ד[13] חס וכל ירמיה דכות ב מ ו. ב
13 עַד־גְּבוּל בֵּית שָׁמֶשׁ׃ 13 וּבֵית שֶׁמֶשׁ קֹצְרִים קְצִיר־חִטִּים בָּעֵמֶק
ס וַיִּשְׂאוּ אֶת־עֵינֵיהֶם וַיִּרְאוּ אֶת־הָאָרוֹן וַיִּשְׂמְחוּ לִרְאוֹת[a]׃ 14 וְהָעֲגָלָה מג
בָּאָה אֶל־שְׂדֵה יְהוֹשֻׁעַ בֵּית־הַשִּׁמְשִׁי וַתַּעֲמֹד שָׁם וְשָׁם אֶבֶן גְּדוֹלָה ב. ב
וַיְבַקְּעוּ אֶת־עֲצֵי הָעֲגָלָה וְאֶת־הַפָּרוֹת הֶעֱלוּ עֹלָה לַיהוָה׃ ס
15 וְהַלְוִיִּם הוֹרִידוּ ׀ אֶת־אֲרוֹן יְהוָה וְאֶת־הָאַרְגַּז אֲשֶׁר־אִתּוֹ אֲשֶׁר־בּוֹ ל. ס[14]. ב
כְלֵי־זָהָב וַיָּשִׂמוּ אֶל[a]־הָאֶבֶן הַגְּדוֹלָה וְאַנְשֵׁי בֵית־שֶׁמֶשׁ הֶעֱלוּ עֹלוֹת לה ד מנה חס. יח[15]
16 וַיִּזְבְּחוּ זְבָחִים בַּיּוֹם הַהוּא לַיהוָה׃ 16 וַחֲמִשָּׁה סַרְנֵי־פְלִשְׁתִּים רָאוּ
17 וַיָּשֻׁבוּ עֶקְרוֹן בַּיּוֹם הַהוּא׃ ס 17 וְאֵלֶּה טְחֹרֵי[a] הַזָּהָב אֲשֶׁר הֵשִׁיבוּ ב בליש כת כן[11]
פְלִשְׁתִּים אָשָׁם לַיהוָה לְאַשְׁדּוֹד אֶחָד לְעַזָּה אֶחָד לְאַשְׁקְלוֹן אֶחָד ל. ל. ל
18 לְגַת אֶחָד לְעֶקְרוֹן אֶחָד׃ ס 18 וְעַכְבְּרֵי הַזָּהָב מִסְפַּר כָּל־עָרֵי
פְלִשְׁתִּים לַחֲמֵשֶׁת הַסְּרָנִים מֵעִיר מִבְצָר וְעַד כֹּפֶר הַפְּרָזִי וְעַד ׀ חד פסוק ועד ועד עד[16]. ב. ב
אָבֵל[a] הַגְּדוֹלָה אֲשֶׁר הִנִּיחוּ עָלֶיהָ אֵת אֲרוֹן יְהוָה עַד הַיּוֹם הַזֶּה ד[17] ב מנה בליש
19 בִּשְׂדֵה יְהוֹשֻׁעַ בֵּית־הַשִּׁמְשִׁי׃ 19 וַיַּךְ[a] בְּאַנְשֵׁי בֵית־שֶׁמֶשׁ כִּי רָאוּ[b] ב. ד

[7] Mm 1557. [8] Mm 1558. [9] Mm 245. [10] Mm 1069. [11] Mp sub loco. [12] Mm 3032. [13] Mm 1408. [14] Cf Mm 1553. [15] Mm 2952. [16] Mm 56. [17] Mm 1559.

8 [a] > 𝔊^{Mss}𝔏^{115} ‖ [b] pc Mss citt pr כל ‖ **9** [a] nonn Mss pr כל ‖ **11** [a] > 𝔊^{Mss}𝔏^{115}; 𝔙 *Dei* ‖ [b–b] > 𝔊$^{-O\,Mss}$𝔏^{115} ‖ [c] mlt Mss עפליהם cf Q 5,6 et cet ‖ **12** [a] sic L, mlt Mss Edd ׳וַיִּ ‖ [b] nonn Mss citt –עה ‖ **13** [a] 𝔊$^{-L}$ *εἰς ἀπάντησιν αὐτῆς* cf 𝔏^{115}, 𝔊^{L} *καὶ ἐπορεύθησαν* cf Jdc 19,3 ‖ **15** [a] mlt Mss על cf 𝔊𝔏^{115} ‖ **17** [a] pc Mss עפלי cf Q 5,6 et cet ‖ **18** [a] pc Mss אבן cf 𝔊𝔏$^{93.94}$𝔗 ‖ **19** [a] 𝔊 *καὶ οὐκ ἠσμένισαν (οἱ) υἱοὶ Ιεχονιου*, 𝔏$^{93.94}$ *et non substinuerunt filii Jechoniae* ‖ [b] 𝔖 *(d)dḥlw*.

בַּאֲר֣וֹן יְהוָ֔ה וַיַּ֥ךְ בָּעָ֛ם[c] שִׁבְעִ֥ים אִ֖ישׁ [d]חֲמִשִּׁ֥ים[e] אֶ֣לֶף אִ֑ישׁ[d] וַיִּֽתְאַבְּל֣וּ ב
הָעָ֔ם כִּֽי־הִכָּ֧ה יְהוָ֛ה בָּעָ֖ם מַכָּ֥ה גְדוֹלָֽה׃[f] 20 וַיֹּֽאמְרוּ֙ אַנְשֵׁ֣י בֵֽית־שֶׁ֔מֶשׁ 20
מִ֚י יוּכַ֣ל לַעֲמֹ֔ד[a] לִפְנֵ֨י יְהוָ֜ה הָאֱלֹהִ֧ים הַקָּד֛וֹשׁ הַזֶּ֖ה וְאֶל־מִ֥י יַעֲלֶ֖ה ל[18] . ד מל[19] . ד[20]
21 מֵעָלֵֽינוּ׃ [b] ס 21 וַֽיִּשְׁלְחוּ֙ מַלְאָכִ֔ים אֶל־יוֹשְׁבֵ֥י קִרְיַת־יְעָרִ֖ים לֵאמֹ֑ר לד מל ול בסיפ
7 הֵשִׁ֤בוּ פְלִשְׁתִּים֙ אֶת־אֲר֣וֹן יְהוָ֔ה רְד֕וּ הַעֲל֥וּ[a] אֹת֖וֹ אֲלֵיכֶֽם׃ 7 1 וַיָּבֹ֜אוּ ל חס
אַנְשֵׁ֣י ׀ קִרְיַ֣ת יְעָרִ֗ים וַיַּעֲלוּ֙ אֶת־אֲר֣וֹן יְהוָ֔ה וַיָּבִ֣אוּ אֹת֔וֹ אֶל־בֵּ֥ית ב[1] . לו
אֲבִינָדָ֖ב בַּגִּבְעָ֑ה[a] וְאֶת־[b]אֶלְעָזָ֤ר בְּנוֹ֙ קִדְּשׁ֔וּ[b] לִשְׁמֹ֖ר אֶת־אֲר֥וֹן ב
יְהוָֽה׃ פ
2 וַיְהִ֞י מִיּ֨וֹם שֶׁ֤בֶת הָֽאָרוֹן֙ בְּקִרְיַ֣ת יְעָרִ֔ים וַיִּרְבּוּ֙ הַיָּמִ֔ים וַיִּֽהְי֖וּ 2 ל . ל
3 עֶשְׂרִ֣ים שָׁנָ֑ה וַיִּנָּה֛וּ[a] כָּל־בֵּ֥ית יִשְׂרָאֵ֖ל אַחֲרֵ֥י יְהוָֽה׃ ס 3 וַיֹּ֣אמֶר ל . כ[2] וכל ירמיה ויחזק דכות ב מ ח
שְׁמוּאֵ֗ל אֶל־כָּל־בֵּ֨ית יִשְׂרָאֵ֜ל לֵאמֹ֗ר אִם־בְּכָל־לְבַבְכֶם֙ אַתֶּ֤ם שָׁבִים֙ כ[2] וכל ירמיה ויחזק דכות ב מ ח
אֶל־יְהוָ֔ה הָסִ֜ירוּ אֶת־אֱלֹהֵ֧י הַנֵּכָ֛ר מִתּוֹכְכֶ֖ם וְהָעַשְׁתָּר֑וֹת[a] וְהָכִ֨ינוּ ז
לְבַבְכֶ֤ם אֶל־יְהוָה֙ וְעִבְדֻ֣הוּ לְבַדּ֔וֹ וְיַצֵּ֥ל אֶתְכֶ֖ם מִיַּ֥ד פְּלִשְׁתִּֽים׃
4 וַיָּסִ֙ירוּ֙ בְּנֵ֣י יִשְׂרָאֵ֔ל אֶת־הַבְּעָלִ֖ים וְאֶת־הָעַשְׁתָּרֹ֑ת וַיַּֽעַבְדוּ֙ אֶת־ 4 ל חס בנביא
5 יְהוָ֖ה לְבַדּֽוֹ׃ פ 5 וַיֹּ֣אמֶר שְׁמוּאֵ֔ל קִבְצ֥וּ אֶת־כָּל־יִשְׂרָאֵ֖ל ו בטע בסיפ . ב[3]
6 הַמִּצְפָּ֑תָה וְאֶתְפַּלֵּ֥ל בַּעַדְכֶ֖ם[a] אֶל־יְהוָֽה׃ 6 וַיִּקָּבְצ֣וּ[a] הַמִּצְפָּ֗תָה ח . ד[4] ג מנה בסיפ וכל ד״ה דכות ב מ א . ח
וַיִּֽשְׁאֲבוּ־מַ֞יִם וַֽיִּשְׁפְּכ֣וּ ׀ לִפְנֵ֣י יְהוָ֗ה[b] וַיָּצ֙וּמוּ֙ בַּיּ֣וֹם הַה֔וּא וַיֹּ֣אמְרוּ שָׁ֔ם[c] ג מל[5]
7 חָטָ֖אנוּ לַיהוָ֑ה וַיִּשְׁפֹּ֧ט שְׁמוּאֵ֛ל אֶת־בְּנֵ֥י יִשְׂרָאֵ֖ל בַּמִּצְפָּֽה׃ 7 וַיִּשְׁמְע֣וּ ב
פְלִשְׁתִּ֗ים כִּֽי־הִתְקַבְּצ֤וּ בְנֵֽי־יִשְׂרָאֵל֙ הַמִּצְפָּ֔תָה וַיַּעֲל֥וּ סַרְנֵֽי־פְלִשְׁתִּ֖ים ח
8 אֶל־יִשְׂרָאֵ֑ל וַֽיִּשְׁמְעוּ֙ בְּנֵ֣י יִשְׂרָאֵ֔ל וַיִּרְא֖וּ מִפְּנֵ֥י פְלִשְׁתִּֽים׃ 8 וַיֹּאמְר֨וּ ז[6] וכל משחתיך למלך דכות ב מ א
בְנֵֽי־יִשְׂרָאֵל֙ אֶל־שְׁמוּאֵ֔ל אַל־תַּחֲרֵ֣שׁ מִמֶּ֔נּוּ מִזְּעֹ֖ק אֶל־יְהוָ֣ה אֱלֹהֵ֑ינוּ[a] ל . ל
9 וְיֹשִׁעֵ֖נוּ מִיַּ֥ד פְּלִשְׁתִּֽים׃ 9 וַיִּקַּ֣ח שְׁמוּאֵ֗ל טְלֵ֤ה חָלָב֙ אֶחָ֔ד וַיַּעֲלֵ֥הו[a] עוֹלָ֖ה ג ב חס וחד מל[7] . ויעלהו ק . ג מל בסיפ[8]

[18]Mm 1372. [19]Mm 2223. [20]Mm 1560. **Cp 7** [1]Mm 3965. [2]Mm 953. [3]Mm 3041. [4]Mp sub loco. [5]Mm 1519. [6]Mm 1021. [7]Mm 1550. [8]Mm 1741.

19 [c] 2 Mss בהם cf 𝔊 ‖ [d–d] > pc Mss ‖ [e] nonn Mss citt וח׳ cf 𝔊𝔖𝔙 ‖ [f] sic L, mlt Mss Edd : ‖ **20** [a] 𝔊^-L^ *διελθεῖν* ‖ [b] Mss om interv ‖ **21** [a] pc Mss וה׳ cf 𝔊𝔗^Ms^𝔙 ‖ **Cp 7,1** [a] mlt Mss 𝔖𝔗^f edd^ pr אשר ‖ [b–b] 𝔊^L^ *ἡγίασεν τὸν υἱὸν αὐτοῦ Ελεαζαρ*, 𝔖 *wqdš l'lj'zr brh* ‖ **2** [a] 𝔊^-L^ *καὶ ἐπέβλεψε/αν*, 𝔊^L^ *καὶ ἐπέστρεψεν*, 𝔏^93.94^ *et respexit ... ire ... in pace* cf Dt 31,18, 𝔗 *w'tnhj'w*, 𝔙 *et requievit* ‖ **3** [a] 𝔊 *καὶ τὰ ἄλση* cf 𝔏^93.94^ et Dt 12,3 sed etiam 4; 12,10 ‖ **5** [a] Ms בעדם ‖ **6** [a] 2 Mss ויתק׳ cf 7 ‖ [b] 𝔊 + *ἐπὶ τὴν γῆν* cf 𝔏^93.94^ ‖ [c] > 2 Mss 𝔊𝔏^93.94^𝔖^Jac edess^; 𝔖 *mṭl d...*, 𝔙 *tibi* (*ibi*?) ‖ **8** [a] 𝔊 *θεόν σου* (𝔊^L^ + *ὑπὲρ ἡμῶν*) cf 𝔏^93.94^ ‖ **9** [a] nonn Mss ut Q cf Vrs.

כָּלִ֖יל לַֽיהוָ֑ה וַיִּזְעַ֨ק שְׁמוּאֵ֤ל אֶל־יְהוָה֙ בְּעַ֣ד יִשְׂרָאֵ֔ל וַֽיַּעֲנֵ֖הוּ יְהוָֽה׃
10 וַיְהִ֗י שְׁמוּאֵל֙ מַעֲלֶ֣ה הָֽעוֹלָ֔ה וּפְלִשְׁתִּ֣ים נִגְּשׁ֔וּ לַמִּלְחָמָ֖ה בְּיִשְׂרָאֵ֑ל ח̇[9]. ג̇ מל בסיפ[10]
וַיַּרְעֵ֣ם יְהוָ֣ה ׀ בְּקוֹל־גָּ֠דוֹל בַּיּ֨וֹם הַה֤וּא עַל־פְּלִשְׁתִּים֙ וַיְהֻמֵּ֔ם וַיִּנָּגְפ֖וּ ב̇. ג̇[11]
11 לִפְנֵ֥י יִשְׂרָאֵֽל׃ 11 וַיֵּצְא֞וּ אַנְשֵׁ֤י יִשְׂרָאֵל֙ מִן־הַמִּצְפָּ֔ה וַֽיִּרְדְּפ֖וּ אֶת־
12 פְּלִשְׁתִּ֑ים וַיַּכּ֕וּם עַד־מִתַּ֖חַת לְבֵ֥ית כָּֽר׃ 12 וַיִּקַּ֣ח שְׁמוּאֵל֩ אֶ֨בֶן אַחַ֜ת יא[12]. ל̇
וַיָּ֤שֶׂם בֵּין־הַמִּצְפָּה֙ וּבֵ֣ין הַשֵּׁ֔ן[a] וַיִּקְרָ֥א אֶת־שְׁמָ֖הּ אֶ֣בֶן הָעָ֑זֶר וַיֹּאמַ֕ר פד. ב̇[13]. צא
13 עַד־הֵ֖נָּה עֲזָרָ֥נוּ[b] יְהוָֽה׃ 13 וַיִּכָּֽנְעוּ֙ הַפְּלִשְׁתִּ֔ים וְלֹא־יָסְפ֣וּ ע֔וֹד לָב֖וֹא ל̇. ח̇[14]. ד̇[13]
14 בִּגְב֣וּל יִשְׂרָאֵ֑ל וַתְּהִ֤י יַד־יְהוָה֙ בַּפְּלִשְׁתִּ֔ים כֹּ֖ל יְמֵ֥י שְׁמוּאֵֽל׃ 14 וַתָּשֹׁ֣בְנָה ל̇
הֶעָרִ֣ים אֲשֶׁ֣ר לָֽקְחֽוּ־פְ֠לִשְׁתִּים מֵאֵ֨ת יִשְׂרָאֵ֜ל ׀ לְיִשְׂרָאֵל֙ מֵעֶקְר֣וֹן וְעַד־ ל̇
גַּ֔ת וְאֶת־גְּבוּלָ֔ן הִצִּ֥יל יִשְׂרָאֵ֖ל מִיַּ֣ד פְּלִשְׁתִּ֑ים וַיְהִ֣י שָׁל֔וֹם בֵּ֥ין יִשְׂרָאֵ֖ל ל̇ ומל
15 16 וּבֵ֥ין הָאֱמֹרִֽי׃ 15 וַיִּשְׁפֹּ֥ט שְׁמוּאֵ֖ל אֶת־יִשְׂרָאֵ֑ל כֹּ֖ל יְמֵ֥י חַיָּֽיו׃ 16 וְהָלַ֗ךְ ב̇
מִדֵּ֤י שָׁנָה֙ בְּשָׁנָ֔ה וְסָבַב֙ בֵּֽית־אֵ֔ל וְהַגִּלְגָּ֖ל וְהַמִּצְפָּ֑ה וְשָׁפַט֙ אֶת־יִשְׂרָאֵ֔ל ג̇[16]. ב̇. ל̇ בסיפ. כו פסוק את את ומילה חדה ביניה̇ יט̇ מנה̇ בנביא
17 אֵ֥ת[a] כָּל־הַמְּקוֹמ֖וֹת[b] הָאֵֽלֶּה׃ 17 וּתְשֻׁבָת֣וֹ הָרָמָ֗תָה כִּֽי־שָׁ֣ם בֵּית֔וֹ וְשָׁ֖ם ב̇ מל[17]. ל̇ וחס. ח̇[18]
שְׁפָטָ֣ה אֶת־יִשְׂרָאֵ֑ל וַיִּֽבֶן־שָׁ֥ם מִזְבֵּ֖חַ לַֽיהוָֽה׃ פ ל̇ וכל שם ברנש דכות

8 1 וַיְהִ֕י כַּאֲשֶׁ֖ר[a] זָקֵ֣ן שְׁמוּאֵ֑ל וַיָּ֧שֶׂם אֶת־בָּנָ֛יו שֹׁפְטִ֖ים לְיִשְׂרָאֵֽל׃ פד. ל̇
2 וַיְהִ֞י שֶׁם־בְּנ֤וֹ הַבְּכוֹר֙ יוֹאֵ֔ל וְשֵׁ֥ם מִשְׁנֵ֖הוּ אֲבִיָּ֑ה שֹׁפְטִ֖ים בִּבְאֵ֥ר שָֽׁבַע׃ ו̇ בטע בסיפ. ו̇[1]. ב̇ בנביא
3 וְלֹא־הָלְכ֤וּ בָנָיו֙ בִּדְרָכָ֔ו[a] וַיִּטּ֖וּ אַחֲרֵ֣י הַבָּ֑צַע וַיִּֽקְחוּ־שֹׁ֔חַד וַיַּטּ֖וּ בדרכיו ק̇ חד מן ה̇[2] כת כן. ל̇[3]. ד̇[3]
4 מִשְׁפָּֽט׃ פ 4 וַיִּֽתְקַבְּצ֔וּ כֹּ֖ל זִקְנֵ֣י יִשְׂרָאֵ֑ל וַיָּבֹ֥אוּ אֶל־שְׁמוּאֵ֖ל
5 הָרָמָֽתָה׃ 5 וַיֹּאמְר֣וּ אֵלָ֗יו הִנֵּה֙ אַתָּ֣ה זָקַ֔נְתָּ וּבָנֶ֕יךָ לֹ֥א הָלְכ֖וּ בִּדְרָכֶ֑יךָ ח̇[4]. ב̇ חד מל וחד חס[5]
6 עַתָּ֗ה[a] שִֽׂימָה־לָּ֥נוּ מֶ֛לֶךְ לְשָׁפְטֵ֖נוּ כְּכָל־הַגּוֹיִֽם׃ 6 וַיֵּ֤רַע הַדָּבָר֙ בְּעֵינֵ֣י ב̇. ד̇[6]. יד̇ בסיפ
שְׁמוּאֵ֔ל כַּאֲשֶׁר֙ אָֽמְר֔וּ תְּנָה־לָּ֥נוּ מֶ֖לֶךְ לְשָׁפְטֵ֑נוּ וַיִּתְפַּלֵּ֥ל שְׁמוּאֵ֖ל אֶל־ ב̇
7 יְהוָֽה׃ פ 7 וַיֹּ֤אמֶר יְהוָה֙ אֶל־שְׁמוּאֵ֔ל שְׁמַע֙ בְּק֣וֹל הָעָ֔ם לְכֹ֖ל
אֲשֶׁר־יֹאמְר֣וּ אֵלֶ֑יךָ כִּ֣י לֹ֤א אֹתְךָ֙ מָאָ֔סוּ כִּֽי־אֹתִ֥י מָאֲס֖וּ מִמְּלֹ֥ךְ עֲלֵיהֶֽם׃ ד̇
8 כְּכָל־הַמַּעֲשִׂ֣ים אֲשֶׁר־עָשׂ֗וּ[a] מִיּוֹם֩ הַעֲלֹתִ֨י אֹתָ֤ם מִמִּצְרַ֙יִם֙[b] וְעַד־[c] ב̇[7]. ג̇ ב חס וחד מל[8]. ד̇ מל בסיפ[9]. ג̇

[9] Mm 2726. [10] Mm 1741. [11] Mm 3222. [12] Mm 917. [13] Mm 191. [14] Mm 1315. [15] Mm 1716. [16] Mm 1561. [17] Mm 1562. [18] Mm 1564. **Cp 8** [1] Mm 1989. [2] Mm 3210. [3] Mm 1563. [4] Mm 1564. [5] Mm 1314. [6] Mm 1565. [7] Mm 2189. [8] Mp sub loco. [9] Mp contra textum, cf Mp sub loco.

12 [a] 𝔊 *τῆς παλαιᾶς*, 𝔏[93.94] *(novae et) veteris*, 𝔖 *jšn* ‖ [b] Ms ־ני– cf 𝔖[A], 𝔊[L] *(λίθος τοῦ βοηθοῦ) μου* ‖ **16** [a] 𝔊 *ἐν* cf 𝔏[93.94]𝔙; cit ואת cf 𝔖 ‖ [b] 𝔊 *τοῖς ἡγιασμένοις* cf 𝔏[93.94] ‖ **Cp 8,1** [a] pc Mss citt כי ‖ **3** [a] mlt Mss ut Q cf 𝔖𝔗𝔙 ‖ **5** [a] nonn Mss citt ועʼ cf 𝔊𝔗[f] ‖ **8** [a] 𝔊 + *μοι* ‖ [b] 2 Mss מארץ מצʼ cf 𝔊[Ms]𝔖 et 2 S 7,6[a] ‖ [c] 2 Mss עד cf 𝔊[-LMss]𝔗[f].

ה10 הַיּ֣וֹם הַזֶּ֔ה וַיַּֽעַזְבֻ֔נִי וַיַּֽעַבְד֖וּ אֱלֹהִ֣ים אֲחֵרִ֑ים כֵּ֛ן הֵ֥מָּה עֹשִׂ֖ים גַּם־לָֽךְ׃
9 וְעַתָּ֖ה שְׁמַ֣ע בְּקוֹלָ֑ם אַ֗ךְ כִּֽי־הָעֵ֤ד תָּעִיד֙ בָּהֶ֔ם וְהִגַּדְתָּ֣ לָהֶ֔ם מִשְׁפַּ֣ט 9
ו בטע בסיפ הַמֶּ֔לֶךְ אֲשֶׁ֥ר יִמְלֹ֖ךְ עֲלֵיהֶֽם׃ ס 10 וַיֹּ֣אמֶר שְׁמוּאֵ֔ל אֵ֖ת כָּל־דִּבְרֵ֣י 10
יְהוָ֑ה אֶל־הָעָ֕ם הַשֹּׁאֲלִ֥ים מֵאִתּ֖וֹ מֶֽלֶךְ׃ ס 11 וַיֹּ֕אמֶר זֶ֣ה יִהְיֶ֔ה 11
ג קמ וכל אתנח וס״פ דכות11. ח12 מִשְׁפַּ֣ט הַמֶּ֔לֶךְ אֲשֶׁ֥ר יִמְלֹ֖ךְ עֲלֵיכֶ֑ם אֶת־בְּנֵיכֶ֣ם יִקָּ֗ח וְשָׂ֥ם לוֹ֙ בְּמֶרְכַּבְתּ֣וֹ
ב וּבְפָרָשָׁ֔יו וְרָצ֖וּ לִפְנֵ֥י מֶרְכַּבְתּֽוֹ׃ 12 וְלָשׂ֣וּם ל֔וֹ שָׂרֵ֥י אֲלָפִ֖ים וְשָׂרֵ֣י 12
ל וחס. ל וחס. ה13 חֲמִשִּׁ֑ים[a] וְלַחֲרֹ֤שׁ חֲרִישׁוֹ֙ וְלִקְצֹ֣ר קְצִיר֔וֹ וְלַעֲשׂ֥וֹת כְּלֵֽי־מִלְחַמְתּ֖וֹ וּכְלֵ֥י
ג בנביא14. ל. ל. ל רִכְבּֽוֹ׃ 13 וְאֶת־בְּנוֹתֵיכֶ֖ם יִקָּ֑ח לְרַקָּח֥וֹת וּלְטַבָּח֖וֹת וּלְאֹפֽוֹת׃ 14 וְאֶת־ 13 14
ל ומל שְׂדוֹתֵיכֶ֨ם וְאֶת־כַּרְמֵיכֶ֧ם וְזֵיתֵיכֶ֛ם הַטּוֹבִ֖ים יִקָּ֑ח וְנָתַ֖ן לַעֲבָדָֽיו׃
ב וחס. ב15. כו פסוק ואת ואת ואת ואת 15 וְזַרְעֵיכֶ֥ם וְכַרְמֵיכֶ֖ם יַעְשֹׂ֑ר וְנָתַ֥ן לְסָרִיסָ֖יו וְלַעֲבָדָֽיו׃ 16 וְאֶת־ 15 16
ל ומל. ל ומל עַבְדֵיכֶ֨ם וְאֶת־שִׁפְחוֹתֵיכֶ֜ם וְאֶת־בַּחוּרֵיכֶ֧ם[a] הַטּוֹבִ֛ים וְאֶת־חֲמוֹרֵיכֶ֖ם
ל. ל ר״פ. ב וחס יִקָּ֑ח וְעָשָׂ֖ה[b] לִמְלַאכְתּֽוֹ׃ 17 צֹאנְכֶ֖ם[a] יַעְשֹׂ֑ר וְאַתֶּ֖ם תִּהְיוּ־ל֥וֹ לַעֲבָדִֽים׃ 17
ל. ה 18 וּזְעַקְתֶּם֙ בַּיּ֣וֹם הַה֔וּא מִלִּפְנֵ֣י מַלְכְּכֶ֔ם אֲשֶׁ֥ר בְּחַרְתֶּ֖ם לָכֶ֑ם וְלֹֽא־ 18
ג16 יַעֲנֶ֧ה יְהוָ֛ה אֶתְכֶ֖ם בַּיּ֥וֹם הַהֽוּא[a]׃ 19 וַיְמָאֲנ֣וּ הָעָ֔ם לִשְׁמֹ֖עַ בְּק֣וֹל שְׁמוּאֵ֑ל 19
ב בטע17. ו דגש18. ד19 וַיֹּ֣אמְרוּ לֹּ֔א[a] כִּ֥י אִם־מֶ֖לֶךְ יִהְיֶ֥ה[b] עָלֵֽינוּ׃ 20 וְהָיִ֥ינוּ גַם־אֲנַ֖חְנוּ כְּכָל־ 20
ל. ה20. ב וחס הַגּוֹיִ֑ם וּשְׁפָטָ֤נוּ מַלְכֵּ֙נוּ֙ וְיָצָ֣א לְפָנֵ֔ינוּ וְנִלְחַ֖ם אֶת־מִלְחֲמֹתֵֽנוּ׃ 21 וַיִּשְׁמַ֣ע 21
לז. ג21 שְׁמוּאֵ֔ל אֵ֖ת כָּל־דִּבְרֵ֣י הָעָ֑ם וַֽיְדַבְּרֵ֖ם בְּאָזְנֵ֥י יְהוָֽה׃ פ 22 וַיֹּ֨אמֶר 22
יְהוָ֤ה אֶל־שְׁמוּאֵל֙ שְׁמַ֣ע בְּקוֹלָ֔ם וְהִמְלַכְתָּ֥ לָהֶ֖ם[a] מֶ֑לֶךְ וַיֹּ֤אמֶר שְׁמוּאֵל֙
אֶל־אַנְשֵׁ֣י יִשְׂרָאֵ֔ל לְכ֖וּ אִ֥ישׁ לְעִירֽוֹ׃ פ
מבנימין ק חד מן ח1 כת ב מילין וקר חדה וחד מן יז2 מל. ל שם אנש 9 1 וַֽיְהִי־אִ֨ישׁ[a] מִבִּן־יָמִ֜ין[b] וּשְׁמ֗וֹ קִ֡ישׁ בֶּן־אֲבִיאֵ֡ל בֶּן־צְר֣וֹר בֶּן־ 9
ד ר״פ3 בְּכוֹרַ֣ת בֶּן־אֲפִ֣יחַ בֶּן־[c]אִ֣ישׁ יְמִינִ֑י[d] גִּבּ֖וֹר חָֽיִל׃ 2 וְלוֹ־הָיָ֨ה בֵ֜ן וּשְׁמ֤וֹ סה
ה4. ז5 שָׁאוּל֙ בָּח֣וּר וָט֔וֹב וְאֵ֥ין אִ֛ישׁ מִבְּנֵ֥י יִשְׂרָאֵ֖ל ט֣וֹב מִמֶּ֑נּוּ מִשִּׁכְמ֣וֹ וָמַ֔עְלָה
גָּבֹ֖הַּ מִכָּל־הָעָֽם׃ 3 וַתֹּאבַ֙דְנָה֙ הָאֲתֹנ֔וֹת לְקִ֖ישׁ אֲבִ֣י שָׁא֑וּל וַיֹּ֨אמֶר 3

[10]Mm 628. [11]Mm 1566. [12]Mm 224. [13]Mm 1376. [14]Mp sub loco. [15]Mm 1567. [16]Mm 1568. [17]Mm 1569. [18]Mm 3644. [19]Mm 1565. [20]Mm 373. [21]Mm 1570. **Cp 9** [1]Mm 214. [2]Mm 262. [3]Mm 1529. [4]Mm 4026. [5]Mm 289.

12 [a] 𝔊 100, 𝔖 (1000 …) 100 (… 50 … 10 …) cf Dt 1,15 ∥ **16** [a] 𝔊 *βουκόλια ὑμῶν* ∥ [b] 𝔔 ועשו; 𝔊 *καὶ ἀποδεκατώσει* cf 15.17 ∥ **17** [a] 𝔔𝔊-Ms𝔖𝔙Mss pr cop ∥ **18** [a] 𝔊 + nonn vb ∥ **19** [a] nonn Mss לו, 𝔊 *αὐτῷ οὐχί*, 𝔖 *lh l' hkn'* ∥ [b] pc Mss citt ימלך ∥ **22** [a] 2 Mss עלהם cf 12,1 ∥ **Cp 9,1** [a] nonn Mss + אחד cf 𝔖𝔗Mss et 1,1 ∥ [b–b] pc Mss ut Q cf Vrs; 𝔊 pr *(ἐξ) υἱῶν* cf 𝔏116 ∥ [c] > 𝔊L𝔖 ∥ [d] 𝔖 *(mn) bnjmjn*, 𝔗 *(mšbṭ' dbjt) bnjm(j)n*.

קִ֗ישׁ אֶל־שָׁא֣וּל בְּנ֔וֹ קַח־נָ֤א אִתְּךָ֙ אֶת־אַחַ֣ד מֵהַנְּעָרִ֔ים וְק֣וּם לֵ֔ךְ בַּקֵּ֖שׁ — כה֯[6]. ד. ב. ג
4 אֶת־הָאֲתֹנֹֽת[a]׃ [4] וַיַּעֲבֹ֧ר[a] בְּהַר־אֶפְרַ֛יִם וַיַּעֲבֹ֥ר[b] בְּאֶֽרֶץ־שָׁלִ֖שָׁה וְלֹ֣א — ל̇ חס וכל אורית דכות[7]. ח̇ פסוק מן ד מילין דמיין ותלת משני. ב חס[8]
מָצָ֑אוּ וַיַּעַבְר֨וּ[c] בְאֶֽרֶץ־שַׁעֲלִ֜ים וָאַ֗יִן וַיַּעֲבֹ֛ר[d] בְּאֶֽרֶץ־יְמִינִ֖י וְלֹ֥א מָצָֽאוּ׃ — ל̇
5 הֵ֨מָּה בָּ֜אוּ בְּאֶ֣רֶץ[a] צ֗וּף וְשָׁא֛וּל אָמַ֛ר לְנַעֲר֥וֹ אֲשֶׁר־עִמּ֖וֹ לְכָ֣ה וְנָשׁ֑וּבָה — יט ר״פ[9]. יא וכל ד״ה דכות. ז̇[10]
6 פֶּן־יֶחְדַּ֥ל אָבִ֛י מִן־הָאֲתֹנ֖וֹת וְדָ֥אַג לָֽנוּ׃ [6] וַיֹּ֣אמֶר ל֔וֹ הִנֵּה־נָ֤א אִישׁ־ — ב̇[11]. ו̇[12]
אֱלֹהִים֙ בָּעִ֣יר הַזֹּ֔את וְהָאִ֖ישׁ נִכְבָּ֑ד כֹּ֛ל אֲשֶׁר־יְדַבֵּ֖ר בּ֣וֹא יָב֑וֹא עַתָּ֣ה[a]
7 נֵ֣לֲכָה שָּׁ֔ם אוּלַי֙ יַגִּ֣יד לָ֔נוּ אֶת־דַּרְכֵּ֖נוּ אֲשֶׁר־הָלַ֥כְנוּ עָלֶֽיהָ׃ [7] וַיֹּ֨אמֶר
שָׁא֜וּל לְנַעֲר֗וֹ וְהִנֵּ֣ה[a] נֵלֵךְ֒ וּמַה־נָּבִ֣יא לָאִ֗ישׁ כִּ֤י הַלֶּ֙חֶם֙ אָזַ֣ל מִכֵּלֵ֔ינוּ — ל. ל. לב̇[13]
8 וּתְשׁוּרָ֥ה אֵין־לְהָבִ֖יא לְאִ֣ישׁ הָאֱלֹהִ֑ים מָ֖ה[b] אִתָּֽנוּ׃ [8] וַיֹּ֣סֶף הַנַּ֗עַר — כ̇
לַעֲנ֣וֹת אֶת־שָׁא֔וּל וַיֹּ֕אמֶר הִנֵּה֙ נִמְצָ֣א בְיָדִ֔י רֶ֖בַע שֶׁ֣קֶל כָּ֑סֶף וְנָֽתַתִּי[a] — ב וכל שם אנש דכות
9 לְאִ֣ישׁ הָאֱלֹהִ֔ים וְהִגִּ֥יד לָ֖נוּ אֶת־דַּרְכֵּֽנוּ׃ [9] לְפָנִ֣ים ׀ בְּיִשְׂרָאֵ֗ל כֹּֽה־אָמַ֤ר
הָאִישׁ֙ בְּלֶכְתּוֹ֙ לִדְר֣וֹשׁ אֱלֹהִ֔ים לְכ֥וּ וְנֵלְכָ֖ה עַד־[a]הָרֹאֶ֑ה כִּ֤י לַנָּבִיא֙ — ב מל בנביא[14]. ז̇[15] ד̇[16] מנה בליש. ב
10 הַיּ֔וֹם יִקָּרֵ֥א[b] לְפָנִ֖ים הָרֹאֶֽה׃ [10] וַיֹּ֨אמֶר שָׁא֧וּל לְנַעֲר֛וֹ ט֥וֹב דְּבָרְךָ֖ — כא̇[17]
11 לְכָ֣ה ׀ נֵלֵ֑כָה[a] וַיֵּלְכוּ֙ אֶל־הָעִ֔יר אֲשֶׁר־שָׁ֖ם אִ֥ישׁ הָאֱלֹהִֽים׃ [11] הֵ֗מָּה — ל. יט ר״פ[9]
עֹלִים֙ בְּמַעֲלֵ֣ה הָעִ֔יר וְהֵ֙מָּה֙ מָצְא֣וּ נְעָר֔וֹת יֹצְא֖וֹת לִשְׁאֹ֣ב מָ֑יִם וַיֹּאמְר֣וּ[a]
12 לָהֶ֔ן הֲיֵ֥שׁ בָּזֶ֖ה הָרֹאֶֽה׃ [12] וַתַּעֲנֶ֧ינָה אוֹתָ֛ם וַתֹּאמַ֥רְנָה יֵּ֖שׁ הִנֵּ֣ה לְפָנֶ֑יךָ[a] — יד̇[18]. ב ומל. ד מל בסיפ
מַהֵ֣ר[b] ׀ עַתָּ֗ה [c]כִּ֤י הַיּוֹם֙[c] בָּ֣א לָעִ֔יר כִּ֣י זֶ֧בַח הַיּ֛וֹם לָעָ֖ם בַּבָּמָֽה׃
13 כְּבֹאֲכֶ֣ם[a] הָעִ֡יר כֵּ֣ן תִּמְצְא֣וּן אֹת֡וֹ בְּטֶרֶם֩ יַעֲלֶ֨ה הַבָּמָ֜תָה לֶאֱכֹ֗ל כִּ֠י — ג וחס[19]. ב ובפסוק. ל̇[20]
לֹֽא־יֹאכַ֤ל הָעָם֙ עַד־בֹּא֔וֹ כִּי־הוּא֙ יְבָרֵ֣ךְ הַזֶּ֔בַח אַחֲרֵי־[b]כֵ֖ן יֹאכְל֣וּ
14 הַקְּרֻאִ֑ים וְעַתָּ֣ה[c] עֲל֔וּ כִּי־אֹת֥וֹ[d] כְהַיּ֖וֹם תִּמְצְא֥וּן אֹתֽוֹ׃ [14] וַיַּעֲל֖וּ הָעִ֑יר — ד וכל עזרא דכות[21]. ב ובפסוק
הֵ֗מָּה בָּאִים֙ בְּת֣וֹךְ הָעִ֔יר וְהִנֵּ֤ה שְׁמוּאֵל֙ יֹצֵ֣א לִקְרָאתָ֔ם לַעֲל֖וֹת הַבָּמָֽה׃ — יד̇[22] וכל אורית ויהושע דכות ב מ ג
ס 15 וַֽיהוָ֗ה גָּלָ֛ה אֶת־אֹ֥זֶן שְׁמוּאֵ֖ל י֣וֹם אֶחָ֑ד לִפְנֵ֥י ב֥וֹא־שָׁא֖וּל — כה. י

[6]Mm 187. [7]Mm 3448. [8]Mm 2063. [9]Mm 1497. [10]Mm 2714. [11]Mm 1577. [12]Mm 1957. [13]Mm 319. [14]Mm 4226. [15]Mm 4104. [16]Mm 498. [17]Mm 17. [18]Mm 190. [19]Mm 1253. [20]Mp sub loco. [21]Mm 288. [22]Mm 1523.

3 [a] 𝔊^{LMss}𝔖 + mlt vb ‖ **4** [a] 𝔊$^{-Ms}$𝔏^{116}𝔖^{C}𝔙 pl ‖ [b] Ms 𝔊$^{-Ms}$𝔏^{116}𝔙 pl ‖ [c] pc Mss 𝔖^{AB} 𝔗^{Buxt} sg ‖ [d] 2 Mss 𝔊𝔏^{116}𝔖^{C}𝔗^{Mss}𝔙 pl ‖ **5** [a] 𝔊$^{-LMss}$𝔏^{116} om ארץ ‖ **6** [a] pc Mss 𝔊𝔏^{116} 𝔗^{Ms} וע׳ ‖ **7** [a] pc Mss ה׳ cf 𝔊^{Mss}𝔖 ‖ [b] 2 Mss 𝔗^{Mss} ומה ‖ **8** [a] 𝔊$^{-Ms}$ 2 sg, 𝔊^{Ms}𝔖𝔗^{Mss}𝔙 1 pl ‖ **9** [a] pc Mss אל ‖ [b] 𝔊 ἐκάλει ὁ λαός ‖ **10** [a] mlt Mss ונ׳ cf 𝔊$^{-Mss}$ ‖ **11** [a] Ms citt 𝔖 *(w'mr [lhjn š'wl])* 𝔗^{Mss} sg ‖ **12** [a] 𝔊 κατὰ πρόσωπον ὑμῶν ‖ [b] > Ms 𝔊$^{-OLMss}$ ‖ [c–c] 𝔊 *διὰ τὴν ἡμέραν* cf 13 ‖ **13** [a] nonn Mss citt בב׳ cf 𝔗^{Mss} ‖ [b] mlt Mss וא׳ cf 𝔊𝔏$^{93.94}$𝔖𝔗^{Ms}𝔙; pc Mss ואחר ‖ [c] 2 Mss ע׳ ‖ [d] > cit 𝔊𝔖𝔙.

ל̇ ר״פ בסיפ. ל̇ | לֵאמֹר׃ 16 כָּעֵת ׀ מָחָר אֶשְׁלַח אֵלֶיךָ אִישׁ מֵאֶרֶץ בִּנְיָמִן וּמְשַׁחְתּוֹ 16
ב̇ חד מל̇ וחד חס̇[23] | לְנָגִיד עַל־עַמִּי יִשְׂרָאֵל וְהוֹשִׁיעַ אֶת־עַמִּי מִיַּד פְּלִשְׁתִּים כִּי רָאִיתִי
ב̇ | אֶת־[a]עַמִּי כִּי בָּאָה צַעֲקָתוֹ אֵלָי׃ 17 וּשְׁמוּאֵל רָאָה אֶת־שָׁאוּל וַיהוָה 17
ג̇ וחס̇[24] | עָנָהוּ הִנֵּה הָאִישׁ אֲשֶׁר אָמַרְתִּי אֵלֶיךָ זֶה יַעְצֹר בְּעַמִּי׃ 18 וַיִּגַּשׁ שָׁאוּל 18
ל̇א | אֶת־[a]שְׁמוּאֵל בְּתוֹךְ הַשָּׁעַר וַיֹּאמֶר הַגִּידָה־נָּא לִי אֵי־זֶה בֵּית הָרֹאֶה׃
ל̇ | 19 וַיַּעַן שְׁמוּאֵל אֶת־[a]שָׁאוּל וַיֹּאמֶר אָנֹכִי הָרֹאֶה עֲלֵה לְפָנַי הַבָּמָה 19
ב̇ | וַאֲכַלְתֶּם עִמִּי הַיּוֹם וְשִׁלַּחְתִּיךָ בַבֹּקֶר וְכֹל אֲשֶׁר בִּלְבָבְךָ אַגִּיד לָךְ׃
ל̇. ג̇ בליש | 20 וְלָאֲתֹנוֹת הָאֹבְדוֹת לְךָ הַיּוֹם שְׁלֹשֶׁת הַיָּמִים[a] אַל־תָּשֶׂם אֶת־לִבְּךָ 20
ג̇[25]. ד̇ | לָהֶם כִּי נִמְצָאוּ וּלְמִי כָּל־[b]חֶמְדַּת יִשְׂרָאֵל הֲלוֹא לְךָ וּלְכֹל[c] בֵּית
ח̇[26] בטע̇ וכל זקף אתנח̇ וס״פ דכות ב̇ מ̇ א̇ | אָבִיךָ׃ ס 21 וַיַּעַן שָׁאוּל וַיֹּאמֶר הֲלוֹא בֶן־יְמִינִי[a] אָנֹכִי [b]מִקַּטַנֵּי 21
ב̇[27] | שִׁבְטֵי[b] יִשְׂרָאֵל וּמִשְׁפַּחְתִּי הַצְּעִרָה מִכָּל־מִשְׁפְּחוֹת[c] שִׁבְטֵי[d] בִנְיָמִן
| וְלָמָּה דִּבַּרְתָּ אֵלַי כַּדָּבָר[e] הַזֶּה׃ ס 22 וַיִּקַּח שְׁמוּאֵל אֶת־שָׁאוּל 22
ל̇. ל̇. ל̇ה[28]. ב̇ מל̇[29] | וְאֶת־נַעֲרוֹ וַיְבִיאֵם לִשְׁכָּתָה וַיִּתֵּן לָהֶם מָקוֹם בְּרֹאשׁ הַקְּרוּאִים וְהֵמָּה
ל̇ חס̇. ג̇. ל̇[30]. ל̇ | כִּשְׁלֹשִׁים[a] אִישׁ׃ 23 וַיֹּאמֶר שְׁמוּאֵל לַטַּבָּח תְּנָה אֶת־הַמָּנָה אֲשֶׁר נָתַתִּי 23
כ̇ד. ח̇ דגש[31] | לָךְ אֲשֶׁר אָמַרְתִּי אֵלֶיךָ שִׂים אֹתָהּ עִמָּךְ׃ 24 וַיָּרֶם[a] הַטַּבָּח אֶת־הַשּׁוֹק 24
ל̇. פ̇ד. כ̇ד | וְהֶעָלֶיהָ[b] וַיָּשֶׂם ׀ לִפְנֵי שָׁאוּל וַיֹּאמֶר הִנֵּה הַנִּשְׁאָר שִׂים־לְפָנֶיךָ אֱכֹל כִּי
ב̇[32] ול̇ מלעיל | לַמּוֹעֵד[c] שָׁמוּר־[d]לְךָ [e]לֵאמֹר הָעָם ׀ קָרָאתִי[e] וַיֹּאכַל שָׁאוּל עִם־שְׁמוּאֵל
ב̇ | בַּיּוֹם הַהוּא׃ 25 וַיֵּרְדוּ[a] מֵהַבָּמָה הָעִיר וַיְדַבֵּר[b] עִם־שָׁאוּל עַל־הַגָּג׃ 25
ג̇ חס̇. ו̇ בטע̇ בסיפ̇. הגגה ק̇ חד מן ב̇ בליש | 26 וַיַּשְׁכִּמוּ[a] וַיְהִי כַּעֲלוֹת[b] הַשַּׁחַר וַיִּקְרָא שְׁמוּאֵל אֶל־שָׁאוּל הַגָּג[c] 26
ל̇ | לֵאמֹר קוּמָה וַאֲשַׁלְּחֶךָּ וַיָּקָם שָׁאוּל וַיֵּצְאוּ[d] שְׁנֵיהֶם[d] הוּא וּשְׁמוּאֵל

[23] Mm 3176. [24] Mm 4190. [25] Mm 239. [26] Mm 1571. [27] Mm 1516. [28] Mm 2840. [29] Mm 1572. [30] Mp sub loco. [31] Mm 1573. [32] Mm 1574.

16 [a] 𝔊 + *τὴν ταπείνωσιν*; ℭ *(glj qdmj) dḥq' (d...)* ‖ **18** [a] pc Mss citt אל cf 𝔊 sed etiam Nu 4,19 et 30,21 ‖ **19** [a] pc Mss cit אל ‖ **20** [a] pc Mss ׳י cf 30,12 ‖ [b] > 𝔊𝔙? ‖ [c] 𝔊$^{-O\,Mss}$𝔖 om כל ‖ **21** [a] 𝔖ℭ *bnjmjn* ‖ [b–b] Ms מ׳ שבט, 𝔊 *τοῦ μικρ(οτέρ)ου σκήπτρου φυλῆς* (𝔊^{L} *ἐκ τῶν φυλῶν*), 𝔖(𝔏^{115}𝔙) *mn z'wr'* (sg) *dšbṭ'* (pl) ‖ [c] > 𝔊 ‖ [d] 𝔊𝔏^{115}𝔖ℭ^{Edd}𝔙 sg; 𝔏$^{93.94}$ *minima post* (𝔏^{93} *prae*) *omnibus civitatibus* ‖ [e] 𝔊^{Mss}𝔖𝔙 om כ ‖ **22** [a] 𝔊𝔏$^{93.94}$ 70 ‖ **24** [a] 𝔊$^{-LMss}$ *καὶ ἥψησεν* ‖ [b] 𝔔 וליהו[...; > 𝔊^{OLMss}𝔏^{115}𝔙 ‖ [c] 𝔊 *εἰς μαρτύριον* cf 𝔏$^{115.93.94.gl}$, σ' *ἐπιτηδές*, 𝔙 *de industria* ‖ [d] 𝔔 ש]ים, 𝔊 *τέθειται* ‖ [e–e] 𝔊 *παρὰ τοὺς ἄλλους* (𝔊^{LMss} *τοῦ λαοῦ*) *ἀπόκνιζε*, σ' *τόδε παρὰ τοῦ λαοῦ ...*, θ' *ὅτι ἐλέχθη τὸν λαὸν ἐκάλεσα*, 𝔏^{115} *a populo carpe*, 𝔏$^{93.94}$ *propter caeteros manduca*, 𝔙 *quando (populum vocavi)*; > 𝔖; ℭ + *lšjrwt'* ‖ **25** [a] 𝔊𝔏$^{115.93.94}$𝔖$^{-C}$ sg ‖ [b] 𝔊 *καὶ (δι)έστρωσαν (τῷ)*, 𝔏^{115} *et deduxit (Saul in domo et stra[vi]t ei)*, 𝔏$^{91.93.94}$ *et straverunt (S. in d.)* ‖ **26** [a] 𝔊𝔏$^{115.93.94}$ sg ‖ [b] nonn Mss בע׳, sed cf Jos 6,15 ‖ [c] mlt Mss ut Q cf Vrs ‖ [d–d] 𝔊𝔏^{115} sg (om ׳ש).

27 הַחֽוּצָה׃ 27 הֵמָּה יוֹרְדִים֙ בִּקְצֵ֣ה הָעִ֔יר וּשְׁמוּאֵ֞ל אָמַ֣ר אֶל־שָׁא֗וּל יו[33] . יט ר״פ[34] . ב מל[35]
אֱמֹ֤ר לַנַּ֙עַר֙ וְיַעֲבֹ֣ר לְפָנֵ֔ינוּ וַֽיַּעֲבֹ֑רᵃ וְאַתָּה֙ עֲמֹ֣ד כַּיּ֔וֹם וְאַשְׁמִֽיעֲךָ֖ אֶת־ ג[36] . ל
דְּבַ֥ר אֱלֹהִֽים׃ פ ג[37]
10 1 וַיִּקַּ֨ח שְׁמוּאֵ֜ל אֶת־פַּ֧ךְ הַשֶּׁ֛מֶן וַיִּצֹ֥קᵃ עַל־רֹאשׁ֖וֹ וַֽיִּשָּׁקֵ֑הוּ וַיֹּ֗אמֶר לב בנביא כ̇ מנה בסיפ
2 הֲל֗וֹא כִּֽי־מְשָׁחֲךָ֧ יְהוָ֛הᵇ עַל־נַחֲלָת֖וֹ לְנָגִֽיד׃ 2 בְּלֶכְתְּךָ֙ הַיּוֹם֙ מֵעִמָּדִ֔י
וּמָצָאתָ֞ שְׁנֵ֧י אֲנָשִׁ֛ים עִם־קְבֻרַ֥ת רָחֵ֖ל בִּגְב֣וּל בִּנְיָמִ֑ן בְּצֶלְצַ֗חᵃ וְאָמְר֣וּ ג . ל
אֵלֶ֗יךָ נִמְצְא֤וּ הָאֲתֹנוֹת֙ אֲשֶׁ֣ר הָלַ֣כְתָּ לְבַקֵּ֔שׁ וְהִנֵּ֨ה נָטַ֤שׁ אָבִ֙יךָ֙ אֶת־ ל
3 דִּבְרֵ֣יᵇ הָאֲתֹנ֔וֹת וְדָאַ֥ג לָכֶ֖ם לֵאמֹ֑ר מָ֥ה אֶעֱשֶׂ֖ה לִבְנִֽי׃ 3 וְחָלַפְתָּ֨ מִשָּׁ֜ם ב[1]
וָהָ֗לְאָה וּבָ֙אתָ֙ עַד־אֵל֣וֹן תָּב֔וֹרᵃ וּמְצָא֣וּךָᵇ שָּׁ֗ם שְׁלֹשָׁ֤ה אֲנָשִׁים֙ עֹלִ֣ים ה חס בליש בנביא[2] . ב[3]
אֶל־הָאֱלֹהִ֖ים בֵּֽית־אֵ֑ל אֶחָ֞ד נֹשֵׂ֣א ׀ שְׁלֹשָׁ֣ה גְדָיִ֗ים וְאֶחָ֗ד נֹשֵׂא֙ שְׁלֹ֙שֶׁת֙ כ . לח . ל ומל . לח
4 כִּכְּר֣וֹתᶜ לֶ֔חֶם וְאֶחָ֥ד נֹשֵׂ֖א נֵֽבֶל־יָֽיִן׃ 4 וְשָׁאֲל֥וּ לְךָ֖ לְשָׁל֑וֹם וְנָתְנ֤וּ לְךָ֙ לח
5 שְׁתֵּֽי־ᵃלֶ֔חֶם וְלָקַחְתָּ֖ מִיָּדָֽם׃ 5 אַ֣חַרᵃ כֵּ֗ן תָּבוֹא֙ᵇ גִּבְעַ֣ת הָאֱלֹהִ֔ים ל
אֲשֶׁר־שָׁ֖ם נְצִבֵ֣יᶜ פְלִשְׁתִּ֑ים וִיהִ֣י כְבֹאֲךָ֩ שָׁ֨ם הָעִ֜יר וּפָגַעְתָּ֨ חֶ֣בֶל נְבִאִ֗ים ל וחס . לב . ב וחס[4] . יב[5] . ד חס בסיפ[6]
יֹרְדִ֣ים מֵהַבָּמָ֔ה וְלִפְנֵיהֶ֞ם נֵ֤בֶל וְתֹף֙ וְחָלִ֣יל וְכִנּ֔וֹר וְהֵ֖מָּה מִֽתְנַבְּאִֽים׃ ב . ב[7]
6 וְצָלְחָ֤ה עָלֶ֙יךָ֙ ר֣וּחַ יְהוָ֔ה וְהִתְנַבִּ֖יתָᵃ עִמָּ֑ם וְנֶהְפַּכְתָּ֖ לְאִ֥ישׁ אַחֵֽר׃ ה בסיפ . ד חס א[8] . ל
7 וְהָיָ֗ה כִּ֧י תָבֹ֛אינָהᵃ הָאֹתוֹתᵇ הָאֵ֖לֶּה לָ֑ךְ עֲשֵׂ֤ה לְךָ֙ᶜ אֲשֶׁ֣רᵈ תִּמְצָ֣א יָדֶ֔ךָ תבאנה ק חד מן ב[9] כת כן .
8 כִּ֥י הָאֱלֹהִ֖ים עִמָּֽךְ׃ 8 וְיָרַדְתָּ֣ לְפָנַי֮ הַגִּלְגָּל֒ וְהִנֵּ֤ה אָֽנֹכִי֙ יֹרֵ֣ד אֵלֶ֔יךָ ל[10] . ב . ה[11]
לְהַעֲל֣וֹת עֹל֔וֹת לִזְבֹּ֖חַᵃ זִבְחֵ֣י שְׁלָמִ֑ים שִׁבְעַ֨ת יָמִ֤ים תּוֹחֵל֙ עַד־בּוֹאִ֣י ל . ל . ג מל בליש[12]
9 אֵלֶ֔יךָ וְהוֹדַעְתִּ֣י לְךָ֔ אֵ֖ת אֲשֶׁ֥ר תַּעֲשֶֽׂה׃ 9 וְהָיָ֗הᵃ כְּהַפְנֹת֤וֹ שִׁכְמוֹ֙ לָלֶ֙כֶת֙ ב ומל[12] . ל וחס
מֵעִ֣ם שְׁמוּאֵ֔ל וַיַּהֲפָךְ־ל֥וֹ אֱלֹהִ֖ים לֵ֣ב אַחֵ֑ר וַיָּבֹ֛אוּ כָּל־הָאֹת֥וֹת הָאֵ֖לֶּהᵇ
10 בַּיּ֥וֹם הַהֽוּא׃ ס 10 וַיָּבֹ֤אוּᵃ שָׁם֙ᵇ הַגִּבְעָ֔תָה וְהִנֵּ֥ה חֶֽבֶל־נְבִאִ֖ים יב[5] . ד חס בסיפ

[33] Mm 290. [34] Mm 1497. [35] Mm 1575. [36] Mm 1576. [37] Mm 4085. **Cp 10** [1] Mm 1577. [2] Mm 1448. [3] Mm 1075. [4] Mm 2761. [5] Mm 2938. [6] Mp contra textum, cf Mp sub loco. [7] Mm 4224. [8] Mm 1578. [9] Mm 1579. [10] Mm 1580. [11] Mm 1377. [12] Mp sub loco.

27 ᵃ > 𝔊^{-O}𝔏^{115}𝔖 ‖ **Cp 10,1** ᵃ sic L ‖ ᵇ 𝔊𝔏^{115} + mlt vb ‖ **2** ᵃ pc Mss בצלצל, 𝔊^{-L} *(ἐν Σηλω ἐν Βακαλαθ) ἁλλομένους μεγάλα*, 𝔊^{L} *μεσημβρίας ἁλλ. μεγ*, 𝔏^{115} *(in selom in bac[h]allat) salientem magna stadina* (𝔏^{91.93.94} *salientes magnas fossas*), 𝔙 *in meridie* ‖ ᵇ 2 Mss cit דבר cf Vrs ‖ **3** ᵃ 𝔊^{L} *τῆς ἐκλεκτῆς*, 𝔏^{115.93.94} *glandis electae* ‖ ᵇ cit צאת– cf 𝔊𝔏^{115}, 𝔖 *mškḥ ʾnt* ‖ ᶜ 𝔊 *ἀγγεῖα* cf 𝔏^{115} et 9,7 ‖ **4** ᵃ 𝔔 + תנ[ו]פות ut 𝔊 + *ἀπαρχάς* cf 𝔏^{115.93.94}, 𝔗 + *grjṣn* ‖ **5** ᵃ pc Mss וא׳ cf 𝔊𝔏^{115}𝔖 ‖ ᵇ pc Mss + אל ‖ ᶜ 𝔊𝔏^{115}𝔖𝔙 sg cf 13,3 ‖ **6** ᵃ pc Mss citt באת– ‖ **7** ᵃ mlt Mss ut Q ‖ ᵇ pc Mss cit pr כל cf 𝔙 et 9 ‖ ᶜ 𝔊 *πάντα* cf 𝔏^{115} ‖ ᵈ pc Mss כאשר cf 𝔗^{Ms} ‖ **8** ᵃ pc Mss ול׳ cf 𝔊𝔗^{Mss}𝔙 ‖ **9** ᵃ 2 Mss citt ויהי ‖ ᵇ > Ms 𝔊^{-LMss} ‖ **10** ᵃ 2 Mss 𝔊𝔖 sg ‖ ᵇ Ms משם cf 𝔊, Ms אל cf 𝔖𝔗^{-ed princ}𝔙.

11 לִקְרָאתוֹ וַתִּצְלַח עָלָיו רוּחַ אֱלֹהִים^c וַיִּתְנַבֵּא בְּתוֹכָם׃ 11 וַיְהִי כָּל־
יוֹדְעוֹ מֵאִתְּמוֹל שִׁלְשֹׁום וַיִּרְאוּ וְהִנֵּה עִם־נְבִאִים נִבָּא^a וַיֹּאמֶר^b הָעָם ל̇. ל̇. ד̇[13] חס וכל אורית דכות ב מ ב. ד̇ חס בסיפ
12 אִישׁ אֶל־רֵעֵהוּ מַה־זֶּה הָיָה לְבֶן־קִישׁ הֲגַם שָׁאוּל בַּנְּבִיאִים׃ 12 וַיַּעַן ל̇. ה̇[14] וחד מן ג̇[15] מל בסיפ ובליש
אִישׁ מִשָּׁם^a וַיֹּאמֶר וּמִי אֲבִיהֶם^b עַל־כֵּן הָיְתָה לְמָשָׁל הֲגַם שָׁאוּל
13 14 בַּנְּבִאִים׃ 13 וַיְכַל^a מֵהִתְנַבּוֹת^b וַיָּבֹא הַבָּמָה^c׃ 14 וַיֹּאמֶר דּוֹד שָׁאוּל ה̇[14]. ד̇ חס א[16]
אֵלָיו וְאֶל־נַעֲרוֹ אָן הֲלַכְתֶּם וַיֹּאמֶר^a לְבַקֵּשׁ אֶת־הָאֲתֹנוֹת וַנִּרְאֶה ל̇[17]. ב̇[18]
15 כִּי־אַיִן וַנָּבוֹא אֶל־שְׁמוּאֵל׃ 15 וַיֹּאמֶר דּוֹד שָׁאוּל^a הַגִּידָה־נָּא לִי
16 מָה־אָמַר לָכֶם^b שְׁמוּאֵל׃ 16 וַיֹּאמֶר שָׁאוּל אֶל־דּוֹדוֹ הַגֵּד הִגִּיד לָנוּ ה̇ מל[19]
כִּי נִמְצְאוּ הָאֲתֹנוֹת וְאֶת־דְּבַר הַמְּלוּכָה לֹא־הִגִּיד לוֹ^a אֲשֶׁר אָמַר כ̇[20]
שְׁמוּאֵל^a׃ פ
17 18 וַיַּצְעֵק שְׁמוּאֵל אֶת־הָעָם אֶל־יְהוָה הַמִּצְפָּה׃ 18 וַיֹּאמֶר אֶל־^a ל̇. ב̇
בְּנֵי יִשְׂרָאֵל פ כֹּה־אָמַר יְהוָה אֱלֹהֵי יִשְׂרָאֵל אָנֹכִי הֶעֱלֵיתִי כ̇ד̇
אֶת־יִשְׂרָאֵל^a מִמִּצְרַיִם וָאַצִּיל אֶתְכֶם מִיַּד מִצְרַיִם^b וּמִיַּד כָּל־ ג̇ ב̇ חס וחד מל[21]
19 הַמַּמְלָכוֹת^c הַלֹּחֲצִים אֶתְכֶם׃ 19 וְאַתֶּם הַיּוֹם מְאַסְתֶּם אֶת־אֱלֹהֵיכֶם
אֲשֶׁר־הוּא מוֹשִׁיעַ לָכֶם מִכָּל־רָעוֹתֵיכֶם וְצָרֹתֵיכֶם וַתֹּאמְרוּ לוֹ^a כִּי־ ל̇
מֶלֶךְ תָּשִׂים עָלֵינוּ וְעַתָּה הִתְיַצְּבוּ לִפְנֵי יְהוָה לְשִׁבְטֵיכֶם וּלְאַלְפֵיכֶם׃ ל̇
20 20 וַיַּקְרֵב שְׁמוּאֵל אֵת כָּל־שִׁבְטֵי^a יִשְׂרָאֵל וַיִּלָּכֵד שֵׁבֶט בִּנְיָמִן׃
21 21 וַיַּקְרֵב אֶת־שֵׁבֶט בִּנְיָמִן לְמִשְׁפְּחֹתָו^a וַתִּלָּכֵד מִשְׁפַּחַת הַמַּטְרִי^b למשפחתיו חד מן ד̇[22] ק̇ בליש
22 וַיִּלָּכֵד שָׁאוּל בֶּן־קִישׁ וַיְבַקְשֻׁהוּ וְלֹא נִמְצָא׃ 22 וַיִּשְׁאֲלוּ־עוֹד בַּיהוָה ב̇ וחס
הֲבָא עוֹד^a הֲלֹם אִישׁ ס ^b וַיֹּאמֶר יְהוָה הִנֵּה־הוּא נֶחְבָּא אֶל־ י̇א
23 הַכֵּלִים׃ 23 וַיָּרֻצוּ וַיִּקָּחֻהוּ מִשָּׁם וַיִּתְיַצֵּב בְּתוֹךְ הָעָם וַיִּגְבַּהּ מִכָּל־ ב̇ וחס[23]

[13] Mp contra textum, cf Mp sub loco. [14] Mm 3012. [15] Mm 1636. [16] Mm 1578. [17] Hi 8,2. [18] Mm 276 et Mm 3682. [19] Mm 1460. [20] Mm 1581. [21] Mm 1427. [22] Mm 4028. [23] Mm 277.

10 ^c nonn Mss יהוה cf 𝔊^Mss 𝔖^C 𝔙^Mss ‖ **11** ^a mlt Mss interv ‖ ^b 2 Mss 𝔊^{LMss} 𝔖^{AB} 𝔗^{Mss} 𝔙 pl ‖ **12** ^a 𝔊(𝔊^L pr ἐξ) αὐτῶν ‖ ^b 𝔊𝔏^{93.94gl} 𝔖 suff 3 sg ‖ **13** ^a 𝔖^{BC} pl ‖ ^b pc Mss בא(ו)ת– ‖ ^c 𝔊 εἰς τὸν βουνόν cf 𝔏^{93.94}, 𝔖 *(š'wl) mn bjm* ‖ **14** ^a Ms 𝔊^{Mss} 𝔖^C 𝔗^{Mss} 𝔙 pl ‖ **15** ^a 𝔊(𝔖𝔗^{ed princ}) πρὸς Σαουλ, 𝔙 *ei* ‖ ^b 𝔊𝔙 sg ‖ **16** ^{a–a} > 𝔊^{–OL} 𝔏^{115} ‖ **18** ^{a–a} pc Mss אתכם, 2 Mss את בני יש' cf 𝔊^{–Mss} 𝔏^{115} ‖ ^b 𝔊 pr Φαραὼ βασιλέως cf 𝔏^{115}, 𝔖 *(d)plštj'* ‖ ^c 𝔏^{115} 𝔙 *regum* ‖ **19** ^a pc Mss + לא cf 𝔗, mlt Mss לא cf 𝔊𝔏^{115} 𝔖𝔙, pc Mss לי לא, 2 Mss לי ‖ **20** ^a 2 Mss זקני ‖ **21** ^a mlt Mss ut Q cf 𝔗^{Mss} 𝔙; 𝔊𝔏^{115} 𝔖 pl sine suff ‖ ^b 𝔊𝔏^{115} + mlt vb cf Jos 7,17sq ‖ **22** ^a > cit 𝔊^{Mss} 𝔏^{115.93.94} 𝔖𝔙 ‖ ^b mlt Mss om interv.

ס הָעָ֖ם מִשִּׁכְמ֥וֹ וָמָֽעְלָה׃ 24 וַיֹּ֨אמֶר שְׁמוּאֵ֜ל אֶל־כָּל־הָעָ֗ם הַרְּאִיתֶם֙ ג̇24
אֲשֶׁ֣ר בָּֽחַר־בּ֣וֹ יְהוָ֔ה כִּ֛י אֵ֥ין כָּמֹ֖הוּ בְּכָל־הָעָ֑ם וַיָּרִ֧עוּ[a] כָל־הָעָ֛ם ג חס
25 וַיֹּאמְר֖וּ יְחִ֥י הַמֶּֽלֶךְ׃ פ 25 וַיְדַבֵּ֨ר שְׁמוּאֵ֜ל אֶל־הָעָ֗ם אֵ֚ת מִשְׁפַּ֣ט ל̇
הַמְּלֻכָ֔ה[a] וַיִּכְתֹּ֣ב בַּסֵּ֔פֶר וַיַּנַּ֖ח לִפְנֵ֣י יְהוָ֑ה וַיְשַׁלַּ֧ח שְׁמוּאֵ֛ל אֶת־כָּל־ כ̇25 ול̇ חס̇ בליש . ז̇26 . כב27
26 הָעָ֖ם אִ֥ישׁ[b] לְבֵיתֽוֹ[c]׃ 26 וְגַם־שָׁא֕וּל הָלַ֥ךְ לְבֵית֖וֹ גִּבְעָ֑תָה וַיֵּלְכ֣וּ עִמּ֔וֹ ד ר״פ בסיפ . ב
27 הַחַ֕יִל[a] אֲשֶׁר־נָגַ֥ע אֱלֹהִ֖ים[b] בְּלִבָּֽם[c]׃ 27 וּבְנֵ֧י בְלִיַּ֣עַל[a] אָמְר֗וּ מַה־יֹּשִׁעֵ֙נוּ֙ ט
זֶ֔ה וַיִּבְזֻ֕הוּ וְלֹֽא־הֵבִ֥יאוּ ל֖וֹ מִנְחָ֑ה וַיְהִ֖י כְּמַחֲרִֽישׁ[b]׃ פ ל̇ וחס . ל ומל

11 1 וַיַּ֗עַל נָחָשׁ֙ הָֽעַמּוֹנִ֔י[a] וַיִּ֖חַן עַל־[a]יָבֵ֣שׁ גִּלְעָ֑ד וַיֹּ֨אמְר֜וּ כָּל־אַנְשֵׁ֤י ה̇1 מל ב מנה בנביא . ל
2 יָבֵישׁ֙ אֶל־נָחָ֔שׁ כְּרָת־לָ֥נוּ בְרִ֖ית וְנַֽעַבְדֶֽךָּ׃ 2 וַיֹּ֤אמֶר אֲלֵיהֶם֙ נָחָ֣שׁ
הָֽעַמּוֹנִ֔י בְּזֹאת֙ אֶכְרֹ֣ת לָכֶ֔ם[a] בִּנְק֥וֹר לָכֶ֖ם כָּל־עֵ֣ין יָמִ֑ין וְשַׂמְתִּ֥יהָ[b] ה̇1 מל ב מנה בנביא . ל ומל
3 חֶרְפָּ֖ה עַל־כָּל־יִשְׂרָאֵֽל׃ 3 וַיֹּ֨אמְר֜וּ אֵלָ֗יו זִקְנֵ֤י יָבֵישׁ֙ הֶ֤רֶף לָ֙נוּ֙ שִׁבְעַ֣ת כ ג מנה בסיפ . ו
יָמִ֔ים וְנִשְׁלְחָה֙ מַלְאָכִ֔ים בְּכֹ֖ל גְּב֣וּל יִשְׂרָאֵ֑ל וְאִם־אֵ֥ין מוֹשִׁ֛יעַ אֹתָ֖נוּ
4 וְיָצָ֥אנוּ אֵלֶֽיךָ׃ 4 וַיָּבֹ֤אוּ הַמַּלְאָכִים֙ גִּבְעַ֣ת שָׁא֔וּל וַיְדַבְּר֥וּ הַדְּבָרִ֖ים ל
5 בְּאָזְנֵ֣י הָעָ֑ם וַיִּשְׂא֧וּ כָל־הָעָ֛ם אֶת־קוֹלָ֖ם וַיִּבְכּֽוּ׃ 5 וְהִנֵּ֨ה שָׁא֜וּל בָּ֣א לז̇ . מג
[a]אַחֲרֵ֤י הַבָּקָר֙[a] מִן־הַשָּׂדֶ֔ה וַיֹּ֣אמֶר שָׁא֔וּל מַה־לָּעָ֖ם כִּ֣י יִבְכּ֑וּ וַיְסַפְּרוּ־ ל
6 ל֔וֹ אֶת־דִּבְרֵ֖י אַנְשֵׁ֥י יָבֵֽישׁ׃ 6 וַתִּצְלַ֤ח רֽוּחַ־אֱלֹהִים֙[a] עַל־שָׁא֔וּל בְּשָׁמְע֖וֹ[b] ה̇2 . כשמעו ק
7 אֶת־הַדְּבָרִ֣ים הָאֵ֑לֶּה וַיִּ֥חַר אַפּ֖וֹ מְאֹֽד׃ 7 וַיִּקַּח֩ צֶ֨מֶד בָּקָ֜ר וַֽיְנַתְּחֵ֗הוּ ל בסיפ
וַיְשַׁלַּ֞ח בְּכָל־גְּב֣וּל יִשְׂרָאֵ֗ל בְּיַ֣ד הַמַּלְאָכִים֮ ׀ לֵאמֹר֒ אֲשֶׁר֩ אֵינֶ֨נּוּ יֹצֵ֜א כב̇3 . ל
אַחֲרֵ֤י שָׁאוּל֙ וְאַחַ֣ר[a] שְׁמוּאֵ֔ל כֹּ֥ה יֵעָשֶׂ֖ה לִבְקָר֑וֹ וַיִּפֹּ֤ל פַּֽחַד־יְהוָה֙ עַל־[b] ל̇4 . ח וכל עזרא דכות5
8 הָעָ֔ם וַיֵּצְא֖וּ[c] כְּאִ֥ישׁ אֶחָֽד׃ 8 וַֽיִּפְקְדֵ֖ם בְּבָ֑זֶק וַיִּהְי֤וּ בְנֵֽי־יִשְׂרָאֵל֙ שְׁלֹ֣שׁ[a] כ6
9 מֵא֣וֹת אֶ֔לֶף וְאִ֥ישׁ יְהוּדָ֖ה שְׁלֹשִׁ֥ים[b] אָֽלֶף׃ 9 וַיֹּאמְר֣וּ[a] לַמַּלְאָכִ֣ים ו̇7 . ו בטע ר״פ8
הַבָּאִ֗ים כֹּ֤ה תֹֽאמְרוּן֙ לְאִישׁ֙[b] יָבֵ֣ישׁ גִּלְעָ֔ד מָחָ֗ר תִּהְיֶה־לָכֶ֛ם תְּשׁוּעָ֖ה ט9

24 Mm 2077. 25 Mm 1581. 26 Mm 2011. 27 Mm 59. **Cp 11** 1 Mm 4063. 2 Mm 4067. 3 Mm 59. 4 Mm 210. 5 Mm 1968. 6 Mm 1514. 7 Mm 2221. 8 Mm 76. 9 Mm 235.

24 a Ms וידעו cf 𝔊𝔏$^{115.93.94}$ ‖ **25** a 𝔊$^{-L\,Mss}$ *τοῦ βασιλέως* cf 𝔖𝔗^{Buxt} et 8,9.11 ‖ b 𝔊 pr *καὶ (ἀπ)ῆλθε/ον (ἕκαστος)* cf 𝔏^{115}𝔖 ‖ c 𝔔 למקן], 𝔊 *εἰς τὸν τόπον* ‖ **26** a 𝔔 pr בני, 𝔊 pr *(οἱ) υἱοί* cf 𝔏$^{115.93.94}$ ‖ b 𝔔 יהוה ‖ c 𝔔 בלבבם ‖ **27** a 𝔔 pr ה ‖ b 𝔔^{corr} כמו חדש, 𝔊 *ὡς μετὰ μῆνα (ἡμερῶν)* cf 𝔏^{115} ‖ **Cp 11,1** a–a 𝔔 בני עמון ויבאו אל ‖ **2** a pc Mss cit + ברית cf 𝔊𝔏^{115}𝔖𝔗^{Mss}𝔙 ‖ b 𝔊$^{-L}$𝔏^{115} om suff; 𝔙 *ponamque vos* ‖ **5** a–a 𝔊 *μετὰ τὸ πρωΐ*, 𝔏^{115} *mane*, 𝔏$^{91.93.94}$ + *post boves* ‖ **6** a 2 Mss יהוה cf 𝔊𝔏^{115}𝔙^{Mss} ‖ b nonn Mss ut Q ‖ **7** a mlt Mss ואחרי ‖ b 2 Mss אל ‖ c 𝔊 *καὶ ἐβόησαν* cf 𝔏$^{115.93.94}$ et 12,8 ‖ **8** a 𝔊𝔏$^{93.94}$ 6 ‖ b 𝔔𝔊𝔏$^{93.94}$ 70 ‖ **9** a 𝔊𝔏^{115}𝔖^{B} sg ‖ b pc Mss לאנשי cf 𝔊𝔏^{115}𝔖𝔗^{f}𝔙.

10 בְּחֹם [c]הַשֶּׁמֶשׁ וַיָּבֹאוּ הַמַּלְאָכִים וַיַּגִּידוּ לְאַנְשֵׁי יָבֵישׁ וַיִּשְׂמָחוּ׃ 10 וַיֹּאמְרוּ
אַנְשֵׁי יָבֵישׁ מָחָר נֵצֵא אֲלֵיכֶם וַעֲשִׂיתֶם לָּנוּ כְּכָל[a]־הַטּוֹב בְּעֵינֵיכֶם׃
11 ס 11 וַיְהִי מִמָּחֳרָת וַיָּשֶׂם שָׁאוּל אֶת־הָעָם שְׁלֹשָׁה רָאשִׁים וַיָּבֹאוּ[a]
בְתוֹךְ־הַמַּחֲנֶה בְּאַשְׁמֹרֶת הַבֹּקֶר וַיַּכּוּ[b] אֶת־[c]עַמּוֹן עַד־חֹם הַיּוֹם וַיְהִי[d]
12 הַנִּשְׁאָרִים וַיָּפֻצוּ וְלֹא נִשְׁאֲרוּ[e]־בָם שְׁנַיִם יָחַד׃ 12 וַיֹּאמֶר הָעָם אֶל־
שְׁמוּאֵל מִי הָאֹמֵר שָׁאוּל יִמְלֹךְ[a] עָלֵינוּ תְּנוּ[b] הָאֲנָשִׁים וּנְמִיתֵם׃
13 13 וַיֹּאמֶר שָׁאוּל[a] לֹא־יוּמַת אִישׁ בַּיּוֹם הַזֶּה כִּי הַיּוֹם עָשָׂה־יְהוָה תְּשׁוּעָה
14 בְּיִשְׂרָאֵל׃ ס 14 וַיֹּאמֶר שְׁמוּאֵל אֶל־הָעָם לְכוּ וְנֵלְכָה הַגִּלְגָּל
15 וּנְחַדֵּשׁ שָׁם הַמְּלוּכָה׃ 15 וַיֵּלְכוּ כָל־הָעָם הַגִּלְגָּל וַיַּמְלִכוּ[a] שָׁם אֶת־
שָׁאוּל לִפְנֵי יְהוָה בַּגִּלְגָּל וַיִּזְבְּחוּ[b]־שָׁם זְבָחִים שְׁלָמִים לִפְנֵי יְהוָה
וַיִּשְׂמַח [c]שָׁם שָׁאוּל[c] וְכָל־אַנְשֵׁי יִשְׂרָאֵל עַד־מְאֹד׃ פ
12 1 וַיֹּאמֶר שְׁמוּאֵל אֶל־כָּל־יִשְׂרָאֵל הִנֵּה שָׁמַעְתִּי בְקֹלְכֶם לְכֹל **12**
2 אֲשֶׁר־אֲמַרְתֶּם לִי וָאַמְלִיךְ עֲלֵיכֶם מֶלֶךְ׃ 2 וְעַתָּה הִנֵּה הַמֶּלֶךְ ׀
מִתְהַלֵּךְ לִפְנֵיכֶם וַאֲנִי זָקַנְתִּי וָשַׂבְתִּי וּבָנַי הִנָּם אִתְּכֶם וַאֲנִי הִתְהַלַּכְתִּי
3 לִפְנֵיכֶם מִנְּעֻרַי עַד[a]־הַיּוֹם הַזֶּה׃ 3 הִנְנִי עֲנוּ בִי נֶגֶד יְהוָה וְנֶגֶד מְשִׁיחוֹ
אֶת־שׁוֹר ׀ מִי לָקַחְתִּי וַחֲמוֹר מִי לָקַחְתִּי וְאֶת[a]־מִי עָשַׁקְתִּי אֶת[b]־מִי
רַצּוֹתִי וּמִיַּד־מִי לָקַחְתִּי כֹפֶר [c]וְאַעְלִים עֵינַי בּוֹ[c] וְאָשִׁיב לָכֶם׃
4 4 וַיֹּאמְרוּ לֹא עֲשַׁקְתָּנוּ וְלֹא רַצּוֹתָנוּ וְלֹא־לָקַחְתָּ מִיַּד־אִישׁ מְאוּמָה׃
5 5 וַיֹּאמֶר אֲלֵיהֶם עֵד יְהוָה בָּכֶם וְעֵד מְשִׁיחוֹ הַיּוֹם הַזֶּה כִּי לֹא מְצָאתֶם
6 בְּיָדִי מְאוּמָה וַיֹּאמֶר[a] עֵד׃ פ 6 וַיֹּאמֶר שְׁמוּאֵל אֶל־הָעָם יְהוָה[a]
אֲשֶׁר עָשָׂה אֶת־מֹשֶׁה וְאֶת־אַהֲרֹן וַאֲשֶׁר הֶעֱלָה אֶת־אֲבֹתֵיכֶם[b] מֵאֶרֶץ[c]

כחם ק חד מן ד[10] חס בליש. ב מל בסיפ[11]. ג
ב. יח
פד. כ
ב. ל. ל
ב חס. ב[12]. ל
ל
ל. כ[14]. ג[15]. ה חס[16]
ב
ב וחס
ל
ג חס[1]. ח
ח בטע[2]. ד[3]
ל[4]
לד פסוק לא ולא ולא[5]. ל
יב סביר. ל
ל
ל

9 [c] mlt Mss ut Q ‖ **10** [a] 𝔊^{L}𝔏$^{115.94}$𝔖$^{-C}$𝔗^{Mss}𝔙 om כ; > 𝔊$^{-L}$𝔖^{C} ‖ **11** [a] Ms 𝔊^{Mss}𝔖𝔙 sg ‖ [b] 𝔊^{Mss}𝔏^{115}𝔖$^{-C}$𝔙 sg ‖ [c] pc Mss pr בני cf 𝔊𝔏^{115}𝔖𝔗^{Mss} ‖ [d] Ms pl cf 𝔊^{Mss} ‖ [e] 𝔖 *'štkḥw* ‖ **12** [a] 2 Mss pr לא cf Vrs ‖ [b] 2 Mss תנה cf 𝔊𝔏^{115}𝔖 ‖ **13** [a] 𝔊^{Mss} *Σαμουηλ* ‖ **15** [a] 𝔊 *καὶ ἔχρισεν Σαμουηλ*, 𝔖^{A} *w'mlk* ‖ [b] 𝔊^{Mss} sg ‖ [c–c] 𝔊 (𝔊^{Mss} *ἐκεῖ*) *Σαμουηλ* ‖ **Cp 12,2** [a] nonn Mss ועד cf 𝔊$^{-Mss}$𝔖 ‖ **3** [a] nonn Mss את ‖ [b] permlt Mss ואת cf 𝔊𝔏^{94}𝔖𝔗^{Mss} ‖ [c–c] 𝔊 *(ἤ)* (𝔊^{Mss} + *παρόψομαι ὀφθαλμοὺς ἐν αὐτῷ ἤ*) *καὶ ὑπόδημα* (𝔊^{Lp} + *καὶ ἀπέκρυψα τοὺς ὀφθαλμούς μου ἐν αὐτῷ* cf 𝔏$^{93.94}$); *ἀποκρίθητε* (𝔊^{L} *εἴπατε*) *κατ' ἐμοῦ* cf Si 46,19 (כופר ונעל(י)ם ממני לקח[תי], 𝔖 *w'ṣdt 'jnj bh 'mrw lj* ‖ **5** [a] mlt Mss Seb pl cf 𝔊$^{-L}$ (𝔊^{L} *καὶ εἶπεν ὁ λαός*) 𝔖𝔗^{Mss}𝔙 ‖ **6** [a] 𝔊$^{-Op}$ pr *μάρτυς* cf 5 ‖ [b] 𝔊$^{-LpMss}$𝔖𝔙 suff 1 pl ‖ [c] 2 Mss om ארץ cf 𝔊.

7 מִצְרָֽיִם׃ 7 וְעַתָּ֗ה הִֽתְיַצְּב֛וּ וְאִשָּׁפְטָ֥ה אִתְּכֶ֖ם לִפְנֵ֣י יְהוָ֑ה אֵ֚ת כָּל־
8 צִדְק֣וֹת יְהוָ֔ה אֲשֶׁר־עָשָׂ֥ה אִתְּכֶ֖ם וְאֶת־אֲבוֹתֵיכֶֽם׃ 8 כַּאֲשֶׁר־בָּ֥א יַעֲקֹ֖ב ד. ב. ז[6] מל וכל יהושע שפטים מלכים ירמיה יחזק וכתיב דכות ב מ ח
מִצְרָ֑יִם[a] וַיִּזְעֲק֤וּ אֲבֽוֹתֵיכֶם֙[b] אֶל־יְהוָ֔ה וַיִּשְׁלַ֨ח יְהוָ֜ה אֶת־מֹשֶׁ֣ה וְאֶת־ ז[6] מל וכל יהושע שפטים מלכים ירמיה יחזק וכתיב דכות ב מ ח
אַהֲרֹ֗ן וַיּוֹצִ֤יאוּ[c] אֶת־אֲבֹֽתֵיכֶם֙ מִמִּצְרַ֔יִם וַיֹּשִׁב֖וּם[d] בַּמָּק֥וֹם הַזֶּֽה׃ יב[7]. ב חד חס וחד מל[8]
9 וַיִּשְׁכְּח֖וּ אֶת־יְהוָ֣ה אֱלֹהֵיהֶ֑ם וַיִּמְכֹּ֣ר אֹתָ֡ם בְּיַ֣ד סִֽיסְרָא֩ שַׂר־צְבָ֨א ל בסיפ
10 חָצ֜וֹר וּבְיַד־פְּלִשְׁתִּ֗ים וּבְיַד֙ מֶ֣לֶךְ מוֹאָ֔ב וַיִּֽלָּחֲמ֖וּ[a] בָּֽם׃ 10 וַיִּזְעֲק֤וּ אֶל־
יְהוָה֙ וַיֹּאמְרֻ֣[a] חָטָ֔אנוּ כִּ֤י עָזַ֙בְנוּ֙ אֶת־יְהוָ֔ה וַנַּעֲבֹ֥ד אֶת־הַבְּעָלִ֖ים וְאֶת־ ויאמרו ק
11 הָעַשְׁתָּר֑וֹת[b] וְעַתָּ֗ה הַצִּילֵ֛נוּ מִיַּ֥ד אֹיְבֵ֖ינוּ וְנַעַבְדֶֽךָּ׃ 11 וַיִּשְׁלַ֤ח יְהוָה֙
[a]אֶת־יְרֻבַּ֣עַל וְאֶת־בְּדָ֔ן וְאֶת־יִפְתָּ֖ח וְאֶת־שְׁמוּאֵ֑ל[a] וַיַּצֵּ֨ל אֶתְכֶ֜ם מִיַּ֤ד ד[9]. ב
12 אֹיְבֵיכֶם֙ מִסָּבִ֔יב וַתֵּשְׁב֖וּ בֶּֽטַח׃ 12 וַתִּרְא֗וּ כִּֽי־נָחָ֞שׁ מֶ֣לֶךְ בְּנֵֽי־עַמּוֹן֮ בָּ֣א
עֲלֵיכֶם֒ וַתֹּ֣אמְרוּ לִ֔י[a] לֹ֕א כִּי־מֶ֖לֶךְ יִמְלֹ֣ךְ עָלֵ֑ינוּ וַיהוָ֥ה אֱלֹהֵיכֶ֖ם ל. ל בסיפ
13 מַלְכְּכֶֽם׃ 13 וְעַתָּ֗ה הִנֵּ֥ה הַמֶּ֛לֶךְ אֲשֶׁ֥ר בְּחַרְתֶּ֖ם[a] [b]אֲשֶׁ֣ר שְׁאֶלְתֶּ֑ם[a] וְהִנֵּ֨ה[c] ב[10]. ב
14 נָתַ֧ן יְהוָ֛ה עֲלֵיכֶ֖ם[d] מֶֽלֶךְ׃ 14 אִם־תִּֽירְא֣וּ אֶת־יְהוָ֗ה וַעֲבַדְתֶּ֤ם אֹתוֹ֙ ו ר״פ בסיפ וכל יהושע שפטים ושמואל ואם ר״פ[11]
וּשְׁמַעְתֶּ֣ם בְּקֹל֔וֹ וְלֹ֥א תַמְר֖וּ אֶת־פִּ֣י יְהוָ֑ה וִהְיִתֶ֣ם גַּם־אַתֶּ֗ם וְגַם־הַמֶּ֙לֶךְ֙ ב חס
15 אֲשֶׁ֣ר מָלַ֣ךְ עֲלֵיכֶ֔ם אַחַ֖ר[a] יְהוָ֥ה אֱלֹהֵיכֶֽם׃ 15 וְאִם־לֹ֤א תִשְׁמְעוּ֙ בְּק֣וֹל ב
יְהוָ֔ה וּמְרִיתֶ֖ם אֶת־פִּ֣י יְהוָ֑ה וְהָיְתָ֧ה יַד־יְהוָ֛ה בָּכֶ֖ם וּבַאֲבֹתֵיכֶֽם[a]׃ ב.
16 גַּם־עַתָּה֙ הִתְיַצְּב֣וּ וּרְא֔וּ אֶת־הַדָּבָ֥ר הַגָּד֖וֹל הַזֶּ֑ה אֲשֶׁ֣ר יְהוָ֔ה עֹשֶׂ֖ה ג
17 לְעֵינֵיכֶֽם׃ 17 הֲל֤וֹא קְצִיר־חִטִּים֙ הַיּ֔וֹם אֶקְרָא֙ אֶל־יְהוָ֔ה וְיִתֵּ֥ן קֹל֖וֹת ח[12]. יג[13]. ו כת כן
וּמָטָ֑ר וּדְע֣וּ וּרְא֗וּ כִּֽי־רָעַתְכֶ֤ם רַבָּה֙ אֲשֶׁ֤ר עֲשִׂיתֶם֙ בְּעֵינֵ֣י יְהוָ֔ה לִשְׁא֥וֹל יד בסיפ
18 לָכֶ֖ם מֶֽלֶךְ׃ ס 18 וַיִּקְרָ֤א שְׁמוּאֵל֙ אֶל־יְהוָ֔ה וַיִּתֵּ֧ן יְהוָ֛ה קֹלֹ֥ת ד חס[14]
וּמָטָ֖ר בַּיּ֣וֹם הַה֑וּא וַיִּירָ֨א כָל־הָעָ֥ם מְאֹ֛ד אֶת־יְהוָ֖ה וְאֶת־שְׁמוּאֵֽל׃ יב[15] ג מנה מל בליש. ב
19 וַיֹּאמְר֨וּ כָל־הָעָ֜ם אֶל־שְׁמוּאֵ֗ל הִתְפַּלֵּ֧ל בְּעַד־עֲבָדֶ֛יךָ אֶל־יְהוָ֥ה ד. ל

[6]Mm 1586. [7]Mm 2610. [8]Mm 1587. [9]Mm 4042. [10]Mm 1588. [11]Mm 1380. [12]Mp sub loco. [13]Mm 157. [14]Mm 1589. [15]Mm 1590.

8 [a] 2 Mss cit Seb ימה– ‖ [b] 𝔊[Mss] suff 1 pl ‖ [c] 𝔊[Mss]𝔖[ABI]𝔙 3 m sg ‖ [d] mlt Mss וישבם cf Vrs (𝔗[Edd]) ‖ **9** [a] 𝔊[-OLMss]𝔖[A] sg ‖ **10** [a] permlt Mss ut Q cf Vrs ‖ [b] 𝔊 *καὶ τοῖς ἄλσεσιν* cf 𝔏[93.94] et 7,3[a] ‖ **11** [a–a] 𝔊 Jerubaal (−boam), Barak, Jeftha (𝔊[Ms] + Simson), Samuel; 𝔖 Debora, Barak, Gideon, Jeftha, Simson; 𝔗 Gideon, Simson (𝔗[f] Bedan), Jeftha, Samuel ‖ **12** [a] > 𝔊[-L]𝔖 ‖ **13** [a–a] > 𝔊[Mss] ‖ [b] mlt Mss 'וא cf 𝔊[-OMss]𝔖𝔗[Mss]𝔙 ‖ [c] nonn Mss 'ה cf 𝔊[Mss]𝔖 ‖ [d] Ms לכם cf 𝔖𝔙, sed etiam Gn 41,41 ‖ **14** [a] mlt Mss אחרי cf 2 S 2,10 ‖ **15** [a] 𝔊 *καὶ ἐπὶ τὸν βασιλέα ὑμῶν* cf 𝔏[93.94] et 14; 𝔊[L] + *ἐξολοθρεῦσαι ὑμᾶς*.

ו חס[16] אֱלֹהֶיךָ וְאַל־[a]נָמוּת כִּי־יָסַפְנוּ עַל־כָּל־חַטֹּאתֵינוּ רָעָה לִשְׁאֹל לָנוּ
מֶלֶךְ׃ ס 20 וַיֹּאמֶר שְׁמוּאֵל אֶל־הָעָם אַל־תִּירָאוּ אַתֶּם עֲשִׂיתֶם 20
אֵת כָּל־הָרָעָה הַזֹּאת אַךְ אַל־תָּסוּרוּ מֵאַחֲרֵי יְהוָה וַעֲבַדְתֶּם אֶת־
ד ר״פ ולא לא ולא . ל וחס יְהוָה בְּכָל־לְבַבְכֶם׃ 21 וְלֹא תָּסוּרוּ כִּי[a] | אַחֲרֵי הַתֹּהוּ אֲשֶׁר לֹא־ 21
יוֹעִילוּ וְלֹא יַצִּילוּ כִּי־תֹהוּ הֵמָּה׃ 22 כִּי לֹא־יִטֹּשׁ יְהוָה אֶת־עַמּוֹ ס
ג ומל[17] בַּעֲבוּר שְׁמוֹ הַגָּדוֹל כִּי הוֹאִיל יְהוָה לַעֲשׂוֹת אֶתְכֶם לוֹ לְעָם׃ 23 גַּם 23
ג[18] חד כת טא וחד כת טו וחד כת טוא . ל . ב . ל אָנֹכִי חָלִילָה לִּי מֵחֲטֹא לַיהוָה מֵחֲדֹל לְהִתְפַּלֵּל בַּעַדְכֶם[a] וְהוֹרֵיתִי
ל[19] . ג יתיר א[19] אֶתְכֶם בְּדֶרֶךְ[b] הַטּוֹבָה וְהַיְשָׁרָה׃ 24 אַךְ | יְראוּ אֶת־יְהוָה וַעֲבַדְתֶּם 24
ג חס בליש אֹתוֹ בֶּאֱמֶת בְּכָל־[a]לְבַבְכֶם כִּי רְאוּ אֵת אֲשֶׁר־הִגְדִּל עִמָּכֶם׃ 25 וְאִם־ 25
ה . ל . ב[20] הָרֵעַ תָּרֵעוּ גַּם־אַתֶּם גַּם־מַלְכְּכֶם תִּסָּפוּ׃ פ
ל **13** [a]1 בֶּן־שָׁנָה[b] שָׁאוּל בְּמָלְכוֹ וּשְׁתֵּי שָׁנִים[c] מָלַךְ עַל־יִשְׂרָאֵל׃ **13**
2 וַיִּבְחַר־לוֹ שָׁאוּל שְׁלֹשֶׁת אֲלָפִים מִיִּשְׂרָאֵל וַיִּהְיוּ עִם־שָׁאוּל אַלְפַּיִם 2
ל . יז מל[1] בְּמִכְמָשׂ[a] וּבְהַר בֵּית־אֵל וְאֶלֶף הָיוּ עִם־יוֹנָתָן בְּגִבְעַת[b] בִּנְיָמִין וְיֶתֶר
הָעָם שִׁלַּח אִישׁ לְאֹהָלָיו[c]׃ 3 וַיַּךְ יוֹנָתָן אֵת נְצִיב פְּלִשְׁתִּים אֲשֶׁר 3
בְּגֶבַע[a] וַיִּשְׁמְעוּ פְּלִשְׁתִּים וְשָׁאוּל תָּקַע בַּשּׁוֹפָר בְּכָל־הָאָרֶץ לֵאמֹר
[b]יִשְׁמְעוּ הָעִבְרִים[b]׃ 4 וְכָל־יִשְׂרָאֵל שָׁמְעוּ לֵאמֹר הִכָּה שָׁאוּל אֶת־ 4
ל . ג נְצִיב פְּלִשְׁתִּים וְגַם־נִבְאַשׁ[a] יִשְׂרָאֵל בַּפְּלִשְׁתִּים וַיִּצָּעֲקוּ הָעָם אַחֲרֵי
ה שָׁאוּל הַגִּלְגָּל׃ 5 וּפְלִשְׁתִּים נֶאֶסְפוּ | לְהִלָּחֵם עִם־יִשְׂרָאֵל שְׁלֹשִׁים[a] 5
ג[2] אֶלֶף רֶכֶב וְשֵׁשֶׁת אֲלָפִים פָּרָשִׁים וְעָם כַּחוֹל אֲשֶׁר עַל־שְׂפַת־הַיָּם
לָרֹב וַיַּעֲלוּ וַיַּחֲנוּ בְמִכְמָשׂ קִדְמַת[b] בֵּית אָוֶן[b]׃ 6 וְאִישׁ יִשְׂרָאֵל רָאוּ[a] 6
ד . ל . ל[3] כִּי צַר־לוֹ כִּי נִגַּשׂ[b] הָעָם[b] וַיִּתְחַבְּאוּ הָעָם בַּמְּעָרוֹת וּבַחֲוָחִים וּבַסְּלָעִים
ל . ל . ב וּבַצְּרִחִים וּבַבֹּרוֹת׃ 7 וְעִבְרִים עָבְרוּ אֶת־הַיַּרְדֵּן אֶרֶץ גָּד וְגִלְעָד 7

[16]Mm 1393. [17]Mm 1044. [18]Mm 132. [19]Mp sub loco. [20]Mm 928. **Cp 13** [1]Mm 262. [2]Mm 3005. [3]Mm 1598.

19 [a] pc Mss cit ולא cf Gn 42,2 ‖ **21** [a] > 2 Mss Vrs ‖ **23** [a] 𝔊 + *καὶ δουλεύσω* ($𝔊^{L}$ *-σωμεν*) *τῷ κυρίῳ* ex duplice versione? ‖ [b] Vrs stat abs cf Ps 25,8 ‖ **24** [a] $𝔊^{Mss}𝔙$ pr cop, sed cf 1R 2,4 ‖ **Cp 13,1** [a] v 1 > $𝔊^{-O^{p}LMss}$ ‖ [b] $𝔊^{L^{p}Ms}$ 30, 𝔖 21 ‖ [c–c] > 𝔖 ‖ **2** [a] mlt Mss^{G} מִשׁ– ‖ [b] 𝔊 *ἐν Γαβεε* ($𝔊^{O^{p}L}$ *βουνῷ [ἐπὶ] Γαβαα*) cf 16 ‖ [c] pc Mss לוֹ– cf $𝔊𝔖𝔗^{Ms}$ ‖ **3** [a] 𝔊 *ἐν τῷ βουνῷ* cf 2[b] ‖ [b–b] 𝔊 *ἠθετήκασιν οἱ δοῦλοι*, $𝔏^{93.94}$ *audiant Haebrei dereliquerunt servi* cf 1R 12,19 ‖ **4** [a] sic L, mlt Mss Edd אָשׁ– ‖ **5** [a] $𝔊^{L}𝔖$ 3 ‖ [b–b] 𝔊 *Βαιθωρων κατὰ νώτου* ($𝔊^{Mss}$ *νότου*) ‖ **6** [a] 𝔊 sg, sed cf Jdc 8,1 ‖ [b–b] $𝔊^{-L}$ *μὴ προσάγειν αὐτόν* (a נגשׁ).

8 וְשָׁאוּל עוֹדֶנּוּ בַגִּלְגָּל וְכָל־הָעָם [a]חָרְדוּ אַחֲרָיו[a]׃ 8 וַיִּ֯חֶל[a] | שִׁבְעַת — נֹא מ״פ וכל ר״פ דכות ב מ ג . ויוחל[4] ק
יָמִים לַמּוֹעֵד אֲשֶׁר שְׁמוּאֵל[b] וְלֹא־בָא שְׁמוּאֵל הַגִּלְגָּל וַיָּפֶץ הָעָם — ג[5] . ג
9 מֵעָלָיו׃ 9 וַיֹּאמֶר שָׁאוּל הַגִּשׁוּ אֵלַי הָעֹלָה וְהַשְּׁלָמִים וַיַּעַל הָעֹלָה׃ — ג חס בליש[6]
10 וַיְהִי כְּכַלֹּתוֹ לְהַעֲלוֹת הָעֹלָה וְהִנֵּה שְׁמוּאֵל בָּא וַיֵּצֵא שָׁאוּל
11 לִקְרָאתוֹ לְבָרְכוֹ׃ 11 וַיֹּאמֶר שְׁמוּאֵל מֶה עָשִׂיתָ וַיֹּאמֶר שָׁאוּל כִּי־ — ל
רָאִיתִי כִי־נָפַץ הָעָם מֵעָלַי וְאַתָּה לֹא־בָאתָ לְמוֹעֵד הַיָּמִים וּפְלִשְׁתִּים — ל . ו רפי[7]
12 נֶאֱסָפִים מִכְמָשׂ[a]׃ 12 וָאֹמַר עַתָּה יֵרְדוּ פְלִשְׁתִּים אֵלַי הַגִּלְגָּל וּפְנֵי — ג . ה[8] . יו
13 יְהוָה לֹא חִלִּיתִי וָאֶתְאַפַּק וָאַעֲלֶה הָעֹלָה׃ ס 13 וַיֹּאמֶר שְׁמוּאֵל — ב[9] . ל . ג[10]
אֶל־שָׁאוּל נִסְכָּלְתָּ לֹא[a] שָׁמַרְתָּ אֶת־מִצְוַת יְהוָה אֱלֹהֶיךָ אֲשֶׁר צִוָּךְ — ב חד קמ וחד פת[11] . ג[12] . ל זקף קמ
14 כִּי עַתָּה הֵכִין יְהוָה אֶת־מַמְלַכְתְּךָ אֶל[b]־יִשְׂרָאֵל עַד־עוֹלָם׃ 14 וְעַתָּה — יב יא מנה בנביא[13] . ג[6] . ה[14] . ז[15] וכל משחתיך למלך דכות ב מ א
מַמְלַכְתְּךָ לֹא־תָקוּם בִּקֵּשׁ יְהוָה לוֹ אִישׁ כִּלְבָבוֹ וַיְצַוֵּהוּ יְהוָה לְנָגִיד — ג . ב[16]
15 עַל־עַמּוֹ כִּי לֹא שָׁמַרְתָּ אֵת אֲשֶׁר־צִוְּךָ יְהוָה׃ פ 15 וַיָּקָם שְׁמוּאֵל — ה[17]
וַיַּעַל מִן־הַגִּלְגָּל[a] גִּבְעַת[b] בִּנְיָמִן וַיִּפְקֹד שָׁאוּל אֶת־הָעָם הַנִּמְצְאִים עִמּוֹ — °[18]
16 כְּשֵׁשׁ מֵאוֹת אִישׁ׃ 16 וְשָׁאוּל וְיוֹנָתָן בְּנוֹ וְהָעָם הַנִּמְצָא[a] עִמָּם יֹשְׁבִים — ל
17 בְּגֶבַע[b] בִּנְיָמִן וּפְלִשְׁתִּים חָנוּ בְמִכְמָשׂ[c]׃ 17 וַיֵּצֵא הַמַּשְׁחִית מִמַּחֲנֵה
פְלִשְׁתִּים שְׁלֹשָׁה רָאשִׁים הָרֹאשׁ אֶחָד יִפְנֶה אֶל־דֶּרֶךְ עָפְרָה אֶל[a]־ — כ . לז[6]
18 אֶרֶץ שׁוּעָל׃ 18 וְהָרֹאשׁ אֶחָד יִפְנֶה דֶּרֶךְ בֵּית חֹרוֹן וְהָרֹאשׁ אֶחָד — ב . ג כת כן . ב
יִפְנֶה דֶּרֶךְ הַגְּבוּל[a] הַנִּשְׁקָף עַל־גֵּי[b] הַצְּבֹעִים הַמִּדְבָּרָה[c]׃ ס — ט כת י[19] . יב[20]
19 וְחָרָשׁ לֹא יִמָּצֵא בְּכֹל אֶרֶץ[a] יִשְׂרָאֵל כִּי־אָמְרוּ[b] פְלִשְׁתִּים פֶּן יַעֲשׂוּ — אמרו ק חד מן ז[21] פסוק מן הי מילין ז מכה וז מכה
20 הָעִבְרִים חֶרֶב אוֹ חֲנִית׃ 20 וַיֵּרְדוּ כָל־יִשְׂרָאֵל הַפְּלִשְׁתִּים[a] לִלְטוֹשׁ — ח[22] . ב מל בליש
21 אִישׁ אֶת־מַחֲרַשְׁתּוֹ וְאֶת־אֵתוֹ וְאֶת־קַרְדֻּמּוֹ וְאֵת מַחֲרֵשָׁתוֹ[b]׃ 21 וְהָיְתָה — ל . ל . ל . ג בטע[23]
הַפְּצִירָה פִים לַמַּחֲרֵשֹׁת וְלָאֵתִים וְלִשְׁלֹשׁ קִלְּשׁוֹן וּלְהַקַּרְדֻּמִּים — ל . ל . ב וחס[24]

[4] Mm 832. [5] Mm 2785. [6] Mp sub loco. [7] Mm 613. [8] Mm 2743. [9] Mm 1591. [10] Mm 3995. [11] Mm 4194. [12] Mm 1364. [13] Mm 230. [14] Mm 1592. [15] Mm 1021. [16] Mm 1173. [17] Mm 1593. [18] Mp L ב non in loco proprio, cf Mp Est 1,5; 4,16 et Mp sub loco. [19] Mm 3989. [20] Mm 757. [21] Mm 1594. [22] Mm 1315. [23] Mm 3128. [24] Mm 809.

7 a–a 𝔊^{L} *ἐξέστησαν ἀπὸ ὄπισθεν αὐτοῦ* cf 𝔏$^{93.94}$, sed etiam Gn 42,28 ‖ **8** a nonn Mss ut Q ‖ b pc Mss pr אמר cf 𝔊𝔏$^{93.94}$𝔗, pc Mss pr שׂם ‖ **11** a nonn Mss במ׳ cf 𝔊^{Mss}𝔖, sed etiam 2 Ch 30,13; Mss^{G} במכמשׂ cf 2a ‖ **13** a nonn Mss ולא cf 𝔙, 2 Mss citt כי לא cf 𝔊𝔏$^{93.94}$𝔖 ‖ b nonn Mss citt על cf Vrs ‖ **15** a 𝔊𝔏$^{93.94}$ + mlt vb ‖ b 𝔊$^{-L}$ *Γαβαα* ‖ **16** a Ms אים– cf 𝔊 *([καὶ] οἱ εὑρεθέντες)* 𝔗^{Mss} ‖ b 2 Mss בגבעת ‖ c Mss^{G} מש– cf 2a ‖ **17** a pc Mss ואל ‖ **18** a 𝔊 *Γαβεε* cf 𝔏$^{93.94}$ ‖ b nonn Mss גיא ‖ c 𝔖 pr cop; > 𝔊$^{-Mss}$ ‖ **19** a nonn Mss גבול cf 𝔗 *tḥwm ʾrʿ* ‖ b mlt Mss ut Q cf Vrs ‖ **20** a Ms pr אל cf Vrs ‖ b 𝔊 *τὸ δρέπανον αὐτοῦ*, 𝔏$^{93.94}$ *securim suam et falcem suam* cf Dt 16,9 23,26.

וּלְהַצִּיב הַדָּרְבָֽן׃ 22 וְהָיָה בְּיוֹם מִלְחֶמֶת[a] וְלֹא[b] נִמְצָא חֶרֶב וַחֲנִית 22 ל̇ . ה̇ . ל̇[25]
בְּיַד כָּל־הָעָם אֲשֶׁר אֶת־שָׁאוּל וְאֶת־יוֹנָתָן וַתִּמָּצֵא לְשָׁאוּל וּלְיוֹנָתָן
23 בְּנֽוֹ׃ 23 וַיֵּצֵא מַצַּב פְּלִשְׁתִּים אֶל־מַעֲבַר מִכְמָשׂ[a]׃ ס
14 1 וַיְהִי הַיּוֹם וַיֹּאמֶר יוֹנָתָן בֶּן־שָׁאוּל אֶל־הַנַּעַר נֹשֵׂא כֵלָיו לְכָה 14 לח
וְנַעְבְּרָה אֶל־מַצַּב פְּלִשְׁתִּים אֲשֶׁר מֵעֵבֶר[a] הַלָּז וּלְאָבִיו לֹא הִגִּֽיד׃ ל̇ . ג̇[1]
2 וְשָׁאוּל יוֹשֵׁב בִּקְצֵה הַגִּבְעָה תַּחַת הָֽרִמּוֹן אֲשֶׁר בְּמִגְרוֹן וְהָעָם אֲשֶׁר 2 מט מל בנביא ח̇ מנה בסיפ . ב̇[2] . יא̇ וכל ד״ה דכות
3 עִמּוֹ כְּשֵׁשׁ מֵאוֹת אִֽישׁ׃ 3 וַאֲחִיָּה בֶן־אֲחִטוּב אֲחִי אִיכָבוֹד ׀ בֶּן־פִּֽינְחָס ג̇ חס̇[3] . ב̇
בֶּן־עֵלִי כֹּהֵן ׀ יְהוָה בְּשִׁלוֹ נֹשֵׂא אֵפוֹד וְהָעָם לֹא יָדַע כִּי הָלַךְ יוֹנָתָֽן׃ ח̇ כת ו בליש[4] . לח
4 וּבֵין הַֽמַּעְבְּרוֹת אֲשֶׁר בִּקֵּשׁ יוֹנָתָן לַעֲבֹר עַל[a]־מַצַּב פְּלִשְׁתִּים שֵֽׁן[b]־ 4 ל̇
הַסֶּלַע מֵהָעֵבֶר[c] מִזֶּה וְשֵׁן־הַסֶּלַע מֵהָעֵבֶר[c] מִזֶּה וְשֵׁם[d] הָאֶחָד בּוֹצֵץ ב̇ . ב̇ . ו̇ פסוק ושם ושם . ג̇ . ל̇
5 וְשֵׁם הָאֶחָד[e] סֶֽנֶּה[f]׃ 5 הַשֵּׁן הָאֶחָד מָצוּק[a] מִצָּפוֹן מוּל[b] מִכְמָשׂ[c] וְהָאֶחָד ג̇ . ד̇[5]
6 מִנֶּגֶב מוּל[b] גָּֽבַע׃ ס 6 וַיֹּאמֶר יְהוֹנָתָן אֶל־הַנַּעַר ׀ נֹשֵׂא כֵלָיו לְכָה ב̇ בעינ̇[6] . לח
וְנַעְבְּרָה[a] אֶל־מַצַּב הָעֲרֵלִים הָאֵלֶּה אוּלַי יַעֲשֶׂה יְהוָה לָנוּ כִּי אֵין
7 לַֽיהוָה מַעְצוֹר לְהוֹשִׁיעַ בְּרַב אוֹ בִמְעָֽט׃ 7 וַיֹּאמֶר לוֹ נֹשֵׂא כֵלָיו עֲשֵׂה ל̇ ומל̇ . ב̇ חד קמ̇ וחד פת̇ . לח
8 כָּל־אֲשֶׁר [a]בִּלְבָבֶךָ נְטֵה לָךְ[a] הִנְנִי עִמְּךָ כִּלְבָבֶֽךָ׃ ס 8 וַיֹּאמֶר ב̇[7]
9 יְהוֹנָתָן הִנֵּה אֲנַחְנוּ עֹבְרִים אֶל־הָאֲנָשִׁים וְנִגְלֵינוּ אֲלֵיהֶֽם׃ 9 אִם־כֹּה ב̇ בעינ̇[6] . ל̇ ומל̇ . ו̇ ר״פ בסיפ וכל יהושע שופטים ושמואל ואם ר״פ[8]
יֹאמְרוּ אֵלֵינוּ דֹּמּוּ עַד־הַגִּיעֵנוּ[a] אֲלֵיכֶם וְעָמַדְנוּ תַחְתֵּינוּ וְלֹא נַעֲלֶה ב̇ וחס̇[9]
10 אֲלֵיהֶֽם׃ 10 וְאִם־כֹּה יֹאמְרוּ עֲלוּ עָלֵינוּ[a] וְעָלִינוּ כִּֽי־נְתָנָם יְהוָה בְּיָדֵנוּ[b] ל̇ . ב̇[10]
11 וְזֶה־לָּנוּ הָאֽוֹת׃ 11 וַיִּגָּלוּ שְׁנֵיהֶם אֶל־מַצַּב פְּלִשְׁתִּים וַיֹּאמְרוּ פְלִשְׁתִּים ב̇
12 הִנֵּה עִבְרִים יֹֽצְאִים מִן־הַחֹרִים אֲשֶׁר הִתְחַבְּאוּ־שָֽׁם׃ 12 וַיַּעֲנוּ אַנְשֵׁי ל̇
הַמַּצָּבָה אֶת־יוֹנָתָן ׀ וְאֶת־נֹשֵׂא כֵלָיו וַיֹּאמְרוּ[a] עֲלוּ אֵלֵינוּ וְנוֹדִיעָה ל̇ . לח . ל̇
אֶתְכֶם דָּבָר פ[b] וַיֹּאמֶר יוֹנָתָן אֶל־נֹשֵׂא כֵלָיו עֲלֵה אַחֲרַי כִּֽי־ לח

[25] וחד להציב 1Ch 18,3. Cp 14 [1] Mm 337. [2] Mm 2245. [3] Mm 1655. [4] Mm 1525. [5] Mm 743. [6] Mm 4012. [7] Mm 1595. [8] Mm 1380. [9] Mm 1596. [10] Mm 916.

22 [a] 𝔊 + *Μαχ(ε)μας* ‖ [b] 2 Mss cit לא cf 𝔖𝔗$^{Buxt. Qimḥi}$𝔙 ‖ **23** [a] Mss^{G} מש– cf 2[a] ‖ **Cp 14,1** [a] ℭ מעֿבר ‖ **4** [a] pc Mss אל cf 𝔗^{Mss}, sed etiam Jes 45,14 ‖ [b] Ms ושן cf 𝔊$^{-L}$ 𝔏$^{93.94}$𝔖 ‖ [c] ℭ מהעבר; > 𝔊𝔏$^{93.94}$ ‖ [d] mlt Mss שם cf 𝔊^{Mss}𝔏$^{93.94}$𝔖𝔗^{Mss}𝔙 ‖ [e] nonn Mss השני(ת) cf 1,2 ‖ [f] ℭ סֶנָּה cf ? 𝔏$^{93.94}$ *Sen/d(n)aar/s* ‖ **5** [a] > 𝔊𝔏$^{93.94}$ ‖ [b] ℭ מֹול cf Dt 1,1 ‖ [c] Mss^{G} מש– cf 13,2[a] ‖ **6** [a] ℭ –ברה ‖ **7** [a–a] 𝔊 *(ποίει πᾶν ὃ ἐὰν) ἡ καρδία σου ἐκκλίνῃ* ‖ **9** [a] 𝔊 *(ἕως ἂν) ἀπαγγείλωμεν* cf 12 ‖ **10** [a] mlt Mss אלינו cf 12 ‖ [b] mlt Mss –דינו cf 𝔊𝔙 ‖ **12** [a] > pc Mss 𝔊^{Mss}𝔏$^{93.94}$ ‖ [b] mlt Mss om interv.

13 נְתָנָ֥ם יְהוָ֖ה בְּיַ֥ד יִשְׂרָאֵֽל׃ 13 וַיַּ֨עַל יוֹנָתָ֜ן עַל־יָדָיו֙ וְעַל־רַגְלָ֔יו וְנֹשֵׂ֥א לח̇ו̇ מנה בליש
14 כֵלָ֖יו אַחֲרָ֑יו וַֽיִּפְּלוּ֙ᵃ לִפְנֵ֣י יוֹנָתָ֔ן וְנֹשֵׂ֥א כֵלָ֖יו מְמוֹתֵ֥תᵇ אַחֲרָֽיו׃ 14 וַתְּהִ֞י ל̇. לח̇ו̇ מנה בליש
הַמַּכָּ֣ה הָרִאשֹׁנָ֗ה אֲשֶׁ֨ר הִכָּ֚ה יוֹנָתָן֙ וְנֹשֵׂ֣א כֵלָ֔יו כְּעֶשְׂרִ֖ים אִ֑ישׁ ᵃכְּבַחֲצִ֥י ג̇.ח̇. לח̇ו̇ מנה בליש. ב̇[11]. ל̇
15 מַעֲנָ֛ה צֶ֥מֶדᵇ שָׂדֶֽהᵃ׃ 15 וַתְּהִי֩ חֲרָדָ֨ה בַֽמַּחֲנֶ֤ה בַשָּׂדֶה֙ᵃ וּבְכָל־ᵇהָעָ֔ם ל̇. ל̇
הַמַּצָּב֙ וְהַמַּשְׁחִ֔ית חָרְד֖וּ גַּם־הֵ֑מָּה וַתִּרְגַּ֣ז הָאָ֔רֶץ וַתְּהִ֖י לְחֶרְדַּ֥ת אֱלֹהִֽים׃ ל̇
16 וַיִּרְא֤וּ הַצֹּפִים֙ לְשָׁא֔וּל בְּגִבְעַ֖תᵃ בִּנְיָמִ֑ן וְהִנֵּ֧ה הֶהָמ֛וֹןᵇ נָמ֖וֹג וַיֵּ֥לֶךְ
17 וַהֲלֹֽםᶜ׃ פ 17 וַיֹּ֣אמֶר שָׁא֗וּל לָעָם֙ אֲשֶׁ֣ר אִתּ֔וֹᵃ פִּקְדוּ־נָ֣א וּרְא֔וּ מִ֖י ל̇
18 הָלַ֣ךְ מֵעִמָּ֑נוּ וַֽיִּפְקְד֔וּ וְהִנֵּ֛ה אֵ֥ין יוֹנָתָ֖ן וְנֹשֵׂ֥א כֵלָֽיו׃ 18 וַיֹּ֤אמֶר שָׁאוּל֙ ל̇. ל̇. לח̇ו̇ מנה בליש
לַאֲחִיָּ֔ה הַגִּ֖ישָׁה ᵃאֲר֣וֹן הָאֱלֹהִ֑יםᵃ ᵇכִּֽי־הָיָ֞ה אֲר֧וֹן הָאֱלֹהִ֛יםᵇ בַּיּ֥וֹם הַה֖וּא
19 וּבְנֵ֥יᶜ יִשְׂרָאֵֽל׃ 19 וַיְהִ֗י עַ֣ד דִּבֶּ֚ר שָׁאוּל֙ אֶל־הַכֹּהֵ֔ן וְהֶהָמ֗וֹן אֲשֶׁר֙ ה̇י וכל ר״פ דכות[12]
בְּמַחֲנֵ֣ה פְלִשְׁתִּ֔ים וַיֵּ֥לֶךְ הָל֖וֹךְ וָרָ֑ב פ ᵃ וַיֹּ֤אמֶר שָׁאוּל֙ אֶל־הַכֹּהֵ֔ן ה̇[13]
20 אֱסֹ֥ף יָדֶֽךָᵇ׃ 20 וַיִּזָּעֵ֣ק שָׁא֗וּל וְכָל־הָעָם֙ אֲשֶׁ֣ר אִתּ֔וֹ וַיָּבֹ֖אוּ עַד־הַמִּלְחָמָ֑ה ג̇. נא̇ מ״פ וכל ר״פ דכות ב̇ מ̇ ג̇. ל̇
21 וְהִנֵּ֨ה הָיְתָ֜ה חֶ֤רֶב אִישׁ֙ בְּרֵעֵ֔הוּ מְהוּמָ֖ה גְּדוֹלָ֥ה מְאֹֽד׃ 21 וְהָעִבְרִ֞ים ב̇ בסיפ. ל̇ ור״פ
הָי֣וּᵃ לַפְּלִשְׁתִּים֙ כְּאֶתְמ֣וֹל שִׁלְשׁ֔וֹם אֲשֶׁ֨ר עָל֥וּ עִמָּ֛ם בַּֽמַּחֲנֶ֖ה סָבִ֑יבᵇ ב̇[14]
22 וְגַם־הֵ֗מָּהᵇ לִֽהְיוֹת֙ עִם־יִשְׂרָאֵ֔ל אֲשֶׁ֥ר עִם־שָׁא֖וּל וְיוֹנָתָֽן׃ 22 וְכֹ֨ל אִ֤ישׁ ל̇. ל̇. י̇ג̇[15]
יִשְׂרָאֵל֙ הַמִּֽתְחַבְּאִ֣ים בְּהַר־אֶפְרַ֔יִם שָׁמְע֕וּ כִּי־נָ֖סוּ פְּלִשְׁתִּ֑ים וַיַּדְבְּק֥וּ ל̇. ג̇
ס̄ח גַם־הֵ֛מָּה אַחֲרֵיהֶ֖ם בַּמִּלְחָמָֽה׃ 23 וַיּ֧וֹשַׁע יְהוָ֛ה בַּיּ֥וֹם הַה֖וּא אֶת־יִשְׂרָאֵ֑ל
24 וְהַ֨מִּלְחָמָ֔ה עָבְרָ֖ה אֶת־ᵃבֵּ֥יתᵇ אָֽוֶןᵇᶜ׃ᵃ 24 וְאִֽישׁ־יִשְׂרָאֵ֥ל נִגַּ֖שׂᵃᵇ בַּיּ֣וֹם ג̇[16]. ד̇[17]
הַה֑וּא וַיֹּ֨אֶלᶜ שָׁא֜וּל אֶת־הָעָ֣ם לֵאמֹ֗ר אָר֣וּר הָאִ֩ישׁ֩ אֲשֶׁר־יֹ֨אכַל לֶ֜חֶם ז̇ וחד מן ב̇[18] חס בליש

[11] Mm 1597. [12] Mm 470. [13] Mm 1103. [14] Mm 1632. [15] Mm 1520. [16] Mm 1521. [17] Mm 1598. [18] Mm 1599.

13 ᵃ 𝔊 *καὶ ἐπέβλεψαν* cf 𝔏[115.91.93.94] ‖ ᵇ 𝔊 + *καὶ ἐπάταξεν αὐτούς* cf 𝔏[93.94] ‖ **14** ᵃ⁻ᵃ 𝔊 *ἐν βόλισι* (חץ) (𝔊[Mss] *καὶ ἐν πετροβόλοις*) *καὶ (ἐν) κόχλαξιν* (צור?) *τοῦ πεδίου*, 𝔏[115] *in sagittis et in fundibalis et in cauculis campi*, 𝔏[93.94] *in b/volidis et petrob/volis et in saxis campi*, 𝔖 *'jk pswl'* (pl, a חצב) *w'jk dbrj* (pl) *pdn'* (pl) *bḥql'* ‖ ᵇ 2 Mss + בקר cf 𝔗𝔙 ‖ **15** ᵃ 𝔊[-O^p]𝔏[115.93.94] pr cop ‖ ᵇ pc Mss וכל cf 𝔊𝔏[115.93.94]𝔙 ‖ **16** ᵃ 𝔊 *ἐν Γαβεε* cf 2.5 ‖ ᵇ 𝔊 *ἡ παρεμβολή* (𝔊[L] + *τῶν ἀλλοφύλων*), 𝔏[115] *castra*, 𝔖 *ḥjl' dplštj'* (> 𝔖[B corr C]); 𝔗 + *mšrjt plšt'j* cf 19 ‖ ᶜ pc Mss ה׳; 𝔖𝔗 a הלם ‖ **17** ᵃ nonn Mss עמו ‖ **18** ᵃ⁻ᵃ citt האפוד (את) cf 𝔊𝔏[115] ‖ ᵇ⁻ᵇ 𝔊[Mss] *ὅτι αὐτὸς ἦρεν τὸ ἐφούδ* cf ᵃ⁻ᵃ ‖ ᶜ Ms cit עם בני cf 𝔖𝔗 (𝔗[Mss] *w'm*) 𝔙; 𝔊 *ἐνώπιον* cf 𝔏[115] ‖ **19** ᵃ mlt Mss om interv ‖ ᵇ mlt Mss ידיך cf 𝔊𝔏[115.93.94] ‖ **21** ᵃ 𝔊𝔏[115.93.94]𝔙 pr pron relat ‖ ᵇ⁻ᵇ 𝔊(𝔏[93.94]) *ἐπεστράφησαν καὶ αὐτοί*, 𝔏[115] *conversi sunt et ipsi*, 𝔖 *wḥdjrjn 'p hnwn*, 𝔗[-Ms] + *tbw*, 𝔙 *reversi sunt* ‖ **23** ᵃ > 2 Mss; nonn Mss עד cf 𝔏[115]𝔗(𝔗[Ms] *'d jt*)𝔙; 𝔊[-L]𝔏[93.94] alit ‖ ᵇ⁻ᵇ 𝔊[L] *Βαιθωρων* cf 13,5ᵇ⁻ᵇ ‖ ᶜ 𝔊𝔏[115.91] + mlt vb ‖ **24** ᵃ⁻ᵃ 𝔊𝔏[115] alit ‖ ᵇ pc Mss[G] נגשׂ cf 𝔖𝔙 ‖ ᶜ 𝔊 *καὶ ἀρᾶται* cf 𝔏[115.93.94]𝔗𝔙 (a אלה).

עַד־הָעֶרֶב וְנִקַּמְתִּי מֵאֹיְבַי [d]וְלֹא טָעַם[d] כָּל־הָעָם לָחֶם׃ ס ג[19]
25 26 25 וְכָל־הָאָרֶץ[a] בָּאוּ[b] בַיָּעַר וַיְהִי דְבַשׁ עַל־פְּנֵי הַשָּׂדֶה׃ 26 וַיָּבֹא הָעָם ה[20]
אֶל־הַיַּעַר וְהִנֵּה הֵלֶךְ[a] דְּבָשׁ וְאֵין־מַשִּׂיג יָדוֹ אֶל־פִּיו כִּי־יָרֵא הָעָם ב. ג
27 אֶת־הַשְּׁבֻעָה׃ 27 וְיוֹנָתָן לֹא־שָׁמַע בְּהַשְׁבִּיעַ אָבִיו אֶת־הָעָם וַיִּשְׁלַח ג חס. ה[21]. ל
אֶת־קְצֵה הַמַּטֶּה אֲשֶׁר בְּיָדוֹ וַיִּטְבֹּל אוֹתָהּ[a] בְּיַעְרַת הַדְּבָשׁ וַיָּשֶׁב יָדוֹ יב[22] מל ב מנה בסיפ וכל יהושע שפטים ויחזק דכות ב מ ג. ב. כה
28 אֶל־פִּיו וַתָּרֹאנָה[b] עֵינָיו׃ 28 וַיַּעַן אִישׁ מֵהָעָם וַיֹּאמֶר הַשְׁבֵּעַ הִשְׁבִּיעַ ג. ותארנה ק. ב
אָבִיךָ אֶת־הָעָם לֵאמֹר אָרוּר הָאִישׁ אֲשֶׁר־יֹאכַל לֶחֶם הַיּוֹם וַיָּעַף
29 הָעָם׃ 29 וַיֹּאמֶר יוֹנָתָן עָכַר אָבִי אֶת־הָאָרֶץ רְאוּ־נָא כִּי־אֹרוּ[a] עֵינַי ב. ג חד מל וב חס[23]
30 כִּי טָעַמְתִּי מְעַט דְּבַשׁ הַזֶּה׃ 30 אַף כִּי לוּא[a] אָכֹל אָכַל הַיּוֹם הָעָם כב[24] ג מל בליש
31 מִשְּׁלַל אֹיְבָיו אֲשֶׁר מָצָא כִּי עַתָּה לֹא־רָבְתָה מַכָּה בַּפְּלִשְׁתִּים׃ 31 וַיַּכּוּ יב יא מנה בנביא[25]. כ בטע
32 בַּיּוֹם הַהוּא בַּפְּלִשְׁתִּים מִמִּכְמָשׂ[a] אַיָּלֹנָה וַיָּעַף הָעָם מְאֹד׃ 32 וַיַּעַשׂ[a] ל. ויעט ק
הָעָם אֶל־שָׁלָל[b] וַיִּקְחוּ צֹאן וּבָקָר וּבְנֵי בָקָר וַיִּשְׁחֲטוּ[c]־אָרְצָה וַיֹּאכַל השלל ק חד מן יג[26] חס ה ר״ת בליש. ל. ל
33 הָעָם עַל־הַדָּם׃ 33 וַיַּגִּידוּ לְשָׁאוּל לֵאמֹר הִנֵּה הָעָם חֹטְאִים לַיהוָה ב מל בסיפ[27]. מח[28] כת א לא קר ול בליש
לֶאֱכֹל עַל־הַדָּם וַיֹּאמֶר בְּגַדְתֶּם גֹּלּוּ־אֵלַי הַיּוֹם[a] אֶבֶן גְּדוֹלָה׃ ב וחס[29]
34 34 וַיֹּאמֶר שָׁאוּל פֻּצוּ[a] בָעָם וַאֲמַרְתֶּם לָהֶם הַגִּישׁוּ אֵלַי[b] אִישׁ שׁוֹרוֹ ל. ב[30]
וְאִישׁ שְׂיֵהוּ[c] וּשְׁחַטְתֶּם בָּזֶה וַאֲכַלְתֶּם[d] וְלֹא־תֶחֶטְאוּ לַיהוָה לֶאֱכֹל ל. ל
אֶל[e]־הַדָּם וַיַּגִּשׁוּ כָל־הָעָם אִישׁ שׁוֹרוֹ בְיָדוֹ הַלַּיְלָה[f] וַיִּשְׁחֲטוּ־שָׁם׃ ל. ג ב חס וחד מל[31]
35 35 וַיִּבֶן שָׁאוּל מִזְבֵּחַ לַיהוָה אֹתוֹ הֵחֵל לִבְנוֹת מִזְבֵּחַ לַיהוָה׃ פ
36 36 וַיֹּאמֶר שָׁאוּל נֵרְדָה אַחֲרֵי פְלִשְׁתִּים ׀ לַיְלָה וְנָבֹזָה בָהֶם[a] ׀ עַד־אוֹר ג[32]. ל. ו[33]
הַבֹּקֶר וְלֹא־נַשְׁאֵר בָּהֶם אִישׁ וַיֹּאמְרוּ כָּל־הַטּוֹב בְּעֵינֶיךָ עֲשֵׂה ס[b] סו יט[34] מנה בסיפ
37 וַיֹּאמֶר הַכֹּהֵן נִקְרְבָה הֲלֹם אֶל־הָאֱלֹהִים׃ 37 וַיִּשְׁאַל שָׁאוּל בֵּאלֹהִים ל. יא. כ. ז
הַאֵרֵד אַחֲרֵי פְלִשְׁתִּים הֲתִתְּנֵם בְּיַד יִשְׂרָאֵל וְלֹא עָנָהוּ בַּיּוֹם הַהוּא׃ ב. ב

[19] Mm 1600. [20] Mm 310. [21] Mm 3606. [22] Mm 1009. [23] Mm 1423. [24] Mm 1444. [25] Mm 230. [26] Mm 1856. [27] Mm 195. [28] Mm 898. [29] Mp sub loco. [30] Mm 1261. [31] Mm 1601. [32] Mm 318. [33] Mm 1488. [34] Mm 1533.

24 [d–d] sic L, mlt Mss Edd ולא־טעם ‖ **25** [a] Ms העם cf 𝔗𝔙 ‖ [b] 𝔊 ἠρίστα, 𝔏[TE] *(non) prandebat* ‖ **26** [a] 𝔊 ἐπορεύετο *(λαλῶν)* cf 𝔏[115.93.94]; 𝔖𝔙 pt act ‖ **27** [a] > Ms 𝔏[115] ‖ [b] nonn Mss ut Q cf α′𝔖𝔗𝔙 et 29 ‖ **29** [a] 𝔊 εἶδον cf 𝔏[115] et K 27 ‖ **30** [a] nonn Mss לא, 2 Mss לוא cf 𝔖 ‖ **31** [a] Mss[G] מש־ cf 13,2[a] ‖ **32** [a] permlt Mss ut Q cf Vrs ‖ [b] mlt Mss ut Q ‖ [c] ℭ וישחטו ‖ **33** [a] 𝔊 ἐνταῦθα cf 𝔏[115] et 36 ‖ **34** [a] ℭ פצו ‖ [b] > Ms cf 𝔖; 𝔊 ἐνταῦθα cf 𝔏[115] ‖ [c] ℭ שיהו ‖ [d] > 𝔊[-OL]𝔖 ‖ [e] mlt Mss על, 2 Mss את ‖ [f] > 𝔊[-O] Mss; 𝔖𝔗 pr *b...*, 𝔙 pr *usque ad...* ‖ **36** [a] pc Mss מהם cf 𝔖𝔙 et 2 Ch 28,8 ‖ [b] mlt Mss om interv.

38 וַיֹּאמֶר שָׁאוּל גֹּשׁוּ הֲלֹם כֹּל פִּנּוֹת הָעָם וּדְעוּ וּרְאוּ בַּמָּה[a] הָיְתָה — ג וחס[35]. יא. ה קמ[36]
39 הַחַטָּאת הַזֹּאת הַיּוֹם׃ 39 כִּי חַי־יְהוָה הַמּוֹשִׁיעַ אֶת־יִשְׂרָאֵל כִּי אִם־ — ל
40 יֶשְׁנוֹ בְּיוֹנָתָן בְּנִי כִּי מוֹת יָמוּת וְאֵין עֹנֵהוּ מִכָּל־הָעָם׃ 40 וַיֹּאמֶר אֶל־ — ד[37]. ג[38]
כָּל־יִשְׂרָאֵל אַתֶּם תִּהְיוּ לְעֵבֶר[a] אֶחָד וַאֲנִי וְיוֹנָתָן בְּנִי נִהְיֶה לְעֵבֶר[a] — ל
41 אֶחָד וַיֹּאמְרוּ הָעָם אֶל־שָׁאוּל הַטּוֹב בְּעֵינֶיךָ עֲשֵׂה׃ ס 41 וַיֹּאמֶר — ג[39]. סו יט[40] מנה בסיפ
שָׁאוּל אֶל־יְהוָה אֱלֹהֵי יִשְׂרָאֵל[a] הָבָה תָמִים[b] וַיִּלָּכֵד יוֹנָתָן וְשָׁאוּל — ל
42 וְהָעָם יָצָאוּ׃ 42 וַיֹּאמֶר שָׁאוּל הַפִּילוּ בֵּינִי וּבֵין יוֹנָתָן בְּנִי[a] וַיִּלָּכֵד — ח[41]
43 יוֹנָתָן׃ 43 וַיֹּאמֶר שָׁאוּל אֶל־יוֹנָתָן הַגִּידָה לִּי מֶה עָשִׂיתָה וַיַּגֶּד־לוֹ יוֹנָתָן — ח מל
וַיֹּאמֶר טָעֹם טָעַמְתִּי בִּקְצֵה הַמַּטֶּה אֲשֶׁר־בְּיָדִי מְעַט דְּבַשׁ הִנְנִי אָמוּת׃ — ל
44 וַיֹּאמֶר שָׁאוּל כֹּה־יַעֲשֶׂה[a] אֱלֹהִים וְכֹה יוֹסִף כִּי־מוֹת תָּמוּת[b] יוֹנָתָן׃ — ה חס
45 וַיֹּאמֶר הָעָם אֶל־שָׁאוּל הֲיוֹנָתָן ׀ יָמוּת אֲשֶׁר עָשָׂה הַיְשׁוּעָה[a] הַגְּדוֹלָה — ל. ג[42]. ל
הַזֹּאת בְּיִשְׂרָאֵל חָלִילָה חַי־יְהוָה אִם־יִפֹּל מִשַּׂעֲרַת רֹאשׁוֹ אַרְצָה כִּי־ — לב בנביא כ מנה בסיפ
עִם־אֱלֹהִים עָשָׂה הַיּוֹם הַזֶּה וַיִּפְדּוּ הָעָם אֶת־יוֹנָתָן וְלֹא־מֵת׃ ס — ג[43]
46 וַיַּעַל שָׁאוּל מֵאַחֲרֵי פְּלִשְׁתִּים וּפְלִשְׁתִּים הָלְכוּ לִמְקוֹמָם׃ 47 וְשָׁאוּל
לָכַד הַמְּלוּכָה עַל־יִשְׂרָאֵל וַיִּלָּחֶם סָבִיב ׀ בְּכָל־אֹיְבָיו בְּמוֹאָב ׀ — כ[44]
וּבִבְנֵי[a]־עַמּוֹן וּבֶאֱדוֹם[b] וּבְמַלְכֵי[c] צוֹבָה וּבַפְּלִשְׁתִּים וּבְכֹל אֲשֶׁר־ — ד[45]. ב[46]. ה[47]
48 יִפְנֶה יַרְשִׁיעַ[d]׃ 48 וַיַּעַשׂ חַיִל וַיַּךְ אֶת־עֲמָלֵק וַיַּצֵּל אֶת־יִשְׂרָאֵל מִיַּד — ד ג מל וחד חס[48]
49 שֹׁסֵהוּ׃ ס 49 וַיִּהְיוּ בְּנֵי שָׁאוּל יוֹנָתָן וְיִשְׁוִי וּמַלְכִּי־שׁוּעַ[a] וְשֵׁם — ל וחס. ח[49] פסוק דמיין וחד מן ו פסוק ושם ושם
50 שְׁתֵּי בְנֹתָיו שֵׁם הַבְּכִירָה מֵרַב[b] וְשֵׁם הַקְּטַנָּה מִיכַל׃ 50 וְשֵׁם אֵשֶׁת — יג ר״פ[50]
שָׁאוּל אֲחִינֹעַם בַּת־אֲחִימָעַץ וְשֵׁם שַׂר־צְבָאוֹ[a] אֲבִינֵר[b] בֶּן־נֵר דּוֹד — ל
51 שָׁאוּל׃ 51 וְקִישׁ אֲבִי־שָׁאוּל וְנֵר אֲבִי־אַבְנֵר בֶּן־אֲבִיאֵל׃ ס
52 וַתְּהִי הַמִּלְחָמָה חֲזָקָה עַל־פְּלִשְׁתִּים כֹּל יְמֵי שָׁאוּל וְרָאָה — יג פסוק כל וכל
שָׁאוּל כָּל־אִישׁ גִּבּוֹר וְכָל־בֶּן־חַיִל וַיַּאַסְפֵהוּ אֵלָיו׃ ס — ל. ל

[35] Mm 1254. [36] Mm 96. [37] Mm 1662. [38] Mm 2085. [39] Mm 1386. [40] Mm 1533. [41] Mm 1602. [42] Mm 2250. [43] Mm 242. [44] Mm 1581. [45] Mm 1603. [46] Mm 1604. [47] Mm 781. [48] Mm 3604. [49] Mm 3838. [50] Mm 33.

38 [a] 𝔖^{A} *bmnw*, 𝔗^{Buxt} *bmn*, 𝔙 *per quem* ‖ **40** [a] 2 Mss בד– cf 𝔊𝔏$^{93.94}$ ‖ **41** [a] 𝔊𝔏$^{93.94}$ + mlt vb ‖ [b] 𝔊 δήλους ex duplice versione cf 𝔏$^{91.93.94}$𝔙 ‖ **42** [a] 𝔊𝔏$^{93.94}$ + mlt vb ‖ **44** [a] permlt Mss + לי cf 𝔊𝔖𝔗^{Mss}𝔙 ‖ [b] pc Mss ימות cf 𝔊$^{-Ms}$ ‖ **45** [a] pc Mss citt (את התש׳) ‖ **47** [a] pc Mss ℭ ובני ‖ [b] 𝔊$^{-L}$ + καὶ εἰς τὸν Βαιθ(ε)ωρ (𝔊^{L} … Βαιθροωβει) ‖ [c] 𝔔𝔊 sg, 𝔖 *wbmlkwt'* ‖ [d] 𝔊 ἐσῴζετο, 𝔏^{93} *conserv/babatur* cf Ps 33,16; 𝔖 *zk' hw'* (pt act), 𝔙 *superabat* ‖ **49** [a] 𝔊^{OpL}𝔖 + Išba'al ‖ [b] 𝔔𝔊 מרוב ‖ **50** [a] 𝔔 הצבאן cf 𝔊 ‖ [b] mlt Mss אבנר.

15 1 וַיֹּאמֶר שְׁמוּאֵל אֶל־שָׁאוּל אֹתִי שָׁלַח יְהוָה לִמְשָׁחֳךָ לְמֶלֶךְ 15 | יח פסוק אל על על׳[1] . ל
[a]עַל־עַמּוֹ עַל־יִשְׂרָאֵל[a] וְעַתָּה שְׁמַע לְקוֹל דִּבְרֵי[b] יְהוָה׃ ס 2 כֹּה 2 | כא פסוק על על ומילה חדה ביניה׳[2] . ה[3] . יח . יו[4]
אָמַר יְהוָה צְבָאוֹת פָּקַדְתִּי אֵת אֲשֶׁר־עָשָׂה עֲמָלֵק לְיִשְׂרָאֵל אֲשֶׁר־
שָׂם לוֹ בַּדֶּרֶךְ בַּעֲלֹתוֹ מִמִּצְרָיִם׃ 3 עַתָּה[a] לֵךְ וְהִכִּיתָה אֶת־עֲמָלֵק 3 | ג בליש . כה ר״פ[5] . ג מל[6]
וְהַחֲרַמְתֶּם[b] אֶת־[c]כָּל־אֲשֶׁר־לוֹ וְלֹא תַחְמֹל עָלָיו וְהֵמַתָּה מֵאִישׁ עַד־[d] | ב[7] . ב[8] . ג פסוק עד ועד ועד ועד
אִשָּׁה מֵעֹלֵל וְעַד־יוֹנֵק מִשּׁוֹר וְעַד־שֶׂה מִגָּמָל וְעַד־חֲמוֹר׃ ס | ב חד חס וחד מל
4 וַיְשַׁמַּע שָׁאוּל אֶת־הָעָם וַיִּפְקְדֵם בַּטְּלָאִים[a] מָאתַיִם[b] אֶלֶף רַגְלִי 4 | ל
וַעֲשֶׂרֶת[c] אֲלָפִים אֶת־אִישׁ יְהוּדָה׃ 5 וַיָּבֹא שָׁאוּל עַד־עִיר[a] עֲמָלֵק 5
וַיָּרֶב[b] בַּנָּחַל׃ 6 וַיֹּאמֶר שָׁאוּל אֶל־הַקֵּינִי לְכוּ סֻּרוּ רְדוּ מִתּוֹךְ עֲמָלֵקִי[a] 6 | ל חס
פֶּן־אֹסִפְךָ[b] עִמּוֹ וְאַתָּה עָשִׂיתָה חֶסֶד עִם־כָּל־בְּנֵי יִשְׂרָאֵל בַּעֲלוֹתָם | ג וחס[9] . ג בטע בסיפ[4] . ח מל
מִמִּצְרָיִם וַיָּסַר קֵינִי[c] מִתּוֹךְ עֲמָלֵק׃ 7 וַיַּךְ שָׁאוּל אֶת־עֲמָלֵק מֵחֲוִילָה 7
בּוֹאֲךָ[a] שׁוּר אֲשֶׁר עַל־פְּנֵי מִצְרָיִם׃ 8 וַיִּתְפֹּשׂ אֶת־אֲגַג מֶלֶךְ־עֲמָלֵק 8 | ה מל[4]
חָי וְאֶת־כָּל־הָעָם הֶחֱרִים לְפִי־חָרֶב׃ 9 וַיַּחְמֹל שָׁאוּל וְהָעָם עַל־ 9 | ג[10]
אֲגָג וְעַל[a]־מֵיטַב הַצֹּאן וְהַבָּקָר וְהַמִּשְׁנִים[b] וְעַל[c]־הַכָּרִים וְעַל־כָּל[d]־ | ג . ל[11] . ל
הַטּוֹב וְלֹא אָבוּ הַחֲרִימָם וְכָל־הַמְּלָאכָה [e]נְמִבְזָה וְנָמֵס אֹתָהּ[e] | ב . ל . ל . ב[12]
הֶחֱרִימוּ׃ פ 10 וַיְהִי דְּבַר־יְהוָה אֶל־שְׁמוּאֵל לֵאמֹר׃ 11 נִחַמְתִּי 10 11 | ל
כִּי־הִמְלַכְתִּי אֶת־שָׁאוּל לְמֶלֶךְ כִּי־שָׁב מֵאַחֲרַי וְאֶת־דְּבָרַי לֹא הֵקִים | כט וכל משיחה מצרים אשור ישראל דכות[13] . ל
וַיִּחַר לִשְׁמוּאֵל וַיִּזְעַק אֶל־יְהוָה כָּל־הַלָּיְלָה׃ 12 וַיַּשְׁכֵּם שְׁמוּאֵל 12 | ל
לִקְרַאת שָׁאוּל בַּבֹּקֶר וַיֻּגַּד לִשְׁמוּאֵל לֵאמֹר בָּא־שָׁאוּל הַכַּרְמֶלָה | כד[14] . ג[15]
וְהִנֵּה מַצִּיב לוֹ יָד וַיִּסֹּב[a] וַיַּעֲבֹר וַיֵּרֶד[b] הַגִּלְגָּל׃ 13 וַיָּבֹא[a] שְׁמוּאֵל 13
אֶל־שָׁאוּל וַיֹּאמֶר לוֹ שָׁאוּל בָּרוּךְ אַתָּה לַיהוָה הֲקִימֹתִי אֶת־דְּבַר | ל . ו[16] כת כן ג מנה בטע

Cp 15 [1]Mm 658. [2]Mm 686. [3]Mm 1593. [4]Mp sub loco. [5]Mm 1057. [6]Mm 1605. [7]Mm 1606. [8]Mm 1607. [9]Mm 1608. [10]Mm 2693. [11]וחד המשנים 1Ch 15,18. [12]Mm 1609. [13]Mm 958. [14]Mm 2228. [15]Mm 1610. [16]Mm 816.

Cp 15,1 a–a pc Mss om על 2° cf 𝔙, Ms om על עמו cf 𝔊^{-OpL} ∥ b 2 Mss דבר cf 𝔊^L 𝔗^{-ed princ} ∥ **3** a mlt Mss ′וע cf 𝔊𝔗^{Buxt}𝔙^{Ms} ∥ b 2 Mss citt –מת cf ? 𝔊 bis 𝔖𝔗^{-Ms}𝔙 ∥ c 𝔊 pr *(αὐτὸν) καί* ∥ d permlt Mss ועד cf 𝔊^{-Mss}𝔖𝔗^{Mss}𝔙 ∥ **4** a 𝔊 *ἐν Γαλγαλοις* cf exempli cs 11,14 ∥ b 𝔊^{-Mss}𝔏^{93.94} 400, 𝔊^A 10 ∥ c 𝔊^{-Mss}𝔏^{93.94} 30 ∥ **5** a 𝔊 pl ∥ b 2 Mss ויירד; 𝔊𝔙 a ארב ∥ **6** a 𝔊^L *Αμαληκ* cf 𝔙 et 15^a; 30,1^b ∥ b 𝔖𝔗 a ספה cf Gn 18,23 Nu 32,14 Jes 30,1 ∥ c 2 Mss ′הק cf Vrs ∥ **7** a pc Mss pr עד cf 𝔙 ∥ **9** a pc Mss על ∥ b Ms והשמנים cf ? 𝔊 *καὶ τῶν ἐδεσμάτων*, 𝔖 *wdšmjn'* (pl), 𝔗 *wšmjnj'*, 𝔙 *et vestibus* cf Jdc 14,19 ∥ c 2 Mss citt om על cf Vrs ∥ d > ℭ ∥ e–e 𝔊^{-L} om אתה; Vrs a בזה et מאס ∥ **12** a ℭ ויסב ∥ b ℭ וירד ∥ **13** a 𝔊𝔏^{116} pr mlt vb.

14 יְהוָה׃ 14 וַיֹּאמֶר שְׁמוּאֵל וּמֶה קוֹל־הַצֹּאן הַזֶּה בְּאָזְנָי וְקוֹל הַבָּקָר
15 אֲשֶׁר אָנֹכִי שֹׁמֵעַ׃ 15 וַיֹּאמֶר שָׁאוּל מֵעֲמָלֵקִי[a] הֱבִיאוּם אֲשֶׁר חָמַל
הָעָם עַל־מֵיטַב הַצֹּאן וְהַבָּקָר לְמַעַן זְבֹחַ לַיהוָה אֱלֹהֶיךָ וְאֶת־הַיּוֹתֵר
16 הֶחֱרַמְנוּ[b]׃ ס 16 וַיֹּאמֶר שְׁמוּאֵל אֶל־שָׁאוּל הֶרֶף וְאַגִּידָה לְּךָ אֵת
ס̄ט אֲשֶׁר דִּבֶּר יְהוָה אֵלַי[a] הַלָּיְלָה וַיֹּאמְרוּ[b] לוֹ דַּבֵּר׃ ס 17 וַיֹּאמֶר
שְׁמוּאֵל[a] הֲלוֹא אִם־קָטֹן אַתָּה בְּעֵינֶיךָ רֹאשׁ שִׁבְטֵי יִשְׂרָאֵל אָתָּה
18 וַיִּמְשָׁחֲךָ יְהוָה לְמֶלֶךְ עַל־יִשְׂרָאֵל׃ 18 וַיִּשְׁלָחֲךָ יְהוָה בְּדָרֶךְ וַיֹּאמֶר
לֵךְ וְהַחֲרַמְתָּה[a] אֶת־הַחַטָּאִים אֶת־עֲמָלֵק וְנִלְחַמְתָּ בוֹ[b] עַד כַּלּוֹתָם[c]
19 אֹתָם׃ 19 וְלָמָּה לֹא־שָׁמַעְתָּ בְּקוֹל יְהוָה וַתַּעַט אֶל[a]־הַשָּׁלָל וַתַּעַשׂ
20 הָרַע בְּעֵינֵי יְהוָה׃ ס 20 וַיֹּאמֶר שָׁאוּל אֶל־שְׁמוּאֵל אֲשֶׁר שָׁמַעְתִּי
בְּקוֹל יְהוָה וָאֵלֵךְ בַּדֶּרֶךְ אֲשֶׁר־שְׁלָחַנִי יְהוָה וָאָבִיא אֶת־אֲגַג מֶלֶךְ
21 עֲמָלֵק וְאֶת־עֲמָלֵק הֶחֱרַמְתִּי׃ 21 וַיִּקַּח הָעָם מֵהַשָּׁלָל צֹאן וּבָקָר
22 רֵאשִׁית הַחֵרֶם לִזְבֹּחַ לַיהוָה אֱלֹהֶיךָ[a] בַּגִּלְגָּל׃ 22 וַיֹּאמֶר שְׁמוּאֵל
הַחֵפֶץ לַיהוָה בְּעֹלוֹת וּזְבָחִים[a] כִּשְׁמֹעַ[b] בְּקוֹל יְהוָה
הִנֵּה שְׁמֹעַ מִזֶּבַח טוֹב לְהַקְשִׁיב מֵחֵלֶב אֵילִים׃
23 כִּי חַטַּאת־קֶסֶם[a] מֶרִי [b]וְאָוֶן וּתְרָפִים[b] הַפְצַר
יַעַן מָאַסְתָּ אֶת־דְּבַר יְהוָה וַיִּמְאָסְךָ[c] מִמֶּלֶךְ[d]׃ ס
24 וַיֹּאמֶר שָׁאוּל אֶל־שְׁמוּאֵל חָטָאתִי כִּי־עָבַרְתִּי אֶת־פִּי־יְהוָה וְאֶת־
25 דְּבָרֶיךָ[a] כִּי יָרֵאתִי אֶת־הָעָם וָאֶשְׁמַע בְּקוֹלָם[b]׃ 25 וְעַתָּה שָׂא נָא אֶת־
26 חַטָּאתִי וְשׁוּב עִמִּי וְאֶשְׁתַּחֲוֶה לַיהוָה[a]׃ 26 וַיֹּאמֶר שְׁמוּאֵל אֶל־שָׁאוּל
לֹא אָשׁוּב עִמָּךְ כִּי מָאַסְתָּה אֶת־דְּבַר יְהוָה וַיִּמְאָסְךָ יְהוָה מִהְיוֹת
27 מֶלֶךְ עַל־יִשְׂרָאֵל׃ ס 27 וַיִּסֹּב שְׁמוּאֵל לָלֶכֶת וַיַּחֲזֵק[a] בִּכְנַף־

ו̇ בטע̇ בסיפ̇ . כ̇ד[17] . י̇ב̇ ח̇ מנה̇ ק̇מ̇
ד̇
ג̇ . ז̇ מל̇ בליש̇[18]
ו̇
ויאמר ק̇ חד מן ג̇ בליש̇ כת̇ כן וקר̇ . ו̇ בטע̇ בסיפ̇
ט̇ו̇ י̇ט̇[19] מנה̇ בסיפ̇
ל̇
ל̇ ומל̇ . כ̇ו̇ פסוק את את ומילה חדה ביניה̇ י̇ט̇ מנה̇ בנביא̇ . ב̇[20]
ה̇ ר״פ̇[21]
י̇ד̇ בסיפ̇
ל̇ . ג̇[22]
כ̇ח̇
ג̇[23] . ל̇
י̇א̇[24]
ז̇[25] פת̇ וכל תרי עשר דכות̇ ב̇ מ̇ א̇ . ד̇[26] . ל̇
ג̇
ל̇
ל̇
ב̇ מל̇

[17] Mm 592. [18] Mm 3767. [19] Mm 1533. [20] Nu 17,9. [21] Mm 1020. [22] Mm 1699. [23] Mm 3505. [24] Mm 2550. [25] Mm 676. [26] Mm 1611.

15 [a] 𝔊 *ἐξ Αμαληκ* cf 𝔏[116]𝔖𝔗[Ms]𝔙 et 6[a] ‖ [b] ℭ הֶחְרָמְנוּ ‖ **16** [a] > pc Mss ‖ [b] mlt Mss ut Q cf Vrs ‖ **17** [a] pc Mss + אל שאול cf 𝔊𝔏[116]𝔖𝔗[Ms] ‖ **18** [a] ℭ וְהַחְר׳ ‖ [b] 2 Mss בם cf Vrs ‖ [c] Ms תך– cf 𝔊𝔖𝔗 ‖ **19** [a] nonn Mss את ‖ **21** [a] 𝔊 *θεοῦ ἡμῶν* (𝔊[Mss] *θεοῦ Ισραηλ*), 𝔙 *Deo suo*, sed cf 15 ‖ **22** [a] nonn Mss ובז׳ cf 𝔖𝔗[Buxt] ‖ [b] pc Mss בש׳, pc Mss לש׳, 2 Mss cit מש׳ ‖ **23** [a] ℭ קֹסֵם ‖ [b–b] σ′ *ἡ δὲ ἀνομία τῶν εἰδώλων* ‖ [c] nonn Mss citt + יהוה cf 𝔊𝔏[93.94]𝔗[Ms]𝔙[Mss] ‖ [d] ℭ ממלֹךְ cf 𝔊𝔏[93.94] ‖ **24** [a] mlt Mss רך– cf 𝔊𝔗 ‖ [b] 2 Mss לק׳ ‖ **25** [a] 2 Mss + אלהיך cf 𝔊 ‖ **27** [a] 𝔔𝔊 + שאול.

ל̇. ד̇ וכל יהושע דכות[27] מְעִילֹ֖ו וַיִּקָּרַֽע[b]׃ 28 וַיֹּ֤אמֶר אֵלָיו֙[a] שְׁמוּאֵ֔ל קָרַ֨ע יְהוָ֜ה [b]אֶֽת־מַמְלְכ֧וּת 28
ד̇ ר״פ בסיפ̇. כת̇ כן ב̇ מנה בליש[28] יִשְׂרָאֵ֛ל[b] מֵעָלֶ֖יךָ הַיֹּ֑ום וּנְתָנָ֕הּ לְרֵעֲךָ֖ הַטֹּ֥וב מִמֶּֽךָּ׃ 29 וְגַם֙ נֵ֣צַח יִשְׂרָאֵ֔ל 29
ז̇ מ״פ לא ולא לא[29]. ד̇[30] לֹ֥א יְשַׁקֵּ֖ר וְלֹ֣א יִנָּחֵ֑ם כִּ֣י לֹ֥א אָדָ֛ם ה֖וּא לְהִנָּחֵֽם׃ 30 וַיֹּ֣אמֶר חָטָ֔אתִי 30
ל̇. ה̇[31] עַתָּ֗ה[a] כַּבְּדֵ֥נִי נָ֛א נֶ֥גֶד זִקְנֵֽי־עַמִּ֖י וְנֶ֣גֶד יִשְׂרָאֵ֑ל וְשׁ֣וּב עִמִּ֔י וְהִֽשְׁתַּחֲוֵ֖יתִי
ל̇ לַיהוָ֥ה אֱלֹהֶֽיךָ[b]׃ 31 וַיָּ֥שָׁב שְׁמוּאֵ֖ל אַחֲרֵ֣י שָׁא֑וּל וַיִּשְׁתַּ֥חוּ שָׁא֖וּל לַיהוָֽה׃ 31
ס 32 וַיֹּ֣אמֶר שְׁמוּאֵ֗ל הַגִּ֤ישׁוּ אֵלַי֙ אֶת־אֲגַג֙ מֶ֣לֶךְ עֲמָלֵ֔ק וַיֵּ֣לֶךְ אֵלָ֔יו 32
ב̇ חד חס וחד מל̇. יה̇[32]. ו̇ בטע̇ בסיפ̇ אֲגַ֖ג מַעֲדַנֹּ֑ת[a] וַיֹּ֣אמֶר אֲגָ֔ג אָכֵ֖ן סָ֥ר[b] מַר־הַמָּֽוֶת׃ ס 33 וַיֹּ֣אמֶר 33
ג̇ שְׁמוּאֵ֔ל כַּאֲשֶׁ֨ר שִׁכְּלָ֤ה נָשִׁים֙ חַרְבֶּ֔ךָ כֵּן־תִּשְׁכַּ֥ל מִנָּשִׁ֖ים אִמֶּ֑ךָ וַיְשַׁסֵּ֨ף
ה̇[33] שְׁמוּאֵ֧ל אֶת־אֲגָ֛ג לִפְנֵ֥י יְהוָ֖ה בַּגִּלְגָּֽל׃ ס 34 וַיֵּ֥לֶךְ שְׁמוּאֵ֖ל הָֽרָמָ֑תָה 34
ה̇[34] וְשָׁא֛וּל עָלָ֥ה אֶל־בֵּית֖וֹ גִּבְעַ֥ת שָׁאֽוּל׃ 35 וְלֹא־יָסַ֨ף שְׁמוּאֵ֜ל לִרְא֤וֹת 35
ג̇ בליש[35] אֶת־שָׁאוּל֙ עַד־י֣וֹם מוֹת֔וֹ כִּֽי־הִתְאַבֵּ֥ל שְׁמוּאֵ֖ל אֶל־שָׁא֑וּל וַֽיהוָ֣ה נִחָ֔ם
כִּֽי־הִמְלִ֥יךְ אֶת־שָׁא֖וּל עַל־יִשְׂרָאֵֽל׃ פ
ג̇ בליש[1] **16** 1 וַיֹּ֨אמֶר יְהוָ֜ה אֶל־שְׁמוּאֵ֗ל עַד־מָתַי֙ אַתָּה֙ מִתְאַבֵּ֣ל אֶל־[a] **16**
ד̇. ה̇[2]. יא̇[3] שָׁא֔וּל וַאֲנִי֙ מְאַסְתִּ֔יו מִמְּלֹ֖ךְ עַל־יִשְׂרָאֵ֑ל מַלֵּ֨א[b] קַרְנְךָ֜ שֶׁ֗מֶן וְלֵ֤ךְ
אֶֽשְׁלָחֲךָ֙ אֶל־יִשַׁ֣י בֵּֽית־הַלַּחְמִ֔י כִּֽי־רָאִ֧יתִי בְּבָנָ֛יו לִ֖י מֶֽלֶךְ׃ 2 וַיֹּ֣אמֶר 2
ג̇. ג̇ שְׁמוּאֵל֙ אֵ֣יךְ אֵלֵ֔ךְ וְשָׁמַ֥ע שָׁא֖וּל וַהֲרָגָ֑נִי ס [a] וַיֹּ֣אמֶר יְהוָ֗ה עֶגְלַ֤ת
בָּקָר֙ תִּקַּ֣ח[b] בְּיָדֶ֔ךָ[c] וְאָ֣מַרְתָּ֔ לִזְבֹּ֥חַ לַיהוָ֖ה בָּֽאתִי׃ 3 וְקָרָ֥אתָ לְיִשַׁ֖י 3
בַּזָּ֑בַח[a] וְאָנֹכִ֗י אוֹדִֽיעֲךָ֙ אֵ֣ת אֲשֶׁר־תַּעֲשֶׂ֔ה וּמָשַׁחְתָּ֣ לִ֔י אֵ֥ת אֲשֶׁר־אֹמַ֖ר
ל̇. ה̇[4] אֵלֶֽיךָ׃ 4 וַיַּ֣עַשׂ שְׁמוּאֵ֗ל אֵ֚ת אֲשֶׁ֣ר דִּבֶּ֣ר יְהוָ֔ה וַיָּבֹ֖א בֵּ֣ית לָ֑חֶם וַיֶּחֶרְד֞וּ 4
יב̇ סביר. ה̇ חס[5]. ד̇ מל[4] זִקְנֵ֤י הָעִיר֙ לִקְרָאת֔וֹ וַיֹּ֖אמֶר[a] שָׁלֹ֥ם[b] בּוֹאֶֽךָ[c]׃ 5 וַיֹּ֣אמֶר ׀ שָׁל֗וֹם לִזְבֹּ֤חַ 5
ו̇ וכל אורית דכות ב̇ מ̇ ד̇ לַֽיהוָה֙ בָּ֔אתִי הִֽתְקַדְּשׁ֔וּ וּבָאתֶ֥ם אִתִּ֖י בַּזָּ֑בַח[a] וַיְקַדֵּ֤שׁ אֶת־יִשַׁי֙ וְאֶת־

[27]Mm 1612. [28]Mm 3284. [29]Mm 1613. [30]Mm 1403. [31]Mp sub loco. [32]Mm 1941. [33]Mm 1564. [34]Mm 1084. [35]Mm 3064. **Cp 16** [1]Mm 3064. [2]Mm 211. [3]Mm 1500. [4]Mp sub loco. [5]Mm 1614.

27 [b] Ms pl cf 𝔊𝔏[93.94]𝔖 ‖ **28** [a] > pc Mss 𝔙[Ms] ‖ [b–b] 𝔊 *τὴν βασιλείαν (σου) ἀπὸ Ισραηλ* ‖ **30** [a] 2 Mss 'וע cf 𝔊𝔙 ‖ [b] > pc Mss ‖ **32** [a] 𝔊 *τρέμων* cf 𝔏[91.93.94] a מעד, α' *ἀπὸ τρυφερέας*, σ' *ἁβρός*, 𝔗 *mpnq'*, 𝔙 *pinguissimus* (𝔙[Mss] + *tremens*) a עדן ‖ [b] > 𝔊𝔏[93.94]𝔖; 𝔗 *rbwnj* cf 22,14[a] Jer 6,28 ‖ **Cp 16,1** [a] mlt Mss על cf 𝔗[-Ed] ‖ [b] 𝔊[L] pr *καὶ εἶπεν κύριος πρὸς Σαμουηλ* ‖ **2** [a] mlt Mss om interv ‖ [b] 𝔔 קְחָ cf 𝔊𝔖 ‖ [c] nonn Mss דיך– ‖ **3** [a] cit 'לז cf 𝔊𝔖𝔙 et 5[a] ‖ **4** [a] mlt Mss Seb pl cf 𝔊𝔖𝔗[-Ms ed princ]𝔙 ‖ [b] Ms 'הש cf 𝔊 et 1R 2,13 ‖ [c] 𝔔 + הראה cf 𝔊 ‖ **5** [a] 𝔊[L](𝔖) *εἰς τὴν θυσίαν*, 𝔗[Buxt] *lšjrwt'*, 𝔙 *ut immolem*; 𝔊[-L] alit.

6 בָּנָיו וַיִּקְרָא לָהֶם לַזָּבַח׃ 6 וַיְהִי בְּבוֹאָם וַיַּרְא אֶת־אֱלִיאָב וַיֹּאמֶר אַךְ — ב̇[6]. ב̇ ומל בסיפ[7]
7 נֶגֶד יְהוָה מְשִׁיחוֹ׃ 7 וַיֹּאמֶר יְהוָה אֶל־שְׁמוּאֵל אַל־תַּבֵּט אֶל־מַרְאֵהוּ
וְאֶל־גְּבֹהַּ קוֹמָתוֹ כִּי מְאַסְתִּיהוּ כִּי ׀ לֹא אֲשֶׁר[a] יִרְאֶה הָאָדָם כִּי הָאָדָם — ל̇. ל̇
8 יִרְאֶה לַעֵינַיִם[b] וַיהוָה יִרְאֶה לַלֵּבָב[c]׃ 8 וַיִּקְרָא יִשַׁי אֶל־אֲבִינָדָב — ד ב̇[8] פת וב קמ. ל̇
9 וַיַּעֲבִרֵהוּ לִפְנֵי שְׁמוּאֵל וַיֹּאמֶר גַּם־בָּזֶה לֹא־בָחַר יְהוָה׃ 9 וַיַּעֲבֵר — ב וחס[9]. ט̇[10]
10 יִשַׁי שַׁמָּה וַיֹּאמֶר גַּם־בָּזֶה לֹא־בָחַר יְהוָה׃ 10 וַיַּעֲבֵר יִשַׁי שִׁבְעַת בָּנָיו — ט̇[10]
לִפְנֵי שְׁמוּאֵל וַיֹּאמֶר שְׁמוּאֵל אֶל־יִשַׁי לֹא־בָחַר יְהוָה בָּאֵלֶּה׃ — ב̇[11]
11 וַיֹּאמֶר שְׁמוּאֵל אֶל־יִשַׁי הֲתַמּוּ[a] הַנְּעָרִים וַיֹּאמֶר עוֹד שָׁאַר הַקָּטָן — ל̇. ל̇. ה̇ קמ וכל אתנח וס״פ דכות[12]
וְהִנֵּה רֹעֶה בַּצֹּאן וַיֹּאמֶר שְׁמוּאֵל אֶל־יִשַׁי שִׁלְחָה וְקָחֶנּוּ כִּי לֹא־ — ל̇. ו[13]
12 נָסֹב[b] עַד־בֹּאוֹ פֹה׃ 12 וַיִּשְׁלַח וַיְבִיאֵהוּ וְהוּא אַדְמוֹנִי עִם־יְפֵה עֵינַיִם — ה̇[14] מל וכל כתיב דכות במ״א. ח̇ פסוק והוא הוא. ב מל. כח̇
13 וְטוֹב רֹאִי פ[a] 13 וַיֹּאמֶר יְהוָה קוּם מְשָׁחֵהוּ כִּי־זֶה הוּא׃ 13 וַיִּקַּח — יז̇[15]. ו ב̇[16] מנה בטע. ל̇
שְׁמוּאֵל אֶת־קֶרֶן הַשֶּׁמֶן וַיִּמְשַׁח אֹתוֹ בְּקֶרֶב אֶחָיו וַתִּצְלַח רוּחַ־יְהוָה[a] — ב. ה̇ בסיפ
אֶל־דָּוִד מֵהַיּוֹם הַהוּא וָמָעְלָה וַיָּקָם שְׁמוּאֵל וַיֵּלֶךְ הָרָמָתָה׃ ס — ג. ח̇[17]
14 וְרוּחַ יְהוָה[a] סָרָה מֵעִם שָׁאוּל וּבִעֲתַתּוּ רוּחַ־רָעָה מֵאֵת[b] יְהוָה׃ — ה̇[18] בסיפ וחד מן ג בליש. ל̇
15 וַיֹּאמְרוּ עַבְדֵי־שָׁאוּל אֵלָיו הִנֵּה־נָא רוּחַ־אֱלֹהִים[a] רָעָה מְבַעִתֶּךָ׃
16 יֹאמַר־נָא אֲדֹנֵנוּ עֲבָדֶיךָ[a] לְפָנֶיךָ יְבַקְשׁוּ אִישׁ יֹדֵעַ מְנַגֵּן[b] בַּכִּנּוֹר — ל חס
וְהָיָה בִּהְיוֹת עָלֶיךָ רוּחַ־אֱלֹהִים[c] רָעָה וְנִגֵּן בְּיָדוֹ וְטוֹב לָךְ׃ פ — יז̇[15]
17 וַיֹּאמֶר שָׁאוּל אֶל־עֲבָדָיו רְאוּ־נָא לִי אִישׁ מֵיטִיב לְנַגֵּן וַהֲבִיאוֹתֶם — ל ומל
ס, אֵלָי׃ 18 וַיַּעַן אֶחָד מֵהַנְּעָרִים וַיֹּאמֶר הִנֵּה רָאִיתִי בֵּן לְיִשַׁי בֵּית — ל̇
הַלַּחְמִי יֹדֵעַ נַגֵּן וְגִבּוֹר[a] חַיִל וְאִישׁ מִלְחָמָה וּנְבוֹן דָּבָר וְאִישׁ תֹּאַר — ג̇[19]. ב. ל̇
19 וַיהוָה עִמּוֹ׃ 19 וַיִּשְׁלַח שָׁאוּל מַלְאָכִים אֶל־יִשָׁי וַיֹּאמֶר שִׁלְחָה אֵלַי — ו[13]
20 אֶת־דָּוִד בִּנְךָ אֲשֶׁר בַּצֹּאן[a]׃ 20 וַיִּקַּח יִשַׁי חֲמוֹר[a] לֶחֶם וְנֹאד יַיִן וּגְדִי — ג̇[20] כת א ול בליש
21 עִזִּים אֶחָד וַיִּשְׁלַח בְּיַד־דָּוִד בְּנוֹ אֶל־שָׁאוּל׃ 21 וַיָּבֹא דָוִד אֶל־שָׁאוּל

[6] Nu 15,5. [7] Mm 1615. [8] Mm 3598. [9] Mm 1616. [10] Mm 57. [11] Mm 1617. [12] Mm 3741. [13] Mm 2915. [14] Mm 1618. [15] Mm 1088. [16] Hi 7,8. [17] Mm 1564. [18] Mm 2001. [19] Mm 3236. [20] Mm 1619.

7 [a] cit 'כא' cf 𝔊𝔖𝔗 ‖ [b] 𝔖 *bʿjn'* (pl), 𝔗 *bʿjnjhwn* cf Ez 44,5 ‖ [c] 𝔖 *blb'* ‖ **11** [a] ℭ התמו ‖ [b] ℭ נסב, 𝔖 *'hpwk* ‖ **12** [a] mlt Mss om interv ‖ **13** [a] pc Mss אלהים ‖ **14** [a] cit אלהים cf 𝔊[Ms]𝔖 ‖ [b] pc Mss מעם ‖ **15** [a] pc Mss יהוה cf 𝔊𝔏[93.94] ‖ **16** [a] 𝔏[93.94] *(loquantur ergo) pueri tui … (et quaerant)*, 𝔙 *et servi tui (… quaerant)* ‖ [b] Ms cit נגן, 2 Mss לנגן cf Vrs et 18 ‖ [c] > 𝔊[-L]𝔏[93.94]𝔖 ‖ **18** [a] 2 Mss citt 'ג ‖ **19** [a–a] 𝔖 *ḥšḥ lj* ‖ **20** [a] 𝔊[-L] *γομορ* cf 𝔏[93.94] et Hos 3,2.

22 וַיַּעֲמֹד לְפָנָיו וַיֶּאֱהָבֵהוּ[a] מְאֹד וַיְהִי־לוֹ נֹשֵׂא כֵלִים׃ 22 וַיִּשְׁלַח שָׁאוּל ב. לח[21]
23 אֶל־יִשַׁי לֵאמֹר יַעֲמָד־נָא דָוִד לְפָנַי כִּי־מָצָא חֵן בְּעֵינָי׃ 23 וְהָיָה
בִּהְיוֹת רוּחַ־אֱלֹהִים[a] אֶל־שָׁאוּל וְלָקַח דָּוִד אֶת־הַכִּנּוֹר וְנִגֵּן בְּיָדוֹ ל
וְרָוַח לְשָׁאוּל וְטוֹב לוֹ וְסָרָה מֵעָלָיו רוּחַ הָרָעָה׃ פ יז[22]. ג בטע
17 17 1 וַיַּאַסְפוּ פְלִשְׁתִּים אֶת־מַחֲנֵיהֶם לַמִּלְחָמָה וַיֵּאָסְפוּ שֹׂכֹה י[1]. יב. ב חס
2 אֲשֶׁר לִיהוּדָה וַיַּחֲנוּ בֵּין־שׂוֹכֹה וּבֵין־עֲזֵקָה [a]בְּאֶפֶס דַּמִּים[a]׃ 2 וְשָׁאוּל ב כת כן. ב
וְאִישׁ־יִשְׂרָאֵל נֶאֶסְפוּ וַיַּחֲנוּ בְּעֵמֶק הָאֵלָה וַיַּעַרְכוּ מִלְחָמָה לִקְרַאת ה׳
3 פְלִשְׁתִּים׃ 3 וּפְלִשְׁתִּים עֹמְדִים אֶל־הָהָר מִזֶּה וְיִשְׂרָאֵל עֹמְדִים אֶל־ ב. לג. ב
4 הָהָר מִזֶּה וְהַגַּיְא[a] בֵּינֵיהֶם׃ 4 וַיֵּצֵא אִישׁ־הַבֵּנַיִם[a] מִמַּחֲנוֹת[b] פְּלִשְׁתִּים ב
5 גָּלְיָת שְׁמוֹ מִגַּת גָּבְהוֹ שֵׁשׁ[c] אַמּוֹת וָזָרֶת׃ 5 וְכוֹבַע נְחֹשֶׁת עַל־רֹאשׁוֹ ל. לב בנביא כ מנה בסיפ
וְשִׁרְיוֹן קַשְׂקַשִּׂים הוּא לָבוּשׁ וּמִשְׁקַל הַשִּׁרְיוֹן חֲמֵשֶׁת־אֲלָפִים שְׁקָלִים ב מל בנביא[2]
6 7 נְחֹשֶׁת׃ 6 וּמִצְחַת[a] נְחֹשֶׁת עַל־רַגְלָיו וְכִידוֹן נְחֹשֶׁת בֵּין כְּתֵפָיו׃ 7 וְחֵץ[a] ל. ועץ ק
חֲנִיתוֹ כִּמְנוֹר אֹרְגִים וְלַהֶבֶת חֲנִיתוֹ שֵׁשׁ־מֵאוֹת שְׁקָלִים בַּרְזֶל וְנֹשֵׂא לח ו מנה בליש
8 הַצִּנָּה הֹלֵךְ לְפָנָיו׃ 8 וַיַּעֲמֹד וַיִּקְרָא אֶל־מַעַרְכֹת יִשְׂרָאֵל וַיֹּאמֶר ב חס[3]. כב[4] וכל ד״ה ועזרא דכות ב מ״ה חס בליש
לָהֶם לָמָּה תֵצְאוּ לַעֲרֹךְ מִלְחָמָה הֲלוֹא אָנֹכִי הַפְּלִשְׁתִּי וְאַתֶּם עֲבָדִים ל
9 לְשָׁאוּל בְּרוּ[a]־לָכֶם אִישׁ וְיֵרֵד אֵלָי׃ 9 אִם־יוּכַל לְהִלָּחֵם אִתִּי וְהִכָּנִי ל. ו ר״פ בסיפ וכל יהושע שפטים ושמואל ואם ר״פ[5]. ב חד קמ וחד פת
וְהָיִינוּ לָכֶם לַעֲבָדִים וְאִם־אֲנִי אוּכַל־לוֹ וְהִכִּיתִיו וִהְיִיתֶם לָנוּ ל. ג[6] ב חס וחד מל
10 לַעֲבָדִים וַעֲבַדְתֶּם אֹתָנוּ׃ 10 וַיֹּאמֶר הַפְּלִשְׁתִּי אֲנִי חֵרַפְתִּי אֶת־
11 מַעַרְכוֹת יִשְׂרָאֵל הַיּוֹם הַזֶּה תְּנוּ־לִי אִישׁ וְנִלָּחֲמָה יָחַד׃ 11 וַיִּשְׁמַע ד[7]
שָׁאוּל וְכָל־יִשְׂרָאֵל אֶת־דִּבְרֵי הַפְּלִשְׁתִּי הָאֵלֶּה[a] וַיֵּחַתּוּ וַיִּרְאוּ מְאֹד׃ לה וכל ר״פ דכות
12 פ 12 וְדָוִד[a] בֶּן־אִישׁ אֶפְרָתִי הַזֶּה[b] מִבֵּית לֶחֶם יְהוּדָה וּשְׁמוֹ יִשַׁי ג
13 וְלוֹ שְׁמֹנָה בָנִים וְהָאִישׁ בִּימֵי שָׁאוּל זָקֵן בָּא בַאֲנָשִׁים[c]׃ 13 וַיֵּלְכוּ ג

[21] Mp sub loco. [22] Mm 1088. **Cp 17** [1] Mm 399. [2] Mp sub loco. [3] Mm 1620. [4] Mm 11. [5] Mm 1380. [6] Mm 1621. [7] Mm 1389.

21 [a] 𝔗 ויאה̇׳ ‖ **23** [a] nonn Mss cit + **רעה** cf 𝔊[-L] *(πνεῦμα) πονηρόν*, 𝔊[L](𝔖𝔙) *παρὰ θεοῦ πονηρὸν (πνεῦμα)*, 𝔗 *(rwḥ) bjš' mn qdm jhwh* ‖ **Cp 17,1** [a–a] 𝔊 *ἐν (σ) Εφερμαειμ* (sive *ἐν Αφεσδομμειν/μ*) cf 𝔏[93.94] *in Rameam in Sepherme*, 𝔖 *b'prsmjn* et 1Ch 11,13 ‖ **3** [a] pc Mss **והגי** cf Dt 34,6 ‖ **4** [a] 𝔗 *mbjnjhwn*; 𝔊 *δυνατός*, 𝔖 *gnbr'*; 𝔙 *spurius* cf 23[a] ‖ [b] jJeb 4,2 **ממערכות** cf 𝔊 et 8 ‖ [c] 𝔊[LMss] 4, 𝔊[Mss] 5, 𝔏[94] 16 ‖ **6** [a] cit Vrs pl ‖ **7** [a] mlt Mss ut Q cf Vrs et 2S 21,19 ‖ **8** [a] Vrs a **בחר** cf 1R 18,25 ‖ **11** [a] > 2 Mss cit cf 𝔖 ‖ **12** [a] 𝔊[Mss] om 12–31 ‖ [b] citt **היה** cf 𝔖 ‖ [c] 𝔊[LMss] *ἐν ἔτεσιν* cf 𝔖.

שְׁלֹשֶׁת בְּנֵי־יִשַׁי הַגְּדֹלִים הָלְכוּ אַחֲרֵי־שָׁאוּל לַמִּלְחָמָה | וְשֵׁם | שְׁלֹשֶׁת
בָּנָיו אֲשֶׁר הָלְכוּ[a] בַּמִּלְחָמָה[b] אֱלִיאָב הַבְּכוֹר[c] וּמִשְׁנֵהוּ אֲבִינָדָב   ל
14 וְהַשְּׁלִשִׁי שַׁמָּה׃ 14 וְדָוִד הוּא הַקָּטָן וּשְׁלֹשָׁה הַגְּדֹלִים הָלְכוּ אַחֲרֵי   ג[8] חס וכל ד״ה דכות ב מ ז
15 שָׁאוּל׃ ס 15 וְדָוִד הֹלֵךְ וָשָׁב מֵעַל[a] שָׁאוּל לִרְעוֹת אֶת־צֹאן   ג[9]. ל
16 אָבִיו בֵּית־לָחֶם׃ 16 וַיִּגַּשׁ הַפְּלִשְׁתִּי הַשְׁכֵּם וְהַעֲרֵב וַיִּתְיַצֵּב אַרְבָּעִים   ל
17 יוֹם׃ פ 17 וַיֹּאמֶר יִשַׁי לְדָוִד בְּנוֹ קַח־נָא לְאַחֶיךָ אֵיפַת הַקָּלִיא[a]   יב יתיר א ס״ת[10]
18 הַזֶּה וַעֲשָׂרָה לֶחֶם[b] הַזֶּה וְהָרֵץ הַמַּחֲנֶה לְאַחֶיךָ׃ 18 וְאֵת עֲשֶׂרֶת חֲרִצֵי   ל. ל
הֶחָלָב הָאֵלֶּה תָּבִיא לְשַׂר־הָאָלֶף וְאֶת־אַחֶיךָ תִּפְקֹד לְשָׁלוֹם וְאֶת־   יג[11]. ל[12]. ב. ל
19 עֲרֻבָּתָם תִּקָּח׃ 19 וְשָׁאוּל וְהֵמָּה[a] וְכָל־אִישׁ יִשְׂרָאֵל בְּעֵמֶק הָאֵלָה   ל. יו[13]
20 נִלְחָמִים עִם־פְּלִשְׁתִּים׃ 20 וַיַּשְׁכֵּם דָּוִד בַּבֹּקֶר וַיִּטֹּשׁ אֶת־הַצֹּאן עַל־   ל
שֹׁמֵר וַיִּשָּׂא וַיֵּלֶךְ כַּאֲשֶׁר צִוָּהוּ יִשָׁי וַיָּבֹא הַמַּעְגָּלָה וְהַחַיִל הַיֹּצֵא אֶל־   יו[14]. ב
21 הַמַּעֲרָכָה וְהֵרֵעוּ[a] בַּמִּלְחָמָה׃ 21 וַתַּעֲרֹךְ יִשְׂרָאֵל וּפְלִשְׁתִּים מַעֲרָכָה   ל. ל. ל
22 לִקְרַאת מַעֲרָכָה׃ 22 וַיִּטֹּשׁ דָּוִד אֶת־הַכֵּלִים מֵעָלָיו עַל־יַד שׁוֹמֵר   י מל[15]
23 הַכֵּלִים וַיָּרָץ הַמַּעֲרָכָה וַיָּבֹא[a] וַיִּשְׁאַל לְאֶחָיו לְשָׁלוֹם׃ 23 וְהוּא | לג ר״פ[16]
מְדַבֵּר עִמָּם וְהִנֵּה אִישׁ הַבֵּנַיִם[a] עוֹלֶה גָּלְיָת הַפְּלִשְׁתִּי שְׁמוֹ מִגַּת   ב. ה מל[17]
24 מִמַּעַרְוֹת[b] פְּלִשְׁתִּים וַיְדַבֵּר כַּדְּבָרִים[c] הָאֵלֶּה וַיִּשְׁמַע דָּוִד׃ 24 וְכֹל   ממערכות ק. יו[13]
25 אִישׁ יִשְׂרָאֵל בִּרְאוֹתָם אֶת־הָאִישׁ וַיָּנֻסוּ מִפָּנָיו וַיִּירְאוּ מְאֹד׃ 25 וַיֹּאמֶר | ג ב חס וחד מל[18]. כג. ל[19]
אִישׁ יִשְׂרָאֵל הַרְּאִיתֶם הָאִישׁ הָעֹלֶה הַזֶּה כִּי לְחָרֵף[a] אֶת־יִשְׂרָאֵל   ג[20]. ג
עֹלֶה וְהָיָה הָאִישׁ אֲשֶׁר־יַכֶּנּוּ יַעְשְׁרֶנּוּ הַמֶּלֶךְ | עֹשֶׁר גָּדוֹל וְאֶת־בִּתּוֹ   ב
26 יִתֶּן־לוֹ[b] וְאֵת בֵּית אָבִיו יַעֲשֶׂה חָפְשִׁי בְּיִשְׂרָאֵל׃ 26 וַיֹּאמֶר דָּוִד אֶל־
הָאֲנָשִׁים הָעֹמְדִים עִמּוֹ לֵאמֹר מַה־יֵּעָשֶׂה לָאִישׁ אֲשֶׁר יַכֶּה אֶת־   יא בתור ובנביא. לו[21]. לב[22]
הַפְּלִשְׁתִּי הַלָּז וְהֵסִיר חֶרְפָּה מֵעַל יִשְׂרָאֵל כִּי מִי הַפְּלִשְׁתִּי הֶעָרֵל   ל. יו[16]
27 הַזֶּה כִּי חֵרֵף מַעַרְכוֹת אֱלֹהִים חַיִּים׃ 27 וַיֹּאמֶר לוֹ הָעָם כַּדָּבָר הַזֶּה

[8] Mm 506. [9] Mm 1622. [10] Mm 907. [11] Mm 1228. [12] Mm 646. [13] Mm 1520. [14] Mm 1623. [15] Mm 3634. [16] Mp sub loco. [17] Mm 1624. [18] Mm 459. [19] Mm 1891. [20] Mm 2077. [21] Mm 210. [22] Mm 319.

13 [a] > Ms cf $\mathfrak{G}^{Mss}\mathfrak{S}\mathfrak{V}$ ‖ [b] nonn Mss ’למ cf $\mathfrak{G}\mathfrak{T}^{Mss}\mathfrak{V}$ ‖ [c] $\mathfrak{G}\mathfrak{S}$ + suff 3 m sg ‖ **15** [a] pc Mss מעם, sed cf 2S 10,14 2R 18,14 ‖ **17** [a] nonn Mss –לי cf Mp ‖ [b] Ms ’ול ‖ **19** [a] > Ms $\mathfrak{S}$; $\mathfrak{G}^{-L}$ *αὐτός* ‖ **20** [a] pc Mss ’ה ‖ **22** [a] > $\mathfrak{G}^{L}\mathfrak{S}\mathfrak{V}$ ‖ **23** [a] ut 4[a]; $\mathfrak{G}$ *ὁ ἀμεσσαῖος* ‖ [b] mlt Mss ut Q cf $\mathfrak{G}^{-L}\mathfrak{T}\mathfrak{V}$ *(ex castris)*; $\mathfrak{G}^{L}\mathfrak{S}$ sg ‖ [c] $\mathfrak{S}\mathfrak{V}$ om כ ‖ **25** [a] $\mathfrak{C}$ לחרף ‖ [b] 2 Mss citt + לאשה.

לֵאמֹר כֹּה יֵעָשֶׂה לָאִישׁ אֲשֶׁר יַכֶּנּוּ׃ 28 וַיִּשְׁמַע אֱלִיאָב אָחִיו הַגָּדוֹל 28
בְּדַבְּרוֹ אֶל־הָאֲנָשִׁים וַיִּחַר־אַף אֱלִיאָב בְּדָוִד וַיֹּאמֶר ׀ לָמָּה־זֶּה
יָרַדְתָּ וְעַל־מִי נָטַשְׁתָּ מְעַט הַצֹּאן הָהֵנָּה בַּמִּדְבָּר אֲנִי יָדַעְתִּי אֶת־זְדֹנְךָ
וְאֵת רֹעַ לְבָבֶךָ כִּי לְמַעַן רְאוֹת הַמִּלְחָמָה יָרָדְתָּ׃ 29 וַיֹּאמֶר דָּוִד מֶה 29
עָשִׂיתִי עָתָּה הֲלוֹא דָּבָר הוּא׃ 30 וַיִּסֹּב מֵאֶצְלוֹ אֶל־מוּל אַחֵר וַיֹּאמֶר 30
כַּדָּבָר הַזֶּה וַיְשִׁבֻהוּ הָעָם דָּבָר כַּדָּבָר הָרִאשׁוֹן׃ 31 וַיִּשָּׁמְעוּ[a] הַדְּבָרִים 31
אֲשֶׁר דִּבֶּר דָּוִד וַיַּגִּדוּ לִפְנֵי־שָׁאוּל וַיִּקָּחֵהוּ[b]׃ 32 וַיֹּאמֶר דָּוִד אֶל־ 32
שָׁאוּל אַל־יִפֹּל [a]לֵב־אָדָם[a] עָלָיו עַבְדְּךָ יֵלֵךְ וְנִלְחַם עִם־הַפְּלִשְׁתִּי
הַזֶּה׃ 33 וַיֹּאמֶר שָׁאוּל אֶל־דָּוִד לֹא תוּכַל לָלֶכֶת אֶל־הַפְּלִשְׁתִּי הַזֶּה 33
לְהִלָּחֵם עִמּוֹ כִּי־נַעַר אַתָּה וְהוּא אִישׁ מִלְחָמָה מִנְּעֻרָיו׃ ס
34 וַיֹּאמֶר דָּוִד אֶל־שָׁאוּל רֹעֶה הָיָה עַבְדְּךָ לְאָבִיו[a] בַּצֹּאן וּבָא הָאֲרִי 34
וְאֶת־[b]הַדּוֹב וְנָשָׂא שֶׂה מֵהָעֵדֶר׃ 35 וְיָצָאתִי אַחֲרָיו וְהִכִּתִיו וְהִצַּלְתִּי[a] 35
מִפִּיו וַיָּקָם עָלַי וְהֶחֱזַקְתִּי בִּזְקָנוֹ וְהִכִּתִיו וַהֲמִיתִּיו׃ 36 גַּם אֶת־הָאֲרִי 36
גַּם־[a]הַדּוֹב[b] הִכָּה עַבְדֶּךָ וְהָיָה הַפְּלִשְׁתִּי הֶעָרֵל הַזֶּה כְּאַחַד מֵהֶם[c] כִּי
חֵרֵף מַעַרְכֹת אֱלֹהִים חַיִּים׃ ס 37 [a]וַיֹּאמֶר דָּוִד[a] יְהוָה אֲשֶׁר ס[a]
הִצִּלַנִי מִיַּד הָאֲרִי וּמִיַּד הַדֹּב הוּא יַצִּילֵנִי מִיַּד הַפְּלִשְׁתִּי הַזֶּה ס [b]
וַיֹּאמֶר שָׁאוּל אֶל־דָּוִד לֵךְ וַיהוָה יִהְיֶה עִמָּךְ׃ 38 וַיַּלְבֵּשׁ שָׁאוּל אֶת־ 38
דָּוִד מַדָּיו וְנָתַן קוֹבַע[a] נְחֹשֶׁת עַל־רֹאשׁוֹ [b]וַיַּלְבֵּשׁ אֹתוֹ שִׁרְיוֹן[b]׃ 39 וַיַּחְגֹּר 39
דָּוִד אֶת־חַרְבּוֹ מֵעַל לְמַדָּיו וַיֹּאֶל[a] לָלֶכֶת [b]כִּי לֹא־נִסָּה[b] וַיֹּאמֶר דָּוִד
אֶל־שָׁאוּל לֹא אוּכַל לָלֶכֶת בָּאֵלֶּה כִּי לֹא נִסִּיתִי [c]וַיְסִרֵם דָּוִד[c]
מֵעָלָיו׃ 40 וַיִּקַּח מַקְלוֹ בְּיָדוֹ וַיִּבְחַר־לוֹ חֲמִשָּׁה חַלֻּקֵי־אֲבָנִים ׀ מִן־ 40

לו[23] . לב[24]
ל
ד[25] . ב חד חס וחד מל[26] . ל
ו בנביא
ב וחס . ל . סד . ל
ה[27]
כו מלעיל . ו . ג ב חס וחד מל[28]
ל
יז . ג ב חס וחד מל[29]
ג ב חס וחד מל[29] . ל ומל
ב . יב[30]
ב חס[31] . יב בטע ר״פ
ג ב מל וחד חס
ל . לב בנביא כ מנה בסיפ . ל ומל
ב . ז וחד מן ב[32] חס בליש . מן פסוק לא לא לא . ו ד כת שא וב כת סה
ב[33] . ב[34] . ב וחס
ל . ל וחס

[23] Mm 210. [24] Mm 319. [25] Mm 2165. [26] Mm 2211. [27] Mm 373. [28] Mm 2720. [29] Mm 1621. [30] Mm 361. [31] Mm 1620. [32] Mm 1599. [33] Mm 1617. [34] Mm 3708.

31 [a] sic L, mlt Mss Edd 'וַיִּ || [b] 2 Mss ויקחו, Ms ויקחוהו, 𝔊^{-O} *καὶ παρέλαβον αὐτὸν καὶ εἰσήγαγον (αὐτὸν) πρὸς Σαουλ*, 𝔊^{Op} *καὶ παρέστησαν αὐτὸν ἐνώπιον Σαουλ* || **32** [a–a] cit לב המלך cf 𝔊 *καρδία τοῦ κυρίου μου*, 𝔏^{93.94} *cor domini mei* || **34** [a] mlt Mss לאבי cf 𝔖 || [b] Ms citt om את || **35** [a] nonn Mss citt תיו– cf 𝔖𝔗^{Mss} || **36** [a] 2 Mss citt וגם, Ms citt ואת cf [b] || [b] nonn Mss citt pr את cf 𝔗^{Ms} || [c] 𝔊 + mlt vb cf 26 || **37** [a–a] > 𝔊^{Mss} || [b] mlt Mss om interv || **38** [a] mlt Mss כובע || [b–b] > 𝔊^{-OLMss} || **39** [a] 𝔊^{-L} *καὶ ἐκοπίασεν* cf Jes 47,13, 𝔊^{L} *καὶ ἐχώλαινεν* cf 𝔏^{93.94} *et claudicare coepit*, σ' *καὶ ἔσκαξεν*, 𝔖 *wl' ṣb'* cf 𝔗 *wl' 'b'* || [b–b] > 𝔊^{-LMss}; 𝔖 + *'nwn* || [c–c] 𝔊 *καὶ ἀφαίρουσιν αὐτά* cf 𝔏^{93.94}.

הַנַּ֔חַל וַיָּ֛שֶׂם אֹתָ֛ם בִּכְלִ֧י הָרֹעִ֛ים אֲשֶׁר־ל֥וֹ וּבַיַּלְק֖וּט[a] וְקַלְּע֣וֹ בְיָד֑וֹ פד׳. יח[35] וכל יוצר חפץ חמדה דכות ב מ א. ל. ל
41 וַיִּגַּ֖שׁ אֶל־הַפְּלִשְׁתִּֽי׃ 41 [a]וַיֵּ֙לֶךְ֙ הַפְּלִשְׁתִּ֔י הֹלֵ֥ךְ וְקָרֵ֖ב אֶל־דָּוִ֑ד וְהָאִ֛ישׁ ב
42 נֹשֵׂ֥א הַצִּנָּ֖ה לְפָנָֽיו׃ 42 וַיַּבֵּ֧ט הַפְּלִשְׁתִּ֛י וַיִּרְאֶ֥ה אֶת־דָּוִ֖ד וַיִּבְזֵ֑הוּ כִּי־הָיָ֣ה לח. ה[36]. ל
43 נַ֔עַר וְאַדְמֹנִ֖י עִם־יְפֵ֥ה מַרְאֶֽה[a]׃ 43 וַיֹּ֤אמֶר הַפְּלִשְׁתִּי֙ אֶל־דָּוִ֔ד הֲכֶ֣לֶב ל וחס
אָנֹ֔כִי כִּֽי־אַתָּ֥ה בָֽא־אֵלַ֖י בַּמַּקְל֑וֹת וַיְקַלֵּ֧ל הַפְּלִשְׁתִּ֛י אֶת־דָּוִ֖ד בֵּאלֹהָֽיו׃ ב[37]. ד
44 וַיֹּ֤אמֶר הַפְּלִשְׁתִּי֙ אֶל־דָּוִ֔ד לְכָ֣ה אֵלַ֔י וְאֶתְּנָה֙ אֶת־בְּשָׂ֣רְךָ֔ לְע֥וֹף ל בסיפ[38]
45 הַשָּׁמַ֖יִם וּלְבֶהֱמַ֥ת הַשָּׂדֶֽה[a]׃ ס 45 וַיֹּ֤אמֶר דָּוִד֙ אֶל־הַפְּלִשְׁתִּ֔י ל
אַתָּה֙ בָּ֣א אֵלַ֔י בְּחֶ֖רֶב וּבַחֲנִ֣ית וּבְכִיד֑וֹן וְאָנֹכִ֣י בָֽא־אֵלֶ֗יךָ בְּשֵׁם֙ יְהוָ֣ה ח[39]. ד
46 צְבָא֔וֹת אֱלֹהֵ֛י מַעַרְכ֥וֹת יִשְׂרָאֵ֖ל אֲשֶׁ֥ר חֵרַֽפְתָּ׃ 46 הַיּ֣וֹם הַזֶּ֡ה יְסַגֶּרְךָ֩
יְהוָ֨ה בְּיָדִ֜י וְהִכִּיתִ֗ךָ וַהֲסִרֹתִ֣י אֶת־רֹֽאשְׁךָ֮ מֵֽעָלֶיךָ֒ וְנָ֨תַתִּ֜י פֶּ֣גֶר[a] מַחֲנֵ֤ה ל וחס
פְלִשְׁתִּים֙ הַיּ֣וֹם הַזֶּ֔ה לְע֥וֹף הַשָּׁמַ֖יִם וּלְחַיַּ֣ת הָאָ֑רֶץ וְיֵֽדְעוּ֙ כָּל־הָאָ֔רֶץ י בליש[40]. יא[41]
47 כִּ֛י יֵ֥שׁ אֱלֹהִ֖ים לְיִשְׂרָאֵֽל[b]׃ 47 וְיֵֽדְעוּ֙ כָּל־הַקָּהָ֣ל הַזֶּ֔ה כִּֽי־לֹ֛א בְּחֶ֥רֶב ב[42]. ב[43]. יא[41]. ח[39]
וּבַחֲנִ֖ית יְהוֹשִׁ֣יעַ יְהוָ֑ה כִּ֤י לַֽיהוָה֙ הַמִּלְחָמָ֔ה וְנָתַ֥ן אֶתְכֶ֖ם בְּיָדֵֽנוּ[a]׃ ב ומל[44]
48 וְהָיָה֙ כִּי־קָ֣ם הַפְּלִשְׁתִּ֔י וַיֵּ֖לֶךְ וַיִּקְרַ֣ב לִקְרַ֣את דָּוִ֑ד [a]וַיְמַהֵ֣ר דָּוִ֔ד ל. ה פת[45]
49 וַיָּ֥רָץ הַֽמַּעֲרָכָ֖ה[b] לִקְרַ֥את הַפְּלִשְׁתִּֽי[a]׃ 49 וַיִּשְׁלַח֩ דָּוִ֨ד אֶת־יָד֜וֹ אֶל־ ל
הַכֶּ֗לִי וַיִּקַּ֨ח מִשָּׁ֥ם אֶ֙בֶן֙ וַיְקַלַּ֔ע וַיַּ֥ךְ אֶת־הַפְּלִשְׁתִּ֖י אֶל־מִצְח֑וֹ[a] וַתִּטְבַּ֤ע ל. ל. ל
50 הָאֶ֙בֶן֙ בְּמִצְח֔וֹ וַיִּפֹּ֥ל עַל־פָּנָ֖יו אָֽרְצָה׃ 50 [a]וַיֶּחֱזַ֨ק דָּוִ֤ד מִן־הַפְּלִשְׁתִּי֙ ה[46]
בַּקֶּ֣לַע וּבָאֶ֔בֶן וַיַּ֥ךְ אֶת־הַפְּלִשְׁתִּ֖י וַיְמִיתֵ֑הוּ וְחֶ֖רֶב אֵ֥ין בְּיַד־דָּוִֽד׃ ל. לב בנביא ב מנה חס בסיפ[47]
51 וַיָּ֣רָץ דָּוִ֡ד וַיַּעֲמֹ֣ד אֶל[a]־הַ֠פְּלִשְׁתִּי וַיִּקַּ֨ח אֶת־חַ֜רְבּ֗וֹ וַֽיִּשְׁלְפָ֤הּ מִתַּעְרָהּ֙ ד[48]
וַיְמֹ֣תְתֵ֔הוּ[b] וַיִּכְרָת־בָּ֖הּ אֶת־רֹאשׁ֑וֹ וַיִּרְא֧וּ הַפְּלִשְׁתִּ֛ים כִּֽי־מֵ֥ת גִּבּוֹרָ֖ם ל. לב בנביא ב מנה בסיפ. ח[49]
52 וַיָּנֻֽסוּ׃ 52 וַיָּקֻ֣מוּ אַנְשֵׁי֩ יִשְׂרָאֵ֨ל וִיהוּדָ֜ה וַיָּרִ֗עוּ וַֽיִּרְדְּפוּ֙ אֶת־הַפְּלִשְׁתִּ֔ים ג חס. ח[49]
עַד־בּוֹאֲךָ֣ גַ֔יְא[a] וְעַ֖ד שַׁעֲרֵ֣י עֶקְר֑וֹן[b] וַיִּפְּל֜וּ חַלְלֵ֤י פְלִשְׁתִּים֙ בְּדֶ֣רֶךְ ג פסוק עד ועד ועד ועד. ה מל
53 שַֽׁעֲרַ֔יִם וְעַד־גַּ֖ת וְעַד־עֶקְרֽוֹן[c]׃ 53 וַיָּשֻׁ֙בוּ֙ בְּנֵ֣י יִשְׂרָאֵ֔ל מִדְּלֹ֖ק אַחֲרֵ֣י ל. ל

[35] Mm 2781. [36] Mm 2070. [37] Gn 30,41. [38] Mm 886. [39] Mm 2903. [40] Mm 9. [41] Mm 1625. [42] Mm 1626. [43] Mm 4091. [44] Mm 1627. [45] Mm 710. [46] Mm 432. [47] Mp contra textum, cf Mm 2137 et Mp sub loco. [48] Mm 2862. [49] Mm 1315.

40 [a] 𝔊 *εἰς συλλογήν* cf 𝔏[94]; 𝔖 om cop ‖ **41** [a] v 41 > 𝔊$^{-OLMss}$ ‖ **42** [a] pc Mss עינים cf 𝔊 ‖ **44** [a] mlt Mss הארץ cf 𝔊𝔗^{Mss}𝔙 ‖ **46** [a] σ′𝔖𝔗^{Mss} pl; 𝔊 *τὰ κῶλα σου καὶ τὰ κῶλα* … ‖ [b] nonn Mss בי׳ cf 𝔊𝔗$^{-f}$𝔙 ‖ **47** [a] mlt Mss דינו– cf 𝔊𝔖^{BC}𝔙 ‖ **48** [a–a] > 𝔊$^{-OLMss}$ ‖ [b] 𝔊$^{-Op}$ *εἰς τὴν παράταξιν*, 𝔖𝔗 *lsdr'*, 𝔙 *ad pugnam* ‖ **49** [a] ℭ מָצְחוּ ‖ **50** [a] v 50 > 𝔊$^{-OLMss}$ ‖ **51** [a] pc Mss Okh על cf 𝔊𝔖𝔗^{MssBuxt}𝔙 et 2 S 1,9.10 ‖ [b] ℭ תֵהוּ–, Ms וימתהו ‖ **52** [a] 𝔊$^{-AMs}$ *Γεθ* ‖ [b] 𝔊 *Ασκαλων* ‖ [c] sic L, mlt Mss Edd :.

54 פְּלִשְׁתִּ֔ים וַיָּשֹׁ֖סּוּ אֶת־מַחֲנֵיהֶֽם׃ 54 וַיִּקַּ֤ח דָּוִד֙ אֶת־רֹ֣אשׁ הַפְּלִשְׁתִּ֔י
וַיְבִאֵ֖הוּ יְרוּשָׁלִָ֑ם וְאֶת־כֵּלָ֖יו שָׂ֥ם בְּאָהֳלֽוֹ׃ ס ג̇[50]
55 וְכִרְא֨וֹת[a] 55 שָׁא֜וּל אֶת־דָּוִ֗ד יֹצֵא֙ לִקְרַ֣את הַפְּלִשְׁתִּ֔י אָמַ֗ר אֶל־ ב̇[51]
אַבְנֵר֙ שַׂ֣ר הַצָּבָ֔א[b] בֶּן־מִי־זֶ֥ה הַנַּ֖עַר אַבְנֵ֑ר[c] וַיֹּ֣אמֶר אַבְנֵ֔ר חֵֽי־נַפְשְׁךָ֥
56 הַמֶּ֖לֶךְ אִם־יָדָֽעְתִּי׃ 56 וַיֹּ֖אמֶר הַמֶּ֑לֶךְ שְׁאַ֣ל אַתָּ֔ה בֶּן־מִי־זֶ֖ה הָעָֽלֶם[a]׃ ל̇
57 וּכְשׁ֣וּב[a] 57 ס דָּוִ֗ד מֵֽהַכּוֹת֙ אֶת־הַפְּלִשְׁתִּ֔י וַיִּקַּ֤ח אֹתוֹ֙ אַבְנֵ֔ר וַיְבִאֵ֖הוּ ל̇. יא̇[52]
58 לִפְנֵ֣י שָׁא֑וּל וְרֹ֥אשׁ הַפְּלִשְׁתִּ֖י בְּיָדֽוֹ׃ 58 וַיֹּ֤אמֶר אֵלָיו֙ שָׁא֔וּל בֶּן־מִ֥י אַתָּ֖ה יא̇[53]
18 הַנָּ֑עַר וַיֹּ֣אמֶר דָּוִ֔ד בֶּֽן־עַבְדְּךָ֥ יִשַׁ֖י בֵּ֥ית הַלַּחְמִֽי׃ 18 1 וַיְהִ֗י כְּכַלֹּתוֹ֙
לְדַבֵּ֣ר אֶל־שָׁא֔וּל וְנֶ֙פֶשׁ֙ יְה֣וֹנָתָ֔ן נִקְשְׁרָ֖ה בְּנֶ֣פֶשׁ דָּוִ֑ד וַיֶּאֱהָבֵ֥ו[a] יְהוֹנָתָ֖ן ל̇. ויאהבהו ק̇ [1] חד מן ג̇ חס ה מ״ת וחד מן ב̇ בליש
2 כְּנַפְשֽׁוֹ׃ 2 וַיִּקָּחֵ֥הוּ שָׁא֖וּל בַּיּ֣וֹם הַה֑וּא וְלֹ֣א נְתָנ֔וֹ לָשׁ֖וּב בֵּ֥ית אָבִֽיו׃ ב̇ ובסיפ̇. ד̇. ה̇[2]
3 4 3 וַיִּכְרֹ֧ת יְהוֹנָתָ֛ן וְדָוִ֖ד בְּרִ֑ית בְּאַהֲבָת֥וֹ אֹת֖וֹ כְּנַפְשֽׁוֹ׃ 4 וַיִּתְפַּשֵּׁ֣ט יְהוֹנָתָ֗ן ב̇ ובסיפ̇
אֶת־הַמְּעִיל֙ אֲשֶׁ֣ר עָלָ֔יו וַֽיִּתְּנֵ֖הוּ לְדָוִ֑ד וּמַדָּ֕יו וְעַד[a]־חַרְבּ֥וֹ וְעַד־קַשְׁתּ֖וֹ ב̇. ג̇ פסוק ועד ועד ועד[3]. ל̇
5 וְעַד־חֲגֹרֽוֹ׃ 5 וַיֵּצֵ֨א דָוִ֜ד בְּכֹ֨ל אֲשֶׁ֤ר יִשְׁלָחֶ֙נּוּ֙ שָׁא֣וּל יַשְׂכִּ֔יל וַיְשִׂמֵ֣הוּ
שָׁא֔וּל עַ֖ל אַנְשֵׁ֣י הַמִּלְחָמָ֑ה וַיִּיטַב֙ בְּעֵינֵ֣י כָל־הָעָ֔ם וְגַ֖ם בְּעֵינֵ֥י עַבְדֵ֥י ד̇[4]. יד̇ בסיפ̇. כג̇[5] פסוק וגם ובתר תלת מילין. יד̇ בסיפ̇
6[a] שָׁאֽוּל׃ פ 6 וַיְהִ֣י[a] בְּבוֹאָ֗ם בְּשׁ֤וּב דָּוִד֙ מֵהַכּ֣וֹת אֶת־הַפְּלִשְׁתִּ֔י ב̇ ומל̇ בסיפ̇[6]
וַתֵּצֶ֨אנָה הַנָּשִׁ֜ים מִכָּל־עָרֵ֤י יִשְׂרָאֵל֙[b] לָשִׁ֣ור[c] וְהַמְּחֹל֔וֹת[d] לִקְרַ֖את לשיר ק̇
7 שָׁא֣וּל הַמֶּ֑לֶךְ[b] בְּתֻפִּ֥ים בְּשִׂמְחָ֖ה[e] וּבְשָׁלִשִֽׁים׃ 7 וַֽתַּעֲנֶ֛ינָה הַנָּשִׁ֥ים ל̇. ל̇. ב̇ ומל̇
הַֽמְשַׂחֲק֖וֹת וַתֹּאמַ֑רְןָ ל̇ בנביא
הִכָּ֤ה שָׁאוּל֙ בַּאֲלָפָ֔ו[a] וְדָוִ֖ד בְּרִבְבֹתָֽיו[b]׃ באלפיו ק̇
8 וַיִּ֨חַר[a] 8 לְשָׁא֜וּל מְאֹ֗ד[a] וַיֵּ֤רַע בְּעֵינָיו֙ הַדָּבָ֣ר הַזֶּ֔ה וַיֹּ֗אמֶר נָתְנ֤וּ לְדָוִד֙ נ̇א
9 רְבָב֔וֹת וְלִ֥י נָתְנ֖וּ הָאֲלָפִ֑ים[b] וְע֥וֹד ל֖וֹ אַ֥ךְ הַמְּלוּכָֽה[b]׃ 9 וַיְהִ֥י שָׁא֖וּל ח̇[7]. כג̇. כ̇[8]
10 עָ֣וֶן[a] אֶת־דָּוִ֑ד מֵֽהַיּ֥וֹם הַה֖וּא וָהָֽלְאָה׃ ס 10[a] וַיְהִ֣י מִֽמָּחֳרָ֗ת וַתִּצְלַ֣ח עוין ק̇. ג̇
ר֣וּחַ אֱלֹהִ֣ים ׀ רָעָ֤ה ׀ אֶל־שָׁאוּל֙ וַיִּתְנַבֵּ֣א בְתוֹךְ־הַבַּ֔יִת[b] וְדָוִ֛ד מְנַגֵּ֥ן בְּיָד֖וֹ

[50]Mm 589. [51]Mm 1628. [52]Mp sub loco. [53]Mm 1554. **Cp 18** [1]Mm 2090. [2]Mm 1397. [3]Mm 56. [4]Mm 2199. [5]Mm 1629. [6]Mm 1615. [7]Mm 1485. [8]Mm 1581.

55 [a] 𝔊^{-OLMss} om 17,55–18,5 ‖ [b] 𝔊^{L}𝔖𝔗^{Ms} + suff 3 m sg ‖ [c] > 2 Mss citt cf 𝔊^{AMss}𝔖 ‖ **56** [a] 𝔈 הָעֶלֶם ‖ **57** [a] mlt Mss וּבְ' ‖ **Cp 18,1** [a] mlt Mss ut Q ‖ **4** [a] pc Mss עַד cf 𝔖𝔗^{f} ‖ **6** [a–a] > 𝔊^{-OLMss} ‖ [b–b] > 𝔊^{-OMss} ‖ [c] mlt Mss ut Q ‖ [d] cit בִּמְחֹ', 𝔖 *brbj'* (pl), 𝔗 *bhngj'* ‖ [e] nonn Mss וּבְ' cf 𝔊𝔖? 𝔗^{ed princ} ‖ **7** [a] mlt Mss ut Q cf 𝔊; 𝔖𝔗𝔙 pl sed sine suff; cf 21,12[a] 29,5[a] ‖ [b] mlt Mss תו–, Q^{Mss} תיו–; 𝔖𝔗𝔙 pl sed sine suff; cf 21,12[a] 29,5[b] ‖ **8** [a–a] > 𝔊^{-L} ‖ [b–b] > 𝔊^{-OLMss} ‖ **9** [a] nonn Mss ut Q; nonn Mss עַיִ(י)ן ‖ **10** [a] v 10 > 𝔊^{-WOLMss} ‖ [b] 𝔊𝔖𝔙 + suff 3 m sg.

11 כְּי֣וֹם ׀ בְּי֔וֹם וְהַחֲנִ֖ית בְּיַד־שָׁאֽוּל׃ 11 ᵃוַיָּ֫טֶלᵇ שָׁאוּל֙ אֶת־הַחֲנִ֔ית וַיֹּ֕אמֶר — יא[9]. ב
12 אַכֶּ֥ה בְדָוִ֖ד וּבַקִּ֑יר וַיִּסֹּ֥ב דָּוִ֛ד מִפָּנָ֖יו פַּעֲמָֽיִם׃ 12 וַיִּרָ֥א שָׁא֖וּל מִלִּפְנֵ֣יᵃ — כג. יב[10]. ל. ל
13 דָוִ֑ד ᵇכִּֽי־הָיָ֤ה יְהוָה֙ עִמּ֔וֹ וּמֵעִ֥ם שָׁא֖וּל סָֽרᵇ׃ 13 וַיְסִרֵ֤הוּ שָׁאוּל֙ מֵֽעִמּ֔וֹ
ס̊ יב וַיְשִׂמֵ֥הוּ ל֖וֹ שַׂר־אָ֑לֶף וַיֵּצֵ֥א וַיָּבֹ֖א לִפְנֵ֥י הָעָֽם׃ פ 14 וַיְהִ֥י דָוִ֛ד — ל
15 לְכָל־ᵃדְּרָכָ֖וᵇ מַשְׂכִּ֑יל וַיהוָ֖ה עִמּֽוֹ׃ 15 וַיַּ֣רְא שָׁא֔וּל אֲשֶׁר־ה֖וּא מַשְׂכִּ֣יל — דרכיו[11] ק חד מן ה[12] כת כן
16 מְאֹ֑ד וַיָּ֖גָר מִפָּנָֽיו׃ 16 וְכָל־יִשְׂרָאֵל֙ וִיהוּדָ֔ה אֹהֵ֖ב אֶת־דָּוִ֑ד כִּֽי־ה֛וּא — כג
יוֹצֵ֥א וָבָ֖א לִפְנֵיהֶֽם׃ פ — ט[13] מל וכל תלים דכות ב מ א. ג[14]

17 ᵃוַיֹּ֨אמֶר שָׁא֜וּל אֶל־דָּוִ֗ד הִנֵּה֩ בִתִּ֨י הַגְּדוֹלָ֤ה מֵרַב֙ אֹתָהּ֙ אֶתֶּן־לְךָ֣ — ט
לְאִשָּׁ֔ה אַ֚ךְ הֱיֵה־לִּ֣י לְבֶן־חַ֔יִל וְהִלָּחֵ֖ם מִלְחֲמ֣וֹת יְהוָ֑ה וְשָׁא֣וּל אָמַ֗ר
18 אַל־תְּהִ֤י יָדִי֙ בּ֔וֹ וּתְהִי־ב֖וֹ יַד־פְּלִשְׁתִּֽים׃ ס 18 וַיֹּ֨אמֶר דָּוִ֜ד אֶל־ — יד רפי[15]
שָׁא֗וּל מִ֤י אָנֹכִי֙ וּמִ֣י חַיַּ֔יᵃ מִשְׁפַּ֥חַתᵇ אָבִ֖י בְּיִשְׂרָאֵ֑ל כִּֽי־אֶהְיֶ֥ה חָתָ֖ן — ג[16]
19 לַמֶּֽלֶךְ׃ 19 וַיְהִ֗י בְּעֵ֥ת תֵּ֛ת אֶת־מֵרַ֥ב בַּת־שָׁא֖וּל לְדָוִ֑ד וְהִ֧יא נִתְּנָ֛ה
20 לְעַדְרִיאֵ֥לᵃ הַמְּחֹלָתִ֖י לְאִשָּֽׁה׃ 20 וַתֶּאֱהַ֛ב מִיכַ֥ל בַּת־שָׁא֖וּל אֶת־דָּוִ֑ד — ב. ב וחס
21 וַיַּגִּ֣דוּ לְשָׁא֔וּל וַיִּשַׁ֥ר הַדָּבָ֖רᵃ בְּעֵינָֽיו׃ 21 וַיֹּ֨אמֶר שָׁא֜וּל אֶתְּנֶ֤נָּה לּוֹ֙ וּתְהִי־ — נא. יד רפי[15]
ל֣וֹ לְמוֹקֵ֔שׁ וּתְהִי־ב֖וֹ יַד־פְּלִשְׁתִּ֑ים ᵃוַיֹּ֤אמֶר שָׁאוּל֙ אֶל־דָּוִ֔ד בִּשְׁתַּ֛יִם — יד רפי[15]
22 תִּתְחַתֵּ֥ן בִּ֖י הַיּֽוֹםᵃ׃ 22 וַיְצַ֨ו שָׁא֜וּל אֶת־עֲבָדָ֗וᵃ דַּבְּר֨וּ אֶל־דָּוִ֤ד בַּלָּט֙ᵇ — עבדיו[17] ק חד מן ב[18] כת חס בליש. ד חד מל וג חס א[19]
לֵאמֹ֔ר הִנֵּ֨ה חָפֵ֤ץ בְּךָ֙ הַמֶּ֔לֶךְ וְכָל־עֲבָדָ֖יו אֲהֵב֑וּךָ וְעַתָּ֖ה הִתְחַתֵּ֥ן — ז[20]. ג
23 בַּמֶּֽלֶךְ׃ 23 וַֽיְדַבְּר֞וּ עַבְדֵ֤י שָׁאוּל֙ בְּאָזְנֵ֣י דָוִ֔ד אֶת־הַדְּבָרִ֖ים הָאֵ֑לֶּה — לז
וַיֹּ֣אמֶר דָּוִ֗ד הֲנְקַלָּ֤הᵃ בְעֵֽינֵיכֶם֙ הִתְחַתֵּ֣ןᵇ בַּמֶּ֔לֶךְ וְאָנֹכִ֖י אִֽישׁ־רָ֥שׁ — ל. יח
24 וְנִקְלֶֽהᶜ׃ 24 וַיַּגִּ֜דוּ עַבְדֵ֥י שָׁא֛וּל ל֖וֹ לֵאמֹ֑ר כַּדְּבָרִ֥ים הָאֵ֖לֶּה דִּבֶּ֥ר — ב
25 דָּוִֽד׃ פ 25 וַיֹּ֨אמֶר שָׁא֜וּל כֹּֽה־תֹאמְר֣וּ לְדָוִ֗ד אֵֽין־חֵ֤פֶץ לַמֶּ֙לֶךְ֙ — ז[21]
בְּמֹ֔הַר כִּ֗יᵃ בְּמֵאָה֙ עָרְל֣וֹת פְּלִשְׁתִּ֔ים לְהִנָּקֵ֖ם בְּאֹיְבֵ֣י הַמֶּ֑לֶךְ וְשָׁא֣וּל — ל[22]. ה
26 חָשַׁ֔ב לְהַפִּ֥יל אֶת־דָּוִ֖ד בְּיַד־פְּלִשְׁתִּֽים׃ 26 וַיַּגִּ֨דוּ עֲבָדָ֤יו לְדָוִד֙ אֶת־

[9] Mm 1630. [10] Mm 1590. [11] Q addidi sec Mm 3210, cf Mp sub loco. [12] Mm 3210. [13] Mm 1268. [14] Mm 1979. [15] Mm 174. [16] Mm 386. [17] Q addidi sec Mm 2571, cf Mp sub loco. [18] Mm 2571. [19] Mm 1412. [20] Mm 449. [21] Mm 369. [22] וחד כמהר Ex 22,16.

11 ᵃ v 11 > 𝔊^-WOLMss ‖ ᵇ 𝔊 *καὶ ἦρεν* cf 𝔗 et 20,33ᵃ ‖ **12** ᵃ nonn Mss cit מפני ‖ ᵇ⁻ᵇ > 𝔊^WOLMss ‖ **14** ᵃ mlt Mss Seb בכל cf 𝔊𝔏^93.94𝔖𝔗^Mss𝔙 ‖ ᵇ mlt Mss Mss^Q כיו– cf 𝔊𝔖 𝔗^Mss𝔙 ‖ **17** ᵃ 𝔊^-WOLMss om 17–19 ‖ **18** ᵃ > 𝔊^WL ‖ ᵇ pc Mss ומ׳ cf 𝔖𝔙 ‖ **19** ᵃ pc Mss לעזריעל cf 𝔊^Mss𝔖 ‖ **20** ᵃ > 2 Mss cf 𝔊^-WOLMss𝔏^93.94𝔙 ‖ **21** ᵃ⁻ᵃ > 𝔊^OLWMss ‖ **22** ᵃ mlt Mss Mss^Q דיו– cf Vrs ‖ ᵇ nonn Mss citt בלאט cf Jdc 4,21 ‖ **23** ᵃ 𝔊 הַנִּקַלָּה ‖ ᵇ nonn Mss citt לְהִ׳ cf Vrs ‖ ᶜ 𝔊 –לָה ‖ **25** ᵃ nonn Mss Seb K^Or citt כי אם cf Vrs.

יד בסיפ הַדְּבָרִים הָאֵלֶּה וַיִּשַׁר הַדָּבָר בְּעֵינֵי דָוִד לְהִתְחַתֵּן בַּמֶּלֶךְ [a]וְלֹא
כה מָלְאוּ הַיָּמִים[a]׃ 27 וַיָּקָם דָּוִד וַיֵּלֶךְ ׀ הוּא וַאֲנָשָׁיו וַיַּךְ בַּפְּלִשְׁתִּים 27
נא[23]. ב[24] מָאתַיִם[a] אִישׁ וַיָּבֵא דָוִד אֶת־עָרְלֹתֵיהֶם[b] וַיְמַלְאוּם[c] לַמֶּלֶךְ[b] לְהִתְחַתֵּן
בַּמֶּלֶךְ וַיִּתֶּן־לוֹ שָׁאוּל אֶת־מִיכַל בִּתּוֹ לְאִשָּׁה׃ ס 28 וַיַּרְא שָׁאוּל 28
ל. מח[25] כת א לא קר וחד מן כי בליש. ל[26] כת כן וַיֵּדַע[a] כִּי יְהוָה עִם־דָּוִד [b]וּמִיכַל בַּת־שָׁאוּל[b] אֲהֵבַתְהוּ[c]׃ 29 [a]וַיֹּאסֶף 29
ג חס שָׁאוּל לֵרֹא[b] מִפְּנֵי דָוִד עוֹד [c]וַיְהִי שָׁאוּל אֹיֵב אֶת־דָּוִד כָּל־הַיָּמִים[c]׃
ל[27]. ל ס 30 [a]וַיֵּצְאוּ שָׂרֵי פְלִשְׁתִּים וַיְהִי ׀ מִדֵּי צֵאתָם שָׂכַל דָּוִד מִכֹּל 30
ל עַבְדֵי שָׁאוּל וַיִּיקַר שְׁמוֹ מְאֹד׃ ס

ל. ל בעינ[1] **19** 1 וַיְדַבֵּר שָׁאוּל אֶל־יוֹנָתָן בְּנוֹ וְאֶל־כָּל־עֲבָדָיו לְהָמִית אֶת־ **19**
דָּוִד וִיהוֹנָתָן בֶּן־שָׁאוּל חָפֵץ בְּדָוִד מְאֹד׃ 2 וַיַּגֵּד יְהוֹנָתָן לְדָוִד לֵאמֹר 2
ל מְבַקֵּשׁ שָׁאוּל אָבִי לַהֲמִיתֶךָ וְעַתָּה הִשָּׁמֶר־נָא בַבֹּקֶר וְיָשַׁבְתָּ בַסֵּתֶר
ל. סד ר"פ וְנַחְבֵּאתָ׃ 3 וַאֲנִי אֵצֵא וְעָמַדְתִּי לְיַד־אָבִי בַּשָּׂדֶה אֲשֶׁר אַתָּה שָׁם וַאֲנִי 3
יב[2] אֲדַבֵּר בְּךָ אֶל־אָבִי וְרָאִיתִי מָה וְהִגַּדְתִּי לָךְ׃ ס 4 וַיְדַבֵּר יְהוֹנָתָן 4
ל בְּדָוִד טוֹב אֶל־שָׁאוּל אָבִיו וַיֹּאמֶר אֵלָיו אַל־יֶחֱטָא[a] הַמֶּלֶךְ בְּעַבְדּוֹ
לה מל. פד בְדָוִד כִּי לוֹא[b] חָטָא לָךְ וְכִי מַעֲשָׂיו טוֹב־לְךָ מְאֹד׃ 5 וַיָּשֶׂם אֶת־ 5
נַפְשׁוֹ בְכַפּוֹ וַיַּךְ אֶת־הַפְּלִשְׁתִּי וַיַּעַשׂ יְהוָה תְּשׁוּעָה גְדוֹלָה לְכָל־
ל קמ יִשְׂרָאֵל רָאִיתָ וַתִּשְׂמָח וְלָמָּה תֶחֱטָא בְּדָם נָקִי לְהָמִית אֶת־דָּוִד חִנָּם׃
6 וַיִּשְׁמַע שָׁאוּל בְּקוֹל יְהוֹנָתָן וַיִּשָּׁבַע שָׁאוּל חַי־יְהוָה אִם־יוּמָת[a]׃ 6
כה. נא[3] 7 וַיִּקְרָא יְהוֹנָתָן לְדָוִד וַיַּגֶּד־לוֹ יְהוֹנָתָן אֵת כָּל־הַדְּבָרִים הָאֵלֶּה וַיָּבֵא 7
ב[4] יְהוֹנָתָן אֶת־דָּוִד אֶל־[a]שָׁאוּל וַיְהִי לְפָנָיו כְּאֶתְמוֹל שִׁלְשׁוֹם׃ ס
ג מל[5] 8 וַתּוֹסֶף הַמִּלְחָמָה לִהְיוֹת וַיֵּצֵא דָוִד וַיִּלָּחֶם בַּפְּלִשְׁתִּים וַיַּךְ בָּהֶם 8
כג. ה בסיפ מַכָּה גְדוֹלָה וַיָּנֻסוּ מִפָּנָיו׃ 9 וַתְּהִי רוּחַ יְהוָה[a] ׀ רָעָה אֶל־שָׁאוּל וְהוּא 9
בְּבֵיתוֹ יוֹשֵׁב וַחֲנִיתוֹ בְּיָדוֹ וְדָוִד מְנַגֵּן בְּיָד[b]׃ 10 וַיְבַקֵּשׁ שָׁאוּל לְהַכּוֹת 10

[23]Mm 639. [24]Mm 189. [25]Mm 898. [26]Mm 962. [27]Mm 1631. **Cp 19** [1]Mm 4012. [2]Mm 445. [3]Mm 639. [4]Mm 1632. [5]Mm 1633.

26 [a–a] > 𝔊^{-OL} || **27** [a] 𝔊𝔏[94] 100 cf 2 S 3,14 || [b–b] > 𝔊^{-OL} || [c] 𝔊^{Mss}α′θ′𝔗^{Mss}𝔙 verb sg || **28** [a] > 𝔊^{-OMss} || [b–b] 𝔊 *καὶ πᾶς Ισραηλ* (𝔊^{L} pr *καὶ Μελχολ ἡ θυγάτηρ αὐτοῦ*) || [c] ℭ אֲהַבְתֵּהוּ || **29** [a] ℭ וַיֵּאסַף, pc Mss ויוסף, nonn Mss ויסף || [b] 2 Mss לירא cf Jos 22,25 || [c–c] > 𝔊^{-OLMss} || **30** [a] v 30 > 𝔊^{-OLMss} || **Cp 19,4** [a] ℭ יחטא || [b] nonn Mss ℭ לא || **6** [a] 2 Mss ימות cf 𝔊𝔖 || **7** [a] nonn Mss ל || **9** [a] > pc Mss cf 𝔊^{-OLMss}; 𝔊^{LMss} *θεοῦ* || [b] pc Mss בידו cf 𝔊^{Mss}𝔏[93]𝔙 et 18,10; 𝔊^{-Mss} *ταῖς χερσὶν αὐτοῦ* cf 𝔏[94]; 𝔖 *qdmwhj.*

בַּחֲנִית֙ בְּדָוִ֔ד וּבַקִּ֑יר וַיִּפְטַר֙ מִפְּנֵ֣י שָׁא֔וּל וַיַּ֥ךְ אֶֽת־הַחֲנִ֖ית בַּקִּ֑יר וְדָוִ֛ד ל

11 נָ֥ס וַיִּמָּלֵ֖ט בַּלַּ֥יְלָה הֽוּא[a]׃ פ 11 וַיִּשְׁלַח֩ שָׁא֨וּל מַלְאָכִ֜ים אֶל־בֵּ֤ית ד[6]

דָּוִד֙ לְשָׁמְר֔וֹ וְלַהֲמִית֖וֹ[a] בַּבֹּ֑קֶר וַתַּגֵּ֣ד לְדָוִ֗ד מִיכַ֤ל אִשְׁתּוֹ֙ לֵאמֹ֔ר אִם־ ל.ל

12 אֵינְךָ֜ מְמַלֵּ֤ט אֶֽת־נַפְשְׁךָ֙ הַלַּ֔יְלָה מָחָ֖ר אַתָּ֥ה מוּמָֽת׃ 12 וַתֹּ֧רֶד מִיכַ֛ל ל. ג ב חס וחד מל[7]

13 אֶת־דָּוִ֖ד בְּעַ֣ד הַחַלּ֑וֹן וַיֵּ֖לֶךְ וַיִּבְרַ֥ח וַיִּמָּלֵֽט׃ 13 וַתִּקַּ֨ח מִיכַ֜ל אֶת־

הַתְּרָפִ֗ים וַתָּ֙שֶׂם֙ אֶל־[a]הַמִּטָּ֔ה וְאֵת֙ כְּבִ֣יר הָֽעִזִּ֔ים שָׂ֖מָה מְרַאֲשֹׁתָ֑יו ל. ח[8]

14 וַתְּכַ֖ס בַּבָּֽגֶד׃ ס 14 וַיִּשְׁלַ֥ח שָׁא֛וּל מַלְאָכִ֖ים לָקַ֣חַת אֶת־דָּוִ֑ד ל קמ

15 וַתֹּ֖אמֶר[a] חֹלֶ֥ה הֽוּא׃ פ 15 וַיִּשְׁלַ֤ח שָׁאוּל֙ אֶת־הַמַּלְאָכִ֔ים לִרְא֥וֹת ה[9]

16 אֶת־דָּוִ֖ד לֵאמֹ֑ר הַעֲל֨וּ אֹת֧וֹ בַמִּטָּ֛ה אֵלַ֖י לַהֲמִתֽוֹ׃ 16 וַיָּבֹ֙אוּ֙ הַמַּלְאָכִ֔ים ה חס בליש[10]

17 וְהִנֵּ֥ה הַתְּרָפִ֖ים אֶל־הַמִּטָּ֑ה וּכְבִ֥יר הָעִזִּ֖ים מְרַאֲשֹׁתָֽיו׃ 17 וַיֹּ֨אמֶר ה

שָׁא֜וּל אֶל־מִיכַ֗ל לָ֤מָּה כָּ֙כָה֙ רִמִּיתִ֔נִי וַתְּשַׁלְּחִ֥י אֶת־אֹיְבִ֖י וַיִּמָּלֵ֑ט ל[11]. ב[12]. ז

וַתֹּ֤אמֶר מִיכַל֙ אֶל־שָׁא֔וּל הוּא־אָמַ֥ר אֵלַ֛י שַׁלְּחִ֖נִי[a] לָמָ֥ה אֲמִיתֵֽךְ׃ ל וחס

18 וְדָוִ֨ד בָּרַ֜ח וַיִּמָּלֵ֗ט וַיָּבֹ֤א אֶל־שְׁמוּאֵל֙ הָרָמָ֔תָה וַיַּ֨גֶּד־ל֔וֹ אֵ֛ת כָּל־ ה[13]

19 אֲשֶׁ֥ר עָֽשָׂה־ל֖וֹ שָׁא֑וּל וַיֵּ֤לֶךְ הוּא֙ וּשְׁמוּאֵ֔ל וַיֵּשְׁב֖וּ בְּנָוֹֽית[a]׃ 19 וַיֻּגַּ֖ד בניות ק . כה[14]

20 לְשָׁא֣וּל לֵאמֹ֑ר הִנֵּ֥ה דָוִ֛ד בְּנָוֹ֖ית[a] בָּרָמָֽה׃ 20 וַיִּשְׁלַ֨ח שָׁא֣וּל מַלְאָכִים֮ בניות ק

לָקַ֣חַת אֶת־דָּוִד֒ וַיַּ֗רְא[a] אֶֽת־לַהֲקַ֤ת[b] הַנְּבִיאִים֙ נִבְּאִ֔ים וּשְׁמוּאֵ֕ל עֹמֵ֥ד ל . ג מל בסיפ[15]

נִצָּ֖ב[c] עֲלֵיהֶ֑ם וַתְּהִ֞י עַֽל־מַלְאֲכֵ֤י שָׁאוּל֙ ר֣וּחַ אֱלֹהִ֔ים וַיִּֽתְנַבְּא֖וּ גַּם־ ל

21 הֵֽמָּה׃ 21 וַיַּגִּ֣דוּ לְשָׁא֗וּל וַיִּשְׁלַח֙ מַלְאָכִ֣ים אֲחֵרִ֔ים וַיִּֽתְנַבְּא֖וּ גַּם־הֵ֑מָּה[a]

22 וַיֹּ֣סֶף שָׁא֗וּל וַיִּשְׁלַח֙ מַלְאָכִ֣ים שְׁלִשִׁ֔ים וַיִּֽתְנַבְּא֖וּ גַּם־הֵֽמָּה׃ 22 וַיֵּ֨לֶךְ כי

גַּם־ה֜וּא הָרָמָ֗תָה וַיָּבֹא֙ עַד־בּ֤וֹר הַגָּדוֹל֙[a] אֲשֶׁ֣ר בַּשֶּׂ֔כוּ[b] וַיִּשְׁאַ֣ל וַיֹּ֔אמֶר ה[13]. יב סביר

23 אֵיפֹ֥ה שְׁמוּאֵ֖ל וְדָוִ֑ד וַיֹּ֕אמֶר[c] הִנֵּ֖ה בְּנָוֹ֥ית[d] בָּרָמָֽה׃ 23 וַיֵּ֣לֶךְ שָׁ֔ם[a] אֶל־ י כת ה[16]. בניות ק . ב[17]

נָוֹ֖ית[b] בָּרָמָ֑ה וַתְּהִי֩ עָלָ֨יו גַּם־ה֜וּא ר֣וּחַ אֱלֹהִ֗ים וַיֵּ֤לֶךְ הָלוֹךְ֙ וַיִּתְנַבֵּ֔א[c] ניות ק

24 עַד־בֹּא֖וֹ בְּנָוֹ֥ית[d] בָּרָמָֽה׃ 24 וַיִּפְשַׁ֨ט גַּם־ה֜וּא בְּגָדָ֗יו וַיִּתְנַבֵּ֤א גַם־הוּא֙ בניות ק

[6]Mm 217. [7]Mm 1634. [8]Mp sub loco. [9]Mm 1635. [10]Mm 1036. [11]Mm 1691. [12]Mm 2415. [13]Mm 1564. [14]Mm 2228. [15]Mm 1636. [16]Mm 1750. [17]Mm 1637.

10 [a] pc Mss Seb ההוא ‖ **11** [a] 𝔊 om cop ‖ **13** [a] ℭ cit על ‖ **14** [a] $𝔊^{-L}$ *καὶ λέγουσιν*, 𝔙 *et responsum est* ‖ **17** [a] mlt Mss שִׁלְחֵנִי ‖ **18** [a] mlt Mss ut Q; pc Mss cit בנוות cf 20,1[a] ‖ **19** [a] ut 18[a] ‖ **20** [a] Ms ויראו cf $𝔊𝔏^{93.94}𝔖𝔗^{Mss}𝔙$ ‖ [b] Vrs a קהל, sed aeth *lhq* = senior ‖ [c] > 𝔖𝔙 ‖ **21** [a] mlt Mss^{G} interv ‖ **22** [a] $𝔊^{-O\,Mss}$ *ἅλως* ‖ [b] $𝔊^{-O\,Mss}$ *Σεφειν*, 𝔖 *swp'* ‖ [c] $𝔊^{-B*Mss}𝔖𝔗^{Ms}$ pl; 𝔙 *dictumque est* ‖ [d] ut 18[a] ‖ **23** [a] $𝔊^{-L}$ *ἐκεῖθεν*; > $𝔊^{L}𝔙$ ‖ [b] ut 18[a] ‖ [c] $𝔖𝔗^{-f}$ inf ‖ [d] ut 18[a].

לִפְנֵי שְׁמוּאֵל וַיִּפֹּל עָרֹם כָּל־הַיּוֹם הַהוּא וְכָל־הַלָּיְלָה עַל־כֵּן יֹאמְרוּ
הֲגַם שָׁאוּל בַּנְּבִיאִם׃ פ
20 1 וַיִּבְרַח דָּוִד מִנָּוֹות[a] בָּרָמָה וַיָּבֹא וַיֹּאמֶר ׀ לִפְנֵי יְהוֹנָתָן מֶה 20
עָשִׂיתִי מֶה־עֲוֺנִי[b] וּמֶה־חַטָּאתִי לִפְנֵי אָבִיךָ כִּי מְבַקֵּשׁ אֶת־נַפְשִׁי׃
2 וַיֹּאמֶר לוֹ חָלִילָה[a] לֹא תָמוּת הִנֵּה [b]לוֹ־עָשָׂה[b] אָבִי דָּבָר גָּדוֹל אוֹ 2
דָּבָר קָטֹן וְלֹא יִגְלֶה אֶת־אָזְנִי וּמַדּוּעַ יַסְתִּיר אָבִי מִמֶּנִּי אֶת־הַדָּבָר
הַזֶּה אֵין זֹאת׃ 3 וַיִּשָּׁבַע עוֹד[a] דָּוִד וַיֹּאמֶר יָדֹעַ יָדַע אָבִיךָ כִּי־מָצָאתִי 3
חֵן בְּעֵינֶיךָ וַיֹּאמֶר אַל־יֵדַע־זֹאת יְהוֹנָתָן פֶּן־יֵעָצֵב[b] וְאוּלָם חַי־יְהוָה
וְחֵי נַפְשֶׁךָ כִּי כְפֶשַׂע בֵּינִי וּבֵין הַמָּוֶת׃ 4 וַיֹּאמֶר יְהוֹנָתָן אֶל־דָּוִד ס יג
מַה־תֹּאמַר נַפְשְׁךָ וְאֶעֱשֶׂה־לָּךְ׃ פ 5 וַיֹּאמֶר דָּוִד אֶל־יְהוֹנָתָן 5
הִנֵּה־חֹדֶשׁ מָחָר וְאָנֹכִי יָשֹׁב־אֵשֵׁב עִם־הַמֶּלֶךְ לֶאֱכוֹל וְשִׁלַּחְתַּנִי
וְנִסְתַּרְתִּי בַשָּׂדֶה עַד הָעֶרֶב הַשְּׁלִשִׁית[a]׃ 6 אִם־פָּקֹד יִפְקְדֵנִי[a] אָבִיךָ 6
וְאָמַרְתָּ נִשְׁאֹל נִשְׁאַל מִמֶּנִּי דָוִד לָרוּץ בֵּית־לֶחֶם עִירוֹ כִּי זֶבַח הַיָּמִים
שָׁם לְכָל־הַמִּשְׁפָּחָה׃ 7 אִם־כֹּה יֹאמַר טוֹב שָׁלוֹם לְעַבְדֶּךָ וְאִם[a]־ 7
חָרֹה יֶחֱרֶה לוֹ דַּע כִּי־כָלְתָה הָרָעָה מֵעִמּוֹ׃ 8 וְעָשִׂיתָ חֶסֶד עַל[a]־ 8
עַבְדֶּךָ כִּי בִּבְרִית יְהוָה הֵבֵאתָ אֶת־עַבְדְּךָ עִמָּךְ וְאִם־יֶשׁ־בִּי עָוֺן
הֲמִיתֵנִי אַתָּה וְעַד־אָבִיךָ לָמָּה־זֶּה תְבִיאֵנִי׃ פ 9 וַיֹּאמֶר יְהוֹנָתָן 9
חָלִילָה לָּךְ כִּי ׀ אִם־יָדֹעַ אֵדַע כִּי־כָלְתָה הָרָעָה מֵעִם אָבִי לָבוֹא
עָלֶיךָ וְלֹא אֹתָהּ אַגִּיד לָךְ׃ ס 10 וַיֹּאמֶר דָּוִד אֶל־יְהוֹנָתָן מִי 10
יַגִּיד לִי [a]אוֹ מַה[a]־יַּעַנְךָ אָבִיךָ קָשָׁה׃ ס 11 וַיֹּאמֶר יְהוֹנָתָן אֶל־ 11
דָּוִד לְכָה וְנֵצֵא הַשָּׂדֶה וַיֵּצְאוּ שְׁנֵיהֶם הַשָּׂדֶה׃ ס 12 וַיֹּאמֶר 12
יְהוֹנָתָן אֶל־דָּוִד יְהוָה[a] אֱלֹהֵי יִשְׂרָאֵל[b] כִּי־אֶחְקֹר אֶת־אָבִי כָּעֵת ׀
מָחָר הַשְּׁלִשִׁית וְהִנֵּה־טוֹב אֶל־דָּוִד וְלֹא־אָז אֶשְׁלַח אֵלֶיךָ וְגָלִיתִי

ד חס[18]
ה[19] וחד מן ג[20] כת כן בליש
מניות ק
ל
ג[1] . לא ק חד מן ג כת ו בליש . יעשה ק
ח[2] . י[3] . נז וכל תלים דכות ב מ יא
ה
טו יט[4] מנה בסיפ . יט[5] . ב
ב . ל
ה וחס[6] . יג מל[7]
ו ר״פ בסיפ וכל יהושע שפטים ושמואל ואם ר״פ[8] . ה וחס[9]
ב . נז וכל תלים דכות ב מ יא . ג[10]
ל . ו ר״פ בסיפ וכל יהושע שפטים ושמואל ואם ר״פ[8] . ל
ג[11] . ב[12]
ז[13] וכל אתנח וס״פ דכות ב מ א . ג[14] . ג[15]
ל . כו מלעיל . ל ומל
ב

[18] Mm 1638. [19] Mm 3012. [20] Cf Mp sub loco et Jer 23,30. **Cp 20** [1] Mm 1639. [2] Mp sub loco. [3] Mm 1454. [4] Mm 1533. [5] Mm 1369. [6] Mm 1433. [7] Mm 1640. [8] Mm 1380. [9] Mm 388. [10] Mm 3582. [11] Mm 597. [12] Mm 3252. [13] Mm 1660. [14] Mm 1641. [15] Mm 1784.

Cp 20,1 [a] permlt Mss מנוית; mlt Mss ut Q cf 19,18[a] ‖ [b] pc Mss cit ומה cf 𝔊𝔖 et cf Gn 31,36[a] ‖ **2** [a] 𝔊σ′θ′ + *σοι/σου*, 𝔖 + *lk*, sed cf 14,45 ‖ [b–b] mlt Mss ut Q cf Vrs ‖ **3** [a] > 𝔊𝔖 ‖ [b] 𝔆 יעצב ‖ **4** [a] pc Mss א׳ cf 𝔖 ‖ **5** [a] > 𝔊^{OMss}𝔏^{93.94} ‖ **6** [a] 𝔆 יפקדני ‖ **7** [a] nonn Mss ואם cf 𝔊^{LMss} ‖ **8** [a] pc Mss Seb עם cf Vrs, Ms אם ‖ **10** [a–a] 𝔊 *ἐάν*, 𝔖 *dlm*', 𝔗 *'w dlm*', 𝔙 *si quid forte* ‖ **12** [a] 2 Mss cit pr חי; 𝔖 pr *nshd* ‖ [b] 𝔊 ins *οἶδεν* cf 𝔏^{93.94}.

13 אֶת־אָזְנֶ֑ךָ׃ 13 כֹּֽה־יַעֲשֶׂה֩ יְהוָ֨הa לִיהוֹנָתָ֜ן וְכֹ֣ה יֹסִ֗יף כִּֽי־יֵיטִ֨ב אֶל־ ג חס בנביא[16]. יד כת כן . ח חס בליש[17]
אָבִ֤י אֶת־הָֽרָעָה֙ עָלֶ֔יךָ וְגָלִ֙יתִי֙ אֶת־אָזְנֶ֔ךָ וְשִׁלַּחְתִּ֖יךָ וְהָלַכְתָּ֣ לְשָׁל֑וֹם ג חס בנביא . ב
14 וִיהִ֤י יְהוָה֙ עִמָּ֔ךְ כַּאֲשֶׁ֥ר הָיָ֖ה עִם־אָבִֽי׃ 14 וְלֹ֕אa אִם־עוֹדֶ֖נִּי חָ֑י וְלֹֽאb־ לב . ט פסוק ולא ולא ולא . ג[18]
15 תַעֲשֶׂ֧ה עִמָּדִ֛י חֶ֥סֶד יְהוָ֖ה וְלֹ֥אc אָמֽוּת׃ 15 וְלֹֽאa־תַכְרִ֥ת אֶֽת־חַסְדְּךָ֛
מֵעִ֥ם בֵּיתִ֖י עַד־עוֹלָ֑ם וְלֹ֗אc בְּהַכְרִ֤ת יְהוָה֙ אֶת־אֹיְבֵ֣י דָוִ֔ד אִ֕ישׁ מֵעַ֖ל ב חד חס וחד מל
16 פְּנֵ֥י הָאֲדָמָֽה׃ 16 aוַיִּכְרֹ֥ת יְהוֹנָתָ֖ן עִם־aבֵּ֣ית דָּוִ֑דb וּבִקֵּ֣שׁ יְהוָ֔ה מִיַּ֖ד אֹיְבֵ֥י
17 דָוִֽד׃ 17 וַיּ֤וֹסֶף יְהֽוֹנָתָן֙ aלְהַשְׁבִּ֣יעַ אֶת־aדָּוִ֔ד בְּאַהֲבָת֖וֹ אֹת֑וֹ כִּֽי־אַהֲבַ֥ת כי ז[19] מנה מל
18 נַפְשׁ֖וֹ אֲהֵבֽוֹ׃ ס 18 וַיֹּאמֶר־ל֥וֹ יְהוֹנָתָ֖ן מָחָ֣ר חֹ֑דֶשׁ וְנִפְקַ֕דְתָּ כִּ֥י ד
19 יִפָּקֵ֖ד מוֹשָׁבֶֽךָ׃ 19 וְשִׁלַּשְׁתָּ֙ aתֵּרֵ֣ד מְאֹ֔דa וּבָאתָ֙ אֶל־הַמָּק֔וֹם אֲשֶׁר־ ג . ב[20] . ז בטע[21]
20 נִסְתַּ֥רְתָּ שָּׁ֖ם בְּי֣וֹם הַֽמַּעֲשֶׂ֑ה וְיָשַׁבְתָּ֕ אֵ֖צֶל הָאֶ֥בֶןb הָאָֽזֶלc׃ 20 וַאֲנִ֕י ל . טז ר״פ
21 שְׁלֹ֥שֶׁת הַחִצִּ֖ים צִדָּ֣הa אוֹרֶ֑ה לְשַֽׁלַּֽח־לִ֖יb לְמַטָּרָֽה׃ 21 וְהִנֵּה֙ אֶשְׁלַ֣ח ל . ב[22] . ב . ב ר״פ והנה והנה[16]
אֶת־הַנַּ֔עַר לֵ֖ךְ מְצָ֣א אֶת־הַחִצִּ֑יםa אִם־אָמֹר֩ אֹמַ֨ר לַנַּ֜עַר הִנֵּ֧ה הַחִצִּ֣ים׀b ל[23] . ג חס[24]
22 מִמְּךָ֣ וָהֵ֗נָּה קָחֶ֧נּוּ׀ וָבֹ֛אָה כִּֽי־שָׁל֥וֹם לְךָ֛ וְאֵ֥ין דָּבָ֖ר חַי־יְהוָֽה׃ 22 וְאִם־ ל . ג ב מנה בנביא . ל[25]
כֹּ֤ה אֹמַר֙ לָעֶ֔לֶם הִנֵּ֥ה הַחִצִּ֖יםa מִמְּךָ֣ וָהָ֑לְאָה לֵ֕ךְ כִּ֥י שִֽׁלַּחֲךָ֖ יְהוָֽה׃ ל . ב
23 וְהַ֨דָּבָ֔ר אֲשֶׁ֥ר דִּבַּ֖רְנוּ אֲנִ֣י וָאָ֑תָּה הִנֵּ֧ה יְהוָ֛ה בֵּינִ֥י וּבֵינְךָ֖a עַד־עוֹלָֽם׃ ג[26] . ג ב קמ וחד פת[27]
ס 24 וַיִּסָּתֵ֥ר דָּוִ֖ד בַּשָּׂדֶ֑ה וַיְהִ֣י הַחֹ֔דֶשׁ וַיֵּ֧שֶׁב הַמֶּ֛לֶךְ עַלa־הַלֶּ֖חֶם אל ק חד מן ג כת כן
25 לֶאֱכֽוֹל׃ 25 וַיֵּ֣שֶׁב הַ֠מֶּלֶךְ עַל־מ֨וֹשָׁב֜וֹ כְּפַ֣עַם׀ בְּפַ֗עַםa אֶל־מוֹשַׁב֙a הַקִּ֔יר יג מל[28] . ב[29]
26 וַיָּ֙קָם֙b יְה֣וֹנָתָ֔ן וַיֵּ֥שֶׁב אַבְנֵ֖ר מִצַּ֣ד שָׁא֑וּל וַיִּפָּקֵ֖ד מְק֥וֹם דָּוִֽד׃ 26 וְלֹֽא־ יז ר״פ ולא לא[30]
דִבֶּ֥ר שָׁא֛וּל מְא֖וּמָה בַּיּ֣וֹם הַה֑וּא כִּ֤י אָמַר֙ מִקְרֶ֣ה ה֔וּא בִּלְתִּ֥י טָה֛וֹר ב וכל קהלת דכות
27 ה֖וּא כִּֽי־לֹ֥א טָהֽוֹר׃ ס 27 וַיְהִ֗י מִֽמָּחֳרַ֤ת הַחֹ֙דֶשׁ֙ הַשֵּׁנִ֔יa וַיִּפָּקֵ֖ד

[16] Mp sub loco. [17] Mm 1098. [18] Mm 531. [19] Mm 962. [20] Dt 19,3. [21] Mm 50. [22] Hi 27,11. [23] וחד ואם אמר Ex 21,5. [24] Mm 1487. [25] וחד אין דבר Nu 20,19. [26] Mm 1046. [27] Mm 233. [28] Mm 1640. [29] Lv 13,46. [30] Mm 2708.

13 a 𝔊$^{-O}$ *ὁ θεός* cf 3,17 ‖ **14** a 𝔊 *καὶ ἐὰν (κἂν) μέν* (> 𝔊^{L}; 𝔊^{Op} *μή* cf 𝔏$^{93.94}$ *aut si non*), 𝔖 *wlwj djn*, 𝔙 *et (si vixero)* ‖ b 𝔊 *καί* (> 𝔊^{L}), 𝔏$^{93.94}$ *non*, 𝔖 *'l'*; > 𝔙 ‖ c 𝔊 *καὶ ἐάν* cf 𝔏$^{93.94}$, 𝔙 *si vero*, 𝔖 *'dl'* ‖ **15** a 𝔊$^{-Op}$ *οὐκ* (𝔊^{L} *εἰ*); > 𝔏$^{93.94}$; 𝔙 *non* ‖ **16** a–a 𝔊^{Mss} *ἐξαρθῆναι τὸ ὄνομα τοῦ Ιωναθαν ἀπό* cf Ru 4,10, sed etiam 22,8 ‖ b 𝔊^{L} *(εἰ ἐξαρθήσεται τῷ Ιωναθαν μετὰ τοῦ οἴκου) Σαουλ* cf 𝔏$^{91.93.94}$ ‖ **17** a–a 𝔊 *ὀμόσαι τῷ*, 𝔙 *deierare (David)* ‖ **19** a–a 𝔊 *καὶ ἐπισκέψῃ*, σ' ... *ζητηθήσῃ* ..., 𝔖 *mtb'' 'nt ṭb*, 𝔗 *ttb'j lḥd'* ‖ b 𝔊$^{-L}$ *τὸ ἐργάβ* cf 𝔏$^{93.94}$ *(lapidem) argab(el[i]tu)* et 41 b ‖ c 𝔊 *ἐκεῖνος*, 𝔖 *hj* ‖ **20** a > 𝔊$^{-O}$𝔖 ‖ b > 𝔊𝔖 ‖ **21** a 𝔊$^{-L}$ *τὴν σχίζαν* cf 𝔏$^{93.94}$ ‖ b 𝔊 *ἡ σχίζα*, 𝔖$^{C\,Jac\,edess}$ *g'r'* (sg), 𝔗$^{-f}$ *grr'* ‖ **22** a pc Mss החצי cf 𝔊𝔏$^{93.94}$𝔖$^{A\,C\,Jac\,edess}$𝔗$^{-f}$ et 21 b ‖ **23** a 2 Mss ובינך ‖ **24** a mlt Mss ut Q ‖ **25** a–a > 𝔊^{L}𝔖𝔙 ‖ b 𝔊 *καὶ προέφθασεν* cf 2 S 22,6.19 ‖ **27** a 𝔊 *τῇ ἡμέρᾳ τῇ δευτέρᾳ* cf 𝔖𝔙.

מְק֣וֹם דָּוִ֑ד ס [b] וַיֹּ֤אמֶר שָׁאוּל֙ אֶל־יְהוֹנָתָ֣ן בְּנ֔וֹ מַדּ֜וּעַ לֹא־בָ֧א ו בטע
28 בֶן־יִשַׁ֛י גַּם־תְּמ֥וֹל גַּם־הַיּ֖וֹם אֶל־הַלָּֽחֶם׃ 28 וַיַּ֥עַן יְהוֹנָתָ֖ן אֶת־[a]שָׁא֑וּל[b] ד . ב[31]
29 נִשְׁאֹ֨ל נִשְׁאַ֥ל דָּוִ֛ד מֵעִמָּדִ֖י עַד־בֵּ֥ית לָֽחֶם׃ 29 וַיֹּ֡אמֶר שַׁלְּחֵ֣נִי נָ֡א כִּ֣י ב
זֶ֨בַח מִשְׁפָּ֜חָה לָ֣נוּ בָּעִ֗יר וְה֤וּא צִוָּה־לִי֙ אָחִ֔י וְעַתָּ֗ה אִם־מָצָ֤אתִי חֵן֙ ל . ג
בְּעֵינֶ֔יךָ אִמָּ֥לְטָה נָּ֖א וְאֶרְאֶ֣ה אֶת־אֶחָ֑י עַל־כֵּ֣ן לֹא־בָ֔א אֶל־שֻׁלְחַ֖ן סו יט[32] מנה בסיפ . ב . ה[33] . ה פסוק דאית בהון ה מילין מתאימין[34] . ב
30 הַמֶּֽלֶךְ׃ ס 30 וַיִּֽחַר־אַ֤ף שָׁאוּל֙ בִּיה֣וֹנָתָ֔ן[a] וַיֹּ֣אמֶר ל֔וֹ בֶּן־נַעֲוַ֖ת
הַמַּרְדּ֑וּת הֲל֣וֹא יָדַ֗עְתִּי כִּֽי־בֹחֵ֤ר[b] אַתָּה֙ לְבֶן־[c]יִשַׁ֔י לְבָ֣שְׁתְּךָ֔ וּלְבֹ֖שֶׁת ל . ל
31 עֶרְוַ֥ת אִמֶּֽךָ׃ 31 כִּ֣י כָל־הַיָּמִ֗ים אֲשֶׁ֤ר בֶּן־יִשַׁי֙ חַ֣י עַל־הָאֲדָמָ֔ה לֹ֥א תִכּ֖וֹן
אַתָּ֣ה וּמַלְכוּתֶ֑ךָ וְעַתָּ֗ה שְׁלַ֨ח וְקַ֤ח אֹתוֹ֙ אֵלַ֔י כִּ֥י בֶן־מָ֖וֶת הֽוּא׃ ס ד . יג[35]
32 32 וַיַּ֙עַן֙ יְה֣וֹנָתָ֔ן אֶת־[a]שָׁא֖וּל אָבִ֑יו וַיֹּ֧אמֶר אֵלָ֛יו לָ֥מָּה יוּמַ֖ת מֶ֥ה עָשָֽׂה׃
33 33 וַיָּ֨טֶל[a] שָׁא֧וּל אֶֽת־הַחֲנִ֛ית עָלָ֖יו לְהַכֹּת֑וֹ וַיֵּ֙דַע֙ יְה֣וֹנָתָ֔ן כִּֽי־כָ֥לָה[b] הִ֛יא[c] ב
34 מֵעִ֥ם אָבִ֖יו לְהָמִ֥ית אֶת־דָּוִֽד׃ ס 34 וַיָּ֧קָם יְהוֹנָתָ֛ן מֵעִ֥ם הַשֻּׁלְחָ֖ן
בָּחֳרִי־אָ֑ף וְלֹא־אָכַ֞ל בְּיוֹם־הַחֹ֤דֶשׁ הַשֵּׁנִי֙ לֶ֔חֶם כִּ֤י נֶעְצַב֙ אֶל־דָּוִ֔ד כִּ֥י ו[36] . ה . ד[37]
35 הִכְלִמ֖וֹ אָבִֽיו׃ ס 35 וַיְהִ֣י בַבֹּ֔קֶר וַיֵּצֵ֧א יְהוֹנָתָ֛ן הַשָּׂדֶ֖ה לְמוֹעֵ֣ד ל . ו רפי[38]
36 דָּוִ֑ד וְנַ֥עַר קָטֹ֖ן עִמּֽוֹ׃ 36 וַיֹּ֣אמֶר לְנַעֲר֔וֹ רֻ֗ץ מְצָ֥א נָא֙ אֶת־הַ֣חִצִּ֔ים אֲשֶׁ֥ר ב חס[39]
37 אָנֹכִ֖י מוֹרֶ֑ה הַנַּ֣עַר[a] רָ֔ץ וְהֽוּא־יָרָ֥ה הַחֵ֖צִי[b] לְהַעֲבִרֽוֹ׃ 37 וַיָּבֹ֤א הַנַּ֙עַר֙
עַד־מְק֣וֹם הַחֵ֔צִי[a] אֲשֶׁ֥ר יָרָ֖ה יְהוֹנָתָ֑ן וַיִּקְרָ֨א יְהוֹנָתָ֜ן אַחֲרֵ֤י הַנַּ֙עַר֙ וַיֹּ֔אמֶר ו בטע בסיפ
38 הֲל֥וֹא הַחֵ֖צִי[b] מִמְּךָ֥ וָהָֽלְאָה׃ 38 וַיִּקְרָ֤א יְהֽוֹנָתָן֙ אַחֲרֵ֣י הַנַּ֔עַר[a] מְהֵרָ֥ה ב
ח֖וּשָׁה אַֽל־תַּעֲמֹ֑ד וַיְלַקֵּ֞ט נַ֤עַר יְהֽוֹנָתָן֙ אֶת־הַ֣חִצִּ֔י[b] וַיָּבֹ֖א[c] אֶל־אֲדֹנָֽיו׃ ח[40] חס מ החצים ק חד מן ז בליש
39 40 39 וְהַנַּ֖עַר לֹֽא־יָדַ֣ע מְא֑וּמָה אַ֚ךְ יְהוֹנָתָן֙ וְדָוִ֔ד יָדְע֖וּ אֶת־הַדָּבָֽר׃ 40 וַיִּתֵּ֤ן
יְהֽוֹנָתָן֙ אֶת־כֵּלָ֔יו אֶל־הַנַּ֖עַר אֲשֶׁר־ל֑וֹ וַיֹּ֣אמֶר ל֔וֹ לֵ֖ךְ הָבֵ֥יא הָעִֽיר׃ ג ב חס וחד מל[41]
41 41 הַנַּ֗עַר[a] בָּא֙ וְדָוִ֗ד קָ֚ם מֵאֵ֣צֶל הַנֶּ֔גֶב[b] וַיִּפֹּ֨ל לְאַפָּ֥יו אַ֛רְצָה וַיִּשְׁתַּ֖חוּ הׄי ר״פ מיחד[42]

[31] Mm 1642. [32] Mm 1533. [33] Mm 394. [34] Mm 1890. [35] Mm 936. [36] Mm 1643. [37] Mm 1644. [38] Mm 613. [39] Mm 1645. [40] Mm 1646. [41] Mm 322. [42] Mm 944.

27 [b] mlt Mss[G] om interv || **28** [a] mlt Mss אל || [b] nonn Mss + אביו cf 𝔖𝔗[Ms ed princ] || **30** [a] mlt Mss + בנו, 𝔊 + *σφόδρα* cf 11,6; > 𝔖[-AB*] || [b] 𝔊 *μέτοχος εἶ* cf Ps 119,63; 𝔏[93.94] *transfiguratus* || [c] pc Mss cit בבן || **32** [a] nonn Mss אל || **33** [a] 𝔊(𝔖𝔗𝔙) *καὶ ἐπῆρεν* cf 18,11[b] || [b] Vrs subj היא || [c] nonn Mss הוא, 𝔊 *ἡ κακία αὐτή* || **36** [a] mlt Mss 'וה cf 𝔊 𝔖[Jac edess]𝔗[Ms](𝔙) || [b] pc Mss החצים cf 𝔊[L]𝔖[Jac edess] || **37** [a] 2 Mss החצים cf 𝔊[L] || [b] 2 Mss החצים || **38** [a] 𝔔 עלמו cf 𝔊 || [b] permlt Mss ut Q cf Vrs || [c] 𝔊[Mss] *καὶ ἤνεγκεν* cf 𝔖𝔙 || **41** [a] nonn Mss 'וה cf ? 𝔊𝔙 || [b] 𝔊 *ἐργάβ* cf 19[b].

שָׁלֹשׁ פְּעָמִים וַיִּשְּׁקוּ׀ אִישׁ אֶת־רֵעֵהוּ וַיִּבְכּוּ אִישׁ אֶת־רֵעֵהוּ עַד־[c]דָּוִד ל
ס̇ הִגְדִּיל׃ 42 וַיֹּאמֶר יְהוֹנָתָן לְדָוִד לֵךְ לְשָׁלוֹם אֲשֶׁר נִשְׁבַּעְנוּ שְׁנֵינוּ אֲנַחְנוּ ג ומל[43]
בְּשֵׁם יְהוָה לֵאמֹר יְהוָה יִהְיֶה׀ בֵּינִי וּבֵינֶךָ וּבֵין זַרְעִי וּבֵין זַרְעֲךָ ג פסוק ביני ובינך ובין ובין[44]
עַד־עוֹלָם׃ פ

21 1 וַיָּקָם וַיֵּלַךְ וִיהוֹנָתָן בָּא הָעִיר׃ 2 וַיָּבֹא דָוִד נֹבֶה אֶל־אֲחִימֶלֶךְ ז[1] . ב
הַכֹּהֵן וַיֶּחֱרַד אֲחִימֶלֶךְ לִקְרַאת דָּוִד וַיֹּאמֶר לוֹ מַדּוּעַ אַתָּה לְבַדֶּךָ ג וכל אתנח וס״פ דכות[2]
3 וְאִישׁ אֵין אִתָּךְ׃ 3 וַיֹּאמֶר דָּוִד לַאֲחִימֶלֶךְ הַכֹּהֵן הַמֶּלֶךְ צִוַּנִי דָבָר
וַיֹּאמֶר אֵלַי אִישׁ אַל־יֵדַע מְאוּמָה אֶת־הַדָּבָר אֲשֶׁר־אָנֹכִי שֹׁלֵחֲךָ יט[3] . ל
וַאֲשֶׁר צִוִּיתִךָ וְאֶת־הַנְּעָרִים יוֹדַעְתִּי[a] אֶל־מְקוֹם פְּלֹנִי אַלְמוֹנִי׃ ל . ג[4] . ל . ג[5]
4 וְעַתָּה מַה־[a]יֵּשׁ[a] תַּחַת־יָדְךָ חֲמִשָּׁה־לֶחֶם תְּנָה בְיָדִי אוֹ הַנִּמְצָא׃ ל . ל
5 וַיַּעַן הַכֹּהֵן אֶת־דָּוִד וַיֹּאמֶר אֵין־לֶחֶם חֹל אֶל־[a]תַּחַת יָדִי כִּי־אִם־ ו בטע בסיפ
6 לֶחֶם קֹדֶשׁ יֵשׁ אִם־נִשְׁמְרוּ הַנְּעָרִים אַךְ מֵאִשָּׁה[b]׃ פ 6 וַיַּעַן דָּוִד ג
אֶת־הַכֹּהֵן וַיֹּאמֶר לוֹ כִּי אִם־[a]אִשָּׁה עֲצֻרָה־לָנוּ כִּתְמוֹל[b] שִׁלְשֹׁם ל וחס . ז[6] . ג בנביא[7] . ח חס וכל אורית דכות ב מ ב
בְּצֵאתִי וַיִּהְיוּ כְלֵי־הַנְּעָרִים קֹדֶשׁ וְהוּא דֶּרֶךְ חֹל וְאַף כִּי הַיּוֹם יִקְדַּשׁ
7 בַּכֶּלִי׃ 7 וַיִּתֶּן־לוֹ הַכֹּהֵן קֹדֶשׁ כִּי לֹא־הָיָה שָׁם לֶחֶם כִּי־אִם־לֶחֶם ל
הַפָּנִים הַמּוּסָרִים[a] מִלִּפְנֵי יְהוָה לָשׂוּם לֶחֶם חֹם בְּיוֹם הִלָּקְחוֹ׃ ו[8] . ל . ח[9] וכל אורית דכות ב מ ב . ל[10]
8 וְשָׁם אִישׁ מֵעַבְדֵי שָׁאוּל בַּיּוֹם הַהוּא נֶעְצָר לִפְנֵי יְהוָה וּשְׁמוֹ דֹּאֵג ה ר״פ[11] . ל
9 הָאֲדֹמִי אַבִּיר הָרֹעִים אֲשֶׁר לְשָׁאוּל׃ 9 וַיֹּאמֶר דָּוִד לַאֲחִימֶלֶךְ וְאִין[a] ב[12] . ל ומל
יֶשׁ־פֹּה תַחַת־יָדְךָ חֲנִית אוֹ־חָרֶב כִּי גַם־חַרְבִּי וְגַם־[b]כֵּלַי לֹא־לָקַחְתִּי
10 בְיָדִי כִּי־הָיָה דְבַר־הַמֶּלֶךְ נָחוּץ׃ ס 10 וַיֹּאמֶר הַכֹּהֵן חֶרֶב גָּלְיָת ל
הַפְּלִשְׁתִּי אֲשֶׁר־הִכִּיתָ׀ בְּעֵמֶק הָאֵלָה הִנֵּה־הִיא לוּטָה בַשִּׂמְלָה [a]אַחֲרֵי ל . ל . ו[13]
הָאֵפוֹד[a] אִם־אֹתָהּ תִּקַּח־לְךָ קָח כִּי אֵין אַחֶרֶת זוּלָתָהּ בָּזֶה וַיֹּאמֶר ב בתרי לישנ[14] ול מיחד[15] . יו מ״פ אין אין
11 דָּוִד אֵין כָּמוֹהָ תְּנֶנָּה לִּי׃[b] 11 וַיָּקָם דָּוִד וַיִּבְרַח בַּיּוֹם־הַהוּא מִפְּנֵי ד[16]

[43] Mm 229. [44] Mp sub loco. Cp 21 [1] Mm 175. [2] Mm 497. [3] Mm 1369. [4] Mm 1647. [5] Mm 1648. [6] Mm 401. [7] Mm 2119. [8] Mp sub loco. [9] Mm 3083. [10] Mp sub loco. [11] Mm 299. [12] Mm 1649. [13] Mm 1213. [14] Mm 2843. [15] Mm 4202. [16] Mm 588.

41 [c] 𝔖(𝔙) *brm* ‖ **Cp 21,3** [a] 𝔊 *διαμεμαρτύρημαι*, σ′ *συνεταξάμην*, 𝔙 *condixi* ‖ **4** [a–a] Ms cit היש cf 𝔊^{-Mss}𝔏^{93}𝔙 *si quid* ‖ **5** [a] > Ms 𝔊𝔏^{93.94 CY}𝔖𝔙 ‖ [b] 𝔔 + ואכלתם ממנו cf 𝔊 *καὶ φάγε/ονται* ‖ **6** [a] > pc Mss ‖ [b] pc Mss citt מת′ cf 𝔊^{L}𝔖𝔗𝔙 ‖ **7** [a] 𝔔 המוסר ‖ **9** [a] „plur MSS" (de Rossi) וְאֵין cf 𝔖 *ljt*; 𝔊 *ἴδε εἰ* ‖ [b] 2 Mss cit 𝔖^{B} גם ‖ **10** [a–a] 𝔔 אחר[אפד; > 𝔊^{-OL} ‖ [b] mlt Mss interv.

שָׁאוּל וַיָּבֹא אֶל־אָכִישׁ מֶלֶךְ גַּת׃ 12 וַיֹּאמְרוּ עַבְדֵי אָכִישׁ אֵלָיו הֲלוֹא־ 12
זֶה דָוִד מֶלֶךְ הָאָרֶץ הֲלוֹא לָזֶה יַעֲנוּ בַמְּחֹלוֹת לֵאמֹר — ג[17]
הִכָּה שָׁאוּל בַּאֲלָפָו[a] וְדָוִד בְּרִבְבֹתָו[a]׃ — באלפיו . ברבבתיו ק ק
13 וַיָּשֶׂם דָּוִד אֶת־הַדְּבָרִים הָאֵלֶּה בִּלְבָבוֹ וַיִּרָא מְאֹד מִפְּנֵי אָכִישׁ 13 — פד . ה[18] . יב[19]
מֶלֶךְ־גַּת׃ 14 וַיְשַׁנּוֹ אֶת־טַעְמוֹ בְּעֵינֵיהֶם[a] וַיִּתְהֹלֵל בְּיָדָם וַיְתָו[b] עַל־ 14 — ל . ד[20] . ל . ל . ויתיו ק
דַּלְתוֹת הַשַּׁעַר וַיּוֹרֶד רִירוֹ אֶל־[c]זְקָנוֹ׃ 15 וַיֹּאמֶר אָכִישׁ אֶל־עֲבָדָיו 15 — ו[21]
הִנֵּה תִרְאוּ אִישׁ מִשְׁתַּגֵּעַ לָמָּה תָּבִיאוּ אֹתוֹ אֵלָי׃ 16 חֲסַר מְשֻׁגָּעִים 16 — ל . ו
אָנִי כִּי־הֲבֵאתֶם אֶת־זֶה לְהִשְׁתַּגֵּעַ עָלָי הֲזֶה יָבוֹא אֶל־בֵּיתִי׃ ס — ג[22] . ל . ד[23]
22 1 וַיֵּלֶךְ דָּוִד מִשָּׁם וַיִּמָּלֵט אֶל־מְעָרַת עֲדֻלָּם וַיִּשְׁמְעוּ אֶחָיו 22
וְכָל־[a]בֵּית אָבִיו וַיֵּרְדוּ אֵלָיו שָׁמָּה׃ 2 וַיִּתְקַבְּצוּ אֵלָיו כָּל־אִישׁ מָצוֹק 2 — יב[1] . יח ס״פ . ט פסוק כל וכל וכל[2] . יו[3]
וְכָל־אִישׁ אֲשֶׁר־לוֹ נֹשֶׁא וְכָל־אִישׁ מַר־נֶפֶשׁ וַיְהִי עֲלֵיהֶם לְשָׂר וַיִּהְיוּ — ג כת א[4] . יו[3]
עִמּוֹ כְּאַרְבַּע מֵאוֹת אִישׁ׃ 3 וַיֵּלֶךְ דָּוִד מִשָּׁם מִצְפֵּה מוֹאָב וַיֹּאמֶר 3 — ד[5] . ג[6]
אֶל־מֶלֶךְ מוֹאָב יֵצֵא־[a]נָא אָבִי וְאִמִּי אִתְּכֶם עַד אֲשֶׁר אֵדַע מַה־
יַּעֲשֶׂה־לִּי אֱלֹהִים׃ 4 וַיַּנְחֵם[a] אֶת־פְּנֵי מֶלֶךְ מוֹאָב וַיֵּשְׁבוּ עִמּוֹ כָּל־ 4 — יא[7] . ד[8]
יְמֵי הֱיוֹת־דָּוִד בַּמְּצוּדָה׃ ס 5 וַיֹּאמֶר גָּד הַנָּבִיא אֶל־דָּוִד לֹא 5
תֵשֵׁב בַּמְּצוּדָה לֵךְ וּבָאתָ־לְּךָ אֶרֶץ[a] יְהוּדָה וַיֵּלֶךְ דָּוִד וַיָּבֹא יַעַר
חָרֶת׃ ס 6 וַיִּשְׁמַע שָׁאוּל כִּי נוֹדַע דָּוִד וַאֲנָשִׁים אֲשֶׁר אִתּוֹ[a] 6 — ל . ט[9]
וְשָׁאוּל יוֹשֵׁב בַּגִּבְעָה תַּחַת־הָאֶשֶׁל[b] בָּרָמָה[c] וַחֲנִיתוֹ בְיָדוֹ וְכָל־עֲבָדָיו — מט מל בנביא ח מנה בסיפ . ל[10] . ד[11]
נִצָּבִים עָלָיו׃ 7 וַיֹּאמֶר שָׁאוּל לַעֲבָדָיו הַנִּצָּבִים עָלָיו שִׁמְעוּ־נָא בְּנֵי 7
יְמִינִי גַּם־לְכֻלְּכֶם יִתֵּן בֶּן־יִשַׁי שָׂדוֹת וּכְרָמִים לְכֻלְּכֶם[a] יָשִׂים שָׂרֵי — ל
אֲלָפִים וְשָׂרֵי מֵאוֹת׃ 8 כִּי קְשַׁרְתֶּם כֻּלְּכֶם עָלַי וְאֵין־גֹּלֶה אֶת־אָזְנִי 8 — יג פסוק ואין ואין[12] . ה ב מל וג חס[13] . ח[14]

[17] Mm 3705. [18] Mm 2238. [19] Mm 1590. [20] Mm 2721. [21] Mm 3042. [22] Mm 1650. [23] Mm 325. **Cp 22** [1] Mm 1447. [2] Mm 1981. [3] Mm 1520. [4] Mm 1651. [5] Mm 3144. [6] Mm 1652. [7] Mm 3286. [8] Mm 1653. [9] Mm 2882. [10] Mm 553. [11] Mm 449. [12] Mm 2004. [13] Mm 1787. [14] Mp sub loco.

12 [a] mlt Mss ut Q cf 𝔊; 𝔖𝔗𝔙 pl sed sine suff cf 18,7[a] 29,5[a] ‖ **14** [a] 2 Mss לע׳ cf 𝔊𝔗[Mss]𝔙; 𝔊𝔖 suff sg ‖ [b] pc Mss ut Q; 2 Mss ויתוא; 𝔊 dupl *καὶ ἐτυμπάνιζεν* … cf 𝔏[93.94] et *καὶ ἔπιπτεν* (𝔊[O] *ἔτυπτεν*) …, cf 𝔏[91.93.94] … *et procidebat … et cecidit (et inruebat)* ‖ [c] nonn Mss citt על, sed cf 1R 1,33 ‖ **Cp 22,1** [a] > 𝔊[-OL]𝔗[Buxt] ‖ **2** [a] mlt Mss נ(ו)שה ‖ **3** [a] Ms citt ישב cf 𝔖𝔙 ex 4 ‖ **4** [a] α′ οι λ′ *ἔθετο αὐτοὺς (πρὸ προσώπου)*, 𝔖 *wšbq ʼnwn*, 𝔗 *wʼšrjnwn*, 𝔙 *et reliquit eos* cf Gn 19,16; 𝔊 *καὶ παρεκάλεσεν (τὸ πρόσωπον)* cf 2 S 10,2 et cet ‖ **5** [a] mlt Mss pr אל ‖ **6** [a] pc Mss עמו ‖ [b] sic L, mlt Mss Edd הָאֵ׳ ‖ [c] 𝔊[-O Mss] *ἐν Ραμα* ‖ **7** [a] 𝔊𝔖𝔙 pr cop.

בִּכְרָת־בְּנִי עִם־בֶּן־יִשַׁי וְאֵין־חֹלֶה מִכֶּם עָלַי וְגֹלֶה אֶת־אָזְנִי כִּי הֵקִים   ח[15]. ה ב מל וג חס[16]. ח[17]
9 בְּנִי אֶת־עַבְדִּי עָלַי לְאֹרֵב[a] כַּיּוֹם הַזֶּה׃ ס 9 וַיַּעַן דֹּאֵג הָאֲדֹמִי
וְהוּא נִצָּב עַל־עַבְדֵי־שָׁאוּל וַיֹּאמַר רָאִיתִי אֶת־בֶּן־יִשַׁי בָּא נֹבֶה אֶל־   ב. צא. ב
10 אֲחִימֶלֶךְ בֶּן־אֲחִטוּב׃ 10 וַיִּשְׁאַל־לוֹ בַּיהוָה[a] וְצֵידָה נָתַן לוֹ וְאֵת חֶרֶב   ג חס[18]
11 גָּלְיָת הַפְּלִשְׁתִּי נָתַן לוֹ׃ 11 וַיִּשְׁלַח הַמֶּלֶךְ לִקְרֹא אֶת־אֲחִימֶלֶךְ בֶּן־
אֲחִיטוּב הַכֹּהֵן וְאֵת כָּל־בֵּית אָבִיו הַכֹּהֲנִים אֲשֶׁר בְּנֹב וַיָּבֹאוּ כֻלָּם   ט
12 אֶל־הַמֶּלֶךְ׃ ס 12 וַיֹּאמֶר שָׁאוּל שְׁמַע־נָא בֶּן־אֲחִיטוּב וַיֹּאמֶר
13 הִנְנִי אֲדֹנִי׃ 13 וַיֹּאמֶר אֵלָו[a] שָׁאוּל לָמָּה קְשַׁרְתֶּם עָלַי אַתָּה וּבֶן־יִשָׁי   אליו ק חד מן ג כת כן
בְּתִתְּךָ לוֹ לֶחֶם וְחֶרֶב וְשָׁאוֹל לוֹ בֵּאלֹהִים לָקוּם אֵלַי[b] לְאֹרֵב[c] כַּיּוֹם   ב[19]. ז. ל
14 הַזֶּה׃ ס 14 וַיַּעַן אֲחִימֶלֶךְ אֶת־הַמֶּלֶךְ וַיֹּאמַר וּמִי בְכָל־עֲבָדֶיךָ   צא. ל
15 כְּדָוִד נֶאֱמָן וַחֲתַן הַמֶּלֶךְ וְסָר[a] אֶל־מִשְׁמַעְתֶּךָ וְנִכְבָּד בְּבֵיתֶךָ׃ 15 הַיּוֹם   ג מיחד וכל עשייה דכות[20]. ל[21]
הַחִלֹּתִי לִשְׁאָל[a]־לוֹ בֵאלֹהִים חָלִילָה לִּי אַל־יָשֵׂם הַמֶּלֶךְ בְּעַבְדּוֹ   ב[22]. לשאל ק. ז
דָבָר בְּכָל[b]־בֵּית אָבִי כִּי לֹא־יָדַע עַבְדְּךָ בְּכָל־זֹאת דָּבָר קָטֹן אוֹ   ל
16 גָדוֹל׃ 16 וַיֹּאמֶר הַמֶּלֶךְ מוֹת תָּמוּת אֲחִימֶלֶךְ אַתָּה וְכָל־בֵּית אָבִיךָ׃   יב[23]
17 וַיֹּאמֶר הַמֶּלֶךְ לָרָצִים הַנִּצָּבִים עָלָיו סֹבּוּ וְהָמִיתוּ ׀ כֹּהֲנֵי יְהוָה כִּי   ב פסוק כי וכי כי
גַם[a]־יָדָם עִם־דָּוִד וְכִי יָדְעוּ כִּי־בֹרֵחַ הוּא וְלֹא גָלוּ אֶת־אָזְנוֹ[b] וְלֹא־   ל. אזני ק חד מן ח בליש וחד מן מח[24] כת ו וקר י
אָבוּ עַבְדֵי הַמֶּלֶךְ לִשְׁלֹחַ אֶת־יָדָם לִפְגֹעַ בְּכֹהֲנֵי יְהוָה׃ ס   ד. ל
18 וַיֹּאמֶר הַמֶּלֶךְ לְדוֹיֵג[a] סֹב אַתָּה וּפְגַע בַּכֹּהֲנִים וַיִּסֹּב דּוֹיֵג[a] הָאֲדֹמִי   לדואג ק. ו חס[25]. דואג ק
וַיִּפְגַּע־הוּא בַּכֹּהֲנִים וַיָּמֶת ׀ בַּיּוֹם הַהוּא [b]שְׁמֹנִים וַחֲמִשָּׁה[b] אִישׁ נֹשֵׂא   ה[26]. לח
19 אֵפוֹד בָּד[c]׃ 19 וְאֵת נֹב עִיר־הַכֹּהֲנִים הִכָּה לְפִי־חֶרֶב מֵאִישׁ וְעַד־   יד פסוק ועד ועד[27]
20 אִשָּׁה מֵעוֹלֵל וְעַד־יוֹנֵק וְשׁוֹר וַחֲמוֹר וָשֶׂה לְפִי־חָרֶב׃ 20 וַיִּמָּלֵט בֵּן־   ב חד מל וחד חס. ה. ה. ד מקף
21 אֶחָד לַאֲחִימֶלֶךְ בֶּן־אֲחִטוּב וּשְׁמוֹ אֶבְיָתָר וַיִּבְרַח אַחֲרֵי דָוִד׃ 21 וַיַּגֵּד   ג חס[18]
22 אֶבְיָתָר לְדָוִד כִּי הָרַג שָׁאוּל אֵת כֹּהֲנֵי יְהוָה׃ 22 וַיֹּאמֶר דָּוִד לְאֶבְיָתָר

[15]Mm 1635. [16]Mm 1787. [17]Mp sub loco. [18]Mm 1655. [19]Dt 15,10. [20]Mm 1654. [21]Mm 397. [22]Dt 2,31 et Mp sub loco. [23]Mm 1447. [24]Mm 3811. [25]Mm 1054. [26]Mm 283. [27]Mm 1244.

8 [a] 𝔊 *εἰς ἐχθρόν* cf 13[c] et Mi 2,8 ‖ **10** [a] 1–2 Mss cit באלהים cf 𝔊𝔖 ‖ **13** [a] mlt Mss ut Q ‖ [b] „mlt Mss" (de Rossi) עלי ‖ [c] 𝔊 *εἰς ἐχθρόν* cf 8[a] ‖ **14** [a] 𝔊 *καὶ ἄρχων*, 𝔗 *wrb* cf 15,32[b] Jer 6,28 ‖ **15** [a] mlt Mss ut Q ‖ [b] pc Mss citt וב' cf 𝔊𝔏[93.94]𝔖 ‖ **17** [a] > 𝔊𝔖𝔙 ‖ [b] mlt Mss ut Q cf Vrs ‖ **18** [a] nonn Mss ut Q cf 𝔖𝔗 ‖ [b–b] 𝔊[-L] 305, 𝔊[L]𝔏[93.94] 350 ‖ [c] > 𝔊[-O]𝔏[93.94].

דואג ק יָדַעְתִּי בַּיּוֹם הַהוּא כִּי־שָׁם דּוֹיֵג[a] הָאֲדֹמִי כִּי־הַגֵּד יַגִּיד לְשָׁאוּל אָנֹכִי
ב סַבֹּתִי[b] בְּכָל־נֶפֶשׁ בֵּית אָבִיךָ׃ 23 שְׁבָה אִתִּי אַל־תִּירָא כִּי אֲשֶׁר־ 23
יְבַקֵּשׁ אֶת־נַפְשִׁי יְבַקֵּשׁ אֶת־נַפְשֶׁךָ כִּי־מִשְׁמֶרֶת אַתָּה עִמָּדִי׃
23 1 וַיַּגִּדוּ לְדָוִד לֵאמֹר הִנֵּה פְלִשְׁתִּים נִלְחָמִים בִּקְעִילָה 23
ב . ה[1] . ג[2] וְהֵמָּה שֹׁסִים אֶת־הַגֳּרָנוֹת׃ 2 וַיִּשְׁאַל דָּוִד בַּיהוָה לֵאמֹר הַאֵלֵךְ וְהִכֵּיתִי 2
ה בטע בַּפְּלִשְׁתִּים הָאֵלֶּה ס[a] וַיֹּאמֶר יְהוָה אֶל־דָּוִד לֵךְ וְהִכִּיתָ בַפְּלִשְׁתִּים
ב . ד וְהוֹשַׁעְתָּ אֶת־קְעִילָה׃ 3 וַיֹּאמְרוּ אַנְשֵׁי דָוִד אֵלָיו הִנֵּה אֲנַחְנוּ פֹה 3
ב חס[3] בִּיהוּדָה יְרֵאִים וְאַף כִּי־נֵלֵךְ קְעִלָה אֶל־מַעַרְכוֹת פְּלִשְׁתִּים׃ ס
כי ז[4] מנה מל . ה 4 וַיּוֹסֶף עוֹד דָּוִד לִשְׁאֹל בַּיהוָה ס[a] וַיַּעֲנֵהוּ יְהוָה וַיֹּאמֶר קוּם רֵד
ואנשיו ק חד מן כה בליש קְעִילָה כִּי־אֲנִי נֹתֵן אֶת־פְּלִשְׁתִּים בְּיָדֶךָ׃[b] 5 וַיֵּלֶךְ דָּוִד וַאֲנָשָׁו[a] קְעִילָה 5
ה[5] . ג חס[6] וַיִּלָּחֶם בַּפְּלִשְׁתִּים וַיִּנְהַג אֶת־מִקְנֵיהֶם וַיַּךְ בָּהֶם מַכָּה גְדוֹלָה וַיֹּשַׁע דָּוִד
אֵת יֹשְׁבֵי קְעִילָה׃ ס 6 וַיְהִי בִּבְרֹחַ אֶבְיָתָר בֶּן־אֲחִימֶלֶךְ אֶל־דָּוִד 6
כד[7] קְעִילָה אֵפוֹד יָרַד בְּיָדוֹ׃ 7 וַיֻּגַּד לְשָׁאוּל כִּי־בָא דָוִד קְעִילָה וַיֹּאמֶר 7
ב[8] שָׁאוּל נִכַּר[a] אֹתוֹ אֱלֹהִים בְּיָדִי כִּי נִסְגַּר לָבוֹא בְּעִיר דְּלָתַיִם וּבְרִיחַ׃
ל 8 וַיְשַׁמַּע שָׁאוּל אֶת־כָּל־הָעָם לַמִּלְחָמָה לָרֶדֶת קְעִילָה לָצוּר[a] אֶל־ 8
[9] דָּוִד וְאֶל־אֲנָשָׁיו׃ 9 וַיֵּדַע דָּוִד כִּי עָלָיו שָׁאוּל מַחֲרִישׁ הָרָעָה וַיֹּאמֶר 9
יב בטע ר״פ אֶל־אֶבְיָתָר הַכֹּהֵן[a] הַגִּישָׁה הָאֵפוֹד׃ ס 10 וַיֹּאמֶר דָּוִד יְהוָה 10
ה חס[10] אֱלֹהֵי יִשְׂרָאֵל שָׁמֹעַ שָׁמַע עַבְדְּךָ כִּי־מְבַקֵּשׁ שָׁאוּל לָבוֹא אֶל־קְעִילָה
ל . ל . ל לְשַׁחֵת לָעִיר[a] בַּעֲבוּרִי׃ 11 הֲיַסְגִּרֻנִי בַעֲלֵי קְעִילָה בְיָדוֹ הֲיֵרֵד שָׁאוּל 11
ז[11] וכל אחנה וס״פ דכות ב מ א כַּאֲשֶׁר שָׁמַע עַבְדֶּךָ יְהוָה אֱלֹהֵי יִשְׂרָאֵל [a]הַגֶּד־נָא[a] לְעַבְדֶּךָ ס [b]
וַיֹּאמֶר יְהוָה יֵרֵד׃ 12 וַיֹּאמֶר דָּוִד הֲיַסְגִּרוּ בַּעֲלֵי קְעִילָה אֹתִי וְאֶת־ 12
ב חד מל וחד חס . כה אֲנָשַׁי בְּיַד־שָׁאוּל[a] וַיֹּאמֶר יְהוָה יַסְגִּירוּ׃ ס 13 וַיָּקָם דָּוִד וַאֲנָשָׁיו 13
ב חס[3] . ה[12] כְּשֵׁשׁ־מֵאוֹת אִישׁ וַיֵּצְאוּ מִקְּעִלָה וַיִּתְהַלְּכוּ בַּאֲשֶׁר[b] יִתְהַלָּכוּ וּלְשָׁאוּל
הֻגַּד כִּי־נִמְלַט דָּוִד מִקְּעִילָה וַיֶּחְדַּל לָצֵאת׃ 14 וַיֵּשֶׁב דָּוִד 14

Cp 23 [1]Mp sub loco. [2]Mm 380. [3]Mm 1656. [4]Mm 962. [5]Mm 1657. [6]Mm 1658. [7]Mm 2228. [8]Mm 1659. [9]Mm 1664. [10]Mm 1115. [11]Mm 1660. [12]Mm 2386.

22 [a] nonn Mss ut Q cf 𝔖𝔗 ut 18[a] ‖ [b] 𝔊 *εἰμι αἴτιος* cf 𝔖𝔙 ‖ **Cp 23,2** [a] mlt Mss om interv ‖ **4** [a] mlt Mss om interv ‖ [b] pc Mss דיך— cf 𝔊$^{-Mss}$𝔖 ‖ **5** [a] mlt Mss ut Q cf Vrs ‖ **7** [a] 𝔊 *πέπρακεν*, σ' *ἐξέδωκεν*, 𝔖 *'šlm(h)*, 𝔗 *msr*, 𝔙 *tradidit* ‖ **8** [a] pc Mss לצוד ‖ **9** [a] > pc Mss cit cf 𝔊^{Mss} ‖ **10** [a] pc Mss העיר cf 𝔗^{f} ‖ **11** [a–a] 𝔔 הגידה cf 𝔊$^{-AMs}$? sed etiam 2 S 1,4 ‖ [b] mlt Mss om interv ‖ **12** [a] Mss^{G} interv ‖ **13** [a] 𝔊𝔏$^{93.94}$ 4 cf 22,2 ‖ [b] nonn Mss כא׳.

בַּמִּדְבָּר֙ בַּמְּצָד֔וֹת וַיֵּ֥שֶׁב בָּהָ֖ר בְּמִדְבַּר־זִ֑יף וַיְבַקְשֵׁ֤הוּ שָׁאוּל֙ כָּל־ ח̇ בליש[13]
15 הַיָּמִ֔ים וְלֹֽא־נְתָנ֥וֹ אֱלֹהִ֖ים[a] בְּיָדֽוֹ׃ 15 וַיַּ֣רְא דָוִ֔ד[a] כִּֽי־יָצָ֥א שָׁא֖וּל לְבַקֵּ֣שׁ ד̇. ה̇[14]
16 אֶת־נַפְשׁ֑וֹ וְדָוִ֛ד בְּמִדְבַּר־זִ֖יף בַּחֹֽרְשָׁה׃ ס 16 וַיָּ֙קָם֙ יְהוֹנָתָ֣ן בֶּן־ ג̇
17 שָׁא֔וּל וַיֵּ֥לֶךְ אֶל־דָּוִ֖ד חֹ֑רְשָׁה וַיְחַזֵּ֥ק אֶת־יָד֖וֹ בֵּאלֹהִֽים[a]׃ 17 וַיֹּ֨אמֶר ה̇ וכל דסמיכ לאדכרה דכות[15]
אֵלָ֜יו אַל־תִּירָ֗א כִּ֠י לֹ֤א תִֽמְצָאֲךָ֙ יַ֚ד שָׁא֣וּל אָבִ֔י וְאַתָּה֙ תִּמְלֹ֣ךְ עַל־
18 יִשְׂרָאֵ֔ל וְאָנֹכִ֖י אֶֽהְיֶה־לְּךָ֣ לְמִשְׁנֶ֑ה וְגַם־שָׁא֥וּל אָבִ֖י יֹדֵ֥עַ כֵּֽן׃ 18 וַיִּכְרְת֤וּ ב̇[16]
שְׁנֵיהֶם֙ בְּרִ֔ית[a] לִפְנֵ֖י יְהוָ֑ה וַיֵּ֤שֶׁב דָּוִד֙ בַּחֹ֔רְשָׁה וִיהוֹנָתָ֖ן הָלַ֥ךְ לְבֵיתֽוֹ[b]׃ ג̇
ס 19 וַיַּעֲל֤וּ זִפִים֙[a] אֶל־שָׁא֔וּל הַגִּבְעָ֖תָה לֵאמֹ֑ר הֲל֣וֹא דָ֠וִד ל̇ וחד מן יד[17] זוגין
מִסְתַּתֵּ֨ר עִמָּ֤נוּ בַמְּצָדוֹת֙ בַּחֹ֣רְשָׁה בְּגִבְעַת֙ הַחֲכִילָ֔ה[b] אֲשֶׁ֖ר מִימִ֥ין ד[18] . ח̇ בליש[13] . ג̇ . ג̇[19]
20 הַיְשִׁימֽוֹן׃ 20 וְ֠עַתָּה לְכָל־אַוַּ֨ת נַפְשְׁךָ֥ הַמֶּ֛לֶךְ לָרֶ֖דֶת רֵ֑ד וְלָ֥נוּ הַסְגִּיר֖וֹ ב̇ מל[20] . ג̇[21] . ל̇
21 בְּיַ֥ד הַמֶּֽלֶךְ׃ 21 וַיֹּ֣אמֶר שָׁא֔וּל בְּרוּכִ֥ים אַתֶּ֖ם לַיהוָ֑ה כִּ֥י חֲמַלְתֶּ֖ם עָלָֽי׃ ג̇ ב̇ מל̇ וחד חס[22]
22 לְכוּ־נָ֞א הָכִ֣ינוּ[a] ע֗וֹד וּדְע֤וּ וּרְאוּ֙ אֶת־מְקוֹמוֹ֙ אֲשֶׁ֣ר תִּהְיֶ֣ה רַגְל֔וֹ[b] מִ֖י ז̇
23 רָאָ֣הוּ[b] שָׁ֑ם כִּ֚י אָמַ֣ר[c] אֵלַ֔י[d] עָר֥וֹם יַעְרִ֖ם הֽוּא׃ 23 [a]וּרְא֣וּ וּדְע֗וּ[a] מִכֹּ֤ל ג̇ חס[20]
הַמַּחֲבֹאִים֙ אֲשֶׁ֣ר יִתְחַבֵּ֣א שָׁ֔ם וְשַׁבְתֶּ֤ם אֵלַי֙ אֶל־נָכ֔וֹן[b] וְהָלַכְתִּ֖י אִתְּכֶ֑ם
24 וְהָיָה֙ אִם־יֶשְׁנ֣וֹ בָאָ֔רֶץ וְחִפַּשְׂתִּ֣י אֹת֔וֹ בְּכֹ֖ל אַלְפֵ֥י יְהוּדָֽה׃ 24 וַיָּק֛וּמוּ ד[23] . ל̇ . ט̇ מל[24]
וַיֵּלְכ֥וּ זִ֖יפָה לִפְנֵ֣י שָׁא֑וּל וְדָוִ֨ד וַאֲנָשָׁ֜יו בְּמִדְבַּ֤ר מָעוֹן֙ בָּעֲרָבָ֔ה אֶ֖ל יְמִ֥ין כה
25 הַיְשִׁימֽוֹן׃ 25 וַיֵּ֨לֶךְ שָׁא֣וּל וַאֲנָשָׁיו֮ לְבַקֵּשׁ֒[a] וַיַּגִּ֣דוּ לְדָוִ֔ד וַיֵּ֣רֶד הַסֶּ֔לַע ב̇ מל[20] . כה
וַיֵּ֖שֶׁב בְּמִדְבַּ֣ר מָע֑וֹן וַיִּשְׁמַ֣ע שָׁא֔וּל וַיִּרְדֹּ֧ף אַחֲרֵי־דָוִ֛ד מִדְבַּ֥ר[b] מָעֽוֹן׃
26 וַיֵּ֨לֶךְ שָׁא֜וּל מִצַּ֤ד הָהָר֙ מִזֶּ֔ה וְדָוִ֣ד וַאֲנָשָׁ֔יו מִצַּ֥ד הָהָ֖ר מִזֶּ֑ה וַיְהִ֨י כה
דָוִ֜ד נֶחְפָּ֣ז לָלֶ֗כֶת מִפְּנֵ֣י שָׁא֔וּל וְשָׁא֣וּל וַאֲנָשָׁ֗יו עֹטְרִ֛ים אֶל־דָּוִ֥ד וְאֶל־ ל̇ . כה
27 אֲנָשָׁ֖יו לְתָפְשָֽׂם׃ 27 וּמַלְאָ֣ךְ בָּ֔א אֶל־שָׁא֖וּל לֵאמֹ֑ר מַהֲרָ֣ה וְלֵ֔כָה כִּֽי־ ל̇[25] . ב̇ ר״פ[26] . ב̇
28 פָשְׁט֥וּ פְלִשְׁתִּ֖ים עַל־הָאָֽרֶץ׃ 28 וַיָּ֣שָׁב שָׁא֗וּל מִרְדֹף֙ אַחֲרֵ֣י דָוִ֔ד וַיֵּ֖לֶךְ ל̇ בסיפ̇ . ב̇
לִקְרַ֣את פְּלִשְׁתִּ֑ים עַל־כֵּ֗ן קָרְאוּ֙ לַמָּק֣וֹם הַה֔וּא סֶ֖לַע הַמַּחְלְקֽוֹת׃

[13]Mm 1666. [14]Mm 1397. [15]Mm 1661. [16]Mm 3568. [17]Mm 565. [18]Mm 1678. [19]Mm 1679. [20]Mp sub loco. [21]Mm 1476. [22]Mm 3395. [23]Mm 1662. [24]Mm 1663. [25]Mm 1664. [26]Mm 1665.

14 [a] 𝔔]יה׳ cf 𝔊 ‖ **15** [a] sic L, mlt Mss Edd ד׳ ‖ **16** [a] 𝔔? ה׳[cf 𝔊 ‖ **18** [a] pc Mss + בחרשה ‖ [b] nonn Mss לדרכו cf 𝔗[Mss] ‖ **19** [a] 2 Mss citt הז׳ ‖ [b] nonn Mss החב׳, pc Mss החוילה cf 26,1[b] ‖ **22** [a] pc Mss וה׳ cf 𝔊𝔗[f]𝔙; pc Mss הבינו cf 𝔖 ‖ [b–b] 𝔊 *ἐν τάχει* (a מהר) ‖ [c] 𝔖𝔗 pl ‖ [d] 𝔊 *μή ποτε* cf Gn 24,5 ‖ **23** [a–a] mlt Mss ודעו וראו cf 𝔖𝔙 et 22 ‖ [b–b] > 𝔊[-OL] ‖ **25** [a] pc Mss cit + את דוד cf 𝔊[-OBMss]𝔖; Ms שו– cf 𝔊[OBMss](𝔖[ABC]) ‖ [b] nonn Mss במ׳ cf 𝔊𝔖𝔗[ed princ]𝔙; > 2 Mss.

24 ¹ וַיַּ֥עַל דָּוִ֖ד מִשָּׁ֑ם וַיֵּ֖שֶׁב בִּמְצָד֥וֹת עֵין־גֶּֽדִי׃ ² וַיְהִ֗י כַּאֲשֶׁר֙ 24 ח̇ ול̇ בליש̇[1]
שָׁ֣ב שָׁא֔וּל מֵאַחֲרֵ֖י פְּלִשְׁתִּ֑ים וַיַּגִּ֤דוּ לוֹ֙ לֵאמֹ֔ר הִנֵּ֣ה דָוִ֔ד בְּמִדְבַּ֖ר עֵ֥ין
3 גֶּֽדִי׃ ס ³ וַיִּקַּ֨ח שָׁא֜וּל שְׁלֹ֧שֶׁת אֲלָפִ֛ים אִ֥ישׁ בָּח֖וּר מִכָּל־יִשְׂרָאֵ֑ל
4 וַיֵּ֗לֶךְ לְבַקֵּ֤שׁ אֶת־דָּוִד֙ וַֽאֲנָשָׁ֔יו עַל־פְּנֵ֖י צוּרֵ֥י הַיְּעֵלִֽים׃ ⁴ וַ֠יָּבֹא[a] אֶל־ כ̇ה̇
גִּדְר֨וֹת הַצֹּ֜אן עַל־[b]הַדֶּ֗רֶךְ וְשָׁ֣ם מְעָרָ֔ה וַיָּבֹ֥א שָׁא֖וּל לְהָסֵ֣ךְ אֶת־רַגְלָ֑יו ל̇ . ל̇
5 וְדָוִד֙ וַֽאֲנָשָׁ֔יו בְּיַרְכְּתֵ֥י הַמְּעָרָ֖ה יֹשְׁבִֽים׃ ⁵ וַיֹּאמְר֩וּ אַנְשֵׁ֨י דָוִ֜ד אֵלָ֗יו כ̇ה̇ . ד
הִנֵּ֨ה הַיּ֜וֹם אֲשֶׁר־אָמַ֧ר יְהוָ֣ה אֵלֶ֗יךָ הִנֵּ֨ה אָנֹכִ֜י נֹתֵ֤ן אֶת־אֹיִבְךָ֙[a] בְּיָדֶ֔ךָ[b] ז . איבך[2] ק̇ יתיר י בליש̇
וְעָשִׂ֣יתָ לּ֔וֹ כַּאֲשֶׁ֖ר יִטַ֣ב בְּעֵינֶ֑יךָ וַיָּ֣קָם דָּוִ֗ד וַיִּכְרֹ֛ת אֶת־כְּנַף־הַמְּעִ֥יל ג̇ חס̇ . ס̇ו̇ יט̇[3] מנה̇ בסיפ̇
6 אֲשֶׁר־לְשָׁא֖וּל בַּלָּֽט׃ ⁶ וַיְהִי֙ אַחֲרֵי־כֵ֔ן וַיַּ֥ךְ לֵב־דָּוִ֖ד אֹת֑וֹ עַ֚ל אֲשֶׁ֣ר ד̇ חד מל̇ וג̇ חס̇ א[4]
7 כָּרַ֔ת אֶת־כָּנָ֖ף[a] אֲשֶׁ֥ר לְשָׁאֽוּל׃ ס ⁷ וַיֹּ֨אמֶר[a] לַאֲנָשָׁ֜יו חָלִ֧ילָה לִּ֣י ב̇[5]
מֵיְהוָ֗ה אִם־אֶעֱשֶׂ֨ה אֶת־הַדָּבָ֤ר הַזֶּה֙ לַֽאדֹנִ֔י לִמְשִׁ֣יחַ יְהוָ֔ה לִשְׁלֹ֥חַ יָדִ֖י ל̇
8 בּ֑וֹ כִּֽי־מְשִׁ֥יחַ יְהוָ֖ה הֽוּא׃ ⁸ וַיְשַׁסַּ֨ע[a] דָּוִ֤ד אֶת־אֲנָשָׁיו֙ בַּדְּבָרִ֔ים וְלֹ֥א ל̇ . ל̇[5]
נְתָנָ֖ם לָק֣וּם אֶל־שָׁא֑וּל וְשָׁא֛וּל קָ֥ם מֵהַמְּעָרָ֖ה וַיֵּ֥לֶךְ בַּדָּֽרֶךְ׃ ס ב̇
9 ⁹ וַיָּ֨קָם דָּוִ֜ד אַחֲרֵי־כֵ֗ן וַיֵּצֵא֙ [a]מִן־הַמְּעָרָ֔ה[a] וַיִּקְרָ֥א אַחֲרֵֽי־שָׁא֖וּל לֵאמֹ֑ר מהמערה ק̇ חד מן ח̇[6] כת̇ ב̇ מילין וקר̇ חדה
אֲדֹנִ֣י הַמֶּ֑לֶךְ וַיַּבֵּ֤ט שָׁאוּל֙ אַחֲרָ֔יו וַיִּקֹּ֨ד דָּוִ֥ד אַפַּ֛יִם אַ֖רְצָה וַיִּשְׁתָּֽחוּ׃ ל̇
10 ס ¹⁰ וַיֹּ֤אמֶר דָּוִד֙ לְשָׁא֔וּל לָ֥מָּה תִשְׁמַ֖ע אֶת־דִּבְרֵ֣י אָדָ֑ם לֵאמֹ֕ר
11 הִנֵּ֣ה דָוִ֔ד מְבַקֵּ֖שׁ רָעָתֶֽךָ׃ ¹¹ הִנֵּ֣ה הַיּ֣וֹם הַזֶּ֡ה רָא֣וּ עֵינֶיךָ֩ אֵ֣ת אֲשֶׁר־ ד̇ ר״פ בסיפ̇[7] . ל̇
נְתָֽנְךָ֨ יְהוָ֤ה ׀ הַיּוֹם֙ ׀ בְּיָדִי֙ בַּמְּעָרָ֔ה וְאָמַ֥ר[a] לַהֲרָגְךָ֖[b] וַתָּ֣חָס[c] עָלֶ֑יךָ וָאֹמַ֗ר ל̇ . ב̇
12 לֹֽא־אֶשְׁלַ֤ח יָדִי֙ בַּֽאדֹנִ֔י כִּֽי־מְשִׁ֥יחַ יְהוָ֖ה הֽוּא׃ ¹² וְאָבִ֣י רְאֵ֔ה גַּ֗ם רְאֵ֛ה ב̇[8]
אֶת־כְּנַ֥ף מְעִילְךָ֖ בְּיָדִ֑י כִּ֡י בְּכָרְתִ֩י אֶת־כְּנַ֨ף מְעִילְךָ֜ וְלֹ֣א[a] הֲרַגְתִּ֗יךָ דַּ֤ע ל̇
וּרְאֵה֙ כִּי֩ אֵ֨ין בְּיָדִ֜י רָעָ֤ה וָפֶ֙שַׁע֙ וְלֹא־חָטָ֣אתִי לָ֔ךְ וְאַתָּ֛ה צֹדֶ֥ה אֶת־ ל̇ . ל̇[2] . כז̇[2] בטע̇ ח̇[9] מנה̇ בליש̇
13 נַפְשִׁ֖י לְקַחְתָּֽהּ׃ ¹³ יִשְׁפֹּ֤ט יְהוָה֙ בֵּינִ֣י וּבֵינֶ֔ךָ וּנְקָמַ֥נִי יְהוָ֖ה מִמֶּ֑ךָּ וְיָדִ֖י
14 לֹ֥א תִֽהְיֶה־בָּֽךְ׃ ¹⁴ כַּאֲשֶׁ֣ר יֹאמַ֗ר מְשַׁל֙[a] הַקַּדְמֹנִ֔י[b] ל̇ . ג̇ חס̇[10]
מֵרְשָׁעִ֖ים יֵ֣צֵא רֶ֑שַׁע ז̇ו̇[11]

Cp 24 [1]Mm 1666. [2]Mp sub loco. [3]Mm 1533. [4]Mm 1412. [5]Mm 1664. [6]Mm 214. [7]Mm 1541. [8]Mm 1881. [9]Mm 4158. [10]Mm 100. [11]Mm 1667.

Cp 24,4 [a] pc Mss pl cf 𝔊[Mss] ‖ [b] pc Mss cit אל ‖ **5** [a] mlt Mss permlt Mss[Q] איבך cf Vrs ‖ [b] pc Mss –דיך cf 𝔊𝔖 ‖ **6** [a] nonn Mss + המעיל cf 𝔊𝔖𝔙 et 5 ‖ **7** [a] pc Mss + דוד cf 𝔊𝔖 ‖ **8** [a] α′ … *συνεκάλεσεν* cf Jer 50,29 ‖ **9** [a–a] nonn Mss ut Q ‖ **11** [a] 𝔙 *et cogitavi*, 𝔖 *w'mrw gbr'* (pl) *d'mj*, 𝔗 *w'mrw 'ḥrnjn*, 𝔊 *καὶ οὐκ ἠβουλήθην* ‖ [b] mlt Mss C –גְךָ ‖ [c] 𝔊𝔖𝔗-Qimḥi 1 sg, 𝔙 *sed pepercit (tibi) oculus meus* ‖ **12** [a] pc Mss לא ‖ **14** [a] pc Mss מָשָׁל ‖ [b] 𝔔 הקד]מניים.

15 וְיָדִי לֹא תִהְיֶה־בָּךְ׃ 15 אַחֲרֵי מִי יָצָא מֶלֶךְ יִשְׂרָאֵל אַחֲרֵי מִי אַתָּה
16 רֹדֵף אַחֲרֵי כֶּלֶב מֵת אַחֲרֵי[a] פַּרְעֹשׁ[b] אֶחָד׃ 16 וְהָיָה יְהוָה לְדַיָּן וְשָׁפַט — ב̇ וכל שם ברנש דכות[12]. ו̇[13]. ל̇
17 בֵּינִי וּבֵינֶךָ וְיֵרֶא וְיָרֵב אֶת־רִיבִי וְיִשְׁפְּטֵנִי מִיָּדֶךָ[a]׃ פ 17 וַיְהִי | — ג̇[14]. ל̇. ל̇
כְּכַלּוֹת דָּוִד לְדַבֵּר אֶת־הַדְּבָרִים הָאֵלֶּה אֶל־שָׁאוּל וַיֹּאמֶר שָׁאוּל
18 הֲקֹלְךָ זֶה בְּנִי דָוִד וַיִּשָּׂא שָׁאוּל קֹלוֹ וַיֵּבְךְּ׃ 18 וַיֹּאמֶר אֶל־דָּוִד צַדִּיק — ב̇ חד חס̇ וחד מל̇. ה̇[15] חס̇ ד̇ מנה בכתיב וכל אורית דכות ב̇ מ̇ א
19 אַתָּה מִמֶּנִּי כִּי אַתָּה גְּמַלְתַּנִי הַטּוֹבָה וַאֲנִי גְּמַלְתִּיךָ הָרָעָה׃ 19 וְאַתְּ[a] — נ̇ז̇ וכל תלים דכות ב̇ מ̇ י̇א̇. ואתה ק̇
הִגַּדְתָּ הַיּוֹם אֵת אֲשֶׁר־עָשִׂיתָה אִתִּי טוֹבָה אֵת[b] אֲשֶׁר סִגְּרַנִי יְהוָה — ח̇ מל̇. ל̇
20 בְּיָדְךָ וְלֹא הֲרַגְתָּנִי׃ 20 וְכִי־יִמְצָא אִישׁ אֶת־אֹיְבוֹ וְשִׁלְּחוֹ בְּדֶרֶךְ — ל̇. ד̇. ל̇
טוֹבָה וַיהוָה יְשַׁלֶּמְךָ טוֹבָה תַּחַת הַיּוֹם הַזֶּה אֲשֶׁר עָשִׂיתָה לִי׃ — ח̇ מל
ס̇ 21 וְעַתָּה הִנֵּה יָדַעְתִּי כִּי מָלֹךְ תִּמְלוֹךְ וְקָמָה בְּיָדְךָ מַמְלֶכֶת יִשְׂרָאֵל׃ — ג̇ מל̇ בליש[16]
22 וְעַתָּה הִשָּׁבְעָה לִּי בַּיהוָה אִם־תַּכְרִית אֶת־זַרְעִי אַחֲרָי וְאִם־
23 תַּשְׁמִיד אֶת־שְׁמִי מִבֵּית אָבִי׃ 23 וַיִּשָּׁבַע דָּוִד לְשָׁאוּל וַיֵּלֶךְ שָׁאוּל
אֶל־בֵּיתוֹ וְדָוִד וַאֲנָשָׁיו עָלוּ עַל[a]־הַמְּצוּדָה׃ פ — כ̇ה̇. ל̇

25 1 וַיָּמָת שְׁמוּאֵל וַיִּקָּבְצוּ כָל־יִשְׂרָאֵל וַיִּסְפְּדוּ־לוֹ וַיִּקְבְּרֻהוּ בְּבֵיתוֹ — ל̇. ד̇ ג̇ מנה בסיפ וכל ד״ה דכות ב̇ מ̇ א
בָּרָמָה וַיָּקָם דָּוִד וַיֵּרֶד[a] אֶל[b]־מִדְבַּר פָּארָן׃ ס
2 וְאִישׁ בְּמָעוֹן וּמַעֲשֵׂהוּ בַכַּרְמֶל וְהָאִישׁ גָּדוֹל מְאֹד וְלוֹ צֹאן — ג̇
3 שְׁלֹשֶׁת־אֲלָפִים וְאֶלֶף עִזִּים וַיְהִי בִּגְזֹז אֶת־צֹאנוֹ בַּכַּרְמֶל׃ 3 וְשֵׁם — ל̇. י̇ג̇[1] ר״פ וחד מן ו̇ פסוק ושם ושם
הָאִישׁ נָבָל וְשֵׁם אִשְׁתּוֹ אֲבִגָיִל וְהָאִשָּׁה טוֹבַת־שֶׂכֶל וִיפַת תֹּאַר וְהָאִישׁ — ל̇ כת̇ כן. ה̇[2]. ה̇ ד̇ כת̇ ש̇ וחד כת̇ ס̇[3]
4 קָשֶׁה וְרַע מַעֲלָלִים וְהוּא כָלִבּוֹ[a]׃ 4 וַיִּשְׁמַע דָּוִד בַּמִּדְבָּר כִּי־גֹזֵז נָבָל — ה̇ בליש[4]. כלבי ק̇ חד מן מ̇ח̇[5] כת̇ ו̇ וקר̇ י̇
5 אֶת־צֹאנוֹ׃ 5 וַיִּשְׁלַח דָּוִד עֲשָׂרָה נְעָרִים וַיֹּאמֶר דָּוִד לַנְּעָרִים[a] עֲלוּ
6 כַרְמֶלָה וּבָאתֶם אֶל־נָבָל וּשְׁאֶלְתֶּם־לוֹ בִשְׁמִי לְשָׁלוֹם׃ 6 וַאֲמַרְתֶּם — ג̇[6]. ל̇. ב̇ ול בסיפ
7 כֹּה לֶחָי[a] וְאַתָּה[b] שָׁלוֹם וּבֵיתְךָ שָׁלוֹם וְכֹל אֲשֶׁר־לְךָ שָׁלוֹם׃ 7 וְעַתָּה
שָׁמַעְתִּי כִּי גֹזְזִים לָךְ עַתָּה[a] הָרֹעִים אֲשֶׁר־לְךָ הָיוּ עִמָּנוּ לֹא[b] הֶכְלַמְנוּם — ל̇
8 וְלֹא־נִפְקַד לָהֶם מְאוּמָה כָּל־יְמֵי הֱיוֹתָם בַּכַּרְמֶל׃ 8 שְׁאַל אֶת־

[12]Mm 1684. [13]Mm 2154. [14]Mm 1668. [15]Mm 1669. [16]Mm 1670. **Cp 25** [1]Mm 33. [2]Mm 1758. [3]Mm 3917 [4]Mm 2272. [5]Mm 3811. [6]Mm 1610.

15 [a] 𝔔 pr או cf 𝔊 *καὶ/ἢ* ‖ [b] 𝔔 ה׳ ‖ **16** [a] pc Mss –דיך cf 𝔖 ‖ **19** [a] mlt Mss ut Q ‖ [b] > 𝔔 ‖ **23** [a] mlt Mss אל ‖ **Cp 25,1** [a] mlt Mss וילך ‖ [b] > pc Mss cf Ru 3,3.6 ‖ **3** [a] nonn Mss ut Q cf 𝔗𝔙; 𝔊 *κυνικός* cf $𝔏^{93.94}$𝔖 *(klb)*; K cf 25 כשמו כן הוא ‖ **5** [a] 𝔔 אל הנערן ‖ **6** [a] 𝔙 *(sit) fratribus meis (et tibi pax)* ‖ [b] pc Mss א׳ ‖ **7** [a] pc Mss וע׳ ‖ [b] nonn Mss ולא cf 𝔊𝔖$𝔗^{Mss}$.

נְעָרֶיךָ וְיַגִּידוּ לָךְ וְיִמְצְאוּ[a] הַנְּעָרִים חֵן בְּעֵינֶיךָ כִּי־עַל־יוֹם טוֹב בָּנוּ[b]
תְּנָה־נָּא אֵת אֲשֶׁר תִּמְצָא יָדְךָ לַעֲבָדֶיךָ[c] וּלְבִנְךָ לְדָוִד׃ 9 וַיָּבֹאוּ 9
נַעֲרֵי דָוִד וַיְדַבְּרוּ אֶל־נָבָל כְּכָל[a]־הַדְּבָרִים הָאֵלֶּה בְּשֵׁם דָּוִד וַיָּנוּחוּ׃
10 וַיַּעַן נָבָל אֶת־עַבְדֵי דָוִד וַיֹּאמֶר מִי דָוִד וּמִי בֶן־יִשָׁי הַיּוֹם רַבּוּ 10
עֲבָדִים הַמִּתְפָּרְצִים אִישׁ מִפְּנֵי אֲדֹנָיו׃ 11 וְלָקַחְתִּי אֶת־לַחְמִי וְאֶת־ 11
מֵימַי[a] וְאֵת טִבְחָתִי אֲשֶׁר טָבַחְתִּי לְגֹזְזָי וְנָתַתִּי לַאֲנָשִׁים אֲשֶׁר לֹא
יָדַעְתִּי אֵי מִזֶּה הֵמָּה׃ 12 וַיַּהַפְכוּ נַעֲרֵי־דָוִד לְדַרְכָּם וַיָּשֻׁבוּ וַיָּבֹאוּ 12
וַיַּגִּדוּ לוֹ כְּכֹל[a] הַדְּבָרִים הָאֵלֶּה׃ 13 וַיֹּאמֶר דָּוִד לַאֲנָשָׁיו חִגְרוּ ׀ 13
אִישׁ אֶת־חַרְבּוֹ [a]וַיַּחְגְּרוּ אִישׁ אֶת־חַרְבּוֹ וַיַּחְגֹּר גַּם־דָּוִד אֶת־חַרְבּוֹ[a]
וַיַּעֲלוּ ׀ אַחֲרֵי דָוִד כְּאַרְבַּע מֵאוֹת אִישׁ וּמָאתַיִם יָשְׁבוּ עַל־הַכֵּלִים׃
14 וְלַאֲבִיגַיִל אֵשֶׁת נָבָל הִגִּיד נַעַר[a]־אֶחָד מֵהַנְּעָרִים לֵאמֹר הִנֵּה שָׁלַח 14
דָּוִד מַלְאָכִים ׀ מֵהַמִּדְבָּר לְבָרֵךְ אֶת־אֲדֹנֵינוּ וַיָּעַט בָּהֶם׃ 15 וְהָאֲנָשִׁים 15
טֹבִים לָנוּ מְאֹד וְלֹא[a] הָכְלַמְנוּ וְלֹא־פָקַדְנוּ מְאוּמָה כָּל־יְמֵי הִתְהַלַּכְנוּ
אִתָּם בִּהְיוֹתֵנוּ בַּשָּׂדֶה׃ 16 חוֹמָה הָיוּ עָלֵינוּ גַּם־לַיְלָה גַּם־יוֹמָם כָּל־ 16
יְמֵי הֱיוֹתֵנוּ עִמָּם רֹעִים הַצֹּאן׃ 17 וְעַתָּה דְּעִי וּרְאִי מַה־תַּעֲשִׂי כִּי־ 17
כָלְתָה הָרָעָה אֶל[a]־אֲדֹנֵינוּ וְעַל כָּל[b]־בֵּיתוֹ וְהוּא בֶּן־בְּלִיַּעַל מִדַּבֵּר
אֵלָיו׃ 18 וַתְּמַהֵר אֲבוּגַיִל[a] וַתִּקַּח מָאתַיִם לֶחֶם וּשְׁנַיִם נִבְלֵי־יַיִן וְחָמֵשׁ 18
צֹאן עֲשׂוּוֹת[b] וְחָמֵשׁ סְאִים קָלִי וּמֵאָה[c] צִמֻּקִים וּמָאתַיִם דְּבֵלִים וַתָּשֶׂם
עַל־הַחֲמֹרִים׃ 19 וַתֹּאמֶר לִנְעָרֶיהָ עִבְרוּ לְפָנַי הִנְנִי אַחֲרֵיכֶם בָּאָה 19
וּלְאִישָׁהּ נָבָל לֹא הִגִּידָה׃ 20 וְהָיָה הִיא ׀ רֹכֶבֶת עַל־הַחֲמוֹר וְיֹרֶדֶת 20
בְּסֵתֶר הָהָר וְהִנֵּה דָוִד וַאֲנָשָׁיו יֹרְדִים לִקְרָאתָהּ וַתִּפְגֹּשׁ אֹתָם׃ 21 וְדָוִד 21
אָמַר אַךְ לַשֶּׁקֶר שָׁמַרְתִּי אֶת־כָּל־אֲשֶׁר לָזֶה בַּמִּדְבָּר וְלֹא־נִפְקַד
מִכָּל־אֲשֶׁר־לוֹ מְאוּמָה וַיָּשֶׁב־לִי רָעָה תַּחַת טוֹבָה׃ 22 כֹּה־יַעֲשֶׂה 22

ד רפי[7]. סו יט[8] מנה בסיפ. ט חס א בליש
ג
ב. ל
ו בטע בסיפ. ל
ל
ל. ח[9]
לא. ל. ב
ב[10]
ד[11]. ג[12]
ל
ב[13]. ט[14]. חר״פ
לז
ל
ג כלייה אל. ל. ח[15]
אביגיל ק
עשויות[16] ק חד מן יא[17] כת תרי ו בליש
ל. יא[18] בטע וכל מלכים ויחזק דכות ב מ ב
ח. כה
ג[19]
כה

[7] Mm 2366. [8] Mm 1533. [9] Mm 1551. [10] Mm 1664. [11] Mm 3144. [12] Mm 1652. [13] Jos 1,4. [14] Mm 969. [15] Mm 615. [16] Mp sub loco. [17] Mm 648. [18] Mm 279. [19] Mm 3705.

8 [a] 𝔖 pr *whš' (nškḥwn)*, 𝔙 pr *nunc ergo (inveniant)* ‖ [b] „mlt MSS" (de Rossi) באנו ‖ [c] pc Mss בדך– cf 𝔗; > 𝔊$^{-OL}$ ‖ **9** [a] Ms om כל cf 𝔗^{f}, citt כל cf 𝔊^{Mss}𝔖𝔙 et 12[a] ‖ **11** [a] 𝔊 *οἶνον μου* cf 𝔏$^{93.94}$, sed etiam Hos 2,7 ‖ **12** [a] Ms om כ cf 𝔊^{Mss}𝔖𝔙 et 9[a] ‖ **13** [a–a] > pc Mss 𝔊$^{-OLMss}$ (homtel) ‖ **14** [a] > Ms 𝔊𝔙 ‖ **15** [a] nonn Mss לא cf 𝔊$^{-LMss}$𝔗^{Mss} ‖ **17** [a] pc Mss על ‖ [b] > 2 Mss 𝔊$^{-OL}$𝔙 ‖ **18** [a] mlt Mss ut Q ‖ [b] mlt Mss ut Q ‖ [c] 𝔊 *καὶ γομορ ἕν* cf 𝔏$^{93.94}$ et 2 R 5,17 (משא).

אֱלֹהִ֛ים [a]לְאֹיְבֵ֥י דָוִ֖ד[a] וְכֹ֣ה יֹסִ֑יף אִם־אַשְׁאִ֥יר מִכָּל־אֲשֶׁר־ל֛וֹ עַד־ יד כת כן
23 הַבֹּ֖קֶר[b] מַשְׁתִּ֥ין בְּקִֽיר׃ 23 וַתֵּ֤רֶא אֲבִיגַ֙יִל֙ אֶת־דָּוִ֔ד וַתְּמַהֵ֕ר וַתֵּ֖רֶד מֵעַ֣ל
24 הַחֲמ֑וֹר וַתִּפֹּ֞ל [a]לְאַפֵּ֤י דָוִד֙ עַל־פָּנֶ֔יהָ[a] וַתִּשְׁתַּ֖חוּ אָֽרֶץ[b]׃ 24 וַתִּפֹּל֙ עַל־ ל̇. ג̇[20]. ה דמטע
רַגְלָ֔יו וַתֹּ֖אמֶר בִּֽי־אֲנִ֣י[a] אֲדֹנִ֣י הֶעָוֺ֑ן וּֽתְדַבֶּר־נָ֤א אֲמָֽתְךָ֙ בְּאָזְנֶ֔יךָ וּשְׁמַ֕ע ג̇[21]. ב̇[22]
25 אֵ֖ת דִּבְרֵ֥י אֲמָתֶֽךָ׃ 25 אַל־נָ֣א יָשִׂ֣ים אֲדֹנִ֣י ׀ אֶת[a]־לִבּ֡וֹ אֶל־אִישׁ֩ הַבְּלִיַּ֨עַל ב̇
הַזֶּ֜ה עַל[b]־נָבָ֗ל כִּ֤י כִשְׁמוֹ֙ כֶּן־ה֔וּא נָבָ֣ל שְׁמ֔וֹ וּנְבָלָ֖ה עִמּ֑וֹ וַאֲנִי֙ אֲמָ֣תְךָ֔ ל̇
26 לֹ֥א רָאִ֛יתִי אֶת־נַעֲרֵ֥י אֲדֹנִ֖י אֲשֶׁ֥ר שָׁלָֽחְתָּ׃ 26 וְעַתָּ֣ה אֲדֹנִ֗י חַי־יְהוָה֙
וְחֵֽי־נַפְשְׁךָ֔ אֲשֶׁ֨ר מְנָעֲךָ֤ יְהוָה֙ מִבּ֣וֹא בְדָמִ֔ים וְהוֹשֵׁ֥עַ יָדְךָ֖ לָ֑ךְ וְעַתָּ֗ה ב̇[23]. ו̇[24]
27 יִהְי֤וּ כְנָבָל֙ אֹיְבֶ֔יךָ וְהַֽמְבַקְשִׁ֥ים אֶל־אֲדֹנִ֖י רָעָֽה׃ 27 וְעַתָּה֙ הַבְּרָכָ֣ה[a] ל̇. ל̇
הַזֹּ֔את אֲשֶׁר־הֵבִ֥יא[b] שִׁפְחָתְךָ֖ לַֽאדֹנִ֑י וְנִתְּנָה֙ לַנְּעָרִ֔ים הַמִּֽתְהַלְּכִ֖ים ל̇. ג̇[25]
28 בְּרַגְלֵ֥י אֲדֹנִֽי׃ 28 שָׂ֥א נָ֖א לְפֶ֣שַׁע אֲמָתֶ֑ךָ כִּ֣י עָשֹֽׂה־יַעֲשֶׂ֣ה יְהוָ֠ה לַֽאדֹנִ֜י ח̇
בַּ֣יִת נֶאֱמָ֗ן כִּֽי־מִלְחֲמ֤וֹת יְהוָה֙ אֲדֹנִ֣י נִלְחָ֔ם וְרָעָ֛ה לֹא־תִמָּצֵ֥א בְךָ֖ ט̇[26]
29 מִיָּמֶֽיךָ׃ 29 וַיָּ֤קָם אָדָם֙ לִרְדָפְךָ֔ וּלְבַקֵּ֖שׁ אֶת־נַפְשֶׁ֑ךָ וְֽהָיְתָה֩ נֶ֨פֶשׁ אֲדֹנִ֜י ד̇[27]
צְרוּרָ֣ה ׀ בִּצְר֣וֹר הַחַיִּ֗ים אֵ֚ת יְהוָ֣ה אֱלֹהֶ֔יךָ וְאֵ֨ת נֶ֤פֶשׁ אֹיְבֶ֙יךָ֙ יְקַלְּעֶ֔נָּה ל̇. ב̇[28]. ד̇[29]. ל̇
30 בְּת֖וֹךְ כַּ֥ף הַקָּֽלַע׃ 30 וְהָיָ֗ה כִּֽי־יַעֲשֶׂ֤ה יְהוָה֙ לַֽאדֹנִ֔י כְּכֹ֛ל אֲשֶׁר־דִּבֶּ֥ר
31 אֶת־הַטּוֹבָ֖ה עָלֶ֑יךָ וְצִוְּךָ֥ לְנָגִ֖יד עַל־יִשְׂרָאֵֽל׃ 31 וְלֹ֣א תִהְיֶ֣ה זֹ֣את ׀ לְךָ֡ ב̇[30]. ח̇[31]
לְפוּקָה֩ וּלְמִכְשׁ֨וֹל לֵ֜ב לַֽאדֹנִ֗י וְלִשְׁפָּךְ[a]־דָּם֙ חִנָּ֔ם [b]וּלְהוֹשִׁ֥יעַ אֲדֹנִ֖י ל֑וֹ[b] ל̇. ל̇. ל̇[20]. ל̇
32 וְהֵיטִ֤ב יְהוָה֙ לַֽאדֹנִ֔י וְזָכַרְתָּ֖ אֶת־אֲמָתֶֽךָ׃ ס 32 וַיֹּ֥אמֶר דָּוִ֖ד לַאֲבִגַ֑ל ח חס בליש[32]. ל̇
ס̄„ בָּר֤וּךְ יְהוָה֙ אֱלֹהֵ֣י יִשְׂרָאֵ֔ל אֲשֶׁ֨ר שְׁלָחֵ֥ךְ הַיּ֛וֹם הַזֶּ֖ה לִקְרָאתִֽי׃ 33 וּבָר֥וּךְ ל̇. ז̇[33] ג̇[34] מנה ר״פ
טַעְמֵ֖ךְ וּבְרוּכָ֣ה אָ֑תְּ אֲשֶׁ֨ר כְּלִתִ֜נִי הַיּ֤וֹם הַזֶּה֙ מִבֹּ֣א בְדָמִ֔ים וְהֹשֵׁ֥עַ יָדִ֖י ל̇[35]. ל̇. ו̇[24]. ל̇ חס
34 לִֽי׃ 34 וְאוּלָ֗ם חַי־יְהוָה֙ אֱלֹהֵ֣י יִשְׂרָאֵ֔ל אֲשֶׁ֣ר מְנָעַ֔נִי מֵהָרַ֖ע אֹתָ֑ךְ כִּ֣י ׀ ה ר״פ וכל איוב דכות ב מ ג̇[36]. ב̇
לוּלֵ֣י[a] מִהַ֗רְתְּ וַתָּבֹאתִי[b] לִקְרָאתִ֔י כִּ֣י אִם־נוֹתַ֧ר לְנָבָ֛ל עַד־א֥וֹר הַבֹּ֖קֶר ותבאת ק̇. ג̇. ו̇[37]
35 מַשְׁתִּ֥ין בְּקִֽיר׃ 35 וַיִּקַּ֤ח דָּוִד֙ מִיָּדָ֔הּ אֵ֥ת אֲשֶׁר־הֵבִ֖יאָה ל֑וֹ וְלָ֣הּ אָמַ֗ר ג̇[38]. ג̇[39]

[20] Mp sub loco. [21] Mm 1671. [22] Mm 1672. [23] Nu 24,11. [24] Mm 2286. [25] Mm 212. [26] Mm 1144. [27] Mm 3165. [28] Mm 3486. [29] Mm 1673. [30] Ex 18,23. [31] Mm 777. [32] Mm 1098. [33] Mm 1850. [34] Mm 3318. [35] וחד ברוכה Ru 2,10. [36] Cf Hi 2,5; 5,8; 13,3. [37] Mm 1488. [38] Mm 4173א. [39] Mm 103.

22 [a–a] 𝔊 *τῷ Δαυειδ* (𝔊[LMss] *τοῖς ἔχθροις Δ.*), 𝔖 *lʿbdh dwjd* ‖ [b] permlt Mss pr אור cf 𝔗 et 34 ‖ **23** [a–a] 𝔊 *ἐνώπιον Δαυειδ ἐπὶ πρόσωπον αὐτῆς* cf 𝔖𝔙 et 2 S 14,33 ‖ [b] nonn Mss Seb צה– cf Gn 18,2 ‖ **24** [a] > pc Mss citt cf 𝔊 ‖ **25** [a] nonn Mss אל cf 2 S 13,33 ‖ [b] pc Mss cit אל ‖ **27** [a] 𝔊 pr *λάβε* cf 𝔙 et Gn 33,11 ‖ [b] mlt Mss הביאה cf 35 ‖ **31** [a] pc Mss cit ל׳ cf 𝔊𝔖𝔙 ‖ [b–b] > 𝔖; 𝔊 … *σῶσαι χεῖρα* cf 33 ‖ **34** [a] mlt Mss לולא ‖ [b] mlt Mss ut Q.

36 עָלִי לְשָׁלוֹם לְבֵיתֵךְ רְאִי שָׁמַעְתִּי בְקוֹלֵךְ וָאֶשָּׂא פָּנָיִךְ׃ 36 וַתָּבֹא ו[40]. ח
אֲבִיגַיִל ׀ אֶל־נָבָל וְהִנֵּה־לוֹ מִשְׁתֶּה בְּבֵיתוֹ כְּמִשְׁתֵּה הַמֶּלֶךְ וְלֵב נָבָל ל
טוֹב עָלָיו וְהוּא שִׁכֹּר עַד־מְאֹד וְלֹא־הִגִּידָה לּוֹ דָּבָר קָטֹן וְגָדוֹל[a] ד חס בליש[41]. ח[42]
37 עַד־אוֹר הַבֹּקֶר׃ 37 וַיְהִי בַבֹּקֶר בְּצֵאת הַיַּיִן מִנָּבָל וַתַּגֶּד־לוֹ אִשְׁתּוֹ ו[43]
38 אֶת־הַדְּבָרִים[a] הָאֵלֶּה וַיָּמָת לִבּוֹ בְּקִרְבּוֹ וְהוּא הָיָה לְאָבֶן׃ 38 וַיְהִי ב[44]
39 כַּעֲשֶׂרֶת[a] הַיָּמִים וַיִּגֹּף יְהוָה אֶת־נָבָל וַיָּמֹת׃ 39 וַיִּשְׁמַע דָּוִד כִּי מֵת ל
נָבָל וַיֹּאמֶר בָּרוּךְ יְהוָה אֲשֶׁר רָב אֶת־רִיב חֶרְפָּתִי מִיַּד נָבָל וְאֶת־ לג קמ[45]
עַבְדּוֹ חָשַׂךְ מֵרָעָה וְאֵת רָעַת נָבָל הֵשִׁיב יְהוָה בְּרֹאשׁוֹ וַיִּשְׁלַח דָּוִד ז[46]. יד
40 וַיְדַבֵּר בַּאֲבִיגַיִל לְקַחְתָּהּ לוֹ לְאִשָּׁה׃ 40 וַיָּבֹאוּ עַבְדֵי דָוִד אֶל־ ל
אֲבִיגַיִל הַכַּרְמֶלָה וַיְדַבְּרוּ אֵלֶיהָ לֵאמֹר דָּוִד שְׁלָחָנוּ אֵלַיִךְ לְקַחְתֵּךְ ג[47]. ל. כט. ל
41 לוֹ לְאִשָּׁה׃ 41 וַתָּקָם וַתִּשְׁתַּחוּ אַפַּיִם אָרְצָה וַתֹּאמֶר הִנֵּה אֲמָתְךָ ל
42 לְשִׁפְחָה לִרְחֹץ רַגְלֵי עַבְדֵי אֲדֹנִי׃ 42 וַתְּמַהֵר וַתָּקָם אֲבִיגַיִל וַתִּרְכַּב
עַל־הַחֲמוֹר וְחָמֵשׁ נַעֲרֹתֶיהָ הַהֹלְכוֹת לְרַגְלָהּ וַתֵּלֶךְ אַחֲרֵי מַלְאֲכֵי ל. ג בליש[48]
43 דָוִד וַתְּהִי־לוֹ לְאִשָּׁה׃ 43 וְאֶת־אֲחִינֹעַם לָקַח דָּוִד מִיִּזְרְעֶאל וַתִּהְיֶיןָ ה כת כן בנביא
44 גַּם־שְׁתֵּיהֶן לוֹ לְנָשִׁים׃ ס 44 וְשָׁאוּל נָתַן אֶת־מִיכַל בִּתּוֹ אֵשֶׁת יד
26 דָּוִד לְפַלְטִי בֶן־לַיִשׁ[a] אֲשֶׁר מִגַּלִּים׃ 26 1 וַיָּבֹאוּ הַזִּפִים אֶל־שָׁאוּל יד זוגין[1]
הַגִּבְעָתָה לֵאמֹר הֲלוֹא דָוִד מִסְתַּתֵּר[a] בְּגִבְעַת הַחֲכִילָה[b] עַל[c] פְּנֵי ד[2]. ג[3]
2 הַיְשִׁימֹן׃ 2 וַיָּקָם שָׁאוּל וַיֵּרֶד[a] אֶל־מִדְבַּר־זִיף וְאִתּוֹ שְׁלֹשֶׁת־אֲלָפִים
3 אִישׁ בְּחוּרֵי יִשְׂרָאֵל לְבַקֵּשׁ אֶת־דָּוִד בְּמִדְבַּר־זִיף׃ 3 וַיִּחַן שָׁאוּל ב
בְּגִבְעַת הַחֲכִילָה[a] אֲשֶׁר עַל־פְּנֵי הַיְשִׁימֹן עַל־הַדָּרֶךְ וְדָוִד יֹשֵׁב ג[3]
4 בַּמִּדְבָּר וַיַּרְא כִּי בָא שָׁאוּל אַחֲרָיו הַמִּדְבָּרָה׃ 4 וַיִּשְׁלַח דָּוִד מְרַגְּלִים יב[4]
5 וַיֵּדַע כִּי־בָא שָׁאוּל [a]אֶל־נָכוֹן[a]׃ 5 וַיָּקָם דָּוִד וַיָּבֹא אֶל־הַמָּקוֹם אֲשֶׁר
חָנָה־שָׁם שָׁאוּל [a]וַיַּרְא דָּוִד אֶת־הַמָּקוֹם אֲשֶׁר שָׁכַב־שָׁם שָׁאוּל[a] וְאַבְנֵר ב

[40]Mm 2279. [41]Mm 1532. [42]Mm 1674. [43]Mm 1488. [44]Mm 1675. [45]Mm 264. [46]Mm 1676. [47]Mm 1610. [48]Mm 1677. Cp 26 [1]Mm 565. [2]Mm 1678. [3]Mm 1679. [4]Mm 757.

36 [a] pc Mss או ג׳ cf 𝔊𝔗[Mss]𝔙 ‖ **37** [a] pc Mss pr כל cf 𝔊[Mss]𝔗[Ms] ‖ **38** [a] 2 Mss citt בע׳ ‖ **44** [a] pc Mss לוש cf K 2 S 3,15 ‖ **Cp 26,1** [a] pc Mss + עִמָּנוּ cf 𝔊 ‖ [b] mlt Mss החבילה, 1–2 Mss החוילה cf 𝔖 et 23,19[b] ‖ [c] mlt Mss pr אשר cf 𝔗 ‖ **2** [a] pc Mss citt וילך cf 𝔊[A] ‖ **3** [a] nonn Mss החבילה, 𝔖 *ḥwjl'* cf 1[b] ‖ **4** [a–a] > 𝔊[Mss] cf 23,23; 𝔊[L] *ὀπίσω αὐτοῦ* cf 𝔖, 𝔊[Mss] + *ἐκ/εἰς Κεειλα*, 𝔊[Mss] + *ἐκεῖ*, 𝔊[LMss] + *εἰς Σεκελαγ* ‖ **5** [a–a] > pc Mss 𝔊[-LMss] (homtel).

6 בֶּן־נֵ֣ר שַׂר־צְבָא֔וֹ וְשָׁא֗וּל שֹׁכֵ֤ב בַּמַּעְגָּל֙ וְהָעָ֔ם חֹנִ֖ים סְבִיבֹתָֽו[b]׃ 6 וַיַּ֣עַן
דָּוִ֗ד וַיֹּ֣אמֶר ׀ אֶל־אֲחִימֶ֣לֶךְ הַחִתִּ֡י וְאֶל־אֲבִישַׁ֣י בֶּן־צְרוּיָה֩ אֲחִ֨י יוֹאָ֜ב
לֵאמֹ֗ר מִֽי־יֵרֵ֥ד אִתִּ֛י אֶל־שָׁא֖וּל אֶל־הַֽמַּחֲנֶ֑ה וַיֹּ֣אמֶר אֲבִישַׁ֔י אֲנִ֖י
7 אֵרֵ֥ד עִמָּֽךְ׃ 7 וַיָּבֹא֩ דָוִ֨ד וַאֲבִישַׁ֜י ׀ אֶל־הָעָם֮ לַיְלָה֒ וְהִנֵּ֨ה שָׁא֜וּל שֹׁכֵ֨ב
יָשֵׁ֤ן בַּמַּעְגָּל֙ וַחֲנִית֣וֹ מְעוּכָה־בָאָ֔רֶץ מְרַאֲשֹׁתָ֑ו[a] וְאַבְנֵר֙ וְהָעָ֔ם שֹׁכְבִ֖ים
8 סְבִיבֹתָֽו[b]׃ ס 8 וַיֹּ֤אמֶר אֲבִישַׁי֙ אֶל־דָּוִ֔ד סִגַּ֨ר אֱלֹהִ֥ים הַיּ֛וֹם אֶת־
אוֹיִבְךָ֖[a] בְּיָדֶ֑ךָ[b] וְעַתָּ֡ה אַכֶּנּוּ֩ נָ֨א בַּחֲנִ֜ית וּבָאָ֗רֶץ[c] פַּ֚עַם אַחַ֔ת וְלֹ֥א אֶשְׁנֶ֖ה
9 לֽוֹ׃ 9 וַיֹּ֥אמֶר דָּוִ֛ד אֶל־אֲבִישַׁ֖י אַל־תַּשְׁחִיתֵ֑הוּ כִּ֣י מִ֗י שָׁלַ֥ח יָד֛וֹ בִּמְשִׁ֥יחַ
10 יְהוָ֖ה וְנִקָּֽה׃ פ 10 וַיֹּ֣אמֶר דָּוִ֔ד חַי־יְהוָ֕ה כִּ֥י אִם־יְהוָ֖ה יִגָּפֶ֑נּוּ[a] אֽוֹ־
11 יוֹמוֹ֙ יָב֣וֹא וָמֵ֔ת א֧וֹ בַמִּלְחָמָ֛ה יֵרֵ֖ד וְנִסְפָּֽה׃ 11 חָלִ֤ילָה לִּי֙ מֵֽיהוָ֔ה
מִשְּׁלֹ֥חַ יָדִ֖י בִּמְשִׁ֣יחַ יְהוָ֑ה וְעַתָּ֗ה קַח־נָ֤א אֶת־הַחֲנִית֙ אֲשֶׁ֣ר מְרַאֲשֹׁתָ֔ו[a]
12 וְאֶת־צַפַּ֥חַת הַמַּ֖יִם וְנֵ֥לֲכָה לָּֽנוּ׃ 12 וַיִּקַּ֨ח דָּוִ֜ד אֶת־הַחֲנִ֗ית וְאֶת־צַפַּ֤חַת
הַמַּ֙יִם֙ מֵרַאֲשֹׁתֵ֣י[a] שָׁא֔וּל וַיֵּלְכ֖וּ לָהֶ֑ם וְאֵ֣ין רֹאֶה֩ וְאֵ֨ין יוֹדֵ֜עַ וְאֵ֣ין מֵקִ֗יץ
13 כִּ֤י כֻלָּם֙ יְשֵׁנִ֔ים כִּ֚י תַּרְדֵּמַ֣ת יְהוָ֔ה נָפְלָ֖ה עֲלֵיהֶֽם׃ 13 וַיַּעֲבֹ֤ר דָּוִד֙
14 הָעֵ֔בֶר וַֽיַּעֲמֹ֥ד עַל־רֹאשׁ־הָהָ֖ר מֵֽרָחֹ֑ק רַ֥ב הַמָּק֖וֹם בֵּינֵיהֶֽם׃ 14 וַיִּקְרָ֨א
דָוִ֜ד אֶל־הָעָ֗ם וְאֶל־אַבְנֵ֤ר בֶּן־נֵר֙ לֵאמֹ֔ר הֲל֥וֹא תַעֲנֶ֖ה אַבְנֵ֑ר וַיַּ֤עַן
15 אַבְנֵר֙ וַיֹּ֔אמֶר מִ֥י אַתָּ֖ה קָרָ֥אתָ אֶל־הַמֶּֽלֶךְ׃ פ 15 וַיֹּ֨אמֶר דָּוִ֜ד
אֶל־אַבְנֵ֗ר הֲלוֹא־אִ֙ישׁ אַתָּ֜ה וּמִ֤י כָמ֙וֹךָ֙ בְּיִשְׂרָאֵ֔ל וְלָ֙מָּה֙ לֹ֣א שָׁמַ֔רְתָּ
אֶל[a]־אֲדֹנֶ֖יךָ הַמֶּ֑לֶךְ כִּי־בָא֙ אַחַ֣ד הָעָ֔ם לְהַשְׁחִ֖ית אֶת־הַמֶּ֥לֶךְ אֲדֹנֶֽיךָ׃
16 לֹא־טוֹב֩ הַדָּבָ֨ר הַזֶּ֜ה אֲשֶׁ֣ר עָשִׂ֗יתָ חַי־יְהוָ֗ה כִּ֤י בְנֵי־מָ֙וֶת֙ אַתֶּ֔ם אֲשֶׁ֥ר
לֹא־שְׁמַרְתֶּ֛ם עַל־אֲדֹנֵיכֶ֖ם עַל־מְשִׁ֣יחַ יְהוָ֑ה וְעַתָּ֣ה ׀ רְאֵ֗ה אֵֽי־חֲנִ֥ית
17 הַמֶּ֛לֶךְ וְאֶת־צַפַּ֥חַת הַמַּ֖יִם אֲשֶׁ֥ר מְרַאֲשֹׁתָֽו[a]׃ 17 וַיַּכֵּ֤ר שָׁאוּל֙ אֶת־ק֣וֹל
דָּוִ֔ד וַיֹּ֕אמֶר הֲקוֹלְךָ֥ זֶ֖ה בְּנִ֣י דָוִ֑ד וַיֹּ֣אמֶר דָּוִ֔ד קוֹלִ֖י אֲדֹנִ֥י הַמֶּֽלֶךְ׃
18 וַיֹּ֕אמֶר לָ֤מָּה זֶּה֙ אֲדֹנִ֔י רֹדֵ֖ף אַחֲרֵ֣י עַבְדּ֑וֹ כִּ֚י מֶ֣ה עָשִׂ֔יתִי וּמַה־בְּיָדִ֖י

סביבתיו ק
ל
ל
ל. מראשתיו ק חד מן ה בליש
סביבתיו ק . ב
ו[5] זקף פת וכל חקה מדה שנה תורה ואספ דכות במא
ג[6]. ל
ל. מראשתיו ק חד מן ה בליש
ל וחס . ג פסוק ואין ואין ואין . י מל וכל תדמק דכות במג חס
ה[7]. ה חס וכל אורית דכות[8]
ו בטע בסיפ
ל. ל
כה[9]. ב
ב ר״פ בסיפ
ל. כא פסוק על על ומילה חדה ביניה[10]. ל. לא
מראשתיו ק חד מן ה בליש
ב חד מל וחד חס
ל

[5]Mm 492. [6]Mm 516. [7]Mm 1680. [8]Mm 1681. [9]Mm 187. [10]Mm 686.

5 [b] mlt Mss ut Q ‖ **7** [a] mlt Mss ut Q ‖ [b] mlt Mss ut Q ‖ **8** [a] mlt Mss K[Mss] א(ו)יביך ‖ [b] pc Mss ־דיך cf 𝔊-Ms𝔖𝔙 ‖ [c] 2 Mss ב׳ cf 𝔊-L𝔗𝔙 ‖ **10** [a] sic L, mlt Mss Edd יִגָּ׳ ‖ **11** [a] mlt Mss ut Q ‖ **12** [a] 2 Mss pr אשר cf 𝔙 et 11.16; 𝔊 pr ἀπό cf 𝔖𝔗 ‖ **15** [a] pc Mss את cf 2 S 11,16[b] ‖ **16** [a] mlt Mss ut Q.

19 רָעָה׃ 19 וְעַתָּה יִשְׁמַע־נָא אֲדֹנִי הַמֶּלֶךְ אֵת דִּבְרֵי עַבְדּוֹ אִם־יְהוָה
הֱסִיתְךָ בִי יָרַח מִנְחָה וְאִם ׀ בְּנֵי הָאָדָם אֲרוּרִים הֵם לִפְנֵי יְהוָה כִּי־ ו̇ וכל קהלת דכות . ג ומל[11]
גֵרְשׁוּנִי הַיּוֹם מֵהִסְתַּפֵּחַ בְּנַחֲלַת יְהוָה לֵאמֹר לֵךְ עֲבֹד אֱלֹהִים
20 אֲחֵרִים׃ 20 וְעַתָּה אַל־יִפֹּל דָּמִי אַרְצָה מִנֶּגֶד פְּנֵי יְהוָה כִּי־יָצָא מֶלֶךְ ב[12]
יִשְׂרָאֵל לְבַקֵּשׁ אֶת־ᵃפַּרְעֹשׁ אֶחָדᵃ כַּאֲשֶׁר יִרְדֹּף הַקֹּרֵא בֶּהָרִים׃ ב וכל שם ברנש דכות[13]
21 וַיֹּאמֶר שָׁאוּלᵃ חָטָאתִי שׁוּב בְּנִי־דָוִד כִּי לֹא־אָרַע לְךָ עוֹד תַּחַת ל . ב[14]
אֲשֶׁר יָקְרָה נַפְשִׁי בְּעֵינֶיךָ הַיּוֹם הַזֶּה הִנֵּה הִסְכַּלְתִּי וָאֶשְׁגֶּה הַרְבֵּה ל . סו יט[15] מנה בסיפ . ב חד כת ס וחד כת ש
22 מְאֹד׃ 22 וַיַּעַן דָּוִד וַיֹּאמֶר הִנֵּה הַחֲנִיתᵃ הַמֶּלֶךְ וְיַעֲבֹר אֶחָד מֵהַנְּעָרִים ו בטע בסיפ . חנית ק . ג[16]
23 וְיִקָּחֶהָ׃ 23 וַיהוָה יָשִׁיב לָאִישׁ אֶת־צִדְקָתוֹ וְאֶת־אֱמֻנָתוֹ אֲשֶׁר נְתָנְךָ ג . ג[17] ר״פ וס״פ וחד מן יו ר״פ וס״פ חד . כד בליש[18] . לב[19] . ה חס בליש[20]
24 יְהוָה ׀ הַיּוֹם בְּיָדᵃ וְלֹא אָבִיתִי לִשְׁלֹחַ יָדִי בִּמְשִׁיחַ יְהוָה׃ 24 וְהִנֵּה
כַּאֲשֶׁר גָּדְלָה נַפְשְׁךָ הַיּוֹם הַזֶּה בְּעֵינָי כֵּן תִּגְדַּל נַפְשִׁי בְּעֵינֵי יְהוָה ג[21] . יד בסיפ
ס״ח וְיַצִּלֵנִי מִכָּל־צָרָה׃ פ 25 וַיֹּאמֶר שָׁאוּל אֶל־דָּוִד בָּרוּךְ אַתָּה ל
בְּנִי דָוִד גַּם עָשֹׂה תַעֲשֶׂה וְגַם יָכֹל תּוּכָל וַיֵּלֶךְ דָּוִד לְדַרְכּוֹ וְשָׁאוּל ח[22]
שָׁב לִמְקוֹמוֹ׃ פ

27 27 1 וַיֹּאמֶר דָּוִד אֶל־לִבּוֹ עַתָּה אֶסָּפֶה יוֹם־אֶחָד בְּיַד־שָׁאוּל כ בטע[1] . ל
אֵין־לִי טוֹב כִּיᵃ הִמָּלֵטᵇ אִמָּלֵט ׀ אֶל־אֶרֶץ פְּלִשְׁתִּים וְנוֹאַשׁ מִמֶּנִּי ל . ל . נו וכל תלים דכות ב מ א
2 שָׁאוּל לְבַקְשֵׁנִי עוֹד בְּכָל־גְּבוּל יִשְׂרָאֵל וְנִמְלַטְתִּי מִיָּדוֹ׃ 2 וַיָּקָם
דָּוִד וַיַּעֲבֹר הוּא וְשֵׁשׁ־ᵃמֵאוֹת אִישׁ אֲשֶׁר עִמּוֹ אֶל־אָכִישׁ בֶּן־מָעוֹךְ יא וכל ד״ה דכות . ל ומל
3 מֶלֶךְ גַּת׃ 3 וַיֵּשֶׁב דָּוִד עִם־אָכִישׁ בְּגַת הוּא וַאֲנָשָׁיו אִישׁᵃ וּבֵיתוֹ דָּוִד כה . ג . ו[2]
וּשְׁתֵּי נָשָׁיו אֲחִינֹעַם הַיִּזְרְעֵאלִית וַאֲבִיגַיִל אֵשֶׁת־נָבָל הַכַּרְמְלִיתᵇ׃ ה . ל בטע . ב
4 וַיֻּגַּד לְשָׁאוּל כִּי־בָרַח דָּוִד גַּת וְלֹא־יוֹסֵףᵃ עוֹד לְבַקְשׁוֹ׃ ס 4 כד[3] . יסף ק חד מן ה[4] בליש
5 וַיֹּאמֶר דָּוִד אֶל־אָכִישׁ אִם־נָא מָצָאתִי חֵן בְּעֵינֶיךָ יִתְּנוּ־לִי מָקוֹם 5 סו יט[5] מנה בסיפ
בְּאַחַת עָרֵי הַשָּׂדֶה וְאֵשְׁבָה שָּׁם וְלָמָּה יֵשֵׁב עַבְדְּךָ בְּעִירᵃ הַמַּמְלָכָה ל . ל

[11]Mm 1682. [12]Mm 1683. [13]Mm 1684. [14]Mm 2596. [15]Mm 1533. [16]Mm 1576. [17]Mm 1226. [18]Mm 1685. [19]Mm 319. [20]Mm 2116. [21]Mm 123. [22]Mp sub loco. **Cp 27** [1]Mp sub loco. [2]Mm 3090. [3]Mm 2228. [4]Mm 1084. [5]Mm 1533.

20 ᵃ⁻ᵃ 𝔊$^{-L}$ *(τὴν) ψυχήν μου* ‖ **21** ᵃ 2 Mss + **אל דוד** cf 𝔖$^{-Bcorr}$ ‖ **22** ᵃ mlt Mss ut Q cf Vrs ‖ **23** ᵃ mlt Mss **די**– cf 𝔊 *(εἰς χεῖράς μου)* 𝔖; 𝔗^{Mss} *bjdj* cf 𝔙 *in manu mea* ‖ **Cp 27,1** ᵃ 𝔊 *ἐὰν μή* cf 𝔏^{93}, 𝔖 *'l'* ‖ ᵇ > 𝔊𝔖𝔙 ‖ **2** ᵃ 𝔊𝔏^{93} 4 ‖ **3** ᵃ 1–2 Mss **וא׳** cf 𝔖𝔗 ‖ ᵇ 2 Mss **לי**– cf 𝔊𝔙 et 30,5 ‖ **4** ᵃ mlt Mss ut Q ‖ **5** ᵃ pc Mss **בערי**.

6 עִמָּךְ׃ 6 וַיִּתֶּן־לוֹ אָכִישׁ בַּיּוֹם הַהוּא אֶת־צִקְלָג [a]לָכֵן הָיְתָה צִקְלַג[b]
7 לְמַלְכֵי יְהוּדָה עַד הַיּוֹם הַזֶּה׃ פ 7 וַיְהִי מִסְפַּר הַיָּמִים אֲשֶׁר־
8 יָשַׁב דָּוִד בִּשְׂדֵה פְלִשְׁתִּים [a]יָמִים וְאַרְבָּעָה חֳדָשִׁים׃ 8 וַיַּעַל דָּוִד — ה̇[6]
וַאֲנָשָׁיו וַיִּפְשְׁטוּ אֶל־הַגְּשׁוּרִי וְהַגִּרְזִי[a] וְהָעֲמָלֵקִי כִּי הֵנָּה יֹשְׁבוֹת הָאָרֶץ — כה. והגזרי. ד̇[7] ק̇
9 אֲשֶׁר מֵעוֹלָם[b] בּוֹאֲךָ[c] שׁוּרָה וְעַד־אֶרֶץ מִצְרָיִם׃ 9 וְהִכָּה דָוִד אֶת־ — ה מל. ב̇[8]
הָאָרֶץ וְלֹא יְחַיֶּה אִישׁ וְאִשָּׁה וְלָקַח צֹאן וּבָקָר וַחֲמֹרִים וּגְמַלִּים — ז̇[9]. כב
10 וּבְגָדִים וַיָּשָׁב וַיָּבֹא אֶל־אָכִישׁ׃ 10 וַיֹּאמֶר אָכִישׁ אַל[a]־פְּשַׁטְתֶּם הַיּוֹם — ל בסיפ. ל̇
וַיֹּאמֶר דָּוִד עַל[b]־נֶגֶב יְהוּדָה וְעַל[c]־נֶגֶב הַיְּרַחְמְאֵלִי[d] וְאֶל[e]־נֶגֶב הַקֵּינִי׃
11 וְאִישׁ וְאִשָּׁה לֹא־יְחַיֶּה דָוִד לְהָבִיא גַת לֵאמֹר פֶּן־יַגִּדוּ עָלֵינוּ לֵאמֹר — כב. ז̇[9]. ד חס בליש[10]
כֹּה־עָשָׂה דָוִד וְכֹה מִשְׁפָּטוֹ כָּל־הַיָּמִים אֲשֶׁר יָשַׁב[a] בִּשְׂדֵה פְלִשְׁתִּים׃ — ו̇[11]. ה̇[6]
12 וַיַּאֲמֵן אָכִישׁ בְּדָוִד לֵאמֹר הַבְאֵשׁ הִבְאִישׁ בְּעַמּוֹ בְיִשְׂרָאֵל[a] וְהָיָה — ב̇[12]. ל̇
לִי לְעֶבֶד[b] עוֹלָם׃ פ — ב̇

28 1 וַיְהִי בַּיָּמִים הָהֵם וַיִּקְבְּצוּ פְלִשְׁתִּים אֶת־מַחֲנֵיהֶם לַצָּבָא
לְהִלָּחֵם בְּיִשְׂרָאֵל וַיֹּאמֶר אָכִישׁ אֶל־דָּוִד יָדֹעַ תֵּדַע כִּי אִתִּי תֵּצֵא — ל̇[1]
2 בַמַּחֲנֶה [a]אַתָּה וַאֲנָשֶׁיךָ[b]׃ 2 וַיֹּאמֶר דָּוִד אֶל־אָכִישׁ לָכֵן אַתָּה[a] תֵדַע — ל̇
אֵת אֲשֶׁר־יַעֲשֶׂה עַבְדֶּךָ וַיֹּאמֶר אָכִישׁ אֶל־דָּוִד לָכֵן שֹׁמֵר לְרֹאשִׁי — ד̇[2]
אֲשִׂימְךָ כָּל־הַיָּמִים׃ פ

3 וּשְׁמוּאֵל מֵת וַיִּסְפְּדוּ־לוֹ כָּל־יִשְׂרָאֵל וַיִּקְבְּרֻהוּ בָרָמָה וּבְעִירוֹ[a] — ל. ל̇
4 וְשָׁאוּל הֵסִיר הָאֹבוֹת וְאֶת־הַיִּדְּעֹנִים מֵהָאָרֶץ׃ 4 וַיִּקָּבְצוּ פְלִשְׁתִּים — ה̇[3]. ד ג מנה בסיפ וכל ד״ה דכות ב מ א
וַיָּבֹאוּ וַיַּחֲנוּ בְשׁוּנֵם וַיִּקְבֹּץ שָׁאוּל אֶת־כָּל־יִשְׂרָאֵל וַיַּחֲנוּ בַּגִּלְבֹּעַ׃
5 וַיַּרְא שָׁאוּל אֶת־מַחֲנֵה פְלִשְׁתִּים וַיִּרָא וַיֶּחֱרַד לִבּוֹ מְאֹד׃ 6 וַיִּשְׁאַל — י̇ב[4]
שָׁאוּל בַּיהוָה וְלֹא עָנָהוּ יְהוָה גַּם בַּחֲלֹמוֹת גַּם בָּאוּרִים גַּם בַּנְּבִיאִם׃ — ב. יב פסוק גם גם גם. ב חד חס וחד מל[5]. ה̇[6] וחד מן ג כת כן בליש
7 וַיֹּאמֶר שָׁאוּל לַעֲבָדָיו בַּקְּשׁוּ־לִי אֵשֶׁת בַּעֲלַת־אוֹב וְאֵלְכָה אֵלֶיהָ — ז דגש[7]

[6]Mm 87. [7]Mm 1686. [8]2 Ch 9,26. [9]Mm 1687. [10]Mm 1688. [11]Mm 1689. [12]Ex 4,31. Cp 28 [1]Mp L מט ה falsa, cf Ex 17,8; Jdc 11,20 et Mp sub loco. [2]Mm 3085. [3]Mp sub loco. [4]Mm 1590. [5]Mm 2294. [6]Mm 3012. [7]Mm 1690.

6 [a] pc Mss על כן ‖ [b] Mss^{G} צקלג ‖ **7** [a–a] > cit (?) 𝔊$^{-A}$𝔙; pc Mss om ו ‖ **8** [a] nonn Mss ut Q cf 𝔏$^{93.94}$𝔗𝔙 ‖ [b] 𝔊$^{-L}$ *ἀπὸ Τ/Γελαμ(ψουρ)* cf (?) 15,4 ‖ [c] 𝔊 pr *ἀπό* cf 𝔗^{Mss} ‖ **10** [a] 1–2 Mss cit אן cf 𝔖𝔗, 𝔔 [על cf 𝔊(𝔙) *ἐπὶ τίνα* ‖ [b] nonn Mss 𝔔 אל ‖ [c] pc Mss ואל ‖ [d] sic L, mlt Mss Edd ′הַיְּרַחְ ‖ [e] mlt Mss ועל ‖ **11** [a] nonn Mss + דוד cf 𝔊$^{-O^{p}}$𝔖 ‖ **12** [a] mlt Mss ′יש cf 𝔏$^{93.94}$𝔖^{AB} ‖ [b] pc Mss ′ע ‖ **Cp 28,1** [a] 𝔔 [לחמה cf 𝔊 ‖ [b–b] 𝔔 alit ‖ **2** [a] Ms עתה cf 𝔊𝔙 ‖ **3** [a] 2 Mss cit ′ב cf 𝔊𝔙; 𝔖 *bqbrh*.

וְאֶדְרְשָׁה־בָּהּ וַיֹּאמְרוּ עֲבָדָיו אֵלָיו הִנֵּה אֵשֶׁת בַּעֲלַת־אוֹב בְּעֵין
דּוֹר[a]׃ 8 וַיִּתְחַפֵּשׂ שָׁאוּל וַיִּלְבַּשׁ בְּגָדִים אֲחֵרִים וַיֵּלֶךְ הוּא וּשְׁנֵי 8
אֲנָשִׁים עִמּוֹ וַיָּבֹאוּ אֶל־הָאִשָּׁה לָיְלָה וַיֹּאמֶר קָסֳומִי[a]־נָא לִי בָּאוֹב
וְהַעֲלִי לִי אֵת אֲשֶׁר־אֹמַר אֵלָיִךְ׃ 9 וַתֹּאמֶר הָאִשָּׁה אֵלָיו הִנֵּה אַתָּה 9
יָדַעְתָּ אֵת אֲשֶׁר־עָשָׂה שָׁאוּל אֲשֶׁר הִכְרִית אֶת־הָאֹבוֹת וְאֶת־הַיִּדְּעֹנִי[a]
מִן־הָאָרֶץ וְלָמָה אַתָּה מִתְנַקֵּשׁ בְּנַפְשִׁי לַהֲמִיתֵנִי׃ 10 וַיִּשָּׁבַע לָהּ שָׁאוּל 10
בַּיהוָה לֵאמֹר חַי־יְהוָה אִם־יִקְּרֵךְ[a] עָוֺן בַּדָּבָר הַזֶּה׃ 11 וַתֹּאמֶר הָאִשָּׁה 11
אֶת־מִי אַעֲלֶה־לָּךְ וַיֹּאמֶר אֶת־שְׁמוּאֵל הַעֲלִי־לִי׃ 12 וַתֵּרֶא הָאִשָּׁה 12
אֶת־שְׁמוּאֵל וַתִּזְעַק בְּקוֹל גָּדוֹל וַתֹּאמֶר הָאִשָּׁה אֶל־שָׁאוּל לֵאמֹר[a]
לָמָּה רִמִּיתָנִי וְאַתָּה שָׁאוּל׃ 13 וַיֹּאמֶר לָהּ הַמֶּלֶךְ אַל־תִּירְאִי כִּי[a] מָה 13
רָאִית וַתֹּאמֶר הָאִשָּׁה אֶל־שָׁאוּל אֱלֹהִים רָאִיתִי עֹלִים מִן־הָאָרֶץ׃
14 וַיֹּאמֶר לָהּ מַה־תָּאֳרוֹ וַתֹּאמֶר אִישׁ זָקֵן עֹלֶה וְהוּא עֹטֶה מְעִיל 14
וַיֵּדַע שָׁאוּל כִּי־שְׁמוּאֵל הוּא וַיִּקֹּד אַפַּיִם אַרְצָה וַיִּשְׁתָּחוּ׃ ס
15 וַיֹּאמֶר שְׁמוּאֵל אֶל־שָׁאוּל לָמָּה הִרְגַּזְתַּנִי לְהַעֲלוֹת אֹתִי וַיֹּאמֶר 15
שָׁאוּל צַר־לִי מְאֹד וּפְלִשְׁתִּים ׀ נִלְחָמִים בִּי וֵאלֹהִים סָר מֵעָלַי וְלֹא־
עָנָנִי עוֹד גַּם בְּיַד־הַנְּבִיאִם[a] גַּם־בַּחֲלֹמוֹת וָאֶקְרָאֶה[b] לְךָ לְהוֹדִיעֵנִי
מָה אֶעֱשֶׂה׃ ס 16 וַיֹּאמֶר שְׁמוּאֵל וְלָמָּה[a] תִּשְׁאָלֵנִי וַיהוָה סָר 16
מֵעָלֶיךָ וַיְהִי עָרֶךָ[b]׃ 17 וַיַּעַשׂ יְהוָה לוֹ[a] כַּאֲשֶׁר דִּבֶּר בְּיָדִי וַיִּקְרַע יְהוָה 17
אֶת־הַמַּמְלָכָה מִיָּדֶךָ[b] וַיִּתְּנָהּ לְרֵעֲךָ לְדָוִד׃ 18 כַּאֲשֶׁר לֹא־שָׁמַעְתָּ 18
בְּקוֹל יְהוָה וְלֹא־עָשִׂיתָ חֲרוֹן־אַפּוֹ בַּעֲמָלֵק עַל־כֵּן הַדָּבָר הַזֶּה עָשָׂה־
לְךָ יְהוָה הַיּוֹם הַזֶּה׃ 19 וְיִתֵּן יְהוָה גַּם אֶת־יִשְׂרָאֵל עִמְּךָ בְּיַד־פְּלִשְׁתִּים 19
וּמָחָר[a] אַתָּה וּבָנֶיךָ עִמִּי[b] גַּם[c] אֶת־מַחֲנֵה יִשְׂרָאֵל יִתֵּן יְהוָה בְּיַד־
פְּלִשְׁתִּים׃ 20 וַיְמַהֵר שָׁאוּל וַיִּפֹּל מְלֹא־קוֹמָתוֹ אַרְצָה וַיִּרָא מְאֹד 20

ב̇. ב̇ — ב̇. ל̇[8] — קסמי[9] ק̇ יתיר ו בליש — כ̇ט — ד̇ למערב[10] — כ̇ז בטע̇. ב̇ בטע̇[8] — ל̇. ה̇ — ה̇ פת[11] — ב̇ בליש[12] — ב̇[13] — ל̇ — ל̇. ב̇. ה̇ פסוק והוא הוא — ה̇ דגש דסמיכ̇[14]. ל̇ — ג̇. ה̇[15] — ג̇ מל בסיפ̇[16]. ל̇ — ו̇ בטע̇ בסיפ̇ — ה̇ לשון שנאה — ל̇ — יג̇[17] — ו̇[18] — יב̇[19]

[8] Mp sub loco. [9] Q addidi, cf Mp sub loco. [10] Mm 1158. [11] Mm 389. [12] Neh 9,4. [13] Mm 1691. [14] Mm 3274. [15] Mm 371. [16] Mm 1636. [17] Mm 157. [18] Mm 505. [19] Mm 1590.

7 [a] mlt Mss דאר cf $\mathfrak{T}^f$ et Ps 83,11 ‖ **8** [a] mlt Mss ut Mp ‖ **9** [a] mlt Mss נים– ‖ **10** [a] nonn Mss יִקְרֵךְ ‖ **12** [a] > 2 Mss citt 𝔊𝔖𝔙 ‖ **13** [a] > cit 𝔖𝔙; 𝔊 *εἶπον/εἶπε* ‖ **15** [a] permlt Mss הנביאים ‖ [b] 2 Mss om ה ‖ **16** [a] pc Mss citt ל׳ cf 𝔊𝔖𝔙 ‖ [b] σ′(𝔙) *ἀντίζηλός σου*, 𝔗 *d't b'jl dbbjh* cf Ps 139,20; 𝔊(𝔖) *μετὰ τοῦ πλησίον σου* cf 17; α′θ′ *κατά σου* ‖ **17** [a] pc Mss citt לך cf $𝔊^{-L}$𝔙 ‖ [b] nonn Mss –דיך; pc Mss cit מעליך cf $\mathfrak{T}^{-f}$ ‖ **19** [a] 2 Mss citt מ׳ ‖ [b] $𝔊^{-L}$ *μετὰ σοῦ* ‖ [c] pc Mss וגם cf $\mathfrak{S}^{-B*}\mathfrak{T}^{Mss}$𝔙.

מִדִּבְרֵ֣י שְׁמוּאֵ֑ל גַּם־כֹּ֙חַ֙ לֹא־הָ֣יָה ב֔וֹ כִּ֣י לֹ֤א אָכַל֙ לֶ֔חֶם כָּל־הַיּ֖וֹם[a]
21 וְכָל־הַלָּֽיְלָה׃ 21 וַתָּב֤וֹא הָֽאִשָּׁה֙ אֶל־שָׁא֔וּל וַתֵּ֖רֶא כִּֽי־נִבְהַ֣ל מְאֹ֑ד — י מל בנביא
וַתֹּ֣אמֶר אֵלָ֗יו הִנֵּ֨ה שָׁמְעָ֤ה שִׁפְחָֽתְךָ֙ בְּקוֹלֶ֔ךָ וָאָשִׂ֤ים נַפְשִׁי֙ בְּכַפִּ֔י וָאֶשְׁמַע֙ — ט[20] . ט[21] ד מנה בליש
22 אֶת־דְּבָרֶ֔יךָ אֲשֶׁ֥ר דִּבַּ֖רְתָּ אֵלָֽי׃ 22 וְעַתָּ֗ה שְֽׁמַֽע־נָ֤א גַם־אַתָּה֙ בְּק֣וֹל
שִׁפְחָתֶ֔ךָ וְאָשִׂ֧מָה לְפָנֶ֛יךָ פַּת־לֶ֖חֶם וֶאֱכ֑וֹל וִיהִ֤י בְךָ֙ כֹּ֔חַ כִּ֥י תֵלֵ֖ךְ — ב חד חס וחד מל[22] . ה מל בליש[23] . לב
23 בַּדָּֽרֶךְ׃ 23 וַיְמָאֵ֗ן וַיֹּ֙אמֶר֙ לֹ֣א אֹכַ֔ל וַיִּפְרְצוּ[a]־ב֤וֹ עֲבָדָיו֙ וְגַם־הָ֣אִשָּׁ֔ה
ס וַיִּשְׁמַ֖ע לְקֹלָ֑ם וַיָּ֙קָם֙ מֵֽהָאָ֔רֶץ וַיֵּ֖שֶׁב אֶל[b]־הַמִּטָּֽה׃ 24 וְלָאִשָּׁ֤ה עֵֽגֶל־ — חצי הספר בפסוקים . יז שמיעה לקול[24] . ג חס[25] . ה . ל[26]
מַרְבֵּק֙ בַּבַּ֔יִת וַתְּמַהֵ֖ר וַתִּזְבָּחֵ֑הוּ וַתִּקַּח־קֶ֣מַח וַתָּ֔לָשׁ וַתֹּפֵ֖הוּ[a] מַצּֽוֹת׃ — ד[27] . ב
25 וַתַּגֵּ֧שׁ לִפְנֵֽי־שָׁא֛וּל וְלִפְנֵ֥י עֲבָדָ֖יו וַיֹּאכֵ֑לוּ וַיָּקֻ֥מוּ וַיֵּלְכ֖וּ בַּלַּ֥יְלָה[a] — ב
הַהֽוּא׃ פ

29 1 וַיִּקְבְּצ֧וּ פְלִשְׁתִּ֛ים אֶת־כָּל־מַחֲנֵיהֶ֖ם אֲפֵ֑קָה וְיִשְׂרָאֵל֙ חֹנִ֔ים — ד[1] . לג
2 בַּעַ֖יִן[a] אֲשֶׁ֥ר בְּיִזְרְעֶֽאל׃ 2 וְסַרְנֵ֤י פְלִשְׁתִּים֙ עֹֽבְרִ֔ים לְמֵא֖וֹת וְלַאֲלָפִ֑ים — ב
3 וְדָוִ֣ד וַאֲנָשָׁ֗יו עֹבְרִ֛ים בָּאַחֲרֹנָ֖ה עִם־אָכִֽישׁ׃ 3 וַיֹּֽאמְרוּ֙ שָׂרֵ֣י פְלִשְׁתִּ֔ים — כה . ו[2]
מָ֖ה הָעִבְרִ֣ים הָאֵ֑לֶּה וַיֹּ֨אמֶר אָכִ֜ישׁ אֶל־שָׂרֵ֣י פְלִשְׁתִּ֗ים הֲלוֹא־זֶ֨ה — ו[2]
דָ֜וִד עֶ֣בֶד ׀ שָׁא֣וּל מֶֽלֶךְ־יִשְׂרָאֵ֗ל אֲשֶׁ֨ר הָיָ֤ה אִתִּי֙ זֶ֤ה יָמִים֙ אוֹ־זֶ֣ה
שָׁנִ֔ים וְלֹא־מָצָ֤אתִי בוֹ֙ מְא֔וּמָה מִיּ֥וֹם נָפְל֖וֹ[a] עַד־הַיּ֥וֹם הַזֶּֽה׃ פ — ה[3]
4 וַיִּקְצְפ֨וּ עָלָ֜יו שָׂרֵ֣י פְלִשְׁתִּ֗ים וַיֹּ֣אמְרוּ ל֣וֹ[a] שָׂרֵ֣י פְלִשְׁתִּ֡ים[a] הָשֵׁ֣ב אֶת־ — ב . ו[2] . ו[2]
הָאִ֡ישׁ וְיָשֹׁב֩ אֶל־מְקוֹמ֨וֹ[b] אֲשֶׁ֣ר הִפְקַדְתּ֣וֹ שָׁ֗ם וְלֹא־יֵרֵ֤ד עִמָּ֙נוּ֙ בַּמִּלְחָמָ֔ה — ה[4] . ל . ל
וְלֹֽא־יִֽהְיֶה־לָּ֥נוּ לְשָׂטָ֖ן בַּמִּלְחָמָ֑ה וּבַמֶּ֗ה יִתְרַצֶּ֥ה זֶה֙ אֶל־אֲדֹנָ֔יו הֲל֕וֹא — ב מיחד וכל במה ובמה דכות[5] . ל
5 בְּרָאשֵׁ֖י הָאֲנָשִׁ֥ים הָהֵֽם׃ 5 הֲלוֹא־זֶ֣ה דָוִ֔ד אֲשֶׁ֧ר יַעֲנוּ־ל֛וֹ בַּמְּחֹל֖וֹת — ד
לֵאמֹ֑ר

הִכָּ֤ה שָׁאוּל֙ בַּאֲלָפָ֔יו[a] וְדָוִ֖ד בְּרִבְבֹתָֽו[b]׃ — כת כן[6] . ברבבתיו ק

ס 6 וַיִּקְרָ֨א אָכִ֜ישׁ אֶל־דָּוִ֗ד וַיֹּ֤אמֶר אֵלָיו֙ חַי־יְהוָ֞ה כִּֽי־יָשָׁ֣ר אַתָּ֗ה
וְט֣וֹב בְּעֵינַ֡י צֵאתְךָ֣ וּבֹאֲךָ֩ אִתִּ֨י בַּֽמַּחֲנֶ֜ה כִּ֠י לֹא־מָצָ֤אתִי בְךָ֙ רָעָ֔ה מִיּ֛וֹם — יז[7]

[20] Mm 1918. [21] Mm 609. [22] Mm 329. [23] Mm 1692. [24] Mm 23. [25] Mm 1693. [26] Mm 867. [27] Mm 2715.
Cp 29 [1] Mm 1316. [2] Mm 1631. [3] Mm 2875. [4] Mm 976. [5] Mm 607. [6] Mp sub loco. [7] Mm 1088.

20 [a] nonn Mss + ההוא cf 𝔊^{OL}𝔖𝔙 ‖ **23** [a] mlt Mss ויפצרו cf Vrs et 2 S 13,25.27 ‖ [b] mlt Mss על ‖ **24** [a] nonn Mss ותאפהו, pc Mss ותופהו ‖ **25** [a] 𝔔 הלילה cf 𝔊 ‖ **Cp 29,1** [a] Mss בָּעַיִן ‖ **3** [a] 𝔊 + *προς μέ* cf σ'(𝔗) *(προσέφυγον) μοί*, 𝔙 *(transfugit) ad me*; 𝔖 *lwtn* ‖ **4** [a–a] > 𝔊𝔖𝔙 ‖ [b–b] nonn Mss ממק' ‖ **5** [a] K^{Mss} באלפו cf 18,7[a] 21,12[a] ‖ [b] mlt Mss ut Q cf 𝔊𝔙 et 18,7[b] 21,12[a].

בֹּאֲךָ אֵלַי עַד־הַיּוֹם הַזֶּה וּבְעֵינֵי הַסְּרָנִים לֹא־טוֹב אָתָּה׃ 7 וְעַתָּה 7
יא[8]. ב. ג[9]. כל עשייה רע פת ב מ ז[10] קמ. יד בסיפ — שׁוּב וְלֵךְ°[a] בְּשָׁלוֹם וְלֹא־תַעֲשֶׂה רָע בְּעֵינֵי סַרְנֵי פְלִשְׁתִּים׃ ס
8 וַיֹּאמֶר דָּוִד אֶל־אָכִישׁ כִּי מֶה עָשִׂיתִי וּמַה־מָּצָאתָ בְעַבְדְּךָ מִיּוֹם 8
אֲשֶׁר הָיִיתִי לְפָנֶיךָ עַד הַיּוֹם הַזֶּה כִּי לֹא אָבוֹא וְנִלְחַמְתִּי בְּאֹיְבֵי
ל בטע . כז בטע — אֲדֹנִי הַמֶּלֶךְ׃ 9 וַיַּעַן° אָכִישׁ° וַיֹּאמֶר אֶל־דָּוִד° יָדַעְתִּי כִּי טוֹב אַתָּה 9
ל. ו[11] — בְּעֵינַי כְּמַלְאַךְ° אֱלֹהִים אַךְ שָׂרֵי° פְלִשְׁתִּים אָמְרוּ לֹא־יַעֲלֶה עִמָּנוּ
בַּמִּלְחָמָה׃ 10 וְעַתָּה הַשְׁכֵּם בַּבֹּקֶר וְעַבְדֵי[a] אֲדֹנֶיךָ אֲשֶׁר־בָּאוּ אִתָּךְ[b] 10
ג[12]. ג. כה — [c]וְהִשְׁכַּמְתֶּם בַּבֹּקֶר[c] וְאוֹר לָכֶם וָלֵכוּ׃ 11 וַיַּשְׁכֵּם דָּוִד הוּא וַאֲנָשָׁיו 11
לָלֶכֶת בַּבֹּקֶר[a] לָשׁוּב אֶל־אֶרֶץ פְּלִשְׁתִּים וּפְלִשְׁתִּים עָלוּ יִזְרְעֶאל׃ ס
ו בטע בסיפ. ל. כה — 30 1 וַיְהִי בְּבֹא[a] דָוִד וַאֲנָשָׁיו צִקְלַג בַּיּוֹם הַשְּׁלִישִׁי וַעֲמָלֵקִי[b] פָּשְׁטוּ 30
ל. ט[1] — אֶל־נֶגֶב וְאֶל־°צִקְלַג וַיַּכּוּ אֶת־צִקְלַג וַיִּשְׂרְפוּ אֹתָהּ בָּאֵשׁ׃ 2 וַיִּשְׁבּוּ 2
ל — אֶת־הַנָּשִׁים אֲשֶׁר־בָּהּ מִקָּטֹן וְעַד־גָּדוֹל לֹא[a] הֵמִיתוּ אִישׁ וַיִּנְהֲגוּ וַיֵּלְכוּ
כה. ב חד חס וחד מל[2]. ט — לְדַרְכָּם׃ 3 וַיָּבֹא דָוִד וַאֲנָשָׁיו אֶל־הָעִיר וְהִנֵּה שְׂרוּפָה בָּאֵשׁ וּנְשֵׁיהֶם 3
ג[3]. ה חס וכל עזרא דכות[4]. ה[5] — וּבְנֵיהֶם וּבְנֹתֵיהֶם° נִשְׁבּוּ׃ 4 וַיִּשָּׂא דָוִד וְהָעָם אֲשֶׁר־אִתּוֹ אֶת־קוֹלָם 4
ה[5] — וַיִּבְכּוּ עַד אֲשֶׁר אֵין־בָּהֶם כֹּחַ לִבְכּוֹת׃ 5 וּשְׁתֵּי נְשֵׁי־דָוִד נִשְׁבּוּ אֲחִינֹעַם 5
ה ב מנה חס. ב — הַיִּזְרְעֵלִית[a] וַאֲבִיגַיִל אֵשֶׁת נָבָל הַכַּרְמְלִי[b]׃ 6 וַתֵּצֶר לְדָוִד מְאֹד כִּי־ 6
ל בטע. בניו חד מן ד[6] ק כת חס בליש — אָמְרוּ הָעָם לְסָקְלוֹ כִּי־מָרָה נֶפֶשׁ כָּל־הָעָם אִישׁ עַל־בְּנָו[a] וְעַל־
ה[7] — בְּנֹתָיו וַיִּתְחַזֵּק דָּוִד בַּיהוָה אֱלֹהָיו׃ ס 7 וַיֹּאמֶר דָּוִד אֶל־אֶבְיָתָר 7
ה[8] — הַכֹּהֵן בֶּן־אֲחִימֶלֶךְ הַגִּישָׁה־נָּא לִי הָאֵפֹד [a]וַיַּגֵּשׁ אֶבְיָתָר אֶת־הָאֵפֹד
ה. ג ב חס וחד מל — אֶל־דָּוִד[a]׃ 8 וַיִּשְׁאַל° דָּוִד° בַּיהוָה לֵאמֹר אֶרְדֹּף[a] אַחֲרֵי הַגְּדוּד־הַזֶּה 8
ה חס. ב. ל — הַאַשִּׂגֶנּוּ וַיֹּאמֶר לוֹ° רְדֹף כִּי־הַשֵּׂג תַּשִּׂיג וְהַצֵּל° תַּצִּיל׃ 9 וַיֵּלֶךְ דָּוִד 9
ג — הוּא וְשֵׁשׁ־[a]מֵאוֹת אִישׁ אֲשֶׁר אִתּוֹ וַיָּבֹאוּ עַד־נַחַל הַבְּשׂוֹר וְהַנּוֹתָרִים
עָמָדוּ׃ 10 וַיִּרְדֹּף דָּוִד הוּא וְאַרְבַּע־מֵאוֹת אִישׁ וַיַּעַמְדוּ מָאתַיִם אִישׁ 10
ב. ג — אֲשֶׁר פִּגְּרוּ מֵעֲבֹר אֶת־נַחַל הַבְּשׂוֹר׃ 11 וַיִּמְצְאוּ אִישׁ־מִצְרִי בַּשָּׂדֶה 11

[8]Mm 1500. [9]Mm 531. [10]Mm 824. [11]Mm 1631. [12]Mm 118. **Cp 30** [1]Mm 1694. [2]Mm 1695. [3]Mm 1696. [4]Mm 1132. [5]Mm 4167. [6]Mm 1063. [7]Mm 4195. [8]Mm 356.

7 [a] pc Mss לך cf 𝔖 || **10** [a] 𝔊$^{-A}$ pr *σύ* cf 𝔏$^{93.94}$𝔙 || [b] 𝔊𝔏$^{93.94}$ + mlt vb || [c–c] 𝔊 *καὶ ὀρθρίσατε ἐν τῇ ὁδῷ*, 𝔖 *b'wrḥ'* cf (?) Jdc 19,9 || **11** [a] > 𝔊$^{-OL}$𝔖 || **Cp 30,1** [a] nonn Mss כבא || [b] Ms citt –לק cf 𝔊 et 15,6[a].15[a] || **2** [a] nonn Mss ולא cf 𝔊^{Ms}𝔗^{Mss}𝔙 || **5** [a] mlt Mss Q^{Mss} –עאלית || [b] nonn Mss –לית cf 27,3 || **6** [a] mlt Mss ut Q cf Vrs || **7** [a–a] > 𝔊$^{-OL}$ || **8** [a] 2 Mss citt הַא׳ cf 𝔊𝔏$^{93.94}$ || **9** [a] 𝔊 4.

12 וַיִּקְח֥וּ אֹתוֹ֮ אֶל־דָּוִד֒ וַיִּתְּנוּ־ל֥וֹ לֶ֙חֶם֙ וַיֹּ֔אכַל וַיַּשְׁקֻ֖הוּ מָֽיִם׃ 12 וַיִּתְּנוּ־לוֹ֩ — ב̇ בטע
פֶ֨לַח דְּבֵלָ֜ה וּשְׁנֵ֤י צִמֻּקִים֙ וַיֹּ֔אכַל וַתָּ֥שָׁב רוּח֖וֹ אֵלָ֑יו כִּ֠י לֹֽא־אָ֤כַל לֶ֙חֶם֙ — ב̇ בטע
13 וְלֹא־שָׁ֣תָה מַ֔יִם שְׁלֹשָׁ֥ה יָמִ֖ים וּשְׁלֹשָׁ֥ה לֵילֽוֹת׃ ס 13 וַיֹּ֨אמֶר ל֤וֹ — ל̇[9]
דָוִד֙ לְמִי־אַ֔תָּה וְאֵ֥י מִזֶּ֖ה אָ֑תָּה וַיֹּ֜אמֶר נַ֧עַר מִצְרִ֣י אָנֹ֗כִי עֶ֚בֶד לְאִ֣ישׁ — כו̇ מלעיל . לא . ח̇[10] בטע וכל זקף אתנח וס״פ דכות ב̇ מ̇ א̇
14 עֲמָלֵקִ֔י וַיַּעַזְבֵ֧נִי אֲדֹנִ֛י כִּ֥י חָלִ֖יתִי הַיּ֥וֹם שְׁלֹשָֽׁה׃ 14 אֲנַ֣חְנוּ פָּ֠שַׁטְנוּ — ל̇ ר״פ[11]
נֶ֧גֶב[a] הַכְּרֵתִ֛י וְעַל־אֲשֶׁ֥ר לִֽיהוּדָ֖ה וְעַל־נֶ֣גֶב כָּלֵ֑ב וְאֶת־צִקְלַ֖ג שָׂרַ֥פְנוּ — ל̇[12] . ל̇
15 בָאֵֽשׁ׃ 15 וַיֹּ֤אמֶר אֵלָיו֙ דָּוִ֔ד הֲתוֹרִדֵ֖נִי אֶל־הַגְּד֣וּד הַזֶּ֑ה וַיֹּ֡אמֶר הִשָּׁבְעָה֩ — ד̇ . ל̇ . ב̇[13]
לִּ֨י בֵֽאלֹהִ֜ים אִם־תְּמִיתֵ֗נִי וְאִם־תַּסְגִּרֵ֙נִי֙ בְּיַד־אֲדֹנִ֔י וְאוֹרִֽדְךָ֖ אֶל־ — ל̇ וחס . ג̇[14]
16 הַגְּד֥וּד הַזֶּֽה׃ 16 וַיֹּרִדֵ֔הוּ וְהִנֵּ֥ה נְטֻשִׁ֖ים עַל־פְּנֵ֣י כָל־הָאָ֑רֶץ אֹֽכְלִ֤ים — ב̇ וחס
וְשֹׁתִים֙ וְחֹ֣גְגִ֔ים בְּכֹל֙ הַשָּׁלָ֣ל הַגָּד֔וֹל אֲשֶׁ֥ר לָקְח֛וּ מֵאֶ֥רֶץ פְּלִשְׁתִּ֖ים — ו̇[15]
17 וּמֵאֶ֥רֶץ יְהוּדָֽה׃ 17 וַיַּכֵּ֥ם דָּוִ֛ד מֵהַנֶּ֥שֶׁף וְעַד־הָעֶ֖רֶב לְמָֽחֳרָתָ֑ם וְלֹֽא־ — ז̇[16] . ל̇ . ל̇
נִמְלַ֨ט מֵהֶ֜ם אִ֗ישׁ כִּ֠י אִם־אַרְבַּ֨ע מֵא֧וֹת אִישׁ־נַ֛עַר אֲשֶׁר־רָכְב֥וּ עַל־
18 הַגְּמַלִּ֖ים וַיָּנֻֽסוּ׃ 18 וַיַּצֵּ֣ל דָּוִ֔ד אֵ֛ת כָּל־אֲשֶׁ֥ר לָקְח֖וּ עֲמָלֵ֑ק וְאֶת־שְׁתֵּ֥י — ו̇ וכל ואת שתי הכלית דכות[17]
19 נָשָׁ֖יו הִצִּ֥יל דָּוִֽד׃ 19 וְלֹ֣א נֶעְדַּר־לָ֠הֶם מִן־הַקָּטֹ֨ן וְעַד־הַגָּד֜וֹל וְעַד־ — ג̇ פסוק ועד ועד ועד[18]
בָּנִ֤ים וּבָנוֹת֙ וּמִשָּׁלָ֔ל וְעַ֛ד כָּל־אֲשֶׁ֥ר לָקְח֖וּ לָהֶ֑ם הַכֹּ֖ל הֵשִׁ֥יב דָּוִֽד׃ — ב̇[19]
20 וַיִּקַּ֣ח דָּוִ֔ד אֶת־כָּל־הַצֹּ֖אן וְהַבָּקָ֑ר נָהֲג֗וּ לִפְנֵי֙ הַמִּקְנֶ֣ה הַה֔וּא וַיֹּ֣אמְר֔וּ — ל̇ . ל̇
21 זֶ֖ה שְׁלַ֥ל דָּוִֽד׃ 21 וַיָּבֹ֣א דָוִ֗ד אֶל־מָאתַ֨יִם הָאֲנָשִׁ֜ים אֲשֶׁר־פִּגְּר֣וּ ׀ מִלֶּ֣כֶת — ב̇
אַחֲרֵ֣י דָוִ֗ד וַיֹּשִׁבֻם֙[a] בְּנַ֣חַל הַבְּשׂ֔וֹר וַיֵּֽצְאוּ֙ לִקְרַ֣את דָּוִ֔ד וְלִקְרַ֖את — ב̇ חד חס וחד מל[20] . ג̇ . ל̇
הָעָ֣ם אֲשֶׁר־אִתּ֑וֹ וַיִּגַּ֤שׁ דָּוִד֙ אֶת[b]־הָעָ֔ם [c]וַיִּשְׁאַ֥ל לָהֶ֖ם[c] לְשָׁלֽוֹם׃ ס
22 וַיַּ֜עַן כָּל־אִֽישׁ־רָ֣ע וּבְלִיַּ֗עַל מֵהָאֲנָשִׁים֙ אֲשֶׁ֣ר הָלְכ֣וּ עִם־דָּוִ֔ד וַיֹּאמְר֗וּ — ב̇ . ל̇ . ל̇
יַ֚עַן אֲשֶׁ֣ר לֹא־הָלְכ֣וּ עִמִּ֔י[a] לֹא[b]־נִתֵּ֣ן לָהֶ֔ם מֵהַשָּׁלָ֖ל אֲשֶׁ֣ר הִצַּ֑לְנוּ כִּֽי־ — ו̇[21] . ג̇[22] . ל̇
23 אִם־אִ֤ישׁ אֶת־אִשְׁתּוֹ֙ וְאֶת־בָּנָ֔יו וְיִנְהֲג֖וּ וְיֵלֵֽכוּ׃ ס 23 וַיֹּ֣אמֶר דָּוִ֔ד — ו̇ וכל אורית דכות ב̇ מ̇ ד̇
לֹא־תַעֲשׂ֥וּ כֵ֖ן אֶחָ֑י אֵ֣ת[a] אֲשֶׁר־נָתַ֤ן יְהוָה֙ לָ֔נוּ וַיִּשְׁמֹ֣ר אֹתָ֔נוּ וַיִּתֵּ֗ן אֶת־

[9] Mm 1952. [10] Mm 1571. [11] Mm 978. [12] Mm 3138. [13] Mm 141. [14] Mm 2728. [15] Mm 1697. [16] Mm 1698. [17] Mm 124. [18] Mm 56. [19] Mm 2285. [20] Mm 1587. [21] Mm 1442. [22] Mm 1699.

13 [a] pc Mss + ימים cf 𝔏[93.94] *(tertia die)* α′ (?) 𝔖𝔗 ‖ **14** [a] citt pr על cf 𝔊𝔏[93.94] 𝔗𝔙 ‖ **21** [a] pc Mss בָם– cf 𝔊𝔖𝔗[Buxt]𝔙 ‖ [b] nonn Mss citt אל cf 𝔊𝔙 et 9,18[a]; 𝔖 *(wqrb dwjd) w(ʿm')* ‖ [c–c] 𝔊[-L] *καὶ ἠρώτησαν αὐτόν*, σ′ … *ἠσπάσαντο αὐτούς*, 𝔖 *wšʾlw (bšlm)hwn* ‖ **22** [a] pc Mss cit עִמָּנוּ cf 𝔊𝔖𝔙 ‖ [b] pc Mss ולא cf 𝔗[f] ‖ **23** [a] cit אחרי cf 𝔊[-OL] *(μετά)*.

ל̇. ב̇ הַגְּדוּד הַבָּא עָלֵינוּ בְּיָדֵנוּ[b]׃ 24 וּמִי֙ יִשְׁמַע לָכֶם לַדָּבָר הַזֶּה כִּ֗י כְּחֵלֶק ׀ 24
ז̇ פסוק מן ה̇ מילין ז̇ מכה וז̇ מכה[23]. ל̇ הַיֹּרֵד[a] בַּמִּלְחָמָה וּכְחֵלֶק הַיֹּשֵׁב עַל־הַכֵּלִים יַחְדָּו יַחֲלֹקוּ׃ ס
ג̇. ב̇ חד מל̇ וחד חס̇. ל̇ 25 וַיְהִי מֵהַיּוֹם הַהוּא וָמָעְלָה וַיְשִׂמֶהָ לְחֹק וּלְמִשְׁפָּט לְיִשְׂרָאֵל[a] עַד ס̇כ
כ̇ב̇[24]. ג̇[25] הַיּוֹם הַזֶּה׃ פ 26 וַיָּבֹא דָוִד אֶל־צִקְלַג וַיְשַׁלַּח מֵהַשָּׁלָל לְזִקְנֵי 26
יְהוּדָה לְרֵעֵהוּ[a] לֵאמֹר הִנֵּה לָכֶם בְּרָכָה מִשְּׁלַל אֹיְבֵי יְהוָה׃
ו̇ כת̇ כן[26] 27 לַאֲשֶׁר בְּבֵית־אֵל[a] וְלַאֲשֶׁר בְּרָמוֹת־נֶגֶב
ל̇. ה̇ חס̇ בליש וכל אורית̇ דכות̇[27] וְלַאֲשֶׁר בְּיַתִּר׃ 28 וְלַאֲשֶׁר בַּעֲרֹעֵר
וְלַאֲשֶׁר בְּשִׂפְמוֹת וְלַאֲשֶׁר בְּאֶשְׁתְּמֹעַ׃ ס
ל̇. ל̇ 29 וְלַאֲשֶׁר[a] בְּרָכָל וְלַאֲשֶׁר בְּעָרֵי הַיְּרַחְמְאֵלִי
וְלַאֲשֶׁר בְּעָרֵי הַקֵּינִי׃ 30 וְלַאֲשֶׁר בְּחָרְמָה
ה̇[28] שם קריה ב̇ מנה בליש וְלַאֲשֶׁר בְּבוֹר[a]־עָשָׁן וְלַאֲשֶׁר בַּעֲתָךְ׃
31 וְלַאֲשֶׁר בְּחֶבְרוֹן וּלְכָל־הַמְּקֹמוֹת אֲשֶׁר־הִתְהַלֶּךְ־שָׁם דָּוִד הוּא 31
כ̇ה̇ וַאֲנָשָׁיו׃ פ

ל̇ **31** 1 וּפְלִשְׁתִּים נִלְחָמִים בְּיִשְׂרָאֵל וַיָּנֻסוּ אַנְשֵׁי יִשְׂרָאֵל מִפְּנֵי **31**
ג̇ פְלִשְׁתִּים וַיִּפְּלוּ חֲלָלִים בְּהַר הַגִּלְבֹּעַ׃ 2 וַיַּדְבְּקוּ פְלִשְׁתִּים אֶת־ 2
ו̇ וכל אורית̇ דכות̇ ב̇ מ̇ ד̇ שָׁאוּל וְאֶת־בָּנָיו וַיַּכּוּ פְלִשְׁתִּים אֶת־יְהוֹנָתָן וְאֶת־אֲבִינָדָב וְאֶת־מַלְכִּי־
ג̇. ד̇[1] ב̇ מנה בליש שׁוּעַ בְּנֵי שָׁאוּל׃ 3 וַתִּכְבַּד הַמִּלְחָמָה אֶל[a]־שָׁאוּל וַיִּמְצָאֻהוּ הַמּוֹרִים 3
ט̇[2]. ל̇ אֲנָשִׁים בַּקָּשֶׁת [b]וַיָּחֶל מְאֹד מֵהַמּוֹרִים[b]׃ 4 וַיֹּאמֶר שָׁאוּל לְנֹשֵׂא כֵלָיו 4
ב̇. ג̇ מל̇[3]. ל̇ שְׁלֹף חַרְבְּךָ ׀ וְדָקְרֵנִי בָהּ פֶּן־יָבוֹאוּ הָעֲרֵלִים הָאֵלֶּה וּדְקָרֻנִי
לח̇ וְהִתְעַלְּלוּ־בִי וְלֹא אָבָה נֹשֵׂא כֵלָיו כִּי יָרֵא מְאֹד וַיִּקַּח שָׁאוּל אֶת־
לח̇ הַחֶרֶב וַיִּפֹּל עָלֶיהָ׃ 5 וַיַּרְא נֹשֵׂא־כֵלָיו כִּי מֵת שָׁאוּל וַיִּפֹּל גַּם־הוּא 5
ל̇. ל̇. ה̇. לח̇ ו̇ מנה בליש עַל־חַרְבּוֹ וַיָּמָת עִמּוֹ׃ 6 וַיָּמָת שָׁאוּל וּשְׁלֹשֶׁת בָּנָיו וְנֹשֵׂא כֵלָיו [a]גַּם[b] 6
י̇[4]. ל̇ ומחליפין כָּל־אֲנָשָׁיו[a] בַּיּוֹם הַהוּא יַחְדָּו׃ 7 וַיִּרְאוּ אַנְשֵׁי־יִשְׂרָאֵל אֲשֶׁר־בְּעֵבֶר 7

[23]Mm 1594 contra textum, sine Q. [24]Mm 59. [25]Mm 1699. [26]Mm 1700. [27]Mm 4029. [28]Mm 1346.
Cp 31 [1]Mm 948. [2]Mm 4056. [3]Mm 3344. [4]Mm 1664.

23 [b] mlt Mss דינו– cf 𝔊𝔖 ‖ **24** [a] Mss[K] הורד ‖ **25** [a] mlt Mss בי׳ cf 𝔗[Mss]𝔙 ‖ **26** [a] 𝔊[Mss] 𝔏[94]𝔖 pr cop ‖ **27** [a] 𝔊[-Mss] ἐν Βαιθσο(υ)ρ, 𝔏[93] *in Bethor* ‖ **29** [a] 𝔊[-O]𝔏[93] pr mlt vb ‖ **30** [a] mlt Mss בכ(ו)ר cf 𝔗[Mss] ‖ **Cp 31,3** [a] nonn Mss על cf 1 Ch 10,3 ‖ [b–b] 𝔊 *καὶ ἐτραυματίσθη* (𝔊[Lp] *ἐτραυμάτισαν αὐτὸν*) *εἰς τὰ ὑποχόνδρια*, 𝔏[93.94] *et sauciatus est in congressione illa*, 𝔙 *et vulneratus est* … ‖ **6** [a–a] > 𝔊[-OL] ‖ [b] mlt Mss וגם cf 𝔖𝔗[f].

הָעֵמֶק וַאֲשֶׁר ׀ בְּעֵבֶר הַיַּרְדֵּן כִּֽי־נָסוּ אַנְשֵׁי יִשְׂרָאֵל וְכִי־מֵתוּ שָׁאוּל לא פסוק כי וכי[5] . ב
וּבָנָיו וַיַּעַזְבוּ אֶת־הֶעָרִים[a] וַיָּנֻסוּ וַיָּבֹאוּ פְלִשְׁתִּים וַיֵּשְׁבוּ בָּהֶן׃ ס ג[6]
8 וַיְהִי מִמָּחֳרָת וַיָּבֹאוּ פְלִשְׁתִּים לְפַשֵּׁט אֶת־הַחֲלָלִים וַיִּמְצְאוּ אֶת־
9 שָׁאוּל וְאֶת־שְׁלֹשֶׁת בָּנָיו נֹפְלִים בְּהַר הַגִּלְבֹּעַ׃ 9 וַיִּכְרְתוּ אֶת־רֹאשׁוֹ לב בנביא כ מנה בסיפ
וַיַּפְשִׁטוּ אֶת־כֵּלָיו וַיְשַׁלְּחוּ בְאֶרֶץ־פְּלִשְׁתִּים סָבִיב לְבַשֵּׂר בֵּית[a] ב . ד[7] וכל אורית דכות ב מ א
10 עֲצַבֵּיהֶם וְאֶת־הָעָם׃ 10 וַיָּשִׂמוּ אֶת־כֵּלָיו בֵּית עַשְׁתָּרוֹת וְאֶת־גְּוִיָּתוֹ יב[8] . לה[9]
11 תָּקְעוּ בְּחוֹמַת בֵּית שָׁן[a]׃ 11 וַיִּשְׁמְעוּ אֵלָיו[a] יֹשְׁבֵי יָבֵישׁ גִּלְעָד אֵת ו[10]
12 אֲשֶׁר־עָשׂוּ פְלִשְׁתִּים לְשָׁאוּל׃ 12 וַיָּקוּמוּ כָּל־אִישׁ חַיִל וַיֵּלְכוּ כָל־ ט מל[11]
הַלַּיְלָה וַיִּקְחוּ אֶת־גְּוִיַּת שָׁאוּל וְאֵת גְּוִיֹּת בָּנָיו מֵחוֹמַת בֵּית שָׁן[a] וַיָּבֹאוּ[b] ל . ב חד חס וחד מל[12] ל[12]
13 יָבֵשָׁה וַיִּשְׂרְפוּ אֹתָם שָׁם׃ 13 וַיִּקְחוּ אֶת־עַצְמֹתֵיהֶם וַיִּקְבְּרוּ תַחַת־ ג חד מל וב חס
הָאֶשֶׁל בְּיָבֵשָׁה וַיָּצֻמוּ שִׁבְעַת יָמִים׃ פ ג חד מל וב חס

1 1 וַיְהִי אַחֲרֵי מוֹת שָׁאוּל וְדָוִד שָׁב מֵהַכּוֹת אֶת־הָעֲמָלֵק[a] וַיֵּשֶׁב ד . ל
2 דָּוִד[b] בְּצִקְלָג יָמִים שְׁנָיִם׃ 2 וַיְהִי ׀ בַּיּוֹם הַשְּׁלִישִׁי וְהִנֵּה אִישׁ בָּא מִן־ ב[1] . ל
הַמַּחֲנֶה מֵעִם שָׁאוּל וּבְגָדָיו קְרֻעִים וַאֲדָמָה עַל־רֹאשׁוֹ וַיְהִי בְּבֹאוֹ ד . ב וחס[2] . ז[3] . לב בנביא כ מנה בסיפ
3 אֶל־דָּוִד וַיִּפֹּל[a] אַרְצָה וַיִּשְׁתָּחוּ׃ 3 וַיֹּאמֶר לוֹ דָוִד אֵי מִזֶּה תָּבוֹא לא . ב[4]
4 וַיֹּאמֶר אֵלָיו מִמַּחֲנֵה יִשְׂרָאֵל נִמְלָטְתִּי׃ 4 וַיֹּאמֶר אֵלָיו דָּוִד מֶה־הָיָה ד . כד[5]
הַדָּבָר הַגֶּד־נָא לִי וַיֹּאמֶר[a] אֲשֶׁר־נָס הָעָם מִן־הַמִּלְחָמָה וְגַם[a]־הַרְבֵּה
5 נָפַל מִן־הָעָם וַיָּמֻתוּ[b] וְגַם שָׁאוּל וִיהוֹנָתָן בְּנוֹ מֵתוּ׃ 5 וַיֹּאמֶר דָּוִד אֶל־
6 הַנַּעַר[a] הַמַּגִּיד לוֹ אֵיךְ יָדַעְתָּ כִּי־מֵת[a] שָׁאוּל וִיהוֹנָתָן בְּנוֹ׃ 6 וַיֹּאמֶר
הַנַּעַר ׀ [a]הַמַּגִּיד לוֹ[a] נִקְרֹא נִקְרֵיתִי[b] בְּהַר הַגִּלְבֹּעַ וְהִנֵּה שָׁאוּל נִשְׁעָן ל . ב חד כת י וחד כת א[6]
7 עַל־חֲנִיתוֹ וְהִנֵּה הָרֶכֶב וּבַעֲלֵי הַפָּרָשִׁים הִדְבִּקֻהוּ׃ 7 וַיִּפֶן אַחֲרָיו ל וחס
8 וַיִּרְאֵנִי וַיִּקְרָא אֵלָי[a] וָאֹמַר הִנֵּנִי׃ 8 וַיֹּאמֶר לִי מִי־אָתָּה וַיֹּאמַר[a] אֵלָיו ח[7] . ואמר חד מן ד[8] ק כת כן וקר

[5] Mm 2059. [6] Mm 1701. [7] Mm 1702. [8] Mm 1055. [9] וישמו def contra Mp ד חס 1S 6,11.15, cf Mp sub loco. [10] Mm 1703. [11] Mm 1663. [12] Mp sub loco.

Cp 1 [1] Mp sub loco. [2] Mm 1704. [3] Mm 1705. [4] Mm 1706. [5] Mm 592. [6] Mm 1707. [7] Mm 1479. [8] Mm 3960.

7 [a] 𝔊 *τὰς πόλεις αὐτῶν* cf 𝔙 et 1 Ch 10,7 ‖ **9** [a] 𝔊 *τοῖς* cf 𝔏[93.94] et 1 Ch 10,9 ‖ **10** [a] pc Mss citt שאן cf Jdc 1,27 ‖ **11** [a] > Ms 𝔊[-OLp]𝔖𝔙; pc Mss כל cf 1 Ch 10,11 ‖ **12** [a] pc Mss cit שאן cf Jdc 1,27 ‖ [b] 𝔊 *καὶ φέρουσιν* cf 𝔖.
Cp 1,1 [a] nonn Mss (י)ק־ cf 𝔊 ‖ [b] > Ms 𝔙 ‖ **2** [a] 𝔊[LA] + *ἐπὶ πρόσωπον* cf 𝔙 ‖ **4** [a–a] > 𝔊[A] ‖ [b] 𝔊[BAMss] sg; > 𝔊[LMss]𝔖 cf 2,23[a] ‖ **5** [a–a] 𝔖 *ḥwnj 'jkn' mjtw* ‖ **6** [a–a] > 𝔊[Ms]𝔖 ‖ [b] nonn Mss citt נקראתי ‖ **7** [a] permlt Mss אֵלַי ‖ **8** [a] mlt Mss ut Q cf Vrs.

9 עֲמָלֵקִ֖י אָנֹֽכִי׃ 9 וַיֹּ֣אמֶר אֵלַ֗י עֲמָד־נָ֤א עָלַי֙ וּמֹ֣תְתֵ֔נִי כִּ֥י אֲחָזַ֖נִי הַשָּׁבָ֑ץ
10 כִּֽי־כָל[a]־ע֥וֹד[b] נַפְשִׁ֖י בִּֽי׃ 10 וָאֶעֱמֹ֤ד עָלָיו֙ וַאֲמֹ֣תְתֵ֔הוּ כִּ֣י יָדַ֔עְתִּי כִּ֛י לֹ֥א
יִֽחְיֶ֖ה אַחֲרֵ֣י נִפְל֑וֹ וָאֶקַּ֞ח הַנֵּ֣זֶר ׀ אֲשֶׁ֣ר עַל־רֹאשׁ֗וֹ וְאֶצְעָדָה֙ אֲשֶׁ֣ר עַל־
11 זְרֹע֔וֹ וָאֲבִיאֵ֥ם אֶל־אֲדֹנִ֖י הֵֽנָּה׃ 11 וַיַּחֲזֵ֥ק דָּוִ֛ד בִּבְגָדָ֖ו[a] וַיִּקְרָעֵ֑ם וְגַ֥ם
12 כָּל־הָאֲנָשִׁ֖ים אֲשֶׁ֥ר אִתּֽוֹ׃ 12 וַֽיִּסְפְּדוּ֙ וַיִּבְכּ֔וּ וַיָּצֻ֖מוּ עַד־הָעָ֑רֶב עַל־
שָׁא֞וּל וְעַל־יְהוֹנָתָ֣ן בְּנ֗וֹ וְעַל־עַ֤ם יְהוָה֙[a] וְעַל־בֵּ֣ית יִשְׂרָאֵ֔ל כִּ֥י נָפְל֖וּ
13 בֶּחָֽרֶב׃ ס 13 וַיֹּ֣אמֶר דָּוִ֗ד אֶל־הַנַּ֙עַר֙ הַמַּגִּ֣יד ל֔וֹ אֵ֥י מִזֶּ֖ה אָ֑תָּה
14 וַיֹּ֗אמֶר בֶּן־אִ֛ישׁ גֵּ֥ר עֲמָלֵקִ֖י אָנֹֽכִי׃ 14 וַיֹּ֥אמֶר אֵלָ֖יו דָּוִ֑ד אֵ֚יךְ לֹ֣א יָרֵ֔אתָ
15 לִשְׁלֹ֙חַ֙ יָֽדְךָ֔ לְשַׁחֵ֖ת אֶת־מְשִׁ֥יחַ יְהוָֽה׃ 15 וַיִּקְרָ֨א דָוִ֜ד לְאַחַד֙ מֵֽהַנְּעָרִ֔ים
16 וַיֹּ֖אמֶר גַּ֣שׁ פְּגַע־בּ֑וֹ וַיַּכֵּ֖הוּ וַיָּמֹֽת׃ 16 וַיֹּ֤אמֶר אֵלָיו֙ דָּוִ֔ד דָּמְיךָ֖[a] עַל־
רֹאשֶׁ֑ךָ כִּ֣י פִ֗יךָ עָנָ֤ה בְךָ֙ לֵאמֹ֔ר אָנֹכִ֥י מֹתַ֖תִּי אֶת־מְשִׁ֥יחַ יְהוָֽה׃ ס
17 17 וַיְקֹנֵ֣ן דָּוִ֔ד אֶת־הַקִּינָ֖ה הַזֹּ֑את עַל־שָׁא֖וּל וְעַל־יְהוֹנָתָ֥ן בְּנֽוֹ׃
18 18 וַיֹּ֕אמֶר לְלַמֵּ֥ד בְּנֵֽי־יְהוּדָ֖ה[a] קָ֑שֶׁת[b] הִנֵּ֥ה כְתוּבָ֖ה עַל־סֵ֥פֶר הַיָּשָֽׁר׃

19 הַצְּבִי֙ יִשְׂרָאֵ֔ל עַל־בָּמוֹתֶ֖יךָ חָלָ֑ל אֵ֖יךְ נָפְל֥וּ גִבּוֹרִֽים׃
20 אַל־תַּגִּ֣ידוּ בְגַ֔ת אַל[a]־תְּבַשְּׂר֖וּ בְּחוּצֹ֣ת אַשְׁקְל֑וֹן
פֶּן־תִּשְׂמַ֙חְנָה֙ בְּנ֣וֹת פְּלִשְׁתִּ֔ים פֶּֽן[b]־תַּעֲלֹ֖זְנָה בְּנ֥וֹת הָעֲרֵלִֽים׃
21 הָרֵ֣י בַגִּלְבֹּ֗עַ אַל־טַ֧ל וְאַל־מָטָ֛ר עֲלֵיכֶ֖ם [a]וּשְׂדֵ֣י תְרוּמֹ֑ת[a]
כִּ֣י שָׁ֤ם נִגְעַל֙ מָגֵ֣ן גִּבּוֹרִ֔ים מָגֵ֣ן שָׁא֔וּל בְּלִ֖י[b] מָשִׁ֥יחַ[c] בַּשָּֽׁמֶן׃
22 מִדַּ֣ם חֲלָלִ֗ים מֵחֵ֙לֶב֙[a] גִּבּוֹרִ֔ים קֶ֚שֶׁת יְה֣וֹנָתָ֔ן לֹ֥א נָשׂ֖וֹג[b] אָח֑וֹר
וְחֶ֣רֶב שָׁא֔וּל לֹ֥א תָשׁ֖וּב רֵיקָֽם׃
23 שָׁא֣וּל וִיהוֹנָתָ֗ן הַנֶּאֱהָבִ֤ים וְהַנְּעִימִם֙ בְּחַיֵּיהֶ֔ם וּבְמוֹתָ֖ם לֹ֣א נִפְרָ֑דוּ
מִנְּשָׁרִ֣ים קַ֔לּוּ מֵאֲרָי֖וֹת[a] גָּבֵֽרוּ׃
24 בְּנוֹת֙ יִשְׂרָאֵ֔ל אֶל[a]־שָׁא֖וּל בְּכֶ֑ינָה הַמַּלְבִּֽשְׁכֶ֤ם[b] שָׁנִי֙ עִם־עֲדָנִ֔ים
הַמַּעֲלֶה֙ עֲדִ֣י זָהָ֔ב עַ֖ל לְבוּשְׁכֶֽן[c]׃

ב חד חס וחד מל[9] . ל . ל
ל
יח וכל חיו יחיה דכות[10] . ל . לב בנביא כ מנה בסיפ . ל
בבגדיו ק
ה[11]
יג[12] וכל מלכים ישעיה וירמיה דכות ב מ א . כ[13] וכל ירמיה ויחזק דכות ב מ ח
לא
ד
ז[14]
ל . ל . ד . דמך ק
ד[15] . ל
ג ב חס וחד מל[16] . ה[11]
ב
ג ב מל וחד חס[17]
כו ר״פ אל אל[18] . ל כת כן[19]
ל . ל . ב חד כת ה וחד מן ו[20] כת י וכל רות דכות ב מ ב . ג ול מל[21]
ל בסיפ
ל כת ש
ל ר״פ[22] . ל . ב מל
ה ד מנה בטע . ל
ג[23] בליש וכל לשון בכיה על ב מ ג . ל . ד[24] חס ול בליש
ל

[9]Mm 1458. [10]Mm 107. [11]Mm 4067. [12]Mm 324. [13]Mm 953. [14]Mm 1207. [15]Mm 2047. [16]Mm 1724. [17]Mm 2552. [18]Mm 3261. [19]Mp sub loco. [20]Mm 2329. [21]Mm 1708. [22]Mm 978. [23]Mm 2898. [24]Mm 3833.

9 [a] > 𝔊[L] ‖ [b] > Ms 𝔊[BA]𝔖 ‖ **11** [a] mlt Mss ut Q cf Vrs ‖ **12** [a] 𝔊 *Ιουδα* (ex par ישראל) ‖ **16** [a] mlt Mss ut Q ‖ **18** [a] 𝔊[L] pr *Ισραηλ καί* ‖ [b] > 𝔊[-AMs] ‖ **20** [a] mlt Mss 𝔊𝔖𝔙 ואל ‖ [b] 𝔊[Mss]𝔖𝔙[Mss] pr cop ‖ **21** [a–a] 𝔊[L] *τὰ ὕψη σου ὄρη θανάτου* cf 𝔏[93.94] *montes mortis*, θ′ *θανάτου* ‖ [b] > 𝔖 ‖ [c] mlt Mss Q[2Mss] מָשׁוּחַ; in 𝔖 pertinet ad Saul ‖ **22** [a] pc Mss מחרב ‖ [b] mlt Mss נסוג ‖ **23** [a] nonn Mss ומ׳ cf 𝔊[-L]𝔖𝔗[Mss] ‖ **24** [a] nonn Mss על cf 𝔖𝔗 et 3,32[c] sed etiam Ez 27,31 ‖ [b] nonn Mss citt –כן ‖ [c] nonn Mss –כם; Ms 𝔊[-L]𝔖 –שיכן.

25 אֵ֚יךְ נָפְל֣וּ גִבֹּרִ֔ים בְּת֖וֹךְ הַמִּלְחָמָ֑ה	ז חס[25]
יְה֣וֹנָתָ֔ן ᵃעַל־בָּמוֹתֶ֖יךָ חָלָֽל׃ᵃ	ג ב מל וחד חס[26]
26 צַר־לִ֣י עָלֶ֗יךָ אָחִי֙ יְה֣וֹנָתָ֔ן נָעַ֥מְתָּ לִּ֖י מְאֹ֑ד	ב ול בסיפ
נִפְלְאַ֤תָהᵃ אַהֲבָֽתְךָ֙ לִ֔י מֵאַהֲבַ֖ת נָשִֽׁים׃	ל
27 אֵ֚יךְ נָפְל֣וּ גִבּוֹרִ֔ים וַיֹּאבְד֖וּ כְּלֵ֥י מִלְחָמָֽה׃ᵃ פ	ב[27]
2 1 וַיְהִ֣י אַחֲרֵי־כֵ֗ן וַיִּשְׁאַל֩ דָּוִ֨ד בַּיהוָ֤ה ׀ לֵאמֹר֙ הַאֶֽעֱלֶ֗ה בְּאַחַת֙	ה
עָרֵ֣י יְהוּדָ֔ה וַיֹּ֧אמֶר יְהוָ֛ה אֵלָ֖יו עֲלֵ֑ה וַיֹּ֧אמֶר דָּוִ֛ד אָ֥נָה אֶֽעֱלֶ֖ה וַיֹּ֥אמֶר	
2 חֶבְרֹֽנָה׃ 2 וַיַּ֤עַל שָׁם֙ דָּוִ֔ד וְגַ֖ם שְׁתֵּ֣י נָשָׁ֑יו אֲחִינֹ֙עַם֙ הַיִּזְרְעֵלִ֔יתᵃ וַאֲבִיגַ֕יִל	ט ול חס[1]. ה
3 אֵ֖שֶׁת נָבָ֥ל הַֽכַּרְמְלִֽי׃ᵇ 3 ᵃוַאֲנָשָׁ֧יוᵇ אֲשֶׁר־עִמּ֛וֹᶜ הֶעֱלָ֥ה דָוִ֖דᶜ אִ֣ישׁ וּבֵית֑וֹ	כה. יא וכל ד״ה דכות. ג[2]. ג
4 וַיֵּשְׁב֖וּ בְּעָרֵ֥י חֶבְרֽוֹן׃ᵃ 4 וַיָּבֹ֙אוּ֙ אַנְשֵׁ֣י יְהוּדָ֔ה וַיִּמְשְׁחוּ־שָׁ֧ם אֶת־דָּוִ֛ד	
לְמֶ֖לֶךְᵃ עַל־בֵּ֣ית יְהוּדָ֑ה	יג[3] וכל מלכים ישעיה וירמיה דכות ב מ יא
וַיַּגִּ֤דוּ לְדָוִד֙ לֵאמֹ֔רᵇ אַנְשֵׁי֙ יָבֵ֣ישׁ גִּלְעָ֔דᶜ אֲשֶׁ֥ר קָבְר֖וּ אֶת־שָׁאֽוּל׃ ס	
5 וַיִּשְׁלַ֤ח דָּוִד֙ מַלְאָכִ֔ים אֶל־אַנְשֵׁ֖י יָבֵ֣ישׁ גִּלְעָ֑ד וַיֹּ֣אמֶר אֲלֵיהֶ֗ם בְּרֻכִ֤ים	ג ב מל וחד חס[4]
אַתֶּם֙ לַֽיהוָ֔ה אֲשֶׁ֨ר עֲשִׂיתֶ֜ם הַחֶ֣סֶד הַזֶּ֗ה עִם־ᵃאֲדֹנֵיכֶם֙ עִם־שָׁא֔וּל	
6 וַֽתִּקְבְּר֖וּ אֹתֽוֹ׃ 6 וְעַתָּ֕ה יַֽעַשׂ־יְהוָ֥ה עִמָּכֶ֖ם חֶ֣סֶד וֶאֱמֶ֑ת וְגַ֣ם אָנֹכִ֗י	ב. ה[5]
ס כא אֶעֱשֶׂ֤ה אִתְּכֶם֙ הַטּוֹבָ֣ה ᵃהַזֹּ֔את אֲשֶׁ֥רᵃ עֲשִׂיתֶ֖ם הַדָּבָ֥ר הַזֶּֽה׃ 7 וְעַתָּ֣ה ׀	ב. יא חס את
תֶּחֱזַ֣קְנָה יְדֵיכֶ֗ם וִֽהְיוּ֙ לִבְנֵי־חַ֔יִל כִּי־מֵ֖ת אֲדֹנֵיכֶ֣ם שָׁא֑וּל וְגַם־אֹתִ֗י	ה. ז[6]
מָשְׁח֧וּ בֵית־יְהוּדָ֛ה ᵇלְמֶ֖לֶךְᵇ עֲלֵיהֶֽם׃ᵃ פ	
8 וְאַבְנֵ֣ר בֶּן־נֵ֔ר שַׂר־צָבָ֖אᵃ אֲשֶׁ֣ר לְשָׁא֑וּל לָקַ֗ח אֶת־ᵇאִ֤ישׁ בֹּ֙שֶׁת֙ᵇ	ג
9 בֶּן־שָׁא֔וּל וַיַּעֲבִרֵ֖הוּ מַחֲנָֽיִם׃ 9 וַיַּמְלִכֵ֙הוּ֙ אֶל־הַגִּלְעָ֔ד וְאֶל־הָאֲשׁוּרִ֖יᵃ	ב וחס[7]. ל. ה[8]
וְאֶל־יִזְרְעֶ֑אל וְעַל־אֶפְרַ֙יִם֙ וְעַל־בִּנְיָמִ֔ן וְעַל־יִשְׂרָאֵ֖ל כֻּלֹּֽה׃ᵇ פ	ב. ג[9] כת ה וכל ירמיה ויחזק ותרי עשר דכות ב מ ג
10 בֶּן־אַרְבָּעִ֨ים שָׁנָ֜ה אִֽישׁ־בֹּ֣שֶׁתᵃ בֶּן־שָׁא֗וּל בְּמָלְכוֹ֙ עַל־יִשְׂרָאֵ֔ל	ב ר״פ[10]. ל

[25] Mm 3633. [26] Mm 2552. [27] Mm 933. **Cp 2** [1] Mm 1302. [2] Mm 3090. [3] Mm 324. [4] Mm 3395. [5] Mm 143. [6] Mm 1773. [7] Mm 1616. [8] Mm 1592. [9] Mm 2264. [10] Mm 1323.

25 a–a 𝔊^LMss θ′ *εἰς θανατον ἐτραυματίσθης (ἐμοί)* ‖ **26** a 𝔊^Lp *ἐπέπεσεν ἐπ' ἐμέ/ἐμοί* ‖ **27** a 𝔊^L θ′/α′(?) *ἐπιθυμητά* cf 2 Ch 36,19 ‖ **Cp 2,2** a mlt Mss עאלית– cf 𝔗 ‖ b pc Mss לית– ‖ **3** a–a 𝔖^AC *wdwjd wgbrwhj ʿmh slqw wʾnšj bjth w(ʾ)jtbw bḥbrwn* ‖ b 𝔊^-OL *καὶ οἱ ἄνδρες* cf 𝔙 ‖ c–c > 𝔊^-O ‖ **4** a 𝔊^-Ms𝔖𝔗^-f𝔙 verb, sed cf 𝔊𝔙 7b ‖ b 𝔊^-L + *ὅτι* cf 𝔖𝔙 ‖ c > 𝔊^-L cf b ‖ **5** a 𝔔 על, 𝔊 *ἐπί* ‖ **6** a–a 𝔙 *eo quod* cf Dt 28,47 1 S 26,21 ‖ **7** a–a 𝔔 עלהם ל[, 𝔊 *ἐφ' ἑαυτὸν εἰς βασιλέα* ‖ b 𝔖𝔗^-f verb ut alibi cf 4a ‖ **8** a 𝔔 pr ה ‖ b–b 𝔊^Ms α′σ′θ′ *Εισβααλ* cf 𝔏^93.94; nonn Mss איש(־)בשת ‖ **9** a 𝔖 *gšwr*, 𝔙 *Ges(s)uri*, 𝔗 *(d)bjt ʾšr*, sed cf Jdc 1,32 ‖ b pc Mss כלו ‖ **10** a–a 𝔊^Ms *Εισβααλ*; pc Mss אישבשת.

11 וּשְׁתַּ֥יִם שָׁנִ֖ים[b] מָלָ֑ךְ אַ֚ךְ בֵּ֣ית יְהוּדָ֔ה הָי֖וּ אַחֲרֵ֥י דָוִֽד׃ 11 וַֽיְהִי֙ מִסְפַּ֣ר
הַיָּמִ֗ים אֲשֶׁ֨ר הָיָ֥ה דָוִ֛ד מֶ֥לֶךְ בְּחֶבְר֖וֹן עַל־בֵּ֣ית יְהוּדָ֑ה שֶׁ֥בַע שָׁנִ֖ים   יג[11] וכל מלכים ישעיה וירמיה דכות ב מ א
12 וְשִׁשָּׁ֥ה חֳדָשִֽׁים׃ ס 12 וַיֵּצֵא֙ אַבְנֵ֣ר בֶּן־נֵ֔ר וְעַבְדֵ֖י [a]אִֽישׁ־בֹּ֣שֶׁת[a]
13 בֶּן־שָׁא֑וּל מִֽמַּחֲנַ֖יִם גִּבְעֽוֹנָה[b]׃ 13 וְיוֹאָ֨ב בֶּן־צְרוּיָ֜ה וְעַבְדֵ֤י דָוִד֙ יָֽצְא֔וּ   ב חד מל וחד חס[12]
וַֽיִּפְגְּשׁ֛וּם עַל־בְּרֵכַ֥ת גִּבְע֖וֹן יַחְדָּ֑ו וַיֵּשְׁב֨וּ אֵ֤לֶּה עַל־הַבְּרֵכָה֙ מִזֶּ֔ה וְאֵ֥לֶּה   ל ומל
14 עַל־הַבְּרֵכָ֖ה מִזֶּֽה׃ 14 וַיֹּ֤אמֶר אַבְנֵר֙ אֶל־יוֹאָ֔ב יָק֤וּמוּ נָא֙ הַנְּעָרִ֔ים
15 וִישַׂחֲק֖וּ לְפָנֵ֑ינוּ וַיֹּ֥אמֶר יוֹאָ֖ב יָקֻֽמוּ׃ 15 וַיָּקֻ֖מוּ וַיַּעַבְר֣וּ בְמִסְפָּ֑ר שְׁנֵ֨ים   ל . ‡ חס[13]
עָשָׂ֤ר לְבִנְיָמִן֙[a] [b]וּלְאִ֣ישׁ בֹּ֔שֶׁת[b] בֶּן־שָׁא֑וּל וּשְׁנֵ֥ים עָשָׂ֖ר מֵעַבְדֵ֥י דָוִֽד׃   ג[14]
16 וַֽיַּחֲזִ֜קוּ אִ֣ישׁ ׀ בְּרֹ֣אשׁ רֵעֵ֗הוּ וְחַרְבּוֹ֙ בְּצַ֣ד רֵעֵ֔הוּ וַֽיִּפְּל֖וּ יַחְדָּ֑ו וַיִּקְרָא֙   ו[15] בליש וחד מן ד חס . ג[16] מנה בליש . לה[17]
17 לַמָּק֣וֹם הַה֔וּא חֶלְקַ֥ת הַצֻּרִ֖ים אֲשֶׁ֥ר בְּגִבְעֽוֹן׃ 17 וַתְּהִ֤י הַמִּלְחָמָה֙ קָשָׁ֣ה
עַד־מְאֹ֖ד בַּיּ֣וֹם הַה֑וּא וַיִּנָּ֤גֶף אַבְנֵר֙ וְאַנְשֵׁ֣י יִשְׂרָאֵ֔ל לִפְנֵ֖י עַבְדֵ֥י דָוִֽד׃   יח[18]
18 וַיִּֽהְיוּ־שָׁ֗ם[a] שְׁלֹשָׁה֙ בְּנֵ֣י צְרוּיָ֔ה יוֹאָ֥ב וַאֲבִישַׁ֖י וַעֲשָׂהאֵ֑ל וַעֲשָׂהאֵל֙ קַ֣ל   ל
19 בְּרַגְלָ֔יו [b]כְּאַחַ֥ד הַצְּבָיִ֖ם[b] אֲשֶׁ֥ר בַּשָּׂדֶֽה׃ 19 וַיִּרְדֹּ֥ף עֲשָׂהאֵ֖ל אַחֲרֵ֣י   יב[19] . ל וחס
אַבְנֵ֑ר וְלֹֽא־נָטָ֣ה לָלֶ֗כֶת עַל־הַיָּמִין֙ וְעַל־הַשְּׂמֹ֔אול[a] מֵאַחֲרֵ֖י אַבְנֵֽר׃   ל
20 20 וַיִּ֤פֶן אַבְנֵר֙ אַחֲרָ֔יו וַיֹּ֕אמֶר הַאַתָּ֥ה זֶ֖ה עֲשָׂהאֵ֑ל וַיֹּ֖אמֶר אָנֹֽכִי׃   ד[20]
21 21 וַיֹּ֧אמֶר ל֣וֹ אַבְנֵ֗ר נְטֵ֤ה לְךָ֙ עַל־יְמִֽינְךָ֙ א֣וֹ עַל־שְׂמֹאלֶ֔ךָ וֶאֱחֹ֣ז לְךָ֔   ב חד מל וחד חס[21] . ב[22]
אֶחָד֙ מֵֽהַנְּעָרִ֔ים וְקַח־לְךָ֖ אֶת־חֲלִצָת֑וֹ וְלֹֽא־אָבָ֣ה עֲשָׂהאֵ֔ל לָס֖וּר   ל . יג[23]
22 מֵאַחֲרָֽיו׃ 22 וַיֹּ֨סֶף ע֜וֹד אַבְנֵ֗ר לֵאמֹר֙ אֶל־עֲשָׂהאֵ֔ל ס֥וּר לְךָ֖ מֵאַחֲרָ֑י   כי
23 לָ֤מָּה אַכֶּ֙כָּה֙ אַ֔רְצָה וְאֵיךְ֙ אֶשָּׂ֣א פָנַ֔י אֶל־יוֹאָ֖ב אָחִֽיךָ׃ 23 וַיְמָאֵ֣ן לָס֗וּר   ל . ה דגש דסמיכ[24] . ל . כג . ל בסיפ
וַיַּכֵּ֣הוּ אַ֠בְנֵר בְּאַחֲרֵ֨י הַחֲנִ֜ית אֶל־הַחֹ֗מֶשׁ וַתֵּצֵ֤א הַחֲנִית֙ מֵאַֽחֲרָ֔יו וַיִּפָּל־
שָׁ֖ם וַיָּ֣מָת[a] תַּחְתָּ֑ו[b] וַיְהִ֡י כָּל־הַבָּ֣א אֶל־הַמָּק֞וֹם אֲשֶׁר־נָ֨פַל שָׁ֧ם עֲשָׂהאֵ֛ל   ב . תחתיו ק חד מן ד[25] כת כן למערב
24 וַיָּמֹ֖ת וַיַּעֲמֹֽדוּ׃ 24 וַֽיִּרְדְּפ֥וּ יוֹאָ֛ב וַאֲבִישַׁ֖י אַחֲרֵ֣י אַבְנֵ֑ר וְהַשֶּׁ֣מֶשׁ בָּ֔אָה   ב
וְהֵ֗מָּה בָּ֚אוּ עַד־גִּבְעַ֣ת אַמָּ֔ה[a] אֲשֶׁר֙ עַל־פְּנֵי־גִ֔יחַ[b] דֶּ֖רֶךְ[c] מִדְבַּ֥ר גִּבְעֽוֹן[d]׃   ל . ל
25 25 וַיִּֽתְקַבְּצ֤וּ בְנֵֽי־בִנְיָמִן֙ אַחֲרֵ֣י אַבְנֵ֔ר וַיִּהְי֖וּ לַאֲגֻדָּ֣ה אֶחָ֑ת וַיַּֽעַמְד֖וּ עַ֥ל   ל

[11] Mm 324. [12] Mm 1884. [13] Mm 1709. [14] Mm 1710. [15] Mm 2483. [16] Mm 1711. [17] Mm 2840. [18] Mm 2952. [19] Mm 361. [20] Mm 198. [21] Mm 1712. [22] Ex 4,4. [23] Mm 936. [24] Mm 3274. [25] Mm 3472.

10 [b] mlt Mss שנה ‖ **12** [a–a] cf 10[a–a] ‖ [b] 𝔊^Ms *γαβαα*, 𝔊^MsL α′θ′ *βουνός* cf 24[d], 𝔗^f *lgb't*, sed cf 1R 3,4 ‖ **15** [a] 𝔔𝔊 לבני ב׳ ‖ [b–b] 𝔊^Ms *Εισβααλ*, 𝔔 אישן; nonn Mss ולאיש(־)בשת ‖ **18** [a] > pc Mss ‖ [b–b] pc Mss citt כ׳ הצבאים cf 1 Ch 12,9; 𝔊 *ὡσεὶ (καὶ) μία δορκάς* cf Gn 49,16 ‖ **19** [a] permlt Mss מאל– ‖ **23** [a] > 𝔖 cf 1,4[b] ‖ [b] mlt Mss ut Q ‖ **24** [a] α′θ′ *ὑδραγωγός* cf 𝔖 *jm'*, 𝔙 *aquae ductus* ‖ [b] 𝔊^Mss *Γαι*, α′σ′θ′ *φάραγγος*, 𝔙 *vallis* ‖ [c] 𝔖 pr *b*, 𝔙 pr *et* ‖ [d] 𝔊^L α′θ′ *βουνός* cf 12[b].

26 רֹאשׁ־גִּבְעָה אֶחָת׃ 26 וַיִּקְרָ֨א אַבְנֵ֜ר אֶל־יוֹאָ֗ב וַיֹּ֙אמֶר֙ הֲלָנֶ֙צַח֙ תֹּ֣אכַל ל
חֶ֔רֶב הֲל֣וֹא יָדַ֔עְתָּה כִּֽי־מָרָ֥ה תִהְיֶ֖ה בָּאַחֲרוֹנָ֑ה וְעַד־מָתַי֙ לֹֽא־תֹאמַ֣ר ל מל[26] . ב מל . ל
27 לָעָ֔ם לָשׁ֖וּב מֵאַחֲרֵ֥י אֲחֵיהֶֽם׃ 27 וַיֹּ֣אמֶר יוֹאָ֔ב חַ֖י הָאֱלֹהִ֑ים[a] כִּ֚י לוּלֵ֣א[b] ל . ד כת א[27]
28 דִּבַּ֔רְתָּ כִּ֣י אָ֤ז מֵהַבֹּ֙קֶר֙ נַעֲלָ֣ה הָעָ֔ם אִ֖ישׁ מֵאַחֲרֵ֥י אָחִֽיו׃ 28 וַיִּתְקַ֤ע יוֹאָב֙ ג[28]
בַּשּׁוֹפָ֔ר וַיַּעַמְדוּ֙ כָּל־הָעָ֔ם וְלֹֽא־יִרְדְּפ֥וּ[a] ע֖וֹד אַחֲרֵ֣י יִשְׂרָאֵ֑ל וְלֹֽא־ ל . ד[29]
29 יָסְפ֥וּ ע֖וֹד לְהִלָּחֵֽם׃ 29 וְאַבְנֵר֙ וַאֲנָשָׁ֔יו הָלְכוּ֙ בָּעֲרָבָ֔ה כֹּ֖ל הַלַּ֣יְלָה כה
30 הַה֑וּא וַיַּעַבְר֣וּ אֶת־הַיַּרְדֵּ֗ן וַיֵּלְכוּ֙ כָּל־הַבִּתְר֔וֹן וַיָּבֹ֖אוּ מַחֲנָֽיִם׃ 30 וְיוֹאָ֗ב ל ומל
שָׁ֚ב מֵאַחֲרֵ֣י אַבְנֵ֔ר וַיִּקְבֹּ֖ץ אֶת־כָּל־הָעָ֑ם וַיִּפָּ֨קְד֜וּ מֵעַבְדֵ֥י דָוִ֛ד תִּשְׁעָֽה־ ג[30]
31 עָשָׂ֥ר אִ֖ישׁ וַעֲשָׂה־אֵֽל׃ 31 וְעַבְדֵ֣י דָוִ֔ד הִכּוּ֙ מִבִּנְיָמִ֔ן[a] וּבְאַנְשֵׁ֖י אַבְנֵ֑ר[a] ל
32 שְׁלֹשׁ־מֵא֧וֹת וְשִׁשִּׁ֛ים אִ֖ישׁ מֵֽתוּ׃[b] 32 וַיִּשְׂאוּ֙ אֶת־עֲשָׂהאֵ֔ל וַֽיִּקְבְּרֻ֔הוּ מג
בְּקֶ֖בֶר אָבִ֑יו אֲשֶׁ֖ר בֵּ֣ית[a] לָ֑חֶם וַיֵּלְכ֤וּ כָל־הַלַּ֙יְלָה֙ יוֹאָב֙ וַאֲנָשָׁ֔יו וַיֵּאֹ֥ר כה . ל
3 לָהֶ֖ם בְּחֶבְרֽוֹן׃ 3 1 וַתְּהִ֤י הַמִּלְחָמָה֙ אֲרֻכָּ֔ה[a] בֵּ֚ין בֵּ֣ית שָׁא֔וּל וּבֵ֖ין ג[1]
בֵּ֣ית דָּוִ֑ד וְדָוִד֙ הֹלֵ֣ךְ וְחָזֵ֔ק וּבֵ֥ית שָׁא֖וּל הֹלְכִ֥ים[b] וְדַלִּֽים׃ ס ב . ב[2]
2 וַיִּוָּֽלְד֧וּ[a] לְדָוִ֛ד בָּנִ֖ים בְּחֶבְר֑וֹן וַיְהִ֤י בְכוֹרוֹ֙ אַמְנ֔וֹן לַאֲחִינֹ֖עַם ויולדו ק חד מן ה[3] בליש . ג מל[4]
3 הַיִּזְרְעֵאלִֽת[b]׃ 3 וּמִשְׁנֵ֣הוּ כִלְאָ֔ב[a] לַאֲבִֽגַ֕ל[b] [c]אֵ֖שֶׁת נָבָ֣ל[c] הַֽכַּרְמְלִ֑י[d] ה ב מנה חס . לאביגיל ק
4 וְהַשְּׁלִשִׁי֙ אַבְשָׁל֣וֹם בֶּֽן־מַעֲכָ֔ה בַּת־תַּלְמַ֖י מֶ֥לֶךְ גְּשֽׁוּר׃ 4 וְהָרְבִיעִ֛י ג[5] חס וכל ד״ה דכות ב מ ז
5 אֲדֹנִיָּ֥ה בֶן־חַגִּ֖ית וְהַחֲמִישִׁ֖י שְׁפַטְיָ֥ה בֶן־[a]אֲבִיטָֽל׃ 5 וְהַשִּׁשִּׁי֙ יִתְרְעָ֔ם ח . ל
לְעֶגְלָ֖ה אֵ֣שֶׁת דָּוִ֑ד אֵ֛לֶּה יֻלְּד֥וּ לְדָוִ֖ד בְּחֶבְרֽוֹן׃ פ ה חס
6 וַיְהִ֗י בִּֽהְיוֹת֙ הַמִּלְחָמָ֔ה בֵּ֚ין בֵּ֣ית שָׁא֔וּל וּבֵ֖ין בֵּ֣ית דָּוִ֑ד וְאַבְנֵ֛ר
7 הָיָ֥ה מִתְחַזֵּ֖ק בְּבֵ֥ית שָׁאֽוּל׃ 7 וּלְשָׁא֣וּל פִּלֶ֔גֶשׁ וּשְׁמָ֖הּ[a] רִצְפָּ֣ה בַת־אַיָּ֑ה ל . ב חס
8 וַיֹּ֙אמֶר֙[c] אֶל־אַבְנֵ֔ר מַדּ֥וּעַ בָּ֖אתָה אֶל־פִּילֶ֥גֶשׁ אָבִֽי׃ 8 וַיִּחַ֤ר לְאַבְנֵר֙ ל מל[6]

[26] Mm 1713. [27] Mm 1714. [28] Mm 1715. [29] Mm 1716. [30] Mm 3959. **Cp 3** [1] Mm 2623. [2] Mm 507. [3] Mm 1717. [4] Mm 281. [5] Mm 506. [6] Mm 1713.

27 [a] Vrs tetragrammaton consuetudinis cs ‖ [b] pc Mss לולי cf 1S 25,34 ‖ **28** [a] pc Mss רדפו cf 𝔗$^{-f}$ ‖ **31** [a–a] 𝔊$^{-L}$ *τῶν ἀνδρῶν A.* 𝔔]מאנשי; 𝔊^{L} *ἐκ τοῦ λαοῦ A.*, 𝔖 *wmn gbr' d'.*, 𝔙 *et de viris qui erant cum A.*; > 𝔏^{116} ‖ [b] 𝔊$^{-L}$ *παρ' αὐτοῦ*, 𝔏^{116} *ab illo* cf Jdc 19,2; > 𝔊^{L}𝔖; 𝔙 *qui et mortui sunt* ‖ **32** [a] nonn Mss בב׳ cf 𝔗^{Mss} sed etiam 1S 17,15 ‖ **Cp 3,1** [a] 𝔊 *ἐπὶ πολύ*, 𝔏^{116} *magna*, 𝔗 *tqjp* ‖ [b] 𝔔 הולך ‖ **2** [a] mlt Mss 𝔔 (sg) ut Q ‖ [b] 𝔔 היזרעלית; 𝔊$^{-AMss}$ *Ἰσραηλίτιδος* cf 𝔏^{116} ‖ **3** [a] 𝔔]דלו, 𝔊 *Δαλουια* cf 𝔊^{L} 1Ch 3,1 et 𝔏^{116} *da*[; 𝔖 *klb* cf 1Ch 3,1, α'σ'θ' *Αβια* ‖ [b] mlt Mss 𝔔 ut Q; permlt Mss לְאָב׳ ‖ [c–c] > 𝔊𝔏^{116} ‖ [d] 𝔊 *τῆς Καρμηλίας*, 𝔏^{116} *de* [...]*lo* cf 1Ch 3,1 ‖ **4** [a] 𝔔 ל cf 𝔊 ‖ **7** [a] > 𝔔𝔊$^{-L}$ ‖ [b] nonn Mss באת ‖ [c] pc Mss cit + איש בשת cf α'σ'θ'𝔙, 𝔔]שאול..., 𝔊 + *Μεμφιβοσθε υἱὸς Σαουλ*, 𝔖 *'šbšwl* cf 4,1[a].

ל̇[7] וכל ד״ה דכות ב מ א . ל̇ . ח̇[8] בטע וכל זקף אתנח̇ וס״פ דכות ב מ א
מְאֹ֗ד עַל־דִּבְרֵ֣י[a] אִֽישׁ־בֹּ֗שֶׁת וַיֹּ֙אמֶר֙ הֲרֹ֨אשׁ כֶּ֤לֶב אָנֹ֙כִי֙ [b]אֲשֶׁ֣ר לִיהוּדָ֔ה[b]
ל̇ בסיפ
הַיּ֨וֹם אֶעֱשֶׂה־חֶ֜סֶד עִם־בֵּ֣ית ׀ שָׁא֣וּל אָבִ֗יךָ אֶל־[c]אֶחָיו֙ וְאֶל־מֵ֣רֵעֵ֔הוּ
ל̇
[d]וְלֹ֥א הִמְצִיתִ֖ךָ בְּיַד־דָּוִ֑ד[d] וַתִּפְקֹ֥ד עָלַ֛י עֲוֺ֥ן הָאִשָּׁ֖ה הַיּֽוֹם׃ 9 כֹּֽה־ 9
יד כת כן
יַעֲשֶׂ֤ה אֱלֹהִים֙ לְאַבְנֵ֔ר וְכֹ֖ה יֹסִ֣יף ל֑וֹ כִּ֗י כַּאֲשֶׁ֨ר נִשְׁבַּ֤ע יְהוָה֙ לְדָוִ֔ד כִּֽי־
ל̇
כֵ֖ן אֶֽעֱשֶׂה־לּֽוֹ[a]׃ 10 לְהַעֲבִ֥יר הַמַּמְלָכָ֖ה מִבֵּ֣ית שָׁא֑וּל וּלְהָקִ֞ים אֶת־ 10
כִּסֵּ֣א דָוִ֗ד עַל־יִשְׂרָאֵל֙ וְעַל־יְהוּדָ֔ה מִדָּ֖ן וְעַד־בְּאֵ֥ר שָֽׁבַע׃ 11 וְלֹֽא־ 11
ל̇
יָכֹ֣ל ע֔וֹד לְהָשִׁ֥יב אֶת־[a]אַבְנֵ֖ר דָּבָ֑ר [b]מִיִּרְאָת֖וֹ אֹתֽוֹ[b]׃ ס 12 וַיִּשְׁלַח֩ 12
תחתיו ק̇ חד מן ד̇[9] כת כן למערב
אַבְנֵ֨ר מַלְאָכִ֧ים ׀ אֶל־דָּוִ֛ד [a]תַּחְתָּ֥ו[b] לֵאמֹ֖ר לְמִי־אָ֑רֶץ לֵאמֹ֗ר[ac] כָּרְתָ֤ה
בְרִֽיתְךָ֙ אִתִּ֔י וְהִנֵּה֙[d] יָדִ֣י עִמָּ֔ךְ לְהָסֵ֥ב אֵלֶ֖יךָ אֶת־כָּל־יִשְׂרָאֵֽל׃ 13 וַיֹּ֣אמֶר 13
ג̇
ט֔וֹב אֲנִ֕י אֶכְרֹ֥ת אִתְּךָ֖ בְּרִ֑ית אַ֣ךְ דָּבָ֣ר אֶחָ֡ד אָנֹכִי֩ שֹׁאֵ֨ל מֵאִתְּךָ֜ לֵאמֹ֗ר
לֹֽא־תִרְאֶ֣ה אֶת־פָּנַ֔י כִּ֣י ׀ אִם־לִפְנֵ֣י[a] הֱבִיאֲךָ֗ אֵ֚ת מִיכַ֣ל בַּת־שָׁא֔וּל
ב̇[10]
[b]בְּבֹאֲךָ֖ לִרְא֥וֹת אֶת־פָּנָֽי[b]׃ ס 14 וַיִּשְׁלַ֤ח דָּוִד֙ מַלְאָכִ֔ים אֶל־אִֽישׁ־ 14
כו̇ פסוק את את ומילה חדה ביניה̇ יט מנה̇ בנביא
בֹּ֥שֶׁת בֶּן־שָׁא֖וּל לֵאמֹ֑ר תְּנָ֤ה אֶת־אִשְׁתִּי֙ אֶת־מִיכַ֔ל אֲשֶׁר֙ אֵרַ֣שְׂתִּי[a] לִ֔י
ה̇ . ל̇ בטע
בְּמֵאָ֖ה עָרְל֥וֹת פְּלִשְׁתִּֽים׃ 15 וַיִּשְׁלַח֙ אִ֣ישׁ בֹּ֔שֶׁת וַיִּקָּחֶ֖הָ מֵעִ֣ם אִ֑ישׁ[a] 15
ליש ק̇ . כה̇[11]
מֵעִ֖ם[b] פַּלְטִיאֵ֥ל בֶּן־ל֑וּשׁ[c]׃ 16 וַיֵּ֨לֶךְ אִתָּ֜הּ אִישָׁ֗הּ [a]הָל֧וֹךְ וּבָכֹ֛ה[a] אַחֲרֶ֖יהָ 16
ג̇ חס . ב̇ בס״פ[12] . יח̇
עַד־בַּחֻרִ֑ים וַיֹּ֨אמֶר אֵלָ֧יו אַבְנֵ֛ר לֵ֥ךְ שׁ֖וּב וַיָּשֹֽׁב׃ 17 וּדְבַר־ 17
ד̇[10] . ב̇ . ד חס וכל אורית̇ דכות̇ ב מ ב
אַבְנֵ֣ר הָיָ֔ה עִם־זִקְנֵ֥י יִשְׂרָאֵ֖ל לֵאמֹ֑ר גַּם־תְּמוֹל֙ גַּם־שִׁלְשֹׁ֔ם הֱיִיתֶ֗ם
כט̇ וכל משיחה מצרים אשור ישראל דכות̇[13]
מְבַקְשִׁ֧ים אֶת־דָּוִ֛ד לְמֶ֖לֶךְ[a] עֲלֵיכֶֽם׃ 18 וְעַתָּ֖ה עֲשׂ֑וּ כִּ֣י יְהוָ֗ה אָמַ֤ר 18
ב̇[14]
אֶל־דָּוִד֙ לֵאמֹ֔ר בְּיַ֣ד ׀ דָּוִ֣ד עַבְדִּ֗י הוֹשִׁ֙יעַ֙[a] אֶת־עַמִּ֣י יִשְׂרָאֵ֔ל מִיַּ֣ד
ב̇ בליש[10] . ל̇ז . יז̇ מל[15]
פְּלִשְׁתִּ֔ים וּמִיַּ֖ד כָּל־אֹיְבֵיהֶֽם׃ 19 וַיְדַבֵּ֥ר גַּם־אַבְנֵ֖ר בְּאָזְנֵ֣י בִנְיָמִ֑ין וַיֵּ֣לֶךְ 19
ל̇ז . יד בסיפ
גַּם־אַ֠בְנֵר לְדַבֵּ֞ר בְּאָזְנֵ֤י דָוִד֙ בְּחֶבְר֔וֹן אֵ֣ת כָּל־אֲשֶׁר־טוֹב֙ בְּעֵינֵ֣י
ל̇ . י̇
יִשְׂרָאֵ֔ל וּבְעֵינֵ֕י כָּל־בֵּ֖ית בִּנְיָמִֽן׃ 20 וַיָּבֹ֨א אַבְנֵ֤ר אֶל־דָּוִד֙ חֶבְר֔וֹן[a] 20

[7] Mm 1718. [8] Mm 1571. [9] Mm 3472. [10] Mp sub loco. [11] Mm 1506. [12] Mm 1719. [13] Mm 958. [14] Mm 1720. [15] Mm 262.

8 [a] 𝔊 sg ‖ [b–b] > 𝔊𝔏[93.94]; 𝔙 *adversum J.* ‖ [c] nonn Mss 𝔊𝔏[93.94]𝔖𝔗[f]𝔙 ואל ‖ [d–d] 𝔊 *καὶ οὐκ ηὐτομόλησα εἰς τὸν οἶκον Δ.* cf 𝔏[93.94] ‖ **9** [a] 𝔊[-O] + *ἐν τῇ ἡμέρᾳ ταύτῃ* ‖ **11** [a] pc Mss אל ‖ [b–b] Vrs om suff ‖ **12** [a–a] 𝔊[-L] *εἰς θα/ειλαμ οὗ ἦν* (𝔊[AMs] *θε/ηλαμου γῆν*) *παραχρῆμα λέγων*, 𝔊[L] *εἰς Χεβρων* cf α′σ′[Ms], 𝔖 *lm'mr mn' hj 'r'* ‖ [b] mlt Mss ut Q ‖ [c] > pc Mss ‖ [d] nonn Mss הנה ‖ **13** [a] > 𝔊𝔖𝔙 ‖ [b–b] > 𝔖 ‖ **14** [a] pc Mss ארסתי ‖ **15** [a] Vrs + suff 3 f sg ‖ [b] > 2 Mss ‖ [c] mlt Mss ut Q; 𝔊[-O] alit cf 23,26 1S 25,44 1Ch 7,37 ‖ **16** [a–a] > 𝔊[-L], sed cf? Jer 41,6 ‖ **17** [a] Vrs verb ‖ **18** [a] mlt Mss אושׁ', Vrs 1 sg ‖ **20** [a] nonn Mss בח' cf 𝔊𝔖𝔙.

וְאִתּ֥וֹ עֶשְׂרִ֖ים אֲנָשִׁ֑ים וַיַּ֨עַשׂ דָּוִ֧ד לְאַבְנֵ֛ר וְלַאֲנָשִׁ֥ים אֲשֶׁר־אִתּ֖וֹ מִשְׁתֶּֽה׃ ח[16]
סֿ כב 21 וַיֹּ֣אמֶר אַבְנֵ֣ר אֶל־דָּוִ֡ד אָק֣וּמָה ׀ וְֽאֵלֵ֡כָה וְאֶקְבְּצָה֩ אֶל־אֲדֹנִ֨י הַמֶּ֜לֶךְ ג[17]. ב[18]. ל
אֶת־כָּל־יִשְׂרָאֵ֗ל וְיִכְרְת֤וּ אִתְּךָ֙ בְּרִ֔ית וּמָ֣לַכְתָּ֔ בְּכֹ֥ל אֲשֶׁר־תְּאַוֶּ֖ה נַפְשֶׁ֑ךָ ב
22 וַיְשַׁלַּ֥חa דָּוִ֛ד אֶת־אַבְנֵ֖ר וַיֵּ֥לֶךְ בְּשָׁלֽוֹם׃ 22 וְהִנֵּה֩ עַבְדֵ֨י דָוִ֤ד וְיוֹאָב֙ כב[19]. ל
בָּ֣אa מֵהַגְּד֔וּד וְשָׁלָ֥ל רָ֖ב עִמָּ֣ם הֵבִ֑יאוּ וְאַבְנֵ֗ר אֵינֶ֤נּוּ עִם־דָּוִד֙ בְּחֶבְר֔וֹן ח סביר לשון רבים . ל . לג קמ[20]
23 כִּ֥י שִׁלְּח֖וֹ וַיֵּ֥לֶךְ בְּשָׁלֽוֹם׃ 23 וְיוֹאָ֛ב וְכָל־הַצָּבָ֥א אֲשֶׁר־אִתּ֖וֹ בָּ֑אוּ וַיַּגִּ֤דוּa ל
לְיוֹאָב֙ לֵאמֹ֔ר בָּֽא־אַבְנֵ֤ר בֶּן־נֵר֙ אֶל־הַמֶּ֔לֶךְb וַֽיְשַׁלְּחֵ֖הוּ וַיֵּ֥לֶךְ בְּשָׁלֽוֹם׃ ד
24 וַיָּבֹ֤א יוֹאָב֙ אֶל־הַמֶּ֔לֶךְ וַיֹּ֖אמֶר מֶ֣ה עָשִׂ֑יתָה הִנֵּהa־בָ֤א אַבְנֵר֙ אֵלֶ֔יךָ ה מל
25 לָמָּה־זֶּ֥ה שִׁלַּחְתּ֖וֹ וַיֵּ֥לֶךְb הָלֽוֹךְ׃c 25 יָדַ֙עְתָּ֙ אֶת־אַבְנֵ֣ר בֶּן־נֵ֔ר כִּ֥י ל . יב פסוק את את ואת את
לְפַתֹּתְךָ֖ בָּ֑א וְלָדַ֙עַת֙ אֶת־מוֹצָאֲךָ֙ וְאֶת־מְבוֹאֶךָa וְלָדַ֕עַת אֵ֛ת כָּל־אֲשֶׁ֥ר ל . ה[21] . מובאך ק . ה[21]
26 אַתָּ֥ה עֹשֶֽׂה׃ 26 וַיֵּצֵ֤א יוֹאָב֙ מֵעִ֣ם דָּוִ֔ד וַיִּשְׁלַ֤ח מַלְאָכִים֙ אַחֲרֵ֣י אַבְנֵ֔ר
27 וַיָּשִׁ֥בוּ אֹת֖וֹ מִבּ֣וֹר הַסִּרָ֑ה וְדָוִ֖ד לֹ֥א יָדָֽע׃ 27 וַיָּ֤שָׁב אַבְנֵר֙ חֶבְר֔וֹןa וַיַּטֵּ֤הוּ ל[22] . ג חס בליש[23] . ג[24]
יוֹאָב֙ bאֶל־תּ֣וֹךְb הַשַּׁ֔עַר לְדַבֵּ֥ר אִתּ֖וֹ בַּשֶּׁ֑לִי וַיַּכֵּ֤הוּ שָׁם֙ הַחֹ֔מֶשׁc וַיָּ֕מָת ל
28 בְּדַ֖ם עֲשָׂה־אֵ֥לd אָחִֽיו׃e 28 וַיִּשְׁמַ֤ע דָּוִד֙ מֵאַ֣חֲרֵי כֵ֔ן וַיֹּ֗אמֶר נָקִ֨י אָנֹכִ֧י ג[25] . ל
29 וּמַמְלַכְתִּ֛י מֵעִ֥ם יְהוָ֖ה עַד־עוֹלָ֑ם מִדְּמֵ֖יa אַבְנֵ֥ר בֶּן־נֵֽר׃ 29 יָחֻ֙לוּ֙a ל . ט ומן ראש דמלכים עד ויירא כל ישראל דכות[26] . ל
עַל־רֹ֣אשׁ יוֹאָ֔ב וְאֶ֖לb כָּל־בֵּ֣ית אָבִ֑יוc וְאַל־יִכָּרֵ֣ת מִבֵּ֣ית יוֹאָ֡ב זָ֠ב
30 וּמְצֹרָ֞ע וּמַחֲזִ֤יק בַּפֶּ֙לֶךְ֙ וְנֹפֵ֣ל בַּחֶ֔רֶב וַחֲסַר־לָֽחֶם׃ 30 וְיוֹאָב֙ וַאֲבִישַׁ֣י ל . ל . ב . ב
אָחִ֔יו הָרְג֖וּ לְאַבְנֵ֑ר עַל֩ אֲשֶׁ֨ר הֵמִ֜ית אֶת־עֲשָׂהאֵ֧ל אֲחִיהֶ֛ם בְּגִבְע֖וֹן ד
31 בַּמִּלְחָמָֽה׃ פ 31 וַיֹּ֨אמֶר דָּוִ֜ד אֶל־יוֹאָ֣ב וְאֶל־כָּל־הָעָ֣ם אֲשֶׁר־
אִתּ֗וֹ קִרְע֤וּ בִגְדֵיכֶם֙ וְחִגְר֣וּ שַׂקִּ֔ים וְסִפְד֖וּ לִפְנֵ֣י אַבְנֵ֑ר וְהַמֶּ֣לֶךְ דָּוִ֔ד
32 הֹלֵ֖ךְ אַחֲרֵ֥י הַמִּטָּֽה׃ 32 וַיִּקְבְּר֥וּ אֶת־אַבְנֵ֖ר בְּחֶבְר֑וֹן וַיִּשָּׂ֨אa הַמֶּ֜לֶךְ
33 אֶתb־קוֹל֗וֹ וַיֵּבְךְּ֙ אֶלc־קֶ֣בֶר אַבְנֵ֔ר וַיִּבְכּ֖וּ כָּל־הָעָֽם׃ פ 33 וַיְקֹנֵ֤ן ג[27] בליש וכל לשון בכיה על ב מ ג . ג ב חס וחד מל[28] . ג[29]

[16]Mm 1551. [17]Mm 1721. [18]Mm 219. [19]Mm 59. [20]Mm 264. [21]Mm 1722. [22]Mm 910. [23]Mm 1723. [24]Mm 4072. [25]Mm 1785. [26]Mm 3417. [27]Mm 2898. [28]Mm 1724. [29]Mm 1725.

21 a sic L, mlt Mss Edd ’וַיֹּ ‖ **22** a 2 Mss Seb 𝔊𝔖𝔗$^{-Buxt}$𝔙 pl ‖ **23** a 𝔊$^{-L}$ *ἀπηγγέλη* cf 𝔖? et 6,12 ‖ b 𝔔𝔊 דויד ‖ **24** a 𝔔 הן ‖ b 𝔊 + *ἐν εἰρήνῃ* cf 𝔖^{B*} ex par 21.22.23 ‖ c 𝔊 *ἢ οὐκ*, 𝔖 *l’* (init 25) ‖ **25** a mlt Mss ut Q ‖ **27** a 𝔔 ...]ונה ‖ b–b 𝔊 *ἐκ πλαγίων* cf Nu 3,29 ‖ c nonn Mss pr אל, 2 Mss cit pr על, 𝔔 עד, Vrs pr praepos cf 2,23 etc ‖ d permlt Mss עשהאל, sed cf 23,24, pc Mss 𝔔 עשאל ‖ e 𝔔 אחיהו ‖ **28** a 𝔔𝔊^{L} ודם ‖ **29** a 𝔔 יח]ול ‖ b nonn Mss 𝔔 Seb ועל cf 𝔖𝔗$^{-Buxt}$ ‖ c 𝔔 יואב ‖ **32** a sic L, mlt Mss Edd ’וי ‖ b > 𝔔 ‖ c pc Mss cit על cf 𝔖𝔗 et 1,24^{a}.

הַמֶּ֛לֶךְ אֶֽל־[a]אַבְנֵ֖ר וַיֹּאמַ֑ר   צא
הַכְּמ֥וֹת נָבָ֖ל יָמ֥וּת אַבְנֵֽר׃
34 יָדֶ֣ךָ[b] לֹֽא־אֲסֻר֗וֹת[a] וְרַגְלֶ֙יךָ֙[c] לֹֽא־לִנְחֻשְׁתַּ֣יִם הֻגָּ֔שׁוּ[c]
כִּנְפ֛וֹל לִפְנֵ֥י בְנֵֽי־עַוְלָ֖ה נָפָ֑לְתָּ   ב חד מל וחד חס[30]
וַיֹּסִ֥פוּ [d]כָל־הָעָ֖ם[d] לִבְכּ֥וֹת עָלָֽיו׃ 35 וַיָּבֹ֣א[a] כָל־הָעָ֗ם לְהַבְר֧וֹת[b] אֶת־ 35   ב
דָּוִ֛ד לֶ֖חֶם בְּע֣וֹד הַיּ֑וֹם וַיִּשָּׁבַ֨ע דָּוִ֜ד לֵאמֹ֗ר כֹּ֣ה יַעֲשֶׂה־לִּ֤י אֱלֹהִים֙ וְכֹ֣ה   יא[31]
יֹסִ֔יף כִּ֣י[c] אִם־לִפְנֵ֣י בֽוֹא־הַשֶּׁ֗מֶשׁ אֶטְעַם־לֶ֖חֶם א֥וֹ כָל־מְאֽוּמָה׃ 36 וְכָל־ 36   יד כת כן . ל
הָעָ֣ם הִכִּ֔ירוּ וַיִּיטַ֖ב בְּעֵינֵיהֶ֑ם כְּכֹל[a] אֲשֶׁ֤ר עָשָׂה֙ הַמֶּ֔לֶךְ בְּעֵינֵ֥י[b] כָל־[c]   י . יד בסיפ
הָעָ֖ם טֽוֹב׃[d] 37 וַיֵּדְע֤וּ כָל־הָעָם֙ וְכָל־יִשְׂרָאֵ֔ל בַּיּ֖וֹם הַה֑וּא כִּ֣י לֹ֤א 37   ו[32] . לה וכל ר״פ דכות
הָֽיְתָה֙ מֵֽהַמֶּ֔לֶךְ לְהָמִ֖ית אֶת־אַבְנֵ֥ר בֶּן־נֵֽר׃ פ 38 וַיֹּ֥אמֶר הַמֶּ֖לֶךְ 38
אֶל־עֲבָדָ֑יו הֲל֣וֹא תֵדְע֔וּ כִּי־שַׂ֣ר וְגָד֗וֹל[a] נָפַ֛ל הַיּ֥וֹם הַזֶּ֖ה בְּיִשְׂרָאֵֽל׃[b]   ל[33] . ח[34]
39 וְאָנֹכִ֨י הַיּ֥וֹם [a]רַךְ֙ וּמָשׁ֣וּחַ מֶ֔לֶךְ[a] וְהָאֲנָשִׁ֥ים הָאֵ֛לֶּה בְּנֵ֥י צְרוּיָ֖ה קָשִׁ֣ים 39   ט ר״פ וכל תרי עשר דכות[35]
מִמֶּ֑נִּי יְשַׁלֵּ֧ם יְהוָ֛ה לְעֹשֵׂ֥ה הָרָעָ֖ה כְּרָעָתֽוֹ׃ פ   נז וכל תלים דכות ב מ יא
4 1 וַיִּשְׁמַ֤ע בֶּן־[a]שָׁאוּל֙ כִּ֣י מֵ֤ת אַבְנֵר֙ בְּחֶבְר֔וֹן וַיִּרְפּ֖וּ יָדָ֑יו וְכָל־ **4**   ל . לה וכל ר״פ דכות
יִשְׂרָאֵ֖ל נִבְהָֽלוּ׃ 2 וּשְׁנֵ֣י אֲנָשִׁ֣ים שָׂרֵֽי־גְדוּדִ֣ים הָי֣וּ בֶן־שָׁא֡וּל שֵׁם֩ הָאֶחָ֨ד 2   ב . יו בטע[1]
בַּעֲנָ֜ה וְשֵׁ֧ם הַשֵּׁנִ֣י רֵכָ֗ב בְּנֵ֛י רִמּ֥וֹן הַבְּאֵרֹתִ֖י[b] מִבְּנֵ֣י בִנְיָמִ֑ן כִּ֚י גַּם־בְּאֵר֔וֹת[c]   ל מל בסיפ
תֵּחָשֵׁ֖ב עַל־בִּנְיָמִֽן׃ 3 וַיִּבְרְח֥וּ הַבְּאֵרֹתִ֖ים גִּתָּ֑יְמָה וַיִּֽהְיוּ־שָׁ֣ם גָּרִ֔ים עַ֖ד 3
הַיּ֥וֹם הַזֶּֽה׃ ס 4 וְלִיהוֹנָתָן֙ בֶּן־שָׁא֔וּל בֵּ֖ן נְכֵ֣ה רַגְלָ֑יִם בֶּן־חָמֵ֣שׁ 4   ל ומל
שָׁנִ֣ים הָיָ֡ה[a] בְּבֹ֣א שְׁמֻעַת֩ שָׁא֨וּל וִיהוֹנָתָ֜ן מִֽיִּזְרְעֶ֗אל וַתִּשָּׂאֵ֤הוּ אֹֽמַנְתּוֹ֙   ג חס בליש[2] . ל
וַתָּנֹ֔ס וַיְהִ֗י בְּחָפְזָ֥הּ לָנ֖וּס וַיִּפֹּ֣ל וַיִּפָּסֵ֑חַ וּשְׁמ֖וֹ מְפִיבֹֽשֶׁת׃[b] 5 וַיֵּלְכ֞וּ בְּנֵֽי־ 5   ו בטע בסיפ . ל . ל
רִמּ֤וֹן הַבְּאֵֽרֹתִי֙ רֵכָ֣ב וּבַעֲנָ֔ה וַיָּבֹ֙אוּ֙ כְּחֹ֣ם הַיּ֔וֹם אֶל־בֵּ֖ית אִ֣ישׁ בֹּ֑שֶׁת   ל . ד חס[3]
וְה֣וּא שֹׁכֵ֔ב אֵ֖ת מִשְׁכַּ֥ב הַֽצָּהֳרָֽיִם׃ 6 וְ֠הֵנָּה[a] בָּ֜אוּ עַד־[b]תּ֤וֹךְ הַבַּ֙יִת֙ 6   ד . ג[4]

[30] Mm 1726. [31] Mm 3286. [32] Mm 3174. [33] Mp sub loco. [34] Mm 1674. [35] Mm 1472. **Cp 4** [1] Mm 3998. [2] Mm 1727. [3] Mm 2271. [4] Mm 1728.

33 [a] pc Mss 𝔔 citt על cf 1,17 ‖ **34** [a–a] 𝔔 א̇[...]בזקים ‖ [b] mlt Mss ידיך cf 𝔊𝔖𝔙 ‖ [c–c] 𝔔 בנחש[.]ם לא הג[.]ש ‖ [d–d] > 𝔔 ‖ **35** [a] 𝔖 *w'mrw* ‖ [b] nonn Mss להכ׳ ‖ [c] 𝔖 *lj* ‖ **36** [a] > 𝔊^O; 𝔊𝔖𝔙 om כ ‖ [b] 𝔖 pr *wšpr*, 𝔗^f pr cop ‖ [c] > 𝔊^-L ‖ [d] > 𝔊^-OA𝔖𝔙 ‖ **38** [a] Ms 𝔊^Mss𝔖 ג׳ ‖ [b] nonn Mss (𝔖) מי׳ ‖ **39** [a–a] 𝔊 *συγγενὴς καὶ καθεσταμένος* (𝔊^O *κατε[σ]πασμένος*) *ὑπὸ (τοῦ) βασιλέως* cf 𝔏^91.93.94, 𝔖 *dḥl 'n'. wḥzjt 'n' mlk'. (d ...)*, 𝔗 *hdjwṭ wmrb' lmlkw* (𝔗^Mss ... *lmlk'*) ‖ **Cp 4,1** [a] 𝔔 pr ...]מפיב, 𝔊 pr *Μεμφιβοσθε*; 𝔖 pr *'šbšwl* ut 3,7[c] ‖ **2** [a] 𝔔?𝔊 pr nom proprium ut 1[a] ‖ [b] sic L, mlt Mss Edd הבאֶ׳ ‖ [c] nonn Mss בארת ‖ **4** [a] 𝔔 ויהי; 𝔊 *καὶ οὗτος* ‖ [b] 𝔊^L *Μεμφιβααλ* ‖ **6** [a] 𝔊 *καὶ ἰδού* cf 𝔖𝔗 *wh'* ‖ [b] nonn Mss אל; > pc Mss.

7 לִקְחֵי חִטִּים וַיַּכֻּהוּ אֶל־הַחֹמֶשׁ וְרֵכָב וּבַעֲנָה אָחִיו נִמְלָטוּ׃ 7 וַיָּבֹאוּ — ג חס[5] . ב וחס
הַבַּיִת וְהוּא־שֹׁכֵב עַל־מִטָּתוֹ בַּחֲדַר מִשְׁכָּבוֹ וַיַּכֻּהוּ וַיְמִתֻהוּ וַיָּסִירוּ[a] — ב וחס . ו ג[6] מנה חס
אֶת־רֹאשׁוֹ[a] וַיִּקְחוּ [b]אֶת־רֹאשׁוֹ[b] וַיֵּלְכוּ דֶּרֶךְ הָעֲרָבָה כָּל־הַלָּיְלָה׃ — ל֯ב בנביא כ֯ מנה בסיפ . ל֯ב בנביא כ֯ מנה בסיפ . ג[7]
8 וַיָּבִאוּ אֶת־רֹאשׁ אִישׁ־בֹּשֶׁת אֶל־דָּוִד חֶבְרוֹן[a] וַיֹּאמְרוּ אֶל־הַמֶּלֶךְ — לו . ז פסוק דמיין בטע
הִנֵּה־רֹאשׁ אִישׁ־בֹּשֶׁת בֶּן־שָׁאוּל אֹיִבְךָ אֲשֶׁר בִּקֵּשׁ אֶת־נַפְשֶׁךָ וַיִּתֵּן
9 יְהוָה לַאדֹנִי הַמֶּלֶךְ נְקָמוֹת הַיּוֹם הַזֶּה מִשָּׁאוּל וּמִזַּרְעוֹ׃ ס 9 וַיַּעַן — ל
דָּוִד אֶת־רֵכָב ׀ וְאֶת־בַּעֲנָה אָחִיו בְּנֵי רִמּוֹן הַבְּאֵרֹתִי וַיֹּאמֶר לָהֶם חַי־ — כב[8] וכל ד״ה ועזרא דכות ב מ ה חס בליש
10 יְהוָה אֲשֶׁר־פָּדָה אֶת־נַפְשִׁי מִכָּל־צָרָה׃ 10 כִּי הַמַּגִּיד לִי לֵאמֹר הִנֵּה־ — ל
מֵת שָׁאוּל וְהוּא־הָיָה כִמְבַשֵּׂר בְּעֵינָיו[a] וָאֹחֲזָה בוֹ וָאֶהְרְגֵהוּ בְּצִקְלָג — ל . ל . ב . ב
11 אֲשֶׁר[b] לְתִתִּי־לוֹ בְּשֹׂרָה׃ 11 אַף כִּי־אֲנָשִׁים רְשָׁעִים הָרְגוּ אֶת־אִישׁ־ — ב[9] . ג חס
צַדִּיק בְּבֵיתוֹ עַל־מִשְׁכָּבוֹ וְעַתָּה הֲלוֹא אֲבַקֵּשׁ אֶת־דָּמוֹ מִיֶּדְכֶם
12 וּבִעַרְתִּי אֶתְכֶם מִן־הָאָרֶץ׃ 12 וַיְצַו דָּוִד אֶת־הַנְּעָרִים וַיַּהַרְגוּם וַיְקַצְּצוּ — יח פסוק את את ואת ואת . ל . ב
אֶת־יְדֵיהֶם וְאֶת־רַגְלֵיהֶם וַיִּתְלוּ עַל־הַבְּרֵכָה בְּחֶבְרוֹן וְאֵת רֹאשׁ — ב[10] . ב
[a]אִישׁ־בֹּשֶׁת[a] [b]לָקָחוּ[c] וַיִּקְבְּרוּ[d] בְּקֶבֶר־אַבְנֵר[e] בְּחֶבְרוֹן׃[f] פ

5 1 וַיָּבֹאוּ כָּל־שִׁבְטֵי יִשְׂרָאֵל אֶל־דָּוִד חֶבְרוֹנָה וַיֹּאמְרוּ[a] לֵאמֹר[b] — ט[1] ח מנה מל . ג
2 הִנְנוּ עַצְמְךָ וּבְשָׂרְךָ אֲנָחְנוּ׃ 2 גַּם־אֶתְמוֹל גַּם־שִׁלְשׁוֹם בִּהְיוֹת שָׁאוּל — ד[2] . ל . ג
מֶלֶךְ עָלֵינוּ אַתָּה [a]הָיִיתָה מוֹצִיא[a] וְהַמֵּבִי[b] אֶת־יִשְׂרָאֵל[c] וַיֹּאמֶר יְהוָה — ג חד כת י וב כת תרי ל[3] . היית המוציא[4] והמביא ק ק חד מן ט חס א בליש
לְךָ אַתָּה תִרְעֶה אֶת־עַמִּי אֶת־יִשְׂרָאֵל וְאַתָּה תִּהְיֶה לְנָגִיד עַל־ — ו . כז בטע ח[5] מנה בליש
3 יִשְׂרָאֵל׃ 3 וַיָּבֹאוּ כָּל־זִקְנֵי יִשְׂרָאֵל אֶל־הַמֶּלֶךְ חֶבְרוֹנָה וַיִּכְרֹת לָהֶם — ט[1] ח מנה מל
הַמֶּלֶךְ דָּוִד בְּרִית[a] בְּחֶבְרוֹן לִפְנֵי יְהוָה וַיִּמְשְׁחוּ[b] אֶת־דָּוִד לְמֶלֶךְ[c]
4 עַל־יִשְׂרָאֵל׃[d] פ 4 בֶּן־שְׁלֹשִׁים שָׁנָה דָּוִד בְּמָלְכוֹ אַרְבָּעִים[a] שָׁנָה — ל ס״פ[4]
5 מָלָךְ׃ 5 בְּחֶבְרוֹן מָלַךְ עַל־יְהוּדָה שֶׁבַע שָׁנִים וְשִׁשָּׁה חֳדָשִׁים
וּבִירוּשָׁלַםִ מָלַךְ שְׁלֹשִׁים וְשָׁלֹשׁ שָׁנָה עַל כָּל־יִשְׂרָאֵל וִיהוּדָה׃ — כא . כ ג מנה בסיפ

[5] Mm 1729. [6] Mm 2127. [7] Mm 1730. [8] Mm 11. [9] Nu 22,13. [10] Mm 3769. **Cp 5** [1] Mm 1302. [2] Mm 1297. [3] Mm 1755 [4] Mp sub loco. [5] Mm 4158.

7 [a–a] > 𝔖𝔙 ‖ [b–b] > 𝔊[L] ‖ **8** [a] pc Mss 'בח ‖ **10** [a] 𝔊 *ἐνώπιόν μου* cf 𝔖 ‖ [b] 𝔖 *hlp d* ‖ **12** [a–a] 𝔔 מפיבשת ‖ [b–b] > 𝔊𝔏[115] ‖ [c] 𝔔 לקח ‖ [d] Ms ־רהו cf 𝔖𝔗[Mss] ‖ [e] 𝔊 + *υἱοῦ Νηρ* cf 𝔏[115] (consuetudinis cs) ‖ [f] > 𝔊[Mss] ‖ **Cp 5,1** [a] > 𝔔; nonn Mss + לו, 2 Mss + אליו cf 𝔊[OB]𝔖𝔗[Mss]; > 𝔏[115]𝔙 ‖ [b] > 2 Mss 𝔊𝔖𝔗[Mss] ‖ **2** [a–a] nonn Mss ut Q ‖ [b] nonn Mss ut Q ‖ [c] Mss interv ‖ **3** [a] > pc Mss ‖ [b] pc Mss + שם cf 𝔗[Mss] ‖ [c] 𝔖𝔗[Mss] verb cf 2,7[a] ‖ [d] 𝔊 pr *πάντα* cf 𝔏[115] et 5 ‖ **4** [a] nonn Mss 'וְא cf 𝔊𝔖𝔗[Mss]𝔙.

כה . ה חס . מט מל בנביא ח מנה בסיפ 6 וַיֵּלֶךְ הַמֶּלֶךְ[a] וַאֲנָשָׁיו יְרוּשָׁלַםִ אֶל־הַיְבֻסִי יוֹשֵׁב הָאָרֶץ וַיֹּאמֶר[b] 6
ל̇ . ל̇ לְדָוִד לֵאמֹר לֹא־תָבוֹא הֵנָּה כִּי אִם־הֱסִירְךָ הַעִוְרִים וְהַפִּסְחִים
ד חס לֵאמֹר לֹא־יָבוֹא דָוִד הֵנָּה׃ 7 וַיִּלְכֹּד דָּוִד אֵת מְצֻדַת צִיּוֹן הִיא עִיר 7
ה חס ול בליש . ל̇ דָּוִד׃ 8 וַיֹּאמֶר דָּוִד בַּיּוֹם הַהוּא כָּל־מַכֵּה יְבֻסִי וְיִגַּע בַּצִּנּוֹר[a] וְאֶת־ 8
שנאי ק̇ חד מן מח[6] כת ו וקר י הַפִּסְחִים וְאֶת־הַעִוְרִים שְׂנֻאֵו[b] נֶפֶשׁ דָּוִד עַל־כֵּן יֹאמְרוּ עִוֵּר וּפִסֵּחַ
ד חס לֹא יָבוֹא אֶל־הַבָּיִת׃ 9 וַיֵּשֶׁב דָּוִד בַּמְּצֻדָה וַיִּקְרָא־לָהּ עִיר דָּוִד וַיִּבֶן 9
ב̇[7] . ח̇[8] . ל̇ בליש[9] דָּוִד[a] סָבִיב[b] מִן־הַמִּלּוֹא וָבָיְתָה[c]׃ 10 וַיֵּלֶךְ דָּוִד הָלוֹךְ וְגָדוֹל וַיהוָה ס̇כג
ז פסוק דמיין בטע[10] אֱלֹהֵי[a] צְבָאוֹת עִמּוֹ׃ פ 11 וַיִּשְׁלַח חִירָם מֶלֶךְ־צֹר[a] מַלְאָכִים אֶל־ 11
דָּוִד וַעֲצֵי אֲרָזִים וְחָרָשֵׁי עֵץ וְחָרָשֵׁי אֶבֶן[b] קִיר[c] וַיִּבְנוּ־בַיִת לְדָוִד׃
לא פסוק כי וכי[11] . כט וכל משיחה מצרים אשור ישראל דכות[12] . ל̇ 12 וַיֵּדַע דָּוִד כִּי־הֱכִינוֹ יְהוָה לְמֶלֶךְ עַל־יִשְׂרָאֵל[a] וְכִי נִשֵּׂא מַמְלַכְתּוֹ 12
ד̇[13] . ט̇ בַּעֲבוּר[a] עַמּוֹ יִשְׂרָאֵל׃ ס 13 וַיִּקַּח דָּוִד עוֹד פִּלַגְשִׁים וְנָשִׁים 13
ה̇[14] מִירוּשָׁלַםִ אַחֲרֵי בֹּאוֹ מֵחֶבְרוֹן[a] וַיִּוָּלְדוּ[b] עוֹד לְדָוִד[b] בָּנִים וּבָנוֹת׃
ד בנ״ך[10] . ג ב חס וחד מל[15] 14 וְאֵלֶּה שְׁמוֹת הַיִּלֹּדִים לוֹ בִּירוּשָׁלָםִ שַׁמּוּעַ וְשׁוֹבָב וְנָתָן וּשְׁלֹמֹה׃ 14
ב̇ 15 וְיִבְחָר וֶאֱלִישׁוּעַ וְנֶפֶג וְיָפִיעַ׃ 16 וֶאֱלִישָׁמָע וְאֶלְיָדָע וֶאֱלִיפָלֶט׃ פ 15 16
כט וכל משיחה מצרים אשור ישראל דכות[12] 17 וַיִּשְׁמְעוּ פְלִשְׁתִּים כִּי־מָשְׁחוּ אֶת־דָּוִד לְמֶלֶךְ[a] עַל־יִשְׂרָאֵל 17
ב̇ . ל̇ וַיַּעֲלוּ כָל־פְּלִשְׁתִּים לְבַקֵּשׁ אֶת־דָּוִד וַיִּשְׁמַע דָּוִד וַיֵּרֶד אֶל־
ג̇ הַמְּצוּדָה׃ 18 וּפְלִשְׁתִּים בָּאוּ וַיִּנָּטְשׁוּ בְּעֵמֶק רְפָאִים׃ 19 וַיִּשְׁאַל 18 19
ה . ב̇[16] . ב̇ דָּוִד בַּיהוָה לֵאמֹר הַאֶעֱלֶה אֶל־פְּלִשְׁתִּים הֲתִתְּנֵם בְּיָדִי[a] וַיֹּאמֶר
ח̇[17] יְהוָה אֶל־דָּוִד עֲלֵה כִּי־נָתֹן אֶתֵּן אֶת־הַפְּלִשְׁתִּים בְּיָדֶךָ[b]׃ 20 וַיָּבֹא 20
ה̇[18] דָוִד בְּבַעַל־פְּרָצִים[a] וַיַּכֵּם שָׁם דָּוִד[b] וַיֹּאמֶר[c] פָּרַץ יְהוָה אֶת־אֹיְבַי
ד . ה̇[18] לְפָנַי כְּפֶרֶץ מָיִם עַל־כֵּן קָרָא שֵׁם־הַמָּקוֹם הַהוּא בַּעַל[d] פְּרָצִים׃
כה 21 וַיַּעַזְבוּ־שָׁם אֶת־עֲצַבֵּיהֶם[a] וַיִּשָּׂאֵם דָּוִד וַאֲנָשָׁיו[b]׃ פ 22 וַיֹּסִפוּ 21 22

[6]Mm 3811. [7]Mm 1731. [8]Mm 1674. [9]Mm 2015. [10]Mp sub loco. [11]Mm 2059. [12]Mm 958. [13]Mm 1732. [14]Mm 1717. [15]Mm 1733. [16]Mm 1734. [17]Mm 1315. [18]Mm 1735.

6 [a] 2 Mss **דוד** cf $\mathfrak{G}^{-L}$; $\mathfrak{S}$ + *dwjd* ‖ [b] $\mathfrak{S}\mathfrak{T}^{Mss}$ pl ‖ **8** [a] $\mathfrak{G}$ *ἐν παραξιφίδι* cf $\mathfrak{L}^{115.93.94}\mathfrak{S}$ ‖ [b] mlt Mss ut Q, $\mathfrak{Q}$ **שנאה** ‖ **9** [a] > $\mathfrak{G}^{-Ms}\mathfrak{L}^{93.94}\mathfrak{V}$; $\mathfrak{G}$ + *αὐτὴν / τὴν πόλιν* cf $\mathfrak{L}^{93.94}$ ‖ [b–b] > $\mathfrak{S}$ ‖ [c] $\mathfrak{G}$ *καὶ τὸν οἶκον αὐτοῦ* cf $\mathfrak{L}^{115.93.94}$ ‖ **10** [a] > $\mathfrak{Q}\mathfrak{G}$ ‖ **11** [a] permlt Mss **צֹּר** ‖ [b] > $\mathfrak{Q}\mathfrak{G}^{L}\mathfrak{L}^{115}$ ‖ [c] > $\mathfrak{G}^{-O}$ ‖ **12** [a–a] $\mathfrak{S}$ *w'ttrjmt mlkwth ʿl*, $\mathfrak{T}$ *w'rj mnṭl'* … ‖ **13** [a] $\mathfrak{G}^{Mss}$ *εἰς X.* ‖ [b–b] $\mathfrak{Q}\mathfrak{G}$ **לדויד עוד** ‖ **17** [a] $\mathfrak{S}\mathfrak{T}^{-f}$ verb cf 2,7[a] ‖ **19** [a] nonn Mss C interv ‖ [b] 2 Mss **דיך–** cf $\mathfrak{G}\mathfrak{S}$ et 1S 16,2[c] etc ‖ **20** [a] $\mathfrak{G}$ *ἐκ τῶν ἐπάνω*, $\mathfrak{L}^{115}$ *a summo*, $\mathfrak{L}^{94}$ *de super*, $\mathfrak{L}^{93}$ *de superioribus*, $\mathfrak{S}$ *lbʿl*, $\mathfrak{T}$ *bmjšr* ‖ [b] > $\mathfrak{G}^{-L}\mathfrak{L}^{115}\mathfrak{S}^{ABcorr}\mathfrak{V}$ ‖ [c] $\mathfrak{G}(\mathfrak{L}^{115}\mathfrak{S})$ + *Δαυιδ* ‖ [d] $\mathfrak{G}$ *ἐπάνω*, $\mathfrak{L}^{115.93}$ *de super*, $\mathfrak{T}$ *mjšr* ‖ **21** [a] $\mathfrak{G}$ *τοὺς θεοὺς αὐτῶν*, $\mathfrak{L}^{115}$ *deos suos* ‖ [b] 2 Mss $\mathfrak{T}^{f}$ pr **הוא**; $\mathfrak{G}^{Mss}\mathfrak{L}^{115}$ + nonn vb.

עוֹד פְּלִשְׁתִּ֑ים לַעֲל֔וֹת וַיִּנָּטְשׁ֖וּ בְּעֵ֥מֶק רְפָאִֽים׃ 23 וַיִּשְׁאַ֨ל דָּוִד֙ בַּֽיהוָ֔ה
וַיֹּ֗אמֶר לֹ֣א תַעֲלֶ֔הᵃ הָסֵב֙ אֶל־אַחֲרֵיהֶ֔םᵇ וּבָאתָ֥ לָהֶ֖ם מִמּ֥וּלᶜ בְּכָאִֽים׃
24 וִ֠יהִי בְּֽשָׁמְעֲךָ֞ᵃ אֶת־ק֤וֹל צְעָדָה֙ᵇ בְּרָאשֵׁ֣יᶜ הַבְּכָאִ֔ים אָ֖ז תֶּחֱרָ֑ץ כִּ֣י אָ֗ז
יָצָ֤א יְהוָה֙ לְפָנֶ֔יךָ לְהַכּ֖וֹת בְּמַחֲנֵ֥ה פְלִשְׁתִּֽים׃ 25 וַיַּ֤עַשׂ דָּוִד֙ כֵּ֔ןᵃ כַּאֲשֶׁ֖ר
צִוָּ֣הוּ יְהוָ֑ה וַיַּךְ֙ אֶת־פְּלִשְׁתִּ֔ים מִגֶּ֖בַע עַד־בֹּאֲךָ֥ᵇ גָֽזֶר׃ פ

6 1 וַיֹּ֨סֶף ע֤וֹד דָּוִד֙ אֶת־כָּל־בָּח֣וּרᵃ בְּיִשְׂרָאֵ֔ל שְׁלֹשִׁ֖יםᵇ אָֽלֶף׃
2 וַיָּ֣קָם ׀ וַיֵּ֣לֶךְ דָּוִ֗ד וְכָל־הָעָם֙ אֲשֶׁ֣ר אִתּ֔וֹ מִֽבַּעֲלֵ֖יᵃ יְהוּדָ֑ה לְהַעֲל֣וֹת מִשָּׁ֗ם
אֵ֣ת אֲר֤וֹן הָֽאֱלֹהִים֙ אֲשֶׁר־נִקְרָ֣א שֵׁ֔םᶜ שֵׁ֣ם יְהוָ֧ה צְבָא֛וֹת יֹשֵׁ֥ב הַכְּרֻבִ֖ים
עָלָֽיו׃ 3 וַיַּרְכִּ֜בוּ אֶת־אֲר֤וֹן הָֽאֱלֹהִים֙ᵃ אֶל־עֲגָלָ֣ה חֲדָשָׁ֔ה וַיִּשָּׂאֻ֔הוּ
מִבֵּ֥ית אֲבִֽינָדָ֖ב אֲשֶׁ֣ר בַּגִּבְעָ֑ה וְעֻזָּ֣אᶜ וְאַחְי֗וֹ בְּנֵי֙ אֲבִ֣ינָדָ֔ב נֹהֲגִ֖ים אֶת־
הָעֲגָלָ֥הᵈ חֲדָשָֽׁהᵈ׃ 4 וַיִּשָּׂאֻ֗הוּ מִבֵּ֤ית אֲבִֽינָדָב֙ אֲשֶׁ֣ר בַּגִּבְעָ֔הᵈ עִ֖ם אֲר֣וֹן
הָאֱלֹהִ֑ים וְאַחְי֕וֹ הֹלֵ֖ךְ לִפְנֵ֥י הָאָרֽוֹן׃ 5 וְדָוִ֣ד ׀ וְכָל־בֵּ֣ית יִשְׂרָאֵ֗ל
מְשַֽׂחֲקִים֙ לִפְנֵ֣י יְהוָ֔ה בְּכֹ֖ל עֲצֵ֣י בְרוֹשִׁ֑ים וּבְכִנֹּר֤וֹתᵃ וּבִנְבָלִים֙ וּבְתֻפִּ֔ים
וּבִמְנַֽעַנְעִ֖ים וּבְצֶלְצֶלִֽים׃ 6 וַיָּבֹ֖אוּ עַד־גֹּ֣רֶן נָכ֑וֹן וַיִּשְׁלַ֨ח עֻזָּ֜אᵉᵇ אֶל־
אֲר֤וֹן הָֽאֱלֹהִים֙ וַיֹּ֣אחֶז בּ֔וֹ כִּ֥י שָׁמְט֖וּ הַבָּקָֽר׃ 7 וַיִּֽחַר־אַ֤ף יְהוָה֙ בְּעֻזָּ֔הᵃ
וַיַּכֵּ֨הוּ שָׁ֧ם הָאֱלֹהִ֛ים עַל־הַשַּׁ֖לᵇ וַיָּ֥מָת שָׁ֖ם עִ֥ם אֲר֥וֹן הָאֱלֹהִֽים׃ 8 וַיִּ֣חַר
לְדָוִ֔ד עַל֩ אֲשֶׁ֨ר פָּרַ֤ץ יְהוָה֙ פֶּ֣רֶץ בְּעֻזָּ֑הᵃ וַיִּקְרָ֞א לַמָּק֤וֹםᵇ הַהוּא֙ פֶּ֣רֶץ
עֻזָּ֔ה עַ֖ד הַיּ֥וֹם הַזֶּֽה׃ 9 וַיִּרָ֥א דָוִ֛ד אֶת־יְהוָ֖ה בַּיּ֣וֹם הַה֑וּא וַיֹּ֕אמֶר אֵ֛יךְ
יָב֥וֹא אֵלַ֖י אֲר֥וֹן יְהוָֽה׃ 10 וְלֹֽא־אָבָ֣ה דָוִ֗ד לְהָסִ֥יר אֵלָ֛יו אֶת־אֲר֥וֹן
יְהוָ֖ה עַל־עִ֣ירᵃ דָּוִ֑ד וַיַּטֵּ֣הוּ דָוִ֔ד בֵּ֥ית עֹבֵֽד־אֱדֹ֖ם הַגִּתִּֽי׃ 11 וַיֵּשֶׁב֩
אֲר֨וֹן יְהוָ֜ה בֵּ֣ית עֹבֵ֥ד אֱדֹ֛ם הַגִּתִּ֖י שְׁלֹשָׁ֣ה חֳדָשִׁ֑ים וַיְבָ֧רֶךְ יְהוָ֛ה אֶת־

Masora marginalis (right):
יד[19] וכל אורית ויהושע
דכות ב מ ג. ג. ה.
ל
כשמעך[20] .ל.
ק ד. ל.
ל.[21]
כי. ה. ב
גֿא מ"פ וכל ר"פ
דכות ב מ ג
בٔ. ד.
יב חס וכל אורית דכות[2]
ד. ד חס[3]
ג כת א[4]
ד חס[3]
יב[5]. לٔ. וכל
ירמיה ויחזק דכות ב מֿיח
ל.ל[d]
בٔ
יٔא זוגין דמטע בטעٔ. בٔ[9]
וב[10]
כו[11]. כו[11]
ד. ג.[12]. ד[13]
כו[11]

---

[19]Mm 1523.   [20]Mp sub loco.   [21]Mm 1623.   **Cp 6** [1]Mm 1736.   [2]Mm 543.   [3]Mm 1737.   [4]Mm 1738.
[5]Mm 1447.   [6]Mm 953.   [7]1Ch 13,9.   [8]Mm 794.   [9]Mm 1739.   [10]Mm 1590.   [11]Mm 1553.   [12]Mm 1740.
[13]Mm 4072.

23 ᵃ 𝕲 + εἰς συναντησιν αὐτῶν, 𝔏[115] o(b)via illis ‖ ᵇ⁻ᵇ pc Mss citt מְאַ' cf 𝕲𝔏[115]𝔖; pc
Mss om אל ‖ **24** ᵃ mlt Mss ut Q cf 𝕿 ‖ ᵇ „mlt MSS" (de Rossi) הצֿ' ‖ ᶜ 𝔖𝕿ᴹˢˢ עّ
sg ‖ **25** ᵃ > Ms citt 𝕲⁻ᴸ𝔙 ‖ ᵇ nonn Mss 𝕿ᶠ ועד ‖ **Cp 6,1** ᵃ pc Mss cit 𝔖𝕿 יש' ; 𝕲 ἐξ
I. cf 𝔙 ‖ ᵇ 𝕲𝔏[93.94] 70 ‖ **2** ᵃ 𝕼 alit cf 1 Ch 13,6 ‖ ᵇ 𝕼 pr את ‖ ᶜ mlt Mss שֵׁם cf 𝔖 ‖
3/4 ᵃ 𝕲⁻ᴸ κυρίου, 𝕿 djhwh ut ubique ‖ ᵇ pc Mss 𝕼 citt על ‖ ᶜ pc Mss ועזה cf 6ᵇ·⁷·⁸ ‖
ᵈ⁻ᵈ > 𝕲⁻ᴼ (homtel) ‖ **5** ᵃ pc Mss cit ב' ‖ **6** ᵃ 𝕼 נודן, 𝕲ᴮᴹˢ Νω/οδαβ ‖ ᵇ permlt Mss
עזה cf 3ᶜ·⁷·⁸ ‖ ᶜ Ms cit + את ידו cf 𝕼𝕲𝔖𝕿⁻ᴹˢˢ עّ ‖ ᵈ mlt Mss את ‖ **7** ᵃ mlt Mss
זّא — cf 6ᵇ ‖ ᵇ⁻ᵇ > 𝕲 ‖ **8** ᵃ mlt Mss 𝕼 זّא — cf 6ᵇ ‖ ᵇ 2 Mss שם המ' ‖ ᶜ mlt Mss עזא
cf 6ᵇ ‖ **10** ᵃ mlt Mss אל cf? 𝔖𝕿 l.

12 עֹבֵ֨ד אֱדֹ֜ם וְאֶת־כָּל־בֵּית֗וֹ׃ 12 וַיֻּגַּ֞ד לַמֶּ֣לֶךְ דָּוִד֮ לֵאמֹר֒ בֵּרַ֣ךְ יְהוָ֗ה אֶת־בֵּ֨ית עֹבֵ֤ד אֱדֹם֙ וְאֶת־כָּל־אֲשֶׁר־ל֔וֹ בַּעֲב֖וּר אֲר֣וֹן הָאֱלֹהִ֑ים וַיֵּ֣לֶךְ דָּוִ֗ד וַיַּעַל֩ אֶת־אֲר֨וֹן הָאֱלֹהִ֜ים מִבֵּ֨ית עֹבֵ֥ד אֱדֹ֛ם עִ֥יר דָּוִ֖ד בְּשִׂמְחָֽה׃

13 וַיְהִ֗י כִּ֧י צָעֲד֛וּ נֹשְׂאֵ֥י אֲרוֹן־יְהוָ֖ה שִׁשָּׁ֣ה צְעָדִ֑ים וַיִּזְבַּ֥ח שׁ֖וֹר וּמְרִֽיא׃

14 וְדָוִ֛ד מְכַרְכֵּ֥ר בְּכָל־עֹ֖ז לִפְנֵ֣י יְהוָ֑ה וְדָוִ֕ד חָג֖וּר אֵפ֥וֹד בָּֽד׃ 15 וְדָוִד֙ וְכָל־בֵּ֣ית יִשְׂרָאֵ֔ל מַעֲלִ֖ים אֶת־אֲר֣וֹן יְהוָ֑ה בִּתְרוּעָ֖ה וּבְק֥וֹל שׁוֹפָֽר׃

16 וְהָיָה֙ אֲר֣וֹן יְהוָ֔ה בָּ֖א עִ֣יר דָּוִ֑ד וּמִיכַ֨ל בַּת־שָׁא֜וּל נִשְׁקְפָ֣ה ׀ בְּעַ֣ד הַחַלּ֗וֹן וַתֵּ֨רֶא אֶת־הַמֶּ֤לֶךְ דָּוִד֙ מְפַזֵּ֤ז וּמְכַרְכֵּר֙ לִפְנֵ֣י יְהוָ֔ה וַתִּ֥בֶז ל֖וֹ בְּלִבָּֽהּ׃

17 וַיָּבִ֜אוּ אֶת־אֲר֣וֹן יְהוָ֗ה וַיַּצִּ֤גוּ אֹתוֹ֙ בִּמְקוֹמ֔וֹ בְּת֣וֹךְ הָאֹ֔הֶל אֲשֶׁ֥ר נָטָה־ל֖וֹ דָּוִ֑ד וַיַּ֨עַל דָּוִ֥ד עֹל֛וֹת לִפְנֵ֥י יְהוָ֖ה וּשְׁלָמִֽים׃ 18 וַיְכַ֣ל דָּוִ֗ד מֵהַעֲל֥וֹת הָעוֹלָ֖ה וְהַשְּׁלָמִ֑ים וַיְבָ֣רֶךְ אֶת־הָעָ֔ם בְּשֵׁ֖ם יְהוָ֥ה צְבָאֽוֹת׃

19 וַיְחַלֵּ֨ק לְכָל־הָעָ֜ם לְכָל־הֲמ֣וֹן יִשְׂרָאֵ֗ל לְמֵאִישׁ֙ וְעַד־אִשָּׁ֔ה לְאִ֨ישׁ חַלַּ֥ת לֶ֙חֶם֙ אַחַ֔ת וְאֶשְׁפָּ֣ר אֶחָ֔ד וַאֲשִׁישָׁ֖ה אֶחָ֑ת וַיֵּ֥לֶךְ כָּל־הָעָ֖ם אִ֥ישׁ לְבֵיתֽוֹ׃

20 וַיָּ֥שָׁב דָּוִ֖ד לְבָרֵ֣ךְ אֶת־בֵּית֑וֹ וַתֵּצֵ֞א מִיכַ֤ל בַּת־שָׁאוּל֙ לִקְרַ֣את דָּוִ֔ד וַתֹּ֗אמֶר מַה־נִּכְבַּ֨ד הַיּ֜וֹם מֶ֣לֶךְ יִשְׂרָאֵ֗ל אֲשֶׁ֨ר נִגְלָ֤ה הַיּוֹם֙ לְעֵינֵי֙ אַמְה֣וֹת עֲבָדָ֔יו כְּהִגָּל֥וֹת נִגְל֖וֹת אַחַ֥ד הָרֵקִֽים׃ 21 וַיֹּ֣אמֶר דָּוִד֮ אֶל־מִיכַל֒ לִפְנֵ֣י יְהוָ֗ה אֲשֶׁ֨ר בָּֽחַר־בִּ֤י מֵֽאָבִיךְ֙ וּמִכָּל־בֵּית֔וֹ לְצַוֺּ֥ת אֹתִ֛י נָגִ֛יד עַל־עַ֥ם יְהוָ֖ה עַל־יִשְׂרָאֵ֑ל וְשִׂחַקְתִּ֖י לִפְנֵ֥י יְהוָֽה׃ 22 וּנְקַלֹּ֤תִי עוֹד֙ מִזֹּ֔את וְהָיִ֥יתִי שָׁפָ֖ל בְּעֵינָ֑י וְעִם־הָֽאֲמָהוֹת֙ אֲשֶׁ֣ר אָמַ֔רְתְּ עִמָּ֖ם אִכָּבֵֽדָה׃ 23 וּלְמִיכַל֙ בַּת־שָׁא֔וּל לֹֽא־הָ֥יָה לָ֖הּ יָ֑לֶד עַ֖ד י֥וֹם מוֹתָֽהּ׃ פ

בד¹⁴ ·
יב

כו · יב¹⁵

14
15

יב¹⁶ · כו¹⁷ וכל ירמיה
ויחזק דכות במ׳יח ·כו¹⁵

ל · כו¹⁵ · ד

ל · ל · ב

לו · כו¹⁵ · ל חס

ג מל בסיפ¹⁸ · ד

ג · ל פסוק לכל
לכל¹⁹ · כ²⁰

וי²¹ זקף פת וכל חקה
מדה שנה תורה ואלף ס
דכות במא ·ב · ב

ב²²

ב מל בליש · ל ·
כת²³ · ג חס²⁴

יח פסוק אל על על²⁵

ל
ל

ל וחס · ב חד
מן ב מל בליש וחד חס

ל
ל · ל²⁶†

---

¹⁴Mm 2228.   ¹⁵Mm 1553.   ¹⁶Mm 1447.   ¹⁷Mm 953.   ¹⁸Mm 1741.   ¹⁹Mp sub loco.   ²⁰Mm 4193.   ²¹Mm 492.   ²²Mm 969.   ²³Mm 187.   ²⁴Mm 4185.   ²⁵Mm 658.   ²⁶Mm 1742.

11 ^a nonn Mss citt pr בית cf 𝔗^{Ms}, 𝔊 pr ὅλον τὸν οἶκον ‖ ^b pc Mss cit + הגתי cf 𝔖 ‖
12 ^a 𝔊^L𝔏^{93.94} + nonn vb ‖ **15** ^a > pc Mss 𝔖 ‖ ^b 2 Mss pr ברית cf 𝔙 ‖ **16** ^a 𝔔 ויהי, 𝔊 καὶ ἐγένετο cf 1 Ch 15,29 ‖ ^{b–b} 𝔖 bbjth ddwjd ‖ **17** ^a > 𝔖 ‖ **19** ^a pc Mss מ׳ cf 𝔗^{Buxt} ‖ ^b nonn Mss^G פָּר— ‖ **20** ^a 𝔖^{AC} lm'zl, 𝔖^B lm't' ‖ ^b pc Mss interv ‖ ^c Ms + אליו ‖ ^d 𝔊 τῶν ὀρχουμένων cf 𝔏^{93.94} (unus de) saltatoribus, 𝔙 (unus de) curris ‖ **21** ^a 𝔊^{-A} + ὀρχήσομαι ‖ ^b 𝔊^{-O} pr (καὶ) εὐλογητὸς (𝔊^L καὶ ζῇ) κύριος ‖ ^c mlt Mss לְנ׳ cf 𝔊, sed etiam 1 R 1,35; 𝔗 lmhwj (mlk') ‖ ^d 𝔊 αὐτοῦ ‖ ^e pc Mss cit וְעַל; > 𝔊^{O-L}𝔙 ‖ ^f 𝔊 + καὶ ὀρχήσομαι ‖ ^{g–g} > 𝔊^O𝔙 ‖ **22** ^a Ms ניו—, 𝔊 ἐν ὀφθαλμοῖς σου cf 𝔏^{93.94} ante oculos tuos ‖ ^b 𝔊 (μὴ) δοξασθῆναι ‖ **23** ^a mlt Mss K^{Or} ולד cf Gn 11,30.

7 1 וַיְהִי כִּי־יָשַׁב הַמֶּלֶךְ בְּבֵיתוֹ וַיהוָה [a]הֵנִיחַ־לוֹ[a] מִסָּבִיב מִכָּל־ הי׳[1]
2 אֹיְבָיו׃ 2 וַיֹּאמֶר הַמֶּלֶךְ אֶל־נָתָן הַנָּבִיא רְאֵה נָא אָנֹכִי יוֹשֵׁב בְּבֵית ה[2]. מט מל בנביא ח מנה בסיפ
3 אֲרָזִים וַאֲרוֹן הָאֱלֹהִים יֹשֵׁב בְּתוֹךְ הַיְרִיעָה׃ 3 וַיֹּאמֶר נָתָן אֶל־הַמֶּלֶךְ
4 כֹּל אֲשֶׁר בִּלְבָבְךָ לֵךְ[a] עֲשֵׂה[b] כִּי יְהוָה עִמָּךְ׃ ס 4 וַיְהִי בַּלַּיְלָה
5 הַהוּא[a] וַיְהִי דְּבַר־יְהוָה אֶל־נָתָן[b] לֵאמֹר׃ 5 לֵךְ וְאָמַרְתָּ אֶל־עַבְדִּי ג[3]
6 אֶל־[a]דָּוִד[b] כֹּה אָמַר יְהוָה הַאַתָּה[c] תִּבְנֶה־לִּי בַיִת[d] לְשִׁבְתִּי׃ 6 כִּי לֹא ל
יָשַׁבְתִּי בְּבַיִת לְמִיּוֹם הַעֲלֹתִי אֶת־בְּנֵי יִשְׂרָאֵל מִמִּצְרַיִם[a] וְעַד הַיּוֹם ו[4]. ג[5]. ג ב חס וחד מל. ג
7 הַזֶּה וָאֶהְיֶה מִתְהַלֵּךְ בְּאֹהֶל וּבְמִשְׁכָּן׃ 7 בְּכֹל[a] אֲשֶׁר־הִתְהַלַּכְתִּי ל
בְּכָל־בְּנֵי[b] יִשְׂרָאֵל הֲדָבָר[c] דִּבַּרְתִּי אֶת־אַחַד שִׁבְטֵי יִשְׂרָאֵל אֲשֶׁר ב. כה[6]
צִוִּיתִי לִרְעוֹת אֶת־עַמִּי אֶת־[d]יִשְׂרָאֵל לֵאמֹר לָמָּה לֹא־בְנִיתֶם לִי בֵּית ו
8 אֲרָזִים׃ 8 וְעַתָּה כֹּה־תֹאמַר לְעַבְדִּי לְדָוִד[a] כֹּה אָמַר יְהוָה צְבָאוֹת יו[7]
אֲנִי לְקַחְתִּיךָ מִן־הַנָּוֶה מֵאַחַר[b] הַצֹּאן לִהְיוֹת נָגִיד[c] [d]עַל־עַמִּי[d] [e]עַל־ ל. ל. כא פסוק על על ומילה חדה ביניה[8]
9 יִשְׂרָאֵל׃ 9 וָאֶהְיֶה עִמְּךָ בְּכֹל אֲשֶׁר הָלַכְתָּ וָאַכְרִתָה אֶת־כָּל־אֹיְבֶיךָ ל וחס
10 מִפָּנֶיךָ וְעָשִׂתִי לְךָ שֵׁם גָּדוֹל[a] כְּשֵׁם הַגְּדֹלִים אֲשֶׁר בָּאָרֶץ׃ 10 וְשַׂמְתִּי ד[9]
מָקוֹם לְעַמִּי לְיִשְׂרָאֵל[a] וּנְטַעְתִּיו וְשָׁכַן תַּחְתָּיו וְלֹא יִרְגַּז עוֹד וְלֹא־ ל
11 יֹסִיפוּ בְנֵי־עַוְלָה לְעַנּוֹתוֹ כַּאֲשֶׁר בָּרִאשׁוֹנָה׃ 11 וּלְמִן־הַיּוֹם[b] אֲשֶׁר ט בליש ול חס ו. ג. כב[10] ח[11] מנה מל. ח ול בליש
צִוִּיתִי שֹׁפְטִים עַל־עַמִּי[c] יִשְׂרָאֵל וַהֲנִיחֹתִי לְךָ מִכָּל־אֹיְבֶיךָ וְהִגִּיד ג
12 לְךָ יְהוָה כִּי־בַיִת יַעֲשֶׂה־לְּךָ יְהוָה׃ 12 כִּי ׀ יִמְלְאוּ יָמֶיךָ וְשָׁכַבְתָּ ל
אֶת־אֲבֹתֶיךָ[a] וַהֲקִימֹתִי אֶת־זַרְעֲךָ אַחֲרֶיךָ אֲשֶׁר יֵצֵא מִמֵּעֶיךָ וַהֲכִינֹתִי ו כת כן[12]
13 אֶת־מַמְלַכְתּוֹ׃ 13 הוּא[a] יִבְנֶה־בַּיִת לִשְׁמִי וְכֹנַנְתִּי אֶת־כִּסֵּא מַמְלַכְתּוֹ ל[7]. ב וחס[7]. ב
14 עַד־עוֹלָם׃ 14 אֲנִי אֶהְיֶה־לּוֹ לְאָב וְהוּא יִהְיֶה־לִּי לְבֵן [a]אֲשֶׁר בְּהַעֲוֺתוֹ[a] ל

Cp 7 [1]Mm 87. [2]Mm 4084. [3]Mm 4086. [4]Mm 3067. [5]Mm 1512. [6]Mm 187. [7]Mp sub loco. [8]Mm 686. [9]Mm 1357. [10]Mm 1743. [11]Mm 1135. [12]Mm 816.

Cp 7,1 [a–a] 𝔊 *κατεκληρονόμησεν αὐτόν* cf 1S 2,8 ‖ **3** [a] > nonn Mss 𝔖 ‖ [b] Ms 𝔊 וע׳ ‖ **4** [a] mlt Mss interv ‖ [b] pc Mss cit + הנביא cf $𝔊^{L}$𝔖 ‖ **5** [a] > mlt Mss 𝔊$𝔏^{CY}$𝔖$𝔗^{Ms}$𝔙 ‖ [b] Mss interv ‖ [c] 𝔊 *οὐ σύ* cf $𝔏^{CY}$𝔖 ‖ [d] pc Mss + לשמי cf 13 ‖ **6** [a] 2 Mss מארץ מצ׳ cf 𝔖𝔙 et 1S 8,8[b] ‖ **7** [a] pc Mss בכל ‖ [b] > Ms 𝔊 ‖ [c] 𝔊 *εἰ λαλῶν*, 𝔙 *numquid loquens* ‖ [d] > nonn Mss ‖ **8** [a] pc Mss ד׳ cf $𝔊^{-Mss}$𝔖 ‖ [b] mlt Mss —רי; $𝔊^{L}$ *ἐξ ἑνός* cf $𝔏^{93.94}$; > $𝔊^{-O\,Mss}$ ‖ [c] 2 Mss לנ׳ cf 𝔊 *σε εἰς* ‖ [d–d] > $𝔊^{O}$ ‖ [e] > nonn Mss 𝔖$𝔗^{Ms}$𝔙 ‖ **9** [a] > Ms cit? $𝔊^{-L}$ ‖ **10** [a] mlt Mss 𝔖$𝔗^{Mss}$ ישׁ׳ ‖ **11** [a] 2 Mss $𝔊^{O\,Mss}$𝔖𝔙 ל׳ ‖ [b] 𝔊 *τῶν ἡμερῶν* ‖ [c] > pc Mss ‖ **12** [a] „mlt MSS" (de Rossi) עם cf 𝔖𝔗 ‖ **13** [a] 2 Mss $𝔊^{Ms}$$𝔖^{AB}$ וה׳ ‖ **14** [a–a] 𝔊 *καὶ ἐὰν ἔλθῃ (ἡ) ἀδικία αὐτοῦ*, 𝔖 *wbsklwth ʼksjwhj*.

15 וְהֹכַחְתִּיו בְּשֵׁבֶט אֲנָשִׁים וּבְנִגְעֵי בְּנֵי אָדָם׃ 15 וְחַסְדִּי לֹא־[a]יָסוּר מִמֶּנּוּ   ל̇. ו̇[13]. ו̇ וכל תלים ומשלי דכות ב̇ מ̇ ב̇
כַּאֲשֶׁר הֲסִרֹתִי [b]מֵעִם שָׁאוּל אֲשֶׁר הֲסִרֹתִי מִלְּפָנֶיךָ[bc]׃ 16 וְנֶאְמַן בֵּיתְךָ ס̇ כ̇ד   ל̇
17 וּמַמְלַכְתְּךָ עַד־עוֹלָם לְפָנֶיךָ[a] כִּסְאֲךָ[b] יִהְיֶה נָכוֹן עַד־עוֹלָם׃ 17 כְּכֹל
הַדְּבָרִים הָאֵלֶּה וּכְכֹל הַחִזָּיוֹן הַזֶּה כֵּן דִּבֶּר נָתָן אֶל־דָּוִד׃ ס   ה̇. ג̇
18 18 וַיָּבֹא הַמֶּלֶךְ דָּוִד וַיֵּשֶׁב לִפְנֵי יְהוָה וַיֹּאמֶר מִי אָנֹכִי אֲדֹנָי יְהוִה   ג̇[14]. י̇ב̇. ל̇
19 וּמִי בֵיתִי כִּי הֲבִיאֹתַנִי עַד־הֲלֹם׃ 19 וַתִּקְטַן עוֹד[a] זֹאת בְּעֵינֶיךָ אֲדֹנָי   ב̇ וחס̇. י̇א̇. ב̇. ס̇ו̇ י̇ט̇[15] מנה̇ בסיפ̇
יְהוִה וַתְּדַבֵּר גַּם[b] אֶל־בֵּית־עַבְדְּךָ לְמֵרָחוֹק וְזֹאת תּוֹרַת הָאָדָם אֲדֹנָי   ח̇. כ̇ה̇
20 יְהוִה׃ 20 וּמַה־יּוֹסִיף [a]דָּוִד עוֹד[a] לְדַבֵּר אֵלֶיךָ וְאַתָּה יָדַעְתָּ אֶת־עַבְדְּךָ   ל̇ בסיפ̇[16]. ד̇[17]. כ̇ז̇ בטע̇ ח̇[18] מנה̇ בליש̇
21 אֲדֹנָי יְהוִה[b]׃ 21 בַּעֲבוּר דְּבָרְךָ[a] וּכְלִבְּךָ עָשִׂיתָ אֵת כָּל־הַגְּדוּלָּה הַזֹּאת   ב̇. ד̇ ג̇ מל̇ וחד חס̇
22 לְהוֹדִיעַ אֶת־עַבְדֶּךָ׃ 22 עַל־כֵּן גָּדַלְתָּ [a]אֲדֹנָי יְהוִה[a] כִּי־אֵין כָּמוֹךָ   ה̇ כת̇ בנביא̇. ל̇[19] מ״פ אין ואין וכל ר״פ דכות ב̇ מ̇ ב̇
23 וְאֵין אֱלֹהִים זוּלָתֶךָ [b]בְּכֹל אֲשֶׁר־שָׁמַעְנוּ בְּאָזְנֵינוּ׃ 23 וּמִי כְעַמְּךָ   ג̇. כת̇ כן ופליג̇[20]. ו̇. ל̇ בסיפ̇[21]
כְּיִשְׂרָאֵל[a] גּוֹי אֶחָד[b] בָּאָרֶץ אֲשֶׁר הָלְכוּ־[c]אֱלֹהִים לִפְדּוֹת־לוֹ לְעָם[d]   ל̇ בסיפ̇[21]. ל̇ בסיפ̇[21]
וְלָשׂוּם לוֹ[e] שֵׁם וְלַעֲשׂוֹת לָכֶם[f] הַגְּדוּלָּה וְנֹרָאוֹת לְאַרְצֶךָ[g] [h]מִפְּנֵי עַמְּךָ[h]   ב̇. ל̇ בסיפ̇[21]. ה̇י̇[22]. ד̇ ג̇ מל̇ וחד חס̇. ב̇ כת̇ כן[23]
24 אֲשֶׁר פָּדִיתָ[i] לְּךָ מִמִּצְרַיִם [k]גּוֹיִם וֵאלֹהָיו[k]׃ 24 וַתְּכוֹנֵן לְךָ אֶת־עַמְּךָ
יִשְׂרָאֵל ׀ לְךָ[a] לְעָם עַד־עוֹלָם וְאַתָּה יְהוָה הָיִיתָ לָהֶם לֵאלֹהִים׃ ס
25 25 וְעַתָּה[a] [b]יְהוָה אֱלֹהִים[b] הַדָּבָר אֲשֶׁר דִּבַּרְתָּ עַל־עַבְדְּךָ וְעַל־בֵּיתוֹ   ג̇. ה̇ כת̇ בנביא̇[24]. ג̇[25]
26 הָקֵם[c] עַד־עוֹלָם וַעֲשֵׂה כַּאֲשֶׁר דִּבַּרְתָּ׃ 26 וְיִגְדַּל שִׁמְךָ עַד־עוֹלָם   ב̇
לֵאמֹר יְהוָה צְבָאוֹת אֱלֹהִים עַל־[a]יִשְׂרָאֵל וּבֵית[b] עַבְדְּךָ דָוִד יִהְיֶה   ל̇
27 נָכוֹן לְפָנֶיךָ[c]׃ 27 כִּי־אַתָּה יְהוָה צְבָאוֹת אֱלֹהֵי יִשְׂרָאֵל גָּלִיתָה אֶת־   ל̇ מל̇[26]
אֹזֶן עַבְדְּךָ לֵאמֹר בַּיִת אֶבְנֶה־לָּךְ עַל־כֵּן מָצָא עַבְדְּךָ אֶת־לִבּוֹ   כ̇ה̇

[13]Mm 1420. [14]Mm 386. [15]Mm 1533. [16]Mm 4088. [17]Mm 1732. [18]Mm 4158. [19]Mm 1269. [20]Mm 4089 contra textum. [21]Mm 4089. [22]Mm 1376. [23]Mm 4090. [24]Mp sub loco. [25]Mm 2587. [26]Mm 1713.

15 [a] pc Mss אסור cf 𝔊𝔖𝔙 ‖ [b–b] 𝔊 *ἀφ᾽ ὧν ἀπέστησα ἐκ* (𝔊[L] *ἀπὸ*) *προσώπου μου* cf 𝔏[93], 𝔖 *mn š᾽wl dhw᾽ mn qdmjk. w᾽ʿbrth mn qdmj* ‖ [c] Ms ־ני cf [b–b] ‖ **16** [a] pc Mss ־ני cf 𝔊𝔏[CY]𝔖 ‖ [b] pc Mss cit 𝔊𝔖𝔙 וכ׳ ‖ **19** [a] > 𝔊𝔏[93.94]𝔖 ‖ [b] > 2 Mss cit 𝔊𝔖 ‖ **20** [a–a] pc Mss cit ע׳ ד׳ ‖ [b] pc Mss אלהים cf 𝔖𝔗𝔙 et 25[b] ‖ **21** [a] 𝔊[-O Mss] (𝔊[L] *τὸν λόγον σου καὶ διὰ*) *τὸν δοῦλόν σου*, 𝔖 *ptgmjk* ‖ **22** [a–a] permlt Mss יהוה אלהים cf 𝔖𝔗𝔙 et 25[b] ‖ [b] permlt Mss 𝔗 ככל; > 𝔖 ‖ **23** [a] nonn Mss יש׳ cf Vrs ‖ [b] 𝔊 *ἄλλο*; > 𝔙 ‖ [c] 𝔊 *ὡδήγησεν* (𝔊[L] *-ας*) *αὐτόν* cf Jos 24,3 Ps 106,9 ‖ [d] 𝔊𝔖𝔗 om ל ‖ [e] 𝔊 *σε* ‖ [f] pc Mss להם cf 𝔗[f]𝔙, 𝔖 *lh*; > Ms 𝔊 ‖ [g] 𝔊 *τοῦ ἐκβαλεῖν σε*, 𝔖 *ʿlʾrʿ* cf 𝔙 ‖ [h–h] 𝔖 *(ʾjk d)mn qdjm. ʿl ʿmk* ‖ [i] 𝔊 1 m sg ‖ [k–k] 2 Mss citt גוי וא׳, Ms וגוים וא׳, 𝔔]…[ואוהלים, 𝔊 *ἔθνη καὶ σκηνώματα* cf 𝔏[93.94], 𝔖 *ʿmʾ dʾnt ʾlhh*, 𝔙 *gentem et deum eius* ‖ **24** [a] > 𝔊𝔙 ‖ **25** [a] α′σ′ *καὶ ποίησον* ‖ [b–b] nonn Mss אדני יהוה cf 𝔊[Mss] et 20[b].22[a–a] ‖ [c] 𝔊 *πίστωσον* (𝔊[L] *πιστωθήτω*) ‖ **26** [a] Ms לְ cf 𝔖 ‖ [b] 𝔊[O] om cop ‖ [c] Ms + לעולם cf 𝔖𝔗[Ms].

28 לְהִתְפַּלֵּ֣ל אֵלֶ֔יךָ[a] אֶת־הַתְּפִלָּ֖ה הַזֹּֽאת׃ 28 וְעַתָּ֣ה ׀ [a]אֲדֹנָ֣י יְהוִ֗ה[a] אַתָּה־ ב̇[27]. ג̇[27]
ה֣וּא הָֽאֱלֹהִ֔ים וּדְבָרֶ֖יךָ יִהְי֣וּ אֱמֶ֑ת וַתְּדַבֵּר֙° אֶל־עַבְדְּךָ֔° אֶת־הַטּוֹבָ֖ה° ל̇[28]
29 הַזֹּֽאת׃ 29 וְעַתָּ֗ה הוֹאֵל֙ וּבָרֵךְ֙ אֶת־בֵּ֣ית עַבְדְּךָ֔ לִהְי֥וֹת לְעוֹלָ֖ם ד̇. ג̇[29]
לְפָנֶ֑יךָ כִּֽי־אַתָּ֞ה [a]אֲדֹנָ֤י יְהוִה֙[a] דִּבַּ֔רְתָּ וּמִֽבִּרְכָ֣תְךָ֔ יְבֹרַ֥ךְ בֵּית־עַבְדְּךָ֖ ל̇. ד̇ ב̇ פת̇ וב̇ קמ̇[30]
לְעוֹלָֽם׃ פ

8 1 וַֽיְהִי֙ אַחֲרֵי־כֵ֔ן וַיַּ֥ךְ דָּוִ֛ד אֶת־פְּלִשְׁתִּ֖ים וַיַּכְנִיעֵ֑ם וַיִּקַּ֥ח דָּוִ֛ד
2 אֶת־מֶ֥תֶג הָאַמָּ֖ה מִיַּ֥ד פְּלִשְׁתִּֽים׃ 2 וַיַּ֣ךְ אֶת־מוֹאָ֗ב וַֽיְמַדְּדֵ֤ם בַּחֶ֙בֶל֙ ל̇
הַשְׁכֵּ֣ב אוֹתָם֙ אַ֔רְצָה וַיְמַדֵּ֤ד שְׁנֵֽי־חֲבָלִים֙ לְהָמִ֔ית וּמְלֹ֥א הַחֶ֖בֶל ל̇. ד̇ מל̇ בסיפ̇. ב̇[1]
3 לְהַחֲי֑וֹת וַתְּהִ֤י מוֹאָב֙ לְדָוִ֔ד[a] לַעֲבָדִ֖ים נֹשְׂאֵ֥י מִנְחָֽה׃ 3 וַיַּ֥ךְ דָּוִ֖ד° אֶת־ כו̇. י̇א̇ זוגין דמטע̇ בטע̇[2]
הֲדַדְעֶ֥זֶר[a] בֶּן־רְחֹ֖ב מֶ֣לֶךְ צוֹבָ֑ה בְּלֶכְתּ֕וֹ לְהָשִׁ֥יב[b] יָד֖וֹ בִּנְהַר־[c]° ׃ ב̇ חס̇ בגבר̇[3]. פרת חד̇ מן[4] קר̇ ולא כת̇
4 וַיִּלְכֹּ֨ד דָּוִ֜ד מִמֶּ֗נּוּ[a] אֶ֤לֶף[b] וּשְׁבַע־מֵאוֹת֙[c] פָּֽרָשִׁ֔ים[d] וְעֶשְׂרִ֥ים אֶ֖לֶף אִ֣ישׁ° ה̇[5]
5 רַגְלִ֑י וַיְעַקֵּ֤ר דָּוִד֙ אֶת־כָּל־הָרֶ֔כֶב וַיּוֹתֵ֥ר מִמֶּ֖נּוּ מֵ֥אָה רָֽכֶב׃ 5 וַתָּבֹא֙ ב̇. ז̇ מל̇ בליש̇[6]. ל̇
אֲרַ֣ם[a] דַּמֶּ֔שֶׂק לַעְזֹ֕ר לַהֲדַדְעֶ֖זֶר[b] מֶ֣לֶךְ צוֹבָ֑ה וַיַּ֤ךְ דָּוִד֙ בַּאֲרָ֔ם[c] עֶשְׂרִֽים־
6 וּשְׁנַ֥יִם אֶ֖לֶף אִֽישׁ׃ 6 וַיָּ֨שֶׂם דָּוִ֥ד נְצִבִים֮ בַּאֲרַ֣ם[a] דַּמֶּשֶׂק֒ וַתְּהִ֤י אֲרָם֙[b] פד̇
לְדָוִ֔ד לַעֲבָדִ֖ים[c] נוֹשְׂאֵ֣י מִנְחָ֑ה וַיֹּ֤שַׁע יְהוָה֙ אֶת־[d]דָּוִ֔ד בְּכֹ֖ל אֲשֶׁ֥ר הָלָֽךְ׃ כו̇ ול̇ מל̇. ג̇ חס̇[7]
7 וַיִּקַּ֣ח דָּוִ֗ד אֵ֚ת שִׁלְטֵ֣י הַזָּהָ֔ב אֲשֶׁ֣ר הָי֔וּ אֶ֖ל[a] עַבְדֵ֣י הֲדַדְעָ֑זֶר[b] וַיְבִיאֵ֖ם[c]
8 יְרוּשָׁלִָֽם׃[d] 8 וּמִבֶּ֥טַח[a] וּמִבֵּרֹתַ֖י עָרֵ֣י הֲדַדְעָ֑זֶר[b] לָקַ֞ח[c] הַמֶּ֧לֶךְ דָּוִ֛ד נְחֹ֖שֶׁת ל̇. ל̇
9 הַרְבֵּ֥ה[d] מְאֹֽד׃[c] ס 9 וַיִּשְׁמַ֕ע תֹּ֖עִי[a] מֶ֣לֶךְ חֲמָ֑ת כִּ֚י הִכָּ֣ה דָוִ֔ד אֵ֖ת ג̇
10 כָּל־חֵ֥יל הֲדַדְעָֽזֶר׃[b] 10 וַיִּשְׁלַ֣ח תֹּ֣עִי[a] אֶת־יוֹרָֽם־[b] בְּנוֹ֩ אֶל־הַמֶּֽלֶךְ־ ג̇. י̇א̇[8] ומן ובשנת חמש עד ואלישע דמלכים דכות̇ ב̇ מ̇ ג̇[9]
דָּוִ֜ד לִשְׁאָל־ל֣וֹ לְשָׁל֗וֹם וּֽלְבָרְכוֹ֙ עַ֣ל° אֲשֶׁ֤ר נִלְחַם֙ בַּהֲדַדְעֶ֔זֶר[c] וַיַּכֵּ֑הוּ ו̇ חס̇[10]. ב̇. י̇ב̇[11]
כִּֽי־אִ֛ישׁ מִלְחֲמ֥וֹת תֹּ֖עִי[d] הָיָ֣ה הֲדַדְעָ֑זֶר[c] וּבְיָד֗וֹ הָי֛וּ כְּלֵי־כֶ֥סֶף וּכְלֵי־ ג̇

[27] Mp sub loco. [28] וחד הטובה חס את 1 Ch 17,26. [29] Mm 3245. [30] Mm 1744. **Cp 8** [1] Mm 1745. [2] Mm 794. [3] Mm 1746. [4] Mm 2745. [5] Mm 1747. [6] Mm 3767. [7] Mm 1658. [8] Mm 4018. [9] Cf Mm 2087. [10] Mm 1393. [11] Mm 1748.

27 [a] Ms לפניך, Ms לך ‖ **28** [a–a] nonn Mss יהוה אלהים cf 𝔖𝔗 ‖ **29** [a–a] pc Mss יהוה אלהים cf 𝔖𝔗 ‖ **Cp 8,2** [a] > 2 Mss 𝔊^AMs ‖ **3** [a] mlt Mss הדרעזר cf 𝔊𝔖, pc Mss 𝔗^f הדד עזר ‖ [b] 𝔊 ἐπιστῆσαι, σʹ στῆσαι ‖ [c] mlt Mss + פרת cf Vrs ‖ **4** [a] > 𝔔 ‖ [b] 𝔊 + ἅρματα cf 𝔏^93.94 ‖ [c] 𝔊𝔏^93.94 1000 ‖ [d] 𝔖 *mrkbn* ‖ **5** [a] pc (?) Mss אד(ו)ם cf 𝔖 *'dwm w…* ‖ [b] cf 3[a] ‖ [c] 𝔖 cf 5[a] ‖ **6** [a] 𝔖 cf 5[a] ‖ [b] 𝔖 *'dwmj'* ‖ [c] 𝔔 om ל ‖ [d] 1–2 Mss 𝔗^Ms ל cf 14[d] ‖ **7** [a] pc Mss על cf 𝔖𝔗 ‖ [b] cf 3[a], sed 𝔗 una vox ‖ [c] 𝔖 pr 8b ‖ [d] 𝔔𝔊 + nonn vb cf 1 R 14,25 sqq ‖ **8** [a] 𝔖 *mn ṭbḥ* cf 𝔊^Mss et Gn 22,24 ‖ [b] permlt Mss הדרעזר cf 3[a] ‖ [c–c] 𝔖 cf 7[c] ‖ [d] 𝔔 רבה cf 1 Ch 18,8 ‖ **9** [a] 𝔊^-OL Θοου cf 𝔙, 𝔖 *tw'* ‖ [b] permlt Mss הדרעזר cf 3[a] ‖ **10** [a] cf 9[a] ‖ [b] 𝔊 (τὸν) Ιεδ(δ)ουρ(ρ)α(ν) ‖ [c] cf 3[a] ‖ [d] > 𝔊𝔖.

זָהָ֑ב וּכְלֵ֖י נְחֹֽשֶׁת׃ 11 גַּם־אֹתָ֕ם הִקְדִּ֛ישׁ הַמֶּ֥לֶךְ דָּוִ֖ד לַיהוָ֑ה עִם־הַכֶּ֤סֶף 11
ל . ב וְהַזָּהָב֙ אֲשֶׁ֣ר הִקְדִּ֔ישׁ מִכָּל־הַגּוֹיִ֖ם[a] אֲשֶׁ֥ר כִּבֵּֽשׁ׃ 12 מֵאֲרָ֤ם[a] וּמִמּוֹאָב֙ 12
ל . ב חס בגבר׳[12] וּמִבְּנֵ֣י עַמּ֔וֹן וּמִפְּלִשְׁתִּ֖ים וּמֵעֲמָלֵ֑ק וּמִשְּׁלַל֙[b] הֲדַדְעֶ֣זֶר[c] בֶּן־רְחֹ֔ב מֶ֖לֶךְ
ל חס צוֹבָֽה׃ 13 וַיַּ֤עַשׂ[a] דָּוִד֙ שֵׁ֔ם[a] בְּשֻׁבּ֕וֹ[b] מֵהַכּוֹת֥וֹ[c] אֶת־אֲרָ֖ם[d] בְּגֵיא־מֶ֑לַח[e] 13
ג מל וכל ד״ה דכות[13] . פד שְׁמוֹנָ֥ה[f] עָשָׂ֖ר אָֽלֶף׃ 14 וַיָּ֨שֶׂם בֶּאֱד֜וֹם[a] נְצִבִ֗ים[b] בְּכָל־אֱדוֹם֙[b] שָׂ֣ם[c] 14
נְצִבִ֔ים[c] וַיְהִ֥י כָל־אֱד֖וֹם עֲבָדִ֣ים לְדָוִ֑ד וַיּ֤וֹשַׁע יְהוָה֙ אֶת[d]־דָּוִ֔ד בְּכֹ֖ל
כ ג[13] מנה בסיפ אֲשֶׁ֥ר הָלָֽךְ׃ 15 וַיִּמְלֹ֥ךְ דָּוִ֖ד עַל־כָּל[a]־יִשְׂרָאֵ֑ל וַיְהִ֣י דָוִ֗ד עֹשֶׂ֛ה מִשְׁפָּ֥ט 15
ג וּצְדָקָ֖ה לְכָל־עַמּֽוֹ׃ 16 וְיוֹאָ֥ב בֶּן־צְרוּיָ֖ה עַל־הַצָּבָ֑א[a] וִיהוֹשָׁפָ֥ט בֶּן־ 16
ד[13] אֲחִיל֖וּד[b] מַזְכִּֽיר[c]׃ 17 וְצָד֧וֹק בֶּן־אֲחִיט֛וּב וַאֲחִימֶ֥לֶךְ[a] בֶּן־אֶבְיָתָ֖ר[a] 17
ב מל בנביא[14] כֹּהֲנִ֑ים[b] וּשְׂרָיָ֖ה[c] סוֹפֵֽר׃ 18 וּבְנָיָ֙הוּ֙ בֶּן־יְה֣וֹיָדָ֔ע[a] וְהַכְּרֵתִ֖י וְהַפְּלֵתִ֑י[a] וּבְנֵ֥י 18
דָוִ֖ד כֹּהֲנִ֥ים הָיֽוּ׃ פ
ה[1] . ל **9** 1 וַיֹּ֣אמֶר דָּוִ֔ד הֲכִ֣י יֶשׁ־ע֔וֹד אֲשֶׁ֥ר נוֹתַ֖ר לְבֵ֣ית שָׁא֑וּל וְאֶֽעֱשֶׂ֤ה **9**
ב[2] עִמּוֹ֙ חֶ֔סֶד בַּעֲב֖וּר יְהוֹנָתָֽן׃ 2 וּלְבֵ֨ית שָׁא֥וּל עֶ֙בֶד֙ וּשְׁמ֣וֹ צִיבָ֔א וַיִּקְרְאוּ־ 2
ל֖וֹ אֶל־דָּוִ֑ד וַיֹּ֨אמֶר הַמֶּ֧לֶךְ אֵלָ֛יו הַאַתָּ֥ה צִיבָ֖א וַיֹּ֥אמֶר עַבְדֶּֽךָ׃ 3 וַיֹּ֣אמֶר 3
ל . ל[3] הַמֶּ֗לֶךְ הַאֶ֨פֶס ע֥וֹד אִישׁ֙ לְבֵ֣ית שָׁא֔וּל וְאֶעֱשֶׂ֥ה עִמּ֖וֹ חֶ֣סֶד אֱלֹהִ֑ים
וַיֹּ֤אמֶר צִיבָא֙ אֶל־הַמֶּ֔לֶךְ ע֛וֹד בֵּ֥ן לִיהוֹנָתָ֖ן נְכֵ֥ה רַגְלָֽיִם׃ 4 וַיֹּֽאמֶר־ל֥וֹ 4
י כת ה[4] הַמֶּ֖לֶךְ אֵיפֹ֣ה ה֑וּא וַיֹּ֨אמֶר צִיבָ֜א אֶל־הַמֶּ֗לֶךְ הִנֵּה־ה֙וּא בֵּ֛ית מָכִ֥יר בֶּן־
ד כת ו[3] עַמִּיאֵ֖ל בְּל֥וֹ[a] דְבָֽר׃ 5 וַיִּשְׁלַ֖ח הַמֶּ֣לֶךְ דָּוִ֑ד וַיִּקָּחֵ֗הוּ מִבֵּ֛ית מָכִ֥יר בֶּן־ 5
עַמִּיאֵ֖ל מִלּ֥וֹ[a] דְבָֽר׃ 6 וַ֠יָּבֹא מְפִיבֹ֨שֶׁת בֶּן־יְהוֹנָתָ֤ן בֶּן־שָׁאוּל֙ אֶל־דָּוִ֔ד 6
וַיִּפֹּ֥ל עַל־פָּנָ֖יו וַיִּשְׁתָּ֑חוּ וַיֹּ֤אמֶר דָּוִד֙ מְפִיבֹ֔שֶׁת וַיֹּ֖אמֶר הִנֵּ֥ה עַבְדֶּֽךָ׃
ח 7 וַיֹּאמֶר֩ ל֨וֹ דָוִ֜ד אַל־תִּירָ֗א כִּ֣י עָשֹׂה֩ אֶעֱשֶׂ֨ה עִמְּךָ֥ חֶ֙סֶד֙ בַּעֲב֖וּר יְהוֹנָתָ֣ן 7
ב[5] אָבִ֔יךָ וַהֲשִׁבֹתִ֣י לְךָ֔ אֶת־כָּל־שְׂדֵ֖ה שָׁא֣וּל אָבִ֑יךָ וְאַתָּ֗ה תֹּ֥אכַל לֶ֛חֶם

[12] Mm 1746. [13] Mp sub loco. [14] Mm 2348. **Cp 9** [1] Mm 207. [2] Mm 1749. [3] Mp sub loco. [4] Mm 1750. [5] Mm 1751.

11 [a] 𝔊 *πόλεων* ‖ **12** [a] nonn Mss מאדם cf 𝔊𝔖 ‖ [b] 𝔖 *wmn šwlṭnh* ‖ [c] cf 3[a] ‖ **13** [a–a] 𝔖 *wʿbd tmn dwjd qrbʾ*, 𝔗 *wknš dwjd mšrjrn* ‖ [b] 𝔊 pr *καί* ‖ [c] nonn Mss –כות ‖ [d] pc Mss אד(ו)ם cf 𝔊𝔖 ‖ [e] 2 Mss מלך ‖ [f] 𝔖 pr *(w)ḥrb* ‖ **14** [a] > 𝔏[94]𝔖 ‖ [b–b] > 𝔙 ‖ [c–c] > 𝔊[-OL]𝔏[94]𝔖 ‖ [d] pc Mss ל cf 6[d] ‖ **15** [a] > pc Mss 𝔊 ‖ **16** [a] Ms interv ‖ [b] 𝔊[-OLMss] *Αχεια*, 𝔊[O] *Αχ/βιμελεχ*, 𝔊[L] *Αχειναβ* ‖ [c] nonn Mss הַמ׳ cf 20,24 1R 4,3 ‖ **17** [a–a] 𝔖 *wʾbjtr br ʾḥjmlk* cf 1S 23,6 30,7 ‖ [b] Mss interv ‖ [c] 𝔊[-L] *(σ)Ασα* ‖ **18** [a–a] Ms citt ועל הכ׳ ועל הפ׳ cf 𝔖𝔗𝔙 ‖ **Cp 9,4** [a] pc Mss citt בלא cf 𝔗[f], pc Mss מלו cf 𝔊𝔖; cf 17,27[a] ‖ **5** [a] pc Mss cit מל(ו)א cf 𝔗[f] et 17,27[a].

8 עַל־שֻׁלְחָנִי תָּמִיד׃ 8 וַיִּשְׁתַּחוּ וַיֹּאמֶר מֶה עַבְדֶּךָ כִּי פָנִיתָ אֶל־הַכֶּלֶב° ב
9 הַמֵּת אֲשֶׁר כָּמוֹנִי׃ 9 וַיִּקְרָא הַמֶּלֶךְ אֶל־צִיבָא [a]נַעַר שָׁאוּל[a] וַיֹּאמֶר
10 אֵלָיו כֹּל° אֲשֶׁר הָיָה לְשָׁאוּל וּלְכָל־בֵּיתוֹ נָתַתִּי לְבֶן־אֲדֹנֶיךָ׃ 10 וְעָבַדְתָּ
לּוֹ אֶת־הָאֲדָמָה אַתָּה° וּבָנֶיךָ וַעֲבָדֶיךָ וְהֵבֵאתָ וְהָיָה[a] לְבֶן[b]־אֲדֹנֶיךָ
לֶּחֶם וַאֲכָלוֹ[c] וּמְפִיבֹשֶׁת בֶּן־אֲדֹנֶיךָ יֹאכַל תָּמִיד לֶחֶם עַל־שֻׁלְחָנִי ל
11 וּלְצִיבָא חֲמִשָּׁה עָשָׂר בָּנִים וְעֶשְׂרִים עֲבָדִים׃ 11 וַיֹּאמֶר צִיבָא אֶל־
הַמֶּלֶךְ כְּכֹל[a]° אֲשֶׁר יְצַוֶּה אֲדֹנִי הַמֶּלֶךְ אֶת־עַבְדּוֹ כֵּן יַעֲשֶׂה עַבְדֶּךָ
12 וּמְפִיבֹשֶׁת אֹכֵל[b] עַל־שֻׁלְחָנִי[c] כְּאַחַד מִבְּנֵי הַמֶּלֶךְ׃ 12 וְלִמְפִיבֹשֶׁת יב[6]. ל וחד מן יו ר״פ וס״פ חד
בֵּן־קָטָן וּשְׁמוֹ מִיכָא[a] וְכֹל° מוֹשַׁב בֵּית־צִיבָא עֲבָדִים לִמְפִיבֹשֶׁת׃ ד מקף . ל . ה קמ וכל אתנח וס״פ דכות[7] . ב כת א וכל עזרא דכות
13 וּמְפִיבֹשֶׁת יֹשֵׁב בִּירוּשָׁלַ͏ִם כִּי עַל־שֻׁלְחַן הַמֶּלֶךְ תָּמִיד הוּא אֹכֵל
וְהוּא פִּסֵּחַ שְׁתֵּי רַגְלָיו׃ פ

10 1 וַיְהִי אַחֲרֵי־כֵן וַיָּמָת מֶלֶךְ בְּנֵי עַמּוֹן וַיִּמְלֹךְ חָנוּן בְּנוֹ תַּחְתָּיו׃
2 וַיֹּאמֶר דָּוִד אֶעֱשֶׂה־חֶסֶד ׀ עִם־חָנוּן בֶּן־נָחָשׁ כַּאֲשֶׁר° עָשָׂה אָבִיו עִמָּדִי
חֶסֶד וַיִּשְׁלַח דָּוִד לְנַחֲמוֹ בְּיַד־עֲבָדָיו אֶל־אָבִיו וַיָּבֹאוּ עַבְדֵי דָוִד
3 אֶרֶץ[a] בְּנֵי עַמּוֹן׃ 3 וַיֹּאמְרוּ° שָׂרֵי בְנֵי־עַמּוֹן אֶל־חָנוּן אֲדֹנֵיהֶם הַמְכַבֵּד ב
דָּוִד אֶת־אָבִיךָ בְּעֵינֶיךָ כִּי־שָׁלַח לְךָ מְנַחֲמִים הֲלוֹא° בַּעֲבוּר° חֲקוֹר° סו̇ יט̇[1] מנה בסיפ . ל[2]
4 אֶת־הָעִיר[a]° וּלְרַגְּלָהּ° וּלְהָפְכָהּ שָׁלַח דָּוִד אֶת־עֲבָדָיו אֵלֶיךָ׃ 4 וַיִּקַּח ל . ל
חָנוּן אֶת־עַבְדֵי דָוִד וַיְגַלַּח° אֶת־חֲצִי[a]° זְקָנָם וַיִּכְרֹת אֶת־מַדְוֵיהֶם בַּחֵצִי ל[3] . ב ומל
5 עַד שְׁתוֹתֵיהֶם וַיְשַׁלְּחֵם׃ 5 וַיַּגִּדוּ לְדָוִד[a] וַיִּשְׁלַח לִקְרָאתָם כִּי־הָיוּ ל ומל . ט[4]
הָאֲנָשִׁים נִכְלָמִים מְאֹד וַיֹּאמֶר הַמֶּלֶךְ שְׁבוּ בִירֵחוֹ עַד[b]־יְצַמַּח זְקַנְכֶם ל
6 וְשַׁבְתֶּם׃ 6 [a]וַיִּרְאוּ° בְּנֵי עַמּוֹן כִּי נִבְאֲשׁוּ בְּדָוִד וַיִּשְׁלְחוּ בְנֵי־עַמּוֹן
וַיִּשְׂכְּרוּ° אֶת־אֲרַם בֵּית־רְחוֹב וְאֶת־אֲרַם צוֹבָא[b] עֶשְׂרִים אֶלֶף רַגְלִי ג מל שם קריה . ב כת א
וְאֶת־מֶלֶךְ מַעֲכָה אֶלֶף אִישׁ° וְאִישׁ[c] טוֹב[c] שְׁנֵים־עָשָׂר אֶלֶף אִישׁ׃ ד[5] . ג[6]

[6]Mm 361. [7]Mm 3741. **Cp 10** [1]Mm 1533. [2]Mm 4094. [3]Mm 4095. [4]Mm 2192. [5]Mm 1752. [6]Mm 1753.

9 [a–a] > Ms 𝔖 ‖ **10** [a] > Ms 𝔊𝔖𝔙 ‖ [b] $𝔊^L$ *εἰς τὸν οἶκον* ‖ [c] 2 Mss כל– cf 𝔖, $𝔊^{LMss}$ *καὶ φάγονται* ‖ **11** [a] 2 Mss 𝔖 כל ‖ [b] 2 Mss 𝔙 יאכל ‖ [c] Ms נו–; 𝔊𝔖𝔙 mensam David/regis/tuam ‖ **12** [a] nonn Mss מיכה cf 𝔗 ‖ **Cp 10,2** [a] pc Mss pr אל cf 𝔖𝔗 ‖ **3** [a] pc Mss הארץ cf 𝔗 ‖ **4** [a] > Ms 𝔊 ‖ **5** [a] 𝔊 + ὑπὲρ ($𝔊^L$ περὶ) τῶν ἀνδρῶν ‖ [b] pc Mss + אשר, sed cf 1S 1,22 ‖ **6** [a] 𝔔 ut 1Ch 19,6 ‖ [b] mlt Mss $𝔗^f$ צובה ac alit cf 8[b] ‖ [c–c] 𝔊𝔖𝔙 nom proprium cf 𝔔 א]ישטוב.

7 וַיִּשְׁמַ֖ע דָּוִ֑ד וַיִּשְׁלַח֙ אֶת־יוֹאָ֔ב וְאֵ֥ת כָּל־הַצָּבָ֖א[a] הַגִּבֹּרִֽים׃ 8 וַיֵּצְאוּ֙ 7 8 ל. ו מל[7]
בְּנֵ֣י עַמּ֔וֹן וַיַּעַרְכ֥וּ מִלְחָמָ֖ה פֶּ֣תַח הַשָּׁ֑עַר[a] וַאֲרַ֨ם צוֹבָ֜א[b] וּרְח֗וֹב וְאִישׁ־ ב כת א. ג מל שם קריה
ט֤וֹב וּמַעֲכָה֙ לְבַדָּ֖ם בַּשָּׂדֶֽה׃ 9 וַיַּ֣רְא יוֹאָ֔ב כִּֽי־הָיְתָ֤ה אֵלָיו֙ פְּנֵ֣י[a] 9
הַמִּלְחָמָ֔ה מִפָּנִ֖ים וּמֵאָח֑וֹר וַיִּבְחַ֗ר מִכֹּל֙ [b]בְּחוּרֵ֣י בְּיִשְׂרָאֵ֔ל[b] וַֽיַּעֲרֹ֖ךְ ב. ישראל חד מן ד[8] יתיר ק ב לא קר
לִקְרַ֥את אֲרָֽם׃ 10 וְאֵת֙ יֶ֣תֶר הָעָ֔ם נָתַ֕ן בְּיַ֖ד אַבְשַׁ֣י[a] אָחִ֑יו וַֽיַּעֲרֹ֔ךְ 10
לִקְרַ֖את בְּנֵ֥י עַמּֽוֹן׃ 11 וַיֹּ֗אמֶר אִם־תֶּחֱזַ֤ק אֲרָם֙ מִמֶּ֔נִּי וְהָיִ֥תָה לִּ֖י 11 ב פסוק דמטע[9]. נו וכל תלים דכות ב מ יא. ג חד כת י וב כת תרי י[10]
לִֽישׁוּעָ֑ה וְאִם־בְּנֵ֤י עַמּוֹן֙ יֶחֶזְק֣וּ[a] מִמְּךָ֔ וְהָלַכְתִּ֖י לְהוֹשִׁ֥יעַ לָֽךְ׃ 12 חֲזַ֤ק ס כה
וְנִתְחַזַּק֙ בְּעַד־עַמֵּ֔נוּ וּבְעַ֖ד עָרֵ֣י אֱלֹהֵ֑ינוּ וַֽיהוָ֔ה יַעֲשֶׂ֖ה הַטּ֥וֹב בְּעֵינָֽיו׃ ל. ב. ב. ל. נא
13 וַיִּגַּ֣שׁ יוֹאָ֗ב וְהָעָם֙ אֲשֶׁ֣ר עִמּ֔וֹ לַמִּלְחָמָ֖ה בַּאֲרָ֑ם וַיָּנֻ֖סוּ מִפָּנָֽיו׃ 14 וּבְנֵ֧י 13 14 יא וכל ד״ה דכות. כג
עַמּ֣וֹן רָא֗וּ כִּי־נָ֚ס אֲרָ֔ם וַיָּנֻ֙סוּ֙[a] מִפְּנֵ֣י אֲבִישַׁ֔י[b] וַיָּבֹ֖אוּ הָעִ֑יר וַיָּ֤שָׁב יוֹאָב֙
מֵעַל֙ בְּנֵ֣י עַמּ֔וֹן וַיָּבֹ֖א[c] יְרוּשָׁלִָֽם׃ 15 וַיַּ֣רְא אֲרָ֔ם כִּ֥י נִגַּ֖ף לִפְנֵ֣י יִשְׂרָאֵ֑ל 15 ל. ג
וַיֵּאָסְפ֖וּ יָֽחַד[a]׃ 16 וַיִּשְׁלַ֣ח הֲדַדְעֶ֗זֶר[a] וַיֹּצֵ֤א אֶת־אֲרָם֙ אֲשֶׁר֙ מֵעֵ֣בֶר 16 יב. יג חס[11]. ל
הַנָּהָ֔ר וַיָּבֹ֖אוּ[b] חֵילָ֑ם וְשׁוֹבַ֗ךְ שַׂר־צְבָ֛א הֲדַדְעֶ֖זֶר[a] לִפְנֵיהֶֽם׃ 17 וַיֻּגַּ֣ד 17 ל. ל. כד[12]
לְדָוִ֗ד ס[a] וַיֶּאֱסֹ֤ף אֶת־כָּל־יִשְׂרָאֵל֙ וַיַּעֲבֹ֣ר אֶת־הַיַּרְדֵּ֔ן וַיָּבֹ֖א[b] ב[13] ב מנה כת א בסיפ. ל
חֵלָ֑אמָה[c] וַיַּעַרְכ֣וּ אֲרָם֙ לִקְרַ֣את דָּוִ֔ד וַיִּֽלָּחֲמ֖וּ עִמּֽוֹ׃ 18 וַיָּ֣נָס אֲרָם֮ 18 מח[14] כת א לא קר ול בליש
מִפְּנֵ֣י יִשְׂרָאֵל֒ וַיַּהֲרֹ֨ג דָּוִ֜ד מֵֽאֲרָ֗ם שְׁבַ֤ע מֵאוֹת֙ רֶ֔כֶב וְאַרְבָּעִ֥ים אֶ֖לֶף
פָּרָשִׁ֑ים[a] וְאֵ֨ת שׁוֹבַ֧ךְ שַׂר־צְבָא֛וֹ הִכָּ֖ה וַיָּ֥מָת שָֽׁם׃ 19 וַיִּרְא֣וּ כָל־ 19 ל
הַמְּלָכִ֗ים עַבְדֵ֣י הֲדַדְעֶ֡זֶר[a] כִּ֣י נִגְּפוּ֩ לִפְנֵ֨י יִשְׂרָאֵ֜ל וַיַּשְׁלִ֥מוּ אֶת־יִשְׂרָאֵ֖ל ג חס בליש. ד
וַיַּעַבְד֑וּם וַיִּרְא֣וּ אֲרָ֔ם לְהוֹשִׁ֥יעַ ע֖וֹד אֶת־בְּנֵ֥י עַמּֽוֹן׃ פ

11 1 וַיְהִי֩ לִתְשׁוּבַ֨ת הַשָּׁנָ֜ה לְעֵ֣ת ׀ צֵ֣את הַמַּלְאכִ֗ים[a] וַיִּשְׁלַ֣ח דָּוִ֡ד **11** ל בסיפ. מח[1] כת א לא קר ול בליש
אֶת־יוֹאָב֩ וְאֶת־עֲבָדָ֨יו עִמּ֜וֹ וְאֶת־כָּל־יִשְׂרָאֵ֗ל [b]וַיַּשְׁחִ֙תוּ֙ אֶת־בְּנֵ֣י עַמּ֔וֹן[b] יח פסוק את ואת ואת את. ד[2]. ל. ו חס[3]

[7]Mp contra textum, cf Mp sub loco. [8]Mm 1754. [9]Mm 4097. [10]Mm 1755. [11]Mm 1509. [12]Mm 2228. [13]Mm 4234. [14]Mm 898. **Cp 11** [1]Mm 898. [2]Mm 1756. [3]Mm 1757.

7 [a] Ms צבא cf $\mathfrak{G}^{L}\mathfrak{S}\mathfrak{V}$ ‖ **8** [a] $\mathfrak{G}^{-OBMss}$ *πόλεως* ‖ [b] mlt Mss $\mathfrak{T}^{f}$ צובה ac alit cf 6[a] ‖ **9** [a] > nonn Mss $\mathfrak{S}$ ‖ [b–b] 2 Mss בחור (ב)יש׳; mlt Mss ut Q cf Vrs ‖ **10** [a] nonn Mss אבישי cf $\mathfrak{G}\mathfrak{S}\mathfrak{T}^{Mss}\mathfrak{V}$ et 14 ‖ **11** [a] sic L, mlt Mss Edd יֶחֱ׳ ‖ **14** [a] $\mathfrak{G}^{Op}$ + *καὶ αὐτοί* cf $\mathfrak{S}$-$^{C}\mathfrak{T}^{f}\mathfrak{V}$ ‖ [b] pc Mss אבשי cf 10 ‖ [c] pc Mss ויבאו cf $\mathfrak{G}^{OMss}$; > $\mathfrak{L}^{115}$ ‖ **15** [a] 2 Mss יחדו ‖ **16** [a] maqqef erasum; mlt Mss הדר׳ cf $\mathfrak{G}\mathfrak{S}$; cf 8,3[a] ‖ [b] 2 Mss ויבא cf $\mathfrak{V}$ *et adduxit*; > $\mathfrak{L}^{115}$ ‖ **17** [a] mlt Mss om interv ‖ [b] mlt Mss ־או cf $\mathfrak{G}^{Mss}\mathfrak{S}\mathfrak{T}^{Mss}$ ‖ [c] 2 Mss חלמה cf $\mathfrak{T}$, pc Mss חילאמה ‖ **18** [a] $\mathfrak{G}^{L}$ *ἀνδρῶν πεζῶν* cf $\mathfrak{L}^{115}$ ‖ **19** [a] cf 8,3[a] ‖ **Cp 11,1** [a] permlt Mss הַמְּלָאכִים, sic etiam C + nota marg יתיר א; mlt Mss ־לכים cf $\mathfrak{G}\mathfrak{L}^{115.117.93.94}\mathfrak{T}\mathfrak{V}$ Ps Hier Quaest, $\mathfrak{S}^{ABC}$ *mlk'* (sg) ‖ [b–b] > Ms $\mathfrak{S}$.

2 וַיָּצֻרוּ עַל־רַבָּה וְדָוִד יוֹשֵׁב בִּירוּשָׁלָ͏ִם׃ ס 2 וַיְהִי ׀ לְעֵת הָעֶרֶב — מ̇ט̇[4] מל בנביא . ח̇ מנה בסיפ . ל̇
וַיָּקָם דָּוִד מֵעַל מִשְׁכָּבוֹ וַיִּתְהַלֵּךְ עַל־גַּג בֵּית־הַמֶּלֶךְ וַיַּרְא אִשָּׁה
3 רֹחֶצֶת [a]מֵעַל הַגָּג[a] וְהָאִשָּׁה טוֹבַת מַרְאֶה מְאֹד׃ 3 וַיִּשְׁלַח דָּוִד וַיִּדְרֹשׁ — ה̇[5]
לָאִשָּׁה וַיֹּאמֶר הֲלוֹא־זֹאת בַּת־שֶׁבַע בַּת־אֱלִיעָם אֵשֶׁת אוּרִיָּה הַחִתִּי׃ — ה̇[6]
4 4 וַיִּשְׁלַח דָּוִד מַלְאָכִים וַיִּקָּחֶהָ [a]וַתָּבוֹא אֵלָיו[a] וַיִּשְׁכַּב עִמָּהּ[b] וְהִיא — י̇ מל בנביא
5 מִתְקַדֶּשֶׁת מִטֻּמְאָתָהּ וַתָּשָׁב אֶל־בֵּיתָהּ׃ 5 וַתַּהַר הָאִשָּׁה וַתִּשְׁלַח — ל̇ . ל̇
6 וַתַּגֵּד לְדָוִד וַתֹּאמֶר [a]הָרָה אָנֹכִי[a]׃ 6 וַיִּשְׁלַח דָּוִד אֶל־יוֹאָב שְׁלַח[a] אֵלַי
7 אֶת־אוּרִיָּה הַחִתִּי וַיִּשְׁלַח יוֹאָב אֶת־אוּרִיָּה אֶל־דָּוִד׃ 7 וַיָּבֹא אוּרִיָּה
אֵלָיו[a] וַיִּשְׁאַל דָּוִד לִשְׁלוֹם יוֹאָב וְלִשְׁלוֹם הָעָם וְלִשְׁלוֹם הַמִּלְחָמָה׃ — ד̇[7] . ד̇[7] ב̇ מנה בליש . ד̇[7] ב̇ מנה בליש
8 וַיֹּאמֶר דָּוִד לְאוּרִיָּה רֵד לְבֵיתְךָ וּרְחַץ רַגְלֶיךָ וַיֵּצֵא אוּרִיָּה מִבֵּית
9 הַמֶּלֶךְ וַתֵּצֵא אַחֲרָיו מַשְׂאַת הַמֶּלֶךְ׃ 9 וַיִּשְׁכַּב אוּרִיָּה פֶּתַח בֵּית — ו̇[8]
10 הַמֶּלֶךְ אֵת כָּל־[a]עַבְדֵי אֲדֹנָיו וְלֹא יָרַד אֶל־בֵּיתוֹ׃ 10 וַיַּגִּדוּ לְדָוִד — ל̇ . ל̇
לֵאמֹר לֹא־יָרַד אוּרִיָּה אֶל־בֵּיתוֹ וַיֹּאמֶר דָּוִד אֶל־אוּרִיָּה הֲלוֹא — ב̇
11 מִדֶּרֶךְ אַתָּה בָא מַדּוּעַ[a] לֹא־יָרַדְתָּ אֶל־בֵּיתֶךָ׃ 11 וַיֹּאמֶר אוּרִיָּה
אֶל־דָּוִד הָאָרוֹן וְיִשְׂרָאֵל וִיהוּדָה יֹשְׁבִים בַּסֻּכּוֹת וַאדֹנִי יוֹאָב וְעַבְדֵי — ז̇ פסוק אל על אל . ל̇ג̇[4]
אֲדֹנִי עַל־פְּנֵי הַשָּׂדֶה חֹנִים וַאֲנִי אָבוֹא אֶל־בֵּיתִי לֶאֱכֹל וְלִשְׁתּוֹת
וְלִשְׁכַּב עִם־אִשְׁתִּי חַיֶּךָ וְחֵי נַפְשֶׁךָ אִם־אֶעֱשֶׂה אֶת[a]־הַדָּבָר הַזֶּה׃ — ל̇ . ל̇ חס . ב̇
12 וַיֹּאמֶר דָּוִד אֶל־אוּרִיָּה שֵׁב בָּזֶה גַּם־הַיּוֹם וּמָחָר אֲשַׁלְּחֶךָּ וַיֵּשֶׁב — ו̇[9] . ב̇
13 אוּרִיָּה בִירוּשָׁלַ͏ִם בַּיּוֹם הַהוּא וּמִמָּחֳרָת[a]׃ 13 וַיִּקְרָא־לוֹ דָוִד וַיֹּאכַל — ג̇[10]
לְפָנָיו וַיֵּשְׁתְּ וַיְשַׁכְּרֵהוּ וַיֵּצֵא בָעֶרֶב לִשְׁכַּב בְּמִשְׁכָּבוֹ עִם־עַבְדֵי אֲדֹנָיו — ל̇ . ז̇ ה̇ פת וב̇ קמ̇
14 וְאֶל־בֵּיתוֹ לֹא יָרָד׃ 14 וַיְהִי בַבֹּקֶר וַיִּכְתֹּב דָּוִד סֵפֶר אֶל־יוֹאָב — ג̇ . ב̇[4]
15 וַיִּשְׁלַח בְּיַד אוּרִיָּה׃ 15 וַיִּכְתֹּב בַּסֵּפֶר לֵאמֹר הָבוּ[a] אֶת־אוּרִיָּה אֶל־ — ו̇ בנביא
מוּל[b] פְּנֵי הַמִּלְחָמָה הַחֲזָקָה [c]וְשַׁבְתֶּם מֵאַחֲרָיו וְנִכָּה[c] וָמֵת׃ ס
16 וַיְהִי בִּשְׁמוֹר[a] יוֹאָב אֶל[b]־הָעִיר וַיִּתֵּן אֶת־אוּרִיָּה אֶל־הַמָּקוֹם אֲשֶׁר — ל̇ ומל̇[4]

[4]Mp sub loco. [5]Mm 1758. [6]Mm 867. [7]Mm 2100. [8]Mm 326. [9]Mm 505. [10]Mm 695.

2 [a–a] > 𝔖; 𝔏[115] *per porticum*, 𝔗[Mss] *ʿl ʾjgrʾ*, 𝔙 *ex adverso super solarium suum* ‖ **4** [a–a] 𝔊 *καὶ εἰσῆλθεν πρὸς αὐτήν* cf 𝔏[115.117] ‖ [b] > 2 Mss ‖ **5** [a–a] 𝔔𝔊 אנוכי הרה ‖ **6** [a] 𝔔 ש]לחה ‖ **7** [a] nonn Mss אל דוד cf 𝔏[115]𝔖𝔙 ‖ **9** [a] > 𝔊[-L] ‖ **10** [a] nonn Mss ומ' cf 𝔗[Mss] ‖ **11** [a] > 2 Mss cf 25[a] ‖ **12** [a] 𝔏[115]𝔖[A] ad 13 ‖ **15** [a] 𝔊[-L] *εἰσάγαγε* cf 𝔏[115.117.93.94], 𝔖 *ʿbdjhj* (sg) ‖ [b] > pc Mss 𝔊𝔏[115.117.93.94]𝔖 ‖ [c–c] > 𝔏[115.117] ‖ **16** [a] pc Mss כש' cf Jer 36,23 ‖ [b] nonn Mss את cf 1S 26,15[a].

יָדַ֕ע כִּ֥י אַנְשֵׁי־חַ֖יִל שָֽׁם׃ 17 וַיֵּ֩צְא֩וּ אַנְשֵׁ֨י הָעִ֜יר וַיִּלָּחֲמ֤וּ אֶת־יוֹאָב֙ וַיִּפֹּ֥ל 17
מִן־הָעָ֖ם מֵעַבְדֵ֣י דָוִ֑ד וַיָּ֕מָת גַּ֖ם אוּרִיָּ֥ה הַחִתִּֽי׃ 18 וַיִּשְׁלַ֖ח יוֹאָ֑ב וַיַּגֵּ֣ד 18
לְדָוִ֔ד אֶֽת־כָּל־דִּבְרֵ֖י הַמִּלְחָמָֽה׃ 19 וַיְצַ֥ו אֶת־הַמַּלְאָ֖ךְ לֵאמֹ֑ר 19
כְּכַלּוֹתְךָ֗ אֵ֛ת כָּל־דִּבְרֵ֥י הַמִּלְחָמָ֖ה לְדַבֵּ֥ר אֶל־הַמֶּֽלֶךְ׃ 20 וְהָיָ֗ה אִֽם־ 20
תַּעֲלֶה֙ חֲמַ֣ת הַמֶּ֔לֶךְ וְאָמַ֣ר לְךָ֔ מַדּ֛וּעַ נִגַּשְׁתֶּ֥ם אֶל־הָעִ֖יר לְהִלָּחֵ֑ם
הֲל֣וֹא יְדַעְתֶּ֔ם אֵ֥ת אֲשֶׁר־יֹר֖וּ מֵעַ֥ל הַחוֹמָֽה׃ 21 מִֽי־הִכָּ֞ה אֶת־אֲבִימֶ֣לֶךְ 21
בֶּן־יְרֻבֶּ֗שֶׁת[a] הֲלֽוֹא־אִשָּׁה֙ הִשְׁלִ֨יכָה עָלָ֜יו פֶּ֣לַח רֶ֗כֶב מֵעַ֤ל הַֽחוֹמָה֙
וַיָּ֣מָת בְּתֵבֵ֔ץ לָ֥מָּה[b] נִגַּשְׁתֶּ֖ם אֶל־הַֽחוֹמָ֑ה וְאָמַרְתָּ֕ גַּ֗ם עַבְדְּךָ֛ אוּרִיָּ֥ה
הַחִתִּ֖י מֵֽת׃ 22 וַיֵּ֖לֶךְ הַמַּלְאָ֑ךְ וַיָּבֹא֙[a] וַיַּגֵּ֣ד לְדָוִ֔ד אֵ֛ת כָּל־אֲשֶׁ֥ר שְׁלָח֖וֹ 22
יוֹאָֽב׃ 23 וַיֹּ֨אמֶר[a] הַמַּלְאָ֜ךְ אֶל־דָּוִ֗ד כִּֽי־גָבְר֤וּ עָלֵ֙ינוּ֙ הָֽאֲנָשִׁ֔ים וַיֵּצְא֥וּ 23
אֵלֵ֖ינוּ הַשָּׂדֶ֑ה וַנִּהְיֶ֣ה עֲלֵיהֶ֔ם עַד־פֶּ֖תַח הַשָּֽׁעַר׃ 24 [a]וַיֹּרְא֨וּ הַמּוֹרְאִ֤ים[a] 24
אֶל־עֲבָדֶ֙ךָ֙[b] מֵעַ֣ל הַֽחוֹמָ֔ה וַיָּמ֖וּתוּ מֵעַבְדֵ֣י הַמֶּ֑לֶךְ וְגַ֗ם עַבְדְּךָ֛ אוּרִיָּ֥ה
הַחִתִּ֖י מֵֽת׃ ס 25 וַיֹּ֨אמֶר דָּוִ֜ד אֶל־הַמַּלְאָ֗ךְ כֹּֽה־תֹאמַ֤ר אֶל־יוֹאָב֙ 25
אַל־יֵרַ֤ע בְּעֵינֶ֙יךָ֙ אֶת[a]־הַדָּבָ֣ר הַזֶּ֔ה כִּֽי־כָזֹ֥ה וְכָזֶ֖ה תֹּאכַ֣ל הֶחָ֑רֶב הַחֲזֵ֨ק
מִלְחַמְתְּךָ֧ אֶל־הָעִ֛יר וְהָרְסָ֖הּ וְחַזְּקֵֽהוּ׃ 26 וַתִּשְׁמַע֙ אֵ֣שֶׁת אֽוּרִיָּ֔ה כִּי־ 26
מֵ֖ת אוּרִיָּ֣ה אִישָׁ֑הּ וַתִּסְפֹּ֖ד עַל־בַּעְלָֽהּ׃ 27 וַיַּעֲבֹ֣ר הָאֵ֗בֶל וַיִּשְׁלַ֨ח דָּוִ֜ד 27
וַיַּאַסְפָ֤הּ אֶל־בֵּיתוֹ֙ וַתְּהִי־ל֣וֹ לְאִשָּׁ֔ה וַתֵּ֥לֶד ל֖וֹ בֵּ֑ן וַיֵּ֧רַע הַדָּבָ֛ר אֲשֶׁר־
עָשָׂ֥ה דָוִ֖ד בְּעֵינֵ֥י יְהוָֽה׃ פ

12 1 וַיִּשְׁלַ֧ח יְהוָ֛ה אֶת־נָתָ֖ן[a] אֶל־דָּוִ֑ד וַיָּבֹ֣א אֵלָ֗יו וַיֹּ֤אמֶר לוֹ֙[b] 12
שְׁנֵ֣י אֲנָשִׁ֗ים הָיוּ֙ בְּעִ֣יר אֶחָ֔ת אֶחָ֥ד עָשִׁ֖יר וְאֶחָ֥ד רָֽאשׁ׃
2 לְעָשִׁ֗יר הָיָ֛ה צֹ֥אן וּבָקָ֖ר הַרְבֵּ֥ה מְאֹֽד׃
3 וְלָרָ֣שׁ אֵֽין־כֹּ֗ל כִּ֣י אִם־כִּבְשָׂ֨ה אַחַ֤ת קְטַנָּה֙ אֲשֶׁ֣ר קָנָ֔ה
וַיְחַיֶּ֕הָ וַתִּגְדַּ֥ל עִמּ֛וֹ וְעִם־בָּנָ֖יו יַחְדָּ֑ו מִפִּתּ֨וֹ תֹאכַ֜ל וּמִכֹּס֤וֹ תִשְׁתֶּה֙
וּבְחֵיקוֹ֙ תִּשְׁכָּ֔ב וַתְּהִי־ל֖וֹ כְּבַֽת[a]׃

ב̇
ז̇ חס̇[11]
ל̇ וחס̇ . ב̇
ג̇
ב̇ . ויר̇י ק̇ חד מן מ̇ח̇[12] כת̇ א לא קר̇ וחד מן ז̇[11] חס̇ וחד מן ב̇[13] בליש̇ חס̇ וחד מל̇ . המורים ק̇ חד מן מ̇ח̇[12] כת̇ א לא קר̇ וחד מן ד̇[14] ל̇ מנה̇ בליש̇
ב̇ מל̇[15]
ל̇ בסיפ̇ . סו̇ ית̇[16] מנה̇ בסיפ̇ . ג̇[17]
ל̇ . ב̇
כה̇[18]
ל̇ . ב̇
יד̇ בסיפ̇
ג̇ מל̇[1]
ב̇[2]
ל̇ . ל̇
ג̇ בליש̇[3] . ל̇
ב̇ . ל̇ זקף קמ̇

[11]Mm 1759. [12]Mm 898. [13]Mm 4266. [14]Mm 948. [15]Mm 3451. [16]Mm 1533. [17]Mm 1760. [18]Mm 1506.
Cp 12 [1]Mm 1761. [2]Prv 22,16. [3]Mm 769.

21 [a] 𝔊 *Ιεροβααλ/μ* cf 𝔖 *(ndw)bʿl* et Jdc 7,1sqq ‖ [b] pc Mss ולי cf 𝔗[f] ‖ **22** [a] > 2 Mss 𝔖 ‖ **23** [a] 2 Mss pr ויבא ‖ **24** [a–a] pc—nonn Mss ut Q ‖ [b] permlt Mss C דיך– cf 14,31[a] ‖ **25** [a] > pc Mss, Ms אל; sed etiam cf 1S 20,13 ‖ **Cp 12,1** [a] pc Mss + הנביא cf 𝔊𝔖 ‖ [b] 𝔊[LMss] + *ἀνάγγειλον δή μοι (τὴν) κρίσιν ταύτην* ‖ **3** [a] pc Mss citt לבת.

4 וַיָּבֹא הֵלֶךְ לְאִישׁ הֶעָשִׁיר וַיַּחְמֹל לָקַחַת מִצֹּאנוֹ וּמִבְּקָרוֹ — ב. ל
לַעֲשׂוֹת לָאֹרֵחַ הַבָּא־לוֹ וַיִּקַּח אֶת־כִּבְשַׂת הָאִישׁ הָרָאשׁ — ל. ג מל[4]
וַיַּעֲשֶׂהָ לָאִישׁ הַבָּא אֵלָיו׃ — ב. לב[5]
5 וַיִּחַר־אַף דָּוִד בָּאִישׁ מְאֹד וַיֹּאמֶר אֶל־נָתָן חַי־יְהוָה כִּי בֶן־
6 מָוֶת הָאִישׁ הָעֹשֶׂה זֹאת׃ 6 וְאֶת־הַכִּבְשָׂה יְשַׁלֵּם אַרְבַּעְתָּיִם[a] עֵקֶב
7 אֲשֶׁר עָשָׂה אֶת־הַדָּבָר הַזֶּה וְעַל אֲשֶׁר לֹא־חָמָל׃ 7 וַיֹּאמֶר נָתָן — ד[6]. ל
אֶל־דָּוִד אַתָּה הָאִישׁ[a] כֹּה־אָמַר יְהוָה אֱלֹהֵי יִשְׂרָאֵל אָנֹכִי מְשַׁחְתִּיךָ — ל. ל[7]
8 לְמֶלֶךְ[b] עַל־יִשְׂרָאֵל וְאָנֹכִי הִצַּלְתִּיךָ מִיַּד שָׁאוּל׃ 8 וָאֶתְּנָה לְךָ אֶת־
בֵּית אֲדֹנֶיךָ וְאֶת־נְשֵׁי אֲדֹנֶיךָ בְּחֵיקֶךָ וָאֶתְּנָה לְךָ אֶת־בֵּית יִשְׂרָאֵל — ב[8]. כ[9] וכל ירמיה ויחזק דכות ב מ ח
9 וִיהוּדָה וְאִם־מְעָט וְאֹסִפָה לְּךָ כָּהֵנָּה וְכָהֵנָּה׃ 9 מַדּוּעַ בָּזִיתָ ׀ אֶת־ — ז קמ וכל אתנח וס״פ דכות[10]. ל וחס. ד[8]. ד. ו בטע
דְּבַר[a] יְהוָה לַעֲשׂוֹת הָרַע בְּעֵינַו[b] אֵת אוּרִיָּה הַחִתִּי הִכִּיתָ בַחֶרֶב — בעיני ק — חד מן מח[11] כת ו וקר י
10 וְאֶת־אִשְׁתּוֹ לָקַחְתָּ לְּךָ לְאִשָּׁה וְאֹתוֹ הָרַגְתָּ בְּחֶרֶב בְּנֵי עַמּוֹן׃ 10 וְעַתָּה — ח[12]
לֹא־תָסוּר חֶרֶב מִבֵּיתְךָ עַד־עוֹלָם עֵקֶב כִּי בְזִתָנִי וַתִּקַּח אֶת־אֵשֶׁת — ל וחס
11 אוּרִיָּה הַחִתִּי לִהְיוֹת לְךָ לְאִשָּׁה׃ ס 11 כֹּה ׀ אָמַר יְהוָה הִנְנִי
מֵקִים עָלֶיךָ רָעָה מִבֵּיתֶךָ וְלָקַחְתִּי אֶת־נָשֶׁיךָ לְעֵינֶיךָ וְנָתַתִּי לְרֵעֶיךָ[a] — ד. ב מל בנביא[13]
12 וְשָׁכַב עִם־[b]נָשֶׁיךָ לְעֵינֵי הַשֶּׁמֶשׁ הַזֹּאת׃ 12 כִּי אַתָּה עָשִׂיתָ בַסָּתֶר — ד. ד קמ[14]
וַאֲנִי אֶעֱשֶׂה אֶת־הַדָּבָר הַזֶּה נֶגֶד כָּל־יִשְׂרָאֵל וְנֶגֶד הַשָּׁמֶשׁ׃ ס — ב[15]. ח
ס̄כו 13 וַיֹּאמֶר דָּוִד אֶל־נָתָן חָטָאתִי לַיהוָה ס[a] וַיֹּאמֶר נָתָן אֶל־דָּוִד
14 גַּם־יְהוָה הֶעֱבִיר חַטָּאתְךָ לֹא[b] תָמוּת׃ 14 אֶפֶס כִּי־[a]נִאֵץ נִאַצְתָּ[a] אֶת־ — ב[16]. ל
15 אֹיְבֵי[b] יְהוָה בַּדָּבָר הַזֶּה גַּם הַבֵּן הַיִּלּוֹד לְךָ מוֹת יָמוּת[c]׃ 15 וַיֵּלֶךְ נָתָן — ח. ב[17]. ג[18]
אֶל־בֵּיתוֹ וַיִּגֹּף יְהוָה[a] אֶת־הַיֶּלֶד אֲשֶׁר יָלְדָה אֵשֶׁת־אוּרִיָּה לְדָוִד
16 וַיֶּאֱנַשׁ׃[b] 16 וַיְבַקֵּשׁ דָּוִד אֶת־[a]הָאֱלֹהִים[b] בְּעַד הַנָּעַר וַיָּצָם דָּוִד צוֹם — ל. ל
17 וּבָא וְלָן[c] וְשָׁכַב[c] אָרְצָה׃ 17 וַיָּקֻמוּ זִקְנֵי בֵיתוֹ עָלָיו[a] לַהֲקִימוֹ מִן־ — ל. ב

[4]Mm 1761. [5]Mm 319. [6]Mm 3138. [7]Mm 1021. [8]Mp sub loco. [9]Mm 953. [10]Mm 1208. [11]Mm 3811. [12]Mm 2903. [13]Mm 1762. [14]Mm 1202. [15]Mm 1763. [16]Mm 708. [17]Mm 376. [18]Mm 2085.

6 [a] 𝔊$^{-L}$ *ἑπταπλάσιον(a)*, 𝔗^{Mss} *ʾrbʿjn* ‖ **7** [a] Mss interv ‖ [b] 𝔖 *dtmlk*, 𝔗 *lmhwj mlkʾ* cf 2,4[a].7[b] ‖ **9** [a] > 𝔊^{L}θʹ ‖ [b] nonn Mss ut Q cf 𝔗𝔙; 2 Mss בעיני אדני cf 𝔖𝔗^{Mss} ‖ **11** [a] „mlt MSS" (de Rossi) לרעך cf 𝔖𝔙 ‖ [b] pc Mss cit את ‖ **13** [a] mlt Mss om interv ‖ [b] mlt Mss ולא cf 𝔏^{TE}𝔗^{Ms} ‖ **14** [a–a] 𝔖 *rwrbt* cf σʹ𝔗(𝔙) ‖ [b] 𝔔 לן[.]בד cf 1 S 25,22 ‖ [c] 𝔔 יומת ‖ **15** [a] 𝔔 אלהים, 𝔊^{LMs} *ὁ θεός* ‖ [b] > 𝔔𝔊^{Ms} ‖ **16** [a] 𝔔 מן cf 𝔗 ‖ [b] 𝔊^{Mss}𝔗𝔙 tetragrammaton ‖ [c–c] 𝔔 וש׳ בשק[..., 𝔊$^{-L}$ *καὶ ηὐλίσθη / ἐκοιμήθη* (𝔊^{L} *ἐκάθευδεν*) *ἐν σάκκῳ* cf 𝔏$^{93.94}$; 𝔙 om ולן ‖ **17** [a] 𝔔 אליו; > 𝔖; 𝔙 *(venerunt) … cogentes eum ut ….*

18 הָאָרֶץ וְלֹא אָבָה וְלֹא־בָרָא[b] אִתָּם[c] לָחֶם׃ 18 וַיְהִי בַּיּוֹם הַשְּׁבִיעִי וַיָּמָת — לז . כ בטע ר״פ[19]
הַיָּלֶד וַיִּרְאוּ עַבְדֵי דָוִד לְהַגִּיד לוֹ ׀ כִּי־מֵת הַיֶּלֶד כִּי אָמְרוּ הִנֵּה
בִהְיוֹת הַיֶּלֶד חַי דִּבַּרְנוּ אֵלָיו וְלֹא־שָׁמַע בְּקוֹלֵנוּ וְאֵיךְ נֹאמַר אֵלָיו — ד ג חס וחד מל בליש[20]
19 מֵת הַיֶּלֶד וְעָשָׂה רָעָה׃ 19 וַיַּרְא דָּוִד כִּי עֲבָדָיו מִתְלַחֲשִׁים וַיָּבֶן דָּוִד — ל . ד[21]
כִּי מֵת הַיָּלֶד וַיֹּאמֶר דָּוִד אֶל־עֲבָדָיו הֲמֵת[a] הַיֶּלֶד וַיֹּאמְרוּ מֵת׃
20 וַיָּקָם דָּוִד מֵהָאָרֶץ וַיִּרְחַץ וַיָּסֶךְ וַיְחַלֵּף שִׂמְלֹתָו[a] וַיָּבֹא בֵית־יְהוָה — ה . ד[22] . שמלתיו ק חד מן ו[23] בליש
21 וַיִּשְׁתָּחוּ וַיָּבֹא אֶל־בֵּיתוֹ וַיִּשְׁאַל וַיָּשִׂימוּ לוֹ לֶחֶם וַיֹּאכַל׃ 21 וַיֹּאמְרוּ — לה . ב
עֲבָדָיו אֵלָיו מָה־הַדָּבָר הַזֶּה אֲשֶׁר עָשִׂיתָה בַּעֲבוּר[a] הַיֶּלֶד חַי צַמְתָּ — ח מל
22 וַתֵּבְךְּ וְכַאֲשֶׁר מֵת הַיֶּלֶד קַמְתָּ וַתֹּאכַל לָחֶם׃ 22 וַיֹּאמֶר בְּעוֹד הַיֶּלֶד
חַי צַמְתִּי וָאֶבְכֶּה כִּי אָמַרְתִּי מִי יוֹדֵעַ יְחַנַּנִי[a] יְהוָה[b] וְחַי הַיָּלֶד׃ — ג[24] . י מל וכל ת ד מ ק דכות ב מ ג חס . וחנני ק
23 וְעַתָּה ׀ מֵת לָמָּה זֶּה[a] אֲנִי צָם [b]הַאוּכַל לַהֲשִׁיבוֹ עוֹד[b] אֲנִי הֹלֵךְ — ל . ד[25]
24 אֵלָיו וְהוּא לֹא־יָשׁוּב אֵלָי׃ 24 וַיְנַחֵם דָּוִד אֵת בַּת־שֶׁבַע אִשְׁתּוֹ — ב[26]
וַיָּבֹא אֵלֶיהָ וַיִּשְׁכַּב עִמָּהּ וַתֵּלֶד בֵּן וַיִּקְרָא[a] אֶת־שְׁמוֹ שְׁלֹמֹה וַיהוָה — ותקרא ק חד מן יא[27] קר ת בליש . י[28] וכל ויקרא שמו דכות ב מ ו
25 אֲהֵבוֹ׃ 25 וַיִּשְׁלַח בְּיַד נָתָן הַנָּבִיא וַיִּקְרָא אֶת־שְׁמוֹ יְדִידְיָהּ בַּעֲבוּר[a] — ד . י . ל ופלג[29] . ל[29]
יְהוָה׃ פ

26 וַיִּלָּחֶם יוֹאָב בְּרַבַּת בְּנֵי עַמּוֹן וַיִּלְכֹּד אֶת־עִיר הַמְּלוּכָה׃ — כ[30]
27 וַיִּשְׁלַח יוֹאָב מַלְאָכִים אֶל־דָּוִד וַיֹּאמֶר נִלְחַמְתִּי בְרַבָּה גַּם־[a]
28 לָכַדְתִּי אֶת־עִיר הַמָּיִם[b]׃ 28 וְעַתָּה אֱסֹף אֶת־יֶתֶר הָעָם וַחֲנֵה עַל־ — ב . יז[31] וכל וגנותי דכות ב מ א
29 הָעִיר וְלָכְדָהּ פֶּן־אֶלְכֹּד אֲנִי אֶת־הָעִיר וְנִקְרָא שְׁמִי עָלֶיהָ׃ 29 וַיֶּאֱסֹף — כ[32] ב מנה כת א בסיפ
30 דָּוִד אֶת־כָּל־הָעָם וַיֵּלֶךְ רַבָּתָה וַיִּלָּחֶם בָּהּ וַיִּלְכְּדָהּ׃ 30 וַיִּקַּח אֶת־ — ל
עֲטֶרֶת־מַלְכָּם[a] מֵעַל רֹאשׁוֹ וּמִשְׁקָלָהּ כִּכַּר זָהָב [b]וְאֶבֶן יְקָרָה[b] וַתְּהִי — ב סביר מלכה[29] . לב בנביא כ מנה בסיפ
31 עַל־רֹאשׁ דָּוִד וּשְׁלַל הָעִיר הוֹצִיא הַרְבֵּה מְאֹד׃ 31 וְאֶת־הָעָם — יב[33]

[19] Mm 1017. [20] Mm 1194. [21] Mm 1545. [22] Mm 1764. [23] Mm 1213. [24] Mm 1765. [25] Mm 1766. [26] Gn 50,21. [27] Mm 3675. [28] Mm 215. [29] Mp sub loco. [30] Mm 1581. [31] Mm 1174. [32] Mm 4234. [33] Mm 1055.

17 [b] mlt Mss 𝔔 ברה ‖ [c] 𝔔 אותם ‖ **19** [a] 2 Mss מת cf 𝔗 ‖ **20** [a] mlt Mss ut Q cf 𝔊$^{-L}$𝔖; 𝔗𝔙 ut K ‖ **21** [a] 𝔊^{L} *ἔτι*, 𝔖 *kd*, 𝔗 *'d d…* cf 22 בעוד ‖ **22** [a] mlt Mss ut Q; 𝔖 *mrḥm 'lwhj* cf (?) 𝔙 *donet eum mihi …* ‖ [b] pc Mss אלהים cf 𝔖 ‖ **23** [a] > pc Mss ‖ [b–b] 𝔖 *lm' mškḥ' dtwb nhpwk* ‖ **24** [a] nonn Mss ut Q cf 𝔖𝔗 ‖ **25** [a] 𝔊^{LMss}θ′ *ἐν λόγῳ* cf 𝔏$^{93.94}$ *(quod est interpretatum) in verbo (domini)* = (?)בְּעֲבוּר, cf KAI 26, II 6.11sq, III 11 ‖ **27** [a] mlt Mss וגם cf 𝔖𝔗^{Mss} ‖ [b] 2 Mss המלוכה cf 𝔖𝔗 et 26 ‖ **30** [a] 𝔊$^{-OL}$ pr nom proprium cf 1R 11,5; Ms מלכה ‖ [b–b] 𝔖 *w'jt hwj bh k'p' ṭbt'* (pl) cf 𝔗𝔙.

אֲשֶׁר־בָּהּ הוֹצִיא וַיָּשֶׂם בַּמְּגֵרָה וּבַחֲרִצֵי הַבַּרְזֶל ᵃוּבְמַגְזְרֹת הַבַּרְזֶלᵃ — פד׳. ג. ב חד חס וחד מל[34]
וְהֶעֱבִיר אוֹתָם בַּמַּלְכֵּןᵇ וְכֵן יַעֲשֶׂה לְכֹל עָרֵי בְנֵי־עַמּוֹן וַיָּשָׁב דָּוִד — ד מל בסיפ. במלבן חד מן ג[35] כת ק. כ וקר ב וחד מן ב[36] בליש
וְכָל־הָעָם יְרוּשָׁלִָם׃ פ — נא[34] מ״פ וכל ר״פ דכות ב מ ג

13 1 וַיְהִי אַחֲרֵי־כֵן וּלְאַבְשָׁלוֹם בֶּן־דָּוִד אָחוֹת יָפָה וּשְׁמָהּ תָּמָר — ג ומל[1]
2 וַיֶּאֱהָבֶהָ אַמְנוֹן בֶּן־דָּוִד׃ 2 וַיֵּצֶר לְאַמְנוֹן לְהִתְחַלּוֹת בַּעֲבוּר תָּמָר — ב. ג[2]. ל
אֲחֹתוֹ כִּי בְתוּלָה הִיא וַיִּפָּלֵא בְּעֵינֵי אַמְנוֹן לַעֲשׂוֹת לָהּ מְאוּמָה׃ — ל. יד בסיפ
3 וּלְאַמְנוֹן רֵעַ וּשְׁמוֹ יוֹנָדָבᵃ בֶּן־שִׁמְעָהᵇ אֲחִי דָוִד וְיוֹנָדָב אִישׁ חָכָם — ל. ב כת ה בשם גברי
4 מְאֹד׃ 4 וַיֹּאמֶר לוֹ מַדּוּעַ אַתָּה כָּכָה דַּל בֶּן־הַמֶּלֶךְ בַּבֹּקֶר בַּבֹּקֶר — יב וכל דל ואביון דכות. יג[3]
הֲלוֹא תַּגִּיד לִי וַיֹּאמֶר לוֹ אַמְנוֹן אֶת־תָּמָר אֲחוֹת אַבְשָׁלֹם אָחִי אֲנִי — יד חס
5 אֹהֵב׃ 5 וַיֹּאמֶר לוֹ יְהוֹנָדָב שְׁכַב עַל־מִשְׁכָּבְךָ וְהִתְחָל וּבָא אָבִיךָ — ח[4] ול בסיפ[5]
לִרְאוֹתֶךָ וְאָמַרְתָּ אֵלָיו תָּבֹא נָא תָמָר אֲחוֹתִי וְתַבְרֵנִי לֶחֶם וְעָשְׂתָה — ל ובסיפ. יז חס ג[6] מנה בנביא וכל משלי דכות במ ד. ג מל[7]
6 לְעֵינַיᵃ אֶת־הַבִּרְיָה לְמַעַן אֲשֶׁר אֶרְאֶה וְאָכַלְתִּי מִיָּדָהּᵇ׃ 6 וַיִּשְׁכַּב — ג
אַמְנוֹן וַיִּתְחָל וַיָּבֹא הַמֶּלֶךְ לִרְאֹתוֹ וַיֹּאמֶר אַמְנוֹן אֶל־הַמֶּלֶךְ תָּבוֹא־ — ל[8]
7 נָא תָמָר אֲחֹתִי וּתְלַבֵּב לְעֵינַי שְׁתֵּי לְבִבוֹת וְאֶבְרֶה מִיָּדָהּᵃ׃ 7 וַיִּשְׁלַח — ל. ל. ב ובסיפ[9]
דָּוִד אֶל־תָּמָר הַבַּיְתָה לֵאמֹר לְכִי נָא בֵּית אַמְנוֹן אָחִיךְ וַעֲשִׂי־לוֹ — לט[10]
8 הַבִּרְיָה׃ 8 וַתֵּלֶךְ תָּמָר בֵּית אַמְנוֹן אָחִיהָ וְהוּא שֹׁכֵב וַתִּקַּח אֶת־ — ג
9 הַבָּצֵק וַתָּלָושׁᵃ וַתְּלַבֵּב לְעֵינָיו וַתְּבַשֵּׁל אֶת־הַלְּבִבוֹת׃ 9 וַתִּקַּח אֶת־ — ותלש חד מן ב בליש. ק ל. ה. ב
הַמַּשְׂרֵת וַתִּצֹק לְפָנָיו וַיְמָאֵן לֶאֱכוֹל וַיֹּאמֶר אַמְנוֹן הוֹצִיאוּ כָל־אִישׁ — ל. יג מל[11]
10 מֵעָלַי וַיֵּצְאוּᵃ כָל־אִישׁ מֵעָלָיו׃ 10 וַיֹּאמֶר אַמְנוֹן אֶל־תָּמָר הָבִיאִי — ג[12]
הַבִּרְיָה הַחֶדֶרᵃ וְאֶבְרֶה מִיָּדֵךְᵇ וַתִּקַּח תָּמָר אֶת־הַלְּבִבוֹת אֲשֶׁר עָשָׂתָה — ג. ב. ב ובסיפ[9]. ב. ה[13]
11 וַתָּבֵא לְאַמְנוֹןᶜ אָחִיהָ הֶחָדְרָה׃ 11 וַתַּגֵּשׁ אֵלָיו לֶאֱכֹל וַיַּחֲזֶק־בָּהּᵃ — ב[14]. ב
12 וַיֹּאמֶר לָהּ בּוֹאִי שִׁכְבִי עִמִּי אֲחוֹתִי׃ 12 וַתֹּאמֶר לוֹ אַל־אָחִי אַל־ — ג מל בליש[8]. ג מל[7]
תְּעַנֵּנִי כִּי לֹא־יֵעָשֶׂה כֵן בְּיִשְׂרָאֵל אַל־תַּעֲשֵׂה אֶת־הַנְּבָלָה הַזֹּאת׃ — ל[15]. ד[16]

31 ᵃ⁻ᵃ > pc Mss 𝔊ᴹˢˢ cf 𝔖 ‖ ᵇ mlt Mss ut Q cf 𝔊𝔙 ‖ **Cp 13,3** ᵃ 𝔔𝔊ᴸ יְ]הונתן ‖ ᵇ pc Mss **שמעא** cf 32ᵃ 21,21ᵇ Q; 𝔖 *šm'*; 𝔔 שמעיה; 1S 16,9 17,13 שמה ‖ **5** ᵃ 𝔖 *lj*; > 𝔙 ‖ ᵇ 𝔊-ᴸ𝔖 suff pl ‖ **6** ᵃ 𝔖 suff pl ‖ **8** ᵃ mlt Mss ut Q ‖ **9** ᵃ pc Mss **ויוציאו** cf 𝔊𝔗ᶠ𝔙 ‖ **10** ᵃ 2 Mss –רה ‖ ᵇ pc Mss –דיך cf 𝔊ᴹˢ𝔖 ‖ ᶜ pc Mss **אל א׳** ‖ **11** ᵃ Ms **לה** cf 15,5.

13 וַאֲנִ֗י אָ֤נָה אוֹלִיךְ֙ אֶת־חֶרְפָּתִ֔י וְאַתָּ֕ה תִּהְיֶ֕ה כְּאַחַ֥ד הַנְּבָלִ֖ים בְּיִשְׂרָאֵ֑ל 13 סז ר״פ . ב . יב[17]
14 וְעַתָּה֙ דַּבֶּר־נָ֣א אֶל־הַמֶּ֔לֶךְ כִּ֛י לֹ֥א יִמְנָעֵ֖נִי מִמֶּֽךָּ׃ 14 וְלֹ֥א אָבָ֖ה לִשְׁמֹ֣עַ ל
15 בְּקוֹלָ֑הּ וַיֶּחֱזַ֣ק מִמֶּ֔נָּה וַיְעַנֶּ֖הָ וַיִּשְׁכַּ֥ב אֹתָֽהּ[a]׃ 15 וַיִּשְׂנָאֶ֣הָ אַמְנ֗וֹן שִׂנְאָה֙ ה[18] . ב[19] ב חד ר״פ וחד ס״פ
גְּדוֹלָ֣ה מְאֹ֔ד כִּ֣י גְדוֹלָ֗ה הַשִּׂנְאָה֙ אֲשֶׁ֣ר שְׂנֵאָ֔הּ מֵאַהֲבָ֖ה אֲשֶׁ֣ר אֲהֵבָ֑הּ ב . ב[20]
16 וַיֹּֽאמֶר־לָ֥הּ אַמְנ֖וֹן ק֥וּמִי לֵֽכִי׃ 16 וַתֹּ֤אמֶר לוֹ֙ אַל[a]־אוֹדֹ֗ת הָרָעָ֨ה ג חס
הַגְּדוֹלָ֤ה הַזֹּאת֙ מֵאַחֶ֔רֶת אֲשֶׁר־עָשִׂ֥יתָ עִמִּ֖י לְשַׁלְּחֵ֑נִי וְלֹ֥א אָבָ֖ה לִשְׁמֹ֥עַ ו
17 לָֽהּ׃ 17 וַיִּקְרָ֗א אֶֽת־נַעֲרוֹ֙ מְשָׁ֣רְת֔וֹ וַיֹּ֕אמֶר שִׁלְחוּ־נָ֥א אֶת־זֹ֛את מֵעָלַ֖י
18 הַח֑וּצָה וּנְעֹ֥ל הַדֶּ֖לֶת אַחֲרֶֽיהָ׃ 18 וְעָלֶ֙יהָ֙ כְּתֹ֣נֶת פַּסִּ֔ים כִּ֣י כֵ֧ן תִּלְבַּ֛שְׁןָ יו[21] . ל וחס . ג[22] . ל
בְנוֹת־הַמֶּ֥לֶךְ הַבְּתוּלֹ֖ת מְעִילִ֑ים וַיֹּצֵ֨א אוֹתָ֤הּ מְשָׁרְתוֹ֙ הַח֔וּץ וְנָעַ֥ל יג חס[23] . יב[24] מל ב מנה בסיפ וכל יהושע ושפטים יחזק דכות ב מ ג . ב חד פת וחד קמ
19 הַדֶּ֖לֶת אַחֲרֶֽיהָ׃ 19 וַתִּקַּ֨ח תָּמָ֥ר אֵ֙פֶר֙ עַל־רֹאשָׁ֔הּ וּכְתֹ֧נֶת הַפַּסִּ֛ים ז[25] . ב
אֲשֶׁ֥ר עָלֶ֖יהָ קָרָ֑עָה וַתָּ֤שֶׂם יָדָהּ֙[a] עַל־רֹאשָׁ֔הּ וַתֵּ֥לֶךְ הָל֖וֹךְ וְזָעָֽקָה[b]׃ ז
20 וַיֹּ֨אמֶר אֵלֶ֜יהָ אַבְשָׁל֣וֹם אָחִ֗יהָ הַאֲמִינ֨וֹן[a] אָחִ֜יךְ הָיָ֣ה עִמָּ֗ךְ וְעַתָּ֞ה 20 ל ומל
אֲחוֹתִי֙ הַחֲרִ֔ישִׁי אָחִ֣יךְ ה֔וּא אַל־תָּשִׁ֣יתִי אֶת[b]־לִבֵּ֔ךְ לַדָּבָ֖ר הַזֶּ֑ה וַתֵּ֣שֶׁב ג מל[26] . יב[27]
21 תָּמָר֙ וְשֹׁ֣מֵמָ֔ה[c] בֵּ֖ית[d] אַבְשָׁל֥וֹם אָחִֽיהָ׃ 21 וְהַמֶּ֙לֶךְ֙ דָּוִ֣ד שָׁמַ֔ע אֵ֛ת כָּל־ ג ב חד חס וחד מל[28] . ג ר״פ . כה
22 הַדְּבָרִ֖ים הָאֵ֑לֶּה וַיִּ֥חַר ל֖וֹ מְאֹֽד[a]׃ 22 וְלֹֽא־דִבֶּ֧ר אַבְשָׁל֛וֹם עִם־אַמְנ֖וֹן
לְמֵרָ֣ע וְעַד־ט֑וֹב כִּֽי־שָׂנֵ֤א אַבְשָׁלוֹם֙ אֶת־אַמְנ֔וֹן עַל־דְּבַר֙ אֲשֶׁ֣ר עִנָּ֔ה ב[29] . ב . ה[30]
23 אֵ֖ת תָּמָ֥ר אֲחֹתֽוֹ׃ פ 23 וַיְהִ֗י[a] לִשְׁנָתַ֣יִם יָמִ֔ים[a] וַיִּהְי֤וּ גֹֽזְזִים֙ לְאַבְשָׁל֔וֹם ל
בְּבַ֥עַל חָצ֖וֹר אֲשֶׁ֣ר עִם־אֶפְרָ֑יִם וַיִּקְרָ֣א אַבְשָׁל֔וֹם לְכָל־בְּנֵ֖י הַמֶּֽלֶךְ׃
24 וַיָּבֹ֤א אַבְשָׁלוֹם֙ אֶל־הַמֶּ֔לֶךְ וַיֹּ֕אמֶר הִנֵּה־נָ֥א גֹזְזִ֖ים לְעַבְדֶּ֑ךָ יֵֽלֶךְ־נָ֥א 24
25 הַמֶּ֛לֶךְ וַעֲבָדָ֖יו עִם[a]־עַבְדֶּֽךָ׃ 25 וַיֹּ֨אמֶר הַמֶּ֜לֶךְ אֶל־אַבְשָׁל֗וֹם אַל־בְּנִי֙
אַל־נָ֣א נֵלֵ֣ךְ כֻּלָּ֔נוּ וְלֹ֥א נִכְבַּ֖ד עָלֶ֑יךָ וַיִּפְרָץ[a]־בּ֛וֹ וְלֹֽא־אָבָ֥ה לָלֶ֖כֶת ב
26 וַיְבָרְכֵֽהוּ׃ 26 וַיֹּ֙אמֶר֙ אַבְשָׁל֔וֹם וָלֹ֕א[a] יֵֽלֶךְ־נָ֥א אִתָּ֖נוּ[b] אַמְנ֣וֹן אָחִ֑י וַיֹּ֤אמֶר ב

[17]Mm 361. [18]Mm 432. [19]Gn 34,2. [20]Mm 3416. [21]Mm 290. [22]Mm 3203. [23]Mm 1509. [24]Mm 1009. [25]Mp sub loco. [26]Mm 1770. [27]Mm 140. [28]Mm 3724. [29]Mm 3873. [30]Mm 1150.

14 [a] pc Mss עמה cf 𝔊𝔏[115]𝔖𝔗, sed cf 1S 2,22 ‖ **16** [a] mlt Mss על cf 𝔗 ‖ **19** [a] 𝔊𝔏[115]𝔖𝔙 pl ‖ [b] 𝔊𝔏[115]𝔖𝔗[Mss]𝔙 pt; cf 16,13 Jos 6,13 1S 19,23 Jes 31,5 ‖ **20** [a] nonn Mss האמנון cf 𝔊𝔏[115]𝔖𝔗[Ms]𝔙 ‖ [b] pc Mss אל cf 𝔊[Mss]𝔏[115] ‖ [c] 2 Mss ש׳ cf 𝔊𝔏[115.93.94]𝔙 ‖ [d] Seb[Mss] בבית cf 𝔗[Ms] ‖ **21** [a] 𝔔 + כי אה]בו כי בכו[רו הוא ; 𝔊𝔏[115.91.93.94] + mlt vb cf 1R 1,6 ‖ **23** [a–a] 𝔖 *wlʼdn bʼdn*, sed cf 14,28 et cet ‖ **24** [a] 𝔔 אל ‖ **25** [a] 𝔔 ויפצר cf Vrs et 27 1S 28,23 ‖ **26** [a] pc Mss וְלֹא cf 𝔖𝔙 ‖ [b] 2 Mss עמנו, 𝔏[115] *mecum.*

27 לוֹ הַמֶּלֶךְ לָמָּה יֵלֵךְ עִמָּךְ׃ 27 וַיִּפְרָץ־[a]בּוֹ אַבְשָׁלוֹם וַיִּשְׁלַח אִתּוֹ אֶת־ ב[31]
28 אַמְנוֹן וְאֵת כָּל־בְּנֵי הַמֶּלֶךְ׃[b] ס 28 וַיְצַו אַבְשָׁלוֹם אֶת־נְעָרָיו ל
לֵאמֹר רְאוּ נָא כְּטוֹב לֵב־אַמְנוֹן בַּיַּיִן וְאָמַרְתִּי אֲלֵיכֶם הַכּוּ אֶת־אַמְנוֹן ד[32] . ל
וַהֲמִתֶּם[a] אֹתוֹ אַל־תִּירָאוּ הֲלוֹא כִּי אָנֹכִי צִוִּיתִי אֶתְכֶם חִזְקוּ וִהְיוּ ב[33] ול בסיפ . ז[34]
29 לִבְנֵי־חָיִל׃ 29 וַיַּעֲשׂוּ נַעֲרֵי אַבְשָׁלוֹם לְאַמְנוֹן כַּאֲשֶׁר צִוָּה[a] אַבְשָׁלוֹם
30 וַיָּקֻמוּ ׀ כָּל־בְּנֵי הַמֶּלֶךְ וַיִּרְכְּבוּ אִישׁ עַל־פִּרְדּוֹ וַיָּנֻסוּ׃ 30 וַיְהִי הֵמָּה ב
בַדֶּרֶךְ וְהַשְּׁמֻעָה בָּאָה אֶל־דָּוִד לֵאמֹר הִכָּה אַבְשָׁלוֹם אֶת־כָּל־בְּנֵי ה חס[35]
31 הַמֶּלֶךְ[a] וְלֹא־נוֹתַר מֵהֶם אֶחָד׃[b] ס 31 וַיָּקָם הַמֶּלֶךְ וַיִּקְרַע אֶת־ ה[36]
בְּגָדָיו וַיִּשְׁכַּב אָרְצָה וְכָל־עֲבָדָיו נִצָּבִים[a] קְרֻעֵי[b] בְגָדִים׃[c] ס ז[37] . ב חס
32 וַיַּעַן יוֹנָדָב ׀ בֶּן־שִׁמְעָה[a] אֲחִי־דָוִד וַיֹּאמֶר אַל־יֹאמַר אֲדֹנִי[b] אֵת ב כת ה בשם גברי
[c]כָּל־הַנְּעָרִים[c] בְּנֵי־הַמֶּלֶךְ הֵמִיתוּ[d] כִּי־[e]אַמְנוֹן לְבַדּוֹ מֵת כִּי־עַל־פִּי[f]
33 אַבְשָׁלוֹם הָיְתָה שׂוּמָה[g] מִיּוֹם עַנֹּתוֹ אֵת תָּמָר אֲחֹתוֹ׃ 33 וְעַתָּה אַל־ ל[38] . ב וחס
יָשֵׂם אֲדֹנִי הַמֶּלֶךְ אֶל־לִבּוֹ דָּבָר לֵאמֹר כָּל־בְּנֵי הַמֶּלֶךְ מֵתוּ כִּי־
34 אִם־[a]אַמְנוֹן לְבַדּוֹ מֵת׃ פ 34 וַיִּבְרַח אַבְשָׁלוֹם וַיִּשָּׂא הַנַּעַר הַצֹּפֶה אם חד מן ה[39] כת ולא קר
אֶת־עֵינָו[a] וַיַּרְא וְהִנֵּה עַם־רַב הֹלְכִים מִדֶּרֶךְ אַחֲרָיו[b] מִצַּד הָהָר׃ עיניו ק חד מן ה[40] כת כן בליש . ל
35 וַיֹּאמֶר יוֹנָדָב אֶל־הַמֶּלֶךְ הִנֵּה בְנֵי־הַמֶּלֶךְ בָּאוּ כִּדְבַר עַבְדְּךָ כֵּן
36 הָיָה׃ 36 וַיְהִי ׀ כְּכַלֹּתוֹ לְדַבֵּר וְהִנֵּה בְנֵי־הַמֶּלֶךְ בָּאוּ וַיִּשְׂאוּ קוֹלָם מג . ג[41]
37 וַיִּבְכּוּ וְגַם־הַמֶּלֶךְ וְכָל־עֲבָדָיו בָּכוּ בְּכִי גָּדוֹל מְאֹד׃ 37 וְאַבְשָׁלוֹם ז[37] . ל
בָּרַח וַיֵּלֶךְ אֶל־תַּלְמַי בֶּן־עַמִּיחוּר[a] מֶלֶךְ גְּשׁוּר וַיִּתְאַבֵּל[b] עַל־בְּנוֹ עמיהוד ק חד מן ד[42] כת ח וקר ה וחד מן ד[43] כת ר וקר ד
38 [c]כָּל־הַיָּמִים׃[c] 38 וְאַבְשָׁלוֹם בָּרַח וַיֵּלֶךְ גְּשׁוּר[a] וַיְהִי־שָׁם שָׁלֹשׁ

[31] Mm 1434. [32] Mm 1772. [33] Mm 934. [34] Mm 1773. [35] Mm 1540. [36] Mm 989. [37] Mm 449. [38] Mp sub loco. [39] Mm 2752. [40] Mm 1543. [41] Mm 1774. [42] Mm 3864. [43] Mm 3624.

27 [a] Vrs ut 25[a] ‖ [b] 𝔊-Mss𝔏115 + mlt vb cf 1S 25,36 ‖ **28** [a] 𝔔 ומתתם ‖ **29** [a] 𝔊 + *αὐτοῖς* cf 𝔏115𝔖𝔙 sed cf 24,19 ‖ **30** [a] sic L, mlt Mss Edd ךְ– ‖ [b] 2 Mss pr עד cf 𝔗Ms, 2 Mss איש cf 𝔖 sed etiam Ps 106,11 ‖ **31** [a] Ms + עליו cf 𝔗Ms, 𝔊 + *αὐτῷ* cf 𝔏115𝔙 ‖ [b] 2 Mss קרעו cf 𝔊-L𝔏115𝔖𝔙 ‖ [c] 𝔔 [בג]דיו, 𝔊-L𝔏115𝔖𝔗𝔙 + suff 3 m pl ‖ **32** [a] cf 3[b] ‖ [b] 𝔊-Ms + *ὁ βασιλεύς* cf 𝔏115𝔖 ‖ [c–c] 𝔔 הנערים כול ‖ [d] pc Mss מתו cf 𝔊L𝔖𝔗Mss𝔙 ‖ [e] pc Mss + אם ‖ [f] α′σ′ *ὀργῇ* cf 𝔏115𝔙Mss et Ps 56,8 ‖ [g] mlt Mss KOr שימה ‖ **33** [a] > nonn Mss cf 𝔊AMs𝔏115𝔖𝔙 ‖ **34** [a] mlt Mss ut Q cf Vrs ‖ [b–b] 𝔊-L *ἐν τῇ ὁδῷ ὀπίσθεν αὐτοῦ*, 𝔊L *τὴν ὁδὸν τὴν Σωραιμ*, 𝔏115 *per via (soram) … in via quae est goran*, 𝔖 *b'rwrḥ'*, 𝔗 *m'wrḥ(') m'ḥwrwhj*, 𝔙 *per iter devium* ‖ **37** [a] mlt Mss ut Q עמיח/הוד cf 𝔊𝔏115𝔖𝔗 ‖ [b] 𝔊 + *ὁ βασιλεὺς* (> 𝔊O cf 𝔖𝔙) *Δαυειδ* (> 𝔊LMss cf 𝔏115) ‖ [c–c] pc Mss ימים רבים cf 𝔏93.94𝔖𝔙Mss ‖ **38** [a] nonn Mss –רה.

39 שָׁנִֽים׃ 39 וַתְּכַל[a] [b]דָּוִד הַמֶּלֶךְ[b] לָצֵאת אֶל[c]־אַבְשָׁלוֹם כִּי־נִחַם עַל־ ב . ו פת וכל ישעיה דכות[44]
14 אַמְנוֹן כִּי־מֵֽת׃ ס 14 1 וַיֵּדַע יוֹאָב בֶּן־צְרֻיָה כִּי־לֵב הַמֶּלֶךְ[a] ג חס
2 עַל־אַבְשָׁלֽוֹם׃ 2 וַיִּשְׁלַח יוֹאָב תְּקוֹעָה וַיִּקַּח מִשָּׁם אִשָּׁה חֲכָמָה וַיֹּאמֶר ב
אֵלֶיהָ הִֽתְאַבְּלִי־נָא וְלִבְשִׁי־נָא בִגְדֵי־אֵבֶל וְאַל־תָּסוּכִי שֶׁמֶן וְהָיִית ל . ל . ב
3 כְּאִשָּׁה זֶה יָמִים רַבִּים מִתְאַבֶּלֶת עַל־מֵֽת׃ 3 וּבָאת אֶל־הַמֶּלֶךְ ב . ב[1] . ה[2]
4 וְדִבַּרְתְּ אֵלָיו כַּדָּבָר הַזֶּה וַיָּשֶׂם יוֹאָב אֶת־הַדְּבָרִים בְּפִֽיהָ׃ 4 וַתֹּאמֶר[a] פד
הָאִשָּׁה הַתְּקֹעִית אֶל־הַמֶּלֶךְ וַתִּפֹּל עַל־אַפֶּיהָ אַרְצָה וַתִּשְׁתָּחוּ וַתֹּאמֶר ב חד חס וחד מל
5 הוֹשִׁעָה[b] הַמֶּֽלֶךְ׃ ס 5 וַיֹּֽאמֶר־לָהּ הַמֶּלֶךְ מַה־לָּךְ וַתֹּאמֶר אֲבָל
6 אִשָּֽׁה־אַלְמָנָה אָנִי וַיָּמָת אִישִֽׁי׃ 6 וּלְשִׁפְחָתְךָ שְׁנֵי בָנִים וַיִּנָּצוּ שְׁנֵיהֶם ח[3] . ב[4]
7 בַּשָּׂדֶה וְאֵין מַצִּיל בֵּינֵיהֶם וַיַּכּוּ הָאֶחָד אֶת־הָאֶחָד וַיָּמֶת אֹתֽוֹ׃ 7 וְהִנֵּה ל . ה[5]
קָמָה כָל־הַמִּשְׁפָּחָה עַל[a]־שִׁפְחָתֶךָ וַיֹּאמְרוּ תְּנִי[b] ׀ אֶת־מַכֵּה אָחִיו
וּנְמִתֵהוּ בְּנֶפֶשׁ אָחִיו אֲשֶׁר הָרָג [c]וְנַשְׁמִידָה גַּם[c] אֶת־הַיּוֹרֵשׁ וְכִבּוּ ה חס בליש[6] . ל . ב
אֶת־גַּחַלְתִּי אֲשֶׁר נִשְׁאָרָה לְבִלְתִּי שׂוּם[d]־לְאִישִׁי שֵׁם וּשְׁאֵרִית עַל־פְּנֵי שים ק . ב[3]
8 הָאֲדָמָֽה׃ פ 8 וַיֹּאמֶר הַמֶּלֶךְ אֶל־הָאִשָּׁה לְכִי לְבֵיתֵךְ וַאֲנִי ב
9 אֲצַוֶּה עָלָֽיִךְ׃ 9 וַתֹּאמֶר הָאִשָּׁה הַתְּקוֹעִית אֶל־הַמֶּלֶךְ עָלַי אֲדֹנִי ל . ב חד מל וחד חס
10 הַמֶּלֶךְ הֶעָוֹן וְעַל־בֵּית אָבִי וְהַמֶּלֶךְ וְכִסְאוֹ נָקִֽי׃ ס 10 וַיֹּאמֶר יג[7] וכל מלכים ישעיה וירמיה דכות ב מ א
הַמֶּלֶךְ הַֽמְדַבֵּר אֵלַיִךְ וַהֲבֵאתוֹ אֵלַי וְלֹא־יֹסִיף עוֹד לָגַעַת בָּֽךְ׃ ד[8] . כט . ג[9] . יד כת כן
11 וַתֹּאמֶר יִזְכָּר־נָא הַמֶּלֶךְ[a] אֶת־יְהוָה אֱלֹהֶיךָ[b] [c]מֵהַרְבַּית גֹּאֵל הַדָּם מהרבת ק
לְשַׁחֵת[b] וְלֹא יַשְׁמִידוּ אֶת־בְּנִי וַיֹּאמֶר חַי־יְהוָה אִם־יִפֹּל מִשַּׂעֲרַת[d]
12 בְּנֵךְ אָֽרְצָה׃ 12 וַתֹּאמֶר הָאִשָּׁה תְּדַבֶּר־נָא שִׁפְחָתְךָ אֶל־אֲדֹנִי הַמֶּלֶךְ
13 דָּבָר וַיֹּאמֶר דַּבֵּֽרִי׃ ס 13 וַתֹּאמֶר הָאִשָּׁה וְלָמָּה חָשַׁבְתָּה כָּזֹאת ל[10] . ל מל[11]

[44]Mm 1775. **Cp 14** [1]Mm 2548. [2]Mm 2052. [3]Mm 1776. [4]Lv 24,10. [5]Mm 283. [6]Mm 1036. [7]Mm 324. [8]Mm 333. [9]Mm 1777. [10]Mp sub loco. [11]Mm 1713.

39 [a] 𝔊 *καὶ ἐκόπασεν* cf 𝔏[115] *et requievit*, 𝔏[93.94] *et proposuit*, 𝔖[ABC] *w'hmj*, 𝔖[Bar Hebr] *w'ttwj* (explicitum: oblitus est), 𝔗 *wḥmjdt*, 𝔙 *cessavitque* ‖ [b–b] 𝔊 *ὁ βασιλεὺς Δαυειδ* cf 𝔖𝔙[Mss], 𝔊[Mss] *τὸ πνεῦμα τοῦ βασιλέως (Δαυειδ)* cf 𝔔𝔏[115] (𝔏[93.94] *rex*), 𝔗 *npš' ddwjd mlk'*, 𝔙 *David rex* ‖ [c] 2 Mss על cf 𝔗 ‖ **Cp 14,1** [a] 𝔖 + *'tr'j*; 𝔗 *([b]lb' dmlk') lmpq*, 𝔙 *versum esset* ‖ **4** [a] mlt Mss ותבא cf 𝔊𝔖𝔗[Mss]𝔙 ‖ [b] 𝔖𝔙 + suff 1 sg ‖ **7** [a] 2 Mss אל cf 1S 22,13[b] ‖ [b] pc Mss + נא ‖ [c–c] 𝔖 *wb'jn dnwbdwnh* (3 pl) ‖ [d] nonn Mss ut Q ‖ **11** [a] 2 Mss pr אדני cf 𝔊[LMs]𝔏[93.94]𝔖 ‖ [b–b] 𝔖 *bswg'' dḥwdt' ddm' l' mḥbl* ‖ [c] mlt Mss ut Q ‖ [d] Ms משערות cf 𝔊[L]𝔙; Ms + ראשו cf 𝔖𝔗 et 1S 14,45 1R 1,52 (Ms).

עַל־עַם אֱלֹהִים וּמִדַּבֵּר[a] הַמֶּלֶךְ הַדָּבָר הַזֶּה כְּאָשֵׁם לְבִלְתִּי הָשִׁיב ל[12].ל.ב
14 הַמֶּלֶךְ אֶת־נִדְּחוֹ׃ 14 כִּי־מוֹת נָמוּת וְכַמַּיִם הַנִּגָּרִים אַרְצָה אֲשֶׁר לֹא ל
יֵאָסֵפוּ וְלֹא־יִשָּׂא אֱלֹהִים נֶפֶשׁ וְחָשַׁב מַחֲשָׁבוֹת לְבִלְתִּי יִדַּח מִמֶּנּוּ ב.ב[13].לז
15 נִדָּח׃ 15 וְעַתָּה אֲשֶׁר־[a]בָּאתִי לְדַבֵּר אֶל־הַמֶּלֶךְ אֲדֹנִי אֶת־הַדָּבָר ל
הַזֶּה כִּי יֵרְאֻנִי[b] הָעָם וַתֹּאמֶר שִׁפְחָתְךָ אֲדַבְּרָה־נָּא אֶל־הַמֶּלֶךְ אוּלַי ל[14]
16 יַעֲשֶׂה הַמֶּלֶךְ אֶת־דְּבַר אֲמָתוֹ׃ 16 כִּי יִשְׁמַע הַמֶּלֶךְ לְהַצִּיל אֶת־ ו
אֲמָתוֹ מִכַּף הָאִישׁ לְהַשְׁמִיד[a] אֹתִי וְאֶת־בְּנִי יַחַד מִנַּחֲלַת אֱלֹהִים[b]׃ ו.ב[15].ל
17 וַתֹּאמֶר שִׁפְחָתְךָ יְהִיֶה[a]־נָּא דְּבַר־אֲדֹנִי הַמֶּלֶךְ לִמְנוּחָה[b] כִּי ׀ כְּמַלְאַךְ ד חס בליש[16]. ח ב מנה בליש
הָאֱלֹהִים[c] כֵּן אֲדֹנִי הַמֶּלֶךְ לִשְׁמֹעַ הַטּוֹב וְהָרָע וַיהוָה אֱלֹהֶיךָ יְהִי[d] ל
18 עִמָּךְ׃ פ 18 וַיַּעַן הַמֶּלֶךְ וַיֹּאמֶר אֶל־הָאִשָּׁה אַל־נָא תְכַחֲדִי מִמֶּנִּי ל.נז וכל תלים דכות ב מ יא
דָּבָר אֲשֶׁר אָנֹכִי שֹׁאֵל אֹתָךְ וַתֹּאמֶר הָאִשָּׁה יְדַבֶּר־נָא אֲדֹנִי הַמֶּלֶךְ׃
19 וַיֹּאמֶר הַמֶּלֶךְ הֲיַד יוֹאָב אִתָּךְ בְּכָל־זֹאת וַתַּעַן הָאִשָּׁה וַתֹּאמֶר חֵי־ ב[17]
נַפְשְׁךָ אֲדֹנִי הַמֶּלֶךְ אִם־אִשׁ[a] ׀ לְהֵמִין וּלְהַשְׂמִיל[b] מִכֹּל אֲשֶׁר־דִּבֶּר ב חס בליש וחד מן ג[18] סביר יש. ל כת כן
אֲדֹנִי הַמֶּלֶךְ כִּי־עַבְדְּךָ יוֹאָב הוּא צִוָּנִי וְהוּא שָׂם בְּפִי שִׁפְחָתְךָ[c] אֵת ל זקף קמ. כה
20 כָּל־הַדְּבָרִים הָאֵלֶּה׃ 20 לְבַעֲבוּר סַבֵּב אֶת־פְּנֵי הַדָּבָר עָשָׂה עַבְדְּךָ ג[19]
יוֹאָב אֶת־הַדָּבָר הַזֶּה וַאדֹנִי חָכָם כְּחָכְמַת מַלְאַךְ הָאֱלֹהִים לָדַעַת ח
21 אֶת־כָּל־אֲשֶׁר בָּאָרֶץ׃ ס 21 וַיֹּאמֶר הַמֶּלֶךְ אֶל־יוֹאָב הִנֵּה־נָא
עָשִׂיתִי[a] אֶת־[b]הַדָּבָר הַזֶּה[b] וְלֵךְ הָשֵׁב אֶת־הַנַּעַר אֶת־אַבְשָׁלוֹם׃ יא[20]
22 וַיִּפֹּל יוֹאָב אֶל[a]־פָּנָיו אַרְצָה וַיִּשְׁתַּחוּ וַיְבָרֶךְ אֶת־הַמֶּלֶךְ וַיֹּאמֶר ו[21]
יוֹאָב הַיּוֹם יָדַע עַבְדְּךָ כִּי־מָצָאתִי חֵן בְּעֵינֶיךָ אֲדֹנִי הַמֶּלֶךְ אֲשֶׁר־[b] סו יט[22] מנה בסיפ
23 עָשָׂה הַמֶּלֶךְ אֶת־דְּבַר עַבְדּוֹ[c]׃ 23 וַיָּקָם יוֹאָב וַיֵּלֶךְ גְּשׁוּרָה וַיָּבֵא עבדך ק. ל.נא[23]

[12] Mm 615. [13] Mm 1778. [14] Mp sub loco. [15] Mm 1779. [16] Mm 360. [17] Mm 1780. [18] Mm 3620. [19] Mm 511. [20] Mm 1500. [21] Mm 1094. [22] Mm 1533. [23] Mm 639.

13 [a] 𝔗[-Ms] *w(m)mljl* cf Nu 7,89 Ez 2,2 43,6 ‖ **15** [a] > Ms 𝔊[Mss]𝔙 ‖ [b] 𝔊 *ὄψεταί με* cf 𝔙 *praesente (populo)* ‖ **16** [a] 𝔊 pr *τοῦ ζητοῦντος*, 𝔙 pr *(omnium qui) volebant* ‖ [b] 𝔊[L] θ′ *κυρίου*, 𝔗 *'m' djhwh* ac 20,19 21,3 1 S 26,19 ‖ **17** [a] pc Mss יהי ‖ [b] permlt Mss לְמִנְחָה, 𝔊 *εἰς θυσίαν/ς*, 𝔏[117] *velut in sacrificium misericordiae*, 𝔖[ABC] *qwrbn'*, 𝔖[Bar Hebr](𝔙) *'jk qwrbn'* ‖ [c] 𝔊[L] *κυρίου* ‖ [d] pc Mss יהיה cf 𝔊𝔏[117]𝔙 ‖ **19** [a] mlt Mss ℭ[Q] איש; pc Mss cit Seb יש cf 𝔗; Mss interv ‖ [b] 2 Mss מאיל–, 2 Mss מיאל–, 𝔔 מאל– ‖ [c] 𝔔 אמתך ‖ **21** [a] mlt Mss עָשִׂיתָ cf 𝔗[Mss] ‖ [b–b] 𝔊 *κατὰ τὸν λόγον σου τοῦτον*, 𝔖 *'jk d'mrt*, 𝔙 *verbum tuum* ‖ **22** [a] pc Mss cit Sor על cf 𝔗 ‖ [b] 2 Mss כי cf 𝔏[117] ‖ [c] pc Mss עבדו sine Q; mlt Mss ut Q cf 𝔊[Ms]𝔏[117]𝔗𝔙.

אֶת־אַבְשָׁל֖וֹם יְרוּשָׁלִָֽם׃ פ 24 וַיֹּ֣אמֶר הַמֶּ֔לֶךְ יִסֹּ֣ב אֶל־בֵּית֔וֹ וּפָנַ֖י 24 ג̇24
לֹ֣א יִרְאֶ֑ה וַיִּסֹּ֤ב אַבְשָׁלוֹם֙ אֶל־בֵּית֔וֹ וּפְנֵ֥י הַמֶּ֖לֶךְ לֹ֥א רָאָֽה׃ ס יו
25 וּכְאַבְשָׁל֗וֹם לֹא־הָיָ֧ה אִישׁ־יָפֶ֛ה בְּכָל־יִשְׂרָאֵ֖ל לְהַלֵּ֣ל מְאֹ֑ד מִכַּ֤ף 25 ל̇. ה̇25
רַגְלוֹ֙ וְעַ֣ד קָדְקֳד֔וֹ לֹא־הָ֥יָה ב֖וֹ מֽוּם׃ 26 וּֽבְגַלְּחוֹ֮ אֶת־רֹאשׁוֹ֒ וְֽהָיָה֩ 26 ג̇. ל̇. לב בנביא כ̇ מנה בסיפ̇. ב̇
מִקֵּ֨ץ יָמִ֤ים ׀ לַיָּמִים֙ אֲשֶׁ֣ר יְגַלֵּ֔חַ כִּֽי־כָבֵ֥ד עָלָ֖יו וְגִלְּח֑וֹ וְשָׁקַל֙ אֶת־שְׂעַ֣ר ה̇26. ל̇. ב̇. ד̇27
רֹאשׁ֔וֹ מָאתַ֥יִם[a] שְׁקָלִ֖ים בְּאֶ֥בֶן הַמֶּֽלֶךְ׃ 27 וַיִּוָּלְד֤וּ לְאַבְשָׁלוֹם֙ שְׁלוֹשָׁ֣ה 27 לב בנביא כ̇ מנה בסיפ̇. ג̇ ה̇29. ה̇28 י̇ מל וכל מגלה דכות30
בָנִ֔ים וּבַ֥ת אַחַ֖ת וּשְׁמָ֣הּ תָּמָ֑ר[a] הִ֣יא הָֽיְתָ֔ה אִשָּׁ֖ה יְפַ֥ת מַרְאֶֽה[b]׃ פ
28 וַיֵּ֧שֶׁב אַבְשָׁל֛וֹם בִּירוּשָׁלִַ֖ם שְׁנָתַ֣יִם יָמִ֑ים וּפְנֵ֥י הַמֶּ֖לֶךְ לֹ֥א רָאָֽה׃ 28 יו
29 וַיִּשְׁלַ֨ח אַבְשָׁל֜וֹם אֶל־יוֹאָ֗ב לִשְׁלֹ֤חַ אֹתוֹ֙ אֶל־הַמֶּ֔לֶךְ וְלֹ֥א אָבָ֖ה 29 ל̇31
לָב֣וֹא אֵלָ֑יו וַיִּשְׁלַ֥ח עוֹד֙ שֵׁנִ֔ית וְלֹ֥א אָבָ֖ה לָבֽוֹא׃ 30 וַיֹּ֨אמֶר אֶל־עֲבָדָ֜יו 30
רְא֗וּ חֶלְקַ֤ת יוֹאָב֙ אֶל־יָדִ֔י וְלוֹ־[a]שָׁ֣ם שְׂעֹרִ֔ים לְכ֖וּ וְהוֹצִּתִ֣יהָ[b] בָאֵ֑שׁ[c] והציתוה ק̇
וַיַּצִּ֜תוּ עַבְדֵ֧י אַבְשָׁל֛וֹם אֶת־הַחֶלְקָ֖ה בָּאֵֽשׁ׃ פ 31 וַיָּ֣קָם יוֹאָ֔ב 31 ל̇ חס
וַיָּבֹ֥א אֶל־אַבְשָׁל֖וֹם הַבָּ֑יְתָה וַיֹּ֣אמֶר אֵלָ֗יו לָ֣מָּה הִצִּ֧יתוּ עֲבָדֶ֛יךָ[a] אֶת־ יט32. ה̇ דגש דסמיכ̇33
הַחֶלְקָ֥ה אֲשֶׁר־לִ֖י בָּאֵֽשׁ׃ 32 וַיֹּ֨אמֶר אַבְשָׁל֜וֹם אֶל־יוֹאָ֗ב הִנֵּ֣ה שָׁלַ֣חְתִּי 32
אֵלֶ֣יךָ ׀ לֵאמֹ֡ר בֹּ֣א הֵ֠נָּה וְאֶשְׁלְחָ֨ה אֹתְךָ֜ אֶל־הַמֶּ֗לֶךְ לֵאמֹר֙ לָ֤מָּה בָּ֙אתִי֙ ה̇34 חס בשמואל ובכתיב ול̇ מנה בסיפ̇. ב̇
מִגְּשׁ֔וּר ט֥וֹב לִ֖י עֹ֣ד אֲנִי־שָׁ֑ם וְעַתָּ֗ה אֶרְאֶה֙ פְּנֵ֣י הַמֶּ֔לֶךְ וְאִם־[a]יֶשׁ־בִּ֥י יד35 חס ב̇ מנה בליש̇. ג̇36
עָוֺ֖ן וֶהֱמִתָֽנִי׃ 33 וַיָּבֹ֨א יוֹאָ֥ב אֶל־הַמֶּלֶךְ֮ וַיַּגֶּד־לוֹ֒ וַיִּקְרָ֣א אֶל־אַבְשָׁלוֹם֙ ס̇כח ל̇31
וַיָּבֹ֣א אֶל־הַמֶּ֔לֶךְ וַיִּשְׁתַּ֨חוּ ל֧וֹ[a] עַל־אַפָּ֛יו אַ֖רְצָה לִפְנֵ֣י הַמֶּ֑לֶךְ וַיִּשַּׁ֥ק ב̇. ב̇
הַמֶּ֖לֶךְ לְאַבְשָׁלֽוֹם׃ פ
15 1 וַיְהִי֙ מֵאַ֣חֲרֵי כֵ֔ן וַיַּ֤עַשׂ לוֹ֙ אַבְשָׁל֔וֹם מֶרְכָּבָ֖ה וְסֻסִ֑ים וַחֲמִשִּׁ֥ים 15 ג̇1. ב̇ חס בליש̇2
אִ֖ישׁ רָצִ֥ים לְפָנָֽיו׃ 2 וְהִשְׁכִּים֙ אַבְשָׁל֔וֹם וְעָמַ֕ד עַל־יַ֖ד[a] דֶּ֣רֶךְ הַשָּׁ֑עַר[a] 2 ב̇
וַיְהִ֡י[b] [c]כָּל־הָאִ֣ישׁ[c] אֲשֶׁר־יִהְיֶה־לּוֹ־רִיב֩ לָב֨וֹא אֶל־הַמֶּ֜לֶךְ לַמִּשְׁפָּ֗ט ה̇3
וַיִּקְרָ֨א[d] אַבְשָׁל֤וֹם אֵלָיו֙[d] וַיֹּ֗אמֶר אֵֽי־מִזֶּ֥ה עִיר֙ אַ֔תָּה וַיֹּ֕אמֶר מֵאַחַ֥ד ל̇א. כו̇ מלעיל
שִׁבְטֵֽי־יִשְׂרָאֵ֖ל עַבְדֶּֽךָ׃ 3 וַיֹּ֤אמֶר אֵלָיו֙ אַבְשָׁל֔וֹם רְאֵ֥ה דְבָרֶ֖ךָ[a] טוֹבִ֣ים 3

[24] Mm 610. [25] Mm 1781. [26] Mm 2872. [27] Mm 1782. [28] Mm 1783. [29] Mm 1717. [30] Mm 2959. [31] Mp sub loco. [32] Mm 1557. [33] Mm 3274. [34] Mm 169. [35] Mm 62. [36] Mm 1784. **Cp 15** [1] Mm 1785. [2] Mm 1786. [3] Mm 1035.

26 [a] 𝔊𝔏$^{93.94}$ 100 ‖ **27** [a] 𝔊^{L}(𝔏$^{93.94}$) *Maaχa* ex 1R 15,2 cf [b] ‖ [b] 𝔊𝔏$^{117.91.93.94}$ + mlt vb cf 1R 15,2 ‖ **30** [a] nonn Mss ולא ‖ [b] mlt Mss ut Q ‖ [c] 𝔊𝔏$^{117.91}$ + mlt vb ‖ **31** [a] permlt Mss ℭ דיך– cf 11,24[b] ‖ **32** [a] pc Mss אם cf 𝔖 et 1S 20,8 ‖ **33** [a] > 𝔖𝔙 ‖ **Cp 15,2** [a–a] 𝔔 הדרך ‖ [b] 𝔔 והיה ‖ [c–c] pc Mss 𝔔 כל איש cf 𝔊 et 4 ‖ [d–d] 𝔔 וקרא לו א׳ cf 𝔊 ‖ **3** [a] sic nonn Mss Or, permlt Mss –ריך.

4 וּנְכֹחִים וְשֹׁמֵעַ אֵין־לְךָ מֵאֵת הַמֶּלֶךְ׃ 4 וַיֹּאמֶר אַבְשָׁלוֹם מִי־יְשִׂמֵנִי ל
שֹׁפֵט בָּאָרֶץ וְעָלַי יָבוֹא כָּל־אִישׁ אֲשֶׁר־יִהְיֶה־לּוֹ־רִיב [a]וּמִשְׁפָּט ה׳[4]. ל
5 וְהִצְדַּקְתִּיו[a]׃ 5 וְהָיָה בִּקְרָב־אִישׁ לְהִשְׁתַּחֲוֺת לוֹ וְשָׁלַח אֶת־יָדוֹ ל. ל
6 וְהֶחֱזִיק לוֹ[a] וְנָשַׁק לוֹ׃ 6 וַיַּעַשׂ אַבְשָׁלוֹם כַּדָּבָר הַזֶּה לְכָל־יִשְׂרָאֵל
אֲשֶׁר־יָבֹאוּ לַמִּשְׁפָּט אֶל־הַמֶּלֶךְ וַיְגַנֵּב[a] אַבְשָׁלוֹם אֶת־לֵב אַנְשֵׁי ה׳[5]. ל
7 יִשְׂרָאֵל׃ פ 7 וַיְהִי מִקֵּץ [a]אַרְבָּעִים שָׁנָה[a] וַיֹּאמֶר אַבְשָׁלוֹם אֶל־ יב
הַמֶּלֶךְ אֵלְכָה נָּא וַאֲשַׁלֵּם[b] אֶת־נִדְרִי אֲשֶׁר־נָדַרְתִּי לַיהוָה בְּחֶבְרוֹן׃ ג
8 כִּי־נֶדֶר נָדַר עַבְדְּךָ בְּשִׁבְתִּי בִגְשׁוּר בַּאֲרָם לֵאמֹר אִם־יָשִׁיב[a] ה׳. ט זוגין[6]. ישוב[7] ק חד מן ה׳[8] וחס בליש
9 יְשִׁיבֵנִי יְהוָה יְרוּשָׁלַם וְעָבַדְתִּי אֶת־יְהוָה׃ 9 וַיֹּאמֶר־לוֹ הַמֶּלֶךְ לֵךְ ב
10 בְּשָׁלוֹם וַיָּקָם וַיֵּלֶךְ חֶבְרוֹנָה׃ פ 10 וַיִּשְׁלַח אַבְשָׁלוֹם מְרַגְּלִים ט׳[9] ח מנה מל
בְּכָל־שִׁבְטֵי יִשְׂרָאֵל לֵאמֹר כְּשָׁמְעֲכֶם[a] אֶת־קוֹל הַשֹּׁפָר וַאֲמַרְתֶּם ג. ל חס בליש[6]. ל
11 מָלַךְ אַבְשָׁלוֹם בְּחֶבְרוֹן׃ 11 וְאֶת־אַבְשָׁלוֹם הָלְכוּ מָאתַיִם אִישׁ ל
12 מִירוּשָׁלַם קְרֻאִים וְהֹלְכִים לְתֻמָּם וְלֹא יָדְעוּ כָּל־דָּבָר׃ 12 וַיִּשְׁלַח ג[10]
אַבְשָׁלוֹם[a] אֶת־אֲחִיתֹפֶל הַגִּילֹנִי יוֹעֵץ דָּוִד מֵעִירוֹ מִגִּלֹה בְּזָבְחוֹ אֶת־ ב. ל. ל
13 הַזְּבָחִים וַיְהִי הַקֶּשֶׁר אַמִּץ וְהָעָם הוֹלֵךְ וָרָב אֶת־אַבְשָׁלוֹם׃ 13 וַיָּבֹא ב חס. כז[11] מל וכל משלי וקהלת דכות ב מ ה. ה׳[12]. ל
הַמַּגִּיד אֶל־דָּוִד לֵאמֹר הָיָה לֶב־[a]אִישׁ[b] יִשְׂרָאֵל אַחֲרֵי אַבְשָׁלוֹם׃
14 וַיֹּאמֶר דָּוִד לְכָל־עֲבָדָיו אֲשֶׁר־אִתּוֹ בִירוּשָׁלַםִ קוּמוּ וְנִבְרָחָה ל
כִּי לֹא־תִהְיֶה־לָּנוּ פְלֵיטָה מִפְּנֵי אַבְשָׁלוֹם מַהֲרוּ לָלֶכֶת פֶּן־יְמַהֵר ד[13]
15 וְהִשִּׂגָנוּ וְהִדִּיחַ עָלֵינוּ אֶת־הָרָעָה וְהִכָּה הָעִיר לְפִי־חָרֶב׃ 15 וַיֹּאמְרוּ ה חס ול בליש. ל. ל
עַבְדֵי־הַמֶּלֶךְ אֶל־הַמֶּלֶךְ כְּכֹל[a] אֲשֶׁר־יִבְחַר אֲדֹנִי הַמֶּלֶךְ הִנֵּה
16 עֲבָדֶיךָ׃ 16 וַיֵּצֵא הַמֶּלֶךְ וְכָל־בֵּיתוֹ בְּרַגְלָיו וַיַּעֲזֹב הַמֶּלֶךְ אֵת עֶשֶׂר[a] ג[14]
17 נָשִׁים פִּלַגְשִׁים לִשְׁמֹר הַבָּיִת׃ 17 וַיֵּצֵא הַמֶּלֶךְ וְכָל־הָעָם[a] בְּרַגְלָיו נא מ״פ וכל ר״פ דכות ב מ ג
18 וַיַּעַמְדוּ בֵּית הַמֶּרְחָק׃ 18 [a]וְכָל־עֲבָדָיו עֹבְרִים עַל־יָדוֹ וְכָל־הַכְּרֵתִי ל. ז[15]

[4] Mm 3683. [5] Mm 1035. [6] Mp sub loco. [7] Mm 832. [8] Mm 1433. [9] Mm 1302. [10] Mm 3027 [11] Mm 1788. [12] Mm 1103. [13] Mm 332. [14] Mm 1534. [15] Mm 449.

4 [a–a] 𝔏[93.94] *et iustificabo eum*, 𝔙 *et iuste iudicem* ‖ **5** [a] mlt Mss בו cf 𝔗 et 13,11[a] ‖ **6** [a] Mišna Soṭa[Mss] 1,8 citt ויגנוב cf Gn 31,20.26 ‖ **7** [a–a] 𝔊[LMs] *τέσσαρα ἔτη* cf 𝔖𝔙 ‖ [b] sic L C, permlt Mss Edd וַאֲשַׁלֵּם ‖ **8** [a] mlt Mss ut Q cf 𝔊[Mss]𝔖𝔗; > 𝔊[Mss]𝔙 ‖ **10** [a] pc Mss בשׁ׳ ‖ **12** [a] 𝔊[-ABMs] + *καὶ ἐκάλεσεν* ‖ **13** [a] 𝔙 pr *toto* ‖ [b] 𝔊[L] *παντὸς τοῦ*, 𝔙 *universus* ‖ **15** [a] pc Mss בכל cf 𝔖𝔙 ‖ **16** [a] 𝔏[93.94] 20 ‖ **17** [a] pc Mss עבדיו cf 𝔊[-L], 2 Mss citt ביתו ‖ **18** [a] 𝔊 + mlt vb ex duplice versione.

וְכָל־הַפְּלֵתִ֑י וְכָל־הַגִּתִּ֗ים שֵׁשׁ־מֵא֣וֹת אִ֗ישׁ אֲשֶׁר־בָּ֤אוּ בְרַגְלוֹ֙[b] מִגַּ֔ת
19 עֹבְרִ֖ים עַל־פְּנֵ֥י הַמֶּֽלֶךְ׃ 19 וַיֹּ֤אמֶר הַמֶּ֙לֶךְ֙ אֶל־אִתַּ֣י הַגִּתִּ֔י לָ֧מָּה תֵלֵ֛ךְ
גַּם־אַתָּ֖ה אִתָּ֑נוּ[a] שׁ֣וּב וְשֵׁ֤ב עִם־הַמֶּ֙לֶךְ֙ כִּֽי־נָכְרִ֣י אַתָּ֔ה וְגַם־גֹּלֶ֥ה אַתָּ֖ה
20 לִמְקוֹמֶֽךָ[b]׃ 20 תְּמ֣וֹל[a] ׀ בּוֹאֶ֗ךָ וְהַיּ֞וֹם אֲנוֹעֲךָ֤[b] עִמָּ֙נוּ֙ לָלֶ֔כֶת וַאֲנִ֣י הוֹלֵ֔ךְ
עַ֥ל[c] אֲשֶׁר־אֲנִ֖י[c] הוֹלֵ֑ךְ שׁ֣וּב[d] וְהָשֵׁ֧ב אֶת־אַחֶ֛יךָ עִמָּ֖ךְ חֶ֥סֶד וֶאֱמֶֽת[d]׃
21 וַיַּ֧עַן אִתַּ֛י אֶת־הַמֶּ֖לֶךְ וַיֹּאמַ֑ר חַי־יְהוָה֙ וְחֵי֙ אֲדֹנִ֣י הַמֶּ֔לֶךְ כִּ֣י אִם־[a]
בִּמְק֞וֹם אֲשֶׁ֨ר יִהְיֶה־שָּׁ֜ם ׀ אֲדֹנִ֣י הַמֶּ֗לֶךְ אִם־לְמָ֙וֶת֙ אִם־לְחַיִּ֔ים כִּי־שָׁ֖ם
22 יִהְיֶ֥ה עַבְדֶּֽךָ׃ 22 וַיֹּ֧אמֶר דָּוִ֛ד[a] אֶל־אִתַּ֖י לֵ֣ךְ וַעֲבֹ֑ר וַיַּעֲבֹ֞ר אִתַּ֤י הַגִּתִּי֙
23 וְכָל־אֲנָשָׁ֔יו וְכָל־הַטַּ֖ף אֲשֶׁ֥ר אִתּֽוֹ׃ 23 וְכָל־הָאָ֗רֶץ בּוֹכִים֙ ק֣וֹל[a] גָּד֔וֹל
וְכָל־הָעָ֖ם עֹבְרִ֑ים[b] וְהַמֶּ֙לֶךְ֙ עֹבֵ֣ר בְּנַ֣חַל קִדְר֔וֹן וְכָל־הָעָם֙ עֹבְרִ֔ים[b]
24 עַל־פְּנֵי־דֶ֖רֶךְ אֶת־[c]הַמִּדְבָּֽר׃ 24 וְהִנֵּ֨ה גַם־צָד֜וֹק וְכָל־הַלְוִיִּ֣ם אִתּ֗וֹ[a]
נֹֽשְׂאִים֙ אֶת־אֲרוֹן֙ בְּרִ֣ית הָאֱלֹהִ֔ים וַיַּצִּ֙קוּ֙ אֶת־אֲר֣וֹן הָאֱלֹהִ֔ים וַיַּ֖עַל
25 אֶבְיָתָ֑ר עַד־תֹּ֥ם כָּל־הָעָ֖ם לַעֲב֥וֹר מִן־הָעִֽיר׃ 25 וַיֹּ֣אמֶר הַמֶּ֔לֶךְ
לְצָד֔וֹק הָשֵׁ֛ב אֶת־אֲר֥וֹן הָאֱלֹהִ֖ים הָעִ֑יר אִם־אֶמְצָ֥א חֵן֙ בְּעֵינֵ֣י יְהוָ֔ה
26 וֶהֱשִׁבַ֕נִי וְהִרְאַ֥נִי אֹת֖וֹ וְאֶת־נָוֵֽהוּ׃ 26 וְאִם֙ כֹּ֣ה יֹאמַ֔ר לֹ֥א חָפַ֖צְתִּי בָּ֑ךְ
27 הִנְנִ֕י יַֽעֲשֶׂה־לִּ֕י כַּאֲשֶׁ֖ר ט֥וֹב בְּעֵינָֽיו׃ ס [a] 27 וַיֹּ֤אמֶר הַמֶּ֙לֶךְ֙ אֶל־
צָד֤וֹק הַכֹּהֵן֙ הֲרוֹאֶ֣ה[a] אַתָּ֔ה שֻׁ֥בָה הָעִ֖יר בְּשָׁל֑וֹם וַאֲחִימַ֨עַץ בִּנְךָ֜ וִיהוֹנָתָ֧ן
28 בֶּן־אֶבְיָתָ֛ר שְׁנֵ֥י בְנֵיכֶ֖ם אִתְּכֶֽם׃ 28 רְא֙וּ אָנֹכִ֣י מִתְמַהְמֵ֔הַּ בְּעַבְר֥וֹת[a]
29 הַמִּדְבָּ֑ר עַ֣ד בּ֥וֹא דָבָ֛ר מֵעִמָּכֶ֖ם לְהַגִּ֥יד לִֽי׃ 29 וַיָּ֨שֶׁב צָד֧וֹק וְאֶבְיָתָ֛ר
30 אֶת־אֲר֥וֹן הָאֱלֹהִ֖ים יְרוּשָׁלָ֑͏ִם וַיֵּשְׁב֖וּ[a] שָֽׁם׃ 30 וְדָוִ֡ד עֹלֶה֩ בְמַעֲלֵ֨ה
הַזֵּיתִ֜ים עֹלֶ֣ה ׀ וּבוֹכֶ֗ה וְרֹ֥אשׁ לוֹ֙ חָפ֔וּי וְהוּא֙ הֹלֵ֣ךְ יָחֵ֑ף וְכָל־הָעָ֞ם

ל
ל. כו מלעיל. כג פסוק וגם ובתר תלת מילין[16]. ה ב מל וג חס[17]
ד מל. אניעך ק. ד[18]. כז[19] מל וכל משלי וקהלת דכות ב מ ה
ד[18]. כז[19] מל וכל משלי וקהלת דכות ב מ ה. ד
צא. ב[20]. אם חד מן ח[21] כת ולא קר
ל
ח פסוק וכל וכל ומילה הדה ביניה. ל[22]. ל. ה פסוק וכל וכל וכל[23]. ה[24]. ב מל[25]
נא מ״פ וכל ר״פ דכות ב מ ג. נא מ״פ וכל ר״פ דכות ב מ ג
ב
ח. ד[26]. ל והס[25]
ד מל[27]
יד בסיפ
ל וחס
נא
ב חד מל וחד חס[28]. ב חס
בערבות ק
כה
ז[29] ב מנה בליש. יא[30] נא מ״פ וכל ר״פ דכות ב מ ג

[16] Mm 1629. [17] Mm 1787. [18] Mm 1766. [19] Mm 1788. [20] Cf Jer 22,12 et Mp sub loco. [21] Mm 2752. [22] Mm 1664. [23] Mm 2951. [24] Mm 310. [25] Mp sub loco. [26] Mm 4078. [27] Mm 1259. [28] Mm 1789. [29] Mm 1813. [30] Mm 1554.

18 [b] mlt Mss רגליו– (vel –לָו) cf 𝔊 ‖ **19** [a] nonn Mss עמנו ‖ [b] Ms מִמְּ׳ cf 𝔊𝔖𝔙 ‖ **20** [a] 𝔊 + mlt vb ex altera versione ‖ [b] mlt Mss ut Q cf Vrs ‖ [c–c] pc Mss לאשר ‖ [d–d] 𝔊 *καὶ κύριος ποιήσει μετὰ σοῦ ἔλεος/ν καὶ ἀλήθειαν*, 𝔖 *w'wtb l'hjk špjr*, 𝔗 *w'tjb jt 'ḥk 'mk w(')'bjd 'mhwn tjbw wqšwṭ*, 𝔙 *et reduc tecum fratres tuos ostendisti gratiam et fidem* ‖ **21** [a] sic L; > pc Mss cf 𝔊𝔖𝔙; permlt Mss ut K ‖ **22** [a] Ms המלך cf 𝔊 ($𝔊^{L}$ + *Δ.*) ‖ **23** [a] pc Mss בקול cf Esr 3,12; pc Mss בכי ‖ [b–b] > pc Mss $𝔗^{Ms}$ (homtel) ‖ [c] 2 Mss אל cf (?) 𝔙; > mlt Mss ‖ **24** [a] pc Mss pr אשר ‖ **26** [a] Mss om interv ‖ **27** [a] $𝔊^{-L}$ *ἴδετε*, $𝔊^{L}$ *βλέπε* ‖ **28** [a] nonn Mss ut Q cf 𝔊σ'𝔖 (sg) 𝔗𝔙 et 17,16[a] ‖ **29** [a] $𝔊^{-LMss}$ *ἐκάθισεν*, $𝔊^{L}$ *ἀνέστρεψεν*, $𝔖^{C}$ *wjtb*.

31 אֲשֶׁר־אִתּוֹ חָפּוּᵃ אִ֣ישׁ רֹאשׁ֔וֹ וְעָל֥וּ עָלֹ֖ה וּבָכֹֽה׃ 31 וְדָוִד֙ᵃ הִגִּ֣ידᵇ לֵאמֹ֔ר | ג³¹. לב בנביא כ מנה בסיפ. ג כת ה³²
אֲחִיתֹ֥פֶל בַּקֹּשְׁרִ֖ים עִם־אַבְשָׁל֑וֹם וַיֹּ֣אמֶר דָּוִ֔ד סַכֶּל־נָ֛א אֶת־עֲצַ֥ת | ל. ל
32 אֲחִיתֹ֖פֶל יְהוָֽהᶜ׃ 32 וַיְהִ֤י דָוִד֙ בָּ֣א עַד־הָרֹ֔אשׁ אֲשֶׁר־יִשְׁתַּחֲוֶ֥ה שָׁ֖ם | לז³³. ג³⁴
לֵאלֹהִ֑ים וְהִנֵּ֤ה לִקְרָאתוֹ֙ חוּשַׁ֣י הָאַרְכִּ֔י קָר֙וּעַ֙ כֻּתָּנְתּ֔וֹ וַאֲדָמָ֖ה עַל־ | ב³⁵. ז³⁶. לב
33 34 רֹאשֽׁוֹ׃ 33 וַיֹּ֥אמֶר ל֖וֹ דָּוִ֑ד אִ֚ם עָבַ֣רְתָּ אִתִּ֔י וְהָיִ֥תָ עָלַ֖י לְמַשָּֽׂא׃ 34 וְאִם־ | לב בנביא כ מנה בסיפ. ל חס³⁷. ג³⁸
הָעִ֣יר תָּשׁ֗וּב וְאָמַרְתָּ֤ לְאַבְשָׁלוֹם֙ᵃ עַבְדְּךָ֙ אֲנִ֤י הַמֶּ֙לֶךְ֙ אֶֽהְיֶ֔ה עֶ֣בֶד | ל
אָבִ֤יךָ וַֽאֲנִי֙ מֵאָ֔ז וְעַתָּ֖ה וַאֲנִ֣י עַבְדֶּ֑ךָ וְהֵפַרְתָּ֣ה לִ֔י אֵ֖ת עֲצַ֥ת אֲחִיתֹֽפֶל׃ | ל ומל
35 וַהֲל֤וֹא עִמְּךָ֙ שָׁ֔ם צָד֥וֹק וְאֶבְיָתָ֖ר הַכֹּהֲנִ֑ים וְהָיָ֗ה כָּל־הַדָּבָר֙ אֲשֶׁ֣ר
36 תִּשְׁמַע֙ מִבֵּ֣ית הַמֶּ֔לֶךְ תַּגִּ֕יד לְצָד֥וֹק וּלְאֶבְיָתָ֖ר הַכֹּהֲנִֽים׃ 36 הִנֵּה֩ᵃ ˚שָׁ֨ם | ד ר״פ בסיפ³⁹. ב⁴⁰
עִמָּם֙ שְׁנֵ֣י בְנֵיהֶ֔ם אֲחִימַ֣עַץ לְצָד֔וֹק וִיהוֹנָתָ֖ן לְאֶבְיָתָ֑ר וּשְׁלַחְתֶּ֤םᵇ בְּיָדָם֙ | ל³³
ס̄ כט אֵלַ֔י כָּל־דָּבָ֖ר אֲשֶׁ֥ר תִּשְׁמָֽעוּᶜ׃ 37 וַיָּבֹ֥א חוּשַׁ֛י רֵעֶ֥ה דָוִ֖ד הָעִ֑יר | ג⁴¹
16 וְאַבְשָׁלֹ֕ם יָבֹ֖א יְרוּשָׁלִָֽם׃ **16** 1 וְדָוִ֗ד עָבַ֤ר מְעַט֙ מֵֽהָרֹ֔אשׁ וְהִנֵּ֥ה צִיבָ֛א | ל. ב חס בסיפ. ל
נַ֥עַר מְפִי־בֹ֖שֶׁתᵃ לִקְרָאת֑וֹ וְצֶ֨מֶד חֲמֹרִ֜ים חֲבֻשִׁ֗ים וַעֲלֵיהֶם֩ מָאתַ֨יִם
2 לֶ֜חֶם וּמֵאָ֧ה צִמּוּקִ֛ים וּמֵ֥אָה קַ֖יִץ וְנֵ֥בֶל יָֽיִן׃ 2 וַיֹּ֧אמֶר הַמֶּ֛לֶךְ אֶל־צִיבָ֖א | ב מל¹
מָה־אֵ֣לֶּה לָּ֑ךְ וַיֹּ֣אמֶר צִ֠יבָא הַחֲמוֹרִ֨ים לְבֵית־הַמֶּ֜לֶךְ לִרְכֹּ֗ב וּלְהַלֶּ֤חֶםᵃ | ו מל². ב. והלחם חד מן ד³ יתיר ל ק
3 וְהַקַּ֙יִץ֙ לֶאֱכ֣וֹל הַנְּעָרִ֔ים וְהַיַּ֕יִן לִשְׁתּ֥וֹת הַיָּעֵ֖ף בַּמִּדְבָּֽר׃ 3 וַיֹּ֣אמֶר | יג מל⁴
הַמֶּ֔לֶךְ וְאַיֵּ֖ה בֶּן־אֲדֹנֶ֑יךָ וַיֹּ֨אמֶר צִיבָ֜א אֶל־הַמֶּ֗לֶךְ הִנֵּה֙ יוֹשֵׁ֣ב בִּירוּשָׁלִַ֔ם | ל. מט מל בנביא ח מנה בסיפ
4 כִּ֣י אָמַ֔ר הַיּ֗וֹם יָשִׁ֤יבוּ לִי֙ בֵּ֣יתᵃ יִשְׂרָאֵ֔ל אֵ֖ת מַמְלְכ֥וּת אָבִֽי׃ 4 וַיֹּ֤אמֶר | כ⁵ וכל ירמיה ויחזק דכות ב מ ח. ד וכל יהושע דכות⁶
הַמֶּ֙לֶךְ֙ לְצִבָ֔א הִנֵּ֣ה לְךָ֔ כֹּ֖ל אֲשֶׁ֣ר לִמְפִי־בֹ֑שֶׁתᵃ וַיֹּ֤אמֶר צִיבָא֙ הִֽשְׁתַּחֲוֵ֔יתִי | ל וחס
5 אֶמְצָא־חֵ֥ן בְּעֵינֶ֖יךָ אֲדֹנִ֥י הַמֶּֽלֶךְ׃ 5 וּבָ֛א הַמֶּ֥לֶךְ דָּוִ֖ד עַד־בַּֽחוּרִ֑ים | סו יט⁷ מנה בסיפ. יז ר״פ
וְהִנֵּ֣ה מִ֠שָּׁם אִ֨ישׁ יוֹצֵ֜א מִמִּשְׁפַּ֣חַת בֵּית־שָׁא֗וּל וּשְׁמוֹ֙ שִׁמְעִ֣י בֶן־גֵּרָ֔א | ט⁸ מל וכל תלים דכות ב מ א. ה ג כת ה וב בליש שם ברנש כת א⁹
6 יֹצֵ֥א יָצ֖וֹא וּמְקַלֵּֽל׃ 6 וַיְסַקֵּ֤ל בָּֽאֲבָנִים֙ אֶת־דָּוִ֔ד וְאֶת־כָּל־עַבְדֵ֖י הַמֶּ֣לֶךְ | ז ג מל וד חס¹⁰. ב חד ס״פ וחד ר״פ. ט פסוק כל וכל וכל¹¹
7 דָּוִ֑ד וְכָל־הָעָם֙ וְכָל־הַגִּבֹּרִ֔ים מִימִינ֖וֹ וּמִשְּׂמֹאלֽוֹ׃ 7 וְכֹה־אָמַ֥ר שִׁמְעִ֖י | נא מ״פ וכל ר״פ דכות ב מ ג. ב. ב ר״פ

[31] Mm 2535. [32] Mm 341. [33] Mp sub loco. [34] Mm 1790. [35] Gn 37,23. [36] Mm 1705. [37] Mm 1755. [38] Mm 1791. [39] Mm 1541. [40] Mm 1792. [41] Mm 1892. **Cp 16** [1] Mm 1793. [2] Mm 1507. [3] Mm 1794. [4] Mm 1640. [5] Mm 953. [6] Mm 1612. [7] Mm 1533. [8] Mm 1268. [9] Mm 1405. [10] Mm 1037. [11] Mm 1981.

30 ᵃ pc Mss חפוי cf 𝔖𝔙 ‖ **31** ᵃ 2 Mss ולדוד, 𝔔]לדויד cf 𝔊ᴹˢˢ𝔖𝔗𝔙 ‖ ᵇ Ms הוגד cf 𝔊⁻ᴸ (𝔊ᴸ ἀπήγγειλαν) 𝔖𝔗𝔙 ‖ ᶜ 𝔊⁻ᴹˢ + ὁ θεός μου ‖ **34** ᵃ 𝔊 + mlt vb cf 𝔏⁹¹·⁹³·⁹⁴ (+ *patere me vivere*) ‖ **36** ᵃ mlt Mss ה׳ וה׳ cf 𝔊ᴸᴹˢˢ𝔗 ‖ ᵇ Ms ושלחת cf 𝔊ᴹˢ𝔖ᶜ ‖ ᶜ 𝔊ᴸ + mlt vb (ex 34) ‖ **Cp 16,1** ᵃ cf 4,4ᵇ ‖ **2** ᵃ mlt Mss ut Q cf Vrs ‖ **3** ᵃ 2 Mss בני cf 𝔊ᴹˢ𝔖 ‖ **4** ᵃ cf 4,4ᵇ.

8 בְּקַלְלוֹ צֵא צֵא אִישׁ הַדָּמִים וְאִישׁ הַבְּלִיָּעַל׃ 8 הֵשִׁיב עָלֶיךָ יְהוָה
כֹּל ׀ דְּמֵי בֵית־שָׁאוּל אֲשֶׁר מָלַכְתָּ תַּחְתָּו[a] וַיִּתֵּן יְהוָה אֶת־הַמְּלוּכָה
9 בְּיַד־אַבְשָׁלוֹם בְּנֶךָ וְהִנְּךָ בְּרָעָתֶךָ כִּי אִישׁ דָּמִים אָתָּה׃ 9 וַיֹּאמֶר
אֲבִישַׁי בֶן־צְרוּיָה אֶל־הַמֶּלֶךְ לָמָּה יְקַלֵּל הַכֶּלֶב הַמֵּת הַזֶּה אֶת־אֲדֹנִי
10 הַמֶּלֶךְ אֶעְבְּרָה־נָּא וְאָסִירָה אֶת־רֹאשׁוֹ׃ ס 10 וַיֹּאמֶר הַמֶּלֶךְ
מַה־לִּי וְלָכֶם בְּנֵי צְרֻיָה כֹּי[a] יְקַלֵּל וְכִּי[b] יְהוָה אָמַר לוֹ קַלֵּל אֶת־דָּוִד
11 וּמִי יֹאמַר מַדּוּעַ עָשִׂיתָה כֵּן׃ ס 11 וַיֹּאמֶר דָּוִד אֶל־אֲבִישַׁי וְאֶל־
כָּל־עֲבָדָיו הִנֵּה בְנִי אֲשֶׁר־יָצָא מִמֵּעַי מְבַקֵּשׁ אֶת־נַפְשִׁי וְאַף כִּי־עַתָּה
12 בֶּן־הַיְמִינִי הַנִּחוּ לוֹ וִיקַלֵּל כִּי אָמַר־לוֹ יְהוָה׃ 12 אוּלַי יִרְאֶה יְהוָה
13 בְּעֵוֹנִי[a] וְהֵשִׁיב יְהוָה לִי טוֹבָה תַּחַת קִלְלָתוֹ[b] הַיּוֹם הַזֶּה׃ 13 וַיֵּלֶךְ
דָּוִד וַאֲנָשָׁיו בַּדָּרֶךְ ס [a] וְשִׁמְעִי הֹלֵךְ בְּצֵלַע הָהָר לְעֻמָּתוֹ הָלוֹךְ
14 וַיְקַלֵּל וַיְסַקֵּל בָּאֲבָנִים לְעֻמָּתוֹ[b] וְעִפַּר בֶּעָפָר׃ פ 14 וַיָּבֹא
15 הַמֶּלֶךְ וְכָל־הָעָם אֲשֶׁר־אִתּוֹ עֲיֵפִים[a] וַיִּנָּפֵשׁ שָׁם׃ 15 וְאַבְשָׁלוֹם וְכָל־
16 הָעָם אִישׁ יִשְׂרָאֵל בָּאוּ יְרוּשָׁלָם וַאֲחִיתֹפֶל אִתּוֹ[a]׃ 16 וַיְהִי כַּאֲשֶׁר־בָּא
חוּשַׁי הָאַרְכִּי רֵעֶה דָוִד אֶל־אַבְשָׁלוֹם וַיֹּאמֶר חוּשַׁי אֶל־אַבְשָׁלֹם יְחִי
17 הַמֶּלֶךְ [a]יְחִי הַמֶּלֶךְ[a]׃ 17 וַיֹּאמֶר אַבְשָׁלוֹם אֶל־חוּשַׁי זֶה חַסְדְּךָ אֶת־
18 רֵעֶךָ לָמָּה[a] לֹא־הָלַכְתָּ אֶת־רֵעֶךָ׃ 18 וַיֹּאמֶר חוּשַׁי אֶל־אַבְשָׁלֹם לֹא
כִּי אֲשֶׁר בָּחַר[a] יְהוָה וְהָעָם הַזֶּה וְכָל־אִישׁ יִשְׂרָאֵל לֹא[b] אֶהְיֶה וְאִתּוֹ
19 אֵשֵׁב׃ 19 וְהַשֵּׁנִית לְמִי אֲנִי אֶעֱבֹד [a]הֲלוֹא לִפְנֵי בְנוֹ[a] כַּאֲשֶׁר עָבַדְתִּי
20 לִפְנֵי[b] אָבִיךָ כֵּן אֶהְיֶה לְפָנֶיךָ׃ פ 20 וַיֹּאמֶר אַבְשָׁלוֹם אֶל־
21 אֲחִיתֹפֶל הָבוּ לָכֶם עֵצָה מַה־נַּעֲשֶׂה׃ 21 וַיֹּאמֶר אֲחִיתֹפֶל אֶל־
אַבְשָׁלֹם בּוֹא אֶל־פִּלַגְשֵׁי אָבִיךָ אֲשֶׁר הִנִּיחַ לִשְׁמוֹר הַבָּיִת וְשָׁמַע כָּל־
22 יִשְׂרָאֵל כִּי־נִבְאַשְׁתָּ אֶת־אָבִיךָ וְחָזְקוּ יְדֵי כָּל־אֲשֶׁר אִתָּךְ׃ 22 וַיַּטּוּ

ב. הׄ ר״פ מיחד[12]
יב. תחתיו ק חד מן ד[13] כתׄ כן למערב. כׄ[14]
לׄ. בׄ
גׄ. לׄב בנביא כׄ מנהׄ בסיפׄ
גׄ חסׄ. כה ק חד מן וׄ[15] כתׄ יׄ ס״ת וקרׄ הׄ. כי ק
בׄ. חׄ מלׄ
יבׄ[16] יאׄ מנהׄ בנביא
לׄ חסׄ
בעיני ק
כהׄ. לׄ
דׄ. לׄ
נאׄ מ״פ וכל ר״פ דכותׄ במגׄ. גׄ. לׄ. נאׄ מ״פ וכל ר״פ דכותׄ במׄגׄ
גׄ[17]. ידׄ חסׄ
ידׄ חסׄ
יוׄ[18]. לו ק חד מן יזׄ[19] כתׄ כן
ידׄ חסׄ. בׄ חסׄ[20]. חׄ מלׄ[21]
דׄ[22]

[12] Mm 944. [13] Mm 3472. [14] Mm 1581. [15] Mm 1344. [16] Mm 230. [17] Mm 1892. [18] Mm 1520. [19] Mm 1795. [20] Mm 1797. [21] Mm 1796. [22] Mm 1563.

8 [a] mlt Mss ut Q ‖ **10** [a] pc Mss ut Q cf 𝔊(𝔊Mss pr *καί*)𝔗; 𝔙 *dimittite eum* cf 𝔖 ‖ [b] nonn Mss ut Q cf 𝔊𝔗𝔙; > (?) 𝔖 ‖ **12** [a] nonn Mss ut Q cf 𝔗; pc Mss citt **בעניי** cf 𝔊𝔖𝔙 ‖ [b] MssK קללתי cf 𝔖 ‖ **13** [a] mlt Mss om interv ‖ [b] pc Mss pr **מזה** cf (?) 𝔙 ‖ **14** [a] 𝔊Lp + *παρὰ τὸν Ιορδάνην* (ex 17,22) ‖ **15** [a] pc Mss **עמו** ‖ **16** [a–a] > 2 Mss 𝔊 ‖ **17** [a] pc Mss ולי′ cf 𝔊Mss ‖ **18** [a] 2 Mss **יבחר** cf 𝔗f ‖ [b] nonn Mss ut Q cf 𝔊𝔖𝔗𝔙 ‖ **19** [a–a] 𝔖 *l' hwt b'jdj* (𝔖C + *hd'*) ‖ [b] nonn Mss **את**.

לְאַבְשָׁלֹ֛ום הָאֹ֖הֶל עַל־הַגָּ֑ג וַיָּבֹ֤א אַבְשָׁלוֹם֙ אֶל־פִּלַגְשֵׁ֣י אָבִ֔יו לְעֵינֵ֖י ב חס[23]
23 כָּל־יִשְׂרָאֵֽל׃ 23 וַעֲצַ֣ת אֲחִיתֹ֗פֶל אֲשֶׁ֤ר יָעַץ֙ בַּיָּמִ֣ים הָהֵ֔ם כַּאֲשֶׁ֥ר
יִשְׁאַל־[a]ׄ בִּדְבַ֣ר הָאֱלֹהִ֑ים כֵּ֚ן כָּל־עֲצַ֣ת אֲחִיתֹ֔פֶל גַּם־לְדָוִ֖ד גַּ֥ם איש חד מן [24] קר ולא כת
17 לְאַבְשָׁלֹֽם׃ ס 17 1 וַיֹּ֥אמֶר אֲחִיתֹ֖פֶל אֶל־[a]אַבְשָׁלֹ֑ם אֶבְחֲרָ֣ה נָּ֞א[b] יד חס . יד חס . ב
[c]שְׁנֵים־עָשָׂ֥ר[c] אֶ֙לֶף֙ אִ֔ישׁ וְאָק֛וּמָה וְאֶרְדְּפָ֥ה אַחֲרֵי־דָוִ֖ד הַלָּֽיְלָה׃ ל . [1]ל
2 וְאָב֣וֹא עָלָ֗יו וְה֤וּא יָגֵ֙עַ֙ וּרְפֵ֣ה יָדַ֔יִם וְהַחֲרַדְתִּ֣י אֹת֔וֹ וְנָ֖ס כָּל־הָעָ֣ם ב . ל
3 אֲשֶׁר־אִתּ֑וֹ וְהִכֵּיתִ֥י אֶת־הַמֶּ֖לֶךְ לְבַדּֽוֹ׃ 3 וְאָשִׁ֥יבָה כָל־הָעָ֖ם אֵלֶ֑יךָ ד[2]
[a]כְּשׁ֣וּב הַכֹּ֗ל[b] הָאִ֛ישׁ אֲשֶׁר[a] אַתָּ֥ה מְבַקֵּ֖שׁ כָּל־[c]הָעָ֖ם יִהְיֶ֥ה שָׁלֽוֹם׃ ל
4 וַיִּישַׁ֥ר הַדָּבָ֖ר בְּעֵינֵ֣י אַבְשָׁלֹ֑ם וּבְעֵינֵ֖י כָּל־[a]זִקְנֵ֥י[b] יִשְׂרָאֵֽל׃ ס ג מל[3] . יד בסיפ . יד חס . ל
5 וַיֹּ֙אמֶר֙ אַבְשָׁל֔וֹם קְרָ֣א[a] נָ֔א גַּ֖ם[b] לְחוּשַׁ֣י הָאַרְכִּ֑י וְנִשְׁמְעָ֥ה מַה־בְּפִ֖יו ל[4]
6 גַּם־הֽוּא׃ 6 וַיָּבֹ֣א חוּשַׁי֮ אֶל־אַבְשָׁלוֹם֒ וַיֹּ֨אמֶר אַבְשָׁל֤וֹם אֵלָיו֙ לֵאמֹ֔ר[a]
כַּדָּבָ֣ר הַזֶּ֔ה דִּבֶּ֖ר אֲחִיתֹ֑פֶל הֲנַעֲשֶׂ֥ה אֶת־דְּבָר֖וֹ אִם־[b]אַ֥יִן אַתָּ֖ה דַבֵּֽר׃ ל . ד[5]
ס[c] 7 וַיֹּ֥אמֶר חוּשַׁ֖י אֶל־אַבְשָׁלֹ֑ם לֹֽא־טוֹבָ֣ה הָעֵצָ֗ה אֲשֶׁר־יָעַ֛ץ
8 אֲחִיתֹ֖פֶל בַּפַּ֥עַם הַזֹּֽאת׃ 8 וַיֹּ֣אמֶר חוּשַׁ֗י אַתָּ֣ה יָ֠דַעְתָּ אֶת־אָבִ֨יךָ וְאֶת־ ב[6]
אֲנָשָׁ֜יו כִּ֧י גִבֹּרִ֣ים הֵ֗מָּה וּמָרֵ֥י נֶ֙פֶשׁ֙ הֵ֔מָּה כְּדֹ֥ב שַׁכּ֖וּל[a] בַּשָּׂדֶ֑ה[b] וְאָבִ֙יךָ֙ ל[7] . ז חס[8] . ג[9]
9 אִ֣ישׁ מִלְחָמָ֔ה וְלֹ֥א יָלִ֖ין אֶת־הָעָֽם׃ 9 הִנֵּ֨ה עַתָּ֤ה הֽוּא־נֶחְבָּא֙ בְּאַחַ֣ת ד ר״פ בסיפ[10] . ל
הַפְּחָתִ֔ים א֖וֹ בְּאַחַ֣ד[a] הַמְּקוֹמֹ֑ת וְהָיָ֗ה כִּנְפֹ֤ל בָּהֶם֙[b] בַּתְּחִלָּ֔ה וְשָׁמַ֤ע ג כת כן . ב חד מל וחד חס[11]
10 הַשֹּׁמֵ֙עַ֙ וְאָמַ֔ר הָֽיְתָה֙ מַגֵּפָ֣ה בָּעָ֔ם אֲשֶׁ֖ר אַחֲרֵ֥י אַבְשָׁלֹֽם׃ 10 וְה֣וּא גַם־ יד חס . לג ר״פ
בֶּן־חַ֗יִל אֲשֶׁ֤ר לִבּוֹ֙ כְּלֵ֣ב הָאַרְיֵ֔ה הִמֵּ֖ס יִמָּ֑ס כִּֽי־יֹדֵ֤עַ כָּל־יִשְׂרָאֵל֙ כִּֽי־ ה
11 גִבּ֣וֹר אָבִ֔יךָ וּבְנֵי־חַ֖יִל אֲשֶׁ֥ר אִתּֽוֹ׃ 11 כִּ֣י יָעַ֗צְתִּי הֵאָסֹ֨ף יֵאָסֵ֤ף עָלֶ֙יךָ֙ ל . ל
כָל־יִשְׂרָאֵל֙ מִדָּ֣ן וְעַד־בְּאֵ֣ר שֶׁ֔בַע כַּח֖וֹל אֲשֶׁר־עַל־הַיָּ֣ם[a] לָרֹ֑ב[b] וּפָנֶ֖יךָ ב . ל

[23] Mm 1797. [24] Mm 2745. **Cp 17** [1] Mm 1721. [2] Mm 2212. [3] Mm 968. [4] וחד וְנִשְׁמְעָה Ex 20,19. [5] Mm 1798. [6] Mm 1799. [7] Mm 1664. [8] Mm 3633. [9] Mm 3033. [10] Mm 1541. [11] Mm 1726.

23 [a] mlt Mss ut Q cf 𝔊[-O]𝔖𝔗𝔙 ‖ **Cp 17,1** [a] pc Mss cit ל ‖ [b] 𝔊 + ἐμαυτῷ cf 𝔙 ‖ [c–c] 𝔊[OPL] 10 ‖ **3** [a–a] 𝔊 ὃν τρόπον (𝔊[L] καθὼς) ἐπιστρέφει (ἡ) νύμφη πρὸς τὸν ἄνδρα αὐτῆς· (cf 𝔏[93.94.gl]) πλὴν ψυχὴν ἑνὸς ἀνδρός, 𝔖 *'jk dhpk kl 'nš (dṣbjt)*, 𝔗 *(kd) jtwbwn klhwn btr d(')jtqtjl gbr'*, 𝔙 *quomodo omnis reverti sole(n)t unum enim virum (tu quaeris)* ‖ [b] 2 Mss כל cf 𝔖 [a–a] ‖ [c] pc Mss וכל cf 𝔊𝔖𝔗[Mss]𝔙 ‖ **4** [a] > pc Mss cit cf 𝔗[f] ‖ [b] > Ms cit cf 𝔖 15 ‖ **5** [a] 𝔊𝔖𝔙 pl ‖ [b] > 2 Mss cf 𝔊[L]𝔖 ‖ **6** [a] > 2 Mss cf 𝔊[Mss]𝔖 ‖ [b] mlt Mss ואם cf 𝔊𝔖 ‖ [c] Mss om interv ‖ **8** [a] 𝔖 *tbr'* cf 𝔗 et Hos 13,8 Prv 17,12 ‖ [b] 𝔊[-OL] + mlt vb; 𝔙 + aliquot vb (impar) 𝔊 ‖ **9** [a] mlt Mss חת– ‖ [b] 𝔊[L] τὸν λαόν ‖ **11** [a] nonn Mss pr שפת cf 𝔗[Ms] ‖ [b–b] omnes Mss[G] ופניך הלכים.

12 הֹלְכִיםᵇ בַּקְּרָבᶜ׃ 12 וּבָאנוּ אֵלָיו בְּאַחַתᵃ הַמְּקוֹמֹת אֲשֶׁר נִמְצָא שָׁם
וְנַחְנוּᵇ עָלָיו כַּאֲשֶׁר יִפֹּל הַטַּל עַלᶜ־הָאֲדָמָה וְלֹא־נוֹתַר בּוֹ וּבְכָל־
13 הָאֲנָשִׁים אֲשֶׁר־אִתּוֹ גַּםᵈ־אֶחָד׃ 13 וְאִם־אֶל־עִיר יֵאָסֵף וְהִשִּׂיאוּ כָל־
יִשְׂרָאֵל אֶל־הָעִיר הַהִיאᵃ חֲבָלִים וְסָחַבְנוּ אֹתוֹᵇ עַד־הַנַּחַל עַד אֲשֶׁר־
14 לֹא־נִמְצָא שָׁם גַּם־צְרוֹר׃ פ 14 וַיֹּאמֶר אַבְשָׁלוֹם וְכָל־אִישׁ
יִשְׂרָאֵל טוֹבָה עֲצַת חוּשַׁי הָאַרְכִּי מֵעֲצַת אֲחִיתֹפֶלᵃ וַיהוָה צִוָּה לְהָפֵר
אֶת־עֲצַת אֲחִיתֹפֶל הַטּוֹבָה לְבַעֲבוּר הָבִיא יְהוָה אֶלᵇ־אַבְשָׁלוֹם אֶת־
15 הָרָעָה׃ ס 15 וַיֹּאמֶר חוּשַׁי אֶל־צָדוֹק וְאֶל־אֶבְיָתָר הַכֹּהֲנִים
כָּזֹאת וְכָזֹאת יָעַץ אֲחִיתֹפֶל אֶת־אַבְשָׁלֹם וְאֵת זִקְנֵיᵃ יִשְׂרָאֵל וְכָזֹאת
16 וְכָזֹאת יָעַצְתִּי אָנִי׃ 16 וְעַתָּה שִׁלְחוּ מְהֵרָה וְהַגִּידוּ לְדָוִד לֵאמֹר אַל־
תָּלֶן הַלַּיְלָה בְּעַרְבוֹתᵃ הַמִּדְבָּר וְגַם עָבוֹר תַּעֲבוֹר פֶּן יְבֻלַּע לַמֶּלֶךְ
17 וּלְכָל־הָעָם אֲשֶׁר אִתּוֹ׃ 17 וִיהוֹנָתָן וַאֲחִימַעַץ עֹמְדִים בְּעֵין־רֹגֵל
וְהָלְכָה הַשִּׁפְחָה וְהִגִּידָה לָהֶם וְהֵם יֵלְכוּ וְהִגִּידוּ לַמֶּלֶךְ דָּוִד כִּי לֹא
18 יוּכְלוּ לְהֵרָאוֹת לָבוֹאᵃ הָעִירָה׃ 18 וַיַּרְא אֹתָם נַעַר וַיַּגֵּד לְאַבְשָׁלֹם
וַיֵּלְכוּ שְׁנֵיהֶם מְהֵרָה וַיָּבֹאוּ׀ אֶל־בֵּית־אִישׁ בְּבַחוּרִים וְלוֹ בְאֵר
19 בַּחֲצֵרוֹ וַיֵּרְדוּ שָׁם׃ 19 וַתִּקַּח הָאִשָּׁה וַתִּפְרֹשׂ אֶת־הַמָּסָךְ עַל־פְּנֵיᵃ
הַבְּאֵר וַתִּשְׁטַח עָלָיו הָרִפוֹת וְלֹא נוֹדַע דָּבָר׃ 20 וַיָּבֹאוּ עַבְדֵי ס״כ
אַבְשָׁלוֹם אֶל־הָאִשָּׁה הַבַּיְתָה וַיֹּאמְרוּ אַיֵּה אֲחִימַעַץ וִיהוֹנָתָן וַתֹּאמֶר
לָהֶם הָאִשָּׁה עָבְרוּ מִיכַלᵃ הַמָּיִם וַיְבַקְשׁוּ וְלֹא מָצָאוּ וַיָּשֻׁבוּ יְרוּשָׁלִָם׃
21 ס 21 וַיְהִי׀ אַחֲרֵי לֶכְתָּם וַיַּעֲלוּ מֵהַבְּאֵר וַיֵּלְכוּ וַיַּגִּדוּ לַמֶּלֶךְ דָּוִד
וַיֹּאמְרוּ אֶל־דָּוִד קוּמוּ וְעִבְרוּ מְהֵרָה אֶת־הַמַּיִם כִּי־כָכָה יָעַץ עֲלֵיכֶם
22 אֲחִיתֹפֶל׃ 22 וַיָּקָם דָּוִד וְכָל־הָעָם אֲשֶׁר אִתּוֹ וַיַּעַבְרוּ אֶת־הַיַּרְדֵּן

ל . באחד חד מן ז[12] יתיר ת בליש . ג כת כן
ג[13] . ה[14]
ב[15]
ל
ב . יו[16]
ג[17] . ח קמ[18]
יח פסוק דמיין[19] . יד חס . ג[20] . ב[21]
ד מל . ב חד פת וחד קמ[22]
ג
ל . ו זוגין[23]
יא[24] . ד[25] . ג מנה כת כן . ט[26] . יד חס
ל
ל . ל . ג דמטע[27]
ב חד חס וחד מל[28]
יט[29]
ל וכל שם אנש דכות
ל
נא מ״פ וכל ר״פ דכות ב מ ג

[12]Mm 2792. [13]Mm 487. [14]Mm 989. [15]Lv 22,16. [16]Mm 1520. [17]Mm 511. [18]Mm 1092. [19]Mm 3911. [20]Mm 2349. [21]Mm 1800. [22]Mm 3555. [23]Mm 2036. [24]Mm 2545. [25]Mm 731. [26]Mm 1972. [27]Mm 1025. [28]Mm 1801. [29]Mm 1557.

11 c 𝔊 *ἐν μέσῳ αὐτῶν* cf 𝔙, 𝔖 *bmṣʿtʾ*, 𝔗 *brjšnʾ*, 𝔗^{Mss} *brjš kwlnʾ* || **12** a nonn Mss ut Q || b 𝔏^{115} *et turbabimus eum et inruemus super eum*, 𝔖 *wšrjnn*, 𝔗 *wnšrj*, 𝔙 *et operiemus (eum)* ex 13 || c nonn Mss על־פני || d pc Mss עד cf 𝔗^{f} || **13** a nonn Mss ההוא cf אתו || b Ms אתה cf Vrs || **14** a mlt Mss interv || b nonn Mss על cf 𝔗 || **15** a 𝔖 *kl* || **16** a mlt Mss בעברות cf 15,28 || **17** a Ms ול׳ cf 𝔊^{L}𝔖𝔙 || **19** a nonn Mss Seb פי cf 𝔊^{L}𝔏^{115} 𝔗𝔙 sed etiam Nu 33,8 || **20** a pc Mss citt pr את; 𝔊^{L} *σπεύδοντες* cf 𝔏^{115} *properantes*.

עַד־א֣וֹר הַבֹּ֔קֶר[a] עַד־אַחַד֙ לֹ֣א נֶעְדָּ֔ר אֲשֶׁ֥ר לֹא־עָבַ֖ר אֶת־הַיַּרְדֵּֽן׃ — ו[30]. כה[31]. ב זקף קמ
23 וַאֲחִיתֹ֣פֶל רָאָ֗ה כִּ֣י לֹ֣א נֶעֶשְׂתָה֮ עֲצָתוֹ֒ וַיַּחֲבֹ֣שׁ אֶֽת־הַחֲמ֗וֹר[a] וַיָּ֜קָם
וַיֵּ֨לֶךְ אֶל־[b]בֵּית֜וֹ אֶל־[c]עִיר֗וֹ וַיְצַ֧ו אֶל־בֵּית֛וֹ וַיֵּחָנַ֖ק וַיָּ֑מָת וַיִּקָּבֵ֖ר בְּקֶ֥בֶר[d] — ל. ל
24 אָבִֽיו׃ ס 24 וְדָוִ֖ד בָּ֣א מַחֲנָ֑יְמָה וְאַבְשָׁלֹ֗ם עָבַר֙ אֶת־הַיַּרְדֵּ֔ן ה֖וּא — ג[32]. יד חס
25 וְכָל־אִ֥ישׁ יִשְׂרָאֵ֖ל[a] עִמּֽוֹ׃ 25 וְאֶת־עֲמָשָׂ֗א שָׂ֧ם אַבְשָׁלֹ֛ם תַּ֥חַת יוֹאָ֖ב — יג[33]. ב[34]. יד חס
עַל־הַצָּבָ֑א וַעֲמָשָׂ֣א בֶן־אִ֗ישׁ וּשְׁמוֹ֙ יִתְרָ֣א הַיִּשְׂרְאֵלִ֔י[a] אֲשֶׁר־בָּא֙ אֶל־ — ה[35]. ב חד כת רה וחד כת רא[36]
26 אֲבִיגַ֣ל בַּת־נָחָ֔שׁ[b] אֲח֥וֹת צְרוּיָ֖ה אֵ֥ם יוֹאָֽב׃ 26 וַיִּ֤חַן יִשְׂרָאֵל֙ וְאַבְשָׁלֹ֔ם — יד חס
27 אֶ֖רֶץ הַגִּלְעָֽד׃ ס 27 וַיְהִ֕י כְּב֥וֹא דָוִ֖ד מַחֲנָ֑יְמָה וְשֹׁבִ֨י בֶן־נָחָ֜שׁ — ג[32]
מֵרַבַּ֣ת בְּנֵֽי־עַמּ֗וֹן וּמָכִ֤יר בֶּן־עַמִּיאֵל֙ מִלֹּ֣א[a] דְבָ֔ר וּבַרְזִלַּ֥י הַגִּלְעָדִ֖י — ב חס בתרי ליש[37]
28 מֵרֹגְלִֽים׃ 28 מִשְׁכָּ֤ב וְסַפּוֹת֙ וּכְלִ֣י יוֹצֵ֔ר וְחִטִּ֥ים[a] וּשְׂעֹרִ֖ים וְקֶ֣מַח וְקָלִ֑י — ב. ג[38]
29 וּפ֥וֹל וַעֲדָשִׁ֖ים וְקָלִֽי׃[b] 29 וּדְבַ֣שׁ [a]וְחֶמְאָ֗ה וְצֹאן֙[a] וּשְׁפ֣וֹת בָּקָ֔ר הִגִּ֥ישׁוּ — ב. ג[38]. י פסוק מן ד מילין נסבין ו ר״פ[39] ל[40]
לְדָוִ֛ד וְלָעָ֥ם אֲשֶׁר־אִתּ֖וֹ לֶאֱכ֑וֹל כִּ֣י אָמְר֔וּ הָעָ֗ם רָעֵ֛ב וְעָיֵ֥ף וְצָמֵ֖א — יג מל[41]. ה[42]
18 בַּמִּדְבָּֽר׃ **18** 1 וַיִּפְקֹ֣ד דָּוִ֔ד אֶת־הָעָ֖ם אֲשֶׁ֣ר אִתּ֑וֹ וַיָּ֣שֶׂם עֲלֵיהֶ֗ם שָׂרֵ֤י — פד
2 אֲלָפִים֙ וְשָׂרֵ֣י מֵא֔וֹת׃ 2 וַיְשַׁלַּ֨ח דָּוִ֜ד אֶת־הָעָ֗ם הַשְּׁלִשִׁ֤ית בְּיַד־יוֹאָב֙ — כב[1]
וְהַשְּׁלִשִׁ֗ית בְּיַ֨ד אֲבִישַׁ֤י בֶּן־צְרוּיָה֙ אֲחִ֣י יוֹאָ֔ב וְהַשְּׁלִשִׁ֕ת בְּיַ֖ד אִתַּ֣י — ב חס דחס[2]
הַגִּתִּ֑י ס[a] וַיֹּ֤אמֶר הַמֶּ֙לֶךְ֙ אֶל־הָעָ֔ם יָצֹ֥א אֵצֵ֛א גַּם־אֲנִ֖י עִמָּכֶֽם׃ — ז ג מל וד חס[3]
3 וַיֹּ֣אמֶר הָעָם֮ לֹ֣א תֵצֵא֒ כִּ֣י אִם־נֹ֣ס נָנ֗וּס לֹא־יָשִׂ֤ימוּ אֵלֵ֙ינוּ֙ לֵ֔ב[a] וְאִם־ — ב. מז פסוק לא לא לא
יָמֻ֤תוּ חֶצְיֵ֙נוּ֙ לֹא־יָשִׂ֣ימוּ אֵלֵ֔ינוּ לֵ֖ב[a] כִּֽי־עַתָּ֣ה[b] כָמֹ֔נוּ עֲשָׂרָ֖ה אֲלָפִ֑ים — ג חס[4] וכל אורית וירמיה דכות ב מ א. יב[5] לא מנה בנביא. ד ג חס וחד מל[6]
4 וְעַתָּ֣ה ט֔וֹב כִּי־תִֽהְיֶה־לָּ֥נוּ מֵעִ֖יר[c] לַעְזִֽיר[d]׃ ס 4 וַיֹּ֤אמֶר אֲלֵיהֶם֙ — לעזור[7] חד מן ג מל בליש ק
הַמֶּ֔לֶךְ אֲשֶׁר־יִיטַ֥ב בְּעֵינֵיכֶ֖ם אֶעֱשֶׂ֑ה וַיַּעֲמֹ֤ד הַמֶּ֙לֶךְ֙ אֶל־[a]יַ֣ד הַשַּׁ֔עַר — יח. ה[8] וכל מגלה דכות ב מ א
5 וְכָל־הָעָם֙ יָֽצְא֔וּ לְמֵא֖וֹת וְלַאֲלָפִֽים׃ 5 וַיְצַ֣ו הַמֶּ֡לֶךְ אֶת־יוֹאָ֨ב וְאֶת־ — נא מ״פ וכל ר״פ דכות ב מ ג. ב. יח פסוק את ואת ואת את
אֲבִישַׁ֜י וְאֶת־אִתַּ֗י לֵאמֹר֙ לְאַט־לִ֖י לַנַּ֣עַר לְאַבְשָׁל֑וֹם וְכָל־הָעָ֣ם שָׁמְע֗וּ[a] — ב[9]. נא מ״פ וכל ר״פ דכות ב מ ג

[30] Mm 1488. [31] Mm 187. [32] Mm 1895. [33] Mm 1520. [34] Mm 1882. [35] Mm 4233. [36] Mm 2265. [37] Mp sub loco. [38] Mm 1802. [39] Mm 4162. [40] Mm 1803. [41] Mm 1640. [42] Mm 184. **Cp 18** [1] Mm 59. [2] Mm 1900. [3] Mm 1037. [4] Mm 1804. [5] Mm 230. [6] Mm 252. [7] Mm 832. [8] Mm 2990. [9] Mm 2230.

22 a 𝔊^L 𝔏^115.91.94 + nonn vb ‖ **23** a citt חמורו cf 𝔊𝔏^115𝔖𝔙 ‖ b pc Mss את ‖ c mlt Mss ואל cf 𝔊^Op𝔖𝔗^Mss𝔙 ‖ d 𝔊^OL *ἐν οἴκῳ* ‖ **24** a > 2 Mss cf 𝔊^AMs𝔖 ‖ **25** a 𝔊^AMss *Ισμαη/ελιτης* cf 𝔏^115 Ps Hier, Quaest et 1Ch 2,17 ‖ b 𝔊^Mss *Ιεσσαι* cf 𝔏^115 ‖ **27** a pc Mss מלוא cf 𝔗^Buxt, mlt Mss מלו cf 𝔗^f; cf 9,4^a.5^a ‖ **28** a pc Mss ח׳ cf 𝔗^Ms ‖ b > 𝔊𝔏^115𝔖 ‖ **29** a–a 𝔖^C *wḥ'wt' d'n'* ‖ **Cp 18,2** a mlt Mss om interv ‖ **3** a–a > 2 Mss 𝔊^Mss𝔖 (homtel) ‖ b 2 Mss אתה cf 𝔊^-L σ'𝔙 (𝔗 *k'n 't…*) ‖ c 𝔊 *ἐν τῇ πόλει* cf 𝔏^115𝔙 ‖ d mlt Mss ut Q ‖ **4** a pc Mss על cf 15,2 ‖ **5** a 𝔔 שמעים.

בְּצַוֺּת הַמֶּלֶךְ אֶת־כָּל־הַשָּׂרִים עַל־דְּבַר אַבְשָׁלוֹם׃ 6 וַיֵּצֵא הָעָם 6
ל | הַשָּׂדֶה לִקְרַאת יִשְׂרָאֵל וַתְּהִי הַמִּלְחָמָה בְּיַעַר אֶפְרָיִם׃ 7 וַיִּנָּגְפוּ 7
ל | שָׁם עַם יִשְׂרָאֵל לִפְנֵי עַבְדֵי דָוִד וַתְּהִי־שָׁם הַמַּגֵּפָה גְדוֹלָה בַּיּוֹם
נפוצת[10] ק | הַהוּא עֶשְׂרִים אָלֶף׃ 8 וַתְּהִי־שָׁם הַמִּלְחָמָה נָפֹצֶית[a] עַל־פְּנֵי כָל־ 8
ב[11] | הָאָרֶץ וַיֶּרֶב הַיַּעַר לֶאֱכֹל בָּעָם מֵאֲשֶׁר אָכְלָה הַחֶרֶב בַּיּוֹם הַהוּא׃
ה[12] | 9 וַיִּקָּרֵא אַבְשָׁלוֹם לִפְנֵי עַבְדֵי דָוִד וְאַבְשָׁלוֹם רֹכֵב עַל־הַפֶּרֶד וַיָּבֹא 9
ל כת כן . ה[13] . לב בנביא כ מנה בסיפ . ל . ל | הַפֶּרֶד תַּחַת שׂוֹבֶךְ הָאֵלָה הַגְּדוֹלָה וַיֶּחֱזַק רֹאשׁוֹ בָאֵלָה וַיֻּתַּן[a] בֵּין
הַשָּׁמַיִם וּבֵין הָאָרֶץ וְהַפֶּרֶד אֲשֶׁר־תַּחְתָּיו עָבָר׃ 10 וַיַּרְא אִישׁ אֶחָד[a] 10
יד חס . ג[14] | וַיַּגֵּד לְיוֹאָב וַיֹּאמֶר הִנֵּה רָאִיתִי אֶת־אַבְשָׁלֹם תָּלוּי בָּאֵלָה׃ 11 וַיֹּאמֶר 11
לב[15] . ו[16] . ל | יוֹאָב לָאִישׁ הַמַּגִּיד לוֹ[a] וְהִנֵּה רָאִיתָ וּמַדּוּעַ לֹא־הִכִּיתוֹ שָׁם[b] אָרְצָה
ה[17] . ל . ו[10] ז פסוק אל על אל | וְעָלַי לָתֶת לְךָ עֲשָׂרָה כֶסֶף וַחֲגֹרָה אֶחָת׃ 12 וַיֹּאמֶר הָאִישׁ אֶל־יוֹאָב 12
ולו חד מן כב[18] ק וחד מן ג[19] בליש . ג[20] | וְלֹא[a] אָנֹכִי שֹׁקֵל עַל־כַּפַּי אֶלֶף כֶּסֶף לֹא־[b]אֶשְׁלַח יָדִי אֶל־[c]בֶּן־
ו | הַמֶּלֶךְ כִּי בְאָזְנֵינוּ צִוָּה הַמֶּלֶךְ אֹתְךָ וְאֶת־אֲבִישַׁי וְאֶת־אִתַּי לֵאמֹר
ל . בנפשי חד מן מח[21] ק כת ו וקר י | שִׁמְרוּ־[d]מִי בַּנַּעַר בְּאַבְשָׁלוֹם[e]׃ 13 אוֹ־עָשִׂיתִי בְנַפְשׁוֹ[a] שֶׁקֶר וְכָל־ 13
דָּבָר לֹא־יִכָּחֵד מִן־הַמֶּלֶךְ וְאַתָּה תִּתְיַצֵּב מִנֶּגֶד׃ 14 וַיֹּאמֶר יוֹאָב 14
יט[22] . ג[23] | [a]לֹא־כֵן[a] [b]אֹחִילָה לְפָנֶיךָ וַיִּקַּח שְׁלֹשָׁה שְׁבָטִים בְּכַפּוֹ וַיִּתְקָעֵם בְּלֵב
כו | אַבְשָׁלוֹם עוֹדֶנּוּ חַי בְּלֵב הָאֵלָה׃ 15 וַיָּסֹבּוּ עֲשָׂרָה נְעָרִים נֹשְׂאֵי כְּלֵי 15
ו ג[24] מנה חס . ג חס | יוֹאָב וַיַּכּוּ אֶת־אַבְשָׁלוֹם וַיְמִיתֻהוּ׃ 16 וַיִּתְקַע יוֹאָב בַּשֹּׁפָר וַיָּשָׁב הָעָם 16
ב . ז[25] | מִרְדֹף אַחֲרֵי יִשְׂרָאֵל כִּי־חָשַׂךְ יוֹאָב אֶת־הָעָם׃ 17 וַיִּקְחוּ אֶת־ 17
ב חס[26] | אַבְשָׁלוֹם וַיַּשְׁלִיכוּ אֹתוֹ בַיַּעַר אֶל־הַפַּחַת הַגָּדוֹל וַיַּצִּבוּ עָלָיו גַּל־
לה וכל ר"פ דכות . לאהליו חד מן ב[27] חס בליש ק | אֲבָנִים גָּדוֹל מְאֹד וְכָל־יִשְׂרָאֵל[a] נָסוּ אִישׁ לְאֹהָלָו[b]׃ ס[c]
יד חס . ד חס[28] בחייו ק | 18 וְאַבְשָׁלֹם לָקַח וַיַּצֶּב־לוֹ בְחַיָּו[a] אֶת־מַצֶּבֶת אֲשֶׁר בְּעֵמֶק־הַמֶּלֶךְ כִּי 18

[10] Mp sub loco. [11] Mm 1805. [12] Mm 1806. [13] Mm 432. [14] Mm 1807. [15] Mm 319. [16] Mm 1454. [17] Mm 3683. [18] Mm 1444. [19] Mm 1808. [20] Mm 1809. [21] Mm 3811. [22] Mm 436. [23] Mm 3104. [24] Mm 2127 contra textum. [25] Mm 1676. [26] Mm 1810. [27] Mm 2124. [28] L בחיו Q contra Mm 1811, suppressi, cf Qoh 5,17 et Mp sub loco.

8 [a] nonn Mss ut Q ‖ **9** [a] 𝔔 Vrs ויתל ‖ **10** [a] > 𝔔 ‖ **11** [a] > Ms 𝔊^{Mss}𝔖 ‖ [b] > 2 Mss 𝔊^{Mss}𝔖 ‖ **12** [a] mlt Mss ut Q cf 𝔗^{Mss} ‖ [b] 2 Mss ולא ‖ [c] Ms על cf 𝔖 sed etiam Gn 22,12[a] ‖ [d] > 2 Mss cf 𝔖^{C}; 2 Mss לי cf 𝔊𝔖$^{-C}$𝔗𝔙 ‖ [e] pc Mss 'אב cf 𝔊𝔖 ‖ **13** [a] mlt Mss ut Q cf 𝔊^{L}𝔖𝔗𝔙 ‖ **14** [a–a] 𝔊^{L} *διὰ τοῦτο* ‖ [b] nonn Mss אחולה cf Jer 4,19; Vrs a חלל, improbabiliter ‖ **17** [a] ℭ יִשְׂרָאֵל ‖ [b] mlt Mss ut Q cf 𝔗 *(lqrwwhj)* 𝔙 ‖ [c] Mss om interv ‖ **18** [a] mlt Mss ut Q.

אָמַר אֵין־לִי בֵן בַּעֲבוּר הַזְכִּיר שְׁמִי וַיִּקְרָא לַמַּצֶּבֶת עַל־שְׁמוֹ וַיִּקָּרֵא ‎ ל̇ . ה[29]
לָהּ יַד אַבְשָׁלוֹם עַד הַיּוֹם הַזֶּה׃ ס
19 וַאֲחִימַעַץ בֶּן־צָדוֹק אָמַר אָרוּצָה נָּא וַאֲבַשְּׂרָה אֶת־הַמֶּלֶךְ ‎ ב̇ חד חס וחד מל . ל̇
20 כִּי־שְׁפָטוֹ יְהוָה מִיַּד אֹיְבָיו׃ 20 וַיֹּאמֶר לוֹ יוֹאָב לֹא אִישׁ בְּשֹׂרָה אַתָּה ‎ ל̇ . ג̇ חס
הַיּוֹם הַזֶּה וּבִשַּׂרְתָּ בְּיוֹם אַחֵר וְהַיּוֹם הַזֶּה לֹא תְבַשֵּׂר כִּי־עַל[a] בֶּן־ ‎ ב̇[30] . כן חד מן י̇[31] קר ולא כת
21 הַמֶּלֶךְ מֵת׃ 21 וַיֹּאמֶר יוֹאָב לַכּוּשִׁי לֵךְ הַגֵּד[a] לַמֶּלֶךְ אֲשֶׁר רָאִיתָה ‎ ל̇ מל בנביא
22 וַיִּשְׁתַּחוּ כוּשִׁי לְיוֹאָב וַיָּרֹץ׃ 22 וַיֹּסֶף עוֹד אֲחִימַעַץ בֶּן־צָדוֹק וַיֹּאמֶר ‎ כ̇י
אֶל־יוֹאָב וִיהִי מָה אָרֻצָה־נָּא גַם־אָנִי אַחֲרֵי הַכּוּשִׁי וַיֹּאמֶר יוֹאָב ‎ ל̇ב . ב̇ חד חס וחד מל
23 לָמָּה־זֶּה אַתָּה רָץ בְּנִי וּלְכָה אֵין־בְּשׂוֹרָה מֹצֵאת׃ 23 וִיהִי־[a] מָה ‎ ד̇[32] מל̇ וכל לשון הליכה דכות ב̇ מ̇ ג̇ . ל̇[33] . ל̇ב
אָרוּץ וַיֹּאמֶר לוֹ רוּץ וַיָּרָץ אֲחִימַעַץ דֶּרֶךְ הַכִּכָּר וַיַּעֲבֹר אֶת־הַכּוּשִׁי׃ ‎ ד̇ ג̇ מל וחד חס[34]
24 וְדָוִד יוֹשֵׁב בֵּין־שְׁנֵי הַשְּׁעָרִים וַיֵּלֶךְ הַצֹּפֶה אֶל־גַּג הַשַּׁעַר אֶל־ ‎ מ̇ט[35] מל̇ בנביא ח̇ מנה בסיפ̇ . ל̇ . ג̇
25 הַחוֹמָה וַיִּשָּׂא אֶת־עֵינָיו וַיַּרְא וְהִנֵּה־אִישׁ רָץ לְבַדּוֹ׃ 25 וַיִּקְרָא הַצֹּפֶה
וַיַּגֵּד לַמֶּלֶךְ וַיֹּאמֶר הַמֶּלֶךְ אִם־לְבַדּוֹ בְּשׂוֹרָה בְּפִיו וַיֵּלֶךְ הָלוֹךְ
26 וְקָרֵב׃ 26 וַיַּרְא הַצֹּפֶה אִישׁ־אַחֵר רָץ וַיִּקְרָא הַצֹּפֶה[a] אֶל־הַשֹּׁעֵר[a] ‎ ב̇
ס̄ לא וַיֹּאמֶר הִנֵּה־אִישׁ[b] רָץ לְבַדּוֹ וַיֹּאמֶר הַמֶּלֶךְ גַּם־זֶה מְבַשֵּׂר׃ 27 וַיֹּאמֶר ‎ ב̇[36]
27 הַצֹּפֶה אֲנִי רֹאֶה אֶת־מְרוּצַת הָרִאשׁוֹן כִּמְרֻצַת אֲחִימַעַץ בֶּן־צָדוֹק ‎ ס̇ד . ל̇ וחס
28 וַיֹּאמֶר הַמֶּלֶךְ אִישׁ־טוֹב זֶה וְאֶל־בְּשׂוֹרָה טוֹבָה יָבוֹא׃ 28 וַיִּקְרָא
אֲחִימַעַץ וַיֹּאמֶר אֶל־הַמֶּלֶךְ שָׁלוֹם וַיִּשְׁתַּחוּ לַמֶּלֶךְ לְאַפָּיו אָרְצָה ‎ ג̇[37] . ל̇[38]
ס[a] וַיֹּאמֶר בָּרוּךְ יְהוָה אֱלֹהֶיךָ אֲשֶׁר סִגַּר אֶת־הָאֲנָשִׁים אֲשֶׁר־ ‎ ב̇
29 נָשְׂאוּ אֶת־יָדָם בַּאדֹנִי הַמֶּלֶךְ׃ 29 וַיֹּאמֶר הַמֶּלֶךְ שָׁלוֹם[a] לַנַּעַר ‎ י̇ . י̇ד זוגין[39]
לְאַבְשָׁלוֹם וַיֹּאמֶר אֲחִימַעַץ רָאִיתִי הֶהָמוֹן הַגָּדוֹל לִשְׁלֹחַ אֶת־עֶבֶד
30 הַמֶּלֶךְ יוֹאָב וְאֶת־[b]עַבְדֶּךָ וְלֹא[c] יָדַעְתִּי מָה׃ 30 וַיֹּאמֶר הַמֶּלֶךְ[a] סֹב ‎ ל̇ . ו̇ וכל[40] אתנח̇ וס״פ דכות ב̇ מ̇ א̇ . ה̇[41] . ו̇ חס[42]
31 הִתְיַצֵּב כֹּה וַיִּסֹּב וַיַּעֲמֹד׃ 31 וְהִנֵּה הַכּוּשִׁי בָּא וַיֹּאמֶר הַכּוּשִׁי[a] יִתְבַּשֵּׂר ‎ ל̇

[29] Mm 1806. [30] Mm 3744. [31] Mm 2745. [32] Mm 2214. [33] וחד מוצאת Gn 38,25. [34] Mm 1845. [35] Mp sub loco. [36] Mm 1812. [37] Mm 963. [38] Mm 959. [39] Mm 565. [40] Mm 1660. [41] Mm 1248. [42] Mm 1054.

20 [a] nonn Mss ut Q cf 𝔊$^{-L}$ ‖ **21** [a] pc Mss 'וה' cf 𝔊^{L} ‖ **23** [a] 𝔊 pr *καὶ εἶπεν (Αχιμααс)*, 𝔖 pr *'mr lh*, 𝔙 pr *qui respondit* ‖ **26** [a–a] 𝔊$^{-L}$ *πρὸς τῇ πύλῃ*, 𝔊^{L} *ἐπὶ τὴν πύλην*, 𝔙 *in culmine* ‖ [b] 𝔊 + *ἕτερος* cf 𝔖 *'ḥrn'*, 𝔗$^{ed princ}$ *'wḥrn*, 𝔙 *alter* ‖ **28** [a] mlt Mss om interv ‖ **29** [a] nonn Mss Seb 'הַשׁ' cf 𝔗^{f}𝔙 ‖ [b] nonn Mss את cf 𝔊^{Mss}𝔗𝔙 ‖ [c] pc Mss לא cf 𝔊^{Mss}𝔖𝔙 ‖ **30** [a] > 2 Mss 𝔖 ‖ **31** [a] > 𝔊$^{-OL}$𝔖𝔙.

אֲדֹנִי הַמֶּלֶךְ כִּי־שְׁפָטְךָ[b] יְהוָה הַיּוֹם מִיַּד כָּל־הַקָּמִים עָלֶיךָ[c]׃ ס — ל בסיפ
32 וַיֹּאמֶר הַמֶּלֶךְ אֶל־הַכּוּשִׁי הֲשָׁלוֹם לַנַּעַר לְאַבְשָׁלוֹם וַיֹּאמֶר הַכּוּשִׁי 32 — יד זוגין[43]. ל
יִהְיוּ כַנַּעַר אֹיְבֵי אֲדֹנִי הַמֶּלֶךְ וְכֹל אֲשֶׁר־קָמוּ עָלֶיךָ[a] לְרָעָה׃ ס
19 1 וַיִּרְגַּז הַמֶּלֶךְ וַיַּעַל עַל־עֲלִיַּת הַשַּׁעַר וַיֵּבְךְּ וְכֹה ׀ אָמַר בְּלֶכְתּוֹ[a] 19 — ל
בְּנִי אַבְשָׁלוֹם בְּנִי בְנִי[b] אַבְשָׁלוֹם מִי־יִתֵּן מוּתִי אֲנִי תַחְתֶּיךָ אַבְשָׁלוֹם — ל
בְּנִי בְנִי[c]׃ 2 וַיֻּגַּד לְיוֹאָב הִנֵּה הַמֶּלֶךְ בֹּכֶה וַיִּתְאַבֵּל[a] עַל־ 2 — כד[1]. ז[2]. ב
אַבְשָׁלֹם׃ 3 וַתְּהִי הַתְּשֻׁעָה בַּיּוֹם הַהוּא לְאֵבֶל לְכָל־הָעָם כִּי־שָׁמַע 3 — ו חס ול בליש[3]
הָעָם בַּיּוֹם הַהוּא לֵאמֹר נֶעֱצַב הַמֶּלֶךְ עַל־בְּנוֹ[a]׃ 4 וַיִּתְגַּנֵּב הָעָם 4 — ל. ל
בַּיּוֹם הַהוּא לָבוֹא הָעִיר כַּאֲשֶׁר יִתְגַּנֵּב הָעָם הַנִּכְלָמִים בְּנוּסָם
בַּמִּלְחָמָה[a]׃ 5 וְהַמֶּלֶךְ לָאַט אֶת־פָּנָיו וַיִּזְעַק הַמֶּלֶךְ[a] קוֹל[b] גָּדוֹל בְּנִי 5 — ב[4]
אַבְשָׁלוֹם אַבְשָׁלוֹם[c] בְּנִי בְנִי[d]׃ ס 6 וַיָּבֹא יוֹאָב אֶל־הַמֶּלֶךְ הַבָּיִת[a] 6
וַיֹּאמֶר הֹבַשְׁתָּ הַיּוֹם אֶת־פְּנֵי כָל־עֲבָדֶיךָ הַמְמַלְּטִים אֶת־נַפְשְׁךָ הַיּוֹם — ב חד חס וחד מל[5]. ל
וְאֵת נֶפֶשׁ בָּנֶיךָ וּבְנֹתֶיךָ וְנֶפֶשׁ נָשֶׁיךָ וְנֶפֶשׁ פִּלַגְשֶׁיךָ׃ 7 לְאַהֲבָה אֶת־ 7 — ד[6]. ד. ל כת כן
שֹׂנְאֶיךָ וְלִשְׂנֹא אֶת־אֹהֲבֶיךָ כִּי ׀ הִגַּדְתָּ הַיּוֹם כִּי אֵין לְךָ שָׂרִים וַעֲבָדִים — ב פסוק כי כי כי כי[7]
כִּי ׀ יָדַעְתִּי הַיּוֹם כִּי לֹא[a] אַבְשָׁלוֹם חַי וְכֻלָּנוּ[b] הַיּוֹם מֵתִים כִּי־אָז יָשָׁר — ל ק חד מן כב[8] בליש
בְּעֵינֶיךָ׃ 8 וְעַתָּה קוּם צֵא וְדַבֵּר עַל־לֵב עֲבָדֶיךָ[a] כִּי בַיהוָה נִשְׁבַּעְתִּי 8 — סו יט[9] מנה בסיפ. יו ר״פ וס״פ חד. יא[10]
כִּי־אֵינְךָ[b] יוֹצֵא אִם־יָלִין אִישׁ אִתְּךָ הַלַּיְלָה וְרָעָה לְךָ זֹאת מִכָּל־ — ט[11] מל וכל תלים דכות ב מ א. ט[12]
הָרָעָה אֲשֶׁר־בָּאָה עָלֶיךָ מִנְּעֻרֶיךָ עַד־[c]עָתָּה׃ ס 9 וַיָּקָם הַמֶּלֶךְ 9 — ל חס ו[13]. ד[14]
וַיֵּשֶׁב בַּשָּׁעַר וּלְכָל־[a]הָעָם הִגִּידוּ לֵאמֹר הִנֵּה הַמֶּלֶךְ יוֹשֵׁב בַּשַּׁעַר — ג. מט[3] מל בנביא ח מנה בסיפ
וַיָּבֹא כָל־הָעָם לִפְנֵי הַמֶּלֶךְ וְיִשְׂרָאֵל[b] נָס אִישׁ לְאֹהָלָיו[c]׃ ס — ב. לג
10 וַיְהִי כָּל־הָעָם נָדוֹן[a] בְּכָל־שִׁבְטֵי יִשְׂרָאֵל לֵאמֹר הַמֶּלֶךְ הִצִּילָנוּ ׀ 10 — ל

[43] Mm 565. **Cp 19** [1] Mm 2228. [2] Mm 1813. [3] Mp sub loco. [4] Mm 1814 et Mm 2230. [5] Mm 1815. [6] Mm 1673. [7] Mm 1337. [8] Mm 1444. [9] Mm 1533. [10] Mm 2041. [11] Mm 1268. [12] Mm 1144. [13] Mm 1816. [14] Mm 236.

31 [b] Ms טו– cf 𝔖 ‖ [c] 𝔖 *'lwhj* cf [b].32[a] ‖ **32** [a] 𝔊[-L] *ἐπ' αὐτόν* cf 𝔙 *adversum eum* et 31[c] ‖ **Cp 19,1** [a] > Ms 𝔖; 𝔊[Mss] *ἐν τῷ κλαίειν* ‖ [b] > Ms 𝔊[Mss]𝔙 ‖ [c] > 𝔊[L]𝔖 ‖ **2** [a] 2 Mss ומת׳ cf 𝔖𝔗 ‖ **3** [a] pc Mss + אבשלום ‖ **4** [a] Ms מִן הַמ׳ cf 𝔖𝔙 ‖ **5** [a] > 𝔊[OpL]𝔖-C𝔙 ‖ [b] nonn Mss בק׳ cf 𝔊[Mss]𝔖𝔗[-Ms ed princ] ‖ [c] > pc Mss cf 𝔊[OpMss] ‖ [d] > Ms 𝔊; 𝔖 + *'bšlwm* ‖ **6** [a] pc Mss יתה– ‖ **7** [a] mlt Mss 𝔔 ut Q ‖ [b] 𝔊[OL]𝔖 om cop ‖ [c] > 𝔊[L]𝔖 ‖ **8** [a] Mss interv ‖ [b] Ms 𝔔 Seb כי אם cf 𝔊𝔏[94]𝔖𝔗[Mss]𝔙, 2 Mss אם ‖ [c] mlt Mss ועד cf 𝔊[L]𝔖𝔗[f] ‖ **9** [a] 2 Mss וכל cf 𝔊[-L] ‖ [b] permlt Mss וישׂראל, nonn Mss = L ‖ [c] Ms לו– cf 𝔊[LMss]𝔖 ‖ **10** [a] 𝔊[L] *γογγύζοντες* cf Nu 17,6; 𝔖 *rnjn.*

מִכַּ֣ף אֹיְבֵ֑ינוּ וְה֤וּא מִלְּטָ֙נוּ֙ מִכַּ֣ף פְּלִשְׁתִּ֔ים וְעַתָּ֛ה בָּרַ֥ח מִן־הָאָ֖רֶץ

מֵעַ֥ל אַבְשָׁלֽוֹם׃ 11 וְאַבְשָׁל֗וֹם אֲשֶׁ֤ר מָשַׁ֙חְנוּ֙ עָלֵ֔ינוּ מֵ֖ת בַּמִּלְחָמָ֑ה

12 וְעַתָּ֗ה לָ֤מָה אַתֶּם֙ מַחֲרִשִׁ֔ים לְהָשִׁ֖יב אֶת־הַמֶּֽלֶךְ׃ ס 12ᵃ וְהַמֶּ֣לֶךְ

דָּוִ֗ד שָׁלַ֞ח אֶל־צָד֤וֹק וְאֶל־אֶבְיָתָר֙ הַכֹּהֲנִ֣ים לֵאמֹ֔ר דַּבְּר֞וּ אֶל־זִקְנֵ֤י

יְהוּדָה֙ לֵאמֹ֔ר לָ֤מָה תִהְיוּ֙ אַחֲרֹנִ֔ים לְהָשִׁ֥יב אֶת־הַמֶּ֖לֶךְ אֶל־בֵּיתֽוֹ

13 וּֽדְבַר֙ כָּל־יִשְׂרָאֵ֔ל בָּ֥א אֶל־הַמֶּ֖לֶךְ אֶל־בֵּיתֽוֹ׃ 13 אַחַ֣י אַתֶּ֔ם עַצְמִ֥י

וּבְשָׂרִ֖י אַתֶּ֑ם וְלָ֧מָּה תִהְי֛וּ אַחֲרֹנִ֖ים לְהָשִׁ֥יב אֶת־הַמֶּֽלֶךְ׃ 14 וְלַֽעֲמָשָׂא֙

תֹּֽמְר֔וּ הֲל֛וֹא עַצְמִ֥י וּבְשָׂרִ֖י אָ֑תָּה כֹּ֣ה יַֽעֲשֶׂה־לִּ֤י אֱלֹהִים֙ וְכֹ֣ה יוֹסִ֔יף

15 אִם־לֹ֣א שַׂר־צָבָ֞א תִּהְיֶ֧ה לְפָנַ֛י כָּל־הַיָּמִ֖ים תַּ֣חַת יוֹאָֽב׃ 15 וַיַּ֖ט אֶת־

לְבַ֥ב כָּל־אִישׁ־יְהוּדָ֖ה כְּאִ֣ישׁ אֶחָ֑ד וַיִּשְׁלְחוּ֙ אֶל־הַמֶּ֔לֶךְ שׁ֥וּב אַתָּ֖ה

16 וְכָל־עֲבָדֶֽיךָ׃ 16 וַיָּ֣שָׁב הַמֶּ֔לֶךְ וַיָּבֹ֖א עַד־הַיַּרְדֵּ֑ן וִיהוּדָ֞ה בָּ֣א הַגִּלְגָּ֗לָה

17 לָלֶ֙כֶת֙ לִקְרַ֣את הַמֶּ֔לֶךְ לְהַעֲבִ֥יר אֶת־הַמֶּ֖לֶךְ אֶת־הַיַּרְדֵּֽן׃ 17 וַיְמַהֵ֗ר

שִׁמְעִ֤י בֶן־גֵּרָא֙ בֶּן־הַיְמִינִ֔י אֲשֶׁ֖ר מִבַּחוּרִ֑ים וַיֵּ֙רֶד֙ עִם־אִ֣ישׁ יְהוּדָ֔ה

18 לִקְרַ֖את הַמֶּ֥לֶךְ דָּוִֽד׃ 18 וְאֶ֤לֶף אִישׁ֙ עִמּ֣וֹ מִבִּנְיָמִ֔ן וְצִיבָ֗א נַ֚עַר בֵּ֣ית

שָׁא֔וּל וַחֲמֵ֨שֶׁת עָשָׂ֤ר בָּנָיו֙ וְעֶשְׂרִ֣ים עֲבָדָ֔יו אִתּ֑וֹ וְצָלְח֥וּ הַיַּרְדֵּ֖ן לִפְנֵ֥י

19 הַמֶּֽלֶךְ׃ 19 וְעָבְרָ֣ה הָעֲבָרָ֗ה לַֽעֲבִיר֙ אֶת־בֵּ֣ית הַמֶּ֔לֶךְ וְלַעֲשׂ֥וֹת הַטּ֣וֹב

20 בְּעֵינָ֑יו וְשִׁמְעִ֣י בֶן־גֵּרָ֗א נָפַל֙ לִפְנֵ֣י הַמֶּ֔לֶךְ בְּעָבְר֖וֹ בַּיַּרְדֵּֽן׃ 20 וַיֹּ֣אמֶר

אֶל־הַמֶּ֗לֶךְ אַל־יַחֲשָׁב־לִ֤י אֲדֹנִי֙ עָוֺ֔ן וְאַל־תִּזְכֹּ֗ר אֵ֚ת אֲשֶׁ֣ר הֶעֱוָ֣ה

עַבְדְּךָ֔ בַּיּ֕וֹם אֲשֶׁר־יָצָ֥א אֲדֹנִֽי־הַמֶּ֖לֶךְ מִירֽוּשָׁלָ֑ם לָשׂ֥וּם הַמֶּ֖לֶךְ אֶל־

21 לִבּֽוֹ׃ 21 כִּ֚י יָדַ֣ע עַבְדְּךָ֔ כִּ֥י אֲנִ֖י חָטָ֑אתִי וְהִנֵּֽה־בָ֣אתִי הַיּ֗וֹם רִאשׁוֹן֙

Masora marginalis (right margin):
ב.ל.ל כ בטעᵃ¹⁵

ז חס ול בליש ג.ר"פ

ל.ב

ג חס א בליש¹⁶ . יאᵃ¹⁷

ל.ב.ל

ב¹⁸

י¹⁹

כו פסוק את את ומילה
חדה ביניה יט מנה בנביא

ב²⁰

ל.ל כת כן²¹ . הי²²

בעיני נא בליש וחד
ק מן ח²³ כת כן

ל.ל

הי נקוד

ח

¹⁵Mp sub loco.   ¹⁶Mm 3901.   ¹⁷Mm 3286.   ¹⁸Mm 1514.   ¹⁹Mm 1817.   ²⁰Mm 1818.   ²¹Mm 839.   ²²Mm
1376.   ²³Mm 1543.

10 ᵇ Ms pr כל cf 𝕲⁻ᴹˢˢ𝕾⁻ᶜ ‖ **11** ᵃ⁻ᵃ 𝕲 (τοῦ) ἐπιστρέψαι (πρὸς) τὸν βασιλέα, 𝕾⁻ᶜ dthpkwn
'm mlk', 𝕾ᶜ dnhpwk lwt mlk' ‖ ᵇ 𝕲𝔙ᴹˢˢ + mlt vb ex 12b ‖ **12** ᵃ⁻ᵃ > 𝕾, sed cf 𝕾ᶜ
13ᵃ ‖ ᵇ⁻ᵇ 𝕲 τοῦ ἐπιστρέψαι (πρὸς) τὸν βασιλέα, 𝕾 tw nhpkjwhj lbjth ‖ ᶜ⁻ᶜ > 𝕲ᴹˢˢ;
𝕲ᴸ cf 13ᵈ ‖ ᵈ⁻ᵈ > 𝕲𝕾; 𝔙ᴹˢˢ + mlt vb ‖ **13** ᵃ 𝕾ᶜ pr wmlk' dwjd šlḥ lwt ṣdwq wlwt 'bjtr
khn' (pl) lm'mr. mllw 'm sb' (pl) djhwd' w'mrw lhwn cf 12ᵃ ‖ ᵇ pc Mss לי cf 𝕲ᴮᴬᴹˢ𝔙 ‖
ᶜ⁻ᶜ 𝕾 dthpkwn 'm mlk' ‖ ᵈ 𝕲 + εἰς τὸν οἶκον αὐτοῦ, 𝕲ᴸ(𝕾ᶜ) + καὶ λόγος παντὸς Ισραηλ
ἦλθεν πρὸς τὸν βασιλέα ‖ **14** ᵃ⁻ᵃ 𝕾 w'mr l'ms' ‖ **15** ᵃ pc Mss וַיֵּט, 𝕿 w'tpnj (lb') ‖ ᵇ Ms +
לאמר cf 𝕲𝕾𝔙 ‖ **16** ᵃ nonn Mss לרדת cf 𝕲ᴸ ‖ **18** ᵃ 𝕲ᴸ ἀποστέλλουσιν ἐπί ‖ **19** ᵃ 𝕲
pr καὶ ἐλειτούργησαν (cf 𝕾 w'bdw) τὴν λειτουργίαν (𝕲ᴸ αὐτῶν) τοῦ διαβιβάσαι τὸν βασιλέα
ex duplice versione ‖ ᵇ 𝕿 w'brw cf 𝔙(𝕾cfᵃ) ‖ ᶜ mlt Mss ut Q cf 𝕲𝕾𝕿 ‖ **20** ᵃ 𝕿
gl' cf 𝕿 25.

22 לְכָל־בֵּית יוֹסֵף לָרֶדֶת לִקְרַאת אֲדֹנִי הַמֶּלֶךְ׃ ס [a] 22 וַיַּעַן אֲבִישַׁי
בֶּן־צְרוּיָה וַיֹּאמֶר הֲתַחַת זֹאת לֹא יוּמַת[a] שִׁמְעִי כִּי קִלֵּל אֶת־מְשִׁיחַ | ו בטע בסיפ . ג[24]
23 יְהוָה׃ ס [b] 23 וַיֹּאמֶר דָּוִד מַה־לִּי וְלָכֶם בְּנֵי צְרוּיָה כִּי־תִהְיוּ־לִי
הַיּוֹם לְשָׂטָן הַיּוֹם[a] יוּמַת[b] אִישׁ בְּיִשְׂרָאֵל[c] כִּי הֲלוֹא יָדַעְתִּי כִּי הַיּוֹם
24 אֲנִי־מֶלֶךְ עַל־יִשְׂרָאֵל׃ 24 וַיֹּאמֶר הַמֶּלֶךְ אֶל־שִׁמְעִי לֹא תָמוּת וַיִּשָּׁבַע | ב[25]
25 לוֹ הַמֶּלֶךְ׃ ס 25 וּמְפִבֹשֶׁת[a] בֶּן־[b]שָׁאוּל יָרַד לִקְרַאת הַמֶּלֶךְ | ב חס[26]
וְלֹא־[c]עָשָׂה רַגְלָיו וְלֹא־עָשָׂה שְׂפָמוֹ וְאֶת־בְּגָדָיו לֹא כִבֵּס לְמִן־הַיּוֹם | ד פסוק ולא ולא לא . ה[27] ב מנה בפסוק . ה[27] ב מנה בפסוק . ב . ח
26 לֶכֶת[d] הַמֶּלֶךְ עַד־הַיּוֹם אֲשֶׁר־בָּא בְשָׁלוֹם׃ 26 וַיְהִי כִּי־[a]בָא יְרוּשָׁלַםִ | ט מיחד . כ בטע ר״פ[28]
לִקְרַאת הַמֶּלֶךְ וַיֹּאמֶר לוֹ הַמֶּלֶךְ לָמָּה לֹא־הָלַכְתָּ עִמִּי מְפִיבֹשֶׁת[b]׃ | ל
27 27 וַיֹּאמַר אֲדֹנִי הַמֶּלֶךְ עַבְדִּי רִמָּנִי כִּי־אָמַר עַבְדְּךָ [a]אֶחְבְּשָׁה־לִּי[a] | צא יט מנה ר״פ . ל
28 הַחֲמוֹר וְאֶרְכַּב עָלֶיהָ וְאֵלֵךְ אֶת־[b]הַמֶּלֶךְ כִּי פִסֵּחַ עַבְדֶּךָ׃ 28 וַיְרַגֵּל | ל
בְּעַבְדְּךָ אֶל־אֲדֹנִי הַמֶּלֶךְ וַאדֹנִי הַמֶּלֶךְ כְּמַלְאַךְ הָאֱלֹהִים וַעֲשֵׂה | ח ב מנה בליש
29 הַטּוֹב בְּעֵינֶיךָ׃ 29 כִּי לֹא הָיָה כָּל־[a]בֵּית אָבִי כִּי אִם־אַנְשֵׁי־מָוֶת | סו יט[29] מנה בסיפ
לַאדֹנִי הַמֶּלֶךְ וַתָּשֶׁת אֶת־עַבְדְּךָ בְּאֹכְלֵי שֻׁלְחָנֶךָ וּמַה־יֶּשׁ־לִי עוֹד | ל
30 צְדָקָה וְלִזְעֹק עוֹד אֶל־הַמֶּלֶךְ׃ פ 30 וַיֹּאמֶר לוֹ הַמֶּלֶךְ לָמָּה | ל
תְּדַבֵּר עוֹד דְּבָרֶיךָ אָמַרְתִּי אַתָּה וְצִיבָא תַּחְלְקוּ אֶת־הַשָּׂדֶה׃ | ב[30]
31 31 וַיֹּאמֶר מְפִיבֹשֶׁת[a] אֶל־הַמֶּלֶךְ גַּם אֶת־הַכֹּל יִקָּח אַחֲרֵי אֲשֶׁר־בָּא
32 אֲדֹנִי הַמֶּלֶךְ[b] בְּשָׁלוֹם אֶל־בֵּיתוֹ׃ ס 32 וּבַרְזִלַּי הַגִּלְעָדִי יָרַד
33 מֵרֹגְלִים וַיַּעֲבֹר[a] אֶת־[b]הַמֶּלֶךְ הַיַּרְדֵּן[c] לְשַׁלְּחוֹ אֶת־[d]בַּיַּרְדֵּן[e]׃ 33 וּבַרְזִלַּי | ב . ב[31] . הירדן ק
זָקֵן מְאֹד בֶּן־שְׁמֹנִים שָׁנָה וְהוּא־כִלְכַּל אֶת־הַמֶּלֶךְ בְּשִׁיבָתוֹ[a] בְמַחֲנַיִם | ח פסוק והוא הוא . ל . ל
34 כִּי־אִישׁ גָּדוֹל הוּא מְאֹד׃ 34 וַיֹּאמֶר הַמֶּלֶךְ אֶל־בַּרְזִלַּי אַתָּה עֲבֹר
35 אִתִּי וְכִלְכַּלְתִּי אֹתְךָ[a] עִמָּדִי בִּירוּשָׁלָםִ׃ 35 וַיֹּאמֶר בַּרְזִלַּי אֶל־הַמֶּלֶךְ | ב[32]

[24]Mm 370. [25]Mm 1819. [26]Mm 1820. [27]Mm 1821. [28]Mm 1017. [29]Mm 1533. [30]Mm 1818. [31]Mm 1822. [32]Mm 1823.

21 [a] Mss om interv ‖ **22** [a] pc Mss ימות cf 𝔖 ‖ [b] Mss om interv ‖ **23** [a] 𝔊 *εἰ σήμερον*, 𝔊[Mss] *σήμερον οὐ* cf 𝔖 *jwmn' l'*, 𝔙 *ergone hodie* ‖ [b] 𝔖 *nmwt* cf 22[a] ‖ [c] Ms cit 'מיש cf 𝔊[-L] ‖ **25** [a] cf 4,4[b] ‖ [b] 𝔊[Mss] pr *υἱὸς (Ιωναθαν)*, 𝔖 pr *br jwntn* ‖ [c] 2 Mss citt 𝔗[f] לא ‖ [d] cf 20[a] ‖ **26** [a] pc Mss כאשר ‖ [b] cf 4,4[b] ‖ **27** [a–a] 𝔊𝔖(𝔙) imp ‖ [b] mlt Mss אל, sed cf Vrs ‖ **29** [a] nonn Mss בכל ‖ **31** [a] cf 4,4[b] ‖ [b] sic L, mlt Mss Edd ךְ– ‖ **32** [a] 𝔙 *transduxit* ‖ [b] 𝔊 *μετὰ (τοῦ βασ.)* cf 𝔖𝔗 ‖ [c] nonn Mss pr את ‖ [d] > pc Mss ‖ [e] mlt Mss ut Q cf 𝔊𝔗 ‖ **33** [a] nonn Mss בשבתו cf Vrs, 2 Mss בְּשֵׁיבָתוֹ ‖ **34** [a] 𝔊[-A] *τὸ γῆρας* cf 𝔏[93.94] *senectutem tuam.*

36 כַּמָּה יְמֵי שְׁנֵי חַיַּי כִּי־אֶעֱלֶה אֶת[a]־הַמֶּלֶךְ יְרוּשָׁלָֽם׃ 36 בֶּן־שְׁמֹנִים   ב[33]
שָׁנָה אָנֹכִי הַיּוֹם הַאֵדַע ׀ בֵּין־טוֹב לְרָע אִם־יִטְעַם עַבְדְּךָ אֶת־אֲשֶׁר   ל
אֹכַל וְאֶת־אֲשֶׁר אֶשְׁתֶּה אִם[a]־אֶשְׁמַע עוֹד בְּקוֹל שָׁרִים וְשָׁרוֹת וְלָמָּה[b]   ח בליש[34]. ב
37 יִהְיֶה עַבְדְּךָ עוֹד לְמַשָּׂא אֶל[c]־אֲדֹנִי הַמֶּלֶךְ׃ 37 כִּמְעַט[a] יַעֲבֹר עַבְדְּךָ   ג[35]
אֶת־הַיַּרְדֵּן אֶת[b]־הַמֶּלֶךְ וְלָמָּה יִגְמְלֵנִי[c] הַמֶּלֶךְ הַגְּמוּלָה הַזֹּאת׃   כו פסוק את את ומילה חדה ביניה יט מנה בנביא. ל. ל
38 יָשָׁב[a]־נָא עַבְדְּךָ וְאָמֻת בְּעִירִי עִם קֶבֶר אָבִי וְאִמִּי וְהִנֵּה ׀ עַבְדְּךָ   ה קמ[36]
כִמְהָם[b] יַעֲבֹר עִם־אֲדֹנִי הַמֶּלֶךְ וַעֲשֵׂה־לוֹ אֵת אֲשֶׁר־טוֹב בְּעֵינֶֽיךָ׃   ל. סו יט[37] מנה בסיפ
ס 39 וַיֹּאמֶר הַמֶּלֶךְ אִתִּי יַעֲבֹר כִּמְהָם וַאֲנִי אֶעֱשֶׂה־לּוֹ אֶת־   ל
ס לב הַטּוֹב בְּעֵינֶיךָ וְכֹל אֲשֶׁר־תִּבְחַר עָלַי אֶעֱשֶׂה־לָּךְ׃ 40 וַיַּעֲבֹר כָּל־   סו יט[37] מנה בסיפ
הָעָם אֶת־הַיַּרְדֵּן וְהַמֶּלֶךְ עָבָר וַיִּשַּׁק הַמֶּלֶךְ לְבַרְזִלַּי וַיְבָרְכֵהוּ וַיָּשָׁב   ל בטע
41 לִמְקֹמוֹ׃ ס 41 וַיַּעֲבֹר הַמֶּלֶךְ הַגִּלְגָּלָה וְכִמְהָן[a] עָבַר עִמּוֹ וְכָל־   ל חס בסיפ[33]. ו[38]. ל. ז[39]
42 עַם יְהוּדָה וַיַּעֲבִרוּ[b] אֶת־הַמֶּלֶךְ וְגַם חֲצִי עַם יִשְׂרָאֵל׃ 42 וְהִנֵּה כָל־   העבירו ק. כג פסוק וגם ובתר תלת מילין[40]. ה[41]
אִישׁ יִשְׂרָאֵל בָּאִים אֶל־הַמֶּלֶךְ וַיֹּאמְרוּ[a] אֶל־הַמֶּלֶךְ מַדּוּעַ גְּנָבוּךָ
אַחֵינוּ אִישׁ יְהוּדָה וַיַּעֲבִרוּ אֶת־הַמֶּלֶךְ וְאֶת־בֵּיתוֹ אֶת־הַיַּרְדֵּן וְכָל־   ד[42]. ז[43]
43 אַנְשֵׁי דָוִד עִמּוֹ׃ ס[b] 43 וַיַּעַן כָּל־אִישׁ יְהוּדָה עַל־אִישׁ יִשְׂרָאֵל   ד. ה[44]
כִּי־קָרוֹב הַמֶּלֶךְ אֵלַי וְלָמָּה זֶּה חָרָה לְךָ עַל־הַדָּבָר הַזֶּה הֶאָכוֹל   ג[45]. ב. י מל
44 אָכַלְנוּ מִן־הַמֶּלֶךְ אִם[a]־נִשֵּׂאת[b] נִשָּׂא לָנוּ׃ ס 44 וַיַּעַן אִישׁ־   ג[46]. ו ד כת שא וב כת סה
יִשְׂרָאֵל אֶת־אִישׁ יְהוּדָה וַיֹּאמֶר עֶשֶׂר־יָדוֹת לִי בַמֶּלֶךְ[a] וְגַם־בְּדָוִד
אֲנִי מִמְּךָ[a] וּמַדּוּעַ הֱקִלֹּתַנִי[b] וְלֹא־הָיָה דְבָרִי רִאשׁוֹן לִי לְהָשִׁיב אֶת־   י[47]. ל. כה. יג[48]. ח
20 מַלְכִּי וַיִּקֶשׁ דְּבַר־אִישׁ יְהוּדָה מִדְּבַר אִישׁ יִשְׂרָאֵל׃ ס **20** 1 וְשָׁם   ג. ה ר״פ[1]
נִקְרָא אִישׁ בְּלִיַּעַל וּשְׁמוֹ שֶׁבַע בֶּן־בִּכְרִי אִישׁ יְמִינִי וַיִּתְקַע בַּשֹּׁפָר   ג חס
וַיֹּאמֶר

[33] Mp sub loco. [34] Mm 1824. [35] Mm 1791. [36] Mm 87. [37] Mm 1533. [38] Mm 1817. [39] Mm 2108. [40] Mm 1629. [41] Mm 1825. [42] Mm 1826. [43] Mm 1827. [44] Mm 3301. [45] Mm 185. [46] Mm 3152. [47] Mm 1454. [48] Mm 902. **Cp 20** [1] Mm 299.

35 [a] mlt Mss אל, 2 Mss עם ‖ **36** [a] mlt Mss ואם cf 𝔖[BC]𝔗[Mss] ‖ [b] 𝔊[OB]𝔖𝔙 om cop ‖ [c] Ms cit ל, 𝔗 *ʿl* cf 𝔊 *ἐπί* et 15,33 ‖ **37** [a] 𝔊[L] *ὅτι ὀλίγον* cf 𝔖 ‖ [b] pc Mss אל ‖ [c] Ms לנו– ‖ **38** [a] 𝔊[-L] *καθίσατω*, 𝔖 *npwš* ‖ [b] 𝔊[LMs] pr *ὁ υἱός μου* cf 𝔖, 𝔊[Mss] + *ὁ υἱός μου* ‖ **41** [a] nonn Mss –הם ‖ [b] 𝔊[-L] *διαβαίνοντες (μετά)* cf 𝔏[93.94]𝔖 *ʿbr(w) (ʿm)*; mlt Mss ut Q cf 𝔊[L]𝔗𝔙 ‖ **42** [a] sic L, mlt Mss Edd –ךָ ‖ [b] Mss om interv ‖ **43** [a] pc Mss cit ואם ‖ [b] Vrs subst ‖ **44** [a–a] 𝔊 duplex versio *(πρωτοτόκος/Δαυειδ)*, 𝔏[91.93.94] *et primogenitus ego sum quam tu* ‖ [b] sic L, mlt Mss Edd הֲ׳.

אֵין־לָנוּ חֵלֶק בְּדָוִד וְלֹא נַחֲלָה־לָנוּ[a] בְּבֶן־יִשַׁי
אִישׁ לְאֹהָלָיו יִשְׂרָאֵל׃
ו[2] 2 וַיַּעַל כָּל־אִישׁ יִשְׂרָאֵל מֵאַחֲרֵי דָוִד אַחֲרֵי שֶׁבַע בֶּן־בִּכְרִי וְאִישׁ 2
ג[3] יְהוּדָה דָּבְקוּ בְמַלְכָּם מִן־הַיַּרְדֵּן וְעַד־יְרוּשָׁלִָם׃ 3 וַיָּבֹא דָוִד אֶל־ 3
בֵּיתוֹ יְרוּשָׁלִַם וַיִּקַּח הַמֶּלֶךְ אֵת עֶשֶׂר־נָשִׁים ׀ פִּלַגְשִׁים אֲשֶׁר הִנִּיחַ
ל̇ . ל̇[4] ב חד חס וחד מל לִשְׁמֹר הַבַּיִת וַיִּתְּנֵם בֵּית־מִשְׁמֶרֶת וַיְכַלְכְּלֵם וַאֲלֵיהֶם[a] לֹא־בָא
ב[5] וַתִּהְיֶינָה צְרֻרוֹת עַד־יוֹם מֻתָן אַלְמְנוּת חַיּוּת[b]׃ ס 4 וַיֹּאמֶר 4
ל̇ הַמֶּלֶךְ אֶל־[a]עֲמָשָׂא הַזְעֶק־לִי אֶת־אִישׁ־יְהוּדָה שְׁלֹשֶׁת יָמִים וְאַתָּה
ויוחר[6] ק̇ פֹּה עֲמֹד׃ 5 וַיֵּלֶךְ עֲמָשָׂא לְהַזְעִיק אֶת־יְהוּדָה וַיִּיחֶר[a] מִן־הַמּוֹעֵד 5
אֲשֶׁר יְעָדוֹ׃ ס 6 וַיֹּאמֶר דָּוִד אֶל־אֲבִישַׁי[a] עַתָּה יֵרַע לָנוּ שֶׁבַע 6
ל̇ בֶּן־בִּכְרִי מִן־אַבְשָׁלוֹם אַתָּה[b] קַח[c] אֶת־עַבְדֵי אֲדֹנֶיךָ וּרְדֹף אַחֲרָיו
ג[7] . ב חס פֶּן־מָצָא[d] לוֹ עָרִים בְּצֻרוֹת וְהִצִּיל[e] עֵינֵנוּ[e]׃ 7 וַיֵּצְאוּ אַחֲרָיו[a] אַנְשֵׁי 7
ב יוֹאָב וְהַכְּרֵתִי וְהַפְּלֵתִי וְכָל־הַגִּבֹּרִים וַיֵּצְאוּ מִירוּשָׁלִַם לִרְדֹּף אַחֲרֵי
ה[8] שֶׁבַע בֶּן־בִּכְרִי׃ 8 הֵם עִם־הָאֶבֶן הַגְּדוֹלָה[a] אֲשֶׁר בְּגִבְעוֹן וַעֲמָשָׂא בָּא 8
ב[9] . ג חס . ועליו ק̇ חד מן ז בליש. ה ג מל וב חס[10] לִפְנֵיהֶם וְיוֹאָב חָגוּר ׀ מִדּוֹ לְבֻשׁוֹ[a] וְעָלוֹ[b] חֲגוֹר חֶרֶב מְצֻמֶּדֶת עַל־
מָתְנָיו בְּתַעְרָהּ [b]וְהוּא יָצָא וַתִּפֹּל[b]׃ ס 9 וַיֹּאמֶר יוֹאָב לַעֲמָשָׂא 9
ב חד מל וחד חס הֲשָׁלוֹם אַתָּה אָחִי וַתֹּחֶז[a] יַד־יְמִין יוֹאָב בִּזְקַן עֲמָשָׂא לִנְשָׁק־לוֹ׃
ה[8] 10 וַעֲמָשָׂא לֹא־נִשְׁמַר בַּחֶרֶב ׀ אֲשֶׁר בְּיַד־יוֹאָב וַיַּכֵּהוּ בָהּ אֶל[a]־הַחֹמֶשׁ 10
ב[11] . ל בטע . ב[4] וַיִּשְׁפֹּךְ מֵעָיו אַרְצָה וְלֹא־שָׁנָה לוֹ וַיָּמֹת ס[b] וְיוֹאָב וַאֲבִישַׁי אָחִיו
רָדַף[c] אַחֲרֵי שֶׁבַע בֶּן־בִּכְרִי׃ 11 וְאִישׁ עָמַד עָלָיו מִנַּעֲרֵי יוֹאָב וַיֹּאמֶר 11

[2]Mm 2221. [3]Mm 3445. [4]Mp sub loco. [5]Mm 451. [6]Mm 832. [7]Mm 3101. [8]Mm 4233. [9]Lv 6,3. [10]Mm 3275. [11]Mm 1828.

Cp 20,1 [a] > nonn Mss 𝔊[LMss]𝔖𝔗[Ms]𝔙 cf 1R 12,16 ‖ **3** [a] nonn Mss הן– ‖ [b] 𝔊𝔗𝔙 pt ‖ **4** [a] pc Mss cit ל ‖ **5** [a] nonn Mss ut Q; nonn Mss ויחר cf Dt 33,21, Ms ויאחר ‖ **6** [a] 𝔖 *jw'b* ex 7 ‖ [b] 2 Mss ואתה cf 𝔗[f], nonn Mss עתה, 2 Mss ועתה cf 𝔊 *καὶ νῦν σύ* (> 𝔊[OL]) ‖ [c] Ms + לך cf 𝔊[-O]𝔖 ‖ [d] 2 Mss ימצא ‖ [e–e] permlt Mss עינינו, 𝔊[-L] *καὶ σκιάσει (-σῃ)* (𝔊[L] *σκεπάσθῃ) τοὺς ὀφθαλμοὺς ἡμῶν*, 𝔖 *wnḥṭṭ ʿjnjn*, 𝔗 *wjʿjq ln'*, 𝔙 *et effugiat nos* ‖ **7** [a] 𝔊[Mss] + *Αβεσσα καί* ex 6; > 𝔖[C] cf 6[a] ‖ **8** [a] sic L, mlt Mss Edd ו– ‖ [b] mlt Mss ut Q cf 𝔗[-Ms] ‖ [b–b] 𝔊 *καὶ ἡ μάχαιρα ἐξῆλθεν* ([BMs] + *καὶ αὐτὴ ἐξῆλθεν*) *καὶ ἔπεσεν* cf 𝔏[93.94] *et gladius ipse exiit et cecidit*, 𝔖 *(w)hw npq. wnplt 'jdh ʿl spsrh* (cf 𝔖 9), 𝔗 *whw' 'zjl wpsʿ*, 𝔙 *qui fabrefactus levi motu egredi poterat et percutere* ‖ **9** [a] nonn Mss ותאחז, sed cf Mp ‖ **10** [a] 𝔔 על ‖ [b] mlt Mss om interv ‖ [c] Ms 𝔔 פו– cf 𝔊[Mss]𝔖𝔗𝔙.

12 מִ֩י אֲשֶׁ֨ר חָפֵ֥ץ בְּיוֹאָ֛ב וּמִ֥י אֲשֶׁרa־לְדָוִ֖ד אַחֲרֵ֥י יוֹאָֽב׃ 12 וַעֲמָשָׂ֛א מִתְגֹּלֵ֥ל ל . ה[12] . ל
בַּדָּ֖ם בְּת֣וֹךְ הַֽמְסִלָּ֑ה וַיַּ֨רְא הָאִ֜ישׁ כִּֽי־עָמַ֣ד כָּל־הָעָ֗ם וַיַּסֵּ֣ב אֶת־ ל בסיפ . ל בסיפ[13]
עֲמָשָׂ֨א מִן־הַֽמְסִלָּ֜ה הַשָּׂדֶ֗ה וַיַּשְׁלֵ֤ךְ עָלָיו֙ בֶּ֔גֶד כַּאֲשֶׁ֣ר רָאָ֔ה כָּל־הַבָּ֥א ל
13 עָלָ֖יו וְעָמָֽד׃ 13 כַּאֲשֶׁ֥ר הֹגָ֖ה מִן־הַֽמְסִלָּ֑ה עָבַ֤ר כָּל־אִישׁ֙ אַחֲרֵ֣י יוֹאָ֔ב ג[14] . ל
14 לִרְדֹּ֕ף אַחֲרֵ֖י שֶׁ֥בַע בֶּן־בִּכְרִֽי׃ 14 וַיַּעֲבֹ֞ר בְּכָל־שִׁבְטֵ֤י יִשְׂרָאֵל֙ אָבֵ֔לָה ל
וּבֵ֥ית מַעֲכָ֖ה וְכָל־הַבֵּרִ֑יםa ס b וַיִּקָּלֲה֖וּc וַיָּבֹ֥אוּ אַףd־אַחֲרָֽיו׃ יד זוגין[15] . ויקהלו ק
15 וַיָּבֹ֜אוּ וַיָּצֻ֣רוּ עָלָ֗יו בְּאָבֵ֙לָה֙ בֵּ֣יתa הַֽמַּעֲכָ֔ה וַיִּשְׁפְּכ֤וּ סֹֽלְלָה֙ אֶל־ ל . ל וחד מן יד[15] זוגין
הָעִ֔יר וַֽתַּעֲמֹ֖ד בַּחֵ֑לb וְכָל־הָעָם֙ אֲשֶׁ֣ר אֶת־יוֹאָ֔ב מַשְׁחִיתִ֖םc לְהַפִּ֥יל ה חס . נא מ״פ וכל ר״פ דכות ב מ ג . ח
16 הַחוֹמָֽה׃ 16 וַתִּקְרָ֛א אִשָּׁ֥ה חֲכָמָ֖ה מִן־הָעִ֑יר שִׁמְע֤וּ שִׁמְעוּ֙ אִמְרוּ־נָ֣א
17 אֶל־יוֹאָ֔ב קְרַ֣ב עַד־הֵ֔נָּה וַאֲדַבְּרָ֖ה אֵלֶֽיךָ׃ 17 וַיִּקְרַ֣ב אֵלֶ֔יהָ וַתֹּ֧אמֶר ה פת[16]
הָאִשָּׁ֛ה הַאַתָּ֥ה יוֹאָ֖ב וַיֹּ֣אמֶר אָ֑נִי וַתֹּ֣אמֶר ל֗וֹ שְׁמַע֙ דִּבְרֵ֣י אֲמָתֶ֔ךָ וַיֹּ֖אמֶר ב
18 שֹׁמֵ֥עַ אָנֹֽכִי׃ 18 וַתֹּ֖אמֶר לֵאמֹ֑ר דַּבֵּ֨ר יְדַבְּר֤וּ בָרִאשֹׁנָה֙ לֵאמֹ֔ר שָׁאֹ֥ל כב[17] . ב[18]
19 יְשָׁאֲל֛וּ בְּאָבֵ֖ל aוְכֵ֥ן הֵתַֽמּוּa׃ 19 אָנֹכִ֕י שְׁלֻמֵ֖י אֱמוּנֵ֣יa יִשְׂרָאֵ֑ל אַתָּ֣ה ג חס בליש[14] . ל ומל
מְבַקֵּשׁ֙ לְהָמִ֨ית עִ֤יר וְאֵם֙ בְּיִשְׂרָאֵ֔ל לָ֥מָּה תְבַלַּ֖ע נַחֲלַ֥ת יְהוָֽה׃ פ ל
20 וַיַּ֥עַן יוֹאָ֖ב וַיֹּאמַ֑ר חָלִ֤ילָה חָלִ֙ילָה֙a לִ֔י אִם־אֲבַלַּ֖ע וְאִם־אַשְׁחִֽית׃ צא . ל
21 לֹא־כֵ֣ן הַדָּבָ֗ר כִּ֡י אִ֣ישׁ מֵהַ֣ר אֶפְרַ֡יִם שֶׁ֣בַע בֶּן־בִּכְרִי֩ שְׁמ֨וֹ נָשָׂ֤א יָדוֹ֙ ב ר״פ בסיפ . יט[19] . ח חס את[20]
בַּמֶּ֣לֶךְ בְּדָוִ֔דa תְּנוּ־אֹת֣וֹ לְבַדּ֔וֹ וְאֵלְכָ֖ה מֵעַ֣ל הָעִ֑יר וַתֹּ֤אמֶר הָֽאִשָּׁה֙
22 אֶל־יוֹאָ֔ב הִנֵּ֥ה רֹאשׁ֛וֹ מֻשְׁלָ֥ךְ אֵלֶ֖יךָ בְּעַ֥ד הַחוֹמָֽה׃ 22 וַתָּב֨וֹא הָאִשָּׁ֜ה לב בנביא כ מנה בסיפ . ל וחס . י מל בנביא
אֶל־כָּל־הָעָם֮ בְּחָכְמָתָהּa֒ וַיִּכְרְת֞וּ אֶת־רֹ֨אשׁ שֶׁ֤בַע בֶּן־בִּכְרִי֙ וַיַּשְׁלִ֣כוּ
אֶל־יוֹאָ֔ב וַיִּתְקַע֙ בַּשּׁוֹפָ֔רb וַיָּפֻ֥צוּ מֵעַל־הָעִ֖יר אִ֣ישׁ לְאֹהָלָ֑יו וְיוֹאָ֛ב ג חס . ב חס
שָׁ֥ב יְרוּשָׁלַ֖͏ִם אֶל־הַמֶּֽלֶךְ׃ ס
23 וְיוֹאָ֕ב אֶ֥לa כָּל־הַצָּבָ֖א יִשְׂרָאֵ֑לb וּבְנָיָה֙ בֶּן־יְה֣וֹיָדָ֔ע עַל־הַכְּרֵ֖יc ז וכל עזרא דכות[21] . הכרתי חד מן יא[22] קר ת ק

[12]Mm 4233. [13]Mm 4083. [14]Mp sub loco. [15]Mm 565. [16]Mm 710. [17]Mm 1743. [18]Mm 1829 lectio def contra textum. [19]Mm 436. [20]Mm 1830. [21]Mm 1831. [22]Mm 3675.

11 a > 𝔔 ‖ **14** a 𝔊 ἐν Χαρρει, 𝔖𝔗 *brjn*, 𝔖^Bar Hebr (explicitum:) castella, 𝔙 *electi* ‖ b mlt Mss ℭ om interv ‖ c mlt Mss ut Q cf Vrs ‖ d > pc Mss 𝔊𝔖 ‖ **15** a pc Mss וב׳ cf 𝔊^Mss 𝔖𝔗𝔙 ‖ b 𝔖 *b'wlṣn'* ‖ c 𝔊 (ἐν)ενοοῦσαν, 𝔗 *mt'štjn* ‖ **18** a–a 𝔊 *καὶ ἐν Δαν εἰ ἐξέλιπον/εν* (19) *ἃ ἔθεντο οἱ πιστοὶ τοῦ Ισραηλ* + mlt vb ex duplice versione, 𝔏^91.93.94 *et in Dan dicentes*, 𝔗 *(lmš'l ...) 'm mšlmjn* ‖ **19** a ו add ‖ **20** a > pc Mss cf 𝔊^Mss 𝔏^93.94 𝔖 ‖ **21** a pc Mss cit ד׳ cf 𝔊𝔖𝔙 ‖ **22** a 𝔊 pr *καὶ ἐλάλησεν πρὸς πᾶσαν τὴν πόλιν* cf Ms ותאמר pro ותבוא, 𝔙 *et locuta est eis* ‖ b sic L mlt Mss, permlt Mss בשפר ‖ **23** a Ms^corr על cf 𝔊^Mss 𝔖𝔗𝔙 ‖ b > 2 Mss 𝔊^Mss cf 8,16 ‖ c mlt Mss ut Q cf Vrs (> 𝔊^L θ').

24 וְעַל־הַפְּלֵתִֽי׃ 24 וַאֲדֹרָ֖םᵃ עַל־הַמַּ֑ס וִיהוֹשָׁפָ֥ט בֶּן־אֲחִיל֖וּד הַמַּזְכִּֽיר׃ ב̇
25 26 25 וּשְׁיָ֣אᵃ סֹפֵ֑ר וְצָד֥וֹק וְאֶבְיָתָ֖ר כֹּהֲנִֽים׃ 26 וְגַ֗ם עִירָא֙ הַיָּ֣אִרִ֔יᵃ הָיָ֥ה ושוא[23] ק̇ . ד̇ . ד̇ ר״פ בסיפ̇ . ל̇
כֹהֵ֖ן לְדָוִֽד׃ ס

21 21 1 וַיְהִ֣י רָעָ֣ב בִּימֵ֣י דָוִ֡ד שָׁלֹ֣שׁ שָׁנִ֡ים שָׁנָה֩ אַחֲרֵ֨י שָׁנָ֜ה וַיְבַקֵּ֤שׁ
דָּוִד֙ אֶת־פְּנֵ֣י יְהוָ֔ה סᵃ וַיֹּ֣אמֶר יְהוָ֗ה אֶל־ᵇשָׁאוּל֙ וְאֶל־ᶜבֵּ֣יתᵈ
2 הַדָּמִ֔ים עַל־אֲשֶׁר־הֵמִ֖ית אֶת־הַגִּבְעֹנִֽים׃ 2 וַיִּקְרָ֥א הַמֶּ֛לֶךְ לַגִּבְעֹנִ֖ים
וַיֹּ֣אמֶר אֲלֵיהֶ֑ם וְהַגִּבְעֹנִ֗ים לֹ֣א מִבְּנֵ֤י יִשְׂרָאֵל֙ הֵ֔מָּה כִּ֚י אִם־מִיֶּ֣תֶר ל̇
הָאֱמֹרִ֔י וּבְנֵ֤י יִשְׂרָאֵל֙ נִשְׁבְּע֣וּ לָהֶ֔ם וַיְבַקֵּ֣שׁ שָׁא֗וּל לְהַכֹּתָם֙ בְּקַנֹּאת֔וֹ ה̇ וכל ר״פ דכות[1]
3 לִבְנֵֽי־יִשְׂרָאֵ֖ל וִיהוּדָֽה׃ 3 וַיֹּ֤אמֶר דָּוִד֙ אֶל־הַגִּבְעֹנִ֔ים מָ֥ה אֶעֱשֶׂ֖ה לָכֶ֑ם
4 וּבַמָּ֣ה אֲכַפֵּ֔ר וּבָרְכ֖וּ אֶת־נַחֲלַ֥ת יְהוָֽה׃ 4 וַיֹּ֨אמְרוּ ל֜וֹ הַגִּבְעֹנִ֗ים אֵֽין־ ל̇[2] . ב̇[3] . ה̇[4] מ״פ אין ואין וכל ר״פ דכות ב מ ב
לִ֨יᵃ כֶּ֤סֶף וְזָהָב֙ עִם־שָׁא֣וּל וְעִם־בֵּית֔וֹ וְאֵֽין־לָ֣נוּ אִ֔ישׁ לְהָמִ֖ית בְּיִשְׂרָאֵ֑ל לנו ק̇ . ב̇
5 וַיֹּ֥אמֶר מָֽה־אַתֶּ֥ם אֹמְרִ֖ים אֶעֱשֶׂ֥ה לָכֶֽם׃ 5 וַיֹּֽאמְרוּ֙ אֶל־הַמֶּ֔לֶךְ הָאִ֙ישׁ֙
אֲשֶׁ֣ר כִּלָּ֔נוּ וַאֲשֶׁ֥ר דִּמָּה־לָ֖נוּ נִשְׁמַ֕דְנוּ מֵהִתְיַצֵּ֖ב בְּכָל־גְּבֻ֥ל יִשְׂרָאֵֽל׃ ל̇ . ל̇ . ל̇ . ב̇ . ט̇ חס
6 6 יֻתַּן־ᵃלָ֜נוּ שִׁבְעָ֤ה אֲנָשִׁים֙ מִבָּנָ֔יו וְהוֹקַֽעֲנוּם֙ לַֽיהוָ֔ה בְּגִבְעַ֥תᵇ שָׁא֖וּל יתן ק̇ וחד מן ז̇[5] בליש̇ . ל̇ ומל̇
בְּחִ֣יר יְהוָ֑ה סᶜ וַיֹּ֥אמֶר הַמֶּ֖לֶךְ אֲנִ֥י אֶתֵּֽן׃ 7 וַיַּחְמֹ֣ל הַמֶּ֔לֶךְ עַל־ ס לג
מְפִי־בֹ֖שֶׁתᵃ בֶּן־יְהוֹנָתָ֣ן בֶּן־שָׁא֑וּל עַל־ᵇשְׁבֻעַ֤ת יְהוָה֙ אֲשֶׁ֣ר בֵּֽינֹתָ֔ם בֵּ֣ין ה̇[6]
8 דָּוִ֔ד וּבֵ֖ין יְהוֹנָתָ֥ן בֶּן־שָׁאֽוּל׃ 8 וַיִּקַּ֣ח הַמֶּ֡לֶךְ אֶת־שְׁנֵי֩ בְּנֵ֨י רִצְפָּ֤ה בַת־ יח̇ פסוק את ואת ואת
אַיָּה֙ אֲשֶׁ֣ר יָלְדָ֣ה לְשָׁא֔וּל אֶת־אַרְמֹנִ֖י וְאֶת־מְפִבֹ֑שֶׁתᵃ וְאֶת־חֲמֵ֗שֶׁת בְּנֵי֙ ל̇ . ב̇ חס[7] . ל̇ וחס
מִיכַ֣לᵇ בַּת־שָׁא֔וּל אֲשֶׁ֥ר יָלְדָ֛ה לְעַדְרִיאֵ֥לᶜ בֶּן־בַּרְזִלַּ֖י הַמְּחֹלָתִֽי׃ ב̇ . ב̇ וחס
9 9 וַֽיִּתְּנֵ֞ם בְּיַ֣ד הַגִּבְעֹנִ֗ים וַיֹּקִיעֻ֥ם בָּהָ֛ר לִפְנֵ֥י יְהוָ֖ה וַיִּפְּל֣וּ שְׁבַעְתָּ֣יִםᵃ יָ֑חַד שבעתם ק̇ ל̇ וכת̇ כן . חד מן ג̇[8] מילין יתיר י̇ מ״ת
10 וְהֵ֗םᵇ הֻמְת֞וּ בִּֽימֵ֤י קָצִיר֙ בָּרִאשֹׁנִ֔יםᶜ תְּחִלַּ֖תᵈ קְצִ֥יר שְׂעֹרִֽים׃ 10 וַתִּקַּ֣ח והמה ק̇ . בתחלת ק̇ . חד מן ו̇[9] בליש̇

[23]Mm 832. **Cp 21** [1]Mm 470. [2]Mm 96. [3]Mm 1832. [4]Mm 1269. [5]Mm 723. [6]Mm 1833. [7]Mm 1820. [8]Mm 4257. [9]Mm 1834.

24 ᵃ Ms cit ואדונירם cf 𝔊$^{-L}$𝔖 et 1R 12,18 ‖ **25** ᵃ mlt Mss ut Q; 𝔊$^{-BAMs}$ *καὶ σουσα* cf 𝔏$^{93.94}$𝔗^{ed} *wšwš'*, 𝔗^{f} *wšjš'* cf 1R 4,3, 𝔖 *wšrj'* cf 8,17 ‖ **26** ᵃ 𝔊^{L}σ' (?) *ὁ Ιεθερ* cf 𝔖 *jt(j)r* et 23,38 ‖ **Cp 21,1** ᵃ mlt Mss om interv ‖ ᵇ Ms citt על cf Vrs ‖ ᶜ 2 Mss citt ועל cf Vrs ‖ ᵈ 𝔊 + *αὐτοῦ* cf 𝔙 ‖ **4** ᵃ nonn Mss ut Q cf Vrs; nonn Mss לו ‖ **6** ᵃ mlt Mss ut Q; 𝔔 ונתתם ‖ ᵇ 𝔊α'σ' *ἐν Γαβαων*, sed cf 1S 11,4 15,34 ‖ ᶜ mlt Mss om interv ‖ **7** ᵃ cf 4,4ᵇ ‖ ᵇ pc Mss ועל ‖ **8** ᵃ mlt Mss מפיבשת ‖ ᵇ 2 Mss מ(י)רב cf 𝔊^{Mss}, 𝔖 *ndb*, 𝔗 *mjrb drbj't mjkl* ex 1S 18,19 ‖ ᶜ pc Mss cit לעזרי cf 𝔊^{Mss}𝔖 ‖ **9** ᵃ nonn Mss ut Q cf Vrs ‖ ᵇ nonn Mss ut Q ‖ ᶜ pc Mss שנה–; 𝔊^{L} *ζειῶν* = זו? cf 1R 6,1.37 ‖ ᵈ mlt Mss ut Q cf Vrs.

רִצְפָּה בַת־אַיָּה אֶת־הַשַּׂק וַתַּטֵּהוּ לָהּ אֶל־[a]הַצּוּר מִתְּחִלַּת[b] קָצִיר עַד ג[10]
נִתַּךְ־מַיִם עֲלֵיהֶם מִן־הַשָּׁמָיִם וְלֹא־נָתְנָה עוֹף הַשָּׁמַיִם לָנוּחַ עֲלֵיהֶם ג[11]
11 יוֹמָם וְאֶת־חַיַּת הַשָּׂדֶה לָיְלָה׃ 11 וַיֻּגַּד[a] לְדָוִד אֵת אֲשֶׁר־עָשְׂתָה כד[12]
12 רִצְפָּה בַת־אַיָּה פִּלֶגֶשׁ שָׁאוּל[b]׃ 12 וַיֵּלֶךְ דָּוִד וַיִּקַּח אֶת־עַצְמוֹת ב חס
שָׁאוּל וְאֶת־עַצְמוֹת יְהוֹנָתָן בְּנוֹ מֵאֵת בַּעֲלֵי יָבֵישׁ גִּלְעָד אֲשֶׁר גָּנְבוּ ז[13]
אֹתָם מֵרְחֹב[a] בֵּית־שַׁן[b] אֲשֶׁר תְּלָוּם[c] [d]שָׁם הַפְּלִשְׁתִּים[d] בְּיוֹם הַכּוֹת ב חס בליש[14]. תלאום ק. שמה פלשתים ק
13 פְּלִשְׁתִּים אֶת־שָׁאוּל בַּגִּלְבֹּעַ׃ 13 וַיַּעַל מִשָּׁם אֶת־עַצְמוֹת שָׁאוּל וְאֶת־ ז[13]
14 עַצְמוֹת יְהוֹנָתָן בְּנוֹ וַיַּאַסְפוּ אֶת־עַצְמוֹת הַמּוּקָעִים׃ 14 וַיִּקְבְּרוּ אֶת־ ו[15]. ל ומל
עַצְמוֹת־שָׁאוּל וִיהוֹנָתָן־[a]בְּנוֹ[b] בְּאֶרֶץ בִּנְיָמִן בְּצֵלָע בְּקֶבֶר קִישׁ אָבִיו ל
וַיַּעֲשׂוּ כֹּל[c] אֲשֶׁר־צִוָּה הַמֶּלֶךְ וַיֵּעָתֵר אֱלֹהִים לָאָרֶץ אַחֲרֵי־כֵן׃ פ ל. ה. ל
15 וַתְּהִי־עוֹד מִלְחָמָה לַפְּלִשְׁתִּים אֶת־יִשְׂרָאֵל וַיֵּרֶד דָּוִד וַעֲבָדָיו ב בסיפ
16 עִמּוֹ וַיִּלָּחֲמוּ אֶת־פְּלִשְׁתִּים וַיָּעַף דָּוִד׃ 16 וְיִשְׁבּוֹ[a] בְּנֹב אֲשֶׁר ׀ בִּילִידֵי וישבי ק. חד מן מח[16] כת ו וקר י
הָרָפָה וּמִשְׁקַל קֵינוֹ שְׁלֹשׁ מֵאוֹת מִשְׁקַל נְחֹשֶׁת וְהוּא חָגוּר[b] חֲדָשָׁה ל
17 וַיֹּאמֶר לְהַכּוֹת אֶת־דָּוִד׃ 17 וַיַּעֲזָר־לוֹ אֲבִישַׁי בֶּן־צְרוּיָה וַיַּךְ אֶת־
הַפְּלִשְׁתִּי וַיְמִיתֵהוּ אָז נִשְׁבְּעוּ אַנְשֵׁי־דָוִד לוֹ[a] לֵאמֹר לֹא־תֵצֵא עוֹד[b] ב חס בסיפ[17]. ד
18 אִתָּנוּ לַמִּלְחָמָה[c] וְלֹא תְכַבֶּה אֶת־נֵר יִשְׂרָאֵל׃ פ 18 וַיְהִי אַחֲרֵי־ ל
כֵן וַתְּהִי־עוֹד הַמִּלְחָמָה בְּגוֹב[a] עִם־פְּלִשְׁתִּים אָז הִכָּה סִבְּכַי הַחֻשָׁתִי ב. ה חס
19 אֶת־סַף אֲשֶׁר בִּילִדֵי הָרָפָה׃ פ 19 וַתְּהִי־עוֹד הַמִּלְחָמָה בְּגוֹב[a] ב חס. ב
עִם־פְּלִשְׁתִּים וַיַּךְ אֶלְחָנָן בֶּן־יַעְרֵי[b] אֹרְגִים בֵּית הַלַּחְמִי אֵת גָּלְיָת ל
20 הַגִּתִּי וְעֵץ[c] חֲנִיתוֹ כִּמְנוֹר אֹרְגִים׃ ס 20 וַתְּהִי־עוֹד מִלְחָמָה בְּגַת ב בסיפ

[10]Mm 1835. [11]Mm 431. [12]Mm 2228. [13]Mm 1836. [14]Mp sub loco. [15]Mm 399. [16]Mm 3811. [17]Mp contra textum, cf Mm 2137 et Mp sub loco.

10 [a] Ms citt על cf $\mathfrak{G}^{Mss}\mathfrak{S}\mathfrak{T}\mathfrak{V}$ ‖ [b] Ms cit בְּתְ׳ cf $\mathfrak{G}^{-L}$ ‖ **11** [a] $\mathfrak{G}^{L}\mathfrak{L}^{93.94}$ pr mlt vb cf $\mathfrak{G}$ 16(?) ‖ [b] $\mathfrak{G}$ + mlt vb cf $\mathfrak{G}$ 16(?) ‖ **12** [a] $\mathfrak{G}^{Mss}$ *ἀπὸ τοῦ τείχους* cf $\mathfrak{T}$ ex 1S 31,12 ‖ [b] pc Mss שְׁאָן cf Jdc 1,27 ‖ [c] nonn Mss ut Q ‖ [d–d] nonn Mss ut Q ‖ **14** [a] nonn Mss ואת עצמות יה׳ cf $\mathfrak{G}^{LpMs}\mathfrak{T}^{Ms}$ ‖ [b] > $\mathfrak{G}^{L}\mathfrak{S}^{AB}$; $\mathfrak{G}$ + *καὶ (τὰ ὀστᾶ) (πάντων) τῶν ἡλιασθέντων τῶν …* ‖ [c] mlt Mss ככל cf $\mathfrak{G}^{L}\mathfrak{T}^{f}$ ‖ **16** [a] mlt Mss ut Q cf $\mathfrak{G}\mathfrak{T}\mathfrak{V}$ *(Jesbidenob)*, $\mathfrak{S}$ (15 *wdḥl[w] dwjd*) *wjwʼb wʼbjšj* cf 17; $\mathfrak{G}^{LMss}$ alit ‖ [b] $\mathfrak{L}^{94}$ + *spata*, $\mathfrak{S}$ + *spsrʼ*, $\mathfrak{T}$ + *ʼspnjqj*, $\mathfrak{V}$ + *ense* ‖ **17** [a] > Q[e silentio] pc Mss citt $\mathfrak{G}\mathfrak{T}^{Ms}\mathfrak{V}$ ‖ > [b] Ms citt $\mathfrak{S}\mathfrak{V}^{Mss}$ ‖ [c] mlt Mss במ׳ cf $\mathfrak{T}^{Mss}$ ‖ **18** [a] mlt Mss בנוב cf 16.19[a], $\mathfrak{G}$ *ἐν Γεθ* cf $\mathfrak{S}$ et 20, $\mathfrak{G}^{Mss}$ *ἐν Γαρζελ* cf $\mathfrak{L}^{93.94}$ et 1Ch 20,4 ‖ **19** [a] mlt Mss בנוב cf 16.18[a], $\mathfrak{G}$ *Ρομ/β*; > $\mathfrak{S}$ ‖ [b] permlt Mss ר min ‖ [c] 2 Mss וחץ ex 1S 17,7.

מדון[18] ק — וַיְהִי | אִישׁ מָדוֹן[a] וְאֶצְבְּעֹת יָדָיו וְאֶצְבְּעֹת רַגְלָיו שֵׁשׁ וָשֵׁשׁ עֶשְׂרִים

כג[19] פסוק וגם ובתר תלת מילין . ז[20] . ד ב כת ה וב כת א — וְאַרְבַּע מִסְפָּר וְגַם־הוּא יֻלַּד לְהָרָפָה׃ 21 וַיְחָרֵף אֶת־יִשְׂרָאֵל וַיַּכֵּהוּ 21

שמעה ק — חד מן ו[21] כת י ס״ת וקר ה . ה חס — יְהוֹנָתָן[a] בֶּן־שִׁמְעֶי[b] אֲחִי דָוִד׃ 22 אֶת־אַרְבַּעַת אֵלֶּה יֻלְּדוּ 22

ד ב כת ה וב כת א — לְהָרָפָה בְּגַת וַיִּפְּלוּ בְיַד־דָּוִד וּבְיַד עֲבָדָיו׃ פ

ג חד באור חד בנביא וחד בכתיב[1] — 22 1 וַיְדַבֵּר דָּוִד לַיהוָה אֶת־דִּבְרֵי הַשִּׁירָה הַזֹּאת בְּיוֹם הִצִּיל 22

ב . ל . צא יט מנה ר״פ — יְהוָה אֹתוֹ מִכַּף כָּל־אֹיְבָיו וּמִכַּף[a] שָׁאוּל׃ 2 וַיֹּאמַר[a]

ד חס ול בליש . ב — יְהוָה סַלְעִי וּמְצֻדָתִי וּמְפַלְטִי־לִי׃ 3 אֱלֹהֵי[a] צוּרִי אֶחֱסֶה־בּוֹ

ל וחס . ל חס — מָגִנִּי וְקֶרֶן יִשְׁעִי מִשְׂגַּבִּי וּמְנוּסִי מֹשִׁעִי מֵחָמָס תֹּשִׁעֵנִי׃

ג וחס[2] . ל — 4 מְהֻלָּל אֶקְרָא יְהוָה וּמֵאֹיְבַי אִוָּשֵׁעַ׃

ד ג מל וחד חס[3] . ב חד חס וחד מל — 5 כִּי אֲפָפֻנִי מִשְׁבְּרֵי־[a]מָוֶת נַחֲלֵי[b] בְלִיַּעַל יְבַעֲתֻנִי׃

ל חס . ד ב חס וב מל[4] . ג חס בליש[5] — 6 חֶבְלֵי שְׁאוֹל סַבֻּנִי קִדְּמֻנִי מֹקְשֵׁי־מָוֶת׃

7 בַּצַּר־לִי אֶקְרָא יְהוָה וְאֶל־אֱלֹהַי אֶקְרָא

ג[6] — וַיִּשְׁמַע מֵהֵיכָלוֹ קוֹלִי וְשַׁוְעָתִי[a] בְּאָזְנָיו׃ [חָרָה לוֹ׃[d]

ויתגעש ק . ג[7] — 8 וַתִּגְעַשׁ[a] וַתִּרְעַשׁ הָאָרֶץ מוֹסְדוֹת[b] הַשָּׁמַיִם[c] יִרְגָּזוּ וַיִּתְגָּעֲשׁוּ כִּי־

יז[8] — 9 עָלָה עָשָׁן בְּאַפּוֹ וְאֵשׁ מִפִּיו תֹּאכֵל גֶּחָלִים בָּעֲרוּ מִמֶּנּוּ׃

ג[9] — 10 וַיֵּט שָׁמַיִם וַיֵּרַד וַעֲרָפֶל תַּחַת רַגְלָיו׃

ג וחס[10] . כ[11] — 11 וַיִּרְכַּב עַל־כְּרוּב וַיָּעֹף וַיֵּרָא[a] עַל־כַּנְפֵי־רוּחַ׃

ו[12] . ל[13] — 12 וַיָּשֶׁת חֹשֶׁךְ[a] סְבִיבֹתָיו סֻכּוֹת[b] חַשְׁרַת־[c]מַיִם עָבֵי שְׁחָקִים׃

13 מִנֹּגַהּ נֶגְדּוֹ בָּעֲרוּ גַּחֲלֵי־אֵשׁ׃

ד[5] . ב[5] . ב — 14 יַרְעֵם[a] מִן־שָׁמַיִם יְהוָה וְעֶלְיוֹן יִתֵּן קוֹלוֹ׃

[18] Mm 832. [19] Mm 1629. [20] Mm 357. [21] Mm 1344. **Cp 22** [1] Mm 4256. [2] Mm 1837. [3] Mm 1838. [4] Mm 1839. [5] Mp sub loco. [6] Mm 1840. [7] Mm 1841. [8] Mm 787. [9] Mm 1842. [10] Mm 1843. [11] Mm 1227. [12] Mm 3666. [13] Mm 1844.

20 [a] mlt Mss ut Q cf 𝔊$^{-L}$𝔖, σ' *πρόμετρος*, 𝔗 *mšḥn*, 𝔙 *excelsus* ‖ **21** [a] 𝔊^{Mss} *Ιωναδαβ* cf 𝔖 et 13,3 sqq ‖ [b] mlt Mss ut Q; pc Mss Q^{Mss} שמעא cf 𝔗^{f}, 𝔊^{Mss} *Σαμα(α)* cf 𝔖𝔙 ‖ **Cp 22,1** [a] nonn Mss ומיד cf Ps 18,1 ‖ **2** [a] 𝔊^{L}𝔖 + aliquot vb cf Ps 18,2 ‖ **3** [a] 𝔊$^{-Ms}$ *ὁ θεός μου* cf 𝔗𝔙 et Ps 18,3 ‖ **5** [a] pc Mss חבלי cf 𝔖 et Ps 18,5 ‖ [b] pc Mss ונ׳ cf 𝔊^{Mss}𝔖 ‖ **7** [a] 𝔖 + *qdmwhj 'lt* cf 𝔙 *veniet* et Ps 18,7 ‖ **8** [a] mlt Mss ut Q; mlt Mss ותת׳ ‖ [b] nonn Mss ומ׳ cf 𝔊𝔖𝔗^{Ms} et Ps 18,8 ‖ [c] 2 Mss cit הרים cf 𝔖 *(d)ṭwr'* (pl), 𝔙 *montium* et Ps 18,8 ‖ [d] 𝔊 *αὐτοῖς* cf 𝔖 ‖ **11** [a] permlt Mss וידא cf 𝔖𝔗𝔙 et Ps 18,11 ‖ **12** [a] 2 Mss + סתרו cf 𝔊𝔖 et Ps 18,12 ‖ [b] nonn Mss ס(ו)כו cf 𝔊𝔖 et Ps 18,12 סכתו ‖ [c] 𝔊$^{-L}$ *σκότος* (𝔊^{L} *ἐφείσατο* a חשך), 𝔖 *ḥšwk'* cf Ps 18,12 ‖ **14** [a] 𝔊^{Mss}𝔖 pr cop cf Ps 18,14.

15 וַיִּשְׁלַ֥חᵃ חִצִּ֖ים וַיְפִיצֵ֑ם בָּרָ֖ק וַיָּהֹֽםᵇ׃

16 וַיֵּֽרָאוּ֙ אֲפִקֵ֣י יָ֔םᵃ יִגָּל֖וּᵇ מֹסְד֣וֹת תֵּבֵ֑ל
בְּגַעֲרַ֣תᶜ יְהוָ֔ה מִנִּשְׁמַ֖ת ר֥וּחַ אַפּֽוֹ׃

17 יִשְׁלַ֥ח מִמָּר֖וֹם יִקָּחֵ֑נִיᵃ יַֽמְשֵׁ֖נִיᵇ מִמַּ֥יִם רַבִּֽים׃

18 יַצִּילֵ֔נִי מֵאֹיְבִ֖י עָ֑ז מִשֹּׂנְאַ֕יᵃ כִּ֥י אָמְצ֖וּ מִמֶּֽנִּי׃

19 יְקַדְּמֻ֖נִי בְּי֣וֹם אֵידִ֑י וַיְהִ֧י יְהוָ֛ה מִשְׁעָ֖ן לִֽי׃

20 וַיֹּצֵ֥א לַמֶּרְחָ֖ב אֹתִ֑י יְחַלְּצֵ֖נִיᵃ כִּֽי־חָ֥פֵֽץᵇ בִּֽי׃

21 יִגְמְלֵ֥נִי יְהוָ֖ה כְּצִדְקָתִ֑יᵃ כְּבֹ֥רᵇ יָדַ֖י יָשִׁ֥יב לִֽי׃

22 כִּ֥י שָׁמַ֖רְתִּי דַּ֣רְכֵי יְהוָ֑ה וְלֹ֥א רָשַׁ֖עְתִּי מֵאֱלֹהָֽי׃

23 כִּ֥י כָל־מִשְׁפָּטָ֖וᵃ לְנֶגְדִּ֑י וְחֻקֹּתָ֖יוᵇ לֹא־אָס֥וּרᶜ מִמֶּֽנָּהᵈ׃

24 וָאֶהְיֶ֥הᵃ תָמִ֖ים ל֑וֹᵇ וָֽאֶשְׁתַּמְּרָ֖ה מֵעֲוֺנִֽי׃

25 וַיָּ֧שֶׁב יְהוָ֛ה לִ֖י כְּצִדְקָתִ֑י כְּבֹרִ֖יᵃ לְנֶ֥גֶד עֵינָֽיוᵇ׃

26 עִם־חָסִ֖יד תִּתְחַסָּ֑ד עִםᵃ־גְּב֥וֹרᵇ תָּמִ֖ים תִּתַּמָּֽם׃

27 עִם־נָבָ֖ר תִּתָּבָ֑רᵃ וְעִםᵇ־עִקֵּ֖שׁ תִּתַּפָּֽלᶜ׃

28 וְאֶת־ᵃעַ֥ם עָנִ֖י תּוֹשִׁ֑יעַ ᵇוְעֵינֶ֥יךָᶜ · ᵈעַל־רָמִ֖יםᵇ תַּשְׁפִּֽיל׃

29 כִּֽי־אַתָּ֥ה נֵירִ֖יᵃ יְהוָ֑ה וַיהוָ֖הᵇ יַגִּ֥יהᶜ חָשְׁכִּֽי׃

30 כִּ֥י בְכָ֖ה אָר֣וּץ גְּד֑וּד בֵּאלֹהַ֖יᵃ אֲדַלֶּג־שֽׁוּר׃

31 הָאֵ֖ל תָּמִ֣ים דַּרְכּ֑וֹ אִמְרַ֤ת יְהוָה֙ צְרוּפָ֔ה

ל̇[21]

[14] Cf Mm 3222. [15] Mm 3223. [16] Mp sub loco. [17] Mm 3655. [18] Mm 1509. [19] Mm 1104. [20] Mm 1685. [21] Mm 3224. [22] Mm 964. [23] Mm 1845.

15 ᵃ 𝔊^{LpMs}𝔖^{ABy}𝔙 om cop ‖ ᵇ mlt Mss ut Q ‖ **16** ᵃ Ms מים cf 𝔖 et Ps 18,16 ‖ ᵇ 𝔊𝔖𝔙 pr cop cf Ps 18,16 ‖ ᶜ nonn Mss מִגְ׳ cf 𝔊^{L}𝔖𝔙 et Ps 18,16 מגערתך ‖ **17** ᵃ 𝔊𝔖^{BC}𝔙 pr cop ‖ ᵇ 𝔊^{L}𝔖 pr cop ‖ **18** ᵃ mlt Mss 𝔊^{LMs}𝔖 ומ׳ ‖ **19** ᵃ mlt Mss לְמ׳ cf Ps 18,19 ‖ **20** ᵃ 𝔊$^{-L}$𝔖 pr cop ‖ ᵇ mlt Mss חָפֵץ ‖ **21** ᵃ pc Mss קי– cf Ps 18,21 ‖ ᵇ 𝔊$^{-LB}$𝔖𝔙 pr cop ‖ **23** ᵃ mlt Mss ut Q cf Vrs et Ps 18,23; 2 Mss טי– ‖ ᵇ⁻ᵇ Ms תי ולא– ‖ ᶜ Ms אסיר cf 𝔖𝔙 et Ps 18,23 ‖ ᵈ pc Mss ני– cf 𝔊$^{-BAMs}$𝔖𝔙 et Ps 18,23, nonn Mss נו–, 𝔊 ἀπ' αὐτῶν cf 𝔗 ‖ **24** ᵃ 2 Mss ואהי cf Ps 18,24 ‖ ᵇ 2 Mss עמו cf 𝔊^{LMss}𝔖𝔙 et Ps 18,24 ‖ **25** ᵃ 𝔊(𝔖𝔙) *καὶ κατὰ τὴν καθαριότητα τῶν χειρῶν μου* cf 21 et Ps 18,25 ‖ ᵇ mlt Mss ני– cf 𝔊^{Ms} ‖ **26** ᵃ mlt Mss ועם cf 𝔊𝔖𝔙 ‖ ᵇ pc Mss גבר cf 𝔊𝔖 et Ps 18,26 גְּבַר ‖ **27** ᵃ pc Mss ברר– cf Ps 18,27 ‖ ᵇ pc Mss עם ‖ ᶜ 2 Mss פתל– cf Ps 18,27 ‖ **28** ᵃ 𝔊^{Mss} *ὅτι σύ* cf 𝔖 *mtl d'nt* et Ps 18,28 ex 29 ‖ ᵇ⁻ᵇ pc Mss^{W} ועיניך על־רָמִים ‖ ᶜ 𝔊𝔖 om suff cf Ps 18,28 ‖ ᵈ > 𝔊^{LMss}𝔖𝔙 cf Ps 18,28 ‖ **29** ᵃ mlt Mss pr תאיר cf 𝔊^{Mss}𝔖 et Ps 18,29 ‖ ᵇ Ms + אלהי ‖ ᶜ 𝔊^{L}𝔙 2 sg ‖ **30** ᵃ mlt Mss ובּ׳ cf 𝔊𝔖𝔗^{Mss} et Ps 18,30.

מָגֵ֣ן ה֔וּא לְכֹ֖ל הַחֹסִ֥ים בּֽוֹ׃

32 כִּ֥י מִי־אֵ֖ל מִבַּלְעֲדֵ֣י יְהוָ֑ה וּמִ֥י צ֖וּר מִבַּלְעֲדֵ֥י אֱלֹהֵֽינוּ׃

33 הָאֵ֖ל מָעוּזִּ֣יa חָ֑יִל וַיַּתֵּ֥רb תָּמִ֖ים דַּרְכּֽוֹc׃ — ב[24]. דרכי ק חד מן מח[25] כת ו וקר י

34 מְשַׁוֶּ֥ה רַגְלָ֖יוa כָּאַיָּל֑וֹת וְעַלb בָּמוֹתַ֖יc יַעֲמִדֵֽנִי׃ — רגלי ק. ג ב מל וחד חס[26]

35 מְלַמֵּ֥ד יָדַ֖י לַמִּלְחָמָ֑ה וְנִחַתa קֶֽשֶׁת־נְחוּשָׁ֖ה זְרֹעֹתָֽי׃ — כב[27]. ב חד חס וחד מל

36 וַתִּתֶּן־לִ֖י מָגֵ֣ן יִשְׁעֶ֑ךָa וַעֲנֹתְךָ֖b תַּרְבֵּֽנִי׃ — ל

37 תַּרְחִ֥יב צַעֲדִ֖י תַּחְתֵּ֑נִי וְלֹ֥א מָעֲד֖וּ קַרְסֻלָּֽי׃ — ג. ב וחס

38 אֶרְדְּפָ֥ה אֹיְבַ֖י וָאַשְׁמִידֵ֑ם וְלֹ֥א אָשׁ֖וּב עַד־כַּלּוֹתָֽם׃ — ד[28]

39 aוָאֲכַלֵּ֧ם וָאֶמְחָצֵ֛םa וְלֹ֥א יְקוּמ֖וּןb וַֽיִּפְּל֖וּc תַּ֥חַת רַגְלָֽי׃ — ל[29]. ל. ז[30]

40 וַתַּזְרֵ֥נִיa חַ֖יִל לַמִּלְחָמָ֑ה תַּכְרִ֥יעַb קָמַ֖י תַּחְתֵּֽנִי׃ — יא[31] מילין דלא מפק א ול[32] חס בליש. ג

41 וְאֹ֣יְבַ֔י תַּ֥תָּה לִּ֖י עֹ֑רֶף aמְשַׂנְאַ֖י וָאַצְמִיתֵֽםab׃ — ל. ל

42 יִשְׁע֖וּa וְאֵ֣ין מֹשִׁ֑יעַ אֶל־יְהוָ֖ה וְלֹ֥א עָנָֽם׃ — ב[33]. ל חס

43 וְאֶשְׁחָקֵ֖ם כַּעֲפַר־אָ֑רֶץa כְּטִיט־חוּצ֥וֹת אֲדִקֵּ֖םb אֶרְקָעֵֽםc׃ — ג[34]. ל[35]. ל

44 וַתְּפַלְּטֵ֔נִיa מֵרִיבֵ֖י עַמִּ֑יb — ג סביר עמים וקר עמי[36]

תִּשְׁמְרֵ֙נִי֙c לְרֹ֣אשׁ גּוֹיִ֔ם עַ֥ם לֹא־יָדַ֖עְתִּי יַעַבְדֻֽנִי׃ — כד. ג

45 aבְּנֵ֣י נֵכָ֔ר יִתְכַּחֲשׁוּb־לִ֑י לִשְׁמ֥וֹעַc אֹ֖זֶן יִשָּׁ֥מְעוּ לִֽי׃ — ל. ד מל[37]. כה

[24]Mm 1846. [25]Mm 3811. [26]Mm 3124. [27]Mm 1104. [28]Mm 1847. [29]Mm 595. [30]Mm 2302. [31]Mm 4069 contra textum, lect Mm frt inc. [32]Mm 331. [33]Mm 1848. [34]Mm 3055. [35]Mm 1849. [36]Mm 3435. [37]Mm 4164.

33 a 𝔔 מאזרני cf 𝔊^{L}𝔖𝔙 et Ps 18,33 ‖ b Ms (?) ויתן cf 𝔊^{Mss}𝔖 et Ps 18,33 ‖ c mlt Mss ut Q cf 𝔊$^{-Ms}$𝔖𝔗𝔙 et Ps 18,33 ‖ **34** a mlt Mss ut Q cf Vrs et Ps 18,34; nonn Mss K(?) –לו ‖ b pc Mss על ‖ c Ms –תיו, 𝔊 *τὰ ὕψη(λα)*, 𝔖^{C} *rwm'* (sg), 𝔖^{AB} *rwmj* (sg) ‖ **35** a Ms חתת– cf 𝔊^{L} *οὐκ ἠσθένησε* et 1S 2,4 ‖ **36** a 𝔊 suff 1 sg cf 𝔗^{f}; 𝔖^{C} om suff cf 𝔖 Ps 18,36 ‖ b nonn Mss וענְותך ex Ps 18,36, 𝔊$^{-L}$ *ἡ ὑπακοή σου*, 𝔊^{L} *ἡ παιδ(ε)ία σου*, 𝔖 *wmwkkk*, 𝔗 *wbmjmrk*, 𝔙 *et mansuetudo mea*; 𝔔 ועזרתך ‖ **39** a–a 𝔊𝔖 om alterum verb; 𝔔 אמחןצם ut Ps 18,39 ‖ b 𝔖 pr *nškhwn*, 𝔗 pr *jkjlw* cf Ps 18,39 ‖ c 2 Mss יפ' cf 𝔖^{C}𝔙 (?) et Ps 18,39 ‖ **40** a pc Mss ותאז' cf Ps 18,40; 𝔊$^{-L}$ *καὶ ἐνισχύσεις με* cf Jes 45,5 a אזר, 𝔗 *ws'dtnj* a עזר ‖ b 𝔔𝔊^{Mss}𝔖 pr cop ‖ **41** a–a Ms ומ' אצ' cf 𝔊^{Ms} 𝔖 et Ps 18,41 ‖ b 𝔊$^{-L}$ 2 sg cf 𝔊 Hier Ps 18,41 ‖ **42** a Ms יְשַׁוְּעוּ cf Vrs et Ps 18,42 ‖ **43** a Ms pr על; 𝔔 ל[פני ארח; 𝔊^{L} *ἐπὶ πρόσωπον/υ ἀνέμου/ων* cf 𝔖 *'l 'pj rwḥ'* et Ps 18,43 ‖ b > pc Mss 𝔔; mlt Mss ארקם cf Ps 18,43 ‖ c > Ms 𝔊$^{-Ms}$𝔖 cf Ps 18,43; Ms 𝔙 (?) וא' ‖ **44** a Ms citt 𝔊^{Mss}𝔖𝔙 תפ' cf Ps 18,44 ‖ b pc Mss 𝔊^{L}𝔖𝔗 עם cf Ps 18,44, pc Mss Seb 𝔊𝔗^{Mss} עמים ‖ c Ms cit תשימני cf 𝔊^{L}𝔖𝔗 et Ps 18,44; 𝔊^{Ms}𝔖^{AB} pr cop ‖ **45** a 𝔔 > v a, 𝔊^{Mss}𝔖 v b ante v a cf Ps 18,45 ‖ b pc Mss יכ' cf Ps 18,45 ‖ c nonn Mss לְשֵׁמַע cf 𝔊𝔖𝔗$^{-Buxt}$; 𝔖^{ABcorrC} pr cop.

46 [a]בְּנֵי נֵכָר יִבֹּלוּ[b] וְיַחְגְּרוּ[c] מִמִּסְגְּרוֹתָם[a]׃ — ל̇ . ה̇[38] מל ול̇ בליש
47 חַי־יְהוָה וּבָרוּךְ צוּרִי וְיָרֻם אֱלֹהֵי צוּר[a] יִשְׁעִי׃ — ז̇[39]
48 הָאֵל הַנֹּתֵן נְקָמֹת לִי וּמוֹרִיד[a] עַמִּים תַּחְתֵּנִי׃ — ל̇ חס . ל̇ וחס[40] . ג̇
49 וּמוֹצִיאִי[a] מֵאֹיְבָי וּמִקָּמַי[b] תְּרוֹמְמֵנִי מֵאִישׁ[c] חֲמָסִים[d] תַּצִּילֵנִי[e]׃ — ל̇ . ל̇ . ד̇[41]
50 עַל־כֵּן אוֹדְךָ [a]יְהוָה בַּגּוֹיִם[a] וּלְשִׁמְךָ אֲזַמֵּר׃ — ל̇ . ב̇
51 מִגְדּוֹל[a] יְשׁוּעוֹת מַלְכּוֹ וְעֹשֶׂה־חֶסֶד לִמְשִׁיחוֹ — מגדול[42] ק̇ . ז̇ מל[43] . ד̇ ול̇ בסיפ[44] — סֹ לד
לְדָוִד וּלְזַרְעוֹ עַד־עוֹלָם׃ פ

23 1 וְאֵלֶּה דִּבְרֵי דָוִד הָאַחֲרֹנִים
נְאֻם דָּוִד בֶּן־יִשַׁי וּנְאֻם[a] הַגֶּבֶר [b]הֻקַם עָל[b] — ג̇[1] . ב̇ קמ̇[2]
מְשִׁיחַ אֱלֹהֵי יַעֲקֹב וּנְעִים זְמִרוֹת יִשְׂרָאֵל׃ — ד̇[3]
2 רוּחַ יְהוָה דִּבֶּר־בִּי וּמִלָּתוֹ עַל־לְשׁוֹנִי׃ — ה̇ בסיפ . ל̇
3 אָמַר אֱלֹהֵי יִשְׂרָאֵל[a] לִי[b] דִבֶּר צוּר יִשְׂרָאֵל — ל̇ . כח̇[4]
מוֹשֵׁל בָּאָדָם צַדִּיק מוֹשֵׁל יִרְאַת[c] אֱלֹהִים׃ — יד̇ מל . יד̇ מל . ג̇[5]
4 וּכְאוֹר[a] בֹּקֶר יִזְרַח־שָׁמֶשׁ בֹּקֶר לֹא עָבוֹת — כל חס ב̇ מ̇ ב̇ מל[6]
מִנֹּגַהּ מִמָּטָר[b] דֶּשֶׁא מֵאָרֶץ׃
5 כִּי־לֹא־כֵן בֵּיתִי עִם־אֵל כִּי בְרִית עוֹלָם שָׂם לִי[a] — ג̇ פסוק כי כי כי . יט̇[7]
עֲרוּכָה בַכֹּל וּשְׁמֻרָה — ז̇ דגש[8]
כִּי־כָל־יִשְׁעִי וְכָל־חֵפֶץ כִּי[b]־לֹא[c] יַצְמִיחַ׃
6 וּבְלִיַּעַל כְּקוֹץ מֻנָד כֻּלָּהַם כִּי־לֹא בְיָד יִקָּחוּ׃ — ב̇ . ו̇[9]
7 וְאִישׁ יִגַּע בָּהֶם יִמָּלֵא[a] בַרְזֶל וְעֵץ חֲנִית — ח̇[10]

38 Mm 1911. 39 Mm 1850. 40 Mp contra textum, cf Mp sub loco. 41 Mm 1851. 42 Mm 832. 43 Mm 1852. 44 Mp sub loco. **Cp 23** 1 Mm 2666. 2 Mm 3018. 3 Mm 2295. 4 Mm 2364. 5 Mm 134. 6 Mm 800. 7 Mm 436. 8 Mm 104. 9 Mm 1853. 10 Mm 1854.

46 [a–a] 𝔔 ...]לא יחגרו ממסרותם ‖ [b] Ms יכלו cf 𝔖, 𝔗 *jswpwn* ‖ [c] Ms ויגחרו ‖ **47** [a] > nonn Mss 𝔊^{Mss}𝔖 cf Ps 18,47 ‖ **48** [a] 𝔔 ומרדד cf 𝔊^{L}; Ms 𝔊^{Mss}𝔖^{C} 'מ; 𝔊$^{-L}$ *(καὶ) παιδεύων* ‖ **49** [a] 2 Mss 𝔖^{C} 'מ cf Ps 18,49 ‖ [b] pc Mss 'מ; 𝔖^{A} + *(w)'p (mn)* cf Ps 18,49 (𝔖 alit) ‖ [c] mlt Mss 𝔖$^{-B*}$ 'ומ ‖ [d] Ms 𝔙 sg cf Ps 18,49 ‖ [e] 𝔔 תנ]צרני cf Ps 140,2 ‖ **50** [a–a] pc Mss 𝔊^{LMss}𝔖 invers cf Ps 18,50 ‖ **51** [a] mlt Mss ut Q; Ps 18,51 Vrs ut K ‖ **Cp 23,1** [a] Ms citt 𝔊^{L}𝔏$^{93.94}$ (*fidelis a* אמן) 𝔖 'נ ‖ [b–b] 𝔔 הקים אל ‖ **3** [a] 𝔊^{L} *Ιακωβ* cf 𝔏$^{93.94}$ et 1 ‖ [b] > 2 Mss; 𝔖 pr cop; 𝔊^{L} *ἐν ἐμοί* cf 𝔏$^{93.94}$ ‖ [c] mlt Mss 'בְּי cf 𝔊^{L}𝔏$^{93.94}$𝔖𝔗𝔙 ‖ **4** [a] 𝔊^{L}𝔏$^{93.94}$𝔖𝔙 om cop ‖ [b] mlt Mss 𝔖 'ומ cf 𝔊$^{-L}$ *καὶ ὡς ἐξ ὑετοῦ*, 𝔊^{L} *ὡς ὑετὸς (ὡς β.)*, 𝔏$^{93.94}$ *quasi pluvia*, 𝔙 *et sicut pluviis* ‖ **5** [a] pc Mss לו ‖ [b] > pc Mss 𝔖𝔗 (?); pc Mss 'בי ‖ [c] > 𝔊^{L}𝔖 ‖ **7** [a] 𝔊^{L} *ἐὰν μή* cf 𝔏$^{93.94}$.

וּבָאֵשׁ שָׂרוֹף יִשָּׂרְפוּ בַּשָּׁבֶת׃ פ
8 אֵלֶּה[a] שְׁמוֹת הַגִּבֹּרִים אֲשֶׁר לְדָוִד [b]יֹשֵׁב בַּשֶּׁבֶת[b] תַּחְכְּמֹנִי[c] רֹאשׁ
הַשָּׁלִשִׁי[d] הוּא[e] [f]עֲדִינוֹ הָעֶצְנוֹ[fg] עַל־שְׁמֹנֶה מֵאוֹת חָלָל בְּפַעַם אֶחָד[h]׃
9 ס וְאַחֲרָו[a] אֶלְעָזָר בֶּן־דֹּדִי[b] בֶּן־אֲחֹחִי[c] בִּשְׁלֹשָׁה גִבֹּרִים[d]
עִם־דָּוִד[e] [f]בְּחָרְפָם בַּפְּלִשְׁתִּים[f] נֶאֶסְפוּ־[g]שָׁם לַמִּלְחָמָה וַיַּעֲלוּ אִישׁ
10 יִשְׂרָאֵל׃ הוּא[a] קָם וַיַּךְ בַּפְּלִשְׁתִּים עַד׀ כִּי־יָגְעָה יָדוֹ וַתִּדְבַּק יָדוֹ
אֶל־הַחֶרֶב וַיַּעַשׂ יְהוָה תְּשׁוּעָה גְדוֹלָה בַּיּוֹם הַהוּא וְהָעָם יָשֻׁבוּ אַחֲרָיו
11 אַךְ־לְפַשֵּׁט[b]׃ ס וְאַחֲרָיו שַׁמָּא[a] בֶן־אָגֵא הָרָרִי וַיֵּאָסְפוּ פְלִשְׁתִּים
לַחַיָּה[b] וַתְּהִי־שָׁם חֶלְקַת הַשָּׂדֶה מְלֵאָה עֲדָשִׁים וְהָעָם נָס מִפְּנֵי
12 פְלִשְׁתִּים׃ וַיִּתְיַצֵּב בְּתוֹךְ־הַחֶלְקָה וַיַּצִּילֶהָ וַיַּךְ אֶת־פְּלִשְׁתִּים
13 וַיַּעַשׂ יְהוָה תְּשׁוּעָה גְדוֹלָה׃ ס וַיֵּרְדוּ שְׁלֹשִׁים[a] [b]מֵהַשְּׁלֹשִׁים
רֹאשׁ[b] וַיָּבֹאוּ אֶל־קָצִיר[c] אֶל־דָּוִד אֶל־מְעָרַת עֲדֻלָּם וְחַיַּת[d] פְּלִשְׁתִּים
14 חֹנָה בְּעֵמֶק רְפָאִים׃ וְדָוִד אָז בַּמְּצוּדָה וּמַצַּב[a] פְּלִשְׁתִּים אָז בֵּית
15 לָחֶם׃ וַיִּתְאַוֶּה דָוִד וַיֹּאמַר מִי יַשְׁקֵנִי מַיִם מִבֹּאר[a] בֵּית־לֶחֶם אֲשֶׁר
16 בַּשָּׁעַר׃ וַיִּבְקְעוּ שְׁלֹשֶׁת הַגִּבֹּרִים בְּמַחֲנֵה פְלִשְׁתִּים וַיִּשְׁאֲבוּ־מַיִם
מִבֹּאר[a] בֵּית־לֶחֶם אֲשֶׁר בַּשַּׁעַר וַיִּשְׂאוּ וַיָּבִאוּ אֶל־דָּוִד וְלֹא אָבָה[b]
17 לִשְׁתּוֹתָם וַיַּסֵּךְ אֹתָם לַיהוָה׃ וַיֹּאמֶר חָלִילָה לִּי יְהוָה[a] מֵעֲשֹׂתִי[b]
זֹאת הֲדַם הָאֲנָשִׁים הַהֹלְכִים בְּנַפְשׁוֹתָם[c] וְלֹא אָבָה לִשְׁתּוֹתָם אֵלֶּה

ב[11]
ז ר״פ בנביא[12]. ה[13]. ל
ל. העצני ק חד מן מח[14] כת ו וקר י.
אחת ק חד מן ב[15] כת כן וקר וחד מן יא[16] קר ת
ואחריו ק. דדו ק חד מן ב[17] כת כן בליש.
הגברים ק חד מן יג[18] חס ה ר״ת בליש
הׄי
ז חס
ל. ל. יב
ל
ל[19]
שלשה ק. ל
ב וחס. ל
ל. צא. מח[20] כת א לא קר וחד מן ג כת כן
מח[20] כת א לא קר וחד מן ג כת כן. מג. לו
ג[21]. ל. ל
ב

[11] Mm 3088. [12] Mm 3164. [13] Mm 265. [14] Mm 3811. [15] Mm 1855. [16] Mm 3675. [17] 1 Ch 27,4. [18] Mm 1856. [19] Mm 4059. [20] Mm 898. [21] Mm 261.

8 [a] pc Mss citt 𝔊^Mss^𝔖𝔗^Ms^ 'ואֵ ‖ [b–b] 𝔊^-L^ *Ιεβοσθε*, 𝔊^L^ *Ιεσβααλ* cf 𝔏^93.94^ ‖ [c] Ms 'הַחַ cf 𝔙 *sapientissimus*, 𝔊^-L^ *ὁ Χαναναιος*, 𝔖 *qdmj' …* ‖ [d] mlt Mss השלישי cf 𝔊^-L^𝔖, 𝔊^L^ *τῶν τριῶν*, 𝔏^93.94^ *de tribus*, 𝔙 *inter tres* ‖ [e] pc Mss cit 'והִ ‖ [f–f] 2 Mss cit + הוא עורר את־חניתו cf 18; 1 Ch 11,11 et 𝔊^-LAMs^ ‖ [g] mlt Mss ut Q ‖ [h] nonn Mss ut Q ‖ **9** [a] mlt Mss ut Q ‖ [b] mlt Mss ut Q cf Vrs ‖ [c–c] 𝔙 *ahoi* ex 1 Ch 11,12 ‖ [d] mlt Mss ut Q ‖ [e–e] 𝔊^Mss^ pr *οὗτος ἦν* ex 1 Ch 11,13 ‖ [f–f] 𝔊 *(καὶ) ἐν τῷ ὀνειδίσαι αὐτὸν ἐν τοῖς ἀλλοφύλοις*, 𝔖 *kd ḥsdw 'nwn plštj'*, 𝔗 *kd ḥsjdw plšt'j*, 𝔙 *quando exprobraverunt philisthim* ‖ [g] 𝔊^Mss^ pr *καὶ οἱ ἀλλόφυλοι*, 𝔖𝔗𝔙 pr cop ‖ **10** [a] 𝔊^Mss^𝔖 'והַ ‖ [b] 𝔖 + *qtjl'* (pl) cf 𝔗𝔙 *caesorum* et 1 Ch 10,8 ‖ **11** [a] permlt Mss שמה cf 25.33 ‖ [b] 𝔊^L^ *ἐπὶ σιάγονα* cf Jdc 15,9, 𝔙 *in statione* cf 13 sq ‖ **13** [a] mlt Mss ut Q cf Vrs ‖ [b–b] 𝔊 om ראש; 𝔖 *mn gbr'* (pl), 𝔗 *mgbrj rjšj mšrjt'* cf 𝔗 18 ‖ [c] 𝔊^-L^ nom proprium, 𝔊^L^ *εἰς τὴν πέτραν* ‖ [d] 𝔊 *καὶ τάγμα(τα)*, 𝔗 *wmšrjt*, 𝔙 *castra autem* cf 11 ‖ **14** [a] 𝔖 *wrwrbn'* (pl), 𝔗 *w'jstrtjg* cf 1 Ch 11,16 ‖ **15** [a] nonn Mss Q^Mss^ מבו(ר) ‖ **16** [a] cf 15[a] ‖ [b] pc Mss + דוד cf 𝔊^L^ ‖ **17** [a] permlt Mss 'מִי cf 𝔊^L^𝔖𝔗 ‖ [b] pc Mss שות– cf 𝔊𝔗 ‖ [c] 𝔊 + *πίομαι*, 𝔙 + *et animarum periculum bibam.*

18 עָשׂוּ שְׁלֹשֶׁת הַגִּבֹּרִים׃ ס 18 וַאֲבִישַׁי אֲחִי ׀ יוֹאָב בֶּן־צְרוּיָה הוּא
רֹאשׁ הַשְּׁלֹשִׁי[a] וְהוּא עוֹרֵר אֶת־חֲנִיתוֹ עַל־שְׁלֹשׁ מֵאוֹת חָלָל [b]וְלוֹ־[c] השלשה ק חד מן ו[22] כת י ס״ת וקר ה
19 שֵׁם בַּשְּׁלֹשָׁה[b]׃ 19 מִן־הַשְּׁלֹשָׁה[a] הֲכִי[b] נִכְבָּד וַיְהִי לָהֶם לְשָׂר[c] וְעַד־ ב חד חס . ה[23] . ב
20 הַשְּׁלֹשָׁה לֹא־בָא[c]׃ ס 20 וּבְנָיָהוּ בֶן־יְהוֹיָדָע בֶּן־[a]אִישׁ־חַי[b] רַב־ חיל ק
פְּעָלִים מִקַּבְצְאֵל הוּא הִכָּה אֵת שְׁנֵי אֲרִאֵל[c] מוֹאָב וְהוּא יָרַד וְהִכָּה ל חס
21 אֶת־הָאֲרִיֵּה[d] בְּתוֹךְ הַבֹּאר[e] בְּיוֹם הַשָּׁלֶג׃ 21 וְהוּא־הִכָּה אֶת־אִישׁ הארי ק . מח[24] כת א לא קר וחד מן ג כת כן . לג ר״פ[25]
מִצְרִי אֲשֶׁר[a] מַרְאֶה וּבְיַד הַמִּצְרִי חֲנִית וַיֵּרֶד אֵלָיו בַּשָּׁבֶט וַיִּגְזֹל אֶת־ איש ק
22 הַחֲנִית מִיַּד הַמִּצְרִי וַיַּהַרְגֵהוּ בַּחֲנִיתוֹ׃ 22 אֵלֶּה עָשָׂה בְּנָיָהוּ בֶּן־ ז ר״פ בנביא[26]
23 יְהוֹיָדָע וְלוֹ־[a]שֵׁם[b] בִּשְׁלֹשָׁה[c] הַגִּבֹּרִים׃ 23 [a]מִן־הַשְּׁלֹשִׁים[b] נִכְבָּד וְאֶל־ ב
24 הַשְּׁלֹשָׁה לֹא־בָא[a] וַיְשִׂמֵהוּ דָוִד אֶל־מִשְׁמַעְתּוֹ[c]׃ ס 24 [a]עֲשָׂה־ ל
25 אֵל[a] אֲחִי־יוֹאָב בַּשְּׁלֹשִׁים [b]אֶלְחָנָן בֶּן־דֹּדוֹ בֵּית[c] לָחֶם[b]׃ 25 שַׁמָּה[a] ל בסיפ
26 הַחֲרֹדִי[b] [c]אֱלִיקָא הַחֲרֹדִי[cd]׃ ס 26 חֶלֶץ הַפַּלְטִי עִירָא בֶן־עִקֵּשׁ ב . ל . ב . ל
27 הַתְּקוֹעִי׃ ס 27 אֲבִיעֶזֶר הָעַנְּתֹתִי מְבֻנַּי[a] הַחֻשָׁתִי׃ ס ל וחס . ה חס
28 צַלְמוֹן הָאֲחֹחִי מַהְרַי הַנְּטֹפָתִי׃ ס 29 חֵלֶב[a] בֶּן־בַּעֲנָה הַנְּטֹפָתִי ל שם אנש
30 ס אִתַּי בֶּן־רִיבַי מִגִּבְעַת בְּנֵי בִנְיָמִן׃ ס 30 בְּנָיָהוּ פִּרְעָתֹנִי[a] ב . ב חס בליש
31 הִדַּי[b] מִנַּחֲלֵי גָעַשׁ׃ ס 31 אֲבִי־עַלְבוֹן הָעַרְבָתִי עַזְמָוֶת הַבַּרְחֻמִי׃ ל
ס 32 אֶלְיַחְבָּא הַשַּׁעַלְבֹנִי [a]בְּנֵי יָשֵׁן[a] יְהוֹנָתָן[b]׃ ס 33 שַׁמָּה[a] ב וחס
34 הַהֲרָרִי אֲחִיאָם בֶּן־שָׁרָר[b] הָאֲרָרִי[c]׃ ס 34 אֱלִיפֶלֶט בֶּן־אֲחַסְבַּי ג[27] . ל . ל[25] . ל
35 בֶּן[a]־הַמַּעֲכָתִי ס אֱלִיעָם בֶּן־אֲחִיתֹפֶל הַגִּלֹנִי׃ ס 35 חֶצְרַו[a] ב . חצרי ק חד מן מח[28] כת ו וקר י

[22] Mm 1344. [23] Mm 207. [24] Mm 898. [25] Mp sub loco. [26] Mm 3164. [27] Mm 1857. [28] Mm 3811.

18 [a] mlt Mss ut Q cf 𝔊𝔙; 2 Mss שלשים cf 𝔖 et 13[b].19[a], 𝔗 *(rjš) gbrj'* cf 13[b].19[a] ‖ [b–b] > 𝔖[ABC] ‖ [c] pc Mss ולא, cf 19.23 ‖ **19** [a] Ms השלשים cf 𝔖, 𝔗[Mss] *tlt' gbrj'* cf 18[a] ‖ [b] > 𝔊σ'𝔖𝔗𝔙; α' ὅτι ‖ [c–c] 𝔖 *wnṣḥn' 'jk tltjn 'bd hw'* cf 𝔖 22sq ‖ **20** [a] > 2 Mss 𝔊[-L]𝔖𝔗[Ms]𝔙 ‖ [b] mlt Mss ut Q cf 𝔖𝔙; 𝔊[-L] *αὐτός* ‖ [c] 𝔊 *υἱοὺς Αριηλ* cf 𝔏[gl], 𝔖 *gnbrjn*, 𝔗 *rbrbj*; 𝔙 *leones* ‖ [d] nonn Mss ut Q, sed cf Thr 3,10 ‖ [e] cf 15[a] ‖ **21** [a] mlt Mss ut Q cf 𝔊𝔖[-C]𝔗𝔙 ‖ **22** [a] pc Mss ולא cf 18.23 ‖ [b] 𝔖 + *wnṣḥn'* cf 19[c].23[a] ‖ [c] 𝔖 *btltjn* cf 18sq ‖ **23** [a–a] 𝔖 *wnṣḥn' 'jk (d)tltjn* (𝔖[C] + *gbrjn*) *'bd hw'* cf 19[c] ‖ [b] pc Mss השלשה cf 𝔊[-L] (𝔊[L] … *τριῶν αὐτῶν*) ‖ [c] 𝔊[L] *τὴν φυλακὴν αὐτοῦ* cf 𝔖 1Ch 11,25 ‖ **24** [a–a] permlt Mss עשהאל cf 3,27.30 ‖ [b–b] > 𝔖 ‖ [c] pc Mss מבית cf 𝔊[Mss]𝔗𝔙 ‖ **25** [a] nonn Mss 𝔗[f] שמא cf 11 ‖ [b] pc Mss החררי cf 𝔙 *arari* ‖ [c–c] > 𝔊[-Mss]𝔖 ‖ [d] 2 Mss החררי, Ms החדרי ‖ **27** [a] 𝔊[Mss] *σαβ-* cf 21,18 ‖ **29** [a] mlt Mss חלד cf 𝔗[f]𝔙 ‖ **30** [a] nonn Mss 'הפ ‖ [b] pc Mss חדי cf 𝔖 ‖ **32** [a–a] 𝔊[Mss] *βασαι ὁ γωυνι*, 𝔊[L] *ιασσαι ὁ γουνει* ‖ [b] 𝔊[Mss] + *υἱός* ‖ **33** [a] pc Mss שמא cf 25 ‖ [b] nonn Mss שרד cf 𝔊[A] *αραδ*, 𝔖 *'šdd*, 𝔊[L] *σαχαρω* cf 1Ch 11,35 ‖ [c] pc Mss Q[G] (ה)הררי cf 𝔗 (?), nonn Mss הארדי ‖ **34** [a] > 𝔊[Mss]𝔖 ‖ **35** [a] mlt Mss ut Q cf Vrs.

36 הַֽכַּרְמְלִ֔י פַּֽעֲרַ֖י הָאַרְבִּֽי׃[b] ס 36 יִגְאָ֤ל בֶּן־נָתָן֙ מִצֹּבָ֔ה ס בָּנִ֖י ל
37 הַגָּדִֽי׃ ס 37 צֶ֖לֶק הָעַמֹּנִ֑י ס נַחְרַי֙ הַבְּאֵ֣רֹתִ֔י נֹשְׂאֵ֕י[a] כְּלֵ֖י ל מפק א[29] . נשא ק . ג חס
38 יוֹאָ֥ב בֶּן־צְרֻיָֽה׃ ס 38 עִירָא֙ הַיִּתְרִ֔י[a] גָּרֵ֖ב הַיִּתְרִֽי׃[a] ס ג[30]
39 אֽוּרִיָּה֙ הַֽחִתִּ֔י כֹּ֖ל שְׁלֹשִׁ֥ים וְשִׁבְעָֽה׃ פ
24 24 1 וַיֹּ֙סֶף֙ אַף־יְהוָ֔ה לַחֲר֖וֹת בְּיִשְׂרָאֵ֑ל וַיָּ֨סֶת אֶת־דָּוִ֤ד בָּהֶם֙ כי . ל . ל
2 לֵאמֹ֔ר לֵ֛ךְ מְנֵ֥ה אֶת־יִשְׂרָאֵ֖ל וְאֶת־יְהוּדָֽה׃ 2 וַיֹּ֨אמֶר הַמֶּ֜לֶךְ אֶל־יוֹאָ֣ב ׀ ג[1]
שַׂר־[a]הַחַ֣יִל אֲשֶׁר־אִתּ֗וֹ שֽׁוּט־נָ֨א בְּכָל־שִׁבְטֵ֤י יִשְׂרָאֵל֙ מִדָּ֣ן וְעַד־בְּאֵ֣ר ל . ל
3 שֶׁ֔בַע וּפִקְד֖וּ אֶת־הָעָ֑ם וְיָ֣דַעְתִּ֔י אֵ֖ת מִסְפַּ֥ר הָעָֽם׃ ס 3 וַיֹּ֨אמֶר
יוֹאָ֜ב אֶל־הַמֶּ֗לֶךְ וְיוֹסֵף֩[a] יְהוָ֨ה אֱלֹהֶ֜יךָ אֶל־[b]הָעָ֤ם כָּהֵם֙ ׀ וְכָהֵם֙ מֵאָ֣ה ל[2] חד מן ד[3] בליש וכל אורית דכות ב מ ב וחד מן ג ב מלרע וחד מלעי
פְעָמִ֔ים וְעֵינֵ֥י אֲדֹנִֽי־הַמֶּ֖לֶךְ רֹא֑וֹת וַאדֹנִ֣י הַמֶּ֔לֶךְ לָ֥מָּה חָפֵ֖ץ בַּדָּבָ֥ר י . ה
4 הַזֶּֽה׃ 4 וַיֶּחֱזַ֤ק דְּבַר־הַמֶּ֙לֶךְ֙ אֶל־[a]יוֹאָ֔ב וְעַ֖ל שָׂרֵ֣י הֶחָ֑יִל וַיֵּצֵ֨א יוֹאָ֜ב הי[4] . ג
5 וְשָׂרֵ֤י הַחַ֙יִל֙ לִפְנֵ֣י[b] הַמֶּ֔לֶךְ לִפְקֹ֥ד אֶת־הָעָ֖ם אֶת־יִשְׂרָאֵֽל׃ 5 וַיַּעַבְר֖וּ ג . ל . כו פסוק את את ומילה חדה ביניה יט מנה בנביא
אֶת־הַיַּרְדֵּ֑ן [a]וַיַּחֲנ֨וּ בַעֲרוֹעֵ֜ר יְמִ֤ין[a] הָעִיר֙ אֲשֶׁ֣ר בְּתוֹךְ־הַנַּ֣חַל הַגָּ֔ד ה חס בליש וכל אורית דכות[5] . ל
6 [b]וְאֶל־יַעְזֵֽר׃[b] 6 וַיָּבֹ֙אוּ֙ הַגִּלְעָ֔דָה וְאֶל־אֶ֖רֶץ תַּחְתִּ֣ים חָדְשִׁ֑י וַיָּבֹ֙אוּ֙ ל . ג בליש[6]
7 דָּ֣נָה יַּ֔עַן וְסָבִ֖יב[a] אֶל־צִידֽוֹן׃ 7 וַיָּבֹ֙אוּ֙ מִבְצַר־צֹ֔ר וְכָל־עָרֵ֥י הַחִוִּ֖י ב . ב[7]
8 וְהַֽכְּנַעֲנִ֑י וַיֵּצְא֛וּ אֶל־נֶ֥גֶב יְהוּדָ֖ה בְּאֵ֥ר שָֽׁבַע׃ 8 וַיָּשֻׁ֖טוּ בְּכָל־הָאָ֑רֶץ ל וחס
9 וַיָּבֹ֜אוּ מִקְצֵ֨ה תִשְׁעָ֧ה חֳדָשִׁ֛ים וְעֶשְׂרִ֥ים י֖וֹם יְרוּשָׁלָֽםִ׃ 9 וַיִּתֵּ֥ן יוֹאָ֛ב
אֶת־מִסְפַּ֥ר מִפְקַד־הָעָ֖ם אֶל־הַמֶּ֑לֶךְ וַתְּהִ֣י יִ֠שְׂרָאֵל שְׁמֹנֶה֩ מֵא֨וֹת אֶ֤לֶף ב . ל
10 אִֽישׁ־חַ֙יִל֙[a] שֹׁ֣לֵֽף חֶ֔רֶב וְאִ֣ישׁ יְהוּדָ֔ה חֲמֵשׁ־מֵא֥וֹת אֶ֖לֶף אִֽישׁ׃ 10 וַיַּ֤ךְ ו[8]
לֵב־דָּוִד֙ אֹת֔וֹ אַחֲרֵי־כֵ֖ן[a] סָפַ֣ר אֶת־הָעָ֑ם ס[b] וַיֹּ֨אמֶר דָּוִ֜ד אֶל־ ל בליש קדש
יְהוָ֗ה חָטָ֤אתִי מְאֹד֙ אֲשֶׁ֣ר עָשִׂ֔יתִי וְעַתָּ֣ה יְהוָ֔ה הַֽעֲבֶר־נָא֙ אֶת־עֲוֺ֣ן
11 עַבְדְּךָ֔ כִּ֥י נִסְכַּ֖לְתִּי מְאֹֽד׃ 11 וַיָּ֥קָם דָּוִ֖ד בַּבֹּ֑קֶר פ[a] וּדְבַר־ יח . ז

[29]Mm 331. [30]Mm 4064. **Cp 24** [1]Mm 345. [2]Mm 1858. [3]Mm 3038 ב. [4]Mm 432. [5]Mm 4029 contra textum. [6]Mm 1859. [7]Mm 1353. [8]Mm 2221.

35 [b] pc Mss הארכי cf 𝔊 ‖ **37** [a] mlt Mss ut Q cf 𝔊$^{-L}$𝔖𝔗$^{-f}$𝔙 ‖ **38** [a] 𝔖 *dmn lkjš* ‖ **Cp 24,2** [a] 𝔊^{LMs} *καὶ πρὸς τοὺς ἄρχοντας* cf 𝔖 *wlrbj* (𝔖^{C} *wlklhwn rbj*, 𝔖^{A} … *hlkw*, 𝔖^{BC} … *hlk*) ‖ **3** [a] cit יוסף cf 𝔊^{LMss}𝔖𝔙 ‖ [b] 2 Mss את cf Hi 42,10 ‖ **4** [a] pc Mss cit על cf 𝔊^{L}𝔖𝔗 ‖ [b] 𝔊^{L} *ἐκ προσώπου*, 𝔖 *mn qdm* (cf Jdc 5,5 sed etiam Gn 4,16), 𝔙 *a facie* ‖ **5** [a–a] 𝔊^{L} *καὶ ἤρξαντο ἀπὸ αροηρ καὶ ἀπὸ* … ‖ [b–b] pc Mss citt ואליעזר cf 𝔊$^{-L}$ *(καὶ Ελιεζερ)* 𝔖𝔗^{Mss}, 𝔙 *et per Jazer (6 transierunt …)* ‖ **6** [a] 𝔊𝔖 (7), 𝔗 verb, 𝔙 *circumeuntesque* ‖ **9** [a] > pc Mss ‖ **10** [a] > cit 𝔊$^{-L}$𝔖𝔙; 𝔊^{L} *(μετὰ) ταῦτα ὅτι (ἠρίθμησε)* ‖ [b] mlt Mss om interv ‖ **11** [a] mlt Mss om interv.

12 יְהוָה הָיָה אֶל־גָּד הַנָּבִיא חֹזֵה דָוִד לֵאמֹֽר׃ 12 הָלוֹךְ וְדִבַּרְתָּ אֶל־ ל̇ בסיפ
דָּוִד כֹּה אָמַר יְהוָה שָׁלֹשׁ אָנֹכִי נוֹטֵל עָלֶיךָ בְּחַר־לְךָ אַחַת־מֵהֶם ל̇ ומל . יד̇ פסוק לך לך[9]
13 וְאֶעֱשֶׂה־לָּֽךְ׃ 13 וַיָּבֹא־גָד אֶל־דָּוִד וַיַּגֶּד־לוֹ וַיֹּאמֶר לוֹ הֲתָבוֹא לְךָ[a]
שֶׁבַע[b] שָׁנִים | רָעָב | בְּאַרְצֶךָ אִם[c]־שְׁלֹשָׁה חֳדָשִׁים נֻסְךָ לִפְנֵי־צָרֶיךָ[d] ל̇ וחס
וְהוּא רֹדְפֶךָ וְאִם־הֱיוֹת שְׁלֹשֶׁת יָמִים דֶּבֶר בְּאַרְצֶךָ עַתָּה[e] דַּע וּרְאֵה ל̇ וחס
14 מָה־אָשִׁיב שֹׁלְחִי דָּבָֽר׃ ס 14 וַיֹּאמֶר דָּוִד אֶל־גָּד צַר־לִי מְאֹד ב̇ . ג̇
15 נִפְּלָה־נָּא בְיַד־יְהוָה כִּֽי־רַבִּים רַחֲמָו[a] וּבְיַד־אָדָם אַל־אֶפֹּֽלָה׃ 15 וַיִּתֵּן[a] ל̇ . רחמיו ק̇
יְהוָה דֶּבֶר בְּיִשְׂרָאֵל מֵהַבֹּקֶר[b] וְעַד־עֵת מוֹעֵד[b] וַיָּמָת מִן־הָעָם מִדָּן ג̇[10] . יד̇ פסוק ועד ועד[11] . ב̇
16 וְעַד־בְּאֵר שֶׁבַע שִׁבְעִים אֶלֶף אִֽישׁ׃ 16 וַיִּשְׁלַח יָדוֹ הַמַּלְאָךְ | יְרוּשָׁלַ͏ִם
לְשַׁחֲתָהּ[a] וַיִּנָּחֶם יְהוָה אֶל[b]־הָרָעָה וַיֹּאמֶר לַמַּלְאָךְ הַמַּשְׁחִית בָּעָם ל̇ וכל ירמיה דכות ב̇ מ̇ א̇
רַב עַתָּה הֶרֶף יָדֶךָ וּמַלְאַךְ יְהוָה הָיָה[c] עִם־גֹּרֶן הָאֲוַרְנָה[d] הַיְבֻסִֽי׃[e] ו̇[12] . הארונה ק̇ . ה̇ חס
17 ס[f] 17 וַיֹּאמֶר דָּוִד אֶל־יְהוָה בִּרְאֹתוֹ | אֶת־הַמַּלְאָךְ | הַמַּכֶּה ב̇ חס
בָעָם וַיֹּאמֶר הִנֵּה אָנֹכִי חָטָאתִי וְאָנֹכִי הֶעֱוֵיתִי[a] וְאֵלֶּה הַצֹּאן מֶה עָשׂוּ
18 תְּהִי נָא יָדְךָ בִּי וּבְבֵית אָבִֽי׃ פ 18 וַיָּבֹא־גָד אֶל־דָּוִד בַּיּוֹם ו̇ זוגין[13]
הַהוּא וַיֹּאמֶר לוֹ[a] עֲלֵה הָקֵם[b] לַיהוָה מִזְבֵּחַ בְּגֹרֶן אֲרַנְיָה[b] הַיְבֻסִֽי׃ ל̇ . ארונה[14] ק̇ . ה̇ חס
19 וַיַּעַל דָּוִד כִּדְבַר[a]־גָּד כַּאֲשֶׁר צִוָּה יְהוָֽה׃ 20 וַיַּשְׁקֵף אֲרַוְנָה וַיַּרְא ג̇ ס״פ . ד̇[15]
אֶת־הַמֶּלֶךְ וְאֶת־עֲבָדָיו[a] עֹבְרִים עָלָיו[ab] וַיֵּצֵא אֲרַוְנָה וַיִּשְׁתַּחוּ לַמֶּלֶךְ ד̇[16] . ל̇
21 אַפָּיו[c] אָֽרְצָה׃ 21 וַיֹּאמֶר אֲרַוְנָה מַדּוּעַ בָּא אֲדֹנִי־הַמֶּלֶךְ אֶל־עַבְדּוֹ ל̇[17]
וַיֹּאמֶר דָּוִד לִקְנוֹת מֵעִמְּךָ אֶת־הַגֹּרֶן לִבְנוֹת מִזְבֵּחַ לַיהוָה וְתֵעָצַר ב̇
22 הַמַּגֵּפָה מֵעַל הָעָֽם׃ 22 וַיֹּאמֶר אֲרַוְנָה אֶל־דָּוִד יִקַּח וְיַעַל אֲדֹנִי ז̇ רפי[18]
הַמֶּלֶךְ הַטּוֹב בְּעֵינָו[a] רְאֵה הַבָּקָר לָעֹלָה וְהַמֹּרִגִּים וּכְלֵי הַבָּקָר בעיניו ק̇ נ̇א̇ בליש וחד מן ח̇[19] כת כן . ה̇[20] . ב̇

[9]Mm 1860. [10]Mm 1715. [11]Mm 1244. [12]Mp sub loco. [13]Mm 2036. [14]Mm 832. [15]Mm 186. [16]Mm 1756. [17]Mm 959. [18]Mm 437. [19]Mm 1543. [20]Mm 698.

13 [a] > pc Mss ‖ [b] 𝔊 *τρία* ex 1 Ch 21,12 ‖ [c] permlt Mss ואם cf 𝔗[Mss] ‖ [d] 𝔖 sg ‖ [e] pc Mss citt ′וע cf 𝔊[L]𝔖[ACBcorr] ‖ **14** [a] mlt Mss ut Q cf 𝔊𝔗𝔙 ‖ **15** [a] 𝔊𝔏[93.94] pr mlt vb ‖ [b–b] 𝔊 *ἕως ὥρας ἀρίστου* cf 𝔏[93.94] et 1 R 13,7; 𝔖 *wʿdm' lšt šʿjn* (ad horam sextam) ‖ **16** [a] pc Mss להשחיתה ‖ [b] pc Mss על ‖ [c] 𝔔 עומד cf 𝔊[Mss]𝔖 et 1 Ch 21,15 ‖ [d] mlt Mss ut Q cf 𝔗[f]𝔙 ‖ [e] 𝔔 + [... הארץ ובין [...]ם וחרב[ו] שלופה בידו cf 1 Ch 21,16 ‖ [f] Mss om interv ‖ **17** [a] 𝔔 הרעה הרעתי cf 𝔊[-B*Ms] et 1 Ch 21,17 ‖ **18** [a] > 𝔔 ‖ [b] pc Mss citt ′וה cf 𝔊𝔏[93.94] ‖ [b] mlt Mss ut Q cf 𝔗𝔙 ‖ **19** [a] pc Mss ′בד cf 𝔖 ‖ **20** [a–a] 𝔔 בשקים וארנא דש חטים [... cf 1 Ch 21,20 ‖ [b] 𝔊[-L] *ἐπάνω αὐτοῦ*, 𝔖 *bʾwrḥ'*, 𝔗 *'lwhj*, 𝔙 *ad se* ‖ [c] nonn Mss ′לא cf 𝔗[Mss], pc Mss ′על א cf 𝔗[Mss] ‖ **22** [a] mlt Mss ut Q cf Vrs.

ל̊ לָעֵצִֽים׃ 23 הַכֹּ֗ל נָתַ֛ן אֲרַ֥וְנָ֛ה הַמֶּ֖לֶךְ[a]° לַמֶּ֑לֶךְ ס [b] וַיֹּ֤אמֶר אֲרַ֙וְנָה֙ 23
ל̊ אֶל־הַמֶּ֔לֶךְ יְהוָ֥ה אֱלֹהֶ֖יךָ יִרְצֶֽךָ׃ 24 וַיֹּ֨אמֶר הַמֶּ֜לֶךְ אֶל־אֲרַ֗וְנָה לֹ֤א 24
ג חד כת ו וב כת ה[21]. יז[22] מל ול בליש. ח[23]. ח פת[24] כִּֽי־קָנ֨וֹ[a] אֶקְנֶ֤ה מֵאוֹתְךָ֙[b] בִּמְחִ֔יר וְלֹ֧א אַעֲלֶ֛ה לַיהוָ֥ה אֱלֹהַ֖י עֹל֣וֹת
ד . ה[25] חִנָּ֑ם וַיִּ֨קֶן דָּוִ֤ד אֶת־הַגֹּ֙רֶן֙ וְאֶת־הַבָּקָ֔ר בְּכֶ֖סֶף שְׁקָלִ֥ים חֲמִשִּֽׁים׃ 25 וַיִּ֩בֶן֩ 25
ה שָׁ֨ם דָּוִ֤ד מִזְבֵּ֙חַ֙ לַֽיהוָ֔ה וַיַּ֥עַל עֹל֖וֹת וּשְׁלָמִ֑ים[a] וַיֵּעָתֵ֤ר יְהוָה֙ לָאָ֔רֶץ
ל̊ וַתֵּעָצַ֥ר הַמַּגֵּפָ֖ה מֵעַ֥ל° יִשְׂרָאֵֽל׃

סכום הפסוקים של ספר
אלף וחמש מאות וששה
וחציו ולאשה[26]
וסדרים לד̇

[21] Mm 1861. [22] Mm 541. [23] Mm 1862. [24] Mm 389. [25] Mm 158. [26] 1 S 28, 24, cf Mp sub loco.

23 [a] > pc Mss 𝔊𝔏$^{93.94}$ ‖ [b] mlt Mss om interv ‖ **24** [a] mlt Mss קנה cf Lv 25,14 1 Ch 21,24 ‖ [b] mlt Mss מאתך ‖ **25** [a] 𝔊𝔏$^{93.94}$ + mlt vb.

REGUM I II מלכים א ב

ס[א] **1** ¹ וְהַמֶּ֣לֶךְ דָּוִד֙ זָקֵ֔ן בָּ֖א בַּיָּמִ֑ים וַיְכַסֻּ֙הוּ֙ בַּבְּגָדִ֔ים וְלֹ֥א יִחַ֖ם לֽוֹ׃ ג ר״פ. ד[1]. ל
2 וַיֹּ֧אמְרוּ ל֣וֹ[a] עֲבָדָ֗יו יְבַקְשׁ֞וּ לַאדֹנִ֤י[b] הַמֶּ֙לֶךְ֙ נַעֲרָ֣ה בְתוּלָ֔ה וְעָֽמְדָה֙ ל[2]
לִפְנֵ֣י הַמֶּ֔לֶךְ וּתְהִי־ל֖וֹ סֹכֶ֑נֶת וְשָׁכְבָ֣ה בְחֵיקֶ֔ךָ[c] וְחַ֖ם לַאדֹנִ֥י[b] הַמֶּֽלֶךְ׃ יד רפי[3]. ב. ג[4]
3 וַיְבַקְשׁוּ֙ נַעֲרָ֣ה יָפָ֔ה בְּכֹ֖ל גְּב֣וּל[a] יִשְׂרָאֵ֑ל וַֽיִּמְצְא֗וּ אֶת־אֲבִישַׁג֙
4 הַשּׁוּנַמִּ֔ית[b] וַיָּבִ֥אוּ אֹתָ֖הּ לַמֶּֽלֶךְ׃ ⁴ וְהַֽנַּעֲרָ֖ה יָפָ֣ה עַד־מְאֹ֑ד וַתְּהִ֨י לַמֶּ֤לֶךְ לו ד מנה חס בסיפ
5 סֹכֶ֗נֶת וַתְּשָׁרְתֵ֔הוּ וְהַמֶּ֖לֶךְ לֹ֥א יְדָעָֽהּ׃ ⁵ וַאֲדֹנִיָּ֧ה[a] בֶן־חַגִּ֛ית ב. ל. ב[5]. ח
מִתְנַשֵּׂ֥א לֵאמֹ֖ר אֲנִ֣י אֶמְלֹ֑ךְ וַיַּ֣עַשׂ ל֗וֹ רֶ֚כֶב וּפָ֣רָשִׁ֔ים וַחֲמִשִּׁ֥ים אִ֖ישׁ ל
6 רָצִ֥ים לְפָנָֽיו׃ ⁶ וְלֹֽא־עֲצָב֨וֹ אָבִ֤יו מִיָּמָיו֙ לֵאמֹ֔ר מַדּ֖וּעַ כָּ֣כָה עָשִׂ֑יתָ ל. ל
7 וְגַם־ה֤וּא טֽוֹב־תֹּ֙אַר֙ מְאֹ֔ד וְאֹת֣וֹ יָלְדָ֔ה אַחֲרֵ֖י אַבְשָׁלֽוֹם׃ ⁷ וַיִּהְי֣וּ דְבָרָ֔יו ל. ז[6]. ל
עִ֚ם יוֹאָ֣ב בֶּן־צְרוּיָ֔ה וְעִ֖ם אֶבְיָתָ֣ר הַכֹּהֵ֑ן וַֽיַּעְזְר֔וּ אַחֲרֵ֖י אֲדֹנִיָּֽה׃ ח
8 וְצָד֣וֹק הַכֹּהֵ֡ן וּבְנָיָהוּ֩ בֶן־יְהוֹיָדָ֨ע וְנָתָ֜ן הַנָּבִ֗יא וְשִׁמְעִ֥י [a]וְרֵעִ֖י וְהַגִּבּוֹרִ֑ים[a] ל. ז מל
9 אֲשֶׁ֥ר לְדָוִ֖ד לֹ֥א הָי֖וּ עִם־[b]אֲדֹנִיָּֽהוּ׃ ⁹ וַיִּזְבַּ֣ח אֲדֹנִיָּ֗הוּ צֹ֤אן וּבָקָר֙
וּמְרִ֔יא עִ֚ם אֶ֣בֶן הַזֹּחֶ֔לֶת אֲשֶׁר־אֵ֖צֶל עֵ֣ין רֹגֵ֑ל וַיִּקְרָ֗א אֶֽת־כָּל־אֶחָיו֙ ל וחס
10 [a]בְּנֵ֣י הַמֶּ֔לֶךְ[a] וּלְכָל־[b]אַנְשֵׁ֥י יְהוּדָ֖ה עַבְדֵ֥י[c] הַמֶּֽלֶךְ׃ ¹⁰ וְאֶת־נָתָ֨ן הַנָּבִ֜יא ב[7]
11 וּבְנָיָ֗הוּ וְאֶת־הַגִּבּוֹרִ֛ים וְאֶת־שְׁלֹמֹ֥ה אָחִ֖יו לֹ֥א קָרָֽא׃ ¹¹ וַיֹּ֣אמֶר ז מל. ל
נָתָ֗ן אֶל־בַּת־שֶׁ֤בַע אֵֽם־שְׁלֹמֹה֙ לֵאמֹ֔ר הֲל֣וֹא שָׁמַ֔עַתְּ כִּ֥י מָלַ֖ךְ אֲדֹנִיָּ֣הוּ יז מל בסיפ. ד[8]
12 [a]בֶן־חַגִּ֑ית[a] וַאֲדֹנֵ֥ינוּ דָוִ֖ד לֹ֥א יָדָֽע׃ ¹² וְעַתָּ֕ה לְכִ֛י אִיעָצֵ֥ךְ נָ֖א עֵצָ֑ה ט פת ב[9] מנה בליש
13 וּמַלְּטִי֙ אֶת־נַפְשֵׁ֔ךְ וְאֶת־נֶ֖פֶשׁ בְּנֵ֥ךְ שְׁלֹמֹֽה׃ ¹³ לְכִ֞י וּבֹ֣אִי ׀ אֶל־הַמֶּ֣לֶךְ ד[10]. ד ג חס וחד מל[11]
דָּוִ֗ד וְאָמַ֤רְתְּ אֵלָיו֙ הֲלֹֽא־אַתָּ֞ה אֲדֹנִ֣י הַמֶּ֗לֶךְ נִשְׁבַּ֤עְתָּ לַאֲמָֽתְךָ֙[a] לֵאמֹ֔ר ג[12]

Cp 1 [1]Mm 159. [2]Mm 2022. [3]Mm 174. [4]Mm 1863. [5]Gn 24,16. [6]Mm 357. [7]Mm 1864. [8]Mm 1865. [9]Mm 1866. [10]Mm 1673. [11]Mm 2383. [12]Mm 1742.

Cp 1,2 [a] > 𝔊* ‖ [b] 𝔊$^{-B}$𝔙 suff 1 pl ‖ [c] 𝔊* *μετ' αὐτοῦ*, 𝔙^{Mss} *in sinu suo* ‖ **3** [a] > Ms 𝔊^{L} ‖ [b] 𝔊 *Σωμανῖτιν*, 𝔖 *šjlẁmjt'* cf Cant 7,1 ‖ **5** [a] 𝔊^{L} *καὶ Ορνια* = וארניה cf 2 S 3,4 𝔊 ‖ **8** [a–a] 𝔊^{L} leg ורֵעָיו ה' cf Jos Ant VII 14,4 ‖ [b] Ms 𝔊𝔖 אַחֲרֵי ‖ **9** [a–a] > 𝔊*, dl? ‖ [b] pc Mss וְאֶת־כָּל cf 𝔊𝔙 ‖ [c] pc Mss 𝔖 וְע' ‖ **11** [a–a] > Ms 𝔖 ‖ **13** [a] 𝔊^{L} + *κατὰ κυρίου τοῦ θεοῦ* cf 17.

ד. [13], ל כִּֽי־שְׁלֹמֹ֤ה בְנֵךְ֙ יִמְלֹ֣ךְ אַחֲרַ֔י וְה֖וּא יֵשֵׁ֣ב עַל־כִּסְאִ֑י וּמַדּ֖וּעַ מָלַ֥ךְ
אֲדֹנִיָֽהוּ[b]׃ 14 הִנֵּ֗ה[a] עוֹדָ֛ךְ מְדַבֶּ֥רֶת שָׁ֖ם עִם־הַמֶּ֑לֶךְ וַאֲנִי֙ אָב֣וֹא אַחֲרַ֔יִךְ 14
[14]ד וּמִלֵּאתִ֖י אֶת־דְּבָרָֽיִךְ׃ 15 וַתָּבֹ֨א בַת־שֶׁ֤בַע[a] אֶל־הַמֶּ֙לֶךְ֙ הַחַ֔דְרָה 15
ל. ל וְהַמֶּ֖לֶךְ זָקֵ֣ן מְאֹ֑ד וַאֲבִישַׁג֙ הַשּׁ֣וּנַמִּ֔ית מְשָׁרַ֖ת [b]אֶת־הַמֶּֽלֶךְ[b]׃ 16 וַתִּקֹּ֣ד 16
בַּת־שֶׁ֔בַע וַתִּשְׁתַּ֖חוּ לַמֶּ֑לֶךְ וַיֹּ֥אמֶר[a] הַמֶּ֖לֶךְ מַה־לָּֽךְ׃ 17 וַתֹּ֣אמֶר ל֗וֹ 17
אֲדֹנִי֙ אַתָּ֨ה נִשְׁבַּ֜עְתָּ בַּיהוָ֤ה אֱלֹהֶ֙יךָ֙ לַאֲמָתֶ֔ךָ כִּֽי־שְׁלֹמֹ֥ה בְנֵ֖ךְ יִמְלֹ֣ךְ
ד. ה. כ בטע[15] אַחֲרָ֑י וְה֖וּא יֵשֵׁ֥ב עַל־כִּסְאִֽי׃ 18 וְעַתָּ֕ה הִנֵּ֥ה[a] אֲדֹנִיָּ֖ה מָלָ֑ךְ וְעַתָּ֛ה[b] אֲדֹנִ֥י 18
ב[15] הַמֶּ֖לֶךְ לֹ֥א יָדָֽעְתָּ׃ 19 וַ֠יִּזְבַּח שׁ֥וֹר וּֽמְרִיא־וְצֹאן֮ לָרֹב֒ וַיִּקְרָא֙ לְכָל־ 19
ב חד חס וחד מל. ה[16] בְּנֵ֣י הַמֶּ֗לֶךְ וּלְאֶבְיָתָר֙ הַכֹּהֵ֔ן וּלְיֹאָ֖ב שַׂ֣ר הַצָּבָ֑א [a]וְלִשְׁלֹמֹ֥ה עַבְדְּךָ֖ לֹ֥א
ל קָרָֽא[a]׃ 20 וְאַתָּה֙[a] אֲדֹנִ֣י הַמֶּ֔לֶךְ עֵינֵ֥י כָל־יִשְׂרָאֵ֖ל עָלֶ֑יךָ לְהַגִּ֣יד לָהֶ֔ם 20
ב. ב. ל מִ֗י יֵשֵׁ֛ב עַל־כִּסֵּ֥א אֲדֹנִֽי־הַמֶּ֖לֶךְ אַחֲרָֽיו׃ 21 וְהָיָ֕ה כִּשְׁכַ֥ב אֲדֹנִֽי־הַמֶּ֖לֶךְ 21
ה ר״פ בסיפ[17] עִם־אֲבֹתָ֑יו וְהָיִ֗יתִי אֲנִ֛י וּבְנִ֥י שְׁלֹמֹ֖ה חַטָּאִֽים׃ 22 וְהִנֵּ֥ה[a] עוֹדֶ֖נָּה 22
ל מְדַבֶּ֣רֶת עִם־הַמֶּ֑לֶךְ וְנָתָ֥ן הַנָּבִ֖יא בָּֽא׃ 23 וַיַּגִּ֤ידוּ לַמֶּ֙לֶךְ֙ לֵאמֹ֔ר[a] הִנֵּ֖ה 23
ב נָתָ֣ן הַנָּבִ֑יא וַיָּבֹא֙ לִפְנֵ֣י הַמֶּ֔לֶךְ וַיִּשְׁתַּ֥חוּ לַמֶּ֛לֶךְ עַל־אַפָּ֖יו אָֽרְצָה׃
יב בטע ר״פ. ד 24 וַיֹּאמֶר֮ נָתָן֒ אֲדֹנִ֣י הַמֶּ֔לֶךְ אַתָּ֣ה אָמַ֔רְתָּ אֲדֹנִיָּ֖הוּ יִמְלֹ֣ךְ אַחֲרָ֑י וְה֖וּא 24
ב יֵשֵׁ֥ב עַל־כִּסְאִֽי׃ 25 כִּ֣י ׀ יָרַ֣ד הַיּ֗וֹם וַ֠יִּזְבַּח שׁ֥וֹר וּֽמְרִיא־וְצֹאן֮ לָרֹב֒ 25
ל וַיִּקְרָא֩ לְכָל־בְּנֵ֨י הַמֶּ֜לֶךְ [a]וּלְשָׂרֵ֤י הַצָּבָא֙[a] וּלְאֶבְיָתָ֣ר הַכֹּהֵ֔ן וְהִנָּ֛ם
[18]ו. ד בטע. ה[19]. ז[20] וכל אתנח וס״פ דכות ב מ א אֹכְלִ֥ים וְשֹׁתִ֖ים לְפָנָ֑יו וַיֹּ֣אמְר֔וּ יְחִ֖י הַמֶּ֥לֶךְ אֲדֹנִיָּֽהוּ׃ 26 וְלִ֣י אֲנִֽי־עַבְדֶּ֡ךָ 26
ב חד מל וחד חס[21]. ה[16] וּלְצָדֹ֣ק הַכֹּהֵ֡ן וְלִבְנָיָ֣הוּ בֶן־יְהוֹיָדָ֡ע וְלִשְׁלֹמֹ֥ה עַבְדְּךָ֖ לֹ֥א קָרָֽא׃ 27 אִ֗ם 27
ב. עבדך ק. ה[22] מֵאֵת֙ אֲדֹנִ֣י הַמֶּ֔לֶךְ נִהְיָ֖ה הַדָּבָ֣ר הַזֶּ֑ה וְלֹ֤א הוֹדַ֙עְתָּ֙ אֶת־עַבְדֶּ֔יךָ[a] מִ֗י
ב יֵשֵׁ֛ב עַל־כִּסֵּ֥א אֲדֹנִֽי־הַמֶּ֖לֶךְ אַחֲרָֽיו׃ ס 28 וַיַּ֨עַן הַמֶּ֤לֶךְ דָּוִד֙ 28
וַיֹּ֔אמֶר קִרְאוּ־לִ֖י לְבַת־שָׁ֑בַע וַתָּבֹא֙ לִפְנֵ֣י הַמֶּ֔לֶךְ וַֽתַּעֲמֹ֖ד [a]לִפְנֵ֥י
צא הַמֶּֽלֶךְ[a]׃ 29 וַיִּשָּׁבַ֥ע הַמֶּ֖לֶךְ וַיֹּאמַ֑ר חַי־יְהוָ֕ה אֲשֶׁר־פָּדָ֥ה אֶת־נַפְשִׁ֖י 29

[13] Mm 1454. [14] Mm 1867. [15] Mp sub loco. [16] Mm 4148. [17] Mm 1868. [18] Mm 1697. [19] Mm 1485. [20] Mm 1660. [21] Mm 1869. [22] Mm 3609.

13 [b] sic L, mlt Mss Edd יהו– ‖ **14** [a] 𝔊 mlt Mss 𝔊𝔖𝔗[f Mss]𝔙 וְהִנֵּה ‖ **15** [a] sic L, mlt Mss Edd שֶׁבַע ‖ [b–b] 𝔊[426](𝔖𝔙) *αὐτῷ* = אִתּוֹ ‖ **16** [a] 𝔊 mlt Mss 𝔊[L]𝔖𝔗[f Mss]𝔙 + לָהּ ‖ **18** [a] > Ms 𝔖 ‖ [b] l c mlt Mss Seb 𝔊𝔖𝔗[f Mss]𝔙 וְאַתָּה ‖ **19** [a–a] > 𝔊[L] ‖ **20** [a] mlt Mss 𝔗[Ms]𝔙 וְעַתָּה ‖ **22** [a] > 𝔖𝔙 ‖ **23** [a] > 2 Mss 𝔊* ‖ **25** [a–a] 𝔊[L] *καὶ τὸν ἀρχιστρατηγὸν Ιωαβ*, l frt וּלְשַׂר יֹאָב ‖ **27** [a] l c K עַבְדְּךָ vel c 𝔊 mlt Mss Vrs ut Q עַבְדְּךָ ‖ **28** [a–a] 𝔊*(𝔙) *ἐνώπιον αὐτοῦ*, l לְפָנָיו.

30 מִכָּל־צָרָה׃ 30 כִּי כַּאֲשֶׁר נִשְׁבַּעְתִּי לָךְ בַּיהוָה אֱלֹהֵי יִשְׂרָאֵל לֵאמֹר ג[23]
כִּי־שְׁלֹמֹה בְנֵךְ יִמְלֹךְ אַחֲרַי וְהוּא יֵשֵׁב עַל־כִּסְאִי תַּחְתָּי כִּי כֵּן אֶעֱשֶׂה ד[23]. ל
31 הַיּוֹם הַזֶּה׃ 31 וַתִּקֹּד בַּת־שֶׁבַע אַפַּיִם אֶרֶץ[a] וַתִּשְׁתַּחוּ לַמֶּלֶךְ וַתֹּאמֶר ב[24]. ה דמטע
32 יְחִי אֲדֹנִי הַמֶּלֶךְ דָּוִד לְעֹלָם׃ פ 32 וַיֹּאמֶר ׀ הַמֶּלֶךְ דָּוִד[a] קִרְאוּ־ יח[25] חס ה מנה בנ״ך
לִי לְצָדוֹק הַכֹּהֵן וּלְנָתָן הַנָּבִיא וְלִבְנָיָהוּ בֶּן־יְהוֹיָדָע וַיָּבֹאוּ לִפְנֵי
33 הַמֶּלֶךְ׃ 33 וַיֹּאמֶר הַמֶּלֶךְ לָהֶם קְחוּ עִמָּכֶם אֶת־עַבְדֵי אֲדֹנֵיכֶם כב[26] וכל ד״ה ועזרא דכות ב מ ה חס בליש
וְהִרְכַּבְתֶּם אֶת־שְׁלֹמֹה בְנִי עַל־הַפִּרְדָּה אֲשֶׁר־לִי וְהוֹרַדְתֶּם אֹתוֹ ד. ל
34 אֶל־[a]גִּחוֹן[b]׃ 34 וּמָשַׁח[a] אֹתוֹ שָׁם צָדוֹק הַכֹּהֵן [b]וְנָתָן הַנָּבִיא[b] לְמֶלֶךְ עַל־
35 יִשְׂרָאֵל וּתְקַעְתֶּם בַּשּׁוֹפָר וַאֲמַרְתֶּם יְחִי הַמֶּלֶךְ שְׁלֹמֹה׃ 35 [a]וַעֲלִיתֶם ד בטע
אַחֲרָיו וּבָא[a] וְיָשַׁב עַל־כִּסְאִי וְהוּא יִמְלֹךְ תַּחְתָּי [b]וְאֹתוֹ צִוִּיתִי לִהְיוֹת ל
36 נָגִיד עַל־יִשְׂרָאֵל [c]וְעַל־יְהוּדָה[c]׃ 36 וַיַּעַן בְּנָיָהוּ בֶן־יְהוֹיָדָע אֶת־הַמֶּלֶךְ
37 וַיֹּאמֶר ׀ אָמֵן כֵּן יֹאמַר[a] יְהוָה[b] אֱלֹהֵי[c] אֲדֹנִי הַמֶּלֶךְ׃ 37 כַּאֲשֶׁר הָיָה ל
יְהוָה עִם־אֲדֹנִי הַמֶּלֶךְ כֵּן יְהִי[a] עִם־שְׁלֹמֹה וִיגַדֵּל אֶת־כִּסְאוֹ מִכִּסֵּא יהיה ק. ב
38 אֲדֹנִי הַמֶּלֶךְ דָּוִד׃ 38 וַיֵּרֶד צָדוֹק הַכֹּהֵן וְנָתָן הַנָּבִיא וּבְנָיָהוּ
בֶן־יְהוֹיָדָע וְהַכְּרֵתִי וְהַפְּלֵתִי וַיַּרְכִּבוּ אֶת־שְׁלֹמֹה עַל־פִּרְדַּת הַמֶּלֶךְ ד. ב
39 דָּוִד [a][b]וַיֹּלִכוּ אֹתוֹ[a] עַל־[c]גִּחוֹן׃ 39 וַיִּקַּח צָדוֹק הַכֹּהֵן[a] אֶת־קֶרֶן הַשֶּׁמֶן ו[27] חס ו בליש וחד מן ו[27] חס י בליש. ג. ב
מִן־הָאֹהֶל וַיִּמְשַׁח אֶת־שְׁלֹמֹה וַיִּתְקְעוּ בַּשּׁוֹפָר וַיֹּאמְרוּ כָּל־הָעָם יְחִי ד. ד בטע
40 הַמֶּלֶךְ שְׁלֹמֹה׃ 40 וַיַּעֲלוּ כָל־הָעָם אַחֲרָיו וְהָעָם[a] [b]מְחַלְּלִים בַּחֲלִלִים[b] ב[28]. ל[23]
41 וּשְׂמֵחִים שִׂמְחָה גְדוֹלָה וַתִּבָּקַע הָאָרֶץ בְּקוֹלָם׃ 41 וַיִּשְׁמַע ד[29]
אֲדֹנִיָּהוּ וְכָל־הַקְּרֻאִים אֲשֶׁר אִתּוֹ וְהֵם כִּלּוּ לֶאֱכֹל וַיִּשְׁמַע יוֹאָב אֶת־ ל
42 קוֹל הַשּׁוֹפָר וַיֹּאמֶר מַדּוּעַ קוֹל־הַקִּרְיָה הוֹמָה׃ 42 עוֹדֶנּוּ מְדַבֵּר וְהִנֵּה ל
יוֹנָתָן בֶּן־אֶבְיָתָר הַכֹּהֵן בָּא[a] וַיֹּאמֶר אֲדֹנִיָּהוּ בֹּא כִּי אִישׁ חַיִל אַתָּה ז[30]. כו מלעיל

[23] Mp sub loco. [24] Mm 1870. [25] Mm 25. [26] Mm 11. [27] Mm 1871. [28] Mm 1872. [29] Mm 932. [30] Mm 4012.

31 [a] nonn Mss Seb אַרְצָה ‖ **32** [a] > 𝔊^{L}𝔖 ‖ **33** [a] mlt Mss עַל ‖ [b] 𝔖𝔗 *(l)šjlwḥ'* ‖ **34** [a] 𝔊^{BA}𝔖 pl cf 45 ‖ [b–b] prb dl cf 39 ‖ **35** [a–a] > 𝔊* ‖ [b] 𝔊* *καὶ ἐγώ* = וַאֲנִי ‖ [c–c] Ms 𝔊* וִיהוּדָה ‖ **36** [a] l prb c 2 Mss 𝔖 יַעֲשֶׂה; 𝔊 *πιστώσαι* = יַאֲמֵן? ‖ [b] > 𝔊* ‖ [c] 𝔊^{L} *ὁ θεὸς τοὺς λόγους* ‖ **37** [a] l prb c K 𝔊*𝔙 יְהִי; mlt Mss ut Q יִהְיֶה cf 𝔊^{L}𝔖 ‖ **38** [a–a] 𝔊^{L} *καὶ ἐπορεύοντο ὀπίσω αὐτοῦ* ‖ [b] 2 Mss וַיֹּרִדוּ cf 33 ‖ [c] = אֶל, sic pc Mss cf Vrs ‖ **39** [a] 𝔖 + *wntn nbj'* cf 34 ‖ **40** [a] 𝔊* om העם, dl? ‖ [b–b] 𝔊* *ἐχόρευον ἐν χοροῖς*, l מְחֹל׳ בִּמְחֹלוֹת? ‖ **42** [a] > Mss 𝔊^{L}.

וְט֖וֹב תְּבַשֵּֽׂר׃ 43 וַיַּ֙עַן֙ יוֹנָתָ֔ן וַיֹּ֖אמֶר לַאֲדֹנִיָּ֑הוּ[a] אֲבָ֕ל אֲדֹנֵ֥ינוּ הַמֶּֽלֶךְ־ 43 יז[31]. ז[32]
דָּוִ֖ד הִמְלִ֥יךְ אֶת־שְׁלֹמֹֽה׃ 44 וַיִּשְׁלַ֣ח אִתּֽוֹ־הַ֠מֶּלֶךְ אֶת־צָד֨וֹק הַכֹּהֵ֜ן 44
וְאֶת־נָתָ֣ן הַנָּבִ֗יא וּבְנָיָ֙הוּ֙ בֶּן־יְה֣וֹיָדָ֔ע וְהַכְּרֵתִ֖י וְהַפְּלֵתִ֑י וַיַּרְכִּ֣בוּ אֹת֔וֹ ב[33]
עַ֖ל פִּרְדַּ֥ת הַמֶּֽלֶךְ׃ 45 וַיִּמְשְׁח֣וּ[a] אֹת֡וֹ צָד֣וֹק הַכֹּהֵ֣ן [b]וְנָתָ֣ן הַנָּבִ֣יא[b] 45 ב
לְמֶ֨לֶךְ֙ בְּגִח֔וֹן[c] וַיַּעֲל֤וּ מִשָּׁם֙ שְׂמֵחִ֔ים וַתֵּהֹ֖ם הַקִּרְיָ֑ה ה֥וּא הַקּ֖וֹל אֲשֶׁ֥ר ג. ד. ג וחס[34]
שְׁמַעְתֶּֽם׃ 46 וְגַ֗ם יָשַׁ֚ב שְׁלֹמֹ֔ה עַ֖ל כִּסֵּ֥א הַמְּלוּכָֽה׃ 47 וְגַם־בָּ֜אוּ עַבְדֵ֣י 46 47 ה[35]. ב[36]
הַמֶּ֗לֶךְ לְבָ֨רֵךְ֙ אֶת־אֲדֹנֵ֜ינוּ הַמֶּ֣לֶךְ דָּוִד֮ לֵאמֹר֒ יֵיטֵ֨ב אֱלֹהִ֜יךָ[a] אֶת־ ט[37]. יט פסוק בסיפ את את את. אלהים ק חד מן ז[38] חס מ בליש
שֵׁ֤ם שְׁלֹמֹה֙ מִשְּׁמֶ֔ךָ וִֽיגַדֵּ֥ל אֶת־כִּסְא֖וֹ מִכִּסְאֶ֑ךָ וַיִּשְׁתַּ֥חוּ הַמֶּ֖לֶךְ עַל־ ב
הַמִּשְׁכָּֽב׃ 48 וְגַם־כָּ֖כָה אָמַ֣ר הַמֶּ֑לֶךְ בָּר֨וּךְ יְהוָ֜ה אֱלֹהֵ֣י יִשְׂרָאֵ֗ל אֲשֶׁ֨ר ס 48 ב
נָתַ֥ן הַיּ֛וֹם[a] יֹשֵׁ֥ב עַל־כִּסְאִ֖י וְעֵינַ֥י רֹאֽוֹת׃ 49 וַֽיֶּחֶרְדוּ֙ וַיָּקֻ֔מוּ כָּל־ 49 ב. ל
הַקְּרֻאִ֖ים אֲשֶׁ֣ר לַאֲדֹנִיָּ֑הוּ וַיֵּלְכ֖וּ אִ֥ישׁ לְדַרְכּֽוֹ׃ 50 וַאֲדֹ֣נִיָּ֔הוּ יָרֵ֖א מִפְּנֵ֣י 50
שְׁלֹמֹ֑ה וַיָּ֣קָם וַיֵּ֔לֶךְ[a] וַֽיַּחֲזֵ֖ק בְּקַרְנ֥וֹת הַמִּזְבֵּֽחַ׃ 51 וַיֻּגַּ֤ד לִשְׁלֹמֹה֙ לֵאמֹ֔ר 51 ב. כד[39]
הִנֵּה֙ אֲדֹ֣נִיָּ֔הוּ יָרֵ֖א אֶת־הַמֶּ֣לֶךְ שְׁלֹמֹ֑ה וְ֠הִנֵּה אָחַ֞ז בְּקַרְנ֤וֹת הַמִּזְבֵּ֙חַ֙ ג[40]
לֵאמֹ֔ר יִשָּֽׁבַֽע־לִ֤י כַיּוֹם֙[a] הַמֶּ֣לֶךְ שְׁלֹמֹ֔ה אִם־יָמִ֥ית אֶת־עַבְדּ֖וֹ בֶּחָֽרֶב׃ ח[41]
52 וַיֹּ֙אמֶר֙ שְׁלֹמֹ֔ה אִ֚ם יִהְיֶ֣ה[a] לְבֶן־חַ֔יִל לֹֽא־יִפֹּ֥ל מִשַּׂעֲרָת֖וֹ[b] אָ֑רְצָה 52 ל
וְאִם־רָעָ֛ה תִּמָּצֵא־ב֖וֹ וָמֵֽת׃ 53 וַיִּשְׁלַ֞ח הַמֶּ֣לֶךְ שְׁלֹמֹ֗ה וַיֹּרִדֻ֙הוּ֙[a] מֵעַ֣ל 53 ל
הַמִּזְבֵּ֔חַ וַיָּבֹ֕א וַיִּשְׁתַּ֖חוּ לַמֶּ֣לֶךְ שְׁלֹמֹ֑ה וַיֹּֽאמֶר־ל֥וֹ שְׁלֹמֹ֖ה לֵ֥ךְ
לְבֵיתֶֽךָ׃ פ

2 1 וַיִּקְרְב֥וּ יְמֵֽי־דָוִ֖ד לָמ֑וּת וַיְצַ֛ו אֶת־שְׁלֹמֹ֥ה בְנ֖וֹ לֵאמֹֽר׃ 2 אָנֹכִ֣י **2** ב[1]. ג קריבה למיתא[2]
הֹלֵ֔ךְ בְּדֶ֖רֶךְ כָּל־הָאָ֑רֶץ וְחָזַקְתָּ֖ וְהָיִ֥יתָ לְאִֽישׁ׃ 3 וְשָׁמַרְתָּ֞ אֶת־מִשְׁמֶ֣רֶת ׀ 3
יְהוָ֣ה אֱלֹהֶ֗יךָ לָלֶ֣כֶת בִּדְרָכָיו֮ לִשְׁמֹ֨ר[a] חֻקֹּתָ֜יו מִצְוֹתָ֗יו[b] וּמִשְׁפָּטָ֙יו֙ ו פסוק מן ג מילין מתחלפ קׄצׄפׄ סימן[3]
וְעֵדְוֹתָ֔יו כַּכָּת֖וּב בְּתוֹרַ֣ת מֹשֶׁ֑ה לְמַ֣עַן תַּשְׂכִּ֗יל אֵ֚ת כָּל־אֲשֶׁ֣ר תַּעֲשֶׂ֔ה ה[4]
[c]וְאֵ֛ת כָּל־אֲשֶׁ֥ר תִּפְנֶ֖ה שָֽׁם׃[c] 4 לְמַ֩עַן֩ יָקִ֨ים יְהוָ֜ה אֶת־דְּבָר֗וֹ[a] אֲשֶׁ֨ר 4

[31] Mm 1088. [32] Mm 4012. [33] Mm 1864. [34] Mm 3662. [35] Mm 87. [36] Mm 1581. [37] Mm 969. [38] Mm 1646. [39] Mm 2228. [40] Mm 3508. [41] Mm 1873. Cp 2 [1] Mm 353. [2] Mm 1874. [3] Okhl 276 et Mp sub loco. [4] Mm 1875.

43 [a] > 𝔊* ‖ **45** [a] Ms 𝔊^{OL} ־ּחַ cf 34 ‖ [b–b] > Ms, cf 34 [b–b].39 ‖ [c] > 𝔊* ‖ **47** [a] l c K 𝔖 ־ֶ֫יךָ; mlt Mss 𝔊$^{-L}$𝔙 ut Q אֱלֹהִים, 𝔊^{L}(𝔗𝔙^{Mss}) *κύριος* = יהוה; 𝔖 pr *mrj'* = יהוה ‖ **48** [a] Ms 𝔙^{Ms} + בְּנִי, 𝔗 + *br* = בֵּן cf 𝔖, 𝔊 + *ἐκ τοῦ σπέρματός μου*; ins בֵּן vel מִזַּרְעִי ‖ **50** [a] 𝔊^{L}(𝔙^{Mss}) + *εἰς τὴν σκηνὴν τοῦ κυρίου*, frt recte cf 2,28 ‖ **51** [a] 2 Mss הַיּוֹם cf 𝔊𝔖𝔙 ‖ **52** [a] pc Mss + לִי ‖ [b] Ms 𝔖𝔗 ־ַת ראשו cf 𝔊^{L} ‖ **53** [a] 𝔊*𝔖𝔙 sg ‖ **Cp 2,3** [a] mlt Mss 𝔖𝔗^{Ms} 'וְלִ ‖ [b] mlt Mss 𝔊𝔖𝔗^{Mss}𝔙 'וּמִ ‖ [c–c] 𝔊* *κατὰ πάντα, ὅσα ἂν ἐντείλωμαί σοι* = כְּכָל־א' אֲצַוֶּךָּ ‖ **4** [a] 𝔊^{L}𝔖𝔗𝔙 pl = ־ָ֫יו.

דִּבֶּר עָלַי[b] לֵאמֹר אִם־יִשְׁמְרוּ בָנֶיךָ אֶת־דַּרְכָּם[c] לָלֶכֶת לְפָנַי בֶּאֱמֶת   ג
בְּכָל־לְבָבָם וּבְכָל־נַפְשָׁם לֵאמֹר[d] לֹא־יִכָּרֵת לְךָ אִישׁ מֵעַל כִּסֵּא
5 יִשְׂרָאֵל׃ 5 וְגַם אַתָּה יָדַעְתָּ אֵת אֲשֶׁר־עָשָׂה לִי יוֹאָב בֶּן־צְרוּיָה   ג[5]
אֲשֶׁר[a] עָשָׂה לִשְׁנֵי־שָׂרֵי צִבְאוֹת יִשְׂרָאֵל לְאַבְנֵר[b] בֶּן־נֵר וְלַעֲמָשָׂא   ג[6]. ב
בֶן־יֶתֶר וַיַּהַרְגֵם וַיָּשֶׂם[c] דְּמֵי־מִלְחָמָה[d] בְּשָׁלֹם וַיִּתֵּן[e] דְּמֵי מִלְחָמָה[de]   פד׳. יב. ה חס[7]. יב
6 בַּחֲגֹרָתוֹ[f] אֲשֶׁר בְּמָתְנָיו וּבְנַעֲלוֹ[f] אֲשֶׁר בְּרַגְלָיו׃ 6 וְעָשִׂיתָ כְּחָכְמָתֶךָ   ל
7 וְלֹא־תוֹרֵד שֵׂיבָתוֹ בְּשָׁלֹם שְׁאֹל׃ ס 7 וְלִבְנֵי בַרְזִלַּי הַגִּלְעָדִי   ה חס[7]. ב חס
תַּעֲשֶׂה־חֶסֶד וְהָיוּ בְּאֹכְלֵי שֻׁלְחָנֶךָ כִּי־כֵן קָרְבוּ אֵלַי בְּבָרְחִי מִפְּנֵי   ל
8 אַבְשָׁלוֹם אָחִיךָ׃ 8 וְהִנֵּה עִמְּךָ שִׁמְעִי בֶן־גֵּרָא בֶן־הַיְמִינִי   ה ר״פ בסיפ[8]
מִבַּחֻרִים וְהוּא קִלְלַנִי קְלָלָה נִמְרֶצֶת בְּיוֹם לֶכְתִּי מַחֲנָיִם וְהוּא־יָרַד   ג חס . ז פסוק והוא והוא[9]
לִקְרָאתִי הַיַּרְדֵּן וָאֶשָּׁבַע לוֹ בַיהוָה לֵאמֹר אִם־אֲמִיתְךָ בֶּחָרֶב׃
9 וְעַתָּה[a] אַל־תְּנַקֵּהוּ כִּי אִישׁ חָכָם אָתָּה וְיָדַעְתָּ אֵת אֲשֶׁר תַּעֲשֶׂה־לּוֹ   ל
10 וְהוֹרַדְתָּ אֶת־שֵׂיבָתוֹ בְּדָם שְׁאוֹל׃ 10 וַיִּשְׁכַּב דָּוִד עִם־אֲבֹתָיו   ל[10]
11 וַיִּקָּבֵר בְּעִיר דָּוִד׃ פ 11 וְהַיָּמִים אֲשֶׁר מָלַךְ דָּוִד עַל־יִשְׂרָאֵל
אַרְבָּעִים שָׁנָה בְּחֶבְרוֹן מָלַךְ שֶׁבַע שָׁנִים וּבִירוּשָׁלַם מָלַךְ שְׁלֹשִׁים   כא
12 וְשָׁלֹשׁ שָׁנִים׃ 12 וּשְׁלֹמֹה יָשַׁב עַל־כִּסֵּא דָּוִד אָבִיו[a] וַתִּכֹּן מַלְכֻתוֹ   הי[11]. ב חס . ג חס[12]
13 מְאֹד׃ 13 וַיָּבֹא אֲדֹנִיָּהוּ בֶן־חַגִּית[a] אֶל־בַּת־שֶׁבַע אֵם־שְׁלֹמֹה[b]
14 וַתֹּאמֶר הֲשָׁלוֹם בֹּאֶךָ וַיֹּאמֶר שָׁלוֹם׃ 14 וַיֹּאמֶר[a] דָּבָר לִי אֵלָיִךְ   כט
15 וַתֹּאמֶר[b] דַּבֵּר׃ 15 וַיֹּאמֶר אַתְּ יָדַעַתְּ כִּי־לִי הָיְתָה הַמְּלוּכָה וְעָלַי שָׂמוּ   כ[13]. ה[14]
כָל־יִשְׂרָאֵל פְּנֵיהֶם לִמְלֹךְ וַתִּסֹּב הַמְּלוּכָה וַתְּהִי לְאָחִי כִּי מֵיְהוָה   ג וחס[15]. כ[13]
16 הָיְתָה לּוֹ׃ 16 וְעַתָּה שְׁאֵלָה אַחַת[a] אָנֹכִי שֹׁאֵל מֵאִתָּךְ אַל־תָּשִׁבִי אֶת־   ג. ה[16]. ל וחס
17 פָּנָי[b] וַתֹּאמֶר אֵלָיו דַּבֵּר׃ 17 וַיֹּאמֶר אִמְרִי־נָא לִשְׁלֹמֹה הַמֶּלֶךְ כִּי לֹא־   ב. ג[17]
18 יָשִׁיב אֶת־פָּנָיִךְ וְיִתֶּן־לִי אֶת־אֲבִישַׁג הַשּׁוּנַמִּית לְאִשָּׁה׃ 18 וַתֹּאמֶר   כד בליש[18]. ה. יג[19]
19 בַּת־שֶׁבַע טוֹב אָנֹכִי אֲדַבֵּר עָלֶיךָ אֶל־הַמֶּלֶךְ׃ 19 וַתָּבֹא   ג[20]

[5] Mm 142. [6] Mm 454. [7] Mm 1614. [8] Mm 1868. [9] Mm 2017. [10] Mm 481. [11] Mm 87. [12] Mm 971. [13] Mm 1581. [14] Mm 3683. [15] Mm 1876. [16] Mm 1877. [17] Mm 1878. [18] Mm 1685. [19] Mm 157. [20] Mm 1879 et Mm 2106.

4 [b] pc Mss עָלָיו; > 𝔊* ‖ [c] 𝔊^L 𝔖 𝔙^Mss pl = דַּרְכֵיהֶם ‖ [d] > Ms 𝔊^L 𝔙, dl? ‖ **5** [a] pc Mss 𝔊^L 𝔖 ׳וַא ‖ [b] 1S 14,50 אֲבִינֵר ‖ [c] 𝔊^L καὶ ἐξεδίκησεν = וַיִּקֹּם? ‖ [d–d] > pc Mss 𝔊^Bal ‖ [e–e] 𝔊^OL αἷμα ἀθῷον, l דָּם נָקִי? ‖ [f] 𝔊^L 𝔏 suff 1sg, l? ‖ **9** [a] l וְאַתָּה cf 𝔊^L 𝔙 ‖ **12** [a] 𝔊^-BL + υἱὸς ἐτῶν δώδεκα ‖ **13** [a] sic L, mlt Mss Edd חַגִּית ‖ [b] 𝔊 + καὶ προσεκύνησεν αὐτῇ cf 19 ‖ **14** [a] > 𝔊* ‖ [b] 2 Mss 𝔊 𝔖 𝔙 + לוֹ ‖ **16** [a] pc Mss 𝔊^L + קְטַנָּה, ex 20? ‖ [b] Ms 𝔊* פָּנַיִךְ.

בַּת־שֶׁבַע אֶל־הַמֶּלֶךְ שְׁלֹמֹה לְדַבֶּר־לוֹ עַל־אֲדֹנִיָּהוּ וַיָּקָם הַמֶּלֶךְ — יח פסוק אל על על[21]. ל
לִקְרָאתָהּ [a]וַיִּשְׁתַּחוּ לָהּ[a] וַיֵּשֶׁב עַל־כִּסְאוֹ וַיָּשֶׂם כִּסֵּא לְאֵם הַמֶּלֶךְ — פד. ל
20 וַתֵּשֶׁב לִימִינוֹ׃ 20 וַתֹּאמֶר שְׁאֵלָה אַחַת קְטַנָּה אָנֹכִי שֹׁאֶלֶת מֵאִתָּךְ — ה[22]. ל[23]. ה[24]
אַל־תָּשֶׁב אֶת־פָּנָי וַיֹּאמֶר־לָהּ הַמֶּלֶךְ שַׁאֲלִי אִמִּי כִּי לֹא־אָשִׁיב אֶת־
21 פָּנָיִךְ׃ 21 וַתֹּאמֶר יֻתַּן אֶת־אֲבִישַׁג הַשֻּׁנַמִּית לַאֲדֹנִיָּהוּ אָחִיךָ לְאִשָּׁה׃ — ח. ז[25]. ג חס[26]
22 22 וַיַּעַן הַמֶּלֶךְ שְׁלֹמֹה וַיֹּאמֶר לְאִמּוֹ וְלָמָה אַתְּ שֹׁאֶלֶת אֶת־אֲבִישַׁג
הַשֻּׁנַמִּית[a] לַאֲדֹנִיָּהוּ וְשַׁאֲלִי־לוֹ אֶת־הַמְּלוּכָה כִּי הוּא אָחִי הַגָּדוֹל — ג חס[26]. כ[27]
23 מִמֶּנִּי וְלוֹ וּלְאֶבְיָתָר[b] הַכֹּהֵן וּלְיוֹאָב[c] בֶּן־צְרוּיָה׃[d] פ 23 וַיִּשָּׁבַע — נז וכל תלים דכות ב מ״א. ב חד מל וחד חס
הַמֶּלֶךְ שְׁלֹמֹה בַּיהוָה לֵאמֹר כֹּה יַעֲשֶׂה־לִּי אֱלֹהִים[a] וְכֹה יוֹסִיף כִּי — יא[28]
24 בְנַפְשׁוֹ דִּבֶּר אֲדֹנִיָּהוּ אֶת־הַדָּבָר הַזֶּה׃ 24 וְעַתָּה חַי־יְהוָה אֲשֶׁר הֱכִינַנִי — ל
וַיּוֹשִׁיבִינִי[a] עַל־כִּסֵּא דָּוִד אָבִי וַאֲשֶׁר עָשָׂה־לִי בַּיִת כַּאֲשֶׁר דִּבֵּר כִּי — ז[29]. ויושיבני ק
25 הַיּוֹם יוּמַת אֲדֹנִיָּהוּ׃ 25 וַיִּשְׁלַח הַמֶּלֶךְ שְׁלֹמֹה בְּיַד בְּנָיָהוּ בֶן־יְהוֹיָדָע
26 וַיִּפְגַּע־בּוֹ וַיָּמֹת׃[a] ס 26 וּלְאֶבְיָתָר הַכֹּהֵן אָמַר הַמֶּלֶךְ עֲנָתֹת לֵךְ — ל חס
עַל־שָׂדֶיךָ[a] כִּי אִישׁ מָוֶת אָתָּה וּבַיּוֹם[b] הַזֶּה לֹא[c] אֲמִיתֶךָ כִּי־נָשָׂאתָ אֶת־ — ל מל. ל[30]. ד[23]. ל
אֲרוֹן[d] אֲדֹנָי[e] יְהוִה[f] לִפְנֵי דָּוִד אָבִי וְכִי הִתְעַנִּיתָ בְּכֹל אֲשֶׁר־הִתְעַנָּה — כו[31] ול בליש. ל
27 אָבִי׃ 27 וַיְגָרֶשׁ שְׁלֹמֹה אֶת־אֶבְיָתָר מִהְיוֹת כֹּהֵן לַיהוָה לְמַלֵּא אֶת־
28 דְּבַר יְהוָה אֲשֶׁר דִּבֶּר עַל־בֵּית עֵלִי בְּשִׁלֹה׃ פ 28 וְהַשְּׁמֻעָה — ה חס[32]
בָּאָה עַד־יוֹאָב כִּי יוֹאָב נָטָה אַחֲרֵי אֲדֹנִיָּה וְאַחֲרֵי אַבְשָׁלוֹם[a] לֹא נָטָה — ב בטע מלעיל[33]. ד זוגין חד עד וחד על[34]. ח. ל
29 וַיָּנָס יוֹאָב אֶל־אֹהֶל יְהוָה וַיַּחֲזֵק בְּקַרְנוֹת הַמִּזְבֵּחַ׃ 29 וַיֻּגַּד[a] לַמֶּלֶךְ — ב. כד[35]
שְׁלֹמֹה[a] כִּי נָס יוֹאָב אֶל־אֹהֶל יְהוָה וְהִנֵּה אֵצֶל[b] הַמִּזְבֵּחַ וַיִּשְׁלַח
30 שְׁלֹמֹה[c] אֶת־בְּנָיָהוּ בֶן־יְהוֹיָדָע לֵאמֹר לֵךְ פְּגַע־בּוֹ׃ 30 וַיָּבֹא בְנָיָהוּ

[21]Mm 658. [22]Mm 140. [23]Mp sub loco. [24]Mm 1877. [25]Mm 723. [26]Mm 1880. [27]Mm 1581. [28]Mm 3286. [29]Mm 1112. [30]Mm 53. [31]Mm 1553. [32]Mm 1540. [33]Mm 279. [34]Mm 1318. [35]Mm 2228.

19 [a–a] 𝔊 *καὶ κατεφίλησεν αὐτήν* = וַיִּשָּׁקֶהָ? ‖ **22** [a] > 𝔊* ‖ [b] l 'א cf Vrs ‖ [c] l 'וי cf Vrs ‖ [d] 𝔊 + *ὁ ἀρχιστράτηγος* = שַׂר הַצָּבָא ‖ **23** [a] Ms 𝔊[71] יהוה ‖ **24** [a] sic L, mlt Mss בֵּנִי– ‖ **25** [a] 𝔊 + *Αδωνιας ἐν τῇ ἡμέρᾳ ἐκείνῃ* ‖ **26** [a] = שדך, sic mlt Mss Vrs ‖ [b] 𝔊 om cop ‖ [c] 𝔊 pr cop ‖ [d] 𝔊(𝔗) + *τῆς διαθήκης* ‖ [e] > pc Mss 𝔊𝔖, prb dl ‖ [f] pc Mss + אֱלֹהִים ‖ **28** [a] 𝔊^-BO(𝔖𝔙^Mss) *Σαλωμων*, recte? ‖ **29** [a–a] 𝔊 *τῷ Σαλωμων λέγοντες* ‖ [b] 𝔊(𝔖) *κατέχει τῶν κεράτων* cf 28 1,50.51 ‖ [c] 𝔊 + *πρὸς Ιωαβ λέγων Τί γέγονέν σοι, ὅτι πέφευγας εἰς τὸ θυσιαστήριον; καὶ εἶπεν Ιωαβ Ὅτι ἐφοβήθην ἀπὸ προσώπου σου, καὶ ἔφυγον πρὸς κύριον. καὶ ἀπέστειλεν Σαλωμων (ὁ βασιλεύς)*, 𝔐 frt homtel.

אֶל־אֹהֶל יְהוָה וַיֹּאמֶר אֵלָיו כֹּה־אָמַר הַמֶּלֶךְ צֵא וַיֹּאמֶר ׀ לֹא[a] כִּי פֹה
אָמוּת וַיָּשֶׁב בְּנָיָהוּ אֶת־הַמֶּלֶךְ דָּבָר לֵאמֹר כֹּה־דִבֶּר יוֹאָב וְכֹה עָנָנִי׃ כה
31 וַיֹּאמֶר לוֹ הַמֶּלֶךְ עֲשֵׂה כַּאֲשֶׁר דִּבֶּר וּפְגַע־בּוֹ וּקְבַרְתּוֹ וַהֲסִירֹתָ[a] ׀ ל. ל
32 דְּמֵי חִנָּם אֲשֶׁר שָׁפַךְ יוֹאָב מֵעָלַי וּמֵעַל בֵּית אָבִי׃ 32 וְהֵשִׁיב יְהוָה יב
אֶת־דָּמוֹ[a] עַל־רֹאשׁוֹ אֲשֶׁר פָּגַע בִּשְׁנֵי־אֲנָשִׁים צַדִּקִים וְטֹבִים מִמֶּנּוּ ל. לב בנביא. ג חס בנביא[36]. ג[37] ב מל וחד מן ה חס בליש
וַיַּהַרְגֵם בַּחֶרֶב וְאָבִי דָוִד לֹא יָדָע אֶת־אַבְנֵר בֶּן־נֵר שַׂר־צְבָא יִשְׂרָאֵל ב[38]
33 וְאֶת־עֲמָשָׂא בֶן־יֶתֶר שַׂר־צְבָא יְהוּדָה׃ 33 וְשָׁבוּ דְמֵיהֶם בְּרֹאשׁ יוֹאָב ב[39]. לה[40]
וּבְרֹאשׁ זַרְעוֹ לְעֹלָם וּלְדָוִד וּלְזַרְעוֹ וּלְבֵיתוֹ וּלְכִסְאוֹ יִהְיֶה שָׁלוֹם עַד־ ב[41]. יח[42] חס ח מנה בנ״ך. ל
34 עוֹלָם מֵעִם יְהוָה׃ 34 וַיַּעַל בְּנָיָהוּ בֶּן־יְהוֹיָדָע וַיִּפְגַּע־בּוֹ וַיְמִתֵהוּ
35 וַיִּקָּבֵר בְּבֵיתוֹ[a] בַּמִּדְבָּר׃ 35 וַיִּתֵּן הַמֶּלֶךְ אֶת־בְּנָיָהוּ בֶן־יְהוֹיָדָע ל
תַּחְתָּיו עַל־הַצָּבָא וְאֶת־צָדוֹק הַכֹּהֵן נָתַן הַמֶּלֶךְ[a] תַּחַת אֶבְיָתָר[b]׃ ב
36 וַיִּשְׁלַח הַמֶּלֶךְ וַיִּקְרָא לְשִׁמְעִי וַיֹּאמֶר לוֹ בְּנֵה־לְךָ בַיִת בִּירוּשָׁלַםִ
37 וְיָשַׁבְתָּ שָּׁם וְלֹא־תֵצֵא מִשָּׁם אָנֶה וָאָנָה׃ 37 וְהָיָה ׀ בְּיוֹם צֵאתְךָ וְעָבַרְתָּ ו[43]. ג. ה
אֶת־נַחַל קִדְרוֹן יָדֹעַ תֵּדַע כִּי מוֹת תָּמוּת דָּמְךָ יִהְיֶה בְרֹאשֶׁךָ[a]׃ ג
38 וַיֹּאמֶר שִׁמְעִי לַמֶּלֶךְ טוֹב הַדָּבָר כַּאֲשֶׁר[a] דִּבֶּר אֲדֹנִי הַמֶּלֶךְ כֵּן
39 יַעֲשֶׂה עַבְדֶּךָ וַיֵּשֶׁב שִׁמְעִי בִּירוּשָׁלַםִ [b]יָמִים רַבִּים[b]׃ ס 39 וַיְהִי יב
מִקֵּץ שָׁלֹשׁ שָׁנִים וַיִּבְרְחוּ שְׁנֵי־[a]עֲבָדִים לְשִׁמְעִי אֶל־אָכִישׁ בֶּן־מַעֲכָה
40 מֶלֶךְ גַּת וַיַּגִּידוּ לְשִׁמְעִי לֵאמֹר הִנֵּה עֲבָדֶיךָ בְּגַת׃ 40 וַיָּקָם שִׁמְעִי ל
וַיַּחֲבֹשׁ אֶת־חֲמֹרוֹ וַיֵּלֶךְ גַּתָה אֶל־אָכִישׁ לְבַקֵּשׁ אֶת־עֲבָדָיו [a]וַיֵּלֶךְ יט פסוק בסיפ את את את. ל
41 שִׁמְעִי[a] וַיָּבֵא אֶת־עֲבָדָיו מִגַּת׃ 41 וַיֻּגַּד לִשְׁלֹמֹה כִּי־הָלַךְ שִׁמְעִי נא[44]. כד[45]
42 מִירוּשָׁלַםִ גַּת וַיָּשֹׁב[a]׃ 42 וַיִּשְׁלַח הַמֶּלֶךְ וַיִּקְרָא לְשִׁמְעִי וַיֹּאמֶר אֵלָיו ב ס״פ[46]
הֲלוֹא הִשְׁבַּעְתִּיךָ בַיהוָה וָאָעִד בְּךָ לֵאמֹר בְּיוֹם צֵאתְךָ[a] וְהָלַכְתָּ יז מל בסיפ
אָנֶה וָאָנָה יָדֹעַ תֵּדַע כִּי מוֹת תָּמוּת [b]וַתֹּאמֶר אֵלַי טוֹב הַדָּבָר שָׁמָעְתִּי[b]׃ ג

[36] Mm 2097. [37] Mm 3613. [38] Mm 1881. [39] Mm 1882. [40] Mm 2840. [41] Mm 1883. [42] Mm 25. [43] Mm 2886. [44] Mm 639. [45] Mm 2228. [46] Mm 1719.

30 [a] nonn Mss לוֹ, 𝔊(𝔖𝔙) *Ιωαβ Οὐκ ἐκπορεύομαι* ‖ **31** [a] 2 Mss תִּי–; 𝔊 + *σήμερον* ‖ **32** [a] 𝔊 *τὸ αἷμα τῆς ἀδικίας αὐτοῦ* cf 𝔗 ‖ **34** [a] $𝔊^{L}$(𝔖) *ἐν τῷ τάφῳ αὐτοῦ* = בְּקִבְרוֹ ‖ **35** [a] 𝔊 + *εἰς ἱερέα πρῶτον* ‖ [b] 𝔊 + mlt v ‖ **37** [a] 𝔊 + *καὶ ὥρκισεν αὐτὸν ὁ βασιλεὺς ἐν τῇ ἡμέρᾳ ἐκείνῃ* cf 42 ‖ **38** [a] Ms 𝔊𝔖 א׳ ‖ [b–b] 𝔊 *τρία ἔτη*, ex 39? ‖ **39** [a] > 𝔙 ‖ **40** [a–a] > $𝔊^{509}$𝔙 ‖ **41** [a] 𝔊 *καὶ ἀπέστρεψεν τοὺς δούλους αὐτοῦ* = וַיָּשֶׁב אֶת־עֲבָדָיו ‖ **42** [a] 𝔊(𝔖) + *ἐξ Ιερουσαλημ* ‖ [b–b] > 𝔊*.

43 וּמַדּוּעַ לֹא שָׁמַרְתָּ אֵת שְׁבֻעַת יְהוָה וְאֶת־הַמִּצְוָה אֲשֶׁר־צִוִּיתִי 43   48ה . 47ל
44 עָלֶיךָ׃ 44 וַיֹּאמֶר הַמֶּלֶךְ אֶל־שִׁמְעִי [a]אַתָּה יָדַעְתָּ אֵת כָּל־הָרָעָה   ב49
[b]אֲשֶׁר[a] יָדַע לְבָבְךָ[b] אֲשֶׁר עָשִׂיתָ לְדָוִד אָבִי וְהֵשִׁיב יְהוָה אֶת־רָעָתְךָ
בְּרֹאשֶׁךָ׃ 45 וְהַמֶּלֶךְ שְׁלֹמֹה בָּרוּךְ וְכִסֵּא דָוִד יִהְיֶה נָכוֹן לִפְנֵי יְהוָה ס   ג
46 עַד־עוֹלָם׃ 46 וַיְצַו הַמֶּלֶךְ אֶת־בְּנָיָהוּ בֶּן־יְהוֹיָדָע וַיֵּצֵא וַיִּפְגַּע־
בּוֹ וַיָּמֹת[a]
3 [b]וְהַמַּמְלָכָה נָכוֹנָה בְּיַד־שְׁלֹמֹה׃[b] 3 1 [a][b]וַיִּתְחַתֵּן שְׁלֹמֹה אֶת־
פַּרְעֹה מֶלֶךְ מִצְרָיִם[b] [c]וַיִּקַּח אֶת־בַּת־פַּרְעֹה[d] וַיְבִיאֶהָ אֶל־עִיר דָּוִד   ד ב חס וב מל1
עַד כַּלֹּתוֹ לִבְנוֹת אֶת־בֵּיתוֹ וְאֶת־בֵּית יְהוָה וְאֶת־חוֹמַת יְרוּשָׁלַםִ   ג
2 סָבִיב׃[c] 2 רַק[a] הָעָם מְזַבְּחִים בַּבָּמוֹת כִּי לֹא־נִבְנָה בַיִת לְשֵׁם יְהוָה   ב
3 עַד [b]הַיָּמִים הָהֵם׃[b] פ 3 וַיֶּאֱהַב שְׁלֹמֹה אֶת־יְהוָה לָלֶכֶת בְּחֻקּוֹת
דָּוִד אָבִיו רַק בַּבָּמוֹת הוּא מְזַבֵּחַ וּמַקְטִיר׃   ג
4 4 וַיֵּלֶךְ[a] הַמֶּלֶךְ[b] גִּבְעֹנָה לִזְבֹּחַ שָׁם כִּי הִיא הַבָּמָה הַגְּדוֹלָה אֶלֶף   ב חד חס וחד מל2
5 עֹלוֹת יַעֲלֶה שְׁלֹמֹה עַל הַמִּזְבֵּחַ הַהוּא׃ 5 בְּגִבְעוֹן[a] נִרְאָה[b] יְהוָה   ל ר״פ3
אֶל־שְׁלֹמֹה בַּחֲלוֹם הַלָּיְלָה וַיֹּאמֶר אֱלֹהִים[c] שְׁאַל מָה אֶתֶּן־לָךְ׃   כה4 . ט
6 6 וַיֹּאמֶר שְׁלֹמֹה אַתָּה עָשִׂיתָ עִם־עַבְדְּךָ דָוִד אָבִי חֶסֶד גָּדוֹל כַּאֲשֶׁר
הָלַךְ לְפָנֶיךָ בֶּאֱמֶת וּבִצְדָקָה וּבְיִשְׁרַת לֵבָב עִמָּךְ וַתִּשְׁמָר־לוֹ אֶת־
7 הַחֶסֶד הַגָּדוֹל הַזֶּה וַתִּתֶּן־לוֹ בֵן יֹשֵׁב[a] עַל־כִּסְאוֹ כַּיּוֹם הַזֶּה׃ 7 וְעַתָּה
יְהוָה אֱלֹהָי אַתָּה הִמְלַכְתָּ אֶת־עַבְדְּךָ תַּחַת דָּוִד אָבִי וְאָנֹכִי נַעַר   ח5 קמ וכל אתנח וס״פ דכות ב מ״ב
8 קָטֹן [a]לֹא אֵדַע צֵאת וָבֹא׃ 8 וְעַבְדְּךָ בְּתוֹךְ עַמְּךָ אֲשֶׁר בָּחָרְתָּ עַם־   ג ב חס וחד מל6
9 רָב אֲשֶׁר לֹא־יִמָּנֶה [a]וְלֹא יִסָּפֵר מֵרֹב׃ 9 וְנָתַתָּ לְעַבְדְּךָ לֵב שֹׁמֵעַ[a]   לג קמ7 . כט חס8
לִשְׁפֹּט אֶת־עַמְּךָ[b] לְהָבִין[c] בֵּין־טוֹב לְרָע כִּי מִי יוּכַל לִשְׁפֹּט אֶת־
10 עַמְּךָ הַכָּבֵד הַזֶּה׃ 10 וַיִּיטַב הַדָּבָר בְּעֵינֵי אֲדֹנָי[a] כִּי שָׁאַל   קלד9

47 Mm 1454. 48 Mm 1833. 49 Mm 1819. **Cp 3** 1 Mm 3861. 2 Mm 1884. 3 Mm 978. 4 Mm 5. 5 Mm 960. 6 Mm 1885. 7 Mm 264. 8 Mm 657. 9 Cf Okhl II, 151 et Mp sub loco.

44 a–a vel b–b dl? ‖ **46** a 𝔊* + mlt vv ‖ b–b 𝔊* alit ‖ **Cp 3,1** a cf 9,16a ‖ b–b > 𝔊* ‖ c–c 𝔊* tr post 5,14 cf 𝔊 2,35c ‖ d 𝔊 + *ἑαυτῷ εἰς γυναῖκα* ‖ **2** a 𝔊^L *καί* ‖ b–b 𝔊* *νῦν* ‖ **4** a 𝔊* pr *καὶ ἀνέστη* ‖ b > 𝔊* ‖ **5** a 𝔊𝔖 cj c 4 ‖ b 𝔊 pr cop cf 𝔖 ‖ c 𝔊 *κύριος*; > 𝔗 ‖ **6** a > 𝔊* ‖ **7** a pc Mss 𝔊𝔖𝔗 וְלֹא ‖ **8** a–a > 𝔊* ‖ **9** a Ms 𝔊 לִשְׁמֹעַ (𝔊 + cop) ‖ b 𝔊 + *ἐν δικαιοσύνῃ* = בְּצֶדֶק ‖ c 𝔊*𝔖 pr cop ‖ **10** a mlt Mss 𝔊 יהוה.

11 שְׁלֹמֹה אֶת־הַדָּבָר הַזֶּה׃ 11 וַיֹּאמֶר אֱלֹהִים[a] אֵלָיו יַעַן אֲשֶׁר שָׁאַלְתָּ — כה[10]
אֶת־הַדָּבָר הַזֶּה וְלֹא־שָׁאַלְתָּ לְּךָ יָמִים רַבִּים וְלֹא־שָׁאַלְתָּ לְּךָ[b] עֹשֶׁר — ט פסוק ולא ולא ולא
12 וְלֹא שָׁאַלְתָּ נֶפֶשׁ אֹיְבֶיךָ וְשָׁאַלְתָּ לְּךָ הָבִין לִשְׁמֹעַ מִשְׁפָּט׃ 12 הִנֵּה — ה[11]
עָשִׂיתִי כִּדְבָרֶיךָ[a] הִנֵּה ׀ נָתַתִּי לְךָ לֵב חָכָם וְנָבוֹן אֲשֶׁר כָּמוֹךָ לֹא־
13 הָיָה לְפָנֶיךָ וְאַחֲרֶיךָ לֹא־יָקוּם כָּמוֹךָ׃ 13 וְגַם אֲשֶׁר לֹא־שָׁאַלְתָּ נָתַתִּי
לָךְ גַּם־עֹשֶׁר גַּם־כָּבוֹד אֲשֶׁר לֹא־הָיָה כָמוֹךָ אִישׁ בַּמְּלָכִים [a]כָּל־ — ל
14 יָמֶיךָ[a]׃ 14 וְאִם ׀ תֵּלֵךְ בִּדְרָכַי לִשְׁמֹר חֻקַּי וּמִצְוֺתַי כַּאֲשֶׁר הָלַךְ דָּוִיד — ל ר״פ בסיפ . ה מל
15 אָבִיךָ וְהַאַרַכְתִּי[a] אֶת־יָמֶיךָ׃ ס 15 וַיִּקַץ[a] שְׁלֹמֹה וְהִנֵּה חֲלוֹם[b] — ג חס[12]
וַיָּבוֹא יְרוּשָׁלַםִ וַיַּעֲמֹד[c] ׀ לִפְנֵי ׀ אֲרוֹן בְּרִית־אֲדֹנָי[d] וַיַּעַל עֹלוֹת וַיַּעַשׂ — הי[13] מל וכל מגלה דכות ב מ ב . ל
16 שְׁלָמִים וַיַּעַשׂ מִשְׁתֶּה[e] לְכָל־עֲבָדָיו׃ פ 16 אָז תָּבֹאנָה שְׁתַּיִם — ג[14]
17 נָשִׁים זֹנוֹת אֶל־הַמֶּלֶךְ וַתַּעֲמֹדְנָה לְפָנָיו׃ 17 וַתֹּאמֶר הָאִשָּׁה הָאַחַת
בִּי אֲדֹנִי אֲנִי וְהָאִשָּׁה הַזֹּאת יֹשְׁבֹת בְּבַיִת אֶחָד וָאֵלֵד עִמָּהּ בַּבָּיִת׃ — ז[15] . ה[16] . ד[17] . ו[18]
18 וַיְהִי בַּיּוֹם הַשְּׁלִישִׁי לְלִדְתִּי וַתֵּלֶד גַּם־הָאִשָּׁה הַזֹּאת וַאֲנַחְנוּ יַחְדָּו — ט בטע בסיפ[19]
19 אֵין[a]־זָר אִתָּנוּ בַּבַּיִת[b] זוּלָתִי שְׁתַּיִם־אֲנַחְנוּ בַּבָּיִת׃ 19 וַיָּמָת בֶּן־הָאִשָּׁה
20 הַזֹּאת לָיְלָה אֲשֶׁר שָׁכְבָה עָלָיו׃ 20 וַתָּקָם בְּתוֹךְ הַלַּיְלָה וַתִּקַּח
אֶת־בְּנִי מֵאֶצְלִי [a]וַאֲמָתְךָ יְשֵׁנָה[a] וַתַּשְׁכִּיבֵהוּ בְּחֵיקָהּ וְאֶת־בְּנָהּ הַמֵּת — ב חד מל וחד חס[20] . ב חד מל וחד חס[21] . ב[22]
21 הִשְׁכִּיבָה בְחֵיקִי׃ 21 וָאָקֻם בַּבֹּקֶר לְהֵינִיק אֶת־בְּנִי וְהִנֵּה־מֵת וָאֶתְבּוֹנֵן — ל . ב חס . ל . ל
22 אֵלָיו בַּבֹּקֶר[a] וְהִנֵּה לֹא־הָיָה בְנִי אֲשֶׁר יָלָדְתִּי׃ 22 וַתֹּאמֶר הָאִשָּׁה
הָאַחֶרֶת לֹא כִי [a]בְּנִי הַחַי וּבְנֵךְ הַמֵּת[a] [b]וְזֹאת אֹמֶרֶת לֹא כִי [c]בְּנֵךְ — כה
23 הַמֵּת וּבְנִי הֶחָי[cb] וַתְּדַבֵּרְנָה לִפְנֵי הַמֶּלֶךְ׃ 23 וַיֹּאמֶר הַמֶּלֶךְ זֹאת — ג[23]
אֹמֶרֶת זֶה־בְּנִי הַחַי וּבְנֵךְ הַמֵּת וְזֹאת אֹמֶרֶת לֹא כִי בְּנֵךְ הַמֵּת וּבְנִי — כה
24 הֶחָי׃ פ 24 וַיֹּאמֶר הַמֶּלֶךְ קְחוּ לִי־חָרֶב וַיָּבִאוּ הַחֶרֶב לִפְנֵי — לו ד מנה חס בסיפ
25 הַמֶּלֶךְ׃ 25 וַיֹּאמֶר הַמֶּלֶךְ גִּזְרוּ אֶת־הַיֶּלֶד הַחַי לִשְׁנָיִם וּתְנוּ אֶת־ — ל . ל . ל
26 הַחֲצִי לְאַחַת וְאֶת־הַחֲצִי לְאֶחָת׃ 26 וַתֹּאמֶר[a] הָאִשָּׁה אֲשֶׁר־בְּנָהּ הַחַי[b] — ו[24] זקף פת וכל חקה מדה שנה תורה ואסף דכות ב מ א

[10] Mm 5. [11] Mm 2412. [12] Mm 3331. [13] Mm 1552. [14] Mm 1886. [15] Mm 328. [16] Mm 1758. [17] Mm 1686. [18] Mm 3067. [19] Mm 1955. [20] Mm 3676 contra textum sicut Or. [21] Mm 1887. [22] Mm 138. [23] Mm 1888. [24] Mm 492.

11 [a] 𝔊(𝔖𝔙) *κύριος* ‖ [b] > 𝔊* ‖ **12** [a] mlt Mss Edd 𝔊𝔖𝔗 ךָ– ‖ **13** [a–a] > 𝔊*, dl? ‖ **14** [a] sic L, mlt Mss Edd וְהַאֲ׳ ‖ **15** [a] mlt Mss Edd ויקץ ‖ [b] 𝔊 + *καὶ ἀνέστη*, ins וַיָּקָם? ‖ [c] 𝔊 + *κατὰ πρόσωπον τοῦ θυσιαστηρίου τοῦ* ‖ [d] mlt Mss יהוה, 𝔊 + *ἐν Σιων* ‖ [e] 𝔊 + *μέγαν ἑαυτῷ καί* ‖ **18** [a] mlt Mss 𝔊*𝔖𝔙 וְאֵין ‖ [b] > 𝔊*𝔖 ‖ **20** [a–a] > 𝔊* ‖ **21** [a] dl? ‖ **22** [a–a] et [c–c] Ms 𝔊^{O}𝔙 invers ‖ [b–b] > 𝔊* ‖ **26** [a] 𝔊 *καὶ ἀπεκρίθη* = וַתַּעַן? ‖ [b] 𝔊 + *καὶ εἶπεν*.

אֶל־הַמֶּלֶךְ כִּי־נִכְמְרוּ רַחֲמֶיהָ עַל־בְּנָהּ וַתֹּאמֶר ׀ בִּי אֲדֹנִי תְּנוּ־לָהּ — 26ג. 25ל
אֶת־הַיָּלוּד[c] הַחַי[d] וְהָמֵת אַל־תְּמִיתֻהוּ וְזֹאת אֹמֶרֶת גַּם־לִי גַּם־לָךְ לֹא — ב. כה. ה פסוק דאית בהון ה מילין מתאימין27
27 יִהְיֶה גְּזֹרוּ׃ 27 וַיַּעַן הַמֶּלֶךְ וַיֹּאמֶר תְּנוּ־[a]לָהּ אֶת־הַיָּלוּד[a] הַחַי[b] וְהָמֵת
28 לֹא[c] תְמִיתֻהוּ הִיא אִמּוֹ׃ 28 וַיִּשְׁמְעוּ כָל־יִשְׂרָאֵל אֶת־הַמִּשְׁפָּט — ב
אֲשֶׁר שָׁפַט הַמֶּלֶךְ וַיִּרְאוּ מִפְּנֵי הַמֶּלֶךְ כִּי רָאוּ כִּי־חָכְמַת אֱלֹהִים — ד28 חס וכל שמואל דכות ב מ א. ל
בְּקִרְבּוֹ לַעֲשׂוֹת מִשְׁפָּט׃ ס

4 1 וַיְהִי הַמֶּלֶךְ[a] שְׁלֹמֹה מֶלֶךְ עַל־[b]כָּל־יִשְׂרָאֵל׃ ס — ב. ב
2 [a]וְאֵלֶּה הַשָּׂרִים אֲשֶׁר־לוֹ
עֲזַרְיָהוּ בֶן־צָדוֹק הַכֹּהֵן[b]׃ ס 3 אֱלִיחֹרֶף[a] — ב בנביא
וַאֲחִיָּה בְּנֵי[b] שִׁישָׁא[c] סֹפְרִים[d]
יְהוֹשָׁפָט[e] בֶּן־אֲחִילוּד הַמַּזְכִּיר׃
4 [a]וּבְנָיָהוּ בֶּן־יְהוֹיָדָע עַל־הַצָּבָא[a]
[b]וְצָדוֹק וְאֶבְיָתָר כֹּהֲנִים[b]׃ ס — ג
5 וַעֲזַרְיָהוּ[a] בֶן־נָתָן עַל־הַנִּצָּבִים — ד בנביא
וְזָבוּד[b] בֶּן־נָתָן כֹּהֵן[c] רֵעֶה הַמֶּלֶךְ׃ — ל. ג1
6 וַאֲחִישָׁר[a] עַל־הַבָּיִת[b]
וַאֲדֹנִירָם [c]בֶּן־עַבְדָּא[cd] עַל־הַמַּס׃ ס — ב וחס. ב וכת א2
7 וְלִשְׁלֹמֹה שְׁנֵים־עָשָׂר נִצָּבִים[a] עַל־כָּל־יִשְׂרָאֵל וְכִלְכְּלוּ אֶת־ — ה3. ב. ב
הַמֶּלֶךְ וְאֶת־בֵּיתוֹ חֹדֶשׁ בַּשָּׁנָה יִהְיֶה עַל־אֶחָד[b] לְכַלְכֵּל׃ ס — ז4. האחד ק חד מן יג5 חס ה ר״ת בליש
8 וְאֵלֶּה שְׁמוֹתָם
בֶּן־חוּר בְּהַר אֶפְרָיִם[a]׃ ס

[25]Mm 1889. [26]Mm 328. [27]Mm 1890. [28]Mm 1891. **Cp 4** [1]Mm 1892. [2]Mm 3988. [3]Mm 4148. [4]Mm 1827. [5]Mm 1856.

26 [c] pc Mss הַיֶּלֶד, id in 27 ‖ [d] > 2 Mss 𝔊*, dl? ‖ **27** [a–a] 𝔊 *τὸ παιδίον τῇ εἰπούσῃ Δότε αὐτῇ αὐτό* ‖ [b] > 𝔊* ‖ [c] mlt Mss אַל ‖ **Cp 4,1** [a] > Ms 𝔊[44]𝔖 ‖ [b] > Ms 𝔊, dl? ‖ **2** [a] 2–6 cf 𝔊[L] 2,46h ‖ [b] > 𝔊*, prb dl ‖ **3** [a] pc Mss אלי ח׳, prp עַל־הַחֹרֶף; 𝔊*[L] *καὶ Ελιαφ (Ελ[α]ιαβ)* ‖ [b] 2 Mss 𝔊* בֶּן, l? ‖ [c] G[B] *Σαβα*, 𝔊[L] *Σαφατ*; l c 1Ch 18,16 שַׁוְשָׁא? ‖ [d] 𝔊[min] sg, l סֹפֵר? ‖ [e] 2 Mss 𝔊𝔖 וִי׳, l? ‖ **4** [a–a] > 𝔊[B] ‖ [b–b] add? ‖ **5** [a] 𝔊* *καὶ Ορνια* cf 1,5[a] ‖ [b] pc Mss וזכור cf 𝔊[L]𝔖[W] ‖ [c] > 𝔊*, gl? ‖ **6** [a] Ms ־י שר, 𝔊[B] *Αχει*, 𝔊[L] *Αχιηλ* ‖ [b] 𝔊[L] + *καὶ Ελιαβ υἱὸς Ιωαβ ἐπὶ τῆς στρατιᾶς* (𝔊[rel] sim) ‖ [c–c] > 2 Mss ‖ [d] 𝔊[B] *Εφρα*, 𝔊[L] *Εδραμ* ‖ **7** [a] pc Mss נְצִיבִים ‖ [b] nonn Mss 𝔊 ut Q הָאֶחָד ‖ **8** [a] 𝔊* + *εἷς*, id fin 9.11–13.15.16.

9 בֶּן־דֶּ֕קֶר[a] בְּמָקַ֥ץ[b] וּבְשַֽׁעַלְבִ֖ים[c] וּבֵ֣ית שָׁ֑מֶשׁ וְאֵיל֖וֹן[d] בֵּ֥ית[e] חָנָֽן׃ ס ל. ל. ב[6]

10 בֶּן־חֶ֖סֶד בָּאֲרֻבּ֑וֹת ל֥וֹ[a] שֹׂכֹ֖ה וְכָל־אֶ֥רֶץ חֵֽפֶר׃ ס ב חס[7]. ב חס

11 בֶּן־אֲבִֽינָדָ֔ב כָּל־נָ֖פַת דֹּ֑אר טָֽפַת֙ בַּת־שְׁלֹמֹ֔ה הָ֥יְתָה לּ֖וֹ לְאִשָּֽׁה׃ ס ד כת א. ל

12 בַּֽעֲנָא֙ בֶּן־אֲחִיל֔וּד תַּעְנַ֖ךְ וּמְגִדּ֑וֹ [a]וְכָל־בֵּ֨ית שְׁאָ֜ן[a] [b]אֲשֶׁ֨ר אֵ֤צֶל ג כת א. יב[8]
צָרְתַ֙נָה֙[b] מִתַּ֣חַת[c] לְיִזְרְעֶ֔אל מִבֵּ֣ית שְׁאָ֗ן עַ֚ד אָבֵ֣ל מְחוֹלָ֔ה
[d]עַ֖ד מֵעֵ֥בֶר לְיָקְמֳעָֽם[d]׃ ס

13 בֶּן־גֶּ֖בֶר בְּרָמֹ֣ת[a] גִּלְעָ֑ד [b]ל֞וֹ חַוֺּ֣ת יָאִ֣יר בֶּן־מְנַשֶּׁ֔ה אֲשֶׁ֖ר בַּגִּלְעָ֑ד[b]
ל֚וֹ חֶ֣בֶל אַרְגֹּב֙ אֲשֶׁ֣ר בַּבָּשָׁ֔ן [c]שִׁשִּׁ֥ים עָרִ֛ים גְּדֹל֖וֹת חוֹמָ֥ה ב מל בסיפ[9]
וּבְרִ֥יחַ נְחֹֽשֶׁת[c]׃ ס

14 אֲחִינָדָ֖ב בֶּן־עִדֹּ֑א[a] מַחֲנָֽיְמָה׃ ל חס[10]. ג[11]

15 אֲחִימַ֖עַץ בְּנַפְתָּלִ֑י גַּם־ה֗וּא לָקַ֛ח אֶת־בָּשְׂמַ֥ת בַּת־שְׁלֹמֹ֖ה לְאִשָּֽׁה[a]׃

16 בַּֽעֲנָא֙ בֶּן־חוּשָׁ֔י בְּאָשֵׁ֖ר וּבְעָלֽוֹת[a]׃ ס ג כת א. ל זקף קמ. ב[12]

17 [a]יְהוֹשָׁפָ֥ט בֶּן־פָּר֖וּחַ בְּיִשָּׂשכָֽר[b]׃ ס ל ומל

18 שִׁמְעִ֥י בֶן־אֵלָ֖א בְּבִנְיָמִֽן׃ ס ל כת א

19 גֶּ֥בֶר[a] בֶּן־אֻרִ֖י[b] בְּאֶ֣רֶץ גִּלְעָ֑ד[c] [d]אֶ֜רֶץ סִיח֣וֹן ׀ מֶ֣לֶךְ הָאֱמֹרִ֗י[e] וְעֹג֙ מֶ֣לֶךְ ל חס. ל חס
הַבָּשָׁ֔ן[d] [f]וּנְצִ֥יב אֶחָ֖ד אֲשֶׁ֥ר בָּאָֽרֶץ[fg]׃

ס̊ד 20 [a]יְהוּדָ֤ה וְיִשְׂרָאֵל֙ רַבִּ֔ים כַּח֥וֹל אֲשֶׁר־עַל־[b]הַיָּ֖ם לָרֹ֑ב אֹכְלִ֥ים ד ר״פ[13]. לג. ב
5 וְשֹׁתִ֖ים וּשְׂמֵחִֽים׃ 5 1 וּשְׁלֹמֹ֗ה הָיָ֤ה מוֹשֵׁל֙ בְּכָל־הַמַּמְלָכ֔וֹת[a] ו[14]. יד מל
מִן־הַנָּהָר֙[b] אֶ֣רֶץ פְּלִשְׁתִּ֔ים וְעַ֖ד גְּב֣וּל מִצְרָ֑יִם מַגִּשִׁ֥ים מִנְחָ֛ה וְעֹבְדִ֥ים יב ד[1] מנה בליש. ג ב חס וחד מל[2]. ל
אֶת־שְׁלֹמֹ֖ה כָּל־יְמֵ֥י חַיָּֽיו׃ פ

[6]Mm 1893. [7]Mm 1894. [8]Mm 1447. [9]Mm 469. [10]Mm 3143. [11]Mm 1895. [12]Mm 1329. [13]Mm 3997. [14]Mm 1697. Cp 5 [1]Mm 2906. [2]Mm 2053.

9 [a] 𝔊[B] *Ρηχας*, 𝔊[L] *-αβ* ‖ [b] 𝔊* *ἐν Μαχ(ε)μας* ‖ [c] 𝔊* *καὶ Βηθσαλαμιμ* vel sim; prp לוֹ שַׁע׳ ‖ [d] 𝔊 + *ἕως*, ins עַד? ‖ [e] nonn Mss 𝔙[Mss] וּבֵית ‖ 10 [a] 𝔊[55] *αὕτη τῶν δώρων καὶ τῆς παραλίας τοπαρχεῖα αὐτοῦ* ‖ 12 [a–a] dl ‖ [b–b] tr post מחולה ‖ [c] l וּמִ׳ ‖ [d–d] tr post ומגדו ‖ 13 [a] 𝔊* leg ־ַת ‖ [b–b] > 𝔊*, gl? ‖ [c–c] add? ‖ 14 [a] 𝔊[L] *Αχιαβ*, 𝔊[A] *Σαδωκ* ‖ 15 [a] > 𝔊[BL] ‖ 16 [a] 𝔊[A] *καὶ ἐν Μααλωτ* (𝔊[Mmin][עס] *Βααλωθ*), l וּבְמַעֲ׳ vel וּבְבַעֲ׳ ‖ 17 [a] 𝔊* tr post 19 ‖ [b] sic L, mlt Mss Edd בְּיִשָּׂ׳ ‖ 19 [a] > 𝔊[BL] ‖ [b] 𝔊 *Αδαι* ‖ [c] 𝔊[BL] *Γαδ* ‖ [d–d] add? ‖ [e] 𝔊[BL] *τοῦ Εσεβων* ‖ [f–f] inc ‖ [g] 𝔊 + *Ιουδα* cf 20 ‖ 20 [a] 𝔊* om 4,20 5,1.5.6 (sed cf 𝔊* 2,46a.b.g.i.k 10,26a) et ordinat 5,7.8.2–4; 𝔊[MN min] om 4,20–5,6 ‖ [b] pc Mss 𝔖 + שְׂפַת־ ‖ Cp 5,1 [a] 𝔊* 2,46k *τοῖς βασιλεῦσιν* cf 2 Ch 9,26 ‖ [b] 𝔊* 2,46k et 10,26a + *καὶ ἕως*, 𝔗[Ms] + *ʿd* cf Ch.

2 וַיְהִ֥י לֶֽחֶם־שְׁלֹמֹ֖ה [a][b]לְי֣וֹם אֶחָ֑ד[a] שְׁלֹשִׁ֥ים כֹּר֙ סֹ֔לֶת וְשִׁשִּׁ֥ים כֹּ֖ר 2
קָֽמַח׃ 3 עֲשָׂרָ֨ה בָקָ֜ר בְּרִאִ֗ים וְעֶשְׂרִ֥ים בָּקָ֛ר רְעִ֖י וּמֵ֣אָה צֹ֑אן לְבַ֞ד 3 ל וכת כן
מֵֽאַיָּ֤ל וּצְבִי֙ [a]וְיַחְמ֔וּר וּבַרְבֻּרִ֖ים[a] אֲבוּסִֽים׃ 4 כִּי־ה֨וּא רֹדֶ֜ה ׀ 4 ג. ב. ל. ל. ב
בְּכָל־עֵ֣בֶר הַנָּהָ֗ר [a]מִתִּפְסַח֙[b] וְעַד־עַזָּ֔ה בְּכָל־מַלְכֵ֖י עֵ֣בֶר הַנָּהָ֑ר[a] ב̇[3]
וְשָׁל֗וֹם הָ֥יָה ל֛וֹ מִכָּל־עֲבָרָ֖יו[c] מִסָּבִֽיב׃ 5 [a]וַיֵּשֶׁב֩ יְהוּדָ֨ה וְיִשְׂרָאֵ֜ל 5 ה̇[4]. ב. לג
לָבֶ֗טַח אִ֣ישׁ תַּ֤חַת גַּפְנוֹ֙ וְתַ֣חַת תְּאֵנָת֔וֹ[b] מִדָּ֖ן וְעַד־בְּאֵ֣ר שָׁ֑בַע כֹּ֖ל יְמֵ֥י ב̇[5]
שְׁלֹמֹֽה׃ ס 6 וַיְהִ֣י לִשְׁלֹמֹ֗ה אַרְבָּעִ֥ים[a] אֶ֛לֶף אֻרְוֹ֥ת סוּסִ֖ים 6 ל
לְמֶרְכָּב֑וֹ וּשְׁנֵים־עָשָׂ֥ר אֶ֖לֶף פָּרָשִֽׁים׃ 7 וְכִלְכְּל֞וּ הַנִּצָּבִ֣ים[a] הָאֵ֗לֶּה 7 ל. ב
אֶת־הַמֶּ֤לֶךְ שְׁלֹמֹה֙[b] וְאֵ֨ת כָּל־הַקָּרֵ֜ב אֶל־שֻׁלְחַ֧ן הַמֶּֽלֶךְ־שְׁלֹמֹ֛ה[c] אִ֖ישׁ ז. ב
חָדְשׁ֑וֹ [d]לֹ֥א יְעַדְּר֖וּ דָּבָֽר׃ 8 וְהַשְּׂעֹרִ֣ים וְהַתֶּ֔בֶן לַסּוּסִ֖ים וְלָרָ֑כֶשׁ יָבִ֗אוּ 8 ל. ל. ט[6]
אֶל־הַמָּק֛וֹם אֲשֶׁ֥ר יִֽהְיֶה־שָּׁ֖ם[a] אִ֥ישׁ כְּמִשְׁפָּטֽוֹ׃ ס 9 וַיִּתֵּן֩ אֱלֹהִ֨ים[a] 9 ל
חָכְמָ֧ה לִשְׁלֹמֹ֛ה וּתְבוּנָ֖ה[b] הַרְבֵּ֣ה מְאֹ֑ד [c]וְרֹ֣חַב לֵ֔ב [d]כַּח֕וֹל אֲשֶׁ֖ר עַל־ ל
שְׂפַ֥ת הַיָּֽם[d]׃ 10 וַתֵּ֙רֶב֙ חָכְמַ֣ת שְׁלֹמֹ֔ה מֵֽחָכְמַ֖ת כָּל־בְּנֵי־קֶ֑דֶם וּמִכֹּ֖ל 10 ב̇[7]
חָכְמַ֥ת מִצְרָֽיִם׃ 11 וַיֶּחְכַּם֮ מִכָּל־הָאָדָם֒ מֵאֵיתָ֣ן הָאֶזְרָחִ֔י וְהֵימָ֥ן 11 ל
וְכַלְכֹּ֥ל וְדַרְדַּ֖ע בְּנֵ֣י מָח֑וֹל [a]וַֽיְהִי־שְׁמ֥וֹ בְכָל־הַגּוֹיִ֖ם סָבִֽיב[a]׃ 12 וַיְדַבֵּ֕ר[a] 12 ב. ל. ל שם אנש
שְׁלֹ֥שֶׁת אֲלָפִ֖ים מָשָׁ֑ל [b]וַיְהִ֥י שִׁיר֖וֹ[b] [c]חֲמִשָּׁ֥ה וָאָֽלֶף[c]׃ 13 וַיְדַבֵּר֮ עַל־ 13 ב̇[8]. ד ב קמ וב פת[9]
הָעֵצִים֒ מִן־הָאֶ֙רֶז֙ אֲשֶׁ֣ר בַּלְּבָנ֔וֹן וְעַד֙ הָאֵז֔וֹב אֲשֶׁ֥ר יֹצֵ֖א בַּקִּ֑יר וַיְדַבֵּר֙
עַל־הַבְּהֵמָה֙ וְעַל־הָע֔וֹף וְעַל־הָרֶ֖מֶשׂ וְעַל־הַדָּגִֽים׃ 14 וַיָּבֹ֗אוּ מִכָּל־[a] 14
הָֽעַמִּ֔ים לִשְׁמֹ֕עַ אֵ֖ת חָכְמַ֣ת שְׁלֹמֹ֑ה מֵאֵת֙[b] כָּל־מַלְכֵ֣י הָאָ֔רֶץ אֲשֶׁ֥ר
שָׁמְע֖וּ אֶת־חָכְמָתֽוֹ[c]׃ ס
15 וַיִּשְׁלַח֩ חִירָ֨ם[a] מֶֽלֶךְ־צ֤וֹר אֶת־עֲבָדָיו֙ [b]אֶל־שְׁלֹמֹ֔ה כִּ֣י שָׁמַ֔ע כִּ֣י 15 י מל[10]
אֹת֞וֹ מָשְׁח֤וּ לְמֶ֙לֶךְ֙[b] תַּ֣חַת אָבִ֑יהוּ כִּ֣י אֹהֵ֥ב הָיָ֛ה חִירָ֥ם לְדָוִ֖ד כָּל־ ז מל[11]

[3]Mm 1305. [4]Mm 4066. [5]Mm 1896. [6]Mm 501. [7]Gn 43,34. [8]Mm 3273. [9]Mm 986. [10]Mm 1897. [11]Mm 1483.

2 [a–a] > 𝔊* 2,46e ‖ [b] Ms 𝔊 בְּיוֹם ‖ **3** [a–a] 𝔊 *καὶ ὀρνίθων ἐκλεκτῶν* ‖ **4** [a–a] > pc Mss, it 𝔊* hic ‖ [b] 𝔖 *mn tḥpjs*, 𝔊* 2,46f *ἀπὸ Ραφι* ‖ [c] mlt Mss Edd **עבדיו** ‖ **5** [a] cf 4,20[a] ‖ [b] 𝔊[O] et 𝔊* 2,46g + *ἐσθίοντες καὶ πίνοντες* ‖ **6** [a] > Ms; l c 2 Ch 9,25 et 10,26 𝔊[B] ‖ **7** [a] Ms הַנְּצִיבִים ‖ [b] > 2 Mss 𝔙 ‖ [c] > 2 Mss 𝔊 ‖ [d] nonn Mss 𝔖𝔗[f Ms] וְלֹא ‖ –עָה ‖ **8** [a] 𝔊(𝔙) + *ὁ βασιλεύς* ‖ **9** [a] 𝔊 *κύριος* ‖ [b] huc 𝔖 tr [c–c] ‖ [d–d] > 𝔖 ‖ **11** [a–a] > 𝔊* ‖ **12** [a] 𝔊*(𝔙) + *Σαλωμων* ‖ [b–b] Vrs pl ‖ [c–c] 𝔊𝔙[Mss] 5000 ‖ **14** [a] Ms 𝔊 **כל** ‖ [b] 𝔊*(𝔖) pr *καὶ ἐλάμβανεν δῶρα*, 𝔊[BA](𝔙) pr *καί*, alterutrum recte ‖ [c] 𝔊[BL al] + add cf 3,1 9,16.17a ‖ **15** [a] 24.32 7,40 חִירוֹם ‖ [b–b] 𝔊* *χρῖσαι τὸν Σαλωμων*.

16 17 הַיָּמִֽים׃c ס 16 וַיִּשְׁלַח שְׁלֹמֹה אֶל־חִירָם לֵאמֹֽר׃ 17 אַתָּה יָדַעְתָּ יא ר"פ ז מנה בנביא
אֶת־דָּוִד אָבִי כִּי לֹא יָכֹל לִבְנוֹת בַּיִת לְשֵׁם יְהוָה אֱלֹהָיוa מִפְּנֵי ד
הַמִּלְחָמָהb אֲשֶׁר סְבָבֻהוּ עַד תֵּת־יְהוָה אֹתָם תַּחַת כַּפּוֹת רַגְלָוc׃ ל וחס . רגלי ק חד מן מח[12] כת ו קר י
18 וְעַתָּה הֵנִיחַ יְהוָה אֱלֹהַי לִי מִסָּבִיב אֵין שָׂטָן וְאֵין פֶּגַע רָע׃ 19 וְהִנְנִי ל[13] מ"פ אין ואין וכל ר"פ דכות ב מ ב . ג
אֹמֵר לִבְנוֹת בַּיִת לְשֵׁם יְהוָה אֱלֹהָי כַּאֲשֶׁר ׀ דִּבֶּר יְהוָהa אֶל־דָּוִד אָבִי
לֵאמֹר בִּנְךָ אֲשֶׁר אֶתֵּן תַּחְתֶּיךָ עַל־כִּסְאֶךָ הוּא־יִבְנֶה הַבַּיִת לִשְׁמִֽי׃
20 וְעַתָּה צַוֵּה וְיִכְרְתוּ־לִי אֲרָזִיםa מִן־הַלְּבָנוֹן וַעֲבָדַי יִהְיוּ עִם־עֲבָדֶיךָ ג . ב
וּשְׂכַר עֲבָדֶיךָ אֶתֵּן לְךָ כְּכֹלb אֲשֶׁר תֹּאמֵר כִּי ׀ אַתָּה יָדַעְתָּ כִּי אֵין בָּנוּ ב . ב[14]
21 אִישׁ יֹדֵעַ לִכְרָת־עֵצִים כַּצִּדֹנִֽים׃ 21 וַיְהִי כִּשְׁמֹעַ חִירָם אֶת־ ה חס בליש[15] . ט בטע בסיפ[16]
דִּבְרֵי שְׁלֹמֹה וַיִּשְׂמַח מְאֹד וַיֹּאמֶר בָּרוּךְ יְהוָהa הַיּוֹםb אֲשֶׁר נָתַן לְדָוִד
22 בֵּן חָכָם עַל־הָעָם הָרָב הַזֶּֽה׃ 22 וַיִּשְׁלַח חִירָם אֶל־שְׁלֹמֹה לֵאמֹר ה וכל עזרא דכות[17]
שָׁמַעְתִּי אֵת אֲשֶׁר־שָׁלַחְתָּ אֵלָי אֲנִי אֶעֱשֶׂה אֶת־כָּל־חֶפְצְךָ בַּעֲצֵי ל
23 אֲרָזִים וּבַעֲצֵי בְרוֹשִֽׁים׃ 23 עֲבָדַי יֹרִדוּa מִן־הַלְּבָנוֹן יָמָּה וַאֲנִי אֲשִׂימֵם ל חס דחס[18] . ל[19]
דֹּבְרוֹת בַּיָּםb עַד־הַמָּקוֹם אֲשֶׁר־תִּשְׁלַח אֵלַי וְנִפַּצְתִּים שָׁם וְאַתָּה ב[20] . ה . ב מיחד[21]
24 תִשָּׂא וְאַתָּה תַּעֲשֶׂה אֶת־חֶפְצִי לָתֵת לֶחֶם בֵּיתִֽי׃ 24 וַיְהִי חִירוֹם נֹתֵן ג
25 לִשְׁלֹמֹה עֲצֵי אֲרָזִים וַעֲצֵי בְרוֹשִׁים כָּל־aחֶפְצֽוֹ׃ 25 וּשְׁלֹמֹה נָתַן ה
לְחִירָם עֶשְׂרִים אֶלֶף כֹּר חִטִּים מַכֹּלֶתa לְבֵיתוֹ וְעֶשְׂרִיםb כֹּרc שֶׁמֶן ל
26 כָּתִית כֹּה־יִתֵּן שְׁלֹמֹה לְחִירָם שָׁנָה בְשָׁנָֽה׃ פ 26 וַיהוָה נָתַן ו בטע ר"פ[22]
חָכְמָה לִשְׁלֹמֹה כַּאֲשֶׁר דִּבֶּר־לוֹ וַיְהִי שָׁלֹם בֵּין חִירָם וּבֵין שְׁלֹמֹה ה חס[23]
27 וַיִּכְרְתוּ בְרִית שְׁנֵיהֶֽם׃ 27 וַיַּעַל הַמֶּלֶךְ שְׁלֹמֹהa מַס מִכָּל־b ל
28 יִשְׂרָאֵל וַיְהִי הַמַּס שְׁלֹשִׁים אֶלֶף אִֽישׁ׃ 28 וַיִּשְׁלָחֵם לְבָנוֹנָה עֲשֶׂרֶת ד . ל
אֲלָפִים בַּחֹדֶשׁ חֲלִיפוֹת חֹדֶשׁ יִהְיוּ בַלְּבָנוֹן שְׁנַיִםa חֳדָשִׁים בְּבֵיתוֹb ג

[12] Mm 3811. [13] Mm 1269. [14] Mm 3571. [15] Mm 3891. [16] Mm 1955. [17] Mm 1968. [18] Mm 1493. [19] וחד ואשימם Dt 1,13. [20] Mm 1898. [21] Mp sub loco. [22] Mm 3567. [23] Mm 1614.

15 c 𝔖 + *wšlḥ ḥjrm lšljmwn wbrkh* et misit Hiram ad Salomonem et benedixit ei ‖ **17** a 𝔊 suff 1sg ‖ b Ms 𝔊𝔖𝔙 מוֹת–, $𝔊^{L}$(𝔗) *πολεμίων* ‖ c K 𝔖 רגלוֹ, pc Mss ut Q רגלָי; l c mlt Mss 𝔊𝔗𝔙 רגלָיו ‖ **19** a $𝔊^{L}$ *ὁ θεός*, 𝔊* + *ὁ θεός* ‖ **20** a 𝔊 *ξύλα* cf 20b ‖ b pc Mss Seb בְּכל, 𝔖 *klmdm* = כָּל ‖ **21** a 𝔊* *ὁ θεός*, $𝔊^{L}$ + *ὁ θεὸς τοῦ Ισραηλ* ‖ b > Ms $𝔊^{L}$ ‖ **23** a l ־וּם cf 𝔊 ‖ b > 𝔊* ‖ **24** a nonn Mss לְכָל, 𝔊* *καὶ πᾶν*, $𝔊^{L}$(𝔙) *κατὰ πᾶν* = כְּכָל cf 𝔖 ‖ **25** a $𝔊^{O}$ *μαχαλ* = מַאֲכָל ‖ b 𝔊(𝔖) + *χιλιάδας* ‖ c 𝔊 *βεθ(βαιθ)* cf 2 Ch 2,9 ‖ **27** a > 2 Mss 𝔊* ‖ b nonn Mss עַל־כל ‖ **28** a l c mlt Mss 𝔊𝔖 וּשׁ׳ ‖ b l frt בַּבָּיִת.

29 וַאֲדֹנִירָם עַל־הַמַּס׃ ס 29 וַיְהִי לִשְׁלֹמֹה שִׁבְעִים אֶלֶף נֹשֵׂא סַבָּל — ב וחס . ל̇ח
30 וּשְׁמֹנִים אֶלֶף חֹצֵב בָּהָר׃ 30 לְבַד מִשָּׂרֵי הַנִּצָּבִים לִשְׁלֹמֹה אֲשֶׁר
עַל־הַמְּלָאכָה שְׁלֹשֶׁת אֲלָפִים [a]וּשְׁלֹשׁ מֵאוֹת[a] הָרֹדִים בָּעָם[b] הָעֹשִׂים — ג
31 בַּמְּלָאכָה׃ 31 [a]וַיְצַו הַמֶּלֶךְ וַיַּסִּעוּ אֲבָנִים גְּדֹלוֹת אֲבָנִים יְקָרוֹת לְיַסֵּד — ל̇ וחס
32 הַבָּיִת אַבְנֵי גָזִית׃ 32 וַיִּפְסְלוּ בֹּנֵי שְׁלֹמֹה וּבֹנֵי חִירוֹם וְהַגִּבְלִים[a] וַיָּכִינוּ — ד קמ̇[24] . ג ול̇[25] בליש . ג בליש . ג
הָעֵצִים וְהָאֲבָנִים[b] לִבְנוֹת הַבָּיִת׃ פ

6 **6** 1 [a]וַיְהִי [b]בִשְׁמוֹנִים שָׁנָה וְאַרְבַּע מֵאוֹת[b] שָׁנָה לְצֵאת בְּנֵי־יִשְׂרָאֵל — ו̇[1] מל וכל ד״ה דכות במ א . ג̇[2]
מֵאֶרֶץ־מִצְרַיִם[a] בַּשָּׁנָה הָרְבִיעִית בְּחֹדֶשׁ [c]זִו הוּא הַחֹדֶשׁ[c] הַשֵּׁנִי לִמְלֹךְ — ב . ג וחס[3]
2 שְׁלֹמֹה עַל־יִשְׂרָאֵל[d] [e]וַיִּבֶן הַבַּיִת לַיהוָה[e]׃ 2 וְהַבַּיִת אֲשֶׁר בָּנָה
הַמֶּלֶךְ[a] שְׁלֹמֹה לַיהוָה שִׁשִּׁים[b]־אַמָּה אָרְכּוֹ וְעֶשְׂרִים[c] רָחְבּוֹ וּשְׁלֹשִׁים[d] — ל̇
3 אַמָּה קוֹמָתוֹ׃ 3 וְהָאוּלָם עַל־פְּנֵי [a]הֵיכַל הַבַּיִת[a] עֶשְׂרִים אַמָּה אָרְכּוֹ
4 עַל־פְּנֵי רֹחַב הַבָּיִת עֶשֶׂר[b] בָּאַמָּה רָחְבּוֹ עַל־פְּנֵי[c] הַבָּיִת[d]׃ 4 וַיַּעַשׂ
5 לַבָּיִת חַלּוֹנֵי שְׁקֻפִים אֲטֻמִים[a]׃ 5 וַיִּבֶן עַל־קִיר הַבַּיִת יָצוֹעַ[a] סָבִיב — ד קמ̇[4] . ל̇ . יציע ק̇
[b]אֶת־קִירוֹת הַבַּיִת סָבִיב[b] לַהֵיכָל וְלַדְּבִיר [c]וַיַּעַשׂ צְלָעוֹת סָבִיב[c]׃
6 6 הַיָּצוֹעַ[a] הַתַּחְתֹּנָה חָמֵשׁ בָּאַמָּה רָחְבָּהּ וְהַתִּיכֹנָה שֵׁשׁ בָּאַמָּה רָחְבָּהּ — היציע[5] ק̇ . ב חס בליש[6]
וְהַשְּׁלִישִׁית שֶׁבַע בָּאַמָּה רָחְבָּהּ כִּי מִגְרָעוֹת נָתַן לַבַּיִת סָבִיב חוּצָה — ט מל̇[7]
7 לְבִלְתִּי אֲחֹז בְּקִירוֹת־הַבָּיִת׃ 7 וְהַבַּיִת בְּהִבָּנֹתוֹ אֶבֶן־שְׁלֵמָה מַסָּע — ל̇ וחס . ב . ב̇[8]
נִבְנָה וּמַקָּבוֹת וְהַגַּרְזֶן כָּל[a]־כְּלִי בַרְזֶל לֹא־נִשְׁמַע בַּבַּיִת בְּהִבָּנֹתוֹ׃ — ב . ל̇ . יח̇[9] וכל יוצר חפץ חמדה דכות במ א . ב
8 8 פֶּתַח[a] הַצֵּלָע הַתִּיכֹנָה[b] אֶל־כֶּתֶף הַבַּיִת הַיְמָנִית וּבְלוּלִּים יַעֲלוּ עַל[c]־ — ז̇ פסוק אל על אל
9 הַתִּיכֹנָה וּמִן־הַתִּיכֹנָה אֶל־הַשְּׁלִשִׁים[d]׃ 9 וַיִּבֶן אֶת־הַבַּיִת וַיְכַלֵּהוּ וַיִּסְפֹּן — ל̇[5] . ב
10 אֶת־הַבַּיִת [a]גֵּבִים וּשְׂדֵרֹת[a] בָּאֲרָזִים׃ 10 וַיִּבֶן אֶת־הַיָּצוֹעַ עַל־כָּל־ — ב חס . ב . היציע[5] ק̇

[24]Mm 106. [25]Mm 1899. **Cp 6** [1]Mm 43. [2]Mm 1028. [3]Mm 1876. [4]Mm 106. [5]Mp sub loco. [6]Mm 2968. [7]Mm 1900. [8]Mm 1901. [9]Mm 2781.

30 [a–a] 𝔊[Bal] 600, 𝔊[L] 700, 𝔊[O] 500 cf 9,23 ‖ [b] > 𝔊* ‖ **31** [a] cf 6,1[d] ‖ **32** [a] 𝔊 *καὶ ἔβαλαν* (𝔊[L] *ἐνέβαλον*) *αὐτούς* ‖ [b] 𝔊 + *τρία ἔτη* ‖ **Cp 6,1** [a–a] add? ‖ [b–b] 𝔊[-L] 440 ‖ [c–c] > 𝔊 ‖ [d] 𝔊* huc tr 5,31.32a 6,37.38a ‖ [e–e] > Ms 𝔊* ‖ **2** [a] > Ms 𝔖 ‖ [b] 𝔊* 40 ‖ [c] ins c pc Mss 𝔊𝔖𝔙 אמה ‖ [d] 𝔊* 25, Jos Ant VIII 64 60 ‖ **3** [a–a] 𝔊* *τοῦ ναοῦ* = הַהֵיכָל cf 𝔙 ‖ [b] l c nonn Mss 𝔊[L]𝔖𝔙 וְע׳ ‖ [c] 𝔖 + *ʾwrkh d* = אָרְכּוֹ ‖ [d] 𝔊 + nonn vb (cf 9a) ‖ **4** [a] Ms 𝔖𝔗 וַא׳ ‖ **5** [a] mlt Mss ut Q יָצִיעַ, K יָצוּעַ ‖ [b–b] > pc Mss 𝔊*𝔗[Ms], dl? ‖ [c–c] > 𝔊[B]𝔖 ‖ **6** [a] 𝔖 pr *wʿbd*, ins וַיַּעַשׂ; 𝔊(𝔗) *ἡ πλευρά*, l הַצֵּלָע ‖ **7** [a] l c mlt Mss Vrs וְכָל ‖ **8** [a] 𝔊𝔖 pr cop ‖ [b] l הַתַּחְתֹּנָה cf 𝔊𝔗 ‖ [c] = אֶל, sic mlt Mss 𝔊𝔖𝔙 ‖ [d] l c pc Mss 𝔖𝔙 ־ית ‖ **9** [a–a] > 𝔊*.

הַבַּ֖יִת חָמֵ֥שׁ אַמּ֖וֹת קוֹמָת֑וֹ וַיֶּאֱחֹ֥ז אֶת־הַבַּ֖יִת בַּעֲצֵ֥י אֲרָזִֽים׃ פ
11 וַֽיְהִי֙[a] דְּבַר־יְהוָ֔ה אֶל־שְׁלֹמֹ֖ה לֵאמֹֽר׃ 12 הַבַּ֨יִת הַזֶּ֜ה אֲשֶׁר־אַתָּ֣ה   הׄ ר״פ מיחד[10]
בֹנֶ֗ה אִם־תֵּלֵ֤ךְ בְּחֻקֹּתַי֙ וְאֶת־מִשְׁפָּטַ֣י תַּעֲשֶׂ֔ה וְשָׁמַרְתָּ֥ אֶת־כָּל־מִצְוֺתַ֖י   ט[11] חס וכל אורית דכות ב מ א
לָלֶ֣כֶת בָּהֶ֑ם וַהֲקִמֹתִ֤י אֶת־דְּבָרִי֙ אִתָּ֔ךְ[a] אֲשֶׁ֥ר דִּבַּ֖רְתִּי אֶל־דָּוִ֥ד אָבִֽיךָ׃   יג[12]
סׄה 13 וְשָׁ֣כַנְתִּ֔י בְּת֖וֹךְ בְּנֵ֣י יִשְׂרָאֵ֑ל וְלֹ֥א אֶעֱזֹ֖ב אֶת־עַמִּ֥י יִשְׂרָאֵֽל׃ ס
14 וַיִּ֧בֶן שְׁלֹמֹ֛ה אֶת־הַבַּ֖יִת וַיְכַלֵּֽהוּ׃ 15 וַיִּ֨בֶן אֶת־קִיר֤וֹת הַבַּ֙יִת֙ מִבַּ֙יְתָה֙[a]   ב. ל
בְּצַלְע֣וֹת אֲרָזִ֔ים מִקַּרְקַ֤ע הַבַּ֙יִת֙ עַד[b]־קִיר֣וֹת[c] הַסִּפֻּ֔ן [d]צִפָּ֥ה עֵ֖ץ מִבָּ֑יִת[d]   ל. ל. ל וחס
16 וַיְצַ֛ף אֶת־קַרְקַ֥ע הַבַּ֖יִת בְּצַלְע֥וֹת בְּרוֹשִֽׁים׃ 16 וַיִּ֜בֶן אֶת־עֶשְׂרִ֧ים אַמָּ֣ה
מִיַּרְכְּתֵ֣י[a] הַבַּ֔יִת בְּצַלְע֣וֹת אֲרָזִ֔ים מִן־הַקַּרְקַ֖ע עַד[b]־הַקִּיר֑וֹת[c] וַיִּ֤בֶן   מירכתי ק
17 ל֙וֹ[d] מִבַּ֔יִת לִדְבִ֔יר [e]לְקֹ֖דֶשׁ הַקֳּדָשִֽׁים[e]׃ 17 וְאַרְבָּעִ֥ים[a] בָּֽאַמָּ֖ה הָיָ֣ה   ב חד חס וחד מל[13]
18 [b]הַבָּ֑יִת ה֥וּא[b] הַהֵיכָ֖ל לִפְנָֽי[c]׃ 18 [a]וְאֶ֤רֶז אֶל־הַבַּ֙יִת֙ פְּנִ֔ימָה מִקְלַ֥עַת[c]   ל. ה[14]
19 פְּקָעִ֔ים וּפְטוּרֵ֖י צִצִּ֑ים הַכֹּ֣ל אֶ֔רֶז אֵ֥ין אֶ֖בֶן נִרְאָֽה[a]׃ 19 וּדְבִ֥יר[a] בְּתוֹךְ־   ד. ד
20 הַבַּ֛יִת מִפְּנִ֖ימָה הֵכִ֑ין[d] לְתִתֵּ֣ן[e] שָׁ֔ם אֶת־אֲר֖וֹן בְּרִ֥ית יְהוָֽה׃ 20 [a]וְלִפְנֵ֣י   ז. יו וכל לפני ולפני דכות
הַדְּבִ֗יר[a] עֶשְׂרִ֣ים[b] אַ֠מָּה אֹ֜רֶךְ וְעֶשְׂרִ֨ים אַמָּ֤ה רֹ֙חַב֙ וְעֶשְׂרִ֤ים אַמָּה֙
21 קֽוֹמָת֔וֹ וַיְצַפֵּ֖הוּ זָהָ֣ב סָג֑וּר וַיְצַ֥ף[c] מִזְבֵּ֖חַ אָֽרֶז[d]׃ 21 [a]וַיְצַ֨ף שְׁלֹמֹ֧ה אֶת־   ח[15]
הַבַּ֛יִת מִפְּנִ֖ימָה זָהָ֣ב סָג֑וּר וַיְעַבֵּ֞ר בְּרַתּ֤יקוֹת[b] זָהָב֙[a] לִפְנֵ֣י הַדְּבִ֔יר   ח[15]. ברתוקות[16] ק
22 וַיְצַפֵּ֖הוּ זָהָֽב׃ 22 וְאֶת־כָּל־הַבַּ֛יִת צִפָּ֥ה זָהָ֖ב עַד־תֹּ֣ם כָּל־הַבָּ֑יִת   ל. יג פסוק כל כל וכל
23 [a]וְכָל־הַמִּזְבֵּ֛חַ אֲשֶׁר־לַדְּבִ֖יר צִפָּ֥ה זָהָֽב[a]׃ 23 וַיַּ֣עַשׂ בַּדְּבִ֔יר שְׁנֵ֥י   ל
24 כְרוּבִ֖ים עֲצֵי־[a]שָׁ֑מֶן[b] עֶ֥שֶׂר אַמּ֖וֹת קוֹמָתֽוֹ׃ 24 וְחָמֵ֨שׁ אַמּ֜וֹת כְּנַ֤ף
הַכְּרוּב֙ הָאֶחָ֔ת וְחָמֵ֣שׁ אַמּ֔וֹת כְּנַ֥ף הַכְּר֖וּב הַשֵּׁנִ֑ית עֶ֣שֶׂר אַמּ֔וֹת מִקְצ֥וֹת
25 כְּנָפָ֖יו[a] וְעַד־קְצ֥וֹת כְּנָפָֽיו[a]׃ 25 וְעֶ֙שֶׂר֙ בָּֽאַמָּ֔ה הַכְּר֖וּב הַשֵּׁנִ֑י מִדָּ֥ה אַחַ֛ת   ל
26 וְקֶ֥צֶב אֶחָ֖ד לִשְׁנֵ֥י הַכְּרֻבִֽים׃ 26 [a]ק֚וֹמַת הַכְּר֣וּב הָאֶחָ֔ד עֶ֥שֶׂר בָּֽאַמָּ֖ה   ל. יב חס וכל אורית דכות[17]

[10] Mm 944. [11] Mm 1902. [12] Mm 902. [13] Mm 1319. [14] Mm 717. [15] Mp sub loco. [16] Mm 832. [17] Mm 543.

11 [a] 𝔊* om 11–14 ‖ **12** [a] > 𝔊^Nmin ‖ **15** [a] > 𝔊* ‖ [b] mlt Mss 𝔊𝔖𝔗^Mss וְעַד ‖ [c] 𝔊 *τῶν δοκῶν καὶ ἕως τῶν τοίχων* = קוֹרוֹת וְעַד קִי׳; l קוֹרוֹת? ‖ [d–d] prb dl ‖ **16** [a] mlt Mss ut Q מִיַּרְכְּתֵי ‖ [b] mlt Mss 𝔊𝔖𝔗^Ms וְעַד ‖ [c] l הַקּוֹרוֹת? cf 𝔊 ‖ [d] > 𝔊*𝔙 ‖ [e–e] gl? ‖ **17** [a] 𝔖 20 ‖ [b–b] > 𝔊* cf 𝔙, dl? ‖ [c] 𝔊(𝔙) *κατὰ πρόσωπον τοῦ δαβιρ*, l לִפְנֵי הַדְּבִיר? ‖ **18/19** [a–a] > 𝔊* (homtel? cf 17[c]) ‖ [b] l כָּל? cf 𝔙 ‖ [c] pc Mss 𝔙 לְעוֹת– ‖ [d] > 𝔊* ‖ [e] = לָתֵת cf 17,14[b] ‖ **20** [a–a] > 𝔊*; 𝔙 om לִפְנֵי, l וְהַדְּ׳? ‖ [b] 𝔖 40 ‖ [c] l וַיַּעַשׂ? cf 𝔊 ‖ [d] > 𝔊* ‖ **21** [a–a] > 𝔊*, add? 𝔙 alit ‖ [b] nonn Mss ut Q בְּרַתּוּקוֹת, K בְּרַתִּיקוֹת ‖ **22** [a–a] > 𝔊* ‖ **23** [a–a] > 𝔊* ‖ [b] prb huc tr 26 ‖ **24** [a] 𝔊𝔙 sg ‖ **26** [a] cf 23[b].

27 וְכֵ֛ן הַכְּר֥וּב הַשֵּׁנִֽי׃ 27 [a]וַיִּתֵּ֨ן אֶת־[a]הַכְּרוּבִ֜ים בְּת֣וֹךְ ׀ הַבַּ֣יִת הַפְּנִימִ֗י ב בסיפ
וַֽיִּפְרְשׂוּ֮[b] אֶת־[c]כַּנְפֵ֣י הַכְּרֻבִים֒[c] וַתִּגַּ֤ע כְּנַף־הָֽאֶחָד֙ בַּקִּ֔יר וּכְנַף֙ הַכְּר֣וּב יב חס וכל אורית דכות[18]. ב
הַשֵּׁנִ֔י נֹגַ֖עַת בַּקִּ֣יר הַשֵּׁנִ֑י וְכַנְפֵיהֶם֙ אֶל־ת֣וֹךְ הַבַּ֔יִת נֹגְעֹ֖ת כָּנָ֥ף אֶל־כָּנָֽף׃ ג[19] וחס ב מנה בליש. ל
28 29 28 וַיְצַ֥ף אֶת־הַכְּרוּבִ֖ים זָהָֽב׃ 29 וְאֵת֩ כָּל־קִיר֨וֹת הַבַּ֜יִת מֵסַ֣ב[a] ׀ ל
קָלַ֗ע פִּתּוּחֵי֙ מִקְלְעוֹת֙ כְּרוּבִ֣ים וְתִֽמֹרֹ֔ת [b]וּפְטוּרֵ֖י צִצִּ֑ים[b] מִלִּפְנִ֖ים[c] ד[20]. ד[20]
30 31 וְלַחִיצֽוֹן׃ 30 וְאֶת־קַרְקַ֥ע הַבַּ֖יִת צִפָּ֣ה זָהָ֑ב לִפְנִ֖ימָה וְלַחִיצֽוֹן׃ 31 וְאֵת֙ ד בליש[21]. ד בליש[21]
32 פֶּ֣תַח הַדְּבִ֔יר עָשָׂ֖ה דַּלְת֣וֹת עֲצֵי־שָׁ֑מֶן [a]הָאַ֥יִל מְזוּז֖וֹת חֲמִשִֽׁית׃ 32 וּשְׁתֵּי֮ ב מל בסיפ
דַּלְת֣וֹת עֲצֵי־שֶׁמֶן֒ וְקָלַ֣ע עֲ֠לֵיהֶם מִקְלְע֨וֹת כְּרוּבִ֧ים וְתִֽמֹר֛וֹת וּפְטוּרֵ֥י ד
צִצִּ֖ים וְצִפָּ֣ה זָהָ֑ב וַיָּ֧רֶד עַל־הַכְּרוּבִ֛ים וְעַל־הַתִּֽמֹר֖וֹת אֶת־הַזָּהָֽב׃ ד. ל. ב כת כן. ד[22]
33 34 33 וְכֵ֨ן עָשָׂ֜ה לְפֶ֧תַח הַֽהֵיכָ֛ל מְזוּז֖וֹת עֲצֵי־[a]שָׁ֑מֶן [b]מֵאֵ֖ת רְבִעִֽית[a]׃ 34 וּשְׁתֵּ֥י ב מל בסיפ
דַלְת֖וֹת עֲצֵ֣י בְרוֹשִׁ֑ים שְׁנֵ֨י צְלָעִ֜ים הַדֶּ֤לֶת הָֽאַחַת֙ גְּלִילִ֔ים וּשְׁנֵ֥י קְלָעִ֛ים[a] ל. ב
35 הַדֶּ֥לֶת הַשֵּׁנִ֖ית גְּלִילִֽים׃ 35 וְקָלַ֤ע כְּרוּבִים֙ וְתִֽמֹר֔וֹת וּפְטֻרֵ֖י צִצִּ֑ים ב. ב כת כן. ד ול חס. ד
36 וְצִפָּ֣ה זָהָ֔ב מְיֻשָּׁ֖ר עַל־הַמְּחֻקֶּֽה׃ 36 וַיִּ֙בֶן֙ אֶת־הֶחָצֵ֣ר הַפְּנִימִ֔ית שְׁלֹשָׁ֖ה ל[23]
37 טוּרֵ֣י גָזִ֑ית וְט֖וּר כְּרֻתֹ֥ת אֲרָזִֽים[a]׃ 37 [a]בַּשָּׁנָה֙ הָֽרְבִיעִ֔ית יֻסַּ֖ד ג[24]. ד[25]
38 בֵּ֣ית יְהוָ֑ה בְּיֶ֖רַח זִֽו׃ 38 וּבַשָּׁנָ֨ה[a] הָאַחַ֜ת עֶשְׂרֵ֗ה בְּיֶ֣רַח בּ֗וּל ה֚וּא ד. ב. ל. ד. ל. ב[26]
הַחֹ֣דֶשׁ הַשְּׁמִינִ֔י[b] כָּלָה֙ הַבַּ֔יִת לְכָל־דְּבָרָ֖יו[c] וּלְכָל־מִשְׁפָּט֑וֹ[d] [e]וַיִּבְנֵ֖הוּ חד מן ב חס בליש משפטיו ק
שֶׁ֥בַע שָׁנִֽים[e]׃

7 7 1 [a]וְאֶת־בֵּיתוֹ֙ בָּנָ֣ה שְׁלֹמֹ֔ה שְׁלֹ֥שׁ עֶשְׂרֵ֖ה שָׁנָ֑ה וַיְכַ֖ל אֶת־כָּל־ ל[1]
2 בֵּיתֽוֹ׃ 2 וַיִּ֜בֶן אֶת־בֵּ֣ית ׀ יַ֣עַר הַלְּבָנ֗וֹן מֵאָ֨ה אַמָּ֤ה אָרְכּוֹ֙ וַחֲמִשִּׁ֣ים
אַמָּ֣ה רָחְבּ֔וֹ [a]וּשְׁלֹשִׁ֥ים אַמָּ֖ה קוֹמָת֑וֹ[a] [b]עַ֗ל אַרְבָּעָה֙[b] טוּרֵי֙ עַמּוּדֵ֣י ג[2]
3 אֲרָזִ֔ים וּכְרֻת֥וֹת[c] אֲרָזִ֖ים עַל־הָעַמּוּדִֽים׃ 3 וְסָפֻ֣ן בָּאֶ֗רֶז מִמַּ֙עַל֙ עַל־ ב כת כן[3]. ל חס
הַצְּלָעֹת֙ אֲשֶׁר֙ עַל־הָעַמּוּדִ֔ים[a] אַרְבָּעִ֖ים וַחֲמִשָּׁ֑ה חֲמִשָּׁ֥ה עָשָׂ֖ר הַטּֽוּר׃ ל

[18]Mm 543. [19]Mm 947. [20]Mp sub loco. [21]Mm 1903. [22]Mm 1904. [23]Mm 2798. [24]Mm 649. [25]Mm 1905. [26]Mm 1906. Cp 7 [1]Mm 1827. [2]Mm 649. [3]Mm 1555.

27 [a–a] 𝔊* *καὶ ἀμφότερα* ‖ [b] 2 Mss 𝔊𝔖 רְשׂ– ‖ [c–c] l כנפיהֶם ? cf 𝔊𝔙 ‖ **29** [a] 𝔊(𝔙) *κύκλῳ*, l frt מִסָּבִיב ‖ [b–b] > 𝔊* ‖ [c] l frt לִפְנִימָה cf 𝔖𝔗 et 30 ‖ **31** [a–a] inc; 𝔊 *καὶ φλιὰς πενταπλᾶς* cf 𝔙; 𝔖𝔗 alit ‖ **33** [a–a] 𝔊 *στοαὶ τετραπλῶς* ‖ [b] dl? ‖ **34** [a] Ms Vrs צְלָ׳ ‖ **36** [a] 𝔊* + *κυκλόθεν* (+ al nonn vb) ‖ **37** [a] cf 6,1[d] ‖ **38** [a] Ms 𝔊 ב׳ ‖ [b–b] add ‖ [c] 𝔊𝔙 sg ‖ [d] K 𝔊 טוֹ–, mlt Mss ut Q טָיו– ‖ [e–e] > 𝔊* ‖ **Cp 7,1** [a] 𝔊* tr 7,1a.2–12.1b post 51 ‖ **2** [a–a] > 𝔊* ‖ [b–b] 𝔊 *καὶ τριῶν*, prp וּשְׁלֹשָׁה ‖ [c] 𝔊 *καὶ ὠμίαι* = וְכִתְפוֹת? 𝔖(𝔗) *wkrmt'* = וְכֹתְרוֹת? ‖ **3** [a] 𝔊 + *καὶ ἀριθμὸς τῶν στύλων*, frt ins וּמִסְפַּר הָעַמּוּדִים.

4 וּשְׁקֻפִים שְׁלֹשָׁה טוּרִים וּמֶחֱזָה אֶל־מֶחֱזָה שָׁלֹשׁ פְּעָמִים׃ 5 וְכָל־ ל̇. ב̇
הַפְּתָחִים וְהַמְּזוּזֹתª רְבֻעִים שָׁקֶף ᵇוּמוּל מֶחֱזָה אֶל־מֶחֱזָהᵇ שָׁלֹשׁ ב̇
6 פְּעָמִים׃ 6 וְאֵת אוּלָם הָעַמּוּדִים עָשָׂהª חֲמִשִּׁים אַמָּה אָרְכּוֹ ל̇
וּשְׁלֹשִׁיםᵇ אַמָּה רָחְבּוֹ וְאוּלָם עַל־פְּנֵיהֶם וְעַמֻּדִים וְעָב עַל־פְּנֵיהֶםᶜ׃ י̇א חס[4]
7 וְאוּלָם הַכִּסֵּא אֲשֶׁר יִשְׁפָּט־שָׁם אֻלָם הַמִּשְׁפָּט ªעָשָׂה וְסָפוּן ה̇ ר״פ וכל איוב דכות ב̇ מ̇ ג̇[5] וחד מן ז̇[6] פסוק. ג̇ חס
8 בָּאֶרֶז מֵהַקַּרְקַע עַד־הַקַּרְקַעᵃᵇ׃ 8 וּבֵיתוֹ אֲשֶׁר־יֵשֶׁב שָׁם חָצֵר ו̇[7]. ל̇
הָאַחֶרֶתª מִבֵּית לָאוּלָם כַּמַּעֲשֶׂה הַזֶּה הָיָהᵇ וּבַיִת יַעֲשֶׂהᶜ לְבַת־ ב̇[8]
9 פַּרְעֹה ᵈאֲשֶׁר לָקַח שְׁלֹמֹהᵈ כָּאוּלָם הַזֶּה׃ 9 כָּל־אֵלֶּה אֲבָנִים
יְקָרֹת ªכְּמִדֹּת גָּזִיתª מְגֹרָרוֹת בַּמְּגֵרָה מִבַּיִת וּמִחוּץ וּמִמַּסָּד עַד־ ל̇ חס. ל̇[9]. ג̇. ל̇
10 הַטְּפָחוֹת וּמִחוּץᵇ עַד־הֶחָצֵר הַגְּדוֹלָה׃ 10 וּמְיֻסָּד אֲבָנִים יְקָרוֹת ל̇. ל̇
11 אֲבָנִים גְּדֹלוֹת אַבְנֵי עֶשֶׂר אַמּוֹת וְאַבְנֵי שְׁמֹנֶה אַמּוֹת׃ 11 וּמִלְמַעְלָה ל̇
12 אֲבָנִים יְקָרוֹת כְּמִדּוֹת גָּזִית וָאָרֶז׃ 12 וְחָצֵר הַגְּדוֹלָה סָבִיב שְׁלֹשָׁה ל̇
טוּרִים גָּזִית וְטוּר כְּרֻתֹת אֲרָזִים ªוְלַחֲצַר בֵּית־יְהוָה הַפְּנִימִית ל̇
וּלְאֻלָם הַבָּיִתª׃ פ ג̇ חס
13 וַיִּשְׁלַח הַמֶּלֶךְ שְׁלֹמֹה וַיִּקַּח אֶת־חִירָם מִצֹּר׃ 14 בֶּן־אִשָּׁה
אַלְמָנָה הוּאª מִמַּטֵּה נַפְתָּלִי וְאָבִיו אִישׁ־צֹרִי חֹרֵשׁ נְחֹשֶׁת וַיִּמָּלֵא אֶת־ ט̇[10]. ו̇[11]. י̇ח פסוק את ואת ואת את
הַחָכְמָה וְאֶת־הַתְּבוּנָה וְאֶת־הַדַּעַת לַעֲשׂוֹת כָּל־מְלָאכָה בַּנְּחֹשֶׁת
15 וַיָּבוֹא אֶל־הַמֶּלֶךְ שְׁלֹמֹה וַיַּעַשׂ אֶת־כָּל־מְלַאכְתּוֹᵇ׃ 15 וַיָּצַרª ה̇י[12] מל וכל מגלה דכות ב̇ מ̇ ב̇. ל̇[9]. ה̇ ג̇[13] מנה בליש וכל לשון עלייה דכות
אֶת־שְׁנֵי הָעַמּוּדִים נְחֹשֶׁתᵇ שְׁמֹנֶה עֶשְׂרֵה אַמָּה קוֹמַת הָעַמּוּד הָאֶחָד
16 וְחוּט ᶜשְׁתֵּים־עֶשְׂרֵהᶜ אַמָּה יָסֹב אֶת־ᵈהָעַמּוּד הַשֵּׁנִי׃ 16 וּשְׁתֵּי כֹתָרֹת ב̇
עָשָׂה לָתֵת עַל־רָאשֵׁי הָעַמּוּדִים מֻצַק נְחֹשֶׁת חָמֵשׁ אַמּוֹת קוֹמַת ע̇ה. ב̇ וחס[9]
17 הַכֹּתֶרֶת הָאֶחָת וְחָמֵשׁ אַמּוֹת קוֹמַת הַכֹּתֶרֶת הַשֵּׁנִית׃ 17 ᵃᵇשְׂבָכִים
מַעֲשֵׂה שְׂבָכָה גְּדִלִים מַעֲשֵׂה שַׁרְשְׁרוֹת לַכֹּתָרֹתᵇ אֲשֶׁר עַל־רֹאשׁ ב̇. ג̇ מל[14]

[4] Mm 558. [5] Cf Hi 2,5; 5,8; 13,3. [6] Mm 855. [7] Mm 3090. [8] Mm 383. [9] Mp sub loco. [10] Mm 3056. [11] Mm 1907. [12] Mm 1552. [13] Mm 1908, lect Mm frt inc. [14] Mm 1909.

5 ª 𝔊 *καὶ αἱ χῶραι*, l וְהַמֶּחֱזוֹת? ‖ ᵇ⁻ᵇ 𝔊 *καὶ ἀπὸ τοῦ θυρώματος ἐπὶ θύραν* = וּמִפֶּתַח אֶל־פֶּתַח? ‖ **6** ª > 𝔊* ‖ ᵇ 𝔊ᴮ 50 ‖ ᶜ 𝔊 + *τοῖς αιλαμμιν* ‖ **7** ª⁻ª > 𝔊* ‖ ᵇ l הַקּוֹרוֹת? cf 𝔖𝔙 ‖ **8** ª 𝔊 *μία* = הָאַחַת ‖ ᵇ > 𝔊 ‖ ᶜ > 𝔊⁻ᴸ, dl? ‖ ᵈ⁻ᵈ add? ‖ **9** ª⁻ª > 𝔊* ‖ ᵇ > 𝔊* ‖ **12** ª⁻ª inc; > 𝔊 (cf 6,36ª) ‖ **14** ª 𝔊 pr cop ‖ ᵇ 𝔊 om suff ‖ **15** ª 𝔊 *καὶ ἐχώνευσεν* = וַיִּצֹּק? ‖ ᵇ 𝔊⁻ᴮ *τῷ αιλαμ τοῦ οἴκου*, l frt לְאוּלַם הַבַּיִת ‖ ᶜ⁻ᶜ 𝔊 14 ‖ ᵈ 𝔖(𝔗) *lh whkn'* cf 𝔊, l אֹתוֹ וְכֵן (𝔊 post אֹתוֹ + nonn vb cf Jer 52,21) ‖ **17** ª 17–22 𝔊 alit ‖ ᵇ⁻ᵇ l וַיַּעַשׂ שְׁתֵּי שְׂבָכִים לְכַסּוֹת אֶת־הַכּוֹתֶרֶת? cf 𝔊.

18 הָעַמּוּדִים שִׁבְעָה [c]לַכֹּתֶרֶת הָאֶחָת וְשִׁבְעָה [c]לַכֹּתֶרֶת הַשֵּׁנִית׃ 18 [a]וַיַּעַשׂ
אֶת־הָעַמּוּדִים[a] וּשְׁנֵי[b] טוּרִים[c] סָבִיב עַל־הַשְּׂבָכָה הָאֶחָת [d]לְכַסּוֹת
אֶת־הַכֹּתָרֹת אֲשֶׁר עַל־רֹאשׁ הָרִמֹּנִים[de] וְכֵן עָשָׂה לַכֹּתֶרֶת הַשֵּׁנִית׃[f]
19 [a]וְכֹתָרֹת אֲשֶׁר עַל־רֹאשׁ הָעַמּוּדִים מַעֲשֵׂה שׁוּשַׁן בָּאוּלָם[b] אַרְבַּע 19
20 אַמּוֹת׃ 20 [a]וְכֹתָרֹת עַל־שְׁנֵי הָעַמּוּדִים גַּם־מִמַּעַל מִלְּעֻמַּת הַבֶּטֶן
אֲשֶׁר לְעֵבֶר [ab]שְׂבָכָה[c] וְהָרִמּוֹנִים מָאתַיִם טֻרִים[d] סָבִיב עַל[e] הַכֹּתֶרֶת
הַשֵּׁנִית׃[c] 21 וַיָּקֶם אֶת־הָעַמֻּדִים לְאֻלָם הַהֵיכָל וַיָּקֶם אֶת־הָעַמּוּד ס
הַיְמָנִי וַיִּקְרָא אֶת־שְׁמוֹ יָכִין וַיָּקֶם אֶת־הָעַמּוּד הַשְּׂמָאלִי וַיִּקְרָא אֶת־
22 שְׁמוֹ בֹּעַז׃ 22 [a]וְעַל רֹאשׁ הָעַמּוּדִים מַעֲשֵׂה שׁוֹשָׁן וַתִּתֹּם מְלֶאכֶת
23 הָעַמּוּדִים׃ 23 וַיַּעַשׂ אֶת־הַיָּם מוּצָק[a] עֶשֶׂר בָּאַמָּה מִשְּׂפָתוֹ
עַד־[b]שְׂפָתוֹ עָגֹל ׀ סָבִיב וְחָמֵשׁ בָּאַמָּה קוֹמָתוֹ וְקָוֶה[c] שְׁלֹשִׁים[d] בָּאַמָּה
24 יָסֹב אֹתוֹ סָבִיב׃[a] 24 וּפְקָעִים מִתַּחַת לִשְׂפָתוֹ ׀ סָבִיב סֹבְבִים אֹתוֹ
[a]עֶשֶׂר בָּאַמָּה [b]מַקִּפִים אֶת־הַיָּם[b] סָבִיב[a] [c]שְׁנֵי טוּרִים הַפְּקָעִים יְצֻקִים
25 בִּיצֻקָתוֹ׃[c] 25 עֹמֵד עַל־שְׁנֵי[a] עָשָׂר בָּקָר שְׁלֹשָׁה פֹנִים ׀ צָפוֹנָה וּשְׁלֹשָׁה
פֹנִים ׀ יָמָּה וּשְׁלֹשָׁה ׀ פֹּנִים נֶגְבָּה וּשְׁלֹשָׁה פֹּנִים מִזְרָחָה [b]וְהַיָּם עֲלֵיהֶם
26 מִלְמָעְלָה[b] וְכָל־אֲחֹרֵיהֶם בָּיְתָה׃ 26 [ba]וְעָבְיוֹ טֶפַח[b] וּשְׂפָתוֹ כְּמַעֲשֵׂה
27 שְׂפַת־כּוֹס פֶּרַח שׁוֹשָׁן [c]אַלְפַּיִם בַּת יָכִיל׃[c] פ 27 וַיַּעַשׂ אֶת־
הַמְּכֹנוֹת עֶשֶׂר נְחֹשֶׁת אַרְבַּע[a] בָּאַמָּה אֹרֶךְ הַמְּכוֹנָה הָאֶחָת וְאַרְבַּע
28 בָּאַמָּה רָחְבָּהּ וְשָׁלֹשׁ[b] בָּאַמָּה קוֹמָתָהּ׃ 28 וְזֶה מַעֲשֵׂה הַמְּכוֹנָה[a]
29 מִסְגְּרֹת לָהֶם [b]וּמִסְגְּרֹת בֵּין הַשְׁלַבִּים׃[b] 29 וְעַל־הַמִּסְגְּרוֹת אֲשֶׁר ׀ בֵּין
הַשְׁלַבִּים אֲרָיוֹת ׀ בָּקָר[a] וּכְרוּבִים וְעַל־הַשְׁלַבִּים כֵּן מִמָּעַל וּמִתַּחַת

ד זוגין[15] . ג קמ וכל אתנח זקף וס״פ דכות ב מ ב
ב ומל וכל שושן הבירה דכות[16]
השבכה ק . חד מן יג[17] חס ה ר״ת בליש
כ[18] . יא חס[19] . ג חס . כ[18]
ל . כ[18] . ל
ב . ב[20]
וקו ק . ד[21]
ל
ב חד חס וחד מל . ב וחד מן ד[15] זוגין . ב חד חס וחד מל
ל . ו בליש[22] . נג[23]
כו . ז
ג . ג[24]
ב . ב
ב ומל . כג ר״פ
ל . ה מל[25]
ל . ג[26]

[15] Mm 3561. [16] Mm 1910. [17] Mm 1856. [18] Mm 1991. [19] Mm 558. [20] Gn 47,18. [21] Mm 551. [22] Mm 874. [23] Mp sub loco. [24] Mm 2766. [25] Mm 1911. [26] Mm 1912.

17 c l prb (וּ)שְׂבָכָה cf 𝔊 ‖ **18** a–a dl? ‖ b 𝔊𝔖 om cop ‖ c ins רִמֹּנֵי נְחֹשֶׁת? cf 𝔊 ‖ d–d var melior ad 17aβ–δ (𝔊 om) ‖ e l c mlt Mss 𝔊𝔖 העמודים ut 17 ‖ f 𝔊* tr huc 21 ‖ **19** a inc cf 22a; 19.20a.22a frt add ‖ b Ms כָּא׳ ‖ **20** a–a crrp ‖ b 𝔗 mlt Mss ut Q הַשְּׂבָכָה ‖ c–c > 𝔊* ‖ d 𝔖 pr *trjn* = שְׁנֵי ‖ e 𝔖 *krmt' ḥd' whkn'*, ins frt הַכֹּתֶרֶת הָאֶחָת וְכֵן עַל (20bβ var melior ad 18bγ) ‖ **22** a v 22 > 𝔊* cf 19 ‖ **23** a > 𝔊* ‖ b pc Mss 𝔖 וְעַד ‖ c K וְקָוֶה, mlt Mss ut Q וְקָו; 𝔊 *καὶ συνηγμένοι* = וּמִקְוֵה? ‖ d 𝔊 33 ‖ **24** a–a gl? ‖ b–b > 𝔊^BA ‖ c–c > 𝔊^-A; 𝔊* huc tr 26, frt recte ‖ **25** a 2 Mss Seb שנים ‖ b–b 𝔊* tr ad fin v ‖ **26** a cf 24c–c ‖ b–b 𝔊^-A tr post a ‖ c–c > 𝔊* ‖ **27** a 𝔊 5 ‖ b 𝔊 6 ‖ **28** a l c Vrs pl ‖ b–b > 𝔖 ‖ **29** a Ms 𝔊𝔖𝔙 וּבָ׳.

30 לַאֲרָיוֹת וְלַבָּקָר לֹיוֹת מַעֲשֵׂה מוֹרָד׃ 30 וְאַרְבָּעָה אוֹפַנֵּי נְחֹשֶׁת ל. ב. ל
לַמְּכוֹנָה הָאַחַת וְסַרְנֵי נְחֹשֶׁת וְאַרְבָּעָה[a] פַעֲמֹתָיו[a] כְּתֵפֹת לָהֶם מִתַּחַת ל חס בנביא
31 לַכִּיֹּר[b] הַכְּתֵפֹת[c] יְצֻקוֹת מֵעֵבֶר אִישׁ לֹיוֹת׃ 31 וּפִיהוּ[a] מִבֵּית[b] לַכֹּתֶרֶת[c] ב חס בנביא[27]. ב. כב
וָמַעְלָה[b] בָּאַמָּה[d] וּפִיהָ עָגֹל[b] מַעֲשֵׂה־כֵן[b] אַמָּה וַחֲצִי הָאַמָּה וְגַם־עַל־
32 פִּיהָ מִקְלָעוֹת וּמִסְגְּרֹתֵיהֶם[e] מְרֻבָּעוֹת לֹא עֲגֻלּוֹת׃ 32 וְאַרְבַּעַת ל[28]. ל. ל. ל
הָאוֹפַנִּים לְמִתַּחַת לַמִּסְגְּרוֹת[a] וִידוֹת הָאוֹפַנִּים בַּמְּכוֹנָה וְקוֹמַת הָאוֹפָן ל. ה מל[29]
33 הָאֶחָד אַמָּה וַחֲצִי הָאַמָּה׃ 33 וּמַעֲשֵׂה הָאוֹפַנִּים כְּמַעֲשֵׂה אוֹפַן[a] ל[30]
הַמֶּרְכָּבָה יְדוֹתָם[b] וְגַבֵּיהֶם[c] וְחִשֻּׁקֵיהֶם וְחִשֻּׁרֵיהֶם[c] הַכֹּל מוּצָק׃ ל[28]. ל
34 וְאַרְבַּע כְּתֵפוֹת אֶל[a] אַרְבַּע פִּנּוֹת הַמְּכֹנָה הָאֶחָת מִן־הַמְּכֹנָה ב ר"פ[31]. ל וכל יחזק דכות ב מ ב. ד חס. ד חס
35 כְּתֵפֶיהָ׃ 35 וּבְרֹאשׁ הַמְּכוֹנָה[a] חֲצִי הָאַמָּה קוֹמָה[b] עָגֹל | סָבִיב[c] וְעַל[d] ב[32]
36 רֹאשׁ הַמְּכֹנָה יְדֹתֶיהָ[c] וּמִסְגְּרֹתֶיהָ מִמֶּנָּה[e]׃ 36 וַיְפַתַּח עַל־הַלֻּחֹת ד חס. ב[33]
יְדֹתֶיהָ[a] וְעַל[b] וּמִסְגְּרֹתֶיהָ[ac] כְּרוּבִים אֲרָיוֹת[d] וְתִמֹּרֹת[e] כְּמַעַר־אִישׁ מסגרתיה ק ול כת חס. ל
37 וְלֹיוֹת[e] סָבִיב׃ 37 כָּזֹאת עָשָׂה אֵת עֶשֶׂר הַמְּכֹנוֹת מוּצָק אֶחָד מִדָּה[a] ל. ג בליש
38 אַחַת[b] קֶצֶב[c] אֶחָד[b] לְכֻלָּהְנָה׃ ס 38 וַיַּעַשׂ עֲשָׂרָה כִיֹּרוֹת נְחֹשֶׁת ל וחס
אַרְבָּעִים בַּת יָכִיל | הַכִּיּוֹר הָאֶחָד אַרְבַּע[a] בָּאַמָּה הַכִּיּוֹר הָאֶחָד[a] כִּיּוֹר ג בליש ומל
39 אֶחָד עַל־הַמְּכוֹנָה הָאַחַת לְעֶשֶׂר הַמְּכֹנוֹת׃ 39 וַיִּתֵּן אֶת־הַמְּכֹנוֹת ב זקף קמ. ב
חָמֵשׁ עַל־כֶּתֶף הַבַּיִת מִיָּמִין וְחָמֵשׁ עַל־כֶּתֶף הַבַּיִת מִשְּׂמֹאלוֹ[a] וְאֶת־[b] ה[34]. ה[34]. ה[35]
40 הַיָּם נָתַן[b] מִכֶּתֶף הַבַּיִת הַיְמָנִית קֵדְמָה מִמּוּל נֶגֶב׃ ס 40 וַיַּעַשׂ
חִירוֹם אֶת־הַכִּיֹּרוֹת[a] וְאֶת־הַיָּעִים וְאֶת־הַמִּזְרָקוֹת וַיְכַל חִירָם לַעֲשׂוֹת ג. יח פסוק את ואת ואת את
41 אֶת־כָּל־הַמְּלָאכָה[b] אֲשֶׁר עָשָׂה לַמֶּלֶךְ[c] שְׁלֹמֹה בֵּית יְהוָה׃ 41 עַמֻּדִים יא חס[36]
שְׁנַיִם וְגֻלֹּת הַכֹּתָרֹת אֲשֶׁר־עַל־רֹאשׁ הָעַמֻּדִים שְׁתָּיִם וְהַשְּׂבָכוֹת ז חס[28]
שְׁתַּיִם לְכַסּוֹת אֶת־שְׁתֵּי גֻּלֹּת הַכֹּתָרֹת אֲשֶׁר עַל־רֹאשׁ הָעַמּוּדִים׃ ב מל בסיפ[37]

[27] Mm 582. [28] Mp sub loco. [29] Mm 1911. [30] Mm 2441. [31] Mm 3845. [32] Mm 1883. [33] Mm 170. [34] Mm 1033. [35] Mm 1913. [36] Mm 558. [37] Mp contra textum, cf Mp sub loco.

30 [a–a] l frt בַּע–תֶיהָ– ‖ [b] 𝔊 pl ‖ **30** [c] – **32** [a] > 𝔊* ‖ **31** [a] l הָ– cf 𝔖 ‖ [b–b] > 𝔖 ‖ [c] prp לַכְּתֵפֹת ‖ [d] exc numerus ‖ [e] l frt c 2 Mss ־יהָ ‖ **32** [a] cf 30[c] ‖ **33** [a] 𝔊𝔖𝔗 pl ‖ [b] 𝔊[L]𝔖𝔙 pr cop ‖ [c–c] 𝔊* *καὶ ἡ πραγματεία αὐτῶν* ‖ **34** [a] = עַל, sic pc Mss ‖ **35** [a] exc vb ‖ [b] l קוֹמָתוֹ cf 𝔊*𝔖 ‖ [c–c] dl? ‖ [d] 𝔊𝔖 om cop ‖ [e] > 𝔊* ‖ **36** [a–a] var ad fin 35 ‖ [b] > 𝔊 ‖ [c] Q mlt Mss Vrs om cop, dl vel id vel [b] vel [a–a] ‖ [d] 𝔊𝔖𝔙 pr cop ‖ [e–e] inc; 𝔊 alit, 𝔖 om; cf 30bβ ‖ **37** [a] pc Mss 𝔊𝔖𝔙 'ומ ‖ [b–b] > 𝔊* ‖ [c] mlt Mss 𝔖𝔙 'וְק ‖ **38** [a–a] > pc Mss 𝔊* ‖ **39** [a] Ms Vrs –ל ‖ [b–b] 𝔊[-L] *καὶ ἡ θάλασσα* ‖ **40** [a] sic L, mlt Mss Edd –רוֹת; l c mlt Mss 𝔊𝔖𝔙 הַסִּירוֹת ‖ [b] 𝔊 pl ‖ [c] nonn Mss 𝔖 'הַמּ.

42 וְאֶת־הָרִמֹּנִים אַרְבַּע מֵאוֹת לִשְׁתֵּי הַשְּׂבָכוֹת שְׁנֵי־טוּרִים רִמֹּנִים 42
לַשְּׂבָכָה הָאֶחָת [a]לְכַסּוֹת אֶת־שְׁתֵּי גֻּלֹּת הַכֹּתָרֹת אֲשֶׁר עַל־פְּנֵי[b]
הָעַמּוּדִים׃[a] 43 וְאֶת־הַמְּכֹנוֹת עֶשֶׂר וְאֶת־הַכִּיֹּרֹת עֲשָׂרָה עַל־הַמְּכֹנוֹת׃ 43
44 וְאֶת־הַיָּם הָאֶחָד וְאֶת־הַבָּקָר שְׁנֵים־עָשָׂר תַּחַת הַיָּם׃ 45 וְאֶת־ 44 45
הַסִּירוֹת וְאֶת־הַיָּעִים וְאֶת־הַמִּזְרָקוֹת וְאֵת כָּל־הַכֵּלִים הָאֹהֶל[a] אֲשֶׁר
עָשָׂה חִירָם לַמֶּלֶךְ שְׁלֹמֹה בֵּית יְהוָה[b] נְחֹשֶׁת מְמֹרָט׃[c] 46 בְּכִכַּר 46
הַיַּרְדֵּן יְצָקָם הַמֶּלֶךְ[a] בְּמַעֲבֵה[b] הָאֲדָמָה בֵּין סֻכּוֹת וּבֵין צָרְתָן׃
47 [ab]וַיַּנַּח[c] שְׁלֹמֹה אֶת־כָּל־הַכֵּלִים[b] מֵרֹב מְאֹד מְאֹד לֹא נֶחְקַר מִשְׁקַל 47
הַנְּחֹשֶׁת׃ 48 וַיַּעַשׂ[a] שְׁלֹמֹה אֵת כָּל־הַכֵּלִים אֲשֶׁר[b] בֵּית[c] יְהוָה אֵת 48
מִזְבַּח הַזָּהָב וְאֶת־הַשֻּׁלְחָן אֲשֶׁר עָלָיו לֶחֶם הַפָּנִים זָהָב׃ 49 וְאֶת־ 49
הַמְּנֹרוֹת[a] חָמֵשׁ מִיָּמִין וְחָמֵשׁ מִשְּׂמֹאול לִפְנֵי הַדְּבִיר זָהָב סָגוּר וְהַפֶּרַח
וְהַנֵּרֹת וְהַמֶּלְקַחַיִם[b] זָהָב׃ 50 וְהַסִּפּוֹת וְהַמְזַמְּרוֹת וְהַמִּזְרָקוֹת וְהַכַּפּוֹת 50
וְהַמַּחְתּוֹת זָהָב סָגוּר וְהַפֹּתוֹת לְדַלְתוֹת הַבַּיִת הַפְּנִימִי לְקֹדֶשׁ הַקֳּדָשִׁים
לְדַלְתֵי[a] הַבַּיִת לַהֵיכָל[b] זָהָב׃ פ 51 וַתִּשְׁלַם כָּל־הַמְּלָאכָה 51
אֲשֶׁר עָשָׂה הַמֶּלֶךְ[a] שְׁלֹמֹה בֵּית יְהוָה וַיָּבֵא שְׁלֹמֹה אֶת־קָדְשֵׁי ׀ דָּוִד
אָבִיו אֶת[b]־הַכֶּסֶף וְאֶת־הַזָּהָב וְאֶת־הַכֵּלִים נָתַן בְּאֹצְרוֹת בֵּית
יְהוָה׃ פ

8 1 [a]אָז יַקְהֵל שְׁלֹמֹה אֶת[b]־זִקְנֵי יִשְׂרָאֵל[c] אֶת־כָּל־רָאשֵׁי הַמַּטּוֹת 8
נְשִׂיאֵי הָאָבוֹת לִבְנֵי יִשְׂרָאֵל אֶל־הַמֶּלֶךְ שְׁלֹמֹה[c] יְרוּשָׁלָםִ[d] לְהַעֲלוֹת
אֶת־אֲרוֹן בְּרִית־יְהוָה מֵעִיר דָּוִד הִיא צִיּוֹן׃ 2 [a]וַיִּקָּהֲלוּ אֶל־הַמֶּלֶךְ 2
שְׁלֹמֹה כָּל־אִישׁ יִשְׂרָאֵל[a] בְּיֶרַח הָאֵתָנִים [b]בֶּחָג הוּא הַחֹדֶשׁ הַשְּׁבִיעִי[b]׃

ב̇ וחד מן ד̇[38] זוגין
ב̇ מל̇ בסיפ̇[39]
ל̇ חס
ה̇[40]. ב̇[41]. כו̇ פסוק ואת ואת ואת ואת
האלה ק̇
ב̇. ל̇. ב̇
ז̇[42]. ל̇
ג̇. ל̇
ד̇ חס̇[39]. ה̇
ל̇ חס̇ בנביא[43]. כל מל̇
ה̇. ל̇. ב̇ בסיפ̇
ג̇
ד̇. נא̇[44]. יח̇ פסוק את את ואת ואת
ג̇[45]
יט̇ פסוק בסיפ̇ את את את. עה̇
ד̇

[38] Mm 3561. [39] Mp contra textum, cf Mp sub loco. [40] Mm 1913. [41] Mm 1914. [42] Mm 2011. [43] Mm 882. [44] Mm 639. [45] Mm 3784.

42 [a–a] var ad 41 bβ—δ, dl? ‖ [b] nonn Mss 𝔖𝔙 ראשׁ ut 41, 𝔊 *ἀμφοτέροις* = שְׁנֵי ‖ **45** [a] K הָאֹהֶל? cf 𝔖; mlt Mss 𝔗 ut Q הָאֵלֶּה; > 𝔊𝔙 ‖ [b] 𝔊 + nonn vb ‖ [c] 𝔊 huc tr 47 ‖ **46** [a] > 𝔊*, dl? ‖ [b] pc Mss ־בי cf 2 Ch 4,17 ‖ **47** [a] cf 45[c] ‖ [b–b] var ad 48 aαβ; cj bαβ c 45 cf 𝔊 ‖ [c] 𝔖 *wʿbd* cf 48 ‖ **48** [a] 𝔊[B] *καὶ ἔλαβεν*, 𝔊[rel] *καὶ ἔδωκεν*; l prb וינח ut 47 ‖ [b] 𝔊* + *ἐποίησεν*; dl? ‖ [c] = בְּבֵית, sic nonn Mss 𝔊𝔙 ‖ **49** [a] 𝔖(𝔙) + *ddhbʾ* = זָהָב ‖ [b] sic CL, mlt Mss Edd ־קָ׳ ‖ **50** [a] l prb וּלְ׳ cf 𝔖𝔙 ‖ [b–b] l ההיכל? cf 𝔊 ‖ **51** [a] > 𝔊*𝔙 ‖ [b] 2 Mss וְאֶת ‖ **Cp 8,1** [a] 𝔊* pr nonn vb (cf 7,1[a] et 9,1.10) ‖ [b] mlt Mss 𝔊𝔖𝔗[Mss] 𝔙 + כָּל־ ‖ [c–c] > 𝔊*, gl? ‖ [d] 𝔊 *ἐν Σιων* ‖ **2** [a–a] > 𝔊*, gl? ‖ [b–b] > 𝔊*, add?

3 [a]וַיָּבֹאוּ כֹּל זִקְנֵי יִשְׂרָאֵל[a] וַיִּשְׂאוּ הַכֹּהֲנִים אֶת־הָאָרוֹן׃ 4 [a]וַיַּעֲלוּ מג
אֶת־אֲרוֹן יְהוָה[a] וְאֶת־אֹהֶל מוֹעֵד וְאֶת־כָּל־כְּלֵי הַקֹּדֶשׁ אֲשֶׁר בָּאֹהֶל ט פסוק בסיפ את ואת ואת[1] . כו[2] . ה . ו[3]
5 [a]וַיַּעֲלוּ אֹתָם הַכֹּהֲנִים וְהַלְוִיִּם[a]׃ 5 וְהַמֶּלֶךְ שְׁלֹמֹה[a] וְכָל־עֲדַת[a] יִשְׂרָאֵל כא[4] . ג[5] . יא
[b]הַנּוֹעָדִים עָלָיו אִתּוֹ[b] לִפְנֵי הָאָרוֹן מְזַבְּחִים צֹאן וּבָקָר [c]אֲשֶׁר לֹא־
6 יִסָּפְרוּ וְלֹא יִמָּנוּ מֵרֹב[c]׃ 6 וַיָּבִאוּ הַכֹּהֲנִים אֶת־[a]אֲרוֹן בְּרִית־יְהוָה[a] ב . לו ד מנה חס בסיפ
אֶל־מְקוֹמוֹ אֶל־דְּבִיר הַבַּיִת [b]אֶל־קֹדֶשׁ הַקֳּדָשִׁים[b] אֶל־תַּחַת כַּנְפֵי
7 הַכְּרוּבִים׃ 7 כִּי הַכְּרוּבִים פֹּרְשִׂים כְּנָפַיִם אֶל[a]־מְקוֹם הָאָרוֹן וַיָּסֹכּוּ[b] ל . ל וחס
8 הַכְּרֻבִים עַל־הָאָרוֹן וְעַל־בַּדָּיו מִלְמָעְלָה׃ 8 [a]וַיַּאֲרִכוּ הַבַּדִּים וַיֵּרָאוּ יב חס וכל אורית דכות[6] . ב . ד[7]
רָאשֵׁי הַבַּדִּים מִן־הַקֹּדֶשׁ עַל־פְּנֵי הַדְּבִיר וְלֹא יֵרָאוּ הַחוּצָה[a] וַיִּהְיוּ עה . ד[8] . יו[9]
9 שָׁם עַד הַיּוֹם הַזֶּה׃ 9 אֵין בָּאָרוֹן רַק שְׁנֵי לֻחוֹת הָאֲבָנִים[a] אֲשֶׁר הִנִּחַ ד[10] . ל חס
שָׁם מֹשֶׁה בְּחֹרֵב אֲשֶׁר כָּרַת יְהוָה עִם־בְּנֵי יִשְׂרָאֵל בְּצֵאתָם מֵאֶרֶץ
10 מִצְרָיִם׃ 10 וַיְהִי בְּצֵאת הַכֹּהֲנִים מִן־הַקֹּדֶשׁ וְהֶעָנָן מָלֵא אֶת־[a]בֵּית
ס יְהוָה[a]׃ 11 וְלֹא־יָכְלוּ הַכֹּהֲנִים לַעֲמֹד לְשָׁרֵת מִפְּנֵי הֶעָנָן כִּי־מָלֵא
כְבוֹד־יְהוָה אֶת־[a]בֵּית יְהוָה[a]׃ פ
12 [a]אָז אָמַר שְׁלֹמֹה
יְהוָה[b] אָמַר לִשְׁכֹּן בָּעֲרָפֶל׃
13 [a]בָּנֹה בָנִיתִי[a] בֵּית זְבֻל לָךְ מָכוֹן לְשִׁבְתְּךָ עוֹלָמִים[b]׃ ל וכת ה . ו בסיפ . ג[11]
14 וַיַּסֵּב הַמֶּלֶךְ אֶת־פָּנָיו וַיְבָרֶךְ אֵת כָּל־קְהַל[a] יִשְׂרָאֵל וְכָל־ ג
15 קְהַל יִשְׂרָאֵל עֹמֵד׃ 15 וַיֹּאמֶר בָּרוּךְ יְהוָה אֱלֹהֵי יִשְׂרָאֵל אֲשֶׁר דִּבֶּר
16 בְּפִיו אֵת[a] דָּוִד אָבִי וּבְיָדוֹ[b] מִלֵּא לֵאמֹר׃ 16 מִן־הַיּוֹם אֲשֶׁר הוֹצֵאתִי
אֶת־עַמִּי אֶת־יִשְׂרָאֵל מִמִּצְרַיִם לֹא־בָחַרְתִּי בְעִיר [a]מִכֹּל שִׁבְטֵי[a] כו פסוק את את ומילה חדה ביניה יט מנה בנביא . ו
יִשְׂרָאֵל לִבְנוֹת בַּיִת לִהְיוֹת שְׁמִי שָׁם[b] וָאֶבְחַר בְּדָוִד לִהְיוֹת עַל־עַמִּי

Cp 8 [1]Mp sub loco. [2]Mm 1553. [3]Mm 113. [4]Mm 4144. [5]Mm 1915. [6]Mm 543. [7]Mm 3223. [8]Mm 1916. [9]Mm 290. [10]Mm 1101. [11]Mm 1917.

3 [a–a] > 𝔊*, gl? ‖ **4** [a–a] > 𝔊*, gl? ‖ **5** [a] > 𝔊*, gl? ‖ [b–b] > 𝔊*, gl? ‖ [c–c] 𝔊* *ἀναρίθμητα* = אֵין מִסְפָּר? ‖ **6** [a–a] 𝔊 *τὴν κιβωτόν* cf 5.7, 1 הָאָ'? ‖ [b–b] add? ‖ **7** [a] = עַל, sic 𝔊 et 2 Ch 5,8 ‖ [b] 𝔊 ut 2 Ch וַיְכַסּוּ ‖ **8** [a–a] > 𝔊*, frt tr post 9 ‖ **9** [a] 𝔊 + *πλάκες τῆς διαθήκης* = לֻחוֹת הַבְּרִית, quod frt tr post 9a ‖ **10** [a–a] 𝔊* *τὸν οἶκον* = הבית ut 6 ‖ **11** [a–a] cf 10[a–a] ‖ **12** [a] 𝔊* tr 12.13 post 53 ‖ [b] 𝔊* pr *Ἥλιον ἐγνώρισεν* ($𝔊^L$ *ἔστησεν*) *ἐν οὐρανῷ*, pr prb שֶׁמֶשׁ הֵכִין בַּשָּׁמַיִם ‖ **13** [a–a] 𝔊* *οἰκοδόμησον οἶκόν μου* ‖ [b] frt ins (prp הַיָּשָׁר) הֲלֹא הִיא כְתוּבָה בְּסֵפֶר הַשִּׁיר cf 𝔊 ‖ **14** [a] > 𝔊 ‖ **15** [a] pc Mss 𝔊𝔙 אֶל ‖ [b] 𝔊𝔖𝔙 pl ‖ **16** [a–a] 𝔊 ($𝔊^L$ + *σκηνὴν*) *ἐν ἑνὶ σκήπτρῳ* ‖ [b] prb ins eadem vb ut 2 Ch 6,5b.6a (homtel) cf 𝔊*.

יִשְׂרָאֵל׃ 17 וַיְהִ֕י עִם־לְבַ֖ב דָּוִ֣ד אָבִ֑י לִבְנ֣וֹת בַּ֔יִת לְשֵׁ֖ם יְהוָ֥ה אֱלֹהֵ֥י 17 ב
יִשְׂרָאֵֽל׃ 18 וַיֹּ֤אמֶר יְהוָה֙ אֶל־דָּוִ֣ד אָבִ֔י יַ֚עַן אֲשֶׁ֣ר הָיָ֣ה עִם־לְבָבְךָ֔ 18
לִבְנ֥וֹת בַּ֖יִת לִשְׁמִ֑י הֱטִיבֹ֔תָ כִּ֥י הָיָ֖ה עִם־לְבָבֶֽךָ׃ 19 רַ֣ק אַתָּ֔ה לֹ֥א 19 ג ב חס וחד מל[12]
תִבְנֶ֖ה הַבָּ֑יִת כִּ֤י אִם־בִּנְךָ֙ הַיֹּצֵ֣א מֵחֲלָצֶ֔יךָ הֽוּא־יִבְנֶ֥ה הַבַּ֖יִת לִשְׁמִֽי׃ ל
20 וַיָּ֣קֶם יְהוָ֔ה אֶת־דְּבָר֖וֹ אֲשֶׁ֣ר דִּבֵּ֑ר וָאָקֻ֡ם[a] תַּחַת֩ דָּוִ֨ד אָבִ֜י וָאֵשֵׁ֣ב[b] 20 כ[13]. ב חס. ה[14]
עַל־כִּסֵּ֣א יִשְׂרָאֵ֗ל כַּאֲשֶׁר֙ דִּבֶּ֣ר יְהוָ֔ה וָאֶבְנֶ֣ה הַבַּ֔יִת לְשֵׁ֖ם יְהוָ֥ה אֱלֹהֵ֥י ב
יִשְׂרָאֵֽל׃ 21 וָאָשִׂ֨ם שָׁ֤ם מָקוֹם֙ לָֽאָר֔וֹן אֲשֶׁר־שָׁ֖ם בְּרִ֣ית יְהוָ֑ה אֲשֶׁ֤ר 21 ט[15] ה[16] מנה חס
כָּרַת֙ עִם־אֲבֹתֵ֔ינוּ בְּהוֹצִיא֥וֹ אֹתָ֖ם מֵאֶ֥רֶץ מִצְרָֽיִם׃ ס 22 וַיַּעֲמֹ֣ד 22 ב ומל[17]
שְׁלֹמֹ֗ה לִפְנֵי֙ מִזְבַּ֣ח יְהוָ֔ה נֶ֖גֶד כָּל־קְהַ֣ל יִשְׂרָאֵ֑ל וַיִּפְרֹ֥שׂ כַּפָּ֖יו הַשָּׁמָֽיִם׃
23 וַיֹּאמַ֗ר יְהוָ֞ה אֱלֹהֵ֤י יִשְׂרָאֵל֙ אֵין־כָּמ֣וֹךָ אֱלֹהִ֔ים בַּשָּׁמַ֣יִם מִמַּ֔עַל 23 צא יט מנה ר״פ
וְעַל־הָאָ֖רֶץ מִתָּ֑חַת שֹׁמֵ֤ר הַבְּרִית֙ וְהַחֶ֔סֶד לַעֲבָדֶ֔יךָ[a] הַהֹלְכִ֥ים[a] לְפָנֶ֖יךָ ג[18]
בְּכָל־לִבָּֽם׃[b] 24 אֲשֶׁ֣ר שָׁמַ֗רְתָּ לְעַבְדְּךָ֙ דָּוִ֣ד אָבִ֔י אֵ֥ת[a] אֲשֶׁר־דִּבַּ֖רְתָּ 24
ל֑וֹ[a] וַתְּדַבֵּ֥ר בְּפִ֛יךָ וּבְיָדְךָ֥[b] מִלֵּ֖אתָ כַּיּ֥וֹם הַזֶּֽה׃ 25 וְעַתָּ֞ה יְהוָ֣ה ׀ אֱלֹהֵ֣י 25
יִשְׂרָאֵ֗ל שְׁ֠מֹר לְעַבְדְּךָ֨ דָוִ֤ד אָבִי֙ אֵת֩ אֲשֶׁ֨ר דִּבַּ֤רְתָּ לּוֹ֙ לֵאמֹ֔ר לֹא־
יִכָּרֵ֨ת לְךָ֥ אִישׁ֙ מִלְּפָנַ֔י יֹשֵׁ֖ב עַל־כִּסֵּ֣א יִשְׂרָאֵ֑ל רַ֠ק אִם־יִשְׁמְר֨וּ בָנֶ֤יךָ יב
אֶת־דַּרְכָּם֙ לָלֶ֣כֶת לְפָנַ֔י כַּאֲשֶׁ֥ר הָלַ֖כְתָּ לְפָנָֽי׃ 26 וְעַתָּה֙[a] אֱלֹהֵ֣י יִשְׂרָאֵ֔ל 26 ל. כת[19]
יֵאָ֤מֶן נָא֙ דְּבָ֣רְיךָ֔[b] אֲשֶׁ֣ר[c] דִּבַּ֔רְתָּ לְעַבְדְּךָ֖ דָּוִ֥ד[c] אָבִֽי׃ 27 כִּ֚י 27 דבריך חד מן ה[20] יתיר י בליש — דברך ק
הַאֻמְנָ֔ם יֵשֵׁ֥ב אֱלֹהִ֖ים[a] עַל־הָאָ֑רֶץ הִ֠נֵּה הַשָּׁמַ֨יִם וּשְׁמֵ֤י הַשָּׁמַ֨יִם֙ לֹ֣א ד. ב. ל
יְכַלְכְּל֔וּךָ אַ֕ף כִּֽי־הַבַּ֥יִת הַזֶּ֖ה אֲשֶׁ֥ר בָּנִֽיתִי׃ 28 וּפָנִ֜יתָ אֶל־תְּפִלַּ֧ת[a] 28 ב. ו בסיפ
עַבְדְּךָ֛ וְאֶל־תְּחִנָּת֖וֹ[a] יְהוָ֣ה אֱלֹהָ֑י לִשְׁמֹ֤עַ אֶל־הָֽרִנָּה֙ וְאֶל־הַתְּפִלָּ֔ה[b]
אֲשֶׁ֧ר עַבְדְּךָ֛ מִתְפַּלֵּ֥ל לְפָנֶ֖יךָ הַיּֽוֹם׃ 29 לִהְי֨וֹת עֵינֶ֜ךָ פְתֻח֗וֹת אֶל־ 29 סו[21] מנה חס. ב חס בסיפ
הַבַּ֤יִת הַזֶּה֙[a] לַ֣יְלָה וָי֔וֹם[a] אֶל־הַ֨מָּק֔וֹם אֲשֶׁ֣ר אָמַ֔רְתָּ יִהְיֶ֥ה שְׁמִ֖י שָׁ֑ם ג[22]
לִשְׁמֹ֙עַ֙ אֶל־הַתְּפִלָּ֔ה אֲשֶׁ֧ר יִתְפַּלֵּ֛ל עַבְדְּךָ֖ אֶל־הַמָּק֥וֹם הַזֶּֽה׃ 30 וְשָׁמַעְתָּ֙ 30
אֶל־תְּחִנַּ֤ת[a] עַבְדְּךָ֙ וְעַמְּךָ֣ יִשְׂרָאֵ֔ל אֲשֶׁ֥ר יִֽתְפַּלְל֖וּ אֶל־הַמָּק֣וֹם הַזֶּ֑ה

[12] Mm 2103. [13] Mm 1991. [14] Mm 2778. [15] Mm 1918. [16] Mm 2528. [17] Mm 1919. [18] Mm 1920. [19] Mm 2364. [20] Mm 1921. [21] Mm 1145. [22] Mm 1922.

20 [a] 𝔊[L] *καὶ ἀνέστησέν με* = וַיְקִימֵנִי ‖ [b] 𝔊[L] *ἐκάθισέν με* = וַיּוֹשִׁיבֵנִי ‖ **23** [a] 𝔊 sg ‖ [b] 𝔊 suff sg ‖ **24** [a–a] > 𝔊* ‖ [b] 𝔊𝔖𝔙 pl ‖ **26** [a] ins c mlt Mss 𝔊𝔖𝔗[f Mss]𝔙[Mss] et 2 Ch 6,16 יהוה ‖ [b] mlt Mss 𝔊𝔖 et 2 Ch ut Q דְּבָרְךָ, sic l ‖ [c–c] 𝔊* *τῷ Δαυιδ* ‖ **27** [a] 𝔊 + *μετὰ ἀνθρώπων* cf 2 Ch 6,18 ‖ **28** [a–a] 𝔊* *ἐπὶ τὴν δέησίν μου* ‖ [b–b] > 𝔊[B min] ‖ **29** [a–a] 𝔊*𝔖 et 2 Ch 6,20 invers ‖ **30** [a] mlt Mss תְּפִלַּת.

וְ֠אַתָּה תִּשְׁמַ֞ע אֶל־ᵇמְק֤וֹם שִׁבְתְּךָ֙ אֶל־ᵇהַשָּׁמַ֔יִם וְשָׁמַעְתָּ֖ᶜ וְסָלָֽחְתָּ׃ ה23

31 ᵃאֵת֩ אֲשֶׁ֨רᵃ יֶחֱטָ֥א אִישׁ֙ לְרֵעֵ֔הוּ וְנָֽשָׁא־ᵇב֥וֹ אָלָ֖ה לְהַאֲלֹת֑וֹ וּבָ֗א אָלָ֛הᶜ ב . ב וחס

32 לִפְנֵ֥י מִֽזְבַּחֲךָ֖ בַּבַּ֥יִת הַזֶּֽה׃ 32 וְאַתָּ֣ה ׀ תִּשְׁמַ֣ע הַשָּׁמַ֗יִםᵃ וְעָשִׂ֙יתָ֙ וְשָׁפַטְתָּ֣ כן בעינ24

ᵇאֶת־עֲבָדֶ֔יךָᵇ לְהַרְשִׁ֣יעַ רָשָׁ֔ע לָתֵ֥ת דַּרְכּ֖וֹ בְּרֹאשׁ֑וֹ וּלְהַצְדִּ֣יק צַדִּ֔יק יד . ב

33 לָ֥תֶת ל֖וֹ כְּצִדְקָתֽוֹ׃ ס 33 בְּהִנָּגֵ֞ף עַמְּךָ֧ יִשְׂרָאֵ֛ל לִפְנֵ֥י אוֹיֵ֖ב אֲשֶׁ֣רᵃ ל

יֶחֶטְאוּ־לָ֑ךְ וְשָׁ֤בוּ אֵלֶ֙יךָ֙ᵇ וְהוֹד֣וּ אֶת־שְׁמֶ֔ךָ וְהִתְפַּֽלְל֧וּ וְהִתְחַנְּנ֛וּ אֵלֶ֖יךָᵇ

34 בַּבַּ֥יִת הַזֶּֽה׃ 34 וְאַתָּה֙ תִּשְׁמַ֣ע הַשָּׁמַ֔יִם וְסָ֣לַחְתָּ֔ לְחַטַּ֖את עַמְּךָ֣ יִשְׂרָאֵ֑ל יא ר״פ ז מנה בנביא . ו

35 וַהֲשֵֽׁבֹתָם֙ אֶל־הָ֣אֲדָמָ֔ה אֲשֶׁ֥ר נָתַ֖תָּ לַאֲבוֹתָֽם׃ ס 35 בְּהֵעָצֵ֥ר ב חד חס וחד מל . ו25 . כט חס26 . ל27

שָׁמַ֛יִם וְלֹא־יִהְיֶ֥ה מָטָ֖ר כִּ֣י יֶחֶטְאוּ־לָ֑ךְ וְהִֽתְפַּלְל֞וּ אֶל־הַמָּק֤וֹם הַזֶּה֙

36 וְהוֹד֣וּ אֶת־שְׁמֶ֔ךָ וּמֵחַטָּאתָ֥ם יְשׁוּב֖וּן כִּ֥י תַעֲנֵֽםᵃ׃ 36 וְאַתָּ֣ה ׀ תִּשְׁמַ֣ע ל . ל28

הַשָּׁמַ֗יִם וְֽסָלַחְתָּ֙ לְחַטַּ֤את עֲבָדֶ֙יךָ֙ᵃ וְעַמְּךָ֣ יִשְׂרָאֵ֔ל כִּ֥י תוֹרֵ֛ם אֶת־הַדֶּ֥רֶךְ ו

הַטּוֹבָ֖ה אֲשֶׁ֣ר יֵֽלְכוּ־בָ֑הּ וְנָתַתָּ֤ה מָטָר֙ עַל־אַרְצְךָ֔ᵇ אֲשֶׁר־נָתַ֥תָּה לְעַמְּךָ֖

37 לְנַחֲלָֽה׃ ס 37 רָעָ֞ב כִּֽי־יִהְיֶ֣ה בָאָ֗רֶץᵃ דֶּ֣בֶר כִּֽי־יִהְיֶ֡ה שִׁדָּפ֨וֹן הי29 . ג פסוק כי כי כי

יֵרָק֜וֹןᵃ אַרְבֶּ֤ה חָסִיל֙ כִּ֣י יִֽהְיֶ֔ה כִּ֧י יָֽצַר־ל֛וֹ אֹיְב֖וֹ בְּאֶ֣רֶץᵇ שְׁעָרָ֑יו כָּל־ ל . ל . ד . ל מ כ ם סימן30

38 נֶ֖גַע כָּֽל־ᶜמַחֲלָֽה׃ 38 כָּל־תְּפִלָּ֣ה כָל־ᵃתְּחִנָּ֗ה אֲשֶׁ֤ר תִֽהְיֶה֙ לְכָל־הָ֣אָדָ֔ם י פסוק כל כל ומילה חדה ביניה31 . י פסוק לכל לכל

ᵇלְכֹ֖ל עַמְּךָ֣ יִשְׂרָאֵ֑לᵇ אֲשֶׁ֣ר יֵדְע֗וּן אִ֚ישׁ נֶ֣גַע לְבָב֔וֹ וּפָרַ֥שׂ כַּפָּ֖יו אֶל־ ד32

39 הַבַּ֥יִת הַזֶּֽה׃ 39 וְ֠אַתָּה תִּשְׁמַ֨ע הַשָּׁמַ֜יִם מְכ֣וֹןᵃ שִׁבְתֶּ֗ךָ וְסָלַחְתָּ֙ וְעָשִׂ֔יתָ ו פסוק ואתה אתה33 . ד

וְנָתַתָּ֤ לָאִישׁ֙ כְּכָל־ᵇדְּרָכָ֔יו אֲשֶׁ֥ר תֵּדַ֖ע אֶת־לְבָב֑וֹ כִּֽי־אַתָּ֤ה יָדַ֙עְתָּ֙ כט חס26 . לב34

40 לְבַדְּךָ֔ אֶת־לְבַ֖ב כָּל־בְּנֵ֥י הָאָדָֽם׃ 40 לְמַ֙עַן֙ יִרָא֔וּךָ כָּל־הַ֨יָּמִ֔ים אֲשֶׁר־ ו וכל קהלת דכות . ד35

41 הֵ֥ם חַיִּ֖ים עַל־פְּנֵ֣י הָאֲדָמָ֑ה אֲשֶׁ֥ר נָתַ֖תָּה לַאֲבֹתֵֽינוּ׃ 41 וְגַם֙ אֶל־ ג36

הַנָּכְרִ֔י אֲשֶׁ֛ר לֹֽא־מֵעַמְּךָ֥ יִשְׂרָאֵ֖לᵃ ה֑וּא וּבָ֛א מֵאֶ֥רֶץ רְחוֹקָ֖ה לְמַ֥עַן ב ובטע . ב בטע37

42 שְׁמֶֽךָ׃ 42 כִּ֤י יִשְׁמְעוּן֙ אֶת־שִׁמְךָ֣ הַגָּד֔וֹל וְאֶת־יָֽדְךָ֙ הַחֲזָקָ֔ה וּזְרֹעֲךָ֖ ה38 . ב39 . ה חס40

23 Mm 1923. 24 Mm 4165. 25 Mm 24. 26 Mm 657. 27 וחד בהצר השמים 2 Ch 6,26. 28 Mm 2398. 29 Mm 943. 30 Mm 4166. 31 Mm 3316. 32 Mm 1252. 33 Okhl 297. 34 Mm 319. 35 Mm 1924. 36 Mm 1925. 37 Mm 2083. 38 Mm 1060. 39 Mm 1926. 40 Mm 1927.

30 ᵇ 𝔖 ut 2 Ch (ן)מִ, 𝔊(𝔙) ἐν ‖ ᶜ 𝔊 καὶ ποιήσεις; > 𝔖 ‖ **31** ᵃ⁻ᵃ 𝔖𝔙 ut 2 Ch 6,22 אם ‖ ᵇ nonn Mss Edd ונשא ‖ ᶜ 𝔊𝔖𝔗^Mss pr cop; prp בְּאָלָה ‖ **32** ᵃ Ms 𝔊𝔖𝔗 pr מן, it in 34. 36.39.43.45.49 ‖ ᵇ⁻ᵇ 𝔊 τὸν λαόν σου Ισραηλ ‖ **33** ᵃ pc Mss et 2 Ch 6,24 כִּי ‖ ᵇ > 𝔊* ‖ **35** ᵃ l prb תְּעַנֵּם cf 𝔊 ‖ **36** ᵃ l c pc Mss 𝔊 עַבְדְּךָ? ‖ ᵇ 𝔊*𝔖𝔙^Mss om suff ‖ **37** ᵃ > 𝔊* ‖ ᵇ 𝔊(𝔖) ἐν μιᾷ, l בְּאַחַד? ‖ ᶜ nonn Mss 𝔖𝔗 וְכָל ‖ **38** ᵃ pc Mss 𝔊^44.106 𝔖 𝔗^Mss𝔙 וְכָל ‖ ᵇ⁻ᵇ > 𝔊* ‖ **39** ᵃ 𝔊(𝔖𝔗) pr ἐξ = ׳מִמְּ, it in 43.49 ‖ ᵇ 𝔊*𝔖 om כל ‖ **41** ᵃ > 𝔊*.

43 הַנְּטוּיָה וּבָא וְהִתְפַּלֵּל אֶל־הַבַּיִת הַזֶּה׃ 43 אַתָּה[a] תִּשְׁמַע הַשָּׁמַיִם — ל̇. ל̇
מְכוֹן שִׁבְתֶּךָ וְעָשִׂיתָ כְּכֹל אֲשֶׁר־יִקְרָא אֵלֶיךָ הַנָּכְרִי לְמַעַן יֵדְעוּן כָּל־ — ד̇[41]. ד̇[42]
עַמֵּי הָאָרֶץ אֶת־שְׁמֶךָ לְיִרְאָה אֹתְךָ כְּעַמְּךָ יִשְׂרָאֵל וְלָדַעַת כִּי־שִׁמְךָ — ה̇[43]
44 נִקְרָא עַל־הַבַּיִת הַזֶּה אֲשֶׁר בָּנִיתִי׃ 44 כִּי־יֵצֵא עַמְּךָ לַמִּלְחָמָה — ו̇ בסיפ[41]
עַל־אֹיְבוֹ[a] בַּדֶּרֶךְ אֲשֶׁר תִּשְׁלָחֵם וְהִתְפַּלְלוּ [b]אֶל־[c]יְהוָה[b] דֶּרֶךְ הָעִיר — ד̇
45 אֲשֶׁר בָּחַרְתָּ בָּהּ וְהַבַּיִת אֲשֶׁר־בָּנִתִי לִשְׁמֶךָ׃ 45 וְשָׁמַעְתָּ הַשָּׁמַיִם — ו̇ בסיפ ל̇ מנה חס . כן בעינ[44]
46 אֶת־תְּפִלָּתָם וְאֶת־תְּחִנָּתָם וְעָשִׂיתָ מִשְׁפָּטָם׃ 46 כִּי יֶחֶטְאוּ־לָךְ
כִּי אֵין אָדָם אֲשֶׁר לֹא־יֶחֱטָא וְאָנַפְתָּ בָם וּנְתַתָּם לִפְנֵי אוֹיֵב וְשָׁבוּם — ב̇. ו̇[45]
47 שֹׁבֵיהֶם אֶל־אֶרֶץ הָאוֹיֵב[a] רְחוֹקָה אוֹ קְרוֹבָה׃ 47 וְהֵשִׁיבוּ אֶל־לִבָּם — ל̇. ג̇[47]. ב̇[41]. ה̇[46]
בָּאָרֶץ אֲשֶׁר נִשְׁבּוּ־שָׁם וְשָׁבוּ ׀ וְהִתְחַנְּנוּ אֵלֶיךָ בְּאֶרֶץ שֹׁבֵיהֶם[a] לֵאמֹר — ה̇[48]
48 חָטָאנוּ וְהֶעֱוִינוּ[b] רָשָׁעְנוּ[c]׃ 48 וְשָׁבוּ אֵלֶיךָ בְּכָל־לְבָבָם וּבְכָל־נַפְשָׁם — ל̇[49]
בְּאֶרֶץ אֹיְבֵיהֶם אֲשֶׁר־שָׁבוּ[a] אֹתָם וְהִתְפַּלְלוּ אֵלֶיךָ דֶּרֶךְ אַרְצָם אֲשֶׁר — ד̇ בטע מלרע[50] . ב̇
נָתַתָּה לַאֲבוֹתָם הָעִיר[b] אֲשֶׁר בָּחַרְתָּ וְהַבַּיִת אֲשֶׁר־בָּנִית[c] לִשְׁמֶךָ׃ — בניתי חד מן ו̇ בסיפ ק̇
49 49 וְשָׁמַעְתָּ הַשָּׁמַיִם מְכוֹן שִׁבְתְּךָ [a]אֶת־תְּפִלָּתָם וְאֶת־תְּחִנָּתָם וְעָשִׂיתָ — ד̇
50 מִשְׁפָּטָם[a]׃ 50 וְסָלַחְתָּ לְעַמְּךָ[a] אֲשֶׁר חָטְאוּ־לָךְ וּלְכָל־פִּשְׁעֵיהֶם אֲשֶׁר
51 פָּשְׁעוּ־בָךְ וּנְתַתָּם לְרַחֲמִים לִפְנֵי שֹׁבֵיהֶם וְרִחֲמוּם׃ 51 כִּי־ — ו̇[45]
עַמְּךָ וְנַחֲלָתְךָ הֵם אֲשֶׁר הוֹצֵאתָ מִמִּצְרַיִם מִתּוֹךְ כּוּר הַבַּרְזֶל׃
52 52 לִהְיוֹת[a] עֵינֶיךָ[b] פְּתֻחוֹת אֶל־תְּחִנַּת עַבְדְּךָ וְאֶל־תְּחִנַּת עַמְּךָ יִשְׂרָאֵל — ב̇ חס בסיפ
53 לִשְׁמֹעַ אֲלֵיהֶם בְּכֹל קָרְאָם אֵלֶיךָ׃ 53 כִּי־אַתָּה הִבְדַּלְתָּם לְךָ לְנַחֲלָה — ל̇. ל̇. ה̇[51]
מִכֹּל עַמֵּי הָאָרֶץ כַּאֲשֶׁר דִּבַּרְתָּ בְּיַד ׀ מֹשֶׁה עַבְדֶּךָ בְּהוֹצִיאֲךָ אֶת־ — ז̇[52] וכל אתנח וס״פ דכות ב̇ מ̇ א̇ . ב̇
54 אֲבֹתֵינוּ מִמִּצְרַיִם אֲדֹנָי יְהוִה׃ פ 54 וַיְהִי ׀ כְּכַלּוֹת שְׁלֹמֹה
לְהִתְפַּלֵּל אֶל־יְהוָה אֵת כָּל־הַתְּפִלָּה וְהַתְּחִנָּה הַזֹּאת קָם[a] מִלִּפְנֵי
55 מִזְבַּח יְהוָה מִכְּרֹעַ עַל־בִּרְכָּיו וְכַפָּיו פְּרֻשׂוֹת הַשָּׁמָיִם׃ 55 וַיַּעֲמֹד — ל̇[41]. ל̇ וכת כן

43 [a] l c mlt Mss 𝔊𝔖 et 2 Ch 6,33 'וְא || **44** [a] l c 2 Mss Vrs et 2 Ch 6,34 אֹיְבָיו || [b–b] l frt c 2 Ch אֵלֶיךָ cf 𝔙 || [c] 𝔊 ἐν ὀνόματι = בְּשֵׁם || **46** [a] > 𝔊* || **47** [a] l frt c 2 Ch 6,37 שִׁבְיָם cf 𝔊𝔙 || [b] 2 Mss 𝔊𝔗[f]𝔙 et 2 Ch 'ה' || [c] pc Mss 𝔖 'וְהִר || **48** [a] 𝔊 μετήγαγες = שָׁבִיתָ || [b] l frt c mlt Mss 𝔊*𝔙 et 2 Ch 6,38 'וְה || [c] mlt Mss Vrs ut Q תִי–, sic l; K תָ– || **49** [a–a] > 𝔊* || **50** [a] 𝔊 *ταῖς ἀδικίαις αὐτῶν* cf 36 || **52** [a] 𝔊(𝔖) *καὶ ἔστωσαν* = וְיִהְיוּ cf 2 Ch 6,40 || [b] 𝔊 ut 2 Ch + וְאָזְנֶיךָ || **54** [a] 𝔊 *καὶ ἀνέστη*, prp וַיָּקָם.

56 וַיְבָ֗רֶךְ אֵ֚ת כָּל־קְהַ֣ל יִשְׂרָאֵ֔ל ק֥וֹל גָּד֖וֹל לֵאמֹֽר׃ 56 בָּר֣וּךְ יְהוָ֗ה
אֲשֶׁר֩ נָתַ֨ן מְנוּחָ֜ה לְעַמּ֣וֹ יִשְׂרָאֵ֔ל כְּכֹ֖ל אֲשֶׁ֣ר דִּבֵּ֑ר לֹֽא[a]־נָפַ֞ל דָּבָ֣ר אֶחָ֗ד
57 מִכֹּל֙ דְּבָר֣וֹ הַטּ֔וֹב אֲשֶׁ֣ר דִּבֶּ֔ר[b] בְּיַ֖ד מֹשֶׁ֥ה עַבְדּֽוֹ׃ 57 יְהִ֨י יְהוָ֤ה אֱלֹהֵ֙ינוּ֙ ל
ס ח עִמָּ֔נוּ כַּאֲשֶׁ֥ר הָיָ֖ה עִם־אֲבֹתֵ֑ינוּ אַל־יַעַזְבֵ֖נוּ וְאַֽל־יִטְּשֵֽׁנוּ׃ 58 לְהַטּ֥וֹת
לְבָבֵ֖נוּ[a] אֵלָ֑יו לָלֶ֣כֶת בְּכָל־דְּרָכָ֗יו וְלִשְׁמֹ֨ר מִצְוֹתָ֤יו וְחֻקָּיו֙ וּמִשְׁפָּטָ֔יו[b] ד וחס[53] . ד[54] . ו פסוק מן ג מילין מתחלפ צלפ סימן[55]
59 אֲשֶׁ֥ר צִוָּ֖ה אֶת־אֲבֹתֵֽינוּ׃ 59 וְיִֽהְי֨וּ[a] דְבָרַ֜י אֵ֗לֶּה[a] אֲשֶׁ֤ר הִתְחַנַּ֙נְתִּי֙ לִפְנֵ֣י יא רפי[56]
יְהוָ֔ה קְרֹבִ֖ים אֶל־יְהוָ֣ה אֱלֹהֵ֑ינוּ יוֹמָ֣ם וָלָ֑יְלָה לַעֲשׂ֣וֹת ׀ מִשְׁפַּ֣ט עַבְדּ֗וֹ[b]
60 וּמִשְׁפַּ֖ט עַמּ֣וֹ[c] יִשְׂרָאֵ֑ל דְּבַר־י֖וֹם בְּיוֹמֽוֹ׃ 60 לְמַ֗עַן דַּ֚עַת כָּל־עַמֵּ֣י
61 הָאָ֔רֶץ כִּ֥י יְהוָ֖ה ה֣וּא הָאֱלֹהִ֑ים אֵ֖ין[a] עֽוֹד׃ 61 וְהָיָ֤ה לְבַבְכֶם֙[a] שָׁלֵ֔ם
עִ֖ם יְהוָ֣ה אֱלֹהֵ֑ינוּ לָלֶ֧כֶת בְּחֻקָּ֛יו וְלִשְׁמֹ֥ר מִצְוֹתָ֖יו כַּיּ֥וֹם הַזֶּֽה׃
62 וְהַמֶּ֕לֶךְ וְכָל־[a]יִשְׂרָאֵ֖ל עִמּ֑וֹ[a] זֹבְחִ֥ים זֶ֖בַח לִפְנֵ֥י יְהוָֽה׃ 63 וַיִּזְבַּ֣ח לה וכל ר״פ דכות . ב
שְׁלֹמֹ֗ה אֵ֣ת זֶ֣בַח הַשְּׁלָמִים֮ [a]אֲשֶׁ֣ר זָבַ֣ח[a] לַיהוָה֒ בָּקָ֗ר עֶשְׂרִ֤ים וּשְׁנַ֙יִם֙
אֶ֔לֶף וְצֹ֕אן מֵאָ֥ה וְעֶשְׂרִ֖ים אָ֑לֶף וַֽיַּחְנְכוּ֙ אֶת־בֵּ֣ית יְהוָ֔ה הַמֶּ֖לֶךְ וְכָל־ ב . ו[57]
64 בְּנֵ֥י יִשְׂרָאֵֽל׃ 64 בַּיּ֣וֹם הַה֗וּא קִדַּ֨שׁ הַמֶּ֜לֶךְ אֶת־תּ֣וֹךְ הֶחָצֵ֗ר אֲשֶׁר֙ לִפְנֵ֣י ב . ב
בֵית־יְהוָ֔ה כִּי־עָ֣שָׂה שָׁ֗ם אֶת־הָֽעֹלָה֙ וְאֶת־הַמִּנְחָ֔ה[a] וְאֵ֖ת חֶלְבֵ֣י הַשְּׁלָמִ֑ים ח[58]
כִּֽי־מִזְבַּ֤ח הַנְּחֹ֙שֶׁת֙ אֲשֶׁ֣ר לִפְנֵ֣י יְהוָ֔ה קָטֹ֗ן מֵֽהָכִיל֙ אֶת־הָעֹלָ֣ה וְאֶת־ ח[58]
65 הַמִּנְחָ֔ה[a] וְאֵ֖ת חֶלְבֵ֥י הַשְּׁלָמִֽים׃ 65 וַיַּ֣עַשׂ שְׁלֹמֹ֣ה בָֽעֵת־[a]הַהִ֣יא ׀
אֶת־הֶחָ֡ג וְכָל־יִשְׂרָאֵ֣ל עִמּוֹ֩ קָהָ֨ל גָּד֜וֹל מִלְּב֥וֹא חֲמָ֣ת ׀ עַד־נַ֣חַל מִצְרַ֗יִם לה וכל ר״פ דכות
לִפְנֵי֙ יְהוָ֣ה אֱלֹהֵ֔ינוּ[b] שִׁבְעַ֥ת יָמִ֖ים[c] וְשִׁבְעַ֣ת יָמִ֑ים אַרְבָּעָ֥ה עָשָׂ֖ר יֽוֹם׃[c] ל
66 בַּיּ֤וֹם[a] הַשְּׁמִינִי֙ שִׁלַּ֣ח אֶת־הָעָ֔ם [b]וַֽיְבָרְכ֖וּ אֶת־הַמֶּ֑לֶךְ[b] וַיֵּלְכ֣וּ ג ר״פ[59]
לְאָהֳלֵיהֶ֗ם שְׂמֵחִים֙ וְט֣וֹבֵי לֵ֔ב עַ֣ל כָּל־[c]הַטּוֹבָ֗ה אֲשֶׁ֨ר עָשָׂ֤ה יְהוָה֙ ד . ג[60]
לְדָוִ֣ד עַבְדּ֔וֹ וּלְיִשְׂרָאֵ֖ל עַמּֽוֹ׃ ו[61]

[53] Mm 1051. [54] Mm 1108. [55] Okhl 276 et cf Mp sub loco. [56] Mm 417. [57] Mm 1436. [58] Mm 1930. [59] Mm 1006. [60] Mm 4169. [61] Mm 967.

56 [a] pc Mss וְלֹא || [b] pc Mss 𝔖 + יהוה || **58** [a] mlt Mss 𝔊𝔙 –בֵינוּ || [b] > 𝔊* || **59** [a–a] 𝔊*(𝔖) *οἱ λόγοι οὗτοι* = הַדְּבָרִים הָאֵ׳ || [b] 𝔊 suff 2sg || [c] 𝔊𝔗[f] suff 2sg || **60** [a] mlt Mss 𝔊𝔖𝔙 וְאֵין || **61** [a] 𝔊𝔙 suff 1 pl || **62** [a–a] Ms הָעָם י׳ cf 2 Ch 7,4, 𝔊* *οἱ υἱοὶ Ισραηλ* || **63** [a–a] > 𝔖 cf 2 Ch 7,5, dl? || **64** [a] 𝔊 pl || **65** [a] Ms 𝔊𝔖 בַּיּוֹם || [b] ins frt בַּבַּיִת אֲשֶׁר בָּנָה אֹכֵל וְשֹׁתֶה וְשָׂמֵחַ לִפְנֵי יְהוָה אֱלֹהֵינוּ cf 𝔊* (homtel) || [c–c] > 𝔊*, gl? sed cf Jos Ant VIII 123 || **66** [a] 𝔊𝔖𝔙 pr cop, 1 וּבַ׳ || [b–b] 𝔊* *καὶ εὐλόγησεν αὐτόν* = וַיְבָרְכֵהוּ || [c] > 𝔊*.

9 ¹ וַיְהִי כְּכַלּוֹת שְׁלֹמֹה לִבְנוֹת אֶת־בֵּית־יְהוָה וְאֶת־בֵּית הַמֶּלֶךְ 9
וְאֵת כָּל־חֵשֶׁק שְׁלֹמֹה אֲשֶׁר חָפֵץ[a] לַעֲשׂוֹת׃ פ ² וַיֵּרָא יְהוָה אֶל־ 2
שְׁלֹמֹה שֵׁנִית כַּאֲשֶׁר נִרְאָה אֵלָיו[a] בְּגִבְעוֹן׃ ³ וַיֹּאמֶר יְהוָה אֵלָיו שָׁמַעְתִּי 3
אֶת־תְּפִלָּתְךָ וְאֶת־תְּחִנָּתְךָ אֲשֶׁר הִתְחַנַּנְתָּה לְפָנַי הִקְדַּשְׁתִּי אֶת־הַבַּיִת
הַזֶּה אֲשֶׁר בָּנִתָה לָשׂוּם־שְׁמִי שָׁם עַד־עוֹלָם וְהָיוּ עֵינַי וְלִבִּי שָׁם כָּל־
הַיָּמִים׃ ⁴ וְאַתָּה אִם־תֵּלֵךְ לְפָנַי כַּאֲשֶׁר הָלַךְ דָּוִד אָבִיךָ בְּתָם־לֵבָב 4
וּבְיֹשֶׁר לַעֲשׂוֹת[a] כְּכֹל אֲשֶׁר צִוִּיתִיךָ חֻקַּי[b] וּמִשְׁפָּטַי תִּשְׁמֹר׃ ⁵ וַהֲקִמֹתִי 5
אֶת־כִּסֵּא מַמְלַכְתְּךָ עַל־יִשְׂרָאֵל לְעֹלָם כַּאֲשֶׁר דִּבַּרְתִּי עַל[a]־דָּוִד
אָבִיךָ לֵאמֹר לֹא־יִכָּרֵת לְךָ אִישׁ [b]מֵעַל כִּסֵּא[b] יִשְׂרָאֵל׃ ⁶ אִם[a]־שׁוֹב 6
תְּשֻׁבוּן אַתֶּם וּבְנֵיכֶם מֵאַחֲרַי וְלֹא תִשְׁמְרוּ מִצְוֹתַי חֻקֹּתַי[b] אֲשֶׁר נָתַתִּי[c]
לִפְנֵיכֶם וַהֲלַכְתֶּם וַעֲבַדְתֶּם אֱלֹהִים אֲחֵרִים וְהִשְׁתַּחֲוִיתֶם לָהֶם׃
⁷ וְהִכְרַתִּי אֶת־יִשְׂרָאֵל מֵעַל פְּנֵי הָאֲדָמָה אֲשֶׁר נָתַתִּי לָהֶם וְאֶת־ 7
הַבַּיִת[a] אֲשֶׁר הִקְדַּשְׁתִּי לִשְׁמִי אֲשַׁלַּח[b] מֵעַל פָּנָי וְהָיָה יִשְׂרָאֵל לְמָשָׁל[c]
וְלִשְׁנִינָה בְּכָל־הָעַמִּים׃ ⁸ וְהַבַּיִת הַזֶּה יִהְיֶה עֶלְיוֹן[a] כָּל־עֹבֵר עָלָיו 8
יִשֹּׁם וְשָׁרַק[b] וְאָמְרוּ עַל־מֶה עָשָׂה יְהוָה כָּכָה לָאָרֶץ הַזֹּאת וְלַבַּיִת
הַזֶּה׃ ⁹ וְאָמְרוּ עַל אֲשֶׁר עָזְבוּ אֶת־יְהוָה אֱלֹהֵיהֶם אֲשֶׁר הוֹצִיא אֶת־ 9
אֲבֹתָם מֵאֶרֶץ מִצְרַיִם וַיַּחֲזִקוּ בֵּאלֹהִים אֲחֵרִים וַיִּשְׁתַּחֲוּ[a] לָהֶם וַיַּעַבְדֻם
עַל־כֵּן הֵבִיא יְהוָה עֲלֵיהֶם אֵת כָּל־[b]הָרָעָה הַזֹּאת׃[c] פ
¹⁰ [a]וַיְהִי מִקְצֵה[a] עֶשְׂרִים שָׁנָה אֲשֶׁר־בָּנָה שְׁלֹמֹה אֶת־שְׁנֵי הַבָּתִּים 10
אֶת־בֵּית יְהוָה וְאֶת־בֵּית הַמֶּלֶךְ׃ ¹¹ חִירָם מֶלֶךְ־צֹר נִשָּׂא אֶת־שְׁלֹמֹה 11
בַּעֲצֵי אֲרָזִים וּבַעֲצֵי בְרוֹשִׁים וּבַזָּהָב לְכָל[a]־חֶפְצוֹ אָז יִתֵּן הַמֶּלֶךְ
שְׁלֹמֹה[b] לְחִירָם עֶשְׂרִים עִיר בְּאֶרֶץ הַגָּלִיל׃ ¹² וַיֵּצֵא חִירָם מִצֹּר[a] 12
לִרְאוֹת אֶת־הֶעָרִים אֲשֶׁר נָתַן־לוֹ שְׁלֹמֹה וְלֹא יָשְׁרוּ בְּעֵינָיו׃ ¹³ וַיֹּאמֶר 13

כ' [1] · ו ר״פ [2] · ל מל' . ו [3] · ל כת כן [3] · ג בטע בסיפ [4] · ב' [5] . ד [6] · ג . יה' [7] חס ח מנה בנ״ך . ה [8] · ל כת כן . ג' [9] . ט' [10] חס וכל אורית דכות ב מ א . ה' [11] · ה [12] · ו . ט [13] · ג · ל · יט פסוק בסיפ את את את ה' [14] חס ג' [15] מנה בנביא וכל תורה דכות ב מ ב . ו' [16] בליש וחד מן ו חס ג' [17] מנה בליש. ויִשתחוו ק · ה · ו ד כת שא וב כת סה · ל . ה · ל . נא

Cp 9 [1]Mm 1227. [2]Mm 1931. [3]Mm 1713. [4]Mp sub loco. [5]Mm 1932. [6]Mm 1933. [7]Mm 25. [8]Mm 1934. [9]Mm 2148. [10]Mm 1902. [11]Mp sub loco. [12]Mm 748. [13]Mm 425. [14]Mm 3967. [15]Mm 1973. [16]Mm 2483. [17]Mm 1711.

Cp 9,1 [a] prp חָשַׁק cf 𝔖𝔗 et 19 ‖ **2** [a] > 2 Mss 𝔊* ‖ **4** [a] Ms 𝔊 וְלִ׳ ‖ [b] l frt c Ms 𝔊𝔖 וְחֻ׳ ‖ **5** [a] = אֶל, sic mlt Mss Vrs ‖ [b–b] 𝔊 ἡγούμενος ἐν = מוֹשֵׁל בְּ ‖ **6** [a] l c 2 Mss 𝔊𝔖𝔙 וְאִם ‖ [b] l c nonn Mss Vrs וְחֻ׳ ‖ [c] 𝔊 ἔδωκεν Μωυσῆς ‖ **7** [a] Ms 𝔊 + הַזֶּה ‖ [b] l c 2 Ch 7,20 et Vrs אַשְׁלִיךְ? ‖ [c] 𝔊 εἰς ἀφανισμόν = לְשַׁמָּה? ‖ **8** [a] l לְעִיִּין cf 𝔏𝔖𝔗 ‖ [b] pc Mss וְיִשְׁרֹק ‖ **9** [a] nonn Mss ut Q –וּ ‖ [b] > 𝔊* ‖ [c] 𝔊 huc tr 24a ‖ **10** [a–a] > 𝔊 ‖ **11** [a] 2 Mss 𝔊 וּבְכָל, Seb כָּל ‖ [b] > 𝔊* ‖ **12** [a] 𝔊 + καὶ ἐπορεύθη εἰς τὴν Γαλιλαίαν.

מָ֚ה הֶעָרִ֣ים הָאֵ֔לֶּה אֲשֶׁר־נָתַ֥תָּה לִּ֖י אָחִ֑י וַיִּקְרָ֣א לָהֶם֙ [a]אֶ֣רֶץ כָּב֔וּל[a] — ל
14 עַ֖ד הַיּ֥וֹם הַזֶּֽה׃ פ 14 וַיִּשְׁלַ֥ח חִירָ֖ם לַמֶּ֑לֶךְ מֵאָ֥ה וְעֶשְׂרִ֖ים כִּכַּ֥ר
15 זָהָֽב׃ 15 [a]וְזֶ֣ה דְבַר־הַמַּ֗ס אֲשֶׁר־הֶעֱלָ֣ה׀ הַמֶּ֣לֶךְ שְׁלֹמֹה֮ לִבְנוֹת֒ — כג ר״פ
אֶת־בֵּ֨ית יְהוָ֜ה וְאֶת־בֵּית֗וֹ[b] וְאֶת־הַמִּלּ֔וֹא[c] וְאֵ֖ת חוֹמַ֣ת יְרוּשָׁלָ֑͏ִם[c] וְאֶת־ — ז פסוק את ואת ואת ואת ואת ואת ואת[18]. ז[19]
16 חָצֹ֥ר וְאֶת־מְגִדּ֖וֹ וְאֶת־גָּֽזֶר׃ 16 [a]פַּרְעֹ֨ה מֶֽלֶךְ־מִצְרַ֜יִם עָלָ֗ה — ל חס. ב ר״פ[20]
וַיִּלְכֹּ֤ד אֶת־גֶּ֙זֶר֙ וַיִּשְׂרְפָ֣הּ בָּאֵ֔שׁ וְאֶת־הַֽכְּנַעֲנִ֛י הַיֹּשֵׁ֥ב בָּעִ֖יר הָרָ֑ג וַֽיִּתְּנָהּ֙ — ל. ב[21]
17 שִׁלֻּחִ֔ים לְבִתּ֖וֹ אֵ֥שֶׁת שְׁלֹמֹֽה׃ 17 וַיִּ֧בֶן שְׁלֹמֹ֛ה אֶת־גָּ֖זֶר וְאֶת־ — ב חד חס וחד מל. ל זקף קמ
18 בֵּ֥ית חֹרֹ֖ן תַּחְתּֽוֹן׃[a] 18 [a]וְאֶת־בַּעֲלָ֑ת[a] וְאֶת־[b]תַּ֥מֹר[b] [c]בַּמִּדְבָּ֖ר בָּאָֽרֶץ[cd]׃ — תדמר ק חד מן ב בליש
19 [a]וְאֵ֨ת כָּל־עָרֵ֤י הַמִּסְכְּנוֹת֙ אֲשֶׁ֣ר הָי֣וּ לִשְׁלֹמֹ֔ה[a] וְאֵת֙ עָרֵ֣י הָרֶ֔כֶב וְאֵ֖ת — כו פסוק ואת ואת ואת ואת. ז[22]. ז[22]
עָרֵ֣י הַפָּרָשִׁ֑ים וְאֵ֣ת[b]׀ חֵ֣שֶׁק שְׁלֹמֹ֗ה אֲשֶׁ֤ר חָשַׁק֙ לִבְנ֣וֹת בִּירוּשָׁלַ֔͏ִם
20 וּבַלְּבָנ֔וֹן[c] וּבְכֹ֖ל אֶ֥רֶץ מֶמְשַׁלְתּֽוֹ׃ 20 כָּל־הָעָ֗ם הַנּוֹתָר֙ מִן־ — ב. ה. ח. ג ר״פ
הָֽאֱמֹרִ֜י הַחִתִּ֤י הַפְּרִזִּי֙[a] הַחִוִּ֣י וְהַיְבוּסִ֔י[b] אֲשֶׁ֛ר לֹא־מִבְּנֵ֥י יִשְׂרָאֵ֖ל הֵֽמָּה׃ — סימן מתפוס[23]. ז
21 בְּנֵיהֶ֗ם אֲשֶׁ֨ר נֹתְר֤וּ אַחֲרֵיהֶם֙ בָּאָ֔רֶץ אֲשֶׁ֛ר לֹא־יָכְל֥וּ בְנֵ֥י יִשְׂרָאֵ֖ל — ל ר״פ[24]
22 לְהַחֲרִימָ֑ם וַיַּעֲלֵ֤ם שְׁלֹמֹה֙ לְמַס־עֹבֵ֔ד עַ֖ד הַיּ֥וֹם הַזֶּֽה׃ 22 וּמִבְּנֵי֙ — ג[25]. ל
יִשְׂרָאֵ֔ל לֹא־נָתַ֥ן שְׁלֹמֹ֖ה עָ֑בֶד[a] כִּי־הֵ֞ם אַנְשֵׁ֣י הַמִּלְחָמָ֗ה וַעֲבָדָיו֙ [b]וְשָׂרָ֣יו — ב פסוק דמטע[26]
23 וְשָׁלִשָׁ֔יו[b] וְשָׂרֵ֥י רִכְבּ֖וֹ וּפָרָשָֽׁיו׃ ס 23 אֵ֣לֶּה[a]׀ [b]שָׂרֵ֣י הַנִּצָּבִ֗ים[b] אֲשֶׁ֤ר — ז ר״פ בנביא[27]
עַל־הַמְּלָאכָה֙ לִשְׁלֹמֹ֔ה [c]חֲמִשִּׁ֖ים וַחֲמֵ֣שׁ מֵא֑וֹת[c] הָרֹדִ֣ים בָּעָ֔ם הָעֹשִׂ֖ים — ג
24 בַּמְּלָאכָֽה׃ 24 [ba]אַ֣ךְ בַּת־פַּרְעֹ֗ה עָֽלְתָה֙[b] מֵעִ֣יר דָּוִ֔ד אֶל־בֵּיתָ֖הּ[c]
25 אֲשֶׁ֣ר בָּֽנָה־לָ֑הּ[c] אָ֖ז בָּנָ֥ה אֶת־הַמִּלּֽוֹא׃ 25 וְהֶעֱלָ֣ה שְׁלֹמֹ֡ה שָׁלֹ֣שׁ
פְּעָמִים֩ בַּשָּׁנָ֨ה עֹל֜וֹת וּשְׁלָמִ֗ים עַל־הַמִּזְבֵּ֙חַ֙ אֲשֶׁ֣ר בָּנָ֣ה לַיהוָ֔ה וְהַקְטֵ֣יר — ל מל
26 [a]אִתּ֔וֹ אֲשֶׁ֖ר[a] לִפְנֵ֣י יְהוָ֑ה וְשִׁלַּ֖ם אֶת־הַבָּֽיִת׃ 26 וָאֳנִ֡י עָשָׂה֩ הַמֶּ֨לֶךְ — ג. ד

[18] Mm 2135. [19] Mm 1827. [20] Mm 1935. [21] Mm 101. [22] Mm 1936. [23] Okhl 274 et Mp sub loco. [24] Mm 978. [25] Mm 1937. [26] Mm 3313. [27] Mm 3164.

13 [a–a] 𝔊 *Ὅριον* = גְּבוּל? ‖ **15** [a] 𝔊* hic om 15–25, sed cf 2,35f–k 2,46d 5,14b 9,9a 10,22a–c 𝔊* ‖ [b] Ms 𝔊 בית הַמֶּלֶךְ ‖ [c–c] 𝔊 invers (+ vb ex 11,27) ‖ **16** [a] prb tr 16.17a una c 3,1 post 5,14 cf 𝔊* ‖ **17** [a] 𝔊* *τὴν ἀνωτέρω* = הָעֶלְיוֹן ‖ **18** [a–a] > 𝔊* ‖ [b] K תָּמָר, mlt Mss 𝔊[L]𝔖𝔗𝔙 et 2 Ch 8,4 ut Q תַּדְמֹר ‖ [c–c] > 𝔊* 10,22a ‖ [d] > 𝔊* 2,46d ‖ **19** [a–a] > 𝔊* ‖ [b] mlt Mss 𝔗[f Mss]𝔙 + כָּל־ ‖ [c] > 𝔊* ‖ **20** [a] 𝔊 + *καὶ τοῦ Χαναναίου* ‖ [b] 𝔊 + *καὶ τοῦ Γεργεσαίου* ‖ **22** [a] 2 Ch 8,9 לַעֲבָדִים ‖ [b–b] > 𝔊* (homtel)? ‖ **23** [a] pc Mss 𝔊𝔙 וְא׳ ‖ [b–b] 𝔊 *οἱ ἄρχοντες οἱ καθεσταμένοι* = הַשָּׂרִים הנ׳ ‖ [c–c] 2 Ch 8,10 וּמָאתַיִם; cf 5,30 ‖ **24** [a] cf 9[c] ‖ [b–b] 9,9a 𝔊 *τότε ἀνήγαγεν Σαλωμων τὴν θυγατέρα Φαραω* = אָז הֶעֱלָה שְׁלֹמֹה אֶת־ב׳ פ׳ ‖ [c] 𝔊* suff m ‖ **25** [a–a] > 𝔊 2,35g, frt dl.

שְׁלֹמֹה בְּעֶצְיוֹן־גֶּ֫בֶר אֲשֶׁר אֶת־אֵלוֹתᵃ עַל־שְׂפַת יַם־ס֫וּףᵇ בְּאֶרֶץ
אֱדוֹם׃ 27 וַיִּשְׁלַח חִירָם בָּאֳנִי אֶת־עֲבָדָיו אַנְשֵׁי אֳנִיּוֹת יֹדְעֵי הַיָּם עִם 27
עַבְדֵי שְׁלֹמֹה׃ 28 וַיָּבֹאוּ אוֹפִ֫ירָה וַיִּקְחוּ מִשָּׁם זָהָב ᵃאַרְבַּע־מֵאוֹת 28
וְעֶשְׂרִיםᵃ כִּכָּר וַיָּבִאוּ אֶל־הַמֶּלֶךְ שְׁלֹמֹה׃ פ
10 1 וּמַלְכַּת־שְׁבָא שֹׁמַעַת אֶת־שֵׁמַעᵃ שְׁלֹמֹהᵇ לְשֵׁםᶜ יְהוָהᵇ וַתָּבֹא 10
לְנַסֹּתוֹ בְּחִידוֹת׃ 2 וַתָּבֹא יְרוּשָׁלַ֫מָהᵃ בְּחַיִל כָּבֵד מְאֹד גְּמַלִּיםᵇ 2
נֹשְׂאִים בְּשָׂמִים וְזָהָב רַב־מְאֹד וְאֶבֶן יְקָרָה וַתָּבֹא אֶל־ᶜשְׁלֹמֹה וַתְּדַבֵּר
אֵלָיו אֵת כָּל־אֲשֶׁר הָיָה עִם־לְבָבָהּ׃ 3 וַיַּגֶּד־לָהּ שְׁלֹמֹה אֶת־כָּל־ 3
דְּבָרֶיהָ לֹא־הָיָה דָּבָר נֶעְלָם מִן־הַמֶּלֶךְ אֲשֶׁר לֹא הִגִּיד לָהּ׃ 4 וַתֵּרֶא 4
מַלְכַּת־שְׁבָא אֵת כָּל־חָכְמַת שְׁלֹמֹה וְהַבַּיִת אֲשֶׁר בָּנָה׃ 5 וּמַאֲכַל 5
שֻׁלְחָנוֹᵃ וּמוֹשַׁב עֲבָדָיו וּמַעֲמַד מְשָׁרְתָוᵇ וּמַלְבֻּשֵׁיהֶםᶜ וּמַשְׁקָיו וְעֹלָתוֹᵈ
אֲשֶׁר יַעֲלֶה בֵּית יְהוָה וְלֹא־הָיָה בָהּ עוֹד רוּחַ׃ 6 וַתֹּאמֶר אֶל־הַמֶּלֶךְ 6
אֱמֶת הָיָהᵃ הַדָּבָר אֲשֶׁר שָׁמַעְתִּי בְּאַרְצִי עַל־דְּבָרֶיךָᵇ וְעַל־חָכְמָתֶךָ׃
7 וְלֹא־הֶאֱמַנְתִּי לַדְּבָרִיםᵃ עַד אֲשֶׁר־בָּאתִי וַתִּרְאֶינָה עֵינַי וְהִנֵּה לֹא־ 7
הֻגַּד־לִי הַחֵצִי הוֹסַפְתָּ ᵇחָכְמָה וָטוֹבᵇ אֶל־ᶜהַשְּׁמוּעָה אֲשֶׁר שָׁמָעְתִּיᵈ׃
8 אַשְׁרֵי אֲנָשֶׁיךָᵃ אַשְׁרֵי עֲבָדֶיךָ אֵלֶּה הָעֹמְדִים לְפָנֶיךָ תָּמִיד הַשֹּׁמְעִים 8
אֶת־חָכְמָתֶךָ׃ 9 יְהִי יְהוָה אֱלֹהֶיךָ בָּרוּךְ אֲשֶׁר חָפֵץ בְּךָ לְתִתְּךָ עַל־ ס̄ᵃ
כִּסֵּא יִשְׂרָאֵל בְּאַהֲבַת יְהוָה אֶת־יִשְׂרָאֵלᵃ לְעֹלָם וַיְשִׂימְךָ לְמֶלֶךְ
לַעֲשׂוֹת מִשְׁפָּט וּצְדָקָה׃ 10 וַתִּתֵּן לַמֶּלֶךְ מֵאָה וְעֶשְׂרִים | כִּכַּר זָהָב 10
וּבְשָׂמִים הַרְבֵּה מְאֹד וְאֶבֶן יְקָרָה לֹא־בָא כַבֹּשֶׂם הַהוּא עוֹד לָרֹב
אֲשֶׁר־נָתְנָה מַלְכַּת־שְׁבָא לַמֶּלֶךְᵃ שְׁלֹמֹה׃ 11 וְגַם אֳנִי חִירָם אֲשֶׁר־ 11
נָשָׂא זָהָב מֵאוֹפִיר הֵבִיא מֵאֹפִירᵃ עֲצֵי אַלְמֻגִּיםᵇ הַרְבֵּה מְאֹד וְאֶבֶן

ל̇ . ל̇
ג̇[28]
לו̇ ד̇ מנה חס בסיפ
ה̇[1] . ל̇[2] . ה̇[3] . ל̇[2]
ל̇ חס . ה̇[4] ד̇ מנה חס
ח̇ . ל̇ מחליפ[2]
ל̇[2] . ב̇ קמ . יד̇ בטע[5]
ד̇ פת[6]
משרתיו ק . ג̇ . ל̇ בסיפ[2]
כה̇ . ל̇[2]
ל̇[2]
יז̇ ר״פ ולא לא[7] . ל̇[2]
ה̇[9] . ל̇[8] . ל̇[2]
ב̇ . יא̇ בתור ובנביא
ב̇
יח̇[10] חס ח̇ מנה בנ״ך . כט̇ וכל משיחה מצרים אשור ישראל דכות[11]
ל̇
ל̇ חס

[28] Mm 1938. Cp 10 [1] Mm 114. [2] Mm 4171. [3] Mm 206. [4] Mm 1939. [5] Mm 3948. [6] Mm 3544. [7] Mm 2708. [8] Mp sub loco. [9] Mm 4026. [10] Mm 25. [11] Mm 958.

26 ᵃ l prb c pc Mss 𝔊𝔙 אֵלַת ‖ ᵇ 𝔊 *τῆς ἐσχάτης* ‖ **28** ᵃ⁻ᵃ 𝔊* 120, 2 Ch 8,18 450 ‖ **Cp 10,1** ᵃ 𝔊 *τὸ ὄνομα* = שֵׁם ‖ ᵇ⁻ᵇ > 𝔗 et 2 Ch 9,1, prb dl ‖ ᶜ 𝔊𝔖 cop pro ל ‖ **2** ᵃ mlt Mss –לַיְמָה ‖ ᵇ 2 Ch 9,1 et 𝔊𝔖 וג׳ ‖ ᶜ nonn Mss 𝔖𝔗^Mss𝔙^Mss + הַמֶּלֶךְ ‖ **5** ᵃ 𝔊 *Σαλωμων* ‖ ᵇ mlt Mss ut Q –תָיו ‖ ᶜ prp –שׁוֹ cf 𝔊 ‖ ᵈ l עֲלִיָּתוֹ ? cf 𝔖𝔙 ‖ **6** ᵃ > 𝔊 et 2 Ch 9,5 ‖ ᵇ Ms 𝔊 דברך ‖ **7** ᵃ 𝔊𝔙 leg לַדְּבָרִים ‖ ᵇ⁻ᵇ 𝔊* *ἀγαθά* ‖ ᶜ = עַל, sic nonn Mss et 2 Ch 9,6 ‖ ᵈ 𝔊 + *ἐν τῇ γῇ μου* ‖ **8** ᵃ prb l נָשֶׁ֫יךָ cf 𝔊𝔖 ‖ ᵇ nonn Mss 𝔊^L𝔗^Mss𝔙 וְא׳ ‖ **9** ᵃ 𝔊 + *(τοῦ) στῆσαι (αὐτόν)* cf 2 Ch 9,8 ‖ **10** ᵃ 𝔊^A𝔖 om מלך ‖ **11** ᵃ > 𝔊* et 2 Ch 9,10, prb dl ‖ ᵇ 2 Ch 9,10 (ה)אלגומים.

12 יְקָרָה׃ 12 וַיַּעַשׂ הַמֶּלֶךְ אֶת־עֲצֵי הָאַלְמֻגִּים[a] מִסְעָד[b] לְבֵית־יְהוָה ל וחס . ל
וּלְבֵית הַמֶּלֶךְ וְכִנֹּרוֹת וּנְבָלִים לַשָּׁרִים לֹא בָא־כֵן עֲצֵי אַלְמֻגִּים[c] ל[12] . ח[13] ב מנה בליש
13 וְלֹא נִרְאָה עַד הַיּוֹם הַזֶּה׃ 13 וְהַמֶּלֶךְ שְׁלֹמֹה נָתַן לְמַלְכַּת־שְׁבָא ל
אֶת־כָּל־חֶפְצָהּ אֲשֶׁר שָׁאָלָה מִלְּבַד אֲשֶׁר נָתַן־לָהּ כְּיַד הַמֶּלֶךְ שְׁלֹמֹה[a] ב . ב . ח
וַתֵּפֶן וַתֵּלֶךְ לְאַרְצָהּ הִיא וַעֲבָדֶיהָ׃ ס ל[14]
14 וַיְהִי מִשְׁקַל הַזָּהָב אֲשֶׁר־בָּא לִשְׁלֹמֹה בְּשָׁנָה אֶחָת שֵׁשׁ מֵאוֹת
15 שִׁשִּׁים וָשֵׁשׁ כִּכַּר זָהָב׃ 15 לְבַד [a]מֵאַנְשֵׁי[b] הַתָּרִים[a] וּמִסְחַר[c] הָרֹכְלִים ג . ל
16 וְכָל־מַלְכֵי הָעֶרֶב[d] וּפַחוֹת הָאָרֶץ׃[e] 16 וַיַּעַשׂ הַמֶּלֶךְ שְׁלֹמֹה י[15]
מָאתַיִם[a] צִנָּה זָהָב שָׁחוּט [b]שֵׁשׁ־מֵאוֹת[b] זָהָב יַעֲלֶה עַל־הַצִּנָּה הָאֶחָת׃ ה
17 וּשְׁלֹשׁ־מֵאוֹת מָגִנִּים זָהָב שָׁחוּט [a]שְׁלֹשֶׁת מָנִים[a] זָהָב יַעֲלֶה עַל־ ה
18 הַמָּגֵן הָאֶחָת וַיִּתְּנֵם הַמֶּלֶךְ בֵּית[b] יַעַר הַלְּבָנוֹן׃ פ 18 וַיַּעַשׂ הַמֶּלֶךְ
19 כִּסֵּא־שֵׁן גָּדוֹל וַיְצַפֵּהוּ זָהָב מוּפָז׃[a] 19 שֵׁשׁ מַעֲלוֹת לַכִּסֵּה [a]וְרֹאשׁ־ ג כת ה . יא[16]
עָגֹל[a] לַכִּסֵּה מֵאַחֲרָיו וְיָדֹת מִזֶּה וּמִזֶּה אֶל־מְקוֹם הַשָּׁבֶת וּשְׁנַיִם אֲרָיוֹת ג כת ה . ג חס
20 עֹמְדִים אֵצֶל הַיָּדוֹת׃ 20 וּשְׁנֵים עָשָׂר אֲרָיִים עֹמְדִים שָׁם[a] עַל־שֵׁשׁ ל ומל
21 הַמַּעֲלוֹת מִזֶּה וּמִזֶּה לֹא־נַעֲשָׂה כֵן לְכָל־מַמְלָכוֹת[b]׃ 21 וְכֹל ח[17] קמ׳ וכל חומש המגילות דכות ב מ ב . י ר״פ וכל ומ״פ וכל . ז
כְּלֵי מַשְׁקֵה הַמֶּלֶךְ[a] שְׁלֹמֹה זָהָב[b] וְכֹל כְּלֵי בֵּית־יַעַר הַלְּבָנוֹן זָהָב ד[18] . ז . ח
22 סָגוּר אֵין כֶּסֶף לֹא נֶחְשָׁב בִּימֵי שְׁלֹמֹה לִמְאוּמָה׃ 22 כִּי אֳנִי תַרְשִׁישׁ ד זוגין[19]
לַמֶּלֶךְ בַּיָּם עִם אֳנִי חִירָם אַחַת לְשָׁלֹשׁ שָׁנִים תָּבוֹא ׀ אֳנִי תַרְשִׁישׁ
23 נֹשְׂאֵת זָהָב וָכֶסֶף [a]שֶׁנְהַבִּים וְקֹפִים וְתֻכִּיִּים[a][b]׃ 23 וַיִּגְדַּל הַמֶּלֶךְ שְׁלֹמֹה ל . ב[14] . ב[14] . ב[14]
24 מִכֹּל מַלְכֵי הָאָרֶץ לְעֹשֶׁר וּלְחָכְמָה׃ 24 וְכָל־[a]הָאָרֶץ מְבַקְשִׁים אֶת־ ל . ה[20]
25 פְּנֵי שְׁלֹמֹה לִשְׁמֹעַ אֶת־חָכְמָתוֹ אֲשֶׁר־נָתַן אֱלֹהִים[b] בְּלִבּוֹ׃ 25 וְהֵמָּה י ר״פ[21]
מְבִאִים אִישׁ מִנְחָתוֹ כְּלֵי [a]כֶסֶף וּכְלֵי[a] זָהָב וּשְׂלָמוֹת וְנֶשֶׁק וּבְשָׂמִים ד . ג מנוקדין כן בליש[22]

[12] Mm 1749. [13] Mm 1824. [14] Mp sub loco. [15] Mm 1264. [16] Mm 1554. [17] Mm 692. [18] Mm 3117. [19] Mm 1940. [20] Mm 310. [21] Mm 1249. [22] Mm 4174.

12 [a] cf 11[b] ‖ [b] 2 Ch 9,11 מְסִלּוֹת ‖ [c] 𝔊 + *ἐπὶ τῆς γῆς* ‖ **13** [a] > 𝔖𝔙, dl ‖ **15** [a–a] prp מֵאֳנִי תַרְשִׁישׁ ‖ [b] 𝔊(𝔗) *τῶν φόρων*, l מֵעָנְשֵׁי? ‖ [c] = וּמִסַּחַר ‖ [d] 2 Ch 9,14 et 𝔖𝔙 עֲרַב ‖ [e] frt ins c 2 Ch מְבִיאִים זָהָב וָכֶסֶף לִשְׁלֹמֹה ‖ **16** [a] 𝔊 300 ‖ [b–b] cf [a] ‖ **17** [a–a] 2 Ch 9,16 שְׁלֹשׁ מֵאוֹת cf 𝔖𝔙 ‖ [b] > Ms 𝔊* ‖ **18** [a] Ms מֵאוּפָז, 𝔖 *mn 'wpjr* ‖ **19** [a–a] l וְרָאשֵׁי עֲגָלִים? cf 𝔊 ‖ **20** [a] > 𝔊*𝔖𝔙 ‖ [b] l prb c nonn Mss הַמַּ׳ vel c 2 Ch 9,19 et 𝔊 ־כָה ‖ **21** [a] > 𝔊* ‖ [b] 𝔊 + *καὶ λουτῆρες χρυσοῖ* = וְכִיּוֹרוֹת זָהָב ‖ **22** [a–a] 𝔊* alit ‖ [b] 𝔊* hic ins 9,15.17b–22 ‖ **24** [a] 2 Ch 9,23 et 𝔊𝔖 + מַלְכֵי ‖ [b] pc Mss הָאָ׳, 𝔊 *κύριος* ‖ **25** [a–a] > 𝔊*, homtel?

כֿ[23] ול בסיפ סוּסִים֒[b] וּפְרָדִ֑ים דְּבַר־שָׁנָ֖ה בְּשָׁנָֽה׃ ס 26 [a]וַיֶּאֱסֹ֣ף שְׁלֹמֹה֮ רֶ֣כֶב 26
וּפָרָשִׁים֒[a] וַֽיְהִי־ל֗וֹ [b]אֶ֤לֶף וְאַרְבַּע־מֵאוֹת֙ רֶ֔כֶב[b] וּשְׁנֵים־עָשָׂ֥ר אֶ֖לֶף
ז[24] פָּרָשִׁ֑ים וַיַּנְחֵם֙[c] בְּעָרֵ֣י הָרֶ֔כֶב וְעִם־הַמֶּ֖לֶךְ בִּירוּשָׁלָֽם׃[d] 27 וַיִּתֵּ֨ן הַמֶּ֧לֶךְ[a] 27
אֶת־הַכֶּ֛סֶף בִּירוּשָׁלַ֖ם כָּאֲבָנִ֑ים[b] וְאֵ֣ת הָאֲרָזִ֗ים נָתַ֛ן כַּשִּׁקְמִ֥ים אֲשֶׁר־
בַּשְּׁפֵלָ֖ה לָרֹֽב׃ 28 וּמוֹצָ֛א הַסּוּסִ֥ים אֲשֶׁ֖ר לִשְׁלֹמֹ֑ה מִמִּצְרָ֑יִם[a] וּמִקְוֵ֕ה[b] 28
ח[25] . ג[26] סֹחֲרֵ֣י הַמֶּ֔לֶךְ יִקְח֥וּ[c] מִקְוֵ֖ה[d] בִּמְחִֽיר׃ 29 וַֽתַּעֲלֶ֨ה וַתֵּצֵ֤א מֶרְכָּבָה֙ 29
ג מִמִּצְרַ֔יִם[a] [b]בְּשֵׁ֣שׁ מֵא֣וֹת[b] כֶּ֔סֶף וְס֖וּס בַּחֲמִשִּׁ֣ים וּמֵאָ֑ה[c] וְ֠כֵן לְכָל־מַלְכֵ֨י
ה . ד בליש[27] הַחִתִּ֜ים וּלְמַלְכֵ֥י אֲרָ֛ם בְּיָדָ֖ם[d] יֵצִֽאוּ׃[e] פ

ד[1] . ה[2] **11** 1 וְהַמֶּ֣לֶךְ שְׁלֹמֹ֗ה אָהַ֞ב נָשִׁ֧ים[a] [b]נָכְרִיּ֛וֹת רַבּ֖וֹת[b] [c]וְאֶת־בַּת־ **11**
פַּרְעֹ֑ה[c] [d]מוֹאֲבִיּ֤וֹת עַמֳּנִיּוֹת֙[e] אֲדֹ֣מִיֹּ֔ת צֵדְנִיֹּ֖ת חִתִּיֹּֽת׃[df] 2 מִן־הַגּוֹיִם֮ אֲשֶׁ֣ר 2
אָֽמַר־יְהוָה֩ אֶל־בְּנֵ֨י יִשְׂרָאֵ֜ל לֹֽא־תָבֹ֣אוּ בָהֶ֗ם וְהֵם֙ לֹא־יָבֹ֣אוּ בָכֶ֔ם
יח[3] אָכֵן֙[a] יַטּ֣וּ אֶת־לְבַבְכֶ֔ם אַחֲרֵ֖י אֱלֹהֵיהֶ֑ם בָּהֶ֛ם דָּבַ֥ק שְׁלֹמֹ֖ה לְאַהֲבָֽה׃
ב[4] . ד[5] 3 [a]וַיְהִי־ל֣וֹ נָשִׁ֗ים שָׂרוֹת֙ שְׁבַ֣ע מֵא֔וֹת וּפִלַגְשִׁ֖ים שְׁלֹ֣שׁ מֵא֑וֹת [b]וַיַּטּ֥וּ נָשָׁ֖יו 3
אֶת־לִבּֽוֹ׃[b] 4 וַיְהִ֗י לְעֵת֙ זִקְנַ֣ת שְׁלֹמֹ֔ה [a]נָשָׁיו֙ הִטּ֣וּ אֶת־לְבָב֔וֹ אַחֲרֵ֖י 4
כה . ה מל אֱלֹהִ֣ים אֲחֵרִ֑ים[a] וְלֹא־הָיָ֨ה לְבָב֜וֹ שָׁלֵ֗ם עִם־יְהוָ֣ה אֱלֹהָ֔יו כִּלְבַ֖ב דָּוִ֥יד
ה חס בליש[6] אָבִֽיו׃ 5 [a]וַיֵּ֣לֶךְ שְׁלֹמֹ֔ה אַחֲרֵ֣י עַשְׁתֹּ֔רֶת אֱלֹהֵ֖י צִדֹנִ֑ים[b] וְאַחֲרֵ֣י מִלְכֹּ֔ם 5
שִׁקֻּ֖ץ עַמֹּנִֽים׃ 6 [a]וַיַּ֧עַשׂ שְׁלֹמֹ֛ה הָרַ֖ע בְּעֵינֵ֣י יְהוָ֑ה וְלֹ֥א מִלֵּ֛א אַחֲרֵ֥י 6
כל חס ב מ ב[7] מל יְהוָ֖ה כְּדָוִ֥ד אָבִֽיו׃ ס 7 אָ֣ז יִבְנֶ֤ה שְׁלֹמֹה֙ בָּמָ֗ה לִכְמוֹשׁ֙ שִׁקֻּ֣ץ מוֹאָ֔ב 7
[a]בָּהָ֕ר אֲשֶׁ֖ר עַל־פְּנֵ֣י יְרוּשָׁלָ֑ם[a] וּלְמֹ֕לֶךְ[b] שִׁקֻּ֖ץ בְּנֵ֥י עַמּֽוֹן׃[c] 8 וְכֵ֣ן עָשָׂ֔ה 8
ל ומל . ה[8] לְכָל־נָשָׁ֖יו הַנָּכְרִיּ֑וֹת מַקְטִיר֥וֹת[a] וּמְזַבְּח֖וֹת[a] לֵאלֹהֵיהֶֽן׃[b] 9 וַיִּתְאַנַּ֥ף 9

[23] Mm 4234. [24] Mm 1653. [25] Mm 1862. [26] Mm 2709. [27] Mm 4154. **Cp 11** [1] Mm 1078. [2] Mm 768. [3] Mm 1941. [4] Mm 1942. [5] Mm 1563. [6] Mm 3891. [7] Da 11,31 et 12,11. [8] Mm 612.

25 [b] Ms 𝔊𝔖𝔙 וְס׳ || **26** [a–a] > 𝔊* || [b–b] 𝔊 alit || [c] l c 2 Ch 9,25 et Vrs וַיַּנִּיחֵם || [d] 𝔊 + 5,1a || **27** [a] 𝔊 + *τὸ χρυσίον καί* || [b] mlt Mss Edd כַּ׳ || **28** [a] l prb מִמֻּצְרִי || [b] Eus Onom *ἐκ Κωα*, id 𝔙 (cf 2 Ch 1,16), l וּמִקְּוֹא et tr huc ‸; 𝔊[L]𝔏 + *καὶ ἐκ Δαμασκοῦ* || [c] prp יִקָּחוּם || [d] cf [b] || **29** [a] cf 28[a] || [b–b] 𝔊 100 || [c] > 𝔊 || [d] 𝔊 *κατὰ θάλασσαν* = בַּיָּם || [e] prp יֻצָּאוּ cf 𝔊𝔗 || **Cp 11,1** [a] frt c 𝔊* huc tr 3a || [b–b] l וַיִּקַּח נָשִׁים נכ׳? cf 𝔊 || [c–c] vel [d–d] gl? || [e] pc Mss Ed עַמֹּ׳; 𝔊 + *Σύρας* = אֲרַמִּיּוֹת || [f] 𝔊 + *καὶ Ἀμορραίας* = וַאֱמֹרִיּוֹת || **2** [a] 𝔊(𝔖𝔗) *μή* = פֶּן || **3** [a] cf 1[a] || [b–b] > 𝔊*, var ad 4aγ || **4** [a–a] 𝔊* alit || **5** [a] v 5 > 𝔊* || [b] 𝔖(𝔄) + *wbtr kmwš dḥlt' dmw'bj'* = וְאַחֲרֵי כְּמוֹשׁ שִׁקֻּץ מוֹאָבִים || **6** [a] 𝔊* tr 6 post 8 || **7** [a–a] > 𝔊*, frt gl ex 2 R 23,13 || [b] 𝔊[L] *Μελχομ*, l frt וּלְמִלְכֹּם cf 5.33 || [c] 𝔊 + *καὶ τῇ Ἀστάρτῃ βδελύγματι Σιδωνίων* || **8** [a] 𝔊[L] sg m || [b] cf 6[a].

יְהוָה בִּשְׁלֹמֹה כִּי־נָטָה לְבָבוֹ מֵעִם יְהוָה אֱלֹהֵי יִשְׂרָאֵל הַנִּרְאָה[a] אֵלָיו ב. ב קמ[9]
10 פַּעֲמָיִם׃ 10 וְצִוָּה[a] אֵלָיו עַל־הַדָּבָר הַזֶּה לְבִלְתִּי־לֶכֶת אַחֲרֵי אֱלֹהִים ל[10]
11 אֲחֵרִים [b]וְלֹא שָׁמַר[b] אֵת אֲשֶׁר־צִוָּה[c] יְהוָה[d]׃ פ 11 וַיֹּאמֶר יְהוָה ל. ל
לִשְׁלֹמֹה יַעַן אֲשֶׁר הָיְתָה־זֹּאת עִמָּךְ וְלֹא שָׁמַרְתָּ [a]בְּרִיתִי[b] וְחֻקֹּתַי[a] אֲשֶׁר ב. ט[11] חס וכל אוריתא דכות ב מ א
צִוִּיתִי עָלֶיךָ קָרֹעַ אֶקְרַע אֶת־הַמַּמְלָכָה[c] מֵעָלֶיךָ וּנְתַתִּיהָ לְעַבְדֶּךָ׃
12 אַךְ־בְּיָמֶיךָ לֹא אֶעֱשֶׂנָּה לְמַעַן דָּוִד אָבִיךָ[a] מִיַּד בִּנְךָ אֶקְרָעֶנָּה[b]׃ ל
13 רַק אֶת־כָּל־הַמַּמְלָכָה לֹא אֶקְרָע[a] שֵׁבֶט אֶחָד אֶתֵּן לִבְנֶךָ לְמַעַן ל זקף קמ
14 דָּוִד עַבְדִּי וּלְמַעַן יְרוּשָׁלַםִ[b] אֲשֶׁר בָּחָרְתִּי׃ 14 וַיָּקֶם יְהוָה כ[12]
שָׂטָן לִשְׁלֹמֹה אֵת הֲדַד[a] הָאֲדֹמִי[b] מִזֶּרַע[c] הַמֶּלֶךְ הוּא[c] בֶּאֱדוֹם[d]׃ ל
15 וַיְהִי בִּהְיוֹת[a] דָּוִד[b] אֶת־אֱדוֹם[b] בַּעֲלוֹת[c] יוֹאָב שַׂר הַצָּבָא לְקַבֵּר ה[13]. ד[10]
16 אֶת־הַחֲלָלִים וַיַּךְ[d] כָּל־זָכָר בֶּאֱדוֹם׃ 16 כִּי שֵׁשֶׁת חֳדָשִׁים יָשַׁב־שָׁם ל. הי[14]
17 יוֹאָב וְכָל־יִשְׂרָאֵל עַד־הִכְרִית כָּל־זָכָר בֶּאֱדוֹם׃ 17 וַיִּבְרַח אֲדַד לה וכל ר״פ דכות. יז מפק א[15]
הוּא וַאֲנָשִׁים אֲדֹמִיִּים מֵעַבְדֵי אָבִיו אִתּוֹ לָבוֹא מִצְרָיִם וַהֲדַד נַעַר ל[16]. ל
18 קָטָן׃ 18 וַיָּקֻמוּ מִמִּדְיָן[a] וַיָּבֹאוּ פָּארָן וַיִּקְחוּ אֲנָשִׁים עִמָּם מִפָּארָן[b]
וַיָּבֹאוּ מִצְרַיִם[b] אֶל־פַּרְעֹה מֶלֶךְ־מִצְרַיִם וַיִּתֶּן־לוֹ בַיִת וְלֶחֶם [c]אָמַר ל
19 לוֹ[c] [d]וְאֶרֶץ נָתַן לוֹ[d]׃ 19 [a]וַיִּמְצָא הֲדַד חֵן בְּעֵינֵי פַרְעֹה מְאֹד וַיִּתֶּן־לוֹ
20 אִשָּׁה אֶת־אֲחוֹת אִשְׁתּוֹ אֲחוֹת תַּחְפְּנֵיס הַגְּבִירָה[b]׃ 20 וַתֵּלֶד לוֹ אֲחוֹת ל. ג. ג
תַּחְפְּנֵיס אֵת גְּנֻבַת בְּנוֹ[a] וַתִּגְמְלֵהוּ[b] תַחְפְּנֵס בְּתוֹךְ בֵּית[c] פַּרְעֹה וַיְהִי ג. ב וחס. ג
21 גְנֻבַת [d]בֵּית פַּרְעֹה בְּתוֹךְ בְּנֵי פַרְעֹה[d]׃ 21 וַהֲדַד שָׁמַע בְּמִצְרַיִם כִּי־ ב וחס. לא פסוק כי וכי
שָׁכַב דָּוִד עִם־אֲבֹתָיו וְכִי־מֵת יוֹאָב שַׂר־הַצָּבָא וַיֹּאמֶר הֲדַד אֶל־ ל. ד[10]
22 פַּרְעֹה שַׁלְּחֵנִי וְאֵלֵךְ אֶל־אַרְצִי׃ 22 וַיֹּאמֶר לוֹ פַרְעֹה כִּי מָה־אַתָּה ב

[9] Mm 3853. [10] Mp sub loco. [11] Mm 1902. [12] Mm 1991. [13] Mm 1943. [14] Mm 87. [15] Mm 411. [16] Mm 2882. [17] Mm 2059.

9 [a] 𝔊 pt = הֶ־ cf Da 8,1 ‖ **10** [a] 𝔊 pl ‖ [b–b] 𝔊 *καὶ φυλάξαι καὶ ποιῆσαι* ‖ [c] 2 Mss 𝔊𝔖𝔙 צוהו ‖ [d] 𝔊* + 4b ‖ **11** [a–a] 𝔗 invers ‖ [b] 𝔊* *τὰς ἐντολάς μου* cf 𝔊^O^𝔖 ‖ [c] 𝔊𝔗^Ms^ 𝔙 + suff 2sg ‖ **12** [a] Ms 𝔖 עַבְדִּי ‖ [b] 𝔊 *λήμψομαι αὐτήν* = אֶקָּחֶנָּה ‖ **13** [a] 𝔊(𝔙) *λάβω* = אֶקַּח ‖ [b] 𝔊(𝔖𝔗^Ms^) + *τὴν πόλιν* ‖ **14** [a] pc Mss 𝔊 הדר, it in v sqq ‖ [b] 𝔊* huc tr 23aβ–25aα ‖ [c–c] 𝔊(𝔗^Ms^) *τῆς βασιλείας* = הַמְּלוּכָה ‖ [d] var ad 15[b–b] ‖ **15** [a] l בְּהַכְרִית (cf 𝔊𝔖) vel c pc Mss 𝔗𝔙 בְּא׳ pro [b–b] (cf 14[d]) ‖ [c] = nom loci? sed Vrs cj c sq (inf) ‖ [d] 𝔊 pl ‖ **18** [a] 𝔊^-L^ *ἄνδρες ἐκ τῆς πόλεως Μαδιαμ* ‖ [b] > 𝔊* ‖ [c–c] 𝔖 *w'mr lh tb lwtj* = וַיֹּאמֶר לוֹ שֵׁב עִמָּדִי ‖ [d–d] > 𝔊* ‖ **19** [a] 19–22 cf 𝔊 12,24d–f (de Jerobeam narratum) ‖ [b] 𝔊 *τῆς (τὴν) μείζω* = הָרַבָּה? cf 𝔖 ‖ **20** [a] 𝔊 suff f ‖ [b] l וַתְּגַדְּלֵהוּ? cf 𝔊 ‖ [c] pc Mss 𝔊 בְּנֵי ‖ [d–d] > 𝔊*.

חָסֵר עִמִּי וְהִנְּךָ מְבַקֵּשׁ לָלֶכֶת אֶל־אַרְצֶךָ וַיֹּאמֶר ׀ לֹאᵃ כִּי שַׁלֵּחַ ד
23 תְּשַׁלְּחֵנִיᵇ׃ 23 וַיָּקֶםᵃ אֱלֹהִים לוֹ שָׂטָן אֶת־רְזוֹן בֶּן־אֶלְיָדָע אֲשֶׁר ב̇[18]
24 בָּרַח מֵאֵת הֲדַדְעֶזֶרᵇ מֶלֶךְ־צוֹבָה אֲדֹנָיו׃ 24 וַיִּקְבֹּץᵃ עָלָיו אֲנָשִׁים ל̇
וַיְהִי שַׂר־גְּדוּד ᵇבַּהֲרֹג דָּוִד אֹתָםᵇ וַיֵּלְכוּᶜ דַמֶּשֶׂק וַיֵּשְׁבוּᶜ בָהּ וַיִּמְלְכוּᶜ ל̇
25 בְּדַמָּשֶׂק׃ 25 וַיְהִי שָׂטָן לְיִשְׂרָאֵל כָּל־יְמֵי שְׁלֹמֹה ᵃוְאֶת־ᵇהָרָעָה אֲשֶׁרᶜ ל̇
26 הֲדָד ᵈוַיָּקָץ בְּיִשְׂרָאֵלᵈ וַיִּמְלֹךְ עַל־אֲרָםᵃᵉ׃ פ 26 וְיָרָבְעָם בֶּן־ ב̇[19]
נְבָט אֶפְרָתִי מִן־הַצְּרֵדָה ᵃוְשֵׁם אִמּוֹ צְרוּעָהᵃ אִשָּׁה אַלְמָנָה עֶבֶד ג̇
27 לִשְׁלֹמֹה ᵇוַיָּרֶם יָד בַּמֶּלֶךְᵇ׃ 27 ᵃוְזֶה הַדָּבָר אֲשֶׁר־הֵרִים יָד ח̇ דגש[20]. כ̇ג ר״פ. ד̇ ר״פ[21]
בַּמֶּלֶךְ שְׁלֹמֹה בָּנָה אֶת־הַמִּלּוֹא סָגַרᵇ אֶת־פֶּרֶץ עִיר דָּוִד אָבִיו׃ ו̇[22] ה̇ מנה בליש ובסיפ
28 וְהָאִישׁ יָרָבְעָם גִּבּוֹר חָיִל וַיַּרְא שְׁלֹמֹה אֶת־הַנַּעַר כִּי־ᵃעֹשֵׂה ס׳ ד̇[23]
29 מְלָאכָהᵃ הוּא וַיַּפְקֵד אֹתוֹ לְכָל־סֵבֶל בֵּית יוֹסֵף׃ ס 29 ᵃוַיְהִי ב̇. ג̇[24]
בָּעֵת הַהִיא וְיָרָבְעָם יָצָא מִירוּשָׁלָ͏ִם וַיִּמְצָא אֹתוֹ אֲחִיָּה הַשִּׁילֹנִי הַנָּבִיא
בַּדֶּרֶךְᵇ וְהוּא מִתְכַּסֶּה בְּשַׂלְמָה חֲדָשָׁה וּשְׁנֵיהֶם לְבַדָּםᶜ בַּשָּׂדֶה׃ ל̇
30 וַיִּתְפֹּשׂ אֲחִיָּה בַּשַּׂלְמָה הַחֲדָשָׁה אֲשֶׁר עָלָיו וַיִּקְרָעֶהָ שְׁנֵיםᵃ עָשָׂר ל̇
31 קְרָעִים׃ 31 וַיֹּאמֶר לְיָרָבְעָם קַח־לְךָ עֲשָׂרָהᵃ קְרָעִים כִּי כֹה אָמַר ה̇
יְהוָה אֱלֹהֵי יִשְׂרָאֵל הִנְנִי קֹרֵעַ אֶת־הַמַּמְלָכָה מִיַּד שְׁלֹמֹה וְנָתַתִּי לְךָ
32 אֵת עֲשָׂרָה הַשְּׁבָטִים׃ 32 ᵃוְהַשֵּׁבֶט הָאֶחָדᵃ יִהְיֶה־לּוֹ לְמַעַן ׀ עַבְדִּי ל̇[25]. ל̇. ה̇
דָוִד וּלְמַעַן יְרוּשָׁלַ͏ִם הָעִיר אֲשֶׁר בָּחַרְתִּי בָהּ מִכֹּל שִׁבְטֵי יִשְׂרָאֵל׃
33 יַעַן ׀ אֲשֶׁר עֲזָבוּנִיᵃ וַיִּשְׁתַּחֲווּᵃ לְעַשְׁתֹּרֶת אֱלֹהֵי צִדֹנִיןᵇ לִכְמוֹשׁ אֱלֹהֵיᶜ ה̇[26] חס ול̇ כת̇ כן
מוֹאָב וּלְמִלְכֹּם אֱלֹהֵיᵈ בְנֵי־עַמּוֹן וְלֹא־הָלְכוּᵃ בִדְרָכַי לַעֲשׂוֹת הַיָּשָׁר
34 בְּעֵינַי ᵉוְחֻקֹּתַי וּמִשְׁפָּטַיᵉ כְּדָוִד אָבִיו׃ 34 וְלֹא־אֶקַּח אֶת־כָּל־ᵃ ט̇[27] חס וכל אורית̇ דכות̇ ב̇ מ̇ א̇

[18]Mm 1991. [19]Mm 1944. [20]Mm 1573. [21]Mm 569. [22]Mm 1945. [23]Mm 1946. [24]Mm 1947. [25]Mm 1948. [26]Mm 3891. [27]Mm 1902.

22 ᵃ mlt Mss 𝔊 לוֹ ‖ ᵇ 𝔊 + *καὶ ἀνέστρεψεν Αδερ εἰς τὴν γῆν αὐτοῦ. αὕτη ἡ κακία, ἣν ἐποίησεν* + 25b (= 25aβ), sic recte ‖ **23** ᵃ cf 14ᵇ ‖ ᵇ mlt Mss 𝔖 הדרְעזר ‖ **24** ᵃ l frt וַיִּקְבְּצוּ cf 𝔊𝔖 ‖ ᵇ⁻ᵇ > 𝔊*; tr post 23 ‖ ᶜ l frt c 𝔊ᴸ sg ‖ **25** ᵃ⁻ᵃ hic dl cf 22ᵇ ‖ ᵇ l זֹאת cf 𝔊 ‖ ᶜ ins עָשָׂה cf 𝔊 ‖ ᵈ⁻ᵈ prp וַיָּצֶק לְי׳ cf Vrs ‖ ᵉ l c 2 Mss 𝔊𝔖 אֱדֹם ‖ **26** ᵃ⁻ᵃ gl? ‖ l בֶּן־ cf 𝔊* ‖ ᵇ⁻ᵇ > 𝔊* ‖ **27** ᵃ 27.28 cf 𝔊 2,35f 10,22a 12,24b ‖ ᵇ Ms 𝔊ᴬᴺ ᵐⁱⁿ𝔖𝔙 וַיְסִירֵהוּ מִן־הַדֶּרֶךְ ‖ **28** ᵃ⁻ᵃ 𝔊 *ἀνὴρ ἔργων* ‖ **29** ᵃ 29–31 cf 𝔊* 12,24o ‖ ᵇ ins frt וְסִ׳ cf 𝔊 ‖ ᶜ > 𝔊* ‖ **30** ᵃ mlt Mss 𝔗 לִשְׁ׳ ‖ **31** ᵃ prp עַשְׁתֵּי עָשָׂר ‖ **32** ᵃ⁻ᵃ 𝔊 *καὶ δύο σκῆπτρα* ‖ **33** ᵃ l prb c 𝔊𝔖𝔙ᴹˢˢ sg ‖ ᵇ nonn Mss ים– ‖ ᶜ pc Mss תּוֹעֲבַת, 𝔊 *καὶ τοῖς εἰδώλοις* (𝔊ᴸ sg) ‖ ᵈ 𝔊 *προσοχθίσματι* ‖ ᵉ⁻ᵉ > 𝔊*, frt dl ‖ **34** ᵃ > 𝔊⁵⁰⁹, dl?

הַמַּמְלָכָה מִיָּדוֹ כִּי ׀ [b]נָשִׂיא אֲשִׁתֶנּוּ[b] כֹּל יְמֵי חַיָּיו לְמַעַן דָּוִד עַבְדִּי אֲשֶׁר   ל וחס
35 בָּחַרְתִּי אֹתוֹ [c]אֲשֶׁר שָׁמַר מִצְוֺתַי וְחֻקֹּתָי[c]׃ 35 וְלָקַחְתִּי הַמְּלוּכָה מִיַּד   ט[28] חס וכל אורית דכות ב מ א . כ[29]
36 בְּנוֹ וּנְתַתִּיהָ[a] לְּךָ [b]אֵת עֲשֶׂרֶת הַשְּׁבָטִים[b]׃ 36 וְלִבְנוֹ אֶתֵּן [a]שֵׁבֶט־אֶחָד[a]   ל[30]
לְמַעַן הֱיוֹת־נִיר לְדָוִיד־עַבְדִּי כָּל־הַיָּמִים ׀ לְפָנַי בִּירוּשָׁלִַם הָעִיר   ח[31] . ה מל
37 אֲשֶׁר בָּחַרְתִּי לִי לָשׂוּם שְׁמִי שָׁם׃ 37 וְאֹתְךָ אֶקַּח וּמָלַכְתָּ בְּכֹל אֲשֶׁר־   ב זקף חד קמ וחד פת[32]
38 תְּאַוֶּה נַפְשֶׁךָ וְהָיִיתָ מֶּלֶךְ עַל־יִשְׂרָאֵל׃ 38 וְהָיָה אִם־תִּשְׁמַע[a] אֶת־כָּל־   ל
אֲשֶׁר אֲצַוֶּךָ וְהָלַכְתָּ בִדְרָכַי וְעָשִׂיתָ הַיָּשָׁר בְּעֵינַי לִשְׁמוֹר חֻקּוֹתַי   ל רפי . ח מל[33]
וּמִצְוֺתַי כַּאֲשֶׁר עָשָׂה דָּוִד עַבְדִּי וְהָיִיתִי עִמָּךְ וּבָנִיתִי לְךָ בַיִת־נֶאֱמָן
39 כַּאֲשֶׁר בָּנִיתִי לְדָוִד [b]וְנָתַתִּי לְךָ אֶת־יִשְׂרָאֵל׃ 39 וַאְעַנֶּה[c] אֶת־זֶרַע   ו בסיפ . מח[34] כת א לא קר ול בליש וחד מן יא[35] מילין דלא מפק א
40 דָּוִד לְמַעַן זֹאת אַךְ לֹא כָל־הַיָּמִים[b]׃ ס 40 [a]וַיְבַקֵּשׁ שְׁלֹמֹה   ל
לְהָמִית אֶת־יָרָבְעָם וַיָּקָם יָרָבְעָם[b] וַיִּבְרַח מִצְרַיִם אֶל־שִׁישַׁק[c] מֶלֶךְ־
41 מִצְרַיִם וַיְהִי בְמִצְרַיִם עַד־מוֹת שְׁלֹמֹה׃ 41 וְיֶתֶר דִּבְרֵי שְׁלֹמֹה   ה בטע בסיפ[36]
וְכָל־אֲשֶׁר עָשָׂה וְחָכְמָתוֹ הֲלוֹא־הֵם כְּתֻבִים עַל־סֵפֶר דִּבְרֵי[a] שְׁלֹמֹה׃   יז מל בסיפ . ה חס וכל אורית דכות[37]
42 וְהַיָּמִים אֲשֶׁר מָלַךְ שְׁלֹמֹה בִירוּשָׁלִַם [a]עַל־כָּל־יִשְׂרָאֵל[a] אַרְבָּעִים   כ
43 שָׁנָה׃ 43 וַיִּשְׁכַּב שְׁלֹמֹה עִם־אֲבֹתָיו וַיִּקָּבֵר בְּעִיר דָּוִד אָבִיו[a] וַיִּמְלֹךְ   ו[38] ה מנה בליש ובסיפ
רְחַבְעָם בְּנוֹ תַּחְתָּיו׃ ס

12 1 [a]וַיֵּלֶךְ רְחַבְעָם שְׁכֶם כִּי שְׁכֶם בָּא[b] כָל־יִשְׂרָאֵל לְהַמְלִיךְ   ל
2 אֹתוֹ׃ 2 [a]וַיְהִי כִּשְׁמֹעַ ׀ יָרָבְעָם בֶּן־נְבָט וְהוּא עוֹדֶנּוּ בְמִצְרַיִם אֲשֶׁר   ט בטע בסיפ[1]
3 בָּרַח מִפְּנֵי [b]הַמֶּלֶךְ שְׁלֹמֹה[b] [c]וַיֵּשֶׁב יָרָבְעָם בְּמִצְרָיִם[c]׃ 3 [a][b]וַיִּשְׁלְחוּ
וַיִּקְרְאוּ־לוֹ וַיָּבֹאו[c] יָרָבְעָם וְכָל־קְהַל[d] יִשְׂרָאֵל[b] וַיְדַבְּרוּ אֶל־רְחַבְעָם   ויבא ק . ג
4 לֵאמֹר׃ 4 אָבִיךָ הִקְשָׁה אֶת־עֻלֵּנוּ וְאַתָּה עַתָּה הָקֵל מֵעֲבֹדַת אָבִיךָ   ג[2] ול בליש

[28] Mm 1902. [29] Mm 1581. [30] Mm 1948. [31] Mm 2469. [32] Mm 1949. [33] Mm 1796. [34] Mm 898. [35] Mm 4069 frt inc. [36] Mp sub loco. [37] Mm 1950. [38] Mm 1945. **Cp 12** [1] Mm 1955. [2] Mm 194.

34 [b–b] 𝔊 *ἀντιτασσόμενος ἀντιτάξομαι αὐτῷ* cf Ho 1,6 ‖ [c–c] > 𝔊*, gl? ‖ **35** [a] 𝔊𝔖𝔙 om suff, dl vel hoc vel [b–b] ‖ **36** [a–a] 𝔊 *τὰ δύο σκῆπτρα* ‖ **38/39** [a] l תִּשְׁמֹר? cf 𝔊 ‖ [b–b] > 𝔊*, gl? ‖ [c] Ms וַעֲנֵּה, l וְאַעֲנֶּה ‖ **40** [a] cf 12,24c 𝔊* ‖ [b] > 𝔊* ‖ [c] cf 14,25[b] ‖ **41** [a] 𝔊[L](𝔙[Mss]) + *ἡμερῶν* ‖ **42** [a–a] > 𝔊* ‖ **43** [a] 𝔊* + nonn vb (cf 12,2 et 12,3 𝔊[Nmin]); cf 12,24f 𝔊* ‖ **Cp 12,1** [a] tr 1 post 2 cf 𝔊 ‖ [b] nonn Mss Seb 𝔊*𝔖𝔗 et 2 Ch 10,1 בָּאוּ ‖ **2** [a] v 2 > 𝔊*, sed cf 𝔊 11,43, 𝔊* 12,24d.f ‖ [b–b] mlt Mss invers ‖ [c–c] l c 2 Ch 10,2 et 𝔊[O]𝔙 וַיָּשָׁב י׳ מִמִּ׳ cf 𝔊* 12,24f ‖ **3** [a] 3–20 cf 𝔊* 12,24p–u ‖ [b–b] > 𝔊* cf 𝔊* 12,24o, gl? cf 20 ‖ [c] K ־אוּ, Vrs ut Q וַיָּבֹא ‖ [d] > 𝔖 et 2 Ch 10,3.

הַקָּשָׁ֔ה וּמֵעֻלּ֛וֹ הַכָּבֵ֛ד אֲשֶׁר־נָתַ֥ן עָלֵ֖ינוּ וְנַעַבְדֶֽךָּ׃ 5 וַיֹּ֣אמֶר אֲלֵיהֶ֔ם 5
לְכ֥וּ עֹ֛ד[a] שְׁלֹשָׁ֥ה יָמִ֖ים וְשׁ֣וּבוּ אֵלָ֑י וַיֵּלְכ֖וּ הָעָֽם׃[b] 6 וַיִּוָּעַ֨ץ 6
הַמֶּ֣לֶךְ רְחַבְעָ֗ם[a] אֶת־הַזְּקֵנִים֙ אֲשֶׁר־הָי֣וּ עֹֽמְדִ֗ים אֶת־פְּנֵי֙ שְׁלֹמֹ֣ה אָבִ֔יו
בִּֽהְיֹת֥וֹ חַ֖י לֵאמֹ֑ר אֵ֚יךְ אַתֶּ֣ם נֽוֹעָצִ֔ים לְהָשִׁ֥יב אֶת־הָֽעָם־הַזֶּ֖ה דָּבָֽר׃
7 וַיְדַבֵּ֨ר[a] אֵלָ֜יו לֵאמֹ֗ר אִם־הַיּ֞וֹם תִּֽהְיֶה־עֶ֜בֶד לָעָ֤ם הַזֶּה֙ וַעֲבַדְתָּ֔ם 7
וַעֲנִיתָ֕ם[b] וְדִבַּרְתָּ֥ אֲלֵיהֶ֖ם דְּבָרִ֣ים טוֹבִ֑ים וְהָי֥וּ לְךָ֛ עֲבָדִ֖ים כָּל־
הַיָּמִֽים׃ 8 וַיַּעֲזֹ֛ב אֶת־עֲצַ֥ת הַזְּקֵנִ֖ים אֲשֶׁ֣ר יְעָצֻ֑הוּ וַיִּוָּעַ֗ץ אֶת־ 8
הַיְלָדִים֙ אֲשֶׁ֣ר גָּדְל֣וּ אִתּ֔וֹ אֲשֶׁ֥ר[a] הָעֹמְדִ֖ים לְפָנָֽיו׃ 9 וַיֹּ֣אמֶר אֲלֵיהֶ֗ם 9
מָ֤ה אַתֶּם֙ נֽוֹעָצִ֔ים וְנָשִׁ֥יב[a] דָּבָ֖ר אֶת־הָעָ֣ם הַזֶּ֑ה אֲשֶׁ֨ר דִּבְּר֤וּ אֵלַי֙ לֵאמֹ֔ר
הָקֵל֙ מִן־הָעֹ֔ל אֲשֶׁר־נָתַ֥ן אָבִ֖יךָ עָלֵֽינוּ׃ 10 וַיְדַבְּר֣וּ אֵלָ֗יו הַיְלָדִים֙ 10
אֲשֶׁ֨ר גָּדְל֤וּ אִתּוֹ֙[a] לֵאמֹ֔ר כֹּֽה־תֹאמַ֞ר לָעָ֣ם הַזֶּ֗ה אֲשֶׁ֨ר דִּבְּר֤וּ אֵלֶ֙יךָ֙
לֵאמֹ֗ר אָבִ֙יךָ֙ הִכְבִּ֣יד אֶת־עֻלֵּ֔נוּ וְאַתָּ֖ה[b] הָקֵ֣ל מֵעָלֵ֑ינוּ כֹּ֚ה תְּדַבֵּ֣ר
אֲלֵיהֶ֔ם קָֽטָנִּ֥י[c] עָבָ֖ה מִמָּתְנֵ֥י אָבִֽי׃ 11 וְעַתָּ֗ה אָבִי֙ הֶעְמִ֤יס עֲלֵיכֶם֙ עֹ֣ל 11
כָּבֵ֔ד וַאֲנִ֖י אוֹסִ֣יף עַל־עֻלְּכֶ֑ם אָבִ֗י יִסַּ֤ר אֶתְכֶם֙ בַּשּׁוֹטִ֔ים וַאֲנִ֕י אֲיַסֵּ֥ר
אֶתְכֶ֖ם בָּֽעַקְרַבִּֽים׃ 12 וַיָּב֨וֹ[a] [b]יָֽרָבְעָ֤ם וְכָל־[b]הָעָם֙[c] אֶל־[d] 12
רְחַבְעָ֔ם בַּיּ֖וֹם הַשְּׁלִשִׁ֑י כַּאֲשֶׁ֨ר דִּבֶּ֤ר הַמֶּ֙לֶךְ֙ לֵאמֹ֔ר שׁ֥וּבוּ אֵלַ֖י בַּיּ֥וֹם
הַשְּׁלִשִֽׁי׃ 13 וַיַּ֧עַן הַמֶּ֛לֶךְ אֶת־הָעָ֖ם קָשָׁ֑ה וַֽיַּעֲזֹב֙ אֶת־עֲצַ֣ת הַזְּקֵנִ֔ים 13
אֲשֶׁ֖ר יְעָצֻֽהוּ׃ 14 וַיְדַבֵּ֨ר אֲלֵיהֶ֜ם כַּעֲצַ֤ת הַיְלָדִים֙ לֵאמֹ֔ר אָבִי֙ הִכְבִּ֣יד 14
אֶת־עֻלְּכֶ֔ם וַאֲנִ֖י אֹסִ֣יף עַל־עֻלְּכֶ֑ם אָבִ֗י יִסַּ֤ר אֶתְכֶם֙ בַּשּׁוֹטִ֔ים וַאֲנִ֕י
אֲיַסֵּ֥ר אֶתְכֶ֖ם בָּעַקְרַבִּֽים׃ 15 וְלֹֽא־שָׁמַ֥ע הַמֶּ֖לֶךְ אֶל־הָעָ֑ם כִּֽי־הָיְתָ֤ה 15
סִבָּה֙[a] מֵעִ֣ם יְהוָ֔ה לְמַ֜עַן הָקִ֣ים אֶת־דְּבָר֗וֹ אֲשֶׁ֨ר דִּבֶּ֤ר יְהוָה֙[b] בְּיַד֙
אֲחִיָּ֣ה הַשִּׁלֹנִ֔י[c] אֶל־[d]יָרָבְעָ֖ם בֶּן־נְבָֽט׃ 16 וַיַּ֣רְא כָּל־יִשְׂרָאֵ֗ל[a] 16
כִּ֠י לֹֽא־שָׁמַ֣ע הַמֶּלֶךְ֮ אֲלֵיהֶם֒ וַיָּשִׁ֣בוּ הָעָ֣ם אֶת־הַמֶּ֣לֶךְ דָּבָ֣ר ׀ לֵאמֹ֡ר

יד חס[3]. ל[4]. ד[5]
יט פסוק בסיפ את את את. ב
ג חס[6]. ה ומל[7]
וידברו ק. ד[8]
ל[9]
ג וחס
ל. יא בתור ובנביא
ה ומל[7]
ל
ב. ב. ב
יט. ד
ויבוא ק חד מן ט חס א בליש. נא מ״פ וכל ר״פ דכות ב מ ג
ג וחס
יט ו[10] מנה חס ב מנה בסיפ. ד
ל
ה[11]. כט[12] חס בנביא יג מנה בסיפ. ל[13]

[3]Mm 62. [4]Mm 1951. [5]Mm 1952. [6]Mm 2688. [7]Mm 1953. [8]Mm 1073. [9]וחד עניתם Ps 99,8. [10]Mm 4177. [11]Mm 3606. [12]Mm 1954 contra textum. [13]Mm 910.

5 [a] 𝔊(𝔙) ἕως = עַד cf 𝔗 ‖ [b] > 𝔊 ‖ **6** [a] > 𝔊* ‖ **7** [a] mlt Mss Vrs ut Q רוּ–, sic l ‖ [b] > 𝔊* ‖ **8** [a] > Ms et 2 Ch 10,8, dl? ‖ **9** [a] l וְאָשִׁיב? cf 𝔊𝔖𝔙 ‖ **10** [a] 𝔊 ut 8 + אשר הע׳ ל׳ ‖ [b] 𝔊 + *νῦν* cf 4 ‖ [c] al Mss קָטָנִּי et קָטָנִּי, prp קָטְנִי ‖ **12** [a] 2 Mss 𝔊* ויבאו ‖ [b–b] 𝔊 om יִ׳ וְ cf 3[b–b] ‖ [c] 𝔊(𝔖) *Ισραηλ* ‖ [d] Ms 𝔊 + הַמֶּלֶךְ ‖ **15** [a] 2 Ch 10,15 נְסִבָּה ‖ [b] > 2 Mss 𝔊*𝔖𝔙 ‖ [c] 𝔊[L](𝔖) + *τοῦ προφήτου* ‖ [d] = עַל, sic Ms 𝔊𝔗 ‖ **16** [a] Ms 𝔊[L]𝔙 הָעָם.

מַה־[b]לָּנוּ חֵלֶק בְּדָוִד וְלֹא־נַחֲלָה[c] בְּבֶן־יִשַׁי לְאֹהָלֶיךָ[d] יִשְׂרָאֵל עַתָּה
17 רְאֵה[e] בֵיתְךָ דָּוִד וַיֵּלֶךְ יִשְׂרָאֵל לְאֹהָלָיו׃ 17 [a]וּבְנֵי יִשְׂרָאֵל
18 הַיֹּשְׁבִים בְּעָרֵי יְהוּדָה וַיִּמְלֹךְ עֲלֵיהֶם רְחַבְעָם׃ פ 18 וַיִּשְׁלַח
הַמֶּלֶךְ רְחַבְעָם אֶת־אֲדֹרָם[a] אֲשֶׁר עַל־הַמַּס וַיִּרְגְּמוּ כָל־יִשְׂרָאֵל בּוֹ ב̇[14] . ל̇
אֶבֶן וַיָּמֹת וְהַמֶּלֶךְ רְחַבְעָם הִתְאַמֵּץ לַעֲלוֹת בַּמֶּרְכָּבָה לָנוּס יְרוּשָׁלִָם׃ יד̇[15] וכל אורית ויהושע דכות ב מ ג
19 וַיִּפְשְׁעוּ יִשְׂרָאֵל בְּבֵית דָּוִד עַד הַיּוֹם הַזֶּה׃ ס 20 וַיְהִי כִּשְׁמֹעַ ט בטע בסיפ̇[16]
כָל־יִשְׂרָאֵל כִּי־שָׁב יָרָבְעָם[a] וַיִּשְׁלְחוּ וַיִּקְרְאוּ אֹתוֹ אֶל־הָעֵדָה וַיַּמְלִיכוּ
אֹתוֹ עַל־כָּל־[b]יִשְׂרָאֵל לֹא[c] הָיָה אַחֲרֵי בֵית־דָּוִד זוּלָתִי שֵׁבֶט־ ל̇
21 יְהוּדָה לְבַדּוֹ׃[d] 21 [a]וַיָּבֹאוּ[b] רְחַבְעָם יְרוּשָׁלַם וַיַּקְהֵל [c]אֶת־כָּל־בֵּית[c] ויבא ק̇ . ב̇
יְהוּדָה וְאֶת־שֵׁבֶט בִּנְיָמִן מֵאָה וּשְׁמֹנִים[d] אֶלֶף בָּחוּר עֹשֵׂה מִלְחָמָה
לְהִלָּחֵם עִם־בֵּית יִשְׂרָאֵל לְהָשִׁיב אֶת־הַמְּלוּכָה לִרְחַבְעָם בֶּן־ כ̇[17] וכל ירמיה ויחזק דכות ב מ יח . כ̇[18]
22 שְׁלֹמֹה׃ פ 22 וַיְהִי דְּבַר הָאֱלֹהִים[a] אֶל־שְׁמַעְיָה אִישׁ־הָאֱלֹהִים ב̇[14]
23 לֵאמֹר׃ 23 אֱמֹר אֶל־רְחַבְעָם בֶּן־שְׁלֹמֹה מֶלֶךְ יְהוּדָה וְאֶל־כָּל־ יא̇ זוגין בטע̇[19] . ו̇ בסיפ̇
ס̇ יא̇[14] בֵּית יְהוּדָה וּבִנְיָמִין וְיֶתֶר הָעָם לֵאמֹר׃ 24 כֹּה אָמַר יְהוָה לֹא־ יז̇ מל̇[20]
תַעֲלוּ וְלֹא־תִלָּחֲמוּן עִם־אֲחֵיכֶם בְּנֵי־יִשְׂרָאֵל שׁוּבוּ אִישׁ לְבֵיתוֹ כִּי ל̇[21]
מֵאִתִּי נִהְיָה הַדָּבָר הַזֶּה וַיִּשְׁמְעוּ אֶת־דְּבַר יְהוָה וַיָּשֻׁבוּ[a] לָלֶכֶת כִּדְבַר ח̇[22]
יְהוָה׃[b] ס

25 וַיִּבֶן יָרָבְעָם אֶת־שְׁכֶם בְּהַר אֶפְרַיִם וַיֵּשֶׁב בָּהּ וַיֵּצֵא מִשָּׁם וַיִּבֶן
26 אֶת־פְּנוּאֵל׃ 26 וַיֹּאמֶר יָרָבְעָם בְּלִבּוֹ עַתָּה תָּשׁוּב הַמַּמְלָכָה לְבֵית ח̇ . אמירה פלוני בלבו ו̇ . כ̇ בטע
27 דָּוִד׃ 27 אִם־יַעֲלֶה׀ הָעָם הַזֶּה לַעֲשׂוֹת זְבָחִים בְּבֵית־יְהוָה בִּירוּשָׁלִַם ל̇ט
וְשָׁב לֵב הָעָם הַזֶּה[a] אֶל־אֲדֹנֵיהֶם אֶל־רְחַבְעָם מֶלֶךְ יְהוּדָה וַהֲרָגֻנִי[b] ב̇ חד חס וחד מל̇
28 [c]וְשָׁבוּ אֶל־רְחַבְעָם מֶלֶךְ־יְהוּדָה׃[c] 28 וַיִּוָּעַץ[a] הַמֶּלֶךְ וַיַּעַשׂ שְׁנֵי עֶגְלֵי ב̇
זָהָב וַיֹּאמֶר אֲלֵהֶם[b] רַב־לָכֶם מֵעֲלוֹת יְרוּשָׁלִַם הִנֵּה אֱלֹהֶיךָ יִשְׂרָאֵל כ̇ט̇[23] חס בנביא יג מנה בסיפ̇

[14] Mp sub loco. [15] Mm 1523. [16] Mm 1955. [17] Mm 953. [18] Mm 1581. [19] Mm 915. [20] Mm 262. [21] Mm 4180. [22] Mm 3609. [23] Mm 1954.

16 [b] Ms 𝔖𝔗Ms אֵין ut 2 S 20,1 ‖ [c] Ms 𝔊* + לָנוּ ‖ [d] 𝔊 pr *ἀπότρεχε* cf 𝔙Mss ‖ [e] l frt רְעֵה cf 𝔊𝔗 ‖ **17** [a] v 17 > 𝔊*, gl? ‖ **18** [a] 4,6 אֲדֹנִירָם, sic l c 𝔊𝔖 ‖ **20** [a] 𝔊* + *ἐξ Αἰγύπτου* ‖ [b] > 2 Mss 𝔊 ‖ [c] pc Mss 𝔊𝔖𝔙 וְלֹא ‖ [d] 𝔊 + *καὶ Βενιαμιν* ‖ **21** [a] 21–24 cf 12,24 x–z 𝔊* ‖ [b] K אוּ–; l c Q mlt Mss Vrs וַיָּבֹא ‖ [c–c] 𝔊 *τὴν συναγωγήν* cf 20 ‖ [d] 𝔊* 20 ‖ **22** [a] pc Mss Vrs יהוה ‖ **24** [a] 𝔊 *καὶ κατέπαυσαν* = וַיִּשְׁבְּתוּ ‖ [b] 𝔊* + mlt v ‖ **27** [a] > 𝔊* ‖ [b] > pc Mss 𝔊L ‖ [c–c] > pc Mss 𝔊*, add? ‖ **28** [a] 𝔊A *καὶ ἐπορεύθη* cf 𝔊rel, l וַיֵּלֶךְ? ‖ [b] l אֶל־הָעָם cf 𝔊.

29 אֲשֶׁר הֶעֱלֽוּךָ מֵאֶרֶץ מִצְרָֽיִם׃ 29 וַיָּשֶׂם אֶת־הָאֶחָד בְּבֵית־אֵל וְאֶת־ ג̇[24]. פד. ד̇[25]
30 הָאֶחָד נָתַן בְּדָֽן׃ 30 וַיְהִי הַדָּבָר הַזֶּה לְחַטָּאת[a] וַיֵּלְכוּ הָעָם לִפְנֵי ד̇[26]. כ בטע ר״פ[27]
הָאֶחָד[b] עַד־דָּֽן׃
31 31 וַיַּעַשׂ אֶת־בֵּית[a] בָּמוֹת וַיַּעַשׂ כֹּהֲנִים מִקְצוֹת הָעָם אֲשֶׁר לֹא־
32 הָיוּ מִבְּנֵי לֵוִֽי׃ 32 וַיַּעַשׂ יָרָבְעָם ׀ חָג בַּחֹדֶשׁ הַשְּׁמִינִי בַּחֲמִשָּׁה־עָשָׂר
יוֹם ׀ לַחֹדֶשׁ כֶּחָג ׀ אֲשֶׁר בִּיהוּדָה[a] וַיַּעַל עַל־הַמִּזְבֵּחַ כֵּן[b] עָשָׂה בְּבֵית־ ל. ג בטע
אֵל[a] לְזַבֵּחַ לָעֲגָלִים אֲשֶׁר־עָשָׂה וְהֶעֱמִיד בְּבֵית אֵל אֶת־כֹּהֲנֵי הַבָּמוֹת ל קמ. ד̇[28]
33 אֲשֶׁר עָשָֽׂה׃ 33 [a]וַיַּעַל עַל־הַמִּזְבֵּחַ ׀ אֲשֶׁר־עָשָׂה[a] [b]בְּבֵית־אֵל[b] בַּחֲמִשָּׁה
עָשָׂר יוֹם בַּחֹדֶשׁ הַשְּׁמִינִי בַּחֹדֶשׁ[c] אֲשֶׁר־בָּדָא מִלְּבָד[d] וַיַּעַשׂ חָג לִבְנֵי מלבו ק
13 יִשְׂרָאֵל וַיַּעַל עַל־הַמִּזְבֵּחַ לְהַקְטִֽיר׃ פ 13 1 וְהִנֵּה ׀ אִישׁ אֱלֹהִים ה ר״פ בסיפ[1]. ו[2]
בָּא מִיהוּדָה בִּדְבַר יְהוָה אֶל־בֵּית־אֵל וְיָרָבְעָם עֹמֵד עַל־הַמִּזְבֵּחַ יב[3]
2 לְהַקְטִֽיר׃ 2 וַיִּקְרָא עַל־הַמִּזְבֵּחַ בִּדְבַר יְהוָה וַיֹּאמֶר מִזְבֵּחַ מִזְבֵּחַ[a] ל
כֹּה אָמַר יְהוָה הִנֵּה־בֵן נוֹלָד לְבֵית־דָּוִד יֹאשִׁיָּהוּ שְׁמוֹ וְזָבַח עָלֶיךָ ג קמ[4]
אֶת־כֹּהֲנֵי הַבָּמוֹת הַמַּקְטִרִים עָלֶיךָ וְעַצְמוֹת אָדָם יִשְׂרְפוּ[b] עָלֶֽיךָ׃ ד̇[5]. ב
3 3 וְנָתַן בַּיּוֹם הַהוּא מוֹפֵת לֵאמֹר זֶה הַמּוֹפֵת[a] אֲשֶׁר דִּבֶּר יְהוָה הִנֵּה
4 הַמִּזְבֵּחַ נִקְרָע וְנִשְׁפַּךְ הַדֶּשֶׁן אֲשֶׁר־עָלָֽיו׃ 4 וַיְהִי כִשְׁמֹעַ הַמֶּלֶךְ אֶת־ ב זקף קמ
דְּבַר אִישׁ־הָאֱלֹהִים אֲשֶׁר קָרָא עַל־הַמִּזְבֵּחַ בְּבֵית־אֵל וַיִּשְׁלַח
יָרָבְעָם[a] אֶת־יָדוֹ מֵעַל הַמִּזְבֵּחַ לֵאמֹר ׀ תִּפְשֻׂהוּ וַתִּיבַשׁ יָדוֹ אֲשֶׁר ל וחס
5 שָׁלַח עָלָיו וְלֹא יָכֹל לַהֲשִׁיבָהּ אֵלָֽיו׃ 5 וְהַמִּזְבֵּחַ נִקְרָע וַיִּשָּׁפֵךְ הַדֶּשֶׁן ב̇[6]. ג. ב̇[7]. ב זקף קמ
6 מִן־הַמִּזְבֵּחַ כַּמּוֹפֵת אֲשֶׁר נָתַן אִישׁ הָאֱלֹהִים בִּדְבַר יְהוָֽה׃ 6 וַיַּעַן ל
הַמֶּלֶךְ וַיֹּאמֶר ׀ אֶל־אִישׁ הָאֱלֹהִים חַל־נָא אֶת־פְּנֵי יְהוָה אֱלֹהֶיךָ ל
[a]וְהִתְפַּלֵּל בַּעֲדִי[a] וְתָשֹׁב יָדִי אֵלָי וַיְחַל אִישׁ־הָאֱלֹהִים אֶת־פְּנֵי יְהוָה ב̇[8]. ד̇[9]
7 וַתָּשָׁב יַד־הַמֶּלֶךְ אֵלָיו וַתְּהִי כְּבָרִאשֹׁנָה׃ 7 וַיְדַבֵּר הַמֶּלֶךְ אֶל־אִישׁ ה̇[10]

[24]Mp sub loco. [25]Mm 746. [26]Mm 4042. [27]Mm 1017. [28]Mm 1956. **Cp 13** [1]Mm 1868. [2]Mm 1957. [3]Mp sub loco. [4]Mm 1958. [5]Mm 1956. [6]Mm 1959. [7]Mm 1960. [8]Mm 1961. [9]Mm 596. [10]Mm 1962.

30 [a] $\mathfrak{G}^L$ + *τῷ Ισραηλ*, frt recte ‖ [b] ins frt בֵּית־אֵל וְלִפְנֵי האחד cf $\mathfrak{G}^L$ (homtel) ‖ **31** [a] $\mathfrak{G}\mathfrak{V}$ pl ut 13,32 ‖ **32** [a–a] = 33aα, dl? ‖ [b] Ms $\mathfrak{G}$ ut 33 אשר ‖ **33** [a–a] > $\mathfrak{S}^W$, var ad bβ, dl? ‖ [b–b] > $\mathfrak{G}$* ‖ [c] $\mathfrak{G}$ *ἐν τῇ ἑορτῇ* = בֶּחָג ‖ [d] nonn Mss ut Q מִלִּבּוֹ (cf Vrs), sic l ‖ **Cp 13,2** [a] $\mathfrak{S}$ + *šmʿ ptgmh dmrjʾ* = שְׁמַע דְּבַר יְהוָה ‖ [b] l prb c $\mathfrak{G}\mathfrak{S}\mathfrak{V}$ sg ‖ **3** [a] $\mathfrak{G}$ *τὸ ῥῆμα* ‖ **4** [a] > $\mathfrak{G}^L\mathfrak{V}$, dl? ‖ **6** [a–a] > $\mathfrak{G}$*, dl?

8 הָאֱלֹהִ֔ים בֹּ֤אָה אִתִּי֙ הַבַּ֔יְתָה וּסְעָ֕דָה וְאֶתְּנָ֥ה לְךָ֖ מַתָּֽת׃ 8 וַיֹּ֤אמֶר ל̇. יט[11]. ל̇. ל̇
אִישׁ־הָֽאֱלֹהִים֙ אֶל־הַמֶּ֔לֶךְ אִם־תִּתֶּן־לִי֙ אֶת־חֲצִ֣י בֵיתֶ֔ךָ לֹ֥א אָבֹ֖א לד̇[12] פסוק לא ולא ולא ד מנה בסיפ . ה חס
9 עִמָּ֑ךְ וְלֹֽא־אֹ֤כַל לֶ֙חֶם֙ וְלֹ֣א אֶשְׁתֶּה־מַּ֔יִם בַּמָּק֖וֹם הַזֶּֽה׃ 9 כִּי־כֵ֣ן ׀ ל̇
צִוָּ֣ה אֹתִ֗י[a] בִּדְבַ֤ר[b] יְהוָה֙ לֵאמֹ֔ר לֹא־תֹ֥אכַל לֶ֖חֶם וְלֹ֣א תִשְׁתֶּה־מָּ֑יִם לד̇[13] פסוק לא ולא ולא ד מנה בסיפ
10 וְלֹ֣א תָשׁ֔וּב בַּדֶּ֖רֶךְ אֲשֶׁ֥ר הָלָֽכְתָּ׃ 10 וַיֵּ֖לֶךְ בְּדֶ֣רֶךְ אַחֵ֑ר[a] וְלֹא־שָׁ֣ב ל̇. ה̇[13]
בַּדֶּ֗רֶךְ אֲשֶׁ֛ר בָּ֥א בָ֖הּ אֶל־בֵּֽית־אֵֽל׃ פ
11 וְנָבִ֤יא אֶחָד֙[a] זָקֵ֔ן יֹשֵׁ֖ב בְּבֵֽית־אֵ֑ל [b]וַיָּב֣וֹא בְנ֡וֹ וַיְסַפֶּר־[b]לוֹ֩ אֶת־ ז בלשון נביאה . הי[14] מל וכל מגלה דכות ב מ ב
כָּל־הַֽמַּעֲשֶׂ֡ה אֲשֶׁר־עָשָׂ֣ה אִישׁ־הָאֱלֹהִ֩ים ׀ הַיּ֨וֹם בְּבֵֽית־אֵ֜ל [c]אֶת־
12 הַדְּבָרִים֙ אֲשֶׁ֣ר דִּבֶּ֣ר אֶל־הַמֶּ֔לֶךְ וַיְסַפְּר֖וּם לַאֲבִיהֶֽם׃ 12 וַיְדַבֵּ֤ר ב ומל[15]
אֲלֵהֶם֙ אֲבִיהֶ֔ם אֵי־זֶ֥ה הַדֶּ֖רֶךְ הָלָ֑ךְ וַיִּרְא֣וּ[a] בָנָ֗יו אֶת־הַדֶּ֙רֶךְ֙ אֲשֶׁ֣ר כט[16] חס בנביא יג מנה בסיפ . לא
13 הָלַךְ֙ אִ֣ישׁ הָאֱלֹהִ֔ים אֲשֶׁר־בָּ֖א מִיהוּדָֽה׃ 13 וַיֹּ֙אמֶר֙ אֶל־בָּנָ֔יו חִבְשׁוּ־ ל̇
14 לִ֖י הַחֲמ֑וֹר וַיַּחְבְּשׁוּ־ל֣וֹ הַחֲמ֔וֹר וַיִּרְכַּ֖ב עָלָֽיו׃ 14 וַיֵּ֗לֶךְ אַחֲרֵי֙ אִ֣ישׁ ל̇
הָאֱלֹהִ֔ים וַֽיִּמְצָאֵ֔הוּ יֹשֵׁ֖ב תַּ֣חַת הָאֵלָ֑ה וַיֹּ֣אמֶר אֵלָ֗יו הַאַתָּ֛ה אִישׁ־
15 הָאֱלֹהִ֛ים אֲשֶׁר־בָּ֥אתָ מִֽיהוּדָ֖ה וַיֹּ֥אמֶר אָֽנִי׃ 15 וַיֹּ֣אמֶר אֵלָ֔יו לֵ֥ךְ אִתִּ֖י
16 הַבָּ֑יְתָה[a] וֶאֱכֹ֖ל לָֽחֶם׃ 16 וַיֹּ֗אמֶר לֹ֥א אוּכַ֛ל לָשׁ֥וּב אִתָּ֖ךְ [a]וְלָב֣וֹא אִתָּ֑ךְ[a] יט[11] . לד̇[12] פסוק לא ולא ולא ד מנה בסיפ . ד קמ וכל יחזק נקיבה אתנח וס״פ דכות[17] . ד[18]
17 וְלֹֽא־אֹ֤כַל לֶ֙חֶם֙ וְלֹֽא־אֶשְׁתֶּ֤ה אִתְּךָ֙[b] מַ֔יִם בַּמָּק֖וֹם הַזֶּֽה׃ 17 כִּֽי־[a]דָבָ֣ר
אֵלַי֙ בִּדְבַ֣ר[a] יְהוָ֔ה לֹֽא־תֹאכַ֣ל לֶ֔חֶם וְלֹא־תִשְׁתֶּ֥ה שָׁ֖ם מָ֑יִם לֹא־[b]תָשׁ֣וּב יז מ״פ לא ולא לא[19]
18 לָלֶ֔כֶת[c] בַּדֶּ֖רֶךְ אֲשֶׁר־הָלַ֥כְתָּ בָּֽהּ׃ 18 וַיֹּ֣אמֶר ל֗וֹ גַּם־אֲנִ֣י נָבִיא֮ כָּמוֹךָ֒
וּמַלְאָ֗ךְ דִּבֶּ֨ר אֵלַ֜י בִּדְבַ֤ר יְהוָה֙ לֵאמֹ֔ר הֲשִׁבֵ֤הוּ אִתְּךָ֙ אֶל־בֵּיתֶ֔ךָ וְיֹ֥אכַל ל חס . ה
19 לֶ֖חֶם וְיֵ֣שְׁתְּ מָ֑יִם כִּחֵ֖שׁ[a] לֽוֹ׃ 19 [a]וַיָּ֣שָׁב אִתּ֔וֹ[a] וַיֹּ֥אכַל לֶ֛חֶם בְּבֵית֖וֹ וַיֵּ֥שְׁתְּ ב
20 מָֽיִם׃ 20 וַֽיְהִ֔י הֵ֥ם יֹשְׁבִ֖ים אֶל־[a]הַשֻּׁלְחָ֑ן פ וַֽיְהִי֙ דְּבַר־יְהוָ֔ה
21 אֶל־הַנָּבִ֖יא אֲשֶׁ֥ר הֱשִׁיבֽוֹ׃ 21 וַיִּקְרָ֞א אֶל־אִ֣ישׁ הָאֱלֹהִ֗ים אֲשֶׁר־בָּ֤א ג בעינ[20]
מִֽיהוּדָה֙ לֵאמֹ֔ר כֹּ֖ה אָמַ֣ר יְהוָ֑ה יַ֗עַן כִּ֤י מָרִ֙יתָ֙ פִּ֣י יְהוָ֔ה וְלֹ֤א שָׁמַ֙רְתָּ֙ ב חס את[21] . ב
22 אֶת־הַמִּצְוָ֔ה אֲשֶׁ֥ר צִוְּךָ֖ יְהוָ֥ה אֱלֹהֶֽיךָ׃ 22 וַתָּ֗שָׁב וַתֹּ֤אכַל לֶ֙חֶם֙ וַתֵּ֣שְׁתְּ

[11]Mm 1557. [12]Mm 771. [13]Mm 2093. [14]Mm 1552. [15]Mm 2586. [16]Mm 1954. [17]Mm 172. [18]Mm 1224. [19]Mm 1613. [20]Mp sub loco. [21]Mm 991.

9 [a–a] prp צִוֵּיתִי cf 𝔊^{Mss}𝔙 ‖ [b] 𝔊𝔖 leg בַּדָּבָר ‖ **10** [a] l אַחֶרֶת (vel postea בּוֹ) ‖ **11** [a] 𝔊^{L} *ἄλλος* = אַחֵר ‖ [b–b] l c 2 Mss 𝔊𝔖𝔙^{Mss} וַיָּבֹאוּ בָנָיו ־רוּ ‖ [c] l c 2 Mss 𝔊$^{-BA}$𝔖𝔙 וְאֵת ‖ **12** [a] l וַיַּרְאֻהוּ cf Vrs ‖ **15** [a] > 𝔊* ‖ **16** [a–a] > 2 Mss 𝔊*, dl? ‖ [b] > 𝔊𝔙, dl? ‖ **17** [a–a] Ms 𝔊 כֵּן צִוָּה אוֹתִי בַּדָּבָר, Ms 𝔙 דִּבֶּר יְהוָה אֵלַי ב׳ ‖ [b] l c mlt Mss Vrs וְלֹא ‖ [c] > 𝔊𝔖𝔙 ‖ **18** [a] 𝔊𝔖 pr cop ‖ **19** [a–a] 𝔊*𝔙 leg וַיָּשֶׁב אֹתוֹ ‖ **20** [a] = עַל, sic mlt Mss.

מַ֔יִם בַּמָּקוֹם֙ᵃ אֲשֶׁ֨ר דִּבֶּ֤ר אֵלֶ֙יךָ֙ אַל־תֹּ֣אכַל לֶ֔חֶם וְאַל־תֵּ֖שְׁתְּ מָ֑יִם לֹֽא־
23 תָב֥וֹא נִבְלָתְךָ֖ אֶל־קֶ֥בֶר אֲבֹתֶֽיךָ׃ 23 וַיְהִ֗י אַחֲרֵ֛י אָכְל֥וֹ לֶ֖חֶםᵃ וְאַחֲרֵ֣י
24 שְׁתוֹת֑וֹᵇ וַֽיַּחֲבָשׁᶜ־ל֣וֹ הַחֲמ֔וֹרᵈ לַנָּבִ֖יא אֲשֶׁ֥ר הֱשִׁיבֽוֹᵈ׃ 24 וַיֵּ֕לֶךְ וַיִּמְצָאֵ֧הוּ ל. ב. ג בעינ. ד בטע[22]
אַרְיֵ֛ה בַּדֶּ֖רֶךְ וַיְמִיתֵ֑הוּ וַתְּהִ֤י נִבְלָתוֹ֙ מֻשְׁלֶ֣כֶת בַּדֶּ֔רֶךְ וְהַחֲמוֹר֙ עֹמֵ֣ד ח מל[23]. ד ג[24] מנה בעינ. ג מטע בעינ[25]
25 אֶצְלָ֔הּ וְהָ֣אַרְיֵ֔ה עֹמֵ֖ד אֵ֥צֶל הַנְּבֵלָֽה׃ 25 וְהִנֵּ֨ה אֲנָשִׁ֜ים עֹבְרִ֗ים ה ר״פ בסיפ[26]. ב
וַיִּרְא֤וּ אֶת־הַנְּבֵלָה֙ מֻשְׁלֶ֣כֶת בַּדֶּ֔רֶךְ וְאֶת־הָ֣אַרְיֵ֔ה עֹמֵ֖ד אֵ֣צֶל הַנְּבֵלָ֑ה ד ג[24] מנה בעינ. ג מטע בעינ[25]
26 וַיָּבֹ֙אוּ֙ וַיְדַבְּר֣וּ בָעִ֔יר אֲשֶׁ֛ר הַנָּבִ֥יא הַזָּקֵ֖ן יֹשֵׁ֥ב בָּֽהּ׃ 26 וַיִּשְׁמַ֣ע הַנָּבִ֗יא ב
אֲשֶׁ֣ר הֱשִׁיב֣וֹ מִן־הַדֶּ֘רֶךְ֒ וַיֹּ֗אמֶר אִ֤ישׁ הָאֱלֹהִים֙ ה֔וּא אֲשֶׁ֥ר מָרָ֖ה אֶת־פִּ֣י ג בעינ
יְהוָ֑ה וַיִּתְּנֵ֨הוּᵃ יְהוָ֜ה לָאַרְיֵ֗ה וַֽיִּשְׁבְּרֵ֙הוּ֙ וַיְמִתֵ֔הוּ כִּדְבַ֥ר יְהוָ֖ה אֲשֶׁ֥ר דִּבֶּר־ ל. ב. ל[27]
27 לֽוֹ׃ 27 וַיְדַבֵּ֣ר אֶל־בָּנָ֔יו לֵאמֹ֕ר חִבְשׁוּ־לִ֖י אֶת־הַחֲמ֑וֹר וַֽיַּחֲבֹֽשׁוּᵃ׃
28 וַיֵּ֗לֶךְ וַיִּמְצָ֤א אֶת־נִבְלָתוֹ֙ מֻשְׁלֶ֣כֶת בַּדֶּ֔רֶךְ וַחֲמוֹרᵃ֙ וְהָ֣אַרְיֵ֔ה עֹמְדִ֖ים יט פסוק בסיפ את את את. ד ג[24] מנה בעינ. ג מטע בעינ[25]
אֵ֣צֶל הַנְּבֵלָ֑ה לֹֽאᵇ־אָכַ֤ל הָאַרְיֵה֙ אֶת־הַנְּבֵלָ֔ה וְלֹ֥א שָׁבַ֖ר אֶת־הַחֲמֽוֹר׃
29 29 וַיִּשָּׂ֨א הַנָּבִ֜יא אֶת־נִבְלַ֨ת אִישׁ־הָאֱלֹהִ֧ים וַיַּנִּחֵ֛הוּ אֶֽלᵃ־הַחֲמ֖וֹר וַיְשִׁיבֵ֑הוּ ב חס[28]. ב ומל
וַיָּבֹ֗אᵇ אֶל־עִירᶜ ᵈהַנָּבִ֣יא ᵉהַזָּקֵ֔ןᵈ לִסְפֹּ֖דᶠ ᵉוּלְקָבְרֽוֹ׃ 30 ᵃוַיַּנַּ֥ח אֶת־ ס ב[30] ב. ל. ז[29]
31 נִבְלָת֖וֹᵃ בְּקִבְר֑וֹ וַיִּסְפְּד֥וּ עָלָ֖יו ה֥וֹי אָחִֽי׃ 31 וַיְהִ֞י אַחֲרֵ֣י ᵃקָבְר֣וֹ אֹת֗וֹᵃ ב[31]. ל
וַיֹּ֣אמֶר אֶל־בָּנָיו֮ לֵאמֹר֒ בְּמוֹתִי֙ וּקְבַרְתֶּ֣ם אֹתִ֔י בַּקֶּ֕בֶרᵇ אֲשֶׁ֛ר אִ֥ישׁ ג[32]
32 הָאֱלֹהִ֖ים קָב֣וּר בּ֑וֹ אֵ֚צֶל עַצְמֹתָ֔יו הַנִּ֖יחוּ ᶜאֶת־עַצְמֹתָֽיᶜ׃ 32 כִּ֣י הָיֹ֨ה ב חס[33]. ה חס בליש[34] ב כת ה
יִהְיֶ֜ה הַדָּבָ֗ר אֲשֶׁ֨ר קָרָ֜א בִּדְבַ֤ר יְהוָה֙ עַל־הַמִּזְבֵּ֣חַ אֲשֶׁ֣ר בְּבֵֽית־אֵ֔ל
33 וְעַל֙ כָּל־ᵃבָּתֵּ֣י הַבָּמ֔וֹת אֲשֶׁ֖ר בְּעָרֵ֥יᵇ שֹׁמְרֽוֹן׃ פ 33 ᵃאַחַר֙ ל
הַדָּבָ֣ר הַזֶּ֔ה לֹֽא־שָׁ֥ב יָרָבְעָ֖ם מִדַּרְכּ֣וֹ הָרָעָ֑ה וַ֠יָּשָׁב וַיַּ֨עַשׂ מִקְצ֤וֹת
34 הָעָם֙ כֹּהֲנֵ֣י בָמ֔וֹת הֶחָפֵץ֙ ᵇיְמַלֵּ֣א אֶת־יָד֔וֹᵇ וִיהִ֖י כֹּהֲנֵ֥יᶜ בָמֽוֹת׃ 34 וַיְהִי֙ ג. ג[35]. ז[36]. לב. ג
בַּדָּבָ֣רᵃ הַזֶּ֔ה לְחַטַּ֖את בֵּ֣ית יָרָבְעָ֑ם וּֽלְהַכְחִיד֙ וּלְהַשְׁמִ֔יד מֵעַ֖ל פְּנֵ֥י ח. ו. ז[37]
הָאֲדָמָֽה׃ פ

[22] Mm 2140. [23] Mm 2137. [24] Mm 1963 א. [25] Mm 1963 ב. [26] Mm 1868. [27] Mm 1549. [28] Mm 1964. [29] Mm 2011. [30] Mp sub loco. [31] Mm 1965. [32] Mm 1966. [33] Mm 3545. [34] Mm 3723. [35] Mm 1967. [36] Mm 706. [37] Mm 1209.

22 a Ms 𝔊 + הַזֶּה ‖ **23** a > 𝔙 ‖ b Ms 𝔊𝔖 + מָיִם ‖ c Ms 𝔖 וַיַּחְבְּשׁוּ ‖ d–d l frt וַיָּשָׁב cf 𝔊* ‖ **26/27** a–a > 𝔊*, add? ‖ **28** a l c nonn Mss 𝔊𝔖𝔗 וְהַח׳ ‖ b pc Mss 𝔊 וְלֹא ‖ **29** a = עַל, sic nonn Mss Vrs ‖ b > 𝔊*, frt dl ‖ c frt l הָעִיר cf 𝔊 ‖ d–d frt dl ‖ e–e > 𝔊* ‖ f Ms 𝔖𝔗𝔙 + לוֹ, frt ins ‖ **30** a–a > 𝔊* ‖ **31** a–a 𝔊(𝔙) *τὸ κόψασθαι αὐτόν* = סָפְדוּ לוֹ ‖ b 𝔊* + *τούτῳ* ‖ c–c 𝔊 *με, ἵνα σωθῶσι τὰ ὀστᾶ μου μετὰ τῶν ὀστῶν αὐτοῦ* cf 2 R 23,18 ‖ **32** a > 𝔊* ‖ b 𝔊 om ערי ‖ **33** a 𝔊𝔖 pr cop ‖ b–b 𝔖 *qrb qwrbn'* offerebat munus cf 𝔗 ‖ c l c 𝔊𝔖𝔙 sg ‖ **34** a prb l c pc Mss 𝔊𝔖𝔗 הַדּ׳.

14 1 בָּעֵת הַהִיא חָלָה אֲבִיָּה[a] בֶן־יָרָבְעָם׃ 2 וַיֹּאמֶר יָרָבְעָם — ב̇ בנביא
לְאִשְׁתּוֹ קוּמִי נָא וְהִשְׁתַּנִּית וְלֹא יֵדְעוּ כִּי־אַתְּי[a] אֵשֶׁת יָרָבְעָם וְהָלַכְתְּ — ג̇. ל̇. יב̇[1]. את חד מן ז̇[2] כת כן ק̇
שִׁלֹה הִנֵּה־[b]שָׁם אֲחִיָּה הַנָּבִיא הוּא־דִבֶּר עָלַי לְמֶלֶךְ[c] עַל־הָעָם הַזֶּה׃ — ב̇[3]. ג̇. כט. וכל משיחה מצרים אשור ישראל דכות[4]. ח̇ וכל עזרא דכות[5]
3 וְלָקַחַתְּ בְּיָדֵךְ [a]עֲשָׂרָה לֶחֶם וְנִקֻּדִים[a] וּבַקְבֻּק דְּבַשׁ וּבָאת אֵלָיו — ל̇ וחס. ל̇ וחס. ה̇[6]
4 הוּא[b] יַגִּיד לָךְ מַה־יִּהְיֶה לַנָּעַר׃ 4 וַתַּעַשׂ כֵּן אֵשֶׁת יָרָבְעָם וַתָּקָם[a]
וַתֵּלֶךְ שִׁלֹה וַתָּבֹא בֵּית אֲחִיָּה [b]וַאֲחִיָּהוּ לֹא־יָכֹל לִרְאוֹת[b] כִּי קָמוּ — ה̇[7]. ד̇
5 עֵינָיו מִשֵּׂיבוֹ׃ ס 5 וַיהוָה אָמַר אֶל־אֲחִיָּהוּ הִנֵּה אֵשֶׁת יָרָבְעָם — ה̇[7]
בָּאָה לִדְרֹשׁ דָּבָר מֵעִמְּךָ אֶל[a]־בְּנָהּ כִּי־חֹלֶה הוּא כָּזֹה וְכָזֶה תְּדַבֵּר — ח̇[8]. ג̇[9]
6 אֵלֶיהָ וִיהִי[b] כְבֹאָהּ וְהִיא מִתְנַכֵּרָה׃ 6 וַיְהִי כִשְׁמֹעַ אֲחִיָּהוּ אֶת־ — ל̇ב. ב̇. ה̇[7]
קוֹל [a]רַגְלֶיהָ בָּאָה[a] בַפֶּתַח וַיֹּאמֶר בֹּאִי אֵשֶׁת יָרָבְעָם לָמָּה זֶּה אַתְּ
7 מִתְנַכֵּרָה וְאָנֹכִי שָׁלוּחַ אֵלַיִךְ קָשָׁה[b]׃ 7 לְכִי אִמְרִי לְיָרָבְעָם כֹּה־ — ב̇. ד̇[10]. כט. כד
אָמַר יְהוָה אֱלֹהֵי יִשְׂרָאֵל יַעַן אֲשֶׁר הֲרִימֹתִיךָ מִתּוֹךְ הָעָם וָאֶתֶּנְךָ — ב̇
8 נָגִיד עַל עַמִּי יִשְׂרָאֵל׃ 8 וָאֶקְרַע אֶת־הַמַּמְלָכָה מִבֵּית דָּוִד וָאֶתְּנֶהָ — ל̇ קמ
לָךְ וְלֹא־הָיִיתָ כְּעַבְדִּי דָוִד אֲשֶׁר שָׁמַר מִצְוֹתַי וַאֲשֶׁר־הָלַךְ אַחֲרַי — ל̇. ה̇. ל̇
9 בְּכָל־לְבָבוֹ לַעֲשׂוֹת רַק[a] הַיָּשָׁר בְּעֵינָי׃ 9 וַתָּרַע לַעֲשׂוֹת מִכֹּל אֲשֶׁר־ — ל̇ קמ
הָיוּ לְפָנֶיךָ וַתֵּלֶךְ וַתַּעֲשֶׂה־לְּךָ אֱלֹהִים אֲחֵרִים וּמַסֵּכוֹת לְהַכְעִיסֵנִי — ד̇[11]. ו̇ כת כן[12]
10 וְאֹתִי הִשְׁלַכְתָּ אַחֲרֵי גַוֶּךָ׃ ס 10 לָכֵן הִנְנִי מֵבִיא רָעָה אֶל[a]־בֵּית — ד̇[12]. יא[13]
יָרָבְעָם וְהִכְרַתִּי לְיָרָבְעָם מַשְׁתִּין בְּקִיר עָצוּר[b] וְעָזוּב בְּיִשְׂרָאֵל — ח̇. ב̇[14]
11 וּבִעַרְתִּי אַחֲרֵי בֵית־יָרָבְעָם כַּאֲשֶׁר יְבַעֵר הַגָּלָל עַד־תֻּמּוֹ׃ 11 הַמֵּת — ל̇
לְיָרָבְעָם בָּעִיר יֹאכְלוּ הַכְּלָבִים וְהַמֵּת בַּשָּׂדֶה יֹאכְלוּ עוֹף הַשָּׁמָיִם
12 כִּי יְהוָה דִּבֵּר׃ 12 וְאַתְּ קוּמִי לְכִי לְבֵיתֵךְ בְּבֹאָה[a] רַגְלַיִךְ הָעִירָה — ב̇. ט̇[15]
13 וּמֵת הַיָּלֶד׃ 13 וְסָפְדוּ־לוֹ כָל־יִשְׂרָאֵל[a] וְקָבְרוּ אֹתוֹ כִּי־זֶה לְבַדּוֹ יָבֹא
לְיָרָבְעָם אֶל־קָבֶר יַעַן נִמְצָא־בוֹ דָּבָר טוֹב אֶל־יְהוָה אֱלֹהֵי יִשְׂרָאֵל

Cp 14 [1]Mm 801. [2]Mm 2081. [3]Mm 1792. [4]Mm 958. [5]Mm 1968. [6]Mm 2052. [7]Mm 4178. [8]Mm 1635. [9]Mm 1760. [10]Mm 1969. [11]Mm 1970. [12]Mp sub loco. [13]Mm 324. [14]Mm 1971. [15]Mm 1972.

Cp 14,1 [a] 𝔊* om 1–20 (sed cf 𝔊* 12,24g–n) ‖ **2** [a] K אַתִּי, nonn Mss ut Q אַתְּ ‖ [b] nonn Mss 𝔊^{O}𝔗 וְה׳ ‖ [c] 1 לְמֶלֶךְ cf 𝔊^{O}𝔖𝔗𝔙 ‖ **3** [a–a] 𝔊^{O} alit ‖ [b] mlt Mss 𝔖 וְהוּא ‖ **4** [a] 12,24k 𝔊* + *ἐκ Σαριρα* = מִצְּרֵדָה ‖ [b–b] 𝔊^{O} *καὶ ὁ ἄνθρωπος πρεσβύτερος τοῦ ἰδεῖν* = וְהָאִישׁ זָקֵן מֵר׳ ‖ **5** [a] = עַל ‖ [b] 𝔊^{O}(𝔗𝔙) *καὶ ἐγένετο* = וַיְהִי ‖ **6** [a–a] prp רַגְלֵי הַבָּאָה ‖ [b] 𝔊^{O}𝔙 leg קָשֶׁה ‖ **8** [a] > pc Mss 𝔖𝔙 ‖ **10** [a] = עַל, sic pc Mss ‖ [b] mlt Mss 𝔖𝔗^{Mss} וְע׳ ‖ **12** [a] = בְּבוֹא ‖ **13** [a] 𝔊* 12,24 m + *οὐαὶ κύριε.*

14 בְּבֵית יָרָבְעָם׃ 14 וְהֵקִים יְהוָה לוֹ מֶלֶךְ עַל־יִשְׂרָאֵל אֲשֶׁר יַכְרִית — ל
15 אֶת־בֵּית יָרָבְעָם ᵃזֶה הַיּוֹם וּמֶה גַּם־עָתָּה׃ᵃ 15 וְהִכָּה יְהוָה אֶת־ — כד[16]. ל. ל. יו פסוק את את את את
יִשְׂרָאֵלᵃ כַּאֲשֶׁר יָנוּד הַקָּנֶה בַּמַּיִם וְנָתַשׁ אֶת־יִשְׂרָאֵל מֵעַל הָאֲדָמָה — ג
הַטּוֹבָה הַזֹּאת אֲשֶׁר נָתַן לַאֲבוֹתֵיהֶם וְזֵרָם מֵעֵבֶר לַנָּהָר יַעַן אֲשֶׁר — ד מל בנביא. ל
16 עָשׂוּ אֶת־אֲשֵׁרֵיהֶם מַכְעִיסִים אֶת־יְהוָה׃ 16 וְיִתֵּן אֶת־יִשְׂרָאֵל בִּגְלַל — ז בליש בנביא. ל מל[17]. יג[18]
17 חַטֹּאות יָרָבְעָם אֲשֶׁר חָטָא וַאֲשֶׁר הֶחֱטִיא אֶת־יִשְׂרָאֵל׃ 17 וַתָּקָם — ה חס בן נבט. ב
אֵשֶׁת יָרָבְעָם וַתֵּלֶךְ וַתָּבֹא תִרְצָתָהᵃ הִיא בָּאָה בְסַף־הַבַּיִת וְהַנַּעַר — ל. ל
18 מֵת׃ 18 וַיִּקְבְּרוּ אֹתוֹ וַיִּסְפְּדוּ־לוֹ כָּל־יִשְׂרָאֵל כִּדְבַר יְהוָה אֲשֶׁר דִּבֶּר — ב פסוק דמטע בעינ[19]
19 בְּיַד־עַבְדּוֹ אֲחִיָּהוּ הַנָּבִיא׃ 19 וְיֶתֶר דִּבְרֵי יָרָבְעָם אֲשֶׁר נִלְחַם — ה[20]. יב[21]
וַאֲשֶׁר מָלָךְ הִנָּם כְּתוּבִים עַל־סֵפֶר דִּבְרֵי הַיָּמִים לְמַלְכֵי יִשְׂרָאֵל׃ — ל. ה בנביא
20 וְהַיָּמִים אֲשֶׁר מָלַךְ יָרָבְעָם עֶשְׂרִים וּשְׁתַּיִם שָׁנָה וַיִּשְׁכַּב עִם־אֲבֹתָיו
וַיִּמְלֹךְ נָדָב בְּנוֹ תַּחְתָּיו׃ פ
21 וּרְחַבְעָםᵃ בֶּן־שְׁלֹמֹה מָלַךְ בִּיהוּדָהᵇ בֶּןᶜ־אַרְבָּעִים וְאַחַתᶜ
שָׁנָה רְחַבְעָם בְּמָלְכוֹ וּשְׁבַעᵈ עֶשְׂרֵהᵈ שָׁנָה ׀ מָלַךְ בִּירוּשָׁלַםִ הָעִיר
אֲשֶׁר־בָּחַר יְהוָה לָשׂוּם אֶת־שְׁמוֹ שָׁם מִכֹּל שִׁבְטֵי יִשְׂרָאֵל וְשֵׁם אִמּוֹ — ג
22 נַעֲמָהᵉ הָעַמֹּנִית׃ 22 וַיַּעַשׂ יְהוּדָהᵃ הָרַע בְּעֵינֵי יְהוָה וַיְקַנְאוּᵇ אֹתוֹ — ב
23 מִכֹּל אֲשֶׁר עָשׂוּ אֲבֹתָםᶜ בְּחַטֹּאתָם אֲשֶׁר חָטָאוּ׃ 23 וַיִּבְנוּ גַם־הֵמָּהᵃ — ה[22] חס ג[23] מנה בנביא וכל תורה דכות ב מ ב. ג[24]. ב[25]
לָהֶם בָּמוֹת וּמַצֵּבוֹת וַאֲשֵׁרִים עַל כָּל־גִּבְעָה גְבֹהָה וְתַחַת כָּל־עֵץ
24 רַעֲנָן׃ 24 וְגַם־קָדֵשׁᵃ הָיָה בָאָרֶץ עָשׂוּ כְּכֹלᵇ הַתּוֹעֲבֹתᶜ הַגּוֹיִם אֲשֶׁר — ב. ל
25 הוֹרִישׁ יְהוָה מִפְּנֵי בְּנֵי יִשְׂרָאֵל׃ פ 25 וַיְהִי בַּשָּׁנָה הַחֲמִישִׁית — כ בטע ר״פ[26]. ה ג מל וב חס[27]
26 לַמֶּלֶךְᵃ רְחַבְעָם עָלָה שׁוּשַׁקᵇ מֶלֶךְ־מִצְרַיִם עַל־יְרוּשָׁלָםִ׃ 26 וַיִּקַּח — שישק ק
אֶתᵃ־אֹצְרוֹת בֵּית־יְהוָה וְאֶת־אוֹצְרוֹתᵇ בֵּית הַמֶּלֶךְᶜ וְאֶתᵈ־הַכֹּל לָקָחᶜ — יח פסוק את ואת ואת את. יא מל[28]. ל

[16] Mm 592. [17] Mm 1401. [18] Mm 157. [19] Mp sub loco. [20] Mm 4178. [21] Mm 1748. [22] Mm 3967. [23] Mm 1973. [24] Mm 1974. [25] Mm 1975. [26] Mm 1017. [27] Mm 1976. [28] Mm 1977.

14 ᵃ⁻ᵃ dub ‖ **15** ᵃ prb ins וְהִתְנוֹדְדוּ ‖ **17** ᵃ 𝔊 *εἰς τὴν Σαριρα* cf 4ᵃ ‖ **21** ᵃ 21.22 cf 𝔊* 12,24a ‖ ᵇ $𝔊^L$ + *καὶ Βενιαμιν* ‖ ᶜ⁻ᶜ 12,24a 𝔊* 16 ‖ ᵈ⁻ᵈ 12,24a $𝔊^B$ 12 ‖ ᵉ $𝔊^B$ *Μααχαμ* cf 15,2.10 ‖ **22** ᵃ > 𝔊* 12,24a et 2 Ch 12,14; 𝔊* hic *Ροβοαμ* = רְחַבְעָם ‖ ᵇ $𝔊^{-A}$ sg ‖ ᶜ $𝔊^{-B}$ suff sg ‖ **23** ᵃ⁻ᵃ > 𝔊* ‖ **24** ᵃ 𝔊 *σύνδεσμος* = קֶשֶׁר ‖ ᵇ 𝔊 *ἀπὸ πάντων* = מִכֹּל ‖ ᶜ pc Mss 𝔗 om ה, dl ‖ **25** ᵃ 𝔊𝔙 leg לְמֶלֶךְ ‖ ᵇ mlt Mss 𝔖𝔗𝔙 ut Q שִׁישַׁק; 1 c K שׁוּשַׁק cf 𝔊 (aeg *šošenq*) ‖ **26** ᵃ 𝔊* + *πάντας* ‖ ᵇ 𝔊 + nonn vb (cf 2 S 8,7) ‖ ᶜ⁻ᶜ > 𝔖 ‖ ᵈ 1 c Ms 𝔊 et 2 Ch 12,9 את.

27 [e]וַיִּקַּ֗ח אֶת־כָּל־מָגִנֵּ֣י הַזָּהָ֔ב אֲשֶׁ֥ר עָשָׂ֖ה שְׁלֹמֹֽה׃[e][f] 27 וַיַּ֨עַשׂ הַמֶּ֤לֶךְ
רְחַבְעָם֙ תַּחְתָּ֔ם מָגִנֵּ֖י נְחֹ֑שֶׁת וְהִפְקִ֗יד עַל־יַד֙ שָׂרֵ֣י הָרָצִ֔ים הַשֹּׁמְרִ֖ים
28 פֶּ֥תַח בֵּ֥ית הַמֶּֽלֶךְ[a]׃ 28 וַיְהִ֛י מִדֵּי־בֹ֥א הַמֶּ֖לֶךְ בֵּ֣ית יְהוָ֑ה יִשָּׂא֙וּם הָֽרָצִ֔ים כ̇ בטע ר״פ[29]
29 וֶהֱשִׁיב֖וּם אֶל־תָּ֥א הָרָצִֽים׃ 29 וְיֶ֛תֶר דִּבְרֵ֥י רְחַבְעָ֖ם וְכָל־אֲשֶׁ֣ר ב̇ חד מל וחד חס[30] י̇ג̇ בטע ר״פ בסיפ[31]
עָשָׂ֑ה הֲלֹא־הֵ֣מָּה כְתוּבִ֗ים עַל־סֵ֛פֶר דִּבְרֵ֥י הַיָּמִ֖ים לְמַלְכֵ֥י יְהוּדָֽה׃ ד̇[32]
30 וּמִלְחָמָ֛ה הָיְתָ֥ה בֵין־רְחַבְעָ֖ם וּבֵ֣ין יָרָבְעָ֑ם כָּל־הַיָּמִֽים׃ 31 וַיִּשְׁכַּ֨ב ה̇ בטע
רְחַבְעָ֜ם עִם־אֲבֹתָ֗יו [a]וַיִּקָּבֵ֤ר עִם־אֲבֹתָיו֙[a] בְּעִ֣יר דָּוִ֔ד [b]וְשֵׁ֣ם אִמּ֔וֹ נַעֲמָ֖ה
הָעַמֹּנִ֑ית[b] וַיִּמְלֹ֛ךְ אֲבִיָּ֥ם[c] בְּנ֖וֹ תַּחְתָּֽיו׃ פ

15 1 וּבִשְׁנַת֙ שְׁמֹנֶ֣ה עֶשְׂרֵ֔ה לַמֶּ֖לֶךְ[a] יָרָבְעָ֣ם בֶּן־נְבָ֑ט מָלַ֥ךְ אֲבִיָּ֖ם[b] י̇ט̇ מנה ר״פ[1]
2 עַל־יְהוּדָֽה׃ 2 שָׁלֹ֣שׁ[a] שָׁנִ֔ים מָלַ֖ךְ בִּירוּשָׁלִָ֑ם וְשֵׁם֙ אִמּ֔וֹ מַעֲכָ֖ה בַּת־
3 אֲבִישָׁלֽוֹם[b]׃ 3 וַיֵּ֗לֶךְ בְּכָל[a]־חַטֹּ֤אות אָבִיו֙ אֲשֶׁר־עָשָׂ֣ה לְפָנָ֑יו וְלֹא־הָיָ֨ה ב̇. ד̇ בטע[2]. ח̇[3]. כה
4 לְבָב֤וֹ שָׁלֵם֙ עִם־יְהוָ֣ה אֱלֹהָ֔יו כִּלְבַ֖ב דָּוִ֥ד אָבִֽיו׃ 4 כִּ֚י לְמַ֣עַן דָּוִ֔ד נָתַן֩
יְהוָ֨ה אֱלֹהָ֥יו[a] ל֛וֹ נִ֖יר בִּירוּשָׁלִָ֑ם[b] לְהָקִ֤ים אֶת־בְּנוֹ֙[c] אַחֲרָ֔יו וּֽלְהַעֲמִ֖יד ח̇[4]. ב̇[5]
5 אֶת־יְרוּשָׁלִָֽם׃ 5 אֲשֶׁ֨ר עָשָׂ֥ה דָוִ֛ד אֶת־הַיָּשָׁ֖ר בְּעֵינֵ֣י יְהוָ֑ה וְלֹא־סָ֞ר ב̇[6]. ד̇[7]
6 מִכֹּ֣ל אֲשֶׁר־צִוָּ֗הוּ כֹּ֚ל יְמֵ֣י חַיָּ֔יו [a]רַ֕ק בִּדְבַ֖ר אוּרִיָּ֥ה הַחִתִּֽי׃ 6 [a]וּמִלְחָמָ֛ה ל̇[8]
7 הָיְתָ֥ה בֵין־רְחַבְעָ֖ם[b] וּבֵ֣ין יָרָבְעָ֑ם כָּל־יְמֵ֖י חַיָּֽיו׃ 7 וְיֶ֨תֶר דִּבְרֵ֤י ה̇ בטע בסיפ[9]
אֲבִיָּם֙ וְכָל־אֲשֶׁ֣ר עָשָׂ֔ה הֲלוֹא־הֵ֣ם כְּתוּבִ֗ים עַל־סֵ֛פֶר דִּבְרֵ֥י הַיָּמִ֖ים י̇ז̇ מל בסיפ
8 לְמַלְכֵ֣י יְהוּדָ֑ה וּמִלְחָמָ֥ה הָיְתָ֛ה בֵּ֥ין אֲבִיָּ֖ם וּבֵ֥ין יָרָבְעָֽם׃ 8 וַיִּשְׁכַּ֨ב
אֲבִיָּם֙ עִם־אֲבֹתָ֔יו[a] וַיִּקְבְּר֥וּ אֹת֖וֹ בְּעִ֣יר דָּוִ֑ד וַיִּמְלֹ֛ךְ אָסָ֥א בְנ֖וֹ
תַּחְתָּֽיו׃ פ
ס̇ ג̇[6] 9 וּבִשְׁנַת֙ עֶשְׂרִ֔ים[a] לְיָרָבְעָ֖ם מֶ֣לֶךְ יִשְׂרָאֵ֑ל מָלַ֛ךְ אָסָ֖א מֶ֥לֶךְ[b] י̇ט̇ מנה ר״פ[1]
10 יְהוּדָֽה׃ 10 וְאַרְבָּעִ֤ים וְאַחַת֙ שָׁנָ֔ה מָלַ֖ךְ בִּירוּשָׁלִָ֑ם וְשֵׁם֙ אִמּ֔וֹ מַעֲכָ֖ה[a]
11 בַּת־אֲבִישָׁלֽוֹם׃ 11 וַיַּ֨עַשׂ אָסָ֥א הַיָּשָׁ֛ר בְּעֵינֵ֥י יְהוָ֖ה כְּדָוִ֥ד אָבִֽיו׃ ב̇

[29]Mm 1017. [30]Mm 2128. [31]Mm 1985. [32]Mm 1120. **Cp 15** [1]Mm 3789. [2]Mm 2140. [3]Mm 2851. [4]Mm 2469. [5]Mm 3922. [6]Mp sub loco. [7]Mm 1978. [8]Mm 1623. [9]Mm 2178.

26 [e–e] 𝔊* *ὅπλα τὰ χρυσᾶ* ‖ [f] 𝔊[min] + *καὶ ἀπήνεγκεν αὐτὰ εἰς Αἴγυπτον* ‖ **27** [a] 𝔊[L] *κυρίου* ‖ **31** [a–a] > 𝔖𝔄 et 2 Ch 12,16 ‖ [b–b] > 𝔊*𝔖 et 2 Ch, add ex 21 ‖ [c] pc Mss 𝔊𝔖𝔗[f Ms] אביה ‖ **Cp 15,1** [a] ut 14,25[a] ‖ [b] cf 14,31[c]; 𝔊 + *υἱὸς Ροβοαμ* ‖ **2** [a] 𝔊* 6, 𝔊[A min] 16; Ms 𝔊𝔗[Ms] pr cop ‖ [b] 2 Ch 11,20 אַבְשׁ׳ (13,2 alit) ‖ **3** [a] 𝔊* om כל ut 26.34 16,19.26 ‖ **4** [a] > Ms 𝔊* ‖ [b] > 𝔊* ‖ [c] 𝔊 pl, l prb בָּנָיו ‖ **5** [a–a] > 𝔊* ‖ **6** [a] v 6 > 𝔊*, add ex 14,30 ‖ [b] nonn Mss אֲבִיָּם ‖ **8** [a] 𝔊* + *ἐν τῷ εἰκοστῷ καὶ τετάρτῳ ἔτει τοῦ Ιεροβοαμ* cf 9 ‖ **9** [a] 𝔊* 24 cf 8[a] ‖ [b] prb l c mlt Mss Edd 𝔊𝔗[f Mss] עַל־ ‖ **10** [a] dub cf 2; 𝔊* *Ava*.

12 וַיַּעֲבֵ֥ר הַקְּדֵשִׁ֖ים מִן־הָאָ֑רֶץ וַיָּ֙סַר֙ אֶת־כָּל־הַגִּלֻּלִ֔ים אֲשֶׁ֥ר עָשׂ֖וּ 12 ט[10]. ב
13 אֲבֹתָֽיו׃ 13 וְגַ֣ם ׀ אֶֽת־מַעֲכָ֣ה אִמּ֗וֹ וַיְסִרֶ֙הָ֙ מִגְּבִירָ֔ה אֲשֶׁר־עָשְׂתָ֥ה ג חס בליש[11]
מִפְלֶ֖צֶת לָאֲשֵׁרָ֑ה וַיִּכְרֹ֤ת אָסָא֙ אֶת־מִפְלַצְתָּ֔הּ וַיִּשְׂרֹ֖ף בְּנַ֥חַל קִדְרֽוֹן׃ ב
14 וְהַבָּמ֖וֹת לֹא־סָ֑רוּ[a] רַ֣ק לְבַב־אָסָ֗א הָיָ֥ה שָׁלֵ֛ם עִם־יְהוָ֖ה כָּל־יָמָֽיו׃ 14
15 וַיָּבֵ֞א אֶת־קָדְשֵׁ֤י אָבִיו֙ וְקָדְשָׁ֔ו[a] בֵּ֖ית יְהוָ֑ה כֶּ֥סֶף וְזָהָ֖ב וְכֵלִֽים׃ 15 נא[12] יח מנה ר״פ. וקדשי חד מן מח[13] כת ו וקר י ק
16 וּמִלְחָמָ֗ה הָֽיְתָ֗ה בֵּ֣ין אָסָ֔א וּבֵ֖ין בַּעְשָׁ֣א[a] מֶֽלֶךְ־יִשְׂרָאֵ֑ל כָּל־יְמֵיהֶֽם׃ 16
17 וַיַּ֜עַל בַּעְשָׁ֤א מֶֽלֶךְ־יִשְׂרָאֵל֙ עַל־יְהוּדָ֔ה וַיִּ֖בֶן אֶת־הָֽרָמָ֑ה 17
18 לְבִלְתִּי֙ תֵּ֣ת יֹצֵ֣א וָבָ֔א לְאָסָ֖א מֶ֥לֶךְ יְהוּדָֽה׃ 18 וַיִּקַּ֣ח אָ֠סָא אֶת־כָּל־[a] ג[14]
הַכֶּ֨סֶף וְהַזָּהָ֜ב הַנּֽוֹתָרִ֣ים ׀ בְּאוֹצְר֣וֹת בֵּית־יְהוָ֗ה [b]וְאֶת־אוֹצְרוֹת֮[b] בֵּ֣ית יא מל[15]. יא מל[15]
מֶלֶךְ֒[c] וַֽיִּתְּנֵ֖ם בְּיַד־עֲבָדָ֑יו וַיִּשְׁלָחֵ֞ם הַמֶּ֣לֶךְ אָסָ֗א אֶל־בֶּן־הֲדַ֙ד֙[d] בֶּן־ המלך חד מן יג[16] חס ה ר״ת בליש. ד ק
19 טַבְרִמֹּ֣ן בֶּן־חֶזְי֔וֹן[e] מֶ֣לֶךְ אֲרָ֔ם הַיֹּשֵׁ֥ב בְּדַמֶּ֖שֶׂק לֵאמֹֽר׃ 19 בְּרִית֙ בֵּינִ֣י ט[17] חס ול בליש
וּבֵינֶ֔ךָ בֵּ֥ין[a] אָבִ֖י וּבֵ֣ין אָבִ֑יךָ הִנֵּה֩ שָׁלַ֨חְתִּי לְךָ֜ שֹׁ֗חַד כֶּ֣סֶף וְזָהָב֒ לֵ֣ךְ
20 הָפֵ֣רָה אֶת־בְּרִֽיתְךָ֗ אֶת־בַּעְשָׁא֙ מֶ֣לֶךְ־יִשְׂרָאֵ֔ל וְיַעֲלֶ֖ה מֵעָלָֽי׃ 20 וַיִּשְׁמַ֨ע ל. כו פסוק את את ומילה חדה ביניה יט מנה בנביא. ג
בֶּן־הֲדַ֜ד[a] אֶל־הַמֶּ֣לֶךְ אָסָ֗א וַיִּשְׁלַ֞ח אֶת־שָׂרֵ֨י הַחֲיָלִ֤ים אֲשֶׁר־לוֹ֙ עַל־ יח פסוק אל על על[18]. יד פסוק את את ואת ואת ואת[19]. ב[20]
עָרֵ֣י יִשְׂרָאֵ֔ל וַיַּ֗ךְ[b] אֶת־עִיּ֤וֹן וְאֶת־דָּן֙ וְאֵ֖ת אָבֵ֣ל בֵּית־מַעֲכָ֑ה וְאֵת֙ כָּל־ ג ומל[21]
21 כִּנְּר֔וֹת עַ֖ל[c] כָּל־אֶ֥רֶץ נַפְתָּלִֽי׃ 21 וַיְהִי֙ כִּשְׁמֹ֣עַ בַּעְשָׁ֔א וַיֶּחְדַּ֕ל מִבְּנ֖וֹת
22 אֶת־הָֽרָמָ֑ה [a]וַיֵּ֖שֶׁב בְּתִרְצָֽה׃[a] 22 וְהַמֶּ֨לֶךְ אָסָ֜א הִשְׁמִ֤יעַ אֶת־כָּל־ ל. ד פסוק דמיין את את ואת ואת[22]
יְהוּדָה֙ אֵ֣ין נָקִ֔י וַיִּשְׂא֞וּ אֶת־אַבְנֵ֤י הָֽרָמָה֙ וְאֶת־עֵצֶ֔יהָ אֲשֶׁ֥ר בָּנָ֖ה בַּעְשָׁ֑א מג
23 וַיִּ֨בֶן בָּ֜ם הַמֶּ֣לֶךְ אָסָ֗א אֶת־גֶּ֛בַע בִּנְיָמִ֖ן וְאֶת־הַמִּצְפָּֽה׃ 23 וְיֶ֣תֶר
כָּל־דִּבְרֵי־[a]אָסָ֡א וְכָל־גְּבוּרָתוֹ֩ וְכָל־[b]אֲשֶׁ֨ר עָשָׂ֜ה [c]וְהֶֽעָרִים֙ אֲשֶׁ֣ר בָּנָ֔ה[c] ט פסוק כל וכל וכל[23]. ל
הֲלֹא־הֵ֣מָּה כְתוּבִ֔ים עַל־סֵ֛פֶר דִּבְרֵ֥י הַיָּמִ֖ים לְמַלְכֵ֣י יְהוּדָ֑ה רַ֚ק לְעֵ֣ת ד[24]
24 זִקְנָת֔וֹ[d] חָלָ֖ה אֶת־רַגְלָֽיו׃ 24 וַיִּשְׁכַּ֤ב אָסָא֙ [a]עִם־אֲבֹתָ֔יו[a] וַיִּקָּבֵר֙ עִם־
אֲבֹתָ֔יו בְּעִ֖יר דָּוִ֣ד אָבִ֑יו[b] וַיִּמְלֹ֛ךְ יְהוֹשָׁפָ֥ט בְּנ֖וֹ תַּחְתָּֽיו׃ פ ו[25] ה מנה בליש ובסיפ

[10]Mm 57. [11]Mm 1723. [12]Mm 639. [13]Mm 3811. [14]Mm 1979. [15]Mm 1977. [16]Mm 1856. [17]Mm 653. [18]Mm 658. [19]Mp sub loco. [20]Mm 2473. [21]Mm 1980. [22]Mm 2468. [23]Mm 1981. [24]Mm 1120. [25]Mm 1945.

14 [a] 𝔊(𝔖𝔙) *ἐξῆρεν* = הֵסִיר ‖ **15** [a] l c K 𝔊𝔖𝔗 et 2 Ch 15,18 וְקָדְשָׁ(י)ו; Q וְקָדְשֵׁי ‖ **16** [a] nonn Mss 'שׁ– ‖ **18** [a] > 𝔊*, dl? ‖ [b–b] prb l c mlt Mss 𝔊ᴼ𝔖𝔗𝔙 'וּבְאֹ ‖ [c] ℭ mlt Mss ut Q הַמֶּלֶךְ ‖ [d] pc Mss 𝔊 הדר, id 20[a] ‖ [e] 𝔊 *Αζειν, -ιβ, Αζαηλ* ‖ **19** [a] frt l c mlt Mss Vrs et 2 Ch 16,3 וּבֵין ‖ **20** [a] cf 18[d] ‖ [b] 𝔊ᴮᵐⁱⁿ𝔖𝔙 ut 2 Ch 16,4 וַיַּכּוּ ‖ [c] frt l עַד cf 𝔊 ‖ **21** [a–a] prb l 'וַיָּשָׁב תּ cf 𝔊𝔙 ‖ **23** [a] > 2 Mss 𝔊𝔖, prb dl ‖ [b] > 𝔊* ‖ [c–c] > 𝔊* ‖ [d] 𝔊ᴸ + *ἐποίησεν Ασα τὸ πονηρὸν καί* ‖ **24** [a–a] > 𝔊* ‖ [b] > 𝔊*.

25 וְנָדָב בֶּן־יָרָבְעָם מָלַךְ עַל־יִשְׂרָאֵל בִּשְׁנַת שְׁתַּיִם[a] לְאָסָא מֶלֶךְ
26 יְהוּדָה וַיִּמְלֹךְ עַל־יִשְׂרָאֵל שְׁנָתָיִם׃ 26 וַיַּעַשׂ הָרַע בְּעֵינֵי יְהוָה וַיֵּלֶךְ
27 בְּדֶרֶךְ אָבִיו וּבְחַטָּאתוֹ[a] אֲשֶׁר הֶחֱטִיא אֶת־יִשְׂרָאֵל׃ 27 וַיִּקְשֹׁר עָלָיו
בַּעְשָׁא בֶן־אֲחִיָּה לְבֵית יִשָּׂשכָר וַיַּכֵּהוּ בַעְשָׁא בְּגִבְּתוֹן אֲשֶׁר לַפְּלִשְׁתִּים
28 וְנָדָב וְכָל־יִשְׂרָאֵל צָרִים עַל־גִּבְּתוֹן׃ 28 וַיְמִתֵהוּ בַעְשָׁא בִּשְׁנַת שָׁלֹשׁ[a] — לה וכל ר״פ דכות
29 לְאָסָא מֶלֶךְ יְהוּדָה וַיִּמְלֹךְ תַּחְתָּיו[b]׃ 29 וַיְהִי כְמָלְכוֹ[a] הִכָּה אֶת־ — ל[26]
כָּל־[b]בֵּית יָרָבְעָם לֹא[c]־הִשְׁאִיר כָּל־נְשָׁמָה לְיָרָבְעָם עַד־הִשְׁמִדוֹ[d] — ה[27] חס ב מנה בליש
30 כִּדְבַר יְהוָה אֲשֶׁר דִּבֶּר בְּיַד־עַבְדּוֹ אֲחִיָּה הַשִּׁילֹנִי׃ 30 עַל־חַטֹּאות — ה בטע בסיפ[28] . ב פסוק דמטע בעינ . ה חס בן נבט
יָרָבְעָם[a] אֲשֶׁר חָטָא וַאֲשֶׁר[a] הֶחֱטִיא אֶת־יִשְׂרָאֵל בְּכַעְסוֹ[b] אֲשֶׁר הִכְעִיס — ב
31 אֶת־יְהוָה אֱלֹהֵי יִשְׂרָאֵל׃ 31 וְיֶתֶר דִּבְרֵי נָדָב וְכָל־אֲשֶׁר — יג בטע ר״פ בסיפ[29]
עָשָׂה הֲלֹא־הֵם כְּתוּבִים עַל־סֵפֶר דִּבְרֵי הַיָּמִים לְמַלְכֵי יִשְׂרָאֵל׃
32 [a]וּמִלְחָמָה הָיְתָה בֵּין אָסָא וּבֵין בַּעְשָׁא מֶלֶךְ־יִשְׂרָאֵל כָּל־יְמֵיהֶם׃ פ
33 בִּשְׁנַת שָׁלֹשׁ[a] לְאָסָא מֶלֶךְ יְהוּדָה מָלַךְ בַּעְשָׁא בֶן־אֲחִיָּה עַל־ — כ
34 כָּל־[b]יִשְׂרָאֵל בְּתִרְצָה עֶשְׂרִים וְאַרְבַּע שָׁנָה׃ 34 וַיַּעַשׂ הָרַע בְּעֵינֵי יְהוָה
וַיֵּלֶךְ בְּדֶרֶךְ יָרָבְעָם[a] וּבְחַטָּאתוֹ[b] אֲשֶׁר הֶחֱטִיא אֶת־יִשְׂרָאֵל׃ ס
16 1 וַיְהִי דְבַר־יְהוָה אֶל[a]־יֵהוּא בֶן־חֲנָנִי עַל־בַּעְשָׁא לֵאמֹר׃ 2 יַעַן — ל[1]
אֲשֶׁר הֲרִימֹתִיךָ מִן־הֶעָפָר וָאֶתֶּנְךָ נָגִיד עַל עַמִּי יִשְׂרָאֵל וַתֵּלֶךְ׀ בְּדֶרֶךְ — ב
3 יָרָבְעָם וַתַּחֲטִא אֶת־עַמִּי יִשְׂרָאֵל לְהַכְעִיסֵנִי בְּחַטֹּאתָם[a]׃ 3 הִנְנִי — ד חס וב בליש . ו כת כן[2]
מַבְעִיר[a] אַחֲרֵי בַעְשָׁא וְאַחֲרֵי בֵיתוֹ וְנָתַתִּי אֶת־בֵּיתְךָ[b] כְּבֵית יָרָבְעָם
4 בֶּן־נְבָט׃ 4 הַמֵּת לְבַעְשָׁא בָּעִיר יֹאכְלוּ הַכְּלָבִים וְהַמֵּת לוֹ בַּשָּׂדֶה — ל
5 יֹאכְלוּ עוֹף הַשָּׁמָיִם׃ 5 וְיֶתֶר דִּבְרֵי בַעְשָׁא וַאֲשֶׁר עָשָׂה וּגְבוּרָתוֹ — ה בטע בסיפ . ז[3]
6 הֲלֹא־הֵם כְּתוּבִים עַל־סֵפֶר דִּבְרֵי הַיָּמִים לְמַלְכֵי יִשְׂרָאֵל׃ 6 וַיִּשְׁכַּב
בַּעְשָׁא עִם־אֲבֹתָיו וַיִּקָּבֵר בְּתִרְצָה וַיִּמְלֹךְ אֵלָה בְנוֹ תַּחְתָּיו[a]׃

[26]Mm 1982. [27]Mm 1983. [28]Mm 1984. [29]Mm 1985. Cp 16 [1]Mm 1986. [2]Mp sub loco. [3]Mm 1112.

25 [a] Ms 10, 𝔊[509] 12, 𝔊[127.246] 3 ‖ **26** [a] 𝔊𝔖𝔙 pl ‖ **28** [a] 𝔊[min] 4 ‖ [b] > 𝔊[B] ‖ **29** [a] mlt Mss 𝔗[Mss] בְּמ׳ ‖ [b] > 𝔊* ‖ [c] Ms 𝔊𝔖 וְלֹא ‖ [d] = הִ׳ ‖ **30** [a–a] 𝔊* ὡς = כַּאֲשֶׁר? ‖ [b] l וּבְ׳? cf 𝔊[-L]𝔙 ‖ **32** [a] v 32 > 𝔊*, add? cf 16 ‖ **33** [a] 𝔊[min] 5 ‖ [b] > pc Mss 𝔊*, dl? ‖ **34** [a] 𝔊𝔖 + υἱοῦ Ναβατ ‖ [b] ut 26[a] ‖ **Cp 16,1** [a] 𝔊[-L] ἐν χειρί = בְּיַד ‖ **2** [a] 𝔊 ut 13.26 בהבליהם cf 𝔖 ‖ **3** [a] frt l c 2 Mss מְבַעֵר; 𝔊 ἐξεγείρω = מֵעִיר ‖ [b] 𝔊*𝔖𝔗[Mss] suff 3sg ‖ **6** [a] 𝔊 + ἐν τῷ εἰκοστῷ (𝔊[min] 28, 𝔊[127.246] 29) ἔτει βασιλέως Ασα.

ב̇[4]. ג 7 וְגַם בְּיַד־יֵהוּא בֶן־חֲנָנִי הַנָּבִיא[a] דְּבַר־יְהוָה הָיָה אֶל־בַּעְשָׁא וְאֶל־ 7
ג בליש[5] בֵּיתוֹ וְעַל[b] כָּל־הָרָעָה ׀ אֲשֶׁר־עָשָׂה ׀ בְּעֵינֵי יְהוָה לְהַכְעִיסוֹ בְּמַעֲשֵׂה
ד[6] יָדָיו לִהְיוֹת כְּבֵית יָרָבְעָם וְעַל אֲשֶׁר־הִכָּה אֹתוֹ׃ פ
8 [a]בִּשְׁנַת עֶשְׂרִים וָשֵׁשׁ שָׁנָה לְאָסָא מֶלֶךְ יְהוּדָה[a] מָלַךְ אֵלָה בֶן־ 8
בַּעְשָׁא עַל־יִשְׂרָאֵל בְּתִרְצָה שְׁנָתָיִם׃ 9 וַיִּקְשֹׁר עָלָיו עַבְדּוֹ[a] זִמְרִי שַׂר 9
ל וכת כן מַחֲצִית הָרָכֶב וְהוּא בְתִרְצָה שֹׁתֶה שִׁכּוֹר בֵּית אַרְצָא אֲשֶׁר עַל־
ח מל[7] הַבַּיִת בְּתִרְצָה׃ 10 וַיָּבֹא זִמְרִי וַיַּכֵּהוּ וַיְמִיתֵהוּ [a]בִּשְׁנַת עֶשְׂרִים וָשֶׁבַע 10
ב̇[9]. ל̇[8] לְאָסָא מֶלֶךְ יְהוּדָה[a] וַיִּמְלֹךְ תַּחְתָּיו׃ 11 וַיְהִי בְמָלְכוֹ כְּשִׁבְתּוֹ עַל־ 11
כִּסְאוֹ הִכָּה[a] אֶת־כָּל־בֵּית בַּעְשָׁא [b]לֹא־[c]הִשְׁאִיר לוֹ מַשְׁתִּין בְּקִיר
וְגֹאֲלָיו וְרֵעֵהוּ[d]׃ 12 וַיַּשְׁמֵד זִמְרִי אֵת כָּל־בֵּית בַּעְשָׁא[b] כִּדְבַר יְהוָה 12
ב̇[4]. ו בסיפ אֲשֶׁר דִּבֶּר אֶל־[e]בַּעְשָׁא בְּיַד[f] יֵהוּא הַנָּבִיא׃ 13 אֶל[a] כָּל־חַטֹּאות 13
בַּעְשָׁא וְחַטֹּאות אֵלָה בְנוֹ אֲשֶׁר [b]חָטְאוּ וַאֲשֶׁר[b] הֶחֱטִיאוּ[c] אֶת־יִשְׂרָאֵל
ג. יג בטע ר״פ בסיפ[10] לְהַכְעִיס אֶת־יְהוָה אֱלֹהֵי יִשְׂרָאֵל בְּהַבְלֵיהֶם׃ 14 וְיֶתֶר דִּבְרֵי 14
יז מל בסיפ אֵלָה וְכָל־אֲשֶׁר עָשָׂה הֲלוֹא־הֵם כְּתוּבִים עַל־סֵפֶר דִּבְרֵי הַיָּמִים
לְמַלְכֵי יִשְׂרָאֵל׃ פ
ב בטע בסיפ 15 [a]בִּשְׁנַת [b]עֶשְׂרִים וָשֶׁבַע[b] שָׁנָה לְאָסָא מֶלֶךְ יְהוּדָה[a] מָלַךְ זִמְרִי ס׳ יד
כל מל שִׁבְעַת יָמִים בְּתִרְצָה וְהָעָם חֹנִים עַל־גִּבְּתוֹן[c] אֲשֶׁר לַפְּלִשְׁתִּים׃
ל̇. ל̇ 16 וַיִּשְׁמַע הָעָם הַחֹנִים לֵאמֹר קָשַׁר זִמְרִי וְגַם הִכָּה אֶת־הַמֶּלֶךְ 16
ה חס[11]. ג וַיַּמְלִכוּ כָל־[a]יִשְׂרָאֵל אֶת־עָמְרִי[b] שַׂר־צָבָא עַל־יִשְׂרָאֵל בַּיּוֹם הַהוּא
ג[12]. לה וכל ר״פ דכות בַּמַּחֲנֶה׃ 17 וַיַּעֲלֶה עָמְרִי וְכָל־יִשְׂרָאֵל עִמּוֹ מִגִּבְּתוֹן וַיָּצֻרוּ עַל־ 17
ט בטע בסיפ[13] תִּרְצָה׃ 18 וַיְהִי כִּרְאוֹת זִמְרִי כִּי־נִלְכְּדָה הָעִיר וַיָּבֹא אֶל־אַרְמוֹן 18
חטאתיו ק חד מן ג בליש בֵּית־הַמֶּלֶךְ וַיִּשְׂרֹף עָלָיו אֶת־בֵּית־מֶלֶךְ בָּאֵשׁ וַיָּמֹת׃ 19 עַל־חַטֹּאתוֹ[a] 19
אֲשֶׁר חָטָא לַעֲשׂוֹת הָרַע בְּעֵינֵי יְהוָה לָלֶכֶת בְּדֶרֶךְ יָרָבְעָם[b]

[4] Mm 1986. [5] Mm 1987. [6] Mm 3138. [7] Mm 2137. [8] Mm 1982. [9] Mm 1988. [10] Mm 1985. [11] Mm 1584. [12] Mm 2008. [13] Mm 1955.

7 [a] > 3 Mss 𝔊[B] ‖ [b] l c nonn Mss 𝔖𝔗[f] עַל; > 𝔊[-L] ‖ **8** [a–a] > 𝔊*, cf 6[a] ‖ **9** [a] > 𝔊* ‖ **10** [a–a] > 𝔊*, add? ‖ **11/12** [a] 2 Mss 𝔊* 'וְה ‖ [b–b] > 𝔊*, homtel ‖ [c] 2 Mss 𝔖𝔙 וְלֹא ‖ [d] 𝔖𝔗𝔙 pl ‖ [e] = עַל, sic Or ‖ [f] 𝔊[-L] *καὶ πρός* ‖ **13** [a] = עַל cf Vrs ‖ [b–b] > 𝔊* ‖ [c] 2 Mss 𝔊 יא– ‖ **15** [a–a] > 𝔊* ‖ [b–b] 𝔊[L] 22, 𝔊[127.246] 31 ‖ [c] 𝔖 *gt*, it in 17 ‖ **16** [a] 𝔊[BA al] *ἐν* ‖ [b] 𝔊[-L] *Ζαμβρι* ‖ **19** [a] mlt Mss Vrs ut Q –תָיו; l c K Or חַטָּאתוֹ? ‖ [b] 𝔊 (𝔖) + *υἱοῦ Ναβατ*.

20 וּבְחַטָּאתוֹ֙[c] אֲשֶׁ֣ר עָשָׂ֔ה[d] לְהַחֲטִ֖יא[d] אֶת־יִשְׂרָאֵֽל׃ 20 וְיֶ֨תֶר דִּבְרֵ֣י ח̇[14]
זִמְרִ֔י וְקִשְׁר֖וֹ אֲשֶׁ֣ר קָשָׁ֑ר הֲלֹא־הֵ֣ם כְּתוּבִ֗ים עַל־סֵ֛פֶר דִּבְרֵ֥י הַיָּמִ֖ים ב
21 לְמַלְכֵ֥י יִשְׂרָאֵֽל׃ פ 21 אָ֧ז יֵחָלֵ֛ק הָעָ֥ם יִשְׂרָאֵ֖ל לַחֵ֑צִי[a] חֲצִ֨י הָעָ֜ם ג̇[15]
22 הָיָ֨ה אַחֲרֵ֜י תִּבְנִ֤י בֶן־גִּינַת֙ לְהַמְלִיכ֔וֹ וְהַחֵ֖צִי אַחֲרֵ֥י עָמְרִֽי׃ 22 [a]וַיֶּחֱזַ֣ק ב . ה̇[16]
הָעָם֙ אֲשֶׁ֣ר אַחֲרֵ֣י עָמְרִ֔י אֶת־[b]הָעָ֕ם אֲשֶׁ֥ר אַחֲרֵ֖י תִּבְנִ֣י בֶן־גִּינַ֑ת וַיָּ֣מָת ב . ל̇
תִּבְנִ֔י[c] וַיִּמְלֹ֖ךְ עָמְרִֽי׃[d] פ
23 בִּשְׁנַ֨ת שְׁלֹשִׁ֤ים וְאַחַת֙[a] שָׁנָ֔ה לְאָסָ֖א מֶ֣לֶךְ יְהוּדָ֑ה מָלַ֨ךְ עָמְרִ֤י ב בטע בסיפ
24 עַל־יִשְׂרָאֵל֙ שְׁתֵּ֣ים עֶשְׂרֵ֣ה שָׁנָ֔ה בְּתִרְצָ֖ה מָלַ֥ךְ שֵׁשׁ־שָׁנִֽים׃ 24 וַיִּ֜קֶן ד ג מנה ר״פ
אֶת־הָהָ֥ר שֹׁמְר֛וֹן מֵאֶ֥ת שֶׁ֖מֶר בְּכִכְּרַ֣יִם כָּ֑סֶף וַיִּ֙בֶן֙ אֶת־הָהָ֔ר וַיִּקְרָ֗א יט פסוק בסיפ את את את . ל̇ . ל̇ בסיפ . ב
25 אֶת־שֵׁ֤ם הָעִיר֙ אֲשֶׁ֣ר בָּנָ֔ה עַ֚ל שֶׁם־שֶׁ֔מֶר אֲדֹנֵ֖י הָהָ֥ר שֹׁמְרֽוֹן׃[a] 25 וַיַּעֲשֶׂ֥ה ו̇[17] . ד̇[18] . ד . ג
26 עָמְרִ֛י הָרַ֖ע בְּעֵינֵ֣י יְהוָ֑ה וַיָּ֕רַע מִכֹּ֖ל אֲשֶׁ֥ר לְפָנָֽיו׃ 26 וַ֠יֵּלֶךְ בְּכָל־דֶּ֨רֶךְ֙ ב . ג̇[19]
יָרָבְעָ֣ם בֶּן־נְבָ֔ט וּבְחַטֹּאתָיו[a] אֲשֶׁ֥ר הֶחֱטִ֖יא אֶת־יִשְׂרָאֵ֑ל לְהַכְעִ֗יס אֶת־ ובחטאתו ק̇
27 יְהוָ֛ה אֱלֹהֵ֥י יִשְׂרָאֵ֖ל בְּהַבְלֵיהֶֽם׃[b] 27 וְיֶ֨תֶר דִּבְרֵ֤י עָמְרִי֙[a] אֲשֶׁ֣ר ג . ה בטע בסיפ[20] . ו̇[21]
עָשָׂ֔ה וּגְבוּרָת֖וֹ [b]אֲשֶׁ֣ר עָשָׂ֑ה[b] הֲלֹא־הֵ֣ם כְּתוּבִ֗ים עַל־סֵ֛פֶר דִּבְרֵ֥י הַיָּמִ֖ים
28 לְמַלְכֵ֥י יִשְׂרָאֵֽל׃ 28 וַיִּשְׁכַּ֤ב עָמְרִי֙ עִם־אֲבֹתָ֔יו וַיִּקָּבֵ֖ר בְּשֹׁמְר֑וֹן וַיִּמְלֹ֛ךְ ב
אַחְאָ֥ב בְּנ֖וֹ תַּחְתָּֽיו׃[a] פ
29 [a]וְאַחְאָ֣ב בֶּן־עָמְרִ֗י מָלַךְ֙ עַל־יִשְׂרָאֵ֔ל[a] בִּשְׁנַ֨ת [b]שְׁלֹשִׁ֤ים וּשְׁמֹנֶה֙
שָׁנָ֔ה לְאָסָ֖א מֶ֣לֶךְ יְהוּדָ֑ה[b] וַיִּמְלֹ֣ךְ אַחְאָ֣ב בֶּן־עָמְרִ֠י עַל־יִשְׂרָאֵ֨ל
30 בְּשֹׁמְר֔וֹן עֶשְׂרִ֥ים וּשְׁתַּ֖יִם[c] שָׁנָֽה׃ 30 וַיַּ֨עַשׂ אַחְאָ֧ב[a] בֶּן־עָמְרִ֛י[a] הָרַ֖ע בְּעֵינֵ֣י
31 יְהוָ֑ה מִכֹּ֖ל אֲשֶׁ֥ר לְפָנָֽיו׃ 31 וַיְהִי֙ הֲנָקֵל֙[a] לֶכְתּ֔וֹ בְּחַטֹּ֖אות יָרָבְעָ֣ם בֶּן־ ב
נְבָ֑ט וַיִּקַּ֨ח אִשָּׁ֜ה אֶת־אִיזֶ֣בֶל בַּת־אֶתְבַּ֨עַל֙ מֶ֣לֶךְ צִידֹנִ֔ים וַיֵּ֗לֶךְ וַֽיַּעֲבֹד֙ ל̇
32 אֶת־הַבַּ֔עַל וַיִּשְׁתַּ֖חוּ לֽוֹ׃ 32 וַיָּ֥קֶם מִזְבֵּ֖חַ לַבָּ֑עַל בֵּ֣ית הַבַּ֔עַל אֲשֶׁ֖ר ב . כ̇[22]

[14] Mm 2851. [15] Mm 1288. [16] Mm 432. [17] Mm 1989. [18] Mm 291. [19] Mm 2181. [20] Mm 2178. [21] Mm 1990. [22] Mm 1991.

19 [c] 𝔊𝔖𝔗 pl ‖ [d–d] l הֶחֱטִיא? cf 𝔊*𝔖𝔙 ‖ **21** [a] > 𝔊*, dl? ‖ **22** [a] v 22 𝔊* alit ‖ [b] prb l c Ms 𝔖𝔗 מִן ‖ [c] prb ins וְיוֹרָם אָחִיו בָּעֵת הַהִיא cf 𝔊 ‖ [d] ins אַחֲרֵי תִבְנִי cf 𝔊 ‖ **23** [a] 𝔊[M*min] *καὶ ἑβδόμῳ*; > Jos Ant VIII, 312 ‖ **24** [a] 𝔊[B al] *Σαεμηρων*, 𝔙 *Samariam* cf akk *samerina* ‖ **26** [a] K Vrs טֹּאתָיו–, mlt Mss ut Q טָּאתוֹ– ‖ [b] sic L, mlt Mss Edd : ‖ **27** [a] prb ins c mlt Mss 𝔊𝔖 וְכָל־ ‖ [b–b] > 𝔊*𝔖, dl? ‖ **28** [a] 𝔊* + nonn v (= 22,41–44. 46–51) ‖ **29** [a–a] > 𝔊* ‖ [b–b] 𝔊* *δευτέρῳ τῷ Ιωσαφατ* ‖ [c] pc Mss וְאַרְבַּע; > 2 Mss ‖ **30** [a–a] > 𝔊*, dl? ‖ **31** [a] prp הַנָּקֵל cf Vrs.

33 בָּנָה בְּשֹׁמְרוֹן׃ 33 וַיַּעַשׂ אַחְאָב אֶת־הָאֲשֵׁרָה וַיּוֹסֶף אַחְאָב לַעֲשׂוֹת[a] — כ֗י ז[23] מנה מל . ל
לְהַכְעִיס [b]אֶת־יְהוָה אֱלֹהֵי יִשְׂרָאֵל[b] מִכֹּל מַלְכֵי יִשְׂרָאֵל אֲשֶׁר הָיוּ
34 לְפָנָיו׃ 34 [a]בְּיָמָיו בָּנָה חִיאֵל[b] בֵּית הָאֱלִי אֶת־יְרִיחֹה בַּאֲבִירָם — ל . ל כת כן[24]
בְּכֹרוֹ יִסְּדָהּ וּבִשְׂגִיב[c] צְעִירוֹ הִצִּיב דְּלָתֶיהָ כִּדְבַר יְהוָה אֲשֶׁר דִּבֶּר — ובשגוב[25] ק . ה בטע בסיפ[26]
בְּיַד יְהוֹשֻׁעַ בִּן־נוּן׃ ס
17 1 וַיֹּאמֶר אֵלִיָּהוּ הַתִּשְׁבִּי[a] מִתֹּשָׁבֵי[b] גִלְעָד אֶל־אַחְאָב חַי־ — ל וחס . ב
יְהוָה[c] אֱלֹהֵי יִשְׂרָאֵל[d] אֲשֶׁר עָמַדְתִּי לְפָנָיו אִם־יִהְיֶה הַשָּׁנִים הָאֵלֶּה — ב פסוק אם אם בסיפ
2 טַל וּמָטָר כִּי אִם־לְפִי דְבָרִי׃ ס 2 וַיְהִי דְבַר־יְהוָה אֵלָיו לֵאמֹר׃ — יג[1] . ב[2]
3 3 לֵךְ מִזֶּה [a]וּפָנִיתָ לְּךָ[a] קֵדְמָה וְנִסְתַּרְתָּ בְּנַחַל כְּרִית אֲשֶׁר עַל־פְּנֵי
4 הַיַּרְדֵּן׃ 4 וְהָיָה מֵהַנַּחַל תִּשְׁתֶּה[a] וְאֶת־הָעֹרְבִים צִוִּיתִי לְכַלְכֶּלְךָ — ל . ל[3]
5 שָׁם׃ 5 וַיֵּלֶךְ[a] וַיַּעַשׂ[b] כִּדְבַר יְהוָה וַיֵּלֶךְ וַיֵּשֶׁב בְּנַחַל כְּרִית אֲשֶׁר עַל־
6 פְּנֵי הַיַּרְדֵּן׃ 6 וְהָעֹרְבִים מְבִיאִים לוֹ לֶחֶם וּבָשָׂר[a] בַּבֹּקֶר וְלֶחֶם[a] — ח[4]
7 וּבָשָׂר בָּעָרֶב וּמִן־הַנַּחַל יִשְׁתֶּה[b]׃ 7 וַיְהִי מִקֵּץ יָמִים וַיִּיבַשׁ הַנָּחַל כִּי — ח[4] . כ בטע ר״פ[5] . יב . ג[6] . ב מל וחד חס[7]
8 9 לֹא־הָיָה גֶשֶׁם בָּאָרֶץ׃ ס 8 וַיְהִי דְבַר־יְהוָה אֵלָיו לֵאמֹר׃ 9 קוּם — ג בטע דמטע[2] . ב[3] . ט ר״פ[8]
לֵךְ צָרְפַתָה[a] אֲשֶׁר לְצִידוֹן [b]וְיָשַׁבְתָּ שָׁם[b] הִנֵּה צִוִּיתִי שָׁם אִשָּׁה אַלְמָנָה
10 לְכַלְכְּלֶךָ׃ 10 וַיָּקָם ׀ וַיֵּלֶךְ צָרְפַתָה[a] וַיָּבֹא[b] אֶל־פֶּתַח הָעִיר וְהִנֵּה־שָׁם — ל . ב
אִשָּׁה אַלְמָנָה מְקֹשֶׁשֶׁת עֵצִים וַיִּקְרָא אֵלֶיהָ[c] וַיֹּאמַר קְחִי[d]־נָא לִי מְעַט־ — ב וחס[9] . י . צא
11 מַיִם בַּכְּלִי וְאֶשְׁתֶּה׃ 11 וַתֵּלֶךְ לָקַחַת וַיִּקְרָא אֵלֶיהָ[a] וַיֹּאמַר לִקְחִי[b]־נָא — י . צא . ג[10]
12 לִי פַּת־לֶחֶם בְּיָדֵךְ׃ 12 וַתֹּאמֶר חַי־יְהוָה אֱלֹהֶיךָ אִם־יֶשׁ־לִי מָעוֹג[a] — ב . ב פסוק אם אם בסיפ . ב[11]
כִּי אִם־מְלֹא כַף־קֶמַח בַּכַּד וּמְעַט־שֶׁמֶן בַּצַּפָּחַת וְהִנְנִי מְקֹשֶׁשֶׁת שְׁנַיִם[b] — ג . ב וחס[9]
13 עֵצִים וּבָאתִי וַעֲשִׂיתִיהוּ לִי וְלִבְנִי[c] וַאֲכַלְנֻהוּ[d] וָמָתְנוּ׃ 13 וַיֹּאמֶר אֵלֶיהָ — ל ומל . ל . ה[12]
אֵלִיָּהוּ אַל־תִּירְאִי בֹּאִי עֲשִׂי[a] כִדְבָרֵךְ אַךְ עֲשִׂי־לִי מִשָּׁם עֻגָה קְטַנָּה

[23]Mm 962. [24]Mm 1312. [25]Mm 832. [26]Mm 1984. **Cp 17** [1]Mm 902. [2]Mm 1994. [3]Mp sub loco. [4]Mm 527. [5]Mm 1017. [6]Mm 1992. [7]Mm 1993. [8]Mm 1995. [9]Mm 1996. [10]Mm 1997. [11]Ps 35,16. [12]Mm 1086.

33 [a] ins כְּעָסִים? cf 𝔊* ‖ [b–b] 𝔊* *τὴν ψυχὴν αὐτοῦ τοῦ ἐξολεθρευθῆναι· ἐκακοποίησεν* ‖ **34** [a] v 34 > 𝔊^{L} ‖ [b] 𝔊(𝔙) *Αχειηλ*, 𝔖 *ʼḥb* ‖ [c] nonn Mss Vrs ut Q ־גוב ‖ **Cp 17,1** [a] 𝔊* pr *ὁ προφήτης*; > 𝔊^{Oal}; prp הַנָּבִיא ‖ [b] 𝔊 *ἐκ Θεσβων*, prb l מִתִּשְׁבֵּי ‖ [c] 𝔊$^{-L}$ + *ὁ θεὸς τῶν δυνάμεων* ‖ [d–d] > 𝔊^{L} ‖ **3** [a–a] > 𝔊 ‖ **4** [a] 𝔊 + *ὕδωρ* ‖ **5** [a] > 𝔊* ‖ [b] > 𝔊^{L} ‖ **6** [a] > Ms 𝔊*, dl? ‖ [b] 𝔊(𝔖) + *ὕδωρ* ‖ **9** [a] nonn Mss Edd ־תָה; al ־תָּה, 𝔊(𝔙) *Σαρεπτα* ‖ [b–b] > 𝔊* ‖ **10** [a] ut 9[a] ‖ [b] > 𝔊* ‖ [c] 𝔊 *ὀπίσω αὐτῆς Ηλειου*, ex 11 𝔊? ‖ [d] 3 Mss לִקְחִי ut 11 ‖ **11** [a] 𝔊 ut 10[c], id 𝔙; frt l אַחֲרֶיהָ ‖ [b] 𝔊$^{-BA}$(𝔖𝔗) pr *αὐτῇ*, frt l לָהּ קְחִי ‖ **12** [a] 𝔖(𝔗) *mdm* = מְאוּמָה ‖ [b] > pc Mss 𝔊^{Nmin} ‖ [c] 𝔊 pl ‖ [d] 𝔊𝔖𝔙 om suff ‖ **13** [a] 𝔊𝔖𝔙 pr cop.

14 בָרִאשֹׁנָה֘ וְהוֹצֵאתְ֩ לִי֙ וְלָ֣ךְ וְלִבְנֵ֔ךְ תַּעֲשִׂ֖י בָּאַחֲרֹנָֽה׃ ס 14 כִּ֣י

כֹ֣ה אָמַ֞ר יְהוָ֣ה אֱלֹהֵ֣י יִשְׂרָאֵ֗ל כַּ֤ד הַקֶּ֙מַח֙ לֹ֣א תִכְלָ֔ה וְצַפַּ֥חַת הַשֶּׁ֖מֶן

15 לֹ֣א תֶחְסָ֑ר עַ֠ד י֞וֹם תתן־תֵּת־יְהוָ֥ה גֶּ֖שֶׁם עַל־פְּנֵ֥י הָאֲדָמָֽה׃ 15 וַתֵּ֣לֶךְ

16 וַתַּעֲשֶׂ֖ה כִּדְבַ֣ר אֵלִיָּ֑הוּ וַתֹּ֧אכַל הוא־היא וָהִ֛יא וּבֵיתָ֖הּ יָמִֽים׃ 16 כַּ֣ד

הַקֶּ֙מַח֙ לֹ֣א כָלָ֔תָה וְצַפַּ֥חַת הַשֶּׁ֖מֶן לֹ֣א חָסֵ֑ר כִּדְבַ֣ר יְהוָ֔ה אֲשֶׁ֥ר דִּבֶּ֖ר

17 בְּיַ֥ד אֵלִיָּֽהוּ׃ פ 17 וַיְהִ֗י אַחַר֙ הַדְּבָרִ֣ים הָאֵ֔לֶּה חָלָ֕ה בֶּן־הָאִשָּׁ֖ה

בַּעֲלַ֣ת הַבָּ֑יִת וַיְהִ֤י חָלְיוֹ֙ חָזָ֣ק מְאֹ֔ד עַ֣ד אֲשֶׁ֧ר לֹא־נֽוֹתְרָה־בּ֖וֹ נְשָׁמָֽה׃

18 וַתֹּ֙אמֶר֙ אֶל־אֵ֣לִיָּ֔הוּ מַה־לִּ֥י וָלָ֖ךְ אִ֣ישׁ הָאֱלֹהִ֑ים בָּ֧אתָ אֵלַ֛י לְהַזְכִּ֥יר

19 אֶת־עֲוֹנִ֖י וּלְהָמִ֥ית אֶת־בְּנִֽי׃ 19 וַיֹּ֥אמֶר אֵלֶ֖יהָ תְּנִֽי־לִ֣י אֶת־בְּנֵ֑ךְ וַיִּקָּחֵ֣הוּ

מֵחֵיקָ֗הּ וַֽיַּעֲלֵ֙הוּ֙ אֶל־הָ֣עֲלִיָּ֔ה אֲשֶׁר־ה֖וּא יֹשֵׁ֣ב שָׁ֑ם וַיַּשְׁכִּבֵ֖הוּ עַל־

20 מִטָּתֽוֹ׃ 20 וַיִּקְרָ֥א אֶל־יְהוָ֖ה וַיֹּאמַ֑ר יְהוָ֣ה אֱלֹהָ֔י הֲ֠גַם עַל־הָאַלְמָנָ֞ה

21 אֲשֶׁר־אֲנִ֣י מִתְגּוֹרֵ֣ר עִמָּ֗הּ הֲרֵע֖וֹתָ לְהָמִ֥ית אֶת־בְּנָֽהּ׃ 21 וַיִּתְמֹדֵ֤ד עַל־

הַיֶּ֙לֶד֙ שָׁלֹ֣שׁ פְּעָמִ֔ים וַיִּקְרָ֥א אֶל־יְהוָ֖ה וַיֹּאמַ֑ר יְהוָ֣ה אֱלֹהָ֔י תָּ֥שָׁב נָ֛א

22 נֶֽפֶשׁ־הַיֶּ֥לֶד הַזֶּ֖ה עַל־קִרְבּֽוֹ׃ 22 וַיִּשְׁמַ֥ע יְהוָ֖ה בְּק֣וֹל אֵלִיָּ֑הוּ וַתָּ֜שָׁב

23 נֶ֧פֶשׁ־הַיֶּ֛לֶד עַל־קִרְבּ֖וֹ וַיֶּֽחִי׃ 23 וַיִּקַּ֨ח אֵלִיָּ֜הוּ אֶת־הַיֶּ֗לֶד וַיֹּרִדֵ֤הוּ מִן־

הָעֲלִיָּה֙ הַבַּ֔יְתָה וַֽיִּתְּנֵ֖הוּ לְאִמּ֑וֹ וַיֹּ֙אמֶר֙ אֵ֣לִיָּ֔הוּ רְאִ֖י חַ֥י בְּנֵֽךְ׃ 24 וַתֹּ֤אמֶר

הָֽאִשָּׁה֙ אֶל־אֵ֣לִיָּ֔הוּ עַתָּ֣ה זֶ֤ה יָדַ֙עְתִּי֙ כִּ֣י אִ֣ישׁ אֱלֹהִ֖ים אָ֑תָּה וּדְבַר־

יְהוָ֥ה בְּפִ֖יךָ אֱמֶֽת׃ פ

18 1 וַיְהִי֙ יָמִ֣ים רַבִּ֔ים וּדְבַר־יְהוָ֗ה הָיָה֙ אֶל־אֵ֣לִיָּ֔הוּ בַּשָּׁנָ֥ה

הַשְּׁלִישִׁ֖ית לֵאמֹ֑ר לֵ֚ךְ הֵרָאֵ֣ה אֶל־אַחְאָ֔ב וְאֶתְּנָ֥ה מָטָ֖ר עַל־פְּנֵ֥י

2 הָאֲדָמָֽה׃ 2 וַיֵּ֙לֶךְ֙ אֵ֣לִיָּ֔הוּ לְהֵרָא֖וֹת אֶל־אַחְאָ֑ב וְהָרָעָ֖ב חָזָ֥ק בְּשֹׁמְרֽוֹן׃

3 וַיִּקְרָ֤א אַחְאָב֙ אֶל־עֹ֣בַדְיָ֔הוּ אֲשֶׁ֖ר עַל־הַבָּ֑יִת וְעֹבַדְיָ֕הוּ הָיָ֥ה יָרֵ֛א

Masorah parva (margins)

בב¹³ . ה

ג ב כת ה וחד כת כ¹⁴

ג . ק . תת

ד¹⁵ . היא . ק והוא חד מן ¹⁶ ק כתיב
היא וחד מן ¹⁷ בליש

ד . ח בטע בסיפ¹⁸

ל

ד¹⁹

ל

ל

י . צא . ח²⁰ קמ וכל
אתנח וס״פ דכות ב מ ב

ב רמ²¹ . ל²² . ל
ת פסוק על אל על

י . צא . ח²⁰ קמ וכל
אתנח וס״פ דכות ב מ ב

ל

ב וחס

ל²³ . ב בטע²⁴

ו¹²⁵ . יח

ס²⁴ᵒ . יח

יח . ת

ט מל¹ . ל²ᵖ

ד³ ג מנה כת כן

Masorah notes (bottom)

¹³ Mm 1743. ¹⁴ Mm 3412. ¹⁵ Mm 1970. ¹⁶ Mm 3702. ¹⁷ Mm 1998. ¹⁸ Mm 1984. ¹⁹ Mm 1999. ²⁰ Mm 960. ²¹ Mm 2000. ²² Mm 406. ²³ Mm 1557. ²⁴ Mp sub loco. ²⁵ Mm 1957. **Cp 18** ¹ Mm 1900. ² Mp sub loco. ³ Mm 731.

Apparatus

13 ᵇ sic L, mlt Mss Edd ־ת; Ms ־תִי ‖ ᶜ 2 Mss וְלָכִי ‖ ᵈ ut 12ᶜ ‖ 14 ᵃ⁻ᵃ > 𝕲* ‖
ᵇ = תֵת, sic Q nonn Mss cf 6,19ᵉ ‖ ᶜ > 𝕲* ‖ 15 ᵃ⁻ᵃ > 𝕲*, 𝕲ᴹˢˢ καὶ ἔδωκεν αὐτῷ ‖
ᵇ⁻ᵇ nonn Mss 𝕲*𝕾𝕮 ut Q הִיא וָהוּא, frt l ‖ ᶜ 𝕲 καὶ τὰ τέκνα αὐτῆς, prp וּבְנָהּ ‖ ᵈ >
𝕲*; 𝕲ᴼ⁽ᴬ𝕾𝕯⁾ καὶ ἀπὸ τῆς ἡμέρας ταύτης (cj c 16) ‖ 18 ᵃ pc Mss 𝕮 pr כִּי ‖ 19 ᵃ 𝕲*𝕾
om suff ‖ 20 ᵃ⁻ᵃ 𝕲 Ἠλίου ‖ 21 ᵃ 𝕲 καὶ ἐνεφύσησεν = וַיִּפַּח? ‖ ᵇ = אֶל, sic pc Mss ‖
22/23 ᵃ⁻ᵃ 𝕲* καὶ ἐγένετο οὕτως, καὶ ἀνεβόησεν (1 c 𝕲⁴⁰⁷ Jos ἀνεβίωσεν) τὸ παιδάριον ‖ ᵇ ut
21ᵇ ‖ 24 ᵃ > 2 Mss 𝕲*𝕾 ‖ **Cp 18,1** ᵃ prb l c pc Mss Vrs מִיָּ.

4 אֶת־יְהוָ֖ה מְאֹֽד׃ 4 וַיְהִ֗י בְּהַכְרִ֤ית אִיזֶ֙בֶל֙ אֵ֖ת נְבִיאֵ֣י יְהוָ֑ה וַיִּקַּ֨ח ב̇ חד מל וחד חס
עֹבַדְיָ֜הוּ מֵאָ֣ה נְבִאִ֗ים וַֽיַּחְבִּיאֵ֞ם חֲמִשִּׁ֥ים[a] אִישׁ֙ בַּמְּעָרָ֔ה[b] וְכִלְכְּלָ֖ם לֶ֥חֶם
5 וָמָֽיִם׃ 5 וַיֹּ֤אמֶר אַחְאָב֙ אֶל־עֹ֣בַדְיָ֔הוּ לֵ֤ךְ[a] בָּאָ֙רֶץ֙ אֶל־כָּל־[b]מַעְיְנֵ֣י ו̇ בסיפ
הַמַּ֔יִם וְאֶ֖ל כָּל־[c]הַנְּחָלִ֑ים אוּלַ֣י ׀ נִמְצָ֣א חָצִ֗יר וּנְחַיֶּה֙ ס֣וּס וָפֶ֔רֶד וְל֥וֹא ו̇ בסיפ . ג̇4 . לה̇ מל
6 נַכְרִ֖ית[d] מֵהַבְּהֵמָֽה׃[e] 6 וַֽיְחַלְּק֥וּ לָהֶ֛ם אֶת־הָאָ֖רֶץ[a] לַֽעֲבָר־בָּ֑הּ אַחְאָ֞ב
הָלַ֨ךְ בְּדֶ֤רֶךְ אֶחָד֙ לְבַדּ֔וֹ[b] וְעֹבַדְיָ֛הוּ הָלַ֥ךְ בְּדֶרֶךְ־אֶחָ֖ד לְבַדּֽוֹ׃
7 7 וַיְהִ֤י עֹבַדְיָ֙הוּ֙ בַּדֶּ֔רֶךְ[a] וְהִנֵּ֥ה[b] אֵלִיָּ֖הוּ לִקְרָאת֑וֹ[c] וַיַּכִּרֵ֗הוּ[d] וַיִּפֹּ֣ל עַל־ ל̇ . ל̇ . ל וחס
8 פָּנָ֔יו וַיֹּ֕אמֶר הַאַתָּ֥ה זֶ֖ה אֲדֹנִ֥י אֵלִיָּֽהוּ׃ 8 וַיֹּ֥אמֶר ל֖וֹ אָ֑נִי לֵ֛ךְ אֱמֹ֥ר ד̇5
9 לַאדֹנֶ֖יךָ הִנֵּ֥ה אֵלִיָּֽהוּ׃ 9 וַיֹּ֖אמֶר מֶ֣ה חָטָ֑אתִי כִּֽי־אַתָּ֞ה נֹתֵ֧ן אֶֽת־עַבְדְּךָ֛
10 בְּיַד־אַחְאָ֖ב לַהֲמִיתֵֽנִי׃ 10 חַ֣י ׀ יְהוָ֣ה אֱלֹהֶ֗יךָ אִם־יֶשׁ־גּ֤וֹי וּמַמְלָכָה֙ ב̇
אֲשֶׁ֨ר לֹֽא־שָׁלַ֤ח אֲדֹנִי֙ שָׁ֣ם לְבַקֶּשְׁךָ֔ וְאָמְר֖וּ אָ֑יִן וְהִשְׁבִּ֤יעַ[a] אֶת־הַמַּמְלָכָה֙
11 וְאֶת־הַגּ֔וֹי[b] כִּ֖י לֹ֥א יִמְצָאֶֽכָּה׃ 11 וְעַתָּ֖ה אַתָּ֣ה אֹמֵ֑ר לֵ֛ךְ אֱמֹ֥ר לַאדֹנֶ֖יךָ ל̇ . כ̇ מילין כת ה ס״ת6
12 [a]הִנֵּ֥ה אֵלִיָּֽהוּ׃[a] 12 וְהָיָ֞ה אֲנִ֣י ׀ אֵלֵ֣ךְ מֵאִתָּ֗ךְ וְר֨וּחַ יְהוָ֤ה ׀ יִשָּׂאֲךָ֙ עַ֣ל[a] אֲשֶׁ֣ר ה̇7 . ג̇8
לֹֽא־אֵדָ֔ע וּבָ֙אתִי֙ לְהַגִּ֧יד לְאַחְאָ֛ב [b]וְלֹ֥א יִמְצָאֲךָ֖[b] וַהֲרָגָ֑נִי וְעַבְדְּךָ֛ יָרֵ֥א ל̇ זקף קמ . ג̇ . ל̇
13 אֶת־יְהוָ֖ה מִנְּעֻרָֽי׃[c] 13 הֲלֹֽא־הֻגַּ֤ד לַֽאדֹנִי֙ אֵ֣ת אֲשֶׁר־עָשִׂ֔יתִי בַּהֲרֹ֣ג ג̇ חס9
אִיזֶ֔בֶל אֵ֖ת נְבִיאֵ֣י יְהוָ֑ה וָאַחְבִּא֩ מִנְּבִיאֵ֨י יְהוָ֜ה מֵ֣אָה אִ֗ישׁ חֲמִשִּׁ֨ים ל וחס . ל̇
14 חֲמִשִּׁ֥ים אִישׁ֙ בַּמְּעָרָ֔ה[a] וָאֲכַלְכְּלֵ֖ם לֶ֥חֶם וָמָֽיִם׃ 14 וְעַתָּה֙ אַתָּ֣ה אֹמֵ֔ר
15 לֵ֛ךְ אֱמֹ֥ר לַֽאדֹנֶ֖יךָ הִנֵּ֣ה אֵלִיָּ֑הוּ וַהֲרָגָֽנִי׃ ס 15 וַיֹּ֙אמֶר֙ אֵלִיָּ֔הוּ חַ֚י ג̇ . ב̇ בטע . ב̇ בסיפ
יְהוָ֣ה צְבָא֔וֹת אֲשֶׁ֥ר עָמַ֖דְתִּי לְפָנָ֑יו כִּ֥י הַיּ֖וֹם אֵרָאֶ֥ה אֵלָֽיו׃ ב̇
16 16 וַיֵּ֧לֶךְ עֹבַדְיָ֛הוּ לִקְרַ֥את אַחְאָ֖ב וַיַּגֶּד־ל֑וֹ [a]וַיֵּ֥לֶךְ אַחְאָ֖ב[a] לִקְרַ֥את
17 אֵלִיָּֽהוּ׃ 17 וַיְהִ֛י כִּרְא֥וֹת אַחְאָ֖ב אֶת־אֵלִיָּ֑הוּ וַיֹּ֤אמֶר אַחְאָב֙ אֵלָ֔יו[a] כ̇ בטע ר״פ10
18 הַאַתָּ֥ה זֶ֖ה עֹכֵ֥ר יִשְׂרָאֵֽל׃ 18 וַיֹּ֗אמֶר לֹ֤א עָכַ֙רְתִּי֙ אֶת־יִשְׂרָאֵ֔ל כִּ֥י אִם־ ל̇ . ל̇ . ד̇5

[4]Mm 129. [5]Mm 198. [6]Mm 964. [7]Mm 1877. [8]Mm 2001. [9]Mm 1585. [10]Mm 1017.

4 [a] prb ins c nonn Mss Vrs חמשים ut 13 ‖ [b] 𝔊$^{-BO}$ *ἐν δύο σπηλαίοις* cf 𝔙 et 13[a] ‖ **5** [a] 𝔊(𝔖) + *καὶ διέλθωμεν* = וְנַעֲבֹר? ‖ [b] > 𝔊 ‖ [c] > 𝔊^{BL} ‖ [d] 𝔊 *ἐξολοθρευθήσονται* = נִכְרַת? cf 𝔙 ‖ [e] pc Edd מִן (ה)ב׳ ‖ **6** [a] 𝔊(𝔖) *τὴν ὁδόν* ‖ [b] > 𝔊^{BL}𝔙, dl? ‖ **7** [a] 𝔊^{BL} + *μόνος* = לְבַדּוֹ ‖ [b] 𝔊$^{-L}$ *καὶ ἦλθεν* ‖ [c] 𝔊^{BO} + *μόνος* ‖ [d] 𝔊 *καὶ Αβδειου ἔσπευσεν* = וַיְמַהֵר? ‖ **10** [a] 𝔊 *καὶ ἐνέπρησεν* ‖ [b] 𝔊 *τὰς χώρας αὐτῆς* ‖ **11** [a–a] > 𝔊* ‖ **12** [a] Mss עד ‖ [b–b] > Ms 𝔊* ‖ [c] pc Mss 𝔊𝔖𝔙 ־יו ‖ **13** [a] 𝔊^{L} ut 4[b] ‖ **16** [a–a] frt l וַיָּרָץ א׳ וילך cf 𝔊 ‖ **17** [a] 2 Mss 𝔊 אֶל־אליהו.

אַתֶּ֖ם וּבֵ֣ית אָבִ֑יךָ בַּעֲזָבְכֶם֙ ᵃאֶת־מִצְוֺ֣ת יְהוָ֔הᵃ וַתֵּ֖לֶךְᵇ אַחֲרֵ֥י הַבְּעָלִֽים׃
19 וְעַתָּ֗ה שְׁלַ֨ח קְבֹ֥ץ אֵלַ֛י אֶת־כָּל־יִשְׂרָאֵ֖ל אֶל־הַ֣ר הַכַּרְמֶ֑ל וְאֶת־ ל
נְבִיאֵ֨י הַבַּ֜עַל אַרְבַּ֧ע מֵא֣וֹת וַחֲמִשִּׁ֗ים ᵃוּנְבִיאֵי֙ הָאֲשֵׁרָה֙ אַרְבַּ֣ע מֵא֔וֹתᵃ
20 אֹכְלֵ֖י שֻׁלְחַ֥ן אִיזָֽבֶל׃ 20 וַיִּשְׁלַ֥ח אַחְאָ֖ב בְּכָלᵃ־בְּנֵ֣י יִשְׂרָאֵ֑ל
21 וַיִּקְבֹּ֥ץ אֶתᵇ־הַנְּבִיאִ֖ים אֶל־הַ֥ר הַכַּרְמֶֽל׃ 21 וַיִּגַּ֨שׁ אֵלִיָּ֜הוּ אֶלᵃ־כָּל־ ו בסיפ . ב בסיפ
הָעָ֗םᵃ וַיֹּ֙אמֶר֙ עַד־מָתַ֞י אַתֶּ֣ם פֹּסְחִים֮ עַל־שְׁתֵּ֣י הַסְּעִפִּים֒ אִם־יְהוָ֤ה ל[11]
הָֽאֱלֹהִים֙ לְכ֣וּ אַחֲרָ֔יו וְאִם־הַבַּ֖עַל לְכ֣וּ אַחֲרָ֑יו וְלֹֽא־עָנ֥וּ הָעָ֛ם אֹת֖וֹᵇ
22 דָּבָֽר׃ 22 וַיֹּ֤אמֶר אֵלִיָּ֙הוּ֙ אֶלᵃ־הָעָ֔ם אֲנִ֞י נוֹתַ֧רְתִּי נָבִ֛יא לַיהוָ֖ה לְבַדִּ֑י ל
23 וּנְבִיאֵ֣י הַבַּ֔עַל אַרְבַּע־מֵא֥וֹת וַחֲמִשִּׁ֖ים אִֽישׁᵇ׃ 23 וְיִתְּנוּ־לָ֜נוּ שְׁנַ֣יִם פָּרִ֗ים ג רפ[12]
וְיִבְחֲר֣וּ לָהֶם֩ הַפָּ֨ר הָאֶחָ֜ד וִֽינַתְּחֻ֗הוּ וְיָשִׂ֙ימוּ֙ עַל־הָ֣עֵצִ֔ים וְאֵ֖שׁ לֹ֣א ל . ג[13] . ל . ג[14]
יָשִׂ֑ימוּ וַאֲנִ֞י אֶעֱשֶׂ֣ה׀ אֶת־הַפָּ֣ר הָאֶחָ֗דᵃ ᵇוְנָֽתַתִּי֙ עַל־הָ֣עֵצִ֔יםᵇ וְאֵ֖שׁ לֹ֥א ג[13]
24 אָשִֽׂים׃ 24 וּקְרָאתֶ֞ם בְּשֵׁ֣ם אֱלֹֽהֵיכֶ֗ם וַאֲנִי֙ אֶקְרָ֣א בְשֵׁם־יְהוָ֔הᵃ וְהָיָ֧ה ל . ל
הָאֱלֹהִ֛ים אֲשֶׁר־יַעֲנֶ֥ה בָאֵ֖שׁ ה֣וּא הָאֱלֹהִ֑ים וַיַּ֧עַן כָּל־הָעָ֛ם וַיֹּאמְר֖וּ ט֥וֹב ב
25 הַדָּבָֽרᵇ׃ 25 וַיֹּ֨אמֶר אֵלִיָּ֜הוּ לִנְבִיאֵ֣י הַבַּ֗עַל בַּחֲר֨וּ לָכֶ֜ם הַפָּ֤ר ג[13]
הָֽאֶחָד֙ וַעֲשׂ֣וּ רִֽאשֹׁנָ֔ה כִּ֥י אַתֶּ֖ם הָֽרַבִּ֑ים ᵃוְקִרְאוּ֙ בְּשֵׁ֣ם אֱלֹֽהֵיכֶ֔ם וְאֵ֖שׁ לֹ֥א ל
26 תָשִֽׂימוּᵃ׃ 26 וַיִּקְח֨וּ אֶת־הַפָּ֜ר ᵃאֲשֶׁר־נָתַ֣ן לָהֶם֮ᵃ וַֽיַּעֲשׂוּ֒ וַיִּקְרְא֣וּ בְשֵׁם־
הַ֠בַּעַל ᵇמֵהַבֹּ֨קֶר וְעַד־הַֽצָּהֳרַ֤יִםᵇ לֵאמֹר֙ᶜ הַבַּ֣עַל עֲנֵ֔נוּ וְאֵ֥ין ק֖וֹל וְאֵ֣ין ג[15] . ד . יג פסוק ואין ואין[16] . ה
27 עֹנֶ֑ה וַיְפַסְּח֔וּ עַל־הַמִּזְבֵּ֖חַ אֲשֶׁ֥ר עָשָֽׂהᵈ׃ 27 וַיְהִ֨י בַֽצָּהֳרַ֜יִם וַיְהַתֵּ֧ל בָּהֶ֣ם ל . יב[17]
אֵלִיָּ֗הוּᵃ וַיֹּ֙אמֶר֙ קִרְא֣וּ בְקוֹל־גָּד֔וֹל כִּֽי־אֱלֹהִ֖ים ה֑וּא כִּ֣י ᵇשִׂ֧יחַ וְכִֽי־ ה[17]
28 שִׂ֣יג ל֗וֹ וְכִֽי־דֶ֥רֶךְ ל֛וֹᵇ אוּלַ֥י יָשֵׁ֖ן ה֥וּא וְיִקָֽץ׃ 28 וַֽיִּקְרְאוּ֙ בְּק֣וֹל גָּד֔וֹל ל . ל . ל וחס
וַיִּתְגֹּֽדְדוּ֙ כְּמִשְׁפָּטָ֔ם בַּחֲרָב֖וֹת וּבָרְמָחִ֑ים עַד־שְׁפָךְ־דָּ֖ם עֲלֵיהֶֽם׃ ל וחס
29 וַיְהִי֙ כַּעֲבֹ֣ר הַֽצָּהֳרַ֔יִם וַיִּֽתְנַבְּא֔וּ עַ֖ד לַעֲל֣וֹת הַמִּנְחָ֑ה וְאֵין־ק֥וֹל וְאֵין־ ב חד חס וחד מל[18] . ד . יד[19] וכל אורית ויהושע דכות ב מ ג . ג פסוק ואין ואין . ה

[11] Mm 1372. [12] Mm 2002. [13] Mm 2003. [14] Mm 3329. [15] Mm 1715. [16] Mm 2004. [17] Mp sub loco. [18] Mm 2005. [19] Mm 1523.

18 ᵃ⁻ᵃ 𝔊 *τὸν κύριον θεὸν ὑμῶν*, recte? ‖ ᵇ 𝔊^min 𝔖𝔗𝔙 pl ‖ **19** ᵃ⁻ᵃ prb dl ‖ **20** ᵃ mlt Mss גְּבוּל; > 𝔊 ‖ ᵇ pc Mss 𝔊 + כָּל־ ‖ **21** ᵃ⁻ᵃ 𝔊* *πάντας* = כֻּלְּהֶם? ‖ ᵇ > 2 Mss 𝔊* ‖ **22** ᵃ mlt Mss 𝔗^f Ms + כָּל־ ‖ ᵇ 𝔊 + 19ᵃ⁻ᵃ ‖ **23** ᵃ 2 Mss הַשֵּׁנִי, 𝔊 *τὸν ἄλλον* = הָאַחֵר ‖ ᵇ⁻ᵇ > 𝔊*, prb dl ‖ **24** ᵃ 𝔊𝔖𝔙^Mss + *τοῦ θεοῦ μου* ‖ ᵇ 𝔊 + *ὃ ἐλάλησας* cf 𝔖𝔙 ‖ **25** ᵃ⁻ᵃ > 𝔖 ‖ **26** ᵃ⁻ᵃ > 𝔊*, prb dl ‖ ᵇ⁻ᵇ > 𝔊^L ‖ ᶜ 𝔊 + *ἐπάκουσον ἡμῶν* = עננו ‖ ᵈ l c Seb nonn Mss Vrs עָשׂוּ ‖ **27** ᵃ 𝔊 + *ὁ Θεσβίτης* cf 17,1 ‖ ᵇ⁻ᵇ inc; 𝔊 *ἀδολεσχία αὐτῷ ἐστιν, καὶ ἅμα μήποτε χρηματίζει αὐτός* cf 𝔗.

30 עֹנֶה וְאֵין קָשֶׁב{a}׃ 30 וַיֹּאמֶר אֵלִיָּהוּ לְכָל־הָעָם גְּשׁוּ אֵלַי וַיִּגְּשׁוּ
31 כָל־הָעָם אֵלָיו {a}וַיְרַפֵּא אֶת־מִזְבַּח יְהוָה{b} הֶהָרוּס׃ 31 וַיִּקַּח אֵלִיָּהוּ ל̇. ל̇
שְׁתֵּים עֶשְׂרֵה אֲבָנִים כְּמִסְפַּר שִׁבְטֵי בְנֵי־{a}יַעֲקֹב{b} אֲשֶׁר הָיָה דְבַר־ ל̇. ל̇
32 יְהוָה אֵלָיו לֵאמֹר יִשְׂרָאֵל יִהְיֶה שְׁמֶךָ׃ 32 וַיִּבְנֶה אֶת־הָאֲבָנִים מִזְבֵּחַ{a} ג̇[20]
33 {b}בְּשֵׁם יְהוָה{b} וַיַּעַשׂ תְּעָלָה כְּבֵית סָאתַיִם זֶרַע סָבִיב לַמִּזְבֵּחַ׃ 33 וַיַּעֲרֹךְ ל̇
34 אֶת־הָעֵצִים וַיְנַתַּח אֶת־הַפָּר וַיָּשֶׂם עַל־הָעֵצִים׃ 34 וַיֹּאמֶר מִלְאוּ פ̇ד̇
אַרְבָּעָה כַדִּים מַיִם וְיִצְקוּ עַל־הָעֹלָה וְעַל־הָעֵצִים{a} וַיֹּאמֶר שְׁנוּ וַיִּשְׁנוּ ל̇. ל̇. ל̇
35 וַיֹּאמֶר שַׁלֵּשׁוּ וַיְשַׁלֵּשׁוּ׃ 35 וַיֵּלְכוּ הַמַּיִם סָבִיב לַמִּזְבֵּחַ וְגַם אֶת־הַתְּעָלָה ל̇. ל̇
36 מִלֵּא־מָיִם׃ 36 {a}וַיְהִי ׀ בַּעֲלוֹת הַמִּנְחָה{a} {b}וַיִּגַּשׁ אֵלִיָּהוּ הַנָּבִיא{b} וַיֹּאמַר ל̇. ה̇[21]. צ̇א̇
יְהוָה אֱלֹהֵי אַבְרָהָם יִצְחָק{c} וְיִשְׂרָאֵל{d} הַיּוֹם יִוָּדַע{e} כִּי־אַתָּה אֱלֹהִים ד̇ בליש[22]. ל̇ג̇. ה̇
בְּיִשְׂרָאֵל וַאֲנִי עַבְדֶּךָ וּבִדְבָרֶיךָ{f} עָשִׂיתִי אֵת כָּל־הַדְּבָרִים הָאֵלֶּה׃ ובדברך חד מן ח̇[23] ק̇ יתיר י בליש. כ̇ה̇
37 37 {a}עֲנֵנִי יְהוָה עֲנֵנִי{a} וְיֵדְעוּ{b} הָעָם הַזֶּה כִּי־אַתָּה יְהוָה הָאֱלֹהִים וְאַתָּה י̇א̇[24]. ל̇[25]. כ̇ז̇ בטע ח̇[26] מנה בליש
38 הֲסִבֹּתָ אֶת־לִבָּם אֲחֹרַנִּית׃ 38 וַתִּפֹּל אֵשׁ־יְהוָה{a} וַתֹּאכַל אֶת־הָעֹלָה ל̇. ז̇
וְאֶת־הָעֵצִים{b} וְאֶת־הָאֲבָנִים וְאֶת־הֶעָפָר{b} וְאֶת־הַמַּיִם אֲשֶׁר־בַּתְּעָלָה ל̇
ס̇[34,יו] לִחֵכָה׃ 39 וַיַּרְא{a} כָּל־הָעָם וַיִּפְּלוּ{b} עַל־פְּנֵיהֶם וַיֹּאמְרוּ{c} יְהוָה ל̇. ב̇
40 הוּא{d} הָאֱלֹהִים יְהוָה{b} הוּא הָאֱלֹהִים׃ 40 וַיֹּאמֶר אֵלִיָּהוּ לָהֶם תִּפְשׂוּ ׀ כ̇ב̇[27] וכל ד״ה ועזרא דכות ב̇ מ̇ ה̇ חס בליש
אֶת־נְבִיאֵי הַבַּעַל אִישׁ אַל־יִמָּלֵט מֵהֶם וַיִּתְפְּשׂוּם וַיּוֹרִדֵם אֵלִיָּהוּ י̇ג̇[28]. ב̇ ומל[29]. ל̇ כת כן
41 אֶל־נַחַל קִישׁוֹן וַיִּשְׁחָטֵם שָׁם׃ 41 וַיֹּאמֶר אֵלִיָּהוּ לְאַחְאָב עֲלֵה ג̇[30]
42 אֱכֹל וּשְׁתֵה כִּי־קוֹל הֲמוֹן הַגָּשֶׁם׃ 42 וַיַּעֲלֶה אַחְאָב לֶאֱכֹל וְלִשְׁתּוֹת ג̇[31]
וְאֵלִיָּהוּ עָלָה אֶל־רֹאשׁ{a} הַכַּרְמֶל וַיִּגְהַר אַרְצָה וַיָּשֶׂם פָּנָיו בֵּין בִּרְכָּו{b}׃ ב̇[32] וכל ההר דכות ב̇ מ̇ ה̇. ג̇. פ̇ד̇. ברכיו ק̇
43 43 וַיֹּאמֶר אֶל־נַעֲרוֹ עֲלֵה־נָא הַבֵּט דֶּרֶךְ־יָם וַיַּעַל{a} וַיַּבֵּט וַיֹּאמֶר אֵין
44 מְאוּמָה וַיֹּאמֶר שֻׁב{b} שֶׁבַע פְּעָמִים{c}׃ 44 וַיְהִי בַּשְּׁבִעִית {a}וַיֹּאמֶר הִנֵּה־{a} ב̇ חס. ב̇ כת כן[33]

[20] Mm 4227. [21] Mm 1943. [22] Mm 4147. [23] Mm 1921. [24] Mm 1625. [25] Mm 1372. [26] Mm 4158. [27] Mm 11. [28] Mm 3044. [29] Mm 2006. [30] Mm 2007. [31] Mm 2008. [32] Mm 2009. [33] Mp sub loco.

29 [a] 𝔊𝔖 + nonn vb ‖ **30** [a] 𝔊* tr 30b post 32a ‖ [b] > 𝔊* ‖ **31** [a] > pc Mss 𝔊 ‖ [b] pc Mss 𝔊* ישראל ‖ **32** [a] > 𝔊 ‖ [b–b] > 𝔊^{L} (Syh sub ast) ‖ **34** [a] 𝔊* + *καὶ ἐποίησαν οὕτως* ‖ **36** [a–a] > 𝔊* ‖ [b–b] 𝔊 *καὶ ἀνεβόησεν Ηλιου εἰς τὸν οὐρανόν* ‖ [c] Ms 𝔊𝔖 'וְי ‖ [d] 𝔊* + 37[a–a] ‖ [e] 𝔊* *ἐν πυρί, καὶ γνώτωσαν πᾶς ὁ λαός οὗτος* ‖ [f] mlt Mss 𝔖𝔗𝔙 ut Q, וּבִדְבָרְךָ sic l; 𝔊 *καὶ διὰ σέ* ‖ **37** [a–a] cf 36[d] ‖ [b] 2 Mss 𝔊^{min}𝔖 + כָּל־ ‖ **38** [a] Ms 𝔗 'מִי ‖ [b] cf 𝔊 ‖ [b–b] 𝔊* tr post בתעלה, gl? ‖ **39** [a] 𝔊* *καὶ ἔπεσεν* ‖ [b] > 𝔊* ‖ [c] 𝔊 + *ἀληθῶς* = אָמֵן ‖ [d] > 2 Mss 𝔊* ‖ **42** [a] > 𝔊* ‖ [b] mlt Mss ut Q ־כָּיו ‖ **43** [a] > 𝔊* ‖ [b] 𝔊^{L} + *καὶ ἐπίβλεψον* ‖ [c] frt ins וַיָּשָׁב הַנַּעַר שֶׁבַע פְּעָמִים cf 𝔊 ‖ **44** [a–a] 𝔊 *καὶ ἰδού.*

עָ֣ב קְטַנָּ֔ה כְּכַף־אִ֖ישׁ [b]עֹלָ֣ה מִיָּ֑ם[b] וַיֹּ֗אמֶר עֲלֵ֨ה אֱמֹ֤ר אֶל־אַחְאָב֙ אֱסֹ֣ר[c] ב̇
45 וָרֵ֔ד וְלֹ֥א יַעַצָרְכָ֖ה[d] הַגָּֽשֶׁם׃ 45 וַיְהִ֣י ׀ עַד־כֹּ֣ה וְעַד־כֹּ֗ה וְהַשָּׁמַ֙יִם֙ ל̇. כ̇[34] מילין כת ה ס״ת ול בליש. י̇ז פסוק עד ועד[35]. ב̇
הִֽתְקַדְּרוּ֙ עָבִ֣ים וְר֔וּחַ וַיְהִ֖י גֶּ֣שֶׁם גָּד֑וֹל וַיִּרְכַּ֥ב[a] אַחְאָ֖ב וַיֵּ֥לֶךְ יִזְרְעֶֽאלָה׃ ז̇[36]
46 וְיַד־יְהוָ֗ה הָֽיְתָה֙ אֶל־[a]אֵ֣לִיָּ֔הוּ וַיְשַׁנֵּ֖ס מָתְנָ֑יו וַיָּ֙רָץ֙ לִפְנֵ֣י אַחְאָ֔ב עַד־ ה̇י. ג̇[37]. ל̇
בֹּאֲכָ֖ה יִזְרְעֶֽאלָה׃ ו מל. ז̇[36]

19 1 וַיַּגֵּ֤ד אַחְאָב֙ לְאִיזֶ֔בֶל[a] אֵ֛ת כָּל־אֲשֶׁ֥ר עָשָׂ֖ה אֵלִיָּ֑הוּ[b] וְאֵ֨ת כָּל־ ל̇
2 אֲשֶׁ֥ר[b] הָרַ֛ג אֶת־כָּל־[c]הַנְּבִיאִ֖ים בֶּחָֽרֶב׃ 2 וַתִּשְׁלַ֤ח אִיזֶ֙בֶל֙ מַלְאָ֔ךְ[a] אֶל־
אֵלִיָּ֖הוּ לֵאמֹ֑ר[b] כֹּֽה־יַעֲשׂ֤וּן[c] אֱלֹהִים֙ וְכֹ֣ה יוֹסִפ֔וּן כִּֽי־כָעֵ֤ת מָחָר֙ אָשִׂ֣ים ה̇[1]. ל̇ וכת כן
3 אֶֽת־נַפְשְׁךָ֔ כְּנֶ֖פֶשׁ אַחַ֥ד מֵהֶֽם׃ 3 וַיַּ֗רְא[a] וַיָּ֙קָם֙ וַיֵּ֣לֶךְ אֶל־[b]נַפְשׁ֔וֹ וַיָּבֹ֕א ב̇[2]. כ̇ה[3]
4 בְּאֵ֥ר שֶׁ֖בַע אֲשֶׁ֣ר לִֽיהוּדָ֑ה וַיַּנַּ֥ח אֶֽת־נַעֲר֖וֹ שָֽׁם׃ 4 וְהֽוּא־הָלַ֤ךְ בַּמִּדְבָּר֙ ז̇[4]. ל̇ג ר״פ
דֶּ֣רֶךְ י֔וֹם וַיָּבֹ֕א וַיֵּ֕שֶׁב תַּ֖חַת רֹ֣תֶם אֶחָ֑ת[a] וַיִּשְׁאַ֤ל אֶת־נַפְשׁוֹ֙ לָמ֔וּת וַיֹּ֣אמֶר ׀ אחד ק̇ חד מן ז̇[5] יתיר ת
5 רַ֗ב[b] עַתָּ֤ה יְהוָה֙[c] קַ֣ח נַפְשִׁ֔י[d] כִּֽי־לֹא־ט֥וֹב אָנֹכִ֖י מֵאֲבֹתָֽי׃ 5 וַיִּשְׁכַּב֙
וַיִּישַׁ֔ן [a]תַּ֖חַת רֹ֣תֶם אֶחָ֑ד[a] וְהִנֵּה־זֶ֤ה מַלְאָךְ֙[b] נֹגֵ֣עַ בּ֔וֹ וַיֹּ֥אמֶר ל֖וֹ ק֥וּם ב̇ זקף חד קמ̇ וחד פת̇[6]. ב̇
6 אֱכֽוֹל׃ 6 וַיַּבֵּ֕ט וְהִנֵּ֥ה מְרַאֲשֹׁתָ֛יו עֻגַ֥ת רְצָפִ֖ים וְצַפַּ֣חַת מָ֑יִם[a] וַיֹּ֣אכַל ה̇ מל בליש[7]. ח̇
7 וַיֵּ֔שְׁתְּ וַיָּ֖שָׁב וַיִּשְׁכָּֽב׃ 7 וַיָּשָׁב֩ מַלְאַ֨ךְ יְהוָ֤ה ׀ שֵׁנִית֙ וַיִּגַּע־בּ֔וֹ וַיֹּ֖אמֶר ק֣וּם
8 אֱכֹ֑ל כִּ֛י רַ֥ב מִמְּךָ֖ הַדָּֽרֶךְ׃ 8 וַיָּ֖קָם וַיֹּ֣אכַל וַיִּשְׁתֶּ֑ה וַיֵּ֜לֶךְ בְּכֹ֣חַ ׀ ל̇
הָאֲכִילָ֣ה הַהִ֗יא אַרְבָּעִ֥ים יוֹם֙ וְאַרְבָּעִ֣ים לַ֔יְלָה עַ֛ד הַ֥ר הָאֱלֹהִ֖ים[a] ל̇ ומל. ד̇
9 חֹרֵֽב׃ 9 וַיָּבֹא־שָׁ֥ם אֶל־הַמְּעָרָ֖ה וַיָּ֣לֶן שָׁ֑ם וְהִנֵּ֤ה דְבַר־יְהוָה֙ יב̇[8]. ב̇[9]
10 אֵלָ֔יו וַיֹּ֣אמֶר ל֔וֹ[a] מַה־לְּךָ֥ פֹ֖ה אֵלִיָּֽהוּ׃ 10 וַיֹּ֡אמֶר קַנֹּא֩ קִנֵּ֨אתִי לַיהוָ֣ה ׀ ד̇ ב̇ מל וב̇ חס[10]. ב̇ בליש[11]
אֱלֹהֵ֣י צְבָא֗וֹת כִּֽי־עָזְב֤וּ בְרִֽיתְךָ֙[a] בְּנֵ֣י יִשְׂרָאֵ֔ל אֶת־מִזְבְּחֹתֶ֣יךָ הָרָ֔סוּ ג̇
וְאֶת־נְבִיאֶ֖יךָ הָרְג֣וּ בֶחָ֑רֶב וָאִוָּתֵ֤ר אֲנִי֙ לְבַדִּ֔י וַיְבַקְשׁ֥וּ אֶת־נַפְשִׁ֖י ג̇[12]
11 לְקַחְתָּֽהּ׃ 11 וַיֹּ֗אמֶר צֵ֣א וְעָמַדְתָּ֣ בָהָר֮ לִפְנֵ֣י יְהוָה֒ וְהִנֵּ֧ה יְהוָ֣ה עֹבֵ֗ר ד̇[13]

[34]Mm 964. [35]Mm 912. [36]Mm 1351. [37]Mm 2010. **Cp 19** [1]Mm 500. [2]Mm 2847. [3]Mm 187. [4]Mm 2011. [5]Mm 2792. [6]Mm 1949. [7]Mm 1692. [8]Mm 2938. [9]Mm 2012. [10]Mm 1382. [11]Mm 2015. [12]Mm 3976. [13]Mm 2013.

44 [b–b] 𝔊* *ἀνάγουσα ὕδωρ* = מַעֲלֶה מַיִם ‖ [c] 𝔊(𝔙[Mss]) + *τὸ ἅρμα σου* ‖ [d] sic L, mlt Mss Edd ׳יַעְצָ ‖ **45** [a] 𝔊 *καὶ ἔκλαιεν* = וַיֵּבְךְּ ‖ **46** [a] = עַל cf 𝔊 ‖ **Cp 19,1** [a] 𝔊* + *γυναικὶ αὐτοῦ* ‖ [b–b] 𝔊(𝔖𝔙) *καὶ ὡς* = וַאֲשֶׁר ‖ [c] > pc Mss 𝔊*, dl ‖ **2** [a] > 𝔊* ‖ [b] 𝔊 + *(εἰ) σὺ εἶ Ηλιου καὶ ἐγὼ Ιεζαβελ* ‖ [c] ins c mlt Mss Vrs לִי ut 20,10 ‖ **3** [a] l c pc Mss 𝔊𝔖𝔙 וַיִּרָא ‖ [b] = עַל, sic Ms Or ‖ **4** [a] l c nonn Mss ut Q אֶחָד ‖ [b] 𝔖𝔗(𝔙) + *lj* ‖ [c] > 𝔊* ‖ [d] Ms 𝔖 + מִמֶּנִּי cf 𝔊 ‖ **5** [a–a] *ἐκεῖ ὑπὸ φυτόν*; l שָׁם ‖ [b] > 𝔊 ‖ **6** [a] 𝔊 + *καὶ ἀνέστη* ‖ **8** [a] > 𝔊* ‖ **9** [a] > pc Mss 𝔊 ‖ **10** [a–a] l עֲזָבוּךָ? cf 𝔊.

וְר֨וּחַ גְּדוֹלָ֜ה [a]וְחָזָ֗ק מְפָרֵק֩ הָרִ֨ים וּמְשַׁבֵּ֤ר סְלָעִים֙[a] לִפְנֵ֣י יְהוָ֔ה לֹ֥א ב
12 בָר֖וּחַ יְהוָ֑ה וְאַחַ֤ר הָר֙וּחַ֙ רַ֔עַשׁ לֹ֥א בָרַ֖עַשׁ יְהוָֽה׃ 12 וְאַחַ֤ר הָרַ֙עַשׁ֙ ג[14]. ל. ל
13 אֵ֔שׁ לֹ֥א בָאֵ֖שׁ יְהוָ֑ה וְאַחַ֣ר הָאֵ֔שׁ ק֖וֹל דְּמָמָ֥ה דַקָּֽה׃[a] 13 וַיְהִ֣י ׀ כִּשְׁמֹ֣עַ ל. ל. ב[15]. ב
אֵלִיָּ֗הוּ וַיָּ֤לֶט פָּנָיו֙ בְּאַדַּרְתּ֔וֹ וַיֵּצֵ֕א וַֽיַּעֲמֹ֖ד פֶּ֣תַח הַמְּעָרָ֑ה וְהִנֵּ֤ה אֵלָיו֙ ל
14 ק֔וֹל וַיֹּ֕אמֶר מַה־לְּךָ֥ פֹ֖ה אֵלִיָּֽהוּ׃ 14 וַיֹּאמֶר֩ קַנֹּ֨א קִנֵּ֜אתִי לַיהוָ֣ה ׀ ד ב מל וב חס[16]. ב בליש[17]
אֱלֹהֵ֣י צְבָא֗וֹת כִּֽי־עָזְב֤וּ[a] בְרִֽיתְךָ֙[a] בְּנֵ֣י יִשְׂרָאֵ֔ל אֶת־מִזְבְּחֹתֶ֣יךָ הָרָ֔סוּ ג
וְאֶת־נְבִיאֶ֖יךָ הָרְג֣וּ בֶחָ֑רֶב וָֽאִוָּתֵ֤ר אֲנִי֙ לְבַדִּ֔י וַיְבַקְשׁ֥וּ אֶת־נַפְשִׁ֖י ג[18]
15 לְקַחְתָּֽהּ׃ ס 15 וַיֹּ֤אמֶר יְהוָה֙ אֵלָ֔יו לֵ֛ךְ שׁ֥וּב לְדַרְכְּךָ֖[a] מִדְבַּ֣רָה ו ר״פ[19]. ה ג קמ וב[20] פת
16 דַמָּ֑שֶׂק וּבָ֗אתָ וּמָשַׁחְתָּ֧ אֶת־חֲזָאֵ֛ל לְמֶ֖לֶךְ עַל־אֲרָֽם׃ 16 וְאֵ֙ת יֵה֣וּא ג בטע[21]. ל
בֶן־נִמְשִׁ֔י תִּמְשַׁ֥ח לְמֶ֖לֶךְ עַל־יִשְׂרָאֵ֑ל וְאֶת־אֱלִישָׁ֤ע בֶּן־שָׁפָט֙ [a]מֵאָבֵ֣ל ל
17 מְחוֹלָ֔ה[a] תִּמְשַׁ֥ח לְנָבִ֖יא תַּחְתֶּֽיךָ׃ 17 וְהָיָ֗ה הַנִּמְלָ֛ט מֵחֶ֥רֶב חֲזָאֵ֖ל יָמִ֣ית ב. ח[22]
18 יֵה֑וּא וְהַנִּמְלָ֛ט מֵחֶ֥רֶב יֵה֖וּא יָמִ֥ית אֱלִישָֽׁע׃ 18 וְהִשְׁאַרְתִּ֥י[a] בְיִשְׂרָאֵ֖ל ח[22]
שִׁבְעַ֣ת אֲלָפִ֑ים כָּל־הַבִּרְכַּ֗יִם אֲשֶׁ֤ר לֹֽא־כָרְעוּ֙ לַבַּ֔עַל וְכָל־הַפֶּ֖ה אֲשֶׁ֥ר ל. ל
19 לֹֽא־נָשַׁ֥ק לֽוֹ׃ 19 וַיֵּ֨לֶךְ מִשָּׁ֜ם וַיִּמְצָ֣א אֶת־אֱלִישָׁ֣ע בֶּן־שָׁפָט֮ וְה֣וּא ל. ז פסוק והוא והוא[23]
חֹרֵשׁ֒ שְׁנֵים[a]־עָשָׂ֤ר צְמָדִים֙ לְפָנָ֔יו וְה֖וּא בִּשְׁנֵ֣ים הֶעָשָׂ֑ר וַיַּעֲבֹ֤ר אֵלִיָּ֙הוּ֙ ל. ל
20 אֵלָ֔יו וַיַּשְׁלֵ֥ךְ אַדַּרְתּ֖וֹ אֵלָֽיו׃[b] 20 וַיַּעֲזֹ֣ב אֶת־הַבָּקָ֗ר וַיָּ֙רָץ֙ אַחֲרֵ֣י אֵלִיָּ֔הוּ
וַיֹּ֗אמֶר אֶשְּׁקָה־נָּא֙ לְאָבִ֣י וּלְאִמִּ֔י[a] וְאֵלְכָ֖ה אַחֲרֶ֑יךָ וַיֹּ֤אמֶר לוֹ֙ לֵ֣ךְ שׁ֔וּב ל
21 [b]כִּ֥י מֶֽה[b]־עָשִׂ֖יתִי לָֽךְ׃ 21 וַיָּ֨שָׁב מֵאַחֲרָ֜יו וַיִּקַּ֨ח אֶת־צֶ֧מֶד הַבָּקָ֣ר
וַיִּזְבָּחֵ֗הוּ וּבִכְלִ֤י הַבָּקָר֙ בִּשְּׁלָ֣ם הַבָּשָׂ֔ר[a] וַיִּתֵּ֥ן לָעָ֖ם וַיֹּאכֵ֑לוּ וַיָּ֗קָם וַיֵּ֛לֶךְ ל. יח[24] וכל יוצר חפץ חמדה דכות במ״א. ל. ב ובתרי לישנ[25]
אַחֲרֵ֥י אֵלִיָּ֖הוּ וַיְשָׁרְתֵֽהוּ׃ פ ל

20 [a]**20** 1 וּבֶן־הֲדַ֣ד[b] [c]מֶֽלֶךְ־אֲרָם֮[c] קָבַ֣ץ אֶת־כָּל־חֵילוֹ֒ וּשְׁלֹשִׁ֨ים ל
וּשְׁנַ֥יִם מֶ֛לֶךְ אִתּ֖וֹ וְס֣וּס וָרָ֑כֶב וַיַּ֗עַל וַיָּ֙צַר֙ עַל־שֹׁ֣מְר֔וֹן וַיִּלָּחֶ֖ם בָּֽהּ׃
2 3 2 וַיִּשְׁלַ֧ח מַלְאָכִ֛ים[a] אֶל־אַחְאָ֥ב מֶֽלֶךְ־יִשְׂרָאֵ֖ל הָעִֽירָה׃[b] 3 וַיֹּ֣אמֶר ל֔וֹ ט[1]. יב סביר
כֹּ֚ה אָמַ֣ר בֶּן־הֲדַ֔ד כַּסְפְּךָ֥ וּזְהָבְךָ֖ לִי־ה֑וּא וְנָשֶׁ֧יךָ וּבָנֶ֛יךָ הַטּוֹבִ֖ים[a] לִֽי־ ב

[14]Mm 2014. [15]Mm 3460. [16]Mm 1382. [17]Mm 2015. [18]Mm 3976. [19]Mm 1931. [20]Mm 1341. [21]Mm 2016. [22]Mm 1873. [23]Mm 2017. [24]Mm 2781. [25]Mp sub loco. **Cp 20** [1]Mm 1972.

11 [a–a] add? tr post רעש? ‖ **12** [a] 𝔊$^{-BL}$(𝔙^{Mss}) + *κακεῖ κύριος* ‖ **14** [a–a] 𝔊^{AL} *ἐγκατέλιπόν (σε)* cf 10[a–a] ‖ **15** [a] huc tr prb ובאת cf 𝔊 ‖ **16** [a–a] > ℭ; 𝔊$^{B\,min}$ tr post תמשח ‖ **18** [a] 𝔊$^{-L}$ 2sg; 𝔙 + *mihi* cf Rm 11,4 ‖ **19** [a] pc Mss 𝔖 וש׳ ‖ [b] = עָלָיו, sic pc Mss Vrs ‖ **20** [a] > 𝔊* ‖ [b–b] 𝔙 *quod enim meum erat* ‖ **21** [a] > 𝔊; dl vel tr post ויתן ‖ **Cp 20,1** [a] 𝔊* tr cp 20 post 21 ‖ [b] cf 15,18[d] ‖ [c–c] > 𝔊$^{B\,min}$ ‖ **2** [a] > 𝔊* ‖ [b] > 𝔊^{L}𝔖 ‖ **3** [a] > 𝔊* ‖ [b] prp לְךָ.

4 הֵם׃ 4 וַיַּעַן מֶלֶךְ־יִשְׂרָאֵל וַיֹּאמֶר כִּדְבָרְךָ אֲדֹנִי הַמֶּלֶךְ לְךָ אֲנִי וְכָל־ (יב ס״פ[2] . ב)
5 אֲשֶׁר־לִי׃ 5 וַיָּשֻׁבוּ הַמַּלְאָכִים וַיֹּאמְרוּ כֹּה־אָמַר בֶּן־הֲדַד
לֵאמֹר [a]כִּי־[a]שָׁלַחְתִּי אֵלֶיךָ לֵאמֹר כַּסְפְּךָ וּזְהָבְךָ וְנָשֶׁיךָ וּבָנֶיךָ[b] לִי (ב . ל)
6 תִּתֵּן׃ 6 כִּי ׀ אִם־כָּעֵת מָחָר אֶשְׁלַח אֶת־עֲבָדַי אֵלֶיךָ וְחִפְּשׂוּ אֶת־
בֵּיתְךָ[a] וְאֵת בָּתֵּי עֲבָדֶיךָ וְהָיָה כָּל־מַחְמַד עֵינֶיךָ[b] יָשִׂימוּ בְיָדָם וְלָקָחוּ׃ (ב)
7 וַיִּקְרָא מֶלֶךְ־יִשְׂרָאֵל לְכָל־[a]זִקְנֵי הָאָרֶץ[a] וַיֹּאמֶר דְּעוּ־נָא וּרְאוּ כִּי (ל)
רָעָה זֶה מְבַקֵּשׁ כִּי־שָׁלַח אֵלַי לְנָשַׁי וּלְבָנַי [b]וּלְכַסְפִּי וְלִזְהָבִי וְלֹא[b] (ל . ל . ל)
8 מָנַעְתִּי מִמֶּנּוּ׃ 8 וַיֹּאמְרוּ אֵלָיו כָּל־הַזְּקֵנִים וְכָל־הָעָם אַל־תִּשְׁמַע (נא מ״פ וכל ר״פ דכות ב מ ג)
9 וְלוֹא תֹאבֶה׃ 9 וַיֹּאמֶר לְמַלְאֲכֵי בֶן־הֲדַד אִמְרוּ [a]לַאדֹנִי הַמֶּלֶךְ[a] כֹּל (לה מל)
אֲשֶׁר־שָׁלַחְתָּ אֶל־עַבְדְּךָ בָרִאשֹׁנָה אֶעֱשֶׂה וְהַדָּבָר הַזֶּה לֹא אוּכַל (כב[3] . ג[4])
10 לַעֲשׂוֹת וַיֵּלְכוּ הַמַּלְאָכִים וַיְשִׁבֻהוּ דָּבָר׃ 10 וַיִּשְׁלַח אֵלָיו בֶּן־ (ב וחס)
הֲדַד וַיֹּאמֶר כֹּה־יַעֲשׂוּן לִי אֱלֹהִים וְכֹה יוֹסִפוּ אִם־יִשְׂפֹּק עֲפַר שֹׁמְרוֹן (ה[5] . יא[6] . ט בליש ד[7] מנה כת כן . ג ב חס וחד מל[8])
11 לִשְׁעָלִים[a] לְכָל־הָעָם אֲשֶׁר בְּרַגְלָי׃ 11 וַיַּעַן מֶלֶךְ־יִשְׂרָאֵל וַיֹּאמֶר
12 דַּבְּרוּ אַל־יִתְהַלֵּל חֹגֵר כִּמְפַתֵּחַ׃ 12 וַיְהִי כִּשְׁמֹעַ[a] אֶת־הַדָּבָר הַזֶּה (ב . ל)
וְהוּא שֹׁתֶה הוּא וְהַמְּלָכִים[b] בַּסֻּכּוֹת וַיֹּאמֶר אֶל־עֲבָדָיו שִׂימוּ וַיָּשִׂימוּ (ח פסוק והוא הוא . יו . לה)
ס יז[11] עַל־הָעִיר׃ 13 וְהִנֵּה ׀ נָבִיא אֶחָד נִגַּשׁ אֶל־אַחְאָב[a] מֶלֶךְ־יִשְׂרָאֵל (יז[9] וכל וגנותי דכות ב מ א . ה ר״פ בסיפ[10])
וַיֹּאמֶר כֹּה אָמַר יְהוָה הֲרָאִיתָ[b] אֵת כָּל־[c]הֶהָמוֹן הַגָּדוֹל הַזֶּה הִנְנִי
14 נֹתְנוֹ בְיָדְךָ הַיּוֹם וְיָדַעְתָּ כִּי־אֲנִי יְהוָה׃ 14 וַיֹּאמֶר אַחְאָב בְּמִי וַיֹּאמֶר (ב פסוק אית בהון ד ויאמר[12])
כֹּה־אָמַר יְהוָה [a]בְּנַעֲרֵי שָׂרֵי[a] הַמְּדִינוֹת וַיֹּאמֶר מִי־יֶאְסֹר הַמִּלְחָמָה
15 וַיֹּאמֶר אָתָּה׃ 15 וַיִּפְקֹד אֶת־נַעֲרֵי שָׂרֵי הַמְּדִינוֹת וַיִּהְיוּ מָאתַיִם[a] (ל)
שְׁנַיִם[b] וּשְׁלֹשִׁים וְאַחֲרֵיהֶם פָּקַד אֶת־כָּל־[c]הָעָם [d]כָּל־בְּנֵי יִשְׂרָאֵל[d]
16 [e]שִׁבְעַת אֲלָפִים[e]׃ 16 וַיֵּצְאוּ[a] בַּצָּהֳרָיִם וּבֶן־הֲדַד שֹׁתֶה שִׁכּוֹר בַּסֻּכּוֹת (יב[11])
17 הוּא וְהַמְּלָכִים שְׁלֹשִׁים־וּשְׁנַיִם מֶלֶךְ עֹזֵר אֹתוֹ׃ 17 וַיֵּצְאוּ נַעֲרֵי שָׂרֵי

[2] Mm 294. [3] Mm 1743. [4] Mm 1046. [5] Mm 500. [6] Mm 3286. [7] Mm 3031. [8] Mm 2018. [9] Mm 1174. [10] Mm 1868. [11] Mp sub loco. [12] Mm 2019.

5 [a–a] 𝔊 *ἐγώ*, l אָנֹכִי? ‖ [b] > 2 Mss 𝔊* ‖ **6** [a] pc Mss 𝔖 בָּתֶּיךָ ‖ [b] l עֵינֵיהֶם cf 𝔊 ‖ **7** [a–a] l הַזְּקֵנִים? cf 𝔊* ‖ [b–b] 𝔊 leg כַּ׳ וּז׳ לֹא ‖ **9** [a–a] 𝔊 *τῷ κυρίῳ ὑμῶν* ‖ **10** [a] 𝔊[-L] *ταῖς ἀλώπεξιν* = לְשׁ׳ ‖ **12** [a] 𝔊 *ὅτε ἀπεκρίθη αὐτῷ* = בַּעֲנוֹתוֹ? ‖ [b] Ms 𝔊 וְכָל־ה׳ ‖ **13** [a] > 𝔊[BL]𝔖[W] ‖ [b] mlt Mss Edd הֲ׳ ‖ [c] > Ms 𝔊[B] ‖ **14** [a–a] 𝔖 *b'ljm' wbrwrbn'* = נְעָרִים וּבְשָׂרֵי, it in 15.17.19; cf 𝔊 ‖ **15** [a] 𝔊[A] 300 ‖ [b] > 𝔊[B] ‖ [c] > Ms 𝔊*𝔙 ‖ [d–d] > Ms; 𝔊 *πᾶν(τα) υἱὸν δυνάμεως* = כ׳ בֶּן־חַיִל ‖ [e–e] 𝔊[(B)L min] 60000 ‖ **16** [a] Ms 𝔊 ־אַ.

הַמְּדִינוֹת בָּרִאשֹׁנָה וַיִּשְׁלַח[a] [b]בֶּן־הֲדַד[b] וַיַּגִּדוּ לוֹ[c] לֵאמֹר אֲנָשִׁים יָצְאוּ — כב[13]
18 מִשֹּׁמְרוֹן׃ 18 וַיֹּאמֶר אִם־לְשָׁלוֹם יָצְאוּ תִּפְשׂוּם חַיִּים וְאִם לְמִלְחָמָה — חׄ[14]. ג[15]. ב
19 יָצְאוּ חַיִּים תִּפְשׂוּם׃ 19 וְאֵלֶּה[a] יָצְאוּ מִן־הָעִיר נַעֲרֵי שָׂרֵי הַמְּדִינוֹת — חׄ[14]. ג[15]. ב
20 [b]וְהַחַיִל אֲשֶׁר אַחֲרֵיהֶם[b]׃ 20 וַיַּכּוּ אִישׁ אִישׁוֹ וַיָּנֻסוּ אֲרָם [a]וַיִּרְדְּפֵם — ל. ל. ל. ב
21 יִשְׂרָאֵל וַיִּמָּלֵט בֶּן־הֲדַד מֶלֶךְ אֲרָם עַל־סוּס וּפָרָשִׁים[a]׃ 21 וַיֵּצֵא — ל
מֶלֶךְ יִשְׂרָאֵל וַיַּךְ[a] אֶת־הַסּוּס וְאֶת־הָרֶכֶב וְהִכָּה בַאֲרָם מַכָּה — ל
22 גְדוֹלָה׃ 22 וַיִּגַּשׁ הַנָּבִיא אֶל־מֶלֶךְ יִשְׂרָאֵל וַיֹּאמֶר לוֹ לֵךְ[a]
הִתְחַזַּק[b] וְדַע וּרְאֵה אֵת אֲשֶׁר־תַּעֲשֶׂה כִּי לִתְשׁוּבַת הַשָּׁנָה מֶלֶךְ אֲרָם — ג. ל
23 עֹלֶה עָלֶיךָ׃ ס 23 וְעַבְדֵי מֶלֶךְ־אֲרָם אָמְרוּ אֵלָיו אֱלֹהֵי הָרִים
אֱלֹהֵיהֶם[a] עַל־כֵּן חָזְקוּ מִמֶּנּוּ וְאוּלָם נִלָּחֵם אִתָּם בַּמִּישׁוֹר אִם־לֹא — ג[16]. לז. י מל[17]
24 נֶחֱזַק מֵהֶם׃ 24 וְאֶת־הַדָּבָר הַזֶּה עֲשֵׂה הָסֵר הַמְּלָכִים אִישׁ מִמְּקֹמוֹ — ב. ו[18] חס וכל אורית ואיוב דכות ב מ ב
25 וְשִׂים פַּחוֹת תַּחְתֵּיהֶם׃ 25 [a]וְאַתָּה תִמְנֶה[a]־לְךָ ׀ חַיִל כַּחַיִל הַנֹּפֵל — ט. ל. ל
מֵאוֹתָךְ[b] וְסוּס כַּסּוּס ׀ וְרֶכֶב כָּרֶכֶב וְנִלָּחֲמָה אוֹתָם[c] בַּמִּישׁוֹר אִם־לֹא — ט[19] מל בלשון זכר ול בליש. ב. ד[20]. ט מל בסיפ. י מל[17]
26 נֶחֱזַק מֵהֶם וַיִּשְׁמַע לְקֹלָם וַיַּעַשׂ כֵּן׃ פ 26 וַיְהִי לִתְשׁוּבַת הַשָּׁנָה — יז שמיעה לקול[21]. ג חס[22]
וַיִּפְקֹד בֶּן־הֲדַד אֶת־אֲרָם וַיַּעַל אֲפֵקָה לַמִּלְחָמָה עִם[a]־יִשְׂרָאֵל׃ — ד[23]
27 27 וּבְנֵי יִשְׂרָאֵל הָתְפָּקְדוּ וְכָלְכְּלוּ[a] וַיֵּלְכוּ לִקְרָאתָם [b]וַיַּחֲנוּ בְנֵי־[a]יִשְׂרָאֵל — ד[24]. ל
28 נֶגְדָּם[b] כִּשְׁנֵי חֲשִׂפֵי עִזִּים וַאֲרָם מִלְאוּ אֶת־הָאָרֶץ׃ 28 וַיִּגַּשׁ אִישׁ — ל וחס
הָאֱלֹהִים וַיֹּאמֶר[a] אֶל־מֶלֶךְ יִשְׂרָאֵל וַיֹּאמֶר[b] כֹּה־אָמַר יְהוָה יַעַן אֲשֶׁר
אָמְרוּ אֲרָם אֱלֹהֵי הָרִים יְהוָה וְלֹא־אֱלֹהֵי עֲמָקִים הוּא וְנָתַתִּי אֶת־
29 כָּל־הֶהָמוֹן הַגָּדוֹל הַזֶּה בְּיָדֶךָ וִידַעְתֶּם[c] כִּי־אֲנִי יְהוָה׃ 29 וַיַּחֲנוּ אֵלֶּה — יד בטע[25]
נֹכַח אֵלֶּה שִׁבְעַת יָמִים וַיְהִי ׀ בַּיּוֹם הַשְּׁבִיעִי וַתִּקְרַב הַמִּלְחָמָה וַיַּכּוּ
30 בְנֵי[a]־יִשְׂרָאֵל אֶת־אֲרָם מֵאָה[b]־אֶלֶף רַגְלִי בְּיוֹם אֶחָד׃ 30 וַיָּנֻסוּ

[13] Mm 1743. [14] Mm 1602. [15] Mm 2020. [16] Mm 1336. [17] Mm 2021. [18] Mm 489. [19] Mm 2565. [20] Mm 1389. [21] Mm 23. [22] Mm 1693. [23] Mm 1316. [24] Mm 837. [25] Mm 3948.

17 [a] l frt ־לְחוּ אֶל־ cf 𝔊* ‖ [b–b] > 𝔊* ‖ [c] 𝔊* *τῷ βασιλεῖ Συρίας* ‖ **19** [a] 𝔊$^{-L}$ *καὶ μή*; 𝔊^{L} *καί*, frt recte ‖ [b–b] tr frt post 20aα ‖ **20** [a–a] tr frt post 21 ‖ **21** [a] 𝔊 *καὶ ἔλαβεν* = וַיִּקַּח ‖ **22** [a] > 𝔊 ‖ [b] pc Mss 𝔙 וְה׳ ‖ **23** [a] 𝔊 *θεὸς Ισραηλ καὶ οὐ θεὸς κοιλάδων*, ex 28 ‖ **25** [a–a] 𝔊 *καὶ ἀλλάξομεν* (𝔊^{L} *-ξον*) = וְנַחֲלִיפָה? ‖ [b] l c pc Mss Ed מֵאִתָּךְ ‖ [c] l c pc Mss 𝔖𝔗 אִתָּם ‖ **26** [a] pc Mss 𝔊 עַל ‖ **27** [a] > 𝔊* ‖ [b–b] > 𝔖 ‖ **28** [a] > Ms 𝔊^{A}𝔖 ‖ [b] > pc Mss 𝔊𝔙, prb dl ‖ [c] 𝔊 sg ut 13 ‖ **29** [a] > 𝔊 ‖ [b] 𝔊^{L}(𝔙^{Mss}) 120.

הַנּוֹתָרִים | אֲפֵקָה אֶל־הָעִיר וַתִּפֹּל הַחוֹמָה עַל־[a]עֶשְׂרִים וְשִׁבְעָה[a] אֶלֶף ד[26]. ז פסוק אל על אל. ב מל בסיפ[27]
אִישׁ הַנּוֹתָרִים וּבֶן־הֲדַד נָס וַיָּבֹא [b]אֶל־הָעִיר חֶדֶר[b] בְּחָדֶר׃ ס
31 [a]וַיֹּאמְרוּ אֵלָיו עֲבָדָיו הִנֵּה־נָא שָׁמַעְנוּ[a] כִּי מַלְכֵי בֵּית[b] יִשְׂרָאֵל כִּי־[c] ל[28]. כ[29] וכל ירמיה ויחזק דכות ב מ יח
מַלְכֵי חֶסֶד הֵם נָשִׂימָה נָּא שַׂקִּים בְּמָתְנֵינוּ וַחֲבָלִים בְּרֹאשֵׁנוּ[d] וְנֵצֵא ב וחס[30]
32 אֶל־מֶלֶךְ יִשְׂרָאֵל אוּלַי יְחַיֶּה אֶת־נַפְשֶׁךָ[e]׃ 32 וַיַּחְגְּרוּ שַׂקִּים בְּמָתְנֵיהֶם ז[31]
וַחֲבָלִים בְּרָאשֵׁיהֶם וַיָּבֹאוּ[a] אֶל־מֶלֶךְ יִשְׂרָאֵל וַיֹּאמְרוּ[b] עַבְדְּךָ בֶן־ ב[32]
33 הֲדַד אָמַר תְּחִי־נָא נַפְשִׁי וַיֹּאמֶר הַעוֹדֶנּוּ חַי אָחִי הוּא׃ 33 וְהָאֲנָשִׁים ב[33]. ב. ח ר״פ
יְנַחֲשׁוּ וַיְמַהֲרוּ [a]וַיַּחְלְטוּ הֲמִמֶּנּוּ[a] וַיֹּאמְרוּ אָחִיךָ בֶן־הֲדַד וַיֹּאמֶר בֹּאוּ
34 קָחֻהוּ וַיֵּצֵא אֵלָיו בֶּן־הֲדַד וַיַּעֲלֵהוּ[b] עַל־הַמֶּרְכָּבָה׃ 34 וַיֹּאמֶר אֵלָיו ל
הֶעָרִים אֲשֶׁר־לָקַח־אָבִי מֵאֵת אָבִיךָ אָשִׁיב[a] וְחוּצוֹת תָּשִׂים לְךָ ב[34] כת כן וכל ירמיה דכות ב מ א מל וחד מן ב[35] בליש חד חס וחד מל
בְדַמֶּשֶׂק כַּאֲשֶׁר־שָׂם אָבִי בְּשֹׁמְרוֹן [b]וַאֲנִי בַּבְּרִית אֲשַׁלְּחֶךָּ[b] וַיִּכְרָת־לוֹ ה[36]. ב
35 בְרִית וַיְשַׁלְּחֵהוּ׃ ס 35 וְאִישׁ אֶחָד מִבְּנֵי הַנְּבִיאִים אָמַר אֶל־ ד
36 רֵעֵהוּ בִּדְבַר יְהוָה הַכֵּינִי נָא וַיְמָאֵן הָאִישׁ לְהַכֹּתוֹ׃ 36 וַיֹּאמֶר לוֹ יַעַן ה[37]. ב מל
אֲשֶׁר לֹא־שָׁמַעְתָּ בְּקוֹל יְהוָה הִנְּךָ הוֹלֵךְ מֵאִתִּי וְהִכְּךָ הָאַרְיֵה וַיֵּלֶךְ כז[38] מל וכל משלי וקהלת דכות ב מ ה
37 מֵאֶצְלוֹ וַיִּמְצָאֵהוּ הָאַרְיֵה וַיַּכֵּהוּ׃ 37 וַיִּמְצָא אִישׁ אַחֵר וַיֹּאמֶר הַכֵּינִי ב מל
38 נָא וַיַּכֵּהוּ הָאִישׁ הַכֵּה וּפָצֹעַ׃ 38 וַיֵּלֶךְ הַנָּבִיא וַיַּעֲמֹד לַמֶּלֶךְ עַל־
39 הַדָּרֶךְ וַיִּתְחַפֵּשׂ בָּאֲפֵר[a] עַל־עֵינָיו׃ 39 וַיְהִי הַמֶּלֶךְ עֹבֵר וְהוּא צָעַק ל. ב
אֶל־הַמֶּלֶךְ וַיֹּאמֶר עַבְדְּךָ | יָצָא בְקֶרֶב־הַמִּלְחָמָה וְהִנֵּה־אִישׁ סָר[a]
וַיָּבֵא אֵלַי אִישׁ וַיֹּאמֶר שְׁמֹר אֶת־הָאִישׁ הַזֶּה אִם־הִפָּקֵד יִפָּקֵד וְהָיְתָה נא[39]
40 נַפְשְׁךָ תַּחַת נַפְשׁוֹ אוֹ כִכַּר־כֶּסֶף תִּשְׁקוֹל׃ 40 וַיְהִי עַבְדְּךָ עֹשֶׂה[a] הֵנָּה ו מל בליש. ד ג מנה בסיפ
וָהֵנָּה וְהוּא אֵינֶנּוּ וַיֹּאמֶר אֵלָיו מֶלֶךְ־יִשְׂרָאֵל כֵּן מִשְׁפָּטֶךָ אַתָּה חָרָצְתָּ׃ ה חס[40]
41 וַיְמַהֵר וַיָּסַר אֶת־הָאֲפֵר מֵעַל[a] עֵינָיו וַיַּכֵּר אֹתוֹ מֶלֶךְ יִשְׂרָאֵל כִּי מעלי ק
42 מֵהַנְּבִאִים הוּא׃ 42 וַיֹּאמֶר אֵלָיו כֹּה אָמַר יְהוָה יַעַן שִׁלַּחְתָּ אֶת־אִישׁ־ ל

[26] Mm 1316. [27] Mm 469. [28] Mm 2022. [29] Mm 953. [30] Mm 2023. [31] Mm 1687. [32] Mm 2024. [33] Mm 2025. [34] Mm 2026 contra textum. [35] Mm 3592 contra textum. [36] Mm 2027. [37] Mm 1549. [38] Mm 1788. [39] Mm 639. [40] Mm 2028.

30 [a–a] 𝔖[W] 25 ‖ [b–b] 𝔊 *εἰς τὸν οἶκον τοῦ κοιτῶνος*; dl אל־ה׳? ‖ **31** [a–a] 𝔊* *καὶ εἶπεν τοῖς παισὶν αὐτοῦ Οἶδα* ‖ [b] > 𝔊*𝔖 ‖ [c] > pc Mss, cf 𝔊𝔖𝔙 ‖ [d] l c mlt Mss 𝔊𝔖𝔙 בְּרָאשֵׁינוּ ‖ [e] 𝔊𝔖𝔙 suff 1 pl ‖ **32** [a] 𝔊 hic ויאמרו et om [b] ‖ **33** [a–a] l c nonn Mss Q[Occ] Vrs —וּהָ מִ׳ ‖ [b] Ms 𝔊𝔖 + אֵלָיו ‖ **34** [a] 𝔊(𝔖𝔙[Mss]) + *σοι* ‖ [b–b] pr וַיֹּאמֶר vel l תְּשַׁלְּחֵנִי pro אש׳ ‖ **38** [a] 𝔊(𝔗) *τελαμῶνι* = בִּפְאֵר, 𝔖(α′σ′𝔙) *bqṭm’* = בְּאֵפֶר ‖ **39** [a] > 𝔊 ‖ **40** [a] 𝔊 *περιεβλέψατο* = שֹׁעֶה? 𝔖(𝔗) *mtpn’* = פֹּנֶה? ‖ **41** [a] nonn Mss ut Q מֵעָלַי, K מֵעַל.

חֶרְמִי מִיָּדְ[a] וְהָיְתָה נַפְשְׁךָ תַּחַת נַפְשׁוֹ וְעַמְּךָ תַּחַת עַמּוֹ׃ 43 וַיֵּלֶךְ 43
מֶלֶךְ־יִשְׂרָאֵל[a] עַל־[b]בֵּיתוֹ[a] סַר וְזָעֵף וַיָּבֹא שֹׁמְרוֹנָה׃ פ ח41. ב. ג42
21 וַיְהִי[a][b] אַחַר הַדְּבָרִים הָאֵלֶּה[b] כֶּרֶם[c] הָיָה לְנָבוֹת הַיִּזְרְעֵאלִי 21
[d]אֲשֶׁר בְּיִזְרְעֶאל[d] אֵצֶל הֵיכַל אַחְאָב מֶלֶךְ שֹׁמְרוֹן׃ 2 וַיְדַבֵּר אַחְאָב 2
אֶל־נָבוֹת ׀ לֵאמֹר ׀ תְּנָה־לִּי אֶת־כַּרְמְךָ וִיהִי־לִי לְגַן־יָרָק כִּי הוּא ח בטע1. לב
קָרוֹב אֵצֶל בֵּיתִי וְאֶתְּנָה לְךָ תַּחְתָּיו[a] כֶּרֶם טוֹב מִמֶּנּוּ אִם[b] טוֹב
בְּעֵינֶיךָ אֶתְּנָה־לְךָ כֶסֶף מְחִיר זֶה[c]׃ 3 וַיֹּאמֶר נָבוֹת אֶל־אַחְאָב חָלִילָה 3 סו
לִּי מֵיְהוָה[a] מִתִּתִּי אֶת־נַחֲלַת אֲבֹתַי לָךְ׃ 4 וַיָּבֹא[a] אַחְאָב אֶל־בֵּיתוֹ 4 ג2. יח פסוק אל על על3
סַר וְזָעֵף עַל־הַדָּבָר אֲשֶׁר־דִּבֶּר אֵלָיו נָבוֹת הַיִּזְרְעֵאלִי וַיֹּאמֶר לֹא־ ב
אֶתֵּן לְךָ אֶת־נַחֲלַת אֲבוֹתָי[a] וַיִּשְׁכַּב עַל־מִטָּתוֹ וַיַּסֵּב[b] אֶת־פָּנָיו וְלֹא־ ז מל4. ד5
אָכַל לָחֶם׃ 5 וַתָּבֹא אֵלָיו אִיזֶבֶל אִשְׁתּוֹ וַתְּדַבֵּר אֵלָיו מַה־זֶּה 5
רוּחֲךָ סָרָה וְאֵינְךָ אֹכֵל לָחֶם׃ 6 וַיְדַבֵּר אֵלֶיהָ כִּי־אֲדַבֵּר אֶל־נָבוֹת 6 ל מלרע. ב
הַיִּזְרְעֵאלִי וָאֹמַר לוֹ תְּנָה־לִּי אֶת־כַּרְמְךָ בְּכֶסֶף אוֹ[a] אִם־חָפֵץ אַתָּה ה6
אֶתְּנָה־לְךָ כֶרֶם[b] תַּחְתָּיו[c] וַיֹּאמֶר לֹא־אֶתֵּן לְךָ אֶת־כַּרְמִי[d]׃ 7 וַתֹּאמֶר 7
אֵלָיו אִיזֶבֶל אִשְׁתּוֹ אַתָּה עַתָּה[a] תַּעֲשֶׂה מְלוּכָה עַל־יִשְׂרָאֵל קוּם אֱכָל־ ג7. כ בטע
לֶחֶם וְיִטַב לִבֶּךָ אֲנִי אֶתֵּן לְךָ אֶת־כֶּרֶם נָבוֹת הַיִּזְרְעֵאלִי׃ ג חס
וַתִּכְתֹּב סְפָרִים בְּשֵׁם אַחְאָב וַתַּחְתֹּם בְּחֹתָמוֹ וַתִּשְׁלַח הַסְּפָרִים[a] 8 ספרים ק
אֶל־הַזְּקֵנִים[b] וְאֶל־הַחֹרִים[c] אֲשֶׁר[d] בְּעִירוֹ[c] הַיֹּשְׁבִים[d] אֶת־נָבוֹת׃
9 וַתִּכְתֹּב בַּסְּפָרִים לֵאמֹר קִרְאוּ־צוֹם וְהוֹשִׁיבוּ אֶת־נָבוֹת בְּרֹאשׁ 9 ג. לה8
הָעָם׃ 10 וְהוֹשִׁיבוּ שְׁנַיִם אֲנָשִׁים בְּנֵי־בְלִיַּעַל נֶגְדּוֹ וִיעִדֻהוּ לֵאמֹר 10 ג. ב9. ל וחס
בֵּרַכְתָּ[a] אֱלֹהִים וָמֶלֶךְ וְהוֹצִיאֻהוּ וְסִקְלֻהוּ וְיָמֹת׃ 11 וַיַּעֲשׂוּ אַנְשֵׁי עִירוֹ 11 ה10. ל. ל וחס. ב וחס
הַזְּקֵנִים וְהַחֹרִים אֲשֶׁר הַיֹּשְׁבִים בְּעִירוֹ כַּאֲשֶׁר שָׁלְחָה אֲלֵיהֶם אִיזָבֶל ל4

[41] Mm 321. [42] Mm 2029. **Cp 21** [1] Mm 4137. [2] Mm 1432. [3] Mm 658. [4] Mp sub loco. [5] Mm 1644. [6] Mm 158. [7] Mm 194. [8] Mm 2840. [9] Mm 1247. [10] Mm 2030.

42 [a] Ms 𝔊$^{-BL}$ Syh 𝔗^{Ms} מִידִי; 𝔊^{BL}𝔙 suff 2sg ‖ **43** [a–a] > 𝔊*, add? ‖ [b] = אֶל, sic pc Mss ‖ **Cp 21,1** [a] cf 20,1[a] ‖ [b–b] 𝔊^{B} sol *καί*; Syh sub ast ‖ [c] 𝔊 + *εἷς* ‖ [d–d] > 𝔊, add? ‖ **2** [a] > 𝔊$^{-L}$ ‖ [b] Ms וְאִם; pr אוֹ? cf 𝔖 ‖ [c] 𝔊 + pc vb ‖ **3** [a] 𝔊 *παρὰ* (𝔊^{L} + *κυρίου*) *θεοῦ μου* ‖ **4** [a–a] 𝔊^{BL} *καὶ ἐγένετο τὸ πνεῦμα Αχααβ τεταραγμένον* ‖ [b] 𝔊 *καὶ συνεκάλυψεν* = וַיְכַס ‖ **6** [a] 𝔊(𝔖) *καί* ‖ [b] 𝔊$^{-L}$ + *ἄλλον* ‖ [c] 𝔖𝔙^{Ms} ut 2 + טוב ממנו ‖ [d] 𝔊 *κληρονομίαν πατέρων μου*, cf 3 ‖ **7** [a] 𝔊 + *οὕτως* ‖ **8** [a] mlt Mss ut Q סְפָרִים, l c K הַסְּ׳ ‖ [b] sic L, mlt Mss Edd הַזְּ׳ ‖ [c–c] > 𝔊* ‖ [d–d] 𝔖 invers ut 11, frt recte ‖ **10** [a] 𝔊*𝔖𝔙 3sg; 𝔊^{L}(𝔖𝔙^{Mss}) + *Ναβουθαι*.

12 [a]כַּאֲשֶׁר כָּתוּב בַּסְּפָרִים אֲשֶׁר שָׁלְחָה אֲלֵיהֶם[a]׃ 12 קָרְאוּ צוֹם וְהֹשִׁיבוּ ג
13 אֶת־נָבוֹת בְּרֹאשׁ הָעָם׃ 13 וַיָּבֹאוּ שְׁנֵי הָאֲנָשִׁים בְּנֵי־בְלִיַּעַל וַיֵּשְׁבוּ לה[11] . ד[12]
נֶגְדּוֹ וַיְעִדֻהוּ [ab]אַנְשֵׁי הַבְּלִיַּעַל אֶת־נָבוֹת[b] נֶגֶד הָעָם[a] לֵאמֹר [c]בֵּרַךְ יב
נָבוֹת[c] אֱלֹהִים וָמֶלֶךְ וַיֹּצִאֻהוּ מִחוּץ לָעִיר וַיִּסְקְלֻהוּ בָאֲבָנִים וַיָּמֹת׃ ה[13] . ג
14 וַיִּשְׁלְחוּ אֶל־אִיזֶבֶל לֵאמֹר סֻקַּל נָבוֹת וַיָּמֹת׃ 15 וַיְהִי כִּשְׁמֹעַ ב וחס[14]
אִיזֶבֶל [a]כִּי־סֻקַּל נָבוֹת וַיָּמֹת[a] וַתֹּאמֶר אִיזֶבֶל[b] אֶל־אַחְאָב קוּם רֵשׁ ב וחס[14] . ג ב חס וחד מל וכל לשון מסכינו דכות[15]
אֶת־כֶּרֶם ׀ נָבוֹת הַיִּזְרְעֵאלִי אֲשֶׁר מֵאֵן לָתֶת־לְךָ בְכֶסֶף כִּי אֵין נָבוֹת ה[16]
16 חַי כִּי־[c]מֵת׃ 16 וַיְהִי כִּשְׁמֹעַ אַחְאָב כִּי מֵת נָבוֹת[a] וַיָּקָם אַחְאָב לָרֶדֶת כ בטע ר״פ[17]
אֶל־כֶּרֶם נָבוֹת הַיִּזְרְעֵאלִי לְרִשְׁתּוֹ׃ ס 17 וַיְהִי דְּבַר־יְהוָה אֶל־ יא[18] ס̄
18 אֵלִיָּהוּ הַתִּשְׁבִּי לֵאמֹר׃ 18 קוּם רֵד לִקְרַאת אַחְאָב מֶלֶךְ־יִשְׂרָאֵל ט ר״פ[19]
19 אֲשֶׁר בְּשֹׁמְרוֹן הִנֵּה בְּכֶרֶם נָבוֹת אֲשֶׁר־יָרַד שָׁם לְרִשְׁתּוֹ׃ 19 וְדִבַּרְתָּ ד[20]
אֵלָיו לֵאמֹר[a] כֹּה אָמַר יְהוָה הֲרָצַחְתָּ[b] וְגַם־יָרָשְׁתָּ[c] וְדִבַּרְתָּ אֵלָיו ד[20]
לֵאמֹר[c] [d]כֹּה אָמַר יְהוָה[d] בִּמְקוֹם אֲשֶׁר לָקְקוּ[e] הַכְּלָבִים אֶת־דַּם נָבוֹת[f] ל
20 יָלֹקּוּ הַכְּלָבִים אֶת־דָּמְךָ גַּם־אָתָּה׃ 20 וַיֹּאמֶר אַחְאָב אֶל־אֵלִיָּהוּ ל וחס
הַמְצָאתַנִי אֹיְבִי וַיֹּאמֶר מָצָאתִי יַעַן הִתְמַכֶּרְךָ לַעֲשׂוֹת הָרַע בְּעֵינֵי ל . ז
21 יְהוָה[a]׃ 21 הִנְנִי[a] מֵבִי[b] אֵלֶיךָ רָעָה וּבִעַרְתִּי אַחֲרֶיךָ וְהִכְרַתִּי לְאַחְאָב מביא[a] ק חד מן ט חס א בליש
22 מַשְׁתִּין בְּקִיר וְעָצוּר וְעָזוּב בְּיִשְׂרָאֵל׃ 22 וְנָתַתִּי אֶת־בֵּיתְךָ כְּבֵית ב
יָרָבְעָם בֶּן־נְבָט וּכְבֵית בַּעְשָׁא בֶן־אֲחִיָּה אֶל[a]־הַכַּעַס אֲשֶׁר הִכְעַסְתָּ
23 וַתַּחֲטִא אֶת־יִשְׂרָאֵל׃ 23 וְגַם־לְאִיזֶבֶל דִּבֶּר יְהוָה לֵאמֹר הַכְּלָבִים ד חס וב בליש
24 יֹאכְלוּ אֶת־אִיזֶבֶל בְּחֵל[a] יִזְרְעֶאל׃ 24 הַמֵּת לְאַחְאָב בָּעִיר יֹאכְלוּ ה חס
25 הַכְּלָבִים וְהַמֵּת[a] בַּשָּׂדֶה יֹאכְלוּ עוֹף הַשָּׁמָיִם׃ 25 רַק לֹא־הָיָה
כְאַחְאָב אֲשֶׁר הִתְמַכֵּר לַעֲשׂוֹת הָרַע בְּעֵינֵי יְהוָה אֲשֶׁר־הֵסַתָּה[a] אֹתוֹ ל . ל . ל

[11]Mm 2840. [12]Mm 1167. [13]Mm 2030. [14]Mm 2031. [15]Mm 2032. [16]Mm 158. [17]Mm 1017. [18]Mp sub loco. [19]Mm 1995. [20]Mm 426.

11 [a–a] > 𝔊[L] ‖ **13** [a–a] > 𝔊* ‖ [b–b] frt dl cf [a–a] ‖ [c–c] 𝔊* *ηὐλόγηκας* cf 10 ‖ **15** [a–a] > 𝔊*, prb dl ‖ [b] > 𝔊*𝔙 ‖ [c] pc Mss + אֶם ‖ **16** [a] 𝔊 + nonn vb ‖ **19** [a] > pc Mss 𝔊[L]𝔖 ‖ [b] 𝔊[-L] *ὡς σύ* pro הָ (> 𝔊[L]𝔙, 𝔖 h' = הִנֵּה) ‖ [c–c] > 𝔖; 𝔊 *διὰ τοῦτο* = לָכֵן, frt l ‖ [d–d] > 𝔊[44.106], frt dl ‖ [e] 𝔊 + *αἱ ὕες καί* ‖ [f] 𝔊 + *ἐκεῖ* ‖ **20** [a] ins לְהַכְעִיסוֹ? cf 𝔊 ‖ **21** [a] 𝔊[-BA] pr *τάδε λέγει κύριος* ‖ [b] mlt Mss ut Q מֵבִיא ‖ **22** [a] = עַל, sic Ms cf 𝔊𝔖𝔗 ‖ **23** [a] l frt c pc Mss 𝔖𝔗𝔙 בְּחֵלֶק ut 2 R 9,36 ‖ **24** [a] mlt Mss 𝔊𝔖𝔗[Ms] + לוֹ ‖ **25** [a] = הֵסַתָּה.

אִיזֶבֶל אִשְׁתּוֹ׃ 26 וַיַּתְעֵב מְאֹד לָלֶכֶת אַחֲרֵי הַגִּלֻּלִים כְּכֹל אֲשֶׁר עָשׂוּ 26
ל הָאֱמֹרִי אֲשֶׁר הוֹרִישׁ יְהוָה מִפְּנֵי בְּנֵי יִשְׂרָאֵל׃ ס 27 [a]וַיְהִי כִשְׁמֹעַ 27
ב . פד . ל ומל אַחְאָב אֶת־הַדְּבָרִים הָאֵלֶּה וַיִּקְרַע בְּגָדָיו וַיָּשֶׂם־שַׂק עַל־בְּשָׂרוֹ וַיָּצוֹם
ל . ל[21] וַיִּשְׁכַּב בַּשָּׂק וַיְהַלֵּךְ[b] אַט׃ ס 28 וַיְהִי דְּבַר־יְהוָה [a]אֶל־אֵלִיָּהוּ 28
יב הַתִּשְׁבִּי לֵאמֹר[a]׃ 29 הֲרָאִיתָ כִּי־נִכְנַע אַחְאָב מִלְּפָנָי [a]יַעַן כִּי־נִכְנַע 29
ז . אביא ק חד מן ט חס א בליש . ח[22] מִפָּנַי[a] לֹא־אָבִי[b] הָרָעָה בְּיָמָיו בִּימֵי בְנוֹ אָבִיא הָרָעָה [c]עַל־בֵּיתוֹ[c]׃
22 1 וַיֵּשְׁבוּ[a] שָׁלֹשׁ שָׁנִים אֵין מִלְחָמָה בֵּין אֲרָם וּבֵין יִשְׂרָאֵל׃ פ **22**
ט מל[1] 2 וַיְהִי בַּשָּׁנָה הַשְּׁלִישִׁית וַיֵּרֶד יְהוֹשָׁפָט מֶלֶךְ־יְהוּדָה אֶל־מֶלֶךְ יִשְׂרָאֵל׃ 2
ג[2] 3 וַיֹּאמֶר מֶלֶךְ־יִשְׂרָאֵל אֶל־עֲבָדָיו הַיְדַעְתֶּם כִּי־לָנוּ רָמֹת[a] גִּלְעָד 3
ד[3] . ל וַאֲנַחְנוּ מַחְשִׁים מִקַּחַת אֹתָהּ מִיַּד מֶלֶךְ אֲרָם׃ 4 וַיֹּאמֶר אֶל־יְהוֹשָׁפָט 4
ל הֲתֵלֵךְ אִתִּי[a] לַמִּלְחָמָה רָמֹת גִּלְעָד וַיֹּאמֶר יְהוֹשָׁפָט[b] אֶל־מֶלֶךְ יִשְׂרָאֵל[b]
ב כָּמוֹנִי כָמוֹךָ כְּעַמִּי כְעַמֶּךָ כְּסוּסַי כְּסוּסֶיךָ׃ 5 וַיֹּאמֶר יְהוֹשָׁפָט 5
חצי הספר בפסוקים אֶל־מֶלֶךְ יִשְׂרָאֵל דְּרָשׁ־[a]נָא כַיּוֹם אֶת־דְּבַר[b] יְהוָה׃ 6 וַיִּקְבֹּץ מֶלֶךְ־ 6
ד[4] . ג[5] . כט[6] חס בנביא יג מנה בסיפ . ג[7] יִשְׂרָאֵל אֶת־[a]הַנְּבִיאִים כְּאַרְבַּע מֵאוֹת אִישׁ וַיֹּאמֶר אֲלֵהֶם הַאֵלֵךְ עַל־
יג[8] רָמֹת גִּלְעָד לַמִּלְחָמָה אִם־אֶחְדָּל וַיֹּאמְרוּ עֲלֵה וְיִתֵּן אֲדֹנָי[b] בְּיַד
ה הַמֶּלֶךְ׃ 7 וַיֹּאמֶר יְהוֹשָׁפָט הַאֵין פֹּה נָבִיא לַיהוָה עוֹד[a] וְנִדְרְשָׁה 7
מֵאוֹתוֹ[b]׃ 8 וַיֹּאמֶר מֶלֶךְ־יִשְׂרָאֵל ׀ אֶל־יְהוֹשָׁפָט עוֹד[a] אִישׁ־אֶחָד 8
לִדְרֹשׁ אֶת־יְהוָה מֵאֹתוֹ[b] וַאֲנִי שְׂנֵאתִיו כִּי לֹא־יִתְנַבֵּא עָלַי טוֹב כִּי
ד ב כת ה וב כת א אִם־רָע מִיכָיְהוּ בֶּן־יִמְלָה[c] וַיֹּאמֶר יְהוֹשָׁפָט אַל־יֹאמַר הַמֶּלֶךְ כֵּן׃
ב 9 וַיִּקְרָא מֶלֶךְ יִשְׂרָאֵל אֶל־סָרִיס אֶחָד וַיֹּאמֶר מַהֲרָה מִיכָיְהוּ בֶן־ 9
ד ב כת ה וב כת א יִמְלָה׃ 10 וּמֶלֶךְ יִשְׂרָאֵל וִיהוֹשָׁפָט מֶלֶךְ־יְהוּדָה יֹשְׁבִים אִישׁ עַל־ 10
ד . ד כִּסְאוֹ [a]מְלֻבָּשִׁים בְּגָדִים בְּגֹרֶן[ab] פֶּתַח שַׁעַר שֹׁמְרוֹן וְכָל־הַנְּבִיאִים
ו[9] מִתְנַבְּאִים לִפְנֵיהֶם׃ 11 וַיַּעַשׂ לוֹ צִדְקִיָּה בֶן־כְּנַעֲנָה קַרְנֵי בַרְזֶל 11
ב חס . ד וַיֹּאמֶר כֹּה־אָמַר יְהוָה בְּאֵלֶּה תְּנַגַּח אֶת־אֲרָם עַד־כַּלֹּתָם׃ 12 וְכָל־ 12

[21]Mm 3342. [22]Mm 321. Cp 22 [1]Mm 1900. [2]Mm 1499. [3]Mm 1498. [4]Mm 3144. [5]Mm 1652. [6]Mm 1954. [7]Mm 380. [8]Mm 157. [9]Mm 2033.

27 [a] v 27 𝔊 alit ‖ [b] pc Mss וַיְּתַהּ' ‖ **28** [a–a] 𝔊 *ἐν χειρὶ δούλου αὐτοῦ Ηλειου περὶ Αχααβ καὶ εἶπεν κύριος* ‖ **29** [a–a] > 𝔊*, homtel? ‖ [b] mlt Mss ut Q אָבִיא ‖ [c–c] > 𝔊* ‖ **Cp 22,1** [a] 𝔊 sg ‖ **3** [a] ut 4,13[a] ‖ **4** [a] 𝔊[-L] *μεθ' ἡμῶν* ‖ [b–b] > 𝔊*𝔖 ‖ **5** [a] 𝔊 pl ‖ [b] > 𝔊 ‖ **6** [a] 𝔊 + *πάντας* ‖ [b] ℭ mlt Mss יהוה ‖ **7** [a] > 𝔊* ‖ [b] l c nonn Mss מֵאִתּוֹ ‖ **8** [a] ut 7[a] ‖ [b] ut 7[b] ‖ [c] mlt Mss ימלא ‖ **10** [a–a] dub; 𝔊 *ἔνοπλοι* ‖ [b] > Ms.

הַנְּבִאִים נִבְּאִים כֵּן לֵאמֹר עֲלֵה רָמֹת גִּלְעָד וְהַצְלַח וְנָתַן יְהוָה ᵃבְּיַד — ל̇ חס בסיפ
13 הַמֶּלֶךְ׃ᵃ 13 וְהַמַּלְאָךְ אֲשֶׁר־הָלַךְ ׀ לִקְרֹא מִיכָיְהוּ דִּבֶּר אֵלָיו — ל̇
לֵאמֹר הִנֵּה־נָא דִּבְרֵיᵃ הַנְּבִיאִים פֶּה־אֶחָד טוֹב אֶל־הַמֶּלֶךְ יְהִי־נָא — ג̇ [10]
14 דְבָרְיךָᵇ כִּדְבַר אַחַד מֵהֶם וְדִבַּרְתָּ טּוֹב׃ 14 וַיֹּאמֶר מִיכָיְהוּ חַי־יְהוָה — דבריך חד מן [11] יתיר י ק̇ בליש. כת̇ [12]
15 כִּי אֵת־אֲשֶׁר יֹאמַר יְהוָה אֵלַי אֹתוֹ אֲדַבֵּר׃ 15 וַיָּבוֹא אֶל־הַמֶּלֶךְ — ל̇. הי̇ [13] מל̇ וכל מגלה דכות ב מ ב
וַיֹּאמֶר הַמֶּלֶךְ אֵלָיו מִיכָיְהוּ הֲנֵלֵךְᵃ אֶל־רָמֹת גִּלְעָד לַמִּלְחָמָה אִם־ — ל̇
16 נֶחְדָּלᵇ וַיֹּאמֶר אֵלָיו עֲלֵה וְהַצְלַח וְנָתַן יְהוָה בְּיַד הַמֶּלֶךְ׃ 16 וַיֹּאמֶר
אֵלָיו הַמֶּלֶךְ עַד־כַּמֶּה פְעָמִים אֲנִי מַשְׁבִּעֶךָ אֲשֶׁר לֹא־ᵃתְדַבֵּר אֵלַי — ב̇. ג̇ [14]. ב̇
17 רַק־ᵃאֱמֶת בְּשֵׁם יְהוָה׃ 17 וַיֹּאמֶרᵃ רָאִיתִי אֶת־כָּל־ᵇיִשְׂרָאֵל
נְפֹצִים אֶלᶜ־הֶהָרִים כַּצֹּאן אֲשֶׁר אֵין־לָהֶם רֹעֶה וַיֹּאמֶר יְהוָה לֹא־ — ב̇ חד מל̇ וחד חס̇. ב̇ [15]
18 אֲדֹנִים לָאֵלֶּה יָשׁוּבוּ אִישׁ־לְבֵיתוֹ בְּשָׁלוֹם׃ 18 וַיֹּאמֶר מֶלֶךְ־ — ה̇ [16]
יִשְׂרָאֵל אֶל־יְהוֹשָׁפָט הֲלוֹא אָמַרְתִּי אֵלֶיךָ לוֹא־יִתְנַבֵּא עָלַי טוֹב כִּי — לה̇ מל̇ ה̇ מנה בסיפ. לה̇ מל̇
19 אִם־רָע׃ 19 וַיֹּאמֶר לָכֵן שְׁמַעᵃ דְּבַר־יְהוָה רָאִיתִי אֶת־יְהוָהᵇ יֹשֵׁב
20 עַל־כִּסְאוֹ וְכָל־צְבָא הַשָּׁמַיִם עֹמֵד עָלָיו מִימִינוֹ וּמִשְּׂמֹאלוֹ׃ 20 וַיֹּאמֶר — ב̇. ב̇
יְהוָה מִי יְפַתֶּה אֶת־אַחְאָבᵃ וְיַעַל וְיִפֹּל בְּרָמֹת גִּלְעָד וַיֹּאמֶר זֶה בְּכֹהᵇ — ד̇ [17]. ז̇ רפי [18]. ג̇ [19]
21 וְזֶה אֹמֵר בְּכֹהᵇ׃ 21 וַיֵּצֵא הָרוּחַ וַיַּעֲמֹד לִפְנֵי יְהוָה וַיֹּאמֶר אֲנִי אֲפַתֶּנּוּ — ב̇
22 וַיֹּאמֶר יְהוָה אֵלָיו בַּמָּה׃ 22 וַיֹּאמֶר אֵצֵא וְהָיִיתִי רוּחַᵃ שֶׁקֶר בְּפִי כָּל־ — ח̇ קמ̇ [20]
23 נְבִיאָיו וַיֹּאמֶר תְּפַתֶּה וְגַם־תּוּכָל צֵא וַעֲשֵׂה־כֵן׃ 23 וְעַתָּה הִנֵּה נָתַן — ב̇. ב̇
יְהוָה רוּחַ שֶׁקֶר בְּפִי כָּל־נְבִיאֶיךָ אֵלֶּה וַיהוָה דִּבֶּר עָלֶיךָ רָעָה׃ — ג̇ [21]
24 וַיִּגַּשׁ צִדְקִיָּהוּ בֶן־כְּנַעֲנָה וַיַּכֶּה אֶת־מִיכָיְהוּ עַל־הַלֶּחִי וַיֹּאמֶר ᵃאֵי־ — ל̇ [22]. לא̇
25 זֶהᵇ עָבַר רוּחַ־יְהוָה מֵאִתִּי לְדַבֵּר אוֹתָךְᵃᶜ׃ 25 וַיֹּאמֶר מִיכָיְהוּ הִנְּךָ — ט̇ [23] רפי וכל יחזק דכות וחד מן ט̇ [24] מל̇ בלשון זכר
26 רֹאֶה בַּיּוֹם הַהוּא אֲשֶׁר תָּבֹא חֶדֶר בְּחֶדֶר לְהֵחָבֵהᵃ׃ 26 וַיֹּאמֶר מֶלֶךְ — יז̇ חס̇ ג̇ [25] מנה בנביא וכל משלי דכות ב מ ד. ב̇ כת̇ ה̇ [26]

[10] Mm 1879 et Mm 2106. [11] Mm 1921. [12] Mm 187. [13] Mm 1552. [14] Mm 3156. [15] Mm 2850. [16] Mm 232. [17] Mm 522. [18] Mm 437. [19] Mm 2034. [20] Mm 96. [21] Mm 4200. [22] Mm 1303. [23] Mm 136. [24] Mm 2565. [25] Mm 1769. [26] Mm 2035.

12 ᵃ⁻ᵃ 𝔊 *εἰς χεῖράς σου* (𝔊ᴮᴸ + *καὶ*) *τὸν βασιλέα Συρίας* (> 𝔊ᴬ) cf 𝔖, 1 בְּיָדְךָ אֶת־מֶלֶךְ אֲרָם? ‖ **13** ᵃ 𝔊 *λαλοῦσιν πάντες* = דִּבְּרוּ כָל־ ‖ ᵇ mlt Mss 𝔖𝔗𝔙 et 2 Ch 18,12 ut Q דְּבָרְךָ, sic l ‖ **15** ᵃ 𝔊𝔗ᶠ sg ‖ ᵇ pc Mss 𝔊𝔗ᶠ sg ‖ **16** ᵃ > 𝔊 ‖ **17** ᵃ 𝔊 + *οὐχ οὕτως* = לֹא כֵן, ex לָכֵן? ‖ ᵇ > Ms 𝔖 ‖ ᶜ = עַל, sic pc Mss 𝔖𝔗 et 2 Ch 18,16 ‖ **19** ᵃ pc Mss et 2 Ch 18,18 שִׁמְעוּ ‖ ᵇ 𝔊 + *θεὸν Ισραηλ* ‖ **20** ᵃ 𝔊𝔙 ut 2 Ch 18,19 + מֶלֶךְ יִשְׂרָאֵל ‖ ᵇ 2 Ch כָּכָה ‖ **22** ᵃ pc Mss 𝔗 et 2 Ch 18,21 לְרוּחַ ‖ **24** ᵃ⁻ᵃ 𝔊* *ποῖον πνεῦμα κυρίου τὸ λαλῆσαν ἐν σοί* ‖ ᵇ Ms et 2 Ch 18,23 + הַדֶּרֶךְ ‖ ᶜ = אִתָּךְ, sic ℭ (2°) ‖ **25** ᵃ ℭ mlt Mss et 2 Ch 18,24 בא—.

יִשְׂרָאֵ֔ל קַ֚ח[a] אֶת־מִיכָ֔יְהוּ וַהֲשִׁיבֵ֖הוּ[b] אֶל־אָמֹ֣ן[c] שַׂר־הָעִ֑יר וְאֶל־יוֹאָ֖שׁ
27 בֶּן־הַמֶּֽלֶךְ׃ 27 וְאָמַרְתָּ֗[a] [b]כֹּ֚ה אָמַ֣ר הַמֶּ֔לֶךְ[b] שִׂ֥ימוּ אֶת־זֶ֖ה בֵּ֣ית הַכֶּ֑לֶא
28 וְהַאֲכִילֻ֜הוּ לֶ֤חֶם לַ֙חַץ֙[c] וּמַ֣יִם לַ֔חַץ עַ֖ד בֹּאִ֥י[d] בְשָׁלֽוֹם׃ 28 וַיֹּ֣אמֶר
מִיכָ֔יְהוּ אִם־שׁ֤וֹב תָּשׁוּב֙ בְּשָׁל֔וֹם לֹֽא־דִבֶּ֥ר יְהוָ֖ה בִּ֑י [a]וַיֹּ֕אמֶר שִׁמְע֖וּ
29 עַמִּ֥ים כֻּלָּֽם׃[a] 29 וַיַּ֧עַל מֶֽלֶךְ־יִשְׂרָאֵ֛ל וִיהוֹשָׁפָ֥ט[a] מֶֽלֶךְ־יְהוּדָ֖ה[b]
30 רָמֹ֥ת גִּלְעָֽד׃ 30 וַיֹּאמֶר֩ מֶ֨לֶךְ יִשְׂרָאֵ֜ל אֶל־יְהוֹשָׁפָ֗ט [a]הִתְחַפֵּשׂ֙ וָבֹ֣א[a]
בַמִּלְחָמָ֔ה וְאַתָּ֖ה לְבַ֣שׁ בְּגָדֶ֑יךָ[b] וַיִּתְחַפֵּשׂ֙ מֶ֣לֶךְ יִשְׂרָאֵ֔ל וַיָּב֖וֹא בַּמִּלְחָמָֽה׃
31 31 וּמֶ֣לֶךְ אֲרָ֡ם צִוָּ֞ה אֶת־שָׂרֵ֨י הָרֶ֜כֶב אֲשֶׁר־ל֗וֹ[a] שְׁלֹשִׁ֤ים וּשְׁנַ֙יִם֙[a] לֵאמֹ֔ר
לֹ֣א תִּֽלָּחֲמ֔וּ אֶת־קָטֹ֖ן[b] וְאֶת־גָּד֑וֹל[c] כִּ֥י אִם־אֶת־מֶ֥לֶךְ יִשְׂרָאֵ֖ל לְבַדּֽוֹ׃
32 32 וַיְהִ֡י כִּרְא֞וֹת שָׂרֵ֣י הָרֶ֗כֶב אֶת־יְהוֹשָׁפָ֔ט וְהֵ֙מָּה֙ אָֽמְר֔וּ אַ֥ךְ מֶֽלֶךְ־
33 יִשְׂרָאֵ֖ל ה֑וּא וַיָּסֻ֥רוּ[a] עָלָ֖יו לְהִלָּחֵ֑ם וַיִּזְעַ֖ק יְהוֹשָׁפָֽט׃ 33 וַיְהִ֗י כִּרְא֙וֹת֙
שָׂרֵ֣י הָרֶ֔כֶב כִּֽי־לֹא־מֶ֥לֶךְ יִשְׂרָאֵ֖ל ה֑וּא וַיָּשׁ֖וּבוּ מֵאַחֲרָֽיו׃
34 34 וְאִ֗ישׁ מָשַׁ֤ךְ בַּקֶּ֙שֶׁת֙ לְתֻמּ֔וֹ וַיַּכֶּה֙ אֶת־מֶ֣לֶךְ יִשְׂרָאֵ֔ל בֵּ֥ין הַדְּבָקִ֖ים וּבֵ֣ין
הַשִּׁרְיָ֑ן וַיֹּ֣אמֶר לְרַכָּב֗וֹ הֲפֹ֧ךְ יָדְךָ֛[a] וְהוֹצִיאֵ֥נִי מִן־הַֽמַּחֲנֶ֖ה[b] כִּ֥י הָחֳלֵֽיתִי׃
35 35 וַתַּעֲלֶ֤ה הַמִּלְחָמָה֙ בַּיּ֣וֹם הַה֔וּא וְהַמֶּ֗לֶךְ הָיָ֧ה מָעֳמָ֛ד בַּמֶּרְכָּבָ֖ה נֹ֣כַח
36 אֲרָ֑ם[a] [b]וַיָּ֣מָת בָּעֶ֔רֶב[b] וַיִּ֥צֶק דַּם־הַמַּכָּ֖ה אֶל־חֵ֥יק הָרָֽכֶב׃ 36 וַיַּעֲבֹ֤ר
הָֽרִנָּה֙[a] בַּֽמַּחֲנֶ֔ה כְּבֹ֥א הַשֶּׁ֖מֶשׁ לֵאמֹ֑ר אִ֥ישׁ אֶל־עִיר֖וֹ[b] וְאִ֥ישׁ אֶל־[b]אַרְצֽוֹ׃
37 37 [a]וַיָּ֣מָת הַמֶּ֔לֶךְ[a] וַיָּב֖וֹא[b] שֹׁמְר֑וֹן וַיִּקְבְּר֥וּ אֶת־הַמֶּ֖לֶךְ בְּשֹׁמְרֽוֹן׃
38 38 וַיִּשְׁטֹ֨ף[a] אֶת־הָרֶ֜כֶב עַ֣ל ׀ בְּרֵכַ֣ת שֹׁמְר֗וֹן וַיָּלֹ֤קּוּ[b] הַכְּלָבִים֙ אֶת־דָּמ֔וֹ
39 וְהַזֹּנ֖וֹת רָחָ֑צוּ כִּדְבַ֥ר יְהוָ֖ה אֲשֶׁ֥ר דִּבֵּֽר׃[c] 39 וְיֶ֨תֶר דִּבְרֵ֤י אַחְאָב֙
וְכָל־אֲשֶׁ֣ר עָשָׂ֔ה וּבֵ֤ית הַשֵּׁן֙ אֲשֶׁ֣ר בָּנָ֔ה וְכָל־הֶעָרִ֖ים אֲשֶׁ֣ר בָּנָ֑ה הֲלוֹא־

ב פסוק דמטע 27 . ל וכת כן . יו בסיפ וכל שפטים תרי עשר וד״ה דכות
יו
ב וחס 28
ב 29 . ג
ג ב חס וחד מל 30
ב . הי 31 מל וכל מגלה דכות ב מ ב
יב פסוק את את ואת את
ל . ל . ב
ב פסוק דמטע 32
ו מל בנביא
ב . 33
ב . ו זוגין 34 . ל
ג 35 . ב
ל . ג
ו חס 36 . ב 37
הי 31 מל וכל מגלה דכות ב מ ב
ל
ל . ד בטע ר״פ 38
ל . יז מל בסיפ

[27] Mm 4201. [28] Mp contra textum, cf Mp sub loco. [29] 2 Chr 18,27. [30] Mm 1885. [31] Mm 1552. [32] Mm 3313. [33] Mm 1303. [34] Mm 2036. [35] Mm 2709. [36] Mp sub loco. [37] Mm 2254. [38] Mm 2037.

26 [a] 𝔊𝔖𝔙 ut 2 Ch 18,25 קְחוּ ‖ [b] 𝔊𝔖 ut 2 Ch ־בָ׳–, 𝔙 *et maneat* = וְהוֹשׁ׳ ‖ [c] $𝔊^{B 19.82}$ Σεμ(μ)ηρ ex Εμ(μ)ηρ (cf $𝔊^{135.93}$) = אִמֵּר? ‖ **27** [a] 𝔖𝔙 ut 2 Ch 18,26 וַאֲמַרְתֶּם ‖ [b–b] > 𝔊* ‖ [c] pc Mss צַר cf Jes 30,20 ‖ [d] Ms 𝔊𝔙 et 2 Ch שׁוּבִי ‖ **28** [a–a] > 𝔊*, gl cf Mi 1,2 ‖ **29** [a] sic L, mlt Mss Edd וִיהוֹ׳ ‖ [b] 𝔊 + μετ' αὐτοῦ ‖ **30** [a–a] l prb אֶתְ׳ וְאָבֹא cf 𝔊𝔖𝔗 ‖ [b] 𝔊 suff 1sg ‖ **31** [a–a] > 2 Ch 18,30, gl? cf 20,1.16 ‖ [b] pc Mss et 2 Ch הַקָ׳ ‖ [c] pc Mss et 2 Ch הַגָ׳ ‖ **32** [a] 𝔊 ut 2 Ch 18,31 וַיָּסֹבּוּ ‖ **34** [a] Mss 𝔊 יָדֶיךָ ‖ [b] l הַמִּלְחָמָה? cf 𝔊 ‖ **35** [a] 𝔊 + ἀπὸ πρωὶ ἕως ἑσπέρας; ins prb c 2 Ch 18,34 עַד הָעָרֶב ‖ [b–b] > 2 Mss; 𝔊 tr ad fin v ‖ **36** [a] 𝔊(𝔖𝔗𝔙) στρατοκῆρυξ = הָרֹנֶה? ‖ [b–b] pc Mss 𝔊𝔙 ואל ‖ **37** [a–a] l frt כִּי מֵת ה׳ (et cj c 36) cf 𝔊 ‖ [b] l וַיָּבֹאוּ? cf 𝔊 ‖ **38** [a] 𝔊𝔙 pl ‖ [b] ut 21,19[e] ‖ [c] 2 Mss $𝔗^{f Ms}$ + בְּיַד אֵלִיָּהוּ cf $𝔊^{min}$.

40 הֵם כְּתוּבִים עַל־סֵפֶר דִּבְרֵי הַיָּמִים לְמַלְכֵי יִשְׂרָאֵל׃ 40 וַיִּשְׁכַּב
אַחְאָב עִם־אֲבֹתָיו וַיִּמְלֹךְ אֲחַזְיָהוּ בְנוֹ תַּחְתָּיו׃ פ
41 [a]וִיהוֹשָׁפָט בֶּן־אָסָא מָלַךְ עַל־יְהוּדָה בִּשְׁנַת [b]אַרְבַּע לְאַחְאָב[b]
42 מֶלֶךְ יִשְׂרָאֵל׃ 42 יְהוֹשָׁפָט בֶּן־שְׁלֹשִׁים וְחָמֵשׁ שָׁנָה בְּמָלְכוֹ וְעֶשְׂרִים
ס̄ ט̇י[41] וְחָמֵשׁ שָׁנָה מָלַךְ בִּירוּשָׁלָםִ וְשֵׁם אִמּוֹ עֲזוּבָה בַּת־שִׁלְחִי׃ 43 וַיֵּלֶךְ° — כל מל̇ . ב̇ . ג̇[39]
בְּכָל־דֶּרֶךְ אָסָא אָבִיו לֹא[a]־סָר מִמֶּנּוּ[b] לַעֲשׂוֹת הַיָּשָׁר בְּעֵינֵי יְהוָה׃ — ו̇ סביר̇ ממנה[40]
44 אַךְ הַבָּמוֹת לֹא־סָרוּ[a] עוֹד הָעָם מְזַבְּחִים וּמְקַטְּרִים בַּבָּמוֹת׃
45 וַיַּשְׁלֵם יְהוֹשָׁפָט עִם־מֶלֶךְ[a] יִשְׂרָאֵל׃ 46 וְיֶתֶר דִּבְרֵי° יְהוֹשָׁפָט — ל̇ . ה̇ בטע̇ בסיפ̇
וּגְבוּרָתוֹ אֲשֶׁר־עָשָׂה [a]וַאֲשֶׁר° נִלְחָם[a] הֲלֹא־הֵם כְּתוּבִים עַל־סֵפֶר דִּבְרֵי — ב̇
47 הַיָּמִים לְמַלְכֵי יְהוּדָה׃ 47 וְיֶתֶר הַקָּדֵשׁ אֲשֶׁר נִשְׁאַר בִּימֵי אָסָא אָבִיו
48 בִּעֵר מִן־הָאָרֶץ׃ 48 וּמֶלֶךְ אֵין בֶּאֱדוֹם[a] נִצָּב[b] מֶלֶךְ[c]׃ — י̇ו ר״פ וס״פ חד[41]
49 יְהוֹשָׁפָט[a] עָשָׂר[b] אֳנִיּוֹת[c] תַּרְשִׁישׁ לָלֶכֶת אוֹפִירָה לַזָּהָב וְלֹא° הָלָךְ — עשה ק̇ . ג̇[42] . ג̇[43]
50 כִּי־נִשְׁבְּרָה[d] אֳנִיּוֹת[c] בְּעֶצְיוֹן גָּבֶר׃ 50 אָז° אָמַר [a]אֲחַזְיָהוּ בֶן־אַחְאָב[a] — נשברו ק̇ חד מן יד̇[44] כת̇ ה וקר̇ ו
אֶל־יְהוֹשָׁפָט יֵלְכוּ עֲבָדַי עִם־עֲבָדֶיךָ בָּאֳנִיּוֹת[b] וְלֹא אָבָה יְהוֹשָׁפָט׃ — ד̇[45]
51 וַיִּשְׁכַּב יְהוֹשָׁפָט עִם־אֲבֹתָיו [a]וַיִּקָּבֵר עִם־אֲבֹתָיו[a] בְּעִיר° — ו̇[46] ה̇ מנה̇ בליש̇ ובסיפ̇
דָּוִד° אָבִיו וַיִּמְלֹךְ יְהוֹרָם בְּנוֹ תַּחְתָּיו׃ ס — י̇ו בנביא כת̇ כן וכל כתיב̇ דכות̇[47]
52 אֲחַזְיָהוּ בֶן־אַחְאָב מָלַךְ עַל־יִשְׂרָאֵל בְּשֹׁמְרוֹן בִּשְׁנַת [a]שְׁבַע
53 עֶשְׂרֵה[a] לִיהוֹשָׁפָט מֶלֶךְ יְהוּדָה וַיִּמְלֹךְ עַל־יִשְׂרָאֵל שְׁנָתָיִם׃ 53 וַיַּעַשׂ
הָרַע בְּעֵינֵי יְהוָה וַיֵּלֶךְ בְּדֶרֶךְ אָבִיו וּבְדֶרֶךְ אִמּוֹ וּבְדֶרֶךְ[a] יָרָבְעָם — ד̇[48] . ד̇[48]
54 בֶּן־נְבָט אֲשֶׁר הֶחֱטִיא אֶת־יִשְׂרָאֵל׃ 54 וַיַּעֲבֹד אֶת־הַבַּעַל[a] וַיִּשְׁתַּחֲוֶה
לוֹ[a] וַיַּכְעֵס אֶת־יְהוָה אֱלֹהֵי יִשְׂרָאֵל כְּכֹל [b]אֲשֶׁר־עָשָׂה אָבִיו[b]׃ — ב̇
1 1 וַיִּפְשַׁע מוֹאָב בְּיִשְׂרָאֵל אַחֲרֵי מוֹת אַחְאָב׃

[39] Mm 2181. [40] Mm 2038. [41] Mp sub loco. [42] Mm 1938 contra textum. [43] Mm 2179. [44] Mm 782. [45] Mm 1211. [46] Mm 1945. [47] Mm 2087. [48] Mm 3194.

41 [a] 𝔊^{L} om 41–51 (𝔊* om 47–50) cf 16,28[a] ‖ [b–b] 16,28 𝔊* *τῷ ἑνδεκάτῳ τοῦ Αμβρι* ‖ **43** [a] L* mlt Mss 𝔖𝔙 et 16,28 𝔊* וְלֹא ‖ [b] pc Mss Seb מִמֶּנָּה ‖ **44** [a] 𝔊(𝔖𝔙) *ἐξῆρεν* = הֵסִיר ‖ **45** [a] 𝔊^{A}𝔖 pl ‖ **46** [a–a] > 𝔊* (sed hab in 16,28) ‖ **48** [a] 16,28 𝔊* *ἐν Συρίᾳ* = בַּאֲרָם ‖ [b] 2 Mss et 16,28 𝔊* נְצִיב ‖ [c] > 𝔖; 𝔊^{O}(𝔙) et 16,28 𝔊* *καὶ ὁ βασιλεύς* (cj c 49) ‖ **49** [a] > 𝔊^{B}; prp נְצִיב הַמֶּלֶךְ י׳ vel נצב: וְהַמֶּלֶךְ י׳ sec 48[b.c] ‖ [b] nonn Mss Vrs ut Q עָשָׂה, sic l ‖ [c] 16,28 𝔊* sg ‖ [d] K –רָה, Q –רוּ ‖ **50** [a–a] 16,28 𝔊* *ὁ βασιλεὺς Ισραηλ* ‖ [b] 𝔊* sg ‖ **51** [a–a] > 2 Mss et 16,28 𝔊$^{BN\,min}$ ‖ **52** [a–a] 𝔊^{L} 24 ‖ **53** [a] l וּבְחַטֹּאת? cf 𝔊 ‖ **54** [a] 𝔊 pl ‖ [b–b] 𝔊 *τὰ γενόμενα ἔμπροσθεν αὐτοῦ.*

2 וַיִּפֹּל אֲחַזְיָה בְּעַד הַשְּׂבָכָה בַּעֲלִיָּתוֹ אֲשֶׁר בְּשֹׁמְרוֹן וַיָּחַל וַיִּשְׁלַח 2
מַלְאָכִים וַיֹּאמֶר אֲלֵהֶם לְכוּ דִרְשׁוּ בְּבַעַל זְבוּב אֱלֹהֵי עֶקְרוֹן אִם־
אֶחְיֶה מֵחֳלִי זֶה: ס   3 וּמַלְאַךְ יְהוָה דִּבֶּר אֶל־אֵלִיָּה הַתִּשְׁבִּי 3
קוּם עֲלֵה לִקְרַאת מַלְאֲכֵי מֶלֶךְ־שֹׁמְרוֹן וְדַבֵּר אֲלֵהֶם הַמִבְּלִי אֵין־
אֱלֹהִים בְּיִשְׂרָאֵל אַתֶּם הֹלְכִים לִדְרֹשׁ בְּבַעַל זְבוּב אֱלֹהֵי עֶקְרוֹן:
4 וְלָכֵן כֹּה־אָמַר יְהוָה הַמִּטָּה אֲשֶׁר־עָלִיתָ שָּׁם לֹא־תֵרֵד מִמֶּנָּה כִּי 4
מוֹת תָּמוּת וַיֵּלֶךְ אֵלִיָּה: 5 וַיָּשׁוּבוּ הַמַּלְאָכִים אֵלָיו וַיֹּאמֶר 5
אֲלֵהֶם מַה־זֶּה שַׁבְתֶּם: 6 וַיֹּאמְרוּ אֵלָיו אִישׁ עָלָה לִקְרָאתֵנוּ וַיֹּאמֶר 6
אֵלֵינוּ לְכוּ שׁוּבוּ אֶל־הַמֶּלֶךְ אֲשֶׁר־שָׁלַח אֶתְכֶם וְדִבַּרְתֶּם אֵלָיו כֹּה
אָמַר יְהוָה הַמִבְּלִי אֵין־אֱלֹהִים בְּיִשְׂרָאֵל אַתָּה שֹׁלֵחַ לִדְרֹשׁ בְּבַעַל
זְבוּב אֱלֹהֵי עֶקְרוֹן לָכֵן הַמִּטָּה אֲשֶׁר־עָלִיתָ שָּׁם לֹא־תֵרֵד מִמֶּנָּה כִּי־
מוֹת תָּמוּת: 7 וַיְדַבֵּר אֲלֵהֶם מֶה מִשְׁפַּט הָאִישׁ אֲשֶׁר עָלָה לִקְרַאתְכֶם 7
וַיְדַבֵּר אֲלֵיכֶם אֶת־הַדְּבָרִים הָאֵלֶּה: 8 וַיֹּאמְרוּ אֵלָיו אִישׁ בַּעַל שֵׂעָר 8
וְאֵזוֹר עוֹר אָזוּר בְּמָתְנָיו וַיֹּאמַר אֵלִיָּה הַתִּשְׁבִּי הוּא: 9 וַיִּשְׁלַח 9
אֵלָיו שַׂר־חֲמִשִּׁים וַחֲמִשָּׁיו וַיַּעַל אֵלָיו וְהִנֵּה יֹשֵׁב עַל־רֹאשׁ הָהָר
וַיְדַבֵּר אֵלָיו אִישׁ הָאֱלֹהִים הַמֶּלֶךְ דִּבֶּר רֵדָה: 10 וַיַּעֲנֶה אֵלִיָּהוּ 10
וַיְדַבֵּר אֶל־שַׂר הַחֲמִשִּׁים וְאִם־אִישׁ אֱלֹהִים אָנִי תֵּרֶד אֵשׁ מִן־הַשָּׁמַיִם
וְתֹאכַל אֹתְךָ וְאֶת־חֲמִשֶּׁיךָ וַתֵּרֶד אֵשׁ מִן־הַשָּׁמַיִם וַתֹּאכַל אֹתוֹ וְאֶת־
חֲמִשָּׁיו: 11 וַיָּשָׁב וַיִּשְׁלַח אֵלָיו שַׂר־חֲמִשִּׁים אַחֵר וַחֲמִשָּׁיו וַיַּעַן וַיְדַבֵּר 11
אֵלָיו אִישׁ הָאֱלֹהִים כֹּה־אָמַר הַמֶּלֶךְ מְהֵרָה רֵדָה: 12 וַיַּעַן אֵלִיָּה 12
וַיְדַבֵּר אֲלֵיהֶם אִם־אִישׁ הָאֱלֹהִים אָנִי תֵּרֶד אֵשׁ מִן־הַשָּׁמַיִם וְתֹאכַל
אֹתְךָ וְאֶת־חֲמִשֶּׁיךָ וַתֵּרֶד אֵשׁ־אֱלֹהִים מִן־הַשָּׁמַיִם וַתֹּאכַל אֹתוֹ וְאֶת־
חֲמִשָּׁיו: 13 וַיָּשָׁב וַיִּשְׁלַח שַׂר־חֲמִשִּׁים שְׁלִשִׁים וַחֲמִשָּׁיו וַיַּעַל וַיָּבֹא 13

Cp 1 ¹Mm 2091. ²Mm 4056. ³Mm 1954. ⁴Mm 2039. ⁵Mm 3192. ⁶Mm 2041. ⁷Mm 2042. ⁸Mm
2043. ⁹Mm 2040 א et ב. ¹⁰Mm 2231. ¹¹Mm 2168. ¹²Mm 592. ¹³Mm 1680. ¹⁴Mm 808. ¹⁵Mm 1190.
¹⁶Mm 1957. ¹⁷Mm 3171.

Cp 1,2 ᵃ 1 מֶחֳלָי cf Vrs ‖ 6 ᵃ Ms 𝔖 הָאִישׁ ‖ ᵇ 𝔊 πορεύῃ = הֵלֵךְ ‖ ᶜ > Ms 𝔊 ‖ 9 ᵃ
𝔊ᴸ𝔖 pl ‖ ᵇ 𝔊ᴸ(𝔖𝔗) αὐτὸς δέ = וְהוּא ; 𝔊⁻ᴸ + Ηλιου ‖ 10 ᵃ nonn Mss 𝔖𝔗ᴹˢˢ𝔙 אם ‖
11 ᵃ 𝔖𝔗ᴹˢˢ pl ‖ ᵇ > Ms 𝔊ᴮ𝔙; 𝔊⁻ᴮ καὶ ἀνέβη = וַיַּעַל ‖ 12 ᵃ pc Mss Or 𝔖 וַיֹּאמֶר cf
𝔊ᴸ ‖ ᵇ 1 c 2 Mss 𝔊𝔖 אֵלָיו ‖ ᶜ pc Mss 'א ut 10 cf 𝔊 ‖ ᵈ > pc Mss 𝔊𝔙ᴹˢˢ ‖ 13 ᵃ
𝔊⁻ᴮ(𝔙) τρίτον, prb 1 שִׁי־; 𝔖 (d)tlt zbnjn = שִׁית־ ‖ ᵇ > 𝔊*𝔙 ‖ ᶜ > 𝔖.

שַׂר־הַחֲמִשִּׁים הַשְּׁלִישִׁי וַיִּכְרַ֨ע עַל־בִּרְכָּיו ׀ לְנֶ֣גֶד אֵלִיָּ֗הוּ וַיִּתְחַנֵּ֤ן

אֵלָיו וַיְדַבֵּ֣ר אֵלָ֗יו אִ֚ישׁ הָאֱלֹהִ֔ים תִּֽיקַר־נָ֣א נַפְשִׁ֗י וְנֶ֨פֶשׁ עֲבָדֶ֥יךָ אֵ֛לֶּה

14 חֲמִשִּׁ֖ים בְּעֵינֶֽיךָ׃ ¹⁴ הִנֵּ֤ה יָֽרְדָה אֵשׁ֙ מִן־הַשָּׁמַ֔יִם וַתֹּ֗אכַל אֶת־שְׁנֵ֨י שָׂרֵ֤י

הַֽחֲמִשִּׁים֙ הָרִֽאשֹׁנִ֔ים וְאֶת־חֲמִשֵּׁיהֶ֑ם וְעַתָּ֕ה תִּיקַ֥ר נַפְשִׁ֖י בְּעֵינֶֽיךָ׃ ס

15 וַיְדַבֵּ֤ר מַלְאַךְ֙ יְהוָה֙ אֶל־אֵ֣לִיָּ֔הוּ רֵ֥ד אוֹתוֹ֙ אַל־תִּירָ֖א מִפָּנָ֑יו וַיָּ֛קָם

16 וַיֵּ֥רֶד אוֹתֹ֖ו אֶל־הַמֶּֽלֶךְ׃ ¹⁶ וַיְדַבֵּ֣ר אֵלָ֗יו כֹּֽה־אָמַ֤ר יְהוָה֙ יַ֜עַן אֲשֶׁר־

שָׁלַ֣חְתָּ מַלְאָכִים֮ לִדְרֹשׁ֮ בְּבַ֣עַל זְבוּב֮ אֱלֹהֵ֣י עֶקְרוֹן֒ הַֽמִבְּלִ֤י אֵין־

אֱלֹהִים֙ בְּיִשְׂרָאֵ֔ל לִדְרֹ֖שׁ בִּדְבָרֹ֑ו לָכֵ֞ן הַמִּטָּ֨ה אֲשֶׁר־עָלִ֥יתָ שָּׁ֛ם לֹֽא־

17 תֵרֵ֥ד מִמֶּ֖נָּה כִּֽי־מ֥וֹת תָּמֽוּת׃ ¹⁷ וַיָּ֜מָת כִּדְבַ֤ר יְהוָה֙ ׀ אֲשֶׁר־דִּבֶּ֣ר אֵלִיָּ֔הוּ

וַיִּמְלֹ֤ךְ יְהוֹרָם֙ תַּחְתָּ֔יו פ בִּשְׁנַ֣ת שְׁתַּ֔יִם לִיהוֹרָ֖ם בֶּן־יְהוֹשָׁפָ֑ט

18 מֶ֣לֶךְ יְהוּדָ֔ה כִּ֥י לֹֽא־הָ֥יָה לֹ֖ו בֵּֽן׃ ¹⁸ וְיֶ֨תֶר דִּבְרֵ֤י אֲחַזְיָ֨הוּ֙

אֲשֶׁ֣ר עָשָׂ֑ה הֲלֹֽוא־הֵ֣מָּה כְתוּבִ֗ים עַל־סֵ֛פֶר דִּבְרֵ֥י הַיָּמִ֖ים לְמַלְכֵ֥י

יִשְׂרָאֵֽל׃ פ

2 ¹ וַיְהִ֗י בְּהַעֲל֤וֹת יְהוָה֙ אֶת־אֵ֣לִיָּ֔הוּ בַּֽסְעָרָ֖ה הַשָּׁמָ֑יִם וַיֵּ֧לֶךְ אֵלִיָּ֛הוּ

2 וֶאֱלִישָׁ֖ע מִן־הַגִּלְגָּֽל׃ ² וַיֹּאמֶר֩ אֵלִיָּ֨הוּ אֶל־אֱלִישָׁ֜ע שֵֽׁב־נָ֣א פֹ֗ה כִּ֤י

יְהוָה֙ שְׁלָחַ֣נִי עַד־בֵּֽית־אֵ֔ל וַיֹּ֣אמֶר אֱלִישָׁ֗ע חַי־יְהוָ֤ה וְחֵֽי־נַפְשְׁךָ֙ אִם־

3 אֶֽעֶזְבֶ֔ךָּ וַיֵּרְד֖וּ בֵּֽית־אֵֽל׃ ³ וַיֵּצְא֨וּ בְנֵֽי־הַנְּבִיאִ֤ים אֲשֶׁר־בֵּֽית־אֵל֙ אֶל־

אֱלִישָׁ֔ע וַיֹּאמְר֣וּ אֵלָ֔יו הֲיָדַ֕עְתָּ כִּ֣י הַיּ֗וֹם יְהוָ֛ה לֹקֵ֥חַ אֶת־אֲדֹנֶ֖יךָ מֵעַ֣ל

4 רֹאשֶׁ֑ךָ וַיֹּ֛אמֶר גַּם־אֲנִ֥י יָדַ֖עְתִּי הֶחֱשֽׁוּ׃ ⁴ וַיֹּאמֶר֩ ל֨וֹ אֵלִיָּ֜הוּ אֱלִישָׁ֣ע ׀

שֵֽׁב־נָ֣א פֹ֗ה כִּ֤י יְהוָה֙ שְׁלָחַ֣נִי יְרִיח֔וֹ וַיֹּ֣אמֶר חַי־יְהוָ֤ה וְחֵֽי־נַפְשְׁךָ֙ אִם־

5 אֶֽעֶזְבֶ֔ךָּ וַיָּבֹ֖אוּ יְרִיחֽוֹ׃ ⁵ וַיִּגְּשׁ֨וּ בְנֵֽי־הַנְּבִיאִ֥ים אֲשֶׁר־בִּֽירִיחוֹ֮ אֶל־

אֱלִישָׁע֒ וַיֹּאמְר֣וּ אֵלָ֔יו הֲיָדַ֕עְתָּ כִּ֣י הַיּ֗וֹם יְהוָ֛ה לֹקֵ֥חַ אֶת־אֲדֹנֶ֖יךָ מֵעַ֣ל

6 רֹאשֶׁ֑ךָ וַיֹּ֛אמֶר גַּם־אֲנִ֥י יָדַ֖עְתִּי הֶחֱשֽׁוּ׃ ⁶ וַיֹּאמֶר֩ ל֨וֹ אֵלִיָּ֜הוּ שֵֽׁב־נָ֣א פֹ֗ה

Marginal Masora (right):

ח¹⁸ . ב . ל

ב

סו

ח¹⁸ . כ׳ . ב . סו ס

ל . כד¹⁹ מל ו מנה
בסיפ . כג

כד¹⁹ מל ו מנה בסיפ־

²⁰

ג פסוק דמטע בעינ²¹

²²וי³ בנביא כת כן וכל
כתיב דכות . וי²²ⁱ בנביא
ב מנה בלריש וכל
כתיב דכות

יג בטע ר״פ בסיפ²³

יז²⁴ מל בסיפ . ד²⁵.

גׄ¹ . ב כת ס²

לׄ³ . ב . ד סביר בבית

הׄ . חׄ⁴ . ⁵

דׄ . ב . ל⁷

לׄ

הׄ . חׄ⁴ . ⁵

דׄ . ב .

¹⁸Mm 808. ¹⁹Mp sub loco. ²⁰Mm 2043. ²¹Mm 2040 א et ב. ²²Mm 2087. ²³Mm 1985. ²⁴Mm 1990. ²⁵Mm 1120. **Cp 2** ¹Mm 581. ²Mm 2044. ³Mm 2045. ⁴Mm 2046. ⁵Mm 201. ⁶Mm 2047. ⁷Mp sub loco.

13 ᵈ⁻ᵈ > 𝔙 ‖ **14** ᵃ 𝔊⁻ᴮ ἡ ψυχὴ τῶν δούλων σου ‖ **15** ᵃ 1 c 2 Mss Ed Vrs אֹתוֹ cf Kᴹˢˢ ‖ ᵇ 𝔊 suff pl ‖ **16** ᵃ⁻ᵃ > 𝔊*, dl? ‖ **17** ᵃ 2 Mss 𝔊ᴺᵐⁱⁿ + בְּיָד, Ms + אֶל־, sic l? ‖ ᵇ⁻ᵇ > 𝔊* ‖ ᶜ 𝔊ᴸᵐⁱⁿ(𝔖𝔙) + ὁ ἀδελφὸς αὐτοῦ (vel 'Οχοζίου) ‖ ᵈ⁻ᵈ > 𝔊ᴸ ‖ **18** ᵃ pc Mss 𝔊ᴸ𝔖 + וְכָל־ ‖ ᵇ 𝔊 + nonn vb (cf 3,1—3) ‖ **Cp 2,3** ᵃ nonn Mss Seb 𝔊𝔗𝔙ᴹˢˢ בְּבֵית ‖ **4** ᵃ > pc Mss; 𝔊(𝔖𝔙) pr πρός (et om לוֹ).

כִּ֤י יְהוָה֙ שְׁלָחַ֣נִי הַיַּרְדֵּ֔נָה וַיֹּ֕אמֶר חַי־יְהוָ֥ה וְחֵֽי־נַפְשְׁךָ֖ אִם־אֶעֶזְבֶ֑ךָּ ד[8]
7 וַיֵּלְכ֖וּ שְׁנֵיהֶֽם׃ 7 וַחֲמִשִּׁ֨ים אִ֜ישׁ מִבְּנֵ֤י הַנְּבִיאִים֙ הָֽלְכ֔וּ[a] וַיַּֽעַמְד֥וּ
8 מִנֶּ֖גֶד מֵרָח֑וֹק וּשְׁנֵיהֶ֥ם עָמְד֖וּ עַל־[b]הַיַּרְדֵּֽן׃ 8 וַיִּקַּח֩ אֵלִיָּ֨הוּ אֶת־אַדַּרְתּ֤וֹ
וַיִּגְלֹם֙ וַיַּכֶּ֣ה אֶת־הַמַּ֔יִם וַיֵּחָצ֖וּ הֵ֣נָּה וָהֵ֑נָּה וַיַּעַבְר֥וּ שְׁנֵיהֶ֖ם בֶּחָרָבָֽה׃ ל̇. [9]ל̇. ב. ד̇ ג̇ מנה בסיפ̇
9 וַיְהִ֣י כְעָבְרָ֗ם[a] וְאֵלִיָּ֜הוּ אָמַ֤ר אֶל־אֱלִישָׁע֙ שְׁאַל֙[b] מָ֣ה אֶֽעֱשֶׂה־לָּ֔ךְ ל̇
בְּטֶ֖רֶם אֶלָּקַ֣ח מֵעִמָּ֑ךְ וַיֹּ֣אמֶר אֱלִישָׁ֔ע וִֽיהִי־[c]נָ֛א פִּֽי־שְׁנַ֥יִם בְּרוּחֲךָ֖ אֵלָֽי׃ ל̇. ל̇ב̇. ג̇
10 וַיֹּ֖אמֶר הִקְשִׁ֣יתָ לִשְׁא֑וֹל אִם־תִּרְאֶ֨ה אֹתִ֜י לֻקָּ֤ח מֵֽאִתָּךְ֙ יְהִֽי־[a]לְךָ֣[b] כֵ֔ן ל̇. ה̇[10]. ה̇[11]
11 וְאִם־אַ֖יִן לֹ֥א יִהְיֶֽה׃ 11 וַיְהִ֗י הֵ֣מָּה הֹלְכִ֤ים הָלוֹךְ֙ וְדַבֵּ֔ר וְהִנֵּ֤ה רֶֽכֶב־ ב̇. י̇א̇[12]
אֵשׁ֙ וְס֣וּסֵי אֵ֔שׁ וַיַּפְרִ֖דוּ[a] בֵּ֣ין שְׁנֵיהֶ֑ם וַיַּ֙עַל֙[b] אֵ֣לִיָּ֔הוּ בַּסְּעָרָ֖ה הַשָּׁמָֽיִם׃ ל̇. ל̇ וחס̇. ב̇ בטע̇. ב̇ כת̇ ס[13]
12 וֶאֱלִישָׁ֣ע רֹאֶ֗ה וְה֣וּא[a] מְצַעֵק֙ אָבִ֣י ׀ אָבִ֗י רֶ֚כֶב יִשְׂרָאֵל֙ וּפָ֣רָשָׁ֔יו[b] ל̇
13 וְלֹ֥א רָאָ֖הוּ ע֑וֹד וַֽיַּחֲזֵק֙ בִּבְגָדָ֔יו וַיִּקְרָעֵ֖ם לִשְׁנַ֥יִם קְרָעִֽים׃ 13 וַיָּ֙רֶם֙ אֶת־ ח̇ דגש̇[14]
אַדֶּ֣רֶת אֵלִיָּ֔הוּ אֲשֶׁ֥ר נָפְלָ֖ה מֵעָלָ֑יו וַיָּ֥שָׁב וַֽיַּעֲמֹ֖ד עַל־שְׂפַ֥ת הַיַּרְדֵּֽן׃
14 וַיִּקַּ֞ח אֶת־אַדֶּ֧רֶת אֵלִיָּ֛הוּ אֲשֶׁר־נָפְלָ֥ה מֵעָלָ֖יו וַיַּכֶּ֣ה אֶת־הַמַּ֑יִם[a] י̇ט̇ פסוק בסיפ̇ את את את. ל̇[9]
וַיֹּאמַ֕ר אַיֵּ֕ה יְהוָ֖ה[b] אֱלֹהֵ֣י אֵלִיָּ֑הוּ [c]אַף־ה֣וּא ׀ וַיַּכֶּ֤ה אֶת־הַמַּ֙יִם֙ וַיֵּ֣חָצ֔וּ צא̇. ל̇[9]. ב̇
15 הֵ֖נָּה וָהֵ֑נָּה וַֽיַּעֲבֹ֖ר אֱלִישָֽׁע׃ 15 וַיִּרְאֻ֨הוּ[a] בְנֵֽי־הַנְּבִיאִ֜ים אֲשֶׁר־בִּירִיחוֹ֙ ס̇ ב[15] ד̇ ג̇ מנה בסיפ̇
מִנֶּ֔גֶד וַיֹּ֣אמְר֔וּ נָ֛חָה ר֥וּחַ אֵלִיָּ֖הוּ עַל־אֱלִישָׁ֑ע וַיָּבֹ֙אוּ֙ לִקְרָאת֔וֹ וַיִּשְׁתַּחֲווּ־ ג̇ בטע̇
16 ל֖וֹ אָֽרְצָה׃ 16 וַיֹּאמְר֣וּ אֵ֠לָיו הִנֵּה־נָ֨א יֵשׁ־אֶת־עֲבָדֶ֜יךָ חֲמִשִּׁ֣ים אֲנָשִׁים֮
בְּנֵי־חַיִל֒ יֵ֣לְכוּ נָ֗א וִיבַקְשׁ֣וּ אֶת־אֲדֹנֶ֔יךָ פֶּן־נְשָׂאוֹ֙ ר֣וּחַ יְהוָ֔ה וַיַּשְׁלִכֵ֙הוּ֙ ג̇[16]. ג̇
17 בְּאַחַ֣ד הֶהָרִ֔ים א֖וֹ בְּאַחַ֣ת הַגֵּיאָ֑ות[a] וַיֹּ֖אמֶר לֹ֥א תִשְׁלָֽחוּ׃ 17 וַיִּפְצְרוּ־ הגאיות ק̇ חד מן ג̇[17] מל̇ בליש̇. ב̇[18]
ב֥וֹ עַד־בֹּ֖שׁ וַיֹּ֣אמֶר שְׁלָ֑חוּ וַֽיִּשְׁלְחוּ֙ חֲמִשִּׁ֣ים אִ֔ישׁ וַיְבַקְשׁ֥וּ שְׁלֹשָֽׁה־יָמִ֖ים ג̇ חס̇[19]. ד̇[20]
18 וְלֹ֥א מְצָאֻֽהוּ׃ 18 וַיָּשֻׁ֣בוּ אֵלָ֔יו וְה֖וּא יֹשֵׁ֣ב בִּירִ֑יחוֹ וַיֹּ֣אמֶר אֲלֵהֶ֗ם הֲלֹֽוא־ ל̇ וחס̇. כת̇[21] חס̇ בנביא̇ י̇ג̇ מנה בסיפ̇. ס[22]
אָמַ֥רְתִּי אֲלֵיכֶ֖ם אַל־תֵּלֵֽכוּ׃
19 וַיֹּ֜אמְר֜וּ אַנְשֵׁ֤י הָעִיר֙ אֶל־אֱלִישָׁ֔ע הִנֵּה־נָ֗א מוֹשַׁ֤ב הָעִיר֙ ט֔וֹב

[8]Mm 1441. [9]Mm 1303. [10]Mm 1496. [11]Mm 1877. [12]Mm 2041. [13]Mm 2044. [14]Mm 1573. [15]Mp sub loco. [16]Mm 3339. [17]Mm 2935. [18]Mm 120. [19]Mm 2722. [20]Mm 1952. [21]Mm 1954. [22]Lectio plena contra Mp י̇ז̇ מל̇ בסיפ̇, cf 1R 2,42 et Mp sub loco.

7 [a] > 𝔊* ‖ [b] 𝔖 + *spt'* = שְׂפַת־ ‖ **9** [a] nonn Mss 𝔊$^{-L}$𝔗^{Ms} בְּעָ' ‖ [b] > Ms 𝔊^{B*} ‖ [c] 𝔊𝔖 om cop ‖ **10** [a] 𝔊$^{-L}$ pr cop ‖ [b] > 2 Mss 𝔊^{B} ‖ **11** [a] 𝔊$^{B\,min}$ sg ‖ [b] 𝔊 *καὶ ἀνελήμφθη* ‖ **12** [a] 𝔊$^{-L}$ om הוא, 𝔖 *wh'* = וְהִנֵּה ‖ [b] 𝔊 sg cf 𝔙 ‖ **14** [a] 𝔊$^{-BA}$(𝔙^{Mss}) + *καὶ οὐ διέστη* ‖ [b] > 𝔊*𝔙 ‖ [c–c] 𝔊 *αφφω* = אֵפוֹא? ‖ **15** [a] pc Mss 𝔊^{L}𝔖 –אוּ ‖ **16** [a] mlt Mss ut Q הַגֵּאָיוֹת prb l; K הַגֵּיאָוֹת ‖ **17** [a] 2 Mss 𝔊^{L}𝔙 –אוּ.

20 כַּאֲשֶׁר אֲדֹנִי רֹאֶה וְהַמַּיִם רָעִים [a]וְהָאָרֶץ מְשַׁכָּלֶת[a]׃ 20 וַיֹּאמֶר קְחוּ־ ל
21 לִי צְלֹחִית חֲדָשָׁה וְשִׂימוּ שָׁם מֶלַח וַיִּקְחוּ אֵלָיו׃ 21 וַיֵּצֵא אֶל־מוֹצָא ל
הַמַּיִם וַיַּשְׁלֶךְ־שָׁם מֶלַח וַיֹּאמֶר כֹּה־אָמַר יְהוָה רִפִּאתִי לַמַּיִם הָאֵלֶּה מֹח כת א לא קר[23] . ה[24]
22 לֹא[a]־יִהְיֶה מִשָּׁם עוֹד מָוֶת וּמְשַׁכָּלֶת׃ 22 וַיֵּרָפוּ[a] הַמַּיִם עַד הַיּוֹם הַזֶּה ל . ל
23 כִּדְבַר אֱלִישָׁע אֲשֶׁר דִּבֵּר׃ פ 23 וַיַּעַל מִשָּׁם בֵּית־אֵל וְהוּא ׀ ל
עֹלֶה בַדֶּרֶךְ וּנְעָרִים קְטַנִּים יָצְאוּ מִן־הָעִיר וַיִּתְקַלְּסוּ־בוֹ וַיֹּאמְרוּ לוֹ ל
24 עֲלֵה קֵרֵחַ עֲלֵה קֵרֵחַ׃ 24 וַיִּפֶן אַחֲרָיו וַיִּרְאֵם וַיְקַלְלֵם בְּשֵׁם יְהוָה ל
וַתֵּצֶאנָה שְׁתַּיִם דֻּבִּים מִן־הַיַּעַר וַתְּבַקַּעְנָה מֵהֶם אַרְבָּעִים וּשְׁנֵי ל . ל
25 יְלָדִים׃ 25 וַיֵּלֶךְ מִשָּׁם אֶל־הַר הַכַּרְמֶל וּמִשָּׁם שָׁב שֹׁמְרוֹן׃ פ ח[25]

3 1 [a]וִיהוֹרָם בֶּן־אַחְאָב מָלַךְ עַל־יִשְׂרָאֵל בְּשֹׁמְרוֹן[b] בִּשְׁנַת שְׁמֹנֶה יו̇ בנביא כת̇ כן וכל כתיב דכות[1]
2 עֶשְׂרֵה לִיהוֹשָׁפָט מֶלֶךְ יְהוּדָה וַיִּמְלֹךְ שְׁתֵּים־עֶשְׂרֵה שָׁנָה׃ 2 וַיַּעֲשֶׂה ד . ג
הָרַע בְּעֵינֵי יְהוָה רַק לֹא כְאָבִיו וּכְאִמּוֹ וַיָּסַר אֶת־מַצְּבַת[a] הַבַּעַל ב
3 אֲשֶׁר עָשָׂה אָבִיו׃ 3 רַק בְּחַטֹּאות[a] יָרָבְעָם בֶּן־נְבָט אֲשֶׁר־הֶחֱטִיא
4 אֶת־יִשְׂרָאֵל דָּבֵק לֹא־סָר מִמֶּנָּה[b]׃ ס 4 וּמֵישַׁע מֶלֶךְ־מוֹאָב הָיָה ב . ל[2]
נֹקֵד וְהֵשִׁיב לְמֶלֶךְ־יִשְׂרָאֵל מֵאָה־אֶלֶף כָּרִים וּמֵאָה אֶלֶף אֵילִים ל וחס . ל וכת ר
5 צָמֶר׃ 5 וַיְהִי כְּמוֹת אַחְאָב וַיִּפְשַׁע מֶלֶךְ־מוֹאָב בְּמֶלֶךְ יִשְׂרָאֵל׃ ג[3]
6 וַיֵּצֵא הַמֶּלֶךְ יְהוֹרָם בַּיּוֹם הַהוּא מִשֹּׁמְרוֹן וַיִּפְקֹד אֶת־כָּל[a]־יִשְׂרָאֵל׃ יו̇ בנביא כת̇ כן וכל כתיב דכות[1]
7 וַיֵּלֶךְ[a] וַיִּשְׁלַח אֶל־יְהוֹשָׁפָט מֶלֶךְ־יְהוּדָה לֵאמֹר מֶלֶךְ מוֹאָב פָּשַׁע
בִּי הֲתֵלֵךְ אִתִּי אֶל־מוֹאָב לַמִּלְחָמָה וַיֹּאמֶר אֶעֱלֶה כָּמוֹנִי כָמוֹךָ
8 כְּעַמִּי כְעַמֶּךָ כְּסוּסַי כְּסוּסֶיךָ׃ 8 וַיֹּאמֶר אֵי־זֶה הַדֶּרֶךְ נַעֲלֶה[a] וַיֹּאמֶר ב . לא
9 דֶּרֶךְ מִדְבַּר אֱדוֹם׃ 9 וַיֵּלֶךְ מֶלֶךְ יִשְׂרָאֵל וּמֶלֶךְ[a]־יְהוּדָה וּמֶלֶךְ אֱדוֹם
וַיָּסֹבּוּ דֶּרֶךְ שִׁבְעַת יָמִים וְלֹא־הָיָה מַיִם לַמַּחֲנֶה וְלַבְּהֵמָה אֲשֶׁר ב[4] . כה . ג[5]
10 בְּרַגְלֵיהֶם׃ 10 וַיֹּאמֶר מֶלֶךְ יִשְׂרָאֵל אֲהָהּ כִּי־קָרָא יְהוָה לִשְׁלֹשֶׁת
11 הַמְּלָכִים הָאֵלֶּה לָתֵת אוֹתָם[a] בְּיַד־מוֹאָב׃ 11 וַיֹּאמֶר יְהוֹשָׁפָט הַאֵין ט מל בסיפ . ה

[23] Mm 898. [24] Mm 494. [25] Mm 1349. Cp 3 [1] Mm 2087. [2] וחד מישע 1 Ch 2,42. [3] Mm 931. [4] Mm 2048. [5] Mm 697.

19 [a–a] 𝔊[L] *καὶ ἀτεκνοῦντα* = וּמְשַׁכְּלִים ‖ **21** [a] mlt Mss 𝔊[min]𝔖𝔗𝔙[Mss] וְלֹא ‖ **22** [a] pc Mss פְּאוּ– ‖ **Cp 3,1** [a] 1–3 cf 1,18 𝔊 ‖ [b] > Ms et 𝔊* hic ‖ **2** [a] 𝔊𝔙 pl ‖ **3** [a] 𝔊[-L] sg ‖ [b] 𝔊[AL]𝔖𝔗𝔙 suff pl ‖ **6** [a] > 2 Mss ‖ **7** [a] > 𝔊[L]𝔙 ‖ **8** [a] 𝔊[-L] sg ‖ **9** [a] sic L, mlt Mss Edd ךְ– ‖ **10** [a] 𝔊[L] *ἡμᾶς* cf 𝔙.

פֹּה נָבִיא לַיהוָה וְנִדְרְשָׁה אֶת־יְהוָה מֵאוֹתוֹ[a] וַיַּעַן אֶחָד מֵעַבְדֵי מֶלֶךְ־ כד מל ו מנה בסיפ
יִשְׂרָאֵל וַיֹּאמֶר פֹּה אֱלִישָׁע בֶּן־שָׁפָט אֲשֶׁר־יָצַק מַיִם עַל־יְדֵי אֵלִיָּהוּ׃ ל בטע
12 וַיֹּאמֶר יְהוֹשָׁפָט יֵשׁ אוֹתוֹ[a] דְּבַר־יְהוָה וַיֵּרְדוּ[b] אֵלָיו מֶלֶךְ יִשְׂרָאֵל כד[6] מל ו מנה בסיפ
13 וִיהוֹשָׁפָט[c] וּמֶלֶךְ אֱדוֹם׃ 13 וַיֹּאמֶר אֱלִישָׁע אֶל־מֶלֶךְ יִשְׂרָאֵל
מַה־לִּי וָלָךְ לֵךְ אֶל־נְבִיאֵי אָבִיךָ [a]וְאֶל־נְבִיאֵי אִמֶּךָ[a] וַיֹּאמֶר לוֹ מֶלֶךְ ד[7]
יִשְׂרָאֵל אַל כִּי־קָרָא יְהוָה לִשְׁלֹשֶׁת הַמְּלָכִים הָאֵלֶּה לָתֵת אוֹתָם ט מל בסיפ
14 בְּיַד־מוֹאָב׃ 14 וַיֹּאמֶר אֱלִישָׁע חַי־יְהוָה צְבָאוֹת אֲשֶׁר עָמַדְתִּי לְפָנָיו ב בסיפ
כִּי לוּלֵי פְּנֵי יְהוֹשָׁפָט מֶלֶךְ־יְהוּדָה אֲנִי נֹשֵׂא אִם־אַבִּיט אֵלֶיךָ וְאִם־ לח
15 אֶרְאֶךָּ׃ 15 וְעַתָּה קְחוּ־[a]לִי מְנַגֵּן וְהָיָה[b] כְּנַגֵּן הַמְנַגֵּן וַתְּהִי עָלָיו יַד־[c] ל
16 17 יְהוָה׃ 16 וַיֹּאמֶר כֹּה אָמַר יְהוָה עָשֹׂה הַנַּחַל הַזֶּה גֵּבִים ׀ גֵּבִים׃ 17 כִּי־ ח[6]. ל. כי מיחד[8]
כֹה ׀ אָמַר יְהוָה לֹא־תִרְאוּ רוּחַ וְלֹא־תִרְאוּ גֶשֶׁם וְהַנַּחַל הַהוּא יִמָּלֵא ב[9]. ח[10]
18 מַיִם וּשְׁתִיתֶם אַתֶּם וּמִקְנֵיכֶם[a] וּבְהֶמְתְּכֶם׃ 18 וְנָקַל זֹאת בְּעֵינֵי יְהוָה ל
19 וְנָתַן אֶת־מוֹאָב בְּיֶדְכֶם׃ 19 וְהִכִּיתֶם כָּל־עִיר מִבְצָר [a]וְכָל־עִיר
מִבְחוֹר[a] וְכָל־עֵץ טוֹב תַּפִּילוּ וְכָל־מַעְיְנֵי־מַיִם תִּסְתֹּמוּ וְכֹל הַחֶלְקָה ב ומל[11]. ה[12]. ל. ל
20 הַטּוֹבָה תַּכְאִבוּ בָּאֲבָנִים׃ 20 וַיְהִי בַבֹּקֶר כַּעֲלוֹת הַמִּנְחָה וְהִנֵּה־מַיִם
21 בָּאִים מִדֶּרֶךְ אֱדוֹם וַתִּמָּלֵא הָאָרֶץ אֶת־הַמָּיִם׃ 21 וְכָל־מוֹאָב ל
שָׁמְעוּ כִּי־עָלוּ הַמְּלָכִים לְהִלָּחֶם בָּם וַיִּצָּעֲקוּ מִכֹּל חֹגֵר חֲגֹרָה ג. ב
22 וָמָעְלָה וַיַּעַמְדוּ עַל־הַגְּבוּל׃ 22 וַיַּשְׁכִּימוּ בַבֹּקֶר וְהַשֶּׁמֶשׁ זָרְחָה עַל־ ב. ד[13]. ד וכל תלים דכות[14]
23 הַמָּיִם וַיִּרְאוּ מוֹאָב מִנֶּגֶד אֶת־הַמַּיִם אֲדֻמִּים כַּדָּם׃ 23 וַיֹּאמְרוּ דָּם ל
זֶה הָחָרֵב[a] נֶחֶרְבוּ הַמְּלָכִים וַיַּכּוּ אִישׁ אֶת־רֵעֵהוּ וְעַתָּה לַשָּׁלָל מוֹאָב׃ ל
24 24 וַיָּבֹאוּ אֶל־מַחֲנֵה יִשְׂרָאֵל וַיָּקֻמוּ יִשְׂרָאֵל וַיַּכּוּ אֶת־מוֹאָב וַיָּנֻסוּ
25 מִפְּנֵיהֶם [a]וַיַּבּוּ־[b]בָהּ[a][c] וְהַכּוֹת אֶת־מוֹאָב׃ 25 וְהֶעָרִים יַהֲרֹסוּ וְכָל־ ויבו ק. ו דמטע[15]. ה פסוק וכל וכל וכל[16]
חֶלְקָה טוֹבָה יַשְׁלִיכוּ אִישׁ־אַבְנוֹ וּמִלְאוּהָ וְכָל־מַעְיַן־מַיִם יִסְתְּמוּ ל. ד. ל
וְכָל־עֵץ־טוֹב יַפִּילוּ עַד־[a]הִשְׁאִיר אֲבָנֶיהָ בַּקִּיר חֲרָשֶׂת[a][b] וַיָּסֹבּוּ ה[12]. ל

[6] Mp sub loco. [7] Mm 1999. [8] Mm 2049. [9] Mm 2050. [10] Mm 1854. [11] Mm 2051. [12] Mm 2857. [13] Mm 520. [14] Mm 741. [15] Mm 1404. [16] Mm 2951.

11 [a] l c 2 Mss Edd Vrs מֵאִתּוֹ cf K^Mss ‖ **12** [a] cf 11[a] ‖ [b] 𝔊*𝔙 sg ‖ [c] 2 Mss 𝔊𝔖𝔙^Mss + מלך יְהוּדָה ‖ **13** [a–a] > 𝔊* ‖ **15** [a] 𝔊^-L sg ‖ [b] 𝔊 *καὶ ἐγένετο*, prp וַיְהִי ‖ [c] mlt Mss 𝔗 רוּחַ ‖ **17** [a] l וּמַחֲנֵיכֶם? cf 𝔊^L et 9 ‖ **19** [a–a] > Ms 𝔊*, dl? ‖ **23** [a] 𝔊𝔙 leg הַחֶרֶב; prp הֶחָרֵב ‖ **24** [a–a] 𝔊 *καὶ εἰσῆλθον εἰσπορευόμενοι* cf 𝔖𝔙, frt l וַיָּבֹאוּ בֹא ‖ [b] mlt Mss 𝔗 ut Q וַיָּבֹאוּ = וַיָּבוֹ K, וַיַּכּוּ ‖ [c] pc Mss Seb 𝔖𝔗 בָם ‖ **25** [a–a] inc; prp הִשְׁאֵר לְבַדָּהּ קִיר חֲרֶשֶׂת cf Jes 16,7 ‖ [b] sic L, nonn Mss Edd –שֶׂת.

26 הַקְּלָעִים וַיַּכּוּהָ׃ 26 וַיַּרְא מֶלֶךְ מוֹאָב כִּי־חָזַק מִמֶּנּוּ הַמִּלְחָמָה וַיִּקַּח ל̇. ד̇. ה̇[17]
אוֹתוֹ[a] שְׁבַע־מֵאוֹת אִישׁ שֹׁלֵף חֶרֶב לְהַבְקִיעַ אֶל־מֶלֶךְ אֱדוֹם וְלֹא כד[18] מל בסיפ ו מנה בסיפ. ג̇[19]
27 יָכֹלוּ׃ 27 וַיִּקַּח אֶת־בְּנוֹ הַבְּכוֹר אֲשֶׁר־יִמְלֹךְ תַּחְתָּיו וַיַּעֲלֵהוּ עֹלָה עַל־
הַחֹמָה וַיְהִי קֶצֶף־גָּדוֹל עַל־יִשְׂרָאֵל וַיִּסְעוּ מֵעָלָיו וַיָּשֻׁבוּ לָאָרֶץ[a]׃ פ ה חס בסיפ[18]
4 1 וְאִשָּׁה אַחַת מִנְּשֵׁי[a] בְנֵי־[a]הַנְּבִיאִים צָעֲקָה אֶל־אֱלִישָׁע לֵאמֹר כ̇ב̇
עַבְדְּךָ אִישִׁי מֵת וְאַתָּה יָדַעְתָּ כִּי עַבְדְּךָ הָיָה יָרֵא אֶת־יְהוָה וְהַנֹּשֶׁה ח̇[1]. ל̇
2 בָּא לָקַחַת אֶת־שְׁנֵי יְלָדַי לוֹ לַעֲבָדִים׃ 2 וַיֹּאמֶר אֵלֶיהָ אֱלִישָׁע מָה
אֶעֱשֶׂה־לָּךְ הַגִּידִי לִי מַה־יֶּשׁ־לָכִי[a] בַּבָּיִת וַתֹּאמֶר אֵין לְשִׁפְחָתְךָ כֹל לך ק
3 בַּבַּיִת[b] כִּי אִם־אָסוּךְ שָׁמֶן׃ 3 וַיֹּאמֶר לְכִי שַׁאֲלִי־לָךְ כֵּלִים מִן־הַחוּץ ל̇ ומל̇
4 מֵאֵת כָּל־[a]שְׁכֵנָכִי[b] כֵּלִים רֵקִים אַל־תַּמְעִיטִי׃ 4 וּבָאת וְסָגַרְתְּ הַדֶּלֶת שכניך ק ג̇ חס[2]. ה̇[3]
בַּעֲדֵךְ וּבְעַד־בָּנַיִךְ[a] וְיָצַקְתְּ עַל[b] כָּל־[c]הַכֵּלִים הָאֵלֶּה וְהַמָּלֵא תַּסִּיעִי׃ י̇ח̇. ל̇. ל̇. ל̇
5 וַתֵּלֶךְ מֵאִתּוֹ וַתִּסְגֹּר הַדֶּלֶת בַּעֲדָהּ וּבְעַד בָּנֶיהָ הֵם מַגִּשִׁים אֵלֶיהָ ג̇[4] ב חס וחד מל
6 וְהִיא מוֹצָקֶת[a]׃ 6 וַיְהִי ׀ כִּמְלֹאת הַכֵּלִים וַתֹּאמֶר אֶל־בְּנָהּ הַגִּישָׁה אֵלַי מוצקת ק[5]. ג̇[6]
7 עוֹד כֶּלִי וַיֹּאמֶר אֵלֶיהָ אֵין עוֹד כֶּלִי וַיַּעֲמֹד הַשָּׁמֶן׃ 7 וַתָּבֹא וַתַּגֵּד
לְאִישׁ הָאֱלֹהִים וַיֹּאמֶר לְכִי מִכְרִי אֶת־הַשֶּׁמֶן וְשַׁלְּמִי אֶת־נִשְׁיֵכִי[a] ב̇[7]. נשיך ק
[b]וְאַתְּ[c] בָּנַיְכִי[d] תִּחְיִי[be] בַּנּוֹתָר׃ פ ובניך ק חד מן י̇ח̇ בליש וחד מן י̇ב̇[8] חס ו ר״ת
8 וַיְהִי הַיּוֹם וַיַּעֲבֹר אֱלִישָׁע אֶל־שׁוּנֵם וְשָׁם אִשָּׁה גְדוֹלָה וַתַּחֲזֶק־
9 בּוֹ לֶאֱכָל־לָחֶם וַיְהִי מִדֵּי עָבְרוֹ יָסֻר שָׁמָּה לֶאֱכָל־לָחֶם[a]׃ 9 וַתֹּאמֶר ב̇[9]. ג̇ חס[10]
אֶל־אִישָׁהּ הִנֵּה־נָא יָדַעְתִּי כִּי אִישׁ אֱלֹהִים קָדוֹשׁ הוּא עֹבֵר עָלֵינוּ כה[11]. ו̇[12]
10 תָּמִיד׃ 10 נַעֲשֶׂה־נָּא עֲלִיַּת־קִיר[a] קְטַנָּה וְנָשִׂים לוֹ שָׁם מִטָּה וְשֻׁלְחָן ו פסוק שם שמע[13]
11 וְכִסֵּא וּמְנוֹרָה וְהָיָה בְּבֹאוֹ אֵלֵינוּ יָסוּר שָׁמָּה׃ 11 וַיְהִי הַיּוֹם וַיָּבֹא י̇ח̇ ס״פ
12 שָׁמָּה וַיָּסַר אֶל־הָעֲלִיָּה וַיִּשְׁכַּב־שָׁמָּה׃ 12 וַיֹּאמֶר אֶל־גֵּיחֲזִי נַעֲרוֹ קְרָא ג̇. י̇ח̇ ס״פ

[17] Mm 311. [18] Mp sub loco. [19] Mm 423. **Cp 4** [1] Mm 1776. [2] Mm 4185. [3] Mm 2052. [4] Mm 2053. [5] Mm 832. [6] Mm 2054. [7] Mm 4047. [8] Mm 3804. [9] Mm 2055. [10] Mm 2056. [11] Mm 1506. [12] Mm 1957. [13] Mm 2057.

26 a l c 2 Mss אִתּוֹ cf K^Mss || **27** a 𝔊^L𝔖𝔙 + suff 3 pl || **Cp 4,1** a–a Ms 𝔊 מִבְּנֵי, pc Mss 𝔙 om בני || **2** a mlt Mss ut Q לָךְ || b > pc Mss 𝔊^BL || **3** a > 2 Mss 𝔊^AN 129.344 || b pc Mss ut Q שְׁכֵנָיִךְ || **4** a 2 Mss כִּי– || b = אֶל || c > 𝔊* || **5** a mlt Mss ut Q מוֹ׳, K frt מֵי׳ || **7** a mlt Mss ut Q נִשְׁיֵךְ; prp נֹשַׁיִךְ cf 𝔗𝔙 || b–b l vel וְאַתְּ־ב׳ תְּחַיִּי vel וְאַתְּ וּב׳ תִּחְיוּ cf c.d.e || c mlt Mss ואתי || d mlt Mss Vrs ut Q וּבָנַיִךְ || e Ms 𝔊𝔙 תחיו || **8** a > 𝔊* || **10** a > 𝔊^L𝔖𝔙.

13 לַשּׁוּנַמִּ֣ית הַזֹּ֑את[a] וַיִּקְרָא־לָ֔הּ וַֽתַּעֲמֹ֖ד לְפָנָֽיו׃ 13 וַיֹּ֣אמֶר ל֗וֹ אֱמָר־נָ֣א
אֵלֶיהָ֮ הִנֵּ֣ה חָרַ֣דְתְּ ׀ אֵלֵינוּ֮ אֶת־כָּל־הַחֲרָדָ֣ה הַזֹּאת֒ מֶ֚ה לַעֲשׂ֣וֹת לָ֔ךְ   ב̇ דסמיכ לזרקא[14] . ל̇ . כ̇ד[15]
הֲיֵ֤שׁ לְדַבֶּר־לָךְ֙ אֶל־הַמֶּ֔לֶךְ א֖וֹ אֶל־שַׂ֣ר הַצָּבָ֑א וַתֹּ֕אמֶר בְּת֥וֹךְ עַמִּ֖י   ל̇
14 אָנֹכִ֥י יֹשָֽׁבֶת׃ 14 וַיֹּ֕אמֶר וּמֶ֖ה לַעֲשׂ֣וֹת לָ֑הּ וַיֹּ֣אמֶר גֵּיחֲזִ֗י אֲבָ֛ל בֵּ֥ן אֵֽין־   ב̇[16] חד מל וחד מן ח̇[17] חס בליש. כ̇ד[15]. ב̇ בליש[18]
15 לָ֖הּ וְאִ֥ישָׁהּ זָקֵֽן׃ 15 וַיֹּ֖אמֶר קְרָא־לָ֑הּ וַיִּקְרָא־לָ֔הּ וַֽתַּעֲמֹ֖ד בַּפָּֽתַח׃   ל̇ קמ
16 וַיֹּ֗אמֶר לַמּוֹעֵ֤ד הַזֶּה֙ כָּעֵ֣ת חַיָּ֔ה אַ֖תְּי[a] חֹבֶ֣קֶת בֵּ֑ן וַתֹּ֗אמֶר אַל־אֲדֹנִי֙ 16   את ק̇ חד מן ז̇[19] כת כן
17 [b]אִ֣ישׁ הָאֱלֹהִ֔ים[b] אַל־תְּכַזֵּ֖ב בְּשִׁפְחָתֶֽךָ׃ 17 וַתַּ֥הַר הָאִשָּׁ֖ה וַתֵּ֣לֶד בֵּ֑ן   ל̇
18 לַמּוֹעֵ֤ד הַזֶּה֙ כָּעֵ֣ת חַיָּ֔ה אֲשֶׁר[a]־דִּבֶּ֥ר אֵלֶ֖יהָ אֱלִישָֽׁע׃ 18 וַיִּגְדַּ֖ל
19 הַיָּ֑לֶד וַיְהִ֣י הַיּ֔וֹם וַיֵּצֵ֥א אֶל־אָבִ֖יו אֶל־הַקֹּצְרִֽים׃ 19 וַיֹּ֥אמֶר אֶל־אָבִ֖יו   ל̇
20 רֹאשִׁ֣י ׀ רֹאשִׁ֑י וַיֹּ֙אמֶר֙ אֶל־הַנַּ֔עַר שָׂאֵ֖הוּ אֶל־אִמּֽוֹ׃ 20 וַיִּשָּׂאֵ֔הוּ וַיְבִיאֵ֖הוּ   כו̇ . כו̇ . ב̇ . ה̇[20] מל וכל כתיב דכות ב̇ מ̇ א̇
21 אֶל־אִמּ֑וֹ וַיֵּ֧שֶׁב[a] עַל־בִּרְכֶּ֛יהָ עַד־הַֽצָּהֳרַ֖יִם וַיָּמֹֽת׃ 21 וַתַּ֙עַל֙ וַתַּשְׁכִּבֵ֔הוּ   ד̇ . ב̇ חד מל וחד חס[21]
22 עַל־מִטַּ֖ת אִ֣ישׁ הָאֱלֹהִ֑ים וַתִּסְגֹּ֥ר בַּעֲד֖וֹ וַתֵּצֵֽא׃ 22 וַתִּקְרָא֮ אֶל־אִישָׁהּ֒   כ̇ה[22]
וַתֹּ֗אמֶר שִׁלְחָ֨ה נָ֥א לִי֙ אֶחָ֣ד מִן־הַנְּעָרִ֔ים וְאַחַ֖ת הָאֲתֹנ֑וֹת וְאָר֛וּצָה עַד־   ו̇[23] . י̇ו̇ מיחד מן[24] . ל̇
23 אִ֥ישׁ הָאֱלֹהִ֖ים וְאָשֽׁוּבָה׃ 23 וַיֹּ֗אמֶר מַ֠דּ֠וּעַ [a]אַ֣תְּי הֹלֶ֤כְתִּי[a] אֵלָיו֙ הַיּ֔וֹם   את ק̇ חד מן ז̇[19] כת כן . הלכת ק̇
24 לֹא־חֹ֖דֶשׁ וְלֹ֣א שַׁבָּ֑ת וַתֹּ֖אמֶר שָׁלֽוֹם׃ 24 וַתַּחֲבֹשׁ֙ הָֽאָת֔וֹן וַתֹּ֥אמֶר אֶֽל־   ל̇
25 נַעֲרָ֖הּ נְהַ֣ג וָלֵ֑ךְ אַל־תַּעֲצָר־לִ֣י לִרְכֹּ֔ב כִּ֖י אִם־אָמַ֥רְתִּי לָֽךְ׃ 25 וַתֵּ֗לֶךְ   ה̇[25] . ב̇
וַתָּב֛וֹא אֶל־אִ֥ישׁ הָאֱלֹהִ֖ים אֶל־הַ֣ר הַכַּרְמֶ֑ל וַיְהִי֩ כִּרְא֨וֹת [a]אִישׁ־
הָאֱלֹהִ֤ים[a] אֹתָהּ֙ מִנֶּ֔גֶד וַיֹּ֙אמֶר֙ אֶל־גֵּיחֲזִ֣י נַעֲר֔וֹ הִנֵּ֖ה הַשּׁוּנַמִּ֥ית הַלָּֽז׃   ל̇
26 עַתָּה֮[a] רֽוּץ־נָ֣א לִקְרָאתָהּ֒ וֶֽאֱמָר־לָ֗הּ הֲשָׁל֥וֹם לָ֛ךְ הֲשָׁל֥וֹם לְאִישֵׁ֖ךְ ס כא[14]   כה ר״פ[26]
27 הֲשָׁל֣וֹם לַיָּ֑לֶד וַתֹּ֖אמֶר שָׁלֽוֹם׃ 27 וַתָּבֹ֞א אֶל־אִ֤ישׁ הָאֱלֹהִים֙ אֶל־
הָהָ֔ר וַֽתַּחֲזֵ֖ק בְּרַגְלָ֑יו וַיִּגַּ֨שׁ גֵּיחֲזִ֜י לְהָדְפָ֗הּ וַיֹּ֨אמֶר[a] [a]אִ֤ישׁ הָאֱלֹהִים֙   ל̇
הַרְפֵּה־לָהּ֙ כִּֽי־נַפְשָׁ֣הּ מָֽרָה־לָ֔הּ וַֽיהוָה֙ הֶעְלִ֣ים מִמֶּ֔נִּי וְלֹ֥א הִגִּ֖יד לִֽי׃   ב̇ . נ̇ז̇ וכל תלים דכות ב̇ מ̇ י̇א̇
28 וַתֹּ֕אמֶר הֲשָׁאַ֥לְתִּי בֵ֖ן מֵאֵ֣ת אֲדֹנִ֑י הֲלֹ֣א אָמַ֔רְתִּי לֹ֥א תַשְׁלֶ֖ה אֹתִֽי׃ 28   ל̇ . ל̇
29 וַיֹּ֨אמֶר לְגֵיחֲזִ֜י חֲגֹ֣ר מָתְנֶ֗יךָ וְקַ֨ח מִשְׁעַנְתִּ֣י בְיָדְךָ֮ וָלֵךְ֒ כִּֽי־ 29   ל̇ . ה̇ ג̇ מל וב̇ חס[27] . ג̇[28] . ה̇[25] . ל̇א פסוק כי וכי[29]

[14] Mp sub loco. [15] Mm 592. [16] Mm 2058. [17] Mm 2184. [18] Mm 4222. [19] Mm 2081. [20] Mm 1618. [21] Mm 1887. [22] Mm 1506. [23] Mm 2915. [24] Okhl 196. [25] Mm 173. [26] Mm 1057. [27] Mm 3275. [28] Mm 936. [29] Mm 2059.

12 [a] 2 Mss הַלָּז ‖ **16** [a] 𝔔 mlt Mss ut Q אַתְּ ‖ [b–b] > Ms 𝔊*, dl? ‖ **17** [a] 𝔊(𝔖) ὡς = כַּאֲ' ‖ **20** [a] 𝔊$^{-L}$ *καὶ ἐκοιμήθη* = וַיִּשְׁכַּב ‖ **23** [a–a] mlt Mss ut Q אַתְּ הֹלֶכֶת, K אַתִּי הֹלַכְתִּי ‖ **25** [a–a] 𝔊$^{-L}$ *Ελισαιε* ‖ **26** [a] pc Mss 𝔊^{L} וְעַ' ‖ **27** [a–a] ut 25[a–a].

תִמְצָ֥א אִישׁ֙ לֹ֣א תְבָרְכֶ֔נּוּ וְכִֽי־יְבָרֶכְךָ֥ אִ֖ישׁ לֹ֣א תַעֲנֶ֑נּוּ וְשַׂמְתָּ֥ מִשְׁעַנְתִּ֖י
30 עַל־פְּנֵ֥י הַנָּֽעַר׃ 30 וַתֹּ֨אמֶר֙ אֵ֣ם הַנַּ֔עַר חַי־יְהוָ֥ה וְחֵֽי־נַפְשְׁךָ֖ אִם־אֶעֶזְבֶ֑ךָּ
31 וַיָּ֖קָם וַיֵּ֥לֶךְ אַחֲרֶֽיהָ׃ 31 וְגֵחֲזִ֞י עָבַ֣ר לִפְנֵיהֶ֗ם[a] וַיָּ֤שֶׂם אֶת־הַמִּשְׁעֶ֙נֶת֙ ד̇ חס בליש[30] . פ̇ד
עַל־פְּנֵ֣י הַנַּ֔עַר וְאֵ֥ין ק֖וֹל וְאֵ֣ין קָ֑שֶׁב וַיָּ֤שָׁב לִקְרָאתוֹ֙ וַיַּגֶּד־ל֣וֹ לֵאמֹ֔ר י̇ג פסוק ואין ואין[31]
32 לֹ֥א הֵקִ֖יץ הַנָּֽעַר׃ 32 וַיָּבֹ֥א אֱלִישָׁ֖ע הַבָּ֑יְתָה[a] וְהִנֵּ֤ה הַנַּ֙עַר֙ מֵ֔ת מֻשְׁכָּ֖ב י̇ט[32] . ל̇
33 עַל־מִטָּתֽוֹ׃ 33 וַיָּ֕בֹא וַיִּסְגֹּ֥ר הַדֶּ֖לֶת בְּעַ֣ד שְׁנֵיהֶ֑ם וַיִּתְפַּלֵּ֖ל אֶל־יְהוָֽה׃
34 וַיַּ֜עַל וַיִּשְׁכַּ֣ב עַל־הַיֶּ֗לֶד וַיָּשֶׂם֩ פִּ֨יו עַל־פִּ֜יו וְעֵינָ֤יו עַל־עֵינָיו֙ וְכַפָּ֣ו פ̇ד . י̇א
35 עַל־כַּפָּ֔ו[a] וַיִּגְהַ֖ר עָלָ֑יו וַיָּ֖חָם בְּשַׂ֥ר הַיָּֽלֶד׃ 35 וַיָּ֡שָׁב וַיֵּ֣לֶךְ בַּבַּ֗יִת אַחַ֥ת כפיו ק̇ . ג̇ . ב̇[33] . ל̇
הֵ֙נָּה֙ וְאַחַ֣ת הֵ֔נָּה וַיַּ֖עַל וַיִּגְהַ֣ר [a]עָלָ֑יו וַיְזוֹרֵ֤ר[a] הַנַּ֙עַר֙ עַד־[b]שֶׁ֣בַע פְּעָמִ֔ים ג̇ . ל̇
36 וַיִּפְקַ֥ח הַנַּ֖עַר אֶת־עֵינָֽיו׃ 36 וַיִּקְרָ֣א אֶל־גֵּיחֲזִ֗י וַיֹּ֙אמֶר֙ קְרָא֙ [a]אֶל־
37 הַשֻּׁנַמִּ֣ית[a] הַזֹּ֔את וַיִּקְרָאֶ֖הָ[b] וַתָּב֣וֹא אֵלָ֑יו וַיֹּ֖אמֶר שְׂאִ֥י בְנֵֽךְ׃ 37 וַתָּבֹא֙[a] ג̇ חס[34] . ח̇
וַתִּפֹּ֣ל עַל־רַגְלָ֔יו וַתִּשְׁתַּ֖חוּ אָ֑רְצָה וַתִּשָּׂ֥א אֶת־בְּנָ֖הּ וַתֵּצֵֽא׃ פ
38 וֶאֱלִישָׁ֞ע שָׁ֣ב הַגִּלְגָּ֗לָה וְהָֽרָעָב֙ בָּאָ֔רֶץ וּבְנֵי֙ הַנְּבִיאִ֔ים יֹשְׁבִ֖ים ו̇[35] . ל̇
לְפָנָ֑יו וַיֹּ֣אמֶר לְנַעֲר֗וֹ שְׁפֹת֙ הַסִּ֣יר הַגְּדוֹלָ֔ה וּבַשֵּׁ֥ל נָזִ֖יד לִבְנֵ֥י הַנְּבִיאִֽים׃ ד̇[36]
39 וַיֵּצֵ֨א אֶחָ֜ד אֶל־הַשָּׂדֶ֗ה לְלַקֵּ֣ט אֹרֹ֔ת וַיִּמְצָא֙ גֶּ֣פֶן שָׂדֶ֔ה[a] וַיְלַקֵּ֥ט מִמֶּ֛נּוּ כ̇ו̇ פסוק אית בהון א״ב . ל̇[37] . ב̇ בתרי̇ לישנ̇[38] . ו̇ סביר̇ ממנה[39]
פַּקֻּעֹ֥ת שָׂדֶ֖ה[b] מְלֹ֣א בִגְד֑וֹ וַיָּבֹ֗א[c] וַיְפַלַּ֛ח אֶל־סִ֥יר הַנָּזִ֖יד כִּי־לֹ֥א יָדָֽעוּ[d]׃ ל̇ וחס . ל̇ . ל̇
40 וַיִּֽצְק֥וּ[a] לַאֲנָשִׁ֖ים לֶאֱכ֑וֹל וַ֠יְהִי כְּאָכְלָ֨ם[b] מֵהַנָּזִ֜יד [c]וְהֵ֣מָּה[d] צָעָ֗קוּ[c] ח̇[40] . י̇ג מל̇[41] . ל̇[42] . ל̇
41 וַיֹּֽאמְרוּ֙ מָ֤וֶת בַּסִּיר֙ אִ֣ישׁ הָאֱלֹהִ֔ים וְלֹ֥א יָכְל֖וּ לֶאֱכֹֽל׃ 41 וַיֹּ֙אמֶר֙ וּקְחוּ־[a] ל̇
קֶ֔מַח וַיַּשְׁלֵ֖ךְ[b] אֶל־הַסִּ֑יר וַיֹּ֗אמֶר צַ֤ק לָעָם֙ וְיֹאכֵ֔לוּ וְלֹ֥א הָיָ֛ה דָּבָ֥ר ל̇ . ג̇[43] . כ̇ה̇[44]
רָ֖ע בַּסִּֽיר׃ ס
42 וְאִ֨ישׁ בָּ֜א מִבַּ֣עַל שָׁלִ֗שָׁה וַיָּבֵא֩ לְאִ֨ישׁ הָאֱלֹהִ֜ים לֶ֤חֶם[a] בִּכּוּרִים֙ ב̇ חס[45] . נ̇א̇[46]
עֶשְׂרִֽים־לֶ֣חֶם שְׂעֹרִ֔ים וְכַרְמֶ֖ל בְּצִקְלֹנ֑וֹ[a] וַיֹּ֕אמֶר תֵּ֥ן[b] לָעָ֖ם וְיֹאכֵֽלוּ׃ ל̇ . ג̇[43]
43 וַיֹּ֙אמֶר֙ מְשָׁ֣רְת֔וֹ מָ֚ה אֶתֵּ֣ן זֶ֔ה לִפְנֵ֖י מֵ֣אָה אִ֑ישׁ וַיֹּ֗אמֶר תֵּ֤ן לָעָם֙ וְיֹאכֵ֔לוּ ג̇[43]

[30] Mm 2082. [31] Mm 2004. [32] Mm 1557. [33] Mm 2060. [34] Mm 1880. [35] Mm 1817. [36] Mm 1803. [37] וחד ויצא האחד Gn 44,28. [38] Mm 2061. [39] Mm 2038. [40] Mm 1551. [41] Mm 1640. [42] Mm 788. [43] Mm 2062. [44] Mp sub loco. [45] Mm 2063. [46] Mm 639.

31 [a] 𝔊$^{-L}$ suff 3f (𝔊^{L} 3m) sg ‖ **32** [a] 𝔖 + *wḥz'* = וַיַּרְא ‖ **34** [a] l c mlt Mss ut Q כַּפָּיו ‖ **35** [a–a] 𝔊$^{-L}$ sol *ἐπί* ‖ [b] > pc Mss 𝔊^{L}𝔖𝔙 ‖ **36** [a–a] mlt Mss לַשּׁ׳ ‖ [b] Ms 𝔊* א– ‖ **37** [a] > 𝔖 ‖ **39** [a] 𝔊$^{-L}$(𝔖^{A}𝔗) *ἐν τῷ ἀγρῷ* = בַּשּׂ׳ ‖ [b] > 𝔊^{Amin} ‖ [c] > 2 Mss 𝔊* ‖ [d] 𝔊^{L}𝔖𝔙 sg; prb l יָדָעוֹ ‖ **40** [a] l וַיַּצִּק? cf 𝔊$^{-A}$𝔖 ‖ [b] pc Mss 𝔊𝔗 בְּא׳ ‖ [c–c] > 𝔖 ‖ [d] 𝔊$^{-L}$ *καὶ ἰδού* = וְהִנֵּה ‖ **41** [a] nonn Mss Vrs ק׳ ‖ [b] 𝔊𝔖𝔗 imp pl ‖ **42** [a] > 𝔊* ‖ [b] 𝔊𝔖^{A} pl.

44 כִּ֣י כֹ֧ה אָמַ֛ר יְהוָ֖ה אָכֹ֥ל וְהוֹתֵֽר׃ 44 aוַיִּתֵּ֧ן לִפְנֵיהֶ֛םa וַיֹּאכְל֥וּ וַיּוֹתִ֖רוּ
כִּדְבַ֥ר יְהוָֽה׃ פ
5 5 1 וְנַעֲמָ֡ן שַׂר־צְבָ֣א מֶֽלֶךְ־aאֲ֠רָם הָיָ֨ה אִ֜ישׁ גָּד֤וֹל לִפְנֵ֙י אֲדֹנָיו֙
וּנְשֻׂ֣א פָנִ֔ים כִּֽי־ב֛וֹ נָֽתַן־יְהוָ֥ה תְּשׁוּעָ֖ה לַאֲרָ֑ם וְהָאִ֗ישׁ הָיָ֛הb גִּבּ֥וֹר חַ֖יִלb
2 מְצֹרָֽע׃ 2 וַאֲרָם֙ יָצְא֣וּ גְדוּדִ֔ים וַיִּשְׁבּ֛וּ מֵאֶ֥רֶץ יִשְׂרָאֵ֖ל נַעֲרָ֣ה קְטַנָּ֑ה
3 וַתְּהִ֕י לִפְנֵ֖י אֵ֥שֶׁת נַעֲמָֽן׃ 3 וַתֹּ֙אמֶר֙ אֶל־גְּבִרְתָּ֔הּ אַחֲלֵ֣י אֲדֹנִ֔י לִפְנֵ֥י
4 הַנָּבִ֖יא אֲשֶׁ֣ר בְּשֹׁמְר֑וֹן אָ֛ז יֶאֱסֹ֥ף אֹת֖וֹ מִצָּרַעְתּֽוֹ׃ 4 aוַיָּבֹ֕א וַיַּגֵּ֥דa לַאדֹנָ֖יוb
5 לֵאמֹ֑ר כָּזֹ֤את וְכָזֹאת֙ דִּבְּרָ֣ה הַנַּעֲרָ֔ה אֲשֶׁ֖ר מֵאֶ֥רֶץ יִשְׂרָאֵֽל׃ 5 וַיֹּ֤אמֶר
מֶֽלֶךְ־אֲרָם֙ לֶךְ־בֹּ֔א וְאֶשְׁלְחָ֥ה סֵ֖פֶר אֶל־מֶ֣לֶךְ יִשְׂרָאֵ֑ל וַיֵּ֗לֶךְ וַיִּקַּ֨ח
בְּיָד֜וֹ עֶ֣שֶׂר כִּכְּרֵי־כֶ֗סֶף וְשֵׁ֤שֶׁת אֲלָפִים֙ זָהָ֔ב וְעֶ֖שֶׂר חֲלִיפ֥וֹת בְּגָדִֽים׃
6 6 וַיָּבֵ֣א הַסֵּ֔פֶר אֶל־מֶ֥לֶךְ יִשְׂרָאֵ֖ל לֵאמֹ֑ר וְעַתָּ֗ה כְּב֨וֹא הַסֵּ֤פֶר הַזֶּה֙
7 אֵלֶ֔יךָ הִנֵּ֨ה שָׁלַ֤חְתִּי אֵלֶ֙יךָ֙ אֶת־נַעֲמָ֣ן עַבְדִּ֔י וַאֲסַפְתּ֖וֹ מִצָּרַעְתּֽוֹ׃ 7 וַיְהִי֩
כִּקְרֹ֨א מֶֽלֶךְ־יִשְׂרָאֵ֜ל אֶת־הַסֵּ֗פֶר וַיִּקְרַ֣ע בְּגָדָ֔יו וַיֹּ֙אמֶר֙ הַאֱלֹהִ֣ים אָ֔נִי
לְהָמִ֣ית וּֽלְהַחֲי֔וֹת כִּֽי־זֶה֙ שֹׁלֵ֣חַ אֵלַ֔י לֶאֱסֹ֥ף אִ֖ישׁ מִצָּֽרַעְתּ֑וֹa כִּ֤י אַךְ־a
8 דְּעוּ־נָ֣אb וּרְא֔וּ כִּֽי־מִתְאַנֶּ֥ה ה֖וּא לִֽי׃ 8 וַיְהִ֞י כִּשְׁמֹ֣עַ׀ אֱלִישָׁ֣עa
bאִישׁ־הָאֱלֹהִ֗יםb כִּֽי־קָרַ֤עc מֶֽלֶךְ־יִשְׂרָאֵל֙c אֶת־בְּגָדָ֔יו וַיִּשְׁלַח֙ אֶל־
הַמֶּ֣לֶךְ לֵאמֹ֔ר לָ֥מָּה קָרַ֖עְתָּ בְּגָדֶ֑יךָ יָבֹא־נָ֣א אֵלַ֔י וְיֵדַ֕ע כִּ֛י יֵ֥שׁ נָבִ֖יאd
9 בְּיִשְׂרָאֵֽל׃ 9 וַיָּבֹ֥א נַעֲמָ֖ן בְּסוּסָ֣וa וּבְרִכְבּ֑וֹ וַֽיַּעֲמֹ֥ד פֶּֽתַח־הַבַּ֖יִת
10 לֶאֱלִישָֽׁע׃ 10 וַיִּשְׁלַ֥ח אֵלָ֛יו אֱלִישָׁ֖ע מַלְאָ֣ךְ לֵאמֹ֑ר הָל֗וֹךְ וְרָחַצְתָּ֤
11 שֶֽׁבַע־פְּעָמִים֙ בַּיַּרְדֵּ֔ן וְיָשֹׁ֧ב בְּשָׂרְךָ֛ לְךָ֖ וּטְהָֽר׃ 11 וַיִּקְצֹ֥ף נַעֲמָ֖ן וַיֵּלַ֑ךְ
וַיֹּ֡אמֶר הִנֵּ֣ה אָמַ֡רְתִּי אֵלַ֣י׀ יֵצֵ֣א יָצ֡וֹא וְעָמַדa וְקָרָא֙ בְּשֵׁם־יְהוָ֣הb אֱלֹהָ֔יו
12 וְהֵנִ֥יף יָד֛וֹ cאֶל־הַמָּק֖וֹםc וְאָסַ֥ף הַמְּצֹרָֽע׃ 12 הֲלֹ֡א ט֣וֹב אֲבָנָהa וּפַרְפַּר
נַהֲר֣וֹת דַּמֶּ֗שֶׂק מִכֹּל֙ מֵימֵ֣י יִשְׂרָאֵ֔ל הֲלֹֽא־bאֶרְחַ֥ץ בָּהֶ֖ם וְטָהָ֑רְתִּי וַיִּ֖פֶן

[47]Mm 2049. [48]Mm 630. [49]Mm 2064. Cp 5 [1]Mm 1694. [2]Mm 2065. [3]Mm 639. [4]Mm 2066. [5]Mm 2067. [6]Mm 2346. [7]Mm 2068. [8]Mm 1955. [9]Mm 976. [10]Mm 175. [11]Mm 1037. [12]Mm 3321. [13]וחד טהרתי Prv 20,9.

44 a–a > 𝔊* ‖ Cp 5,1 a > Ms 𝔊* ‖ b–b > $𝔊^{L}$, frt dl ‖ 4 a–a pc Mss 𝔊 וַתָּבֹא וַתַּגֵּד ‖ b 𝔊 suff f ‖ 7 a–a > 𝔙; tr אך post כי 3° ? ‖ b > pc Mss $𝔊^{L}$𝔖𝔙 ‖ 8 a > Ms $𝔊^{L}$ ‖ b–b > 𝔊*, dl? ‖ c–c $𝔊^{L}$𝔖 leg הַמֶּלֶךְ ‖ d Ms אלהים cf 𝔏 et 15 ‖ 9 a mlt Mss ut Q ־סָיו; prb l c K ־סוֹ ‖ 11 a > $𝔊^{BL}$ ‖ b > Ms 𝔊* ‖ c–c > $𝔊^{N min}$ ‖ 12 a Q mlt Mss 𝔖𝔗 אֲמָנָה ‖ b 𝔊(𝔖) + πορευθείς.

13 וַיֵּלֶךְ בְּחֵמָה׃ 13 וַיִּגְּשׁוּ עֲבָדָיו וַיְדַבְּרוּ אֵלָיו וַיֹּאמְרוּ[a] אָבִי[b] דָּבָר גָּדוֹל
הַנָּבִיא דִּבֶּר אֵלֶיךָ הֲלוֹא תַעֲשֶׂה וְאַף[c] כִּי־אָמַר אֵלֶיךָ רְחַץ וּטְהָר׃ יז מל בסיפ . ג
14 וַיֵּרֶד וַיִּטְבֹּל בַּיַּרְדֵּן שֶׁבַע פְּעָמִים כִּדְבַר [a]אִישׁ הָאֱלֹהִים[a] וַיָּשָׁב
15 בְּשָׂרוֹ כִּבְשַׂר נַעַר קָטֹן וַיִּטְהָר׃ 15 וַיָּשָׁב אֶל־אִישׁ הָאֱלֹהִים ב
הוּא וְכָל־מַחֲנֵהוּ וַיָּבֹא וַיַּעֲמֹד לְפָנָיו וַיֹּאמֶר הִנֵּה־נָא יָדַעְתִּי כִּי אֵין ל
אֱלֹהִים בְּכָל־הָאָרֶץ כִּי אִם־בְּיִשְׂרָאֵל וְעַתָּה קַח־נָא בְרָכָה מֵאֵת כ בטע[14]
16 עַבְדֶּךָ׃ 16 וַיֹּאמֶר חַי־יְהוָה אֲשֶׁר־עָמַדְתִּי לְפָנָיו אִם־אֶקָּח וַיִּפְצַר־ ל . ד
17 בּוֹ לָקַחַת וַיְמָאֵן׃ 17 וַיֹּאמֶר נַעֲמָן וָלֹא[a] יֻתַּן־נָא לְעַבְדְּךָ מַשָּׂא צֶמֶד־ יב בטע ר״פ . ב . ז[15] . מא
פְּרָדִים אֲדָמָה[b] כִּי לוֹא־יַעֲשֶׂה עוֹד עַבְדְּךָ עֹלָה וָזֶבַח לֵאלֹהִים יא[16] . לה מל . ב[17]
18 אֲחֵרִים כִּי אִם־לַיהוָה׃ 18 [a]לַדָּבָר הַזֶּה[a] יִסְלַח יְהוָה לְעַבְדֶּךָ בְּבוֹא ט מל[18]
אֲדֹנִי בֵית־רִמּוֹן לְהִשְׁתַּחֲוֺת שָׁמָּה וְהוּא ׀ נִשְׁעָן עַל־יָדִי וְהִשְׁתַּחֲוֵיתִי ל
בֵּית רִמֹּן [b]בְּהִשְׁתַּחֲוָיָתִי[c] בֵּית רִמֹּן[b] יִסְלַח־נָא[d] יְהוָה לְעַבְדְּךָ בַּדָּבָר ט חס[19] . ט חס[19] . נא חד מן ח[20] כת ולא קר . ח
19 הַזֶּה׃ 19 וַיֹּאמֶר לוֹ לֵךְ לְשָׁלוֹם וַיֵּלֶךְ מֵאִתּוֹ כִּבְרַת־אָרֶץ׃ ס ג . ל
20 וַיֹּאמֶר גֵּיחֲזִי נַעַר אֱלִישָׁע[a] [b]אִישׁ־הָאֱלֹהִים[b] הִנֵּה ׀ חָשַׂךְ אֲדֹנִי אֶת־ ז[21]
נַעֲמָן הָאֲרַמִּי הַזֶּה מִקַּחַת מִיָּדוֹ אֵת אֲשֶׁר־הֵבִיא חַי־יְהוָה כִּי־אִם־
21 רַצְתִּי אַחֲרָיו וְלָקַחְתִּי מֵאִתּוֹ מְאוּמָה׃ 21 וַיִּרְדֹּף גֵּיחֲזִי אַחֲרֵי נַעֲמָן
וַיִּרְאֶה[a] נַעֲמָן[b] רָץ אַחֲרָיו וַיִּפֹּל מֵעַל הַמֶּרְכָּבָה לִקְרָאתוֹ וַיֹּאמֶר ה[22]
22 הֲשָׁלוֹם׃ 22 וַיֹּאמֶר ׀ שָׁלוֹם אֲדֹנִי שִׁלְּחַנִי[a] לֵאמֹר הִנֵּה עַתָּה זֶה[b] בָּאוּ
אֵלַי שְׁנֵי־נְעָרִים מֵהַר אֶפְרַיִם מִבְּנֵי הַנְּבִיאִים תְּנָה־נָּא לָהֶם כִּכַּר־
23 כֶּסֶף וּשְׁתֵּי חֲלִפוֹת בְּגָדִים׃ 23 וַיֹּאמֶר נַעֲמָן הוֹאֵל[a] קַח[b] כִּכָּרָיִם ג כת כן[23] . ד
[c]וַיִּפְרָץ־בּוֹ[c] וַיָּצַר כִּכְּרַיִם כֶּסֶף[d] בִּשְׁנֵי חֲרִטִים וּשְׁתֵּי חֲלִפוֹת בְּגָדִים ה ג[24] מנה בליש וכל לשון עלייה דכות . ג כת כן[23]
24 וַיִּתֵּן אֶל־שְׁנֵי נְעָרָיו וַיִּשְׂאוּ לְפָנָיו׃ 24 וַיָּבֹא[a] אֶל־הָעֹפֶל וַיִּקַּח מִיָּדָם ג[25] . מג . ל
25 וַיִּפְקֹד בַּבָּיִת וַיְשַׁלַּח אֶת־הָאֲנָשִׁים וַיֵּלֵכוּ׃ 25 וְהוּא־בָא וַיַּעֲמֹד אֶל־ כב[26] . לג ר״פ

[14]Mp sub loco. [15]Mm 723. [16]Mm 512. [17]Jer 7,22. [18]Mm 2069. [19]Mm 653. [20]Mm 2752. [21]Mm 1676. [22]Mm 2070. [23]Mm 336. [24]Mm 1908, lect Mm frt inc. [25]Mm 2071. [26]Mm 59.

13 [a] > 2 Mss 𝔊𝔖𝔙 ‖ [b] > 𝔊*; $𝔊^{L}$(𝔖𝔗𝔙) + *εἰ*, ins אִם ‖ [c] pc Mss $𝔊^{-B}$ אַף ‖ **14** [a–a] $𝔊^{-L}$ *Ελισαιε*, it in v sqq ‖ **17** [a] pc Mss וְלֹא, sed cf 2 S 13,26; 𝔊 *καὶ εἰ μή* ‖ [b] > 𝔊* ‖ **18** [a–a] > 𝔊*; frt l וְ ‖ [b–b] > pc Mss, dl (dttg)? ‖ [c] 𝔊(𝔙) *ἐν τῷ προσκυνεῖν αὐτόν* = וֹתוֹ— ‖ [d] mlt Mss 𝔖𝔗 om ut Q ‖ **20** [a] > 2 Mss 𝔙 ‖ [b–b] > 𝔊* ‖ **21** [a] 2 Mss 𝔊 ־ֵהוּ ‖ [b] 2 Mss 𝔗 + אִישׁ ‖ **22** [a] Ms $𝔊^{A}𝔙^{Mss}$ + אֵלֶיךָ ‖ [b] > pc Mss 𝔊*𝔖𝔙 ‖ **23** [a] > 𝔊* ‖ [b] mlt Mss וְקַח ‖ [c–c] > Ms 𝔊* ‖ [d–d] $𝔊^{B}$ *καὶ ἔλαβεν* ‖ **24** [a] $𝔊^{*}𝔖^{W}$ pl.

אֲדֹנָיו וַיֹּאמֶר אֵלָיו אֱלִישָׁע מֵאַ֫ן[a] גֵּחֲזִי וַיֹּאמֶר לֹא־הָלַךְ עַבְדְּךָ אָנֶה° — מאין ק. ד חס בליש[27]. ג
וָאָנָה׃ 26 וַיֹּאמֶר אֵלָיו לֹא־[a]לִבִּי הָלַךְ כַּאֲשֶׁר הָפַךְ־אִישׁ מֵעַל 26
מֶרְכַּבְתּוֹ לִקְרָאתֶךָ [b]הַעֵת לָקַחַת[b] אֶת־הַכֶּסֶף וְלָקַחַת[c] בְּגָדִים — ‡[28]. ב פת[29]. ד רפי[30]
וְזֵיתִים° וּכְרָמִים וְצֹאן° וּבָקָר וַעֲבָדִים וּשְׁפָחוֹת׃ 27 וְצָרַעַת נַעֲמָן 27 — ל. ב[31]. ל
תִּדְבַּק־בְּךָ וּבְזַרְעֲךָ[a] לְעוֹלָם° וַיֵּצֵא מִלְּפָנָיו מְצֹרָע כַּשָּׁלֶג׃ ס — ל. ח[32]
6 1 וַיֹּאמְרוּ בְנֵי־הַנְּבִיאִים אֶל־אֱלִישָׁע הִנֵּה־נָא הַמָּקוֹם אֲשֶׁר 6
אֲנַחְנוּ יֹשְׁבִים שָׁם לְפָנֶיךָ צַר מִמֶּנּוּ׃ 2 נֵלְכָה־נָּא עַד־הַיַּרְדֵּן וְנִקְחָה 2 — ה
מִשָּׁם אִישׁ קוֹרָה אֶחָת וְנַעֲשֶׂה־לָּנוּ שָׁם מָקוֹם לָשֶׁבֶת שָׁם וַיֹּאמֶר
לֵכוּ׃ 3 וַיֹּאמֶר הָאֶחָד הוֹאֶל נָא וְלֵךְ אֶת־עֲבָדֶיךָ וַיֹּאמֶר אֲנִי אֵלֵךְ׃ 3 — ג. ד. יא[1]
4 וַיֵּלֶךְ אִתָּם וַיָּבֹאוּ הַיַּרְדֵּנָה וַיִּגְזְרוּ הָעֵצִים׃ 5 וַיְהִי[a] הָאֶחָד מַפִּיל 4 5 — ל[3]. ד[2]. ב
הַקּוֹרָה וְאֶת־[b]הַבַּרְזֶל נָפַל אֶל־הַמָּיִם וַיִּצְעַק וַיֹּאמֶר אֲהָהּ אֲדֹנִי
וְהוּא שָׁאוּל׃ 6 וַיֹּאמֶר אִישׁ־הָאֱלֹהִים אָנָה נָפָל וַיַּרְאֵהוּ אֶת־הַמָּקוֹם 6 — ב בליש וכל שם ברנש דכות[4]. ב
וַיִּקְצָב־עֵץ וַיַּשְׁלֶךְ־שָׁמָּה וַיָּצֶף הַבַּרְזֶל׃ 7 וַיֹּאמֶר הָרֶם לָךְ וַיִּשְׁלַח ס[5]כנ — ג
יָדוֹ וַיִּקָּחֵהוּ׃ פ
8 וּמֶלֶךְ אֲרָם הָיָה נִלְחָם בְּיִשְׂרָאֵל וַיִּוָּעַץ אֶל־עֲבָדָיו לֵאמֹר אֶל־ 8
מְקוֹם פְּלֹנִי° אַלְמֹנִי תַּחֲנֹתִי[a]׃ 9 וַיִּשְׁלַח [a]אִישׁ הָאֱלֹהִים[a] אֶל־מֶלֶךְ 9 — ל. ג[6]
יִשְׂרָאֵל לֵאמֹר הִשָּׁמֶר מֵעֲבֹר הַמָּקוֹם הַזֶּה כִּי־שָׁם אֲרָם נְחִתִּים[b]׃
10 וַיִּשְׁלַח מֶלֶךְ יִשְׂרָאֵל אֶל־הַמָּקוֹם אֲשֶׁר אָמַר־לוֹ [a]אִישׁ־הָאֱלֹהִים[a] 10
וְהִזְהִירָה[b] וְנִשְׁמַר שָׁם לֹא אַחַת וְלֹא שְׁתָּיִם׃ 11 וַיִּסָּעֵר לֵב מֶלֶךְ־ 11 — והזהירו ק. חד מן יד[7] כת ה וקר ו. ל
אֲרָם עַל־הַדָּבָר הַזֶּה וַיִּקְרָא אֶל־עֲבָדָיו וַיֹּאמֶר אֲלֵיהֶם הֲלוֹא תַּגִּידוּ — יד פסוק על אל אל[8]. יז מל בסיפ
לִי מִי מִשֶּׁלָּנוּ[a] אֶל־מֶלֶךְ יִשְׂרָאֵל׃ 12 וַיֹּאמֶר אַחַד מֵעֲבָדָיו לוֹא אֲדֹנִי 12 — כה[9]. לה מל
הַמֶּלֶךְ כִּי־אֱלִישָׁע הַנָּבִיא אֲשֶׁר בְּיִשְׂרָאֵל יַגִּיד לְמֶלֶךְ יִשְׂרָאֵל אֶת־
הַדְּבָרִים אֲשֶׁר תְּדַבֵּר בַּחֲדַר מִשְׁכָּבֶךָ׃ 13 וַיֹּאמֶר לְכוּ וּרְאוּ אֵיכֹה[a] 13 — ל

[27] Mm 2082. [28] Mm 2072. [29] Mm 2073. [30] Mm 216. [31] Mm 2074. [32] Mm 4080. Cp 6 [1] Mm 1500. [2] Mm 1441. [3] Mm 3862. [4] Mm 2075. [5] Mp sub loco. [6] Mm 1648. [7] Mm 782. [8] Mm 4093. [9] Mm 187.

25 [a] mlt Mss ut Q מֵאַיִן, K מֵאָן || **26** [a] = הלא; > 𝔖𝔗 || [b–b] 𝔊(𝔙) *καὶ νῦν ἔλαβες*, l וְעַתָּה לָקַחְתָּ? || [c] cf [b–b] || **27** [a] sic L, mlt Mss Edd ךָ– || **Cp 6,5** [a] 𝔊$^{-L}$ *καὶ ἰδού* = וְהִנֵּה || [b] dl אֶת־? cf Vrs || **8** [a] inc; 𝔊$^{-L}$ *παρεμβαλῶ*, 𝔙 *ponamus insidias* cf 𝔊^{L}𝔖𝔗; prp תֵּחָבְאוּ vel תִּנְחֲתוּ || **9** [a–a] 𝔊* *Ελισαιε* || [b] prp נֶחְבָּאִים vel נִחִתִּים || **10** [a–a] ut 9[a–a] || [b] > 𝔊*; pc Mss ut Q רוֹ– || **11** [a] 𝔊(𝔙) *προδίδωσίν με* cf 𝔗 || **13** [a] ℭ^{Q} nonn Mss איפה.

14 הוּא וְאֶשְׁלַח וְאֶקָּחֵהוּ וַיֻּגַּד־לוֹ לֵאמֹר הִנֵּה בְדֹתָן׃ 14 וַיִּשְׁלַח־שָׁמָּה ל . ל . כד[10] . ב . י מילין ר״פ ובתר שמה[11]
15 סוּסִים[a] וְרֶכֶב וְחַיִל כָּבֵד וַיָּבֹאוּ לַיְלָה וַיַּקִּפוּ עַל־הָעִיר׃ 15 וַיַּשְׁכֵּם ל חס . יז[12] וכל וגנותי דכות ב מ א
מְשָׁרֵת[a] אִישׁ הָאֱלֹהִים[b] לָקוּם וַיֵּצֵא וְהִנֵּה־חַיִל סוֹבֵב אֶת־הָעִיר
16 וְסוּס וָרָכֶב וַיֹּאמֶר נַעֲרוֹ אֵלָיו אֲהָהּ אֲדֹנִי אֵיכָה נַעֲשֶׂה׃ 16 וַיֹּאמֶר יז[13]
17 אַל־תִּירָא כִּי רַבִּים אֲשֶׁר אִתָּנוּ מֵאֲשֶׁר אוֹתָם[a]׃ 17 וַיִּתְפַּלֵּל אֱלִישָׁע ט מל בסיפ
וַיֹּאמַר יְהוָה פְּקַח־נָא אֶת־עֵינָיו וְיִרְאֶה וַיִּפְקַח יְהוָה אֶת־עֵינֵי הַנַּעַר צא . ל
18 וַיַּרְא וְהִנֵּה הָהָר מָלֵא סוּסִים וְרֶכֶב אֵשׁ סְבִיבֹת אֱלִישָׁע׃ 18 וַיֵּרְדוּ ל חס בנביא
אֵלָיו וַיִּתְפַּלֵּל אֱלִישָׁע אֶל־יְהוָה וַיֹּאמַר הַךְ־נָא אֶת־הַגּוֹי־הַזֶּה צא . ל
19 בַּסַּנְוֵרִים וַיַּכֵּם[a] בַּסַּנְוֵרִים כִּדְבַר אֱלִישָׁע׃ 19 וַיֹּאמֶר אֲלֵהֶם אֱלִישָׁע ג[14] . ג[14] . כט[15] חס בנביא יג מנה בסיפ
לֹא זֶה הַדֶּרֶךְ וְלֹא זֹה הָעִיר לְכוּ אַחֲרַי וְאוֹלִיכָה אֶתְכֶם אֶל־הָאִישׁ ל[16]
20 אֲשֶׁר תְּבַקֵּשׁוּן וַיֹּלֶךְ אוֹתָם שֹׁמְרוֹנָה׃ 20 וַיְהִי כְּבֹאָם שֹׁמְרוֹן וַיֹּאמֶר ל . ד ג חס וחד מל[17] . ט מל בסיפ . ג[18] . ב חד חס וחד מל
אֱלִישָׁע יְהוָה פְּקַח[a] אֶת־עֵינֵי־אֵלֶּה וְיִרְאוּ וַיִּפְקַח יְהוָה אֶת־עֵינֵיהֶם ג
21 וַיִּרְאוּ וְהִנֵּה[b] בְּתוֹךְ שֹׁמְרוֹן׃ 21 וַיֹּאמֶר מֶלֶךְ־יִשְׂרָאֵל[a] אֶל־אֱלִישָׁע[a]
22 כִּרְאֹתוֹ אוֹתָם הַאַכֶּה[b] אַכֶּה אָבִי׃ 22 וַיֹּאמֶר לֹא תַכֶּה הַאֲשֶׁר שָׁבִיתָ ב חס[19] . ט מל בסיפ
בְּחַרְבְּךָ וּבְקַשְׁתְּךָ אַתָּה מַכֶּה שִׂים לֶחֶם וָמַיִם לִפְנֵיהֶם וְיֹאכְלוּ וְיִשְׁתּוּ ב . ה[20] . כד[21] . ב . ל
23 וְיֵלְכוּ אֶל־אֲדֹנֵיהֶם׃ 23 וַיִּכְרֶה לָהֶם כֵּרָה גְדוֹלָה וַיֹּאכְלוּ וַיִּשְׁתּוּ ב
וַיְשַׁלְּחֵם[a] וַיֵּלְכוּ אֶל־אֲדֹנֵיהֶם וְלֹא־יָסְפוּ עוֹד גְּדוּדֵי אֲרָם לָבוֹא ט[22] . ד[23]
בְּאֶרֶץ[b] יִשְׂרָאֵל׃ פ
24 וַיְהִי אַחֲרֵי־כֵן וַיִּקְבֹּץ בֶּן־הֲדַד מֶלֶךְ־אֲרָם אֶת־כָּל־מַחֲנֵהוּ ל
25 וַיַּעַל וַיָּצַר עַל־שֹׁמְרוֹן׃ 25 וַיְהִי רָעָב גָּדוֹל בְּשֹׁמְרוֹן[a] וְהִנֵּה[b] צָרִים
עָלֶיהָ[a] עַד הֱיוֹת רֹאשׁ־חֲמוֹר בִּשְׁמֹנִים[c] כֶּסֶף וְרֹבַע הַקַּב חֲרֵייוֹנִים[d] דביונים ק
26 בַּחֲמִשָּׁה־כָסֶף׃ 26 וַיְהִי מֶלֶךְ יִשְׂרָאֵל עֹבֵר עַל־הַחֹמָה וְאִשָּׁה צָעֲקָה ה חס בסיפ . כב
27 אֵלָיו לֵאמֹר הוֹשִׁיעָה[a] אֲדֹנִי הַמֶּלֶךְ׃ 27 וַיֹּאמֶר אַל[a]־יוֹשִׁעֵךְ יְהוָה ל וחס

[10] Mm 2228. [11] Mm 1123. [12] Mm 1174. [13] Mm 1095. [14] Mm 121. [15] Mm 1954. [16] Mm 2963. [17] Mm 468. [18] Mm 2029. [19] Mm 2191. [20] Mm 416. [21] Mp sub loco. [22] Mm 2192. [23] Mm 1716.

14 [a] 𝔊* sg ut 15, sic l? ‖ **15** [a] prp מְמָחֳרָת vel שַׁחֲרָת ‖ [b–b] ut 9[a–a] ‖ **16** [a] l c Ms Ed Vrs אִתָּם cf K[Mss] ‖ **18** [a] $𝔊^{L}$(𝔙) + κύριος ‖ **20** [a] mlt Mss $𝔊^{-L}$𝔗 + ־נָא־ ‖ [b] 𝔊𝔖𝔗 c suff 3 pl = והנם ‖ **21** [a–a] > 𝔊* ‖ [b] l vel הַהַכֵּה (cf $𝔊^{-L}$𝔖𝔗) vel dl אכה (> $𝔊^{L}$𝔙) ‖ **23** [a] > 2 Mss $𝔊^{53}$$𝔖^{A}$ ‖ [b] pc Mss 𝔖$𝔗^{Ms}$ בִּגְבוּל ‖ **25** [a–a] gl? ‖ [b] 2 Mss 𝔗 והנם ‖ [c] Ms 𝔊 בַּחֲמִשִּׁים ‖ [d] K mlt Mss חֲרֵי יוֹנִים, nonn Mss ′חריו; pc Mss ut Q דִּבְיוֹנִים ‖ **26** [a] $𝔊^{L}$𝔖𝔙 + suff 1 sg ‖ **27** [a] cf אל c rebiaʿ 3,13bβ.

ג24 | מֵאַ֥יִן אֽוֹשִׁיעֵ֖ךְ הֲמִן־הַגֹּ֖רֶן א֥וֹ מִן־הַיָּֽקֶב׃ 28 וַיֹּֽאמֶר־לָ֥הּ הַמֶּ֖לֶךְ מַה־לָּ֑ךְ 28
ב. ב25 | וַתֹּ֗אמֶר הָאִשָּׁ֤ה הַזֹּאת֙ אָמְרָ֣ה אֵלַ֔י תְּנִ֤י אֶת־בְּנֵךְ֙ וְנֹאכְלֶ֣נּוּ הַיּ֔וֹם וְאֶת־
יט פסוק בסיפ את את את . ל | בְּנִ֖י נֹאכַ֥ל מָחָֽר׃ 29 וַנְּבַשֵּׁ֥ל אֶת־בְּנִ֖י וַנֹּֽאכְלֵ֑הוּ וָאֹמַ֨ר אֵלֶ֜יהָ בַּיּ֣וֹם 29
ג26 . ב . ל וחס | הָאַחֵ֗ר תְּנִ֤י אֶת־בְּנֵךְ֙ וְנֹ֣אכְלֶ֔נּוּ וַתַּחְבִּ֖א אֶת־בְּנָֽהּ׃ 30 וַיְהִי֩ כִשְׁמֹ֨עַ הַמֶּ֜לֶךְ 30
ה חס בסיפ | אֶת־דִּבְרֵ֣י הָאִשָּׁ֗ה וַיִּקְרַע֙ אֶת־בְּגָדָ֔יו וְה֖וּא עֹבֵ֣ר[a] עַל־הַחֹמָ֑ה וַיַּ֣רְא
יא27 | הָעָ֗ם וְהִנֵּ֥ה[b] הַשַּׂ֛ק עַל־בְּשָׂר֖וֹ מִבָּֽיִת׃ 31 וַיֹּ֗אמֶר כֹּֽה־יַעֲשֶׂה־לִּ֤י אֱלֹהִים֙ 31
ה חס | וְכֹ֣ה יוֹסִ֔ף אִם־יַעֲמֹ֞ד רֹ֣אשׁ אֱלִישָׁ֧ע [a]בֶּן־שָׁפָ֛ט[a] עָלָ֖יו הַיּֽוֹם׃
כו פסוק אית בהון א״ב . ח28 | 32 וֶאֱלִישָׁע֙ יֹשֵׁ֣ב בְּבֵית֔וֹ וְהַזְּקֵנִ֖ים יֹשְׁבִ֣ים אִתּ֑וֹ[a] וַיִּשְׁלַ֨ח אִ֜ישׁ מִלְּפָנָ֗יו[a] 32
ג29 | בְּטֶ֩רֶם֩[b] יָבֹ֨א הַמַּלְאָ֜ךְ אֵלָ֗יו וְה֣וּא ׀ אָמַ֣ר אֶל־הַזְּקֵנִ֗ים הַרְּאִיתֶם֙[c] כִּֽי־
כו . ו וחס | שָׁלַ֞ח בֶּן־הַֽמְרַצֵּ֤חַ הַזֶּה֙ לְהָסִ֣יר אֶת־רֹאשִׁ֔י רְא֣וּ ׀ כְּבֹ֣א הַמַּלְאָ֗ךְ סִגְר֤וּ
יז מל בסיפ | הַדֶּ֙לֶת֙ וּלְחַצְתֶּ֤ם אֹתוֹ֙ בַּדֶּ֔לֶת הֲל֗וֹא[d] ק֛וֹל רַגְלֵ֥י אֲדֹנָ֖יו אַחֲרָֽיו׃ 33 עוֹדֶ֙נּוּ֙ 33
מְדַבֵּ֣ר עִמָּ֔ם וְהִנֵּ֥ה הַמַּלְאָ֖ךְ[a] יֹרֵ֣ד אֵלָ֑יו וַיֹּ֗אמֶר הִנֵּה־זֹ֤את הָֽרָעָה֙ מֵאֵ֣ת
ג | יְהוָ֔ה מָֽה־אוֹחִ֥יל לַיהוָ֖ה עֽוֹד׃ ס 7 1 וַיֹּ֣אמֶר אֱלִישָׁ֔ע שִׁמְע֖וּ[a] 7
דְּבַר־יְהוָ֑ה כֹּ֣ה ׀ אָמַ֣ר יְהוָ֗ה כָּעֵ֤ת ׀ מָחָר֙ סְאָה־סֹ֣לֶת בְּשֶׁ֔קֶל וְסָאתַ֥יִם
שְׂעֹרִ֖ים בְּשֶׁ֑קֶל בְּשַׁ֖עַר שֹׁמְרֽוֹן׃ 2 וַיַּ֣עַן הַשָּׁלִ֡ישׁ אֲשֶׁר־לַמֶּלֶךְ֩[a] נִשְׁעָ֨ן 2
צא וחד מן ג1 פסוק ויאמר ויאמר . כב2 | עַל־יָד֜וֹ [b]אֶת־אִ֣ישׁ הָאֱלֹהִים֮[b] וַיֹּאמַר֒ הִנֵּ֣ה[c] יְהוָ֗ה עֹשֶׂ֤ה אֲרֻבּוֹת֙ בַּשָּׁמַ֔יִם
כ3 מילין כת ה ס״ת ול בליש . טו . ח4 . יז5 | הֲיִֽהְיֶ֖ה הַדָּבָ֣ר הַזֶּ֑ה וַיֹּ֗אמֶר הִנְּכָ֤ה רֹאֶה֙ בְּעֵינֶ֔יךָ וּמִשָּׁ֖ם לֹ֥א תֹאכֵֽל׃ ס
ל | 3 וְאַרְבָּעָ֧ה אֲנָשִׁ֛ים הָי֥וּ מְצֹרָעִ֖ים פֶּ֣תַח הַשָּׁ֑עַר וַיֹּֽאמְרוּ֙ אִ֣ישׁ אֶל־רֵעֵ֔הוּ 3
מָ֗ה אֲנַ֛חְנוּ יֹשְׁבִ֥ים פֹּ֖ה עַד־מָֽתְנוּ׃ 4 אִם־אָמַ֜רְנוּ נָב֣וֹא הָעִ֗יר וְהָרָעָ֤ב 4
ה6 . ה | בָּעִיר֙ וָמַ֣תְנוּ שָׁ֔ם וְאִם־יָשַׁ֥בְנוּ פֹ֖ה וָמָ֑תְנוּ וְעַתָּ֗ה לְכוּ֙ וְנִפְּלָה֙ אֶל־מַחֲנֵ֣ה
ל וחס . ל וחס . ה6 . ס7 | אֲרָ֔ם אִם־יְחַיֻּ֣נוּ נִֽחְיֶ֔ה[a] וְאִם־יְמִיתֻ֖נוּ וָמָֽתְנוּ׃ 5 וַיָּקֻ֣מוּ בַנֶּ֔שֶׁף לָב֖וֹא אֶל־ 5
ג כת א8 | מַחֲנֵ֣ה אֲרָ֑ם וַיָּבֹ֗אוּ עַד־קְצֵה֙ מַחֲנֵ֣ה אֲרָ֔ם וְהִנֵּ֥ה אֵֽין־שָׁ֖ם אִֽישׁ׃ 6 וַאדֹנָ֞י[a] 6
הִשְׁמִ֣יעַ ׀ אֶֽת־[b]מַחֲנֵ֣ה אֲרָ֗ם ק֥וֹל רֶ֙כֶב֙ ק֣וֹל[c] ס֔וּס ק֖וֹל[c] חַ֣יִל גָּד֑וֹל וַיֹּאמְרוּ

[24]Mm 949. [25]Mm 1779. [26]Mm 2076. [27]Mm 3286. [28]Mm 4080. [29]Mm 2077. **Cp 7** [1]Mm 3452. [2]Mm 475. [3]Mm 964. [4]Mm 1349. [5]Mm 787. [6]Mm 1086. [7]Lectio plena contra Mm 1663, cf 1R 7,7 et Mp sub loco. [8]Mm 2390.

30 [a] 𝔊[L] *εἱστήκει* = עֹמֵד ‖ [b] > 𝔊*𝔖𝔙 ‖ **31** [a–a] > 𝔊* ‖ **32** [a–a] prb tr in init v ‖ [b] l 'וּב cf 𝔊[L]𝔖𝔙 ‖ [c] sic ('הַר) C L 𝔅 mlt Mss ‖ [d] Ms 𝔙 הִנֵּה ‖ **33** [a] prb l הַמֶּלֶךְ cf 7,2[a] ‖ **Cp 7,1** [a] 𝔊 sg ‖ **2** [a] l c pc Mss Edd Vrs 'הַמּ ‖ [b–b] 𝔊[-L] *τῷ Ελισαιε*; > 𝔖, frt dl ‖ [c] 𝔊[L] *καὶ ἐάν* cf 𝔖𝔗𝔙, l וְאִם? ‖ **4** [a] frt l c pc Mss 𝔊𝔗[Mss] 'וְנ ‖ **6** [a] mlt Mss ויהוה ‖ [b] nonn Mss אל ‖ [c] mlt Mss Vrs וְקוֹל.

אִ֣ישׁ אֶל־אָחִ֗יו[d] הִנֵּ֣ה שָֽׂכַר־עָלֵינוּ֩ מֶ֨לֶךְ יִשְׂרָאֵ֜ל אֶת־מַלְכֵ֧י הַחִתִּ֛ים ב . ה
7 וְאֶת־מַלְכֵ֥י מִצְרַ֖יִם[e] לָב֥וֹא עָלֵֽינוּ׃ 7 וַיָּק֘וּמוּ֮ וַיָּנ֣וּסוּ[a] בַנֶּ֒שֶׁף֒ וַיַּעַזְב֣וּ אֶת־ ט מל[9] . ד מל[10]
אָהֳלֵיהֶ֗ם וְאֶת־סֽוּסֵיהֶם֙ וְאֶת־חֲמֹ֣רֵיהֶ֔ם הַֽמַּחֲנֶ֖ה[b] כַּאֲשֶׁר־הִ֑יא[c] וַיָּנֻ֖סוּ ל . ל
8 אֶל־נַפְשָֽׁם׃ 8 וַ֠יָּבֹאוּ הַֽמְצֹרָעִ֨ים הָאֵ֜לֶּה עַד־קְצֵ֣ה הַֽמַּחֲנֶ֗ה וַיָּבֹ֜אוּ אֶל־ ל . כו פסוק אית בהון א״ב
אֹ֤הֶל אֶחָד֙ וַיֹּאכְל֣וּ וַיִּשְׁתּ֔וּ וַיִּשְׂא֣וּ מִשָּׁ֗ם כֶּ֤סֶף וְזָהָב֙ וּבְגָדִ֔ים וַיֵּלְכ֖וּ מג ב מנה בפסוק
וַיַּטְמִ֑נוּ[a] וַיָּשֻׁ֗בוּ וַיָּבֹ֙אוּ֙ אֶל־אֹ֣הֶל אַחֵ֔ר וַיִּשְׂא֣וּ מִשָּׁ֔ם וַיֵּלְכ֖וּ וַיַּטְמִֽנוּ׃ ב וחס . מג ב מנה בפסוק . ב וחס
9 וַיֹּאמְר֞וּ אִ֣ישׁ אֶל־רֵעֵ֗הוּ לֹא־כֵ֣ן ׀ אֲנַ֣חְנוּ עֹשִׂ֗ים הַיּ֤וֹם[a] הַזֶּה֙ יוֹם־בְּשֹׂרָ֣ה יט[11] . ג חס
ה֔וּא וַאֲנַ֣חְנוּ מַחְשִׁ֗ים וְחִכִּ֛ינוּ עַד־א֥וֹר הַבֹּ֖קֶר וּמְצָאָ֣נוּ עָו֑וֹן וְעַתָּה֙ לְכ֣וּ ד[12] . ו[13] . ד[14] מל בליש וחד מן יא כתיב תרי ו[15]
10 וְנָבֹ֔אָה וְנַגִּ֖ידָה בֵּ֥ית הַמֶּֽלֶךְ׃ 10 וַיָּבֹ֗אוּ וַֽיִּקְרְאוּ֮ אֶל־שֹׁעֵ֣ר[a] הָעִיר֒ וַיַּגִּ֤ידוּ ג חד חס וב מל[16]
לָהֶם֙ לֵאמֹ֔ר בָּ֚אנוּ אֶל־מַחֲנֵ֣ה אֲרָ֔ם וְהִנֵּ֥ה אֵֽין־שָׁ֛ם אִ֖ישׁ וְק֣וֹל אָדָ֑ם כִּ֠י ל
11 אִם־הַסּ֨וּס אָס֜וּר וְהַחֲמ֣וֹר אָס֗וּר[b] וְאֹהָלִ֛ים[c] כַּאֲשֶׁר־הֵֽמָּה׃ 11 וַיִּקְרָא֙[a] ל
12 הַשֹּׁעֲרִ֑ים וַיַּגִּ֕ידוּ בֵּ֥ית הַמֶּ֖לֶךְ פְּנִֽימָה׃ 12 וַיָּקָם֩ הַמֶּ֨לֶךְ לַ֜יְלָה[a] ה[17]
וַיֹּ֣אמֶר֙ אֶל־עֲבָדָ֔יו אַגִּֽידָה־נָּ֣א[b] לָכֶ֔ם אֵ֛ת אֲשֶׁר־עָ֥שׂוּ לָ֖נוּ אֲרָ֑ם יָֽדְע֞וּ
כִּֽי־רְעֵבִ֣ים אֲנַ֗חְנוּ וַיֵּצְא֤וּ מִן־הַֽמַּחֲנֶה֙ לְהֵחָבֵ֤ה[c] בַהַשָּׂדֶה֙[d] לֵאמֹ֔ר כִּֽי־ ב כת ה[18] בשדה ק
13 יֵצְא֤וּ מִן־הָעִיר֙ וְנִתְפְּשֵׂ֣ם חַיִּ֔ים וְאֶל־הָעִ֖יר נָבֹֽא׃ 13 וַיַּעַן֩ אֶחָ֨ד מֵעֲבָדָ֜יו יד[19] . ג חס[20]
וַיֹּ֗אמֶר וְיִקְחוּ־[a]נָ֡א חֲמִשָּׁ֣ה מִן־[b]הַסּוּסִים֩ הַנִּשְׁאָרִ֨ים אֲשֶׁ֤ר נִשְׁאֲרוּ־ ו רפ[21]
בָהּ֙[c] הִנָּ֗ם כְּכָל־ההמ֙וֹן[d] יִשְׂרָאֵל֙ [e]אֲשֶׁ֣ר נִשְׁאֲרוּ־בָ֔הּ הִנָּ֕ם כְּכָל־הֲמ֥וֹן ו דמטע[22] . המון ק . ו דמטע[22]
14 יִשְׂרָאֵ֖ל[e] אֲשֶׁר־תָּ֑מּוּ וְנִשְׁלְחָ֖ה וְנִרְאֶֽה׃ 14 וַיִּקְח֕וּ שְׁנֵ֖י רֶ֣כֶב[a] סוּסִ֑ים ד[23]
15 וַיִּשְׁלַ֨ח הַמֶּ֜לֶךְ אַחֲרֵ֧י מַחֲנֵה־[b]אֲרָ֛ם לֵאמֹ֖ר לְכ֥וּ וּרְאֽוּ׃ 15 וַיֵּלְכ֣וּ
אַחֲרֵיהֶם֮ עַד־הַיַּרְדֵּן֒ וְהִנֵּ֣ה כָל־הַדֶּ֗רֶךְ מְלֵאָ֤ה בְגָדִים֙ וְכֵלִ֔ים אֲשֶׁר־ ה[24]
הִשְׁלִ֥יכוּ אֲרָ֖ם בְּהֶחָפְזָ֑ם[a] וַיָּשֻׁ֙בוּ֙ הַמַּלְאָכִ֔ים וַיַּגִּ֖דוּ לַמֶּֽלֶךְ׃ בחפזם ק . ד[25] חס וכל שפטים ושמואל דכות ב מ ב
16 וַיֵּצֵ֣א הָעָ֔ם וַיָּבֹ֕זּוּ אֵ֖ת מַחֲנֵ֣ה אֲרָ֑ם וַֽיְהִי֩ סְאָה־סֹ֨לֶת בְּשֶׁ֜קֶל וְסָאתַ֧יִם ס כג[26]

[9] Mm 1663. [10] Mm 2078. [11] Mm 436. [12] Mm 1498. [13] Mm 1488. [14] Mm 4100. [15] Mm 648. [16] Mm 2079. [17] Mm 717. [18] Mm 2035. [19] Mm 98. [20] Mm 2080. [21] Mm 560. [22] Mm 1404. [23] Mm 276. [24] Mm 1825. [25] Mm 195. [26] Mp sub loco.

6 [d] nonn Mss 𝔊[L] 𝔖 𝔗[f Mss] רֵעֵהוּ ‖ [e] 𝔊[82] 𝔖 𝔗[f] leg הַמִּצְרִים ‖ **7** [a] > Ms, dl? ‖ [b] > pc Mss 𝔄; 𝔊𝔙 leg בַּמַּ׳ ‖ [c] l c ℭ mlt Mss הוּא ‖ **8** [a] > 𝔊* ‖ **9** [a] 2 Mss 𝔊[L] וְהַ׳ cf 𝔙 ‖ **10** [a] 𝔊𝔙 leg שַׁעַר; 𝔖𝔗 pl ‖ [b] > 𝔊* ‖ [c] l וְהָאֹ׳? cf 𝔊 ‖ **11** [a] l c nonn Mss Seb Vrs וַיִּקְרְאוּ ‖ **12** [a] > Ms 𝔊[L] ‖ [b] > 2 Mss 𝔊[L] 𝔖𝔙 ‖ [c] ℭ mlt Mss בא– ‖ [d] mlt Mss ut Q בַּשָּׂ׳, K בְּהַשָּׂ׳ ‖ **13** [a] 𝔙 *tollamus* = נִקְחָה ‖ [b] > pc Mss 𝔙 ‖ [c] 𝔊 *ὧδε* = פֹּה? ‖ [d] l c Q mlt Mss הֲמוֹן vel c K הֶהָ׳ (tum dl יִשְׁ׳) ‖ [e–e] > mlt Mss 𝔊𝔖𝔙, dl (dttg) ‖ **14** [a] > 𝔙; 𝔊 *ἐπιβάτας*, l רֹכְבֵי? ‖ [b] 𝔊* *τοῦ βασιλέως*; > 𝔊[L] ‖ **15** [a] mlt Mss ut Q בְּחָפְזָם, K בְּהֵחָ׳.

17 שְׂעֹרִים בְּשֶׁקֶל כִּדְבַר יְהוָה׃ 17 וְהַמֶּלֶךְ הִפְקִיד אֶת־הַשָּׁלִישׁ אֲשֶׁר־
נִשְׁעָן עַל־יָדוֹ עַל־הַשַּׁעַר וַיִּרְמְסֻהוּ הָעָם בַּשַּׁעַר וַיָּמֹת[a] [b]כַּאֲשֶׁר דִּבֶּר כא פסוק על על ומילה חדה ביניה[27]. ל בליש[28]
18 אִישׁ הָאֱלֹהִים [c]אֲשֶׁר דִּבֶּר[c] בְּרֶדֶת הַמֶּלֶךְ[d] אֵלָיו׃ 18 וַיְהִי כְּדַבֵּר ד
אִישׁ הָאֱלֹהִים אֶל־הַמֶּלֶךְ לֵאמֹר סָאתַיִם שְׂעֹרִים בְּשֶׁקֶל וּסְאָה־ ל
19 סֹלֶת בְּשֶׁקֶל יִהְיֶה כָּעֵת מָחָר בְּשַׁעַר שֹׁמְרוֹן׃ 19 וַיַּעַן הַשָּׁלִישׁ אֶת־
[a]אִישׁ הָאֱלֹהִים[a] וַיֹּאמַר וְהִנֵּה יְהוָה עֹשֶׂה אֲרֻבּוֹת בַּשָּׁמַיִם הֲיִהְיֶה צא וחד מן ג[29] פסוק וַיֹּאמַר וַיֹּאמֶר. ד[30]. כב[31]
20 כַּדָּבָר[b] הַזֶּה וַיֹּאמֶר הִנְּךָ רֹאֶה בְּעֵינֶיךָ וּמִשָּׁם לֹא תֹאכֵל׃ 20 וַיְהִי־ סו. ח[32]. יז[33]
לוֹ[a] כֵּן וַיִּרְמְסוּ אֹתוֹ הָעָם בַּשַּׁעַר וַיָּמֹת׃ ס

8 **8** 1 וֶאֱלִישָׁע דִּבֶּר אֶל־הָאִשָּׁה אֲשֶׁר־הֶחֱיָה אֶת־בְּנָהּ לֵאמֹר קוּמִי
וּלְכִי אַתְּי[a] וּבֵיתֵךְ וְגוּרִי בַּאֲשֶׁר תָּגוּרִי כִּי־קָרָא יְהוָה לָרָעָב וְגַם־בָּא את חד מן ז[1] כת כן ק בליש. הי[2]
2 אֶל־הָאָרֶץ שֶׁבַע שָׁנִים׃ 2 וַתָּקָם הָאִשָּׁה וַתַּעַשׂ כִּדְבַר אִישׁ הָאֱלֹהִים ל בסיפ
3 וַתֵּלֶךְ הִיא וּבֵיתָהּ וַתָּגָר בְּאֶרֶץ־פְּלִשְׁתִּים שֶׁבַע שָׁנִים׃ 3 וַיְהִי מִקְצֵה ה
שֶׁבַע שָׁנִים וַתָּשָׁב הָאִשָּׁה מֵאֶרֶץ פְּלִשְׁתִּים וַתֵּצֵא לִצְעֹק אֶל־הַמֶּלֶךְ
4 אֶל[a]־בֵּיתָהּ וְאֶל[b]־שָׂדָהּ[c]׃ 4 וְהַמֶּלֶךְ מְדַבֵּר אֶל־גֵּחֲזִי נַעַר אִישׁ־ ד חס בליש[3]
הָאֱלֹהִים לֵאמֹר סַפְּרָה־נָּא לִי אֵת כָּל־הַגְּדֹלוֹת אֲשֶׁר־עָשָׂה אֱלִישָׁע׃
5 5 וַיְהִי הוּא מְסַפֵּר לַמֶּלֶךְ אֵת אֲשֶׁר־הֶחֱיָה אֶת־הַמֵּת וְהִנֵּה הָאִשָּׁה ב בטע[4]. יט פסוק בסיפ את את את
אֲשֶׁר־הֶחֱיָה אֶת־בְּנָהּ צֹעֶקֶת אֶל־הַמֶּלֶךְ עַל־בֵּיתָהּ וְעַל־שָׂדָהּ[a] וַיֹּאמֶר ל. ל
6 גֵּחֲזִי אֲדֹנִי הַמֶּלֶךְ זֹאת הָאִשָּׁה וְזֶה־בְּנָהּ אֲשֶׁר־הֶחֱיָה אֱלִישָׁע׃ 6 וַיִּשְׁאַל ד חס בליש[3]
הַמֶּלֶךְ לָאִשָּׁה וַתְּסַפֶּר־לוֹ וַיִּתֶּן־לָהּ הַמֶּלֶךְ סָרִיס אֶחָד לֵאמֹר הָשֵׁיב ה[5]. ל מל
אֶת־כָּל־אֲשֶׁר־לָהּ וְאֵת כָּל־תְּבוּאֹת הַשָּׂדֶה מִיּוֹם עָזְבָה אֶת־הָאָרֶץ ז[6]. ב[7]
וְעַד־עָתָּה׃ פ

7 7 וַיָּבֹא אֱלִישָׁע דַּמֶּשֶׂק וּבֶן־הֲדַד מֶלֶךְ־אֲרָם חֹלֶה וַיֻּגַּד־לוֹ ח[8]. כב[9]
8 לֵאמֹר בָּא אִישׁ הָאֱלֹהִים עַד־הֵנָּה׃ 8 וַיֹּאמֶר הַמֶּלֶךְ אֶל־חֲזָהאֵל[a] קַח ו כת כן[10]
בְּיָדְךָ מִנְחָה וְלֵךְ לִקְרַאת אִישׁ הָאֱלֹהִים וְדָרַשְׁתָּ אֶת־יְהוָה מֵאוֹתוֹ[b] יא[11]. כד מל ו מנה בסיפ

[27] Mm 686. [28] Mp sub loco. [29] Mm 3452. [30] Mm 2013. [31] Mm 475. [32] Mm 1349. [33] Mm 787. **Cp 8** [1] Mm 2081. [2] Mm 2386. [3] Mm 2082. [4] Mm 2083. [5] Mm 867. [6] Mm 1240. [7] Mm 2084. [8] Mm 1635. [9] Mm 2228. [10] Mm 2086. [11] Mm 1500.

17 [a] > 𝔊$^{N\,min}$ (Syh sub ast) ‖ [b] 17b–19 cf 6,33–7,2 ‖ [c–c] > pc Mss 𝔖𝔗^{Ms}𝔙, dl? ‖ [d] 𝔊(𝔖) τὸν ἄγγελον = הַמַּלְאָךְ ‖ **19** [a–a] ut 2[b–b] ‖ [b] mlt Mss Vrs הַדּ׳ ‖ **20** [a] > 𝔊* 𝔖^{A} ‖ **Cp 8,1** [a] mlt Mss ut Q אַתְּ ‖ **3** [a] = עַל ‖ [b] = וְעַל ‖ [c] 𝔊𝔙 pl ‖ **5** [a] 𝔊𝔙 pl ‖ **8** [a] nonn Mss חזאל ‖ [b] = מֵאִתּוֹ, sic 2 Mss Vrs.

9 לֵאמֹר הַאֶחְיֶה מֵחֳלִי[c] זֶה׃ 9 וַיֵּלֶךְ חֲזָאֵל לִקְרָאתוֹ וַיִּקַּח מִנְחָה בְיָדוֹ
וְכָל־[a]טוּב דַּמֶּשֶׂק מַשָּׂא אַרְבָּעִים גָּמָל וַיָּבֹא וַיַּעֲמֹד לְפָנָיו וַיֹּאמֶר — ב[12]. יט בליש[13]. מא
בִּנְךָ בֶן־הֲדַד מֶלֶךְ־אֲרָם שְׁלָחַנִי אֵלֶיךָ לֵאמֹר הַאֶחְיֶה מֵחֳלִי זֶה׃
10 וַיֹּאמֶר אֵלָיו אֱלִישָׁע לֵךְ אֱמָר־לֹא[a] חָיֹה תִחְיֶה וְהִרְאַנִי יְהוָה כִּי־ — לו ק חד מן יז[14] כת כן
11 מוֹת יָמוּת׃ 11 [a]וַיַּעֲמֵד[b] אֶת־פָּנָיו וַיָּשֶׂם[c] עַד־בֹּשׁ[a] וַיֵּבְךְּ אִישׁ הָאֱלֹהִים׃ — ג[15]. ד[16] וכל ד״ה דכות ב מ ז. פד. ג חס[17]
12 וַיֹּאמֶר חֲזָאֵל מַדּוּעַ אֲדֹנִי בֹכֶה וַיֹּאמֶר כִּי־יָדַעְתִּי אֵת אֲשֶׁר־תַּעֲשֶׂה — ז[18]
לִבְנֵי יִשְׂרָאֵל רָעָה מִבְצְרֵיהֶם תְּשַׁלַּח בָּאֵשׁ וּבַחֻרֵיהֶם בַּחֶרֶב תַּהֲרֹג — ה[19]. ג
13 וְעֹלְלֵיהֶם תְּרַטֵּשׁ וְהָרֹתֵיהֶם תְּבַקֵּעַ׃ 13 וַיֹּאמֶר חֲזָהאֵל כִּי מָה עַבְדְּךָ — ג. ל. ו כת כן[20] ה קמ דסמיכ[21]
הַכֶּלֶב כִּי יַעֲשֶׂה הַדָּבָר הַגָּדוֹל הַזֶּה וַיֹּאמֶר אֱלִישָׁע הִרְאַנִי יְהוָה — יא חס את. ג
14 אֹתְךָ מֶלֶךְ עַל־אֲרָם׃ 14 וַיֵּלֶךְ ׀ מֵאֵת אֱלִישָׁע וַיָּבֹא אֶל־אֲדֹנָיו וַיֹּאמֶר
15 לוֹ מָה־אָמַר לְךָ אֱלִישָׁע וַיֹּאמֶר אָמַר לִי חָיֹה תִחְיֶה׃ 15 וַיְהִי מִמָּחֳרָת — ה[22]
וַיִּקַּח הַמַּכְבֵּר וַיִּטְבֹּל בַּמַּיִם וַיִּפְרֹשׂ עַל־פָּנָיו וַיָּמֹת וַיִּמְלֹךְ חֲזָהאֵל — ל. ו כת כן[20]
תַּחְתָּיו׃ פ

16 וּבִשְׁנַת חָמֵשׁ לְיוֹרָם בֶּן־אַחְאָב מֶלֶךְ יִשְׂרָאֵל [a]וִיהוֹשָׁפָט מֶלֶךְ — י ט מנה ר״פ[23]
17 יְהוּדָה[a] מָלַךְ יְהוֹרָם[b] בֶּן־יְהוֹשָׁפָט מֶלֶךְ יְהוּדָה׃ 17 בֶּן־שְׁלֹשִׁים — יו[24] בנביא כת כן וכל כתיב דכות וחד מן ג[25] מל בעינ
18 וּשְׁתַּיִם שָׁנָה הָיָה בְמָלְכוֹ וּשְׁמֹנֶה[a] שָׁנָה[b] מָלַךְ בִּירוּשָׁלִָם׃ 18 וַיֵּלֶךְ — ז. שנים ק חד מן ז[26] חס מ בליש
בְּדֶרֶךְ[a] ׀ מַלְכֵי[b] יִשְׂרָאֵל כַּאֲשֶׁר עָשׂוּ בֵּית אַחְאָב כִּי בַּת־[c]אַחְאָב
19 הָיְתָה־לּוֹ לְאִשָּׁה וַיַּעַשׂ הָרַע בְּעֵינֵי יְהוָה׃ 19 וְלֹא־אָבָה יְהוָה — ב פסוק דמטע[27]
לְהַשְׁחִית אֶת־יְהוּדָה לְמַעַן דָּוִד עַבְדּוֹ כַּאֲשֶׁר אָמַר־לוֹ[a] לָתֵת לוֹ — ב פסוק דמטע[27]
20 נִיר לְבָנָיו[b] כָּל־הַיָּמִים׃ 20 בְּיָמָיו פָּשַׁע אֱדוֹם מִתַּחַת יַד־יְהוּדָה — ח[28]
21 וַיַּמְלִכוּ עֲלֵיהֶם מֶלֶךְ׃ 21 וַיַּעֲבֹר יוֹרָם צָעִירָה וְכָל־הָרֶכֶב עִמּוֹ — ה חס[29]
וַיְהִי־הוּא קָם לַיְלָה וַיַּכֶּה אֶת־[a]אֱדוֹם הַסֹּבֵיב אֵלָיו וְאֵת שָׂרֵי הָרֶכֶב — ב פסוק דמטע[27]. ל[30]. ג חס[31]. ג[32]
22 וַיָּנָס הָעָם לְאֹהָלָיו׃ 22 וַיִּפְשַׁע אֱדוֹם מִתַּחַת יַד־יְהוּדָה עַד הַיּוֹם

[12] Mm 164. [13] Mm 335. [14] Mm 1795. [15] Mm 2085. [16] Mm 903. [17] Mm 2722. [18] Mm 1813. [19] Mm 473. [20] Mm 2086. [21] Mm 592. [22] Mm 4139. [23] Mm 3789. [24] Mm 2087. [25] Mm 4018. [26] Mm 1646. [27] Mm 4210. [28] Mm 2469. [29] Mm 1584. [30] Mm 1303. [31] Mp sub loco. [32] Mm 2589.

8 [c] Vrs + suff 1sg cf 1,2[a], it in 9 ‖ **9** [a] 𝔊^{L}(𝔖) *ἐκ πάντων* = מִכֹּל ‖ **10** [a] l c nonn Mss Vrs ut Q לוֹ ‖ **11** [a–a] inc; > 𝔖 ‖ [b] 𝔊𝔙 leg וַיַּעֲמֹד ‖ [c] > 2 Mss; 𝔙 *et conturbatus est,* l וַיֵּשֹׁם? ‖ **16** [a–a] > 2 Mss Edd 𝔊$^{N min}$ Syh 𝔖𝔙^{Mss}, dl? ‖ [b] Or יורם ‖ **17** [a] 𝔊^{BA} 40, 𝔊^{L} 10 ‖ [b] mlt Mss ut Q שָׁנִים, K שָׁנָה ‖ **18** [a] Ms 𝔖𝔙 בְּדַרְכֵי ‖ [b] 𝔊$^{AN min}$ sg ‖ [c] 𝔖 *ḥth* = אֲחוֹת ‖ **19** [a] > 𝔊* ‖ [b] > 𝔊^{B}; l c mlt Mss 𝔊$^{A min}$𝔖^{A}𝔗^{Mss}𝔙 et 2 Ch 21,7 ול׳? ‖ **21** [a] prp אִתּוֹ.

23 הַזֶּ֑ה אָ֚ז תִּפְשַׁ֣ע לִבְנָ֔ה בָּעֵ֖ת הַהִֽיא׃ 23 וְיֶ֛תֶר דִּבְרֵ֥י יוֹרָ֖ם וְכָל־ יג בטע ר״פ בסיפ[33]
אֲשֶׁ֣ר עָשָׂ֑ה הֲלוֹא־הֵ֣ם כְּתוּבִ֗ים עַל־סֵ֛פֶר דִּבְרֵ֥י הַיָּמִ֖ים לְמַלְכֵ֥י
24 יְהוּדָֽה׃ 24 וַיִּשְׁכַּ֤ב יוֹרָם֙ עִם־אֲבֹתָ֔יו וַיִּקָּבֵ֥ר עִם־אֲבֹתָ֖יו בְּעִ֣יר דָּוִ֑ד
וַיִּמְלֹ֛ךְ אֲחַזְיָ֥הוּ בְנ֖וֹ תַּחְתָּֽיו׃ פ
25 25 בִּשְׁנַ֗ת [a]שְׁתֵּֽים־עֶשְׂרֵ֥ה[a] שָׁנָ֛ה[b] לְיוֹרָ֥ם בֶּן־אַחְאָ֖ב מֶ֣לֶךְ יִשְׂרָאֵ֑ל
26 מָלַ֛ךְ אֲחַזְיָ֥הוּ בֶן־יְהוֹרָ֖ם [c]מֶ֥לֶךְ יְהוּדָֽה[c]׃ 26 בֶּן־עֶשְׂרִ֨ים וּשְׁתַּ֤יִם שָׁנָה֙ יו[34] בנביא כת כן וכל כתיב דכות וחד מן ג[35] מל בעינ
אֲחַזְיָ֣הוּ בְמָלְכ֔וֹ וְשָׁנָ֣ה אַחַ֔ת מָלַ֖ךְ בִּירוּשָׁלִָ֑ם וְשֵׁ֤ם אִמּוֹ֙ עֲתַלְיָ֔הוּ בַּת־
27 עָמְרִ֖י מֶ֥לֶךְ יִשְׂרָאֵֽל׃ 27 וַיֵּ֗לֶךְ בְּדֶ֙רֶךְ֙ בֵּ֣ית אַחְאָ֔ב וַיַּ֧עַשׂ הָרַ֛ע בְּעֵינֵ֥י
28 יְהוָ֖ה כְּבֵ֣ית אַחְאָ֑ב [a]כִּ֛י חֲתַ֥ן בֵּית־אַחְאָ֖ב הֽוּא[a]׃ 28 וַיֵּ֨לֶךְ אֶת־יוֹרָ֜ם ד[36]
בֶּן־אַחְאָ֗ב לַמִּלְחָמָ֛ה עִם־חֲזָהאֵ֥ל מֶֽלֶךְ־אֲרָ֖ם בְּרָמֹ֣ת גִּלְעָ֑ד וַיַּכּ֥וּ ו כת כן[37]
29 אֲרַמִּ֖ים אֶת־יוֹרָֽם׃ 29 וַיָּ֩שָׁב֩ יוֹרָ֨ם הַמֶּ֜לֶךְ לְהִתְרַפֵּ֣א בְיִזְרְעֶ֗אל מִן־
הַמַּכִּים֙ אֲשֶׁ֨ר [a]יַכֻּ֤הוּ[a] אֲרַמִּים֙[b] בָּֽרָמָ֔ה בְּהִלָּ֣חֲמ֔וֹ אֶת־חֲזָהאֵ֖ל מֶ֣לֶךְ אֲרָ֑ם ו כת כן[37]
וַאֲחַזְיָ֨הוּ בֶן־יְהוֹרָ֜ם [c]מֶ֣לֶךְ יְהוּדָ֗ה[c] יָרַ֡ד לִרְא֞וֹת אֶת־יוֹרָ֧ם בֶּן־אַחְאָ֛ב יו[34] בנביא כת כן וכל כתיב דכות וחד מן ג[35] מל בעינ
בְּיִזְרְעֶ֖אל כִּֽי־חֹלֶ֥ה הֽוּא׃ פ ח[38]
9 9 1 וֶאֱלִישָׁע֙ הַנָּבִ֔יא קָרָ֕א לְאַחַ֖ד מִבְּנֵ֣י הַנְּבִיאִ֑ים וַיֹּ֣אמֶר ל֡וֹ חֲגֹ֣ר ז[1]. ה ג מל וב חס[2]
2 מָתְנֶ֩יךָ֩ וְקַ֨ח פַּ֤ךְ הַשֶּׁ֙מֶן֙ הַזֶּ֔ה בְּיָדֶ֔ךָ וְלֵ֖ךְ רָמֹ֥ת גִּלְעָֽד׃ 2 וּבָאתָ֣ שָׁ֗מָּה יג[3]. יא[4]. ל[5] מילין ר״פ ובתר שמה וחד מן ב בליש וחד מן ל[6] בטע. ה פסוק שמה שם[7]
וּרְאֵה־שָׁ֗ם יֵה֛וּא [a]בֶן־יְהוֹשָׁפָ֥ט[a] בֶּן־נִמְשִׁ֖י וּבָ֗אתָ וַהֲקֵֽמֹתוֹ֙ מִתּ֣וֹךְ[b] אֶחָ֔יו ל
3 וְהֵבֵיאתָ֥ אֹת֖וֹ חֶ֥דֶר בְּחָֽדֶר׃ 3 וְלָקַחְתָּ֤ פַךְ־הַשֶּׁ֙מֶן֙ וְיָצַקְתָּ֣ עַל־רֹאשׁ֔וֹ ב מל. לב בנביא[8]
וְאָמַרְתָּ֙ כֹּֽה־אָמַ֣ר יְהוָ֔ה מְשַׁחְתִּ֥יךָ לְמֶ֖לֶךְ אֶל־[a]יִשְׂרָאֵ֑ל וּפָתַחְתָּ֥ הַדֶּ֛לֶת ה[9]. ל[10]
4 וְנַ֥סְתָּ֖ה וְלֹ֥א תְחַכֶּֽה׃ 4 וַיֵּ֧לֶךְ הַנַּ֛עַר[a] הַנַּ֥עַר[b] הַנָּבִ֖יא רָמֹ֥ת גִּלְעָֽד׃ ל מל. ל
5 5 וַיָּבֹ֗א וְהִנֵּ֨ה שָׂרֵ֤י הַחַ֙יִל֙ יֹֽשְׁבִ֔ים וַיֹּ֕אמֶר דָּבָ֥ר לִ֛י אֵלֶ֖יךָ הַשָּׂ֑ר וַיֹּ֣אמֶר ג
6 יֵהוּא֙ אֶל־מִ֣י מִכֻּלָּ֔נוּ וַיֹּ֖אמֶר אֵלֶ֥יךָ הַשָּֽׂר׃ 6 וַיָּ֙קָם֙ וַיָּבֹ֣א הַבַּ֔יְתָה וַיִּצֹ֥ק ג. ל. יט[11]
הַשֶּׁ֖מֶן אֶל־[a]רֹאשׁ֑וֹ וַיֹּ֣אמֶר ל֗וֹ כֹּֽה־אָמַ֤ר יְהוָה֙ אֱלֹהֵ֣י יִשְׂרָאֵ֔ל מְשַׁחְתִּ֥יךָ ב[12]. לב בנביא. כד
7 לְמֶ֛לֶךְ אֶל־עַ֥ם [a]יְהוָ֖ה אֶל־יִשְׂרָאֵֽל׃ 7 וְהִכִּיתָ֗ה[a] אֶת־בֵּ֥ית אַחְאָ֖ב ה[9]. ג מל[13] ה מנה בטע

[33]Mm 1985. [34]Mm 2087. [35]Mm 4018. [36]Mm 397. [37]Mm 2086. [38]Mm 1635. **Cp 9** [1]Mm 1207. [2]Mm 3275. [3]Mm 936. [4]Mm 1500. [5]Mm 1123. [6]Mm 3661. [7]Mm 2341. [8]Mp sub loco. [9]Mm 1592. [10]Mm 481. [11]Mm 1557. [12]Mm 635. [13]Mm 1605.

25 a–a 𝔊^L 𝔖 11 cf 9,29 ‖ b > nonn Mss 𝔗^Ms ‖ c–c > 𝔊* ‖ **27** a–a > 𝔊* ‖ **29** a 2 Ch 22,6 הִכֻּהוּ ‖ b > 𝔊* et 2 Ch ‖ c–c > Ms 𝔊* ‖ **Cp 9,2** a–a > 𝔖, 𝔊^L tr post נִמְשִׁי, dl? ‖ b sic L, mlt Mss Edd ךְ– ‖ **3** a = עַל, sic mlt Mss ‖ **4** a > nonn Mss 𝔊𝔖, dl? ‖ b 2 Mss 𝔗𝔙 נַעַר ‖ **6** a = עַל, sic ℭ pc Mss ‖ **7** a 𝔊 *καὶ ἐξολεθρεύσεις* = וְהִכְרַתָּה.

אֲדֹנֶ֑יךָ וְנִקַּמְתִּ֞י[b] דְּמֵ֣י ׀ עֲבָדַ֣י הַנְּבִיאִ֗ים [c]וּדְמֵ֛י כָּל־עַבְדֵ֥י יְהוָ֖ה[c] מִיַּ֥ד
8 אִיזָֽבֶל׃ 8 וְאָבַ֖ד[a] כָּל־בֵּ֣ית אַחְאָ֑ב וְהִכְרַתִּ֤י[b] לְאַחְאָב֙ מַשְׁתִּ֣ין בְּקִ֔יר
9 וְעָצ֥וּר וְעָז֖וּב בְּיִשְׂרָאֵֽל׃ 9 וְנָתַתִּי֙ אֶת־בֵּ֣ית אַחְאָ֔ב כְּבֵ֖ית יָרָבְעָ֣ם בֶּן־
10 נְבָ֑ט וּכְבֵ֖ית בַּעְשָׁ֥א בֶן־אֲחִיָּֽה׃ 10 וְאֶת־אִיזֶ֜בֶל יֹאכְל֧וּ הַכְּלָבִ֛ים בְּחֵ֥לֶק
11 יִזְרְעֶ֖אל וְאֵ֣ין קֹבֵ֑ר וַיִּפְתַּ֥ח הַדֶּ֖לֶת וַיָּנֹֽס׃ 11 וְיֵה֗וּא יָצָא֙ אֶל־
עַבְדֵ֣י אֲדֹנָ֔יו וַיֹּ֤אמֶר[a] לוֹ֙ הֲשָׁל֔וֹם מַדּ֛וּעַ בָּֽא־הַמְשֻׁגָּ֥ע הַזֶּ֖ה אֵלֶ֑יךָ וַיֹּ֣אמֶר
12 אֲלֵיהֶ֗ם אַתֶּ֛ם יְדַעְתֶּ֥ם אֶת־הָאִ֖ישׁ וְאֶת־שִׂיחֽוֹ׃ 12 וַיֹּאמְר֣וּ שֶׁ֔קֶר הַגֶּד־נָ֖א
לָ֑נוּ וַיֹּ֗אמֶר כָּזֹ֤את וְכָזֹאת֙ אָמַ֣ר אֵלַ֣י לֵאמֹ֔ר כֹּ֚ה אָמַ֣ר יְהוָ֔ה מְשַׁחְתִּ֥יךָ
ס כו[18] לְמֶ֖לֶךְ אֶל[a]־יִשְׂרָאֵֽל׃ 13 וַיְמַהֲר֗וּ וַיִּקְחוּ֙ אִ֣ישׁ בִּגְד֔וֹ וַיָּשִׂ֥ימוּ תַחְתָּ֖יו אֶל־
14 גֶּ֣רֶם הַֽמַּעֲל֑וֹת וַֽיִּתְקְעוּ֙ בַּשּׁוֹפָ֔ר וַיֹּאמְר֖וּ מָלַ֥ךְ יֵהֽוּא׃ 14 וַיִּתְקַשֵּׁ֗ר
יֵה֛וּא [a]בֶּן־יְהוֹשָׁפָ֥ט[a] בֶּן־נִמְשִׁ֖י אֶל[b]־יוֹרָ֑ם וְיוֹרָ֡ם הָיָה֩ שֹׁמֵ֨ר בְּרָמֹ֤ת גִּלְעָד֙
15 ה֚וּא וְכָל־יִשְׂרָאֵ֔ל מִפְּנֵ֖י חֲזָאֵ֥ל מֶלֶךְ־אֲרָֽם׃ 15 וַיָּ֜שָׁב יְהוֹרָ֣ם הַמֶּ֗לֶךְ
לְהִתְרַפֵּ֣א בְיִזְרְעֶ֔אל[a] מִן־הַמַּכִּים֙ אֲשֶׁ֣ר יַכֻּ֣הוּ[b] אֲרַמִּ֔ים בְּהִלָּ֣חֲמ֔וֹ אֶת־
חֲזָאֵ֖ל מֶ֣לֶךְ אֲרָ֑ם וַיֹּ֣אמֶר יֵה֗וּא אִם־יֵ֤שׁ נַפְשְׁכֶם֙[c] אַל־יֵצֵ֤א פָלִיט֙
16 מִן־הָעִ֔יר לָלֶ֖כֶת לְגִּ֥יד[d] בְּיִזְרְעֶֽאל׃ 16 וַיִּרְכַּ֤ב יֵהוּא֙ וַיֵּ֣לֶךְ יִזְרְעֶ֔אלָה
כִּ֥י יוֹרָ֖ם שֹׁכֵ֣ב שָׁ֑מָּה וַאֲחַזְיָה֙ מֶ֣לֶךְ יְהוּדָ֔ה יָרַ֖ד לִרְא֥וֹת אֶת־יוֹרָֽם׃
17 וְהַצֹּפֶה֩ עֹמֵ֨ד עַֽל־הַמִּגְדָּ֜ל בְּיִזְרְעֶ֗אל וַ֠יַּרְא אֶת־שִׁפְעַ֨ת יֵה֜וּא בְּבֹא֗וֹ
וַיֹּ֙אמֶר֙ שִׁפְעַ֖ת[a] אֲנִ֣י רֹאֶ֑ה וַיֹּ֣אמֶר יְהוֹרָ֗ם קַ֥ח רַכָּ֛ב וּשְׁלַ֥ח לִקְרָאתָ֖ם
18 וְיֹאמַ֥ר הֲשָׁלֽוֹם׃ 18 וַיֵּלֶךְ֩ רֹכֵ֨ב הַסּ֜וּס לִקְרָאת֗וֹ וַיֹּ֜אמֶר כֹּה־אָמַ֤ר
הַמֶּ֙לֶךְ֙ הֲשָׁל֔וֹם וַיֹּ֣אמֶר יֵה֔וּא מַה־לְּךָ֥ וּלְשָׁל֖וֹם סֹ֣ב אֶל־אַחֲרָ֑י וַיַּגֵּ֤ד
19 הַצֹּפֶה֙ לֵאמֹ֔ר בָּֽא־הַמַּלְאָ֥ךְ [a]עַד־הֵ֖ם[a] וְלֹֽא־שָֽׁב׃ 19 וַיִּשְׁלַ֗ח רֹכֵ֣ב
ס֚וּס שֵׁנִ֔י וַיָּבֹ֣א אֲלֵהֶ֔ם[a] וַיֹּ֥אמֶר כֹּֽה־אָמַ֥ר הַמֶּ֖לֶךְ שָׁל֑וֹם[b] וַיֹּ֥אמֶר יֵה֛וּא

ג֯[14] . י֯ב
ב֯
ל֯
ב֯ חד חס וחד מל
י֯ב דסביר . ל֯
ב֯[15] . ב֯[16]
ה֯[17] . ל֯ה
י֯א[19] ומן ובשנת חמש עד ואלישע דמלכים דכות ב֯ מ֯ ג֯[20] . י֯א[19] ומן ובשנת חמש עד ואלישע דמלכים דכות ב֯ מ֯ ג֯[20]
ל֯ה וכל ר״פ דכות . י֯ו בנביא כת֯ כן וכל כתיב֯ דכות[21]
ה֯ חס[22]
ג֯[23]
חד מן ג֯ חס להגיד ק֯ ה מ״ת[24] . ז֯[25]
י֯א[19] ומן ובשנת חמש עד ואלישע דמלכים דכות ב֯ מ֯ ג֯[20] . ג֯ . ז֯[26] . י֯א[19] ומן ובשנת חמש עד ואלישע דמלכים דכות ב֯ מ֯ ג֯[20]
י֯ו בנביא כת֯ כן וכל כתיב֯ דכות[21]
ו֯ רפי[27]
ג֯[28] . ו֯ וחס[29]
ה֯[30]
כ֯ט[31] חס בנביא י֯ג מנה בסיפ֯

[14] Mm 1600. [15] Mm 2088. [16] Ps 102,1. [17] Mm 1592. [18] Mp sub loco. [19] Mm 4018. [20] Cf Mm 2087. [21] Mm 2087. [22] Mm 2096. [23] Mm 2089. [24] Mm 2090. [25] Mm 1351. [26] Mm 2091. [27] Mm 2423. [28] Mm 2092. [29] Mm 1054. [30] Mm 2093. [31] Mm 1954.

7 [b] 𝔊 2sg ‖ [c–c] add? ‖ **8** [a] 𝔊 *καὶ ἐκ χειρός*; 𝔖(𝔗𝔙) *w'wbd* = וְאֹבַד ‖ [b] 𝔊 2sg ‖ **11** [a] l c mlt Mss Seb Vrs ־רוּ ‖ **12** [a] = עַל, sic mlt Mss ‖ **14** [a–a] ut 2[a–a] ‖ [b] 𝔊[19.93] *ἐπί*, frt l עַל ‖ **15** [a] sic L, mlt Mss Edd ′בְּיִזְ ‖ [b] cf 8,29[a] ‖ [c] frt pr c mlt Mss ־אֶת; 𝔊 + *μετ' ἐμοῦ* ‖ [d] mlt Mss ut Q לְהַגִּיד ‖ **17** [a] prb l שִׁפְעָה ‖ **18** [a–a] = עֲדֵיהֶם ‖ **19** [a] 𝔊* suff sg ‖ [b] l c mlt Mss Seb Vrs ′הֲשָׁ ut 18.

20 מַה־לְּךָ וּלְשָׁלוֹם סֹב אֶל־אַחֲרָי׃ 20 וַיַּגֵּד הַצֹּפֶה לֵאמֹר בָּא [a]עַד־
אֲלֵיהֶם[a] וְלֹא־שָׁב וְהַמִּנְהָג כְּמִנְהַג יֵהוּא בֶן־נִמְשִׁי כִּי בְשִׁגָּעוֹן יִנְהָג׃
21 וַיֹּאמֶר יְהוֹרָם אֱסֹר[a] וַיֶּאְסֹר[b] רִכְבּוֹ[c] וַיֵּצֵא יְהוֹרָם מֶלֶךְ־יִשְׂרָאֵל
וַאֲחַזְיָהוּ מֶלֶךְ־יְהוּדָה אִישׁ בְּרִכְבּוֹ וַיֵּצְאוּ לִקְרַאת יֵהוּא וַיִּמְצָאֻהוּ
22 בְּחֶלְקַת נָבוֹת הַיִּזְרְעֵאלִי׃ 22 וַיְהִי כִּרְאוֹת יְהוֹרָם אֶת־יֵהוּא וַיֹּאמֶר
הֲשָׁלוֹם יֵהוּא וַיֹּאמֶר מָה הַשָּׁלוֹם[a] עַד־[b]זְנוּנֵי אִיזֶבֶל אִמְּךָ וּכְשָׁפֶיהָ
23 הָרַבִּים׃ 23 וַיַּהֲפֹךְ יְהוֹרָם יָדָיו[a] וַיָּנֹס וַיֹּאמֶר אֶל־אֲחַזְיָהוּ מִרְמָה
24 אֲחַזְיָה׃ 24 וְיֵהוּא מִלֵּא יָדוֹ בַקֶּשֶׁת וַיַּךְ אֶת־יְהוֹרָם בֵּין זְרֹעָיו וַיֵּצֵא
25 הַחֵצִי מִלִּבּוֹ וַיִּכְרַע בְּרִכְבּוֹ[a]׃ 25 וַיֹּאמֶר אֶל־בִּדְקַר שָׁלִשֹׁה[a] שָׂא
הַשְׁלִכֵהוּ בְּחֶלְקַת שְׂדֵה[b] נָבוֹת הַיִּזְרְעֵאלִי כִּי־זְכֹר[c] אֲנִי וָאַתָּה אֵת[d]
רֹכְבִים צְמָדִים[e] אַחֲרֵי אַחְאָב אָבִיו וַיהוָה נָשָׂא עָלָיו אֶת־הַמַּשָּׂא
26 הַזֶּה׃ 26 אִם־לֹא אֶת־דְּמֵי נָבוֹת וְאֶת־דְּמֵי בָנָיו רָאִיתִי אֶמֶשׁ נְאֻם־
יְהוָה וְשִׁלַּמְתִּי לְךָ בַּחֶלְקָה הַזֹּאת נְאֻם־יְהוָה וְעַתָּה שָׂא הַשְׁלִכֵהוּ
27 בַּחֶלְקָה כִּדְבַר יְהוָה׃ 27 וַאֲחַזְיָה מֶלֶךְ־יְהוּדָה רָאָה וַיָּנָס דֶּרֶךְ בֵּית
הַגָּן וַיִּרְדֹּף אַחֲרָיו יֵהוּא וַיֹּאמֶר גַּם־אֹתוֹ הַכֻּהוּ[a] [b]אֶל־הַמֶּרְכָּבָה[b]
28 בְּמַעֲלֵה־גוּר אֲשֶׁר אֶת־יִבְלְעָם וַיָּנָס מְגִדּוֹ וַיָּמָת שָׁם׃ 28 וַיַּרְכִּבוּ
אֹתוֹ עֲבָדָיו[a] יְרוּשָׁלָמָה וַיִּקְבְּרוּ אֹתוֹ בִקְבֻרָתוֹ [b]עִם־אֲבֹתָיו[b] בְּעִיר
29 דָּוִד׃ פ 29 וּבִשְׁנַת אַחַת עֶשְׂרֵה שָׁנָה לְיוֹרָם בֶּן־אַחְאָב מָלַךְ
30 אֲחַזְיָה עַל־יְהוּדָה׃ 30 וַיָּבוֹא יֵהוּא יִזְרְעֶאלָה וְאִיזֶבֶל שָׁמְעָה
31 וַתָּשֶׂם בַּפּוּךְ עֵינֶיהָ וַתֵּיטֶב אֶת־רֹאשָׁהּ וַתַּשְׁקֵף בְּעַד הַחַלּוֹן׃ 31 וְיֵהוּא
32 בָּא בַשָּׁעַר[a] וַתֹּאמֶר הֲשָׁלוֹם זִמְרִי הֹרֵג אֲדֹנָיו׃ 32 וַיִּשָּׂא פָנָיו[a] אֶל־
הַחַלּוֹן וַיֹּאמֶר מִי אִתִּי [b]מִי[b] וַיַּשְׁקִיפוּ אֵלָיו שְׁנַיִם שְׁלֹשָׁה[c] סָרִיסִים׃

ג[32]. ו וחס[33]
ד[37]
ז[38]
ג. ל. ז

20 [a–a] l עֲדֵיהֶם? ‖ **21** [a] 𝔊^{L}𝔖 pl ‖ [b] 𝔊$^{-B}$𝔖𝔙 pl ‖ [c] 𝔊𝔖 om suff ‖ **22** [a] 𝔊𝔗 om ה ‖ [b] 2 Mss עִם; 𝔊(𝔙) ἔτι, prp עֹד ‖ **23** [a] Ms 𝔙 ידו ‖ **24** [a] 𝔊 ἐπὶ τὰ γόνατα αὐτοῦ = עַל־בִּרְכָּיו ‖ **25** [a] pc Mss ut Q שׁוֹ– ‖ [b] > pc Mss 𝔖𝔙 ‖ [c] l c Ms זוֹכֵר cf Vrs; 𝔊^{L}(𝔖) + ἐγὼ ὅτε, ins prb אני כי ‖ [d] > Ms Vrs, dl ‖ [e] 𝔊^{L}𝔗 sg ‖ **27** [a] 𝔊 καὶ ἐπάταξεν αὐτόν; 𝔖(𝔙^{Mss}) + *wqṭlwhj*, ins וַיַּכֵּהוּ ‖ [b–b] prb dl (ex 28 cf 28[a]) ‖ **28** [a] 𝔊*(𝔙) + ἐπὶ τὸ ἅρμα καὶ ἤγαγον αὐτόν cf 𝔖, prb ins עַל־הַמֶּרְכָּבָה וַיְבִיאוּהוּ ‖ [b–b] > 𝔊* ‖ **31** [a] 𝔊 ἐν τῇ πόλει = בָּעִיר ‖ **32** [a] Ms 𝔊^{L}𝔖^{W} עֵינָיו ‖ [b–b] 𝔊 σύ; κατάβηθι μετ' ἐμοῦ ‖ [c] > 𝔊*.

33 וַיֹּ֙אמֶר֙ שִׁמְט֔וּהָ[a] וַֽיִּשְׁמְט֑וּהָ וַיִּ֨ז מִדָּמָ֧הּ אֶל־הַקִּ֛יר וְאֶל־הַסּוּסִ֖ים — שמטוה ק . ל̇[49] . ל̇[50] ב בליש[51]
34 וַֽיִּרְמְסֶֽנָּה[b]׃ 34 וַיָּבֹ֖א וַיֹּ֣אכַל וַיֵּ֑שְׁתְּ וַיֹּ֗אמֶר פִּקְדוּ־נָ֞א אֶת־הָאֲרוּרָ֤ה
35 הַזֹּאת֙ וְקִבְר֔וּהָ כִּ֥י בַת־מֶ֖לֶךְ הִֽיא׃ 35 וַיֵּלְכ֖וּ לְקָבְרָ֑הּ וְלֹֽא־מָ֣צְאוּ בָ֗הּ
36 כִּ֛י אִם־הַגֻּלְגֹּ֥לֶת וְהָרַגְלַ֖יִם וְכַפּ֥וֹת הַיָּדָֽיִם׃ 36 וַיָּשֻׁ֜בוּ וַיַּגִּ֣ידוּ ל֗וֹ וַיֹּ֙אמֶר֙ — ל̇ . ג[52]
דְּבַר־יְהוָ֣ה ה֔וּא אֲשֶׁ֣ר דִּבֶּ֗ר בְּיַד־עַבְדּ֛וֹ[a] אֵלִיָּ֥הוּ הַתִּשְׁבִּ֖י לֵאמֹ֑ר בְּחֵ֣לֶק
37 יִזְרְעֶ֔אל יֹאכְל֥וּ הַכְּלָבִ֖ים אֶת־בְּשַׂ֥ר אִיזָֽבֶל׃ 37 וְהָיְתָ֞[a] נִבְלַ֣ת אִיזֶ֗בֶל — והיתה ק חד מן ג[53] בטע בליש
כְּדֹ֛מֶן עַל־פְּנֵ֥י הַשָּׂדֶ֖ה[b] [c]בְּחֵ֣לֶק יִזְרְעֶ֑אל[c] אֲשֶׁ֥ר לֹא־יֹאמְר֖וּ זֹ֥את

10 אִיזָֽבֶל׃ פ **10** 1 וּלְאַחְאָ֛ב שִׁבְעִ֥ים בָּנִ֖ים בְּשֹׁמְר֑וֹן וַיִּכְתֹּב֩ יֵה֨וּא — ל̇
סְפָרִ֜ים וַיִּשְׁלַ֣ח שֹׁמְר֗וֹן אֶל־שָׂרֵ֤י יִזְרְעֶאל֙[a] הַזְּקֵנִ֔ים וְאֶל־הָאֹמְנִ֥ים[b] — ל̇
2 אַחְאָ֖ב לֵאמֹֽר׃ 2 וְעַתָּ֗ה כְּב֨וֹא הַסֵּ֤פֶר הַזֶּה֙ אֲלֵיכֶ֔ם וְאִתְּכֶם֙ בְּנֵ֣י — ו חס[1] . ג
3 אֲדֹנֵיכֶ֔ם וְאִתְּכֶם֙ הָרֶ֣כֶב וְהַסּוּסִ֔ים וְעִ֥יר[a] מִבְצָ֖ר וְהַנָּֽשֶׁק׃ 3 וּרְאִיתֶ֞ם — ג . ל̇[2] . ל̇
הַטּ֤וֹב וְהַיָּשָׁר֙ מִבְּנֵ֣י אֲדֹנֵיכֶ֔ם וְשַׂמְתֶּ֖ם עַל־כִּסֵּ֣א אָבִ֑יו וְהִֽלָּחֲמ֖וּ עַל־ — ד[3] . ב[4]
4 בֵּ֥ית אֲדֹנֵיכֶֽם׃ 4 וַיִּֽרְאוּ֙ מְאֹ֣ד מְאֹ֔ד[a] וַיֹּ֣אמְר֔וּ הִנֵּה֙ שְׁנֵ֣י הַמְּלָכִ֔ים לֹ֥א — ד[5] חס וכל שמואל דכות ב מ א . ו
5 עָמְד֖וּ לְפָנָ֑יו וְאֵ֥יךְ נַעֲמֹ֖ד אֲנָֽחְנוּ׃ 5 וַיִּשְׁלַ֣ח אֲשֶׁר־עַל־הַ֠בַּיִת וַאֲשֶׁ֨ר — ב
עַל־הָעִ֜יר וְהַזְּקֵנִ֗ים וְהָאֹמְנִ֤ים אֶל־יֵהוּא֙ ׀ לֵאמֹר֙ עֲבָדֶ֣יךָ אֲנַ֔חְנוּ וְכֹ֛ל — יז[6] וכל גנותי דכות ב מ א וחד מן יו[7] בטע
אֲשֶׁר־תֹּאמַ֥ר אֵלֵ֖ינוּ נַעֲשֶׂ֑ה לֹא־נַמְלִ֣יךְ אִ֔ישׁ הַטּ֥וֹב בְּעֵינֶ֖יךָ עֲשֵֽׂה[a]׃ — ל̇ וחס . סו
6 וַיִּכְתֹּ֣ב אֲלֵיהֶם֩ סֵ֨פֶר ׀ שֵׁנִ֜ית[a] לֵאמֹ֗ר אִם־לִ֨י אַתֶּ֜ם וּלְקֹלִ֣י ׀ אַתֶּ֣ם — ל̇ . יז שמיעה לקול[8]
שֹׁמְעִ֗ים קְחוּ֙ אֶת־רָאשֵׁי֙ אַנְשֵׁ֣י[b] בְנֵֽי[c]־אֲדֹנֵיכֶ֔ם וּבֹ֥אוּ[d] אֵלַ֛י כָּעֵ֥ת מָחָ֖ר — עה . ל̇
יִזְרְעֶ֑אלָה [e]וּבְנֵ֣י הַמֶּ֗לֶךְ שִׁבְעִ֥ים אִ֛ישׁ [f]אֶת־גְּדֹלֵ֥י הָעִ֖יר מְגַדְּלִ֥ים — ז[9] . ל̇ וחס[1]
7 אוֹתָֽם[e]׃ 7 וַיְהִ֗י כְּב֤וֹא הַסֵּ֙פֶר֙ אֲלֵיהֶ֔ם וַיִּקְחוּ֙ אֶת־בְּנֵ֣י הַמֶּ֔לֶךְ — ט מל̇ בסיפ . ו חס
וַֽיִּשְׁחֲט֖וּ[a] שִׁבְעִ֣ים אִ֑ישׁ וַיָּשִׂ֤ימוּ אֶת־רָאשֵׁיהֶם֙ בַּדּוּדִ֔ים וַיִּשְׁלְח֥וּ אֵלָ֖יו — לה . יג[10]
8 יִזְרְעֶֽאלָה׃ 8 וַיָּבֹ֤א הַמַּלְאָךְ֙ וַיַּגֶּד־ל֣וֹ לֵאמֹ֔ר הֵבִ֖יאוּ רָאשֵׁ֣י בְנֵֽי־ — ז[9] . עה

[49] Mm 703. [50] Mp sub loco. [51] Mm 2749. [52] Mm 3869. [53] Mm 3128. **Cp 10** [1] Mp sub loco. [2] Mm 3966. [3] Mm 1131. [4] Neh 4,8. [5] Mm 1891. [6] Mm 1174. [7] Mm 3998. [8] Mm 23. [9] Mm 1351. [10] Mm 2897.

33 [a] l c mlt Mss ut Q ־וּהָ ‖ [b] prb l ־סוּהָ cf Vrs ‖ **36** [a] > 𝔊^{BA} ‖ **37** [a] mlt Mss ut Q וְהָיְתָה, K וְהָיַת, pc Mss Q^{Or} וְהָיִיתָ ‖ [b] 2 Mss הָאֲדָמָה cf 𝔖𝔙 ‖ [c–c] > 𝔊^{L}, dl? ‖ **Cp 10,1** [a] Ms 𝔊$^{-L}$ שמרון; 𝔊^{L}(𝔙) *τῆς πόλεως*, l הָעִיר; pc Mss 𝔊𝔖𝔙 + וְאֶל־ ‖ [b] 𝔊$^{-BA}$ + *υἱῶν*, ins אֶת־בְּנֵי? vel dl אחאב ‖ **2** [a] frt l c 2 Mss Edd Vrs וְעָרֵי ‖ **4** [a] > 𝔊$^{-A}$𝔖𝔙 ‖ **5** [a] 𝔊 *ποιήσομεν* ‖ **6** [a] nonn Mss 𝔊 שני ‖ [b] > nonn Mss 𝔊^{L}𝔖𝔙, dl? ‖ [c] pc Mss בֵּית; > 𝔊$^{A\ min}$ ‖ [d] 𝔊(𝔖𝔗^{Mss}) *καὶ ἐνέγκατε* = וְהָבִיאוּ ‖ [e–e] frt add ‖ [f] pc Mss 𝔖 וְאֵת, 𝔊 *οὗτοι* ‖ **7** [a] l c pc Mss 𝔊*𝔖 ־וּם?

הַמֶּ֔לֶךְ וַיֹּ֗אמֶר שִׂ֣ימוּ אֹתָ֔ם שְׁנֵ֥י צִבֻּרִ֛ים פֶּ֥תַח הַשַּׁ֖עַר[a] עַד־הַבֹּֽקֶר׃ יו . ל
9 וַיְהִ֤י בַבֹּ֙קֶר֙ וַיֵּצֵ֔א וַֽיַּעֲמֹ֕ד וַיֹּ֙אמֶר֙ אֶל־כָּל־הָעָ֔ם צַדִּקִ֖ים אַתֶּ֑ם הִנֵּ֨ה 9 ו בסיפ . ב בסיפ . ג חס בנביא[11] . ז
10 אֲנִ֞י קָשַׁ֤רְתִּי עַל־אֲדֹנִי֙ וָאֶ֣הְרְגֵ֔הוּ וּמִ֥י הִכָּ֖ה אֶת־כָּל־אֵֽלֶּה׃ 10 דְּע֣וּ ב
אֵפ֗וֹא כִּי֩ לֹ֨א יִפֹּ֜ל מִדְּבַ֤ר[a] יְהוָה֙ אַ֔רְצָה אֲשֶׁר־דִּבֶּ֥ר יְהוָ֖ה עַל־בֵּ֣ית ג . ב
11 אַחְאָ֑ב וַיהוָ֣ה עָשָׂ֔ה אֵ֚ת אֲשֶׁ֣ר דִּבֶּ֔ר בְּיַ֖ד עַבְדּ֥וֹ אֵלִיָּֽהוּ׃ 11 וַיַּ֣ךְ יֵה֗וּא ה . ל[12]
אֵ֣ת כָּל־הַנִּשְׁאָרִ֤ים לְבֵית־אַחְאָב֙ בְּיִזְרְעֶ֔אל וְכָל־גְּדֹלָ֖יו[a] וּמְיֻדָּעָ֣יו ל[13]
12 וְכֹהֲנָ֑יו עַד־בִּלְתִּ֥י הִשְׁאִֽיר־ל֖וֹ שָׂרִֽיד׃ 12 וַיָּ֙קָם֙ וַיָּבֹ֔א[a] וַיֵּ֖לֶךְ ב[14] . ל
13 שֹׁמְר֑וֹן ה֛וּא[b] בֵּֽית־עֵ֥קֶד הָרֹעִ֖ים בַּדָּֽרֶךְ׃ 13 וְיֵה֗וּא[a] מָצָא֙[a] אֶת־אֲחֵי֙ ב
אֲחַזְיָ֣הוּ מֶלֶךְ־יְהוּדָ֔ה וַיֹּ֖אמֶר מִ֣י אַתֶּ֑ם וַיֹּאמְר֗וּ אֲחֵ֤י אֲחַזְיָ֙הוּ֙ אֲנַ֔חְנוּ
14 וַנֵּ֛רֶד לִשְׁל֥וֹם בְּנֵי־הַמֶּ֖לֶךְ וּבְנֵ֥י[b] הַגְּבִירָֽה׃ 14 וַיֹּ֙אמֶר֙ תִּפְשׂ֣וּם חַיִּ֔ים ד[15] . ג . ג[16]
וַֽיִּתְפְּשׂ֖וּם[a] חַיִּ֑ים[ab] וַֽיִּשְׁחָט֞וּם[c] אֶל־בּ֣וֹר[d] בֵּית־עֵ֗קֶד אַרְבָּעִ֤ים וּשְׁנַ֙יִם֙ ב ומל[17] . ב . ה[18] . ב
כה[13] אִ֔ישׁ וְלֹֽא־הִשְׁאִ֥יר[e] אִ֖ישׁ[f] מֵהֶֽם׃ ס 15 וַיֵּ֣לֶךְ מִשָּׁ֡ם וַיִּמְצָ֣א אֶת־ ל . יט פסוק בסיפ את את את
[b] יְהוֹנָדָ֣ב בֶּן־רֵכָב֮ לִקְרָאתוֹ֒ וַיְבָרְכֵ֗הוּ וַיֹּ֣אמֶר אֵ֠לָיו הֲיֵ֨שׁ אֶת־[a]לְבָבְךָ֜ ח[19]
יָשָׁ֗ר כַּאֲשֶׁ֤ר לְבָבִי֙ עִם־לְבָבֶ֔ךָ וַיֹּ֨אמֶר יְהוֹנָדָ֥ב יֵ֛שׁ[c] וָיֵ֖שׁ תְּנָ֣ה אֶת־יָדֶ֑ךָ ח[19] . ל
16 וַיִּתֵּ֣ן יָד֔וֹ וַיַּעֲלֵ֥הוּ אֵלָ֖יו אֶל־[d]הַמֶּרְכָּבָֽה׃ 16 וַיֹּ֙אמֶר֙ לְכָ֣ה אִתִּ֔י וּרְאֵ֖ה ב[13]
17 בְּקִנְאָתִ֣י לַיהוָ֑ה וַיַּרְכִּ֥בוּ[a] אֹת֖וֹ בְּרִכְבּֽוֹ׃ 17 וַיָּבֹא֙ שֹׁמְר֔וֹן וַיַּ֗ךְ אֶת־כָּל־ ל[12]
הַנִּשְׁאָרִ֛ים לְאַחְאָ֥ב[a] בְּשֹׁמְר֖וֹן עַד־הִשְׁמִיד֑וֹ[b] כִּדְבַ֣ר יְהוָ֔ה אֲשֶׁ֥ר דִּבֶּ֖ר ה[20] חס ב מנה בליש . ה בטע בסיפ[21]
18 אֶל־[c]אֵלִיָּֽהוּ׃ פ 18 וַיִּקְבֹּ֤ץ יֵהוּא֙ אֶת־כָּל־הָעָ֔ם וַיֹּ֖אמֶר אֲלֵהֶ֑ם כט[22] חס בנביא יג מנה בסיפ
19 אַחְאָ֕ב עָבַ֥ד אֶת־הַבַּ֖עַל מְעָ֑ט יֵה֖וּא[a] יַעַבְדֶ֥נּוּ הַרְבֵּֽה׃ 19 וְעַתָּ֡ה כָל־ ד פסוק כל כל וכל כל[23]
נְבִיאֵ֣י הַבַּ֣עַל[a] כָּל־[b]עֹבְדָיו֩[ac] וְכָל־כֹּהֲנָ֨יו קִרְא֣וּ אֵלַ֗י אִ֣ישׁ אַל־יִפָּקֵ֔ד
כִּ֣י זֶ֤בַח גָּדוֹל֙ לִי֙ לַבַּ֔עַל כֹּ֥ל אֲשֶׁר־יִפָּקֵ֖ד לֹ֣א יִחְיֶ֑ה וְיֵהוּא֙ עָשָׂ֣ה יח וכל חיו יחיה דכות[24]

[11] Mm 2097. [12] Mm 2098. [13] Mp sub loco. [14] Mm 2099. [15] Mm 2100. [16] Mm 2020. [17] Mm 2006. [18] Mm 2101. [19] Mm 1768. [20] Mm 1983 contra textum. [21] Mm 1984. [22] Mm 1954. [23] Mm 2102. [24] Mm 107.

8 [a] 𝔊 *τῆς πόλεως* = הָעִיר ‖ **10** [a] 𝔊^{L}𝔙 pl ‖ **11** [a] 𝔊^{L} *ἀγχιστεύοντας αὐτοῦ* = גֹּאֲלָיו ‖ **12** [a] pc Mss 𝔖 tr post וילך; > 𝔊*, dl? ‖ [b] prb l c Mss 𝔊^{L}𝔖𝔙 וְהוּא ‖ **13** [a–a] 𝔊^{L}(𝔙) *καὶ εὗρεν* = וַיִּמְצָא ‖ [b] Ms וְלִשְׁלוֹם ‖ **14** [a–a] > pc Mss 𝔊*𝔖^{MW} (homtel) ‖ [b] > 𝔊^{L}𝔖^{AU} ‖ [c] 𝔊$^{N\,min}$ sg = ־טֵם ‖ [d] > Ms 𝔊 cf 𝔗^{Mss} ‖ [e] 𝔗 *'št'r* = נִשְׁאַר ‖ [f–f] pc Mss 𝔊^{L}𝔖𝔗^{Mss}𝔙 invers ‖ **15** [a] > pc Mss 𝔊𝔗𝔙, dl? ‖ [b] 𝔊$^{-A}$ + *μετὰ καρδίας μου* = עִם־לְבָבִי ‖ [c] ins ויאמר cf 𝔊𝔖𝔙 ‖ [d] = עַל, sic pc Mss ‖ **16** [a] 𝔊𝔖𝔙 sg ‖ **17** [a] 2 Mss 𝔖 לְבֵית א׳ ‖ [b] = הַ׳ ‖ [c] > Ms 𝔖, Ms בְּיַד cf 𝔙 *per* ‖ **18** [a] pc Mss 𝔊$^{-BA}$ וְיֵ׳; 𝔊^{L}(𝔙) *καὶ ἐγὼ (δουλεύσω)* ‖ **19** [a–a] > 2 Mss, 𝔊^{L} tr post כהניו, dl? ‖ [b] pc Mss 𝔊^{L}𝔖𝔗$^{f\,Mss}$𝔙 וְכָל ‖ [c] mlt Mss עֲבָ׳.

20 בְּעָקְבָּה לְמַעַן הַאֲבִיד אֶת־עֹבְדֵי הַבָּעַל׃ 20 וַיֹּאמֶר יֵהוּא קַדְּשׁוּ[a] | ל
21 עֲצָרָה לַבַּעַל וַיִּקְרָאוּ[b]׃ 21 וַיִּשְׁלַח יֵהוּא בְּכָל־יִשְׂרָאֵל וַיָּבֹאוּ כָּל־ | ל
עֹבְדֵי הַבַּעַל וְלֹא[a]־נִשְׁאַר אִישׁ אֲשֶׁר לֹא־בָא וַיָּבֹאוּ בֵּית הַבַּעַל | ד[25]
22 וַיִּמָּלֵא בֵית־הַבַּעַל פֶּה לָפֶה׃ 22 וַיֹּאמֶר לַאֲשֶׁר עַל־הַמֶּלְתָּחָה הוֹצֵא | ו[26]. ב. ל. ה[27]
23 לְבוּשׁ לְכֹל עֹבְדֵי הַבָּעַל וַיֹּצֵא לָהֶם הַמַּלְבּוּשׁ[a]׃ 23 וַיָּבֹא יֵהוּא | יג חס[28]
וִיהוֹנָדָב בֶּן־רֵכָב בֵּית הַבָּעַל וַיֹּאמֶר לְעֹבְדֵי הַבַּעַל חַפְּשׂוּ וּרְאוּ | ח[29]
פֶּן־יֶשׁ־פֹּה[a] עִמָּכֶם מֵעַבְדֵי יְהוָה[b] כִּי אִם־עֹבְדֵי הַבַּעַל לְבַדָּם׃ | ל
24 וַיָּבֹאוּ[a] לַעֲשׂוֹת זְבָחִים וְעֹלוֹת וְיֵהוּא שָׂם־לוֹ בַחוּץ שְׁמֹנִים[b] אִישׁ | ב[30]. ל
וַיֹּאמֶר הָאִישׁ אֲשֶׁר־יִמָּלֵט[c] מִן־הָאֲנָשִׁים אֲשֶׁר אֲנִי מֵבִיא עַל־יְדֵיכֶם | יג[31]
25 נַפְשׁוֹ תַּחַת נַפְשׁוֹ׃ 25 וַיְהִי כְּכַלֹּתוֹ ׀ לַעֲשׂוֹת הָעֹלָה וַיֹּאמֶר יֵהוּא | ט בטע בסיפ[32]
לָרָצִים וְלַשָּׁלִשִׁים בֹּאוּ הַכּוּם אִישׁ אַל־יֵצֵא וַיַּכּוּם לְפִי־חָרֶב וַיַּשְׁלִכוּ | ג[33]. יא[34]
26 הָרָצִים וְהַשָּׁלִשִׁים[a] וַיֵּלְכוּ עַד־עִיר[b] בֵּית־הַבָּעַל[c]׃ 26 וַיֹּצִאוּ אֶת־ | יב ול חס[35]
27 מַצְּבוֹת[a] בֵּית־[b]הַבַּעַל וַיִּשְׂרְפוּהָ׃ 27 [a]וַיִּתְּצוּ אֵת מַצְּבַת[b] הַבָּעַל[a] [c]וַיִּתְּצוּ | ג[36]. ב
28 אֶת־בֵּית הַבַּעַל[c] וַיְשִׂמֻהוּ לְמַחֲרָאוֹת[d] עַד־הַיּוֹם[e]׃ 28 וַיַּשְׁמֵד | למוצאות ק . ט מיחד
29 יֵהוּא אֶת־[a]הַבַּעַל מִיִּשְׂרָאֵל׃ 29 רַק חֲטָאֵי יָרָבְעָם בֶּן־נְבָט אֲשֶׁר | ל
הֶחֱטִיא אֶת־יִשְׂרָאֵל לֹא־סָר יֵהוּא מֵאַחֲרֵיהֶם [a]עֶגְלֵי הַזָּהָב אֲשֶׁר | ב[37]
30 בֵּית־[b]אֵל וַאֲשֶׁר בְּדָן[a]׃ ס 30 וַיֹּאמֶר יְהוָה אֶל־יֵהוּא יַעַן אֲשֶׁר־ | ד סביר בבית . ד[38]
הֱטִיבֹתָ לַעֲשׂוֹת הַיָּשָׁר בְּעֵינַי כְּכֹל[a] אֲשֶׁר בִּלְבָבִי עָשִׂיתָ לְבֵית אַחְאָב | ג ב חס וחד מל[39]. ג[40]
31 בְּנֵי רְבִעִים יֵשְׁבוּ לְךָ עַל־כִּסֵּא יִשְׂרָאֵל׃ 31 וְיֵהוּא לֹא שָׁמַר לָלֶכֶת | ב חד מל וחד חס[41]. כ[42]
בְּתוֹרַת־יְהוָה אֱלֹהֵי־יִשְׂרָאֵל בְּכָל־לְבָבוֹ לֹא סָר מֵעַל[a] חַטֹּאות | ב. ה חס בן נבט
32 יָרָבְעָם אֲשֶׁר הֶחֱטִיא אֶת־יִשְׂרָאֵל׃ 32 בַּיָּמִים הָהֵם הֵחֵל יְהוָה

[25] Mm 1285. [26] Mm 1907. [27] Mm 802. [28] Mm 1509. [29] Mm 1768. [30] Ex 10,25. [31] Mm 3044. [32] Mm 1955. [33] Mm 2089. [34] Mm 917. [35] Mm 2610. [36] Mm 2704. [37] Mp sub loco. [38] Mm 4042. [39] Mm 2103. [40] Mm 3216. [41] Mm 2132. [42] Mm 534.

20 [a] Ms 𝔖𝔗 קִרְאוּ ‖ [b] 𝔊*𝔙 sg ‖ **21** [a] pc Mss 𝔊𝔗[f Ms]𝔙 לא ‖ **22** [a] 𝔊 *ὁ στολιστής* = בִּישׁ– ‖ **23** [a] > Ms 𝔊*𝔙 ‖ [b] 𝔊[Lmin]𝔏 + nonn vb ‖ **24** [a] 𝔊[-L] sg ‖ [b] 𝔊[L]𝔏[Lg] 3000, 𝔖 380 ‖ [c] prb l יְמַלֵּט ‖ **25** [a–a] prb false; frt l אֹתָם (cf 𝔖 *ʾnwn*) vel הַמֵּתִים (𝔗 + *qṭjljn*) ‖ [b] > Ms 𝔊[L] ‖ [c] 𝔊[A] *τοῦ βασιλέως* ‖ **26** [a] pc Mss Vrs מצבת; prp אֲשֵׁרַת ‖ [b] > 𝔊* ‖ **27** [a–a] add? ‖ [b] pc Mss 𝔊 מצבות ‖ [c–c] > pc Mss 𝔊* ‖ [d] pc Mss ut Q לְמוֹצָאוֹת, K לְמַחֲרָ׳ ‖ [e] 2 Mss 𝔊𝔗𝔙 + הַזֶּה ‖ **28** [a] 2 Mss 𝔊[N min] + בֵּית cf 𝔊[L] ‖ **29** [a–a] add? ‖ [b] mlt Mss Seb Vrs בְּבֵית ‖ **30** [a] Ms Seb בְּכֹל, 𝔊[N min](𝔖𝔙) *καὶ πάντα* ‖ **31** [a] pc Mss Or 𝔗 מִכֹּל.

ל̇ | לְקַצּוֹת בְּיִשְׂרָאֵל וַיַּכֵּם חֲזָאֵל בְּכָל־גְּבוּל יִשְׂרָאֵל׃ 33 מִן־הַיַּרְדֵּן 33
ל̇ . ד בליש[43] . ה̇ חס בליש וכל אורית דכות[44] | מִזְרַח הַשֶּׁמֶשׁ אֵת כָּל־אֶרֶץ הַגִּלְעָד הַגָּדִי וְהָרְאוּבֵנִי[a] וְהַמְנַשִּׁי מֵעֲרֹעֵר
ב̇[45] . ל̇[46] . ג̇ . ל̇ . ה̇ בטע בסיפ[47] | אֲשֶׁר־עַל־[b]נַחַל אַרְנֹן וְהַגִּלְעָד וְהַבָּשָׁן׃ 34 וְיֶתֶר דִּבְרֵי יֵהוּא 34
יז מל בסיפ | וְכָל־אֲשֶׁר עָשָׂה וְכָל־[a]גְּבוּרָתוֹ הֲלוֹא־הֵם כְּתוּבִים עַל־סֵפֶר דִּבְרֵי
הַיָּמִים לְמַלְכֵי יִשְׂרָאֵל׃ 35 וַיִּשְׁכַּב יֵהוּא עִם־אֲבֹתָיו וַיִּקְבְּרוּ אֹתוֹ 35
בְּשֹׁמְרוֹן וַיִּמְלֹךְ יְהוֹאָחָז בְּנוֹ תַּחְתָּיו׃ 36 וְהַיָּמִים אֲשֶׁר מָלַךְ יֵהוּא 36
עַל־יִשְׂרָאֵל עֶשְׂרִים וּשְׁמֹנֶה־שָׁנָה בְּשֹׁמְרוֹן׃ פ

ז̇[1] . ראתה ק̇ | **11** 1 וַעֲתַלְיָה אֵם אֲחַזְיָהוּ וְרָאֲתָה[a] כִּי מֵת בְּנָהּ וַתָּקָם[b] וַתְּאַבֵּד **11**
ל̇ . יא̇[2] ומן ובשנת חמש עד ואלישע דמלכים דכות ב̇ מ̇ ג̇[3] | אֵת כָּל־זֶרַע הַמַּמְלָכָה׃ 2 וַתִּקַּח יְהוֹשֶׁבַע בַּת־הַמֶּלֶךְ־יוֹרָם אֲחוֹת 2
יו̇ בסיפ וכל שפטים תרי עשר וד״ה דכות . ז̇[4] | אֲחַזְיָהוּ אֶת־יוֹאָשׁ בֶּן־אֲחַזְיָה[a] וַתִּגְנֹב אֹתוֹ מִתּוֹךְ בְּנֵי־הַמֶּלֶךְ
ז̇[5] חד מן המומתים ק̇ יתיר ת וחד מן ב̇ בליש . ב̇ . ב̇ . ו̇ חס בליש[6] | הַמְּמוֹתָתִים[b] אֹתוֹ וְאֶת־מֵינִקְתּוֹ בַּחֲדַר הַמִּטּוֹת וַיַּסְתִּרוּ[c] אֹתוֹ מִפְּנֵי
עֲתַלְיָהוּ וְלֹא הוּמָת׃ 3 וַיְהִי אִתָּהּ בֵּית יְהוָה מִתְחַבֵּא שֵׁשׁ שָׁנִים 3
ז̇[1] . ג̇ זוגין[7] | וַעֲתַלְיָה מֹלֶכֶת עַל־הָאָרֶץ׃ פ 4 וּבַשָּׁנָה הַשְּׁבִיעִית שָׁלַח יְהוֹיָדָע[a] 4
המאות ק̇ . נא̇[8] | וַיִּקַּח ׀ אֶת־שָׂרֵי הַמֵּאיוֹת[b] לַכָּרִי וְלָרָצִים וַיָּבֵא אֹתָם אֵלָיו בֵּית יְהוָה
ד̇[9] . ל̇ט | וַיִּכְרֹת לָהֶם בְּרִית[c] וַיַּשְׁבַּע [d]אֹתָם בְּבֵית[e] יְהוָה[d] וַיַּרְא אֹתָם אֶת־בֶּן־
ד̇[10] . יד̇[11] | הַמֶּלֶךְ׃ 5 וַיְצַוֵּם לֵאמֹר זֶה הַדָּבָר אֲשֶׁר תַּעֲשׂוּן הַשְּׁלִשִׁית מִכֶּם בָּאֵי 5
ל̇ | הַשַּׁבָּת וְשֹׁמְרֵי מִשְׁמֶרֶת בֵּית הַמֶּלֶךְ׃ 6 [a]וְהַשְּׁלִשִׁית בְּשַׁעַר סוּר[b] 6
ל̇ | וְהַשְּׁלִשִׁית בַּשַּׁעַר [c]אַחַר הָרָצִים[c] וּשְׁמַרְתֶּם אֶת־מִשְׁמֶרֶת הַבַּיִת מַסָּח[d]׃
7 וּשְׁתֵּי הַיָּדוֹת בָּכֶם כֹּל יֹצְאֵי הַשַּׁבָּת וְשָׁמְרוּ[a] אֶת־מִשְׁמֶרֶת בֵּית־יְהוָה 7
ח̇[12] וכל על המלך טוב דכות ב̇ מ̇ ג̇ | [b]אֶל־הַמֶּלֶךְ[b]׃ 8 וְהִקַּפְתֶּם עַל־הַמֶּלֶךְ סָבִיב אִישׁ וְכֵלָיו בְּיָדוֹ וְהַבָּא 8
ז̇[13] . ג̇[14] | אֶל־הַשְּׂדֵרוֹת יוּמָת וִהְיוּ אֶת־הַמֶּלֶךְ בְּצֵאתוֹ וּבְבֹאוֹ׃ 9 וַיַּעֲשׂוּ 9
המאות ק̇ . ל̇[15] | שָׂרֵי הַמֵּאיוֹת כְּכֹל אֲשֶׁר־צִוָּה יְהוֹיָדָע הַכֹּהֵן וַיִּקְחוּ אִישׁ אֶת־אֲנָשָׁיו

[43] Mm 4130. [44] Mm 4029. [45] Mm 2104. [46] Mm 955. [47] Mp sub loco. **Cp 11** [1] Mm 4044. [2] Mm 4018. [3] Cf Mm 2087. [4] Mm 2091. [5] Mm 2792. [6] Mm 2105. [7] Mm 509. [8] Mm 639. [9] Mm 1273. [10] Mm 409. [11] Mm 393. [12] Mm 2106. [13] Mm 1773. [14] Mm 3855. [15] Mm 1664.

33 [a] sic L, mlt Mss Edd ־ראו׳ ‖ [b] 2 Mss 𝔊𝔖^{A}𝔗^{Mss} + שְׂפַת־ ‖ **34** [a] pc Mss 𝔗^{Ms}𝔙 וּגְב׳ ‖ **Cp 11,1** [a] l c mlt Mss Vrs ut Q רָאֲתָה ‖ [b] > 𝔊* ‖ **2** [a] 𝔊* *ἀδελφοῦ αὐτῆς*, l אָחִיהָ? ‖ [b] nonn Mss et 2 Ch 22,11 ut Q הַמּוּמָתִים, sic l; prb ins c 2 Ch וַתִּתֵּן ‖ [c] 𝔊 (𝔖𝔙) *καὶ ἔκρυψεν* cf 𝔗 et 2 Ch ‖ **4** [a] 𝔊$^{-BA}$(𝔖^{A}) + *ὁ ἱερεύς* ‖ [b] nonn Mss ut Q המאות, it in 9.10.15 ‖ [c] 𝔊$^{-L}$ + *κυρίου* ‖ [d–d] > 𝔊^{B} ‖ [e] 𝔊^{O} *ἐν τῇ διαθήκῃ*, 𝔊$^{N min}$ *ἐνώπιον*; dl בית? ‖ **6** [a] v 6 add? ‖ [b] 2 Ch 23,5 הַיְסוֹד, 𝔊 *τῶν ὁδῶν*, 𝔖 *qrs'* clandestina (= הַסּוֹד?) 𝔙 *Sir*; prp סוּס ‖ [c–c] prb l אַחֵר et dl ה׳ ‖ [d] > 𝔊$^{-L}$ ‖ **7** [a] 𝔊^{L}𝔖 om cop; prp וְשֹׁמְרֵי ut 5 ‖ [b–b] dl?

10 בָּאֵי הַשַּׁבָּת עִם יֹצְאֵי הַשַּׁבָּת וַיָּבֹאוּ אֶל־יְהוֹיָדָע הַכֹּהֵן׃ 10 וַיִּתֵּן — ל̇
הַכֹּהֵן לְשָׂרֵי הַמֵּאוֹת אֶת־הַחֲנִית[a] וְאֶת־הַשְּׁלָטִים אֲשֶׁר לַמֶּלֶךְ דָּוִד — המאות ק̇
11 אֲשֶׁר בְּבֵית יְהוָה׃ 11 וַיַּעַמְדוּ הָרָצִים אִישׁ ׀ וְכֵלָיו בְּיָדוֹ מִכֶּתֶף — ל̇ט
הַבַּיִת הַיְמָנִית עַד־כֶּתֶף הַבַּיִת הַשְּׂמָאלִית לַמִּזְבֵּחַ וְלַבָּיִת עַל־הַמֶּלֶךְ — ח̇[16] וכל על המלך טוב דכות ב מ ג
12 סָבִיב׃ 12 וַיּוֹצִא אֶת־בֶּן־הַמֶּלֶךְ וַיִּתֵּן עָלָיו אֶת־הַנֵּזֶר וְאֶת־הָעֵדוּת — ד̇[17]. ב̇
וַיַּמְלִכוּ[a] אֹתוֹ וַיִּמְשָׁחֻהוּ[b] וַיַּכּוּ־כָף וַיֹּאמְרוּ יְחִי הַמֶּלֶךְ׃ ס — ה̇ חס[18]. ב̇ חס[19] ל̇ זקף קמ
13 וַתִּשְׁמַע עֲתַלְיָה אֶת־קוֹל הָרָצִין הָעָם[a] וַתָּבֹא אֶל־הָעָם בֵּית יְהוָה׃ — ז̇[20]
14 וַתֵּרֶא וְהִנֵּה הַמֶּלֶךְ עֹמֵד עַל־הָעַמּוּד כַּמִּשְׁפָּט וְהַשָּׂרִים[a] וְהַחֲצֹצְרוֹת — ד̇[21]
אֶל־[b]הַמֶּלֶךְ וְכָל־עַם הָאָרֶץ שָׂמֵחַ וְתֹקֵעַ בַּחֲצֹצְרוֹת וַתִּקְרַע עֲתַלְיָה — ז̇[22]. ב̇ חד חס וחד מל[23]. ז̇[20]
15 אֶת־בְּגָדֶיהָ וַתִּקְרָא קֶשֶׁר קָשֶׁר׃ ס 15 וַיְצַו יְהוֹיָדָע הַכֹּהֵן אֶת־ — ב̇ פסוק דמטע[24]
שָׂרֵי הַמֵּאוֹת ׀ [a]פְּקֻדֵי[b] הַחַיִל[a] וַיֹּאמֶר אֲלֵיהֶם הוֹצִיאוּ אֹתָהּ אֶל־מִבֵּית — המאות ק̇. ל̇ חס
לַשְּׂדֵרֹת וְהַבָּא אַחֲרֶיהָ הָמֵת[c] בֶּחָרֶב כִּי אָמַר הַכֹּהֵן אַל־תּוּמַת בֵּית — ב̇ חס
16 יְהוָה׃ 16 וַיָּשִׂמוּ לָהּ יָדַיִם וַתָּבוֹא דֶּרֶךְ־מְבוֹא הַסּוּסִים בֵּית הַמֶּלֶךְ — לה̇ ד̇ מנה חס. י̇ מל בנביא
17 וַתּוּמַת שָׁם׃ ס 17 וַיִּכְרֹת יְהוֹיָדָע אֶת־הַבְּרִית בֵּין יְהוָה וּבֵין — ל̇
הַמֶּלֶךְ וּבֵין הָעָם לִהְיוֹת לְעָם לַיהוָה [a]וּבֵין הַמֶּלֶךְ וּבֵין הָעָם[a]׃
18 [a]וַיָּבֹאוּ כָל־עַם הָאָרֶץ בֵּית־הַבַּעַל וַיִּתְּצֻהוּ[b] אֶת־[c]מִזְבְּחֹתָו[d] וְאֶת־ — ב̇ חס. מזבחתיו ק̇
צְלָמָיו שִׁבְּרוּ הֵיטֵב וְאֵת מַתָּן כֹּהֵן הַבַּעַל הָרְגוּ לִפְנֵי הַמִּזְבְּחוֹת[ae]
19 וַיָּשֶׂם הַכֹּהֵן פְּקֻדּוֹת עַל־בֵּית יְהוָה׃ 19 וַיִּקַּח אֶת־שָׂרֵי הַמֵּאוֹת וְאֶת־ — פד
הַכָּרִי וְאֶת־הָרָצִים וְאֵת ׀ כָּל־עַם הָאָרֶץ וַיֹּרִידוּ[a] אֶת־הַמֶּלֶךְ מִבֵּית — ל̇
יְהוָה וַיָּבוֹאוּ[b] דֶּרֶךְ־[c]שַׁעַר הָרָצִים בֵּית הַמֶּלֶךְ וַיֵּשֶׁב[d] עַל־כִּסֵּא — ג̇ מל[25]
20 הַמְּלָכִים׃ 20 וַיִּשְׂמַח כָּל־עַם־הָאָרֶץ וְהָעִיר שָׁקָטָה וְאֶת־עֲתַלְיָהוּ — ב̇
הֵמִיתוּ בַחֶרֶב בֵּית [a]מֶּלֶךְ׃ ס — המלך ק̇. חד מן יג[26] חס ה ר״ת בליש

[16] Mm 2106. [17] Mm 1074. [18] Mm 1584. [19] Mm 2107. [20] Mm 4044. [21] Mm 2109. [22] Mm 2108. [23] Mm 2110. [24] Mm 4218. [25] Mm 2498. [26] Mm 1856.

10 [a] l c Ms 𝔊𝔖𝔙 et 2 Ch 23,9 pl ‖ **12** [a] 𝔊 sg, sic l? cf [b] ‖ [b] 𝔊 sg, sic l? al tr [a] et [b] ‖ **13** [a] Ms 'וְהָ; > Ms, dl hoc vel הרצין ‖ **14** [a] frt l 'שׁ– cf 𝔊𝔙 ‖ [b] = עַל ‖ **15** [a–a] dl? ‖ [b] 2 Mss $𝔊^{-BA}$ 'וּפְ ‖ [c] 2 Mss et 2 Ch 23,14 יוּמַת cf Vrs ‖ **17** [a–a] > $𝔊^{-BO}$ et 2 Ch 23,16, prb dl ‖ **18** [a–a] tr post 20? ‖ [b] Ms 𝔖𝔙 –צוּ ‖ [c] pc Mss 𝔊$𝔗^{f\,Mss}$ et 2 Ch 23,17 וְאֵת ‖ [d] mlt Mss ut Q –תָיו ‖ [e] $𝔊^{130*.407}𝔖𝔗^{Mss}𝔙$ sg, recte? ‖ **19** [a] $𝔊^{Nmin}$ et 2 Ch 23,20 sg ‖ [b] Ms 𝔊 sg, $𝔊^{L}$ *καὶ εἰσήγαγον αὐτόν* ‖ [c] sic L, mlt Mss Edd –דְּ ‖ [d] $𝔊^{-A}$ *καὶ ἐκάθισαν αὐτόν* ‖ **20** [a] mlt Mss $𝔊^{-L}$ ut Q הַמֶּלֶךְ.

ד̇[1] 12 1 בֶּן־שֶׁ֥בַע שָׁנִ֖ים יְהוֹאָ֥שׁ בְּמָלְכֽוֹ׃ פ 2 בִּשְׁנַת־שֶׁ֣בַע לְיֵהוּא֙ 12
ג̇ מָלַ֣ךְ יְהוֹאָ֔שׁ וְאַרְבָּעִים֙ שָׁנָ֔ה מָלַ֖ךְ בִּירוּשָׁלִָ֑ם וְשֵׁ֣ם אִמּ֔וֹ צִבְיָ֖ה מִבְּאֵ֥ר
ל̇ שָֽׁבַע׃ 3 וַיַּ֨עַשׂ יְהוֹאָ֥שׁ הַיָּשָׁ֛ר בְּעֵינֵ֥י יְהוָ֖ה כָּל־יָמָ֑יו אֲשֶׁ֥ר הוֹרָ֖הוּ ס̇ כ̇ו̇[1]
יְהוֹיָדָ֖ע הַכֹּהֵֽן׃ 4 רַ֥ק הַבָּמ֖וֹת לֹא־סָ֑רוּ ע֥וֹד הָעָ֛ם מְזַבְּחִ֥ים וּֽמְקַטְּרִ֖ים 4
בַּבָּמֽוֹת׃ 5 וַיֹּ֨אמֶר יְהוֹאָ֜שׁ אֶל־הַכֹּהֲנִ֗ים כֹּל֩ כֶּ֨סֶף הַקֳּדָשִׁ֜ים 5
ה̇[2]. ח̇[3] מל וכל יחזק דכות ב מ א. ג̇[4] אֲשֶׁר־יוּבָ֤א בֵית־יְהוָה֙ כֶּ֣סֶף עוֹבֵ֔ר[a] אִ֕ישׁ [b]כֶּ֥סֶף נַפְשׁ֖וֹת[b] עֶרְכּ֑וֹ כָּל־[c]
כֶּ֗סֶף אֲשֶׁ֤ר יַעֲלֶה֙ עַ֣ל לֶב־אִ֔ישׁ לְהָבִ֖יא בֵּ֥ית יְהוָֽה׃ 6 יִקְח֤וּ לָהֶם֙ 6
ל̇. ל̇ הַכֹּהֲנִ֔ים אִ֖ישׁ מֵאֵ֣ת מַכָּר֑וֹ וְהֵ֗ם יְחַזְּקוּ֙ אֶת־בֶּ֣דֶק הַבַּ֔יִת לְכֹ֛ל אֲשֶׁר־
יִמָּצֵ֥א שָׁ֖ם בָּֽדֶק׃ פ 7 וַיְהִ֗י בִּשְׁנַ֨ת עֶשְׂרִ֧ים וְשָׁלֹ֛שׁ שָׁנָ֖ה לַמֶּ֣לֶךְ 7
ד̇[5] יְהוֹאָ֑שׁ לֹא־חִזְּק֥וּ הַכֹּהֲנִ֖ים אֶת־בֶּ֥דֶק הַבָּֽיִת׃ 8 וַיִּקְרָא֩ הַמֶּ֨לֶךְ יְהוֹאָ֜שׁ 8
ה̇[6]. כט[7] חס בנביא יג מנה בסיפ לִֽיהוֹיָדָ֤ע הַכֹּהֵן֙ וְלַכֹּ֣הֲנִ֔ים וַיֹּ֣אמֶר אֲלֵהֶ֔ם מַדּ֛וּעַ אֵינְכֶ֥ם מְחַזְּקִ֖ים אֶת־
ל̇ בֶּ֣דֶק הַבָּ֑יִת וְעַתָּ֗ה אַֽל־תִּקְחוּ־כֶ֙סֶף֙ מֵאֵ֣ת מַכָּֽרֵיכֶ֔ם כִּֽי־לְבֶ֥דֶק הַבַּ֖יִת
תִּתְּנֻֽהוּ׃ 9 וַיֵּאֹ֖תוּ הַכֹּהֲנִ֑ים לְבִלְתִּ֤י קְחַת[a]־כֶּ֙סֶף֙ מֵאֵ֣ת הָעָ֔ם וּלְבִלְתִּ֖י 9
ד̇[8]. ב̇ חַזֵּ֥ק אֶת־בֶּ֖דֶק הַבָּֽיִת׃ 10 וַיִּקַּ֞ח יְהוֹיָדָ֤ע הַכֹּהֵן֙ אֲר֣וֹן אֶחָ֔ד וַיִּקֹּ֥ב 10
ב̇ וחס[9]. מימין ק. ט̇ מל[10] חֹ֖ר בְּדַלְתּ֑וֹ וַיִּתֵּ֣ן אֹת֡וֹ אֵ֠צֶל [a]הַמִּזְבֵּ֜חַ בְּיָמִ֗ין[ab] בְּבוֹא־אִישׁ֙ בֵּ֣ית יְהוָ֔ה
י̇א וְנָֽתְנוּ־שָׁ֙מָּה֙ הַכֹּהֲנִים֙ שֹׁמְרֵ֣י הַסַּ֔ף אֶֽת־כָּל־הַכֶּ֖סֶף הַמּוּבָ֥א בֵית־יְהוָֽה׃
ל̇. ב̇[11] 11 וַיְהִי֙ כִּרְאוֹתָ֔ם כִּי־רַ֥ב הַכֶּ֖סֶף בָּאָר֑וֹן וַיַּ֩עַל֩ סֹפֵ֨ר הַמֶּ֜לֶךְ וְהַכֹּהֵ֣ן 11
הַגָּד֗וֹל וַיָּצֻ֙רוּ֙[a] וַיִּמְנ֔וּ אֶת־הַכֶּ֖סֶף הַנִּמְצָ֥א בֵית־יְהוָֽה׃ 12 וְנָֽתְנוּ֙ אֶת־ 12
ל̇. ידי ק. ל̇. המפקדים ק. חד מן ז̇[12] חס מ בליש. ג̇ הַכֶּ֙סֶף֙ הַֽמְתֻכָּ֔ן עַל־יְדֵ֙[a]֙ עֹשֵׂ֣י הַמְּלָאכָ֔ה הַפְּקֻדִ֖ים[b] בֵּ֣ית יְהוָ֑ה וַיּוֹצִיאֻ֗הוּ
ה̇ חס בליש[13] לְחָרָשֵׁי֙ הָעֵ֔ץ וְלַבֹּנִ֖ים הָעֹשִׂ֑ים בֵּ֥ית יְהוָֽה׃ 13 וְלַגֹּדְרִים֙[a] וּלְחֹצְבֵ֣י 13
ב̇[1]. ג̇[14] הָאֶ֔בֶן וְלִקְנ֤וֹת[b] עֵצִים֙ וְאַבְנֵ֣י מַחְצֵ֔ב לְחַזֵּ֖ק אֶת־בֶּ֣דֶק בֵּית־יְהוָ֑ה וּלְכֹ֛ל[c]
ל̇[15] אֲשֶׁר־יֵצֵ֥א עַל־הַבַּ֖יִת לְחָזְקָֽה[d]׃ 14 אַךְ֩ לֹ֨א יֵעָשֶׂ֜ה [a]בֵּ֣ית יְהוָ֗ה[a] סִפּ֥וֹת 14
כל מל. ל̇. יח̇[16] וכל יוצר חפץ חמדה דכות ב מ א. ג̇[17]. יח̇[16] וכל יוצר חפץ חמדה דכות ב מ א כֶּ֙סֶף֙ מְזַמְּר֤וֹת מִזְרָקוֹת֙ חֲצֹ֣צְר֔וֹת כָּל־כְּלִ֥י זָהָ֖ב וּכְלִי־כָ֑סֶף מִן־הַכֶּ֖סֶף

Cp 12 [1]Mp sub loco. [2]Mm 691. [3]Mm 2429. [4]Mm 3562. [5]Mm 1452. [6]Mm 2111. [7]Mm 1954. [8]Mm 2112. [9]Mm 2113. [10]Mm 2069. [11]Mm 2114. [12]Mm 1646. [13]Mm 2115. [14]Mm 2698. [15]Mm 210. [16]Mm 2781. [17]Mm 622.

Cp 12,5 [a] 𝔊* *συντιμήσεως*, l עֶרֶךְ ‖ [b–b] frt add ‖ [c] l וְכָל cf 𝔙 ‖ **9** [a] = קַחַת ‖ **10** [a–a] 𝔊^{A} *αμμασβη* = הַמַּצֵּבָה? ‖ [b] mlt Mss 𝔖𝔗 ut Q 'מִ, K 'בְּ ‖ **11** [a] = וַיָּצִרוּ a יצר? ‖ **12** [a] mlt Mss ut Q יְדֵי, K יַד ‖ [b] mlt Mss ut Q הַמְּפֻקָּדִים, K הַפְּקֻדִים ‖ **13** [a] prp וּלְגֹזְרִים ‖ [b] 𝔊 om cop ‖ [c] pc Mss 𝔊𝔙 לכל ‖ [d] 𝔊^{L}(𝔖𝔗) + *αὐτόν* = ־קָה ‖ **14** [a–a] > 𝔊^{L}; 𝔙 tr post ספות.

15 הַמּוּבָא בֵּית־יְהוָה׃ 15 כִּי־לְעֹשֵׂי הַמְּלָאכָה יִתְּנֻהוּ וְחִזְּקוּ־בוֹ[a] אֶת־
16 בֵּית יְהוָה׃ 16 וְלֹא יְחַשְּׁבוּ אֶת־הָאֲנָשִׁים אֲשֶׁר יִתְּנוּ אֶת־הַכֶּסֶף עַל־
17 יָדָם לָתֵת לְעֹשֵׂי הַמְּלָאכָה כִּי בֶאֱמֻנָה הֵם עֹשִׂים׃ 17 כֶּסֶף אָשָׁם וְכֶסֶף
18 חַטָּאוֹת[a] לֹא יוּבָא בֵּית יְהוָה לַכֹּהֲנִים יִהְיוּ׃[b] פ 18 אָז יַעֲלֶה
חֲזָאֵל מֶלֶךְ אֲרָם וַיִּלָּחֶם עַל־גַּת וַיִּלְכְּדָהּ וַיָּשֶׂם חֲזָאֵל פָּנָיו לַעֲלוֹת
19 עַל־[a]יְרוּשָׁלָםִ׃ 19 וַיִּקַּח יְהוֹאָשׁ מֶלֶךְ־יְהוּדָה אֵת כָּל־הַקֳּדָשִׁים
אֲשֶׁר־הִקְדִּישׁוּ יְהוֹשָׁפָט וִיהוֹרָם וַאֲחַזְיָהוּ אֲבֹתָיו מַלְכֵי יְהוּדָה וְאֶת־
קֳדָשָׁיו וְאֵת כָּל־הַזָּהָב הַנִּמְצָא בְּאֹצְרוֹת בֵּית־יְהוָה וּבֵית הַמֶּלֶךְ
20 וַיִּשְׁלַח לַחֲזָאֵל מֶלֶךְ אֲרָם וַיַּעַל מֵעַל יְרוּשָׁלָםִ׃ 20 וְיֶתֶר
דִּבְרֵי יוֹאָשׁ וְכָל־אֲשֶׁר עָשָׂה הֲלוֹא־הֵם כְּתוּבִים עַל־סֵפֶר דִּבְרֵי
21 הַיָּמִים לְמַלְכֵי יְהוּדָה׃ 21 וַיָּקֻמוּ עֲבָדָיו וַיִּקְשְׁרוּ־קָשֶׁר וַיַּכּוּ אֶת־
22 יוֹאָשׁ בֵּית מִלֹּא [a]הַיּוֹרֵד סִלָּא׃[a] 22 וְיוֹזָבָד[a] בֶּן־שִׁמְעָת וִיהוֹזָבָד בֶּן־
שֹׁמֵר ׀ עֲבָדָיו הִכֻּהוּ וַיָּמֹת וַיִּקְבְּרוּ אֹתוֹ עִם־אֲבֹתָיו בְּעִיר דָּוִד וַיִּמְלֹךְ
אֲמַצְיָה בְנוֹ תַּחְתָּיו׃ פ

13 1 בִּשְׁנַת עֶשְׂרִים וְשָׁלֹשׁ שָׁנָה לְיוֹאָשׁ בֶּן־אֲחַזְיָהוּ מֶלֶךְ יְהוּדָה
מָלַךְ יְהוֹאָחָז בֶּן־יֵהוּא [a]עַל־יִשְׂרָאֵל[a] בְּשֹׁמְרוֹן שְׁבַע עֶשְׂרֵה שָׁנָה׃
2 וַיַּעַשׂ הָרַע בְּעֵינֵי יְהוָה וַיֵּלֶךְ אַחַר חַטֹּאת יָרָבְעָם בֶּן־נְבָט אֲשֶׁר־
3 הֶחֱטִיא אֶת־יִשְׂרָאֵל לֹא־סָר מִמֶּנָּה׃ 3 וַיִּחַר־אַף יְהוָה
בְּיִשְׂרָאֵל וַיִּתְּנֵם בְּיַד ׀ חֲזָאֵל מֶלֶךְ־אֲרָם וּבְיַד בֶּן־הֲדַד בֶּן־חֲזָאֵל
4 כָּל־הַיָּמִים׃ 4 וַיְחַל יְהוֹאָחָז אֶת־פְּנֵי יְהוָה וַיִּשְׁמַע אֵלָיו יְהוָה כִּי רָאָה
5 אֶת־לַחַץ יִשְׂרָאֵל כִּי־לָחַץ אֹתָם מֶלֶךְ אֲרָם׃ 5 וַיִּתֵּן יְהוָה לְיִשְׂרָאֵל
מוֹשִׁיעַ וַיֵּצְאוּ[a] מִתַּחַת יַד־אֲרָם וַיֵּשְׁבוּ בְנֵי־יִשְׂרָאֵל בְּאָהֳלֵיהֶם כִּתְמוֹל
6 שִׁלְשׁוֹם׃ 6 אַךְ לֹא־סָרוּ מֵחַטֹּאות[a] בֵּית־[b]יָרָבְעָם אֲשֶׁר־הֶחֱטִי[c] אֶת־
7 יִשְׂרָאֵל בָּהּ[d] הָלָךְ[e] וְגַם הָאֲשֵׁרָה עָמְדָה בְּשֹׁמְרוֹן׃ 7 כִּי לֹא הִשְׁאִיר[a]

ב[18]
ה חס בליש[19]
ג מל[20]. ה[21]
פד. יד[22] וכל אורית ויהושע דכות ב מ ג
יו בנביא כת כן וכל כתיב דכות[23]
ב[24]. ג[25]
יו בסיפ וכל שפטים תרי עשר וד״ה דכות. יז מל בסיפ
יו בסיפ וכל שפטים תרי עשר וד״ה דכות. ב חס בתרי ליש[26]. ב חד כת א וחד כת ה. ד ב מנה בליש
ה חס[27]. ב בסיפ
ט[28]
ו חס[1]
ד[2]
ז[3]. ג בנביא[4]
ו חס[5]. ה חס בן נבט. החטיא חד מן ב[6] חס בליש ק
כג פסוק וגם ובתר תלת מילין[7]. ד[8]

[18]Mm 3017. [19]Mm 2116. [20]Mm 2117. [21]Mm 691. [22]Mm 1523. [23]Mm 2087. [24]Mm 865. [25]Mm 2118. [26]Mp sub loco. [27]Mm 2096. [28]Mm 3071. **Cp 13** [1]Mm 861. [2]Mm 596. [3]Mm 401. [4]Mm 2119. [5]Mm 861 contra textum. [6]Mp sub loco. [7]Mm 1629. [8]Mm 3690.

15 [a] > 2 Mss 𝔙 ‖ **17** [a] 𝔊 sg cf K^Mss ‖ [b] pc Mss 𝔊𝔖𝔙 יִהְיֶה ‖ **18** [a] > pc Mss ‖ **21** [a–a] inc ‖ **22** [a] mlt Mss –זָכָר ‖ **Cp 13,1** [a–a] > 𝔊* ‖ **5** [a] 𝔊* sg cf 𝔙, 𝔊^L *καὶ ἐξήγαγεν αὐτούς* = וַיֹּצִאֵם ‖ **6** [a] 𝔊^A sg cf בָּהּ ‖ [b] > pc Mss 𝔖 ‖ [c] mlt Mss ut Q הֶחֱטִיא ‖ [d] 𝔊^-B𝔖𝔗𝔙 suff pl ‖ [e] prb l c 𝔊^-B𝔗^f Mss 𝔙 pl ‖ **7** [a] Vrs pass = נִשְׁאַר.

לִיהוֹאָחָז עָם כִּי אִם־חֲמִשִּׁים פָּרָשִׁים וַעֲשָׂרָה רֶכֶב וַעֲשֶׂרֶת אֲלָפִים
8 רַגְלִי כִּי אִבְּדָם מֶלֶךְ אֲרָם וַיְשִׂמֵם כֶּעָפָר לָדֻשׁ׃ 8 וְיֶתֶר
דִּבְרֵי יְהוֹאָחָז וְכָל־אֲשֶׁר עָשָׂה וּגְבוּרָתוֹ הֲלוֹא־הֵם כְּתוּבִים עַל־סֵפֶר
9 דִּבְרֵי הַיָּמִים לְמַלְכֵי יִשְׂרָאֵל׃ 9 וַיִּשְׁכַּב יְהוֹאָחָז עִם־אֲבֹתָיו וַיִּקְבְּרֻהוּ
בְּשֹׁמְרוֹן וַיִּמְלֹךְ יוֹאָשׁ בְּנוֹ תַּחְתָּיו׃ פ
10 10 בִּשְׁנַת שְׁלֹשִׁים וָשֶׁבַע שָׁנָה לְיוֹאָשׁ מֶלֶךְ יְהוּדָה מָלַךְ יְהוֹאָשׁ
11 בֶּן־יְהוֹאָחָז עַל־יִשְׂרָאֵל בְּשֹׁמְרוֹן שֵׁשׁ עֶשְׂרֵה שָׁנָה׃ 11 וַיַּעֲשֶׂה הָרַע
בְּעֵינֵי יְהוָה לֹא סָר מִכָּל־חַטֹּאות יָרָבְעָם בֶּן־נְבָט אֲשֶׁר־הֶחֱטִיא
12 אֶת־יִשְׂרָאֵל בָּהּ הָלָךְ׃ 12 וְיֶתֶר דִּבְרֵי יוֹאָשׁ וְכָל־אֲשֶׁר
עָשָׂה וּגְבוּרָתוֹ אֲשֶׁר נִלְחַם עִם אֲמַצְיָה מֶלֶךְ־יְהוּדָה הֲלוֹא־הֵם
13 כְּתוּבִים עַל־סֵפֶר דִּבְרֵי הַיָּמִים לְמַלְכֵי יִשְׂרָאֵל׃ 13 וַיִּשְׁכַּב יוֹאָשׁ
עִם־אֲבֹתָיו וְיָרָבְעָם יָשַׁב עַל־כִּסְאוֹ וַיִּקָּבֵר יוֹאָשׁ בְּשֹׁמְרוֹן עִם מַלְכֵי
14 יִשְׂרָאֵל׃ פ 14 וֶאֱלִישָׁע חָלָה אֶת־חָלְיוֹ אֲשֶׁר יָמוּת בּוֹ וַיֵּרֶד
אֵלָיו יוֹאָשׁ מֶלֶךְ־יִשְׂרָאֵל וַיֵּבְךְּ עַל־פָּנָיו וַיֹּאמַר אָבִי ׀ אָבִי רֶכֶב
15 יִשְׂרָאֵל וּפָרָשָׁיו׃ 15 וַיֹּאמֶר לוֹ אֱלִישָׁע קַח קֶשֶׁת וְחִצִּים וַיִּקַּח אֵלָיו
16 קֶשֶׁת וְחִצִּים׃ 16 וַיֹּאמֶר ׀ לְמֶלֶךְ יִשְׂרָאֵל הַרְכֵּב יָדְךָ עַל־הַקֶּשֶׁת
17 וַיַּרְכֵּב יָדוֹ וַיָּשֶׂם אֱלִישָׁע יָדָיו עַל־יְדֵי הַמֶּלֶךְ׃ 17 וַיֹּאמֶר פְּתַח הַחַלּוֹן
קֵדְמָה וַיִּפְתָּח וַיֹּאמֶר אֱלִישָׁע יְרֵה וַיּוֹר וַיֹּאמֶר חֵץ־תְּשׁוּעָה לַיהוָה
18 וְחֵץ תְּשׁוּעָה בַאֲרָם וְהִכִּיתָ אֶת־אֲרָם בַּאֲפֵק עַד־כַּלֵּה׃ 18 וַיֹּאמֶר
קַח הַחִצִּים וַיִּקָּח וַיֹּאמֶר לְמֶלֶךְ־יִשְׂרָאֵל הַךְ־אַרְצָה וַיַּךְ שָׁלֹשׁ־
19 פְּעָמִים וַיַּעֲמֹד׃ 19 וַיִּקְצֹף עָלָיו אִישׁ הָאֱלֹהִים וַיֹּאמֶר לְהַכּוֹת חָמֵשׁ
אוֹ־שֵׁשׁ פְּעָמִים אָז הִכִּיתָ אֶת־אֲרָם עַד־כַּלֵּה וְעַתָּה שָׁלֹשׁ פְּעָמִים
20 תַּכֶּה אֶת־אֲרָם׃ ס 20 וַיָּמָת אֱלִישָׁע וַיִּקְבְּרֻהוּ וּגְדוּדֵי מוֹאָב
21 יָבֹאוּ בָאָרֶץ בָּא שָׁנָה׃ 21 וַיְהִי הֵם ׀ קֹבְרִים אִישׁ וְהִנֵּה רָאוּ אֶת־

יב[12]. ט[13]
ד[15]. פר
ט כת ה[16]

[9]Mm 2120. [10]Mm 3025. [11]Mm 2178. [12]Mm 1748. [13]Mm 3071. [14]Mm 87. [15]Mm 2121. [16]Mm 2122. [17]Mm 1955.

7 [b] 𝔊[L] huc tr 23 ‖ **10** [a–a] 𝔊[127] 40, 𝔊[245] 36; 𝔊[N min] 39, recte? ‖ [b–b] 𝔖 13 ‖ **11** [a] 2 Mss (vid) et Vrs suff pl ‖ **14** [a] ut 2,12[b] ‖ **18** [a–a] > 𝔊[107]𝔖, dl? ‖ **20** [a] Ms 𝔗 sg ‖ [b] 2 Mss בָּאוּ, 𝔗 sg ‖ [c–c] inc; 𝔊 *ἐλθόντος τοῦ ἐνιαυτοῦ* cf 𝔗, 𝔖 *bh bšnt' hj* eodem anno cf 𝔙 ‖ **21** [a] Seb וַיִּהְיוּ.

הַגְּד֔וּד וַיַּשְׁלִ֥יכוּ אֶת־הָאִ֖ישׁ בְּקֶ֣בֶר אֱלִישָׁ֑ע וַיֵּ֨לֶךְ וַיִּגַּ֤ע הָאִישׁ֙ᵇ בְּעַצְמ֣וֹת — ד̇[18] מל וכל כתיב דכות ב מ א
22 אֱלִישָׁ֔ע וַיְחִ֖י וַיָּ֥קָם עַל־רַגְלָֽיו׃ פ 22 וַחֲזָאֵל֙ ᵃמֶ֣לֶךְ אֲרָ֔םᵃ לָחַ֖ץ
ס כז[19] אֶת־יִשְׂרָאֵ֔ל כֹּ֖ל יְמֵ֥י יְהוֹאָחָֽז׃ 23 ᵃוַיָּחָן֩ יְהוָ֨ה אֹתָ֜ם וַיְרַחֲמֵם֮ וַיִּ֣פֶן — ל̇
אֲלֵיהֶם֒ לְמַ֣עַן בְּרִית֔וֹ אֶת־אַבְרָהָ֖ם יִצְחָ֣קᵇ וְיַעֲקֹ֑ב וְלֹ֤א אָבָה֙ᶜ הַשְׁחִיתָ֔ם — ב̇[20] . י̇ד[21] . ל̇
24 וְלֹא־הִשְׁלִיכָ֥ם מֵעַל־פָּנָ֖יו עַד־עָֽתָּה׃ 24 וַיָּ֖מָת חֲזָאֵ֣ל מֶֽלֶךְ־אֲרָ֑ם — ד̇[22]
25 וַיִּמְלֹ֛ךְ בֶּן־הֲדַ֥ד בְּנ֖וֹ תַּחְתָּֽיו׃ 25 וַיָּ֡שָׁב יְהוֹאָ֣שׁ בֶּן־יְהוֹאָחָז֩ וַיִּקַּ֨ח אֶת־
הֶֽעָרִ֜ים מִיַּ֨ד בֶּן־הֲדַ֣ד בֶּן־חֲזָאֵ֗ל אֲשֶׁ֣ר לָקַ֔ח מִיַּ֛ד יְהוֹאָחָ֥ז אָבִ֖יו
בַּמִּלְחָמָ֑ה שָׁלֹ֤שׁ פְּעָמִים֙ הִכָּ֣הוּ יוֹאָ֔שׁ וַיָּ֖שֶׁב אֶת־עָרֵ֥י יִשְׂרָאֵֽל׃ פ — י̇ו בסיפ וכל שפטים תרי עשר וד״ה דכות . כה

14 1 בִּשְׁנַ֣ת שְׁתַּ֔יִם לְיוֹאָ֥שׁ בֶּן־יוֹאָחָ֖ז מֶ֣לֶךְ יִשְׂרָאֵ֑ל מָלַ֕ךְ אֲמַצְיָ֖הוּ — ד̇[1]
2 בֶן־יוֹאָ֖שׁ מֶ֥לֶךְ יְהוּדָֽה׃ 2 בֶּן־עֶשְׂרִ֨ים וְחָמֵ֤שׁ שָׁנָה֙ הָיָ֣ה בְמָלְכ֔וֹ וְעֶשְׂרִ֣ים — י̇ו בסיפ וכל שפטים תרי עשר וד״ה דכות . ז̇
3 וָתֵ֙שַׁע֙ שָׁנָ֔ה מָלַ֖ךְ בִּירוּשָׁלִָ֑ם וְשֵׁ֣ם אִמּ֔וֹ יְהוֹעַדָּ֖ןᵃ מִן־יְרוּשָׁלִָֽם׃ 3 וַיַּ֤עַשׂ — יהועדן ק̇ . ב̇
הַיָּשָׁר֙ בְּעֵינֵ֣י יְהוָ֔ה רַ֕ק לֹ֖א כְּדָוִ֣ד אָבִ֑יו כְּכֹ֧ל אֲשֶׁר־עָשָׂ֛ה יוֹאָ֥שׁ — י̇ו בסיפ וכל שפטים תרי עשר וד״ה דכות
4 אָבִ֖יו עָשָֽׂה׃ 4 רַ֥ק הַבָּמ֖וֹת לֹא־סָ֑רוּᵃ ע֤וֹד הָעָם֙ מְזַבְּחִ֣ים וּֽמְקַטְּרִ֔ים
5 בַּבָּמֽוֹת׃ 5 וַיְהִ֕י כַּאֲשֶׁ֛ר חָזְקָ֥ה הַמַּמְלָכָ֖ה בְּיָד֑וֹ וַיַּךְ֙ אֶת־עֲבָדָ֔יו
6 הַמַּכִּ֖ים אֶת־הַמֶּ֥לֶךְᵃ אָבִֽיו׃ 6 וְאֶת־בְּנֵ֥י הַמַּכִּ֖ים לֹ֣א הֵמִ֑ית כַּכָּת֣וּב — ל̇[1] . מז פסוק לא לא לא . ג בליש
בְּסֵ֣פֶר תּֽוֹרַת־מֹשֶׁ֡ה אֲשֶׁר־צִוָּ֣ה יְהוָה֩ לֵאמֹ֨ר לֹא־יוּמְת֤וּᵃ אָבוֹת֙ עַל־ — ג פסוק דמטע[2]
בָּנִ֗ים וּבָנִים֙ לֹא־יוּמְת֣וּᵃ עַל־אָב֔וֹת כִּ֛י אִם־אִ֥ישׁ בְּחֶטְא֖וֹᵇ יָמֽוּתᶜ׃ — יומת ק̇
7 הֽוּא־הִכָּ֤ה אֶת־אֱדוֹם֙ בְּגֵיא־הַמֶּ֙לַח֙ᵃ עֲשֶׂ֣רֶת אֲלָפִ֔ים וְתָפַ֥שׂ אֶת־ — יט פסוק בסיפ את את את . ט כת י̇[3] . מלח ק̇ חד מן ב כת כן בליש
הַסֶּ֖לַע בַּמִּלְחָמָ֑ה וַיִּקְרָ֤א אֶת־שְׁמָהּ֙ יָקְתְאֵ֔ל עַ֖ד הַיּ֥וֹם הַזֶּֽה׃ פ — ב̇[4] . ל̇
8 אָ֣ז שָׁלַ֣ח אֲמַצְיָ֡ה מַלְאָכִים֩ אֶל־יְהוֹאָ֨שׁ בֶּן־יְהוֹאָחָ֧ז בֶּן־יֵה֛וּא — ט̇[5]
9 מֶ֥לֶךְ יִשְׂרָאֵ֖ל לֵאמֹ֑ר לְכָ֖ה נִתְרָאֶ֥ה פָנִֽים׃ 9 וַיִּשְׁלַ֞ח יְהוֹאָ֣שׁ מֶֽלֶךְ־
יִשְׂרָאֵ֗ל אֶל־אֲמַצְיָ֣הוּ מֶֽלֶךְ־יְהוּדָה֮ לֵאמֹר֒ הַח֜וֹחַ אֲשֶׁ֣ר בַּלְּבָנ֗וֹן שָׁ֠לַח
אֶל־הָאֶ֜רֶז אֲשֶׁ֤ר בַּלְּבָנוֹן֙ לֵאמֹ֔ר תְּנָֽה־אֶת־בִּתְּךָ֥ לִבְנִ֖י לְאִשָּׁ֑ה וַֽתַּעֲבֹ֞ר
10 חַיַּ֤ת הַשָּׂדֶה֙ אֲשֶׁ֣ר בַּלְּבָנ֔וֹן וַֽתִּרְמֹ֖ס אֶת־הַחֽוֹחַ׃ 10 הַכֵּ֤ה הִכִּ֙יתָ֙ אֶת־ — ב ר״פ[6]

[18] Mm 415. [19] Mp sub loco. [20] Mm 2123. [21] Mm 247. [22] Mm 236. **Cp 14** [1] Mm 271. [2] Mm 4221. [3] Mm 3989. [4] Mm 191. [5] Mm 3071. [6] Dt 13,16.

21 ᵇ > 𝔊*𝔗^Ms || **22** ᵃ⁻ᵃ > 𝔊* || **23** ᵃ cf 7ᵇ || ᵇ 𝔊𝔖𝔙^Mss pr cop || ᶜ Ms 𝔊𝔖 + יהוה || **Cp 14,2** ᵃ nonn Mss 𝔖𝔗𝔙 et 2 Ch 25,1 ut Q דָּן־; K דִּין־ cf 𝔊 || **4** ᵃ 𝔊(𝔖𝔙) ἐξῆρεν = הֵסִיר || **5** ᵃ > 𝔊? || **6** ᵃ Vrs ut 2 Ch 25,4 יָמֻותוּ, sed cf Dt 24,16 || ᵇ 𝔊^-L𝔖 pl || ᶜ mlt Mss ut Q יוּמָת, K Vrs יָמוּת || **7** ᵃ nonn Mss 𝔊 ut Q מֶלַח.

אֱדוֹם וּנְשָׂאֲךָ לִבֶּךָ הִכָּבֵד וְשֵׁב בְּבֵיתֶךָ וְלָמָּה[a] תִתְגָּרֶה בְּרָעָה
11 וְנָפַלְתָּה אַתָּה וִיהוּדָה עִמָּךְ׃ 11 וְלֹא־שָׁמַע אֲמַצְיָהוּ וַיַּעַל יְהוֹאָשׁ[a]
מֶלֶךְ־יִשְׂרָאֵל וַיִּתְרָאוּ פָנִים [b]הוּא וַאֲמַצְיָהוּ מֶלֶךְ־יְהוּדָה[b] בְּבֵית שֶׁמֶשׁ
12 אֲשֶׁר לִיהוּדָה׃ 12 וַיִּנָּגֶף יְהוּדָה לִפְנֵי יִשְׂרָאֵל וַיָּנֻסוּ אִישׁ לְאֹהָלָו[a]׃
13 13 וְאֵת [a]אֲמַצְיָהוּ מֶלֶךְ־יְהוּדָה[a] [b]בֶּן־יְהוֹאָשׁ בֶּן־אֲחַזְיָהוּ[b] תָּפַשׂ יְהוֹאָשׁ
מֶלֶךְ־יִשְׂרָאֵל בְּבֵית שָׁמֶשׁ וַיָּבֹאוּ[c] יְרוּשָׁלַםִ וַיִּפְרֹץ בְּחוֹמַת יְרוּשָׁלַםִ
14 בְּשַׁעַר[d] אֶפְרַיִם עַד־שַׁעַר הַפִּנָּה אַרְבַּע מֵאוֹת אַמָּה׃ 14 וְלָקַח אֶת־
כָּל־[a]הַזָּהָב־וְהַכֶּסֶף וְאֵת כָּל־הַכֵּלִים הַנִּמְצְאִים בֵּית־[b]יְהוָה וּבְאֹצְרוֹת
15 בֵּית הַמֶּלֶךְ וְאֵת בְּנֵי הַתַּעֲרֻבוֹת וַיָּשָׁב שֹׁמְרוֹנָה׃ 15 וְיֶתֶר
דִּבְרֵי יְהוֹאָשׁ[a] אֲשֶׁר עָשָׂה וּגְבוּרָתוֹ וַאֲשֶׁר[b] נִלְחַם עִם אֲמַצְיָהוּ מֶלֶךְ־
יְהוּדָה הֲלֹא־הֵם כְּתוּבִים עַל־סֵפֶר דִּבְרֵי הַיָּמִים לְמַלְכֵי יִשְׂרָאֵל׃
16 16 וַיִּשְׁכַּב יְהוֹאָשׁ עִם־אֲבֹתָיו וַיִּקָּבֵר בְּשֹׁמְרוֹן עִם מַלְכֵי יִשְׂרָאֵל וַיִּמְלֹךְ
17 יָרָבְעָם בְּנוֹ תַּחְתָּיו׃ פ 17 וַיְחִי אֲמַצְיָהוּ בֶן־יוֹאָשׁ מֶלֶךְ יְהוּדָה
אַחֲרֵי מוֹת יְהוֹאָשׁ בֶּן־יְהוֹאָחָז מֶלֶךְ יִשְׂרָאֵל חֲמֵשׁ עֶשְׂרֵה שָׁנָה׃
18 18 וְיֶתֶר דִּבְרֵי אֲמַצְיָהוּ הֲלֹא־הֵם כְּתוּבִים עַל־סֵפֶר דִּבְרֵי הַיָּמִים
19 לְמַלְכֵי יְהוּדָה׃ 19 וַיִּקְשְׁרוּ עָלָיו קֶשֶׁר בִּירוּשָׁלַםִ וַיָּנָס לָכִישָׁה
20 וַיִּשְׁלְחוּ אַחֲרָיו לָכִישָׁה וַיְמִתֻהוּ שָׁם׃ 20 וַיִּשְׂאוּ אֹתוֹ עַל־הַסּוּסִים
21 וַיִּקָּבֵר בִּירוּשָׁלַםִ עִם־אֲבֹתָיו בְּעִיר דָּוִד׃ 21 וַיִּקְחוּ כָּל־עַם יְהוּדָה
אֶת־עֲזַרְיָה[a] וְהוּא בֶּן־שֵׁשׁ עֶשְׂרֵה שָׁנָה וַיַּמְלִכוּ אֹתוֹ תַּחַת אָבִיו
22 אֲמַצְיָהוּ׃ 22 הוּא בָּנָה אֶת־אֵילַת וַיְשִׁבֶהָ לִיהוּדָה אַחֲרֵי שְׁכַב־הַמֶּלֶךְ
עִם־אֲבֹתָיו׃ פ
23 23 בִּשְׁנַת חֲמֵשׁ־עֶשְׂרֵה שָׁנָה לַאֲמַצְיָהוּ בֶן־יוֹאָשׁ מֶלֶךְ יְהוּדָה מָלַךְ

ב . ב
ל מל . ב
ב
ז פסוק מן ז מילין כל מילה אית בהון י . לאהליו חד מן ב[7] חס בליש ק
[8]ס
ויבא ק
[9]י . ב וכת כן . ג[10] . ד בטע ר״פ[11]
[12]ו . ב . יב[13]
ב
יו בסיפ וכל שפטים תרי עשר וד״ה דכות
ג בטע[14]
ה חס וכל אורית דכות[15]
[16]ו
[16]ו . ו ג[17] מנה חס . מג
ה חס[18]
ב חד חס וחד מל[19]
יו בסיפ וכל שפטים תרי עשר וד״ה דכות

[7]Mm 2124. [8]Mm 2125. [9]Mm 271. [10]Mm 2029. [11]Mm 2037. [12]Mm 1990. [13]Mm 1748. [14]Mp sub loco. [15]Mm 1950 contra textum. [16]Mm 2126. [17]Mm 2127. [18]Mm 1584. [19]Mm 2128.

10 [a] 2 Mss 𝔊$^{-BL}$𝔙 לי ‖ **11** [a] > 𝔊^{B} ‖ [b–b] > 𝔊$^{44.71}$, 𝔖 tr in fin v, dl? ‖ **12** [a] mlt Mss 𝔗𝔙 ut Q לְאֹהָלָיו, K 𝔊𝔖 לְאָהֳלוֹ ‖ **13** [a–a] > 𝔊^{B}; 𝔊^{L} tr post יהואש, 𝔊$^{N\,min}$ post אחזיהו ‖ [b–b] > 𝔖(𝔊^{L} om בן־א׳), dl [a–a] vel [b–b] ‖ [c] mlt Mss 𝔊$^{-L}$𝔖𝔗 ut Q וַיָּבֹא, K ־אוּ; 𝔊^{L}𝔙 ut 2 Ch 25,23 וַיְבִיאֵהוּ ‖ [d] 1 c pc Mss 𝔊^{L}𝔖𝔗𝔙 et 2 Ch מִשׁ׳ ‖ **14** [a] > Ms 𝔊, Syh sub ast ‖ [b] nonn Mss 𝔊𝔖 et 2 Ch 25,24 בְּבֵית ‖ **15** [a] nonn Mss 𝔖𝔗^{f} + וְכָל־ ‖ [b] Ms 𝔊𝔙 א׳ ‖ **21** [a] 𝔖 ut 2 Ch 26,1 עֻזִּיָּה, it in 15,1sqq; Ms 𝔊^{L} + בְּנוֹ.

יָרָבְעָם בֶּן־יוֹאָשׁ מֶלֶךְ־[a]יִשְׂרָאֵל בְּשֹׁמְרוֹן אַרְבָּעִים וְאַחַת שָׁנָה׃ יו̇ בסיפ וכל שפטים תרי עשר וד״ה דכות . ג סביר יהודה וקר ישראל

24 וַיַּעַשׂ הָרַע בְּעֵינֵי יְהוָה לֹא סָר מִכָּל־חַטֹּאות יָרָבְעָם בֶּן־נְבָט ב

25 אֲשֶׁר הֶחֱטִיא אֶת־יִשְׂרָאֵל׃ 25 הוּא הֵשִׁיב אֶת־גְּבוּל יִשְׂרָאֵל מִלְּבוֹא ל

חֲמָת עַד־יָם הָעֲרָבָה כִּדְבַר יְהוָה אֱלֹהֵי יִשְׂרָאֵל אֲשֶׁר דִּבֶּר בְּיַד־

26 עַבְדּוֹ יוֹנָה בֶן־אֲמִתַּי הַנָּבִיא אֲשֶׁר מִגַּת הַחֵפֶר׃ 26 כִּי־רָאָה יְהוָה ל . ל

אֶת־עֳנִי יִשְׂרָאֵל מֹרֶה[a] מְאֹד וְאֶפֶס עָצוּר וְאֶפֶס עָזוּב וְאֵין עֹזֵר ה חס[20] . ח . ל . ו[21]

27 לְיִשְׂרָאֵל׃ 27 וְלֹא־דִבֶּר יְהוָה לִמְחוֹת אֶת־שֵׁם[a] יִשְׂרָאֵל מִתַּחַת

28 הַשָּׁמָיִם וַיּוֹשִׁיעֵם בְּיַד יָרָבְעָם בֶּן־יוֹאָשׁ׃ 28 וְיֶתֶר דִּבְרֵי יָרָבְעָם ד[22] . יו̇ בסיפ וכל שפטים תרי עשר וד״ה דכות . ד בטע ר״פ[23]

וְכָל־אֲשֶׁר עָשָׂה וּגְבוּרָתוֹ אֲשֶׁר־[a]נִלְחָם וַאֲשֶׁר הֵשִׁיב אֶת־דַּמֶּשֶׂק וְאֶת־

חֲמָת לִיהוּדָה [b]בְּיִשְׂרָאֵל[b] הֲלֹא־הֵם כְּתוּבִים עַל־סֵפֶר דִּבְרֵי הַיָּמִים ל

29 לְמַלְכֵי יִשְׂרָאֵל׃ 29 וַיִּשְׁכַּב יָרָבְעָם[a] עִם־אֲבֹתָיו עִם מַלְכֵי יִשְׂרָאֵל

וַיִּמְלֹךְ זְכַרְיָה בְנוֹ תַּחְתָּיו׃ פ

15 1 בִּשְׁנַת עֶשְׂרִים וָשֶׁבַע שָׁנָה לְיָרָבְעָם מֶלֶךְ יִשְׂרָאֵל מָלַךְ

2 עֲזַרְיָה בֶן־אֲמַצְיָה מֶלֶךְ יְהוּדָה׃ 2 בֶּן־שֵׁשׁ עֶשְׂרֵה שָׁנָה הָיָה בְמָלְכוֹ ט[1] . ז̇

וַחֲמִשִּׁים וּשְׁתַּיִם שָׁנָה מָלַךְ בִּירוּשָׁלָ͏ִם וְשֵׁם אִמּוֹ יְכָלְיָהוּ מִירוּשָׁלָ͏ִם׃ ל

3 וַיַּעַשׂ הַיָּשָׁר בְּעֵינֵי יְהוָה כְּכֹל אֲשֶׁר־עָשָׂה אֲמַצְיָהוּ אָבִיו׃ 4 רַק

5 הַבָּמוֹת לֹא־סָרוּ[a] עוֹד הָעָם מְזַבְּחִים וּמְקַטְּרִים בַּבָּמוֹת׃ 5 וַיְנַגַּע ב[2]

יְהוָה אֶת־הַמֶּלֶךְ וַיְהִי מְצֹרָע עַד־יוֹם מֹתוֹ וַיֵּשֶׁב בְּבֵית הַחָפְשִׁית[a] ג חס[3] . ה זוגין בבית בית[4]

6 וְיוֹתָם בֶּן־הַמֶּלֶךְ עַל־הַבַּיִת שֹׁפֵט אֶת־עַם הָאָרֶץ׃ 6 וְיֶתֶר יג בטע ר״פ בסיפ[5]

דִּבְרֵי עֲזַרְיָהוּ וְכָל־אֲשֶׁר עָשָׂה הֲלֹא־הֵם כְּתוּבִים עַל־סֵפֶר דִּבְרֵי ד בנביא[6]

ס כח[6] הַיָּמִים לְמַלְכֵי יְהוּדָה׃ 7 וַיִּשְׁכַּב עֲזַרְיָה עִם־אֲבֹתָיו וַיִּקְבְּרוּ אֹתוֹ ב בסיפ

עִם־אֲבֹתָיו בְּעִיר דָּוִד וַיִּמְלֹךְ יוֹתָם בְּנוֹ תַּחְתָּיו׃ פ

8 בִּשְׁנַת [a]שְׁלֹשִׁים וּשְׁמֹנֶה[a] שָׁנָה לַעֲזַרְיָהוּ מֶלֶךְ יְהוּדָה מָלַךְ זְכַרְיָהוּ ד בנביא . ב בנביא[6]

9 בֶּן־יָרָבְעָם עַל־יִשְׂרָאֵל בְּשֹׁמְרוֹן שִׁשָּׁה חֳדָשִׁים׃ 9 וַיַּעַשׂ הָרַע בְּעֵינֵי

[20] Mm 1121. [21] Mm 2129. [22] Mm 2130. [23] Mm 2037. **Cp 15** [1] Mm 3071. [2] Gn 12,17. [3] Mm 1029. [4] Mm 2131 et Mm 3761. [5] Mm 1985. [6] Mp sub loco.

23 [a] mlt Mss 𝔊𝔗[f Ms] עַל־ ‖ **26** [a] frt l הַמַּר cf 𝔊𝔖𝔙 ‖ **27** [a] 𝔊[-L] *τὸ σπέρμα* ‖ **28** [a] 𝔊[L]𝔖 pr cop ‖ [b–b] 𝔖 *l'jsr'jl*, recte? ‖ **29** [a] sic semper C, L alias sine meteg ‖ **Cp 15,4** [a] ut 14,4[a] ‖ **5** [a] nonn Mss et 2 Ch 26,21 K שׁוּת–; 𝔊 *αφφουσωθ* vel sim ‖ **8** [a–a] 𝔊[N min] 28, 𝔊[245] 29.

יְהוָה כַּאֲשֶׁר עָשׂוּ אֲבֹתָיו לֹא סָר מֵחַטֹּאות[a] יָרָבְעָם בֶּן־נְבָט אֲשֶׁר
הֶחֱטִיא אֶת־יִשְׂרָאֵל׃ 10 וַיִּקְשֹׁר עָלָיו שַׁלֻּם בֶּן־יָבֵשׁ וַיַּכֵּהוּ [a]קָבָל־ 10
עָם[a] וַיְמִיתֵהוּ וַיִּמְלֹךְ תַּחְתָּיו׃ 11 וְיֶתֶר דִּבְרֵי זְכַרְיָה הִנָּם 11
כְּתוּבִים עַל־סֵפֶר דִּבְרֵי הַיָּמִים לְמַלְכֵי יִשְׂרָאֵל׃ 12 הוּא[a] דְבַר־יְהוָה 12
אֲשֶׁר דִּבֶּר אֶל־יֵהוּא לֵאמֹר בְּנֵי רְבִיעִים יֵשְׁבוּ לְךָ עַל־כִּסֵּא יִשְׂרָאֵל
וַיְהִי־כֵן׃ פ
13 שַׁלּוּם[a] בֶּן־יָבֵישׁ מָלַךְ בִּשְׁנַת [b]שְׁלֹשִׁים וָתֵשַׁע[b] שָׁנָה לְעֻזִּיָּה[c] מֶלֶךְ 13
יְהוּדָה וַיִּמְלֹךְ יֶרַח־יָמִים[d] בְּשֹׁמְרוֹן׃ 14 וַיַּעַל מְנַחֵם בֶּן־גָּדִי מִתִּרְצָה 14
וַיָּבֹא שֹׁמְרוֹן וַיַּךְ אֶת־שַׁלּוּם בֶּן־יָבֵישׁ בְּשֹׁמְרוֹן[a] וַיְמִיתֵהוּ [b]וַיִּמְלֹךְ
תַּחְתָּיו׃[b] 15 וְיֶתֶר דִּבְרֵי שַׁלּוּם וְקִשְׁרוֹ אֲשֶׁר קָשָׁר הִנָּם כְּתֻבִים 15
עַל־סֵפֶר דִּבְרֵי הַיָּמִים לְמַלְכֵי יִשְׂרָאֵל׃ ס 16 אָז יַכֶּה־מְנַחֵם 16
אֶת־תִּפְסַח[a] וְאֶת־כָּל־אֲשֶׁר־בָּהּ וְאֶת־גְּבוּלֶיהָ מִתִּרְצָה[b] כִּי לֹא פָתַח
וַיַּךְ[c] אֵת[d] כָּל־הֶהָרוֹתֶיהָ[e] בִּקֵּעַ׃ פ
17 בִּשְׁנַת שְׁלֹשִׁים וָתֵשַׁע שָׁנָה לַעֲזַרְיָה מֶלֶךְ יְהוּדָה מָלַךְ מְנַחֵם 17
בֶּן־גָּדִי עַל־יִשְׂרָאֵל עֶשֶׂר שָׁנִים בְּשֹׁמְרוֹן׃ 18 וַיַּעַשׂ הָרַע בְּעֵינֵי יְהוָה 18
לֹא סָר [a]מֵעַל[b] חַטֹּאות[a] יָרָבְעָם בֶּן־נְבָט אֲשֶׁר־הֶחֱטִיא אֶת־יִשְׂרָאֵל
[c]כָּל־יָמָיו׃[c] 19 בָּא פוּל מֶלֶךְ־אַשּׁוּר עַל־הָאָרֶץ וַיִּתֵּן מְנַחֵם 19
לְפוּל אֶלֶף כִּכַּר־כָּסֶף לִהְיוֹת יָדָיו אִתּוֹ [a]לְהַחֲזִיק הַמַּמְלָכָה בְּיָדוֹ׃[a]
20 וַיֹּצֵא מְנַחֵם אֶת־הַכֶּסֶף עַל־יִשְׂרָאֵל עַל כָּל־גִּבּוֹרֵי הַחַיִל לָתֵת 20
לְמֶלֶךְ אַשּׁוּר חֲמִשִּׁים שְׁקָלִים כֶּסֶף[a] לְאִישׁ אֶחָד וַיָּשָׁב מֶלֶךְ אַשּׁוּר
וְלֹא־עָמַד שָׁם בָּאָרֶץ׃ 21 וְיֶתֶר דִּבְרֵי מְנַחֵם וְכָל־אֲשֶׁר עָשָׂה 21

יא חס . ו חס
יז וכל זקף אתנח וס״פ דכות[7] . ה מל[8] . ה בנביא
ב חד מל וחד חס[9] . כ[10]
ג מל בנביא[11] . ו חס[12] . ד וכל תרי עשר ועזרא דכות[13]
ב[14]
ג מל בנביא[11] . ה מל[8]
ג מל בנביא[11] . ב . ה בנביא
יח פסוק את ואת ואת את . ג
ל וחד מן ח[15] בטע
ל בטע בעינ
ב
יג חס[16] . כא פסוק על על ומילה חדה ביניה[17] . ה פת
ג[18] . יג בטע ר״פ בסיפ[19]

[7]Mm 2120. [8]Mm 2137. [9]Mm 2132. [10]Mm 534. [11]Mm 4232. [12]Mp contra textum, cf Mp sub loco. [13]Mm 2133. [14]Mm 2134. [15]Mm 796. [16]Mm 1509. [17]Mm 686. [18]Mm 1363. [19]Mm 1985.

9 [a] 𝔊^{Nmin}(𝔖) *ἀπὸ πασῶν ἁμαρτιῶν* ‖ **10** [a–a] mlt Mss קבלעם cf 𝔊^{B}, 𝔊^{O}(𝔖𝔗𝔙) *κατέναντι τοῦ λαοῦ*; 𝔊^{L} *ἐν Ιεβλααμ*, l בְּיִבְלְעָם? ‖ **12** [a] > 𝔊* ‖ **13** [a] 𝔊𝔖 pr cop ‖ [b–b] 𝔊^{127} 28, 𝔊^{245} 30, it in 17 ‖ [c] sic L, mlt Mss Edd ׳זְ—; l c mlt Mss 𝔊𝔗$^{f\,Ms}$𝔙 לַעֲזַרְיָה ‖ [d] > 𝔊^{B}, 𝔊^{A} *ὀκτώ* ‖ **14** [a] > Ms 𝔊^{L}𝔗^{Ms} ‖ [b–b] > 𝔊* ‖ **16** [a] inc; 𝔊* *Θερσα* = תִּרְצָה, 𝔊^{L} *Ταφωε* = תַּפּוּחַ ‖ [b] 𝔊^{Nmin} *ἀπὸ Θερσιλα* ‖ [c] 𝔊$^{-L}$𝔗$^{f\,Mss}$𝔖 + suff 3 f sg ‖ [d] nonn Mss 𝔊𝔖𝔗$^{f\,Ms}$ ואת ‖ [e] dl הָ? ‖ **18** [a–a] pc Mss 𝔖 ׳מֵחַ ‖ [b] pc Mss 𝔊$^{-L}$𝔗^{f} מִכָּל־ ‖ [c–c] > Ms; 𝔊 *ἐν ταῖς ἡμέραις αὐτοῦ* (cj c 19), frt l בְּיָמָיו ‖ **19** [a–a] > 𝔊* ‖ **20** [a] > 𝔊*.

22 הֲלוֹא־הֵם כְּתוּבִים עַל־סֵפֶר דִּבְרֵי הַיָּמִים לְמַלְכֵי יִשְׂרָאֵל׃ 22 וַיִּשְׁכַּב — יז̇ מל בסיפ
מְנַחֵם עִם־אֲבֹתָיו וַיִּמְלֹךְ פְּקַחְיָה בְנוֹ תַּחְתָּיו׃ פ
23 בִּשְׁנַת חֲמִשִּׁים[a] שָׁנָה לַעֲזַרְיָה מֶלֶךְ יְהוּדָה מָלַךְ פְּקַחְיָה בֶן־ — ל̇
24 מְנַחֵם עַל־יִשְׂרָאֵל בְּשֹׁמְרוֹן שְׁנָתָיִם[b]׃ 24 וַיַּעַשׂ הָרַע בְּעֵינֵי יְהוָה לֹא
25 סָר מֵחַטֹּאות יָרָבְעָם בֶּן־נְבָט אֲשֶׁר הֶחֱטִיא אֶת־יִשְׂרָאֵל׃ 25 וַיִּקְשֹׁר
עָלָיו פֶּקַח בֶּן־רְמַלְיָהוּ שָׁלִישׁוֹ וַיַּכֵּהוּ בְשֹׁמְרוֹן בְּאַרְמוֹן בֵּית־מֶלֶךְ[a] — ב̇. המלך ק̇ חד מן יג̇[20] חס ה ר״ת בליש
[b]אֶת־אַרְגֹּב[c] וְאֶת־הָאַרְיֵה[b] וְעִמּוֹ חֲמִשִּׁים אִישׁ [d]מִבְּנֵי גִלְעָדִים[de] — ל̇
26 וַיְמִתֵהוּ וַיִּמְלֹךְ תַּחְתָּיו׃ 26 וְיֶתֶר דִּבְרֵי פְקַחְיָה וְכָל־אֲשֶׁר — כל חס ב̇ מ ח[21]. יג̇ בטע ר״פ בסיפ[22]
עָשָׂה הִנָּם כְּתוּבִים עַל־סֵפֶר דִּבְרֵי הַיָּמִים לְמַלְכֵי יִשְׂרָאֵל׃ פ — ה̇ בנביא
27 בִּשְׁנַת חֲמִשִּׁים וּשְׁתַּיִם שָׁנָה לַעֲזַרְיָה מֶלֶךְ יְהוּדָה מָלַךְ פֶּקַח
28 בֶּן־רְמַלְיָהוּ עַל־יִשְׂרָאֵל בְּשֹׁמְרוֹן עֶשְׂרִים[a] שָׁנָה׃ 28 וַיַּעַשׂ הָרַע
בְּעֵינֵי יְהוָה לֹא סָר מִן־חַטֹּאות יָרָבְעָם בֶּן־נְבָט אֲשֶׁר הֶחֱטִיא אֶת־ — יו̇ מיחד מן[23]
29 יִשְׂרָאֵל׃ 29 בִּימֵי פֶּקַח מֶלֶךְ־יִשְׂרָאֵל בָּא תִּגְלַת פִּלְאֶסֶר מֶלֶךְ
אַשּׁוּר וַיִּקַּח אֶת־עִיּוֹן וְאֶת־אָבֵל בֵּית־מַעֲכָה וְאֶת־יָנוֹחַ וְאֶת־קֶדֶשׁ — ז̇ פסוק את ואת ואת ואת ואת ואת ואת[24]. ג̇ ומל[25]. ל̇. ל̇
וְאֶת־חָצוֹר וְאֶת־הַגִּלְעָד וְאֶת־הַגָּלִילָה[a] כֹּל אֶרֶץ נַפְתָּלִי וַיַּגְלֵם — ל̇. ל̇
30 אַשּׁוּרָה׃ 30 וַיִּקְשָׁר־קֶשֶׁר הוֹשֵׁעַ בֶּן־אֵלָה עַל־פֶּקַח בֶּן־רְמַלְיָהוּ — ו̇[26]
וַיַּכֵּהוּ וַיְמִיתֵהוּ וַיִּמְלֹךְ תַּחְתָּיו [a]בִּשְׁנַת עֶשְׂרִים[b] לְיוֹתָם בֶּן־עֻזִּיָּה[ac]׃ — ח̇ מל[27]. ל̇. ד̇ וכל תרי עשר ועזרא דכות[28]
31 וְיֶתֶר דִּבְרֵי־פֶקַח וְכָל־אֲשֶׁר עָשָׂה הִנָּם כְּתוּבִים עַל־סֵפֶר דִּבְרֵי — ה̇ בנביא
הַיָּמִים לְמַלְכֵי יִשְׂרָאֵל׃ פ
32 בִּשְׁנַת שְׁתַּיִם לְפֶקַח בֶּן־רְמַלְיָהוּ מֶלֶךְ יִשְׂרָאֵל מָלַךְ יוֹתָם בֶּן־
33 עֻזִּיָּהוּ[a] מֶלֶךְ יְהוּדָה׃ 33 בֶּן־עֶשְׂרִים וְחָמֵשׁ שָׁנָה הָיָה בְמָלְכוֹ וְשֵׁשׁ־ — ז̇
34 עֶשְׂרֵה שָׁנָה מָלַךְ בִּירוּשָׁלִָם וְשֵׁם אִמּוֹ יְרוּשָׁא[a] בַּת־צָדוֹק׃ 34 וַיַּעַשׂ — ב̇ חד כת̇ שא וחד כת̇ שה[29]
35 הַיָּשָׁר בְּעֵינֵי יְהוָה כְּכֹל אֲשֶׁר־עָשָׂה עֻזִּיָּהוּ[a] אָבִיו עָשָׂה[b]׃ 35 רַק

[20] Mm 1856. [21] Mp contra textum, cf Mm 2137 et Mp sub loco. [22] Mm 1985. [23] Okhl 196. [24] Mm 2135. [25] Mm 1980. [26] Mm 2136. [27] Mm 2137. [28] Mm 2133. [29] Mm 2138.

23 [a] 𝔊[127] 40 ‖ [b] 𝔊[N min] *δέκα δύο ἔτη*, 𝔊[AL] *δέκα ἔτη* ‖ **25** [a] mlt Mss ut Q הַמֶּלֶךְ ‖ [b–b] frt gl ad 29 ‖ [c] pc Mss 𝔊 הָאַ׳ ‖ [d–d] 𝔊* *ἀπὸ τῶν τετρακοσίων* ‖ [e] l c Ms 𝔊[L] הַגִּ׳? ‖ **27** [a] 𝔊[min] 28, 𝔊[127] 30 ‖ **29** [a] pc Mss 𝔊[121.426]𝔗[Ms] + וְאֶת־ ‖ **30** [a–a] > Ms 𝔊[L], frt dl ‖ [b] 𝔊[71] 8, 𝔖 2 ‖ [c] sic L, mlt Mss Edd ׳יָּ–; Ms 𝔊[O min] עֲזַרְיָה, it in 32.34 ‖ **32** [a] sic L, mlt Mss Edd ׳יָּ– ‖ **33** [a] nonn Mss –שָׁה ‖ **34** [a] cf 32[a] ‖ [b] > pc Mss 𝔊𝔖, prb dl.

הַבָּמוֹת לֹא סָרוּ[a] עוֹד הָעָם מְזַבְּחִים וּמְקַטְּרִים בַּבָּמוֹת הוּא בָּנָה אֶת־
36 שַׁעַר בֵּית־יְהוָה הָעֶלְיוֹן׃ 36 וְיֶתֶר דִּבְרֵי יוֹתָם[a] אֲשֶׁר עָשָׂה הֲלֹא־ ‏יג בטע ר״פ בסיפ[30]. ו[31]
37 הֵם כְּתוּבִים עַל־סֵפֶר דִּבְרֵי הַיָּמִים לְמַלְכֵי יְהוּדָה׃ 37 בַּיָּמִים
הָהֵם הֵחֵל יְהוָה לְהַשְׁלִיחַ בִּיהוּדָה[a] רְצִין[b] מֶלֶךְ אֲרָם וְאֵת פֶּקַח בֶּן־ ‏ל. ז דמטע בטע[32]. ל
38 רְמַלְיָהוּ׃ 38 וַיִּשְׁכַּב יוֹתָם עִם־אֲבֹתָיו [a]וַיִּקָּבֵר עִם־אֲבֹתָיו[a] בְּעִיר ‏ו[33] ה מנה בליש ובסיפ
דָּוִד אָבִיו[b] וַיִּמְלֹךְ אָחָז בְּנוֹ תַּחְתָּיו׃ פ

16 1 בִּשְׁנַת [a]שְׁבַע־עֶשְׂרֵה[a] שָׁנָה לְפֶקַח בֶּן־רְמַלְיָהוּ מָלַךְ אָחָז
2 בֶּן־יוֹתָם מֶלֶךְ יְהוּדָה׃ 2 בֶּן־עֶשְׂרִים שָׁנָה אָחָז בְּמָלְכוֹ וְשֵׁשׁ־עֶשְׂרֵה
שָׁנָה מָלַךְ בִּירוּשָׁלָ͏ִם וְלֹא־עָשָׂה הַיָּשָׁר בְּעֵינֵי יְהוָה אֱלֹהָיו כְּדָוִד אָבִיו׃ ‏ה[1]
3 3 וַיֵּלֶךְ בְּדֶרֶךְ מַלְכֵי יִשְׂרָאֵל וְגַם אֶת־בְּנוֹ[a] הֶעֱבִיר בָּאֵשׁ כְּתֹעֲבוֹת ‏ד בטע[2]. ט חס ג[3] מנה בליש וחד מן ד כת כן
4 הַגּוֹיִם אֲשֶׁר הוֹרִישׁ יְהוָה אֹתָם מִפְּנֵי בְּנֵי יִשְׂרָאֵל׃ 4 וַיְזַבֵּחַ וַיְקַטֵּר
5 בַּבָּמוֹת וְעַל־הַגְּבָעוֹת וְתַחַת כָּל־עֵץ רַעֲנָן׃ 5 אָז יַעֲלֶה רְצִין
מֶלֶךְ־אֲרָם וּפֶקַח בֶּן־רְמַלְיָהוּ מֶלֶךְ־יִשְׂרָאֵל יְרוּשָׁלַ͏ִם לַמִּלְחָמָה
6 [a]וַיָּצֻרוּ עַל־אָחָז[a] וְלֹא יָכְלוּ[b] לְהִלָּחֵם[c]׃ 6 בָּעֵת הַהִיא הֵשִׁיב ‏ל
רְצִין[a] מֶלֶךְ־אֲרָם[b] אֶת־אֵילַת לַאֲרָם[c] וַיְנַשֵּׁל אֶת־הַיְהוּדִים מֵאֵילוֹת[d] ‏ל
7 וַאֲרֹמִים[e] בָּאוּ אֵילַת וַיֵּשְׁבוּ שָׁם עַד הַיּוֹם הַזֶּה׃ פ 7 וַיִּשְׁלַח ‏ואדמים[4] ק חד מן ד[5] כת ר וקר ד
אָחָז מַלְאָכִים אֶל־תִּגְלַת פְּלֶסֶר מֶלֶךְ־אַשּׁוּר לֵאמֹר עַבְדְּךָ וּבִנְךָ ‏יא[6] מילין דלא מפק א ול בליש
אָנִי עֲלֵה וְהוֹשִׁעֵנִי מִכַּף מֶלֶךְ־אֲרָם וּמִכַּף מֶלֶךְ יִשְׂרָאֵל הַקּוֹמִים[a] ‏ב חד חס וחד מל[4]. ל
8 עָלָי׃ 8 וַיִּקַּח אָחָז אֶת־הַכֶּסֶף וְאֶת־הַזָּהָב הַנִּמְצָא[a] בֵּית יְהוָה
9 וּבְאֹצְרוֹת בֵּית הַמֶּלֶךְ וַיִּשְׁלַח [b]לְמֶלֶךְ־אַשּׁוּר[b] שֹׁחַד׃ 9 וַיִּשְׁמַע אֵלָיו
מֶלֶךְ אַשּׁוּר וַיַּעַל מֶלֶךְ אַשּׁוּר אֶל־דַּמֶּשֶׂק וַיִּתְפְּשֶׂהָ וַיַּגְלֶהָ קִירָה[a] ‏ל. ל. ב
10 וְאֶת־רְצִין הֵמִית׃ 10 וַיֵּלֶךְ הַמֶּלֶךְ אָחָז לִקְרַאת תִּגְלַת פִּלְאֶסֶר ‏ל

[30] Mm 1985. [31] Mm 1990. [32] Mm 2139. [33] Mm 1945. **Cp 16** [1] Mm 1821. [2] Mm 2140. [3] Mm 4251. [4] Mp sub loco. [5] Mm 3624. [6] Mm 4069 contra textum, lect Mm frt inc.

35 [a] ut 14,4[a] || **36** [a] mlt Mss Vrs + וְכָל־ || **37** [a] > 𝔊[BA] || [b] 𝔊 *Ρααssων* cf 𝔖 (akk *Ra-ḫi-a-nu*), it in 16,6.9 || **38** [a–a] > pc Mss 𝔊[AN min]𝔗[Ms] || [b] > 2 Mss 𝔊[L]𝔖𝔗[f] || **Cp 16,1** [a–a] 𝔊[127]𝔖 18 || **3** [a] 𝔊[L] ut 2 Ch 28,3 בָּנָיו || **5** [a–a] Jes 7,1 עָלֶיהָ cf 𝔖 || [b] Jes sg || [c] Jes + עָלֶיהָ cf 𝔖 || **6** [a] prb add || [b] l potius אֱדוֹם || [c] l potius לֶאֱדוֹם || [d] l c pc Mss Vrs –לַת || [e] K mlt Mss 𝔖𝔗[Mss]𝔙[Mss] וארַמִים, Q 𝔊𝔗𝔙 ואדמים || **7** [a] = הַקָּמִים cf K[Mss] || **8** [a] 𝔊 huc tr (pc Mss addunt) באצרות || [b–b] 𝔊* *τῷ βασιλεῖ* || **9** [a] > 𝔊*, 𝔊[O] α′ *Κυρηνῆνδε*, 𝔊[L] *τὴν πόλιν* (leg וַיָּגֶל); cf 𝔙 et Eus ad Jes 17,1.

מֶֽלֶךְ־אַשּׁוּר֙ דּֽוּמֶּ֔שֶׂקᵃ וַיַּ֥רְא אֶת־הַמִּזְבֵּ֖חַ אֲשֶׁ֣רᵇ בְּדַמָּ֑שֶׂק וַיִּשְׁלַח֩ הַמֶּ֨לֶךְ   ל̇ ומל
אָחָ֜ז אֶל־אוּרִיָּ֣ה הַכֹּהֵ֗ן ᶜאֶת־דְּמ֤וּתᶜ הַמִּזְבֵּ֙חַ֙ וְאֶת־תַּבְנִית֔וֹ לְכָל־   ל̇
11 מַעֲשֵֽׂהוּ׃ 11 וַיִּ֛בֶן אוּרִיָּ֥ה הַכֹּהֵ֖ן אֶת־הַמִּזְבֵּ֑חַ כְּכֹ֨ל אֲשֶׁר־שָׁלַ֜ח הַמֶּ֤לֶךְ   ל̇
אָחָז֙ מִדַּמֶּ֔שֶׂק ᵃכֵּ֤ן עָשָׂה֙ אוּרִיָּ֣ה הַכֹּהֵ֔ן עַד־בּ֥וֹא הַמֶּֽלֶךְ־אָחָ֖ז מִדַּמָּֽשֶׂקᵃ׃   יד̇[7] מל וכל שמואל וכתיב דכות ב̇ מ̇ ה̇
12 ᵃוַיָּבֹ֤א הַמֶּ֙לֶךְ֙ מִדַּמֶּ֔שֶׂקᵃ וַיַּ֥רְא הַמֶּ֖לֶךְ אֶת־הַמִּזְבֵּ֑חַ וַיִּקְרַ֥ב הַמֶּ֛לֶךְ   ה̇ פת[8]
13 עַל־הַמִּזְבֵּ֖חַ וַיַּ֥עַל עָלָֽיו׃ 13 וַיַּקְטֵ֤ר אֶת־עֹֽלָתוֹ֙ וְאֶת־מִנְחָת֔וֹ וַיַּסֵּ֖ךְᵃ   ג̇[9]
14 אֶת־נִסְכּ֑וֹ וַיִּזְרֹ֛ק אֶת־דַּֽם־הַשְּׁלָמִ֥ים אֲשֶׁר־ל֖וֹ עַל־הַמִּזְבֵּֽחַ׃ 14 ᵃוְאֵ֨ת
הַמִּזְבַּ֣חᵃᵇ הַנְּחֹ֗שֶׁתᶜ אֲשֶׁר֮ לִפְנֵ֣י יְהוָה֒ וַיַּקְרֵ֗ב מֵאֵת֙ פְּנֵ֣י הַבַּ֔יִת מִבֵּין֙   ב̇ . ה̇[10]
הַמִּזְבֵּ֔חַ וּמִבֵּ֖ין בֵּ֣ית יְהוָ֑ה וַיִּתֵּ֥ן אֹת֛וֹ עַל־יֶ֥רֶךְ הַמִּזְבֵּ֖חַ צָפֽוֹנָה׃   ל̇ . נג
15 וַיְצַוֶּ֣הוּᵃ הַמֶּֽלֶךְ־אָחָ֡ז ᵇאֶת־אוּרִיָּ֣ה הַכֹּהֵן֩ᵇ לֵאמֹ֨ר עַ֣ל הַמִּזְבֵּ֣חַ הַגָּד֡וֹל   ויצוה ק̇ חד מן ה̇ בליש . ל̇
הַקְטֵ֣ר אֶת־עֹֽלַת־הַ֠בֹּקֶר וְאֶת־מִנְחַ֨ת הָעֶ֜רֶב וְֽאֶת־עֹלַ֧ת הַמֶּ֛לֶךְ וְאֶת־   ב̇
מִנְחָת֗וֹ וְ֠אֵת עֹלַ֞ת כָּל־ᶜעַ֤ם הָאָ֙רֶץ֙ᶜ וּמִנְחָתָ֣ם וְנִסְכֵּיהֶ֔ם וְכָל־דַּ֥ם עֹלָ֛ה   ט̇ פסוק כל וכל וכל[11] . ד̇[12]
16 וְכָל־דַּם־זֶ֖בַח עָלָ֣יו תִּזְרֹ֑ק וּמִזְבַּ֧ח הַנְּחֹ֛שֶׁת יִֽהְיֶה־לִּ֖י לְבַקֵּֽר׃ 16 וַיַּ֕עַשׂ   ד̇[12] . ב̇[13] . ב̇[14]
17 אֽוּרִיָּ֖ה הַכֹּהֵ֑ן כְּכֹ֥ל אֲשֶׁר־צִוָּ֖הᵃ הַמֶּ֥לֶךְ אָחָֽז׃ 17 וַיְקַצֵּ֞ץ הַמֶּ֣לֶךְ
אָחָ֗זᵃ אֶת־הַמִּסְגְּר֣וֹת הַמְּכֹנ֔וֹתᵃ וַיָּ֤סַר מֵֽעֲלֵיהֶם֙ וְאֶתᵇ־הַכִּיֹּ֔ר וְאֶת־הַיָּ֣ם   ה̇ מל[15] . ל̇ כת כן . את ק̇ . ב̇ חס בנביא[16] . ה̇[17]
הוֹרִ֗ד מֵעַ֛ל הַבָּקָ֥ר הַנְּחֹ֖שֶׁת אֲשֶׁ֣ר תַּחְתֶּ֑יהָ וַיִּתֵּ֣ן אֹת֔וֹ עַ֖ל מַרְצֶ֥פֶת
18 אֲבָנִֽים׃ 18 וְאֶת־מֵיסַ֨ךְᵃ הַשַּׁבָּ֜תᵇ אֲשֶׁר־ᶜבָּנ֣וּᵈ בַבַּ֗יִתᵉᶜ וְאֶת־מְב֤וֹא הַמֶּ֙לֶךְ֙   מוסך ק̇
19 הַחִ֣יצוֹנָ֔הᶠ הֵסֵ֖ב בֵּ֣ית יְהוָ֑ה מִפְּנֵ֖י מֶ֥לֶךְ אַשּֽׁוּר׃ 19 וְיֶ֛תֶר דִּבְרֵ֥י   ל̇ בטע . יג̇ בטע ר״פ בסיפ[18]
אָחָ֖זᵃ אֲשֶׁ֣ר עָשָׂ֑ה הֲלֹא־הֵ֣ם כְּתוּבִ֗ים עַל־סֵ֛פֶר דִּבְרֵ֥י הַיָּמִ֖ים לְמַלְכֵ֥י   ו̇[19]
20 יְהוּדָֽה׃ 20 וַיִּשְׁכַּ֤ב אָחָז֙ עִם־אֲבֹתָ֔יוᵃ וַיִּקָּבֵ֥ר ᵃעִם־אֲבֹתָ֖יו בְּעִ֣יר דָּוִ֑ד   כט̇[20] ס̄
וַיִּמְלֹ֛ךְ חִזְקִיָּ֥הוּ בְנ֖וֹ תַּחְתָּֽיו׃ פ

[7]Mm 169. [8]Mm 710. [9]Mm 261. [10]Mm 713. [11]Mm 1981. [12]Mm 673. [13]Mm 2141. [14]Mm 3630. [15]Mm 1911. [16]Mm 582. [17]Mm 1913. [18]Mm 1985. [19]Mm 1990. [20]Mp sub loco.

10 ᵃ = 'דַּמֶּ, sic nonn Mss cf 𝔊𝔖𝔙 ‖ ᵇ > 𝔊* ‖ ᶜ⁻ᶜ 𝔊^{L} *τὸ μέτρον αὐτοῦ καὶ τὴν ὁμοίωσιν αὐτοῦ* = אֶת־מִדָּתוֹ וְאֶת־דְּמוּתוֹ ‖ **11** ᵃ⁻ᵃ > pc Mss 𝔊* ‖ **12** ᵃ⁻ᵃ > 𝔊* ‖ **13** ᵃ 𝔊* om יסך ‖ **14** ᵃ⁻ᵃ > 𝔊$^{-L}$ ‖ ᵇ pc Mss 'מ cf 𝔊^{L}𝔖𝔗𝔙 ‖ ᶜ prb dl ‖ **15** ᵃ l c K ־ֵהוּ (tum dl ᵇ⁻ᵇ) vel l c Q pc Mss ־וָּה ‖ ᵇ⁻ᵇ cf ᵃ ‖ ᶜ⁻ᶜ frt l c pc Mss 𝔊* הָעָם ‖ **16** ᵃ frt l צִוָּהוּ cf 𝔊𝔖 ‖ **17** ᵃ⁻ᵃ l 'אֶת־מ' הַמ vel tr 'אֶת־הַמ post מעליהם ‖ ᵇ mlt Mss 𝔊𝔖𝔗 ut Q אֶת ‖ **18** ᵃ nonn Mss ut Q מוּסַךְ, 𝔊 *τὸν θεμέλιον* = מוּסַד ‖ ᵇ 𝔊 *τῆς καθέδρας* = הַשֶּׁבֶת ‖ ᶜ > 𝔊 ‖ ᵈ 𝔊𝔖𝔙 sg ‖ ᵉ 𝔊(𝔖) *ἐν οἴκῳ κυρίου* ‖ ᶠ prp ־וֹן ‖ **19** ᵃ ins c mlt Mss 𝔊^{L}𝔖𝔗$^{f\,Ms}$ וְכָל־ ‖ **20** ᵃ⁻ᵃ > Ms 𝔊*.

17 ¹ בִּשְׁנַת֙ שְׁתֵּ֣ים ᵃעֶשְׂרֵ֔הᵃ לְאָחָ֖ז מֶ֣לֶךְ יְהוּדָ֑ה מָ֠לַךְ הוֹשֵׁ֨עַ בֶּן־ 17
אֵלָ֧ה בְשֹׁמְר֛וֹן עַל־יִשְׂרָאֵ֖ל תֵּ֥שַׁע שָׁנִֽים׃ ² וַיַּ֥עַשׂ הָרַ֖ע בְּעֵינֵ֣י יְהוָ֑ה רַ֗ק 2
לֹ֚א כְּמַלְכֵ֣י יִשְׂרָאֵ֔ל אֲשֶׁ֥ר הָי֖וּ לְפָנָֽיו׃ ³ עָלָ֣יו עָלָ֔ה שַׁלְמַנְאֶ֖סֶר מֶ֣לֶךְ 3
כה אַשּׁ֑וּר וַֽיְהִי־ל֤וֹ הוֹשֵׁ֙עַ֙ עֶ֔בֶד וַיָּ֥שֶׁב ל֖וֹ מִנְחָֽה׃ ⁴ וַיִּמְצָא֩ מֶֽלֶךְ־אַשּׁ֨וּר 4
ב . ל[1] בְּהוֹשֵׁ֜עַ קֶ֗שֶׁר אֲשֶׁ֨ר שָׁלַ֤ח מַלְאָכִים֙ אֶל־ס֣וֹאᵃ מֶֽלֶךְ־מִצְרַ֔יִם וְלֹא־
ל . ל הֶעֱלָ֥ה מִנְחָ֛ה לְמֶ֥לֶךְ אַשּׁ֖וּר כְּשָׁנָ֣ה בְשָׁנָ֑ה וַיַּעַצְרֵ֙הוּ֙ מֶ֣לֶךְ אַשּׁ֔וּר
ג בליש[2] וַיַּאַסְרֵ֖הוּ בֵּ֥ית כֶּֽלֶא׃ ⁵ וַיַּ֥עַל מֶֽלֶךְ־אַשּׁ֖וּר בְּכָל־הָאָ֑רֶץ וַיַּ֙עַל֙ 5
ב[3] . ○[4] שֹׁמְר֔וֹן וַיָּ֥צַר עָלֶ֖יהָ שָׁלֹ֥שׁ שָׁנִֽים׃ ⁶ בִּשְׁנַ֨תᵃ הַתְּשִׁיעִ֜ית לְהוֹשֵׁ֗עַ לָכַ֤ד 6
ו[5] . ד[6] . ט מל בסיפ[7] מֶֽלֶךְ־אַשּׁוּר֙ אֶת־שֹׁ֣מְר֔וֹן וַיֶּ֥גֶל אֶת־יִשְׂרָאֵ֖ל אַשּׁ֑וּרָה וַיֹּ֨שֶׁב אֹתָ֜ם בַּחְלַ֧ח
וּבְחָב֛וֹר נְהַ֥רᵇ גּוֹזָ֖ן וְעָרֵ֥יᶜ מָדָֽי׃ פ ⁷ וַיְהִ֡יᵃ כִּֽי־חָטְא֣וּ בְנֵֽי־יִשְׂרָאֵ֗ל 7
לַיהוָה֙ אֱלֹ֣הֵיהֶ֔ם הַמַּעֲלֶ֤ה אֹתָם֙ מֵאֶ֣רֶץ מִצְרַ֔יִם מִתַּ֕חַת יַ֖ד פַּרְעֹ֣ה
מֶֽלֶךְ־מִצְרָ֑יִם וַיִּֽירְא֖וּ אֱלֹהִ֥ים אֲחֵרִֽים׃ ⁸ וַיֵּֽלְכוּ֙ בְּחֻקּ֣וֹת הַגּוֹיִ֔ם אֲשֶׁר֙ 8
ל הוֹרִ֣ישׁ יְהוָ֔ה מִפְּנֵ֖י בְּנֵ֣י יִשְׂרָאֵ֑ל ᵃᵇוּמַלְכֵ֥י יִשְׂרָאֵ֖לᵇ אֲשֶׁ֥ר עָשֽׂוּᵃ׃ ⁹ וַיְחַפְּא֨וּ 9
יט[8] . לא[9] בְנֵֽי־יִשְׂרָאֵ֜ל דְּבָרִים֙ אֲשֶׁ֣ר לֹא־כֵ֔ן עַל־יְהוָ֖ה אֱלֹהֵיהֶ֑ם וַיִּבְנ֨וּ לָהֶ֤ם
ב חס[10] בָּמוֹת֙ בְּכָל־עָ֣רֵיהֶ֔ם מִמִּגְדַּ֥ל נוֹצְרִ֖ים עַד־עִ֥יר מִבְצָֽר׃ ¹⁰ וַיַּצִּ֤בוּ 10
לָהֶם֙ מַצֵּב֣וֹת וַאֲשֵׁרִ֔ים עַ֚ל כָּל־גִּבְעָ֣ה גְבֹהָ֔ה וְתַ֖חַת כָּל־עֵ֥ץ רַעֲנָֽן׃
ל . ג[11] ¹¹ וַיְקַטְּרוּ־שָׁם֙ בְּכָלᵃ־בָּמ֔וֹת כַּגּוֹיִ֕ם אֲשֶׁר־הֶגְלָ֥ה יְהוָ֖ה מִפְּנֵיהֶ֑ם וַֽיַּעֲשׂוּ֙ 11
ל . ג[12] דְּבָרִ֣ים רָעִ֔ים לְהַכְעִ֖יס אֶת־יְהוָֽה׃ ¹² וַיַּעַבְד֖וּ הַגִּלֻּלִ֑ים אֲשֶׁ֨ר אָמַ֤ר 12
ב[13] יְהוָה֙ לָהֶ֔ם לֹ֥א תַעֲשׂ֖וּ אֶת־הַדָּבָ֥ר הַזֶּֽה׃ ¹³ וַיָּ֣עַד יְהוָה֩ בְּיִשְׂרָאֵ֨ל 13
וּבִֽיהוּדָ֜ה בְּיַ֨ד כָּל־נְבִיאֵ֤וᵃ כָל־חֹזֶה֙ לֵאמֹ֔ר שֻׁ֜בוּ מִדַּרְכֵיכֶ֤ם הָֽרָעִים֙
וְשִׁמְרוּ֙ מִצְוֺתַ֣י חֻקּוֹתַ֔יᵇ כְּכָל־הַתּוֹרָ֕ה אֲשֶׁ֥ר צִוִּ֖יתִי אֶת־אֲבֹתֵיכֶ֑ם וַאֲשֶׁר֙
שָׁלַ֣חְתִּי אֲלֵיכֶ֔םᶜ בְּיַ֖ד עֲבָדַ֥י הַנְּבִיאִֽים׃ ¹⁴ וְלֹ֖א שָׁמֵ֑עוּ וַיַּקְשׁ֤וּ אֶת־ 14

ה[14] . י פסוק כל כל ומילה חדה ביניה[15] . נביאי חד מן מח[16] כת ו ק וקר י . ב . ה[17] בתרי טעמ וחד מן ה[18] חס ל בליש ג[19] . ה[20] חס ל בסיפ וכל עזרא דכות
יז ר״פ ולא לא[21]

Cp 17 [1]Mm 2999. [2]Mm 2142. [3]Mm 2143. [4]C הושעית, TM lectio def, L contra Mm 2883. [5]Mm 2136. [6]Mm 2152. [7]Mp contra textum, cf Mp sub loco. [8]Mm 436. [9]Mm 486. [10]Mm 1810. [11]Mm 2144. [12]Mm 2145. [13]Mm 2146. [14]Mm 2147. [15]Mm 3316. [16]Mm 3811. [17]Mm 2991 contra textum, acc. invers. [18]Mp sub loco. [19]Mm 2148. [20]Mm 1586. [21]Mm 2708.

Cp 17,1 ᵃ⁻ᵃ 𝔊⁸² 10, 𝔊¹²⁷ 14, Cyr 11 ‖ **4** ᵃ K^Or סיא, 𝔊^B min *Σηγωρ*, 𝔊^min *Σωβα*, 𝔊^L *Αδραμελεχ τὸν Αἰθίοπα* ‖ **6** ᵃ nonn Mss בַּשָּׁנָה; 𝔊^L𝔖𝔙 pr cop ‖ ᵇ 𝔊 pl ‖ ᶜ 𝔊^-L *καὶ Ορη* ‖ **7** ᵃ 𝔊^L + *ὀργὴ κυρίου ἐπὶ τὸν Ισραηλ* ‖ **8** ᵃ⁻ᵃ > 𝔖, dl? ‖ ᵇ⁻ᵇ > Ms 𝔊^N min ‖ **11** ᵃ 𝔖𝔗^f𝔙 om כל־ ‖ **13** ᵃ nonn Mss ut Q נְבִיאֵי, K ־אוֹ, Ms 𝔊 ־אָיו; frt l c pc Mss נָבִיא (et postea וְכָל) ‖ ᵇ mlt Mss Vrs וְח׳ ‖ ᶜ 𝔊𝔖 suff 3 pl.

15 עָרְפָּם כְּעֹרֶף אֲבוֹתָם אֲשֶׁר לֹא הֶאֱמִינוּ בַּיהוָה אֱלֹהֵיהֶם׃ 15 וַיִּמְאֲסוּ ל[22]
אֶת־חֻקָּיו וְאֶת־בְּרִיתוֹ אֲשֶׁר כָּרַת אֶת־אֲבוֹתָם וְאֵת עֵדְוֺתָיו אֲשֶׁר ה[23]
הֵעִיד בָּם וַיֵּלְכוּ אַחֲרֵי הַהֶבֶל וַיֶּהְבָּלוּ וְאַחֲרֵי הַגּוֹיִם אֲשֶׁר סְבִיבֹתָם ב. ג ב חס וחד מל[24]
16 אֲשֶׁר צִוָּה יְהוָה אֹתָם לְבִלְתִּי עֲשׂוֹת כָּהֶם׃ 16 וַיַּעַזְבוּ אֶת־כָּל־[a]מִצְוֺת ל. ג[25]
יְהוָה אֱלֹהֵיהֶם וַיַּעֲשׂוּ לָהֶם מַסֵּכָה [b]שְׁנַיִם[c] עֲגָלִים[b] וַיַּעֲשׂוּ אֲשֵׁירָה שני ק. ג מל בליש
17 וַיִּשְׁתַּחֲווּ לְכָל־צְבָא הַשָּׁמַיִם וַיַּעַבְדוּ אֶת־הַבָּעַל׃ 17 וַיַּעֲבִירוּ אֶת־ ד[26]
בְּנֵיהֶם וְאֶת־בְּנוֹתֵיהֶם בָּאֵשׁ וַיִּקְסְמוּ קְסָמִים וַיְנַחֵשׁוּ[a] וַיִּתְמַכְּרוּ לַעֲשׂוֹת ל
18 הָרַע בְּעֵינֵי יְהוָה לְהַכְעִיסוֹ׃ 18 וַיִּתְאַנַּף יְהוָה מְאֹד בְּיִשְׂרָאֵל
19 וַיְסִרֵם מֵעַל פָּנָיו לֹא נִשְׁאַר רַק שֵׁבֶט יְהוּדָה לְבַדּוֹ׃ 19 גַּם[a]־יְהוּדָה ב וחס. ל ר״פ
לֹא שָׁמַר אֶת־מִצְוֺת יְהוָה אֱלֹהֵיהֶם וַיֵּלְכוּ בְּחֻקּוֹת יִשְׂרָאֵל אֲשֶׁר
20 עָשׂוּ׃ 20 וַיִּמְאַס יְהוָה בְּכָל־זֶרַע יִשְׂרָאֵל וַיְעַנֵּם וַיִּתְּנֵם בְּיַד־שֹׁסִים ל
21 עַד אֲשֶׁר הִשְׁלִיכָם מִפָּנָיו׃ 21 כִּי־קָרַע יִשְׂרָאֵל מֵעַל בֵּית דָּוִד ל. כג
וַיַּמְלִיכוּ אֶת־יָרָבְעָם בֶּן־נְבָט וַיַּדַּא[a] יָרָבְעָם אֶת־יִשְׂרָאֵל [b]מֵאַחֲרֵי וידח ק חד מן ב[27] בליש
22 יְהוָה[b] וְהֶחֱטִיאָם[c] חֲטָאָה גְדוֹלָה׃ 22 וַיֵּלְכוּ בְּנֵי יִשְׂרָאֵל בְּכָל־חַטֹּאות ה חס בן נבט
23 יָרָבְעָם אֲשֶׁר עָשָׂה לֹא־סָרוּ מִמֶּנָּה׃ 23 עַד אֲשֶׁר־הֵסִיר יְהוָה אֶת־ ח[28]
יִשְׂרָאֵל מֵעַל פָּנָיו כַּאֲשֶׁר דִּבֶּר[a] בְּיַד כָּל־עֲבָדָיו הַנְּבִיאִים וַיִּגֶל ל. ד[29]
24 יִשְׂרָאֵל מֵעַל אַדְמָתוֹ אַשּׁוּרָה עַד הַיּוֹם הַזֶּה׃ פ 24 וַיָּבֵא מֶלֶךְ־ ו[30]. נא[31] יח מנה ר״פ
אַשּׁוּר מִבָּבֶל וּמִכּוּתָה וּמֵעַוָּא[a] וּמֵחֲמָת וּסְפַרְוַיִם[b] וַיֹּשֶׁב בְּעָרֵי שֹׁמְרוֹן ל. כת כן למערב[32]. ד[33]
25 תַּחַת בְּנֵי יִשְׂרָאֵל וַיִּרְשׁוּ אֶת־שֹׁמְרוֹן וַיֵּשְׁבוּ בְּעָרֶיהָ׃ 25 וַיְהִי בִּתְחִלַּת ד חס. ו[34]
שִׁבְתָּם שָׁם[a] לֹא יָרְאוּ אֶת־יְהוָה וַיְשַׁלַּח יְהוָה[b] בָּהֶם אֶת־הָאֲרָיוֹת וַיִּהְיוּ כב[35]
26 הֹרְגִים בָּהֶם׃ 26 וַיֹּאמְרוּ לְמֶלֶךְ אַשּׁוּר לֵאמֹר הַגּוֹיִם אֲשֶׁר הִגְלִיתָ
וַתּוֹשֶׁב בְּעָרֵי שֹׁמְרוֹן לֹא יָדְעוּ אֶת־מִשְׁפַּט אֱלֹהֵי הָאָרֶץ וַיְשַׁלַּח־בָּם ל ומל. יט פסוק בסיפ את את את. כב[35]
אֶת־הָאֲרָיוֹת וְהִנָּם מְמִיתִים אוֹתָם כַּאֲשֶׁר אֵינָם יֹדְעִים אֶת־מִשְׁפַּט ב חד חס וחד מל[36]. ט מל בסיפ
27 אֱלֹהֵי הָאָרֶץ׃ 27 וַיְצַו מֶלֶךְ־אַשּׁוּר לֵאמֹר הֹלִיכוּ [a]שָׁמָּה אֶחָד ו חס ו[37]. ג. ה פסוק שמה שם[38]

[22]Mm 2971. [23]Mm 1875. [24]Mm 2149. [25]Mm 924. [26]Mm 1826. [27]Mm 2150. [28]Mm 2851. [29]Mm 2151. [30]Mm 2136. [31]Mm 639. [32]Mp sub loco. [33]Mm 2152. [34]Mm 1834. [35]Mm 59. [36]Mm 2604. [37]Mm 1871. [38]Mm 2341.

16 [a] > 𝔊 ‖ [b–b] frt add ‖ [c] mlt Mss ut Q שְׁנֵי ‖ **17** [a] $𝔊^{L}$ + *καὶ ἐποίησαν εφουδ καὶ θεραφειν* ‖ **19** [a] pc Mss 𝔊𝔖𝔙 וְגַם ‖ **21** [a] mlt Mss 𝔊𝔖𝔗 ut Q וַיַּדַּח ‖ [b–b] > 2 Mss ‖ [c] sic L, mlt Mss Edd ־טִ׳ ‖ **23** [a] Ms 𝔊𝔖 + יהוה ‖ **24** [a] mlt Mss ־עוה ‖ [b] pc Mss $Q^{Or}𝔊^{L}$𝔖𝔗𝔙 וּמִס׳ ‖ **25** [a] > 𝔊* ‖ [b] > Ms $𝔊^{158.245}$ (Syh sub ast) ‖ **27** [a–a] > 𝔊*.

מֵהַכֹּהֲנִים֙ אֲשֶׁ֣ר הִגְלִיתֶ֔םᵃᵇ מִשָּׁ֔ם ᶜוְיֵלְכ֖וּ וְיֵ֣שְׁבוּ שָׁ֑םᶜ וְיֹרֵ֕ם אֶת־מִשְׁפַּ֖ט — ד̇[39] . ב . ד̇[40]
28 אֱלֹהֵ֥י הָאָֽרֶץ׃ 28 וַיָּבֹ֞א אֶחָ֣ד מֵהַכֹּהֲנִ֗ים אֲשֶׁ֤ר הִגְל֙וּ֙ מִשֹּׁ֣מְר֔וֹן וַיֵּ֖שֶׁב — ד̇[39]
29 בְּבֵֽית־אֵ֑ל וַיְהִי֙ מוֹרֶ֣ה אֹתָ֔ם אֵ֖יךְ יִֽירְא֥וּ אֶת־יְהוָֽה׃ 29 וַיִּהְי֥וּ
עֹשִׂ֖ים גּ֣וֹי גּ֣וֹי אֱלֹהָ֑יו וַיַּנִּ֣יחוּ׀ בְּבֵ֣יתᵃ הַבָּמ֗וֹת אֲשֶׁ֤ר עָשׂוּ֙ הַשֹּׁ֣מְרֹנִ֔ים גּ֣וֹי — ב . ב . ל . ב
30 גּ֔וֹי בְּעָ֣רֵיהֶ֔ם אֲשֶׁ֛ר הֵ֖ם יֹשְׁבִ֥ים שָֽׁם׃ 30 וְאַנְשֵׁ֣י בָבֶ֗ל עָשׂוּ֙ אֶת־ᵃסֻכּ֣וֹת — יח̇[41] ד̇[42] מנה ר״פ . ז̇ בליש בנביא . יט̇ פסוק בסיפ̇ את את את
בְּנ֔וֹתᵃ וְאַנְשֵׁי־כ֔וּת עָשׂ֖וּ אֶת־נֵרְגַ֑ל וְאַנְשֵׁ֥י חֲמָ֖ת עָשׂ֥וּ אֶת־אֲשִׁימָֽא׃ — יח̇[41] . ל . ז̇ בליש בנביא . יח̇[41] . ז̇ בליש בנביא . ל כת א
31 31 וְהָעַוִּ֛ים עָשׂ֥וּ נִבְחַ֖זᵃ וְאֶת־תַּרְתָּ֑ק וְהַסְפַרְוִ֗ים שֹׂרְפִ֤ים אֶת־בְּנֵיהֶם֙ — ד . ז̇ בליש בנביא . ל
32 בָּאֵ֔שׁ לְאַדְרַמֶּ֥לֶךְ וַעֲנַמֶּ֖לֶךְ אֱלֹהᵇ סְפַרְוָֽיִםᶜ׃ 32 וַיִּהְי֥וּ יְרֵאִ֖ים אֶת־יְהוָ֑ה — ל . אלהי[43] ק . ספרוים ק
וַיַּעֲשׂ֨וּ לָהֶ֤ם מִקְצוֹתָם֙ כֹּהֲנֵ֣י בָמ֔וֹת וַיִּהְי֛וּ עֹשִׂ֥ים לָהֶ֖ם בְּבֵ֥יתᵃ הַבָּמֽוֹת׃ — ג . ב
33 33 אֶת־יְהוָ֖ה הָי֣וּ יְרֵאִ֑ים וְאֶת־אֱלֹהֵיהֶם֙ הָי֣וּ עֹבְדִ֔ים כְּמִשְׁפַּט֙ הַגּוֹיִ֔ם — ה̇[44]
34 אֲשֶׁר־הִגְל֥וּ אֹתָ֖ם מִשָּֽׁם׃ 34 עַ֣ד הַיּ֤וֹם הַזֶּה֙ הֵ֣ם עֹשִׂ֔ים כַּמִּשְׁפָּטִ֖יםᵃ — ל . ל
הָרִֽאשֹׁנִ֑יםᵇ אֵינָ֤ם יְרֵאִים֙ אֶת־יְהוָ֔ה וְאֵינָ֣ם עֹשִׂ֗ים ᶜכְּחֻקֹּתָם֙ וּכְמִשְׁפָּטָ֔ם — כי . ג̇[45] חס בליש וכל אורית דכות ב מ א
וְכַתּוֹרָ֣ה וְכַמִּצְוָ֗הᶜ אֲשֶׁ֨ר צִוָּ֤ה יְהוָה֙ אֶת־בְּנֵ֣י יַעֲקֹ֔ב אֲשֶׁר־שָׂ֥ם שְׁמ֖וֹ — ב
35 יִשְׂרָאֵֽל׃ 35 וַיִּכְרֹ֨ת יְהוָ֤ה אִתָּם֙ בְּרִ֔ית וַיְצַוֵּ֣ם לֵאמֹ֔ר לֹ֥א תִֽירְא֖וּ אֱלֹהִ֣ים — לז̇ . ד̇[46] . ט̇ פסוק לא ולא ולא ולא . ל
36 אֲחֵרִ֑ים וְלֹא־תִשְׁתַּחֲו֣וּ לָהֶ֔ם וְלֹ֣א תַעַבְד֔וּם וְלֹ֥א תִזְבְּח֖וּ לָהֶֽם׃ 36 כִּ֣י
אִֽם־אֶת־יְהוָ֡ה אֲשֶׁר֩ הֶעֱלָ֨ה אֶתְכֶ֜ם מֵאֶ֧רֶץ מִצְרַ֛יִם בְּכֹ֥חַ גָּד֛וֹל וּבִזְר֥וֹעַ
37 נְטוּיָ֖ה אֹת֣וֹ תִירָ֑אוּ וְל֥וֹ תִֽשְׁתַּחֲו֖וּ וְל֥וֹ תִזְבָּֽחוּ׃ 37 וְאֶת־הַֽחֻקִּ֨ים וְאֶת־ — ד̇[47]
הַמִּשְׁפָּטִ֜ים וְהַתּוֹרָ֤ה וְהַמִּצְוָה֙ אֲשֶׁ֣ר כָּתַ֣ב לָכֶ֔ם תִּשְׁמְר֥וּן לַעֲשׂ֖וֹת כָּל־ — ב̇[48] . ה̇[49]
38 הַיָּמִ֑ים וְלֹ֥א תִֽירְא֖וּ אֱלֹהִ֥ים אֲחֵרִֽים׃ 38 וְהַבְּרִ֛ית אֲשֶׁר־כָּרַ֥תִּיᵃ אִתְּכֶ֖ם — ב
39 לֹ֣א תִשְׁכָּ֑חוּ וְלֹ֥א תִֽירְא֖וּ אֱלֹהִ֥ים אֲחֵרִֽים׃ 39 כִּ֛י אִם־אֶת־יְהוָ֥ה — ב
40 אֱלֹהֵיכֶ֖ם תִּירָ֑אוּ וְהוּא֙ יַצִּ֣יל אֶתְכֶ֔ם מִיַּ֖ד כָּל־אֹיְבֵיכֶֽם׃ 40 וְלֹ֖א שָׁמֵ֑עוּ — ל
41 כִּ֣י אִם־כְּמִשְׁפָּטָ֥ם הָרִאשׁ֖וֹן הֵ֥ם עֹשִֽׂים׃ 41 וַיִּהְי֣וּ׀ הַגּוֹיִ֣ם הָאֵ֗לֶּה — ל . סד
יְרֵאִים֙ אֶת־יְהוָ֔ה וְאֶת־פְּסִילֵיהֶ֖ם הָי֣וּ עֹֽבְדִ֑ים גַּם־בְּנֵיהֶ֣ם׀ וּבְנֵ֣י בְנֵיהֶ֗ם — ל
כַּאֲשֶׁ֨ר עָשׂ֤וּ אֲבֹתָם֙ הֵ֣ם עֹשִׂ֔ים עַ֖ד הַיּ֥וֹם הַזֶּֽה׃ פ — ה̇[50] חס ג̇[51] מנה בנביא וכל תורה דכות ב מ ב

[39] Mm 3893. [40] Mm 253. [41] Mm 2952. [42] Mm 88. [43] Cf Mp sub loco. [44] Mm 514. [45] Mm 2640. [46] Mm 409. [47] Mm 1156. [48] Mm 536. [49] Mm 2153. [50] Mm 3967. [51] Mm 1973.

27 ᵇ l c Ms 𝔊ᴸ𝔗ᶠ ᴹˢ תִּים–? ‖ ᶜ⁻ᶜ l c 𝔊ᴸ𝔖𝔙 sg vel dl ‖ **29** ᵃ 𝔊ᴸ𝔖𝔙 pl ‖ **30** ᵃ⁻ᵃ prb crrp ex מרדך וזרבנית ‖ **31** ᵃ sic L mlt Mss; mlt Mss Edd –חַן ‖ ᵇ mlt Mss 𝔊⁻ᴮᴸ𝔖𝔗ᴹˢˢ𝔙 ut Q אֱלֹהֵי, K 𝔊ᴸ𝔗 אלהַ ‖ ᶜ mlt Mss ut Q סְפַרְוָיִם ‖ **32** ᵃ 𝔊ᴸ𝔙 pl ‖ **34** ᵃ l כְּמִשְׁפָּטָם? cf 𝔊𝔗𝔙 ‖ ᵇ l –שׁן? cf 𝔊ᴸ; > 𝔊⁻ᴸ ‖ ᶜ⁻ᶜ gl? ‖ **38** ᵃ 𝔊𝔙 3sg.

18 ¹ וַיְהִ֗י בִּשְׁנַ֨ת שָׁלֹ֔שׁ[a] לְהוֹשֵׁ֥עַ בֶּן־אֵלָ֖ה מֶ֣לֶךְ יִשְׂרָאֵ֑ל מָלַ֛ךְ
2 חִזְקִיָּ֥ה בֶן־אָחָ֖ז מֶ֥לֶךְ יְהוּדָֽה׃ ² בֶּן־עֶשְׂרִ֨ים וְחָמֵ֤שׁ שָׁנָה֙ הָיָ֣ה בְמָלְכ֔וֹ יב̇¹ . ז̇
וְעֶשְׂרִ֤ים וָתֵ֨שַׁע֙ שָׁנָ֔ה מָלַ֖ךְ בִּירוּשָׁלִָ֑ם וְשֵׁ֣ם אִמּ֔וֹ אֲבִ֖י[a] בַּת־זְכַרְיָֽה׃ ל̇ שם אית
3 וַיַּ֥עַשׂ הַיָּשָׁ֖ר בְּעֵינֵ֣י יְהוָ֑ה כְּכֹ֥ל אֲשֶׁר־עָשָׂ֖ה דָּוִ֥ד אָבִֽיו׃ ⁴ ה֣וּא ׀ הֵסִ֣יר
אֶת־הַבָּמ֗וֹת וְשִׁבַּר֙ אֶת־הַמַּצֵּבֹ֔ת וְכָרַ֖ת אֶת־הָאֲשֵׁרָ֑ה[a] וְכִתַּ֞ת[b] נְחַ֤שׁ יט̇ פסוק בסיפ את את את . ל̇ חס . ל̇ . ג̇²
הַנְּחֹ֙שֶׁת֙ אֲשֶׁר־עָשָׂ֣ה מֹשֶׁ֔ה כִּ֣י עַד־הַיָּמִ֤ים הָהֵ֙מָּה֙ הָי֤וּ בְנֵֽי־יִשְׂרָאֵל֙ יב̇³
5 מְקַטְּרִ֣ים ל֔וֹ וַיִּקְרָא[c]־ל֖וֹ נְחֻשְׁתָּֽן׃ ⁵ בַּיהוָ֥ה אֱלֹהֵֽי־יִשְׂרָאֵ֖ל ל̇
בָּטָ֑ח וְאַחֲרָ֞יו לֹא־הָיָ֣ה כָמֹ֗הוּ בְּכֹל֙[a] מַלְכֵ֣י יְהוּדָ֔ה וַאֲשֶׁ֖ר[b] הָי֥וּ לְפָנָֽיו׃ ל̇
ס̄ ל̇⁴ 6 וַיִּדְבַּק֙ בַּֽיהוָ֔ה לֹֽא[a]־סָ֖ר מֵאַחֲרָ֑יו וַיִּשְׁמֹר֙ מִצְוֹתָ֔יו אֲשֶׁר־צִוָּ֥ה יְהוָ֖ה ל̇
7 אֶת־מֹשֶֽׁה׃ ⁷ וְהָיָ֤ה יְהוָה֙ עִמּ֔וֹ בְּכֹ֥ל[a] אֲשֶׁר־יֵצֵ֖א יַשְׂכִּ֑יל וַיִּמְרֹ֛ד בְּמֶֽלֶךְ־ ו̇⁵
8 אַשּׁ֖וּר וְלֹ֥א עֲבָדֽוֹ׃ ⁸ הֽוּא־הִכָּ֣ה אֶת־פְּלִשְׁתִּ֔ים עַד־עַזָּ֖ה וְאֶת[a]־גְּבוּלֶ֑יהָ[b] ג̇
9 מִמִּגְדַּ֥ל נוֹצְרִ֖ים עַד־עִ֥יר[c] מִבְצָֽר׃ פ ⁹ וַיְהִ֞י[a] בַּשָּׁנָ֣ה הָרְבִיעִ֗ית ט̇ בטע בסיפ⁶ . ד̇ מל⁷
לַמֶּ֣לֶךְ חִזְקִיָּ֔הוּ הִ֚יא הַשָּׁנָ֣ה הַשְּׁבִיעִ֔ית לְהוֹשֵׁ֥עַ בֶּן־אֵלָ֖ה מֶ֣לֶךְ יִשְׂרָאֵ֑ל ל̇⁸
10 עָלָ֞ה שַׁלְמַנְאֶ֧סֶר מֶֽלֶךְ־אַשּׁ֛וּר עַל־שֹׁמְר֖וֹן וַיָּ֥צַר עָלֶֽיהָ׃ ¹⁰ וַֽיִּלְכְּדֻ֗הָ[a] ה̇ ג̇ מל וב̇ חס⁹
מִקְצֵה֙ שָׁלֹ֣שׁ שָׁנִ֔ים בִּשְׁנַת־שֵׁ֖שׁ לְחִזְקִיָּ֑ה הִ֚יא שְׁנַת־תֵּ֣שַׁע לְהוֹשֵׁ֔עַ מֶ֥לֶךְ יב̇¹ ב̇¹⁰ מנה בליש
11 יִשְׂרָאֵ֖ל נִלְכְּדָ֥ה שֹׁמְרֽוֹן׃ ¹¹ וַיֶּ֧גֶל מֶֽלֶךְ־אַשּׁ֛וּר אֶת־יִשְׂרָאֵ֖ל[a] אַשּׁ֑וּרָה ו̇¹¹
12 וַיַּנְחֵ֞ם[b] בַּחְלַ֧ח וּבְחָב֛וֹר נְהַ֥ר גּוֹזָ֖ן וְעָרֵ֥י[c] מָדָֽי׃ ¹² עַ֣ל ׀ אֲשֶׁ֣ר לֹֽא־שָׁמְע֗וּ ז̇¹² . ל̇ד¹³ פסוק לא ולא ולא ד̇ מנה בסיפ
בְּקוֹל֙ יְהוָ֣ה אֱלֹהֵיהֶ֔ם וַיַּֽעַבְרוּ֙ אֶת־בְּרִית֔וֹ אֵ֚ת כָּל־אֲשֶׁ֣ר צִוָּ֔ה מֹשֶׁ֖ה כ̇ו̇ פסוק את את ומילה חדה ביניה יט̇ מנה בנביא . ל̇
עֶ֣בֶד יְהוָ֑ה וְלֹ֥א שָׁמְע֖וּ וְלֹ֥א עָשֽׂוּ׃ פ ה̇¹⁴
13 וּבְאַרְבַּ֨ע עֶשְׂרֵ֜ה שָׁנָ֗ה לַמֶּ֙לֶךְ֙ חִזְקִיָּ֔ה עָלָ֞ה סַנְחֵרִ֤יב[a] מֶֽלֶךְ־ ב̇ . ה̇ ב̇ מנה בליש . יב̇¹
14 אַשּׁ֔וּר עַ֛ל כָּל־עָרֵ֥י[b] יְהוּדָ֖ה הַבְּצֻר֑וֹת וַֽיִּתְפְּשֵֽׂם׃ ¹⁴ וַיִּשְׁלַ֣ח חִזְקִיָּ֣ה יב̇¹
מֶלֶךְ־יְהוּדָ֡ה[a] אֶל־מֶֽלֶךְ־אַשּׁ֣וּר ׀ לָכִ֣ישָׁה ׀ לֵאמֹ֣ר ׀ חָטָ֗אתִי שׁ֚וּב מֵֽעָלַ֔י ח̇ בטע¹⁵ . ו̇¹⁶

Cp 18 [1] Mp sub loco, Mm 3125 et Mm 3983. [2] Mm 954. [3] Mm 891. [4] Mp sub loco. [5] Mm 2154. [6] Mm 1955. [7] Mm 919. [8] Mm 3125. [9] Mm 1301. [10] Mm 2155. [11] Mm 2136. [12] Mm 1653. [13] Mm 771. [14] Mm 2512. [15] Mm 4137. [16] Mm 2126.

Cp 18,1 [a] 𝔊[127] 4, 𝔊[245] 5 ‖ **2** [a] 2 Ch 29,1 אֲבִיָּה ‖ **4** [a] Ms 𝔊𝔖𝔗[Ms]𝔙 –רוֹת ‖ [b] 𝔊* *καί* = וְאֶת ‖ [c] 𝔊[L]𝔖𝔗 pl ‖ **5** [a] 𝔊[-A] om כל ‖ [b–b] prb add ‖ **6** [a] mlt Mss 𝔊[71]𝔖𝔗[f]𝔙 וְלֹא ‖ **7** [a] 𝔊[B]𝔖𝔙 pr cop ‖ **8** [a] l c Ms 𝔊 וְעַד? ‖ [b] l c 2 Mss 𝔊 –לָהּ? ‖ [c] pc Mss 𝔊𝔖𝔗[f Ms] וְעַד ‖ **9** [a] > 𝔖𝔙 ‖ **10** [a] l c pc Mss 𝔊[-L]σ′𝔖𝔙 –ָהּ et cj c 9 ‖ **11** [a] 𝔊 *τὴν Σαμάρειαν* ‖ [b] l prb ’וַיַּנִּ cf Vrs ‖ [c] cf 17,6[c] ‖ **13** [a] 𝔊 *Σεν(ν)αχηριμ* cf akk *Sin-aḫ-ērib* ‖ [b] > 𝔊 ‖ **14** [a] 𝔊(𝔙) + *ἀγγέλους*.

אֵת[b] אֲשֶׁר־תִּתֵּן עָלַי אֶשָּׂא וַיָּשֶׂם מֶלֶךְ־אַשּׁוּר עַל־חִזְקִיָּה מֶלֶךְ־יְהוּדָה — כג . פד . יב[17]
שְׁלֹשׁ מֵאוֹת כִּכַּר־כֶּסֶף וּשְׁלֹשִׁים כִּכַּר זָהָב׃ 15 וַיִּתֵּן חִזְקִיָּה אֶת־כָּל־ — יב[17] . ל
16 הַכֶּסֶף הַנִּמְצָא בֵית־יְהוָה וּבְאֹצְרוֹת בֵּית הַמֶּלֶךְ׃ 16 בָּעֵת הַהִיא
קִצַּץ חִזְקִיָּה אֶת־דַּלְתוֹת הֵיכַל יְהוָה וְאֶת־הָאֹמְנוֹת[a] אֲשֶׁר צִפָּה — ל . יב[17] . ל
17 חִזְקִיָּה[b] מֶלֶךְ יְהוּדָה וַיִּתְּנֵם לְמֶלֶךְ אַשּׁוּר׃ פ 17 וַיִּשְׁלַח מֶלֶךְ־ — יב[17]
אַשּׁוּר אֶת־[a]תַּרְתָּן וְאֶת־רַב־סָרִיס ׀ וְאֶת־[a]רַב־שָׁקֵה מִן־לָכִישׁ אֶל־ — יו מיחד מן[18]
הַמֶּלֶךְ חִזְקִיָּהוּ בְּחֵיל כָּבֵד [b]יְרוּשָׁלָםִ [c]וַיַּעֲלוּ וַיָּבֹאוּ[b] יְרוּשָׁלַםִ[c] [d]וַיַּעֲלוּ — ב
וַיָּבֹאוּ[d] וַיַּעַמְדוּ[e] בִּתְעָלַת הַבְּרֵכָה הָעֶלְיוֹנָה אֲשֶׁר[f] בִּמְסִלַּת שְׂדֵה — ל
18 כוֹבֵס׃ 18 וַיִּקְרְאוּ אֶל־הַמֶּלֶךְ[a] וַיֵּצֵא אֲלֵהֶם[b] אֶלְיָקִים בֶּן־חִלְקִיָּהוּ — ג חד חס וב מל[19] . כט[20] חס בנביא יג מנה בסיפ
19 אֲשֶׁר עַל־הַבָּיִת וְשֶׁבְנָה[c] הַסֹּפֵר וְיוֹאָח בֶּן־אָסָף הַמַּזְכִּיר׃ 19 וַיֹּאמֶר — ב כת ה[21]
אֲלֵהֶם רַב־שָׁקֵה אִמְרוּ־נָא אֶל־חִזְקִיָּהוּ כֹּה־אָמַר הַמֶּלֶךְ הַגָּדוֹל — ד
20 מֶלֶךְ אַשּׁוּר מָה הַבִּטָּחוֹן הַזֶּה אֲשֶׁר בָּטָחְתָּ׃ 20 אָמַרְתָּ אַךְ־דְּבַר־ — ב ומל[22] . ג ר״פ[23] . ל[24]
שְׂפָתַיִם עֵצָה וּגְבוּרָה לַמִּלְחָמָה עַתָּה[a] עַל־מִי בָטַחְתָּ כִּי מָרַדְתָּ בִּי׃
21 21 עַתָּה[a] הִנֵּה בָטַחְתָּ לְּךָ עַל־מִשְׁעֶנֶת הַקָּנֶה הָרָצוּץ הַזֶּה עַל־מִצְרַיִם — כה ר״פ[25] . ב
אֲשֶׁר יִסָּמֵךְ אִישׁ עָלָיו וּבָא בְכַפּוֹ וּנְקָבָהּ כֵּן פַּרְעֹה מֶלֶךְ־מִצְרַיִם — ב[26] . ב
22 לְכָל־הַבֹּטְחִים עָלָיו׃ 22 וְכִי־תֹאמְרוּן[a] אֵלַי אֶל־יְהוָה אֱלֹהֵינוּ בָּטָחְנוּ — ט[27] . י בטח אל
הֲלוֹא־הוּא אֲשֶׁר הֵסִיר חִזְקִיָּהוּ אֶת־בָּמֹתָיו וְאֶת־מִזְבְּחֹתָיו וַיֹּאמֶר — יז מל בסיפ
23 לִיהוּדָה וְלִירוּשָׁלַםִ לִפְנֵי הַמִּזְבֵּחַ הַזֶּה תִּשְׁתַּחֲווּ בִּירוּשָׁלָםִ[b]׃ 23 וְעַתָּה — ד . ח[28] . ל
הִתְעָרֶב[a] נָא אֶת־אֲדֹנִי [b]אֶת־מֶלֶךְ אַשּׁוּר[b] וְאֶתְּנָה לְךָ אַלְפַּיִם סוּסִים — ב . כו פסוק את את ומילה חדה ביניה יט מנה בנביא
24 אִם־תּוּכַל לָתֶת לְךָ רֹכְבִים עֲלֵיהֶם׃ 24 וְאֵיךְ תָּשִׁיב אֵת פְּנֵי פַּחַת[a] — ג ר״פ[29] . ל[30]
אַחַד עַבְדֵי[b] אֲדֹנִי הַקְּטַנִּים וַתִּבְטַח לְךָ עַל־מִצְרַיִם לְרֶכֶב וּלְפָרָשִׁים׃ — כה[31]
25 25 עַתָּה[a] הֲמִבַּלְעֲדֵי יְהוָה עָלִיתִי עַל־הַמָּקוֹם הַזֶּה לְהַשְׁחִתוֹ יְהוָה — כה ר״פ[25] . ג . ג[32] וכל ועל ישביו דכות ב מ א . ז חס[33]

[17] Mp sub loco, Mm 3125 et Mm 3983. [18] Okhl 196. [19] Mm 2156. [20] Mm 1954. [21] Mm 2161. [22] Mm 2342. [23] Mm 2157. [24] Mm 2158. [25] Mm 1057. [26] Mm 2343. [27] Mm 235. [28] Mm 2159. [29] Mm 2160. [30] Mm 161. [31] Mm 187. [32] Mm 2560. [33] Mm 1757.

14 [b] Ms 𝔊^{L}𝔖𝔗^{f} וְאֵת, Ms 𝔙 וְכֹל, 𝔗 *kkl* ‖ **16** [a] 𝔏^{Lg} *clypeos* = הַמְּגִנּוֹת ‖ [b] dub ‖ **17** [a–a] > Jes 36,2 ‖ [b–b] > pc Mss Edd ‖ [c–c] > Jes ‖ [d–d] > pc Mss 𝔊𝔖𝔙, dl ‖ [e] Jes sg ‖ [f] > Jes ‖ **18** [a–a] > Jes 36,3 ‖ [b] 𝔊* ut Jes אֵלָיו ‖ [c] mlt Mss נא– ‖ **20** [a] 2 Mss 𝔊^{AL}𝔗^{f} 'וְע ‖ **21** [a] > 𝔊^{L}𝔏𝔖 et Jes 36,6 ‖ **22** [a] 𝔊𝔖 et Jes 36,7 sg ‖ [b] > Jes ‖ **23** [a] 𝔊𝔖𝔙 et Jes 36,8 𝔔^{a} pl ‖ [b–b] mlt Mss et Jes הַמֶּלֶךְ ‖ **24** [a] add? ‖ [b] Ms et Jes 36,9 𝔔^{a} 'מֵע ‖ **25** [a] mlt Mss 𝔊𝔖𝔗^{f Ms} et Jes 36,10 'וְע.

26 אָמַר אֵלַי עֲלֵה עַל־הָאָרֶץ הַזֹּאת וְהַשְׁחִיתָהּ׃ 26 וַיֹּאמֶר° — ב
אֶלְיָקִים [a]בֶּן־חִלְקִיָּהוּ[a] וְשֶׁבְנָה וְיוֹאָח אֶל־רַב־שָׁקֵה דַּבֶּר־נָא אֶל־ — ב כת ה[34]
עֲבָדֶיךָ אֲרָמִית כִּי שֹׁמְעִים אֲנָחְנוּ וְאַל־תְּדַבֵּר עִמָּנוּ[b] יְהוּדִית בְּאָזְנֵי — ז . לז
27 הָעָם[c] אֲשֶׁר עַל־הַחֹמָה׃ 27 וַיֹּאמֶר אֲלֵיהֶם[a] רַב־שָׁקֵה [b]הַעַל° [c]אֲדֹנֶיךָ — ה חס בסיפ . ב בטע[35]
וְאֵלֶיךָ[b] שְׁלָחַנִי אֲדֹנִי לְדַבֵּר אֶת־הַדְּבָרִים הָאֵלֶּה הֲלֹא עַל[d]° הָאֲנָשִׁים — ג ומל[36] . יט פסוק בסיפ את את את . ה[37]
הַיֹּשְׁבִים עַל־הַחֹמָה לֶאֱכֹל אֶת חֲרֵיהֶם[e] וְלִשְׁתּוֹת אֶת־שֵׁינֵיהֶם[f] — ה חס בסיפ . צואתם ק . מימי רגליהם ק
28 עִמָּכֶם׃ 28 וַיַּעֲמֹד רַב־שָׁקֵה וַיִּקְרָא בְקוֹל־גָּדוֹל יְהוּדִית וַיְדַבֵּר[a] — ז
29 וַיֹּאמֶר שִׁמְעוּ דְּבַר[b]־הַמֶּלֶךְ° הַגָּדוֹל מֶלֶךְ אַשּׁוּר׃ 29 כֹּה אָמַר הַמֶּלֶךְ — ד
30 אַל־יַשִּׁא לָכֶם חִזְקִיָּהוּ כִּי־לֹא יוּכַל לְהַצִּיל אֶתְכֶם מִיָּדוֹ[a]׃ 30 וְאַל־° — ה ב מל וג חס . ב
יַבְטַח אֶתְכֶם חִזְקִיָּהוּ אֶל־יְהוָה לֵאמֹר הַצֵּל יַצִּילֵנוּ יְהוָה וְלֹא[a]° תִנָּתֵן — י בטח אל . ב
31 אֶת־[b]הָעִיר הַזֹּאת בְּיַד מֶלֶךְ אַשּׁוּר׃ 31 אַל־תִּשְׁמְעוּ אֶל־חִזְקִיָּהוּ כִּי°
כֹה אָמַר מֶלֶךְ אַשּׁוּר עֲשׂוּ־אִתִּי בְרָכָה וּצְאוּ אֵלַי וְאִכְלוּ אִישׁ־גַּפְנוֹ
32 וְאִישׁ תְּאֵנָתוֹ וּשְׁתוּ אִישׁ מֵי־בוֹרוֹ׃ 32 עַד־בֹּאִי° וְלָקַחְתִּי אֶתְכֶם אֶל־ — ב חד מל וחד חס[38]
אֶרֶץ כְּאַרְצְכֶם אֶרֶץ דָּגָן וְתִירוֹשׁ אֶרֶץ[a] לֶחֶם וּכְרָמִים [b]אֶרֶץ זֵית°[c] — ב . ל
יִצְהָר[d] וּדְבַשׁ וִחְיוּ וְלֹא תָמֻתוּ וְאַל־תִּשְׁמְעוּ אֶל־חִזְקִיָּהוּ[b] [e]כִּי־יַסִּית — ה[39]
33 אֶתְכֶם לֵאמֹר יְהוָה יַצִּילֵנוּ׃ 33 [a]הַהַצֵּל הִצִּילוּ[a] אֱלֹהֵי הַגּוֹיִם אִישׁ
34 אֶת־אַרְצוֹ מִיַּד מֶלֶךְ אַשּׁוּר׃ 34 אַיֵּה° אֱלֹהֵי חֲמָת וְאַרְפָּד אַיֵּה[a] אֱלֹהֵי
35 סְפַרְוַיִם [b]הֵנַע וְעִוָּה[b] [c]כִּי־הִצִּילוּ[c] אֶת־שֹׁמְרוֹן מִיָּדִי׃ 35 מִי בְּכָל־
אֱלֹהֵי הָאֲרָצוֹת[a] אֲשֶׁר־הִצִּילוּ אֶת־אַרְצָם מִיָּדִי כִּי־יַצִּיל יְהוָה אֶת־
36 יְרוּשָׁלִַם מִיָּדִי׃ 36 [a]וְהֶחֱרִישׁוּ הָעָם[a] וְלֹא־עָנוּ אֹתוֹ דָּבָר כִּי־מִצְוַת — ל . ג פסוק ולא לא
37 הַמֶּלֶךְ הִיא לֵאמֹר לֹא תַעֲנֻהוּ׃ 37 וַיָּבֹא אֶלְיָקִים בֶּן־חִלְקִיָּה — ב . י וכל עזרא דכות[40]

[34] Mm 2161. [35] Mm 2346. [36] Mm 29. [37] Mm 2347. [38] Mp contra textum, cf Mp sub loco. [39] Mp sub loco. [40] Mm 4033.

26 [a–a] > Ms et Jes 36,11 ‖ [b] mlt Mss 𝔊^{OL} et Jes אֵלֵינוּ ‖ [c] 2 Mss 𝔊^{O} + הַזֶּה ‖ **27** [a] > 𝔊^{44} et Jes 36,12 ‖ [b–b] Jes 𝔔^{a} האליכמה ועל אדוניכמה cf 𝔖 ‖ [c] = הָאֵל, sic Jes ‖ [d] = אֶל ‖ [e] pc Mss ut Q צוֹאָתָם; K חֲרֵיהֶם, pc Mss et Jes חַרְאֵיהֶם ‖ [f] nonn Mss ut Q מֵימֵי רַגְלֵיהֶם, K שֵׁינֵיהֶם ‖ **28** [a] > pc Mss 𝔗^{f}𝔙 et Jes 36,13 ‖ [b] Ms 𝔊𝔗^{Ms}𝔙 et Jes דִּבְרֵי ‖ **29** [a] mlt Mss Or 𝔊$^{-B}$𝔖𝔗𝔙 מִיָּדִי; > Jes 36,14 ‖ **30** [a] 𝔊* ut Jes 36,15 לֹא ‖ [b] > mlt Mss et Jes ‖ **32** [a] 𝔊 *καί* ‖ [b–b] > Jes 36,17 ‖ [c] > Ms, frt dl ‖ [d] Ms 𝔖𝔙 וְי׳ ‖ [e] Jes 36,18 פֶּן cf 𝔖 ‖ **33** [a–a] Jes הַהִצִּילוּ ‖ **34** [a] pc Mss 𝔊^{L}𝔖𝔗^{Mss} וְאַיֵּה ‖ [b–b] > 𝔊^{BL} et Jes 36,19, frt dl et ins שֹׁמְרוֹן ואיה אלהי אֶרֶץ cf 𝔊^{L}𝔏^{Lg} ‖ [c–c] 2 Mss 𝔊^{B} et Jes וְכִי־ה׳, 𝔊^{Mss}(𝔖𝔙) *μὴ ἐξείλαντο* = הַהִצ׳ ‖ **35** [a] Ms 𝔖𝔗^{Ms} et Jes 36,20 + הָאֵלֶּה ‖ **36** [a–a] Jes 36,21 וַיַּחֲרִישׁוּ cf 𝔊.

אֲשֶׁר־עַל־הַבַּיִת וְשֶׁבְנָא הַסֹּפֵר וְיוֹאָח בֶּן־אָסָף הַמַּזְכִּיר אֶל־חִזְקִיָּהוּ
19 קְרוּעֵי בְגָדִים וַיַּגִּדוּ לוֹ דִּבְרֵי רַב־שָׁקֵה׃ **19** 1 וַיְהִי כִּשְׁמֹעַ הַמֶּלֶךְ ב מל . ד41 חס וכל שפטים ושמואל דכות ב מ ב
2 חִזְקִיָּהוּ וַיִּקְרַע אֶת־בְּגָדָיו וַיִּתְכַּס בַּשָּׂק וַיָּבֹא בֵּית יְהוָה׃ 2 וַיִּשְׁלַח ב
אֶת־אֶלְיָקִים אֲשֶׁר־עַל־הַבַּיִת וְשֶׁבְנָא[a] הַסֹּפֵר וְאֵת זִקְנֵי הַכֹּהֲנִים ג1
3 מִתְכַּסִּים בַּשַּׂקִּים אֶל־יְשַׁעְיָהוּ הַנָּבִיא[b] בֶּן־אָמוֹץ׃ 3 וַיֹּאמְרוּ אֵלָיו
כֹּה אָמַר חִזְקִיָּהוּ יוֹם־צָרָה וְתוֹכֵחָה וּנְאָצָה הַיּוֹם הַזֶּה כִּי בָאוּ בָנִים ב
4 עַד־מַשְׁבֵּר וְכֹחַ אַיִן לְלֵדָה[a]׃ 4 אוּלַי יִשְׁמַע יְהוָה אֱלֹהֶיךָ אֵת [a]כָּל־ ב . ב . ב פסוק דמטע2
דִּבְרֵי רַב־שָׁקֵה אֲשֶׁר שְׁלָחוֹ מֶלֶךְ־אַשּׁוּר ׀ אֲדֹנָיו לְחָרֵף אֱלֹהִים חַי
וְהוֹכִיחַ בַּדְּבָרִים אֲשֶׁר שָׁמַע יְהוָה אֱלֹהֶיךָ וְנָשָׂאתָ תְפִלָּה בְּעַד ה
5 הַשְּׁאֵרִית הַנִּמְצָאָה׃ 5 וַיָּבֹאוּ עַבְדֵי הַמֶּלֶךְ חִזְקִיָּהוּ אֶל־ ב3
6 יְשַׁעְיָהוּ[a]׃ 6 וַיֹּאמֶר לָהֶם יְשַׁעְיָהוּ כֹּה תֹאמְרוּן אֶל־אֲדֹנֵיכֶם כֹּה ׀ אָמַר כב4 וכל ד״ה ועזרא דכות ב מ ה חס בליש . ט5
יְהוָה אַל־תִּירָא מִפְּנֵי הַדְּבָרִים אֲשֶׁר שָׁמַעְתָּ אֲשֶׁר גִּדְּפוּ נַעֲרֵי מֶלֶךְ־ ג6
7 אַשּׁוּר אֹתִי׃ 7 הִנְנִי נֹתֵן בּוֹ רוּחַ וְשָׁמַע שְׁמוּעָה וְשָׁב לְאַרְצוֹ וְהִפַּלְתִּיו ב
8 בַּחֶרֶב בְּאַרְצוֹ׃ 8 וַיָּשָׁב רַב־שָׁקֵה וַיִּמְצָא אֶת־מֶלֶךְ אַשּׁוּר
9 נִלְחָם עַל־לִבְנָה כִּי שָׁמַע כִּי נָסַע מִלָּכִישׁ׃ 9 וַיִּשְׁמַע אֶל[a]־תִּרְהָקָה ב פסוק דמטע7
מֶלֶךְ[b]־כּוּשׁ לֵאמֹר הִנֵּה[c] יָצָא לְהִלָּחֵם אִתָּךְ וַיָּשָׁב[d] וַיִּשְׁלַח
10 מַלְאָכִים אֶל־חִזְקִיָּהוּ לֵאמֹר׃ 10 [a]כֹּה תֹאמְרוּן אֶל־חִזְקִיָּהוּ מֶלֶךְ־ ט5
יְהוּדָה לֵאמֹר[a] אַל־יַשִּׁאֲךָ אֱלֹהֶיךָ אֲשֶׁר אַתָּה בֹּטֵחַ בּוֹ לֵאמֹר לֹא ב . כז בטע
11 תִנָּתֵן יְרוּשָׁלַםִ בְּיַד מֶלֶךְ אַשּׁוּר׃ 11 הִנֵּה ׀ אַתָּה שָׁמַעְתָּ אֵת[a] אֲשֶׁר עָשׂוּ
12 מַלְכֵי אַשּׁוּר לְכָל־הָאֲרָצוֹת לְהַחֲרִימָם וְאַתָּה תִּנָּצֵל׃ 12 הַהִצִּילוּ
אֹתָם אֱלֹהֵי הַגּוֹיִם אֲשֶׁר שִׁחֲתוּ[a] אֲבוֹתַי אֶת־גּוֹזָן וְאֶת־חָרָן וְרֶצֶף ז מל
13 וּבְנֵי־עֶדֶן אֲשֶׁר בִּתְלַאשָּׂר׃ 13 אַיּוֹ[a] מֶלֶךְ־חֲמָת וּמֶלֶךְ אַרְפָּד [b]וּמֶלֶךְ ד8 . ב חד מל וחד חס9 . ה10
14 לָעִיר סְפַרְוָיִם הֵנַע וְעִוָּה[b]׃ 14 וַיִּקַּח חִזְקִיָּהוּ אֶת־הַסְּפָרִים[a]

[41]Mm 195. **Cp 19** [1]Mm 2349. [2]Mm 2162. [3]Mm 2350. [4]Mm 11. [5]Mm 235. [6]Mm 2351. [7]Mm 2163. [8]Mm 3050. [9]Mm 2164. [10]Mm 3106.

Cp 19,2 [a] 2 Mss et Jes 37,2 וְאֵת שׁ׳ ‖ [b] Ms 𝔊$^{-BA}$ et Jes tr post אמוץ ‖ **3** [a] 𝔊 *τῇ τικτούσῃ* = לַיֹּלֵדָה cf 𝔖𝔗 ‖ **4** [a] > mlt Mss 𝔊^{AL}𝔖𝔗$^{f\,Mss}$ et Jes 37,4 ‖ **5** [a] sic L, mlt Mss Edd ־עְ׳ ‖ **9** [a] = עַל, sic Q^{Or} et Jes 37,9 ‖ [b] sic L, mlt Mss Edd ־ךְ ‖ [c] > 2 Mss 𝔖 et Jes ‖ [d] > Ms, Jes וַיִּשְׁמַע ‖ **10** [a–a] > 𝔊^{B} (𝔊^{135} sub ast) ‖ **11** [a] > pc Mss et Jes 37,11, 𝔊 + *πάντα* ‖ **12** [a] pc Mss et Jes 37,12 הִשְׁחִיתוּ ‖ **13** [a] 2 Mss et Jes 37,13 אַיֵּה ‖ [b–b] dub, cf 18,34 ‖ **14** [a] 𝔊^{L}𝔗^{Mss} sg.

מִיַּ֥ד הַמַּלְאָכִ֖ים וַיִּקְרָאֵ֑םᵇ וַיַּ֗עַל בֵּ֚ית יְהוָ֔ה וַיִּפְרְשֵׂ֥הוּ חִזְקִיָּ֖הוּ לִפְנֵ֥י
15 יְהוָֽה׃ פ 15 ᵃוַיִּתְפַּלֵּ֨ל חִזְקִיָּ֜הוּ לִפְנֵ֣י יְהוָה֮ᵃ וַיֹּאמַר֒ᵇ יְהוָ֞ה אֱלֹהֵ֣י
יִשְׂרָאֵ֗ל יֹשֵׁ֣ב הַכְּרֻבִ֔ים אַתָּה־ה֤וּא הָֽאֱלֹהִים֙ לְבַדְּךָ֔ לְכֹ֖ל מַמְלְכ֣וֹת
16 הָאָ֑רֶץ אַתָּ֣ה עָשִׂ֔יתָ אֶת־הַשָּׁמַ֖יִם וְאֶת־הָאָֽרֶץ׃ 16 הַטֵּ֨ה יְהוָ֤ה ׀ אָזְנְךָ֙
וּֽשְׁמָ֔ע פְּקַ֧ח יְהוָ֛ה עֵינֶ֖יךָ וּרְאֵ֑ה וּשְׁמַ֗ע אֵ֚תᵃ דִּבְרֵ֣י סַנְחֵרִ֔יב אֲשֶׁ֣ר שְׁלָח֔וֹᵇ
17 לְחָרֵ֖ף אֱלֹהִ֥ים חָֽי׃ 17 אָמְנָ֖ם יְהוָ֑ה הֶחֱרִ֜יבוּ מַלְכֵ֥י אַשּׁ֛וּר אֶת־הַגּוֹיִ֖ם
18 ᵃוְאֶת־אַרְצָֽםᵃ׃ 18 וְנָתְנ֥וּᵃ אֶת־אֱלֹהֵיהֶ֖ם בָּאֵ֑שׁ כִּי֩ לֹ֨א אֱלֹהִ֜ים הֵ֗מָּה כִּ֣י
אִם־מַעֲשֵׂ֧ה יְדֵֽי־אָדָ֛ם עֵ֥ץ וָאֶ֖בֶן וַֽיְאַבְּדֽוּם׃ 19 וְעַתָּה֙ יְהוָ֣ה אֱלֹהֵ֔ינוּ ס̊
הוֹשִׁיעֵ֥נוּ נָ֖א מִיָּד֑וֹ וְיֵֽדְעוּ֙ כָּל־מַמְלְכ֣וֹת הָאָ֔רֶץ כִּ֥י אַתָּ֛ה יְהוָ֥ה אֱלֹהִ֖יםᵃ
20 לְבַדֶּֽךָ׃ ס 20 וַיִּשְׁלַח֙ יְשַֽׁעְיָ֣הוּ בֶן־אָמ֔וֹץ אֶל־חִזְקִיָּ֖הוּ לֵאמֹ֑ר
כֹּֽה־אָמַ֤ר יְהוָה֙ אֱלֹהֵ֣י יִשְׂרָאֵ֔ל אֲשֶׁ֨ר הִתְפַּלַּ֥לְתָּ אֵלַ֛י אֶלᵃ־סַנְחֵרִ֥ב
21 מֶֽלֶךְ־אַשּׁ֖וּר שָׁמָֽעְתִּי׃ 21 זֶ֣ה הַדָּבָ֔ר אֲשֶׁר־דִּבֶּ֥ר יְהוָ֖ה עָלָ֑יו

בָּזָ֨ה לְךָ֜ לָעֲגָ֣ה לְךָ֗ בְּתוּלַת֙ בַּת־צִיּ֔וֹן
אַחֲרֶ֙יךָ֙ רֹ֣אשׁᵃ הֵנִ֔יעָה בַּ֖ת יְרוּשָׁלִָֽם׃
22 אֶת־מִ֤י חֵרַ֙פְתָּ֙ וְגִדַּ֔פְתָּ וְעַל־מִ֖י הֲרִימ֣וֹתָ קּ֑וֹלᵃ
וַתִּשָּׂ֥א מָר֛וֹם עֵינֶ֖יךָ עַל־קְד֥וֹשׁ יִשְׂרָאֵֽל׃
23 בְּיַ֣ד מַלְאָכֶיךָ֮ᵃ חֵרַ֣פְתָּ ׀ אֲדֹנָי֒ᵇ וַתֹּ֗אמֶר
בְּרֹ֥בᶜ רִכְבִּ֛י אֲנִ֥יᵈ
עָלִ֛יתִי מְר֥וֹם הָרִ֖ים יַרְכְּתֵ֣י לְבָנ֑וֹן
וְאֶכְרֹ֞תᵉ קוֹמַ֣ת אֲרָזָ֗יו מִבְחוֹרᶠ בְּרֹשָׁ֔יו
וְאָב֙וֹאָהᵉ מְל֣וֹןᵍ קִצֹּ֔הʰ יַ֖עַר כַּרְמִלּֽוֹ׃
24 אֲנִ֣י קַ֔רְתִּי וְשָׁתִ֖יתִי מַ֣יִם זָרִ֑יםᵃ

ל[11] . ב
צא
יב חס וכל אורית דכות[12]
יג[13] . יג
ה . ב פסוק דמטע[14]
ג[15]
ל̊א[16] . ב . ג
יא[17] . כז בטע . ה כת בנביא
כד . ל חס
ח[18]
ב
ד[19] . ג ב חס וחד מל[20]
ב
ל[11]
ברב ק
ב . ב ומל[21]
ד[22] . ב . קצו ק חד[23] מן ג בליש . ב

[11] Mm 2166. [12] Mm 543. [13] Mm 3139. [14] Mm 2162. [15] Mm 1306. [16] Mp sub loco. [17] Mm 1625. [18] Mm 2353. [19] Mm 2165. [20] Mm 3350. [21] Mm 2051. [22] Mm 209. [23] Q addidi, cf Mp sub loco.

14 ᵇ Ms G^{L} et Jes 37,14 אֵהוּ–, sic l? ‖ **15** ᵃ⁻ᵃ > G* ‖ ᵇ Ms G^{L}V et Jes 37,15 לֵאמֹר ‖ **16** ᵃ mlt Mss Syh (sub ast) STV et Jes 37,17 + כָּל־ ‖ ᵇ l c pc Mss GSV et Jes שָׁלַח ‖ **17** ᵃ⁻ᵃ > G* et Jes 37,18 Qᵃ ‖ **18** ᵃ Jes 37,19 וְנָתֹן; l c Jes Qᵃ וַיִּתְּנוּ? ‖ **19** ᵃ > T et Jes 37,20 ‖ **20** ᵃ = עַל, sic Or ‖ **21** ᵃ G$^{B\,426.121}$S ut Jes 37,22 Qᵃ ראֹשָׁהּ ‖ **22** ᵃ G^{L}S V^{Mss} + suff 2sg ‖ **23** ᵃ V ut Jes 37,24 עֲבָדֶיךָ ‖ ᵇ nonn Mss יהוה ‖ ᶜ l c mlt Mss Vrs et Jes ut Q בְּרֹב ‖ ᵈ ins עָשִׂיתִי חָיִל? cf G^{L} ‖ ᵉ = וָא׳, sic Ms cf GV ‖ ᶠ nonn Mss et Jes מִבְחַר ‖ ᵍ Ms et Jes מְרוֹם ‖ ʰ nonn Mss et Jes ut Q קִצּוֹ ‖ **24** ᵃ > Ms et Jes 37,25.

וָאַחְרִב[b] בְּכַף־פְּעָמַי כֹּל יְאֹרֵי מָצוֹר׃ ב̇[24]
25 [a]הֲלֹא־שָׁמַעְתָּ לְמֵרָחוֹק אֹתָהּ עָשִׂיתִי ח̇
לְמִימֵי קֶדֶם[a] וִיצַרְתִּיהָ[b] עַתָּה[c] הֲבֵיאתִיהָ ב̇. ב̇ חד חס וחד מל̇
וּתְהִי[d] לְהַשְׁוֹת[e] גַּלִּים נִצִּים[f] עָרִים בְּצֻרוֹת׃ יד רפי[25]. יא̇[26] מילין דלא מפק א ול̇[27] חס בליש. ג̇
26 וְיֹשְׁבֵיהֶן קִצְרֵי־יָד חַתּוּ וַיֵּבֹשׁוּ[a] ב̇. ל̇. ב̇[28]
הָיוּ עֵשֶׂב[b] שָׂדֶה וִירַק דֶּשֶׁא ב̇
חֲצִיר[c] גַּגּוֹת [d]וּשְׁדֵפָה[e] לִפְנֵי קָמָה[d]׃ ד̇
27 וְשִׁבְתְּךָ[a] וְצֵאתְךָ וּבֹאֲךָ יָדָעְתִּי [b]וְאֵת הִתְרַגֶּזְךָ אֵלָי[b]׃ ד̇
28 [a]יַעַן הִתְרַגֶּזְךָ אֵלַי[a] וְשַׁאֲנַנְךָ[b] עָלָה בְאָזְנָי ד̇. יב̇ ח̇ מנה קמ̇
וְשַׂמְתִּי חַחִי בְּאַפֶּךָ וּמִתְגִּי בִּשְׂפָתֶיךָ ב̇
וַהֲשִׁבֹתִיךָ בַּדֶּרֶךְ אֲשֶׁר־בָּאתָ בָּהּ׃ ג̇[29]
29 וְזֶה־לְּךָ הָאוֹת אָכוֹל הַשָּׁנָה סָפִיחַ וּבַשָּׁנָה הַשֵּׁנִית סָחִישׁ[a] 29 כג̇ ר״פ. י̇ מל̇
וּבַשָּׁנָה הַשְּׁלִישִׁית זִרְעוּ וְקִצְרוּ וְנִטְעוּ כְרָמִים וְאִכְלוּ פִרְיָם׃ 30 וְיָסְפָה 30 ט̇ מל̇[30]
פְּלֵיטַת בֵּית־יְהוּדָה הַנִּשְׁאָרָה שֹׁרֶשׁ לְמָטָּה וְעָשָׂה פְרִי לְמָעְלָה׃
31 כִּי מִירוּשָׁלִַם תֵּצֵא שְׁאֵרִית וּפְלֵיטָה מֵהַר צִיּוֹן קִנְאַת יְהוָה °[a] 31 צבאות חד מן י̇[31] קר̇ ולא כת̇
תַּעֲשֶׂה־זֹּאת׃ ס
32 לָכֵן כֹּה־אָמַר יְהוָה אֶל־מֶלֶךְ אַשּׁוּר לֹא יָבֹא אֶל־הָעִיר הַזֹּאת 32 כ̇[32]. ט̇ פסוק לא ולא ולא ולא
וְלֹא־יוֹרֶה שָׁם חֵץ וְלֹא־יְקַדְּמֶנָּה מָגֵן וְלֹא־יִשְׁפֹּךְ עָלֶיהָ סֹלְלָה׃
33 בַּדֶּרֶךְ אֲשֶׁר־יָבֹא[a] בָּהּ יָשׁוּב וְאֶל־הָעִיר הַזֹּאת לֹא יָבֹא נְאֻם־ 33 ל̇[33]
יְהוָה׃ 34 וְגַנּוֹתִי אֶל[a]־הָעִיר הַזֹּאת לְהוֹשִׁיעָהּ[b] לְמַעֲנִי וּלְמַעַן דָּוִד 34 ל̇[34]. ט̇ מיחד
עַבְדִּי׃
35 [a]וַיְהִי בַּלַּיְלָה הַהוּא[a] וַיֵּצֵא ׀ מַלְאַךְ יְהוָה וַיַּךְ בְּמַחֲנֵה אַשּׁוּר 35

[24]Mm 2354. [25]Mm 174. [26]Mm 4069 contra textum, lect Mm frt inc. [27]Mm 331. [28]Mm 3390. [29]Mm 2167. [30]Mm 1900. [31]Mm 2745. [32]Mm 2168. [33]Mm 2355. [34]Mm 1174.

24 [b] = וָאׄ׳, sic Ms cf 𝔊𝔙 ‖ **25** [a–a] > 𝔊* ‖ [b] 𝔊𝔖𝔙 ut Jes 37,26 𝔔[a] יְצ׳, prb l ‖ [c] l c Ms 𝔊[L]𝔖𝔙 וְע׳? ‖ [d] > pc Mss; prp וַתְּהִי cf 𝔊 ‖ [e] pc Mss et Jes להשאות ‖ [f] Jes 𝔔[a] נצורים ‖ **26** [a] pc Mss et Jes 37,27 וָבֹשׁוּ ‖ [b] 𝔊[L](𝔖𝔗𝔙) pr ὡς ‖ [c] 𝔊[L](𝔖𝔗) pr ὡς; > 𝔙 ‖ [d–d] Jes 𝔔[a] הנשדף לפני קדים ‖ [e] pc Mss et Jes ושדמָה ‖ **27** [a] frt pr לְפָנַי קֻמְךָ cf ε′ ἀπ’ ἔναντι ἀναστάσεώς σου ‖ [b–b] frt dl cf 28[a–a] ‖ **28** [a–a] > 2 Mss et Jes 37,29 𝔔[a] ‖ [b] prp וּשְׁאוֹנְךָ ‖ **29** [a] Ms et Jes 37,30 שָׁחִיס ‖ **31** [a] l c mlt Mss Vrs et Jes ut Q צְבָאוֹת ‖ **33** [a] l c pc Mss Vrs et Jes 37,34 בָּא ‖ **34** [a] = עַל, sic nonn Mss et Jes ‖ [b] > 𝔊* ‖ **35** [a–a] > Jes 37,36.

מֵאָ֛ה שְׁמוֹנִ֥ים ᵇ וַחֲמִשָּׁ֖ה אָ֑לֶף וַיַּשְׁכִּ֣ימוּ בַבֹּ֔קֶר וְהִנֵּ֥ה כֻלָּ֖ם פְּגָרִ֥ים מֵתִֽים׃ ו̇[35] מל וכל ד״ה דכות ב מ א
36 וַיִּסַּ֣ע וַיֵּ֔לֶךְ וַיָּ֖שָׁב סַנְחֵרִ֣יב מֶֽלֶךְ־אַשּׁ֑וּר וַיֵּ֖שֶׁב בְּנִֽינְוֵֽה׃ 37 וַֽיְהִ֗י
ה֨וּא מִֽשְׁתַּחֲוֶ֜ה בֵּ֣ית ׀ נִסְרֹ֣ךְ אֱלֹהָ֗יו וְאַדְרַמֶּ֨לֶךְ ᵃ וְשַׂרְאֶ֤צֶר ᵇ הִכֻּ֣הוּ ב̇. ב̇. בניו חד מן ג̇ קר ולא כת[37]. ה̇ חס[36]
בַחֶ֔רֶב וְהֵ֥מָּה נִמְלְט֖וּ אֶ֣רֶץ אֲרָרָ֑ט וַיִּמְלֹ֛ךְ אֵֽסַר־חַדֹּ֥ן בְּנ֖וֹ תַּחְתָּֽיו׃ פ ד̇
20 1 בַּיָּמִ֣ים הָהֵ֔ם חָלָ֥ה חִזְקִיָּ֖הוּ לָמ֑וּת וַיָּבֹ֣א אֵ֠לָיו יְשַׁעְיָ֨הוּ בֶן־
אָמ֜וֹץ הַנָּבִ֗יא וַיֹּ֨אמֶר אֵלָ֜יו כֹּה־אָמַ֤ר יְהוָה֙ צַ֣ו לְבֵיתֶ֔ךָ כִּ֛י מֵ֥ת אַתָּ֖ה
2 וְלֹ֥א תִֽחְיֶֽה׃ 2 וַיַּסֵּ֥ב ᵃ ᵇאֶת־פָּנָ֖יו ᵇ אֶל־הַקִּ֑יר וַיִּתְפַּלֵּ֔ל אֶל־יְהוָ֖ה לֵאמֹֽר׃ ᶜ ל̇
3 אָנָּ֣ה יְהוָ֗ה זְכָר־נָ֞א אֵ֣ת אֲשֶׁ֧ר הִתְהַלַּ֣כְתִּי לְפָנֶ֗יךָ בֶּאֱמֶת֙ וּבְלֵבָ֣ב ו̇ כת ה וכל ר״פ וכל לשון ארמית דכות[1]
4 שָׁלֵ֔ם וְהַטּ֥וֹב בְּעֵינֶ֖יךָ עָשִׂ֑יתִי וַיֵּ֥בְךְּ חִזְקִיָּ֖הוּ בְּכִ֥י גָדֽוֹל׃ ס 4 וַיְהִ֗י ד̇[2]. ט̇ו̇. ל̇
ᵃיְשַׁעְיָ֔הוּ ᵇלֹ֣א יָצָ֔א ᵇ הָעִ֖יר ᶜ הַתִּֽיכֹנָ֑ה ᵃוּדְבַר־יְהוָ֔ה ᵈהָיָ֥ה אֵלָ֖יו ᵈ לֵאמֹֽר׃ חצר ק. י̇ח̇. ז̇
5 שׁ֣וּב ᵃ וְאָמַרְתָּ֞ אֶל־חִזְקִיָּ֣הוּ ᵇנְגִיד־עַמִּ֗י ᵇ כֹּֽה־אָמַר֙ יְהוָ֗ה אֱלֹהֵי֙ דָּוִ֣ד ל̇
אָבִ֔יךָ שָׁמַ֙עְתִּי֙ אֶת־תְּפִלָּתֶ֔ךָ רָאִ֖יתִי אֶת־דִּמְעָתֶ֑ךָ הִנְנִי֙ רֹ֣פֶא לָ֔ךְ בַּיּוֹם֙
6 הַשְּׁלִישִׁ֔י תַּעֲלֶ֖ה בֵּ֥ית יְהוָֽה׃ 6 וְהֹסַפְתִּ֣י ᵃ עַל־יָמֶ֗יךָ חֲמֵ֤שׁ עֶשְׂרֵה֙ שָׁנָ֔ה ד̇
וּמִכַּ֤ף מֶֽלֶךְ־אַשּׁוּר֙ אַצִּ֣ילְךָ ᵇוְאֵ֖ת הָעִ֣יר הַזֹּ֑את ᵇ ᶜוְגַנּוֹתִי֙ עַל־הָעִ֣יר הַזֹּ֔את ח̇[3]
7 ᵈלְמַֽעֲנִ֔י וּלְמַ֖עַן דָּוִ֥ד עַבְדִּֽי׃ ᶜᵈ 7 ᵃוַיֹּ֣אמֶר יְשַֽׁעְיָ֔הוּ ᵇ קְח֖וּ ᶜ דְּבֶ֣לֶת תְּאֵנִ֑ים ט̇ מיחד
[ס̄ ל̇ב] ᵈוַיִּקְח֣וּ וַיָּשִׂ֧ימוּ ᵈ עַל־הַשְּׁחִ֖ין וַיֶּֽחִי׃ ᵉ 8 וַיֹּ֤אמֶר חִזְקִיָּ֙הוּ֙ אֶל־יְשַֽׁעְיָ֔הוּ ל̇ה̇
מָ֣ה א֔וֹת ᵃ כִּֽי־יִרְפָּ֥א יְהוָ֖ה לִ֑י וְעָלִ֛יתִי בַּיּ֥וֹם הַשְּׁלִישִׁ֖י בֵּ֥ית יְהוָֽה׃ ג̇[4]
9 וַיֹּ֣אמֶר יְשַֽׁעְיָ֗הוּ זֶה־לְּךָ֤ ᵃ הָאוֹת֙ מֵאֵ֣ת יְהוָ֔ה כִּ֚י יַעֲשֶׂ֣ה יְהוָ֔ה אֶת־הַדָּבָ֖ר יא זוגין בטע[5]
אֲשֶׁ֣ר דִּבֵּ֑ר הָלַ֤ךְ ᵇ הַצֵּל֙ עֶ֣שֶׂר מַעֲל֔וֹת אִם־יָשׁ֖וּב עֶ֥שֶׂר מַעֲלֽוֹת׃ ב̇[6]
10 וַיֹּ֙אמֶר֙ יְחִזְקִיָּ֔הוּ נָקֵ֣ל לַצֵּ֔ל לִנְט֖וֹת עֶ֣שֶׂר מַעֲל֑וֹת לֹ֣א כִ֔י יָשׁ֥וּב הַצֵּ֛ל ג̇[7] בנביא וכל ד״ה דכות ב מ ה
11 אֲחֹרַנִּ֖ית עֶ֥שֶׂר מַעֲלֽוֹת׃ 11 וַיִּקְרָ֛א יְשַׁעְיָ֥הוּ הַנָּבִ֖יא אֶל־יְהוָ֑ה וַיָּ֣שֶׁב אֶת־ᵃ ז̇. כ̇ה̇

[35] Mm 43. [36] Mm 2745. [37] Mm 2096. **Cp 20** [1] Mm 2169. [2] Mm 2170. [3] Mm 1392. [4] Mm 2171. [5] Mm 915. [6] Mm 2172. [7] Mm 2203.

35 ᵇ mlt Mss 𝔖𝔗^Mss et Jes ׳וּשׁ || **37** ᵃ 2 Mss 𝔊^L𝔖𝔙 ׳א || ᵇ l c mlt Mss Vrs et Jes 37,38 ut Q בָּנָיו || **Cp 20,2** ᵃ mlt Mss 𝔊𝔖𝔗^Ms et Jes 38,2 + חִזְקִיָּהוּ || ᵇ⁻ᵇ > Ms 𝔊^BA Syh^txt || ᶜ Jes וַיֹּאמַר || **4** ᵃ⁻ᵃ > Jes 38,4 || ᵇ⁻ᵇ > 𝔊 || ᶜ l c mlt Mss Vrs ut Q חָצֵר || ᵈ⁻ᵈ Jes אֶל־יְשַׁעְיָהוּ || **5** ᵃ Jes 38,5 הָלוֹךְ || ᵇ⁻ᵇ > Jes || **6** ᵃ Jes 38,5 יוֹסִף (= (יוֹסֵף) || ᵇ⁻ᵇ > Jes 𝔊*, dl? || ᶜ⁻ᶜ add? cf 19,34 || ᵈ⁻ᵈ > Jes || **7** ᵃ v 7 hic add cf Jes 38,21 (etiam in Jes 𝔔ᵃ add) || ᵇ > 𝔊* || ᶜ 𝔊(𝔖𝔗^Mss) *λαβέτωσαν* = יִקְחוּ || ᵈ⁻ᵈ 2 Mss et Jes 38,21 וְיִמְרְחוּ, 𝔊*(𝔖) *καὶ ἐπιθέτωσαν* = וְיָשִׂימוּ || ᵉ 𝔊 *καὶ ὑγιάσει* = וִיחִי ut Jes || **8** ᵃ frt l הָאוֹת cf 𝔊 || **9** ᵃ > 𝔊*𝔙 || ᵇ 𝔗 *hjhk* cf 𝔊𝔙, frt l הֲיֵלֵךְ || **11** ᵃ > pc Mss cf 𝔊 *καὶ ἀπέστρεψεν ἡ σκιά.*

ב⁸ . ב . ז הַצֵּ֗ל בְּֽמַעֲל֗וֹת [b]אֲשֶׁ֨ר יָרְדָ֜ה בְּמַעֲל֥וֹת אָחָ֛ז[b] אֲחֹרַנִּ֖ית עֶ֥שֶׂר מַעֲלֽוֹת׃ פ
מח כת א לא קר ול בליש⁹ 12 בָּעֵ֣ת הַהִ֡יא שָׁלַ֡ח בְּרֹאדַ֣ךְ[a] בַּ֠לְאֲדָ֠ן בֶּֽן־בַּלְאֲדָ֧ן מֶֽלֶךְ־בָּבֶ֛ל 2
ל¹⁰ סְפָרִ֥ים וּמִנְחָ֖ה אֶל־חִזְקִיָּ֑הוּ כִּ֣י שָׁמַ֔ע כִּ֥י חָלָ֖ה חִזְקִיָּֽהוּ[b]׃ 13 וַיִּשְׁמַ֣ע[a] 3
נכתו⁸ חד מן ב כת כן ק עֲלֵיהֶם֮ חִזְקִיָּהוּ֒ וַיַּרְאֵ֣ם אֶת־כָּל־[b]בֵּ֣ית נְכֹתֹ֗ה אֶת־הַכֶּ֣סֶף וְאֶת־הַזָּהָ֡ב
ז וְאֵת־הַבְּשָׂמִ֜ים וְאֵ֣ת׀ שֶׁ֣מֶן[c] הַטּ֗וֹב וְאֵת[d] בֵּ֣ית כֵּלָ֔יו וְאֵ֛ת כָּל־אֲשֶׁ֥ר נִמְצָ֖א
ל כת כן בְּאוֹצְרֹתָ֑יו לֹֽא־הָיָ֣ה דָבָ֗ר אֲשֶׁ֨ר לֹֽא־הֶרְאָ֧ם חִזְקִיָּ֛הוּ בְּבֵית֖וֹ וּבְכָל־
ח מֶמְשַׁלְתּֽוֹ׃ 14 וַיָּבֹא֙ יְשַֽׁעְיָ֣הוּ הַנָּבִ֔יא אֶל־הַמֶּ֖לֶךְ חִזְקִיָּ֑הוּ וַיֹּ֣אמֶר 14
ה¹¹ אֵ֠לָיו מָ֣ה אָמְר֣וּ[a]׀ הָאֲנָשִׁ֣ים הָאֵ֗לֶּה וּמֵאַ֙יִן֙ יָבֹ֣אוּ אֵלֶ֔יךָ וַיֹּ֙אמֶר֙ חִזְקִיָּ֔הוּ
מֵאֶ֧רֶץ רְחוֹקָ֛ה בָּ֖אוּ[b] מִבָּבֶֽל׃ 15 וַיֹּ֕אמֶר מָ֥ה רָא֖וּ בְּבֵיתֶ֑ךָ וַיֹּ֣אמֶר 15
ב חִזְקִיָּ֗הוּ[a] אֵ֣ת כָּל־אֲשֶׁ֤ר בְּבֵיתִי֙ רָא֔וּ לֹֽא־הָיָ֥ה דָבָ֛ר אֲשֶׁ֥ר לֹֽא־הִרְאִיתִ֖ם
ג בְּאֹצְרֹתָֽי׃ 16 וַיֹּ֥אמֶר יְשַֽׁעְיָ֖הוּ אֶל־חִזְקִיָּ֑הוּ שְׁמַ֖ע דְּבַר־יְהוָֽה[a]׃ 17 הִנֵּה֮ 16 17
יב¹² יָמִ֣ים בָּאִים֒[a] וְנִשָּׂ֣א׀ כָּל־אֲשֶׁ֣ר בְּבֵיתֶ֗ךָ וַאֲשֶׁ֨ר אָצְר֧וּ אֲבֹתֶ֛יךָ עַד־הַיּ֥וֹם
כט . כ ס״פ¹³ . ב . יד¹⁴ הַזֶּ֖ה בָּבֶ֑לָה לֹֽא־יִוָּתֵ֥ר דָּבָ֖ר[b] אָמַ֥ר יְהוָֽה׃ 18 וּמִבָּנֶ֨יךָ [a]אֲשֶׁ֥ר יֵצְא֛וּ 18
יקחו חד מן ט¹⁵ בליש ק מִמְּךָ֛[a] אֲשֶׁ֥ר תּוֹלִ֖יד[b] יִקָּ֑ח[c] וְהָיוּ֙ סָרִיסִ֔ים בְּהֵיכַ֖ל מֶ֥לֶךְ בָּבֶֽל׃ 19 וַיֹּ֤אמֶר 19
יז מל בסיפ חִזְקִיָּ֙הוּ֙ אֶֽל־יְשַֽׁעְיָ֔הוּ ט֥וֹב דְּבַר־יְהוָ֖ה אֲשֶׁ֣ר דִּבַּ֑רְתָּ[a] [b]וַיֹּ֗אמֶר הֲל֛וֹא
ה בטע בסיפ¹⁶ אִם־שָׁל֥וֹם וֶאֱמֶ֖ת יִהְיֶ֥ה בְיָמָֽי[b]׃ 20 וְיֶ֨תֶר דִּבְרֵ֤י חִזְקִיָּ֙הוּ֙ וְכָל־ 20
ז¹⁷ . ל . נא¹⁸ גְּב֣וּרָת֔וֹ וַאֲשֶׁ֣ר עָשָׂ֗ה אֶֽת־הַבְּרֵכָה֙ וְאֶת־הַתְּעָלָ֔ה וַיָּבֵ֥א אֶת־הַמַּ֖יִם
ט¹⁹ הָעִ֑ירָה הֲלֹא־הֵ֣ם כְּתוּבִ֗ים עַל־סֵ֛פֶר דִּבְרֵ֥י הַיָּמִ֖ים לְמַלְכֵ֥י יְהוּדָֽה׃
21 וַיִּשְׁכַּ֥ב חִזְקִיָּ֖הוּ עִם־אֲבֹתָ֑יו[a] וַיִּמְלֹ֛ךְ מְנַשֶּׁ֥ה בְנ֖וֹ תַּחְתָּֽיו׃ פ 21
21 1 בֶּן־[a]שְׁתֵּ֨ים עֶשְׂרֵ֤ה[a] שָׁנָה֙ מְנַשֶּׁ֣ה בְמָלְכ֔וֹ וַחֲמִשִּׁ֣ים וְחָמֵ֗שׁ שָׁנָ֔ה **21**
ב¹ מָלַ֖ךְ בִּירוּשָׁלָ֑͏ִם וְשֵׁ֥ם אִמּ֖וֹ חֶפְצִי־בָֽהּ׃ 2 וַיַּ֥עַשׂ הָרַ֖ע בְּעֵינֵ֣י יְהוָ֑ה 2

[8]Q addidi, cf Mp sub loco. [9]Mm 898 et Mm 2358 א. [10]Mm 2358 ב. [11]Mm 1292. [12]Mm 545. [13]Mm 2481. [14]Mm 98. [15]Mm 1853. [16]Mm 2178. [17]Mm 1112. [18]Mm 639. [19]Mm 1972. **Cp 21** [1]Mm 2173.

11 b–b > 𝔊*, add ex Jes 38,8? ‖ **12** a l c pc Mss 𝔊𝔖𝔗^f𝔙^Mss et Jes 39,1 מְרֹ(א)דַךְ ‖ b Jes וַיֶּחֱזָק, Jes 𝔔^a ויחיה; Ms 𝔊^L𝔖 + וַיֶּחִי ‖ **13** a l c pc Mss 𝔊𝔖𝔙 et Jes 39,2 וַיִּשְׂמַח ‖ b > mlt Mss 𝔖𝔙 et Jes ‖ c 2 Mss et Jes הַשּׁ' cf 𝔊 ‖ d mlt Mss Syh 𝔖𝔗^f Mss et Jes + כָּל־ ‖ **14** a Ms 𝔊^L𝔖 + לְךָ ‖ b mlt Mss 𝔊𝔖𝔗^Mss𝔙 et Jes 39,3 + אֵלַי ‖ **15** a > 𝔊* ‖ **16** a 2 Mss 𝔊^L121 et Jes 39,5 + צְבָאוֹת ‖ **17** a 2 Mss 𝔊^-BO + נְאֻם יהוה ‖ b Ms 𝔊^-L + אֲשֶׁר ‖ **18** a–a dl hoc (> Ms) vel b–b ‖ c nonn Mss et Jes 39,7 ut Q יִקָּחוּ; K יִקַּח ‖ **19** a 𝔊𝔙 3 sg ‖ b–b > 𝔊^B, 𝔊^O hab sub ast; 𝔊^NL rel *ἔστω εἰρήνη ἐν ταῖς ἡμέραις μου* cf Jes 39,8 ‖ **21** a Ms + בְּעִיר דָּוִד, 𝔊^-BA 344 + *καὶ ἐτάφη* (𝔊^L + *μετὰ τῶν πατέρων αὐτοῦ*) *ἐν πόλει Δαυιδ* ‖ **Cp 21,1** a–a Ms 22, 𝔊^19.82.108 10.

3 כְּתֹעֲבֹת֙ הַגּוֹיִ֔ם אֲשֶׁר֙ הוֹרִ֣ישׁ יְהוָ֔ה מִפְּנֵ֖י בְּנֵ֥י יִשְׂרָאֵֽל׃ 3 וַ֠יָּשָׁב וַיִּ֨בֶן֙
אֶת־הַבָּמ֗וֹת אֲשֶׁ֤ר אִבַּד֙ חִזְקִיָּ֣הוּ אָבִ֔יו וַיָּ֨קֶם מִזְבְּחֹ֜תᵃ לַבַּ֗עַל וַיַּ֤עַשׂ
אֲשֵׁרָהᵇ֙ כַּאֲשֶׁ֣ר עָשָׂ֗ה אַחְאָב֙ מֶ֣לֶךְ יִשְׂרָאֵ֔ל וַיִּשְׁתַּ֙חוּ֙ לְכָל־צְבָ֣א הַשָּׁמַ֔יִם
4 וַֽיַּעֲבֹ֖ד אֹתָֽם׃ 4 וּבָנָ֥ה מִזְבְּחֹ֖ת בְּבֵ֣ית יְהוָ֑ה אֲשֶׁר֙ אָמַ֣ר יְהוָ֔הᵃ בִּירוּשָׁלִַ֖ם
5 אָשִׂ֥ים אֶת־שְׁמִֽי׃ 5 וַיִּ֥בֶן מִזְבְּח֖וֹת לְכָל־צְבָ֣א הַשָּׁמָ֑יִם בִּשְׁתֵּ֖יᵃ חַצְר֥וֹת
6 בֵּית־יְהוָֽה׃ 6 וְהֶעֱבִ֤יר אֶת־בְּנוֹ֙ᵃ בָּאֵ֔שׁ וְעוֹנֵ֖ן וְנִחֵ֑שׁ וְעָ֥שָׂה א֖וֹב וְיִדְּעֹנִ֑יםᵇ
7 הִרְבָּ֗ה לַעֲשׂ֥וֹת הָרַ֛ע בְּעֵינֵ֥י יְהוָ֖ה לְהַכְעִֽיסᶜ׃ 7 וַיָּ֕שֶׂם אֶת־פֶּ֥סֶל
הָאֲשֵׁרָ֖ה ᵃאֲשֶׁ֣ר עָשָׂ֑הᵃ בַּבַּ֗יִת אֲשֶׁ֨ר אָמַ֤ר יְהוָה֙ אֶל־דָּוִד֙ וְאֶל־שְׁלֹמֹ֣ה
בְנ֔וֹ בַּבַּ֨יִת הַזֶּ֜ה וּבִירוּשָׁלִַ֗ם אֲשֶׁ֤ר בָּחַ֙רְתִּי֙ מִכֹּל֙ שִׁבְטֵ֣י יִשְׂרָאֵ֔ל אָשִׂ֥ים
8 אֶת־שְׁמִ֖יᵇ לְעוֹלָֽם׃ 8 וְלֹ֣א אֹסִ֗יף לְהָנִיד֙ רֶ֣גֶל יִשְׂרָאֵ֔ל מִן־הָ֣אֲדָמָ֔ה
אֲשֶׁ֥ר נָתַ֖תִּי לַאֲבוֹתָ֑ם רַ֣ק ׀ אִם־יִשְׁמְר֣וּᵃ לַעֲשׂ֗וֹת כְּכֹל֙ אֲשֶׁ֣ר צִוִּיתִ֔ים
9 וּלְכָלᵇ־הַתּוֹרָ֔ה אֲשֶׁר־צִוָּ֥ה אֹתָ֖ם עַבְדִּ֥י מֹשֶֽׁה׃ 9 וְלֹ֖א שָׁמֵ֑עוּ וַיַּתְעֵ֤ם
מְנַשֶּׁה֙ לַעֲשׂ֣וֹת אֶת־הָרָ֔ע מִן־הַגּוֹיִ֔ם אֲשֶׁר֙ הִשְׁמִ֣יד יְהוָ֔ה מִפְּנֵ֖י בְּנֵ֥י
10 11 יִשְׂרָאֵֽל׃ 10 וַיְדַבֵּ֧ר יְהוָ֛ה בְּיַד־עֲבָדָ֥יו הַנְּבִיאִ֖ים לֵאמֹֽר׃ 11 יַ֗עַן
אֲשֶׁ֨ר עָשָׂ֜ה מְנַשֶּׁ֤ה מֶֽלֶךְ־יְהוּדָה֙ הַתֹּעֵב֣וֹת הָאֵ֔לֶּה הֵרַ֕עᵃ מִכֹּ֛ל אֲשֶׁר־
עָשׂ֥וּ הָאֱמֹרִ֖י אֲשֶׁ֣ר לְפָנָ֑יו וַיַּחֲטִ֧א גַם־אֶת־יְהוּדָ֖ה בְּגִלּוּלָֽיו׃ פ
12 לָכֵ֗ן כֹּֽה־אָמַ֤ר יְהוָה֙ אֱלֹהֵ֣י יִשְׂרָאֵ֔ל הִנְנִי֙ מֵבִ֣יא רָעָ֔ה עַל־יְרוּשָׁלִַ֖ם
13 וִיהוּדָ֑ה אֲשֶׁר֙ כָּל־שֹׁ֣מְעָ֔יוᵃ תִּצַּ֖לְנָה שְׁתֵּ֥י אָזְנָֽיו׃ 13 וְנָטִ֣יתִי עַל־יְרוּשָׁלִַ֗ם
אֵ֚ת קָ֣וᵃ שֹֽׁמְר֔וֹן וְאֶת־מִשְׁקֹ֖לֶת בֵּ֣ית אַחְאָ֑ב וּמָחִ֣יתִי אֶת־יְרוּשָׁלִַ֗ם
14 כַּאֲשֶׁר־יִמְחֶ֤ה אֶת־הַצַּלַּ֙חַת֙ ᵇמָחָ֖ה וְהָפַ֥ךְᵇ עַל־פָּנֶֽיהָ׃ 14 וְנָטַשְׁתִּ֗י
אֵ֚ת שְׁאֵרִ֣ית נַחֲלָתִ֔י וּנְתַתִּ֖ים בְּיַ֣ד אֹיְבֵיהֶ֑ם וְהָי֥וּ לְבַ֛ז וְלִמְשִׁסָּ֖ה לְכָל־
15 אֹיְבֵיהֶֽם׃ 15 יַ֗עַן אֲשֶׁ֨ר עָשׂ֤וּ אֶת־הָרַע֙ בְּעֵינַ֔י וַיִּהְי֥וּ מַכְעִסִ֖ים אֹתִ֑י מִן־
16 הַיּ֗וֹם אֲשֶׁ֨ר יָצְא֤וּ אֲבוֹתָם֙ מִמִּצְרַ֔יִם וְעַ֖ד הַיּ֥וֹם הַזֶּֽה׃ 16 וְגַ֨ם

ב[2]. כ[3].
ב חס וכל אורית דכות
ב חס וכל אורית דכות . לט
פ̇ד
כ̇א
ד[4]. יט ו[5] מנה חס ב מנה בסיפ
יא זוגין דמטע בטע[6]. ב
ז בליש בנביא . ב קמ̇ דסמיכ̇[7]. כל עשייה רע פת̇ ב מ̇ ו קמ̇ בטע
ג בטע דמטע
ט חס ג מנה בליש וחד מן ד כת̇ כן . ד[8]
ד חס[7]
ג[9]. ג[7]
שמעה ק̇ . ב[10]. ד[11]
ל . ב ומל[12]
ל . ל . ג
ז בליש בנביא .
ג

[2] Mm 2174. [3] Mm 1991. [4] Mm 2175. [5] Mm 4177. [6] Mm 794. [7] Mp sub loco. [8] Mm 407. [9] Mm 2647. [10] Mm 2176. [11] Mm 2561. [12] Mm 2177.

3 ᵃ 𝔊 sg, it in 4.5 ∥ ᵇ 𝔊𝔖𝔙 pl ∥ 4 ᵃ > 𝔊* ∥ 5 ᵃ 𝔊^{ONmin} ἐν πάσαις ∥ 6 ᵃ 𝔊 pl ∥ ᵇ mlt Mss sg ∥ ᶜ l c mlt Mss 𝔊𝔖𝔗$^{f\,Mss}$𝔙 ־סוּ ∥ 7 ᵃ⁻ᵃ > 𝔊* ∥ ᵇ 𝔊$^{-B}$(𝔖) + ἐκεῖ ∥ 8 ᵃ 𝔊^{L} hic ἀκούσωσιν = יִשְׁמְעוּ ∥ ᵇ 𝔊 κατὰ πᾶσαν, prb l וּכְכֹל ∥ 11 ᵃ 𝔊 τὰ πονηρά; prp הָרַע ∥ 12 ᵃ l c nonn Mss Vrs ut Q שֹׁמְעָהּ; K שמעיו ∥ 13 ᵃ mlt Mss קַו ∥ ᵇ⁻ᵇ prp מָחֹה וְהָפֹךְ; 𝔙 *et delens vertam et ducam crebrius stylum.*

דָּ֣ם נָקִ֞י שָׁפַ֤ךְ מְנַשֶּׁה֙ הַרְבֵּ֣ה מְאֹ֔ד עַ֛ד אֲשֶׁר־מִלֵּ֥א אֶת־יְרוּשָׁלַ֖͏ִם פֶּ֣ה בׄ
לָפֶ֑ה לְ֠בַד מֵֽחַטָּאת֙וֹ[a] אֲשֶׁ֤ר הֶחֱטִיא֙ אֶת־יְהוּדָ֔ה לַעֲשׂ֥וֹת הָרַ֖ע בְּעֵינֵ֥י
17 יְהוָֽה׃ 17 וְיֶ֨תֶר֙ דִּבְרֵ֤י מְנַשֶּׁה֙ וְכָל־אֲשֶׁ֣ר עָשָׂ֔ה וְחַטָּאת֖וֹ אֲשֶׁ֣ר הׄ בטעׄ בסיפׄ[13]
חָטָ֑א הֲלֹא־הֵ֣ם כְּתוּבִ֗ים עַל־סֵ֛פֶר דִּבְרֵ֥י הַיָּמִ֖ים לְמַלְכֵ֥י יְהוּדָֽה׃
18 18 וַיִּשְׁכַּ֤ב מְנַשֶּׁה֙ עִם־אֲבֹתָ֔יו וַיִּקָּבֵ֥ר [a]בְּגַן־בֵּית֖וֹ[a] בְּגַן־עֻזָּ֑א וַיִּמְלֹ֛ךְ אָמ֥וֹן לׄ. גׄ כתׄ א[14]
בְּנ֖וֹ תַּחְתָּֽיו׃ פ
19 19 בֶּן־עֶשְׂרִ֨ים וּשְׁתַּ֤יִם שָׁנָה֙ אָמ֣וֹן בְּמָלְכ֔וֹ וּשְׁתַּ֣יִם שָׁנִ֔ים מָלַ֖ךְ
20 בִּירוּשָׁלָ֑͏ִם וְשֵׁ֣ם אִמּ֔וֹ מְשֻׁלֶּ֥מֶת בַּת־חָר֖וּץ מִן־יָטְבָֽה׃ 20 וַיַּ֥עַשׂ הָרַ֖ע לׄ. לׄ
21 בְּעֵינֵ֣י יְהוָ֑ה כַּאֲשֶׁ֥ר עָשָׂ֖ה מְנַשֶּׁ֥ה אָבִֽיו׃ 21 וַיֵּ֕לֶךְ בְּכָל־הַדֶּ֖רֶךְ אֲשֶׁר־ דׄ בטעׄ[15]
הָלַ֣ךְ אָבִ֑יו וַיַּעֲבֹ֣ד אֶת־הַגִּלֻּלִ֗ים אֲשֶׁ֚ר עָבַ֣ד אָבִ֔יו וַיִּשְׁתַּ֖חוּ לָהֶֽם׃
22 23 22 וַֽיַּעֲזֹ֔ב אֶת־יְהוָ֖ה[a] אֱלֹהֵ֣י אֲבֹתָ֑יו וְלֹ֥א הָלַ֖ךְ בְּדֶ֥רֶךְ יְהוָֽה׃ 23 וַיִּקְשְׁר֥וּ גׄ[16]
24 [a]עַבְדֵֽי־אָמ֖וֹן[a] עָלָ֑יו [b]וַיָּמִ֥יתוּ אֶת־הַמֶּ֖לֶךְ[b] בְּבֵיתֽוֹ׃ 24 וַיַּךְ֙ עַם־הָאָ֔רֶץ לׄ
אֵ֚ת כָּל־הַקֹּשְׁרִ֔ים עַל־הַמֶּ֖לֶךְ אָמ֑וֹן וַיַּמְלִ֧יכוּ עַם־הָאָ֛רֶץ אֶת־יֹאשִׁיָּ֥הוּ בׄ. חׄ[17] וכל על המלך טוב דכות בׄ מׄ גׄ
25 בְנ֖וֹ תַּחְתָּֽיו׃ 25 וְיֶ֛תֶר דִּבְרֵ֥י אָמ֖וֹן[a] אֲשֶׁ֣ר עָשָׂ֑ה הֲלֹא־הֵ֣ם כְּתוּבִ֔ים יגׄ בטעׄ ר״פ בסיפׄ[18]. וׄ[19]
26 עַל־סֵ֛פֶר דִּבְרֵ֥י הַיָּמִ֖ים לְמַלְכֵ֥י יְהוּדָֽה׃ 26 וַיִּקְבֹּ֥ר[a] אֹת֛וֹ בִּקְבֻרָת֖וֹ בׄ[20]
בְּגַן־עֻזָּ֑א וַיִּמְלֹ֛ךְ יֹאשִׁיָּ֥הוּ בְנ֖וֹ תַּחְתָּֽיו׃ פ גׄ כתׄ א[14]

22 **22** 1 בֶּן־שְׁמֹנֶ֤ה[a] שָׁנָה֙ יֹאשִׁיָּ֣הוּ בְמָלְכ֔וֹ וּשְׁלֹשִׁ֣ים וְאַחַת֙ שָׁנָ֔ה מָלַ֖ךְ
בִּירוּשָׁלָ֑͏ִם וְשֵׁ֣ם אִמּ֔וֹ יְדִידָ֥ה בַת־עֲדָיָ֖ה[b] מִבָּצְקַֽת׃ 2 וַיַּ֥עַשׂ הַיָּשָׁ֖ר בְּעֵינֵ֣י ס̊ גׄ[1] לׄ. לׄ
יְהוָ֑ה וַיֵּ֗לֶךְ בְּכָל־דֶּ֙רֶךְ֙ דָּוִ֣ד אָבִ֔יו וְלֹא־[a]סָ֖ר יָמִ֥ין וּשְׂמֹֽאול׃ פ גׄ[2]. דׄ[3]
3 3 וַיְהִ֗י בִּשְׁמֹנֶ֤ה עֶשְׂרֵה֙ שָׁנָ֔ה לַמֶּ֖לֶךְ יֹאשִׁיָּ֑הוּ[a] שָׁלַ֣ח הַ֠מֶּלֶךְ אֶת־שָׁפָ֨ן
4 בֶּן־אֲצַלְיָ֤הוּ בֶן־מְשֻׁלָּם֙ הַסֹּפֵ֔ר בֵּ֥ית יְהוָ֖ה לֵאמֹֽר׃ 4 עֲלֵ֗ה אֶל־ בׄ
חִלְקִיָּ֙הוּ֙ הַכֹּהֵ֣ן הַגָּד֔וֹל וְיַתֵּ֣ם[a] אֶת־הַכֶּ֔סֶף הַמּוּבָ֖א בֵּ֣ית יְהוָ֑ה אֲשֶׁ֥ר דׄ

[13] Mm 2178. [14] Mm 1738. [15] Mm 2140. [16] Mm 2179. [17] Mm 2106. [18] Mm 1985. [19] Mm 1990. [20] Mm 2180.
Cp 22 [1] Mp sub loco. [2] Mm 2181. [3] Mm 1978.

16 [a] Vrs pl (= מחטאתיו), it in 17 ‖ **18** [a–a] > Ms $\mathfrak{G}^{L}$ ‖ **22** [a] > 2 Mss $\mathfrak{G}^{L}$ ‖ **23** [a–a] $\mathfrak{G}^{\text{Nmin}}\mathfrak{V}$ et 2 Ch 33,24 עֲבָדָיו ‖ [b–b] $\mathfrak{G}^{L}\mathfrak{S}$ ut 2 Ch וַיְמִיתֻהוּ ‖ **25** [a] mlt Mss $\mathfrak{G}^{L}\mathfrak{S}$ + וְכָל־ ‖ **26** [a] sic L, mlt Mss Edd ־בֹּר; l c mlt Mss Vrs ־רוּ ‖ **Cp 22,1** [a] Ms $\mathfrak{G}^{44.71}$ + עֶשְׂרֵה ‖ [b] sic L, mlt Mss Edd עֲדָיָה ‖ **2** [a] pc Mss $\mathfrak{G}\mathfrak{C}^{\text{Ms}}\mathfrak{V}$ לא ‖ **3** [a] $\mathfrak{G}$ + *ἐν τῷ μηνὶ τῷ ὀγδόῳ* ($\mathfrak{G}^{\text{ONmin}}$ *ἑβδόμῳ*) ‖ **4** [a] $\mathfrak{G}^{-L}$ *καὶ σφράγισον* = וַחְתֹם? frt l וַיַּתֵּךְ cf $\mathfrak{G}^{L}\mathfrak{T}\mathfrak{V}$ et 9.

5 אָסְפוּ שֹׁמְרֵי הַסַּף מֵאֵת הָעָם׃ 5 [a]וְיִתְּנֻהּ[b] עַל־יַד עֹשֵׂי הַמְּלָאכָה
הַמֻּפְקָדִים בְּבֵית[c] יְהוָה וְיִתְּנוּ אֹתוֹ לְעֹשֵׂי הַמְּלָאכָה אֲשֶׁר[d] בְּבֵית
6 יְהוָה לְחַזֵּק בֶּדֶק הַבָּיִת׃ 6 לֶחָרָשִׁים וְלַבֹּנִים וְלַגֹּדְרִים[a] וְלִקְנוֹת
7 עֵצִים וְאַבְנֵי מַחְצֵב לְחַזֵּק אֶת־[b]הַבָּיִת׃ 7 אַךְ לֹא־יֵחָשֵׁב אִתָּם הַכֶּסֶף
8 הַנִּתָּן עַל־יָדָם כִּי בֶאֱמוּנָה הֵם עֹשִׂים׃ 8 וַיֹּאמֶר חִלְקִיָּהוּ
הַכֹּהֵן הַגָּדוֹל עַל־[a]שָׁפָן הַסֹּפֵר סֵפֶר הַתּוֹרָה מָצָאתִי בְּבֵית יְהוָה
9 וַיִּתֵּן חִלְקִיָּה אֶת־הַסֵּפֶר אֶל־שָׁפָן וַיִּקְרָאֵהוּ׃ 9 וַיָּבֹא[a] שָׁפָן הַסֹּפֵר[b]
אֶל־הַמֶּלֶךְ וַיָּשֶׁב אֶת־הַמֶּלֶךְ דָּבָר וַיֹּאמֶר הִתִּיכוּ עֲבָדֶיךָ אֶת־הַכֶּסֶף
הַנִּמְצָא בַבַּיִת[c] וַיִּתְּנֻהוּ עַל־יַד עֹשֵׂי הַמְּלָאכָה הַמֻּפְקָדִים בֵּית יְהוָה׃
10 וַיַּגֵּד שָׁפָן הַסֹּפֵר לַמֶּלֶךְ לֵאמֹר סֵפֶר נָתַן לִי חִלְקִיָּה הַכֹּהֵן וַיִּקְרָאֵהוּ
11 שָׁפָן לִפְנֵי הַמֶּלֶךְ׃ 11 וַיְהִי כִּשְׁמֹעַ הַמֶּלֶךְ אֶת־דִּבְרֵי סֵפֶר
12 הַתּוֹרָה וַיִּקְרַע אֶת־בְּגָדָיו׃ 12 וַיְצַו הַמֶּלֶךְ אֶת־חִלְקִיָּה הַכֹּהֵן וְאֶת־
אֲחִיקָם בֶּן־שָׁפָן וְאֶת־עַכְבּוֹר בֶּן־מִיכָיָה וְאֵת ׀ שָׁפָן הַסֹּפֵר וְאֵת עֲשָׂיָה
13 עֶבֶד־הַמֶּלֶךְ לֵאמֹר׃ 13 לְכוּ דִרְשׁוּ אֶת־יְהוָה בַּעֲדִי וּבְעַד־הָעָם
[a]וּבְעַד כָּל־יְהוּדָה[a] עַל־דִּבְרֵי הַסֵּפֶר הַנִּמְצָא הַזֶּה כִּי־גְדוֹלָה חֲמַת
יְהוָה אֲשֶׁר־הִיא נִצְּתָה בָנוּ עַל אֲשֶׁר לֹא־שָׁמְעוּ אֲבֹתֵינוּ עַל־דִּבְרֵי
14 הַסֵּפֶר הַזֶּה[b] לַעֲשׂוֹת כְּכָל־הַכָּתוּב עָלֵינוּ[c]׃ 14 וַיֵּלֶךְ חִלְקִיָּהוּ הַכֹּהֵן
וַאֲחִיקָם וְעַכְבּוֹר וְשָׁפָן וַעֲשָׂיָה אֶל־חֻלְדָּה הַנְּבִיאָה אֵשֶׁת[a] ׀ שַׁלֻּם בֶּן־
תִּקְוָה בֶּן־חַרְחַס[b] שֹׁמֵר הַבְּגָדִים וְהִיא יֹשֶׁבֶת בִּירוּשָׁלִַם בַּמִּשְׁנֶה
15 וַיְדַבְּרוּ אֵלֶיהָ׃ 15 וַתֹּאמֶר אֲלֵיהֶם כֹּה־אָמַר יְהוָה אֱלֹהֵי
16 יִשְׂרָאֵל אִמְרוּ לָאִישׁ אֲשֶׁר־שָׁלַח אֶתְכֶם אֵלָי׃ 16 כֹּה אָמַר יְהוָה הִנְנִי
מֵבִיא רָעָה אֶל־[a]הַמָּקוֹם הַזֶּה וְעַל־יֹשְׁבָיו אֵת כָּל־דִּבְרֵי הַסֵּפֶר אֲשֶׁר
17 קָרָא מֶלֶךְ יְהוּדָה׃ 17 תַּחַת ׀ אֲשֶׁר עֲזָבוּנִי וַיְקַטְּרוּ לֵאלֹהִים אֲחֵרִים

יא . ויתנהו ק
בית חד מן ד[4] יתיר ב ק לא קר . ג רפי[5] . לט
ה חס בליש[6] . ב
לז
ד
לט
י וכל עזרא דכות[7]
כה
ד[8]
י וכל עזרא דכות[7]
י וכל עזרא דכות[7]
ה[9]
י[10] וכל ד״ה דכות ב מ א
י[10] וכל ד״ה דכות ב מ א
ה . יא חס[11]
ח חס[12]
ל בנביא[13] . כד
לב[14]
ל[15]

[4] Mm 1754. [5] Mm 2002. [6] Mm 2115. [7] Mm 4033. [8] Mm 2182. [9] Mm 2183. [10] Mm 1718. [11] Mp sub loco. [12] Mm 2184. [13] Mm 4261. [14] Mm 319. [15] Mm 2560.

5 [a] 5–7 cf 12,12sqq ‖ [b] mlt Mss 𝔊 ut Q וְיִתְּנֻהוּ, K prb וִיתְּנֻה; 𝔊^{L}(𝔙) *καὶ δοθήτω* = וְיִתֵּן ‖ [c] mlt Mss ut Q בֵּית ‖ [d] > 2 Mss 𝔊$^{-B\,min}$ ‖ **6** [a] cf 12,13[a] ‖ [b] nonn Mss 𝔊𝔖 + בֶּדֶק ‖ **8** [a] = אֶל, sic mlt Mss cf 𝔊 ‖ **9** [a] 𝔊$^{-BO}$ ut 2 Ch 34,16 וַיָּבֵא ‖ [b–b] > 𝔊$^{-L}$ ‖ [c] pc Mss 𝔊𝔙 בְּבֵית יהוה ‖ **13** [a–a] dl? ‖ [b] > 𝔊$^{B\,56.129}$ ‖ [c] Ms עָלָיו cf 𝔊^{L} *ἐν αὐτῷ* ‖ **14** [a] 𝔊$^{B\,min}$ *μητέρα* ‖ [b] mlt Mss חַם– ‖ **16** [a] = עַל.

ו כת כן לְמַעַן הַכְעִיסֵנִי בְּכֹל[a] מַעֲשֵׂה יְדֵיהֶם וְנִצְּתָה חֲמָתִי בַּמָּקוֹם הַזֶּה וְלֹא
[16] תִכְבֶּה׃ 18 וְאֶל־מֶלֶךְ יְהוּדָה הַשֹּׁלֵחַ אֶתְכֶם לִדְרֹשׁ אֶת־יְהוָה כֹּה 18
כד תֹאמְרוּ אֵלָיו כֹּה־אָמַר יְהוָה אֱלֹהֵי יִשְׂרָאֵל הַדְּבָרִים אֲשֶׁר שָׁמָעְתָּ[a]׃
ב 19 יַעַן רַךְ־לְבָבְךָ וַתִּכָּנַע ׀ מִפְּנֵי יְהוָה בְּשָׁמְעֲךָ אֲשֶׁר דִּבַּרְתִּי עַל־ 19
הַמָּקוֹם הַזֶּה וְעַל־יֹשְׁבָיו לִהְיוֹת לְשַׁמָּה וְלִקְלָלָה וַתִּקְרַע אֶת־בְּגָדֶיךָ
ה[17] . ל[18] . ג וחס[19] . ג בליש[20] וַתִּבְכֶּה לְפָנָי וְגַם אָנֹכִי שָׁמַעְתִּי נְאֻם־יְהוָה׃ 20 לָכֵן הִנְנִי אֹסִפְךָ 20
ב[21] . ג[22] . ב חד חס וחד מל[23] עַל[a]־אֲבֹתֶיךָ וְנֶאֱסַפְתָּ אֶל־קִבְרֹתֶיךָ[b] בְּשָׁלוֹם[c] וְלֹא־תִרְאֶינָה עֵינֶיךָ
ג[24] וכל ועל ישביו דכות ב מ א . ל[25] בְּכֹל הָרָעָה אֲשֶׁר־אֲנִי מֵבִיא עַל־הַמָּקוֹם הַזֶּה[d] וַיָּשִׁבוּ אֶת־הַמֶּלֶךְ
ל[1] דָּבָר׃ **23** 1 וַיִּשְׁלַח הַמֶּלֶךְ וַיַּאַסְפוּ[a] אֵלָיו כָּל־זִקְנֵי יְהוּדָה **23**
יו[2] . ח[3] . לד מל[4] וִירוּשָׁלִָם׃ 2 וַיַּעַל הַמֶּלֶךְ בֵּית־יְהוָה וְכָל־אִישׁ יְהוּדָה וְכָל[a]־יֹשְׁבֵי 2
ג[5] . נא מ״פ וכל ר״פ דכות ב מ ג . ב יְרוּשָׁלַ͏ִם אִתּוֹ וְהַכֹּהֲנִים וְהַנְּבִיאִים[b] וְכָל־הָעָם לְמִקָּטֹן וְעַד־גָּדוֹל
ח . לט וַיִּקְרָא בְאָזְנֵיהֶם אֶת־כָּל־דִּבְרֵי סֵפֶר הַבְּרִית הַנִּמְצָא בְּבֵית יְהוָה׃
יח פסוק את ואת ואת את 3 וַיַּעֲמֹד הַמֶּלֶךְ עַל־הָעַמּוּד וַיִּכְרֹת אֶת־הַבְּרִית ׀ לִפְנֵי יְהוָה לָלֶכֶת 3
ב . ה[6] אַחַר יְהוָה וְלִשְׁמֹר[a] מִצְוֺתָיו וְאֶת־עֵדְוֺתָיו וְאֶת־חֻקֹּתָיו בְּכָל־לֵב
ה חס וכל אורית דכות[7] וּבְכָל־נֶפֶשׁ לְהָקִים אֶת־דִּבְרֵי הַבְּרִית הַזֹּאת הַכְּתֻבִים עַל־הַסֵּפֶר
ה[8] . ד הַזֶּה וַיַּעֲמֹד כָּל־הָעָם בַּבְּרִית׃ 4 וַיְצַו הַמֶּלֶךְ אֶת־חִלְקִיָּהוּ 4
יא [a]הַכֹּהֵן הַגָּדוֹל[a] וְאֶת־[b]כֹּהֲנֵי הַמִּשְׁנֶה[b] וְאֶת־שֹׁמְרֵי הַסַּף לְהוֹצִיא מֵהֵיכַל
ל[5] יְהוָה אֵת כָּל־הַכֵּלִים הָעֲשׂוּיִם לַבַּעַל וְלָאֲשֵׁרָה וּלְכֹל צְבָא הַשָּׁמָיִם
יז וַיִּשְׂרְפֵם[c] מִחוּץ לִירוּשָׁלִַם בְּשַׁדְמוֹת[d] קִדְרוֹן וְנָשָׂא אֶת־עֲפָרָם בֵּית־
ב אֵל׃ 5 וְהִשְׁבִּית[a] אֶת־הַכְּמָרִים אֲשֶׁר נָתְנוּ מַלְכֵי יְהוּדָה וַיְקַטֵּר[b] 5
בַּבָּמוֹת בְּעָרֵי יְהוּדָה וּמְסִבֵּי[c] יְרוּשָׁלִָם וְאֶת־הַמְקַטְּרִים לַבַּעַל לַשֶּׁמֶשׁ[d]

[16]Mm 369. [17]Mm 143. [18]Mm 2185. [19]Mm 1608. [20]Mm 2186. [21]Mm 2187. [22]Mm 4262. [23]Cf Mp sub loco et 2 Ch 34,28. [24]Mm 2560. [25]Mm 910, lectio plena contra Mp ג מל Nu 13,26; 2 Ch 10,16 et 34,28, cf Mp sub loco. **Cp 23** [1]Mm 399. [2]Mm 1520. [3]Mm 2556. [4]Dub; Mp contra textum, cf Mp sub loco. [5]Mp sub loco. [6]Mm 1875. [7]Mm 1950. [8]Mm 2027.

17 [a] Ms 𝔊$^{-L}$𝔖 om כל ‖ **18** [a] prb vb exc ‖ **20** [a] = אֶל, sic ℭ nonn Mss cf 𝔊 ‖ [b] 2 Mss תך–, l c Vrs קְבֻרָתְךָ ‖ [c] 𝔊^{O} *ἐν Ιερουσαλημ* ‖ [d] 𝔊$^{-BO}$ ut 2 Ch 34,28 + ועל־ישביו cf 19 ‖ **Cp 23,1** [a] l c 2 Ch 34,29 et 𝔊 וַיֶּאֱסֹף vel וַיֵּאָסְפוּ cf 𝔖𝔙 ‖ **2** [a] Ms 𝔊^{B}𝔗^{Ms} et 2 Ch 34,30 om כל ‖ [b] > ℭ, pc Mss et 2 Ch וְהַלְוִיִּם ‖ **3** [a] 2 Mss 𝔊^{B} ל׳ ‖ **4** [a–a] Syh sub ast ‖ [b–b] 𝔗 *sgn khnj'*, prp כֹּהֵן ה׳ ‖ [c] Ms 𝔊^{L}𝔖 פוּם– ‖ [d] 𝔊^{L} ε′ *ἐν τῷ ἐμπυρισμῷ*, 𝔖𝔗(𝔙) *bnḥl'* ‖ **5** [a] 𝔊 *καὶ κατέκαυσεν*, id 11[a] ‖ [b] 𝔊$^{-L}$𝔗 pl; prb l לְקַטֵּר cf 𝔊^{L}𝔖𝔙 ‖ [c] pc Mss 𝔊𝔗𝔙 וּבְמ׳ ‖ [d] ℭ nonn Mss 𝔊𝔖𝔗^{Ms}𝔙 וְל׳.

6 וְלַיָּרֵחַ֩ וְלַמַּזָּל֨וֹת וּלְכֹ֜ל צְבָ֣א הַשָּׁמָֽיִם׃ ⁶ וַיֹּצֵ֣א אֶת־הָאֲשֵׁרָה֩ מִבֵּ֨יתᵃ

יְהוָ֜הᵃ מִח֤וּץ לִירוּשָׁלִַ֙ם֙ אֶל־נַ֣חַל קִדְר֔וֹן וַיִּשְׂרֹ֥ף אֹתָ֖הּ בְּנַ֣חַל קִדְר֑וֹן

⁷ וַיָּ֤דֶק לְעָפָ֔ר וַיַּשְׁלֵךְ֙ אֶת־עֲפָרָ֔הּ עַל־קֶ֖בֶרᵇ בְּנֵ֥י הָעָֽם׃ ⁷ וַיִּתֹּץ֙ אֶת־

בָּתֵּ֣י הַקְּדֵשִׁ֔יםᵃ אֲשֶׁ֖ר בְּבֵ֣ית יְהוָ֑ה אֲשֶׁ֣ר הַנָּשִׁ֗ים אֹרְג֥וֹת שָׁ֛ם בָּתִּ֖יםᵇ

לָאֲשֵׁרָֽה׃ ⁸ וַיָּבֵ֤א אֶת־כָּל־הַכֹּֽהֲנִים֙ מֵעָרֵ֣י יְהוּדָ֔הᵃ וַיְטַמֵּ֣א אֶת־הַבָּמ֗וֹת

אֲשֶׁ֨ר קִטְּרוּ־שָׁ֜מָּהᵇ הַכֹּ֣הֲנִ֔ים מִגֶּ֖בַע עַד־ᶜבְּאֵ֣ר שָׁ֑בַע וְנָתַ֞ץ אֶת־בָּמ֣וֹתᵈ

הַשְּׁעָרִ֗יםᵉ אֲשֶׁר־פֶּ֜תַח שַׁ֤עַר יְהוֹשֻׁ֙עַ֙ שַׂר־הָעִ֔ירᶠ אֲשֶׁר־עַל־שְׂמֹ֥אול אִ֖ישׁ

בְּשַׁ֥עַרᶠ הָעִֽיר׃ ⁹ אַ֗ךְ לֹ֤א יַֽעֲלוּ֙ כֹּהֲנֵ֣י הַבָּמ֔וֹת אֶל־מִזְבַּ֥ח יְהוָ֖ה

בִּירוּשָׁלִָ֑ם כִּ֛י אִם־אָכְל֥וּ מַצּ֖וֹת בְּת֥וֹךְ אֲחֵיהֶֽם׃ ¹⁰ וְטִמֵּ֣א אֶת־הַתֹּ֔פֶת

אֲשֶׁ֖ר בְּגֵ֣יᵇ בֶנֵי־הִנֹּ֑םᵇ לְבִלְתִּ֗י לְהַעֲבִ֨ירᵈ אִ֜ישׁ אֶת־בְּנ֧וֹ וְאֶת־בִּתּ֛וֹ בָּאֵ֖שׁ

לַמֹּֽלֶךְ׃ ¹¹ וַיַּשְׁבֵּ֣תᵃ אֶת־הַסּוּסִ֗ים אֲשֶׁ֨ר נָתְנ֣וּ מַלְכֵי֩ יְהוּדָ֨ה לַשֶּׁ֜מֶשׁ

מִבֹּ֣אᵇ בֵית־יְהוָ֗ה אֶל־לִשְׁכַּת֙ נְתַן־מֶ֣לֶךְ הַסָּרִ֔יס אֲשֶׁ֖ר בַּפַּרְוָרִ֑ים וְאֶת־

מַרְכְּב֥וֹת הַשֶּׁ֖מֶשׁ שָׂרַ֥ף בָּאֵֽשׁ׃ ¹² וְאֶֽת־הַֽמִּזְבְּח֡וֹת אֲשֶׁ֣ר עַל־הַגָּג֩

עֲלִיַּ֨ת אָחָ֜זᵃ אֲשֶׁר־עָשׂ֣וּ ׀ מַלְכֵ֣י יְהוּדָ֗ה וְאֶת־הַֽמִּזְבְּחוֹת֙ אֲשֶׁר־עָשָׂ֣ה

מְנַשֶּׁ֗ה בִּשְׁתֵּ֛י חַצְר֥וֹת בֵּית־יְהוָ֖ה נָתַ֣ץ הַמֶּ֑לֶךְ וַיָּ֤רָץ מִשָּׁם֙ᵇ וְהִשְׁלִ֣יךְ

אֶת־עֲפָרָ֔ם אֶל־נַ֥חַל קִדְרֽוֹן׃ ¹³ וְֽאֶת־הַבָּמ֞וֹתᵃ אֲשֶׁ֣ר ׀ עַל־פְּנֵ֣י יְרוּשָׁלִַ֗ם

אֲשֶׁר֮ מִימִ֣ין לְהַר־הַמַּשְׁחִית֒ᵇ אֲשֶׁ֣ר בָּנָ֣ה שְׁלֹמֹ֣ה מֶֽלֶךְ־יִשְׂרָאֵ֡ל

לְעַשְׁתֹּ֣רֶת ׀ שִׁקֻּ֣ץ צִֽידֹנִ֗ים וְלִכְמוֹשׁ֙ שִׁקֻּ֣ץ מוֹאָ֔ב וּלְמִלְכֹּ֖ם תּוֹעֲבַ֣ת בְּנֵֽי־

עַמּ֑וֹן טִמֵּ֖א הַמֶּֽלֶךְ׃ ¹⁴ וְשִׁבַּר֙ אֶת־הַמַּצֵּב֔וֹת וַיִּכְרֹ֖ת אֶת־הָאֲשֵׁרִ֑ים

וַיְמַלֵּ֥א אֶת־מְקוֹמָ֖ם עַצְמ֥וֹת אָדָֽם׃ ¹⁵ וְגַ֨ם אֶת־הַמִּזְבֵּ֜חᵃ אֲשֶׁ֣ר בְּבֵֽית־

אֵ֗לᵃ הַבָּמָה֙ אֲשֶׁ֨ר עָשָׂ֜ה יָרָבְעָ֤ם בֶּן־נְבָט֙ אֲשֶׁ֣ר הֶחֱטִ֣יא אֶת־יִשְׂרָאֵ֔ל

גַּ֣ם אֶת־הַמִּזְבֵּ֧חַ הַה֛וּא וְאֶת־הַבָּמָ֖הᵃ נָתָ֑ץ וַיִּשְׂרֹ֧ףᵇ אֶת־הַבָּמָ֛ה הֵדַ֥ק

Masora parva (margin):
- 9 יג חס⁹
- 7 ג
- 8 ב . לט⁸
- נא¹⁰ וח מנה ר"פ . יט פסוק בסיף את את את
- 8 ל . ל⁸
- 9 ד¹¹ . ב¹²
- 10 ט כת¹³ . בֵן . ב . ק
- 11 ו ול חס¹⁵
- 12 ד ג מל וחד חס¹⁶
- 13 ל
- 14 יט פסוק בסיף את את את
- 15 ט
- ל וחד מן ד¹⁷ זוגין . ד זוגין¹⁷

⁹Mm 1509. ¹⁰Mm 639. ¹¹Mm 1956. ¹²Mm 2188. ¹³Mm 3989. ¹⁴ותרין וַיַּשְׁבֵּת cf Mm 14. ¹⁵Mm 2286. ¹⁶Mm 472. ¹⁷Okhl 231 et Mp sub loco.

6 ᵃ⁻ᵃ > 𝔗 ‖ ᵇ Ms 𝔊ᴸ𝔖𝔗𝔙 קִבְרֵי sg ‖ 7 ᵃ 𝔊𝔗ᶠ sg ‖ ᵇ dub; 𝔊⁻ᴸ χεττιειν; 𝔊ᴸ στολάς, frt l בַּתִּים (arab *battun* vestis) ‖ 8 ᵃ Ms 𝔊ᴼ𝔖 אוֹ־ שָׁם (ה dttg) cf Vrs ‖ ᵇ prb l שָׁם ‖ ᶜ mlt Mss 𝔊𝔖𝔗ᶠᴹˢ וְעַד ‖ ᵈ 𝔗 sg, l בָּמַת ? ‖ ᵉ l prb הַשְּׁעָרִים ‖ ᶠ 𝔊ᴸ εἰσπορευομένου τὴν πύλην cf 𝔗, l בָּא שַׁעַר ‖ 10 ᵃ mlt Mss בגיא ‖ ᵇ l prb c 𝔗 mlt Mss Vrs ut Q בֵּן; K בְּנֵי ‖ ᶜ > 𝔊⁻ᴸ𝔖 ‖ ᵈ frt l c pc Mss ה' ‖ 11 ᵃ cf 5ᵃ ‖ ᵇ prb l c pc Mss Vrs מִבֹּא ‖ 12 ᵃ⁻ᵃ add? ‖ ᵇ⁻ᵇ inc; prp וַיְרַצֵּם שָׁם (a רצץ) ‖ 13 ᵃ 𝔊 τὸν οἶκον = הַבַּיִת ‖ ᵇ 𝔗 zjtj', prp הַמִּשְׁחָה ‖ 15 ᵃ⁻ᵃ add? ‖ ᵇ⁻ᵇ 𝔊 καὶ συνέτριψεν τοὺς λίθους αὐτοῦ καὶ ἐλέπτυνεν, frt l וַיְשַׁבֵּר אֶת־אֲבָנָיו וַיָּדֶק.

16 לֶעָפָר וְשָׂרַף אֲשֵׁרָה׃ 16 וַיִּפֶן יֹאשִׁיָּהוּ וַיַּרְא אֶת־הַקְּבָרִים ג . יט פסוק בסיפ את את את
אֲשֶׁר־שָׁם בָּהָר[a] וַיִּשְׁלַח וַיִּקַּח אֶת־הָעֲצָמוֹת מִן־הַקְּבָרִים וַיִּשְׂרֹף עַל־
הַמִּזְבֵּחַ וַיְטַמְּאֵהוּ כִּדְבַר יְהוָה אֲשֶׁר קָרָא אִישׁ הָאֱלֹהִים[b] אֲשֶׁר קָרָא
17 אֶת־הַדְּבָרִים הָאֵלֶּה׃ 17 וַיֹּאמֶר מָה הַצִּיּוּן הַלָּז אֲשֶׁר אֲנִי רֹאֶה ל
וַיֹּאמְרוּ אֵלָיו אַנְשֵׁי הָעִיר הַקֶּבֶר[a] אִישׁ־הָאֱלֹהִים אֲשֶׁר־בָּא מִיהוּדָה
וַיִּקְרָא אֶת־הַדְּבָרִים הָאֵלֶּה אֲשֶׁר עָשִׂיתָ עַל הַמִּזְבַּח בֵּית[b]־אֵל׃ ב
18 18 וַיֹּאמֶר הַנִּיחוּ לוֹ אִישׁ אַל־יָנַע עַצְמֹתָיו וַיְמַלְּטוּ עַצְמֹתָיו אֵת עַצְמוֹת ל
19 הַנָּבִיא אֲשֶׁר־בָּא מִשֹּׁמְרוֹן[a]׃ 19 וְגַם אֶת־כָּל־בָּתֵּי הַבָּמוֹת
אֲשֶׁר ׀ בְּעָרֵי שֹׁמְרוֹן אֲשֶׁר עָשׂוּ מַלְכֵי יִשְׂרָאֵל לְהַכְעִיס[a] הֵסִיר יֹאשִׁיָּהוּ
20 וַיַּעַשׂ לָהֶם כְּכָל־הַמַּעֲשִׂים אֲשֶׁר עָשָׂה בְּבֵית־אֵל׃ 20 וַיִּזְבַּח אֶת־ ב[18]
כָּל־כֹּהֲנֵי הַבָּמוֹת אֲשֶׁר־שָׁם עַל־הַמִּזְבְּחוֹת וַיִּשְׂרֹף אֶת־עַצְמוֹת אָדָם ד[19]
21 עֲלֵיהֶם וַיָּשָׁב יְרוּשָׁלִָם׃ 21 וַיְצַו הַמֶּלֶךְ אֶת־כָּל־הָעָם לֵאמֹר
22 עֲשׂוּ פֶסַח לַיהוָה אֱלֹהֵיכֶם כַּכָּתוּב עַל סֵפֶר הַבְּרִית הַזֶּה[a]׃ 22 כִּי
לֹא נַעֲשָׂה כַּפֶּסַח הַזֶּה מִימֵי הַשֹּׁפְטִים אֲשֶׁר שָׁפְטוּ אֶת־יִשְׂרָאֵל וְכֹל[a] ח[20] קמ וכל חומש המגילות דכות ב מ ב . ד[21] . ג[22]
23 יְמֵי מַלְכֵי יִשְׂרָאֵל וּמַלְכֵי יְהוּדָה׃ 23 כִּי אִם־בִּשְׁמֹנֶה עֶשְׂרֵה שָׁנָה
24 לַמֶּלֶךְ יֹאשִׁיָּהוּ נַעֲשָׂה הַפֶּסַח הַזֶּה[a] לַיהוָה בִּירוּשָׁלִָם׃ 24 וְגַם אֶת־ ח[20] קמ וכל חומש המגילות דכות ב מ ב
הָאֹבוֹת וְאֶת־הַיִּדְּעֹנִים וְאֶת־הַתְּרָפִים וְאֶת־הַגִּלֻּלִים וְאֵת כָּל־
הַשִּׁקֻּצִים אֲשֶׁר נִרְאוּ בְּאֶרֶץ יְהוּדָה וּבִירוּשָׁלִַם בִּעֵר יֹאשִׁיָּהוּ לְמַעַן ג חס[23] . ד . ג[24] . כא
הָקִים אֶת־דִּבְרֵי הַתּוֹרָה הַכְּתֻבִים עַל־הַסֵּפֶר אֲשֶׁר מָצָא חִלְקִיָּהוּ ה[25] חס וכל אורית דכות
הַכֹּהֵן בֵּית[a] יְהוָה׃ 25 וְכָמֹהוּ לֹא־הָיָה לְפָנָיו מֶלֶךְ אֲשֶׁר־שָׁב אֶל־ ס[26] יו ר״פ וס״פ חד . ד דקדים אחריו
יְהוָה בְּכָל־לְבָבוֹ וּבְכָל־נַפְשׁוֹ וּבְכָל־מְאֹדוֹ כְּכֹל[a] תּוֹרַת מֹשֶׁה ל
26 וְאַחֲרָיו לֹא־קָם כָּמֹהוּ׃ 26 אַךְ ׀ לֹא־שָׁב יְהוָה מֵחֲרוֹן אַפּוֹ
הַגָּדוֹל אֲשֶׁר־חָרָה אַפּוֹ בִּיהוּדָה עַל כָּל[a]־הַכְּעָסִים אֲשֶׁר הִכְעִיסוֹ ל . ל

[18]Mm 2189. [19]Mm 1956. [20]Mm 692. [21]Mm 1168. [22]Mm 1399. [23]Mm 2190. [24]Mm 3999. [25]Mm 1950. [26]Mp sub loco.

16 [a] $𝔊^{-L}$ ἐν τῇ πόλει = בָּעִיר; > 𝔖 || [b] frt ins sec 𝔊 בַּעֲמֹד יָרָבְעָם בֶּחָג עַל־הַמִּזְבֵּחַ וַיִּפֶן וַיִּשָּׂא אֶת־עֵינָיו עַל־קֶבֶר אִישׁ הָאֱלֹהִים (homtel) || **17** [a] > $𝔊^{-L}$; $𝔊^{L}$ οὗτος ὁ τάφος = זֶה קֶבֶר || [b] l c pc Mss $𝔊^{L}$𝔖𝔗 בְּבֵית? || **18** [a] l מִבֵּית־אֵל? || **19** [a] prb ins אֶת־יְהוָה cf 𝔊𝔖𝔙 || **21** [a] Ms 𝔊𝔙 הַזֹּאת || **22** [a] nonn Mss $𝔖𝔗^{Mss}$ כל || **23** [a] > 𝔊* || **24** [a] nonn Mss $𝔗^{f\,Mss}$ בְּבֵ׳ cf 𝔊𝔖𝔙 || **25** [a] nonn Mss Seb בְּכֹל, nonn Mss וּבְכֹל || **26** [a] > $𝔊^{-L}$𝔖𝔙.

27 מְנַשֶּׁה׃ 27 וַיֹּ֣אמֶר יְהוָ֗ה גַּ֤ם אֶת־יְהוּדָה֙ אָסִ֣יר מֵעַ֣ל פָּנַ֔י כַּאֲשֶׁ֥ר הֲסִרֹ֖תִי
אֶת־יִשְׂרָאֵ֑ל וּמָאַסְתִּ֞י אֶת־הָעִ֨יר הַזֹּ֤את אֲשֶׁר־בָּחַ֙רְתִּי֙ אֶת־יְר֣וּשָׁלִַ֔ם
28 וְאֶת־הַבַּ֕יִת אֲשֶׁ֣ר אָמַ֔רְתִּי יִהְיֶ֥ה שְׁמִ֖י שָֽׁם׃ 28 וְיֶ֛תֶר דִּבְרֵ֥י — ה֯[27]. יג בטע ר״פ בסיפ[28]
יֹאשִׁיָּ֖הוּ וְכָל־אֲשֶׁ֣ר עָשָׂ֑ה הֲלֹא־הֵ֣ם כְּתוּבִ֗ים עַל־סֵ֛פֶר דִּבְרֵ֥י הַיָּמִ֖ים
29 לְמַלְכֵ֥י יְהוּדָֽה׃ 29 בְּיָמָ֡יו עָלָה֩ פַרְעֹ֨ה נְכֹ֧ה מֶֽלֶךְ־מִצְרַ֛יִם עַל־[a] — ט[29]
מֶ֥לֶךְ אַשּׁ֖וּר עַל־נְהַר־פְּרָ֑ת וַיֵּ֨לֶךְ הַמֶּ֤לֶךְ[b] יֹאשִׁיָּ֙הוּ֙ לִקְרָאת֔וֹ וַיְמִיתֵ֙הוּ֙ — ח מל[30]
30 בִּמְגִדּ֔וֹ כִּרְאֹת֖וֹ[c] אֹתֽוֹ׃ 30 וַיַּרְכִּבֻ֨הוּ עֲבָדָ֥יו מֵת֙ מִמְּגִדּ֔וֹ וַיְבִאֻ֙הוּ֙ יְר֣וּשָׁלִַ֔ם — ב חס[31]. ב. ז[32]
וַֽיִּקְבְּרֻ֖הוּ בִּקְבֻרָת֑וֹ[a] וַיִּקַּ֣ח עַם־הָאָ֗רֶץ אֶת־יְהוֹאָחָז֙ בֶּן־יֹ֣אשִׁיָּ֔הוּ
וַיִּמְשְׁח֣וּ אֹת֔וֹ וַיַּמְלִ֥יכוּ אֹת֖וֹ תַּ֥חַת אָבִֽיו׃ פ

31 בֶּן־עֶשְׂרִ֨ים וְשָׁלֹ֤שׁ שָׁנָה֙ יְהוֹאָחָ֣ז בְּמָלְכ֔וֹ וּשְׁלֹשָׁ֣ה חֳדָשִׁ֔ים מָלַ֖ךְ
32 בִּירוּשָׁלִָ֑ם וְשֵׁ֣ם אִמּ֔וֹ חֲמוּטַ֥ל[a] בַּת־יִרְמְיָ֖הוּ מִלִּבְנָֽה׃ 32 וַיַּ֥עַשׂ הָרַ֖ע
33 בְּעֵינֵ֣י יְהוָ֑ה כְּכֹ֥ל אֲשֶׁר־עָשׂ֖וּ אֲבֹתָֽיו׃ 33 וַיַּאַסְרֵ֨הוּ[a] פַרְעֹ֤ה נְכֹה֙
בְרִבְלָה֙ בְּאֶ֣רֶץ חֲמָ֔ת[b] בִּמְלֹ֖ךְ[c] בִּירוּשָׁלִָ֑ם[b] וַיִּתֶּן־[d]עֹ֙נֶשׁ֙ עַל־הָאָ֔רֶץ[d] — ממלך ק חד מן ד בליש
34 מֵאָ֥ה כִכַּר־כֶּ֖סֶף וְכִכַּ֥ר[e] זָהָֽב׃ 34 וַיַּמְלֵךְ֩ פַּרְעֹ֨ה נְכֹ֜ה אֶת־אֶלְיָקִ֣ים — ה
בֶּן־יֹאשִׁיָּ֗הוּ תַּ֚חַת יֹאשִׁיָּ֣הוּ אָבִ֔יו וַיַּסֵּ֥ב אֶת־שְׁמ֖וֹ יְהוֹיָקִ֑ים וְאֶת־יְהוֹאָחָ֣ז
35 לָקַ֔ח[a] וַיָּבֹ֥א[b] מִצְרַ֖יִם וַיָּ֥מָת שָֽׁם׃ 35 וְהַכֶּ֣סֶף וְהַזָּהָ֗ב נָתַ֤ן יְהוֹיָקִים֙ — ב
לְפַרְעֹ֔ה אַ֚ךְ הֶעֱרִ֣יךְ אֶת־הָאָ֔רֶץ לָתֵ֥ת אֶת־הַכֶּ֖סֶף עַל־פִּ֣י פַרְעֹ֑ה — ל
אִ֣ישׁ כְּעֶרְכּ֗וֹ נָגַ֞שׂ [a]אֶת־הַכֶּ֤סֶף וְאֶת־הַזָּהָב֙[a] אֶת־[b]עַ֣ם הָאָ֔רֶץ לָתֵ֖ת — ל. ל[33]
לְפַרְעֹ֥ה נְכֹֽה׃ ס

36 בֶּן־עֶשְׂרִ֨ים וְחָמֵ֤שׁ שָׁנָה֙ יְהוֹיָקִ֣ים בְּמָלְכ֔וֹ וְאַחַ֤ת עֶשְׂרֵה֙ שָׁנָ֔ה
37 מָלַ֖ךְ בִּירוּשָׁלִָ֑ם וְשֵׁ֣ם אִמּ֔וֹ זְבִידָּ֥ה[a] בַת־פְּדָיָ֖ה מִן־רוּמָֽה׃ 37 וַיַּ֥עַשׂ — זבודה ק[34]
24 הָרַ֖ע בְּעֵינֵ֣י יְהוָ֑ה כְּכֹ֥ל אֲשֶׁר־עָשׂ֖וּ אֲבֹתָֽיו׃ **24** 1 בְּיָמָ֣יו עָלָ֔ה
נְבֻכַדְנֶאצַּ֖ר מֶ֣לֶךְ בָּבֶ֑ל וַֽיְהִי־ל֨וֹ יְהוֹיָקִ֜ים עֶ֗בֶד שָׁלֹ֣שׁ שָׁנִ֔ים וַיָּ֖שָׁב

[27]Mm 748. [28]Mm 1985. [29]Mm 2902. [30]Mm 2137. [31]Mm 2191. [32]Mm 1391. [33]Mm 3562. [34]Mm 832.

29 [a] prb = אֶל cf Chron Gadd ‖ [b] > 𝔊* ‖ [c] nonn Mss בִּר׳ cf 𝔊 ‖ **30** [a] $𝔊^{-BO}$ + *ἐν πόλει Δαυιδ* ‖ **31** [a] mlt Mss 𝔊𝔙 חמיטל ‖ **33** [a] 𝔊 ut 2 Ch 36,3 וַיְסִירֵהוּ ‖ [b–b] add? ‖ [c] nonn Mss 𝔊𝔗𝔙 ut Q מִמְּלֹךְ ‖ [d–d] > 𝔊* ‖ [e] 𝔊 *καὶ ἑκατὸν* ($𝔊^{L}$[𝔖] *δέκα*) *τάλαντα* ‖ **34** [a] mlt Mss Edd לקח ‖ [b] $𝔊^{-L}$(𝔙) *καὶ εἰσήνεγκεν* cf 2 Ch 36,4 וַיְבִיאֵהוּ; $𝔊^{L}$ *ἀπήγαγεν αὐτόν* ‖ **35** [a–a] cf [b] ‖ [b] nonn Mss וְאֵת; $𝔊^{Nmin}$(𝔖𝔗𝔙) *παρά*, l frt מֵאֵת vel dl [a–a] ‖ **36** [a] nonn Mss ℭ ut Q זְבוּדָה, K 𝔖𝔙 זְבִידָה.

וַיִּמְרָד־בּֽוֹ׃ 2 וַיְשַׁלַּח יְהוָה[a] ׀ בּוֹ אֶת־גְּדוּדֵי כַשְׂדִּים וְאֶת־גְּדוּדֵי אֲרָם 2
וְאֵת ׀ גְּדוּדֵי מוֹאָב וְאֵת גְּדוּדֵי בְנֵי־עַמּוֹן[b] וַיְשַׁלְּחֵם בִּיהוּדָה לְהַאֲבִידוֹ[c]
כִּדְבַר יְהוָה אֲשֶׁר דִּבֶּר בְּיַד עֲבָדָיו הַנְּבִיאִֽים׃ 3 אַךְ ׀ עַל־פִּי[a] יְהוָה 3
הָיְתָה בִּיהוּדָה לְהָסִיר[b] מֵעַל פָּנָיו בְּחַטֹּאת מְנַשֶּׁה כְּכֹל אֲשֶׁר עָשָֽׂה׃
4 וְגַם דַּם־הַנָּקִי אֲשֶׁר שָׁפָךְ[a] וַיְמַלֵּא אֶת־יְרוּשָׁלִַם דָּם נָקִי וְלֹא־אָבָה 4
יְהוָה לִסְלֹֽחַ׃ 5 וְיֶתֶר דִּבְרֵי יְהוֹיָקִים וְכָל־אֲשֶׁר עָשָׂה הֲלֹא־ 5
הֵם כְּתוּבִים עַל־סֵפֶר דִּבְרֵי הַיָּמִים לְמַלְכֵי יְהוּדָֽה׃ 6 וַיִּשְׁכַּב 6
יְהוֹיָקִים עִם־אֲבֹתָיו[a] וַיִּמְלֹךְ יְהוֹיָכִין בְּנוֹ תַּחְתָּֽיו׃ 7 וְלֹא־הֹסִיף 7
עוֹד מֶלֶךְ מִצְרַיִם לָצֵאת מֵאַרְצוֹ כִּי־לָקַח מֶלֶךְ בָּבֶל מִנַּחַל מִצְרַיִם
עַד־נְהַר־פְּרָת כֹּל אֲשֶׁר הָיְתָה לְמֶלֶךְ מִצְרָֽיִם׃ פ
8 בֶּן־שְׁמֹנֶה עֶשְׂרֵה[a] שָׁנָה יְהוֹיָכִין בְּמָלְכוֹ וּשְׁלֹשָׁה חֳדָשִׁים מָלַךְ 8
בִּירוּשָׁלִָם וְשֵׁם אִמּוֹ נְחֻשְׁתָּא בַת־אֶלְנָתָן מִירוּשָׁלִָֽם׃ 9 וַיַּעַשׂ הָרַע 9
בְּעֵינֵי יְהוָה כְּכֹל אֲשֶׁר־עָשָׂה אָבִֽיו׃ 10 בָּעֵת הַהִיא עָלָה[a] עַבְדֵי[b] 10
נְבֻכַדְנֶאצַּר מֶלֶךְ־בָּבֶל יְרוּשָׁלִָם וַתָּבֹא הָעִיר בַּמָּצֽוֹר׃ 11 וַיָּבֹא 11
נְבוּכַדְנֶאצַּר מֶלֶךְ־בָּבֶל עַל־הָעִיר וַעֲבָדָיו צָרִים עָלֶֽיהָ׃ 12 וַיֵּצֵא 12
יְהוֹיָכִין מֶלֶךְ־יְהוּדָה עַל־[a]מֶלֶךְ בָּבֶל הוּא וְאִמּוֹ וַעֲבָדָיו וְשָׂרָיו
וְסָרִיסָיו וַיִּקַּח אֹתוֹ מֶלֶךְ בָּבֶל בִּשְׁנַת שְׁמֹנֶה לְמָלְכֽוֹ׃ 13 וַיּוֹצֵא 13
מִשָּׁם אֶת־כָּל־אוֹצְרוֹת בֵּית יְהוָה וְאוֹצְרוֹת בֵּית הַמֶּלֶךְ וַיְקַצֵּץ אֶת־
כָּל־כְּלֵי הַזָּהָב אֲשֶׁר עָשָׂה שְׁלֹמֹה מֶלֶךְ־יִשְׂרָאֵל בְּהֵיכַל יְהוָה כַּאֲשֶׁר
דִּבֶּר יְהוָֽה׃ 14 וְהִגְלָה אֶת־כָּל־[a]יְרוּשָׁלַ͏ִם וְאֶת־כָּל־הַשָּׂרִים ׀ וְאֵת 14
כָּל־[a]גִּבּוֹרֵי הַחַיִל עֲשָׂרָה[b] אֲלָפִים גּוֹלֶה[c] וְכָל־הֶחָרָשׁ וְהַמַּסְגֵּר לֹא[d]

כב[1]
ט[2]
ה בטע בסיפ[3]
ו חס[4] . ח[5]
ג[6] . ב זקף קמ . ט
יג בטע ר״פ בסיפ[7]
ד[8]
ל
עלו חד מן יד[9] כת ה ק וקר ו בליש
ו[10] . יז[11] וכל וגנותי דכות ב מ א
ט[12]
יב מל[13]
ב[14] . יא מל[15] . יא מל[15]
ב פסוק כל כל כל וכל[16]
ה פת . עשרת חד מן יז[17] ק ר ת בליש . ה ב מל וג חס[18]

Cp 24 [1]Mm 59. [2]Mm 2192. [3]Mm 1984. [4]Mm 861. [5]Mm 2851. [6]Mm 1166. [7]Mm 1985. [8]Mm 2193. [9]Mm 782. [10]Textus contra Mp ו׳ חס וכל מלכים דכות ב מ א, cf Jer 28,11; 2 R 25,22 et Mp sub loco. [11]Mm 1174. [12]Mm 2902. [13]Mm 2194. [14]Mm 2568. [15]Mm 1977. [16]Mm 2863. [17]Mm 3675. [18]Mm 1787.

Cp 24,2 [a] > 𝔊*, gl? ‖ [b] 𝔊^{L} et 2 Ch 36,5 𝔊 + *καὶ ἐκ τῆς Σαμαρείας* ‖ [c] 𝔖𝔗 suff pl; 𝔊$^{-L}$ om suff, recte? ‖ **3** [a] 𝔊 *τὸν θυμόν* cf 𝔖𝔗 et 2 Ch 36,5 𝔊, frt l אַף ut 20 ‖ [b] 𝔊(𝔙) + *αὐτόν*, 𝔖(𝔗) + *ʾnwn* eos ‖ **4** [a] Ms 𝔊^{243}𝔗^{Ms} + מְנַשֶּׁה, 𝔊^{L} et 2 Ch 36,5d 𝔊 + *Ιωακιμ* ‖ **6** [a] 𝔊^{L} et 2 Ch 𝔊 + *καὶ ἐτάφη ἐν κήπῳ Οζα μετὰ τῶν πατέρων αὐτοῦ* ‖ **8** [a] > 2 Ch 36,9 ‖ **10** [a] nonn Mss 𝔗𝔙 ut Q עָלוּ; l c K 𝔊𝔖 עָלָה ‖ [b] > pc Mss 𝔊𝔖, dl ‖ **12** [a] = אֶל, sic pc Mss Edd 𝔊$^{L\,min}$𝔖𝔗^{Ms}𝔙 ‖ **14** [a] > 𝔊* ‖ [b] nonn Mss ut Q עֲשֶׂרֶת, K עֲשָׂרָה ‖ [c] l ־ָה? cf 𝔊^{L}𝔖𝔗𝔙 et 15 ‖ [d] 𝔊$^{-L}$𝔖𝔙 pr cop.

15 נִשְׁאַר זוּלַת דַּלַּת עַם־הָאָֽרֶץ׃ 15 וַיֶּגֶל אֶת־יְהוֹיָכִין בָּבֶלָה   ל̇. כט
וְאֶת־אֵם הַמֶּלֶךְ וְאֶת־נְשֵׁי הַמֶּלֶךְ וְאֶת־סָרִיסָיו וְאֵת אוּלֵי[a] הָאָרֶץ   ב̇. אילי ק̇
16 הוֹלִיךְ גּוֹלָה מִירוּשָׁלַםִ בָּבֶלָה׃ 16 וְאֵת כָּל־אַנְשֵׁי הַחַיִל שִׁבְעַת   כט. ב̇
אֲלָפִים וְהֶחָרָשׁ וְהַמַּסְגֵּר אֶלֶף הַכֹּל גִּבּוֹרִים עֹשֵׂי מִלְחָמָה וַיְבִיאֵם
17 מֶלֶךְ־בָּבֶל גּוֹלָה בָּבֶלָה׃ 17 וַיַּמְלֵךְ מֶלֶךְ־בָּבֶל אֶת־מַתַּנְיָה דֹדוֹ   כט. ה̇
תַּחְתָּיו וַיַּסֵּב אֶת־שְׁמוֹ צִדְקִיָּהוּ׃ פ
18 [a] בֶּן־עֶשְׂרִים וְאַחַת[b] שָׁנָה צִדְקִיָּהוּ בְמָלְכוֹ וְאַחַת עֶשְׂרֵה שָׁנָה   ס ל̇ה̇[19]
19 מָלַךְ בִּירוּשָׁלָםִ וְשֵׁם אִמּוֹ חֲמִיטַל[c] בַּת־יִרְמְיָהוּ מִלִּבְנָה[d]׃ 19 וַיַּעַשׂ   חמוטל חד מן ה̇[20] זוגין ק̇ כת̇ י וקר̇ ו ב̇ מנה̇ בליש
20 הָרַע בְּעֵינֵי יְהוָה כְּכֹל אֲשֶׁר־עָשָׂה יְהוֹיָקִים׃ 20 כִּי | עַל־אַף יְהוָה
הָיְתָה בִירוּשָׁלַםִ וּבִיהוּדָה עַד־הִשְׁלִכוֹ[a] אֹתָם מֵעַל פָּנָיו וַיִּמְרֹד   ל̇[21]. ה̇[22]. ל̇ חס
25 צִדְקִיָּהוּ בְּמֶלֶךְ בָּבֶל׃ ס 25 1 [a] וַיְהִי בִשְׁנַת[b] הַתְּשִׁיעִית לְמָלְכוֹ   ב̇[1]. ב̇ מל̇[2]
בַּחֹדֶשׁ הָעֲשִׂירִי[c] [d]בֶּעָשׂוֹר[e] לַחֹדֶשׁ[d] בָּא נְבֻכַדְנֶאצַּר מֶלֶךְ־בָּבֶל הוּא[f]
2 וְכָל־חֵילוֹ עַל־יְרוּשָׁלַםִ וַיִּחַן[g] עָלֶיהָ וַיִּבְנוּ[h] עָלֶיהָ דָּיֵק סָבִיב׃ 2 וַתָּבֹא   ל̇
3 הָעִיר בַּמָּצוֹר עַד עַשְׁתֵּי עֶשְׂרֵה שָׁנָה לַמֶּלֶךְ צִדְקִיָּהוּ׃ 3 [a] בְּתִשְׁעָה
4 לַחֹדֶשׁ[a] וַיֶּחֱזַק הָרָעָב בָּעִיר וְלֹא־הָיָה לֶחֶם לְעַם הָאָרֶץ׃ 4 [a] וַתִּבָּקַע   ה̇י̇[3]. כה̇. ד̇[4]
הָעִיר[b] וְכָל־אַנְשֵׁי הַמִּלְחָמָה[c] | הַלַּיְלָה[d] דֶּרֶךְ שַׁעַר | בֵּין הַחֹמֹתַיִם
אֲשֶׁר עַל־גַּן הַמֶּלֶךְ וְכַשְׂדִּים עַל־הָעִיר סָבִיב וַיֵּלֶךְ[e] דֶּרֶךְ הָעֲרָבָה׃   ג̇. י̇ז̇[5] וכל וגבורתי דכות̇ ב̇ מ̇ א
5 וַיִּרְדְּפוּ חֵיל־כַּשְׂדִּים אַחַר הַמֶּלֶךְ וַיַּשִּׂגוּ אֹתוֹ בְּעַרְבוֹת יְרֵחוֹ וְכָל־   ה̇ חס̇[6]. ל̇[7]
6 חֵילוֹ נָפֹצוּ מֵעָלָיו׃ 6 וַיִּתְפְּשׂוּ אֶת־הַמֶּלֶךְ וַיַּעֲלוּ אֹתוֹ אֶל־מֶלֶךְ בָּבֶל
7 רִבְלָתָה[a] וַיְדַבְּרוּ[b] אִתּוֹ מִשְׁפָּט[c]׃ 7 וְאֶת־בְּנֵי צִדְקִיָּהוּ שָׁחֲטוּ[a] לְעֵינָיו   ל̇[8]. ה̇

[19] Mp sub loco. [20] Mm 2195. [21] Mm 2764. [22] Mm 2147. Cp 25 [1] Mm 2143. [2] Mm 2883. [3] Mm 432. [4] Mm 932. [5] Mm 1174. [6] Mp sub loco. [7] Mm 1312. [8] Mm 271.

15 [a] l c mlt Mss ut Q אֵילֵי ‖ **18** [a] 18–20 cf Jer 52,1–3 ‖ [b] > 𝔊^{O} ‖ [c] nonn Mss 𝔗 ut Q חֲמוּטַל cf 23,31 ‖ [d] > 𝔊* ‖ **20** [a] = הַ׳ ‖ **Cp 25,1** [a] 1–12 cf Jer 39,1–10; 52,4–16 ‖ [b] nonn Mss Or Jer 39,1; 52,4 בַּשָּׁנָה ‖ [c] 𝔊$^{N\,min}$ 12, 𝔊^{A} 2 ‖ [d–d] > 𝔊* et Jer 39 ‖ [e] 𝔊^{A} 14 ‖ [f] > 𝔊 et Jer 39 ‖ [g] 𝔗^{Ms}𝔙 et Jer 52 pl ‖ [h] 𝔊𝔖𝔗$^{f\,Ms}$ sg ‖ **3** [a–a] frt dl cf 4[a] ‖ **4** [a] frt ins וַיְהִי בְעַשְׁתֵּי עֶשְׂרֵה שָׁנָה לַמֶּלֶךְ צִדְקִיָּהוּ בַּחֹדֶשׁ הָרְבִיעִי וַיְהִי בְּתִשְׁעָה לַחֹדֶשׁ (𝔖 *ḥmjšj'* = הַחֲמִישִׁי) cf 𝔖 et Jer 52 ‖ [b] frt ins c Jer 39 וַיְהִי כַּאֲשֶׁר רָאָם צִדְקִיָּהוּ מֶלֶךְ יְהוּדָה; 𝔊^{L} + *καὶ ἐξῆλθεν ὁ βασιλεύς* ‖ [c] 2 Mss 𝔊 + יָצְאוּ, pc Mss + וַיִּבְרְחוּ; frt ins וַיִּבְרְחוּ וַיֵּצְאוּ מֵהָעִיר cf 𝔖 et Jer ‖ [d] frt l c 2 Mss 𝔊𝔖𝔙 et Jer 52 לַ׳ ‖ [e] l c pc Mss 𝔊$^{-BO\,56}$𝔖 et Jer 52 וילכו ‖ **6** [a] Jer + בְּאֶרֶץ חֲמָת ‖ [b] prb l c mlt Mss 𝔊𝔖𝔗^{f}𝔙 et Jer ־ר ‖ [c] pc Mss 𝔗 et Jer ־טִים ‖ **7** [a] prb l c 𝔊𝔖𝔙 sg cf Jer.

וְאֶת־עֵינֵ֤י צִדְקִיָּ֙הוּ֙ עִוֵּ֔ר וַיַּאַסְרֵ֙הוּ֙ בַּֽנְחֻשְׁתַּ֔יִם וַיְבִאֵ֖הוּ בָּבֶֽל[b]׃ ס
8 8 וּבַחֹ֣דֶשׁ הַחֲמִישִׁ֗י בְּשִׁבְעָ֣ה[a] לַחֹ֔דֶשׁ הִ֗יא שְׁנַת֙ תְּשַֽׁע־עֶשְׂרֵ֣ה שָׁנָ֔ה ה ר״פ
לַמֶּ֖לֶךְ נְבֻֽכַדְנֶאצַּ֣ר[b] מֶֽלֶךְ־בָּבֶ֑ל בָּ֚א נְבוּזַרְאֲדָ֣ן רַב־טַבָּחִ֔ים עֶ֥בֶד[c]
9 מֶֽלֶךְ־בָּבֶ֖ל יְרוּשָׁלִָֽם׃ 9 וַיִּשְׂרֹ֥ף אֶת־בֵּית־יְהוָ֖ה וְאֶת־בֵּ֣ית הַמֶּ֑לֶךְ וְאֵ֨ת
10 כָּל־בָּתֵּ֥י יְרוּשָׁלִַ֛ם [a]וְאֶת־כָּל־בֵּ֥ית גָּד֖וֹל[b] שָׂרַ֥ף בָּאֵֽשׁ׃[a] 10 וְאֶת־חוֹמֹ֥ת[a] ט . ח[9] וכל ירמיה דכות ב מ ג וחד מן ד כת כן
11 יְרוּשָׁלִַ֖ם סָבִ֑יב נָֽתְצוּ֙ כָּל־[b]חֵ֣יל כַּשְׂדִּ֔ים אֲשֶׁ֖ר[c] רַב־טַבָּחִֽים׃ 11 וְאֵ֨ת
יֶ֣תֶר הָעָ֞ם הַנִּשְׁאָרִ֣ים בָּעִ֗יר וְאֶת־הַנֹּֽפְלִים֙ אֲשֶׁ֤ר נָֽפְלוּ֙[a] עַל־הַמֶּ֣לֶךְ ח[10] וכל על המלך טוב דכות ב מ ג
12 בָּבֶ֔ל[a] וְאֵ֖ת יֶ֣תֶר הֶהָמ֑וֹן[b] הֶגְלָ֕ה נְבוּזַרְאֲדָ֖ן רַ֥ב טַבָּחִֽים׃ 12 וּמִדַּלַּ֣ת[a] ב . ל[11]
13 הָאָ֔רֶץ הִשְׁאִ֖יר[b] רַב־טַבָּחִ֑ים לְכֹֽרְמִ֖ים וּלְיֹגְבִֽים׃[c] 13 [a]וְאֶת־ ב[12] בליש וכת כן למערב
עַמּוּדֵ֨י הַנְּחֹ֜שֶׁת אֲשֶׁ֣ר בֵּית־[b]יְהוָ֗ה וְאֶת־הַמְּכֹנ֞וֹת וְאֶת־יָ֧ם הַנְּחֹ֛שֶׁת אֲשֶׁ֥ר
14 בְּבֵית־יְהוָ֖ה שִׁבְּר֣וּ כַשְׂדִּ֑ים[c] וַיִּשְׂא֥וּ אֶת־[d]נְחֻשְׁתָּ֖ם בָּבֶֽלָה׃ 14 וְאֶת־ לט . מג . כט
הַסִּרֹ֨ת וְאֶת־הַיָּעִ֜ים וְאֶת־הַֽמְזַמְּר֣וֹת וְאֶת־הַכַּפּ֗וֹת וְאֵ֨ת כָּל־כְּלֵ֧י ב כת כן[13] . כל מל . ד[14]
15 הַנְּחֹ֛שֶׁת אֲשֶׁ֥ר יְשָֽׁרְתוּ־בָ֖ם לָקָֽחוּ׃ 15 [a]וְאֶת־הַמַּחְתּוֹת֙ וְאֶת־הַמִּזְרָק֔וֹת[a] ג
16 אֲשֶׁ֤ר זָהָב֙ זָהָ֔ב וַאֲשֶׁר־כֶּ֖סֶף כָּ֑סֶף לָקַ֖ח רַב־טַבָּחִֽים׃ 16 הָעַמּוּדִ֣ים ׀
שְׁנַ֗יִם הַיָּ֤ם הָֽאֶחָד֙[a] וְהַמְּכֹנ֔וֹת אֲשֶׁר־עָשָׂ֥ה[b] שְׁלֹמֹ֖ה לְבֵ֣ית יְהוָ֑ה לֹא־הָיָ֣ה ב[15]
17 מִשְׁקָ֔ל לִנְחֹ֖שֶׁת כָּל־הַכֵּלִ֥ים הָאֵֽלֶּה׃ 17 שְׁמֹנֶה֩[a] עֶשְׂרֵ֨ה אַמָּ֜ה קוֹמַ֣ת ׀ ג חס את[16]
הָעַמּ֣וּד הָאֶחָ֗ד[b] וְכֹתֶ֨רֶת[c] עָלָ֥יו ׀ נְחֹ֖שֶׁת וְקוֹמַ֨ת הַכֹּתֶ֜רֶת שָׁ֣לֹשׁ[d] אַמֹּ֗ה[e] חד מן יא[17] קר ת אמות ק
וּשְׂבָכָ֨ה וְרִמֹּנִ֜ים עַל־הַכֹּתֶ֛רֶת סָבִ֖יב הַכֹּ֣ל נְחֹ֑שֶׁת וְכָאֵ֛לֶּה לַעַמּ֥וּד ב
18 הַשֵּׁנִ֖י [f]עַל־הַשְּׂבָכָֽה׃[f] 18 וַיִּקַּ֣ח רַב־טַבָּחִ֗ים אֶת־שְׂרָיָה֙ כֹּהֵ֣ן

7 [b] Jer 52 + וַיִּתְּנֵהוּ בֵית הַפְּקֻדֹּת עַד־יוֹם מוֹתוֹ || **8** [a] 2 Mss 𝔊[L]𝔖 בְּתִשְׁעָה, Jer 52 בֶּעָשׂוֹר || [b–b] 𝔊[-L](𝔖) *τῷ Ναβουχοδονοσορ* = לִנְ׳; > 𝔙 || [c] 𝔊 *ἑστὼς ἐνώπιον* (Jer 52 עָמַד), frt l עֹמֵד לִפְנֵי || **9** [a–a] add? || [b] pc Mss et Jer 52 הַגּ׳; > 𝔊[-L]𝔙 || **10** [a] Ms et Jer 52 pr כָּל־; 𝔊𝔖 sg || [b] > 𝔊* et Jer 52 𝔊 || [c] ins c mlt Mss 𝔖𝔗[Mss]𝔙 et Jer 52 אֶת־ || **11** [a–a] Jer 39 עָלָיו; l c Jer 52 אֶל־מ׳ ב׳ || [b] Jer 52 הָאָמוֹן, frt l הָאָמָּן (akk *ummanu* exercitus cf 𝔖 *hjl'*) || **12** [a] 𝔊[L](𝔖𝔗) + *τοῦ λαοῦ* = עַם || [b] pc Mss 𝔊[75]𝔖𝔗[f] et Jer 52 + נְבוּזַרְאֲדָן || [c] K[Mss] וּלְגָבִים cf 𝔗, 𝔊[L] *καὶ εἰς γεωργούς* cf 𝔖𝔙 || **13** [a] 13–20 cf Jer 52,17–27 || [b] Jer לְבֵית; l c nonn Mss Vrs בְּבֵית || [c] pc Mss 𝔊 הַכ׳ || [d] Ms et Jer + כָּל־ || **15** [a–a] Jer + nonn vb || **16** [a] pc Mss et Jer א׳ || [b] 𝔊[L]𝔖 et Jer + הַמֶּלֶךְ || [c] > 𝔊𝔙 || **17** [a] Jer pr וְהָעַמּוּדִים || [b] Jer + nonn vb || [c] 𝔊[L] ut Jer + הָאַחַת || [d] 𝔗[f] ut Jer חָמֵשׁ, sic l || [e] l c mlt Mss et Jer ut Q אַמּוֹת || [f–f] Jer וְרִמּוֹנִים + nonn vb; add?

19 הָרֹאשׁ וְאֶת־צְפַנְיָהוּ כֹּהֵן מִשְׁנֶה[a] וְאֶת־שְׁלֹשֶׁת שֹׁמְרֵי הַסַּף׃ 19 וּמִן־ — לז. ב[18]. יא. ה ר״פ בנביא[19]
הָעִיר לָקַח סָרִיס אֶחָד אֲשֶׁר־הוּא[a] פָקִיד | עַל־אַנְשֵׁי הַמִּלְחָמָה — ד[20]
וַחֲמִשָּׁה[b] אֲנָשִׁים מֵרֹאֵי פְנֵי־הַמֶּלֶךְ אֲשֶׁר נִמְצְאוּ בָעִיר וְאֵת הַסֹּפֵר[c] — ל
שַׂר[d] הַצָּבָא[e] הַמַּצְבִּא אֶת־עַם הָאָרֶץ וְשִׁשִּׁים אִישׁ מֵעַם הָאָרֶץ — ב
20 הַנִּמְצְאִים בָּעִיר[f]׃ 20 וַיִּקַּח אֹתָם נְבוּזַרְאֲדָן רַב־טַבָּחִים וַיֹּלֶךְ אֹתָם — ד ג חס וחד מל[21]
21 עַל[a]־מֶלֶךְ בָּבֶל רִבְלָתָה׃ 21 וַיַּךְ אֹתָם מֶלֶךְ בָּבֶל וַיְמִיתֵם בְּרִבְלָה — ט[22]. ד
22 בְּאֶרֶץ חֲמָת וַיִּגֶל יְהוּדָה מֵעַל אַדְמָתוֹ׃ 22 וְהָעָם הַנִּשְׁאָר — ד[23]
בְּאֶרֶץ יְהוּדָה אֲשֶׁר הִשְׁאִיר נְבוּכַדְנֶאצַּר מֶלֶךְ בָּבֶל וַיַּפְקֵד עֲלֵיהֶם — ל מל בסיפ. ב
23 אֶת־גְּדַלְיָהוּ בֶּן־אֲחִיקָם בֶּן־שָׁפָן׃ פ 23 וַיִּשְׁמְעוּ כָל־שָׂרֵי הַחֲיָלִים
הֵמָּה וְהָאֲנָשִׁים[a] כִּי־הִפְקִיד מֶלֶךְ־בָּבֶל אֶת־גְּדַלְיָהוּ וַיָּבֹאוּ אֶל־
גְּדַלְיָהוּ הַמִּצְפָּה וְיִשְׁמָעֵאל בֶּן־נְתַנְיָה וְיוֹחָנָן בֶּן־קָרֵחַ וּשְׂרָיָה בֶּן־ — ל[24]
24 תַּנְחֻמֶת הַנְּטֹפָתִי וְיַאֲזַנְיָהוּ בֶּן־הַמַּעֲכָתִי הֵמָּה וְאַנְשֵׁיהֶם׃ 24 וַיִּשָּׁבַע — ב. ב[25] ג. ד[26]
לָהֶם גְּדַלְיָהוּ וּלְאַנְשֵׁיהֶם וַיֹּאמֶר לָהֶם אַל־תִּירְאוּ מֵעַבְדֵי[a] הַכַּשְׂדִּים — ב. כב[27] וכל ד״ה ועזרא דכות ב מ ה חס בליש
25 שְׁבוּ בָאָרֶץ וְעִבְדוּ אֶת־מֶלֶךְ בָּבֶל וְיִטַב לָכֶם׃ ס 25 וַיְהִי | — ג חס
בַּחֹדֶשׁ הַשְּׁבִיעִי בָּא יִשְׁמָעֵאל בֶּן־נְתַנְיָה בֶּן־אֱלִישָׁמָע מִזֶּרַע הַמְּלוּכָה — ד[28]. כ[29]
וַעֲשָׂרָה אֲנָשִׁים אִתּוֹ וַיַּכּוּ[a] אֶת־גְּדַלְיָהוּ וַיָּמֹת[b] וְאֶת־הַיְּהוּדִים וְאֶת־ — ל[25]. ג[30]
26 הַכַּשְׂדִּים אֲשֶׁר־הָיוּ אִתּוֹ בַּמִּצְפָּה׃ 26 וַיָּקֻמוּ כָל־הָעָם מִקָּטֹן וְעַד־
גָּדוֹל וְשָׂרֵי[a] הַחֲיָלִים וַיָּבֹאוּ מִצְרָיִם כִּי יָרְאוּ מִפְּנֵי כַשְׂדִּים[b]׃ פ — ל
27 וַיְהִי בִשְׁלֹשִׁים וָשֶׁבַע שָׁנָה לְגָלוּת יְהוֹיָכִין מֶלֶךְ־יְהוּדָה בִּשְׁנֵים
עָשָׂר חֹדֶשׁ בְּעֶשְׂרִים וְשִׁבְעָה[a] לַחֹדֶשׁ נָשָׂא אֱוִיל מְרֹדַךְ מֶלֶךְ בָּבֶל — ב
28 בִּשְׁנַת מָלְכוֹ[b] אֶת־רֹאשׁ יְהוֹיָכִין מֶלֶךְ־יְהוּדָה[c] מִבֵּית כֶּלֶא[d]׃ 28 וַיְדַבֵּר — ג בליש[31]

[18] Mm 2198. [19] Mm 2980. [20] Mm 2199. [21] Mm 468. [22] Mm 2902. [23] Mm 2151. [24] Mm 2691. [25] Mp sub loco. [26] Mm 2200. [27] Mm 11. [28] Mm 3785. [29] Mm 1581. [30] Mm 2201. [31] Mm 2142.

18 [a] pc Mss et Jer ′הַמּ ‖ **19** [a] Jer הָיָה cf 𝔊 ἦν ‖ [b] > 𝔊^Nmin; 𝔗^Ed 50, Jer 7 ‖ [c] 𝔊 ut Jer סֹפֵר, prb sic l cf 𝔙 ‖ [d] 𝔖 *wlrbj* = וְאֶת־שָׂרֵי ‖ [e] 𝔖 pl ‖ [f] Jer בְּתוֹךְ הָעִיר ‖ **20** [a] = אֶל, sic mlt Mss 𝔊 et Jer ‖ **23** [a] l c 2 Mss 𝔊𝔖𝔗^f𝔙 et Jer 40,7 וְאַנְשֵׁיהֶם ‖ **24** [a] pc Mss 𝔙 et Jer 40,9 מֵעֲבֹד; 𝔊 πάροδον = מֵעֵבֶר ‖ **25** [a] 𝔊* sg ‖ [b] > Ms, prb dl ‖ **26** [a] Ms 𝔖 ′וְכָל־שׁ ‖ [b] nonn Mss 𝔊 et Jer 41,8 ′הַכּ ‖ **27** [a] Ms וּשְׁמֹנָה, 𝔗^f ut Jer 52,31 וַחֲמִשָּׁה, Jer 𝔊 τετράδι ‖ [b] prb l c Jer מַלְכֻתוֹ cf 𝔊 ‖ [c] frt ins c pc Mss 𝔊𝔖𝔗 et Jer וַיֹּצֵא אֹתוֹ ‖ [d] 𝔊^-L c suff 3sg, l כִּלְאוֹ?

ה̇[32] אִתּ֖וֹ טֹב֑וֹת וַיִּתֵּן֙ אֶת־כִּסְא֔וֹ [a]מֵעַ֕ל כִּסֵּ֥א[a] הַמְּלָכִ֖ים אֲשֶׁ֥ר אִתּ֖וֹ בְּבָבֶֽל׃
ב̇ חד[33] כת א וחד כת ה 29 וְשִׁנָּ֕א[a] אֵ֖ת בִּגְדֵ֣י כִלְא֑וֹ וְאָכַ֨ל לֶ֧חֶם תָּמִ֛יד לְפָנָ֖יו כָּל־יְמֵ֥י חַיָּֽו׃ 29
ב̇ וחס 30 וַאֲרֻחָת֗וֹ אֲרֻחַ֨ת תָּמִ֤יד נִתְּנָה־לּוֹ֙ [a]מֵאֵ֣ת הַמֶּ֔לֶךְ[b] דְּבַר־י֖וֹם בְּיוֹמ֑וֹ[c] 30
ד̇ חס[34] [d]כֹּ֖ל יְמֵ֥י חַיָּֽו[d]׃

סכום הפסוקים של ספר
אלף וחמש מאות
ושלשים וארבעה
וחציו ויקבץ מלך ישראל[35]
וסדרים לה̇

[32] Mm 2202. [33] Mm 3709. [34] Mm 1811. [35] 1 R 22,6, cf Mp sub loco.

28 [a–a] l c Jer 52,32 מִמַּעַל לְכִ׳ ? || **29** [a] Jer 52,33 ־נָּה || **30** [a] 𝔊 ἐξ οἴκου = מִבֵּית || [b] 𝔖 ut Jer 52,34 מ׳ בָּבֶל || [c] Jer + עַד־יוֹם מוֹתוֹ, sic l et dl [d–d] ? || [d–d] cf [c].

JESAIA ישעיהו

1 1 חֲזוֹן יְשַׁעְיָהוּ בֶן־אָמוֹץ אֲשֶׁר חָזָה עַל־יְהוּדָה וִירוּשָׁלָםִ בִּימֵי — ל[1]
עֻזִיָּהוּ יוֹתָם אָחָז יְחִזְקִיָּהוּ מַלְכֵי יְהוּדָה׃ — ג[2] בנביא וכל ד״ה דכות ב מ ה

2 שִׁמְעוּ שָׁמַיִם וְהַאֲזִינִי אֶרֶץ כִּי יְהוָה דִּבֵּר
בָּנִים גִּדַּלְתִּי וְרוֹמַמְתִּי וְהֵם פָּשְׁעוּ בִי׃ — ג[3]. ב חד מל וחד חס
3 יָדַע שׁוֹר קֹנֵהוּ וַחֲמוֹר אֵבוּס בְּעָלָיו — ב[4]
יִשְׂרָאֵל לֹא יָדַע עַמִּי לֹא הִתְבּוֹנָן׃
4 הוֹי ׀ גּוֹי חֹטֵא עַם כֶּבֶד עָוֺן — ג חס[5]
זֶרַע מְרֵעִים בָּנִים מַשְׁחִיתִים — ח ד מנה מל
עָזְבוּ אֶת־יְהוָה נִאֲצוּ אֶת־קְדוֹשׁ יִשְׂרָאֵל
[a]נָזֹרוּ אָחוֹר[a]׃ — ב וחס[6]
5 עַל מֶה תֻכּוּ עוֹד תּוֹסִיפוּ סָרָה — ג מיחד . כד[7] . ב[8] . ב מל
כָּל־רֹאשׁ לָחֳלִי וְכָל־לֵבָב דַּוָּי׃ — ב[9] . ג[10]
6 מִכַּף־רֶגֶל וְעַד־רֹאשׁ אֵין־בּוֹ מְתֹם — ד
פֶּצַע וְחַבּוּרָה וּמַכָּה טְרִיָּה — ל . ב . ב[11]
לֹא־זֹרוּ וְלֹא חֻבָּשׁוּ וְלֹא רֻכְּכָה בַּשָּׁמֶן׃ — לד פסוק לא ולא ולא[12]
7 אַרְצְכֶם שְׁמָמָה עָרֵיכֶם שְׂרֻפוֹת אֵשׁ — ב חד מל וחד חס[13]
אַדְמַתְכֶם לְנֶגְדְּכֶם זָרִים אֹכְלִים אֹתָהּ — ו
וּשְׁמָמָה כְּמַהְפֵּכַת זָרִים[a]׃
8 וְנוֹתְרָה בַת־צִיּוֹן כְּסֻכָּה בְכָרֶם — ל . ל
כִּמְלוּנָה[a] בְמִקְשָׁה כְּעִיר נְצוּרָה[b]׃ — ל . ב . ל
9 לוּלֵי יְהוָה צְבָאוֹת הוֹתִיר לָנוּ שָׂרִיד כִּמְעָט[a] — ב קמ[14]

Cp 1 [1]וחד בחזון ישעיהו 2 Ch 32,32. [2]Mm 2203. [3]Mm 2204. [4]Prv 14,4. [5]Mm 3711. [6]Mm 2823. [7]Mm 592. [8]Dt 33,3. [9]Mm 4214. [10]Mm 2205. [11]Mm 2206. [12]Mm 771. [13]Neh 3,34. [14]Mm 2207.

Cp 1,4 [a–a] > 𝔊 ‖ **7** [a] 1 סְדֹם ‖ **8** [a] 𝔔[a]𝔊𝔖𝔙 וְכִ׳ ‖ [b] 𝔊(𝔖𝔗) *πολιορκουμένη* cf 𝔙, 1 נְצוּרָה (a צור) ‖ **9** [a] > 𝔊𝔖𝔙 cf 𝔗; frt tr ‸ ad שָׂרִיד.

כִּסְדֹ֣ם הָיִ֔ינוּ לַעֲמֹרָ֖ה דָּמִֽינוּ׃ ס ד[15] . ל . ל

10 שִׁמְע֥וּ דְבַר־יְהוָ֖ה קְצִינֵ֣י סְדֹ֑ם

הַאֲזִ֛ינוּ תּוֹרַ֥ת אֱלֹהֵ֖ינוּ עַ֥ם עֲמֹרָֽה׃ ח . ל

11 לָמָּה־לִּ֤י רֹב־זִבְחֵיכֶם֙ יֹאמַ֣ר יְהוָ֔ה ו דמטע

שָׂבַ֛עְתִּי עֹל֥וֹת אֵילִ֖ים וְחֵ֣לֶב מְרִיאִ֑ים

וְדַ֨ם פָּרִ֧ים וּכְבָשִׂ֛ים[a] וְעַתּוּדִ֖ים לֹ֥א חָפָֽצְתִּי׃ ב . ה[16]

12 כִּ֣י תָבֹ֔אוּ לֵרָא֖וֹת[a] פָּנָ֑י ג[17]

מִי־בִקֵּ֥שׁ זֹ֛את מִיֶּדְכֶ֖ם רְמֹ֥ס[b] חֲצֵרָֽי׃ ב

13 לֹ֣א תוֹסִ֗יפוּ הָבִיא֙ מִנְחַת־שָׁ֔וְא קְטֹ֧רֶת תּוֹעֵבָ֛ה הִ֖יא לִ֑י ב מל[18] . ח קמ[19]

חֹ֤דֶשׁ וְשַׁבָּת֙ קְרֹ֣א מִקְרָ֔א לֹא־אוּכַ֥ל אָ֖וֶן וַעֲצָרָֽה׃ ב . ד[20]

14 חָדְשֵׁיכֶ֤ם וּמוֹעֲדֵיכֶם֙ שָֽׂנְאָ֣ה נַפְשִׁ֔י

הָי֥וּ עָלַ֖י לָטֹ֑רַח נִלְאֵ֖יתִי נְשֹֽׂא׃ ל . ג

15 וּבְפָרִשְׂכֶ֣ם כַּפֵּיכֶ֗ם אַעְלִ֤ים עֵינַי֙ מִכֶּ֔ם ל

גַּ֛ם כִּֽי־תַרְבּ֥וּ תְפִלָּ֖ה אֵינֶ֣נִּי שֹׁמֵ֑עַ

יְדֵיכֶ֖ם דָּמִ֥ים מָלֵֽאוּ׃[a] 16 רַחֲצוּ֙ הִזַּכּ֔וּ

הָסִ֛ירוּ רֹ֥עַ מַעַלְלֵיכֶ֖ם מִנֶּ֣גֶד עֵינָ֑י

חִדְל֖וּ הָרֵֽעַ׃ 17 לִמְד֥וּ הֵיטֵ֛ב ב . ה

דִּרְשׁ֥וּ מִשְׁפָּ֖ט אַשְּׁר֣וּ חָמ֑וֹץ[a]

שִׁפְט֣וּ יָת֔וֹם רִ֖יבוּ אַלְמָנָֽה׃ ס

18 לְכוּ־נָ֛א וְנִוָּֽכְחָ֖ה יֹאמַ֣ר יְהוָ֑ה ו דמטע

אִם־יִהְי֨וּ חֲטָאֵיכֶ֤ם כַּשָּׁנִים֙[a] כַּשֶּׁ֣לֶג יַלְבִּ֔ינוּ ב ול בליש

אִם־יַאְדִּ֥ימוּ כַתּוֹלָ֖ע כַּצֶּ֥מֶר יִהְיֽוּ׃

19 אִם־תֹּאב֖וּ וּשְׁמַעְתֶּ֑ם ט֥וּב הָאָ֖רֶץ תֹּאכֵֽלוּ׃ יט בליש[21]

20 וְאִם־תְּמָאֲנ֖וּ וּמְרִיתֶ֑ם חֶ֣רֶב[a] תְּאֻכְּל֔וּ[b] ל ר״פ בסיפ . ב

כִּ֛י פִּ֥י יְהוָ֖ה דִּבֵּֽר׃ ס ג

21 אֵיכָה֙ הָיְתָ֣ה לְזוֹנָ֔ה קִרְיָ֖ה נֶאֱמָנָ֑ה[a] ין[22] . ב[23]

[15] Mm 2208. [16] Mm 2338. [17] Mm 2209. [18] Mp sub loco. [19] Mm 1092. [20] Mm 1544. [21] Mm 335. [22] Mm 1095. [23] Gn 38,15.

11 [a] > 𝔊 ‖ **12** [a] l c Ms 𝔖 לְרְ׳ ‖ [b] prp רוֹמְסֵי ‖ **15** [a] 𝔔[a] + אצבעותיכם בעאון ‖ **17** [a] l חמוּץ? ‖ **18** [a] l c 𝔔[a] pc Mss כשני cf 𝔊𝔖𝔙 ‖ **20** [a] 𝔔[a]𝔖𝔗 בח׳; l מֵחֶ׳ (hpgr)? ‖ [b] prp תֹּאכֵלוּ ‖ **21** [a] 𝔊 + *Σιων* cf 26/27.

מְלֵאֲתִ֣י מִשְׁפָּ֔ט צֶ֖דֶק יָלִ֣ין בָּ֑הּ ᵇוְעַתָּ֖ה מְרַצְּחִֽים׃ᵇ

22 כַּסְפֵּ֖ךְ הָיָ֣ה לְסִיגִ֑ים סָבְאֵ֖ךְ מָה֥וּלᵃ בַּמָּֽיִםᵇ׃ — ג מל

23 שָׂרַ֣יִךְ סוֹרְרִ֗ים וְחַבְרֵי֙ גַּנָּבִ֔ים

כֻּלּוֹ֙ אֹהֵ֣ב שֹׁ֔חַד וְרֹדֵ֖ף שַׁלְמֹנִ֑ים — ו֗ כת ו וכל אורית וכתיב דכות[24] . ג֗

יָתוֹם֙ לֹ֣א יִשְׁפֹּ֔טוּ וְרִ֥יב אַלְמָנָ֖ה לֹֽא־יָב֥וֹא אֲלֵיהֶֽם׃ פ — ג . ד

24 לָכֵ֗ן נְאֻ֤ם הָֽאָדוֹן֙ יְהוָ֣ה צְבָא֔וֹת אֲבִ֖יר יִשְׂרָאֵ֑ל — י֗א בטע בסיפ . ב . ה֗ בסיפ

ה֚וֹי אֶנָּחֵ֣ם מִצָּרַ֔י וְאִנָּקְמָ֖ה מֵאוֹיְבָֽי׃ — ג . ב . י֗א מל[25]

25 וְאָשִׁ֤יבָה יָדִי֙ עָלַ֔יִךְ — ד֗[26]

וְאֶצְרֹ֥ף כַּבֹּ֖ר סִיגָ֑יִךְ וְאָסִ֖ירָה כָּל־בְּדִילָֽיִךְ׃ — ל֗[27] . ג

26 וְאָשִׁ֤יבָה שֹׁפְטַ֙יִךְ֙ כְּבָרִ֣אשֹׁנָ֔ה וְיֹעֲצַ֖יִךְ כְּבַתְּחִלָּ֑ה — ד֗[26] . ה֗[28] . ב חד מל וחד מן ד֗[29] חס בליש וכל יעצי דכות

אַחֲרֵי־כֵ֗ן יִקָּ֤רֵא לָךְ֙ עִ֣יר הַצֶּ֔דֶק קִרְיָ֖ה נֶאֱמָנָֽה׃ — כ֗א[30]

27 צִיּ֖וֹן בְּמִשְׁפָּ֣ט תִּפָּדֶ֑ה וְשָׁבֶ֖יהָᵃ בִּצְדָקָֽה׃

28 וְשֶׁ֧בֶרᵃ פֹּשְׁעִ֛ים וְחַטָּאִ֖ים יַחְדָּ֑ו וְעֹזְבֵ֥י יְהוָ֖ה יִכְלֽוּ׃ — ד֗[31]

29 כִּ֣י יֵבֹ֔שׁוּᵃ מֵאֵילִ֖ים אֲשֶׁ֣ר חֲמַדְתֶּ֑ם

וְתַ֨חְפְּר֔וּ מֵהַגַּנּ֖וֹת אֲשֶׁ֥ר בְּחַרְתֶּֽם׃

30 כִּ֣י תִֽהְי֔וּ כְּאֵלָ֖ה נֹבֶ֣לֶת עָלֶ֑הָ — ל֗ חס

וּֽכְגַנָּ֛ה אֲשֶׁר־מַ֥יִם אֵ֖ין לָֽהּ׃ — ב

31 וְהָיָ֤ה הֶחָסֹן֙ לִנְעֹ֔רֶת וּפֹעֲל֖וֹᵇ לְנִיצ֑וֹץ — ב

וּבָעֲר֧וּ שְׁנֵיהֶ֛ם יַחְדָּ֖ו וְאֵ֥ין מְכַבֶּֽה׃ ס

2 1 הַדָּבָר֙ אֲשֶׁ֣ר חָזָ֔ה יְשַֽׁעְיָ֖הוּ בֶּן־אָמ֑וֹץ עַל־יְהוּדָ֖ה וִירוּשָׁלָֽ͏ִם׃

2 וְהָיָ֣ה ׀ בְּאַחֲרִ֣ית הַיָּמִ֗ים נָכ֨וֹןᵃ יִהְיֶ֜ה הַ֤ר בֵּית־יְהוָה֙ — ח֗ בטע בסיפ[1]

בְּרֹ֣אשׁ הֶהָרִ֔ים וְנִשָּׂ֖א מִגְּבָע֑וֹת — ל֗ה[2] . י֗ב[3]

וְנָהֲר֥וּ ᵇאֵלָ֖יו כָּל־הַגּוֹיִֽם׃ᵇ 3 וְֽהָלְכ֞וּ עַמִּ֣ים רַבִּ֗ים וְאָֽמְרוּ֙ — ג֗[4]

לְכ֣וּ ׀ וְנַעֲלֶ֣ה אֶל־הַר־יְהוָ֗ה אֶל־בֵּית֙ אֱלֹהֵ֣י יַעֲקֹ֔ב — י֗ו וכל אל הר הכרמל דכות[5] . י֗א[6] ב מנה בסיפ

[24] Mm 2480. [25] Mm 3365. [26] Mm 2212. [27] Mp sub loco. [28] Mm 1962. [29] Mm 2808. [30] Mm 17. [31] Mm 2210. **Cp 2** [1] Mp sub loco. [2] Mm 2840. [3] Mm 545. [4] Mm 3096. [5] Mm 385. [6] Mm 324.

21 ᵇ⁻ᵇ frt add ‖ **22** ᵃ prp מֹהַל ‖ ᵇ frt add ‖ **27** ᵃ 𝔊(𝔖) *ἡ αἰχμαλωσία αὐτῆς* = (ו)שִׁבְיָהּ; prp וְיֹשְׁבֶיהָ ‖ **28** ᵃ l וְשָׁבְרוּ (cf 𝔊𝔗) vel וְשֻׁבַּר (cf 𝔙); prp יִשָּׁבְרוּ ‖ **29** ᵃ l c pc Mss 𝔗 תֵבֹשׁוּ ‖ **31** ᵃ 𝔔ᵃ החסנכם cf 𝔊𝔙 ‖ ᵇ 𝔔ᵃ ופעלכם; l וּפֹעֲלוֹ cf 𝔊𝔖𝔗 ‖ **Cp 2,2** ᵃ tr c 𝔖 post יהוה cf Mi 4,1 ‖ ᵇ⁻ᵇ Mi 4,1 עָלָיו עַמִּים et postea (3) גּוֹיִם רַבִּים.

וְיֹרֵ֙נוּ֙ מִדְּרָכָ֔יו וְנֵלְכָ֖ה בְּאֹרְחֹתָ֑יו — ג ב מל וחד חס[7]
כִּ֤י מִצִּיּוֹן֙ תֵּצֵ֣א תוֹרָ֔ה וּדְבַר־יְהוָ֖ה מִירוּשָׁלִָֽם׃ — יח . ז
4 וְשָׁפַט֙ בֵּ֣ין הַגּוֹיִ֔ם וְהוֹכִ֖יחַ לְעַמִּ֣ים רַבִּ֑ים
וְכִתְּת֨וּ חַרְבוֹתָ֜ם לְאִתִּ֗ים וַחֲנִיתֽוֹתֵיהֶם֙ לְמַזְמֵר֔וֹת — ג[8] . ב . ב
לֹא־יִשָּׂ֨א ג֤וֹי אֶל־גּוֹי֙ חֶ֔רֶב וְלֹא־יִלְמְד֥וּ ע֖וֹד מִלְחָמָֽה׃ פ — לז
5 בֵּ֖ית יַעֲקֹ֑ב לְכ֥וּ וְנֵלְכָ֖ה בְּא֥וֹר יְהוָֽה׃

6 כִּ֣י נָטַ֗שְׁתָּה עַמְּךָ֙ בֵּ֣ית יַעֲקֹ֔ב — ב חד מל וחד חס[9]
כִּ֤י מָלְאוּ֙ מִקֶּ֔דֶם[a] וְעֹנְנִ֖ים כַּפְּלִשְׁתִּ֑ים — ל[10]
וּבְיַלְדֵ֥י נָכְרִ֖ים יַשְׂפִּֽיקוּ׃
7 וַתִּמָּלֵ֤א אַרְצוֹ֙ כֶּ֣סֶף וְזָהָ֔ב וְאֵ֥ין קֵ֖צֶה לְאֹצְרֹתָ֑יו — יג פסוק ואין ואין[11] . ה[12]
וַתִּמָּלֵ֤א אַרְצוֹ֙ סוּסִ֔ים וְאֵ֥ין קֵ֖צֶה לְמַרְכְּבֹתָֽיו׃ — ה[12]
8 וַתִּמָּלֵ֥א אַרְצ֖וֹ אֱלִילִ֑ים
לְמַעֲשֵׂ֤ה יָדָיו֙ יִֽשְׁתַּחֲו֔וּ[a] לַאֲשֶׁ֥ר עָשׂ֖וּ אֶצְבְּעֹתָֽיו׃ — ל . ל
9 וַיִּשַּׁ֥ח אָדָ֖ם וַיִּשְׁפַּל־אִ֑ישׁ [a]וְאַל־תִּשָּׂ֖א[a] לָהֶֽם׃ — ג
10 בּ֣וֹא בַצּ֔וּר וְהִטָּ֖מֵן בֶּעָפָ֑ר — יד[13] מל וכל שמואל וכתיב דכות ב מ ה . ג
מִפְּנֵי֙ פַּ֣חַד יְהוָ֔ה וּמֵהֲדַ֖ר גְּאֹנֽוֹ׃[a] — ל חס
11 עֵינֵ֞י גַּבְה֤וּת אָדָם֙ שָׁפֵ֔ל[a] וְשַׁ֖ח ר֣וּם אֲנָשִׁ֑ים — יד זוגין[14]
וְנִשְׂגַּ֧ב יְהוָ֛ה לְבַדּ֖וֹ בַּיּ֥וֹם הַהֽוּא׃ ס — ב
12 כִּ֣י י֞וֹם לַיהוָ֥ה צְבָא֖וֹת
עַ֣ל כָּל־גֵּאֶ֣ה וָרָ֑ם וְעַ֥ל כָּל־נִשָּׂ֖א[a] וְשָׁפֵֽל[b]׃ — ד . ל וכל משנה תורה דכות ב מ א[15] . ו ד כת שא וב כת סה
13 וְעַל֙ כָּל־אַרְזֵ֣י הַלְּבָנ֔וֹן [a]הָרָמִ֖ים וְהַנִּשָּׂאִ֑ים[a]
וְעַ֖ל כָּל־אַלּוֹנֵ֥י הַבָּשָֽׁן׃
14 וְעַל֙ כָּל־הֶהָרִ֣ים הָֽרָמִ֔ים וְעַ֖ל כָּל־הַגְּבָע֥וֹת הַנִּשָּׂאֽוֹת׃ — ל
15 וְעַ֖ל כָּל־מִגְדָּ֣ל גָּבֹ֑הַ[a] וְעַ֕ל כָּל־חוֹמָ֖ה בְּצוּרָֽה׃

[7] Mm 1481. [8] Mm 3173. [9] Mm 2211. [10] Mm 1457. [11] Mm 2004. [12] Mm 2213. [13] Mm 169. [14] Mm 565. [15] Dt 8,14.

6 [a] prp מִקְסָם; al קוֹסְמִים vel מְעַקְּדִים (magi) vel קוֹסְמִים מקדם cf 𝔗 ‖ **8** [a] l ־וֶה ‖ **9** [a–a] prp וְאֵין שְׂאֵת ‖ **10** [a] 𝔊 + *ὅταν ἀναστῇ θραῦσαι τὴν γῆν*, ins בקומו לערץ הארץ ut 19.21 ‖ **11** [a] 𝔔[a] תשפלנה cf 𝔗𝔙 ‖ **12** [a] 𝔊 + *καὶ μετέωρον*, ins וְגָבֹהַּ ‖ [b] dl ‖ **13** [a–a] dl m cs cf 14 ‖ **15** [a] sic L, mlt Mss Edd ־הּ; it 30,25[a] 40,9[a].

16 וְעַל כָּל־אֳנִיּוֹת תַּרְשִׁישׁ וְעַל כָּל־שְׂכִיּוֹת[a] הַחֶמְדָּה׃ ל
17 וְשַׁח גַּבְהוּת הָאָדָם וְשָׁפֵל רוּם אֲנָשִׁים ל וחד מן יד[16] זוגין
וְנִשְׂגַּב יְהוָה לְבַדּוֹ בַּיּוֹם הַהוּא׃ ב
18 וְהָאֱלִילִים כָּלִיל יַחֲלֹף[a]׃ ד וחס[17]
19 וּבָאוּ[a] בִּמְעָרוֹת צֻרִים וּבִמְחִלּוֹת[b] עָפָר
מִפְּנֵי פַּחַד יְהוָה וּמֵהֲדַר גְּאוֹנוֹ בְּקוּמוֹ לַעֲרֹץ הָאָרֶץ׃
20 בַּיּוֹם הַהוּא יַשְׁלִיךְ הָאָדָם אֵת אֱלִילֵי כַסְפּוֹ וְאֵת אֱלִילֵי זְהָבוֹ ל
אֲשֶׁר עָשׂוּ־לוֹ לְהִשְׁתַּחֲוֺת [a]לַחְפֹּר פֵּרוֹת[a] וְלָעֲטַלֵּפִים׃ ג. ל. ל
21 לָבוֹא בְּנִקְרוֹת הַצֻּרִים וּבִסְעִפֵי הַסְּלָעִים ל
מִפְּנֵי פַּחַד יְהוָה וּמֵהֲדַר גְּאוֹנוֹ בְּקוּמוֹ לַעֲרֹץ הָאָרֶץ׃
22 חִדְלוּ לָכֶם מִן־הָאָדָם אֲשֶׁר נְשָׁמָה בְּאַפּוֹ ב
כִּי־בַמֶּה נֶחְשָׁב הוּא׃ פ

3 1 כִּי הִנֵּה הָאָדוֹן יְהוָה צְבָאוֹת מֵסִיר מִירוּשָׁלַםִ וּמִיהוּדָה ה בסיפ. ב
מַשְׁעֵן וּמַשְׁעֵנָה [a]כֹּל מִשְׁעַן־לֶחֶם וְכֹל מִשְׁעַן־מָיִם[a]׃ ל
2 גִּבּוֹר וְאִישׁ מִלְחָמָה שׁוֹפֵט וְנָבִיא וְקֹסֵם וְזָקֵן׃ ב. ו מל. ז בלשון נביאיה
3 שַׂר־חֲמִשִּׁים וּנְשׂוּא פָנִים וְיוֹעֵץ וַחֲכַם חֲרָשִׁים וּנְבוֹן לָחַשׁ׃ ד. ג
4 וְנָתַתִּי נְעָרִים שָׂרֵיהֶם וְתַעֲלוּלִים יִמְשְׁלוּ־בָם׃
5 וְנִגַּשׂ הָעָם אִישׁ בְּאִישׁ וְאִישׁ בְּרֵעֵהוּ ד[1]
יִרְהֲבוּ הַנַּעַר בַּזָּקֵן וְהַנִּקְלֶה בַּנִּכְבָּד׃ ל
6 כִּי־יִתְפֹּשׂ אִישׁ בְּאָחִיו בֵּית אָבִיו
שִׂמְלָה לְכָה קָצִין תִּהְיֶה־לָּנוּ וְהַמַּכְשֵׁלָה הַזֹּאת תַּחַת יָדֶךָ׃ ד[2] מל וכל לשון הליכה דכות ב מ ג
7 יִשָּׂא בַיּוֹם הַהוּא לֵאמֹר לז ד מנה ר״פ
לֹא־אֶהְיֶה חֹבֵשׁ וּבְבֵיתִי אֵין לֶחֶם וְאֵין שִׂמְלָה ל. ל. י[3] מ״פ אין ואין וכל ר״פ דכות ב מ ב
לֹא תְשִׂימֻנִי קְצִין עָם׃
8 כִּי כָשְׁלָה יְרוּשָׁלַםִ ° וִיהוּדָה נָפָל[a] ג

[16] Mm 565. [17] Mm 3476. Cp 3 [1] Mm 1598. [2] Mm 2214. [3] Mm 1269.

16 [a] prp שְׂכְתֵי (cf aeg *śktj* navis et 𝔊), al סְפִינוֹת || **18** [a] l c 𝔔[a] Vrs pl (וּ ex 19) || **19** [a] prp בֹּאוּ cf 10 || [b] prp וְהִטָּמְנוּ במ׳ cf 10 || **20** [a–a] l c pc Mss לַחֲפַרְפָּרוֹת (𝔔[a] לחפרפרים), cf 𝔊 *τοῖς ματαίοις* θ′ (Hier) *pharpharoth* 𝔙 *talpas* || **Cp 3,1** [a–a] add || **8** [a] 𝔔[a] נפלה.

כִּֽי־לְשׁוֹנָ֤ם וּמַֽעַלְלֵיהֶם֙ אֶל־יְהוָ֔ה לַמְר֖וֹת עֵנֵ֥י[b] כְבוֹדֽוֹ׃
9 הַכָּרַ֤ת פְּנֵיהֶם֙ עָ֣נְתָה בָּ֔ם וְחַטָּאתָ֛ם[a] כִּסְדֹ֥ם[b] הִגִּ֖ידוּ לֹ֣א כִחֵ֑דוּ
א֣וֹי לְנַפְשָׁ֔ם כִּֽי־גָמְל֥וּ לָהֶ֖ם רָעָֽה׃
10 אִמְר֥וּ[a] צַדִּ֖יק כִּי־ט֑וֹב [b]כִּֽי־פְרִ֥י[b] מַעַלְלֵיהֶ֖ם יֹאכֵֽלוּ׃
11 א֖וֹי לְרָשָׁ֣ע רָ֑ע[a] [b]כִּֽי־גְמ֥וּל[b] יָדָ֖יו יֵעָ֥שֶׂה[c] לּֽוֹ׃
12 עַמִּי֙ נֹגְשָׂ֣יו[a] מְעוֹלֵ֔ל[b] וְנָשִׁ֖ים[c] מָ֣שְׁלוּ ב֑וֹ
עַמִּי֙ מְאַשְּׁרֶ֣יךָ מַתְעִ֔ים וְדֶ֥רֶךְ אֹרְחֹתֶ֖יךָ בִּלֵּֽעוּ׃ ס
13 נִצָּ֥ב לָרִ֖יב יְהוָ֑ה וְעֹמֵ֖ד לָדִ֥ין עַמִּֽים[a]׃
14 יְהוָה֙ בְּמִשְׁפָּ֣ט יָב֔וֹא עִם־זִקְנֵ֥י עַמּ֖וֹ וְשָׂרָ֑יו
וְאַתֶּם֙ בִּעַרְתֶּ֣ם הַכֶּ֔רֶם גְּזֵלַ֥ת הֶעָנִ֖י בְּבָתֵּיכֶֽם׃
15 מַלְּכֶם֙ תְּדַכְּא֣וּ עַמִּ֔י וּפְנֵ֥י עֲנִיִּ֖ים תִּטְחָ֑נוּ
[a]נְאֻם־אֲדֹנָ֥י יְהוִ֖ה צְבָאֽוֹת[a]׃ ס

16 וַיֹּ֣אמֶר יְהוָ֗ה יַ֚עַן כִּ֤י גָבְהוּ֙ בְּנ֣וֹת צִיּ֔וֹן
וַתֵּלַ֙כְנָה֙ נְטוּוֹת גָּר֔וֹן וּֽמְשַׂקְּר֖וֹת עֵינָ֑יִם
הָל֤וֹךְ וְטָפֹף֙ תֵּלַ֔כְנָה וּבְרַגְלֵיהֶ֖ם תְּעַכַּֽסְנָה׃
17 וְשִׂפַּ֣ח אֲדֹנָ֔י קָדְקֹ֖ד בְּנ֣וֹת צִיּ֑וֹן וַיהוָ֖ה פָּתְהֵ֥ן[a] יְעָרֶֽה׃ ס
18 בַּיּ֨וֹם הַה֜וּא יָסִ֣יר אֲדֹנָ֗י אֵ֣ת תִּפְאֶ֧רֶת הָעֲכָסִ֛ים וְהַשְּׁבִיסִ֖ים וְהַשַּׂהֲרֹנִֽים׃ ס א
19 הַנְּטִיפ֥וֹת וְהַשֵּׁיר֖וֹת וְהָֽרְעָלֽוֹת׃ 20 הַפְּאֵרִ֤ים וְהַצְּעָדוֹת֙ וְהַקִּשֻּׁרִ֔ים
וּבָתֵּ֥י הַנֶּ֖פֶשׁ וְהַלְּחָשִֽׁים׃ 21 הַטַּבָּע֖וֹת וְנִזְמֵ֥י הָאָֽף׃ 22 הַמַּחֲלָצוֹת֙
וְהַמַּ֣עֲטָפ֔וֹת וְהַמִּטְפָּח֖וֹת וְהָחֲרִיטִֽים׃ 23 וְהַגִּלְיֹנִים֙[a] וְהַסְּדִינִ֔ים וְהַצְּנִיפ֖וֹת
וְהָרְדִידִֽים׃
24 וְהָיָה֩ תַ֨חַת בֹּ֜שֶׂם מַ֣ק יִהְיֶ֗ה וְתַ֨חַת חֲגוֹרָ֤ה נִקְפָּה֙
וְתַ֨חַת מַעֲשֶׂ֤ה[a] מִקְשֶׁה֙ קָרְחָ֔ה וְתַ֥חַת פְּתִיגִ֖יל מַחֲגֹ֣רֶת[b] שָׂ֑ק

ל. ל חס[4]
ד[5]
ל
ה[6]. לו[7]. ה ול בסיפ
ט
ל. ל[8]
ה[9]. ג[10]
ל
מה לכם חד מן ה[11] כת ק מילה חדה וקר תרי. יו. ג[12]
ד. ה
נטויות חד מן יא[13] כת ק תרי ו. כה
ל. ל. כת ש ול בליש. ל[14]
ל. ג
ב[15]. ל. ל. ל. ל. ל. ל. ל
ז מל. ל
ל. ל. ל. ל. ל. ל. ל
ל
ג ר״פ תחת ותחת וג מילין ביניה. ל. ב מל
[16]ל

[4]וחד גריש למרות עליון Ps 78,17. [5]Mm 2208. [6]Mm 3594. [7]Mm 210. [8]Mp sub loco. [9]Mm 1526. [10]Mm 2215. [11]Mm 214. [12]Mm 3549. [13]Mm 648. [14]Mm 1411. [15]Mm 2216. [16]Mm 2217.

8 [b] frt dl || **9** [a] 𝔖𝔗 pl, l וחטאתם || [b] frt add || **10** [a] l אַשְׁרֵי; 𝔊 + *δήσωμεν* (a אסר) || [b–b] l כִּפְרִי || **11** [a] l כִּי־רע || [b–b] 𝔊 *κατὰ τὰ ἔργα*, l כַּגְ׳ || [c] 𝔔[a] ישוב || **12** [a] l נֹגְשִׂים || [b] 𝔙 *spoliaverunt* cf 𝔊𝔗, l עֹלְלוּ || [c] 𝔊 α′(𝔗) *καὶ οἱ ἀπαιτοῦντες* cf θ′, l ונשים || **13** [a] 𝔊(𝔖) *τὸν λαὸν αὐτοῦ*, l עמו || **15** [a–a] > 𝔊, dl || **17** [a] Or פתהן = פָּאתְהֶן? cf 𝔙; prp פִּתְיֵהֶן || **23** [a] l וְהַגְּלִ׳ (akk *gulīnu* vestis) || **24** [a] > 𝔖, dl || [b] frt dl.

[c]כִּי־תַ֖חַת[d] יֹֽפִי׃[c]

25 מְתַ֖יִךְ[a] בַּחֶ֣רֶב יִפֹּ֑לוּ וּגְבוּרָתֵ֖ךְ[b] בַּמִּלְחָמָֽה׃

26 וְאָנ֥וּ וְאָבְל֖וּ פְּתָחֶ֑יהָ וְנִקָּ֖תָה לָאָ֥רֶץ תֵּשֵֽׁב׃ ב̇ . ל̇[17]

4 1 וְהֶחֱזִ֡יקוּ שֶׁ֣בַע נָשִׁ֩ים בְּאִ֨ישׁ אֶחָ֜ד בַּיּ֤וֹם הַהוּא֙ ג̇

לֵאמֹ֔ר לַחְמֵ֣נוּ נֹאכֵ֔ל וְשִׂמְלָתֵ֖נוּ נִלְבָּ֑שׁ ג̇[1]

רַ֗ק יִקָּרֵ֤א שִׁמְךָ֙ עָלֵ֔ינוּ אֱסֹ֖ף חֶרְפָּתֵֽנוּ׃ ס כ̇א̇[2]

2 בַּיּ֣וֹם הַה֗וּא יִהְיֶה֙ צֶ֣מַח יְהוָ֔ה לִצְבִ֖י וּלְכָב֑וֹד וּפְרִ֤י הָאָ֙רֶץ֙ לְגָא֣וֹן ל̇ וכל שיר השירים דכות . ל̇[3]
וּלְתִפְאֶ֔רֶת לִפְלֵיטַ֖ת יִשְׂרָאֵֽל[a]׃ 3 וְהָיָ֣ה׀ הַנִּשְׁאָ֣ר בְּצִיּ֗וֹן וְהַנּוֹתָר֙ בִּיר֣וּשָׁלַ֔͏ִם ח̇ בטע בסיפ
קָד֖וֹשׁ יֵאָ֣מֶר ל֑וֹ כָּל־הַכָּת֥וּב לַחַיִּ֖ים בִּירֽוּשָׁלִָֽם׃ 4 אִ֣ם׀ רָחַ֣ץ אֲדֹנָ֗י אֵ֚ת ג̇
צֹאַ֣ת בְּנוֹת־צִיּ֔וֹן וְאֶת־דְּמֵ֥י יְרוּשָׁלִַ֖ם יָדִ֣יחַ מִקִּרְבָּ֑הּ בְּר֥וּחַ מִשְׁפָּ֖ט וּבְר֥וּחַ ב̇[4] . יב . ד
בָּעֵֽר׃ 5 וּבָרָ֣א[a] יְהוָ֡ה[b] עַל֩ כָּל־מְכ֨וֹן הַר־צִיּ֜וֹן וְעַל־מִקְרָאֶ֗הָ עָנָ֤ן׀ יוֹמָם֙
וְעָשָׁ֔ן וְנֹ֛גַהּ אֵ֥שׁ לֶהָבָ֖ה לָ֑יְלָה כִּ֥י עַל־[c]כָּל־כָּב֖וֹד[c] חֻפָּֽה׃ 6 וְסֻכָּ֛ה[a] תִּהְיֶ֥ה ל̇ . ל̇
לְצֵל־יוֹמָ֖ם[b] מֵחֹ֑רֶב וּלְמַחְסֶה֙ וּלְמִסְתּ֔וֹר מִזֶּ֖רֶם וּמִמָּטָֽר׃ פ יו בליש . ל̇ . ל̇

5 1 אָשִׁ֤ירָה נָּא֙ לִֽידִידִ֔י שִׁירַ֥ת דּוֹדִ֖י לְכַרְמ֑וֹ ב̇ בנביא . ג̇

כֶּ֛רֶם הָיָ֥ה לִֽידִידִ֖י בְּקֶ֥רֶן בֶּן־שָֽׁמֶן׃ ג̇

2 וַֽיְעַזְּקֵ֣הוּ וַֽיְסַקְּלֵ֗הוּ וַיִּטָּעֵ֙הוּ֙ שֹׂרֵ֔ק ל̇ . ל̇

וַיִּ֤בֶן מִגְדָּל֙ בְּתוֹכ֔וֹ וְגַם־יֶ֖קֶב חָצֵ֣ב בּ֑וֹ ל̇

וַיְקַ֛ו לַעֲשׂ֥וֹת עֲנָבִ֖ים וַיַּ֥עַשׂ בְּאֻשִֽׁים׃ ב̇ . ב̇

3 וְעַתָּ֛ה יוֹשֵׁ֥ב יְרוּשָׁלִַ֖ם וְאִ֣ישׁ יְהוּדָ֑ה כ̇ בטע . מט מל בנביא . ז̇ . ו̇[1]

שִׁפְטוּ־נָ֕א בֵּינִ֖י וּבֵ֥ין כַּרְמִֽי׃

4 מַה־לַּעֲשׂ֥וֹת עוֹד֙ לְכַרְמִ֔י וְלֹ֥א עָשִׂ֖יתִי בּ֑וֹ ב̇[2]

מַדּ֧וּעַ קִוֵּ֛יתִי לַעֲשׂ֥וֹת עֲנָבִ֖ים וַיַּ֥עַשׂ[a] בְּאֻשִֽׁים׃ ב̇ . ב̇

5 וְעַתָּה֙ אוֹדִֽיעָה־נָּ֣א אֶתְכֶ֔ם אֵ֥ת אֲשֶׁר־אֲנִ֖י עֹשֶׂ֣ה לְכַרְמִ֑י ב̇ ומל[3]

הָסֵ֤ר[a] מְשׂוּכָּתוֹ֙[b] וְהָיָ֣ה לְבָעֵ֔ר פָּרֹ֥ץ גְּדֵר֖וֹ וְהָיָ֥ה לְמִרְמָֽס׃ ו̇[4] כת ש ול בליש . ל̇

[17] Mp sub loco. **Cp 4** [1] Mm 3184. [2] Mm 17. [3] Mm 2218. [4] Mm 2095. **Cp 5** [1] Mm 2221. [2] Mm 2219. [3] Mm 2220. [4] Mm 1411.

24 [c–c] > 𝔊𝔙; 𝔔[a] + בשת ‖ [d] l c nonn Mss תַּ׳ ‖ **25** [a] prp מְתֶיהָ ‖ [b] prp ־תָהּ ‖ **Cp 4,2** [a] 𝔔[a] + ויהודה ‖ **5** [a] 𝔊 *καὶ ἥξει*, l וּבָא ‖ [b] 𝔊 *καὶ ἔσται*, l וְהָיָה ‖ [c–c] l כָּל כְּבוֹד יְהוָה cf 𝔊[A] ‖ **6** [a] cj c 5 ‖ [b] > 𝔊, dl ‖ **Cp 5,4** [a] 𝔔[a] וישה ‖ **5** [a] 𝔔[a] אסיר ‖ [b] frt l מְשׂוּכ׳ (a שׂוּךְ).

6 [a]וַאֲשִׁיתֵ֣הוּ בָתָ֔ה[a] לֹ֤א יִזָּמֵר֙ וְלֹ֣א יֵעָדֵ֔ר וְעָלָ֥ה שָׁמִ֖יר וָשָׁ֑יִת ל̇ . ל̇
וְעַ֤ל הֶֽעָבִים֙ אֲצַוֶּ֔ה מֵהַמְטִ֥יר עָלָ֖יו מָטָֽר׃ ל̇
7 כִּ֣י כֶ֜רֶם יְהוָ֤ה צְבָאוֹת֙ בֵּ֣ית יִשְׂרָאֵ֔ל כ̇[5]
וְאִ֣ישׁ יְהוּדָ֔ה נְטַ֖ע שַׁעֲשׁוּעָ֑יו ו̇[6] . ל̇ . ב̇ מל[7]
וַיְקַ֤ו לְמִשְׁפָּט֙ וְהִנֵּ֣ה מִשְׂפָּ֔ח לִצְדָקָ֖ה וְהִנֵּ֥ה צְעָקָֽה׃ ס ב̇ . ד̇ וכל אורית דכות
8 ה֗וֹי מַגִּיעֵ֥י בַ֙יִת֙ בְּבַ֔יִת שָׂדֶ֥ה בְשָׂדֶ֖ה יַקְרִ֑יבוּ ו̇[8] . ה̇ רפי[9]
עַ֚ד אֶ֣פֶס מָק֔וֹם וְהוּשַׁבְתֶּ֥ם לְבַדְּכֶ֖ם בְּקֶ֥רֶב הָאָֽרֶץ׃
9 בְּאָזְנָ֖י[a] יְהוָ֣ה צְבָא֑וֹת יב̇ ח̇ מנה קמ̇ . ב̇
אִם־לֹ֞א בָּתִּ֤ים רַבִּים֙ לְשַׁמָּ֣ה יִֽהְי֔וּ גְּדֹלִ֥ים וְטוֹבִ֖ים מֵאֵ֥ין יוֹשֵֽׁב׃ ג̇ ב̇ מל וחד חס[10] מט מל בנביא
10 כִּ֗י עֲשֶׂ֙רֶת֙ צִמְדֵּי־כֶ֔רֶם יַעֲשׂ֖וּ בַּ֣ת אֶחָ֑ת[a] וְזֶ֥רַע חֹ֖מֶר יַעֲשֶׂ֥ה אֵיפָֽה׃ פ
11 ה֛וֹי מַשְׁכִּימֵ֥י בַבֹּ֖קֶר שֵׁכָ֣ר יִרְדֹּ֑פוּ ב̇
מְאַחֲרֵ֣י בַנֶּ֔שֶׁף יַ֖יִן יַדְלִיקֵֽם׃ ב̇
12 וְהָיָה֩ כִנּ֨וֹר וָנֶ֜בֶל תֹּ֧ף וְחָלִ֛יל וָיַ֖יִן מִשְׁתֵּיהֶ֑ם ב̇ בליש[11] . ז̇[12] . ג̇[13]
וְאֵ֨ת פֹּ֤עַל יְהוָה֙ לֹ֣א יַבִּ֔יטוּ וּמַעֲשֵׂ֥ה יָדָ֖יו לֹ֥א רָאֽוּ׃ ל̇[14]
13 לָכֵ֛ן גָּלָ֥ה עַמִּ֖י מִבְּלִי־דָ֑עַת
וּכְבוֹדוֹ֙ מְתֵ֣י[a] רָעָ֔ב וַהֲמוֹנ֖וֹ צִחֵ֥ה צָמָֽא׃ ג̇ מל
14 לָ֠כֵן הִרְחִ֤יבָה שְּׁאוֹל֙ נַפְשָׁ֔הּ וּפָעֲרָ֥ה פִ֖יהָ לִבְלִי־חֹ֑ק יא בטע בסיפ
וְיָרַ֨ד הֲדָרָ֧הּ[a] וַהֲמוֹנָ֛הּ[a] וּשְׁאוֹנָ֖הּ[a] וְעָלֵ֥ז בָּֽהּ[a]׃ ל̇[15]
15 וַיִּשַּׁ֥ח אָדָ֖ם וַיִּשְׁפַּל־אִ֑ישׁ וְעֵינֵ֥י גְבֹהִ֖ים תִּשְׁפַּֽלְנָה׃ ל̇
16 וַיִּגְבַּ֛הּ[a] יְהוָ֥ה צְבָא֖וֹת בַּמִּשְׁפָּ֑ט וְהָאֵל֙ הַקָּד֔וֹשׁ נִקְדָּ֖שׁ[b] בִּצְדָקָֽה׃ ח̇[16] דגש וכל איוב דכות ב̇ מ א . ד̇ מל[17]
17 וְרָע֥וּ כְבָשִׂ֖ים כְּדָבְרָ֑ם[a] וְחָרְב֥וֹת[b] מֵחִ֖ים[c] גָּרִ֥ים[d] יֹאכֵֽלוּ׃ ו̇ . ב̇[18]
18 ה֛וֹי מֹשְׁכֵ֥י הֶעָוֺ֖ן בְּחַבְלֵ֣י[a] הַשָּׁ֑וְא[b] וְכַעֲב֥וֹת הָעֲגָלָ֖ה[c] חַטָּאָֽה[d]׃ ג̇ מל[15]
19 הָאֹמְרִ֗ים יְמַהֵ֧ר ׀ יָחִ֛ישָׁה[a] מַעֲשֵׂ֖הוּ לְמַ֣עַן נִרְאֶ֑ה ה̇[19]
וְתִקְרַ֣ב וְתָב֗וֹאָה עֲצַ֛ת קְד֥וֹשׁ יִשְׂרָאֵ֖ל וְנֵדָֽעָה׃ ס ל̇ . ב̇

[5]Mm 953. [6]Mm 2221. [7]Mm 2222. [8]Mm 3067. [9]Mm 957. [10]Mm 3613. [11]Mm 3314. [12]Mm 94. [13]Mm 3786. [14]Mm 2441. [15]Mp sub loco. [16]Mm 772. [17]Mm 2223. [18]Mm 2224. [19]Mm 3682.

6 [a–a] prp וְאַשְׁבִּיתֵהוּ ‖ **9** [a] 𝔊 pr ἠκούσθη γάρ = כִּי נִשְׁמַע cf 𝔗; pr לָכֵן נִשְׁבַּע ‖ **10** [a] 𝔔[a] אחד ‖ **13** [a] l c 2 Mss Vrs מְתֵי ‖ **14** [a] prp וֹ– pro הָ– cf 𝔗 ‖ **16** [a] sic L, mlt Mss Edd –הּ ‖ [b] mlt Mss Edd –דָּשׁ ‖ **17** [a] 𝔖 *bzdqhwn* = בְּד׳ ‖ [b] prp וּרְחֹבוֹת ‖ [c] prp מְחִים cf 𝔊 ‖ [d] l גְּדָיִם vel גָּרִים (akk *gurū* agnus) cf 𝔊 ‖ **18** [a] 𝔊σ′(𝔖) ὡς σχοινίῳ, l כְּח׳ ‖ [b] prp הַשּׁוֹר ‖ [c] 𝔊 δαμάλεως, prp הָעֵגֶל ‖ [d] l c pc Mss 𝔊α′σ′θ′ הַח׳ ‖ **19** [a] 𝔖 *nsrhb mrj'*, l יָחִישׁ יְהוָה.

20 הֹ֥וי הָאֹמְרִ֛ים לָרַ֥ע ט֖וֹב וְלַטּ֣וֹב רָ֑ע ד[20]
שָׂמִ֨ים חֹ֤שֶׁךְ לְאוֹר֙ וְא֣וֹר לְחֹ֔שֶׁךְ יג . ב
שָׂמִ֥ים מַ֛ר לְמָת֖וֹק וּמָת֥וֹק לְמָֽר׃ ס ב
21 ה֖וֹי חֲכָמִ֣ים בְּעֵינֵיהֶ֑ם וְנֶ֥גֶד פְּנֵיהֶ֖ם נְבֹנִֽים׃ י . ח
22 ה֕וֹי גִּבּוֹרִ֖ים לִשְׁתּ֣וֹת יָ֑יִן וְאַנְשֵׁי־חַ֖יִל לִמְסֹ֥ךְ שֵׁכָֽר׃ יח[21]
23 מַצְדִּיקֵ֥י רָשָׁ֖ע עֵ֣קֶב שֹׁ֑חַד וְצִדְקַ֥ת צַדִּיקִ֖ים[a] יָסִ֥ירוּ מִמֶּֽנּוּ׃ ס ל . ל[22] . ב ומל[23]
24 לָכֵ֡ן כֶּאֱכֹ֣ל קַ֩שׁ לְשׁ֨וֹן אֵ֜שׁ [a]וַחֲשַׁ֤שׁ לֶֽהָבָה֙[a] יִרְפֶּ֔ה ל
שָׁרְשָׁם֙ כַּמָּ֣ק יִֽהְיֶ֔ה וּפִרְחָ֖ם כָּאָבָ֣ק יַעֲלֶ֑ה [נִאֵֽצוּ׃ ל
כִּ֣י מָאֲס֗וּ אֵ֚ת תּוֹרַת֙ יְהוָ֣ה צְבָא֔וֹת וְאֵ֛ת אִמְרַ֥ת קְדֽוֹשׁ־יִשְׂרָאֵ֖ל יא בטע לאחור . ל
25 [a]עַל־כֵּ֡ן חָרָה֩ אַף־יְהוָ֨ה בְּעַמּ֜וֹ וַיֵּ֨ט יָד֣וֹ עָלָיו֮ וַיַּכֵּ֒הוּ֒ כו פסוק דאית בהון א״ב . ט בטע ה[24] מנה ר״פ . יו חס את
וַיִּרְגְּזוּ֙ הֶֽהָרִ֔ים וַתְּהִ֥י נִבְלָתָ֛ם כַּסּוּחָ֖ה בְּקֶ֣רֶב חוּצ֑וֹת
בְּכָל־זֹאת֙ לֹא־שָׁ֣ב אַפּ֔וֹ וְע֖וֹד יָד֥וֹ נְטוּיָֽה׃ כג
26 וְנָֽשָׂא־נֵ֤ס [a]לַגּוֹיִם֙ מֵֽרָח֔וֹק[a] וְשָׁ֥רַק ל֖וֹ מִקְצֵ֣ה הָאָ֑רֶץ יז
וְהִנֵּ֥ה מְהֵרָ֖ה קַ֥ל יָבֽוֹא׃
27 אֵין־עָיֵ֤ף וְאֵין־כּוֹשֵׁל֙ בּ֔וֹ לֹ֥א יָנ֖וּם וְלֹ֣א יִישָׁ֑ן ח[25] . ה מל . ט פסוק לא ולא ולא
וְלֹ֤א נִפְתַּח֙ אֵז֣וֹר חֲלָצָ֔יו וְלֹ֥א נִתַּ֖ק שְׂר֥וֹךְ נְעָלָֽיו׃ ב[26]
28 אֲשֶׁ֤ר חִצָּיו֙ שְׁנוּנִ֔ים וְכָל־קַשְּׁתֹתָ֖יו דְּרֻכ֑וֹת ג[27]
פַּרְס֤וֹת סוּסָיו֙ כַּצַּ֣ר[a] נֶחְשָׁ֔בוּ וְגַלְגִּלָּ֖יו כַּסּוּפָֽה׃ ל
29 שְׁאָגָ֥ה ל֖וֹ כַּלָּבִ֑יא וְשָׁאַ֤ג[a] כַּכְּפִירִים֙ ישאג ק
וְיִנְהֹם֙ וְיֹאחֵ֣ז טֶ֔רֶף וְיַפְלִ֖יט וְאֵ֥ין מַצִּֽיל׃ ב
30 וְיִנְהֹ֥ם עָלָ֛יו בַּיּ֥וֹם הַה֖וּא כְּנַהֲמַת־יָ֑ם ל
וְנִבַּ֤ט לָאָ֙רֶץ֙ וְהִנֵּה־[a]חֹ֔שֶׁךְ צַ֣ר וָא֔וֹר[a] חָשַׁ֖ךְ בַּעֲרִיפֶֽיהָ[b]׃ פ ל . ב[28] . ד[29]

6 1 בִּשְׁנַת־מוֹת֙ הַמֶּ֣לֶךְ עֻזִּיָּ֔הוּ וָאֶרְאֶ֧ה אֶת־אֲדֹנָ֛י יֹשֵׁ֥ב עַל־כִּסֵּ֖א רָ֣ם ה חס בסיפ
וְנִשָּׂ֑א וְשׁוּלָ֖יו מְלֵאִ֥ים אֶת־הַֽהֵיכָֽל׃ 2 שְׂרָפִ֨ים עֹמְדִ֤ים ׀ מִמַּ֙עַל֙ ל֔וֹ שֵׁ֧שׁ יב[1] . כל כת כן
כְּנָפַ֛יִם שֵׁ֥שׁ כְּנָפַ֖יִם לְאֶחָ֑ד בִּשְׁתַּ֣יִם ׀ יְכַסֶּ֣ה פָנָ֗יו וּבִשְׁתַּ֛יִם יְכַסֶּ֥ה רַגְלָ֖יו ג

[20] Mm 3570. [21] Mm 2952. [22] Mm 1242. [23] Mm 2880. [24] Mm 3781. [25] Mm 184. [26] Gn 14,23. [27] Mm 2225. [28] Mm 3579. [29] Mm 1676. **Cp 6** [1] Mm 545.

23 [a] Ms 𝔊𝔙 צדיק ‖ **24** [a–a] 𝔔[a] ואש לוהבת cf Syh 𝔖 ‖ **25** [a] tr 25–30 post 10,4 ‖ **26** [a–a] prp לְגוֹי מִמֶּרְחָק cf Jer 5,15 ‖ **28** [a] 𝔔[a] כצור; frt l כצֹּר ‖ **29** [a] K וְשָׁאַג; l וְיִשְׁ׳ ‖ **30** [a–a] l חשך צָר וְאוֹר ‖ [b] prp בְּעֲרִיפִיָּה (*עֲ׳ = nubes).

וּבִשְׁתַּ֖יִם יְעוֹפֵֽף׃ ³ וְקָרָ֨א זֶ֤ה אֶל־זֶה֙ וְאָמַ֔ר

קָד֧וֹשׁ ׀ קָד֛וֹשׁ קָד֖וֹשׁ יְהוָ֣ה צְבָא֑וֹת מְלֹ֥א כָל־הָאָ֖רֶץ כְּבוֹדֽוֹ׃

⁴ וַיָּנֻ֙עוּ֙ אַמּ֣וֹת הַסִּפִּ֔ים מִקּ֖וֹל הַקּוֹרֵ֑א וְהַבַּ֖יִת יִמָּלֵ֥א עָשָֽׁן׃ ⁵ וָאֹמַ֞ר

אֽוֹי־לִ֣י כִֽי־נִדְמֵ֗יתִי כִּ֣י אִ֤ישׁ טְמֵֽא־שְׂפָתַ֙יִם֙ אָנֹ֔כִי

וּבְתוֹךְ֙ עַם־טְמֵ֣א שְׂפָתַ֔יִם אָנֹכִ֖י יוֹשֵׁ֑ב

כִּ֗י אֶת־הַמֶּ֛לֶךְ יְהוָ֥ה צְבָא֖וֹת רָא֥וּ עֵינָֽי׃

⁶ וַיָּ֣עָף אֵלַ֗י אֶחָד֙ מִן־הַשְּׂרָפִ֔ים וּבְיָד֖וֹ רִצְפָּ֑ה בְּמֶ֨לְקַחַ֔יִם לָקַ֖ח מֵעַ֥ל

הַמִּזְבֵּֽחַ׃ ⁷ וַיַּגַּ֣ע עַל־פִּ֔י וַיֹּ֕אמֶר

הִנֵּ֛ה נָגַ֥ע זֶ֖ה עַל־שְׂפָתֶ֑יךָ וְסָ֣ר עֲוֺנֶ֔ךָ וְחַטָּאתְךָ֖ תְּכֻפָּֽר׃

⁸ וָאֶשְׁמַ֞ע אֶת־ק֤וֹל אֲדֹנָי֙ אֹמֵ֔ר אֶת־מִ֥י אֶשְׁלַ֖ח וּמִ֣י יֵֽלֶךְ־לָ֑נוּ

וָאֹמַ֖ר הִנְנִ֥י שְׁלָחֵֽנִי׃ ⁹ וַיֹּ֕אמֶר לֵ֥ךְ וְאָמַרְתָּ֖ לָעָ֣ם הַזֶּ֑ה

שִׁמְע֤וּ שָׁמ֙וֹעַ֙ וְאַל־תָּבִ֔ינוּ וּרְא֥וּ רָא֖וֹ וְאַל־תֵּדָֽעוּ׃

¹⁰ הַשְׁמֵן֙ לֵב־הָעָ֣ם הַזֶּ֔ה וְאָזְנָ֥יו הַכְבֵּ֖ד וְעֵינָ֣יו הָשַׁ֑ע

פֶּן־יִרְאֶ֨ה בְעֵינָ֜יו וּבְאָזְנָ֣יו יִשְׁמָ֗ע וּלְבָב֥וֹ יָבִ֛ין וָשָׁ֖ב וְרָ֥פָא לֽוֹ׃

¹¹ וָאֹמַ֕ר עַ֥ד מָתַ֖י אֲדֹנָ֑י וַיֹּ֗אמֶר

עַ֣ד אֲשֶׁר֩ אִם־שָׁא֙וּ עָרִ֜ים מֵאֵ֣ין יוֹשֵׁ֗ב

וּבָתִּים֙ מֵאֵ֣ין אָדָ֔ם וְהָאֲדָמָ֖ה תִּשָּׁאֶ֥ה שְׁמָמָֽה׃

¹² וְרִחַ֥ק יְהוָ֖ה אֶת־הָאָדָ֑ם וְרַבָּ֥ה הָעֲזוּבָ֖ה בְּקֶ֥רֶב הָאָֽרֶץ׃

¹³ וְע֥וֹד בָּהּ֙ עֲשִׂ֣רִיָּ֔ה וְשָׁ֖בָה וְהָיְתָ֣ה לְבָעֵ֑ר

כָּאֵלָ֣ה וְכָאַלּ֗וֹן אֲשֶׁ֤ר בְּשַׁלֶּ֙כֶת֙ מַצֶּ֣בֶת בָּ֔ם

זֶ֥רַע קֹ֖דֶשׁ מַצַּבְתָּֽהּ׃ פ

7 ¹ וַיְהִ֡י בִּימֵ֣י אָ֠חָז בֶּן־יוֹתָ֨ם בֶּן־עֻזִּיָּ֜הוּ מֶ֣לֶךְ יְהוּדָ֗ה עָלָ֣ה רְצִ֣ין מֶֽלֶךְ־

אֲרָ֡ם וּפֶ֠קַח בֶּן־רְמַלְיָ֨הוּ מֶֽלֶךְ־יִשְׂרָאֵ֤ל יְרוּשָׁלִַ֙ם֙ לַמִּלְחָמָ֣ה עָלֶ֔יהָ וְלֹ֥א

יָכֹ֖ל לְהִלָּחֵ֥ם עָלֶֽיהָ׃ ² וַיֻּגַּ֗ד לְבֵ֤ית דָּוִד֙ לֵאמֹ֔ר נָ֥חָֽה אֲרָ֖ם עַל־אֶפְרָ֑יִם

Masorah (right margin, top to bottom)

ג . ב . ב²
ב חס . ג . ⁴ זf . ז מל בליש . ח⁴
ד
ד . ה⁵ . מט מל בנביא
ב⁶
ב ול בליש . ל וכל שם אית דכות
ב⁷
ל⁸ . ל
ל
ג⁹
ד ב כת ה וב כת ו¹⁰
ב . ל . יא . ב
נא . ל¹¹ . ב קמ וכל אתנח וס״פ דכות . ג¹²
מט מל בנביא
ד¹³ . ג¹⁴
ד¹⁵
כג ח¹⁶ מנה ר״פ
ח דמטע¹⁷
ה¹
כד² . ג בטע

---

²Mm 467. ³Mm 4217. ⁴Mm 1854. ⁵Mm 4084. ⁶Mm 2226. ⁷Mm 2452. ⁸Mm 708. ⁹Mm 4086. ¹⁰Mm 192. ¹¹Mm 1840. ¹²Mm 1622. ¹³Mm 1090. ¹⁴Mm 352. ¹⁵Mm 533. ¹⁶Mm 2227. ¹⁷Mm 1404. Cp 7 ¹Mm 91. ²Mm 2228.

Cp 6,10 ᵃ l c Qᵃ mlt Mss וּבְלֵ֑ cf 𝔊𝔗 ‖ ᵇ l וְשָׁ֣ב ‖ 11 ᵃ 𝔊(𝔙) καταλειφθήσεται, l תִּשָּׁאֵ֖ר ‖ 13 ᵃ prp אֲשֵׁרָה ‖ ᵇ Qᵃ מש׳ = מַשְׁלֶ֙כֶת֙ cf σ′𝔙 ‖ ᶜ⁻ᶜ > 𝔊 ‖ ᵈ prp בְּמַצֵּבָ֣ה (vel מִמַּצֶּבֶת) ‖ ᵉ Qᵃ במה ‖ ᶠ⁻ᶠ dl ‖ Cp 7,1 ᵃ Qᵃ𝔊𝔖𝔙 et 2 R 16,5 יָכְל֖וּ ‖ ᵇ > 2 R 16,5.

וַיָּנַע לְבָבוֹ וּלְבַב עַמּוֹ כְּנוֹעַ עֲצֵי־יַעַר מִפְּנֵי־רוּחַ׃ 3 וַיֹּאמֶר יְהוָה ה. ל
אֶל־יְשַׁעְיָהוּ[a] צֵא־נָא לִקְרַאת אָחָז אַתָּה וּשְׁאָר יָשׁוּב בְּנֶךָ אֶל־קְצֵה ו
תְּעָלַת הַבְּרֵכָה הָעֶלְיוֹנָה אֶל־מְסִלַּת שְׂדֵה כוֹבֵס׃ 4 וְאָמַרְתָּ אֵלָיו ג[3]
הִשָּׁמֵר וְהַשְׁקֵט אַל־תִּירָא וּלְבָבְךָ אַל־יֵרַךְ מִשְּׁנֵי זַנְבוֹת הָאוּדִים ג[4]
הָעֲשֵׁנִים הָאֵלֶּה בָּחֳרִי־אַף רְצִין וַאֲרָם וּבֶן־רְמַלְיָהוּ׃ 5 יַעַן כִּי־יָעַץ ו[5]. ה
עָלֶיךָ אֲרָם[a] רָעָה אֶפְרַיִם וּבֶן־רְמַלְיָהוּ לֵאמֹר׃ 6 נַעֲלֶה בִיהוּדָה
וּנְקִיצֶנָּה וְנַבְקִעֶנָּה אֵלֵינוּ וְנַמְלִיךְ מֶלֶךְ בְּתוֹכָהּ אֵת בֶּן־טָבְאַל[a]׃ ס ל. ל. ל
7 כֹּה אָמַר אֲדֹנָי יְהוִה לֹא תָקוּם וְלֹא תִהְיֶה׃ ח[6]
8 כִּי רֹאשׁ אֲרָם דַּמֶּשֶׂק וְרֹאשׁ דַּמֶּשֶׂק רְצִין יא[7]
[a]וּבְעוֹד שִׁשִּׁים וְחָמֵשׁ שָׁנָה יֵחַת אֶפְרַיִם מֵעָם[a]׃
9 וְרֹאשׁ אֶפְרַיִם שֹׁמְרוֹן וְרֹאשׁ שֹׁמְרוֹן בֶּן־רְמַלְיָהוּ יא[7]. יא[7]
אִם לֹא תַאֲמִינוּ כִּי[a] לֹא תֵאָמֵנוּ׃ ס ל

10 וַיּוֹסֶף יְהוָה[a] דַּבֵּר אֶל־אָחָז לֵאמֹר׃ 11 שְׁאַל־לְךָ אוֹת מֵעִם יְהוָה כי ז[8] מנה מל . ט ומן ראש דמלכים עד ויירא כל ישראל דכות[9]
אֱלֹהֶיךָ הַעְמֵק שְׁאָלָה[a] אוֹ הַגְבֵּהַ לְמָעְלָה׃ 12 וַיֹּאמֶר אָחָז לֹא־אֶשְׁאַל ב
וְלֹא־אֲנַסֶּה אֶת־יְהוָה׃ 13 וַיֹּאמֶר[a] שִׁמְעוּ־נָא בֵּית דָּוִד הַמְעַט מִכֶּם ב
הַלְאוֹת אֲנָשִׁים כִּי תַלְאוּ גַּם אֶת־אֱלֹהָי׃ 14 לָכֵן יִתֵּן אֲדֹנָי הוּא לָכֶם ל . ב בטע בסיפ
אוֹת הִנֵּה הָעַלְמָה[a] הָרָה וְיֹלֶדֶת בֵּן וְקָרָאת[b] שְׁמוֹ עִמָּנוּ אֵל׃ 15 חֶמְאָה ג . ד[10]
וּדְבַשׁ יֹאכֵל לְדַעְתּוֹ מָאוֹס בָּרָע וּבָחוֹר בַּטּוֹב׃ 16 כִּי בְּטֶרֶם יֵדַע יג[11] . ג[12] וחד מן ב מל בליש . ג . ג . ט דגש[13] . לט[14]
הַנַּעַר מָאֹס בָּרָע וּבָחֹר בַּטּוֹב תֵּעָזֵב הָאֲדָמָה אֲשֶׁר אַתָּה קָץ מִפְּנֵי ג[12] . ג . ג . ט דגש[13] . ל זקף קמ[15]
שְׁנֵי מְלָכֶיהָ׃ 17 יָבִיא יְהוָה עָלֶיךָ וְעַל־עַמְּךָ וְעַל־בֵּית אָבִיךָ יָמִים אֲשֶׁר יג[16]
לֹא־בָאוּ לְמִיּוֹם סוּר־אֶפְרַיִם מֵעַל יְהוּדָה [a]אֵת מֶלֶךְ אַשּׁוּר[a]׃ פ ג[17]

18 וְהָיָה ׀ בַּיּוֹם הַהוּא ח בטע בסיפ
יִשְׁרֹק יְהוָה לַזְּבוּב אֲשֶׁר בִּקְצֵה יְאֹרֵי מִצְרָיִם ל
וְלַדְּבוֹרָה אֲשֶׁר בְּאֶרֶץ אַשּׁוּר׃
19 וּבָאוּ וְנָחוּ כֻלָּם בְּנַחֲלֵי הַבַּתּוֹת וּבִנְקִיקֵי הַסְּלָעִים ל

[3] Mm 2156. [4] Mm 1171. [5] Mm 1643. [6] Mm 777. [7] Mm 1554. [8] Mm 962. [9] Mm 3417. [10] Mm 1231. [11] Mm 784. [12] Mm 2229. [13] Mm 2625. [14] Mm 1369. [15] Mp sub loco. [16] Mm 679. [17] Mm 1512.

3 [a–a] prp אֵלַי || **5** [a] > 𝔊 || **6** [a] 𝔊𝔖𝔙 ut Esr 4,7 ־ֵל || **8** [a–a] tr post 9a || **9** [a] prp בִּי (tr huc ׃) || **10** [a] prp יְשַׁעְיָהוּ cf 𝔗 || **11** [a] α′σ′θ′ *εἰς ᾅδην*, l שְׁאֹלָה cf 𝔊𝔙 || **13** [a] prp וָאֹמַר || **14** [a] 𝔊 *ἡ παρθένος* α′σ′θ′ *ἡ νεᾶνις* || [b] 𝔔[a]𝔊[S] וקרא || **17** [a–a] add.

וּבְכֹל֙ הַנַּעֲצוּצִ֔ים וּבְכֹ֖ל הַנַּהֲלֹלִֽים׃ [b]אַשּׁ֑וּר] — ה̇ פסוק ובכל ובכל[18] . ל̇ . ל̇

20 בַּיּ֣וֹם הַה֡וּא יְגַלַּ֣ח אֲדֹנָ֡י בְּתַעַר֩[a] הַשְּׂכִירָ֨ה בְּעֶבְרֵ֥י נָהָ֛ר [b]בְּמֶ֥לֶךְ — ב̇ . ל̇

אֶת־הָרֹ֣אשׁ וְשַׂ֣עַר הָרַגְלָ֑יִם[c] וְגַ֥ם אֶת־הַזָּקָ֖ן תִּסְפֶּֽה׃ ס — לז . כג פסוק וגם ובתר תלת מילין[19] . ג̇[20] . ג̇

21 וְהָיָ֖ה בַּיּ֣וֹם הַה֑וּא יְחַיֶּה־אִ֛ישׁ עֶגְלַ֥ת בָּקָ֖ר וּשְׁתֵּי־צֹֽאן׃ — ז̇[21] . ג̇

22 וְהָיָ֗ה מֵרֹ֛ב עֲשׂ֥וֹת חָלָ֖ב [a]יֹאכַ֣ל חֶמְאָ֑ה

כִּֽי־[a]חֶמְאָ֤ה וּדְבַשׁ֙ יֹאכֵ֔ל כָּל־הַנּוֹתָ֖ר בְּקֶ֥רֶב הָאָֽרֶץ׃ — יג̇[22]

23 וְהָיָה֙ בַּיּ֣וֹם הַה֔וּא

יִֽהְיֶ֣ה כָל־מָק֗וֹם אֲשֶׁ֧ר יִֽהְיֶה־שָּׁ֛ם אֶ֥לֶף גֶּ֖פֶן בְּאֶ֣לֶף כָּ֑סֶף — ב̇

לַשָּׁמִ֥יר וְלַשַּׁ֖יִת יִֽהְיֶֽה׃

24 בַּחִצִּ֥ים וּבַקֶּ֖שֶׁת יָ֣בוֹא שָׁ֑מָּה כִּֽי־שָׁמִ֥יר וָשַׁ֖יִת תִּהְיֶ֥ה כָל־הָאָֽרֶץ׃ — ב̇ מלעיל

25 וְכֹ֣ל הֶהָרִ֗ים אֲשֶׁ֤ר בַּמַּעְדֵּר֙ יֵעָ֣דֵר֔וּן לֹֽא־תָב֣וֹא שָׁ֔מָּה יִרְאַ֥ת שָׁמִ֖יר — ב̇ ר״פ בסיפ

וְהָיָה֙ לְמִשְׁלַ֣ח שׁ֔וֹר וּלְמִרְמַ֖ס שֶֽׂה׃ פ [וָשָׁ֑יִת

8 1 וַיֹּ֤אמֶר יְהוָה֙ אֵלַ֔י קַח־לְךָ֖ [a]גִּלָּי֣וֹן גָּד֑וֹל[a] וּכְתֹ֤ב עָלָיו֙ בְּחֶ֣רֶט אֱנ֔וֹשׁ — ל̇

לְמַהֵ֥ר שָׁלָ֖ל חָ֥שׁ בַּֽז׃ 2 וְאָעִ֣ידָה[a] לִּ֔י עֵדִ֖ים נֶאֱמָנִ֑ים אֵ֚ת אוּרִיָּ֣ה הַכֹּהֵ֔ן — ה̇[2] . ג̇[1]

וְאֶת־זְכַרְיָ֖הוּ בֶּ֥ן יְבֶרֶכְיָֽהוּ׃ 3 וָאֶקְרַב֙[a] אֶל־הַנְּבִיאָ֔ה וַתַּ֖הַר וַתֵּ֣לֶד — ב̇ בנביא . ו̇ בטע[3] . ג̇ מיחד[4] . ה̇

בֵּ֑ן וַיֹּ֤אמֶר יְהוָה֙ אֵלַ֔י קְרָ֣א שְׁמ֔וֹ מַהֵ֥ר[a] שָׁלָ֖ל חָ֥שׁ בַּֽז׃ 4 כִּ֠י בְּטֶ֙רֶם֙

יֵדַ֣ע הַנַּ֔עַר קְרֹ֖א אָבִ֣י וְאִמִּ֑י יִשָּׂ֣א ׀ אֶת־חֵ֣יל דַּמֶּ֗שֶׂק וְאֵת֙ שְׁלַ֣ל שֹׁמְר֔וֹן — יט̇[5] . ד̇[6] . לז̇ . ל̇

לִפְנֵ֖י מֶ֥לֶךְ אַשּֽׁוּר׃ ס

5 וַיֹּ֣סֶף יְהוָ֔ה דַּבֵּ֥ר אֵלַ֛י ע֖וֹד לֵאמֹֽר׃ — כו̇

6 יַ֗עַן כִּ֤י מָאַס֙ הָעָ֣ם הַזֶּ֔ה אֵ֚ת מֵ֣י הַשִּׁלֹ֔חַ הַהֹלְכִ֖ים לְאַ֑ט וּמְשׂ֥וֹשׂ[a] — ב̇[7] . ב̇ . ל̇

[b]אֶת־רְצִ֖ין וּבֶן־רְמַלְיָֽהוּ[b]׃

7 וְלָכֵ֡ן[a] הִנֵּה֩ אֲדֹנָ֨י מַעֲלֶ֜ה עֲלֵיהֶ֗ם אֶת־מֵ֨י הַנָּהָ֜ר הָעֲצוּמִ֤ים וְהָֽרַבִּים֙ — ה̇[8] . ח̇[9] . ל̇

[b]אֶת־מֶ֥לֶךְ אַשּׁ֖וּר וְאֶת־כָּל־כְּבוֹד֑וֹ[b]

[18] Mm 2543. [19] Mm 1629. [20] Mm 733. [21] Mm 1687. [22] Mm 784. Cp 8 [1] Mm 450. [2] Mm 1230. [3] Mm 3746. [4] Mm 2663. [5] Mm 1369. [6] Mm 1544. [7] Mm 2230. [8] Mm 2231. [9] Mm 2726.

20 [a] 𝔊 *τῷ ξυρῷ*, l 'בַּת || [b–b] add || **22** [a–a] > 𝔊, dl || [c] ga'ya eras || **Cp 8,1** [a–a] prp 'גֹּ֣ל' גּוֹרָל (𝔊 *καινοῦ*, frt crrp ex *κλήρου*) || **2** [a] 𝔔[a] והעד 𝔊(𝔖𝔗) *καὶ μάρτυρας … ποίησον* = וְהָעִידָה 𝔙 *et adhibui … testes* = 'וָאָ || **3** [a] prp מַהֵר || **6** [a] = ומסוס cf 10,18; huc tr ‸ || [b–b] dl || **7** [a] 𝔊𝔖𝔗[f Ms]𝔙 om ו || [b–b] dl.

וְעָלָה֙ עַל־כָּל־אֲפִיקָ֔יו וְהָלַ֖ךְ עַל־כָּל־גְּדוֹתָֽיו׃ ד[10]

8 וְחָלַ֤ף בִּֽיהוּדָה֙ [a]שָׁטַ֣ף וְעָבַ֔ר[a] עַד־צַוָּ֖אר יַגִּ֑יעַ[b] ג

וְהָיָה֙ מֻטּ֣וֹת כְּנָפָ֔יו מְלֹ֥א רֹֽחַב־אַרְצְךָ֖[c] עִמָּ֥נוּ אֵֽל׃ ס ל

9 רֹ֤עוּ[a] עַמִּים֙ וָחֹ֔תּוּ וְהַֽאֲזִ֔ינוּ כֹּ֖ל מֶרְחַקֵּי־אָ֑רֶץ ל . ג . ג[11]

הִֽתְאַזְּר֣וּ וָחֹ֔תּוּ הִֽתְאַזְּר֖וּ וָחֹֽתּוּ׃ ב . ג . ב . ג

10 ע֥וּצוּ עֵצָ֖ה וְתֻפָ֑ר דַּבְּר֤וּ דָבָר֙ וְלֹ֣א יָק֔וּם ב וחס[12] . ד[13]

כִּ֥י עִמָּ֖נוּ אֵֽל׃ ס

11 כִּי֩ כֹ֨ה אָמַ֧ר יְהוָ֛ה אֵלַ֖י כְּחֶזְקַ֣ת[a] הַיָּ֑ד וְיִסְּרֵ֕נִי[b] מִלֶּ֛כֶת בְּדֶ֥רֶךְ הָֽעָם־ כי מיחד[14] . ד בסיפ . ל . ד

הַזֶּ֖ה לֵאמֹֽר׃

12 לֹא־תֹאמְר֣וּן קֶ֔שֶׁר לְכֹ֧ל אֲשֶׁר־יֹאמַ֛ר הָעָ֥ם הַזֶּ֖ה קָ֑שֶׁר ו ר״פ לא לא ולא[15] . ט[16]

וְאֶת־מוֹרָא֥וֹ לֹא־תִֽירְא֖וּ וְלֹ֥א[a] תַעֲרִֽיצוּ׃

13 אֶת־יְהוָ֥ה צְבָא֛וֹת אֹת֥וֹ[a] תַקְדִּ֖ישׁוּ[b] וְה֥וּא מוֹרַאֲכֶ֖ם וְה֥וּא מַעֲרִֽצְכֶֽם[c]׃ ז פסוק והוא והוא[17] . ל . ל

14 וְהָיָ֖ה לְמִקְדָּ֑שׁ[a] וּלְאֶ֣בֶן נֶ֠גֶף וּלְצ֨וּר מִכְשׁ֜וֹל ב[18]

לִשְׁנֵ֨י בָתֵּ֤י יִשְׂרָאֵל֙ לְפַ֣ח וּלְמוֹקֵ֔שׁ לְיוֹשֵׁ֖ב[b] יְרוּשָׁלִָֽם׃ ב[19] . ז

15 וְכָ֥שְׁלוּ בָ֖ם רַבִּ֑ים וְנָ֣פְלוּ וְנִשְׁבָּ֔רוּ וְנוֹקְשׁ֖וּ וְנִלְכָּֽדוּ׃ ס ב

16 צ֖וֹר תְּעוּדָ֑ה חֲת֥וֹם[a] תּוֹרָ֖ה בְּלִמֻּדָֽי׃ י מל[20] . ל . ל

17 וְחִכִּ֙יתִי֙ לַֽיהוָ֔ה הַמַּסְתִּ֥יר פָּנָ֖יו מִבֵּ֣ית יַעֲקֹ֑ב וְקִוֵּ֖יתִי־לֽוֹ׃ ב

18 הִנֵּ֣ה אָנֹכִ֗י וְהַיְלָדִים֙ אֲשֶׁ֣ר נָֽתַן־לִ֣י יְהוָ֔ה לְאֹת֥וֹת וּלְמוֹפְתִ֖ים ג[21]

מֵעִם֙ יְהוָ֣ה צְבָא֔וֹת הַשֹּׁכֵ֖ן בְּהַ֥ר צִיּֽוֹן׃ ס [בְּיִשְׂרָאֵ֑ל ט ומן ראש דמלכים עד ויירא כל ישראל דכות[22] . ג[23]

19 וְכִֽי־יֹאמְר֣וּ אֲלֵיכֶ֗ם דִּרְשׁ֤וּ אֶל־הָאֹבוֹת֙ וְאֶל־הַיִּדְּעֹנִ֔ים הַֽמְצַפְצְפִ֖ים ל

וְהַמַּהְגִּ֑ים הֲלוֹא־עַם֙ אֶל־אֱלֹהָ֣יו יִדְרֹ֔שׁ בְּעַ֥ד הַחַיִּ֖ים אֶל־הַמֵּתִֽים׃ ל

20 לְתוֹרָ֖ה וְלִתְעוּדָ֑ה אִם־לֹ֤א יֹֽאמְרוּ֙ כַּדָּבָ֣ר הַזֶּ֔ה אֲשֶׁ֥ר אֵֽין־ל֖וֹ שָֽׁחַר[a]׃ ל . ל

[10]Mm 1258. [11]Mm 2531. [12]Mm 1513. [13]Mm 2232. [14]Mm 2049. [15]Mm 1245. [16]Mm 235. [17]Mm 2017. [18]Mm 2233. [19]Mm 2234. [20]Mm 1897. [21]Mm 2235. [22]Mm 3417. [23]Mm 2236.

8 [a–a] prp c mlt Mss 𝔖 וְשׁ׳ וע׳, al שָׁטֹף וְעָבֹר cf 𝔙 ‖ [b] frt ins וְאִישׁ לֹא יוּכַל לָשֵׂאת ראשׁו cf 𝔊 וְלַעֲשׂוֹת מַעֲשֶׂה ‖ [c] prp אֶרֶץ כִּי cf Syh ‖ **9** [a] 𝔊 *γνῶτε* = דְּעוּ ‖ **11** [a] sic L mlt Mss Edd, mlt Mss Edd ב׳ ‖ [b] 𝔗 *w'lpnj*, 𝔙 *erudivit me*, l –רֵנִי vel c 𝔔[a] σ′𝔖 וַיְסִ׳ ‖ **12** [a] 𝔗 *w'l twqpjh l'*, prp וְאֶת־מַעֲרָצוֹ לֹא ‖ **13** [a] prp אִתּוֹ ‖ [b] prp תקשׁירו ‖ [c] 𝔙 *terror vester* cf 𝔗, prp מַעֲרָ׳ ‖ **14** [a] prp לְמַקְשִׁיר ‖ [b] pc Mss Vrs –ֵבֵי ‖ **16** [a] prp חָ׳ ‖ **20** [a] 𝔊(𝔖) *δῶρα* = שׁחד.

21 וְעָבַר בָּהּ[a] נִקְשֶׁה וְרָעֵב וְהָיָה כִֽי־יִרְעַב וְהִתְקַצַּף
וְקִלֵּל בְּמַלְכּוֹ וּבֵאלֹהָיו וּפָנָה לְמָֽעְלָה׃ 22 וְאֶל־אֶרֶץ יַבִּיט
וְהִנֵּה צָרָה וַחֲשֵׁכָה מְעוּף צוּקָה וַאֲפֵלָה מְנֻדָּֽח[a]׃ ל̇ . ל̇ . ב̇ ס״פ[24]
23 כִּי לֹא[a] מוּעָף לַאֲשֶׁר מוּצָק לָהּ[a] ב̇ חד מל̇ וחד חס̇[25]
כָּעֵת הָרִאשׁוֹן הֵקַל[b] ס̇ד̇
אַרְצָה זְבֻלוּן וְאַרְצָה נַפְתָּלִי ט̇[26] כת̇ כן וכל כתיב דכות̇ ב̇ מ̇ א̇
וְהָאַחֲרוֹן הִכְבִּיד דֶּרֶךְ הַיָּם ב̇[27]
עֵבֶר הַיַּרְדֵּן גְּלִיל הַגּוֹיִֽם׃
9 1 הָעָם הַהֹלְכִים[a] בַּחֹשֶׁךְ רָאוּ אוֹר גָּדוֹל ג̇ ר״פ
יֹשְׁבֵי[a] בְּאֶרֶץ צַלְמָוֶת אוֹר[a] נָגַהּ עֲלֵיהֶֽם׃
2 הִרְבִּיתָ [a]הַגּוֹי לֹא[a] הִגְדַּלְתָּ הַשִּׂמְחָה לו̇ חד מן יז̇[1] כת̇ כן ק̇ בליש̇ . ג̇[2]
שָׂמְחוּ לְפָנֶיךָ כְּשִׂמְחַת בַּקָּצִיר
כַּאֲשֶׁר יָגִילוּ בְּחַלְּקָם שָׁלָֽל׃
3 כִּי ׀ אֶת־עֹל סֻבֳּלוֹ וְאֵת מַטֵּה[a] שִׁכְמוֹ ל̇
שֵׁבֶט [c]הַנֹּגֵשׂ בּוֹ[c] [b]הַחִתֹּתָ כְּיוֹם מִדְיָֽן׃ ל̇ . י̇א̇[3]
4 כִּי כָל־סְאוֹן סֹאֵן בְּרַעַשׁ
וְשִׂמְלָה[a] מְגוֹלָלָה בְדָמִים ב̇
וְהָיְתָה לִשְׂרֵפָה מַאֲכֹלֶת אֵֽשׁ׃ ב̇
5 כִּי־יֶלֶד יֻלַּד־לָנוּ בֵּן נִתַּן־לָנוּ כ̇א̇[4]
וַתְּהִי הַמִּשְׂרָה[a] עַל־שִׁכְמוֹ ב̇
וַיִּקְרָא[b] שְׁמוֹ פֶּלֶא יוֹעֵץ ו̇[5]
אֵל גִּבּוֹר אֲבִיעַד
שַׂר־שָׁלֽוֹם[c]׃
ס̇ג̇ 6 לְםַרְבֵּה[a] הַמִּשְׂרָה[b] וּלְשָׁלוֹם[c] אֵֽין־קֵץ למרבה חד מן ח̇[6] כת̇ ב̇ מילין וקר̇ חדה . ב̇ . ג̇[7]

[24] Mm 3586. [25] Mm 3863. [26] Mm 218. [27] Mm 2966. **Cp 9** [1] Mm 1795. [2] Mm 2237. [3] Mm 1630. [4] Mm 2838. [5] Mm 183 et Mm 215. [6] Mm 214. [7] Mm 2092.

21 [a] prp בָּאָרֶץ ‖ **22** [a] prp מְנֻגָּה cf 𝔊 ‖ **23** [a] prp לוֹ ‖ [b] frt ins יהוה et stich sq exc ‖ **Cp 9,1** [a] frt dl m cs ‖ **2** [a–a] prp הַגִּילָה ‖ **3** [a] prp מֹטוֹת ‖ [b] frt pr וְאֶת־ ‖ [c–c] prp נֹגְשׂוֹ ‖ **4** [a] prp וְכָל־שִׂמְלָה ‖ **5** [a] prp הַמִּשְׂרָה vel הַמְּשֵׂרָה (𝔔[a] המשורה) ‖ [b] prp ויִקָּרֵא cf Vrs ‖ [c] frt exc hemist cf 6[a] ‖ **6** [a] mlt Mss ut Q; prp c pc Mss σ′𝔗𝔙 רַבָּה cf 𝔊 (לם dttg vel reliquum nominis proprii, cf 5[c]; 𝔔[a] (למ רבה); al רַבָּה לָמוֹ (= לוֹ) vel לוֹ מִרְבָּה ‖ [b] cf 5[a] ‖ [c] prp וְלַמְשֹׁל.

עַל־כִּסֵּא דָוִד וְעַל־מַמְלַכְתּוֹ
לְהָכִין אֹתָהּ וּלְסַעֲדָהּ
יב[8] בְּמִשְׁפָּט וּבִצְדָקָה מֵעַתָּה וְעַד־עוֹלָם
קִנְאַת יְהוָה צְבָאוֹת[d] תַּעֲשֶׂה־זֹּאת׃ ס

7 דָּבָר[a] שָׁלַח אֲדֹנָי בְּיַעֲקֹב וְנָפַל בְּיִשְׂרָאֵל׃
ו̇ כת̇ ו̣ וכל אורית̇ וכתיב̇ דכות̇[9] . ב̇ חד חס̇ וחד מל̇[10] 8 וְיָדְעוּ הָעָם כֻּלּוֹ אֶפְרַיִם וְיוֹשֵׁב שֹׁמְרוֹן
ב̇ [a]בְּגַאֲוָה וּבְגֹדֶל[a] לֵבָב לֵאמֹר׃
ג̇ 9 לְבֵנִים נָפָלוּ וְגָזִית נִבְנֶה שִׁקְמִים גֻּדָּעוּ וַאֲרָזִים נַחֲלִיף׃
ב̇ . ל̇ 10 וַיְשַׂגֵּב יְהוָה אֶת־[a]צָרֵי רְצִין[a] עָלָיו וְאֶת־אֹיְבָיו יְסַכְסֵךְ׃
11 אֲרָם מִקֶּדֶם וּפְלִשְׁתִּים מֵאָחוֹר וַיֹּאכְלוּ אֶת־יִשְׂרָאֵל בְּכָל־פֶּה
כג̇ בְּכָל־זֹאת לֹא־שָׁב אַפּוֹ וְעוֹד יָדוֹ נְטוּיָה׃
ו̇[11] ס 12 וְהָעָם לֹא־שָׁב עַד־הַמַּכֵּהוּ וְאֶת־יְהוָה צְבָאוֹת[a] לֹא דָרָשׁוּ׃
ב̇ . ב̇ . י̇ 13 וַיַּכְרֵת [a]יְהוָה מִיִּשְׂרָאֵל[a] רֹאשׁ וְזָנָב כִּפָּה וְאַגְמוֹן יוֹם אֶחָד׃
ד̇ . ל̇ז̇ . ז̇ בלשון נביאה 14 זָקֵן וּנְשׂוּא־פָנִים [a]הוּא הָרֹאשׁ[a] וְנָבִיא מוֹרֶה[b]־שֶּׁקֶר [a]הוּא הַזָּנָב[a]׃
ל̇ בנביא 15 וַיִּהְיוּ מְאַשְּׁרֵי הָעָם־הַזֶּה מַתְעִים וּמְאֻשָּׁרָיו מְבֻלָּעִים׃
כ̇א̇ פסוק על על ומילה חדה ביניה̇[12] . ל̇ . ב̇ חד חס̇ וחד מל̇ בליש 16 עַל־כֵּן עַל־בַּחוּרָיו לֹא־יִשְׂמַח[a] ׀ אֲדֹנָי[b] וְאֶת־יְתֹמָיו וְאֶת־אַלְמְנֹתָיו
ו̇ כת̇ ו̣ וכל אורית̇ וכתיב̇ דכות̇[9] [לֹא יְרַחֵם כִּי כֻלּוֹ חָנֵף וּמֵרַע וְכָל־פֶּה דֹּבֵר נְבָלָה
מ̇ז̇ פסוק לא לא לא . כג̇ בְּכָל־זֹאת לֹא־שָׁב אַפּוֹ וְעוֹד יָדוֹ נְטוּיָה׃
ז̇ג̇[13] 17 כִּי־בָעֲרָה כָאֵשׁ רִשְׁעָה שָׁמִיר וָשַׁיִת תֹּאכֵל
ל̇ וַתִּצַּת בְּסִבְכֵי הַיַּעַר וַיִּתְאַבְּכוּ גֵּאוּת עָשָׁן׃
ל̇ 18 בְּעֶבְרַת יְהוָה צְבָאוֹת[a] נֶעְתַּם אָרֶץ וַיְהִי הָעָם כְּמַאֲכֹלֶת אֵשׁ
אִישׁ אֶל־אָחִיו לֹא יַחְמֹלוּ׃
ל̇ 19 וַיִּגְזֹר עַל־יָמִין וְרָעֵב וַיֹּאכַל עַל־שְׂמֹאול וְלֹא שָׂבֵעוּ[a]
[b]אִישׁ בְּשַׂר־זְרֹעוֹ[c] יֹאכֵלוּ[b]׃
20 מְנַשֶּׁה אֶת־אֶפְרַיִם וְאֶפְרַיִם אֶת־מְנַשֶּׁה יַחְדָּו הֵמָּה עַל־יְהוּדָה

[8]Mm 2487. [9]Mm 2480. [10]Mm 3294. [11]Mm 2323. [12]Mm 686. [13]Mm 787.

6 [d] frt dl ‖ **7** [a] 𝔊 θάνατον = דֶּבֶר? ‖ **8** [a–a] prp הַמִּתְגַּאֲוָה בג׳ ‖ **10** [a–a] prp צָרָיו ‖ **12** [a] > 𝔊, dl ‖ **13** [a–a] frt add ‖ **14** [a–a] frt dl ‖ [b] pr c 𝔊[Mss]𝔗[Ms] cop ‖ **16** [a] 𝔔[a] יחמול; prp ׳ישׂ cf arab *samuḥa* clemens fuit ‖ [b] prb dl ‖ **18** [a] > 𝔊, dl ‖ **19** [a] l c 𝔊𝔗𝔙 sg ‖ [b–b] tr ad fin 18 ‖ [c] 𝔗 *qrjbjh* = רֵעוֹ cf 𝔊[A]; prp זַרְעוֹ.

בְּכָל־זֹאת לֹא־שָׁב אַפּוֹ וְעוֹד יָדוֹ נְטוּיָה׃ ס כג̇

10 1 הוֹי הַחֹקְקִים חִקְקֵי־אָוֶן וּמְכַתְּבִים[a] עָמָל כִּתֵּבוּ׃ ל̇. ב̇. ל̇

2 לְהַטּוֹת מִדִּין דַּלִּים וְלִגְזֹל מִשְׁפַּט עֲנִיֵּי עַמִּי ג̇[1]

לִהְיוֹת אַלְמָנוֹת שְׁלָלָם וְאֶת־יְתוֹמִים יָבֹזּוּ׃

3 וּמַה־תַּעֲשׂוּ לְיוֹם פְּקֻדָּה וּלְשׁוֹאָה מִמֶּרְחָק תָּבוֹא ב̇[2]. ב̇ מל̇ בליש

עַל־מִי תָּנוּסוּ לְעֶזְרָה וְאָנָה תַעַזְבוּ כְּבוֹדְכֶם׃

4 [a]בִּלְתִּי כָרַע תַּחַת אַסִּיר[a] וְתַחַת הֲרוּגִים יִפֹּלוּ ב̇ חד חס̇ וחד מל̇

בְּכָל־זֹאת לֹא־שָׁב אַפּוֹ וְעוֹד יָדוֹ נְטוּיָה׃ ס כג̇

5 הוֹי אַשּׁוּר שֵׁבֶט אַפִּי וּמַטֶּה[a]־הוּא בְיָדָם זַעְמִי[b]׃ ל̇

6 בְּגוֹי חָנֵף אֲשַׁלְּחֶנּוּ וְעַל־עַם עֶבְרָתִי אֲצַוֶּנּוּ

לִשְׁלֹל שָׁלָל וְלָבֹז בַּז וּלְשִׂימוֹ מִרְמָס כְּחֹמֶר חוּצוֹת׃ ולשומו[3] ק̇

7 וְהוּא לֹא־כֵן יְדַמֶּה וּלְבָבוֹ לֹא־כֵן יַחְשֹׁב ל̇ג ר״פ. מ̇ז פסוק לא לא לא. י̇ט[4]. ל̇. י̇ט[4]

כִּי לְהַשְׁמִיד בִּלְבָבוֹ וּלְהַכְרִית גּוֹיִם לֹא מְעָט׃ 8 כִּי יֹאמַר ה̇[5]. ב̇[6]

הֲלֹא שָׂרַי יַחְדָּו מְלָכִים׃ 9 הֲלֹא כְּכַרְכְּמִישׁ כַּלְנוֹ ו̇ חס̇ בסיפ̇. ו̇ חס̇ בסיפ̇

אִם־לֹא כְאַרְפַּד חֲמָת אִם־לֹא כְדַמֶּשֶׂק שֹׁמְרוֹן׃ ל̇

10 כַּאֲשֶׁר מָצְאָה יָדִי לְמַמְלְכֹת הָאֱלִיל ל̇ חס̇

וּפְסִילֵיהֶם מִירוּשָׁלִַם וּמִשֹּׁמְרוֹן׃ ב̇[7]

11 הֲלֹא כַּאֲשֶׁר עָשִׂיתִי לְשֹׁמְרוֹן וְלֶאֱלִילֶיהָ ו̇ חס̇ בסיפ̇. ל̇

כֵּן אֶעֱשֶׂה לִירוּשָׁלִַם וְלַעֲצַבֶּיהָ׃ ס ל̇

12 וְהָיָה כִּי־יְבַצַּע אֲדֹנָי אֶת־כָּל־מַעֲשֵׂהוּ בְּהַר צִיּוֹן וּבִירוּשָׁלִָם אֶפְקֹד[a] ל̇. ל̇. כ̇א

עַל־פְּרִי־גֹדֶל לְבַב מֶלֶךְ־אַשּׁוּר וְעַל־תִּפְאֶרֶת רוּם עֵינָיו׃ 13 כִּי אָמַר

בְּכֹחַ יָדִי עָשִׂיתִי וּבְחָכְמָתִי כִּי נְבֻנוֹתִי ל̇. ל̇

וְאָסִיר[a] ׀ גְּבוּלֹת עַמִּים וַעֲתִידֹתֵיהֶם שׁוֹשֵׂתִי ל̇ וכת̇ חס̇[8]. ועתודותיהם ק̇

וְאוֹרִיד[a] כַּאבִּיר[b] יוֹשְׁבִים׃ ב̇[9]. מ̇ח[10] כת̇ א לא קר̇ ול בליש. י̇ מל̇

14 וַתִּמְצָא כַקֵּן ׀ יָדִי לְחֵיל הָעַמִּים

Cp 10 [1]Mm 1332. [2]Mm 2478. [3]Mm 832. [4]Mm 436. [5]Mm 2238. [6]Mm 2239. [7]Mm 2240. [8]Mm 2241. [9]Mm 2434. [10]Mm 898.

Cp 10,1 [a] prp c Ms וּמִכְתְּבֵי cf 𝔗, al וּמִכְתָּ׳ ‖ **4** [a–a] prp בֵּ׳ כֹּרַעַת (כָּרְעָה) חַת אֹסִיר ‖ **5** [a] l הֲ־ ‖ [b] tr post ומטה cf 𝔊 ‖ **12** [a] 𝔊 3 sg, l יִפְקֹד ‖ **13** [a] l וָ׳ cf 𝔖𝔗𝔙 ‖ [b] K כְּאַ׳; prp כְּאַבִּיר, בֶּעָפָר, בָּאֵפֶר.

וְכֶאֱסֹף בֵּיצִים עֲזֻבוֹת כָּל־הָאָרֶץ אֲנִי אָסָפְתִּי
וְלֹא הָיָה נֹדֵד כָּנָף וּפֹצֶה פֶה וּמְצַפְצֵף׃ כה
15 הֲיִתְפָּאֵר הַגַּרְזֶן עַל הַחֹצֵב בּוֹ אִם־יִתְגַּדֵּל הַמַּשּׂוֹר עַל־מְנִיפוֹ
כְּהָנִיף שֵׁבֶט וְאֶת־[a] מְרִימָיו[b] כְּהָרִים מַטֶּה לֹא־עֵץ׃ ל
16 לָכֵן יְשַׁלַּח הָאָדוֹן[a] יְהוָה צְבָאוֹת בְּמִשְׁמַנָּיו רָזוֹן ב בטע בסיפ. יב[11]. ה בסיפ
וְתַחַת כְּבֹדוֹ יֵקַד יְקֹד[b] כִּיקוֹד אֵשׁ׃ ג חס
17 וְהָיָה אוֹר־יִשְׂרָאֵל לְאֵשׁ וּקְדוֹשׁוֹ לְלֶהָבָה ג[12]. ב מל
וּבָעֲרָה וְאָכְלָה שִׁיתוֹ וּשְׁמִירוֹ בְּיוֹם אֶחָד׃
18 וּכְבוֹד יַעְרוֹ וְכַרְמִלּוֹ [a]מִנֶּפֶשׁ וְעַד־בָּשָׂר[a] יְכַלֶּה[b] ל
וְהָיָה כִּמְסֹס נֹסֵס׃
19 וּשְׁאָר עֵץ יַעְרוֹ מִסְפָּר יִהְיוּ וְנַעַר יִכְתְּבֵם׃ פ
20 וְהָיָה ׀ בַּיּוֹם הַהוּא לֹא־יוֹסִיף עוֹד שְׁאָר יִשְׂרָאֵל וּפְלֵיטַת בֵּית־ ח בטע בסיפ
יַעֲקֹב לְהִשָּׁעֵן עַל־מַכֵּהוּ וְנִשְׁעַן עַל־יְהוָה קְדוֹשׁ יִשְׂרָאֵל בֶּאֱמֶת[a]׃ ב פת[13]. לא[14]
21 שְׁאָר יָשׁוּב שְׁאָר יַעֲקֹב אֶל־אֵל גִּבּוֹר׃ 22 כִּי אִם־יִהְיֶה עַמְּךָ יִשְׂרָאֵל ל ר״פ[15]
כְּחוֹל הַיָּם שְׁאָר יָשׁוּב[a] בּוֹ כִּלָּיוֹן חָרוּץ שׁוֹטֵף צְדָקָה׃ 23 כִּי כָלָה י
וְנֶחֱרָצָה אֲדֹנָי [a]יְהוִה צְבָאוֹת[a] עֹשֶׂה בְּקֶרֶב כָּל־הָאָרֶץ׃ ס ג. הי. ל
24 לָכֵן כֹּה־אָמַר אֲדֹנָי יְהוִה צְבָאוֹת אַל־תִּירָא עַמִּי יֹשֵׁב צִיּוֹן יא בטע בסיפ. הי. ה חס בסיפ
מֵאַשּׁוּר בַּשֵּׁבֶט יַכֶּכָּה וּמַטֵּהוּ יִשָּׂא־עָלֶיךָ בְּדֶרֶךְ מִצְרָיִם׃ 25 כִּי־עוֹד ג[16]. לז. ג
מְעַט מִזְעָר וְכָלָה זַעַם[a] וְאַפִּי עַל־תַּבְלִיתָם[b]׃ 26 וְעוֹרֵר עָלָיו יְהוָה
צְבָאוֹת שׁוֹט כְּמַכַּת מִדְיָן בְּצוּר עוֹרֵב וּמַטֵּהוּ [a]עַל־הַיָּם[a] וּנְשָׂאוֹ בְּדֶרֶךְ ד מל. ג
מִצְרָיִם׃ 27 וְהָיָה ׀ בַּיּוֹם הַהוּא ח בטע בסיפ
יָסוּר סֻבֳּלוֹ מֵעַל שִׁכְמֶךָ וְעֻלּוֹ מֵעַל [a]צַוָּארֶךָ וְחֻבַּל
עֹל מִפְּנֵי־שָׁמֶן[a]׃ 28 בָּא עַל־עַיַּת
עָבַר בְּמִגְרוֹן לְמִכְמָשׂ יַפְקִיד כֵּלָיו׃ ב[17]
29 עָבְרוּ[a] מַעְבָּרָה גֶּבַע [b]מָלוֹן לָנוּ[b]

[11] Mm 440. [12] Mm 2242. [13] Mm 2243. [14] Mm 486. [15] Mm 978. [16] Mm 2244. [17] Mm 2245.

15 [a] sic L mlt Mss Edd, al melius את || [b] l c pc Mss 𝔖𝔙 מו׳– cf 𝔊 || **16** [a] > pc Mss 𝔊, dl || [b] 𝔗 *mjqd*, l יָקֹד || **18** [a–a] frt add || [b] σ′𝔙 pass = יְכֻלֶּה || **20** [a] frt add || **22** [a] tr huc ‸ || **23** [a–a] > 2 Mss 𝔊, prb dl || **25** [a] 𝔖 *rwgzj*, l זַעְמִי || [b] pc Mss תכל׳, prp תֻּכַל יָתֹּם || **26** [a–a] prp עֲלֵיהֶם vel עָלָיו || **27** [a–a] prp (שֹׁמְרוֹן ,יְשִׁימוֹן) צוארך יְחֻבַּל עָלָה מפני רמון || **29** [a] frt l c 𝔔[a]𝔊𝔖 עָבַר || [b–b] prp מְלֹנוֹ vel (לָמוֹ) מ׳ לוֹ.

חָֽרְדָה֙ הָֽרָמָ֔ה גִּבְעַ֥ת שָׁא֖וּל נָֽסָה׃ ל̇
30 צַהֲלִ֥י קוֹלֵ֖ךְ בַּת־גַּלִּ֑ים הַקְשִׁ֥יבִי לַ֖יְשָׁה ב̇ . ב̇[18] . ב̇ חד קמ וחד פת
עֲנִיָּ֖ה[a] עֲנָתֽוֹת׃ 31 נָדְדָ֖ה מַדְמֵנָ֑ה ב̇ . ב̇
יֹשְׁבֵ֥י הַגֵּבִ֖ים הֵעִֽיזוּ׃ 32 ע֥וֹד הַיּ֖וֹם בְּנֹ֣ב לַעֲמֹ֑ד
יְנֹפֵ֤ף יָדוֹ֙ הַ֣ר בֵּית[a]־צִיּ֔וֹן גִּבְעַ֖ת יְרוּשָׁלִָֽם׃ ס בת ק̇
33 הִנֵּ֤ה הָאָדוֹן֙ יְהוָ֣ה צְבָא֔וֹת מְסָעֵ֥ף פֻּארָ֖ה בְּמַעֲרָצָ֑ה[a] ה̇ בסיפ . ג̇ וחד מן מח[19] כת א לא קר ול בליש
וְרָמֵ֤י הַקּוֹמָה֙ גְּדוּעִ֔ים וְהַגְּבֹהִ֖ים יִשְׁפָּֽלוּ׃ ל̇
34 וְנִקַּ֛ף סִֽבְכֵ֥י הַיַּ֖עַר בַּבַּרְזֶ֑ל וְהַלְּבָנ֖וֹן בְּאַדִּ֥יר יִפּֽוֹל׃ ס ל̇ . ה̇[20] . ו̇ מל וכל משלי וקהלת דכות ב̇ מ̇ ג̇

ס **11** 1 וְיָצָ֥א חֹ֖טֶר מִגֵּ֣זַע יִשָׁ֑י וְנֵ֖צֶר מִשָּׁרָשָׁ֥יו יִפְרֶֽה׃ ב̇
2 וְנָחָ֥ה עָלָ֖יו ר֣וּחַ יְהוָ֑ה ר֣וּחַ חָכְמָ֤ה וּבִינָה֙
ר֤וּחַ עֵצָה֙ וּגְבוּרָ֔ה ר֥וּחַ דַּ֖עַת וְיִרְאַ֥ת יְהוָֽה׃ ב̇[1]
3 [a]וַהֲרִיח֖וֹ בְּיִרְאַ֣ת יְהוָ֑ה[a] ל̇
וְלֹא[b]־לְמַרְאֵ֤ה עֵינָיו֙ יִשְׁפּ֔וֹט וְלֹֽא־לְמִשְׁמַ֥ע אָזְנָ֖יו יוֹכִֽיחַ׃ ב̇[2] . ג̇ מל . ד̇[3]
4 וְשָׁפַ֤ט בְּצֶ֙דֶק֙ דַּלִּ֔ים וְהוֹכִ֥יחַ בְּמִישׁ֖וֹר לְעַנְוֵי[a]־אָ֑רֶץ י̇ מל[4]
וְהִֽכָּה־אֶ֙רֶץ֙[b] בְּשֵׁ֣בֶט פִּ֔יו וּבְר֥וּחַ שְׂפָתָ֖יו יָמִ֥ית רָשָֽׁע׃ ו̇[5] . ד̇ . ח̇[6]
5 וְהָ֥יָה צֶ֖דֶק[a] אֵז֣וֹר[b] מָתְנָ֑יו וְהָאֱמוּנָ֖ה אֵז֥וֹר חֲלָצָֽיו׃ ל̇
6 וְגָ֤ר זְאֵב֙ עִם־כֶּ֔בֶשׂ וְנָמֵ֖ר עִם־גְּדִ֣י יִרְבָּ֑ץ ל̇
וְעֵ֨גֶל וּכְפִ֤יר [a]וּמְרִיא֙ יַחְדָּ֔ו[a] וְנַ֥עַר קָטֹ֖ן נֹהֵ֥ג בָּֽם׃
7 וּפָרָ֤ה וָדֹב֙ תִּרְעֶ֔ינָה[a] יַחְדָּ֖ו יִרְבְּצ֣וּ יַלְדֵיהֶ֑ן ל̇ וחד מן ד̇[7] בחד לשון . ג̇[8]
וְאַרְיֵ֖ה כַּבָּקָ֥ר יֹֽאכַל־תֶּֽבֶן׃ 8 וְשִֽׁעֲשַׁ֥ע יוֹנֵ֖ק עַל־חֻ֣ר פָּ֑תֶן ג̇ . ל̇ חס
וְעַל֙ מְאוּרַ֣ת[a] צִפְעוֹנִ֔י גָּמ֖וּל יָד֥וֹ הָדָֽה׃ ב̇ . ל̇
9 לֹֽא־יָרֵ֥עוּ וְלֹֽא־יַשְׁחִ֖יתוּ בְּכָל־הַ֣ר קָדְשִׁ֑י
כִּֽי־מָלְאָ֣ה הָאָ֗רֶץ דֵּעָה֙ אֶת־יְהוָ֔ה כַּמַּ֖יִם לַיָּ֥ם מְכַסִּֽים׃ פ
10 וְהָיָה֙ בַּיּ֣וֹם הַה֔וּא שֹׁ֣רֶשׁ יִשַׁ֗י אֲשֶׁ֥ר עֹמֵ֛ד לְנֵ֥ס עַמִּ֖ים
אֵלָ֖יו גּוֹיִ֣ם יִדְרֹ֑שׁוּ וְהָיְתָ֥ה מְנֻחָת֖וֹ כָּבֽוֹד׃ פ ד̇ חס בליש[9]

[18] Mm 2246. [19] Mm 898. [20] Mm 1243. **Cp 11** [1] Mm 2247. [2] Mm 2878. [3] Mm 2561. [4] Mm 2021. [5] Mm 1420. [6] Mm 1873. [7] Mm 1347. [8] Mm 2248. [9] Mm 360.

30 [a] 𝔖 *(w)ʿnj*, l עֲנִיָּה || **32** [a] 𝔔[a]𝔊𝔖𝔙 ut Q || **33** [a] prb l (עֶצְדָה–) בְּמַעֲצָדָה cf 𝔗 || **Cp 11,3** [a–a] dttg, dl || [b] l c mlt Mss 𝔊σ'𝔗[Ms]𝔙 לא || **4** [a] σ' *πτωχούς*, l לַעֲנִיֵּי || [b] prb l עָרִיץ || **5** [a] 𝔄 *(bi-)l-ʿadli*, frt l הַצֶּ׳ || [b] prp אסור cf 𝔖 || **6** [a–a] prp יִמְרְאוּ י׳ cf 𝔊𝔖, al וּמ׳ יַחְדָּו || **7** [a] prp תִּרֶ׳ || **8** [a] prp מְעָרַת (cf 𝔙) vel מְעוֹנַת (cf 𝔊).

11 וְהָיָה ׀ בַּיּוֹם הַהוּא יוֹסִיף אֲדֹנָי ׀ שֵׁנִית[a] יָדוֹ — ח̇ בטע בסיפ
לִקְנוֹת אֶת־שְׁאָר עַמּוֹ אֲשֶׁר יִשָּׁאֵר מֵאַשּׁוּר וּמִמִּצְרַיִם — ד̇ פסוק דאית בהון ח̇ מילין נסיב ו̇[10] . ב̇
וּמִפַּתְרוֹס וּמִכּוּשׁ וּמֵעֵילָם וּמִשִּׁנְעָר וּמֵחֲמָת[b] וּמֵאִיֵּי הַיָּם׃ — ל̇
12 וְנָשָׂא נֵס לַגּוֹיִם וְאָסַף נִדְחֵי יִשְׂרָאֵל — י̇ז̇ . ג̇
וּנְפֻצוֹת יְהוּדָה יְקַבֵּץ מֵאַרְבַּע כַּנְפוֹת הָאָרֶץ׃ — ל̇
13 וְסָרָה קִנְאַת אֶפְרַיִם וְצֹרְרֵי יְהוּדָה יִכָּרֵתוּ — ג̇ בטע . ג̇ חס[11]
אֶפְרַיִם לֹא־יְקַנֵּא אֶת־יְהוּדָה וִיהוּדָה לֹא־יָצֹר אֶת־אֶפְרָיִם׃ — ל̇
14 וְעָפוּ [a]בְכָתֵף פְּלִשְׁתִּים[a] יָמָּה יַחְדָּו יָבֹזּוּ אֶת־בְּנֵי־קֶדֶם — ל̇
אֱדוֹם וּמוֹאָב מִשְׁלוֹח[b] יָדָם וּבְנֵי עַמּוֹן מִשְׁמַעְתָּם׃ — ג̇ מל[12]
15 וְהֶחֱרִים[a] יְהוָה אֵת לְשׁוֹן יָם־מִצְרַיִם וְהֵנִיף יָדוֹ עַל־הַנָּהָר
וְהִכָּהוּ לְשִׁבְעָה נְחָלִים וְהִדְרִיךְ בַּנְּעָלִים׃ [בַּעְיָם[b] רוּחוֹ — ל̇ . ב̇
16 וְהָיְתָה מְסִלָּה לִשְׁאָר עַמּוֹ אֲשֶׁר יִשָּׁאֵר מֵאַשּׁוּר
כַּאֲשֶׁר הָיְתָה לְיִשְׂרָאֵל בְּיוֹם עֲלֹתוֹ מֵאֶרֶץ מִצְרָיִם׃ — ג̇ בליש

12 1 וְאָמַרְתָּ בַּיּוֹם הַהוּא
אוֹדְךָ יְהוָה כִּי אָנַפְתָּ בִּי יָשֹׁב[a] אַפְּךָ וּתְנַחֲמֵנִי[b]׃ — ה̇ וחס[1]
2 הִנֵּה אֵל יְשׁוּעָתִי אֶבְטַח וְלֹא אֶפְחָד
כִּי־עָזִּי וְזִמְרָת[a] יָהּ[b] יְהוָה וַיְהִי־לִי לִישׁוּעָה׃ — ג̇ קמ
3 וּשְׁאַבְתֶּם־מַיִם בְּשָׂשׂוֹן מִמַּעַיְנֵי הַיְשׁוּעָה׃ — ל̇ . ג̇[2]
4 וַאֲמַרְתֶּם בַּיּוֹם הַהוּא הוֹדוּ לַיהוָה קִרְאוּ בִשְׁמוֹ
הוֹדִיעוּ בָעַמִּים עֲלִילֹתָיו הַזְכִּירוּ כִּי נִשְׂגָּב שְׁמוֹ׃ — ב̇ חס[3] . ד̇ קמ[4]
5 זַמְּרוּ יְהוָה כִּי גֵאוּת עָשָׂה מְיֻדַּעַת[a] זֹאת בְּכָל־הָאָרֶץ׃ — מודעת[5] ק̇
6 צַהֲלִי וָרֹנִּי יוֹשֶׁבֶת צִיּוֹן כִּי־גָדוֹל בְּקִרְבֵּךְ קְדוֹשׁ יִשְׂרָאֵל׃ פ — ב̇

[10] Mm 4156. [11] Mm 2249. [12] Mp sub loco. **Cp 12** [1] Mm 1433. [2] Mm 2250. [3] Mm 2251. [4] Mm 2252. [5] Mm 832.

11 [a] 𝔊 *τοῦ δεῖξαι*, l שְׁנוֹת cf arab *sanija* altus fuit ‖ [b] prp וּמֵחִתִּים ‖ **14** [a–a] 𝔖 *bktp' dplštj'*, l בְּכָתֵף פ׳ cf 𝔙 ‖ [b] sic L, l c mlt Mss Edd –וֹחַ ‖ **15** [a] 𝔊 (𝔖𝔗𝔙) *καὶ ἐρημώσει* = –יב, l 𝔐 ‖ [b] 𝔖(𝔙) *b'wḥdn'* = בְּעֹצֶם cf 𝔊𝔗 ‖ **Cp 12,1** [a] l וַיָּשָׁב (cf 𝔊𝔖) vel שָׁב (cf 𝔙) ‖ [b] 𝔊(𝔖𝔙) *καὶ ἠλέησάς με*, l וַתְּ׳ ‖ **2** [a] l c 2 Mss (𝔔[a]) Vrs –תִי cf Ex 15,2 ‖ [b] > 2 Mss 𝔊𝔙, frt dl ‖ **5** [a] K מְיֻדַּעַת, 𝔖𝔗 ut Q.

מא 13 1 מַשָּׂא בָּבֶל אֲשֶׁר חָזָה יְשַׁעְיָהוּ בֶּן־אָמוֹץ׃
2 עַל הַר־נִשְׁפֶּה֙ שְׂאוּ־נֵס הָרִימוּ קוֹל לָהֶם
ז רפי[1] הָנִיפוּ יָד וְיָבֹאוּ פִּתְחֵי[a] נְדִיבִים׃
ה. ל 3 אֲנִי צִוֵּיתִי[a] לִמְקֻדָּשָׁי[b]
גַּם קָרָאתִי גִבּוֹרַי֙ לְאַפִּי[c] עַלִּיזֵי גַּאֲוָתִי׃
4 קוֹל הָמוֹן בֶּהָרִים דְּמוּת עַם־רָב
ג קוֹל שְׁאוֹן מַמְלְכוֹת[a] גּוֹיִם֙ נֶאֱסָפִים
יְהוָה צְבָאוֹת מְפַקֵּד צְבָא מִלְחָמָה׃
5 בָּאִים מֵאֶרֶץ מֶרְחָק מִקְצֵה הַשָּׁמָיִם
ג[2] יְהוָה֙ וּכְלֵי זַעְמוֹ לְחַבֵּל כָּל־הָאָרֶץ׃
6 הֵילִילוּ כִּי קָרוֹב יוֹם יְהוָה כְּשֹׁד[a] מִשַּׁדַּי יָבוֹא׃
ג. ז בטע מרעימין[3] 7 עַל־כֵּן כָּל־יָדַיִם תִּרְפֶּינָה וְכָל־לְבַב אֱנוֹשׁ יִמָּס׃ 8 וְנִבְהָלוּ[a] ׀
ל. ל. ל בסיפ צִירִים וַחֲבָלִים֙ יֹאחֵזוּן כַּיּוֹלֵדָה יְחִילוּן
ג אִישׁ אֶל־רֵעֵהוּ֙ יִתְמָהוּ פְּנֵי לְהָבִים פְּנֵיהֶם׃
ז 9 הִנֵּה יוֹם־יְהוָה֙ בָּא אַכְזָרִי וְעֶבְרָה וַחֲרוֹן אָף
ל לָשׂוּם הָאָרֶץ֙ לְשַׁמָּה וְחַטָּאֶיהָ יַשְׁמִיד מִמֶּנָּה׃
ג[4] 10 כִּי־כוֹכְבֵי הַשָּׁמַיִם֙ וּכְסִילֵיהֶם לֹא יָהֵלּוּ[a] אוֹרָם
ד[5]. ט חָשַׁךְ הַשֶּׁמֶשׁ֙ בְּצֵאתוֹ וְיָרֵחַ לֹא־יַגִּיהַּ[b] אוֹרוֹ׃
11 וּפָקַדְתִּי עַל־תֵּבֵל֙ רָעָה[a] וְעַל־רְשָׁעִים עֲוֺנָם
יג[6]. ד וְהִשְׁבַּתִּי֙ גְּאוֹן זֵדִים וְגַאֲוַת עָרִיצִים אַשְׁפִּיל׃
ט 12 אוֹקִיר אֱנוֹשׁ מִפָּז וְאָדָם מִכֶּתֶם אוֹפִיר׃
ל 13 עַל־כֵּן֙ שָׁמַיִם אַרְגִּיז[a] וְתִרְעַשׁ הָאָרֶץ מִמְּקוֹמָהּ
בְּעֶבְרַת֙ יְהוָה צְבָאוֹת וּבְיוֹם חֲרוֹן אַפּוֹ׃
ב. ל 14 וְהָיָה֙ כִּצְבִי מֻדָּח וּכְצֹאן וְאֵין מְקַבֵּץ
ב[7]. ב מל[8] אִישׁ אֶל־עַמּוֹ֙ יִפְנוּ וְאִישׁ אֶל־אַרְצוֹ יָנוּסוּ׃
ו מל וכל משלי וקהלת דכות ב מ ג 15 כָּל־הַנִּמְצָא יִדָּקֵר וְכָל־הַנִּסְפֶּה יִפּוֹל בֶּחָרֶב׃

Cp 13 [1]Mm 465. [2]Mm 2326. [3]Mm 705. [4]Mm 2253. [5]Mm 1676. [6]Mm 815. [7]Mm 2254. [8]Mm 2255.

Cp 13,2 [a] 𝔊 *ἀνοίξατε*, l פתחו || **3** [a] tr huc לאפי || [b] prp צְבָא מקדשי || [c] cf 3[a] || **4** [a] 𝔖(𝔗) *dmlkwt'*, l ממל׳ || **6** [a] mlt Mss כְּשׁוֹד, prp כִּי שַׁד cf 𝔊 || **8** [a] exc hemist || **10** [a] 𝔔[a] יאירו || [b] sic L, mlt Mss Edd ־הַ || **11** [a] prp רעה vel רָעָתָהּ || **13** [a] 𝔊 *θυμωθήσεται* = יִרְגְּזוּ.

16 וְעֹלְלֵיהֶם יְרֻטְּשׁוּ לְעֵינֵיהֶם — ג
יִשַּׁסּוּ בָּתֵּיהֶם[a] וּנְשֵׁיהֶם תִּשָּׁגַלְנָה׃ — ט. תשכבנה ק
17 הִנְנִי מֵעִיר עֲלֵיהֶם אֶת־מָדָי
אֲשֶׁר־כֶּסֶף לֹא יַחְשֹׁבוּ וְזָהָב לֹא יַחְפְּצוּ־בוֹ׃
18 וּקְשָׁתוֹת[a] נְעָרִים תְּרַטַּשְׁנָה[b] — ב ומל
וּפְרִי־בֶטֶן לֹא יְרַחֵמוּ עַל־[c]בָּנִים לֹא־תָחוּס עֵינָם׃ — ל. ב[9]
19 וְהָיְתָה בָבֶל צְבִי מַמְלָכוֹת תִּפְאֶרֶת גְּאוֹן כַּשְׂדִּים
כְּמַהְפֵּכַת אֱלֹהִים אֶת־סְדֹם וְאֶת־עֲמֹרָה׃ — ג[10]
20 לֹא־תֵשֵׁב לָנֶצַח וְלֹא תִשְׁכֹּן עַד־דּוֹר וָדוֹר — ב פסוק מיחד לא ולא ולא לא
וְלֹא־יַהֵל[a] שָׁם עֲרָבִי וְרֹעִים לֹא־יַרְבִּצוּ שָׁם׃
21 וְרָבְצוּ־שָׁם צִיִּים וּמָלְאוּ בָתֵּיהֶם אֹחִים
וְשָׁכְנוּ שָׁם בְּנוֹת יַעֲנָה וּשְׂעִירִים יְרַקְּדוּ־שָׁם׃ — ב מל[11]
22 וְעָנָה אִיִּים בְּאַלְמְנוֹתָיו[a] וְתַנִּים בְּהֵיכְלֵי עֹנֶג[b] — ב[12]
וְקָרוֹב לָבוֹא עִתָּהּ וְיָמֶיהָ לֹא יִמָּשֵׁכוּ׃ — ד[13]. ב[14]

14 1 כִּי יְרַחֵם יְהוָה אֶת־יַעֲקֹב וּבָחַר עוֹד בְּיִשְׂרָאֵל וְהִנִּיחָם עַל־ — ב
סֹ ה אַדְמָתָם וְנִלְוָה הַגֵּר עֲלֵיהֶם וְנִסְפְּחוּ עַל־בֵּית יַעֲקֹב׃ 2 וּלְקָחוּם עַמִּים — ב ומל[1]
וֶהֱבִיאוּם אֶל־מְקוֹמָם וְהִתְנַחֲלוּם בֵּית־יִשְׂרָאֵל עַל אַדְמַת יְהוָה — ג ב מל וחד חס[2]. ב[3]. כ[4] וכל ירמיה ויחזק דכות ב מ ח
לַעֲבָדִים וְלִשְׁפָחוֹת וְהָיוּ שֹׁבִים לְשֹׁבֵיהֶם וְרָדוּ בְּנֹגְשֵׂיהֶם׃ ס 3 וְהָיָה — ל. ב[5]. ה
בְּיוֹם הָנִיחַ יְהוָה לְךָ מֵעָצְבְּךָ וּמֵרָגְזֶךָ וּמִן־הָעֲבֹדָה הַקָּשָׁה אֲשֶׁר — ל. י זקף קמ בנ״ך
עֻבַּד־בָּךְ׃ 4 וְנָשָׂאתָ הַמָּשָׁל הַזֶּה עַל־מֶלֶךְ בָּבֶל וְאָמָרְתָּ — ב[6]. ה. ט[7]. ל
אֵיךְ שָׁבַת נֹגֵשׂ שָׁבְתָה מַדְהֵבָה[a]׃ — ב
5 שָׁבַר יְהוָה מַטֵּה רְשָׁעִים שֵׁבֶט מֹשְׁלִים׃
6 מַכֶּה עַמִּים בְּעֶבְרָה מַכַּת בִּלְתִּי סָרָה — ה[8]
רֹדֶה בָאַף גּוֹיִם מֻרְדָּף[a] [b]בְּלִי חָשָׂךְ[b]׃ — ב. ב. ז[9]

[9] Mm 2256. [10] Mm 2257. [11] Mm 4181. [12] Prv 30,28. [13] Mm 2258. [14] Mm 2259. **Cp 14** [1] Mm 2569. [2] Mm 763. [3] Mm 1022. [4] Mm 953. [5] Lv 26,17. [6] Dt 21,3. [7] Mm 2902. [8] Mm 416. [9] Mm 1676.

16 [a] prp בִּתְלֹתֵיהֶם ‖ **18** [a] 𝔊(𝔖) *τοξεύματα*, l וְקַשֶּׁ׳ ‖ [b] 𝔖(Syh) *nttbrn*, prp תְּרַ׳ ‖ [c] l c nonn Mss Vrs וְעַל ‖ **20** [a] σ′ (𝔖𝔗𝔙) *σκηνοποιήσει*, l יַהֵל = יֶאֱהַל (id 2 Mss) ‖ **22** [a] sic L, mlt Mss Edd באלמְ׳, l בארמְנוֹתֶיהָ cf 𝔖𝔗𝔙 ‖ [b] 𝔔[a] ענוגו cf 𝔖𝔗 ‖ **Cp 14,4** [a] l c 𝔔[a]σ′θ′𝔖𝔗 מַרְהֵ׳ cf 𝔊 ‖ **6** [a] 𝔖(𝔙) *wrdp* cf 𝔗, l מִרְדַּף ‖ [b–b] prp בַּל יַחְשֹׂךְ vel ב׳ חָשַׂךְ.

7 נָ֥חָה שָׁקְטָ֖ה כָּל־הָאָ֑רֶץ פָּצְח֖וּ רִנָּֽה׃ ג בטע[10]
8 גַּם־בְּרוֹשִׁ֛ים שָׂמְח֥וּ לְךָ֖ אַרְזֵ֣י לְבָנ֑וֹן ב[11]
מֵאָ֣ז שָׁכַ֔בְתָּ לֹֽא־יַעֲלֶ֥ה הַכֹּרֵ֖ת עָלֵֽינוּ׃
9 שְׁא֗וֹל מִתַּ֛חַת רָ֥גְזָה לְךָ֖ לִקְרַ֣את בּוֹאֶ֑ךָ ד מל[10]
עוֹרֵ֨ר לְךָ֤ רְפָאִים֙ כָּל־עַתּ֣וּדֵי אָ֔רֶץ יד[12] קמ וכל אתנח וס״פ דכות ב מ ד
הֵקִים֙[a] מִכִּסְאוֹתָ֔ם כֹּ֖ל מַלְכֵ֥י גוֹיִֽם׃
10 כֻּלָּ֣ם[a] יַֽעֲנ֔וּ וְיֹאמְר֖וּ אֵלֶ֑יךָ ט רפי[13]
גַּם־אַתָּ֧ה חֻלֵּ֛יתָ כָמ֖וֹנוּ אֵלֵ֥ינוּ נִמְשָֽׁלְתָּ׃ כז בטע . ל . ד ג חס וחד מל[14]
11 הוּרַ֥ד שְׁא֛וֹל גְּאוֹנֶ֖ךָ הֶמְיַ֣ת נְבָלֶ֑יךָ ב[15] . ב
תַּחְתֶּ֙יךָ֙ יֻצַּ֣ע[a] רִמָּ֔ה וּמְכַסֶּ֖יךָ[b] תּוֹלֵעָֽה׃ ב[16]
12 אֵ֛יךְ נָפַ֥לְתָּ מִשָּׁמַ֖יִם הֵילֵ֣ל[a] בֶּן־שָׁ֑חַר ב
נִגְדַּ֣עְתָּ[b] לָאָ֔רֶץ חוֹלֵ֖שׁ עַל־[c]גּוֹיִֽם׃ ל ומל . ב[17]
13 וְאַתָּ֞ה אָמַ֣רְתָּ בִֽלְבָבְךָ֗ הַשָּׁמַ֙יִם֙ אֶֽעֱלֶ֔ה
מִמַּ֥עַל לְכֽוֹכְבֵי־אֵ֖ל אָרִ֣ים כִּסְאִ֑י
וְאֵשֵׁ֥ב בְּהַר־מוֹעֵ֖ד בְּיַרְכְּתֵ֥י צָפֽוֹן׃ ב[18]
14 אֶֽעֱלֶ֖ה עַל־בָּ֣מֳתֵי עָ֑ב אֶדַּמֶּ֖ה לְעֶלְיֽוֹן׃ ל
15 אַ֧ךְ אֶל־שְׁא֛וֹל תּוּרָ֖ד אֶל־יַרְכְּתֵי־בֽוֹר׃ ל
16 רֹאֶ֙יךָ֙ אֵלֶ֣יךָ יַשְׁגִּ֔יחוּ אֵלֶ֖יךָ יִתְבּוֹנָ֑נוּ
הֲזֶ֣ה הָאִ֗ישׁ מַרְגִּ֥יז הָאָ֛רֶץ מַרְעִ֖ישׁ מַמְלָכֽוֹת׃ ד[19]
17 שָׂ֥ם תֵּבֵ֛ל כַּמִּדְבָּ֖ר וְעָרָ֣יו[a] הָרָ֑ס ו[20]
אֲסִירָ֖יו לֹא־פָ֥תַח[b] בָּֽיְתָה׃ 18 כָּל־מַלְכֵ֥י גוֹיִ֖ם
כֻּלָּ֑ם[a] שָׁכְב֥וּ בְכָב֖וֹד אִ֥ישׁ בְּבֵיתֽוֹ׃
19 וְאַתָּ֞ה הָשְׁלַ֤כְתָּ מִֽקִּבְרְךָ֙ כְּנֵ֣צֶר נִתְעָ֔ב [מוּבָֽס׃ ל . ג ב קמ וחד פת[21]
לְב֣וּשׁ הֲרֻגִ֔ים מְטֹ֣עֲנֵי חָ֑רֶב יוֹרְדֵ֥י אֶל־אַבְנֵי־[a]ב֖וֹר כְּפֶ֥גֶר ב חד חס וחד מל
20 לֹֽא־תֵחַ֤ד אִתָּם֙ בִּקְבוּרָ֔ה ב[22] . לז

[10] Mp sub loco. [11] Mm 2260. [12] Mm 1234. [13] Mm 1233. [14] Mm 252. [15] Gn 39,1. [16] Mm 3757. [17] Mm 2261. [18] Mm 3528. [19] Mm 325. [20] Mm 2503. [21] Mm 3488. [22] Gn 49,6.

9 [a] prp הָקִים (inf) ‖ **10** [a] frt pr הִנֵּה vel הֵמָּה m cs ‖ **11** [a] prp יֻצָּע ‖ [b] 𝔊(σ′𝔙) *καὶ τὸ κατακάλυμμά σου*, l וּמִכְסֶיךָ ‖ **12** [a] l הילל luna crescens ‖ [b] frt pr אֵיךְ ‖ [c] frt l כָּל cf 𝔊 ‖ **17** [a] 𝔊^{SQ}(𝔖𝔄) *καὶ τὰς πόλεις* = ועָרִים, 𝔐 suff 3 f sg = ועָרֶיהָ ‖ [b] 𝔊(𝔖) *ἔλυσε* = פִּתַּח ‖ **18** [a] > 𝔔^a𝔊 cf 𝔖, dl ‖ **19** [a] σ′(𝔙) *θεμελίους*, frt l אַדְנֵי.

כִּֽי־אַרְצְךָ֥ שִׁחַ֖תָּ עַמְּךָ֣ הָרָ֑גְתָּ ב

לֹֽא־יִקָּרֵ֥א לְעוֹלָ֖ם זֶ֥רַע מְרֵעִֽים[a]׃ כא[23]

21 הָכִ֧ינוּ לְבָנָ֛יו מַטְבֵּ֖חַ בַּעֲוֺ֣ן אֲבוֹתָ֑ם[a] ז[24]

בַּל־יָקֻ֙מוּ֙ וְיָ֣רְשׁוּ אָ֔רֶץ וּמָלְא֥וּ פְנֵֽי־תֵבֵ֖ל עָרִֽים[b]׃ ז חס[25]. יד[26] קמ̇ וכל אתנח̇ וס״פ דכות̇ ב מ ד ה̇ לשון שנאה

22 וְקַמְתִּ֣י עֲלֵיהֶ֔ם נְאֻ֖ם יְהוָ֣ה צְבָא֑וֹת כו

וְהִכְרַתִּ֨י לְבָבֶ֜ל שֵׁ֧ם וּשְׁאָ֛ר וְנִ֥ין וָנֶ֖כֶד נְאֻם־יְהוָֽה׃ ל

23 וְשַׂמְתִּ֛יהָ לְמוֹרַ֥שׁ קִפֹּ֖ד וְאַגְמֵי־מָ֑יִם ג

וְטֵֽאטֵאתִ֙יהָ֙ בְּמַטְאֲטֵ֣א הַשְׁמֵ֔ד נְאֻ֖ם יְהוָ֥ה צְבָאֽוֹת׃ פ ל. ל. כו

24 נִשְׁבַּ֛ע יְהוָ֥ה צְבָא֖וֹת לֵאמֹ֑ר אִם־לֹ֞א

כַּאֲשֶׁ֤ר דִּמִּ֙יתִי֙ כֵּ֣ן הָיָ֔תָה וְכַאֲשֶׁ֥ר יָעַ֖צְתִּי הִ֥יא תָקֽוּם׃ ב[27]. ד[28]

25 לִשְׁבֹּ֤ר אַשּׁוּר֙ בְּאַרְצִ֔י וְעַל־הָרַ֖י אֲבוּסֶ֑נּוּ ל

וְסָ֤ר מֵֽעֲלֵיהֶם֙ עֻלּ֔וֹ וְסֻבֳּל֕וֹ מֵעַ֥ל שִׁכְמ֖וֹ[a] יָסֽוּר׃ [כָּל־הַגּוֹיִֽם׃ ל [ן

26 זֹ֛את הָעֵצָ֥ה הַיְּעוּצָ֖ה עַל־כָּל־הָאָ֑רֶץ וְזֹ֛את הַיָּ֥ד הַנְּטוּיָ֖ה עַל־ ז וכל תלים דכות̇ ב מ ב. כה̇. ד

27 כִּֽי־יְהוָ֥ה צְבָא֛וֹת יָעָ֖ץ וּמִ֣י יָפֵ֑ר וְיָד֥וֹ הַנְּטוּיָ֖ה וּמִ֥י[a] יְשִׁיבֶֽנָּה׃ פ ג[29]. ד פסוק ומי ומי. ג[30]

28 בִּשְׁנַת־מ֖וֹת הַמֶּ֣לֶךְ [a]אָחָ֑ז הָיָ֔ה[a] הַמַּשָּׂ֖א הַזֶּֽה׃ ט

29 אַֽל־תִּשְׂמְחִ֤י פְלֶ֙שֶׁת֙ כֻּלֵּ֔ךְ כִּ֥י נִשְׁבַּ֖ר שֵׁ֣בֶט מַכֵּ֑ךְ ב

כִּֽי־מִשֹּׁ֤רֶשׁ נָחָשׁ֙ יֵ֣צֵא צֶ֔פַע וּפִרְי֖וֹ שָׂרָ֥ף מְעוֹפֵֽף׃ ב[31]. ב

30 וְרָעוּ֙ בְּכוֹרֵ֣י[a] דַלִּ֔ים וְאֶבְיוֹנִ֖ים לָבֶ֣טַח יִרְבָּ֑צוּ ו

וְהֵמַתִּ֤י[b] בָֽרָעָב֙ שָׁרְשֵׁ֔ךְ וּשְׁאֵרִיתֵ֖ךְ יַהֲרֹֽג׃ ב

31 הֵילִ֤ילִי שַׁ֙עַר֙ זַֽעֲקִי־עִ֔יר נָמ֖וֹג פְּלֶ֣שֶׁת כֻּלֵּ֑ךְ ב. ב

כִּ֤י מִצָּפוֹן֙ עָשָׁ֣ן בָּ֔א וְאֵ֥ין בּוֹדֵ֖ד[a] בְּמוֹעָדָֽיו[b]׃ ג. ל

32 וּמַה־יַּעֲנֶ֖ה מַלְאֲכֵי־ג֑וֹי[a]

כִּ֤י יְהוָה֙ יִסַּ֣ד צִיּ֔וֹן וּבָ֣הּ יֶחֱס֔וּ עֲנִיֵּ֖י עַמּֽוֹ׃ ס ד[32]. ג[33]

[23] Mm 17. [24] Mp sub loco. [25] Mm 1709. [26] Mm 1234. [27] Nu 33,56. [28] Mm 3721. [29] Mm 2262. [30] Mm 182. [31] Mm 3670. [32] Mm 2263. [33] Mm 166.

20 [a] 𝔊𝔖 sg ‖ **21** [a] 𝔊[Mss]𝔖 sg = אֲבִיהֶם ‖ [b] prb dl ‖ **25** [a] 𝔊[Mss]𝔏 Syh𝔖𝔗𝔙𝔄𝔘 suff pl, l שִׁכְמָם ‖ **27** [a] gaʿya eras ‖ **28** [a–a] prp וְאֶחֱזֶה ‖ **30** [a] pc Mss בכרי = בְּכָרַי ‖ [b] 𝔊(𝔗[f Ms]) ἀνελεῖ, l והמית (vel c 𝔔[a] 𝔙 אֶהֱרֹג pro יהרג) ‖ **31** [a] 𝔔[a] מודד ‖ [b] prp בְּמוֹ־עֲדָיו cf arab ʿ*adwun* impetus, al מִבַּעֲרוֹ ‖ **32** [a] 𝔊𝔖𝔗 pl, l גוֹיִם.

15 1 מַשָּׂ֖א מוֹאָ֑ב מא

כִּי֩ בְּלֵ֨יל[a] שֻׁדַּ֜ד עָ֤ר מוֹאָב֙ נִדְמָ֔ה ב̇ ובפסוק . ד̇ ב̇ מנה̇ בפסוק

כִּ֗י בְּלֵ֛יל[a] שֻׁדַּ֥ד קִיר־מוֹאָ֖ב נִדְמָֽה׃ ב̇ ובפסוק . ד̇ ב̇ מנה̇ בפסוק

2 עָלָ֨ה[a] הַבַּ֧יִת וְדִיבֹ֛ן[a] הַבָּמ֖וֹת לְבֶ֑כִי

עַל־נְב֨וֹ וְעַ֤ל מֵֽידְבָא֙ מוֹאָ֣ב יְיֵלִ֔יל[b]

בְּכָל־רֹאשָׁ֣יו[c] קָרְחָ֔ה כָּל־[d]זָקָ֖ן גְּרוּעָֽה[e]׃ ל̇ . ל̇ . ב̇ חד חס̇ וחד מל̇[1]

3 בְּחֽוּצֹתָ֔יו חָ֖גְרוּ שָׂ֑ק[a] עַ֣ל גַּגּוֹתֶ֧יהָ[b]

וּבִרְחֹבֹתֶ֛יהָ[b] כֻּלֹּ֥ה יְיֵלִ֖יל[c] יֹרֵ֥ד בַּבֶּֽכִי׃ ב̇ . ג̇[1] כת̇ ה וכל ירמיה ויחזק ותרי עשר דכות̇ ב̇ מ̇ ג̇

4 וַתִּזְעַ֤ק חֶשְׁבּוֹן֙ וְאֶלְעָלֵ֔ה עַד־יַ֖הַץ נִשְׁמַ֣ע קוֹלָ֑ם ב̇

עַל־כֵּ֗ן חֲלֻצֵ֤י[a] מוֹאָב֙ יָרִ֔יעוּ[b] נַפְשׁ֖וֹ יָ֥רְעָה לּֽוֹ׃ ל̇ וחס̇

5 לִבִּי֙ לְמוֹאָ֣ב יִזְעָ֔ק בְּרִיחֶ֕הָ[a] עַד־צֹ֖עַר[b] עֶגְלַ֣ת שְׁלִשִׁיָּ֑ה[b] ד̇ . ג̇ ב̇ חס̇ וחד מל̇[2]

כִּ֣י ׀ מַעֲלֵ֣ה הַלּוּחִ֗ית בִּבְכִי֙ יַֽעֲלֶה־בּ֔וֹ ב̇ . ו̇

כִּ֚י דֶּ֣רֶךְ חֽוֹרֹנַ֔יִם זַעֲקַת־שֶׁ֖בֶר יְעֹעֵֽרוּ[c]׃ ד̇[3] . ג̇

6 כִּֽי־מֵ֥י נִמְרִ֖ים מְשַׁמּ֣וֹת יִהְי֑וּ

כִּֽי־יָבֵ֤שׁ חָצִיר֙ כָּ֣לָה דֶ֔שֶׁא יֶ֖רֶק לֹ֥א הָיָֽה׃

7 עַל־כֵּ֖ן יִתְרָ֣ה עָשָׂ֑ה וּפְקֻדָּתָ֔ם[a] ב̇ חד כת̇ רה וחד כת̇ רא[4]

עַ֛ל נַ֥חַל הָעֲרָבִ֖ים יִשָּׂאֽוּם[b]׃

8 כִּֽי־הִקִּ֥יפָה הַזְּעָקָ֖ה אֶת־גְּב֣וּל מוֹאָ֑ב

עַד־אֶגְלַ֙יִם֙ יִלְלָתָ֔הּ[a] וּבְאֵ֥ר[b] אֵילִ֖ים יִלְלָתָֽהּ[c]׃ ד̇[5]

9 כִּ֣י מֵ֤י דִימוֹן֙[a] מָ֣לְאוּ דָ֔ם כִּֽי־אָשִׁ֥ית עַל־דִּימ֖וֹן[a] נוֹסָפ֑וֹת ל̇

לִפְלֵיטַ֤ת מוֹאָב֙ אַרְיֵ֔ה[b] וְלִשְׁאֵרִ֖ית[c] אֲדָמָֽה[d]׃ י̇א̇[6]

16 1 שִׁלְחוּ[a]־כַ֥ר[b] מֹשֵֽׁל[c]־אֶ֖רֶץ

Cp 15 [1]Mm 2264. [2]Mm 2725. [3]Mm 2719. [4]Mm 2265. [5]Mm 3062. [6]Mm 512.

Cp 15,1 [a] 𝔔[a] בלילה 𝔊(𝔖𝔗𝔙) *νυκτός*, l בַּלַּיִל ‖ **2** [a–a] l עָלְתָה בַת דִּ׳ cf 𝔖𝔗 et Jer 48,18 ‖ [b] l יֵי׳ ‖ [c] l c pc Mss 𝔊 רֹאשׁ cf Jer 48,37 ‖ [d] 𝔔[a] mlt Mss 𝔖𝔗[f]𝔙 וְכָל ‖ [e] mlt Mss גדו׳ ‖ **3** [a] ins סָפְדוּ (cf 𝔊 et Jer 48,38) vel נָהוּ (יִנְהוּ) ‖ [b] l תָיו– ‖ [c] cf 2[b] ‖ **4** [a] 𝔊(𝔖) *ἡ ὀσφύς*, l חַלְצֵי ‖ [b] prp ירְעו ‖ **5** [a] 𝔔[a] ברחוה, prp בָּרִיחֹה cf 𝔖 ‖ [b–b] prb add cf Jer 48,34 ‖ [c] l יעוֹרֵרו vel יַעַרְעֵרו, al יָעִירו (a עור; cf 𝔙) vel יְרֹעָעוּ (a רוע) ‖ **7** [a] prp תְמוֹ– ‖ [b] Ms יִשָּׂאֵם; frt ins אִתָּם ‖ **8** [a] prp תֹה– ‖ [b] 𝔊(𝔙) *ἕως τοῦ φρέατος* cf 𝔖, l וְעַד בּאר ‖ [c] > Syh, dl ‖ **9** [a] 𝔔[a]𝔙 דיבון cf 𝔖 ‖ [b] prp אֶרְאֶה, al יִרְאָה ‖ [c] prp תוֹ– ‖ [d] prp אֱדֹם, al אֲדַמֶּה vel אֶדְמָעָה vel אֵימָה ‖ **Cp 16,1** [a] frt l (וְ)שָׁ׳ cf 𝔗 ‖ [b] prp כָּרִם cf 𝔗 ‖ [c] prp (לְ)מֹשְׁלֵי.

ה̇ ג̇ קמ̇ וב̇ פת̇ . יו̇ וכל אל הר הכרמל דכות̇[1] מִסֶּלַע מִדְבָּרָה[d] אֶל־הַר בַּת־צִיּוֹן׃

ב̇ מל̇ . ג̇[2] 2 וְהָיָה כְעוֹף־נוֹדֵד קֵן מְשֻׁלָּח

תִּהְיֶינָה בְּנוֹת מוֹאָב מַעְבָּרֹת[a] לְאַרְנוֹן׃

הביאי חד מן ג̇[3] בליש ק̇ וחד מן מח̇[4] כת̇ ו וקר̇ י 3 הָבִיאוּ[a] עֵצָה עֲשׂוּ[b] פְלִילָה

ג̇[5] שִׁיתִי כַלַּיִל צִלֵּךְ בְּתוֹךְ צָהֳרָיִם

סַתְּרִי נִדָּחִים נֹדֵד אַל־תְּגַלִּי׃

ל̇ 4 יָגוּרוּ בָךְ נִדָּחַי[a] מוֹאָב

ז̇ מל̇ הֱוִי־סֵתֶר לָמוֹ מִפְּנֵי שׁוֹדֵד

ד̇ . ל̇ כִּי־אָפֵס הַמֵּץ[b] כָּלָה שֹׁד[c]

תַּמּוּ[d] רֹמֵס מִן־הָאָרֶץ׃

ג̇ ב̇ מל̇ וחד חס̇[6] 5 וְהוּכַן בַּחֶסֶד כִּסֵּא וְיָשַׁב עָלָיו בֶּאֱמֶת[a] בְּאֹהֶל דָּוִד ס

ג̇ וחס̇[7] שֹׁפֵט וְדֹרֵשׁ[b] מִשְׁפָּט וּמְהִר צֶדֶק׃

ל̇ כת̇ א[8] 6 שָׁמַעְנוּ גְאוֹן־מוֹאָב גֵּא[a] מְאֹד

יט̇[9] גַּאֲוָתוֹ וּגְאוֹנוֹ וְעֶבְרָתוֹ לֹא־כֵן בַּדָּיו׃ ס

יא̇ בטע̇ בסיפ̇ . ג̇[10] כת̇ ה וכל ירמיה ויחזק ותרי עשר דכות̇ ב̇ מ̇ ג̇ 7 לָכֵן יְיֵלִיל[a] מוֹאָב לְמוֹאָב[b] כֻּלֹּה יְיֵלִיל[a]

לַאֲשִׁישֵׁי קִיר־חֲרֶשֶׂת תֶּהְגּוּ[c] אַךְ־נְכָאִים׃

8 כִּי[a] שַׁדְמוֹת[a] חֶשְׁבּוֹן אֻמְלָל גֶּפֶן שִׂבְמָה

ב̇ בַּעֲלֵי גוֹיִם הָלְמוּ שְׂרוּקֶּיהָ

ל̇ בטע̇ עַד־יַעְזֵר נָגָעוּ תָּעוּ מִדְבָּר

ב̇ שְׁלֻחוֹתֶיהָ נִטְּשׁוּ עָבְרוּ יָם׃

ט̇ בטע̇ ה̇[11] מנה̇ ר״פ . ו̇ 9 עַל־כֵּן אֶבְכֶּה בִּבְכִי יַעְזֵר גֶּפֶן שִׂבְמָה

אֲרַיָּוֶךְ[a] דִּמְעָתִי חֶשְׁבּוֹן וְאֶלְעָלֵה

ז̇ כִּי עַל־קֵיצֵךְ וְעַל־קְצִירֵךְ הֵידָד נָפָל׃

Cp 16 [1]Mm 385. [2]Mm 2304. [3]Mm 1771. [4]Mm 3811. [5]Mm 433. [6]Mm 2266. [7]Mm 1159. [8]Mm 3989. [9]Mm 436. [10]Mm 2264. [11]Mm 3781.

1 [d] 𝔖(𝔙) *(d) mdbr'* = הַמִּדְבָּר cf 𝔊 ‖ **2** [a] prp מֵעֶבְרַת cf σ', al בְּמ' ‖ **3** [a] 𝔔[a] הביו; l c Q nonn Mss Vrs הָבִיאִי, al הָבִי ‖ [b] l c mlt Mss Q[Mss] 𝔊[A]𝔖𝔗𝔙 עֲשִׂי ‖ **4** [a] l c 2 Mss 𝔊𝔖 נִדְּחֵי ‖ [b] 𝔔[a] המוץ ‖ [c] frt l הַשֹּׁד ‖ [d] l c 𝔔[a]𝔊𝔖𝔙 תַּם ‖ **5** [a] tr huc ‸ ‖ [b] 𝔄 om ו ‖ **6** [a] l c 𝔔[a] 2 Mss גֵּאֶה cf Jer 48,29 ‖ **7** [a] cf 15,2[b] ‖ [b] prb dl m cs ‖ [c] frt l c Ms יֶהְ' cf 𝔗, al הָגוּ ‖ **8** [a–a] prp כְּשׁ', al ins שֻׁדַּד post כי cf 𝔗 ‖ **9** [a] prb l אֲרַוֶּךְ cf 𝔔[a].

10 וְנֶאֱסַף שִׂמְחָה וָגִיל מִן־הַכַּרְמֶל וּבַכְּרָמִים לֹא־יְרֻנָּן לֹא[a] — ד[12] פסוק דאית בהון לא לא ומילה חדה ביניה וחד מן מז פסוק לא לא לא

יַיִן בַּיְקָבִים לֹא־יִדְרֹךְ הַדֹּרֵךְ[b] הֵידָד הִשְׁבַּתִּי[c]׃ [יְרֹעָע — ז

11 עַל־כֵּן מֵעַי לְמוֹאָב כַּכִּנּוֹר יֶהֱמוּ וְקִרְבִּי לְקִיר חָרֶשׂ[a]׃

12 וְהָיָה [a]כִי־נִרְאָה[a] כִּי־נִלְאָה[b] מוֹאָב עַל־הַבָּמָה — ב

וּבָא אֶל־מִקְדָּשׁוֹ לְהִתְפַּלֵּל וְלֹא יוּכָל׃ — ד[13]

13 זֶה הַדָּבָר אֲשֶׁר דִּבֶּר יְהוָה אֶל־מוֹאָב מֵאָז׃ 14 וְעַתָּה דִּבֶּר יְהוָה

לֵאמֹר בְּשָׁלֹשׁ שָׁנִים כִּשְׁנֵי שָׂכִיר וְנִקְלָה כְּבוֹד מוֹאָב בְּכֹל הֶהָמוֹן הָרָב — ב

וּשְׁאָר[a] מְעַט מִזְעָר לוֹא כַבִּיר׃ ס — לה מל

17 1 מַשָּׂא דַּמָּשֶׂק — מא

הִנֵּה דַמֶּשֶׂק מוּסָר מֵעִיר וְהָיְתָה מְעִי[a] מַפָּלָה׃

2 [a]עֲזֻבוֹת עָרֵי[a] עֲרֹעֵר[b] — ה חס בליש וכל אורית דכות[1] — חצי הנביאים

לַעֲדָרִים תִּהְיֶינָה וְרָבְצוּ וְאֵין מַחֲרִיד׃ — ב

3 וְנִשְׁבַּת מִבְצָר מֵאֶפְרַיִם וּמַמְלָכָה מִדַּמֶּשֶׂק

וּשְׁאָר [a]אֲרָם כִּכְבוֹד[a] בְּנֵי־יִשְׂרָאֵל יִהְיוּ

נְאֻם יְהוָה צְבָאוֹת׃ ס 4 וְהָיָה בַּיּוֹם הַהוּא — כו

יִדַּל כְּבוֹד יַעֲקֹב וּמִשְׁמַן בְּשָׂרוֹ יֵרָזֶה׃ — יב וכל דל ואביון דכות ול בליש . ל . ל

5 וְהָיָה כֶּאֱסֹף קָצִיר[a] קָמָה וּזְרֹעוֹ שִׁבֳּלִים יִקְצוֹר — ג מל[2]

וְהָיָה כִּמְלַקֵּט שִׁבֳּלִים בְּעֵמֶק רְפָאִים׃

6 וְנִשְׁאַר־בּוֹ עוֹלֵלֹת [a]כְּנֹקֶף זַיִת[a] [פֹּרִיָּה[c] — ב כת כן[3]

שְׁנַיִם שְׁלֹשָׁה גַּרְגְּרִים בְּרֹאשׁ אָמִיר אַרְבָּעָה חֲמִשָּׁה בִּסְעִפֶיהָ[b] — לה[4] . ב

נְאֻם־יְהוָה אֱלֹהֵי יִשְׂרָאֵל׃ ס

7 בַּיּוֹם הַהוּא יִשְׁעֶה הָאָדָם עַל־עֹשֵׂהוּ וְעֵינָיו אֶל־קְדוֹשׁ יִשְׂרָאֵל — יא

תִּרְאֶינָה׃ 8 וְלֹא יִשְׁעֶה אֶל־הַמִּזְבְּחוֹת[a] מַעֲשֵׂה יָדָיו וַאֲשֶׁר עָשׂוּ — ו ר״פ בסיפ וחד מן יז[5] ר״פ ולא לא

אֶצְבְּעֹתָיו לֹא יִרְאֶה [b]וְהָאֲשֵׁרִים וְהָחַמָּנִים[b]׃ — ל קמ

[12]Mm 2267. [13]Mm 2268. **Cp 17** [1]Mm 4029. [2]Mm 2269. [3]Mp sub loco. [4]Mm 2840. [5]Mm 2708.

10 [a] l c 𝔔[a] mlt Mss 𝔗𝔙 וְלֹא cf 𝔊𝔖 ‖ [b] > 𝔊, frt dl m cs ‖ [c] 𝔊 *πέπαυται*, l הָשְׁבָּת ‖ **11** [a] frt l חֲרֶשֶׂת כַּחֲלִילִים יֶהֱמֶה ‖ **12** [a–a] frt dl ‖ [b] 𝔔[a] בא ‖ **14** [a] 𝔊(𝔖𝔙) *καὶ καταλειφθήσεται* = וְנִשְׁאַר; prp וְשָׁאַר vel ־רוֹ ‖ **Cp 17,1** [a] > 𝔊, dl ‖ **2** [a–a] 𝔊 *καταλελειμμένη εἰς τὸν αἰῶνα*, l עזבת עֲדֵי עַד et cj c 1 ‖ [b] l עָרֶיהָ cf 𝔗 ‖ **3** [a–a] frt l א׳ וּכְבוֹדוֹ cf 𝔗 ‖ **5** [a] prp קֹצֵר ‖ **6** [a–a] 𝔊 pr *ἢ*, pr אוֹ et tr ad fin 5 ‖ [b] l c 𝔔[a] ־פֵּי ‖ [c] l הַפּ׳ ‖ **8** [a] prb dl ‖ [b–b] prb dl.

9 בַּיּ֣וֹם הַה֗וּא יִהְי֣וּ ׀ עָרֵ֣י מָעֻזּ֗וֹ^a כַּעֲזוּבַ֤ת^b ^cהַחֹ֙רֶשׁ֙ וְהָ֣אָמִ֔יר^c ל.ל
^dאֲשֶׁ֣ר עָזְב֔וּ^d מִפְּנֵ֖י בְּנֵ֣י יִשְׂרָאֵ֑ל וְהָיְתָ֖ה שְׁמָמָֽה׃
10 כִּ֤י שָׁכַ֙חַתְּ֙ אֱלֹהֵ֣י יִשְׁעֵ֔ךְ וְצ֥וּר מָעֻזֵּ֖ךְ לֹ֣א זָכָ֑רְתְּ
עַל־כֵּ֗ן תִּטְּעִי֙ נִטְעֵ֣י נַעֲמָנִ֔ים וּזְמֹ֥רַת זָ֖ר תִּזְרָעֶֽנּוּ^a׃ ב.ל
11 בְּי֤וֹם^a נִטְעֵךְ֙ תְּשַׂגְשֵׂ֔גִי וּבַבֹּ֖קֶר זַרְעֵ֣ךְ תַּפְרִ֑יחִי ל.ו.ל
נֵ֥ד^b קָצִ֛יר בְּי֥וֹם נַחֲלָ֖ה וּכְאֵ֥ב אָנֽוּשׁ^c׃ ס ד בנביא

12 ה֗וֹי הֲמוֹן֙ עַמִּ֣ים רַבִּ֔ים כַּהֲמ֥וֹת יַמִּ֖ים יֶהֱמָי֑וּן ג
וּשְׁא֣וֹן לְאֻמִּ֔ים כִּשְׁא֛וֹן מַ֥יִם כַּבִּירִ֖ים^a יִשָּׁאֽוּן׃ ב.ב.ב
13 ^aלְאֻמִּ֗ים כִּשְׁאוֹן֙ מַ֤יִם רַבִּים֙ יִשָּׁא֔וּן^a ב.ב
וְגָ֥עַר^b בּ֖וֹ וְנָ֣ס מִמֶּרְחָ֑ק^c
וְרֻדַּ֗ף כְּמֹ֤ץ הָרִים֙ לִפְנֵי־ר֔וּחַ וּכְגַלְגַּ֖ל לִפְנֵ֥י סוּפָֽה׃ ל.ל
14 לְעֵ֥ת עֶ֙רֶב֙ וְהִנֵּ֣ה בַלָּהָ֔ה בְּטֶ֥רֶם בֹּ֖קֶר אֵינֶ֑נּוּ ל
זֶ֚ה חֵ֣לֶק שׁוֹסֵ֔ינוּ ^aוְגוֹרָ֖ל לְבֹזְזֵֽינוּ^a׃ ס ב[6]

18 1 ה֕וֹי אֶ֖רֶץ צִלְצַ֣ל כְּנָפָ֑יִם אֲשֶׁ֥ר מֵעֵ֖בֶר לְנַהֲרֵי־כֽוּשׁ׃ ל
2 הַשֹּׁלֵ֨חַ בַּיָּ֜ם צִירִ֗ים וּבִכְלֵי־גֹמֶא֮ עַל־פְּנֵי־מַיִם֒ ג[1]. יד פסוק על אל אל[2]. ה
לְכ֣וּ ׀ מַלְאָכִ֣ים קַלִּ֗ים אֶל־גּ֙וֹי֙ מְמֻשָּׁ֣ךְ וּמוֹרָ֔ט^a
אֶל־עַ֥ם נוֹרָ֖א מִן־ה֣וּא וָהָ֑לְאָה גּ֣וֹי ^bקַו־קָ֤ו^b וּמְבוּסָה֙ ג
אֲשֶׁר־בָּזְא֥וּ נְהָרִ֖ים אַרְצֽוֹ׃ 3 כָּל־יֹשְׁבֵ֥י תֵבֵ֖ל וְשֹׁ֣כְנֵי אָ֑רֶץ ב
כִּנְשֹׂא־נֵ֤ס הָרִים֙ תִּרְא֔וּ וְכִתְקֹ֥עַ שׁוֹפָ֖ר תִּשְׁמָֽעוּ׃ ס ל וחס[3]
4 כִּ֣י כֹה֩ אָמַ֨ר יְהוָ֜ה אֵלַ֗י אֶשְׁקֳוטָ֛ה^a וְאַבִּ֥יטָה בִמְכוֹנִ֑י כי מיחד[4]. ד בסיפ. אשקטה חד מן ג[5] מל בליש ק
כְּחֹ֥ם צַח֙ עֲלֵי־א֔וֹר כְּעָ֥ב טַ֖ל בְּחֹ֥ם^b קָצִֽיר׃ ד חס[6]. ל[6]
5 כִּֽי־לִפְנֵ֤י קָצִיר֙ כְּתָם־פֶּ֔רַח וּבֹ֥סֶר גֹּמֵ֖ל יִהְיֶ֣ה נִצָּ֑ה ב וחס[7]. ל

[6] Lv 16,8. Cp 18 [1] Mm 379. [2] Mm 4093. [3] Mm 2110. [4] Mm 2049. [5] Mm 2270. [6] Mm 2271. [7] Mm 3600.

9 ^a l מעזך cf 𝔊 || ^b l c 𝔔^a עזובת– cf 𝔊𝔙 || ^c–c 𝔊 *οἱ Ἀμορραῖοι καὶ οἱ Εὐαῖοι*, l הַחִוִּי (החרי) וְהָאֱמֹרִי 𝔙 || ^d–d > 𝔊 || **10** ^a 𝔙 *seminabis*, l –עִין || **11** ^a prp בְּ׳ || ^b frt l נַד cf 𝔙 || ^c ins לְפָנַיִךְ cf 𝔊 || **12** ^a tr post לאמים cf 𝔊 || **13** ^a–a > pc Mss 𝔖 || ^b 𝔔^a ויגער; prp גער וַיהוָה גָּעַר vel יִגְעַר וְהוּא גָּעַר || ^c frt tr post בו || **14** ^a–a 𝔖(𝔙) *wmnṭ' dbzwzn* cf 𝔊^A 393 𝔄, l ב׳ –ל (ל dttg) || **Cp 18,2** ^a l c 𝔔^a pc Mss וּמְמֹ׳ || ^b–b l c 𝔔^a K^Or קַוְקַו || **4** ^a K אֶשְׁקוֹ׳ || ^b l c nonn Mss 𝔊𝔖𝔙 ביום.

וְכָרַ֤ת הַזַּלְזַלִּים֙ בַּמַּזְמֵר֔וֹת וְאֶת־הַנְּטִישׁ֖וֹת הֵסִ֥יר הֵתַֽז׃ ל.ל.ל

6 יֵעָזְב֤וּ יַחְדָּו֙ לְעֵ֣יט הָרִ֔ים וּלְבֶהֱמַ֖ת הָאָ֑רֶץ

וְקָ֤ץ עָלָיו֙ הָעַ֔יִט וְכָל־בֶּהֱמַ֥ת הָאָ֖רֶץ עָלָ֥יו תֶּחֱרָֽף׃ ל. ד ב[8] קמ וב פת

7 בָּעֵ֣ת הַהִ֡יא יֽוּבַל־שַׁ֣י לַיהוָ֣ה צְבָא֡וֹת עַ֚ם[a] מְמֻשָּׁ֣ךְ וּמוֹרָט֒[b] וּמֵעַ֥ם נוֹרָ֖א

מִן־ה֣וּא וָהָ֑לְאָה גּֽוֹי ׀ [c]קַו־קָ֣ו[c] וּמְבוּסָ֗ה אֲשֶׁר־בָּזְא֤וּ נְהָרִים֙ אַרְצ֔וֹ אֶל־ ג. ב

מְק֛וֹם שֵׁם־יְהוָ֥ה צְבָא֖וֹת הַר־צִיּֽוֹן׃ ס ד

19 1 מַשָּׂ֖א מִצְרָ֑יִם מא

הִנֵּ֨ה יְהוָ֜ה רֹכֵ֣ב עַל־עָ֤ב קַל֙ וּבָ֣א מִצְרַ֔יִם

וְנָע֞וּ אֱלִילֵ֤י מִצְרַ֙יִם֙ מִפָּנָ֔יו וּלְבַ֥ב מִצְרַ֖יִם יִמַּ֥ס בְּקִרְבּֽוֹ׃ ג. כג. ה. ל

2 וְסִכְסַכְתִּ֤י מִצְרַ֙יִם֙ בְּמִצְרַ֔יִם וְנִלְחֲמ֥וּ אִישׁ־בְּאָחִ֛יו וְאִ֥ישׁ בְּרֵעֵ֖הוּ ל

עִ֥יר בְּעִ֖יר מַמְלָכָ֥ה בְּמַמְלָכָֽה׃ ל

3 וְנָבְקָ֤ה[a] רֽוּחַ־מִצְרַ֙יִם֙ בְּקִרְבּ֔וֹ וַעֲצָת֖וֹ אֲבַלֵּ֑עַ [הַיִּדְּעֹנִֽים׃ ל

וְדָרְשׁ֤וּ אֶל־הָֽאֱלִילִים֙ וְאֶל־הָ֣אִטִּ֔ים וְאֶל־הָאֹב֖וֹת וְאֶל־ ל

4 וְסִכַּרְתִּי֙ אֶת־מִצְרַ֔יִם בְּיַ֖ד אֲדֹנִ֣ים קָשֶׁ֑ה וּמֶ֤לֶךְ עַז֙ יִמְשָׁל־בָּ֔ם ה[1]

נְאֻ֥ם הָאָד֖וֹן[a] יְהוָ֥ה צְבָאֽוֹת׃ ה בסיפ

5 וְנִשְּׁתוּ־מַ֖יִם מֵהַיָּ֑ם וְנָהָ֖ר יֶחֱרַ֥ב וְיָבֵֽשׁ׃ ל. ד[2]. ה

6 וְהֶאֶזְנִ֣יחוּ[a] נְהָר֔וֹת דָּלְל֥וּ וְחָרְב֖וּ יְאֹרֵ֣י מָצ֑וֹר

קָנֶ֥ה וָס֖וּף קָמֵֽלוּ׃ 7 עָר֥וֹת [a]עַל־יְא֖וֹר[a] עַל־פִּ֣י יְא֑וֹר כא פסוק על על ומילה חדה ביניה[3]. ו מל. ו מל

וְכֹל֙ מִזְרַ֣ע יְא֔וֹר יִיבַ֥שׁ נִדַּ֖ף וְאֵינֶֽנּוּ׃ ו מל. יב

8 וְאָנוּ֙ הַדַּיָּגִ֔ים וְאָ֣בְל֔וּ כָּל־מַשְׁלִ֥יכֵי בַיְא֖וֹר חַכָּ֑ה ב. ג מל בליש. ו מל

וּפֹרְשֵׂ֥י מִכְמֹ֛רֶת עַל־פְּנֵי־מַ֖יִם אֻמְלָֽלוּ׃ ה

9 וּבֹ֛שׁוּ עֹבְדֵ֥י פִשְׁתִּ֖ים שְׂרִיק֑וֹת[a] וְאֹרְגִ֖ים חוֹרָֽי[b]׃ ג

10 וְהָי֥וּ שָׁתֹתֶ֖יהָ[a] מְדֻכָּאִ֑ים כָּל־עֹ֥שֵׂי שֶׂ֖כֶר[b] אַגְמֵי־נָֽפֶשׁ׃ ל[4]. יו[5] כת י וחד מן ח[6] קמ קטן וכל דברים מלכים תרי עשר תלים קהלת עזרא ד״ה דכות ב מ כב. ב[7]

11 אַךְ־אֱוִלִ֞ים שָׂ֣רֵי צֹ֗עַן חַכְמֵי֙ [a]יֹעֲצֵ֣י פַרְעֹ֔ה[a] עֵצָ֖ה נִבְעָרָ֑ה ה חס[8]. כל חס

אֵ֚יךְ תֹּאמְר֣וּ אֶל־פַּרְעֹ֔ה בֶּן־חֲכָמִ֥ים אֲנִ֖י בֶּן־מַלְכֵי־קֶֽדֶם׃

[8] Gn 15,11. **Cp 19** [1] Mm 2272. [2] Mm 2273. [3] Mm 686. [4] Mp sub loco. [5] Mm 627. [6] Mm 475. [7] Prv 11,18. [8] Mm 3383.

7 [a] l c 𝔔[a]𝔊𝔙 מֵעַם ‖ [b] cf 2[a] ‖ [c–c] cf 2[b–b] ‖ **Cp 19,3** [a] prb l וְנִבַּקָה ‖ **4** [a] > 𝔊𝔖, dl ‖ **6** [a] l c 𝔔[a] וְהִזְ׳ ‖ **7** [a–a] > 𝔊, dl ‖ **9** [a] frt l שְׂרֻקוֹת et tr ad פשתים cf 𝔖𝔙 ‖ [b] l c 𝔔[a] חָוְרוּ vel יֶחֱוָרוּ ‖ **10** [a] l שְׁתִיתֶיהָ (kopt *štit* textor) ‖ [b] pc Mss 𝔊𝔖 שֵׁכָר; prp שָׂכָר ‖ **11** [a–a] frt l פ׳ יָעֲצוּ.

12 אַיָּ֨ם אֵפ֣וֹא חֲכָמֶ֔יךָ — ב

וְיַגִּ֥ידוּ נָ֛א לָ֖ךְ וְיֵדְע֑וּ[a] מַה־יָּעַ֛ץ יְהוָ֥ה צְבָא֖וֹת עַל־מִצְרָֽיִם׃ — ד רפי[9]. יא[10]

13 נֽוֹאֲלוּ֙[a] שָׂרֵ֣י צֹ֔עַן נִשְּׁא֖וּ[b] שָׂ֣רֵי נֹ֑ף הִתְע֥וּ אֶת־מִצְרַ֖יִם פִּנַּ֥ת[c] — ב[11]. ל[12]

14 יְהוָ֛ה מָסַ֥ךְ בְּקִרְבָּ֖הּ[a] ר֣וּחַ עִוְעִ֑ים[b] [שְׁבָטֶֽיהָ׃ — ל

וְהִתְע֤וּ אֶת־מִצְרַ֙יִם֙ בְּכָל־מַעֲשֵׂ֔הוּ[c] כְּהִתָּע֥וֹת שִׁכּ֖וֹר בְּקִיאֽוֹ׃ — ל. ב

15 וְלֹא־יִהְיֶ֥ה לְמִצְרַ֖יִם מַעֲשֶׂ֑ה אֲשֶׁ֧ר יַעֲשֶׂ֛ה רֹ֥אשׁ וְזָנָ֖ב כִּפָּ֥ה — ו̇ר״פ בסיפ. ד ר״פ. ג[13]. ב

[וְאַגְמֽוֹן׃ ס

16 בַּיּ֣וֹם הַה֔וּא יִהְיֶ֥ה מִצְרַ֖יִם כַּנָּשִׁ֑ים וְחָרַ֣ד ׀ וּפָחַ֗ד מִפְּנֵי֙ תְּנוּפַ֣ת יַד־יְהוָ֣ה — ג[14]. ב[15]

צְבָא֔וֹת אֲשֶׁר־ה֖וּא מֵנִ֥יף עָלָֽיו׃ 17 וְֽהָיְתָה֩ אַדְמַ֨ת יְהוּדָ֤ה לְמִצְרַ֙יִם֙

לְחָגָּ֔א כֹּל֩ אֲשֶׁ֨ר יַזְכִּ֤יר אֹתָהּ֙ אֵלָ֣יו יִפְחָ֑ד מִפְּנֵ֗י עֲצַת֙ יְהוָ֣ה צְבָא֔וֹת — ל[16]. ל

אֲשֶׁר־ה֖וּא יוֹעֵ֥ץ עָלָֽיו׃ ס 18 בַּיּ֣וֹם הַה֗וּא יִהְי֞וּ חָמֵ֣שׁ עָרִ֜ים בְּאֶ֣רֶץ

מִצְרַ֗יִם מְדַבְּרוֹת֙ שְׂפַ֣ת כְּנַ֔עַן וְנִשְׁבָּע֖וֹת לַיהוָ֣ה צְבָא֑וֹת עִ֣יר הַהֶ֔רֶס[a]

יֵאָמֵ֖ר לְאֶחָֽת׃ ס 19 בַּיּ֣וֹם הַה֗וּא יִהְיֶ֤ה מִזְבֵּ֙חַ֙ לַיהוָ֔ה בְּת֖וֹךְ אֶ֣רֶץ — ב

מִצְרָ֑יִם וּמַצֵּבָ֥ה אֵֽצֶל־גְּבוּלָ֖הּ לַיהוָֽה׃ 20 וְהָיָ֨ה לְא֤וֹת וּלְעֵד֙ לַיהוָ֣ה — ב[17]

צְבָא֔וֹת בְּאֶ֖רֶץ מִצְרָ֑יִם כִּֽי־יִצְעֲק֤וּ אֶל־יְהוָה֙ מִפְּנֵ֣י לֹחֲצִ֔ים וְיִשְׁלַ֥ח לָהֶ֛ם — ג[18]. ב[19]

מוֹשִׁ֥יעַ וָרָ֖ב[a] וְהִצִּילָֽם׃ 21 וְנוֹדַ֤ע יְהוָה֙ לְמִצְרַ֔יִם וְיָדְע֥וּ מִצְרַ֛יִם אֶת־ — ה[20]

יְהוָ֖ה בַּיּ֣וֹם הַה֑וּא וְעָֽבְדוּ֙ זֶ֣בַח וּמִנְחָ֔ה וְנָֽדְרוּ־נֵ֥דֶר לַיהוָ֖ה וְשִׁלֵּֽמוּ׃ — ה

22 וְנָגַ֧ף יְהוָ֛ה אֶת־מִצְרַ֖יִם נָגֹ֣ף וְרָפ֑וֹא וְשָׁ֙בוּ֙ עַד־יְהוָ֔ה וְנֶעְתַּ֥ר לָהֶ֖ם — ה[21]. ל

וּרְפָאָֽם׃ 23 בַּיּ֣וֹם הַה֗וּא תִּהְיֶ֨ה מְסִלָּ֤ה מִמִּצְרַ֙יִם֙ אַשּׁ֔וּרָה וּבָֽא־אַשּׁ֥וּר — ו[22]

בְּמִצְרַ֖יִם וּמִצְרַ֣יִם בְּאַשּׁ֑וּר וְעָבְד֥וּ מִצְרַ֖יִם אֶת־אַשּֽׁוּר׃ ס 24 בַּיּ֣וֹם

הַה֔וּא יִהְיֶ֤ה יִשְׂרָאֵל֙ שְׁלִ֣ישִׁיָּ֔ה לְמִצְרַ֖יִם וּלְאַשּׁ֑וּר בְּרָכָ֖ה בְּקֶ֥רֶב הָאָֽרֶץ׃ — ג ב חס וחד מל[23]

25 [a]אֲשֶׁ֧ר בֵּרְכ֛וֹ[a] יְהוָ֥ה צְבָא֖וֹת לֵאמֹ֑ר בָּר֨וּךְ עַמִּ֜י מִצְרַ֗יִם וּמַעֲשֵׂ֤ה יָדַי֙ — ס̇[ז][16] — ד[24]. ל[25]. כב[26]

אַשּׁ֔וּר וְנַחֲלָתִ֖י יִשְׂרָאֵֽל׃ ס — ג

20 1 בִּשְׁנַ֨ת בֹּ֤א תַרְתָּן֙ אַשְׁדּ֔וֹדָה בִּשְׁלֹ֣חַ[a] אֹת֔וֹ סַרְג֖וֹן מֶ֣לֶךְ אַשּׁ֑וּר וַיִּלָּ֣חֶם — ב. ל

[9] Mm 2366. [10] Mm 1625. [11] Mm 2274. [12] Mm 471 א. [13] Mm 2217. [14] Mm 2275. [15] Mm 2276. [16] Mp sub loco. [17] Lv 26,1. [18] Mm 3977. [19] Mm 3877. [20] Mm 1103. [21] Mm 1076. [22] Mm 2136. [23] Mm 2725. [24] Mm 4126. [25] Mm 2441. [26] Mm 1104.

12 [a] 𝔊(𝔙) *εἰπάτωσαν*, l וְיֹדִעוּ; tr huc ‸ || **13** [a] 𝔔[a] נאולו || [b] 𝔔[a] נשואו || [c] Syh 𝔗 pl cf 𝔖, l פִּנּוֹת || **14** [a] 𝔊(𝔗) *αὐτοῖς*, l בם– || [b] 𝔔[a] עועיים, frt l עִוְעֻיִם vel עִוְעִים || [c] 𝔊[Qmg] *τοῖς ἔργοις αὐτῆς*, l –שֶׂיהָ || **18** [a] 𝔔[a] nonn Mss σ′𝔗𝔙𝔄 החרס; 𝔊 *ασεδεκ* = הַצֶּדֶק 𝔊[S*] *ασεδ (ἡλίου)* || **20** [a] 𝔔[a] וירד 𝔊 *κρίνων*, l וְרָב || **25** [a–a] 𝔊 *ἣν εὐλόγησε*, l בֵּרְכָהּ א′ || **Cp 20,1** [a] sic L, mlt Mss Edd –לַח.

בְּאַשְׁדּוֹד וַיִּלְכְּדָהּ׃ 2 בָּעֵת הַהִיא דִּבֶּר יְהוָה בְּיַד יְשַׁעְיָהוּ בֶן־אָמוֹץ
לֵאמֹר לֵךְ וּפִתַּחְתָּ הַשַּׂק מֵעַל מָתְנֶיךָ וְנַעַלְךָ[a] תַחֲלֹץ מֵעַל רַגְלֶיךָ וַיַּעַשׂ ג. ו[1] חס וכל כתיב דכות במא
כֵּן הָלֹךְ עָרוֹם וְיָחֵף׃ ס 3 וַיֹּאמֶר יְהוָה כַּאֲשֶׁר הָלַךְ עַבְדִּי יְשַׁעְיָהוּ ד[2] חס וכל ירמיה דכות במ ו. ג[3]
עָרוֹם וְיָחֵף שָׁלֹשׁ שָׁנִים[a] אוֹת וּמוֹפֵת עַל־מִצְרַיִם וְעַל־כּוּשׁ׃ 4 כֵּן יִנְהַג ג[3]. ב[4]
מֶלֶךְ־אַשּׁוּר אֶת־שְׁבִי מִצְרַיִם וְאֶת־גָּלוּת[a] כּוּשׁ נְעָרִים וּזְקֵנִים עָרוֹם ל. ג[3]
וְיָחֵף וַחֲשׂוּפַי[b] שֵׁת [c]עֶרְוַת מִצְרָיִם[c]׃ 5 וְחַתּוּ וָבֹשׁוּ מִכּוּשׁ מַבָּטָם[a] וּמִן־ ל. ב בליש וכל שם ברנש דכות[5]. ב[6]
מִצְרַיִם תִּפְאַרְתָּם׃ 6 וְאָמַר יֹשֵׁב הָאִי הַזֶּה [a]בַּיּוֹם הַהוּא[a] הִנֵּה־כֹה ה חס בסיפ. ב
מַבָּטֵנוּ אֲשֶׁר־נַסְנוּ[b] שָׁם לְעֶזְרָה לְהִנָּצֵל מִפְּנֵי מֶלֶךְ אַשּׁוּר וְאֵיךְ נִמָּלֵט ל[7]. ב
אֲנָחְנוּ׃ ס

21 1 מַשָּׂא [a]מִדְבַּר־יָם[a] מא
כְּסוּפוֹת בַּנֶּגֶב לַחֲלֹף ל
מִמִּדְבָּר בָּא מֵאֶרֶץ נוֹרָאָה׃
2 חָזוּת קָשָׁה הֻגַּד־לִי
הַבּוֹגֵד ׀ בּוֹגֵד וְהַשּׁוֹדֵד ׀ שׁוֹדֵד ז מל. ז מל
עֲלִי עֵילָם צוּרִי מָדַי ו[1]
כָּל־אַנְחָתָה[a] הִשְׁבַּתִּי[b]׃ ל[2]
3 עַל־כֵּן מָלְאוּ מָתְנַי חַלְחָלָה
צִירִים אֲחָזוּנִי כְּצִירֵי יוֹלֵדָה
נַעֲוֵיתִי מִשְּׁמֹעַ נִבְהַלְתִּי מֵרְאוֹת׃ ד חס[3]
4 תָּעָה לְבָבִי פַּלָּצוּת בִּעֲתָתְנִי ד
אֵת נֶשֶׁף חִשְׁקִי שָׂם לִי לַחֲרָדָה׃
5 עָרֹךְ הַשֻּׁלְחָן [a]צָפֹה הַצָּפִית[a] אָכוֹל שָׁתֹה ל. ל. י מל. ג כת ה[4]
קוּמוּ הַשָּׂרִים מִשְׁחוּ מָגֵן׃ פ
6 כִּי כֹה אָמַר אֵלַי אֲדֹנָי ד[5]
לֵךְ הַעֲמֵד הַמְצַפֶּה אֲשֶׁר יִרְאֶה יַגִּיד׃

Cp 20 [1] Mm 1267 contra textum. [2] Mm 1408. [3] Mm 2277. [4] Mm 4250. [5] Mm 3906. [6] Mm 2278. [7] Mp sub loco. **Cp 21** [1] Mm 2279. [2] Mm 476. [3] Mm 3685. [4] Mm 1531. [5] Mm 2280.

2 [a] l c 𝔔[a]𝔊 α'σ'𝔖𝔗𝔙 ־לֵיךְ ‖ **3** [a] huc tr ‸ ‖ **4** [a] 𝔔[a] גולת ‖ [b] prb l ־פֵּי ‖ [c–c] prb dl ‖ **5** [a] 𝔔[a] מבטחם ‖ **6** [a–a] > 𝔊 ‖ [b] 𝔔[a] נסמך ‖ **Cp 21,1** [a–a] l ־רַ יֶהֱמֶה cf 𝔊 ‖ **2** [a] prb l ־חָתָה ‖ [b] prp הַשְׁבִּתִי ‖ **5** [a–a] > 𝔊.

7 וְרָאָה רֶכֶב צֶמֶד פָּרָשִׁים
רֶכֶב[a] חֲמוֹר רֶכֶב[a] גָּמָל ל
וְהִקְשִׁיב קֶשֶׁב רַב־קָשֶׁב׃ 8 וַיִּקְרָא אַרְיֵה[a]
עַל־מִצְפֶּה׀ אֲדֹנָי אָנֹכִי עֹמֵד תָּמִיד יוֹמָם ב[6] וכל יהושע דכות ב מ א וחד מן ב[7] בליש
וְעַל־מִשְׁמַרְתִּי אָנֹכִי נִצָּב כָּל־הַלֵּילוֹת׃ ל
9 וְהִנֵּה־זֶה בָא רֶכֶב אִישׁ צֶמֶד פָּרָשִׁים ב
וַיַּעַן וַיֹּאמֶר נָפְלָה נָפְלָה[a] בָּבֶל
וְכָל־פְּסִילֵי אֱלֹהֶיהָ שִׁבַּר[b] לָאָרֶץ׃ ל
10 מְדֻשָׁתִי[a] וּבֶן־גָּרְנִי ל. ל
אֲשֶׁר שָׁמַעְתִּי מֵאֵת יְהוָה צְבָאוֹת
אֱלֹהֵי יִשְׂרָאֵל הִגַּדְתִּי לָכֶם׃ ס

11 מַשָּׂא דּוּמָה[a] אֵלַי קֹרֵא[b] מִשֵּׂעִיר מא. ל
שֹׁמֵר מַה־מִּלַּיְלָה[c] שֹׁמֵר מַה־מִּלֵּיל׃ ב חד מל וחד חס
12 אָמַר שֹׁמֵר אָתָא בֹקֶר וְגַם־לָיְלָה ל
אִם־תִּבְעָיוּן בְּעָיוּ שֻׁבוּ אֵתָיוּ׃ ס ל. ל. ה חס. ג[8]

13 [a]מַשָּׂא בַּעְרָב[a] מא. ל
בַּיַּעַר בַּעְרַב[b] תָּלִינוּ אֹרְחוֹת דְּדָנִים׃
14 לִקְרַאת צָמֵא הֵתָיוּ[a] מָיִם ג[9] ב מנה בליש וחד לשון ארמית
יֹשְׁבֵי אֶרֶץ תֵּימָא בְּלַחְמוֹ קִדְּמוּ[b] נֹדֵד׃ ה. ג[10]. ה
15 כִּי־מִפְּנֵי חֲרָבוֹת נָדָדוּ מִפְּנֵי׀ חֶרֶב נְטוּשָׁה
וּמִפְּנֵי קֶשֶׁת דְּרוּכָה וּמִפְּנֵי כֹּבֶד מִלְחָמָה׃ ס ל. ל
16 כִּי־כֹה אָמַר אֲדֹנָי אֵלָי בְּעוֹד שָׁנָה כִּשְׁנֵי שָׂכִיר וְכָלָה כָּל־כְּבוֹד כי מיחד[11]. ד בסיפ
קֵדָר׃ 17 וּשְׁאָר[a] מִסְפַּר־קֶשֶׁת גִּבּוֹרֵי בְנֵי־קֵדָר יִמְעָטוּ כִּי יְהוָה אֱלֹהֵי־ ד ג מנה בנביא
יִשְׂרָאֵל דִּבֵּר׃ ס

[6] Mm 2281. [7] Cf 2 Ch 20, 24. [8] Mm 2411. [9] Mp sub loco. [10] Mm 786. [11] Mm 2049.

7 [a] l c 𝔔[a] Vrs רֹ(ו)כֵב ‖ **8** [a] frt l c 𝔔[a]𝔖 הָרֹאֶה ‖ **9** [a] > 𝔊𝔄𝔘, dl ‖ [b] 𝔊(𝔏 Syh 𝔖𝔗𝔙) *συνετρίβησαν*, l שֻׁבְּרוּ cf 𝔔[a] ‖ **10** [a] prp בֶּן־מ׳ ‖ **11** [a] 2 Mss 𝔊 אֱדוֹם ‖ [b] prp קָרָא הַנּוֹדְדִים cf α′σ′θ′ ‖ [c] 𝔔[a] מליל ‖ **13** [a–a] > 𝔊 ‖ [b] 𝔊(𝔖𝔗𝔙) *ἑσπέρας* = בָּעֶרֶב ‖ **14** [a] 𝔔[a] האתיו ‖ [b] 𝔊(𝔖𝔗𝔙) *συναντᾶτε* = קַ׳ ‖ **17** [a] prp וְשָׁאַר.

22 1 מַשָּׂא גֵּיא חִזָּיוֹן — מא . ג
מַה־לָּךְ אֵפוֹא כִּי־עָלִית כֻּלָּךְ לַגַּגּוֹת׃ — ג . ג
2 תְּשֻׁאוֹת ׀ מְלֵאָה עִיר הוֹמִיָּה קִרְיָה עַלִּיזָה — ד כת כן[1] . ג ול בסיפ[2]
חֲלָלַיִךְ לֹא חַלְלֵי־חֶרֶב וְלֹא מֵתֵי מִלְחָמָה׃
3 כָּל־קְצִינַיִךְ נָדְדוּ־יַחַד מִקֶּשֶׁת אֻסָּרוּ[a] — ל . ל
כָּל־נִמְצָאַיִךְ[b] אֻסְּרוּ[c] יַחְדָּו מֵרָחוֹק בָּרָחוּ׃
4 עַל־כֵּן אָמַרְתִּי [a]שְׁעוּ מִנִּי[a] אֲמָרֵר בַּבֶּכִי — ל . ל
אַל־תָּאִיצוּ לְנַחֲמֵנִי עַל־שֹׁד בַּת־עַמִּי׃
5 כִּי יוֹם מְהוּמָה וּמְבוּסָה וּמְבוּכָה[a] לַאדֹנָי יְהוִה צְבָאוֹת[b] — ג[2] . ל[2] . הי
בְּגֵיא חִזָּיוֹן מְקַרְקַר קִר וְשׁוֹעַ אֶל־הָהָר׃ — ט כת י[3] . ג . ל וחס . ב ומל[4]
6 וְעֵילָם נָשָׂא אַשְׁפָּה בְּרֶכֶב [a]אָדָם פָּרָשִׁים[a] — ב
וְקִיר עֵרָה מָגֵן׃ 7 וַיְהִי מִבְחַר־עֲמָקַיִךְ — ב
מָלְאוּ רָכֶב וְהַפָּרָשִׁים שֹׁת שָׁתוּ הַשָּׁעְרָה׃ — ל . ד . ג
8 וַיְגַל[a] אֵת מָסַךְ יְהוּדָה — ב[5]
וַתַּבֵּט[b] בַּיּוֹם הַהוּא אֶל־נֶשֶׁק בֵּית הַיָּעַר׃
9 וְאֵת בְּקִיעֵי עִיר־דָּוִד רְאִיתֶם כִּי־רָבּוּ — ג[6]
וַתְּקַבְּצוּ אֶת־מֵי הַבְּרֵכָה הַתַּחְתּוֹנָה׃
10 וְאֶת־בָּתֵּי יְרוּשָׁלַםִ סְפַרְתֶּם וַתִּתְצוּ הַבָּתִּים לְבַצֵּר הַחוֹמָה׃
11 וּמִקְוָה ׀ עֲשִׂיתֶם בֵּין הַחֹמֹתַיִם לְמֵי הַבְּרֵכָה הַיְשָׁנָה — ל
וְלֹא הִבַּטְתֶּם אֶל־עֹשֶׂיהָ וְיֹצְרָהּ מֵרָחוֹק לֹא רְאִיתֶם׃ — ל
12 וַיִּקְרָא אֲדֹנָי[a] יְהוִה צְבָאוֹת בַּיּוֹם הַהוּא — הי[2]
לִבְכִי וּלְמִסְפֵּד וּלְקָרְחָה וְלַחֲגֹר שָׂק׃ — ל . ל
13 וְהִנֵּה ׀ שָׂשׂוֹן וְשִׂמְחָה הָרֹג ׀ בָּקָר וְשָׁחֹט צֹאן — ג[7] . ל
אָכֹל בָּשָׂר וְשָׁתוֹת יָיִן אָכוֹל וְשָׁתוֹ כִּי מָחָר נָמוּת׃ — ל . י מל
14 וְנִגְלָה בְאָזְנָי [a]יְהוָה צְבָאוֹת[a] [צְבָאוֹת׃[b] פ — יב ח מנה קמ . ב
אִם־יְכֻפַּר הֶעָוֺן הַזֶּה לָכֶם עַד־תְּמֻתוּן [b]אָמַר אֲדֹנָי יְהוִה — ד[8] . ד ג חס וחד מל[9] . הי

Cp 22 [1]Mm 2282. [2]Mp sub loco. [3]Mm 3989 contra textum + א. [4]Mm 2879. [5]Nu 22,31. [6]Mm 3238. [7]Mm 901. [8]Mm 1038. [9]Mm 20.

Cp 22,3 [a] 𝔔[a] אסורה; 𝔗 *glw*, frt l סָ(א)רוּ; prp הֻסָּרוּ ‖ [b] prb l אַמִּיצַיִךְ cf 𝔊; prp נֶאֱמָצַיִךְ ‖ [c] > 𝔊? frt dl ‖ 4 [a–a] 𝔔[a] שועו ממני ‖ 5 [a] > pc Mss ‖ [b] tr huc ‸ ‖ 6 [a–a] prp אֲרָם פֹּרְשִׁים ‖ 8 [a] l לוּ– cf 𝔊 ‖ [b] l בִּיטוּ– cf 𝔊 ‖ 12 [a] > 𝔊𝔙𝔄 ‖ 14 [a–a] prb dl m cs ‖ [b–b] > 𝔊.

15 כֹּ֥ה אָמַ֛ר אֲדֹנָ֥י[a] יְהוִ֖ה צְבָא֑וֹת ה׳
לֶךְ־בֹּא֙ אֶל־הַסֹּכֵ֣ן הַזֶּ֔ה [b]עַל־[c]שֶׁבְנָ֖א אֲשֶׁ֥ר עַל־הַבָּֽיִת[b]׃ יח פסוק אל על על[10]. ל
16 מַה־לְּךָ֥ פֹה֙ וּמִ֣י לְךָ֣ פֹ֔ה כִּֽי־חָצַ֧בְתָּ לְּךָ֛ פֹּ֖ה קָ֑בֶר ל
חֹצְבִ֤י מָרוֹם֙ קִבְר֔וֹ חֹקְקִ֥י בַסֶּ֖לַע מִשְׁכָּ֥ן לֽוֹ׃ ג[11]. ל
17 הִנֵּ֤ה יְהוָה֙ מְטַלְטֶלְךָ֔ [a]טַלְטֵלָ֖ה גָּ֑בֶר[a] וְעֹטְךָ֖ עָטֹֽה׃ ל
18 צָנ֤וֹף יִצְנָפְךָ֙ צְנֵפָ֔ה כַּדּ֕וּר[a] אֶל־אֶ֖רֶץ רַחֲבַ֣ת יָדָ֑יִם ב
שָׁ֣מָּה תָמ֗וּת וְשָׁ֙מָּה֙ מַרְכְּב֣וֹת כְּבוֹדֶ֔ךָ קְל֖וֹן בֵּ֥ית אֲדֹנֶֽיךָ׃ ח. ד ג מל וחד חס[12]. ל
19 וַהֲדַפְתִּ֖יךָ מִמַּצָּבֶ֑ךָ וּמִמַּעֲמָדְךָ֖ יֶהֶרְסֶֽךָ[a]׃ ל. ל
20 וְהָיָ֖ה בַּיּ֣וֹם הַה֑וּא וְקָֽרָאתִי֙ לְעַבְדִּ֔י לְאֶלְיָקִ֖ים בֶּן־חִלְקִיָּֽהוּ׃
21 וְהִלְבַּשְׁתִּ֞יו כֻּתָּנְתֶּ֗ךָ וְאַבְנֵֽטְךָ֙ אֲחַזְּקֶ֔נּוּ וּמֶֽמְשַׁלְתְּךָ֖ אֶתֵּ֣ן בְּיָד֑וֹ ל. ל. ב[13]
וְהָיָ֣ה לְאָ֗ב לְיוֹשֵׁ֛ב יְרוּשָׁלִַ֖ם וּלְבֵ֥ית יְהוּדָֽה׃ ז. ו[14]
22 וְנָתַתִּ֛י מַפְתֵּ֥חַ בֵּית־דָּוִ֖ד עַל־שִׁכְמ֑וֹ [נֶאֱמָֽן
וּפָתַח֙ וְאֵ֣ין סֹגֵ֔ר וְסָגַ֖ר וְאֵ֥ין פֹּתֵֽחַ׃ 23 וּתְקַעְתִּ֥יו יָתֵ֖ד בְּמָק֣וֹם יג פסוק ואין ואין[15] סֹח
וְהָיָ֛ה לְכִסֵּ֥א כָב֖וֹד לְבֵ֥ית אָבִֽיו׃ ו[16]
24 וְתָל֨וּ עָלָ֜יו כֹּ֣ל ׀ כְּב֣וֹד בֵּית־אָבִ֗יו הַצֶּֽאֱצָאִים֙ וְהַצְּפִעוֹת֔ כֹּ֖ל כְּלֵ֣י ל
הַקָּטָ֑ן[a] מִכְּלֵ֣י הָאַגָּנ֔וֹת וְעַ֖ד כָּל־כְּלֵ֥י הַנְּבָלִֽים׃ 25 בַּיּ֣וֹם הַה֗וּא נְאֻם֙ ב[17]. כו
יְהוָ֣ה צְבָא֔וֹת תָּמוּשׁ֙ הַיָּתֵ֔ד הַתְּקוּעָ֖ה בְּמָק֣וֹם נֶאֱמָ֑ן וְנִגְדְּעָ֣ה וְנָפְלָ֗ה ג[18]
וְנִכְרַת֙ הַמַּשָּׂ֣א אֲשֶׁר־עָלֶ֔יהָ כִּ֥י יְהוָ֖ה דִּבֵּֽר׃ ס ט

23 1 מַשָּׂ֖א צֹ֑ר מא
הֵילִ֣ילוּ ׀ אֳנִיּ֣וֹת תַּרְשִׁ֗ישׁ כִּֽי־שֻׁדַּ֤ד מִבַּ֙יִת֙[a]
מִבּ֔וֹא[b] מֵאֶ֥רֶץ כִּתִּ֖ים נִגְלָה־לָֽמוֹ׃ ו[1]
2 דֹּ֖מּוּ[a] יֹ֣שְׁבֵי אִ֑י סֹחֵר[b] צִיד֛וֹן ב וחס[2]
[c]עֹבֵ֥ר יָ֖ם[c] [d]מִלְא֥וּךְ[e]׃ 3 וּבְמַ֣יִם רַבִּ֔ים[d] ל. ג[3]

[10] Mm 658. [11] Mm 2283. [12] Mm 472. [13] Mm 2284. [14] Mm 1749. [15] Mm 2004. [16] Mm 2768. [17] Mm 2285. [18] Mm 1428. **Cp 23** [1] Mm 2286. [2] Mm 1596. [3] Mm 2287.

15 [a] > 2 Mss 𝔊θ′𝔖 ∥ [b–b] frt tr ad init stich ∥ [c] pc Mss אֶל ∥ **17** [a–a] 𝔖 *šd' (lk) gbr'*; prp טַלְטֵל הַגֶּבֶר cf 𝔗 (tr ⁚ ad יהוה), al כְּטַלְטֵל הַבֶּגֶד ∥ **18** [a–a] prp כִּצְנֹף הַכַּ׳ ∥ **19** [a] 𝔖𝔗𝔙 1 sg, l אֶהֱ׳ ∥ **24** [a] 𝔔[a] קטן ∥ **Cp 23,1** [a] frt l בֵּיתָם cf 𝔗 ∥ [b] frt l מָבוֹא ∥ **2/3** [a] prp דַּמּוּ cf 𝔊 ∥ [b] 𝔊𝔗𝔙 pl, l סֹחֲרֵי ∥ [c–c] 𝔔[a] עברו ים; prp עֹבְרִים ∥ [d–d] frt l מַלְאָכָו בְּמַיִם ר׳ cf 𝔊𝔖𝔙 et tr: post ר׳ ∥ [e] 𝔔[a] מלאכיך.

זֶרַע שִׁחֹר קְצִיר[f] יְאֹור[g] תְּבוּאָתָהּ[h] וַתְּהִי[g] סְחַר גּוֹיִם׃ ו מל

4 בּוֹשִׁי צִידוֹן כִּי־אָמַר יָם מָעוֹז הַיָּם[a] לֵאמֹר[ab]
לֹא־חַלְתִּי וְלֹא־יָלַדְתִּי לד פסוק לא ולא ולא[4]
וְלֹא גִדַּלְתִּי בַחוּרִים רוֹמַמְתִּי בְתוּלוֹת׃ ג[5]. ג מל וכל מגלה דכות

5 כַּאֲשֶׁר שֵׁמַע[a] לְמִצְרָיִם יָחִילוּ כְּשֵׁמַע צֹר׃ ה[6]. ב[6]

6 עִבְרוּ תַּרְשִׁישָׁה הֵילִילוּ יֹשְׁבֵי אִי׃ ד[7]

7 הֲזֹאת לָכֶם עַלִּיזָה מִימֵי־קֶדֶם קַדְמָתָהּ ה[8]
יֹבִלוּהָ רַגְלֶיהָ מֵרָחוֹק לָגוּר׃

8 מִי יָעַץ זֹאת עַל־צֹר הַמַּעֲטִירָה ל. ב[9]
אֲשֶׁר סֹחֲרֶיהָ[a] שָׂרִים כִּנְעָנֶיהָ נִכְבַּדֵּי־אָרֶץ׃ ג[10]

9 יְהוָה צְבָאוֹת יְעָצָהּ לְחַלֵּל גְּאוֹן
כָּל־[a]צְבִי לְהָקֵל[b] כָּל־נִכְבַּדֵּי־אָרֶץ׃ ג[10]

10 עִבְרִי[a] אַרְצֵךְ כַּיְאֹר[b] בַּת־תַּרְשִׁישׁ אֵין מֵזַח[c] עוֹד׃ ל

11 [a]יָדוֹ נָטָה עַל־הַיָּם הִרְגִּיז מַמְלָכוֹת[a] יו חס את
יְהוָה צִוָּה אֶל־כְּנַעַן לַשְׁמִד מָעֻזְנֶיהָ[b]׃ ל. ה חס בליש[11]

12 וַיֹּאמֶר לֹא־תוֹסִיפִי עוֹד לַעְלוֹז הַמְעֻשָּׁקָה בְּתוּלַת בַּת־צִידוֹן ל. ל
כִּתִּיים[a] קוּמִי עֲבֹרִי גַּם־שָׁם לֹא־יָנוּחַ לָךְ׃ כתים ק

13 הֵן ׀ [a]אֶרֶץ כַּשְׂדִּים[a] זֶה הָעָם לֹא הָיָה[b] אַשּׁוּר יְסָדָהּ לְצִיִּים ד[12]
הֵקִימוּ[c] בַחִינָיו[d] עֹרְרוּ[e] אַרְמְנוֹתֶיהָ שָׂמָהּ לְמַפֵּלָה׃ ה. בחוניו ק[13]. ג. ב

14 הֵילִילוּ אֳנִיּוֹת תַּרְשִׁישׁ כִּי שֻׁדַּד מָעֻזְּכֶן׃ ס ל

15 וְהָיָה בַּיּוֹם הַהוּא וְנִשְׁכַּחַת צֹר שִׁבְעִים שָׁנָה כִּימֵי מֶלֶךְ אֶחָד מִקֵּץ
שִׁבְעִים שָׁנָה יִהְיֶה לְצֹר כְּשִׁירַת הַזּוֹנָה׃ ל

16 קְחִי כִנּוֹר סֹבִּי עִיר זוֹנָה נִשְׁכָּחָה ל
הֵיטִיבִי נַגֵּן הַרְבִּי־שִׁיר לְמַעַן תִּזָּכֵרִי׃ ב

[4]Mm 771. [5]Mm 2204. [6]Mm 206. [7]Mm 2288. [8]Mm 2289. [9]Mm 2290. [10]Mm 2291. [11]Mm 1983. [12]Mm 2292. [13]Mm 832.

3 [f] prb l רוֹ– cf 𝔊 ‖ [g] > 𝔊 ‖ [h] prb l תָּה– (–תוֹ) cf 𝔊 ‖ **4** [a–a] add ‖ [b] > 𝔖 ‖ **5** [a] 𝔊(𝔙) *ἀκουστὸν γένηται* = יִשָּׁמַע 𝔖 *(d)'štm'* = נִשְׁמַע ‖ **8** [a] sic L, l c mlt Mss Edd הָ– ‖ **9** [a] tr c 𝔔[a] ante גאון (et l גָּאוֹן) ‖ [b] tr ante צבי ‖ **10** [a] l c 𝔔[a]𝔊 עבדי ‖ [b] dttg, dl ‖ [c] prp מָחֹז ‖ **11** [a–a] frt tr ad fin v ‖ [b] prb l מָעֻזֶּיהָ cf 𝔔[a] ‖ **12** [a] K כתיים ‖ **13** [a–a] frt dl ‖ [b–b] dl ‖ [c] frt l c Ms הקים ‖ [d] K בַּחִי׳? ‖ [e] frt l עוֹרֵר.

17 וְהָיָה מִקֵּץ ׀ שִׁבְעִים שָׁנָה יִפְקֹד יְהוָה אֶת־צֹר וְשָׁבָה לְאֶתְנַנָּה[a] — ב. ד[14]. ג בטע מלרע ב מנה בליש
וְזָנְתָה אֶת־כָּל־מַמְלְכוֹת הָאָרֶץ עַל־פְּנֵי הָאֲדָמָה׃ 18 וְהָיָה סַחְרָהּ — ד[15]
וְאֶתְנַנָּהּ קֹדֶשׁ לַיהוָה לֹא יֵאָצֵר וְלֹא יֵחָסֵן כִּי לַיֹּשְׁבִים לִפְנֵי יְהוָה
יִהְיֶה סַחְרָהּ לֶאֱכֹל לְשָׂבְעָה וְלִמְכַסֶּה עָתִיק׃ פ — ד[15]. ד

24 1 הִנֵּה יְהוָה בּוֹקֵק הָאָרֶץ וּבוֹלְקָהּ וְעִוָּה פָנֶיהָ וְהֵפִיץ יֹשְׁבֶיהָ׃ — ב. ב בסיפ
2 וְהָיָה כָעָם כַּכֹּהֵן כַּעֶבֶד כַּאדֹנָיו כַּשִּׁפְחָה כַּגְּבִרְתָּהּ — ב[1]. ל[2]. ל[3]
כַּקּוֹנֶה כַּמּוֹכֵר [a]כַּמַּלְוֶה כַּלֹּוֶה[a] כַּנֹּשֶׁה כַּאֲשֶׁר נֹשֶׁא בוֹ׃ — ד מל בליש. ג מל בליש. ל. ג כת א[4]
3 הִבּוֹק ׀ תִּבּוֹק הָאָרֶץ וְהִבּוֹז ׀ תִּבּוֹז
כִּי יְהוָה דִּבֶּר [a]אֶת־הַדָּבָר הַזֶּה[a]׃
4 אָבְלָה נָבְלָה[a] הָאָרֶץ אֻמְלְלָה[a] נָבְלָה תֵּבֵל — ה
אֻמְלָלוּ[b] [c]מְרוֹם עַם־[c]הָאָרֶץ׃
5 וְהָאָרֶץ חָנְפָה תַּחַת יֹשְׁבֶיהָ כִּי־[a]עָבְרוּ תוֹרֹת חָלְפוּ חֹק[a] — ח ר״פ[5]
הֵפֵרוּ בְּרִית עוֹלָם׃
6 עַל־כֵּן אָלָה אָכְלָה אֶרֶץ וַיֶּאְשְׁמוּ יֹשְׁבֵי בָהּ — ל. ל בסיפ. ב[6]
עַל־כֵּן חָרוּ[a] יֹשְׁבֵי אֶרֶץ וְנִשְׁאַר אֱנוֹשׁ מִזְעָר׃ — ל
7 אָבַל תִּירוֹשׁ אֻמְלְלָה־גָפֶן נֶאֶנְחוּ כָּל־שִׂמְחֵי־לֵב׃ — ג
8 שָׁבַת מְשׂוֹשׂ תֻּפִּים חָדַל שְׁאוֹן עַלִּיזִים
שָׁבַת מְשׂוֹשׂ כִּנּוֹר׃
9 בַּשִּׁיר לֹא יִשְׁתּוּ־יָיִן יֵמַר שֵׁכָר לְשֹׁתָיו׃ — ג דגש[7]. ל
10 נִשְׁבְּרָה קִרְיַת־תֹּהוּ סֻגַּר כָּל־בַּיִת מִבּוֹא׃ — ל. ו[8]
11 צְוָחָה עַל־הַיַּיִן בַּחוּצוֹת — ב
עָרְבָה כָּל־שִׂמְחָה [a]גָּלָה מְשׂוֹשׂ הָאָרֶץ[ab]׃
12 נִשְׁאַר בָּעִיר שַׁמָּה וּשְׁאִיָּה יֻכַּת־שָׁעַר׃ — ל. ל
13 כִּי כֹה יִהְיֶה בְּקֶרֶב הָאָרֶץ בְּתוֹךְ הָעַמִּים
כְּנֹקֶף זַיִת כְּעוֹלֵלֹת[a] אִם־כָּלָה בָצִיר׃ — ב כת כן[2]

[14] Mp sub loco. [15] Mm 2293. Cp 24 [1] Mm 3004. [2] Mp sub loco. [3] Mm 2065. [4] Mm 1651. [5] Mm 4. [6] Mm 2892. [7] Mm 4122. [8] Mm 2286.

17 [a] l c mlt Mss 𝔖𝔙 ־נָּהּ cf 𝔗 ‖ **Cp 24,2** [a–a] prb add ‖ **3** [a–a] add, dl ‖ **4** [a] > 𝔊, dl ‖ [b] l c 𝔔[a]𝔖𝔙 אמלל ‖ [c–c] prp הַמָּ׳ עִם ‖ **5** [a–a] prb add ‖ **6** [a] 𝔔[a] חורו = חָוְרוּ ‖ **11** [a–a] frt tr ad fin 8 ‖ [b] > 𝔊[B] ‖ **13** [a] prp כעולל עוֹלֵלוֹת cf Jer 6,9.

14 הֵמָּה יִשְׂאוּ קוֹלָם יָרֹנּוּ בִּגְאוֹן יְהוָה[a]
צָהֲלוּ[b] מִיָּם׃ 15 [a]עַל־כֵּן[a] בָּאֻרִים[b] כַּבְּדוּ יְהוָה
בְּאִיֵּי הַיָּם שֵׁם יְהוָה אֱלֹהֵי יִשְׂרָאֵל׃ ס
16 מִכְּנַף הָאָרֶץ זְמִרֹת שָׁמַעְנוּ צְבִי לַצַּדִּיק
וָאֹמַר רָזִי־לִי רָזִי־לִי אוֹי[a] לִי בֹּגְדִים[a] בָּגָדוּ
[b]וּבֶגֶד בּוֹגְדִים בָּגָדוּ[b]׃
17 פַּחַד וָפַחַת וָפָח עָלֶיךָ יוֹשֵׁב הָאָרֶץ׃
18 וְהָיָה הַנָּס מִקּוֹל הַפַּחַד יִפֹּל אֶל־הַפַּחַת
וְהָעוֹלֶה מִתּוֹךְ הַפַּחַת יִלָּכֵד בַּפָּח
כִּי־אֲרֻבּוֹת[a] מִמָּרוֹם נִפְתָּחוּ וַיִּרְעֲשׁוּ מוֹסְדֵי אָרֶץ׃
19 רֹעָה[a] הִתְרֹעֲעָה הָאָרֶץ[b] פּוֹר הִתְפּוֹרְרָה אֶרֶץ[b]
מוֹט הִתְמוֹטְטָה אָרֶץ[c]׃
20 נוֹעַ תָּנוּעַ אֶרֶץ כַּשִּׁכּוֹר וְהִתְנוֹדְדָה כַּמְּלוּנָה
וְכָבַד עָלֶיהָ פִּשְׁעָהּ וְנָפְלָה וְלֹא־תֹסִיף קוּם׃ ס

21 וְהָיָה בַּיּוֹם הַהוּא יִפְקֹד יְהוָה עַל־צְבָא הַמָּרוֹם בַּמָּרוֹם
וְעַל־מַלְכֵי הָאֲדָמָה עַל־הָאֲדָמָה׃ 22 [a]וְאֻסְּפוּ אֲסֵפָה
אַסִּיר[a] עַל־בּוֹר וְסֻגְּרוּ עַל־מַסְגֵּר
וּמֵרֹב יָמִים יִפָּקֵדוּ׃
23 וְחָפְרָה הַלְּבָנָה[a] וּבוֹשָׁה הַחַמָּה[b] כִּי־מָלַךְ יְהוָה צְבָאוֹת סט
בְּהַר צִיּוֹן וּבִירוּשָׁלַםִ וְנֶגֶד זְקֵנָיו כָּבוֹד[c]׃ פ

25 1 יְהוָה אֱלֹהַי אַתָּה אֲרוֹמִמְךָ אוֹדֶה שִׁמְךָ
כִּי עָשִׂיתָ פֶּלֶא עֵצוֹת[a] מֵרָחוֹק אֱמוּנָה אֹמֶן׃

יט ר״פ[9]. כ
ב חד חס וחד מל[10]
ד[11]
ה מל[12]
מט מל בנביא
ג ב חס וחד מל[13]
ה מל[14]
ג[15]. ל
ג[16] ול מלעיל. ל. ל
ל
ל
ד[17]. יג ג מנה כת כן
ד
ב. ל. ג בליש[18]
ב[19]
ב[20]. ב
ל
כא. ח
ג[1]
ה חס וכל אורית דכות[2]

[9]Mm 1497. [10]Mm 2294. [11]Mm 2295. [12]Mm 3638. [13]Mm 1286. [14]Mm 1624. [15]Mm 54. [16]Mm 205. [17]Mm 2296. [18]Mm 2186. [19]Mm 3720. [20]Thr 1,3. **Cp 25** [1]Mm 2297. [2]Mm 1681 et Mp contra textum.

14 [a] huc tr : || [b] prp צהלו || **15** [a–a] prp עִלְזוּ || [b] frt crrp ex בְּאִיֵּי הַיָּם || **16** [a–a] 𝔊(𝔗) *τοῖς ἀθετοῦσιν*, l לַבֹּ׳ || [b–b] > 𝔊, prb dl || **18** [a] frt ins הַשָּׁמַיִם || **19** [a] 𝔔[b] Ms רוע, prb l רֹעַ || [b] dl m cs || [c] 𝔊 θ′ *ἡ γῆ* cf 𝔖𝔗, l הָאָרֶץ || **22** [a–a] prp אָסֹף הָא׳ || **23** [a] 𝔊 *ἡ πλίνθος*, l הלבֵנה || [b] 𝔊 *τὸ τεῖχος*, l הַחוֹמָה || [c] 𝔊(𝔖𝔙) *δοξασθήσεται*, l יְכֻבַּד; prp כְּבוֹדוֹ || **Cp 25,1** [a] huc tr ‸.

2 כִּי שַׂמְתָּ מֵעִיר[a] לַגָּל[b] קִרְיָה בְצוּרָה לְמַפֵּלָה — ב֯
אַרְמוֹן זָרִים[c] מֵעִיר לְעוֹלָם לֹא יִבָּנֶה׃
3 עַל־כֵּן יְכַבְּדוּךָ עַם־עָז קִרְיַת[a] גּוֹיִם עָרִיצִים יִירָאוּךָ׃ — ז֯ קמ֯ למערב[3] . ד[4]
4 כִּי־הָיִיתָ מָעוֹז לַדָּל מָעוֹז לָאֶבְיוֹן בַּצַּר־לוֹ
מַחְסֶה מִזֶּרֶם צֵל מֵחֹרֶב — יו֯ בליש
[a]כִּי רוּחַ עָרִיצִים כְּזֶרֶם קִיר[b]׃ 5 כְּחֹרֶב בְּצָיוֹן[a] — יו֯ בליש ב֯ מנה בפסוק . ב[5]
שְׁאוֹן זָרִים[c] תַּכְנִיעַ
[d]חֹרֶב בְּצֵל עָב[d] זְמִיר עָרִיצִים יַעֲנֶה[e]׃ פ — יו֯ בליש ב֯ מנה בפסוק

6 וְעָשָׂה יְהוָה צְבָאוֹת לְכָל־הָעַמִּים בָּהָר הַזֶּה מִשְׁתֵּה שְׁמָנִים — ב[6]
מִשְׁתֵּה שְׁמָרִים שְׁמָנִים מְמֻחָיִם שְׁמָרִים מְזֻקָּקִים׃ — ל֯ וחס
7 וּבִלַּע בָּהָר הַזֶּה פְּנֵי־הַלּוֹט ׀ הַלּוֹט[a] עַל־כָּל־הָעַמִּים — ל֯ ר״פ . ב֯ וכל מגלה דכות
וְהַמַּסֵּכָה הַנְּסוּכָה עַל־כָּל־הַגּוֹיִם׃ 8 בִּלַּע[a] הַמָּוֶת לָנֶצַח — י֯ . ב֯ ר״פ[7]
וּמָחָה אֲדֹנָי יְהוִה דִּמְעָה מֵעַל כָּל־פָּנִים — ד֯
וְחֶרְפַּת עַמּוֹ יָסִיר מֵעַל כָּל־הָאָרֶץ כִּי יְהוָה דִּבֵּר׃ פ
9 וְאָמַר[a] בַּיּוֹם הַהוּא הִנֵּה אֱלֹהֵינוּ זֶה קִוִּינוּ לוֹ וְיוֹשִׁיעֵנוּ[b] — ג֯ ב֯ חס וחד מל[8]
[c]זֶה יְהוָה קִוִּינוּ לוֹ[c] נָגִילָה וְנִשְׂמְחָה בִּישׁוּעָתוֹ׃ 10 כִּי־תָנוּחַ יַד־ — ד֯
[יְהוָה בָּהָר הַזֶּה
וְנָדוֹשׁ מוֹאָב תַּחְתָּיו כְּהִדּוֹשׁ מַתְבֵּן בְּמֵי[a] מַדְמֵנָה׃ — ל֯ . ל֯ . במו֯ ק ב֯ חד מן ט֯ בליש
11 וּפֵרַשׂ יָדָיו בְּקִרְבּוֹ כַּאֲשֶׁר יְפָרֵשׂ הַשֹּׂחֶה לִשְׂחוֹת
וְהִשְׁפִּיל גַּאֲוָתוֹ עִם אָרְבּוֹת יָדָיו׃ [עָפָר׃ ס
12 [a]וּמִבְצַר מִשְׂגַּב[a] חוֹמֹתֶיךָ הֵשַׁח הִשְׁפִּיל[b] הִגִּיעַ לָאָרֶץ עַד־ — ל֯ . ל֯ . ב[9]
26 1 בַּיּוֹם הַהוּא יוּשַׁר הַשִּׁיר־הַזֶּה בְּאֶרֶץ יְהוּדָה — ל[1] . ה֯
עִיר עָז[a]־לָנוּ יְשׁוּעָה יָשִׁית[b] חוֹמוֹת וָחֵל׃ — ל[2] וחד מן ב֯ זקף קמץ . ז֯ומל[3] . ח[4] וכל ירמיה דכות ב֯ מ֯ ג֯ וחד מן ג[5] מל . ה֯ חס

[3] Mm 3655. [4] Mm 1924. [5] Jes 32,2. [6] Dt 31,4. [7] Thr 2,2. [8] Mm 1550. [9] Mm 2298. **Cp 26** [1] וחד יוסר Lv 4,35. [2] Mm 3655. [3] Mm 2737. [4] Mm 2893. [5] Mm 2299.

2 [a] 𝔊(𝔗) *πόλεις*, l עָרִים; 𝔖(𝔙) *qrjt'* = עיר ‖ [b] 𝔊 *εἰς χῶμα* cf 𝔗, l לְגַל ‖ [c] 2 Mss 𝔊 זֵדִים ‖ **3** [a] 𝔊 pl; frt dl ‖ **4/5** [a–a] frt add ‖ [b] prb l קֹר ‖ [c] 𝔊 *ὀλιγόψυχοι* = זֵדִים cf 𝔗 ‖ [d–d] > 𝔊, dl ‖ [e] 𝔖 *ntmkk* cf 𝔗, l יֵעָנֶה ‖ **7** [a] l הלוט cf 𝔖𝔙 et 1 S 21,10 ‖ **8** [a] l c pc Mss וּבִ׳; 𝔖 (θ′ et 1 Ko 15,54) *wntbl'* = וּבֻלַּע ‖ **9** [a] 𝔔[a]𝔖 2 sg ‖ [b] > 𝔊 ‖ [c–c] > 𝔊, dl ‖ **10** [a] 𝔔[a] K בְּמֵי, Vrs ut Q ‖ **12** [a–a] prp ומשגב ‖ [b] > 𝔊, dl ‖ **Cp 26,1** [a] 𝔔[a] עוז ‖ [b] prp יוּשַׁת cf 𝔗𝔙.

2 פִּתְח֖וּ שְׁעָרִ֑ים וְיָבֹ֥א גוֹי־צַדִּ֖יק שֹׁמֵ֥ר אֱמֻנִֽים׃ — יא[6]. ה חס בליש[7]

3 יֵ֣צֶר[a] סָמ֔וּךְ תִּצֹּ֖ר שָׁל֣וֹם[b] ׀ שָׁל֑וֹם כִּ֥י בְךָ֖ בָּטֽוּחַ׃ — ב[8]. ה. ב[9]

4 בִּטְח֥וּ בַֽיהוָ֖ה עֲדֵי־עַ֑ד כִּ֚י בְּיָ֣הּ[a] יְהוָ֔ה צ֖וּר עוֹלָמִֽים׃ — ב[10]

5 כִּ֤י הֵשַׁח֙ יֹשְׁבֵ֣י מָר֔וֹם קִרְיָ֖ה נִשְׂגָּבָ֑ה

יַשְׁפִּילֶ֫נָּה יַשְׁפִּילָהּ֙[a] עַד־אֶ֔רֶץ יַגִּיעֶ֖נָּה עַד־עָפָֽר׃ — ל. ל. ל

6 תִּרְמְסֶ֖נָּה רָ֑גֶל[a] רַגְלֵ֥י עָנִ֖י פַּעֲמֵ֥י דַלִּֽים׃ — ל

7 אֹ֥רַח לַצַּדִּ֖יק מֵישָׁרִ֑ים יָשָׁ֕ר[a] מַעְגַּ֥ל צַדִּ֖יק תְּפַלֵּֽס׃

8 אַ֣ף אֹ֧רַח מִשְׁפָּטֶ֛יךָ יְהוָ֖ה קִוִּינ֑וּךָ[a] — ל

לְשִׁמְךָ֥ וּֽלְזִכְרְךָ֖[b] תַּאֲוַת־נָֽפֶשׁ[c]׃

9 נַפְשִׁ֤י אִוִּיתִ֙יךָ֙ בַּלַּ֔יְלָה אַף־רוּחִ֥י בְקִרְבִּ֖י[a] אֲשַׁחֲרֶ֑ךָּ — יא[11]. ב[12]

כִּ֗י כַּאֲשֶׁ֤ר מִשְׁפָּטֶ֙יךָ֙ לָאָ֔רֶץ צֶ֥דֶק לָמְד֖וּ יֹשְׁבֵ֥י תֵבֵֽל׃

10 יֻחַ֤ן רָשָׁע֙ בַּל־לָמַ֣ד צֶ֔דֶק בְּאֶ֥רֶץ[a] נְכֹח֖וֹת יְעַוֵּ֑ל — ב

וּבַל־יִרְאֶ֖ה גֵּא֥וּת יְהוָֽה׃ ס

11 יְהוָ֛ה רָ֥מָה יָדְךָ֖ בַּל־יֶחֱזָי֑וּן[a] — ג מלעיל[13]

[b]יֶחֱז֤וּ וְיֵבֹ֙שׁוּ֙[b] קִנְאַת־עָ֔ם אַף־אֵ֥שׁ צָרֶ֖יךָ תֹאכְלֵֽם׃ ס

12 יְהוָ֕ה תִּשְׁפֹּ֥ת שָׁל֖וֹם[a] לָ֑נוּ כִּ֛י [b]גַּ֥ם כָּל[b]־מַעֲשֵׂ֖ינוּ פָּעַ֥לְתָּ לָּֽנוּ׃ — ל

13 יְהוָ֣ה אֱלֹהֵ֔ינוּ בְּעָל֥וּנוּ אֲדֹנִ֖ים זוּלָתֶ֑ךָ[a] [b]לְבַד־בְּךָ֖[b] נַזְכִּ֥יר שְׁמֶֽךָ׃ — ל

14 מֵתִים֙ בַּל־יִֽחְי֔וּ רְפָאִ֖ים בַּל־יָקֻ֑מוּ — ז[14]. ז חס[15]

לָכֵ֤ן פָּקַ֙דְתָּ֙ וַתַּשְׁמִידֵ֔ם וַתְּאַבֵּ֥ד[a] כָּל־זֵ֖כֶר לָֽמוֹ׃

15 יָסַ֤פְתָּ לַגּוֹי֙ יְהוָ֔ה [a]יָסַ֥פְתָּ לַגּ֖וֹי[a] נִכְבָּ֑דְתָּ[b] — ג. ב. ג. ב

רִחַ֖קְתָּ כָּל־קַצְוֵי־אָֽרֶץ׃ — ג

16 יְהוָ֖ה בַּצַּ֣ר פְּקָד֑וּךָ[a] צָק֥וּן[b] לַ֖חַשׁ מוּסָרְךָ֥ לָֽמוֹ[c]׃ — ל. ל

17 כְּמ֤וֹ הָרָה֙ תַּקְרִ֣יב לָלֶ֔דֶת תָּחִ֖יל תִּזְעַ֣ק בַּחֲבָלֶ֑יהָ

[6] Mm 2300. [7] Mm 2116. [8] Ps 112,8. [9] Mm 2301. [10] Ps 68,5. [11] Mm 2580. [12] Ps 63,2. [13] Mm 1235. [14] Mm 1294. [15] Mm 1709.

3 a ο εβρ′ *ιεσρο*, l יִצְרוֹ (וְ) ‖ b > 𝔊𝔖, dl ‖ **4** a frt dl cf 𝔊 ‖ **5** a > 𝔔a𝔊𝔖, dl ‖ **6** a > 𝔔a𝔊𝔖𝔗Ms, dl ‖ **7** a > 𝔊, dl ‖ **8** a l c 𝔔a𝔊𝔖𝔗 קוינו ‖ b 𝔔a ולתורתך ‖ c 𝔖(𝔗) *npšn* = נַפְשֵׁנוּ cf 𝔊 ‖ **9** a frt l בַּבֹּקֶר ‖ **10** a l בָּאָרֶץ cf 𝔊𝔖𝔗 ‖ **11** a prp יֶחֱזְיוּן ‖ b–b dl ‖ **12** a prp שְׁלוֹם ‖ b–b prp כִּגְמֻל cf 𝔖 ‖ **13** a prp ins בַּל נֵדָע cf 𝔊 ‖ b–b l לְבַדְּךָ ‖ **14** a 𝔔a ותאסר ‖ **15** a–a > Ms ‖ b l דָּת־ cf 𝔊 ‖ **16** a l c 2 Mss 𝔊Mss𝔄𝔘 פִּקַּדְנוּךָ cf 𝔏Syh ‖ b 𝔊(𝔖𝔙) *ἐν θλίψει* cf 𝔗, prp צֹקוֹן ‖ c 𝔊 *ἡμῖν*, l לָנוּ.

כֵּן הָיִינוּ מִפָּנֶיךָ יְהוָה׃

18 הָרִינוּ חַלְנוּ כְּמוֹ[a] יָלַדְנוּ רוּחַ יְשׁוּעֹת בַּל־נַעֲשֶׂה אֶרֶץ
וּבַל־יִפְּלוּ יֹשְׁבֵי תֵבֵל׃

19 יִחְיוּ מֵתֶיךָ נְבֵלָתִי[a] יְקוּמוּן הָקִיצוּ[b] וְרַנְּנוּ[c] שֹׁכְנֵי עָפָר — ז̇[16]. ד̇. ז̇[17]. ב̇[18]
כִּי טַל אוֹרֹת טַלֶּךָ וָאָרֶץ רְפָאִים תַּפִּיל׃ ס — ב̇ בתרי לישנ̇[19]. ל̇. ג̇ קמ̇ וכל שמים וארץ דכות̇[20]

20 לֵךְ עַמִּי בֹּא בַחֲדָרֶיךָ וּסְגֹר דְּלָתְךָ[a] בַּעֲדֶךָ — דלתך יתיר י̇ בליש ק̇
חֲבִי[b] כִמְעַט־רֶגַע עַד־יַעֲבָור־זָעַם׃ — יעבר יתיר ו̇ בליש וחד מן ז̇[21] מל ק̇

21 כִּי־הִנֵּה יְהוָה יֹצֵא מִמְּקוֹמוֹ לִפְקֹד עֲוֺן יֹשֵׁב־הָאָרֶץ עָלָיו[a] — ה̇ חס̇ בסיפ̇
וְגִלְּתָה הָאָרֶץ אֶת־דָּמֶיהָ וְלֹא־תְכַסֶּה עוֹד עַל־הֲרוּגֶיהָ׃ ס — ל̇[22]. ג̇[23]. ב̇. ב̇ חד מל וחד חס̇[24]

27 1 בַּיּוֹם הַהוּא יִפְקֹד יְהוָה בְּחַרְבּוֹ[a] הַקָּשָׁה וְהַגְּדוֹלָה וְהַחֲזָקָה — ד̇
עַל לִוְיָתָן נָחָשׁ בָּרִחַ וְעַל לִוְיָתָן נָחָשׁ עֲקַלָּתוֹן — ב̇ חד מל וחד מן ג̇ חס̇ בליש̇[1]
וְהָרַג אֶת־הַתַּנִּין אֲשֶׁר בַּיָּם׃ ס — ח̇ בליש̇[2]

2 בַּיּוֹם[a] הַהוּא כֶּרֶם חֶמֶד[b] עַנּוּ־לָהּ׃ — ל̇. ל̇

3 אֲנִי יְהוָה נֹצְרָהּ לִרְגָעִים אַשְׁקֶנָּה — ל̇. ד̇
פֶּן יִפְקֹד[a] עָלֶיהָ[b] לַיְלָה וָיוֹם אֶצֳּרֶנָּה׃ — ג̇[3]

4 חֵמָה אֵין לִי מִי־יִתְּנֵנִי שָׁמִיר שַׁיִת[a]
בַּמִּלְחָמָה[b] אֶפְשְׂעָה בָהּ אֲצִיתֶנָּה[c] יָּחַד׃ — ל̇. ל̇

5 אוֹ יַחֲזֵק בְּמָעוּזִּי יַעֲשֶׂה שָׁלוֹם לִי שָׁלוֹם יַעֲשֶׂה־לִּי׃

6 הַבָּאִים[a] יַשְׁרֵשׁ[b] יַעֲקֹב יָצִיץ וּפָרַח יִשְׂרָאֵל — ג̇ ר״פ. ל̇
וּמָלְאוּ פְנֵי־תֵבֵל תְּנוּבָה׃ ס — ל̇

7 הַכְּמַכַּת מַכֵּהוּ הִכָּהוּ[a] אִם־כְּהֶרֶג הֲרֻגָיו[b] הֹרָג׃ — ל̇. ל̇. ל̇. ל̇

8 בְּסַאסְּאָה[a] בְּשַׁלְחָהּ[b] תְּרִיבֶנָּה הָגָה[c] בְּרוּחוֹ הַקָּשָׁה בְּיוֹם קָדִים׃ — ל̇. ל̇

[16] Mm 1294. [17] Mm 2302. [18] Mm 3036. [19] Mm 2061. [20] Mm 3640. [21] Mp sub loco. [22] Mm 476. [23] Mm 2303. [24] Prv 7,26. Cp 27 [1] Mm 554 et Mm 3517. [2] Mm 413. [3] Mm 1922.

18 [a] > 𝔊, dl ‖ **19** [a] 𝔖(𝔗) *(w)šldjhwn*, prp נִבְלֹתָם ‖ [b] 𝔔[a] יקיצו; 𝔖 *wntt'jrwn* = וְהֵקִיצוּ cf α′σ′θ′𝔗 ‖ [c] 𝔔[a] וירננו cf 𝔊α′σ′θ′𝔖𝔗 ‖ **20** [a] K דַּלְתֶךָ–, Q forma mixta דְּלָתֶיךָ + דַּלְתְּךָ ‖ [b] l חֲבִי = חֲבֵה ‖ **21** [a] > 𝔊, dl ‖ **Cp 27,1** [a] sic L, l c mlt Mss Edd –בּוֹ ‖ **2** [a] frt pr וְאָמַר ‖ [b] mlt Mss חמר ‖ **3** [a] 𝔙 pass cf 𝔊, l יִפָּקֵד ‖ [b] l עָלֶהָ ‖ **4** [a] l c 𝔔[a] mlt Mss 𝔖𝔗𝔙 וָשָׁיִת cf α′ ‖ [b] frt dl cf 𝔗 ‖ [c] l אַצִּ׳ ‖ **6** [a] frt l הַיּוֹם בָּא וְ ‖ [b] l c 𝔔[a] α′σ′θ′ יַשְׁרִישׁ vel יִשְׁרַשׁ ‖ **7** [a] 𝔊 *πληγήσεται; καί*, l הֻכָּה וְ ‖ [b] frt l הֹרְגָיו cf 𝔔[a] (הור׳) 𝔊𝔖 ‖ **8** [a] l בְּסַאסְּאָהּ vel בסאסאה ‖ [b] frt gl ‖ [c] frt l הגה vel הוֹגָהּ.

9 לָכֵ֗ן בְּזֹאת֙ יְכֻפַּ֣ר עֲוֺן־יַעֲקֹ֔ב וְזֶ֕ה [a]כָּל־פְּרִ֖י[a] הָסִ֣ר חַטָּאת֑וֹ
בְּשׂוּמ֣וֹ ׀ כָּל־אַבְנֵ֣י מִזְבֵּ֗חַ כְּאַבְנֵי־גִר֙ מְנֻפָּצ֔וֹת
לֹא־יָקֻ֥מוּ אֲשֵׁרִ֖ים וְחַמָּנִֽים׃
ז חס[6]
10 כִּ֣י עִ֤יר בְּצוּרָה֙ בָּדָ֔ד נָוֶ֛ה מְשֻׁלָּ֥ח וְנֶעֱזָ֖ב כַּמִּדְבָּ֑ר
ח[7] . ג[8] . ו[9]
שָׁ֣ם יִרְעֶ֥ה עֵ֛גֶל וְשָׁ֥ם יִרְבָּ֖ץ וְכִלָּ֥ה[a] סְעִפֶֽיהָ׃
ו[10]
11 בִּיבֹ֤שׁ קְצִירָהּ֙[a] תִּשָּׁבַ֔רְנָה[b] נָשִׁ֕ים בָּא֖וֹת מְאִיר֣וֹת אוֹתָ֑הּ
כִּ֣י לֹ֤א עַם־בִּינוֹת֙ ה֔וּא
עַל־כֵּן֙ לֹא־יְרַחֲמֶ֣נּוּ עֹשֵׂ֔הוּ וְיֹצְר֖וֹ לֹ֥א יְחֻנֶּֽנּוּ׃ ס

12 וְהָיָה֙ בַּיּ֣וֹם הַה֔וּא
יַחְבֹּ֧ט יְהוָ֛ה [a]מִשִּׁבֹּ֥לֶת הַנָּהָ֖ר[a] עַד־נַ֣חַל מִצְרָ֑יִם
וְאַתֶּ֧ם תְּלֻקְּט֛וּ לְאַחַ֥ד אֶחָ֖ד בְּנֵ֥י יִשְׂרָאֵֽל׃ ס
ל . ז[13]
13 וְהָיָ֣ה ׀ בַּיּ֣וֹם הַה֗וּא יִתָּקַע֮ בְּשׁוֹפָ֣ר גָּדוֹל֒
וּבָ֗אוּ הָאֹֽבְדִים֙ בְּאֶ֣רֶץ אַשּׁ֔וּר וְהַנִּדָּחִ֖ים בְּאֶ֣רֶץ מִצְרָ֑יִם
ל
וְהִשְׁתַּחֲו֧וּ לַיהוָ֛ה בְּהַ֥ר הַקֹּ֖דֶשׁ בִּירוּשָׁלִָֽם׃
ז[14]

28 1 ה֗וֹי עֲטֶ֤רֶת גֵּאוּת֙ שִׁכֹּרֵ֣י אֶפְרַ֔יִם וְצִ֥ץ נֹבֵ֖ל צְבִ֣י תִפְאַרְתּ֑וֹ
אֲשֶׁ֛ר עַל־רֹ֥אשׁ גֵּיא־[a]שְׁמָנִ֖ים הֲל֥וּמֵי יָֽיִן׃
2 הִנֵּ֨ה [a]חָזָ֤ק וְאַמִּץ֙[a] לַֽאדֹנָ֔י כְּזֶ֥רֶם בָּרָ֖ד שַׂ֣עַר קָ֑טֶב
ב חס . ז כת א[2] . ל[3]
כְּ֠זֶרֶם מַ֣יִם כַּבִּירִ֥ים שֹׁטְפִ֛ים הִנִּ֥יחַ לָאָ֖רֶץ בְּיָֽד׃
3 בְּרַגְלַ֖יִם תֵּֽרָמַ֑סְנָה[a] עֲטֶ֣רֶת גֵּא֔וּת שִׁכּוֹרֵ֖י אֶפְרָֽיִם׃
4 וְֽהָ֨יְתָ֜ה[a] צִיצַ֤ת[b] נֹבֵל֙ צְבִ֣י תִפְאַרְתּ֔וֹ אֲשֶׁ֖ר עַל־רֹ֣אשׁ גֵּ֣יא[c] שְׁמָנִ֑ים
כְּבִכּוּרָהּ֙[d] בְּטֶ֣רֶם קַ֔יִץ אֲשֶׁ֨ר יִרְאֶ֤ה הָרֹאֶה֙ אוֹתָ֔הּ
בְּעוֹדָ֥הּ בְּכַפּ֖וֹ יִבְלָעֶֽנָּה[e]׃ ס [תִּפְאָרָ֖ה לִשְׁאָ֥ר עַמּֽוֹ׃
5 בַּיּ֣וֹם הַה֗וּא יִֽהְיֶה֙ יְהוָ֣ה צְבָא֔וֹת לַעֲטֶ֣רֶת צְבִ֔י וְלִצְפִירַ֖ת
ל

9 a–a frt l לְכַפֵּר; frt dl (gl ad הסר ?) || **10** a prp וְכָלוּ vel וְכָלָה cf 𝔊 || **11** a 𝔙 *messes illius*, prp ־רֶיהָ || b prp ־בְּרְנָה (forma energica) || **12** a–a frt l שִׁ׳ מֵה׳ || **Cp 28,1** a 𝔔a גאי || **2** a–a 𝔖 *ḥjl' w'wšn*, l חָזָק וְאֹמֶץ || **3** a prp ־מַסְנָה (forma energica) cf Vrs || **4** a tr ante כבכורה || b l וְצִ׳ || c 𝔔a גאי cf 1a || d α′(θ′𝔖𝔗𝔙) *ὡς πρωτογένημα* cf 𝔊, l ־הָ || e prp יִבֹּל עֵינָה.

6 וּלְר֖וּחַ מִשְׁפָּ֑ט לַיּוֹשֵׁב֙ עַל־הַמִּשְׁפָּ֔ט וְלִ֨גְבוּרָ֔ה מְשִׁיבֵ֥יª מִלְחָמָ֖ה — ב . ל . ב
7 וְגַם־אֵ֙לֶּה֙ בַּיַּ֣יִן שָׁג֔וּ וּבַשֵּׁכָ֖ר תָּע֑וּ [שָֽׁעְרָה׃ ס — ג ר״פ בסיפ . ל]ל
כֹּהֵ֣ן וְנָבִ֞יא שָׁג֣וּ בַשֵּׁכָ֗ר נִבְלְע֤וּ מִן־הַיַּ֙יִן֙ — ז בלשון נביאיה
תָּעוּ֙ מִן־הַשֵּׁכָ֔ר שָׁגוּ֙ בָּֽרֹאֶ֔הª פָּק֖וּ פְּלִילִיָּֽהᵇ׃ — ל . ל . ל
8 כִּ֚י כָּל־שֻׁלְחָנ֔וֹת מָלְא֖וּ קִ֣יאª צֹאָ֑ה בְּלִ֖י מָקֽוֹם׃ ס
9 אֶת־מִי֙ יוֹרֶ֣ה דֵעָ֔ה וְאֶת־מִ֖י יָבִ֣ין שְׁמוּעָ֑ה — ד[6]
גְּמוּלֵי֙ מֵֽחָלָ֔ב עַתִּיקֵ֖י מִשָּׁדָֽיִם׃
10 כִּ֣י צַ֤ו לָצָו֙ צַ֣ו לָצָ֔ו קַ֥ו לָקָ֖ו קַ֣ו לָקָ֑ו
זְעֵ֥יר שָׁ֖ם זְעֵ֥יר שָֽׁם׃
11 כִּ֚י בְּלַעֲגֵ֣י שָׂפָ֔ה וּבְלָשׁ֖וֹן אַחֶ֑רֶת יְדַבֵּ֖ר אֶל־הָעָ֥ם הַזֶּֽה׃ — ל בליש
12 אֲשֶׁ֣ר ׀ אָמַ֣ר אֲלֵיהֶ֗ם זֹ֤את הַמְּנוּחָה֙ הָנִ֣יחוּ לֶֽעָיֵ֔ף — ל . ל
וְזֹ֖את הַמַּרְגֵּעָ֑ה וְלֹ֥א אָב֖וּאª שְׁמֽוֹעַ׃ — כה . ד זוגין[7] . יב[8] יתיר א ס״ת ול מל . יא[9] ד[10] מנה מל
13 וְהָיָ֨ה לָהֶ֜ם דְּבַר־יְהוָ֗ה
צַ֣ו לָצָ֞ו צַ֤ו לָצָו֙ קַ֤ו לָקָו֙ קַ֣ו לָקָ֔ו
זְעֵ֥יר שָׁ֖ם זְעֵ֣יר שָׁ֑ם
לְמַ֨עַן יֵֽלְכ֜וּ וְכָשְׁל֤וּ אָחוֹר֙ וְנִשְׁבָּ֔רוּ וְנוֹקְשׁ֖וּ וְנִלְכָּֽדוּ׃ פ — ב[11]
14 לָכֵ֛ן שִׁמְע֥וּ דְבַר־יְהוָ֖ה אַנְשֵׁ֣י לָצ֑וֹן — ג
מֹשְׁלֵי֙ הָעָ֣ם הַזֶּ֔ה אֲשֶׁ֖ר בִּירוּשָׁלָֽםִ׃
15 כִּ֣י אֲמַרְתֶּ֗ם כָּרַ֤תְנוּ בְרִית֙ אֶת־מָ֔וֶת
וְעִם־שְׁא֖וֹל עָשִׂ֣ינוּ חֹזֶ֑הª
שׁ֣יטᵇ שׁוֹטֵ֞ף כִּי־ᶜיַעֲבֹ֗ר לֹ֣א יְבוֹאֵ֔נוּ — שוט[12] . ל . יעבר ק ק
כִּ֣י שַׂ֧מְנוּ כָזָ֛ב מַחְסֵ֖נוּ וּבַשֶּׁ֥קֶר נִסְתָּֽרְנוּ׃ ס — ל
16 לָכֵ֗ן כֹּ֤ה אָמַר֙ אֲדֹנָ֣י יְהוִ֔ה — יא בטע בסיפ . כט ב מנה בסיפ
הִנְנִ֛י יִסַּ֥דª בְּצִיּ֖וֹן אָ֑בֶן אֶ֣בֶן בֹּ֡חַן — ד[13] . ב
פִּנַּ֤ת יִקְרַת֙ מוּסָ֣ד מוּסָּ֔דᵇ הַֽמַּאֲמִ֖ין לֹ֥א יָחִֽישׁ׃ — ב חד קמ וחד פת[14]
17 וְשַׂמְתִּ֤י מִשְׁפָּט֙ לְקָ֔ו וּצְדָקָ֖ה לְמִשְׁקָ֑לֶת — ל

[6] Mm 2306. [7] Mm 2810. [8] Mm 907. [9] Mm 2550. [10] Mm 2307. [11] Mp sub loco. [12] Mm 832. [13] Mm 2263. [14] Mm 2308.

6 ª frt l לְמִ׳ ‖ **7** ª prp בראה ‖ ᵇ prp בְּפִ׳ ‖ **8** ª huc tr ‸ ‖ **12** ª 𝔔ª mlt Mss אָבוּ ‖ **15** ª prp חָזָה, al חָזוּת ‖ ᵇ 𝔔ª ut Q cf 18 ‖ ᶜ K עָבַר ‖ **16** ª 𝔔ª מיסד 𝔔ᵇ יוסד α′σ′θ′ (𝔖𝔗) *θεμελιῶν* cf 𝔊𝔙, l יֹסֵד ‖ ᵇ > pc Mss 𝔊, dl.

וְיָעָ֤ה בָרָד֙ מַחְסֵ֣ה כָזָ֔ב וְסֵ֖תֶר מַ֥יִם יִשְׁטֹֽפוּ׃ ל̇. ל̇

18 וְכֻפַּ֤ר בְּרִֽיתְכֶם֙ אֶת־מָ֔וֶת וְחָזוּתְכֶ֥ם אֶת־שְׁא֖וֹל לֹ֣א תָק֑וּם

שׁ֤וֹט שׁוֹטֵף֙ כִּ֣י יַעֲבֹ֔ר וִהְיִ֥יתֶם ל֖וֹ לְמִרְמָֽס׃ ׳

19 מִדֵּ֤י עָבְרוֹ֙ יִקַּ֣ח אֶתְכֶ֔ם ב̇[15]

כִּֽי־בַבֹּ֥קֶר בַּבֹּ֛קֶר יַעֲבֹ֖ר בַּיּ֣וֹם וּבַלָּ֑יְלָה ג̇[16]. ה̇[17]

וְהָיָ֛ה רַק־זְוָעָ֖ה הָבִ֥ין שְׁמוּעָֽה׃ ה̇[18]

20 כִּֽי־קָצַ֥ר הַמַּצָּ֖ע מֵֽהִשְׂתָּרֵ֑עַ וְהַמַּסֵּכָ֥ה צָ֖רָה כְּהִתְכַּנֵּֽס[a]׃ ל̇. ל̇ מלעיל

21 כִּ֣י כְהַר־פְּרָצִים֙ יָק֣וּם יְהוָ֔ה כְּעֵ֥מֶק בְּגִבְע֖וֹן יִרְגָּ֑ז ב̇[19]. ה̇[20]

לַעֲשׂ֤וֹת מַעֲשֵׂ֙הוּ֙ זָ֣ר מַעֲשֵׂ֔הוּ וְלַעֲבֹד֙ עֲבֹ֣דָת֔וֹ נָכְרִיָּ֖ה ב̇

22 וְעַתָּה֙ אַל־תִּתְלוֹצָ֔צוּ פֶּן־יֶחְזְק֖וּ מוֹסְרֵיכֶ֑ם [עֲבֹדָתֽוֹ׃ ל̇. ל̇

כִּֽי־כָלָ֨ה וְנֶחֱרָצָ֜ה שָׁמַ֗עְתִּי ג̇

מֵאֵ֨ת אֲדֹנָ֧י[a] יְהוִ֛ה צְבָא֖וֹת עַל־כָּל־הָאָֽרֶץ׃ ה̇׳. ז̇ וכל תלים דכות ב̇ מ̇ ב̇

23 הַאֲזִ֖ינוּ וְשִׁמְע֣וּ קוֹלִ֑י הַקְשִׁ֥יבוּ וְשִׁמְע֖וּ אִמְרָתִֽי׃ ח̇ ב̇ מנה ר״פ

24 הֲכֹ֣ל הַיּ֗וֹם יַחֲרֹ֛שׁ הַחֹרֵ֖שׁ לִזְרֹ֑עַ[a] יְפַתַּ֥ח וִֽישַׂדֵּ֖ד אַדְמָתֽוֹ׃ ל̇. ג̇ חס בנביא[21]. ג̇ בליש[22]

25 הֲלוֹא֙ אִם־שִׁוָּ֣ה פָנֶ֔יהָ וְהֵפִ֥יץ קֶ֖צַח וְכַמֹּ֣ן יִזְרֹ֑ק

וְשָׂ֨ם חִטָּ֤ה שׂוֹרָה֙[a] וּשְׂעֹרָ֣ה נִסְמָ֔ן[b] וְכֻסֶּ֖מֶת גְּבֻלָתֽוֹ׃ ח̇[23]. ל̇ וחס

26 וְיִסְּר֥וֹ לַמִּשְׁפָּ֖ט אֱלֹהָ֥יו יוֹרֶֽנּוּ׃ ה̇[24]

27 כִּ֣י לֹ֤א בֶֽחָרוּץ֙ י֣וּדַשׁ קֶ֔צַח וְאוֹפַ֣ן עֲגָלָ֔ה עַל־כַּמֹּ֖ן יוּסָּ֑ב[a] ל̇ ומל

כִּ֧י בַמַּטֶּ֛ה יֵחָ֥בֶט קֶ֖צַח וְכַמֹּ֥ן בַּשָּֽׁבֶט׃

28 לֶ֣חֶם יוּדָ֔ק [a]כִּ֛י לֹ֥א לָנֶ֖צַח[a] אָד֣וֹשׁ[b] יְדוּשֶׁ֑נּוּ ל̇. ל̇

וְהָמַ֞ם גִּלְגַּ֤ל[c] עֶגְלָתוֹ֙ [d]וּפָרָשָׁ֔יו לֹֽא־יְדֻקֶּֽנּוּ[d]׃ ב̇ חד פת̇ וחד קמ̇

29 גַּם־זֹ֕את מֵעִ֛ם יְהוָ֥ה צְבָא֖וֹת יָצָ֑אָה ט̇ ומן ראש דמלכים עד ויִרא כל ישראל דכות[25]. ג̇[26]

הִפְלִ֣יא עֵצָ֔ה הִגְדִּ֖יל תּוּשִׁיָּֽה׃ ס ד̇ חס בליש[27]. ז̇ מל

29 1 ה֚וֹי אֲרִיאֵ֣ל אֲרִיאֵ֔ל קִרְיַ֖ת חָנָ֣ה דָוִ֑ד ב̇

סְפ֥וּ[a] שָׁנָ֛ה עַל־שָׁנָ֖ה חַגִּ֥ים יִנְקֹֽפוּ׃ ב̇[1]. ל̇

[15]Mm 2055. [16]Mm 688. [17]Mm 2309. [18]Mm 2412. [19]Ps 125,1. [20]Mm 1735. [21]Mm 408. [22]Mm 2310. [23]Mm 224. [24]Mm 1035. [25]Mm 3417. [26]Mm 2236. [27]Mp contra textum, cf Mp sub loco. **Cp 29** [1]Mm 2311.

20 [a] 𝔔[a] בה׳ ‖ **22** [a] > pc Mss 𝔊𝔖, dl ‖ **24** [a] frt dl ‖ **25** [a] > 𝔊𝔖, dl ‖ [b] > 𝔊𝔏Syh𝔖 𝔄𝔘, dl ‖ **27** [a] 𝔔[a] יסוב ‖ **28** [a–a] tr ad init v ‖ [b] 𝔔[a] הדש; prp דּוֹשׁ ‖ [c] 𝔙 *rota* cf 𝔖𝔗, l ׳גַּ ‖ [d–d] frt l וּפָרָשׁוֹ וְלֹא cf 𝔗 ‖ **Cp 29,1** [a] 𝔔[a] ספי.

2 וַהֲצִיקוֹתִי לַאֲרִיאֵל וְהָיְתָה תַאֲנִיָּה וַאֲנִיָּה ל̇. ב̇[2]. ב̇[3]
[a]וְהָיְתָה לִּי[a] כַּאֲרִיאֵל׃ 3 וְחָנִיתִי כַדּוּר[a] עָלָיִךְ ב̇[4]. ב̇
וְצַרְתִּי עָלַיִךְ מֻצָּב וַהֲקִמֹתִי עָלַיִךְ מְצֻרֹת׃ ב̇[5]. ג̇[6]. ו̇ כת כן[7]
4 וְשָׁפַלְתְּ מֵאֶרֶץ תְּדַבֵּרִי וּמֵעָפָר תִּשַּׁח אִמְרָתֵךְ ב̇[8]. ג̇[9]
וְהָיָה כְּאוֹב מֵאֶרֶץ קוֹלֵךְ וּמֵעָפָר אִמְרָתֵךְ תְּצַפְצֵף׃ ג̇[9]. ל̇
5 וְהָיָה כְּאָבָק דַּק הֲמוֹן זָרָיִךְ[a] וּכְמֹץ עֹבֵר הֲמוֹן עָרִיצִים[b] ל̇
וְהָיָה לְפֶתַע פִּתְאֹם׃ 6 מֵעִם יְהוָה צְבָאוֹת תִּפָּקֵד[a] ט̇ ומן ראש דמלכים עד וירא כל ישראל דכות[10] ג̇[11]. ב̇
בְּרַעַם וּבְרַעַשׁ וְקוֹל גָּדוֹל סוּפָה וּסְעָרָה וְלַהַב אֵשׁ אוֹכֵלָה׃ ג̇
7 וְהָיָה כַּחֲלוֹם חֲזוֹן לַיְלָה ג̇[12]
הֲמוֹן כָּל־הַגּוֹיִם הַצֹּבְאִים עַל־אֲרִיאֵל ג̇[13]
וְכָל־צֹבֶיהָ[a] וּמְצֹדָתָהּ[b] וְהַמְּצִיקִים לָהּ׃
8 וְהָיָה כַּאֲשֶׁר יַחֲלֹם הָרָעֵב וְהִנֵּה אוֹכֵל וְהֵקִיץ וְרֵיקָה נַפְשׁוֹ ד̇ מל[14]
וְכַאֲשֶׁר יַחֲלֹם הַצָּמֵא וְהִנֵּה שֹׁתֶה וְהֵקִיץ [a]וְהִנֵּה עָיֵף[a] וְנַפְשׁוֹ ח̇[15]. ח̇
כֵּן יִהְיֶה הֲמוֹן כָּל־הַגּוֹיִם הַצֹּבְאִים עַל־הַר צִיּוֹן׃ ס [שׁוֹקֵקָה ג̇[13] [ב̇ חד חס וחד מל

9 הִתְמַהְמְהוּ[a] וּתְמָהוּ הִשְׁתַּעַשְׁעוּ וָשֹׁעוּ ל̇. ל̇
שָׁכְרוּ[b] וְלֹא־יַיִן נָעוּ[c] וְלֹא שֵׁכָר׃
10 כִּי־נָסַךְ עֲלֵיכֶם יְהוָה רוּחַ תַּרְדֵּמָה [כִּסָּה׃
וַיְעַצֵּם אֶת־עֵינֵיכֶם [a]אֶת־הַנְּבִיאִים[a] וְאֶת־רָאשֵׁיכֶם הַחֹזִים[b] ל̇. יב̇[16] פסוק את את ואת ומילה חדה ביניה. יג̇. ו̇[17]
11 וַתְּהִי לָכֶם חָזוּת הַכֹּל כְּדִבְרֵי הַסֵּפֶר הֶחָתוּם אֲשֶׁר־יִתְּנוּ אֹתוֹ אֶל־
יוֹדֵעַ הַסֵּפֶר[a] לֵאמֹר קְרָא נָא־זֶה וְאָמַר לֹא אוּכַל כִּי חָתוּם הוּא׃ י̇ מל וכל תדמק דכות ב̇ מ̇ ג̇ חס. ספר ק̇
12 וְנִתַּן הַסֵּפֶר עַל אֲשֶׁר לֹא־יָדַע סֵפֶר לֵאמֹר קְרָא נָא־זֶה וְאָמַר לֹא כא̇[18] ב̇ מנה בליש. ה̇
יָדַעְתִּי סֵפֶר׃ ס
13 וַיֹּאמֶר אֲדֹנָי יַעַן כִּי נִגַּשׁ הָעָם הַזֶּה [a]בְּפִיו ל̇ בסיפ̇

[2]Mm 2312. [3]Mm 3726. [4]Mm 2313. [5]Ex 23,22. [6]Mm 1449. [7]Mm 816. [8]Hi 2,10. [9]Mm 2314. [10]Mm 3417. [11]Mm 2236. [12]Mm 2315. [13]Mm 1018. [14]Mm 3271. [15]Mm 184. [16]Mm 44. [17]Mm 1215. [18]Mm 2838.

2 [a–a] frt l וְהָיִית לִי ‖ **3** [a] l c 2 Mss 𝔊 כְּדָוִד ‖ **5** [a] 𝔔[a] זדיך cf 𝔊𝔖 ‖ [b] frt tr huc : ‖ **6** [a] prp ־ֵדִי ‖ **7** [a] prp מְצָ׳ ‖ [b] prp וּמְצֹרֹתֶיהָ cf 𝔔[a]𝔙 ‖ **8** [a–a] > 2 Mss, dl ‖ **9** [a] 𝔊(𝔖𝔗𝔙) *ἐκλύθητε*, frt l הִתְ׳ vel הִתַּמְּהוּ (Hab 1,5) ‖ [b] 𝔊(𝔗𝔙) *κραιπαλήσατε*, l שִׁ׳ ‖ [c] 𝔗 (𝔙) *ṭʿw*, l נְעוּ ‖ **10** [a–a] prb gl ‖ [b] prb gl ‖ **11** [a] K הַסֵּפֶר, l Q סֵפֶר ‖ **13** [a–a] 𝔊 sol *τοῖς χείλεσιν αὐτῶν*; tr ׃ ad בפיו cf 𝔊[B]𝔏𝔙.

וּבִשְׂפָתָיו[a] כִּבְּד֔וּנִי[b] וְלִבּ֖וֹ רִחַ֣ק מִמֶּ֑נִּי
וַתְּהִ֤י[c] יִרְאָתָם֙ אֹתִ֔י מִצְוַ֥ת אֲנָשִׁ֖ים מְלֻמָּדָֽה׃
14 לָכֵ֗ן הִנְנִ֥י יוֹסִ֛ף[a] לְהַפְלִ֥יא[b] אֶת־הָעָֽם־הַזֶּ֖ה[b] הַפְלֵ֣א וָפֶ֑לֶא
וְאָֽבְדָה֙ חָכְמַ֣ת חֲכָמָ֔יו וּבִינַ֥ת נְבֹנָ֖יו תִּסְתַּתָּֽר׃ ס
15 ה֛וֹי הַמַּעֲמִיקִ֥ים מֵיהוָ֖ה לַסְתִּ֣ר עֵצָ֑ה
וְהָיָ֤ה בְמַחְשָׁךְ֙ מַֽעֲשֵׂיהֶ֔ם וַיֹּ֣אמְר֔וּ מִ֥י רֹאֵ֖נוּ וּמִ֥י יוֹדְעֵֽנוּ׃
16 הַפְכְּכֶ֔ם[a] אִם־כְּחֹ֥מֶר הַיֹּצֵ֖ר יֵחָשֵׁ֑ב
כִּֽי־יֹאמַ֨ר מַעֲשֶׂ֤ה לְעֹשֵׂ֙הוּ֙ לֹ֣א עָשָׂ֔נִי
וְיֵ֛צֶר אָמַ֥ר לְיוֹצְר֖וֹ לֹ֥א הֵבִֽין׃
17 הֲלוֹא־עוֹד֙ מְעַ֣ט מִזְעָ֔ר
וְשָׁ֥ב לְבָנ֖וֹן לַכַּרְמֶ֑ל וְהַכַּרְמֶ֖ל לַיַּ֥עַר יֵחָשֵֽׁב׃
18 וְשָׁמְע֥וּ בַיּוֹם־הַה֛וּא הַחֵרְשִׁ֖ים דִּבְרֵי־סֵ֑פֶר
וּמֵאֹ֣פֶל וּמֵחֹ֔שֶׁךְ עֵינֵ֥י עִוְרִ֖ים תִּרְאֶֽינָה׃
19 וְיָסְפ֧וּ עֲנָוִ֛ים בַּיהוָ֖ה שִׂמְחָ֑ה
וְאֶבְיוֹנֵ֣י אָדָ֔ם בִּקְד֥וֹשׁ יִשְׂרָאֵ֖ל יָגִֽילוּ׃
20 כִּֽי־אָפֵ֥ס עָרִ֖יץ וְכָ֣לָה לֵ֑ץ וְנִכְרְת֖וּ כָּל־שֹׁ֥קְדֵי אָֽוֶן׃
21 מַחֲטִיאֵ֤י אָדָם֙ בְּדָבָ֔ר וְלַמּוֹכִ֥יחַ בַּשַּׁ֖עַר יְקֹשׁ֑וּן[a]
וַיַּ֥טּוּ בַתֹּ֖הוּ צַדִּֽיק׃ ס
22 לָכֵ֗ן כֹּֽה־אָמַ֤ר יְהוָה֙ אֶל[a]־בֵּ֣ית יַעֲקֹ֔ב אֲשֶׁ֥ר פָּדָ֖ה אֶת־אַבְרָהָ֑ם
לֹֽא־עַתָּ֤ה יֵבוֹשׁ֙ יַעֲקֹ֔ב וְלֹ֥א עַתָּ֖ה פָּנָ֥יו יֶחֱוָֽרוּ׃
23 כִּ֣י בִרְאֹת֞וֹ יְלָדָ֗יו[a] מַעֲשֵׂ֥ה יָדַ֛י בְּקִרְבּ֖וֹ יַקְדִּ֣ישׁוּ[b] שְׁמִ֑י ס יא
וְהִקְדִּ֙ישׁוּ֙ אֶת־קְד֣וֹשׁ יַעֲקֹ֔ב וְאֶת־אֱלֹהֵ֥י יִשְׂרָאֵ֖ל יַעֲרִֽיצוּ׃
24 וְיָדְע֥וּ תֹעֵי־ר֖וּחַ בִּינָ֑ה וְרוֹגְנִ֖ים יִלְמְדוּ־לֶֽקַח׃

30 1 ה֣וֹי בָּנִ֤ים סוֹרְרִים֙ נְאֻם־יְהוָ֔ה
לַעֲשׂ֤וֹת עֵצָה֙ וְלֹ֣א מִנִּ֔י וְלִנְסֹ֥ךְ מַסֵּכָ֖ה וְלֹ֣א רוּחִ֑י

נז וכל תלים דכות ב מ א
ב[19]
יא בטע בסיפ . ה חס . ב חד כת א וחד כת ה[20]
ג[21] . ב
ל . ו חס בליש[22]
ל
ל . ב חס
ו[23]
ג[24]
ל
ל . ל
ב דסמיכ לשון דל[25]
ב חד מל וחד חס[26]
ל . ד
ל
ב . ד[27]
יא בטע בסיפ . כ[28] . יא[29] ב מנה בסיפ
ל . ל מל[30]
ב חס[30] . ג[31] . כב[32]
כה[33]
ב
ל . ל

[19] Ho 10,11. [20] Mm 2316. [21] Mm 2944. [22] Mm 2105. [23] Mm 2217. [24] Mm 3787. [25] Mm 3549. [26] Mm 529. [27] Mm 1563. [28] Mm 2168. [29] Mm 324. [30] Mp sub loco. [31] Mm 3559. [32] Mm 1104. [33] Mm 2364.

13 [b] 𝔔[a] כבדתי; 𝔖(𝔏𝔙) *jqrnj*, l דֻנִי– ‖ [c] 𝔊 *μάτην δέ* = וְתֹהוּ cf Mt 15,8.9 ‖ **14** [a] 𝔖(𝔗) *mwsp* cf 𝔊𝔙, l יֹסֵף– ‖ [b–b] add ‖ **16** [a] prp הַכְפַּכִּים ‖ **21** [a] prp יְקֹשׁוּ vel יִיקָשׁוּן (a יקשׁ) cf 𝔊 ‖ **22** [a] l אֵל ‖ **23** [a] add ‖ [b] prb l –יַשׁ.

לְמַעַן סְפוֹת[a] חַטָּאת עַל־חַטָּאת׃ — ב̇

2 הַהֹלְכִים לָרֶדֶת מִצְרַיִם וּפִי לֹא שָׁאָלוּ — ד̇ . ג̇

לָעוֹז[a] בְּמָעוֹז פַּרְעֹה וְלַחְסוֹת בְּצֵל מִצְרָיִם׃ — ל̇

3 וְהָיָה לָכֶם מָעוֹז פַּרְעֹה לְבֹשֶׁת

וְהֶחָסוּת בְּצֵל־מִצְרַיִם לִכְלִמָּה׃

4 כִּי־הָיוּ בְצֹעַן שָׂרָיו וּמַלְאָכָיו[a] חָנֵס יַגִּיעוּ׃ — ל̇

5 [a]כֹּל הִבְאִישׁ[a] עַל־עַם לֹא־יוֹעִילוּ[b] — מ̇ח[1] כת̇ א לא קר̇ ול̇ בליש

לָמוֹ לֹא לְעֵזֶר וְלֹא לְהוֹעִיל כִּי לְבֹשֶׁת וְגַם־לְחֶרְפָּה׃ ס — ג̇ פסוק̇ דמיין

6 מַשָּׂא בַּהֲמוֹת נֶגֶב בְּאֶרֶץ צָרָה וְצוּקָה — מ̇א

לָבִיא וָלַיִשׁ מֵהֶם[a] אֶפְעֶה וְשָׂרָף מְעוֹפֵף — ל̇ . ד̇[2] . ב̇

יִשְׂאוּ עַל־כֶּתֶף עֲיָרִים חֵילֵהֶם וְעַל־דַּבֶּשֶׁת גְּמַלִּים אוֹצְרֹתָם — כ̇ . ה̇[3] . ל̇ וחס

עַל־עָם לֹא יוֹעִילוּ׃ 7 [a]וּמִצְרַיִם הֶבֶל[a] וָרִיק יַעְזֹרוּ — ג̇ מילין מיחד̇ דמיין[4] . ב̇

לָכֵן קָרָאתִי לָזֹאת [b]רַהַב הֵם שָׁבֶת׃[b] — ג̇[5]

8 עַתָּה בּוֹא כָתְבָהּ עַל־לוּחַ אִתָּם[a] וְעַל־סֵפֶר חֻקָּהּ — כ̇ה ר״פ[6] . י̇ד[7] מל̇ וכל שמואל וכתיב̇ דכות̇ ב̇מ̇ה̇ . ל̇ . ל̇ז

וּתְהִי לְיוֹם אַחֲרוֹן לָעַד[b] עַד־עוֹלָם׃ — י̇ד רפי̇[8] . ב̇[9]

9 כִּי עַם מְרִי הוּא בָּנִים כֶּחָשִׁים

בָּנִים לֹא־אָבוּ שְׁמוֹעַ תּוֹרַת יְהוָה׃ — ב̇ . ד̇ זוגין[10] . י̇א[11] ד̇[12] מנה̇ מל̇

10 אֲשֶׁר אָמְרוּ לָרֹאִים לֹא תִרְאוּ[a]

וְלַחֹזִים לֹא תֶחֱזוּ־לָנוּ נְכֹחוֹת — ל̇

דַּבְּרוּ־לָנוּ חֲלָקוֹת חֲזוּ מַהֲתַלּוֹת׃ — ג̇[13]

11 סוּרוּ מִנֵּי־דֶרֶךְ הַטּוּ מִנֵּי־אֹרַח — ב̇ . ג̇[14] . ב̇

הַשְׁבִּיתוּ מִפָּנֵינוּ אֶת־קְדוֹשׁ יִשְׂרָאֵל׃ ס — ה̇

12 לָכֵן [a]כֹּה אָמַר קְדוֹשׁ יִשְׂרָאֵל[a] — י̇א בטע̇ בסיפ̇

יַעַן מָאָסְכֶם בַּדָּבָר הַזֶּה — ל̇ . ח̇

Cp 30 [1]Mm 898. [2]Mm 2425. [3]Mm 1033. [4]Mm 3953. [5]Mm 418. [6]Mm 1057. [7]Mm 169. [8]Mm 174. [9]Mm 2317. [10]Mm 2810. [11]Mm 2550. [12]Mm 2307. [13]Mm 3213. [14]Mm 3328.

Cp 30,1 [a] 𝔊(𝔖𝔗𝔙) *προσθεῖναι*, l סֶפֶת ‖ **2** [a] 𝔊(𝔙) *τοῦ βοηθηθῆναι*, l לעוז ‖ **4** [a] frt l וּמְלָכָיו ‖ **5** [a–a] K הִבְאִישׁ, nonn Mss ut Q; frt l כָּל־הַבָּא הֹבִישׁ cf 𝔗 ‖ [b] huc tr ‸ ‖ **6** [a] l מֵהֶם (a המם) ‖ **7** [a–a] l וְהבל ‖ [b–b] l ר׳ הַמָּשְׁבָּת, al רָהְבָּה מָשְׁבָּת ‖ **8** [a] dl m cs cf 𝔙 ‖ [b] l c 2 Mss α′σ′θ′𝔖𝔗𝔙 לְעֵד ‖ **10** [a] 𝔊 + *ἡμῖν*, ins לָנוּ ‖ **12** [a–a] > 𝔊[Mss] Syh 𝔄, dl.

וַֽתִּבְטְחוּ֙ בְּעֹ֣שֶׁק וְנָל֔וֹז[b] וַתִּֽשָּׁעֲנ֖וּ עָלָֽיו׃ ל
13 לָכֵ֗ן יִהְיֶ֤ה לָכֶם֙ הֶעָ֣וֹן הַזֶּ֔ה יא בטע בסיפ
כְּפֶ֣רֶץ נֹפֵ֔ל נִבְעֶ֖ה בְּחוֹמָ֣ה נִשְׂגָּבָ֑ה ד
אֲשֶׁר־פִּתְאֹ֥ם לְפֶ֖תַע יָב֥וֹא שִׁבְרָֽהּ׃
14 וּ֠שְׁבָרָהּ[a] כְּשֵׁ֨בֶר נֵ֧בֶל יוֹצְרִ֛ים כָּת֖וּת לֹ֣א יַחְמֹ֑ל ל. ג בליש[15]. ל
וְלֹֽא־יִמָּצֵ֤א בִמְכִתָּתוֹ֙ חֶ֔רֶשׂ ד[16]
לַחְתּ֥וֹת אֵשׁ֙ מִיָּק֔וּד וְלַחְשֹׂ֥ף מַ֖יִם מִגֶּֽבֶא׃ פ ל. ל
15 כִּ֣י כֹֽה־אָמַר֩ אֲדֹנָ֨י יְהוִ֜ה קְד֣וֹשׁ יִשְׂרָאֵ֗ל יג[17]
בְּשׁוּבָ֤ה וָנַ֨חַת֙ תִּוָּ֣שֵׁע֔וּן בְּהַשְׁקֵט֙ וּבְבִטְחָ֔ה תִּהְיֶ֖ה גְּבוּרַתְכֶ֑ם
וְלֹ֖א אֲבִיתֶֽם׃ 16 וַתֹּ֣אמְר֥וּ לֹא־כִ֛י[a] ב[18]. ל בטע
עַל־ס֥וּס נָנ֖וּס עַל־כֵּ֣ן תְּנוּס֑וּן ח פסוק מן ד מילין דמיין ותלת משני. ב. ל
וְעַל־קַ֣ל נִרְכָּ֔ב עַל־כֵּ֖ן יִקַּ֥לּוּ רֹדְפֵיכֶֽם׃ ב זקף קמ
17 [a]אֶ֣לֶף אֶחָ֗ד מִפְּנֵי֙ גַּעֲרַ֣ת אֶחָ֔ד[a]
מִפְּנֵ֛י גַּעֲרַ֥ת חֲמִשָּׁ֖ה תָּנֻ֑סוּ עַ֣ד אִם־נוֹתַרְתֶּ֗ם ל חס
כַּתֹּ֙רֶן֙ עַל־רֹ֣אשׁ הָהָ֔ר וְכַנֵּ֖ס עַל־הַגִּבְעָֽה׃ ה[19]. ב
18 וְלָכֵ֞ן יְחַכֶּ֤ה יְהוָה֙ לַחֲנַנְכֶ֔ם וְלָכֵ֥ן יָר֖וּם לְרַֽחֶמְכֶ֑ם ה[20] וחד מן ג בטע בליש ובסיפ. ה[20]
כִּֽי־אֱלֹהֵ֤י מִשְׁפָּט֙ יְהוָ֔ה אַשְׁרֵ֖י כָּל־ח֥וֹכֵי לֽוֹ׃ ס ל מל
19 כִּי־עַ֛ם בְּצִיּ֥וֹן יֵשֵׁ֖ב[a] בִּירוּשָׁלִָ֑ם בָּכ֣וֹ לֹא־תִבְכֶּ֗ה ל. ה כת ו[21]
חָנ֤וֹן יָחְנְךָ֙ לְק֣וֹל זַעֲקֶ֔ךָ כְּשָׁמְעָת֖וֹ עָנָֽךְ׃ ב[22]. ב[23]
20 וְנָתַ֨ן לָכֶ֧ם אֲדֹנָ֛י לֶ֥חֶם צָ֖ר[a] וּמַ֣יִם לָ֑חַץ[b]
וְלֹֽא־יִכָּנֵ֥ף עוֹד֙ מוֹרֶ֔יךָ וְהָי֥וּ עֵינֶ֖יךָ רֹא֥וֹת אֶת־מוֹרֶֽיךָ׃ ב. ב
21 וְאָזְנֶ֙יךָ֙ תִּשְׁמַ֣עְנָה דָבָ֔ר מֵאַחֲרֶ֖יךָ לֵאמֹ֑ר ג מל בליש
זֶ֤ה הַדֶּ֙רֶךְ֙ לְכ֣וּ ב֔וֹ כִּ֥י תַאֲמִ֖ינוּ וְכִ֥י תַשְׂמְאִֽילוּ׃ ל. ל[24] פסוק כי וכי
22 וְטִמֵּאתֶ֗ם[a] אֶת־צִפּוּי֙ פְּסִילֵ֣י כַסְפֶּ֔ךָ וְאֶת־אֲפֻדַּ֖ת מַסֵּכַ֣ת זְהָבֶ֑ךָ ה[25]
תִּזְרֵם֙[b] כְּמ֣וֹ[c] דָוָ֔ה צֵ֖א[d] תֹּ֥אמַר לֽוֹ׃ ג[26]. ל לשון טנוף
23 וְנָתַ֡ן מְטַ֣ר זַרְעֲךָ֩ אֲשֶׁר־תִּזְרַ֨ע אֶת־הָאֲדָמָ֜ה ד[27]

[15] Mm 2445. [16] Mm 2318. [17] Mm 2827. [18] Mm 2319. [19] Mm 1680. [20] Mm 2231. [21] Mm 2739. [22] Mm 2320. [23] Mm 2588. [24] Mm 2059. [25] Mm 644. [26] Mm 778. [27] Mm 2321.

12 [b] 𝔔[a] ותעלוו ‖ **14** [a] dttg, dl ‖ **16** [a] frt tr in stich sq ‖ **17** [a–a] prb add ‖ **19** [a] l prb יֹשֵׁב cf 𝔖𝔗 ‖ **20** [a] prp מִצָּר ‖ [b] prp מִלַּחַץ ‖ **22** [a] 𝔊[BS*](𝔏𝔙) *καὶ μιανεῖς*, l (ה)תָ– ‖ [b] frt l תְּזָרֵם cf 𝔗 et Hi 19,17 ‖ [c] 𝔊(𝔖) *ὡς ὕδωρ*, l כְּמֵי ‖ [d] prp צוֹא cf α′θ′ 𝔏 Syh𝔖.

וְלֶ֙חֶם֙ תְּבוּאַ֣ת הָאֲדָמָ֔ה וְהָיָ֥ה דָשֵׁ֖ן וְשָׁמֵ֑ן — 28ל

יִרְעֶ֥ה מִקְנֶ֛יךָ בַּיּ֥וֹם הַה֖וּא כַּ֥ר נִרְחָֽב׃ — ל מל

24 וְהָאֲלָפִ֣ים וְהָעֲיָרִ֗ים עֹֽבְדֵי֙ הָאֲדָמָ֔ה בְּלִ֥יל חָמִ֖יץ יֹאכֵ֑לוּ

אֲשֶׁר־זֹרֶ֥ה[a] בָרַ֖חַת וּבַמִּזְרֶֽה׃ [יִבְלֵי־מָ֑יִם — ב

25 וְהָיָ֣ה ׀ עַל־כָּל־הַ֣ר גָּבֹ֗הַ[a] וְעַל֙ כָּל־גִּבְעָ֣ה נִשָּׂאָ֔ה פְּלָגִ֖ים — ח בטע בסיפ

בְּי֙וֹם֙ הֶ֣רֶג רָ֔ב בִּנְפֹ֖ל מִגְדָּלִֽים׃ [[a]כְּא֖וֹר שִׁבְעַ֣ת הַיָּמִ֑ים[a] — ב . לג . קמ[29]]ח[31]

26 וְהָיָ֤ה אֽוֹר־הַלְּבָנָה֙ כְּא֣וֹר הַֽחַמָּ֔ה וְא֤וֹר הַֽחַמָּה֙ יִהְיֶ֣ה שִׁבְעָתַ֔יִם — ו[30]

בְּי֗וֹם חֲבֹ֤שׁ יְהוָה֙ אֶת־שֶׁ֣בֶר עַמּ֔וֹ וּמַ֥חַץ מַכָּת֖וֹ יִרְפָּֽא׃ ס — ג[32] . ג[33]

27 הִנֵּ֤ה שֵׁם־יְהוָה֙ בָּ֣א מִמֶּרְחָ֔ק בֹּעֵ֣ר אַפּ֔וֹ [a]וְכֹ֖בֶד מַשָּׂאָ֑ה[a]

שְׂפָתָיו֙ מָ֣לְאוּ זַ֔עַם וּלְשׁוֹנ֖וֹ כְּאֵ֥שׁ אֹכָֽלֶת׃ — ז מל בליש . ל

28 וְרוּח֗וֹ כְּנַ֤חַל שׁוֹטֵף֙ עַד־צַוָּ֣אר יֶֽחֱצֶ֔ה — ג . י . ג

לַהֲנָפָ֥ה גוֹיִ֖ם בְּנָ֣פַת שָׁ֑וְא וְרֶ֙סֶן֙ מַתְעֶ֔ה עַ֖ל לְחָיֵ֥י עַמִּֽים׃ — ב[34] . ב

29 הַשִּׁיר֙ יִהְיֶ֣ה לָכֶ֔ם כְּלֵ֖יל הִתְקַדֶּשׁ־חָ֑ג [יִשְׂרָאֵֽל׃ — ה

וְשִׂמְחַ֣ת לֵבָ֗ב כַּהוֹלֵךְ֙ בֶּֽחָלִ֔יל לָב֥וֹא בְהַר־יְהוָ֖ה אֶל־צ֥וּר — כז[35] מל וכל משלי וקהלת דכות ב מ ה . ג[36] . [37]

30 וְהִשְׁמִ֨יעַ יְהוָ֜ה אֶת־ה֣וֹד קוֹל֗וֹ וְנַ֤חַת זְרוֹעוֹ֙ יַרְאֶ֔ה — ב מל[38] . ל

בְּזַ֣עַף אַ֔ף וְלַ֖הַב אֵ֣שׁ אוֹכֵלָ֑ה נֶ֥פֶץ וָזֶ֖רֶם וְאֶ֥בֶן בָּרָֽד׃ — ג

31 כִּֽי־מִקּ֥וֹל יְהוָ֖ה יֵחַ֣ת אַשּׁ֑וּר בַּשֵּׁ֖בֶט יַכֶּֽה[a]׃

32 וְהָיָ֗ה כֹּ֤ל מַֽעֲבַר֙ מַטֵּ֣ה מֽוּסָדָ֔ה[a] [b]אֲשֶׁ֨ר יָנִ֤יחַ[c] יְהוָה֙ עָלָ֔יו[b] — יא בטע לאחור[39]

בְּתֻפִּ֖ים וּבְכִנֹּר֑וֹת וּבְמִלְחֲמ֥וֹת[d] תְּנוּפָ֖ה נִלְחַם[e]־בָּֽה[f]׃ — יב[40] . בם ק . ז חד מן[41] חס מ וחד מן ח[42] דמטע

33 כִּֽי־עָר֤וּךְ מֵֽאֶתְמוּל֙[a] תָּפְתֶּ֔ה[b] [c]גַּם־הִ֛וא[c] לַמֶּ֥לֶךְ[e] הוּכָ֖ן — ד . היא ק

מְדֻרָתָ֗הּ[e] אֵ֤שׁ[f] וְעֵצִים֙ הַרְבֵּ֔ה [[d]הֶעְמִ֣יק הִרְחִ֑ב[d] — ל חס[39]

נִשְׁמַ֤ת יְהוָה֙ כְּנַ֣חַל גָּפְרִ֔ית בֹּעֲרָ֖ה בָּֽהּ׃ ס

31 1 הֹ֣וי הַיֹּרְדִ֤ים מִצְרַ֙יִם֙ לְעֶזְרָ֔ה עַל־סוּסִ֖ים יִשָּׁעֵ֑נוּ — ד . ח פסוק מן ד מילין דמיין ותלת משני . ב

[28] וחד ודשן Dt 31,20. [29] Mm 264. [30] Mm 31. [31] Mm 4051. [32] Mm 2887. [33] Mm 2171. [34] Mm 2322. [35] Mm 1788. [36] Mm 149. [37] Mm 1835. [38] Mm 3175. [39] Mp sub loco. [40] Mm 1748. [41] Mm 1646. [42] Mm 1404; textus sec Mm 1404, Mm 1646 ut Q contra textum.

24 [a] 𝔔[a] יורה; frt l זֹרָה ‖ **25** [a] cf 2,15[a] ‖ **26** [a–a] > 𝔊, dl ‖ **27** [a–a] θ′(𝔖) *καὶ βαρὺ τὸ λῆμμα αὐτοῦ*, prp וְכָבֵד מַשָּׂאָה, al וכֶבֶד מ׳ cf 𝔗𝔙 ‖ **31** [a] 𝔖𝔙 pass, l יֻכֶּה ‖ **32** [a] 𝔔[a] מוסדו; l c pc Mss מוּסָרָה cf 𝔖 ‖ [b–b] prb add ‖ [c] frt l יָנִיחַ ‖ [d] frt l וּבִמְחֹלוֹת ‖ [e] frt l נָחֵלּוּ ‖ [f] mlt Mss 𝔗𝔙 ut Q, K בּה ‖ **33** [a] 𝔊(𝔖𝔗𝔙) *πρὸ ἡμερῶν*, l –וֹל ‖ [b] prp –תֹּה cf 𝔖 ‖ [c–c] add ‖ [d–d] l הָעֲמֵיק הָרְחֵב cf 𝔗 ‖ [e] l –תָּה ‖ [f] 𝔊[S*393] + *καὶ θεῖον*, frt ins וְגָפְרִית.

וַיִּבְטְחוּ עַל־רֶכֶב כִּי רָב וְעַל פָּרָשִׁים כִּי־עָצְמוּ מְאֹד — לג קמ[1]
וְלֹא שָׁעוּ עַל־קְדוֹשׁ יִשְׂרָאֵל וְאֶת־יְהוָה לֹא דָרָשׁוּ׃ — ב . ו[2]
2 וְגַם־הוּא חָכָם וַיָּבֵא[a] רָע וְאֶת־דְּבָרָיו לֹא הֵסִיר — ג ר״פ בסיפ . ז[3] . נא[4]
וְקָם עַל־בֵּית מְרֵעִים וְעַל־עֶזְרַת פֹּעֲלֵי אָוֶן׃
3 וּמִצְרַיִם אָדָם וְלֹא־אֵל וְסוּסֵיהֶם בָּשָׂר וְלֹא־רוּחַ
וַיהוָה יַטֶּה יָדוֹ וְכָשַׁל עוֹזֵר וְנָפַל עָזֻר וְיַחְדָּו כֻּלָּם יִכְלָיוּן׃ ס — יו חס את . ה מל . ל וחס . ג[5]

4 כִּי כֹה אָמַר־יְהוָה אֵלַי — כי מיחד[6] . ד בסיפ
כַּאֲשֶׁר יֶהְגֶּה הָאַרְיֵה וְהַכְּפִיר עַל־טַרְפּוֹ
אֲשֶׁר יִקָּרֵא עָלָיו מְלֹא רֹעִים — כא[7]
מִקּוֹלָם לֹא יֵחָת וּמֵהֲמוֹנָם לֹא יַעֲנֶה — ל . ל
כֵּן יֵרֵד יְהוָה צְבָאוֹת לִצְבֹּא עַל־הַר־צִיּוֹן וְעַל־גִּבְעָתָהּ׃ — ל דגש
5 כְּצִפֳּרִים עָפוֹת כֵּן יָגֵן [a]יְהוָה צְבָאוֹת[ab] עַל־יְרוּשָׁלִָם
גָּנוֹן וְהִצִּיל[c] פָּסֹחַ וְהִמְלִיט[d]׃ — ג[8] . ל
6 שׁוּבוּ[a] לַאֲשֶׁר הֶעְמִיקוּ סָרָה בְּנֵי יִשְׂרָאֵל׃ 7 כִּי בַּיּוֹם הַהוּא יִמְאָסוּן
אִישׁ אֱלִילֵי כַסְפּוֹ וֶאֱלִילֵי זְהָבוֹ אֲשֶׁר עָשׂוּ לָכֶם יְדֵיכֶם חֵטְא[a]׃
8 וְנָפַל אַשּׁוּר בְּחֶרֶב לֹא־אִישׁ וְחֶרֶב לֹא־אָדָם תֹּאכְלֶנּוּ — ח[9]
וְנָס לוֹ מִפְּנֵי־חֶרֶב וּבַחוּרָיו לָמַס יִהְיוּ׃
9 וְסַלְעוֹ מִמָּגוֹר יַעֲבוֹר וְחַתּוּ מִנֵּס שָׂרָיו — ל . ז מל
נְאֻם־יְהוָה אֲשֶׁר־אוּר לוֹ בְּצִיּוֹן וְתַנּוּר לוֹ בִּירוּשָׁלִָם׃ ס — ל כת ר

32 1 הֵן לְצֶדֶק יִמְלָךְ־מֶלֶךְ וּלְשָׂרִים[a] לְמִשְׁפָּט יָשֹׂרוּ׃ — ל . ל . ב
2 וְהָיָה־אִישׁ כְּמַחֲבֵא־רוּחַ [a]וְסֵתֶר זָרֶם[ab] — ל
כְּפַלְגֵי־מַיִם בְּצָיוֹן כְּצֵל סֶלַע־כָּבֵד בְּאֶרֶץ עֲיֵפָה׃ — ל . ב[1] . ד[2]
3 וְלֹא תִשְׁעֶינָה[a] עֵינֵי רֹאִים וְאָזְנֵי שֹׁמְעִים תִּקְשַׁבְנָה׃ [צָחוֹת[a]׃ — ו ר״פ בסיפ . כט[3] . ג[4]
4 וּלְבַב נִמְהָרִים יָבִין לָדָעַת וּלְשׁוֹן עִלְּגִים תְּמַהֵר לְדַבֵּר — ה . ה[5] . ל

Cp 31 [1]Mm 264. [2]Mm 2323. [3]Mm 357. [4]Mm 639. [5]Mm 634. [6]Mm 2049. [7]Mm 17. [8]Mm 3101. [9]Mm 2903. **Cp 32** [1]Jes 25,5. [2]Mm 2324. [3]Mp sub loco. [4]Mm 3969. [5]Mm 1278.

Cp 31,2 [a] 𝔔[a] ויביא ‖ **5** [a–a] frt dl m cs ‖ [b] > 𝔊 ‖ [c] l וְהַצִּיל cf 𝔙 ‖ [d] 𝔔[a] והפליט; l וְהִמְלִיט cf 𝔙 ‖ **6** [a] prp וְיָשֻׁבוּ ‖ **7** [a] > 𝔊𝔄𝔄, dl ‖ **Cp 32,1** [a] 𝔊(𝔖𝔗𝔙) *καὶ ἄρχοντες*, l וְשׂ׳ ‖ **2** [a–a] 𝔔[a] סתרם זרם ‖ [b] frt l מִזֶּרֶם cf 𝔊𝔙 ‖ **3** [a] 𝔙 *caligabunt*, l תְּשׁ׳ (qal) vel תֻּשַׁ׳ (ho) cf σ′𝔖𝔗 ‖ **4** [a] prb dl m cs.

5 לֹא־יִקָּרֵ֥א ע֛וֹד לְנָבָ֖ל נָדִ֑יב וּלְכִילַ֕י לֹ֥א יֵאָמֵ֖ר שֽׁוֹעַ׃ כא[6]. ג

6 כִּ֤י נָבָל֙ נְבָלָ֣ה יְדַבֵּ֔ר וְלִבּ֖וֹ יַעֲשֶׂה[a]־אָ֑וֶן

לַעֲשׂ֣וֹת חֹ֗נֶף וּלְדַבֵּ֤ר אֶל־יְהוָה֙ תּוֹעָ֔ה ב ומל[7]

לְהָרִיק֙ נֶ֣פֶשׁ רָעֵ֔ב וּמַשְׁקֶ֥ה צָמֵ֖א יַחְסִֽיר׃

7 וְכֵלַ֖י כֵּלָ֣יו רָעִ֑ים ה֚וּא זִמּ֣וֹת יָעָ֔ץ ג[8]

לְחַבֵּ֤ל עֲנִיִּים֙[a] בְּאִמְרֵי־שֶׁ֔קֶר וּבְדַבֵּ֥ר אֶבְי֖וֹן[b] מִשְׁפָּֽט׃ ג[9]. עניים ק

8 וְנָדִ֖יב נְדִיב֣וֹת יָעָ֑ץ וְה֖וּא עַל־נְדִיב֥וֹת יָקֽוּם׃ פ ל. ג[8]. ג פסוק דמיין

9 נָשִׁים֙ שַׁאֲנַנּ֔וֹת קֹ֖מְנָה[a] שְׁמַ֣עְנָה קוֹלִ֑י ג. ל

בָּנוֹת֙ בֹּֽטְח֔וֹת[b] הַאְזֵ֖נָּה אִמְרָתִֽי׃ ג. ב[10]

10 יָמִים֙ עַל־שָׁנָ֔ה תִּרְגַּ֖זְנָה בֹּֽטְח֑וֹת ג ר״פ[11]. ל. ג

כִּ֚י כָּלָ֣ה בָצִ֔יר אֹ֖סֶף בְּלִ֥י[a] יָבֽוֹא׃ ב

11 חִרְדוּ֙[a] שַֽׁאֲנַנּ֔וֹת רְגָ֖זָה בֹּֽטְח֑וֹת ג. ל. ג

פְּשֹׁ֣טָה וְעֹ֔רָה וַחֲג֖וֹרָה עַל־חֲלָצָֽיִם׃ ב מל

12 עַל־שָׁדַ֖יִם סֹֽפְדִ֑ים[a] עַל־שְׂדֵי־חֶ֕מֶד עַל־גֶּ֖פֶן פֹּרִיָּֽה׃ ב ר״פ על על על[12]. י[13] כת י וכל רות דכות ב מ ב

13 עַ֚ל אַדְמַ֣ת עַמִּ֔י ק֥וֹץ שָׁמִ֖יר[a] תַּעֲלֶ֑ה ב[14]

כִּ֚י[b] עַל־כָּל־בָּתֵּ֣י מָשׂ֔וֹשׂ קִרְיָ֖ה עַלִּיזָֽה׃ ד[15]

14 כִּֽי־אַרְמ֣וֹן נֻטָּ֔שׁ הֲמ֥וֹן עִ֖יר עֻזָּ֑ב ל. ל

עֹ֫פֶל וָבַ֜חַן הָיָ֨ה בְעַ֤ד[a] מְעָרוֹת֙[b] [c]עַד־עוֹלָ֔ם[c]

מְשׂ֥וֹשׂ פְּרָאִ֖ים מִרְעֵ֥ה עֲדָרִֽים[d]׃ ל

15 עַד־יֵעָרֶ֥ה עָלֵ֛ינוּ ר֖וּחַ מִמָּר֑וֹם ל

וְהָיָ֤ה מִדְבָּר֙ לַכַּרְמֶ֔ל וְכַרְמֶ֖ל[a] לַיַּ֥עַר יֵחָשֵֽׁב׃ חס ה[16] חד מן ג והכרמל ק מ״ת

16 וְשָׁכַ֥ן בַּמִּדְבָּ֖ר מִשְׁפָּ֑ט וּצְדָקָ֖ה בַּכַּרְמֶ֥ל תֵּשֵֽׁב׃

17 וְהָיָ֛ה מַעֲשֵׂ֥ה הַצְּדָקָ֖ה שָׁל֑וֹם וַעֲבֹדַת֙ הַצְּדָקָ֔ה הַשְׁקֵ֥ט וָבֶ֖טַח עַד־[עוֹלָֽם׃ ל. ל

18 וְיָשַׁ֥ב עַמִּ֖י בִּנְוֵ֣ה שָׁל֑וֹם וּבְמִשְׁכְּנוֹת֙ מִבְטַחִ֔ים וּבִמְנוּחֹ֖ת שַׁאֲנַנּֽוֹת׃ ס יב ל. ג

19 וּבָרַ֖ד[a] בְּרֶ֣דֶת הַיָּ֑עַר וּבַשִּׁפְלָ֖ה תִּשְׁפַּ֥ל הָעִֽיר׃ ל. ד. ל. ל

[6] Mm 17. [7] Mm 2325. [8] Mm 2262. [9] Mm 2326. [10] Mm 2327. [11] Mm 3300. [12] Mm 2328. [13] Mm 2329. [14] Mm 2330. [15] Mm 2448. [16] Mm 2090.

6 [a] 𝔔[a] חושב ‖ **7** [a] K עֲנָוִים ‖ [b] 𝔔[a] ־נים ‖ **9** [a] prb dl m cs ‖ [b] sic L, l c mlt Mss Edd בֹּט׳ ‖ **10** [a] l c 𝔔[a] בַּל ‖ **11** [a] 𝔖(Syh 𝔄𝔘) *zwʿjn*, l חֲרָדָה (imp aram 2 f pl) ‖ **12** [a] 𝔊(𝔖𝔙) *κόπτεσθε*, l סִפְדָה ‖ **13** [a] Vrs pr cop, l וְשׁ׳ ‖ [b] > Ms, dl ‖ **14** [a] dl m cs ‖ [b] prp מַעֲ׳ cf 𝔗, al עֲרֵמוֹת ‖ [c–c] frt add ‖ [d] prp עֲרָדִים ‖ **15** [a] K וְכַ׳ ‖ **19** [a] frt l c Ms וְיָרַד cf 𝔖𝔗.

20 אַשְׁרֵיכֶם זֹרְעֵי עַל־כָּל־מָיִם מְשַׁלְּחֵי רֶגֶל־הַשּׁוֹר וְהַחֲמוֹר׃ ס

33 1 הוֹי שׁוֹדֵד וְאַתָּה לֹא שָׁדוּד וּבוֹגֵד וְלֹא־בָגְדוּ בוֹ[a] ז מל ב מנה בפסוק

כַּהֲתִמְךָ שׁוֹדֵד תּוּשַּׁד כַּנְּלֹתְךָ[b] לִבְגֹּד יִבְגְּדוּ־בָךְ׃ ס ל . ז מל ב מנה בפסוק

2 יְהוָה חָנֵּנוּ לְךָ קִוִּינוּ ג

הֱיֵה זְרֹעָם[a] לַבְּקָרִים אַף־יְשׁוּעָתֵנוּ בְּעֵת צָרָה׃ ד[1]

3 מִקּוֹל הָמוֹן נָדְדוּ עַמִּים מֵרוֹמְמֻתֶךָ[a] נָפְצוּ גּוֹיִם׃ ל[2]

4 וְאֻסַּף[a] שְׁלַלְכֶם אֹסֶף[a] הֶחָסִיל כְּמַשַּׁק[b] גֵּבִים שֹׁקֵק[c] בּוֹ[d]׃ ב וחס[3] . ב . ב מל

5 נִשְׂגָּב יְהוָה כִּי שֹׁכֵן[a] מָרוֹם מִלֵּא צִיּוֹן מִשְׁפָּט וּצְדָקָה׃ ד קמ[4]

6 וְהָיָה[a] אֱמוּנַת עִתֶּיךָ[a] ג ב חס וחד מל[5]

חֹסֶן[b] יְשׁוּעֹת חָכְמַת[c] וָדָעַת יִרְאַת יְהוָה הִיא אוֹצָרוֹ[d]׃ ס ד

7 הֵן אֶרְאֶלָּם[a] צָעֲקוּ חֻצָה מַלְאֲכֵי שָׁלוֹם מַר יִבְכָּיוּן׃ ל . ב . ל חס . ב

8 נָשַׁמּוּ מְסִלּוֹת שָׁבַת עֹבֵר אֹרַח

הֵפֵר בְּרִית מָאַס עָרִים[a] לֹא חָשַׁב אֱנוֹשׁ׃

9 אָבַל[a] אֻמְלְלָה אָרֶץ הֶחְפִּיר לְבָנוֹן קָמַל ג . יד[6] קמ וכל אתנח וס״פ דכות ב מ ד

הָיָה הַשָּׁרוֹן כָּעֲרָבָה וְנֹעֵר[b] בָּשָׁן וְכַרְמֶל׃ ב

10 עַתָּה אָקוּם יֹאמַר יְהוָה עַתָּה אֵרוֹמָם[a] עַתָּה אֶנָּשֵׂא׃ כה[7] ר״פ וחד מן יב[8] פסוק דמיין . ב . ו דמטע . ל[2]

11 תַּהֲרוּ חֲשַׁשׁ תֵּלְדוּ קַשׁ רוּחֲכֶם[a] אֵשׁ תֹּאכַלְכֶם׃ ל . ל . ל

12 וְהָיוּ עַמִּים מִשְׂרְפוֹת שִׂיד קוֹצִים כְּסוּחִים בָּאֵשׁ יִצַּתּוּ׃ ס ד ב מל וב חס[9]

13 שִׁמְעוּ[a] רְחוֹקִים אֲשֶׁר עָשִׂיתִי וּדְעוּ[b] קְרוֹבִים גְּבֻרָתִי׃ ז מל בליש[10] . ה מל . ל חס

14 פָּחֲדוּ בְצִיּוֹן חַטָּאִים אָחֲזָה רְעָדָה חֲנֵפִים

מִי ׀ יָגוּר לָנוּ אֵשׁ אוֹכֵלָה מִי־יָגוּר לָנוּ מוֹקְדֵי עוֹלָם׃ ג

15 הֹלֵךְ צְדָקוֹת וְדֹבֵר מֵישָׁרִים מֹאֵס בְּבֶצַע מַעֲשַׁקּוֹת ד ומל[11] . ה . ב חד חס וחד מל . ב

Cp 33 [1]Mm 2331. [2]Mm 471א. [3]Mm 2332. [4]Mm 2252. [5]Mp sub loco. [6]Mm 1234. [7]Mm 1057. [8]Mm 3896. [9]Mm 3402. [10]Mm 3780. [11]Mm 3367.

Cp 33,1 [a] mlt Mss בָּךְ ‖ [b] = כְּהַנְ׳ (a נלה)? σ′(𝔗𝔙) *ὅταν κοπιάσῃς* a לאה = כְּנַלְאוֹתְךָ? prb l c 𝔔[a] כְּכַלֹ׳ ‖ **2** [a] 𝔖𝔗𝔙 suff 1 pl, l ־עֵנוּ ‖ **3** [a] 𝔔[a] מדמ׳ nonn Mss מרממתיך (cf akk *rimmatu* tonitrus) 𝔊 *ἀπὸ τοῦ φόβου σου* ‖ **4** [a–a] prp (כְּמַאֲסַף) שָׁלָל כְּמוֹ אסף cf 𝔖𝔗𝔙 ‖ [b] prp כמַקַּשׁ cf 𝔊𝔖 ‖ [c] prp קוֹשַׁשׁ cf 𝔖𝔄 ‖ [d] prp בַּז ‖ **5** [a] prp שָׁכַן ‖ **6** [a–a] prp ־נֹת עִתֵּי יְהוָה ‖ [b] frt l כֹּחַ׳ ‖ [c] mlt Mss חכמָה ‖ [d] prp ־רָהּ ‖ **7** [a] l c pc Mss ־לִים cf 𝔙 ‖ **8** [a] frt l c 𝔔[a] עֵדִים ‖ **9** [a] prp אָבְלָה cf Syh𝔖𝔗𝔄, al אֲבָל ‖ [b] prp וּנֵעֹר cf 𝔊 ‖ **10** [a] 𝔔[a] אתר׳ ‖ **11** [a] l כְּמוֹ (רוּחִי) רוּחַ cf 𝔗𝔙 ‖ **13** [a] l c 𝔔[a] שָׁמְעוּ cf 𝔊 ‖ [b] l c 𝔔[a] יָדְעוּ cf 𝔊.

נֹעֵ֤ר כַּפָּיו֙ מִתְּמֹ֣ךְ בַּשֹּׁ֔חַד אֹטֵ֤ם אָזְנוֹ֙ מִשְּׁמֹ֣עַ דָּמִ֔ים ג̇ . ז̇[12] . ד̇ חס̇[13]
וְעֹצֵ֥ם עֵינָ֖יו מֵרְא֥וֹת בְּרָֽע׃ 16 ה֚וּא מְרוֹמִ֣ים יִשְׁכֹּ֔ן ג̇ מל̇[14]
מְצָד֥וֹת סְלָעִ֖ים מִשְׂגַּבּ֑וֹ לַחְמ֣וֹ נִתָּ֔ן מֵימָ֖יו נֶאֱמָנִֽים׃ ח̇ בליש[15] . כ̇א[16] ד̇[17] מנה̇ קמ̇

17 מֶ֥לֶךְ בְּיָפְי֖וֹ תֶּחֱזֶ֣ינָה עֵינֶ֑יךָ תִּרְאֶ֖ינָה אֶ֥רֶץ מַרְחַקִּֽים׃ ב̇[18]
18 לִבְּךָ֖ יֶהְגֶּ֣ה אֵימָ֑ה אַיֵּ֤ה סֹפֵר֙ אַיֵּ֣ה שֹׁקֵ֔ל אַיֵּ֖ה סֹפֵ֥ר אֶת־הַמִּגְדָּלִֽים׃
19 אֶת־עַ֥ם[a] נוֹעָ֖ז[b] לֹ֣א תִרְאֶ֑ה[c] עַ֣ם עִמְקֵ֤י שָׂפָה֙ מִשְּׁמ֔וֹעַ נִלְעַ֥ג לָשׁ֖וֹן ל̇ . ג̇[19] . ה̇ מל̇[20] . י̇ז̇[21]
20 חֲזֵ֣ה צִיּ֔וֹן קִרְיַ֖ת מוֹעֲדֵ֑נוּ[a] [אֵ֥ין בִּינָֽה׃ ג̇[22] וכל תנופ̇ דכות̇ . ל̇ וחס̇[23]
עֵינֶ֨יךָ תִרְאֶ֜ינָה יְרוּשָׁלִַ֗ם נָוֶ֤ה שַׁאֲנָן֙ אֹ֣הֶל בַּל־יִצְעָ֔ן ל̇
בַּל־יִסַּ֤ע[b] יְתֵדֹתָיו֙ לָנֶ֔צַח וְכָל־חֲבָלָ֖יו בַּל־יִנָּתֵֽקוּ׃ חצי הספר בפסוקים
21 כִּ֣י אִם־שָׁ֞ם אַדִּ֤יר יְהוָה֙ לָ֔נוּ מְקוֹם־נְהָרִ֥ים[a] יְאֹרִ֖ים רַחֲבֵ֣י יָדָ֑יִם
בַּל־תֵּ֤לֶךְ בּוֹ֙ אֳנִי־שַׁ֔יִט וְצִ֥י אַדִּ֖יר לֹ֥א יַעַבְרֶֽנּוּ׃ ל̇
22 כִּ֤י יְהוָה֙ שֹׁפְטֵ֔נוּ יְהוָ֖ה מְחֹקְקֵ֑נוּ יְהוָ֥ה מַלְכֵּ֖נוּ ה֥וּא יוֹשִׁיעֵֽנוּ׃ ב̇ חד מל̇ וחד חס̇[24]
23 נִטְּשׁ֖וּ חֲבָלָ֑יִךְ[a] בַּל־יְחַזְּק֤וּ כֵן־תָּרְנָם֙ בַּל־פָּ֣רְשׂוּ נֵ֔ס ב̇ . ל̇
אָ֣ז חֻלַּ֤ק[b] עַד־[c]שָׁלָל֙ מַרְבֶּ֔ה[d] פִּסְחִ֖ים בָּ֥זְזוּ בַֽז׃ ל̇[25] . ב̇ בלשון ביזה
24 וּבַל־יֹאמַ֥ר שָׁכֵ֖ן חָלִ֑יתִי הָעָ֛ם הַיֹּשֵׁ֥ב בָּ֖הּ נְשֻׂ֥א עָוֺֽן׃ ל̇ וחס̇

34 1 קִרְב֤וּ גוֹיִם֙ לִשְׁמֹ֔עַ וּלְאֻמִּ֖ים הַקְשִׁ֑יבוּ
תִּשְׁמַ֤ע הָאָ֙רֶץ֙ וּמְלֹאָ֔הּ תֵּבֵ֖ל וְכָל־צֶאֱצָאֶֽיהָ׃
2 כִּ֣י קֶ֤צֶף לַֽיהוָה֙ עַל־כָּל־הַגּוֹיִ֔ם וְחֵמָ֖ה עַל־כָּל־צְבָאָ֑ם י̇ . ז̇
הֶחֱרִימָ֖ם נְתָנָ֥ם לַטָּֽבַח׃
3 וְחַלְלֵיהֶ֣ם יֻשְׁלָ֔כוּ וּפִגְרֵיהֶ֖ם יַעֲלֶ֣ה בָאְשָׁ֑ם ל̇ . ל̇
וְנָמַ֥סּוּ הָרִ֖ים מִדָּמָֽם׃ 4 וְנָמַ֙קּוּ֙[a] כָּל־[b]צְבָ֣א הַשָּׁמַ֔יִם[b] ב̇
וְנָגֹ֥לּוּ כַסֵּ֖פֶר הַשָּׁמָ֑יִם וְכָל־צְבָאָ֣ם יִבּ֔וֹל ד̇[1] . ז̇ . ד̇
כִּנְבֹ֤ל עָלֶה֙ מִגֶּ֔פֶן וּכְנֹבֶ֖לֶת מִתְּאֵנָֽה׃ ל̇

[12] Mm 3650. [13] Mm 3685. [14] Mp sub loco. [15] Mm 1666. [16] Mm 2838. [17] Mm 403. [18] Mm 2333. [19] Mm 2334. [20] Mm 3159. [21] Mm 3615. [22] Mm 3812. [23] Mm 2335. [24] Mm 2336. [25] Mm 3816. **Cp 34** [1] Mm 13.

19 [a] prp אַתָּ || [b] prp לוֹעֵז = נועז || [c] 𝔔[a] תראו || **20** [a] 𝔔[a] mlt Mss α′σ′θ′𝔖 –דֵינוּ || [b] Vrs pass = יִסַּע; prp יִסְעוּ || **21** [a] dl || **23** [a] prp –לַיִו cf 𝔗 || [b] σ′ act cf 𝔗, frt l חִלֵּק || [c] prp עִוֵּר cf 𝔗 || [d] 𝔔[a] מרובה cf α′σ′ || **Cp 34,4** [a] 𝔔[a] והעמקים יתבקעו ו || [b–b] prp הַגְּבָעוֹת.

5 כִּֽי־רִוְּתָ֥ה[a] בַשָּׁמַ֖יִם חַרְבִּ֑י[b] ל̇
הִנֵּה֙ עַל־אֱד֣וֹם תֵּרֵ֔ד וְעַל־עַ֥ם חֶרְמִ֖י[c] לְמִשְׁפָּֽט׃
6 חֶ֣רֶב לַיהוָ֞ה מָלְאָ֣ה דָם֮ הֻֽדַּשְּׁנָ֣ה מֵחֵ֒לֶב֒ ל̇
מִדַּ֤ם כָּרִים֙ וְעַתּוּדִ֔ים מֵחֵ֖לֶב כִּלְי֣וֹת אֵילִ֑ים ה̇[2]. ב̇ מל
כִּ֣י זֶ֤בַח לַֽיהוָה֙ בְּבָצְרָ֔ה וְטֶ֥בַח גָּד֖וֹל בְּאֶ֥רֶץ אֱדֽוֹם׃
7 וְיָרְד֤וּ רְאֵמִים֙ עִמָּ֔ם וּפָרִ֖ים עִם־אַבִּירִ֑ים ז̇[3]. ב̇[4]. ב̇
וְרִוְּתָ֤ה[a] אַרְצָם֙ מִדָּ֔ם וַעֲפָרָ֖ם מֵחֵ֥לֶב יְדֻשָּֽׁן׃ ב̇
8 כִּ֛י י֥וֹם נָקָ֖ם לַֽיהוָ֑ה שְׁנַ֥ת שִׁלּוּמִ֖ים לְרִ֥יב[a] צִיּֽוֹן׃ ב̇
9 וְנֶהֶפְכ֤וּ נְחָלֶ֙יהָ֙ לְזֶ֔פֶת וַעֲפָרָ֖הּ לְגָפְרִ֑ית ג̇. ב̇
וְהָיְתָ֣ה אַרְצָ֔הּ לְזֶ֖פֶת בֹּעֵרָֽה׃ ב̇
10 לַ֤יְלָה וְיוֹמָם֙ לֹ֣א תִכְבֶּ֔ה לְעוֹלָ֖ם יַעֲלֶ֣ה עֲשָׁנָ֑הּ ג̇ ב̇ מנה בנביא. ו̇[5]
מִדּ֤וֹר לָדוֹר֙ תֶּחֱרָ֔ב לְנֵ֣צַח נְצָחִ֔ים אֵ֖ין עֹבֵ֥ר בָּֽהּ׃ ל̇. ל̇. ד̇ כת כן[6]
11 וִירֵשׁ֙וּהָ֙ קָאַ֣ת וְקִפּ֔וֹד וְיַנְשׁ֥וֹף וְעֹרֵ֖ב יִשְׁכְּנוּ־בָ֑הּ ד̇[7]. ג̇
וְנָטָ֥ה עָלֶ֛יהָ קַו־תֹ֖הוּ וְאַבְנֵי־בֹֽהוּ׃ 12 חֹרֶ֙יהָ֙[a] ל̇
וְאֵין־שָׁ֖ם מְלוּכָ֣ה יִקְרָ֑אוּ וְכָל־שָׂרֶ֖יהָ יִ֥הְיוּ אָֽפֶס׃ ב̇ קמ̇
13 וְעָלְתָ֤ה אַרְמְנֹתֶ֙יהָ֙ סִירִ֔ים קִמּ֥וֹשׂ וָח֖וֹחַ בְּמִבְצָרֶ֑יהָ ד̇ חס̇[8]
וְהָיְתָה֙ נְוֵ֣ה תַנִּ֔ים חָצִ֖יר[a] לִבְנ֥וֹת יַעֲנָֽה׃
14 וּפָגְשׁ֤וּ צִיִּים֙ אֶת־אִיִּ֔ים וְשָׂעִ֖יר עַל־רֵעֵ֣הוּ יִקְרָ֑א[a] ה̇[9]
אַךְ־שָׁם֙ הִרְגִּ֣יעָה לִּילִ֔ית וּמָצְאָ֥ה לָ֖הּ מָנֽוֹחַ׃ כל מל
15 שָׁ֣מָּה[a] קִנְּנָה֩ קִפּ֨וֹז וַתְּמַלֵּ֜ט וּבָקְעָ֤ה וְדָגְרָה֙ בְצִלָּ֔הּ[b] ה̇[10] ר״פ וחד מן ה̇[11] פסוק שמה שם. ל̇
אַךְ־שָׁ֛ם נִקְבְּצ֥וּ דַיּ֖וֹת אִשָּׁ֥ה רְעוּתָֽהּ[c]׃ ל̇. ה̇
16 דִּרְשׁ֨וּ מֵעַל־סֵ֤פֶר יְהוָה֙ וּקְרָ֔אוּ[a] אַחַ֤ת מֵהֵ֙נָּה֙ לֹ֣א נֶעְדָּ֔רָה ז̇[12]. ל̇
[b]אִשָּׁ֥ה רְעוּתָ֖הּ לֹ֣א פָקָ֑דוּ[b] כִּֽי־[c]פִ֙י[d] ה֣וּא[c] צִוָּ֔ה וְרוּח֖וֹ ה֥וּא ה̇. ג̇
17 וְהֽוּא־הִפִּ֤יל לָהֶן֙ גּוֹרָ֔ל וְיָד֛וֹ חִלְּקַ֥תָּה לָהֶ֖ם[a] בַּקָּ֑ו [קִבְּצָֽן׃ לג ר״פ. יד̇[13]. ג̇[14]. ל̇]ל̇

[2]Mm 2338. [3]Mm 3140. [4]Mm 2339. [5]Mm 687. [6]Mm 3284. [7]Mm 2443. [8]Mm 2340. [9]Mm 515. [10]Mm 2922. [11]Mm 2341. [12]Mm 2967. [13]Mm 190. [14]Mm 182.

5 [a] 𝔔[a] תראה cf 𝔗 *ttglj* = תֵּרָאֶה; 𝔊(𝔙) ἐμεθύσθη = רָוְתָה ‖ [b] prp חֶרֶב יְהוָה vel חרבוֹ ‖ [c] prp חרמוֹ ‖ **7** [a] 𝔊(𝔖𝔗𝔙) καὶ μεθυσθήσεται, l וְרָוְתה ‖ **8** [a] 𝔖 *ldjn'*, frt l לְרָב, al לְרַב ‖ **12** [a] in init v exc nonn vb cf 𝔊 ‖ **13** [a] l c 𝔔[a]𝔊𝔖𝔗 חצֵר ‖ **14** [a] frt l יִקָּרֵא = יִקָּרֶה ‖ **15** [a] l שָׁם cf 𝔊𝔗𝔙 ‖ [b] prp בֵּצֶיהָ ‖ [c] ins לא פָּקָדוּ cf 16 ‖ **16** [a] dl cf 𝔊 ‖ [b–b] dl cf 15; 𝔔[a] om לא פקדו ‖ [c–c] 𝔔[a] pc Mss פיהו cf 𝔖𝔗 ‖ [d] l c pc Mss פִּי יְהוָה cf 𝔊 ‖ **17** [a] > 𝔊, dl.

עַד־עוֹלָם֙ יִֽירָשׁ֔וּהָ לְד֥וֹר וָד֖וֹר יִשְׁכְּנוּ־בָֽהּ׃ ס ב

35 1 יְשֻׂשׂ֖וּםa מִדְבָּ֣ר וְצִיָּ֑ה וְתָגֵ֧ל עֲרָבָ֛ה וְתִפְרַ֖חb ל¹

כַּחֲבַצָּֽלֶת׃ 2 פָּרֹ֨חַ תִּפְרַ֜ח וְתָגֵ֗ל אַ֚ף גִּילַ֣תa וְרַנֵּ֔ן ל. ב. ל

כְּב֤וֹד הַלְּבָנוֹן֙ נִתַּן־לָ֔הּ הֲדַ֥ר הַכַּרְמֶ֖ל וְהַשָּׁר֑וֹן כא². ב בפסוק

הֵ֛מָּה יִרְא֥וּ כְבוֹד־יְהוָ֖ה הֲדַ֥ר אֱלֹהֵֽינוּ׃ ס ב בפסוק³

3 חַזְּקוּ֙ יָדַ֣יִם רָפ֔וֹת וּבִרְכַּ֥יִם כֹּשְׁל֖וֹת אַמֵּֽצוּ׃ ב

4 אִמְרוּ֙ לְנִמְהֲרֵי־לֵ֔ב חִזְק֖וּ אַל־תִּירָ֑אוּ

הִנֵּ֤ה אֱלֹהֵיכֶם֙ נָקָ֣ם יָב֔וֹא ב

גְּמ֣וּל אֱלֹהִ֔ים ה֥וּא יָב֖וֹא וְיֹשַׁעֲכֶֽםa׃ ל

5 אָ֥ז תִּפָּקַ֖חְנָה עֵינֵ֣י עִוְרִ֑ים וְאָזְנֵ֥י חֵרְשִׁ֖ים תִּפָּתַֽחְנָה׃ ל. ג⁴. ל

6 אָ֣ז יְדַלֵּ֤ג כָּֽאַיָּל֙ פִּסֵּ֔חַ וְתָרֹ֖ן לְשׁ֣וֹן אִלֵּ֑ם ל. ל

כִּֽי־נִבְקְע֤וּ בַמִּדְבָּר֙ מַ֔יִם וּנְחָלִ֖ים בָּעֲרָבָֽהa׃

7 וְהָיָ֤ה הַשָּׁרָב֙ לַאֲגַ֔ם וְצִמָּא֖וֹן לְמַבּ֣וּעֵי מָ֑יִם ג. ב

בִּנְוֵ֤ה תַנִּים֙ רִבְצָ֔הּa חָצִ֖ירb לְקָנֶ֥ה וָגֹֽמֶא׃ ל. ל⁵

8 וְהָֽיָה־שָׁ֞ם מַסְל֣וּל וָדֶ֗רֶךְa וְדֶ֤רֶךְ הַקֹּ֨דֶשׁ֙ יִקָּ֣רֵא לָ֔הּb [יִתְעוּd׃ כא⁶

לֹֽא־יַעַבְרֶ֥נּוּ טָמֵ֖א cוְהוּא־לָ֑מוֹ הֹלֵ֥ךְ דֶּ֛רֶךְc וֶאֱוִילִ֖יםd לֹ֥א

9 לֹא־יִהְיֶ֨ה שָׁ֜ם אַרְיֵ֗ה וּפְרִ֤יץ חַיּוֹת֙ בַּל־יַעֲלֶ֔נָּה aלֹ֥א תִמָּצֵ֖אa ל

שָׁ֑ם וְהָלְכ֖וּb גְּאוּלִֽים׃ 10 וּפְדוּיֵ֨י יְהוָ֜ה יְשֻׁב֗וּן ל⁷ ג מנה חס — ס̄ג³

וּבָ֤אוּ צִיּוֹן֙ בְּרִנָּ֔ה וְשִׂמְחַ֥ת עוֹלָ֖ם עַל־רֹאשָׁ֑ם ב

שָׂשׂ֤וֹן וְשִׂמְחָה֙ יַשִּׂ֔יגוּa וְנָ֖סוּ יָג֥וֹן וַאֲנָחָֽה׃ פ ד

36 1 וַיְהִ֞י בְּאַרְבַּ֧ע עֶשְׂרֵ֣ה שָׁנָ֗ה לַמֶּ֣לֶךְ חִזְקִיָּ֔הוּ עָלָ֞ה סַנְחֵרִ֤יב מֶֽלֶךְ־אַשּׁוּר֙ ה

עַ֛ל כָּל־עָרֵ֥י יְהוּדָ֖ה הַבְּצֻר֑וֹת וַֽיִּתְפְּשֵֽׂם׃ 2 וַיִּשְׁלַ֣ח מֶֽלֶךְ־אַשּׁ֣וּר ׀ אֶת־ ל. לגר

רַב־שָׁקֵ֞ה מִלָּכִ֧ישׁ יְרוּשָׁ֛לְַמָה אֶל־הַמֶּ֥לֶךְ חִזְקִיָּ֖הוּ בְּחֵ֣ילa כָּבֵ֑ד וַֽיַּעֲמֹ֗ד ה ד מנה חס¹. ב

Cp 35 ¹Mm 1786. ²Mm 2838. ³Mp sub loco. ⁴Mm 3969. ⁵Mm 379. ⁶Mm 17. ⁷Mm 2398.
Cp 36 ¹Mm 1939.

Cp 35,1 a l c Ms 𝔗 יְשַׂשּׂוּ ‖ b huc tr : ‖ **2** a 𝔗 *bj'*, l גִילָה ‖ **4** a l 'וישׁ ‖ **6** a 𝔔a + ילכו ‖ **7** a 𝔔a רבץ; l c mlt Mss צָה– ‖ b 𝔊(Syh 𝔄) *ἔπαυλις* cf 𝔊ᴮ𝔖, prp חצר ‖ **8** a > 𝔔a nonn Mss 𝔖; 𝔊 *καθαρά*, frt l טָהוֹר, potius בָּרוּר ‖ b l לוֹ ‖ c–c prp וְהָאֱוִיל מְהַלֵּךְ בְּ(לְ)דַרְכּוֹ ‖ d–d prb dl ‖ **9** a–a add? ‖ b tr post והלכו cf 𝔊 ‖ **10** a 𝔊 *καταλήμψεται αὐτούς*, prp –גוּם ‖ **Cp 36,2** a l c mlt Mss בְּחַיִל.

3 בִּתְעָלַת֙ הַבְּרֵכָ֣ה הָעֶלְיוֹנָ֔ה בִּמְסִלַּ֖ת שְׂדֵ֥ה כוֹבֵֽס׃ 3 וַיֵּצֵ֣א אֵלָ֗יו אֶלְיָקִ֛ים ג̇²
בֶּן־חִלְקִיָּ֖הוּ אֲשֶׁ֣ר עַל־הַבָּ֑יִת וְשֶׁבְנָא֙ הַסֹּפֵ֔ר וְיוֹאָ֥ח בֶּן־אָסָ֖ף הַמַּזְכִּֽיר׃
4 וַיֹּ֤אמֶר אֲלֵיהֶם֙ רַב־שָׁקֵ֔ה אִמְרוּ־נָ֖א אֶל־חִזְקִיָּ֑הוּ כֹּֽה־אָמַ֞ר הַמֶּ֤לֶךְ ד̇
5 הַגָּדוֹל֙ מֶ֣לֶךְ אַשּׁ֔וּר מָ֧ה הַבִּטָּח֛וֹן הַזֶּ֖ה אֲשֶׁ֥ר בָּטָֽחְתָּ׃ 5 אָמַ֙רְתִּי֙ᵃ אַךְ־ ב̇ ומל³. ל̇⁴
דְּבַר־שְׂפָתַ֔יִם עֵצָ֥ה וּגְבוּרָ֖ה לַמִּלְחָמָ֑ה עַתָּה֙ עַל־מִ֣י בָטַ֔חְתָּ כִּ֥י מָרַ֖דְתָּ
6 בִּֽי׃ 6 הִנֵּ֣ה בָטַ֡חְתָּ עַל־מִשְׁעֶנֶת֩ הַקָּנֶ֨ה הָרָצ֤וּץ הַזֶּה֙ עַל־מִצְרַ֔יִם אֲשֶׁ֨ר ב̇
יִסָּמֵ֥ךְ אִישׁ֙ עָלָ֔יו וּבָ֥א בְכַפּ֖וֹ וּנְקָבָ֑הּ כֵּ֚ן פַּרְעֹ֣ה מֶלֶךְ־מִצְרַ֔יִם לְכָל־ ב̇⁵. ב̇
7 הַבֹּטְחִ֖ים עָלָֽיו׃ 7 וְכִֽי־תֹאמַ֣רᵃ אֵלַ֔י אֶל־יְהוָ֥ה אֱלֹהֵ֖ינוּ בָּטָ֑חְנוּ הֲלוֹא־ ב̇⁶. י̇ בטח אל
ה֗וּא אֲשֶׁ֨ר הֵסִ֤יר חִזְקִיָּ֙הוּ֙ אֶת־בָּמֹתָ֣יו וְאֶת־מִזְבְּחֹתָ֔יו וַיֹּ֤אמֶר לִֽיהוּדָה֙ ד̇
8 וְלִיר֣וּשָׁלִַ֔ם לִפְנֵ֛י הַמִּזְבֵּ֥חַ הַזֶּ֖ה תִּֽשְׁתַּחֲוֽוּ׃ 8 וְעַתָּה֙ הִתְעָ֣רֶב נָ֔א אֶת־ ח̇⁷. ב̇
אֲדֹנִ֖י הַמֶּ֣לֶךְ אַשּׁ֑וּרᵃ וְאֶתְּנָ֤ה לְךָ֙ אַלְפַּ֣יִם סוּסִ֔ים אִם־תּוּכַ֕ל לָ֥תֶת לְךָ֖
9 רֹכְבִ֥ים עֲלֵיהֶֽם׃ 9 וְאֵ֣יךְ תָּשִׁ֗יב אֵ֠ת פְּנֵ֨י פַחַ֥תᵃ אַחַ֛ד עַבְדֵ֥י אֲדֹנִ֖י הַקְּטַנִּ֑ים ג̇ ר״פ⁸. ל̇⁹. כ̇ה¹⁰
10 וַתִּבְטַ֣ח לְךָ֗ עַל־מִצְרַ֔יִם לְרֶ֖כֶב וּלְפָרָשִֽׁים׃ 10 וְעַתָּה֙ הֲמִֽבַּלְעֲדֵ֣י יְהוָ֔ה ג̇
עָלִ֛יתִי עַל־הָאָ֥רֶץ הַזֹּ֖את לְהַשְׁחִיתָ֑הּ יְהוָה֙ אָמַ֣ר אֵלַ֔י עֲלֵ֛ה אֶל־הָאָ֥רֶץ ב̇ בסיפ¹¹. ד̇¹²
11 הַזֹּ֖את וְהַשְׁחִיתָֽהּ׃ 11 וַיֹּ֣אמֶר ᵃאֶלְיָקִים֩ וְשֶׁבְנָ֨א וְיוֹאָ֜חᵃ אֶל־רַב־ ב̇
שָׁקֵ֗ה דַּבֶּר־נָ֤א אֶל־עֲבָדֶ֙יךָ֙ אֲרָמִ֔ית כִּ֥י שֹׁמְעִ֖ים אֲנָ֑חְנוּ וְאַל־תְּדַבֵּ֣ר
12 אֵלֵ֗ינוּ יְהוּדִ֔ית בְּאָזְנֵ֣י הָעָ֔ם אֲשֶׁ֖ר עַל־הַחוֹמָֽה׃ 12 וַיֹּ֣אמֶר רַב־שָׁקֵ֗ה ז̇. ל̇ז
הַאֶל֩ אֲדֹנֶ֨יךָ וְאֵלֶ֜יךָ שְׁלָחַ֤נִי אֲדֹנִי֙ לְדַבֵּ֔ר אֶת־הַדְּבָרִ֖ים הָאֵ֑לֶּה הֲלֹ֣א ל̇¹³. ג̇ ומל¹⁴. ו̇ חס בסיפ
עַל־הָאֲנָשִׁ֗ים הַיֹּשְׁבִים֙ עַל־הַ֣חוֹמָ֔ה לֶאֱכֹ֤ל אֶת־חֲרָאֵיהֶםᵃ וְלִשְׁתּ֛וֹת אֶת־ ה̇¹⁵. צואתם ק̇
13 שֵׁינֵיהֶ֖םᵇ עִמָּכֶֽם׃ 13 וַיַּֽעֲמֹד֙ רַב־שָׁקֵ֔ה וַיִּקְרָ֥א בְקוֹל־גָּד֖וֹל יְהוּדִ֑ית ז̇. מימי רגליהם ק̇
14 וַיֹּ֗אמֶר שִׁמְע֛וּ אֶת־דִּבְרֵ֥י הַמֶּ֖לֶךְ הַגָּד֥וֹל מֶ֥לֶךְ אַשּֽׁוּר׃ 14 כֹּ֚ה אָמַ֣ר ד̇
15 הַמֶּ֔לֶךְ אַל־יַשִּׁ֥א לָכֶ֖ם חִזְקִיָּ֑הוּ כִּ֥י לֹא־יוּכַ֖ל לְהַצִּ֥יל אֶתְכֶֽם׃ 15 וְאַל־ ה̇ ב̇ מל וג̇ חס. ב̇
יַבְטַ֨ח אֶתְכֶ֤ם חִזְקִיָּ֙הוּ֙ אֶל־יְהוָ֣ה לֵאמֹ֔ר הַצֵּ֥ל יַצִּילֵ֖נוּ יְהוָ֑ה לֹ֤א תִנָּתֵן֙ י̇ בטח אל
16 הָעִ֣יר הַזֹּ֔את בְּיַ֖ד מֶ֥לֶךְ אַשּֽׁוּר׃ 16 אַֽל־תִּשְׁמְע֖וּ אֶל־חִזְקִיָּ֑הוּ ס כִּי֩ כֹ֨ה
אָמַ֤ר הַמֶּ֙לֶךְ֙ אַשּׁ֔וּרᵃ עֲשׂוּ־אִתִּ֤י בְרָכָה֙ וּצְא֣וּ אֵלַ֔י וְאִכְל֤וּ אִֽישׁ־גַּפְנוֹ֙ וְאִ֣ישׁ

[2] Mm 2156. [3] Mm 2342. [4] Mm 2158. [5] Mm 2343. [6] Mm 1161. [7] Mm 2159. [8] Mm 2160. [9] Mm 161. [10] Mm 187. [11] Mm 2344. [12] Mm 2345. [13] Mm 2346. [14] Mm 29. [15] Mm 2347.

5 ᵃ l c 𝔔ᵃ mlt Mss et 2 R 18,20 –תָּ ‖ **7** ᵃ 𝔔ᵃ𝔊𝔗 et 2 R 18,22 –מְרוּן ‖ **8** ᵃ dl ‖ **9** ᵃ dl ‖ **11** ᵃ⁻ᵃ prb dl cf 𝔊^{S*393} et 12 ‖ **12** ᵃ K חֲרָאֵיהֶם; 𝔔ᵃ חריהמה ᵇ K שֵׁינֵיהֶם ‖ **16** ᵃ dl.

17 תְּאֵנָתוֹ וּשְׁתוּ אִישׁ מֵי־בוֹרוֹ׃ 17 עַד־בֹּאִי וְלָקַחְתִּי אֶתְכֶם אֶל־אֶרֶץ — ב חד מל וחד חס
18 כְּאַרְצְכֶם אֶרֶץ דָּגָן וְתִירוֹשׁ אֶרֶץ לֶחֶם וּכְרָמִים׃ 18 פֶּן־יַסִּית אֶתְכֶם — ב
חִזְקִיָּהוּ לֵאמֹר יְהוָה יַצִּילֵנוּ הַהִצִּילוּ אֱלֹהֵי הַגּוֹיִם אִישׁ אֶת־אַרְצוֹ מִיַּד
19 מֶלֶךְ אַשּׁוּר׃ 19 אַיֵּה אֱלֹהֵי חֲמָת וְאַרְפָּד אַיֵּה אֱלֹהֵי סְפַרְוָיִם[a] וְכִי־[b] — ל
20 הִצִּילוּ אֶת־שֹׁמְרוֹן מִיָּדִי׃ 20 מִי בְּכָל־אֱלֹהֵי הָאֲרָצוֹת הָאֵלֶּה אֲשֶׁר־
21 הִצִּילוּ אֶת־אַרְצָם מִיָּדִי כִּי־יַצִּיל יְהוָה אֶת־יְרוּשָׁלִַם מִיָּדִי׃ 21 וַיַּחֲרִישׁוּ
וְלֹא־עָנוּ אֹתוֹ דָּבָר כִּי־מִצְוַת הַמֶּלֶךְ הִיא לֵאמֹר לֹא תַעֲנֻהוּ׃ — ג פסוק ולא לא[16] . ב
22 וַיָּבֹא אֶלְיָקִים בֶּן־חִלְקִיָּהוּ אֲשֶׁר־עַל־הַבַּיִת וְשֶׁבְנָא הַסּוֹפֵר וְיוֹאָח — ב מל בנביא[17]
בֶּן־אָסָף הַמַּזְכִּיר אֶל־חִזְקִיָּהוּ קְרוּעֵי בְגָדִים וַיַּגִּידוּ לוֹ אֵת דִּבְרֵי רַב־ — ב מל . ז דמטע בטע[18]
שָׁקֵה׃ ס

37 1 וַיְהִי כִּשְׁמֹעַ הַמֶּלֶךְ חִזְקִיָּהוּ וַיִּקְרַע אֶת־בְּגָדָיו וַיִּתְכַּס בַּשָּׂק וַיָּבֹא בֵּית — ב
2 יְהוָה׃ 2 וַיִּשְׁלַח אֶת־אֶלְיָקִים אֲשֶׁר־עַל־הַבַּיִת וְאֵת ׀ שֶׁבְנָא הַסּוֹפֵר — ב מל בנביא[1]
וְאֵת זִקְנֵי הַכֹּהֲנִים מִתְכַּסִּים בַּשַּׂקִּים אֶל־יְשַׁעְיָהוּ בֶן־אָמוֹץ הַנָּבִיא׃ — ג[2]
3 וַיֹּאמְרוּ[a] אֵלָיו כֹּה אָמַר חִזְקִיָּהוּ יוֹם־צָרָה וְתוֹכֵחָה וּנְאָצָה הַיּוֹם הַזֶּה — ב
4 כִּי בָאוּ בָנִים עַד־מַשְׁבֵּר וְכֹחַ אַיִן לְלֵדָה׃ 4 אוּלַי יִשְׁמַע יְהוָה אֱלֹהֶיךָ — ב . ב
אֵת ׀ דִּבְרֵי רַב־שָׁקֵה אֲשֶׁר שְׁלָחוֹ מֶלֶךְ־אַשּׁוּר ׀ אֲדֹנָיו לְחָרֵף אֱלֹהִים — ב פסוק דמטע[3]
חַי וְהוֹכִיחַ בַּדְּבָרִים אֲשֶׁר שָׁמַע יְהוָה אֱלֹהֶיךָ וְנָשָׂאתָ תְפִלָּה בְּעַד — ה
5 הַשְּׁאֵרִית הַנִּמְצָאָה׃ 5 וַיָּבֹאוּ עַבְדֵי הַמֶּלֶךְ חִזְקִיָּהוּ אֶל־יְשַׁעְיָהוּ׃ — ב[4]
6 וַיֹּאמֶר אֲלֵיהֶם יְשַׁעְיָהוּ כֹּה תֹאמְרוּן אֶל־אֲדֹנֵיכֶם כֹּה ׀ אָמַר יְהוָה — ט[5]
אַל־תִּירָא מִפְּנֵי הַדְּבָרִים אֲשֶׁר שָׁמַעְתָּ אֲשֶׁר גִּדְּפוּ נַעֲרֵי מֶלֶךְ־אַשּׁוּר — ג[6]
7 אוֹתִי׃ 7 הִנְנִי נוֹתֵן בּוֹ רוּחַ וְשָׁמַע שְׁמוּעָה וְשָׁב אֶל־אַרְצוֹ וְהִפַּלְתִּיו — כי[7] מל ה מנה בסיפ וכל יהושע ושפטים דכות במ ב . ו מל . ב
8 בַּחֶרֶב בְּאַרְצוֹ׃ 8 וַיָּשָׁב רַב־שָׁקֵה וַיִּמְצָא אֶת־מֶלֶךְ אַשּׁוּר
9 נִלְחָם עַל־לִבְנָה כִּי שָׁמַע כִּי נָסַע מִלָּכִישׁ׃ 9 וַיִּשְׁמַע עַל־תִּרְהָקָה — ב פסוק דמטע[8]
מֶלֶךְ־כּוּשׁ לֵאמֹר יָצָא לְהִלָּחֵם אִתָּךְ וַיִּשְׁמַע[a] וַיִּשְׁלַח מַלְאָכִים אֶל־
10 חִזְקִיָּהוּ לֵאמֹר׃ 10 כֹּה תֹאמְרוּן אֶל־חִזְקִיָּהוּ מֶלֶךְ־יְהוּדָה לֵאמֹר אַל־ — ט[5]
יַשִּׁאֲךָ[a] אֱלֹהֶיךָ אֲשֶׁר אַתָּה בּוֹטֵחַ בּוֹ לֵאמֹר לֹא תִנָּתֵן יְרוּשָׁלִַם בְּיַד מֶלֶךְ — ב . כז בטע . ג[9] מל בנביא וכל כתיב דכות ב מ ה

[16] Mp sub loco. [17] TM sicut Mp homtel contra Mm 2348, cf Jes 37,2 et Mp sub loco. [18] Mm 2139.
Cp 37 [1] Mm 2348. [2] Mm 2349. [3] Mm 2162. [4] Mm 2350. [5] Mm 235. [6] Mm 2351. [7] Mm 1238א.
[8] Mm 2163. [9] Mm 2352.

19 [a] ins אַיֵּה אֱלֹהֵי אֶרֶץ שֹׁמְרוֹן cf 2 R 18,34 ‖ [b] 𝔊(SV) μή, l הֲכִי ‖ **Cp 37,3** [a] prp וְי׳ ‖
9 [a] l c 2 R 19,9 וַיָּשָׁב cf 𝔊 ‖ **10** [a] ga'ya eras.

אַשּׁ֑וּר׃ 11 הִנֵּ֣ה׀ אַתָּ֣ה שָׁמַ֗עְתָּ אֲשֶׁ֨ר עָשׂ֜וּ מַלְכֵ֥י אַשּׁ֛וּר לְכָל־הָאֲרָצ֖וֹת 11
לְהַחֲרִימָ֑ם וְאַתָּ֖ה תִּנָּצֵֽל׃ 12 הַהִצִּ֨ילוּ אוֹתָ֜ם אֱלֹהֵ֤י הַגּוֹיִם֙ אֲשֶׁ֣ר הִשְׁחִ֣יתוּ 12
אֲבוֹתַ֔י אֶת־גּוֹזָ֖ן וְאֶת־חָרָ֑ן וְרֶ֥צֶף וּבְנֵי־עֶ֖דֶן אֲשֶׁ֥ר[a] בִּתְלַשָּֽׂר[b]׃ 13 אַיֵּ֤ה 13 ‖ ז מל . ד[10] . ב חד חס וחד מל[11]
מֶֽלֶךְ־חֲמָת֙ וּמֶ֣לֶךְ אַרְפָּ֔ד וּמֶ֖לֶךְ לָעִ֣יר[a] סְפַרְוָ֑יִם הֵנַ֖ע וְעִוָּֽה׃ ‖ ב בסיפ
14 וַיִּקַּ֨ח חִזְקִיָּ֧הוּ אֶת־הַסְּפָרִ֛ים[a] מִיַּ֥ד הַמַּלְאָכִ֖ים וַיִּקְרָאֵ֑הוּ וַיַּ֙עַל֙ בֵּ֣ית 14 ‖ ל בסיפ[12]
יְהוָ֔ה וַֽיִּפְרְשֵׂ֥הוּ חִזְקִיָּ֖הוּ לִפְנֵ֥י יְהוָֽה׃ 15 וַיִּתְפַּלֵּל֙ חִזְקִיָּ֔הוּ אֶל־יְהוָ֖ה 15 ‖ ב
לֵאמֹֽר׃ 16 יְהוָ֨ה צְבָא֜וֹת אֱלֹהֵ֤י יִשְׂרָאֵל֙ יֹשֵׁ֣ב הַכְּרֻבִ֔ים אַתָּה־ה֤וּא 16 ‖ ה חס בסיפ . יב חס וכל אורית דכות[13]
הָֽאֱלֹהִים֙ לְבַדְּךָ֔ לְכֹ֖ל מַמְלְכ֣וֹת הָאָ֑רֶץ אַתָּ֣ה עָשִׂ֔יתָ אֶת־הַשָּׁמַ֖יִם וְאֶת־ ‖ יג[14]
הָאָֽרֶץ׃ 17 הַטֵּ֨ה יְהוָ֤ה׀ אָזְנְךָ֙ וּֽשְׁמָ֔ע פְּקַ֧ח יְהוָ֛ה עֵינֶ֖ךָ וּרְאֵ֑ה וּשְׁמַ֗ע אֵ֚ת 17 ‖ יג . ה[15] . סו ו[16] מנה חס . ב פסוק דמטע[17]
כָּל־דִּבְרֵ֣י סַנְחֵרִ֔יב אֲשֶׁ֣ר שָׁלַ֔ח לְחָרֵ֖ף אֱלֹהִ֥ים חָֽי׃ 18 אָמְנָ֖ם יְהוָ֑ה 18
הֶחֱרִ֜יבוּ מַלְכֵ֥י אַשּׁ֛וּר אֶת־כָּל־הָאֲרָצ֖וֹת[a] וְאֶת־אַרְצָֽם[b]׃ 19 וְנָתֹ֥ן אֶת־ 19 ‖ ג[18] . ז[19]
אֱלֹהֵיהֶ֖ם בָּאֵ֑שׁ כִּ֠י לֹ֣א אֱלֹהִ֥ים הֵ֙מָּה֙ כִּ֣י אִם־מַעֲשֵׂ֧ה יְדֵי־אָדָ֛ם עֵ֥ץ וָאֶ֖בֶן
וַֽיְאַבְּדֽוּם׃ 20 וְעַתָּה֙ יְהוָ֣ה אֱלֹהֵ֔ינוּ הוֹשִׁיעֵ֖נוּ מִיָּד֑וֹ[a] וְיֵֽדְעוּ֙ כָּל־מַמְלְכ֣וֹת ס ‖ ב . ג . יא[20]
הָאָ֔רֶץ כִּֽי־אַתָּ֥ה יְהוָ֖ה[b] לְבַדֶּֽךָ׃ 21 וַיִּשְׁלַח֙ יְשַֽׁעְיָ֣הוּ בֶן־ 21
אָמ֔וֹץ אֶל־חִזְקִיָּ֖הוּ לֵאמֹ֑ר כֹּֽה־אָמַ֤ר יְהוָה֙ אֱלֹהֵ֣י יִשְׂרָאֵ֔ל אֲשֶׁ֤ר הִתְפַּלַּ֙לְתָּ֙ ‖ כד
אֵלַ֔י אֶל־סַנְחֵרִ֖יב מֶ֥לֶךְ אַשּֽׁוּר[a]׃ 22 זֶ֣ה הַדָּבָ֔ר אֲשֶׁר־דִּבֶּ֥ר יְהוָ֖ה עָלָ֑יו 22

בָּזָ֨ה לְךָ֜ לָעֲגָ֣ה לְךָ֗ בְּתוּלַת֙ בַּת־צִיּ֔וֹן ‖ ח[21]
אַחֲרֶ֙יךָ֙ רֹ֣אשׁ הֵנִ֔יעָה בַּ֖ת יְרוּשָׁלִָֽם׃ ‖ ב
23 אֶת־מִ֤י חֵרַ֙פְתָּ֙ וְגִדַּ֔פְתָּ וְעַל־מִ֖י הֲרִימ֣וֹתָה קּ֑וֹל ‖ ד[22] . ג[23] ב חס ול[24] מל
וַתִּשָּׂ֥א מָר֛וֹם עֵינֶ֖יךָ אֶל־קְד֥וֹשׁ יִשְׂרָאֵֽל׃
24 בְּיַ֨ד עֲבָדֶ֜יךָ חֵרַ֣פְתָּ׀ אֲדֹנָ֗י וַתֹּ֙אמֶר֙ בְּרֹ֣ב רִכְבִּ֔י ‖ ל[12]
אֲנִ֥י עָלִ֛יתִי מְר֥וֹם הָרִ֖ים יַרְכְּתֵ֣י לְבָנ֑וֹן
וְאֶכְרֹ֞ת[a] קוֹמַ֤ת אֲרָזָיו֙ מִבְחַ֣ר בְּרֹשָׁ֔יו ‖ ב
וְאָב֙וֹא[a] מְר֣וֹם[b] קִצּ֔וֹ יַ֖עַר כַּרְמִלּֽוֹ׃ ‖ ב . ג . ב
25 אֲנִ֥י קַ֖רְתִּי וְשָׁתִ֣יתִי מָ֑יִם[a]

[10] Mm 3050. [11] Mm 2164. [12] Mm 2166. [13] Mm 543. [14] Mm 3139. [15] Mp sub loco. [16] Mm 1145. [17] Mm 2162. [18] Mm 1306. [19] Mm 307. [20] Mm 1625. [21] Mm 2353. [22] Mm 2165. [23] Mm 3350. [24] Mm 1713.

12 [a] l וַאֲשֶׁר cf 𝔊[L] ad 2 R 19,12 ‖ [b] 2 R 19,12 בִּתְלַאשָּׂר ‖ **13** [a] prp לַעַשׂ ‖ **14** [a] 𝔊𝔗 sg, l הַסֵּפֶר ‖ **18** [a] l c nonn Mss et 2 R 19,17 הַגּוֹיִם ‖ [b–b] > 𝔔[a] cf 𝔊[B] ad 2 R 19,17 ‖ **20** [a] sic L, l c mlt Mss Edd מִיָּ׳ ‖ [b] ins c 𝔔[a] et 2 R 19,19 אֱלֹהִים cf 𝔊𝔖 ‖ **21** [a] ins c 2 Mss 𝔊𝔖 et 2 R 19,20 שָׁמַעְתִּי ‖ **24** [a] l וְ׳ cf 𝔊 ‖ [b] 2 R 19,23 מְלוֹן ‖ **25** [a] ins c 𝔔[a] et 2 R 19,24 זָרִים.

וְאַחְרִבᵇ בְּכַף־פְּעָמַי כֹּל יְאֹרֵי מָצוֹר׃
26 הֲלוֹא־שָׁמַעְתָּ לְמֵרָחוֹק אוֹתָהּ עָשִׂיתִי
מִימֵי קֶדֶם ᵃוִיצַרְתִּיהָ עַתָּהᵃ הֲבֵאתִיהָ
וּתְהִיᵇ לְהַשְׁאוֹת גַּלִּים נִצִּיםᶜ עָרִים בְּצֻרוֹת׃
27 וְיֹשְׁבֵיהֶן קִצְרֵי־יָד חַתּוּ וָבֹשׁוּ
הָיוּ עֵשֶׂב שָׂדֶה וִירַק דֶּשֶׁא
חֲצִיר גַּגּוֹת וּשְׁדֵמָהᵃ לִפְנֵי קָמָהᵇ׃
28 וְשִׁבְתְּךָᵃ וְצֵאתְךָ וּבוֹאֲךָ יָדָעְתִּי וְאֵתᵇ הִתְרַגֶּזְךָ אֵלָי׃
29 ᵃיַעַן הִתְרַגֶּזְךָ אֵלַיᵃ וְשַׁאֲנַנְךָᵇ עָלָה בְאָזְנָי
וְשַׂמְתִּי חַחִי בְּאַפֶּךָ וּמִתְגִּי בִּשְׂפָתֶיךָ
וַהֲשִׁבֹתִיךָ בַּדֶּרֶךְ אֲשֶׁר־בָּאתָ בָּהּ׃
30 וְזֶה־לְּךָ הָאוֹת
אָכוֹל הַשָּׁנָה סָפִיחַ וּבַשָּׁנָה הַשֵּׁנִית שָׁחִיס
וּבַשָּׁנָה הַשְּׁלִישִׁית ᵃזִרְעוּ וְקִצְרוּ וְנִטְעוּᵃ כְרָמִים וְאִכוֹלᵇ פִּרְיָם׃
31 וְיָסְפָה פְּלֵיטַת בֵּית־יְהוּדָה הַנִּשְׁאָרָהᵃ שֹׁרֶשׁ לְמָטָּה ᵇוְעָשָׂה פְרִיᵇ לְמָעְלָה׃
32 כִּי מִירוּשָׁלִַם תֵּצֵא שְׁאֵרִית וּפְלֵיטָה מֵהַר צִיּוֹן
קִנְאַת יְהוָה צְבָאוֹת תַּעֲשֶׂה־זֹּאת׃ ס
33 לָכֵן כֹּה־אָמַר יְהוָה אֶל־מֶלֶךְ אַשּׁוּר
לֹא יָבוֹא אֶל־הָעִיר הַזֹּאת וְלֹא־יוֹרֶה שָׁם חֵץ
וְלֹא־יְקַדְּמֶנָּה מָגֵן וְלֹא־יִשְׁפֹּךְ עָלֶיהָᵃ סֹלְלָה׃
34 בַּדֶּרֶךְ אֲשֶׁר־בָּא בָּהּ יָשׁוּב וְאֶל־הָעִיר הַזֹּאת לֹא יָבוֹא נְאֻם־יְהוָה׃
35 וְגַנּוֹתִי עַל־הָעִיר הַזֹּאת לְהוֹשִׁיעָהּ לְמַעֲנִי וּלְמַעַן דָּוִד עַבְדִּי׃ ס

ב̇ וחס̇[25]
ח̇ . יב̇[26] מל̇ ג̇ מנה̇ בסיפ̇ וכל יהושע שפטים ויחזק דכות̇ ב̇ מ̇ ג̇
ב̇ חד חס̇ וחד מל̇
יד̇[27] . ל̇ מפק̇ א[28] . ג̇
ב̇ . ב̇[29]
ב̇
ד̇
ה̇ מל̇ . ד̇
ד̇ . יב̇ ח̇ מנה̇ קמ̇
ב̇
ג̇[30]
כג̇ ר״פ
י̇ מל̇
ט̇ מל̇[31] . ואכלו ק̇
יא̇ בטע̇ בסיפ̇ . כ̇[32]
ט̇ פסוק̇ לא ולא ולא ולא
ל̇[33]
ט̇ מיחד

[25] Mm 2354. [26] Mm 1009. [27] Mm 174. [28] Mm 331. [29] Mm 2278. [30] Mm 2167. [31] Mm 1900. [32] Mm 2168. [33] Mm 2355.

25 ᵇ l ′וָ cf 𝔊σ′𝔗𝔙 ‖ **26** ᵃ⁻ᵃ 𝔊(𝔖𝔙) *συνέταξα, νῦν δέ*; l ′יְצַ′ וְעַ cf 𝔔ᵃ ‖ ᵇ dl ‖ ᶜ 𝔔ᵃ נצורים ‖ **27** ᵃ l c pc Mss et 2 R 19,26 וּשְׁדֵפָה; 𝔔ᵃ הנשדף ‖ ᵇ 𝔔ᵃ קדים ‖ **28** ᵃ pr c 𝔔ᵃ קֻמְךָ ‖ ᵇ prp אִתִּי ‖ **29** ᵃ⁻ᵃ > 𝔔ᵃ, dl ‖ ᵇ 𝔊(𝔖𝔗𝔙) *καὶ ἡ πικρία σου*, l וּשְׁאוֹנְךָ ‖ **30** ᵃ⁻ᵃ prp זָרוֹעַ וְקָצוֹר וְנָטוֹעַ cf 𝔔ᵃ ‖ ᵇ l c K וְאָכוֹל; 𝔔ᵃ ואכולו cf Q ‖ **31** ᵃ > 𝔊 ‖ ᵇ⁻ᵇ prb l וּפרי ‖ **33** ᵃ sic L, l c mlt Mss Edd ′עָ.

36 וַיֵּצֵ֣א[a] ׀ מַלְאַ֣ךְ יְהוָ֗ה וַיַּכֶּה֙ בְּמַחֲנֵ֣ה אַשּׁ֔וּר מֵאָ֛ה וּשְׁמֹנִ֥ים וַחֲמִשָּׁ֖ה אָ֑לֶף ל.[34]
37 וַיַּשְׁכִּ֣ימוּ בַבֹּ֔קֶר וְהִנֵּ֥ה כֻלָּ֖ם פְּגָרִ֥ים מֵתִֽים׃ 37 וַיִּסַּ֣ע וַיֵּ֔לֶךְ[a] וַיָּ֖שָׁב סַנְחֵרִ֣יב
38 מֶֽלֶךְ־אַשּׁ֑וּר וַיֵּ֖שֶׁב בְּנִינְוֵֽה׃ 38 וַיְהִ֨י ה֜וּא מִֽשְׁתַּחֲוֶ֣ה בֵּ֣ית ׀ נִסְרֹ֣ךְ[a] אֱלֹהָ֗יו ב
וְאַדְרַמֶּ֨לֶךְ וְשַׂרְאֶ֤צֶר בָּנָיו֙ הִכֻּ֣הוּ בַחֶ֔רֶב וְהֵ֥מָּה נִמְלְט֖וּ אֶ֣רֶץ אֲרָרָ֑ט ב. ה חס[35]. ד
וַיִּמְלֹ֛ךְ אֵסַר־חַדֹּ֥ן בְּנ֖וֹ תַּחְתָּֽיו׃ ס

38 1 בַּיָּמִ֣ים הָהֵ֔ם חָלָ֥ה חִזְקִיָּ֖הוּ לָמ֑וּת וַיָּב֣וֹא אֵ֠לָיו יְשַׁעְיָ֨הוּ בֶן־אָמ֜וֹץ הי[1] מל וכל מגלה דכות ב מ ב
הַנָּבִ֗יא וַיֹּ֨אמֶר אֵלָ֜יו כֹּֽה־אָמַ֤ר יְהוָה֙ צַ֣ו לְבֵיתֶ֔ךָ כִּ֛י מֵ֥ת אַתָּ֖ה וְלֹ֥א
2 3 תִחְיֶֽה׃ 2 וַיַּסֵּ֧ב חִזְקִיָּ֛הוּ פָּנָ֖יו אֶל־הַקִּ֑יר וַיִּתְפַּלֵּ֖ל אֶל־יְהוָֽה׃ 3 וַיֹּאמַ֑ר צא יט מנה ר״פ
אָנָּ֣ה יְהוָ֗ה זְכָר־נָ֞א אֵ֣ת אֲשֶׁ֣ר הִתְהַלַּ֣כְתִּי לְפָנֶ֗יךָ בֶּאֱמֶת֙ וּבְלֵ֣ב שָׁלֵ֔ם ו כת ה וכל ר״פ וכל לשון ארמית דכות[2]. ג[3]
4 וְהַטּ֥וֹב בְּעֵינֶ֖יךָ עָשִׂ֑יתִי וַיֵּ֥בְךְּ חִזְקִיָּ֖הוּ בְּכִ֥י גָדֽוֹל׃ ס 4 וַֽיְהִי֙ דְּבַר־ ד[4]. סו
5 יְהוָ֔ה אֶֽל־יְשַׁעְיָ֖הוּ לֵאמֹֽר׃ 5 הָל֞וֹךְ וְאָמַרְתָּ֣ אֶל־חִזְקִיָּ֗הוּ כֹּֽה־אָמַ֤ר
יְהוָה֙ אֱלֹהֵי֙ דָּוִ֣ד אָבִ֔יךָ שָׁמַ֙עְתִּי֙ אֶת־תְּפִלָּתֶ֔ךָ רָאִ֖יתִי אֶת־דִּמְעָתֶ֑ךָ הִנְנִי֙
6 יוֹסִ֣ף[a] עַל־יָמֶ֔יךָ חֲמֵ֥שׁ עֶשְׂרֵ֖ה שָׁנָֽה׃ 6 וּמִכַּ֤ף מֶֽלֶךְ־אַשּׁוּר֙ אַצִּ֣ילְךָ֔ וְאֵ֖ת ה חס. ה[5]
7 הָעִ֣יר הַזֹּ֑את וְגַנּוֹתִ֖י עַל־הָעִ֥יר הַזֹּֽאת[a]׃ 7 וְזֶה־[a]לְּךָ֥ הָא֖וֹת מֵאֵ֣ת יְהוָ֑ה כג ר״פ
8 אֲשֶׁר֙ יַעֲשֶׂ֣ה יְהוָ֔ה אֶת־הַדָּבָ֥ר הַזֶּ֖ה אֲשֶׁ֥ר דִּבֵּֽר׃ 8 הִנְנִ֣י מֵשִׁ֣יב אֶת־
צֵ֣ל הַֽמַּעֲל֡וֹת אֲשֶׁ֣ר יָרְדָ֣ה[a] בְּמַעֲל֣וֹת[b] אָ֠חָז[c] בַּשֶּׁ֨מֶשׁ[d] אֲחֹרַנִּ֔ית עֶ֖שֶׂר ב. ל. ז
מַעֲל֑וֹת וַתָּ֤שָׁב הַשֶּׁ֙מֶשׁ֙ עֶ֣שֶׂר מַעֲל֔וֹת בַּֽמַּעֲל֖וֹת אֲשֶׁ֥ר יָרָֽדָה[e]׃ ס ב. ל

9 מִכְתָּ֕ב[a] לְחִזְקִיָּ֖הוּ מֶֽלֶךְ־יְהוּדָ֑ה בַּחֲלֹת֔וֹ וַיְחִ֖י מֵחָלְיֽוֹ׃

10 אֲנִ֣י אָמַ֗רְתִּי[a] בִּדְמִ֥י[a] יָמַ֖י אֵלֵ֑כָה ל[6]
בְּשַׁעֲרֵ֣י שְׁא֔וֹל פֻּקַּ֖דְתִּי יֶ֥תֶר שְׁנוֹתָֽי׃ ב
11 אָמַ֙רְתִּי֙ לֹא־אֶרְאֶ֣ה[a] יָ֔הּ יָ֖הּ[a] בְּאֶ֣רֶץ הַחַיִּ֑ים ג[7]
לֹֽא־אַבִּ֥יט אָדָ֛ם ע֖וֹד עִם־י֥וֹשְׁבֵי חָֽדֶל[b]׃ לד מל
12 דּוֹרִ֗י נִסַּ֛ע וְנִגְלָ֥ה[a] מִנִּ֖י כְּאֹ֣הֶל רֹעִֽי[b] ה[8]

[34] Mm 1303. [35] Mm 2096. Cp 38 [1] Mm 1552. [2] Mm 2169. [3] Mm 2356. [4] Mm 2170. [5] Mm 1392. [6] Mm 219. [7] Mm 2357. [8] Mm 3232.

36 [a] pr c 2 R 19,35 וַיְהִי בַּלַּיְלָה הַהוּא || **37** [a] > 𝔊 || **38** [a] frt l נִמְרֹד vel מְרֹדַךְ || **Cp 38,5** [a] 𝔖(Syh𝔗) *mwsp* cf 𝔊𝔙, l ־ף || **6** [a] 𝔔[a] et 2 R 20,6 + לְמַעֲנִי וּלְמַעַן דָּוִד עַבְדִּי || **7** [a] l c 2 R 20,9 וַיֹּאמֶר יְשַׁעְיָהוּ זֶה || **8** [a] 𝔊 + *ὁ ἥλιος*, ins הַשֶּׁמֶשׁ || [b] 𝔔[a] עלית, ins עֲלִיַּת || [c] 𝔊 + *ἀποστρέψω*, ins אֲנִי מֵשִׁיב || [d] l c 𝔔[a] אֶת־הַשֶּׁמֶשׁ || [e] 𝔊 *κατέβη ἡ σκιά*, l יָרַד הַצֵּל || **9** [a] prb l מכתם || **10** [a–a] tr א׳ ante ב׳ et l יְמֵי || **11** [a–a] prb l c 2 Mss σ′𝔖 יְהוָה cf 𝔊 || [b] pc Mss חלד cf 𝔗𝔄 || **12** [a] 𝔙 *et convoluta est*, prb l וְנָגַל || [b] σ′(𝔖𝔙) *ποιμένων*, l רעים.

קִפַּ֨דְתִּי[c] כָאֹרֵ֤ג חַיַּי֙ מִדַּלָּ֣ה יְבַצְּעֵ֔נִי[d]
מִיּ֥וֹם עַד־לַ֖יְלָה תַּשְׁלִימֵֽנִי[e]׃ 13 שִׁוִּ֤יתִי[a] עַד־בֹּ֙קֶר֙ ב̇. ב̇
כָּֽאֲרִ֔י כֵּ֖ן יְשַׁבֵּ֣ר[b] כָּל־עַצְמוֹתָ֑י [c]מִיּ֥וֹם עַד־לַ֖יְלָה תַּשְׁלִימֵֽנִי[c]׃ ב̇ קמ̇. ב̇. ב̇
14 כְּס֤וּס[a] עָגוּר֙[b] כֵּ֣ן אֲצַפְצֵ֔ף אֶהְגֶּ֖ה כַּיּוֹנָ֑ה ב̇[9]
דַּלּ֤וּ[c] עֵינַי֙ לַמָּר֔וֹם אֲדֹנָ֖י[d] עָֽשְׁקָה[e]־לִּ֥י עָרְבֵֽנִי׃ ב̇[10]. ב̇
15 מָֽה־אֲדַבֵּ֛ר וְאָֽמַר[a]־לִ֖י[b] וְה֣וּא עָשָׂ֑ה ב̇[11]
אֶדַּדֶּ֥ה[c] כָל־שְׁנוֹתַ֖י עַל־מַ֥ר נַפְשִֽׁי׃ ל̇. ב̇
16 אֲדֹנָ֖י [a]עֲלֵיהֶ֣ם יִֽחְי֑וּ וּלְכָל־בָּהֶן֙ חַיֵּ֣י[a] רוּחִ֔י ז̇[12]. ג̇[13]
וְתַחֲלִימֵ֖נִי[b] וְהַחֲיֵֽנִי׃ 17 הִנֵּ֥ה לְשָׁל֖וֹם מַר־לִ֣י מָ֑ר[a]
וְאַתָּ֞ה חָשַׁ֤קְתָּ[b] נַפְשִׁי֙ מִשַּׁ֣חַת בְּלִ֔י
כִּ֥י הִשְׁלַ֛כְתָּ אַחֲרֵ֥י גֵוְךָ֖ כָּל־חֲטָאָֽי׃ ל̇
18 כִּ֣י לֹ֤א שְׁאוֹל֙ תּוֹדֶ֔ךָּ מָ֖וֶת יְהַֽלְלֶ֑ךָּ ב̇[14]
לֹֽא־יְשַׂבְּר֥וּ יֽוֹרְדֵי־ב֖וֹר אֶל־אֲמִתֶּֽךָ[a]׃ ב̇
19 חַ֥י חַ֛י ה֥וּא יוֹדֶ֖ךָ כָּמ֣וֹנִי הַיּ֑וֹם
אָ֣ב לְבָנִ֔ים יוֹדִ֖יעַ אֶל־אֲמִתֶּֽךָ׃ ב̇. ב̇
20 יְהוָ֖ה[a] לְהוֹשִׁיעֵ֑נִי[b] וּנְגִנוֹתַ֧י[c] נְנַגֵּ֛ן ג̇ ר״פ וס״פ[15]
כָּל־יְמֵ֥י חַיֵּ֖ינוּ עַל־בֵּ֥ית יְהוָֽה׃
21 [a]וַיֹּ֣אמֶר יְשַֽׁעְיָ֔הוּ יִשְׂא֖וּ דְּבֶ֣לֶת תְּאֵנִ֑ים וְיִמְרְח֥וּ עַל־הַשְּׁחִ֖ין וְיֶֽחִי׃ י̇א זוגין בטע[16]. כ̇. ל̇. ל̇
22 וַיֹּ֥אמֶר חִזְקִיָּ֖הוּ מָ֣ה א֑וֹת כִּ֥י אֶעֱלֶ֖ה בֵּ֥ית יְהוָֽה[a]׃ ס

39 1 בָּעֵ֣ת הַהִ֡וא[a] שָׁלַח֩ מְרֹדַ֨ךְ בַּלְאֲדָ֧ן בֶּֽן־בַּלְאֲדָ֛ן מֶֽלֶךְ־בָּבֶ֖ל סְפָרִ֥ים[b] ל̇[1]
וּמִנְחָ֖ה אֶל־חִזְקִיָּ֑הוּ וַיִּשְׁמַ֕ע[c] כִּ֥י חָלָ֖ה וַיֶּחֱזָֽק[d]׃ 2 וַיִּשְׂמַ֣ח עֲלֵיהֶם֮ חִזְקִיָּהוּ֒ ל̇[2]. ה̇י ול בליש[3]

[9] Mm 3292. [10] Mm 3524. [11] Cant 2,10. [12] Mm 1294. [13] Mm 1701. [14] Mm 3324. [15] Mm 1226. [16] Mm 915. **Cp 39** [1] Mm 2358 א. [2] Mm 2358 ב. [3] Mm 432.

12 [c] 𝔔[a] ספרתי; prp קִפַּדְתָּ ‖ [d] prp תְּב׳ ‖ [e] frt tr : ad בקר 13 ‖ **13** [a] 𝔔[a] שפותי; prb l שִׁוַּעְתִּי cf 𝔗 ‖ [b] frt ins יְהוָה ‖ [c–c] add dttg ‖ **14** [a] K[Or] כסיס ‖ [b] > 𝔊, prb dl; l וְעָ׳? cf Jer 8,7 ‖ [c] prp דָּלְפוּ ‖ [d] frt add ‖ [e] 𝔔[b] חשקה; prb l עָשְׁקָה ‖ **15** [a] 𝔔[a] ואומר cf 𝔗, l וְאֹמַר ‖ [b] 𝔗 *qdmwhj* cf θ′, l לוֹ; al לַיהוָה ‖ [c] 𝔔[a] אדודה; frt l אֶדְדָּה cf 𝔖 ‖ **16** [a–a] prp עָלֵימוֹ יִחְיֶה־לְּךָ לִבִּי וְהָנַח יְהוָה ‖ [b] 𝔖 *ʾḥlmjnj*, l והח׳ ‖ **17** [a] l מְאֹד cf 𝔔[a] מאודה; tr huc : ‖ [b] 𝔊(𝔙) *εἵλου*, l חשׂכת ‖ **18** [a] 𝔊 *τὴν ἐλεημοσύνην σου* = חַסְדֶּךָ ‖ **20** [a] 𝔗 pr *ʾmr*, l אָמַר י׳ ‖ [b] 𝔖(𝔗) *nprqn*, l ־נוּ ‖ [c] σ′(𝔙) *ψαλμοὺς ἡμῶν*, prb l ־תֵינוּ ‖ **21/22** [a–a] tr c 2 R 20,7sq post 6 ‖ **Cp 39,1** [a] sic L, mlt Mss Edd ההיא ‖ [b] Ms סופרים; prp סְפִרִים cf akk *šapīru* emissarius; 𝔊 + *καὶ πρέσβεις* ‖ [c] l c 2 R 20,12 et Vrs כִּי שָׁמַע ‖ [d] 𝔔[a] ויחיה.

וַיַּרְאֵ֨ם אֶת־[a]בֵּ֤ית נְכֹתֹה֙ אֶת־הַכֶּ֣סֶף וְאֶת־הַזָּהָ֗ב וְאֶת־הַבְּשָׂמִים֮ וְאֵ֣ת ׀ — בנכתו חד מן ב כת כן ק
הַשֶּׁ֣מֶן הַטּ֔וֹב וְאֵת֙ כָּל־[b]בֵּ֣ית כֵּלָ֔יו וְאֵ֛ת כָּל־אֲשֶׁ֥ר נִמְצָ֖א בְּאֹצְרֹתָ֑יו — ט̇
לֹֽא־הָיָ֣ה דָבָ֗ר אֲשֶׁ֠ר לֹֽא־הֶרְאָ֧ם חִזְקִיָּ֛הוּ בְּבֵית֖וֹ וּבְכָל־מֶמְשַׁלְתּֽוֹ׃ — ח̇[4]
3 וַיָּבֹא֙ יְשַֽׁעְיָ֣הוּ הַנָּבִ֔יא אֶל־הַמֶּ֖לֶךְ חִזְקִיָּ֑הוּ וַיֹּ֨אמֶר אֵלָ֜יו מָ֧ה אָמְר֣וּ ׀ — ל̇ בסיפ
הָאֲנָשִׁ֣ים הָאֵ֗לֶּה וּמֵאַ֙יִן֙ יָבֹ֣אוּ אֵלֶ֔יךָ וַיֹּ֙אמֶר֙ חִזְקִיָּ֔הוּ מֵאֶ֧רֶץ רְחוֹקָ֛ה — ה̇[5]
4 בָּ֥אוּ אֵלַ֖י מִבָּבֶֽל׃ 4 וַיֹּ֕אמֶר מָ֥ה רָא֖וּ בְּבֵיתֶ֑ךָ וַיֹּ֣אמֶר חִזְקִיָּ֗הוּ אֵ֣ת כָּל־
אֲשֶׁ֤ר בְּבֵיתִי֙ רָא֔וּ לֹֽא־הָיָ֥ה דָבָ֛ר אֲשֶׁ֥ר לֹֽא־הִרְאִיתִ֖ים בְּאוֹצְרֹתָֽי׃ — ב̇. ג̇
5 6 וַיֹּ֥אמֶר יְשַׁעְיָ֖הוּ אֶל־חִזְקִיָּ֑הוּ שְׁמַ֖ע דְּבַר־יְהוָ֥ה צְבָאֽוֹת׃ 6 הִנֵּה֮ יָמִ֣ים
בָּאִים֒ וְנִשָּׂ֣א ׀ כָּל־אֲשֶׁ֣ר בְּבֵיתֶ֗ךָ וַאֲשֶׁ֨ר אָצְר֧וּ אֲבֹתֶ֛יךָ עַד־הַיּ֥וֹם הַזֶּ֖ה — יב̇[6]
7 בָּבֶ֑ל לֹֽא־יִוָּתֵ֥ר דָּבָ֖ר אָמַ֥ר יְהוָֽה׃ 7 וּמִבָּנֶ֜יךָ אֲשֶׁ֨ר יֵצְא֧וּ מִמְּךָ֛[a] אֲשֶׁ֥ר — כ ס״פ[7]. ב̇. יד̇[8]
8 תּוֹלִ֖יד יִקָּ֑חוּ וְהָיוּ֙ סָרִיסִ֔ים בְּהֵיכַ֖ל מֶ֥לֶךְ בָּבֶֽל׃ 8 וַיֹּ֤אמֶר חִזְקִיָּ֙הוּ֙ אֶל־ — [9]
יְשַֽׁעְיָ֔הוּ ט֥וֹב דְּבַר־יְהוָ֖ה אֲשֶׁ֣ר דִּבַּ֑רְתָּ [a]וַיֹּ֕אמֶר כִּ֥י יִהְיֶ֛ה שָׁל֥וֹם וֶאֱמֶ֖ת — ו̇ זוגין[10]
בְּיָמָֽי׃[a] פ

ס̄ הי **40** 1 נַחֲמ֥וּ נַחֲמ֖וּ עַמִּ֑י יֹאמַ֖ר אֱלֹהֵיכֶֽם׃ — ב̇. ב̇. ל̇
2 דַּבְּר֞וּ עַל־לֵ֤ב יְרוּשָׁלַ֙͏ִם֙ וְקִרְא֣וּ אֵלֶ֔יהָ
כִּ֤י מָֽלְאָה֙[a] צְבָאָ֔הּ כִּ֥י נִרְצָ֖ה עֲוֺנָ֑הּ — ב̇
כִּ֤י לָֽקְחָה֙ מִיַּ֣ד יְהוָ֔ה כִּפְלַ֖יִם בְּכָל־חַטֹּאתֶֽיהָ׃ ס — ב̇

3 ק֣וֹל קוֹרֵ֔א — י̇ מל בליש
בַּמִּדְבָּ֕ר פַּנּ֖וּ דֶּ֣רֶךְ יְהוָ֑ה
יַשְּׁרוּ֙ בָּעֲרָבָ֔ה מְסִלָּ֖ה לֵאלֹהֵֽינוּ׃
4 כָּל־גֶּיא֙[a] יִנָּשֵׂ֔א וְכָל־הַ֥ר וְגִבְעָ֖ה יִשְׁפָּ֑לוּ — ל̇. ב̇[1]
וְהָיָ֤ה הֶֽעָקֹב֙ לְמִישׁ֔וֹר וְהָרְכָסִ֖ים לְבִקְעָֽה׃ — י̇ מל[2]
5 וְנִגְלָ֖ה כְּב֣וֹד יְהוָ֑ה וְרָא֤וּ כָל־בָּשָׂר֙ יַחְדָּ֔ו כִּ֛י פִּ֥י יְהוָ֖ה [דִּבֵּֽר׃ ס — ב̇. ג̇
6 ק֚וֹל אֹמֵ֣ר קְרָ֔א וְאָמַ֖ר[a] מָ֣ה אֶקְרָ֑א[b]

[4]Mp sub loco. [5]Mm 1292. [6]Mm 545. [7]Mm 2481. [8]Mm 98. [9]Mm 1853. [10]Mm 2036. **Cp 40** [1]Mm 2359. [2]Mm 2021.

2 [a] 𝔔[a] pc Mss et 2 R 20,13 + כָּל־ ‖ [b] > 2 R 20,13, dl ‖ **7** [a] 𝔔[a] ממעיכה ‖ **8** [a–a] > 𝔊[B] ad 2 R 20,19; frt add ‖ **Cp 40,2** [a] 𝔔[a] מלא; prp מִלְּאָה ‖ **4** [a] l גַּיְא ‖ **6** [a] 𝔔[a] ואומרה 𝔊(𝔙) καὶ εἶπα, l וָאֹמַר ‖ [b] frt ins קְרָא.

כָּל־הַבָּשָׂר חָצִיר וְכָל־חַסְדּוֹ[c] כְּצִיץ הַשָּׂדֶה׃ [הָעָם[b]׃ — ג
7 [a]יָבֵשׁ חָצִיר נָבֵל צִיץ כִּי רוּחַ יְהוָה נָשְׁבָה בּוֹ [b]אָכֵן חָצִיר — ל. יח[3]
8 יָבֵשׁ חָצִיר נָבֵל צִיץ וּדְבַר־אֱלֹהֵינוּ יָקוּם לְעוֹלָם׃ ס — יח. ל
9 עַל הַר־גָּבֹהַּ[a] עֲלִי־לָךְ מְבַשֶּׂרֶת צִיּוֹן — ו[4]. ב ובפסוק
הָרִימִי בַכֹּחַ קוֹלֵךְ מְבַשֶּׂרֶת יְרוּשָׁלִָם הָרִימִי אַל־תִּירָאִי — ד דגש[5]. ב ובפסוק
אִמְרִי לְעָרֵי יְהוּדָה הִנֵּה אֱלֹהֵיכֶם׃ — ב
10 הִנֵּה אֲדֹנָי יְהוִה בְּחָזָק[a] יָבוֹא וּזְרֹעוֹ מֹשְׁלָה לוֹ
הִנֵּה שְׂכָרוֹ אִתּוֹ וּפְעֻלָּתוֹ לְפָנָיו׃
11 כְּרֹעֶה עֶדְרוֹ יִרְעֶה בִּזְרֹעוֹ[a] יְקַבֵּץ — ב
טְלָאִים וּבְחֵיקוֹ[ab] יִשָּׂא עָלוֹת יְנַהֵל׃ ס — ב. לז. ה[6]
12 מִי־מָדַד בְּשָׁעֳלוֹ מַיִם[a] וְשָׁמַיִם בַּזֶּרֶת[b] תִּכֵּן — ד[7]. ג
וְכָל בַּשָּׁלִשׁ עֲפַר[c] הָאָרֶץ וְשָׁקַל בַּפֶּלֶס הָרִים — ל וחס. ב
וּגְבָעוֹת בְּמֹאזְנָיִם׃
13 מִי־תִכֵּן אֶת־רוּחַ יְהוָה וְאִישׁ[a] עֲצָתוֹ יוֹדִיעֶנּוּ׃ — ג. ב
14 אֶת־מִי נוֹעָץ וַיְבִינֵהוּ וַיְלַמְּדֵהוּ בְּאֹרַח מִשְׁפָּט — ל. ב
[a]וַיְלַמְּדֵהוּ דַעַת וְדֶרֶךְ תְּבוּנוֹת יוֹדִיעֶנּוּ׃ — ב. ב
15 הֵן גּוֹיִם כְּמַר מִדְּלִי וּכְשַׁחַק מֹאזְנַיִם[a] נֶחְשָׁבוּ
הֵן אִיִּים כַּדַּק יִטּוֹל[b]׃ 16 וּלְבָנוֹן אֵין דֵּי בָּעֵר — ב. יו מ״פ אין אין. ו
וְחַיָּתוֹ אֵין דֵּי עוֹלָה׃ ס — ו. ב מל בסיפ בליש
17 כָּל־הַגּוֹיִם כְּאַיִן נֶגְדּוֹ מֵאֶפֶס[a] וָתֹהוּ נֶחְשְׁבוּ־לוֹ׃ — ב
18 וְאֶל־מִי תְּדַמְּיוּן אֵל וּמַה־דְּמוּת תַּעַרְכוּ לוֹ׃ — ד[8]. ל
19 הַפֶּסֶל נָסַךְ חָרָשׁ וְצֹרֵף בַּזָּהָב יְרַקְּעֶנּוּ[a] [יִבְחָר — ד חס[9]
וּרְתֻקוֹת כֶּסֶף צוֹרֵף[b]׃ 20 הַמְסֻכָּן[a] תְּרוּמָה[b] עֵץ לֹא־יִרְקַב

[3]Mm 1941. [4]Mm 2279. [5]Mm 3246. [6]Mm 245. [7]Mm 2360. [8]Mm 1560. [9]Mm 2754.

6 [c] 𝔊(𝔖𝔙) 1 Petr 1,24 *δόξα*; prp הֲדָרוֹ, al חֶמְדּוֹ ‖ **7** [a] v 7 > 𝔊 ‖ [b–b] prb add ‖ **9** [a] cf 2,15[a] ‖ **10** [a] 𝔔[a] Vrs בחזק, l 𝔐𝔖 ‖ **11** [a–a] l 'יְקַבֵּץ ט' ב ‖ [b] 𝔊[Qmg] α′σ′ om cop ‖ **12** [a] 𝔔[a] מי ים; prp יַמִּים ‖ [b] 𝔔[a] Syh𝔖 בְּזַרְתּוֹ ‖ [c] > 𝔊α′σ′θ′ ‖ **13** [a] 𝔊(𝔖𝔙) *καὶ τίς*, l וּמִי אִישׁ ‖ **14** [a–a] > 𝔊, frt dl ‖ **15** [a] 𝔔[a] מזונים nubes ‖ [b] 𝔊α′σ′θ′𝔖 pl, l יִטְּלוּ ‖ **17** [a] l c 𝔔[a] Syh𝔙 כְּאֶפֶס ‖ **19** [a] tr huc 41,6.7 ‖ [b] 𝔗 *m'hjd ljh* cf 𝔊𝔖; prp רָצַף, al יִצְרֹף ‖ **20** [a] > 𝔊𝔖; morus (genus ligni), frt gl ad עץ לא י׳ ‖ [b] > 𝔖𝔗𝔙.

חָרָשׁ חָכָם֙ יְבַקֶּשׁ־ל֔וֹ לְהָכִין פֶּ֖סֶל לֹ֥א יִמּֽוֹט׃

21 הֲל֤וֹא תֵֽדְעוּ֙ הֲל֣וֹא תִשְׁמָ֔עוּ הֲל֛וֹא הֻגַּ֥ד מֵרֹ֖אשׁ לָכֶ֑ם   יד
הֲלוֹא֙ הֲבִ֣ינֹתֶ֔ם מוֹסְד֖וֹת הָאָֽרֶץ׃

22 הַיֹּשֵׁב֙ עַל־ח֣וּג הָאָ֔רֶץ וְיֹשְׁבֶ֖יהָ כַּחֲגָבִ֑ים   ב̇ . ̇ב̇¹⁰
הַנּוֹטֶ֤ה כַדֹּק֙ שָׁמַ֔יִם וַיִּמְתָּחֵ֥ם כָּאֹ֖הֶל לָשָֽׁבֶת׃   ד̇ מל̇

23 הַנּוֹתֵ֥ן רוֹזְנִ֖ים לְאָ֑יִן שֹׁפְטֵ֥י אֶ֖רֶץ כַּתֹּ֥הוּ עָשָֽׂה׃   ד̇ מל̇¹² . ג̇ מל בליש̇¹³

24 אַ֣ף בַּל־נִטָּ֗עוּ אַ֚ף בַּל־זֹרָ֔עוּ אַ֛ף בַּל־שֹׁרֵ֥שׁ בָּאָ֖רֶץ גִּזְעָ֑ם   יב̇ פסוק דמיין̇¹⁴ . ל̇ בטע̇
וְגַם־נָשַׁ֤ף בָּהֶם֙ וַיִּבָ֔שׁוּ וּסְעָרָ֖ה כַּקַּ֥שׁ תִּשָּׂאֵֽם׃   ס   ד̇ חס̇ בליש̇ . ב̇

25 וְאֶל־מִ֥י תְדַמְּי֖וּנִי וְאֶשְׁוֶ֑ה יֹאמַ֖ר קָדֽוֹשׁ׃   ד̇¹⁵ . ב̇

26 שְׂאוּ־מָר֨וֹם עֵינֵיכֶ֤ם וּרְאוּ֙ מִי־בָרָ֣א אֵ֔לֶּה   יא̇ ר̇̇פ . יג̇
הַמּוֹצִ֥יא בְמִסְפָּ֖ר צְבָאָ֑ם לְכֻלָּם֙ בְּשֵׁ֣ם יִקְרָ֔א   ✝
מֵרֹ֤ב אוֹנִים֙ וְאַמִּ֣יץ כֹּ֔חַ אִ֖ישׁ לֹ֥א נֶעְדָּֽר׃   ס

27 לָ֤מָּה תֹאמַר֙ יַֽעֲקֹ֔ב וּתְדַבֵּ֖ר יִשְׂרָאֵ֑ל   ג̇¹⁶
נִסְתְּרָ֤ה דַרְכִּי֙ מֵֽיהוָ֔ה וּמֵאֱלֹהַ֖י מִשְׁפָּטִ֥י יַעֲבֽוֹר׃   יו̇ ✝ . מל̇¹⁷

28 הֲל֨וֹא יָדַ֜עְתָּ אִם־לֹ֣א שָׁמַ֗עְתָּ
אֱלֹהֵ֨י עוֹלָ֤ם ׀ יְהוָה֙ בּוֹרֵא֙ קְצ֣וֹת הָאָ֔רֶץ
לֹ֥א יִיעַ֖ף וְלֹ֣א יִיגָ֑ע אֵ֥ין חֵ֖קֶר לִתְבוּנָתֽוֹ׃

29 נֹתֵ֥ן לַיָּעֵ֖ף כֹּ֑חַ וּלְאֵ֥ין אוֹנִ֖ים עָצְמָ֥ה יַרְבֶּֽה׃   ב̇

30 וְיִֽעֲפ֥וּ נְעָרִ֖ים וְיִגָ֑עוּ וּבַחוּרִ֖ים כָּשׁ֥וֹל יִכָּשֵֽׁלוּ׃   ב̇ חד מל וחד חס̇¹⁸

31 וְקוֹיֵ֤ יְהוָה֙ יַחֲלִ֣יפוּ כֹ֔חַ יַעֲל֥וּ אֵ֖בֶר כַּנְּשָׁרִ֑ים   ל̇¹⁹ . ב̇
יָר֙וּצוּ֙ וְלֹ֣א יִיגָ֔עוּ יֵלְכ֖וּ וְלֹ֥א יִיעָֽפוּ׃   פ

41 1 הַחֲרִ֤ישׁוּ אֵלַי֙ אִיִּ֔ים וּלְאֻמִּ֖ים יַחֲלִ֣יפוּ כֹ֑חַ   [a]
יִגְּשׁוּ֙ אָ֣ז יְדַבֵּ֔רוּ יַחְדָּ֖ו לַמִּשְׁפָּ֥ט נִקְרָֽבָה׃   הו̇

2 מִ֤י הֵעִיר֙ מִמִּזְרָ֔ח צֶ֖דֶק יִקְרָאֵ֣הוּ לְרַגְל֑וֹ   ה̇

¹⁰Mm 2361. ¹¹Nu 13,33. ¹²Mm 3436. ¹³Mm 3656. ¹⁴Mm 3896. ¹⁵Mm 1560. ¹⁶Mm 1671. ¹⁷Mm 2362. ¹⁸Mm 2633. ¹⁹וחד וקרי יי המה Ps 37,9, cf Mp sub loco.   **Cp 41** ¹Mm 1035. ²Mm 2363.

20 ᶜ frt tr לו post לְהָכִין ‖ **21** ᵃ l (‑וֹת) מִיסְדַת ‖ **26** ᵃ l c 𝔔ᵃ Vrs וְאָמֵץ ‖ **27** ᵃ 𝔊 καὶ τί ἐλάλησας, l ת' וְלָֽמָּה ‖ ᵇ ga'ya eras ‖ **28** ᵃ 𝔊 pr καὶ νῦν, frt l ה' וְעַתָּה ‖ **Cp 41,1** ᵃ⁻ᵃ יָחַלּוּ לְתוֹכַחְתִּי (נְכֹחִֽי), al יִקְרְבוּ וְיֶאֱתָיִן cf 40,31; prp (ex 5).

יִתֵּן לְפָנָיו גּוֹיִם֙ וּמְלָכִים יַ֫רְדְּ[a]
יִתֵּן[b] כֶּעָפָר֙ חַרְבּוֹ[c] כְּקַשׁ נִדָּף קַשְׁתּוֹ[d]׃
ז מל 3 יִרְדְּפֵם יַעֲבוֹר שָׁלוֹם אֹרַח בְּרַגְלָיו לֹא יָבוֹא׃
יד 4 מִי־פָעַל וְעָשָׂה קֹרֵא הַדֹּרוֹת מֵרֹאשׁ
ח אֲנִי יְהוָה֙ רִאשׁוֹן וְאֶת־אַחֲרֹנִים אֲנִי־הוּא׃
ו̇[3] ג מנה מל . ב 5 רָאוּ אִיִּים֙ וְיִירָאוּ[a] קְצוֹת הָאָרֶץ יֶחֱרָדוּ [b]קָרְבוּ וַיֶּאֱתָיוּן[b]׃
ב . ל 6 [a]אִישׁ אֶת־רֵעֵהוּ יַעְזֹרוּ וּלְאָחִיו יֹאמַר חֲזָק׃
ה וכל דסמיכ לאדכרה דכות[4] . ד חס[5] . ב . ב 7 וַיְחַזֵּק חָרָשׁ֙ אֶת־צֹרֵף מַחֲלִיק פַּטִּישׁ[a] אֶת־הוֹלֶם פָּעַם
ל . ל אֹמֵר לַדֶּבֶק֙ טוֹב הוּא וַיְחַזְּקֵהוּ בְמַסְמְרִים לֹא יִמּוֹט׃ ס
ל . ב 8 וְאַתָּה֙ יִשְׂרָאֵל עַבְדִּי יַעֲקֹב אֲשֶׁר בְּחַרְתִּיךָ
ל זֶרַע אַבְרָהָם אֹהֲבִי[a]׃
ל 9 אֲשֶׁר הֶחֱזַקְתִּיךָ֙ מִקְצוֹת הָאָרֶץ וּמֵאֲצִילֶיהָ קְרָאתִיךָ
כז מלעיל . ב וָאֹמַר לְךָ֙ עַבְדִּי־אַתָּה בְּחַרְתִּיךָ וְלֹא מְאַסְתִּיךָ׃
כו ר״פ אל אל[6] . ל 10 אַל־תִּירָא֙ כִּי עִמְּךָ־אָנִי אַל־תִּשְׁתָּע כִּי־אֲנִי אֱלֹהֶיךָ
ל . ל אִמַּצְתִּיךָ֙ אַף־עֲזַרְתִּיךָ אַף־תְּמַכְתִּיךָ בִּימִין צִדְקִי׃
ב 11 הֵן יֵבֹשׁוּ֙ וְיִכָּלְמוּ כֹּל הַנֶּחֱרִים[a] בָּךְ
ב[7] יִהְיוּ כְאַיִן וְיֹאבְדוּ[b] אַנְשֵׁי רִיבֶךָ׃
ל 12 תְּבַקְשֵׁם֙ וְלֹא תִמְצָאֵם אַנְשֵׁי מַצֻּתֶךָ
יִהְיוּ כְאַיִן וּכְאֶפֶס אַנְשֵׁי מִלְחַמְתֶּךָ׃
13 כִּי אֲנִי יְהוָה אֱלֹהֶיךָ מַחֲזִיק יְמִינֶךָ
הָאֹמֵר לְךָ אַל־תִּירָא אֲנִי עֲזַרְתִּיךָ׃ ס
ל 14 אַל־תִּירְאִי֙ תּוֹלַעַת יַעֲקֹב מְתֵי[a] יִשְׂרָאֵל
ל אֲנִי עֲזַרְתִּיךְ[b] נְאֻם־יְהוָה וְגֹאֲלֵךְ קְדוֹשׁ יִשְׂרָאֵל׃
ב 15 הִנֵּה שַׂמְתִּיךְ לְמוֹרַג֙ חָרוּץ[a] חָדָשׁ[b] בַּעַל פִּיפִיּוֹת

[3] Mm 1180. [4] Mm 1661. [5] Mm 2754. [6] Mm 3261. [7] Mm 933.

2 [a] l c 𝔔[a] θ′ יוֹרִד et ins תַּחְתָּיו; al יָרֹד; 𝔊 ἐκστήσει = יַחֲרִד ‖ [b] l יִתְּנֵם ‖ [c] prp חַרְבָּם cf 𝔊 ‖ [d] prp קַשְׁתָּם cf 𝔊 ‖ **5** [a] l ־יִּי וַ cf 𝔊𝔖𝔙 ‖ [b–b] add cf 1 [a–a] ‖ **6** [a] cf 40,19[a] ‖ **7** [a] 𝔔[a] פלטיש ‖ **8** [a] α′ ἀγαπητοῦ μου cf 𝔊σ′𝔙, prp אֲהֻבִי ‖ **11** [a] prp הַנֹּחֲרִים ‖ [b] 𝔔[b] ויבשו ‖ **14** [a] 𝔖 *(w)mnjnh*, prp *מֹת = akk *mutu* curculio ‖ [b] prp עֶזְרָתֶךָ cf 𝔖𝔗 ‖ **15** [a] frt add, gl ad מורג? ‖ [b] gl ad חרוץ? cf [a].

תָּדוּשׁ הָרִים וְתָדֹק וּגְבָעוֹת כַּמֹּץ תָּשִׂים׃ — ב̇. ב[8]

16 תִּזְרֵם וְרוּחַ תִּשָּׂאֵם וּסְעָרָה תָּפִיץ אוֹתָם

וְאַתָּה תָּגִיל בַּיהוָה בִּקְדוֹשׁ יִשְׂרָאֵל תִּתְהַלָּל׃ פ — ב̇. ב[9]

17 הָעֲנִיִּים וְהָאֶבְיוֹנִים[a] מְבַקְשִׁים מַיִם וָאַיִן לְשׁוֹנָם בַּצָּמָא נָשָׁתָּה — ל̇. ל̇

אֲנִי יְהוָה אֶעֱנֵם אֱלֹהֵי יִשְׂרָאֵל לֹא אֶעֶזְבֵם׃ — כ̇ח[10]

18 אֶפְתַּח עַל־שְׁפָיִים נְהָרוֹת וּבְתוֹךְ בְּקָעוֹת מַעְיָנוֹת — ג̇ מל[11]

אָשִׂים מִדְבָּר [a]לַאֲגַם־מַיִם[a] וְאֶרֶץ צִיָּה לְמוֹצָאֵי מָיִם׃ — ג̇

19 אֶתֵּן בַּמִּדְבָּר אֶרֶז[a] שִׁטָּה וַהֲדַס וְעֵץ שָׁמֶן

אָשִׂים בָּעֲרָבָה בְּרוֹשׁ תִּדְהָר וּתְאַשּׁוּר יַחְדָּו׃ — ו̇ כת כן[12]. ב̇. ב̇

20 לְמַעַן יִרְאוּ וְיֵדְעוּ וְיָשִׂימוּ וְיַשְׂכִּילוּ יַחְדָּו — יא̇[13]. [14]

כִּי יַד־יְהוָה עָשְׂתָה זֹּאת וּקְדוֹשׁ יִשְׂרָאֵל בְּרָאָהּ׃ פ — ב̇. ב̇

21 קָרְבוּ רִיבְכֶם יֹאמַר יְהוָה הַגִּישׁוּ עֲצֻמוֹתֵיכֶם יֹאמַר [מֶלֶךְ יַעֲקֹב׃ — ו̇ דמטע. ל̇

22 יַגִּישׁוּ[a] וְיַגִּידוּ לָנוּ אֵת אֲשֶׁר תִּקְרֶינָה — ל̇[15]. ד̇ רפ[16]. ל̇ כת כן

הָרִאשֹׁנוֹת ׀ מָה הֵנָּה הַגִּידוּ וְנָשִׂימָה לִבֵּנוּ — ו̇. ב̇

[b]וְנֵדְעָה אַחֲרִיתָן[b] אוֹ הַבָּאוֹת הַשְׁמִיעֻנוּ׃ — ו̇. ל̇

23 הַגִּידוּ הָאֹתִיּוֹת לְאָחוֹר וְנֵדְעָה כִּי אֱלֹהִים אַתֶּם — ו̇. ב̇

אַף־תֵּיטִיבוּ וְתָרֵעוּ וְנִשְׁתָּעָה[a] וְנִרְאֶ[b] יַחְדָּו׃ — ונראה ק̇ חד מן ד̇[17] כת כן

24 הֵן־אַתֶּם מֵאַיִן[a] וּפָעָלְכֶם מֵאָפַע[b] תּוֹעֵבָה יִבְחַר בָּכֶם׃

25 הַעִירוֹתִי מִצָּפוֹן וַיַּאת מִמִּזְרַח־שֶׁמֶשׁ יִקְרָא[a] בִשְׁמִי[b] — ל̇. מ̇ח[18] כת א לא קר ול̇ בליש

וְיָבֹא[c] סְגָנִים כְּמוֹ־חֹמֶר וּכְמוֹ יוֹצֵר יִרְמָס־טִיט׃ — יא̇[19]. ב[20]

26 מִי־הִגִּיד מֵרֹאשׁ וְנֵדָעָה וּמִלְּפָנִים וְנֹאמַר צַדִּיק — יד̇. ב̇

אַף אֵין־מַגִּיד אַף אֵין מַשְׁמִיעַ אַף אֵין־שֹׁמֵעַ אִמְרֵיכֶם׃ — ל̇[21]

27 רִאשׁוֹן לְצִיּוֹן [a]הִנֵּה הִנָּם[a] וְלִירוּשָׁלַםִ מְבַשֵּׂר[b] אֶתֵּן׃ — ח̇. ח̇[22] — ס̇ יו

[8] Mm 3196. [9] Mm 3659. [10] Mm 2364. [11] Mm 2365. [12] Mm 1237. [13] Mm 1625. [14] Mm 3329. [15] Mm 1601. [16] Mm 2366. [17] Mm 276. [18] Mm 898. [19] Mm 2300. [20] Gn 19,15. [21] וחד ואין מגיד Gn 41,24. [22] Mm 2159.

17 [a] add cf 𝔄𝔘 ‖ **18** [a–a] 𝔊(𝔏Syh) *εἰς ἕλη*, l לאגמים ‖ **19** [a] tr huc ׃ ‖ **22** [a] 𝔊(𝔗𝔙) *ἐγγισάτωσαν*, l יִגְּשׁוּ ‖ [b–b] tr ad fin v ‖ **23** [a] prp ונשתָּ׳ cf arab *šatiʿa* perturbatus fuit et 10; 𝔔[a] ונשמעה ‖ [b] l c K וְנִרְאֶה ‖ **24** [a] 𝔖 *l' mdm* cf 𝔗, prp אָיִן cf 29 ‖ [b] prp אֶפֶס cf 𝔗 et 29 ‖ **25** [a] prb l יִקָּרֵא cf 𝔊 ‖ [b] frt l c 𝔔[a] בשמו ‖ [c] prp וַיָּבָס, al וַיָּבֶס cf 𝔗 ‖ **27** [a–a] prp הֲכִינֹתִי vel אֲמַנֶּה vel הִנַּחְתִּי, al הִגַּדְתִּי et מֵרֹאשׁ pro ראשון ‖ [b] frt = מבסר (aram accusavit).

28 וְאֵ֙רֶא֙[a] וְאֵ֣ין אִ֔ישׁ וּמֵאֵ֖לֶּה וְאֵ֣ין יוֹעֵ֑ץ — יג̇ פסוק ואין ואין[23] . ל̇[24] . ג̇[25]
וְאֶשְׁאָלֵ֖ם וְיָשִׁ֥יבוּ דָבָֽר׃ 29 הֵ֣ן כֻּלָּ֔ם אָ֖וֶן[a] — ל̇ . ג̇ ב̇ מל̇ וחד חס̇[26]
אֶ֣פֶס מַעֲשֵׂיהֶ֑ם ר֥וּחַ וָתֹ֖הוּ נִסְכֵּיהֶֽם׃ פ — ב̇

42 1 הֵ֤ן[a] עַבְדִּי֙ אֶתְמָךְ־בּ֔וֹ בְּחִירִ֖י[b] רָצְתָ֣ה נַפְשִׁ֑י — ל̇ . ב̇
נָתַ֤תִּי רוּחִי֙ עָלָ֔יו מִשְׁפָּ֖ט[c] לַגּוֹיִ֥ם יוֹצִֽיא׃
2 לֹ֥א יִצְעַ֖ק וְלֹ֣א יִשָּׂ֑א וְלֹֽא־יַשְׁמִ֥יעַ בַּח֖וּץ קוֹלֽוֹ׃ — לד̇ פסוק לא ולא ולא[1] . ב̇[2] . לז̇
3 קָנֶ֤ה רָצוּץ֙ לֹ֣א יִשְׁבּ֔וֹר וּפִשְׁתָּ֥ה כֵהָ֖ה לֹ֣א יְכַבֶּ֑נָּה[a] — ג̇ מל̇ ול̇ בליש[3]
לֶאֱמֶ֖ת יוֹצִ֥יא מִשְׁפָּֽט׃ 4 לֹ֤א יִכְהֶה֙ וְלֹ֣א יָר֔וּץ[a]
עַד־יָשִׂ֥ים בָּאָ֖רֶץ מִשְׁפָּ֑ט וּלְתוֹרָת֖וֹ אִיִּ֥ים יְיַחֵֽילוּ׃ פ
5 כֹּֽה־אָמַ֞ר הָאֵ֣ל ׀ יְהוָ֗ה — ב̇ פסיק[4]
בּוֹרֵ֤א הַשָּׁמַ֙יִם֙ וְנ֣וֹטֵיהֶ֔ם רֹקַ֥ע הָאָ֖רֶץ וְצֶאֱצָאֶ֑יהָ
נֹתֵ֤ן נְשָׁמָה֙ לָעָ֣ם עָלֶ֔יהָ וְר֖וּחַ לַהֹלְכִ֥ים בָּֽהּ׃
6 אֲנִ֧י יְהוָ֛ה קְרָאתִ֥יךָֽ בְצֶ֖דֶק וְאַחְזֵ֣ק[a] בְּיָדֶ֑ךָ — ל̇
וְאֶצָּרְךָ֗[b] וְאֶתֶּנְךָ֛[c] לִבְרִ֥ית עָ֖ם לְא֥וֹר גּוֹיִֽם׃ — ב̇ . יז̇ וכל זקף אתנח וס״פ דכות[5] . יג̇
7 לִפְקֹ֖חַ עֵינַ֣יִם עִוְר֑וֹת לְהוֹצִ֤יא מִמַּסְגֵּר֙ אַסִּ֔יר — כח̇ . ל̇ . ב̇
מִבֵּ֥ית כֶּ֖לֶא יֹ֥שְׁבֵי חֹֽשֶׁךְ׃ 8 אֲנִ֥י יְהוָ֖ה ה֣וּא שְׁמִ֑י — ג̇ בליש[6]
וּכְבוֹדִי֙ לְאַחֵ֣ר לֹֽא־אֶתֵּ֔ן וּתְהִלָּתִ֖י לַפְּסִילִֽים׃ — ב̇ . ד̇ מל̇
9 הָרִאשֹׁנ֖וֹת הִנֵּה־בָ֑אוּ וַחֲדָשׁוֹת֙ אֲנִ֣י מַגִּ֔יד — ו̇
בְּטֶ֥רֶם תִּצְמַ֖חְנָה אַשְׁמִ֥יעַ[a] אֶתְכֶֽם׃ פ

10 שִׁ֤ירוּ לַֽיהוָה֙ שִׁ֣יר חָדָ֔שׁ תְּהִלָּת֖וֹ מִקְצֵ֣ה הָאָ֑רֶץ — ז̇[7]
[a]יוֹרְדֵ֤י הַיָּם֙[a] וּמְלֹא֔וֹ אִיִּ֖ים וְיֹשְׁבֵיהֶֽם׃ — ל̇
11 יִשְׂא֤וּ מִדְבָּר֙ וְעָרָ֔יו חֲצֵרִ֖ים תֵּשֵׁ֣ב קֵדָ֑ר — כ̇
יָרֹ֙נּוּ֙ יֹ֣שְׁבֵי סֶ֔לַע מֵרֹ֥אשׁ הָרִ֖ים יִצְוָֽחוּ׃ — יד̇ . ל̇
12 יָשִׂ֥ימוּ לַיהוָ֖ה כָּב֑וֹד וּתְהִלָּת֖וֹ בָּאִיִּ֥ים יַגִּֽידוּ׃

[23] Mm 2004. [24] Mm 289. [25] Mm 67. [26] Mm 1047. **Cp 42** [1] Mm 771. [2] Mm 1778. [3] Mp sub loco. [4] Ps 85,9. [5] Mm 2120. [6] Mm 2142. [7] Mm 3360.

28 [a] 𝔙 *et vidi* cf 𝔖𝔗, l וָ‍ׄ ‖ **29** [a] prp c 𝔔[a]𝔖 אָיִן cf 𝔗 et 24 ‖ **Cp 42,1** [a] 𝔊 + *Ιακωβ* ‖ [b] 𝔊 pr *Ισραηλ* ‖ [c] 𝔔[a] ומשפטו ‖ **3** [a] 𝔔[a] יכבה cf Vrs ‖ **4** [a] 𝔊 *θραυσθήσεται* cf 𝔗, l יֵרוֹץ ‖ **6** [a] l וָ‍ׄ cf 𝔖𝔗𝔙 ‖ [b] l וָ‍ׄ cf 𝔖𝔙 ‖ [c] l וָ‍ׄ cf 𝔊𝔖𝔙 ‖ **9** [a] sic L, l c mlt Mss Edd יַשְׁ— ‖ **10** [a—a] prp יַאְדִּירֻהוּ יָם.

13 יְהוָה֙ כַּגִּבּ֣וֹר יֵצֵ֔א כְּאִ֥ישׁ מִלְחָמ֖וֹת יָעִ֣יר קִנְאָ֑ה ל̊. כ̊[8]. ח̊
יָרִ֙יעַ֙ אַף־יַצְרִ֔יחַ עַל־אֹיְבָ֖יו יִתְגַּבָּֽר׃ ס ב̊

14 הֶחֱשֵׁ֙יתִי֙ מֵֽעוֹלָ֔ם אַחֲרִ֖ישׁ אֶתְאַפָּ֑ק
כַּיּֽוֹלֵדָ֣ה אֶפְעֶ֔ה אֶשֹּׁ֥ם וְאֶשְׁאַ֖ף יָֽחַד׃ ד̊[9]. ל̊

15 אַחֲרִ֤יב הָרִים֙ וּגְבָע֔וֹת וְכָל־עֶשְׂבָּ֖ם אוֹבִ֑ישׁ
וְשַׂמְתִּ֤י נְהָרוֹת֙ לָֽאִיִּ֔ים[a] וַאֲגַמִּ֖ים אוֹבִֽישׁ׃ ב̊ קמ̊[10]

16 וְהוֹלַכְתִּ֣י עִוְרִ֗ים בְּדֶ֙רֶךְ֙ [a]לֹ֣א יָדָ֔עוּ[a] בִּנְתִיב֥וֹת לֹא־יָדְע֖וּ ב̊
אַדְרִיכֵ֑ם
אָשִׂים֩ מַחְשָׁ֨ךְ לִפְנֵיהֶ֜ם לָא֗וֹר וּמַֽעֲקַשִּׁים֙ לְמִישׁ֔וֹר ב̊. ז̊[11]. י̊ מל̊[12]
אֵ֚לֶּה הַדְּבָרִ֔ים עֲשִׂיתִ֖ם וְלֹ֥א עֲזַבְתִּֽים׃ ה̊[13]. ב̊ וחס̊[14]

17 נָסֹ֤גוּ אָחוֹר֙ יֵבֹ֣שׁוּ בֹ֔שֶׁת[a] הַבֹּטְחִ֖ים בַּפָּ֑סֶל
הָאֹמְרִ֧ים לְמַסֵּכָ֛ה[b] אַתֶּ֖ם אֱלֹהֵֽינוּ׃ ס ב̊[15]

18 הַחֵרְשִׁ֖ים שְׁמָ֑עוּ וְהַעִוְרִ֖ים הַבִּ֥יטוּ לִרְאֽוֹת׃ ל̊. ל̊

19 מִ֤י עִוֵּר֙ כִּ֣י אִם־עַבְדִּ֔י וְחֵרֵ֖שׁ כְּמַלְאָכִ֣י אֶשְׁלָ֑ח ל̊
מִ֤י עִוֵּר֙ כִּמְשֻׁלָּ֔ם[a] וְעִוֵּ֖ר[b] כְּעֶ֥בֶד יְהוָֽה׃

20 רָא֥וֹת[a] רַבּ֖וֹת וְלֹ֣א תִשְׁמֹ֑ר[b] פָּק֥וֹחַ אָזְנַ֖יִם וְלֹ֥א יִשְׁמָֽע׃ ראות[16] ק̊. ד̊[17]

21 יְהוָ֥ה חָפֵ֖ץ לְמַ֣עַן צִדְק֑וֹ יַגְדִּ֥יל תּוֹרָ֖ה וְיַאְדִּֽיר[a]׃

22 וְהוּא֮ עַם־בָּז֣וּז וְשָׁסוּי֒ לג̊ ר״פ
[a]הָפֵ֤חַ בַּֽחוּרִים֙[a] כֻּלָּ֔ם וּבְבָתֵּ֥י כְלָאִ֖ים הָחְבָּ֑אוּ
הָי֤וּ לָבַז֙ וְאֵ֣ין מַצִּ֔יל מְשִׁסָּ֖ה[b] וְאֵין־אֹמֵ֥ר הָשַֽׁב׃ יג̊ פסוק ואין ואין[18]. ב̊[19]

23 מִ֥י בָכֶ֖ם יַאֲזִ֣ין זֹ֑את יַקְשִׁ֥ב וְיִשְׁמַ֖ע לְאָחֽוֹר׃ ל̊ חס̊. ג̊[20]

24 מִֽי־נָתַ֨ן לִמְשׁוֹסָ֤ה[a] יַעֲקֹב֙ וְיִשְׂרָאֵ֣ל לְבֹזְזִ֔ים למשיסה ק̊. לג̊
הֲל֣וֹא יְהוָ֗ה ז֚וּ חָטָ֣אנוּ ל֔וֹ
וְלֹֽא־אָב֤וּ בִדְרָכָיו֙ הָל֔וֹךְ וְלֹ֥א שָׁמְע֖וּ בְּתוֹרָתֽוֹ׃

25 וַיִּשְׁפֹּ֤ךְ עָלָיו֙ חֵמָ֣ה[a] אַפּ֔וֹ וֶעֱז֖וּז מִלְחָמָ֑ה ב̊[21]. ב̊[22]
וַתְּלַהֲטֵ֤הוּ מִסָּבִיב֙ וְלֹ֣א יָדָ֔ע וַתִּבְעַר־בּ֖וֹ וְלֹא־יָשִׂ֥ים עַל־ יא̊[23]. ל̊ זקף קמ̊ וכל שם אנש דכות[24]
לֵֽב׃ פ

[8]Mm 1514. [9]Mm 2425. [10]Mm 2367. [11]Mm 3105. [12]Mm 2021. [13]Mm 617. [14]Mm 46. [15]Mm 3378. [16]Mm 832. [17]Mm 1179. [18]Mm 2004. [19]Mm 2866. [20]Mm 1450. [21]Mm 1828. [22]Mm 2368. [23]Mm 130. [24]Mp sub loco.

15 [a] prp לְצִיּוֹת, al תַּלְאֻבִים || **16** [a–a] add || **17** [a] > Ms || [b] 𝔊𝔖 pl = –כֹת || **19** [a] prp –לָחִי || [b] l c 2 Mss σ′ וְחֵרֵשׁ || **20** [a] K רָאִיתָ || [b] prp c 2 Mss ′יִשׁ || **21** [a] l –רֶהָ cf 𝔔[a] || **22** [a–a] prp הֻפַּחוּ (cf 𝔗) et בְּחוֹרִים (cf 𝔊) || [b] l c 𝔔[a] pc Mss 𝔖𝔗𝔙 ′לִמְ || **24** [a] prp לִמְשׁוֹסֶה || **25** [a] 𝔔[a] חמת.

43 1 וְעַתָּ֞ה כֹּֽה־אָמַ֤ר יְהוָה֙ בֹּרַאֲךָ֣ יַעֲקֹ֔ב וְיֹצֶרְךָ֖ יִשְׂרָאֵ֑ל
אַל־תִּירָא֙ כִּ֣י גְאַלְתִּ֔יךָ קָרָ֥אתִי[a] בְשִׁמְךָ֖[b] לִי־אָֽתָּה׃
2 כִּֽי־תַעֲבֹ֤ר בַּמַּ֙יִם֙ אִתְּךָ־אָ֔נִי וּבַנְּהָר֖וֹת לֹ֣א יִשְׁטְפ֑וּךָ — בׄ[1]. מז פסוק לא לא לא
כִּֽי־תֵלֵ֤ךְ בְּמוֹ־אֵשׁ֙ לֹ֣א תִכָּוֶ֔ה וְלֶהָבָ֖ה לֹ֥א תִבְעַר־בָּֽךְ׃ — ג. ט
3 כִּ֗י אֲנִי֙ יְהוָ֣ה אֱלֹהֶ֔יךָ קְד֥וֹשׁ יִשְׂרָאֵ֖ל מוֹשִׁיעֶ֑ךָ
נָתַ֤תִּי כָפְרְךָ֙ מִצְרַ֔יִם כּ֥וּשׁ וּסְבָ֖א תַּחְתֶּֽיךָ׃
4 מֵאֲשֶׁ֨ר יָקַ֧רְתָּ בְעֵינַ֛י נִכְבַּ֖דְתָּ וַאֲנִ֣י אֲהַבְתִּ֑יךָ
וְאֶתֵּ֤ן אָדָם֙[a] תַּחְתֶּ֔יךָ וּלְאֻמִּ֖ים תַּ֥חַת נַפְשֶֽׁךָ׃ — ג
5 אַל־תִּירָ֖א כִּ֣י אִתְּךָ־אָ֑נִי
מִמִּזְרָח֙ אָבִ֣יא זַרְעֶ֔ךָ וּמִֽמַּעֲרָ֖ב אֲקַבְּצֶֽךָּ׃ — ג[2]
6 אֹמַ֤ר לַצָּפוֹן֙ תֵּ֔נִי וּלְתֵימָ֖ן אַל־תִּכְלָ֑אִי
הָבִ֤יאִי בָנַי֙ מֵֽרָח֔וֹק וּבְנוֹתַ֖י מִקְצֵ֥ה הָאָֽרֶץ׃ — ג[3]. ל מל
7 כֹּ֚ל הַנִּקְרָ֣א בִשְׁמִ֔י וְלִכְבוֹדִ֖י[a] בְּרָאתִ֑יו יְצַרְתִּ֖יו[b] אַף־עֲשִׂיתִֽיו׃
8 הוֹצִ֥יא[a] עַם־עִוֵּ֖ר וְעֵינַ֣יִם יֵ֑שׁ וְחֵרְשִׁ֖ים וְאָזְנַ֥יִם לָֽמוֹ׃ — ב ר״פ[4]
9 כָּֽל־הַגּוֹיִ֞ם נִקְבְּצ֣וּ יַחְדָּ֗ו וְיֵאָֽסְפוּ֙ לְאֻמִּ֔ים
מִ֤י בָהֶם֙ יַגִּ֣יד זֹ֔את וְרִאשֹׁנ֖וֹת יַשְׁמִיעֻ֑נוּ[a]
יִתְּנ֤וּ עֵֽדֵיהֶם֙ וְיִצְדָּ֔קוּ וְיִשְׁמְע֖וּ וְיֹאמְר֥וּ אֱמֶֽת׃ — ב. ט רפ[5]
10 אַתֶּ֤ם עֵדַי֙ נְאֻם־יְהוָ֔ה וְעַבְדִּ֖י[a] אֲשֶׁ֣ר בָּחָ֑רְתִּי — ד ר״פ. ל[6]
לְמַ֣עַן תֵּ֠דְעוּ וְתַאֲמִ֨ינוּ לִ֤י וְתָבִ֙ינוּ֙ כִּֽי־אֲנִ֣י ה֔וּא
לְפָנַי֙ לֹא־נ֣וֹצַר אֵ֔ל וְאַחֲרַ֖י[b] לֹ֥א יִהְיֶֽה׃ ס
11 אָנֹכִ֥י אָנֹכִ֖י יְהוָ֑ה וְאֵ֥ין מִבַּלְעָדַ֖י מוֹשִֽׁיעַ׃ — ג[7]. יב
12 אָנֹכִ֞י הִגַּ֤דְתִּי וְהוֹשַׁ֙עְתִּי֙ וְהִשְׁמַ֔עְתִּי וְאֵ֥ין בָּכֶ֖ם זָ֑ר
וְאַתֶּ֥ם עֵדַ֛י נְאֻם־יְהוָ֖ה[a] וַאֲנִי־אֵֽל׃ 13 גַּם־מִיּוֹם֙ אֲנִ֣י ה֔וּא — ב[6]
וְאֵ֥ין מִיָּדִ֖י מַצִּ֑יל אֶפְעַ֖ל וּמִ֥י יְשִׁיבֶֽנָּה׃ ס
14 כֹּֽה־אָמַ֧ר יְהוָ֛ה גֹּאַלְכֶ֖ם קְד֣וֹשׁ יִשְׂרָאֵ֑ל — ל

Cp 43 [1]Mm 2369. [2]Mm 3381. [3]Mm 1771. [4]Mm 2370. [5]Mm 1233. [6]Mm 2373. [7]Mm 2371.

Cp 43,1 [a] Vrs + suff 2 m sg, l קְרָאתִיךָ ‖ [b] l בְּשְׁמִי cf 7 ‖ **4** [a] prp אֲדָמוֹת ‖ **7** [a] nonn Mss Syh𝔖𝔙 om וְ ‖ [b] dl ‖ **8** [a] 𝔔[a] יאו– 𝔔[b] אוציא; 𝔙 *educ*, l הוֹצִיא ‖ **9** [a] 𝔙 *audire nos faciet* cf 𝔊𝔖, l –ֻנוּ ‖ **10** [a] 𝔖 pl, l וַעֲבָדַי ‖ [b] prp וְאַחֵר אחרי cf 𝔊 ‖ **12** [a] frt huc tr :.

לְמַעַנְכֶם שִׁלַּחְתִּי בָבֶלָה וְהוֹרַדְתִּי בָרִיחִים[a] כֻּלָּם כט . ב מל[8]
וְכַשְׂדִּים [b]בָּאֳנִיּוֹת[c] רִנָּתָם[b]׃ ד[9]
15 אֲנִי יְהוָה קְדוֹשְׁכֶם בּוֹרֵא יִשְׂרָאֵל מַלְכְּכֶם׃ ס ל
16 כֹּה אָמַר יְהוָה הַנּוֹתֵן בַּיָּם דָּרֶךְ וּבְמַיִם עַזִּים נְתִיבָה׃ ד בטע בסיפ . ד מל[10] ג[11]
17 הַמּוֹצִיא רֶכֶב־וָסוּס חַיִל וְעִזּוּז יַחְדָּו[a]
יִשְׁכְּבוּ בַּל־יָקוּמוּ דָּעֲכוּ כַּפִּשְׁתָּה כָבוּ׃
18 אַל־תִּזְכְּרוּ רִאשֹׁנוֹת וְקַדְמֹנִיּוֹת אַל־תִּתְבֹּנָנוּ׃ כו ר״פ אל אל[12] . ב . ג חס בליש
19 הִנְנִי עֹשֶׂה חֲדָשָׁה עַתָּה תִצְמָח הֲלוֹא תֵדָעוּהָ ל זקף קמ
אַף אָשִׂים בַּמִּדְבָּר דֶּרֶךְ בִּישִׁמוֹן נְהָרוֹת[a]׃ ל כת כן
20 תְּכַבְּדֵנִי חַיַּת הַשָּׂדֶה תַּנִּים וּבְנוֹת יַעֲנָה
כִּי־נָתַתִּי בַמִּדְבָּר מַיִם נְהָרוֹת בִּישִׁימֹן
לְהַשְׁקוֹת עַמִּי בְחִירִי׃ 21 עַם־זוּ יָצַרְתִּי לִי ג
תְּהִלָּתִי יְסַפֵּרוּ׃ ס

22 וְלֹא־[a]אֹתִי קָרָאתָ יַעֲקֹב כִּי־יָגַעְתָּ בִּי יִשְׂרָאֵל׃ ו ר״פ בסיפ . ל
23 לֹא־הֵבֵיאתָ לִּי שֵׂה עֹלֹתֶיךָ וּזְבָחֶיךָ[a] לֹא כִבַּדְתָּנִי ד פסוק לא לא לא ולא . ב מל . ד ג כת ה וחד כת א[13] . ג וכל משנה תורה דכות[14]
לֹא הֶעֱבַדְתִּיךָ בְּמִנְחָה וְלֹא הוֹגַעְתִּיךָ בִּלְבוֹנָה׃
24 לֹא־קָנִיתָ לִּי בַכֶּסֶף קָנֶה וְחֵלֶב זְבָחֶיךָ לֹא הִרְוִיתָנִי ל
אַךְ הֶעֱבַדְתַּנִי בְּחַטֹּאותֶיךָ הוֹגַעְתַּנִי בַּעֲוֹנֹתֶיךָ׃ ס ג מל
25 אָנֹכִי אָנֹכִי הוּא מֹחֶה פְשָׁעֶיךָ [a]לְמַעֲנִי[a] וְחַטֹּאתֶיךָ[ab] לֹא ג[15]
26 הַזְכִּירֵנִי נִשָּׁפְטָה יָחַד סַפֵּר אַתָּה לְמַעַן תִּצְדָּק׃ [אֶזְכֹּר׃ ל[16] . ד
27 אָבִיךָ הָרִאשׁוֹן חָטָא וּמְלִיצֶיךָ פָּשְׁעוּ בִי׃ סד
28 וַאֲחַלֵּל[a] שָׂרֵי[b] קֹדֶשׁ[c] וְאֶתְּנָה[d] לַחֵרֶם יַעֲקֹב וְיִשְׂרָאֵל ל . ב[17] . לג
44 1 וְעַתָּה שְׁמַע יַעֲקֹב עַבְדִּי וְיִשְׂרָאֵל בָּחַרְתִּי בוֹ׃ [לְגִדּוּפִים׃ ס לג

[8] Mm 4188. [9] Mm 1211. [10] Mm 3436. [11] Mm 2287. [12] Mm 3261. [13] Mm 1137. [14] Mm 3285. [15] Mm 2371. [16] Mp sub loco. [17] Mm 4112.

14 [a] prp בְּר׳ nobiles, al בַּחוּרִים vel בְּרִיחֵי כִלְאֲכֶם || [b–b] 𝔊 *ἐν πλοίοις δεθήσονται*; frt ins אַיֵּה ante ר׳ cf 51,13 || [c] prp בַּאֲ׳ in lamentationibus || **17** [a] tr huc ‸ || **19** [a] 𝔔[a] נתיבות || **22** [a] l c pc Mss 𝔖𝔗[f Ms]𝔙 לא || **23** [a] 𝔔[a] ובזבחיכה cf 𝔖 || **25** [a–a] > 𝔊𝔏Syh 𝔐𝔄 || [b] prp ח׳ || **28** [a] 𝔊 *καὶ ἐμίαναν* cf 𝔖, l וַיְחַלְּלוּ || [b] 𝔊[Q](𝔖) *οἱ ἄρχοντές σου*, l שָׂרֶיךָ || [c] l קָדְשִׁי cf 𝔊 || [d] 𝔊(𝔖𝔙) *καὶ ἔδωκα*, l וָ׳.

2 כֹּה־אָמַר יְהוָה עֹשֶׂךָ וְיֹצֶרְךָ מִבֶּטֶן יַעְזְרֶךָּ ל.ב
אַל־תִּירָא עַבְדִּי יַעֲקֹב וִישֻׁרוּן בָּחַרְתִּי בוֹ׃
3 כִּי אֶצָּק־מַיִם עַל־צָמֵא[a] וְנֹזְלִים עַל־יַבָּשָׁה ל.ל
אֶצֹּק רוּחִי עַל־זַרְעֶךָ וּבִרְכָתִי עַל־צֶאֱצָאֶיךָ׃ ל[1]
4 וְצָמְחוּ בְּבֵין[a] חָצִיר[b] כַּעֲרָבִים עַל־יִבְלֵי־מָיִם׃
5 זֶה יֹאמַר לַיהוָה אָנִי וְזֶה יִקְרָא[a] בְשֵׁם־יַעֲקֹב
וְזֶה יִכְתֹּב יָדוֹ[b] לַיהוָה וּבְשֵׁם יִשְׂרָאֵל יְכַנֶּה[c]׃ פ ל.ל

סה[1] 6 כֹּה־אָמַר יְהוָה מֶלֶךְ־יִשְׂרָאֵל וְגֹאֲלוֹ יְהוָה צְבָאוֹת
אֲנִי רִאשׁוֹן וַאֲנִי אַחֲרוֹן וּמִבַּלְעָדַי אֵין אֱלֹהִים׃ ח
7 וּמִי־כָמוֹנִי[a] יִקְרָא וְיַגִּידֶהָ וְיַעְרְכֶהָ לִי ב[2]
[b]מִשּׂוּמִי עַם־עוֹלָם וְאֹתִיּוֹת[b] וַאֲשֶׁר תָּבֹאנָה יַגִּידוּ לָמוֹ׃ ב[3].ל.ד חס בליש[4]
8 אַל־תִּפְחֲדוּ וְאַל־תִּרְהוּ[a] הֲלֹא מֵאָז הִשְׁמַעְתִּיךָ[b] וְהִגַּדְתִּי ל.ל.ו חס בסיפ
וְאַתֶּם עֵדָי הֲיֵשׁ אֱלוֹהַּ מִבַּלְעָדַי וְאֵין[c] צוּר בַּל־יָדָעְתִּי׃ ב[5]

9 יֹצְרֵי־פֶסֶל כֻּלָּם תֹּהוּ[a] וַחֲמוּדֵיהֶם בַּל־יוֹעִילוּ
וְעֵדֵיהֶם[b] הֵמָּה[c] בַּל־יִרְאוּ וּבַל־יֵדְעוּ לְמַעַן יֵבֹשׁוּ׃ ה׳ נקוד . יב[6]
10 מִי־יָצַר אֵל וּפֶסֶל נָסָךְ לְבִלְתִּי הוֹעִיל׃
11 הֵן כָּל־חֲבֵרָיו יֵבֹשׁוּ וְחָרָשִׁים[a] הֵמָּה מֵאָדָם ד[7]
יִתְקַבְּצוּ כֻלָּם יַעֲמֹדוּ יִפְחֲדוּ יֵבֹשׁוּ יָחַד׃
12 חָרַשׁ[a] בַּרְזֶל מַעֲצָד וּפָעַל[b] בַּפֶּחָם ג[8]
וּבַמַּקָּבוֹת יִצְּרֵהוּ[c] וַיִּפְעָלֵהוּ[d] בִּזְרוֹעַ כֹּחוֹ ל
גַּם־רָעֵב וְאֵין כֹּחַ לֹא־שָׁתָה מַיִם וַיִּיעָף[d]׃ ל
13 חָרַשׁ עֵצִים נָטָה קָו יְתָאֲרֵהוּ בַשֶּׂרֶד ג[8].ל

Cp 44 [1] Mm 244. [2] Neh 6,11. [3] Mm 2372. [4] Mm 1688 contra textum. [5] Mm 2373. [6] Mm 801. [7] Mm 2374. [8] Mm 2375.

Cp 44,3 [a] prp צָמָא cf 𝔖𝔗 ‖ **4** [a] 𝔔[a] pc Mss 𝔊𝔗 כבין, l כְּבֵין (בין genus arboris) ‖ [b] l חָצוֹר ‖ **5** [a] σ′ κληθήσεται, l יִקָּרֵא ‖ [b] 𝔊[B]α′θ′(𝔗𝔙) (τῇ) χειρὶ αὐτοῦ, l בְּיָדוֹ ‖ [c] 𝔖 𝔗𝔙 pass, l יְכֻנֶּה ‖ **7** [a] 𝔊 + στήτω καί, ins יַעֲמֹד ו ‖ [b–b] prp מִי הִשְׁמִיעַ מֵעוֹלָם אוֹתִיּוֹת ‖ **8** [a] 𝔔[a] תיראו; frt l תִּ׳ ‖ [b] l –תִּי ‖ [c] prp ואם cf 𝔊𝔙; frt melius ואין (particula interrogativa aram) ‖ **9** [a] prp תָּהוּ cf arab *tāha* oblitus est ‖ [b] prp וְעָ׳ (a עוד = arab *ʿāda* frequentavit), al וְעֹבְדֵ׳ ‖ [c] > pc Mss ‖ **11** [a] l –שָׁיו ‖ **12** [a] pr יָחַד (a חדד) cf 𝔊𝔖 ‖ [b] ins פָּעֳלוֹ ‖ [c] prp יִצְּדֵהוּ cf 𝔊𝔗 et arab *waṣada* firmus fuit ‖ [d] l וַיְ׳.

יַעֲשֵׂ֫הוּ[a] בַּמַּקְצֻע֔וֹת וּבַמְּחוּגָ֖ה יְתָאֳרֵ֑הוּ — ל̇
וַֽיַּעֲשֵׂ֫הוּ[b] כְּתַבְנִ֣ית אִ֔ישׁ כְּתִפְאֶ֥רֶת אָדָ֖ם לָשֶׁ֥בֶת בָּֽיִת׃
14 לִכְרָת[a]־ל֣וֹ אֲרָזִ֔ים וַיִּקַּ֤ח[b] תִּרְזָה֙ וְאַלּ֔וֹן
וַיְאַמֶּץ[c]־ל֖וֹ בַּעֲצֵי־יָ֑עַר נָטַ֥ע אֹ֖רֶן[d] וְגֶ֥שֶׁם יְגַדֵּֽל׃ — ב̇[9] . ג̇ נונין זעירין . ה̇
15 וְהָיָ֤ה לְאָדָם֙ לְבָעֵ֔ר וַיִּקַּ֤ח[a] מֵהֶם֙ וַיָּ֔חָם[b] אַף־יַשִּׂ֖יק וְאָ֣פָה לָ֑חֶם — ב̇[10]
אַף־יִפְעַל־אֵל֙ וַיִּשְׁתָּ֔חוּ[c] עָשָׂ֥הוּ פֶ֖סֶל וַיִּסְגָּד[a]־לָֽמוֹ׃ [וְיִשְׂבָּ֑ע — ב̇ זקף קמ̇[11]
16 חֶצְיוֹ֙ שָׂרַ֣ף בְּמוֹ־אֵ֔שׁ עַל־חֶצְיוֹ֙ בָּשָׂ֣ר [a]יֹאכֵ֔ל יִצְלֶ֥ה[a] צָלִ֖י — ט̇ . יג̇[12]
אַף־יָחֹם֙ וְיֹאמַ֣ר הֶאָ֔ח חַמּוֹתִ֖י רָאִ֥יתִי[b] אֽוּר׃ — ו̇ רפ̇[13]
17 וּשְׁאֵ֣רִית֔וֹ לְאֵ֥ל עָשָׂ֖ה לְפִסְל֑וֹ[a] יִסְגָּוד[b]־ל֤וֹ וְיִשְׁתַּ֙חוּ֙[c] — יסגד ק̇
וְיִתְפַּלֵּ֣ל אֵלָ֔יו וְיֹאמַר֙ הַצִּילֵ֔נִי כִּ֥י אֵלִ֖י אָֽתָּה׃ [לִבֹּתָ֑ם׃ — ג̇[14] . ו̇ רפ̇[13]
18 לֹ֥א יָדְע֖וּ וְלֹ֣א יָבִ֑ינוּ כִּ֣י טַ֤ח מֵֽרְאוֹת֙ עֵֽינֵיהֶ֔ם מֵֽהַשְׂכִּ֖יל — ו̇ ר״פ בסיפ̇ . ג̇
19 וְלֹֽא־יָשִׁ֣יב אֶל־לִבּ֗וֹ וְלֹ֨א דַ֤עַת[a] וְלֹֽא־תְבוּנָה֙ לֵאמֹ֔ר — ט̇ פסוק ולא ולא ולא . כ̇ד בליש̇[15]
חֶצְי֞וֹ שָׂרַ֣פְתִּי בְמוֹ־אֵ֗שׁ וְ֠אַף אָפִ֤יתִי עַל־גֶּחָלָיו֙ לֶ֔חֶם אֶצְלֶ֥ה — ט̇
וְיִתְרוֹ֙ לְתוֹעֵבָ֣ה אֶעֱשֶׂ֔ה לְב֥וּל עֵ֖ץ אֶסְגּֽוֹד׃ [בָשָׂ֖ר וְאֹכֵ֑ל — ב̇ מל̇
20 רֹעֶ֣ה אֵ֔פֶר לֵ֥ב הוּתַ֖ל הִטָּ֑הוּ וְלֹֽא־יַצִּ֤יל אֶת־נַפְשׁוֹ֙ וְלֹ֣א
[יֹאמַ֔ר הֲל֥וֹא שֶׁ֖קֶר בִּימִינִֽי׃ ס — בן נפתלי הֲלוֹא־

21 זְכָר־אֵ֣לֶּה[a] יַעֲקֹ֔ב וְיִשְׂרָאֵ֖ל כִּ֣י עַבְדִּי־אָ֑תָּה — ל̇ . לג̇
יְצַרְתִּ֤יךָ עֶֽבֶד־לִי֙ אַ֔תָּה יִשְׂרָאֵ֖ל לֹ֥א תִנָּשֵֽׁנִי[b]׃ — כ̇ד מלעיל
22 מָחִ֤יתִי כָעָב֙ פְּשָׁעֶ֔יךָ וְכֶעָנָ֖ן חַטֹּאותֶ֑יךָ — ל̇[16] . ב̇ קמ̇ . ג̇ מל̇
שׁוּבָ֥ה אֵלַ֖י כִּ֥י גְאַלְתִּֽיךָ׃ — ה̇ בטע̇
23 רָנּ֨וּ שָׁמַ֜יִם כִּֽי־עָשָׂ֣ה יְהוָ֗ה הָרִ֙יעוּ֙ תַּחְתִּיּ֣וֹת אָ֔רֶץ — ג̇ . ז̇ ומל̇[17] . יד̇ קמ̇[18] וכל אתנח וס״פ דכות ב̇ מ̇ ד̇
פִּצְח֤וּ הָרִים֙ רִנָּ֔ה יַ֖עַר וְכָל־עֵ֣ץ בּ֑וֹ — ה̇[19]
כִּֽי־גָאַ֤ל יְהוָה֙ יַעֲקֹ֔ב וּבְיִשְׂרָאֵ֖ל יִתְפָּאָֽר׃ פ — ג̇
24 כֹּֽה־אָמַ֤ר יְהוָה֙ גֹּאֲלֶ֔ךָ וְיֹצֶרְךָ֖ מִבָּ֑טֶן

[9] Mm 2376. [10] Mm 2060. [11] Mm 1266. [12] Mm 784. [13] Mm 2423. [14] Mm 3317. [15] Mm 1685. [16] Mm 2177. [17] Mm 1327. [18] Mm 1234. [19] Mm 2857.

13 [a] prp יְשַׁעֲהוּ (a שׁעע) || [b] l ׳וַיְ || **14** [a] l ׳הָלַךְ ל; al כָּרַת vel וַיִּכְרֹת cf 𝔊𝔙 || [b] l ׳וְיִ || [c] l ׳וְיִ || [d] K[2 Mss] אֶרֶז || **15** [a] l ׳וְיִ || [b] l וְיָחֹם || [c] l וְיִשְׁתַּחֲוֶה || **16** [a–a] l יצלה יאכל cf 𝔊𝔖 || [b] 𝔔[a] נגד || **17** [a] 𝔊(𝔖𝔗) γλυπτόν, l לְפָסֶל || [b] K יסגוד; l וְיִסְגָּד cf 𝔊𝔖 || [c] l ־חֲוֶה || **19** [a] ins לוֹ || **21** [a] prp אֱלֹהֶיךָ || [b] Vrs act, l ׳תְּנַ vel תְּשַׁנֵּי.

אָנֹכִ֤י יְהוָה֙ עֹ֣שֶׂה כֹּ֔ל יב̇

נֹטֶ֤ה שָׁמַ֙יִם֙ לְבַדִּ֔י רֹקַ֥ע הָאָ֖רֶץ מֵ֥י אִתִּֽיa׃ מאתי ק̇ חד מן ח̇[20] כת̇ ב̇ מילין וקר̇ חדה

25 מֵפֵר֙ אֹת֣וֹת בַּדִּ֔ים וְקֹסְמִ֖ים יְהוֹלֵ֑ל ג̇

מֵשִׁ֧יב חֲכָמִ֛ים אָח֖וֹר וְדַעְתָּ֥ם יְשַׂכֵּֽלa׃

26 מֵקִים֙ דְּבַ֣ר עַבְדּ֔וֹa וַעֲצַ֥ת מַלְאָכָ֖יו יַשְׁלִ֑ים] אֲקוֹמֵֽם׃ ד̇ ב̇ חס̇ וב̇ מל̇

הָאֹמֵ֨ר לִירוּשָׁלִַ֜ם תּוּשָׁ֗בb וּלְעָרֵ֤יc יְהוּדָה֙ תִּבָּנֶ֔ינָהc וְחָרְבוֹתֶ֖יהָ ב̇ . ב̇ חד חס̇ וחד מל̇ בליש[21]

27 הָאֹמֵ֥ר לַצּוּלָ֖ה חֳרָ֑בִי וְנַהֲרֹתַ֖יִךְ אוֹבִֽישׁ׃ ד̇ חס̇

28 הָאֹמֵ֤ר לְכ֙וֹרֶשׁ֙ רֹעִ֔יa וְכָל־חֶפְצִ֖י יַשְׁלִ֑ם ה̇[22] . ד̇ ב̇ מל̇ וב̇ מן ג̇ חס̇ בליש

וְלֵאמֹ֤רb לִירֽוּשָׁלִַ֙ם֙ תִּבָּנֶ֔ה וְהֵיכָ֖לc תִּוָּסֵֽד׃ ס ג̇[23] ב̇ מנה בסיפ̇ . ב̇ חד קמ̇ וחד פת̇ . ל̇

45 1 כֹּֽה־אָמַ֣רa יְהוָה֮ לִמְשִׁיחוֹ֒b לְכ֣וֹרֶשׁ אֲשֶׁר־הֶחֱזַ֣קְתִּי בִֽימִינ֗וֹ

לְרַד־c לְפָנָיו֙ גּוֹיִ֔ם וּמָתְנֵ֥י מְלָכִ֖ים אֲפַתֵּ֑חַ ל̇

לִפְתֹּ֤חַ לְפָנָיו֙ דְּלָתַ֔יִם וּשְׁעָרִ֖ים לֹ֥א יִסָּגֵֽרוּ׃ ב̇

2 אֲנִי֙ לְפָנֶ֣יךָ אֵלֵ֔ךְ וַהֲדוּרִ֖יםa אֲיַשֵּׁ֑רb ל̇ . אישר ק̇ חד מן ב̇ בליש

דַּלְת֤וֹת נְחוּשָׁה֙ אֲשַׁבֵּ֔ר וּבְרִיחֵ֥י בַרְזֶ֖ל אֲגַדֵּֽעַ׃ ב̇[1]

3 וְנָתַתִּ֤י לְךָ֙ אוֹצְר֣וֹת חֹ֔שֶׁךְ וּמַטְמֻנֵ֖י מִסְתָּרִ֑ים יא̇ מל̇[2]

a לְמַ֣עַן תֵּדַ֗עa כִּֽי־אֲנִ֧י יְהוָ֛ה הַקּוֹרֵ֥א בְשִׁמְךָ֖ אֱלֹהֵ֥י יִשְׂרָאֵֽל׃ י̇ מל̇ בליש . כה̇[3]

4 לְמַ֙עַן֙ עַבְדִּ֣י יַעֲקֹ֔ב וְיִשְׂרָאֵ֖ל בְּחִירִ֑י ל̇ג

וָאֶקְרָ֤א לְךָ֙ בִּשְׁמֶ֔ךָ אֲכַנְּךָ֖ וְלֹ֥א יְדַעְתָּֽנִי׃

5 אֲנִ֤י יְהוָה֙ וְאֵ֣ין ע֔וֹד זוּלָתִ֖י אֵ֣ין אֱלֹהִ֑ים ו̇ פסוק ואין אין

אֲאַזֶּרְךָ֖ וְלֹ֥א יְדַעְתָּֽנִי׃

6 לְמַ֣עַן יֵדְע֗וּ מִמִּזְרַח־שֶׁ֙מֶשׁ֙ וּמִמַּ֣עֲרָבָ֔הּa כִּי־אֶ֖פֶס בִּלְעָדָ֑י יב̇[4] . ל̇[5]

אֲנִ֥י יְהוָ֖ה וְאֵ֥ין עֽוֹד׃ 7 יוֹצֵ֥ר אוֹר֙ וּבוֹרֵ֣א חֹ֔שֶׁךְ ל̇ בטע̇

עֹ֥שֶׂה שָׁל֖וֹםa וּב֣וֹרֵא רָ֑ע אֲנִ֥י יְהוָ֖ה עֹשֶׂ֥ה כָל־אֵֽלֶּה׃ ס ב̇[6]

24 [a] mlt Mss 𝔖 ut Q; 𝔔[a] K mlt Mss 𝔊𝔙 מִי אתי ‖ **25** [a] = יסכל ‖ **26** [a] 𝔊[A]𝔗 pl cf 𝔄, l עֲבָדָיו ‖ [b] 𝔔[a] תשב; prb l תְּוָשֵׁב ‖ [c–c] frt add ‖ **28** [a] prp רֵעִי amicus meus vel sententia mea cf 𝔊 ‖ [b] 𝔖 om ו, l ל׳ vel הָאֹמֵר cf 𝔊𝔙; 𝔄 *waja'muru* = וְאָמַר ‖ [c] 𝔙(Syh) *et templo*, l וּלְה׳ ‖ **Cp 45,1** [a–a] prp אמרְתִּי ‖ [b] 𝔊(𝔙) *τῷ χριστῷ μου*, l ־חִי ‖ [c] l לָרֹד (a רדד) ‖ **2** [a] l c 𝔔[a]𝔊 והֲרָרִים; 𝔔[b] והרורים ‖ [b] K אושר ‖ **3** [a–a] frt add ‖ **6** [a] 𝔊[Qmg]σ′θ′ (𝔖𝔗[f Ms]𝔄) *καὶ οἱ ἀπὸ δυσμῶν αὐτοῦ*, l ־הּ ‖ **7** [a] 𝔔[a] טוב.

8 הַרְעִיפוּ שָׁמַיִם מִמַּעַל וּשְׁחָקִים יִזְּלוּ־צֶדֶק
תִּפְתַּח־[a]אֶרֶץ וְיִפְרוּ[b]־יֶשַׁע — ב̇. ה̇[7][8]
וּצְדָקָה תַצְמִיחַ[c] יַחַד אֲנִי יְהוָה בְּרָאתִיו׃ ס

9 [a]הוֹי רָב[a] אֶת־יֹצְרוֹ חֶרֶשׂ[b] אֶת־חַרְשֵׂי[c] אֲדָמָה — ל̇ג קמ̇[9]. י̇א[10]
הֲיֹאמַר חֹמֶר לְיֹצְרוֹ מַה־תַּעֲשֶׂה [d]וּפָעָלְךָ אֵין־יָדַיִם לוֹ[d]׃ ס
10 [a]הוֹי אֹמֵר[a] לְאָב מַה־תּוֹלִיד וּלְאִשָּׁה מַה־תְּחִילִין׃ ס — ל̇. ל̇
11 כֹּה־אָמַר יְהוָה קְדוֹשׁ יִשְׂרָאֵל וְיֹצְרוֹ
[a]הָאֹתִיּוֹת שְׁאָלוּנִי[a] עַל־בָּנַי וְעַל־פֹּעַל יָדַי תְּצַוֻּנִי׃ — ל̇. כ̇ב[11]
12 אָנֹכִי עָשִׂיתִי אֶרֶץ וְאָדָם עָלֶיהָ בָרָאתִי — ב̇. ט̇
אֲנִי יָדַי נָטוּ שָׁמַיִם וְכָל־צְבָאָם צִוֵּיתִי׃ — כ̇ב[11]. ד̇[12]. ז̇. ה̇
13 אָנֹכִי הַעִירֹתִהוּ בְצֶדֶק וְכָל־דְּרָכָיו אֲיַשֵּׁר — ב̇
הוּא־יִבְנֶה עִירִי וְגָלוּתִי[a] יְשַׁלֵּחַ
לֹא בִמְחִיר וְלֹא בְשֹׁחַד אָמַר יְהוָה צְבָאוֹת׃ פ — ח̇[13]. ז̇[14] וכל מלאכי דכות ב̇ מ̇ ג̇

14 כֹּה׀ אָמַר יְהוָה
יְגִיעַ[a] מִצְרַיִם וּסְחַר[b]־כּוּשׁ וּסְבָאִים אַנְשֵׁי מִדָּה
עָלַיִךְ יַעֲבֹרוּ וְלָךְ יִהְיוּ אַחֲרַיִךְ יֵלֵכוּ בַּזִּקִּים יַעֲבֹרוּ[c]
וְאֵלַיִךְ יִשְׁתַּחֲווּ[d] אֵלַיִךְ יִתְפַּלָּלוּ — כ̇ט. כ̇ט
אַךְ בָּךְ אֵל וְאֵין עוֹד אֶפֶס אֱלֹהִים׃
15 אָכֵן אַתָּה[a] אֵל מִסְתַּתֵּר אֱלֹהֵי יִשְׂרָאֵל מוֹשִׁיעַ׃ — י̇ח[15]. ד̇[16]. כ̇ח[17]
16 בּוֹשׁוּ וְגַם־נִכְלְמוּ [a]כֻּלָּם יַחְדָּו[a] הָלְכוּ בַכְּלִמָּה חָרָשֵׁי צִירִים׃ — ג̇ מ̇ל[18]
17 יִשְׂרָאֵל נוֹשַׁע בַּיהוָה תְּשׁוּעַת עוֹלָמִים — ב̇ — ס̇ י̇ח
לֹא־תֵבֹשׁוּ וְלֹא־תִכָּלְמוּ עַד־עוֹלְמֵי עַד׃ פ

18 כִּי כֹה אָמַר־יְהוָה בּוֹרֵא הַשָּׁמַיִם הוּא הָאֱלֹהִים — כ̇י מיחד[19]

[7] Mm 2377. [8] Mm 2378. [9] Mm 264. [10] Mm 512. [11] Mm 1104. [12] Mm 13. [13] Mm 1862. [14] Mm 2379. [15] Mm 1941. [16] Mm 1678. [17] Mm 2364. [18] Mm 2380. [19] Mm 2049.

8 [a] 𝔖𝔗^Ms𝔙 pass = תִּפָּתַח ‖ [b] 𝔊^Mss𝔙 sg, l וְיִפֶר; 𝔔^a ויפרח ‖ [c] 𝔖(𝔏Syh𝔗𝔙) *tšwḥ* = תִּצְמַח cf 𝔊 ‖ **9** [a–a] l הֲיָרִיב ‖ [b] tr huc ׃ ‖ [c] prp חֹרְשׁוֹ חֶרֶשׂ ‖ [d–d] l לְךָ ... וּפֳעָלוֹ cf 𝔊𝔖 ‖ **10** [a–a] l הֲיֹאמַר ‖ **11** [a–a] l הַאֹתִי תִּשְׁ׳ ‖ **13** [a] 𝔊(𝔗) *καὶ τὴν αἰχμαλωσίαν τοῦ λαοῦ μου*, l וְגָלוּת עַמִּי ‖ **14** [a] prp יֹגְעֵי ‖ [b] 𝔖(𝔗) *tgr'*, prp וְסֹחֲרֵי ‖ [c] > 𝔊Syh𝔄, dl (tr ‸); frt l בַּזִּקִּים יַעֲבֹרוּ ‖ [d] sic L, mlt Mss Edd וּ– ‖ **15** [a] frt l אִתָּךְ ‖ **16** [a–a] frt dl.

ד̇ חס יֹצֵ֨ר הָאָ֤רֶץ וְעֹשָׂהּ֙ ה֣וּא כֽוֹנְנָ֔הּ
ב̇ לֹא־תֹ֥הוּ בְרָאָ֖הּ לָשֶׁ֣בֶת יְצָרָ֑הּ
אֲנִ֥י יְהוָ֖ה וְאֵ֥ין עֽוֹד׃
19 לֹ֨א בַסֵּ֜תֶר דִּבַּ֗רְתִּי בִּמְקוֹם֙ אֶ֣רֶץ חֹ֔שֶׁךְ
לֹ֥א אָמַ֛רְתִּי לְזֶ֥רַע יַעֲקֹ֖ב תֹּ֣הוּ[a] בַקְּשׁ֑וּנִי
אֲנִ֤י יְהוָה֙ דֹּבֵ֣ר צֶ֔דֶק מַגִּ֖יד מֵישָׁרִֽים׃
ד̇[20] . ג̇[21] 20 הִקָּבְצ֥וּ וָבֹ֛אוּ הִתְנַגְּשׁ֥וּ יַחְדָּ֖ו[a] פְּלִיטֵ֣י הַגּוֹיִ֑ם
לֹ֣א יָדְע֗וּ הַנֹּֽשְׂאִים֙ אֶת־עֵ֣ץ פִּסְלָ֔ם
וּמִתְפַּלְלִ֔ים אֶל־אֵ֖ל לֹ֥א יוֹשִֽׁיעַ׃
21 הַגִּ֣ידוּ וְהַגִּ֔ישׁוּ אַ֥ף יִוָּעֲצ֖וּ[a] יַחְדָּ֑ו
ל̇ מִ֣י הִשְׁמִיעַ֩ זֹ֨את מִקֶּ֜דֶם מֵאָ֣ז הִגִּידָ֗הּ
ג̇[22] הֲל֨וֹא אֲנִ֤י יְהוָה֙ וְאֵֽין־ע֤וֹד אֱלֹהִים֙ מִבַּלְעָדַ֔י
ב̇ אֵֽל־צַדִּ֣יק וּמוֹשִׁ֔יעַ אַ֖יִן זוּלָתִֽי׃
22 פְּנוּ־אֵלַ֥י וְהִוָּשְׁע֖וּ כָּל־אַפְסֵי־אָ֑רֶץ
כִּ֥י אֲנִי־אֵ֖ל וְאֵ֥ין עֽוֹד׃ 23 בִּ֣י נִשְׁבַּ֔עְתִּי
ו̇[23] יָצָ֨א מִפִּ֧י צְדָקָ֛ה דָּבָ֖ר וְלֹ֣א יָשׁ֑וּב
ל̇ז̇[24] כִּי־לִי֙ תִּכְרַ֣ע כָּל־בֶּ֔רֶךְ תִּשָּׁבַ֖ע כָּל־לָשֽׁוֹן׃
ד̇ ומל[25] 24 אַ֣ךְ בַּיהוָ֗ה לִ֛י[a] אָמַ֥ר[a] צְדָק֣וֹת וָעֹ֑ז
ח̇ סביר לשון רבים . ב̇ עָדָיו֙ יָב֣וֹא[b] וְיֵבֹ֔שׁוּ כֹּ֖ל הַנֶּחֱרִ֥ים[c] בּֽוֹ׃
25 בַּיהוָ֛ה יִצְדְּק֥וּ וְיִֽתְהַלְל֖וּ כָּל־זֶ֥רַע יִשְׂרָאֵֽל׃

ג̇[1] **46** 1 כָּרַ֥ע בֵּל֙ קֹרֵ֣ס[a] נְב֔וֹ הָיוּ֙ עֲצַבֵּיהֶ֔ם
ג̇[2] . מא [b]לַֽחַיָּ֖ה וְלַבְּהֵמָ֑ה נְשֻׂאֹֽתֵיכֶם֙ עֲמוּס֔וֹת מַשָּׂ֖א לַעֲיֵפָֽה[b]׃
ב̇[3] . מא 2 קָֽרְס֨וּ כָֽרְעוּ֙ יַחְדָּ֔ו לֹ֥א יָכְל֖וּ מַלֵּ֣ט מַשָּׂ֑א

[20] Mm 2381. [21] Mm 2954. [22] Mm 4102. [23] Mm 2494. [24] Mm 3615. [25] Mm 3367. **Cp 46** [1] Mm 2757. [2] Mm 697. [3] Mm 2689.

19 [a] prp בַּתֹּהוּ ‖ **20** [a] 𝔔[a] ואתיו ‖ **21** [a] 𝔖(𝔗𝔙) *(w)'tmlkw*, l הִוָּ׳ ‖ **24** [a–a] 𝔊 *λέγων*, l לֵאמֹר et tr ad init v cf 𝔖; al (יֵאָמֵר) לִי יֹאמַר cf 𝔔[a] ‖ [b] l c 𝔔[a] Seb mlt Mss 𝔊𝔖𝔙 –אוּ ‖ [c] cf 41,11[a] ‖ **Cp 46,1** [a] Vrs verb finit, l קָרַס ‖ [b–b] prp מַשָּׂא לַחַיָּה כִּמְעֻמָסוֹת נְשֻׂאוֹת לַבְּהֵמָה עֲיֵפָה׃.

וְנַפְשָׁ֖ם בַּשְּׁבִ֥י הָלָֽכָה׃ ס

3 שִׁמְע֤וּ אֵלַי֙ בֵּ֣ית יַעֲקֹ֔ב וְכָל־שְׁאֵרִ֖ית בֵּ֣ית יִשְׂרָאֵ֑ל — ג̇⁴. כ̇³ וכל ירמיה ויחזק דכות ב מ״ח
הָעֲמֻסִים֙ מִנִּי־בֶ֔טֶן הַנְּשֻׂאִ֖ים מִנִּי־רָֽחַם׃ — ה̇⁶
4 וְעַד־זִקְנָה֙ אֲנִ֣י ה֔וּא וְעַד־שֵׂיבָ֖ה^a אֲנִ֣י אֶסְבֹּ֑ל — יד̇ פסוק ועד ועד⁷. כל ליש כת כן
אֲנִ֤י עָשִׂ֙יתִי֙^b וַאֲנִ֣י אֶשָּׂ֔א וַאֲנִ֥י אֶסְבֹּ֖ל וַאֲמַלֵּֽט׃ ס — כ̇ג

5 לְמִ֥י תְדַמְּי֖וּנִי וְתַשְׁו֑וּ וְתַמְשִׁל֖וּנִי וְנִדְמֶֽה׃ — ל̇. ב̇. ל̇. ל̇
6 הַזָּלִ֤ים זָהָב֙ מִכִּ֔יס וְכֶ֖סֶף בַּקָּנֶ֣ה יִשְׁקֹ֑לוּ
יִשְׂכְּר֤וּ צוֹרֵף֙ וְיַעֲשֵׂ֣הוּ אֵ֔ל יִסְגְּד֖וּ אַף־יִשְׁתַּחֲוֽוּ^a׃
7 יִ֠שָּׂאֻהוּ עַל־כָּ֨תֵף יִסְבְּלֻ֜הוּ וְיַנִּיחֻ֤הוּ תַחְתָּיו֙^a וְיַעֲמֹ֔ד [מִמְּקוֹמ֖וֹ לֹ֣א יָמִ֑ישׁ — ל̇. ד̇. ל̇. ב̇ / יז מ״פ לא ולא לא⁸. ז⁹
אַף־יִצְעַ֤ק אֵלָיו֙ וְלֹ֣א יַעֲנֶ֔ה מִצָּרָת֖וֹ לֹ֥א יוֹשִׁיעֶֽנּוּ׃ ס — ה̇

8 ^aזִכְרוּ־זֹ֖את וְהִתְאֹשָׁ֑שׁוּ^a הָשִׁ֥יבוּ פוֹשְׁעִ֖ים עַל־לֵֽב^b׃ — ב̇ מל
9 ^aזִכְר֥וּ רִאשֹׁנ֖וֹת מֵעוֹלָ֑ם^a
כִּ֣י אָנֹכִ֤י אֵל֙ וְאֵ֣ין ע֔וֹד אֱלֹהִ֖ים וְאֶ֥פֶס כָּמֽוֹנִי׃
10 מַגִּ֤יד מֵֽרֵאשִׁית֙ אַחֲרִ֔ית וּמִקֶּ֖דֶם אֲשֶׁ֣ר לֹא־נַעֲשׂ֑וּ — ה̇¹⁰
אֹמֵר֙ עֲצָתִ֣י תָק֔וּם וְכָל־חֶפְצִ֖י אֶעֱשֶֽׂה^a׃
11 קֹרֵ֤א מִמִּזְרָח֙ עַ֔יִט מֵאֶ֥רֶץ מֶרְחָ֖ק אִ֣ישׁ עֲצָת֑וֹ^a — עצתי חד מן מח¹¹ כת ו ק וקר י
אַף־דִּבַּ֙רְתִּי֙ אַף־אֲבִיאֶ֔נָּה יָצַ֖רְתִּי אַף־אֶעֱשֶֽׂנָּה׃ ס
12 שִׁמְע֥וּ אֵלַ֖י אַבִּ֣ירֵי^a לֵ֑ב הָרְחוֹקִ֖ים מִצְּדָקָֽה׃ — ז̇ מל בליש¹²
13 קֵרַ֤בְתִּי צִדְקָתִי֙ לֹ֣א תִרְחָ֔ק וּתְשׁוּעָתִ֖י לֹ֣א תְאַחֵ֑ר — ל̇ זקף קמ̇. ל̇¹³. ד̇¹⁴
וְנָתַתִּ֤י בְצִיּוֹן֙ תְּשׁוּעָ֔ה לְיִשְׂרָאֵ֖ל תִּפְאַרְתִּֽי׃ ס

47 1 רְדִ֣י ׀ וּשְׁבִ֣י עַל־עָפָ֗ר בְּתוּלַת֙ בַּת־בָּבֶ֔ל
^aשְׁבִי־לָאָ֥רֶץ אֵין־כִּסֵּ֖א^a בַּת־כַּשְׂדִּ֑ים — ג̇¹ ול בליש
כִּ֣י לֹ֤א תוֹסִ֙יפִי֙ יִקְרְאוּ־לָ֔ךְ רַכָּ֖ה וַעֲנֻגָּֽה׃ — ב̇

4 ^a sic L, l c mlt Mss Edd שׂ׳ ‖ ^b prp עִמַּשְׂתִּי ‖ **6** ^a cf 45,14^d ‖ **7** ^a ins (וְ)יִתְאַשְּׁשׁ ex 8 ‖ **8** ^a–a dl ‖ ^b l לֵבָב ‖ **9** ^a–a cj c 8 (:מעולם) ‖ **10** ^a 𝔔^a יעשה ‖ **11** ^a 𝔔^a K עצתו, 𝔊 ut Q ‖ **12** ^a 𝔊 *οἱ ἀπολωλεκότες*, l אֹבְדֵי ‖ **Cp 47,1** ^a–a > 𝔊^B.

2 קְחִי רֵחַיִם וְטַחֲנִי קָמַח גַּלִּי צַמָּתֵךְ — ג̇ . ב̇ ובפסוק . ל̇
חֶשְׂפִּי־שֹׁבֶל[a] גַּלִּי־שׁוֹק עִבְרִי נְהָרוֹת׃ — ל̇ . ב̇ ובפסוק
3 תִּגָּל עֶרְוָתֵךְ גַּם תֵּרָאֶה חֶרְפָּתֵךְ — ב̇[2]
נָקָם אֶקָּח וְלֹא אֶפְגַּע[a] אָדָם׃ ס — ב̇ זקף חד קמ̇ וחד פת̇[3]
4 גֹּאֲלֵנוּ[a] יְהוָה צְבָאוֹת שְׁמוֹ קְדוֹשׁ יִשְׂרָאֵל׃
5 שְׁבִי דוּמָם וּבֹאִי בַחֹשֶׁךְ בַּת־כַּשְׂדִּים — ב̇[4] . ד̇ ג̇ חס̇ וחד מל̇[5]
כִּי לֹא תוֹסִיפִי יִקְרְאוּ־לָךְ גְּבֶרֶת מַמְלָכוֹת׃ — ל̇
6 קָצַפְתִּי עַל־עַמִּי חִלַּלְתִּי נַחֲלָתִי
וָאֶתְּנֵם בְּיָדֵךְ לֹא־שַׂמְתְּ לָהֶם רַחֲמִים
עַל־זָקֵן הִכְבַּדְתְּ עֻלֵּךְ מְאֹד׃
7 וַתֹּאמְרִי לְעוֹלָם אֶהְיֶה [a]גְבָרֶת עַד[ab] — ל̇
לֹא־שַׂמְתְּ אֵלֶּה עַל־לִבֵּךְ לֹא זָכַרְתְּ אַחֲרִיתָהּ׃ ס
8 וְעַתָּה שִׁמְעִי־זֹאת עֲדִינָה הַיּוֹשֶׁבֶת לָבֶטַח — ב̇[6]
הָאֹמְרָה בִּלְבָבָהּ[a] אֲנִי וְאַפְסִי עוֹד
לֹא אֵשֵׁב אַלְמָנָה וְלֹא אֵדַע שְׁכוֹל׃ — ג̇[7]
9 וְתָבֹאנָה לָּךְ שְׁתֵּי־אֵלֶּה רֶגַע בְּיוֹם אֶחָד — ב̇ חד חס̇ וחד מל̇
שְׁכוֹל וְאַלְמֹן כְּתֻמָּם בָּאוּ[a] עָלַיִךְ
בְּרֹב כְּשָׁפַיִךְ בְּעָצְמַת חֲבָרַיִךְ מְאֹד׃ — ל̇
10 וַתִּבְטְחִי בְרָעָתֵךְ[a] אָמַרְתְּ אֵין רֹאָנִי[b] — ז̇[8] . ל̇
חָכְמָתֵךְ וְדַעְתֵּךְ הִיא שׁוֹבְבָתֶךְ — ל̇
וַתֹּאמְרִי בְלִבֵּךְ אֲנִי וְאַפְסִי עוֹד׃
11 וּבָא[a] עָלַיִךְ רָעָה לֹא תֵדְעִי שַׁחְרָהּ[b] — יז̇ ר״פ . מז̇ פסוק לא לא לא . ל̇
וְתִפֹּל עָלַיִךְ הֹוָה לֹא תוּכְלִי כַּפְּרָהּ — ל̇
וְתָבֹא עָלַיִךְ פִּתְאֹם שׁוֹאָה לֹא תֵדָעִי׃ — ג̇ מל̇ וכל שאה דכות̇
12 עִמְדִי־נָא בַחֲבָרַיִךְ וּבְרֹב כְּשָׁפַיִךְ

[2] Mm 736. [3] Mm 1949. [4] Mm 3120. [5] Mm 2383. [6] Mm 2384. [7] Mm 2385. [8] Mm 1742.

2 [a] 𝔔[a] שוליך ‖ **3** [a] σ′(𝔙) ἀντιστήσεται, l יִפְגַּע ‖ **4** [a] 𝔊(𝔏 Syh 𝔄𝔘) pr εἶπεν, l אָמַר ג׳ ‖ **7** [a–a] l גְבֶרֶת עַד ‖ [b] > 𝔊 ‖ **8** [a] sic L, l c mlt Mss Edd —בבהּ ‖ **9** [a] 𝔊(Syh 𝔖𝔗𝔘) ἥξει cf 𝔄, l יָבֹאוּ ‖ **10** [a] 𝔔[a] בדעתך ‖ [b] l רֹאֵנִי ‖ **11** [a] l c 𝔔[a] וּבָאָה ‖ [b] 𝔗 *lmbʿj ʿlh*, prp שַׁחֲרָהּ (inf = deprecari).

ᵃבַּאֲשֶׁר יָגַעַתְּ מִנְּעוּרָיִךְᵃ — ה̇ל̇[9]
אוּלַי תּוּכְלִי הוֹעִיל אוּלַי תַּעֲרוֹצִי׃ — ד̇ מל̇ ול̇ בליש̇[10]
13 נִלְאֵית בְּרֹב עֲצָתָיִךְᵃ יַעַמְדוּ־נָא
וְיוֹשִׁיעֻךְ הֹבְרֵוᵇ שָׁמַיִם הַחֹזִים בַּכּוֹכָבִים — הברי חד מן מח[11] כת̇ ו ק̇ וקר̇ י
מוֹדִיעִם לֶחֳדָשִׁים מֵאֲשֶׁרᶜ יָבֹאוּᵈ עָלָיִךְ׃
14 הִנֵּה הָיוּ כְקַשׁ אֵשׁ שְׂרָפָתַם — ל̇
לֹא־יַצִּילוּ אֶת־נַפְשָׁם מִיַּד לֶהָבָה
אֵין־גַּחֶלֶת לַחְמָםᵃ אוּר לָשֶׁבֶת נֶגְדּוֹ׃
15 כֵּן הָיוּ־לָךְ אֲשֶׁרᵃ יָגָעַתְּ סֹחֲרַיִךְ מִנְּעוּרַיִךְ
אִישׁ לְעֶבְרוֹ תָּעוּ אֵין מוֹשִׁיעֵךְ׃ ס — ל̇

48 1 שִׁמְעוּ־זֹאת בֵּית־יַעֲקֹב
הַנִּקְרָאִים בְּשֵׁם יִשְׂרָאֵל וּמִמֵּיᵃ יְהוּדָה יָצָאוּ — ל̇ . ל̇[1] . ח̇[2]
הַנִּשְׁבָּעִים ׀ בְּשֵׁם יְהוָה וּבֵאלֹהֵי יִשְׂרָאֵל יַזְכִּירוּ — כ̇ה[3]
ס̇י̇ט̇ לֹא בֶאֱמֶת וְלֹא בִצְדָקָה׃ 2 כִּי־מֵעִיר הַקֹּדֶשׁ נִקְרָאוּ
וְעַל־אֱלֹהֵי יִשְׂרָאֵל נִסְמָכוּ יְהוָה צְבָאוֹת שְׁמוֹ׃ ס — ב̇[4] . כ̇ה[3]
3 הָרִאשֹׁנוֹת מֵאָז הִגַּדְתִּי וּמִפִּי יָצְאוּ וְאַשְׁמִיעֵםᵃ — ו̇ . ג̇ . ב̇ חד מל̇ וחד חס̇[5]
פִּתְאֹם עָשִׂיתִי וַתָּבֹאנָה׃ 4 מִדַּעְתִּי כִּי קָשֶׁה אָתָּה — ה̇ ד̇ חס̇ וחד מל̇[6] . ה̇[7]
וְגִיד בַּרְזֶל עָרְפֶּךָ וּמִצְחֲךָ נְחוּשָׁה׃
5 וָאַגִּיד לְךָ מֵאָז בְּטֶרֶם תָּבוֹא הִשְׁמַעְתִּיךָ
פֶּן־תֹּאמַר עָצְבִּיᵃ עָשָׂם וּפִסְלִי וְנִסְכִּי צִוָּם׃ — ב̇[8] . ג̇[9]
6 שָׁמַעְתָּ חֲזֵה כֻּלָּהּ וְאַתֶּםᵃ הֲלוֹא תַגִּידוּᵇ — ג̇ וכל̇ תנוב̇ דכות̇[10]
הִשְׁמַעְתִּיךָ חֲדָשׁוֹת מֵעַתָּה וּנְצֻרוֹת וְלֹא יְדַעְתָּם׃ — ד̇[11]
7 עַתָּה נִבְרְאוּ וְלֹא מֵאָז וְלִפְנֵי־יוֹם וְלֹא שְׁמַעְתָּם — כ̇ה ר״פ[12] . י̇ו̇ וכל̇ לפני ולפני דכות̇ . ל̇[13]
פֶּן־תֹּאמַר הִנֵּה יְדַעְתִּין׃

[9] Mm 2386. [10] Mm 2387. [11] Mm 3811. **Cp 48** [1] Mm 66. [2] Mm 1602. [3] Mm 2364. [4] Mm 3875. [5] Mm 2388. [6] Mm 301. [7] Mm 2272. [8] Mm 4021. [9] Mm 367. [10] Mm 3812. [11] Mm 1133. [12] Mm 1057. [13] Mm 49.

12 ᵃ⁻ᵃ prb dl (frt ex 15) ‖ **13** ᵃ 𝔊(𝔖𝔙) *(ἐν) ταῖς βουλαῖς σου* = עצ׳, 𝔗 *mlkk* = עֲצָתֵךְ ‖ ᵇ K הָבְרוּ 𝔔ᵃ חוברי ‖ ᶜ l אשר cf 𝔊𝔖𝔗 ‖ ᵈ 𝔊𝔖𝔗 sg, l יבוא ‖ **14** ᵃ prp לָחֹם vel לְחֻמָּם cf 𝔔ᵃ𝔖𝔙, al לְחַמֵּם ‖ **15** ᵃ l c 2 Mss 𝔖𝔗𝔙 בָּא׳ cf 12 ‖ **Cp 48,1** ᵃ prp וּמִמְּעֵי cf 𝔔ᵃ 39,7 ‖ **3** ᵃ l c ℭ𝔖𝔗𝔙 וָ׳ cf 𝔊 ‖ **5** ᵃ ℭ עִיצ׳; 𝔗 *dḥltj* cf 𝔊𝔖𝔙, l עֲצַבִּי ‖ **6** ᵃ prp וֶאֱמֶת cf 43,9, al אַתֶּם ‖ ᵇ l תגיד.

8 גַּם לֹא־שָׁמַעְתָּ גַּם לֹא יָדַעְתָּ גַּם מֵאָז לֹא־פִתְּחָה[a] אָזְנֶךָ — יב פסוק גם גם גם . מז פסוק לא לא לא . ג חס בנביא
כִּי יָדַעְתִּי בָּגוֹד תִּבְגּוֹד וּפֹשֵׁעַ מִבֶּטֶן קֹרָא לָךְ׃ — ו

9 לְמַעַן שְׁמִי אַאֲרִיךְ אַפִּי וּתְהִלָּתִי[a] אֶחֱטָם[b]־לָךְ לְבִלְתִּי — ב . ב . ל
10 הִנֵּה צְרַפְתִּיךָ וְלֹא בְכָסֶף בְּחַרְתִּיךָ[a] בְּכוּר עֹנִי׃ [הַכְרִיתֶךָ׃ — ה[14] . ג [ל
11 לְמַעֲנִי לְמַעֲנִי אֶעֱשֶׂה כִּי אֵיךְ יֵחָל[a]
וּכְבוֹדִי לְאַחֵר לֹא־אֶתֵּן׃ ס

12 שְׁמַע אֵלַי יַעֲקֹב וְיִשְׂרָאֵל מְקֹרָאִי — לג . ל
אֲנִי־הוּא אֲנִי רִאשׁוֹן אַף אֲנִי אַחֲרוֹן׃ — ח
13 אַף־יָדִי יָסְדָה אֶרֶץ וִימִינִי טִפְּחָה שָׁמָיִם
קֹרֵא אֲנִי אֲלֵיהֶם יַעַמְדוּ יַחְדָּו׃
14 [a]הִקָּבְצוּ כֻלְּכֶם[a] וּשְׁמָעוּ[b] מִי בָהֶם[c] הִגִּיד אֶת־אֵלֶּה — ד[15]
יְהוָה אֲהֵבוֹ[d] יַעֲשֶׂה חֶפְצוֹ בְּבָבֶל וּזְרֹעוֹ[e] כַּשְׂדִּים׃ — ד . ה . ה[16]
15 אֲנִי אֲנִי דִּבַּרְתִּי אַף־קְרָאתִיו הֲבִאֹתִיו וְהִצְלִיחַ[a] דַּרְכּוֹ׃ — ג . ד
16 קִרְבוּ אֵלַי שִׁמְעוּ־זֹאת
לֹא מֵרֹאשׁ בַּסֵּתֶר דִּבַּרְתִּי מֵעֵת הֱיוֹתָהּ שָׁם אָנִי — יד
וְעַתָּה [a]אֲדֹנָי יְהוִה[a] [b]שְׁלָחַנִי וְרוּחוֹ׃[b] פ — ג . ג

17 כֹּה־אָמַר יְהוָה גֹּאַלְךָ קְדוֹשׁ יִשְׂרָאֵל
אֲנִי יְהוָה אֱלֹהֶיךָ מְלַמֶּדְךָ לְהוֹעִיל
מַדְרִיכֲךָ בְּדֶרֶךְ תֵּלֵךְ׃ 18 לוּא הִקְשַׁבְתָּ לְמִצְוֺתָי — כב[17] ג מל בליש ר[18] מנה ר״פ
וַיְהִי כַנָּהָר שְׁלוֹמֶךָ וְצִדְקָתְךָ כְּגַלֵּי הַיָּם׃ — ג
19 וַיְהִי כַחוֹל זַרְעֶךָ וְצֶאֱצָאֵי מֵעֶיךָ כִּמְעֹתָיו — ל
לֹא־יִכָּרֵת וְלֹא־יִשָּׁמֵד שְׁמוֹ[a] מִלְּפָנָי׃ — יב
20 צְאוּ מִבָּבֶל בִּרְחוּ מִכַּשְׂדִּים

[14] Mm 158. [15] Mm 2381. [16] Mm 2202. [17] Mm 1444. [18] Mm 1236.

8 [a] l c 𝔆𝔖𝔙 פְּ׳ vel c 𝔔[a]𝔗 פָּתַחְתָּ ‖ **9** [a] frt tr ad 11 post וכבודי ‖ [b] prp וְאֶחֱטֶם ‖ **10** [a] 𝔔[a] בחנתיכה ‖ **11** [a] 𝔔[a] איחל, 𝔖𝔙 1 sg = אחל; prp (כבודי ותהלתי) יֵחַל; 𝔊 + *τὸ ἐμὸν ὄνομα*, ins שְׁמִי ‖ **14** [a–a] 𝔔[a] יקבצו כולם cf 𝔊 ‖ [b] 𝔔[a]𝔊 וְיִשְׁמְעוּ ‖ [c] l c mlt Mss 𝔖𝔗[Ms] בָכֶם ‖ [d] prp הֱבִיאוֹ, al אֹהֲבוֹ cf 𝔊 ‖ [e] 𝔊 *σπέρμα*, l (וּבְז׳) וְזֶרַע ‖ **15** [a] 𝔊(𝔖𝔗) *καὶ εὐόδωσα* = וָאַצ׳; prp וְהַצְלֵחַ ‖ **16** [a–a] dl cf 𝔊𝔄 ‖ [b–b] prp אֶשְׁלָחֶנּוּ לְאָרְחוֹ, al שֹׁלֵחַ אֲנִי בְחִירִי ‖ **19** [a] 𝔊 suff 2 sg = שִׁמְךָ.

בְּקוֹל רִנָּה הַגִּידוּ הַשְׁמִיעוּ זֹאת
הוֹצִיאוּהָ עַד־קְצֵה הָאָרֶץ
- ג[19]

אִמְרוּ גָּאַל יְהוָה עַבְדּוֹ יַעֲקֹב׃
21 וְלֹא צָמְאוּ בָּחֳרָבוֹת הוֹלִיכָם
- ו ר״פ בסיפ . ב[20]

מַיִם מִצּוּר הִזִּיל לָמוֹ
וַיִּבְקַע־צוּר וַיָּזֻבוּ מָיִם׃
- ד ב מל וחד חס

22 אֵין שָׁלוֹם אָמַר יְהוָה לָרְשָׁעִים׃ ס

49 1 שִׁמְעוּ אִיִּים אֵלַי וְהַקְשִׁיבוּ לְאֻמִּים מֵרָחוֹק
- ד

יְהוָה מִבֶּטֶן קְרָאָנִי מִמְּעֵי אִמִּי הִזְכִּיר שְׁמִי׃
- ל[1]

2 וַיָּשֶׂם פִּי כְּחֶרֶב חַדָּה בְּצֵל יָדוֹ הֶחְבִּיאָנִי
- פד . ג . ה[2]

וַיְשִׂימֵנִי לְחֵץ בָּרוּר בְּאַשְׁפָּתוֹ הִסְתִּירָנִי׃
- ב

3 וַיֹּאמֶר לִי עַבְדִּי־אָתָּה יִשְׂרָאֵל[a] אֲשֶׁר־בְּךָ אֶתְפָּאָר׃
- ח[3]

4 וַאֲנִי אָמַרְתִּי לְרִיק יָגַעְתִּי לְתֹהוּ וְהֶבֶל[a] כֹּחִי כִלֵּיתִי
- טז ר״פ . ב . ג[4]

אָכֵן מִשְׁפָּטִי אֶת־יְהוָה וּפְעֻלָּתִי אֶת־אֱלֹהָי׃
- יח[5] . יו[6]

5 וְעַתָּה׀ אָמַר יְהוָה יֹצְרִי מִבֶּטֶן לְעֶבֶד לוֹ
- ל

לְשׁוֹבֵב יַעֲקֹב אֵלָיו וְיִשְׂרָאֵל לֹא[a] יֵאָסֵף[b]
- לג . לו ק חד מן יז[7] כת כן בליש

[c]וְאֶכָּבֵד[d] בְּעֵינֵי יְהוָה וֵאלֹהַי הָיָה עֻזִּי[c]׃
6 וַיֹּאמֶר[a] נָקֵל מִהְיוֹתְךָ לִי עֶבֶד לְהָקִים אֶת־שִׁבְטֵי יַעֲקֹב
וּנְצִירֵי[b] יִשְׂרָאֵל לְהָשִׁיב וּנְתַתִּיךָ לְאוֹר גּוֹיִם
- ונצורי ק[8] . יג

לִהְיוֹת יְשׁוּעָתִי עַד־קְצֵה הָאָרֶץ׃ ס

7 כֹּה אָמַר־יְהוָה גֹּאֵל יִשְׂרָאֵל קְדוֹשׁוֹ
- ב מל

לִבְזֹה־[a]נֶפֶשׁ[b] לִמְתָעֵב[c] גּוֹי לְעֶבֶד מֹשְׁלִים
- ד קמ בליש

מְלָכִים יִרְאוּ וָקָמוּ שָׂרִים וְיִשְׁתַּחֲווּ[d]
- ל . ז

לְמַעַן יְהוָה אֲשֶׁר נֶאֱמָן קְדֹשׁ יִשְׂרָאֵל וַיִּבְחָרֶךָּ׃
- ג חס

[19] Mm 286. [20] Mp sub loco. **Cp 49** [1] וחד קְרָאַנִי Hi 4,14. [2] Mm 3295. [3] Mm 1479. [4] Mm 26. [5] Mm 1941. [6] Mm 2362. [7] Mm 1795. [8] Mm 832.

Cp 49,3 [a] > Ms ‖ **4** [a] 𝔔[a] ולהבל ‖ **5** [a] 𝔔[a] pc Mss 𝔊 α′𝔄 ut Q cf 𝔗 ‖ [b] 𝔖(𝔄) *'knš*, prp אֲאֻסֵּף, al לֶאֱסֹף pro לא י׳ ‖ [c–c] frt tr ad fin 4 ‖ [d] 𝔖(𝔙) *'štbht*, l וְ ‖ **6** [a] frt add ‖ [b] K ונצירי; frt l וְנִצְרֵי cf 𝔖 ‖ **7** [a] l c 𝔊𝔖 לִבְזֹוּי, al c 𝔔[a] α′σ′θ′𝔖 לִבְזוּי cf 𝔗 ‖ [b] 𝔊𝔖 + suff 3 m sg, l נַפְשׁוֹ ‖ [c] 𝔊(𝔙) *τὸν βδελυσσόμενον* cf 𝔗, l לִמְתָעֵב ‖ [d] cf 45,14[d].

8 כֹּ֣ה ׀ אָמַ֣ר יְהוָ֗ה
בְּעֵ֤ת רָצוֹן֙ עֲנִיתִ֔יךָ וּבְי֥וֹם יְשׁוּעָ֖ה עֲזַרְתִּ֑יךָ
וְאֶצָּרְךָ֗[a] וְאֶתֶּנְךָ֙[b] לִבְרִ֣ית עָ֔ם ‏ב̇[9]
לְהָקִ֣ים אֶ֔רֶץ[c] לְהַנְחִ֖יל נְחָל֥וֹת שֹׁמֵמֽוֹת׃ ‏ב̇[10]
9 לֵאמֹ֤ר לַאֲסוּרִים֙ צֵ֔אוּ לַאֲשֶׁ֥ר בַּחֹ֖שֶׁךְ הִגָּל֑וּ[a] ‏ט ר״פ[11]. ג̇[12]
עַל־דְּרָכִ֣ים[b] יִרְע֔וּ וּבְכָל־שְׁפָיִ֖ים מַרְעִיתָֽם׃ ‏ג מל[13]
10 לֹ֤א יִרְעָ֙בוּ֙ וְלֹ֣א יִצְמָ֔אוּ וְלֹא־יַכֵּ֥ם שָׁרָ֖ב וָשָׁ֑מֶשׁ ‏ל̇ד פסוק לא ולא ולא[14]
כִּֽי־מְרַחֲמָ֣ם יְנַהֲגֵ֔ם וְעַל־מַבּ֥וּעֵי מַ֖יִם יְנַהֲלֵֽם׃ ‏ל̇
11 וְשַׂמְתִּ֥י כָל־הָרַ֖י[a] לַדָּ֑רֶךְ וּמְסִלֹּתַ֖י[b] יְרֻמֽוּן׃ [מֵאֶ֥רֶץ סִינִֽים[a]׃ ‏ל̇. ל̇[15]
12 הִנֵּה־אֵ֕לֶּה מֵרָח֖וֹק יָבֹ֑אוּ וְהִנֵּה־אֵ֙לֶּה֙ מִצָּפ֣וֹן וּמִיָּ֔ם וְאֵ֖לֶּה ‏ל̇. ב ול בסיפ
13 רָנּ֤וּ שָׁמַ֙יִם֙ וְגִ֣ילִי אָ֔רֶץ יִפְצְח֥וּ[a] הָרִ֖ים רִנָּ֑ה ‏ג. י̇ד[16] קמ וכל אתנח וס״פ דכות ב מ ד. ופצחו ק
כִּֽי־נִחַ֤ם יְהוָה֙ עַמּ֔וֹ וַעֲנִיָּ֖ו יְרַחֵֽם׃ ס

14 וַתֹּ֥אמֶר צִיּ֖וֹן עֲזָבַ֣נִי יְהוָ֑ה וַאדֹנָ֖י שְׁכֵחָֽנִי׃ ‏ג כת א[17]
15 הֲתִשְׁכַּ֤ח אִשָּׁה֙ עוּלָ֔הּ מֵרַחֵ֖ם[a] בֶּן־בִּטְנָ֑הּ
גַּם־אֵ֣לֶּה תִשְׁכַּ֔חְנָה[b] וְאָנֹכִ֖י לֹ֥א אֶשְׁכָּחֵֽךְ׃ ‏ב̇
16 הֵ֥ן עַל־כַּפַּ֖יִם חַקֹּתִ֑יךְ חוֹמֹתַ֖יִךְ נֶגְדִּ֥י תָּמִֽיד׃ ‏ג̇[18]
17 מִהֲר֖וּ בָּנָ֑יִךְ[a] מְהָרְסַ֥יִךְ[b] וּמַחֲרִבַ֖יִךְ מִמֵּ֥ךְ יֵצֵֽאוּ׃ ‏ג̇[19]. י̇ח. ד̇[20]
18 שְׂאִֽי־סָבִ֤יב עֵינַ֙יִךְ֙ וּרְאִ֔י כֻּלָּ֖ם נִקְבְּצ֣וּ בָֽאוּ־לָ֑ךְ [כַּכַּלָּֽה[c]׃ ‏ח. י̇א
חַי־אָ֣נִי נְאֻם־יְהוָ֗ה כִּ֤י כֻלָּם֙ כַּעֲדִ֣י[a] תִלְבָּ֔שִׁי וְתְקַשְּׁרִ֖ים[b] ‏ל̇. ל̇
19 כִּ֤י חָרְבֹתַ֙יִךְ֙[a] וְשֹׁ֣מְמֹתַ֔יִךְ[b] וְאֶ֖רֶץ[c][d] הֲרִסֻתֵ֑ךְ[c] ‏ל̇ וחס
כִּ֤י עַתָּה֙ תֵּצְרִ֣י מִיּוֹשֵׁ֔ב וְרָחֲק֖וּ מְבַלְּעָֽיִךְ׃ ‏י̇ב[21] יא מנה בנביא
20 ע֚וֹד יֹאמְר֣וּ בְאָזְנַ֔יִךְ בְּנֵ֖י שִׁכֻּלָ֑יִךְ ‏ל̇
צַר־לִ֥י הַמָּק֖וֹם גְּשָׁה־לִּ֥י וְאֵשֵֽׁבָה׃ ‏ל̇

[9] Mp sub loco. [10] Mm 3589. [11] Mm 3072. [12] Mm 2389. [13] Mm 2365. [14] Mm 771. [15] Mm 471 א. [16] Mm 1234. [17] Mm 2390. [18] Mm 2391. [19] Mm 3377. [20] Mm 105. [21] Mm 230.

8 [a] 𝔊^B(𝔏Syh𝔖𝔙𝔄) *καὶ ἔπλασά σε*, l ־וָ; > 𝔊𝔄 ‖ [b] 𝔊(𝔖𝔙) *καὶ ἔδωκά σε*, l ־וָ ‖ [c] prp ins צִיָּה ‖ **9** [a] tr huc : ‖ [b] pr c 𝔔^a𝔊 כָּל־, 𝔔^a הרים; l דְּרָכִים ‖ **11** [a] 𝔊 *ὄρος* = הַר, 𝔖(𝔗) *ṭwr'* = הָרִים ‖ [b] 𝔖(𝔗) *wšbjl'* = ־לּוֹת ‖ **12** [a] l סְוֵנִים cf 𝔔^a סוניים ‖ **13** [a] K יִפְצחו, mlt Mss ut Q ‖ **15** [a] prp מִ׳ (fem cf arab) ‖ [b] 𝔗 ni, 𝔊(𝔙) *εἰ δὲ καὶ ἐπιλάθοιτο*; prp ־כָּחֵנָּה (forma energica) ‖ **17** [a] l c 𝔔^a α'𝔙 בֹּנַיִךְ cf 𝔊 θ'𝔗 ‖ [b] prp מֵהֹרְסַיִךְ cf 𝔔^a𝔊 ‖ **18** [a] > 𝔊𝔄, dl ‖ [b] 𝔗 qal ‖ [c] 𝔊 *ὡς κόσμον νύμφης*, l כַּעֲדִי כַלָּה ‖ **19** [a] prp חֳרְבֹתַיִךְ ‖ [b] prp וְשִׁמְמֹתַיִךְ ‖ [c–c] prp וַהֲרִסֻתַיִךְ ‖ [d] > 𝔊.

21 וְאָמַרְתְּ בִּלְבָבֵךְ מִי יָלַד־לִי אֶת־אֵלֶּה | ג[22]
וַאֲנִי שְׁכוּלָה וְגַלְמוּדָה [a]גֹּלָה ׀ וְסוּרָה[ab] וְאֵלֶּה מִי גִדֵּל | ד וחס בליש[23]. ג בטע[24]
הֵן אֲנִי נִשְׁאַרְתִּי לְבַדִּי אֵלֶּה[c] אֵיפֹה הֵם׃ פ | ד[25]. י כת ה[26]. יב ס״פ[27]

22 כֹּה־אָמַר אֲדֹנָי יְהוִה
הִנֵּה אֶשָּׂא אֶל־גּוֹיִם יָדִי וְאֶל־עַמִּים אָרִים נִסִּי | כג. ב[28]. ג. ב[29]
וְהֵבִיאוּ בָנַיִךְ בְּחֹצֶן וּבְנֹתַיִךְ עַל־כָּתֵף תִּנָּשֶׂאנָה׃ | ד[30]. יח. ל חס בנביא[23]. ד
23 וְהָיוּ מְלָכִים אֹמְנַיִךְ וְשָׂרוֹתֵיהֶם מֵינִיקֹתַיִךְ
אַפַּיִם אֶרֶץ יִשְׁתַּחֲווּ לָךְ וַעֲפַר רַגְלַיִךְ יְלַחֵכוּ | ב[31]. ב
וְיָדַעַתְּ כִּי־אֲנִי יְהוָה אֲשֶׁר לֹא־יֵבֹשׁוּ קֹוָי׃ ס | ז[32]
24 הֲיֻקַּח מִגִּבּוֹר מַלְקוֹחַ וְאִם־שְׁבִי צַדִּיק[a] יִמָּלֵט׃ | ב. ב[33]. יג[34]
25 כִּי־כֹה ׀ אָמַר יְהוָה | כ מיחד[35]
גַּם־שְׁבִי גִבּוֹר יֻקָּח וּמַלְקוֹחַ עָרִיץ יִמָּלֵט | ג[36]. יג[34]
וְאֶת־יְרִיבֵךְ[a] אָנֹכִי אָרִיב וְאֶת־בָּנַיִךְ אָנֹכִי אוֹשִׁיעַ׃ | יח
26 וְהַאֲכַלְתִּי אֶת־מוֹנַיִךְ אֶת־בְּשָׂרָם וְכֶעָסִיס דָּמָם יִשְׁכָּרוּן | כ פסוק את את ומילה חדה ביניה | ס̇ל
וְיָדְעוּ כָל־בָּשָׂר כִּי אֲנִי יְהוָה מוֹשִׁיעֵךְ וְגֹאֲלֵךְ אֲבִיר יַעֲקֹב׃ ס | ב בסיפ

50 1 כֹּה ׀ אָמַר יְהוָה
אֵי זֶה סֵפֶר כְּרִיתוּת אִמְּכֶם אֲשֶׁר שִׁלַּחְתִּיהָ | לא. ג ב חס וחד מל. ב
אוֹ מִי מִנּוֹשַׁי אֲשֶׁר־מָכַרְתִּי אֶתְכֶם לוֹ
הֵן בַּעֲוֹנֹתֵיכֶם נִמְכַּרְתֶּם וּבְפִשְׁעֵיכֶם שֻׁלְּחָה אִמְּכֶם׃ | ל
2 מַדּוּעַ בָּאתִי וְאֵין אִישׁ קָרָאתִי וְאֵין עוֹנֶה | ז[1]. ה. ג מל[2]
הֲקָצוֹר קָצְרָה יָדִי מִפְּדוּת[a] וְאִם־אֵין־בִּי כֹחַ לְהַצִּיל | ל מל[3]. ב[4]
הֵן בְּגַעֲרָתִי אַחֲרִיב יָם אָשִׂים נְהָרוֹת מִדְבָּר
תִּבְאַשׁ דְּגָתָם מֵאֵין מַיִם וְתָמֹת[b] בַּצָּמָא׃ | ל[5]

[22] Mm 1742. [23] Mp sub loco. [24] Mm 1410. [25] Mm 412. [26] Mm 1750. [27] Mm 294. [28] Mm 2261. [29] Ex 17,15. [30] Mm 749. [31] Mm 1870. [32] Mm 2392. [33] Prv 16,32. [34] Mm 3044. [35] Mm 2049. [36] Mm 110.
Cp 50 [1] Mm 289. [2] Mm 2393. [3] Mp sub loco. [4] Mm 2394. [5] Mm 3550.

21 a–a > 𝔊 || b 𝔔a וסרה; σ′(Syh𝔙) *καὶ αἰχμάλωτος* = וְאֲס׳ || c l c mlt Mss 𝔊𝔗f𝔙 וְאֵ׳ || **24** a l c 𝔔a𝔖𝔙 עָרִיץ cf 𝔊 et 25 || **25** a l c pc Mss 𝔙 ־בֵיךְ cf 𝔖(𝔗 ־בְ.ךְ) || **Cp 50,2** a 𝔊(𝔗𝔙) *τοῦ ῥύσασθαι* = ־דוֹת || b frt ins בְּהֶמְתָּם.

ל̇. ג̇[6] [7] — 3 אַלְבִּישׁ שָׁמַיִם קַדְרוּת וְשַׂק אָשִׂים כְּסוּתָם׃ ס

ל̇ — 4 אֲדֹנָי יְהוִה נָתַן לִי לְשׁוֹן לִמּוּדִים
ל̇. ח̇ — לָדַעַת לָעוּתᵃ אֶת־יָעֵףᵇ דָּבָר יָעִירᶜ ׀
יג̇[8]. ח̇. כ̇ה — בַּבֹּקֶר בַּבֹּקֶרᵈ יָעִיר לִי אֹזֶן לִשְׁמֹעַ כַּלִּמּוּדִים׃
כ̇ה — 5 ᵃאֲדֹנָי יְהוִה פָּתַח־לִי אֹזֶןᵃ
ג̇ — וְאָנֹכִי לֹא מָרִיתִי אָחוֹר לֹא נְסוּגֹתִי׃
ל̇ — 6 גֵּוִי נָתַתִּי לְמַכִּים וּלְחָיַי לְמֹרְטִיםᵃ
ל̇. ג מילין מיחד דמיין[9] — פָּנַי לֹא הִסְתַּרְתִּיᵇ מִכְּלִמּוֹת וָרֹק׃
ד̇[10] בליש — 7 וַאדֹנָי יְהוִה יַעֲזָר־לִי עַל־כֵּן לֹא נִכְלָמְתִּי
ג̇[11] — עַל־כֵּן שַׂמְתִּי פָנַי כַּחַלָּמִישׁ וָאֵדַע כִּי־לֹא אֵבוֹשׁ׃
ב̇ — 8 קָרוֹב מַצְדִּיקִי מִי־יָרִיב אִתִּי נַעַמְדָה יָּחַד
יו̇[12] — מִי־בַעַל מִשְׁפָּטִי יִגַּשׁ אֵלָי׃
ב̇ — 9 הֵן אֲדֹנָי יְהוִה יַעֲזָר־לִי מִי־הוּא יַרְשִׁיעֵנִי
ה̇ — הֵן כֻּלָּם כַּבֶּגֶד יִבְלוּ עָשׁ יֹאכְלֵם׃
10 מִי בָכֶם יְרֵא יְהוָה שֹׁמֵעַᵃ בְּקוֹל עַבְדּוֹ
אֲשֶׁר ׀ הָלַךְ חֲשֵׁכִים וְאֵין נֹגַהּ לוֹ
ב̇ — יִבְטַח בְּשֵׁם יְהוָה וְיִשָּׁעֵן בֵּאלֹהָיו׃
ל̇ — 11 הֵן כֻּלְּכֶם קֹדְחֵי אֵשׁ מְאַזְּרֵיᵃ זִיקוֹת
ל̇ — לְכוּ ׀ בְּאוּרᵇ אֶשְׁכֶם וּבְזִיקוֹת בְּעַרְתֶּם
מִיָּדִי הָיְתָה־זֹּאת לָכֶם לְמַעֲצֵבָה תִּשְׁכָּבוּן׃ פ

51 1 שִׁמְעוּ אֵלַי רֹדְפֵי צֶדֶק מְבַקְשֵׁי יְהוָה
ג̇[1] — הַבִּיטוּ אֶל־צוּר חֻצַּבְתֶּםᵃ וְאֶל־מַקֶּבֶת בּוֹרᵇ נֻקַּרְתֶּםᶜ׃
ל̇ — 2 הַבִּיטוּ אֶל־אַבְרָהָם אֲבִיכֶם וְאֶל־שָׂרָה תְּחוֹלֶלְכֶם
ב̇ חד קמ̇ וחד פת̇[2]. ל̇ — כִּי־אֶחָד קְרָאתִיו וַאֲבָרְכֵהוּᵃ וְאַרְבֵּהוּᵇ׃ ס

[6] Mp sub loco. [7] Mm 3859. [8] Mm 688. [9] Mm 3953. [10] Mm 2508. [11] Mm 2642. [12] Mm 2362. **Cp 51** [1] Mm 1835. [2] Gn 27,33.

4 ᵃ prp לְרָעֹת, al לְעֻוֹּת, לְעַוֵּת ‖ ᵇ 𝔊 יעוף ‖ ᶜ prb dl ‖ ᵈ > Ms 𝔊𝔏𝔘, dl ‖ **5** ᵃ⁻ᵃ frt add ‖ **6** ᵃ 𝔔ᵃ למטלים ‖ ᵇ 𝔔ᵃ הסירותי ‖ **10** ᵃ 𝔊(𝔖) ἀκουσάτω, l יִשְׁמַע ‖ **11** ᵃ prp מְאִירֵי cf 𝔖 ‖ ᵇ 𝔊(𝔖𝔙) τῷ φωτί = באור ‖ **Cp 51,1** ᵃ 𝔊 act = חֲצַ' ‖ ᵇ > 𝔖, dl ‖ ᶜ 𝔊 act = נְקַ' ‖ **2** ᵃ 𝔔ᵃ ואפרהו; l וָ' cf Vrs ‖ ᵇ l וָ' cf Vrs.

3 כִּי־נִחַם יְהוָה צִיּוֹן נִחַם כָּל־חָרְבֹתֶיהָ ב̇ חד חס וחד מל̇ בליש[3]
וַיָּשֶׂם[a] מִדְבָּרָהּ כְּעֵדֶן וְעַרְבָתָהּ כְּגַן־יְהוָה פד̇ . ז̇ . ב̇[4]
שָׂשׂוֹן וְשִׂמְחָה יִמָּצֵא בָהּ תּוֹדָה וְקוֹל זִמְרָה׃ ס
4 הַקְשִׁיבוּ אֵלַי עַמִּי[a] וּלְאוּמִּי[b] אֵלַי הַאֲזִינוּ ל̇ ומל̇ . ח̇
כִּי תוֹרָה מֵאִתִּי תֵצֵא וּמִשְׁפָּטִי לְאוֹר עַמִּים[c] י̇ו̇[5] . י̇ג̇
אַרְגִּיעַ׃ 5 קָרוֹב[a] צִדְקִי[b] יָצָא יִשְׁעִי וּזְרֹעַי עַמִּים יִשְׁפֹּטוּ ג̇
אֵלַי אִיִּים יְקַוּוּ וְאֶל־זְרֹעִי יְיַחֵלוּן׃
6 שְׂאוּ לַשָּׁמַיִם עֵינֵיכֶם וְהַבִּיטוּ אֶל־הָאָרֶץ מִתַּחַת י̇א̇ ר״פ . י̇ג̇
כִּי־שָׁמַיִם כֶּעָשָׁן נִמְלָחוּ וְהָאָרֶץ כַּבֶּגֶד תִּבְלֶה וְיֹשְׁבֶיהָ[a] כְּמוֹ־ ל̇
וִישׁוּעָתִי לְעוֹלָם תִּהְיֶה וְצִדְקָתִי לֹא תֵחָת[b]׃ ס [כֵן[a] יְמוּתוּן ב̇ חד חס וחד מל̇[6]
7 שִׁמְעוּ אֵלַי יֹדְעֵי צֶדֶק עַם תּוֹרָתִי בְלִבָּם ט̇
אַל־תִּירְאוּ חֶרְפַּת אֱנוֹשׁ וּמִגִּדֻּפֹתָם אַל־תֵּחָתּוּ׃
8 כִּי כַבֶּגֶד יֹאכְלֵם עָשׁ וְכַצֶּמֶר יֹאכְלֵם[a] סָס ה̇ . ל̇ כת̇ ס
וְצִדְקָתִי לְעוֹלָם תִּהְיֶה וִישׁוּעָתִי לְדוֹר דּוֹרִים׃ ס ג̇[7]

9 עוּרִי עוּרִי לִבְשִׁי־עֹז זְרוֹעַ יְהוָה
עוּרִי כִּימֵי קֶדֶם דֹּרוֹת עוֹלָמִים
הֲלוֹא אַתְּ־הִיא הַמַּחְצֶבֶת[a] רַהַב מְחוֹלֶלֶת תַּנִּין׃ ל̇ . ח̇ בליש[8]
10 הֲלוֹא אַתְּ־הִיא הַמַּחֲרֶבֶת יָם מֵי תְּהוֹם רַבָּה
הַשָּׂמָה[a] מַעֲמַקֵּי־יָם דֶּרֶךְ[b] לַעֲבֹר גְּאוּלִים׃
11 וּפְדוּיֵי[a] יְהוָה יְשׁוּבוּן וּבָאוּ צִיּוֹן בְּרִנָּה [וַאֲנָחָה׃ ס ל̇[9]
וְשִׂמְחַת עוֹלָם עַל־רֹאשָׁם שָׂשׂוֹן וְשִׂמְחָה יַשִּׂיגוּן נָסוּ[b] יָגוֹן ב̇ . ל̇

12 אָנֹכִי אָנֹכִי הוּא מְנַחֶמְכֶם[a] ג̇[10] . ל̇
מִי־[b]אַתְּ וַתִּירְאִי[b] מֵאֱנוֹשׁ יָמוּת וּמִבֶּן־אָדָם חָצִיר יִנָּתֵן׃ ב̇[11]

[3] Mm 2395. [4] Gn 13,10. [5] Mm 2362. [6] Mm 2396. [7] Mm 2397. [8] Mm 413. [9] Mm 2398. [10] Mm 2371. [11] Mm 888.

3 [a] 𝔗(𝔙) *w(j)šwj* cf 𝔊, prp וְיָשִׂים ‖ **4** [a] l c pc Mss 𝔖 עמים ‖ [b] l c nonn Mss 𝔖 מים– cf 𝔊 ‖ [c] huc tr ׃ ‖ **5** [a] prp קֵרַב (אַקְרִיב) cf 𝔊 ‖ [b] 𝔊^Mss + *ὡς φῶς* = כָּאוֹר ‖ **6** [a–a] l c 𝔔^b כמוכן (מוכן locusta) ‖ [b] 𝔊(𝔙) *ἐκλίπῃ* = תֶּחְדָּל, sed prb a נחת ‖ **8** [a] prp יְכַלֵּם cf 𝔗𝔙 et Jer 10,25 ‖ **9** [a] l c 𝔔^a הַמֹּחֶצֶת cf Hi 26,12 ‖ **10** [a] l c 𝔊 pt ‖ [b] huc tr ׃ ‖ **11** [a] 𝔔^a ופזורי ‖ [b] l c mlt Mss 𝔖 וְנ׳ cf 𝔔^a𝔗 et 35,10 ‖ **12** [a] 𝔊 σ′ suff sg, l מְךְ– ‖ [b–b] l אתָּ ותירָא.

13 וַתִּשְׁכַּ֞ח יְהוָ֣ה עֹשֶׂ֗ךָ נוֹטֶ֣ה שָׁמַיִם֮ — ב̇. ד̇ מל
וְיֹסֵ֣ד אָרֶץ֒ וַתְּפַחֵ֨ד תָּמִ֜יד כָּל־הַיּ֗וֹם — יד̇[12] קמ וכל אתנח וס״פ דכות ב̇ מ̇ ד̇
מִפְּנֵי֙ חֲמַ֣ת הַמֵּצִ֔יק כַּאֲשֶׁ֥ר כּוֹנֵ֖ן לְהַשְׁחִ֑ית וְאַיֵּ֖ה חֲמַ֥ת הַמֵּצִֽיק׃
14 מִהַ֥ר צֹעֶ֖ה לְהִפָּתֵ֑חַ וְלֹא־יָמ֣וּת לַשַּׁ֔חַת וְלֹ֥א יֶחְסַ֖ר לַחְמֽוֹ׃[a] — ב̇. ב̇. ג̇ פסוק[13]
15 וְאָֽנֹכִי֙ יְהוָ֣ה אֱלֹהֶ֔יךָ רֹגַ֣ע[a] הַיָּ֔ם וַיֶּהֱמ֖וּ גַּלָּ֑יו — ט̇ ר״פ וכל תרי עשר דכות[14]. יב̇. ד̇[15]
יְהוָ֥ה צְבָא֖וֹת שְׁמֽוֹ׃
16 וָאָשִׂ֤ים דְּבָרַי֙ בְּפִ֔יךָ וּבְצֵ֥ל יָדִ֖י כִּסִּיתִ֑יךָ — ט̇[16] ה̇[17] מנה חס. ג̇[18]
לִנְטֹ֤עַ[a] שָׁמַ֙יִם֙ וְלִיסֹ֣ד אָ֔רֶץ וְלֵאמֹ֥ר לְצִיּ֖וֹן עַמִּי־אָֽתָּה׃ ס — ל̇ וחס. יד̇[12] קמ וכל אתנח וס״פ דכות ב̇ מ̇ ד̇. ג̇[19] ב̇ מנה בסיפ
17 הִתְעוֹרְרִ֣י הִֽתְעוֹרְרִ֗י ק֚וּמִי יְר֣וּשָׁלִַ֔ם — ב̇. ב̇
אֲשֶׁ֥ר שָׁתִ֛ית מִיַּ֥ד יְהוָ֖ה אֶת־כּ֣וֹס חֲמָת֑וֹ
אֶת־קֻבַּ֜עַת כּ֧וֹס[a] הַתַּרְעֵלָ֛ה שָׁתִ֖ית מָצִֽית׃ — ב̇. ל̇
18 אֵֽין־מְנַהֵ֣ל לָ֔הּ מִכָּל־בָּנִ֖ים יָלָ֑דָה
וְאֵ֤ין מַחֲזִיק֙ בְּיָדָ֔הּ מִכָּל־בָּנִ֖ים גִּדֵּֽלָה׃
19 שְׁתַּ֤יִם הֵ֙נָּה֙ קֹרְאֹתַ֔יִךְ מִ֖י יָנ֣וּד לָ֑ךְ — ב̇ ר״פ[20]
הַשֹּׁ֧ד וְהַשֶּׁ֛בֶר וְהָרָעָ֥ב וְהַחֶ֖רֶב מִ֥י אֲנַחֲמֵֽךְ׃[a] — ל̇. ל̇[13]
20 בָּנַ֜יִךְ עֻלְּפ֨וּ שָׁכְב֜וּ [a]בְּרֹ֧אשׁ כָּל־חוּצ֛וֹת[a] כְּת֣וֹא מִכְמָ֑ר — יח̇. לה̇[21]
הַֽמְלֵאִ֥ים חֲמַת־יְהוָ֖ה גַּעֲרַ֥ת אֱלֹהָֽיִךְ׃
21 לָכֵ֛ן שִׁמְעִי־נָ֥א זֹ֖את עֲנִיָּ֑ה וּשְׁכֻרַ֖ת וְלֹ֥א מִיָּֽיִן׃ ס — ד̇ חס בליש[22]
22 כֹּֽה־אָמַ֞ר אֲדֹנַ֣יִךְ יְהוָ֗ה[a] וֵאלֹהַ֙יִךְ֙ יָרִ֣יב עַמּ֔וֹ — ב̇[23]
הִנֵּ֥ה לָקַ֛חְתִּי מִיָּדֵ֖ךְ אֶת־כּ֣וֹס הַתַּרְעֵלָ֑ה
אֶת־קֻבַּ֙עַת֙ כּ֣וֹס[b] חֲמָתִ֔י לֹא־תוֹסִ֥יפִי לִשְׁתּוֹתָ֖הּ עֽוֹד׃ — ב̇
23 וְשַׂמְתִּ֙יהָ֙ בְּיַד־מוֹגַ֔יִךְ[a] — ל̇
אֲשֶׁר־אָמְר֥וּ לְנַפְשֵׁ֖ךְ שְׁחִ֣י וְנַעֲבֹ֑רָה — ל̇[24]. ל̇
וַתָּשִׂ֤ימִי כָאָ֙רֶץ֙ גֵּוֵ֔ךְ וְכַח֖וּץ לַעֹבְרִֽים׃ ס — ב̇. ל̇

[12] Mm 1234. [13] Mp sub loco. [14] Mm 1472. [15] Mm 2399. [16] Mm 1918. [17] Mm 2528 et Mp contra textum. [18] Mm 2400. [19] Mm 4246. [20] Mm 3653. [21] Mm 2840. [22] Mm 1532. [23] Mm 2401. [24] וחד סחי Thr 3,45.

14 [a] prp לַחוֹ vel לֶחָמוֹ ‖ **15** [a] prp גֹּעֵר ‖ **16** [a] prp לִנְטוֹת cf 𝔖 ‖ **17** [a] > σ′, dl cf 𝔊𝔖 ‖ **19** [a] l c 𝔔[a] Vrs יְנַ׳ ‖ **20** [a–a] frt add cf Thr 2,19 4,1 ‖ **22** [a] > Ms ‖ [b] > 𝔊𝔖, dl cf 17 ‖ **23** [a] frt ins וּבְיַד מְעַנַּיִךְ cf 𝔔[a]𝔊.

52 1 עוּרִי עוּרִי לִבְשִׁי עֻזֵּךְ צִיּוֹן
לִבְשִׁי׀ בִּגְדֵי תִפְאַרְתֵּךְ יְרוּשָׁלִַם עִיר הַקֹּדֶשׁ
כִּי לֹא יוֹסִיף יָבֹא־בָךְ עוֹד עָרֵל וְטָמֵא׃ ל̇ חס בסיפ̇
2 הִתְנַעֲרִי מֵעָפָר קוּמִי שְּׁבִי[a] יְרוּשָׁלִָם
הִתְפַּתְּחוּ[b] מוֹסְרֵי[c] צַוָּארֵךְ שְׁבִיָּה בַּת־צִיּוֹן׃ ס התפתחי ק̇ חד מן מח̇[1] כת ו וקר י
3 כִּי־כֹה אָמַר יְהוָה חִנָּם נִמְכַּרְתֶּם וְלֹא בְכֶסֶף תִּגָּאֵלוּ׃ כ̇ מיחד̇[2]. ה̇[3]
4 כִּי כֹה אָמַר אֲדֹנָי יְהוִה מִצְרַיִם יָרַד־עַמִּי בָרִאשֹׁנָה לָגוּר יג̇[4]. ד בטע בסיפ̇. כב̇[5]
שָׁם וְאַשּׁוּר בְּאֶפֶס עֲשָׁקוֹ׃ 5 וְעַתָּה [a]מַה־לִּי־[a]פֹה נְאֻם־יְהוָה מה לי ק̇
כִּי־לֻקַּח עַמִּי חִנָּם מֹשְׁלָו יְהֵילִילוּ[b] נְאֻם־יְהוָה וְתָמִיד כָּל־ ה̇[6]. משליו ק̇. ב̇
הַיּוֹם שְׁמִי מִנֹּאָץ׃[c] 6 לָכֵן יֵדַע עַמִּי שְׁמִי לָכֵן[a] בַּיּוֹם הַהוּא ל̇. יט̇[7]
כִּי־אֲנִי־הוּא הַמְדַבֵּר הִנֵּנִי׃ ד̇[8]
7 מַה־נָּאווּ עַל־הֶהָרִים רַגְלֵי מְבַשֵּׂר ב̇[9] ס̇כא
מַשְׁמִיעַ שָׁלוֹם מְבַשֵּׂר טוֹב מַשְׁמִיעַ יְשׁוּעָה
אֹמֵר לְצִיּוֹן מָלַךְ אֱלֹהָיִךְ׃
8 קוֹל צֹפַיִךְ נָשְׂאוּ קוֹל יַחְדָּו יְרַנֵּנוּ ל̇. י̇
כִּי עַיִן בְּעַיִן יִרְאוּ בְּשׁוּב יְהוָה צִיּוֹן׃[a] ג̇[10]
9 פִּצְחוּ רַנְּנוּ יַחְדָּו חָרְבוֹת יְרוּשָׁלִָם ל̇
כִּי־נִחַם יְהוָה עַמּוֹ גָּאַל יְרוּשָׁלִָם׃[a]
10 חָשַׂף יְהוָה אֶת־זְרוֹעַ קָדְשׁוֹ לְעֵינֵי כָּל־הַגּוֹיִם ב̇[11]
וְרָאוּ כָּל־אַפְסֵי־אָרֶץ אֵת יְשׁוּעַת אֱלֹהֵינוּ׃ ס יד̇[12] קמ̇ וכל אתנח וס״פ דכות ב מ ד. ה̇[13]. ב̇
11 סוּרוּ סוּרוּ צְאוּ מִשָּׁם טָמֵא אַל־תִּגָּעוּ
צְאוּ מִתּוֹכָהּ הִבָּרוּ נֹשְׂאֵי כְּלֵי יְהוָה׃ ל̇. כו̇
12 כִּי לֹא בְחִפָּזוֹן תֵּצֵאוּ וּבִמְנוּסָה לֹא תֵלֵכוּן ג̇ ומל̇. ב̇[14]
כִּי־הֹלֵךְ לִפְנֵיכֶם יְהוָה וּמְאַסִּפְכֶם אֱלֹהֵי יִשְׂרָאֵל׃ ס כח̇[15]
13 הִנֵּה יַשְׂכִּיל עַבְדִּי יָרוּם[a] וְנִשָּׂא וְגָבַהּ מְאֹד׃ יב̇[16]. ל̇[17]

Cp 52 [1]Mm 3811. [2]Mm 2049. [3]Mm 158. [4]Mm 2827. [5]Mm 1743. [6]Mm 1496. [7]Mm 1369. [8]Mm 333. [9]Mm 3669. [10]Mm 1169. [11]Mm 2402. [12]Mm 1234. [13]Mm 463. [14]Ex 3,21. [15]Mm 2364. [16]Mm 545. [17]Mm 2900.

Cp 52,2 [a] sic L, mlt Mss Edd שְׁ; prp שְׁבִיָּה ‖ [b] 𝔊 α′σ′θ′𝔖𝔙 ut Q, K חוּ– ‖ [c] prb l מְמ′ ‖ **5** [a–a] K מִי־לִי ‖ [b] prp יְהַלֵּלוּ vel יְהוֹלָלוּ cf 𝔔[a] α′𝔗𝔙 ‖ [c] prb l מְנֹאָץ vel מִתְנֹאָץ ‖ **6** [a] > 𝔔[a]𝔊𝔖𝔙, dl ‖ **8** [a] 𝔔[a] + ברחמים ‖ **9** [a] 2 Mss יִשְׂרָאֵל ‖ **13** [a] > 𝔊.

14 כַּאֲשֶׁר שָׁמְמוּ עָלֶיךָ[a] רַבִּים
[b]כֵּן־מִשְׁחַת[c] מֵאִישׁ מַרְאֵהוּ וְתֹאֲרוֹ מִבְּנֵי אָדָם[b]׃ ל
15 כֵּן יַזֶּה[a] גּוֹיִם רַבִּים עָלָיו יִקְפְּצוּ מְלָכִים פִּיהֶם ב[18]
כִּי אֲשֶׁר לֹא־סֻפַּר לָהֶם רָאוּ וַאֲשֶׁר לֹא־שָׁמְעוּ הִתְבּוֹנָנוּ׃ ח[19]

53 1 מִי הֶאֱמִין לִשְׁמֻעָתֵנוּ וּזְרוֹעַ יְהוָה עַל־מִי נִגְלָתָה׃ ג חס בליש[1]
2 וַיַּעַל כַּיּוֹנֵק לְפָנָיו[a] וְכַשֹּׁרֶשׁ מֵאֶרֶץ צִיָּה ל
לֹא־תֹאַר לוֹ וְלֹא הָדָר וְנִרְאֵהוּ[b] וְלֹא־מַרְאֶה וְנֶחְמְדֵהוּ׃ לד פסוק לא ולא ולא[2] . ל . ל
3 נִבְזֶה וַחֲדַל אִישִׁים אִישׁ מַכְאֹבוֹת וִידוּעַ[a] חֹלִי ג . ל
וּכְמַסְתֵּר פָּנִים מִמֶּנּוּ נִבְזֶה[b] וְלֹא חֲשַׁבְנֻהוּ׃ ב
4 אָכֵן חֳלָיֵנוּ הוּא נָשָׂא וּמַכְאֹבֵינוּ[a] סְבָלָם יח[3]
וַאֲנַחְנוּ חֲשַׁבְנֻהוּ נָגוּעַ מֻכֵּה אֱלֹהִים וּמְעֻנֶּה׃ ב . ב ומל[4] . ב חד כת ה וחד כת י[5]
5 וְהוּא מְחֹלָל[a] מִפְּשָׁעֵנוּ מְדֻכָּא מֵעֲוֺנֹתֵינוּ לג ר״פ . ל חס
מוּסַר שְׁלוֹמֵנוּ עָלָיו וּבַחֲבֻרָתוֹ נִרְפָּא־לָנוּ׃ יב פת[6]
6 כֻּלָּנוּ כַּצֹּאן תָּעִינוּ אִישׁ לְדַרְכּוֹ פָּנִינוּ ל
וַיהוָה הִפְגִּיעַ בּוֹ אֵת עֲוֺן כֻּלָּנוּ׃
7 נִגַּשׂ [a]וְהוּא נַעֲנֶה[a] וְלֹא יִפְתַּח־פִּיו ד[7] . ב[8]
כַּשֶּׂה לַטֶּבַח יוּבָל וּכְרָחֵל לִפְנֵי גֹזְזֶיהָ נֶאֱלָמָה ב זקף קמ
[b]וְלֹא יִפְתַּח פִּיו[b]׃
8 מֵעֹצֶר וּמִמִּשְׁפָּט לֻקָּח וְאֶת־דּוֹרוֹ מִי יְשׂוֹחֵחַ ה[9]
כִּי נִגְזַר מֵאֶרֶץ חַיִּים [a]מִפֶּשַׁע עַמִּי[ab] נֶגַע[c] לָמוֹ[d]׃ ג[10]
9 וַיִּתֵּן[a] אֶת־רְשָׁעִים קִבְרוֹ וְאֶת־עָשִׁיר[b] בְּמֹתָיו[c] ג[11]
עַל לֹא־חָמָס עָשָׂה וְלֹא מִרְמָה בְּפִיו׃ ג[12]

[18] Lv 16,14. [19] Mm 3985. **Cp 53** [1] Mm 1727. [2] Mm 771. [3] Mm 1941. [4] Mm 2403. [5] Mm 2404. [6] Mm 2405. [7] Mm 1598. [8] Mm 2824. [9] Mm 1496. [10] Mm 2406. [11] Mm 2283. [12] Mp sub loco.

14 [a] l c 2 Mss 𝔖𝔗 עָלָיו ‖ [b–b] frt tr ad fin 53,2 ‖ [c] 𝔔[a] משחתי Ms מושׁ׳ traditio bab מִשְׁ׳ 𝔖 *mḥbl* cf 𝔗𝔙, l מָשְׁחָת ‖ **15** [a] 𝔊 *θαυμάσονται*; prp יֶהֱזוּ vel יֶחֱזוּ, al יִרְגְּזוּ ,יִבְזְהוּ ‖ **Cp 53,2** [a] prp לְפָנֵינוּ ‖ [b] tr huc ‸ cf σ′ ‖ **3** [a] 𝔔[a]𝔊𝔖𝔙 וְיוֹדֵעַ 𝔔[b] וידע; l 𝔐 ‖ [b] 𝔔[a] ונבוזהו; 𝔖 *wšṭnjhj*, prp וַנִּבְזֵהוּ ‖ **4** [a] ins c nonn Mss 𝔖𝔙 הוּא ‖ **5** [a] prp מְחֻלָּל ‖ **7** [a–a] prp הוּא וְנ׳ ‖ [b–b] prb dl ‖ **8** [a–a] prp מִפְּשָׁעֵם ‖ [b] 𝔔[a] עמו ‖ [c] l נֻגַּע vel נִגַּע cf 𝔔[a] 𝔊 ‖ [d] 𝔊 *εἰς θάνατον*, l לַמָּוֶת ‖ **9** [a] 𝔔[a] ויתנו; prp וַיֻּתַּן ‖ [b] prp שְׂעִירִים ‖ [c] 𝔔[a] בומתו 𝔊(𝔖𝔙) *ἀντὶ τοῦ θανάτου αὐτοῦ* = בְּמוֹתוֹ cf 𝔗; prp בָּמָתוֹ sepulchrum suum.

10 וַיהוָ֞ה חָפֵ֤ץ דַּכְּאוֹ֙ [a]הֶֽחֱלִ֔י[b] אִם־תָּשִׂ֤ים[a][c] אָשָׁם֙ נַפְשׁ֔וֹ
יִרְאֶ֥ה זֶ֖רַע יַאֲרִ֣יךְ יָמִ֑ים וְחֵ֥פֶץ יְהוָ֖ה בְּיָד֥וֹ יִצְלָֽח׃
11 מֵעֲמַ֤ל נַפְשׁוֹ֙ יִרְאֶ֣ה[a] יִשְׂבָּ֔ע[b] בְּדַעְתּ֗וֹ
יַצְדִּ֥יק צַדִּ֛יק[c] עַבְדִּ֖י לָֽרַבִּ֑ים וַעֲוֺנֹתָ֖ם ה֥וּא יִסְבֹּֽל׃
12 לָכֵ֞ן אֲחַלֶּק־ל֣וֹ בָרַבִּ֗ים וְאֶת־עֲצוּמִים֮ יְחַלֵּ֣ק שָׁלָל֒
תַּ֗חַת אֲשֶׁ֨ר הֶעֱרָ֤ה לַמָּ֙וֶת֙ נַפְשׁ֔וֹ וְאֶת־פֹּשְׁעִ֖ים נִמְנָ֑ה
וְהוּא֙ חֵטְא־רַבִּ֣ים נָשָׂ֔א וְלַפֹּשְׁעִ֖ים[a] יַפְגִּֽיעַ׃ ס

54 1 רָנִּ֥י עֲקָרָ֖ה לֹ֣א יָלָ֑דָה פִּצְחִ֨י רִנָּ֤ה[a] וְצַהֲלִי֙ לֹא־חָ֔לָה
כִּֽי־רַבִּ֧ים בְּנֵֽי־שׁוֹמֵמָ֛ה מִבְּנֵ֥י בְעוּלָ֖ה אָמַ֥ר יְהוָֽה׃ [תַּחְשֹׂ֑כִי
2 הַרְחִ֣יבִי ׀ מְק֣וֹם אָהֳלֵ֗ךְ וִירִיע֧וֹת מִשְׁכְּנוֹתַ֛יִךְ יַטּ֖וּ[a] אַל־
הַאֲרִ֙יכִי֙ מֵיתָרַ֔יִךְ וִיתֵדֹתַ֖יִךְ חַזֵּֽקִי׃ 3 כִּי־יָמִ֥ין וּשְׂמֹ֖אול
וְזַרְעֵךְ֙ גּוֹיִ֣ם יִירָ֔שׁ וְעָרִ֥ים נְשַׁמּ֖וֹת יוֹשִֽׁיבוּ׃ [תִּפְרֹ֑צִי
4 אַל־תִּֽירְאִי֙ כִּי־לֹ֣א תֵב֔וֹשִׁי וְאַל־תִּכָּלְמִ֖י כִּ֣י לֹ֣א תַחְפִּ֑ירִי
כִּ֣י בֹ֤שֶׁת עֲלוּמַ֙יִךְ֙ תִּשְׁכָּ֔חִי וְחֶרְפַּ֥ת אַלְמְנוּתַ֖יִךְ[a] לֹ֥א תִזְכְּרִי־
5 כִּ֤י בֹעֲלַ֙יִךְ֙[a] עֹשַׂ֔יִךְ יְהוָ֥ה צְבָא֖וֹת שְׁמ֑וֹ [עֽוֹד׃
וְגֹֽאֲלֵךְ֙ קְד֣וֹשׁ יִשְׂרָאֵ֔ל אֱלֹהֵ֥י כָל־הָאָ֖רֶץ יִקָּרֵֽא׃
6 כִּֽי־כְאִשָּׁ֧ה עֲזוּבָ֛ה וַעֲצ֥וּבַת ר֖וּחַ קְרָאָ֣ךְ יְהוָ֑ה
וְאֵ֧שֶׁת נְעוּרִ֛ים כִּ֥י תִמָּאֵ֖ס אָמַ֥ר אֱלֹהָֽיִךְ׃
7 בְּרֶ֥גַע קָטֹ֖ן עֲזַבְתִּ֑יךְ וּבְרַחֲמִ֥ים גְּדֹלִ֖ים אֲקַבְּצֵֽךְ׃
8 בְּשֶׁ֣צֶף[a] קֶ֗צֶף הִסְתַּ֨רְתִּי פָנַ֥י רֶ֙גַע֙ מִמֵּ֔ךְ
וּבְחֶ֥סֶד עוֹלָ֖ם רִחַמְתִּ֑יךְ אָמַ֥ר גֹּאֲלֵ֖ךְ יְהוָֽה׃ ס
9 [a]כִּי־מֵ֥י[a] נֹ֙חַ֙ זֹ֣את לִ֔י
אֲשֶׁ֣ר נִשְׁבַּ֗עְתִּי מֵעֲבֹ֥ר [b]מֵי־נֹ֛חַ[b] ע֖וֹד עַל־הָאָ֑רֶץ
כֵּ֧ן נִשְׁבַּ֛עְתִּי מִקְּצֹ֥ף עָלַ֖יִךְ וּמִגְּעָר־בָּֽךְ׃
10 כִּ֤י הֶֽהָרִים֙ יָמ֔וּשׁוּ וְהַגְּבָע֖וֹת תְּמוּטֶ֑נָה

ל
ל
ב זקף קמ
ד
ג בטע בליש בסיפ
ג[13]
ג בטע
ג ב חס וחד מל[1]. ב. כ ס״פ[2]
ב חד מל וחד חס. ה מל[3]
ל זקף קמ
מז פסוק לא לא לא. ב מל
ל. ל
כא[4]
ב
ו
ל. ב. ל
ל
ב
ב ובפסוק
ב ובפסוק. ב בסיפ[5]
ג. ל

[13]Mm 780. Cp 54 [1]Mm 3724. [2]Mm 2481. [3]Mm 632. [4]Mm 17. [5]Mm 2344.

10 [a–a] prp הֶחֱלִים אֶת־שָׂם ‖ [b] 𝔔[a] ויחללהו ‖ [c] prp תָּשֵׂם ‖ **11** [a] 𝔔[ab]𝔊 + אוֹר, sed רוה = ראה ‖ [b] l בְּעָ– cf α′σ′θ′ ‖ [c] tr post בדעתו ‖ **12** [a] prp וּלְפִשְׁעָם cf 𝔔[ab]𝔊 ‖ **Cp 54,1** [a] > 𝔊, dl ‖ **2** [a] > Ms; l יַטּוּ (cf α′σ′θ′ ἐκταθήτωσαν) vel הַטִּי (cf 𝔊𝔖𝔙) ‖ **4** [a] l –תֵךְ vel –ותיך ‖ **5** [a] 𝔔[a] בעלכי; prb l בְּעָ׳ cf 𝔊𝔖𝔗 ‖ **8** [a] prp בְּשֵׁפֶץ (akk *šipṣu* robur cf 𝔖), al בשֶׁטֶף ‖ **9** [a–a] prp כְּמֵי cf 𝔊 ‖ [b–b] > 𝔊, dl.

וְחַסְדִּ֞י מֵאִתֵּ֣ךְ לֹא־יָמ֗וּשׁ וּבְרִ֤ית שְׁלוֹמִי֙ לֹ֣א תָמ֔וּט
אָמַ֥ר מְרַחֲמֵ֖ךְ יְהוָֽה׃ ס

11 עֲנִיָּ֥ה סֹעֲרָ֖ה לֹ֣א נֻחָ֑מָה
הִנֵּ֨ה אָנֹכִ֜י מַרְבִּ֤יץ בַּפּוּךְ֙ᵃ אֲבָנַ֔יִךְ וִיסַדְתִּ֖יךְᵇ בַּסַּפִּירִֽים׃
12 וְשַׂמְתִּי֙ כַּֽדְכֹד֙ שִׁמְשֹׁתַ֔יִךְ וּשְׁעָרַ֖יִךְ לְאַבְנֵ֣י אֶקְדָּ֑ח
וְכָל־גְּבוּלֵ֖ךְ לְאַבְנֵי־חֵֽפֶץ׃ 13 וְכָל־בָּנַ֖יִךְ לִמּוּדֵ֣י יְהוָ֑ה
וְרַ֖ב שְׁל֥וֹם בָּנָֽיִךְ׃ᵃ 14 בִּצְדָקָ֖ה תִּכּוֹנָ֑נִיᵃ
רַחֲקִ֤יᵇ מֵעֹ֙שֶׁק֙ כִּי־לֹ֣א תִירָ֔אִי וּמִ֨מְּחִתָּ֔ה כִּ֥י לֹא־תִקְרַ֖ב אֵלָֽיִךְ׃
15 הֵ֣ן גּ֥וֹר יָג֛וּר אֶ֖פֶסᵃ מֵאוֹתִ֑יᵇ ᶜמִי־גָ֥ר אִתָּ֖ךְᶜ עָלַ֥יִךְ יִפּֽוֹל׃
16 הִןᵃ אָנֹכִי֙ בָּרָ֣אתִי חָרָ֔שׁ נֹפֵ֙חַ֙ בְּאֵ֣שׁ פֶּחָ֔ם
וּמוֹצִ֥יא כְלִ֖י לְמַעֲשֵׂ֑הוּ וְאָנֹכִ֛י בָּרָ֥אתִי מַשְׁחִ֖ית לְחַבֵּֽל׃
17 כָּל־כְּלִ֞י יוּצַ֤ר עָלַ֙יִךְ֙ לֹ֣א יִצְלָ֔ח
וְכָל־לָשׁ֛וֹן תָּֽקוּם־אִתָּ֥ךְ לַמִּשְׁפָּ֖ט תַּרְשִׁ֑יעִי
זֹ֡את נַחֲלַת֩ עַבְדֵ֨י יְהוָ֧ה וְצִדְקָתָ֛ם מֵאִתִּ֖י נְאֻם־יְהוָֽה׃ ס

55 1 ה֤וֹי כָּל־צָמֵא֙ לְכ֣וּ לַמַּ֔יִם וַאֲשֶׁ֥ר אֵין־ל֖וֹ ᵃכָּ֑סֶף לְכ֤וּᵃ [וְחָלָֽב׃
שִׁבְרוּ֙ וֶֽאֱכֹ֔לוּᵇ ᶜוּלְכ֣וּ שִׁבְר֗וּᶜ בְּלוֹא־כֶ֛סֶף וּבְל֥וֹא מְחִ֖יר יַ֥יִן
2 לָ֤מָּה תִשְׁקְלוּ־כֶ֙סֶף֙ בְּֽלוֹא־לֶ֔חֶם וִיגִיעֲכֶ֖ם בְּל֣וֹא לְשָׂבְעָ֑ה
שִׁמְע֨וּ שָׁמ֤וֹעַ אֵלַי֙ וְאִכְלוּ־ט֔וֹב וְתִתְעַנַּ֥ג בַּדֶּ֖שֶׁן נַפְשְׁכֶֽם׃
3 הַטּ֤וּ אָזְנְכֶם֙ וּלְכ֣וּ אֵלַ֔י שִׁמְע֖וּ וּתְחִ֣י נַפְשְׁכֶ֑ם
וְאֶכְרְתָ֤ה לָכֶם֙ בְּרִ֣ית עוֹלָ֔ם חַֽסְדֵ֥י דָוִ֖ד הַנֶּאֱמָנִֽים׃
4 הֵ֛ן עֵ֥ד לְאוּמִּ֖יםᵃ נְתַתִּ֑יו נָגִ֥יד וּמְצַוֵּ֖הᵇ לְאֻמִּֽים׃
5 הֵ֣ן גּ֤וֹי לֹֽא־תֵדַע֙ תִּקְרָ֔א וְג֥וֹי לֹא־יְדָע֖וּךָ אֵלֶ֣יךָ יָר֑וּצוּ
לְמַ֙עַן֙ יְהוָ֣ה אֱלֹהֶ֔יךָ וְלִקְד֥וֹשׁ יִשְׂרָאֵ֖ל כִּ֥י פֵאֲרָֽךְ׃ ס

ל̇ . ב̇
ל̇
ג̇ . ב̇ מל̇
ב̇[6] . ב̇ ר״פ בסיפ̇ . יח̇ ב̇ מנה̇ בפסוק . ב̇ חד מל̇ וחד חס̇[7]
ל̇[8] . יח̇ ב̇ מנה̇ בפסוק
ב̇ פת̇[9] . ל̇ . כ̇ט
כ̇ל̇[10] מל̇ ה̇ מנה̇ בסיפ̇ וכל יהושע ושפטים דכות̇ ב̇ מ̇ ב̇ . ו̇ מל̇ וכל משלי וקהלת דכות̇ ב̇ מ̇ ג̇
הנה ק̇
ב̇ חד מל̇ וחד חס̇[11] . יח̇[12] וכל יוצר חפץ חדמה דכות̇ ב̇ מ̇ א̇ . ג̇[13]
ל̇ זקף קמ̇
ל̇ . יג̇[14] . ה̇ל̇[15] . ל̇
ה̇[1] [ג̇[3]
ו̇ מל̇[2] . ו̇ מל̇[2]
ו̇ מל̇[2] . ו̇ מל̇[2] . ד̇
ל̇
ג̇[4] . ה̇ . ג̇
ל̇ מל̇
ד̇[5]
ג̇[6]

[6] Mm 2407. [7] Mm 2408. [8] Mm 300. [9] Ez 11,15. [10] Mm 1238 א. [11] Mm 2409. [12] Mm 2781. [13] Mm 2326. [14] Mm 3615. [15] Mm 1035. **Cp 55** [1] Mm 494. [2] Mm 2458. [3] Mm 112. [4] Mm 3328. [5] Mm 503. [6] Mm 3349.

11 ᵃ 𝔊 *ἄνθρακα*, prp בַּנֹּפֶךְ ‖ ᵇ l c 𝔔ᵃ𝔊 וִיסֹּדֹתַיִךְ; ℭ pi ‖ **13** ᵃ 𝔔ᵃ בוניכי (ו supra add) ‖ **14** ᵃ frt tr huc : ‖ ᵇ prp תִּרְ׳ ‖ **15** ᵃ > 𝔊𝔖, dl ‖ ᵇ l מֵאִתִּי cf 𝔔ᵃ ‖ ᶜ⁻ᶜ > 𝔊𝔄, dl ‖ **16** ᵃ K הֵן, 𝔔ᵃ ut Q ‖ **Cp 55,1** ᵃ⁻ᵃ l כֶּסֶף לְכוּ ‖ ᵇ prp וְאִכְלוּ ‖ ᶜ⁻ᶜ > 𝔔ᵃ𝔊𝔖, dl ‖ **4** ᵃ 𝔖(ℭ) *lʿmmʾ*, prp לְעַמִּים ‖ ᵇ 𝔊(𝔖𝔙) *προστάσσοντα* cf ℭ, l הֵ—.

6 דִּרְשׁ֥וּ יְהוָ֖ה בְּהִמָּצְא֑וֹ   קְרָאֻ֖הוּ בִּֽהְיוֹת֥וֹ קָרֽוֹב׃

7 יַעֲזֹ֤ב רָשָׁע֙ דַּרְכּ֔וֹ   וְאִ֥ישׁ אָ֖וֶן מַחְשְׁבֹתָ֑יו

וְיָשֹׁ֤ב אֶל־יְהוָה֙ וִֽירַחֲמֵ֔הוּ   וְאֶל־אֱלֹהֵ֖ינוּ כִּֽי־יַרְבֶּ֥ה לִסְלֽוֹחַ׃

8 כִּ֣י לֹ֤א מַחְשְׁבוֹתַי֙ מַחְשְׁב֣וֹתֵיכֶ֔ם וְלֹ֥א דַרְכֵיכֶ֖ם דְּרָכָ֑י נְאֻ֖ם יְהוָֽה׃

9 כִּֽי־גָבְה֥וּ שָׁמַ֖יִם מֵאָ֑רֶץ כֵּ֣ן גָּבְה֤וּ דְרָכַי֙ מִדַּרְכֵיכֶ֔ם וּמַחְשְׁבֹתַ֖י מִמַּחְשְׁבֹתֵיכֶֽם׃

10 כִּ֡י כַּאֲשֶׁ֣ר יֵרֵד֩ הַגֶּ֨שֶׁם וְהַשֶּׁ֜לֶג מִן־הַשָּׁמַ֗יִם

וְשָׁ֙מָּה֙ לֹ֣א יָשׁ֔וּב כִּ֚י אִם־הִרְוָ֣ה אֶת־הָאָ֔רֶץ

וְהוֹלִידָ֖הּ וְהִצְמִיחָ֑הּ וְנָ֤תַן זֶ֙רַע֙ לַזֹּרֵ֔עַ וְלֶ֖חֶם לָאֹכֵֽל׃

11 כֵּ֣ן יִֽהְיֶ֤ה דְבָרִי֙ אֲשֶׁ֣ר יֵצֵ֣א מִפִּ֔י לֹא־יָשׁ֥וּב אֵלַ֖י רֵיקָ֑ם

כִּ֤י אִם־עָשָׂה֙ אֶת־אֲשֶׁ֣ר חָפַ֔צְתִּי וְהִצְלִ֖יחַ אֲשֶׁ֥ר שְׁלַחְתִּֽיו׃

12 כִּֽי־בְשִׂמְחָ֣ה תֵצֵ֔אוּ וּבְשָׁל֖וֹם תּֽוּבָל֑וּן

הֶהָרִ֣ים וְהַגְּבָע֗וֹת יִפְצְח֤וּ לִפְנֵיכֶם֙ רִנָּ֔ה וְכָל־עֲצֵ֥י הַשָּׂדֶ֖ה יִמְחֲאוּ־כָֽף׃

13 תַּ֤חַת הַֽנַּעֲצוּץ֙ יַעֲלֶ֣ה בְר֔וֹשׁ תַּ֥חַת הַסִּרְפַּ֖ד יַעֲלֶ֣ה הֲדַ֑ס

וְהָיָ֤ה לַֽיהוָה֙ לְשֵׁ֔ם לְא֥וֹת עוֹלָ֖ם לֹ֥א יִכָּרֵֽת׃ ס

56 1 כֹּ֚ה אָמַ֣ר יְהוָ֔ה שִׁמְר֥וּ מִשְׁפָּ֖ט וַעֲשׂ֣וּ צְדָקָ֑ה

כִּֽי־קְרוֹבָ֤ה יְשֽׁוּעָתִי֙ לָב֔וֹא וְצִדְקָתִ֖י לְהִגָּלֽוֹת׃

2 אַשְׁרֵ֤י אֱנוֹשׁ֙ יַעֲשֶׂה־זֹּ֔את וּבֶן־אָדָ֖ם יַחֲזִ֣יק בָּ֑הּ

שֹׁמֵ֤ר שַׁבָּת֙ מֵֽחַלְּל֔וֹ וְשֹׁמֵ֥ר יָד֖וֹ מֵעֲשׂ֥וֹת כָּל־רָֽע׃ ס

3 וְאַל־יֹאמַ֣ר בֶּן־הַנֵּכָ֗ר הַנִּלְוָ֤ה אֶל־יְהוָה֙ לֵאמֹ֔ר

הַבְדֵּ֧ל יַבְדִּילַ֛נִי יְהוָ֖ה מֵעַ֣ל עַמּ֑וֹ

וְאַל־יֹאמַר֙ הַסָּרִ֔יס הֵ֥ן אֲנִ֖י עֵ֥ץ יָבֵֽשׁ׃ ס

4 כִּי־כֹ֣ה ׀ אָמַ֣ר יְהוָ֗ה

לַסָּֽרִיסִים֙ אֲשֶׁ֣ר יִשְׁמְרוּ֙ אֶת־שַׁבְּתוֹתַ֔י

וּבָֽחֲר֖וּ בַּאֲשֶׁ֣ר חָפָ֑צְתִּי וּמַחֲזִיקִ֖ים בִּבְרִיתִֽי׃

ג ר״פ⁷

הזי¹⁸ . ל . ל . ל מל

ח מל בנביא וחד מן ב¹⁰ בליש

ל

ח

יגׂ¹¹

ל בסיפ

ל . ל . נבׂ¹²

ג ר״פ תחת ותחת וג׳ מילין ביניה וחד מן יח פסוק דמיין . ר כת כן¹³ . ותחת חד מן יבׂ¹⁴ חס ור״ת ק

ד בטע בסיפ

ל

ב . הׂ¹

ב

ל

ל

דׂ . גׂ . הׂ²

כי מיחד³

הׂי¹⁴ . ב

---

⁷Mm 3373.   ⁸Mm 976.   ⁹Mm 372.   ¹⁰Mm 3504.   ¹¹Mm 902.   ¹²Ps 98,8.   ¹³Mm 1237.   ¹⁴Mm 3804.
Cp 56   ¹Mm 3207.   ²Mm 412.   ³Mm 2049.   ⁴Mm 2386.

9 ᵃ⁻ᵃ 1 כְּגֹבַהּ cf Vrs ‖ ᵇ 𝔔ᵃ כוגבה ‖ 11 ᵃ 𝔖(𝔄) (d)npq = יָצָא ‖ 12 ᵃ 𝔔ᵃ תלכו cf 𝔖 ‖
13 ᵃ 𝔔ᵃ mlt Mss Vrs ut Q ‖ Cp 56,2 ᵃ 𝔔ᵃ –לה ‖ 3 ᵃ 𝔊(θ′𝔖𝔗) ὁ προσκείμενος, 1 הֶ֭.

5 וְנָתַתִּי לָהֶם בְּבֵיתִי וּבְחוֹמֹתַי יָד וָשֵׁם טוֹב מִבָּנִים וּמִבָּנוֹת
שֵׁם עוֹלָם אֶתֶּן־לוֹ[a] אֲשֶׁר לֹא יִכָּרֵת׃ ס — ט
6 וּבְנֵי הַנֵּכָר הַנִּלְוִים [a]עַל־יְהוָה[a] — ל . לא[5]
לְשָׁרְתוֹ[b] וּלְאַהֲבָה אֶת־[c]שֵׁם יְהוָה[c] לִהְיוֹת לוֹ[d] לַעֲבָדִים — ב
כָּל־שֹׁמֵר[e] שַׁבָּת מֵחַלְּלוֹ[f] וּמַחֲזִיקִים בִּבְרִיתִי׃ — ב . ב
7 וַהֲבִיאוֹתִים אֶל־הַר קָדְשִׁי וְשִׂמַּחְתִּים בְּבֵית תְּפִלָּתִי — ד ב מנה מל[6] . יו וכל אל הר הכרמל דכות[7] . ב[8]
עוֹלֹתֵיהֶם וְזִבְחֵיהֶם[a] לְרָצוֹן עַל־מִזְבְּחִי — ב כת כן . ח[9]
כִּי בֵיתִי בֵּית־תְּפִלָּה יִקָּרֵא לְכָל־הָעַמִּים׃ — כא[10]
8 נְאֻם אֲדֹנָי יְהוִה מְקַבֵּץ נִדְחֵי יִשְׂרָאֵל — ז[11] וכל יחזק דכות ב מ ד
עוֹד אֲקַבֵּץ עָלָיו לְנִקְבָּצָיו׃

9 כֹּל חַיְתוֹ שָׂדָי אֵתָיוּ לֶאֱכֹל[a] כָּל־חַיְתוֹ בַּיָּעַר׃ ס — ג[12] . ל
10 צֹפָו[a] עִוְרִים כֻּלָּם לֹא יָדָעוּ[b] — צפיו ק
כֻּלָּם כְּלָבִים אִלְּמִים לֹא יוּכְלוּ לִנְבֹּחַ — יא[13]
הֹזִים[c] שֹׁכְבִים אֹהֲבֵי לָנוּם׃
11 וְהַכְּלָבִים עַזֵּי־נֶפֶשׁ לֹא יָדְעוּ שָׂבְעָה
[a]וְהֵמָּה רֹעִים[a] לֹא יָדְעוּ הָבִין — ה[14]
כֻּלָּם לְדַרְכָּם פָּנוּ אִישׁ [b]לְבִצְעוֹ מִקָּצֵהוּ[b]׃ — ב
12 אֵתָיוּ אֶקְחָה־יַיִן וְנִסְבְּאָה שֵׁכָר — ג[12] . ל
וְהָיָה כָזֶה יוֹם מָחָר גָּדוֹל יֶתֶר מְאֹד׃ — ה

57 1 הַצַּדִּיק אָבָד וְאֵין אִישׁ שָׂם עַל־לֵב — ב זקף קמ[1] . ז[2]
וְאַנְשֵׁי־חֶסֶד נֶאֱסָפִים בְּאֵין מֵבִין — יח[3] . ג
כִּי־מִפְּנֵי הָרָעָה נֶאֱסַף [a]הַצַּדִּיק׃ 2 יָבוֹא שָׁלוֹם — ג ב פת וחד קמ
יָנוּחוּ עַל־מִשְׁכְּבוֹתָם[a] הֹלֵךְ נְכֹחוֹ׃ — ד ומל[4]

[5]Mm 486. [6]Mm 3933. [7]Mm 385. [8]Mm 2634. [9]Mm 2410. [10]Mm 17. [11]Mm 2459. [12]Mm 2411. [13]Mm 2545. [14]Mm 2412. Cp 57 [1]Mm 3099. [2]Mm 289. [3]Mm 2952. [4]Mm 3446.

5 [a] l c 𝔔[a] Vrs (לָמוֹ) לָהֶם ‖ **6** [a–a] prp עָלַי ‖ [b] prp –תֵנִי ‖ [c–c] prp שְׁמִי ‖ [d] prp לִי ‖ [e] 𝔊 pl, frt l שֹׁמְרֵי cf 𝔔[a] ‖ [f] 𝔔[a] –לה ‖ **7** [a] ins c 𝔔[a]𝔗 יַעֲלוּ (cf 60,7) vel יִהְיוּ (cf 𝔊) ‖ **9** [a] tr huc ‸ ‖ **10** [a] 𝔔[a] ut Q; prp צֹפַי עַמִּי, al צֹפַי ‖ [b] 𝔊(𝔄𝔄) + φρονῆσαι, l יָדְעוּ הָבִין ‖ [c] 𝔔[a] pc Mss ח׳ cf 𝔖 ‖ **11** [a–a] prp ׳והם (וְגַם) הָר; al ins רָעִים cf 𝔊𝔖𝔗 ‖ [b–b] 𝔊 *κατὰ τὸ αὐτό* ‖ **Cp 57,1/2** [a–a] add; orig –קִים יבואו.

3 וְאַתֶּם קִרְבוּ־הֵנָּה בְּנֵי עֹנְנָה   ל̇
זֶרַע מְנָאֵף[a] וַתִּזְנֶה[b]׃ 4 עַל־מִי תִּתְעַנָּגוּ   ב̇ חד ר״פ וחד ס״פ[5]
עַל־מִי תַּרְחִיבוּ פֶה תַּאֲרִיכוּ לָשׁוֹן   ג̇. יז̇[6]
הֲלוֹא־אַתֶּם יִלְדֵי־פֶשַׁע זֶרַע שָׁקֶר׃
5 הַנֵּחָמִים בָּאֵלִים תַּחַת כָּל־עֵץ רַעֲנָן   ל̇. ב̇ וחד מן ג̇[7] חס בליש
שֹׁחֲטֵי הַיְלָדִים בַּנְּחָלִים תַּחַת סְעִפֵי הַסְּלָעִים׃
6 בְּחַלְּקֵי־נַחַל חֶלְקֵךְ הֵם הֵם גּוֹרָלֵךְ   ל̇. ל̇
גַּם־לָהֶם שָׁפַכְתְּ נֶסֶךְ הֶעֱלִית מִנְחָה   ל̇
[a]הַעַל אֵלֶּה אֶנָּחֵם[a]׃   ג̇
7 עַל הַר־גָּבֹהַּ וְנִשָּׂא שַׂמְתְּ מִשְׁכָּבֵךְ   יב̇[8]
גַּם־שָׁם עָלִית לִזְבֹּחַ זָבַח׃   ג̇
8 וְאַחַר הַדֶּלֶת וְהַמְּזוּזָה שַׂמְתְּ זִכְרוֹנֵךְ
כִּי מֵאִתִּי גִּלִּית[a] וַתַּעֲלִי הִרְחַבְתְּ מִשְׁכָּבֵךְ   ל̇ כת כן[9]
וַתִּכְרָת־[b]לָךְ מֵהֶם [c]אָהַבְתְּ מִשְׁכָּבָם[c] יָד חָזִית׃   ב̇[10]
9 וַתָּשֻׁרִי[a] לַמֶּלֶךְ[b] בַּשֶּׁמֶן וַתַּרְבִּי רִקֻּחָיִךְ   ל̇
וַתְּשַׁלְּחִי צִרַיִךְ עַד־מֵרָחֹק וַתַּשְׁפִּילִי עַד־שְׁאוֹל׃   ב̇[11]. ה̇ חס וכל אורית דכות[12]
10 בְּרֹב דַּרְכֵּךְ יָגַעַתְּ לֹא אָמַרְתְּ נוֹאָשׁ   ז̇[13]. ד̇[14]
[a]חַיַּת יָדֵךְ[a] מָצָאת עַל־כֵּן לֹא חָלִית׃
11 וְאֶת־מִי דָּאַגְתְּ וַתִּירְאִי כִּי תְכַזֵּבִי   ד̇[15]
וְאוֹתִי לֹא זָכַרְתְּ לֹא־שַׂמְתְּ עַל־לִבֵּךְ
הֲלֹא אֲנִי מַחְשֶׁה וּמֵעֹלָם[a] וְאוֹתִי לֹא תִירָאִי׃
12 אֲנִי אַגִּיד צִדְקָתֵךְ וְאֶת־מַעֲשַׂיִךְ
וְלֹא יוֹעִילוּךְ׃ 13 בְּזַעֲקֵךְ יַצִּילֻךְ קִבּוּצַיִךְ
וְאֶת־כֻּלָּם יִשָּׂא־רוּחַ יִקַּח־הָבֶל   לז̇

כ̇י̇[16] מל̇ ה̇ מנה̇ בסיפ̇ וכל יהושע ושפטים דכות̇ ב̇ מ̇ ב̇. ד̇[17] פסוק̇ דאית בהון לא לא ומילה חדה ביניה̇ וחד מן מ̇ז̇ פסוק לא לא לא ו̇ חס̇ בסיפ̇. ג̇[18]. ג̇ ב̇ מל̇ וחד חס[19]. כ̇י̇[16] מל̇ ה̇ מנה בסיפ̇ וכל יהושע ושפטים דכות̇ ב̇ מ̇ ב̇

[5]Mm 2413. [6]Mm 3615. [7]Mm 879. [8]Mm 545. [9]Mm 839. [10]Mm 2414. [11]Mm 2415. [12]Mm 1681. [13]Mm 1742. [14]Mm 2460. [15]Mm 2306. [16]Mm 1238א. [17]Mm 2267. [18]Mm 4102. [19]Mm 3352.

3 [a] prp ־ֶפֶת || [b] 𝔊(𝔙) *καὶ πόρνης* cf σ′𝔖, l וְזֹנָה || **6** [a–a] tr ad fin 7 || **8** [a] prb l c Ms 𝔊α′σ′θ′ גָ̇′ || [b] 𝔔[a] ותכרותי; l ותכרִי vel וְכָרִית || [c–c] prp אַהֲבַת משכבִים || **9** [a] prp וַתֵּשְׁרִי (qal) vel ותשֵׁרי (hi; a שׁרר = arab *ṯarra* abundavit cf 𝔊) || [b] prp לְמֹלֵךְ vel לְמַלֵּךְ capilli tui (מֵל, מַל a מלל) || **10** [a–a] prp דֵּי חַיָּתֵךְ || **11** [a] 𝔊(𝔙) *παρορῶ* cf α′σ′, l וּמַעְלִם.

וְהַחוֹסֶה בִי יִנְחַל־אֶרֶץ וְיִירַשׁ הַר־קָדְשִׁי׃ 14 וְאָמַר[a] — ל̇ ומל

סֹלּוּ־סֹלּוּ פַּנּוּ־דָרֶךְ הָרִימוּ מִכְשׁוֹל מִדֶּרֶךְ עַמִּי׃ ס — ב̇[20]

15 כִּי כֹה אָמַר רָם וְנִשָּׂא שֹׁכֵן עַד וְקָדוֹשׁ שְׁמוֹ — יב̇[21]. ג̇[22]

מָרוֹם וְקָדוֹשׁ[a] אֶשְׁכּוֹן וְאֶת־דַּכָּא וּשְׁפַל־רוּחַ — ג̇[22]. ב̇ מל̇[23]. ג̇[24]. ג̇

לְהַחֲיוֹת רוּחַ שְׁפָלִים וּלְהַחֲיוֹת לֵב נִדְכָּאִים׃ — ג̇[25]

16 כִּי לֹא לְעוֹלָם אָרִיב וְלֹא לָנֶצַח אֶקְּצוֹף — ל̇ ומל

כִּי־רוּחַ מִלְּפָנַי יַעֲטוֹף וּנְשָׁמוֹת אֲנִי עָשִׂיתִי׃ — יב̇

17 בַּעֲוֺן[a] בִּצְעוֹ[b] קָצַפְתִּי וְאַכֵּהוּ[c] הַסְתֵּר וְאֶקְצֹף[d] — ל̇

וַיֵּלֶךְ שׁוֹבָב בְּדֶרֶךְ לִבּוֹ׃ 18 דְּרָכָיו רָאִיתִי

וְאֶרְפָּאֵהוּ וְאַנְחֵהוּ[a] וַאֲשַׁלֵּם נִחֻמִים לוֹ[b] — ג̇. ב̇ וחס ו[26]

וְלַאֲבֵלָיו׃ 19 בּוֹרֵא[a] נוב[b] שְׂפָתָיִם — ניב ק̇

שָׁלוֹם ׀ שָׁלוֹם לָרָחוֹק וְלַקָּרוֹב אָמַר יְהוָה וּרְפָאתִיו׃ — ה̇

20 וְהָרְשָׁעִים כַּיָּם נִגְרָשׁ כִּי הַשְׁקֵט לֹא יוּכָל — ד̇[27]

וַיִּגְרְשׁוּ מֵימָיו רֶפֶשׁ וָטִיט׃ — ל̇. ל̇

21 אֵין שָׁלוֹם אָמַר אֱלֹהַי לָרְשָׁעִים׃ ס — ל̇

58 1 קְרָא בְגָרוֹן אַל־תַּחְשֹׂךְ כַּשּׁוֹפָר הָרֵם קוֹלֶךָ — ל̇. ג̇

וְהַגֵּד לְעַמִּי פִּשְׁעָם וּלְבֵית יַעֲקֹב חַטֹּאתָם׃ — י̇[1]. ט̇ בליש וכל בחטאתם ובחטאתם דכות̇[2]

2 וְאוֹתִי יוֹם יוֹם יִדְרֹשׁוּן וְדַעַת דְּרָכַי יֶחְפָּצוּן — כ̇י̇[3] מל̇ ה̇ מנה̇ בסיפ̇ וכל יהושע ושפטים דכות̇ ב̇ מ̇ב̇. ז̇[4]. ב̇

כְּגוֹי אֲשֶׁר־צְדָקָה עָשָׂה וּמִשְׁפַּט אֱלֹהָיו לֹא עָזָב — ל̇ זקף קמ̇

יִשְׁאָלוּנִי מִשְׁפְּטֵי־צֶדֶק קִרְבַת אֱלֹהִים יֶחְפָּצוּן׃ — ב̇[5]. ב̇. ב̇

3 לָמָּה צַּמְנוּ וְלֹא רָאִיתָ עִנִּינוּ נַפְשֵׁנוּ וְלֹא תֵדָע

הֵן בְּיוֹם צֹמְכֶם תִּמְצְאוּ־חֵפֶץ וְכָל־עַצְּבֵיכֶם[a] תִּנְגֹּשׂוּ׃ — ל̇. ל̇

4 הֵן לְרִיב וּמַצָּה תָּצוּמוּ וּלְהַכּוֹת בְּאֶגְרֹף רֶשַׁע — ב̇. ג̇. ב̇[6]. י̇ז̇[7]

לֹא־תָצוּמוּ כַיּוֹם לְהַשְׁמִיעַ בַּמָּרוֹם קוֹלְכֶם׃

[20] Mm 2416. [21] Mm 545. [22] Mm 2417. [23] Mm 2418. [24] Mm 1185. [25] Mm 2068. [26] Mm 2419. [27] Mm 2420.
Cp 58 [1] Mm 1749. [2] Mm 759 et Mm 929. [3] Mm 1238א. [4] Mm 484. [5] Mm 3258. [6] Ex 21,18. [7] Mm 1667.

14 [a] 𝔙 *et dicam* = ואמר; prp וְאָמַר ‖ **15** [a] prp c Ms וְקָדֹשׁ cf 𝔔[a]𝔊 ‖ **17** [a] prp נוֹ– ‖ [b] 𝔊 *βραχύ τι*, l בֶּצַע paululum ‖ [c] l וָאַ׳ cf Vrs ‖ [d] l c Ms וָקֶצֶף ‖ **18** [a] l וַאֲנִ׳ cf 𝔊𝔗; tr huc ‸ ‖ [b] tr huc : ‖ **19** [a] frt ins אֲנִי ‖ [b] K נוב ‖ **Cp 58,3** [a] 𝔊σ′θ′(𝔙) *τοὺς ὑποχειρίους ὑμῶν*, prp עֹבְטֵיכֶם cf Dt 15,6.

5 הֲכָזֶ֗ה יִֽהְיֶה֙ צ֣וֹם אֶבְחָרֵ֔הוּ י֛וֹם עַנּ֥וֹת אָדָ֖ם נַפְשׁ֑וֹ
הֲלָכֹ֨ף כְּאַגְמֹ֜ן רֹאשׁ֗וֹ וְשַׂ֤ק וָאֵ֙פֶר֙ יַצִּ֔יעַ
הֲלָזֶה֙ תִּקְרָא־צ֔וֹם וְי֥וֹם רָצ֖וֹן לַיהוָֽה׃
6 הֲל֣וֹא זֶה֮ צ֣וֹם[a] אֶבְחָרֵהוּ֒[b]
פַּתֵּ֙חַ֙ חַרְצֻבּ֣וֹת רֶ֔שַׁע הַתֵּ֖ר אֲגֻדּ֣וֹת מוֹטָ֑ה
וְשַׁלַּ֤ח רְצוּצִים֙ חָפְשִׁ֔ים וְכָל־מוֹטָ֖ה תְּנַתֵּֽקוּ׃[c]
7 הֲל֨וֹא פָרֹ֤ס לָֽרָעֵב֙ לַחְמֶ֔ךָ וַעֲנִיִּ֥ים[a] מְרוּדִ֖ים[b] תָּ֣בִיא בָ֑יִת[c]
כִּֽי־תִרְאֶ֤ה עָרֹם֙ וְכִסִּית֔וֹ וּמִבְּשָׂרְךָ֖ לֹ֥א תִתְעַלָּֽם׃
8 אָ֣ז יִבָּקַ֤ע כַּשַּׁ֙חַר֙ אוֹרֶ֔ךָ וַאֲרֻכָתְךָ֖ מְהֵרָ֣ה תִצְמָ֑ח
וְהָלַ֤ךְ לְפָנֶ֙יךָ֙ צִדְקֶ֔ךָ כְּב֥וֹד יְהוָ֖ה יַאַסְפֶֽךָ׃[a]
9 אָ֤ז תִּקְרָא֙ וַיהוָ֣ה יַעֲנֶ֔ה תְּשַׁוַּ֖ע וְיֹאמַ֣ר הִנֵּ֑נִי
אִם־תָּסִ֤יר מִתּֽוֹכְךָ֙ מוֹטָ֔ה[a] שְׁלַ֥ח[b] אֶצְבַּ֖ע וְדַבֶּר־אָֽוֶן׃
10 וְתָפֵ֤ק[a] לָֽרָעֵב֙ נַפְשֶׁ֔ךָ[b] וְנֶ֥פֶשׁ נַעֲנָ֖ה תַּשְׂבִּ֑יעַ
וְזָרַ֤ח בַּחֹ֙שֶׁךְ֙ אוֹרֶ֔ךָ וַאֲפֵלָתְךָ֖ כַּֽצָּהֳרָֽיִם׃[c]
11 וְנָחֲךָ֣ יְהוָה֮ תָּמִיד֒ וְהִשְׂבִּ֤יעַ בְּצַחְצָחוֹת֙ נַפְשֶׁ֔ךָ
וְעַצְמֹתֶ֖יךָ[a] יַחֲלִ֑יץ[b] וְהָיִ֙יתָ֙ כְּגַ֣ן רָוֶ֔ה
וּכְמוֹצָ֣א מַ֔יִם אֲשֶׁ֥ר לֹא־יְכַזְּב֖וּ מֵימָֽיו׃
12 וּבָנ֤וּ[a] מִמְּךָ֙ חָרְב֣וֹת עוֹלָ֔ם מוֹסְדֵ֥י דוֹר־וָד֖וֹר תְּקוֹמֵ֑ם
וְקֹרָ֤א לְךָ֙ גֹּדֵ֣ר פֶּ֔רֶץ מְשֹׁבֵ֥ב[b] נְתִיב֖וֹת[c] לָשָֽׁבֶת׃
13 אִם־תָּשִׁ֤יב מִשַּׁבָּת֙[a] רַגְלֶ֔ךָ עֲשׂ֥וֹת[b] חֲפָצֶ֖יךָ[c] בְּי֣וֹם קָדְשִׁ֑י
וְקָרָ֨אתָ לַשַּׁבָּ֜ת עֹ֗נֶג [d]לִקְד֤וֹשׁ יְהוָה֙[d] מְכֻבָּ֔ד
וְכִבַּדְתּוֹ֙ מֵעֲשׂ֣וֹת דְּרָכֶ֔יךָ מִמְּצ֥וֹא חֶפְצְךָ֖ וְדַבֵּ֥ר דָּבָֽר׃
14 אָ֗ז תִּתְעַנַּג֙ עַל־יְהוָ֔ה וְהִרְכַּבְתִּ֖יךָ[a] עַל־בָּ֣מֳותֵי[b] אָ֑רֶץ ס כג

ב.[8]
ג חס בליש. לב בנביא. ג[9]
ב
ב[10]. יו[11]. ג
ה. ג
ג[12]. יג[13]
ד חס[14]. ב
ל
ו רפי[15]
ג. יא[16]
ג[17]. ב[18]
ז
ל
י. ל
ו
י[19]. ו[20] חס וכל כתיב דכות ב מ א. ב
ל[21]. ל
ב מל בליש. יא[16]
לא[22]. במתי[23] ק חד מן ג יתיר ו

6 [a] 𝔔ᵃ הצום אשר ‖ [b] frt ins נְאֻם אֲדֹנָי יְהוִה cf 𝔊 ‖ [c] 𝔊θ′𝔙 sg, l ־ק ‖ **7** [a] > 𝔖, dl ‖ [b] 𝔊(α′𝔙) *ἀστέγους*, prp וּמוֹרָדִים ,וּמְרֻדִּים, al ‖ [c] 𝔊(𝔖𝔗𝔙) *εἰς τὸν οἶκόν σου* = בֵּיתְךָ ‖ **8** [a] prb l יַאַסְפֶךָ cf 52,12 ‖ **9** [a] prp מַטֵּה cf 𝔖𝔗 et Ez 9,9 ‖ [b] 𝔔ᵃ ושלוח ‖ **10** [a] α′σ′θ′(𝔏) *ὑπερεκχέῃς*, l ־ק ‖ [b] l c nonn Mss 𝔖 לַחְמְךָ cf 𝔊 ‖ [c] frt ins תָּגֹהַּ ‖ **11** [a] prp c pc Mss וְעַצְמֹתְךָ ‖ [b] 𝔔ᵃ יחליצו 𝔔ᵇ יחלצו ‖ **12** [a] 𝔊𝔙 pass, l וְנִבְנוּ vel וּבְנוּ ‖ [b] 𝔔ᵇ משיב ‖ [c] prp נתיצות ‖ **13** [a] prp בַּשׁ′ cf 𝔏 ‖ [b] l c 𝔔ᵃ𝔊 מֵע′ cf 𝔖 ‖ [c] 𝔔ᵇθ′Syh𝔖𝔗𝔙 חֶפְצְךָ ‖ [d–d] 𝔏 *sancta Domino*, prp קָדוֹשׁ לַי′ ‖ **14** [a] 𝔔ᵃᵇ𝔊𝔖 ־כִיבְךָ cf 𝔗 ‖ [b] K במותי.

וְהַאֲכַלְתִּ֗יךָ נַחֲלַת֙ יַעֲקֹ֣ב אָבִ֔יךָ כִּ֛י פִּ֥י יְהוָ֖ה דִּבֵּֽר׃ ס ‏ ג

59 ¹ הֵ֤ן לֹֽא־קָצְרָה֙ יַד־יְהוָ֔ה מֵֽהוֹשִׁ֑יעַ וְלֹא־כָבְדָ֥ה אָזְנ֖וֹ מִשְּׁמֽוֹעַ׃ ‏ ב¹ . ז² . ה מל³

² כִּ֤י אִם־עֲוֺנֹֽתֵיכֶם֙ הָי֣וּ מַבְדִּלִ֔ים בֵּינֵכֶ֕ם לְבֵ֖ין אֱלֹֽהֵיכֶ֑ם ‏ ל חס
וְחַטֹּאותֵיכֶ֗ם הִסְתִּ֧ירוּ פָנִ֛יםᵃ מִכֶּ֖ם מִשְּׁמֽוֹעַ׃ ‏ ד מל⁴ . ה מל³

³ כִּ֤י כַפֵּיכֶם֙ נְגֹאֲל֣וᵃ בַדָּ֔ם וְאֶצְבְּעוֹתֵיכֶ֖ם בֶּֽעָוֺ֑ן ‏ ל מל
שִׂפְתֽוֹתֵיכֶם֙ דִּבְּרוּ־שֶׁ֔קֶר לְשׁוֹנְכֶ֖ם עַוְלָ֥ה תֶהְגֶּֽה׃

⁴ אֵין־קֹרֵ֣א בְצֶ֔דֶק וְאֵ֥ין נִשְׁפָּ֖ט בֶּאֱמוּנָ֑ה ‏ ה⁵
בָּט֤וֹחַ עַל־תֹּ֙הוּ֙ וְדַבֶּר־שָׁ֔וְא הָר֥וֹ עָמָ֖ל וְהוֹלֵ֥יד אָֽוֶן׃ ‏ ב⁶ . יא⁷ . ל ומל

⁵ בֵּיצֵ֤י צִפְעוֹנִי֙ בִּקֵּ֔עוּ וְקוּרֵ֥יᵃ עַכָּבִ֖ישׁ יֶאֱרֹ֑גוּ ‏ ל
הָאֹכֵ֤ל מִבֵּֽיצֵיהֶם֙ יָמ֔וּת וְהַזּוּרֶ֖הᵇ תִּבָּקַ֥ע אֶפְעֶֽה׃ ‏ ל . ד⁸

⁶ קֽוּרֵיהֶם֙ᵃ לֹא־יִהְי֣וּ לְבֶ֔גֶד וְלֹ֥א יִתְכַּסּ֖וּ בְּמַעֲשֵׂיהֶ֑ם ‏ יא כת י⁹
מַעֲשֵׂיהֶם֙ מַעֲשֵׂי־אָ֔וֶן וּפֹ֥עַל חָמָ֖ס בְּכַפֵּיהֶֽם׃

⁷ רַגְלֵיהֶם֙ לָרַ֣ע יָרֻ֔צוּ וִֽימַהֲר֔וּ לִשְׁפֹּ֖ךְ דָּ֣ם נָקִ֑י ‏ ד¹⁰ . ל חס . ב
מַחְשְׁבֽוֹתֵיהֶם֙ מַחְשְׁב֣וֹת אָ֔וֶן שֹׁ֥ד וָשֶׁ֖בֶר בִּמְסִלּוֹתָֽם׃ ‏ ג¹¹

⁸ דֶּ֤רֶךְ שָׁלוֹם֙ לֹ֣א יָדָ֔עוּ וְאֵ֥ין מִשְׁפָּ֖ט בְּמַעְגְּלוֹתָ֑ם
נְתִ֣יבֽוֹתֵיהֶ֗ם עִקְּשׁ֣וּ לָהֶ֔ם כֹּ֚ל דֹּרֵ֣ךְ בָּ֔הּᵃ לֹ֥א יָדַ֖ע שָׁלֽוֹם׃

⁹ עַל־כֵּ֗ן רָחַ֤ק מִשְׁפָּט֙ מִמֶּ֔נּוּ וְלֹ֥א תַשִּׂיגֵ֖נוּ צְדָקָ֑ה ‏ ל
נְקַוֶּ֤ה לָאוֹר֙ וְהִנֵּה־חֹ֔שֶׁךְ לִנְגֹה֖וֹת בָּאֲפֵל֥וֹת נְהַלֵּֽךְ׃ ‏ ל¹² . ל

¹⁰ נְגַשְׁשָׁ֤ה כַֽעִוְרִים֙ קִ֔יר וּכְאֵ֥ין עֵינַ֖יִם נְגַשֵּׁ֑שָׁהᵃ ‏ ב . כח . ל
כָּשַׁ֤לְנוּ בַֽצָּהֳרַ֙יִם֙ כַּנֶּ֔שֶׁף בָּאַשְׁמַנִּ֖ים כַּמֵּתִֽים׃ ‏ יב . ל

¹¹ נֶהֱמֶ֤ה כַדֻּבִּים֙ כֻּלָּ֔נוּ וְכַיּוֹנִ֖ים הָגֹ֣ה נֶהְגֶּ֑ה ‏ ל . ב . ג ול כת ה
נְקַוֶּ֤ה לַמִּשְׁפָּט֙ וָאַ֔יִן לִֽישׁוּעָ֖ה רָחֲקָ֥ה מִמֶּֽנּוּ׃ ‏ ה¹³

¹² כִּֽי־רַבּ֤וּ פְשָׁעֵ֙ינוּ֙ נֶגְדֶּ֔ךָ וְחַטֹּאותֵ֖ינוּᵃ עָ֣נְתָה בָּ֑נוּ ‏ ב מל
כִּֽי־פְשָׁעֵ֣ינוּ אִתָּ֔נוּ וַעֲוֺנֹתֵ֖ינוּ יְדַעֲנֽוּם׃ ‏ ל

¹³ פָּשֹׁ֤עַ וְכַחֵשׁ֙ בַּֽיהוָ֔ה וְנָס֖וֹג מֵאַחַ֣ר אֱלֹהֵ֑ינוּ ‏ ל

Cp 59 ¹Mm 2394. ²Mm 3650. ³Mm 3159. ⁴Mm 1383. ⁵Mm 2601. ⁶Mm 3513. ⁷Mm 2041. ⁸Mm 2425. ⁹Mm 2706. ¹⁰Mm 3570. ¹¹Mm 2430. ¹²Mm 3105. ¹³Mm 1035.

14 ᶜ 𝔮ᵃ𝔊𝔖𝔈𝔗 וְהַאֲכִילְךָ ‖ **Cp 59,2** ᵃ 𝔊𝔖Syh𝔖𝔙𝔘 + suff 3 m sg, l פָּנָיו ‖ **3** ᵃ l נְגֹאָלוּ vel גֹּאָלוּ ‖ **5** ᵃ prp וְקֻרֵי cf 𝔗 ‖ ᵇ prb l זֶ֑ה ‖ **6** ᵃ prp קֻרֵיהֶם cf 𝔗 ‖ **8** ᵃ l c Ms Syh𝔖𝔙 בָּם ‖ **9** ᵃ 𝔖𝔙 pr cop cf 𝔗, l וּבְ ‖ **10** ᵃ prp נְמַשֵּׁשָׁה ‖ **12** ᵃ l c 2 Mss וְחַטֹּאתֵנוּ

דַּבֶּר־עֹ֣שֶׁק וְסָרָ֔ה [a]הֹ֥רֹו[b] וְהֹגֹ֛ו[a] מִלֵּ֖ב דִּבְרֵי־שָֽׁקֶר׃ ב̇ וכל נא דכות . ל̇ . ל̇

14 וְהֻסַּ֤ג אָחֹור֙ מִשְׁפָּ֔ט וּצְדָקָ֖ה מֵרָחֹ֣וק תַּעֲמֹ֑ד

כִּֽי־כָשְׁלָ֤ה בָֽרְחֹוב֙ אֱמֶ֔ת וּנְכֹחָ֖ה לֹא־תוּכַ֥ל לָבֹֽוא׃ ד̇[14]

15 וַתְּהִ֤י הָֽאֱמֶת֙ נֶעְדֶּ֔רֶת וְסָ֥ר מֵרָ֖ע מִשְׁתֹּולֵ֑ל ה̇[15]

וַיַּ֧רְא יְהוָ֛ה [a]וַיֵּ֥רַע בְּעֵינָ֖יו[a] כִּי־אֵ֥ין מִשְׁפָּֽט׃ נא . ב̇ חד פת וחד קמ[16]

16 וַיַּ֙רְא֙ כִּי־אֵ֣ין אִ֔ישׁ וַיִּשְׁתֹּומֵ֖ם כִּ֣י אֵ֣ין מַפְגִּ֑יעַ יו̇ מ״פ אין אין

וַתֹּ֤ושַׁע לֹו֙ זְרֹעֹ֔ו וְצִדְקָתֹ֖ו הִ֥יא סְמָכָֽתְהוּ׃ ל̇

17 וַיִּלְבַּ֤שׁ צְדָקָה֙ כַּשִּׁרְיָ֔ן וְכֹ֥ובַע יְשׁוּעָ֖ה בְּרֹאשֹׁ֑ו ל̇ . יד̇

וַיִּלְבַּ֞שׁ בִּגְדֵ֤י נָקָם֙ תִּלְבֹּ֔שֶׁת[a] וַיַּ֥עַט כַּמְעִ֖יל קִנְאָֽה׃ ב̇[17]

18 כְּעַ֤ל גְּמֻלֹות֙ כְּעַ֣ל[a] יְשַׁלֵּ֔ם חֵמָה֙ לְצָרָ֔יו גְּמ֖וּל[b] לְאֹיְבָ֑יו

[c]לָאִיִּ֖ים גְּמ֥וּל יְשַׁלֵּֽם[c]׃ ב̇ קמ[18]

19 וְיִֽירְא֤וּ[a] מִֽמַּעֲרָב֙ אֶת־שֵׁ֣ם יְהוָ֔ה וּמִמִּזְרַח־שֶׁ֖מֶשׁ אֶת־כְּבֹודֹ֑ו ה̇ ומל[19]

כִּֽי־יָבֹ֤וא כַנָּהָר֙[b] צָ֔ר ר֥וּחַ יְהוָ֖ה נֹ֥סְסָה בֹֽו׃ ל̇ וחס

20 וּבָ֤א לְצִיֹּון֙ גֹּואֵ֔ל וּלְשָׁבֵ֥י פֶ֖שַׁע בְּיַעֲקֹ֑ב נְאֻ֖ם יְהוָֽה׃ יז̇ ר״פ . ב̇ ומל[20] . ל̇[21]

21 וַאֲנִ֗י זֹ֣את בְּרִיתִ֤י אֹותָם֙[a] אָמַ֣ר יְהוָ֔ה רוּחִי֙ אֲשֶׁ֣ר עָלֶ֔יךָ וּדְבָרַ֖י אֲשֶׁר־ טז̇ ר״פ . ד̇ בליש[22] . ב̇

שַׂ֣מְתִּי בְּפִ֑יךָ לֹא־יָמ֡וּשׁוּ מִפִּיךָ֩ וּמִפִּ֨י זַרְעֲךָ֜ וּמִפִּ֨י זֶ֤רַע זַרְעֲךָ֙ אָמַ֣ר יְהוָ֔ה ג̇ . ג̇ . ג̇

מֵעַתָּ֖ה וְעַד־עֹולָֽם׃ ס יב̇[23]

60 1 קֹ֥ומִי אֹ֖ורִי כִּ֣י בָ֣א אֹורֵ֑ךְ וּכְבֹ֥וד יְהוָ֖ה עָלַ֥יִךְ זָרָֽח׃ ד̇ ר״פ[1] . ל̇ בטע

2 כִּֽי־הִנֵּ֤ה הַחֹ֙שֶׁךְ֙[a] יְכַסֶּה־אֶ֔רֶץ וַעֲרָפֶ֖ל לְאֻמִּ֑ים

וְעָלַ֙יִךְ֙ יִזְרַ֣ח יְהוָ֔ה וּכְבֹודֹ֖ו עָלַ֥יִךְ יֵרָאֶֽה׃ יג̇[2]

3 וְהָלְכ֥וּ גֹויִ֖ם לְאֹורֵ֑ךְ וּמְלָכִ֖ים לְנֹ֥גַהּ זַרְחֵֽךְ׃ ל̇

4 שְׂאִֽי־סָבִ֤יב עֵינַ֙יִךְ֙ וּרְאִ֔י כֻּלָּ֖ם נִקְבְּצ֣וּ בָֽאוּ־לָ֑ךְ ח̇ . יא̇

בָּנַ֙יִךְ֙ מֵרָחֹ֣וק יָבֹ֔אוּ וּבְנֹתַ֖יִךְ עַל־צַ֥ד תֵּאָמַֽנָה[a]׃ יח̇ . ל̇[3] . ל̇

13 [a–a] l הָרוֹ וְהָגוֹ ‖ [b] > 𝔔[a] ‖ **15** [a–a] prp בְּעֵ׳ וַיֵּדַע ‖ **17** [a] > 𝔊𝔖𝔙, dl ‖ **18** [a] 𝔗 *gml'*, l גְּמוּל ‖ [b] 𝔊 *ὄνειδος* = חֶרְפָּה; prp חֲרוֹן־אַף ‖ [c–c] > 𝔊, dl ‖ **19** [a] prp c mlt Mss וְיִרְאוּ (a ראה) ‖ [b] 𝔊α′σ′θ′ *ὡς ποταμός*, l כְּנָ׳ ‖ **21** [a] l c 𝔔[a] mlt Mss Syh 𝔗𝔙 אִתָּם cf 𝔊 ‖ **Cp 60,2** [a] 𝔊 *σκότος*, l הַ׳ ‖ **4** [a] 𝔔[b] תנשינה; prp תֵּאָמֵנָּה cf 𝔙 et arab *'amma* iter direxit.

ל. ל. ב[4]. ב — 5 אָ֤ז תִּרְאִי֙[a] וְנָהַ֔רְתְּ וּפָחַ֥ד וְרָחַ֖ב לְבָבֵ֑ךְ
כִּֽי־יֵהָפֵ֤ךְ עָלַ֙יִךְ֙ הֲמ֣וֹן יָ֔ם חֵ֥יל גּוֹיִ֖ם יָבֹ֥אוּ[b] לָֽךְ׃
ל — 6 שִֽׁפְעַ֨ת גְּמַלִּ֜ים תְּכַסֵּ֗ךְ בִּכְרֵ֤י מִדְיָן֙ וְעֵיפָ֔ה
כֻּלָּ֖ם מִשְּׁבָ֣א יָבֹ֑אוּ
ו. ל[5]. ל — זָהָ֤ב וּלְבוֹנָה֙ יִשָּׂ֔אוּ וּתְהִלֹּ֥ת יְהוָ֖ה יְבַשֵּֽׂרוּ׃
ב — 7 כָּל־צֹ֤אן קֵדָר֙ יִקָּ֣בְצוּ לָ֔ךְ אֵילֵ֥י נְבָי֖וֹת יְשָׁרְת֑וּנֶךְ[a]
ח[6] — יַעֲל֤וּ [b]עַל־רָצוֹן֙ מִזְבְּחִ֔י וּבֵ֥ית תִּפְאַרְתִּ֖י אֲפָאֵֽר׃
ב קמ. ב — 8 מִי־אֵ֖לֶּה כָּעָ֣ב תְּעוּפֶ֑ינָה וְכַיּוֹנִ֖ים אֶל־אֲרֻבֹּתֵיהֶֽם׃
ל. כב[7] — 9 [a]כִּֽי־לִ֣י׀[a] אִיִּ֣ים יְקַוּ֗וּ[b] וָאֳנִיּ֤וֹת תַּרְשִׁישׁ֙ בָּרִ֣אשֹׁנָ֔ה
יח. ל — לְהָבִ֤יא בָנַ֙יִךְ֙ מֵֽרָח֔וֹק כַּסְפָּ֥ם וּזְהָבָ֖ם אִתָּ֑ם
ו[8] בנביא וכל ס״פ דכות ב מ א. ג[9] — לְשֵׁם֙ יְהוָ֣ה אֱלֹהַ֔יִךְ וְלִקְד֥וֹשׁ יִשְׂרָאֵ֖ל כִּ֥י פֵאֲרָֽךְ׃
י. ל חס[10]. ב — 10 וּבָנ֤וּ בְנֵֽי־נֵכָר֙ חֹמֹתַ֔יִךְ וּמַלְכֵיהֶ֖ם יְשָׁרְת֑וּנֶךְ
ב — כִּ֤י בְקִצְפִּי֙ הִכִּיתִ֔יךְ וּבִרְצוֹנִ֖י רִחַמְתִּֽיךְ׃
ב — 11 וּפִתְּח֨וּ[a] שְׁעָרַ֧יִךְ תָּמִ֛יד יוֹמָ֥ם וָלַ֖יְלָה לֹ֣א יִסָּגֵ֑רוּ
כט. ל — לְהָבִ֤יא אֵלַ֙יִךְ֙ חֵ֣יל גּוֹיִ֔ם וּמַלְכֵיהֶ֖ם נְהוּגִֽים[b]׃
ל — 12 כִּֽי־הַגּ֧וֹי וְהַמַּמְלָכָ֛ה אֲשֶׁ֥ר לֹֽא־יַעַבְד֖וּךְ יֹאבֵ֑דוּ וְהַגּוֹיִ֖ם חָרֹ֥ב יֶחֱרָֽבוּ׃
כט. ו כת כן[11]. ב. ב — 13 כְּב֤וֹד הַלְּבָנוֹן֙ אֵלַ֣יִךְ יָב֔וֹא בְּר֛וֹשׁ תִּדְהָ֥ר וּתְאַשּׁ֖וּר יַחְדָּ֑ו
ג[12] — לְפָאֵר֙ מְק֣וֹם מִקְדָּשִׁ֔י וּמְק֥וֹם רַגְלַ֖י אֲכַבֵּֽד׃
כט. ב[13]. ז[14] — 14 וְהָלְכ֨וּ אֵלַ֜יִךְ שְׁח֗וֹחַ[a] בְּנֵ֣י מְעַנַּ֔יִךְ [b]וְהִֽשְׁתַּחֲו֛וּ עַל־כַּפּ֥וֹת רַגְלַ֖יִךְ
ל — וְקָ֣רְאוּ לָ֗ךְ עִ֣יר יְהוָ֔ה צִיּ֥וֹן[d] קְד֖וֹשׁ יִשְׂרָאֵֽל׃ [כָּל־[b]מְנַאֲצָ֑יִךְ[c]
ח[15] מל וכל יחזק דכות ב מ א — 15 תַּ֚חַת הֱיוֹתֵ֛ךְ עֲזוּבָ֥ה וּשְׂנוּאָ֖ה וְאֵ֣ין עוֹבֵ֑ר
וְשַׂמְתִּיךְ֙ לִגְא֣וֹן עוֹלָ֔ם מְשׂ֖וֹשׂ דּ֥וֹר וָדֽוֹר׃
ג ב מנה בליש — 16 וְיָנַקְתְּ֙ חֲלֵ֣ב גּוֹיִ֔ם וְשֹׁ֥ד מְלָכִ֖ים תִּינָ֑קִי
ז[16]. ב בסיפ — וְיָדַ֗עַתְּ כִּ֣י אֲנִ֤י יְהוָה֙ מוֹשִׁיעֵ֔ךְ וְגֹאֲלֵ֖ךְ אֲבִ֥יר יַעֲקֹֽב׃
יח פסוק דמיין[17] — 17 תַּ֣חַת הַנְּחֹ֜שֶׁת אָבִ֣יא זָהָ֗ב וְתַ֤חַת הַבַּרְזֶל֙ אָ֣בִיא כֶ֔סֶף

[4] Mm 2276. [5] Mm 474. [6] Mm 2410. [7] Mm 1743. [8] Mm 3133. [9] Mm 3349. [10] Mm 2894. [11] Mm 1237. [12] Mm 3241. [13] Mm 3134. [14] Mm 441. [15] Mm 2429. [16] Mm 2392. [17] Mm 647 et Mm 3911.

5 [a] mlt Mss תיראי, l 𝔐 ‖ [b] prp c 𝔔[b]𝔖𝔙 יבוא vel יְבִיאוּ cf 𝔗 ‖ **7** [a] dl cf 10 ‖ [b–b] l c 𝔔[a] pc Mss 𝔊𝔖𝔗 לְרָצוֹן עַל ‖ **9** [a–a] prp כְּלֵי ‖ [b] prp יִקָּווּ ‖ **11** [a] l וְנִפְ׳ vel וּפְ׳ cf Vrs ‖ [b] prp נוֹהֲגִים ‖ **14** [a] prp שָׁ׳ ‖ [b–b] > 𝔊, dl ‖ [c] 𝔊 pr cop, l וּמ׳ ‖ [d] prp צִיּוֹן.

וְתַ֤חַת הָֽעֵצִים֙ נְחֹ֔שֶׁת וְתַ֥חַת הָאֲבָנִ֖ים בַּרְזֶ֑ל
וְשַׂמְתִּ֤י פְקֻדָּתֵךְ֙ שָׁל֔וֹם וְנֹגְשַׂ֖יִךְ צְדָקָֽה׃ ל̇. ל̇
18 לֹא־יִשָּׁמַ֨ע ע֤וֹד חָמָס֙ בְּאַרְצֵ֔ךְ שֹׁ֥ד וָשֶׁ֖בֶר בִּגְבוּלָ֑יִךְ ל̇[18]. ג̇[19]
וְקָרָ֤את יְשׁוּעָה֙ חוֹמֹתַ֔יִךְ וּשְׁעָרַ֖יִךְ תְּהִלָּֽה׃ ד̇[20]
19 לֹא־יִהְיֶה־לָּ֨ךְ ע֤וֹד הַשֶּׁ֙מֶשׁ֙ לְא֣וֹר יוֹמָ֔ם יג
וּלְנֹ֕גַהּ הַיָּרֵ֖חַ[a] לֹא־יָאִ֣יר לָ֑ךְ
וְהָֽיָה־לָ֤ךְ יְהוָה֙ לְא֣וֹר עוֹלָ֔ם וֵאלֹהַ֖יִךְ לְתִפְאַרְתֵּֽךְ׃ יג. ב̇[21]
20 לֹא־יָב֥וֹא עוֹד֙ שִׁמְשֵׁ֔ךְ וִירֵחֵ֖ךְ לֹ֣א יֵאָסֵ֑ף
כִּ֣י יְהוָ֗ה יִֽהְיֶה־לָּךְ֙ לְא֣וֹר עוֹלָ֔ם וְשָׁלְמ֖וּ יְמֵ֥י אֶבְלֵֽךְ׃ יג. ל̇
21 וְעַמֵּךְ֙ כֻּלָּ֣ם צַדִּיקִ֔ים לְעוֹלָ֖ם יִ֣ירְשׁוּ אָ֑רֶץ ב̇[22]
נֵ֣צֶר[a] מַטָּעָ֔ו[b] מַעֲשֵׂ֥ה יָדַ֖י[c] לְהִתְפָּאֵֽר׃ מטעי ק̇ חד מן מח[23] כת ו וקר י. כ̇ב[24]
22 הַקָּטֹן֙ יִהְיֶ֣ה לָאֶ֔לֶף וְהַצָּעִ֖יר לְג֣וֹי עָצ֑וּם ג̇[25]. ב̇[26]
אֲנִ֥י יְהוָ֖ה בְּעִתָּ֥הּ אֲחִישֶֽׁנָּה׃ ס

61 1 ר֛וּחַ אֲדֹנָ֥י יְהוִ֖ה עָלָ֑י יַ֡עַן מָשַׁח֩ יְהוָ֨ה אֹתִ֜י ל̇ ס̊כד
לְבַשֵּׂ֣ר עֲנָוִ֗ים שְׁלָחַ֙נִי֙ לַחֲבֹ֣שׁ לְנִשְׁבְּרֵי־לֵ֔ב
לִקְרֹ֤א לִשְׁבוּיִם֙ דְּר֔וֹר וְלַאֲסוּרִ֖ים[a] פְּקַח־קֽוֹחַ[a]׃ ל̇. ל̇
2 לִקְרֹ֤א שְׁנַת־רָצוֹן֙ לַֽיהוָ֔ה וְי֥וֹם נָקָ֖ם לֵאלֹהֵ֑ינוּ[a] [תַּ֣חַת אֵ֗פֶר
לְנַחֵ֖ם כָּל־אֲבֵלִֽים׃ 3 לָשׂ֣וּם ׀ [a]לַאֲבֵלֵ֣י צִיּ֗וֹן[a] לָתֵת֩[b] לָהֶ֨ם פְּאֵ֜ר ל̇
שֶׁ֣מֶן שָׂשׂ֗וֹן תַּ֚חַת אֵ֔בֶל מַעֲטֵ֣ה תְהִלָּ֔ה תַּ֖חַת ר֣וּחַ כֵּהָ֑ה ל̇
וְקֹרָ֤א לָהֶם֙ אֵילֵ֣י הַצֶּ֔דֶק מַטַּ֥ע יְהוָ֖ה לְהִתְפָּאֵֽר׃ ו̇. ב̇ חד פת וחד קמ[1]
4 וּבָנוּ֙ חָרְב֣וֹת עוֹלָ֔ם שֹׁמְמ֥וֹת רִאשֹׁנִ֖ים יְקוֹמֵ֑מוּ י̇. ה̇[2]
וְחִדְּשׁוּ֙ עָ֣רֵי חֹ֔רֶב שֹׁמְמ֖וֹת דּ֥וֹר וָדֽוֹר[a]׃ יו̇ בליש
5 וְעָמְד֣וּ זָרִ֔ים וְרָע֖וּ צֹאנְכֶ֑ם וּבְנֵ֣י נֵכָ֔ר אִכָּרֵיכֶ֖ם וְכֹרְמֵיכֶֽם׃ ו̇
6 וְאַתֶּ֗ם כֹּהֲנֵ֤י יְהוָה֙ תִּקָּרֵ֔אוּ מְשָׁרְתֵ֣י אֱלֹהֵ֔ינוּ יֵאָמֵ֖ר לָכֶ֑ם ל̇

[18]Mm 3112. [19]Mm 2430. [20]Mm 1231. [21]Mm 2431. [22]Mm 868. [23]Mm 3811. [24]Mm 1104. [25]Mm 1515. [26]Mm 1102. **Cp 61** [1]Mm 2432. [2]Mm 823.

19 [a] 𝔊 + *τὴν νύκτα*, frt ins הַלַּ֫יְלָה cf 𝔔[a]𝔗 ‖ **21** [a] > 𝔔[b] Ms ‖ [b] Q cf 𝔖𝔗𝔙, K ו–(𝔔[b] יו–); prb l מַטַּע יְהוָה cf 𝔔[a] ‖ [c] prb l c 𝔔[ab]𝔊 יָדָיו ‖ **Cp 61,1** [a–a] l c 𝔔[a] nonn Mss פקחקוח; al פְּקוֹחַ ‖ **2** [a] tr huc : ‖ **3** [a–a] prb add ‖ [b] > 𝔊 cf 𝔖, dl ‖ **4** [a] 𝔔[a] + יקוממו.

חֵ֤יל גּוֹיִם֙ תֹּאכֵ֔לוּ וּבִכְבוֹדָ֖ם תִּתְיַמָּֽרוּ[a]׃ ל . ל
7 תַּ֤חַת[a] בָּשְׁתְּכֶם֙[b] מִשְׁנֶ֔ה וּכְלִמָּ֖ה יָרֹ֣נּוּ[c] חֶלְקָ֑ם
לָכֵ֤ן בְּאַרְצָם֙ מִשְׁנֶ֣ה יִירָ֔שׁוּ שִׂמְחַ֥ת עוֹלָ֖ם תִּהְיֶ֥ה[d] לָהֶֽם׃
8 כִּ֣י אֲנִ֤י יְהוָה֙ אֹהֵ֣ב מִשְׁפָּ֔ט שֹׂנֵ֥א גָזֵ֖ל בְּעוֹלָ֑ה[a] ד חס וכל אורית דכות³ . ב מל בסיפ בליש
וְנָתַתִּ֤י פְעֻלָּתָם֙ בֶּאֱמֶ֔ת וּבְרִ֥ית עוֹלָ֖ם אֶכְר֥וֹת לָהֶֽם׃ ב מל⁴
9 וְנוֹדַ֤ע בַּגּוֹיִם֙ זַרְעָ֔ם וְצֶאֱצָאֵיהֶ֖ם בְּת֣וֹךְ הָעַמִּ֑ים
כָּל־רֹאֵיהֶם֙ יַכִּיר֔וּם כִּ֛י הֵ֥ם זֶ֖רַע בֵּרַ֥ךְ יְהוָֽה׃ ס יב

10 שׂ֨וֹשׂ אָשִׂ֜ישׂ בַּֽיהוָ֗ה תָּגֵ֤ל נַפְשִׁי֙ בֵּאלֹהַ֔י ל
כִּ֤י הִלְבִּישַׁ֙נִי֙ בִּגְדֵי־יֶ֔שַׁע מְעִ֥יל צְדָקָ֖ה יְעָטָ֑נִי[a] ה⁵
כֶּֽחָתָן֙ יְכַהֵ֣ן[b] פְּאֵ֔ר וְכַכַּלָּ֖ה תַּעְדֶּ֥ה כֵלֶֽיהָ׃ ל⁶ . ל
11 כִּ֤י כָאָ֙רֶץ֙ תּוֹצִ֣יא צִמְחָ֔הּ וּכְגַנָּ֖ה זֵרוּעֶ֣יהָ תַצְמִ֑יחַ ב . ד⁷ . ב
כֵּ֣ן׀ אֲדֹנָ֣י יְהוִ֗ה יַצְמִ֤יחַ צְדָקָה֙ וּתְהִלָּ֔ה נֶ֖גֶד כָּל־הַגּוֹיִֽם׃

62 1 לְמַ֤עַן צִיּוֹן֙ לֹ֣א אֶחֱשֶׁ֔ה וּלְמַ֥עַן יְרוּשָׁלִַ֖ם לֹ֣א אֶשְׁק֑וֹט ג מל בליש¹
עַד־יֵצֵ֤א כַנֹּ֙גַהּ֙ צִדְקָ֔הּ וִישׁוּעָתָ֖הּ כְּלַפִּ֥יד יִבְעָֽר׃ ל
2 וְרָא֤וּ גוֹיִם֙ צִדְקֵ֔ךְ וְכָל־מְלָכִ֖ים כְּבוֹדֵ֑ךְ ל²
וְקֹ֤רָא לָךְ֙ שֵׁ֣ם חָדָ֔שׁ אֲשֶׁ֛ר פִּ֥י יְהוָ֖ה יִקֳּבֶֽנּוּ׃ [אֱלֹהָֽיִךְ׃ ו . ל
3 וְהָיִ֛ית[a] עֲטֶ֥רֶת תִּפְאֶ֖רֶת בְּיַד־יְהוָ֑ה וּצְנ֥וֹף מְלוּכָ֖ה בְּכַף־ ב . וצניף ק
4 לֹא־יֵאָמֵ֨ר לָ֜ךְ ע֗וֹד עֲזוּבָה֙ וּלְאַרְצֵ֙ךְ֙[a] לֹא־יֵאָמֵ֥ר עוֹד֙[a] שְׁמָמָ֔ה[b]
כִּ֣י לָ֗ךְ יִקָּרֵא֙ חֶפְצִי־בָ֔הּ וּלְאַרְצֵ֖ךְ בְּעוּלָ֑ה כא³ . ב⁴ . ל . ב
כִּֽי־חָפֵ֤ץ יְהוָה֙ בָּ֔ךְ וְאַרְצֵ֖ךְ תִּבָּעֵֽל׃ ב
5 כִּֽי־יִבְעַ֤ל[a] בָּחוּר֙ בְּתוּלָ֔ה [b]יִבְעָל֖וּךְ בָּנָ֑יִךְ[b] ל . יח
וּמְשׂ֤וֹשׂ חָתָן֙ עַל־כַּלָּ֔ה יָשִׂ֥ישׂ עָלַ֖יִךְ אֱלֹהָֽיִךְ׃ ב . ד

6 עַל־חוֹמֹתַ֣יִךְ יְרוּשָׁלִַ֗ם הִפְקַ֙דְתִּי֙ שֹֽׁמְרִ֔ים

³Mm 2433 et Mm 3599. ⁴Mm 1291. ⁵Mm 2378. ⁶וחד כֶּחָתָן Ps 19,6. ⁷Mm 2844. Cp 62 ¹Mm 2270. ²Mm 1313. ³Mm 17. ⁴Mm 2173.

6 [a] prp תִּתְמָרָ֫יוּ vel תִּתְמָרְאוּ (מרא = מרה); al תִּתְמַיָּרוּ (cf arab *māra* attulit commeatum) || **7** [a] frt ins כִּי || [b] l תָּם–, al בֹּשֶׁת || [c] prp וָרֹק || [d] ga'ya eras || **8** [a] l c pc Mss 𝔊𝔖𝔗𝔘 בְּעַוְלָה || **10** [a] dl ׃ cf Vrs, al יַעֲטֵנִי || [b] prp יָכִין || **Cp 62,3** [a] sic L, mlt Mss Edd –יִית || **4** [a–a] frt add || [b] l c 𝔔[a] α′σ′θ′𝔗ᵛ שְׁמֵמָה cf 54,1 || **5** [a] l c 𝔔[a] כִּבְעֹל cf 𝔊𝔖𝔗 || [b–b] l בֹּנֵךְ –לֵךְ vel בֹּנִיךְ ׳׳ cf Ps 147,2.

כָּל־הַיּוֹם וְכָל־הַלַּיְלָה תָּמִיד לֹא יֶחֱשׁוּ
הַמַּזְכִּרִים֙ אֶת־יְהוָה אַל־דֳּמִי לָכֶם׃ ל̇ . ג̇[5]
7 וְאַל־תִּתְּנוּ דֳמִי לוֹ[a] עַד־יְכוֹנֵן[a] ג̇[5] . יז̇ פסוק עד ועד[6]
וְעַד־יָשִׂים אֶת־יְרוּשָׁלַםִ תְּהִלָּה בָּאָרֶץ׃
8 נִשְׁבַּע יְהוָה בִּימִינוֹ וּבִזְרוֹעַ עֻזּוֹ[a] ל̇
אִם־אֶתֵּן אֶת־דְּגָנֵךְ עוֹד מַאֲכָל֙ לְאֹיְבַיִךְ
וְאִם־יִשְׁתּוּ בְנֵי־נֵכָר֙ תִּירוֹשֵׁךְ אֲשֶׁר יָגַעַתְּ בּוֹ׃ ל̇
9 כִּי מְאַסְפָיו֙ יֹאכְלֻהוּ וְהִלְלוּ[a] אֶת־יְהוָה[a] ד̇ וחס . ל̇
וּמְקַבְּצָיו יִשְׁתֻּהוּ בְּחַצְרוֹת קָדְשִׁי׃ ס

10 עִבְרוּ עִבְרוּ֙ בַּשְּׁעָרִים פַּנּוּ דֶּרֶךְ הָעָם
סֹלּוּ סֹלּוּ הַמְסִלָּה סַקְּלוּ מֵאֶבֶן ב̇[7]
הָרִימוּ[a] נֵס עַל־הָעַמִּים[a]׃
11 הִנֵּה יְהוָה הִשְׁמִיעַ֙ אֶל־קְצֵה הָאָרֶץ ו̇ וחד מן יב̇[8] פסוק דמיין . ו̇
אִמְרוּ֙ לְבַת־צִיּוֹן הִנֵּה יִשְׁעֵךְ בָּא
הִנֵּה שְׂכָרוֹ֙ אִתּוֹ וּפְעֻלָּתוֹ לְפָנָיו׃
12 וְקָרְאוּ לָהֶם עַם־הַקֹּדֶשׁ גְּאוּלֵי יְהוָה ל̇
וְלָךְ֙ יִקָּרֵא דְרוּשָׁה עִיר לֹא נֶעֱזָבָה׃ ס כא̇[9]

63 1 מִי־זֶה ׀ בָּא מֵאֱדוֹם[a] חֲמוּץ בְּגָדִים֙ מִבָּצְרָה[b] ל̇ . ג̇[1]
זֶה הָדוּר בִּלְבוּשׁוֹ צֹעֶה[c] בְּרֹב כֹּחוֹ ב̇
אֲנִי מְדַבֵּר בִּצְדָקָה רַב לְהוֹשִׁיעַ׃
2 מַדּוּעַ אָדֹם לִלְבוּשֶׁךָ[a] וּבְגָדֶיךָ כְּדֹרֵךְ בְּגַת׃ ב̇
3 פּוּרָה ׀ דָּרַכְתִּי לְבַדִּי וּמֵעַמִּים֙ אֵין־אִישׁ אִתִּי ג̇ וחד כת̇ א וב̇ כת̇ ה . ל̇
וְאֶדְרְכֵם[a] בְּאַפִּי וְאֶרְמְסֵם[a] בַּחֲמָתִי ל̇
וְיֵז[b] נִצְחָם֙ עַל־בְּגָדַי וְכָל־מַלְבּוּשַׁי אֶגְאָלְתִּי[c]׃ ל̇[2] . ב̇

[5]Mm 3338. [6]Mm 912. [7]Mm 2416. [8]Mm 3896. [9]Mm 17. Cp 63 [1]Mm 268. [2]Mm 703.

7 a–a 𝔔a עד יכין ועד יכונן || **8** a 𝔊 קָדְשׁוֹ || **9** a–a 𝔔a את שם יהוה; prp אוֹתִי || **10** a–a 𝔔a הנגף אמורו בעמים || **Cp 63,1** a l מְאָדָּם cf 𝔊 || b l מִבֹּצֵר cf 𝔊 || c σ′(𝔙) *βαίνων*, prp צֹעֵד || **2** a 𝔊𝔖𝔙 om לְ, l לְב׳ || **3** a l וָ׳ cf 𝔊𝔖𝔙 || b l וַיֵּז cf α′σ′ 𝔖 || c l c 𝔔ab σ′θ′Syh𝔖𝔙 גְּ׳; prp הִגְ׳.

4 כִּי יוֹם נָקָם בְּלִבִּי וּשְׁנַת גְּאוּלַי בָּאָה׃ ל̇
5 וְאַבִּיט[a] וְאֵין עֹזֵר וְאֶשְׁתּוֹמֵם[a] וְאֵין סוֹמֵךְ[b] יג̇ פסוק ואין ואין[3] . ו̇[4] . ל̇
וַתּוֹשַׁע לִי זְרֹעִי וַחֲמָתִי[c] הִיא סְמָכָתְנִי׃
6 וְאָבוּס[a] עַמִּים בְּאַפִּי וַאֲשַׁכְּרֵם[b] בַּחֲמָתִי ל̇ . ל̇
וְאוֹרִיד[a] לָאָרֶץ נִצְחָם׃ ס ב̇[5] . ב̇

7 חַסְדֵי יְהוָה׀ אַזְכִּיר תְּהִלֹּת יְהוָה ד̇[6]
כְּעַל כֹּל אֲשֶׁר־גְּמָלָנוּ יְהוָה וְרַב־[a]טוּב[b] [c]לְבֵית יִשְׂרָאֵל[c] יט̇ בליש[7] . ד̇[8] וכל יחזק דכות ב̇ מ̇ א̇
אֲשֶׁר־גְּמָלָם[d] כְּרַחֲמָיו וּכְרֹב חֲסָדָיו׃ ח̇ ול̇ בליש . ג̇ ול̇ בליש[9]
8 וַיֹּאמֶר אַךְ־עַמִּי הֵמָּה בָּנִים לֹא יְשַׁקֵּרוּ ל̇
וַיְהִי לָהֶם לְמוֹשִׁיעַ׃ 9 בְּכָל־צָרָתָם[a]׀
לֹא[b] [c]צָר וּמַלְאַךְ[c] פָּנָיו הוֹשִׁיעָם לו̇ חד מן יז̇[10] כת̇ כן בליש . ק̇ ב̇ פת̇ וכל דסמיכ לאדכרא דכות[11]
בְּאַהֲבָתוֹ וּבְחֶמְלָתוֹ הוּא גְאָלָם
וַיְנַטְּלֵם וַיְנַשְּׂאֵם כָּל־יְמֵי עוֹלָם׃ ל̇ . ל̇
10 וְהֵמָּה מָרוּ וְעִצְּבוּ אֶת־רוּחַ קָדְשׁוֹ י̇ ר״פ[12]
וַיֵּהָפֵךְ לָהֶם לְאוֹיֵב הוּא נִלְחַם־בָּם׃ ב̇[13] . יב̇[14]
11 וַיִּזְכֹּר יְמֵי־עוֹלָם [a]מֹשֶׁה עַמּוֹ[a][b]
אַיֵּה׀ הַמַּעֲלֵם[c] מִיָּם אֵת[d] רֹעֵי[e] צֹאנוֹ
אַיֵּה הַשָּׂם בְּקִרְבּוֹ אֶת־רוּחַ קָדְשׁוֹ׃ ד̇
12 מוֹלִיךְ לִימִין מֹשֶׁה זְרוֹעַ תִּפְאַרְתּוֹ ג̇ ול̇ בסיפ̇
בּוֹקֵעַ מַיִם מִפְּנֵיהֶם לַעֲשׂוֹת לוֹ שֵׁם עוֹלָם[a]׃ ב̇
13 מוֹלִיכָם בַּתְּהֹמוֹת כַּסּוּס בַּמִּדְבָּר[a] לֹא יִכָּשֵׁלוּ׃ ב̇
14 כַּבְּהֵמָה בַּבִּקְעָה תֵרֵד[a] רוּחַ יְהוָה תְּנִיחֶנּוּ[b] ב̇[15] . ל̇

[3] Mm 2004. [4] Mm 2129. [5] Mm 2434. [6] Mm 474. [7] Mm 335. [8] Mm 2435. [9] Mm 2436. [10] Mm 1795. [11] Mm 3187. [12] Mm 1249. [13] Mm 2437. [14] Mm 1748. [15] Mm 2438.

5 [a] l וָ׳ cf 𝔊α′𝔖𝔗 ‖ [b] 𝔔[a] תומך ‖ [c] prp אַמָּתִי brachium meum cf Ps 91,4 ‖ **6** [a] l וָ׳ cf 𝔊𝔖𝔙 ‖ [b] l c mlt Mss וָאֲשַׁבְּרֵם ‖ **7** [a] 𝔊 *κριτής* = רָב, l רַב; 𝔙 *et … multitudinem* = וְרֹב ‖ [b] 𝔊 *ἀγαθός* = טוֹב, 𝔖𝔗 + suff 3 m sg = טוּבוֹ ‖ [c–c] frt add ‖ [d] 𝔊 suff 1 pl cf Syh𝔖, l גְּמָלָנוּ ‖ **9** [a] tr huc : ‖ [b] nonn Mss ut Q, 𝔊𝔖 ut K ‖ [c–c] 𝔊 *πρέσβυς οὐδὲ ἄγγελος*, l צִר דָּ־ ‖ **11** [a–a] > 𝔊 ‖ [b] prp וְעִ׳ (cf Syh𝔙) vel (c pc Mss 𝔖) עַבְדּוֹ ‖ [c] l c 𝔔[a] 2 Mss 𝔊θ′𝔖 ־לֵה ‖ [d] 𝔗 ʾn, l אַיֵּה ‖ [e] 𝔊𝔗 sg, l רעה ‖ **12** [a] dl m cs ‖ **13** [a] prp כַּמ׳ et tr post בתהמות ‖ **14** [a] tr huc : ‖ [b] l תַּנְחנו cf 𝔙 vel תַּנְחֵם cf 𝔊𝔖𝔗.

כֵּן נִתַּנְתָּ עַמְּךָ   לַעֲשׂוֹת לְךָ שֵׁם תִּפְאָרֶת׃

15 הַבֵּט מִשָּׁמַיִם וּרְאֵה   מִזְּבֻל קָדְשְׁךָ וְתִפְאַרְתֶּךָ   ב

אַיֵּה קִנְאָתְךָ וּגְבוּרֹתֶ֙ךָ֙ᵃ   הֲמוֹן מֵעֶיךָ   ᵍ¹⁶

וְרַחֲמֶיךָ אֵלַי הִתְאַפָּקוּᵇ׃   16   כִּי־אַתָּה אָבִינוּ

כִּי אַבְרָהָם לֹא יְדָעָנוּ   וְיִשְׂרָאֵל לֹא יַכִּירָנוּᵃ   ל¹¹

אַתָּה יְהוָה אָבִינוּ   גֹּאֲלֵנוּ מֵעוֹלָם שְׁמֶךָ׃   ל

17 לָמָּה תַתְעֵנוּ יְהוָה מִדְּרָכֶיךָ   תַּקְשִׁיחַ לִבֵּנוּ מִיִּרְאָתֶךָ   ל

שׁוּב לְמַעַן עֲבָדֶיךָ   שִׁבְטֵי נַחֲלָתֶךָ׃

18 לַמִּצְעָרᵃ יָרְשׁוּ עַם־קָדְשֶׁךָᵃ   צָרֵינוּ בּוֹסְסוּ מִקְדָּשֶׁךָ׃   ל. ב חד מל וחד חס¹⁷

19 הָיִינוּ מֵעוֹלָםᵃ לֹא־מָשַׁלְתָּ בָּם   לֹא־נִקְרָא שִׁמְךָ עֲלֵיהֶםᵇ   ח דמטע¹⁸

לוֹא־קָרַעְתָּ שָׁמַיִם יָרַדְתָּ   מִפָּנֶיךָ הָרִים נָזֹלּוּᶜ׃   כב¹⁹ ג מל בליש

64 1 כִּקְדֹחַ אֵשׁ הֲמָסִים   מַיִם תִּבְעֶה־אֵשׁ   ל. ל

לְהוֹדִיעַ שִׁמְךָ לְצָרֶיךָ   מִפָּנֶיךָ גּוֹיִם יִרְגָּזוּ׃

2 בַּעֲשׂוֹתְךָ נוֹרָאוֹת לֹא נְקַוֶּה   יָרַדְתָּᵃ מִפָּנֶיךָ הָרִים נָזֹלּוּ׃   ל

3 וּמֵעוֹלָם לֹא־שָׁמְעוּᵃ   לֹא הֶאֱזִינוּᵇ   ג ב מל וחד חס². ד פסוק דאית בהון לא לא ומילה חדה ביניה³. מז פסוק לא לא לא. ג

עַיִן לֹא־רָאָתָה אֱלֹהִים זוּלָתְךָ   יַעֲשֶׂה לִמְחַכֵּה־לוֹᶜ׃   ב¹

4 פָּגַעְתָּ אֶת־שָׂשׂᵇ וְעֹשֵׂהᶜ צֶדֶק   בִּדְרָכֶיךָ יִזְכְּרוּךָᵈ   ר¹. ח⁶ קמ קטן וכל דברים מלכים תרי עשר תלים קהלת עזרא דכות ב מ כב

הֵן־אַתָּה קָצַפְתָּ וַנֶּחֱטָא   בָּהֶםᵉ עוֹלָם וְנִוָּשֵׁעᶠ׃   ל

5 וַנְּהִי כַטָּמֵא כֻּלָּנוּ   וּכְבֶגֶד עִדִּים כָּל־צִדְקֹתֵינוּ   ב⁷. ג וחס

וַנָּבֶלᵃ כֶּעָלֶה כֻּלָּנוּ   וַעֲוֹנֵנוּ כָּרוּחַ יִשָּׂאֻנוּᵇ׃   ב

6 וְאֵין־קוֹרֵא בְשִׁמְךָ   מִתְעוֹרֵר לְהַחֲזִיק בָּךְ   ג מל בליש

כִּי־הִסְתַּרְתָּ פָנֶיךָ מִמֶּנּוּ   וַתְּמוּגֵנוּᵃ בְּיַד־עֲוֹנֵנוּ׃   ל

---

¹⁶ Mm 2439.   ¹⁷ Mm 2523.   ¹⁸ Mm 1404.   ¹⁹ Mm 1444.   Cp 64   ¹ Mm 1851.   ² Mm 3352.   ³ Mm 2267.   ⁴ Mm 2440.   ⁵ Mm 1210.   ⁶ Mm 475.   ⁷ Nu 13,33.

15 ᵃ 𝔔ᵃ mlt Mss Vrs ־תְךָ ‖ ᵇ⁻ᵇ prp הִתְאַפָּק אַל־נָא תִתְאַפָּק cf 𝔊 et 64,11, al אַל־יִתָא'; add? ‖
16 ᵃ 𝔔ᵃ Vrs הֲכִי' ‖ **18** ᵃ⁻ᵃ prp רְשָׁעִים (עָצְרוּ ,צָעֲדוּ) ‖ **19** ᵃ 𝔙 quasi in principio = כְּעוֹ' ‖ ᵇ 1׃ עֲלֵיהֶם ‖ ᶜ 𝔙(𝔖) defluerent cf 𝔊𝔖, 1 נָזֹלּוּ ‖ **Cp 64,2** ᵃ⁻ᵃ gl ex 63,19 ‖ **3** ᵃ 𝔊 1 pl, 1 שָׁמַעֲנוּ ‖ ᵇ 1 הַאֲזִינָה אֹזֶן cf 1 Ko 2,9 ‖ ᶜ 1 c 2 Mss Vrs כִּי־ ‖ **4** ᵃ pr לוֹ (hpgr) ‖ ᵇ > 𝔊, dl ‖ ᶜ 𝔊 pl cf 𝔖𝔗, 1 עֹשֵׂי ‖ ᵈ⁻ᵈ 𝔊 καὶ τῶν ὁδῶν σου μνησθήσονται, frt 1 וּדְ' יזכרו ‖ ᵉ⁻ᵉ prp בְּהַעֲלֻמָךְ, al וַנִּפְשַׁע, al וַנִּרְשַׁע ‖ ᶠ 𝔊 ἐπλανήθημεν, prp וַנְּתֹעֶה ‖ **5** ᵃ 𝔔ᵃ (נבל a) וַנָּבֹל, 1 𝔗 wntrn', 1 ונבולה ‖ ᵇ 𝔊 οἴσει ἡμᾶς, 1 ־נוּ ‖ **6** ᵃ 𝔔ᵃ ותמגדנו pc Mss ותמוגגנו 𝔊(𝔖𝔗) καὶ παρέδωκας ἡμᾶς = וַתְּמַגְּנֵנוּ cf 𝔙.

וְעַתָּ֥ה יְהוָ֖ה אָבִ֣ינוּ אָ֑תָּה ⁷

אֲנַ֤חְנוּ הַחֹ֙מֶר֙ וְאַתָּ֣ה יֹצְרֵ֔נוּ וּמַעֲשֵׂ֥ה יָדְךָ֖ כֻּלָּֽנוּ׃   ל.ⁱ.ᵃ.בᵍ

אַל־תִּקְצֹ֤ף יְהוָה֙ עַד־מְאֹ֔ד וְאַל־לָעַ֖ד תִּזְכֹּ֣ר עָוֹ֑ן ⁸   ל

הֵ֥ן הַבֶּט־נָ֖א עַמְּךָ֥ כֻלָּֽנוּ׃ עָרֵ֤י קָדְשְׁךָ֙ הָי֣וּ מִדְבָּ֔ר ⁹

צִיּ֣וֹן מִדְבָּ֣ר הָיָ֔תָה יְרוּשָׁלִַ֖ם שְׁמָמָֽה׃   דⁱ⁰

בֵּ֧ית קָדְשֵׁ֣נוּ וְתִפְאַרְתֵּ֗נוּ אֲשֶׁ֤ר הִֽלְל֙וּךָ֙ אֲבֹתֵ֔ינוּ ¹⁰   ל

הָיָ֖ה לִשְׂרֵ֣פַת אֵ֑שׁ וְכָל־מַחֲמַדֵּ֖ינוּᵃ הָיָ֥ה לְחָרְבָּֽה׃

הַעַל־אֵ֥לֶּה תִתְאַפַּ֖ק יְהוָ֑ה תֶּחֱשֶׁ֥ה וּתְעַנֵּ֖נוּ עַד־מְאֹֽד׃ ס ¹¹   ל

נִדְרַ֙שְׁתִּי֙ לְל֣וֹא שָׁאָ֔לוּᵃ נִמְצֵ֖אתִי לְלֹ֣א בִקְשֻׁ֑נִי ¹   65

אָמַ֙רְתִּי֙ הִנֵּ֣נִי הִנֵּ֔נִי אֶל־גּ֖וֹי לֹֽא־קֹרָ֥אᵇ בִשְׁמִֽי׃   ו

פֵּרַ֧שְׂתִּי יָדַ֛י כָּל־הַיּ֖וֹם אֶל־עַ֣ם סוֹרֵ֑רᵃ ²   גⁱ.כבᵍ

הַהֹלְכִים֙ הַדֶּ֣רֶךְ לֹא־ט֔וֹב אַחַ֖ר מַחְשְׁבֹתֵיהֶֽם׃

הָעָ֗ם הַמַּכְעִיסִ֥ים אוֹתִ֛י עַל־פָּנַ֖י תָּמִ֑יד ³   גר״פ

זֹבְחִים֙ בַּגַּנּ֔וֹת וּֽמְקַטְּרִ֖ים עַל־הַלְּבֵנִֽיםᵃ׃   גⁱ

הַיֹּֽשְׁבִים֙ בַּקְּבָרִ֔ים וּבַנְּצוּרִ֖יםᵃ יָלִ֑ינוּ ⁴

הָאֹֽכְלִים֙ בְּשַׂ֣ר הַחֲזִ֔ירᵇ וּפְרַ֥קᵇ פִּגֻּלִ֖ים כְּלֵיהֶֽםᶜ׃   ומרק
ק

הָאֹֽמְרִים֙ קְרַ֣ב אֵלֶ֔יךָ אַל־תִּגַּשׁ־בִּ֖י כִּ֣י קְדַשְׁתִּ֑יךָᵃ ⁵   ל.ⁱ

אֵ֚לֶּה עָשָׁ֣ן בְּאַפִּ֔י אֵ֥שׁ יֹקֶ֖דֶת כָּל־הַיּֽוֹם׃

הִנֵּ֥ה כְתוּבָ֖ה לְפָנָ֑י ⁶

לֹ֤א אֶחֱשֶׂה֙ כִּ֣י אִם־שִׁלַּ֔מְתִּיᵃ וְשִׁלַּמְתִּ֖יᵇ עַל־חֵיקָֽםᶜ׃   ב בלישⁱ⁵

עֲוֺנֹֽתֵיכֶםᵃ וַעֲוֺנֹ֧ת אֲבֽוֹתֵיכֶם֛ יַחְדָּ֖ו אָמַ֣ר יְהוָ֑ה ⁷

אֲשֶׁ֤ר קִטְּרוּ֙ עַל־הֶ֣הָרִ֔ים וְעַל־הַגְּבָע֖וֹת חֵרְפֽוּנִי

וּמַדֹּתִ֧י פְעֻלָּתָ֛ם רִֽאשֹׁנָ֖הᵇ עַל־ᶜחֵיקָֽם׃ ס   י . אלᵃ חד מן ג כת כן
ק

כֹּ֣ה ׀ אָמַ֣ר יְהוָ֗ה כַּאֲשֶׁ֨ר יִמָּצֵ֤א הַתִּירוֹשׁ֙ בָּֽאֶשְׁכּ֔וֹל ⁸

וְאָמַר֙ אַל־תַּשְׁחִיתֵ֔הוּ   כִּ֥י בְרָכָ֖ה בּֽוֹ

כֵּ֤ן אֶֽעֱשֶׂה֙ לְמַ֣עַן עֲבָדַ֔י   לְבִלְתִּ֖י הַשְׁחִ֥ית הַכֹּֽל׃   ל

9 וְהוֹצֵאתִ֤י מִֽיַּעֲקֹב֙ זֶ֔רַע   וּמִיהוּדָ֖ה יוֹרֵ֣שׁ הָרָ֑י   ג ר״פ.ב

וִירֵשׁ֣וּהָa בְחִירַ֔י   וַעֲבָדַ֖י יִשְׁכְּנוּ־שָֽׁמָּה׃   ד7. יח ס״פ

10 וְהָיָ֤ה הַשָּׁרוֹן֙ לִנְוֵה־צֹ֔אן   וְעֵ֥מֶק עָכ֖וֹר לְרֵ֣בֶץ בָּקָ֑ר   ל

לְעַמִּ֖י אֲשֶׁ֥ר דְּרָשֽׁוּנִי׃

11 וְאַתֶּם֙ עֹזְבֵ֣י יְהוָ֔ה   הַשְּׁכֵחִ֖ים אֶת־הַ֣ר קָדְשִׁ֑י   ל

הַֽעֹרְכִ֤יםa לַגַּד֙ שֻׁלְחָ֔ן   וְהַֽמְמַלְאִ֖ים לַמְנִ֥י מִמְסָֽךְ׃   ל8.ל9.ב

12 וּמָנִ֨יתִיa אֶתְכֶ֜ם לַחֶ֗רֶב   וְכֻלְּכֶם֙ לַטֶּ֣בַח תִּכְרָ֔עוּ

יַ֤עַן קָרָ֨אתִי֙ וְלֹ֣א עֲנִיתֶ֔ם   דִּבַּ֖רְתִּי וְלֹ֣א שְׁמַעְתֶּ֑ם   ד פסוק ולא ולא לא

וַתַּעֲשׂ֤וּ הָרַע֙ בְּעֵינַ֔י   וּבַאֲשֶׁ֥ר לֹֽא־חָפַ֖צְתִּי בְּחַרְתֶּֽם׃   פ   ד10

13 לָכֵ֞ן כֹּה־אָמַ֣ר ׀ אֲדֹנָ֣י יְהוִ֗ה   ג בסע בליש בסיפ.
בט ב11 מנה בסיפ

הִנֵּ֤ה עֲבָדַי֙ ׀ יֹאכֵ֔לוּ   וְאַתֶּ֖ם תִּרְעָ֑בוּ

הִנֵּ֤ה עֲבָדַי֙ יִשְׁתּ֔וּ   וְאַתֶּ֖ם תִּצְמָ֑אוּ

הִנֵּ֤ה עֲבָדַי֙ יִשְׂמָ֔חוּ   וְאַתֶּ֖ם תֵּבֹֽשׁוּ׃

14 הִנֵּ֛ה עֲבָדַ֥י יָרֹ֖נּוּ   מִטּ֣וּב לֵ֑ב   יֹט בליש12. ל

וְאַתֶּ֤ם תִּצְעֲקוּ֙ מִכְּאֵ֣ב לֵ֔ב   וּמִשֵּׁ֥בֶר ר֖וּחַ תְּיֵלִֽילֽוּa׃   ג בליש13. ל

15 וְהִנַּחְתֶּ֤ם שִׁמְכֶם֙ לִשְׁבוּעָ֣ה לִבְחִירַ֔י   וֶהֱמִיתְךָ֖ אֲדֹנָ֣י יְהוִ֑ה   ב14

וְלַעֲבָדָ֥יו יִקְרָ֖אa שֵׁ֥ם אַחֵֽר׃   ב15

16 אֲשֶׁ֣רa הַמִּתְבָּרֵ֣ךְ בָּאָ֗רֶץ   יִתְבָּרֵ֖ךְ בֵּאלֹהֵ֣י אָמֵ֑ןb   ב ובפסוק

וְהַנִּשְׁבָּ֤ע בָּאָ֔רֶץ   יִשָּׁבַ֖ע בֵּאלֹהֵ֣י אָמֵ֑ןb   ב ובפסוק

כִּ֣י נִשְׁכְּח֗וּ הַצָּרוֹת֙ הָרִ֣אשֹׁנ֔וֹת   וְכִ֥י נִסְתְּר֖וּ מֵעֵינָֽי׃   לֹא פסוק כי וכי16. ו17

17 כִּֽי־הִנְנִ֥י בוֹרֵ֛א שָׁמַ֥יִם חֲדָשִׁ֖ים   וָאָ֣רֶץ חֲדָשָׁ֑ה   ג קמ וכל שמים וארץ
דכות18

וְלֹ֤א תִזָּכַ֨רְנָה֙ הָרִ֣אשֹׁנ֔וֹת   וְלֹ֥א תַעֲלֶ֖ינָה עַל־לֵֽב׃   ב19. ו. ל מל

18 כִּֽי־אִם־שִׂ֤ישׂוּ וְגִ֨ילוּ֙ עֲדֵי־עַ֔ד   אֲשֶׁ֖ר אֲנִ֣י בוֹרֵ֑א   ד

כִּי֩ הִנְנִ֨י בוֹרֵ֧א אֶת־יְרוּשָׁלַ֛͏ִם גִּילָ֖ה   וְעַמָּ֥הּ מָשֽׂוֹשׂ׃   ד20

---

7 Mm 2443.   8 Mm 491.   9 Mm 3126.   10 Mm 2444.   11 Mp sub loco.   12 Mm 335.   13 Mm 2445.   14 Mm 1260.   15 Mm 1567.   16 Mm 2059.   17 Mm 2446.   18 Mm 3640.   19 Mm 2447.   20 Mm 2448.

9 ^{a} frt l וִֽירֵשֽׁוּם־ ‖ 11 ^{a} 𝔖 הָעֹ׳ ‖ 12 ^{a} potius l וּמִנ׳ ‖ 14 ^{a} l תֵּילִֽילֽו ‖ 15 $^{a-a}$ 𝔊^{Mss} τοῖς δὲ δουλεύουσίν μοι κληθήσεται = דִּי יָקְרָ־ ‖ 16 ^{a} frt dl ‖ ^{b} l אָמוּן vel אָמֵן ‖ 18 ^{a} pr עַל־.

19 וְגַלְתִּ֥י בִירוּשָׁלִַ֖ם וְשַׂשְׂתִּ֣י בְעַמִּ֑י ב
וְלֹֽא־יִשָּׁ֤מַע בָּהּ֙ ע֔וֹד ק֥וֹל בְּכִ֖י וְק֥וֹל זְעָקָֽה׃ ב̇[21] . ל[22]
20 לֹא־יִֽהְיֶ֨ה מִשָּׁ֜ם ע֗וֹד ע֚וּל יָמִים֙
וְזָקֵ֔ן אֲשֶׁ֥ר לֹֽא־יְמַלֵּ֖א אֶת־יָמָ֑יו [יְקֻלָּֽל[a]׃ ל[23]
כִּ֣י הַנַּ֗עַר בֶּן־מֵאָ֤ה שָׁנָה֙ יָמ֔וּת וְהַ֣חוֹטֶ֔א בֶּן־מֵאָ֥ה שָׁנָ֖ה ל̇ וכת כן וכל קהלת דכות ב̇ מ̇ א̇[24]
21 וּבָנ֥וּ בָתִּ֖ים וְיָשָׁ֑בוּ וְנָטְע֣וּ כְרָמִ֔ים וְאָכְל֖וּ פִּרְיָֽם׃ ל
22 לֹ֤א יִבְנוּ֙ וְאַחֵ֣ר יֵשֵׁ֔ב לֹ֥א יִטְּע֖וּ וְאַחֵ֣ר יֹאכֵ֑ל יג[25]
כִּֽי־כִימֵ֤י הָעֵץ֙ יְמֵ֣י עַמִּ֔י וּמַעֲשֵׂ֥ה יְדֵיהֶ֖ם יְבַלּ֥וּ בְחִירָֽי׃ ל[26]
23 לֹ֤א יִֽיגְעוּ֙ לָרִ֔יק וְלֹ֥א יֵלְד֖וּ[a] לַבֶּהָלָ֑ה
כִּ֠י זֶ֣רַע בְּרוּכֵ֤י יְהוָה֙ הֵ֔מָּה וְצֶאֱצָאֵיהֶ֖ם אִתָּֽם׃ לז
24 וְהָיָ֥ה טֶֽרֶם־יִקְרָ֖אוּ וַאֲנִ֣י אֶעֱנֶ֑ה ע֛וֹד הֵ֥ם מְדַבְּרִ֖ים וַאֲנִ֥י אֶשְׁמָֽע׃
25 זְאֵ֨ב וְטָלֶ֜ה יִרְע֣וּ כְאֶחָ֗ד וְאַרְיֵה֙ כַּבָּקָ֣ר יֹֽאכַל־תֶּ֔בֶן ז קמ̇[27] . ג
[a]וְנָחָ֖שׁ עָפָ֣ר לַחְמ֑וֹ[a]
לֹֽא־יָרֵ֧עוּ וְלֹֽא־יַשְׁחִ֛יתוּ בְּכָל־הַ֥ר קָדְשִׁ֖י אָמַ֥ר יְהוָֽה׃ ס כ̇ ס״פ[28]

66 1 כֹּ֚ה אָמַ֣ר יְהוָ֔ה ד̇ בטע בסיפ̇
הַשָּׁמַ֣יִם כִּסְאִ֔י וְהָאָ֖רֶץ הֲדֹ֣ם רַגְלָ֑י
אֵי־זֶ֥ה בַ֙יִת֙ אֲשֶׁ֣ר תִּבְנוּ־לִ֔י וְאֵי־זֶ֥ה מָק֖וֹם מְנוּחָתִֽי׃ ל̇ . ל̇ . ד[1]
2 וְאֶת־כָּל־אֵ֙לֶּה֙ יָדִ֣י עָשָׂ֔תָה וַיִּהְי֥וּ[a] כָל־אֵ֖לֶּה נְאֻם־יְהוָ֑ה ה[2]
וְאֶל־זֶ֣ה אַבִּ֔יט אֶל־עָנִי֙ וּנְכֵה[b]־ר֔וּחַ וְחָרֵ֖ד עַל־דְּבָרִֽי׃ ל̇ . ב̇ . יג[3]
3 שׁוֹחֵ֨ט הַשּׁ֜וֹר מַכֵּה־אִ֗ישׁ זוֹבֵ֤חַ הַשֶּׂה֙ עֹ֣רֵֽף כֶּ֔לֶב ל̇ מל̇ . ל̇ מל̇
מַעֲלֵ֤ה מִנְחָה֙ דַּם־[a]חֲזִ֔יר מַזְכִּ֥יר לְבֹנָ֖ה מְבָ֣רֵֽךְ אָ֑וֶן ג̇ חס̇[4]
גַּם־הֵ֗מָּה בָּֽחֲרוּ֙ בְּדַרְכֵיהֶ֔ם וּבְשִׁקּוּצֵיהֶ֖ם נַפְשָׁ֥ם חָפֵֽצָה׃ ב
4 גַּם־אֲנִ֞י אֶבְחַ֣ר בְּתַעֲלֻלֵיהֶ֗ם וּמְגֽוּרֹתָם֙ אָבִ֣יא לָהֶ֔ם ו̇[5] ר״פ וכל מ״פ דכות ב̇ מ̇ ה̇
יַ֣עַן קָרָ֗אתִי וְאֵ֥ין עוֹנֶ֛ה דִּבַּ֖רְתִּי וְלֹ֣א שָׁמֵ֑עוּ ה̇ . ג̇ מל[6]
וַיַּעֲשׂ֤וּ הָרַע֙ בְּעֵינַ֔י וּבַאֲשֶׁ֥ר לֹֽא־חָפַ֖צְתִּי בָּחָֽרוּ׃ ס ד[7] . ג̇ קמ̇[8]

[21] Mm 3111. [22] Mm 3112. [23] Mm 706. [24] Qoh 9,2. [25] Mm 784. [26] Mm 2441. [27] Mm 3888. [28] Mm 2481.
Cp 66 [1] Mm 3525. [2] Mm 197. [3] Mm 902. [4] Mp sub loco. [5] Mm 2449. [6] Mm 2393. [7] Mm 2444. [8] Mm 45.

20 [a] prp יְקֻלַּל ‖ **23** [a] 𝔊(𝔖𝔙) *τεκνοποιήσουσιν* = יוֹלִדוּ ‖ **25** [a–a] frt gl ‖ **Cp 66,2** [a] 𝔊(𝔏𝔖) *καὶ ἔστιν ἐμά*, l (יִהְיוּ) וְלִי הָיוּ cf 𝔔[a] ‖ [b] pc Mss ונכא, 𝔔[a] ונכאי; prp וְנִכְאֵה cf 𝔔[b] ‖ **3** [a] prp חֵמֶד.

5 שִׁמְעוּ֙ דְּבַר־יְהוָ֔ה הַחֲרֵדִ֖ים אֶל־דְּבָר֑וֹ ל
אָמְרוּ֩ אֲחֵיכֶ֨ם שֹׂנְאֵיכֶ֜ם מְנַדֵּיכֶ֗ם לְמַ֤עַן שְׁמִי֙ ל
יִכְבַּ֣ד[a] יְהוָ֔ה וְנִרְאֶ֥ה בְשִׂמְחַתְכֶ֖ם ד[9]. ל[10]
וְהֵ֥ם יֵבֹֽשׁוּ׃
6 ק֤וֹל שָׁאוֹן֙ מֵעִ֔יר ק֖וֹל מֵֽהֵיכָ֑ל יב פסוק דמיין[11]
ק֣וֹל יְהוָ֔ה מְשַׁלֵּ֥ם גְּמ֖וּל לְאֹיְבָֽיו׃
7 בְּטֶ֣רֶם תָּחִ֔יל[a] יָלָ֑דָה[b]
בְּטֶ֨רֶם יָב֥וֹא חֵ֛בֶל לָ֖הּ וְהִמְלִ֥יטָה זָכָֽר׃ ל. ל
8 מִֽי־שָׁמַ֣ע כָּזֹ֗את מִ֤י רָאָה֙ כָּאֵ֔לֶּה
הֲי֥וּחַל אֶ֙רֶץ֙[a] בְּי֣וֹם אֶחָ֔ד אִם־יִוָּ֥לֵד גּ֖וֹי פַּ֣עַם אֶחָ֑ת ל
כִּֽי־חָ֛לָה גַּם־יָלְדָ֥ה צִיּ֖וֹן אֶת־בָּנֶֽיהָ׃ ג בטע. ל
9 הַאֲנִ֥י אַשְׁבִּ֛יר וְלֹ֥א אוֹלִ֖יד יֹאמַ֣ר יְהוָ֑ה ל. ו דמטע
אִם־אֲנִ֧י הַמּוֹלִ֛יד וְעָצַ֖רְתִּי אָמַ֥ר אֱלֹהָֽיִךְ׃ ס ל. [12]
10 שִׂמְח֧וּ אֶת־יְרוּשָׁלִַ֛ם וְגִ֥ילוּ בָ֖הּ כָּל־אֹהֲבֶ֑יהָ ד
שִׂ֤ישׂוּ אִתָּהּ֙ מָשׂ֔וֹשׂ כָּל־הַמִּֽתְאַבְּלִ֖ים עָלֶֽיהָ׃ ד[13]. ל
11 לְמַ֤עַן תִּֽינְקוּ֙ וּשְׂבַעְתֶּ֔ם מִשֹּׁ֖ד תַּנְחֻמֶ֑יהָ ו[14] פסוק למען למען ג מנה ר״פ. ל. ל
לְמַ֧עַן תָּמֹ֛צּוּ וְהִתְעַנַּגְתֶּ֖ם מִזִּ֥יז כְּבוֹדָֽהּ׃ ס ל. ל
12 כִּֽי־כֹ֣ה ׀ אָמַ֣ר יְהוָ֗ה כי׳ מיחד[15]
הִנְנִ֣י נֹטֶֽה־אֵ֠לֶיהָ כְּנָהָ֨ר שָׁל֜וֹם
וּכְנַ֧חַל שׁוֹטֵ֛ף כְּב֥וֹד גּוֹיִ֖ם י
וִֽינַקְתֶּ֑ם[a] עַל־צַד֙ תִּנָּשֵׂ֔אוּ[b] וְעַל־בִּרְכַּ֖יִם תְּשָׁעֳשָֽׁעוּ[c]׃ ל
13 כְּאִ֕ישׁ אֲשֶׁ֥ר אִמּ֖וֹ תְּנַחֲמֶ֑נּוּ כֵּ֤ן אָנֹכִי֙ אֲנַֽחֶמְכֶ֔ם [a]וּבִירוּשָׁלִַ֖ם כ[16]. ל. ל. כא
14 וּרְאִיתֶם֙ וְשָׂ֣שׂ לִבְּכֶ֔ם וְעַצְמוֹתֵיכֶ֖ם כַּדֶּ֣שֶׁא תִפְרַ֑חְנָה [תְּנֻחָֽמוּ[a]׃ ג[17]. ל
וְנוֹדְעָ֤ה יַד־יְהוָה֙ אֶת־עֲבָדָ֔יו וְזָעַ֖ם[a] אֶת־אֹיְבָֽיו׃ ב ומל[12]
15 כִּֽי־הִנֵּ֤ה יְהוָה֙ בָּאֵ֣שׁ[a] יָב֔וֹא וְכַסּוּפָ֖ה מַרְכְּבֹתָ֑יו

[9] Mm 276. [10] Mm 2936. [11] Mm 3896. [12] Mp sub loco. [13] Mm 2448. [14] Mm 2707. [15] Mm 2049. [16] Mm 1514. [17] Mm 2450.

5 [a] 𝔊𝔖𝔙 pass, l יִכָּבֵד || **7** [a] frt ins יֹלֵדָה || [b] frt l בֵּן יָלְדָה || **8** [a] prp עַם־א׳ || **12** [a] l וְיֹנַקְתָּהּ cf 𝔊 et tr ^ ad גוים || [b] l א– || [c] l ע– || **13** [a–a] frt add || **14** [a] prp וְזַעְמוֹ || **15** [a] 2 Mss 𝔊 כָּאֵשׁ.

לְהָשִׁיב בְּחֵמָה אַפּוֹ וְגַעֲרָתוֹ בְּלַהֲבֵי־אֵשׁ׃ [יְהוָה׃
16 כִּי בָאֵשׁ יְהוָה נִשְׁפָּט[a] וּבְחַרְבּוֹ[b] אֶת־כָּל־בָּשָׂר[c] וְרַבּוּ[d] חַלְלֵי ה̇[18]
17 הַמִּתְקַדְּשִׁים וְהַמִּטַּהֲרִים אֶל־הַגַּנּוֹת אַחַר אחד[a] בַּתָּוֶךְ ל̊. כ̊ו̊ פסוק̊ דאית בהון א״ב. אחת ק̊ חד מן י̊א̊[19] קר̊ ת. ה̇[20]
אֹכְלֵי בְּשַׂר הַחֲזִיר וְהַשֶּׁקֶץ[b] וְהָעַכְבָּר
יַחְדָּו יָסֻפוּ נְאֻם־יְהוָה׃ ל̊ וחס̊

18 וְאָנֹכִי מַעֲשֵׂיהֶם[a] וּמַחְשְׁבֹתֵיהֶם[a] בָּאָה[b] לְקַבֵּץ אֶת־כָּל־הַגּוֹיִם ט̊ ר״פ וכל תרי עשר דכות̊[21]. י̊א̊[22] בטע̊ וכל מלכים ויחזק̊ דכות̊ ב̊ מ̊ ב̊
וְהַלְּשֹׁנוֹת וּבָאוּ וְרָאוּ אֶת־כְּבוֹדִי׃ 19 וְשַׂמְתִּי בָהֶם אוֹת וְשִׁלַּחְתִּי מֵהֶם ׀
פְּלֵיטִים אֶל־הַגּוֹיִם תַּרְשִׁישׁ פּוּל[a] וְלוּד מֹשְׁכֵי[b] קֶשֶׁת[c] תֻּבַל וְיָוָן הָאִיִּים ל̊. ח̇. ו̊ פת̇[23]
הָרְחֹקִים אֲשֶׁר לֹא־שָׁמְעוּ אֶת־שִׁמְעִי וְלֹא־רָאוּ אֶת־כְּבוֹדִי וְהִגִּידוּ אֶת־ ב̊
כְּבוֹדִי בַּגּוֹיִם׃ 20 וְהֵבִיאוּ אֶת־כָּל־אֲחֵיכֶם מִכָּל־הַגּוֹיִם ׀ מִנְחָה ׀ לַיהוָה ד̇[24]
בַּסּוּסִים וּבָרֶכֶב וּבַצַּבִּים וּבַפְּרָדִים וּבַכִּרְכָּרוֹת עַל הַר קָדְשִׁי יְרוּשָׁלִָם ל̊. ל̊
אָמַר יְהוָה כַּאֲשֶׁר יָבִיאוּ בְנֵי יִשְׂרָאֵל אֶת־הַמִּנְחָה בִּכְלִי טָהוֹר בֵּית ט̇[25]. י̊ח̊[26] וכל יוצר חפץ חמדה דכות̊ ב̊ מ̊ א̊
יְהוָה׃ 21 וְגַם־מֵהֶם אֶקַּח לַכֹּהֲנִים לַלְוִיִּם[a] אָמַר יְהוָה׃ ג̊ ר״פ בסיפ̊. ל̊[27]. כ̊ ס״פ[28]

22 כִּי כַאֲשֶׁר הַשָּׁמַיִם הַחֳדָשִׁים[a] וְהָאָרֶץ הַחֲדָשָׁה אֲשֶׁר אֲנִי עֹשֶׂה
עֹמְדִים לְפָנַי נְאֻם־יְהוָה כֵּן יַעֲמֹד זַרְעֲכֶם וְשִׁמְכֶם׃ ל̊
23 וְהָיָה מִדֵּי־חֹדֶשׁ בְּחָדְשׁוֹ וּמִדֵּי שַׁבָּת בְּשַׁבַּתּוֹ[a] ל̊. ב̇[29]
יָבוֹא כָל־בָּשָׂר לְהִשְׁתַּחֲוֺת לְפָנַי אָמַר יְהוָה׃ כ̊ ס״פ[28]
24 וְיָצְאוּ וְרָאוּ בְּפִגְרֵי הָאֲנָשִׁים הַפֹּשְׁעִים בִּי ז̇[30]
כִּי תוֹלַעְתָּם לֹא תָמוּת וְאִשָּׁם לֹא תִכְבֶּה ל̊. ו̇[31]
וְהָיוּ דֵרָאוֹן לְכָל־בָּשָׂר׃ ל̊. ז̇[32]

סכום הפסוקים של ספר
אלף ומאתים
ואחד ותשעים
וחציו כי אם שם אדיר יי[33]
וסדרים כ̊ו̊

[18] Mm 2601. [19] Mm 3675. [20] Mm 97. [21] Mm 1472. [22] Mm 279. [23] Mm 3277. [24] Mm 749. [25] Mm 501. [26] Mm 2781. [27] Mm 1322 et Mm 2451. [28] Mm 2481. [29] Nu 28,10. [30] Mm 1281. [31] Mm 687. [32] Mm 927. [33] Jes 33,21, cf Mp sub loco.

16 [a] 𝔔[a] יבוא לשפוט cf 𝔗; 𝔊 + *πᾶσα ἡ γῆ* = (אֶת־)כָּל־הָאָרֶץ ‖ [b] prp וּבָחַר בָּהּ (aram בחר probavit) ‖ [c] ins כִּי מַעֲשֵׂיהֶם וּמַחְשְׁבֹתֵיהֶם cf 18 ‖ [d] pr יֵדַע cf 𝔊[S]𝔖𝔗𝔙 ad 18 ‖ **17** [a] 𝔔[a] mlt Mss ut Q, l c K אֶחָד ‖ [b] 𝔖 (Syh) *wšrṣ'* = והשרץ, frt dl ‖ **18** [a–a] dl cf 16 ‖ [b] 𝔊(𝔖𝔙) *ἔρχομαι* cf 𝔗, l בָּא ‖ **19** [a] 𝔊(𝔏) *(καὶ) Φουδ*, l פּוּט cf Jer 46,9 ‖ [b] 𝔊 *(καὶ) Μοσοχ*, l מֶשֶׁךְ ‖ [c] > Ms (prb ex Jer) ‖ **21** [a] mlt Mss Syh𝔖 וְלַ' cf 𝔊𝔗[Ms]𝔙; prp (לְכֹה') לְוִים cf 𝔗; > 𝔊[Ms] ‖ **22** [a] sic L, l c mlt Mss Edd הַחֲ' ‖ **23** [a] prp תָּהּ– cf 𝔔[a].

JEREMIA ירמיהו

1 1 [a]דִּבְרֵי יִרְמְיָהוּ[a] בֶּן־חִלְקִיָּהוּ מִן־הַכֹּהֲנִים אֲשֶׁר בַּעֲנָתוֹת [סא — ד̇[1] . ב̇[2]
בְּאֶרֶץ בִּנְיָמִן׃ 2 אֲשֶׁר הָיָה דְבַר־יְהוָה אֵלָיו בִּימֵי יֹאשִׁיָּהוּ בֶן־אָמוֹן 2 — כל חס ב מ יז מל
מֶלֶךְ יְהוּדָה בִּשְׁלֹשׁ־עֶשְׂרֵה שָׁנָה לְמָלְכוֹ׃ 3 וַיְהִי בִּימֵי יְהוֹיָקִים בֶּן־ 3 — ה̇[3]
יֹאשִׁיָּהוּ מֶלֶךְ יְהוּדָה עַד־תֹּם[a] עַשְׁתֵּי עֶשְׂרֵה שָׁנָה לְצִדְקִיָּהוּ בֶן־יֹאשִׁיָּהוּ
מֶלֶךְ יְהוּדָה עַד־גְּלוֹת יְרוּשָׁלַ͏ִם בַּחֹדֶשׁ הַחֲמִישִׁי׃ ס
4 וַיְהִי דְבַר־יְהוָה אֵלַי[a] לֵאמֹר׃
5 בְּטֶרֶם אֶצָּורְךָ[a] בַבֶּטֶן יְדַעְתִּיךָ וּבְטֶרֶם תֵּצֵא מֵרֶחֶם הִקְדַּשְׁתִּיךָ — אצרך ק . ג דגש[4] . ג
נָבִיא לַגּוֹיִם[b] נְתַתִּיךָ׃ 6 וָאֹמַר אֲהָהּ אֲדֹנָי יְהוִה הִנֵּה לֹא־ — ג̇[5]
יָדַעְתִּי דַּבֵּר כִּי־נַעַר אָנֹכִי׃ פ 7 וַיֹּאמֶר יְהוָה אֵלַי — ד בטע בסיפ
אַל־תֹּאמַר[a] נַעַר אָנֹכִי
כִּי עַל־כָּל־אֲשֶׁר אֶשְׁלָחֲךָ תֵּלֵךְ וְאֵת כָּל־אֲשֶׁר אֲצַוְּךָ תְּדַבֵּר׃ — ל̇
8 אַל־תִּירָא מִפְּנֵיהֶם כִּי־אִתְּךָ אֲנִי לְהַצִּלֶךָ — ב̇[6] . ג ול חס בליש
נְאֻם־יְהוָה׃ 9 וַיִּשְׁלַח יְהוָה אֶת־יָדוֹ[a] וַיַּגַּע[b] עַל־פִּי וַיֹּאמֶר יְהוָה אֵלַי — ב̇[7]
הִנֵּה נָתַתִּי דְבָרַי בְּפִיךָ׃ 10 רְאֵה הִפְקַדְתִּיךָ ׀ הַיּוֹם הַזֶּה
עַל־הַגּוֹיִם וְעַל־הַמַּמְלָכוֹת לִנְתוֹשׁ וְלִנְתוֹץ [a]וּלְהַאֲבִיד וְלַהֲרוֹס[a] — ה̇[8] . ג מל . ג מל בליש[9]
[לִבְנוֹת וְלִנְטוֹעַ׃ פ — ג̇
11 וַיְהִי דְבַר־יְהוָה אֵלַי לֵאמֹר מָה־אַתָּה רֹאֶה יִרְמְיָהוּ וָאֹמַר מַקֵּל 11 — ב̇[10] . ב
שָׁקֵד אֲנִי רֹאֶה׃ 12 וַיֹּאמֶר יְהוָה אֵלַי הֵיטַבְתָּ לִרְאוֹת כִּי־שֹׁקֵד אֲנִי 12 — ל̇[10] . ג
עַל־דְּבָרִי לַעֲשֹׂתוֹ׃ פ — ה וחס[12] . יג̇[11] . ב
13 וַיְהִי דְבַר־יְהוָה ׀ אֵלַי שֵׁנִית לֵאמֹר מָה אַתָּה רֹאֶה[a] וָאֹמַר סִיר נָפוּחַ 13 — ב̇[13] . ב ול בסיפ

Cp 1 [1]Mm 2762. [2]Mm 3987. [3]Mm 91. [4]Mm 3534. [5]Mm 1639. [6]Mm 1308. [7]Mm 2452. [8]Mm 2453. [9]Mm 2454. [10]Mp sub loco. [11]Mm 902. [12]Mm 305. [13]Mm 2455.

Cp 1,1 [a–a] 𝔊 *τὸ ῥῆμα τοῦ θεοῦ ὃ ἐγένετο ἐπὶ Ιερεμίαν* ‖ **3** [a] > 𝔊* ‖ **4** [a] 𝔊* *πρὸς αὐτόν* ‖ **5** [a] K אצורך ‖ [b] 𝔊[Cal] sg ‖ **7** [a] pc Mss 𝔊𝔖 + כִּי ‖ **9** [a] 𝔊 + *πρός με* ‖ [b] 𝔊𝔙 leg וַיִּגַּע ‖ **10** [a–a] frt add sec 18,7 24,6 al ‖ **13** [a] ℭ + ירמיהו.

אֲנִ֣י רֹאֶ֔ה וּפָנָ֖יו מִפְּנֵ֥י צָפֽוֹנָה׃ 14 וַיֹּ֥אמֶר יְהוָ֖ה אֵלָ֑י — ג̇[14] . נ̇ג̇ ה̇ מנה בסיפ̇

מִצָּפוֹן֙ תִּפָּתַ֣חa הָרָעָ֔ה עַ֖ל כָּל־יֹשְׁבֵ֥י הָאָֽרֶץ׃ — ב̇[15]

15 כִּ֣י ׀ הִנְנִ֣י קֹרֵ֗א לְכָֽל־מִשְׁפְּח֛וֹתa מַמְלְכ֥וֹת צָפ֖וֹנָה נְאֻם־יְהוָ֑ה — נ̇ג̇ ה̇ מנה בסיפ̇

וּבָ֡אוּ וְֽנָתְנוּ֩ אִ֨ישׁ כִּסְא֜וֹ פֶּ֣תַח ׀ שַׁעֲרֵ֣י יְרוּשָׁלִַ֗ם

וְעַ֤ל כָּל־חוֹמֹתֶ֙יהָ֙ סָבִ֔יב וְעַ֖ל כָּל־עָרֵ֥י יְהוּדָֽה׃

16 וְדִבַּרְתִּ֤י מִשְׁפָּטַי֙ אוֹתָ֔םa עַ֖ל כָּל־רָעָתָ֑ם אֲשֶׁ֣ר עֲזָב֗וּנִי — ט̇ רפי̇ וכל יחזק דכות̇[16]

וַֽיְקַטְּרוּ֙ לֵאלֹהִ֣ים אֲחֵרִ֔ים וַיִּֽשְׁתַּחֲו֖וּ לְמַעֲשֵׂ֥יb יְדֵיהֶֽם׃ — י̇א כת̇ י̇[17]

17 וְאַתָּה֙ תֶּאְזֹ֣ר מָתְנֶ֔יךָ וְקַמְתָּ֙ וְדִבַּרְתָּ֣ אֲלֵיהֶ֔ם

אֵ֛ת כָּל־אֲשֶׁ֥ר אָנֹכִ֖י אֲצַוֶּ֑ךָּa אַל־תֵּחַת֙ מִפְּנֵיהֶ֔ם פֶּן־אֲחִתְּךָ֖ לִפְנֵיהֶֽםb׃ — ל̇

18 וַאֲנִ֞י הִנֵּ֧ה נְתַתִּ֣יךָ הַיּ֗וֹם לְעִ֨יר מִבְצָ֜ר — ט̇ז ר״פ . ד̇[18]

aוּלְעַמּ֥וּד בַּרְזֶ֛לa וּלְחֹמ֥וֹתb נְחֹ֖שֶׁת cעַל־כָּל־הָאָ֑רֶץ — ל̇ . ז̇ כת̇ כן . ז̇ וכל תלים דכות̇ ב̇ מ̇ ב̇

לְמַלְכֵ֤יc יְהוּדָה֙ לְשָׂרֶ֔יהָd לְכֹהֲנֶ֖יהָe וּלְעַ֥ם הָאָֽרֶץ׃

19 וְנִלְחֲמ֥וּ אֵלֶ֖יךָ וְלֹא־י֣וּכְלוּ לָ֑ךְ כִּֽי־אִתְּךָ֥ אֲנִ֛י נְאֻם־יְהוָ֖ה לְהַצִּילֶֽךָ׃ פ — י̇א[19] . ג̇

2 1 aוַיְהִ֥י דְבַר־יְהוָ֖ה אֵלַ֥י לֵאמֹֽר׃ 2 הָלֹךְ֩ וְקָרָ֨אתָ בְאָזְנֵ֜י יְרוּשָׁלִַ֣ם — ל̇ז

לֵאמֹ֗רa כֹּ֚ה אָמַ֣ר יְהוָ֔ה

זָכַ֤רְתִּי לָךְ֙ חֶ֣סֶד נְעוּרַ֔יִךְ אַהֲבַ֖ת כְּלוּלֹתָ֑יִךְ — ל̇

לֶכְתֵּ֤ךְ אַחֲרַי֙ bבַּמִּדְבָּ֔ר בְּאֶ֖רֶץ לֹ֥א זְרוּעָֽהb׃ — ל̇

3 קֹ֤דֶשׁ יִשְׂרָאֵל֙ לַֽיהוָ֔ה רֵאשִׁ֖ית תְּבוּאָתֹ֑הa — כת̇ . תבואתו[1] ק̇ חד מן ב̇ כת̇ ה בליש

כָּל־אֹכְלָ֣יו יֶאְשָׁ֔מוּ רָעָ֛ה תָּבֹ֥א אֲלֵיהֶ֖ם נְאֻם־יְהוָֽה׃ פ — י̇ז חס̇ ג̇[2] מנה בנביא וכל משלי דכות̇ ב̇ מ̇ ד̇ . ב̇

4 שִׁמְע֥וּ דְבַר־יְהוָ֖ה בֵּ֣ית יַעֲקֹ֑ב וְכָל־מִשְׁפְּח֖וֹת בֵּ֥ית יִשְׂרָאֵֽל׃ — ל̇

5 כֹּ֣ה ׀ אָמַ֣ר יְהוָ֗ה — י̇ח בטע̇ בסיפ̇

מַה־מָּצְא֨וּ אֲבוֹתֵיכֶ֥ם בִּי֙ עָ֔וֶל כִּ֥י רָחֲק֖וּ מֵעָלָ֑י

וַיֵּֽלְכ֛וּ אַחֲרֵ֥י הַהֶ֖בֶל וַיֶּהְבָּֽלוּ׃ — ב̇

6 וְלֹ֣א אָמְר֔וּ אַיֵּ֣ה יְהוָ֔ה הַמַּעֲלֶ֥ה אֹתָ֖נוּ מֵאֶ֣רֶץ מִצְרָ֑יִם — ד̇ ר״פ ולא לא ולא . ד̇[3]

[14] Mm 2456. [15] Mm 2600. [16] Mm 136. [17] Mm 2706. [18] Mm 2457. [19] Mm 2545. **Cp 2** [1] Q addidi, cf Mp sub loco. [2] Mm 1769. [3] Mm 1371.

14 a 𝔊 ἐκκαυθήσεται; prp תֻּפַּח vel תִּנָּפַח vel תִּפְנֶה ‖ **15** a > 𝔊, dl (ex 25,9) ‖ **16** a mlt Mss Edd אתם = אִתָּם ‖ b mlt Mss Edd 𝔖𝔙 שֵׂה– ‖ **17** a nonn Mss מְצַוְּךָ ‖ b 𝔊 + 8b, cf 19b ‖ **18** a–a > 𝔊* ‖ b mlt Mss Edd Vrs מַת– ‖ c–c 𝔊 πᾶσι τοῖς βασιλεῦσιν ‖ d pc Mss 𝔊𝔖 ול׳ ‖ e nonn Mss θ′𝔖 ול׳; > 𝔊* ‖ **Cp 2,1/2** a–a 𝔊* καὶ εἶπε ‖ b–b > 𝔊* ‖ **3** a Q^{Mss} תוֹ–.

הַמּוֹלִיךְ אֹתָנוּ בַּמִּדְבָּר בְּאֶרֶץ עֲרָבָה וְשׁוּחָה [אָדָם שָׁם׃
בְּאֶרֶץ צִיָּה וְצַלְמָוֶת[a] בְּאֶרֶץ לֹא־עָבַר בָּהּ אִישׁ וְלֹא־יָשַׁב   ל . הי[4]
7 וָאָבִיא אֶתְכֶם אֶל־אֶרֶץ הַכַּרְמֶל לֶאֱכֹל פִּרְיָהּ וְטוּבָהּ   ל[5]
וַתָּבֹאוּ וַתְּטַמְּאוּ אֶת־אַרְצִי וְנַחֲלָתִי שַׂמְתֶּם לְתוֹעֵבָה׃   ג
8 הַכֹּהֲנִים לֹא אָמְרוּ אַיֵּה יְהוָה   ג ר״פ . מז פסוק לא לא לא
וְתֹפְשֵׂי הַתּוֹרָה לֹא יְדָעוּנִי וְהָרֹעִים פָּשְׁעוּ בִי
וְהַנְּבִיאִים נִבְּאוּ בַבַּעַל וְאַחֲרֵי לֹא־יוֹעִלוּ הָלָכוּ׃   ד מל בסיפ . ב חס י
9 לָכֵן עֹד אָרִיב אִתְּכֶם נְאֻם־יְהוָה וְאֶת־בְּנֵי[a] בְנֵיכֶם אָרִיב׃   הי בטע בסיפ[6] . יד חס[7] . ל[8]
10 כִּי עִבְרוּ אִיֵּי כִתִּיִּים וּרְאוּ וְקֵדָר שִׁלְחוּ וְהִתְבּוֹנְנוּ מְאֹד   ב . ג[9]
וּרְאוּ [a]הֵן הָיְתָה[a] כָּזֹאת׃
11 הַהֵימִיר גּוֹי אֱלֹהִים וְהֵמָּה לֹא אֱלֹהִים
וְעַמִּי הֵמִיר כְּבוֹדוֹ[a] בְּלוֹא יוֹעִיל׃   יא . ו מל[10]
12 שֹׁמּוּ שָׁמַיִם עַל־זֹאת וְשַׂעֲרוּ חָרְבוּ[a] מְאֹד נְאֻם־יְהוָה׃
13 כִּי־שְׁתַּיִם רָעוֹת עָשָׂה עַמִּי אֹתִי עָזְבוּ
מְקוֹר ׀ מַיִם חַיִּים לַחְצֹב לָהֶם בֹּארוֹת   מח[11] כת א לא קר ב[12] מנה בליש
בֹּארֹת נִשְׁבָּרִים אֲשֶׁר לֹא־יָכִלוּ[a] הַמָּיִם׃   מח[11] כת א לא קר ב[12] מנה בליש . ב וחס
14 הַעֶבֶד יִשְׂרָאֵל אִם־יְלִיד בַּיִת הוּא מַדּוּעַ הָיָה לָבַז׃
15 עָלָיו יִשְׁאֲגוּ[a] כְפִרִים נָתְנוּ קוֹלָם   ד חס בליש
וַיָּשִׁיתוּ אַרְצוֹ לְשַׁמָּה עָרָיו נִצְּתָה[b] מִבְּלִי יֹשֵׁב׃   נצתו ק חד מן יד[13] כת ה וקר ו . ב . ה חס בסיפ
16 גַּם־בְּנֵי־נֹף וְתַחְפַּנֵס[a] יִרְעוּךְ[b] קָדְקֹד׃[c] [מוֹלִיכֵךְ בַּדָּרֶךְ[c]׃   ותחפנחס ק [ו[15] חס י ול בליש
17 הֲלוֹא־זֹאת תַּעֲשֶׂה[a]־לָּךְ עָזְבֵךְ אֶת־[b]יְהוָה אֱלֹהַיִךְ [c]בְּעֵת   ב . ו[14] בנביא וכל ס״פ דכות ב מ א
18 וְעַתָּה מַה־לָּךְ לְדֶרֶךְ מִצְרַיִם לִשְׁתּוֹת מֵי שִׁחוֹר[a]   ג . ל חס בסיפ
וּמַה־לָּךְ לְדֶרֶךְ אַשּׁוּר לִשְׁתּוֹת מֵי נָהָר׃   ג

[4] Mm 87. [5] וחד טובה Neh 9,36. [6] Mm 2617. [7] Mm 62. [8] Mm 271. [9] Mm 179. [10] Mm 2458. [11] Mm 898. [12] Mp sub loco. [13] Mm 782. [14] Mm 3133. [15] Mm 1871 contra textum.

6 [a] 𝔊 *καὶ ἀκάρπῳ* = וְגַלְמוּדָה ‖ **9** [a] > pc Mss 𝔙, frt dl ‖ **10** [a–a] prp הֲנִהְיְתָה ‖ **11** [a] Tiq soph pro –דִי ‖ **12** [a] 𝔊 *ἐπὶ πλεῖον* = הַרְבֵּה; l חָרְדוּ cf 𝔖 ‖ **13** [a] l יְכִלוּ (a כלא)? cf 𝔊 *συνέχειν* ‖ **15** [a] l שָׁ׳? ‖ [b] K –ָה, pc Mss נִתְּצָה, pc Mss נִתְּצוּ ‖ **16** [a] 𝔗 ut Q, l; K –פְּנֵס ‖ [b] pc Mss 𝔊𝔙 יְדָעוּךְ, 𝔖 *nrʿwnkj* = יְרֹעוּךְ; l prb יְעָרוּךְ ‖ [c] 𝔊 *καὶ κατέπαιζόν σου* ‖ **17** [a] l עָשָׂה ‖ [b] 𝔊 *ἐμέ, λέγει* (it 19[a]) ‖ [c–c] > 𝔊*, dl (dttg) ‖ **18** [a] 𝔊* *Γηων* = גִּיחוֹן Gn 2,13.

19 תְּיַסְּרֵ֣ךְ רָעָתֵ֗ךְ וּמְשֻֽׁבוֹתַ֙יִךְ֙ תּוֹכִחֻ֔ךְ   ל חס[16]
וּדְעִ֤י וּרְאִי֙ כִּי־רַ֣ע וָמָ֔ר עָזְבֵ֖ךְ אֶת־[a]יְהוָ֣ה אֱלֹהָ֑יִךְ   ט[17] וכל אמירה יצר לשון עשייה ועין דכות ב מ ז . ב . ו[18] בנביא וכל ס״פ דכות ב מ א
וְלֹ֤א [b]פַחְדָּתִי֙ אֵלַ֔יִךְ[b] נְאֻם־[c]אֲדֹנָ֥י יְהוִ֖ה צְבָאֽוֹת׃   כט . ד . הׄ
20 כִּ֣י מֵעוֹלָ֞ם שָׁבַ֣רְתִּי[a] עֻלֵּ֗ךְ נִתַּ֙קְתִּי֙[a] מוֹסְרֹתַ֔יִךְ
וַתֹּאמְרִ֖י לֹ֣א אֶעֱבֹ֑ד[b] כִּ֣י עַל־כָּל־גִּבְעָ֞ה גְּבֹהָ֗ה   אעבור ק   חד מן ב כת ד וחד מן ג[19] מל בליש
וְתַ֙חַת֙ כָּל־עֵ֣ץ רַעֲנָ֔ן אַ֖תְּ צֹעָ֥ה זֹנָֽה׃   ג חס
21 וְאָֽנֹכִי֙ נְטַעְתִּ֣יךְ שֹׂרֵ֔ק כֻּלֹּ֖ה[a] זֶ֣רַע אֱמֶ֑ת   ט ר״פ וכל תרי עשר דכות[20] . כת כן[21]
וְאֵיךְ֙ נֶהְפַּ֣כְתְּ [b]לִ֔י ס֖וּרֵי הַגֶּ֥פֶן[b] נָכְרִיָּֽה׃
22 כִּ֤י אִם־תְּכַבְּסִי֙ בַּנֶּ֔תֶר וְתַרְבִּי־לָ֖ךְ בֹּרִ֑ית   ל
נִכְתָּ֤ם עֲוֺנֵךְ֙ לְפָנַ֔י נְאֻ֖ם אֲדֹנָ֥י[a] יְהוִֽה׃   ז[22] וכל יחזק דכות ב מ ד
23 אֵ֣יךְ תֹּאמְרִ֞י לֹ֣א נִטְמֵ֗אתִי אַחֲרֵ֤י[a] הַבְּעָלִים֙ [b]לֹ֣א הָלַ֔כְתִּי[b]
רְאִ֤י דַרְכֵּךְ֙ בַּגַּ֔יְא[c] דְּעִ֖י מֶ֣ה עָשִׂ֑ית
בִּכְרָ֥ה קַלָּ֖ה מְשָׂרֶ֥כֶת דְּרָכֶֽיהָ׃ 24 [a]פֶּ֣רֶה[b] ׀ לִמֻּ֣ד מִדְבָּ֗ר[a]   ו ה כת א וחד כת ה[23] . ל[24]
בְּאַוַּ֤ת נַפְשׁוֹ֙[c] שָׁאֲפָ֣ה ר֔וּחַ תַּאֲנָתָ֖הּ מִ֣י יְשִׁיבֶ֑נָּה   נפשה ק   חד מן ח[25] כת ו וקר ה
כָּל־מְבַקְשֶׁ֙יהָ֙ לֹ֣א יִיעָ֔פוּ בְּחָדְשָׁ֖הּ[d] יִמְצָאֽוּנְהָ׃
25 מִנְעִ֤י רַגְלֵךְ֙ מִיָּחֵ֔ף וּגְוֺרֵנֵ֖ךְ[a] מִצִּמְאָ֑ה   וגרונך ק
וַתֹּאמְרִ֣י נוֹאָ֔שׁ ל֕וֹא כִּֽי־אָהַ֥בְתִּי זָרִ֖ים וְאַחֲרֵיהֶ֥ם אֵלֵֽךְ׃   ד[26] . לה מל
26 כְּבֹ֤שֶׁת גַּנָּב֙ כִּ֣י יִמָּצֵ֔א כֵּ֥ן הֹבִ֖ישׁוּ בֵּ֣ית[a] יִשְׂרָאֵ֑ל   ל
הֵ֤מָּה מַלְכֵיהֶם֙ שָֽׂרֵיהֶ֔ם[b] וְכֹהֲנֵיהֶ֖ם[c] וּנְבִיאֵיהֶֽם׃
27 אֹמְרִ֨ים לָעֵ֜ץ אָ֣בִי אַ֗תָּה וְלָאֶ֙בֶן֙ אַ֣תְּ יְלִדְתָּ֔נִי[a]   ג[27] . כו מלעיל . ילדתנו ק
כִּֽי־פָנ֥וּ אֵלַ֛י עֹ֖רֶף וְלֹ֣א פָנִ֑ים
וּבְעֵ֤ת רָֽעָתָם֙ יֹֽאמְר֔וּ ק֖וּמָה וְהוֹשִׁיעֵֽנוּ׃
28 וְאַיֵּ֤ה אֱלֹהֶ֙יךָ֙ אֲשֶׁ֣ר עָשִׂ֣יתָ לָּ֔ךְ יָק֕וּמוּ אִם־יוֹשִׁיע֖וּךָ בְּעֵ֣ת רָעָתֶ֑ךָ   ג ר״פ[28]

19 [a] cf 17[b] ‖ [b–b] 𝔊 *εὐδόκησα ἐπὶ σοί*; l פָּחַדְתְּ אֵלַי cf 𝔖𝔗 et Hos 3,5 ‖ [c–c] 𝔊 *κύριος ὁ θεός σου* ‖ **20** [a] = תְּ– cf 𝔊 et 2,33[b] ‖ [b] ℭ𝔗 ut Q ‖ **21** [a] Q[Mss] כלו ‖ [b–b] crrp; prp גפן (al לְסוּרָה) לְסוֹרִיָּה* ‖ **22** [a] > 𝔊* ‖ **23** [a] mlt Mss 𝔊𝔖𝔗[Edd] וְא׳ ‖ [b–b] dl, cf 25b ‖ [c] 𝔊 *ἐν τῷ πολυανδρείῳ* ‖ **24** [a–a] l פִּרְצָה לַמִּדבר ‖ [b] mlt Mss פרא ‖ [c] mlt Mss Vrs ut Q, l ‖ [d] 𝔊θ′ *ἐν τῇ ταπεινώσει αὐτῆς* = בְּעָנְתָהּ ‖ **25** [a] ℭ ut Q, l ‖ **26** [a] 𝔊(𝔖) *υἱοί* = בְּנֵי ‖ [b] mlt Mss 𝔊𝔖 וְשׂ׳ ‖ [c] mlt Mss כ׳ ‖ **27** [a] mlt Mss Edd ut Q; l c K 𝔊𝔖 –תָּנִי.

כִּי מִסְפַּר עָרֶיךָ הָיוּ אֱלֹהֶיךָ יְהוּדָה[a]׃ ס
29 לָמָּה תָרִיבוּ[a] אֵלָי [b]כֻּלְּכֶם פְּשַׁעְתֶּם[b] בִּי נְאֻם־יְהוָה׃
30 לַשָּׁוְא הִכֵּיתִי [a]אֶת־בְּנֵיכֶם[a] מוּסָר לֹא לָקָחוּ[b]
אָכְלָה חַרְבְּכֶם נְבִיאֵיכֶם כְּאַרְיֵה מַשְׁחִית[c]׃ 31 [a]הַדּוֹר ל ר״פ
אַתֶּם רְאוּ דְבַר־יְהוָה[a]
הֲמִדְבָּר הָיִיתִי לְיִשְׂרָאֵל אִם אֶרֶץ מַאְפֵּלְיָה[b] י בטע[29]
מַדּוּעַ אָמְרוּ עַמִּי רַדְנוּ[c] לוֹא־נָבוֹא עוֹד אֵלֶיךָ׃ ו בטע . לה מל
32 הֲתִשְׁכַּח בְּתוּלָה עֶדְיָהּ כַּלָּה קִשֻּׁרֶיהָ
וְעַמִּי שְׁכֵחוּנִי יָמִים אֵין מִסְפָּר׃ יא
33 מַה־תֵּיטִבִי דַּרְכֵּךְ לְבַקֵּשׁ אַהֲבָה ח[30] חס ול בליש
לָכֵן גַּם [a]אֶת־הָרָעוֹת לִמַּדְתְּי[ab] אֶת־דְּרָכָיִךְ׃ למדת ק
34 גַּם בִּכְנָפַיִךְ[a] נִמְצְאוּ דַּם נַפְשׁוֹת אֶבְיוֹנִים[b] נְקִיִּים ל מל
לֹא־בַמַּחְתֶּרֶת מְצָאתִים [c]כִּי עַל־כָּל־אֵלֶּה[c]׃ ב[31] . ב
35 וַתֹּאמְרִי כִּי נִקֵּיתִי אַךְ שָׁב אַפּוֹ מִמֶּנִּי נז וכל תלים דכות ב מ יא
הִנְנִי נִשְׁפָּט אוֹתָךְ עַל־אָמְרֵךְ לֹא חָטָאתִי׃ ה[32] . יז מל בלשון נקיבה[33] . ב
36 מַה־תֵּזְלִי[a] מְאֹד לְשַׁנּוֹת אֶת־דַּרְכֵּךְ
גַּם מִמִּצְרַיִם תֵּבֹשִׁי כַּאֲשֶׁר־בֹּשְׁתְּ מֵאַשּׁוּר׃
37 גַּם מֵאֵת זֶה תֵּצְאִי וְיָדַיִךְ עַל־רֹאשֵׁךְ ג[34]
כִּי־מָאַס יְהוָה בְּמִבְטַחַיִךְ וְלֹא תַצְלִיחִי לָהֶם[a]׃
3 1 לֵאמֹר[a] ט ר״פ[1]
הֵן יְשַׁלַּח אִישׁ אֶת־אִשְׁתּוֹ וְהָלְכָה מֵאִתּוֹ יב[2]

[29]Mm 3661. [30]Mm 1098. [31]Ex 22,1. [32]Mm 2601. [33]Mm 287. [34]Mm 2461. **Cp 3** [1]Mm 3072. [2]Mm 440.

28 [a] 𝔊 + *καὶ κατ᾽ ἀριθμὸν διόδων τῆς Ιερουσαλημ ἔθυον τῇ Βααλ*, ins וּמִסְפַּר חֻצוֹת יְרוּשָׁלַםִ קִטְּרוּ לַבָּעַל cf 11,13 ‖ **29** [a] 𝔊 *λαλεῖτε* = תְּדַבְּרוּ ‖ [b–b] 𝔊 versio duplex ‖ **30** [a–a] l אָבוֹת וּבָנִים? cf 6,21 ‖ [b] 𝔊 2 pl ‖ [c] 𝔊 + *καὶ οὐκ ἐφοβήθητε* ‖ **31** [a–a] 𝔊 *ἀκούσατε λόγον κυρίου· Τάδε λέγει κύριος*; add lectoris, dl ‖ [b] l –פֵּלְיָה ‖ [c] 𝔊 *οὐ κυριευθησόμεθα*, 𝔊[A]𝔄 *οὐ δουλευθησόμεθα*; 𝔖 *nḥtn* = 'יָרַ; prp נדנו (4,1) vel נַדֹּנוּ (4,25) cf 𝔗; α′(𝔙) *ἀπέστημεν*, l 'מָרַ ‖ **33** [a–a] 𝔊 *σὺ ἐπονηρεύσω* (= אַתְּ הֲרֵעוֹת) *τοῦ μιᾶναι* ‖ [b] K –תִּי = 2 sg f ut Q, it passim ‖ **34** [a] 𝔊(𝔖) *ἐν ταῖς χερσί σου* = בְּכַפַּיִךְ ‖ [b] dl (> 𝔊) aut l נְבִיאִים (cf 30) ‖ [c–c] crrp; l כִּי עָלַיִךְ לְאָלָה כָל־אֵלֶּה (hpgr)? ‖ **36** [a] l תָּזֹלִּי cf 𝔊𝔖𝔙 ‖ **37** [a] Ms 𝔖 בָּהֶם ‖ **Cp 3,1** [a] > Ms 𝔊𝔖, sed prb init v exc.

וְהָיְתָה לְאִישׁ־אַחֵר [b]הֲיָשׁוּב אֵלֶיהָ[b] עוֹד   ל
הֲלוֹא חָנוֹף תֶּחֱנַף הָאָרֶץ[c] הַהִיא   ל. ל
וְאַתְּ זָנִית רֵעִים רַבִּים וְשׁוֹב אֵלַי נְאֻם־יְהוָה׃   ה[3]. ב מל בסיפ[4]
2 שְׂאִי־עֵינַיִךְ עַל־שְׁפָיִם וּרְאִי אֵיפֹה לֹא שֻׁגַּלְתְּ   ח. יא. י כת ה[5]. שכבת ק
עַל־דְּרָכִים יָשַׁבְתְּ לָהֶם כַּעֲרָבִי[a] בַּמִּדְבָּר   ל
וַתַּחֲנִיפִי אֶרֶץ בִּזְנוּתַיִךְ[b] וּבְרָעָתֵךְ[c]׃
3 וַיִּמָּנְעוּ[a] רְבִבִים וּמַלְקוֹשׁ לוֹא הָיָה[a]   ל. ב חס. לה מל
וּמֵצַח אִשָּׁה[b] זוֹנָה הָיָה לָךְ מֵאַנְתְּ הִכָּלֵם׃   ל[4]
ס[ב] 4 הֲלוֹא מֵעַתָּה[a] קָרָאתִי[b] לִי אָבִי[c] אַלּוּף נְעֻרַי אָתָּה׃   קראת ק חד מן ב בליש ובסיפ. ג חס[6]
5 הֲיִנְטֹר לְעוֹלָם אִם־יִשְׁמֹר לָנֶצַח   ל
הִנֵּה[a] דִבַּרְתִּי[b] וַתַּעֲשִׂי הָרָעוֹת וַתּוּכָל׃ פ   דברת[7] ק יתיר י וחד מן ב בליש ובסיפ. ג

6 וַיֹּאמֶר יְהוָה אֵלַי בִּימֵי יֹאשִׁיָּהוּ הַמֶּלֶךְ הֲרָאִיתָ אֲשֶׁר עָשְׂתָה
מְשֻׁבָה יִשְׂרָאֵל הֹלְכָה הִיא עַל־כָּל־הַר גָּבֹהַּ וְאֶל־תַּחַת כָּל־עֵץ רַעֲנָן   ו[8] חס ו ול בליש
7 וַתִּזְנִי[a]־שָׁם׃ 7 וָאֹמַר אַחֲרֵי עֲשׂוֹתָהּ אֶת־כָּל־אֵלֶּה אֵלַי תָּשׁוּב וְלֹא־   ל
8 שָׁבָה וַתִּרְאֶה[a] בָּגוֹדָה אֲחוֹתָהּ יְהוּדָה׃ 8 וָאֵרֶא[a] כִּי עַל־כָּל־אֹדוֹת   ותרא ק
אֲשֶׁר נִאֲפָה מְשֻׁבָה יִשְׂרָאֵל שִׁלַּחְתִּיהָ וָאֶתֵּן אֶת־סֵפֶר כְּרִיתֻתֶיהָ אֵלֶיהָ[b]   ב. ל
9 וְלֹא יָרְאָה בֹּגֵדָה יְהוּדָה אֲחוֹתָהּ וַתֵּלֶךְ וַתִּזֶן גַּם־הִיא׃ 9 וְהָיָה מִקֹּל[a]   ב. ב. ל וחס בקליל
10 זְנוּתָהּ [b]וַתֶּחֱנַף אֶת־הָאָרֶץ[b] וַתִּנְאַף[c] אֶת־הָאֶבֶן וְאֶת־הָעֵץ׃ 10 וְגַם־   ה דקדמין לעצים[9]. ו ר״פ בסיפ[10]
בְּכָל־זֹאת לֹא־שָׁבָה אֵלַי בָּגוֹדָה אֲחוֹתָהּ יְהוּדָה בְּכָל־לִבָּהּ כִּי אִם־
11 בְּשֶׁקֶר נְאֻם־יְהוָה׃ פ 11 וַיֹּאמֶר יְהוָה אֵלַי צִדְּקָה נַפְשָׁהּ מְשֻׁבָה   ב בסיפ[11]. ד בטע בסיפ. ל
12 יִשְׂרָאֵל מִבֹּגֵדָה יְהוּדָה׃ 12 הָלֹךְ וְקָרָאתָ אֶת־הַדְּבָרִים הָאֵלֶּה   ל
צָפוֹנָה וְאָמַרְתָּ   נג ה מנה בסיפ

[3] Mm 2462. [4] Mp sub loco. [5] Mm 1750. [6] Mm 1585. [7] Q addidi, cf Mp sub loco. [8] Mm 1871. [9] Mm 4157. [10] Mm 2463. [11] Mm 2619.

1 [b-b] ex Dt 24,4; l הֲשׁוּב אֵלָיו cf 𝔊 ‖ [c] 𝔊(𝔙) *ἡ γυνή* (ex *ἡ γῆ*?); l 𝔐 cf 2b ‖ **2** [a] 𝔊 *ὡσεὶ κορώνη* = כְּעֹרֵב ‖ [b] pc Mss 𝔖𝔗 ־תֵךְ ‖ [c] pc Mss 𝔊𝔙 ־עוֹתָיִךְ ‖ **3** [a-a] 𝔊 *καὶ ἔσχες ποιμένας πολλοὺς εἰς πρόσκομμα σεαυτῇ* ‖ [b-b] prp נְחֻשָׁה cf Jes 48,4 ‖ **4** [a] 𝔊 *ὡς οἶκον* = מְעֹנָה; l גַּם־ע׳? ‖ [b] cf 2,33[b]; mlt Mss ut Q ‖ [c] dl (ex 19)? ‖ **5** [a] prp הֵנָּה ‖ [b] cf 2,33[b] ‖ **6** [a] l ותזן ‖ **7** [a] K וַתִּרְאֶה ‖ **8** [a] l c Ms 𝔊[QcL al]𝔖 וַתֵּרֶא ‖ [b] 𝔊[-V] + *εἰς τὰς χεῖρας αὐτῆς* cf Dt 24,1 ‖ **9** [a] 𝔊 *εἰς οὐθέν*; 𝔙 recte *facilitate* ‖ [b-b] > 𝔊*; l וַתַּחֲנִף את־ה׳ cf α′θ′𝔖𝔗𝔙 ‖ [c] prp ־אַץ.

שׁוּבָה מְשֻׁבָה יִשְׂרָאֵל נְאֻם־יְהוָה לוֹא־אַפִּיל פָּנַי בָּכֶם   לה מל
כִּי־חָסִיד אֲנִי נְאֻם־יְהוָה לֹא אֶטּוֹר לְעוֹלָם׃   ל
13 אַךְ דְּעִי עֲוֹנֵךְ כִּי בַּיהוָה אֱלֹהַיִךְ פָּשָׁעַתְּ   ו[12] בנביא וכל ס״פ דכות ב מ א
וַתְּפַזְּרִי אֶת־דְּרָכַיִךְ[a] לַזָּרִים [b]תַּחַת כָּל־עֵץ רַעֲנָן[b] וּבְקוֹלִי   ל
[לֹא־שְׁמַעְתֶּם[c] נְאֻם־יְהוָה׃   ג[13]
14 14 שׁוּבוּ בָנִים שׁוֹבָבִים נְאֻם־יְהוָה כִּי אָנֹכִי בָּעַלְתִּי בָכֶם וְלָקַחְתִּי   ב
15 אֶתְכֶם אֶחָד מֵעִיר וּשְׁנַיִם מִמִּשְׁפָּחָה וְהֵבֵאתִי אֶתְכֶם צִיּוֹן׃ 15 וְנָתַתִּי
16 לָכֶם רֹעִים כְּלִבִּי וְרָעוּ אֶתְכֶם דֵּעָה[a] וְהַשְׂכֵּיל׃ 16 וְהָיָה כִּי תִרְבּוּ   ל . ו . ב מל[14]
וּפְרִיתֶם בָּאָרֶץ בַּיָּמִים הָהֵמָּה נְאֻם־יְהוָה לֹא־יֹאמְרוּ עוֹד אֲרוֹן[a]   ח[15] . יב[16] . ג פסוק לא ולא ולא ולא[17] . כו בליש וכל מלכים דכות
בְּרִית־יְהוָה וְלֹא יַעֲלֶה עַל־לֵב וְלֹא יִזְכְּרוּ־בוֹ[b] וְלֹא יִפְקֹדוּ וְלֹא   ג[18] . ל
17 יֵעָשֶׂה עוֹד׃ 17 בָּעֵת הַהִיא יִקְרְאוּ לִירוּשָׁלַםִ כִּסֵּא יְהוָה וְנִקְווּ[a] אֵלֶיהָ   לו[19] . ל
כָל־[b]הַגּוֹיִם לְשֵׁם יְהוָה לִירוּשָׁלָםִ[c] וְלֹא־יֵלְכוּ עוֹד אַחֲרֵי שְׁרִרוּת   ל
18 לִבָּם הָרָע׃ ס 18 בַּיָּמִים הָהֵמָּה יֵלְכוּ בֵית־יְהוּדָה עַל־בֵּית   ח[15] . יב[16]
יִשְׂרָאֵל וְיָבֹאוּ יַחְדָּו מֵאֶרֶץ צָפוֹן עַל־הָאָרֶץ אֲשֶׁר הִנְחַלְתִּי אֶת־   ז רפ[20]
אֲבוֹתֵיכֶם[a]׃
19 וְאָנֹכִי אָמַרְתִּי אֵיךְ[a] אֲשִׁיתֵךְ[b] בַּבָּנִים   ט ר״פ וכל תרי עשר דכות[21] . ב
וְאֶתֶּן־לָךְ[b] אֶרֶץ חֶמְדָּה נַחֲלַת [c]צְבִי צִבְאוֹת[c] גּוֹיִם   ג . ג[22]
וָאֹמַר אָבִי תִּקְרְאוּ[d]־לִי וּמֵאַחֲרַי לֹא תָשׁוּבוּ[e]׃ [יְהוָה׃   תקראי ק חד מן מח[23] כת ו וקר י . תשובי ק חד מן מח[23] כת ו וקר י
20 [a]אָכֵן בָּגְדָה[a] אִשָּׁה מֵרֵעָהּ כֵּן בְּגַדְתֶּם[b] בִּי בֵּית יִשְׂרָאֵל נְאֻם־   יח[24]
21 קוֹל [a]עַל־שְׁפָיִים[a] נִשְׁמָע בְּכִי תַחֲנוּנֵי בְּנֵי יִשְׂרָאֵל   ג מל[25] . ד . יח[26]
כִּי הֶעֱווּ[b] אֶת־דַּרְכָּם שָׁכְחוּ אֶת־יְהוָה אֱלֹהֵיהֶם׃
22 שׁוּבוּ בָּנִים שׁוֹבָבִים אֶרְפָּה[a] מְשׁוּבֹתֵיכֶם   ל כת ה

[12]Mm 3133. [13]Mm 2464. [14]Mm 2465. [15]Mm 2738. [16]Mm 891. [17]Mm 2466. [18]Mm 1217. [19]Mm 210. [20]Mm 465. [21]Mm 1472. [22]Mm 454. [23]Mm 3811. [24]Mm 1941. [25]Mm 2365. [26]Mm 953.

13 [a] prp דּוֹדַיִךְ || [b–b] add (ex 6)? || [c] 𝔊𝔙 2 sg, l שָׁמַעַתְּ? || **15** [a] 𝔊 *ποιμαίνοντες* = רָעֹה || **16** [a] pr אֵי? || [b] pc Mss עוד, Ms + עוד || **17** [a] sic L, mlt Mss Edd וּ– || [b] l מִכָּל־? || [c–c] > 𝔊* || **18** [a] Ms 𝔊𝔖𝔗[f Ms] –יהֶם || **19** [a] 𝔊 *Γένοιτο, κύριε· ὅτι* = אָמֵן יהוה כִּי (ex ?א׳ י׳ ךְ׳) || [b] prp ךְ–, לָךְ || [c–c] 𝔊 *θεοῦ παντοκράτορος* = אֱלֹהֵי צב׳ || [d] l c K 𝔊𝔖 –אוּ; mlt Mss Edd 𝔗𝔙 ut Q || [e] l c K 𝔊𝔖𝔗[f Mss] –בוּ; mlt Mss Edd 𝔗𝔙 ut Q || **20** [a–a] l אַךְ כִּבְגֹד cf 𝔊𝔙 || [b] 𝔊 *ἠθέτησεν* (= בָּגַד), 𝔊[S] *-σαν* || **21** [a–a] 𝔊 *ἐκ χειλέων* cf 7,29[b–b] || [b] cf 17[a] || **22** [a] mlt Mss ארפא.

הִנְנוּ[b] אָתָנוּ לָךְ[b] כִּי אַתָּה יְהוָה אֱלֹהֵינוּ׃

23 אָכֵן לַשֶּׁקֶר מִגְּבָעוֹת[a] הֲמוֹן[ab] הָרִים

אָכֵן בַּיהוָה אֱלֹהֵינוּ תְּשׁוּעַת יִשְׂרָאֵל׃

24 וְהַבֹּשֶׁת[a] אָכְלָה[a] אֶת־יְגִיעַ אֲבוֹתֵינוּ מִנְּעוּרֵינוּ

אֶת־צֹאנָם[b] וְאֶת־בְּקָרָם אֶת־[c]בְּנֵיהֶם וְאֶת־בְּנוֹתֵיהֶם[b]׃

25 נִשְׁכְּבָה בְּבָשְׁתֵּנוּ וּתְכַסֵּנוּ כְּלִמָּתֵנוּ כִּי לַיהוָה אֱלֹהֵינוּ

אֲנַחְנוּ וַאֲבוֹתֵינוּ מִנְּעוּרֵינוּ וְעַד־הַיּוֹם הַזֶּה [חָטָאנוּ

וְלֹא שָׁמַעְנוּ בְּקוֹל יְהוָה אֱלֹהֵינוּ׃ ס

4 1 אִם־תָּשׁוּב יִשְׂרָאֵל נְאֻם־יְהוָה אֵלַי תָּשׁוּב

וְאִם־תָּסִיר שִׁקּוּצֶיךָ מִפָּנַי[a] וְלֹא[b] תָנוּד׃

2 וְנִשְׁבַּעְתָּ חַי־יְהוָה בֶּאֱמֶת בְּמִשְׁפָּט וּבִצְדָקָה

וְהִתְבָּרְכוּ בוֹ[a] גּוֹיִם וּבוֹ[a] יִתְהַלָּלוּ׃ ס

3 כִּי־כֹה אָמַר יְהוָה לְאִישׁ יְהוּדָה וְלִירוּשָׁלִַם[a]

נִירוּ לָכֶם נִיר וְאַל־תִּזְרְעוּ אֶל־קֹצִים׃ [יְרוּשָׁלִָם[c]

4 הִמֹּלוּ לַיהוָה[a] וְהָסִרוּ עָרְלוֹת[b] לְבַבְכֶם [c]אִישׁ יְהוּדָה וְיֹשְׁבֵי

פֶּן־תֵּצֵא כָאֵשׁ חֲמָתִי וּבָעֲרָה וְאֵין מְכַבֶּה מִפְּנֵי רֹעַ מַעַלְלֵיכֶם׃

5 הַגִּידוּ בִיהוּדָה וּבִירוּשָׁלִַם הַשְׁמִיעוּ וְאִמְרוּ[a]

וְתִקְעוּ[b] שׁוֹפָר בָּאָרֶץ קִרְאוּ מַלְאוּ

וְאִמְרוּ[c] הֵאָסְפוּ וְנָבוֹאָה אֶל־עָרֵי הַמִּבְצָר׃

6 שְׂאוּ־נֵס[a] צִיּוֹנָה הָעִיזוּ אַל־תַּעֲמֹדוּ

כִּי רָעָה אָנֹכִי מֵבִיא מִצָּפוֹן וְשֶׁבֶר גָּדוֹל׃

7 עָלָה אַרְיֵה מִסֻּבְּכוֹ וּמַשְׁחִית גּוֹיִם נָסַע

יָצָא מִמְּקֹמוֹ לָשׂוּם אַרְצֵךְ לְשַׁמָּה

ד[27] · יח[28] · יח[28] · ל . ד פסוק דמיין את את ואת את ואת[29] . ח[30] מל וכל י ש ת דכות ב מ א . ג ומל[31] · ל . ל . ט · ח[30] מל וכל י ש ת דכות ב מ א . ג ומל[31] · ח ר"פ בסיפ[1] · ל . ז · ל כת כן[2] · ז בטע בסיפ[3] . כי מיחד[4] . ח[5] · ח[6] . ד ב חס וב מל[7] · ב חס[8] · כא . ו[9] · תקעו ק . ל · ו[9] . ג חד חס וב מל[10] · יא ר"פ . ל . ב חד מל וחד חס[11] · ד[12] · ל . ל · ו[13] חס וכל אורית ואיוב דכות ב מ ב

[27] Mm 1297. [28] Mm 1941. [29] Mp sub loco. [30] Mm 346. [31] Mm 2467. **Cp 4** [1] Mm 2584. [2] Cf Mm 4149. [3] Mm 2547. [4] Mm 2049. [5] Mm 2159. [6] Mm 2469. [7] Mm 3402 contra textum. [8] Mm 255. [9] Mm 2470. [10] Mm 2079. [11] Mm 2479. [12] Mm 2471. [13] Mm 489.

22 b–b 𝔊 *ἰδοὺ δοῦλοι* (*δοῦλοι* dttg ortum, dl) *ἡμεῖς ἐσόμεθά σοι*, 𝔖 *hʾ ḥnn djlk* = הִנֵּה אֲנַחְנוּ לָךְ || **23** a–a l הַגְּ׳ וַהֲמוֹן cf 𝔊𝔖𝔙 || b mlt Mss הָ׳ || **24** a–a l וְהַבַּעַל אָכַל? || b–b add || c nonn Mss 𝔊𝔖𝔗[f Ms] ואת || **Cp 4,1** a ℭ ־נֶיךָ || b l c ℭ𝔊𝔖𝔗[f Ms] ולא || **2** a l לִי? וּבְךָ, בְךָ || **3** a pc Mss 𝔊𝔖𝔗 וּלְיֹשְׁבֵי יר׳ cf 4a || **4** a 𝔊 *τῷ θεῷ ὑμῶν*; prp לִי || b mlt Mss 𝔊𝔖 ־לַת || c–c add? cf 3a || **5** a dl (ex 5b) || b ℭ mlt Mss 𝔊𝔖𝔗 ut Q, l || c prp מַהֲרוּ || **6** a 𝔊 *φεύγετε* = נֻסוּ.

[a]עָרַ֫יִךְ תִּצֶּ֫ינָה מֵאֵ֥ין יוֹשֵֽׁב[a]׃
8 עַל־זֹ֛את חִגְר֥וּ שַׂקִּ֖ים סִפְד֣וּ וְהֵילִ֑ילוּ
כִּ֥י לֹא־שָׁ֛ב[a] חֲר֥וֹן אַף־יְהוָ֖ה מִמֶּֽנּוּ׃ פ
9 וְהָיָ֤ה בַיּוֹם־הַהוּא֙ נְאֻם־יְהוָ֔ה
יֹאבַ֥ד לֵב־הַמֶּ֖לֶךְ וְלֵ֣ב הַשָּׂרִ֑ים
וְנָשַׁ֙מּוּ֙ הַכֹּ֣הֲנִ֔ים וְהַנְּבִאִ֖ים יִתְמָֽהוּ׃ [וְלִירוּשָׁלִָ֑ם[b]
10 וָאֹמַ֞ר[a] אֲהָ֣הּ ׀ אֲדֹנָ֣י יְהוִ֗ה אָכֵן֩ הַשֵּׁ֨א הִשֵּׁ֜אתָ [b]לָעָ֤ם הַזֶּה֙
לֵאמֹ֔ר שָׁל֖וֹם יִהְיֶ֣ה לָכֶ֑ם וְנָגְעָ֥ה חֶ֖רֶב עַד־הַנָּֽפֶשׁ׃
11 בָּעֵ֣ת הַהִ֗יא יֵֽאָמֵ֤ר לָֽעָם־הַזֶּה֙ וְלִיר֣וּשָׁלִַ֔ם
ר֣וּחַ [a]צַ֤ח שְׁפָיִים֙[a] בַּמִּדְבָּ֔ר[b] דֶּ֖רֶךְ בַּת־עַמִּ֑י
ל֥וֹא לִזְר֖וֹת וְל֥וֹא לְהָבַֽר׃ 12 ר֣וּחַ מָלֵ֥א מֵאֵ֖לֶּה[a] יָ֣בוֹא לִ֑י
עַתָּ֕ה גַּם־אֲנִ֛י אֲדַבֵּ֥ר מִשְׁפָּטִ֖ים אוֹתָֽם׃
13 הִנֵּ֣ה ׀ כַּעֲנָנִ֣ים יַעֲלֶ֗ה וְכַסּוּפָה֙ מַרְכְּבוֹתָ֔יו
קַלּ֥וּ מִנְּשָׁרִ֖ים סוּסָ֑יו א֥וֹי לָ֖נוּ כִּ֥י שֻׁדָּֽדְנוּ׃
14 כַּבְּסִ֨י מֵרָעָ֤ה לִבֵּךְ֙ יְר֣וּשָׁלִַ֔ם לְמַ֖עַן תִּוָּשֵׁ֑עִי
עַד־מָתַ֛י תָּלִ֥ין בְּקִרְבֵּ֖ךְ מַחְשְׁב֥וֹת אוֹנֵֽךְ׃
15 כִּ֛י ק֥וֹל מַגִּ֖יד מִדָּ֑ן וּמַשְׁמִ֥יעַ אָ֖וֶן מֵהַ֥ר אֶפְרָֽיִם׃
16 [a]הַזְכִּ֣ירוּ לַגּוֹיִ֗ם הִנֵּה֙[a] הַשְׁמִ֣יעוּ עַל־יְרוּשָׁלִַ֔ם
נֹצְרִ֥ים[b] בָּאִ֖ים מֵאֶ֣רֶץ הַמֶּרְחָ֑ק וַֽיִּתְּנ֛וּ עַל־עָרֵ֥י יְהוּדָ֖ה קוֹלָֽם׃
17 כְּשֹׁמְרֵ֣י שָׂדַ֔י הָי֥וּ עָלֶ֖יהָ מִסָּבִ֑יב כִּי־אֹתִ֥י מָרָ֖תָה נְאֻם־יְהוָֽה׃
18 דַּרְכֵּךְ֙[a] וּמַ֣עֲלָלַ֔יִךְ עָשׂ֥וֹ[b] אֵ֖לֶּה לָ֑ךְ
זֹ֤את רָעָתֵךְ֙ כִּ֣י מָ֔ר[c] כִּ֥י[c] נָגַ֖ע עַד־[d]לִבֵּֽךְ׃ ס
19 מֵעַ֣י ׀ מֵעַ֞י אָחוּלָה[a] קִיר֥וֹת לִבִּ֛י

ב
יח[14] . ל
ל
ה[15]
ב מל[18]
ה . ב
ל
ד כת ו . ב

[14] Mm 1941. [15] Mm 2159. [16] Hi 3,25. [17] Mm 136. [18] Mm 2472. [19] Mm 2473. [20] Mm 479. [21] Mm 3104.

7 [a–a] add (ex 2,15)? ‖ **8** [a] huc tr ממנו m cs ‖ **10** [a] ex 14,13; l וְאָמְרוּ cf 𝔊^{A}𝔄 ‖ [b–b] ex 11; l frt לָנוּ ‖ **11** [a–a] 𝔊 *πλανήσεως* cf 𝔖 ‖ [b] l prb בָּא מִמ׳ ‖ **12** [a] > 𝔊*, dl (dupl) ‖ **16** [a–a] prp הַגִּידוּ בִיהוּדָה vel הַזְהִירוּ לְבִנְיָמִן ‖ [b] 𝔊 *συστροφαί*, l צָרִים ‖ **18** [a] pc Mss Vrs דְּרָכַיִךְ ‖ [b] nonn Mss עָשָׂה, ℭ mlt Mss עשו ‖ [c–c] prp מְרִיֵךְ cf 17b ‖ [d] mlt Mss עַל ‖ **19** [a] l c K mlt Mss 𝔊𝔙 אָחוּלָה, pc Mss Ed^{Norzi} Q^{Mss} אָחִילָה, Q אוֹחִילָה; 𝔖(𝔗) *kjbjn lj* = יָחִילוּ.

הֵֽמָה־לִ֣י לִבִּ֔י[b] לֹ֥א אַחֲרִ֖ישׁ
כִּ֣י ק֤וֹל שׁוֹפָר֙ שָׁמַ֣עַתְּי[c] נַפְשִׁ֔י תְּרוּעַ֖ת מִלְחָמָֽה׃
20 שֶׁ֤בֶר עַל־שֶׁ֙בֶר֙ נִקְרָ֔א[a] כִּ֥י שֻׁדְּדָ֖ה כָּל־הָאָ֑רֶץ
פִּתְאֹם֙ שֻׁדְּד֣וּ אֹהָלַ֔י רֶ֖גַע[b] יְרִיעֹתָֽי׃
21 עַד־מָתַ֖י אֶרְאֶה־נֵּ֑ס[a] אֶשְׁמְעָ֖ה ק֥וֹל שׁוֹפָֽר׃ ס
22 כִּ֣י ׀ אֱוִ֣יל[a] עַמִּ֗י אוֹתִי֙ לֹ֣א יָדָ֔עוּ
בָּנִ֤ים סְכָלִים֙ הֵ֔מָּה וְלֹ֥א נְבוֹנִ֖ים הֵ֑מָּה
חֲכָמִ֥ים הֵ֙מָּה֙ לְהָרַ֔ע וּלְהֵיטִ֖יב לֹ֥א יָדָֽעוּ׃

ו²⁷ . ל

ב²⁸ . הִ²⁹ רל בליש . ג³⁰

23 רָאִ֙יתִי֙ אֶת־הָאָ֔רֶץ וְהִנֵּה־[a]תֹ֖הוּ וָבֹ֑הוּ[a] וְאֶל־הַשָּׁמַ֖יִם וְאֵ֥ין אוֹרָֽם׃
24 רָאִ֙יתִי֙ הֶהָרִ֔ים וְהִנֵּ֖ה רֹעֲשִׁ֑ים וְכָל־הַגְּבָע֖וֹת הִתְקַלְקָֽלוּ׃
25 רָאִ֕יתִי וְהִנֵּ֖ה אֵ֣ין הָאָדָ֑ם וְכָל־ע֥וֹף הַשָּׁמַ֖יִם נָדָֽדוּ׃
26 רָאִ֕יתִי וְהִנֵּ֥ה הַכַּרְמֶ֖ל הַמִּדְבָּ֑ר וְכָל־עָרָ֗יו נִתְּצוּ֙[a]
מִפְּנֵ֣י יְהוָ֔ה מִפְּנֵ֖י[b] חֲר֥וֹן אַפּֽוֹ׃[c] ס
27 כִּי־כֹה֙ אָמַ֣ר יְהוָ֔ה
שְׁמָמָ֥ה תִהְיֶ֖ה כָּל־הָאָ֑רֶץ וְכָלָ֖ה לֹ֥א[a] אֶעֱשֶֽׂה׃
28 עַל־זֹאת֙ תֶּאֱבַ֣ל הָאָ֔רֶץ וְקָדְר֥וּ הַשָּׁמַ֖יִם מִמָּ֑עַל
עַ֤ל[a] כִּי־דִבַּ֙רְתִּי֙ זַמֹּ֔תִי[b] וְלֹ֥א נִחַ֖מְתִּי וְלֹא־אָשׁ֥וּב מִמֶּֽנָּה׃
29 מִקּ֞וֹל פָּרָ֨שׁ וְרֹ֤מֵה[a] קֶ֙שֶׁת֙ בֹּרַ֣חַת כָּל־הָעִ֔יר[b]
בָּ֚אוּ[c] בֶּעָבִ֔ים וּבַכֵּפִ֖ים עָל֑וּ
[d]כָּל־הָעִ֣יר[d] עֲזוּבָ֔ה וְאֵין־יוֹשֵׁ֥ב בָּהֵ֖ן אִֽישׁ׃ [זָהָ֔ב
30 וְאַ֨תְּי[a] שָׁד֜וּד[b] מַֽה־תַּעֲשִׂ֗י כִּֽי־תִלְבְּשִׁ֨י שָׁנִ֜י כִּֽי־תַעְדִּ֣י עֲדִי־[c]
כִּֽי־תִקְרְעִ֤י בַפּוּךְ֙ עֵינַ֔יִךְ לַשָּׁ֖וְא תִּתְיַפִּ֑י

ב̇ חס̇ . ז̇ חס̇ בליש[22]
שמעת ק̇ חד מן ד̇[23] בליש
ב̇ חד חס̇ וחד מל̇
ב̇[24]
כ̇י̇[25] מל̇ י̇ג̇ מנה̇ בסיפ̇ וכל יהושע ושפטים דכות̇ ב̇ מ̇ ב̇ .
י̇ז̇ מ״פ לא ולא לא[26]
ל̇ מל̇
ו̇[27] . ל̇
ב̇[28] . ה̇[29] ול̇ בליש . ג̇[30]
ב̇[31] . ל̇
ב̇
ב̇ פסוק̇ בסיפ̇ מפני מפני
ו̇ בטע̇ בסיפ̇ . כ̇י̇ מיחד[32]
ב̇ . ד̇[33]
ג̇ ב̇ קמ̇ וחד פת̇ . ב̇ בליש[34] . ב̇[35]
מ̇ט̇ מל̇ בנביא̇ . ה̇י̇[36]
ואת ק̇ חד מן ז̇[37] כת̇ כן בליש
ג̇ . י̇א̇ . ל̇

[22] Mp contra textum, cf Mp sub loco. [23] Mm 1865. [24] Ps 85,9. [25] Mm 1238 א. [26] Mm 1613. [27] Mm 227. [28] Gn 1,2. [29] Mm 1923. [30] Mm 2253. [31] Mp sub loco. [32] Mm 2049. [33] Mm 1847. [34] Mm 2474. [35] Gn 16,8. [36] Mm 640. [37] Mm 2081.

19 [b] dl, tr huc נפשי ex v b (l הֵמָּה) cf 𝔊 ‖ [c] l c K ־ְתִּי (cf [b]); 𝔊(𝔖𝔗𝔙) ἤκουσεν = שָׁמַעַת ‖ **20** [a] sec 𝔊α′σ′𝔙 rectius a קרא, sec 𝔖𝔗 a קרה ‖ [b] 𝔊 *διεσπάσθησαν* cf 𝔖 ‖ **21** [a] 𝔊(𝔖𝔙) *φεύγοντας* = נָס ‖ **22** [a] 𝔊 *οἱ ἡγούμενοι* = אֵילֵי ‖ **23** [a–a] 𝔊* om תהו ו, dl? ‖ **26** [a] nonn Mss 𝔊 נִצְּתוּ ‖ [b] L* mlt Mss 𝔊𝔖$𝔗^{f\,Ms}$𝔙 ומ׳ ‖ [c] 𝔊 + *ἠφανίσθησαν* ‖ **27** [a] l לָהּ cf 28b ‖ **28** [a] dttg? ‖ [b] tr post נחמתי cf 𝔊 ‖ **29** [a] nonn Mss ורמי ‖ [b] ex v b; 𝔊($𝔗^{Ed}$) *χώρα*, l הָאָרֶץ ‖ [c] 𝔊 + *εἰς τὰ σπήλαια καὶ … ἐκρύβησαν*, ins בַּמְּעָרוֹת וַיֵּחָבְאוּ (homtel) ‖ [d–d] 𝔊 recte *πᾶσα πόλις* = כל־עיר cf בהן ‖ **30** [a] K ואתי ‖ [b] > 𝔊*, dl ‖ [c] dttg?

מָאֲסוּ־בָךְ עֹגְבִים נַפְשֵׁךְ יְבַקֵּשׁוּ׃ ל
31 כִּי קוֹל כְּחוֹלָה[a] שָׁמַעְתִּי צָרָה[b] כְּמַבְכִּירָה ל
קוֹל בַּת־צִיּוֹן תִּתְיַפֵּחַ תְּפָרֵשׂ כַּפֶּיהָ ל
אוֹי־נָא לִי כִּי־עָיְפָה נַפְשִׁי לְהֹרְגִים[c]׃ פ ל
ס̄ג[8] 5 1 שׁוֹטְטוּ בְּחוּצוֹת יְרוּשָׁלַםִ וּרְאוּ־נָא וּדְעוּ ל[1]
וּבַקְשׁוּ בִרְחוֹבוֹתֶיהָ אִם־תִּמְצְאוּ אִישׁ ל[2]. ל מל
אִם־יֵשׁ עֹשֶׂה מִשְׁפָּט מְבַקֵּשׁ אֱמוּנָה וְאֶסְלַח לָהּ[a]׃ ב
2 וְאִם[a] חַי־יְהוָה יֹאמֵרוּ לָכֵן[b] לַשֶּׁקֶר יִשָּׁבֵעוּ׃ ל. ג[3]
3 יְהוָה עֵינֶיךָ הֲלוֹא לֶאֱמוּנָה
הִכִּיתָה אֹתָם וְלֹא־חָלוּ כִּלִּיתָם[a] מֵאֲנוּ קַחַת מוּסָר ג מל[4]. יו חס בסיפ
חִזְּקוּ פְנֵיהֶם מִסֶּלַע מֵאֲנוּ לָשׁוּב׃ ד[5]
4 וַאֲנִי אָמַרְתִּי אַךְ־דַּלִּים[a] הֵם נוֹאֲלוּ ס̄ז ר״פ. ב[6]
כִּי לֹא יָדְעוּ דֶּרֶךְ יְהוָה מִשְׁפַּט אֱלֹהֵיהֶם׃
5 אֵלְכָה־לִּי אֶל־הַגְּדֹלִים וַאֲדַבְּרָה אוֹתָם ט רפי וכל יחזק דכות[7]
כִּי הֵמָּה יָדְעוּ דֶּרֶךְ יְהוָה מִשְׁפַּט אֱלֹהֵיהֶם
אַךְ הֵמָּה יַחְדָּו שָׁבְרוּ עֹל נִתְּקוּ מוֹסֵרוֹת׃
6 עַל־כֵּן הִכָּם אַרְיֵה מִיַּעַר זְאֵב עֲרָבוֹת[a] יְשָׁדְדֵם ל
נָמֵר שֹׁקֵד עַל־עָרֵיהֶם כָּל־הַיּוֹצֵא מֵהֵנָּה יִטָּרֵף ג[8]. ד מל בנביא וכל כתיב דכות[9]. ז[10]
כִּי רַבּוּ פִּשְׁעֵיהֶם עָצְמוּ מְשֻׁבוֹתֵיהֶם׃ °[11]
7 אֵי לָזֹאת אֶסְלוֹחַ[a]־לָךְ בָּנַיִךְ עֲזָבוּנִי וַיִּשָּׁבְעוּ בְּלֹא אֱלֹהִים אסלח[13] לא. ג[12]. יתיר ו. יח ק
וָאַשְׂבִּעַ[b] אוֹתָם וַיִּנְאָפוּ וּבֵית זוֹנָה יִתְגּוֹדָדוּ[c]׃ ל וחס
8 סוּסִים מְיֻזָּנִים[a] מַשְׁכִּים[b] הָיוּ אִישׁ אֶל־אֵשֶׁת רֵעֵהוּ יִצְהָלוּ׃ ל למדינ[14]. ל
9 הַעַל־אֵלֶּה לוֹא־אֶפְקֹד[a] נְאֻם־יְהוָה לה מל

31 [a] = כחָלה ‖ [b] 𝔊 *τοῦ στεναγμοῦ σου*; prp צְוָחָה vel *צֶרַח ululatus ‖ [c] 𝔊𝔙 pt pass cf 𝔖 ‖ **Cp 5,1** [a] ins נְאֻם יהוה cf 2[a] ‖ **2** [a] 𝔊 *λέγει κύριος* (cj c 1) ‖ [b] l c mlt Mss 𝔖 אָכֵן ‖ **3** [a] prp כִּלְּהֶם vel הִכְלַמְתָּם ‖ **4** [a] tr huc ‸ ‖ **6** [a] 𝔊 *ἕως τῶν οἰκιῶν* = עַד־בַּיִת ? α′ (𝔖𝔗𝔙) *ἑσπερινοί* = עֶרֶב ut Hab 1,8 Zeph 3,3 ‖ **7** [a] K אסלוֹחַ ‖ [b] pc Mss –שׂ׳ ‖ [c] l c pc Mss יתגוררו cf 𝔊 *κατέλυον* ‖ **8** [a] K^Occ מוּז׳ ‖ [b] Ms –מִים, 𝔊 *θηλυμανεῖς*, α′θ′(𝔗?) *ἕλκοντες* = מֹשְׁכִים, 𝔏 *furentes circa feminas* pro מי׳ מ׳; l *מַאֲשְׁכִים testiculati ‖ **9** [a] nonn Mss + בָּם cf 29[a].

וְאִם בְּגוֹי אֲשֶׁר־כָּזֶה לֹא תִתְנַקֵּם נַפְשִׁי׃ ס ל̊ וחד מן ד̇[15] זוגין . ה̇

10 עֲלוּ בְשָׁרוֹתֶיהָ וְשַׁחֵתוּ וְכָלָה אַל־[a]תַּעֲשׂוּ ל̊ . ג̇

הָסִירוּ נְטִישׁוֹתֶיהָ [b]כִּי לוֹא לַיהוָה הֵמָּה[b]׃ ל̊ ומל̊ . ל̊ה̇ מל̊

11 כִּי בָגוֹד בָּגְדוּ בִּי בֵּית יִשְׂרָאֵל וּבֵית יְהוּדָה נְאֻם־יְהוָה׃

12 כִּחֲשׁוּ בַּיהוָה וַיֹּאמְרוּ לוֹא־הוּא י̇ז̇[16] מ״פ לא ולא לא וחד מן ל̊ה̇[17] מל̊

וְלֹא־תָבוֹא עָלֵינוּ רָעָה וְחֶרֶב וְרָעָב לוֹא נִרְאֶה׃ ג̇ . ל̊ה̇ מל̊ . ה̇[18]

13 וְהַנְּבִיאִים יִהְיוּ לְרוּחַ וְהַדִּבֵּר[a] אֵין בָּהֶם [b]כֹּה יֵעָשֶׂה לָהֶם[b]׃ ס ד̇ מל̊ בסיפ̇ . ל̊ו̇[19]

14 לָכֵן כֹּה־אָמַר יְהוָה אֱלֹהֵי צְבָאוֹת ה̇י̇ בטע̇ בסיפ̇[20] . י̇ב̇[21]

יַעַן דַּבֶּרְכֶם[a] אֶת־הַדָּבָר הַזֶּה

הִנְנִי נֹתֵן דְּבָרַי בְּפִיךָ לְאֵשׁ ג̇[22]

וְהָעָם הַזֶּה עֵצִים[b] וַאֲכָלָתַם׃ ב̇

15 הִנְנִי מֵבִיא עֲלֵיכֶם גּוֹי מִמֶּרְחָק בֵּית יִשְׂרָאֵל נְאֻם־יְהוָה

[a]גּוֹי ׀ אֵיתָן הוּא גּוֹי מֵעוֹלָם הוּא[a]

גּוֹי [b]לֹא־תֵדַע לְשֹׁנוֹ וְלֹא תִשְׁמַע מַה־יְדַבֵּר[b]׃ ד̇[23]

16 [a]אַשְׁפָּתוֹ[b] כְּקֶבֶר פָּתוּחַ[a] [c]כֻּלָּם גִּבּוֹרִים[c]׃ ג̇[24] . ל̊ . ד̇[25]

17 וְאָכַל קְצִירְךָ וְלַחְמֶךָ יֹאכְלוּ[a] בָּנֶיךָ וּבְנוֹתֶיךָ ג̇ מל̊[26]

יֹאכַל צֹאנְךָ וּבְקָרֶךָ יֹאכַל גַּפְנְךָ וּתְאֵנָתֶךָ

יְרֹשֵׁשׁ[b] עָרֵי מִבְצָרֶיךָ אֲשֶׁר אַתָּה בּוֹטֵחַ בָּהֵנָּה בֶּחָרֶב[c]׃ ל̊ . כ̇ז̇ בטע̇ . ג̇[27] בנביא וכל כתיב̇ דכות ב̇ מ̇ ה̇ . ג̇[28]

18 וְגַם בַּיָּמִים הָהֵמָּה נְאֻם־יְהוָה לֹא־אֶעֱשֶׂה אִתְּכֶם כָּלָה׃ 19 וְהָיָה ו̇ ר״פ בסיפ̇[29] . ח̇[30] . י̇ב̇[31] . ב̇

כִּי תֹאמְרוּ[a] תַּחַת מֶה עָשָׂה יְהוָה אֱלֹהֵינוּ לָנוּ אֶת־כָּל־אֵלֶּה וְאָמַרְתָּ ו̇ בטע̇ בסיפ̇

אֲלֵיהֶם[b] כַּאֲשֶׁר עֲזַבְתֶּם אוֹתִי וַתַּעַבְדוּ אֱלֹהֵי נֵכָר בְּאַרְצְכֶם כֵּן כ̇י̇[32] מל̊ י̇ג̇ מנה̇ בסיפ̇ וכל יהושע ושפטים דכות̇ ב̇ מ̇ ב̇ . ג̇[33]

תַּעַבְדוּ זָרִים בְּאֶרֶץ לֹא לָכֶם׃ ס

20 הַגִּידוּ זֹאת בְּבֵית יַעֲקֹב וְהַשְׁמִיעוּהָ בִיהוּדָה לֵאמֹר׃ ב̇ . ל̊

[15] Mm 3561. [16] Mm 1613. [17] Mp contra textum, cf Mp sub loco. [18] Mm 3682. [19] Mm 210. [20] Mm 2617. [21] Mm 2015. [22] Mm 2242. [23] Mm 2475. [24] Mm 3423. [25] Mm 946. [26] Mm 228. [27] Mm 2352. [28] Mm 909. [29] Mm 2463. [30] Mm 2738. [31] Mm 891. [32] Mm 1238 א. [33] Mm 1384.

10 [a] dl cf 4,27[a] ‖ [b–b] 𝔊𝔖 vertunt sensum in contrarium ‖ **13** [a] Ms וְהַדָּבָר, 𝔊 *καὶ λόγος κυρίου* ‖ [b–b] > 𝔊[A al]; prb post צבאות 14 tr ‖ **14** [a] l דַּבְּרָם ‖ [b] pc Mss לע׳ ‖ **15** [a–a] > 𝔊* ‖ [b–b] 𝔊* *οὗ οὐκ ἀκούσῃ [τῆς φωνῆς] τῆς γλώσσης αὐτοῦ* cf Dt 28,49b ‖ **16** [a–a] > 𝔊* ‖ [b] prp שְׂפָתוֹ vel אֲשֶׁר פִּיהוּ ‖ [c–c] prp כִּלּוּ מְגֹובִים cf 17 ‖ **17** [a] Ms ־ַל ‖ [b] prp יְרֹשׁ ‖ [c] add? ‖ **19** [a] l יֹא׳ ‖ [b] ins כֹּה אָמַר יהוה cf 𝔖 et אותי.

21 שִׁמְעוּ־נָא זֹאת עַם סָכָל וְאֵין לֵב
עֵינַיִם לָהֶם וְלֹא יִרְאוּ אָזְנַיִם לָהֶם וְלֹא יִשְׁמָעוּ׃ — כה
22 הַאוֹתִי לֹא־תִירָאוּ נְאֻם־יְהוָה אִם מִפָּנַי לֹא תָחִילוּ — כי[34] מל יג מנה בסיפ וכל יהושע ושפטים דכות ב מ ב וחד מן ב בליש חד מל וחד חס . ל
אֲשֶׁר־שַׂמְתִּי חוֹל גְּבוּל לַיָּם חָק־עוֹלָם וְלֹא יַעַבְרֶנְהוּ — ה[35] . ל
וַיִּתְגָּעֲשׁוּ[a] וְלֹא יוּכָלוּ וְהָמוּ גַלָּיו וְלֹא יַעַבְרֻנְהוּ׃ — ג[36]
23 וְלָעָם הַזֶּה הָיָה לֵב סוֹרֵר וּמוֹרֶה סָרוּ וַיֵּלֵכוּ[a]׃
24 וְלוֹא־אָמְרוּ בִלְבָבָם נִירָא נָא אֶת־יְהוָה אֱלֹהֵינוּ [לָנוּ׃] — לה מל[37] . ד[38] . ט . ב
הַנֹּתֵן גֶּשֶׁם [a]וְיֹרֶה[b] וּמַלְקוֹשׁ בְּעִתּוֹ[a] שְׁבֻעֹת[c] חֻקּוֹת קָצִיר יִשְׁמָר־ — יורה[39] ק . ד[40] . ט
25 עֲוֺנוֹתֵיכֶם הִטּוּ־אֵלֶּה וְחַטֹּאותֵיכֶם מָנְעוּ הַטּוֹב מִכֶּם׃ — ב מל . ד מל[41]
26 כִּי־נִמְצְאוּ בְעַמִּי רְשָׁעִים [a]יָשׁוּר כְּשַׁךְ — ל . ל
יְקוּשִׁים[a] הִצִּיבוּ מַשְׁחִית אֲנָשִׁים יִלְכֹּדוּ׃ — ל . ל
27 כִּכְלוּב מָלֵא עוֹף כֵּן בָּתֵּיהֶם מְלֵאִים מִרְמָה — ל . כל כת כן
עַל־כֵּן גָּדְלוּ וַיַּעֲשִׁירוּ׃ 28 [a]שָׁמְנוּ עָשְׁתוּ[a] — ל
גַּם [b]עָבְרוּ [c]דִבְרֵי־רָע[bc] דִּין לֹא־דָנוּ
דִּין יָתוֹם וְיַצְלִיחוּ[d] וּמִשְׁפַּט אֶבְיוֹנִים[e] לֹא שָׁפָטוּ׃
29 הַעַל־אֵלֶּה לֹא־אֶפְקֹד[a] נְאֻם־יְהוָה
אִם[b] בְּגוֹי אֲשֶׁר־כָּזֶה לֹא תִתְנַקֵּם נַפְשִׁי׃ ס — ד זוגין[42] . ה
30 שַׁמָּה וְשַׁעֲרוּרָה נִהְיְתָה בָּאָרֶץ׃ — ל
31 הַנְּבִאִים נִבְּאוּ־בַשֶּׁקֶר וְהַכֹּהֲנִים יִרְדּוּ[a] עַל־יְדֵיהֶם — ח מל בסיפ . ל
וְעַמִּי אָהֲבוּ כֵן וּמַה־תַּעֲשׂוּ לְאַחֲרִיתָהּ׃ — יא . ב[43]
6 1 הָעִזוּ | בְּנֵי בִנְיָמִן[a] מִקֶּרֶב יְרוּשָׁלִַם — ב חד מל וחד חס[1]
וּבִתְקוֹעַ תִּקְעוּ שׁוֹפָר וְעַל־בֵּית הַכֶּרֶם שְׂאוּ מַשְׂאֵת — ל . ה[2] ג מנה בליש
כִּי רָעָה נִשְׁקְפָה מִצָּפוֹן וְשֶׁבֶר גָּדוֹל׃ — ד

[34] Mm 1238 א. [35] Mm 2476. [36] Mm 1841. [37] Mp contra textum, cf Mp sub loco. [38] Mm 1371. [39] Mp sub loco. [40] Mm 2477. [41] Mm 1383. [42] Mm 3561. [43] Mm 2478. Cp 6 [1] Mm 2479. [2] Mm 3750.

22 [a] 𝔊𝔖 sg, l עשׁ–, –כל (ו dttg) ‖ **23** [a] l וַיֵּכָלוּ? cf 22b 3,5 ‖ **24** [a–a] add ‖ [b] Vrs ut Q ‖ [c] dttg, dl; Vrs nil nisi 𝔐 legisse vid ‖ **26** [a–a] crrp; α′σ′θ′ *ὡς δίκτυον ἰξευτοῦ* (pro כ׳ י׳) cf 𝔙 *quasi aucupes*, l frt יִשְׂרְכוּ שְׂבָכָ(ה) כְּיוֹקְשִׁים nectunt rete quasi aucupes ‖ **28** [a–a] > 𝔊* ‖ [b–b] prp עָזְרוּ בְרִיבוֹ רָע ‖ [c–c] > 𝔊*; 𝔊^{OL}α′σ′θ′(𝔙) *τοὺς λόγους μου εἰς πονηρόν* = דְּבָרַי לְרָע ‖ [d] > 𝔊 ‖ [e] 𝔊 *χήρας* = אַלְמָנָה ‖ **29** [a] ℭ nonn Mss + בָּם cf 9[a] ‖ [b] pc Mss וְאִם ut 9 ‖ **31** [a] prp יוֹרוּ vel הוֹרוּ ‖ **Cp 6,1** [a] sic L, mlt Mss Edd בְּנֵ׳.

ס ד[4]

2 הַנָּוָה֙ וְהַמְּעֻנָּגָ֔ה[a] דָּמִ֖יתִי[a] בַּת־צִיּֽוֹן׃
3 אֵלֶ֛יהָ יָבֹ֥אוּ רֹעִ֖ים וְעֶדְרֵיהֶ֑ם
תָּקְע֨וּ עָלֶ֤יהָ אֹהָלִים֙ סָבִ֔יב רָע֖וּ אִ֥ישׁ אֶת־יָדֽוֹ׃
4 קַדְּשׁ֤וּ עָלֶ֙יהָ֙ מִלְחָמָ֔ה ק֖וּמוּ וְנַעֲלֶ֣ה בַֽצָּהֳרָ֑יִם
א֥וֹי לָ֙נוּ֙ כִּי־פָנָ֣ה הַיּ֔וֹם כִּ֥י יִנָּט֖וּ צִלְלֵי־עָֽרֶב׃
5 ק֚וּמוּ וְנַעֲלֶ֣ה בַלָּ֔יְלָה וְנַשְׁחִ֖יתָה אַרְמְנוֹתֶֽיהָ׃ ס
6 כִּ֣י כֹ֤ה אָמַר֙ יְהוָ֣ה צְבָא֔וֹת
כִּרְת֣וּ עֵצָ֔ה[a] וְשִׁפְכ֥וּ עַל־יְרוּשָׁלִַ֖ם סֹלְלָ֑ה
[b]הִ֚יא הָעִ֣יר הָפְקַ֔ד[b] כֻּלָּ֖הּ[c] עֹ֥שֶׁק בְּקִרְבָּֽהּ׃
7 כְּהָקִ֥יר בַּ֙יִר֙[a] מֵימֶ֔יהָ כֵּ֖ן הֵקֵ֣רָה רָעָתָ֑הּ
חָמָ֣ס וָ֠שֹׁד יִשָּׁ֨מַע בָּ֧הּ עַל־פָּנַ֛י תָּמִ֖יד [b]חֳלִ֥י וּמַכָּֽה[b]׃
8 הִוָּֽסְרִי֙ יְר֣וּשָׁלִַ֔ם פֶּן־תֵּקַ֥ע נַפְשִׁ֖י מִמֵּ֑ךְ
פֶּן־אֲשִׂימֵ֣ךְ שְׁמָמָ֔ה אֶ֖רֶץ ל֥וֹא נוֹשָֽׁבָה׃ פ
9 כֹּ֤ה אָמַר֙ יְהוָ֣ה צְבָא֔וֹת
עוֹלֵ֨ל יְעוֹלְל֥וּ[a] כַגֶּ֖פֶן שְׁאֵרִ֣ית יִשְׂרָאֵ֑ל
הָשֵׁב֙ יָֽדְךָ֔ כְּבוֹצֵ֖ר עַל־סַלְסִלּֽוֹת׃
10 עַל־מִ֨י אֲדַבְּרָ֤ה וְאָעִ֙ידָה֙ וְיִשְׁמָ֔עוּ
הִנֵּה֙ עֲרֵלָ֣ה אָזְנָ֔ם וְלֹ֥א יוּכְל֖וּ לְהַקְשִׁ֑יב
הִנֵּ֧ה דְבַר־יְהוָ֛ה הָיָ֥ה לָהֶ֛ם לְחֶרְפָּ֖ה לֹ֥א[a] יַחְפְּצוּ־בֽוֹ׃
11 וְאֵת֩[a] [b]חֲמַ֨ת יְהוָ֤ה[b] ׀ מָלֵ֙אתִי֙ נִלְאֵ֣יתִי הָכִ֔יל
שְׁפֹ֤ךְ[c] עַל־עוֹלָל֙ בַּח֔וּץ וְעַ֛ל ס֥וֹד בַּחוּרִ֖ים יַחְדָּ֑ו
כִּֽי־גַם־אִ֤ישׁ עִם־[d]אִשָּׁה֙ יִלָּכֵ֔דוּ זָקֵ֖ן עִם־[e]מְלֵ֥א יָמִֽים׃
12 [a]וְנָסַ֤בּוּ בָֽתֵּיהֶם֙ לַאֲחֵרִ֔ים [b]שָׂד֥וֹת וְנָשִׁ֖ים יַחְדָּ֑ו[b]
[c]כִּֽי־אַטֶּ֧ה אֶת־יָדִ֛י עַל־יֹשְׁבֵ֥י הָאָ֖רֶץ נְאֻם־יְהוָֽה[c]׃

ל. ב · ל[3] · ג. יב · ל[4] · ג. ל זקף קמ · ב ובסיפ[4] · ב · ביר ק · חצי המקרא באותיות · ב. ל[5] · ל[6] · לה מל · יו · ל · ה[7] · י. יא[8] · ג. ג[9] · ג[4] · ל · ט · ח[10] ה מנה בליש

[3] Mm 1703. [4] Mp sub loco. [5] Mm 3112. [6] וחד הוסרו Ps 2,10. [7] Mm 1230. [8] Mm 2545. [9] Mm 3095. [10] Mm 3172.

2 a–a crrp; l frt (ה)הַלְנְוֵה מַעֲנָג* דָּמְתָ num pascuo deliciarum similis est ‖ **6** a l c Q^{Or} pc Mss Vrs עֵצָהּ ‖ b–b 𝔊 *ὢ πόλις ψευδής* = הוֹי עִיר הַשֶּׁקֶר ‖ c Q^{Or} כֻּלּוֹ ‖ **7** a Q = בְּאֵר, quod l; K בור ‖ b–b 𝔊𝔖 cj c 8 ‖ **9** a l עוֹלֵל cf 9b ‖ **10** a mlt Mss 𝔊$^{A\ min}$ 𝔏𝔖𝔙 וְלֹא ‖ **11** a prp וַאֲנִי cf Mi 3,8 ‖ b–b 𝔊 *τὸν θυμόν μου* = חֲמָתִי ‖ c 𝔊 *ἐκχεῶ*, prp שָׁפֹךְ ‖ d l גַּם ‖ e ins לֹא (hpgr) ‖ **12** a 12–15a = 8,10–12 ‖ b–b 8,10 שְׂדוֹתֵיהֶם לְיֹרְשִׁים ‖ c–c > 8,10.

יֵדְ פסוק ועד ועד[11]
וֹ[12] כת ר ב מנה בפסוק וכל
אוריַת וכתיב דכות .
ב מל[13]

וֹ[12] כת ר ב מנה בפסוק וכל
אוריַת וכתיב דכות

13 כִּי מִקְּטַנָּם֙ וְעַד־גְּדוֹלָ֔ם כֻּלּ֖וֹ בּוֹצֵ֣עַ בָּ֑צַע
וּמִנָּבִיא֙ וְעַד־כֹּהֵ֔ן כֻּלּ֖וֹ עֹ֥שֶׂה שָּֽׁקֶר׃

ל מפק א[14] . ב[15]

14 וַֽיְרַפְּא֞וּ אֶת־שֶׁ֤בֶר עַמִּי֙[a] עַל־נְקַלָּ֔ה לֵאמֹ֖ר
שָׁל֣וֹם ׀ שָׁל֑וֹם וְאֵ֖ין שָׁלֽוֹם׃ 15 הֹבִ֕ישׁוּ כִּ֥י תוֹעֵבָ֖ה עָשׂ֑וּ

ה . ה[16]

גַּם־בּ֣וֹשׁ לֹֽא־יֵב֗וֹשׁוּ גַּם־הַכְלִים֙[a] לֹ֣א יָדָ֔עוּ

ל מל

לָכֵ֞ן יִפְּל֤וּ בַנֹּֽפְלִים֙ בְּעֵת־פְּקַדְתִּ֣ים[b] יִכָּשְׁל֔וּ אָמַ֥ר יְהוָֽה׃ ס

כ ס״פ[17]

16 כֹּ֣ה אָמַ֣ר יְהוָ֗ה
עִמְדוּ֩[a] עַל־דְּרָכִ֨ים וּרְא֜וּ[b] וְשַׁאֲל֣וּ ׀ לִנְתִב֣וֹת עוֹלָ֗ם
אֵי־זֶ֨ה דֶ֤רֶךְ הַטּוֹב֙ וּלְכוּ־בָ֔הּ וּמִצְא֥וּ מַרְגּ֖וֹעַ לְנַפְשְׁכֶ֑ם
וַיֹּאמְר֖וּ לֹ֥א נֵלֵֽךְ׃

לא

17 וַהֲקִמֹתִ֤י עֲלֵיכֶם֙[a] צֹפִ֔ים הַקְשִׁ֖יבוּ לְק֣וֹל שׁוֹפָ֑ר
וַיֹּאמְר֖וּ לֹ֥א נַקְשִֽׁיב׃

ג חד מל ורב חס[18]

18 לָכֵ֖ן שִׁמְע֣וּ הַגּוֹיִ֑ם[a] וּדְעִ֥י עֵדָ֖ה[a]
אֶת־אֲשֶׁר־בָּֽם[b]׃ 19 שִׁמְעִ֣י הָאָ֔רֶץ

ח דמטע[19]

הִנֵּ֨ה אָנֹכִ֜י מֵבִ֥יא רָעָ֛ה אֶל־הָעָ֥ם הַזֶּ֖ה פְּרִ֣י מַחְשְׁבוֹתָ֑ם[a]
כִּ֤י עַל־דְּבָרַי֙ לֹ֣א הִקְשִׁ֔יבוּ וְתוֹרָתִ֖י וַיִּמְאֲסוּ־בָֽהּ׃

ר[20] . ה מל בליש ובנביא

ל . ב

20 לָמָּה־זֶּ֨ה לִ֤י לְבוֹנָה֙ מִשְּׁבָ֣א תָב֔וֹא[a] וְקָנֶ֥ה הַטּ֖וֹב[b] מֵאֶ֣רֶץ מֶרְחָ֑ק
עֹלֽוֹתֵיכֶם֙ לֹ֣א לְרָצ֔וֹן וְזִבְחֵיכֶ֖ם לֹא־עָ֥רְבוּ לִֽי׃ ס

ב כת כן

21 לָכֵ֗ן כֹּ֤ה אָמַר֙ יְהוָ֔ה
הִנְנִ֥י נֹתֵ֛ן אֶל־הָעָ֥ם הַזֶּ֖ה מִכְשֹׁלִ֑ים וְכָ֥שְׁלוּ בָ֣ם

הי בטע בסיפ[21] . ב[22]

אָב֨וֹת וּבָנִ֤ים יַחְדָּו֙ שָׁכֵ֣ן וְרֵע֔וֹ וְרֵעֹ֖ו יֹאבֵ֑דוּ[a]׃ פ

ואבדו
ק

22 כֹּ֖ה[a] אָמַ֣ר יְהוָ֑ה

ד[23]

הִנֵּ֛ה עַ֥ם בָּ֖א מֵאֶ֣רֶץ צָפ֑וֹן וְג֣וֹי גָּד֔וֹל יֵע֖וֹר מִיַּרְכְּתֵי־אָֽרֶץ׃

---

[11]Mm 1244.　[12]Mm 2480 et Mm 2264.　[13]Mm 3614.　[14]Mm 331.　[15]Mp sub loco.　[16]Mm 2627.　[17]Mm
2481.　[18]Mm 1528.　[19]Mm 1404.　[20]Mm 2471.　[21]Mm 2617.　[22]Mm 2168.　[23]Mm 503.

14 [a] mlt Mss 𝔊[O] σ′𝔖𝔗𝔙 pr בַּת ut 8,11 ‖ [b] 𝔊 καὶ ποῦ = וְאַיֵּה ‖ 15 [a] l c 8,12 הַכְּלֵ֑ים ‖
[b] 𝔊-BS46(𝔙) ἐπισκοπῆς αὐτῶν = פְּקֻדָּתָם ut 8,12 ‖ 16 [a] pr אָמַרְתִּי cf 16b.17a ‖ [b—b] l
prb מֵרֹאשׁ ‖ [דַּרְכֵי מֵרֹאשׁ ‖ 17 [a] l c pc Mss אֲלֵיהֶם ‖ 18 [a—a] l prb דְּעָה (c pc Mss α′) וּדְעִי; 𝔊 pro
v b καὶ οἱ ποιμαίνοντες τὰ ποίμνια αὐτῶν ‖ [b] ins prb אֲשֶׁר עָשָׂה cf 1 R 11,25 ‖ 19 [a] 𝔊 ἀπο-
στροφῆς αὐτῶν = מְשׁוּבָתָם cf 𝔗 ‖ 20 [a] 𝔊*(𝔖𝔙) φέρετε = תָּבִיאוּ ‖ [b] dl ה (dttg) ‖ 21 [a]
l c K יֹאבֵדוּ ‖ 22 [a] 22—24 = 50,41—43.

23 קֶ֣שֶׁת וְכִידֹ֞ון יַחֲזִ֗יקוּ אַכְזָרִ֥י הוּא[a] וְלֹ֣א יְרַחֵ֔מוּ — ל. ז[24]
קֹולָם֙ כַּיָּ֣ם יֶהֱמֶ֔ה וְעַל־סוּסִ֖ים יִרְכָּ֑בוּ — ד[25]
עָר֗וּךְ כְּאִ֙ישׁ[b] לַמִּלְחָמָ֔ה[c] עָלַ֖יִךְ בַּת־צִיֹּֽון׃ — ד. כ[26]
24 שָׁמַ֥עְנוּ אֶת־שָׁמְעֹ֖ו רָפ֣וּ יָדֵ֑ינוּ צָרָה֙ הֶחֱזִקַ֔תְנוּ חִ֖יל כַּיֹּולֵדָֽה׃ — ד וכל נדרים דכות. ו מל. ו חס בליש[27]
25 אַל־תֵּֽצְאִי[a] הַשָּׂדֶ֔ה וּבַדֶּ֖רֶךְ אַל־תֵּלֵ֑כִי[a] כִּ֚י חֶ֣רֶב לְאֹיֵ֔ב מָגֹ֖ור — כו ר״פ אל אל[28]. תצאו תלכו ק ק . ג חס
26 בַּת־עַמִּ֤י חִגְרִי־שָׂק֙ וְהִתְפַּלְּשִׁ֣י בָאֵ֔פֶר [מִסָּבִֽיב׃ — ד קמ וכל בשק אתנח וס״פ דכות[29]
אֵ֤בֶל יָחִיד֙ עֲשִׂ֣י לָ֔ךְ מִסְפַּ֖ד תַּמְרוּרִ֑ים — ג
כִּ֣י פִתְאֹ֔ם יָבֹ֥א הַשֹּׁדֵ֖ד[a] עָלֵֽינוּ׃ — ג חס בסיפ
27 בָּח֛וֹן נְתַתִּ֥יךָ בְעַמִּ֖י מִבְצָ֑ר[a] וְתֵדַ֕ע וּבָחַנְתָּ֖ אֶת־דַּרְכָּֽם׃ — ב
28 כֻּלָּם֙ סָרֵ֣י[a] סֹֽורְרִ֔ים הֹלְכֵ֥י רָכִ֖יל [b]נְחֹ֣שֶׁת וּבַרְזֶ֑ל[b] כֻּלָּ֥ם מַשְׁחִיתִ֖ים — ל כת ס. ה[30]
29 נָחַ֣ר[a] מַפֻּ֔חַ מֵאֶשְׁתָּם[b] עֹפָ֑רֶת [הֵֽמָּה׃ — ב חד פת וחד קמ. מאש תם חד מן ה[31] כת ק מילה חדה וקר תרי. ד חס
לַשָּׁוְא֙ צָרַ֣ף צָרֹ֔וף וְרָעִ֖ים לֹ֥א נִתָּֽקוּ׃ — ג[32]. ב
30 כֶּ֣סֶף נִמְאָ֔ס קָרְא֖וּ לָהֶ֑ם כִּֽי־מָאַ֥ס יְהוָ֖ה בָּהֶֽם׃ פ — ב[33]

7 1 [a]הַדָּבָר֙ אֲשֶׁ֣ר הָיָ֣ה אֶֽל־יִרְמְיָ֔הוּ מֵאֵ֥ת יְהוָ֖ה לֵאמֹֽר׃ 2 עֲמֹ֗ד
בְּשַׁ֙עַר֙ בֵּ֣ית יְהוָ֔ה וְקָרָ֣אתָ שָּׁ֔ם אֶת־הַדָּבָ֖ר הַזֶּ֑ה וְאָמַרְתָּ֞[a] שִׁמְע֣וּ דְבַר־
יְהוָ֗ה כָּל־יְהוּדָה֙ [b]הַבָּאִים֙ בַּשְּׁעָרִ֣ים הָאֵ֔לֶּה לְהִֽשְׁתַּחֲוֹ֖ת לַיהוָֽה[b]׃ ס — ב[1]
3 כֹּה־אָמַ֞ר יְהוָ֤ה צְבָאוֹת֙ אֱלֹהֵ֣י יִשְׂרָאֵ֔ל הֵיטִ֥יבוּ דַרְכֵיכֶ֖ם וּמַעַלְלֵיכֶ֑ם — ט בטע בסיפ[2]
4 [a]וַאֲשַׁכְּנָ֣ה אֶתְכֶ֔ם[a] בַּמָּק֖וֹם הַזֶּֽה׃ 4 אַל־תִּבְטְח֣וּ לָכֶ֔ם אֶל־דִּבְרֵ֥י הַשֶּׁ֖קֶר — ל. י בטח אל
5 לֵאמֹ֑ר הֵיכַ֤ל יְהוָה֙ הֵיכַ֣ל יְהוָ֔ה הֵיכַ֥ל יְהוָ֖ה הֵֽמָּה[b]׃ 5 כִּ֤י אִם־הֵיטֵיב֙ — ב מל
תֵּיטִ֔יבוּ אֶת־דַּרְכֵיכֶ֖ם וְאֶת־מַעַלְלֵיכֶ֑ם אִם־עָשׂ֤וֹ תַֽעֲשׂוּ֙ מִשְׁפָּ֔ט בֵּ֥ין אִ֖ישׁ — ד כת ו
6 וּבֵ֥ין רֵעֵֽהוּ׃ 6 גֵּ֣ר יָת֤וֹם וְאַלְמָנָה֙ לֹ֣א[a] תַעֲשֹׁ֔קוּ [b]וְדָ֣ם נָקִ֔י אַֽל־תִּשְׁפְּכ֖וּ — ג ר״פ
7 בַּמָּק֣וֹם הַזֶּ֑ה[b] וְאַחֲרֵ֙י אֱלֹהִ֧ים אֲחֵרִ֛ים לֹ֥א תֵלְכ֖וּ לְרַ֥ע לָכֶֽם׃ 7 [a]וְשִׁכַּנְתִּ֨י — ג. ל

[24] Mm 2482. [25] Mm 2420. [26] Mm 1514. [27] Mm 2483 contra textum, cf Jer 8,21. [28] Mm 3261. [29] Mm 2484. [30] Mp sub loco. [31] Mm 214. [32] Mm 347. [33] Mm 3219. **Cp 7** [1] Mm 4207. [2] Mm 2615.

23 [a] nonn Mss הֵמָּה ut 50,42 cf 𝔖𝔙 ‖ [b] 𝔊α′ *ὡς πῦρ* = כָּאֵשׁ; l prb כָּל־אִישׁ; it 50,42[c] ‖ [c] pc Mss מל′ ‖ **25** [a] Vrs ut Q, l; K ־ִי ‖ **26** [a] 𝔊 *ταλαιπωρία* = הַשֹּׁד ‖ **27** [a] prb dl, gl ad בחון ‖ **28** [a] mlt Mss שָׂרֵי cf α′σ′𝔖𝔗𝔙; > 𝔊, dl ‖ [b–b] prb dl (ex 1,18? aut cf Ez 22,18.20?) ‖ **29** [a] a נחר, non a חרר ‖ [b] mlt Mss 𝔊 ut Q, K מֵאֶשְׁתָּם cf 𝔖; prp מאש תֻּתַּם ‖ **Cp 7,1/2** [a–a] > 𝔊* ‖ [b–b] > 𝔊* ‖ **3** [a–a] l וְאֶשְׁכְּנָה אִתְּכֶם cf α′𝔙 ‖ **4** [a] 𝔊 + *ὅτι τὸ παράπαν οὐκ ὠφελήσουσιν ὑμᾶς* cf 23,32 ‖ [b] > 𝔗, 𝔖 *’ntwn* = אַתֶּם; prp המ′ ה′ = הַמָּקוֹם הַזֶּה ‖ **6** [a] mlt Mss אַל ‖ [b–b] add ex 22,3 cf אל ‖ **7** [a] l c pc Mss 𝔙 וְשָׁכַ′ cf 3[a–a].

בׄ[3]. בׄ[4]. יבׄ[5] אֶתְכֶם[b] בַּמָּקוֹם הַזֶּה בָּאָרֶץ אֲשֶׁר נָתַתִּי לַאֲבוֹתֵיכֶם לְמִן־עוֹלָם וְעַד־
יׄ[6] וכל ד״ה דכות בׄ מׄ אׄ עוֹלָם׃ 8 הִנֵּה אַתֶּם בֹּטְחִים לָכֶם עַל־דִּבְרֵי הַשָּׁקֶר לְבִלְתִּי הוֹעִיל׃ 8
9 הֲגָנֹב ׀ רָצֹחַ וְנָאֹף וְהִשָּׁבֵעַ לַשֶּׁקֶר וְקַטֵּר לַבָּעַל וְהָלֹךְ אַחֲרֵי אֱלֹהִים 9
אֲחֵרִים אֲשֶׁר לֹא־יְדַעְתֶּם׃ 10 וּבָאתֶם וַעֲמַדְתֶּם לְפָנַי בַּבַּיִת הַזֶּה אֲשֶׁר 10
לׄ. לׄ מל וכל יחזק דכות נִקְרָא־שְׁמִי עָלָיו וַאֲמַרְתֶּם נִצַּלְנוּ לְמַעַן עֲשׂוֹת[a] אֵת כָּל־הַתּוֹעֵבוֹת
בׄ חד מל וחד חס[7] הָאֵלֶּה׃ 11 הַמְעָרַת פָּרִצִים הָיָה [a]הַבַּיִת הַזֶּה[a] אֲשֶׁר־נִקְרָא־שְׁמִי עָלָיו 11
יׄחׄ בְּעֵינֵיכֶם גַּם אָנֹכִי הִנֵּה רָאִיתִי נְאֻם־יְהוָה׃ ס 12 כִּי לְכוּ־נָא אֶל־ 12
גׄ כתׄ כןׄ[8]. כבׄ[9] חׄ[10] מנהׄ מלׄ מְקוֹמִי אֲשֶׁר בְּשִׁילוֹ אֲשֶׁר שִׁכַּנְתִּי שְׁמִי שָׁם בָּרִאשׁוֹנָה וּרְאוּ אֵת אֲשֶׁר־
בׄ חד חס וחד מל[11] עָשִׂיתִי לוֹ מִפְּנֵי רָעַת עַמִּי יִשְׂרָאֵל׃ 13 וְעַתָּה יַעַן עֲשׂוֹתְכֶם אֶת־כָּל־ 13
יאׄ[12] הַמַּעֲשִׂים הָאֵלֶּה [a]נְאֻם־יְהוָה[a] וָאֲדַבֵּר אֲלֵיכֶם [a]הַשְׁכֵּם וְדַבֵּר[a] וְלֹא
שְׁמַעְתֶּם וָאֶקְרָא אֶתְכֶם וְלֹא עֲנִיתֶם׃ 14 וְעָשִׂיתִי לַבַּיִת ׀ אֲשֶׁר נִקְרָא־ 14
שְׁמִי עָלָיו אֲשֶׁר אַתֶּם בֹּטְחִים בּוֹ וְלַמָּקוֹם אֲשֶׁר־נָתַתִּי לָכֶם וְלַאֲבוֹתֵיכֶם
חׄ כתׄ וׄ בליש[13] כַּאֲשֶׁר עָשִׂיתִי לְשִׁלוֹ׃ 15 וְהִשְׁלַכְתִּי אֶתְכֶם מֵעַל פָּנָי כַּאֲשֶׁר הִשְׁלַכְתִּי 15
אֶת־כָּל־אֲחֵיכֶם אֵת כָּל־זֶרַע אֶפְרָיִם׃ ס

גׄ 16 וְאַתָּה אַל־תִּתְפַּלֵּל ׀ בְּעַד־הָעָם הַזֶּה וְאַל־תִּשָּׂא בַעֲדָם רִנָּה 16
לׄ. לׄ. הׄ[14] וּתְפִלָּה וְאַל־תִּפְגַּע־בִּי כִּי־אֵינֶנִּי שֹׁמֵעַ אֹתָךְ׃ 17 הַאֵינְךָ רֹאֶה מָה הֵמָּה 17
בׄ[15] עֹשִׂים בְּעָרֵי יְהוּדָה וּבְחֻצוֹת יְרוּשָׁלִָם׃ 18 הַבָּנִים מְלַקְּטִים עֵצִים 18
בׄ[16]. בׄ וְהָאָבוֹת מְבַעֲרִים אֶת־הָאֵשׁ וְהַנָּשִׁים לָשׁוֹת בָּצֵק לַעֲשׂוֹת כַּוָּנִים
הׄ[17] חס בליש וכל מכעסים דכות בׄ מׄ אׄ לִמְלֶכֶת[a] הַשָּׁמַיִם וְהַסֵּךְ נְסָכִים לֵאלֹהִים אֲחֵרִים לְמַעַן הַכְעִסֵנִי׃
בׄ חד מל וחד חס[18]. יׄו חס בסיפׄ 19 הַאֹתִי הֵם מַכְעִסִים נְאֻם־יְהוָה הֲלוֹא אֹתָם לְמַעַן בֹּשֶׁת פְּנֵיהֶם׃ ס 19
כׄטׄ 20 לָכֵן כֹּה־אָמַר ׀ אֲדֹנָי[a] יְהוִה הִנֵּה אַפִּי וַחֲמָתִי נִתֶּכֶת אֶל־הַמָּקוֹם 20
דׄ[19] הַזֶּה עַל־הָאָדָם וְעַל־הַבְּהֵמָה וְעַל־עֵץ הַשָּׂדֶה וְעַל־פְּרִי הָאֲדָמָה
וׄ בטעׄ בסיפׄ וּבָעֲרָה [b]וְלֹא תִכְבֶּה[b]׃ ס 21 כֹּה אָמַר יְהוָה צְבָאוֹת אֱלֹהֵי 21
בׄ כתׄ כןׄ. בׄ[20] יִשְׂרָאֵל עֹלוֹתֵיכֶם סְפוּ עַל־זִבְחֵיכֶם וְאִכְלוּ בָשָׂר׃ 22 כִּי לֹא־דִבַּרְתִּי 22

[3]Mm 2485. [4]Mm 2486. [5]Mm 2487. [6]Mm 1718. [7]Mm 2488. [8]Mm 2489. [9]Mm 1743. [10]Mm 1135. [11]Mm 2490. [12]Mm 2041. [13]Mm 1525. [14]Mm 628. [15]Mm 1390. [16]Mm 2530. [17]Mm 1401. [18]Mp sub loco. [19]Mm 15. [20]Mm 2311.

7 [b] l אִתְּכֶם cf 𝔙 et 3[a–a] ‖ **10** [a] l שְׁנוֹת? ‖ **11** [a–a] 𝔊 *ὁ οἶκός μου* = בֵּיתִי ‖ **13** [a–a] > 𝔊* ‖ **18** [a] α′σ′ϑ′(𝔙) *τῇ βασιλίσσῃ* cf 44,17 sq 𝔊, l לְמַלְכַּת; mlt Mss למְלֶאכת, 𝔊 *τῇ στρατιᾷ* cf 8,2 ‖ **20** [a] > 𝔊 ‖ [b–b] pc Mss ואין מכבה ut 4,4 21,12.

אֶת־אֲבוֹתֵיכֶם וְלֹא צִוִּיתִים בְּיוֹם הוֹצִיאִ[a] אוֹתָם מֵאֶרֶץ מִצְרָיִם עַל־ הוציאי ק . ל[21] וכל ד״ה דכות ב מ א

ס̊ [ה] דִּבְרֵי עוֹלָה וָזָבַח׃ 23 כִּי אִם־אֶת־הַדָּבָר הַזֶּה צִוִּיתִי אוֹתָם לֵאמֹר ב[22]

שִׁמְעוּ בְקוֹלִי וְהָיִיתִי לָכֶם לֵאלֹהִים וְאַתֶּם תִּהְיוּ־לִי לְעָם וַהֲלַכְתֶּם

24 בְּכָל־הַדֶּרֶךְ אֲשֶׁר אֲצַוֶּה אֶתְכֶם לְמַעַן יִיטַב לָכֶם׃ 24 וְלֹא שָׁמְעוּ וְלֹא־ ט פסוק ולא ולא ולא

הִטּוּ אֶת־אָזְנָם וַיֵּלְכוּ בְּמֹעֵצוֹת[a] בִּשְׁרִרוּת לִבָּם הָרָע וַיִּהְיוּ[b] לְאָחוֹר י . ב[23]

25 וְלֹא לְפָנִים׃ 25 לְמִן־הַיּוֹם אֲשֶׁר יָצְאוּ אֲבוֹתֵיכֶם[a] מֵאֶרֶץ מִצְרַיִם עַד ח . ד בסיפ

הַיּוֹם הַזֶּה וָאֶשְׁלַח אֲלֵיכֶם[b] אֶת־כָּל־עֲבָדַי הַנְּבִיאִים יוֹם[c] הַשְׁכֵּם ח מל בסיפ[23]

26 וְשָׁלֹחַ׃ 26 וְלוֹא שָׁמְעוּ[a] אֵלַי וְלֹא הִטּוּ אֶת־אָזְנָם וַיַּקְשׁוּ אֶת־עָרְפָּם לה מל . ל

27 הֵרֵעוּ מֵאֲבוֹתָם׃ 27 וְדִבַּרְתָּ אֲלֵיהֶם[a] אֶת־כָּל־הַדְּבָרִים הָאֵלֶּה וְלֹא כה . ד[24]

28 יִשְׁמְעוּ אֵלֶיךָ וְקָרָאתָ אֲלֵיהֶם וְלֹא יַעֲנוּכָה׃ 28 וְאָמַרְתָּ אֲלֵיהֶם[a] זֶה כ[25] מילין כת ה ס״ת ול בליש . ו בטע בסיפ

הַגּוֹי אֲשֶׁר לוֹא־שָׁמְעוּ בְּקוֹל יְהוָה אֱלֹהָיו וְלֹא לָקְחוּ מוּסָר[b] אָבְדָה לה מל

הָאֱמוּנָה וְנִכְרְתָה מִפִּיהֶם[c]׃ ס

29 גָּזִּי נִזְרֵךְ[a] וְהַשְׁלִיכִי וּשְׂאִי [b]עַל־שְׁפָיִם[b] קִינָה ל

30 כִּי מָאַס יְהוָה וַיִּטֹּשׁ אֶת־דּוֹר עֶבְרָתוֹ׃ 30 כִּי־עָשׂוּ בְנֵי־יְהוּדָה

הָרַע בְּעֵינַי נְאֻם[a]־יְהוָה שָׂמוּ שִׁקּוּצֵיהֶם בַּבַּיִת אֲשֶׁר־נִקְרָא־שְׁמִי עָלָיו

31 לְטַמְּאוֹ׃ 31 [a]וּבָנוּ[b] בָּמוֹת[c] הַתֹּפֶת[d] אֲשֶׁר בְּגֵיא בֶן־הִנֹּם לִשְׂרֹף אֶת־ ל

בְּנֵיהֶם וְאֶת־בְּנֹתֵיהֶם בָּאֵשׁ אֲשֶׁר לֹא צִוִּיתִי[e] וְלֹא עָלְתָה עַל־לִבִּי׃ ס ח חס וכל עזרא דכות[26]

32 לָכֵן הִנֵּה־יָמִים בָּאִים נְאֻם־יְהוָה וְלֹא־יֵאָמֵר עוֹד הַתֹּפֶת וְגֵיא בֶן־ ח . ב

33 הִנֹּם כִּי אִם־גֵּיא הַהֲרֵגָה[a] וְקָבְרוּ בְתֹפֶת מֵאֵין מָקוֹם׃ 33 וְהָיְתָה נִבְלַת ד

הָעָם הַזֶּה לְמַאֲכָל לְעוֹף הַשָּׁמַיִם וּלְבֶהֱמַת הָאָרֶץ וְאֵין מַחֲרִיד׃

34 וְהִשְׁבַּתִּי[a] ׀ מֵעָרֵי יְהוּדָה וּמֵחֻצוֹת יְרוּשָׁלִַם קוֹל שָׂשׂוֹן וְקוֹל שִׂמְחָה יג[27]

8 קוֹל חָתָן וְקוֹל כַּלָּה כִּי לְחָרְבָּה תִּהְיֶה הָאָרֶץ׃ 8 1 בָּעֵת הַהִיא

נְאֻם־יְהוָה וְיֹצִיאוּ[a] אֶת־עַצְמוֹת מַלְכֵי־יְהוּדָה וְאֶת־עַצְמוֹת־שָׂרָיו יוציאו[1] ק . חד מן ד[2] בליש[3] .

[21] Mm 1718. [22] 2 R 5,17. [23] Mp sub loco. [24] Mm 390. [25] Mm 964. [26] Mm 1132. [27] Mm 815. Cp 8 [1] Mp sub loco. [2] Mm 4154. [3] Mm 1836.

22 [a] l c mlt Mss ut Q; K ־יא‍ ‖ **24** [a] > 𝔊, dl (ex Ps 81,13?) ‖ [b] pc Mss וַיֵּלְכוּ ‖ **25** [a] 𝔊𝔖𝔙 suff 3 pl ‖ [b] Ms 𝔊*𝔖 ־יהֶם ‖ [c] Ms 𝔖 + יוֹם; dl (dttg) ‖ **26** [a] ins עַמִּי ? ‖ **27/28** [a–a] 𝔊 *τὸν λόγον τοῦτον* ‖ [b–b] > 𝔖 ‖ [c] Or ־יכֶם ‖ **29** [a] σ' *τὴν κόμην τὴν ἁγίαν τῆς ναζιραιότητός σου* ‖ [b–b] 𝔊 *ἐπὶ χειλέων* cf 3,21[a–a]. ‖ [c] 𝔊 *τὴν ποιοῦσαν (ποιήσασαν) ταῦτα* (aram [עָבֵד דְּנָ[ה? cf 33,6[b]) ‖ **30** [a] sic L, mlt Mss Edd נְאֻם ‖ **31** [a] 31–33 cf 19,5–7 ‖ [b] l וַיִּבְנוּ? ‖ [c] 𝔊𝔗 sg ‖ [d] 𝔊 *Ταφεθ* ‖ [e] pc Mss 𝔊𝔖 ־תִים ‖ **32** [a] 𝔊 *(τῶν ἀνῃρημένων)* 𝔖𝔗 concretum pro abstracto ‖ **34** [a] pc Mss 𝔊𝔖 pr ־כָּל ‖ **Cp 8,1** [a] K ־וְי.

וְאֶת־עַצְמ֨וֹת הַכֹּהֲנִ֜ים וְאֵ֣ת ׀ עַצְמ֣וֹת הַנְּבִיאִ֗ים וְאֵ֛ת עַצְמ֥וֹת יוֹשְׁבֵֽי־ ז̇. ז̇[4]. ח̇ מל̇ בסיפ̇. ז̇[4] / לד̇ מל̇ ז̇ מנה̇ בסיפ̇
2 יְרוּשָׁלִָ֖ם מִקִּבְרֵיהֶֽם׃ 2 וּשְׁטָח֡וּם לַשֶּׁמֶשׁ֩ וְלַיָּרֵ֨חַ וּלְכֹ֣ל ׀ צְבָ֣א הַשָּׁמַ֗יִם ח̇[5] קמ̇ וכל אתנח̇ וס״פ דכות̇ ב̇ מ̇ א̇
אֲשֶׁ֨ר אֲהֵב֜וּם וַאֲשֶׁ֣ר עֲבָד֗וּם וַאֲשֶׁ֨ר הָלְכ֤וּ אַחֲרֵיהֶם֙ וַאֲשֶׁ֣ר דְּרָשׁ֔וּם ל̇
וַאֲשֶׁ֥ר הִֽשְׁתַּחֲו֖וּ לָהֶ֑ם לֹ֤א יֵאָסְפוּ֙ וְלֹ֣א יִקָּבֵ֔רוּ לְדֹ֛מֶן עַל־פְּנֵ֥י הָאֲדָמָ֖ה
3 יִהְיֽוּ׃ 3 וְנִבְחַ֥ר מָ֙וֶת֙ מֵֽחַיִּ֔ים לְכֹ֗ל הַשְּׁאֵרִית֙ הַנִּשְׁאָרִ֔ים מִן־הַמִּשְׁפָּחָ֥ה ל̇
הָרָעָ֖ה הַזֹּ֑את בְּכָל־הַמְּקֹמ֤וֹת הַנִּשְׁאָרִים֙[a] אֲשֶׁ֣ר הִדַּחְתִּ֣ים שָׁ֔ם [b]נְאֻ֖ם כו̇
יְהוָ֥ה צְבָאֽוֹת׃ ס 4 וְאָמַרְתָּ֣ אֲלֵיהֶ֗ם[b] כֹּ֚ה אָמַ֣ר יְהוָ֔ה ו̇ בטע̇ בסיפ̇[6]. ד̇ בסיפ̇
הֲיִפְּל֖וּ וְלֹ֣א יָק֑וּמוּ אִם־יָשׁ֖וּב[c] וְלֹ֥א יָשֽׁוּב׃ ב̇[7]. ב̇[8]. ו̇[9]
5 מַדּ֨וּעַ שׁוֹבְבָ֜ה[a] הָעָ֥ם הַזֶּ֛ה יְרוּשָׁלִַ֖ם[b] מְשֻׁבָ֣ה נִצַּ֑חַת ל̇
הֶחֱזִ֙יקוּ֙ בַּתַּרְמִ֔ית מֵאֲנ֖וּ לָשֽׁוּב׃ ב̇ חס̇[10]
6 [a]הִקְשַׁ֣בְתִּי וָאֶשְׁמָ֗ע[a] לוֹא־כֵ֣ן יְדַבֵּ֔רוּ לה̇ מל̇. יט̇[11]
אֵ֣ין אִ֗ישׁ נִחָם֙ עַל־רָ֣עָת֔וֹ לֵאמֹ֖ר מֶ֣ה עָשִׂ֑יתִי
כֻּלֹּה[b] שָׁ֚ב בִּמְרֻצָּתָם[c] כְּס֥וּס שׁוֹטֵ֖ף בַּמִּלְחָמָֽה׃ כת̇ כן[12]. במרוצתם ק̇. י̇
7 גַּם־חֲסִידָ֣ה בַשָּׁמַ֗יִם יָֽדְעָה֙ מֽוֹעֲדֶ֔יהָ[a] ג̇. ב̇ בליש̇
וְתֹ֥ר וְסוּס[b] וְעָג֔וּר[c] שָׁמְר֖וּ אֶת־עֵ֣ת בֹּאָ֑נָה וסיס[13] ק̇. ג̇
וְעַמִּ֕י לֹ֣א יָֽדְע֔וּ אֵ֖ת מִשְׁפַּ֥ט יְהוָֽה׃ י̇א
8 אֵיכָ֤ה תֹֽאמְרוּ֙ חֲכָמִ֣ים אֲנַ֔חְנוּ וְתוֹרַ֥ת יְהוָ֖ה אִתָּ֑נוּ ו̇י[14]. ב̇[15]
אָכֵן֙ הִנֵּ֣ה לַשֶּׁ֣קֶר עָשָׂ֔ה[a] עֵ֖ט שֶׁ֥קֶר סֹפְרִֽים׃ יח̇[16]
9 הֹבִ֣ישׁוּ חֲכָמִ֔ים חַ֖תּוּ וַיִּלָּכֵ֑דוּ
הִנֵּ֤ה בִדְבַר־יְהוָה֙ מָאָ֔סוּ וְחָכְמַת[a]־מֶ֖ה לָהֶֽם׃ ס ה̇[17]. כד̇[18]
10 לָכֵן֩ אֶתֵּ֨ן אֶת־נְשֵׁיהֶ֜ם לַאֲחֵרִ֗ים שְׂדֽוֹתֵיהֶם֙ לְי֣וֹרְשִׁ֔ים ל̇. ב̇ חד מל̇ וחד חס̇
[a]כִּ֤י [b]מִקָּטֹן֙ וְעַד־גָּד֔וֹל[b] כֻּלֹּה[c] בֹּצֵ֣עַ בָּ֑צַע יד̇ פסוק̇ ועד ועד[19]
מִנָּבִיא֙[d] וְעַד־כֹּהֵ֔ן כֻּלֹּה[c] עֹ֥שֶׂה שָּֽׁקֶר׃ כת̇ כן[12]

[4]Mm 1836. [5]Mm 2491. [6]Mm 2492. [7]Mm 2493. [8]Mm 2172. [9]Mm 2494. [10]Mp contra textum, cf Mp sub loco. [11]Mm 436. [12]Mp sub loco, Mm 2264 et 2480. [13]Mm 839. [14]Mm 1095. [15]Mm 2495. [16]Mm 1941. [17]Mm 1549. [18]Mm 592. [19]Mm 1244.

3/4 [a] > Ms 𝔊*𝔖, dl ‖ [b–b] 𝔊* sol ὅτι ‖ [c] Q[Or] בוּ– ‖ **5** [a] ה dttg, l שׁוֹבֵב ‖ [b] > Ms 𝔊*, dl? ‖ **6** [a–a] 𝔊 imp pl = הַקְשִׁיבוּ וְשִׁמְעוּ ‖ [b] Q[Mss] כֻּלּוֹ ‖ [c] K צוֹ׳– ‖ **7** [a] pc Mss Vrs דָהּ– ‖ [b] l Q; K וסוס ‖ [c] 𝔊 om cop ‖ **8** [a] l עָשָׂה ‖ **9** [a] l מָתָם– (מ hpgr) ‖ **10** [a] cf 6,12[a]; 10αγ–12 > 𝔊* ‖ [b–b] Ms θ′𝔖 ut 6,13 ‖ [c] cf 6[b] ‖ [d] nonn Mss 𝔄𝔖𝔗[f Mss] ut 6,13.

11 וַיְרַפּ֞וּ[a] אֶת־שֶׁ֤בֶר בַּת־עַמִּי֙ עַל־נְקַלָּ֔ה לֵאמֹ֖ר שָׁל֣וֹם ׀ — ל וחס[20]. ב[21]. ה
שָׁל֑וֹם וְאֵ֖ין שָׁלֽוֹם׃ 12 הֹבִ֕שׁוּ כִּ֥י תוֹעֵבָ֖ה עָשׂ֑וּ — ה[22]
גַּם־בּ֣וֹשׁ לֹא־יֵבֹ֗שׁוּ וְהִכָּלֵם֙ לֹ֣א יָדָ֔עוּ — ל
לָכֵ֞ן יִפְּל֣וּ בַנֹּפְלִ֗ים בְּעֵ֧ת פְּקֻדָּתָ֛ם יִכָּשְׁל֖וּ אָמַ֥ר יְהוָֽה׃ ס — כ ס״פ[23]
13 אָסֹ֥ף אֲסִיפֵ֖ם[a] נְאֻם־יְהוָ֑ה אֵין֩ עֲנָבִ֨ים בַּגֶּ֜פֶן — ג וחס[24]. ל[25] מ״פ אין ואין וכל ר״פ דכות ב מ ב
וְאֵ֤ין תְּאֵנִים֙ בַּתְּאֵנָ֔ה וְהֶֽעָלֶה֙ נָבֵ֔ל [b]וָאֶתֵּ֥ן לָהֶ֖ם יַעַבְרֽוּם[bc]׃ — ל
14 עַל־מָה֙ אֲנַ֣חְנוּ יֹשְׁבִ֔ים הֵאָסְפ֗וּ וְנָב֛וֹא אֶל־עָרֵ֥י הַמִּבְצָ֖ר — ב[26]
וְנִדְּמָה־שָּׁ֑ם כִּי֩ יְהוָ֨ה אֱלֹהֵ֤ינוּ הֲדִמָּ֙נוּ֙ — ל
וַיַּשְׁקֵ֣נוּ מֵי־רֹ֔אשׁ כִּ֥י חָטָ֖אנוּ לַיהוָֽה׃
15 קַוֵּ֥ה[a] לְשָׁל֖וֹם וְאֵ֣ין ט֑וֹב לְעֵ֥ת מַרְפֵּ֖ה[b] וְהִנֵּ֥ה בְעָתָֽה׃ — ב. ל כת ה. ב
16 מִדָּ֣ן נִשְׁמַע֮ נַחְרַ֣ת סוּסָיו֒
מִקּוֹל֙ מִצְהֲל֣וֹת אַבִּירָ֔יו רָעֲשָׁ֖ה כָּל־הָאָ֑רֶץ
וַיָּב֗וֹאוּ וַיֹּֽאכְלוּ֙ אֶ֣רֶץ וּמְלוֹאָ֔הּ עִ֖יר וְיֹ֥שְׁבֵי בָֽהּ׃ ס — ג מל[27]. ג מל[28]
17 כִּי֩ הִנְנִ֨י מְשַׁלֵּ֜חַ בָּכֶ֗ם נְחָשִׁים֙ צִפְעֹנִ֔ים — ז
אֲשֶׁ֥ר אֵין־לָהֶ֖ם לָ֑חַשׁ וְנִשְּׁכ֥וּ אֶתְכֶ֖ם [a]נְאֻם־יְהוָֽה[a]׃ ס
18 מַבְלִ֥יגִיתִ֛י[a] עֲלֵ֥י[b] יָג֖וֹן עָלַ֑י[c] לִבִּ֥י דַוָּֽי׃ — ח[29] בטע ול בליש. ג[30]
19 הִנֵּה־ק֞וֹל שַֽׁוְעַ֣ת בַּת־עַמִּ֗י מֵאֶ֙רֶץ֙ מַרְחַקִּ֔ים[a] — ב[31]
הַֽיהוָה֙ אֵ֣ין בְּצִיּ֔וֹן אִם־מַלְכָּ֖הּ אֵ֣ין בָּ֑הּ — יו מ״פ אין אין
[b]מַדּ֗וּעַ הִכְעִס֛וּנִי בִּפְסִלֵיהֶ֖ם בְּהַבְלֵ֥י נֵכָֽר[b]׃ — ה[32] חס בליש וכל מכעסים דכות ב מ א. ל וכת כן[21]. ב[33]
20 עָבַ֥ר קָצִ֖יר כָּ֣לָה קָ֑יִץ וַאֲנַ֖חְנוּ ל֥וֹא נוֹשָֽׁעְנוּ׃ — לה מל
21 עַל־שֶׁ֥בֶר בַּת־עַמִּ֖י הָשְׁבָּ֑רְתִּי[a] קָדַ֕רְתִּי שַׁמָּ֖ה הֶחֱזִקָֽתְנִי[b]׃ — ו חס בליש[34]
22 הַצֳרִי֙ אֵ֣ין בְּגִלְעָ֔ד אִם־רֹפֵ֖א אֵ֣ין שָׁ֑ם — יו מ״פ אין אין
כִּ֗י[a] מַדּ֙וּעַ֙ לֹ֣א עָֽלְתָ֔ה אֲרֻכַ֖ת בַּת־עַמִּֽי׃

[20] Mm 331. [21] Mp sub loco. [22] Mm 2627. [23] Mm 2481. [24] Mm 2496. [25] Mm 1269. [26] Mm 2497. [27] Mm 2498. [28] Mm 2499. [29] Mm 796. [30] Mm 2205. [31] Mm 2333. [32] Mm 1401. [33] Mm 2500. [34] Mm 2483.

11 [a] pc Mss ut 6,14 ‖ **13** [a–a] l ־ָם (= אֲאֶסְף) אָסֹף cf 𝔊 ‖ [b–b] > 𝔊* ‖ [c] mlt Mss ־בדום, Ms ועבדום; prp מְבַעֲרִים וּבְעָרוּם (hpgr) ‖ **15** [a] = 14,19b, hic dl? ‖ [b] mlt Mss Edd ־פא ‖ **17** [a–a] > 𝔊*, dl ‖ **18** [a] ℭ nonn Mss מבלי ג׳; l מִבְּלִי גֵהֹת (cf 𝔊 *ἀνίατα* [θ′ *διὰ τὸ μὴ εἶναι ὕβριν* = מ׳ גֵּאוּת]) et cj c 17 ‖ [b] l יַעֲלֶה vel עָלָה ‖ [c] huc tr ‸ ‖ **19** [a] prp מֶרְחָבִים vel מֶרְוָחִים (cf 22,14[b]), l 𝔐 cf Jes 33,17 ‖ [b–b] add? cf 7,18 sq ‖ **21** [a] > 𝔊*𝔖 ‖ [b] 𝔊 + 6,24bβ ‖ **22** [a] > nonn Mss 𝔊𝔖.

23 מִי־יִתֵּן רֹאשִׁי מַיִם וְעֵינִי[a] מְקוֹר דִּמְעָה — כו . כט[35] ול בליש
וְאֶבְכֶּה יוֹמָם וָלַיְלָה אֵת[b] חַלְלֵי בַת־עַמִּי׃ — ב[36]

9 1 מִי־יִתְּנֵנִי בַמִּדְבָּר [a]מְלוֹן אֹרְחִים[a] וְאֶעֶזְבָה אֶת־עַמִּי וְאֵלְכָה מֵאִתָּם — ב
2 כִּי כֻלָּם מְנָאֲפִים עֲצֶרֶת בֹּגְדִים׃ 2 וַיַּדְרְכוּ[a] אֶת־לְשׁוֹנָם קַשְׁתָּם — ל
שֶׁקֶר וְלֹא לֶאֱמוּנָה[b] גָּבְרוּ[c] בָאָרֶץ
כִּי מֵרָעָה אֶל־רָעָה ׀ יָצָאוּ וְאֹתִי[d] לֹא־יָדָעוּ [e]נְאֻם־יְהוָה[e]׃ ס — ל בליש[1] . ח קמ[2]
3 אִישׁ מֵרֵעֵהוּ הִשָּׁמֵרוּ וְעַל־כָּל־אָח אַל־תִּבְטָחוּ — יג פסוק כל כל וכל
כִּי כָל־אָח עָקוֹב יַעְקֹב וְכָל־רֵעַ רָכִיל יַהֲלֹךְ[a]׃ — ב חד חס וחד מל . ל
4 וְאִישׁ בְּרֵעֵהוּ יְהָתֵלּוּ וֶאֱמֶת לֹא יְדַבֵּרוּ — ל
לִמְּדוּ לְשׁוֹנָם דַּבֶּר־שֶׁקֶר [a]הַעֲוֵה נִלְאוּ׃ — ב וכל נא דכות
5 שִׁבְתְּךָ[a] בְּתוֹךְ מִרְמָה בְּמִרְמָה מֵאֲנוּ דַעַת־אוֹתִי[b] [c]נְאֻם־יְהוָה[c]׃ ס — ל ר״פ[3] . כי[4] מל יג מנה בסיפ וכל יהושע ושפטים דכות ב מ ב
6 [a]לָכֵן כֹּה אָמַר יְהוָה צְבָאוֹת[a] — הי בטע בסיפ[5] . ד מיחד
הִנְנִי צוֹרְפָם וּבְחַנְתִּים כִּי־אֵיךְ אֶעֱשֶׂה מִפְּנֵי [b]בַּת־עַמִּי[b]׃ — ב[6]
7 [a]חֵץ שׁוֹחֵט[b] לְשׁוֹנָם[c] מִרְמָה [d]דִבֵּר בְּפִיו[d] — שחוט ק ל וכל זהב שחוט דכות
שָׁלוֹם אֶת־רֵעֵהוּ יְדַבֵּר וּבְקִרְבּוֹ יָשִׂים אָרְבּוֹ׃ — ג[7]
8 [a]הַעַל־אֵלֶּה לֹא־אֶפְקָד־בָּם נְאֻם־יְהוָה
אִם בְּגוֹי אֲשֶׁר־כָּזֶה לֹא תִתְנַקֵּם נַפְשִׁי׃ ס — ד זוגין[8] . ה
9 עַל־הֶהָרִים אֶשָּׂא[a] בְכִי וָנֶהִי[b] וְעַל־נְאוֹת מִדְבָּר קִינָה — כג
כִּי נִצְּתוּ מִבְּלִי־אִישׁ עֹבֵר וְלֹא שָׁמְעוּ קוֹל מִקְנֶה — ל בסיפ
מֵעוֹף הַשָּׁמַיִם וְעַד־בְּהֵמָה נָדְדוּ הָלָכוּ׃
10 [a]וְנָתַתִּי אֶת־יְרוּשָׁלִַם לְגַלִּים מְעוֹן תַּנִּים — ג
וְאֶת־עָרֵי יְהוּדָה אֶתֵּן שְׁמָמָה מִבְּלִי[b] יוֹשֵׁב׃ ס — ז[9] . ב . מט מל בנביא

[35] Mm 2501. [36] Mm 1765. Cp 9 [1] Mp sub loco. [2] Mm 1602. [3] Mm 978. [4] Mm 1238 א. [5] Mm 2617. [6] Mm 3178. [7] Mm 3646. [8] Mm 3561. [9] Mm 1936.

23 [a] pc Mss Vrs ־נַי ‖ [b] pc Mss 𝔖𝔗 עַל ‖ **Cp 9,1** [a–a] 𝔊 *σταθμὸν ἔσχατον* = מְלוֹן אַחֲרוֹן? ‖ **2** [a] l וַיִּ׳ ‖ [b] l c Ms 𝔊𝔙 א׳ ‖ [c] l גבְרָה ‖ [d] l (וְאֶת־יְ(הוָה ‖ [e–e] > 𝔊*, dl ‖ **3** [a] huc tr 7? ‖ **4/5** [a–a] l תֹּךְ: שֶׁב נ׳ הֶעֱוּוּ cf 𝔊 ‖ [b] l אֶת־יְהוָה cf 2[d] ‖ [c–c] > 𝔊*, dl ‖ **6** [a–a] add ‖ [b–b] l prb רָעָתָם cf 𝔊𝔗 ‖ **7** [a] cf 3[a] ‖ [b] l c K 𝔊𝔗[Ms]𝔙 שׁוֹחֵט; mlt Mss 𝔖𝔗 ut Q ‖ [c] l ־נוֹ cf 7b ‖ [d–d] l דִּבְרֵי פִיו cf 𝔊 ‖ **8** [a] = 5,9.29; hic dl? ‖ **9** [a] 𝔊(𝔖) *λάβετε*, l שְׂאוּ ‖ [b] > 𝔊* ‖ **10** [a] cf 51,37 ‖ [b] mlt Mss מֵאֵין.

לׄ10 . גׄ11 . בׄ12 דׄ13 חס ול בליש — 11 מִֽי־הָאִ֤ישׁ הֶֽחָכָם֙ וְיָבֵ֣ן אֶת־זֹ֔את וַאֲשֶׁ֨ר דִּבֶּ֧ר פִּֽי־יְהוָ֛ה אֵלָ֖יו וְיַגִּדָ֑הּ

וׄ14 — עַל־מָה֙ אָבְדָ֣ה הָאָ֔רֶץ נִצְּתָ֥ה כַמִּדְבָּ֖ר מִבְּלִ֥י עֹבֵֽר׃ ס

12 וַיֹּ֣אמֶר יְהוָ֔ה עַל־עָזְבָם֙ אֶת־תּ֣וֹרָתִ֔י אֲשֶׁ֥ר נָתַ֖תִּי לִפְנֵיהֶ֑ם וְלֹא־שָׁמְע֥וּ

13 בְקוֹלִ֖י וְלֹא־הָ֥לְכוּ בָֽהּ׃ 13 וַיֵּ֣לְכ֔וּ אַחֲרֵ֖י שְׁרִר֣וּת לִבָּ֑ם[a] וְאַחֲרֵי֙

לׄ . הׄ בטע בסיפ15 . גׄ בטע בסיפ — 14 הַבְּעָלִ֔ים אֲשֶׁ֥ר לִמְּד֖וּם אֲבוֹתָֽם׃ ס 14 לָכֵ֗ן כֹּֽה־אָמַ֞ר יְהוָ֤ה

בׄ חד חס וחד מל16 — צְבָאוֹת֙ אֱלֹהֵ֣י יִשְׂרָאֵ֔ל הִנְנִ֧י מַאֲכִילָ֛ם [a]אֶת־הָעָ֥ם הַזֶּ֖ה[a] לַעֲנָ֑ה וְהִשְׁקִיתִ֖ים

בׄ חד חס וחד מל17 — 15 מֵי־רֹֽאשׁ׃ 15 וַהֲפִצוֹתִים֙ בַּגּוֹיִ֔ם אֲשֶׁר֙ לֹ֣א יָֽדְע֔וּ[a] הֵ֖מָּה וַאֲבוֹתָ֑ם וְשִׁלַּחְתִּ֤י

אַחֲרֵיהֶם֙ אֶת־הַחֶ֔רֶב עַ֥ד כַּלּוֹתִ֖י אוֹתָֽם׃ פ

יׄ — 16 [a]כֹּ֤ה אָמַר֙ יְהוָ֣ה צְבָא֔וֹת[a]

לׄ . בׄ18 חד חס וחד מן בׄ מל בליש — [b]הִֽתְבּוֹנְנ֛וּ וְקִרְא֥וּ[b] לַמְקוֹנְנ֖וֹת וּתְבוֹאֶ֑ינָה[c] וְאֶל־הַחֲכָמ֥וֹת שִׁלְח֖וּ

בׄ18 חד חס וחד מל בליש . בׄ חס א19 — [d]וְתָבֽוֹאנָה׃ 17 וּתְמַהֵ֕רְנָה[d] וְתִשֶּׂ֥נָה[e] עָלֵ֖ינוּ נֶ֑הִי

וְתֵרַ֤דְנָה עֵינֵ֙ינוּ֙ דִּמְעָ֔ה וְעַפְעַפֵּ֖ינוּ יִזְּלוּ־מָֽיִם׃

18 כִּ֣י ק֥וֹל נְהִ֛י נִשְׁמַ֥ע מִצִּיּ֖וֹן[a]

בׄ20 — אֵ֣יךְ שֻׁדָּ֑דְנוּ בֹּ֤שְׁנוּ מְאֹד֙

יד21 קמׄ וכל אתנח וס״פ דכות בׄ מׄ דׄ — כִּֽי־עָזַ֣בְנוּ אָ֔רֶץ כִּ֥י[b] הִשְׁלִ֖יכוּ[c] מִשְׁכְּנוֹתֵֽינוּ׃ ס

לׄ . הׄ — 19 כִּֽי־שְׁמַ֤עְנָה נָשִׁים֙ דְּבַר־יְהוָ֔ה וְתִקַּ֥ח אָזְנְכֶ֖ם דְּבַר־פִּ֑יו

כבׄ . הׄ — וְלַמֵּ֤דְנָה[a] בְנוֹתֵיכֶם֙ נֶ֔הִי וְאִשָּׁ֥ה רְעוּתָ֖הּ קִינָֽה׃

20 כִּי־עָ֤לָה מָ֙וֶת֙ בְּחַלּוֹנֵ֔ינוּ בָּ֖א בְּאַרְמְנוֹתֵ֑ינוּ[a]

גׄ — לְהַכְרִ֤ית עוֹלָל֙ מִח֔וּץ בַּחוּרִ֖ים מֵרְחֹבֽוֹת׃

21 דַּבֵּ֗ר[a] [b]כֹּ֚ה נְאֻם־יְהוָ֔ה[b]

וְנָֽפְלָה֙[c] נִבְלַ֣ת הָֽאָדָ֔ם כְּדֹ֖מֶן[d] עַל־פְּנֵ֣י הַשָּׂדֶ֑ה[e]

דׄ . יׄח בטע בסיפ — וּכְעָמִ֛יר[f] מֵאַחֲרֵ֥י הַקֹּצֵ֖ר וְאֵ֥ין מְאַסֵּֽף׃ ס 22 כֹּ֣ה ׀ אָמַ֣ר יְהוָ֗ה

לׄ — אַל־יִתְהַלֵּ֤ל חָכָם֙ בְּחָכְמָת֔וֹ וְאַל־יִתְהַלֵּ֥ל הַגִּבּ֖וֹר בִּגְבֽוּרָת֑וֹ

13 [a] pc Mss 𝔊𝔖 + הָרָע ‖ **14** [a–a] > 𝔊*, dl ‖ **15** [a] pc Mss יְדָעוּם ‖ **16/17** [a–a] add ‖ [b–b] 𝔊*𝔖 om הִ׳ וְ ‖ [c] dl, ex 16b ‖ [d–d] 𝔊 *καὶ φθεγξάσθωσαν* ‖ [e] mlt Mss תִּ׳ ‖ **18** [a] pc Mss 𝔊 בְּצִ׳ ‖ [b] mlt Mss וְכִי ‖ [c] l הִשְׁלַכְנוּ (cf 𝔊) vel הָשְׁלַכְנוּ (מִמְּ׳) ‖ **19** [a] dl ו? ‖ **20** [a] 𝔊 *εἰς τὴν γῆν ἡμῶν* (ex *ὑμῶν*) = באדמָתנו ‖ **21** [a] > 𝔊*𝔖, dl; $𝔊^{OL}$θ′ *θανάτῳ* = דֶּבֶר ‖ [b–b] > 𝔊*, dl ‖ [c] 𝔊 *καὶ ἔσονται* (ex *πεσοῦνται*?) ‖ [d] ex 8,2, dl ‖ [e] nonn Mss K^{Or}𝔊 הָאֲדָמָה ‖ [f] l c Ms $𝔊^{B}$ כְּ׳.

אַל־ᵃיִתְהַלֵּ֥ל עָשִׁ֖יר בְּעָשְׁרֽוֹ׃ 23 כִּ֣י אִם־בְּזֹ֞את יִתְהַלֵּ֣ל הַמִּתְהַלֵּ֗ל
הַשְׂכֵּל֮ וְיָדֹ֣עַ אוֹתִי֒ כִּ֚י אֲנִ֣י יְהוָ֔ה עֹ֥שֶׂה חֶ֛סֶד
מִשְׁפָּ֥טᵃ וּצְדָקָ֖ה בָּאָ֑רֶץ כִּֽי־בְאֵ֥לֶּה חָפַ֖צְתִּי נְאֻם־יְהוָֽה׃ ס
24 הִנֵּ֛ה יָמִ֥ים בָּאִ֖ים נְאֻם־יְהוָ֑ה וּפָ֣קַדְתִּ֔י עַל־כָּל־מ֖וּל בְּעָרְלָֽה׃ 25 עַל־
מִצְרַ֨יִם וְעַל־יְהוּדָ֜ה וְעַל־אֱד֗וֹם וְעַל־בְּנֵ֤י עַמּוֹן֙ וְעַל־מוֹאָ֔ב וְעַל֙ כָּל־
קְצוּצֵ֣י פֵאָ֔ה הַיֹּשְׁבִ֖ים בַּמִּדְבָּ֑ר כִּ֤י כָל־הַגּוֹיִם֙ עֲרֵלִ֔יםᵃ וְכָל־בֵּ֥ית
יִשְׂרָאֵ֖ל עַרְלֵי־לֵֽב׃ ס

10 1 שִׁמְע֣וּ אֶת־הַדָּבָ֗ר אֲשֶׁ֨ר דִּבֶּ֧ר יְהוָ֛ה עֲלֵיכֶ֖ם בֵּ֥ית יִשְׂרָאֵֽל׃ 2 כֹּ֣ה ׀
אָמַ֣ר יְהוָ֗ה

אֶל־ᵃדֶּ֤רֶךְ הַגּוֹיִם֙ אַל־תִּלְמָ֔דוּ וּמֵאֹת֥וֹת הַשָּׁמַ֖יִם אַל־תֵּחָ֑תּוּ
כִּֽי־יֵחַ֥תּוּ הַגּוֹיִ֖ם מֵהֵֽמָּה׃
3 כִּֽי־חֻקּ֥וֹתᵃ הָעַמִּ֖ים הֶ֣בֶל ה֑וּא כִּי־עֵץ֙ מִיַּ֣עַר כְּרָת֔וֹ
מַעֲשֵׂ֥ה יְדֵֽי־חָרָ֖שׁ בַּֽמַּעֲצָֽד׃ 4 בְּכֶ֥סֶף וּבְזָהָ֖ב יְיַפֵּ֑הוּᵃ
בְּמַסְמְר֧וֹת וּבְמַקָּב֛וֹת יְחַזְּק֖וּם וְל֥וֹא יָפִֽיקᵇ׃
5 ᵃכְּתֹ֨מֶר מִקְשָׁ֥ה הֵ֙מָּה֙ וְלֹ֣א יְדַבֵּ֔רוּᵃᵇ נָשׂ֥וֹא יִנָּשׂ֖וּאᶜ כִּ֣י לֹ֣א יִצְעָ֑דוּ
אַל־תִּֽירְא֤וּ מֵהֶם֙ כִּי־לֹ֣א יָרֵ֔עוּ וְגַם־הֵיטֵ֖יב אֵ֥ין אוֹתָֽםᵈ׃ ס
6 ᵃמֵאֵ֥יןᵇ כָּמ֖וֹךָ יְהוָ֑ה גָּד֥וֹל אַתָּ֛ה
וְגָד֥וֹל שִׁמְךָ֖ בִּגְבוּרָֽה׃ 7 מִ֣י לֹ֤א יִֽרָאֲךָ֙
מֶ֣לֶךְ הַגּוֹיִ֔ם כִּ֥י לְךָ֖ יָאָ֑תָה
כִּ֣י בְכָל־חַכְמֵ֧י הַגּוֹיִ֛ם וּבְכָל־מַלְכוּתָ֖םᵃ מֵאֵ֥יןᵇ כָּמֽוֹךָ׃
8 וּבְאַחַ֖ת יִבְעֲר֣וּ וְיִכְסָ֑לוּ מוּסַ֥ר הֲבָלִ֖ים עֵ֥ץᵃ הֽוּא׃
9 ᵃכֶּ֣סֶף מְרֻקָּ֞ע מִתַּרְשִׁ֣ישׁ יוּבָ֗א וְזָהָב֙ מֵֽאוּפָ֔זᵇ

[22] ל
ל . כי [23] מל יג מנה בסיפ וכל יהושע ושפטים דכות ב מ ב
[24] ב בליש . יג פסוק כל כל וכל
[25] יב
[1] ל . יח בטע בסיפ
[2] ב
ט . ל
[3] ל . הי . [4] ג
[5] ל . לה מל . ג
[6] י פסוק ולא לא לא . ל מל
כג פסוק וגם ובתר תלת מילין [7] . ב מל
כז בטע
[8] ח . ל
ל
[9] ל . יב פת . ל וכל קהלת דכות
[10] ה

[22] וחד ואם בזאת Lv 26,27. [23] Mm 1238 א. [24] Mp sub loco. [25] Mm 1447. **Cp 10** [1] Mp sub loco. [2] Mm 2507. [3] Mm 158. [4] Mm 1365. [5] וחד ויחזקום 2 Ch 29,34. [6] Mm 1139. [7] Mm 1629. [8] Mm 1674. [9] Mm 2405. [10] Mm 691.

22 ᵃ mlt Mss Vrs וְאַל ‖ **23** ᵃ Q^Or 𝔊𝔖𝔗 וּמ׳ ‖ **25** ᵃ 𝔊* + *σαρκί* cf 𝔄𝔖𝔗; l prb הָאֵלֶּה ‖ **Cp 10,2** ᵃ l אֶת cf 12,16 ‖ **3** ᵃ prp חִתַּת cf Gn 35,5 ‖ **4** ᵃ 𝔗 *mhpj ljh* = יְצַפֵּהוּ cf 𝔖; huc tr 9 ‖ ᵇ l קוּ– ‖ **5** ᵃ⁻ᵃ 𝔊 *ἀργύριον* (= כֶּתֶם?) *τορευτόν ἐστιν, οὐ πορεύσονται* [𝔊^L *-σεται*] (= יְדַבְּרוּ sensu syr?) ‖ ᵇ hic 𝔊 ins 9, sed cf 4ᵃ ‖ ᶜ l c nonn Mss יִנָּשְׂאוּ ‖ ᵈ = אִתָּם ‖ **6** ᵃ 6–8 > 𝔊* ‖ ᵇ l אין (מ dttg)? ‖ **7** ᵃ θ′ *τοῖς βασιλεῦσιν αὐτῶν* = מַלְכֵיהֶם ‖ ᵇ cf 6ᵇ ‖ **8** ᵃ prp מֵעֵצָה ‖ **9** ᵃ cf 4ᵃ 5ᵇ ‖ ᵇ 𝔖(𝔗) *mn ʾwpjr* = מֵאוֹפִיר cf Syh^mg, 𝔊 *Μωφας* vel sim.

ד[11] ^cמַעֲשֵׂה חָרָשׁ^c וִידֵי צוֹרֵף תְּכֵלֶת וְאַרְגָּמָן לְבוּשָׁם
^dמַעֲשֵׂה חֲכָמִים כֻּלָּם^d׃

ה כת בנביא וחד מן ד[12] בליש . ד[13] 10 ^aוַיהוָה אֱלֹהִים אֱמֶת הוּא־אֱלֹהִים חַיִּים וּמֶלֶךְ עוֹלָם
ב וחס מִקִּצְפּוֹ תִּרְעַשׁ הָאָרֶץ וְלֹא־יָכִלוּ גוֹיִם זַעְמוֹ׃ ס

ל ומל . ל ומל 11 כִּדְנָה תֵּאמְרוּן לְהוֹם אֱלָהַיָּא דִּי־שְׁמַיָּא וְאַרְקָא לָא עֲבַדוּ יֵאבַדוּ
ח[14] קמ קטן ה מנה ר״פ וכל דברים מלכים תרי עשר תלים קהלת עזרא ד״ה דכות ב מ כב מֵאַרְעָא וּמִן־תְּחוֹת שְׁמַיָּא אֵלֶּה׃ ס [שָׁמָיִם׃

ג[15] . ג[16] . ד[17] חס בנ״ך וכל אורית דכות ב מ ד וחד מן ד מילין לשון ענן הארץ חד מן יג[18] חס 12 ^aעֹשֵׂה^b אֶרֶץ בְּכֹחוֹ מֵכִין תֵּבֵל בְּחָכְמָתוֹ וּבִתְבוּנָתוֹ נָטָה
ל ה ר״ת בליש 13 ^aלְקוֹל תִּתּוֹ^a הֲמוֹן מַיִם בַּשָּׁמַיִם וַיַּעֲלֶה נְשִׂאִים מִקְצֵה אָרֶץ^b
יב מל[19] בְּרָקִים לַמָּטָר עָשָׂה וַיּוֹצֵא רוּחַ^c מֵאֹצְרֹתָיו׃

14 נִבְעַר כָּל־אָדָם מִדַּעַת הֹבִישׁ כָּל־צוֹרֵף מִפָּסֶל
ב כִּי שֶׁקֶר נִסְכּוֹ^a וְלֹא־רוּחַ בָּם׃ 15 הֶבֶל הֵמָּה מַעֲשֵׂה תַּעְתֻּעִים
בְּעֵת פְּקֻדָּתָם יֹאבֵדוּ׃

ט ר״פ בסיפ . ג[20] 16 לֹא־כְאֵלֶּה חֵלֶק יַעֲקֹב כִּי־יוֹצֵר הַכֹּל הוּא
לג ^aוְיִשְׂרָאֵל שֵׁבֶט^a נַחֲלָתוֹ יְהוָה צְבָאוֹת שְׁמוֹ׃ ס

ישבת ק 17 ^aאִסְפִּי מֵאֶרֶץ^a כִּנְעָתֵךְ^b יֹשֶׁבְתִּי^c בַּמָּצוֹר^d׃ ס

ו בטע בסיפ . כי מיחד[21] ב חד מל וחד חס[22] 18 כִּי־כֹה אָמַר יְהוָה הִנְנִי קוֹלֵעַ
לד מל ז מנה בסיפ אֶת־יוֹשְׁבֵי הָאָרֶץ בַּפַּעַם^a הַזֹּאת
ב חד חס וחד מל[23] ^bוַהֲצֵרוֹתִי לָהֶם^b לְמַעַן יִמְצָאוּ^c׃ ס

19 אוֹי לִי עַל־שִׁבְרִי נַחְלָה מַכָּתִי
ל וַאֲנִי אָמַרְתִּי אַךְ זֶה חֳלִי^a וְאֶשָּׂאֶנּוּ׃

ל . ב 20 אָהֳלִי^a שֻׁדָּד וְכָל־מֵיתָרַי נִתָּקוּ בָּנַי יְצָאֻנִי^b וְאֵינָם
ל . ב חד חס וחד מל אֵין־נֹטֶה^c עוֹד אָהֳלִי וּמֵקִים^d יְרִיעוֹתָי׃

ו[24] 21 כִּי נִבְעֲרוּ הָרֹעִים וְאֶת־יְהוָה לֹא דָרָשׁוּ

[11]Mm 496. [12]Mm 2508. [13]Mm 1250. [14]Mm 475. [15]Mm 2753. [16]Mm 2008. [17]Mm 1367. [18]Mm 1856. [19]Mm 2194. [20]Mm 1617. [21]Mm 2049. [22]Mm 2509. [23]Mp sub loco. [24]Mm 2323.

9 ^c—c^ > 𝔊, dl et tr huc ^d—d^ || ^d—d^ cf ^c—c^ || **10** ^a^ > 𝔊* || **12** ^a^ 12–16 = 51,15–19 || ^b^ 𝔊 (𝔖) pr *κύριος* || **13** ^a–a^ > 𝔊*; l לוֹ נִתַּךְ– vel לְתִתּוֹ קוֹל || ^b^ Q הָאָרֶץ || ^c^ 𝔊 *φῶς*, it 51,16^c^ || **14** ^a^ l נְסָכוֹ || **16** ^a–a^ > 𝔊* || **17** ^a–a^ 𝔊 *συνήγαγεν ἔξωθεν* = אָסַף מִחוּץ ? || ^b^ dub || ^c^ K יֹשַׁבְתִּי || ^d^ 𝔊 *ἐν ἐκλεκτοῖς* = בְּמִבְחָר cf 22,7 48,15 || **18** ^a^ > 𝔊 || ^b–b^ 𝔊 *ἐν θλίψει* = בְּצָרָה || ^c^ 𝔖 + suff 1 sg; prp יִמָּצְאוּ (cf 𝔊𝔙) vel יֶאְשָׁמוּ (cf α′𝔊^L^) vel (pro ל׳ י׳) לְמַעַן מְצֹאת || **19** ^a^ Vrs + suff 1 sg || **20** ^a^ pr וְ (hpgr) || ^b^ 𝔊 *καὶ τὰ πρόβατά μου* = וְצֹאנִי || ^c^ l מֵקִים? cf ^d^ || ^d^ l וְנֹטֶה? cf ^c^.

עַל־כֵּן לֹא הִשְׂכִּילוּ וְכָל־מַרְעִיתָם נְפוֹצָה׃ ס

22 קוֹל שְׁמוּעָה הִנֵּה בָאָה וְרַעַשׁ גָּדוֹל מֵאֶרֶץ צָפוֹן

לָשׂוּם אֶת־עָרֵי יְהוּדָה שְׁמָמָה מְעוֹן תַּנִּים׃ ס

23 יָדַעְתִּי[a] יְהוָה כִּי לֹא לָאָדָם דַּרְכּוֹ

לֹא־[b]לְאִישׁ הֹלֵךְ וְהָכִין[c] אֶת־צַעֲדוֹ׃

24 יַסְּרֵנִי[a] יְהוָה אַךְ־בְּמִשְׁפָּט אַל־בְּאַפְּךָ פֶּן־תַּמְעִטֵנִי[a]׃

25 [a]שְׁפֹךְ חֲמָתְךָ עַל־הַגּוֹיִם אֲשֶׁר לֹא־יְדָעוּךָ

וְעַל מִשְׁפָּחוֹת[b] אֲשֶׁר בְּשִׁמְךָ לֹא קָרָאוּ

כִּי־אָכְלוּ אֶת־יַעֲקֹב וַאֲכָלֻהוּ[c] וַיְכַלֻּהוּ וְאֶת־נָוֵהוּ הֵשַׁמּוּ׃ פ

11 1 הַדָּבָר אֲשֶׁר הָיָה אֶל־יִרְמְיָהוּ מֵאֵת יְהוָה לֵאמֹר׃ 2 [a]שִׁמְעוּ **11**
אֶת־דִּבְרֵי הַבְּרִית הַזֹּאת וְדִבַּרְתָּם[b] אֶל־אִישׁ יְהוּדָה וְעַל־[c]יֹשְׁבֵי
3 יְרוּשָׁלִָם׃ 3 וְאָמַרְתָּ אֲלֵיהֶם[a] כֹּה־אָמַר יְהוָה אֱלֹהֵי יִשְׂרָאֵל אָרוּר
4 הָאִישׁ אֲשֶׁר לֹא יִשְׁמַע אֶת־דִּבְרֵי הַבְּרִית הַזֹּאת׃ 4 אֲשֶׁר צִוִּיתִי אֶת־
אֲבוֹתֵיכֶם בְּיוֹם הוֹצִיאִי־אוֹתָם מֵאֶרֶץ־מִצְרַיִם מִכּוּר הַבַּרְזֶל לֵאמֹר
שִׁמְעוּ בְקוֹלִי וַעֲשִׂיתֶם אוֹתָם[a] כְּכֹל אֲשֶׁר־אֲצַוֶּה אֶתְכֶם וִהְיִיתֶם לִי
5 לְעָם וְאָנֹכִי אֶהְיֶה לָכֶם לֵאלֹהִים׃ 5 לְמַעַן הָקִים אֶת־הַשְּׁבוּעָה אֲשֶׁר־
נִשְׁבַּעְתִּי לַאֲבוֹתֵיכֶם לָתֵת לָהֶם אֶרֶץ זָבַת חָלָב וּדְבַשׁ כַּיּוֹם הַזֶּה וָאַעַן
6 וָאֹמַר אָמֵן יְהוָה׃ ס 6 וַיֹּאמֶר יְהוָה אֵלַי קְרָא אֶת־כָּל־[a]
הַדְּבָרִים הָאֵלֶּה בְּעָרֵי יְהוּדָה וּבְחֻצוֹת יְרוּשָׁלַם לֵאמֹר שִׁמְעוּ אֶת־
7 דִּבְרֵי הַבְּרִית הַזֹּאת וַעֲשִׂיתֶם אוֹתָם׃ 7 [a]כִּי הָעֵד הַעִדֹתִי בַּאֲבוֹתֵיכֶם
בְּיוֹם הַעֲלוֹתִי אוֹתָם מֵאֶרֶץ מִצְרַיִם וְעַד־[b]הַיּוֹם הַזֶּה הַשְׁכֵּם וְהָעֵד
8 לֵאמֹר שִׁמְעוּ בְּקוֹלִי׃ 8 וְלֹא שָׁמְעוּ וְלֹא־הִטּוּ אֶת־אָזְנָם וַיֵּלְכוּ אִישׁ
בִּשְׁרִירוּת לִבָּם הָרָע וָאָבִיא עֲלֵיהֶם אֶת־כָּל־דִּבְרֵי הַבְּרִית־הַזֹּאת
9 אֲשֶׁר־צִוִּיתִי לַעֲשׂוֹת[a] וְלֹא עָשׂוּ׃ ס 9 וַיֹּאמֶר יְהוָה אֵלַי נִמְצָא־

ל
יא[25] בטע וכל מלכים ויחזק דכות ב מ ב
ה[26] וכל קהלת דכות ב מ א
ב[27]
ל
ה[28]
ל[29]
ג. ב
ח[1] ג מנה בליש
ג בטע בסיפ[2]. כד
ל. ד בטע בסיפ. כה
ג ב חס וחד מל
ט פסוק ולא ולא ולא. י
ב מל[3]
ה[4]

[25] Mm 279. [26] Mm 391. [27] Mm 2795. [28] Mm 2453. [29] Mm 2510. **Cp 11** [1] Mm 3172. [2] Mp sub loco. [3] Mm 2511. [4] Mm 2512.

23 [a] l תָּ— (י dttg) || [b] l c mlt Mss 𝔊𝔖𝔗[f Mss]𝔙 וְלֹא || [c] dl ו || **24** [a] l —נוּ cf 𝔊 || **25** [a] = Ps 79,6.7 || [b] nonn Mss 𝔊[Qal]𝔏𝔗 מַמְלָכוֹת ut Ps 79 || [c] > pc Mss 𝔊 Ps 79, dl (dttg) || **Cp 11,2/3** [a–a] add || [b] 𝔊 *καὶ λαλήσεις* cf 𝔖 *w'mr*; l —תָּם || [c] nonn Mss 𝔊𝔖𝔗[f] וְאֶל || **4** [a] > 𝔊*𝔙, dl (ex 6) || **6** [a] > pc Mss 𝔊* || **7/8** [a–a] > 𝔊* || [b] mlt Mss **עַד**.

10 קֶ֫שֶׁר בְּאִ֣ישׁ יְהוּדָ֔ה וּבְיֹשְׁבֵ֖י יְרוּשָׁלִָֽם׃ 10 שָׁ֡בוּ עַל־עֲוֺנֹ֨ת אֲבוֹתָ֜ם ג . ל̇ ר״פ[5] . ד חס
הָרִֽאשֹׁנִ֗ים אֲשֶׁ֤ר מֵֽאֲנוּ֙ לִשְׁמ֣וֹעַ אֶת־דְּבָרַ֔י וְהֵ֣מָּה[a] הָלְכ֔וּ אַחֲרֵ֛י אֱלֹהִ֥ים כ̇י . ד מל̇[6]
אֲחֵרִ֖ים לְעָבְדָ֑ם הֵפֵ֤רוּ בֵֽית־יִשְׂרָאֵל֙ וּבֵ֣ית יְהוּדָ֔ה אֶת־בְּרִיתִ֔י אֲשֶׁ֥ר
11 כָּרַ֖תִּי אֶת־אֲבוֹתָֽם׃ ס 11 לָכֵ֗ן כֹּ֚ה אָמַ֣ר יְהוָ֔ה הִנְנִ֨י מֵבִ֤יא אֲלֵיהֶם֙[a] ה̇י בטע בסיפ̇[7] . כ̇[8] . ל̇
רָעָ֔ה אֲשֶׁ֥ר לֹֽא־יוּכְל֖וּ לָצֵ֣את מִמֶּ֑נָּה וְזָעֲק֣וּ אֵלַ֔י וְלֹ֥א[b] אֶשְׁמַ֖ע אֲלֵיהֶֽם׃ י̇א[9] . ג
12 וְהָלְכ֞וּ עָרֵ֣י יְהוּדָ֗ה וְיֹשְׁבֵי֙ יְר֣וּשָׁלִַ֔ם וְזָֽעֲקוּ֙ אֶל־הָ֣אֱלֹהִ֔ים אֲשֶׁ֥ר הֵ֖ם ח̇[10] . כ̇[11]
13 מְקַטְּרִ֣ים לָהֶ֑ם וְהוֹשֵׁ֛עַ לֹא־יוֹשִׁ֥יעוּ לָהֶ֖ם בְּעֵ֥ת רָעָתָֽם׃ 13 [a]כִּ֚י מִסְפַּ֣ר
עָרֶ֔יךָ הָי֥וּ אֱלֹהֶ֖יךָ יְהוּדָ֑ה וּמִסְפַּ֞ר חֻצ֣וֹת יְרוּשָׁלִַ֗ם שַׂמְתֶּ֤ם [b]מִזְבְּחוֹת֙ ה
14 לַבֹּ֔שֶׁת מִזְבְּח֖וֹת[b] לְקַטֵּ֥ר לַבָּֽעַל׃ ס 14 וְאַתָּ֗ה אַל־תִּתְפַּלֵּל֙ בְּעַד־ ב̇ וחס[12] . ל̇
הָעָ֣ם הַזֶּ֔ה וְאַל־תִּשָּׂ֥א בַעֲדָ֖ם רִנָּ֣ה וּתְפִלָּ֑ה כִּ֣י אֵינֶ֣נִּי שֹׁמֵ֗עַ בְּעֵ֛ת קָרְאָ֥ם[a] ג
אֵלַ֖י בְּעַ֥ד[b] רָעָתָֽם׃ ס

15 מֶ֣ה לִֽידִידִ֞י[a] בְּבֵיתִ֗י עֲשׂוֹתָ֤הּ[b] הַֽמְזִמָּ֙תָה֙ כ̇ד[13] . ג
הָֽרַבִּ֔ים[c] וּבְשַׂר־קֹ֖דֶשׁ יַעַבְר֣וּ[d] [e]מֵעָלָ֑יִךְ כִּ֥י רָעָתֵ֖כִי[e] ד̇[11] . ד̇[14]
[f]אָ֥ז תַּעֲלֹֽזִי׃[f][g] ל̇
16 זַ֤יִת רַעֲנָן֙ יְפֵ֣ה פְרִי־[a]תֹ֔אַר קָרָ֥א יְהוָ֖ה שְׁמֵ֑ךְ
[b]לְק֣וֹל ׀ הֲמוּלָּ֣ה גְדֹלָ֗ה[b] ב̇ חד מל̇ וחד חס[15] . ז חס[16]
הִצִּ֥ית אֵשׁ֙ עָלֶ֔יהָ[c] וְרָע֖וּ[d] דָּלִיּוֹתָֽיו׃ ו̇[11]
17 וַיהוָ֤ה צְבָאוֹת֙ הַנּוֹטֵ֣עַ אוֹתָ֔ךְ דִּבֶּ֥ר עָלַ֖יִךְ רָעָ֑ה בִּ֠גְלַל רָעַ֨ת בֵּֽית־ ל̇ . י̇ז מל̇ בלשון נקיבה[17] . ל̇
יִשְׂרָאֵ֜ל וּבֵ֣ית יְהוּדָ֗ה אֲשֶׁ֨ר עָשׂ֥וּ לָהֶ֛ם[a] לְהַכְעִסֵ֖נִי לְקַטֵּ֥ר לַבָּֽעַל׃ ס
18 וַֽיהוָ֥ה[a] הוֹדִיעַ֖נִי[b] וָאֵדָ֑עָה[c] אָ֖ז הִרְאִיתַ֥נִי[d] מַעַלְלֵיהֶֽם׃[e] 19 וַאֲנִ֕י כְּכֶ֥בֶשׂ ל̇ . ב̇ בליש[18] . טז ר״פ . ב
אַלּ֖וּף יוּבַ֣ל לִטְב֑וֹחַ וְלֹֽא־יָדַ֜עְתִּי כִּֽי־עָלַ֣י ׀ חָשְׁב֣וּ מַחֲשָׁב֗וֹת נַשְׁחִ֨יתָה[a] ד ומל̇ . ה̇[19]

[5]Mm 978. [6]Mm 4164. [7]Mm 2617. [8]Mm 2168. [9]Mm 2545. [10]Mm 2513. [11]Mp sub loco. [12]Mm 2514. [13]Mm 592. [14]Mm 2832. [15]Mm 2515. [16]Mm 1193. [17]Mm 287. [18]Mm 2516. [19]Mm 1248.

10 [a] 𝔊 *καὶ ἰδοὺ αὐτοί* = וְהִנֵּה המה ‖ **11** [a] nonn Mss עַל׳ ‖ [b] Or ואַל ‖ **13** [a] add cf 2,28 ‖ [b—b] > 𝔊*, dl ‖ **14** [a] l קָרְאֲךָ cf 𝔗 et 7,16 ‖ [b] mlt Mss Vrs בעת ‖ **15** [a] 𝔊 *ἡ ἠγαπημένη* cf 𝔖; prp לי דוֹדַיִךְ cf 24,1 ‖ [b] mlt Mss 𝔊 עשׂתה; l עָשִׂיתָ ‖ [c] 𝔊 *μὴ εὐχαί*, l הַנְּדָרִים; 𝔏 *adipes* = (הַ)חֲלָבִים; prp הַבְּרִיִּים ‖ [d] l יַעֲבִרוּ cf Vrs ‖ [e—e] l מעלַיִךְ רעָה cf 𝔊𝔙 ‖ [f—f] crrp (Ms אז bis); prp עַל־זֹאת (הַתִזְכִּי vel) (הַ)אֲזַכֶּה ‖ [g] huc tr 16[b—b]? ‖ **16** [a] > 𝔊, dl vel l יְפֵיפֶה pro יפה פ׳ cf 46,20 ‖ [b—b] cf 15[g] ‖ [c] l prb בְּעָלֶהוּ ‖ [d] l בָּעֲרוּ cf 𝔙 ‖ **17** [a] ins אֱלֹהִים? ‖ **18** [a] 𝔊𝔖 om cop, dl ‖ [b] 𝔊 *γνώρισόν μοι* = ־ֵנִי cf 𝔖 ‖ [c] l ־עֶה ‖ [d] 𝔊 *εἶδον* = רָאִיתִי; ins ׳י = יהוה ‖ [e] huc tr 12,6 ‖ **19** [a] 𝔊(𝔗) *ἐμβάλωμεν* = נַשְׁלִיכָה vel נָשִׁיתָה, 𝔙 *mittamus* = נִשְׁלְחָה.

עֵ֣ץ[b] בְּלַחְמ֔וֹ[c] וְנִכְרְתֶ֙נּוּ֙ מֵאֶ֣רֶץ חַיִּ֔ים וּשְׁמ֖וֹ לֹא־יִזָּכֵ֥ר עֽוֹד׃

20 [a]וַֽיהוָ֣ה צְבָא֗וֹת שֹׁפֵ֣ט צֶ֔דֶק בֹּחֵ֥ן כְּלָי֖וֹת וָלֵ֑ב[b]

אֶרְאֶ֤ה נִקְמָֽתְךָ֙ מֵהֶ֔ם כִּ֣י אֵלֶ֔יךָ גִּלִּ֖יתִי[c] אֶת־רִיבִֽי׃ ס

21 לָ֠כֵן כֹּֽה־אָמַ֤ר יְהוָה֙ עַל־אַנְשֵׁ֣י עֲנָת֔וֹת הַמְבַקְשִׁ֥ים אֶֽת־נַפְשְׁךָ֖[a] לֵאמֹ֑ר 21

לֹ֤א תִנָּבֵא֙ בְּשֵׁ֣ם יְהוָ֔ה וְלֹ֥א[b] תָמ֖וּת בְּיָדֵֽנוּ׃ ס 22 [a]לָכֵ֗ן כֹּ֤ה אָמַר֙ 22

יְהוָ֣ה צְבָא֔וֹת[a] הִנְנִ֥י פֹקֵ֖ד עֲלֵיהֶ֑ם הַבַּֽחוּרִים֙[b] יָמֻ֣תוּ בַחֶ֔רֶב בְּנֵיהֶם֙

וּבְנ֣וֹתֵיהֶ֔ם יָמֻ֖תוּ בָּרָעָֽב׃ 23 וּשְׁאֵרִ֕ית לֹ֥א תִהְיֶ֖ה לָהֶ֑ם כִּֽי־אָבִ֥יא רָעָ֛ה 23

אֶל־אַנְשֵׁ֥י עֲנָת֖וֹת שְׁנַ֥ת פְּקֻדָּתָֽם׃ ס

12 1 צַדִּ֤יק אַתָּה֙ יְהוָ֔ה כִּ֥י אָרִ֖יב אֵלֶ֑יךָ אַ֤ךְ מִשְׁפָּטִים֙ אֲדַבֵּ֣ר אוֹתָ֔ךְ

מַדּ֗וּעַ דֶּ֤רֶךְ רְשָׁעִים֙ צָלֵ֔חָה שָׁ֖לוּ כָּל־בֹּ֥גְדֵי בָֽגֶד׃

2 נְטַעְתָּם֙ גַּם־שֹׁרָ֔שׁוּ יֵלְכ֖וּ[a] גַּם־עָ֣שׂוּ פֶ֑רִי

קָר֥וֹב אַתָּ֛ה בְּפִיהֶ֖ם וְרָח֥וֹק מִכִּלְיוֹתֵיהֶֽם׃

3 [ba]וְאַתָּ֤ה יְהוָה֙[b] יְדַעְתָּ֔נִי תִּרְאֵ֕נִי[c] וּבָחַ֥נְתָּ לִבִּ֖י אִתָּ֑ךְ

[d]הַתִּקֵם֙ כְּצֹ֣אן לְטִבְחָ֔ה וְ[d]הַקְדִּשֵׁ֖ם לְי֥וֹם הֲרֵגָֽה׃ ס

4 [a]עַד־מָתַי֙ תֶּאֱבַ֣ל הָאָ֔רֶץ וְעֵ֥שֶׂב כָּל־הַשָּׂדֶ֖ה יִיבָ֑שׁ מֵרָעַ֣ת

יֹֽשְׁבֵי־בָ֗הּ סָפְתָ֤ה בְהֵמוֹת֙[b] וָע֔וֹף[a]

כִּ֣י אָֽמְר֔וּ לֹ֥א יִרְאֶ֖ה [c]אֶת־אַחֲרִיתֵֽנוּ[c]׃

5 כִּ֣י אֶת־רַגְלִ֥ים ׀ רַ֙צְתָּה֙ וַיַּלְא֔וּךָ וְאֵ֥יךְ תְּתַחֲרֶ֖ה אֶת־הַסּוּסִ֑ים

וּבְאֶ֤רֶץ שָׁלוֹם֙ אַתָּ֣ה בוֹטֵ֔חַ וְאֵ֥יךְ תַּעֲשֶׂ֖ה בִּגְא֥וֹן הַיַּרְדֵּֽן׃

6 [a]כִּ֧י גַם־אַחֶ֣יךָ וּבֵית־אָבִ֗יךָ גַּם־הֵ֙מָּה֙ בָּ֣גְדוּ בָ֔ךְ גַּם־הֵ֕מָּה [b]קָרְא֥וּ

אַחֲרֶ֖יךָ מָלֵ֑א[bc] אַל־תַּאֲמֵ֣ן בָּ֔ם כִּֽי־יְדַבְּר֥וּ אֵלֶ֖יךָ טוֹבֽוֹת׃ ס

7 עָזַ֙בְתִּי֙ אֶת־בֵּיתִ֔י נָטַ֖שְׁתִּי אֶת־נַחֲלָתִ֑י

נָתַ֛תִּי אֶת־יְדִד֥וּת נַפְשִׁ֖י בְּכַ֥ף אֹיְבֶֽיהָ׃

Masora parva (margin): ג̇[20] · ד̇ · ב̇ · ה̇ בטע בסיפ̇[21]. כ̇[22]. ד̇[23] · ב̇[24]. ה̇ בטע בסיפ̇[21]. ד̇ מיחד · ב̇ ר״פ. ט̇[1] רפי וכל יחזק דכות וחד מן ד̇[2] דמטע · ו̇ ה̇ כת ו וחד כת ה̇[3]. ב̇ וחס · ל̇ · ב̇[4]. ב̇ · ל̇. ז̇. ו̇ חס בליש · ב̇[5] · ל̇. ל̇ · ל̇. ל̇ · ה̇[6]. ג̇[7] מל̇ בנביא וכל כתיב דכות ב̇ מ̇ ה̇ · י̇ב̇ פסוק גם גם גם ב̇[8] מנה בסיפ̇ · ב̇ מל̇[9] · ב̇ וחס[10]

[20] Mm 786. [21] Mm 2617. [22] Mm 2168. [23] Mm 2199. [24] Mm 2517. **Cp 12** [1] Mm 136. [2] Lectio plena contra Mm 2565, cf Mp sub loco. [3] Mm 3905. [4] Mm 2518. [5] Mp sub loco. [6] Mm 3981. [7] Mm 2352. [8] Mm 2519. [9] Mm 2520. [10] Mm 2521.

19 [b] 𝔗 *sm' dmwt'* venenum mortis ‖ [c] l prb בְּלֵחוֹ ‖ **20** [a] cf 20,12[a] ‖ [b] huc tr 12,3 ‖ [c] l גַּלּוֹתִי ‖ **21** [a] 𝔊* suff 1 sg, l נַפְשִׁי ‖ [b] 𝔊 *εἰ δὲ μή* = וְאִם לֹא ‖ **22** [a–a] > 𝔊* ‖ [b] dl (dttg) ‖ **Cp 12,2** [a] 𝔊 *ἐτεκνοποίησαν* = יָלְדוּ; σ′ recte *προκόπτοντες*; prp *יִלְחוּ ‖ **3** [a] cf 11,20[a] ‖ [b–b] l prb אתה cf 11,20 ‖ [c] > 𝔊* ‖ [d–d] > 𝔊* ‖ **4** [a–a] add ‖ [b] pc Mss 𝔖𝔗𝔙 בהמה ‖ [c–c] 𝔊 *ὁ θεὸς ὁδοὺς ἡμῶν*, l אֱלֹהִים את־אָרְחוֹתֵנוּ ‖ **6** [a] cf 11,18[e] ‖ [b–b] prp קָשְׁרוּ א׳ כֻּלָּם ‖ [c] 𝔊 *ἐπισυνήχθησαν*.

⁸ הָיְתָה־לִּי נַחֲלָתִי֙ כְּאַרְיֵ֣ה בַיָּ֔עַר

נָתְנָ֥ה עָלַ֖י בְּקוֹלָ֑הּ עַל־כֵּ֖ן שְׂנֵאתִֽיהָ׃

⁹ הַעַ֨יִט צָב֜וּעַ נַחֲלָתִי֙ לִ֔י הַעַ֖יִט סָבִ֣יב עָלֶ֑יהָ

לְכ֞וּ אִסְפ֨וּ כָּל־חַיַּ֧ת הַשָּׂדֶ֛ה הֵתָ֖יוּ לְאָכְלָֽה׃

¹⁰ רֹעִ֤ים רַבִּים֙ שִֽׁחֲת֣וּ כַרְמִ֔י בֹּסְס֖וּ אֶת־חֶלְקָתִ֑י

נָֽתְנ֛וּ אֶת־חֶלְקַ֥ת חֶמְדָּתִ֖י לְמִדְבַּ֥ר שְׁמָמָֽה׃

¹¹ שָׂמָהּ֙ לִשְׁמָמָ֔ה אָבְלָ֥ה עָלַ֖י שְׁמֵמָ֑ה

נָשַׁ֨מָּה֙ כָּל־הָאָ֔רֶץ כִּ֛י אֵ֥ין אִ֖ישׁ שָׂ֥ם עַל־לֵֽב׃

¹² עַֽל־כָּל־שְׁפָיִ֣ם בַּמִּדְבָּ֗ר בָּ֚אוּ שֹֽׁדְדִ֔ים

^a כִּ֣י חֶ֤רֶב לַֽיהוָה֙ אֹֽכְלָ֔ה מִקְצֵה־אֶ֖רֶץ וְעַד־קְצֵ֣ה הָאָ֑רֶץ אֵ֥ין שָׁל֖וֹם

לְכָל־בָּשָֽׂר׃ ס

¹³ זָרְע֤וּ חִטִּים֙ וְקֹצִ֣ים קָצָ֔רוּ נֶחְל֖וּ לֹ֣א יוֹעִ֑לוּ

וּבֹ֕שׁוּ מִתְּבוּאֹֽתֵיכֶ֔ם מֵחֲר֖וֹן אַף־יְהוָֽה׃ ס ¹⁴ כֹּ֣ה ׀

אָמַ֣ר יְהוָ֗ה עַל־כָּל־שְׁכֵנַי֙ הָֽרָעִ֔ים הַנֹּֽגְעִים֙ בַּֽנַּחֲלָ֔ה אֲשֶׁר־הִנְחַ֖לְתִּי

אֶת־עַמִּ֣י אֶת־יִשְׂרָאֵ֑ל הִנְנִ֤י נֹֽתְשָׁם֙ מֵעַ֣ל אַדְמָתָ֔ם וְאֶת־בֵּ֥ית יְהוּדָ֖ה

אֶתּ֥וֹשׁ מִתּוֹכָֽם׃ ¹⁵ וְהָיָ֗ה אַֽחֲרֵי֙ נָתְשִׁ֣י אוֹתָ֔ם אָשׁ֖וּב וְרִֽחַמְתִּ֑ים וַהֲשִׁבֹתִ֛ים

אִ֥ישׁ לְנַחֲלָת֖וֹ וְאִ֥ישׁ לְאַרְצֽוֹ׃ ¹⁶ וְהָיָ֡ה אִם־לָמֹ֣ד יִלְמְדוּ֩ אֶת־דַּרְכֵ֨י עַמִּ֜י

לְהִשָּׁבֵ֣עַ בִּשְׁמִ֗י חַי־יְהוָ֔ה כַּאֲשֶׁ֤ר לִמְּדוּ֙ אֶת־עַמִּ֔י לְהִשָּׁבֵ֖עַ בַּבָּ֑עַל

וְנִבְנ֖וּ בְּת֥וֹךְ עַמִּֽי׃ ¹⁷ וְאִ֖ם לֹ֣א יִשְׁמָ֑עוּ וְנָתַשְׁתִּ֗י אֶת־הַגּ֥וֹי הַה֛וּא נָת֥וֹשׁ

וְאַבֵּ֖ד נְאֻם־יְהוָֽה׃ ס

13 ¹ כֹּֽה־אָמַ֨ר יְהוָ֜ה אֵלַ֗י הָל֞וֹךְ וְקָנִ֤יתָ לְּךָ֙ אֵז֣וֹר פִּשְׁתִּ֔ים וְשַׂמְתּ֖וֹ

עַל־מָתְנֶ֑יךָ וּבַמַּ֖יִם לֹ֥א תְבִאֵֽהוּ׃ ² וָאֶקְנֶ֥ה אֶת־הָאֵז֖וֹר כִּדְבַ֣ר יְהוָ֑ה

וָאָשִׂ֖ם עַל־מָתְנָֽי׃ ס ³ וַיְהִ֧י דְבַר־יְהוָ֛ה אֵלַ֖י שֵׁנִ֥ית לֵאמֹֽר׃ ⁴ קַ֞ח

¹¹Mm 2522. ¹²Mm 2523. ¹³Mm 1128. ¹⁴Mm 2524. ¹⁵Mm 2525. ¹⁶Mm 927. ¹⁷Mm 3402. ¹⁸Mp sub loco. ¹⁹Mm 2526. ²⁰Mm 2527. Cp 13 ¹Mm 1408. ²Mm 1918. ³Mm 2528. ⁴Mm 2455.

9 ^a 𝔊 μὴ σπήλαιον ‖ ^b l כִּי? ‖ ^c 𝔊 ἢ σπήλαιον; l הַ֔ ‖ ^d l הֵאָ֖ cf 𝔙 ‖ ^e l c pc Mss אֵתָ֖יו 𝔙 cf 𝔊 ‖ **10** ^a l c nonn Mss נַחֲלָתִי ‖ **11** ^a l שָׂמָהּ cf 𝔖𝔙 ‖ ^{b-b} prp וְאֵין ‖ **12** ^{a-a} add? ‖ **13** ^a 𝔊* imp = קָצָ֔רוּ, ז' ‖ ^b mlt Mss וְלֹא ‖ ^{c-c} 𝔊 ἀπὸ καυχήσεως ὑμῶν, ἀπὸ ὀνειδισμοῦ ἔναντι κυρίου ‖ ^d l ־יהֶם ‖ **14** ^a dl? ‖ ^b 𝔊𝔗 om suff = הַשְּׁכֵנִים ‖ **16** ^a l דֶּרֶךְ cf 𝔊 et 10,2 ‖ **17** ^a 𝔊 ἐπιστρέψωσι = יָשׁ֔וּבוּ; prp יִשָּׁבֵ֔עוּ cf 16 ‖ **Cp 13,3** ^a > Ms 𝔊*.

ח ר"פ¹¹

ד ב קמ וב פת .
ד ב קמ וב פת ,

ו . ג ב מנה בליש
וחד לשון ארמי

ב חד מל וחד חס¹²

ג . ה . ל

ל

ה¹³ . ב¹⁴ . ה¹⁵
¹⁶ן

ל¹⁷ . ב ב חס י

ג¹⁸ . יח בטע בסיף

ו . ג מיכה¹⁹

ס¹⁸

ב בתרי ליש^{ג20} . ל געיא

ב בסיפ . ב בסיפ

ג . ו מל בסיפ¹

ט² ה³ מנה חס . ב⁴ .
יב ר"פ

אֶת־הָאֵז֛וֹר אֲשֶׁ֥ר קָנִ֖יתָ אֲשֶׁ֣ר עַל־מָתְנֶ֑יךָ וְק֗וּם לֵ֚ךְ פְּרָ֔תָה[a] וְטָמְנֵ֥הוּ
5 שָׁ֖ם בִּנְקִ֥יק הַסָּֽלַע׃ 5 וָאֵלֵ֕ךְ וָאֶטְמְנֵ֖הוּ בִּפְרָ֑ת כַּאֲשֶׁ֛ר צִוָּ֥ה יְהוָ֖ה אוֹתִֽי׃
6 6 וַיְהִ֕י מִקֵּ֖ץ יָמִ֣ים רַבִּ֑ים וַיֹּ֨אמֶר יְהוָ֜ה אֵלַ֗י ק֚וּם לֵ֣ךְ פְּרָ֔תָה וְקַ֤ח מִשָּׁם֙
7 אֶת־הָ֣אֵז֔וֹר אֲשֶׁ֥ר צִוִּיתִ֖יךָ לְטָמְנוֹ־שָֽׁם׃ 7 וָאֵלֵ֤ךְ פְּרָ֙תָה֙ וָֽאֶחְפֹּ֔ר וָֽאֶקַּח֙
אֶת־הָ֣אֵז֔וֹר מִן־הַמָּק֖וֹם אֲשֶׁר־טְמַנְתִּ֣יו שָׁ֑מָּה וְהִנֵּה֙ נִשְׁחַ֣ת הָאֵז֔וֹר לֹ֥א[a]
8 9 יִצְלַ֖ח לַכֹּֽל׃ פ 8 וַיְהִ֥י דְבַר־יְהוָ֖ה אֵלַ֥י לֵאמֹֽר׃ 9 כֹּ֖ה אָמַ֣ר יְהוָ֑ה
10 כָּ֗כָה אַשְׁחִ֛ית[a] אֶת־גְּא֥וֹן יְהוּדָ֖ה וְאֶת־גְּא֥וֹן יְרוּשָׁלִַ֖ם הָרָֽב׃ 10 הָעָ֨ם הַזֶּ֜ה
הָ֠רָע הַמֵּאֲנִ֣ים ׀ לִשְׁמ֣וֹעַ אֶת־דְּבָרַ֗י[a] הַהֹֽלְכִים֙ בִּשְׁרִר֣וּת לִבָּ֔ם[a] וַיֵּ֣לְכ֗וּ
אַחֲרֵי֙ אֱלֹהִ֣ים אֲחֵרִ֔ים לְעָבְדָ֖ם וּלְהִשְׁתַּחֲוֹ֣ת לָהֶ֑ם וִיהִי֙[b] כָּאֵז֣וֹר הַזֶּ֔ה
11 אֲשֶׁ֥ר לֹֽא־יִצְלַ֖ח לַכֹּֽל׃ 11 כִּ֡י כַּאֲשֶׁר֩ יִדְבַּ֨ק הָאֵז֜וֹר אֶל־מָתְנֵי־אִ֗ישׁ כֵּ֣ן
הִדְבַּ֣קְתִּי אֵ֠לַי [a]אֶת־כָּל־בֵּ֨ית יִשְׂרָאֵ֜ל וְ[a]אֶת־כָּל־בֵּ֤ית יְהוּדָה֙ נְאֻם־
יְהוָ֔ה לִהְי֥וֹת לִי֙ לְעָ֔ם וּלְשֵׁ֥ם וְלִתְהִלָּ֖ה וּלְתִפְאָ֑רֶת וְלֹ֖א שָׁמֵֽעוּ׃
12 12 וְאָמַרְתָּ֨ [a]אֲלֵיהֶ֜ם אֶת־הַדָּבָ֣ר הַזֶּ֗ה ס כֹּֽה־אָמַ֤ר יְהוָה֙ אֱלֹהֵ֣י
יִשְׂרָאֵ֔ל[a] כָּל־נֵ֖בֶל יִמָּ֣לֵא יָ֑יִן וְאָמְר֣וּ[b] אֵלֶ֔יךָ הֲיָדֹ֙עַ֙ לֹ֣א נֵדַ֔ע כִּ֥י כָל־נֵ֖בֶל
13 יִמָּ֥לֵא יָֽיִן׃ 13 וְאָמַרְתָּ֨ אֲלֵיהֶ֜ם כֹּֽה־אָמַ֣ר יְהוָ֗ה הִנְנִ֣י מְ֠מַלֵּא אֶת־כָּל־
יֹשְׁבֵ֨י הָאָ֜רֶץ הַזֹּ֗את וְאֶת־[a]הַמְּלָכִ֞ים הַיֹּשְׁבִ֨ים לְדָוִ֜ד עַל־כִּסְא֗וֹ וְאֶת־
14 הַכֹּהֲנִים֙ וְאֶת־הַנְּבִיאִ֔ים וְאֵ֖ת[b] כָּל־יֹשְׁבֵ֥י יְרוּשָׁלִָ֖ם שִׁכָּרֽוֹן׃ 14 וְנִפַּצְתִּים֙
אִ֣ישׁ אֶל־אָחִ֔יו וְהָאָב֥וֹת וְהַבָּנִ֖ים יַחְדָּ֑ו נְאֻם־יְהוָ֔ה לֹֽא־אֶחְמ֧וֹל וְלֹֽא־
אָח֛וּס וְלֹ֥א אֲרַחֵ֖ם מֵהַשְׁחִיתָֽם׃ ס

15 שִׁמְע֥וּ וְהַאֲזִ֖ינוּ אַל־תִּגְבָּ֑הוּ כִּ֥י יְהוָ֖ה דִּבֵּֽר׃
16 תְּנוּ֩ לַיהוָ֨ה אֱלֹהֵיכֶ֤ם כָּבוֹד֙ בְּטֶ֣רֶם יַחְשִׁ֔ךְ
וּבְטֶ֛רֶם יִֽתְנַגְּפ֥וּ רַגְלֵיכֶ֖ם עַל־הָ֣רֵי נָ֑שֶׁף
וְקִוִּיתֶ֤ם לְאוֹר֙ [a]וְשָׂמָ֣הּ לְצַלְמָ֔וֶת[a] [b]יָשִׁ֖ית לַעֲרָֽפֶל׃

ד[5]. ב. ג[6]
כ[7] מל יג מנה בסיפ וכל יהושע ושפטים דכות ב מ ב
יב. ג[8]. ג[6]. יג[9]
ג[6]
יא
ג ר״פ
ד מל[10]
לב
יא
ט[5]
ד[11]
ג בטע ר״פ בסיפ. כד
ח[12]. ג. ג[13]
ח[12]. ג בטע ר״פ בסיפ. ד בסיפ[14]. ב. ד[15]
ג[16]. יו בטע[17]
ח מל בסיפ. ל[5]. ח[18] קמ וכל אתנח וס״פ דכות ב מ א
ב[19]. ג[20]. לד[21] פסוק לא ולא ולא ז מנה בסיפ. ה מל
ל
ג[22]
ב חד חס וחד מל[23]
ג
יג. ג. ושית ק

[5] Mp sub loco. [6] Mm 2529. [7] Mm 1238 א. [8] Mm 1992. [9] Mm 936. [10] Mm 4164. [11] Mm 72. [12] Mm 1854. [13] Mm 4206. [14] Mm 2492. [15] Mm 1296. [16] Mm 4205. [17] Mm 3998. [18] Mm 2491. [19] Mm 2530. [20] Mm 231. [21] Mm 771. [22] Mm 2531. [23] Mm 2532.

4 [a] α′ *εἰς Φαραν* ‖ **7** [a] mlt Mss 𝔊^534𝔖 וְלֹא ‖ **9** [a] l נִשְׁחַת? cf 7b ‖ **10** [a–a] > 𝔊* ‖ [b] l וַיְהִי? ‖ **11** [a–a] add ‖ **12** [a–a] 𝔊* *πρὸς τὸν λαὸν τοῦτον*, l אֶל־הָעָם הזה ‖ [b] l וְאִם יֹאמְרוּ (hpgr) cf 𝔊 ‖ **13** [a] dl ו ‖ [b] 𝔊 *καὶ τὸν Ιουδα καί* ‖ **16** [a–a] 𝔊 *καὶ ἐκεῖ σκιὰ θανάτου* = ושם צ׳ ‖ [b] l Q; K יָשִׁית; > 𝔖𝔙.

17 וְאִם֙ לֹ֣א תִשְׁמָע֔וּהָ בְּמִסְתָּרִ֖ים[a] תִּבְכֶּה־נַפְשִׁ֑י[b] מִפְּנֵ֣י גֵוָ֗ה[c] [d]וְדָמֹ֨עַ ג רפי[24]. ב[25]
וְתֵרַ֤ד עֵינִי֙ דִּמְעָ֔ה כִּ֥י נִשְׁבָּ֖ה עֵ֥דֶר יְהוָֽה׃ ס] תִּדְמַ֔ע[d] כט[26]. ג[27]
18 אֱמֹ֥ר[a] לַמֶּ֛לֶךְ וְלַגְּבִירָ֖ה[b] הַשְׁפִּ֣ילוּ שֵׁ֑בוּ ב[28]. ל[29]
כִּ֤י יָרַד֙ מַרְאֲשֹׁ֣תֵיכֶ֔ם[c] עֲטֶ֖רֶת תִּֽפְאַרְתְּכֶֽם׃ ל
19 עָרֵ֥י הַנֶּ֛גֶב סֻגְּר֖וּ וְאֵ֣ין פֹּתֵ֑חַ ל[30]
הָגְלָ֧ת יְהוּדָ֛ה כֻּלָּ֖הּ [a]הָגְלָ֥ת שְׁלוֹמִֽים[a]׃ ס ב. ב
20 שְׂאִ֤י[a] עֵֽינֵיכֶם֙[b] וּרְאִ֔י[c] הַבָּאִ֖ים מִצָּפ֑וֹן שאו ק חד מן יא ר״פ בליש. יג. וראו ק
אַיֵּה֙ הָעֵ֙דֶר֙ נִתַּן־לָ֔ךְ צֹ֖אן תִּפְאַרְתֵּֽךְ׃ ל. כא[31]
21 מַה־תֹּֽאמְרִי֙ כִּֽי־יִפְקֹ֣ד[a] עָלַ֔יִךְ
וְ֠אַתְּ לִמַּ֨דְתְּ אֹתָ֧ם עָלַ֛יִךְ אַלֻּפִ֖ים לְרֹ֑אשׁ[b] יו חס בסיפ. ה חס בליש. כד
הֲל֤וֹא חֲבָלִים֙ יֹֽאחֱז֔וּךְ כְּמ֖וֹ אֵ֥שֶׁת לֵדָֽה׃
22 וְכִ֤י תֹאמְרִי֙ בִּלְבָבֵ֔ךְ מַדּ֖וּעַ קְרָאֻ֣נִי אֵ֑לֶּה
בְּרֹ֧ב עֲוֺנֵ֛ךְ נִגְל֥וּ שׁוּלַ֖יִךְ נֶחְמְס֥וּ עֲקֵבָֽיִךְ׃ ב[29]. ג ומל
23 הֲיַהֲפֹ֤ךְ כּוּשִׁי֙ עוֹר֔וֹ וְנָמֵ֖ר חֲבַרְבֻּרֹתָ֑יו
גַּם־אַתֶּם֙ תּוּכְל֣וּ לְהֵיטִ֔יב לִמֻּדֵ֖י הָרֵֽעַ׃ ב חד חס וחד מל[32]. ה
24 וַאֲפִיצֵ֥ם[a] כְּקַשׁ־עוֹבֵ֖ר לְר֥וּחַ מִדְבָּֽר׃ ב. ח[33] מל וכל יחזק דכות ב מ א
25 זֶ֣ה גוֹרָלֵ֞ךְ מְנָת־מִדַּ֛יִךְ[a] מֵאִתִּ֖י נְאֻם־יְהוָ֑ה כי[34] מל יג מנה בסיפ וכל יהושע ושפטים דכות ב מ ב
אֲשֶׁר֙ שָׁכַ֣חַתְּ אוֹתִ֔י וַתִּבְטְחִ֖י בַּשָּֽׁקֶר׃
26 וְגַם־אֲנִ֛י חָשַׂ֥פְתִּי שׁוּלַ֖יִךְ עַל־פָּנָ֑יִךְ וְנִרְאָ֖ה קְלוֹנֵֽךְ׃ ו ר״פ בסיפ[35]. ג ומל. חׄ ה[36]
27 נִאֻפַ֨יִךְ וּמִצְהֲלוֹתַ֜יִךְ זִמַּ֣ת זְנוּתֵ֗ךְ
עַל־גְּבָעוֹת֙ בַּשָּׂדֶ֔ה[a] רָאִ֖יתִי שִׁקּוּצָ֑יִךְ
א֥וֹי לָךְ֙ יְר֣וּשָׁלַ֔ם[b] לֹ֣א תִטְהֲרִ֔י אַחֲרֵ֥י[c] מָתַ֖י עֹֽד׃ פ ב. יד חס[37]

[24] Mm 3737. [25] Mm 2533. [26] Mm 2501. [27] Mm 93. [28] Mm 3763. [29] Mp sub loco. [30] Mm 3720. [31] Mm 2838. [32] Mm 2408. [33] Mm 2429. [34] Mm 1238 א. [35] Mm 2463. [36] Mm 732. [37] Mm 62.

17 [a] prp *במסֹרָרים vel *במסֹרָבים || [b] 𝔊 α′ suff 2 pl || [c] 𝔖 *'qt'* = צָרָה; prp גֹּלָה cf 17b || [d–d] > 𝔊*, dl || **18** [a] 𝔊𝔖^{AU} pl || [b] 𝔊(𝔖) *καὶ τοῖς δυναστεύουσι* = ולגִּבּוֹרים || [c] l מֵרָאשֵׁיכם (vel מֵרָאשׁוּתיכם?) cf 𝔊𝔖𝔙 || **19** [a–a] Vrs ut Am 1,6 גָּלוּת שְׁלֵמָה || **20** [a] l c K 𝔊 שְׂאִי et ins צִיּוֹן (hpgr; 𝔊 + *Ιερουσαλημ*); mlt Mss 𝔖𝔗𝔙 ut Q || [b] l עֵינַיִךְ cf 𝔊 || [c] l c K 𝔊 ־ִי || **21** [a] 𝔊 pl, l ־ְדוּ cf [b] || [b] l prb ירוּשׁ′ = יְרוּשָׁלַםִ et tr post עליך 1°; al tr ל′ et l ע′ יִפְקְדוּ לראשׁ || **24** [a] l צְכֶם־? || **25** [a] 𝔊 *τοῦ ἀπειθεῖν ὑμᾶς*, l מֶרְיֵךְ || **27** [a] l וּבַ′ cf 𝔊 || [b] 𝔊 α′ (𝔖) + *ὅτι*, ins כִּי || [c] 𝔊 α′𝔙 + suff 1 sg = ־ַרַי.

14 1 [a]אֲשֶׁ֨ר הָיָ֤ה[a] דְבַר־יְהוָה֙ אֶֽל־יִרְמְיָ֔הוּ עַל־דִּבְרֵ֖י הַבַּצָּרֽוֹת׃ ל̇[1] וכל ד״ה דכות ב מ א. ל̇
2 אָבְלָ֣ה[a] יְהוּדָ֔ה וּשְׁעָרֶ֖יהָ אֻמְלְל֑וּ ה̇
קָדְר֣וּ לָאָ֔רֶץ וְצִוְחַ֥ת יְרוּשָׁלִַ֖ם עָלָֽתָה׃ ב̇
3 וְאַדִּרֵיהֶ֗ם שָֽׁלְח֤וּ צְעוֹרֵיהֶם[a] לַמָּ֙יִם֙ בָּ֣אוּ עַל־גֵּבִ֞ים ב חד חס וחד מל[2]. צעיריהם[3]. ה̇ ק
לֹא־[b]מָ֣צְאוּ מַ֗יִם שָׁ֚בוּ כְלֵיהֶ֣ם רֵיקָ֔ם [c]בֹּ֥שׁוּ וְהָכְלְמ֖וּ וְחָפ֥וּ רֹאשָֽׁם[c]׃ ד̇. ל̇[4]. ג̇
4 בַּעֲב֤וּר הָֽאֲדָמָה֙ חַ֔תָּה[a] כִּ֛י לֹא־הָיָ֥ה גֶ֖שֶׁם בָּאָ֑רֶץ[b] ג̇ בטע דמטע
בֹּ֧שׁוּ[c] אִכָּרִ֛ים חָפ֖וּ[d] רֹאשָֽׁם׃ ג̇. [4]ג̇
5 כִּ֤י גַם־אַיֶּ֙לֶת֙ בַּשָּׂדֶ֔ה יָלְדָ֖ה וְעָז֑וֹב כִּ֥י לֹא־הָיָ֖ה דֶּֽשֶׁא׃ ג̇[5]. ב מל בליש
6 וּפְרָאִים֙ עָמְד֣וּ עַל־שְׁפָיִ֔ם שָׁאֲפ֥וּ ר֖וּחַ כַּתַּנִּ֑ים[a] ל̇. ג̇[6]
כָּל֥וּ עֵינֵיהֶ֖ם כִּֽי־אֵ֥ין עֵֽשֶׂב׃
7 אִם־עֲוֺנֵ֙ינוּ֙ עָ֣נוּ בָ֔נוּ יְהוָ֕ה עֲשֵׂ֖ה לְמַ֣עַן שְׁמֶ֑ךָ ח̇ ר״פ בסיפ[7]. ל̇ מל
כִּֽי־רַבּ֧וּ מְשׁוּבֹתֵ֛ינוּ לְךָ֖ חָטָֽאנוּ׃ ג̇ כת כן[8]
8 מִקְוֵה֙ יִשְׂרָאֵ֔ל[a] מוֹשִׁיע֖וֹ בְּעֵ֣ת צָרָ֑ה ב̇ ור״פ
לָ֤מָּה תִֽהְיֶה֙ כְּגֵ֣ר בָּאָ֔רֶץ וּכְאֹרֵ֖חַ[b] נָטָ֥ה לָלֽוּן׃
9 לָ֣מָּה תִֽהְיֶ֗ה כְּאִ֣ישׁ נִדְהָ֔ם[a] כְּגִבּ֖וֹר[b] לֹא־יוּכַ֣ל לְהוֹשִׁ֑יעַ כ̇[9]
וְאַתָּ֧ה בְקִרְבֵּ֣נוּ יְהוָ֗ה וְשִׁמְךָ֛ עָלֵ֥ינוּ נִקְרָ֖א אַל־תַּנִּחֵֽנוּ׃ ס
10 כֹּֽה־אָמַ֣ר יְהוָ֗ה לָעָ֤ם הַזֶּה֙ כֵּ֤ן[a] אָֽהֲבוּ֙ לָנ֔וּעַ רַגְלֵיהֶ֖ם לֹ֣א חָשָׂ֑כוּ וַֽיהוָה֙ 10 ל̇. ד̇
לֹ֣א רָצָ֔ם עַתָּה֙ יִזְכֹּ֣ר עֲוֺנָ֔ם [b]וְיִפְקֹ֖ד חַטֹּאתָֽם[b]׃ ס 11 וַיֹּ֥אמֶר יְהוָ֖ה 11 ב̇. ט̇ בליש וכל בחטאתם ובחטאתם דכות[10]
אֵלָ֑י אַל־תִּתְפַּלֵּ֛ל בְּעַד־הָעָ֥ם הַזֶּ֖ה לְטוֹבָֽה׃ 12 כִּ֣י יָצֻ֗מוּ אֵינֶ֤נִּי שֹׁמֵעַ֙ 12 ב̇ פסוק כי וכי כי וחד מן ג̇[11] פסוק דמיין
אֶל־רִנָּתָ֔ם וְכִ֧י יַעֲל֛וּ עֹלָ֥ה וּמִנְחָ֖ה אֵינֶ֣נִּי רֹצָ֑ם כִּ֗י בַּחֶ֙רֶב֙ וּבָֽרָעָ֣ב וּבַדֶּ֔בֶר ל̇ חס בסיפ. ה̇
אָנֹכִ֖י מְכַלֶּ֥ה אוֹתָֽם׃ ס 13 וָאֹמַ֞ר אֲהָ֣הּ ׀ אֲדֹנָ֣י יְהוִ֗ה הִנֵּ֨ה הַנְּבִאִ֜ים 13
אֹמְרִ֤ים לָהֶם֙ לֹא־תִרְא֣וּ חֶ֔רֶב וְרָעָ֖ב לֹא־יִהְיֶ֣ה לָכֶ֑ם כִּֽי־[a]שְׁל֥וֹם אֱמֶ֛ת[a] ל̇[12]
אֶתֵּ֥ן לָכֶ֖ם בַּמָּק֥וֹם הַזֶּֽה׃ ס 14 וַיֹּ֨אמֶר יְהוָ֜ה אֵלַ֗י שֶׁ֚קֶר הַנְּבִאִים֙ 14

Cp 14 [1]Mm 1718. [2]Mm 2534. [3]Mm 494. [4]Mm 2535. [5]Mm 2536. [6]Mm 2918. [7]Mm 2584. [8]Mp sub loco. [9]Mm 1514. [10]Mm 759 et Mm 929. [11]Mm 3356 et Mm 3838. [12]Mm 300.

Cp 14,1 a–a 𝔊(𝔖) *καὶ ἐγένετο* = וַיְהִי ‖ **2** a pr עַל־הַבַּצֹּרֶת (hpgr)? ‖ **3** a K צעו׳ ‖ b mlt Mss Vrs וְלֹא ‖ c–c > 𝔊*, dl cf 4b ‖ **4** a prp *הָֽחֳרָה cf חררים 17,6 ‖ b > 𝔊*𝔖 ‖ c ins והכלמו cf 3 ‖ d mlt Mss 𝔖𝔗^f וְחָ׳ ut 3 ‖ **6** a > 𝔊* ‖ **8** a nonn Mss 𝔊 + יהוה ‖ b 𝔊 *καὶ ὡς αὐτόχθων* = וּכְאֶזְרָח ‖ **9** a 𝔊 *ὑπνῶν* = נִרְדָּם ‖ b 𝔊 *ὡς ἀνήρ*, l כְּגֶבֶר? ‖ **10** a > 𝔊* (sed *οὕτως* post *τούτῳ* exc?) 𝔖 ‖ b–b > 𝔊* ‖ **13** a–a pc Mss שָׁ׳ וֶאֱ׳ cf 𝔊α′σ′𝔖 et 33,6.

נִבְּאִ֣ים בִּשְׁמִ֔י לֹ֤א שְׁלַחְתִּים֙ וְלֹ֣א צִוִּיתִ֔ים וְלֹ֥א דִבַּ֖רְתִּי אֲלֵיהֶ֑ם חֲז֨וֹן
שֶׁ֜קֶר וְקֶ֤סֶם וֶֽאֱלוּלᵃ֙ וְתַרְמֻ֣ותᵇ לִבָּ֔ם הֵ֖מָּה מִֽתְנַבְּאִ֥ים לָכֶֽםᶜ׃ ס
15 לָכֵ֞ן כֹּֽה־אָמַ֣ר יְהוָ֗ה עַֽל־ᵃהַנְּבִאִ֞ים הַנִּבְּאִ֣ים בִּשְׁמִיᵇ֮ וַאֲנִ֣י לֹֽא־
שְׁלַחְתִּים֒ וְהֵ֙מָּה֙ אֹֽמְרִ֔ים חֶ֣רֶב וְרָעָ֔ב לֹ֥א יִהְיֶ֖ה בָּאָ֣רֶץ הַזֹּ֑את בַּחֶ֤רֶב
16 וּבָֽרָעָב֙ יִתַּ֔מּוּ הַנְּבִאִ֖ים הָהֵֽמָּה׃ 16 וְהָעָ֣ם אֲשֶׁר־הֵ֣מָּה נִבְּאִ֣ים לָהֶ֡ם יִֽהְיוּ֩
מֻשְׁלָכִ֞ים בְּחֻצ֣וֹת יְרוּשָׁלַ֗͏ִם מִפְּנֵ֣י ׀ הָרָעָ֣ב וְהַחֶ֔רֶב וְאֵ֤ין מְקַבֵּר֙ לָהֵ֔מָּה
הֵ֥מָּה נְשֵׁיהֶ֖ם וּבְנֵיהֶ֣ם וּבְנֹתֵיהֶ֑ם וְשָׁפַכְתִּ֥י עֲלֵיהֶ֖ם אֶת־רָעָתָֽם׃
17 וְאָמַרְתָּ֤ אֲלֵיהֶם֙ אֶת־הַדָּבָ֣ר הַזֶּ֔ה
תֵּרַ֨דְנָה עֵינַ֥י דִּמְעָ֛ה לַ֥יְלָה וְיוֹמָ֖ם וְאַל־תִּדְמֶ֑ינָה
כִּ֠י שֶׁ֣בֶר גָּד֞וֹלᵃ נִשְׁבְּרָ֗ה בְּתוּלַ֙תᵇ֙ בַּת־עַמִּ֔י מַכָּ֖ה נַחְלָ֥ה מְאֹֽד׃
18 אִם־יָצָ֣אתִי הַשָּׂדֶ֗ה וְהִנֵּה֙ חַלְלֵי־חֶ֔רֶב
וְאִם֙ בָּ֣אתִי הָעִ֔יר וְהִנֵּ֖ה תַּחֲלוּאֵ֣י רָעָ֑ב
כִּֽי־גַם־נָבִ֧יא גַם־כֹּהֵ֛ן סָחֲר֥וּᵃ אֶל־אֶ֖רֶץ וְלֹ֥אᵇ יָדָֽעוּ׃ ס
19 הֲמָאֹ֨ס מָאַ֜סְתָּ אֶת־יְהוּדָ֗ה אִם־בְּצִיּוֹן֙ גָּעֲלָ֣ה נַפְשֶׁ֔ךָ
מַדּ֙וּעַ֙ הִכִּיתָ֔נוּ וְאֵ֥ין לָ֖נוּ מַרְפֵּ֑א קַוֵּ֤ה לְשָׁלוֹם֙ וְאֵ֣ין ט֔וֹב
וּלְעֵ֥תᵃ מַרְפֵּ֖א וְהִנֵּ֥ה בְעָתָֽה׃
20 יָדַ֧עְנוּ יְהוָ֛ה רִשְׁעֵ֖נוּ עֲוֺ֣ן אֲבוֹתֵ֑ינוּ כִּ֥י חָטָ֖אנוּ לָֽךְ׃
21 ᵃאַל־תִּנְאַץᵃ֙ לְמַ֣עַן שִׁמְךָ֔ אַל־ᵇתְּנַבֵּ֖לᶜ כִּסֵּ֣א כְבוֹדֶ֑ךָ
זְכֹ֕ר אַל־תָּפֵ֥ר בְּרִיתְךָ֖ אִתָּֽנוּ׃
22 הֲיֵ֨שׁ בְּהַבְלֵ֤י הַגּוֹיִם֙ מַגְשִׁמִ֔ים וְאִם־הַשָּׁמַ֖יִם יִתְּנ֣וּ רְבִבִ֑ים ס̊ח[26]
הֲלֹ֨א אַתָּה־ה֜וּא ᵃיְהוָ֣ה אֱלֹהֵ֗ינוּᵃ וּֽנְקַוֶּה־ᵇלָּ֔ךְ
כִּֽי־אַתָּ֥ה עָשִׂ֖יתָ אֶת־כָּל־אֵֽלֶּה׃ פ
15 1 וַיֹּ֤אמֶר יְהוָה֙ אֵלַ֔י אִם־יַעֲמֹ֨ד מֹשֶׁ֤ה וּשְׁמוּאֵלᵃ֙ לְפָנַ֔י אֵ֥ין נַפְשִׁ֖י אֶל־
הָעָ֣ם הַזֶּ֑ה שַׁלַּ֥חᵇ מֵֽעַל־פָּנַ֖י וְיֵצֵֽאוּ׃ 2 וְהָיָ֛ה כִּֽי־יֹאמְר֥וּ אֵלֶ֖יךָ אָ֣נָה נֵצֵ֑א

לד̇[13] פסוק לא ולא ולא . ז̇ מנה בסיפ . לא̇ בטע לאחור . ב̇[14]
ואליל . ותרמית ק̇ ק̇
ג̇[15]
יב̇[16] . ב̇[17]
ל̇
ג̇[18] . ה̇ חס וכל עזרא דכות[19]
ג̇ ב̇ מנה בנביא . ל̇
ח̇ ר״פ בסיפ[20]
ב̇[21] . ב̇[22]
יג̇ פסוק ואין ואין[23] . ב̇ . ב̇
ב̇
ח̇[24] מל וכל י ש ת̇ דכות ב̇ מ̇ א̇
ב̇ ר״פ אל אל אל[25]
ב̇[27] . ב̇ חס
ב̇ חס בסיפ
ד̇ בטע בסיפ
ל̇

[13] Mm 771. [14] Mm 2562. [15] Mm 2168. [16] Mm 891. [17] Mm 2537. [18] Mm 1696. [19] Mm 1132. [20] Mm 2584. [21] Mm 2538. [22] Mm 2539. [23] Mm 2004. [24] Mm 346. [25] Mm 2540. [26] Mp sub loco. [27] Mm 2500.

14 ᵃ K ואלול; l אליל ‖ ᵇ K מות– ‖ ᶜ mlt Mss לָהֶם ‖ **15** ᵃ dl? cf 12,14ᵃ ‖ ᵇ 𝔊* + *ψευδῆ* cf 23,25 ‖ **17** ᵃ > 𝔊* ‖ ᵇ > 𝔊*, dl? ‖ **18** ᵃ prp נִסְחֲבוּ cf 15,2 sq; l 𝔄𝔯 et אֶת pro אל ‖ ᵇ mlt Mss 𝔊𝔗ᶠ ᴹˢ𝔙 לא ‖ **19** ᵃ mlt Mss 𝔊𝔗 ל׳ ‖ **21** ᵃ⁻ᵃ 𝔊 *κόπασον* ‖ ᵇ mlt Mss 𝔖𝔗ᶠ וְאַל ‖ ᶜ 𝔊 *ἀπολέσῃς* = תְּחַבֵּל ‖ **22** ᵃ⁻ᵃ > 𝔊* ‖ ᵇ 𝔊⁵¹ Bo om cop, dl (dttg) ‖ **Cp 15,1** ᵃ 𝔊ᴬ(𝔄) *καὶ Ααρων* ‖ ᵇ l שַׁלְּחֵם cf 𝔖𝔙 (מ hpgr).

וְאָמַרְתָּ אֲלֵיהֶם כֹּה־אָמַר יְהוָה ד בסיפ[1]
אֲשֶׁר לַמָּוֶת לַמָּוֶת וַאֲשֶׁר לַחֶרֶב לַחֶרֶב
וַאֲשֶׁר לָרָעָב לָרָעָב וַאֲשֶׁר לַשְּׁבִי לַשֶּׁבִי׃
3 וּפָקַדְתִּי עֲלֵיהֶם אַרְבַּע מִשְׁפָּחוֹת נְאֻם־יְהוָה אֶת־הַחֶרֶב לַהֲרֹג
וְאֶת־הַכְּלָבִים לִסְחֹב וְאֶת־עוֹף הַשָּׁמַיִם וְאֶת־בֶּהֱמַת הָאָרֶץ לֶאֱכֹל ל
וּלְהַשְׁחִית׃ 4 [a]וּנְתַתִּים לְזַוְעָה[b] לְכֹל מַמְלְכוֹת הָאָרֶץ בִּגְלַל מְנַשֶּׁה לזעוה ק
בֶּן־יְחִזְקִיָּהוּ מֶלֶךְ יְהוּדָה עַל[c] אֲשֶׁר־עָשָׂה בִּירוּשָׁלִָם׃ ג[2] בנביא וכל ד״ה דכות ב מ ה
5 [a]כִּי מִי־יַחְמֹל עָלַיִךְ יְרוּשָׁלִַם וּמִי יָנוּד לָךְ
וּמִי יָסוּר לִשְׁאֹל[b] לְשָׁלֹם לָךְ׃ ו חס[3]. ח חס[4]
6 אַתְּ נָטַשְׁתְּ אֹתִי נְאֻם־יְהוָה אָחוֹר תֵּלֵכִי
וָאַט אֶת־יָדִי עָלַיִךְ וָאַשְׁחִיתֵךְ [a]נִלְאֵיתִי הִנָּחֵם[a]׃ ג
7 וָאֶזְרֵם בְּמִזְרֶה בְּשַׁעֲרֵי הָאָרֶץ
שִׁכַּלְתִּי אִבַּדְתִּי אֶת־עַמִּי [a]מִדַּרְכֵיהֶם לוֹא־שָׁבוּ[a]׃ לה מל
8 [a]עָצְמוּ־לִי אַלְמְנֹתָו[b] מֵחוֹל יַמִּים[a] אלמנותיו[5] ק
הֵבֵאתִי לָהֶם[c] [d]עַל־אֵם בָּחוּר[de] שֹׁדֵד בַּצָּהֳרָיִם יב
הִפַּלְתִּי עָלֶיהָ[f] פִּתְאֹם עִיר וּבֶהָלוֹת׃ ח בלשון שנא
9 אֻמְלְלָה יֹלֶדֶת הַשִּׁבְעָה נָפְחָה נַפְשָׁהּ ב וחס
בָּאה[a] שִׁמְשָׁהּ בְּעֹד יוֹמָם בּוֹשָׁה וְחָפֵרָה בא ק. יד[6] חס ב מנה בליש. ל
וּשְׁאֵרִיתָם לַחֶרֶב אֶתֵּן לִפְנֵי אֹיְבֵיהֶם נְאֻם־יְהוָה׃ ס
10 אוֹי־לִי אִמִּי כִּי[a] יְלִדְתִּנִי אִישׁ רִיב [b]וְאִישׁ מָדוֹן[b] לְכָל־הָאָרֶץ ל
לֹא־נָשִׁיתִי וְלֹא־נָשׁוּ־בִי[c] כֻּלֹּה[d] מְקַלְלַוְנִי[e]׃ ס ב[7]. כת כן[8]
11 אָמַר[a] יְהוָה אִם־לֹא שֵׁרִיתִךָ[b] לְטוֹב אִם־לוֹא הִפְגַּעְתִּי בְךָ ג ר״פ[9]. שריתך[10] ק לה מל

Cp 15 [1]Mm 2492. [2]Mm 2203. [3]Mm 1393. [4]Mm 1614. [5]Q addidi, cf Mp sub loco. [6]Mm 62. [7]Thr 3,17. [8]Cf Mp sub loco, Mm 2264 et 2480. [9]Mm 2541. [10]Mp sub loco.

4 [a] add ‖ [b] l c K לְזַוָעָה, it 24,9[a] 29,18[b] 34,17[b] ‖ [c] pc Mss 𝔊𝔖𝔙 + כָּל־ ‖ **5** [a] > 𝔊𝔖, dl ‖ [b] > 𝔊* (homark) ‖ **6** [a–a] 𝔊 *καὶ οὐκέτι ἀνήσω αὐτούς* = נ׳ הַנִּחָם ‖ **7** [a–a] 𝔊 *διὰ τὰς κακίας αὐτῶν* ‖ **8** [a–a] tr ad fin v? ‖ [b] l תָם– cf 𝔊𝔖𝔗 ‖ [c] > 𝔊; 𝔖𝔗 *ʿljhwn*, prp עֲלֵהֶם ‖ [d–d] prp לְאֹם מַחֲרִיב ‖ [e] 𝔖 *wʿl ʿljmʾ* = וְעַל בַּחוּרִים cf 𝔊[BA min] ‖ [f] l c Ms 𝔖𝔗 עֲלֵיהֶם ‖ **9** [a] l Q; K בָּאָה ‖ **10** [a] 𝔊 *ὡς τίνα* = מִי ‖ [b–b] l c pc Mss σʹ וּמדון cf 𝔊 ‖ [c] 𝔊 + *ἡ ἰσχύς μου* = כֹּחִי; ins כִּי (hpgr) ‖ [d] Q כלוֹ; l כֻּלְּהֶם cf [e] ‖ [e] K לוּנִי–, Q pc Mss –לְנִי–, Q[Mss] –לָנִי–; l קִלְלוּנִי cf [d] ‖ **11** [a] 𝔊 *γένοιτο*, l אָמֵן ‖ [b] crrp, ipsi Mss dub: al שָׁרוֹתִ(י)ךָ vel שָׁרוֹתך, al שֵׁרִיתִ(י)ךָ, al שארות(י)ך, al שְׁאֵרִיתְךָ (id αʹ𝔗𝔙 cf σʹ *ὑπελείφθης*) vel שאריתיך (cf 𝔖); 𝔊 *κατευθυνόντων αὐτῶν* (a ישר vel אשר?); l שֵׁרַתִּיךָ.

בְּעֵת־רָעָה וּבְעֵת צָרָה[c] [d]אֶת־הָאֹיֵב[ed]׃ ה̇[11] וחד מן ג חס בליש

12 [a]הֲיָרֹעַ[b] בַּרְזֶל | בַּרְזֶל[c] מִצָּפוֹן[c] וּנְחֹשֶׁת[d]׃

13 [a]חֵילְךָ וְאוֹצְרוֹתֶיךָ לָבַז אֶתֵּן

לֹא[b] בִמְחִיר וּבְכָל־[c]חַטֹּאותֶיךָ וּבְכָל־[d]גְּבוּלֶיךָ[e]׃ ה̇[12]. ה̇ פסוק ובכל ובכל[13]. ג מל . ב מל

14 וְהַעֲבַרְתִּי[a] אֶת־אֹיְבֶיךָ בְּאֶרֶץ[b] לֹא יָדָעְתָּ

כִּי־אֵשׁ קָדְחָה בְאַפִּי עֲלֵיכֶם[c] תּוּקָד׃ ס ה

15 [a]אַתָּה יָדַעְתָּ[a] יא[14] ר״פ ז מנה בנביא

יְהוָה זָכְרֵנִי וּפָקְדֵנִי וְהִנָּקֶם לִי מֵרֹדְפַי

אַל־לְאֶרֶךְ[b] אַפְּךָ תִּקָּחֵנִי[c] דַּע שְׂאֵתִי עָלֶיךָ חֶרְפָּה׃ ב̇[15]

16 [a]נִמְצְאוּ דְבָרֶיךָ וָאֹכְלֵם וַיְהִי[a] דְבָרֶיךָ[b] לִי לְשָׂשׂוֹן ל̇. דברך ק ח̇[16] חד מן יתיר י בליש

וּלְשִׂמְחַת לְבָבִי כִּי־נִקְרָא שִׁמְךָ עָלַי]וָאֶעְלֹז[a] ל̇

יְהוָה אֱלֹהֵי צְבָאוֹת׃ ס 17 לֹא־יָשַׁבְתִּי בְסוֹד־מְשַׂחֲקִים יב̇[17]. ט ר״פ בסיפ

מִפְּנֵי יָדְךָ בָּדָד יָשַׁבְתִּי כִּי־זַעַם מִלֵּאתָנִי׃ ס ה̇[18]. ל̇

18 לָמָּה הָיָה[a] כְאֵבִי נֶצַח[a] וּמַכָּתִי אֲנוּשָׁה[b] מֵאֲנָה הֵרָפֵא[b] ה דגש דסמיכ[19]. ל̇

הָיוֹ[c] תִהְיֶה לִי כְּמוֹ אַכְזָב מַיִם לֹא נֶאֱמָנוּ׃ ס ב̇ ול בליש

19 לָכֵן כֹּה־אָמַר יְהוָה כ̇[20]

אִם־תָּשׁוּב וַאֲשִׁיבְךָ לְפָנַי תַּעֲמֹד ל̇

וְאִם־תּוֹצִיא יָקָר מִזּוֹלֵל כְּפִי תִהְיֶה

יָשֻׁבוּ הֵמָּה אֵלֶיךָ וְאַתָּה לֹא־תָשׁוּב אֲלֵיהֶם׃ ז חס

20 וּנְתַתִּיךָ לָעָם הַזֶּה לְחוֹמַת נְחֹשֶׁת בְּצוּרָה ג בליש בסיפ[21]

וְנִלְחֲמוּ אֵלֶיךָ וְלֹא־יוּכְלוּ לָךְ יא̇[22]

[11] Mm 2542. [12] Mm 1862. [13] Mm 2543. [14] Mp sub loco. [15] Mm 3351. [16] Mm 1921. [17] Mm 2015. [18] Mm 2544. [19] Mm 3274. [20] Mm 2168. [21] Mm 2893. [22] Mm 2545.

11 [c] l רעתו, צרתו? cf 𝔊 ‖ [d–d] l אֶל־ה׳ (vel לָא׳? cf 𝔊[𝔙] *πρὸς*) et tr c 𝔖 post בך; 𝔖 + *mn grbj'* = מִצָּפוֹן, ex 12 ‖ [e] cf 15[a–a] ‖ **12** [a] crrp ‖ [b] pc Mss 𝔗 Syh θ′𝔄 הֲיָדַע, 𝔊 *εἰ γνωσθήσεται* = הֲיִוָּדַע, σ′ *μὴ κακώσει* = הֲיָרֵעַ, α′ *μὴ ἁρμόσει*, 𝔙 *numquid foederabitur* (a רעה) ‖ [c] > 𝔊𝔖 ‖ [d–d] 𝔊 *καὶ περιβόλαιον χαλκοῦν* = וּמִצְפּוֹן נ׳? ‖ [e] > 𝔖, cf 11[d–d] ‖ **13** [a] 13.14 add ex 17,3.4 ‖ [b] > 𝔊𝔖 cf 17,3, dl ‖ [c] l c 2 Mss Vrs בכל ut 17,3 ‖ [d] l c 𝔊[L]𝔗[f Ms] ut 17,3 בכל ‖ [e] mlt Mss לָךְ– ‖ **14** [a] mlt Mss בדתי– cf 𝔗; l c pc Mss 𝔊𝔖 בדתיך– ut 17,4 ‖ [b] mlt Mss Vrs + אשר ut 17,4 ‖ [c] l c pc Mss עד־עולם ut 17,4 ‖ **15** [a–a] > 𝔊*; tr ad fin 11 ‖ [b] l לְאֹרֶךְ cf 𝔊 ‖ [c] > 𝔊* ‖ **16** [a–a] 𝔊 *ὑπὸ τῶν ἀθετούντων τοὺς λόγους σου· συντέλεσον αὐτοὺς καὶ ἔσται* = מְנַאֲצֵי ד׳: כַּלֵּם וִיהִי ‖ [b] mlt Mss Vrs ut Q, l ‖ **17** [a] 𝔊 *ἀλλὰ εὐλαβούμην* cf 𝔖 ‖ **18** [a–a] 𝔊 *οἱ λυποῦντές με κατισχύουσί μου* (נצח aram) ‖ [b–b] 𝔊 *πόθεν ἰαθήσομαι* = מֵאַיִן אֵרָפֵא? ‖ [c] l הוֹי.

כִּֽי־אִתְּךָ֣ אֲנִ֔י לְהוֹשִֽׁיעֲךָ֥ וּלְהַצִּילֶ֖ךָ נְאֻם־יְהוָֽה׃
21 וְהִצַּלְתִּ֖יךָ מִיַּ֣ד רָעִ֑ים וּפְדִתִ֖יךָ מִכַּ֥ף עָרִצִֽים׃ פ

16 1 וַיְהִ֥י[a] דְבַר־יְהוָ֖ה אֵלַ֥י לֵאמֹֽר׃ 2 לֹֽא־תִקַּ֥ח לְךָ֖ אִשָּׁ֑ה[a] וְלֹֽא־יִהְי֤וּ 16
לְךָ֙ בָּנִ֣ים וּבָנ֔וֹת בַּמָּק֖וֹם הַזֶּֽה׃ 3 כִּי־כֹ֣ה ׀ אָמַ֣ר יְהוָ֗ה עַל־הַבָּנִים֙ וְעַל־ 3
הַבָּנ֔וֹת הַיִּלּוֹדִ֖ים בַּמָּק֣וֹם הַזֶּ֑ה וְעַל־אִמֹּתָ֞ם הַיֹּלְד֣וֹת אוֹתָ֗ם וְעַל־
אֲבוֹתָ֛ם הַמּוֹלִדִ֥ים אוֹתָ֖ם בָּאָ֥רֶץ הַזֹּֽאת׃ 4 מְמוֹתֵ֨י תַחֲלֻאִ֜ים יָמֻ֗תוּ לֹ֤א 4
יִסָּֽפְדוּ֙ וְלֹ֣א יִקָּבֵ֔רוּ לְדֹ֛מֶן עַל־פְּנֵ֥י הָאֲדָמָ֖ה יִהְי֑וּ וּבַחֶ֤רֶב וּבָֽרָעָב֙
יִכְל֔וּ וְהָיְתָ֤ה נִבְלָתָם֙ לְמַֽאֲכָ֔ל לְע֥וֹף הַשָּׁמַ֖יִם וּלְבֶהֱמַ֥ת הָאָֽרֶץ׃ ס
5 כִּי־כֹ֣ה ׀ אָמַ֣ר יְהוָ֗ה אַל־תָּבוֹא֙ בֵּ֣ית מַרְזֵ֔חַ וְאַל־תֵּלֵ֥ךְ לִסְפּ֖וֹד וְאַל־ 5
תָּנֹ֣ד לָהֶ֑ם כִּֽי־אָסַ֨פְתִּי אֶת־שְׁלוֹמִ֜י מֵאֵ֣ת הָֽעָם־הַזֶּ֗ה[a] נְאֻם־יְהוָ֔ה אֶת־
הַחֶ֖סֶד וְאֶת־הָרַחֲמִֽים׃ 6 וּמֵ֨תוּ גְדֹלִ֧ים וּקְטַנִּ֛ים בָּאָ֥רֶץ הַזֹּ֖את לֹ֣א 6
יִקָּבֵ֑רוּ[a] וְלֹא־יִסְפְּד֣וּ לָהֶ֔ם וְלֹ֣א יִתְגֹּדַ֔ד[b] וְלֹ֥א יִקָּרֵ֖חַ[b] לָהֶֽם׃ 7 וְלֹֽא־ 7
יִפְרְס֥וּ לָהֶ֛ם[a] עַל־אֵ֖בֶל[b] לְנַחֲמ֣וֹ עַל־מֵ֑ת וְלֹֽא־יַשְׁק֤וּ אוֹתָם֙[c] כּ֣וֹס
תַּנְחוּמִ֔ים עַל־אָבִ֖יו וְעַל־אִמּֽוֹ׃ 8 וּבֵית־מִשְׁתֶּ֥ה לֹא־תָב֖וֹא לָשֶׁ֣בֶת 8
אוֹתָ֑ם[a] לֶאֱכֹ֖ל וְלִשְׁתּֽוֹת׃ ס 9 כִּי֩ כֹ֨ה אָמַ֜ר יְהוָ֤ה צְבָאוֹת֙ אֱלֹהֵ֣י 9
יִשְׂרָאֵ֔ל הִנְנִ֨י מַשְׁבִּ֜ית מִן־הַמָּק֥וֹם הַזֶּ֛ה לְעֵינֵיכֶ֖ם וּבִֽימֵיכֶ֑ם ק֤וֹל שָׂשׂוֹן֙
וְק֣וֹל שִׂמְחָ֔ה ק֥וֹל חָתָ֖ן וְק֥וֹל כַּלָּֽה׃
10 וְהָיָ֗ה כִּ֤י תַגִּיד֙ לָעָ֣ם הַזֶּ֔ה אֵ֥ת כָּל־הַדְּבָרִ֖ים הָאֵ֑לֶּה וְאָמְר֣וּ אֵלֶ֗יךָ 10
עַל־מֶה֩ דִבֶּ֨ר יְהוָ֜ה עָלֵ֗ינוּ אֵ֣ת כָּל־הָרָעָ֤ה הַגְּדוֹלָה֙ הַזֹּ֔את וּמֶ֤ה עֲוֺנֵ֙נוּ֙
וּמֶ֣ה חַטָּאתֵ֔נוּ אֲשֶׁ֥ר חָטָ֖אנוּ לַיהוָ֥ה אֱלֹהֵֽינוּ׃ 11 וְאָמַרְתָּ֣ אֲלֵיהֶ֗ם עַל֩ 11
אֲשֶׁר־עָזְב֨וּ אֲבוֹתֵיכֶ֤ם אוֹתִי֙ נְאֻם־יְהוָ֔ה וַיֵּלְכ֕וּ אַחֲרֵי֙ אֱלֹהִ֣ים אֲחֵרִ֔ים
וַיַּעַבְד֖וּם וַיִּשְׁתַּחֲו֣וּ לָהֶ֑ם וְאֹתִ֣י עָזָ֔בוּ וְאֶת־תּוֹרָתִ֖י לֹ֥א שָׁמָֽרוּ׃ 12 וְאַתֶּ֛ם 12
הֲרֵעֹתֶ֥ם לַעֲשׂ֖וֹת מֵאֲבוֹתֵיכֶ֑ם וְהִנְּכֶ֣ם הֹלְכִ֗ים אִ֚ישׁ אַחֲרֵי֙ שְׁרִר֣וּת
לִבּֽוֹ־הָרָ֔ע לְבִלְתִּ֖י שְׁמֹ֥עַ אֵלָֽי׃ 13 וְהֵטַלְתִּ֣י אֶתְכֶ֗ם מֵעַל֙ הָאָ֣רֶץ הַזֹּ֔את 13
עַל־הָאָ֕רֶץ אֲשֶׁר֙ לֹ֣א יְדַעְתֶּ֔ם אַתֶּ֖ם וַאֲבוֹתֵיכֶ֑ם וַעֲבַדְתֶּם־שָׁ֞ם אֶֽת־

ג
ב. ל חס
ט ר"פ בסיפ. ג וכל יחזק דכות ב מ א
ז בטע בסיפ[1]. כי מיחד[2]. ב
ג ב חס וחד מל[3]. ב. ל
ל. ב ומל[4]
ב[5]
ז בטע בסיפ[1]. כי מיחד[2]. ל. ג מל
ג חס בליש[6]
ט פסוק לא ולא ולא ולא
ל וחס
ל כת ס. ב[7]. ג[8]
ב[9]
ד בטע בסיפ[6]
ח
כה
ג מיחד. כד[10]. ו
ט. ו בטע בסיפ
כי[11] מל יג מנה בסיפ וכל יהושע ושפטים דכות ב מ ב
ו קמ[12]
ב[13]. יא בטע לאחור
יא[14]. ב
ל[6]

Cp 16 [1]Mm 2547. [2]Mm 2049. [3]Mm 1733. [4]Mm 2901. [5]Mm 2546. [6]Mp sub loco. [7]Mm 2548. [8]Mm 3370. [9]Mm 2549. [10]Mm 592. [11]Mm 1238 א. [12]Mm 3053. [13]Mm 1045. [14]Mm 2550.

Cp 16,1 [a] > 𝔊* ‖ **2** [a] 𝔊 + *λέγει κύριος ὁ θεὸς Ισραηλ* ‖ **5/6** [a–a] > 𝔊* ‖ [b] Vrs pl ‖ **7** [a] l c pc Mss 𝔊 לֶחֶם cf 𝔙 ‖ [b] 𝔙 *lugenti*, l אָבֵל ‖ [c] 𝔊 *αὐτόν*, l ־תוֹ ‖ **8** [a] nonn Mss אִתָּם.

אֱלֹהִים֙ אֲחֵרִ֔ים [a]יוֹמָ֣ם וָלַ֔יְלָה[a] אֲשֶׁ֛ר לֹֽא־אֶתֵּ֥ן[b] לָכֶ֖ם חֲנִינָֽה׃ ס ל
14 [a]לָכֵ֛ן הִנֵּֽה־יָמִ֥ים בָּאִ֖ים נְאֻם־יְהוָ֑ה וְלֹא־יֵאָמֵ֥ר[b] ע֛וֹד חַי־יְהוָ֔ה אֲשֶׁ֥ר ח . ב
15 הֶעֱלָ֛ה אֶת־בְּנֵ֥י יִשְׂרָאֵ֖ל מֵאֶ֥רֶץ מִצְרָֽיִם׃ 15 כִּ֣י אִם־חַי־יְהוָ֗ה אֲשֶׁ֨ר יח[15] . ב
הֶעֱלָ֜ה אֶת־בְּנֵ֤י[a] יִשְׂרָאֵל֙ מֵאֶ֣רֶץ צָפ֔וֹן וּמִכֹּל֙ הָֽאֲרָצ֔וֹת אֲשֶׁ֥ר הִדִּיחָ֖ם[b] יח[15] . ג[16]
16 שָׁ֑מָּה וַהֲשִׁבֹתִים֙ עַל־אַדְמָתָ֔ם אֲשֶׁ֥ר נָתַ֖תִּי לַאֲבוֹתָֽם׃ ס 16 הִנְנִ֨י
שֹׁלֵ֜חַ לְדַוָּגִ֤ים רַבִּים֙ נְאֻם־יְהוָ֔ה וְדִיג֑וּם וְאַחֲרֵי־כֵ֗ן אֶשְׁלַח֙ לְרַבִּ֣ים לדיגים ק . ל מל . ב מ״פ בנביא[17] . ב[18]
צַיָּדִ֔ים וְצָד֗וּם מֵעַ֤ל כָּל־הַר֙ וּמֵעַ֣ל כָּל־גִּבְעָ֔ה וּמִנְּקִיקֵ֖י הַסְּלָעִֽים׃
17 כִּ֤י עֵינַי֙ עַל־כָּל־דַּרְכֵיהֶ֔ם [a]לֹ֥א נִסְתְּר֖וּ מִלְּפָנָ֑י[a] וְלֹֽא־נִצְפַּ֥ן עֲוֺנָ֖ם יב . ל
18 מִנֶּ֥גֶד עֵינָֽי׃ 18 וְשִׁלַּמְתִּ֣י רִאשׁוֹנָ֗ה[a] מִשְׁנֵ֤ה עֲוֺנָם֙ וְחַטָּאתָ֔ם עַ֖ל חַלְּלָ֣ם י ג[19] מנה מל . ד[20]
אֶת־אַרְצִ֑י בְּנִבְלַ֣ת שִׁקּוּצֵיהֶ֗ם וְתוֹעֲבֽוֹתֵיהֶ֛ם מָלְא֖וּ אֶת־נַחֲלָתִֽי׃ ס ג מל

19 יְהוָ֞ה עֻזִּ֧י וּמָעֻזִּ֛י וּמְנוּסִ֖י בְּי֣וֹם צָרָ֑ה
אֵלֶ֗יךָ גּוֹיִ֤ם יָבֹ֙אוּ֙ מֵֽאַפְסֵי־אֶ֔רֶץ וְיֹאמְר֗וּ יד[21] קמ וכל אתנח וס״פ דכות ב מ ד . ט רפי[22]
אַךְ־שֶׁ֙קֶר֙ נָחֲל֣וּ אֲבוֹתֵ֔ינוּ הֶ֖בֶל וְאֵֽין־בָּ֥ם מוֹעִֽיל׃ ד[23] . ח[24] מל וכל יש ת דכות ב מ א
20 הֲיַעֲשֶׂה־לּ֥וֹ אָדָ֖ם אֱלֹהִ֑ים וְהֵ֖מָּה לֹ֥א אֱלֹהִֽים׃ ל
21 לָכֵן֙ הִנְנִ֣י מֽוֹדִיעָ֔ם בַּפַּ֣עַם הַזֹּ֔את אוֹדִיעֵ֥ם ל . ל
אֶת־יָדִ֖י וְאֶת־גְּבוּרָתִ֑י וְיָדְע֖וּ כִּֽי־שְׁמִ֥י יְהוָֽה׃ ס ל[25]

17 1 [a]חַטַּ֣את יְהוּדָ֗ה כְּתוּבָ֛ה בְּעֵ֥ט בַּרְזֶ֖ל ז[1] פת וכל תרי עשר דכות ב מ א
בְּצִפֹּ֣רֶן שָׁמִ֑יר חֲרוּשָׁה֙ עַל־ל֣וּחַ[b] לִבָּ֔ם ל
וּלְקַרְנ֖וֹת מִזְבְּחוֹתֵיכֶֽם[c]׃ 2 [a]כִּזְכֹּ֤ר בְּנֵיהֶם֙[a] [בַּשָּׂדֶ֑ה
מִזְבְּחוֹתָם֙ וַאֲשֵׁ֣רֵיהֶ֔ם עַל־[b]עֵ֖ץ רַעֲנָ֑ן עַל[c] גְּבָע֖וֹת הַגְּבֹהֽוֹת׃ 3 [a]הֲרָרִ֣י ל
חֵילְךָ֥[b] כָל־[c]אוֹצְרוֹתֶ֖יךָ לָבַ֣ז אֶתֵּ֑ן ל
בָּמֹתֶ֕יךָ[d] בְּחַטָּ֖את[e] בְּכָל[f]־גְּבוּלֶֽיךָ[g]׃ ג חד חס וב מל[2] . ב מל

[15]Mm 953. [16]Mm 1220. [17]Mp sub loco. [18]Mm 2551. [19]Mm 682. [20]Mm 1155. [21]Mm 1234. [22]Mm 1233. [23]Mm 1321. [24]Mm 346. [25] וחד שְׁמִי יי Thr 3,66. **Cp 17** [1]Mm 676. [2]Mm 2552.

13 [a–a] > 𝔊* ‖ [b] 𝔊𝔙 3 pl = יִתְּנוּ ‖ **14** [a] 14.15 = 23,7.8 ‖ [b] 𝔊𝔗 ut 23,7 יֹאמְרוּ ‖ **15** [a] 𝔊(𝔖) *τὸν οἶκον* = בֵּית cf 23,8 ‖ [b] pc Mss 𝔖𝔗[Ed]𝔙 הִדַּחְתִּים ut 23,8 ‖ **17** [a–a] > 𝔊* ‖ **18** [a] > 𝔊* ‖ **Cp 17,1** [a] 1–4 > 𝔊* ‖ [b] θ′𝔊[OL](𝔏) *τοῦ στήθους* ‖ [c] l c mlt Mss Vrs (–תָם)–יהֶם ‖ **2** [a–a] prp: לְזִכָּרוֹן בָּהֶם ‖ [b] nonn Mss כָּל, 𝔖(𝔗𝔄) *thjt kl* = תַּחַת כָּל ‖ [c] mlt Mss θ′𝔄𝔗[f] וְעַל, 𝔖 *w'l kl* ‖ **3** [a] θ′ *ὄρεων* cf 𝔖𝔗𝔄, l הָרֲרֵי et cj c 2 (cf θ′𝔖𝔙𝔄) ‖ [b] cf 15,13[a] ‖ [c] l c mlt Mss θ′𝔖𝔗𝔙 וְכָל cf 15,13 ‖ [d] > 𝔖𝔗; l בִּמְחִיר ut 15,13 ‖ [e] l בְּכָל־חַטֹּאותֶיךָ cf σ′ et 15,13 ‖ [f] mlt Mss כל ‖ [g] mlt Mss –לך.

4 וְשָׁמַטְתָּ֗ה וּבְךָ֙[a] מִנַּחֲלָֽתְךָ֙ אֲשֶׁ֣ר נָתַ֣תִּי לָ֔ךְ ל̇
וְהַֽעֲבַדְתִּ֙יךָ֙[b] אֶת־אֹ֣יְבֶ֔יךָ בָּאָ֖רֶץ אֲשֶׁ֣ר[c] לֹֽא־יָדָ֑עְתָּ
כִּֽי־אֵ֛שׁ קְדַחְתֶּ֥ם[d] בְּאַפִּ֖י עַד־עוֹלָ֥ם תּוּקָֽד[e]׃ ס ה̇[3]
5 [a]כֹּ֣ה ׀ אָמַ֣ר יְהוָ֗ה[a] יח בטע בסיפ
אָר֤וּר הַגֶּ֙בֶר֙ אֲשֶׁ֣ר יִבְטַ֣ח בָּֽאָדָ֔ם וְשָׂ֥ם בָּשָׂ֖ר זְרֹע֑וֹ ח̇[4]
וּמִן־יְהוָ֖ה יָס֥וּר לִבּֽוֹ׃ ב̇[5]
6 וְהָיָה֙ כְּעַרְעָ֣ר בָּעֲרָבָ֔ה וְלֹ֥א יִרְאֶ֖ה כִּֽי־יָב֣וֹא ט֑וֹב ו̇[6]
וְשָׁכַ֤ן חֲרֵרִים֙ בַּמִּדְבָּ֔ר אֶ֥רֶץ מְלֵחָ֖ה וְלֹ֥א תֵשֵֽׁב׃ ס ד̇[7]
ס̄ט[3] 7 בָּר֣וּךְ הַגֶּ֔בֶר אֲשֶׁ֥ר יִבְטַ֖ח בַּֽיהוָ֑ה וְהָיָ֥ה יְהוָ֖ה מִבְטַחֽוֹ[a]׃ ו̇[8] . ט̇[9]
8 וְהָיָ֞ה כְּעֵ֣ץ ׀ שָׁת֣וּל עַל־מַ֗יִם וְעַל־יוּבַל֙ יְשַׁלַּ֣ח שָֽׁרָשָׁ֔יו ז̇[10] . יב̇[11]
וְלֹ֤א יִרְאֶ֙[a] כִּֽי־יָבֹ֣א חֹ֔ם וְהָיָ֥ה עָלֵ֖הוּ רַֽעֲנָ֑ן ו̇[6] . יראה ק . ג̇ חס בסיפ[3]
וּבִשְׁנַ֤ת בַּצֹּ֙רֶת֙ לֹ֣א יִדְאָ֔ג וְלֹ֥א יָמִ֖ישׁ מֵעֲשׂ֥וֹת פֶּֽרִי׃ י̇[12] ול[13] בעינ . ב̇[14] . ז̇[15]
9 עָקֹ֥ב[a] הַלֵּ֛ב מִכֹּ֖ל וְאָנֻ֣שׁ[b] ה֑וּא מִ֖י יֵדָעֶֽנּוּ׃ ב חד חס וחד מל . ל̇ וחס
10 אֲנִ֧י יְהוָ֛ה חֹקֵ֥ר לֵ֖ב בֹּ֣חֵֽן[a] כְּלָי֑וֹת
וְלָתֵ֤ת[b] לְאִישׁ֙ כִּדְרָכָ֔ו[c] כִּפְרִ֖י[d] מַעֲלָלָֽיו׃ ס ח̇[16] . כדרכיו ק חד מן ה̇[17] כת כן בליש
11 קֹרֵ֤א[a] דָגַר֙[b] וְלֹ֣א יָלָ֔ד עֹ֥שֶׂה עֹ֖שֶׁר וְלֹ֣א בְמִשְׁפָּ֑ט ל̇ זקף קמ
בַּחֲצִ֤י יָמָו֙[c] יַעַזְבֶ֔נּוּ וּבְאַחֲרִית֖וֹ יִהְיֶ֥ה נָבָֽל׃ ימיו ק
12 כִּסֵּ֣א כָב֔וֹד מָר֖וֹם[a] [b]מֵרִאשׁ֑וֹן מְק֖וֹם[b] מִקְדָּשֵֽׁנוּ׃ ל̇ . ל̇
13 מִקְוֵ֤ה יִשְׂרָאֵל֙ יְהוָ֔ה כָּל־עֹזְבֶ֖יךָ יֵבֹ֑שׁוּ ב ור״פ
יְסוּרַי֙[a] בָּאָ֣רֶץ יִכָּתֵ֔בוּ[b] כִּ֥י עָזְב֛וּ מְק֥וֹר מַֽיִם־חַיִּ֖ים [c]אֶת־יְהוָֽה[c]׃ ס וסורי ק . ד̇
14 רְפָאֵ֤נִי יְהוָה֙ וְאֵ֣רָפֵ֔א הוֹשִׁיעֵ֖נִי וְאִוָּשֵׁ֑עָה כִּ֥י תְהִלָּתִ֖י[a] אָֽתָּה׃ ל̇ . ב̇

[3] Mp sub loco. [4] Mm 224. [5] Mm 2553. [6] Mm 2624. [7] Mm 2750. [8] Mm 2154. [9] Mm 2554. [10] Mm 739. [11] Mm 440. [12] Mm 3789. [13] Mm 2711 [14] Mm 2555. [15] Mm 3293. [16] Mm 601. [17] Mm 3210.

4 [a] 𝔊[L](𝔙) *μόνη* = לְבַדְּךָ; l יָדְךָ cf Dt 15,3 || [b] pc Mss ′ברת– cf 15,14 || [c] dl cf 15,14 || [d] l c pc Mss 𝔊[OL]𝔗 קָדְחָה ut 15,14; 𝔙 *succendisti* || [e] K[Or] תיקד || **5** [a–a] > 𝔊* || **7** [a] mlt Mss Edd ′טְ– || **8** [a] l c K 𝔊𝔖 יִרָא; ℭ𝔗 ut Q cf 6 || **9** [a] 𝔊 *βαθεῖα* = עָמֹק? 𝔊[L](ℭ) *βαρεῖα*, 𝔖 *ʿšjn* durus || [b] 𝔊 *καὶ ἄνθρωπος* = וֶאֱנֹשׁ cf σ′𝔖 et 16[b] || **10** [a] mlt Mss Vrs ′וּבֹ || [b] mlt Mss Vrs ′לְ ut 32,19 || [c] ℭ mlt Mss Vrs ut Q = 32,19; K כִּדְרָכוֹ || [d] mlt Mss Vrs ′וְכִ ut 32,19 || **11** [a] 𝔊 pr *ἐφώνησε* = קָרָא, versio duplex | [b] 𝔊(ℭ) *συνήγαγεν* (דגר aram) || [c] ℭ ut Q, 1; K ימוֹ || **12** [a] 𝔊 *ὑψωμένος (ὑψούμενος)* = מוּרָם? || [b–b] > 𝔊* || **13** [a] mlt Mss ut Q; K יְסוּרַי; prp וְסוּרֶיךָ || [b] prp יִכָּרֵתוּ (cf ℭ𝔗) vel יִכָּלְמוּ; l זוּ || [c–c] add || **14** [a] prp תְּחִלָּתִי.

15 הִנֵּה־הֵמָּה אֹמְרִים אֵלָי אַיֵּה דְבַר־יְהוָה יָבוֹא נָא׃
16 וַאֲנִי לֹא־אַצְתִּי מֵרֹעֶה[a] אַחֲרֶיךָ וְיוֹם אָנוּשׁ[b] לֹא הִתְאַוֵּיתִי
אַתָּה יָדָעְתָּ מוֹצָא שְׂפָתַי[c] נֹכַח פָּנֶיךָ הָיָה׃
17 אַל־תִּהְיֵה־לִי לִמְחִתָּה מַחֲסִי־אַתָּה בְּיוֹם רָעָה׃
18 יֵבֹשׁוּ רֹדְפַי וְאַל־אֵבֹשָׁה אָנִי יֵחַתּוּ הֵמָּה וְאַל־אֵחַתָּה אָנִי
הָבִיא עֲלֵיהֶם יוֹם רָעָה וּמִשְׁנֶה שִׁבָּרוֹן שָׁבְרֵם׃ ס
19 כֹּה־אָמַר יְהוָה אֵלַי[a] הָלֹךְ וְעָמַדְתָּ בְּשַׁעַר בְּנֵי־עָם[b] אֲשֶׁר יָבֹאוּ בוֹ
20 מַלְכֵי יְהוּדָה וַאֲשֶׁר יֵצְאוּ בוֹ וּבְכֹל שַׁעֲרֵי יְרוּשָׁלִָם׃ 20 וְאָמַרְתָּ אֲלֵיהֶם
שִׁמְעוּ דְבַר־יְהוָה מַלְכֵי יְהוּדָה וְכָל־יְהוּדָה וְכֹל יֹשְׁבֵי יְרוּשָׁלִָם
21 הַבָּאִים בַּשְּׁעָרִים הָאֵלֶּה׃ ס 21 כֹּה אָמַר יְהוָה הִשָּׁמְרוּ בְּנַפְשׁוֹתֵיכֶם
22 וְאַל־תִּשְׂאוּ מַשָּׂא בְּיוֹם הַשַּׁבָּת וַהֲבֵאתֶם בְּשַׁעֲרֵי יְרוּשָׁלִָם׃ 22 וְלֹא־
תוֹצִיאוּ מַשָּׂא מִבָּתֵּיכֶם בְּיוֹם הַשַּׁבָּת וְכָל־מְלָאכָה לֹא תַעֲשׂוּ וְקִדַּשְׁתֶּם
23 אֶת־יוֹם הַשַּׁבָּת כַּאֲשֶׁר צִוִּיתִי אֶת־אֲבוֹתֵיכֶם׃ 23 וְלֹא שָׁמְעוּ וְלֹא הִטּוּ
אֶת־אָזְנָם וַיַּקְשׁוּ אֶת־עָרְפָּם[a] לְבִלְתִּי שׁוֹמֵעַ[b] וּלְבִלְתִּי קַחַת מוּסָר׃
24 וְהָיָה אִם־שָׁמֹעַ תִּשְׁמְעוּן אֵלַי נְאֻם־יְהוָה לְבִלְתִּי הָבִיא מַשָּׂא בְּשַׁעֲרֵי
הָעִיר הַזֹּאת בְּיוֹם הַשַּׁבָּת וּלְקַדֵּשׁ אֶת־יוֹם הַשַּׁבָּת לְבִלְתִּי עֲשׂוֹת־בֹּה[a]
25 כָּל־מְלָאכָה׃ 25 וּבָאוּ בְשַׁעֲרֵי הָעִיר הַזֹּאת מְלָכִים וְשָׂרִים[a] יֹשְׁבִים
עַל־כִּסֵּא דָוִד רֹכְבִים בָּרֶכֶב וּבַסּוּסִים הֵמָּה וְשָׂרֵיהֶם אִישׁ יְהוּדָה
26 וְיֹשְׁבֵי יְרוּשָׁלִָם וְיָשְׁבָה הָעִיר־הַזֹּאת לְעוֹלָם׃ 26 וּבָאוּ מֵעָרֵי־יְהוּדָה
וּמִסְּבִיבוֹת יְרוּשָׁלִַם וּמֵאֶרֶץ בִּנְיָמִן וּמִן־הַשְּׁפֵלָה וּמִן־הָהָר וּמִן־הַנֶּגֶב
27 מְבִאִים עוֹלָה וְזֶבַח וּמִנְחָה וּלְבוֹנָה וּמְבִאֵי תוֹדָה בֵּית יְהוָה׃ 27 וְאִם־
לֹא תִשְׁמְעוּ אֵלַי לְקַדֵּשׁ אֶת־יוֹם הַשַּׁבָּת וּלְבִלְתִּי שְׂאֵת מַשָּׂא וּבֹא[a]
בְּשַׁעֲרֵי יְרוּשָׁלִַם בְּיוֹם הַשַּׁבָּת וְהִצַּתִּי אֵשׁ בִּשְׁעָרֶיהָ וְאָכְלָה אַרְמְנוֹת
יְרוּשָׁלִָם וְלֹא תִכְבֶּה׃ פ

מא . ג[28]
ל וחס

16 [a] 𝔊 *κατακολουθῶν* (= 𝔐?), α′σ′ *ἀπὸ κακίας* = מְרָעָה cf 𝔖; l לְרָעָה cf 15,11 לטוב || [b] 𝔊(𝔖𝔙) *ἀνθρώπου* = אֱנוֹשׁ cf 9[b] || [c] huc tr ‸ || **19** [a] > 𝔊*𝔗[Ms] || [b] 𝔔 הָעָם, 𝔊 *λαοῦ σου* = עַמְּךָ || **23** [a] 𝔊 + *ὑπὲρ τοὺς πατέρας αὐτῶν* cf 7,26 || [b] l Q; K שׁוֹמֵעַ? || **24** [a] K בה vel בָּהּ (cf 𝔗); > 𝔊* || **25** [a] dttg, dl || **27** [a] ins בוֹ (hpgr)?

18 1 הַדָּבָר֙ אֲשֶׁ֣ר הָיָ֣ה אֶֽל־יִרְמְיָ֔הוּ מֵאֵ֥ת יְהוָ֖ה לֵאמֹֽר׃ 2 ק֥וּם **18**
וְיָרַדְתָּ֖ בֵּ֣ית הַיּוֹצֵ֑ר וְשָׁ֖מָּה אַשְׁמִיעֲךָ֥ אֶת־דְּבָרָֽי׃ 3 וָאֵרֵ֖ד בֵּ֣ית הַיּוֹצֵ֑ר 3
וְהִנֵּ֛הֽוּ עֹשֶׂ֥ה מְלָאכָ֖ה עַל־הָאָבְנָֽיִם׃ 4 וְנִשְׁחַ֣ת הַכְּלִ֗י אֲשֶׁ֨ר ה֥וּא עֹשֶׂ֛ה 4
בַּחֹ֖מֶר[a] בְּיַ֣ד הַיּוֹצֵ֑ר וְשָׁ֗ב וַֽיַּעֲשֵׂ֙הוּ֙ כְּלִ֣י אַחֵ֔ר כַּאֲשֶׁ֥ר יָשַׁ֛ר בְּעֵינֵ֥י הַיּוֹצֵ֖ר
לַעֲשֽׂוֹת׃ פ 5 וַיְהִ֥י דְבַר־יְהוָ֖ה אֵלַ֥י לֵאמֽוֹר׃ 6 הֲכַיּוֹצֵ֨ר הַזֶּ֜ה לֹא־ 5 6
אוּכַ֨ל לַעֲשׂ֥וֹת לָכֶ֛ם בֵּ֥ית יִשְׂרָאֵ֖ל [a]נְאֻם־יְהוָ֑ה[a] הִנֵּ֤ה כַחֹ֙מֶר֙ בְּיַ֣ד הַיּוֹצֵ֔ר
כֵּן־אַתֶּ֥ם בְּיָדִ֖י בֵּ֥ית יִשְׂרָאֵֽל׃ ס 7 רֶ֣גַע אֲדַבֵּ֔ר עַל־גּ֖וֹי וְעַל־ 7
מַמְלָכָ֑ה לִנְת֥וֹשׁ וְלִנְת֖וֹץ וּֽלְהַאֲבִֽיד׃ 8 וְשָׁב֙ הַגּ֣וֹי הַה֔וּא מֵרָ֣עָת֔וֹ [a]אֲשֶׁ֥ר 8
דִּבַּ֖רְתִּי עָלָ֑יו[a] וְנִֽחַמְתִּי֙ עַל־הָ֣רָעָ֔ה אֲשֶׁ֥ר חָשַׁ֖בְתִּי לַעֲשׂ֥וֹת לֽוֹ׃ ס
9 וְרֶ֣גַע אֲדַבֵּ֔ר עַל־גּ֖וֹי וְעַל־מַמְלָכָ֑ה לִבְנֹ֖ת וְלִנְטֹֽעַ׃ 10 וְעָשָׂ֤ה הָרָעָה֙[a] 9 10
בְּעֵינַ֔י לְבִלְתִּ֖י שְׁמֹ֣עַ בְּקוֹלִ֑י וְנִֽחַמְתִּי֙ עַל־הַטּוֹבָ֔ה אֲשֶׁ֥ר אָמַ֖רְתִּי לְהֵיטִ֥יב
אוֹתֽוֹ׃ ס 11 וְעַתָּ֡ה אֱמָר־נָ֣א אֶל־אִישׁ־יְהוּדָה֩ וְעַל־יוֹשְׁבֵ֨י יְרוּשָׁלִַ֜ם 11
[a]לֵאמֹ֗ר כֹּ֚ה אָמַ֣ר יְהוָ֔ה[a] הִנֵּ֨ה אָנֹכִ֜י יוֹצֵ֤ר עֲלֵיכֶם֙ רָעָ֔ה וְחֹשֵׁ֥ב עֲלֵיכֶ֖ם
מַחֲשָׁבָ֑ה שׁ֣וּבוּ נָ֗א אִ֚ישׁ מִדַּרְכּ֣וֹ הָרָעָ֔ה וְהֵיטִ֥יבוּ דַרְכֵיכֶ֖ם וּמַעַלְלֵיכֶֽם׃
12 וְאָמְר֖וּ[a] נוֹאָ֑שׁ כִּֽי־אַחֲרֵ֤י מַחְשְׁבוֹתֵ֙ינוּ֙ נֵלֵ֔ךְ וְאִ֛ישׁ שְׁרִר֥וּת לִבּֽוֹ־הָרָ֖ע 12
נַעֲשֶֽׂה׃ ס

13 לָכֵ֗ן כֹּ֚ה אָמַ֣ר יְהוָ֔ה
שַֽׁאֲלוּ־נָא֙ בַּגּוֹיִ֔ם מִ֥י שָׁמַ֖ע כָּאֵ֑לֶּה
שַֽׁעֲרֻרִת֙ עָשְׂתָ֣ה מְאֹ֔ד בְּתוּלַ֖ת יִשְׂרָאֵֽל׃
14 הֲיַעֲזֹ֥ב[a] מִצּ֛וּר[b] שָׂדַ֖י[c] שֶׁ֣לֶג לְבָנ֑וֹן
אִם־יִנָּתְשׁ֗וּ[d] [e]מַ֛יִם זָרִ֥ים קָרִ֖ים[e] נוֹזְלִֽים׃
15 כִּֽי־שְׁכֵחֻ֥נִי עַמִּ֖י לַשָּׁ֣וְא יְקַטֵּ֑רוּ
וַיַּכְשִׁל֤וּם[a] בְּדַרְכֵיהֶם֙ שְׁבִילֵ֣י[b] עוֹלָ֔ם

ט ר״פ[1]
ח
והנה הוא ק חד מן ה׳[2] כת מילה חדה וקר תרי וחד מן ה׳[3] בליש
ב. יה׳[4] וכל יוצר חפץ חמדה דכות ב מ א. ג׳[5]
ג מל[6]
ב
ג מל
ל בסיפ
ב. ג. הרע ק
יא׳[7]. ב
כד מל ג׳[8] מנה בסיפ. ח׳[9] ג מנה בליש. לד מל ז מנה בסיפ
ד׳[10]. ה מל בנביא ול בליש
ה׳ בטע בסיפ[11]. כ׳[12]
ל וחס
כ מל
ל חס
ל. ל כת כן[13]

Cp 18 [1]Mm 1995. [2]Mm 214. [3]Mm 315. [4]Mm 2781. [5]Mm 4071. [6]Mm 358. [7]Mm 2550. [8]Mm 2559. [9]Mm 3172. [10]Mm 2460. [11]Mm 2617. [12]Mm 2168. [13]Sine Q, cf Mp sub loco.

Cp 18,4 [a] sic L mlt Mss, l c nonn Mss 'כַּח; > 𝔊* ‖ **6** [a–a] > 𝔊* ‖ **8** [a–a] > 𝔊*𝔖 ‖ **10** [a] K הָרָעָה ‖ **11** [a–a] > 𝔊* ‖ **12** [a] 𝔊(𝔖𝔗) *καὶ εἶπαν* = 'וַיֹּא cf 𝔙 ‖ **14** [a] prp הֶעָבַר ‖ [b] prp צוֹר silex (retento 𝔐 in [a]) ‖ [c] 𝔊σ′(𝔖) *μαστοί* = שָׁדַיִם, α′ *ἱκανοῦ* = שַׁדַּי; prp שִׂרְיוֹן (et tum לָבָן pro לבנון) ‖ [d] l ינשתו ‖ [e–e] prp מִמִּצְבָּרִים מְקֹרִים aut 'מִמֵּי קֶדֶם ק aut 'מ זבים מְקֹרִים ‖ **15** [a] 𝔊(𝔙) *καὶ ἀσθενήσουσιν*, l c Ms וַיִּכָּשְׁלוּ (vel וְאַכְשִׁלֵם) ‖ [b] mlt Mss שבולי.

לָלֶ֫כֶת נְתִיבוֹת[c] דֶּ֖רֶךְ לֹ֥א סְלוּלָֽה׃ — ב̇ חד חס וחד מל

16 לָשׂ֤וּם אַרְצָם֙ לְשַׁמָּ֔ה שְׁרוּקֹ֖ת[a] עוֹלָ֑ם — שריקת[14] ק̇ חד מן ב̇ בליש

כֹּ֚ל עוֹבֵ֣ר עָלֶ֔יהָ יִשֹּׁ֖ם וְיָנִ֥יד בְּרֹאשֽׁוֹ׃ — ח̇[15] מל וכל יחזק דכות ב̇ מ̇ א̇. י̇ד̇

17 כְּרֽוּחַ[a]־קָדִים֙ אֲפִיצֵ֔ם לִפְנֵ֖י אוֹיֵ֑ב — ל̇. ל̇. ל̇

עֹ֧רֶף וְלֹא־פָנִ֛ים אַרְאֵ֖ם[b] בְּי֥וֹם אֵידָֽם׃ ס

18 וַיֹּאמְר֗וּ לְכ֨וּ וְנַחְשְׁבָ֣ה עַֽל־יִרְמְיָהוּ֮ מַחֲשָׁבוֹת֒ כִּי֩ לֹא־תֹאבַ֨ד תּוֹרָ֜ה — ד̇[16]

מִכֹּהֵ֗ן וְעֵצָה֙ מֵֽחָכָ֔ם וְדָבָ֖ר מִנָּבִ֑יא לְכוּ֙ וְנַכֵּ֣הוּ בַלָּשׁ֔וֹן[a] וְאַל־[b]נַקְשִׁ֖יבָה — ל̇ בליש. ל̇

אֶל־כָּל־דְּבָרָֽיו׃

ס̄[18] 19 הַקְשִׁ֥יבָה יְהוָ֖ה אֵלָ֑י וּשְׁמַ֖ע לְק֥וֹל יְרִיבָֽי[a]׃ [עָמְדִ֣י לְפָנֶ֗יךָ — י̇ז̇ שמיעה לקול[17] ב̇ חד קמ וחד פת

20 הַיְשֻׁלַּ֤ם תַּֽחַת־טוֹבָה֙ רָעָ֔ה [a]כִּֽי־כָר֥וּ שׁוּחָ֖ה לְנַפְשִׁ֑י[a] זְכֹ֣ר ׀ — ל̇

לְדַבֵּ֤ר עֲלֵיהֶם֙ טוֹבָ֔ה לְהָשִׁ֥יב אֶת־חֲמָתְךָ֖ מֵהֶֽם׃ — ד̇[18]

21 לָכֵ֞ן תֵּ֣ן אֶת־בְּנֵיהֶ֗ם לָֽרָעָב֮ וְהַגִּרֵם֮ עַל־יְדֵי־חֶרֶב֒ — ל̇ וחס

וְתִהְיֶ֨נָה נְשֵׁיהֶ֤ם שַׁכֻּלוֹת֙ וְאַלְמָנ֔וֹת — ב̇[18] חד מל וחד מן ב̇[19] חס בליש

וְאַ֨נְשֵׁיהֶ֔ם יִהְי֖וּ הֲרֻ֣גֵי מָ֑וֶת בַּח֣וּרֵיהֶ֔ם מֻכֵּי־חֶ֖רֶב בַּמִּלְחָמָֽה׃ — ד̇[20]. ל̇ חס[18]. ג̇. ב̇ חד כת ה וחד כת י[21]

22 תִּשָּׁמַ֤ע זְעָקָה֙ מִבָּ֣תֵּיהֶ֔ם כִּֽי־תָבִ֧יא עֲלֵיהֶ֛ם גְּד֖וּד פִּתְאֹ֑ם — י̇ג̇[22]

כִּֽי־כָר֤וּ שִׁיחָה֙[a] לְלָכְדֵ֔נִי וּפַחִ֖ים טָמְנ֥וּ לְרַגְלָֽי׃ — שוחה[23] ק̇. ל̇ קמ̇

23 וְאַתָּ֣ה יְ֠הוָה יָדַ֜עְתָּ אֶֽת־כָּל־עֲצָתָ֤ם עָלַי֙ לַמָּ֔וֶת

אַל־תְּכַפֵּר֙ עַל־עֲוֺנָ֔ם וְחַטָּאתָ֖ם מִלְּפָנֶ֣יךָ אַל־תֶּ֑מְחִי[a] — ב̇. י̇. ל̇

וְהָי֤וּ[b] מֻכְשָׁלִים֙[c] לְפָנֶ֔יךָ בְּעֵ֥ת אַפְּךָ֖ עֲשֵׂ֥ה בָהֶֽם׃ ס — ויהיו ק̇ חד מן י̇א̇[24] רפי בליש

19 1 כֹּ֚ה[a] אָמַ֣ר יְהוָ֔ה[b] הָל֛וֹךְ וְקָנִ֥יתָ בַקְבֻּ֖ק יוֹצֵ֣ר[c] חָ֑רֶשׂ[d] וּמִזִּקְנֵ֣י[e] — ס̇[1]. ב̇ ובפסוק

2 הָעָ֔ם [f]וּמִזִּקְנֵ֖י הַכֹּהֲנִֽים[f]׃ 2 וְיָצָ֙אתָ֙[a] אֶל־גֵּ֣יא [b]בֶן־הִנֹּ֔ם[ab] אֲשֶׁ֕ר פֶּ֖תַח — ב̇ ובפסוק

[14]Mm 839. [15]Mm 2429. [16]Mm 2594. [17]Mm 23. [18]Mp sub loco. [19]Mm 4041. [20]Mm 2200. [21]Mm 2404. [22]Mm 1228. [23]Mm 832. [24]Mm 417. **Cp 19** [1]Lectio plena contra Mm 1408, cf Mp sub loco.

15 [c] ins תֹּהוּ (hpgr)? ‖ **16** [a] K שְׁרוּקַת ‖ **17** [a] mlt Mss Edd בְּר׳ ‖ [b] l c Or 𝔊𝔖𝔙 אַ׳ ‖ **18** [a] l בִּלְשׁוֹנוֹ cf 𝔖 ‖ [b] 𝔊 om ־אל, dl ‖ **19** [a] 𝔊(𝔖𝔗) *τοῦ δικαιώματός μου* = רִיבִי ‖ **20** [a–a] 𝔊 alit; add ex 22 ‖ **22** [a] mlt Mss ut Q cf 20; K שִׂיחה, 𝔊 *λόγον* = שִׂיחה ‖ **23** [a] l תִּמַח vel תְּמַח ‖ [b] K וְהָיוּ; 𝔊 *γενέσθω*, l יְהִי cf [c] ‖ [c] Ms 𝔖 מַשְׁלָכִים; 𝔊 *ἡ ἀσθένεια αὐτῶν*, l מִכְשֹׁלָם ‖ **Cp 19,1** [a] 𝔊 *τότε*, l אָז? ‖ [b] nonn Mss 𝔊𝔖𝔗[Ed] + אֵלַי; ins frt אֶל־יִרְמְיָהוּ cf 14 ‖ [c] 𝔊 *πεπλασμένον* = יָצוּר; dl (ex 18,2sqq)? ‖ [d] > 𝔖 ‖ [e] pc Mss מ׳; 𝔖(𝔗) *wdbr 'mk mn sb'* cf 𝔊, l וְלָקַחְתָּ אִתְּךָ מִז׳ cf 10 ‖ [f–f] 𝔊* *καὶ ἀπὸ τῶν ἱερέων*, l וּמֵהַכ׳ ‖ **2** [a–a] pertinet ad 2b–9.11b–13; versibus 1.2a (sine [a–a] + אשר) continuantur 10.11a.14.15 ‖ [b–b] 𝔊 hic *υἱῶν τῶν τέκνων αὐτῶν* = בְּנֵי בְנֵיהֶם, sed in 6 ut 𝔐.

החרסית ק̇ | שַׁעַר הַחַרְסוּת[c] וְקָרָאתָ שָּׁם אֶת־הַדְּבָרִים[d] אֲשֶׁר־אֲדַבֵּר אֵלֶיךָ׃
ל̇ח[2] | 3 וְאָמַרְתָּ שִׁמְעוּ דְבַר־יְהוָה מַלְכֵי יְהוּדָה[a] וְיֹשְׁבֵי יְרוּשָׁלָםִ[a] כֹּה־אָמַר 3
ג[3] וכל ועל ישבי דכות ב מ א | יְהוָה צְבָאוֹת אֱלֹהֵי יִשְׂרָאֵל הִנְנִי מֵבִיא רָעָה עַל־הַמָּקוֹם הַזֶּה אֲשֶׁר
ב[4]. ד[5]. ג חס בליש | כָּל־שֹׁמְעָהּ תִּצַּלְנָה אָזְנָיו׃ 4 יַעַן ׀ אֲשֶׁר עֲזָבֻנִי וַיְנַכְּרוּ אֶת־הַמָּקוֹם 4
ד מל בנביא | הַזֶּה וַיְקַטְּרוּ־בוֹ לֵאלֹהִים אֲחֵרִים אֲשֶׁר לֹא־יְדָעוּם הֵמָּה וַאֲבוֹתֵיהֶם
ל. ל | וּמַלְכֵי יְהוּדָה וּמָלְאוּ[a] אֶת־הַמָּקוֹם הַזֶּה דַּם נְקִיִּם׃ 5 [a]וּבָנוּ[b] אֶת־בָּמוֹת[c] 5
ל̇ד[6] פסוק לא ולא ולא ז מנה בסיפ . ב̇[7] | הַבַּעַל לִשְׂרֹף אֶת־בְּנֵיהֶם בָּאֵשׁ [d]עֹלוֹת לַבָּעַל[d] אֲשֶׁר לֹא־צִוִּיתִי וְלֹא
ח̇ | דִבַּרְתִּי[d] וְלֹא עָלְתָה עַל־לִבִּי׃ פ 6 לָכֵן הִנֵּה־יָמִים בָּאִים נְאֻם־ 6
ב[8]. כא[9] | יְהוָה וְלֹא־יִקָּרֵא[a] לַמָּקוֹם הַזֶּה עוֹד הַתֹּפֶת וְגֵיא בֶן־הִנֹּם כִּי אִם־גֵּיא
ד | הַהֲרֵגָה[a]׃ 7 וּבַקֹּתִי אֶת־עֲצַת יְהוּדָה וִירוּשָׁלַםִ בַּמָּקוֹם הַזֶּה וְהִפַּלְתִּים 7
בַּחֶרֶב לִפְנֵי אֹיְבֵיהֶם וּבְיַד מְבַקְשֵׁי נַפְשָׁם וְנָתַתִּי אֶת־נִבְלָתָם לְמַאֲכָל
לְעוֹף הַשָּׁמַיִם וּלְבֶהֱמַת הָאָרֶץ׃ 8 [a]וְשַׂמְתִּי אֶת־הָעִיר הַזֹּאת לְשַׁמָּה 8
ל כת כן חס | וְלִשְׁרֵקָה כֹּל עֹבֵר עָלֶיהָ יִשֹּׁם וְיִשְׁרֹק עַל־כָּל־מַכֹּתֶהָ[b]׃ 9 [a]וְהַאֲכַלְתִּים 9
ב̇[10]. ה̇ חס וכל עזרא דכות[11] | אֶת־בְּשַׂר בְּנֵיהֶם וְאֵת בְּשַׂר בְּנֹתֵיהֶם וְאִישׁ בְּשַׂר־רֵעֵהוּ יֹאכֵלוּ בְּמָצוֹר
וּבְמָצוֹק אֲשֶׁר יָצִיקוּ לָהֶם אֹיְבֵיהֶם [a]וּמְבַקְשֵׁי נַפְשָׁם[a]׃ 10 [a]וְשָׁבַרְתָּ 10
ט מל בלשון זכר[12] . ג בטע ר"פ בסיפ . ג̇[13] . ל̇[14] | הַבַּקְבֻּק לְעֵינֵי הָאֲנָשִׁים הַהֹלְכִים אוֹתָךְ׃ 11 וְאָמַרְתָּ אֲלֵיהֶם כֹּה־ 11
ח̇[15] | אָמַר ׀ יְהוָה צְבָאוֹת כָּכָה אֶשְׁבֹּר אֶת־הָעָם הַזֶּה וְאֶת־הָעִיר הַזֹּאת
ל כת ה | כַּאֲשֶׁר יִשְׁבֹּר אֶת־כְּלִי הַיּוֹצֵר אֲשֶׁר לֹא־יוּכַל לְהֵרָפֵה[a] עוֹד [b]וּבְתֹפֶת
ל מל | יִקְבְּרוּ מֵאֵין מָקוֹם לִקְבּוֹר[b]׃ 12 כֵּן־אֶעֱשֶׂה לַמָּקוֹם הַזֶּה נְאֻם־יְהוָה 12
ב מל . ח̇[16] | וּלְיוֹשְׁבָיו[a] וְלָתֵת[b] אֶת־הָעִיר הַזֹּאת כְּתֹפֶת׃ 13 וְהָיוּ בָּתֵּי יְרוּשָׁלַםִ 13
י פסוק לכל לכל | וּבָתֵּי מַלְכֵי יְהוּדָה כִּמְקוֹם הַתֹּפֶת הַטְּמֵאִים[a] לְכֹל הַבָּתִּים אֲשֶׁר קִטְּרוּ
ב חד חס וחד מל[17] | עַל־גַּגֹּתֵיהֶם לְכֹל צְבָא הַשָּׁמַיִם וְהַסֵּךְ נְסָכִים לֵאלֹהִים אֲחֵרִים׃ פ
ל | 14 וַיָּבֹא יִרְמְיָהוּ מֵהַתֹּפֶת[a] אֲשֶׁר שְׁלָחוֹ יְהוָה שָׁם לְהִנָּבֵא וַיַּעֲמֹד בַּחֲצַר 14

[2]Mm 2513. [3]Mm 2560. [4]Mm 2176. [5]Mm 2561. [6]Mm 771. [7]Mm 2562. [8]Mm 2563. [9]Mm 17. [10]Mm 2564. [11]Mm 1132. [12]Mm 2565. [13]Mm 2566. [14]Mp sub loco. [15]Mm 1392. [16]Mm 601. [17]Mm 2567.

2 c 𝔊𝔖 ut Q, l; K סות– vel הַחַרְסוּת ‖ d pc Mss + הָאֵלֶּה, 𝔊 *πάντας τοὺς λόγους* (𝔊^B min + *τούτους*) ‖ **3** a 𝔊 + nonn vb ‖ **4** a l מ' et tr ‸ ad ואב' cf 𝔊 ‖ **5** a cf 7,31a ‖ b cf 7,31b ‖ c l בָּמַת? cf 7,31c ‖ d–d > 𝔊* et 7,31 ‖ **6** a 𝔖𝔗 ut in 7,32a ‖ **8** a cf 49,17 ‖ b Ms 𝔊𝔙 מַכָּתָהּ ‖ **9** a–a > 𝔊* ‖ **10** a cf 2a–a ‖ **11** a ℭ mlt Mss פא– ‖ b–b > 𝔊* ‖ **12** a add ‖ b 𝔊 om cop ‖ **13** a 𝔊 *(ἀπὸ) τῶν ἀκαθαρσιῶν (αὐτῶν)*; l טמאים vel מְטֻמָּאִים (cf 𝔖) ‖ **14** a l מִפֶּתַח הַשַּׁעַר vel מֵהַפֶּתַח cf 2a–a.

15 בֵּית־יְהוָה וַיֹּאמֶר אֶל־כָּל־הָעָם׃ ס 15 כֹּה־אָמַר יְהוָה צְבָאוֹת
אֱלֹהֵי יִשְׂרָאֵל הִנְנִי מֵבִי[a] אֶל־הָעִיר הַזֹּאת וְעַל־[b]כָּל־עָרֶיהָ[b] אֵת כָּל־
הָרָעָה אֲשֶׁר דִּבַּרְתִּי עָלֶיהָ כִּי הִקְשׁוּ אֶת־עָרְפָּם לְבִלְתִּי שְׁמוֹעַ
אֶת־דְּבָרָי׃

20 1 וַיִּשְׁמַע פַּשְׁחוּר בֶּן־אִמֵּר[a] הַכֹּהֵן[b] וְהוּא־פָקִיד נָגִיד בְּבֵית
2 יְהוָה אֶת־יִרְמְיָהוּ נִבָּא אֶת־הַדְּבָרִים הָאֵלֶּה׃ 2 וַיַּכֶּה פַּשְׁחוּר אֵת
יִרְמְיָהוּ הַנָּבִיא וַיִּתֵּן אֹתוֹ עַל־הַמַּהְפֶּכֶת אֲשֶׁר בְּשַׁעַר בִּנְיָמִן[a] הָעֶלְיוֹן
3 אֲשֶׁר בְּבֵית יְהוָה׃ 3 [a]וַיְהִי מִמָּחֳרָת[a] וַיֹּצֵא פַשְׁחוּר אֶת־יִרְמְיָהוּ מִן־
הַמַּהְפָּכֶת וַיֹּאמֶר אֵלָיו יִרְמְיָהוּ לֹא פַשְׁחוּר קָרָא יְהוָה שְׁמֶךָ כִּי אִם־
4 מָגוֹר[b] מִסָּבִיב[c]׃ פ 4 כִּי כֹה אָמַר יְהוָה הִנְנִי נֹתֶנְךָ לְמָגוֹר לְךָ
וּלְכָל־אֹהֲבֶיךָ וְנָפְלוּ בְּחֶרֶב אֹיְבֵיהֶם וְעֵינֶיךָ רֹאוֹת וְאֶת[a] כָּל־יְהוּדָה
5 אֶתֵּן בְּיַד מֶלֶךְ־בָּבֶל וְהִגְלָם בָּבֶלָה וְהִכָּם בֶּחָרֶב׃ 5 וְנָתַתִּי אֶת־כָּל־
חֹסֶן הָעִיר הַזֹּאת וְאֶת־כָּל־יְגִיעָהּ[a] וְאֶת־כָּל־יְקָרָהּ[a] וְאֵת כָּל־אוֹצְרוֹת
מַלְכֵי יְהוּדָה אֶתֵּן[b] בְּיַד אֹיְבֵיהֶם [a]וּבְזָזוּם וּלְקָחוּם[a] וֶהֱבִיאוּם בָּבֶלָה׃
6 וְאַתָּה פַשְׁחוּר וְכֹל יֹשְׁבֵי בֵיתֶךָ תֵּלְכוּ בַּשֶּׁבִי [a]וּבָבֶל תָּבוֹא[a] וְשָׁם
תָּמוּת וְשָׁם תִּקָּבֵר אַתָּה וְכָל־אֹהֲבֶיךָ אֲשֶׁר־נִבֵּאתָ לָהֶם בַּשָּׁקֶר׃ ס

7 פִּתִּיתַנִי יְהוָה וָאֶפָּת חֲזַקְתַּנִי וַתּוּכָל
הָיִיתִי לִשְׂחוֹק כָּל־הַיּוֹם כֻּלֹּה[a] לֹעֵג לִי׃
8 כִּי־[a]מִדֵּי אֲדַבֵּר אֶזְעָק[a] חָמָס וָשֹׁד אֶקְרָא
כִּי־הָיָה דְבַר־יְהוָה לִי לְחֶרְפָּה וּלְקֶלֶס כָּל־הַיּוֹם׃
9 וְאָמַרְתִּי לֹא־אֶזְכְּרֶנּוּ וְלֹא־אֲדַבֵּר עוֹד בִּשְׁמוֹ
וְהָיָה בְלִבִּי[a] כְּאֵשׁ בֹּעֶרֶת עָצֻר[b] בְּעַצְמֹתָי
וְנִלְאֵיתִי כַּלְכֵל וְלֹא אוּכָל׃

ט בטע בסיפ[18]
מביא ק חד מן ט חס א בליש
יא[19] ד[20] מנה מל
לט
ל[1]
ל
לט . יג חס[2]
כי מיחד[3]
ח[4] . ז
כט . ל
ב . ל . ב[5] . יא מל[6]
ל . ב ומל[7] . ג ב מל וחד חס[8] . כט
ו פסוק ואתה אתה[9] . ח[10] . ד[11]
ל . ל . ג
ב מל בנביא . כת כן[12]
ל זקף קמ
לד[13] פסוק לא ולא ולא ז מנה בסיפ[14] . ב
ל חס . ה חס בליש[15]
ג[16]

[18]Mm 2615. [19]Mm 2550. [20]Mm 2307. Cp 20 [1]Mm 1303. [2]Mm 1509. [3]Mm 2049. [4]Mm 2903. [5]Mm 2568. [6]Mm 1977. [7]Mm 2569. [8]Mm 763. [9]Okhl 297. [10]Mm 2556. [11]Mm 3345. [12]Cf Mp sub loco, Mm 2264 et 2480. [13]Mm 771. [14]Mm 3325. [15]Mm 3723. [16]Mm 3955.

15 [a] 𝔔 מֵבִיא, K hpgr ‖ [b–b] 𝔊* *τὰς κώμας αὐτῆς* ‖ **Cp 20,1** [a] 𝔖 *'mrj'* = אֲמַרְיָה ‖ [b] 𝔊[min] *ὁ ψευδοπροφήτης* cf 6 ‖ **2** [a] 𝔊 *οἴκου ἀποτεταγμένου* = בֵּית מְנִי? ‖ **3** [a–a] > 𝔊* ‖ [b] 𝔊θ′ *Μέτοικον* cf 𝔖; cf 10[a] ‖ [c] > 𝔊*, dl (ex 10)? cf 4 ‖ **4** [a] 𝔊 pr *καὶ σέ* ‖ **5** [a–a] > 𝔊* ‖ [b] > 𝔊* ‖ **6** [a–a] > 𝔊* ‖ **7** [a] 𝔊 *διετέλεσα* ‖ **8** [a–a] 𝔊 *πικρῷ λόγῳ μου γελάσομαι* ‖ **9** [a] > 𝔊* ‖ [b] 𝔊 *φλέγον*, sim 𝔖.

10 כִּ֣י שָׁמַ֜עְתִּי דִּבַּ֣ת רַבִּ֗ים מָג֙וֹר[a] מִסָּבִ֔יב [b]הַגִּ֙ידוּ֙ וְנַגִּידֶ֔נּוּ
כֹּ֚ל אֱנ֣וֹשׁ שְׁלוֹמִ֔י שֹׁמְרֵ֖י צַלְעִ֑י[b] ב חס[17]
אוּלַ֤י יְפֻתֶּה֙ וְנ֣וּכְלָה ל֔וֹ וְנִקְחָ֥ה נִקְמָתֵ֖נוּ מִמֶּֽנּוּ׃ ג . ה
11 וַיהוָ֤ה אוֹתִי֙ כְּגִבּ֣וֹר עָרִ֔יץ עַל־כֵּ֛ן [a]רֹדְפַ֥י יִכָּשְׁל֖וּ וְלֹ֣א יֻכָ֑לוּ[a] כי[18] מל יג מנה בסיפ וכל יהושע ושפטים דכות במ ב . י פסוק ולא לא לא[19] . ל חס
בֹּ֤שׁוּ מְאֹד֙ כִּי־לֹ֣א הִשְׂכִּ֔ילוּ כְּלִמַּ֥ת עוֹלָ֖ם לֹ֥א תִשָּׁכֵֽחַ׃
12 [a]וַיהוָ֣ה צְבָא֗וֹת בֹּחֵ֣ן צַדִּ֔יק[b] רֹאֶ֥ה כְלָי֖וֹת וָלֵ֑ב ד
אֶרְאֶ֤ה נִקְמָֽתְךָ֙ מֵהֶ֔ם כִּ֥י אֵלֶ֖יךָ גִּלִּ֥יתִי[c] אֶת־רִיבִֽי׃ ס ב
ס̄ יא[20] 13 שִׁ֚ירוּ לַֽיהוָ֔ה הַֽלְל֖וּ אֶת־יְהוָ֑ה
כִּ֥י הִצִּ֛יל אֶת־נֶ֥פֶשׁ אֶבְי֖וֹן מִיַּ֥ד מְרֵעִֽים׃ ס
14 אָר֣וּר הַיּ֔וֹם אֲשֶׁ֥ר יֻלַּ֖דְתִּי בּ֑וֹ ל
י֛וֹם אֲשֶׁר־יְלָדַ֥תְנִי אִמִּ֖י אַל־יְהִ֥י בָרֽוּךְ׃
15 אָר֣וּר הָאִ֗ישׁ אֲשֶׁ֨ר בִּשַּׂ֤ר אֶת־אָבִי֙ לֵאמֹ֔ר
יֻלַּד־לְךָ֖ בֵּ֣ן זָכָ֑ר שַׂמֵּ֖חַ שִׂמְּחָֽהוּ[a]׃ ב[21] . ל
16 וְהָיָה֙[a] הָאִ֣ישׁ[b] הַה֔וּא כֶּעָרִ֛ים אֲשֶׁר־הָפַ֥ךְ יְהוָ֖ה[c] וְלֹ֣א נִחָ֑ם ב . ב
וְשָׁמַ֤ע[d] זְעָקָה֙ בַּבֹּ֔קֶר וּתְרוּעָ֖ה בְּעֵ֥ת צָהֳרָֽיִם׃
17 אֲשֶׁ֥ר לֹא־מוֹתְתַ֖נִי מֵרָ֑חֶם[a] וַתְּהִי־לִ֤י אִמִּי֙ קִבְרִ֔י
וְרַחְמָ֖הּ הֲרַ֥ת עוֹלָֽם׃ 18 לָ֤מָּה זֶּה֙ מֵרֶ֣חֶם יָצָ֔אתִי ל . ל
לִרְא֖וֹת עָמָ֣ל וְיָג֑וֹן וַיִּכְל֥וּ בְּבֹ֖שֶׁת יָמָֽי׃ פ ג . ב
21 21 1 הַדָּבָ֛ר אֲשֶׁר־הָיָ֥ה אֶֽל־יִרְמְיָ֖הוּ מֵאֵ֣ת יְהוָ֑ה בִּשְׁלֹ֨חַ אֵלָ֜יו ה בטע בסיפ . ב
הַמֶּ֣לֶךְ צִדְקִיָּ֗הוּ אֶת־פַּשְׁחוּר֙ בֶּן־מַלְכִּיָּ֔ה וְאֶת־צְפַנְיָ֥ה בֶן־מַעֲשֵׂיָ֖ה
2 הַכֹּהֵ֥ן לֵאמֹֽר׃ 2 דְּרָשׁ־נָ֤א בַעֲדֵ֙נוּ֙ אֶת־יְהוָ֔ה כִּ֛י נְבוּכַדְרֶאצַּ֥ר[a] מֶֽלֶךְ־ ל ר״פ
בָּבֶ֖ל נִלְחָ֣ם עָלֵ֑ינוּ אוּלַ֞י יַעֲשֶׂ֨ה יְהוָ֤ה אוֹתָ֙נוּ֙[a] כְּכָל־נִפְלְאֹתָ֔יו וְיַעֲלֶ֖ה ג מל[1] . ג
3 מֵעָלֵֽינוּ׃ ס 3 וַיֹּ֥אמֶר יִרְמְיָ֖הוּ אֲלֵיהֶ֑ם כֹּ֥ה תֹאמְרֻ֖ן אֶל־צִדְקִיָּֽהוּ[a]׃ ט[2] ול חס

[17] Mp contra textum, cf Mp sub loco. [18] Mm 1238 א. [19] Mm 1139. [20] Mp sub loco. [21] Mm 3343. **Cp 21** [1] Mm 1091. [2] Mm 235.

10 [a] 𝔊 *συναθροιζομένων* (a אגר?); cf 3[b] ‖ [b–b] 𝔊𝔖 (partim θ′𝔙) alit ‖ **11** [a–a] 𝔊 *ἐδίωξαν καὶ νοῆσαι οὐκ ἠδύναντο* = רָדְפוּ וְהַשְׂכֵּל לֹא יָכֹלוּ ‖ **12** [a] = 11,20, hic add ‖ [b] pc Mss Vrs צֶ֫דֶק ut 11,20 ‖ [c] 1 גִּלּוֹתִי ‖ **15** [a] sic L ‖ **16** [a] 𝔊(𝔖𝔙) *ἔστω*, 1 יְהִי ‖ [b] prp הַיּוֹם ‖ [c] 𝔊 + *ἐν θυμῷ* = בְּאַף cf 𝔗 ‖ [d] 1 יִשְׁמַע? cf Vrs ‖ **17** [a] 1 בְּרֶ׳ cf 𝔊𝔖 ‖ **Cp 21,2** [a] > 𝔊* ‖ **3** [a] 𝔊* + *βασιλέα Ιουδα* cf 𝔖.

4 כֹּה־אָמַר יְהוָה [a]אֱלֹהֵי יִשְׂרָאֵל[a] הִנְנִי מֵסֵב אֶת־כְּלֵי הַמִּלְחָמָה[a] אֲשֶׁר
בְּיֶדְכֶם[a] אֲשֶׁר אַתֶּם נִלְחָמִים בָּם [a]אֶת־מֶלֶךְ בָּבֶל וְ[a]אֶת־הַכַּשְׂדִּים
הַצָּרִים עֲלֵיכֶם מִחוּץ לַחוֹמָה [a]וְאָסַפְתִּי אוֹתָם[a] אֶל־תּוֹךְ הָעִיר הַזֹּאת׃
5 וְנִלְחַמְתִּי אֲנִי אִתְּכֶם בְּיָד נְטוּיָה וּבִזְרוֹעַ חֲזָקָה וּבְאַף וּבְחֵמָה וּבְקֶצֶף
6 גָּדוֹל׃ 6 וְהִכֵּיתִי אֶת־יוֹשְׁבֵי הָעִיר הַזֹּאת וְאֶת־הָאָדָם וְאֶת־הַבְּהֵמָה
7 בְּדֶבֶר גָּדוֹל יָמֻתוּ[a]׃ 7 וְאַחֲרֵי־כֵן נְאֻם־יְהוָה אֶתֵּן אֶת־צִדְקִיָּהוּ מֶלֶךְ־
יְהוּדָה וְאֶת־עֲבָדָיו ׀ וְאֶת־הָעָם וְאֶת־[a]הַנִּשְׁאָרִים בָּעִיר הַזֹּאת מִן־
הַדֶּבֶר ׀ מִן[b]־הַחֶרֶב וּמִן־הָרָעָב [c]בְּיַד נְבוּכַדְרֶאצַּר מֶלֶךְ־בָּבֶל וּ[c]בְיַד
אֹיְבֵיהֶם וּבְיַד[d] מְבַקְשֵׁי נַפְשָׁם וְהִכָּם[e] לְפִי־חֶרֶב לֹא־יָחוּס[f] עֲלֵיהֶם
8 [c]וְלֹא יַחְמֹל[c] וְלֹא יְרַחֵם[f]׃ 8 וְאֶל־הָעָם הַזֶּה תֹּאמַר כֹּה אָמַר יְהוָה
9 הִנְנִי נֹתֵן לִפְנֵיכֶם אֶת־דֶּרֶךְ הַחַיִּים וְאֶת־דֶּרֶךְ הַמָּוֶת׃ 9 [a]הַיֹּשֵׁב בָּעִיר
הַזֹּאת יָמוּת בַּחֶרֶב וּבָרָעָב[b] וּבַדָּבֶר[c] וְהַיּוֹצֵא וְנָפַל[d] עַל־הַכַּשְׂדִּים
10 הַצָּרִים עֲלֵיכֶם יִחְיֶה[e] וְהָיְתָה־לּוֹ נַפְשׁוֹ לְשָׁלָל[f]׃ 10 כִּי שַׂמְתִּי פָנַי
בָּעִיר הַזֹּאת לְרָעָה וְלֹא לְטוֹבָה נְאֻם־יְהוָה בְּיַד־מֶלֶךְ בָּבֶל תִּנָּתֵן
11 וּשְׂרָפָהּ בָּאֵשׁ׃ ס 11 וּלְבֵית[a] מֶלֶךְ יְהוּדָה
שִׁמְעוּ דְּבַר־יְהוָה׃ 12 בֵּית דָּוִד כֹּה אָמַר יְהוָה
דִּינוּ לַבֹּקֶר[a] מִשְׁפָּט וְהַצִּילוּ גָזוּל מִיַּד עוֹשֵׁק[b]
פֶּן־תֵּצֵא כָאֵשׁ חֲמָתִי וּבָעֲרָה וְאֵין מְכַבֶּה
[c]מִפְּנֵי רֹעַ מַעַלְלֵיהֶם[c][d]׃
13 הִנְנִי אֵלַיִךְ יֹשֶׁבֶת הָעֵמֶק[a] צוּר[b] הַמִּישֹׁר[c] נְאֻם־יְהוָה
הָאֹמְרִים מִי־יֵחַת[d] עָלֵינוּ וּמִי יָבוֹא בִּמְעוֹנוֹתֵינוּ׃

ג[3]
ב
ד[8] . ל
ל[11]
מעלליכם ק

[3]Mm 2201. [4]Mm 1756. [5]Mm 1055. [6]Mm 422. [7]Mm 771. [8]Mm 3489. [9]Mm 1475. [10]Mm 2678. [11]Mm 1749. [12]Mm 2184. [13]Mm 2570.

4 [a–a] > 𝔊* ‖ **6** [a] 𝔊 *καὶ ἀποθανοῦνται* = וָמֵתוּ ‖ **7** [a] > pc Mss 𝔊𝔖𝔗, dl ‖ [b] mlt Mss Vrs וּמִן ‖ [c–c] > 𝔊* ‖ [d] > 𝔊* ‖ [e] 𝔊(𝔗[f]) *καὶ κατακόψουσιν αὐτούς* = וְהִכּוּם ‖ [f] 𝔊 1 sg cf 13,14 ‖ **9** [a] = 38,2 ‖ [b] mlt Mss 'ב ut 38,2 ‖ [c] > 𝔊* ‖ [d] > 𝔖 cf 38,2 ‖ [e] K 𝔊𝔖𝔙 יְחִיֶה ‖ [f] pc Mss 𝔊 + וָחָי ut 38,2 ‖ **11** [a] 𝔊 *ὁ οἶκος* = בֵּית; dl ו cf 23,9 ‖ **12** [a] l לַבְּקָרִים (𝔐 hpgr)? ‖ [b] l עֹשְׁקוֹ cf 𝔊𝔖𝔗 et 22,3[a] ‖ [c–c] > 𝔊*, dl (ex 4,4) ‖ [d] ℭ mlt Mss Vrs ut Q ‖ **13** [a] prp הָעֹפֶל (aut 'ע = robur? cf ℭ) ‖ [b] 𝔊 *Σορ* α' *Τύρος* = צוֹר, θ' *συνεχομένη*; l 𝔐 ‖ [c] prp הַמִּשְׂגָּב ‖ [d] 𝔊(𝔙) *πτοήσει* = יָחֵת (a חתת), quod falsum propter עַל; 𝔖 *n't'* (a אתה?); l 𝔐 (a נחת).

14 [a]וּפָקַדְתִּי עֲלֵיכֶם כִּפְרִי מַעַלְלֵיכֶם נְאֻם־יְהוָה[a]
וְהִצַּתִּי אֵשׁ בְּיַעְרָהּ[b] וְאָכְלָה כָּל־סְבִיבֶיהָ[c]׃ ס — ו . ל
22 22 1 כֹּה אָמַר יְהוָה רֵד בֵּית־מֶלֶךְ יְהוּדָה וְדִבַּרְתָּ שָּׁם אֶת־
2 הַדָּבָר הַזֶּה׃ 2 וְאָמַרְתָּ שְׁמַע דְּבַר־יְהוָה מֶלֶךְ יְהוּדָה הַיֹּשֵׁב עַל־כִּסֵּא
3 דָוִד אַתָּה וַעֲבָדֶיךָ[a] וְעַמְּךָ הַבָּאִים בַּשְּׁעָרִים הָאֵלֶּה׃ ס 3 כֹּה ׀ — כֹ פסוק דאית בהון א״ב . יֹחֹ בטע בסיפ
אָמַר יְהוָה עֲשׂוּ מִשְׁפָּט וּצְדָקָה וְהַצִּילוּ גָזוּל מִיַּד עָשׁוֹק[a] וְגֵר יָתוֹם[b] — ל[1]
וְאַלְמָנָה אַל־תֹּנוּ אַל־[c]תַּחְמֹסוּ וְדָם נָקִי אַל־תִּשְׁפְּכוּ בַּמָּקוֹם הַזֶּה׃ — ל חס
4 4 כִּי אִם־עָשׂוֹ תַּעֲשׂוּ אֶת־הַדָּבָר הַזֶּה וּבָאוּ בְשַׁעֲרֵי הַבַּיִת הַזֶּה מְלָכִים — ד כת ו[2]
יֹשְׁבִים לְדָוִד עַל־כִּסְאוֹ רֹכְבִים בָּרֶכֶב וּבַסּוּסִים [a]הוּא [b]וַעֲבָדָו[c] — ועבדיו ק . חד מן ב[3] כת חס בליש
5 וְעַמּוֹ[a d]׃ 5 וְאִם לֹא תִשְׁמְעוּ[a] אֶת־הַדְּבָרִים הָאֵלֶּה בִּי נִשְׁבַּעְתִּי נְאֻם־ — ו[4] . ב[5]
6 יְהוָה כִּי־לְחָרְבָּה יִהְיֶה הַבַּיִת הַזֶּה׃ ס 6 כִּי־כֹה ׀ אָמַר יְהוָה — ז בטע בסיפ[6] . כי מיחד[7]
עַל־בֵּית מֶלֶךְ[a] יְהוּדָה
גִּלְעָד אַתָּה לִי רֹאשׁ הַלְּבָנוֹן — כז בטע
אִם־לֹא אֲשִׁיתְךָ מִדְבָּר עָרִים לֹא נוֹשָׁבָה[b]׃ — נושבו ק . חד מן יד[8] כת ה וקר ו בליש
7 וְקִדַּשְׁתִּי עָלֶיךָ מַשְׁחִתִים אִישׁ וְכֵלָיו[a] — ח[2]
וְכָרְתוּ מִבְחַר אֲרָזֶיךָ וְהִפִּילוּ עַל־הָאֵשׁ׃
8 8 וְעָבְרוּ גּוֹיִם רַבִּים עַל הָעִיר הַזֹּאת וְאָמְרוּ אִישׁ אֶל־רֵעֵהוּ עַל־מֶה — ז פסוק על אל על . יז[9] וכל וגבותי דכות ב מ א
9 עָשָׂה יְהוָה כָּכָה לָעִיר הַגְּדוֹלָה הַזֹּאת׃ 9 וְאָמְרוּ עַל אֲשֶׁר עָזְבוּ אֶת־
בְּרִית יְהוָה אֱלֹהֵיהֶם וַיִּשְׁתַּחֲווּ לֵאלֹהִים אֲחֵרִים וַיַּעַבְדוּם׃ ס — ל
10 אַל־תִּבְכּוּ לְמֵת[a] וְאַל־תָּנֻדוּ לוֹ בְּכוּ בָכוֹ לַהֹלֵךְ — ב . ג חס ול בליש . ה כת ו[10]
כִּי לֹא יָשׁוּב עוֹד וְרָאָה אֶת־אֶרֶץ מוֹלַדְתּוֹ׃ ס
11 11 כִּי כֹה אָמַר־יְהוָה אֶל־שַׁלֻּם[a] בֶּן־יֹאשִׁיָּהוּ [b]מֶלֶךְ יְהוּדָה[b] הַמֹּלֵךְ — כי מיחד[7] . יא חס[2] . ב[11]
תַּחַת יֹאשִׁיָּהוּ אָבִיו אֲשֶׁר יָצָא מִן־הַמָּקוֹם הַזֶּה לֹא־יָשׁוּב שָׁם עוֹד׃

Cp 22 [1]Mm 3009. [2]Mp sub loco. [3]Mm 2571. [4]Mm 2572. [5]Mm 2573. [6]Mm 2547. [7]Mm 2049. [8]Mm 782. [9]Mm 1174. [10]Mm 2739. [11]Est 1,1.

14 [a–a] > 𝔊*, dl cf 23,2b ‖ [b] prp בְּעָרָה; l 𝔐 cf 22,6sq ‖ [c] l prb סְבִכָהּ cf 46,14[c] ‖ **Cp 22,2** [a] 𝔊 *καὶ ὁ οἶκός σου* = וּבֵיתְךָ ‖ **3** [a] l עֹשְׁקוֹ cf 𝔊𝔖𝔗 et 21,12[b] ‖ [b] nonn Mss 𝔊𝔖𝔗[Ms] ’וְי ‖ [c] l c mlt Mss Vrs ואל ‖ **4** [a–a] add cf 2b ‖ [b] 𝔊(𝔙) *αὐτοί* = הֵמָּה ‖ [c] ℭ ut Q, K דָו–; 𝔊 suff 3 pl = וְעַבְדֵיהֶם ‖ [d] 𝔊(𝔙) suff 3 pl = מָּם– ‖ **5** [a] 𝔊 *ποιήσητε* = תַעֲשׂוּ ‖ **6** [a] > ℭ ‖ [b] K בָה– ‖ **7** [a] 𝔊(𝔖) *καὶ τὸν πέλεκυν αὐτοῦ* ‖ **10** [a] l לַמֵּת cf 𝔊𝔖𝔗[Ms] ‖ **11** [a] 𝔊[L] *Ιωαχαζ* ‖ [b–b] > 𝔊*𝔖.

בׄ[12] . ה וכל את השמים ואת הארץ דכות[13] 12 כִּ֠י[a] בִּמְק֞וֹם אֲשֶׁר־הִגְל֥וּ[b] אֹת֖וֹ שָׁ֣ם יָמ֑וּת וְאֶת־הָאָ֥רֶץ הַזֹּ֖את לֹא־
יִרְאֶ֥ה עֽוֹד׃ ס

13 ה֣וֹי בֹּנֶ֤ה בֵיתוֹ֙ בְּלֹא־צֶ֔דֶק וַעֲלִיּוֹתָ֖יו בְּלֹ֣א מִשְׁפָּ֑ט
ב בְּרֵעֵ֙הוּ֙ יַעֲבֹ֣ד חִנָּ֔ם וּפֹעֲל֖וֹ לֹ֥א יִתֶּן־לֽוֹ׃
ל . ל 14 הָאֹמֵ֗ר[a] אֶבְנֶה־לִּי֙[a] בֵּ֣ית מִדּ֔וֹת וַעֲלִיּ֖וֹת מְרֻוָּחִ֑ים[b]
ב . ל זקף קמ . ב וְקָ֤רַע לוֹ֙ חַלּוֹנָ֔י[c] וְסָפ֣וּן[d] בָּאָ֔רֶז וּמָשׁ֖וֹחַ בַּשָּׁשַֽׁר׃
15 הֲתִֽמְלֹ֔ךְ[a] כִּ֥י אַתָּ֖ה מְתַחֲרֶ֣ה בָאָ֑רֶז[b]
אָבִ֜יךָ הֲל֧וֹא אָכַ֣ל וְשָׁתָ֗ה [אָ֥ז ט֖וֹב[a]
ג[14] וְעָשָׂ֤ה מִשְׁפָּט֙ וּצְדָקָ֔ה [c]אָ֖ז ט֥וֹב ל֑וֹ[c]׃ 16 דָּ֛ן דִּין־עָנִ֥י וְאֶבְי֖וֹן
ג הֲלוֹא־הִ֛יא[b] הַדַּ֥עַת אֹתִ֖י נְאֻם־יְהוָֽה׃
ה[15] 17 כִּ֣י אֵ֥ין עֵינֶ֙יךָ֙ וְלִבְּךָ֔ כִּ֖י אִם־עַל־בִּצְעֶ֑ךָ [לַעֲשֽׂוֹת׃ ס
ג[16] . ב מל בליש וְעַ֤ל דַּֽם־הַנָּקִי֙[a] לִשְׁפּ֔וֹךְ וְעַל־הָעֹ֥שֶׁק וְעַל־הַמְּרוּצָ֖ה[b]
כׄ[17] . ל 18 לָכֵ֗ן כֹּֽה־אָמַ֣ר יְהוָה֮ אֶל־יְהוֹיָקִ֣ים בֶּן־יֹאשִׁיָּהוּ֒ מֶ֣לֶךְ יְהוּדָ֔ה[a]
ג ומל[18] לֹֽא־יִסְפְּד֣וּ ל֔וֹ ה֥וֹי אָחִ֖י[b] [c]וְה֣וֹי אָח֑וֹת[cd]
הדר[19] ק . חד מן ה[20] ול כת ה בליש לֹֽא־יִסְפְּד֣וּ[e] ל֔וֹ ה֥וֹי אָד֖וֹן[e] וְה֥וֹי הֹדֹֽה[cf]׃ [יְרוּשָׁלִָֽם׃ ס
ג 19 קְב֥וּרַת חֲמ֖וֹר יִקָּבֵ֑ר סָח֣וֹב וְהַשְׁלֵ֔ךְ מֵהָ֖לְאָה לְשַׁעֲרֵ֥י
ו[21] . ל[22] 20 עֲלִ֤י הַלְּבָנוֹן֙ וּצְעָ֔קִי[a] וּבַבָּשָׁ֖ן תְּנִ֣י קוֹלֵ֑ךְ
ל וְצַעֲקִי֙ מֵעֲבָרִ֔ים[b] כִּ֥י נִשְׁבְּר֖וּ כָּל־מְאַהֲבָֽיִךְ׃
ב ר״פ . כט . ז[23] 21 דִּבַּ֤רְתִּי אֵלַ֙יִךְ֙ בְּשַׁלְוֺתַ֔יִךְ[a] אָמַ֖רְתְּ לֹ֣א אֶשְׁמָ֑ע
ז[24] זֶ֤ה דַרְכֵּךְ֙ מִנְּעוּרַ֔יִךְ כִּ֥י[b] לֹֽא־שָׁמַ֖עַתְּ בְּקוֹלִֽי׃
22 כָּל־רֹעַ֙יִךְ֙ תִּרְעֶה־ר֔וּחַ וּמְאַהֲבַ֖יִךְ בַּשְּׁבִ֣י יֵלֵ֑כוּ

[12] Cf 2 S 15,21 et Mp sub loco. [13] Mm 2574. [14] Mm 2575. [15] Mm 1491. [16] Mm 1166. [17] Mm 2168. [18] Mm 2576. [19] Q addidi, cf Mp sub loco. [20] Mm 3121. [21] Mm 2279. [22] Mp sub loco. [23] Mm 1742. [24] Mm 1865.

12 [a] 𝔗 nonn Mss Vrs + אִם ∥ [b] 𝔊𝔙 1 sg ∥ **14** [a–a] 𝔊 *ᾠκοδόμησας σεαυτῷ* = בָּנִיתָ לְּךָ ∥ [b] prp *מְרֻוָּחִים ∥ [c] l חלון ∥ [d] l ־וֹן ∥ **15** [a] prp הִתְמַלֵּךְ ∥ [b] 𝔊 *ἐν Αχαζ*, 𝔊[A] *ἐν Αχααβ* cf 𝔗 ∥ [c–c] l prb וְטוֹב לוֹ et tr sec 𝔊 post ושתה; 𝔊 15b. 16a alit ∥ **16** [a–a] ex 15, dl ∥ [b] K[Or] הוא ∥ **17** [a] 𝔗 נ׳ ב ∥ [b] a רצץ cf 𝔊 *φόνον*; α′σ′ *δρόμον* a רוץ; 𝔗 a רצה ∥ **18** [a] 𝔊* + *οὐαὶ ἐπὶ τὸν ἄνδρα τοῦτον*, ins הוֹי עַל־הָאִישׁ הַזֶּה ∥ [b] 𝔊*[O](𝔙) *ἄδελφε*, 𝔊[L] *κύριε* ∥ [c–c] > 𝔊* ∥ [d] 𝔊[OL] *ἄδελφε* 𝔖 *'ḥj*; prp אֲחָתוֹ ∥ [e] 𝔊 *κλαύσονται* cf 𝔖𝔙 ∥ [f] 𝔊[OL] *ἄδελφε*, 𝔖 *mr'* = אדון; prp *אָדֹת vel דוד ∥ **20** [a] sic L ∥ [b] 𝔖 *mn ʿbrj jm'* = מֵעֵבֶר יָם cf 𝔊, 𝔗 *'l mgzt'* = מַ׳, 𝔙 *ad transeuntes* = מֵעֹבְ׳? ∥ **21** [a] pc Mss α′σ′𝔖𝔙 ־וָתֵךְ־; 𝔊 *ἐν τῇ παραπτώσει σου* = בְּשָׁלוּתֵךְ aram cf Da 6,5(4) θ′ ∥ [b] > 𝔊*.

כִּ֣י אָ֤ז תֵּבֹ֙שִׁי֙ וְנִכְלַ֔מְתְּ מִכֹּ֖ל רָעָתֵֽךְ׃ᵃ ג
23 יֹשַׁ֙בְתְּ֙ᵃ בַּלְּבָנ֔וֹן מְקֻנַּ֖נְתְּᵃ בָּאֲרָזִ֑ים ישבת . מקננת ק ק . ב̇
מַה־נֵּחַ֙נְתְּ֙ᵇ בְּבֹא־לָ֣ךְ חֲבָלִ֔ים חִ֖יל כַּיֹּלֵדָֽה׃ ל̇²⁵ . ל̇ חס
24 24 חַי־אָ֙נִי֙ נְאֻם־יְהוָ֔ה כִּ֣י אִם־יִהְיֶ֞ה כָּנְיָ֤הוּ בֶן־יְהֽוֹיָקִים֙ מֶ֣לֶךְ יְהוּדָ֔ה ג̇
25 ח֖וֹתָם עַל־יַ֣ד יְמִינִ֑י כִּ֥י מִשָּׁ֖ם אֶתְּקֶֽנְךָּᵃ׃ 25 וּנְתַתִּ֗יךָ בְּיַד֙ מְבַקְשֵׁ֣י נַפְשֶׁ֔ךָ ל̇ . יח̇ פסוק דמיין²⁶
וּבְיַ֛דᵃ אֲשֶׁר־אַתָּ֥ה יָג֖וֹר מִפְּנֵיהֶ֑ם ᵇוּבְיַ֗ד נְבוּכַדְרֶאצַּ֣ר מֶלֶךְ־בָּבֶ֔לᵇ וּבְיַ֖ד
26 הַכַּשְׂדִּֽים׃ 26 וְהֵטַלְתִּ֣י אֹתְךָ֗ וְאֶת־אִמְּךָ֙ אֲשֶׁ֣ר יְלָדַ֔תְךָ עַ֚ל הָאָ֣רֶץᵃ ב̇ . ל̇ זקף קמ̇
27 אַחֶ֔רֶתᵇ אֲשֶׁ֥ר לֹא־יֻלַּדְתֶּ֖ם שָׁ֑ם וְשָׁ֖ם תָּמֽוּתוּ׃ 27 וְעַל־הָאָ֗רֶץ אֲשֶׁר־הֵ֛ם ז̇ מל
מְנַשְּׂאִ֥ים אֶת־נַפְשָׁ֖ם לָשׁ֣וּב ᵃשָׁ֑ם שָׁ֖מָּהᵃ לֹ֥א יָשֽׁוּבוּ׃ ס ג̇ . ו̇ פסוק שם שמה²⁷
28 28 הַעֶ֨צֶבᵃ נִבְזֶ֜ה נָפ֗וּץᵇ ᶜהָאִ֤ישׁ הַזֶּה֙ᶜ כָּנְיָ֔הוּ אִם־כְּלִ֖י אֵ֣ין חֵ֣פֶץ בּ֑וֹ ב̇²⁸ . ג̇
מַדּ֤וּעַ הֽוּטְלוּ֙ᵈ ᵉה֣וּא וְזַרְע֔וֹᵉ וְהֻ֨שְׁלְכ֔וּᵈ עַל־הָאָ֖רֶץᶠ אֲשֶׁ֥ר לֹא־יָדָֽעוּᵈ׃ ז̇²⁹
29 30 29 אֶ֥רֶץ אֶ֖רֶץ אָ֑רֶץ שִׁמְעִ֖י דְּבַר־יְהוָֽה׃ ס 30 ᵃכֹּ֣ה ׀ אָמַ֣ר יְהוָ֗הᵃ י̇ג̇ ר״פ . ב̇ . יח̇ בטע̇ בסיפ̇
כִּתְב֞וּ אֶת־הָאִ֤ישׁ הַזֶּה֙ עֲרִירִ֔יᵇ ᶜגֶּ֖בֶר לֹא־יִצְלַ֣ח בְּיָמָ֑יוᶜ כִּי֩ לֹ֨א יִצְלַ֜ח ב̇
מִזַּרְע֗וֹ] אִ֚ישׁ יֹשֵׁב֙ עַל־כִּסֵּ֣א דָוִ֔ד וּמֹשֵׁ֥לᵈ ע֖וֹד בִּיהוּדָֽה׃ יא̇ בטע̇ לאחור . ה̇ חס̇ בסיפ̇
23 23 1 ה֣וֹי רֹעִ֗ים מְאַבְּדִ֧ים וּמְפִצִ֛ים אֶת־צֹ֥אן מַרְעִיתִ֖יᵃ ᵇנְאֻם־יְהוָֽהᵇ׃ ל̇
2 2 לָכֵ֞ן כֹּֽה־אָמַ֣ר יְהוָה֮ אֱלֹהֵ֣י יִשְׂרָאֵל֒ עַל־הָרֹעִים֙ הָרֹעִ֣ים אֶת־ ב̇ בטע̇ בסיפ̇¹ . ג̇² . כד̇
עַמִּ֔י אַתֶּ֞ם הֲפִצֹתֶ֤ם אֶת־צֹאנִי֙ וַתַּדִּח֔וּם וְלֹ֥א פְקַדְתֶּ֖ם אֹתָ֑ם הִנְנִ֨י פֹקֵ֧ד ב̇ חד מל וחד חס¹ . ל̇ . י̇ו̇ חס̇ בסיפ̇
3 עֲלֵיכֶ֛ם אֶת־רֹ֥עַ מַעַלְלֵיכֶ֖ם ᵃנְאֻם־יְהוָֽהᵃ׃ 3 וַאֲנִ֗יᵃ אֲקַבֵּץ֙ אֶת־שְׁאֵרִ֣ית ט̇ז̇ ר״פ
צֹאנִ֔י מִכֹּל֙ הָאֲרָצ֔וֹתᵇ אֲשֶׁר־הִדַּ֥חְתִּי אֹתָ֖ם שָׁ֑ם וַהֲשִׁבֹתִ֥י אֶתְהֶ֛ן עַל־ י̇ו̇ חס̇ בסיפ̇
4 נְוֵהֶ֖ן וּפָר֥וּ וְרָבֽוּ׃ 4 וַהֲקִמֹתִ֤י עֲלֵיהֶם֙ רֹעִ֔ים וְרָע֑וּם וְלֹא־יִ֨ירְא֥וּ ע֛וֹד ל̇ . ט̇ פסוק ולא ולא ולא
וְלֹא־יֵחַ֥תּוּ ᵃוְלֹ֣א יִפָּקֵ֖דוּᵃ נְאֻם־יְהוָֽה׃ ס ב̇
5 5 ᵃהִנֵּ֨ה יָמִ֤ים בָּאִים֙ נְאֻם־יְהוָ֔ה וַהֲקִמֹתִ֥י לְדָוִ֖ד ᵇצֶ֣מַח ᶜצַדִּ֑יק

[25] Sine Q, cf Mp sub loco. [26] Mm 3911. [27] Mm 2057. [28] Gn 11,4. [29] Mm 970. **Cp 23** [1] Mp sub loco. [2] Mm 2647.

22 ᵃ 𝔊 *τῶν φιλούντων σε* = רֵעַיִךְ vel *רֹעֲתֵךְ? ‖ **23** ᵃ K ־תי ‖ ᵇ sic L, mlt Mss Edd נֵחַנְתְּ; 𝔊(𝔖𝔙) *καταστενάξεις*, l נֶאֱנַחַתְּ = נֶאֱנַחְתְּ ‖ **24** ᵃ l אתקנו cf 𝔙 ‖ **25** ᵃ > 𝔊* ‖ ᵇ⁻ᵇ > 𝔊* ‖ **26** ᵃ l אֶרֶץ cf 𝔊*, it 28ᶠ ‖ ᵇ > 𝔊* ‖ **27** ᵃ⁻ᵃ l שָׁמָּה? cf 𝔖𝔙 ‖ **28** ᵃ > 𝔊* ‖ ᵇ > 𝔊*; crrp ex אֵין חֵפֶץ? ‖ ᶜ⁻ᶜ > 𝔊*, dl (ex 30) ‖ ᵈ 𝔊 sg, l ־ַל, ־ָךְ, ־ָע cf 𝔖 ‖ ᵉ⁻ᵉ > 𝔊*, dl ‖ ᶠ cf 26ᵃ ‖ **30** ᵃ⁻ᵃ > 𝔊*, dl ‖ ᵇ 𝔊 *ἐκκήρυκτον*, 𝔏 *abdicatum* ‖ ᶜ⁻ᶜ > 𝔊*, dl cf etiam 𝔖 ‖ ᵈ 𝔊 om cop ‖ **Cp 23,1** ᵃ 𝔊* suff 3 pl = ־תָם ‖ ᵇ⁻ᵇ > 𝔊* ‖ **2** ᵃ⁻ᵃ > 𝔊* ‖ **3** ᵃ add ‖ ᵇ 𝔊 sg ‖ **4** ᵃ⁻ᵃ > 𝔊*; 𝔙 *et nullus quaeretur ex numero* ‖ **5** ᵃ 5.6 cf 33,15.16 ‖ ᵇ 𝔊 *ἀνατολήν* = 𝔐, 𝔖 = 𝔐 verbotenus, sed *ṣmḥ'* = radius, splendor; 𝔗 *mšjḥ* cf 33,15ᵇ ‖ ᶜ 𝔖(𝔗) *dzdjkwt'* = צֶדֶק cf 33,15.

וּמָ֤לַךְ מֶ֨לֶךְ֙ וְהִשְׂכִּ֔יל וְעָשָׂ֛ה מִשְׁפָּ֥ט וּצְדָקָ֖ה בָּאָֽרֶץ׃ — ב̇[3] ול בטע . ב̇[4]

6 בְּיָמָיו֙ תִּוָּשַׁ֣ע יְהוּדָ֔ה וְיִשְׂרָאֵ֖ל[a] יִשְׁכֹּ֣ן לָבֶ֑טַח — ס̄ ב̇[15] — ל̇ג

וְזֶה־שְּׁמ֥וֹ אֲשֶׁר־יִקְרְא֖וֹ[b] יְהוָ֥ה׀ צִדְקֵֽנוּ[c]׃ ס — ל̇ . ב̇

7 [a]לָכֵ֛ן הִנֵּֽה־יָמִ֥ים בָּאִ֖ים נְאֻם־יְהוָ֑ה וְלֹא־יֹ֤אמְרוּ עוֹד֙ חַי־יְהוָ֔ה אֲשֶׁ֧ר — ח̇ . ב̇[5]

הֶעֱלָ֛ה אֶת־בְּנֵ֥י[b] יִשְׂרָאֵ֖ל מֵאֶ֥רֶץ מִצְרָֽיִם׃ 8 כִּ֣י אִם־חַי־יְהוָ֡ה אֲשֶׁ֣ר — יח̇[6] . ב̇

הֶעֱלָה֩ וַאֲשֶׁ֨ר[a] הֵבִ֜יא אֶת־[b]זֶ֨רַע[c] בֵּ֤ית[d] יִשְׂרָאֵל֙ מֵאֶ֣רֶץ צָפ֔וֹנָה וּמִכֹּל֙[a] — ב̇ . נג ה̇ מנה בסיפ̇

הָ֣אֲרָצ֔וֹת אֲשֶׁ֥ר הִדַּחְתִּ֖ים[e] שָׁ֑ם וְיָשְׁב֖וּ[f] עַל־אַדְמָתָֽם׃ ס

9 לַנְּבִאִ֞ים[a] נִשְׁבַּ֧ר לִבִּ֣י בְקִרְבִּ֗י רָֽחֲפוּ֙ כָּל־עַצְמוֹתַ֔י — ל̇ וחס . יא̇[7]

הָיִ֨יתִי֙ כְּאִ֣ישׁ שִׁכּ֔וֹר[b] וּכְגֶ֖בֶר עֲבָר֣וֹ יָ֑יִן — כ̇[8]

מִפְּנֵ֣י יְהוָ֔ה וּמִפְּנֵ֖י [c]דִּבְרֵ֥י קָדְשֽׁוֹ[c]׃

10 [a]כִּ֣י [b]מְנָאֲפִים֮ מָלְאָ֣ה הָאָרֶץ֒[a]

[c]כִּֽי־מִפְּנֵ֤י אָלָה֙[d] אָבְלָ֣ה הָאָ֔רֶץ יָבְשׁ֖וּ נְא֣וֹת מִדְבָּ֑ר[c] — ל̇ . ה̇

וַתְּהִ֤י מְרֽוּצָתָם֙ רָעָ֔ה וּגְבוּרָתָ֖ם לֹא־כֵֽן׃ — ל̇ . יט̇[9]

11 כִּֽי־גַם־נָבִ֥יא גַם־כֹּהֵ֖ן חָנֵ֑פוּ גַּם־בְּבֵיתִ֛י מָצָ֥אתִי רָעָתָ֖ם — ב̇[10] . יב̇ פסוק גם גם גם ב̇[11] מנה בסיפ̇

12 לָכֵן֩ יִהְיֶ֨ה דַרְכָּ֜ם לָהֶ֗ם כַּחֲלַקְלַקּוֹת֙ [נְאֻם־יְהוָֽה׃

בָּאֲפֵלָה֙ יִדַּ֣חוּ[a] וְנָ֣פְלוּ בָ֑הּ — ב̇[12]

כִּֽי־אָבִ֨יא עֲלֵיהֶ֥ם רָעָ֛ה שְׁנַ֥ת פְּקֻדָּתָ֖ם נְאֻם־יְהוָֽה׃

13 וּבִנְבִיאֵ֥י שֹׁמְר֖וֹן רָאִ֣יתִי תִפְלָ֑ה — ג̇[13]

הִנַּבְּא֣וּ בַבַּ֔עַל וַיַּתְע֥וּ אֶת־עַמִּ֖י אֶת־יִשְׂרָאֵֽל׃ ס — כ̇ו פסוק את את ומילה חדה ביניה̇ יט̇ מנה בנביא . ו̇

14 וּבִנְבִאֵ֨י יְרוּשָׁלִַ֜ם רָאִ֣יתִי שַׁעֲרוּרָ֗ה — ג̇ חס בליש̇[14]

נָא֞וֹף וְהָלֹ֤ךְ בַּשֶּׁ֨קֶר֙ וְחִזְּקוּ֙ יְדֵ֣י מְרֵעִ֔ים — ל̇[15]

לְבִלְתִּי־שָׁ֕בוּ[a] אִ֖ישׁ מֵרָעָת֑וֹ

[3]Mm 2577. [4]Mm 2578. [5]Mm 2579. [6]Mm 953. [7]Mm 2580. [8]Mm 1514. [9]Mm 436. [10]Mm 2538. [11]Mm 2519. [12]Mm 2581. [13]Mm 3510. [14]Mm 2582. [15]Mp sub loco.

6 [a] 𝔊[S] *καὶ Ιερουσαλημ* ut 33,16 ‖ [b] pc Mss Edd ־וּ, 𝔖(𝔗𝔙𝔄) *(d)nqrwnh* = ־אוּהוּ ‖ [c] 𝔊 *Ιωσεδεκ* (יהוה versio duplex), σ' *δικαίωσον ἡμᾶς* = צַדְּ' cf 𝔗, 𝔙 *iustus noster* (it 33,16[c]) ‖ **7** [a] cf 16,14[a]; 7.8 in 𝔊* post 40 ‖ [b] 𝔊* *τὸν οἶκον* = בֵּית ‖ **8** [a–a] > 𝔊* ‖ [b] 𝔊 + *ἅπαν* = כָּל־ ‖ [c] > 𝔖𝔗[Ed] ‖ [d] > 𝔊; 𝔖[W](𝔗[Ed]) *lbnj* = בְּנֵי ‖ [e] 𝔊 ut 16,15 הִדִּיחָם ‖ [f] 𝔊 *καὶ ἀπεκατέστησεν αὐτούς* cf 16,15 ‖ **9** [a] 𝔊* *ἐν τοῖς προφήταις* (cj c 6, cf 7[a]) ‖ [b] 𝔊 *συντετριμμένος* = שָׁבוּר ‖ [c–c] 𝔊 *εὐπρεπείας δόξης αὐτοῦ* = הֲדַר כְּבוֹדוֹ ‖ **10** [a–a] > 𝔊* ‖ [b] prb ins וּ ‖ מְרֵעִים ‖ [c–c] prb add ‖ [d] pc Mss 𝔊𝔖 אֵלֶּה ‖ **12** [a] a דחח, pc Mss Edd יִדְּחוּ a דחה ‖ **14** [a] l יָשֻׁבוּ vel שׁוּב (cf 𝔊).

הָֽיוּ־לִ֤י כֻלָּם֙ כִּסְדֹ֔ם וְיֹשְׁבֶ֖יהָ[b] כַּעֲמֹרָֽה׃ ס — ד[16]

15 לָכֵ֗ן כֹּֽה־אָמַ֞ר יְהוָ֤ה צְבָאוֹת֙ עַל־הַנְּבִאִ֔ים — ד מיחד

הִנְנִ֨י מַאֲכִ֤יל אוֹתָם֙ לַעֲנָ֔ה וְהִשְׁקִתִ֖ים מֵי־רֹ֑אשׁ — ב חד מל וחד חס[17]

כִּ֗י מֵאֵת֙ נְבִיאֵ֣י יְרוּשָׁלַ֔͏ִם יָצְאָ֥ה חֲנֻפָּ֖ה לְכָל־הָאָֽרֶץ׃ פ

16 כֹּֽה־אָמַ֞ר יְהוָ֣ה צְבָא֗וֹת [הֵ֖מָּה אֶתְכֶ֑ם[b] — ט בטע בסיפ[18] . יו

אַל־תִּשְׁמְע֞וּ עַל־דִּבְרֵ֣י הַנְּבִאִים֙ [a]הַנִּבְּאִ֣ים לָכֶ֔ם[a] מַהְבִּלִ֥ים — ו[19] וכל ד״ה דכות ב מ א

חֲז֤וֹן לִבָּם֙ יְדַבֵּ֔רוּ לֹ֖א מִפִּ֥י יְהוָֽה׃

17 אֹמְרִ֤ים אָמוֹר֙[a] [b]לִמְנַאֲצַ֔י דִּבֶּ֣ר[b] יְהוָ֔ה שָׁל֖וֹם יִהְיֶ֣ה לָכֶ֑ם — ג מל[20]

וְ֠כֹל[c] [d]הֹלֵ֞ךְ בִּשְׁרִר֤וּת לִבּוֹ֙[c] אָמְר֔וּ[e] לֹֽא־תָב֥וֹא עֲלֵיכֶ֖ם רָעָֽה׃

18 כִּ֣י מִ֤י[a] עָמַד֙ בְּס֣וֹד יְהוָ֔ה וְיֵ֖רֶא[b] וְיִשְׁמַ֣ע[c] אֶת־דְּבָר֑וֹ מִֽי־הִקְשִׁ֥יב — ג[21] . ג[22]

דְּבָר֖וֹ[d] וַיִּשְׁמָֽע[e]׃ ס — דברו ק . ב קמ

19 הִנֵּ֣ה[a] ׀ סַעֲרַ֣ת יְהוָ֗ה חֵמָה֙[b] יָֽצְאָ֔ה וְסַ֖עַר[c] מִתְחוֹלֵ֑ל — ב כת ס . ב[23]

עַ֛ל רֹ֥אשׁ רְשָׁעִ֖ים יָחֽוּל׃ 20 לֹ֤א יָשׁוּב֙ אַף־יְהוָ֔ה — ט ר״פ בסיפ . יג[24] . ב שובה אף[25]

עַד־עֲשֹׂת֥וֹ וְעַד־הֲקִימ֖וֹ מְזִמּ֣וֹת לִבּ֑וֹ — יז פסוק עד ועד[26] . ב

בְּאַחֲרִית֙ הַיָּמִ֔ים תִּתְבּ֥וֹנְנוּ בָ֖הּ בִּינָֽה[a]׃

21 לֹֽא־שָׁלַ֥חְתִּי אֶת־הַנְּבִאִ֖ים וְהֵ֣ם רָ֑צוּ — ט ר״פ בסיפ

לֹֽא־דִבַּ֥רְתִּי אֲלֵיהֶ֖ם וְהֵ֥ם נִבָּֽאוּ׃

22 וְאִֽם־עָמְד֖וּ בְּסוֹדִ֑י וְיַשְׁמִ֤עוּ[a] דְבָרַי֙ אֶת־[b]עַמִּ֔י — ל וחס

וִישִׁב֙וּם[c] [d]מִדַּרְכָּ֣ם הָרָ֔ע וּמֵרֹ֖עַ מַעַלְלֵיהֶֽם[d]׃ ס

23 הַאֱלֹהֵ֧י[a] מִקָּרֹ֛ב אָ֖נִי נְאֻם־יְהוָ֑ה וְלֹ֥א אֱלֹהֵ֖י מֵרָחֹֽק׃ — ל . ב חס . ה חס וכל אורית דכות[27]

24 אִם־יִסָּתֵ֨ר אִ֧ישׁ בַּמִּסְתָּרִ֛ים וַאֲנִ֥י לֹֽא־אֶרְאֶ֖נּוּ[a] נְאֻם־יְהוָ֑ה[a] — ח ר״פ בסיפ[28] . ג

הֲל֨וֹא אֶת־הַשָּׁמַ֜יִם וְאֶת־הָאָ֗רֶץ אֲנִ֛י מָלֵ֖א נְאֻם־יְהוָֽה׃ — יג[29]

[16] Mm 2208. [17] Mm 2504. [18] Mm 2615. [19] Mm 1718. [20] Mm 873. [21] Mm 1668. [22] Mm 1450. [23] Mm 2583. [24] Mp sub loco. [25] Mm 4184. [26] Mm 912. [27] Mm 1681. [28] Mm 2584. [29] Mm 3139.

14 [b] prp וְיַחְדָּ(י)ו || **16** [a–a] > 𝔊*, dl || [b] > 𝔊* || **17** [a] > Vrs, dl || [b–b] 𝔊 *τοῖς ἀπωθουμένοις τὸν λόγον*, l דְּבַר ־ֵי cf 𝔖 || [c–c] 𝔊 versio duplex || [d] l וּלְכֹל? cf 𝔊𝔙 || [e] > 𝔊[Mss]𝔏𝔄, dl? || **18** [a] ins מֵהֶם? cf 22 || [b] 𝔊(𝔖𝔙) *καὶ εἶδε* = וַיַּרְא cf 𝔗; l וְיִרְאֵהוּ? cf 𝔖 || [c] > 𝔊*; 𝔖(𝔙) *wšmʿ* = וַיִּ׳ cf 𝔗 || [d] > 𝔊*; mlt Mss Edd ut Q, l; K ־ָיו || [e] l וַיַּשְׁמַע cf 22 || **19** [a] 19.20 = 30,23.24 || [b] add || [c] l ס׳ ut 30,23 || **20** [a] > 𝔊*𝔖 et 30,24 || **22** [a] 𝔊 *καὶ εἰ ἤκουσαν* = וַיִּשְׁמְעוּ || [b] 𝔊 pr cop || [c] 𝔊 *ἂν ἀπέστρεφον αὐτούς* = הֱשׁ׳ || [d–d] 𝔊* om מ׳ ה׳ ו || **23** [a] 𝔊θ′𝔖 om הֲ || **24** [a–a] > 𝔊*.

25 שָׁמַ֗עְתִּי אֵ֤ת אֲשֶׁר־אָֽמְרוּ֙ הַנְּבִאִ֔ים הַנִּבְּאִ֥ים בִּשְׁמִ֖י שֶׁ֣קֶר לֵאמֹ֑ר
26 חָלַ֖מְתִּי חָלָֽמְתִּי׃ 26 עַד־מָתַ֗י[a] הֲיֵ֛שׁ[b] בְּלֵ֥ב הַנְּבִאִ֖ים נִבְּאֵ֣י הַשָּׁ֑קֶר ב
27 וּנְבִיאֵ֖י[c] תַּרְמִ֥ת לִבָּֽם׃ 27 הַחֹשְׁבִ֗ים [a]לְהַשְׁכִּ֤יחַ אֶת־עַמִּי֙ שְׁמִ֔י[a] ב חס
בַּחֲלוֹמֹתָ֔ם אֲשֶׁ֥ר יְסַפְּר֖וּ אִ֣ישׁ לְרֵעֵ֑הוּ כַּאֲשֶׁ֨ר שָׁכְח֧וּ אֲבוֹתָ֛ם אֶת־שְׁמִ֖י
28 בַּבָּֽעַל׃ 28 הַנָּבִ֞יא אֲשֶׁר־אִתּ֤וֹ חֲלוֹם֙ יְסַפֵּ֣ר חֲל֔וֹם[a] וַאֲשֶׁ֤ר דְּבָרִי֙ אִתּ֔וֹ ב ר״פ . יג[30]
יְדַבֵּ֥ר דְּבָרִ֖י אֱמֶ֑ת יג[30]
מַה־לַתֶּ֥בֶן אֶת־הַבָּ֖ר נְאֻם־יְהוָֽה׃ ב[31]
29 הֲל֨וֹא כֹ֧ה[a] דְבָרִ֛י כָּאֵ֖שׁ נְאֻם־יְהוָ֑ה וּכְפַטִּ֖ישׁ יְפֹ֥צֵֽץ סָֽלַע׃ ס יג[30]
30 לָכֵ֛ן הִנְנִ֥י עַל־הַנְּבִאִ֖ים נְאֻם־יְהוָ֑ה מְגַנְּבֵ֣י דְבָרַ֔י אִ֖ישׁ מֵאֵ֥ת רֵעֵֽהוּ׃
31 הִנְנִ֥י עַל־הַנְּבִיאִ֖ם נְאֻם־יְהוָ֑ה [a]הַלֹּקְחִ֣ים לְשׁוֹנָ֔ם[a] [b]וַיִּנְאֲמ֖וּ נְאֻֽם[b]׃ ג כת כן בליש[32]
32 הִנְנִ֞י עַל־נִבְּאֵ֨י[a] חֲלֹמ֥וֹת שֶׁ֙קֶר֙ נְאֻם־יְהוָ֔ה וַיְסַפְּרוּם֙ וַיַּתְע֣וּ אֶת־עַמִּ֔י ב . ב ומל[33]
בְּשִׁקְרֵיהֶ֖ם וּבְפַחֲזוּתָ֑ם וְאָנֹכִ֨י לֹֽא־שְׁלַחְתִּ֜ים וְלֹ֣א צִוִּיתִ֗ים וְהוֹעֵ֛יל[b] לֹֽא־ ל . יז מ״פ לא ולא לא[34] . ל ומל
יוֹעִ֥ילוּ לָֽעָם־הַזֶּ֖ה נְאֻם־יְהוָֽה׃
33 וְכִֽי־יִשְׁאָלְךָ֩ הָעָ֨ם הַזֶּ֜ה [a]אֽוֹ־הַנָּבִ֤יא אֽוֹ־כֹהֵן֙[a] לֵאמֹ֔ר מַה־מַּשָּׂ֖א יְהוָ֑ה ל . מא ב מנה בפסוק
34 וְאָמַרְתָּ֤ אֲלֵיהֶם֙ [b]אֶת־מַה־מַּשָּׂ֔א[b] וְנָטַשְׁתִּ֥י אֶתְכֶ֖ם נְאֻם־יְהוָֽה׃ 34 וְהַנָּבִ֤יא מא ב מנה בפסוק . ג ר״פ[35]
וְהַכֹּהֵן֙ וְהָעָ֔ם אֲשֶׁ֥ר יֹאמַ֖ר מַשָּׂ֣א יְהוָ֑ה וּפָקַדְתִּ֛י עַל־הָאִ֥ישׁ הַה֖וּא וְעַל־ מא . ג[36]
35 בֵּיתֽוֹ׃ 35 כֹּ֥ה תֹאמְר֛וּ אִ֥ישׁ עַל־[a]רֵעֵ֖הוּ וְאִ֣ישׁ אֶל־אָחִ֑יו מֶֽה־עָנָ֣ה יְהוָ֔ה ז[37] . ה[38]
36 וּמַה־דִּבֶּ֖ר יְהוָֽה׃ 36 וּמַשָּׂ֥א יְהוָ֖ה לֹ֣א תִזְכְּרוּ־[a]ע֑וֹד כִּ֣י הַמַּשָּׂ֗א[b] יִֽהְיֶה֙ מא . ל . ט
לְאִ֣ישׁ דְּבָר֔וֹ [c]וַהֲפַכְתֶּ֗ם אֶת־דִּבְרֵי֙ אֱלֹהִ֣ים חַיִּ֔ים יְהוָ֥ה צְבָא֖וֹת אֱלֹהֵֽינוּ׃
37 כֹּ֥ה תֹאמַ֖ר אֶל־הַנָּבִ֑יא מֶֽה־עָנָ֣ךְ יְהוָ֔ה [c]וּמַה־דִּבֶּ֖ר יְהוָֽה׃ 38 [a]וְאִם־ ב[39] . ל
מַשָּׂ֣א יְהוָה֮ תֹּאמֵרוּ[a]֒ לָכֵ֞ן כֹּ֣ה אָמַ֣ר יְהוָ֗ה יַ֚עַן אֲמָרְכֶ֛ם אֶת־הַדָּבָ֥ר הַזֶּ֖ה מא ג מנה בפסוק . כ[40]

[30] Mm 902. [31] Mm 2585. [32] Mp sub loco. [33] Mm 2586. [34] Mm 1613. [35] Mm 1134. [36] Mm 2587. [37] Mm 369. [38] Mm 515. [39] Mm 2588. [40] Mm 2168.

26 [a–a] prp :חֲלַמְתִּי (c 25 cj, cf 7,4 22,29) || [b] Vrs om ה; l הַשְּׁמִי? cf Ex 23,21 || [c] l prb וְנִבְּאֵי || **27** [a–a] 𝔊* *τοῦ ἐπιλαθέσθαι τοῦ ὀνόματός μου* = לִשְׁכּוֹחַ שְׁ׳; 𝔖 *lmṭʿjw bšmj lʿmj* = לְהַתְעוֹת אֶת־ע׳ בִשְׁמִי cf 32 || **28** [a] l מִן־ cf 𝔊 || **29** [a] > 𝔖𝔙 cf 𝔊 (versio duplex); 𝔗 *kl*; l כֹּוֶה || **31** [a–a] 𝔊 *(τοὺς ἐκβάλλοντας* 𝔊[L] *ἐκλαμβάνοντας] προφητείας γλώσσης)* et 𝔖 *(dmhpkjn lšnjhwn)* nil nisi 𝔐 legisse vid || [b–b] pc Mss נאם יהוה cf 𝔖𝔙, 𝔊 *καὶ νυστάζοντας νυσταγμὸν αὐτῶν* = וַיָּנוּמוּ נוּם || **32** [a] mlt Mss נְבִיאֵי; 𝔊(𝔖𝔗[Ed]𝔙) pr *τοὺς προφήτας* = הַנְּבִיאִים, ins || [b] Q[Mss] עַל־ || **33** [a–a] add ex 34 || [b–b] l אַתֶּם הַמַּ׳ cf 𝔊𝔙 || **35** [a] mlt Mss Or אֶל || **36** [a] 𝔊 *ὀνομάζετε*, prp תַּזְכִּרוּ || [b] l הֲמַ׳ || **36/37** [c–c] > 𝔊* || **38** [a–a] > 𝔊*.

מַשָּׂא יְהוָה וָאֶשְׁלַח אֲלֵיכֶם לֵאמֹר לֹא תֹאמְרוּ מַשָּׂא יְהוָה׃ 39 לָכֵן 39
הִנְנִי וְנָשִׁיתִי[a] [b]אֶתְכֶם נָשֹׁא[bc] וְנָטַשְׁתִּי אֶתְכֶם וְאֶת־הָעִיר אֲשֶׁר נָתַתִּי
לָכֶם וְלַאֲבוֹתֵיכֶם מֵעַל פָּנָי׃ 40 וְנָתַתִּי עֲלֵיכֶם חֶרְפַּת עוֹלָם וּכְלִמּוּת 40
עוֹלָם אֲשֶׁר לֹא תִשָּׁכֵחַ[a]׃ ס

24 1 הִרְאַנִי[a] יְהוָה וְהִנֵּה שְׁנֵי דּוּדָאֵי תְאֵנִים מוּעָדִים[b] לִפְנֵי הֵיכַל **24**
יְהוָה אַחֲרֵי הַגְלוֹת נְבוּכַדְרֶאצַּר מֶלֶךְ־בָּבֶל אֶת־יְכָנְיָהוּ בֶן־יְהוֹיָקִים
מֶלֶךְ־יְהוּדָה וְאֶת־שָׂרֵי יְהוּדָה וְאֶת־הֶחָרָשׁ וְאֶת־הַמַּסְגֵּר[c] מִירוּשָׁלִַם
וַיְבִאֵם בָּבֶל׃ 2 הַדּוּד אֶחָד תְּאֵנִים טֹבוֹת מְאֹד כִּתְאֵנֵי הַבַּכֻּרוֹת 2
וְהַדּוּד אֶחָד תְּאֵנִים רָעוֹת מְאֹד אֲשֶׁר לֹא־תֵאָכַלְנָה מֵרֹעַ׃ ס
3 וַיֹּאמֶר יְהוָה אֵלַי מָה־אַתָּה רֹאֶה יִרְמְיָהוּ וָאֹמַר תְּאֵנִים הַתְּאֵנִים 3
הַטֹּבוֹת טֹבוֹת מְאֹד וְהָרָעוֹת רָעוֹת מְאֹד אֲשֶׁר לֹא־תֵאָכַלְנָה מֵרֹעַ׃ פ
4 וַיְהִי דְבַר־יְהוָה אֵלַי לֵאמֹר׃ 5 [a]כֹּה־אָמַר יְהוָה אֱלֹהֵי יִשְׂרָאֵל[a] 4 5
כַּתְּאֵנִים הַטֹּבוֹת הָאֵלֶּה כֵּן־אַכִּיר אֶת־גָּלוּת יְהוּדָה אֲשֶׁר שִׁלַּחְתִּי
מִן־הַמָּקוֹם הַזֶּה אֶרֶץ כַּשְׂדִּים לְטוֹבָה׃ 6 וְשַׂמְתִּי עֵינִי[a] עֲלֵיהֶם לְטוֹבָה 6
וַהֲשִׁבֹתִים עַל־הָאָרֶץ הַזֹּאת וּבְנִיתִים וְלֹא אֶהֱרֹס וּנְטַעְתִּים וְלֹא
אֶתּוֹשׁ׃ 7 וְנָתַתִּי לָהֶם לֵב לָדַעַת אֹתִי כִּי אֲנִי יְהוָה וְהָיוּ־לִי לְעָם ס ג[6]
וְאָנֹכִי אֶהְיֶה לָהֶם לֵאלֹהִים כִּי־יָשֻׁבוּ אֵלַי בְּכָל־לִבָּם׃ ס
8 וְכַתְּאֵנִים הָרָעוֹת אֲשֶׁר לֹא־תֵאָכַלְנָה מֵרֹעַ [a]כִּי־כֹה אָמַר יְהוָה[a] כֵּן 8
אֶתֵּן אֶת־צִדְקִיָּהוּ מֶלֶךְ־יְהוּדָה וְאֶת־שָׂרָיו וְאֵת שְׁאֵרִית יְרוּשָׁלִַם[b]
הַנִּשְׁאָרִים בָּאָרֶץ הַזֹּאת וְהַיֹּשְׁבִים בְּאֶרֶץ מִצְרָיִם׃ 9 וּנְתַתִּים לְזַוָעָה[a] 9
לְרָעָה[b] לְכֹל מַמְלְכוֹת הָאָרֶץ לְחֶרְפָּה וּלְמָשָׁל לִשְׁנִינָה[c] וְלִקְלָלָה
[d]בְּכָל־הַמְּקֹמוֹת אֲשֶׁר־אַדִּיחֵם שָׁם[d]׃ 10 וְשִׁלַּחְתִּי בָם אֶת־הַחֶרֶב 10
אֶת[a]־הָרָעָב וְאֶת־הַדָּבֶר עַד־תֻּמָּם מֵעַל הָאֲדָמָה אֲשֶׁר־נָתַתִּי לָהֶם
וְלַאֲבוֹתֵיהֶם[b]׃ פ

מא ג מנה בפסוק . מא ג מנה בפסוק
ל . ל . ה[41]
ל ומל
ג[1]
ל חס
ד[2]
ב
ג ב מל וחד חס[3] . ד[2]
כד
כט[4]
ב חד חס וחד מל . ג[5]
ז חס[7] . ג[6]
ד[2] . כי מיחד[8]
ב
ג. חד חס וב מל[9] . לזועה ק
יב פסוק את את ואת ומילה חדה ביניה[10] . ב[11]
ד מל בנביא

[41] Mm 1392. **Cp 24** [1] Mm 2589. [2] Mm 2590. [3] Mm 303. [4] Mm 2501. [5] Mm 2650. [6] Mp sub loco. [7] Mm 2591. [8] Mm 2049. [9] Mm 2592. [10] Mm 44. [11] Mm 2593.

39 [a] l c pc Mss 𝔊 α′σ′𝔖𝔙 וְנָשָׂאתִי (= ונשיתי) ‖ [b–b] > 𝔊* ‖ [c] l c nonn Mss α′σ′𝔖𝔙 נשׂא ‖ **40** [a] cf 7[a] ‖ **Cp 24,1** [a] 𝔊[ALmin] pr *καί*; pr כֹּה (hpgr) cf Am 7,1 ‖ [b] l עֹמְדִים vel מֻעֲמָדִים vel * מוּדָעִים ‖ [c] 𝔊 + *καὶ τοὺς πλουσίους* ‖ **5** [a–a] add ‖ **6** [a] pc Mss 𝔊𝔙 ־ַ֫י ‖ **8** [a–a] add ‖ [b] 𝔗 (יהו(דה ‖ **9** [a] cf 15,4[b] ‖ [b] > 𝔊; 𝔖𝔗[Ed]𝔙 pr cop; aut dl (dttg) aut tr ad fin 8 (cf לטובה 5) ‖ [c] 𝔗 mlt Mss 𝔊𝔖𝔗[Ms] pr cop ‖ [d–d] add cf Dt 28,37 ‖ **10** [a] mlt Mss 𝔊 𝔖𝔗[f Ms] וְאֶת ‖ [b] > 𝔊*.

25 1 הַדָּבָר אֲשֶׁר־הָיָה עַל־[a]יִרְמְיָהוּ עַל־כָּל־עַם יְהוּדָה בַּשָּׁנָה
הָרְבִעִית לִיהוֹיָקִים בֶּן־יֹאשִׁיָּהוּ מֶלֶךְ יְהוּדָה [b]הִיא הַשָּׁנָה הָרִאשֹׁנִית
2 לִנְבוּכַדְרֶאצַּר מֶלֶךְ בָּבֶל[b]׃ 2 אֲשֶׁר דִּבֶּר [a]יִרְמְיָהוּ הַנָּבִיא[a] עַל־כָּל־
3 עַם יְהוּדָה וְאֶל כָּל־יֹשְׁבֵי יְרוּשָׁלִַם לֵאמֹר׃ 3 מִן־[a]שְׁלֹשׁ עֶשְׂרֵה שָׁנָה
לְיֹאשִׁיָּהוּ בֶן־אָמוֹן מֶלֶךְ יְהוּדָה וְעַד ׀ הַיּוֹם הַזֶּה זֶה שָׁלֹשׁ וְעֶשְׂרִים
שָׁנָה [b]הָיָה דְבַר־יְהוָה אֵלָי[b] וָאֲדַבֵּר אֲלֵיכֶם [c]אַשְׁכֵּים וְדַבֵּר[d] וְלֹא
4 שְׁמַעְתֶּם׃[d] 4 [ba]וְשָׁלַח יְהוָה[b] אֲלֵיכֶם אֶת־[c]כָּל־עֲבָדָיו[c] הַנְּבִאִים הַשְׁכֵּם
5 וְשָׁלֹחַ וְלֹא שְׁמַעְתֶּם וְלֹא־הִטִּיתֶם אֶת־אָזְנְכֶם לִשְׁמֹעַ׃[d] 5 לֵאמֹר שׁוּבוּ־
נָא אִישׁ מִדַּרְכּוֹ הָרָעָה וּמֵרֹעַ מַעַלְלֵיכֶם וּשְׁבוּ עַל־הָאֲדָמָה אֲשֶׁר
6 [a]נָתַן יְהוָה[a] לָכֶם וְלַאֲבוֹתֵיכֶם לְמִן־עוֹלָם וְעַד־עוֹלָם׃ 6 [a]וְאַל־תֵּלְכוּ
אַחֲרֵי אֱלֹהִים אֲחֵרִים לְעָבְדָם וּלְהִשְׁתַּחֲוֹת לָהֶם וְלֹא־[b]תַכְעִיסוּ אוֹתִי
7 בְּמַעֲשֵׂה יְדֵיכֶם וְלֹא [c]אָרַע לָכֶם[c]׃ 7 וְלֹא־שְׁמַעְתֶּם אֵלַי [a]נְאֻם־יְהוָה
8 לְמַעַן הַכְעִסוּנִי[b] בְּמַעֲשֵׂה יְדֵיכֶם לְרַע לָכֶם[a]׃ ס 8 לָכֵן כֹּה אָמַר
9 יְהוָה צְבָאוֹת יַעַן אֲשֶׁר לֹא־[a]שְׁמַעְתֶּם אֶת־[a]דְּבָרָי׃ 9 הִנְנִי שֹׁלֵחַ
וְלָקַחְתִּי [a]אֶת־כָּל־מִשְׁפְּחוֹת צָפוֹן[a] [b]נְאֻם־יְהוָה וְאֶל־נְבוּכַדְרֶאצַּר
מֶלֶךְ־בָּבֶל עַבְדִּי[b] וַהֲבִאֹתִים עַל־הָאָרֶץ הַזֹּאת וְעַל־יֹשְׁבֶיהָ[c] וְעַל
כָּל־הַגּוֹיִם הָאֵלֶּה[d] סָבִיב [ce]וְהַחֲרַמְתִּים וְשַׂמְתִּים לְשַׁמָּה וְלִשְׁרֵקָה
10 וּלְחָרְבוֹת[f] עוֹלָם׃ 10 וְהַאֲבַדְתִּי מֵהֶם קוֹל שָׂשׂוֹן וְקוֹל שִׂמְחָה קוֹל
11 חָתָן וְקוֹל כַּלָּה [a]קוֹל רֵחַיִם[a] וְאוֹר נֵר׃ 11 וְהָיְתָה כָּל־הָאָרֶץ [a]הַזֹּאת
לְחָרְבָּה לְשַׁמָּה[a] וְעָבְדוּ [c]הַגּוֹיִם הָאֵלֶּה אֶת־מֶלֶךְ בָּבֶל[c] שִׁבְעִים שָׁנָה׃
12 [a]וְהָיָה כִמְלֹאות שִׁבְעִים שָׁנָה אֶפְקֹד [b]עַל־מֶלֶךְ־בָּבֶל וְעַל־[b]הַגּוֹי

ד בטע . כא פסוק על על ומילה חדה ביניה[1] . ד[2]
ל
יז[3] מפק א ג[4] מנה מל בליש . יא[5]
ה . ט ר״פ[6]
ב[7] . יב[8]
כז[9] מל יג מנה בסיפ וכל יהושע ושפטים דכות ב מ ב
ב[10]
הכעיסני[11] חד מן ה[12] חס בליש וכל מכעסים דכות ב מ א . ג . ב בטע בסיפ . ד מיחד
ק
ג בטע[13] . ג[14]
ד[15] . ל
ל
ג[11]
ג ב חס וחד מל[16] . ט[17] . ל[11]

Cp 25 [1]Mm 686. [2]Mm 2594. [3]Mm 411. [4]Mm 2595. [5]Mm 2041. [6]Mm 3072. [7]Mm 2486. [8]Mm 2487. [9]Mm 1238 א. [10]Mm 2596. [11]Mp sub loco. [12]Mm 1401. [13]Mm 2597. [14]Mm 2464. [15]Mm 3933. [16]Mm 2054. [17]Mm 2902.

Cp 25,1 [a] nonn Mss אֶל ‖ [b–b] > 𝔊* ‖ **2** [a–a] > 𝔊* ‖ **3** [a] 𝔊 *ἐν* ‖ [b–b] > 𝔊* ‖ [c] l c 𝔗 nonn Mss הַשְׁכֵּם ‖ [d–d] > 𝔊*, dl (ex 7,13) ‖ **4** [a] add ex 7,25.26 ‖ [b–b] 𝔊 *καὶ ἀπέστελλον* cf 7,25 ‖ [c–c] 𝔊 *τοὺς δούλους μου* cf 7,25 ‖ [d] > 𝔊* et 7,26 ‖ **5** [a–a] 𝔊(𝔗[Ms]) *ἔδωκα* = נָתַתִּי ‖ **6** [a] add ‖ [b] l וְאַל? ‖ [c–c] 𝔊 *τοῦ κακῶσαι* = לְהָרַע ‖ **7** [a–a] > 𝔊*, dl ‖ [b] l Q cf 𝔗 הכעיסני; K הִכְעִסוּנִי ‖ **8** [a–a] 𝔊 *ἐπιστεύσατε τοῖς* ‖ **9** [a–a] 𝔊* *πατριὰν ἀπὸ βορρᾶ* = מִשְׁפָּחָה מִצ׳ ‖ [b–b] > 𝔊*, dl cf 27,6 ‖ [c–c] add propter 15sqq, dl ‖ [d] > 𝔊𝔙 ‖ [e] nonn Mss מִס׳ ‖ [f] 𝔊 *καὶ εἰς ὀνειδισμόν*, l וּלְחֶרְפַּת ‖ **10** [a–a] 𝔊* *ὀσμὴν μύρου*, l רֵיחַ מוֹר? ‖ **11** [a–a] > 𝔊*, dl ‖ [b] mlt Mss 𝔊[OL]α′σ′θ′𝔖𝔗[Ms]𝔙 וּלְ׳ ‖ [c–c] 𝔊* sol *ἐν τοῖς ἔθνεσιν*; dl הג׳ הא׳ cf 9[c–c] ‖ **12** [a] add? cf 29,10 51,26.62 ‖ [b–b] > 𝔊*.

הַהִ֛וּא נְאֻם[c]־יְהוָ֥ה אֶת־עֲוֺנָ֖ם וְעַל־אֶ֣רֶץ כַּשְׂדִּ֑ים[c] וְשַׂמְתִּ֥י אֹת֖וֹ[d] לְשִֽׁמְמ֥וֹת[e]
ט̇ ול בליש וכל על ארץ מצרים דאורית דכות[18]

13 עוֹלָֽם׃ 13 וְהֵבֵאתִי[a] עַל־הָאָ֣רֶץ הַהִ֔יא[b] אֶת־כָּל־דְּבָרַ֖י אֲשֶׁר־דִּבַּ֣רְתִּי
והבאתי[19] ק̇

עָלֶ֑יהָ אֵ֣ת כָּל־הַכָּת֞וּב בַּסֵּ֣פֶר הַזֶּ֗ה [c]אֲשֶׁר־נִבָּ֥א יִרְמְיָ֖הוּ עַל־כָּל־
׳

14 הַגּוֹיִֽם[c]׃ 14 [a]כִּ֣י עָֽבְדוּ[b]־בָ֤ם גַּם־הֵ֙מָּה֙ גּוֹיִ֣ם רַבִּ֔ים וּמְלָכִ֖ים גְּדוֹלִ֑ים
ו̇ מל[20]

וְשִׁלַּמְתִּ֥י לָהֶ֛ם כְּפָעֳלָ֖ם וּכְמַעֲשֵׂ֥ה יְדֵיהֶֽם[c]׃ ס
ב̇[21]

15 כִּ֣י[a] כֹה֩ אָמַ֨ר יְהוָ֜ה אֱלֹהֵ֤י יִשְׂרָאֵל֙ אֵלַ֔י[b] קַ֞ח אֶת־כּ֨וֹס [c]הַיַּ֧יִן הַחֵמָ֛ה[c]
ה̇

הַזֹּ֖את מִיָּדִ֑י וְהִשְׁקִיתָ֤ה אֹתוֹ֙ אֶת־כָּל־הַגּוֹיִ֔ם אֲשֶׁ֧ר אָנֹכִ֛י שֹׁלֵ֥חַ אוֹתְךָ֖
ל̇ מל[22] . יז̇ מל בליש[23]

16 אֲלֵיהֶֽם׃ 16 [a]וְשָׁת֕וּ וְהִֽתְגֹּעֲשׁ֖וּ[a] וְהִתְהֹלָ֑לוּ [b]מִפְּנֵ֣י הַחֶ֔רֶב אֲשֶׁ֥ר אָנֹכִ֖י שֹׁלֵ֥חַ

17 בֵּינֹתָֽם[b]׃ 17 וָאֶקַּ֥ח אֶת־הַכּ֖וֹס מִיַּ֣ד יְהוָ֑ה וָֽאַשְׁקֶה֙ אֶת־כָּל־הַגּוֹיִ֔ם אֲשֶׁר־

18 שְׁלָחַ֥נִי יְהוָ֖ה אֲלֵיהֶֽם׃ 18 [a]אֶת־יְרוּשָׁלִַ֙ם֙ וְאֶת־עָרֵ֣י יְהוּדָ֔ה וְאֶת־מְלָכֶ֖יהָ
ד̇ ר״פ בסיפ וחד מן יח̇ פסוק את ואת ואת את . ז̇[24]

אֶת־[b]שָׂרֶ֑יהָ לָתֵ֨ת אֹתָ֜ם לְחָרְבָּ֗ה לְשַׁמָּ֧ה לִשְׁרֵקָ֛ה [b]וְלִקְלָלָ֖ה כַּיּ֥וֹם
יו̇ חס בסיפ

19 הַזֶּֽה׃ 19 אֶת־פַּרְעֹ֧ה מֶֽלֶךְ־מִצְרַ֛יִם וְאֶת־עֲבָדָ֥יו וְאֶת־שָׂרָ֖יו וְאֶת־כָּל־
ד̇ ר״פ בסיפ . ד̇[25]

20 עַמּֽוֹ׃ 20 [a]וְאֵת֙ כָּל־הָעֶ֔רֶב[a] [b]וְאֵ֕ת כָּל־מַלְכֵ֖י אֶ֣רֶץ הָע֑וּץ[b] וְאֵ֗ת כָּל־

מַלְכֵי֙ אֶ֣רֶץ פְּלִשְׁתִּ֔ים וְאֶת־[c]אַשְׁקְלוֹן֙ וְאֶת־עַזָּ֣ה וְאֶת־עֶקְר֔וֹן וְאֵ֕ת
ב̇

21 22 שְׁאֵרִ֖ית אַשְׁדּֽוֹד׃ 21 אֶת־אֱד֥וֹם וְאֶת־מוֹאָ֖ב וְאֶת־בְּנֵ֥י עַמּֽוֹן׃ 22 וְאֵת֙
ד̇ ר״פ בסיפ וחד מן יו̇[26] ר״פ את ואת ואת . ל̇[27] . ב̇[28]

כָּל־מַלְכֵי־צֹ֔ר וְאֵ֖ת כָּל־מַלְכֵ֣י צִיד֑וֹן וְאֵת֙ [a]מַלְכֵ֣י הָאִ֔י[a] אֲשֶׁ֖ר בְּעֵ֥בֶר
ב̇

23 הַיָּֽם׃ 23 וְאֶת־דְּדָ֤ן וְאֶת־תֵּימָא֙ וְאֶת־[a]בּ֔וּז וְאֵ֖ת כָּל־קְצוּצֵ֥י פֵאָֽה׃
כו̇ פסוק ואת ואת ואת ואת . ה̇

24 24 [a]וְאֵ֖ת כָּל־מַלְכֵ֣י עֲרָ֑ב[a] [b]וְאֵת֙ כָּל־מַלְכֵ֣י הָעֶ֔רֶב[b] הַשֹּׁכְנִ֖ים בַּמִּדְבָּֽר׃
ג̇[19]

25 25 וְאֵ֣ת ׀ כָּל־מַלְכֵ֣י זִמְרִ֗י[a] וְאֵת֙ כָּל־מַלְכֵ֣י עֵילָ֔ם וְאֵ֖ת כָּל־מַלְכֵ֥י

26 מָדָֽי׃ 26 וְאֵ֣ת ׀ כָּל־מַלְכֵ֣י הַצָּפ֗וֹן הַקְּרֹבִ֤ים וְהָרְחֹקִים֙ אִ֣ישׁ אֶל־אָחִ֔יו

וְאֵת֙ כָּל־הַמַּמְלְכ֣וֹת הָאָ֔רֶץ[a] אֲשֶׁ֖ר עַל־פְּנֵ֣י הָאֲדָמָ֑ה [b]וּמֶ֥לֶךְ שֵׁשַׁ֖ךְ[c]
ל̇ . ב̇

יִשְׁתֶּ֥ה אַחֲרֵיהֶֽם[b]׃

[18] Mm 2946. [19] Mp sub loco. [20] Mm 1421. [21] Mm 2598. [22] Mm 1713. [23] Mm 541. [24] Mm 1936. [25] Mm 1756. [26] Mm 2599. [27] Mm 271. [28] Mm 2890.

12 [c–c] > 𝔊* ‖ [d] l אֹתָהּ ‖ [e] 2 Mss ־וֹת ‖ **13** [a] K dub ‖ [b] l הַזֹּאת? ‖ [c–c] add propter 15sqq, dl cf 𝔊* ‖ **14** [a] > 𝔊*, add (cj c 12)? ‖ [b] l יַעַ׳ ‖ [c] in 𝔊 post 13 (cf [a]) asseritur 49,34–39 46,2–28 50 51 47 49,7–22. 1–6. 28–33. 23–27 48 ‖ **15** [a] > 𝔊* ‖ [b] > 𝔊*𝔖𝔗[Ms] ‖ [c–c] 𝔊 τοῦ οἴνου τοῦ ἀκράτου = יֵין הַחֶמֶר cf Ps 75,9; 𝔖(𝔙) *dḥmrʾ dḥmtʾ* = יֵין ה׳; sed החמה add ‖ **16** [a–a] 𝔊* καὶ ἐξεμοῦνται = וְקָאוּ ‖ [b–b] add ex 27b ‖ **18** [a] add ‖ [b] l c mlt Mss Vrs וְאֵת ‖ [c–c] > 𝔊* ‖ **20** [a–a] cj c 19 cf 𝔊𝔖 ‖ [b–b] > 𝔊* ‖ [c] 𝔊* om cop ‖ **22** [a–a] 𝔊* βασιλεῖς ‖ **23** [a] 𝔊* Ρως ‖ **24** [a–a] > 𝔊* ‖ [b–b] dttg, dl ‖ **25** [a] prp זמכי = Atbaš [cf 26b] pro עֵילָם; dl aut ואת כ׳ מ׳ ז׳ (> 𝔊*) aut ואת כ׳ מ׳ ע׳ ‖ **26** [a] > 𝔊*𝔖, dl (l לְכוֹת־) ‖ [b–b] > 𝔊*, add ‖ [c] 𝔗 *dbbl* = בָּבֶל.

27 וְאָמַרְתָּ אֲלֵיהֶם ס כֹּה־אָמַר יְהוָה צְבָאוֹת אֱלֹהֵי יִשְׂרָאֵל — ב̇ בטע בסיפ[29]. ג̇[30]
שְׁתוּ וְשִׁכְרוּ וּקְיוּ[a] וְנִפְלוּ וְלֹא תָקוּמוּ מִפְּנֵי הַחֶרֶב אֲשֶׁר אָנֹכִי שֹׁלֵחַ — יא̇ כת תרי ו[31]. ב̇ חד חס וחד מל
28 בֵּינֵיכֶם׃ 28 וְהָיָה כִּי יְמָאֲנוּ לָקַחַת־הַכּוֹס מִיָּדְךָ לִשְׁתּוֹת וְאָמַרְתָּ — ו̇ בטע בסיפ[32]
29 אֲלֵיהֶם כֹּה אָמַר יְהוָה צְבָאוֹת שָׁתוֹ תִּשְׁתּוּ׃ 29 כִּי הִנֵּה בָעִיר אֲשֶׁר — יו̇. ב̇ עכוק דמטע בטע[33]
נִקְרָא־שְׁמִי עָלֶיהָ אָנֹכִי מֵחֵל לְהָרַע וְאַתֶּם הִנָּקֵה תִנָּקוּ לֹא תִנָּקוּ כִּי — ו̇[34]
30 חֶרֶב אֲנִי קֹרֵא עַל־כָּל־יֹשְׁבֵי הָאָרֶץ [a]נְאֻם יְהוָה צְבָאוֹת[a]׃ 30 וְאַתָּה — ה̇ חרב על[35]. ב̇[36]. כו̇
תִּנָּבֵא אֲלֵיהֶם אֵת כָּל־הַדְּבָרִים הָאֵלֶּה וְאָמַרְתָּ אֲלֵיהֶם — כה̇. ו̇ בטע בסיפ

יְהוָה מִמָּרוֹם יִשְׁאָג [a]וּמִמְּעוֹן קָדְשׁוֹ[a] יִתֵּן קוֹלוֹ — ל̇
שָׁאֹג יִשְׁאַג עַל־נָוֵהוּ הֵידָד[b] כְּדֹרְכִים יַעֲנֶה — ז̇
[c]אֶל כָּל־יֹשְׁבֵי הָאָרֶץ[c]׃ 31 בָּא שָׁאוֹן עַד־קְצֵה הָאָרֶץ — ב̇[36]
כִּי רִיב לַיהוָה בַּגּוֹיִם נִשְׁפָּט הוּא לְכָל־בָּשָׂר — ה̇[37]. ז̇[38]
הָרְשָׁעִים נְתָנָם[a] לַחֶרֶב נְאֻם־יְהוָה׃ ס
32 כֹּה אָמַר יְהוָה צְבָאוֹת — יו̇

הִנֵּה רָעָה יֹצֵאת מִגּוֹי אֶל־גּוֹי
וְסַעַר גָּדוֹל יֵעוֹר מִיַּרְכְּתֵי־אָרֶץ׃

33 וְהָיוּ חַלְלֵי יְהוָה [a]בַּיּוֹם הַהוּא[a] מִקְצֵה הָאָרֶץ וְעַד־קְצֵה הָאָרֶץ [b]לֹא — ה̇[39]. ל̇ד̇[40] פסוק לא ולא ולא ז̇ מנה בס״פ
יִסָּפְדוּ וְלֹא יֵאָסְפוּ[b] וְלֹא יִקָּבֵרוּ לְדֹמֶן עַל־פְּנֵי הָאֲדָמָה יִהְיוּ׃ — ל̇

34 הֵילִילוּ הָרֹעִים וְזַעֲקוּ וְהִתְפַּלְּשׁוּ אַדִּירֵי הַצֹּאן [חֶמְדָּה[b]׃ — ג̇[41]
כִּי־מָלְאוּ יְמֵיכֶם לִטְבוֹחַ וּתְפוֹצוֹתִיכֶם[a] [b]וּנְפַלְתֶּם [c]כִּכְלִי — ד̇
35 וְאָבַד מָנוֹס מִן־הָרֹעִים וּפְלֵיטָה מֵאַדִּירֵי הַצֹּאן׃
36 קוֹל צַעֲקַת הָרֹעִים וִילְלַת[a] אַדִּירֵי הַצֹּאן — ל̇
כִּי־שֹׁדֵד יְהוָה אֶת־מַרְעִיתָם׃ 37 וְנָדַמּוּ נְאוֹת הַשָּׁלוֹם — ד̇[42]
מִפְּנֵי חֲרוֹן אַף־יְהוָה׃

[29] Mm 2702. [30] Mm 2566. [31] Mm 648 coutra textum sine Q. [32] Mp sub loco. [33] Mm 4170. [34] Mm 227. [35] Mm 2748. [36] Mm 2600. [37] Mm 2601. [38] Mm 927. [39] Mm 2525. [40] Mm 771. [41] Mm 1464. [42] Mm 2094.

27 [a] 𝔆 K^{Mss} וקוו; l וְקִיוּ (= וְקִיאוּ)? ‖ **29** [a–a] > 𝔊* ‖ **30** [a–a] 𝔊 *ἀπὸ τοῦ ἁγίου αὐτοῦ* = מִקּ׳ ‖ [b] 𝔊 orig *καὶ αιδεδ*, α′ *καὶ ηδαδ* ‖ [c–c] cj c 31 cf 𝔊 ‖ **31** [a] 𝔊 *ἐδόθησαν* = נִתְּנוּ 𝔙^{Mss} *tradidi* = נָתַתִּי ‖ **33** [a–a] 𝔊 *ἐν ἡμέρᾳ κυρίου* = בְּ׳ יהוה ‖ [b–b] > 𝔊* ‖ **34** [a] pc Mss ׳פוּ–, dub; > 𝔊* ‖ [b–b] prp בִּבְלִי חֶמְלָה ‖ [c] 𝔊 *ὥσπερ οἱ κριοί*, l כְּאֵילֵי? ‖ **36** [a] sic L, mlt Mss Edd ׳וְיִלְ.

38 עָזַב כַּכְּפִירᵃ סֻכּוֹ כִּיᵇ־הָיְתָה אַרְצָם לְשַׁמָּה — ג. 44 43
מִפְּנֵי חֲרוֹןᶜ הַיּוֹנָהᵈ ᵉוּמִפְּנֵי חֲרוֹן אַפּוֹᵉ׃ פ — ל
26 1 בְּרֵאשִׁית מַמְלְכוּת יְהוֹיָקִים בֶּן־יֹאשִׁיָּהוּ מֶלֶךְ יְהוּדָה הָיָה ס — ה ג[1] ר״פ וב[2] מ״פ. ד וכל יהושע דכות[3]
2 הַדָּבָר הַזֶּהᵃ מֵאֵת יְהוָה לֵאמֹר׃ 2 כֹּה ׀ אָמַר יְהוָה עֲמֹד בַּחֲצַר בֵּית־ — יח בטע בסיפ
יְהוָה וְדִבַּרְתָּ עַל־כָּל־עָרֵי יְהוּדָה הַבָּאִים לְהִשְׁתַּחֲוֺת בֵּית־יְהוָה אֵת — יג חס האלה[4]
3 כָּל־הַדְּבָרִים אֲשֶׁר צִוִּיתִיךָ לְדַבֵּר אֲלֵיהֶם אַל־תִּגְרַע דָּבָר׃ 3 אוּלַי
יִשְׁמְעוּ וְיָשֻׁבוּ אִישׁ מִדַּרְכּוֹ הָרָעָה וְנִחַמְתִּי אֶלᵃ־הָרָעָה אֲשֶׁר אָנֹכִי — ה[5]
4 חֹשֵׁב לַעֲשׂוֹת לָהֶם מִפְּנֵי רֹעַ מַעַלְלֵיהֶם׃ 4 וְאָמַרְתָּ אֲלֵיהֶם כֹּה — ג בטע בסיפ. ד בסיפ[6]
אָמַר יְהוָה אִם־לֹא תִשְׁמְעוּ אֵלַי לָלֶכֶת בְּתוֹרָתִי אֲשֶׁר נָתַתִּי לִפְנֵיכֶם׃ — ה
5 5 לִשְׁמֹעַ עַל־דִּבְרֵי עֲבָדַי הַנְּבִאִים אֲשֶׁר אָנֹכִי שֹׁלֵחַ אֲלֵיכֶם וְהַשְׁכֵּםᵃ — י[7] וכל ד״ה דכות ב מ א
6 וְשָׁלֹחַ וְלֹא שְׁמַעְתֶּם׃ 6 וְנָתַתִּי אֶת־הַבַּיִת הַזֶּה כְּשִׁלֹה וְאֶת־הָעִיר — ב חד כת ה וחד כת ו[8]. ח[9]
7 הַזֹּאתָהᵃ אֶתֵּן לִקְלָלָה לְכֹל גּוֹיֵי הָאָרֶץ׃ ס 7 וַיִּשְׁמְעוּ הַכֹּהֲנִים — הזאת ק
וְהַנְּבִאִים וְכָל־הָעָם אֶת־יִרְמְיָהוּ מְדַבֵּר אֶת־הַדְּבָרִים הָאֵלֶּה בְּבֵית — נא מ״פ וכל ר״פ דכות ב מ ג. לט
8 יְהוָה׃ 8 וַיְהִי ׀ כְּכַלּוֹת יִרְמְיָהוּ לְדַבֵּר אֵת כָּל־אֲשֶׁר־צִוָּהᵃ יְהוָה לְדַבֵּר — יג פסוק כל כל וכל[10]
אֶלᵇ־כָּל־הָעָם וַיִּתְפְּשׂוּ אֹתוֹ הַכֹּהֲנִים וְהַנְּבִאִיםᶜ וְכָל־הָעָםᶜ לֵאמֹר — ד מל בסיפ[10]. נא מ״פ וכל ר״פ דכות ב מ ג
9 מוֹת תָּמוּת׃ 9 מַדּוּעַ נִבֵּיתָᵃ בְשֵׁם־יְהוָה לֵאמֹר כְּשִׁלוֹ יִהְיֶה הַבַּיִת הַזֶּה — ד חס א[11]. ב[8] חד כת ה וחד מן ח[12] כת ו בליש
וְהָעִיר הַזֹּאת תֶּחֱרַב מֵאֵין יוֹשֵׁב וַיִּקָּהֵל כָּל־הָעָם אֶלᵇ־יִרְמְיָהוּ בְּבֵית — ל. מט מל בנביא. ב[13]. לט
10 יְהוָה׃ 10 וַיִּשְׁמְעוּ ׀ שָׂרֵי יְהוּדָה אֵת הַדְּבָרִים הָאֵלֶּה וַיַּעֲלוּ מִבֵּית־
11 הַמֶּלֶךְ בֵּית יְהוָה וַיֵּשְׁבוּ בְּפֶתַח שַׁעַרᵃ־יְהוָה הֶחָדָשׁ׃ ס 11 וַיֹּאמְרוּ
הַכֹּהֲנִים וְהַנְּבִאִים אֶל־הַשָּׂרִים וְאֶל־כָּל־הָעָם לֵאמֹר מִשְׁפַּט־מָוֶת
לָאִישׁ הַזֶּה כִּי נִבָּא אֶל־הָעִיר הַזֹּאת כַּאֲשֶׁר שְׁמַעְתֶּם בְּאָזְנֵיכֶם׃ — לב[14]. ד
12 12 וַיֹּאמֶר יִרְמְיָהוּ אֶל־כָּלᵃ־הַשָּׂרִים וְאֶל־כָּל־הָעָם לֵאמֹר יְהוָה שְׁלָחַנִי
לְהִנָּבֵא אֶל־הַבַּיִת הַזֶּה וְאֶל־הָעִיר הַזֹּאת אֵת כָּל־הַדְּבָרִים אֲשֶׁר — יג חס האלה[4]

[43] Mm 3622. [44] Mm 2602. **Cp 26** [1] Mm 1. [2] Mm 2. [3] Mm 1612. [4] Mm 707. [5] Mm 2668. [6] Mm 2492. [7] Mm 1718. [8] Mm 2603. [9] Mm 1392. [10] Mp sub loco. [11] Mm 1578. [12] Mm 1525. [13] Ex 32,1. [14] Mm 319.

38 ᵃ dl כַּ (dttg) ‖ ᵇ dl (dttg)? ‖ ᶜ nonn Mss 𝔊𝔗 חרב ut 46,16 50,16; l חַרְבּוֹ ‖ ᵈ 𝔊 *τῆς μεγάλης*, α′θ′(𝔙) *τῆς περιστερᾶς* = 𝔐, σ′ *τῆς οἰνωμένης* (cf 𝔗), 𝔖 *dmrj’* = יהוה; cf 46,16ᵉ ‖ ᵉ⁻ᵉ > 𝔊* ‖ **Cp 26,1** ᵃ 𝔖(𝔏) + *’l ’rmj’*, ins אֶל־יִרְמְיָהוּ? ‖ **3** ᵃ mlt Mss עַל ‖ **5** ᵃ l c 𝔗 mlt Mss Vrs ה′ ‖ **6** ᵃ 𝔗 ut Q, l; K ה‍ָ‍־; > 𝔊* ‖ **8** ᵃ l צוהו cf 𝔊𝔖𝔙 ‖ ᵇ Or עַל ‖ ᶜ⁻ᶜ add ex 7a ‖ **9** ᵃ nonn Mss נבאת ‖ ᵇ l c nonn Mss Vrs עַל ‖ **10** ᵃ ins c mlt Mss 𝔊^{Q min}𝔄𝔖𝔗𝔙 בית ut 36,10 ‖ **12** ᵃ > 𝔊*, dl.

13 שִׁמַעְתֶּם׃ 13 וְעַתָּה הֵיטִיבוּ דַרְכֵיכֶם וּמַעַלְלֵיכֶם וְשִׁמְעוּ בְּקוֹל יְהוָה
14 אֱלֹהֵיכֶם וְיִנָּחֵם יְהוָה אֶל[a]־הָרָעָה אֲשֶׁר דִּבֶּר עֲלֵיכֶם׃ 14 וַאֲנִי הִנְנִי ל[15]. סז ר״פ
15 בְיֶדְכֶם עֲשׂוּ־לִי כַּטּוֹב וְכַיָּשָׁר בְּעֵינֵיכֶם׃ 15 אַךְ׀ יָדֹעַ תֵּדְעוּ כִּי אִם־ ב. יח
מְמִתִים אַתֶּם אֹתִי כִּי־דָם נָקִי אַתֶּם נֹתְנִים עֲלֵיכֶם וְאֶל־הָעִיר הַזֹּאת ב חד מל וחד חס[16]
וְאֶל־יֹשְׁבֶיהָ כִּי בֶאֱמֶת שְׁלָחַנִי יְהוָה עֲלֵיכֶם לְדַבֵּר בְּאָזְנֵיכֶם אֵת ל. ד[17]. ד. כה
16 כָּל־הַדְּבָרִים הָאֵלֶּה׃ ס 16 וַיֹּאמְרוּ הַשָּׂרִים וְכָל־הָעָם אֶל־ נא מ״פ וכל ר״פ דכות ב מ ג
הַכֹּהֲנִים וְאֶל־הַנְּבִיאִים אֵין־לָאִישׁ הַזֶּה מִשְׁפַּט־מָוֶת כִּי בְּשֵׁם יְהוָה ח מל בסיפ. לב[18]. ג[19]
17 אֱלֹהֵינוּ דִּבֶּר אֵלֵינוּ׃ 17 וַיָּקֻמוּ אֲנָשִׁים מִזִּקְנֵי הָאָרֶץ וַיֹּאמְרוּ אֶל־כָּל־ ב
18 קְהַל הָעָם לֵאמֹר׃ 18 [a]מִיכָיה[b] הַמּוֹרַשְׁתִּי הָיָה נִבָּא[c] בִּימֵי חִזְקִיָּהוּ מיכה ק. ב חד מל וחד חס[20]
מֶלֶךְ־יְהוּדָה וַיֹּאמֶר אֶל־כָּל־עַם יְהוּדָה לֵאמֹר כֹּה־אָמַר׀ יְהוָה יי
צְבָאוֹת
צִיּוֹן שָׂדֶה תֵחָרֵשׁ וִירוּשָׁלַיִם עִיִּים[d] תִּהְיֶה וְהַר הַבַּיִת לְבָמוֹת[e] יָעַר׃ ד מל[21]
19 הֶהָמֵת הֱמִתֻהוּ[a] חִזְקִיָּהוּ מֶלֶךְ־יְהוּדָה וְכָל־יְהוּדָה הֲלֹא יָרֵא[b] ז וכל ר״פ דכות[22] ב חס בסיפ
אֶת־יְהוָה וַיְחַל[b] אֶת־פְּנֵי יְהוָה וַיִּנָּחֶם יְהוָה אֶל־הָרָעָה אֲשֶׁר־דִּבֶּר ד[23]. ד
עֲלֵיהֶם וַאֲנַחְנוּ עֹשִׂים רָעָה גְדוֹלָה עַל־נַפְשׁוֹתֵינוּ׃ ל מל
20 וְגַם־אִישׁ הָיָה מִתְנַבֵּא בְּשֵׁם יְהוָה אוּרִיָּהוּ בֶּן־שְׁמַעְיָהוּ מִקִּרְיַת ו ר״פ בסיפ[24]. ב[25]. ג. ה[26] וכל ושמעיהו דכות ב מ א
הַיְּעָרִים וַיִּנָּבֵא [a]עַל־הָעִיר הַזֹּאת וְעַל[a]־הָאָרֶץ הַזֹּאת כְּכֹל דִּבְרֵי יז[27] וכל וגנותי דכות ב מ א. ד[28]
21 יִרְמְיָהוּ׃ 21 וַיִּשְׁמַע הַמֶּלֶךְ־יְהוֹיָקִים [a]וְכָל־גִּבּוֹרָיו[a] וְכָל־הַשָּׂרִים אֶת־ ח פסוק וכל וכל. ב חד מל וחד חס[29]. ג[30]
דְּבָרָיו וַיְבַקֵּשׁ[b] הַמֶּלֶךְ[c] הֲמִיתוֹ וַיִּשְׁמַע אוּרִיָּהוּ [a]וַיִּרָא וַיִּבְרַח[a] וַיָּבֹא ג. ג. יב[31]
22 מִצְרָיִם׃ 22 וַיִּשְׁלַח הַמֶּלֶךְ יְהוֹיָקִים [a]אֲנָשִׁים מִצְרָיִם[a] [b]אֵת אֶלְנָתָן בֶּן־
23 עַכְבּוֹר וַאֲנָשִׁים אִתּוֹ אֶל־מִצְרָיִם[b]׃ 23 וַיּוֹצִיאוּ אֶת־אוּרִיָּהוּ מִמִּצְרַיִם ל[32]. ב. יב[33]. ג
וַיְבִאֻהוּ אֶל־הַמֶּלֶךְ יְהוֹיָקִים וַיַּכֵּהוּ בֶּחָרֶב וַיַּשְׁלֵךְ אֶת־נִבְלָתוֹ אֶל־ ז[34]
24 קִבְרֵי[a] בְּנֵי הָעָם[b]׃ 24 אַךְ יַד אֲחִיקָם בֶּן־שָׁפָן הָיְתָה אֶת־יִרְמְיָהוּ ז בסיפ[35]
לְבִלְתִּי תֵּת־אֹתוֹ בְיַד־הָעָם לַהֲמִיתוֹ׃ פ

[15] Mm 1403. [16] Mm 2604. [17] Mm 4238. [18] Mm 319. [19] Mm 2605. [20] Mm 2606. [21] Mm 3747. [22] Mm 2607. [23] Mm 596. [24] Mm 2463. [25] Mm 2608. [26] Mm 2621. [27] Mm 1174. [28] Mm 2762. [29] Mm 2609. [30] Mm 4150. [31] Mm 1590. [32] Mm 2882. [33] Mm 2610. [34] Mm 1391. [35] Mp sub loco.

13 [a] nonn Mss עַל ‖ **18** [a] cf Mi 3,12 ‖ [b] mlt Mss ut Q, K ־יָה ‖ [c] > 𝔊* ‖ [d] 𝔊[BS46] *εἰς (ὡς) ἄβατον*, 𝔊[rel] *ὡς ὀπωροφυλάκιον* cf Mi 3,12 𝔊 ‖ [e] 𝔊 *εἰς ἄλσος* 𝔖 *lbjt* (cf Mi 3,12); prp לְבַהֲמוֹת cf Mi 5,7 ‖ **19** [a] 𝔊𝔖𝔙 sg ‖ [b] 𝔊𝔖𝔙 pl ‖ **20** [a–a] > 𝔊* ‖ **21** [a–a] > 𝔊* ‖ [b] 𝔊 pl ‖ [c] > 𝔊 ‖ **22** [a–a] 𝔖 *l'nš' mṣrj'* = אִישׁ מִצְרִי; add ‖ [b–b] > 𝔊*, sed cf [a–a] ‖ **23** [a] 𝔊 sg ‖ [b] 𝔊 *λαοῦ αὐτοῦ* = עַמּוֹ.

27 1 בְּרֵאשִׁ֗ית מַמְלֶ֙כֶת֙ יְהוֹיָקִ֣ם בֶּן־יֹאושִׁיָּ֔הוּ מֶ֥לֶךְ יְהוּדָ֖ה הָיָ֞ה

הַדָּבָ֣ר הַזֶּ֗ה אֶֽל־יִרְמְיָ֛ה מֵאֵ֥ת יְהוָ֖ה לֵאמֹֽר׃ 2 כֹּֽה־אָמַ֨ר יְהוָ֜ה אֵלַ֗י

עֲשֵׂ֣ה לְךָ֗ מוֹסֵר֣וֹת וּמֹט֑וֹת וּנְתַתָּ֖ם עַל־צַוָּארֶֽךָ׃ 3 וְשִׁלַּחְתָּם֩ אֶל־מֶ֨לֶךְ

אֱד֜וֹם וְאֶל־מֶ֣לֶךְ מוֹאָ֗ב וְאֶל־מֶ֨לֶךְ֙ בְּנֵ֣י עַמּ֔וֹן וְאֶל־מֶ֥לֶךְ צֹ֖ר וְאֶל־מֶ֣לֶךְ

צִיד֑וֹן בְּיַ֤ד מַלְאָכִים֙ הַבָּאִ֣ים יְרוּשָׁלַ֔͏ִם אֶל־צִדְקִיָּ֖הוּ מֶ֥לֶךְ יְהוּדָֽה׃ 4 וְצִוִּיתָ֣

אֹתָ֗ם אֶל־אֲדֹֽנֵיהֶ֛ם לֵאמֹ֑ר כֹּֽה־אָמַ֞ר יְהוָ֤ה צְבָאוֹת֙ אֱלֹהֵ֣י

יִשְׂרָאֵ֔ל כֹּ֥ה תֹֽאמְר֖וּ אֶל־אֲדֹֽנֵיכֶֽם׃ 5 אָנֹכִ֞י עָשִׂ֣יתִי אֶת־הָאָ֗רֶץ אֶת־הָֽ

אָדָ֤ם וְאֶת־הַבְּהֵמָה֙ אֲשֶׁר֙ עַל־פְּנֵ֣י הָאָ֔רֶץ בְּכֹחִ֣י הַגָּד֔וֹל וּבִזְרוֹעִ֖י

הַנְּטוּיָ֑ה וּנְתַתִּ֕יהָ לַאֲשֶׁ֖ר יָשַׁ֥ר בְּעֵינָֽי׃ 6 וְעַתָּ֗ה אָֽנֹכִי֙ נָתַ֙תִּי֙ אֶת־כָּל־

הָאֲרָצ֣וֹת הָאֵ֔לֶּה בְּיַ֛ד נְבוּכַדְנֶאצַּ֥ר מֶֽלֶךְ־בָּבֶ֖ל עַבְדִּ֑י וְגַם֙ אֶת־חַיַּ֣ת

הַשָּׂדֶ֔ה נָתַ֥תִּי ל֖וֹ לְעָבְדֽוֹ׃ 7 וְעָבְד֤וּ אֹתוֹ֙ כָּל־הַגּוֹיִ֔ם וְאֶת־בְּנ֖וֹ וְאֶֽת־

בֶּן־בְּנ֑וֹ עַ֣ד בֹּא־עֵ֤ת אַרְצוֹ֙ גַּם־ה֔וּא וְעָ֣בְדוּ ב֔וֹ גּוֹיִ֥ם רַבִּ֖ים וּמְלָכִ֥ים

גְּדֹלִֽים׃ 8 וְהָיָ֗ה הַגּ֤וֹי וְהַמַּמְלָכָה֙ אֲשֶׁ֣ר לֹֽא־יַעַבְד֣וּ אֹת֔וֹ אֶת־

נְבוּכַדְנֶאצַּ֣ר מֶֽלֶךְ־בָּבֶ֔ל וְאֵ֗ת אֲשֶׁ֤ר לֹֽא־יִתֵּן֙ אֶת־צַוָּאר֔וֹ בְּעֹ֖ל מֶ֣לֶךְ

בָּבֶ֑ל בַּחֶ֜רֶב וּבָרָעָ֤ב וּבַדֶּ֙בֶר֙ אֶפְקֹ֤ד עַל־הַגּ֤וֹי הַהוּא֙ נְאֻם־יְהוָ֔ה עַד־

תֻּמִּ֥י אֹתָ֖ם בְּיָדֽוֹ׃ 9 וְ֠אַתֶּם אַל־תִּשְׁמְע֨וּ אֶל־נְבִיאֵיכֶ֜ם וְאֶל־קֹֽסְמֵיכֶ֗ם

וְאֶל֙ חֲלֹמֹ֣תֵיכֶ֔ם וְאֶל־עֹֽנְנֵיכֶ֖ם וְאֶל־כַּשָּׁפֵיכֶ֑ם אֲשֶׁר־הֵ֞ם אֹמְרִ֤ים

אֲלֵיכֶם֙ לֵאמֹ֔ר לֹ֥א תַעַבְד֖וּ אֶת־מֶ֥לֶךְ בָּבֶֽל׃ 10 כִּ֣י שֶׁ֔קֶר הֵ֖ם נִבְּאִ֣ים

לָכֶ֑ם לְמַ֨עַן הַרְחִ֤יק אֶתְכֶם֙ מֵעַ֣ל אַדְמַתְכֶ֔ם וְהִדַּחְתִּ֥י אֶתְכֶ֖ם

וַאֲבַדְתֶּֽם׃ 11 וְהַגּ֗וֹי אֲשֶׁ֨ר יָבִ֤יא אֶת־צַוָּארוֹ֙ בְּעֹ֣ל מֶֽלֶךְ־בָּבֶ֖ל וַעֲבָד֑וֹ

וְהִנַּחְתִּ֤יו עַל־אַדְמָתוֹ֙ נְאֻם־יְהוָ֔ה וַעֲבָדָ֖הּ וְיָ֥שַׁב בָּֽהּ׃ 12 וְאֶל־צִדְקִיָּ֤ה

מֶֽלֶךְ־יְהוּדָה֙ דִּבַּ֔רְתִּי כְּכָל־הַדְּבָרִ֥ים הָאֵ֖לֶּה לֵאמֹ֑ר הָבִ֨יאוּ אֶת־

צַוְּארֵיכֶ֜ם בְּעֹ֣ל מֶֽלֶךְ־בָּבֶ֗ל וְעִבְד֥וּ אֹת֛וֹ וְעַמּ֖וֹ וִֽחְי֑וּ׃ 13 לָ֤מָּה תָמ֙וּתוּ֙

Cp 27 1 Mm 1. 2 Mm 2. 3 Mm 2763. 4 Mm 896. 5 Mm 2611. 6 Mm 2612. 7 Mm 369. 8 Mp sub loco. 9 Mm 44.
10 Mm 4071. 11 Mm 2613. 12 Mm 679. 13 Mm 2033. 14 Mm 313. 15 Mm 2572.

Cp 27,1 ᵃ > 𝔊* ‖ ᵇ⁻ᵇ 1 בשנה הרביעית cf 28,1 ‖ ᶜ l c pc Mss 𝔖𝔗 לצדקיהו cf 3.12 ‖
2 ᵃ > 𝔊*𝔗ᴹˢ ‖ 3 ᵃ l וּשָׁלַחְת cf 𝔊ᴸ ‖ ᵇ l מלאכיהם cf 𝔊 ‖ ᶜ 𝔊 + εἰς ἀπάντησιν αὐτῶν
(αὐτῷ) = (-תוֹ) לִקְרָאתָם ‖ 5 ᵃ⁻ᵃ > 𝔊* (homtel) ‖ 6 ᵃ⁻ᵃ > 𝔊* ‖ ᵇ⁻ᵇ 𝔊* τὴν γῆν ‖
ᶜ 𝔊* δουλεύειν αὐτῷ = לְעָבְדוֹ; > Ms 𝔖ˢ ‖ 7 ᵃ > 𝔊* ‖ ᵇ l בָּהּ ‖ 8 ᵃ⁻ᵃ > 𝔊* (homtel) ‖
ᵇ⁻ᵇ 1 וַאֲשֶׁר ‖ ᶜ l תִּתִּי cf 𝔖𝔗 ‖ 9 ᵃ 1 חֲלֹמֵיכֶם cf Vrs ‖ 10 ᵃ⁻ᵃ > 𝔊* ‖ ᵇ 𝒱 3 sg cf 15ᵃ ‖
12 ᵃ⁻ᵃ > 𝔊* ‖ ᵇ 𝔊* om sq usque ad תעבדו 14 (homtel).

הֲ ג¹ ר״פ וב² מ״פ .
ב חס³ . ל מל⁴

ג

ת . ל̇ זקף קמ̇ בנ״ך .⁵
ג פסוק אל ואל ואל
ואל ואל⁶

ב חד חס וחד מן ד מל
בליש . יד חס בסיפ

ת̇ . ב̇ .
יב פסוק את את ואת
ומילה חדא ביניה⁹

ה . ב מל בליש

¹⁰ג

ל . ב

ל

ה¹¹

ה . ל

יד חס בסיפ . ג פסוק
אל ואל ואל ואל ואל⁶

ל

ג¹²ה . ¹¹

ל . ל . ¹³ג

¹⁴ג

ו¹⁵ . ה . ל מל

אַתָּה וְעַמֶּךָ בַּחֶרֶב בָּרָעָב[a] וּבַדָּבֶר כַּאֲשֶׁר דִּבֶּר יְהוָה אֶל־הַגּוֹי אֲשֶׁר ח. ל
14 לֹא־יַעֲבֹד אֶת־מֶלֶךְ בָּבֶל׃ 14 וְאַל־תִּשְׁמְעוּ אֶל־דִּבְרֵי הַנְּבִאִים
הָאֹמְרִים אֲלֵיכֶם לֵאמֹר לֹא תַעַבְדוּ אֶת־מֶלֶךְ בָּבֶל כִּי שֶׁקֶר הֵם
15 נִבְּאִים לָכֶם׃ 15 כִּי לֹא שְׁלַחְתִּים נְאֻם־יְהוָה וְהֵם נִבְּאִים בִּשְׁמִי לַשָּׁקֶר
16 לְמַעַן הַדִּיחִי[a] אֶתְכֶם וַאֲבַדְתֶּם אַתֶּם וְהַנְּבִאִים הַנִּבְּאִים לָכֶם׃ 16 וְאֶל־
הַכֹּהֲנִים[a] וְאֶל־כָּל־הָעָם הַזֶּה דִּבַּרְתִּי לֵאמֹר כֹּה אָמַר יְהוָה אַל־ ו בטע בסיפ[16]
תִּשְׁמְעוּ אֶל־דִּבְרֵי נְבִיאֵיכֶם הַנִּבְּאִים לָכֶם לֵאמֹר הִנֵּה כְלֵי בֵית־
יְהוָה מוּשָׁבִים מִבָּבֶלָה [b]עַתָּה מְהֵרָה[b] כִּי שֶׁקֶר הֵמָּה נִבְּאִים לָכֶם[c]׃ ל. כת. ב[17]
17 [a]אַל־תִּשְׁמְעוּ אֲלֵיהֶם עִבְדוּ אֶת־מֶלֶךְ־בָּבֶל וִחְיוּ לָמָּה תִהְיֶה הָעִיר ח
18 הַזֹּאת חָרְבָּה[b]׃ 18 וְאִם־נְבִאִים הֵם וְאִם־יֵשׁ דְּבַר־יְהוָה אִתָּם יִפְגְּעוּ־ ח פסוק ואם ואם[18]. ג[19]. לז
נָא [a]בַּיהוָה צְבָאוֹת[a] [b]לְבִלְתִּי־בֹאוּ[c] הַכֵּלִים | הַנּוֹתָרִים בְּבֵית־יְהוָה ל. לט
19 וּבֵית מֶלֶךְ יְהוּדָה וּבִירוּשָׁלִַם בָּבֶלָה[b]׃ פ 19 כִּי כֹה אָמַר יְהוָה ג[20]. כא. כת. ב ובסיפ
[a]צְבָאוֹת אֶל־[b]הָעַמֻּדִים וְעַל־הַיָּם וְעַל־הַמְּכֹנוֹת[a] וְעַל[c] יֶתֶר הַכֵּלִים ח פסוק אל ועל ועל ועל[21]. יא חס[22]. ל
20 [d]הַנּוֹתָרִים בָּעִיר הַזֹּאת[d]׃ 20 אֲשֶׁר לֹא־לְקָחָם נְבוּכַדְנֶאצַּר[a] מֶלֶךְ
בָּבֶל בַּגְלוֹתוֹ אֶת־יְכוֹנְיָה[b] [c]בֶן־יְהוֹיָקִים מֶלֶךְ־יְהוּדָה[c] מִירוּשָׁלִַם בָּבֶלָה ל מל[23]. כת
21 וְאֵת כָּל־חֹרֵי יְהוּדָה וִירוּשָׁלִָם[d]׃ ס 21 כִּי כֹה אָמַר יְהוָה צְבָאוֹת ד. ו בטע בסיפ
אֱלֹהֵי יִשְׂרָאֵל עַל־הַכֵּלִים הַנּוֹתָרִים בֵּית[a] יְהוָה וּבֵית מֶלֶךְ־יְהוּדָה ל
22 וִירוּשָׁלִָם׃ 22 בָּבֶלָה[a] יוּבָאוּ [b]וְשָׁמָּה יִהְיוּ עַד יוֹם פָּקְדִי אֹתָם[b] נְאֻם־ כת. ל. ח. יו חס בסיפ
יְהוָה [c]וְהַעֲלִיתִים וַהֲשִׁבֹתִים אֶל־הַמָּקוֹם הַזֶּה[c]׃ פ

28 1 וַיְהִי | בַּשָּׁנָה הַהִיא [a]בְּרֵאשִׁית מַמְלֶכֶת צִדְקִיָּה מֶלֶךְ־יְהוּדָה ה וב[1] מ״פ. ו[2]
בַּשָּׁנָת[b] הָרְבִעִית[a] בַּחֹדֶשׁ הַחֲמִישִׁי אָמַר אֵלַי[c] חֲנַנְיָה בֶן־עַזּוּר הַנָּבִיא בשנה חד מן ב[3] כת כן ק וחד מן ז[4] יתיר ת. ב
2 אֲשֶׁר מִגִּבְעוֹן בְּבֵית יְהוָה לְעֵינֵי הַכֹּהֲנִים וְכָל־הָעָם לֵאמֹר׃ 2 כֹּה־ לט. נא מ״פ וכל ר״פ דכות ב מ ג. ט בטע בסיפ[5]. ג
אָמַר יְהוָה צְבָאוֹת אֱלֹהֵי יִשְׂרָאֵל לֵאמֹר שָׁבַרְתִּי אֶת־עֹל מֶלֶךְ בָּבֶל׃

[16] Mm 2614. [17] Mm 2537. [18] Mm 4191. [19] Mm 1784. [20] Mm 3999. [21] Mp sub loco. [22] Mm 558. [23] Mm 896.
Cp 28 [1] Mm 2. [2] Mm 2033. [3] Jer 32,1, cf Mp sub loco. [4] Mm 2792. [5] Mm 2615.

13 [a] nonn Mss 𝔊^{OL}𝔖𝔗^{Edd}𝔙 'וּבַ || **15** [a] 𝔊(𝔙) om suff || **16** [a] 𝔊* pr *ὑμῖν* || [b–b] > 𝔊* || [c] 𝔊 + *οὐκ ἀπέστειλα αὐτούς*, ex 15 || **17** [a] > 𝔊*, add? || [b] pc Mss חֳרָבָה || **18** [a–a] 𝔊* *μοι* = בִּי || [b–b] > 𝔊* || [c] l יָבֹאוּ vel c pc Mss בֹּא || **19** [a–a] > 𝔊*, add cf 52,17 || [b] l prb עַל || [c] dl ו || [d–d] > 𝔊* || **20** [a] > 𝔊* || [b] Q^{Mss} יְכָנְיָה || [c–c] > 𝔊* || **20** [d] – **22** [a] > 𝔊* || **21** [a] mlt Mss 𝔊^{OL}𝔖𝔗^{Mss}𝔙 בְּבֵית || **22** [a] cf 20[c] || [b–b] > 𝔊*, add || [c–c] > 𝔊*, add cf Esr 1,7sqq || **Cp 28,1** [a–a] l 'בשנה הר' לְצִד' מ' י cf 𝔊* || [b] K בִּשְׁנַת || [c] l 'אֶל־י = אֶל־יִרְמְיָה? cf 5sqq.

3 בְּע֣וֹד ׀ שְׁנָתַ֣יִם יָמִ֗ים אֲנִ֤י מֵשִׁיב֙ אֶל־הַמָּק֣וֹם הַזֶּ֔ה אֶֽת־כָּל־[a]כְּלֵ֖י בֵּ֣ית
יְהוָ֑ה [b]אֲשֶׁ֨ר לָקַ֜ח נְבוּכַדנֶאצַּ֤ר[c] מֶֽלֶךְ־בָּבֶל֙ מִן־הַמָּק֣וֹם הַזֶּ֔ה וַיְבִיאֵ֖ם
4 בָּבֶֽל׃[b] 4 וְאֶת־יְכָנְיָ֣ה [a]בֶן־יְהוֹיָקִ֣ים מֶֽלֶךְ־יְ֠הוּדָה[a] וְֽאֶת־כָּל־[b]גָּל֨וּת
יְהוּדָ֜ה [a]הַבָּאִ֣ים בָּבֶ֗לָה אֲנִ֥י מֵשִׁ֛יב אֶל־הַמָּק֥וֹם הַזֶּ֖ה נְאֻם־יְהוָ֑ה[a] כִּ֣י — כ̇ט
5 אֶשְׁבֹּ֕ר אֶת־עֹ֖ל מֶ֥לֶךְ בָּבֶֽל׃ 5 וַיֹּ֙אמֶר֙ יִרְמְיָ֣ה הַנָּבִ֔יא אֶל־חֲנַנְיָ֖ה הַנָּבִ֑יא
6 לְעֵינֵ֤י [a]הַכֹּהֲנִים֙ וּלְעֵינֵ֣י כָל־הָעָ֔ם[a] הָעֹמְדִ֖ים בְּבֵ֥ית יְהוָֽה׃ 6 וַיֹּ֙אמֶר֙ — ד̇[6]. יא בתור ובנביא. ל̇ט
יִרְמְיָ֣ה הַנָּבִ֔יא אָמֵ֕ן כֵּ֖ן יַעֲשֶׂ֣ה יְהוָ֑ה יָקֵ֤ם יְהוָה֙ אֶת־דְּבָרֶ֔יךָ[a] אֲשֶׁ֣ר נִבֵּ֔אתָ — ג̇[7]
7 לְהָשִׁ֞יב כְּלֵ֤י בֵית־יְהוָה֙ וְכָל־הַגּוֹלָ֔ה מִבָּבֶ֖ל אֶל־הַמָּק֥וֹם הַזֶּֽה׃ 7 אַךְ־
שְׁמַֽע־נָ֗א [a]הַדָּבָ֤ר הַזֶּה[a] אֲשֶׁ֣ר אָנֹכִ֔י דֹּבֵ֖ר בְּאָזְנֶ֑יךָ וּבְאָזְנֵ֖י כָּל־הָעָֽם׃ — ב̇[8]. ג̇
8 8 הַנְּבִיאִ֗ים אֲשֶׁ֨ר הָי֧וּ לְפָנַ֛י וּלְפָנֶ֖יךָ מִן־הָעוֹלָ֑ם וַיִּנָּ֨בְא֜וּ אֶל־אֲרָצ֤וֹת — ח̇ מל בסיפ̇. ב̇[9]
9 רַבּוֹת֙ וְעַל־מַמְלָכ֣וֹת גְּדֹל֔וֹת לְמִלְחָמָ֖ה [a]וּלְרָעָ֥ה[b] וּלְדָֽבֶר׃[a] 9 הַנָּבִ֕יא — ב̇. ב̇ ר״פ
אֲשֶׁ֥ר יִנָּבֵ֖א לְשָׁל֑וֹם בְּבֹא֙ דְּבַ֣ר הַנָּבִ֔יא יִוָּדַע֙ הַנָּבִ֔יא אֲשֶׁר־שְׁלָח֥וֹ יְהוָ֖ה
10 בֶּאֱמֶֽת׃ 10 וַיִּקַּ֞ח חֲנַנְיָ֤ה הַנָּבִיא֙ אֶת־הַמּוֹטָ֔ה[a] מֵעַ֕ל צַוַּ֖אר יִרְמְיָ֣ה הַנָּבִ֑יא — ב̇
11 וַֽיִּשְׁבְּרֵֽהוּ׃[b] 11 וַיֹּ֨אמֶר חֲנַנְיָ֜ה לְעֵינֵ֣י כָל־הָעָ֗ם לֵאמֹר֮ כֹּ֣ה אָמַ֣ר יְהוָה֒ — חצי הספר בפסוקים
כָּ֣כָה אֶשְׁבֹּ֞ר אֶת־עֹ֣ל ׀ נְבֻֽכַדְנֶאצַּ֣ר[a] מֶֽלֶךְ־בָּבֶ֗ל [b]בְּעוֹד֙ שְׁנָתַ֣יִם יָמִ֔ים[b] — ו̇ בטע̇ בסיפ̇[10] · י חס̇ ו וכל מלכים דכות̇ ב̇ מ̇ א[11]
12 מֵעַ֕ל צַוַּ֖אר כָּל־הַגּוֹיִ֑ם וַיֵּ֛לֶךְ יִרְמְיָ֥ה הַנָּבִ֖יא לְדַרְכּֽוֹ׃ פ 12 וַיְהִ֥י
דְבַר־יְהוָ֖ה אֶֽל־יִרְמְיָ֑ה אַ֠חֲרֵי שְׁב֞וֹר חֲנַנְיָ֤ה הַנָּבִיא֙ אֶת־הַמּוֹטָ֔ה[a] מֵעַ֕ל — ג̇ מל בליש̇
13 צַוַּ֖אר יִרְמְיָ֣ה הַנָּבִ֑יא לֵאמֹֽר׃ 13 הָל֞וֹךְ וְאָמַרְתָּ֤ אֶל־חֲנַנְיָה֙ לֵאמֹ֔ר כֹּ֚ה — ו̇ מל̇ בסיפ̇[12]
14 אָמַ֣ר יְהוָ֔ה מוֹטֹ֥ת עֵ֖ץ שָׁבָ֑רְתָּ וְעָשִׂ֥יתָ[a] תַחְתֵּיהֶ֖ן מֹט֥וֹת בַּרְזֶֽל׃ 14 כִּ֣י — ל̇ וכת̇ כן
כֹה־אָמַ֞ר יְהוָ֣ה צְבָא֘וֹת אֱלֹהֵ֣י יִשְׂרָאֵל֒ עֹ֣ל בַּרְזֶ֗ל נָתַ֜תִּי עַל־צַוַּ֣אר ׀ כָּל־
הַגּוֹיִ֣ם הָאֵ֗לֶּה[a] לַעֲבֹ֛ד אֶת־נְבֻכַדְנֶאצַּ֥ר[a] מֶֽלֶךְ־בָּבֶ֖ל [b]וַעֲבָדֻ֑הוּ וְגַ֛ם אֶת־ — ל̇[13] חס̇ ו וכל מלכים דכות̇ ב̇ מ̇ א[11]
15 חַיַּ֥ת הַשָּׂדֶ֖ה נָתַ֥תִּי לֽוֹ׃[b] 15 וַיֹּ֜אמֶר יִרְמְיָ֤ה הַנָּבִיא֙ אֶל־חֲנַנְיָ֣ה הַנָּבִ֔יא
שְֽׁמַֽע־נָ֖א חֲנַנְיָ֑ה לֹֽא־שְׁלָחֲךָ֣ יְהוָ֔ה וְאַתָּ֗ה הִבְטַ֛חְתָּ אֶת־הָעָ֥ם הַזֶּ֖ה עַל־ — ל̇. ל̇
16 שָֽׁקֶר׃ 16 לָכֵ֗ן כֹּ֚ה אָמַ֣ר יְהוָ֔ה הִנְנִי֙ מְשַֽׁלֵּחֲךָ֔ מֵעַ֖ל פְּנֵ֣י הָאֲדָמָ֑ה הַשָּׁנָה֙ — ה̇ בטע̇ בסיפ̇[14]. כ̇[15]. ל̇

[6] Mm 977. [7] Mm 1535. [8] Mm 1672. [9] Mm 2616. [10] Mm 2614. [11] 2 R 25,22. [12] Mm 1408. [13] Mp sub loco. [14] Mm 2617. [15] Mm 2168.

3 [a] > 𝔊* ∥ [b–b] > 𝔊* ∥ [c] sic L, mlt Mss Edd דְנֶ׳־ ∥ **4** [a–a] > 𝔊* ∥ [b] > 𝔊* ∥ **5** [a–a] 𝔊 invers ∥ **6** [a] nonn Mss 𝔊𝔗 דברך ∥ **7** [a–a] 𝔊* *λόγον κυρίου* ∥ **8** [a–a] > 𝔊* ∥ [b] mlt Mss עָב־ cf 𝔙 ∥ **10** [a] 𝔊𝔖 pl cf 13 ∥ [b] l ־רֶהָ? ∥ **11** [a] > 𝔊* ∥ [b–b] > 𝔊* ∥ **12** [a] ut 10[a] ∥ **13** [a] 𝔊 1 sg ∥ **14** [a] > 𝔊* ∥ [b–b] > 𝔊*, dl (ex 27,6).

17 אַתָּה מֵת [a]כִּי־סָרָה דִבַּרְתָּ אֶל־יְהוָה׃[a] 17 וַיָּמָת [a]חֲנַנְיָה הַנָּבִיא בַּשָּׁנָה
הַהִיא[a] בַּחֹדֶשׁ הַשְּׁבִיעִי׃ פ

29 1 וְאֵלֶּה דִּבְרֵי הַסֵּפֶר אֲשֶׁר שָׁלַח יִרְמְיָה הַנָּבִיא מִירוּשָׁלָםִ ל̇
אֶל־יֶתֶר[a] זִקְנֵי הַגּוֹלָה וְאֶל־הַכֹּהֲנִים וְאֶל־הַנְּבִיאִים וְאֶל־כָּל־הָעָם ב̇[1]. ח̇ מ̇ל בסיפ̇
2 [b]אֲשֶׁר הֶגְלָה נְבוּכַדְנֶאצַּר מִירוּשָׁלַםִ בָּבֶלָה׃[b] 2 [a]אַחֲרֵי צֵאת יְכָנְיָה־ כט
הַמֶּלֶךְ וְהַגְּבִירָה וְהַסָּרִיסִים [b]שָׂרֵי[c] יְהוּדָה וִירוּשָׁלַםִ[b] וְהֶחָרָשׁ וְהַמַּסְגֵּר ג̇
3 מִירוּשָׁלָםִ׃ 3 בְּיַד אֶלְעָשָׂה בֶן־שָׁפָן וּגְמַרְיָה בֶּן־חִלְקִיָּה אֲשֶׁר שָׁלַח ל̇. י̇ וכל עזרא דכות̇[2]
צִדְקִיָּה מֶלֶךְ־יְהוּדָה אֶל־נְבוּכַדְנֶאצַּר[a] מֶלֶךְ בָּבֶל בָּבֶלָה לֵאמֹר׃ ס ו̇[3]. ב̇[4]. כט
4 כֹּה אָמַר יְהוָה צְבָאוֹת אֱלֹהֵי יִשְׂרָאֵל לְכָל־הַגּוֹלָה אֲשֶׁר־הִגְלֵיתִי[a] ו̇ בטע̇ בסיפ̇
5 מִירוּשָׁלַםִ בָּבֶלָה׃ 5 בְּנוּ בָתִּים וְשֵׁבוּ וְנִטְעוּ גַנּוֹת וְאִכְלוּ אֶת־פִּרְיָן׃ כט. ל̇
6 קְחוּ נָשִׁים וְהוֹלִידוּ בָּנִים וּבָנוֹת וּקְחוּ לִבְנֵיכֶם נָשִׁים וְאֶת־בְּנוֹתֵיכֶם ה̇ ר״פ̇[5]. ג̇ בנביא
ס̄ יי[8] תְּנוּ לַאֲנָשִׁים [a]וְתֵלַדְנָה בָּנִים וּבָנוֹת[a] וּרְבוּ־שָׁם וְאַל־תִּמְעָטוּ׃ 7 וְדִרְשׁוּ ח̇[6]
אֶת־שְׁלוֹם הָעִיר[a] אֲשֶׁר הִגְלֵיתִי אֶתְכֶם שָׁמָּה וְהִתְפַּלְלוּ בַעֲדָהּ אֶל־ ל̇[7]
8 יְהוָה כִּי בִשְׁלוֹמָהּ יִהְיֶה לָכֶם שָׁלוֹם׃ פ 8 [a]כִּי כֹה אָמַר יְהוָה ד̇ בטע̇ בסיפ̇[8]
צְבָאוֹת אֱלֹהֵי יִשְׂרָאֵל אַל־יַשִּׁיאוּ לָכֶם נְבִיאֵיכֶם אֲשֶׁר־בְּקִרְבְּכֶם
9 וְקֹסְמֵיכֶם וְאַל־תִּשְׁמְעוּ אֶל־חֲלֹמֹתֵיכֶם[b] אֲשֶׁר [c]אַתֶּם מַחְלְמִים׃[c] 9 כִּי ל̇
בְשֶׁקֶר[a] הֵם נִבְּאִים לָכֶם בִּשְׁמִי לֹא שְׁלַחְתִּים נְאֻם־יְהוָה׃ ס ב̇ בסיפ̇[9]
10 כִּי־כֹה אָמַר יְהוָה כִּי לְפִי מְלֹאת לְבָבֶל שִׁבְעִים שָׁנָה אֶפְקֹד ו̇ בטע̇ בסיפ̇. כ̇י מיחד[10]
אֶתְכֶם וַהֲקִמֹתִי עֲלֵיכֶם אֶת־דְּבָרִי הַטּוֹב לְהָשִׁיב אֶתְכֶם אֶל־הַמָּקוֹם יג̇[11]
11 הַזֶּה׃ 11 כִּי אָנֹכִי [a]יָדַעְתִּי אֶת־הַמַּחֲשָׁבֹת אֲשֶׁר אָנֹכִי[a] חֹשֵׁב עֲלֵיכֶם ג̇[12]. ל̇ וחס̇[8]
נְאֻם־יְהוָה מַחְשְׁבוֹת שָׁלוֹם וְלֹא לְרָעָה לָתֵת לָכֶם [b]אַחֲרִית וְתִקְוָה׃[b]
12 [a]וּקְרָאתֶם אֹתִי וַהֲלַכְתֶּם[ab] וְהִתְפַּלַּלְתֶּם אֵלָי [c]וְשָׁמַעְתִּי אֲלֵיכֶם׃[c] ל̇
13 וּבִקַּשְׁתֶּם אֹתִי [a]וּמְצָאתֶם כִּי תִדְרְשֻׁנִי[a] בְּכָל־לְבַבְכֶם׃ 14 וְנִמְצֵאתִי[a] ג̇[13]. ל̇ וחס̇

Cp 29 [1]Mm 2618 et Mm 3211. [2]Mm 4033. [3]Mm 2033. [4]Mm 2686 et Mm 3824. [5]Mm 3588. [6]Mm 1551. [7]Mm 300. [8]Mp sub loco. [9]Mm 2619. [10]Mm 2049. [11]Mm 902. [12]Mm 131. [13]Mm 926.

16 [a–a] > 𝔊*, dl (ex Dt 13,6 cf Dt 18,20) ‖ **17** [a–a] > 𝔊* ‖ **Cp 29,1** [a] > 𝔊, sed cf Gn 49,3 ‖ [b–b] > 𝔊* ‖ **2** [a] add? cf 24,1 ‖ [b–b] 𝔊 *καὶ παντὸς ἐλευθέρου* ‖ [c] nonn Mss 𝔖𝔙 וְשָׂרֵי ‖ **3** [a] > 𝔊* ‖ **4** [a] l הָגְלְתָה? cf 𝔖 ‖ **6** [a–a] > 𝔊* ‖ **7** [a] 𝔊 *τῆς γῆς*, l הָאָרֶץ ‖ **8** [a] tr 8.9 post 15 cf 16[a] ‖ [b] l יהֶם– cf 𝔊[26] ‖ [c–c] 𝔊[26] *ἐνυπνιάζονται*, l הֵם חֹלְמִים ‖ **9** [a] pc Mss 𝔊𝔖𝔗 שֶׁקֶר ‖ **11** [a–a] > 𝔊* (homtel) ‖ [b–b] 𝔊* *ταῦτα*, $𝔊^{OL}$ *τὰ μετὰ ταῦτα* ‖ **12** [a–a] > 𝔊* ‖ [b] > 𝔖, dl (dttg) ‖ [c–c] > 𝔖 ‖ **13** [a–a] > $𝔊^{S}$𝔄 cf 𝔖 ‖ **14** [a] 𝔊 *καὶ ἐπιφανοῦμαι*, l וְנִרְאֵתִי.

לָכֶם֙ נְאֻם־יְהוָ֔ה וְשַׁבְתִּי֙ אֶת־שְׁבִיתְכֶ֔ם וְקִבַּצְתִּ֣י אֶתְכֶ֗ם מִכָּל־הַגּוֹיִם֙

וּמִכָּל־הַמְּקוֹמוֹת֙ אֲשֶׁ֨ר הִדַּ֧חְתִּי אֶתְכֶ֛ם שָׁ֖ם נְאֻם־יְהוָ֑ה וַהֲשִׁבֹתִ֣י אֶתְכֶ֔ם

אֶל־הַמָּק֔וֹם אֲשֶׁר־הִגְלֵ֥יתִי אֶתְכֶ֖ם מִשָּֽׁם׃

15 כִּ֖י אֲמַרְתֶּ֑ם הֵקִ֤ים לָ֨נוּ֙ יְהוָ֣ה נְבִאִ֔ים בָּבֶֽלָה׃ ס **16** כִּֽי־כֹ֣ה ׀

אָמַ֣ר יְהוָ֗ה אֶל־הַמֶּ֨לֶךְ֙ הַיּוֹשֵׁב֙ אֶל־כִּסֵּ֣א דָוִ֔ד וְאֶל־כָּל־הָעָ֖ם הַיּוֹשֵׁ֣ב

בָּעִ֣יר הַזֹּ֑את אֲחֵיכֶ֕ם אֲשֶׁ֛ר לֹֽא־יָצְא֥וּ אִתְּכֶ֖ם בַּגּוֹלָֽה׃ **17** כֹּ֤ה אָמַר֙

יְהוָ֣ה צְבָא֔וֹת הִנְנִי֙ מְשַׁלֵּ֣חַ בָּ֔ם אֶת־הַחֶ֖רֶב אֶת־הָרָעָ֣ב וְאֶת־הַדָּ֑בֶר

וְנָתַתִּ֣י אוֹתָ֗ם כַּתְּאֵנִים֙ הַשֹּׁ֣עָרִ֔ים אֲשֶׁ֥ר לֹא־תֵאָכַ֖לְנָה מֵרֹֽעַ׃ **18** וְרָדַפְתִּי֙

אַחֲרֵיהֶ֔ם בַּחֶ֖רֶב בָּרָעָ֣ב וּבַדָּ֑בֶר וּנְתַתִּ֨ים לְזַוֲעָ֜ה לְכֹ֣ל ׀ מַמְלְכ֣וֹת

הָאָ֗רֶץ לְאָלָ֤ה וּלְשַׁמָּה֙ וְלִשְׁרֵקָ֣ה וּלְחֶרְפָּ֔ה בְּכָל־הַגּוֹיִ֖ם אֲשֶׁר־

הִדַּחְתִּ֥ים שָֽׁם׃ **19** תַּ֛חַת אֲשֶׁ֥ר־לֹא־שָׁמְע֖וּ אֶל־דְּבָרָ֑י נְאֻם־יְהוָ֗ה אֲשֶׁ֨ר

שָׁלַ֤חְתִּי אֲלֵיהֶם֙ אֶת־עֲבָדַ֣י הַנְּבִאִ֔ים הַשְׁכֵּ֖ם וְשָׁלֹ֑חַ וְלֹ֥א שְׁמַעְתֶּ֖ם

נְאֻם־יְהוָֽה׃ **20** וְאַתֶּ֖ם שִׁמְע֣וּ דְבַר־יְהוָ֑ה כָּל־הַגּוֹלָ֕ה אֲשֶׁר־שִׁלַּ֥חְתִּי

מִירוּשָׁלַ֖͏ִם בָּבֶֽלָה׃ ס **21** כֹּֽה־אָמַר֩ יְהוָ֨ה צְבָא֜וֹת אֱלֹהֵ֣י יִשְׂרָאֵ֗ל

אֶל־אַחְאָ֣ב בֶּן־קֽוֹלָיָ֗ה וְאֶל־צִדְקִיָּ֨הוּ֙ בֶּן־מַֽעֲשֵׂיָ֔ה הַֽנִּבְּאִ֥ים לָכֶ֖ם

בִּשְׁמִ֣י שָׁ֑קֶר הִנְנִ֣י ׀ נֹתֵ֣ן אֹתָ֗ם בְּיַד֙ נְבֽוּכַדְרֶאצַּ֣ר מֶֽלֶךְ־בָּבֶ֔ל וְהִכָּ֖ם

לְעֵינֵיכֶֽם׃ **22** וְלֻקַּ֤ח מֵהֶם֙ קְלָלָ֔ה לְכֹל֙ גָּל֣וּת יְהוּדָ֔ה אֲשֶׁ֖ר בְּבָבֶ֑ל

לֵאמֹ֕ר יְשִֽׂמְךָ֤ יְהוָה֙ כְּצִדְקִיָּ֣הוּ וּכְאֶחָ֔ב אֲשֶׁר־קָלָ֥ם מֶֽלֶךְ־בָּבֶ֖ל בָּאֵֽשׁ׃

23 יַ֡עַן אֲשֶׁר֩ עָשׂ֨וּ נְבָלָ֜ה בְּיִשְׂרָאֵ֗ל וַיְנַֽאֲפוּ֙ אֶת־נְשֵׁ֣י רֵֽעֵיהֶ֔ם וַיְדַבְּר֤וּ דָבָר֙

בִּשְׁמִי֙ שֶׁ֔קֶר אֲשֶׁ֖ר ל֣וֹא צִוִּיתִ֑ם וְאָֽנֹכִ֛י הַיּוֹדֵ֥עַ וָעֵ֖ד נְאֻם־יְהוָֽה׃ ס

24 וְאֶל־שְׁמַעְיָ֥הוּ הַנֶּחֱלָמִ֖י תֹּאמַ֥ר לֵאמֹֽר׃ **25** כֹּֽה־אָמַ֞ר יְהוָ֧ה

צְבָא֛וֹת אֱלֹהֵ֥י יִשְׂרָאֵ֖ל לֵאמֹ֑ר יַ֡עַן אֲשֶׁ֣ר אַתָּה֩ שָׁלַ֨חְתָּ בְשִׁמְכָ֜ה

Masora marginalis

שבותכם[14] ק

ב מל[15]

כֹּ֗ ד . בטע בסיפ[16] .
כי מיחד[17]

ב[18] מל ורל יהושע שפטים
וכתיב דכות ב מ א . ב[18] מל
ורל יהושע שפטים וכתיב
דכות ב מ א

יי

ואת[19] . יב פסוק את ואת
ומילה חדה ביניה[20] . ב[21]

ד[22]

ח . לזוֵעה
ק

ג

כֹּ֗

ב[19]

יו חס בסיפ

ח . מל[24] . ב[23]

ב חס . ל

ב[25]

לה מל . ב[19] . היודע
חד מן י מל ורל ק
ה . ת ד מ ק דכות ב מ א נ חס

ורל ושמעיהו דכות[26]
ב מ א . ט בטע בסיפ[27]

כב[28] מילין כת ה ס״ת
ול בליש

[14]Mm 832.   [15]Mm 1562.   [16]Mm 2547.   [17]Mm 2049.   [18]Mm 2620.   [19]Mp sub loco.   [20]Mm 44.   [21]Mm
2593.   [22]Mm 2590.   [23]Mm 1496 et Mm 4202.   [24]Mm 2202.   [25]Mm 3244.   [26]Mm 2621.   [27]Mm 2615.
[28]Mm 964.

14 [b] huc tr ∥ [c—c] > 𝔊*, add ∥ [d] K שְׁבִי ∥ **16** [a] 𝔊* om 16—20, add; cf 8[a] ∥ **17** [a] mlt
Mss 𝔊[OL]𝔖𝔠[fMss]פ וְאֶת ∥ **18** [a] nonn Mss θ'פ וּבְ ∥ [b] cf 15,4[b] ∥ [c] pc Mss וְלִקְלָלָה
∥ **19** [a] nonn Mss ־יכֶם ∥ [b] 𝔊[OL]𝔖 3 pl ∥ **21** [a—a] > 𝔊* ∥ [b] > 𝔊* ∥ **22** [a] 1 c Q[Or] וְכָאַחְאָב
∥ **23** [a] > 𝔊*, dl ∥ [b] 1 Q, K יָדֵעַ (הוּא); aut dl (> 𝔊*; dttg) et 1 (הָ)עֵד pro וָעֵד? ∥ **24** [a—a] 𝔖
wšm'j' nḥmlj' 'mr = וְשַׁ הַנֶּחֱמָלִי אָמַר; 1 prb שׁ' ה' (שׁ'=)עַל־(=אֶל־ = index (cf [b]), cui continua-
tur שלח בשמו cf ad 25 ∥ [b] > 𝔊𝔖𝔙, prb add cf [a—a] ∥ **25** [a—a] > 𝔊, prb add cf 24[a—a] ∥
[b—b] 𝔊 οὐκ ἀπέστειλά σε τῷ ὀνόματί μου, prb crrp ex σὺ ἀπέστειλας ἐν τ. ὀ. σου; 𝔖 wšdr
bšmh, 1 prb שלח בִּשְׁמוֹ cf 24[a—a].

ל   סְפָרִ֗ים אֶל־כָּל־הָעָם֙ אֲשֶׁ֣ר בִּירוּשָׁלַ֔͏ִם וְאֶל־צְפַנְיָ֥ה בֶן־מַעֲשֵׂיָ֖ה

ל   הַכֹּהֵ֑ן וְאֶ֥ל כָּל־הַכֹּהֲנִ֖ים לֵאמֹֽר׃ 26 יְהוָ֞ה נְתָנְךָ֣ כֹהֵ֗ן תַּ֚חַת יְהוֹיָדָ֣ע

ד ב מל וב חס²⁹ . ג וחס³⁰   הַכֹּהֵ֔ן לִהְי֤וֹת פְּקִדִים֙ בֵּ֣ית יְהוָ֔ה לְכָל־אִ֥ישׁ מְשֻׁגָּ֖ע וּמִתְנַבֵּ֑א וְנָתַתָּ֥ה

אֹת֛וֹ אֶל־הַמַּהְפֶּ֖כֶת וְאֶל־הַצִּינֹֽק׃ 27 וְעַתָּ֗ה לָ֚מָּה לֹ֣א גָעַ֔רְתָּ בְּיִרְמְיָ֖הוּ

הָעֲנְּתֹתִ֑י הַמִּתְנַבֵּ֖א לָכֶֽם׃ 28 כִּ֣י עַל־כֵּ֞ן שָׁלַ֥ח אֵלֵ֛ינוּ בָּבֶ֖ל לֵאמֹ֑ר

ג³¹   אֲרֻכָּ֣ה הִ֑יא בְּנ֤וּ בָתִּים֙ וְשֵׁ֔בוּ וְנִטְע֣וּ גַנּ֔וֹת וְאִכְל֖וּ אֶת־פְּרִיהֶֽן׃ 29 וַיִּקְרָ֞א

לז   צְפַנְיָ֧ה הַכֹּהֵ֛ן אֶת־הַסֵּ֥פֶר הַזֶּ֖ה בְּאָזְנֵ֣י יִרְמְיָ֥הוּ הַנָּבִֽיא׃ פ 30 וַיְהִ֥י

ד פסוק על אל על   דְבַר־יְהוָ֖ה אֶל־יִרְמְיָ֥הוּ לֵאמֹֽר׃ 31 שְׁלַ֤ח עַל־כָּל־הַגּוֹלָה֙ לֵאמֹ֔ר

כֹּ֣ה אָמַ֣ר יְהוָ֗ה אֶל־שְׁמַעְיָ֣ה הַנֶּחֱלָמִ֔י יַ֡עַן אֲשֶׁר֩ נִבָּ֨א לָכֶ֜ם שְׁמַעְיָ֗ה וַאֲנִי֙

ל . כ³²   לֹ֣א שְׁלַחְתִּ֔יו וַיַּבְטַ֥ח אֶתְכֶ֖ם עַל־שָֽׁקֶר׃ 32 לָכֵ֞ן כֹּֽה־אָמַ֣ר יְהוָ֗ה הִנְנִ֨י

ל . מֹ מל בנביא   פֹקֵ֜ד עַל־שְׁמַעְיָ֣ה הַנֶּחֱלָמִי֮ וְעַל־זַרְעוֹ֒ לֹא־יִהְיֶ֨ה ל֜וֹ אִ֣ישׁ ׀ יוֹשֵׁ֣ב ׀ בְּתוֹךְ־

ו³³ . ט דגש³⁴   הָעָ֣ם הַזֶּ֗ה וְלֹֽא־יִרְאֶ֥ה בַטּ֛וֹב אֲשֶׁר־אֲנִ֥י עֹשֶֽׂה־לְעַמִּ֖י נְאֻם־יְהוָ֑ה כִּֽי־

לא³⁵   סָרָ֥ה דִבֶּ֖ר עַל־יְהוָֽה׃ ס

כד   **30** ¹ הַדָּבָר֙ אֲשֶׁ֣ר הָיָ֣ה אֶֽל־יִרְמְיָ֔הוּ מֵאֵ֥ת יְהוָ֖ה לֵאמֹֽר׃ ² כֹּֽה־

יג חס האלה   אָמַ֧ר יְהוָ֛ה אֱלֹהֵ֥י יִשְׂרָאֵ֖ל לֵאמֹ֑ר כְּתָב־לְךָ֗ אֵ֧ת כָּל־הַדְּבָרִ֛ים אֲשֶׁר־

ג²   דִּבַּ֥רְתִּי אֵלֶ֖יךָ אֶל־סֵֽפֶר׃ ³ כִּ֠י הִנֵּ֨ה יָמִ֤ים בָּאִים֙ נְאֻם־יְהוָ֔ה וְשַׁבְתִּ֗י

ב בסיף³   אֶת־שְׁב֨וּת עַמִּ֤י יִשְׂרָאֵל֙ וִֽיהוּדָ֔ה אָמַ֣ר יְהוָ֑ה וַהֲשִׁבֹתִ֗ים אֶל־הָאָ֛רֶץ

ד⁴ . ל   אֲשֶׁר־נָתַ֥תִּי לַאֲבוֹתָ֖ם וִירֵשֽׁוּהָ׃ פ ⁴ וְאֵ֣לֶּה הַדְּבָרִ֗ים אֲשֶׁ֨ר דִּבֶּ֧ר

ז⁵ וכל משחתיך למלך דכות ב מ א . וֹ⁶ . ו בטע בסיף . כֿי מיחדֿ⁷   יְהוָ֛ה אֶל־יִשְׂרָאֵ֖ל וְאֶל־יְהוּדָֽה׃ ⁵ כִּי־כֹה֙ אָמַ֣ר יְהוָ֔ה

הֿ⁸   ק֥וֹל חֲרָדָ֖ה שָׁמָ֑עְנוּ פַּ֖חַד וְאֵ֥ין שָׁלֽוֹם׃

ב חס⁹   ⁶ שַׁאֲלוּ־נָ֣א וּרְא֔וּ אִם־יֹלֵ֖ד זָכָ֑ר

מַדּוּעַ֩ רָאִ֨יתִי כָל־גֶּ֜בֶר יָדָ֤יו עַל־חֲלָצָיו֙ כַּיּ֣וֹלֵדָ֔ה

ל . ג   וְנֶהֶפְכ֥וּ כָל־פָּנִ֖ים לְיֵרָק֑וֹן׃ ⁷ ה֗וֹי

²⁹Mm 306. ³⁰Mm 2622. ³¹Mm 2623. ³²Mm 2168. ³³Mm 2624. ³⁴Mm 2625. ³⁵Mm 486. Cp 30 ¹Mm 707. ²Mm 3970. ³Mm 2626. ⁴Mm 2443. ⁵Mm 1021. ⁶Mm 285. ⁷Mm 2049. ⁸Mm 2627. ⁹Mm 2628.

25 ᶜ > 𝕲* ‖ ᵈ⁻ᵈ > 𝕲*, add ‖ ᵉ⁻ᵉ > 𝕲*, add ‖ **26** ᵃ 𝕲(σ′𝕊𝔙) ἐπιστάτην cf 𝕿, 1 פָּקִיד ‖ ᵇ l c mlt Mss 𝕲𝕾𝕮ᴹˢˢ𝔙 בְּבֵית ‖ **27** ᵃ 𝕲 pl ‖ ᵇ sic L, mlt Mss Edd הָעַ׳ ‖ **28** ᵃ⁻ᵃ 𝕲ⱽᶜᵃˡ διὰ τοῦ μηνὸς τούτου ‖ **31** ᵃ > pc Mss 𝕲* ‖ **32** ᵃ⁻ᵃ 𝕲 τοῦ ἰδεῖν = לִרְאוֹת ‖ ᵇ 𝕲 ὑμῖν = לָכֶם ‖ ᶜ⁻ᶜ > 𝕲*, add ex Dt 13,6 cf 28,16ᵃ⁻ᵃ ‖ **Cp 30,3** ᵃ add ‖ **4** ᵃ⁻ᵃ add ‖ **5** ᵃ⁻ᵃ add ‖ ᵇ 𝕲 2 pl; 1 שְׁמַעְתִּי cf ראיתי 6 ‖ **6** ᵃ⁻ᵃ 𝕲 versio duplex ‖ ᵇ > 𝕲*? frt dl ‖ **7** ᵃ 𝕲 ἐγενήθη, 1 הָיוּ (huc tr :).

כִּ֣י גָד֛וֹל הַיּ֥וֹם הַה֖וּא מֵאַ֣יִן כָּמֹ֑הוּ
וְעֵת־צָרָ֥ה הִיא֙ לְיַעֲקֹ֔ב וּמִמֶּ֖נָּה יִוָּשֵֽׁעַ׃ ל
8 וְהָיָה֩ בַיּ֨וֹם הַה֜וּא נְאֻ֣ם ׀ יְהוָ֣ה צְבָא֗וֹת אֶשְׁבֹּ֤ר עֻלּוֹ֙ מֵעַ֣ל צַוָּארֶ֔ךָ[a] כו
וּמוֹסְרוֹתֶ֖יךָ[b] אֲנַתֵּ֑ק וְלֹֽא־יַעַבְדוּ־ב֥וֹ[c] ע֖וֹד זָרִֽים׃ 9 וְעָ֣בְד֔וּ אֵ֖ת יְהוָ֣ה°[10]
אֱלֹהֵיהֶ֑ם וְאֵת֙ דָּוִ֣ד מַלְכָּ֔ם אֲשֶׁ֖ר אָקִ֥ים לָהֶֽם׃ ס [יִשְׂרָאֵ֔ל ב . ב[10] ול בסיפ
10 וְ֠אַתָּה[a] אַל־תִּירָ֞א עַבְדִּ֤י יַעֲקֹב֙ נְאֻם־יְהוָ֔ה וְאַל־תֵּחַ֣ת
כִּ֣י הִנְנִ֤י מוֹשִֽׁיעֲךָ֙ מֵֽרָח֔וֹק וְאֶֽת־זַרְעֲךָ֖ מֵאֶ֣רֶץ שִׁבְיָ֑ם ב
וְשָׁ֨ב יַעֲקֹ֛ב וְשָׁקַ֥ט וְשַׁאֲנַ֖ן וְאֵ֥ין מַחֲרִֽיד׃ ג[11]
11 כִּֽי־[a]אִתְּךָ֥ אֲנִ֛י [b]נְאֻם־יְהוָ֖ה[b] לְהוֹשִׁיעֶ֑ךָ
כִּ֣י אֶ֠עֱשֶׂה כָלָ֨ה בְּכָֽל־הַגּוֹיִ֥ם ׀ אֲשֶׁ֣ר הֲפִצוֹתִ֘יךָ֮ שָׁ֒ם ל וחס[10]
אַ֚ךְ אֹֽתְךָ֙ לֹא־אֶעֱשֶׂ֣ה כָלָ֔ה וְיִסַּרְתִּ֙יךָ֙ לַמִּשְׁפָּ֔ט וְנַקֵּ֖ה לֹ֥א ה[12]
12 כִּ֛י כֹּ֥ה אָמַ֖ר יְהוָ֑ה [אֲנַקֶּֽךָּ׃ פ כי מיחד[13] . ו בטע בסיפ
[a]אָנ֣וּשׁ לְשִׁבְרֵ֔ךְ[a][b] נַחְלָ֖ה מַכָּתֵֽךְ׃ ד
13 אֵֽין־[a]דָּ֥ן דִּינֵ֖ךְ[a] לְמָז֑וֹר[b] רְפֻא֥וֹת[c] תְּעָלָ֖ה אֵ֥ין לָֽךְ׃ ב ר״פ אין אין[14] . ג[15] . ג
14 כָּל־מְאַהֲבַ֣יִךְ שְׁכֵח֔וּךְ אוֹתָ֖ךְ לֹ֣א יִדְרֹ֑שׁוּ ל . יז מל בלשון נקיבה[16]
כִּ֡י מַכַּ֨ת אוֹיֵ֤ב הִכִּיתִיךְ֙ מוּסַ֣ר[a] אַכְזָרִ֔י יב פת[17] . ז
[b]עַ֚ל רֹ֣ב עֲוֺנֵ֔ךְ עָצְמ֖וּ חַטֹּאתָֽיִךְ׃[b] ה חס בליש
15 [a]מַה־תִּזְעַק֙ עַל־שִׁבְרֵ֔ךְ אָנ֖וּשׁ[b] מַכְאֹבֵ֑ךְ ד . ל וחס
עַ֣ל ׀ רֹ֣ב עֲוֺנֵ֗ךְ עָֽצְמוּ֙ חַטֹּאתַ֔יִךְ עָשִׂ֥יתִי[c] אֵ֖לֶּה לָֽךְ׃ ה חס בליש
16 [a]לָכֵ֞ן כָּל־אֹכְלַ֣יִךְ[a] יֵאָכֵ֗לוּ וְכָל־צָרַ֛יִךְ[b] כֻּלָּ֖ם[c] בַּשְּׁבִ֣י יֵלֵ֑כוּ[b] ט פסוק כל וכל וכל[18] . ב
וְהָי֤וּ שֹׁאסַ֙יִךְ֙[d] לִמְשִׁסָּ֔ה וְכָל־בֹּזְזַ֖יִךְ אֶתֵּ֥ן לָבַֽז׃ מח[19] כת א לא קר ול בליש
17 [a]כִּי֩ אַעֲלֶ֨ה אֲרֻכָ֥ה לָ֛ךְ וּמִמַּכּוֹתַ֥יִךְ[b] אֶרְפָּאֵ֖ךְ נְאֻם־יְהוָ֑ה ח פת[20] . ד . ל

[10] Mp sub loco. [11] Mm 3574. [12] Mm 1035. [13] Mm 2049. [14] Mm 1269. [15] Mm 2575. [16] Mm 287. [17] Mm 2405. [18] Mm 1981. [19] Mm 898. [20] Mm 389.

8 [a] 𝔊 suff 3 pl; l ־רוֹ ‖ [b] 𝔊 suff 3 pl; l ־תָיו ‖ [c] 𝔊 *αὐτοί* ‖ **10** [a] 10.11 = 46,27.28 (> 𝔊*) ‖ **11** [a] pr אתה אל־תירא עבדי יעקב? cf 46,28 ‖ [b–b] 46,28 tr ante כי 1°, dl ‖ **12** [a–a] 𝔊 *ἀνέστησα σύντριμμα* ‖ [b] l לָךְ שׁ׳? ‖ **13** [a–a] prp רִכְּכִים cf Jes 1,6 ‖ [b] l לַמְּ׳ ‖ [c] gl ad תעלה? ‖ **14** [a] l ־רָ־? ‖ [b–b] add ex 15 ‖ **15** [a] > 𝔊* ‖ [b] pr כִּי (hpgr) ‖ [c] 𝔊[OL] 3 pl cf 4,18 ‖ **16** [a–a] l וְכָל (dttg cf לך 15) ‖ [b–b] 𝔊 *κρέας αὐτῶν πᾶν ἔδονται* = כֻּלֹּה בְּשָׂרָם יֹאכֵלוּ ‖ [c] > Ms 𝔊[198]𝔖𝔙, dl ‖ [d] Q[Mss] שֹׁסַיִךְ, K שֹׁאסַיִךְ = שֹׁסְסַיִךְ ‖ **17** [a] tr v a post b? ‖ [b] 𝔊 *ἀπὸ πληγῆς ὀδυνηρᾶς* cf 14,17.

כִּ֤י נִדָּחָה֙ קָ֣רְאוּ לָ֔ךְ צִיּ֣וֹן[c] הִ֔יא דֹּרֵ֖שׁ אֵ֥ין לָֽהּ׃ ס 18 כֹּ֣ה׀ יח בטע בסיפ
אָמַ֣ר יְהוָ֗ה הִנְנִי־שָׁב֙ שְׁב֙וּת אָהֳלֵ֣י[a] יַעֲק֔וֹב וּמִשְׁכְּנֹתָ֖יו[b] אֲרַחֵ֑ם ה מל[21]. ב חד חס וחד מל
וְנִבְנְתָ֥ה עִיר֙ עַל־תִּלָּ֔הּ וְאַרְמ֖וֹן עַל־מִשְׁפָּט֥וֹ יֵשֵֽׁב׃ יד זוגין[22]. ו[23]
19 וְיָצָ֧א מֵהֶ֛ם תּוֹדָ֖ה וְק֣וֹל מְשַׂחֲקִ֑ים
וְהִרְבִּתִים֙ וְלֹ֣א יִמְעָ֔טוּ [a]וְהִכְבַּדְתִּ֖ים וְלֹ֥א יִצְעָֽרוּ[a]׃
20 וְהָי֤וּ[a] בָנָיו֙ כְּקֶ֔דֶם וַעֲדָת֖וֹ לְפָנַ֣י תִּכּ֑וֹן ב
וּפָקַדְתִּ֖י עַ֥ל כָּל־לֹחֲצָֽיו׃ 21 [a]וְהָיָ֨ה אַדִּיר֜וֹ מִמֶּ֗נּוּ[a] ל. ל
וּמֹשְׁלוֹ֙ מִקִּרְבּ֣וֹ יֵצֵ֔א [b]וְהִקְרַבְתִּ֖יו וְנִגַּ֣שׁ[b] אֵלָ֑י
כִּ֠י מִ֣י הוּא־זֶ֞ה עָרַ֧ב אֶת־לִבּ֛וֹ לָגֶ֥שֶׁת אֵלַ֖י נְאֻם־יְהוָֽה׃ ג[24]. ה. ב
22 [a]וִהְיִ֥יתֶם לִ֖י לְעָ֑ם וְאָ֣נֹכִ֔י אֶהְיֶ֥ה לָכֶ֖ם לֵאלֹהִֽים׃ ס
23 [a]הִנֵּ֣ה׀ סַעֲרַ֣ת יְהוָ֗ה חֵמָה֙[b] יָֽצְאָ֔ה סַ֖עַר מִתְגּוֹרֵ֑ר[c] ב כת ס. ב כת ס[25]. ב ומל[26]
עַ֛ל רֹ֥אשׁ רְשָׁעִ֖ים יָחֽוּל׃ 24 לֹ֣א יָשׁ֗וּב חֲרוֹן֙[a] אַף־יְהוָ֔ה ט ר״פ בסיפ
עַד־עֲשֹׂת֥וֹ וְעַד־הֲקִימ֖וֹ מְזִמּ֣וֹת לִבּ֑וֹ יז פסוק עד ועד[27]. ב
בְּאַחֲרִ֥ית הַיָּמִ֖ים תִּתְבּ֥וֹנְנוּ בָֽהּ[b]׃
31 1 בָּעֵ֣ת הַהִ֗יא נְאֻם־יְהוָ֔ה אֶהְיֶה֙ לֵֽאלֹהִ֔ים[a] לְכֹ֖ל מִשְׁפְּח֣וֹת[a] יִשְׂרָאֵ֑ל
וְהֵ֖מָּה יִֽהְיוּ־לִ֥י לְעָֽם׃ ס 2 כֹּ֚ה אָמַ֣ר יְהוָ֔ה
מָצָ֥א[a] חֵן֙[b] בַּמִּדְבָּ֔ר[c] עַ֖ם[d] שְׂרִ֣ידֵי חָ֑רֶב
הָל֖וֹךְ[e] לְהַרְגִּיע֥וֹ[f] יִשְׂרָאֵֽל׃ 3 מֵֽרָח֔וֹק יְהוָ֖ה נִרְאָ֣ה לִ֑י[a] ו מל בסיפ[1]. ב[2]
וְאַהֲבַ֤ת עוֹלָם֙[b] אֲהַבְתִּ֔יךְ עַל־כֵּ֖ן מְשַׁכְתִּ֥יךְ חָֽסֶד[c]׃ ב. ב[3]. ל
4 ע֤וֹד אֶבְנֵךְ֙ וְנִבְנֵ֔ית בְּתוּלַ֖ת יִשְׂרָאֵ֑ל ל
ע֚וֹד תַּעְדִּ֣י תֻפַּ֔יִךְ וְיָצָ֖את בִּמְח֥וֹל[a] מְשַׂחֲקִֽים׃ ג מיחד רפי וקמ[4]

17 [c] 𝔊 *θήρευμα ἡμῶν*, l צֵידֵנוּ ‖ **18** [a] > 𝔊* ‖ [b] 𝔊 *καὶ αἰχμαλωσίαν αὐτοῦ* = וּשְׁבִיתוֹ ‖ **19** [a–a] > 𝔊* ‖ **20** [a] 𝔊 *καὶ εἰσελεύσονται* = וּבָאוּ? ‖ **21** [a–a] l ו׳אדיר מֵהֶם et cj c 20 ‖ [b–b] 𝔊 *καὶ συνάξω αὐτούς, καὶ ἀποστρέψουσιν* ‖ **22** [a] > 𝔊* ‖ **23** [a] cf 23,19[a] ‖ [b] add ‖ [c] Ms מתחולל ut 23,19, sic l? ‖ **24** [a] > 23,20, dl ‖ [b] σ′ + *συνέσει* cf 23,20 ‖ **Cp 31,1** [a–a] 𝔊 *τῷ γένει* = לְמִשְׁפַּחַת ‖ **2** [a] 𝔊σ′ l sg ‖ [b] 𝔊 *θερμόν* = חֹם (𝔏 *lupinum* = *θέρμον*) ‖ [c] l prb כַּמּ׳ ‖ [d] 𝔊α′ *μετά* = עִם ‖ [e] l הוֹלֵךְ cf α′σ′ ‖ [f] l לְמַרְגּוֹעוֹ? cf 𝔗𝔙 et 6,16 ‖ **3** [a] 𝔊 *αὐτῷ*, l לוֹ ‖ [b] nonn Mss 𝔊 ׳א ‖ [c] 𝔊 pr *εἰς* cf 𝔖𝔗 ‖ **4** [a] 𝔊(𝔖𝔗) *μετὰ συναγωγῆς* = בְּקָהָל cf 13[a–a].

5 עוֹד תִּטְּעִי כְרָמִים בְּהָרֵי שֹׁמְרוֹן [a]נָטְעוּ נֹטְעִים וְחִלֵּלוּ[ab]׃
6 כִּי יֶשׁ־יוֹם [a]קָרְאוּ נֹצְרִים[a] בְּהַר אֶפְרָיִם
קוּמוּ וְנַעֲלֶה צִיּוֹן אֶל־יְהוָה אֱלֹהֵינוּ׃ פ
7 כִּי־כֹה אָמַר יְהוָה
רָנּוּ לְיַעֲקֹב שִׂמְחָה[a] וְצַהֲלוּ בְּרֹאשׁ הַגּוֹיִם[b] [יִשְׂרָאֵל[c]׃
הַשְׁמִיעוּ הַלְלוּ וְאִמְרוּ הוֹשַׁע[c] יְהוָה אֶת־עַמְּךָ[d] [e]אֵת שְׁאֵרִית
8 הִנְנִי מֵבִיא אוֹתָם מֵאֶרֶץ צָפוֹן
וְקִבַּצְתִּים מִיַּרְכְּתֵי־אָרֶץ [a]בָּם עִוֵּר וּפִסֵּחַ[a]
הָרָה וְיֹלֶדֶת יַחְדָּו קָהָל גָּדוֹל יָשׁוּבוּ
הֵנָּה[b]׃ 9 בִּבְכִי יָבֹאוּ[a] וּבְתַחֲנוּנִים[b] אוֹבִילֵם
אוֹלִיכֵם אֶל־נַחֲלֵי מַיִם בְּדֶרֶךְ יָשָׁר לֹא יִכָּשְׁלוּ בָּהּ
כִּי־הָיִיתִי לְיִשְׂרָאֵל לְאָב וְאֶפְרַיִם בְּכֹרִי הוּא׃ ס
10 שִׁמְעוּ דְבַר־יְהוָה גּוֹיִם וְהַגִּידוּ בָאִיִּים מִמֶּרְחָק וְאִמְרוּ[a]
מְזָרֵה יִשְׂרָאֵל יְקַבְּצֶנּוּ וּשְׁמָרוֹ כְּרֹעֶה עֶדְרוֹ׃
11 כִּי־פָדָה יְהוָה אֶת־יַעֲקֹב וּגְאָלוֹ מִיַּד חָזָק מִמֶּנּוּ׃
12 וּבָאוּ וְרִנְּנוּ בִמְרוֹם[a]־צִיּוֹן וְנָהֲרוּ[b] אֶל־טוּב יְהוָה
[c]עַל־דָּגָן[c] וְעַל־תִּירֹשׁ וְעַל־יִצְהָר וְעַל־בְּנֵי־צֹאן וּבָקָר
וְהָיְתָה נַפְשָׁם [d]כְּגַן רָוֶה[d] וְלֹא־יוֹסִיפוּ לְדַאֲבָה עוֹד׃
13 אָז תִּשְׂמַח בְּתוּלָה [a]בְּמָחוֹל וּבַחֻרִים[a] וּזְקֵנִים יַחְדָּו[b]
וְהָפַכְתִּי אֶבְלָם לְשָׂשׂוֹן וְנִחַמְתִּים[c] וְשִׂמַּחְתִּים מִיגוֹנָם[d]׃
14 וְרִוֵּיתִי נֶפֶשׁ הַכֹּהֲנִים[a] דָּשֶׁן[b] וְעַמִּי אֶת־טוּבִי יִשְׂבָּעוּ

ב . ג מיחד דמטע[5] . ל
ב חס
ג
ז בטע בסיפ[6] . כי מיחד[7]
ג . לה[8]
ו[9] . ב[10] . כו פסוק את את ומילה חדה ביניה יט מנה בנביא
ב . יד[11] קמ וכל אתנח וס״פ דכות ב מ ד
ו
ה וכל מנשה ואפרים דכות[12] . ב בטע
ו[9]
ל . ל . ב
ב . ג[13] . יט בליש[14]
ג חס[15]
ז . ט ג[16] מנה מל
ב[17] חד מל וחד מן ג חס בליש
ב[18]
יא . ב ומל[19]

[5] Mm 2945. [6] Mm 2547. [7] Mm 2049. [8] Mm 2840. [9] Mm 2470. [10] Mm 2630. [11] Mm 1234. [12] Mm 1396. [13] Mm 3096. [14] Mm 335. [15] Mm 2631. [16] Mm 2632. [17] Mm 2633. [18] Mm 2634. [19] Mm 2635.

5 [a–a] add? cf Dt 28,30b; l נֹטְעֵי נְטָעִים יְחַלְּלוּ ‖ [b] 𝔊 *καὶ αἰνέσατε* = וְהַלְלוּ cf 𝔖 ‖ **6** [a–a] 𝔊 *κλήσεως ἀπολογουμένων (-νου)* ‖ **7** [a] > 𝔊* ‖ [b] prp הָרִים ‖ [c] 𝔊(𝔗) *ἔσωσε*, l הוֹשִׁעַ ‖ [d] 𝔊𝔗 suff 3 sg, l עַמּוֹ ‖ [e–e] add? ‖ **8** [a–a] 𝔊 *ἐν ἑορτῇ Φασεκ* = בְּמוֹעֵד פֶּסַח ‖ [b] l הִנֵּה et cj c 9 ‖ **9** [a] 𝔊 *ἐξῆλθον* = יָצְאוּ ‖ [b] 𝔊 *καὶ ἐν παρακλήσει*, l ובתנְחוּמִים ‖ **10** [a] add? ‖ **12** [a] 𝔊 *ἐν τῷ ὄρει* cf 𝔗𝔙; l prb בֶּהָרִים (et dl ציון) ‖ [b] α′ *καὶ ἐκστήσονται* ‖ [c–c] 𝔊 *ἐπὶ γῆν σίτου (καὶ οἴνου ...)* ‖ [d–d] 𝔊 *ὥσπερ ξύλον ἔγκαρπον* cf Gn 1,11 Ps 148,9 ‖ **13** [a–a] 𝔊 *ἐν συναγωγῇ νεανίσκων* = בִּקְהַל בַּ׳ cf 4[a] ‖ [b] 𝔊 *χαρήσονται* (𝔖 = 𝔐 + 𝔊), l יחדו ‖ [c] > 𝔊* ‖ [d] 𝔊 *μεγαλυνῶ* frt = רִבֵּיתִי, quod versio duplex ad ורויתי 14 ‖ **14** [a] 𝔊 + *υἱῶν Λευι* = בְּנֵי לֵוִי ‖ [b] > 𝔊*.

15 כֹּה ׀ אָמַר יְהוָה ס נְאֻם־יְהוָה׃   יח̇ בטע בסיפ
קוֹל בְּרָמָה[a] נִשְׁמָע נְהִי בְּכִי תַמְרוּרִים   ד
רָחֵל מְבַכָּה עַל־בָּנֶיהָ מֵאֲנָה לְהִנָּחֵם
16 כֹּה ׀ אָמַר יְהוָה ס עַל־בָּנֶיהָ כִּי אֵינֶנּוּ[b]׃   יח̇ בטע בסיפ
מִנְעִי קוֹלֵךְ מִבֶּכִי וְעֵינַיִךְ מִדִּמְעָה
כִּי יֵשׁ שָׂכָר לִפְעֻלָּתֵךְ [a]נְאֻם־יְהוָה[a] וְשָׁבוּ מֵאֶרֶץ אוֹיֵב׃   ל̇
17 [a]וְיֵשׁ־תִּקְוָה לְאַחֲרִיתֵךְ [b]נְאֻם־יְהוָה[b] וְשָׁבוּ בָנִים לִגְבוּלָם׃ ס   ל̇
18 שָׁמוֹעַ שָׁמַעְתִּי אֶפְרַיִם מִתְנוֹדֵד   ל̇
יִסַּרְתַּנִי וָאִוָּסֵר כְּעֵגֶל לֹא לֻמָּד
הֲשִׁבֵנִי וְאָשׁוּבָה כִּי אַתָּה יְהוָה אֱלֹהָי׃   ב̇[20]
19 כִּי־אַחֲרֵי שׁוּבִי[a] נִחַמְתִּי   ג̇ בטע[21]
וְאַחֲרֵי הִוָּדְעִי [b]סָפַקְתִּי עַל־יָרֵךְ
בֹּשְׁתִּי[b] וְגַם־נִכְלַמְתִּי כִּי נָשָׂאתִי חֶרְפַּת נְעוּרָי׃   ג̇ וחס . יט̇
20 הֲבֵן[a] יַקִּיר לִי אֶפְרַיִם [b]אִם יֶלֶד שַׁעֲשֻׁעִים   ב̇
כִּי־מִדֵּי דַבְּרִי[c] בּוֹ זָכֹר אֶזְכְּרֶנּוּ עוֹד   ג̇[22] . ב̇ חס
עַל־כֵּן הָמוּ מֵעַי לוֹ רַחֵם אֲרַחֲמֶנּוּ נְאֻם־יְהוָה׃ ס   ד̇ . ב̇
21 הַצִּיבִי לָךְ צִיֻּנִים[a] שִׂמִי לָךְ תַּמְרוּרִים[b]   ב̇ חס בליש[20]
שִׁתִי לִבֵּךְ לַמְסִלָּה[c] דֶּרֶךְ הָלָכְתִּי[d]   ג̇[23] . הלכת ק̇
שׁוּבִי בְּתוּלַת יִשְׂרָאֵל שֻׁבִי אֶל־עָרַיִךְ אֵלֶּה[e]׃   ל̇ חס
22 עַד־מָתַי תִּתְחַמָּקִין הַבַּת הַשּׁוֹבֵבָה[a]   ל̇ . ד̇ פת
כִּי־בָרָא יְהוָה חֲדָשָׁה בָּאָרֶץ [b]נְקֵבָה תְּסוֹבֵב גָּבֶר[b]׃ ס   ל̇[24]
23 כֹּה־אָמַר יְהוָה צְבָאוֹת אֱלֹהֵי יִשְׂרָאֵל עוֹד יֹאמְרוּ אֶת־הַדָּבָר
הַזֶּה בְּאֶרֶץ יְהוּדָה וּבְעָרָיו בְּשׁוּבִי אֶת־שְׁבוּתָם [a]יְבָרֶכְךָ יְהוָה נְוֵה־   ל̇ . ד̇ מיחד וכל תלים דכות[25]

[20] Mp sub loco. [21] Mm 3397. [22] Mm 1417. [23] Mm 433. [24] Mm 765. [25] Mm 2636.

15 [a] l בָּ׳? cf Jos 18,25 al ‖ [b] l אֵינָם? cf Vrs ‖ **16** [a–a] > 𝔊*, dl ‖ **17** [a] 𝔊 brevius ‖ [b–b] add ‖ **19** [a] 𝔊 *αἰχμαλωσίας μου* = שִׁבְיִי; ins שַׁבְתִּי (post aversionem meam rursus me paenituit) ‖ [b–b] 𝔊 *ἐστέναξα ἐφ' ἡμέρας αἰσχύνης* = אָנַקְתִּי עַל־יְמֵי בֹשֶׁת? 𝔖 alit ‖ **20** [a] 𝔊*𝔖 om ה ‖ [b] > 𝔊*𝔖 ‖ [c] prp הִנָּכְרִי cf Sir 11,34 ‖ **21** [a] 𝔊^{Mss} *Σιων* ‖ [b] prp תִּימֹרִים, sed cf 𝔊 *τιμρωριμ* et α′𝔗𝔙 ‖ [c] 𝔊 *εἰς τοὺς ὤμους* (ex *οἴμους*?) ‖ [d] cf 2,33[b] ‖ [e] 𝔊 *πενθοῦσα* = אֲבֵלָה ‖ **22** [a] l בָּבָה– ‖ [b–b] dub; prp נְקַבֵּה –בַב גְּבָרָ(ה) maledicta mutatur in dominam ‖ **23** [a–a] 𝔊 *εὐλογημένος κύριος* (= בָּרוּךְ י׳) *ἐπὶ δίκαιον ὄρος*.

צֶדֶק הַר־ᵃ הַקֹּדֶשׁ׃ 24 וְיָשְׁבוּ בָהּ יְהוּדָה וְכָל־עָרָיו יַחְדָּו אִכָּרִים 24
ל. ג.[26] ב.[27] וְנָסְעוּᵃ בַּעֵדֶרᵇ׃ 25 כִּי הִרְוֵיתִי נֶפֶשׁ עֲיֵפָה וְכָל־נֶפֶשׁ דָּאֲבָהᵃ מִלֵּאתִי׃ 25
ג 26 עַל־זֹאת הֱקִיצֹתִי וָאֶרְאֶהᵃ וּשְׁנָתִי עָרְבָה לִּי׃ ס 27 הִנֵּה יָמִים 26 27
בָּאִים נְאֻם־יְהוָה וְזָרַעְתִּי אֶת־בֵּית יִשְׂרָאֵל וְאֶת־בֵּית יְהוּדָה זֶרַע
ג מל אָדָם וְזֶרַע בְּהֵמָה׃ 28 וְהָיָה כַּאֲשֶׁר שָׁקַדְתִּי עֲלֵיהֶם ᵃלִנְתוֹשׁ וְלִנְתוֹץ 28
ג וְלַהֲרֹס וּלְהַאֲבִידᵃ וּלְהָרֵעַ כֵּן אֶשְׁקֹד עֲלֵיהֶם לִבְנוֹת וְלִנְטוֹעַ נְאֻם־
יְהוָה׃ 29 בַּיָּמִים הָהֵם לֹא־יֹאמְרוּ עוֹד
ל[28]. ג ומל[29] אָבוֹת אָכְלוּ בֹסֶר וְשִׁנֵּי בָנִים תִּקְהֶינָה׃
ג ומל[29] 30 כִּי אִם־אִישׁ בַּעֲוֺנוֹ יָמוּת כָּל־הָאָדָם הָאֹכֵל הַבֹּסֶר תִּקְהֶינָה 30
שִׁנָּיו׃ ס
31 הִנֵּה יָמִים בָּאִים נְאֻם־יְהוָה וְכָרַתִּי אֶת־בֵּית יִשְׂרָאֵלᵃ וְאֶת־בֵּית 31
ט ר״פ בסיפ יְהוּדָהᵃ בְּרִית חֲדָשָׁה׃ 32 לֹא כַבְּרִית אֲשֶׁר כָּרַתִּי אֶת־אֲבוֹתָם בְּיוֹם 32
הֶחֱזִיקִי בְיָדָם לְהוֹצִיאָם מֵאֶרֶץ מִצְרָיִם אֲשֶׁר־הֵמָּה הֵפֵרוּ אֶת־בְּרִיתִי
ב וְאָנֹכִי בָּעַלְתִּיᵃ בָם נְאֻם־יְהוָה׃ 33 כִּי זֹאת הַבְּרִית אֲשֶׁר אֶכְרֹת אֶת־ ס יח[30]
בֵּיתᵃ יִשְׂרָאֵל אַחֲרֵי הַיָּמִים הָהֵם נְאֻם־יְהוָה נָתַתִּיᵇ אֶת־תּוֹרָתִי בְּקִרְבָּם
ל וְעַל־לִבָּם אֶכְתֲּבֶנָּה וְהָיִיתִי לָהֶם לֵאלֹהִים וְהֵמָּה יִהְיוּ־לִי לְעָם׃
יז ר״פ ולא לא[31]. ב[32] 34 וְלֹא יְלַמְּדוּ עוֹד אִישׁ אֶת־רֵעֵהוּ וְאִישׁ אֶת־אָחִיו לֵאמֹר דְּעוּ אֶת־ 34
ל מל. יב[33]. כי[34] מל יג מנה בסיפ וכל יהושע ושפטים דכות ב מ ב יְהוָה כִּי־כוּלָּם יֵדְעוּ אוֹתִי לְמִקְּטַנָּם וְעַד־גְּדוֹלָם נְאֻם־יְהוָה כִּי אֶסְלַח
ב[35] לַעֲוֺנָם וּלְחַטָּאתָם לֹא אֶזְכָּר־עוֹד׃ ס
יח בטע בסיפ. יג 35 ᵃכֹּה אָמַר יְהוָה נֹתֵן שֶׁמֶשׁ לְאוֹר יוֹמָם
ט וחד מן ג[36] חס בליש וכל אורית דכות ב מ א. ו. יג חֻקֹּתᵇ יָרֵחַ וְכוֹכָבִים לְאוֹר לָיְלָה
רֹגַעᶜ הַיָּם וַיֶּהֱמוּ גַלָּיו יְהוָה צְבָאוֹת שְׁמוֹ׃
ח ר״פ בסיפ[37]. ג. יב 36 ᵃאִם־יָמֻשׁוּ הַחֻקִּים הָאֵלֶּה מִלְּפָנַי נְאֻם־יְהוָה
גַּם זֶרַע יִשְׂרָאֵל יִשְׁבְּתוּ מִהְיוֹת גּוֹי לְפָנַי כָּל־הַיָּמִים׃ ס

[26] Mm 766. [27] Ps 88,10. [28] Mm 2637. [29] Mm 2638. [30] Mp sub loco. [31] Mm 2708. [32] Dt 20,18. [33] Mm 801. [34] Mm 1238 א. [35] Mm 2639. [36] Mm 2640. [37] Mm 2584.

24 [a] l וְנֹסְעֵי? cf α′σ′𝔗 ‖ [b] Mss ב׳ ‖ **25** [a] l דְּאֵבָה? ‖ **26** [a] prp וְאִרְוֶה ‖ **28** [a–a] 𝔊* sol *καθαιρεῖν* ‖ **31** [a–a] add cf 33 ‖ **32** [a] 𝔊 *ἠμέλησα* et 𝔖 *bsjt* = גָּעַלְתִּי? vel = 𝔐? l 𝔐 cf α′ *ἐκυρίευσα*, 𝔙 *dominatus sum* ‖ **33** [a] pc Mss בְּנֵי ‖ [b] mlt Mss וְנ׳ ‖ **35** [a] 𝔊* tr 35.36 post 37 ‖ [b] > Ms 𝔊; prp חֹק ‖ [c] 𝔊 *καὶ κραυγήν* ‖ **36** [a] cf 35[a].

37 כֹּה[a] אָמַר יְהוָה[a]
אִם־יִמַּדּוּ[b] שָׁמַיִם מִלְמַעְלָה וְיֵחָקְרוּ[c] מוֹסְדֵי־אֶרֶץ לְמָטָּה
גַּם־אֲנִי אֶמְאַס בְּכָל־[d]זֶרַע יִשְׂרָאֵל עַל־כָּל־אֲשֶׁר עָשׂוּ נְאֻם־
יְהוָה׃] ס
38 הִנֵּה יָמִים [a] נְאֻם־יְהוָה וְנִבְנְתָה הָעִיר לַיהוָה מִמִּגְדַּל חֲנַנְאֵל
39 שַׁעַר[b] הַפִּנָּה׃ 39 וְיָצָא עוֹד קָוֶה[a] הַמִּדָּה נֶגְדּוֹ[b] עַל[c] גִּבְעַת גָּרֵב וְנָסַב
40 גֹּעָתָה׃[d] 40 [a]וְכָל־[b]הָעֵמֶק[c] הַפְּגָרִים וְהַדֶּשֶׁן[a] וְכָל־הַשְּׁרֵמוֹת[d] עַד־[e]נַחַל
קִדְרוֹן עַד־פִּנַּת שַׁעַר הַסּוּסִים מִזְרָחָה קֹדֶשׁ לַיהוָה לֹא־יִנָּתֵשׁ וְלֹא־
יֵהָרֵס עוֹד לְעוֹלָם׃ ס

32 1 הַדָּבָר אֲשֶׁר־הָיָה אֶל־יִרְמְיָהוּ מֵאֵת יְהוָה בַּשְּׁנַת[a] הָעֲשִׂרִית
לְצִדְקִיָּהוּ מֶלֶךְ יְהוּדָה הִיא הַשָּׁנָה שְׁמֹנֶה־עֶשְׂרֵה שָׁנָה לִנְבוּכַדְרֶאצַּר׃
2 וְאָז חֵיל מֶלֶךְ בָּבֶל צָרִים עַל־יְרוּשָׁלָ͏ִם וְיִרְמְיָהוּ הַנָּבִיא הָיָה כָלוּא
3 בַּחֲצַר הַמַּטָּרָה אֲשֶׁר בֵּית־מֶלֶךְ יְהוּדָה׃ 3 אֲשֶׁר כְּלָאוֹ צִדְקִיָּהוּ
מֶלֶךְ־יְהוּדָה לֵאמֹר מַדּוּעַ אַתָּה נִבָּא לֵאמֹר כֹּה אָמַר יְהוָה הִנְנִי נֹתֵן
4 אֶת־הָעִיר הַזֹּאת בְּיַד מֶלֶךְ־בָּבֶל וּלְכָדָהּ׃ 4 וְצִדְקִיָּהוּ מֶלֶךְ יְהוּדָה
לֹא יִמָּלֵט מִיַּד הַכַּשְׂדִּים כִּי הִנָּתֹן יִנָּתֵן בְּיַד מֶלֶךְ־בָּבֶל וְדִבֶּר־פִּיו עִם־
5 פִּיו וְעֵינָיו אֶת־עֵינָו[a] תִּרְאֶינָה׃ 5 וּבָבֶל יוֹלִךְ אֶת־צִדְקִיָּהוּ וְשָׁם יִהְיֶה[a]
[b]עַד־פָּקְדִי אֹתוֹ נְאֻם־יְהוָה כִּי תִלָּחֲמוּ אֶת־הַכַּשְׂדִּים לֹא תַצְלִיחוּ׃[b] פ
6 [a]וַיֹּאמֶר יִרְמְיָהוּ הָיָה[a] דְּבַר־יְהוָה אֵלַי[b] לֵאמֹר׃ 7 הִנֵּה חֲנַמְאֵל בֶּן־
שַׁלֻּם דֹּדְךָ בָּא אֵלֶיךָ לֵאמֹר קְנֵה לְךָ אֶת־שָׂדִי אֲשֶׁר בַּעֲנָתוֹת כִּי לְךָ
8 מִשְׁפַּט הַגְּאֻלָּה לִקְנוֹת׃ 8 וַיָּבֹא אֵלַי חֲנַמְאֵל בֶּן־דֹּדִי [a]כִּדְבַר יְהוָה[a]

יה̇ בטע בסיפ̇
ל̇
באים חד מן י̇[38] קר̇ ולא כת̇ . יד̇ זוגין[39]
קו̇ ק̇ . ג̇[40]
י̇ ר״פ וכל ומ״פ וכל . השדמות חד מן ד̇[41] כת̇ ר וקר̇ ד בליש ק̇
ד̇ בטע̇ . בשנה ק̇ חד מן ב̇[1] כת̇ כן וחד מן ז̇[2] יתיר ת בליש
ד̇ ותרי̇ מילין ס״פ[3]
ד̇ . ל̇ מל̇
ל̇
ב̇
יג̇[4] . ב̇
יא̇[5] . עיניו ק̇ חד מן ח̇[6] כת̇ כן בליש . ד̇[7] . ב̇[8] חד מל̇ וחד מן ו̇[9] חס̇ י בליש
יא̇ חס̇ . ל̇
ג̇ חס̇ בעינ̇[10]

[38] Mm 2745. [39] Mm 565. [40] Mm 4064. [41] Mm 3624. Cp 32 [1] Jer 28,1. [2] Mm 2792. [3] Mm 3788 contra textum. [4] Mm 3044. [5] Mp sub loco. [6] Mm 1543. [7] Mm 3345. [8] Mm 2641. [9] Mm 1871. [10] Mm 2643.

37 [a–a] add cf 𝔊 ‖ [b] 𝔊 *ὑψωθῇ* = יָרֻמוּ ‖ [c] 𝔊 *ταπεινωθῇ* ‖ [d] 𝔊* om ־כל, add? ‖ **38** [a] ins c Q mlt Mss Vrs בָּאִים (hpgr cf נאם) ‖ [b] 𝔊(𝔖𝔗𝔙) pr *ἕως*; l לְשַׁעַר (hpgr) ‖ **39** [a] K קָוֵה ‖ [b] 𝔊 suff 3 pl; prp נגבָּה ‖ [c] nonn Mss 𝔊𝔗 עד ‖ [d] 𝔊 *(κύκλῳ) ἐξ ἐκλεκτῶν λίθων* (dub), α′σ′ *Γαβαθα* cf 𝔖, 𝔗 *lbrjkt ʿglʾ* cf געה mugire ‖ **40** [a–a] > 𝔊* ‖ [b] prp נֹכַח ‖ [c] frt ins וּמְקֹם (hpgr) ‖ [d] mlt Mss ut Q, l; 𝔊 ut K; > 𝔖; 𝔗 *ʾdjtʾ* = campi aquosi? 𝔙 *regionem mortis* = שְׂדֵה מָוֶת ‖ [e] l c Ms על? ‖ **Cp 32,1** [a] K ut 28,1[b] ‖ **4** [a] K ־ָו vel ־וֹ ‖ **5** [a] 𝔊$^{AC\,min}$ *ἀποθανεῖται* cf 22,12.26 ‖ [b–b] > 𝔊* ‖ **6** [a–a] 𝔊(𝔖) *καὶ … ἐγενήθη* = וַיְהִי ‖ [b] 𝔊(𝔖) *πρὸς Ιερεμίαν*, sed cf 8 ‖ **8** [a–a] > 𝔊*.

אֶל־חֲצַר הַמַּטָּרָה וַיֹּאמֶר אֵלַי קְנֵה נָא אֶת־שָׂדִי אֲשֶׁר־בַּעֲנָתוֹת ᵇאֲשֶׁר ׀
בְּאֶרֶץ בִּנְיָמִיןᵇ כִּי־לְךָ מִשְׁפַּט הַיְרֻשָּׁה ᶜוּלְךָ הַגְּאֻלָּה קְנֵה־לָךְᶜ וָאֵדַע — יז מל[11] . ג[12]
9 כִּי דְבַר־יְהוָה הוּא׃ 9 וָאֶקְנֶה אֶת־הַשָּׂדֶה מֵאֵת חֲנַמְאֵל בֶּן־דֹּדִי ᵃאֲשֶׁר — ג חס בעינ[13]
בַּעֲנָתוֹתᵃ וָאֶשְׁקֲלָה־לּוֹ ᵃאֶת־הַכֶּסֶףᵃ שִׁבְעָה שְׁקָלִים וַעֲשָׂרָה הַכָּסֶף׃ — ג ב חס וחד מל . ל
10 וָאֶכְתֹּב בַּסֵּפֶר וָאֶחְתֹּם וָאָעֵד עֵדִים וָאֶשְׁקֹל הַכֶּסֶף בְּמֹאזְנָיִם׃ — ל . ל . ל
11 וָאֶקַּח אֶת־סֵפֶר הַמִּקְנָה אֶת־הֶחָתוּם ᵃהַמִּצְוָה וְהַחֻקִּיםᵃ וְאֶת־ — יד זוגין[14]
12 הַגָּלוּי׃ 12 וָאֶתֵּן אֶת־הַסֵּפֶרᵃ הַמִּקְנָה אֶל־בָּרוּךְ בֶּן־נֵרִיָּה בֶּן־מַחְסֵיָה — יד זוגין[14] . ל . ב
לְעֵינֵי חֲנַמְאֵל דֹּדִיᵇ וּלְעֵינֵי הָעֵדִיםᶜ הַכֹּתְבִיםᵈ בְּסֵפֶר הַמִּקְנָה לְעֵינֵיᵉ — ג חס בעינ[13] . ד[15]
13 כָּל־הַיְּהוּדִים הַיֹּשְׁבִים בַּחֲצַר הַמַּטָּרָה׃ 13 וָאֲצַוֶּה ᵃאֶת בָּרוּךְᵃ
14 לְעֵינֵיהֶם לֵאמֹר׃ 14 ᵃכֹּה־אָמַר יְהוָה צְבָאוֹת אֱלֹהֵי יִשְׂרָאֵלᵃ לָקוֹחַ — ד[16]
ᵇאֶת־הַסְּפָרִים הָאֵלֶּהᵇ אֵת סֵפֶר הַמִּקְנָה הַזֶּה ᵇוְאֵת הֶחָתוּםᵇ וְאֵת — יח פסוק את את ואת ואת . ל
סֵפֶר ᶜהַגָּלוּי הַזֶּהᶜ וּנְתַתָּם בִּכְלִי־חָרֶשׂ לְמַעַן יַעַמְדוּ יָמִים רַבִּים׃ ס — ו[17]
15 כִּי כֹה אָמַר יְהוָה צְבָאוֹת אֱלֹהֵי יִשְׂרָאֵל עוֹד יִקָּנוּ בָתִּים וְשָׂדוֹת — ו בטע בסיפ . ל
וּכְרָמִים בָּאָרֶץ הַזֹּאת׃ פ
16 וָאֶתְפַּלֵּל אֶל־יְהוָה אַחֲרֵי תִתִּי אֶת־סֵפֶר הַמִּקְנָה אֶל־בָּרוּךְ בֶּן־ — ב . ל בסיפ
17 נֵרִיָּה לֵאמֹר׃ 17 אֲהָהּ אֲדֹנָי יְהוִה הִנֵּה ׀ אַתָּה עָשִׂיתָ אֶת־ — יג[18]
הַשָּׁמַיִם וְאֶת־הָאָרֶץ בְּכֹחֲךָ הַגָּדוֹל וּבִזְרֹעֲךָ הַנְּטוּיָה לֹא־יִפָּלֵאᵃ — ה חס[19] . ב פסוק דמטע[20]
18 מִמְּךָ כָּל־דָּבָר׃ 18 עֹשֶׂה חֶסֶד לַאֲלָפִים וּמְשַׁלֵּם עֲוֹן אָבוֹת אֶל־חֵיק — ג[21]
19 בְּנֵיהֶם אַחֲרֵיהֶם הָאֵל הַגָּדוֹל הַגִּבּוֹר ᵃיְהוָה צְבָאוֹת שְׁמוֹᵃ׃ 19 גְּדֹל — ל בסיפ[22] . ג חד חס וב מל[23]
הָעֵצָה וְרַב הָעֲלִילִיָּה אֲשֶׁר־עֵינֶיךָ פְקֻחוֹת עַל־כָּל־דַּרְכֵי בְּנֵי אָדָם — ו וכל תלים ומשלי דכות ב מ ב[24]
20 לָתֵת לְאִישׁ כִּדְרָכָיו ᵃוְכִפְרִי מַעֲלָלָיוᵃ׃ 20 אֲשֶׁר־שַׂמְתָּ אֹתוֹת וּמֹפְתִים
בְּאֶרֶץ־מִצְרַיִם עַדᵃ־הַיּוֹם הַזֶּה וּבְיִשְׂרָאֵל וּבָאָדָם וַתַּעֲשֶׂה־לְּךָ שֵׁם — ד בסיפ . ג . ד[25]
21 כַּיּוֹם הַזֶּה׃ 21 וַתֹּצֵא אֶת־עַמְּךָ אֶת־יִשְׂרָאֵל מֵאֶרֶץ מִצְרָיִם בְּאֹתוֹת — ג ב מל וחד חס[26] . כו פסוק את את ומילה חדה ביניה יט מנה בנביא . ב[27]

[11] Mm 262. [12] Mm 2642. [13] Mm 2643. [14] Mm 565. [15] Mm 977. [16] Mm 1229. [17] Mm 2611. [18] Mm 3139. [19] Mm 1927. [20] Mm 1152. [21] Mm 1093. [22] Mp sub loco. [23] Mm 2644. [24] Cf Ps 33,13; 145,12 et Mp sub loco. [25] Mm 1970. [26] Mm 2645. [27] Mm 2646.

8 ᵇ⁻ᵇ 𝔊 tr post שׂדי; add ‖ ᶜ⁻ᶜ 𝔊 *καὶ σὺ πρεσβύτερος* ‖ **9** ᵃ⁻ᵃ > 𝔊* ‖ **11** ᵃ⁻ᵃ > 𝔊*; pr עַל et tr ad fin 10 ‖ **12** ᵃ Qᴼʳ ספר ‖ ᵇ pr c nonn Mss 𝔊𝔖𝔗ᴹˢ בן־ ‖ ᶜ 𝔊 *τῶν ἑστηκότων* = הָעֹמְדִים ‖ ᵈ mlt Mss α′σ′𝔖𝔗𝔙 הַכְּתוּבִים ‖ ᵉ l c mlt Mss 𝔊𝔖𝔙 ול׳ ‖ **13** ᵃ⁻ᵃ sic L, mlt Mss Edd אֶת־בָּ׳ ‖ **14** ᵃ⁻ᵃ add ‖ ᵇ⁻ᵇ > 𝔊* ‖ ᶜ dl ‖ **17** ᵃ 𝔊(𝔖𝔗) *ἀποκρυβῇ* cf 27ᵃ ‖ **18** ᵃ⁻ᵃ > 𝔊* (cj יהוה c 19) ‖ **19** ᵃ⁻ᵃ > 𝔊*, sed cf 17,10 ‖ **20** ᵃ l וְעַד cf 𝔊ᴸ.

ס 33 יט וּבְמוֹפְתִים וּבְיָד חֲזָקָה וּבְאֶזְרוֹעַ נְטוּיָה וּבְמוֹרָא[a] גָּדוֹל׃ 22 וַתִּתֵּן לָהֶם — ג . יז מפק א[28] . ב חד חס וחד מל
אֶת־הָאָרֶץ הַזֹּאת אֲשֶׁר־נִשְׁבַּעְתָּ לַאֲבוֹתָם לָתֵת לָהֶם אֶרֶץ זָבַת חָלָב
23 וּדְבָשׁ׃ 23 וַיָּבֹאוּ וַיִּרְשׁוּ אֹתָהּ וְלֹא־שָׁמְעוּ בְקוֹלֶךָ וּבְתֹרוֹתְךָ[a] לֹא־ — ד חס . י פסוק ולא לא לא[29] . ובתורתך ק
הָלָכוּ אֵת כָּל־אֲשֶׁר צִוִּיתָה לָהֶם לַעֲשׂוֹת לֹא עָשׂוּ וַתַּקְרֵא אֹתָם אֵת — ד מל . יז חס בסיפ
24 כָּל־הָרָעָה הַזֹּאת׃ 24 הִנֵּה הַסֹּלְלוֹת[a] בָּאוּ הָעִיר לְלָכְדָהּ וְהָעִיר נִתְּנָה — ב
בְּיַד הַכַּשְׂדִּים הַנִּלְחָמִים עָלֶיהָ מִפְּנֵי הַחֶרֶב וְהָרָעָב וְהַדָּבֶר וַאֲשֶׁר — ה . ל
25 דִּבַּרְתָּ הָיָה [b]וְהִנְּךָ רֹאֶה[b]׃ 25 וְאַתָּה אָמַרְתָּ אֵלַי אֲדֹנָי יְהוִה קְנֵה־לְךָ
הַשָּׂדֶה בַּכֶּסֶף וְהָעֵד[a] עֵדִים וְהָעִיר נִתְּנָה בְּיַד הַכַּשְׂדִּים׃
26 וַיְהִי דְּבַר־יְהוָה [a]אֶל־יִרְמְיָהוּ[a] לֵאמֹר׃ 27 הִנֵּה אֲנִי יְהוָה אֱלֹהֵי כָּל־ — ז
28 בָּשָׂר הֲמִמֶּנִּי יִפָּלֵא[a] כָּל־דָּבָר׃ 28 לָכֵן כֹּה אָמַר יְהוָה [a]הִנְנִי נֹתֵן[a] אֶת־ — ל . ב בטע בסיפ . כ[30]
הָעִיר הַזֹּאת בְּיַד [b]הַכַּשְׂדִּים וּבְיַד נְבוּכַדְרֶאצַּר[b] מֶלֶךְ־בָּבֶל וּלְכָדָהּ׃
29 וּבָאוּ הַכַּשְׂדִּים הַנִּלְחָמִים עַל־הָעִיר הַזֹּאת וְהִצִּיתוּ אֶת־הָעִיר הַזֹּאת — כו פסוק דאית בהון א״ב . יז[31] וכל וגנותי דכות ב מ א
בָּאֵשׁ וּשְׂרָפוּהָ וְאֵת הַבָּתִּים אֲשֶׁר קִטְּרוּ עַל־גַּגּוֹתֵיהֶם לַבַּעַל וְהִסִּכוּ — ל . ב חד חס וחד מל[32]
30 נְסָכִים לֵאלֹהִים אֲחֵרִים לְמַעַן הַכְעִסֵנִי׃ 30 כִּי־הָיוּ בְנֵי־יִשְׂרָאֵל — ל חס בנביא . יח[33]
וּבְנֵי יְהוּדָה אַךְ עֹשִׂים הָרַע בְּעֵינַי מִנְּעֻרֹתֵיהֶם [a]כִּי[b] בְנֵי־יִשְׂרָאֵל אַךְ — יח[33] . ל
31 מַכְעִסִים אֹתִי בְּמַעֲשֵׂה יְדֵיהֶם נְאֻם־יְהוָה[a]׃ 31 כִּי עַל־אַפִּי וְעַל־חֲמָתִי
הָיְתָה לִּי הָעִיר הַזֹּאת לְמִן־הַיּוֹם אֲשֶׁר בָּנוּ אוֹתָהּ וְעַד הַיּוֹם הַזֶּה — ח[34] . יב[35] מל וכל יהושע שפטים ויחזק דכות ב מ ג
32 לַהֲסִירָהּ מֵעַל פָּנָי׃ 32 עַל כָּל־רָעַת בְּנֵי־יִשְׂרָאֵל וּבְנֵי יְהוּדָה אֲשֶׁר — ל . יח[33]
עָשׂוּ לְהַכְעִסֵנִי הֵמָּה מַלְכֵיהֶם שָׂרֵיהֶם כֹּהֲנֵיהֶם וּנְבִיאֵיהֶם וְאִישׁ — ו[36]
33 יְהוּדָה וְיֹשְׁבֵי יְרוּשָׁלִָם׃ 33 וַיִּפְנוּ אֵלַי עֹרֶף וְלֹא פָנִים וְלַמֵּד[a] אֹתָם — ב ובפסוק . יז חס בסיפ
34 הַשְׁכֵּם וְלַמֵּד וְאֵינָם שֹׁמְעִים לָקַחַת מוּסָר׃ 34 וַיָּשִׂימוּ[a] שִׁקּוּצֵיהֶם — ב ובפסוק . לה
35 בַּבַּיִת אֲשֶׁר־נִקְרָא־שְׁמִי עָלָיו לְטַמְּאוֹ׃ 35 וַיִּבְנוּ אֶת־בָּמוֹת הַבַּעַל[a] — יב פסוק את את ואת את
אֲשֶׁר ׀ בְּגֵיא בֶן־הִנֹּם לְהַעֲבִיר אֶת־בְּנֵיהֶם וְאֶת־בְּנוֹתֵיהֶם לַמֹּלֶךְ[b]

21 [a] 𝔖(𝔗) *wbḥzw'* = וּבְמַרְאֶה cf 𝔊σ′ ‖ **23** [a] mlt Mss 𝔊^{L}α′𝔖𝔗 ut Q, K 𝔊 רוֹתֶךָ– ‖ **24** [a] 𝔊 *ὄχλος*, ex *ὁ χοῦς*? ‖ [b–b] > 𝔊* ‖ **25** [a] 𝔊 *καὶ ἔγραψα βιβλίον καὶ ἐπεμαρτυράμην* cf 10a ‖ **26** [a–a] 𝔊* *πρός με*, l אֵלַי cf 6 ‖ **27** [a] 𝔊(𝔖𝔗) *κρυβήσεται* cf 17[a] ‖ **28** [a–a] 𝔊 *δοθεῖσα παραδοθήσεται* = הִנָּתֹן תִּנָּתֵן? cf 34,2[a–a] ‖ [b–b] > 𝔊* ‖ **30** [a–a] > 𝔊* ‖ [b] prb l כָּל־ ‖ **33** [a] inf abs = וְאַלֵּמד cf 𝔊𝔖𝔙 ‖ **34** [a] K^{Or} וְשׂ׳ ‖ **35** [a] 𝔖 + *btpt* = בְּתֹפֶת ‖ [b] 𝔊* *τῷ βασιλεῖ*.

אֲשֶׁר לֹא־צִוִּיתִים וְלֹא עָלְתָה עַל־לִבִּי לַעֲשׂוֹת הַתּוֹעֵבָה הַזֹּאת לְמַעַן
36 הַחֲטִי[c] אֶת־יְהוּדָה׃ ס 36 וְעַתָּה לָכֵן[a] כֹּה־אָמַר יְהוָה אֱלֹהֵי — החטיא ק חד מן ב כת חס א בליש[37] . ג[38]
יִשְׂרָאֵל אֶל־הָעִיר הַזֹּאת אֲשֶׁר׀ [b]אַתֶּם אֹמְרִים[b] נִתְּנָה בְּיַד מֶלֶךְ־בָּבֶל
37 בַּחֶרֶב וּבָרָעָב וּבַדָּבֶר[c]׃ 37 הִנְנִי מְקַבְּצָם מִכָּל־הָאֲרָצוֹת[a] אֲשֶׁר — ה
הִדַּחְתִּים שָׁם בְּאַפִּי וּבַחֲמָתִי וּבְקֶצֶף גָּדוֹל וַהֲשִׁבֹתִים אֶל־הַמָּקוֹם
38 הַזֶּה וְהֹשַׁבְתִּים לָבֶטַח׃ 38 וְהָיוּ לִי לְעָם וַאֲנִי אֶהְיֶה לָהֶם לֵאלֹהִים׃ — ב חד מל וחד חס[39] . ל[40] בסיפ וכל יחזק דכות ב מ א
39 וְנָתַתִּי לָהֶם לֵב אֶחָד[a] וְדֶרֶךְ[b] אֶחָד[a] לְיִרְאָה אוֹתִי כָּל־הַיָּמִים לְטוֹב — כי[41] מל יג מנה בסיפ וכל יהושע ושפטים דכות ב מ ב
40 לָהֶם וְלִבְנֵיהֶם אַחֲרֵיהֶם׃ 40 וְכָרַתִּי לָהֶם בְּרִית עוֹלָם אֲשֶׁר לֹא־
אָשׁוּב[a] מֵאַחֲרֵיהֶם [b]לְהֵיטִיבִי אוֹתָם[b] וְאֶת־יִרְאָתִי אֶתֵּן בִּלְבָבָם לְבִלְתִּי — ט
41 סוּר מֵעָלָי׃ 41 [a]וְשַׂשְׂתִּי עֲלֵיהֶם[a] לְהֵטִיב אוֹתָם וּנְטַעְתִּים בָּאָרֶץ — ב . ל כת כן . ג[42]
42 הַזֹּאת בֶּאֱמֶת בְּכָל־לִבִּי וּבְכָל־נַפְשִׁי׃ ס 42 כִּי־כֹה אָמַר יְהוָה — ו בטע בסיפ . כי מיחד[43]
כַּאֲשֶׁר הֵבֵאתִי אֶל־הָעָם הַזֶּה אֵת כָּל־הָרָעָה הַגְּדוֹלָה הַזֹּאת כֵּן אָנֹכִי — ו . ד[44]
43 מֵבִיא עֲלֵיהֶם אֶת־כָּל־הַטּוֹבָה אֲשֶׁר אָנֹכִי דֹּבֵר עֲלֵיהֶם׃ 43 וְנִקְנָה — ד
הַשָּׂדֶה[a] בָּאָרֶץ הַזֹּאת אֲשֶׁר׀ [b]אַתֶּם אֹמְרִים[b] שְׁמָמָה הִיא מֵאֵין אָדָם
44 וּבְהֵמָה נִתְּנָה בְּיַד הַכַּשְׂדִּים׃ 44 שָׂדוֹת בַּכֶּסֶף יִקְנוּ וְכָתוֹב בַּסֵּפֶר׀ — ה מל[45]
וְחָתוֹם וְהָעֵד עֵדִים בְּאֶרֶץ בִּנְיָמִן וּבִסְבִיבֵי יְרוּשָׁלִַם וּבְעָרֵי יְהוּדָה — ב
וּבְעָרֵי הָהָר וּבְעָרֵי הַשְּׁפֵלָה וּבְעָרֵי הַנֶּגֶב כִּי־אָשִׁיב אֶת־שְׁבוּתָם — ב פסוק דמטע
נְאֻם־יְהוָה׃ פ

33 **33** 1 וַיְהִי דְבַר־יְהוָה אֶל־יִרְמְיָהוּ שֵׁנִית וְהוּא עוֹדֶנּוּ עָצוּר — ח
2 בַּחֲצַר הַמַּטָּרָה לֵאמֹר׃ 2 כֹּה־אָמַר יְהוָה [a]עֹשָׂהּ יְהוָה[ab] יוֹצֵר[c] אוֹתָהּ[d] — ל . יב[1] מל וכל יהושע שפטים ויחזק דכות ב מ ג
3 לַהֲכִינָהּ יְהוָה שְׁמוֹ׃ 3 קְרָא אֵלַי וְאֶעֱנֶךָּ וְאַגִּידָה לְךָ גְּדֹלוֹת וּבְצֻרוֹת[a] — ד
4 לֹא[b] יְדַעְתָּם׃ ס 4 כִּי כֹה אָמַר יְהוָה אֱלֹהֵי יִשְׂרָאֵל עַל־בָּתֵּי — ד[2] . ה

[37] Mp sub loco. [38] Mm 2647. [39] Mm 2648. [40] Mm 2649. [41] Mm 1238 א. [42] Mm 2650. [43] Mm 2049. [44] Mm 2471. [45] Mm 2651. Cp 33 [1] Mm 1009. [2] Mm 1133.

35 [c] K hpgr || **36** [a] > 𝔊𝔖 || [b–b] 𝔊* sg, it 43[b–b] || [c] 𝔊 *καὶ ἐν ἀποστολῇ* cf Baruch 2,25 || **37** [a] 𝔊* sg || **39** [a] 𝔊* *ἑτέραν* = אַחֵר, 𝔖 *ḥdt'* = (ה)חדש || [b] 𝔖 *wrwḥ'* || **40** [a] 𝔊 *ἀποστρέψω* = אָשִׁיב || [b–b] > 𝔊* || **41** [a–a] 𝔊* *καὶ ἐπισκέψομαι αὐτούς* || **43** [a] dl ה? cf Vrs || [b–b] cf 36[b–b] || **Cp 33,2** [a–a] l עֹשֶׂה וְהָיָה || [b] > nonn Mss 𝔊*𝔖𝔙 || [c] 𝔊𝔖𝔙 pr cop || [d] l אוֹתָהּ? cf Jes 41,23 44,7 || **3** [a] pc Mss K^{Or} 𝔗 'ונצ || [b] mlt Mss וְלֹא; pc Mss pr אֲשֶׁר.

הָעִיר הַזֹּאת וְעַל־בָּתֵּי מַלְכֵי [a]יְהוּדָה הַנְּתֻצִים [b]אֶל־הַסֹּלְלוֹת [c]וְאֶל־ ל̇. ב̇
5 הֶחָרֶב׃[c] 5 בָּאִים[d] לְהִלָּחֵם אֶת[e]־הַכַּשְׂדִּים[b] וּלְמַלְאָם[f] אֶת־פִּגְרֵי הָאָדָם ל̇
אֲשֶׁר־הִכֵּיתִי בְאַפִּי וּבַחֲמָתִי וַאֲשֶׁר[g] הִסְתַּרְתִּי פָנַי [h]מֵהָעִיר הַזֹּאת[h] עַל ג̇[3]
6 כָּל־רָעָתָם׃ 6 הִנְנִי מַעֲלֶה־לָּהּ[a] אֲרֻכָה וּמַרְפֵּא וּרְפָאתִים וְגִלֵּיתִי ח̇[4]. ד̇. ג̇[5]. ב̇ ומל[6]
7 לָהֶם עֲתֶרֶת[b] שָׁלוֹם וֶאֱמֶת׃ 7 וַהֲשִׁבֹתִי אֶת־שְׁבוּת יְהוּדָה וְאֵת שְׁבוּת
8 יִשְׂרָאֵל[a] וּבְנִתִים כְּבָרִאשֹׁנָה׃ 8 וְטִהַרְתִּים מִכָּל־עֲוֺנָם אֲשֶׁר חָטְאוּ־לִי ב̇ חד חס וחד מל. ה̇[7]. ב̇
9 וְסָלַחְתִּי לְכוֹל[a]־עֲוֺנוֹתֵיהֶם אֲשֶׁר חָטְאוּ־לִי וַאֲשֶׁר פָּשְׁעוּ בִי׃ 9 וְהָיְתָה לכל ל̇ כת̇ מל̇ וחד מן ז̇[8] ק̇ פסוק מן ה̇ מילין ז̇ מכה רז מכה. ב̇ מל[9]
[a]לִּי לְשֵׁם שָׂשׂוֹן[a] לִתְהִלָּה וּלְתִפְאֶרֶת לְכֹל גּוֹיֵי הָאָרֶץ אֲשֶׁר יִשְׁמְעוּ ג̇ מל וכל אורית̇ דכות[10]
אֶת־כָּל־הַטּוֹבָה אֲשֶׁר אָנֹכִי עֹשֶׂה אֹתָם[b] וּפָחֲדוּ וְרָגְזוּ עַל כָּל־הַטּוֹבָה ג̇
10 וְעַל כָּל־הַשָּׁלוֹם אֲשֶׁר אָנֹכִי עֹשֶׂה לָּהּ[c]׃ ס 10 כֹּה ׀ אָמַר יְהוָה ד̇[11]. ג̇. יח̇ ב̇ טע̇ בסיפ̇
עוֹד יִשָּׁמַע בַּמָּקוֹם־הַזֶּה אֲשֶׁר אַתֶּם אֹמְרִים חָרֵב הוּא מֵאֵין אָדָם ל̇[12]
וּמֵאֵין בְּהֵמָה בְּעָרֵי יְהוּדָה וּבְחֻצוֹת יְרוּשָׁלִַם הַנְשַׁמּוֹת מֵאֵין אָדָם ל̇
11 וּמֵאֵין יוֹשֵׁב וּמֵאֵין בְּהֵמָה׃ 11 קוֹל שָׂשׂוֹן וְקוֹל שִׂמְחָה קוֹל חָתָן וְקוֹל מט̇ מל̇ בנביא
כַּלָּה קוֹל אֹמְרִים הוֹדוּ אֶת־יְהוָה צְבָאוֹת כִּי־טוֹב יְהוָה כִּי־לְעוֹלָם
חַסְדּוֹ מְבִאִים תּוֹדָה[a] בֵּית יְהוָה כִּי־אָשִׁיב אֶת־שְׁבוּת־הָאָרֶץ
12 כְּבָרִאשֹׁנָה אָמַר יְהוָה׃ ס 12 כֹּה־אָמַר יְהוָה צְבָאוֹת עוֹד יִהְיֶה ׀ ה̇[7]. כ̇ ס״פ[13]. ו̇ ב̇ טע̇ בסיפ̇[14]. יו̇
בַּמָּקוֹם הַזֶּה הֶחָרֵב מֵאֵין־אָדָם וְעַד־בְּהֵמָה וּבְכָל־עָרָיו נְוֵה רֹעִים
13 מַרְבִּצִים צֹאן׃ 13 בְּעָרֵי הָהָר בְּעָרֵי הַשְּׁפֵלָה וּבְעָרֵי הַנֶּגֶב וּבְאֶרֶץ ב̇ פסוק דמטע̇[15]. ה̇[16]
בִּנְיָמִן וּבִסְבִיבֵי יְרוּשָׁלִַם וּבְעָרֵי יְהוּדָה עֹד [a]תַּעֲבֹרְנָה הַצֹּאן עַל־יְדֵי ב̇. יד̇ חס̇[17]. ב̇[18]
מוֹנֶה[a] אָמַר יְהוָה׃ ס ב̇ ומל[19]. כ̇ ס״פ[13]
14 [a]הִנֵּה יָמִים בָּאִים נְאֻם־יְהוָה וַהֲקִמֹתִי אֶת־הַדָּבָר הַטּוֹב אֲשֶׁר
15 דִּבַּרְתִּי אֶל־בֵּית יִשְׂרָאֵל וְעַל־בֵּית יְהוּדָה׃ 15 [a]בַּיָּמִים הָהֵם וּבָעֵת יא̇[20] ד̇ מנה בסיפ̇. ח̇[21]

[3]Mm 2652. [4]Mm 2726. [5]Mm 2653. [6]Mm 2654. [7]Mm 1962. [8]Mm 1594. [9]Mm 2655. [10]Mm 2656. [11]Mm 2094. [12]Mm 3112. [13]Mm 2481. [14]Mm 2614. [15]Mp sub loco. [16]Mm 3981. [17]Mm 62. [18]Mm 2657. [19]Mm 2658. [20]Mm 324. [21]Mm 1482.

4/5 [a] 𝔊𝔙 sg ‖ [b–b] add? ‖ [c–c] 𝔊 *καὶ προμαχῶνας* = ואל־הַחֵל? prp אל־חִנָּם (cf Ez 6,10; ב dttg), quod c באים 5 cj ‖ [d] > 𝔊* ‖ [e] nonn Mss אל ‖ [f] l prb וְהַמְּלֵאִים ‖ [g] dl ו vel l בַּאֲשֶׁר ‖ [h–h] 𝔊 *ἀπ' αὐτῶν* = מֵהֶם ‖ **6** [a] l לָהֶם cf 𝔊[A]𝔗𝔙 ‖ [b] 𝔊* *καὶ ποιήσω* = (י)וְעָבַדְתִּ aram? cf 7,29[c]; 𝔊[-B 106] *εἰσακούειν* = a עתר cf σ'𝔙; 𝔖 *šbjl'* = נְתִבֹת? cf 𝔗; prb l עֵת רֶוַח ‖ **7** [a] 𝔊[Mss] *Ιερουσαλημ*, recte? ‖ **8** [a] K לְכוֹל ‖ **9** [a–a] 𝔊* *εἰς εὐφροσύνην* = לְשׂ'; prb l יְרוּשָׁלֵם לְשׂ' cf והיתה ‖ [b] > Ms 𝔊*, dl aut l אתהּ cf לה ‖ [c] Ms Vrs לָהֶם ‖ **11** [a] 𝔊θ' *δῶρα* ‖ **13** [a–a] 𝔗 *jtnhwn ʿm' lptgmj mšjḥ'* populus se ad verba Messiae adjunget ‖ **14** [a] 𝔊* om 14–26 ‖ **15** [a] cf 23,5[a].

ב[22] הַהִיא אַצְמִיחַ לְדָוִד צֶמַח[b] צְדָקָה[c] וְעָשָׂה מִשְׁפָּט וּצְדָקָה בָּאָרֶץ׃
ג מל 16 בַּיָּמִים הָהֵם תִּוָּשַׁע יְהוּדָה וִירוּשָׁלִַם תִּשְׁכּוֹן לָבֶטַח וְזֶה[a] אֲשֶׁר־ ס[34]
ב . כי מיחד[23] [b]יִקְרָא־לָהּ[b] יְהוָה ׀ צִדְקֵנוּ[c]׃ ס 17 כִּי־כֹה אָמַר יְהוָה לֹא־יִכָּרֵת 17
ה חס בסיפ . ה[24] . ל[25] לְדָוִד אִישׁ יֹשֵׁב עַל־כִּסֵּא בֵית־יִשְׂרָאֵל׃ 18 וְלַכֹּהֲנִים הַלְוִיִּם[a] לֹא־ 18
יב . ה[26] . ג יִכָּרֵת אִישׁ מִלְּפָנָי מַעֲלֶה עוֹלָה וּמַקְטִיר מִנְחָה וְעֹשֶׂה זֶּבַח כָּל־
ג מל[27] הַיָּמִים׃ ס 19 וַיְהִי דְּבַר־יְהוָה אֶל־יִרְמְיָהוּ לֵאמוֹר׃ 20 כֹּה 19 20
ב אָמַר יְהוָה אִם־[a]תָּפֵרוּ[a] אֶת־בְּרִיתִי הַיּוֹם וְאֶת־בְּרִיתִי הַלָּיְלָה וּלְבִלְתִּי[b]
הֱיוֹת יוֹמָם־וָלַיְלָה[c] בְּעִתָּם׃ 21 גַּם־בְּרִיתִי תֻפַר אֶת־דָּוִד עַבְדִּי 21
ד . ד[28] מִהְיוֹת־לוֹ בֵן מֹלֵךְ עַל־כִּסְאוֹ וְאֶת־הַלְוִיִּם הַכֹּהֲנִים[a] מְשָׁרְתָי׃ 22 אֲשֶׁר 22
ב לֹא־יִסָּפֵר צְבָא הַשָּׁמַיִם וְלֹא יִמַּד חוֹל הַיָּם כֵּן אַרְבֶּה אֶת־זֶרַע דָּוִד
ד . ל עַבְדִּי וְאֶת־הַלְוִיִּם [a]מְשָׁרְתֵי אֹתִי[a][b] ס 23 וַיְהִי דְּבַר־יְהוָה אֶל־ 23
יִרְמְיָהוּ לֵאמֹר׃ 24 הֲלוֹא רָאִיתָ מָה־הָעָם הַזֶּה דִּבְּרוּ לֵאמֹר שְׁתֵּי 24
ל . ד[29] הַמִּשְׁפָּחוֹת אֲשֶׁר בָּחַר יְהוָה בָּהֶם וַיִּמְאָסֵם וְאֶת־עַמִּי יִנְאָצוּן מִהְיוֹת
עוֹד גּוֹי לִפְנֵיהֶם[a]׃ ס 25 כֹּה אָמַר יְהוָה אִם־לֹא בְרִיתִי[a] יוֹמָם[b] 25
ט . ה מל[30] וָלָיְלָה חֻקּוֹת שָׁמַיִם וָאָרֶץ לֹא־שָׂמְתִּי׃ 26 גַּם־זֶרַע יַעֲקוֹב וְדָוִד עַבְדִּי 26
ד כינוי ליצחק[31] . יד[32] אֶמְאַס מִקַּחַת מִזַּרְעוֹ מֹשְׁלִים[a] אֶל־זֶרַע אַבְרָהָם יִשְׂחָק וְיַעֲקֹב כִּי־
אשיב ק חד מן ג[33] כת כן בליש . ג אָשׁוּב[b] אֶת־שְׁבוּתָם וְרִחַמְתִּים׃ ס

ה בטע בסיפ . ב[1] 34 1 הַדָּבָר אֲשֶׁר־הָיָה אֶל־יִרְמְיָהוּ מֵאֵת יְהוָה וּנְבוּכַדְרֶאצַּר 34
ל . ל מֶלֶךְ־בָּבֶל ׀ וְכָל־חֵילוֹ וְכָל־[a]מַמְלְכוֹת אֶרֶץ מֶמְשֶׁלֶת יָדוֹ וְכָל־
כד הָעַמִּים[a] נִלְחָמִים עַל־יְרוּשָׁלִַם וְעַל־כָּל־עָרֶיהָ[b] לֵאמֹר׃ 2 כֹּה־ 2
אָמַר יְהוָה אֱלֹהֵי יִשְׂרָאֵל הָלֹךְ וְאָמַרְתָּ אֶל־צִדְקִיָּהוּ מֶלֶךְ יְהוּדָה
וְאָמַרְתָּ אֵלָיו כֹּה אָמַר יְהוָה [a]הִנְנִי נֹתֵן אֶת־הָעִיר[a] הַזֹּאת בְּיַד מֶלֶךְ־

[22]Mm 2578. [23]Mm 2049. [24]Mm 2111. [25]Mm 2451. [26]Mm 2726. [27]Mm 358. [28]Mm 4203. [29]Mm 2979. [30]Mm 822. [31]Mm 2659. [32]Mm 247. [33]Mm 2736. [34]Mp sub loco. Cp 34 [1]Mp sub loco.

15 [b] 𝔊^{OL}θ′ ἀνατολήν = 𝔐; 𝔖𝔗 ut 23,5[b] ‖ [c] pc Mss 𝔊^{OL}θ′ צַדִּיק; mlt Mss + ומלך מלך והשכיל = 23,5 ‖ **16** [a] pc Mss 𝔖 + שְׁמוֹ; ins הַשֵּׁם (cf 𝔊^{OL}θ′𝔙) vel שְׁמָהּ (cf 𝔗) ‖ [b–b] pc Mss 𝔖𝔙 –אוהו ‖ [c] 𝔙 ut 23,6[c] ‖ **18** [a] 𝔊^{62}(𝔖𝔙) pr καί (τοῖς) ‖ **20** [a–a] 𝔊^{L}(𝔗𝔙) διασκεδασθήσεται = פר(ו)ת ut 21 ‖ [b] θ′𝔖𝔙 om cop, dl ‖ [c] 1 יוֹם, it 25[b] ‖ **21** [a] tr (cf 18) aut dl (cf 22) ‖ **22** [a–a] prp –תַי אִתּוֹ ‖ [b] sic L, mlt Mss Edd : ‖ **24** [a] 𝔊^{L}θ′𝔖 suff 1 sg ‖ **25** [a] prp בָּרָאתִי ‖ [b] cf 20[c] ‖ **26** [a] 𝔊^{OL}θ′𝔖 sg ‖ [b] mlt Mss ut Q, K אשוב ‖ **Cp 34,1** [a–a] 𝔊* καὶ πᾶσα ἡ γῆ ἀρχῆς αὐτοῦ ‖ [b] 𝔊 τὰς πόλεις Ιουδα ‖ **2** [a–a] 𝔊 παραδόσει παραδοθήσεται cf 32,28[a–a].

3 בָּבֶ֣ל[b] וּשְׂרָפָ֖הּ בָּאֵֽשׁ׃ 3 וְאַתָּ֗ה לֹ֤א תִמָּלֵט֙ מִיָּד֔וֹ כִּ֚י תָּפֹ֣שׂ תִּתָּפֵ֔שׂ וּבְיָד֖וֹ ל . ב
תִּנָּתֵ֑ן וְעֵינֶ֗יךָ אֶת־עֵינֵ֞י מֶלֶךְ־בָּבֶ֤ל תִּרְאֶ֙ינָה֙ [a]וּפִ֙יהוּ֙ אֶת־פִּ֣יךָ יְדַבֵּ֔ר[a] ז . כב
4 [b]וּבָבֶ֖ל תָּבֽוֹא׃[b] 4 אַ֚ךְ שְׁמַ֣ע דְּבַר־יְהוָ֔ה צִדְקִיָּ֖הוּ מֶ֣לֶךְ יְהוּדָ֑ה [a]כֹּֽה־ ד[2]
5 אָמַ֤ר יְהוָה֙ עָלֶ֔יךָ[a] [b]לֹ֥א תָמ֖וּת בֶּחָֽרֶב׃[b] 5 בְּשָׁל֣וֹם[a] תָּמ֗וּת וּֽכְמִשְׂרְפ֣וֹת[b]
אֲ֠בוֹתֶיךָ הַמְּלָכִ֨ים הָרִאשֹׁנִ֜ים אֲשֶׁר־הָי֣וּ לְפָנֶ֗יךָ כֵּ֚ן [c]יִשְׂרְפוּ[d]־לָ֔ךְ וְה֣וֹי ג מל . כי
6 אָד֖וֹן[c] יִסְפְּדוּ־לָ֑ךְ כִּֽי־דָבָ֥ר אֲנִֽי־דִבַּ֖רְתִּי נְאֻם־יְהוָֽה׃ ס 6 וַיְדַבֵּר֙[b] ל
יִרְמְיָ֣הוּ הַנָּבִ֔יא אֶל־צִדְקִיָּ֖הוּ מֶ֣לֶךְ יְהוּדָ֑ה אֵ֛ת כָּל־הַדְּבָרִ֥ים הָאֵ֖לֶּה כה
7 בִּירוּשָׁלִָֽם׃[a] 7 וְחֵ֣יל מֶֽלֶךְ־בָּבֶ֗ל נִלְחָמִים֙ עַל־יְר֣וּשָׁלִַ֔ם וְעַ֛ל כָּל־[a]עָרֵ֥י ב פסוק על ועל אל ואל[3]
יְהוּדָ֖ה הַנּֽוֹתָר֑וֹת[b] אֶל־לָכִישׁ֙ וְאֶל־עֲזֵקָ֔ה כִּ֣י הֵ֗נָּה נִשְׁאֲר֛וּ בְּעָרֵ֥י יְהוּדָ֖ה ג ב חס וחד מל
עָרֵ֥י מִבְצָֽר׃ פ
8 הַדָּבָר֙ אֲשֶׁר־הָיָ֣ה אֶֽל־יִרְמְיָ֔הוּ מֵאֵ֖ת יְהוָ֑ה אַחֲרֵ֡י כְּרֹת֩ הַמֶּ֨לֶךְ ה בטע בסיפ
צִדְקִיָּ֜הוּ בְּרִ֗ית אֶת־כָּל־[a]הָעָם֙ [b]אֲשֶׁ֣ר בִּירֽוּשָׁלִַ֔ם[b] לִקְרֹ֥א לָהֶ֖ם[c] דְּרֽוֹר׃
9 לְשַׁלַּ֡ח אִ֣ישׁ אֶת־עַבְדּוֹ֩ וְאִ֨ישׁ אֶת־שִׁפְחָת֜וֹ הָעִבְרִ֧י וְהָעִבְרִיָּ֛ה חָפְשִׁ֑ים ה
10 לְבִלְתִּ֧י עֲבָד־בָּ֛ם [a]בִּיהוּדִ֥י אָחִ֖יהוּ אִֽישׁ׃ 10 וַֽיִּשְׁמְעוּ֙[a] כָּל־הַשָּׂרִ֣ים וְכָל־ ד[4] . נא מ״פ וכל ר״פ דכות ב מ ג
הָעָ֗ם אֲשֶׁר־בָּ֣אוּ בַבְּרִ֔ית לְשַׁלַּ֞ח אִ֣ישׁ אֶת־עַבְדּ֗וֹ וְאִ֤ישׁ אֶת־שִׁפְחָתוֹ֙ ה[5]
11 חָפְשִׁ֔ים לְבִלְתִּ֥י עֲבָד־בָּ֖ם ע֑וֹד וַֽיִּשְׁמְע֖וּ וַיְשַׁלֵּֽחוּ׃[b] 11 [a]וַיָּשׁ֗וּבוּ אַחֲרֵי־ ה . ל . ו מל בנביא ול בסיפ
כֵ֗ן וַיָּשִׁ֙בוּ֙ אֶת־הָֽעֲבָדִים֙ וְאֶת־הַשְּׁפָח֔וֹת אֲשֶׁ֥ר שִׁלְּח֖וּ חָפְשִׁ֑ים[a] וַֽיִּכְבִּישׁ֔וּם[b] ו[6] . ה . ד . ויכבשום ק
12 לַעֲבָדִ֖ים וְלִשְׁפָחֽוֹת׃ ס 12 וַיְהִ֤י דְבַר־יְהוָה֙ אֶֽל־יִרְמְיָ֔הוּ[a] מֵאֵ֥ת
13 יְהוָ֖ה[a] לֵאמֹֽר׃ 13 כֹּֽה־אָמַ֥ר יְהוָ֖ה אֱלֹהֵ֣י יִשְׂרָאֵ֑ל אָנֹכִ֗י כָּרַ֤תִּי בְרִית֙ כד
אֶת־אֲב֣וֹתֵיכֶ֔ם בְּי֨וֹם הוֹצִאִ֤י אוֹתָם֙ מֵאֶ֣רֶץ מִצְרַ֔יִם מִבֵּ֥ית עֲבָדִ֖ים
14 לֵאמֹֽר׃ 14 מִקֵּ֣ץ שֶׁ֣בַע[a] שָׁנִ֡ים[b] תְּֽשַׁלְּח֡וּ אִישׁ֩ אֶת־אָחִ֨יו הָעִבְרִ֜י אֲשֶׁר־ ב ר״פ[7] . ב
יִמָּכֵ֣ר לְךָ֗ וַעֲבָֽדְךָ֙ שֵׁ֣שׁ שָׁנִ֔ים וְשִׁלַּחְתּ֥וֹ חָפְשִׁ֖י מֵעִמָּ֑ךְ וְלֹֽא־שָׁמְע֤וּ ב[8] . ל בסיפ

[2] Mm 3345. [3] Mp sub loco. [4] Mm 2660. [5] Mm 2027. [6] Mm 910. [7] Mm 2661. [8] Mm 2662.

2 [b] 𝔊 + καὶ συλλήμψεται αὐτήν, ins וּלְכָדָהּ (et dl באשׁ 'וּשׂ?) ‖ **3** [a–a] > 𝔊* ‖ [b–b] add? ‖ **4** [a–a] prb dl (et l וְלֹא) ‖ [b–b] > 𝔊* ‖ **5** [a] huc tr 6 בירושלם ‖ [b] sic mlt Mss 𝔊α′𝔗𝔙; mlt Mss 𝔗^Ms 'וּבְמִ; 𝔊 ὡς ἔκλαυσαν prb versio libera, non crrp ex ὡς ἔκαυσαν cf [d] ‖ [c–c] > 𝔖 (homark) ‖ [d] 𝔊 κλαύσονται cf [b] ‖ **6** [a] cf 5[a] ‖ **7** [a] > 𝔊* ‖ [b] > 𝔊* ‖ **8** [a] > 𝔊* ‖ [b–b] > 𝔊* ‖ [c] > 𝔊*𝔖 ‖ **9** [a] dl (ex 10)? ‖ **10** [a] 𝔊* καὶ ἐπεστράφησαν = וַיָּשׁוּבוּ ‖ [b–b] > 𝔊* ‖ **11** [a–a] > 𝔊* ‖ [b] K וַיִּכְבִּישׁוּם ‖ **12** [a–a] > 𝔊*𝔖𝔗^Ed ‖ **14** [a] cf Dt 15,1.12 ‖ [b] 𝔊 ἕξ = שֵׁשׁ.

י . ב אֲבוֹתֵיכֶם֙ אֵלַי וְלֹא הִטּוּ אֶת־אָזְנָם׃ 15 וַתָּשֻׁבוּ[a] אַתֶּם[b] הַיּוֹם וַתַּעֲשׂוּ[a] 15
אֶת־הַיָּשָׁר֙ בְּעֵינַי לִקְרֹא דְרוֹר אִישׁ לְרֵעֵהוּ וַתִּכְרְתוּ[a] בְרִית֙ לְפָנַי
ל בַּבַּיִת אֲשֶׁר־נִקְרָא שְׁמִי עָלָיו׃ 16 וַתָּשֻׁבוּ וַתְּחַלְּלוּ אֶת־שְׁמִי וַתָּשִׁבוּ 16
ה אִישׁ אֶת־עַבְדּוֹ֙ וְאִישׁ אֶת־שִׁפְחָתוֹ אֲשֶׁר־שִׁלַּחְתֶּם חָפְשִׁים לְנַפְשָׁם
יו חס בסיפ . כ[9] [a]וַתִּכְבְּשׁוּ אֹתָם לִהְיוֹת[a] לָכֶם לַעֲבָדִים וְלִשְׁפָחוֹת׃ ס 17 לָכֵן 17
ו בטע בסיפ[10] . ג[11] כֹּה־אָמַר יְהוָה אַתֶּם֙ לֹא־שְׁמַעְתֶּם אֵלַי לִקְרֹא דְּרוֹר אִישׁ לְאָחִיו
וְאִישׁ לְרֵעֵהוּ הִנְנִי קֹרֵא לָכֶם דְּרוֹר נְאֻם־יְהוָה אֶל־הַחֶרֶב֙ אֶל[a]־
לזעוה ק הַדֶּבֶר וְאֶל־הָרָעָב וְנָתַתִּי אֶתְכֶם֙ לְזַוְעָה[b] לְכֹל מַמְלְכוֹת הָאָרֶץ׃
ה 18 וְנָתַתִּי אֶת־הָאֲנָשִׁים הָעֹבְרִים֙ אֶת־בְּרִתִי אֲשֶׁר לֹא־הֵקִימוּ אֶת־ 18
דִּבְרֵי הַבְּרִית אֲשֶׁר כָּרְתוּ לְפָנָי הָעֵגֶל[a] אֲשֶׁר[b] כָּרְתוּ לִשְׁנַיִם וַיַּעַבְרוּ
ב חס בליש . ז[12] בֵּין בְּתָרָיו[b]׃ 19 שָׂרֵי יְהוּדָה[a] וְשָׂרֵי יְרוּשָׁלַםִ[a] הַסָּרִסִים וְהַכֹּהֲנִים[b] וְכֹל 19
עַם הָאָרֶץ הָעֹבְרִים בֵּין בִּתְרֵי הָעֵגֶל[b]׃ 20 וְנָתַתִּי אוֹתָם֙ בְּיַד אֹיְבֵיהֶם 20
[a]וּבְיַד מְבַקְשֵׁי נַפְשָׁם[a] וְהָיְתָה נִבְלָתָם֙ לְמַאֲכָל לְעוֹף הַשָּׁמַיִם וּלְבֶהֱמַת
ל הָאָרֶץ׃ 21 וְאֶת־צִדְקִיָּהוּ מֶלֶךְ־יְהוּדָה וְאֶת־שָׂרָיו אֶתֵּן֙ בְּיַד אֹיְבֵיהֶם 21
ב [a]וּבְיַד מְבַקְשֵׁי נַפְשָׁם[a] [b]וּבְיַד֙ חֵיל[b] מֶלֶךְ בָּבֶל הָעֹלִים מֵעֲלֵיכֶם׃ 22 הִנְנִי 22
ב חד חס וחד מל מְצַוֶּה נְאֻם־יְהוָה וַהֲשִׁבֹתִים אֶל־הָעִיר הַזֹּאת וְנִלְחֲמוּ עָלֶיהָ וּלְכָדוּהָ
ב חס . ז[13] . ה חס בסיפ וּשְׂרָפֻהָ בָאֵשׁ וְאֶת־עָרֵי יְהוּדָה אֶתֵּן שְׁמָמָה מֵאֵין יֹשֵׁב׃ פ
ה בטע בסיפ 35 1 הַדָּבָר אֲשֶׁר־הָיָה אֶל־יִרְמְיָהוּ מֵאֵת יְהוָה בִּימֵי יְהוֹיָקִים 35
ו מל בסיפ[1] . יא[2] ד מנה בסיפ בֶּן־יֹאשִׁיָּהוּ מֶלֶךְ יְהוּדָה לֵאמֹר׃ 2 הָלוֹךְ אֶל־בֵּית הָרֵכָבִים וְדִבַּרְתָּ 2
ט רפי וכל יחזק דכות[3] . ל קמ אוֹתָם וַהֲבִאוֹתָם֙ בֵּית יְהוָה אֶל־אַחַת הַלְּשָׁכוֹת וְהִשְׁקִיתָ אוֹתָם יָיִן׃
ב . ל . ה[4] 3 וָאֶקַּח אֶת־יַאֲזַנְיָה בֶן־יִרְמְיָהוּ[a] בֶּן־חֲבַצִּנְיָה וְאֶת־אֶחָיו וְאֶת־כָּל־ 3
ט . ב חס . יו חס בסיפ בָּנָיו וְאֵת כָּל־בֵּית הָרֵכָבִים׃ 4 וָאָבִא אֹתָם֙ בֵּית יְהוָה אֶל־לִשְׁכַּת 4
ג מיחד[5] בְּנֵי[a] חָנָן[b] בֶּן־יִגְדַּלְיָהוּ[c] אִישׁ הָאֱלֹהִים אֲשֶׁר־אֵצֶל֙ לִשְׁכַּת הַשָּׂרִים
ל . יא חס . יא . ל אֲשֶׁר מִמַּעַל לְלִשְׁכַּת מַעֲשֵׂיָהוּ בֶן־שַׁלֻּם שֹׁמֵר הַסַּף׃ 5 וָאֶתֵּן לִפְנֵי 5

[9]Mm 2168. [10]Mm 2614 contra textum. [11]Mm 2464. [12]Mm 2108. [13]Mm 1936. Cp 35 [1]Mm 1408. [2]Mm 324. [3]Mm 136. [4]Mm 348. [5]Mm 2663.

15 [a] 𝔊* 3 pl || [b] > 𝔊 || **16** [a–a] > 𝔊* || **17** [a] mlt Mss 𝔊𝔖𝔗[f] וְאֵל || [b] cf 15,4[b] || **18** [a] prp כָּעֵגֶל || [b–b] 𝔊 ἐποίησαν ἐργάζεσθαι αὐτῷ, dub || **19** [a–a] > 𝔊* || [b–b] 𝔊* καὶ τὸν λαόν || **20** [a–a] > 𝔊* || **21** [a–a] > 𝔊* || [b–b] 𝔊* καὶ δύναμις || **Cp 35,3** [a] 𝔊* Ιερεμιν 𝔖 *'mrj'* || **4** [a] Ms $𝔊^{51c.449}$𝔄𝔗[f] בֶּן־; > $𝔊^{A}$𝔎 || [b] Ms יחנן cf $𝔊^{B}$ || [c] 𝔊(𝔖) Γοδολιου = גְּדַלְיָה.

בְנֵ֣י בֵית־הָרֵכָבִ֗ים גְּבִעִ֛יםᵃ מְלֵאִ֥ים יַ֖יִן וְכֹס֑וֹת וָאֹמַ֥ר אֲלֵיהֶ֖ם שְׁתוּ־ ל̇ וחס
6 יָֽיִן׃ 6 וַיֹּאמְר֖וּ לֹ֣א נִשְׁתֶּה־יָּ֑יִן כִּ֠י יוֹנָדָ֨ב בֶּן־רֵכָ֤ב אָבִ֙ינוּ֙ צִוָּ֤ה עָלֵ֙ינוּ֙ ג̇[6] וכל שמואל דכות ב̇ מ̇ א̇
7 לֵאמֹ֗ר לֹ֧א תִשְׁתּוּ־יַ֛יִן אַתֶּ֥ם וּבְנֵיכֶ֖ם עַד־עוֹלָֽם׃ 7 וּבַ֣יִת לֹֽא־תִבְנ֗וּ
וְזֶ֣רַע לֹֽא־תִזְרָ֘עוּ֙ וְכֶ֣רֶם לֹֽא־תִטָּ֔עוּ וְלֹ֖א יִהְיֶ֣ה לָכֶ֑ם כִּ֧י בָּאֳהָלִ֣ים ב̇. ד̇[7]
תֵּשְׁבוּ֙ כָּל־יְמֵיכֶ֔ם לְמַ֨עַן תִּֽחְי֜וּ יָמִ֣ים רַבִּ֗ים עַל־פְּנֵי֙ הָֽאֲדָמָ֔ה אֲשֶׁ֥ר ג̇
8 אַתֶּ֖ם גָּרִ֥ים שָֽׁם׃ 8 וַנִּשְׁמַ֗ע בְּק֨וֹל יְהוֹנָדָ֤ב בֶּן־רֵכָב֙ אָבִ֔ינוּ לְכֹ֖ל אֲשֶׁ֣ר ג̇[8]. ח̇[9]
9 צִוָּ֑נוּ לְבִלְתִּ֤י שְׁתֽוֹת־יַ֙יִן֙ כָּל־יָמֵ֔ינוּ אֲנַ֣חְנוּ נָשֵׁ֔ינוּ בָּנֵ֖ינוּ וּבְנֹתֵֽינוּ׃ 9 וּלְבִלְתִּ֥י ה̇. ל̇
ס̇ כא̇[21] בְּנ֥וֹת בָּתִּ֖ים לְשִׁבְתֵּ֑נוּ וְכֶ֧רֶם ᵃוְשָׂדֶ֛ה וָזֶ֖רַעᵃ לֹ֥א יִֽהְיֶה־לָּֽנוּ׃ 10 וַנֵּ֖שֶׁב
11 בָּאֳהָלִ֑ים וַנִּשְׁמַע֙ וַנַּ֔עַשׂ כְּכֹ֥ל אֲשֶׁר־צִוָּ֖נוּ יוֹנָדָ֥ב אָבִֽינוּ׃ 11 וַיְהִ֗י בַּעֲל֨וֹת ד̇[7]. ג̇[8]. ה̇. ג̇[6] וכל שמואל דכות ב̇ מ̇ א̇. ה̇[10]
נְבוּכַדְרֶאצַּ֣ר מֶֽלֶךְ־בָּבֶל֮ אֶל־ᵃהָאָרֶץ֒ וַנֹּ֗אמֶר בֹּ֚אוּ וְנָב֣וֹא יְרוּשָׁלִַ֔ם ב̇ בסיפ̇[11]. ב̇[12]
מִפְּנֵי֙ חֵ֣יל הַכַּשְׂדִּ֔ים וּמִפְּנֵ֖י חֵ֣יל אֲרָ֑םᵇ וַנֵּ֖שֶׁב בִּירוּשָׁלִָֽם׃ פ
12 וַיְהִי֙ דְּבַר־יְהוָ֔ה ᵃאֶל־יִרְמְיָ֖הוּᵃ לֵאמֹֽר׃ 13 כֹּֽה־אָמַ֞ר יְהוָ֤ה צְבָאוֹת֙ ט̇ בטע בסיפ̇[13]
אֱלֹהֵ֣י יִשְׂרָאֵ֔ל הָלֹ֤ךְ וְאָֽמַרְתָּ֙ לְאִ֣ישׁ יְהוּדָ֔ה וּלְיוֹשְׁבֵ֖י יְרוּשָׁלִָ֑ם הֲל֨וֹא ג̇ בליש
14 תִקְח֥וּ מוּסָ֛ר לִשְׁמֹ֥עַ אֶל־דְּבָרַ֖י נְאֻם־יְהוָֽה׃ 14 ᵃה֣וּקַ֡ם אֶת־דִּבְרֵ֣יᵃ ג̇. ג̇[14]
יְהוֹנָדָ֣ב בֶּן־רֵ֠כָב אֲשֶׁר־צִוָּ֨ה אֶת־בָּנָ֜יו לְבִלְתִּ֣י שְׁתֽוֹת־יַ֗יִן וְלֹ֤א שָׁתוּ֙ ח̇[9]
ᵇעַד־הַיּ֣וֹם הַזֶּ֔ה כִּ֣י שָֽׁמְע֔וּ אֵ֖ת מִצְוַ֣ת אֲבִיהֶ֑םᵇ וְאָנֹכִ֞י דִּבַּ֤רְתִּי אֲלֵיכֶם֙ ד̇ בסיפ̇
15 הַשְׁכֵּ֣ם וְדַבֵּ֔ר וְלֹ֥א שְׁמַעְתֶּ֖ם אֵלָֽי׃ 15 וָאֶשְׁלַ֣ח אֲלֵיכֶ֣ם אֶת־כָּל־עֲבָדַ֣י יא̇[15]
הַנְּבִאִ֣ים ׀ הַשְׁכֵּ֣ים וְשָׁלֹ֣חַ ׀ לֵאמֹ֡ר שֻֽׁבוּ־נָ֡א אִ֣ישׁ מִדַּרְכּוֹ֩ הָרָעָ֨ה וְהֵיטִ֜יבוּ ה̇ חס
מַעַלְלֵיכֶ֗ם וְאַל־תֵּ֨לְכ֜וּ אַחֲרֵ֨י אֱלֹהִ֤ים אֲחֵרִים֙ לְעָבְדָ֔ם וּשְׁבוּ֙ אֶל־ ו̇[16]
הָ֣אֲדָמָ֔ה אֲשֶׁר־נָתַ֥תִּי לָכֶ֖ם וְלַאֲבֹֽתֵיכֶ֑ם וְלֹ֤א הִטִּיתֶם֙ אֶת־אָזְנְכֶ֔ם וְלֹ֥א ח̇[17] חס ב̇ מנה בסיפ̇ וכל עזרא דכות̇. ה̇
16 שְׁמַעְתֶּ֖ם אֵלָֽי׃ 16 כִּ֣י הֵקִ֗ימוּ בְּנֵי֙ יְהוֹנָדָ֣ב בֶּן־רֵכָ֔ב אֶת־מִצְוַ֥ת אֲבִיהֶ֖ם ה̇. ח̇[9]
17 אֲשֶׁ֣ר צִוָּ֑ם וְהָעָ֣ם הַזֶּ֔ה לֹ֥א שָׁמְע֖וּ אֵלָֽי׃ ס 17 לָכֵ֡ן כֹּֽה־אָמַ֣ר יְהוָה֩ ג̇[18]. ב̇ בטע בסיפ̇. יב̇[19]
אֱלֹהֵ֨י צְבָא֜וֹת אֱלֹהֵ֣י יִשְׂרָאֵ֗ל הִנְנִ֨י מֵבִ֤יא אֶל־יְהוּדָה֙ וְאֶ֣ל כָּל־יוֹשְׁבֵ֣י ו̇[20]. ל̇ד מל̇ ז̇ מנה בסיפ̇
יְרֽוּשָׁלִַ֔ם אֵ֚ת כָּל־הָ֣רָעָ֔ה אֲשֶׁ֥ר דִּבַּ֖רְתִּי עֲלֵיהֶ֑ם ᵃיַ֣עַן דִּבַּ֤רְתִּי אֲלֵיהֶם֙ ד̇[21]

[6] Mm 2667. [7] Mm 2664. [8] Mm 2665. [9] Mm 1768. [10] Mm 1943. [11] Mm 2626. [12] Mm 2497. [13] Mm 2615. [14] Mm 2666. [15] Mm 2041. [16] Mm 24. [17] Mm 1586. [18] Mm 367. [19] Mm 2015. [20] Mm 285. [21] Mp sub loco.

5 $^{a-a}$ 𝔊 *κεράμιον* = גְּבִיעַ ‖ **9** $^{a-a}$ prp וּשְׂדֵה ז׳ cf Ez 17,5 ‖ **11** ^{a} nonn Mss Or עַל ‖ ^{b} 𝔊 *τῶν Ἀσσυρίων*, 𝔖 *d'dwm* = אֱדֹם ‖ **12** $^{a-a}$ 𝔊* *πρός με* cf 32,26^{a-a}, it 36,1^{a-a} ‖ **14** $^{a-a}$ 𝔊 *ἔστησαν ῥῆμα υἱοί* cf 16 ‖ $^{b-b}$ > 𝔊* ‖ **17** $^{a-a}$ > 𝔊*.

18 וְלֹא שָׁמֵעוּ וָאֶקְרָא לָהֶם וְלֹא עָנוּ׃ 18 ᵃוּלְבֵית הָרֵכָבִים אָמַר יִרְמְיָהוּᵃ [ל[22]]
כֹּה־אָמַר יְהוָה צְבָאוֹת אֱלֹהֵי יִשְׂרָאֵלᵃ יַעַן אֲשֶׁר ᵇשְׁמַעְתֶּם עַל־מִצְוַת [ל]
יְהוֹנָדָב אֲבִיכֶם וַתִּשְׁמְרוּ אֶת־כָּל־מִצְוֹתָיו וַתַּעֲשׂוּ כְּכֹל אֲשֶׁר־צִוָּה [ח[23]]
19 אֶתְכֶםᵇ׃ ס 19 ᵃלָכֵן כֹּה אָמַר יְהוָה צְבָאוֹת אֱלֹהֵי יִשְׂרָאֵלᵃ לֹא־ [ה׳ בטע בסיפ[24]. ו בטע בסיפ]
יִכָּרֵת אִישׁ לְיוֹנָדָב בֶּן־רֵכָב עֹמֵד לְפָנַי כָּל־הַיָּמִיםᵇ׃ פ [ג[25] וכל שמואל דכות ב מ א]
36 1 וַיְהִי בַּשָּׁנָה הָרְבִעִית לִיהוֹיָקִים בֶּן־יֹאשִׁיָּהוּ מֶלֶךְ יְהוּדָה
2 הָיָה הַדָּבָר הַזֶּה ᵃאֶל־יִרְמְיָהוּᵃ מֵאֵת יְהוָה לֵאמֹר׃ 2 קַח־לְךָ מְגִלַּת־ [יב ר״פ]
סֵפֶר וְכָתַבְתָּ אֵלֶיהָ אֵת כָּל־הַדְּבָרִים אֲשֶׁר־דִּבַּרְתִּי אֵלֶיךָ עַל־ [יג חס האלה[1]]
יִשְׂרָאֵלᵃ וְעַל־יְהוּדָה וְעַל־כָּל־הַגּוֹיִם מִיּוֹם דִּבַּרְתִּי אֵלֶיךָ מִימֵי [ל]
3 יֹאשִׁיָּהוּ וְעַד הַיּוֹם הַזֶּה׃ 3 אוּלַי יִשְׁמְעוּ בֵּית יְהוּדָה אֵת כָּל־הָרָעָה
אֲשֶׁר אָנֹכִי חֹשֵׁב לַעֲשׂוֹת לָהֶם לְמַעַן יָשׁוּבוּ אִישׁ מִדַּרְכּוֹ הָרָעָה
4 וְסָלַחְתִּי לַעֲוֺנָם וּלְחַטָּאתָם׃ ס 4 וַיִּקְרָא יִרְמְיָהוּ אֶתᵃ־בָּרוּךְ בֶּן־ [ב[2]]
נֵרִיָּה וַיִּכְתֹּב בָּרוּךְ מִפִּי יִרְמְיָהוּ אֵת כָּל־דִּבְרֵי יְהוָה אֲשֶׁר־דִּבֶּר אֵלָיו
5 עַל־מְגִלַּת־סֵפֶר׃ 5 וַיְצַוֶּה יִרְמְיָהוּ אֶת־בָּרוּךְ לֵאמֹר אֲנִי עָצוּר לֹא [ל. ה. ח]
6 אוּכַל לָבוֹא בֵּית יְהוָה׃ 6 ᵃוּבָאתָ אַתָּהᵃ וְקָרָאתָ בַמְּגִלָּהᵇ אֲשֶׁר־ [ז בטע[3]]
כָּתַבְתָּ־מִפִּי אֶת־דִּבְרֵי יְהוָהᵇ בְּאָזְנֵי הָעָם בֵּית יְהוָה בְּיוֹם צוֹם וְגַם [ה. לז]
7 בְּאָזְנֵי כָל־יְהוּדָה הַבָּאִים מֵעָרֵיהֶם תִּקְרָאֵם׃ 7 אוּלַי תִּפֹּל תְּחִנָּתָם [לז]
לִפְנֵי יְהוָה וְיָשֻׁבוּ אִישׁ מִדַּרְכּוֹ הָרָעָה כִּי־גָדוֹל הָאַף וְהַחֵמָה אֲשֶׁר־ [ח[4]. ג[5]]
8 דִּבֶּר יְהוָה אֶל־הָעָם הַזֶּה׃ 8 וַיַּעַשׂ בָּרוּךְ בֶּן־נֵרִיָּה כְּכֹל אֲשֶׁר־צִוָּהוּ [ל[6]]
9 יִרְמְיָהוּ הַנָּבִיא לִקְרֹא בַסֵּפֶר דִּבְרֵי יְהוָה בֵּית יְהוָה׃ ס 9 וַיְהִי [ל]
בַשָּׁנָה הַחֲמִשִׁיתᵃ לִיהוֹיָקִים בֶּן־יֹאשִׁיָּהוּ מֶלֶךְ־יְהוּדָה בַּחֹדֶשׁ הַתְּשִׁעִי [ה ג מל וב חס[7]. ג חס[8]]
קָרְאוּ צוֹם לִפְנֵי יְהוָה כָּל־הָעָם בִּירוּשָׁלִָם ᵇוְכָל־הָעָם הַבָּאִים מֵעָרֵי [נא מ״פ וכל ר״פ דכות ב מ ג]
10 יְהוּדָה בִּירוּשָׁלִָםᵇ׃ 10 וַיִּקְרָא בָרוּךְ בַּסֵּפֶר אֶת־דִּבְרֵי יִרְמְיָהוּ בֵּית [ד[9]]
יְהוָה בְּלִשְׁכַּת גְּמַרְיָהוּ בֶן־שָׁפָן הַסֹּפֵר בֶּחָצֵר הָעֶלְיוֹן פֶּתַח שַׁעַר [ב. ל]

[22] Mm 1749. [23] Mm 1768. [24] Mm 2617. [25] Mm 2667. **Cp 36** [1] Mm 707. [2] Mm 2639. [3] Mm 50. [4] Mm 2668. [5] Mm 2669. [6] Mm 1623. [7] Mm 1976. [8] Mm 2670. [9] Mm 2762.

18 ᵃ⁻ᵃ 𝔊 *διὰ τοῦτο οὕτως εἶπε κύριος* cf 17 ‖ ᵇ⁻ᵇ 𝔊 alit ‖ **19** ᵃ⁻ᵃ > 𝔊* ‖ ᵇ 𝔊 + *τῆς γῆς* cf Gn 8,22 ‖ **Cp 36,1** ᵃ⁻ᵃ cf 35,12ᵃ⁻ᵃ ‖ **2** ᵃ l prb יְרוּשָׁלִָם cf 𝔊 ‖ **4** ᵃ pc Mss אל cf 18 ‖ **6** ᵃ⁻ᵃ > 𝔊* ‖ ᵇ⁻ᵇ 𝔊* *τούτῳ* = הַזֹּאת ‖ **9** ᵃ 𝔊* *τῷ ὀγδόῳ* = הַשְּׁמִנִית ‖ ᵇ⁻ᵇ 𝔊* *καὶ οἶκος Ιουδα.*

11 בֵּית־יְהוָה֙ הֶחָדָ֔שׁ בְּאָזְנֵ֖י כָּל־הָעָֽם׃ 11 וַיִּשְׁמַ֞ע מִכָ֧יְהוּ בֶן־גְּמַרְיָ֛הוּ — לז . ג . ד בנביא וכל מלכים דכות[10] . ב
12 בֶן־שָׁפָ֖ן אֶת־כָּל־דִּבְרֵ֥י יְהוָ֖ה מֵעַ֥ל הַסֵּֽפֶר׃ 12 וַיֵּ֤רֶד בֵּית־הַמֶּ֙לֶךְ֙ עַל־
לִשְׁכַּ֣ת הַסֹּפֵ֔ר וְהִנֵּה־שָׁ֕ם כָּל־הַשָּׂרִ֖ים יֽוֹשְׁבִ֑ים אֱלִישָׁמָ֣ע הַסֹּפֵ֡ר וּדְלָיָ֣הוּ — י מל
בֶן־שְׁמַֽעְיָהוּ֩ᵃ וְאֶלְנָתָ֨ןᵇ בֶּן־עַכְבּ֜וֹר וּגְמַרְיָ֧הוּ בֶן־שָׁפָ֛ן וְצִדְקִיָּ֥הוּ בֶן־ — ה[11] וכל ושמעיהו דכות ב מ א . ב
13 חֲנַנְיָ֖הוּ וְכָל־הַשָּׂרִֽים׃ 13 וַיַּגֵּ֤ד לָהֶם֙ מִכָ֔יְהוּ אֵ֥ת כָּל־הַדְּבָרִ֖ים אֲשֶׁ֣ר — ג[12] . ד בנביא וכל מלכים דכות[10] . יג חס האלה[13]
שָׁמֵ֑עַ בִּקְרֹ֥א בָר֛וּךְ בַּסֵּ֖פֶר בְּאָזְנֵ֥י הָעָֽם׃ — ד[14] . לז
14 וַיִּשְׁלְח֣וּ כָֽל־הַשָּׂרִ֣ים אֶל־בָּר֡וּךְ אֶת־יְהוּדִ֣י בֶּן־נְתַנְיָהוּ֩ בֶּן־ᵃ — ה
שֶֽׁלֶמְיָ֨הוּ בֶן־כּוּשִׁ֜י לֵאמֹ֗ר הַמְּגִלָּ֞ה אֲשֶׁ֨ר קָרָ֥אתָ בָּהּ֙ בְּאָזְנֵ֣י הָעָ֔ם קָחֶ֥נָּה — ד[15] . לז
בְיָדְךָ֖ וָלֵ֑ךְ וַיִּקַּ֣ח בָּר֣וּךְ בֶּן־נֵרִיָּ֡הוּ אֶת־הַמְּגִלָּה֙ בְּיָד֔וֹ וַיָּבֹ֖אᵇ אֲלֵיהֶֽם׃ — ה[16] . ג
15 וַיֹּאמְר֣וּ אֵלָ֔יו שֵׁ֣בᵃ נָ֔א וּקְרָאֶ֖נָּה בְּאָזְנֵ֑ינוּ וַיִּקְרָ֥א בָר֖וּךְ בְּאָזְנֵיהֶֽם׃ — ל . ו . ח
16 וַיְהִ֗י כְּשָׁמְעָם֙ אֶת־כָּל־הַדְּבָרִ֔ים פָּחֲד֖וּᵃ אִ֣ישׁ אֶל־רֵעֵ֑הוּ וַיֹּאמְרוּ֙ — יג חס האלה[13]
17 ᵇאֶל־בָּר֔וּךְᵇ הַגֵּ֤יד נַגִּיד֙ לַמֶּ֔לֶךְ אֵ֥ת כָּל־הַדְּבָרִ֖ים הָאֵֽלֶּה׃ 17 וְאֶת־ — ג מל בליש . כה . ב[17]
בָּר֔וּךְ שָׁאֲל֖וּ לֵאמֹ֑ר הַגֶּד־נָ֣א לָ֔נוּ אֵ֗יךְᵃ כָּתַ֛בְתָּ אֶת־כָּל־הַדְּבָרִ֥ים — כה
18 הָאֵ֖לֶּה מִפִּֽיוᵇ׃ 18 וַיֹּ֤אמֶר לָהֶם֙ בָּר֔וּךְ מִפִּיו֙ יִקְרָ֣א אֵלַ֔יᵃ אֵ֥ת כָּל־ — כב[18] וכל ד״ה ועזרא דכות ב מ ה חס בליש . כה
19 הַדְּבָרִ֖ים הָאֵ֑לֶּה וַאֲנִ֛י כֹּתֵ֥ב עַל־הַסֵּ֖פֶר בַּדְּיֽוֹᵇ׃ פ 19 וַיֹּאמְר֤וּ
הַשָּׂרִים֙ אֶל־בָּר֔וּךְ לֵ֣ךְ הִסָּתֵ֔ר אַתָּ֖ה וְיִרְמְיָ֑הוּ וְאִ֕ישׁ אַל־יֵדַ֖ע אֵיפֹ֥ה — יט[19] . י כת ה[20]
20 אַתֶּֽם׃ 20 וַיָּבֹ֤אוּ אֶל־הַמֶּ֙לֶךְ֙ חָצֵ֔רָה וְאֶת־הַמְּגִלָּ֣ה הִפְקִ֔דוּ בְּלִשְׁכַּ֖ת — ד חס בליש[21]
אֱלִישָׁמָ֣ע הַסֹּפֵ֑ר וַיַּגִּ֙ידוּ֙ בְּאָזְנֵ֣י הַמֶּ֔לֶךְ אֵ֖ת כָּל־הַדְּבָרִֽיםᵃ׃ — לז[22] . יג חס האלה[13]
21 וַיִּשְׁלַ֨ח הַמֶּ֜לֶךְ אֶת־יְהוּדִ֗י לָקַ֙חַת֙ אֶת־הַמְּגִלָּ֔ה וַיִּ֨קָּחֶ֔הָ מִלִּשְׁכַּ֖ת
אֱלִישָׁמָ֣ע הַסֹּפֵ֑ר וַיִּקְרָאֶ֤הָ יְהוּדִי֙ בְּאָזְנֵ֣י הַמֶּ֔לֶךְ וּבְאָזְנֵי֙ כָּל־הַשָּׂרִ֔ים — לז . ג
22 הָעֹמְדִ֖ים מֵעַ֥ל הַמֶּֽלֶךְ׃ 22 וְהַמֶּ֗לֶךְ יוֹשֵׁב֙ בֵּ֣ית הַחֹ֔רֶףᵃ בַּחֹ֖דֶשׁ הַתְּשִׁיעִ֑יᵃ — יא בתור ובנביא . מט מל בנביא
23 וְאֶת־ᵇהָאָ֖ח לְפָנָ֥יו מְבֹעָֽרֶתᶜ׃ 23 וַיְהִ֣י ׀ כִּקְר֣וֹאᵃ יְהוּדִ֗י שָׁל֣שׁ דְּלָתוֹת֮ — ל . ל . ב חד חס וחד מל[23] . ג[24] וכל יחזק דכות ב מ ב
וְאַרְבָּעָה֒ יִקְרָעֶ֙הָ֙ בְּתַ֣עַר הַסֹּפֵ֔ר וְהַשְׁלֵ֕ךְ אֶל־הָאֵ֖שׁ אֲשֶׁ֣ר אֶל־הָאָ֑ח — ב . ה[25]
24 עַד־תֹּם֙ כָּל־הַמְּגִלָּ֔ה עַל־הָאֵ֖שׁ אֲשֶׁ֥ר עַל־הָאָֽח׃ 24 וְלֹ֣א פָחֲד֔וּ וְלֹ֥א

12 ᵃ 𝔊* *Σελεμίου*, 𝔊^S *Σεδεκίου* ‖ ᵇ 𝔊* *καὶ Ιωναθαν*, 𝔊^A *καὶ Ναθαν*, 𝔊^L *καὶ Ελδαθαν* ‖ **14** ᵃ prp וְאֵת ‖ ᵇ 𝔊 *καὶ κατέβη* = וַיֵּרֶד ‖ **15** ᵃ 𝔊 *πάλιν* α′(𝔗^Edd) *ἐπίστρεψον* = שׁוּב ‖ **16** ᵃ huc tr ויאמרו ‖ ᵇ⁻ᵇ > 𝔊*, dl ‖ **17** ᵃ 𝔊* *πόθεν* = מֵאַיִן 𝔊^B *ποῦ* = אַיֵּה ‖ ᵇ > 𝔊*, dl (ex 18) ‖ **18** ᵃ ins יִרְמְיָהוּ cf 𝔊*𝔖 ‖ ᵇ > 𝔊* ‖ **20** ᵃ mlt Mss 𝔊^AOLC𝔖𝔗^f + הָאֵלֶּה ‖ **22** ᵃ⁻ᵃ > 𝔊* ‖ ᵇ l וְאֵשׁ cf 𝔊𝔖𝔗 ‖ ᶜ > 𝔊 ‖ **23** ᵃ K^Or בְּקָ׳.

קָֽרְע֖וּ אֶת־בִּגְדֵיהֶ֑ם הַמֶּ֨לֶךְ֙ ᵃוְכָל־עֲבָדָ֔יוᵃ הַשֹּׁ֣מְעִ֔ים אֵ֥ת כָּל־הַדְּבָרִ֖ים — כה . ל[26]
25 הָאֵֽלֶּה׃ 25 וְגַ֡ם אֶלְנָתָ֣ן וּדְלָיָ֣הוּᵃ וּגְמַרְיָ֡הוּ הִפְגִּ֣עוּ בַמֶּ֗לֶךְ לְבִלְתִּ֛יᵇ שְׂרֹ֥ף — ו ר״פ בסיפ[27] . ל וחס
אֶת־הַמְּגִלָּ֖ה ᶜוְלֹ֥א שָׁמַ֖ע אֲלֵיהֶֽםᶜ׃ 26 וַיְצַוֶּ֣ה הַ֠מֶּלֶךְ אֶת־יְרַחְמְאֵ֨ל בֶּן־ ס̊ כב[37] — ה
הַמֶּ֗לֶךְ וְאֶת־שְׂרָיָ֣הוּ בֶן־עַזְרִיאֵ֗ל ᵃוְאֶת־שֶֽׁלֶמְיָ֙הוּ֙ בֶּן־עַבְדְּאֵ֔לᵃ לָקַ֙חַת֙ — ג בליש . ד[28]
אֶת־בָּר֣וּךְ הַסֹּפֵ֔ר וְאֵ֖ת יִרְמְיָ֣הוּ הַנָּבִ֑יא ᵇוַיַּסְתִּרֵ֖ם יְהוָֽהᵇ׃ ס — ב[29] . ו חס בליש[30]
27 וַיְהִ֥י דְבַר־יְהוָ֖ה אֶֽל־יִרְמְיָ֑הוּ אַחֲרֵ֣י ׀ שְׂרֹ֣ף הַמֶּ֗לֶךְ אֶת־הַמְּגִלָּה֙ וְאֶת־ᵃ 27 — ג[31]
הַדְּבָרִ֔ים אֲשֶׁ֨ר כָּתַ֥ב בָּר֛וּךְ מִפִּ֥י יִרְמְיָ֖הוּ לֵאמֹֽר׃ 28 שׁ֥וּב קַח־לְךָ֖ 28
מְגִלָּ֣ה אַחֶ֑רֶת וּכְתֹ֣ב עָלֶ֗יהָ אֵ֣ת כָּל־הַדְּבָרִ֤ים הָרִֽאשֹׁנִים֙ אֲשֶׁ֣ר הָי֔וּ — יג חס האלה[32] . כו
עַל־הַמְּגִלָּה֙ הָרִ֣אשֹׁנָ֔ה אֲשֶׁ֥ר שָׂרַ֖ף יְהוֹיָקִ֥ים מֶלֶךְ־יְהוּדָֽה׃ 29 ᵃוְעַל־ 29 — ח . ל
יְהוֹיָקִ֤ים מֶֽלֶךְ־יְהוּדָה֙ᵃ תֹּאמַ֔ר כֹּ֖ה אָמַ֣ר יְהוָ֑ה אַ֠תָּה שָׂרַ֜פְתָּ אֶת־
הַמְּגִלָּ֤ה הַזֹּאת֙ לֵאמֹ֔ר מַדּוּעַ֩ כָּתַ֨בְתָּ עָלֶ֜יהָ לֵאמֹ֗ר בֹּֽא־יָב֤וֹא מֶֽלֶךְ־בָּבֶל֙
וְהִשְׁחִית֙ אֶת־הָאָ֣רֶץ הַזֹּ֔את וְהִשְׁבִּ֥ית מִמֶּ֖נָּה אָדָ֥ם וּבְהֵמָֽה׃ ס
30 לָכֵ֞ן כֹּה־אָמַ֣ר יְהוָ֗ה עַל־יְהוֹיָקִים֙ מֶ֣לֶךְ יְהוּדָ֔ה לֹא־יִֽהְיֶה־לּ֥וֹ יוֹשֵׁ֖ב 30 — כו[33] . ל . מט מל בנביא
עַל־כִּסֵּ֣א דָוִ֑ד וְנִבְלָתוֹ֙ תִּהְיֶ֣ה מֻשְׁלֶ֔כֶת לַחֹ֥רֶב בַּיּ֖וֹם וְלַקֶּ֥רַח בַּלָּֽיְלָה׃ — ד . יו בליש
31 וּפָקַדְתִּ֨י עָלָ֧יו וְעַל־זַרְע֛וֹ וְעַל־עֲבָדָ֖יו ᵃאֶת־עֲוֺנָ֑םᵃ וְהֵבֵאתִ֣י עֲ֠לֵיהֶם 31 — ג[34]
וְעַל־יֹ֨שְׁבֵ֤י יְרוּשָׁלִַ֙ם֙ וְאֶל־אִ֣ישׁ יְהוּדָ֔ה אֵ֧ת כָּל־הָרָעָ֛ה אֲשֶׁר־דִּבַּ֥רְתִּי — ח[35] ג מנה בליש . ב[36]
אֲלֵיהֶ֖ם וְלֹ֥א שָׁמֵֽעוּ׃ ס 32 וְיִרְמְיָ֨הוּᵃ לָקַ֜ח ׀ מְגִלָּ֣ה אַחֶ֗רֶת ᵇוַֽיִּתְּנָהּ֮ 32 — ב ר״פ
אֶל־בָּר֣וּךְ בֶּן־נֵרִיָּהוּ֮ הַסֹּפֵר֒ᵇ וַיִּכְתֹּ֣ב עָלֶ֗יהָ מִפִּ֣י יִרְמְיָ֔הוּ אֵ֚ת כָּל־דִּבְרֵ֣י — ג
הַסֵּ֔פֶר אֲשֶׁ֥ר שָׂרַ֛ף יְהוֹיָקִ֥ים מֶֽלֶךְ־יְהוּדָ֖ה בָּאֵ֑שׁ וְע֨וֹד נוֹסַ֧ף עֲלֵיהֶ֛ם — כג
דְּבָרִ֥ים רַבִּ֖ים כָּהֵֽמָּה׃ ס

37 1 ᵃוַיִּמְלָךְ־מֶ֜לֶךְᵃ צִדְקִיָּ֣הוּ בֶּן־יֹאשִׁיָּ֗הוּ ᵇתַּ֚חַת כָּנְיָ֙הוּ֙ בֶּן־יְהוֹיָקִ֔יםᵇ 37 — ב קמ . ל[1] . ג
אֲשֶׁ֣ר הִמְלִ֗יךְ נְבוּכַדְרֶאצַּ֛ר מֶֽלֶךְ־בָּבֶ֖ל בְּאֶ֥רֶץ יְהוּדָֽה׃ 2 וְלֹ֥א שָׁמַ֛ע 2
ה֥וּא וַעֲבָדָ֖יו וְעַ֣ם הָאָ֑רֶץ אֶל־דִּבְרֵ֣י יְהוָ֔ה אֲשֶׁר֙ דִּבֶּ֔ר בְּיַ֖ד יִרְמְיָ֥הוּ
הַנָּבִֽיא׃

[26] Mm 449. [27] Mm 2463. [28] Mm 2679. [29] Mm 2699. [30] Mm 2105. [31] Mm 2674. [32] Mm 707. [33] Mm 2168. [34] Mm 2675. [35] Mm 3172. [36] Mm 1290. [37] Mp sub loco. **Cp 37** [1] Mm 4007.

24 a–a 𝔊* *καὶ οἱ παῖδες αὐτοῦ* ‖ **25** a 𝔊* *καὶ Γοδολίας* ‖ b 𝔊BS*al *πρὸς τό* ‖ c–c > 𝔊* ‖ **26** a–a > 𝔊* (homtel) ‖ b–b 𝔊* *καὶ κατεκρύβησαν*, l וַיִּסָּתֵרוּ? ‖ **27** a 𝔊 *πάντας* = אֶת־כָּל ‖ **29** a–a 𝔊* om עַל־י׳ מ׳ י׳ (homtel) ‖ **31** a–a > 𝔊* ‖ **32** a 𝔊* *καὶ Βαρουχ* ‖ b–b > 𝔊* cf a ‖ **Cp 37,1** a > 𝔊*; dl (dttg) ‖ b–b > 𝔊*.

ל. ב בנביא. ב[2] — 3 וַיִּשְׁלַח הַמֶּלֶךְ צִדְקִיָּהוּ אֶת־יְהוּכַל[a] בֶּן־שֶׁלֶמְיָה וְאֶת־צְפַנְיָהוּ
בֶן־מַעֲשֵׂיָה הַכֹּהֵן אֶל־יִרְמְיָהוּ הַנָּבִיא לֵאמֹר הִתְפַּלֶּל־נָא בַעֲדֵנוּ אֶל־
ב ר״פ. ל — 4 יְהוָה אֱלֹהֵינוּ׃ 4 וְיִרְמְיָהוּ בָּא וְיֹצֵא[a] בְּתוֹךְ הָעָם[b] וְלֹא־נָתְנוּ אֹתוֹ בֵּית
הכלוא ק חד מן ה[3] זוגין כת י וקר ו — 5 הַכְּלִיא[c]׃ 5 וְחֵיל פַּרְעֹה יָצָא מִמִּצְרָיִם וַיִּשְׁמְעוּ הַכַּשְׂדִּים[a] הַצָּרִים
ב[4]. ב[5] — 6 עַל־יְרוּשָׁלַ͏ִם[a] אֶת־שִׁמְעָם וַיֵּעָלוּ מֵעַל יְרוּשָׁלָ͏ִם׃ פ 6 וַיְהִי דְּבַר־
כד — 7 יְהוָה אֶל־יִרְמְיָהוּ הַנָּבִיא לֵאמֹר׃ 7 כֹּה־אָמַר יְהוָה אֱלֹהֵי יִשְׂרָאֵל
ז[6]. ל — כֹּה תֹאמְרוּ[a] אֶל־מֶלֶךְ יְהוּדָה הַשֹּׁלֵחַ[b] אֶתְכֶם אֵלַי[b] לְדָרְשֵׁנִי הִנֵּה ׀ חֵיל
8 פַּרְעֹה הַיֹּצֵא לָכֶם לְעֶזְרָה שָׁב לְאַרְצוֹ מִצְרָיִם׃ 8 וְשָׁבוּ הַכַּשְׂדִּים
יז[7] וכל וגנותי דכות ב מ א. ב חד חס וחד מל. ב חס. יה בטע בסיפ — 9 וְנִלְחֲמוּ עַל־הָעִיר הַזֹּאת וּלְכָדֻהָ[a] וּשְׂרָפֻהָ בָאֵשׁ׃ ס 9 כֹּה ׀ אָמַר
יְהוָה אַל־תַּשִּׁאוּ נַפְשֹׁתֵיכֶם לֵאמֹר הָלֹךְ יֵלְכוּ מֵעָלֵינוּ הַכַּשְׂדִּים כִּי־
10 לֹא יֵלֵכוּ׃ 10 [a]כִּי אִם[a]־הִכִּיתֶם כָּל־חֵיל כַּשְׂדִּים הַנִּלְחָמִים אִתְּכֶם
ב[8]. ב וחס[9] — וְנִשְׁאֲרוּ בָם אֲנָשִׁים מְדֻקָּרִים אִישׁ בְּאָהֳלוֹ[b] יָקוּמוּ וְשָׂרְפוּ[c] אֶת־הָעִיר
ל — 11 הַזֹּאת בָּאֵשׁ[d]׃ 11 וְהָיָה[a] בְּהֵעָלוֹת חֵיל הַכַּשְׂדִּים מֵעַל יְרוּשָׁלָ͏ִם מִפְּנֵי
12 חֵיל פַּרְעֹה׃ ס 12 וַיֵּצֵא יִרְמְיָהוּ מִירוּשָׁלַ͏ִם לָלֶכֶת אֶרֶץ[a] בִּנְיָמִן
ל כת כן[10] — 13 [b]לַחֲלִק מִשָּׁם[b] בְּתוֹךְ הָעָם׃ 13 וַיְהִי־הוּא בְּשַׁעַר בִּנְיָמִן וְשָׁם [a]בַּעַל
ד[11] חס ול בליש. ב. ב בנביא — פְּקִדֻת וּשְׁמוֹ יִרְאִיָּיה[ab] בֶּן־שֶׁלֶמְיָה בֶּן־חֲנַנְיָה וַיִּתְפֹּשׂ אֶת־יִרְמְיָהוּ
ה בסיפ — 14 הַנָּבִיא לֵאמֹר אֶל־הַכַּשְׂדִּים אַתָּה נֹפֵל׃ 14 וַיֹּאמֶר יִרְמְיָהוּ שֶׁקֶר
ב[12]. ב — אֵינֶנִּי נֹפֵל עַל־הַכַּשְׂדִּים וְלֹא שָׁמַע אֵלָיו וַיִּתְפֹּשׂ יִרְאִיָּיה[a] בְּיִרְמְיָהוּ
ב. ד[13] — 15 וַיְבִאֵהוּ אֶל־הַשָּׂרִים׃ 15 וַיִּקְצְפוּ הַשָּׂרִים עַל־יִרְמְיָהוּ וְהִכּוּ[a] אֹתוֹ
כד מל ג[14] מנה בסיפ — וְנָתְנוּ[b] אוֹתוֹ [c]בֵּית הָאֵסוּר[c] בֵּית יְהוֹנָתָן הַסֹּפֵר כִּי־אֹתוֹ עָשׂוּ לְבֵית
יא[15] ד מנה בסיפ. ה זוגין בבית בית[16] — 16 הַכֶּלֶא׃ 16 [a]כִּי בָא[a] יִרְמְיָהוּ אֶל־בֵּית הַבּוֹר וְאֶל־הַחֲנֻיוֹת[b] וַיֵּשֶׁב־שָׁם
יִרְמְיָהוּ יָמִים רַבִּים׃ פ

[2] Mm 2198. [3] Mm 2195. [4] Mm 2676. [5] Mm 930. [6] Mm 369. [7] Mm 1174. [8] Mm 1582. [9] Mm 2677. [10] Mm 839. [11] Mm 2672. [12] Mm 2678. [13] Mm 2594. [14] Mm 2559. [15] Mm 324. [16] Mm 3761.

3 [a] α′σ′(𝔖𝔙) *Ιουχαλ* cf 38,1 ‖ **4** [a] Occ וַיֵּצֵא cf 𝔊 ‖ [b] 𝔊* *τῆς πόλεως* = הָעִיר ‖ [c] K ־יא ‖ **5** [a–a] > 𝔊* ‖ **7** [a] 𝔊* sg ‖ [b–b] 𝔊* *πρός σέ* cf [a] ‖ **8** [a–a] add? cf 34,2[b] 38,3 ‖ **10** [a–a] 𝔊 *καὶ ἐάν*, 1 וְאִם? ‖ [b] 𝔊 *ἐν τῷ τόπῳ αὐτοῦ* = בִּמְקוֹמוֹ ‖ [c] 1 וְלָכְדוּ? cf 8 ‖ [d] dl? cf [c] ‖ **11** [a] prp וַיְהִי, sed cf 3,9 38,28 40,3 ‖ **12** [a] ℭ לא׳ pc Mss אֶל־א׳ ‖ [b–b] dub; 𝔊 *τοῦ ἀγοράσαι* ($𝔊^{26}$ *παροικεῖσαι*, $𝔊^{239}$ *ἀποδρᾶσαι*) *ἐκεῖθεν* ($𝔊^{L\,a1}$ + *ἄρτον*); α′θ′ *τοῦ μερισθῆναι ἐκεῖ(θεν)*, σ′ *μερίσασθαι ἐκεῖθεν*, 𝔙(𝔖ℭ) *et divideret ibi possessionem* ‖ **13** [a–a] 𝔊* *ἄνθρωπος, παρ' ᾧ κατέλυε, Σαρουια* (cf קפד Jes 38,12?) ‖ [b] 𝔖 *nrj'* = נֵרִיָּה ‖ **14** [a] 𝔊* ut in 13[a–a], 𝔖 *nrj'* = נֵרִיָּה ‖ **15** [a] Seb וַיַּכּוּ cf 𝔊 ‖ [b] Seb וַיִּתְּנוּ cf 𝔊 ‖ [c–c] > 𝔊* ‖ **16** [a–a] 𝔊* *καὶ ἦλθεν* (σ′ *εἰσῆλθεν*), 1 וַיָּבֹא cf 𝔖 ‖ [b] 𝔊* *χερεθ*, $𝔊^{O}$ *ανιωθ*.

17 וַיִּשְׁלַח הַמֶּלֶךְ צִדְקִיָּהוּ וַיִּקָּחֵהוּ[a] וַיִּשְׁאָלֵהוּ הַמֶּלֶךְ בְּבֵיתוֹ 17
בַּסֵּתֶר וַיֹּאמֶר הֲיֵשׁ דָּבָר מֵאֵת יְהוָה וַיֹּאמֶר יִרְמְיָהוּ יֵשׁ וַיֹּאמֶר בְּיַד
מֶלֶךְ־בָּבֶל תִּנָּתֵן׃ ס 18 וַיֹּאמֶר יִרְמְיָהוּ אֶל־הַמֶּלֶךְ צִדְקִיָּהוּ מֶה 18
חָטָאתִי לְךָ וְלַעֲבָדֶיךָ וְלָעָם הַזֶּה כִּי־נְתַתֶּם[a] אוֹתִי אֶל־בֵּית הַכֶּלֶא׃
19 וְאַיֵּו[a] נְבִיאֵיכֶם אֲשֶׁר־נִבְּאוּ לָכֶם לֵאמֹר לֹא־יָבֹא מֶלֶךְ־בָּבֶל 19
עֲלֵיכֶם וְעַל הָאָרֶץ הַזֹּאת׃ 20 וְעַתָּה שְׁמַע־נָא אֲדֹנִי הַמֶּלֶךְ תִּפָּל־נָא 20
תְחִנָּתִי לְפָנֶיךָ וְאַל־תְּשִׁבֵנִי בֵּית יְהוֹנָתָן הַסֹּפֵר וְלֹא אָמוּת שָׁם׃
21 וַיְצַוֶּה הַמֶּלֶךְ צִדְקִיָּהוּ וַיַּפְקִדוּ אֶת־יִרְמְיָהוּ בַּחֲצַר הַמַּטָּרָה וְנָתֹן לוֹ 21
כִכַּר־לֶחֶם לַיּוֹם מִחוּץ הָאֹפִים עַד־תֹּם כָּל־הַלֶּחֶם מִן־הָעִיר וַיֵּשֶׁב
יִרְמְיָהוּ בַּחֲצַר הַמַּטָּרָה׃[a] **38** 1 וַיִּשְׁמַע שְׁפַטְיָה בֶן־מַתָּן **38**
וּגְדַלְיָהוּ בֶּן־פַּשְׁחוּר וְיוּכַל בֶּן־שֶׁלֶמְיָהוּ[a] וּפַשְׁחוּר בֶּן־מַלְכִּיָּה[a] אֶת־
הַדְּבָרִים אֲשֶׁר יִרְמְיָהוּ מְדַבֵּר אֶל־כָּל־הָעָם לֵאמֹר׃ ס 2 [a]כֹּה 2
אָמַר יְהוָה הַיֹּשֵׁב בָּעִיר הַזֹּאת יָמוּת בַּחֶרֶב בָּרָעָב וּבַדָּבֶר וְהַיֹּצֵא
אֶל־הַכַּשְׂדִּים יִחְיֶה[b] וְהָיְתָה־לּוֹ נַפְשׁוֹ לְשָׁלָל וָחָי׃ ס 3 כֹּה אָמַר 3
יְהוָה הִנָּתֹן תִּנָּתֵן הָעִיר הַזֹּאת בְּיַד חֵיל מֶלֶךְ־בָּבֶל וּלְכָדָהּ׃ 4 וַיֹּאמְרוּ 4
הַשָּׂרִים[a] אֶל־הַמֶּלֶךְ יוּמַת נָא אֶת־הָאִישׁ הַזֶּה כִּי־עַל־כֵּן הוּא־מְרַפֵּא[b]
אֶת־יְדֵי אַנְשֵׁי הַמִּלְחָמָה הַנִּשְׁאָרִים ׀ בָּעִיר הַזֹּאת וְאֵת יְדֵי כָל־הָעָם
לְדַבֵּר אֲלֵיהֶם כַּדְּבָרִים הָאֵלֶּה כִּי ׀ הָאִישׁ הַזֶּה אֵינֶנּוּ דֹרֵשׁ לְשָׁלוֹם
לָעָם הַזֶּה כִּי אִם־לְרָעָה׃ 5 וַיֹּאמֶר הַמֶּלֶךְ צִדְקִיָּהוּ הִנֵּה־הוּא בְּיֶדְכֶם 5
כִּי־אֵין הַמֶּלֶךְ יוּכַל[a] [b]אֶתְכֶם דָּבָר[b]׃ 6 [a]וַיִּקְחוּ אֶת־יִרְמְיָהוּ[a] וַיַּשְׁלִכוּ 6
אֹתוֹ אֶל־הַבּוֹר[b] ׀ מַלְכִּיָּהוּ בֶן־הַמֶּלֶךְ אֲשֶׁר בַּחֲצַר הַמַּטָּרָה וַיְשַׁלְּחוּ
אֶת־יִרְמְיָהוּ בַּחֲבָלִים[c] וּבַבּוֹר אֵין־מַיִם כִּי אִם־טִיט וַיִּטְבַּע[d] יִרְמְיָהוּ
בַּטִּיט׃ ס 7 וַיִּשְׁמַע עֶבֶד־מֶלֶךְ הַכּוּשִׁי [a]אִישׁ סָרִיס[a] וְהוּא בְּבֵית 7
הַמֶּלֶךְ כִּי־נָתְנוּ אֶת־יִרְמְיָהוּ אֶל־הַבּוֹר וְהַמֶּלֶךְ יוֹשֵׁב בְּשַׁעַר בִּנְיָמִן׃

ג
ג[17] . כי[18] מל יג מנה בסיפ וכל יהושע ושפטים דכות ב מ ב . יא[19] ד מנה בסיפ
ואיה חד מן ח[20] כת ו ק וקר ה וחד מן ג[21] ר״פ . ג חס בסיפ
ל חס
ה . ד[22] חס ול בליש . ז[23]
כ[24]
ד[1]
ו בטע בסיפ[2]
ח
וחיה חד מן ו בליש ק
ב . ב . ה[3] פסוק מן מ מילין
ט בטע ול בליש . ל כת א
ל
ל . ד[4] וכל אורית דכות ב מ א
ב . ל[5] . ג
מט מל בנביא

[17] Mm 419. [18] Mm 1238 א. [19] Mm 324. [20] Mm 3827. [21] Mm 3491. [22] Mm 2672. [23] Mm 307. [24] Mm 875.
Cp 38 [1] Mm 2679. [2] Mm 2614. [3] Mp sub loco. [4] Mm 1702. [5] Mm 2680.

17 [a] 𝔊 *καὶ ἐκάλεσεν αὐτόν* cf 38,14[a–a] ‖ **18** [a] 𝔊*𝔙 sg ‖ **19** [a] K ו– K[Or] ואיי ‖ **21** [a] huc tr 38,24–28a ‖ **Cp 38,1** [a–a] > 𝔊* ‖ **2** [a] = 21,9; hic add ‖ [b] cf 21,9[e]; add cf וחי ‖ **4** [a] ins הָאֵלֶּה (hpgr)? ‖ [b] nonn Mss מרפה ‖ **5** [a] 1 יָכוֹל (pt) cf 𝔊 ‖ [b–b] 𝔊* *πρὸς αὐτούς* ‖ **6** [a–a] > 𝔊* ‖ [b] dl ה? cf 𝔊[B] ‖ [c] > 𝔊* ‖ [d] 𝔊 *καὶ ἦν* ‖ **7** [a–a] > 𝔊*.

ס [כג] 8 וַיֵּצֵא עֶבֶד־מֶלֶךְ מִבֵּית הַמֶּלֶךְ וַיְדַבֵּר אֶל־הַמֶּלֶךְ לֵאמֹר׃ 9 [a]אֲדֹנִי
הַמֶּלֶךְ[a] [b]הֵרֵעוּ הָאֲנָשִׁים הָאֵלֶּה אֵת כָּל־אֲשֶׁר עָשׂוּ לְיִרְמְיָהוּ הַנָּבִיא
אֵת אֲשֶׁר־הִשְׁלִיכוּ אֶל־הַבּוֹר [c]וַיָּמָת תַּחְתָּיו[b] [d]מִפְּנֵי הָרָעָב כִּי אֵין
10 הַלֶּחֶם עוֹד בָּעִיר׃[d] 10 וַיְצַוֶּה הַמֶּלֶךְ אֵת עֶבֶד־מֶלֶךְ הַכּוּשִׁי לֵאמֹר
קַח בְּיָדְךָ מִזֶּה שְׁלֹשִׁים[a] אֲנָשִׁים וְהַעֲלִיתָ אֶת־יִרְמְיָהוּ הַנָּבִיא מִן־הַבּוֹר
11 בְּטֶרֶם יָמוּת׃ 11 וַיִּקַּח עֶבֶד־מֶלֶךְ אֶת־הָאֲנָשִׁים בְּיָדוֹ[a] וַיָּבֹא בֵית־
הַמֶּלֶךְ [b]אֶל־תַּחַת[b] הָאוֹצָר וַיִּקַּח מִשָּׁם בְּלוֹיֵ הַסְּחָבוֹת[c] וּבְלוֹיֵ מְלָחִים
12 וַיְשַׁלְּחֵם אֶל־יִרְמְיָהוּ אֶל־הַבּוֹר בַּחֲבָלִים׃[d] 12 וַיֹּאמֶר[a] עֶבֶד־מֶלֶךְ
הַכּוּשִׁי אֶל־יִרְמְיָהוּ שִׂים נָא בְּלוֹאֵי הַסְּחָבוֹת וְהַמְּלָחִים תַּחַת אַצִּלוֹת
13 יָדֶיךָ[a] מִתַּחַת לַחֲבָלִים וַיַּעַשׂ יִרְמְיָהוּ כֵּן׃ 13 וַיִּמְשְׁכוּ אֶת־יִרְמְיָהוּ
בַּחֲבָלִים וַיַּעֲלוּ אֹתוֹ מִן־הַבּוֹר וַיֵּשֶׁב יִרְמְיָהוּ בַּחֲצַר הַמַּטָּרָה׃ ס
14 וַיִּשְׁלַח הַמֶּלֶךְ צִדְקִיָּהוּ [a]וַיִּקַּח אֶת־יִרְמְיָהוּ הַנָּבִיא[a] אֵלָיו אֶל־
מָבוֹא הַשְּׁלִישִׁי אֲשֶׁר בְּבֵית יְהוָה וַיֹּאמֶר הַמֶּלֶךְ אֶל־יִרְמְיָהוּ שֹׁאֵל אֲנִי
15 אֹתְךָ דָּבָר אַל־תְּכַחֵד מִמֶּנִּי דָּבָר׃ 15 וַיֹּאמֶר יִרְמְיָהוּ אֶל־צִדְקִיָּהוּ
כִּי אַגִּיד לְךָ הֲלוֹא הָמֵת תְּמִיתֵנִי וְכִי אִיעָצְךָ לֹא תִשְׁמַע אֵלָי׃
16 וַיִּשָּׁבַע הַמֶּלֶךְ צִדְקִיָּהוּ אֶל־יִרְמְיָהוּ בַּסֵּתֶר[a] לֵאמֹר חַי־יְהוָה [b]אֵת
אֲשֶׁר עָשָׂה־לָנוּ אֶת־הַנֶּפֶשׁ הַזֹּאת[c] אִם־אֲמִיתֶךָ וְאִם־אֶתֶּנְךָ בְּיַד
17 הָאֲנָשִׁים הָאֵלֶּה [d]אֲשֶׁר מְבַקְשִׁים אֶת־נַפְשֶׁךָ׃[d] ס 17 וַיֹּאמֶר
יִרְמְיָהוּ אֶל־צִדְקִיָּהוּ כֹּה־אָמַר יְהוָה אֱלֹהֵי[a] צְבָאוֹת אֱלֹהֵי יִשְׂרָאֵל
אִם־יָצֹא תֵצֵא אֶל־שָׂרֵי מֶלֶךְ־בָּבֶל וְחָיְתָה נַפְשֶׁךָ וְהָעִיר הַזֹּאת לֹא
18 תִשָּׂרֵף בָּאֵשׁ וְחָיִתָה אַתָּה וּבֵיתֶךָ׃ 18 וְאִם לֹא־תֵצֵא אֶל־שָׂרֵי[a] מֶלֶךְ
בָּבֶל וְנִתְּנָה הָעִיר הַזֹּאת בְּיַד הַכַּשְׂדִּים וּשְׂרָפוּהָ בָּאֵשׁ וְאַתָּה לֹא־
19 תִמָּלֵט מִיָּדָם׃[b] ס 19 וַיֹּאמֶר הַמֶּלֶךְ צִדְקִיָּהוּ אֶל־יִרְמְיָהוּ אֲנִי

ב̇[6]
ב̇[7]
ה̇
ג̇[8]
ל̇[9]
סחבות[7] ק̇
ט̇[9]. ל̇[10]
כ̇ד. יז̇[11] מפק א ול בליש
יא̇[12] מל וכל תלים דכות ב̇ מ̇ ה. ב̇[13]
ל̇ ומל. ל̇ט
נז וכל תלים דכות ב̇ מ̇ יא
לא̇[14] פסוק כי וכי ג̇ מנה בסיפ. י̇ זקף קמ̇ בנ״ך. ג̇[15]
את חד מן ח̇[16] כת ולא קר
יב̇[17]
ז̇ ג̇ מל ול חס[18]
ד̇[7]. ב̇ חד חס וחד מל[19]
ג̇[20]

[6] 1 Ch 10,11. [7] Mp sub loco. [8] Mm 1198. [9] Mm 2680. [10] Mm 2192. [11] Mm 411. [12] Mm 477. [13] Gn 37,28. [14] Mm 2059. [15] Mm 972. [16] Mm 2752. [17] Mm 2015. [18] Mm 1037. [19] Mp sub loco et Dt 30,16. [20] Mm 212.

9 [a–a] > 𝔊* ‖ [b–b] 𝔊 *ἐπονηρεύσω ἃ ἐποίησας τοῦ ἀποκτεῖναι τὸν ἄνθρωπον τοῦτον* ‖ [c] l וַיָּמֻת? ‖ [d–d] add cf 37,21 ‖ **10** [a] l c Ms שְׁלֹשָׁה ‖ **11** [a] > 𝔊*, sed cf 10 ‖ [b–b] l (אֶל־)מֶלְתַּחַת cf 2 R 10,22 ‖ [c] L* הַסְּ׳; ה ex 12, dl c Q ‖ [d] > 𝔊* ‖ **12** [a–a] 𝔊 brevius ‖ **14** [a–a] 𝔊 *καὶ ἐκάλεσεν αὐτόν* cf 37,17[a] ‖ **16** [a] > 𝔊* ‖ [b] > Q mlt Mss Vrs, dl ‖ [c] K[Or] הַזֶּה ‖ [d–d] > 𝔊* ‖ **17** [a] > ℭ ‖ **18** [a] > ℭ ‖ [b] > 𝔊*.

דֹּאֵג אֶת־הַיְּהוּדִים אֲשֶׁר נָפְלוּ אֶל־הַכַּשְׂדִּים פֶּן־יִתְּנוּ אֹתִי בְּיָדָם ה̇ בסיפ̇
20 וְהִתְעַלְּלוּ־בִי׃ פ 20 וַיֹּאמֶר יִרְמְיָהוּ לֹא יִתֵּנוּ שְׁמַע־נָא ׀ בְּקוֹל
21 יְהוָה לַאֲשֶׁר אֲנִי דֹּבֵר אֵלֶיךָ וְיִיטַב לְךָ וּתְחִי נַפְשֶׁךָ׃ 21 וְאִם־מָאֵן ב̇. ב̇. ג̇. ב̇
22 אַתָּה לָצֵאת זֶה הַדָּבָר אֲשֶׁר הִרְאַנִי יְהוָה׃ 22 וְהִנֵּה כָל־הַנָּשִׁים אֲשֶׁר ה̇[21]
נִשְׁאֲרוּ בְּבֵית מֶלֶךְ־יְהוּדָה מוּצָאוֹת אֶל־שָׂרֵי מֶלֶךְ בָּבֶל וְהֵנָּה אֹמְרוֹת ג̇[22]
הִסִּיתוּךָ[a] וְיָכְלוּ לְךָ אַנְשֵׁי שְׁלֹמֶךָ ג̇
הָטְבְּעוּ בַבֹּץ רַגְלֶךָ[b] נָסֹגוּ אָחוֹר׃ ו̇[23] חס וכל כתיב דכות ב̇ מ̇ א̇
23 וְאֶת־כָּל־[a]נָשֶׁיךָ וְאֶת־בָּנֶיךָ מוֹצִאִים אֶל־הַכַּשְׂדִּים וְאַתָּה לֹא־תִמָּלֵט ד̇. ב̇ חד חס וחד מל[24]
מִיָּדָם[a] כִּי בְיַד מֶלֶךְ־בָּבֶל תִּתָּפֵשׂ וְאֶת־הָעִיר הַזֹּאת תִּשְׂרֹף[b] בָּאֵשׁ[a]׃ ב̇. ח̇[25]. ג̇[26]
24 פ 24 [a]וַיֹּאמֶר צִדְקִיָּהוּ אֶל־יִרְמְיָהוּ אִישׁ אַל־יֵדַע בַּדְּבָרִים־הָאֵלֶּה יט̇[27]
25 וְלֹא תָמוּת׃ 25 וְכִי־יִשְׁמְעוּ הַשָּׂרִים כִּי־דִבַּרְתִּי אִתָּךְ וּבָאוּ אֵלֶיךָ ב̇[28]
וְאָמְרוּ אֵלֶיךָ הַגִּידָה־נָּא לָנוּ [a]מַה־דִּבַּרְתָּ אֶל־הַמֶּלֶךְ[a] אַל־תְּכַחֵד יו̇ בטע[29]
26 מִמֶּנּוּ וְלֹא נְמִיתֶךָ [b]וּמַה־דִּבֶּר אֵלֶיךָ הַמֶּלֶךְ[b]׃ 26 וְאָמַרְתָּ אֲלֵיהֶם ל̇. ג̇ בטע בסיפ̇
מַפִּיל־אֲנִי תְחִנָּתִי לִפְנֵי הַמֶּלֶךְ לְבִלְתִּי הֲשִׁיבֵנִי בֵּית יְהוֹנָתָן לָמוּת ב̇[30]
27 שָׁם׃ פ 27 וַיָּבֹאוּ כָל־הַשָּׂרִים אֶל־יִרְמְיָהוּ וַיִּשְׁאֲלוּ אֹתוֹ וַיַּגֵּד
לָהֶם כְּכָל־הַדְּבָרִים הָאֵלֶּה אֲשֶׁר צִוָּה[a] הַמֶּלֶךְ וַיַּחֲרִשׁוּ מִמֶּנּוּ כִּי לֹא־ ז̇ חס בליש̇
28 נִשְׁמַע הַדָּבָר[b]׃ פ 28 וַיֵּשֶׁב יִרְמְיָהוּ בַּחֲצַר הַמַּטָּרָה עַד־יוֹם
אֲשֶׁר־נִלְכְּדָה יְרוּשָׁלָ͏ִם ס וְהָיָה[a] [b]כַּאֲשֶׁר נִלְכְּדָה יְרוּשָׁלָ͏ִם[b]׃ פ
39 **39** 1 [a]בַּשָּׁנָה[b] הַתְּשִׁעִית לְצִדְקִיָּהוּ מֶלֶךְ־יְהוּדָה [c]בַּחֹדֶשׁ הָעֲשִׂרִי[c] בָּא ד̇ חס ב̇ מנה בליש̇
נְבוּכַדְרֶאצַּר מֶלֶךְ־בָּבֶל וְכָל־חֵילוֹ אֶל־יְרוּשָׁלַ͏ִם וַיָּצֻרוּ עָלֶיהָ׃ ס יג̇[1] וכל עזרא דכות ב̇ מ̇ א̇
2 2 בְּעַשְׁתֵּי־עֶשְׂרֵה שָׁנָה לְצִדְקִיָּהוּ בַּחֹדֶשׁ הָרְבִיעִי[a] בְּתִשְׁעָה[b] לַחֹדֶשׁ ג̇[2]
3 הָבְקְעָה הָעִיר׃ 3 וַיָּבֹאוּ כֹּל שָׂרֵי מֶלֶךְ־בָּבֶל וַיֵּשְׁבוּ בְּשַׁעַר הַתָּוֶךְ ב̇
נֵרְגַל [a]שַׂר־אֶצֶר[a] [b]סַמְגַּר־נְבוּ שַׂר־סְכִים רַב־סָרִיס[b] נֵרְגַל [a]שַׂר־אֶצֶר[a] כן למדינ̇[3]. כן למדינ̇[3]

[21] Mm 1825. [22] Mm 1728. [23] Mm 1267. [24] Mm 2681. [25] Mm 1392. [26] Mm 572. [27] Mm 1369. [28] Mm 2517. [29] Mm 3998. [30] Mm 3862. **Cp 39** [1] Mm 2682. [2] Mm 2683. [3] Mp sub loco.

22 [a] cf Ob 7 ∥ [b] 𝔗 mlt Mss רגליך ∥ **23** [a] > 𝔊* ∥ [b] l c pc Mss 𝔊 תִּשָּׂרֵף? ∥ **24** [a] cf 37,21[a] ∥ **25** [a–a] 𝔊 ut [b–b], sed tr c 𝔖 [b–b] post [a–a] ∥ **27** [a] nonn Mss 𝔊𝔖𝔗[Ed]𝔙 צוהו ∥ [b] 𝔊* *λόγος κυρίου* ∥ **28** [a] pc Mss וַיְהִי cf 𝔊𝔙, sed vide 37,11[a]; > pc Mss 𝔖 ∥ [b–b] > pc Mss 𝔊*𝔖 ∥ **Cp 39,1** [a] 1.2 add ex 52,4sqq ∥ [b] 𝔊[BS 106.410] *(ἐν) τῷ μηνί* ∥ [c–c] > 𝔊[BS 106.410] cf [b] ∥ **2** [a] pc Mss 𝔖 הַחֲמִישִׁי ∥ [b] 𝔙 *quinta* ∥ **3** [a–a] 𝔗 mlt Mss שׂראצר, nonn Mss שׂראצר ∥ [b–b] l prb שַׂר סְמָגֵר רַב־מָג וּנְבוּשַׁזְבָּן רַב־סריס (princeps urbis Sin-magir) cf 13.

4 רַב־מָג[b] וְכָל־שְׁאֵרִית[c] שָׂרֵי מֶלֶךְ בָּבֶל׃ 4 וַיְהִי[a] כַּאֲשֶׁר רָאָם[b] צִדְקִיָּהוּ   ג[4]. ב[5]
מֶלֶךְ־יְהוּדָה וְכֹל ׀ אַנְשֵׁי הַמִּלְחָמָה וַיִּבְרְחוּ וַיֵּצְאוּ לַיְלָה מִן־הָעִיר
5 דֶּרֶךְ גַּן הַמֶּלֶךְ בְּשַׁעַר בֵּין הַחֹמֹתָיִם וַיֵּצֵא[c] דֶּרֶךְ הָעֲרָבָה׃ 5 וַיִּרְדְּפוּ
חֵיל־כַּשְׂדִּים אַחֲרֵיהֶם וַיַּשִּׂגוּ אֶת־צִדְקִיָּהוּ בְּעַרְבוֹת יְרֵחוֹ[a] וַיִּקְחוּ אֹתוֹ   ה חס. כד מל ג[6] מנה בסיפ
וַיַּעֲלֻהוּ אֶל־נְבוּכַדְרֶאצַּר מֶלֶךְ־בָּבֶל רִבְלָתָה בְּאֶרֶץ חֲמָת וַיְדַבֵּר   ב חד חס וחד מל[7]. ב[8]
6 אִתּוֹ מִשְׁפָּטִים׃ 6 וַיִּשְׁחַט מֶלֶךְ בָּבֶל אֶת־בְּנֵי צִדְקִיָּהוּ בְּרִבְלָה לְעֵינָיו   ה
7 וְאֵת כָּל־חֹרֵי יְהוּדָה שָׁחַט מֶלֶךְ בָּבֶל׃ 7 וְאֶת־עֵינֵי צִדְקִיָּהוּ עִוֵּר   ד
8 וַיַּאַסְרֵהוּ בַּנְחֻשְׁתַּיִם לָבִיא אֹתוֹ בָּבֶלָה[a]׃ 8 וְאֶת־בֵּית הַמֶּלֶךְ וְאֶת־   ב וכל לשון אריה דכות. כט
9 בֵּית[a] הָעָם שָׂרְפוּ הַכַּשְׂדִּים בָּאֵשׁ וְאֶת־חֹמוֹת יְרוּשָׁלַםִ נָתָצוּ׃ 9 וְאֵת   ז כת כן[7]
יֶתֶר הָעָם הַנִּשְׁאָרִים בָּעִיר וְאֶת־הַנֹּפְלִים אֲשֶׁר נָפְלוּ עָלָיו וְאֵת יֶתֶר
10 הָעָם[a] הַנִּשְׁאָרִים[b] הֶגְלָה נְבוּזַר־אֲדָן רַב־טַבָּחִים בָּבֶל׃ 10 וּמִן־הָעָם   ה ר״פ בנביא[9]
הַדַּלִּים אֲשֶׁר אֵין־לָהֶם מְאוּמָה הִשְׁאִיר נְבוּזַרְאֲדָן רַב־טַבָּחִים בְּאֶרֶץ
11 יְהוּדָה וַיִּתֵּן לָהֶם כְּרָמִים וִיגֵבִים[a] בַּיּוֹם הַהוּא׃ 11 וַיְצַו[a] נְבוּכַדְרֶאצַּר   ל. ל בסיפ
12 מֶלֶךְ־בָּבֶל עַל־יִרְמְיָהוּ בְּיַד[b] נְבוּזַרְאֲדָן רַב־טַבָּחִים לֵאמֹר׃ 12 קָחֶנּוּ   ד[10]
וְעֵינֶיךָ שִׂים עָלָיו וְאַל־תַּעַשׂ לוֹ מְאוּמָה רָע[a] כִּי אִם[b] כַּאֲשֶׁר יְדַבֵּר   ז[7]. כד. ב[11] אם חד מן ח[12] כת ולא קר
13 אֵלֶיךָ כֵּן עֲשֵׂה עִמּוֹ׃ 13 וַיִּשְׁלַח[a] נְבוּזַרְאֲדָן[b] רַב־טַבָּחִים וּנְבוּשַׁזְבָּן   ג נונין זעירין
14 רַב־סָרִיס וְנֵרְגַל שַׂר־אֶצֶר[c] רַב־מָג וְכֹל רַבֵּי מֶלֶךְ־בָּבֶל׃ 14 וַיִּשְׁלְחוּ   כן למדינ[7]
וַיִּקְחוּ אֶת־יִרְמְיָהוּ מֵחֲצַר הַמַּטָּרָה וַיִּתְּנוּ אֹתוֹ [a]אֶל־גְּדַלְיָהוּ בֶּן־   ל
אֲחִיקָם בֶּן־שָׁפָן [a]לְהוֹצִאֵהוּ אֶל־הַבָּיִת[b] וַיֵּשֶׁב בְּתוֹךְ הָעָם׃ ס   ז בסיפ
15 וְאֶל־יִרְמְיָהוּ הָיָה דְבַר־יְהוָה [a]בִּהְיֹתוֹ עָצוּר[a] בַּחֲצַר הַמַּטָּרָה   ל. ג חס[13]. ה
16 לֵאמֹר׃ 16 הָלוֹךְ וְאָמַרְתָּ לְעֶבֶד־מֶלֶךְ הַכּוּשִׁי לֵאמֹר כֹּה־אָמַר   ו מל בסיפ[14]. ט בטע בסיפ[15]

[4] Mm 2684. [5] Mm 2685. [6] Mm 2559 contra textum. [7] Mp sub loco. [8] Mm 2686 et Mm 3824. [9] Mm 2980. [10] Mm 2594. [11] Mm 2687. [12] Mm 2752. [13] Mm 2688. [14] Mm 1408. [15] Mm 2615.

3 [c] prb dl (dttg) cf 13 ‖ **4** [a] 𝔊* om 4–13 (homtel); 4–10 add ex 52,7–11.13–16 et 11.12 tr ante 40,1; cf 13[a] ‖ [b] prp רָאָה ‖ [c] ℭ nonn Mss θ′𝔖𝔙 ־ֻאוּ; l וילכו ut 52,7 ‖ **5** [a] pc Mss 𝔖 + וכל־חילו נפצו מעליו ut 52,8 2 R 25,5 ‖ **7** [a] θ′ + nonn vb cf 𝔊 in 52,11 ‖ **8** [a] 𝔖 pl, l בָּתֵּי cf 52,13 2 R 25,9; vel ins יהוה ואת־בתי? cf ibidem ‖ **9** [a] l c 52,15 הָאָמֹן (?הָאָמָּן) ‖ [b] > 52,15 2 R 25,11, dl ‖ **10** [a] dub; 𝔊^{OL}θ′(𝔙) καὶ ὑδρεύματα = וְגֵבִים, sed l 𝔐 (prb = et agros cf 𝔖𝔗) ‖ **11** [a] cf 4[a] 40,1[a] ‖ [b] > σ′𝔖𝔙 ‖ **12** [a] sic L ‖ [b] > Q mlt Mss ‖ **13** [a] add insertis v 4–12 cf 4[a] ‖ [b–b] add ex 11 (cf 3) ‖ [c–c] ℭ mlt Mss שׂרָאצר ‖ **14** [a–a] add ex 40,6 ‖ [b–b] l לְהוֹצִיאוֹ וְלַהֲבִיאוֹ cf 37,4 (𝔊* om אל־ה׳) ‖ **15** [a–a] > 𝔊*.

יְהוָה צְבָאוֹת אֱלֹהֵי יִשְׂרָאֵל הִנְנִי מֵבִי[a] אֶת־דְּבָרַי אֶל־הָעִיר הַזֹּאת
לְרָעָה וְלֹא לְטוֹבָה [b]וְהָיוּ לְפָנֶיךָ בַּיּוֹם הַהוּא[b]׃ 17 וְהִצַּלְתִּיךָ בַיּוֹם־ 17
הַהוּא נְאֻם־יְהוָה וְלֹא תִנָּתֵן בְּיַד הָאֲנָשִׁים אֲשֶׁר־אַתָּה יָגוֹר מִפְּנֵיהֶם׃
18 כִּי מַלֵּט אֲמַלֶּטְךָ וּבַחֶרֶב לֹא תִפֹּל וְהָיְתָה לְךָ נַפְשְׁךָ לְשָׁלָל כִּי־ ס[כ״ד]
בָטַחְתָּ בִּי נְאֻם־יְהוָה׃ ס

40 1 הַדָּבָר[a] אֲשֶׁר־הָיָה אֶל־יִרְמְיָהוּ מֵאֵת יְהוָה אַחַר ׀ שַׁלַּח אֹתוֹ 40
נְבוּזַרְאֲדָן רַב־טַבָּחִים מִן־הָרָמָה בְּקַחְתּוֹ אֹתוֹ [b]וְהוּא־אָסוּר[b] בָּאזִקִּים[c]
בְּתוֹךְ כָּל־גָּלוּת יְרוּשָׁלַםִ וִיהוּדָה הַמֻּגְלִים בָּבֶלָה׃ 2 וַיִּקַּח רַב־ 2
טַבָּחִים לְיִרְמְיָהוּ[a] וַיֹּאמֶר אֵלָיו יְהוָה אֱלֹהֶיךָ דִּבֶּר אֶת־הָרָעָה הַזֹּאת
אֶל־הַמָּקוֹם הַזֶּה׃ 3 וַיָּבֵא[a] וַיַּעַשׂ יְהוָה [b]כַּאֲשֶׁר דִּבֵּר[b] כִּי־חֲטָאתֶם 3
לַיהוָה וְלֹא־שְׁמַעְתֶּם בְּקוֹלוֹ [b]וְהָיָה[c] לָכֶם [d]דָּבָר[d] הַזֶּה[b]׃ 4 וְעַתָּה הִנֵּה 4
פִתַּחְתִּיךָ הַיּוֹם מִן־הָאזִקִּים[a] אֲשֶׁר עַל־יָדֶךָ[b] אִם־טוֹב בְּעֵינֶיךָ לָבוֹא
אִתִּי בָבֶל בֹּא וְאָשִׂים אֶת־עֵינִי עָלֶיךָ[c] וְאִם־רַע בְּעֵינֶיךָ לָבוֹא־אִתִּי
בָבֶל חֲדָל רְאֵה כָּל־הָאָרֶץ לְפָנֶיךָ [d]אֶל־טוֹב[d] [e]וְאֶל־הַיָּשָׁר בְּעֵינֶיךָ
לָלֶכֶת שָׁמָּה לֵךְ[ce]׃ 5 [a]וְעוֹדֶנּוּ לֹא־יָשׁוּב וְשֻׁבָה[a] אֶל־גְּדַלְיָה בֶן־ 5
אֲחִיקָם בֶּן־שָׁפָן אֲשֶׁר הִפְקִיד מֶלֶךְ־בָּבֶל בְּעָרֵי[b] יְהוּדָה וְשֵׁב אִתּוֹ
בְּתוֹךְ הָעָם אוֹ אֶל־כָּל־הַיָּשָׁר בְּעֵינֶיךָ לָלֶכֶת לֵךְ וַיִּתֶּן־לוֹ רַב־טַבָּחִים
אֲרֻחָה וּמַשְׂאֵת[c] וַיְשַׁלְּחֵהוּ׃ 6 וַיָּבֹא יִרְמְיָהוּ אֶל־גְּדַלְיָה בֶן־אֲחִיקָם 6
הַמִּצְפָּתָה[a] וַיֵּשֶׁב אִתּוֹ בְּתוֹךְ הָעָם הַנִּשְׁאָרִים בָּאָרֶץ׃ ס
7 [a]וַיִּשְׁמְעוּ כָל־שָׂרֵי הַחֲיָלִים אֲשֶׁר בַּשָּׂדֶה הֵמָּה וְאַנְשֵׁיהֶם כִּי־ 7
הִפְקִיד מֶלֶךְ־בָּבֶל אֶת־גְּדַלְיָהוּ בֶן־אֲחִיקָם בָּאָרֶץ וְכִי ׀ הִפְקִיד אִתּוֹ
אֲנָשִׁים [b]וְנָשִׁים וָטָף וּמִדַּלַּת הָאָרֶץ מֵאֲשֶׁר לֹא־הָגְלוּ[b] בָּבֶלָה׃ 8 וַיָּבֹאוּ 8
אֶל־גְּדַלְיָה הַמִּצְפָּתָה וְיִשְׁמָעֵאל[a] בֶּן־נְתַנְיָהוּ וְיוֹחָנָן וְיוֹנָתָן[b] בְּנֵי־[c]קָרֵחַ

מביא חד מן ט חס א בליש ק
ב
ב[16]
ד בטע
ב[1]. ל
ג[2]. כט
נא[3] ית מנה ר״פ
הדבר חד מן יג[4] חס ה ר״ת בליש ק
ל. סו ג מנה בפסוק
ל. כט[5]. סו ג מנה בפסוק
סו ג מנה בפסוק
ג. ב חס. ה[6]
ז בסיפ
סו
ל וחס. ה בליש[7]. ד. ה[6]
ח
ג. ד[8]. לא[9] פסוק כי וכי ג מנה בסיפ
ב
ט. ב. ב. כט
ה[6]. ל[10]. ח. ה. ז[11]

[16] Mm 2689. **Cp 40** [1] Gn 25,20. [2] Mp sub loco. [3] Mm 639. [4] Mm 1856. [5] Mm 2501. [6] Mm 2690. [7] Mm 3750. [8] Mm 2200. [9] Mm 2059. [10] Mm 2691. [11] Mm 4012.

16 [a] Q מֵבִיא ‖ [b–b] > 𝔊*, frt add (dttg ex 17?) ‖ **Cp 40,1** [a] ordo perturbatus, compone 39,11.12 40,2a.1b.2b; 1aβ prb tr post 6a, 1aα dl ‖ [b–b] > 𝔊* ‖ [c] K בָּאֲ׳ ‖ **2** [a] ל recte? ‖ **3** [a] > 𝔊* ‖ [b–b] > 𝔊* ‖ [c] cf 37,11[a] ‖ [d] 1 Q ‖ **4** [a] cf 1[c] ‖ [b] mlt Mss 𝔊𝔖𝔗 ידיך ‖ [c–c] > 𝔊* ‖ [d–d] prp אִם ט׳, quod tr ante 5 (cf 5[a–a]) ‖ [e–e] add ex 5 ‖ **5** [a–a] crrp; prp בְּעֵינֶיךָ לָשֶׁבֶת שׁבה cf 4[d–d] ‖ [b] 𝔊 ἐν γῇ = בְּאֶרֶץ ‖ [c–c] 𝔊* om ‖ א׳ ו ‖ **6** [a] cf 1[a] ‖ **7** [a] 7–9 cf 2 R 25,22–24 ‖ [b–b] 𝔊 καὶ γυναῖκας αὐτῶν, οὓς οὐκ ἀπῴκισεν ‖ **8** [a] 𝔊𝔖 om cop ‖ [b] > pc Mss 𝔊*𝔗[f] et 2 R 25,23 (hpgr) ‖ [c] mlt Mss 𝔊𝔗[f Ms] et 2 R בֶּן cf [b].

וּשְׂרָיָה בֶן־תַּנְחֻמֶת וּבְנֵי ׀ עֵופַי[d] הַנְּטֹפָתִי וִיזַנְיָהוּ[e] בֶּן־הַמַּעֲכָתִי הֵמָּה ב. עיפי ק. ג
9 וְאַנְשֵׁיהֶם׃ 9 וַיִּשָּׁבַע לָהֶם גְּדַלְיָהוּ בֶן־אֲחִיקָם בֶּן־שָׁפָן וּלְאַנְשֵׁיהֶם ד[12]. ז בסיפ. ב
לֵאמֹר אַל־תִּירְאוּ מֵעֲבוֹד[a] הַכַּשְׂדִּים שְׁבוּ בָאָרֶץ וְעִבְדוּ אֶת־מֶלֶךְ ג מל בליש[13]
10 בָּבֶל וְיִיטַב לָכֶם׃ 10 וַאֲנִי הִנְנִי יֹשֵׁב[a] בַּמִּצְפָּה לַעֲמֹד לִפְנֵי הַכַּשְׂדִּים טז ר״פ. ה חס בסיפ
אֲשֶׁר יָבֹאוּ אֵלֵינוּ וְאַתֶּם אִסְפוּ יַיִן וְקַיִץ וְשֶׁמֶן וְשִׂמוּ בִּכְלֵיכֶם וּשְׁבוּ ו. ב חס ול בליש
11 בְּעָרֵיכֶם[b] אֲשֶׁר־תְּפַשְׂתֶּם׃ 11 וְגַם כָּל־הַיְּהוּדִים אֲשֶׁר־בְּמוֹאָב ׀ וּבִבְנֵי־ ו ר״פ בסיפ[14]. ד[15]
עַמּוֹן וּבֶאֱדוֹם וַאֲשֶׁר בְּכָל־הָאֲרָצוֹת[a] שָׁמְעוּ כִּי־נָתַן מֶלֶךְ־בָּבֶל ב
שְׁאֵרִית לִיהוּדָה וְכִי הִפְקִיד עֲלֵיהֶם אֶת־גְּדַלְיָהוּ בֶּן־אֲחִיקָם בֶּן־שָׁפָן׃ ב. ז בסיפ
12 [a]וַיָּשֻׁבוּ כָל־הַיְּהוּדִים מִכָּל־הַמְּקֹמוֹת אֲשֶׁר נִדְּחוּ־שָׁם[a] וַיָּבֹאוּ אֶרֶץ־
יְהוּדָה אֶל־גְּדַלְיָהוּ הַמִּצְפָּתָה וַיַּאַסְפוּ יַיִן וָקַיִץ הַרְבֵּה מְאֹד׃ פ ח. ו[16]
13 וְיוֹחָנָן בֶּן־קָרֵחַ וְכָל־שָׂרֵי הַחֲיָלִים אֲשֶׁר בַּשָּׂדֶה בָּאוּ אֶל־גְּדַלְיָהוּ ז[17]
14 הַמִּצְפָּתָה׃ 14 וַיֹּאמְרוּ אֵלָיו הֲיָדֹעַ תֵּדַע כִּי בַּעֲלִיס ׀ מֶלֶךְ בְּנֵי־עַמּוֹן ח. ג. ל
שָׁלַח אֶת־יִשְׁמָעֵאל בֶּן־נְתַנְיָה לְהַכֹּתְךָ נָפֶשׁ וְלֹא־הֶאֱמִין לָהֶם גְּדַלְיָהוּ
15 בֶּן־אֲחִיקָם׃ 15 וְיוֹחָנָן בֶּן־קָרֵחַ אָמַר אֶל־גְּדַלְיָהוּ בַסֵּתֶר בַּמִּצְפָּה
לֵאמֹר אֵלְכָה נָּא וְאַכֶּה אֶת־יִשְׁמָעֵאל בֶּן־נְתַנְיָה וְאִישׁ לֹא יֵדָע לָמָּה ל. יט[18]
יַכֶּכָּה נֶּפֶשׁ וְנָפֹצוּ כָּל־יְהוּדָה הַנִּקְבָּצִים אֵלֶיךָ וְאָבְדָה שְׁאֵרִית יְהוּדָה׃ ג[19]. ג[20]
16 וַיֹּאמֶר גְּדַלְיָהוּ בֶן־אֲחִיקָם אֶל־יוֹחָנָן בֶּן־קָרֵחַ אַל־תַּעַשׂ[a] אֶת־ תעשה ק חד מן ד[21] בליש
הַדָּבָר הַזֶּה כִּי־שֶׁקֶר אַתָּה דֹבֵר אֶל־יִשְׁמָעֵאל׃ ס ל
41 1 וַיְהִי ׀ בַּחֹדֶשׁ הַשְּׁבִיעִי בָּא יִשְׁמָעֵאל בֶּן־נְתַנְיָה בֶן־אֱלִישָׁמָע[b]
מִזֶּרַע הַמְּלוּכָה [c]וְרַבֵּי הַמֶּלֶךְ[c] וַעֲשָׂרָה אֲנָשִׁים אִתּוֹ אֶל־גְּדַלְיָהוּ בֶן־ ד[1]. כ[2]
2 אֲחִיקָם הַמִּצְפָּתָה וַיֹּאכְלוּ שָׁם לֶחֶם יַחְדָּו בַּמִּצְפָּה׃ 2 וַיָּקָם יִשְׁמָעֵאל ח
בֶּן־נְתַנְיָה וַעֲשֶׂרֶת הָאֲנָשִׁים ׀ אֲשֶׁר־הָיוּ אִתּוֹ וַיַּכּוּ אֶת־גְּדַלְיָהוּ[a] בֶן־ ל
אֲחִיקָם בֶּן־שָׁפָן בַּחֶרֶב וַיָּמֶת[b] אֹתוֹ[a] אֲשֶׁר־הִפְקִיד מֶלֶךְ־בָּבֶל בָּאָרֶץ׃ ז בסיפ. ה[3]
3 וְאֵת כָּל־הַיְּהוּדִים אֲשֶׁר־הָיוּ אִתּוֹ[a] אֶת־גְּדַלְיָהוּ[a] בַּמִּצְפָּה[b] וְאֶת־ ג ר״פ ואת את ואת את[4]. ג[5]

[12] Mm 2200. [13] Mp sub loco. [14] Mm 2463. [15] Mm 1603. [16] Mm 399. [17] Mm 965. [18] Mm 1369. [19] Mm 2244. [20] Mm 2944. [21] Mm 193. **Cp 41** [1] Mm 3785. [2] Mm 1581. [3] Mm 283. [4] Mm 2692. [5] Mm 2201.

8 [d] S𝔗 ut Q, K 𝔊𝔙 עוֹפי ‖ [e] pc Mss et 2 R ׳וְיַאֲז ‖ **9** [a] 2 R 25,24 מֵעַבְדֵי cf 𝔊 ‖ **10** [a] 𝔊* + ἐναντίον ὑμῶν ‖ [b] 𝔊 ἐν ταῖς πόλεσιν = בֶּעָרִים ‖ **11** [a] 𝔊 sg ‖ **12** [a–a] > 𝔊* ‖ **16** [a] K תַּעַשׂ Q תַּעֲשֶׂה ‖ **Cp 41,1** [a] cf 2 R 25,25sq ‖ [b] 𝔊* *Ελεασα* = אֶלְעָשָׂה, S[AMU] *'jšm'jl* = יִשְׁמָעֵאל ‖ [c–c] > 𝔊* et 2 R, dl (dttg) cf 2 ‖ **2** [a–a] > 𝔊* ‖ [b] 𝔊[OL]S𝔗[Ed]𝔙 pl ‖ **3** [a–a] > 𝔊* ‖ [b] prp בְּמִשְׁתֵּה.

הַכַּשְׂדִּ֔ים אֲשֶׁ֥ר נִמְצְאוּ־שָׁ֖ם [c]אֵ֚ת אַנְשֵׁ֣י הַמִּלְחָמָ֑ה הִכָּ֖ה יִשְׁמָעֵֽאל׃
4 5 4 וַיְהִ֛י בַּיּ֥וֹם הַשֵּׁנִ֖י לְהָמִ֣ית אֶת־גְּדַלְיָ֑הוּ [a]וְאִ֖ישׁ לֹ֥א יָדָֽע[a]׃ 5 וַיָּבֹ֣אוּ ל בטע ר״פ[6]
אֲ֠נָשִׁים מִשְּׁכֶ֞ם מִשִּׁל֤וֹ[a] וּמִשֹּֽׁמְרוֹן֙ שְׁמֹנִ֣ים אִ֔ישׁ מְגֻלְּחֵ֥י זָקָ֛ן וּקְרֻעֵ֥י בְגָדִ֖ים ח כת ו בליש[7]. ב[8]. ב חס
6 וּמִתְגֹּֽדְדִ֑ים וּמִנְחָ֤ה וּלְבוֹנָה֙ בְּיָדָ֔ם לְהָבִ֖יא בֵּ֥ית יְהוָֽה׃ 6 וַ֠יֵּצֵא יִשְׁמָעֵ֨אל
בֶּן־נְתַנְיָ֜ה לִקְרָאתָם֙ מִן־הַמִּצְפָּ֔ה [a]הֹלֵ֥ךְ הָלֹ֖ךְ וּבֹכֶ֑ה[a][b] [c]וַיְהִי֙ כִּפְגֹ֣שׁ ז[9] ב מנה בליש
7 אֹתָ֔ם[c] וַיֹּ֣אמֶר אֲלֵיהֶ֔ם בֹּ֖אוּ אֶל־גְּדַלְיָ֥הוּ בֶן־אֲחִיקָֽם׃ ס 7 וַיְהִ֕י יו חס בסיפ
כְּבוֹאָ֖ם אֶל־תּ֣וֹךְ הָעִ֑יר וַיִּשְׁחָטֵ֞ם יִשְׁמָעֵ֤אל בֶּן־נְתַנְיָה֙[a] אֶל־תּ֣וֹךְ[b] הַבּ֔וֹר ב חד חס וחד מל. ג[10]. ה[11]
8 [c]ה֖וּא וְהָאֲנָשִׁ֥ים אֲשֶׁר־אִתּֽוֹ[c]׃ 8 וַעֲשָׂרָ֨ה אֲנָשִׁ֜ים נִמְצְאוּ־בָ֗ם[a] וַיֹּאמְר֤וּ
אֶל־יִשְׁמָעֵאל֙ אַל־תְּמִתֵ֔נוּ כִּֽי־יֶשׁ־לָ֤נוּ מַטְמֹנִים֙ בַּשָּׂדֶ֔ה חִטִּ֥ים וּשְׂעֹרִ֖ים ה חס בליש[12]. ג
9 וְשֶׁ֣מֶן וּדְבָ֑שׁ וַיֶּחְדַּ֕ל וְלֹ֥א הֱמִיתָ֖ם בְּת֥וֹךְ אֲחֵיהֶֽם׃ 9 וְהַבּ֗וֹר אֲשֶׁ֨ר הִשְׁלִ֜יךְ ב[13]
שָׁ֤ם יִשְׁמָעֵאל֙ אֵ֣ת ׀ כָּל־[a]פִּגְרֵ֣י הָאֲנָשִׁ֗ים[a] אֲשֶׁ֤ר הִכָּה֙ [b]בְּיַד־גְּדַלְיָ֔הוּ[b]
ה֗וּא אֲשֶׁ֤ר עָשָׂה֙ הַמֶּ֣לֶךְ אָסָ֔א מִפְּנֵ֖י בַּעְשָׁ֣א מֶלֶךְ־יִשְׂרָאֵ֑ל אֹת֗וֹ מִלֵּ֛א ל בסיפ
10 יִשְׁמָעֵ֥אל בֶּן־נְתַנְיָ֖הוּ חֲלָלִֽים׃ 10 וַיִּ֣שְׁבְּ[a] ׀ יִשְׁמָעֵ֡אל אֶת־כָּל־שְׁאֵרִית ה. ב. יב פסוק את את ואת ואת
הָעָ֣ם אֲשֶׁ֣ר בַּמִּצְפָּ֡ה[b] אֶת־[c]בְּנ֣וֹת הַמֶּלֶךְ֩[d] וְאֶת־כָּל־הָעָ֜ם הַנִּשְׁאָרִ֣ים ג[14]
בַּמִּצְפָּ֗ה[d][b] אֲשֶׁ֤ר הִפְקִיד֙ נְבוּזַרְאֲדָן֙[e] רַב־טַבָּחִ֔ים אֶת־גְּדַלְיָ֖הוּ בֶּן־
אֲחִיקָ֑ם וַיִּשְׁבֵּם֙[g] [f]יִשְׁמָעֵ֣אל בֶּן־נְתַנְיָ֔ה[f] וַיֵּ֕לֶךְ לַעֲבֹ֖ר אֶל־בְּנֵ֥י עַמּֽוֹן׃ ס ל. ל בסיפ
11 11 וַיִּשְׁמַע֙ יוֹחָנָ֣ן בֶּן־קָרֵ֔חַ וְכָל־שָׂרֵ֥י הַחֲיָלִ֖ים אֲשֶׁ֣ר אִתּ֑וֹ אֵ֚ת כָּל־הָ֣רָעָ֔ה †[15]
12 אֲשֶׁ֥ר עָשָׂ֖ה יִשְׁמָעֵ֥אל בֶּן־נְתַנְיָֽה׃ 12 וַיִּקְחוּ֙ אֶת־כָּל־הָ֣אֲנָשִׁ֔ים[a] וַיֵּ֣לְכ֔וּ
לְהִלָּחֵ֖ם עִם־יִשְׁמָעֵ֣אל בֶּן־נְתַנְיָ֑ה וַיִּמְצְא֣וּ אֹת֔וֹ אֶל־מַ֥יִם רַבִּ֖ים אֲשֶׁ֥ר ג
13 בְּגִבְעֽוֹן[b]׃ 13 וַיְהִ֗י כִּרְא֤וֹת כָּל־הָעָם֙ אֲשֶׁ֣ר אֶת־יִשְׁמָעֵ֔אל אֶת־יֽוֹחָנָן֙ בֶּן־
14 קָרֵ֔חַ וְאֵ֛ת כָּל־שָׂרֵ֥י הַחֲיָלִ֖ים אֲשֶׁ֣ר אִתּ֑וֹ וַיִּשְׂמָֽחוּ[a]׃ 14 [a]וַיָּסֹ֙בּוּ֙ כָּל־הָעָ֔ם ג
אֲשֶׁר־שָׁבָ֥ה יִשְׁמָעֵ֖אל מִן־הַמִּצְפָּ֑ה[a] וַיָּשֻׁ֙בוּ֙ וַיֵּֽלְכ֔וּ[b] אֶל־יוֹחָנָ֖ן בֶּן־קָרֵֽחַ׃

[6] Mm 1017. [7] Mm 1525. [8] Mm 2240. [9] Mm 1813. [10] Mm 2007. [11] Mm 2101. [12] Mm 1036. [13] Gn 37,24. [14] Mm 2693. [15] Mm 965.

3 [c] nonn Mss 𝔊^{L}𝔖𝔗$^{f\,Ms}$𝔙 וְאֵת ‖ **4** [a–a] > 𝔖 ‖ **5** [a] 𝔊* *καὶ ἀπὸ Σαλημ* (𝔊^{A} α′σ′ *Σαλωμ*) ‖ **6** [a–a] 𝔊* *αὐτοὶ ἐπορεύοντο καὶ ἔκλαιον* ‖ [b] nonn Mss וּבָכֹה ‖ [c–c] > 𝔊* ‖ **7** [a] 𝔖 + *w'rmj 'nwn* = וַיַּשְׁלִיכֵם cf 𝔊^{VL} et 9 ‖ [b] > 𝔊, dl (ex v a) ‖ [c–c] > 𝔊* ‖ **8** [a] 𝔊 *ἐκεῖ* = שָׁם ‖ **9** [a–a] > 𝔊* ‖ [b–b] 𝔊* *φρέαρ μέγα*, l בּוֹר גָּדוֹל cf 1 Macc 7,19 ‖ **10** [a] 𝔊 *καὶ ἀπέστρεψεν* = וַיָּשֶׁב ‖ [b–b] > 𝔖, cf [d–d] ‖ [c] l c mlt Mss 𝔊𝔗$^{f\,Ms}$ וְאֵת ‖ [d–d] > 𝔊*, dl ‖ [e] > 𝔊* ‖ [f–f] > 𝔊* ‖ [g] pc Mss 𝔊^{OL} וַיַּשְׁכֵם ‖ **12** [a] 𝔊 *τὸ στρατόπεδον αὐτῶν* ‖ [b] prp בְּגֶבַע ‖ **13** [a] > 𝔊* ‖ **14** [a–a] > 𝔊* ‖ [b] > 𝔊*.

15 וְיִשְׁמָעֵאל בֶּן־נְתַנְיָה נִמְלַט בִּשְׁמֹנָה אֲנָשִׁים מִפְּנֵי יוֹחָנָן וַיֵּלֶךְ אֶל־
16 בְּנֵי עַמּוֹן׃ ס 16 וַיִּקַּח יוֹחָנָן בֶּן־קָרֵחַ וְכָל־שָׂרֵי הַחֲיָלִים אֲשֶׁר־ ‎[16]‏ל
אִתּוֹ אֵת כָּל־שְׁאֵרִית הָעָם אֲשֶׁר [a]הֵשִׁיב מֵאֵת[a] יִשְׁמָעֵאל [b]בֶּן־נְתַנְיָה
מִן־הַמִּצְפָּה אַחַר הִכָּה אֶת־גְּדַלְיָה בֶּן־אֲחִיקָם[b] [c]גְּבָרִים[c] [d]אַנְשֵׁי ‎[17]‏ה
17 הַמִּלְחָמָה[d] וְנָשִׁים וְטַף[e] וְסָרִסִים אֲשֶׁר הֵשִׁיב מִגִּבְעוֹן[f]׃ 17 וַיֵּלְכוּ וַיֵּשְׁבוּ ט . ב חס בליש
18 בְּגֵרוּת[a] כִּמוֹהָם[b] אֲשֶׁר־אֵצֶל בֵּית לָחֶם לָלֶכֶת לָבוֹא מִצְרָיִם׃ 18 מִפְּנֵי כמהם . ל ר״פ ק
הַכַּשְׂדִּים כִּי יָרְאוּ מִפְּנֵיהֶם כִּי־הִכָּה יִשְׁמָעֵאל בֶּן־נְתַנְיָה אֶת־גְּדַלְיָהוּ
בֶּן־אֲחִיקָם אֲשֶׁר־הִפְקִיד מֶלֶךְ־בָּבֶל בָּאָרֶץ׃ ס

42 1 וַיִּגְּשׁוּ כָּל־שָׂרֵי הַחֲיָלִים וְיוֹחָנָן בֶּן־קָרֵחַ וִיזַנְיָה[a] בֶּן־הוֹשַׁעְיָה[b] ‎[1]‏ל . ג
2 וְכָל־הָעָם מִקָּטֹן וְעַד־גָּדוֹל׃ 2 וַיֹּאמְרוּ אֶל־יִרְמְיָהוּ הַנָּבִיא תִּפָּל־ נא מ״פ וכל ר״פ דכות ב מ ג . ו בטע ר״פ[2]
נָא תְחִנָּתֵנוּ לְפָנֶיךָ וְהִתְפַּלֵּל בַּעֲדֵנוּ[a] אֶל־יְהוָה אֱלֹהֶיךָ[b] בְּעַד כָּל־
הַשְּׁאֵרִית הַזֹּאת[b] כִּי־נִשְׁאַרְנוּ מְעַט מֵהַרְבֵּה כַּאֲשֶׁר עֵינֶיךָ רֹאוֹת אֹתָנוּ׃
3 וְיַגֶּד־לָנוּ יְהוָה אֱלֹהֶיךָ[a] אֶת־הַדֶּרֶךְ אֲשֶׁר נֵלֶךְ־בָּהּ וְאֶת־הַדָּבָר אֲשֶׁר ‎[3]‏ד . ב
4 נַעֲשֶׂה׃ 4 וַיֹּאמֶר אֲלֵיהֶם יִרְמְיָהוּ הַנָּבִיא שָׁמַעְתִּי הִנְנִי מִתְפַּלֵּל אֶל־
יְהוָה אֱלֹהֵיכֶם[a] כְּדִבְרֵיכֶם וְהָיָה כָּל־הַדָּבָר אֲשֶׁר־יַעֲנֶה יְהוָה אֶתְכֶם[b] ‎[4]‏ג
5 אַגִּיד לָכֶם לֹא־אֶמְנַע מִכֶּם דָּבָר׃ 5 וְהֵמָּה אָמְרוּ אֶל־יִרְמְיָהוּ יְהִי ‎[5]‏י ר״פ
יְהוָה בָּנוּ לְעֵד אֱמֶת וְנֶאֱמָן אִם־לֹא כְּכָל־הַדָּבָר אֲשֶׁר יִשְׁלָחֲךָ יְהוָה ‎[6]‏ל
6 אֱלֹהֶיךָ אֵלֵינוּ כֵּן נַעֲשֶׂה׃ 6 אִם־טוֹב וְאִם־רָע בְּקוֹל ׀ יְהוָה אֱלֹהֵינוּ ח ר״פ בסיפ[7] . ב[8]
אֲשֶׁר אֲנוּ[a] שֹׁלְחִים אֹתְךָ אֵלָיו נִשְׁמָע לְמַעַן אֲשֶׁר יִיטַב־לָנוּ כִּי נִשְׁמַע אנחנו[9] ק
7 בְּקוֹל יְהוָה אֱלֹהֵינוּ׃ ס 7 וַיְהִי מִקֵּץ עֲשֶׂרֶת יָמִים וַיְהִי דְבַר־ יב
8 יְהוָה אֶל־יִרְמְיָהוּ׃ 8 וַיִּקְרָא אֶל־יוֹחָנָן בֶּן־קָרֵחַ וְאֶל כָּל־שָׂרֵי הַחֲיָלִים
9 אֲשֶׁר אִתּוֹ וּלְכָל־הָעָם לְמִקָּטֹן וְעַד־גָּדוֹל׃ 9 וַיֹּאמֶר אֲלֵיהֶם כֹּה־ ‎[9]‏ג . ב
אָמַר יְהוָה [a]אֱלֹהֵי יִשְׂרָאֵל אֲשֶׁר שְׁלַחְתֶּם אֹתִי אֵלָיו לְהַפִּיל תְּחִנַּתְכֶם כד

[16] Mm 965. [17] Mm 2690. **Cp 42** [1] Mm 3996. [2] Mm 76. [3] Mm 1484. [4] Mm 2694. [5] Mm 1249. [6] וחד וְנֶאֱמָן Prv 11,13. [7] Mm 2584. [8] Qoh 12,14. [9] Mp sub loco.

16 [a–a] l prb שָׁבָה אִתָּם ‖ [b–b] > 𝔊* ‖ [c] pc Mss גִּבּוֹרִים cf 𝔊𝔗𝔙 ‖ [d–d] add (ad גברים = גִּבּוֹרִים) ‖ [e] 𝔊 *καὶ τὰ λοιπά*, it 43,6[b] ‖ [f] cf 12[b] ‖ **17** [a] dub; prb = in diversorio cf σ'𝔗𝔙; 𝔊θ' *ἐν Γαβηρωθ* (nom proprium), α' *ἐν (τοῖς) φραγμοῖς* = בְּגִדְרֹת, 𝔖 *b'dr'* = בְּגִרְנוֹת ‖ [b] mlt Mss ut Q, l (cf 2 S 19,38 sq); K dub ‖ **Cp 42,1** [a] l sec 𝔊 וַעֲזַרְיָה cf 40,8 43,2 ‖ [b] 𝔊 *Μαασαίου* (it 43,2[a]) = מַעֲשֵׂיָה, utrum l? ‖ **2** [a] > 𝔊* ‖ [b–b] > 𝔖 ‖ **3** [a] pc Mss 𝔖 ־ֵינוּ ‖ **4** [a] 𝔊 *θεὸν ἡμῶν* (ex *ὑμῶν*) ‖ [b] > 𝔊*; l אֱלֹהֵיכֶם? ‖ **6** [a] K Or אֲנוּ ‖ **9** [a–a] > 𝔊*.

10 לְפָנָֽיו׃ 10 אִם־שׁ֤וֹב[a] תֵּֽשְׁבוּ֙ בָּאָ֣רֶץ הַזֹּ֔את וּבָנִ֤יתִי אֶתְכֶם֙ וְלֹ֣א אֶהֱרֹ֔ס ח̇ ר״פ בסיפ̇[10]
וְנָטַעְתִּ֥י אֶתְכֶ֖ם וְלֹ֣א אֶתּ֑וֹשׁ כִּ֤י נִחַ֙מְתִּי֙ אֶל־הָ֣רָעָ֔ה אֲשֶׁ֥ר עָשִׂ֖יתִי לָכֶֽם׃
11 אַל־תִּֽירְא֗וּ מִפְּנֵי֙ מֶ֣לֶךְ בָּבֶ֔ל אֲשֶׁר־אַתֶּ֥ם יְרֵאִ֖ים מִפָּנָ֑יו אַל־תִּֽירְא֤וּ כ̇ו̇ ר״פ אל אל[11] . כ̇ג̇
מִמֶּ֙נּוּ֙ נְאֻם־יְהוָ֔ה כִּֽי־אִתְּכֶ֣ם אָ֔נִי לְהוֹשִׁ֥יעַ אֶתְכֶ֛ם וּלְהַצִּ֥יל אֶתְכֶ֖ם מִיָּדֽוֹ׃ ל̇
12 וְאֶתֵּ֥ן לָכֶ֛ם רַחֲמִ֖ים וְרִחַ֣ם[a] אֶתְכֶ֑ם וְהֵשִׁ֥יב[b] אֶתְכֶ֖ם אֶל־אַדְמַתְכֶֽם׃ ס כ̇ה̇[13] ג̇ . ב̇[12] . ו̇[13]
13 וְאִם־אֹמְרִ֣ים אַתֶּ֔ם לֹ֥א נֵשֵׁ֖ב בָּאָ֣רֶץ הַזֹּ֑את לְבִלְתִּ֣י שְׁמֹ֔עַ בְּק֖וֹל יְהוָ֥ה י̇א̇[14]
14 אֱלֹהֵיכֶֽם׃ 14 לֵאמֹ֗ר לֹ֚א[a] כִּ֚י אֶ֤רֶץ מִצְרַ֙יִם֙ נָב֔וֹא אֲשֶׁ֤ר לֹֽא־נִרְאֶה֙ ט̇ ר״פ[15] . ח̇ פסוק לא לא לא[16] . ה̇[17]
15 מִלְחָמָ֔ה וְק֥וֹל שׁוֹפָ֖ר לֹ֣א נִשְׁמָ֑ע וְלַלֶּ֥חֶם לֹֽא־נִרְעָ֖ב וְשָׁ֥ם נֵשֵֽׁב׃ 15 וְעַתָּ֕ה ג̇[18] . ל̇[19]
לָכֵ֥ן שִׁמְע֛וּ דְבַר־יְהוָ֖ה שְׁאֵרִ֣ית יְהוּדָ֑ה כֹּה־אָמַ֞ר יְהוָ֤ה צְבָאוֹת֙ אֱלֹהֵ֣י
יִשְׂרָאֵ֔ל אִם־אַ֠תֶּם שׂ֣וֹם תְּשִׂמ֤וּן פְּנֵיכֶם֙ לָבֹ֣א מִצְרַ֔יִם וּבָאתֶ֖ם לָג֥וּר שָֽׁם׃ ב̇[20] . ג̇[21] . ט̇ חס[22]
16 וְהָיְתָ֣ה[a] הַחֶ֗רֶב אֲשֶׁ֤ר אַתֶּם֙ יְרֵאִ֣ים מִמֶּ֔נָּה שָׁ֛ם תַּשִּׂ֥יג אֶתְכֶ֖ם בְּאֶ֣רֶץ
מִצְרָ֑יִם וְהָרָעָ֞ב אֲשֶׁר־אַתֶּ֣ם ׀ דֹּאֲגִ֣ים מִמֶּ֗נּוּ שָׁ֣ם יִדְבַּ֧ק אַחֲרֵיכֶ֛ם מִצְרַ֖יִם[b] ל̇
17 וְשָׁ֥ם תָּמֻֽתוּ׃ 17 וְיִהְי֣וּ[a] כָל־הָאֲנָשִׁ֡ים[b] אֲשֶׁר־שָׂ֨מוּ אֶת־פְּנֵיהֶ֜ם לָב֤וֹא י̇א̇ רפי[23]
מִצְרַ֙יִם֙ לָג֣וּר שָׁ֔ם יָמ֕וּתוּ בַּחֶ֖רֶב בָּרָעָ֣ב וּבַדָּ֑בֶר וְלֹא־יִהְיֶ֤ה לָהֶם֙ שָׂרִ֣יד ל̇ מל בסיפ̇[24] . ה̇
18 וּפָלִ֔יט מִפְּנֵי֙ הָֽרָעָ֔ה אֲשֶׁ֥ר אֲנִ֖י מֵבִ֥יא עֲלֵיהֶֽם׃ ס 18 כִּי֩ כֹ֨ה אָמַ֜ר ד̇ בטע̇ בסיפ̇ . ו̇ בטע̇ בסיפ̇[25]
יְהוָ֣ה צְבָא֘וֹת אֱלֹהֵ֣י יִשְׂרָאֵל֒ כַּאֲשֶׁר֩ נִתַּ֨ךְ אַפִּ֜י וַחֲמָתִ֗י עַל־יֹֽשְׁבֵי֙ ג̇[26] . ה̇[27] ה̇ מנה̇ בליש̇
יְר֣וּשָׁלִַ֔ם כֵּ֚ן תִּתַּ֤ךְ חֲמָתִי֙ עֲלֵיכֶ֔ם בְּבֹאֲכֶ֖ם מִצְרָ֑יִם וִהְיִיתֶ֡ם לְאָלָה֩ ג̇[28]
וּלְשַׁמָּ֨ה וְלִקְלָלָ֜ה וּלְחֶרְפָּ֗ה וְלֹֽא־תִרְא֥וּ עוֹד֙ אֶת־הַמָּק֖וֹם הַזֶּֽה[a]׃ ב̇[29]
19 דִּבֶּ֨ר[a] יְהוָ֤ה עֲלֵיכֶם֙ שְׁאֵרִ֣ית יְהוּדָ֔ה אַל־תָּבֹ֖אוּ מִצְרָ֑יִם יָדֹ֙עַ֙[b] תֵּֽדְע֔וּ ב̇ ר״פ[30]
20 [c]כִּי־הַעִידֹ֥תִי בָכֶ֖ם הַיּֽוֹם[c]׃ 20 כִּ֣י הִתְעֵתֶים֮[a] בְּנַפְשֽׁוֹתֵיכֶם֒ כִּֽי־אַתֶּ֞ם ב̇ מל̇ . התעתם[13] ק חד מן ג̇[31] מילין יתיר י מ״ת . ב̇ מל[32]
שְׁלַחְתֶּ֣ם אֹתִ֗י [b]אֶל־יְהוָ֤ה אֱלֹֽהֵיכֶם֙[b] לֵאמֹ֔ר הִתְפַּלֵּ֣ל בַּעֲדֵ֔נוּ אֶל־יְהוָ֖ה
אֱלֹהֵ֑ינוּ[c] וּכְכֹל֩ אֲשֶׁ֨ר יֹאמַ֜ר יְהוָ֧ה [b]אֱלֹהֵ֛ינוּ כֵּ֥ן הַגֶּד־לָ֖נוּ[b] וְעָשִֽׂינוּ׃ ה̇
21 וָאַגִּ֥ד לָכֶ֖ם הַיּ֑וֹם[a] וְלֹ֣א שְׁמַעְתֶּ֗ם בְּקוֹל֙ יְהוָ֣ה אֱלֹהֵיכֶ֔ם[b] וּלְכֹ֖ל[c] ד̇[33] חס̇ ב̇ מנה̇ בליש̇ . ג̇[34]

[10] Mm 2584. [11] Mm 3261. [12] Mm 2695. [13] Mp sub loco. [14] Mm 2550. [15] Mm 3072. [16] Mm 3132. [17] Mm 3682. [18] Mm 2696. [19] Mm 3073. [20] Mm 1154. [21] Mm 2697. [22] Mm 355. [23] Mm 417. [24] Mm 1804. [25] Mm 2614 contra textum. [26] Mm 431. [27] Mm 3172. [28] Mm 920. [29] Mm 2050. [30] Mm 317. [31] Mm 4257. [32] Mm 2557. [33] Mm 1688. [34] Mm 2698.

10 [a] l יָשׁוֹב cf 𝔊𝔗𝔙 ‖ **12** [a] 𝔊𝔖𝔙 1 sg ‖ [b] 𝔊 1 sg; α′(𝔖𝔙) *καὶ καθίσω ὑμᾶς* a ישׁב; prp והשׁיב ‖ **14** [a–a] > 𝔊* ‖ **16** [a] = והיָה ‖ [b] l ′בְּמִ? ‖ **17** [a] = וְהָיָה ‖ [b] 𝔊* + *καὶ πάντες οἱ ἀλλογενεῖς* = וכל־הַזָּרִים (ex הַזֵּדִים? cf 43,2) ‖ **18** [a] prb huc tr 43,1–3 cf 21; tum init 19 ins וַיֹּאמֶר יִרְמְיָהוּ ‖ **19** [a] prp זֶה דְּבַר, sed cf 18[a] ‖ [b] 𝔊 pr *καὶ νῦν* cf 22 ‖ [c–c] > 𝔊* ‖ **20** [a] l Q, K lapsus; 𝔊 *ἐπονηρεύσασθε* = 𝔐 aut = הֲרֵעֹתֶם ‖ [b–b] > 𝔊* ‖ [c] > 𝔊* ‖ **21** [a–a] > 𝔊* ‖ [b] > 𝔊* ‖ [c] > 𝔊*; l c Ms 𝔊[L]𝔗[Ms]𝔙 לכל.

22 אֲשֶׁר־שְׁלָחַנִי אֲלֵיכֶם׃ 22 וְעַתָּה [a]יָדֹעַ תֵּדְעוּ[a] כִּי בַּחֶרֶב בָּרָעָב ח
וּבַדֶּבֶר תָּמוּתוּ בַּמָּקוֹם אֲשֶׁר חֲפַצְתֶּם לָבוֹא לָגוּר שָׁם׃ ס ז מל
43 1 [a]וַיְהִי כְּכַלּוֹת יִרְמְיָהוּ לְדַבֵּר אֶל־כָּל־הָעָם אֶת־כָּל־דִּבְרֵי יְהוָה
אֱלֹהֵיהֶם[b] אֲשֶׁר שְׁלָחוֹ יְהוָה אֱלֹהֵיהֶם[c] אֲלֵיהֶם אֵת כָּל־הַדְּבָרִים כה
2 הָאֵלֶּה׃ ס 2 וַיֹּאמֶר עֲזַרְיָה בֶן־הוֹשַׁעְיָה[a] וְיוֹחָנָן בֶּן־קָרֵחַ וְכָל־ ג[1]
הָאֲנָשִׁים הַזֵּדִים[b] אֹמְרִים[c] אֶל־יִרְמְיָהוּ[d] [e]שֶׁקֶר אַתָּה מְדַבֵּר[e] לֹא שְׁלָחֲךָ ל
3 יְהוָה אֱלֹהֵינוּ[f] לֵאמֹר לֹא־תָבֹאוּ מִצְרַיִם לָגוּר שָׁם׃ 3 כִּי בָּרוּךְ בֶּן־
נֵרִיָּה מַסִּית אֹתְךָ בָּנוּ לְמַעַן תֵּת אֹתָנוּ בְיַד־הַכַּשְׂדִּים לְהָמִית אֹתָנוּ
4 וּלְהַגְלוֹת אֹתָנוּ בָּבֶל׃ 4 וְלֹא־שָׁמַע יוֹחָנָן בֶּן־קָרֵחַ וְכָל־שָׂרֵי הַחֲיָלִים ל. ז[2]
5 וְכָל־הָעָם בְּקוֹל יְהוָה לָשֶׁבֶת בְּאֶרֶץ יְהוּדָה׃ 5 וַיִּקַּח יוֹחָנָן בֶּן־קָרֵחַ נא מ״פ וכל ר״פ דכות ב מ ג
וְכָל־שָׂרֵי הַחֲיָלִים אֵת כָּל־שְׁאֵרִית יְהוּדָה אֲשֶׁר־שָׁבוּ [a]מִכָּל־הַגּוֹיִם ז[2]
6 אֲשֶׁר[a] נִדְּחוּ־שָׁם לָגוּר [b]בְּאֶרֶץ יְהוּדָה[b]׃ 6 אֶת־הַגְּבָרִים[a] וְאֶת־הַנָּשִׁים ד ר״פ בסיפ
וְאֶת־הַטַּף[b] וְאֶת־בְּנוֹת הַמֶּלֶךְ וְאֵת כָּל־הַנֶּפֶשׁ אֲשֶׁר הִנִּיחַ נְבוּזַרְאֲדָן
רַב־טַבָּחִים אֶת־גְּדַלְיָהוּ בֶּן־אֲחִיקָם בֶּן־שָׁפָן וְאֵת יִרְמְיָהוּ הַנָּבִיא ז בסיפ . ב[3]
7 וְאֶת־בָּרוּךְ בֶּן־נֵרִיָּהוּ׃ 7 וַיָּבֹאוּ אֶרֶץ מִצְרַיִם כִּי לֹא שָׁמְעוּ בְּקוֹל ב[4]. ג
יְהוָה וַיָּבֹאוּ עַד־תַּחְפַּנְחֵס׃ ס
8 וַיְהִי דְבַר־יְהוָה אֶל־יִרְמְיָהוּ בְּתַחְפַּנְחֵס לֵאמֹר׃ 9 קַח בְּיָדְךָ יב ר״פ
אֲבָנִים גְּדֹלוֹת וּטְמַנְתָּם [a]בַמֶּלֶט[b] בַּמַּלְבֵּן[c] אֲשֶׁר[a] בְּפֶתַח בֵּית־פַּרְעֹה ב[5]
10 בְּתַחְפַּנְחֵס לְעֵינֵי אֲנָשִׁים יְהוּדִים׃ 10 וְאָמַרְתָּ אֲלֵיהֶם כֹּה־אָמַר יְהוָה ב בטע בסיפ[6]
צְבָאוֹת אֱלֹהֵי יִשְׂרָאֵל הִנְנִי שֹׁלֵחַ וְלָקַחְתִּי אֶת־נְבוּכַדְרֶאצַּר מֶלֶךְ־
בָּבֶל עַבְדִּי[a] וְשַׂמְתִּי[b] כִסְאוֹ מִמַּעַל לָאֲבָנִים הָאֵלֶּה אֲשֶׁר טָמָנְתִּי[c]
11 וְנָטָה אֶת־שַׁפְרִירוֹ[d] עֲלֵיהֶם׃ 11 וּבָאה[a] וְהִכָּה אֶת־אֶרֶץ מִצְרָיִם אֲשֶׁר שפרירו ק . ובא ק חד מן יז ר״פ בליש
12 לַמָּוֶת לַמָּוֶת וַאֲשֶׁר לַשְּׁבִי לַשֶּׁבִי [b]וַאֲשֶׁר לַחֶרֶב לֶחָרֶב[b]׃ 12 וְהִצַּתִּי[a] ו
אֵשׁ בְּבָתֵּי אֱלֹהֵי מִצְרַיִם וּשְׂרָפָם וְשָׁבָם וְעָטָה[b] אֶת־אֶרֶץ מִצְרַיִם ל. ל

Cp 43 [1]Mm 3996. [2]Mm 965. [3]Mm 2699. [4]Mm 2700. [5]Mm 2701. [6]Mm 2702.

22 a–a > 𝔊* ‖ **Cp 43,1** a cf 42,18a ‖ b > 𝔊* ‖ c > 𝔊*, dl (dttg) ‖ **2** a cf 42,1b ‖ b > 𝔊* ‖ c prp וְהַמֹּרִים ‖ d 𝔊* + *λέγοντες*, ins לֵאמֹר ‖ e–e > 𝔊* ‖ f 𝔊* *πρὸς ἡμᾶς* = אֵלֵינוּ ‖ **5** a–a > 𝔊* ‖ b–b 𝔊* *ἐν τῇ γῇ* ‖ **6** a 𝔊 *τοὺς δυνατούς* cf 41,16c ‖ b cf 41,16e ‖ **9** a–a > 𝔊* ‖ b α'θ'(σ'𝔙) *ἐν τῷ κρυφίῳ* = בַּלָּט ‖ c prb add (dttg) ‖ **10** a > 𝔊* ‖ b 𝔊(𝔖) *καὶ θήσει τόν*, l וְשָׂם אֶת־ ‖ c 𝔊 2 sg ‖ d K וּרוֹ– ‖ **11** a 𝔗 ut Q, l; K הָ– ‖ b–b add? ‖ **12** a 𝔊𝔖𝔙 3 sg, l וְהִצִּית ‖ b 𝔊 recte *καὶ φθειριεῖ* cf c.

ד[7] כַּאֲשֶׁר־יַעְטֶה[c] הָרֹעֶה אֶת־בִּגְדוֹ וְיָצָא מִשָּׁם בְּשָׁלוֹם׃ 13 וְשִׁבַּר אֶת־ 13
ג[8] מַצְּבוֹת בֵּית שֶׁמֶשׁ [a]אֲשֶׁר בְּאֶרֶץ מִצְרָיִם[a] וְאֶת־בָּתֵּי אֱלֹהֵי־מִצְרַיִם
יִשְׂרֹף בָּאֵשׁ׃ ס

ג[1] **44** 1 הַדָּבָר אֲשֶׁר הָיָה אֶל־יִרְמְיָהוּ אֶל° כָּל־הַיְּהוּדִים הַיֹּשְׁבִים **44**
ב חד מל וחד חס . ה[2] בְּאֶרֶץ מִצְרָיִם הַיֹּשְׁבִים בְּמִגְדֹּל וּבְתַחְפַּנְחֵס וּבְנֹף[a] וּבְאֶרֶץ פַּתְרוֹס
ט בטע בסיפ[3] לֵאמֹר׃ ס 2 כֹּה־אָמַר יְהוָה צְבָאוֹת אֱלֹהֵי יִשְׂרָאֵל אַתֶּם רְאִיתֶם 2
אֵת כָּל־הָרָעָה אֲשֶׁר הֵבֵאתִי עַל־יְרוּשָׁלִַם וְעַל כָּל־עָרֵי יְהוּדָה וְהִנָּם
ב . מט מל בנביא חָרְבָּה [a]הַיּוֹם הַזֶּה[a] וְאֵין° בָּהֶם יוֹשֵׁב׃ 3 מִפְּנֵי רָעָתָם אֲשֶׁר עָשׂוּ 3
ל לְהַכְעִסֵנִי לָלֶכֶת לְקַטֵּר לַעֲבֹד[a]° לֵאלֹהִים אֲחֵרִים אֲשֶׁר לֹא [b]יְדָעוּם
ח[4] חס ב מנה בסיפ וכל עזרא דכות . ח מל בסיפ הֵמָּה אַתֶּם וַאֲבֹתֵיכֶם[b]׃ 4 וָאֶשְׁלַח אֲלֵיכֶם אֶת־כָּל־עֲבָדַי הַנְּבִיאִים 4
ג מל בליש[5] . ט חס בליש הַשְׁכֵּים וְשָׁלֹחַ לֵאמֹר אַל־נָא תַעֲשׂוּ אֵת דְּבַר־הַתֹּעֵבָה הַזֹּאת אֲשֶׁר
י שָׂנֵאתִי׃ 5 וְלֹא שָׁמְעוּ וְלֹא־הִטּוּ אֶת־אָזְנָם לָשׁוּב מֵרָעָתָם לְבִלְתִּי 5
קַטֵּר לֵאלֹהִים אֲחֵרִים׃ 6 וַתִּתַּךְ חֲמָתִי וְאַפִּי וַתִּבְעַר בְּעָרֵי יְהוּדָה 6
ל וּבְחֻצוֹת יְרוּשָׁלִָם וַתִּהְיֶינָה לְחָרְבָּה° לִשְׁמָמָה[a] כַּיּוֹם הַזֶּה׃ ס
יב[6] 7 וְעַתָּה כֹּה־אָמַר יְהוָה° אֱלֹהֵי° צְבָאוֹת אֱלֹהֵי יִשְׂרָאֵל לָמָה אַתֶּם 7
ל חס[7] . כב עֹשִׂים רָעָה גְדוֹלָה אֶל־נַפְשֹׁתֵכֶם לְהַכְרִית לָכֶם אִישׁ־וְאִשָּׁה עוֹלֵל
יא כת י[8] וְיוֹנֵק מִתּוֹךְ יְהוּדָה לְבִלְתִּי הוֹתִיר לָכֶם שְׁאֵרִית׃ 8 לְהַכְעִסֵנִי בְּמַעֲשֵׂי[a] 8
יְדֵיכֶם לְקַטֵּר לֵאלֹהִים אֲחֵרִים בְּאֶרֶץ מִצְרַיִם אֲשֶׁר־אַתֶּם בָּאִים
כל מ״פ למען ולמען ב מ ו[9] לָגוּר שָׁם [b]לְמַעַן הַכְרִית לָכֶם וּ[b]לְמַעַן הֱיוֹתְכֶם לִקְלָלָה וּלְחֶרְפָּה
ל בְּכֹל[c] גּוֹיֵי הָאָרֶץ׃ 9 הַשְׁכַחְתֶּם אֶת־רָעוֹת אֲבוֹתֵיכֶם וְאֶת־רָעוֹת 9
ד חס ול בליש . ד חס ול בליש מַלְכֵי יְהוּדָה וְאֵת רָעוֹת נָשָׁיו[a] [b]וְאֵת רָעֹתֵכֶם[b] [c]וְאֵת רָעֹת נְשֵׁיכֶם[c] אֲשֶׁר
ט ר״פ בסיפ וחד מן לד פסוק לא ולא ולא ז מנה בסיפ . ד בסיפ[10] עָשׂוּ בְּאֶרֶץ יְהוּדָה וּבְחֻצוֹת יְרוּשָׁלִָם׃ 10 לֹא דֻכְּאוּ[a] עַד° הַיּוֹם° הַזֶּה 10
ט[11] חס וכל אורית דכות ב מ א . ה [b]וְלֹא יָרְאוּ[b] וְלֹא־הָלְכוּ [c]בְתוֹרָתִי וּבְחֻקֹּתַי[c] אֲשֶׁר־נָתַתִּי° [d]לִפְנֵיכֶם

[7] Mm 2703. [8] Mm 2704. **Cp 44** [1] Mm 2705. [2] Mm 3981. [3] Mm 2615. [4] Mm 1586. [5] Mm 2595. [6] Mm 2015. [7] Mm 2557. [8] Mm 2706. [9] Mm 2707. [10] Mm 771. [11] Mm 1902.

12 [c] sic L, mlt Mss Edd יַעֲטֶה; 𝔊 recte *φθειρίζει* cf [b] ‖ **13** [a–a] 𝔊* *τοὺς ἐν Ων*; et 𝔐 et 𝔊 gl ‖ **Cp 44,1** [a] > 𝔊* ‖ **2** [a–a] > 𝔊* ‖ **3** [a] > 𝔊* ‖ [b–b] 𝔊* sol *ἔγνωτε* = יְדַעְתֶּם ‖ **6** [a] ℭ nonn Mss Vrs וְל' ‖ **8** [a] ℭ mlt Mss 𝔖 ־שֵׂה ‖ [b–b] add? cf 7 ‖ [c] pc Mss לְכָל ‖ **9** [a] 𝔊 *τῶν ἀρχόντων ὑμῶν* = שָׂרֵיכֶם; l prb נְשֵׁיהֶם cf 𝔖 ‖ [b–b] > 𝔊𝔖 ‖ [c–c] > 𝔖 ‖ **10** [a] dub; 𝔊(ℭ) *ἐπαύσαντο* = נִכְלְאוּ? θ′ *ἐταπεινώθησαν* = 𝔐; α′σ′ *(ἐκαθαρίσθησαν)*, 𝔙 *(mundati sunt)*, 𝔖 *(’tdkjw)* ab aram דכא ducunt; prp נִכְאוּ cf Da 11,30 ‖ [b–b] > 𝔊* ‖ [c–c] 𝔊* *τῶν προσταγμάτων μου* = בחקתי ‖ [d–d] 𝔊* *κατὰ πρόσωπον*.

11 וְלִפְנֵי [d]אֲבוֹתֵיכֶם[e]׃ ס 11 [a]לָכֵן כֹּה־אָמַר יְהוָה צְבָאוֹת אֱלֹהֵי יו̇ וכל לפני ולפני דכות ה̇י בטע̇ בסיפ̇[12]. ג̇ בטע̇ בסיפ̇
יִשְׂרָאֵל הִנְנִי שָׂם פָּנַי בָּכֶם לְרָעָה וּלְהַכְרִית אֶת־כָּל־יְהוּדָה׃ ב̇[13]
12 וְלָקַחְתִּי אֶת־שְׁאֵרִית יְהוּדָה אֲשֶׁר־שָׂמוּ פְנֵיהֶם לָבוֹא אֶרֶץ־מִצְרַיִם
לָגוּר שָׁם וְתַמּוּ כֹל בְּאֶרֶץ מִצְרַיִם יִפֹּלוּ בַּחֶרֶב בָּרָעָב[a] יִתַּמּוּ מִקָּטֹן ח̇
וְעַד־גָּדוֹל בַּחֶרֶב וּבָרָעָב יָמֻתוּ וְהָיוּ לְאָלָה לְשַׁמָּה וְלִקְלָלָה וּלְחֶרְפָּה׃
13 וּפָקַדְתִּי עַל הַיּוֹשְׁבִים בְּאֶרֶץ מִצְרַיִם כַּאֲשֶׁר פָּקַדְתִּי עַל־יְרוּשָׁלִָם י̇ מל̇ ב̇ מנה̇ בליש̇
14 בַּחֶרֶב בָּרָעָב וּבַדָּבֶר׃ 14 וְלֹא יִהְיֶה פָלִיט וְשָׂרִיד לִשְׁאֵרִית יְהוּדָה ח̇. יז̇ ר״פ ולא לא[14]. ד̇ ר״פ. ב̇
הַבָּאִים לָגוּר־שָׁם[a] בְּאֶרֶץ מִצְרָיִם וְלָשׁוּב[b] | אֶרֶץ יְהוּדָה אֲשֶׁר־הֵמָּה ג̇[15]
מְנַשְּׂאִים אֶת־נַפְשָׁם לָשׁוּב לָשֶׁבֶת[c] שָׁם כִּי לֹא־יָשׁוּבוּ [d]כִּי אִם־פְּלֵטִים[d]׃ ג̇
ס 15 וַיַּעֲנוּ אֶת־יִרְמְיָהוּ כָּל־הָאֲנָשִׁים הַיֹּדְעִים כִּי־מְקַטְּרוֹת נְשֵׁיהֶם ט̇ פסוק כל וכל וכל[16]. ל̇
לֵאלֹהִים אֲחֵרִים וְכָל־הַנָּשִׁים הָעֹמְדוֹת קָהָל[a] גָּדוֹל [b]וְכָל־הָעָם ג̇[17]. ב̇[18]. נ̇א מ״פ וכל ר״פ דכות ב̇ מ̇ ג̇
16 הַיֹּשְׁבִים בְּאֶרֶץ־מִצְרַיִם בְּפַתְרוֹס[bc] לֵאמֹר׃ 16 הַדָּבָר אֲשֶׁר־דִּבַּרְתָּ ה̇ בטע̇ בסיפ̇
17 אֵלֵינוּ בְּשֵׁם יְהוָה אֵינֶנּוּ שֹׁמְעִים אֵלֶיךָ׃ 17 כִּי עָשֹׂה נַעֲשֶׂה אֶת־כָּל־ ח̇[19]
הַדָּבָר | אֲשֶׁר־יָצָא מִפִּינוּ לְקַטֵּר לִמְלֶכֶת[a] הַשָּׁמַיִם וְהַסֵּיךְ[b]־לָהּ נְסָכִים ל̇ מל̇
כַּאֲשֶׁר עָשִׂינוּ אֲנַחְנוּ וַאֲבֹתֵינוּ מְלָכֵינוּ וְשָׂרֵינוּ בְּעָרֵי יְהוּדָה וּבְחֻצוֹת
18 יְרוּשָׁלִָם וַנִּשְׂבַּע־לֶחֶם וַנִּהְיֶה טוֹבִים וְרָעָה לֹא רָאִינוּ׃ 18 וּמִן־אָז ל̇. ב̇. ט̇[20]. ה̇ ר״פ בנביא[21]
חָדַלְנוּ לְקַטֵּר לִמְלֶכֶת[a] הַשָּׁמַיִם [b]וְהַסֵּךְ־לָהּ נְסָכִים[b] חָסַרְנוּ כֹל
19 וּבַחֶרֶב וּבָרָעָב תָּמְנוּ׃ 19 וְכִי־[a]אֲנַחְנוּ מְקַטְּרִים לִמְלֶכֶת[b] הַשָּׁמַיִם ב̇[22]
וּלְהַסֵּךְ לָהּ נְסָכִים הֲמִבַּלְעֲדֵי אֲנָשֵׁינוּ עָשִׂינוּ לָהּ כַּוָּנִים לְהַעֲצִבָה[c] ב̇[19]. ג̇. ב̇. ל̇
ס̇ כו̇[19] וְהַסֵּךְ לָהּ נְסָכִים׃ פ 20 וַיֹּאמֶר יִרְמְיָהוּ אֶל־כָּל־הָעָם עַל־
הַגְּבָרִים וְעַל־הַנָּשִׁים וְעַל־כָּל־הָעָם הָעֹנִים אֹתוֹ דָּבָר לֵאמֹר׃ ב̇[23]
21 הֲלוֹא אֶת־הַקִּטֵּר אֲשֶׁר קִטַּרְתֶּם בְּעָרֵי יְהוּדָה וּבְחֻצוֹת יְרוּשָׁלִַם ל̇
אַתֶּם וַאֲבוֹתֵיכֶם מַלְכֵיכֶם וְשָׂרֵיכֶם וְעַם הָאָרֶץ אֹתָם[a] זָכַר יְהוָה יו̇ חס̇ בסיפ̇

[12] Mm 2617. [13] Mm 2239. [14] Mm 2708. [15] Mm 4239. [16] Mm 1981. [17] Mm 625. [18] Mm 1309. [19] Mp sub loco. [20] Mm 1144. [21] Mm 2980. [22] Mm 2546. [23] Jdc 16, 30.

10 [e] 𝔊𝔖 suff 3 pl ‖ **11** [a] 11.12 𝔊 brevius cf 𝔖 ‖ **12** [a] l c mlt Mss Vrs 'וּבָ ‖ **14** [a] > 𝔊*, dl ‖ [b] 𝔊 om cop, l 'ל ‖ [c] > 𝔊*𝔖 ‖ [d–d] add cf 14a ‖ **15** [a] prp קוֹל ‖ [b–b] prb add ‖ [c] l 'וּבְ cf 𝔖 ‖ **17** [a] mlt Mss למלאכת; l לִמְלֶכֶת cf 𝔊𝔙 et 7,18[a] ‖ [b] Or 'וּלְהַ ‖ **18** [a] ut 17[a] ‖ [b–b] > 𝔊* ‖ **19** [a] 𝔊[L] *καὶ αἱ γυναῖκες εἶπον· ὅτε καί* (sim 𝔖), l וְהַנָּשִׁים אָמְרוּ כִּי ‖ [b] ut 17[a] ‖ [c] > 𝔊*𝔖 ‖ **21** [a] > 𝔊*; l אִתָּהּ cf תעלה.

22 וְתַעֲלֶה עַל־לִבּוֹ׃ 22 וְלֹא־יוּכַל יְהוָה עוֹד לָשֵׂאת מִפְּנֵי רֹעַ מַעַלְלֵיכֶם ג[24] . ב בנ״ך . ד[25] . כד . ב פסוק מפני מפני בסיפ[26]
מִפְּנֵי הַתּוֹעֵבֹת אֲשֶׁר עֲשִׂיתֶם וַתְּהִי אַרְצְכֶם לְחָרְבָּה וּלְשַׁמָּה וְלִקְלָלָה
23 [a]מֵאֵין יוֹשֵׁב[a] כְּהַיּוֹם הַזֶּה׃ 23 מִפְּנֵי אֲשֶׁר קִטַּרְתֶּם וַאֲשֶׁר חֲטָאתֶם מט מל בנביא . ד וכל עזרא דכות[27]
לַיהוָה וְלֹא שְׁמַעְתֶּם בְּקוֹל יְהוָה וּבְתֹרָתוֹ וּבְחֻקֹּתָיו וּבְעֵדְוֹתָיו לֹא ג ב מל וחד חס . ה[28]
הֲלַכְתֶּם עַל־כֵּן קָרָאת אֶתְכֶם הָרָעָה הַזֹּאת [a]כַּיּוֹם הַזֶּה[a]׃ ס ב ובסיפ
24 וַיֹּאמֶר יִרְמְיָהוּ [a]אֶל־כָּל־הָעָם[a] וְאֶל כָּל־הַנָּשִׁים שִׁמְעוּ דְּבַר־יְהוָה
25 [b]כָּל־יְהוּדָה אֲשֶׁר בְּאֶרֶץ מִצְרָיִם[b]׃ ס 25 כֹּה־אָמַר יְהוָה־צְבָאוֹת ג
אֱלֹהֵי יִשְׂרָאֵל לֵאמֹר [a]אַתֶּם וּנְשֵׁיכֶם[a] וַתְּדַבֵּרְנָה בְּפִיכֶם וּבִידֵיכֶם ג[29]
מִלֵּאתֶם ׀ לֵאמֹר עָשֹׂה נַעֲשֶׂה אֶת־נְדָרֵינוּ אֲשֶׁר נָדַרְנוּ לְקַטֵּר לִמְלֶכֶת[b] ח[26]
הַשָּׁמַיִם וּלְהַסֵּךְ לָהּ נְסָכִים הָקֵים תָּקִימְנָה[c] אֶת־נִדְרֵיכֶם וְעָשֹׂה ב . ג[30]
26 תַעֲשֶׂינָה אֶת־נִדְרֵיכֶם[d]׃ פ 26 לָכֵן שִׁמְעוּ דְבַר־יְהוָה כָּל־יְהוּדָה
הַיֹּשְׁבִים בְּאֶרֶץ מִצְרָיִם הִנְנִי נִשְׁבַּעְתִּי בִּשְׁמִי הַגָּדוֹל אָמַר יְהוָה אִם־
יִהְיֶה עוֹד שְׁמִי נִקְרָא ׀ בְּפִי ׀ כָּל־אִישׁ יְהוּדָה אֹמֵר חַי־אֲדֹנָי יְהוִה בְּכָל־ ל
27 אֶרֶץ מִצְרָיִם׃ 27 הִנְנִי שֹׁקֵד עֲלֵיהֶם לְרָעָה וְלֹא לְטוֹבָה וְתַמּוּ כָל־ ג
אִישׁ יְהוּדָה אֲשֶׁר בְּאֶרֶץ־מִצְרַיִם בַּחֶרֶב וּבָרָעָב עַד־כְּלוֹתָם׃ ל
28 וּפְלִיטֵי חֶרֶב יְשֻׁבוּן מִן־אֶרֶץ מִצְרַיִם אֶרֶץ יְהוּדָה מְתֵי מִסְפָּר ו[31] ג מנה חס . יו מיחד מן[32] ה
וְיָדְעוּ כָּל־שְׁאֵרִית יְהוּדָה [a]הַבָּאִים לְאֶרֶץ־מִצְרַיִם לָגוּר שָׁם[a] דְּבַר־
29 מִי יָקוּם [b]מִמֶּנִּי וּמֵהֶם[b]׃ 29 וְזֹאת־לָכֶם הָאוֹת נְאֻם־יְהוָה כִּי־פֹקֵד אֲנִי נז וכל תלים דכות ב מ יא . ו[33] . כה יו[34] מנה ר״פ
עֲלֵיכֶם [a]בַּמָּקוֹם הַזֶּה לְמַעַן תֵּדְעוּ כִּי קוֹם יָקוּמוּ דְבָרַי עֲלֵיכֶם[a] ל ומל
30 לְרָעָה׃ ס 30 כֹּה ׀ אָמַר יְהוָה הִנְנִי נֹתֵן אֶת־פַּרְעֹה[a] חָפְרַע מֶלֶךְ־ יח בטע בסיפ[26]
מִצְרַיִם בְּיַד אֹיְבָיו וּבְיַד מְבַקְשֵׁי נַפְשׁוֹ כַּאֲשֶׁר נָתַתִּי אֶת־צִדְקִיָּהוּ
מֶלֶךְ־יְהוּדָה בְּיַד נְבוּכַדְרֶאצַּר מֶלֶךְ־בָּבֶל אֹיְבוֹ וּמְבַקֵּשׁ נַפְשׁוֹ׃ ס ד
45 **45** 1 הַדָּבָר אֲשֶׁר דִּבֶּר יִרְמְיָהוּ הַנָּבִיא אֶל־בָּרוּךְ בֶּן־נֵרִיָּה
בְּכָתְבוֹ אֶת־הַדְּבָרִים הָאֵלֶּה עַל־סֵפֶר מִפִּי יִרְמְיָהוּ בַּשָּׁנָה[a] הָרְבִעִית כל סיפ דכות ב מ א[1]

[24] Mm 2709. [25] Mm 2268. [26] Mp sub loco. [27] Mm 288. [28] Mm 1875. [29] Mm 1888. [30] Mm 2710. [31] Mm 2398. [32] Okhl 196. [33] Mm 3952. [34] Mm 856. **Cp 45** [1] Cf Mm 2711 et Mp sub loco.

22 a–a > 𝔊* ‖ **23** a–a > 𝔊* ‖ **24** a–a add (ex 20) ‖ b–b > 𝔊*, add ex 26 ‖ **25** a–a l אַתֵּנָה הַנָּשִׁים cf 𝔊* ‖ b ut 17a ‖ c l תְּקִימֶנָה vel תָּקִמְנָה ‖ d l c pc Mss נִסְכֵּיכֶם; prp דִּבְרֵיכֶם ‖ **28** a–a add cf 28a ‖ b–b > 𝔊* ‖ **29** a–a > 𝔊* (homtel) ‖ **30** a > 𝔊* (hpgr?) ‖ **Cp 45,1** a K^{Or} בִּשְׁנַת.

2 לִיהוֹיָקִים בֶּן־יֹאשִׁיָּהוּ מֶלֶךְ יְהוּדָה לֵאמֹר׃ ס 2 כֹּה־אָמַר יְהוָה כׄד
3 אֱלֹהֵי יִשְׂרָאֵל עָלֶיךָ בָּרוּךְ׃ 3 אָמַרְתָּ[a] אוֹי־נָא לִי כִּי־יָסַף יְהוָה יָגוֹן ג ר״פ[2]
4 עַל־מַכְאֹבִי יָגַעְתִּי[b] בְּאַנְחָתִי וּמְנוּחָה לֹא מָצָאתִי׃ ס 4 [a]כֹּה | ג חס[3]. ב. יח בטע בסיפ
תֹאמַר אֵלָיו[a] כֹּה אָמַר יְהוָה הִנֵּה אֲשֶׁר־בָּנִיתִי אֲנִי הֹרֵס וְאֵת אֲשֶׁר־
5 נָטַעְתִּי אֲנִי נֹתֵשׁ [b]וְאֶת־כָּל־הָאָרֶץ הִיא[bc]׃ 5 וְאַתָּה תְּבַקֶּשׁ־לְךָ גְדֹלוֹת יד. כז בטע ח[4] מנה בליש
אַל־תְּבַקֵּשׁ כִּי הִנְנִי מֵבִיא רָעָה עַל־כָּל־בָּשָׂר נְאֻם־יְהוָה וְנָתַתִּי לְךָ
אֶת־נַפְשְׁךָ לְשָׁלָל עַל כָּל־הַמְּקֹמוֹת אֲשֶׁר תֵּלֶךְ־שָׁם׃ ס ל

46 1 [a]אֲשֶׁר הָיָה דְבַר־יְהוָה אֶל־יִרְמְיָהוּ הַנָּבִיא עַל־[b]הַגּוֹיִם׃[c] ה[1]
2 לְמִצְרַיִם עַל־חֵיל פַּרְעֹה נְכוֹ[a] מֶלֶךְ מִצְרַיִם אֲשֶׁר־הָיָה עַל־נְהַר־ ב כת כן
פְּרָת בְּכַרְכְּמִשׁ אֲשֶׁר הִכָּה נְבוּכַדְרֶאצַּר מֶלֶךְ בָּבֶל בִּשְׁנַת הָרְבִיעִית ב ול כת כן. ב. ד מל[2]
לִיהוֹיָקִים בֶּן־יֹאשִׁיָּהוּ מֶלֶךְ יְהוּדָה׃

3 עִרְכוּ מָגֵן וְצִנָּה וּגְשׁוּ לַמִּלְחָמָה׃ ל
4 אִסְרוּ הַסּוּסִים וַעֲלוּ[a] הַפָּרָשִׁים ב
וְהִתְיַצְּבוּ בְּכוֹבָעִים מִרְקוּ[b] הָרְמָחִים לִבְשׁוּ הַסִּרְיֹנֹת[c]׃
5 מַדּוּעַ רָאִיתִי[a] הֵמָּה חַתִּים נְסֹגִים אָחוֹר ב
וְגִבּוֹרֵיהֶם יֻכַּתּוּ וּמָנוֹס נָסוּ וְלֹא הִפְנוּ מָגוֹר מִסָּבִיב נְאֻם־יְהוָה׃ ג[3]. ג[4]
6 אַל־יָנוּס הַקַּל וְאַל־יִמָּלֵט הַגִּבּוֹר יג[5]
צָפוֹנָה[a] עַל־יַד נְהַר־[b]פְּרָת כָּשְׁלוּ וְנָפָלוּ׃ יג ה מנה בסיפ
7 מִי־זֶה כַּיְאֹר יַעֲלֶה כַּנְּהָרוֹת יִתְגָּעֲשׁוּ מֵימָיו׃
8 [a]מִצְרַיִם כַּיְאֹר יַעֲלֶה וְכַנְּהָרוֹת יִתְגֹּעֲשׁוּ מָיִם[a] ג ר״פ
וַיֹּאמֶר אַעֲלֶה אֲכַסֶּה־אֶרֶץ אֹבִידָה [b]עִיר וְיֹשְׁבֵי[b] בָהּ׃ ח פת[6]
9 עֲלוּ הַסּוּסִים וְהִתְהֹלְלוּ הָרֶכֶב וְיֵצְאוּ[a] הַגִּבּוֹרִים ל[7]. ז מל
כּוּשׁ וּפוּט תֹּפְשֵׂי מָגֵן וְלוּדִים תֹּפְשֵׂי[b] דֹּרְכֵי קָשֶׁת׃ ל

[2] Mm 2157. [3] Mm 2712. [4] Mm 4158. **Cp 46** [1] Mm 2453. [2] Mm 919. [3] Mm 3087. [4] Mm 3477. [5] Mm 3044. [6] Mm 389. [7] Mm 98.

3 [a] pr כִּי cf 𝔊* ‖ [b] 𝔊 *ἐκοιμήθην* (ex *ἐκοπώθην*?) ‖ **4** [a–a] add ‖ [b–b] > 𝔊* ‖ [c] K[Or] mlt Mss 𝔗 pr לִי; l prb אַכֶּה cf 𝔖 ‖ **Cp 46,1** [a] > 𝔊*; cf 25,13b ‖ [b] mlt Mss 𝔊[OL] + ־כל ut 25,13b ‖ [c] ins eadem vb ut 2bγδ (בשנת ... יהודה) ‖ **2** [a] 𝔖𝔗 *ḥgjr'* = נָכֶה (interpretatio judaica) ‖ **4** [a] 𝔊 om cop; 𝔖 *'rkbw* = הַעֲלוּ ‖ [b] 𝔊 *προ(σ)βάλ(λ)ετε* = רְמוּ? prp הָרִקוּ cf Ps 35,3 ‖ [c] mlt Mss ′השר ‖ **5** [a] > 𝔊 ‖ **6** [a] 𝔖 *bgnbr'* = בַּגִּבּוֹרִים ‖ [b] > 𝔊, dl ‖ **8** [a–a] add (𝔊* om 8aβ) ‖ [b–b] 𝔊* om עִיר וְ ‖ **9** [a] 𝔊 *ἐξέλθατε*, l צאו ‖ [b] dl.

10 וְהַיּוֹם הַהוּא לַאדֹנָי יְהוִה צְבָאוֹת[a] יוֹם נְקָמָה לְהִנָּקֵם מִצָּרָיו הׄ[8]
וְאָכְלָה חֶרֶב[b] וְשָׂבְעָה וְרָוְתָה מִדָּמָם
כִּי זֶבַח לַאדֹנָי יְהוִה צְבָאוֹת בְּאֶרֶץ צָפוֹן אֶל־נְהַר־פְּרָת׃ הׄ . גׄ[9]
11 עֲלִי גִלְעָד וּקְחִי צֳרִי בְּתוּלַת בַּת־מִצְרָיִם וׄ[10]
לַשָּׁוְא הִרְבֵּיתִי[a] רְפֻאוֹת תְּעָלָה אֵין לָךְ׃ גׄ . הרבית קׄ
12 שָׁמְעוּ גוֹיִם קְלוֹנֵךְ[a] וְצִוְחָתֵךְ מָלְאָה הָאָרֶץ גׄ ר״פ[11]
כִּי־גִבּוֹר בְּגִבּוֹר כָּשָׁלוּ יַחְדָּיו נָפְלוּ שְׁנֵיהֶם׃ פ לׄ . גׄ מל
13 הַדָּבָר אֲשֶׁר דִּבֶּר יְהוָה אֶל[a]־יִרְמְיָהוּ הַנָּבִיא לָבוֹא נְבוּכַדְרֶאצַּר
מֶלֶךְ בָּבֶל לְהַכּוֹת אֶת־אֶרֶץ מִצְרָיִם׃
14 הַגִּידוּ [a]בְמִצְרַיִם וְהַשְׁמִיעוּ[a] בְמִגְדּוֹל וְהַשְׁמִיעוּ בְנֹף וּבְתַחְפַּנְחֵס[b] בׄ חד חס וחד מל
אִמְרוּ הִתְיַצֵּב וְהָכֵן לָךְ כִּי־אָכְלָה חֶרֶב סְבִיבֶיךָ[c]׃ לׄ . לׄ
15 מַדּוּעַ נִסְחַף[a] אַבִּירֶיךָ[b] לֹא עָמַד כִּי יְהוָה הֲדָפוֹ׃ לׄ . לׄ . בׄ[12]
16 הִרְבָּה[a] כּוֹשֵׁל[b] גַּם־נָפַל הׄ מל . הׄ בסיפ
אִישׁ[c] אֶל־רֵעֵהוּ וַיֹּאמְרוּ קוּמָה[d] ׀ וְנָשֻׁבָה אֶל־עַמֵּנוּ זׄ[13] ול חס
וְאֶל־אֶרֶץ מוֹלַדְתֵּנוּ מִפְּנֵי חֶרֶב הַיּוֹנָה[e]׃
17 קָרְאוּ[a] שָׁם פַּרְעֹה[a] [b]מֶלֶךְ־מִצְרַיִם[b] שָׁאוֹן הֶעֱבִיר[c] הַמּוֹעֵד׃
18 חַי־אָנִי נְאֻם־הַמֶּלֶךְ ° יְהוָה צְבָאוֹת שְׁמוֹ גׄ
כִּי[a] כְּתָבוֹר בֶּהָרִים וּכְכַרְמֶל בַּיָּם יָבוֹא[b]׃ לׄ . לׄ
19 כְּלֵי גוֹלָה עֲשִׂי לָךְ יוֹשֶׁבֶת בַּת־מִצְרָיִם
כִּי־נֹף לְשַׁמָּה תִהְיֶה וְנִצְּתָה מֵאֵין יוֹשֵׁב׃ ס מׄט מל בנביא
20 עֶגְלָה [a]יְפֵה־פִיָּה[a] מִצְרָיִם קֶרֶץ מִצָּפוֹן בָּא בָא[b]׃ לׄ . לׄ . בׄ
21 גַּם־שְׂכִרֶיהָ בְקִרְבָּהּ כְּעֶגְלֵי מַרְבֵּק דׄ[14]

[8] Mp sub loco. [9] Mm 2713. [10] Mm 2279. [11] Mm 3725. [12] Nu 35,22. [13] Mm 2714. [14] Mm 2715.

10 [a] > 𝔊, dl ‖ [b] l חַרְבּוֹ (ו hpgr); 𝔊* + *(τοῦ) κυρίου* ‖ **11** [a] K ־תִי cf 2,33[b] ‖ **12** [a] 𝔊 *φωνήν σου* = קוֹלֵךְ ‖ **13** [a] 𝔊 *ἐν χειρί* = בְּיַד ‖ **14** [a–a] > 𝔊*, dl ‖ [b] > 𝔊*, dl (ex 44,1) ‖ [c] l ־ָיִךְ; 𝔊 *τὴν σμίλακά σου* = סֻבְּכֵךְ cf 21,14[c] ‖ **15** [a] 𝔊 *ἔφυγεν ὁ Ἆπις*, prp *נָס חַף, sed l 𝔐 ‖ [b] mlt Mss ־רך; l ־ָיִךְ ‖ **16** [a] 𝔊 *καὶ τὸ πλῆθός σου* = וַהֲמוֹנֵךְ; prp רַהַב הָרַב ‖ [b] l כָּשַׁל cf 𝔊 (tr ‸) ‖ [c] huc tr ויאמרו cf 𝔊 ‖ [d] Q[Or] קומו ‖ [e] 𝔊 *Ἑλληνικῆς* = הַיְּוָנִיָּה, α′θ′(𝔙) *τῆς περιστερᾶς*, σ′ *τῆς οἰνωμένης* cf 𝔗, 𝔖 *dmdwj'* afflictantis; it 50,16[c] cf 25,38[d] ‖ **17** [a–a] 𝔊(𝔙) *καλέσατε τὸ ὄνομα* cf 𝔖, l קִ׳ שֵׁם ‖ [b–b] add ‖ [c] 𝔊 *εσβ(ε)ι(ε)*, ex *εεβ(ε)ιρ*? ‖ **18** [a] ins גִּבּוֹר ‖ [b] ins אוֹיֵב ‖ **20** [a–a] l c mlt Mss יפיפיה ‖ [b] l c mlt Mss 𝔊𝔖 al בָהּ.

כִּֽי־גַם־הֵמָּה הִפְנוּ נָסוּ יַחְדָּיו לֹא עָמָדוּ   ג מל
כִּי יוֹם אֵידָם בָּא עֲלֵיהֶם עֵת פְּקֻדָּתָם׃
22 קוֹלָהּ [a]כַּנָּחָשׁ יֵלֵךְ[a] כִּי־בְחַיִל[b] יֵלֵכוּ   ב
וּבְקַרְדֻּמּוֹת בָּאוּ לָהּ[c] כְּחֹטְבֵי עֵצִים׃
23 כָּרְתוּ[a] יַעְרָהּ נְאֻם־יְהוָה כִּי לֹא יֵחָקֵר[b]   ל
כִּי רַבּוּ מֵאַרְבֶּה וְאֵין לָהֶם מִסְפָּר׃   ג[15]
24 הֹבִישָׁה בַּת־מִצְרָיִם נִתְּנָה בְּיַד עַם־צָפוֹן׃
25 אָמַר יְהוָה צְבָאוֹת אֱלֹהֵי יִשְׂרָאֵל הִנְנִי פוֹקֵד אֶל־אָמוֹן מִנֹּא[a]   ג ר״פ[16] . ד[17]
[b]וְעַל־[c]פַּרְעֹה[b] [d]וְעַל־מִצְרַיִם וְעַל־אֱלֹהֶיהָ וְעַל־מְלָכֶיהָ וְעַל־פַּרְעֹה[d]   ה ב מנה בליש[18] . ה ב מנה בליש[18]
וְעַל הַבֹּטְחִים בּוֹ׃ 26 [a]וּנְתַתִּים בְּיַד מְבַקְשֵׁי נַפְשָׁם וּבְיַד נְבוּכַדְרֶאצַּר
מֶלֶךְ־בָּבֶל וּבְיַד־עֲבָדָיו וְאַחֲרֵי־כֵן תִּשְׁכֹּן כִּימֵי־קֶדֶם נְאֻם־יְהוָה׃ ס   ב מ״פ בנביא[18]
27 [a]וְאַתָּה אַל־תִּירָא עַבְדִּי יַעֲקֹב וְאַל־תֵּחַת יִשְׂרָאֵל   ס כז[18]
כִּי הִנְנִי מוֹשִׁעֲךָ מֵרָחוֹק וְאֶת־זַרְעֲךָ מֵאֶרֶץ שִׁבְיָם   ל חס . ב
וְשָׁב יַעֲקוֹב וְשָׁקַט וְשַׁאֲנַן וְאֵין מַחֲרִיד׃ ס   ה מל[19] . ג[20]
28 אַתָּה אַל־תִּירָא עַבְדִּי יַעֲקֹב נְאֻם־יְהוָה כִּי אִתְּךָ אָנִי   יא ר״פ ז מנה בנביא
כִּי אֶעֱשֶׂה כָלָה בְּכָל־הַגּוֹיִם ׀ אֲשֶׁר הִדַּחְתִּיךָ שָׁמָּה   ג[21]
וְאֹתְךָ לֹא־אֶעֱשֶׂה כָלָה וְיִסַּרְתִּיךָ לַמִּשְׁפָּט וְנַקֵּה לֹא אֲנַקֶּךָּ׃ ס   ה[22]
47 1 [a]אֲשֶׁר הָיָה דְבַר־יְהוָה אֶל־יִרְמְיָהוּ הַנָּבִיא[a] אֶל־פְּלִשְׁתִּים   ב[1]
[a]בְּטֶרֶם יַכֶּה פַרְעֹה אֶת־עַזָּה[a]׃ ס 2 כֹּה ׀ אָמַר יְהוָה   יח בטע בסיפ
הִנֵּה־מַיִם עֹלִים מִצָּפוֹן וְהָיוּ לְנַחַל שׁוֹטֵף   ל
וְיִשְׁטְפוּ אֶרֶץ וּמְלוֹאָהּ עִיר וְיֹשְׁבֵי בָהּ   ל . ג מל[2]
וְזָעֲקוּ הָאָדָם וְהֵילִל כֹּל יוֹשֵׁב[a] הָאָרֶץ׃   ד חס[3] . מט מל בנביא
3 [a]מִקּוֹל שַׁעֲטַת פַּרְסוֹת אַבִּירָיו מֵרַעַשׁ לְרִכְבּוֹ הֲמוֹן גַּלְגִּלָּיו

[15] Mm 2716. [16] Mm 2541. [17] Mm 2717. [18] Mp sub loco. [19] Mm 822. [20] Mm 3574. [21] Mm 1220. [22] Mm 1035. **Cp 47** [1] Mm 1734. [2] Mm 2499. [3] Mp sub loco.

22 [a–a] 𝔊 *ὡς ὄφεως συρίζοντος*, 𝔖(𝔗) *'jk ḥwj' dršp* quasi serpens repens, 𝔙 *quasi aeris* (= נְחֹשֶׁת) *sonabit*; prp כְּנַהַם יֹלֵדָה ‖ [b] 𝔊 *ἐν ἄμμῳ* = בחול ‖ [c] mlt Mss לך ‖ **23** [a] non imp pi (𝔊[L]𝔖), sed pf qal (𝔊𝔗𝔙) ‖ [b] l c Ms ־רוּ ‖ **25** [a] 𝔊 *(τὸν) υἱὸν αὐτῆς* = בְּנָהּ ‖ [b–b] prp ועל־פָּרֹה; dl cf v b ‖ [c] 𝔊𝔗[f Ms] om cop ‖ [d–d] > 𝔊* (homtel) ‖ **26** [a] > 𝔊* ‖ **27** [a] cf 30,10[a] ‖ **Cp 47,1** [a–a] > 𝔊*, add ‖ **2** [a] mlt Mss Vrs ־בֵי ‖ **3** [a] v a c 2, v b c 4 cj.

לֹא־הִפְנוּ אָבוֹת אֶל־בָּנִים מֵרִפְיוֹן יָדָיִם׃

4 עַל־הַיּוֹם הַבָּא לִשְׁדוֹד אֶת־כָּל־פְּלִשְׁתִּים — ל ומל

לְהַכְרִית [a]לְצֹר וּלְצִידוֹן כֹּל שָׂרִיד עֹזֵר[a]

כִּי־שֹׁדֵד יְהוָה [b]אֶת־פְּלִשְׁתִּים[b] שְׁאֵרִית[c] אִי כַפְתּוֹר[c]׃

5 בָּאָה קָרְחָה אֶל־עַזָּה נִדְמְתָה[a] אַשְׁקְלוֹן

שְׁאֵרִית[b] עִמְקָם[c] עַד־מָתַי תִּתְגּוֹדָדִי׃ ס — ל. ל

6 הוֹי[a] חֶרֶב לַיהוָה עַד־אָנָה לֹא תִשְׁקֹטִי — ב

הֵאָסְפִי אֶל[b]־תַּעְרֵךְ הֵרָגְעִי וָדֹמִּי׃

7 אֵיךְ תִּשְׁקֹטִי[a] וַיהוָה צִוָּה־לָהּ — ב

אֶל־אַשְׁקְלוֹן וְאֶל־חוֹף הַיָּם שָׁם יְעָדָהּ׃ ס — ג[4]

48 1 לְמוֹאָב כֹּה־אָמַר יְהוָה צְבָאוֹת אֱלֹהֵי יִשְׂרָאֵל — ל בטע

הוֹי אֶל־נְבוֹ כִּי שֻׁדָּדָה הֹבִישָׁה[a] נִלְכְּדָה קִרְיָתָיִם — ל

הֹבִישָׁה[b] הַמִּשְׂגָּב וָחָתָּה[c]׃ 2 אֵין עוֹד[a] תְּהִלַּת מוֹאָב[a] — ד[1]

בְּחֶשְׁבּוֹן חָשְׁבוּ עָלֶיהָ רָעָה לְכוּ וְנַכְרִיתֶנָּה מִגּוֹי — ל[2]

גַּם־מַדְמֵן תִּדֹּמִּי[b] אַחֲרַיִךְ תֵּלֶךְ חָרֶב׃ — ל

3 קוֹל צְעָקָה מֵחֹרוֹנָיִם[a] שֹׁד וָשֶׁבֶר גָּדוֹל׃ — ד וכל אורית דכות. ד[3] ול כת כן. ג[4]

4 נִשְׁבְּרָה מוֹאָב הִשְׁמִיעוּ[a] זְּעָקָה[b] צְעוֹרֶיהָ[c]׃ — ל דגש. צעיריה ק

5 כִּי מַעֲלֵה הַלֻּחוֹת[a] בִּבְכִי יַעֲלֶה־בֶּכִי[b] — הלחית[2] חד מן ב בליש. ו ק

כִּי בְּמוֹרַד חוֹרֹנַיִם צָרֵי[c] צַעֲקַת־שֶׁבֶר שָׁמֵעוּ׃ — ג ב פת וחד קמ[5]. ד[3]

6 נֻסוּ מַלְּטוּ נַפְשְׁכֶם וְתִהְיֶינָה[a] כַּעֲרוֹעֵר[b] בַּמִּדְבָּר׃ — ב חד חס וחד מל[2]

7 כִּי יַעַן בִּטְחֵךְ [a]בְּמַעֲשַׂיִךְ וּבְאוֹצְרוֹתַיִךְ[a] גַּם־אַתְּ תִּלָּכֵדִי

[4]Mm 513. Cp 48 [1]Mm 2718. [2]Mp sub loco. [3]Mm 2719. [4]Mm 2430. [5]Mm 1299.

4 [a–a] 𝔊𝔖 alit ∥ [b–b] > 𝔊* ∥ [c–c] 𝔊* τῶν νήσων = הָאִיִּים ∥ 5 [a] 𝔊 ἀπερρίφη = נִרְמ׳ ∥ [b] prb pr אַשְׁדּוֹד cf Jos 11,22 ∥ [c] 𝔊 Ενακιμ, l עֲנָקִים cf Jos ∥ 6 [a] > 𝔊 ∥ [b] sic L, mlt Mss Edd אֶל ∥ 7 [a] l ט– cf 𝔊𝔖𝔙 ∥ Cp 48,1 [a] > 𝔊*, dl (ex 1b) ∥ [b] ה dttg, l שׁ– ∥ [c] l וָחַת ∥ 2 [a–a] 𝔊[BSA min] ἰατρεία (= תְּעָלַת) (ἐν) Μωαβ (ἀ)γαυρίαμα (= תְּהִלָּה) ∥ [b] 𝔊 (𝔖𝔙) παῦσιν (παύσεται) = דָּמוֹם ∥ 3 [a] prp מֵהַר עֲבָרִים (cf 22,20) propter 5b ∥ 4 [a] mlt Mss Vrs הַ׳ ∥ [b] > 𝔊* ∥ [c] K צעו׳; l צֹעֲרָה cf 𝔊 et Jes 15,5 ∥ 5 [a] 𝔖𝔗𝔙 ut Q, sic l cf Jes 15,5 ∥ [b] l בּוֹ ut Jes ∥ [c] > 𝔊𝔗[f Mss] et Jes, dl ∥ 6 [a] l frt וְתִתְּנוּ cf [b] ∥ [b] 𝔊 ὥσπερ ὄνος ἄγριος = כְּעָרוֹד α′(𝔖?𝔙) (ὡς) μυρίκη = כְּעַרְעָר (17,6); frt dl, gl (ex כיערערו crrp) ad שמעו 5, quod glossator c יערערו (= יְעַרְעֵרוּ) Jes 15,5 aequavit ∥ 7 [a–a] 𝔊 recte ἐν ὀχυρώμασίν σου (= בִּמְצֻדוֹתַיִךְ ? בְּמָעֻזַּיִךְ ?).

וְיָצָ֤א כְמִישׁ֙ᵇ בַּגּוֹלָ֔ה כֹּהֲנָ֥יו וְשָׂרָ֖יו יַחְדָּֽוᶜ׃ — כמוש[6] יחדיו ק . ק

8 וְיָבֹ֨א שֹׁדֵ֜ד אֶל־כָּל־עִ֗יר וְעִ֙ירᵃ֙ לֹ֣א תִמָּלֵ֔ט — יא[7]

וְאָבַ֣ד הָעֵ֔מֶק וְנִשְׁמַ֖ד הַמִּישֹׁ֑ר אֲשֶׁ֖רᵇ אָמַ֥ר יְהוָֽה׃ — כ ס״פ[8]

9 תְּנוּ־צִ֣יץᵃ לְמוֹאָ֔ב כִּ֥י נָצֹ֖א תֵּצֵ֑אᵇ — ל

וְעָרֶ֙יהָ֙ לְשַׁמָּ֣ה תִֽהְיֶ֔ינָה מֵאֵ֥ין יוֹשֵׁ֖ב בָּהֵֽן׃ — מט מל בנביא . הׄ[9]

10 אָר֗וּר עֹשֶׂ֛ה מְלֶ֥אכֶת יְהוָ֖ה רְמִיָּ֑ה וְאָר֕וּרᵃ מֹנֵ֥עַ חַרְבּ֖וֹ מִדָּֽם׃ — ה בטע[10] . ב . ב

11 שַׁאֲנַ֨ן מוֹאָ֜ב מִנְּעוּרָ֗יו וְשֹׁקֵ֥ט הוּא֙ אֶל־שְׁמָרָ֔יו — ל[11] . ג ב חס וחד מל[12]

וְלֹֽאᵃ־הוּרַ֤ק מִכְּלִי֙ אֶל־כֶּ֔לִי וּבַגּוֹלָ֖ה לֹ֣א הָלָ֑ךְ — י פסוק ולא לא לא[13] . יח[14] וכל יוצר חפץ חמדה דכות ב מ א . ב

עַל־כֵּ֗ן עָמַ֤ד טַעְמוֹ֙ בּ֔וֹ וְרֵיח֖וֹ לֹ֥א נָמָֽר׃ ס — ד[15] . ל

12 לָכֵ֞ן הִנֵּֽה־יָמִ֤ים בָּאִים֙ נְאֻם־יְהוָ֔ה וְשִׁלַּ֥חְתִּי־ל֖וֹ צֹעִ֣ים וְצֵעֻ֑הוּ וְכֵלָ֣יו — ה . ל

יָרִ֔יקוּᵃ וְנִבְלֵיהֶ֖םᵇ יְנַפֵּֽצוּ׃ 13 וּבֹ֥שׁ מוֹאָ֖ב מִכְּמ֑וֹשׁ כַּאֲשֶׁר־בֹּ֙שׁוּ֙ בֵּ֣ית — ג חס[16]

יִשְׂרָאֵ֔ל מִבֵּ֥ית אֵ֖ל מִבְטֶחָֽם׃ — ל

14 אֵ֚יךְ תֹּֽאמְר֔וּ גִּבֹּרִ֖ים אֲנָ֑חְנוּ וְאַנְשֵׁי־חַ֖יִל לַמִּלְחָמָֽה׃ — יח[17]

15 ᵃשֻׁדַּ֤ד מוֹאָב֙ וְעָרֶ֣יהָᵃ עָלָ֔ה וּמִבְחַ֥ר בַּחוּרָ֖יו יָרְד֣וּ לַטָּ֑בַח — ב

ᵇנְאֻ֨ם־הַמֶּ֔לֶךְ יְהוָ֥ה צְבָא֖וֹת שְׁמֽוֹᵇ׃ — ג

16 קָר֥וֹב אֵיד־ᵃמוֹאָ֖ב לָב֑וֹא וְרָעָת֖וֹ מִהֲרָ֥ה מְאֹֽד׃

17 נֻ֤דוּ לוֹ֙ כָּל־סְבִיבָ֔יו וְכֹ֖ל יֹדְעֵ֣י שְׁמ֑וֹ

אִמְר֗וּ אֵ֤יכָהᵃ נִשְׁבַּר֙ מַטֵּה־עֹ֔ז מַקֵּ֖ל תִּפְאָרָֽה׃ — יז[18] . ב

18 רְדִ֤י מִכָּבוֹד֙ יְשָׁ֣בִיᵃ בַצָּמָ֔אᵇ יֹשֶׁ֖בֶת בַּת־ᶜדִּיב֑וֹן — ושבי ק . ח חס[19] . ג מל

כִּֽי־שֹׁדֵ֤ד מוֹאָב֙ עָ֣לָה בָ֔ךְ שִׁחֵ֖ת מִבְצָרָֽיִךְ׃

19 אֶל־דֶּ֥רֶךְ עִמְדִ֛י וְצַפִּ֖י יוֹשֶׁ֣בֶת עֲרוֹעֵ֑ר

שַׁאֲלִי־נָ֣ס וְנִמְלָ֔טָהᵃ אִמְרִ֖י מַה־נִּֽהְיָֽתָה׃

20 הֹבִ֥ישׁ מוֹאָ֛ב כִּי־חַ֖תָּהᵃ ᵇהֵילִ֣ילִי׀ וּזְעָ֔קִיᵇ — הילילו וזעקו ק . ק

[6] Mm 832. [7] Mm 2300. [8] Mm 2481. [9] Mm 640. [10] Mm 1201. [11] Mm 3574. [12] Mm 2720. [13] Mm 1139. [14] Mm 2781. [15] Mm 2721. [16] Mm 2722. [17] Mm 2952. [18] Mm 1095. [19] Mm 2184.

7 ᵇ mlt Mss ut Q, sic l ‖ ᶜ mlt Mss ut Q; K יָחַד ‖ **8** ᵃ > 𝔊*𝔖 ‖ ᵇ dttg, dl ‖ **9** ᵃ 𝔊 *σημεῖα*, l צִיּוּן cf 2 R 23,17 ‖ ᵇ⁻ᵇ l נָצֹה תִּצֶּה cf 𝔊𝔖 et 4,7 ‖ **10** ᵃ > 𝔊* ‖ **11** ᵃ 𝔊* om cop, dl? ‖ **12** ᵃ 𝔊 *λεπτυνοῦσι* = יָדֹקּוּ ‖ ᵇ 𝔊 α′ suff sg, l וּנְבָלָיו (*κεράσματα* [*κέρατα*] crrp ex *κεράμια*?) ‖ **15** ᵃ⁻ᵃ l שֹׁדֵד מ׳ עָלָיו cf 18 ‖ ᵇ⁻ᵇ > 𝔊*, dl (ex 46,18) ‖ **16** ᵃ 𝔊 *ἡμέρα* ‖ **17** ᵃ K^Or אֵיךְ ‖ **18** ᵃ mlt Mss Vrs ut Q, sic l; K? ‖ ᵇ l prb בַּצֹּאָה cf 𝔖 ‖ ᶜ dttg? ‖ **19** ᵃ Vrs m = ט– ‖ **20** ᵃ ה dttg, l חת ‖ ᵇ⁻ᵇ nonn Mss 𝔖𝔗𝔙 ut Q, K 𝔊 –לי –קי.

הַגִּ֣ידוּ בְאַרְנ֔וֹן כִּ֥י שֻׁדַּ֖ד מוֹאָֽב׃
21 וּמִשְׁפָּ֥ט בָּ֛א אֶל־אֶ֥רֶץ הַמִּישֹׁ֖ר אֶל־חֹל֥וֹן וְאֶל־יַ֖הְצָה וְעַל־מֵופָֽעַת[a]׃ מיפעת ק חד מן ב בליש
22 וְעַל־דִּיב֥וֹן וְעַל־נְב֖וֹ וְעַל־בֵּ֥ית דִּבְלָתָֽיִם׃ 23 וְעַ֧ל קִרְיָתַ֛יִם וְעַל־ ג מל
בֵּ֥ית גָּמ֖וּל וְעַל־בֵּ֥ית מְעֽוֹן׃ 24 וְעַל־קְרִיּ֖וֹת וְעַל־בָּצְרָ֑ה וְעַ֗ל כָּל־עָרֵי֙ ב
אֶ֣רֶץ מוֹאָ֔ב הָרְחֹק֖וֹת וְהַקְּרֹבֽוֹת׃ ל̇[20]
25 נִגְדְּעָה֙ קֶ֣רֶן מוֹאָ֔ב וּזְרֹע֖וֹ נִשְׁבָּ֑רָה [a]נְאֻ֖ם יְהוָֽה[a]׃
26 הַשְׁכִּירֻ֕הוּ כִּ֥י עַל־יְהוָ֖ה הִגְדִּ֑יל וְסָפַ֤ק מוֹאָב֙ בְּקִיא֔וֹ[a] וְהָיָ֥ה לִשְׂחֹ֖ק ל̇. לא[21]. ב
גַּם־הֽוּא׃ 27 וְאִ֣ם ׀ ל֣וֹא הַשְּׂחֹ֗ק הָיָ֤ה לְךָ֙ יִשְׂרָאֵ֔ל אִם־בְּגַנָּבִ֖ים נִמְצָ֑אָה[a] ג פסוק ואם אם[22]. לה מל. נמצא ק
כִּֽי־[b]מִדֵּ֧י דְבָרֶ֛יךָ[bc] בּ֖וֹ תִּתְנוֹדָֽד[d]׃
28 עִזְב֤וּ עָרִים֙ וְשִׁכְנ֣וּ בַּסֶּ֔לַע יֹשְׁבֵ֖י מוֹאָ֑ב
וִֽהְי֣וּ כְיוֹנָ֔ה תְּקַנֵּ֕ן בְּעֶבְרֵ֖י[a] פִי־פָֽחַת׃ ז[23]. ב[24]
29 [a]שָׁמַ֥עְנוּ גְאוֹן־מוֹאָ֖ב גֵּאֶ֣ה מְאֹ֑ד ד
גָּבְה֧וֹ וּגְאוֹנ֛וֹ[b] וְגַאֲוָת֖וֹ וְרֻ֥ם לִבּֽוֹ׃ ל̇
30 אֲנִ֤י יָדַ֙עְתִּי֙ נְאֻם־יְהוָ֔ה עֶבְרָת֖וֹ[a] וְלֹא־[b]כֵ֑ן בַּדָּ֖יו[b] לֹא־כֵ֥ן עָשֽׂוּ׃ יט[25] ול בליש. יט[25]
31 [a]עַל־כֵּן֙ עַל־מוֹאָ֣ב אֲיֵלִ֔יל וּלְמוֹאָ֥ב כֻּלֹּ֖ה אֶזְעָ֑ק אֶל־אַנְשֵׁ֥י[b] קִֽיר־ כא פסוק על על ומילה חדה ביניה[26]. ל̇. ל̇. כת כן[27]
חֶ֖רֶשׂ יֶהְגֶּֽה[c]׃
32 [a]מִבְּכִ֨י[b] יַעְזֵ֜ר אֶבְכֶּה־לָּ֗ךְ הַגֶּ֙פֶן֙[c] שִׂבְמָ֔ה ב ר״פ
נְטִֽישֹׁתַ֙יִךְ֙ עָ֣בְרוּ יָ֔ם עַ֛ד יָ֥ם[d] יַעְזֵ֖ר נָגָ֑עוּ
עַל־קֵיצֵ֤ךְ וְעַל־בְּצִירֵךְ֙[e] שֹׁדֵ֖ד[f] נָפָֽל׃ ל̇
33 [a]וְנֶאֶסְפָ֨ה שִׂמְחָ֥ה וָגִ֛יל [b]מִכַּרְמֶ֖ל וּמֵאֶ֣רֶץ[b] מוֹאָ֑ב ז[28]
וְיַ֙יִן֙ מִיקָבִ֣ים[c] הִשְׁבַּ֔תִּי[d] לֹֽא־יִדְרֹ֣ךְ הֵידָ֔ד[e] הֵידָ֖ד לֹ֥א הֵידָֽד[f]׃ ז. ז. ז

[20] Mp sub loco. [21] Mm 486. [22] Mm 2723. [23] Mm 1773. [24] Mm 2724. [25] Mm 436. [26] Mm 686. [27] Cf Mp sub loco, Mm 2264 et 2480. [28] Mm 1698.

21 [a] 𝔖𝔗𝔙 ut Q, K 𝔊 מוֹ׳ ‖ **25** [a–a] > 𝔊*, dl ‖ **26** [a] 𝔊 *ἐν χειρὶ αὐτοῦ*; ב dttg, dl ‖ **27** [a] K ־ָה ‖ [b–b] > 𝔊𝔖 ‖ [c] pc Mss דברךָ, l דְּבָרְךָ cf σ′ ‖ [d] 𝔊*(𝔖) *ἐπολέμεις* = תתגודד? ‖ **28** [a] 𝔊 *ἐν πέτραις* = בִּצוּרֵי? ‖ **29** [a] 29sq cf Jes 16,6 ‖ [b–b] 𝔊*𝔖 et Jes om ג׳ ו ‖ **30** [a] 𝔊 *(ἔργα αὐτοῦ)* 𝔖 *(ʿbdjhwn)* 𝔗 *(ʿwbdj rbrbjhwn)* עֲבֹדָתוֹ leg vid; huc tr ^ cf Jes ‖ [b–b] 𝔊 *τὸ ἱκανὸν αὐτοῦ* = דַּיּוֹ ‖ **31** [a] cf Jes 16,7 ‖ [b] Jes אֲשִׁישֵׁי ‖ [c] l c Ms Q[Or] אֶהְגֶּה; 𝔊 *αὐχμοῦ* ‖ **32** [a] cf Jes 16,8.9 ‖ [b] Jes בִּבְ׳ 𝔊 *ὡς κλαυθμόν* = כִּבְ׳; prp מַבְּכֵי cf Hi 38,16 ‖ [c] 𝔊 ut Jes ג׳ ‖ [d] > 2 Mss et Jes, dl ‖ [e] pc Mss Jes קְצִ׳ ‖ [f] Jes הֵידָד ‖ **33** [a] cf Jes 16,10 ‖ [b–b] 𝔊* om מ׳ ו ‖ [c] 𝔊[L] ut Jes בַּיְ׳ cf 𝔊* *ἐπί* ‖ [d] 𝔊 *πρωί* = הַשְׁכֵּם? l הָשְׁבַּת ‖ [e] l c ℭ𝔖𝔗𝔙 et Jes הַדֹּרֵךְ ‖ [f] 𝔊 crrp; prp *יְהֻדָּד vel *יְהוֹדָד.

34 [a]מִזַּעֲקַ֨ת[b] חֶשְׁבּ֜וֹן [c]עַד־אֶלְעָלֵ֗ה[c] עַד־יַ֙הַץ֙ נָתְנ֣וּ קוֹלָ֔ם מִצֹּ֙עַר֙ עַד־ ג . ב

35 חֹרֹנַ֔יִם עֶגְלַ֖ת[d] שְׁלִשִׁיָּ֑ה כִּ֚י גַּם־מֵ֣י נִמְרִ֔ים לִמְשַׁמּ֖וֹת יִהְיֽוּ׃ 35 וְהִשְׁבַּתִּ֤י ד[29]. ג ב חס וחד מל[30]. יג[31]

36 לְמוֹאָ֖ב נְאֻם־יְהוָ֑ה מַעֲלֶ֣ה[a] בָמָ֔ה[b] וּמַקְטִ֖יר לֵאלֹהָֽיו׃ 36 [a]עַל־כֵּ֨ן לִבִּ֤י ח[32]. ג . ז פסוק על אל על

לְמוֹאָב֙ כַּחֲלִלִ֣ים יֶהֱמֶ֔ה וְלִבִּי֙ אֶל־אַנְשֵׁ֣י קִיר־חֶ֔רֶשׂ כַּחֲלִילִ֖ים יֶהֱמֶ֑ה ב[33]. ב

37 עַל־כֵּ֛ן יִתְרַ֥ת[b] עָשָׂ֖ה אָבָֽדוּ׃ 37 [a]כִּ֤י כָל־[b]רֹאשׁ֙ קָרְחָ֔ה וְכָל־זָקָ֖ן גְּרֻעָ֑ה[c] ה פסוק כל וכל כל . ב חד חס וחד מל

38 עַ֤ל כָּל־יָדַ֙יִם֙ גְּדֻדֹ֔ת וְעַל־[d]מָתְנַ֖יִם שָֽׂק׃ 38 [a]עַ֣ל כָּל־גַּגּ֥וֹת מוֹאָ֛ב ד

וּבִרְחֹבֹתֶ֖יהָ [b]כֻּלֹּ֣ה מִסְפֵּ֑ד[b] כִּֽי־שָׁבַ֣רְתִּי אֶת־מוֹאָ֗ב כִּכְלִ֛י אֵין־חֵ֥פֶץ בּ֖וֹ ב . כת כן[34]

39 נְאֻם־יְהוָֽה׃ 39 אֵ֣יךְ חַ֠תָּה[a] הֵילִ֗ילוּ[b] אֵ֛יךְ הִפְנָה־עֹ֥רֶף מוֹאָ֖ב בּ֑וֹשׁ וְהָיָ֥ה

40 מוֹאָ֛ב לִשְׂחֹ֥ק וְלִמְחִתָּ֖ה לְכָל־סְבִיבָֽיו׃ ס 40 כִּי־כֹה֙ אָמַ֣ר יְהוָ֔ה ו בטע בסיפ . כי מיחד[35]

[a]הִנֵּ֤ה כַנֶּ֙שֶׁר֙ יִדְאֶ֔ה וּפָרַ֥שׂ כְּנָפָ֖יו אֶל־מוֹאָֽב׃[a] ב

41 נִלְכְּדָה֙ הַקְּרִיּ֔וֹת וְהַמְּצָד֖וֹת נִתְפָּ֑שָׂה[a] ח בליש[36] . ב

[b]וְ֠הָיָה לֵ֞ב גִּבּוֹרֵ֤י מוֹאָב֙ בַּיּ֣וֹם הַה֔וּא כְּלֵ֖ב אִשָּׁ֥ה מְצֵרָֽה׃[b] ה . ב

42 וְנִשְׁמַ֥ד מוֹאָ֖ב מֵעָ֑ם כִּ֥י עַל־יְהוָ֖ה הִגְדִּֽיל׃ לא[37]

43 [a]פַּ֥חַד וָפַ֖חַת וָפָ֑ח עָלֶ֛יךָ יוֹשֵׁ֥ב מוֹאָ֖ב נְאֻם־יְהוָֽה׃ מט מל בנביא

44 [a]הַנִּ֞יס[b] מִפְּנֵ֣י[c] הַפַּ֗חַד יִפֹּ֙ל֙ אֶל־הַפַּ֔חַת הנס ק חד מן ג[38] ב חס וחד מל . ה בסיפ

וְהָֽעֹלֶה֙ מִן־[d]הַפַּ֔חַת יִלָּכֵ֖ד בַּפָּ֑ח

כִּֽי־אָבִ֨יא אֵלֶ֧יהָ[e] אֶל־מוֹאָ֛ב שְׁנַ֥ת פְּקֻדָּתָ֖ם נְאֻם־יְהוָֽה׃ ל

45 [a][b]בְּצֵ֥ל[c] חֶשְׁבּ֛וֹן עָמְד֖וּ מִכֹּ֣חַ[d] נָסִ֑ים[b]

כִּי־אֵ֞שׁ יָצָ֣א[e] מֵחֶשְׁבּ֗וֹן וְלֶֽהָבָה֙ מִבֵּ֣ין[f] סִיח֔וֹן ג סביר יצאה[39] . ג

וַתֹּ֙אכַל֙ פְּאַ֣ת מוֹאָ֔ב וְקָדְקֹ֖ד[g] בְּנֵ֥י שָׁאֽוֹן׃ ל

46 [a]אוֹי־לְךָ֣ מוֹאָ֔ב אָבַ֖ד[b] עַם־כְּמ֑וֹשׁ

[29] Mm 2719. [30] Mm 2725. [31] Mm 815. [32] Mm 2726. [33] Mp sub loco. [34] Mp sub loco, Mm 2264 et 2480. [35] Mm 2049. [36] Mm 1666. [37] Mm 486. [38] Mm 1286. [39] Mm 127.

34 [a] cf Jes 15,4–6 ‖ [b] dl מ (et dageš sq) ‖ [c–c] l c Jes 'וְא ‖ [d] l 'וְע cf 𝔊 ‖ **35** [a] 𝔗 + *qrbn*, ins עֹלָה ‖ [b] 𝔊(α'σ'𝔗) ἐπὶ βωμόν, l עַל־הַבָּמָה (hpgr) ‖ **36** [a] cf Jes 16,11 et 15,7 ‖ [b] Mss ־ָת; 𝔖 *bjšt'* malum ‖ **37** [a] cf Jes 15,2.3 ‖ [b] pc Mss pr עַל־; Jes בְּכָל ‖ [c] nonn Mss גדעה ‖ [d] ℭ mlt Mss 𝔊𝔗[f Ms]𝔙 + כָּל־ ‖ **38** [a] cf Jes 15,3 ‖ [b–b] > 𝔊* ‖ **39** [a] ut 20[a] ‖ [b] > α'σ', add ex 20 ‖ **40** [a–a] > 𝔊*, add ex 49,22 ‖ **41** [a] Q[Or] שׂוּ– ‖ [b–b] > 𝔊*, add ex 49,22 ‖ **43** [a] cf Jes 24,17 ‖ **44** [a] cf Jes 24,18 ‖ [b] K[Or] Vrs et Jes ut Q, sic l; K הַנִּיס? ‖ [c] 𝔖 ut Jes מִקּוֹל ‖ [d] nonn Mss 𝔖𝔗 et Jes מִתּוֹךְ ‖ [e] l אֵלֶּה cf 𝔊𝔖 ‖ **45** [a] cf Nu 21,28 24,17b; 𝔊* om 45–47 ‖ [b–b] > 𝔖 ‖ [c] prp אֵצֶל ‖ [d] θ'(𝔙) ἀπὸ παγίδος = מִפַּח ‖ [e] l c mlt Mss et Nu 21 יָצְאָה ‖ [f] l c pc Mss מבית; θ'𝔖 ut Nu מִקִּרְיַת ‖ [g] pc Mss et Nu 24 וְקַרְקַר, θ' καὶ ἐξηρεύνησεν = וַתַּחְקֹר? ‖ **46** [a] cf Nu 21,29 ‖ [b] l c Ms θ'𝔖𝔙 et Nu 21,29 אבדתָּ.

כִּי־לֻקְּחוּ בָנֶיךָ בַּשֶּׁבִי וּבְנֹתֶיךָ בַּשִּׁבְיָה׃
47 וְשַׁבְתִּי שְׁבוּת־מוֹאָב בְּאַחֲרִית הַיָּמִים נְאֻם־יְהוָה
עַד־הֵנָּה מִשְׁפַּט מוֹאָב׃ ס — ל
49 1 לִבְנֵי עַמּוֹן כֹּה אָמַר יְהוָה
הֲבָנִים אֵין לְיִשְׂרָאֵל אִם־יוֹרֵשׁ אֵין לוֹ — ל. יו מ״פ אין אין
מַדּוּעַ יָרַשׁ מַלְכָּם[a] אֶת־גָּד[b] וְעַמּוֹ בְּעָרָיו יָשָׁב׃ — ל. ו[1]. ה קמ[2]
2 [a]לָכֵן הִנֵּה יָמִים בָּאִים נְאֻם־יְהוָה[a] — ח — ס̇ כח[3]
וְהִשְׁמַעְתִּי אֶל־רַבַּת [b]בְּנֵי־עַמּוֹן[b] תְּרוּעַת מִלְחָמָה
וְהָיְתָה לְתֵל שְׁמָמָה וּבְנֹתֶיהָ[c] בָּאֵשׁ תִּצַּתְנָה — ה חס בנביא
וְיָרַשׁ יִשְׂרָאֵל אֶת־יֹרְשָׁיו[d] אָמַר יְהוָה׃ — כ ס״פ[4]
3 הֵילִילִי חֶשְׁבּוֹן כִּי [a]שֻׁדְּדָה־עַי[a] צְעַקְנָה בְּנוֹת רַבָּה — ב. ל
חֲגֹרְנָה שַׂקִּים סְפֹדְנָה [b]וְהִתְשׁוֹטַטְנָה בַּגְּדֵרוֹת[bc] — ל. ל
כִּי מַלְכָּם[d] בַּגּוֹלָה יֵלֵךְ כֹּהֲנָיו וְשָׂרָיו יַחְדָּיו׃ — ג מל
4 מַה־תִּתְהַלְלִי [a]בָּעֲמָקִים זָב עִמְקֵךְ[a] הַבַּת הַשּׁוֹבֵבָה[b] — ד פת[3]
הַבֹּטְחָה בְּאֹצְרֹתֶיהָ[c] מִי יָבוֹא אֵלָי׃ — ל[5]. ל[3]
5 הִנְנִי מֵבִיא עָלַיִךְ פַּחַד [a]נְאֻם־אֲדֹנָי יְהוִה צְבָאוֹת[a] מִכָּל־סְבִיבָיִךְ — ד. ה׳
וְנִדַּחְתֶּם[b] אִישׁ לְפָנָיו וְאֵין מְקַבֵּץ לַנֹּדֵד[c]׃ — ל
6 [a]וְאַחֲרֵי־כֵן אָשִׁיב אֶת־שְׁבוּת בְּנֵי־עַמּוֹן נְאֻם־יְהוָה׃ ס
7 לֶאֱדוֹם כֹּה אָמַר יְהוָה צְבָאוֹת הַאֵין[a] עוֹד חָכְמָה בְּתֵימָן — יו. ה[3]
אָבְדָה עֵצָה מִבָּנִים[b] נִסְרְחָה חָכְמָתָם׃ — ל[5]
8 נֻסוּ הָפְנוּ[a] הֶעְמִיקוּ[b] לָשֶׁבֶת יֹשְׁבֵי דְּדָן — ל
כִּי אֵיד עֵשָׂו[c] הֵבֵאתִי עָלָיו עֵת פְּקַדְתִּיו׃ — ל
9 [a]אִם־בֹּצְרִים בָּאוּ לָךְ לֹא יַשְׁאִרוּ עֹלֵלוֹת — ח[6] ר״פ בסיפ וחד מן יב[7] ר״פ אם אם. ל חס. ל מל

Cp 49 [1]Mm 2572. [2]Mm 87. [3]Mp sub loco. [4]Mm 2481. [5]Mm 1177. [6]Mm 2584. [7]Mm 519.

Cp 49,1 [a] l מִלְכֹּם cf 𝔊𝔖𝔙 ‖ [b] 𝔊* *Γαλααδ* ‖ **2** [a–a] add ‖ [b–b] > 𝔊* ‖ [c] 𝔊 *καὶ βωμοὶ αὐτῆς* = וּבָמוֹתֶיהָ, sed cf 3 ‖ [d] 𝔊 *τὴν ἀρχὴν αὐτοῦ* = יְרֻשָּׁתוֹ? cf 𝔗 יורשה ‖ **3** [a–a] l שֻׁדַּד עָלָה ut 48,18 ‖ [b–b] > 𝔊* ‖ [c] l בִּגְדֻדוֹת cf 48,37 ‖ [d] ut 1[a] ‖ **4** [a–a] l sol בְּעִמְקֵךְ ‖ [b] 𝔊 *(τῆς) ἰταμίας*, 𝔊^L239 *(τῆς) ἀτιμίας*, σ′ *ἡ αἰχμαλωτιζομένη* = הַשְּׁבוּיָה, 𝔖 *ḥbjbt'* dilecta, 𝔙 *delicata*; l frt הַשַּׁאֲנַנָּה ‖ [c] ins c pc Mss Vrs הָאֹמְרָה ‖ **5** [a–a] add ‖ [b] pc Mss 𝔖 וּנְדַחְתִּים ‖ [c] > 𝔊* ‖ **6** [a] > 𝔊* ‖ **7** [a] 𝔊 om ה ‖ [b] a בִּין cf 𝔊𝔖 ‖ **8** [a] prp הַ׳ ‖ [b] = הַעֲ׳ ‖ [c] 𝔊 *ἐποίησεν* = עָשָׂה ‖ **9** [a] cf Ob 5.

אִם־גַּנָּבִ֥ים בַּלַּ֖יְלָה [b]הִשְׁחִ֥יתוּ דַיָּֽם[b]׃ ג

10 כִּֽי־[a]אֲנִ֞י חָשַׂ֣פְתִּי[b] אֶת־עֵשָׂ֗ו גִּלֵּ֙יתִי֙ אֶת־מִסְתָּרָ֔יו וְנֶחְבָּ֖ה[c] לֹ֣א יוּכָ֑ל ל וכת ה[8]
שֻׁדַּ֥ד זַרְע֛וֹ וְאֶחָ֥יו[d] וּשְׁכֵנָ֖יו וְאֵינֶֽנּוּ[e]׃ יב

11 עָזְבָ֥ה יְתֹמֶ֖יךָ אֲנִ֣י אֲחַיֶּ֑ה וְאַלְמְנֹתֶ֖יךָ עָלַ֥י תִּבְטָֽחוּ[a]׃ ס ב[9]. ל[10]. ל[11]

12 כִּי־[a]כֹ֣ה ׀ אָמַ֣ר יְהוָ֗ה הִנֵּ֨ה אֲשֶׁר־אֵ֤ין מִשְׁפָּטָם֙ לִשְׁתּ֣וֹת הַכּ֔וֹס שָׁת֣וֹ ז בטע בסיפ[12]. כי מיחד[13]
יִשְׁתּ֔וּ וְאַתָּ֣ה ה֔וּא נָקֹ֖ה תִּנָּקֶ֑ה לֹ֣א תִנָּקֶ֔ה כִּ֥י שָׁתֹ֖ה תִּשְׁתֶּֽה׃ 13 כִּ֣י בִ֤י ב. ג כת ה[14]
נִשְׁבַּ֙עְתִּי֙ נְאֻם־יְהוָ֔ה כִּֽי־לְשַׁמָּ֧ה לְחֶרְפָּ֛ה לְחֹ֥רֶב[a] וְלִקְלָלָ֖ה תִּהְיֶ֣ה ל. יו בליש
בָצְרָ֑ה[b] וְכָל־עָרֶ֕יהָ תִּהְיֶ֖ינָה לְחָרְב֥וֹת עוֹלָֽם׃

14 [a]שְׁמוּעָ֤ה שָׁמַ֙עְתִּי֙ מֵאֵ֣ת יְהוָ֔ה וְצִ֖יר בַּגּוֹיִ֣ם שָׁל֑וּחַ[b] ל. ד[15]
הִֽתְקַבְּצוּ֙ וּבֹ֣אוּ עָלֶ֔יהָ וְק֖וּמוּ לַמִּלְחָמָֽה׃

15 [a]כִּֽי־הִנֵּ֥ה קָטֹ֛ן נְתַתִּ֖יךָ בַּגּוֹיִ֑ם בָּז֖וּי בָּאָדָֽם׃

16 [a]תִּֽפְלַצְתְּךָ֞ [b]הִשִּׁ֣יא אֹתָ֗ךְ[b] זְד֣וֹן לִבֶּ֔ךָ ד דמטע
שֹֽׁכְנִי֙ בְּחַגְוֵ֣י הַסֶּ֔לַע תֹּֽפְשִׂ֖י מְר֣וֹם גִּבְעָ֑ה ד[16]. ג[17]
כִּֽי־תַגְבִּ֤יהַ[c] כַּנֶּ֙שֶׁר֙ קִנֶּ֔ךָ מִשָּׁ֥ם אוֹרִֽידְךָ֖ נְאֻם־יְהוָֽה׃ ג[18]. ג[19]

17 [a]וְהָיְתָ֥ה אֱד֖וֹם לְשַׁמָּ֑ה כֹּ֚ל עֹבֵ֣ר עָלֶ֔יהָ יִשֹּׁ֥ם וְיִשְׁרֹ֖ק עַל־כָּל־מַכּוֹתֶֽהָ׃ ל כת כן חס

18 [a]כְּמַהְפֵּכַ֞ת סְדֹ֧ם וַעֲמֹרָ֛ה וּשְׁכֵנֶ֖יהָ אָמַ֣ר יְהוָ֑ה לֹא־יֵשֵׁ֥ב שָׁם֙ אִ֔ישׁ
וְלֹֽא־יָג֥וּר בָּ֖הּ בֶּן־אָדָֽם׃

19 [a]הִנֵּ֡ה כְּאַרְיֵה֩ יַעֲלֶ֨ה מִגְּא֣וֹן[b] הַיַּרְדֵּ֗ן אֶל־נְוֵ֣ה אֵיתָן֒
כִּֽי־[c][d]אַרְגִּ֤יעָה אֲרִיצֶ֙נּוּ֙ מֵֽעָלֶ֔יהָ[d] וּמִ֥י [e]בָח֖וּר אֵלֶ֣יהָ[e] אֶפְקֹ֑ד ג ב מל וחד חס[20]. ב
כִּ֣י מִ֤י כָמ֙וֹנִי֙ וּמִ֣י יֹעִידֶ֔נִּי[f] וּמִי־זֶ֣ה רֹעֶ֔ה אֲשֶׁ֥ר יַעֲמֹ֖ד לְפָנָֽי׃ ס ב[21]. ב

20 לָכֵ֞ן שִׁמְע֣וּ עֲצַת־יְהוָ֗ה אֲשֶׁ֤ר יָעַץ֙ אֶל־אֱד֔וֹם
וּמַ֨חְשְׁבוֹתָ֔יו אֲשֶׁ֥ר חָשַׁ֖ב אֶל־יֹשְׁבֵ֣י תֵימָ֑ן ה מל ב[22] מנה בליש. ג[23]
אִם־לֹ֨א יִסְחָב֜וּם[a] צְעִירֵ֣י הַצֹּ֗אן אִם־לֹ֛א יַשִּׁ֥ים[b] עֲלֵיהֶ֖ם נְוֵהֶֽם׃ לה מל[24]. ב. ב

[8]Mm 2035. [9]Mm 2084. [10]Mp sub loco. [11]וחד ואחיה Dt 32,39. [12]Mm 2547. [13]Mm 2049. [14]Mm 1531. [15]Mm 1969. [16]Mm 2727. [17]Mm 3672. [18]Mm 3079. [19]Mm 2728. [20]Mm 2729. [21]Mm 2730. [22]Mm 2731. [23]Mm 2751. [24]Mp contra textum, cf Mp sub loco.

9 [b–b] 𝔊* *ἐπιθήσουσι χεῖρα αὐτῶν* = יָשִׁיתוּ יָדָם ‖ **10** [a] cf Ob 6 ‖ [b] 𝔖(𝔗) *bṣjt* = חִפַּשְׂתִּי cf Ob 6 ‖ [c] l וְנַחְבֹּה cf 𝔊𝔙 ‖ [d] prp וְאֵינֶנּוּ ‖ [e] σ′ *οὐκ ἔστιν ὅς ἐρεῖ* cf 𝔊[L], prp ואין אֹמֵר ‖ **11** [a] = ־חְנָה ‖ **12** [a] 𝔊 brevius ‖ **13** [a] > 𝔊*, dttg? ‖ [b] 𝔊 *ἐν μέσῳ αὐτῆς* = בְּתוֹכָהּ? ‖ **14** [a] cf Ob 1 ‖ [b] 𝔊 *ἀπέστειλε* = שִׁלַּח ‖ **15** [a] cf Ob 2 ‖ **16** [a] cf Ob 3.4 ‖ [b–b] l הִשִּׁיאַתְךָ ‖ [c] sic L, mlt Mss Edd ־הַ ‖ **17** [a] cf 19,8 ‖ **18** [a] cf 50,40 ‖ **19** [a] 19–21 cf 50,44–46 ‖ [b] 𝔊 *ἐκ μέσου* = מִגּוֹא (aram) ‖ [c] l כֵּן ‖ [d–d] prp אַרְגִּעָה אֶת־צֹ(א)ן מַרְעִיתוֹ ‖ [e–e] prp וּמִבְחַר אֵילֶיהָ ‖ [f] K[Or] ־נִּי ‖ **20** [a] prp יְסָּחֲבוּ גַם ‖ [b] l יֵשֹׁם? cf 𝔊 ‖ [c] ℭ mlt Mss נויהם.

21 מִקּוֹל נִפְלָם רָעֲשָׁה הָאָרֶץ צְעָקָה[a] בְּיַם־סוּף נִשְׁמַע קוֹלָהּ[b]׃ ד וכל אורית דכות
22 [a]הִנֵּה כַנֶּשֶׁר [b]יַעֲלֶה וְיִדְאֶה[b] וְיִפְרֹשׂ כְּנָפָיו עַל־בָּצְרָה[c] וְהָיָה לֵב
גִּבּוֹרֵי אֱדוֹם בַּיּוֹם הַהוּא כְּלֵב אִשָּׁה מְצֵרָה׃ ס ה . ב
23 [a]לְדַמֶּשֶׂק בֹּשָׁה חֲמָת וְאַרְפָּד כִּי־שְׁמֻעָה רָעָה שָׁמְעוּ ג ב קמ וחד פת[25] . ה חס[26]
[b]נָמֹגוּ בַּיָּם דְּאָגָה[b] הַשְׁקֵט לֹא יוּכָל׃ ד וחס[27]
24 רָפְתָה דַמֶּשֶׂק הִפְנְתָה לָנוּס וְרֶטֶט ׀ הֶחֱזִיקָה[a] ב[28]
[b]צָרָה וַחֲבָלִים אֲחָזַתָּה כַּיּוֹלֵדָה[b]׃
25 אֵיךְ לֹא־[a]עֻזְּבָה עִיר תְּהִלָּה קִרְיַת מְשׂוֹשִׂי[b]׃ תהלת ק חד מן יא[29] קר ת וחד מן ד[30] בליש
26 [a]לָכֵן יִפְּלוּ בַחוּרֶיהָ בִּרְחֹבֹתֶיהָ וְכָל־אַנְשֵׁי הַמִּלְחָמָה יִדַּמּוּ [b]בַּיּוֹם
הַהוּא[b] נְאֻם יְהוָה צְבָאוֹת׃ כו
27 [a]וְהִצַּתִּי אֵשׁ בְּחוֹמַת דַּמָּשֶׂק וְאָכְלָה אַרְמְנוֹת בֶּן־הֲדָד׃ ס ו . ג בליש בסיפ[31]
28 לְקֵדָר ׀ [a]וּלְמַמְלְכוֹת חָצוֹר[a] אֲשֶׁר הִכָּה נְבוּכַדְרֶאצּוֹר[b] מֶלֶךְ־בָּבֶל ל . נבוכדראצר ק[32] חד מן ב[33] יתיר ו בליש
כֹּה אָמַר יְהוָה
קוּמוּ עֲלוּ[c] אֶל־קֵדָר וְשָׁדְדוּ[d] אֶת־בְּנֵי־קֶדֶם׃ ל חטף[32]
29 אָהֳלֵיהֶם וְצֹאנָם יִקָּחוּ יְרִיעוֹתֵיהֶם וְכָל־כְּלֵיהֶם ו[34] . ל[32]
וּגְמַלֵּיהֶם יִשְׂאוּ לָהֶם וְקָרְאוּ עֲלֵיהֶם מָגוֹר מִסָּבִיב׃ כ
30 נֻסוּ נֻּדוּ[a] מְאֹד [b]הֶעְמִיקוּ לָשֶׁבֶת[b] יֹשְׁבֵי חָצוֹר[c] נְאֻם־יְהוָה ל דגש
כִּי־יָעַץ עֲלֵיכֶם נְבוּכַדְרֶאצַּר[a] מֶלֶךְ־בָּבֶל עֵצָה וְחָשַׁב עֲלֵיהֶם[d] עליכם ק
31 [a]קוּמוּ עֲלוּ אֶל־גּוֹי שְׁלֵיו יוֹשֵׁב לָבֶטַח [b]נְאֻם־יְהוָה[b] [מַחֲשָׁבָה׃ ב עינינ דמיין ומל[32] . מט מל בנביא
לֹא־דְלָתַיִם וְלֹא־בְרִיחַ לוֹ בָּדָד יִשְׁכֹּנוּ׃ ח[35] . ב חד מל וחד חס
32 וְהָיוּ גְמַלֵּיהֶם לָבַז וַהֲמוֹן מִקְנֵיהֶם לְשָׁלָל
וְזֵרִתִים לְכָל־רוּחַ קְצוּצֵי פֵאָה
וּמִכָּל־עֲבָרָיו[a] אָבִיא אֶת־אֵידָם נְאֻם־יְהוָה׃ ב

[25] Mm 2732. [26] Mm 1540. [27] Mm 2733. [28] Mm 2734. [29] Mm 3675. [30] Mm 2718. [31] Mm 2893. [32] Mp sub loco. [33] Mm 3882. [34] Mm 1853. [35] Mm 2544.

21 [a] l צַעֲקָה || [b] mlt Mss 𝔗[f] קולם; > 𝔊* et 50,46, dl || **22** [a] cf 48,40sq || [b–b] 𝔊* et 48,40 om || [c] 𝔊 *ὀχυρώματα αὐτῆς* = מִבְצָרֶיהָ || **23** [a] cf Jes 57,20 || [b–b] l נָמוֹג לִבָּם מִדְּ׳ || **24** [a] = ־הּ || [b–b] > 𝔊*, add || **25** [a] > 𝔙, dl || [b] l מָשׂוֹשׂ cf α′σ′θ′𝔖𝔗𝔙 || **26** [a] cf 50,30 || [b–b] > ℭ𝔊* || **27** [a] cf Am 1,14 et Am 1,4 || **28** [a–a] 𝔊 *τῇ βασιλίσσῃ τῆς αὐλῆς* = לְמַלְכַּת חָצֵר || [b] K ־צוֹר || [c] ℭ𝔊𝔙 ועלו || [d] 𝔊 *πλήξατε (πλήσατε)*, crrp ex *ἀπολέσατε*? cf 47,4 || **30** [a] > 𝔊* || [b–b] add ex 8? || [c] 𝔊 *ἐν τῇ αὐλῇ* cf 28[a–a] || [d] ℭ mlt Mss 𝔊𝔗𝔙 ut Q; > 𝔊[BA], prb dl || **31** [a] cf Ez 38,11 || [b–b] > 𝔊*, dl || **32** [a] Vrs suff pl; l עֲבָרִים.

33 וְהָיְתָה חָצוֹר[a] לִמְעוֹן תַּנִּים שְׁמָמָה עַד־עוֹלָם
לֹא־יֵשֵׁב שָׁם אִישׁ וְלֹא־יָגוּר בָּהּ בֶּן־אָדָם׃ ס
34 [a]אֲשֶׁר הָיָה דְבַר־יְהוָה אֶל־יִרְמְיָהוּ הַנָּבִיא אֶל־עֵילָם בְּרֵאשִׁית ה וב[36] מ״פ
מַלְכוּת צִדְקִיָּה מֶלֶךְ־יְהוּדָה לֵאמֹר׃ 35 כֹּה אָמַר יְהוָה צְבָאוֹת ו[37] . יו
הִנְנִי שֹׁבֵר אֶת־קֶשֶׁת עֵילָם רֵאשִׁית גְּבוּרָתָם׃ כת
36 וְהֵבֵאתִי אֶל־עֵילָם אַרְבַּע רוּחוֹת מֵאַרְבַּע קְצוֹת הַשָּׁמַיִם
וְזֵרִתִים לְכֹל הָרֻחוֹת הָאֵלֶּה וְלֹא־יִהְיֶה הַגּוֹי[a] אֲשֶׁר לֹא־יָבוֹא[b] שָׁם ל כת כן . יב[38]
נִדְּחֵי עוֹלָם[c]׃ עילם חד מן ב[39] כת כן בליש ק
37 וְהַחְתַּתִּי אֶת־עֵילָם לִפְנֵי אֹיְבֵיהֶם וְלִפְנֵי ׀ מְבַקְשֵׁי נַפְשָׁם ל[40]
וְהֵבֵאתִי עֲלֵיהֶם ׀ רָעָה אֶת־חֲרוֹן אַפִּי נְאֻם־יְהוָה
וְשִׁלַּחְתִּי אַחֲרֵיהֶם אֶת־הַחֶרֶב עַד כַּלּוֹתִי אוֹתָם׃
38 וְשַׂמְתִּי כִסְאִי בְּעֵילָם וְהַאֲבַדְתִּי[a] מִשָּׁם מֶלֶךְ וְשָׂרִים נְאֻם־יְהוָה׃ ב
39 וְהָיָה ׀ בְּאַחֲרִית הַיָּמִים אָשֵׁוב[a] אֶת־שְׁבִית[b] עֵילָם נְאֻם־יְהוָה׃ ס אשיב חד מן ג[41] כת כן בליש . שבות ק

50 1 [a]הַדָּבָר אֲשֶׁר דִּבֶּר יְהוָה[a] אֶל־בָּבֶל[b] אֶל־[c]אֶרֶץ כַּשְׂדִּים ו
בְּיַד יִרְמְיָהוּ הַנָּבִיא[b]׃
2 הַגִּידוּ בַגּוֹיִם וְהַשְׁמִיעוּ [a]וּשְׂאוּ־נֵס הַשְׁמִיעוּ[a] אַל־תְּכַחֵדוּ אִמְרוּ
נִלְכְּדָה בָבֶל הֹבִישׁ [b]בֵּל חַת מְרֹדָךְ[b] [c]הֹבִישׁוּ עֲצַבֶּיהָ חַתּוּ ג[1] . ל זקף קמ
גִּלּוּלֶיהָ[c]׃
3 כִּי עָלָה עָלֶיהָ גּוֹי מִצָּפוֹן הוּא־יָשִׁית אֶת־אַרְצָהּ לְשַׁמָּה ז ומל[2]
וְלֹא־יִהְיֶה יוֹשֵׁב בָּהּ מֵאָדָם וְעַד־בְּהֵמָה [a]נָדוּ הָלָכוּ[a]׃ מט מל בנביא
4 בַּיָּמִים הָהֵמָּה וּבָעֵת הַהִיא [a]נְאֻם־יְהוָה[a] יָבֹאוּ בְנֵי־יִשְׂרָאֵל [b]הֵמָּה ח[3] . יב[4] . ח[5] . יח[6]
וּבְנֵי־יְהוּדָה יַחְדָּו[b]
הָלוֹךְ וּבָכוֹ יֵלֵכוּ וְאֶת־יְהוָה אֱלֹהֵיהֶם יְבַקֵּשׁוּ׃ ו מל בסיפ[7] . ה כת ר[8] . ו[9]
5 צִיּוֹן יִשְׁאָלוּ דֶּרֶךְ הֵנָּה פְנֵיהֶם ס כט[10]

[36] Mm 2. [37] Mm 2033. [38] Mm 2938. [39] Mm 2735. [40] Mp sub loco. [41] Mm 2736. **Cp 50** [1] Mm 2757. [2] Mm 2737. [3] Mm 2738. [4] Mm 891. [5] Mm 1482. [6] Mm 953. [7] Mm 1408. [8] Mm 2739. [9] Mm 2323. [10] Mp sub loco.

33 [a] 𝔊 *ἡ αὐλή* cf 30[c] ‖ **34** [a] 𝔊 hic sol *τὰ Αιλαμ* cf 25,14[c], reliquum v hab paulum mutatum post 39 ‖ **36** [a] 𝔊𝔗 om ה, dl (dttg) ‖ [b] l c nonn Mss σ′𝔗𝔙 יָבֹאוּ cf 𝔖 ‖ [c] mlt Mss Vrs ut Q, l; K עולם ‖ **38** [a] 𝔊 *καὶ ἐξαποστελῶ* (crrp ex *ἐξαπολέσω*?) ‖ **39** [a] l c K אשוב ‖ [b] ℭ ut Q, l; K שְׁבִית ‖ **Cp 50,1** [a–a] 𝔊 *λόγος κυρίου, ὃν ἐλάλησεν* ‖ [b–b] > 𝔊* ‖ [c] mlt Mss 𝔖𝔗𝔙 וְאֶל ‖ **2** [a–a] > 𝔊*, dl cf 4,6 Jes 13,2 ‖ [b–b] 𝔊 versio duplex ‖ [c–c] > 𝔊*, add ‖ **3** [a–a] > 𝔊*, add? cf 9,9 ‖ **4** [a–a] > 𝔊*, dl ‖ [b–b] add.

בֹּ֫אוּ[a] וְנִלְו֣וּ[b] אֶל־יְהוָ֔ה בְּרִ֥ית עוֹלָ֖ם לֹ֥א תִשָּׁכֵֽחַ׃ ס — י̇ב̇[11] . ב̇[12]

6 צֹ֤אן אֹֽבְדוֹת֙ הָי֣וּ[a] עַמִּ֔י רֹעֵיהֶ֣ם הִתְע֔וּם הָרִ֖ים[b] שׁוֹבְב֑וּם[c] — היו̇ ק חד מן ז̇[13] כת ה וקר ו ול בליש . שובבום[14] ק

מֵהַ֤ר אֶל־גִּבְעָה֙ הָלָ֔כוּ שָׁכְח֖וּ רִבְצָֽם׃

7 כָּל־מוֹצְאֵיהֶ֣ם אֲכָל֔וּם וְצָרֵיהֶ֥ם אָמְר֖וּ לֹ֣א נֶאְשָׁ֑ם[a] — ל̇ . ל̇

תַּ֗חַת אֲשֶׁ֨ר חָטְא֤וּ לַֽיהוָה֙ נְוֵה־צֶ֔דֶק וּמִקְוֵ֥ה אֲבוֹתֵיהֶ֖ם יְהוָֽה[b]׃ ס — ד̇ מל בנביא

8 נֻ֚דוּ מִתּ֣וֹךְ בָּבֶ֔ל וּמֵאֶ֥רֶץ כַּשְׂדִּ֖ים — ז̇[15] . יא̇ ר״פ וס״פ ב̇[16]

יֵצֵ֑אוּ[a] וִֽהְי֕וּ כְּעַתּוּדִ֖ים[b] לִפְנֵי־צֹֽאן׃ — צאו ק חד מן ב̇[17] כת י ר״ת וחד מן ג̇[18] בליש . ז̇[19]

9 כִּ֣י הִנֵּ֣ה אָנֹכִ֡י מֵעִיר֩ וּמַעֲלֶ֨ה[a] עַל־בָּבֶ֜ל קְהַל־גּוֹיִ֤ם גְּדֹלִים֙[a] — ח̇[20] ול בליש

מֵאֶ֣רֶץ צָפ֔וֹן וְעָ֣רְכוּ[c] לָ֔הּ מִשָּׁ֖ם תִּלָּכֵ֑ד

חִצָּיו֙ כְּגִבּ֣וֹר מַשְׁכִּ֔יל[d] לֹ֥א יָשׁ֖וּב רֵיקָֽם׃ — ב̇

10 וְהָיְתָ֥ה כַשְׂדִּ֖ים לְשָׁלָ֑ל כָּל־שֹׁלְלֶ֥יהָ יִשְׂבָּ֖עוּ נְאֻם־יְהוָֽה׃

11 כִּ֤י תִשְׂמְחִי֙[a] כִּ֣י[b] תַעַלְזִ֔י[c] שֹׁסֵ֖י נַחֲלָתִ֑י — תשמחו . תעלזו ק ק

כִּ֤י תָפ֙וּשִׁי֙[a] כְּעֶגְלָ֣ה[d] דָשָׁ֔ה[d] וְתִצְהֲלִ֖י[a] כָּאַבִּרִֽים[e]׃ — תפושו . ותצהלו . ל̇ וחס ק ק

12 בּ֤וֹשָׁה אִמְּכֶם֙ מְאֹ֔ד[a] חָֽפְרָ֖ה יֽוֹלַדְתְּכֶ֑ם[a]

הִנֵּה֙[b] אַחֲרִ֣ית גּוֹיִ֔ם מִדְבָּ֖ר[c] צִיָּ֥ה וַעֲרָבָֽה[c]׃

13 מִקֶּ֤צֶף יְהוָה֙ לֹ֣א תֵשֵׁ֔ב וְהָיְתָ֖ה שְׁמָמָ֣ה כֻּלָּ֑הּ

כֹּ֚ל עֹבֵ֣ר עַל־בָּבֶ֔ל יִשֹּׁ֥ם וְיִשְׁרֹ֖ק עַל־כָּל־מַכּוֹתֶֽיהָ׃ — ב̇ מל

14 עִרְכ֨וּ עַל־בָּבֶ֤ל ׀ סָבִיב֙ כָּל־דֹּ֣רְכֵי קֶ֔שֶׁת [עָלֶיהָ סָבִיב֙[a]

יְד֣וּ[a] אֵלֶ֔יהָ אַֽל־תַּחְמְל֖וּ אֶל־חֵ֑ץ כִּ֥י לַיהוָ֖ה חָטָֽאָה[b]׃ 15 הָרִ֨יעוּ — ב̇

נָתְנָ֣ה יָדָ֗הּ[b] נָֽפְלוּ֙ אָשְׁיוֹתֶ֔יהָ[c] נֶהֶרְס֖וּ חוֹמוֹתֶ֑יהָ — אשיותיה ק . ל̇ ומל

כִּ֣י נִקְמַ֨ת יְהוָ֥ה הִיא֙ הִנָּ֣קְמוּ בָ֔הּ כַּאֲשֶׁ֥ר עָשְׂתָ֖ה עֲשׂוּ־לָֽהּ׃

[11] Mm 3146. [12] Mm 2740. [13] Mp sub loco. [14] Mm 832. [15] Mm 729. [16] Mm 1698. [17] Mm 2741. [18] Mm 2389. [19] Mm 1773. [20] Mm 2726.

5 [a] 𝔊 *καὶ ἥξουσι* = וּבָאוּ, α′(𝔗𝔙) *ἥξουσι* = יָבֹאוּ; l 𝔐 cf [b] ‖ [b] l וְנִלְוָה cf 𝔖 ‖ **6** [a] K 𝔖 הָיָה, 𝔗 ut Q ‖ [b] prp מְרִיהֶם (מ hpgr) ‖ [c] Or 𝔊𝔙 ut Q, l; K שׁוֹבְבִים ‖ **7** [a] 𝔊(𝔖) *ἀνῶμεν αὐτούς* = נַשָּׁאֵם, sed cf 2,3 ‖ [b] > 𝔊*; prp הוֹי (cj c 8 cf Sach 2,10sq) ‖ **8** [a] ℭ𝔖𝔗𝔙 ut Q, sic l (tr ‸) cf 𝔊; K יָצְאוּ vel יֵצְאוּ ‖ [b] 𝔊 *ὥσπερ δράκοντες* (crrp ex *ἄρχοντες*? cf Jes 14,9) cf α′σ′ ‖ **9** [a] > 𝔊* (dttg?) ‖ [b] Or אֶל ‖ [c] l יַעַ׳? ‖ [d] sic mlt Mss α′𝔗𝔙; l c nonn Mss Edd 𝔊σ′𝔖 מַשְׁ׳ ‖ **11** [a] K ־ִי ‖ [b] mlt Mss 𝔖𝔗[f] וְכִי cf 𝔊 ‖ [c] sic L, mlt Mss Edd תַעַלְ׳; K ־ִי ‖ [d–d] 𝔊(𝔙) *ὡς βοΐδια ἐν βοτάνῃ* cf α′, l בַּדֶּשֶׁא ־לֵי ‖ [e] sic L mlt, Mss Edd כָּאַ׳ ‖ **12** [a–a] 𝔊* *μήτηρ ἐπ' (εἰς) ἀγαθά* ‖ [b] > 𝔊*; ins הִיא? ‖ [c–c] > 𝔊* ‖ **14** [a] pc Mss ירו ‖ [b–b] > 𝔊*, dl ‖ **15** [a] > 𝔊* ‖ [b–b] 𝔊 *παρελύθησαν αἱ χεῖρες αὐτῆς* cf 43, 𝔗 *'tmsrt bjdhwn* = נִתְּנָה בְיָדָם ‖ [c] K אָשְׁוִי׳ ? אָשְׁיוֹ׳ אֲשׁוּי׳ (?).

16 כִּרְתוּ[a] זוֹרֵעַ[b] מִבָּבֶל וְתֹפֵשׂ מַגָּל בְּעֵת קָצִיר (ב מל . ב)
מִפְּנֵי חֶרֶב הַיּוֹנָה[c] אִישׁ אֶל־עַמּוֹ יִפְנוּ וְאִישׁ לְאַרְצוֹ[d] יָנֻסוּ׃ ס
17 שֶׂה פְזוּרָה יִשְׂרָאֵל אֲרָיוֹת הִדִּיחוּ[a] (ל)
הָרִאשׁוֹן אֲכָלוֹ מֶלֶךְ אַשּׁוּר וְזֶה הָאַחֲרוֹן עִצְּמוֹ נְבוּכַדְרֶאצַּר[b] מֶלֶךְ (סד[21] . ב[21] . ל בסיפ . ל)
בָּבֶל׃ ס 18 לָכֵן כֹּה־אָמַר יְהוָה צְבָאוֹת אֱלֹהֵי יִשְׂרָאֵל הִנְנִי (יה בטע בסיפ[22] . ג בטע בסיפ)
פֹקֵד אֶל־מֶלֶךְ בָּבֶל וְאֶל־אַרְצוֹ כַּאֲשֶׁר פָּקַדְתִּי אֶל־מֶלֶךְ אַשּׁוּר׃ (ד[23] . ד[23])
19 וְשֹׁבַבְתִּי אֶת־יִשְׂרָאֵל אֶל־נָוֵהוּ וְרָעָה הַכַּרְמֶל וְהַבָּשָׁן[a] (ל . ט[24])
וּבְהַר אֶפְרַיִם וְהַגִּלְעָד תִּשְׂבַּע נַפְשׁוֹ׃ [וְאֵינֶנּוּ (ג[21] [יב)
20 בַּיָּמִים הָהֵם וּבָעֵת הַהִיא [a]נְאֻם־יְהוָה[a] יְבֻקַּשׁ אֶת־עֲוֺן יִשְׂרָאֵל (ח[25])
וְאֶת־חַטֹּאת יְהוּדָה וְלֹא תִמָּצֶאינָה כִּי אֶסְלַח לַאֲשֶׁר אַשְׁאִיר׃ (ו חס[26] . ל . ל)
21 [a]עַל־הָאָרֶץ[a] מְרָתַיִם עֲלֵה עָלֶיהָ
וְאֶל־יוֹשְׁבֵי פְּקוֹד[b] (לד מל ז מנה בסיפ . ב מל[27])
חֲרֹב[c] וְהַחֲרֵם אַחֲרֵיהֶם[d] נְאֻם־יְהוָה וַעֲשֵׂה כְּכֹל אֲשֶׁר צִוִּיתִיךָ׃ ס (ד[28])
22 קוֹל מִלְחָמָה בָּאָרֶץ וְשֶׁבֶר גָּדוֹל׃
23 [a]אֵיךְ נִגְדַּע וַיִּשָּׁבֵר פַּטִּישׁ כָּל־הָאָרֶץ (ב)
אֵיךְ הָיְתָה לְשַׁמָּה בָּבֶל בַּגּוֹיִם׃
24 יָקֹשְׁתִּי[a] לָךְ וְגַם־נִלְכַּדְתְּ בָּבֶל וְאַתְּ לֹא יָדָעַתְּ (ל)
[b]נִמְצֵאת וְגַם־נִתְפַּשְׂתְּ[b] כִּי בַיהוָה הִתְגָּרִית׃
25 פָּתַח יְהוָה אֶת־אוֹצָרוֹ וַיּוֹצֵא אֶת־כְּלֵי זַעְמוֹ (יב מל[29])
כִּי־מְלָאכָה הִיא לַאדֹנָי יְהוִה צְבָאוֹת[a] בְּאֶרֶץ כַּשְׂדִּים׃ (הי)
26 בֹּאוּ־לָהּ מִקֵּץ[a] פִּתְחוּ מַאֲבֻסֶיהָ (ל)
סָלּוּהָ [b]כְמוֹ־עֲרֵמִים[b] וְהַחֲרִימוּהָ אַל־תְּהִי־לָהּ שְׁאֵרִית׃ (ל . ל)
27 חִרְבוּ כָּל־פָּרֶיהָ[a] יֵרְדוּ לַטָּבַח (ל . ל . ה[30])

[21] Mp sub loco. [22] Mm 2617. [23] Mm 2717. [24] Mm 1144. [25] Mm 1482. [26] Mm 861. [27] Mm 2742. [28] Mm 1933. [29] Mm 2194. [30] Mm 2743.

16 [a] l הַכְרִתוּ (hpgr)? ‖ [b] 𝔊 *σπέρμα* = זֶרַע ‖ [c] cf 46,16[e] ‖ [d] mlt Mss Edd 𝔊 אֶל־א׳ ‖ **17** [a] l –וּהָ vel –והו cf 𝔊𝔙 ‖ [b] > 𝔊* ‖ **19** [a] > 𝔊* ‖ **20** [a–a] > 𝔊*, dl ‖ **21** [a–a] l עֲלֵה אֶרֶץ cf 𝔖 ‖ [b] ins רְדוֹף et adde hic אחריהם (cf [d])? ‖ [c] 𝔊(𝔖) *μάχαιρα* = חֶרֶב (cf σ′𝔗), sed cf 27 ‖ [d] > 𝔊*𝔖, sed cf [b]; 𝔗 *š'rhwn* = אחרִיתָם ‖ **23** [a] cf 51,41 ‖ **24** [a] cf 2,33[b] ‖ [b–b] > 𝔖 ‖ **25** [a] > 𝔊*, dl ‖ **26** [a] σ′ *σύμπαντες*, l מִקָּצֶה cf 51,31 ‖ [b–b] 𝔊 *ὡς σπήλαιον* = כְּ׳ מְעָרָה, α′ *ὥσπερ σωρεύοντες* = כַּמְעַמְּרִים, 𝔖 *'jk 'rṭljt'* = כ׳ עֲרֵמָה; l בְּמוֹ־ע׳ cf 𝔙 *in acervos* ‖ **27** [a] 𝔊 *τοὺς καρποὺς αὐτῆς* (sim α′) = פִּרְיָהּ.

הוֹי עֲלֵיהֶם כִּי־בָא יוֹמָם עֵת פְּקֻדָּתָם׃ ס

28 קוֹל נָסִים וּפְלֵטִים מֵאֶרֶץ בָּבֶל

לְהַגִּיד בְּצִיּוֹן אֶת־נִקְמַת יְהוָה אֱלֹהֵינוּ [a]נִקְמַת הֵיכָלוֹ[a]׃

29 הַשְׁמִיעוּ אֶל־בָּבֶל ׀ רַבִּים[a] כָּל־דֹּרְכֵי קֶשֶׁת — ו

חֲנוּ עָלֶיהָ סָבִיב אַל־יְהִי־[b] פְּלֵטָה — ב[31] . לה חד מן [32] קר ולא כת

שַׁלְּמוּ־לָהּ כְּפָעֳלָהּ כְּכֹל אֲשֶׁר עָשְׂתָה עֲשׂוּ־לָהּ

כִּי אֶל־יְהוָה זָדָה אֶל־קְדוֹשׁ יִשְׂרָאֵל׃ — ל

30 [a]לָכֵן יִפְּלוּ בַחוּרֶיהָ בִּרְחֹבֹתֶיהָ וְכָל־אַנְשֵׁי מִלְחַמְתָּהּ יִדַּמּוּ בַּיּוֹם

הַהוּא נְאֻם־יְהוָה׃ ס

31 הִנְנִי אֵלֶיךָ זָדוֹן נְאֻם־אֲדֹנָי יְהוִה צְבָאוֹת[a] — ד . ה׳

כִּי בָא יוֹמְךָ עֵת פְּקַדְתִּיךָ[b]׃

32 וְכָשַׁל זָדוֹן וְנָפַל וְאֵין לוֹ מֵקִים — ב[33]

וְהִצַּתִּי אֵשׁ בְּעָרָיו[a] וְאָכְלָה כָּל־סְבִיבֹתָיו[b]׃ ס — ו

33 כֹּה אָמַר יְהוָה צְבָאוֹת — יו

עֲשׁוּקִים בְּנֵי־יִשְׂרָאֵל וּבְנֵי־יְהוּדָה יַחְדָּו — יח[34]

וְכָל־שֹׁבֵיהֶם הֶחֱזִיקוּ בָם מֵאֲנוּ שַׁלְּחָם׃ — ל . ל

34 גֹּאֲלָם[a] ׀ חָזָק יְהוָה צְבָאוֹת שְׁמוֹ [לְיֹשְׁבֵי בָבֶל׃ — ג חס בליש[35]

רִיב יָרִיב אֶת־רִיבָם לְמַעַן הִרְגִּיעַ[b] אֶת־הָאָרֶץ וְהִרְגִּיז[b]

35 חֶרֶב עַל־כַּשְׂדִּים [a]נְאֻם־יְהוָה[a] וְאֶל־יֹשְׁבֵי בָבֶל — ה חרב על[36]

וְאֶל־שָׂרֶיהָ וְאֶל־חֲכָמֶיהָ׃

36 [a]חֶרֶב אֶל־הַבַּדִּים[b] וְנֹאָלוּ[a] חֶרֶב אֶל־גִּבּוֹרֶיהָ וָחָתּוּ׃ [וְהָיוּ לְנָשִׁים — ל ניד

37 חֶרֶב [a]אֶל־סוּסָיו וְאֶל־רִכְבּוֹ[a] וְאֶל־כָּל־הָעֶרֶב[b] אֲשֶׁר בְּתוֹכָהּ — ב בליש[37]

חֶרֶב אֶל־אוֹצְרֹתֶיהָ וּבֻזָּזוּ׃ 38 חֹרֶב[a] אֶל־מֵימֶיהָ וְיָבֵשׁוּ — יו בליש

כִּי אֶרֶץ פְּסִלִים הִיא וּבָאֵימִים[b] יִתְהֹלָלוּ[c]׃ — ל כת כן[38]

[31] Mm 2744. [32] Mm 2745. [33] Mm 2746. [34] Mm 953. [35] Mm 2747. [36] Mm 2748. [37] Mm 2749. [38] Mp sub loco.

28 $^{a-a}$ > 𝔊*, dl (ex 51,11) ‖ **29** ^{a} = רֹבִים ‖ ^{b} Q לָהּ 𝔗 mlt Mss Vrs ut Q, sic l cf 26 ‖ **30** ^{a} cf 49,26 ‖ **31** ^{a} > 𝔊*, dl? ‖ ^{b} pc Mss Vrs פְּקֻדָּתֶךָ ‖ **32** ^{a} 𝔊 ἐν τῷ δρυμῷ αὐτῆς = בְּיַעְרוֹ cf 21,14 ‖ ^{b} nonn Mss סביביו cf 21,14 ‖ **34** ^{a} l וְגֹ׳ cf 𝔊 ‖ ^{b} = (ו)הַ׳ ‖ **35** $^{a-a}$ > 𝔊*, dl ‖ **36** $^{a-a}$ > 𝔊* (homark) ‖ ^{b} θ′𝔖𝔗$^{f\ Mss}$𝔙 c suff, l בַּדֶּיהָ? ‖ **37** $^{a-a}$ prb dl cf suff (ex 51,21) ‖ ^{b} nonn Edd הָעֶ׳ ‖ **38** ^{a} > 𝔊*; l חֶרֶב cf 𝔊^{OL}𝔖 ‖ ^{b} 𝔙 recte *in portentis* cf α′𝔖𝔗 ‖ ^{c} 2 Mss Vrs הַל׳–.

39 לָכֵן יֵשְׁבוּ צִיִּים֙ אֶת־אִיִּים [a]וְיָשְׁבוּ[a] בָהּ בְּנוֹת יַעֲנָה — הׄ בטעׄ בסיפׄ[39] . כׄ[40]
וְלֹא־תֵשֵׁב עוֹד֙ לָנֶצַח [b]וְלֹא תִשְׁכּוֹן עַד־דּוֹר וָדוֹר׃[b] — דׄ[41] . גׄ מלׄ
40 [a]כְּמַהְפֵּכַת אֱלֹהִים אֶת־סְדֹם וְאֶת־עֲמֹרָה וְאֶת־שְׁכֵנֶיהָ נְאֻם־ [יְהוָה — גׄ[42]
לֹא־יֵשֵׁב שָׁם֙ אִישׁ וְלֹא־יָגוּר בָּהּ בֶּן־אָדָם׃
41 [a]הִנֵּה עַם בָּא מִצָּפוֹן וְגוֹי גָּדוֹל֙ — דׄ[43]
וּמְלָכִים רַבִּים יֵעֹרוּ מִיַּרְכְּתֵי־אָרֶץ׃ — גׄ בׄ חסׄ וחד מלׄ[44]
42 קֶשֶׁת וְכִידֹן יַחֲזִיקוּ אַכְזָרִי הֵמָּה֙[a] וְלֹא יְרַחֵמוּ[b] — בׄ חסׄ . זׄ . לׄ[45]
קוֹלָם֙ כַּיָּם יֶהֱמֶה וְעַל־סוּסִים יִרְכָּבוּ — דׄ[46]
עָרוּךְ כְּאִישׁ֙[c] לַמִּלְחָמָה עָלַיִךְ בַּת־בָּבֶל׃ — דׄ . כׄ[47]
43 שָׁמַע מֶלֶךְ־בָּבֶל אֶת־שִׁמְעָם וְרָפוּ יָדָיו — בׄ[48]
צָרָה֙ הֶחֱזִיקַתְהוּ חִיל כַּיּוֹלֵדָה׃
44 [a]הִנֵּה כְּאַרְיֵה יַעֲלֶה מִגְּאוֹן[b] הַיַּרְדֵּן אֶל־נְוֵה אֵיתָן
כִּי־[c][d]אַרְגִּעָה אֲרוּצֵם֙[e] מֵעָלֶיהָ[d] [f]וּמִי בָחוּר אֵלֶיהָ[f] אֶפְקֹד — גׄ בׄ מלׄ וחד חסׄ[49] . אריצם קׄ . בׄ
כִּי מִי כָמוֹנִי֙ וּמִי יוֹעִדֶנִּי וּמִי־זֶה רֹעֶה אֲשֶׁר יַעֲמֹד לְפָנָי׃ — בׄ[50] . בׄ
45 לָכֵן שִׁמְעוּ עֲצַת־יְהוָה אֲשֶׁר יָעַץ֙ אֶל־בָּבֶל — וׄ
וּמַחְשְׁבוֹתָיו אֲשֶׁר חָשַׁב אֶל־אֶרֶץ[a] כַּשְׂדִּים — הׄ מלׄ בׄ[51] מנהׄ בליש . גׄ[52]
אִם־לֹא יִסְחָבוּם֙[b] צְעִירֵי[c] הַצֹּאן אִם־לֹא יַשִּׁים[d] עֲלֵיהֶם נָוֶה[e]׃ — בׄ
46 מִקּוֹל֙ נִתְפְּשָׂה בָבֶל נִרְעֲשָׁה הָאָרֶץ וּזְעָקָה[a] בַּגּוֹיִם נִשְׁמָע׃ ס

51 1 כֹּה אָמַר יְהוָה
הִנְנִי֙ מֵעִיר [a]עַל־בָּבֶל וְ[a]אֶל[b]־יֹשְׁבֵי [c]לֵב קָמָי[c] רוּחַ מַשְׁחִית׃ — לׄ
2 וְשִׁלַּחְתִּי לְבָבֶל ׀ זָרִים֙[a] וְזֵרוּהָ וִיבֹקְקוּ אֶת־אַרְצָהּ — לׄ
כִּי־הָיוּ[b] עָלֶיהָ מִסָּבִיב בְּיוֹם רָעָה׃

[39] Mm 2617. [40] Mm 534. [41] Mm 2750. [42] Mm 2257. [43] Mm 503. [44] Mm 3484. [45] Mm 2482. [46] Mm 2420. [47] Mm 1514. [48] Mm 2676. [49] Mm 2729. [50] Mm 2730. [51] Mm 2731. [52] Mm 2751.

39 [a] l וְיִשְׁכְּנוּ? cf bβ ‖ [b–b] > 𝔊*, sed cf Jes 13,20 ‖ **40** [a] cf 49,18. 33b Jes 13,19b ‖ **41** [a] cf 6,22[a] ‖ **42** [a] 𝔊 *ἐστι* = הוּא ut 6,23 ‖ [b] 𝔊 sg cf [a] ‖ [c] cf 6,23[b] ‖ **44** [a] cf 49,19[a] ‖ [b] 𝔊 *ἀπό* ‖ [c] l כֵּן ‖ [d–d] cf 49,19[d–d] ‖ [e] K ארו׳ ‖ [f–f] cf 49,19[e–e] ‖ **45** [a] nonn Mss 𝔊 יוֹשְׁבֵי ‖ [b] cf 49,20[a] ‖ [c] 𝔊 *τὰ ἀρνία* = צְפִירֵי? שְׂעִירֵי? ‖ [d] cf 49,20[b] ‖ [e] 𝔖𝔗𝔙 ut 49,20 נְוֵהֶם, sic l (מ hpgr) ‖ **46** [a] l וְזַעֲקָה cf 49,21[a] ‖ **Cp 51,1** [a–a] dl ‖ [b] pc Mss 𝔊 וְעַל ‖ [c–c] 𝔊 *Χαλδαίους* cf 𝔗 ‖ **2** [a] l זׄ׳ cf α′σ′𝔙 ‖ [b] 𝔊 *οὐαί* = הוֹי; l יַחֲנוּ? cf 𝔖𝔙.

3 אֶל־[a]יִדְרֹ֤ךְ[b] יִדְרֹךְ[c] הַדֹּרֵךְ֙ קַשְׁתּ֔וֹ וְאֶל־[d]יִתְעַ֖ל[e] בְּסִרְיֹנ֑וֹ[e] יִדרך חד מן ח̇ כת ולא קר̇
וְאַֽל־תַּחְמְלוּ֙ אֶל־בַּ֣חֻרֶ֔יהָ הַחֲרִ֖ימוּ כָּל־צְבָאָֽהּ׃ ל̇ חס . ב̇
4 וְנָפְל֥וּ חֲלָלִ֖ים בְּאֶ֣רֶץ כַּשְׂדִּ֑ים וּמְדֻקָּרִ֖ים בְּחוּצוֹתֶֽיהָ׃ ל̇[2]
5 [a]כִּ֣י לֹֽא־אַלְמָ֞ן יִשְׂרָאֵ֤ל וִֽיהוּדָה֙ מֵֽאֱלֹהָ֔יו מֵיְהוָ֖ה צְבָא֑וֹת[a]
כִּ֤י אַרְצָם֙ מָלְאָ֣ה אָשָׁ֔ם מִקְּד֖וֹשׁ יִשְׂרָאֵֽל׃
6 נֻ֣סוּ ׀ מִתּ֣וֹךְ בָּבֶ֗ל [a]וּמַלְּטוּ֙ אִ֣ישׁ נַפְשׁ֔וֹ[a] אַל־תִּדַּ֖מּוּ בַּעֲוֺנָ֑הּ ב̇ . ל̇
כִּי֩ עֵ֨ת נְקָמָ֥ה הִיא֙ לַֽיהוָ֔ה גְּמ֕וּל ה֥וּא מְשַׁלֵּ֖ם לָֽהּ׃
7 כּוֹס־זָהָ֤ב בָּבֶל֙ [a]בְּיַד־יְהוָ֔ה[a] מְשַׁכֶּ֖רֶת כָּל־הָאָ֑רֶץ ל̇
מִיֵּינָהּ֙ שָׁת֣וּ גוֹיִ֔ם עַל־כֵּ֖ן יִתְהֹלְל֥וּ גוֹיִֽם[b]׃ ל̇ . ב̇ חד חס וחד מל̇
8 פִּתְאֹ֛ם נָפְלָ֥ה בָבֶ֖ל וַתִּשָּׁבֵ֑ר הֵילִ֣ילוּ עָלֶ֗יהָ
קְח֤וּ צֳרִי֙ לְמַכְאוֹבָ֔הּ אוּלַ֖י תֵּרָפֵֽא׃ ל̇
9 רִפִּ֣אנוּ אֶת־בָּבֶל֙ וְלֹ֣א נִרְפָּ֔תָה [a]עִזְב֕וּהָ[a] וְנֵלֵ֖ךְ אִ֣ישׁ לְאַרְצ֑וֹ רפינו ק̇ חד מן מח̇[3] כת א לא קר ול̇ בליש
כִּֽי־נָגַ֤ע אֶל־הַשָּׁמַ֙יִם֙ מִשְׁפָּטָ֔הּ וְנִשָּׂ֖א עַד־שְׁחָקִֽים׃ ה̇[4] . יב̇[5]
10 הוֹצִ֥יא יְהוָ֖ה אֶת־צִדְקֹתֵ֑ינוּ[a] בֹּ֚אוּ וּנְסַפְּרָ֣ה בְצִיּ֔וֹן אֶֽת־מַעֲשֵׂ֖ה ס̇ כי̇[6] ב̇ ר״פ̇[7] . ג̇ וחס . ב̇
יְהוָ֥ה אֱלֹהֵֽינוּ׃
11 הָבֵ֣רוּ הַחִצִּים֮ מִלְא֣וּ הַשְּׁלָטִים֒[a]
הֵעִ֣יר יְהוָ֗ה אֶת־ר֙וּחַ֙ מַלְכֵ֣י[b] מָדַ֔י כִּֽי־עַל־בָּבֶ֥ל מְזִמָּת֖וֹ לְהַשְׁחִיתָ֑הּ ה̇[8] . ד̇[9]
כִּֽי־נִקְמַ֤ת יְהוָה֙ הִ֔יא נִקְמַ֖ת הֵיכָלֽוֹ׃
12 אֶל־חוֹמֹ֨ת בָּבֶ֜ל שְׂאוּ־נֵ֗ס הַחֲזִ֙יקוּ֙ הַמִּשְׁמָ֔ר ד̇ כת כן
הָקִ֙ימוּ֙ שֹֽׁמְרִ֔ים [a]הָכִ֖ינוּ הָאֹֽרְבִ֑ים[a] ל̇
כִּ֚י גַּם־זָמַ֣ם יְהוָ֔ה גַּם־עָשָׂ֕ה אֵ֛ת אֲשֶׁר־דִּבֶּ֖ר אֶל־יֹשְׁבֵ֥י בָבֶֽל׃ ה̇
13 שֹׁכַנְתְּי[a] עַל־מַ֣יִם רַבִּ֔ים רַבַּ֖ת אֽוֹצָרֹ֑ת שכנת ק̇ . ל̇[10] . ל̇ חס
בָּ֥א קִצֵּ֖ךְ אַמַּ֥ת[b] בִּצְעֵֽךְ[c]׃

Cp 51 [1]Mm 2752. [2]Mm 2677. [3]Mm 898, Q non reperitur in ullo alio Ms, cf Mp sub loco. [4]Mm 1923. [5]Mm 545. [6]Mp sub loco. [7]Mm 2370. [8]Mm 2363. [9]Mm 2345. [10]Mm 739.

3 [a] > 𝔊*; 𝔊[L al](𝔗[Mss]) *ἐπ' αὐτῇ*; l c mlt Mss Or 𝔖𝔗𝔙 אַל ‖ [b] l יָרֵךְ? cf 𝔖 ‖ [c] > 𝔗 mlt Mss Vrs, dl ‖ [d] 𝔊* om אל; 𝔊[L al](𝔗) *ἐπ' αὐτῇ*; l c nonn Mss Or Vrs וְאַל cf [a] ‖ [e–e] l יִיגַע לְבֶשׁ ס'? ‖ **5** [a–a] tr post v b? ‖ **6** [a–a] add (ex 45 [48,6])? ‖ **7** [a–a] add cf 25,15sq ‖ [b] > 𝔊*𝔖𝔙, dl ‖ **9** [a] 𝔊(𝔖𝔙) *ἐγκαταλίπωμεν αὐτήν* ‖ **10** [a] 𝔊 *τὸ κρίμα αὐτοῦ* (sim α′) = ־ָתוֹ, 𝔖(𝔗[Ms]) *zkwtn* = ־ָתֵנוּ ‖ **11** [a] 𝔊(𝔙) *τὰς φαρέτρας* cf 12 𝔊 ‖ [b] 𝔊𝔖 sg ‖ **12** [a–a] 𝔖 *wṭbʿwh bmj'* et immergite eam aquis ‖ **13** [a] cf 2,33[b] ‖ [b] 𝔊 (α′) *ἀληθῶς* = אֱמֶת ‖ [c] 𝔊 *εἰς τὰ σπλάγχνα σου* = בְּמֵעָיִךְ, 𝔖 *mḥwtkj* = פִּצְעֵךְ.

14 נִשְׁבַּ֛ע יְהוָ֥ה צְבָא֖וֹת בְּנַפְשׁ֑וֹ[a]
כִּ֣י אִם־מִלֵּאתִ֤יךְ אָדָם֙[b] כַּיֶּ֔לֶק וְעָנ֥וּ עָלַ֖יִךְ הֵידָֽד׃ ס ‏ז
15 עֹשֵׂ֥ה[a][b] אֶ֙רֶץ֙ בְּכֹח֔וֹ מֵכִ֥ין תֵּבֵ֖ל בְּחָכְמָת֑וֹ וּבִתְבוּנָת֖וֹ נָטָ֥ה שָׁמָֽיִם׃ ‏ח̇[11] קמ̇ קטן ה̇ מנה̇ ר״פ וכל דברים מלכים תרי עשר תלים קהלת עזרא ד״ה דכות̇ ב̇ מ̇ כ̇ב̇
16 [a]לְק֨וֹל תִּתּ֜וֹ[a] הֲמ֥וֹן מַ֙יִם֙ בַּשָּׁמַ֔יִם וַיַּ֥עַל נְשִׂאִ֖ים מִקְצֵה־אָ֑רֶץ[b] ‏ג̇[12] . ד̇[13] חס̇ בנ״ך וכל אורית̇ דכות̇ ב̇ מ̇ ד̇ וחד מן ד̇ מילין לשון ענן . ב̇[14]
בְּרָקִ֤ים לַמָּטָר֙ עָשָׂ֔ה וַיֹּ֥צֵא ר֖וּחַ[c] מֵאֹצְרֹתָֽיו׃ ‏י̇ב̇ מל̇[15]
17 נִבְעַר֙ כָּל־אָדָם֙ מִדַּ֔עַת הֹבִ֥ישׁ כָּל־צֹרֵ֖ף מִפָּ֑סֶל ‏ד̇ חס̇[16]
כִּ֛י שֶׁ֥קֶר נִסְכּ֖וֹ[a] וְלֹא־ר֥וּחַ בָּֽם׃ 18 הֶ֣בֶל הֵ֔מָּה מַעֲשֵׂ֖ה תַּעְתֻּעִ֑ים ‏ב̇
בְּעֵ֥ת פְּקֻדָּתָ֖ם יֹאבֵֽדוּ׃
19 לֹֽא־כְאֵ֜לֶּה חֵ֣לֶק יַעֲק֗וֹב כִּֽי־יוֹצֵ֤ר הַכֹּל֙ ה֔וּא ‏ט̇ ר״פ בסיפ̇ . ג̇[17] . ה̇ מל̇[18]
וְשֵׁ֖בֶט[a] נַחֲלָת֑וֹ יְהוָ֥ה צְבָא֖וֹת שְׁמֽוֹ׃ ס ‏ה̇[19]
20 מַפֵּץ־אַתָּ֣ה לִ֔י כְּלֵ֖י[a] מִלְחָמָ֑ה ‏ל̇
וְנִפַּצְתִּ֤י בְךָ֙ גּוֹיִ֔ם וְהִשְׁחַתִּ֥י בְךָ֖ מַמְלָכֽוֹת׃
21 וְנִפַּצְתִּ֣י בְךָ֔ ס֖וּס וְרֹֽכְב֑וֹ וְנִפַּצְתִּ֣י בְךָ֔ רֶ֖כֶב וְרֹֽכְבֽוֹ[a]׃
22 וְנִפַּצְתִּ֤י בְךָ֙ אִ֣ישׁ וְאִשָּׁ֔ה [a]וְנִפַּצְתִּ֥י בְךָ֖ זָקֵ֣ן וָנָ֑עַר[a] ‏כ̇ב̇
וְנִפַּצְתִּ֣י בְךָ֔ בָּח֖וּר וּבְתוּלָֽה׃
23 וְנִפַּצְתִּ֤י בְךָ֙ רֹעֶ֣ה וְעֶדְר֔וֹ וְנִפַּצְתִּ֥י בְךָ֖ אִכָּ֣ר וְצִמְדּ֑וֹ ‏ב̇ . ל̇
[a]וְנִפַּצְתִּ֣י בְךָ֔ פַּח֖וֹת וּסְגָנִֽים[a]׃
24 וְשִׁלַּמְתִּ֨י לְבָבֶ֜ל וּלְכֹ֣ל ׀ יוֹשְׁבֵ֣י כַשְׂדִּ֗ים ‏ל̇ד̇ מל̇ ז̇ מנה̇ בסיפ̇
אֵ֧ת כָּל־רָעָתָ֛ם אֲשֶׁר־עָשׂ֥וּ בְצִיּ֖וֹן לְעֵינֵיכֶ֑ם נְאֻ֖ם יְהוָֽה׃ ס ‏ח̇
25 הִנְנִ֨י אֵלֶ֜יךָ הַ֤ר הַמַּשְׁחִית֙[a] נְאֻם־יְהוָ֔ה [b]הַמַּשְׁחִ֖ית אֶת־כָּל־הָאָ֑רֶץ[b] ‏י̇ד̇
וְנָטִ֨יתִי אֶת־יָדִ֜י עָלֶ֗יךָ וְגִלְגַּלְתִּ֙יךָ֙ [c]מִן־הַסְּלָעִ֔ים[c] וּנְתַתִּ֖יךָ לְהַ֥ר[d] [שְׂרֵפָֽה׃ ‏ל̇
26 וְלֹא־יִקְח֤וּ מִמְּךָ֙ אֶ֣בֶן לְפִנָּ֔ה וְאֶ֖בֶן לְמוֹסָד֑וֹת ‏ל̇
כִּֽי־שִׁמְמ֥וֹת עוֹלָ֛ם תִּהְיֶ֖ה נְאֻם־יְהוָֽה׃
27 שְׂאוּ־נֵ֣ס בָּאָ֗רֶץ תִּקְע֨וּ שׁוֹפָ֤ר בַּגּוֹיִם֙ ‏י̇א̇ ר״פ

[11] Mm 475. [12] Mm 2753. [13] Mm 1367. [14] Mm 2524. [15] Mm 2194 contra textum. [16] Mm 2754. [17] Mm 1617. [18] Mm 822. [19] Mm 2755.

14 [a] 𝔊 *κατὰ τοῦ βραχίονος αὐτοῦ* cf Jes 62,8; pr m cs אֱלֹהֵי יִשְׂרָאֵל ‖ [b] prp אֹיְבִים ‖ **15** [a] cf 10,12[a] ‖ [b] $𝔊^{C}$(𝔈𝔖) pr *κύριος* cf 10,12[b] ‖ **16** [a–a] 𝔊 *εἰς φωνὴν ἔθετο*; cf 10,13[a–a] ‖ [b] 𝔊 ut Q ad 10,13 הָאָרֶץ ‖ [c] cf 10,13[b] ‖ **17** [a] cf 10,14[a] ‖ **19** [a] l c mlt Mss $𝔊^{L}$𝔗𝔙 וְיִשְׂרָאֵל שׁ׳ ut 10,16; > 𝔊* ‖ **20** [a] l כְּלִי ‖ **21** [a] prp וְרַכָּבוֹ ‖ **22** [a–a] > 𝔊*, dl ‖ **23** [a–a] add (ex 28)? ‖ **25** [a] 𝔊 *τὸ διεφθαρμένον* הַמָּשְׁחָת ‖ [b–b] gl? ‖ [c–c] dl ‖ [d] l לְתַנּוּר?

קַדְּשׁ֨וּ עָלֶ֜יהָ גּוֹיִ֗ם הַשְׁמִ֤יעוּ עָלֶ֙יהָ֙ מַמְלְכ֣וֹת [a]אֲרָרַ֖ט מִנִּ֣י וְאַשְׁכְּנָ֑ז[a]
פִּקְד֤וּ עָלֶ֙יהָ֙ טִפְסָ֔ר הַֽעֲלוּ־ס֖וּס כְּיֶ֥לֶק סָמָֽר[b]׃
28 קַדְּשׁ֨וּ עָלֶ֤יהָ גוֹיִם֙ אֶת־מַלְכֵ֣י[a] מָדַ֔י אֶת־פַּחוֹתֶ֖יהָ וְאֶת־כָּל־סְגָנֶ֑יהָ
וְאֵ֖ת כָּל־אֶ֥רֶץ מֶמְשַׁלְתּֽוֹ[b]׃
29 וַתִּרְעַ֥שׁ הָאָ֖רֶץ וַתָּחֹ֑ל כִּ֣י קָ֤מָה[a] עַל־בָּבֶל֙ מַחְשְׁב֣וֹת[b] יְהוָ֔ה
לָשׂ֞וּם אֶת־אֶ֧רֶץ בָּבֶ֛ל לְשַׁמָּ֖ה מֵאֵ֥ין יוֹשֵֽׁב׃
30 חָדְלוּ֩ גִבּוֹרֵ֨י בָבֶ֜ל לְהִלָּחֵ֗ם יָשְׁבוּ֙ בַּמְּצָד֔וֹת
נָשְׁתָ֥ה גְבוּרָתָ֖ם הָי֣וּ לְנָשִׁ֑ים הִצִּ֥יתוּ מִשְׁכְּנֹתֶ֖יהָ נִשְׁבְּר֥וּ בְרִיחֶֽיהָ׃
31 רָ֤ץ לִקְרַאת־רָץ֙ יָר֔וּץ וּמַגִּ֖יד לִקְרַ֣את מַגִּ֑יד
לְהַגִּיד֙ לְמֶ֣לֶךְ בָּבֶ֔ל כִּֽי־נִלְכְּדָ֥ה עִיר֖וֹ מִקָּצֶֽה׃
32 וְהַמַּעְבָּר֣וֹת נִתְפָּ֔שׂוּ וְאֶת־הָאֲגַמִּ֖ים שָׂרְפ֣וּ בָאֵ֑שׁ
וְאַנְשֵׁ֥י הַמִּלְחָמָ֖ה נִבְהָֽלוּ[a]׃ ס
33 כִּי֩ כֹ֨ה אָמַ֜ר יְהוָ֤ה צְבָאוֹת֙ אֱלֹהֵ֣י יִשְׂרָאֵ֔ל [לָֽהּ׃
בַּת־[a]בָּבֶ֔ל[a] כְּגֹ֖רֶן עֵ֣ת הִדְרִיכָ֑הּ[b] ע֣וֹד מְעַ֔ט וּבָ֥אָה עֵֽת־[c]הַקָּצִ֖יר
34 אֲכָלָ֣נוּ[a] הֲמָמָ֗נוּ[ba] נְבוּכַדְרֶאצַּר֮[c] מֶ֣לֶךְ בָּבֶל֒ הִצִּיגָ֙נוּ֙[a] כְּלִ֣י רִ֔יק
בְּלָעָ֙נוּ֙[a] כַּתַּנִּ֔ין מִלָּ֥א כְרֵשׂ֖וֹ מֵעֲדָנָ֑י[d] הֱדִיחָֽנוּ[ea]׃
35 חֲמָסִ֤י וּשְׁאֵרִי[a]֙ עַל־בָּבֶ֔ל תֹּאמַ֖ר יֹשֶׁ֣בֶת צִיּ֑וֹן
וְדָמִי֙ אֶל־יֹשְׁבֵ֣י כַשְׂדִּ֔ים תֹּאמַ֖ר יְרוּשָׁלִָֽם׃ ס
36 לָכֵ֗ן כֹּ֚ה אָמַ֣ר יְהוָ֔ה
הִנְנִי־רָב֙ אֶת־רִיבֵ֔ךְ וְנִקַּמְתִּ֖י אֶת־נִקְמָתֵ֑ךְ
וְהַחֲרַבְתִּי֙ אֶת־יַמָּ֔הּ וְהֹבַשְׁתִּ֖י אֶת־מְקוֹרָֽהּ׃
37 וְהָיְתָה֩[a] בָבֶ֨ל ׀ לְגַלִּ֧ים ׀ מְעוֹן־תַּנִּ֛ים
שַׁמָּ֥ה וּשְׁרֵקָ֖ה מֵאֵ֥ין יוֹשֵֽׁב׃
38 יַחְדָּ֖ו כַּכְּפִרִ֣ים יִשְׁאָ֑גוּ[a] נָעֲר֖וּ[b] כְּגוֹרֵ֥י[c] אֲרָיֽוֹת׃

ד ול פת
ל . ב חד פת וחד קמ
יח פסוק את את ואת ואת . ל
ח
ל
מט מל בנביא
ח בליש[20]
יד . ג חס בליש . ד ב מנה מל
ב
כט וכל משיחה מצרים אשור ישראל דכות[21] . ב[22]
ל
יח[23]
ד בטע בסיפ
אכלני[24] . המסני[24] . ק ק הציגני[24] . יח[25] וכל יוצר חפץ חמדה דכות ב מ א
בלעני[24] . ח בליש[26] . הדיחני[24] ק ק
ב[27] . ח חס[28]
ל[29]
הׄ בטע בסיפ[30] . כ[31]
לג קמ[32] . יו פסוק את את את . ג[33]
ב חד מל וחד חס[34]
ג
מט מל בנביא
ד חס בליש

[20] Mm 1666. [21] Mm 958. [22] Gn 19,4. [23] Mm 2952. [24] חד מן מח כת ו וקר י (Mm 3811). [25] Mm 2781. [26] Mm 413. [27] Gn 16,5. [28] Mm 2184. [29] Mm 1683. [30] Mm 2617. [31] Mm 2168. [32] Mm 264. [33] Mm 1600. [34] Mm 779.

27 [a–a] add? (tum antea l ממלְ׳) || [b] 𝔊 πλῆθος = מִסְפָּר? 𝔖 om || 28 [a] 𝔊𝔖 sg cf 11 || [b] l ־תָּם || 29 [a] Q[Or] קמו || [b] nonn Mss 𝔊𝔖 מחשֶׁבֶת || 32 [a] 𝔊 ἐξέρχονται = הָלְכוּ? vel crrp ex ἐξίστανται? || 33 [a] 𝔊* οἶκοι βασιλέως = בָּתֵּי מֶלֶךְ || [b] = הַ׳ || [c] > 𝔊𝔖𝔗, dl (et antea l וּבָא) || 34 [a] pc Mss Vrs ut Q, l; K ־נוּ || [b] prp חֲמָסַנִי vel הֲתַמֵּנִי vel הֲדַמֵּנִי, l 𝔐 || [c] add || [d] prp מַעֲדַנַּי || [e] l הֵדִ׳, quod frt add || 35 [a] prp וּשְׁאָתִי vel וְשִׁבְרִי || 37 [a] cf 9,10; 𝔊* brevius || 38 [a] > 𝔊* || [b] 𝔊* ἐξηγέρθησαν = נֵעֹרוּ || [c] pc Mss ־וּ׳.

39 בְּחֻמָּם אָשִׁית[a] אֶת־מִשְׁתֵּיהֶם וְהִשְׁכַּרְתִּים לְמַעַן יַעֲלֹזוּ[b] — ל וחס[35]. ג[36]. ל
וְיָשְׁנוּ שְׁנַת־עוֹלָם וְלֹא יָקִיצוּ נְאֻם יְהוָה׃ — ה בשינה[37]
40 [a]אוֹרִידֵם כְּכָרִים לִטְבוֹחַ כְּאֵילִים עִם־עַתּוּדִים׃ — ד
41 [a]אֵיךְ נִלְכְּדָה שֵׁשַׁךְ[b] וַתִּתָּפֵשׂ תְּהִלַּת כָּל־הָאָרֶץ — ב. ד[38]
אֵיךְ הָיְתָה לְשַׁמָּה בָּבֶל בַּגּוֹיִם׃
42 עָלָה עַל־בָּבֶל הַיָּם בַּהֲמוֹן גַּלָּיו נִכְסָתָה׃ — ל
43 הָיוּ עָרֶיהָ לְשַׁמָּה אֶרֶץ צִיָּה וַעֲרָבָה — ג ר״פ
אֶרֶץ[a] לֹא־יֵשֵׁב בָּהֵן כָּל־[b]אִישׁ וְלֹא־יַעֲבֹר בָּהֵן בֶּן־אָדָם׃ — ה׳[39]. ה׳[39]
44 וּפָקַדְתִּי עַל־[a]בֵּל בְּבָבֶל[a] וְהֹצֵאתִי אֶת־בִּלְעוֹ מִפִּיו — ג[40]. ה[41]. ב חס
וְלֹא־יִנְהֲרוּ אֵלָיו עוֹד גּוֹיִם — ל
[b]גַּם־חוֹמַת בָּבֶל נָפָלָה׃ 45 צְאוּ מִתּוֹכָהּ עַמִּי — ג בליש בסיפ[42]
וּמַלְּטוּ אִישׁ אֶת־נַפְשׁוֹ מֵחֲרוֹן אַף־יְהוָה׃ — ב
46 וּפֶן־יֵרַךְ לְבַבְכֶם וְתִירְאוּ בַּשְּׁמוּעָה הַנִּשְׁמַעַת בָּאָרֶץ וּבָא[a] בַשָּׁנָה — ה. ג[43]. ל
הַשְּׁמוּעָה וְאַחֲרָיו בַּשָּׁנָה הַשְּׁמוּעָה וְחָמָס בָּאָרֶץ וּמֹשֵׁל[b] עַל־מֹשֵׁל׃
47 לָכֵן הִנֵּה יָמִים בָּאִים וּפָקַדְתִּי עַל־פְּסִילֵי בָבֶל — ה[44]
וְכָל־אַרְצָהּ תֵּבוֹשׁ וְכָל־חֲלָלֶיהָ יִפְּלוּ בְתוֹכָהּ׃ — ל
48 וְרִנְּנוּ עַל־בָּבֶל שָׁמַיִם וָאָרֶץ וְכֹל אֲשֶׁר בָּהֶם — ב
כִּי מִצָּפוֹן יָבוֹא[a]־לָהּ הַשּׁוֹדְדִים נְאֻם־יְהוָה׃ — ה סביר בלשון רבים. ל
49 גַּם־בָּבֶל לִנְפֹּל חַלְלֵי[a] יִשְׂרָאֵל — ד דגש[45]
גַּם־לְבָבֶל נָפְלוּ חַלְלֵי כָל־הָאָרֶץ׃
50 פְּלֵטִים [a]מֵחֶרֶב הִלְכוּ[a] אַל־תַּעֲמֹדוּ — ג ב דגש ול רפי
זִכְרוּ מֵרָחוֹק אֶת־יְהוָה וִירוּשָׁלַםִ תַּעֲלֶה עַל־לְבַבְכֶם׃
51 בֹּשְׁנוּ כִּי־שָׁמַעְנוּ חֶרְפָּה כִּסְּתָה כְלִמָּה פָּנֵינוּ — ד. ל
כִּי בָּאוּ זָרִים עַל־מִקְדְּשֵׁי[a] בֵּית יְהוָה׃ ס — ג[46]

[35] ל וחד בחמו ר! Hi 6,17. [36] Mm 3786. [37] Mm 2756. [38] Mm 2718. [39] Mm 640. [40] Mm 2757. [41] Mm 2202. [42] Mm 2893. [43] Mm 1171. [44] Mp sub loco. [45] Mm 2758. [46] Mm 2759.

39 [a] 𝔖 *bḥmtʼ* = בַּחֵמָה ‖ [b] l יִעָלְפוּ cf Vrs; huc tr 40 ‖ **40** [a] cf 39[b] ‖ **41** [a] cf 50,23 ‖ [b] > 𝔊*, dl; 𝔗 *bbl* ‖ **43** [a] > 𝔊*𝔖, dl cf בהן ‖ [b] > pc Mss, dl? ‖ **44** [a–a] 𝔊* om בל ב ‖ [b] 𝔊* om 44b–49a (homark) ‖ **46** [a] l וּבְבֹא? ‖ [b] Or מ׳ ‖ **48** [a] l c Seb pc Mss יָבֹאוּ cf Vrs et 53 ‖ **49** [a] l לְח׳ (hpgr) ‖ **50** [a–a] 𝔊 *ἐκ γῆς, πορεύεσθε* = מֵחָרָבָה לְכוּ; l מֵחָרְבָּה לכו ‖ **51** [a] 𝔊 *(εἰς) τὰ ἅγια ἡμῶν* = ־ָ־שֵׁינוּ; 𝔙 sg cf 𝔖𝔗.

ח 52 לָכֵן֙ הִנֵּ֣ה־יָמִ֣ים בָּאִ֔ים נְאֻם־יְהוָ֑ה

ל וּפָקַדְתִּי֙ עַל־פְּסִילֶ֔יהָ וּבְכָל־אַרְצָ֖הּ יֶאֱנֹ֥ק חָלָֽל׃

לֽא⁴⁷ פסוק כי וכי ג מנה בסיפ . ל 53 כִּֽי־תַעֲלֶ֤ה בָבֶל֙ הַשָּׁמַ֔יִם וְכִ֥י תְבַצֵּ֖ר מְר֣וֹם עֻזָּ֑הּ
מֵאִתִּ֗י יָבֹ֧אוּ שֹׁדְדִ֛ים לָ֖הּ נְאֻם־יְהוָֽה׃ ס

54 ק֥וֹל זְעָקָ֖ה מִבָּבֶ֑ל וְשֶׁ֥בֶר גָּד֖וֹל מֵאֶ֥רֶץ כַּשְׂדִּֽים׃

ל⁴⁸ 55 כִּֽי־שֹׁדֵ֤ד יְהוָה֙ אֶת־בָּבֶ֔ל וְאִבַּ֥ד מִמֶּ֖נָּה ק֣וֹל גָּד֑וֹל
ג רפי⁴⁹ . כֽא⁵⁰ וְהָמ֤וּ גַלֵּיהֶם֙ כְּמַ֣יִם רַבִּ֔ים נִתַּ֥ן שְׁא֖וֹן קוֹלָֽם׃

† מֽל⁵¹ 56 כִּי֩ בָ֨א עָלֶ֤יהָ עַל־בָּבֶל֙ שׁוֹדֵ֔ד [וִשֻׁלָ֑ם׃
וְנִלְכְּדוּ֙ גִּבּוֹרֶ֔יהָ חִתְּתָ֖ה קַשְּׁתוֹתָ֑ם כִּ֣י אֵ֧ל גְּמֻל֛וֹת יְהוָ֖ה שַׁלֵּ֥ם

ל . ח בשיּנה⁵² 57 וְ֠הִשְׁכַּרְתִּי שָׂרֶ֨יהָ וַחֲכָמֶ֜יהָ פַּחוֹתֶ֣יהָ וּסְגָנֶ֗יהָ וְגִבּוֹרֶ֔יהָ וְיָשְׁנ֥וּ שְׁנַת־
ג . ט בטע בסיפ⁵³ . יו עוֹלָם֙ וְלֹ֣א יָקִ֔יצוּ נְאֻם־הַמֶּ֖לֶךְ יְהוָ֥ה צְבָא֖וֹת שְׁמֽוֹ׃ ס

ֹ כֹּ֤ה אָמַר֙ יְהוָ֣ה צְבָא֔וֹת

ֽ† כֽת כן . ל . ל 58 חֹמ֞וֹת בָּבֶ֤ל הָֽרְחָבָה֙ עַרְעֵ֣ר תִּתְעַרְעָ֔ר
וּשְׁעָרֶ֥יהָ הַגְּבֹהִ֖ים בָּאֵ֣שׁ יִצַּ֑תּוּ
ב . ⁵¹ל וְיִֽגְע֨וּ עַמִּ֧ים בְּדֵי־רִ֛יק וּלְאֻמִּ֖ים בְּדֵי־אֵ֥שׁ וְיָעֵֽפוּ׃ ס

ד בטע . ב 59 הַדָּבָ֞ר אֲשֶׁר־צִוָּ֣ה׀ יִרְמְיָ֣הוּ הַנָּבִ֗יא אֶת־שְׂרָיָ֣ה בֶן־נֵרִיָּה֮ בֶּן־מַחְסֵיָה֒ ⁵¹לֽא
⁵¹ל בְּלֶכְתּ֞וֹ אֶת־צִדְקִיָּ֤הוּ מֶֽלֶךְ־יְהוּדָה֙ בָּבֶ֔ל בִּשְׁנַ֥ת הָרְבִעִ֖ית לְמָלְכ֑וֹ
ל וּשְׂרָיָ֖ה שַׂ֥ר מְנוּחָֽה׃ 60 וַיִּכְתֹּ֣ב יִרְמְיָ֗הוּ אֵ֧ת כָּל־הָרָעָ֛ה אֲשֶׁר־תָּב֖וֹא
ו . ג⁵⁴ . בֽה . ח חס וכל אוֹרית דכות⁵⁵ . ו אֶל־בָּבֶ֑ל אֶל־סֵ֖פֶר אֶחָ֑ד אֵ֚ת כָּל־הַדְּבָרִ֣ים הָאֵ֔לֶּה הַכְּתֻבִ֖ים אֶל־
ב וחס⁵⁶ . כֽה בָּבֶֽל׃ 61 וַיֹּ֥אמֶר יִרְמְיָ֖הוּ אֶל־שְׂרָיָ֑ה כְּבֹאֲךָ֣ בָבֶ֔ל וְֽרָאִ֔יתָ וְֽקָרָ֕אתָ אֵ֥ת
62 כָּל־הַדְּבָרִ֖ים הָאֵֽלֶּה׃ וְאָמַרְתָּ֗ יְהוָה֙ אַתָּ֨ה דִבַּ֜רְתָּ אֶל־הַמָּק֤וֹם הַזֶּה֙
ל . מֽט מל בנביא לְהַכְרִית֔וֹ לְבִלְתִּ֤י הֱיֽוֹת־בּוֹ֙ יוֹשֵׁ֔ב לְמֵאָדָ֖ם וְעַד־בְּהֵמָ֑ה כִּֽי־שִׁמְמ֥וֹת
ב עוֹלָ֖ם תִּֽהְיֶֽה׃ 63 וְהָיָה֙ כְּכַלֹּ֣תְךָ֔ לִקְרֹ֖א אֶת־הַסֵּ֣פֶר הַזֶּ֑ה תִּקְשֹׁ֤ר עָלָיו֙
ל . ל . ל אֶ֔בֶן וְהִשְׁלַכְתּ֖וֹ אֶל־תּ֥וֹךְ פְּרָֽת׃ 64 וְאָמַרְתָּ֗ כָּ֠כָה תִּשְׁקַ֨ע בָּבֶ֤ל וְלֹֽא־

⁴⁷Mm 2059.   ⁴⁸Mm 2174.   ⁴⁹Mm 2760.   ⁵⁰Mm 2838.   ⁵¹Mp sub loco.   ⁵²Mm 2756.   ⁵³Mm 2615.   ⁵⁴Mm 3970.   ⁵⁵Mm 1950.   ⁵⁶Mm 2761.

52 ᵃ 𝔊(𝔖𝔗) πεσοῦνται cf 4.49 ‖ **55** ᵃ 1 גַּלֶּיהָ cf 𝔊ᴼα′σ′ ‖ ᵇ 1 וְנִ׳ ? ‖ **56** ᵃ⁻ᵃ gl ad 55aα ‖ ᵇ 1 חָתָּה ? ‖ ᶜ 1 קַשְׁתָּם ? cf 𝔊*𝔗𝔙 ‖ **58** ᵃ cf Hab 2,13 ‖ ᵇ mlt Mss 𝔊𝔙 חוֹמַת ‖ ᶜ 𝔊* + οὐ post cop ‖ ᵈ⁻ᵈ 𝔊 ἐν ἀρχῇ = בְּרֹאשׁ ‖ ᵉ 1 c 𝔊θ′𝔖 ut Hab וְיָעֵפוּ ‖ **59** ᵃ 𝔊 + κύριος ‖ ᵇ 𝔊 εἰπεῖν τῷ cf ᵃ ‖ ᶜ 𝔊 παρά = מֵאֵת ‖ ᵈ Qᴼʳ pc Mss בַּשָּׁנָה ‖ ᵉ 𝔊(𝔗) δώρων = מִנְחוֹת, 𝔖 mšrj' = מַחֲנֶה, 𝔙 prophetiae = הַמַּשָּׂא ? cf 1 Ch 15,27 𝔙 ‖ **61** ᵃ mlt Mss בְּבָ׳ ‖ **62** ᵃ Vrs sg.

תָּקוּם מִפְּנֵי הָרָעָהa אֲשֶׁר אָנֹכִי מֵבִיא עָלֶיהָ bוְיָעֵפוּ עַד־הֵנָּה — ד57. ב
דִּבְרֵי יִרְמְיָהוּ׃b ס — ד58

52 1 בֶּן־עֶשְׂרִים וְאַחַת שָׁנָה צִדְקִיָּהוּ בְמָלְכוֹ וְאַחַת עֶשְׂרֵה שָׁנָה
2 מָלַךְ בִּירוּשָׁלָםִ וְשֵׁם אִמּוֹ חֲמִיטַלa בַּת־יִרְמְיָהוּ מִלִּבְנָה׃ 2 aוַיַּעַשׂ הָרַע — חמוטל ק חד מן ה׳1 זוגין כת י וקר ו וחד מן ב׳2 בליש
3 בְּעֵינֵי יְהוָה כְּכֹל אֲשֶׁר־עָשָׂה יְהוֹיָקִים׃ 3 כִּי ׀ עַל־אַף יְהוָה הָיְתָה — ב חס3. ל4
בִּירוּשָׁלַםִ וִיהוּדָהa עַד־הִשְׁלִיכוֹb אוֹתָם מֵעַל פָּנָיו וַיִּמְרֹד צִדְקִיָּהוּ
4 בְּמֶלֶךְ בָּבֶל׃ 4 וַיְהִי בַשָּׁנָה הַתְּשִׁעִית לְמָלְכוֹ בַּחֹדֶשׁ הָעֲשִׂירִיa בֶּעָשׂוֹר — ל בעינ׳5
לַחֹדֶשׁ בָּא נְבוּכַדְרֶאצַּר מֶלֶךְ־בָּבֶל הוּא וְכָל־חֵילוֹ עַל־יְרוּשָׁלַםִ
5 וַיַּחֲנוּ עָלֶיהָ וַיִּבְנוּ עָלֶיהָ דָּיֵק סָבִיב׃ 5 וַתָּבֹא הָעִיר בַּמָּצוֹר עַד עַשְׁתֵּי
6 עֶשְׂרֵה שָׁנָה לַמֶּלֶךְ צִדְקִיָּהוּ׃ 6 aבַּחֹדֶשׁ הָרְבִיעִיa בְּתִשְׁעָה לַחֹדֶשׁ — ז ר״פ6
7 וַיֶּחֱזַק הָרָעָב בָּעִיר וְלֹא־הָיָה לֶחֶם לְעַם הָאָרֶץ׃ 7 וַתִּבָּקַע הָעִירa — הל׳7. כה. ג בטע דמטע. ד8
וְכָל־אַנְשֵׁי הַמִּלְחָמָה יִבְרְחוּb וַיֵּצְאוּ מֵהָעִירc לַיְלָה דֶּרֶךְ שַׁעַר בֵּין־ — ג9
הַחֹמֹתַיִם אֲשֶׁר עַל־גַּן הַמֶּלֶךְ וְכַשְׂדִּים עַל־הָעִיר סָבִיב וַיֵּלְכוּ דֶּרֶךְ — ג. וז10 וכל וגבורתי דכות ב מ א. ג11
8 הָעֲרָבָה׃ 8 וַיִּרְדְּפוּ חֵיל־כַּשְׂדִּים אַחֲרֵי הַמֶּלֶךְ וַיַּשִּׂיגוּ אֶת־צִדְקִיָּהוּ
9 בְּעַרְבֹתa יְרֵחוֹ וְכָל־חֵילוֹb נָפֹצוּ מֵעָלָיו׃ 9 וַיִּתְפְּשׂוּ אֶת־הַמֶּלֶךְ וַיַּעֲלוּ — ל חס בנביא
אֹתוֹ אֶל־מֶלֶךְ בָּבֶל רִבְלָתָה aבְּאֶרֶץ חֲמָתa וַיְדַבֵּר אִתּוֹ מִשְׁפָּטִים׃b
10 10 וַיִּשְׁחַט מֶלֶךְ־בָּבֶל אֶת־בְּנֵי צִדְקִיָּהוּ לְעֵינָיו וְגַם אֶת־כָּל־שָׂרֵיa — ה
11 יְהוּדָה שָׁחַט בְּרִבְלָתָה׃ 11 וְאֶת־עֵינֵי צִדְקִיָּהוּ עִוֵּר וַיַּאַסְרֵהוּ בַנְחֻשְׁתַּיִם — ל
וַיְבִאֵהוּ מֶלֶךְ־בָּבֶל בָּבֶלָה וַיִּתְּנֵהוּ בבֵית־הַפְּקֻדֹּתa עַד־יוֹם מוֹתוֹ׃ — כט. בית ק חד מן ד12 יתיר ב לא קר. ב חס
12 12 וּבַחֹדֶשׁ הַחֲמִישִׁי בֶּעָשׂוֹרa לַחֹדֶשׁb הִיא שְׁנַת תְּשַׁע־עֶשְׂרֵה שָׁנָה לַמֶּלֶךְ — ה ר״פ
נְבוּכַדְרֶאצַּר מֶלֶךְ־בָּבֶלb בָּא נְבוּזַרְאֲדָן רַב־טַבָּחִים cעָמַדd c לִפְנֵיc
13 מֶלֶךְ־בָּבֶל בִּירוּשָׁלָםִ׃e 13 וַיִּשְׂרֹף אֶת־בֵּית־יְהוָה וְאֶת־בֵּית הַמֶּלֶךְ
14 וְאֵת כָּל־בָּתֵּי יְרוּשָׁלַםִa וְאֶת־כָּל־בֵּית° הַגָּדוֹל° bשָׂרַףa בָּאֵשׁ׃ 14 וְאֶת־ — ט. ל

57 Mm 2471. 58 Mm 2762. Cp 52 1 Mm 2195. 2 Mp sub loco. 3 Mm 2763. 4 Mm 2764. 5 Mm 2711. 6 Mm 791. 7 Mm 432. 8 Mm 932. 9 Mm 2652. 10 Mm 1174. 11 Mm 1730. 12 Mm 1754.

64 a 𝔊*𝔄 *τῶν Χαλδαίων* ‖ b–b > 𝔊*, gl ad fin 58 ‖ **Cp 52,1** a K 𝔊𝔙 ׳מִ־, 𝔗 ut Q; cf 2 R 23,31 ‖ **2** a 2.3 > 𝔊*, sed cf 2 R 24,19sq ‖ **3** a mlt Mss ׳וּבִי ut 2 R 24,20 ‖ b = ׳הָ ‖ **4** a 𝔊^{BSa1} *τῷ ἐνάτῳ*, 𝔊^{A} *τῷ ἑβδόμῳ* ‖ **6** a–a > 𝔊* et 2 R 25,3; 𝔖 *wbjrḥ' dḥmš'* = וּבַ׳ הַחֲמִשִׁי ‖ **7** a ins וַיַּרְא הַמֶּלֶךְ sec 39,4 ‖ b > 𝔊*; l ׳וַיִּ ‖ c > 𝔊* ‖ **8** a 𝔊 *ἐν τῷ πέραν* = בְּעֵבֶר ‖ b 𝔊 *οἱ παῖδες αὐτοῦ* = עֲבָדָיו? ‖ **9** a–a > 𝔊* et 2 R 25,6 ‖ b 𝔊𝔖 ut 2 R ט– ‖ **10** a 𝔖 ut 39,6 חֹרֵי ‖ **11** a 𝔊 *μυλῶνος* ‖ **12** a 2 R 25,8 בְּשִׁבְעָה ‖ b–b > 𝔊* ‖ c–c 2 R עֶבֶד ‖ d l עֹמֵד cf 𝔊𝔙 ‖ e 2 R ׳יְ ‖ **13** a–a add? ‖ b 2 R 25,9 ׳גּ.

כָּל־[a]חֹמוֹת יְרוּשָׁלִַם סָבִיב נָתְצוּ כָּל־[b]חֵיל כַּשְׂדִּים אֲשֶׁר אֶת־רַב־ [ז כת כן]
15 טַבָּחִים׃ 15 [ba]וּמִדַּלּוֹת הָעָם[b] וְאֶת־יֶתֶר הָעָם | הַנִּשְׁאָרִים בָּעִיר וְאֶת־ [ב]
הַנֹּפְלִים אֲשֶׁר נָפְלוּ אֶל־מֶלֶךְ בָּבֶל וְאֵת יֶתֶר הָאָמוֹן[c] הֶגְלָה נְבוּזַרְאֲדָן [ה בסיפ]
16 רַב־טַבָּחִים׃[d] 16 [a]וּמִדַּלּוֹת[b] הָאָרֶץ[a] הִשְׁאִיר נְבוּזַרְאֲדָן[c] רַב־טַבָּחִים [ב . ל[13]]
17 לְכֹרְמִים וּלְיֹגְבִים׃[a] 17 וְאֶת־עַמּוּדֵי הַנְּחֹשֶׁת אֲשֶׁר לְבֵית־[a]יְהוָה וְאֶת־ [ב]
הַמְּכֹנוֹת וְאֶת־יָם הַנְּחֹשֶׁת אֲשֶׁר בְּבֵית־יְהוָה שִׁבְּרוּ כַשְׂדִּים וַיִּשְׂאוּ אֶת־ [לט . מג]
18 כָּל־[b]נְחֻשְׁתָּם בָּבֶלָה׃ 18 [a]וְאֶת־הַסִּרוֹת וְאֶת־הַיָּעִים וְאֶת־הַמְזַמְּרוֹת [כט . ל[14] . כל מל]
וְאֶת־הַמִּזְרָקֹת וְאֶת־הַכַּפּוֹת וְאֵת כָּל־כְּלֵי הַנְּחֹשֶׁת אֲשֶׁר־יְשָׁרְתוּ בָהֶם [ד[15]]
19 לָקָחוּ׃ 19 [a]וְאֶת־הַסִּפִּים[b] וְאֶת־הַמַּחְתּוֹת וְאֶת־הַמִּזְרָקוֹת[c] וְאֶת־ [ד[16]]
הַסִּירוֹת וְאֶת־הַמְּנֹרוֹת וְאֶת־הַכַּפּוֹת וְאֶת־הַמְנַקִּיּוֹת[d] אֲשֶׁר זָהָב זָהָב [ל מל]
20 וַאֲשֶׁר־כֶּסֶף כָּסֶף לָקַח רַב־טַבָּחִים׃ 20 הָעַמּוּדִים | שְׁנַיִם הַיָּם אֶחָד[a] [ב[17]]
[b]וְהַבָּקָר שְׁנֵים־עָשָׂר נְחֹשֶׁת אֲשֶׁר־תַּחַת[bc] הַמְּכֹנוֹת[d] אֲשֶׁר עָשָׂה הַמֶּלֶךְ [ד]
שְׁלֹמֹה לְבֵית יְהוָה לֹא־הָיָה מִשְׁקָל לִנְחֻשְׁתָּם[e] [f]כָּל־הַכֵּלִים הָאֵלֶּה׃[f] [ל[18] . ג חס את]
21 21 וְהָעַמּוּדִים[a] [b]שְׁמֹנֶה עֶשְׂרֵה[b] אַמָּה קוֹמָה[c] הָעַמֻּד הָאֶחָד וְחוּט[d] [קומת ק . חד מן יא[19] קר ת בליש . ב חס בליש . ב]
22 שְׁתֵּים־עֶשְׂרֵה אַמָּה יְסֻבֶּנּוּ וְעָבְיוֹ אַרְבַּע אֶצְבָּעוֹת[e] נָבוּב׃[df] 22 וְכֹתֶרֶת [ג[20] . ב]
עָלָיו נְחֹשֶׁת וְקוֹמַת הַכֹּתֶרֶת הָאַחַת[a] חָמֵשׁ[b] אַמּוֹת וּשְׂבָכָה וְרִמּוֹנִים
עַל־הַכּוֹתֶרֶת סָבִיב הַכֹּל נְחֹשֶׁת וְכָאֵלֶּה לַעַמּוּד הַשֵּׁנִי וְרִמֹּנִים׃[c] [ל מל . ב]
23 23 וַיִּהְיוּ הָרִמֹּנִים תִּשְׁעִים וְשִׁשָּׁה רוּחָה[b] כָּל־הָרִמּוֹנִים מֵאָה עַל־ [ל חס וכל מלכים דכות[21]]
24 הַשְּׂבָכָה סָבִיב׃ 24 וַיִּקַּח רַב־טַבָּחִים אֶת־שְׂרָיָה[a] כֹּהֵן הָרֹאשׁ [לז]
25 וְאֶת־צְפַנְיָה[b] כֹּהֵן הַמִּשְׁנֶה וְאֶת־שְׁלֹשֶׁת שֹׁמְרֵי הַסַּף׃[c] 25 [a]וּמִן־הָעִיר [יא . ה ר״פ בנביא[22]]

[13] Mm 2765. [14] Mm 2196. [15] Mm 1272. [16] Mm 4217. [17] Mm 1914. [18] Mm 2197. [19] Mm 3675. [20] Mm 2766. [21] Mp sub loco. [22] Mm 2980.

14 [a] > 39,8 2 R 25,10 ‖ [b] > 𝔊*, dl ‖ **15** [a] > 𝔊* ‖ [b–b] > 39,9 2 R 25,11, dl (ex 16) ‖ [c] 𝔖 ut 39,9 הָעָם, 𝔗𝔙 ut 2 R הֶהָמוֹן; l הָאָמָּן? ‖ [d] 39,9 + בָּבֶל ‖ **16** [a–a] 𝔊 *καὶ τοὺς καταλοίπους τοῦ λαοῦ* cf 39,9 ‖ [b] 2 R 25,12 –לַּת ‖ [c] > 𝔊* et 2 R ‖ [d] dub; 𝔊(𝔙) *καὶ εἰς γεωργούς*, sim 𝔖𝔗; cf 39,10 ‖ **17** [a] pc Mss Vrs בְּבֵית ‖ [b] > 𝔊* et 2 R 25,13 ‖ **18/19** [a] 𝔊* et 2 R 25,14.15 brevius ‖ [b] 𝔊 *τὰ σαφφωθ*, l הַסִּפּוֹת? ‖ [c] 𝔊* *τὰ μασμαρωθ* = המזמרות 18? vel crrp ex *μαζρακωθ*? ‖ [d] sic L, mlt Mss Edd הַמְנַקִּיּוֹת ‖ **20** [a] 2 R 25,16 הָא׳ ‖ [b–b] > 2 R, dl propter 2 R 16,17 et 16,8 ‖ [c] ins הַיָּם cf 𝔊𝔖 (hpgr) ‖ [d] ins עָשָׂר (hpgr) ‖ [e] 2 R –חֻשְׁת ‖ [f–f] > 𝔊* ‖ **21** [a] > 2 R 25,17 ‖ [b–b] 𝔊 *τριάκοντα πέντε* cf 2 Ch 3,15 ‖ [c] 2 R ut Q; K –ה ‖ [d–d] > 2 R ‖ [e] sic L, mlt Mss Edd אֶצְ׳ ‖ [f] 𝔊 *κύκλῳ* = סָבִיב ‖ **22** [a] > 2 R 25,17 ‖ [b] 2 R שָׁלֹשׁ ‖ [c] dub; 2 R על־השבכה 𝔊 amplius; nonn vb exc vid ‖ **23** [a] > 2 R ‖ [b] crrp; 𝔊𝔗𝔙 alit, 𝔖 om ‖ **24** [a] > 𝔊* ‖ [b] > 𝔊* ‖ [c] 𝔊* *τὴν ὁδόν* ‖ **25** [a–a] 𝔊* om מן־ה׳ ל׳.

לָקַח[a] סָרִיס אֶחָד אֲשֶׁר־הָיָה[b] פָקִיד ׀ עַל־אַנְשֵׁי הַמִּלְחָמָה וְשִׁבְעָה[c] ל̇[23]
אֲנָשִׁים מֵרֹאֵי ׀ פְנֵי־הַמֶּלֶךְ אֲשֶׁר נִמְצְאוּ[d] בָעִיר וְאֵת סֹפֵר[e] שַׂר[f] הַצָּבָא ל̇
הַמַּצְבִּא אֶת־עַם הָאָרֶץ וְשִׁשִּׁים אִישׁ מֵעַם הָאָרֶץ הַנִּמְצְאִים בְּתוֹךְ ב̇
26 הָעִיר׃ 26 וַיִּקַּח אוֹתָם נְבוּזַרְאֲדָן רַב־טַבָּחִים וַיֹּלֶךְ אוֹתָם אֶל־מֶלֶךְ ד̇ ג̇ חס̇ וחד מל̇[24]
27 בָּבֶל רִבְלָתָה׃ 27 וַיַּכֶּה[a] אוֹתָם מֶלֶךְ בָּבֶל וַיְמִתֵם[b] בְּרִבְלָה בְּאֶרֶץ ל̇[25]. ה̇ חס̇ בליש̇[26]
28 חֲמָת וַיִּגֶל[c] יְהוּדָה מֵעַל אַדְמָתוֹ׃[c] 28 זֶה[a] הָעָם אֲשֶׁר הֶגְלָה ל̇[27]
נְבוּכַדְרֶאצַּר בִּשְׁנַת־שֶׁבַע[b] יְהוּדִים שְׁלֹשֶׁת אֲלָפִים וְעֶשְׂרִים וּשְׁלֹשָׁה׃
29 בִּשְׁנַת שְׁמוֹנֶה עֶשְׂרֵה לִנְבוּכַדְרֶאצַּר[a] מִירוּשָׁלַםִ נֶפֶשׁ שְׁמֹנֶה מֵאוֹת ג̇ מל̇ בנביא̇ וכל ד״ה דכות̇[28]
30 שְׁלֹשִׁים וּשְׁנָיִם׃ 30 בִּשְׁנַת שָׁלֹשׁ וְעֶשְׂרִים לִנְבוּכַדְרֶאצַּר הֶגְלָה
נְבוּזַרְאֲדָן רַב־טַבָּחִים יְהוּדִים נֶפֶשׁ שְׁבַע מֵאוֹת אַרְבָּעִים וַחֲמִשָּׁה
31 כָּל־נֶפֶשׁ אַרְבַּעַת אֲלָפִים וְשֵׁשׁ מֵאוֹת׃ פ 31 וַיְהִי בִשְׁלֹשִׁים
וָשֶׁבַע שָׁנָה לְגָלוּת יְהוֹיָכִן[a] מֶלֶךְ־יְהוּדָה בִּשְׁנֵים עָשָׂר חֹדֶשׁ בְּעֶשְׂרִים ל̇ חס̇
וַחֲמִשָּׁה[b] לַחֹדֶשׁ נָשָׂא אֱוִיל מְרֹדַךְ מֶלֶךְ בָּבֶל בִּשְׁנַת מַלְכֻתוֹ[c] אֶת־ ב̇. ד̇[29]. ג̇ חס̇[30]
32 רֹאשׁ יְהוֹיָכִין[a] מֶלֶךְ־יְהוּדָה[d] וַיֹּצֵא אוֹתוֹ מִבֵּית הַכְּלִיא׃[e] 32 וַיְדַבֵּר יג̇ חס̇[31]. הכלוא ק̇ חד מן ה̇[32] זוגין כת̇ י וקר̇ ו
אִתּוֹ טֹבוֹת וַיִּתֵּן אֶת־כִּסְאוֹ מִמַּעַל לְכִסֵּא מְלָכִים[a] אֲשֶׁר אִתּוֹ בְּבָבֶל׃ ו̇[33]. המלכים ק̇ חד מן יג̇[34] חס̇ ה ר״ת בליש̇. ה̇[35]
33 וְשִׁנָּה אֵת בִּגְדֵי כִלְאוֹ וְאָכַל לֶחֶם לְפָנָיו תָּמִיד כָּל־יְמֵי חַיָּו׃[a] ב̇ חד כת̇ א וחד כת̇ ה. ד̇ חס̇[36]
34 וַאֲרֻחָתוֹ אֲרֻחַת תָּמִיד נִתְּנָה־לּוֹ מֵאֵת[a] מֶלֶךְ־בָּבֶל[a] דְּבַר־יוֹם בְּיוֹמוֹ ב̇ וחס̇
[b]עַד־יוֹם מוֹתוֹ[b] [c]כֹּל יְמֵי חַיָּיו׃[c]

סכום הפסוקים של ספר
אלף ושלש מאות
וששים וארבעה
וחציו ויאמר חנניה לעיני[37]
וסדרים לֹא̇

[23] Mm 2199. [24] Mm 468. [25] Mm 1303. [26] Mm 1036. [27] Mm 2151. [28] Mm 34. [29] Mm 2767. [30] Mm 971. [31] Mm 1509. [32] Mm 2195. [33] Mm 2768. [34] Mm 1856. [35] Mm 2202. [36] Mm 1811. [37] Jer 28,11, cf Mp sub loco.

25 [b] 2 R 25,19 הוּא ‖ [c] 2 R וַחֲמִשָּׁה ‖ [d] 𝔖 *(d)'šṭhrw* = נִשְׁאֲרוּ ‖ [e] 𝔖𝔗(𝔙?) ut 2 R הַסֹּפֵר ‖ [f] > 𝔊*; 𝔖 pr cop ‖ **27** [a] 2 R 25,21 וַיַּךְ ‖ [b] > 𝔊* ‖ [c–c] > 𝔊* ‖ **28** [a] 𝔊* et 2 R om 28–30 ‖ [b] 𝔖 + *dmlkwth* = לְמַלְכוּתוֹ; ins עֶשְׂרֵה? ‖ **29** [a] nonn Mss Edd 𝔊[O]𝔖𝔗[f] + הֶגְלָה ‖ **31** [a] 𝔊 *Ιωακιμ* ‖ [b] 2 R 25,27 וְשִׁבְעָה, 𝔊 *τετράδι* ‖ [c] l c 𝔊 ut 2 R מָלְכוֹ ‖ [d] 𝔊[B] + *καὶ ἔκειρεν αὐτόν* cf Gn 41,14 ‖ [e] cf 37,4[c] ‖ **32** [a] pc Mss 𝔊 et 2 R 25,28 ut Q, sic l ‖ **33** [a] Q[Mss] חַיָּיו ‖ **34** [a–a] 2 R 25,30 הַמֶּלֶךְ ‖ [b–b] > pc Mss et 2 R ‖ [c–c] > 𝔊*.

EZECHIEL יחזקאל

1 ¹ וַיְהִ֣י ׀ בִּשְׁלֹשִׁ֣ים שָׁנָ֗ה בָּרְבִיעִי֙ בַּחֲמִשָּׁ֣ה לַחֹ֔דֶשׁ וַאֲנִ֥י בְתוֹךְ־ ס א
הַגּוֹלָ֖ה עַל־נְהַר־כְּבָ֑ר נִפְתְּחוּ֙ᵃ הַשָּׁמַ֔יִם וָאֶרְאֶ֖ה מַרְא֥וֹתᵇ אֱלֹהִֽים׃
2 ² בַּחֲמִשָּׁ֖ה לַחֹ֑דֶשׁ הִ֚יא הַשָּׁנָ֣ה הַחֲמִישִׁ֔ית לְגָל֖וּת הַמֶּ֥לֶךְ יוֹיָכִֽין׃ ³ ᵃהָיֹ֣ה 3
הָיָ֣הᵃ דְבַר־יְהוָ֡ה אֶל־יְחֶזְקֵ֣אל בֶּן־בּוּזִ֧י הַכֹּהֵ֛ן בְּאֶ֥רֶץ כַּשְׂדִּ֖ים עַל־
4 נְהַר־כְּבָ֑ר וַתְּהִ֥י עָלָ֛יוᵇ שָׁ֖ם ᶜיַד־יְהוָֽה׃ ⁴ וָאֵ֡רֶא וְהִנֵּה֩ ר֨וּחַ סְעָרָ֜ה בָּאָ֣ה
מִן־הַצָּפ֗וֹן עָנָ֤ןᵇ גָּדוֹל֙ᶜ וְאֵ֣שׁ מִתְלַקַּ֔חַת ᵈוְנֹ֥גַהּ ל֖וֹ סָבִ֑יבᵈ ᵉוּמִ֨תּוֹכָ֔הּ כְּעֵ֥ין
5 הַחַשְׁמַ֖ל מִתּ֥וֹךְ הָאֵֽשׁ׃ᵉᶠ ⁵ וּמִ֨תּוֹכָ֔הּ דְּמ֖וּת אַרְבַּ֣ע חַיּ֑וֹת וְזֶה֙ מַרְאֵיהֶ֔ן
6 דְּמ֥וּת אָדָ֖םᵃ לָהֵֽנָּה׃ ⁶ וְאַרְבָּעָ֥ה פָנִ֖ים לְאֶחָ֑ת וְאַרְבַּ֥ע כְּנָפַ֖יִם ᵃלְאַחַ֥ת
7 לָהֶֽם׃ᵃ ⁷ וְרַגְלֵיהֶ֖ם ᵃרֶ֣גֶל יְשָׁרָ֑הᵃ וְכַ֣ף רַגְלֵיהֶ֗ם כְּכַף֙ רֶ֣גֶל עֵ֔גֶל ᵇוְנֹ֣צְצִ֔ים
8 כְּעֵ֖ין נְחֹ֥שֶׁת קָלָֽל׃ᵇ ⁸ ᵃוִידֵ֣יᵃ אָדָ֗ם מִתַּ֙חַת֙ כַּנְפֵיהֶ֔ם עַ֖לᵇ אַרְבַּ֣עַת
9 רִבְעֵיהֶ֑םᵇ ᶜוּפְנֵיהֶ֥ם וְכַנְפֵיהֶ֖ם לְאַרְבַּעְתָּֽם׃ᶜ ⁹ ᵃחֹֽבְרֹ֛ת אִשָּׁ֥ה אֶל־
אֲחוֹתָ֖הּ כַּנְפֵיהֶ֑םᵃ ᵇלֹֽא־יִסַּ֣בּוּ בְלֶכְתָּ֔ן אִ֛ישׁ אֶל־עֵ֥בֶר פָּנָ֖יו יֵלֵֽכוּ׃ᵇ
10 ¹⁰ וּדְמ֣וּת פְּנֵיהֶם֮ פְּנֵ֣י אָדָם֒ וּפְנֵ֨י אַרְיֵ֤ה אֶל־הַיָּמִין֙ לְאַרְבַּעְתָּ֔ם וּפְנֵי־שׁ֥וֹר
11 מֵהַשְּׂמֹ֖אול לְאַרְבַּעְתָּ֑ן וּפְנֵי־נֶ֖שֶׁר לְאַרְבַּעְתָּֽן׃ ¹¹ וּפְנֵיהֶ֕םᵃ וְכַנְפֵיהֶ֥ם
פְּרֻד֖וֹת מִלְמָ֑עְלָהᵇ לְאִ֗ישׁ שְׁתַּ֙יִם֙ חֹבְר֣וֹת אִ֔ישׁᶜ וּשְׁתַּ֣יִם מְכַסּ֔וֹת אֵ֖ת
12 גְּוִיֹתֵיהֶֽנָה׃ᵈ ¹² וְאִ֛ישׁ אֶל־עֵ֥בֶר פָּנָ֖יו יֵלֵ֑כוּ אֶ֣ל אֲשֶׁר֩ יִֽהְיֶה־שָׁ֨מָּה הָר֤וּחַ

ל[1] · ה ג מל וב חס[2] . ל . ב כת ה · ב[3] · ל . ה בסיפ · ב[4] · ל . ד[5] · ה . ל[6] · ב . ב · ב . וידי חד מן ד[7] בליש ק וחד מן מח[8] כת ו וקר י . ב בסיפ · ט · ג · לח פסוק דמיין[9] . יו . ב[10] . ב . יו · ב מל[11] . ד[12] . יו . ד[12] . ט · ב וכת כן[13] · ל . ה[14]

Cp 1 [1]Mp sub loco. [2]Mm 1976. [3]Ez 24,24, וחד ליחזקאל 1 Ch 24,16. [4]Ex 9,24. [5]Mm 302. [6]Mm 2769. [7]Mm 496. [8]Mm 3811. [9]Mm 3911. [10]Mm 4065. [11]Mm 4161. [12]Mm 2771. [13]Mm 2770. [14]Mm 602.

Cp 1,1 ᵃ 𝔊(𝔖) *καὶ ἠνοίχθησαν* ‖ ᵇ 𝔊^{LC} οἱ λ′ 𝔖 sg ‖ **3** ᵃ⁻ᵃ prb l הָיָה (dttg cf Vrs) ‖ ᵇ prb l c nonn Mss 𝔊𝔖 עָלַי cf 8,1 ‖ ᶜ > 𝔊* cf 3,22 8,1 ‖ **4** ᵃ Syh + *κυρίου* ‖ ᵇ 𝔈 pc Mss 𝔊𝔙 וְעָנָן ‖ ᶜ 𝔊 + *ἐν αὐτῷ* ‖ ᵈ⁻ᵈ 𝔊 tr ante וְאֵשׁ; add? ‖ ᵉ⁻ᵉ add? cf 27 ‖ ᶠ 𝔊 + *καὶ φέγγος ἐν αὐτῷ* ‖ **5** ᵃ prp אַחַת cf 16 10,10 ‖ **6** ᵃ⁻ᵃ 𝔊(𝔙) *τῷ ἑνί*, l לְאֶחָת? ‖ **7** ᵃ⁻ᵃ prp רַגְלֵי שֹׁר; l ut 𝔐 ‖ ᵇ⁻ᵇ prb add ‖ **8** ᵃ 𝔈² mlt Mss ut Q ‖ ᵇ⁻ᵇ gl an l לְאַרְבַּעְתָּם? ‖ ᶜ⁻ᶜ prb cj c 9a et dl ופניהם (cf 11ᵃ) ‖ **9** ᵃ⁻ᵃ > 𝔊*, sed dl sol כנפיהם et cj c 8b; 9a una c 8b add (cf 11) ‖ ᵇ⁻ᵇ add cf 12 ‖ **11** ᵃ > 𝔊*, dl (cf 8ᶜ⁻ᶜ); al prp לִפְנִימָה et cj c 10b ‖ ᵇ 𝔊 + *τοῖς τέσσαρσιν* ‖ ᶜ prp אִשָּׁה אֶל־אֲחֹתָהּ cf 9.23 ‖ ᵈ sic L, mlt Mss Edd גוי׳.

13 לָלֶכֶת יֵלֵכוּ לֹא [a]יִסַּבּוּ בְּלֶכְתָּן[b]׃ 13 וּדְמוּת[a] הַחַיּוֹת מַרְאֵיהֶם[b] כְּגַחֲלֵי־ ג
אֵשׁ בֹּעֲרוֹת כְּמַרְאֵה הַלַּפִּדִים[c] [d]הִיא מִתְהַלֶּכֶת בֵּין הַחַיּוֹת[d] וְנֹגַהּ לָאֵשׁ ל
14 וּמִן־הָאֵשׁ יוֹצֵא בָרָק׃ 14 [a]וְהַחַיּוֹת רָצוֹא[b] וָשׁוֹב כְּמַרְאֵה הַבָּזָק[c]׃ ט̇[15] מל וכל תלים דכות ב מ א . יב̇[16] יתיר א ס״ת ול בליש . ג ומל̇[17]
15 וָאֵרֶא הַחַיּוֹת[a] וְהִנֵּה אוֹפַן אֶחָד בָּאָרֶץ אֵצֶל הַחַיּוֹת [b]לְאַרְבַּעַת ה בסיפ
16 פָּנָיו[b]׃ 16 מַרְאֵה[a] הָאוֹפַנִּים וּמַעֲשֵׂיהֶם[b] כְּעֵין תַּרְשִׁישׁ וּדְמוּת אֶחָד[c] ל ר״פ
לְאַרְבַּעְתָּן וּמַרְאֵיהֶם[d] וּמַעֲשֵׂיהֶם כַּאֲשֶׁר יִהְיֶה הָאוֹפַן בְּתוֹךְ הָאוֹפָן׃ ד̇[18] . ל בטע בסיפ[19]
17 עַל־[a]אַרְבַּעַת רִבְעֵיהֶן בְּלֶכְתָּם[b] יֵלֵכוּ לֹא יִסַּבּוּ בְּלֶכְתָּן׃ 18 [a]וְגַבֵּיהֶן ב בסיפ . ל . ג . ל
וְגֹבַהּ לָהֶם וְיִרְאָה לָהֶם[a] וְגַבֹּתָם מְלֵאֹת עֵינַיִם סָבִיב לְאַרְבַּעְתָּן׃ כח . ד̇[18]
19 וּבְלֶכֶת הַחַיּוֹת יֵלְכוּ הָאוֹפַנִּים אֶצְלָם וּבְהִנָּשֵׂא הַחַיּוֹת מֵעַל הָאָרֶץ ל
20 יִנָּשְׂאוּ הָאוֹפַנִּים׃ 20 עַל[a] אֲשֶׁר יִהְיֶה־[b]שָּׁם[c] הָרוּחַ לָלֶכֶת יֵלֵכוּ [d]שָׁמָּה ו פסוק שם שמה[20]
הָרוּחַ לָלֶכֶת[d] וְהָאוֹפַנִּים יִנָּשְׂאוּ לְעֻמָּתָם כִּי רוּחַ הַחַיָּה[e] בָּאוֹפַנִּים׃
21 [a]בְּלֶכְתָּם יֵלֵכוּ וּבְעָמְדָם יַעֲמֹדוּ וּבְהִנָּשְׂאָם מֵעַל הָאָרֶץ יִנָּשְׂאוּ ל
22 הָאוֹפַנִּים[b] לְעֻמָּתָם כִּי רוּחַ הַחַיָּה[c] בָּאוֹפַנִּים׃ 22 וּדְמוּת עַל־רָאשֵׁי[a] עה . ל
הַחַיָּה[b] רָקִיעַ[c] כְּעֵין הַקֶּרַח הַנּוֹרָא[d] נָטוּי[c] עַל־רָאשֵׁיהֶם[e] מִלְמָעְלָה׃ יג̇[21]
23 וְתַחַת הָרָקִיעַ כַּנְפֵיהֶם יְשָׁרוֹת[a] אִשָּׁה אֶל־אֲחוֹתָהּ [b]לְאִישׁ שְׁתַּיִם ב ר״פ
24 מְכַסּוֹת לָהֵנָּה[c] וּלְאִישׁ[d] שְׁתַּיִם מְכַסּוֹת לָהֵנָּה[d] אֵת גְּוִיֹּתֵיהֶם[b]׃ 24 וָאֶשְׁמַע ה̇[22] . ג̇[23] . ה̇[22]
אֶת־קוֹל כַּנְפֵיהֶם כְּקוֹל מַיִם רַבִּים [a]כְּקוֹל־שַׁדַּי[a] בְּלֶכְתָּם [a]קוֹל ל̇[24] . ל̇[24]
25 הֲמֻלָּה כְּקוֹל מַחֲנֶה[a] בְּעָמְדָם[b] תְּרַפֶּינָה כַנְפֵיהֶן׃ 25 [a]וַיְהִי־[b]קוֹל ב חד חס וחד מל[25] . ל̇[24] . ב . ב ומל
26 [c]מֵעַל לָרָקִיעַ אֲשֶׁר עַל־רֹאשָׁם [d]בְּעָמְדָם תְּרַפֶּינָה כַנְפֵיהֶן[ad]׃ 26 [c]וּמִמַּעַל ב̇[26] . ב . ב . ב̇[27]
לָרָקִיעַ אֲשֶׁר עַל־רֹאשָׁם כְּמַרְאֵה אֶבֶן־סַפִּיר דְּמוּת כִּסֵּא[e] וְעַל

[15] Mm 1268. [16] Mm 907. [17] Mm 58. [18] Mm 2771. [19] Mp sub loco. [20] Mm 2057. [21] Mm 2897. [22] Mm 2769. [23] Mm 1710. [24] Mm 2772. [25] Mm 2515. [26] Mm 2773. [27] Mm 2774.

12 [a] pc Mss 𝔊𝔖𝔙 וְלֹא || [b] > 𝔊*𝔖 || **13** [a] 𝔊 *καὶ ἐν μέσῳ*, prb l וּבְתוֹךְ vel וּמִתּוֹךְ || [b] 𝔊 *ὅρασις*, l מַרְאֶה || [c] prb l לפדים (ה dttg cf 𝔊) || [d–d] gl? || **14** [a] > 𝔊*, add || [b] 𝔙 *ibant* = יצוא || [c] 𝔗(σ′𝔙) *brq'* = הברק || **15** [a] > 𝔊, add? || [b–b] 𝔊 *τοῖς τέσσαρσι*, l לארבעתָּן || **16** [a] l c mlt Mss 𝔊𝔖𝔗^{Ms}𝔙 וּמ׳ (cf fin 15) || [b] > 𝔊*, add || [c] prp אַחַת, sed cf 10,10 || [d] > 𝔊*, add || **17** [a] = אֶל cf 9.12 || [b] > 𝔊*, add? || **18** [a–a] crrp; prp וָאֵרֶא וְהִנֵּה גַּבֹּת להם cf 𝔊 *καὶ εἶδον* || **20** [a] cf 17[a] || [b] 𝔊 + *ἡ νεφέλη* || [c] l c ℭ nonn Mss שָׁמָּה cf aβ || [d–d] 𝔊 *τὰ ζῷα*, > 𝔖; dl (dttg) || [e] prp אַחַת || **21** [a] 21 add? || [b] > 𝔊* || [c] cf 20[e] || **22** [a] 𝔊𝔖 sg cf 25.26 10,1 || [b] l c pc Mss Vrs החיות || [c] 𝔊(𝔖) *ὡσεὶ στερέωμα* || [d] > 𝔊*, add || [e–e] 𝔊 *ἐπὶ τῶν πτερύγων αὐτῶν* || **23** [a] prb crrp; 𝔊 *ἐκτεταμέναι πτερυσσόμεναι* = פְּרֻדוֹת מְשִׁיקוֹת (cf 11 et 3,13) || [b–b] add? || [c] > 𝔊, prb dl || [d–d] > 𝔊*, dl (dttg) || **24** [a–a] > 𝔊*, add || [b] 𝔊𝔖𝔙 pr cop || **25/26** [a–a] > ℭ pc Mss, add || [b] 𝔊 *καὶ ἰδού* (= וְהִנֵּה) || [c–c] > 𝔊* || [d–d] > pc Mss 𝔖^{W} || [e] 𝔊 + *ἐπ' αὐτοῦ* cf [f].

27 דְּמוּת הַכִּסֵּא דְּמוּת כְּמַרְאֵה אָדָם עָלָיו מִלְמָעְלָה׃ 27 וָאֵרֶא׀ כְּעֵין (ה בסיפ)
חַשְׁמַל [a]כְּמַרְאֵה־אֵשׁ בֵּית־לָהּ סָבִיב[a] מִמַּרְאֵה מָתְנָיו וּלְמָעְלָה
28 וּמִמַּרְאֵה מָתְנָיו וּלְמַטָּה רָאִיתִי כְּמַרְאֵה־אֵשׁ וְנֹגַהּ לוֹ סָבִיב׃ 28 כְּמַרְאֵה (ב . ל)
הַקֶּשֶׁת אֲשֶׁר יִהְיֶה בֶעָנָן בְּיוֹם הַגֶּשֶׁם כֵּן מַרְאֵה הַנֹּגַהּ סָבִיב הוּא מַרְאֵה
דְּמוּת כְּבוֹד־יְהוָה וָאֶרְאֶה וָאֶפֹּל עַל־פָּנַי וָאֶשְׁמַע קוֹל מְדַבֵּר׃ ס
2 2 1 וַיֹּאמֶר אֵלָי בֶּן־אָדָם עֲמֹד עַל־רַגְלֶיךָ וַאֲדַבֵּר אֹתָךְ׃ 2 וַתָּבֹא בִי (ז בטע ר״פ בסיפ . ל)
רוּחַ [a]כַּאֲשֶׁר דִּבֶּר אֵלַי[a] וַתַּעֲמִדֵנִי עַל־רַגְלָי וָאֶשְׁמַע אֵת מִדַּבֵּר (יא זוגין בטע[1] . ח[2])
3 אֵלָי׃ פ 3 וַיֹּאמֶר אֵלַי בֶּן־אָדָם שׁוֹלֵחַ אֲנִי אוֹתְךָ אֶל־בְּנֵי[a] יִשְׂרָאֵל (יא זוגין בטע[1] . ב מל . יז מל בליש[3] . יח[4] ט מנה בסיפ)
[b]אֶל־גּוֹיִם[b] הַמּוֹרְדִים אֲשֶׁר מָרְדוּ־בִי הֵמָּה וַאֲבוֹתָם [c]פָּשְׁעוּ בִי[c] עַד־ (ב[5] . ב . ג[6])
4 עֶצֶם הַיּוֹם הַזֶּה׃ 4 [a]וְהַבָּנִים קְשֵׁי פָנִים וְחִזְקֵי־לֵב אֲנִי שׁוֹלֵחַ אוֹתְךָ (ג[7] . ב[8] . ב מל . יז מל בליש[3])
5 אֲלֵיהֶם[a] וְאָמַרְתָּ אֲלֵיהֶם כֹּה אָמַר אֲדֹנָי[b] יְהוִה׃ 5 וְהֵמָּה[a] אִם־יִשְׁמְעוּ (י ר״פ[9])
וְאִם־יֶחְדָּלוּ[b] כִּי בֵּית מְרִי הֵמָּה וְיָדְעוּ כִּי נָבִיא הָיָה[c] בְתוֹכָם׃ פ
6 וְאַתָּה בֶן־אָדָם אַל־תִּירָא מֵהֶם [a]וּמִדִּבְרֵיהֶם אַל־תִּירָא[a] כִּי [b]סָרָבִים (ו פסוק ואתה אתה[10] . כג בסיפ[11] . ב . ל)
וְסַלּוֹנִים[b] אוֹתָךְ וְאֶל־[c]עַקְרַבִּים אַתָּה יוֹשֵׁב מִדִּבְרֵיהֶם אַל־תִּירָא (ל . ט מל בלשון זכר[12] . מט מל בנביא)
7 וּמִפְּנֵיהֶם אַל־תֵּחָת כִּי בֵּית מְרִי הֵמָּה׃ 7 וְדִבַּרְתָּ אֶת־דְּבָרַי אֲלֵיהֶם (ב זקף קמ[13])
8 אִם־יִשְׁמְעוּ וְאִם־יֶחְדָּלוּ[a] כִּי מְרִי[b] הֵמָּה׃ פ 8 וְאַתָּה בֶן־אָדָם (ל . כג בסיפ[11])
שְׁמַע אֵת אֲשֶׁר־אֲנִי מְדַבֵּר אֵלֶיךָ אַל־תְּהִי־מֶרִי כְּבֵית הַמֶּרִי פְּצֵה (ד[14])
9 פִיךָ וֶאֱכֹל אֵת אֲשֶׁר־אֲנִי נֹתֵן אֵלֶיךָ׃ 9 וָאֶרְאֶה וְהִנֵּה־יָד שְׁלוּחָה אֵלָי (ה בליש[15] . ב . ג ב מל וחד חס[16])
10 [a]וְהִנֵּה־בוֹ[a] מְגִלַּת־סֵפֶר׃ 10 וַיִּפְרֹשׂ אוֹתָהּ לְפָנַי וְהִיא כְתוּבָה פָנִים
3 וְאָחוֹר וְכָתוּב אֵלֶיהָ[a] קִנִים[b] וָהֶגֶה וָהִי[c]׃ ס 3 1 וַיֹּאמֶר אֵלַי בֶּן־ (ל בליש[17] . ג בליש . ט בטע ר״פ בסיפ[1] . יא זוגין בטע[2])
אָדָם [a]אֵת אֲשֶׁר־תִּמְצָא אֱכוֹל[a] אֱכוֹל אֶת־הַמְּגִלָּה הַזֹּאת וְלֵךְ דַּבֵּר (ה מל בליש[3] . ה מל בליש[3] . יא[4] . ב)
2 אֶל־בֵּית[b] יִשְׂרָאֵל׃ 2 וָאֶפְתַּח אֶת־פִּי וַיַּאֲכִלֵנִי אֵת הַמְּגִלָּה הַזֹּאת[a]׃ (ל . ז דמטע בטע[5])

Cp 2 [1]Mm 915. [2]Mm 615. [3]Mm 541. [4]Mm 953. [5]Mm 2261. [6]Mm 795. [7]Mm 231. [8]Mm 428. [9]Mm 1249. [10]Okhl 297. [11]Mp sub loco. [12]Mm 2565. [13]Mm 1280. [14]Mm 1611. [15]Mm 2775. [16]Mm 240. [17]וחד הקינים 1Ch 2,55, cf Gn 6,14 קִנִּים et Mp sub loco. **Cp 3** [1]Mm 2943. [2]Mm 915. [3]Mm 1692. [4]Mm 1500. [5]Mm 2139.

26 [f] > 𝔊*𝔙 cf [e] ‖ **27** [a–a] > 𝔊*, add ‖ **Cp 2,2** [a–a] > 𝔊 (sed 𝔊 + nonn vb ex 3,14), add ‖ **3** [a] 𝔊 *τὸν οἶκον* = בֵּית it 35,5 37,21 43,7 44,9.15 ‖ [b–b] > 𝔊, prb add; 𝔖 sg, prp אֶל־גּוֹי, sed l 𝔐 ‖ [c–c] > 𝔊*, add ‖ **4** [a–a] > 𝔊*, add ‖ [b] > Ms 𝔊*, add ‖ **5** [a] > 𝔊 ‖ [b] 𝔊(𝔖) *πτοηθῶσι* ‖ [c] 𝔊(𝔖) *εἶ σύ* = אַתָּה ‖ **6** [a–a] 𝔊 *μηδὲ ἐκστῇς ἀπὸ προσώπου αὐτῶν* = וּמִפְּנֵיהֶם אַל־תֵּחָת v b, prb l ‖ [b–b] prp סלונים סֹבְבִים, frt l ‖ [c] = וְעַל ‖ **7** [a] cf 5[b] ‖ [b] l c mlt Mss 𝔊𝔖𝔗 בֵּית מרי cf 5.6 ‖ **9** [a–a] 𝔊(𝔖𝔙) *καὶ ἐν αὐτῇ*, prb l וּבָהּ ‖ **10** [a] = עָלֶיהָ; > 𝔊* ‖ [b] 𝔊(𝔗) *θρῆνος* = קִינָה ‖ [c] 𝔊(𝔙) *καὶ οὐαί* = וְהוֹי; frt l וָנֶהִי ‖ **Cp 3,1** [a–a] > 𝔊*, add ‖ [b] mlt Mss 𝔊𝔖[W]𝔙 בְּנֵי, it 4,3[a] 12,24[c] 28,25[b] 37,16[h] ‖ **2** [a] > 𝔊*, add.

3 וַיֹּ֣אמֶר אֵלַ֗י בֶּן־אָדָם֙ בִּטְנְךָ֤ תַֽאֲכֵל֙ וּמֵעֶ֣יךָ תְמַלֵּ֔א אֵ֚ת הַמְּגִלָּ֣ה הַזֹּ֔את

אֲשֶׁ֥ר אֲנִ֖י נֹתֵ֣ן אֵלֶ֑יךָ וָאֹ֣כְלָ֔ה וַתְּהִ֥י בְּפִ֖י כִּדְבַ֥שׁ לְמָתֽוֹק׃ פ

4 וַיֹּ֖אמֶר אֵלָ֑י בֶּן־אָדָ֗ם לֶךְ־בֹּא֙ אֶל־בֵּ֣ית יִשְׂרָאֵ֔ל וְדִבַּרְתָּ֥ בִדְבָרַ֖י

5 אֲלֵיהֶֽם׃ כִּ֡י לֹא֩ אֶל־עַ֨ם עִמְקֵ֥י שָׂפָ֛ה וְכִבְדֵ֥י לָשׁ֖וֹן אַתָּ֣ה שָׁל֑וּחַ

6 אֶל־בֵּ֖ית יִשְׂרָאֵֽל׃ לֹ֣א ׀ אֶל־עַמִּ֣ים רַבִּ֗ים עִמְקֵ֤י שָׂפָה֙ וְכִבְדֵ֣י

לָשׁ֔וֹן אֲשֶׁ֥ר לֹֽא־תִשְׁמַ֖ע דִּבְרֵיהֶ֑ם אִם־לֹ֤א אֲלֵיהֶם֙ שְׁלַחְתִּ֔יךָ הֵ֖מָּה

7 יִשְׁמְע֥וּ אֵלֶֽיךָ׃ וּבֵ֣ית יִשְׂרָאֵ֗ל לֹ֤א יֹאבוּ֙ לִשְׁמֹ֣עַ אֵלֶ֔יךָ כִּֽי־אֵינָ֥ם אֹבִ֖ים

8 לִשְׁמֹ֣עַ אֵלָ֑י כִּ֚י כָּל־בֵּ֣ית יִשְׂרָאֵ֔ל חִזְקֵי־מֵ֥צַח וּקְשֵׁי־לֵ֖ב הֵֽמָּה׃ הִנֵּ֨ה

נָתַ֧תִּי אֶת־פָּנֶ֛יךָ חֲזָקִ֖ים לְעֻמַּ֣ת פְּנֵיהֶ֑ם וְאֶֽת־מִצְחֲךָ֥ חָזָ֖ק לְעֻמַּ֥ת מִצְחָֽם׃

9 כְּשָׁמִ֥יר חָזָ֛ק מִצֹּ֖ר נָתַ֣תִּי מִצְחֶ֑ךָ לֹֽא־תִירָ֤א אוֹתָם֙ וְלֹא־תֵחַ֣ת

10 מִפְּנֵיהֶ֔ם כִּ֛י בֵּֽית־מְרִ֖י הֵֽמָּה׃ פ וַיֹּ֖אמֶר אֵלָ֑י בֶּן־אָדָ֕ם אֶת־כָּל־

11 דְּבָרַי֙ אֲשֶׁ֣ר אֲדַבֵּ֣ר אֵלֶ֔יךָ קַ֥ח בִּלְבָבְךָ֖ וּבְאָזְנֶ֣יךָ שְׁמָ֑ע וְלֵ֨ךְ בֹּ֤א אֶל־

הַגּוֹלָה֙ אֶל־בְּנֵ֣י עַמֶּ֔ךָ וְדִבַּרְתָּ֤ אֲלֵיהֶם֙ וְאָמַרְתָּ֣ אֲלֵיהֶ֔ם כֹּ֥ה אָמַ֖ר אֲדֹנָ֣י

12 יְהוִ֑ה אִֽם־יִשְׁמְע֖וּ וְאִם־יֶחְדָּֽלוּ׃ וַתִּשָּׂאֵ֣נִי ר֔וּחַ וָאֶשְׁמַ֣ע אַחֲרַ֗י ק֖וֹל

13 רַ֣עַשׁ גָּד֑וֹל בָּר֥וּךְ כְּבוֹד־יְהוָ֖ה מִמְּקוֹמֽוֹ׃ וְק֣וֹל ׀ כַּנְפֵ֣י הַחַיּ֗וֹת

מַשִּׁיק֞וֹת אִשָּׁ֣ה אֶל־אֲחוֹתָ֗הּ וְק֨וֹל הָאוֹפַנִּים֙ לְעֻמָּתָ֔ם וְק֖וֹל רַ֥עַשׁ גָּדֽוֹל׃

14 וְר֥וּחַ נְשָׂאַ֖תְנִי וַתִּקָּחֵ֑נִי וָאֵלֵ֥ךְ מַר֙ בַּחֲמַ֣ת רוּחִ֔י וְיַד־יְהוָ֖ה עָלַ֥י חָזָֽקָה׃

15 וָאָב֨וֹא אֶל־הַגּוֹלָ֜ה תֵּ֣ל אָבִ֗יב הַיֹּשְׁבִים֙ אֶל־נְהַר־כְּבָ֔ר וָֽאֵשֵׁב֙ אֲשֶׁ֣ר

16 הֵ֣מָּה יוֹשְׁבִ֣ים שָׁ֔ם וָאֵשֵׁ֥ב שָׁ֛ם שִׁבְעַ֥ת יָמִ֖ים מַשְׁמִ֑ים בְּתוֹכָֽם׃ וַיְהִ֕י

מִקְצֵ֖ה שִׁבְעַ֥ת יָמִֽים׃ פ

17 וַיְהִ֥י דְבַר־יְהוָ֖ה אֵלַ֥י לֵאמֹֽר׃ בֶּן־אָדָ֕ם צֹפֶ֥ה נְתַתִּ֖יךָ לְבֵ֣ית

18 יִשְׂרָאֵ֑ל וְשָׁמַעְתָּ֤ מִפִּי֙ דָּבָ֔ר וְהִזְהַרְתָּ֥ אוֹתָ֖ם מִמֶּֽנִּי׃ בְּאָמְרִ֤י לָרָשָׁע֙

מ֣וֹת תָּמ֔וּת וְלֹ֣א הִזְהַרְתּ֗וֹ וְלֹ֤א דִבַּ֙רְתָּ֙ לְהַזְהִ֤יר רָשָׁע֙ מִדַּרְכּ֣וֹ הָרְשָׁעָ֔ה

Masora parva (right margin):

ל׃ל
ה בליש⁶.ל⁷
ו בטע ר״פ בסיפ
ר״פ בסיפ וחד מן מז
פסוק לא לא לא לא
ד״י מנה ר״פ.ג.ג³
ב׳¹².ל
ב¹³.ר״פ בסיפ¹⁴
ג¹⁵.ל
¹⁶
ו בטע ר״פ בסיפ
ג.¹⁷.יא¹⁸
ל בסיפ
ס³¹⁹
ל
ב.הי.ג²⁰
ג.ג²¹.ראשב
ק ¹¹²²
י מל.ה²².ה
ה²³
ג ב חס וחד מל²⁴.נז וכל
תלים דכות ב מ יא
ל.ב

⁶Mm 2775. ⁷Mm 1128. ⁸Mm 2334. ⁹Mm 3615. ¹⁰Mm 1969. ¹¹Mm 814. ¹²Mm 2776. ¹³וחד ומצח Jer 3,3.
¹⁴Mm 2869. ¹⁵Mm 2777. ¹⁶Mm 3355. ¹⁷Mm 1672. ¹⁸Mm 1500. ¹⁹Mp sub loco. ²⁰Mm 2010. ²¹Mm
2713. ²²Mm 2778. ²³Mm 2923. ²⁴Mm 2779.

Apparatus criticus:

3 ᵃ l ואכלה cf Vrs ‖ 4 ᵃ 𝔊(𝔖𝔙) τοὺς λόγους μου ‖ 5 ᵃ⁻ᵃ > 𝔊ᴮ, add (ex Ex 4,10)? ‖
ᵇ⁻ᵇ prb add ‖ 6 ᵃ 𝔊(𝔖𝔙) οὐδέ – ולא ‖ ᵇ⁻ᵇ > 𝔖, add ‖ ᶜ⁻ᶜ 𝔊(𝔙) καὶ εἰ, 𝔖𝔗 (w)'lw;
אם l ‖ 8 ᵃ 𝔊 καὶ ἰδού ‖ 9 ᵃ 𝔊 καὶ ἔσται διὰ παντός = ותמיד l 𝔐 ? ‖ ᵇ⁻ᵇ > 𝔊* ‖
11 ᵃ > 𝔊*, add ‖ 12 ᵃ l ברום ‖ 13 ᵃ prp קול ‖ ᵇ > 𝔊* ‖ 14 ᵃ > 𝔊*𝔖, add ‖
15 ᵃ⁻ᵃ add ‖ ᵇ > על ‖ ᶜ l אֲשֶׁר cf 𝔊 ‖ ᵈ prp מְשׁוֹמֵם cf Esr 9,3sq ‖ 18 ᵃ 𝔊 θανα-
τωθήσῃ, l 𝔐 cf 33,8 ‖ ᵇ⁻ᵇ add cf 33,8 ‖ ᶜ > 𝔊𝔖, add cf 33,8.

19 לְחַיֹּתוֹ[d] הוּא רָשָׁע בַּעֲוֺנוֹ יָמוּת וְדָמוֹ מִיָּדְךָ אֲבַקֵּשׁ׃ 19 וְאַתָּה כִּי־ ל
הִזְהַרְתָּ רָשָׁע וְלֹא־שָׁב [a]מֵרִשְׁעוֹ [a]וּמִדַּרְכּוֹ [b]הָרְשָׁעָה [c]הוּא [b]בַּעֲוֺנוֹ יָמוּת ה̇[25]. ב
20 וְאַתָּה אֶת־נַפְשְׁךָ הִצַּלְתָּ׃ ס 20 וּבְשׁוּב צַדִּיק מִצִּדְקוֹ[a] וְעָשָׂה ב זוגין[26]. ד. ל
עָוֶל וְנָתַתִּי מִכְשׁוֹל לְפָנָיו הוּא יָמוּת כִּי לֹא הִזְהַרְתּוֹ בְּחַטָּאתוֹ יָמוּת
21 וְלֹא תִזָּכַרְןָ צִדְקֹתָו[b] אֲשֶׁר עָשָׂה[c] וְדָמוֹ מִיָּדְךָ אֲבַקֵּשׁ׃ 21 וְאַתָּה כִּי צדקתיו[27] ק . ל[27] חד מן ג חס בליש
הִזְהַרְתּוֹ[a] צַדִּיק לְבִלְתִּי חֲטֹא צַדִּיק[b] וְהוּא לֹא־חָטָא חָיוֹ יִחְיֶה כִּי ד כת ו
נִזְהָר וְאַתָּה אֶת־נַפְשְׁךָ הִצַּלְתָּ׃ ס ב זוגין[26]
22 22 וַתְּהִי עָלַי שָׁם[a] יַד־יְהוָה וַיֹּאמֶר אֵלַי קוּם צֵא אֶל־הַבִּקְעָה
23 וְשָׁם אֲדַבֵּר[b] אוֹתָךְ׃ 23 וָאָקוּם וָאֵצֵא אֶל־הַבִּקְעָה וְהִנֵּה־שָׁם כְּבוֹד־ ט מל בלשון זכר[28]. ל. יח פסוק אל על על[29]
יְהוָה עֹמֵד[a] כַּכָּבוֹד אֲשֶׁר רָאִיתִי עַל־נְהַר־כְּבָר וָאֶפֹּל עַל־פָּנָי׃ ל
24 24 וַתָּבֹא־בִי רוּחַ וַתַּעֲמִדֵנִי עַל־רַגְלָי וַיְדַבֵּר אֹתִי וַיֹּאמֶר אֵלַי בֹּא יא זוגין בטע[30]
25 הִסָּגֵר בְּתוֹךְ בֵּיתֶךָ׃ 25 וְאַתָּה בֶן־אָדָם הִנֵּה נָתְנוּ[a] עָלֶיךָ עֲבוֹתִים כג בסיפ . ג מל[31]
26 וַאֲסָרוּךָ[b] בָּהֶם וְלֹא תֵצֵא בְּתוֹכָם׃ 26 וּלְשׁוֹנְךָ אַדְבִּיק אֶל־חִכֶּךָ ל[32]
27 וְנֶאֱלַמְתָּ וְלֹא־תִהְיֶה לָהֶם לְאִישׁ מוֹכִיחַ כִּי בֵּית מְרִי הֵמָּה׃ 27 וּבְדַבְּרִי ח̇[33]
אוֹתְךָ אֶפְתַּח אֶת־פִּיךָ וְאָמַרְתָּ אֲלֵיהֶם כֹּה אָמַר אֲדֹנָי[a] יְהוִה הַשֹּׁמֵעַ׀ יז מל בליש[34]
4 יִשְׁמָע וְהֶחָדֵל׀ יֶחְדָּל כִּי בֵּית מְרִי הֵמָּה׃ ס 4 1 וְאַתָּה בֶן־אָדָם ב קמ וכל אתנח וס״פ דכות . ל . ל . כג בסיפ
קַח־לְךָ לְבֵנָה וְנָתַתָּה אוֹתָהּ לְפָנֶיךָ וְחַקּוֹתָ עָלֶיהָ עִיר [a]אֶת־יְרוּשָׁלִָם[a]׃ ל
2 2 וְנָתַתָּה עָלֶיהָ מָצוֹר וּבָנִיתָ עָלֶיהָ דָּיֵק וְשָׁפַכְתָּ עָלֶיהָ סֹלְלָה וְנָתַתָּה
3 עָלֶיהָ מַחֲנוֹת וְשִׂים־[a]עָלֶיהָ[b] כָּרִים סָבִיב׃ 3 וְאַתָּה קַח־לְךָ מַחֲבַת ט . ג[1]
בַּרְזֶל וְנָתַתָּה אוֹתָהּ קִיר בַּרְזֶל בֵּינְךָ וּבֵין הָעִיר וַהֲכִינֹתָה אֶת־פָּנֶיךָ ל מל
אֵלֶיהָ וְהָיְתָה בַמָּצוֹר וְצַרְתָּ עָלֶיהָ אוֹת הִיא לְבֵית[a] יִשְׂרָאֵל׃ ס
4 4 וְאַתָּה שְׁכַב עַל־צִדְּךָ הַשְּׂמָאלִי וְשַׂמְתָּ[a] אֶת־עֲוֺן בֵּית־יִשְׂרָאֵל עָלָיו[b]

[25]Mm 2093. [26]Okhl 232. [27]Mp sub loco. [28]Mm 2565. [29]Mm 658. [30]Mm 915. [31]Mm 2780. [32]Mm 2886. [33]Mm 777. [34]Mm 541. Cp 4 [1]Mm 693.

18 d add cf 33,8 ‖ **19** a–a add cf 33,9 ‖ b–b 𝔊 *ὁ ἄνομος ἐκεῖνος* = הוּא רָשָׁע cf pc Mss et 18 ‖ c > 33,9, add? sed cf b–b ‖ **20** a l מִצִּדְקָתוֹ cf 18,24 33,18 ‖ b l c Q תיו– ‖ c–c > 𝔊B ‖ **21** a prb l הִזְהַרְתָּ cf 19 ‖ b 𝔊𝔖 tr ante חיו, add ‖ **22** a > 𝔊*𝔙 cf 1,3 ‖ b 𝔊 *λαληθήσεται* ‖ **23** a 𝔊 + *καθὼς ἡ ὅρασις καί* ‖ **25** a prp נָתַתִּי cf 4,8 et 26sq ‖ b prp וַאֲסַרְתִּיךָ cf a ‖ **27** a > 𝔊*, add ‖ **Cp 4,1** a–a add ‖ **2** a prb l וְשַׂמְתָּ cf 𝔊𝔙 ‖ b > 𝔊*𝔙, add cf 𝔖 *lh* ‖ **3** a 𝔊 *τοῖς υἱοῖς* = לִבְנֵי cf 3,1b ‖ **4** a prp וְשַׂמְתִּי, sed potius l וְנָשָׂאתָ cf b ‖ b prp עָלֶיךָ, sed potius dl cf a.

5 מִסְפַּ֣ר הַיָּמִ֗ים[c] אֲשֶׁ֤ר תִּשְׁכַּב֙ עָלָ֔יו תִּשָּׂ֖א אֶת־עֲוֺנָֽם׃ 5 וַאֲנִ֨י נָתַ֤תִּֽי לְךָ֙ (סו ר״פ . ב)
אֶת־שְׁנֵ֣י עֲוֺנָ֔ם לְמִסְפַּ֣ר יָמִ֔ים [a]שְׁלֹשׁ־מֵא֥וֹת[a] וְתִשְׁעִ֖ים י֑וֹם וְנָשָׂ֖אתָ עֲוֺ֥ן (ל . ה . ה פסוק בסיפ[2])
6 בֵּֽית־יִשְׂרָאֵֽל׃ 6 וְכִלִּ֣יתָ אֶת־אֵ֗לֶּה וְשָׁכַבְתָּ֞ עַל־צִדְּךָ֤ הַיְמָונִי֙[a] [b]שֵׁנִ֔ית (הימני ק)
וְנָשָׂ֖אתָ אֶת־עֲוֺ֣ן בֵּית־יְהוּדָ֑ה אַרְבָּעִ֣ים י֔וֹם י֥וֹם לַשָּׁנָ֛ה י֥וֹם לַשָּׁנָ֖ה נְתַתִּ֥יו (ה . ה פסוק בסיפ[2] . ב[3])
7 לָֽךְ׃ 7 וְאֶל־מְצ֤וֹר יְרוּשָׁלִַ֙ם֙ תָּכִ֣ין פָּנֶ֔יךָ וּזְרֹעֲךָ֖ חֲשׂוּפָ֑ה וְנִבֵּאתָ֖ עָלֶֽיהָ׃ (ל . ה חס[4] . ג)
8 וְהִנֵּ֛ה נָתַ֥תִּי עָלֶ֖יךָ עֲבוֹתִ֑ים וְלֹא־תֵהָפֵ֤ךְ מִצִּדְּךָ֙ אֶל־צִדֶּ֔ךָ עַד־כַּלּוֹתְךָ֖ (ג מל[5] . ב[6])
9 יְמֵ֥י מְצוּרֶֽךָ׃ 9 וְאַתָּ֣ה קַח־לְךָ֡ חִטִּ֡ין[a] וּשְׂעֹרִ֜ים וּפ֣וֹל וַעֲדָשִׁ֗ים וְדֹ֣חַן (ו פסוק ואתה אתה[7] . ל . ב)
וְכֻסְּמִ֔ים וְנָתַתָּ֤ה אוֹתָם֙ בִּכְלִ֣י אֶחָ֔ד וְעָשִׂ֧יתָ אוֹתָ֛ם לְךָ֖ לְלָ֑חֶם[b] מִסְפַּ֨ר (יח[8] וכל יוצר חפץ חמדה דכות ב מ א)
הַיָּמִ֜ים אֲשֶׁר־אַתָּ֣ה ׀ שׁוֹכֵ֣ב עַֽל־צִדְּךָ֗ [c]שְׁלֹשׁ־מֵא֛וֹת[c] וְתִשְׁעִ֥ים י֖וֹם (ל מל)
10 תֹּאכְלֶֽנּוּ׃[b] 10 וּמַאֲכָלְךָ֙ אֲשֶׁ֣ר תֹּאכְלֶ֔נּוּ בְּמִשְׁק֕וֹל עֶשְׂרִ֥ים שֶׁ֖קֶל לַיּ֑וֹם (ו מל בליש . כ[9])
11 מֵעֵ֥ת עַד־עֵ֖ת תֹּאכְלֶֽנּוּ׃ 11 וּמַ֛יִם בִּמְשׂוּרָ֥ה תִשְׁתֶּ֖ה שִׁשִּׁ֣ית הַהִ֑ין מֵעֵ֥ת (ב[10] . יא זוגין דמטע בטע[11] . ב[10])
12 עַד־עֵ֖ת תִּשְׁתֶּֽה׃ 12 וְעֻגַ֥ת שְׂעֹרִ֖ים תֹּאכְלֶ֑נָּה וְהִ֗יא[a] בְּגֶלְלֵי֙ צֵאַ֣ת הָאָדָ֔ם (ב[12] . ל . ל)
13 תְּעֻגֶ֖נָה[b] לְעֵינֵיהֶֽם׃ ס 13 [a][b]וַיֹּ֣אמֶר יְהוָ֗ה[b] כָּ֗כָה יֹאכְל֧וּ בְנֵֽי־יִשְׂרָאֵ֛ל (ל . יח[13] ט מנה בסיפ)
14 אֶת־לַחְמָ֖ם [c]טָמֵ֑א בַּגּוֹיִ֕ם[c] אֲשֶׁ֥ר אַדִּיחֵ֖ם שָֽׁם׃ 14 וָאֹמַ֗ר אֲהָהּ֮ [a]אֲדֹנָ֣י
יְהוִה֒[a] הִנֵּ֥ה נַפְשִׁ֖י לֹ֣א מְטֻמָּאָ֑ה וּנְבֵלָ֨ה וּטְרֵפָ֤ה לֹֽא־אָכַ֙לְתִּי֙ מִנְּעוּרַ֣י וְעַד־ (ל)
15 עַ֔תָּה וְלֹא־בָ֥א בְּפִ֖י בְּשַׂ֥ר[b] פִּגּֽוּל׃ ס 15 וַיֹּ֣אמֶר אֵלַ֔י רְאֵ֗ה נָתַ֤תִּֽי לְךָ֙ (ג[14] . ט בטע ר״פ בסיפ[15])
אֶת־צְפוּעֵ֣י[a] הַבָּקָ֔ר תַּ֖חַת גֶּלְלֵ֣י הָאָדָ֑ם וְעָשִׂ֥יתָ אֶֽת־לַחְמְךָ֖ עֲלֵיהֶֽם׃ ס (צפיעי ק)
16 וַיֹּ֣אמֶר אֵלַ֗י בֶּן־אָדָם֮ הִנְנִ֨י שֹׁבֵ֤ר מַטֵּה־לֶ֙חֶם֙ בִּיר֣וּשָׁלִַ֔ם וְאָֽכְלוּ־לֶ֥חֶם
17 בְּמִשְׁקָ֖ל וּבִדְאָגָ֑ה[a] וּמַ֕יִם בִּמְשׂוּרָ֥ה וּבְשִׁמָּמ֖וֹן[a] יִשְׁתּֽוּ׃ 17 לְמַ֥עַן יַחְסְר֖וּ (יא זוגין דמטע בטע[11] . ל)
5 לֶ֣חֶם וָמָ֑יִם וְנָשַׁ֙מּוּ֙ אִ֣ישׁ וְאָחִ֔יו וְנָמַ֖קּוּ בַּעֲוֺנָֽם׃ פ 5 1 וְאַתָּ֣ה בֶן־ (ל בסיפ . ב . כג בסיפ[1])
אָדָ֗ם קַח־לְךָ֣ ׀ חֶ֣רֶב חַדָּ֗ה תַּ֤עַר הַגַּלָּבִים֙ תִּקָּחֶ֣נָּה לָּ֔ךְ וְהַעֲבַרְתָּ֖ עַל־ (ה[2])
2 רֹאשְׁךָ֣ וְעַל־זְקָנֶ֑ךָ וְלָקַחְתָּ֥ לְךָ֛ מֹאזְנֵ֥י מִשְׁקָ֖ל וְחִלַּקְתָּֽם׃ 2 שְׁלִשִׁ֗ית[a] (ל)
בָּא֤וּר[b] תַּבְעִיר֙ בְּת֣וֹךְ הָעִ֔יר כִּמְלֹ֖את יְמֵ֣י הַמָּצ֑וֹר [c]וְלָקַחְתָּ֣ אֶת־ (ל . ג ב חס וחד מל[3])

[2] Mm 2855. [3] Nu 14,34. [4] Mm 1927. [5] Mm 2780. [6] Mm 2784. [7] Okhl 297 et Mp sub loco. [8] Mm 2781. [9] Mm 875. [10] Mm 2782. [11] Mm 794. [12] Mm 2783. [13] Mm 953. [14] Mm 2785. [15] Mm 2943. **Cp 5** [1] Mp sub loco. [2] Mm 3295. [3] Mm 2054.

4 [c] 𝔊 + *πεντήκοντα καὶ ἑκατόν* ‖ **5** [a–a] 𝔊 *ἑκατόν*, prb l מֵאָה cf 9[c–c] ‖ **6** [a] K הימיני? ‖ [b] > 𝔊*𝔖, add ‖ **9** [a] nonn Mss Edd חטים ‖ [b–b] prb add ‖ [c–c] 𝔊 *ἑκατόν* cf 5[a–a] ‖ **12** [a] > 𝔊𝔖 ‖ [b] = תעגנה (𝔅 –גנה) ‖ **13** [a] 13 add ‖ [b–b] 𝔊 *καὶ ἐρεῖς Τάδε λέγει κύριος ὁ θεὸς τοῦ Ισραηλ* ‖ [c–c] > 𝔊*, add ‖ **14** [a–a] 𝔊 *κύριε θεὲ τοῦ Ισραηλ*, dl אדני ‖ [b] 𝔊(𝔙) *πᾶν κρέας* ‖ **15** [a] K צפועי, nonn Mss ut Q ‖ **16** [a] add? cf 12,19 (𝔖 om ובדאגה et tr ובשממון ante במשורה) ‖ **Cp 5,2** [a] 𝔊 *τέταρτον*, it 12 ‖ [b] prp בָּעֹור, al בָּאֵשׁ ‖ [c–c] prb add.

הַשְּׁלִשִׁית[d] תַּכֶּה בַחֶרֶב סְבִיבוֹתֶיהָ וְהַשְּׁלִשִׁית תִּזְרֶה לָרוּחַ וְחֶרֶב ג
3 אָרִיק אַחֲרֵיהֶם׃ 3 וְלָקַחְתָּ מִשָּׁם מְעַט בְּמִסְפָּר וְצַרְתָּ אוֹתָם בִּכְנָפֶיךָ[a]׃ ד . ל ומל
4 4 וּמֵהֶם עוֹד תִּקָּח וְהִשְׁלַכְתָּ אוֹתָם אֶל־תּוֹךְ הָאֵשׁ וְשָׂרַפְתָּ אֹתָם בָּאֵשׁ ו[4] . ב זקף קמ . כה חס בסיפ
5 [a]מִמֶּנּוּ תֵצֵא־אֵשׁ[ba] אֶל־כָּל־בֵּית יִשְׂרָאֵל׃ פ 5 כֹּה אָמַר אֲדֹנָי[a]
6 יְהוִה זֹאת יְרוּשָׁלִַם בְּתוֹךְ הַגּוֹיִם שַׂמְתִּיהָ וּסְבִיבוֹתֶיהָ אֲרָצוֹת[b]׃ 6 וַתֶּמֶר[a] ל
אֶת־מִשְׁפָּטַי לְרִשְׁעָה מִן־הַגּוֹיִם וְאֶת־חֻקּוֹתַי מִן־הָאֲרָצוֹת אֲשֶׁר ג[5] . ה[6]
סְבִיבוֹתֶיהָ כִּי בְמִשְׁפָּטַי מָאָסוּ וְחֻקּוֹתַי לֹא־הָלְכוּ בָהֶם׃ ס
7 7 לָכֵן כֹּה־אָמַר ׀ אֲדֹנָי[a] יְהוִה יַעַן הֲמָנְכֶם[b] מִן־הַגּוֹיִם אֲשֶׁר סְבִיבוֹתֵיכֶם יא בטע בסיפ[7] . כט
בְּחֻקּוֹתַי לֹא הֲלַכְתֶּם וְאֶת־מִשְׁפָּטַי לֹא עֲשִׂיתֶם וּכְמִשְׁפְּטֵי הַגּוֹיִם אֲשֶׁר מז פסוק לא לא לא . ד זוגין[8] . ב
8 סְבִיבוֹתֵיכֶם לֹא[c] עֲשִׂיתֶם׃ ס 8 לָכֵן כֹּה אָמַר אֲדֹנָי[a] יְהוִה הִנְנִי כג בטע בסיפ . כט . ג[9]
9 עָלַיִךְ [b]גַּם־אָנִי[b] וְעָשִׂיתִי בְתוֹכֵךְ מִשְׁפָּטִים[c] לְעֵינֵי הַגּוֹיִם׃ 9 וְעָשִׂיתִי בָךְ
אֵת אֲשֶׁר לֹא־עָשִׂיתִי וְאֵת אֲשֶׁר־לֹא־אֶעֱשֶׂה כָמֹהוּ עוֹד יַעַן כָּל־
10 תּוֹעֲבֹתָיִךְ׃ ס 10 לָכֵן אָבוֹת יֹאכְלוּ בָנִים[a] בְּתוֹכֵךְ וּבָנִים יֹאכְלוּ ה חס[10] . כג בטע בסיפ
אֲבוֹתָם[b] וְעָשִׂיתִי בָךְ שְׁפָטִים וְזֵרִיתִי אֶת־כָּל־שְׁאֵרִיתֵךְ לְכָל־רוּחַ׃ פ
11 11 לָכֵן חַי־אָנִי נְאֻם אֲדֹנָי[a] יְהוִה אִם־לֹא יַעַן אֶת־מִקְדָּשִׁי טִמֵּאת [b]בְּכָל־ ג בטע בסיפ . יז[11] מ״פ לא ולא לא ג[12] מנה בסיפ
שִׁקּוּצַיִךְ וּבְכָל־תּוֹעֲבֹתָיִךְ[b] וְגַם־אֲנִי אֶגְרַע[c] וְלֹא־תָחוֹס עֵינִי וְגַם־אֲנִי ה חס[10] . ה מ״פ[13] . ה[14] . כט[15] . כג פסוק וגם ובתר תלת מילין[16] . ה מ״פ[13]
12 לֹא אֶחְמוֹל׃ 12 שְׁלִשִׁתַיִךְ[a] בַּדֶּבֶר יָמוּתוּ וּבָרָעָב יִכְלוּ בְתוֹכֵךְ ה מל[10] . ב חס דחס[17]
[b]וְהַשְּׁלִשִׁית בַּחֶרֶב יִפְּלוּ סְבִיבוֹתָיִךְ[b] וְהַשְּׁלִישִׁית לְכָל־רוּחַ אֱזָרֶה[c] ט מל[17] . ג[18]
13 וְחֶרֶב אָרִיק אַחֲרֵיהֶם׃ 13 וְכָלָה אַפִּי [a]וַהֲנִחוֹתִי חֲמָתִי[a] בָּם וְהִנֶּחָמְתִּי[b] ד . ל כת כן . ו פסוק בם בם
14 וְיָדְעוּ[c] כִּי־אֲנִי יְהוָה דִּבַּרְתִּי בְּקִנְאָתִי בְּכַלּוֹתִי חֲמָתִי בָּם׃ 14 וְאֶתְּנֵךְ ה[10] . ל
לְחָרְבָּה וּלְחֶרְפָּה[a] [cb]בַּגּוֹיִם [c]אֲשֶׁר סְבִיבוֹתַיִךְ[b] לְעֵינֵי כָּל־עוֹבֵר׃
15 15 וְהָיְתָה[a] חֶרְפָּה וּגְדוּפָה [b]מוּסָר וּמְשַׁמָּה[b] לַגּוֹיִם[c] אֲשֶׁר סְבִיבוֹתָיִךְ ל . ל

[4]Mm 3952. [5]Mm 818. [6]Mm 2786. [7]Mm 2912. [8]Mm 1940. [9]Mm 2787. [10]Mp sub loco. [11]Mm 1613. [12]Mm 2788. [13]Mm 2449. [14]Mm 2789. [15]Mm 2501. [16]Mm 1629. [17]Mm 1900. [18]Mm 2816.

2 [d] 𝔊 *καὶ κατακαύσεις αὐτὸ ἐν μέσῳ αὐτῆς. καὶ τὸ τέταρτον* ‖ **3** [a] l בִּכְנָפֶךָ cf Vrs ‖ **4** [a–a] add ‖ [b] 𝔊 + *καὶ ἐρεῖς*, l וְאָמַרְתָּ ‖ **5** [a] > 𝔊*, add ‖ [b] prp הָאֲרָצוֹת, hpgr ‖ **6** [a] θ′(σ′ 𝔖𝔗) *καὶ ἠλλάξαντο* = וַתָּמֵר, l 𝔐 ‖ **7** [a] > 𝔊*, add ‖ [b] prb l הַמְרֹתְכֶם ‖ [c] > mlt Mss Edd 𝔖; cf 11,12 ‖ **8** [a] > 𝔊*, add ‖ [b–b] > 𝔊*𝔖 ‖ [c] prp שְׁפָטִים cf 10.15 11,9 28,22.26 30,19 ‖ **10** [a] 𝔖𝔗 *bnjhwn* ‖ [b] 𝔊* *πατέρας*, frt l אָבוֹת ‖ **11** [a] > 𝔊*, add ‖ [b–b] > 𝔊* ‖ [c] crrp; frt l אגעל cf 𝔊𝔖 ‖ **12** [a] l c ℭ pc Mss תך–; 𝔊 quattuor partes ut in 2 ‖ [b–b] 𝔊* tr post bα ‖ [c] Or אֱזָרֶה, 𝔊 + *αὐτούς* ‖ **13** [a–a] 𝔊 *καὶ ἡ ὀργή μου* ‖ [b] > 𝔊*, prb dl (dttg?) ‖ [c] 𝔊 *καὶ ἐπιγνώσῃ* ‖ **14** [a] > 𝔊*, add ‖ [b–b] add ‖ [c–c] 𝔊 *καὶ τὰς θυγατέρας σου* ‖ **15** [a] l וְהָיִית cf Vrs ‖ [b–b] > 𝔊*, add ‖ [c] mlt Mss בַּגּ′ cf 𝔊𝔙.

בַּעֲשׂוֹתִי בָךְ שְׁפָטִים [d]בְּאַף וּבְחֵמָה וּבְתֹכְחוֹת חֵמָה[d] אֲנִי יְהוָה דִּבַּרְתִּי׃ ל̇ וחס
16 בְּשַׁלְּחִי אֶת־חִצֵּי[a] הָרָעָב[b] הָרָעִים[c] בָּהֶם[d] אֲשֶׁר[e] הָיוּ לְמַשְׁחִית
[f]אֲשֶׁר־אֲשַׁלַּח אוֹתָם לְשַׁחֶתְכֶם וְרָעָב אֹסֵף[g] עֲלֵיכֶם[f] וְשָׁבַרְתִּי לָכֶם[h] ט̇[19]. ל̇. ג̇
17 מַטֵּה־לָחֶם׃ 17 וְשִׁלַּחְתִּי עֲלֵיכֶם[a] רָעָב וְחַיָּה רָעָה וְשִׁכְּלֻךְ[b] וְדֶבֶר ד̇[20]. ל̇. ל̇
וָדָם יַעֲבָר־בָּךְ וְחֶרֶב אָבִיא עָלַיִךְ[c] אֲנִי יְהוָה דִּבַּרְתִּי׃ פ
ס̄ג̇[1] 6 1 וַיְהִי דְבַר־יְהוָה אֵלַי לֵאמֹר׃ 2 בֶּן־אָדָם שִׂים פָּנֶיךָ אֶל[a]־ כ̇ד. ה̇[2]
3 הָרֵי יִשְׂרָאֵל וְהִנָּבֵא אֲלֵיהֶם[b]׃ 3 וְאָמַרְתָּ הָרֵי יִשְׂרָאֵל שִׁמְעוּ דְּבַר־ ל̇. ג̇
אֲדֹנָי[a] יְהוִה כֹּה־אָמַר אֲדֹנָי[a] יְהוִה לֶהָרִים וְלַגְּבָעוֹת לָאֲפִיקִים וְלַגֵּאָיֹת ולגאיות ק̇ חד מן ג̇[3] מל̇ בליש̇
4 הִנְנִי[b] אֲנִי מֵבִיא עֲלֵיכֶם חֶרֶב וְאִבַּדְתִּי[c] בָּמוֹתֵיכֶם׃ 4 וְנָשַׁמּוּ מִזְבְּחוֹתֵיכֶם
5 וְנִשְׁבְּרוּ[a] חַמָּנֵיכֶם וְהִפַּלְתִּי חַלְלֵיכֶם לִפְנֵי גִּלּוּלֵיכֶם׃ 5 [a]וְנָתַתִּי אֶת־
פִּגְרֵי בְּנֵי יִשְׂרָאֵל לִפְנֵי גִּלּוּלֵיהֶם[a] וְזֵרִיתִי אֶת־עַצְמוֹתֵיכֶם סְבִיבוֹת יח̇[4] ט̇ מנה בסיפ̇
6 מִזְבְּחוֹתֵיכֶם׃ 6 בְּכֹל מוֹשְׁבוֹתֵיכֶם הֶעָרִים תֶּחֱרַבְנָה וְהַבָּמוֹת תִּישָׁמְנָה[a] ל̇ מל̇ בליש̇. ל̇
לְמַעַן יֶחֶרְבוּ וְיֶאְשְׁמוּ[b] מִזְבְּחוֹתֵיכֶם וְנִשְׁבְּרוּ וְנִשְׁבְּתוּ[c] גִּלּוּלֵיכֶם וְנִגְדְּעוּ ל̇[5]. ל̇
7 חַמָּנֵיכֶם [d]וְנִמְחוּ מַעֲשֵׂיכֶם[d]׃ 7 וְנָפַל חָלָל בְּתוֹכְכֶם וִידַעְתֶּם כִּי־אֲנִי יא̇ ס״פ בסיפ̇
8 יְהוָה׃ 8 וְהוֹתַרְתִּי[a] בִּהְיוֹת לָכֶם פְּלִיטֵי חֶרֶב בַּגּוֹיִם בְּהִזָּרוֹתֵיכֶם[b] ב̇ ור״פ
9 בָּאֲרָצוֹת׃ 9 וְזָכְרוּ פְלִיטֵיכֶם אוֹתִי בַּגּוֹיִם אֲשֶׁר נִשְׁבּוּ־שָׁם [a]אֲשֶׁר כ̇י[6] מל̇ ה̇[7] מנה בסיפ̇ וכל יהושע ושפטים דכות ב̇ מ̇ ב̇. ה̇[8]
נִשְׁבַּרְתִּי[a] אֶת־לִבָּם הַזּוֹנֶה [b]אֲשֶׁר־סָר[b] מֵעָלַי וְאֵת עֵינֵיהֶם הַזֹּנוֹת אַחֲרֵי ל̇[9]
גִּלּוּלֵיהֶם וְנָקֹטּוּ בִּפְנֵיהֶם [c]אֶל[d]־הָרָעוֹת אֲשֶׁר עָשׂוּ[c] לְכֹל תּוֹעֲבֹתֵיהֶם׃ ל̇. ב̇. ג̇ כת̇ כן בליש̇
10 וְיָדְעוּ כִּי־אֲנִי יְהוָה [a]לֹא אֶל־חִנָּם[a] דִּבַּרְתִּי [b]לַעֲשׂוֹת לָהֶם הָרָעָה ד̇ בטע̇ ר״פ בסיפ̇
11 הַזֹּאת[b]׃ פ 11 כֹּה־אָמַר אֲדֹנָי[a] יְהוִה הַכֵּה בְכַפְּךָ וּרְקַע בְּרַגְלְךָ ח̇ בטע̇ בסיפ̇[10]
וֶאֱמָר־אָח[b] אֶל[c] כָּל־תּוֹעֲבוֹת רָעוֹת[a] בֵּית יִשְׂרָאֵל אֲשֶׁר[a] בַּחֶרֶב בָּרָעָב ב̇ מל̇ בליש̇[11]. ח̇

[19] Mm 425. [20] Mm 4238. **Cp 6** [1] Mp sub loco. [2] Mm 2929. [3] Mm 2935. [4] Mm 953. [5] Mm 2892. [6] Mm 1238 א. [7] Mm 2790. [8] Mm 4167. [9] Mm 3006. [10] Mm 2911. [11] Mm 4251.

15 [d–d] 𝔊* *ἐν ἐκδικήσει θυμοῦ μου* = בְּתֹכַחַת חֲמָתִי ? cf 𝔖; באף ובחמה add ‖ **16** [a] 𝔊 *τὰς βολίδας μου*, l חִצַּי ‖ [b] dl, gl ‖ [c] > 𝔊*, sed l 𝔐 ‖ [d] > 𝔗, frt dl; prp בכם ‖ [e] 𝔊 *καί* ‖ [f–f] > 𝔊*, add ‖ [g] prp אסף ‖ [h] 𝔊 sg ‖ **17** [a] 𝔊 sg ‖ [b] 𝔊(𝔖) *καὶ τιμωρήσομαί σε* ‖ [c] 𝔊 + *κυκλόθεν* ‖ **Cp 6,2** [a] = עַל ‖ [b] = עליהם ‖ **3** [a] > 𝔊*, add ‖ [b] 𝔗 nonn Mss הִנֵּה cf 37,21 ‖ [c] 𝔊 *καὶ ἐξολεθρευθήσεται* = וְאָבְדוּ ‖ **4** [a] > 𝔊* ‖ **5** [a–a] > 𝔊*, add cf Lv 26,30 ‖ **6** [a] nonn Mss תשמנה ‖ [b] = וְיֵשַׁמּוּ cf σ′𝔖𝔗𝔙; > 𝔊*, add ‖ [c] > 𝔊*, add ‖ [d–d] > 𝔊*, add ‖ **8** [a] > 𝔊*, add ‖ [b] l –תְכֶם ‖ **9** [a–a] 𝔊 *ὀμώμοκα* = נשבעתי; prb l וְשָׁבַרְתִּי cf α′σ′θ′ ‖ [b–b] > 𝔊*, add ‖ [c–c] > 𝔊*, add ‖ [d] = עַל ‖ **10** [a–a] > 𝔊*, add ‖ [b–b] > 𝔊*, add ‖ **11** [a] > 𝔊*, add ‖ [b] prp הֶאָח cf 25,3 26,2 36,2 ‖ [c] = עַל.

12 וּבַדֶּ֖בֶר יִפֹּֽלוּ׃ 12 [a]הָרָח֞וֹק בַּדֶּ֣בֶר יָמ֗וּת וְהַקָּרוֹב֙ בַּחֶ֣רֶב יִפּ֔וֹל[a] [b]וְהַנִּשְׁאָר֙
13 וְהַנָּצ֔וּר בָּרָעָ֖ב יָמ֑וּת וְכִלֵּיתִ֥י חֲמָתִ֖י בָּֽם׃ 13 וִֽידַעְתֶּם֙ כִּֽי־אֲנִ֣י יְהוָ֔ה
בִּֽהְי֣וֹת חַלְלֵיהֶ֗ם בְּת֙וֹךְ גִּלּ֣וּלֵיהֶ֔ם סְבִיב֖וֹת מִזְבְּחֽוֹתֵיהֶ֑ם אֶל[a]֩ כָּל־
גִּבְעָ֨ה רָמָ֜ה[b] בְּכֹ֣ל׀ רָאשֵׁ֣י הֶהָרִ֗ים[b] וְתַ֣חַת כָּל־עֵ֣ץ רַעֲנָ֗ן[c] וְתַ֙חַת֙ כָּל־
אֵלָ֣ה עֲבֻתָּ֔ה[c] מְק֕וֹם אֲשֶׁ֤ר נָֽתְנוּ־שָׁם֙ רֵ֣יחַ נִיחֹ֔חַ לְכֹ֖ל גִּלּוּלֵיהֶֽם׃
14 14 וְנָטִ֤יתִי אֶת־יָדִי֙ עֲלֵיהֶ֔ם וְנָתַתִּ֨י אֶת־הָאָ֜רֶץ שְׁמָמָ֤ה וּמְשַׁמָּה֙ מִמִּדְבַּ֣ר[a]
דִּבְלָ֔תָה[b] בְּכֹ֖ל מוֹשְׁבֽוֹתֵיהֶ֑ם וְיָדְע֖וּ[c] כִּֽי־אֲנִ֥י יְהוָֽה׃ פ
7 7 1 וַיְהִ֥י דְבַר־יְהוָ֖ה אֵלַ֥י לֵאמֹֽר׃ 2 וְאַתָּ֣ה בֶן־אָדָ֗ם[a] כֹּֽה־אָמַ֞ר
אֲדֹנָ֧י[b] יְהוִ֛ה לְאַדְמַ֥ת יִשְׂרָאֵ֖ל
קֵ֑ץ בָּ֣א[c] הַקֵּ֔ץ עַל־אַרְבַּ֖עַת[d] כַּנְפ֥וֹת הָאָֽרֶץ׃
3 [a]עַתָּה֙ הַקֵּ֣ץ עָלַ֔יִךְ וְשִׁלַּחְתִּ֤י אַפִּי֙ בָּ֔ךְ[b]
וּשְׁפַטְתִּ֖יךְ כִּדְרָכָ֑יִךְ וְנָתַתִּ֣י עָלַ֔יִךְ אֵ֖ת כָּל־תּוֹעֲבוֹתָֽיִךְ׃
4 וְלֹא־תָח֥וֹס עֵינִ֛י עָלַ֖יִךְ[a] וְלֹ֣א אֶחְמ֑וֹל
[b]כִּ֣י דְרָכַ֜יִךְ[b] עָלַ֣יִךְ אֶתֵּ֗ן וְתוֹעֲבוֹתַ֙יִךְ֙ בְּתוֹכֵ֣ךְ תִּֽהְיֶ֔יןָ
וִידַעְתֶּ֖ם[c] כִּֽי־אֲנִ֥י יְהוָֽה׃ פ
5 כֹּ֥ה[a] אָמַ֖ר אֲדֹנָ֣י[b] יְהוִ֑ה[c] רָעָ֥ה אַחַ֛ת[d] רָעָ֖ה הִנֵּ֥ה בָאָֽה׃[c]
6 [a]קֵ֣ץ בָּ֔א[a] [יוֹשֵׁ֣ב הָאָ֑רֶץ
בָּ֥א הַקֵּ֖ץ [b]הֵקִ֣יץ אֵלָ֑יִךְ[b] הִנֵּ֖ה בָּאָֽה׃ 7 בָּ֧אָה הַצְּפִירָ֛ה[b] אֵלֶ֖יךָ
בָּ֣א הָעֵ֔ת קָר֖וֹב הַיּ֑וֹם
[c]מְהוּמָ֖ה וְלֹא־הֵ֥ד הָרִֽים׃[c]
8 עַתָּ֣ה מִקָּר֗וֹב אֶשְׁפּ֤וֹךְ חֲמָתִי֙ עָלַ֔יִךְ וְכִלֵּיתִ֤י אַפִּי֙ בָּ֔ךְ
וּשְׁפַטְתִּ֖יךְ כִּדְרָכָ֑יִךְ וְנָתַתִּ֣י עָלַ֔יִךְ אֵ֖ת כָּל־תּוֹעֲבוֹתָֽיִךְ׃

ב חד מל וחד חס[12]. ו[13] מל וכל קהלת ומשלי דכות ב מ ג
ג ב חס וחד מל. ל[13]
ל. עה. ה
ז. ח וכל אשה ריח ניחח דכות
ל. ל מל בליש
כג בסיפ[1]
ב בסיפ[2]. ארבע ק חד מן ז[3] יתיר ת בליש
כה ר"פ[4]
ה חס
ה[5]. כט[6]. ה מל
ה כת כן בנביא
יא ס"פ בסיפ
ה בטע בסיפ
ב [מט מל בנביא
כט. ב[7] בטע מלעיל ול בסיפ. ב חד חס וחד מל[8]
כה ר"פ[4]. ד מל

[12]Mm 2791. [13]Mp sub loco. **Cp 7** [1]Mp sub loco. [2]Cf Ez 43,20 et Mp sub loco. [3]Mm 2792. [4]Mm 1057. [5]Mm 2789. [6]Mm 2501. [7]Mm 279. [8]Mm 2793.

12 [a–a] 𝔊* tr aα post aβ ∥ [b] > 𝔊*, add ∥ **13** [a] = עַל ∥ [b–b] > 𝔊*, add ∥ [c–c] > 𝔊*, add ∥ **14** [a] prp מֵהַמִּדְבָּר ∥ [b] prb l c V^P רבלתה ∥ [c] 𝔊* 2 pl ∥ **Cp 7,2** [a] 𝔊*(𝔖) + *εἶπον* cf 13,8 15,6 17,19.22 22,19 39,17, frt ins אֱמֹר ∥ [b] > 𝔊*, add ∥ [c] ins c 2 Mss 𝔗(𝔙) בָּא ut in 6 cf 𝔊𝔖 ∥ [d] nonn Mss ut Q ∥ **3** [a] 𝔊* 3–5a post 9 ∥ [b] 𝔖 *ʾljkj* ∥ **4** [a] > Ms 𝔊* cf 9 ∥ [b–b] nonn Mss כדרכיך = 9 ∥ [c] 𝔊𝔖𝔗^Mss 2 f sg ∥ **5** [a] 𝔊* pr *διότι* ∥ [b] > Ms 𝔊*, add ∥ [c–c] > 𝔊*, add ∥ [d] mlt Mss Edd אַחַר cf 𝔗, 𝔖 *ḥlp* = תַּחַת ∥ **6/7** [a–a] > 𝔊*, sed cf 10[a] ∥ [b–b] > 𝔊*, add ∥ [c–c] crrp cf Vrs; prp לֹא מִתְמַהְמֵהַּ וְלֹא מְאַחֵר cf 11[b–b].

9 וְלֹא־תָחוֹס עֵינִי וְלֹא אֶחְמוֹל — ה̇⁹. כט̇¹⁰. ה מל
כִּדְרָכַיִךְ[a] עָלַיִךְ אֶתֵּן וְתוֹעֲבוֹתַיִךְ בְּתוֹכֵךְ תִּהְיֶיןָ — ה̇ כת כן בנביא
וִידַעְתֶּם[b] כִּי אֲנִי יְהוָה מַכֶּה[c]׃ — ה̇¹¹
10 הִנֵּה[a] הַיּוֹם[b] — י̇ ר״פ בסיפ¹²
[c]הִנֵּה בָאָה יָצְאָה הַצְּפִרָה[c] — ב̇ חד חס וחד מל¹³
צָץ הַמַּטֶּה[d] פָּרַח הַזָּדוֹן׃ [וְלֹא־נֹהַּ בָּהֶם[b]׃]
11 הֶחָמָס[a] ׀ קָם לְמַטֵּה־רֶשַׁע[a] [b]לֹא־מֵהֶם וְלֹא מֵהֲמוֹנָם וְלֹא מֶהֱמֵהֶם[c] — יז̇¹⁴. ט̇ פסוק לא ולא ולא ולא
12 בָּא הָעֵת הִגִּיעַ הַיּוֹם
הַקּוֹנֶה אַל־יִשְׂמָח וְהַמּוֹכֵר אַל־יִתְאַבָּל — ד̇ מל בליש
[a]כִּי חָרוֹן אֶל־כָּל־הֲמוֹנָהּ[a]׃ — ג̇¹⁵
13 כִּי [a]הַמּוֹכֵר אֶל־הַמִּמְכָּר[a] לֹא יָשׁוּב — מ̇ז פסוק לא לא לא
[b]וְעוֹד בַּחַיִּים חַיָּתָם כִּי־חָזוֹן אֶל־כָּל־הֲמוֹנָהּ לֹא יָשׁוּב[b] — כג̇
וְאִישׁ בַּעֲוֺנוֹ[c] חַיָּתוֹ לֹא יִתְחַזָּקוּ[d]׃
14 תָּקְעוּ[a] בַתָּקוֹעַ[b] [c]וְהָכִין הַכֹּל וְאֵין הֹלֵךְ לַמִּלְחָמָה[c] — ו̇¹⁶. ב̇¹⁷
[d]כִּי חֲרוֹנִי אֶל־כָּל־הֲמוֹנָהּ[d]׃
15 הַחֶרֶב בַּחוּץ[a] [b]וְהַדֶּבֶר וְהָרָעָב[b] מִבָּיִת
אֲשֶׁר בַּשָּׂדֶה בַּחֶרֶב יָמוּת
וַאֲשֶׁר בָּעִיר [c]רָעָב וָדֶבֶר[c] יֹאכְלֶנּוּ[d]׃
16 וּפָלְטוּ פְּלִיטֵיהֶם וְהָיוּ אֶל־[a]הֶהָרִים [b]כְּיוֹנֵי הַגֵּאָיוֹת[b] — ל̇. ל̇
כֻּלָּם הֹמוֹת[c] אִישׁ בַּעֲוֺנוֹ׃ — ל̇

⁹Mm 2789. ¹⁰Mm 2501. ¹¹Mm 416. ¹²Mm 2869. ¹³Mm 2793. ¹⁴Mm 1667. ¹⁵Mm 2794. ¹⁶Mm 1703. ¹⁷Mm 2795.

9 [a] 𝔊(𝔙) *διότι τὰς ὁδούς σου*, l כִּי דר׳ = 4 ‖ [b] 𝔊𝔖 2 f sg cf 4[c] ‖ [c] 𝔊(𝔖) *ὁ τύπτων* = הַמַּכֶּה? ‖ **10** [a] 𝔊 pr *ἰδοὺ τὸ πέρας ἥκει* cf 6[a–a] ‖ [b] 𝔊 *ἡμέρα κυρίου* ‖ [c–c] > 𝔊*, add ‖ [d] prb l הַמֶּטָּה cf 9,9 ‖ **11** [a–a] 𝔊 *καὶ συντρίψει στήριγμα ἀνόμου*, prb add ‖ [b–b] crrp, 𝔊 *καὶ οὐ μετὰ θορύβου οὐδὲ μετὰ σπουδῆς* cf 4 (𝔐 7[c–c]) *οὐ μετὰ θορύβων οὐδὲ μετὰ ὠδίνων*; prb add ‖ [c] sic L, mlt Mss Edd מֵ׳ ‖ **12** [a–a] > 𝔊*, add ‖ **13** [a–a] 𝔊 *ὁ κτώμενος πρὸς τὸν πωλοῦντα* = הַקּוֹנֶה אֶל־המוכר cf 12 ‖ [b–b] > 𝔊*, add ‖ [c] frt add ‖ [d] 𝔊(𝔖) *κρατήσει*, prb l יַחֲזִיק ‖ **14** [a] prb l c 2 Mss 𝔊𝔖𝔙 תִּקְעוּ ‖ [b] prp תָּקוֹעַ ‖ [c–c] 𝔊 *καὶ κρίνατε τὰ σύμπαντα. ὁ πόλεμος*; prb l וְהָכֵן) כְּלֵי מִלְחָמָה vel) והכינו ‖ [d–d] > 𝔊*, add ‖ **15** [a] Ms 𝔊𝔗 מִחוּץ ‖ [b–b] Ms 𝔊 invers cf b; והרעב add? ‖ [c–c] 𝔙 invers; רעב ו add? an tot v b add? ‖ [d] 𝔊(𝔗) *συντελέσει* = יְכַלֶּנּוּ ‖ **16** [a] = עַל ‖ [b–b] > 𝔊*, add ‖ [c] 𝔊 *ἀποκτενῶ* = הֲמִתִי vel אָמִית; 𝔖 *nmwtwn*, prb l יָמוּתוּ.

17 כָּל־הַיָּדַ֫יִם[a] תִּרְפֶּ֫ינָה וְכָל־בִּרְכַּ֫יִם תֵּלַ֫כְנָה מָּ֫יִם׃
18 וְחָגְרוּ שַׂקִּים וְכִסְּתָה אוֹתָם פַּלָּצוּת ד
וְאֶל[a] כָּל־פָּנִים בּוּשָׁה וּבְכָל־רָאשֵׁיהֶם קָרְחָה׃ יג[18]
19 כַּסְפָּם בַּחוּצוֹת יַשְׁלִיכוּ וּזְהָבָם לְנִדָּה יִהְיֶה
[a]כַּסְפָּם וּזְהָבָם לֹא־יוּכַל לְהַצִּילָם בְּיוֹם עֶבְרַת יְהוָה[a] מז פסוק לא לא לא
נַפְשָׁם לֹא יְשַׂבֵּעוּ וּמֵעֵיהֶם לֹא יְמַלֵּאוּ ל.ל.ל
[b]כִּי־מִכְשׁוֹל עֲוֺנָם הָיָה[b]׃
20 וּצְבִי עֶדְיוֹ[a] לְגָאוֹן שָׂמָהוּ[b] וְצַלְמֵי תוֹעֲבֹתָם שִׁקּוּצֵיהֶם[c] עָשׂוּ בוֹ ג.ג[19].ב.ה.ל
[d]עַל־כֵּן נְתַתִּיו לָהֶם לְנִדָּה[d]׃
21 וּנְתַתִּיו בְּיַד־הַזָּרִים לָבַז וּלְרִשְׁעֵי הָאָרֶץ לְשָׁלָל וְחִלְּלֻהָ[a]׃ וחללוהו ק
22 וַהֲסִבּוֹתִי פָנַי מֵהֶם וְחִלְּלוּ אֶת־צְפוּנִי ל.ל
וּבָאוּ־בָהּ[a] פָּרִיצִים וְחִלְּלוּהָ[b]׃ פ 23 [a]עֲשֵׂה[b] הָרַתּוֹק[ac] ב חד חס וחד מל[20].ל
כִּי הָאָרֶץ מָלְאָה מִשְׁפַּט[d] דָּמִים וְהָעִיר מָלְאָה חָמָס׃
24 [a]וְהֵבֵאתִי רָעֵי גוֹיִם וְיָרְשׁוּ אֶת־בָּתֵּיהֶם[a]
וְהִשְׁבַּתִּי גְּאוֹן עַזִּים[b] וְנִחֲלוּ מְקַדְשֵׁיהֶם[c]׃ יג[21]
25 קְפָדָה־בָא[a] וּבִקְשׁוּ שָׁלוֹם וָאָיִן׃ ל.י בטע[22]
26 הֹוָה עַל־הֹוָה תָּבוֹא וּשְׁמֻעָה אֶל[a]־שְׁמוּעָה תִּהְיֶה ה חס[23]
וּבִקְשׁוּ[b] חָזוֹן מִנָּבִיא[c]
וְתוֹרָה תֹּאבַד מִכֹּהֵן וְעֵצָה מִזְּקֵנִים׃ ה[24]
27 [a]הַמֶּלֶךְ יִתְאַבָּל[a] וְנָשִׂיא[b] יִלְבַּשׁ שְׁמָמָה וִידֵי עַם־הָאָרֶץ תִּבָּהַלְנָה הי ר״פ מיחד[25]. ה בסיפ.ד[26]
מִדַּרְכָּם[c] אֶעֱשֶׂה אוֹתָם וּבְמִשְׁפְּטֵיהֶם[d] אֶשְׁפְּטֵם כה חס בסיפ[27].ל.ל
וְיָדְעוּ כִּי־אֲנִי יְהוָה׃ פ

[18] Mm 2897. [19] Mm 2796. [20] Mm 2488. [21] Mm 815. [22] Mm 3661. [23] Mm 1540. [24] Mm 2797. [25] Mm 944. [26] Mm 496. [27] Mp contra textum, cf Mp sub loco.

17 [a] frt l ידים ‖ **18** [a] = וְעַל ‖ **19** [a–a] > 𝔊*, add cf Zeph 1,18 ‖ [b–b] gl? ‖ **20** [a] 𝔊 *κόσμου*; frt l עֲדָיִם cf σ′𝔖𝔙 ‖ [b] 𝔊(𝔖𝔙) *ἔθεντο αὐτά*, l שָׂמֻהוּ ‖ [c] > 𝔊*, add ‖ [d–d] gl? ‖ **21** [a] nonn Mss ut Q; gl? ‖ **22** [a] prb l בוֹ ‖ [b] prp וחללוהו, sed frt gl cf 23[a–a] ‖ **23** [a–a] cj c 22b, frt vb exc ‖ [b] 𝔊 *καὶ ποιήσουσι* cf 𝔖, prb l וְעָשׂוּ ‖ [c] prp (הַ)בתוק ‖ [d] > 𝔊* cf 9,9, add ‖ **24** [a–a] > 𝔊*, add ‖ [b] l c Ms 𝔊 עֻזָּם ‖ [c] 𝔊(𝔙) *τὰ ἅγια αὐτῶν*, l מִקְדְּשֵׁיהם (𝔖 sg) ‖ **25** [a] l c Ms בָּאָה vel תָּבֹא ‖ **26** [a] = עַל ‖ [b] 𝔊 *ζητηθήσεται* = יְבֻקַּשׁ, frt recte cf [c]; prp וְהוֹבִישׁ ‖ [c] num hemist exc (homtel)? frt ins וְלֹא יִמָּצֵא ‖ **27** [a–a] 𝔊*, add ‖ [b] frt l c 2 Mss וְהַנָּשִׂיא ‖ [c] 𝔊(𝔖𝔙) *κατὰ τὰς ὁδοὺς αὐτῶν*, l כְּדַרְכָּם ‖ [d] frt l c nonn Mss וכמ׳ 𝔙.

ס̄ 8 1 וַיְהִי ׀ בַּשָּׁנָה הַשִּׁשִּׁית בַּשִּׁשִּׁי^a בַּחֲמִשָּׁה^b לַחֹדֶשׁ אֲנִי יוֹשֵׁב בְּבֵיתִי ל̇. מט מל בנביא
2 וְזִקְנֵי יְהוּדָה יוֹשְׁבִים לְפָנָי וַתִּפֹּל^c עָלַי שָׁם^d יַד אֲדֹנָי^e יְהוִה׃ 2 וָאֶרְאֶה י̇ מל
וְהִנֵּה דְמוּת כְּמַרְאֵה־^aאֵשׁ^b מִמַּרְאֵה^c מָתְנָיו וּלְמַטָּה אֵשׁ וּמִמָּתְנָיו
3 וּלְמַעְלָה כְּמַרְאֵה־^dזֹהַר כְּעֵין^d הַחַשְׁמַלָה׃ 3 וַיִּשְׁלַח תַּבְנִית יָד וַיִּקָּחֵנִי ל̇
בְּצִיצִת רֹאשִׁי וַתִּשָּׂא אֹתִי רוּחַ ׀ בֵּין־הָאָרֶץ וּבֵין הַשָּׁמַיִם וַתָּבֵא אֹתִי ד בליש[2]. כו
יְרוּשָׁלַ͏ְמָה בְּמַרְאוֹת^a אֱלֹהִים אֶל־פֶּתַח שַׁעַר^b הַפְּנִימִית^c הַפּוֹנֶה צָפוֹנָה ה̇[3] ד מנה חס . ד ב מל וב חס[4] . ד מל . נג
4 אֲשֶׁר־שָׁם מוֹשַׁב^d סֵמֶל הַקִּנְאָה הַמַּקְנֶה^de׃ 4 וְהִנֵּה־שָׁם כְּבוֹד^a אֱלֹהֵי כח̇[5]
5 יִשְׂרָאֵל כַּמַּרְאֶה אֲשֶׁר רָאִיתִי בַּבִּקְעָה׃ 5 וַיֹּאמֶר אֵלַי בֶּן־אָדָם שָׂא־ ה̇[6]. ט בטע ר״פ בסיפ[7]
נָא עֵינֶיךָ דֶּרֶךְ צָפוֹנָה וָאֶשָּׂא עֵינַי דֶּרֶךְ צָפוֹנָה וְהִנֵּה מִצָּפוֹן^a לְשַׁעַר ב. נג. ב. נג
6 הַמִּזְבֵּחַ^a סֵמֶל^b הַקִּנְאָה הַזֶּה^c בַּבִּאָה׃ 6 וַיֹּאמֶר אֵלַי בֶּן־אָדָם הֲרֹאֶה ל̇. ט בטע ר״פ בסיפ[7]. ב חד מל וחד חס[8]
אַתָּה מֵהֵם עֹשִׂים תּוֹעֵבוֹת גְּדֹלוֹת^a אֲשֶׁר בֵּית־יִשְׂרָאֵל ׀ עֹשִׂים פֹּה מה הם ק̇ חד מן הי[9] כת מילה חדה וקר תרי . ג
לְרָחֳקָה מֵעַל מִקְדָּשִׁי וְעוֹד תָּשׁוּב תִּרְאֶה תּוֹעֵבוֹת גְּדֹלוֹת׃ ס כג. ג
7 וַיָּבֵא אֹתִי אֶל־פֶּתַח הֶחָצֵר^a וָאֶרְאֶה וְהִנֵּה חֹר־אֶחָד בַּקִּיר׃^a 8 וַיֹּאמֶר נא̇[10] יח מנה ר״פ . ב וחס[11] . ט בטע ר״פ בסיפ[7]
אֵלַי בֶּן־אָדָם חֲתָר־נָא בַקִּיר וָאֶחְתֹּר בַּקִּיר^a וְהִנֵּה פֶּתַח אֶחָד׃
9 וַיֹּאמֶר אֵלַי בֹּא וּרְאֵה אֶת־הַתּוֹעֵבוֹת הָרָעוֹת^a אֲשֶׁר הֵם עֹשִׂים פֹּה׃ ז בטע ר״פ בסיפ
10 וָאָבוֹא וָאֶרְאֶה וְהִנֵּה כָל־^aתַּבְנִית רֶמֶשׂ וּבְהֵמָה^a שֶׁקֶץ וְכָל־גִּלּוּלֵי ה̇[12]
11 בֵּית יִשְׂרָאֵל מְחֻקֶּה ^bעַל־הַקִּיר^b סָבִיב ׀ סָבִיב^c׃ 11 וְשִׁבְעִים אִישׁ ב̇[13]. ג
מִזִּקְנֵי בֵית־יִשְׂרָאֵל ^aוְיַאֲזַנְיָהוּ בֶן־שָׁפָן ^bעֹמֵד בְּתוֹכָם^a עֹמְדִים^b לִפְנֵיהֶם ב
12 וְאִישׁ מִקְטַרְתּוֹ בְּיָדוֹ וַעֲתַר עֲנַן־^cהַקְּטֹרֶת עֹלֶה׃ 12 וַיֹּאמֶר אֵלַי ד̇[14]. ב. ד
הֲרָאִיתָ בֶן־אָדָם אֲשֶׁר זִקְנֵי בֵית־יִשְׂרָאֵל עֹשִׂים בַּחֹשֶׁךְ^a אִישׁ בְּחַדְרֵי^b
מַשְׂכִּיתוֹ^c כִּי אֹמְרִים אֵין יְהוָה רֹאֶה אֹתָנוּ^d עָזַב יְהוָה אֶת־הָאָרֶץ׃ ב חד מל וחד חס[15]

Cp 8 [1] Mp sub loco. [2] Mm 923. [3] Mm 1939. [4] Mm 340. [5] Mm 2364. [6] Mm 883. [7] Mm 2943. [8] Mm 1789. [9] Mm 214. [10] Mm 639. [11] Mm 2113. [12] Mm 1825. [13] Mm 2798. [14] Mm 758. [15] Mm 2799.

Cp 8,1 ^a 𝔊 *ἐν τῷ πέμπτῳ μηνί* ‖ ^b V^P בְּאֶחָד ‖ ^c Ms 𝔊 וַתְּהִי ‖ ^d > 𝔊* ‖ ^e > 𝔊*, add ‖ **2** ^a > 𝔊* ‖ ^b 𝔊 *ἀνδρός*, l אִישׁ ‖ ^c–c Ms 𝔊 מִמָּתְנָיו ‖ ^d–d > 𝔊* ‖ **3** ^a pc Mss Vrs sg cf 1,1^b ‖ ^b prb l הַשַּׁעַר cf ^c ‖ ^c > 𝔊, 𝔖 *dzwjt'* anguli; prb add ‖ ^d–d 𝔊 *ἡ στήλη τοῦ κτωμένου*, 𝔖 *qjm' qjmt' dṭnn'* ut 5bγ = סמל הקנאה; frt מושב המקנה (cf 𝔊) ac סמל הקנאה var lect aut primum gl ad secundum cf etiam α'σ'θ'𝔊^{OL} Hier ‖ ^e pc Mss Edd המקנא ‖ **4** ^a 2 Mss 𝔊 + יהוה, l 𝔐 ‖ **5** ^a–a 𝔊(𝔖) *ἐπὶ τὴν πύλην τὴν πρὸς ἀνατολάς* = לשׁ' המזרח; prb l לְשַׁעַר מזבח ‖ ^b–b > 𝔊* ‖ ^c frt l וְזֶה ‖ **6** ^a–a > 𝔊* ‖ **7** ^a–a > 𝔊* ‖ **8** ^a > 𝔊* ‖ **9** ^a > Ms 𝔊* ‖ **10** ^a–a > 𝔊*, add ‖ ^b–b 𝔊* *ἐπ' αὐτοῦ* ‖ ^c > 𝔊* ‖ **11** ^a–a prb add ‖ ^b–b 𝔊* *ἐν μέσῳ αὐτῶν εἱστήκει* ‖ ^c > 𝔊* ‖ **12** ^a > 𝔊* ‖ ^b Vrs sg ‖ ^c 𝔊(𝔖𝔙) *τῷ κρυπτῷ αὐτῶν*, l 𝔐 ‖ ^d > 𝔊* cf 9,9.

13 וַיֹּ֖אמֶר אֵלָ֑י ע֣וֹד תָּשׁ֗וּב תִּרְאֶ֛ה תּוֹעֵב֥וֹת גְּדֹל֖וֹת אֲשֶׁר־הֵ֥מָּה עֹשִֽׂים׃ 13
14 וַיָּבֵ֣א אֹתִ֗י אֶל־פֶּ֙תַח֙ שַׁ֣עַר בֵּית־יְהוָ֔ה אֲשֶׁ֖ר אֶל־הַצָּפ֑וֹנָה וְהִנֵּה־שָׁם֙ 14
הַנָּשִׁ֣ים ᵃ יֹֽשְׁב֔וֹת מְבַכּ֖וֹת אֶת־הַתַּמּֽוּז׃ ס 15 וַיֹּ֥אמֶר אֵלַ֖י הֲרָאִ֣יתָ 15
בֶן־אָדָ֑ם ע֣וֹד תָּשׁ֔וּב תִּרְאֶ֥ה תּוֹעֵב֖וֹת גְּדֹל֥וֹת מֵאֵֽלֶּה׃ 16 וַיָּבֵ֣א אֹתִ֗י 16
אֶל־חֲצַ֤ר בֵּית־יְהוָה֙ הַפְּנִימִ֔ית וְהִנֵּה־פֶ֩תַח֩ הֵיכַ֨ל יְהוָ֜ה בֵּ֤ין הָֽאוּלָם֙
וּבֵ֣ין הַמִּזְבֵּ֔חַ כְּעֶשְׂרִ֥ים וַחֲמִשָּׁ֖ה ᵃ אִ֑ישׁ אֲחֹרֵיהֶ֞ם אֶל־הֵיכַ֤ל יְהוָה֙ וּפְנֵיהֶ֣ם
קֵ֔דְמָה וְהֵ֛מָּה מִשְׁתַּחֲוִיתֶ֥ם ᵇ קֵ֖דְמָה ᶜ לַשָּֽׁמֶשׁ׃ 17 וַיֹּ֣אמֶר אֵלַ֮י הֲרָאִ֣יתָ בֶן־ 17
אָדָם֒ הֲנָקֵל֙ לְבֵ֣ית יְהוּדָ֔ה מֵעֲשׂ֕וֹת אֶת־הַתּוֹעֵב֖וֹת אֲשֶׁ֣ר עָֽשׂוּ־פֹ֑ה ᵃ כִּֽי־
מָלְא֨וּ אֶת־הָאָ֜רֶץ חָמָ֗ס ᵃ וַיָּשֻׁ֙בוּ֙ ᵇ לְהַכְעִיסֵ֔נִי ᵇ וְהִנָּ֥ם ᶜ שֹׁלְחִ֛ים אֶת־
הַזְּמוֹרָ֖ה אֶל־אַפָּֽם ᶜᵈ׃ 18 וְגַם־אֲנִי֙ אֶעֱשֶׂ֣ה ᵃ בְחֵמָ֔ה לֹא־תָח֥וֹס עֵינִ֖י וְלֹ֣א 18
אֶחְמֹ֑ל ᵇ וְקָרְא֤וּ בְאָזְנַי֙ ק֣וֹל גָּד֔וֹל וְלֹ֥א אֶשְׁמַ֖ע אוֹתָֽם ᵇ׃

9 1 וַיִּקְרָ֨א בְאָזְנַ֜י ק֤וֹל גָּדוֹל֙ לֵאמֹ֔ר קָרְב֖וּ פְּקֻדּ֣וֹת הָעִ֑יר ᵃ וְאִ֛ישׁ 9
כְּלִ֥י מַשְׁחֵת֖וֹ בְּיָדֽוֹ ᵃ׃ 2 וְהִנֵּ֣ה שִׁשָּׁ֣ה אֲ֠נָשִׁים בָּאִ֣ים ׀ מִדֶּֽרֶךְ־שַֽׁעַר־הָעֶלְי֘וֹן 2
אֲשֶׁ֣ר ׀ מָפְנֶ֣ה ᵃ צָפ֒וֹנָה֒ וְאִישׁ֙ כְּלִ֣י מַפָּצוֹ֙ בְּיָד֔וֹ וְאִישׁ־אֶחָ֤ד בְּתוֹכָם֙ לָבֻ֣שׁ
בַּדִּ֔ים וְקֶ֥סֶת הַסֹּפֵ֖ר בְּמָתְנָ֑יו וַיָּבֹ֙אוּ֙ וַיַּֽעַמְד֔וּ אֵ֖צֶל מִזְבַּ֥ח הַנְּחֹֽשֶׁת׃
3 וּכְב֣וֹד ׀ אֱלֹהֵ֣י יִשְׂרָאֵ֗ל נַעֲלָה֙ מֵעַ֤ל הַכְּרוּב֙ ᵃ אֲשֶׁ֣ר הָיָ֣ה עָלָ֔יו ᵇ אֶ֖ל מִפְתַּ֣ן 3
הַבָּ֑יִת וַיִּקְרָ֗א אֶל־הָאִישׁ֙ הַלָּבֻ֣שׁ הַבַּדִּ֔ים אֲשֶׁ֛ר קֶ֥סֶת הַסֹּפֵ֖ר ᶜ בְּמָתְנָֽיו׃ ס
4 וַיֹּ֤אמֶר יְהוָה֙ ᵃ אֵלָ֔ו ᵇ עֲבֹר֙ ᶜ בְּת֣וֹךְ הָעִ֔יר ᶜ בְּת֖וֹךְ יְרוּשָׁלָ֑͏ִם ᵈ וְהִתְוִ֨יתָ תָּ֜ו 4
עַל־מִצְח֣וֹת הָאֲנָשִׁ֗ים הַנֶּֽאֱנָחִים֙ וְהַנֶּ֣אֱנָקִ֔ים עַ֚ל כָּל־הַתּ֣וֹעֵב֔וֹת הַנַּעֲשׂ֖וֹת
בְּתוֹכָֽהּ׃ 5 וּלְאֵ֙לֶּה֙ אָמַ֣ר בְּאָזְנַ֔י עִבְר֥וּ בָעִ֛יר אַחֲרָ֖יו וְהַכּ֑וּ עַל ᵃ־תָּח֥וֹס 5
עֵינֵיכֶ֖ם ᵇ וְאַל־תַּחְמֹֽלוּ׃ 6 זָקֵ֞ן בָּח֤וּר ᵃ וּבְתוּלָה֙ וְטַ֣ף וְנָשִׁ֔ים תַּהַרְג֖וּ 6
לְמַשְׁחִ֑ית וְעַל־כָּל־אִ֨ישׁ אֲשֶׁר־עָלָ֤יו הַתָּו֙ אַל־תִּגַּ֔שׁוּ וּמִמִּקְדָּשִׁ֖י תָּחֵ֑לּוּ

ד[19] . ד
ב[20] . ג . ט
ל . ד
ג[4] . כח[5] . ל

[16] Mm 628. [17] Mm 639. [18] Mm 651. [19] Mm 1686. [20] Mm 1597. [21] Mm 2800. [22] Mm 771. [23] Mm 2501. **Cp 9** [1] Mm 2781. [2] Mm 2801. [3] Mm 2802. [4] Mp sub loco. [5] Mm 2364. [6] Mm 1931. [7] Mm 1477. [8] Mm 2803. [9] Mm 2804. [10] Mm 2926.

14 ᵃ 𝔊 *γυναῖκες* = נשים? ‖ **16** ᵃ > 2 Mss 𝔊, frt recte ‖ ᵇ l c nonn Mss Vrs משתחוים ‖ ᶜ > 𝔊*, add ‖ **17** ᵃ⁻ᵃ prb add ‖ ᵇ⁻ᵇ > 𝔊*, add ‖ ᶜ⁻ᶜ 𝔊 *ὡς μυκτηρίζοντες* ‖ ᵈ Tiq soph אַפִּי vel אַפַּי ‖ **18** ᵃ 𝔊 + *αὐτοῖς* ‖ ᵇ⁻ᵇ > 𝔊*, add ‖ **Cp 9,1** ᵃ⁻ᵃ prb add cf 2aβ ‖ **2** ᵃ prp פָּנָה vel פָּנָיו, al הַפֹּנֶה et dl אשר ‖ **3** ᵃ 𝔊* *τῶν χερουβιν*, sed cf 10,4 ‖ ᵇ 𝔊* *ἐπ' αὐτῶν* ‖ ᶜ > 𝔊 cf 11 ‖ **4** ᵃ > 𝔊*, add ‖ ᵇ nonn Mss ut Q ‖ ᶜ⁻ᶜ > Ms 𝔊*, l 𝔐 ‖ ᵈ⁻ᵈ add? ‖ **5** ᵃ mlt Mss Edd Vrs ut Q, 𝔊𝔖𝔗[Ms] pr cop ‖ ᵇ nonn Mss Edd 𝔗𝔙 ut Q ‖ **6** ᵃ 𝔊𝔖 pr cop, l וּב׳.

7 וַיָּחֵ֗לּוּ בָּאֲנָשִׁים֙ הַזְּקֵנִ֔יםᵇ אֲשֶׁ֖ר לִפְנֵ֥י הַבָּֽיִת׃ 7 וַיֹּ֨אמֶר אֲלֵיהֶ֜ם טַמְּא֣וּ — ד̇. ג̇
אֶת־הַבַּ֗יִת וּמַלְא֧וּ אֶת־הַחֲצֵר֛וֹתᵃ חֲלָלִ֖יםᵇ צֵ֑אוּ וְיָצְא֖וּ וְהִכּ֥וּᵇ בָעִֽירᶜ׃ — ג̇[11]. ז̇[12]
8 וַיְהִי֙ כְּהַכּוֹתָ֔ם ᵃוְנֵאשֲׁאַ֖רᵇ אָ֑נִיᵃ וָאֶפְּלָ֨ה עַל־פָּנַ֜י וָאֶזְעַ֗ק וָֽאֹמַר֙ אֲהָהּ֙ — ל̇. מח̇[13] כת א לא קר ול בליש. ג̇[14]. ד̇ זוגין[15]
אֲדֹנָ֣יᶜ יְהוִ֔ה הֲמַשְׁחִ֣ית אַתָּ֔ה אֵ֚ת כָּל־ᵈשְׁאֵרִ֣ית יִשְׂרָאֵ֔ל בְּשָׁפְכְּךָ֥ אֶת־
9 חֲמָתְךָ֖ עַל־יְרוּשָׁלִָֽם׃ 9 וַיֹּ֣אמֶר אֵלַ֗י עֲוֺן֙ בֵּית־יִשְׂרָאֵ֣ל וִֽיהוּדָ֔הᵃ גָּד֨וֹל
בִּמְאֹ֣ד מְאֹ֔ד וַתִּמָּלֵ֤אᵇ הָאָ֙רֶץ֙ דָּמִ֔ים וְהָעִ֖יר מָלְאָ֣ה מֻטֶּ֑הᶜ כִּ֣י אָמְר֗וּ עָזַ֤ב — ו̇[16]. ל̇
10 יְהוָה֙ אֶת־הָאָ֔רֶץ וְאֵ֥ין יְהוָ֖ה רֹאֶֽה׃ 10 וְגַם־אֲנִ֕י לֹא־תָח֥וֹס עֵינִ֖י וְלֹ֣א — ל̇
11 אֶחְמֹ֑ל דַּרְכָּ֖ם בְּרֹאשָׁ֥ם נָתָֽתִּי׃ 11 וְהִנֵּ֨ה הָאִ֜ישׁ ׀ לְבֻ֣שׁ הַבַּדִּ֗ים אֲשֶׁ֤ר — ח̇[17]. ג̇ ב̇ מנה בליש
הַקֶּ֙סֶת֙ בְּמָתְנָ֔יו מֵשִׁ֥יב דָּבָ֖ר לֵאמֹ֑ר עָשִׂ֕יתִי כַּאֲשֶׁ֖רᵃ צִוִּיתָֽנִי׃ ס — ככל אשר[18] ק̇

ס̄ ה̇ **10** 1 וָאֶרְאֶ֗ה וְהִנֵּ֤ה אֶלᵃ־הָרָקִ֙יעַ֙ אֲשֶׁר֙ עַל־רֹ֣אשׁ הַכְּרֻבִ֔ים כְּאֶ֣בֶן — יב̇ חס וכל אורית דכות[2]
2 סַפִּ֔יר כְּמַרְאֵ֖הᵇ דְּמ֣וּת כִּסֵּ֑א נִרְאָ֖הᶜ עֲלֵיהֶֽם׃ 2 וַיֹּ֗אמֶר אֶל־הָאִ֣ישׁ ׀ — ד̇[3]
לְבֻ֣שׁ הַבַּדִּ֗ים וַיֹּ֡אמֶרᵃ בֹּא֩ אֶל־בֵּינ֨וֹת לַגַּלְגַּ֜ל אֶל־תַּ֣חַת לַכְּר֗וּבᵇ וּמַלֵּ֨א — ל̇[4]
חָפְנֶ֤יךָ גַֽחֲלֵי־אֵשׁ֙ מִבֵּינ֣וֹת לַכְּרֻבִ֔ים וּזְרֹ֖ק עַל־הָעִ֑יר וַיָּבֹ֖א לְעֵינָֽי׃ — יב̇ חס וכל אורית דכות[2]. יז̇[5] וכל וגנותי דכות ב̇ מ̇ א̇
3 וְהַכְּרֻבִ֛ים עֹמְדִ֛ים מִימִ֥ין לַבַּ֖יִת בְּבֹא֣וֹᵃ הָאִ֑ישׁ וְהֶעָנָ֥ן מָלֵ֖א אֶת־הֶחָצֵ֥ר — יב̇ חס וכל אורית דכות[2]. ל̇
4 הַפְּנִימִֽית׃ 4 וַיָּ֤רָם כְּבוֹד־יְהוָה֙ מֵעַ֣ל הַכְּר֔וּבᵃ עַ֖לᵇ מִפְתַּ֣ן הַבָּ֑יִת וַיִּמָּלֵ֤א — ב̇. ו̇[6]
5 הַבַּ֙יִת֙ אֶת־הֶ֣עָנָ֔ן וְהֶחָצֵר֙ מָֽלְאָ֔ה אֶת־נֹ֖גַהּ כְּב֥וֹד יְהוָֽה׃ 5 וְק֗וֹל כַּנְפֵי֙
6 הַכְּרוּבִ֔ים נִשְׁמַ֖ע עַד־הֶחָצֵ֣ר הַחִיצֹנָ֑ה כְּק֥וֹל אֵל־שַׁדַּ֖י בְּדַבְּרֽוֹ׃ 6 וַיְהִ֗י — ב̇ כת כן[7]. ו̇[8]
בְּצַוֺּתוֹ֙ אֶת־הָאִ֤ישׁ לְבֻֽשׁ־הַבַּדִּים֙ לֵאמֹ֔ר קַ֥ח אֵשׁ֙ מִבֵּינ֣וֹת לַגַּלְגַּ֔ל מִבֵּינ֖וֹת — ל̇[9]
7 לַכְּרוּבִ֑ים וַיָּבֹא֙ וַֽיַּעֲמֹ֔ד אֵ֖צֶל הָאוֹפָֽן׃ 7 וַיִּשְׁלַח֩ הַכְּר֨וּבᵃ אֶת־יָד֜וֹ
ᵇמִבֵּינ֣וֹת לַכְּרוּבִ֗יםᵇ ᶜאֶל־הָאֵשׁ֙ אֲשֶׁר֙ בֵּינ֣וֹת הַכְּרֻבִ֔יםᵈ ᵉוַיִּשָּׂא֙ ᶠוַיִּתֵּ֔ן אֶל־ — ב̇. יב̇ חס וכל אורית דכות[2]
8 חָפְנֵ֖י לְבֻ֣שׁ הַבַּדִּ֑יםᵉ וַיִּקַּ֖ח וַיֵּצֵֽא׃ 8 וַיֵּרָ֖אᵃ לַכְּרֻבִ֑ים תַּבְנִ֣ית יַד־ᵇאָדָ֔ם — כ̇[10]. יב̇ חס וכל אורית דכות[2]. ל̇

[11] Mm 2389. [12] Mm 1281. [13] Mm 898. [14] Mm 2805. [15] Mm 2810. [16] Mm 109. [17] Mm 2876. [18] Cf Mm 214. Cp 10 [1] Mp sub loco. [2] Mm 543. [3] Mm 405. [4] Mm 211. [5] Mm 1174. [6] Mm 1907. [7] Mm 2969. [8] Mm 2772. [9] וחד צוחו Lv 7,38. [10] Mm 1227.

6 ᵇ > 𝔊*, add ‖ 7 ᵃ 𝔊 *τὰς ὁδούς* = החוצות ‖ ᵇ⁻ᵇ 𝔊 *ἐκπορευόμενοι καὶ κόπτετε*, 𝔖 *pwqw qṭlw*; frt l צאו (ו)הַכּוּ ‖ ᶜ > 𝔊* ‖ 8 ᵃ⁻ᵃ > 𝔊*, add ‖ ᵇ forma mixta; l c Q^Or mlt Mss וְנִשְׁאַר, non c pc Mss וָאֶשָּׁאֵר ‖ ᶜ > 𝔊*, add ‖ ᵈ > 𝔊 cf 11,13 ‖ 9 ᵃ add? ‖ ᵇ 𝔊 *ὅτι ἐπλήσθη* ‖ ᶜ 𝔊 + *καὶ ἀκαθαρσίας*, l 𝔐 ‖ 11 ᵃ mlt Mss Edd ut Q, l c K Vrs כאשר ‖ **Cp 10,1** ᵃ = עַל ‖ ᵇ > 2 Mss 𝔊*, add ‖ ᶜ > 𝔊*𝔖, add ‖ 2 ᵃ > Ms 𝔊* ‖ ᵇ 𝔊(𝔖𝔗^Ms𝔙) *τῶν χερουβιν*, prb l לכרובִים (hpgr) ‖ 3 ᵃ l בבוא ‖ 4 ᵃ 𝔊 *τῶν χερουβιν* cf 9,3 ‖ ᵇ = אֶל cf 9,3 ‖ 7 ᵃ > 𝔊*, add ‖ ᵇ⁻ᵇ > 𝔊*, add ‖ ᶜ⁻ᶜ 𝔊 *εἰς μέσον τοῦ πυρός* ‖ ᵈ mlt Mss Ed לַכְּ' ut 2.6.7aα ‖ ᵉ⁻ᵉ add? ‖ ᶠ 𝔊 *καὶ ἔλαβε* ut v b ‖ 8 ᵃ 𝔊(𝔖) *καὶ εἶδον* (𝔊^A *ἰδού*) ‖ ᵇ 𝔊 *χειρῶν* = יְדֵי cf 21.

9 תַּחַת כַּנְפֵיהֶם׃ 9 וָאֶרְאֶה וְהִנֵּה אַרְבָּעָה אוֹפַנִּים אֵצֶל הַכְּרוּבִים אוֹפַן
אֶחָד אֵצֶל הַכְּרוּב אֶחָד [a]וְאוֹפַן אֶחָד אֵצֶל הַכְּרוּב אֶחָד[a] וּמַרְאֵה ז[11]
10 הָאוֹפַנִּים כְּעֵין אֶבֶן תַּרְשִׁישׁ׃ 10 וּמַרְאֵיהֶם דְּמוּת אֶחָד[a] לְאַרְבַּעְתָּם
11 כַּאֲשֶׁר יִהְיֶה הָאוֹפַן בְּתוֹךְ הָאוֹפָן׃ 11 בְּלֶכְתָּם אֶל־אַרְבַּעַת רִבְעֵיהֶם ד
יֵלֵכוּ לֹא[a] יִסַּבּוּ בְּלֶכְתָּם כִּי הַמָּקוֹם אֲשֶׁר־יִפְנֶה הָרֹאשׁ אַחֲרָיו[b] יֵלֵכוּ לז
12 לֹא[c] יִסַּבּוּ בְּלֶכְתָּם׃ 12 [a]וְכָל־בְּשָׂרָם[a] וְגַבֵּהֶם[b] [c]וִידֵיהֶם וְכַנְפֵיהֶם ל . ל חס
13 וְהָאוֹפַנִּים[c] מְלֵאִים[d] עֵינַיִם סָבִיב לְאַרְבַּעְתָּם אוֹפַנֵּיהֶם[e]׃ 13 לָאוֹפַנִּים כל כת כן . כה . ל . פלג[12]
14 לָהֶם קוֹרָא הַגַּלְגַּל בְּאָזְנָי׃ 14 [a]וְאַרְבָּעָה פָנִים לְאֶחָד פְּנֵי[b] הָאֶחָד פְּנֵי ו . יב ח מנה קמ . ל
הַכְּרוּב[c] וּפְנֵי[d] הַשֵּׁנִי פְּנֵי אָדָם וְהַשְּׁלִישִׁי פְּנֵי אַרְיֵה וְהָרְבִיעִי פְּנֵי־נָשֶׁר׃ יו
15 16 15 [a]וַיֵּרֹמּוּ הַכְּרוּבִים הִיא הַחַיָּה אֲשֶׁר רָאִיתִי בִּנְהַר־כְּבָר׃ 16 וּבְלֶכֶת ב . ב
הַכְּרוּבִים יֵלְכוּ הָאוֹפַנִּים אֶצְלָם וּבִשְׂאֵת הַכְּרוּבִים אֶת־כַּנְפֵיהֶם ב
17 לָרוּם מֵעַל הָאָרֶץ לֹא־יִסַּבּוּ הָאוֹפַנִּים גַּם־הֵם מֵאֶצְלָם׃ 17 בְּעָמְדָם ב[13] . ג בנביא
18 יַעֲמֹדוּ וּבְרוֹמָם יֵרוֹמּוּ אוֹתָם[a] כִּי רוּחַ הַחַיָּה בָּהֶם׃ 18 וַיֵּצֵא כְּבוֹד ל
19 יְהוָה [a]מֵעַל מִפְתַּן[a] הַבָּיִת וַיַּעֲמֹד עַל־הַכְּרוּבִים׃ 19 וַיִּשְׂאוּ הַכְּרוּבִים מג
אֶת־כַּנְפֵיהֶם וַיֵּרוֹמּוּ מִן־הָאָרֶץ לְעֵינַי [a]בְּצֵאתָם וְהָאוֹפַנִּים[a] לְעֻמָּתָם ב
וַיַּעֲמֹד[b] פֶּתַח שַׁעַר בֵּית־יְהוָה הַקַּדְמוֹנִי וּכְבוֹד אֱלֹהֵי־יִשְׂרָאֵל עֲלֵיהֶם ד מל . ג . כה[14]
20 מִלְמָעְלָה׃ 20 הִיא הַחַיָּה אֲשֶׁר רָאִיתִי תַּחַת אֱלֹהֵי־יִשְׂרָאֵל בִּנְהַר־ ג ר״פ[15] . כה[14] . ב
21 כְּבָר וָאֵדַע כִּי כְרוּבִים הֵמָּה׃ 21 אַרְבָּעָה אַרְבָּעָה[a] פָנִים לְאֶחָד ג[16] . ל
22 וְאַרְבַּע[b] כְּנָפַיִם לְאֶחָד וּדְמוּת יְדֵי אָדָם תַּחַת כַּנְפֵיהֶם׃ 22 וּדְמוּת
פְּנֵיהֶם הֵמָּה הַפָּנִים אֲשֶׁר רָאִיתִי[a] עַל־נְהַר־כְּבָר מַרְאֵיהֶם[b] וְאוֹתָם[c] י . ג ב מל וחד חס[17]
אִישׁ אֶל־עֵבֶר פָּנָיו יֵלֵכוּ׃

11 **11** 1 וַתִּשָּׂא אֹתִי רוּחַ וַתָּבֵא אֹתִי אֶל־שַׁעַר בֵּית־יְהוָה הַקַּדְמוֹנִי ד מל
הַפּוֹנֶה קָדִימָה וְהִנֵּה בְּפֶתַח הַשַּׁעַר עֶשְׂרִים[a] וַחֲמִשָּׁה אִישׁ וָאֶרְאֶה ד מל . ז חס פאת . ל

[11] Mm 539. [12] Cf Mp sub loco et Mm 3661. [13] Mm 2806. [14] Mm 2364. [15] Mm 2809. [16] Mm 2642. [17] Mm 2807.

9 [a–a] > 𝔊*𝔖 || **10** [a] cf 1,16 || **11** [a] pc Mss Edd 𝔖𝔗[Mss]𝔙 וְלֹא || [b] 𝔊 *ἡ μία* = הָאֶחָד || [c] pc Mss Edd 𝔊𝔖𝔗[Mss]𝔙 וְלֹא || **12** [a–a] > 𝔊*, add || [b] l וגבֹּתָם cf 1,18 || [c–c] add || [d] l מלאות || [e] add || **14** [a] 14 > 𝔊*, add || [b] prp פָּנָיו aut dl || [c] prp שׁוֹר cf 1,10 || [d] prp וּפָנָיו aut dl || **15** [a] 15 add || **17** [a] l אִתָּם; 𝔖 + nonn vb || **18** [a–a] 𝔊 *ἀπό* = מִן; (על מפתן) add || **19** [a–a] 𝔖𝔙 tr cop (ובʼ האʼ), l 𝔐 || [b] 𝔊𝔖 pl, frt recte || **21** [a] > 𝔊*𝔙, dl (dttg) || [b] 𝔊* *ὀκτώ* || **22** [a] 𝔊 + *ὑποκάτω τῆς δόξης θεοῦ Ισραηλ* || [b] > 𝔊*, add || [c] 𝔊 *καὶ αὐτά* = וְהֵמָּ(ה), an = 𝔐? 𝔙 *et impetus* = וְאַוָּתָם; prp וּבְצֵאתָם vel וּבְלֶכְתָּם || **Cp 11,1** [a] 𝔊 *ὡς εἴκοσι* cf 8,16; l 𝔐.

בְּתוֹכָ֗ם אֶת־יַאֲזַנְיָ֣ה בֶן־עַזֻּ֔ר וְאֶת־פְּלַטְיָ֣הוּ בֶן־בְּנָיָ֔הוּ שָׂרֵ֖י הָעָֽם׃ פ — בׄ[1]. לׄ חס. בׄ
2 וַיֹּ֖אמֶר[a] אֵלָ֑י בֶּן־אָדָ֕ם אֵ֚לֶּה הָאֲנָשִׁ֣ים הַחֹשְׁבִ֣ים אָ֔וֶן וְהַיֹּעֲצִ֥ים עֲצַת־ — זׄ בטעׄ ר״פ בסיפׄ. לׄ. דׄ חס בליש וכל יעצי דכות[2]
3 רָ֖ע בָּעִ֥יר הַזֹּֽאת׃ 3 הָאֹמְרִ֕ים לֹ֥א בְקָר֖וֹב בְּנ֣וֹת בָּתִּ֑ים הִ֣יא הַסִּ֔יר — לׄ
4 5 וַאֲנַ֖חְנוּ הַבָּשָֽׂר׃ 4 לָכֵ֖ן הִנָּבֵ֣א עֲלֵיהֶ֑ם הִנָּבֵ֖א בֶּן־אָדָֽם׃ 5 וַתִּפֹּ֣ל עָלַ֗י
ר֣וּחַ יְהוָ֔ה[a] וַיֹּ֣אמֶר אֵלַ֗י אֱמֹ֞ר[b] כֹּֽה־אָמַ֣ר יְהוָ֔ה כֵּ֥ן אֲמַרְתֶּ֖ם בֵּ֣ית יִשְׂרָאֵ֑ל — דׄ בסיפׄ
6 וּמַעֲל֥וֹת[c] רֽוּחֲכֶ֖ם אֲנִ֥י יְדַעְתִּֽיהָ׃[d] 6 הִרְבֵּיתֶ֥ם חַלְלֵיכֶ֖ם בָּעִ֣יר הַזֹּ֑את
7 וּמִלֵּאתֶ֥ם חוּצֹתֶ֖יהָ חָלָֽל׃ פ 7 לָכֵ֞ן כֹּה־אָמַ֣ר אֲדֹנָ֣י[a] יְהוִ֗ה חַלְלֵיכֶם֙ — כג בטעׄ בסיפׄ. כט. יב בטעׄ בסיפׄ
אֲשֶׁ֣ר שַׂמְתֶּ֣ם בְּתוֹכָ֔הּ הֵ֥מָּה הַבָּשָׂ֖ר וְהִ֣יא הַסִּ֑יר וְאֶתְכֶ֖ם הוֹצִ֥יא[b] מִתּוֹכָֽהּ׃
8 חֶ֣רֶב יְרֵאתֶ֑ם וְחֶ֙רֶב֙ אָבִ֣יא עֲלֵיכֶ֔ם נְאֻ֖ם אֲדֹנָ֥י[a] יְהוִֽה׃ 9 וְהוֹצֵאתִ֤י — גׄ. גׄ ר״פ
אֶתְכֶם֙ מִתּוֹכָ֔הּ וְנָתַתִּ֥י אֶתְכֶ֖ם בְּיַד־זָרִ֑ים וְעָשִׂ֥יתִי בָכֶ֖ם שְׁפָטִֽים׃
10 בַּחֶ֣רֶב תִּפֹּ֔לוּ עַל־גְּב֥וּל יִשְׂרָאֵ֖ל אֶשְׁפּ֣וֹט אֶתְכֶ֑ם וִידַעְתֶּ֖ם כִּֽי־אֲנִ֥י — הׄ חרב על[3]. הׄ[4]. בׄ מל[5]. יא ס״פ בסיפׄ
11 יְהוָֽה׃ 11 הִ֗יא[a] לֹא־תִהְיֶ֤ה לָכֶם֙ לְסִ֔יר וְאַתֶּ֛ם תִּהְי֥וּ[b] בְתוֹכָ֖הּ לְבָשָׂ֑ר — גׄ ר״פ[6]
12 אֶל[c]־גְּב֥וּל יִשְׂרָאֵ֖ל אֶשְׁפֹּ֥ט אֶתְכֶֽם׃ 12 וִֽידַעְתֶּם֙ כִּֽי־אֲנִ֣י יְהוָ֔ה[a] אֲשֶׁ֤ר[d]
בְּחֻקַּי֙ לֹ֣א הֲלַכְתֶּ֔ם וּמִשְׁפָּטַ֖י לֹ֣א עֲשִׂיתֶ֑ם וּֽכְמִשְׁפְּטֵ֧י הַגּוֹיִ֛ם אֲשֶׁ֥ר — בׄ
13 סְבִיבוֹתֵיכֶ֖ם עֲשִׂיתֶֽם׃[d] 13 וַיְהִי֙ כְּהִנָּ֣בְאִ֔י[a] וּפְלַטְיָ֥הוּ בֶן־בְּנָיָ֖ה מֵ֑ת וָאֶפֹּ֨ל — דׄ זוגין[7], בׄ. זׄ וכל עזרא דכות[8]. דׄ זוגין[9]
עַל־פָּנַ֜י וָאֶזְעַ֣ק קוֹל־גָּד֗וֹל וָֽאֹמַר֙ אֲהָהּ֙ אֲדֹנָ֣י[b] יְהוִ֔ה כָּלָה֙[c] אַתָּ֣ה עֹשֶׂ֔ה
אֵ֖ת שְׁאֵרִ֥ית יִשְׂרָאֵֽל׃ פ
14 וַיְהִ֥י דְבַר־יְהוָ֖ה אֵלַ֥י לֵאמֹֽר׃ 15 בֶּן־אָדָ֗ם אַחֶ֤יךָ[a] אַחֶ֙יךָ֙ אַנְשֵׁ֣י[b] — לׄ
גְאֻלָּתֶ֔ךָ[c] וְכָל[d]־בֵּ֥ית יִשְׂרָאֵ֖ל כֻּלֹּ֑ה[d] אֲשֶׁר֩ אָמְר֨וּ לָהֶ֜ם יֹשְׁבֵ֣י יְרוּשָׁלִַ֗ם — יבׄ[10]. כן כת[11]
16 רַֽחֲקוּ֙[e] מֵעַ֣ל יְהוָ֔ה לָ֥נוּ הִ֛יא[f] נִתְּנָ֥ה הָאָ֖רֶץ לְמוֹרָשָֽׁה׃ ס 16 לָכֵ֣ן — בׄ פתׄ[1]. בׄ בטעׄ ר״פ
אֱמֹ֗ר[a] כֹּֽה־אָמַר֮ אֲדֹנָ֣י[b] יְהוִה֒ כִּ֤י הִרְחַקְתִּים֙ בַּגּוֹיִ֔ם וְכִ֥י הֲפִיצוֹתִ֖ים — יבׄ בטעׄ בסיפׄ. לׄ פסוק כי וכי[12]. בׄ חד חס וחד מל[13]
בָּאֲרָצ֑וֹת וָאֱהִ֤י לָהֶם֙ לְמִקְדָּ֣שׁ מְעַ֔ט בָּאֲרָצ֖וֹת אֲשֶׁר־בָּ֥אוּ שָֽׁם׃ ס — בׄ[14]. יבׄ[15]

Cp 11 [1] Mp sub loco. [2] Mm 2808. [3] Mm 2748. [4] Mm 1348. [5] Mm 2924. [6] Mm 2809. [7] Mm 1940. [8] Mm 1831. [9] Mm 2810. [10] Mm 1447. [11] Cf Mp sub loco, Mm 2264 et 2480. [12] Mm 2059. [13] Mm 2505. [14] Mm 2233. [15] Mm 2938.

2 [a] 𝔊(𝔖) + *κύριος* ‖ **5** [a] > 𝔊* ‖ [b] > 𝔊* ‖ [c] prp ומעלת ‖ [d] prp יָדַעְתִּי ‖ **7** [a] > pc Mss 𝔊*, add ‖ [b] l c mlt Mss Edd Vrs אוציא ‖ **8** [a] > Ms 𝔊*, add ‖ **11/12** [a–a] > 𝔊^B min, prb add ‖ [b] 𝔊(𝔖𝔙) pr *οὐ μή* ‖ [c] = עַל ‖ [d–d] > 𝔊*, add ‖ **13** [a] pc Mss Edd בְּהִ׳ cf 𝔗 ‖ [b] > 𝔊*, add ‖ [c] prb l הֲכָ׳ (hpgr) cf 9,8 ‖ **15** [a] > pc Mss 𝔊*, dl (dttg) ‖ [b] 𝔊 pr *καί*; l 𝔐 ‖ [c] 𝔊(𝔖) *τῆς αἰχμαλωσίας σου* = גָּלוּתְךָ, frt recte ‖ [d–d] add? ‖ [e] l רָחֲקוּ ‖ [f] > 𝔊* et 33,24, prb dl ‖ **16** [a] > pc Mss 𝔊^26 𝔖𝔗^Mss 𝔙, add? cf 17 ‖ [b] > ℭ𝔊*, add.

17 לָכֵן֮ אֱמֹר֒ כֹּֽה־אָמַר֮ [b]אֲדֹנָ֣י [c]יְהוִה֒ וְקִבַּצְתִּ֤י אֶתְכֶם֙ [d]מִן־הָ֣עַמִּ֔ים [a]17 17 ב̇ בטע ר״פ. יב̇ בטע בסיפ. ל̇
וְאָסַפְתִּ֣י אֶתְכֶ֔ם[d] מִן־הָ֣אֲרָצ֔וֹת אֲשֶׁ֥ר נְפֹצוֹתֶ֖ם[e] בָּהֶ֑ם וְנָתַתִּ֥י לָכֶ֖ם[f] אֶת־ ג̇. ל̇
18 אַדְמַ֥ת יִשְׂרָאֵֽל׃ [a]18 וּבָאוּ־שָׁ֑מָּה וְהֵסִ֜ירוּ אֶת־כָּל־שִׁקּוּצֶ֛יהָ וְאֶת־כָּל־ 18 16 מילין ר״פ ובתר שמה וחד מן 17 בטע
19 תּוֹעֲבוֹתֶ֖יהָ מִמֶּֽנָּה׃ 19 וְנָתַתִּ֤י לָהֶם֙ לֵ֣ב אֶחָ֔ד[a] וְר֥וּחַ חֲדָשָׁ֖ה אֶתֵּ֣ן 19 ג̇ מל
בְּקִרְבְּכֶ֑ם[b] וַהֲסִ֨רֹתִ֜י לֵ֤ב הָאֶ֙בֶן֙ מִבְּשָׂרָ֔ם וְנָתַתִּ֥י לָהֶ֖ם לֵ֥ב בָּשָֽׂר׃ 20 לְמַ֙עַן֙ ס̇ 19 ה̇ פסוק בסיפ 18
בְּחֻקֹּתַ֣י יֵלֵ֔כוּ וְאֶת־מִשְׁפָּטַ֥י יִשְׁמְר֖וּ וְעָשׂ֣וּ אֹתָ֑ם וְהָיוּ־לִ֣י לְעָ֔ם וַאֲנִ֕י אֶהְיֶ֥ה ט̇ 20 חס וכל אורית דכות ב̇ מ̇ א̇. כה̇ חס בסיפ
21 לָהֶ֖ם לֵאלֹהִֽים׃ [ba]21 וְאֶל־לֵ֧ב[b] שִׁקּוּצֵיהֶ֛ם וְתוֹעֲבוֹתֵיהֶ֖ם לִבָּ֣ם הֹלֵ֑ךְ 21 ל̇. ג̇ מל
22 דַּרְכָּם֙ בְּרֹאשָׁ֣ם נָתַ֔תִּי נְאֻ֖ם אֲדֹנָ֥י[c] יְהוִֽה׃ 22 וַיִּשְׂא֤וּ הַכְּרוּבִים֙ אֶת־ 22 ח̇ 21. מג
כַּנְפֵיהֶ֔ם וְהָאוֹפַנִּ֖ים לְעֻמָּתָ֑ם וּכְב֛וֹד אֱלֹהֵֽי־יִשְׂרָאֵ֥ל עֲלֵיהֶ֖ם מִלְמָֽעְלָה׃ ג̇. כח̇ 22
23 וַיַּ֙עַל֙ כְּב֣וֹד יְהוָ֔ה מֵעַ֖ל ת֣וֹךְ הָעִ֑יר וַֽיַּעֲמֹד֙ עַל־הָהָ֔ר אֲשֶׁ֖ר מִקֶּ֥דֶם 23 ל̇. ד̇ 23
24 לָעִֽיר׃ 24 וְר֣וּחַ נְשָׂאַ֗תְנִי וַתְּבִיאֵ֤נִי כַשְׂדִּ֙ימָה֙ אֶל־הַגּוֹלָ֔ה בַּמַּרְאֶ֖ה בְּר֣וּחַ 24 ב̇. ב̇. ג̇. ח̇ וכל שמואל דכות ב̇ מ̇ ה̇ רוח יי
25 אֱלֹהִ֑ים [a]וַיַּ֙עַל֙ מֵעָלַ֔י[a] הַמַּרְאֶ֖ה אֲשֶׁ֥ר רָאִֽיתִי׃ 25 וָאֲדַבֵּ֖ר אֶל־הַגּוֹלָ֑ה 25
אֵ֚ת כָּל־דִּבְרֵ֣י יְהוָ֔ה אֲשֶׁ֖ר הֶרְאָֽנִי׃ פ ל̇

12 **12** 1 וַיְהִ֥י דְבַר־יְהוָ֖ה אֵלַ֥י לֵאמֹֽר׃ 2 בֶּן־אָדָ֕ם בְּת֥וֹךְ בֵּית־הַמֶּ֖רִי
אַתָּ֣ה יֹשֵׁ֑ב אֲשֶׁ֣ר עֵינַ֩יִם֩ לָהֶ֨ם לִרְא֜וֹת וְלֹ֣א רָא֗וּ אָזְנַ֨יִם[a] לָהֶ֤ם לִשְׁמֹ֙עַ֙ ל̇ חס בסיפ. כח̇. ב̇
3 וְלֹ֣א שָׁמֵ֔עוּ כִּ֛י בֵּ֥ית מְרִ֖י הֵֽם׃ 3 וְאַתָּ֣ה בֶן־אָדָ֗ם עֲשֵׂ֥ה לְךָ֙ כְּלֵ֣י גוֹלָ֔ה 3 ל̇. יב̇ ס״פ 1. כג̇ בסיפ. ז̇
וּגְלֵ֥ה[a] יוֹמָ֖ם לְעֵינֵיהֶ֑ם וְגָלִ֨יתָ מִמְּקוֹמְךָ֜ אֶל־מָק֤וֹם אַחֵר֙ לְעֵ֣ינֵיהֶ֔ם ב̇ בפסוק 2. ב̇ בפסוק
4 אוּלַ֣י יִרְא֔וּ כִּ֛י בֵּ֥ית מְרִ֖י הֵֽמָּה׃ 4 וְהוֹצֵאתָ֨ כֵלֶ֜יךָ כִּכְלֵ֥י גוֹלָ֛ה יוֹמָ֖ם 4 ל̇
5 לְעֵינֵיהֶ֑ם וְאַתָּ֗ה תֵּצֵ֥א בָעֶ֛רֶב לְעֵינֵיהֶ֖ם כְּמוֹצָאֵ֥י[a] גּוֹלָֽה׃ 5 לְעֵינֵיהֶ֥ם 5 ל̇
6 חֲתָר־לְךָ֖ בַקִּ֑יר וְהוֹצֵאתָ֖[a] בּֽוֹ׃ 6 לְעֵינֵיהֶ֞ם עַל־כָּתֵ֤ף תִּשָּׂא֙ בָּעֲלָטָ֣ה[a] 6 ד̇ 2. ג̇
תוֹצִ֔יא[b] פָּנֶ֣יךָ תְכַסֶּ֔ה וְלֹ֥א תִרְאֶ֖ה אֶת־הָאָ֑רֶץ כִּֽי־מוֹפֵ֥ת נְתַתִּ֖יךָ לְבֵ֥ית ג̇. ל̇
7 יִשְׂרָאֵֽל׃ 7 וָאַ֣עַשׂ כֵּ֘ן [a]כַּאֲשֶׁ֣ר צֻוֵּ֒יתִי֒ כֵּלַ֞י[a] הוֹצֵ֙אתִי֙ כִּכְלֵ֣י גוֹלָ֔ה יוֹמָ֕ם 7 ה̇ 3

[16] Mm 1123. [17] Mm 3661. [18] Mm 2855. [19] Mp sub loco. [20] Mm 1902. [21] Mm 2876. [22] Mm 2364. [23] Mm 1342. Cp 12 [1] Mm 294. [2] Mp sub loco. [3] Mm 2811.

17 [a] 17 add ‖ [b] > pc Mss 𝔊^A 233 𝔖, add? cf 16 ‖ [c] > 𝔊*, add ‖ [d] 𝔊 *αὐτούς*, l 𝔐 cf [a] ‖ [e] 𝔊 *διέσπειρα αὐτούς*, l 𝔐 cf [a] ‖ [f] 𝔊 *αὐτοῖς*, l 𝔐 cf [a] ‖ **18** [a] 18 add ad 17 ‖ **19** [a] 𝔊 *ἑτέραν* = אַחֵר; prb l c pc Mss 𝔖𝔗 חָדָשׁ cf 18,31 36,26 ‖ [b] l c Or mlt Mss Edd 𝔊𝔖 𝔗^Mss 𝔙 בקרבם ‖ **21** [a] 21 add ‖ [b–b] crrp; prp וְאֵלֶּה אַחֲרֵי ‖ [c] > 𝔊*, add ‖ **24** [a–a] 𝔊 (𝔖) *καὶ ἀνέβην ἀπό*, l 𝔐 ‖ **Cp 12,2** [a] l c nonn Mss 𝔊𝔖𝔗^Mss 𝔙 וְא׳ ‖ **3** [a] > 𝔊*, dl (dttg) ‖ **4** [a] > 𝔊*𝔖 ‖ **5** [a] l וְיָצָאתָ cf Vrs et 6[b] 7[d] 12[b] ‖ **6** [a] 𝔊𝔖 pr cop cf 7[c] ‖ [b] l תֵּצֵא cf 𝔊θ′𝔖𝔗 et 5[a] ‖ **7** [a–a] 𝔊 *κατὰ πάντα, ὅσα ἐνετείλατό μοι, καί* cf 𝔖𝔙.

וּבָעֶרֶב חָתַרְתִּי־לִי בַקִּיר בְּיָד[b] בָּעֲלָטָה[c] הוֹצֵאתִי[d] עַל־כָּתֵף נָשָׂאתִי   ד[4] . ג . ד[5] . יט
8 9 לְעֵינֵיהֶם׃ פ 8 וַיְהִי דְבַר־יְהוָה אֵלַי בַּבֹּקֶר לֵאמֹר׃ 9 בֶּן־אָדָם   ל
10 הֲלֹא אָמְרוּ אֵלֶיךָ בֵּית יִשְׂרָאֵל בֵּית הַמֶּרִי מָה אַתָּה עֹשֶׂה׃ 10 אֱמֹר   ח חס בסיפ . ד[6]
אֲלֵיהֶם כֹּה אָמַר אֲדֹנָי[a] יְהוִה הַנָּשִׂיא[b] הַמַּשָּׂא[c] הַזֶּה בִּירוּשָׁלִַם[d] וְכָל־   ט . יב[7]
11 בֵּית יִשְׂרָאֵל אֲשֶׁר־הֵמָּה בְתוֹכָם[e]׃ 11 אֱמֹר אֲנִי מוֹפֶתְכֶם כַּאֲשֶׁר עָשִׂיתִי   ל
12 כֵּן יֵעָשֶׂה לָהֶם בַּגּוֹלָה בַשְּׁבִי יֵלֵכוּ׃ 12 וְהַנָּשִׂיא אֲשֶׁר־בְּתוֹכָם אֶל[a]־   לו[8] . ל . ל
כָּתֵף יִשָּׂא בָּעֲלָטָה וְיֵצֵא[b] בַּקִּיר יַחְתְּרוּ[c] לְהוֹצִיא[d] בוֹ פָּנָיו יְכַסֶּה יַעַן[e]   לז . ג . ג רפי[9]
13 אֲשֶׁר לֹא־יִרְאֶה[f] לַעַיִן [g]הוּא אֶת־הָאָרֶץ[g]׃ 13 וּפָרַשְׂתִּי אֶת־רִשְׁתִּי עָלָיו   ב חד פת וחד קמ[10]
וְנִתְפַּשׂ בִּמְצוּדָתִי וְהֵבֵאתִי אֹתוֹ בָבֶלָה אֶרֶץ כַּשְׂדִּים וְאוֹתָהּ לֹא־יִרְאֶה   כט
14 וְשָׁם יָמוּת׃ 14 וְכֹל אֲשֶׁר סְבִיבֹתָיו עֶזְרֹה[a] וְכָל־אֲגַפָּיו אֱזָרֶה לְכָל־   י ר״פ וכל ומ״פ וכל . עזרו[5] ק ול בליש . ג[11]
15 רוּחַ וְחֶרֶב אָרִיק אַחֲרֵיהֶם׃ 15 וְיָדְעוּ כִּי־אֲנִי יְהוָה בַּהֲפִיצִי אוֹתָם   ד . ד בטע ר״פ בסיפ
16 בַּגּוֹיִם וְזֵרִיתִי אוֹתָם בָּאֲרָצוֹת׃ 16 וְהוֹתַרְתִּי מֵהֶם אַנְשֵׁי מִסְפָּר מֵחֶרֶב   ב ור״פ
מֵרָעָב[a] וּמִדָּבֶר לְמַעַן יְסַפְּרוּ אֶת־כָּל־תּוֹעֲבוֹתֵיהֶם בַּגּוֹיִם אֲשֶׁר־בָּאוּ   ג מל . יב[12]
שָׁם וְיָדְעוּ כִּי־אֲנִי יְהוָה׃ פ

17 וַיְהִי דְבַר־יְהוָה אֵלַי לֵאמֹר׃ 18 בֶּן־אָדָם לַחְמְךָ בְּרַעַשׁ
19 תֹּאכֵל וּמֵימֶיךָ בְּרָגְזָה וּבִדְאָגָה[a] תִּשְׁתֶּה׃ 19 וְאָמַרְתָּ אֶל־עַם הָאָרֶץ   יו[13] . ל[14] . ל
כֹּה־אָמַר אֲדֹנָי[a] יְהוִה לְיוֹשְׁבֵי יְרוּשָׁלַםִ אֶל[b]־אַדְמַת יִשְׂרָאֵל לַחְמָם   ח
בִּדְאָגָה יֹאכֵלוּ וּמֵימֵיהֶם בְּשִׁמָּמוֹן יִשְׁתּוּ לְמַעַן תֵּשַׁם אַרְצָהּ[c] מִמְּלֹאָהּ[d]   ל . ב חד קמ וחד פת[15] . ב[16]
20 מֵחֲמַס כָּל־הַיֹּשְׁבִים בָּהּ׃ 20 וְהֶעָרִים הַנּוֹשָׁבוֹת תֶּחֱרַבְנָה וְהָאָרֶץ
שְׁמָמָה תִהְיֶה וִידַעְתֶּם כִּי־אֲנִי יְהוָה׃ פ   יא ס״פ בסיפ

21 וַיְהִי דְבַר־יְהוָה אֵלַי לֵאמֹר׃ 22 בֶּן־אָדָם מָה־הַמָּשָׁל הַזֶּה
לָכֶם עַל־אַדְמַת יִשְׂרָאֵל לֵאמֹר יַאַרְכוּ הַיָּמִים וְאָבַד כָּל[a]־חָזוֹן׃   ו בסיפ

[4] Mm 2812. [5] Mp sub loco. [6] Mm 2813. [7] Mm 1447. [8] Mm 210. [9] Mm 2814. [10] Mm 2815. [11] Mm 2816. [12] Mm 2938. [13] Mm 787. [14] Mm 532. [15] Mm 2817. [16] Mm 2818.

7 [b] > 𝔊*𝔖, add? ‖ [c] 𝔊𝔖𝔙 pr cop cf 6[a] ‖ [d] l יָצָאתִי cf Vrs et 5[a] ‖ **10** [a] > Ms 𝔊*, add ‖ [b] pr σ′ *περί* 𝔗 *'l* 𝔙 *super*, prb l עַל־ה′ ‖ [c] frt dl, dttg ‖ [d] sic L, mlt Mss Edd –לַםִ ‖ [e] l –כָהּ ‖ **12** [a] = עַל ‖ [b] l c pc Mss 𝔊𝔖𝔗[Mss]𝔙 יצא ‖ [c] 𝔊𝔖 sg, l יחתֹר ‖ [d] 𝔊(𝔖) *τοῦ ἐξελθεῖν αὐτόν*, l לָצֵאת cf 5[a] ‖ [e] 𝔊(𝔖) *ὅπως*, l לְמַעַן ‖ [f] 𝔊 pass, l יֵרָאֶה ‖ [g–g] add ‖ **14** [a] l עֹזְרָיו cf 𝔊𝔖𝔗 ‖ **16** [a] nonn Mss Edd 𝔊𝔖𝔙 ומ′ ‖ **18** [a] add? ‖ **19** [a] > Ms 𝔊*, add ‖ [b] = עַל ‖ [c] pc Mss Ed ארצָם, 𝔊(𝔖𝔗𝔙) *ἡ γῆ* = הָאָרֶץ? ‖ [d] Ms 𝔊 ומלואה, frt l ‖ **22** [a] > Ms 𝔊*.

23 לָכֵן אֱמֹר אֲלֵיהֶם כֹּה־אָמַר אֲדֹנָי[a] יְהוִה הִשְׁבַּתִּי[b] אֶת־הַמָּשָׁל הַזֶּה 23
וְלֹא־יִמְשְׁלוּ אֹתוֹ עוֹד בְּיִשְׂרָאֵל כִּי אִם־דַּבֵּר אֲלֵיהֶם קָרְבוּ הַיָּמִים
24 וּדְבַר[c] כָּל־חָזוֹן׃ 24 כִּי לֹא יִהְיֶה עוֹד כָּל־חֲזוֹן[a] שָׁוְא וּמִקְסַם[b] חָלָק
25 בְּתוֹךְ בֵּית[c] יִשְׂרָאֵל׃ 25 כִּי ׀ אֲנִי יְהוָה אֲדַבֵּר אֵת אֲשֶׁר אֲדַבֵּר[a] דָּבָר[b]
וְיֵעָשֶׂה[b] לֹא[c] תִמָּשֵׁךְ[d] עוֹד כִּי בִימֵיכֶם בֵּית הַמֶּרִי אֲדַבֵּר דָּבָר וַעֲשִׂיתִיו
26 27 נְאֻם אֲדֹנָי[e] יְהוִה׃ פ 26 וַיְהִי דְבַר־יְהוָה אֵלַי לֵאמֹר׃ 27 בֶּן־אָדָם
הִנֵּה בֵית־יִשְׂרָאֵל אֹמְרִים הֶחָזוֹן אֲשֶׁר־הוּא חֹזֶה לְיָמִים רַבִּים וּלְעִתִּים
28 רְחוֹקוֹת הוּא נִבָּא׃ 28 לָכֵן אֱמֹר אֲלֵיהֶם כֹּה אָמַר אֲדֹנָי[a] יְהוִה
לֹא־תִמָּשֵׁךְ עוֹד כָּל־דְּבָרָי אֲשֶׁר אֲדַבֵּר דָּבָר[b] וְיֵעָשֶׂה[b] נְאֻם אֲדֹנָי[c]
יְהוִה׃ ס

13 **13** 1 וַיְהִי דְבַר־יְהוָה אֵלַי לֵאמֹר׃ 2 בֶּן־אָדָם הִנָּבֵא אֶל[a]־נְבִיאֵי
3 יִשְׂרָאֵל הַנִּבָּאִים[b] וְאָמַרְתָּ לִנְבִיאֵי מִלִּבָּם[c] שִׁמְעוּ דְּבַר־יְהוָה׃ 3 כֹּה
אָמַר אֲדֹנָי[a] יְהוִה הוֹי עַל־[b]הַנְּבִיאִים הַנְּבָלִים אֲשֶׁר הֹלְכִים אַחַר
4 רוּחָם[b] וּלְבִלְתִּי רָאוּ׃ 4 כְּשֻׁעָלִים בָּחֳרָבוֹת נְבִיאֶיךָ יִשְׂרָאֵל הָיוּ[a]׃
5 5 לֹא עֲלִיתֶם בַּפְּרָצוֹת[a] וַתִּגְדְּרוּ גָדֵר עַל־בֵּית יִשְׂרָאֵל לַעֲמֹד בַּמִּלְחָמָה
6 בְּיוֹם יְהוָה׃ 6 חָזוּ[a] שָׁוְא וְקֶסֶם[b] כָּזָב הָאֹמְרִים נְאֻם־יְהוָה וַיהוָה לֹא
7 שְׁלָחָם וְיִחֲלוּ לְקַיֵּם דָּבָר׃ 7 הֲלוֹא מַחֲזֵה־שָׁוְא חֲזִיתֶם וּמִקְסַם כָּזָב
8 אֲמַרְתֶּם [a]וְאֹמְרִים נְאֻם־יְהוָה וַאֲנִי לֹא דִבַּרְתִּי[a]׃ ס 8 לָכֵן[a] כֹּה
אָמַר אֲדֹנָי[b] יְהוִה יַעַן דַּבֶּרְכֶם שָׁוְא וַחֲזִיתֶם כָּזָב לָכֵן הִנְנִי אֲלֵיכֶם[c]
9 נְאֻם אֲדֹנָי[d] יְהוִה׃ 9 וְהָיְתָה[a] יָדִי אֶל[b]־הַנְּבִיאִים הַחֹזִים שָׁוְא וְהַקֹּסְמִים
כָּזָב בְּסוֹד עַמִּי לֹא־יִהְיוּ וּבִכְתָב בֵּית־יִשְׂרָאֵל לֹא יִכָּתֵבוּ וְאֶל־אַדְמַת

יא בטע בסיפ[17]. ד[18]
יב בטע בסיפ
יח. ב. ג[19]
ל[20]
ב. ב. ל
ל
ל מל.
יא בטע בסיפ[17]. ד[18]
ב. ב
ו[1] ה מנה בסיפ
ל
ג מל[2]. ב
ה ר"פ בסיפ. ל. ל. יג[3]
וכל מלכים ישעיה וירמיה דכות ב מ יא
ד בסיפ[4]
ב[5]. ב
ב. ד בסיפ[4].
כג בטע בסיפ. כט
ל[6]. ל[6].
ב חד חס וחד מל
מז פסוק לא לא לא.
ל בסיפ. ד. ח

[17] Mm 2912. [18] Mm 2813. [19] Mm 3648. [20] Mm 2819. Cp 13 [1] Mm 2860. [2] Mm 1440. [3] Mm 324. [4] Mm 2459. [5] Mm 3527. [6] Mp sub loco.

23 [a] > 𝔊*, add ‖ [b] l c pc Mss $𝔊^{BOL}$ 'וְהִ ‖ [c] $𝔊^{L}$ σ' καὶ (ὁ) καιρός, 𝔖 wnhw'; prp וּבָא, al וְגָבַר ‖ **24** [a] pc Mss 'חָזִ ‖ [b] pc Mss וּמִקְסָם ‖ [c] mlt Mss Edd 𝔊𝔖$𝔗^{Mss}$ בְּנֵי cf 3,1[b] ‖ **25** [a] huc tr ˙ cf 28 ‖ [b–b] 𝔊 λαλήσω καὶ ποιήσω, prp דַּבֵּר וְעָשָׂה; l 𝔐 cf 28 ‖ [c] Vrs pr cop ‖ [d] 𝔊(𝔖) μηκύνω ‖ [e] > 𝔊*, add ‖ **28** [a] > Ms 𝔊*, add ‖ [b–b] cf 25[b–b] ‖ [c] > 𝔊*, add ‖ **Cp 13,2** [a] = עַל ‖ [b] l הִנָּבֵא (cf 𝔊) aut huc tr ex v b מלבם (et dl לנביאי) ‖ [c–c] 𝔊 πρὸς αὐτούς, frt l אליהם cf [b] ‖ **3** [a] > 𝔊*, add ‖ [b–b] 𝔊 τοῖς προφητεύουσιν ἀπὸ καρδίας αὐτῶν (cf 2), frt recte ‖ **4** [a] > Ms 𝔊*, add? ‖ **5** [a] 𝔊𝔖$𝔗^{Mss}$𝔙 sg, l בַּפֶּרֶץ ut 22,30 ‖ **6** [a] 𝔊(𝔗) βλέποντες = חֹזֵי? ‖ [b] 𝔊(𝔗) μαντευόμενοι = קֹסְמֵי? prb l קָסְמוּ ‖ **7** [a–a] > 𝔊*, add ‖ **8** [a] 𝔊 + εἶπον cf 7,2[a] ‖ [b] > 𝔊*, add ‖ [c] = 'עַל ‖ [d] > Ms 𝔊*, add ‖ **9** [a] 𝔊 καὶ ἐκτενῶ, l וְנָטִיתִי ut 14,9.13 ‖ [b] = עַל.

10 יִשְׂרָאֵל לֹא יָבֹאוּ וִידַעְתֶּם[c] כִּי אֲנִי אֲדֹנָי[d] יְהוִה׃ 10 יַעַן וּבְיַעַן הִטְעוּ ג . ב
אֶת־עַמִּי לֵאמֹר שָׁלוֹם וְאֵין שָׁלוֹם וְהוּא בֹּנֶה חַיִץ וְהִנָּם[a] טָחִים אֹתוֹ ה[7] . ל
11 תָפֵל׃ 11 אֱמֹר אֶל־טָחֵי תָפֵל וְיִפֹּל[a] הָיָה[b] | גֶּשֶׁם שׁוֹטֵף וְאַתֵּנָה אַבְנֵי[c] ג[8] . י . ג[9]
12 אֶלְגָּבִישׁ תִּפֹּלְנָה וְרוּחַ סְעָרוֹת תְּבַקֵּעַ[d]׃ 12 וְהִנֵּה נָפַל הַקִּיר הֲלוֹא ב[10]
13 יֵאָמֵר אֲלֵיכֶם אַיֵּה הַטִּיחַ אֲשֶׁר טַחְתֶּם׃ ס 13 לָכֵן כֹּה אָמַר אֲדֹנָי[a] כג בטע בסיפ . כט
יְהוִה וּבִקַּעְתִּי רוּחַ־סְעָרוֹת בַּחֲמָתִי וְגֶשֶׁם שֹׁטֵף בְּאַפִּי יִהְיֶה וְאַבְנֵי ה . י ול חס
14 אֶלְגָּבִישׁ בְּחֵמָה לְכָלָה[b]׃ 14 וְהָרַסְתִּי אֶת־הַקִּיר אֲשֶׁר־טַחְתֶּם תָּפֵל
וְהִגַּעְתִּיהוּ אֶל־הָאָרֶץ וְנִגְלָה יְסֹדוֹ [a]וְנָפְלָה וּכְלִיתֶם[a] בְּתוֹכָהּ וִידַעְתֶּם ל . ל וחס . יא ס״פ בסיפ
15 כִּי־אֲנִי יְהוָה׃ 15 וְכִלֵּיתִי אֶת־חֲמָתִי בַּקִּיר וּבַטָּחִים אֹתוֹ תָּפֵל וְאֹמַר[a] ל
16 לָכֶם אֵין[b] הַקִּיר וְאֵין הַטָּחִים אֹתוֹ׃ 16 נְבִיאֵי יִשְׂרָאֵל הַנִּבְּאִים[a] אֶל־[b] ג[11] מ״פ אין ואין וכל ר״פ דכות ב מ ב . יג[12] וכל עזרא דכות ב מ א
יְרוּשָׁלִַם וְהַחֹזִים לָהּ חֲזוֹן[c] שָׁלֹם וְאֵין שָׁלֹם נְאֻם אֲדֹנָי[d] יְהוִה׃ פ ח חס[13] . ה[7] . ח חס[13]
17 וְאַתָּה בֶן־אָדָם שִׂים פָּנֶיךָ אֶל־[a]בְּנוֹת עַמְּךָ הַמִּתְנַבְּאוֹת מִלִּבְּהֶן כג בסיפ . כד . ג[14]
18 וְהִנָּבֵא עֲלֵיהֶן׃ 18 וְאָמַרְתָּ כֹּה־אָמַר | אֲדֹנָי[a] יְהוִה הוֹי לִמְתַפְּרוֹת ז וכל כלית דכות[15] . ל
כְּסָתוֹת עַל | כָּל־אַצִּילֵי יָדַי[b] וְעֹשׂוֹת הַמִּסְפָּחוֹת עַל־[c]רֹאשׁ כָּל־קוֹמָה ל . ב[10] . כב[16]
לְצוֹדֵד נְפָשׁוֹת הַנְּפָשׁוֹת[d] תְּצוֹדֵדְנָה לְעַמִּי וּנְפָשׁוֹת לָכֶנָה[e] תְחַיֶּינָה׃ ל . ל . ל
19 וַתְּחַלֶּלְנָה אֹתִי אֶל־[a]עַמִּי בְּשַׁעֲלֵי שְׂעֹרִים וּבִפְתוֹתֵי לֶחֶם לְהָמִית ל . ד[17] . ל . ל
נְפָשׁוֹת אֲשֶׁר לֹא־תְמוּתֶנָה וּלְחַיּוֹת נְפָשׁוֹת אֲשֶׁר לֹא־תִחְיֶינָה בְּכַזֶּבְכֶם ל . ל . ל . ל
20 לְעַמִּי[b] שֹׁמְעֵי כָזָב׃ ס 20 לָכֵן כֹּה־אָמַר | אֲדֹנָי[a] יְהוִה הִנְנִי אֶל־[b] יא בטע בסיפ[18] . כט
כִּסְּתוֹתֵיכֶנָה אֲשֶׁר אַתֵּנָה מְצֹדְדוֹת שָׁם[c] אֶת־הַנְּפָשׁוֹת לְפֹרְחוֹת[d] ל . ל . ב . ב
וְקָרַעְתִּי אֹתָם מֵעַל זְרוֹעֹתֵיכֶם[e] וְשִׁלַּחְתִּי אֶת־הַנְּפָשׁוֹת אֲשֶׁר אַתֶּם כה חס בסיפ
21 מְצֹדְדוֹת [f]אֶת־נְפָשִׁים[f] לְפֹרְחֹת[g]׃ 21 וְקָרַעְתִּי אֶת־מִסְפְּחֹתֵיכֶם[a] ב . ב
וְהִצַּלְתִּי אֶת־עַמִּי מִיֶּדְכֶן וְלֹא־יִהְיוּ עוֹד בְּיֶדְכֶן לִמְצוּדָה וִידַעְתֶּן כִּי־ ל . ב . ב ס״פ בסיפ

[7] Mm 2627. [8] Mm 2034. [9] Mm 2930. [10] Mp sub loco. [11] Mm 1269. [12] Mm 2682. [13] Mm 1614. [14] Mm 2820. [15] Mm 1197. [16] Mm 1104. [17] Mm 364. [18] Mm 2912.

9 [c] 𝔊 3 pl ‖ [d] > V^P pc Mss 𝔊*, add ‖ **10** [a] 𝔊(𝔖𝔙) *καὶ αὐτοί*, frt l וְהֵמָּה ‖ **11** [a] > 𝔊𝔖, dl (dttg) ‖ [b] prb l c pc Mss 𝔊 וְהָ׳ ‖ [c] 𝔊(𝔙) *καὶ δώσω*, sed prb dl אתנה et cj ו c vb sq ‖ [d] l תִּבָּקֵעַ cf 𝔊 *ῥαγήσεται* ‖ **13** [a] > 𝔊*, add ‖ [b] prp תִּפֹּלְנָה cf 11 ‖ **14** [a–a] add? ‖ **15** [a] 𝔖𝔗 pass, l וְיֵאָמֵר cf 12 ‖ [b] l אַיֵּה, וְאַיֵּה cf 𝔖 et 12 ‖ **16** [a] sic L, mlt Mss Edd הַנִּ׳ ‖ [b] = עַל ‖ [c] > Ms 𝔊 ‖ [d] > 𝔊*, add ‖ **17** [a] = עַל ‖ **18** [a] > 𝔊*, add ‖ [b] pc Mss 𝔖𝔗 יָדַיִם; 𝔊σ′(𝔙) *χειρός*, prb l יָד ‖ [c] V^P pc Mss 𝔊𝔖 + כָּל ‖ [d] prb l הַנְ׳ interrogativum cf 𝔗 ‖ [e] > 𝔊 ‖ **19** [a] = עַל ‖ [b] 𝔊(𝔖) *λαῷ* ‖ **20** [a] > 𝔊*, add ‖ [b] = עַל ‖ [c] > 2 Mss Arm Hier, frt l בָּם cf 𝔖𝔗𝔙 ‖ [d] > 𝔊*𝔖, add ‖ [e] l –הם ‖ [f–f] l אֹתָן חָפְשִׁים ‖ [g] prb add ‖ **21** [a] l –כן.

ל | אֲנִ֥י יְהוָֽה׃ 22 יַ֣עַן הַכְא֤וֹת[a] לֵב־צַדִּיק֙ שֶׁ֔קֶר[b] וַאֲנִ֖י לֹ֣א הִכְאַבְתִּ֑יו 22
ג[19]. ל. כג בטע בסיפ | וּלְחַזֵּק֙ יְדֵ֣י רָשָׁ֔ע לְבִלְתִּי־שׁ֛וּב מִדַּרְכּ֥וֹ הָרָ֖ע לְהַחֲיֹתֽוֹ׃ 23 לָכֵ֗ן שָׁ֚וְא לֹ֣א 23
ב. ב ס״פ בסיפ | תֶחֱזֶ֔ינָה וְקֶ֖סֶם[a] לֹא־תִקְסַ֣מְנָה ע֑וֹד וְהִצַּלְתִּ֤י אֶת־עַמִּי֙ מִיֶּדְכֶ֔ן וִֽידַעְתֶּ֖ן
כִּֽי־אֲנִ֥י יְהוָֽה׃
ח סביר לשון רבים וחד מן ה[2] מל וכל מגלה דכות ב מ ב | **14** 1 וַיָּב֤וֹא[a] אֵלַי֙ אֲנָשִׁ֔ים מִזִּקְנֵ֖י יִשְׂרָאֵ֑ל וַיֵּשְׁב֖וּ לְפָנָֽי׃ פ 2 וַיְהִ֥י סׄ ז[1]
ל | דְבַר־יְהוָ֖ה אֵלַ֥י לֵאמֹֽר׃ 3 בֶּן־אָדָ֗ם הָאֲנָשִׁ֤ים הָאֵ֙לֶּה֙ הֶעֱל֤וּ גִלּֽוּלֵיהֶם֙ 3
ל[1] | עַל־לִבָּ֔ם וּמִכְשׁ֣וֹל עֲוֺנָ֔ם נָתְנ֖וּ נֹ֣כַח פְּנֵיהֶ֑ם הַאִדָּרֹ֥שׁ[a] אִדָּרֵ֖שׁ[b] לָהֶֽם׃ ס
4 לָכֵ֣ן דַּבֵּר־א֠וֹתָם וְאָמַרְתָּ֨ אֲלֵיהֶ֜ם כֹּה־אָמַ֣ר ׀ אֲדֹנָ֣י[a] יְהוִ֗ה אִ֣ישׁ אִ֣ישׁ 4
ו[3] | מִבֵּ֣ית יִשְׂרָאֵ֡ל אֲשֶׁר֩ יַעֲלֶ֨ה אֶת־גִּלּוּלָ֜יו אֶל־[b]לִבּ֗וֹ וּמִכְשׁ֤וֹל עֲוֺנוֹ֙ יָשִׂ֣ים
ב ומל[4]. יד בטע[5]. בא ק | נֹ֣כַח פָּנָ֔יו וּבָ֖א אֶל־הַנָּבִ֑יא אֲנִ֣י יְהוָ֗ה נַעֲנֵ֧יתִי ל֛וֹ בָ֖ה[c] בְּרֹ֥ב גִּלּוּלָֽיו׃
ט. ב וחס[6] | 5 לְמַ֛עַן תְּפֹ֥שׂ אֶת־בֵּֽית־יִשְׂרָאֵ֖ל בְּלִבָּ֑ם אֲשֶׁ֤ר נָזֹ֙רוּ֙ מֵעָלַ֔י בְּגִלּֽוּלֵיהֶ֖ם 5
יא בטע בסיפ[7] | כֻּלָּֽם[a]׃ ס 6 לָכֵ֞ן אֱמֹ֣ר ׀ אֶל־בֵּ֣ית יִשְׂרָאֵ֗ל כֹּ֤ה אָמַר֙ אֲדֹנָ֣י[a] יְהוִ֔ה 6
ב. ג כת כן ול בליש | שׁ֣וּבוּ וְהָשִׁ֔יבוּ מֵעַ֖ל גִּלּוּלֵיכֶ֑ם וּמֵעַ֥ל כָּל־תּוֹעֲבֹתֵיכֶ֖ם הָשִׁ֥יבוּ פְנֵיכֶֽם׃
ו[3]. ל. ל | 7 כִּי֩ אִ֨ישׁ אִ֜ישׁ מִבֵּ֣ית יִשְׂרָאֵ֗ל וּמֵהַגֵּר֮ אֲשֶׁר־יָג֣וּר בְּיִשְׂרָאֵל֒ וְיִנָּזֵ֣ר[a] מֵאַחֲרַ֗י 7
ז רפי[8] | וְיַ֨עַל גִּלּוּלָ֜יו אֶל־[b]לִבּ֗וֹ וּמִכְשׁ֤וֹל עֲוֺנוֹ֙ יָשִׂ֣ים נֹ֣כַח פָּנָ֔יו וּבָ֥א אֶל־הַנָּבִ֖יא
ב[9]. ד[10] וחד מן ה[11] פסוק בסיפ | לִדְרָשׁ־ל֣וֹ בִ֑י אֲנִ֣י יְהוָ֔ה נַעֲנֶה־לּ֖וֹ בִּֽי׃ 8 וְנָתַתִּ֨י פָנַ֜י בָּאִ֣ישׁ הַה֗וּא 8
ל. יא ס״פ בסיפ | וַהֲשִׂמֹתִ֙יהוּ֙[a] לְא֣וֹת וְלִמְשָׁלִ֔ים[b] וְהִכְרַתִּ֖יו מִתּ֣וֹךְ עַמִּ֑י וִידַעְתֶּ֖ם כִּֽי־אֲנִ֥י
ג ר״פ[12]. ג. ל | יְהוָֽה׃ ס 9 וְהַנָּבִ֤יא כִֽי־יְפֻתֶּה֙ וְדִבֶּ֣ר דָּבָ֔ר אֲנִ֤י יְהוָה֙ פִּתֵּ֔יתִי אֵ֖ת 9
ל | הַנָּבִ֣יא הַה֑וּא וְנָטִ֤יתִי אֶת־יָדִי֙ עָלָ֔יו וְהִ֨שְׁמַדְתִּ֔יו מִתּ֖וֹךְ עַמִּ֥י יִשְׂרָאֵֽל׃
י. ב. ב. ל | 10 וְנָשְׂא֖וּ עֲוֺנָ֑ם כַּעֲוֺן֙ הַדֹּרֵ֔שׁ כַּעֲוֺ֥ן הַנָּבִ֖יא יִהְיֶֽה׃ 11 לְמַ֩עַן֩ לֹא־יִתְע֨וּ 10 11
ב | ע֤וֹד בֵּֽית־יִשְׂרָאֵל֙ מֵאַחֲרַ֔י וְלֹֽא־יִטַּמְּא֥וּ ע֖וֹד בְּכָל־פִּשְׁעֵיהֶ֑ם וְהָ֥יוּ לִ֣י
לְעָ֗ם וַאֲנִי֙ אֶהְיֶ֤ה לָהֶם֙ לֵֽאלֹהִ֔ים נְאֻ֖ם אֲדֹנָ֥י[a] יְהוִֽה׃ פ
12 וַיְהִ֥י דְבַר־יְהוָ֖ה אֵלַ֥י לֵאמֹֽר׃ 13 בֶּן־אָדָ֗ם אֶ֚רֶץ כִּ֤י תֶחֱטָא־לִי֙ 12 13
יו חס את. ל בטע מלעיל. ג | לִמְעָל־מַ֔עַל וְנָטִ֤יתִי יָדִי֙ עָלֶ֔יהָ וְשָׁבַ֥רְתִּי לָ֖הּ מַטֵּה־לָ֑חֶם וְהִשְׁלַחְתִּי־[a]

[19] Mm 2821. **Cp 14** [1] Mp sub loco. [2] Mm 1552. [3] Mm 764. [4] Mm 2822. [5] Mm 3948. [6] Mm 2823. [7] Mm 2912. [8] Mm 437. [9] Mm 2824. [10] Mm 2825. [11] Mm 2855. [12] Mm 1134.

22 [a] prb l הַכְאִיב cf aβ ‖ [b] > 𝔊*, add ‖ **23** [a] prb l כָּזָב cf 6.7.9.19 ‖ **Cp 14,1** [a] l c pc Mss Vrs ויבאו ‖ **3** [a] prp הַהֵד׳, al הַאִדָּרֵשׁ cf [b] ‖ [b] dl, dttg ‖ **4** [a] > 𝔊*, add ‖ [b] = עַל ‖ [c] K בָּה; l בִּי cf 𝔗 et 7 ‖ **5** [a] > 𝔊 ‖ **6** [a] > ℭ 2 Mss 𝔊*, add ‖ **7** [a] prp הַנָּזִר cf 𝔊𝔖 ‖ [b] = עַל ‖ **8** [a] nonn Mss והשׂ׳, l וְשַׂמְתִּיהוּ cf Vrs ‖ [b] l וּלְמָשָׁל cf 𝔖𝔙 ‖ **11** [a] > Ms 𝔊*, add ‖ **13** [a] prp ושׁל׳ cf 19.21.

14 בָּהּ רָעָב וְהִכְרַתִּי מִמֶּנָּה אָדָם וּבְהֵמָה׃ 14 וְהָיוּ שְׁלֹשֶׁת הָאֲנָשִׁים הָאֵלֶּה
בְּתוֹכָהּ נֹחַ דָּנִאֵל וְאִיּוֹב הֵמָּה בְצִדְקָתָם ᵃיְנַצְּלוּ נַפְשָׁםᵃ נְאֻם אֲדֹנָיᵇ — דניאל ק̇ חד מן ג̇ חס בליש. ד̇[13]
15 יְהוִה׃ 15 לוּᵃ־חַיָּה רָעָה אַעֲבִיר בָּאָרֶץ וְשִׁכְּלָתָּהᵇ וְהָיְתָה שְׁמָמָה — כ̇ב̇[14] ו̇[15] מנה ר״פ. ג̇. ל̇
16 מִבְּלִי עוֹבֵר מִפְּנֵי הַחַיָּה׃ 16 שְׁלֹשֶׁתᵃ הָאֲנָשִׁים הָאֵלֶּה בְּתוֹכָהּ חַי־אָנִי
נְאֻם אֲדֹנָיᵇ יְהוִה אִם־בָּנִים וְאִם־בָּנוֹת יַצִּילוּ הֵמָּה לְבַדָּם יִנָּצֵלוּ וְהָאָרֶץ
17 תִּהְיֶה שְׁמָמָה׃ 17 אוֹ חֶרֶב אָבִיא עַל־הָאָרֶץ הַהִיא וְאָמַרְתִּי חֶרֶב — ה̇ חרב על[16]. ל̇ בעינ̇
18 תַּעֲבֹר בָּאָרֶץ וְהִכְרַתִּי מִמֶּנָּה אָדָם וּבְהֵמָה׃ 18 וּשְׁלֹשֶׁת הָאֲנָשִׁים
הָאֵלֶּה בְּתוֹכָהּ חַי־אָנִי נְאֻם אֲדֹנָיᵃ יְהוִה לֹא יַצִּילוּ בָּנִים וּבָנוֹת כִּי הֵם
19 לְבַדָּם יִנָּצֵלוּ׃ 19 אוֹ דֶּבֶר אֲשַׁלַּח אֶלᵃ־הָאָרֶץ הַהִיא וְשָׁפַכְתִּי חֲמָתִי — ט̇[17]
20 עָלֶיהָ בְּדָם לְהַכְרִית מִמֶּנָּה אָדָם וּבְהֵמָה׃ 20 וְנֹחַ דָּנִאֵל וְאִיּוֹב בְּתוֹכָהּ — ג̇ ר״פ[18]. דניאל ק̇ חד מן ג̇ חס בליש. ד̇[13]
חַי־אָנִי נְאֻם אֲדֹנָיᵃ יְהוִה אִם־בֵּן אִם־בַּת יַצִּילוּ הֵמָּה בְצִדְקָתָם יַצִּילוּ — ל̇
21 נַפְשָׁם׃ פ 21 כִּיᵃ כֹּה אָמַר אֲדֹנָיᵇ יְהוִה אַף כִּי־אַרְבַּעַת שְׁפָטַי ׀ — י̇ג̇[19]
הָרָעִים חֶרֶב וְרָעָב וְחַיָּה רָעָה וָדֶבֶר שִׁלַּחְתִּי אֶלᶜ־יְרוּשָׁלָםִ לְהַכְרִית — י̇ג̇[20] וכל עזרא דכות̇ ב̇ מ̇ א
22 מִמֶּנָּה אָדָם וּבְהֵמָה׃ 22 וְהִנֵּה נוֹתְרָה־בָּהּ פְּלֵטָה הַמּוּצָאִיםᵃ בָּנִים — ג̇ חס̇[21]. ב̇[22]
וּבָנוֹת הִנָּם יוֹצְאִים אֲלֵיכֶם וּרְאִיתֶם אֶת־דַּרְכָּם וְאֶת־עֲלִילוֹתָם — ד̇ מל̇
וְנִחַמְתֶּם עַל־הָרָעָה אֲשֶׁר הֵבֵאתִי עַל־יְרוּשָׁלַםִ אֵתᵇ כָּלᶜ־אֲשֶׁר
23 הֵבֵאתִי עָלֶיהָ׃ 23 וְנִחֲמוּ אֶתְכֶם כִּי־תִרְאוּ אֶת־דַּרְכָּם וְאֶת־עֲלִילוֹתָם — ל̇
וִידַעְתֶּם כִּי לֹא חִנָּםᵃ עָשִׂיתִי אֵת כָּל־אֲשֶׁר־עָשִׂיתִי בָהּ נְאֻם אֲדֹנָיᵇ — ל̇
יְהוִה׃ פ

15 1 וַיְהִי דְבַר־יְהוָה אֵלַי לֵאמֹר׃ 2 ᵃבֶּן־אָדָם מַה־יִּהְיֶה עֵץ־הַגֶּפֶן
3 מִכָּל־עֵץ הַזְּמוֹרָהᵇ אֲשֶׁר הָיָה בַּעֲצֵי הַיָּעַר׃ 3 הֲיֻקַּחᵃ מִמֶּנּוּ עֵץ — ב̇[1]. ב̇
4 לַעֲשׂוֹת לִמְלָאכָה אִם־יִקְחוּ מִמֶּנּוּ יָתֵד לִתְלוֹת עָלָיו כָּל־כֶּלִי׃ 4 הִנֵּה — ה̇[2]. ב̇[3]. י̇ ר״פ בסיפ̇[4]
לָאֵשׁ נִתַּן לְאָכְלָה אֵת שְׁנֵי קְצוֹתָיו אָכְלָה הָאֵשׁ וְתוֹכוֹ נָחָר הֲיִצְלַח — כ̇א̇[5]. ב̇ חד פת̇ וחד קמ̇. ל̇

[13] Mm 2826. [14] Mm 1444. [15] Mm 1236. [16] Mm 2748. [17] Mm 425. [18] Mm 47. [19] Mm 2827. [20] Mm 2682. [21] Mm 434. [22] Mm 2828. **Cp 15** [1] Mm 2800. [2] Mp sub loco. [3] Mm 3766. [4] Mm 2869. [5] Mm 2838.

14 ᵃ⁻ᵃ 𝔊 *σωθήσονται* = יִנָּצֵלוּ cf 16.18; prp יַצִּילוּ נַפְשָׁם cf 20 ‖ ᵇ > ℭ𝔊*, add ‖ **15** ᵃ prb l אוֹ cf 17.19 ‖ ᵇ 2 Mss 𝔊 וְשִׁכַּלְתִּיהָ ‖ **16** ᵃ l c mlt Mss 𝔊𝔖 וּשְׁ׳ cf 18 ‖ ᵇ > ℭ𝔊*, add ‖ **18** ᵃ > 2 Mss 𝔊*, add ‖ **19** ᵃ = עַל ‖ **20** ᵃ > 𝔊*, add ‖ **21** ᵃ > 𝔊 ‖ ᵇ > 𝔊*, add ‖ ᶜ = עַל ‖ **22** ᵃ 𝔊(σ'𝔖𝔙) *οἳ ἐξάγουσιν*, l מוֹצִאִים ‖ ᵇ prb l אל = עַל ‖ ᶜ 𝔊 + *τὰ κακά* ‖ **23** ᵃ mlt Mss Edd pr אֶל־ ‖ ᵇ > 𝔊*, add ‖ **Cp 15,2** ᵃ 𝔊⁻ᴬ⁶² pr *καὶ σύ* = וְאַתָּה? ‖ ᵇ > 𝔊ᴮ ᵗᵉˣᵗCyr, frt dl; al huc tr ‸ ‖ **3** ᵃ 𝔊(𝔗) *εἰ λήμψονται* = הֲיִקְחוּ cf 𝔙.

5 לַמְּלָאכָה׃ 5 הִנֵּה בִּהְיוֹתוֹ תָמִים לֹא יֵעָשֶׂה לִמְלָאכָה אַף כִּי־אֵשׁ
6 אֲכָלַתְהוּ וַיֵּחָר וְנַעֲשָׂה עוֹד לִמְלָאכָה׃ ס 6 לָכֵןa כֹּה אָמַר אֲדֹנָיb
יְהוִה כַּאֲשֶׁר עֵץ־הַגֶּפֶן בְּעֵץc הַיַּעַר אֲשֶׁר־נְתַתִּיו לָאֵשׁ לְאָכְלָה כֵּן
7 נָתַתִּי אֶת־יֹשְׁבֵי יְרוּשָׁלִָם׃ 7 וְנָתַתִּי אֶת־פָּנַי בָּהֶם מֵהָאֵשׁ יָצָאוּ וְהָאֵשׁ
8 תֹּאכְלֵם וִידַעְתֶּםa כִּי־אֲנִי יְהוָה בְּשׂוּמִי אֶת־פָּנַי בָּהֶם׃ 8 וְנָתַתִּי אֶת־
הָאָרֶץ שְׁמָמָה יַעַן מָעֲלוּ מַעַל נְאֻם אֲדֹנָיa יְהוִה׃ פ

16 16 1 וַיְהִי דְבַר־יְהוָה אֵלַי לֵאמֹר׃ 2 בֶּן־אָדָם הוֹדַע אֶת־יְרוּשָׁלִַם
3 אֶת־תּוֹעֲבֹתֶיהָ׃ 3 וְאָמַרְתָּ כֹּה־אָמַר אֲדֹנָיa יְהוִה לִירוּשָׁלִַם מְכֹרֹתַיִךְ
4 וּמֹלְדֹתַיִךְ מֵאֶרֶץ הַכְּנַעֲנִי אָבִיךְ הָאֱמֹרִיb וְאִמֵּךְ חִתִּית׃ 4 וּמוֹלְדוֹתַיִךְ
בְּיוֹם הוּלֶּדֶת אֹתָךְ לֹא־aכָרַּת שָׁרֵּךְa וּבְמַיִם לֹא־רֻחַצְתְּ לְמִשְׁעִיb
5 וְהָמְלֵחַ לֹא הֻמְלַחַתְּ וְהָחְתֵּל לֹא חֻתָּלְתְּc׃ 5 לֹא־חָסָה עָלַיִךְ עַיִן
לַעֲשׂוֹת לָךְ אַחַת מֵאֵלֶּה לְחֻמְלָה עָלָיִךְ וַתֻּשְׁלְכִי אֶלa־פְּנֵי הַשָּׂדֶה
6 בְּגֹעַל נַפְשֵׁךְ בְּיוֹם הֻלֶּדֶת אֹתָךְ׃ 6 וָאֶעֱבֹר עָלַיִךְ וָאֶרְאֵךְ מִתְבּוֹסֶסֶת
7 בְּדָמָיִךְa וָאֹמַר לָךְ בְּדָמַיִךְa חֲיִי bוָאֹמַר לָךְ בְּדָמַיִךְ חֲיִיb׃ 7 רְבָבָהa
כְּצֶמַח הַשָּׂדֶה נְתַתִּיךְb וַתִּרְבִּי וַתִּגְדְּלִי וַתָּבֹאִי cבַּעֲדִי עֲדָיִיםc שָׁדַיִםd
8 נָכֹנוּ וּשְׂעָרֵךְ צִמֵּחַ וְאַתְּ עֵרֹם וְעֶרְיָה׃ 8 וָאֶעֱבֹר עָלַיִךְ וָאֶרְאֵךְ וְהִנֵּה
עִתֵּךְ עֵת דֹּדִים וָאֶפְרֹשׂ כְּנָפִי עָלַיִךְ וָאֲכַסֶּה עֶרְוָתֵךְ וָאֶשָּׁבַע לָךְ וָאָבוֹא
9 בִבְרִית אֹתָךְa נְאֻם אֲדֹנָיb יְהוִה cוַתִּהְיִי לִיc׃ 9 וָאֶרְחָצֵךְ בַּמַּיִם וָאֶשְׁטֹף
10 דָּמַיִךְa מֵעָלָיִךְ וָאֲסֻכֵךְ בַּשָּׁמֶן׃ 10 וָאַלְבִּישֵׁךְ רִקְמָה וָאֶנְעֲלֵךְ תָּחַשׁ
11 וָאֶחְבְּשֵׁךְ בַּשֵּׁשׁ וַאֲכַסֵּךְ מֶשִׁי׃ 11 וָאֶעְדֵּךְa עֶדִי וָאֶתְּנָה צְמִידִים עַל־
12 יָדַיִךְ וְרָבִיד עַל־גְּרוֹנֵךְ׃ 12 וָאֶתֵּן נֶזֶם עַל־אַפֵּךְ וַעֲגִילִים עַל־אָזְנָיִךְ
13 וַעֲטֶרֶת תִּפְאֶרֶת בְּרֹאשֵׁךְ׃ 13 וַתַּעְדִּי זָהָב וָכֶסֶף וּמַלְבּוּשֵׁךְ שֵׁשִׁיa וָמֶשִׁי
וְרִקְמָה סֹלֶת וּדְבַשׁ וָשֶׁמֶן אָכָלְתִּי וַתִּיפִי בִּמְאֹד מְאֹד bוַתִּצְלְחִי

ה . י ר״פ בסיפ[6] . לו[7] . ה
ד . ל . ה . כג בטע בסיפ . כט
ה פסוק בסיפ[8] . ל . ח[9] . ג
ב
כו פסוק את את ומילה חדה ביניה יט מנה בנביא
ג מל
ב . ל . ב
ג ול מל . יז מל בלשון נקיבה[1] . ח פסוק לא לא לא לא[2] . ל ודגש . ל ודגש . ג[3]
ל . ה ר״פ בסיפ . ל
ל . ל . ט[4] וכל צורת הבית דכות ב מ ד
ג . ב . ב
ב . ב . ד
ל . ל . ג[5] . ל
ב חד מל וחד חס[6] . ל . ל חס . ב
ג ב חס וחד מל[7] . ד ג חס וחד מל[8]
ג[9] . ד בליש[10] . ל . ל . ל
ד[11] ול בסיפ . ל . ל
ל . ב
ג . ל . ל . ל
שש ק
ו[12] . אכלת ק . ו[13]

[6] Mm 2869. [7] Mm 210. [8] Mm 2855. [9] Mm 1602. **Cp 16** [1] Mm 287 contra textum. [2] Mm 3132. [3] Mm 2287. [4] Mm 3937. [5] Mm 2829. [6] Mm 3627. [7] Mp sub loco. [8] Mm 2830. [9] Mm 1641. [10] Mm 2831. [11] Mm 2832. [12] Mm 3632. [13] Mm 109.

6 [a] 𝔊 + εἶπον cf 7,2[a] ‖ [b] > 𝔊*, add ‖ [c] l c pc Mss Vrs בַּעֲצֵי ‖ **7** [a] 𝔊 3 pl ‖ **8** [a] > 𝔊*, add ‖ **Cp 16,3** [a] > 𝔊*, add ‖ [b] prb dl ה cf 45 ‖ **4** [a–a] 𝔊* *ἔδησαν τοὺς μαστούς σου* ‖ [b] > 𝔊*𝔖 ‖ [c] frt l הָחְתָּלְתְּ ‖ **5** [a] = עַל ‖ **6** [a] prp בדמך cf 22 ‖ [b–b] > pc Mss 𝔊*𝔖, dl (dttg) ‖ **7** [a] 𝔊(𝔖) *πληθύνου*, l וּרְבִי vel וְרָבִית ‖ [b] > 𝔖, frt dl ‖ [c–c] l בְּעֵת עִדִּים vel בְּעִדִּים ‖ [d] l c 2 Mss 𝔊𝔖𝔗𝔙 שדיך ‖ **8** [a] l אִתָּךְ ‖ [b] > Ms 𝔊*, add ‖ [c–c] sic L, mlt Mss Edd וַתִּהְיִי־לִי ‖ **9** [a] prp דמך cf 22 ‖ **11** [a] prp וא׳ ‖ **13** [a] ℭ[2] mlt Mss K[Or] ut Q ‖ [b–b] > 𝔊*, add.

ס לִמְלוּכָה[b]׃ 14 וַיֵּצֵא לָךְ שֵׁם בַּגּוֹיִם בְּיָפְיֵךְ כִּי ׀ כָּלִיל הוּא בַּהֲדָרִי אֲשֶׁר־ ל
15 שַׂמְתִּי עָלַיִךְ נְאֻם אֲדֹנָי[a] יְהוִה׃ 15 וַתִּבְטְחִי בְיָפְיֵךְ וַתִּזְנִי עַל־ ה
16 שְׁמֵךְ וַתִּשְׁפְּכִי אֶת־תַּזְנוּתַיִךְ[a] עַל־כָּל־עוֹבֵר [b]לוֹ־יֶהִי[b]׃ 16 וַתִּקְחִי ל. ל
מִבְּגָדַיִךְ וַתַּעֲשִׂי־לָךְ בָּמוֹת טְלֻאוֹת וַתִּזְנִי עֲלֵיהֶם [a]לֹא בָאוֹת וְלֹא ל. ה
17 יִהְיֶה[a]׃ 17 וַתִּקְחִי כְּלֵי תִפְאַרְתֵּךְ מִזְּהָבִי וּמִכַּסְפִּי אֲשֶׁר נָתַתִּי לָךְ
18 וַתַּעֲשִׂי־לָךְ צַלְמֵי זָכָר וַתִּזְנִי־בָם׃ 18 וַתִּקְחִי אֶת־בִּגְדֵי רִקְמָתֵךְ ה
19 וַתְּכַסִּים וְשַׁמְנִי וּקְטָרְתִּי נָתַתְּי לִפְנֵיהֶם׃ 19 וְלַחְמִי אֲשֶׁר־נָתַתִּי לָךְ ל. ב. נתת ק
סֹלֶת וָשֶׁמֶן וּדְבַשׁ הֶאֱכַלְתִּיךְ וּנְתַתִּיהוּ לִפְנֵיהֶם לְרֵיחַ נִיחֹחַ וַיֶּהִי[a] נְאֻם ו[15]. ל. ל. ב[16]. יו[17]. ב[18]
20 אֲדֹנָי[b] יְהוִה׃ 20 וַתִּקְחִי אֶת־בָּנַיִךְ וְאֶת־בְּנוֹתַיִךְ אֲשֶׁר יָלַדְתְּ לִי וַתִּזְבָּחִים יח. ג[19]. ל
21 לָהֶם לֶאֱכוֹל הַמְעַט מִתַּזְנֻתָךְ[a]׃ 21 וַתִּשְׁחֲטִי אֶת־בָּנָי[a] וַתִּתְּנִים בְּהַעֲבִיר יג מל[20]. מתזנותיך[14] ק. ל. ל
22 אוֹתָם לָהֶם׃ 22 וְאֵת[a] כָּל־[b]תּוֹעֲבֹתַיִךְ וְתַזְנֻתַיִךְ[b][c] לֹא[d] זָכַרְתִּי אֶת־יְמֵי ה חס. זכרת ק
23 נְעוּרָיִךְ בִּהְיוֹתֵךְ עֵרֹם וְעֶרְיָה מִתְבּוֹסֶסֶת בְּדָמֵךְ הָיִית[e]׃ 23 וַיְהִי אַחֲרֵי ב. ב[21]
24 כָּל־רָעָתֵךְ[a] [b]אוֹי אוֹי לָךְ[b] נְאֻם אֲדֹנָי[c] יְהוִה׃ 24 וַתִּבְנִי־לָךְ גֶּב[a] וַתַּעֲשִׂי־ ל קמ[22]
25 לָךְ רָמָה בְּכָל־רְחוֹב׃ 25 אֶל[a]־כָּל־רֹאשׁ דֶּרֶךְ בָּנִית רָמָתֵךְ וַתְּתַעֲבִי ל. ל
אֶת־יָפְיֵךְ וַתְּפַשְּׂקִי אֶת־רַגְלַיִךְ לְכָל־עוֹבֵר וַתַּרְבִּי אֶת־תַּזְנֻתָךְ[b]׃ ב[23]. תזנותיך[14] ק
26 וַתִּזְנִי אֶל־בְּנֵי־מִצְרַיִם שְׁכֵנַיִךְ גִּדְלֵי בָשָׂר וַתַּרְבִּי אֶת־תַּזְנֻתֵךְ[a] ה. ב חד מל וחד חס
27 לְהַכְעִיסֵנִי׃ 27 וְהִנֵּה נָטִיתִי יָדִי עָלַיִךְ וָאֶגְרַע חֻקֵּךְ וָאֶתְּנֵךְ בְּנֶפֶשׁ ו כת כן. יו חס את
28 שֹׂנְאוֹתַיִךְ בְּנוֹת פְּלִשְׁתִּים הַנִּכְלָמוֹת מִדַּרְכֵּךְ זִמָּה[a]׃ 28 וַתִּזְנִי אֶל־בְּנֵי ל. ה
29 אַשּׁוּר מִבִּלְתִּי שָׂבְעָתֵךְ וַתִּזְנִים[a] וְגַם לֹא שָׂבָעַתְּ׃ 29 וַתַּרְבִּי אֶת־ ב[24]. ל. ה[25] וחד מן יא[26] ס"פ. ב
30 תַּזְנוּתֵךְ[a] אֶל־אֶרֶץ כְּנַעַן[b] כַּשְׂדִּימָה[c] וְגַם־בְּזֹאת לֹא שָׂבָעַתְּ׃ 30 מָה ב חד חס וחד מל. ג. כג פסוק וגם ובתר תלת מילין[27]. ב
[a]אֲמֻלָה לִבָּתֵךְ[a] נְאֻם אֲדֹנָי[b] יְהוִה בַּעֲשׂוֹתֵךְ אֶת־כָּל־אֵלֶּה מַעֲשֵׂה

[14] Mp sub loco. [15] Mm 3632. [16] Mm 2833. [17] Mm 574. [18] Ps 33,9. [19] Mm 2834. [20] Mm 1640. [21] Mm 2835. [22] Mp contra textum, cf Mp sub loco. [23] Mm 2836. [24] Nu 14,16. [25] Mm 2837. [26] Okhl 357. [27] Mm 1629.

14 [a] > 𝔊*, add ‖ **15** [a] prp תֵךְ– cf 26.29 sed etiam 22.33.34.36 et 20.25 ‖ [b–b] > 𝔊* 𝔖, add? 𝔗 *wl' ...* 𝔙(𝔊^O) *ut eius fieres* ‖ **16** [a–a] 𝔊 *καὶ οὐ μὴ εἰσέλθῃς οὐδὲ μὴ γένηται*, σ' *ἃ οὐκ ἐγένετο οὐδὲ ἔσται* = 𝔙 *sicut non est factum neque futurum est*, cf 𝔖𝔗 ‖ **19** [a] Ms 𝔖, frt dl (dttg) ‖ [b] > Ms 𝔊*, add ‖ **20** [a] K תֵךְ–, ℭ³ mlt Mss Edd ut Q ‖ **21** [a] pc Mss 𝔊 בניך ‖ **22** [a] 𝔊 *τοῦτο παρά* = זאת על? l 𝔐 ‖ [b–b] > 𝔊*, add ‖ [c] ut 15[a] ‖ [d] 𝔊 pr *καί* ‖ [e] 𝔊 *ἔζησας* = חיית; > 𝔖𝔙, prb add ‖ **23** [a] frt l c Ms 𝔊𝔖 pl ‖ [b–b] > 𝔊*, add ‖ [c] > 𝔊*, add ‖ **24** [a] sic L, mlt Mss Edd גַּב ‖ **25** [a] = עַל ‖ [b] K תֵךְ–, ℭ² mlt Mss Edd ut Q ‖ **26** [a] ℭ² mlt Mss יִךְ– ‖ **27** [a] add? ‖ **28** [a] prb l ותזני cf 𝔊𝔙 et a ‖ **29** [a] ℭ mlt Mss יִךְ– ‖ [b] > 𝔊*, frt add ‖ [c] l כשדים ‖ **30** [a–a] 𝔊 *διαθῶ τὴν θυγατέρα σου* cf 𝔖, σ'𝔊^L(𝔙) *καθαριῶ τὴν καρδίαν σου*, cf 𝔗 *tqjp hwh rš' lbjk* ‖ [b] > ℭ𝔊*, add.

31 אִשָּׁ֣ה־זוֹנָ֔ה שַׁלָּֽטֶת׃ 31 בִּבְנוֹתַ֫יִךְ[a] גַּבֵּךְ֙ בְּרֹ֣אשׁ כָּל־דֶּ֔רֶךְ וְרָמָתֵ֥ךְ עָשִׂ֖יתי — לה[28]. עשית ק
32 בְּכָל־רְח֑וֹב וְלֹא־הָיִ֥יתי כַּזּוֹנָ֖ה לְקַלֵּ֥ס[b] אֶתְנָֽן׃ 32 הָאִשָּׁ֖ה הַמְּנָאָ֑פֶת — כה[29]. היית ק
33 תַּ֣חַת אִישָׁ֔הּ תִּקַּ֖ח [a]אֶת־זָרִֽים[a]׃ 33 לְכָל־זֹנ֖וֹת יִתְּנוּ־נֵ֑דֶה וְאַ֨תְּ נָתַ֤תְּ
אֶת־נְדָנַ֙יִךְ֙ לְכָל־מְאַהֲבַ֔יִךְ וַתִּשְׁחֳדִ֣י אוֹתָ֗ם לָב֥וֹא אֵלַ֛יִךְ מִסָּבִ֖יב — ל. כט
34 בְּתַזְנוּתָֽיִךְ[a]׃ 34 וַיְהִי־בָ֨ךְ הֵ֤פֶךְ מִן־הַנָּשִׁים֙ בְּתַזְנוּתַ֔יִךְ[a] וְאַחֲרַ֖יִךְ לֹ֣א זוּנָּ֑ה
35 וּבְתִתֵּ֣ךְ אֶתְנָ֗ן וְאֶתְנַ֛ן לֹ֥א נִתַּן־לָ֖ךְ וַתְּהִ֥י לְהֶֽפֶךְ׃ 35 לָכֵ֣ן זוֹנָ֔ה שִׁמְעִ֖י — ה פת. כא[30]. ב
36 דְּבַר־יְהוָֽה׃ פ 36 כֹּֽה־אָמַר֮ אֲדֹנָ֣י[a] יְהוִה֒ יַ֣עַן הִשָּׁפֵ֤ךְ[b] נְחֻשְׁתֵּךְ֙ — ח בטע בסיפ[31]
וַתִּגָּלֶ֣ה[c] עֶרְוָתֵ֔ךְ בְּתַזְנוּתַ֖יִךְ[d] עַל־[e]מְאַהֲבָ֑יִךְ וְעַל֙ כָּל־גִּלּוּלֵ֣י תוֹעֲבוֹתַ֔יִךְ — ל[32]
37 וְכִדְמֵ֣י[f] בָנַ֔יִךְ אֲשֶׁ֥ר נָתַ֖תְּ לָהֶֽם׃ 37 לָ֠כֵן הִנְנִ֨י[a] מְקַבֵּ֜ץ אֶת־כָּל־מְאַהֲבַ֙יִךְ֙ — יח
אֲשֶׁ֣ר עָרַ֣בְתְּ[b] עֲלֵיהֶ֔ם וְאֵת֙ כָּל־אֲשֶׁ֣ר אָהַ֔בְתְּ עַ֖ל כָּל־אֲשֶׁ֣ר שָׂנֵ֑את — ל. ב[33]. ב
וְקִבַּצְתִּ֨י אֹתָ֜ם עָלַ֣יִךְ מִסָּבִ֗יב וְגִלֵּיתִ֤י עֶרְוָתֵךְ֙[c] אֲלֵהֶ֔ם וְרָא֖וּ אֶת־כָּל־ — כה חס בסיפ. [34]כט חס בנביא
38 עֶרְוָתֵֽךְ׃ 38 וּשְׁפַטְתִּיךְ֙ מִשְׁפְּטֵ֣י[a] נֹֽאֲפ֔וֹת [b]וְשֹׁפְכֹ֖ת דָּ֑ם[b] [c]וּנְתַתִּ֕יךְ דַּ֥ם[c] — ג[35]. ל וחס
39 חֵמָ֖ה וְקִנְאָֽה׃ 39 וְנָתַתִּ֨י אוֹתָ֜ךְ בְּיָדָ֗ם וְהָרְס֤וּ גַבֵּךְ֙[a] וְנִתְּצ֣וּ רָמֹתַ֔יִךְ[a] — יז מל בלשון נקיבה[36]
וְהִפְשִׁ֤יטוּ אוֹתָךְ֙ בְּגָדַ֔יִךְ וְלָקְח֖וּ כְּלֵ֣י תִפְאַרְתֵּ֑ךְ וְהִנִּיח֖וּךְ עֵירֹ֥ם וְעֶרְיָֽה׃ — יז מל בלשון נקיבה[36]
40 40 וְהֶעֱל֤וּ עָלַ֙יִךְ֙ קָהָ֔ל וְרָגְמ֥וּ אוֹתָ֖ךְ בָּאָ֑בֶן וּבִתְּק֖וּךְ בְּחַרְבוֹתָֽם׃ — יז כל בלשון נקיבה[36]. ל
41 41 וְשָׂרְפ֤וּ בָתַּ֙יִךְ֙ בָּאֵ֔שׁ וְעָשׂוּ־בָ֣ךְ שְׁפָטִ֔ים לְעֵינֵ֖י נָשִׁ֣ים רַבּ֑וֹת וְהִשְׁבַּתִּיךְ֙
42 מִזּוֹנָ֔ה וְגַם־אֶתְנַ֖ן לֹ֥א תִתְּנִי־עֽוֹד׃ 42 וַהֲנִחֹתִ֤י חֲמָתִי֙ בָּ֔ךְ וְסָ֥רָה קִנְאָתִ֖י — ה פת. ב חס[37]. ג בטע
43 מִמֵּ֑ךְ וְשָׁ֣קַטְתִּ֔י וְלֹ֥א אֶכְעַ֖ס עֽוֹד׃ 43 יַ֗עַן אֲשֶׁ֤ר לֹא־זָכַרְתְּי֙ אֶת־יְמֵ֣י — זכרת ק
נְעוּרַ֔יִךְ וַתִּרְגְּזִי־[a]לִ֖י בְּכָל־אֵ֑לֶּה וְגַם־אֲנִ֨י הֵ֜א[b] דַּרְכֵּ֣ךְ ׀ בְּרֹ֣אשׁ[c] נָתַ֗תִּי נְאֻם֙ — לה[28]. ג[39]. ה מ״פ[38]
44 אֲדֹנָ֣י יְהוִ֔ה וְלֹ֤א[e] עָשִׂ֙יתי֙[d] אֶת־הַזִּמָּ֔ה עַ֖ל כָּל־תּוֹעֲבֹתָֽיִךְ׃ 44 הִנֵּה֙ — עשית ק. ה חס. י״ר״פ[40] בסיפ
45 כָּל־הַמֹּשֵׁל֙ עָלַ֣יִךְ יִמְשֹׁ֣ל לֵאמֹ֔ר כְּאִמָּ֖ה בִּתָּֽהּ׃ 45 בַּת־אִמֵּ֣ךְ אַ֔תְּ גֹּעֶ֥לֶת — ל. ל
אִישָׁ֖הּ וּבָנֶ֑יהָ וַאֲח֨וֹת אֲחוֹתֵ֜ךְ[a] אַ֗תְּ אֲשֶׁ֤ר גָּֽעֲלוּ֙[b] אַנְשֵׁיהֶ֣ן וּבְנֵיהֶ֔ן אִמְּכֶ֣ן — כה[29]. ג בליש

[28]Mm 2840. [29]Mm 1506. [30]Mm 2838. [31]Mm 2911. [32]Mm 3647. [33]Mm 2414. [34]Mm 1954. [35]Mm 2839. [36]Mm 287. [37]Mm 606. [38]Mm 2449. [39]Mm 3805. [40]Mm 2869.

31 [a] l c 𝔗 pc Mss Vrs תֵךְ– ‖ [b] prp לְלַקֵּט cf Vrs ‖ **32** [a–a] 𝔊 *μισθώματα*, prb l אֶתְנַנִּים ‖ **33** [a] ut 15[a] ‖ **34** [a] ut 15[a] ‖ **36** [a] > 𝔊*, add ‖ [b] l חֶשְׂפֵּךְ cf 𝔗 ‖ [c] l וְתִגַּלִּי cf 𝔖 ‖ [d] ut 15[a] ‖ [e] = (ו)אֶל ‖ [f] mlt Mss Edd 𝔊𝔗[Mss] וּבְד׳ 𝔙 ‖ **37** [a] 𝔊[-B] + *ἐπὶ σέ* = עָלַיִךְ? ‖ [b] prp עגבת cf 23,5 ‖ [c] 𝔊 *τὰς κακίας σου* cf 57 ‖ **38** [a] 𝔊* sg, it 23,45 ‖ [b–b] > 𝔊* ‖ [c–c] 𝔊 *καὶ θήσω σε ἐν αἵματι* = ונתתיך בדם; frt l וְנָתַתִּי בָךְ (דָּם) cf 23,25 ‖ **39** [a] l aut c 2 Mss 𝔖 גַּבַּיִךְ aut c pc Mss 𝔊𝔙 רָמָתֵךְ ‖ **43** [a] l וַתַּרְגִּזִי cf Vrs ‖ [b] > 2 Mss 𝔗[Mss]𝔙 ‖ [c] l c pc Mss 𝔊𝔖𝔙 שֵׁךְ– ‖ [d] > Ms 𝔊*, add ‖ [e] prp הֲלֹא, sed cf 47.56 ‖ **45** [a] l c 2 Mss 𝔊𝔖𝔙 אֲחוֹתֵךְ ‖ [b] sic L, mlt Mss Edd גָּעֲלוּ.

46 חִתִּ֔ית וַאֲבִיכֶ֖ן אֱמֹרִֽי׃ 46 וַאֲחוֹתֵ֨ךְ הַגְּדוֹלָ֜ה שֹׁמְר֗וֹן הִ֚יא וּבְנוֹתֶ֔יהָ ב[41]
הַיּוֹשֶׁ֖בֶת עַל־שְׂמֹאולֵ֑ךְ וַאֲחוֹתֵ֞ךְ הַקְּטַנָּ֣ה מִמֵּ֗ךְ הַיּוֹשֶׁ֙בֶת֙ מִֽימִינֵ֔ךְ סְדֹ֖ם ל ומל
47 וּבְנוֹתֶֽיהָ׃ 47 וְלֹ֤א בְדַרְכֵיהֶן֙ הָלַ֔כְתְּ וּבְתוֹעֲבֽוֹתֵיהֶ֖ן a עָשִׂ֑יתי כִּמְעַ֣ט קָ֔ט b ג מילין מן יא אות[42]. עשית ק
48 וַתַּשְׁחִ֥תִי מֵהֵ֖ן בְּכָל־דְּרָכָֽיִךְ׃ 48 חַי־אָ֗נִי נְאֻם֙ אֲדֹנָ֣י a יְהוִ֔ה אִם־עָֽשְׂתָה֙ ז חס[43]. ב
49 סְדֹ֣ם אֲחוֹתֵ֔ךְ הִ֖יא וּבְנוֹתֶ֑יהָ כַּאֲשֶׁ֣ר עָשִׂ֔ית אַ֖תְּ וּבְנוֹתָֽיִךְ׃ 49 הִנֵּה־זֶ֣ה י ר״פ בסיפ[44]
הָיָ֔ה עֲוֺ֖ן סְדֹ֣ם אֲחוֹתֵ֑ךְ גָּא֡וֹן שִׂבְעַת־לֶ֜חֶם וְשַׁלְוַ֣ת הַשְׁקֵ֗ט הָ֤יָה לָהּ֙ ג[45]
50 וְלִבְנוֹתֶ֔יהָ וְיַד־עָנִ֥י וְאֶבְי֖וֹן לֹ֥א הֶחֱזִֽיקָה׃ 50 וַתִּגְבְּהֶ֔ינָה a וַתַּעֲשֶׂ֥ינָה הׄ
51 תוֹעֵבָ֖ה לְפָנָ֑י וָאָסִ֥יר אֶתְהֶ֖ן כַּאֲשֶׁ֥ר רָאִֽיתִי b׃ ס 51 וְשֹׁ֣מְר֔וֹן כַּחֲצִ֥י ל
חַטֹּאתַ֖יִךְ לֹ֣א חָטָ֑אָה וַתַּרְבִּ֤י אֶת־תּוֹעֲבוֹתַ֙יִךְ֙ מֵהֵ֔נָּה a וַתְּצַדְּקִי֙ אֶת־ ה חס בליש. ב. ז[46]
52 אֲחוֹתֵ֔ךְ b בְּכָל־תּוֹעֲבֹתַ֖יִךְ אֲשֶׁ֥ר עָשִׂ֑יתי׃ 52 גַּם־אַ֣תְּ׀ שְׂאִ֣י כְלִמָּתֵ֗ךְ אֲשֶׁ֤ר אחותיך ק חד מן ג בליש. עשית ק. ג ר״פ בסיפ[47]. ח
פִּלַּלְתְּ֙ לַאֲחוֹתֵ֔ךְ a בְּחַטֹּאתַ֛יִךְ אֲשֶׁר־הִתְעַ֥בְתְּ מֵהֵ֖ן תִּצְדַּ֣קְנָה מִמֵּ֑ךְ וְגַם־ ל. ה חס בליש. ב
53 אַ֣תְּ בּ֗וֹשִׁי וּשְׂאִ֣י כְלִמָּתֵ֔ךְ בְּצַדֶּקְתֵּ֖ךְ b אַחְיוֹתֵֽךְ c׃ 53 וְשַׁבְתִּי֙ אֶת־שְׁבִ֣יתְהֶ֔ן ה בליש[48]
אֶת־שְׁבִ֤ית סְדֹם֙ וּבְנוֹתֶ֔יהָ וְאֶת־שְׁבִ֥ית שֹׁמְר֖וֹן וּבְנוֹתֶ֑יהָ וּשְׁבִ֥ית a שְׁבִיתַ֖יִךְ b שבות ק. שבות ק. ושבות ק
54 בְּתוֹכָֽהְנָה׃ 54 לְמַ֙עַן֙ תִּשְׂאִ֣י כְלִמָּתֵ֔ךְ וְנִכְלַ֕מְתְּ מִכֹּ֖ל אֲשֶׁ֣ר עָשִׂ֑ית ג
55 בְּנַחֲמֵ֖ךְ אֹתָֽן׃ 55 וַאֲחוֹתַ֗יִךְ a סְדֹ֤ם וּבְנוֹתֶ֙יהָ֙ תָּשֹׁ֣בְןָ לְקַדְמָתָ֔ן וְשֹׁמְרוֹן֙ ל וחס. ג. ב
56 וּבְנוֹתֶ֔יהָ תָּשֹׁ֖בְןָ לְקַדְמָתָ֑ן וְאַתְּ֙ וּבְנוֹתַ֔יִךְ תְּשֻׁבֶ֖ינָה לְקַדְמַתְכֶֽן׃ 56 וְל֣וֹא a ב. ל. לה מל
57 הָֽיְתָה֙ סְדֹ֣ם אֲחוֹתֵ֔ךְ לִשְׁמוּעָ֖ה בְּפִ֑יךְ בְּי֖וֹם גְּאוֹנָֽיִךְ b׃ 57 בְּטֶ֘רֶם֮ תִּגָּלֶ֣ה ל. ג[49]
רָעָתֵ֒ךְ֒ a b כְּמוֹ֙ עֵ֗ת b חֶרְפַּ֤ת בְּנוֹת־אֲרָם֙ c וְכָל־סְבִיבוֹתֶ֔יהָ d e בְּנ֥וֹת
58 פְּלִשְׁתִּ֑ים e הַשָּׁאט֥וֹת אוֹתָ֖ךְ מִסָּבִֽיב׃ 58 אֶת־זִמָּתֵךְ֙ וְאֶת־תּֽוֹעֲבוֹתַ֔יִךְ אַ֖תְּ מה[50] כת א לא קר ול בליש. יז מל בלשון נקיבה[51]. ל
59 נְשָׂאתִ֑ים נְאֻ֖ם יְהוָֽה׃ ס 59 כִּ֣י כֹ֤ה אָמַר֙ אֲדֹנָ֣י a יְהוִ֔ה וְעָשִׂ֥יתי b אוֹתָ֖ךְ ל. ד בסיפ[52]. יג[53]. ועשיתי ק. יז מל בלשון נקיבה[51]
60 כַּאֲשֶׁ֣ר עָשִׂ֑ית אֲשֶׁר־בָּזִ֥ית אָלָ֖ה לְהָפֵ֥ר בְּרִֽית c׃ 60 וְזָכַרְתִּ֨י אֲנִ֜י אֶת־ ס̊ ט[54] ד ור״פ
61 בְּרִיתִ֥י אוֹתָ֖ךְ a בִּימֵ֣י נְעוּרָ֑יִךְ וַהֲקִמוֹתִ֥י לָ֖ךְ בְּרִ֥ית עוֹלָֽם׃ 61 וְזָכַ֣רְתְּ ד בליש[55]. יז מל בלשון נקיבה[51]. ג מל[56]

[41] Gn 31,7. [42] Mm 3779. [43] Mm 1757. [44] Mm 2869. [45] Mm 3617. [46] Mm 2967. [47] Mm 2856. [48] Mm 1251. [49] Mm 3647. [50] Mm 898. [51] Mm 287. [52] Mm 2459. [53] Mm 2827. [54] Mp sub loco. [55] Mm 2831. [56] Mm 2841 contra textum.

47 a sic L, 'וְכ Cod Alep 𝔅ℭ𝔊 opt Mss ‖ b > 𝔊*𝔖 ‖ **48** a > 𝔊*, add ‖ **50** a ℭ^{3} nonn Mss הנה– ‖ b prb l c 2 Mss 𝔊^{Mss} οι γ' 𝔙 רָאִית ‖ **51** a prb l c 2 Mss מִמֶּנָּה ‖ b frt l c K pc Mss תֵךְ– ‖ **52** a l c 2 Mss Vrs תַיִךְ– ‖ b prp c Ms בְּצַדֶּקֵךְ ‖ c l c pc Mss תַיִךְ– ‖ **53** a l וְשַׁבְתִּי cf Vrs ‖ b l c ℭ nonn Mss Vrs תֵךְ– ‖ **55** a frt l c nonn Mss 𝔊𝔖𝔙 תֵךְ– ‖ **56** a prp הֲלֹא, sed cf 43 e ‖ b pc Mss נֵךְ– ‖ **57** a pc Mss עֶרְוָתֵךְ ‖ b–b prp כְּמוֹהָ עַתָּ הָיִית (homtel) cf 𝔊 (α'𝔙) *νῦν* ‖ c l c mlt Mss Edd 𝔖 אֱדֹם ‖ d 𝔊$^{-V\ 46.449}$(α'σ'𝔙) *κύκλῳ σου* = תַיִךְ–; 𝔊^{L} om 'כל־סב, 𝔖 om 'סב ‖ e–e dl, gl ‖ **59** a > 𝔊*, add ‖ b ℭ mlt Mss ut Q ‖ c prb l c ℭ𝔊$^{L\ 967}$ בריתי ‖ **60** a l אִתָּךְ.

אֶת־דְּרָכַיִךְ[a] וְנִכְלַמְתְּ בְּקַחְתֵּךְ[b] אֶת־אֲחוֹתַיִךְ הַגְּדֹלוֹת מִמֵּךְ אֶל־[c] — ג̇. [57]
הַקְּטַנּוֹת מִמֵּךְ וְנָתַתִּי אֶתְהֶן לָךְ לְבָנוֹת וְלֹא מִבְּרִיתֵךְ׃ 62 וַהֲקִימוֹתִי 62 — ד̇ ב מל וב חס[58]. ו̇ כת כן[59]
63 אֲנִי אֶת־בְּרִיתִי אִתָּךְ וְיָדַעַתְּ כִּי־אֲנִי יְהוָה׃ 63 לְמַעַן תִּזְכְּרִי וָבֹשְׁתְּ — ל̇. ז̇[60]
וְלֹא יִהְיֶה־לָּךְ עוֹד פִּתְחוֹן פֶּה מִפְּנֵי כְּלִמָּתֵךְ בְּכַפְּרִי־לָךְ לְכָל־אֲשֶׁר — ב̇
עָשִׂית נְאֻם אֲדֹנָי[a] יְהוִה׃ ס

17 1 וַיְהִי דְבַר־יְהוָה אֵלַי לֵאמֹר׃ 2 בֶּן־אָדָם חוּד חִידָה וּמְשֹׁל **17** — ל̇
מָשָׁל אֶל־בֵּית יִשְׂרָאֵל׃ 3 וְאָמַרְתָּ כֹּה־אָמַר׀ אֲדֹנָי[a] יְהוִה
הַנֶּשֶׁר הַגָּדוֹל גְּדוֹל הַכְּנָפַיִם אֶרֶךְ הָאֵבֶר — ג̇ חד חס וב מל[1]
מָלֵא[b] הַנּוֹצָה אֲשֶׁר־לוֹ הָרִקְמָה בָּא אֶל־הַלְּבָנוֹן
וַיִּקַּח אֶת־צַמֶּרֶת הָאָרֶז׃ 4 אֵת רֹאשׁ יְנִיקוֹתָיו קָטָף — ל̇. ל̇
וַיְבִיאֵהוּ אֶל־אֶרֶץ כְּנַעַן בְּעִיר רֹכְלִים שָׂמוֹ׃ — ה̇[2] מל וכל כתיב דכות ב מ א. ד̇[3]
5 וַיִּקַּח מִזֶּרַע הָאָרֶץ וַיִּתְּנֵהוּ בִּשְׂדֵה־זָרַע
קָח[a] עַל־מַיִם רַבִּים צַפְצָפָה שָׂמוֹ׃ — ב̇ בתרי לישנ̇[4]. ז̇[5]. ל̇. ד̇[3]
6 [a]וַיִּצְמַח וַיְהִי[a] לְגֶפֶן סֹרַחַת שִׁפְלַת קוֹמָה — ל̇[6]
לִפְנוֹת דָּלִיּוֹתָיו אֵלָיו וְשָׁרָשָׁיו תַּחְתָּיו יִהְיוּ
וַתְּהִי לְגֶפֶן וַתַּעַשׂ בַּדִּים וַתְּשַׁלַּח פֹּארוֹת׃ — ל̇[7]
7 וַיְהִי נֶשֶׁר־אֶחָד[a] גָּדוֹל גְּדוֹל כְּנָפַיִם וְרַב־נוֹצָה — ג̇ חד חס וב מל[1]
וְהִנֵּה הַגֶּפֶן הַזֹּאת כָּפְנָה[b] שָׁרָשֶׁיהָ[c] עָלָיו[d]
וְדָלִיּוֹתָיו[e] שִׁלְחָה־לוֹ לְהַשְׁקוֹת אוֹתָהּ מֵעֲרֻגוֹת מַטָּעָהּ׃ — ו̇[8]
8 אֶל־שָׂדֶה טּוֹב אֶל־[a]מַיִם רַבִּים הִיא שְׁתוּלָה — ג̇
לַעֲשׂוֹת עָנָף וְלָשֵׂאת פֶּרִי לִהְיוֹת לְגֶפֶן אַדָּרֶת׃ ס — ב̇. ל̇
9 אֱמֹר[a] כֹּה אָמַר אֲדֹנָי[b] יְהוִה תִּצְלָח[c] — כ̇ו פסוק דאית בהון א״ב
הֲלוֹא אֶת־שָׁרָשֶׁיהָ יְנַתֵּק וְאֶת־פִּרְיָהּ[d]׀ יְקוֹסֵס — ל̇. ל̇
וְיָבֵשׁ כָּל־טַרְפֵּי צִמְחָהּ תִּיבָשׁ[e] [f]וְלֹא־בִזְרֹעַ גְּדוֹלָה וּבְעַם־רָב[f] — ה̇[9] ול בסיפ. ד̇[10]. ג̇ חס בנביא[11]. ל̇ג קמ[12]

[57] Mp sub loco. [58] Mm 222. [59] Mm 816. [60] Mm 2392. **Cp 17** [1] Mm 2644. [2] Mm 1618. [3] Mm 2842. [4] Mm 2843. [5] Mm 739. [6] חד ויִצמח Gn 2,9. [7] Mm 473. [8] Mm 2915. [9] Mp sub loco. [10] Mm 2844. [11] Mm 408. [12] Mm 264.

61 [a] 𝔊* sg, pc Mss כך— ‖ [b] 𝔊^L 967(𝔖) *ἐν τῷ ἀναλαβεῖν με*, l בקחתי ‖ [c] = עַל ‖ **63** [a] > 𝔊*, add ‖ **Cp 17,3** [a] > 𝔊*, add ‖ [b] prp מָלֵא ‖ **5** [a] > 𝔊*𝔖 ‖ **6** [a–a] prb l וַיִּצְמַח וַיְהִי ‖ **7** [a] 𝔊(𝔖𝔙) *ἕτερος*, prb l אַחֵר ‖ [b] ℭ[2] pc Mss Q^Or כנפה ‖ [c] sic L, mlt Mss Edd שָׁרָ׳ ‖ [d] = אֵלָ׳ ‖ [e] l c Ms 𝔊𝔖 —תֶיהָ ‖ [f] ℭ 2 Mss 𝔊𝔖 —נַת cf 10[c] ‖ **8** [a] = עַל ‖ **9** [a] 𝔊 pr *διὰ τοῦτο* cf 19 et 𝔊 22 ‖ [b] > ℭ𝔊*, add ‖ [c] prb l c pc Mss הֲתִצ׳ cf 𝔊𝔖𝔙 et 10.15 ‖ [d] prp פֹּארֹתֶיהָ ‖ [e] > 𝔊*, add ‖ [f–f] prb dl.

לְמַשְׂא֥וֹת[g] אוֹתָ֖הּ מִשָּׁרָשֶֽׁיהָ׃

10 וְהִנֵּ֥ה[a] שְׁתוּלָ֖ה[b] הֲתִצְלָ֑ח

הֲלֹא֩ כְגַ֨עַת בָּ֜הּ ר֣וּחַ הַקָּדִ֗ים תִּיבַ֤שׁ יָבֹשׁ֙ — ח חס בסיפ[13]. ג[14]

עַל־עֲרֻגֹ֥ת[c] צִמְחָ֖ה תִּיבָֽשׁ׃ פ — ל וחס. ד[15]

11 וַיְהִ֥י דְבַר־יְהוָ֖ה אֵלַ֥י לֵאמֹֽר׃ 12 אֱמָר־נָא֙[a] לְבֵ֣ית הַמֶּ֔רִי הֲלֹ֥א — ח חס בסיפ

יְדַעְתֶּ֖ם מָה־אֵ֑לֶּה אֱמֹ֡ר[b] הִנֵּה־בָא֩ מֶֽלֶךְ־בָּבֶ֨ל יְרוּשָׁלִַ֜ם וַיִּקַּ֤ח אֶת־

13 מַלְכָּהּ֙ וְאֶת־שָׂרֶ֔יהָ וַיָּבֵ֥א אוֹתָ֛ם אֵלָ֖יו[c] בָּבֶֽלָה׃ 13 וַיִּקַּח֙ מִזֶּ֣רַע הַמְּלוּכָ֔ה — נא[16]. כט. ד[17]. כ[18]

14 וַיִּכְרֹ֥ת אִתּ֖וֹ בְּרִ֑ית וַיָּבֵ֤א אֹתוֹ֙ בְּאָלָ֔ה וְאֶת־אֵילֵ֥י הָאָ֖רֶץ לָקָֽח׃ 14 לִֽהְיוֹת֙ — נא[16]

מַמְלָכָ֣ה שְׁפָלָ֔ה לְבִלְתִּ֖י הִתְנַשֵּׂ֑א לִשְׁמֹ֥ר אֶת־בְּרִית֖וֹ לְעָמְדָֽהּ[a]׃ — ל

15 וַיִּמְרָד־בּ֗וֹ לִשְׁלֹ֤חַ מַלְאָכָיו֙ מִצְרַ֔יִם לָתֶת־ל֥וֹ סוּסִ֖ים וְעַם־רָ֑ב הֲיִצְלָ֞ח

16 הֲיִמָּלֵ֞ט הָעֹשֵׂ֥ה אֵ֛לֶּה וְהֵפֵ֥ר[a] בְּרִ֖ית וְנִמְלָֽט[b]׃ 16 חַי־אָ֗נִי נְאֻם֙ — ל. ג בטע בסיפ

אֲדֹנָ֣י[a] יְהוִ֔ה אִם־לֹ֡א בִּמְק֞וֹם הַמֶּ֣לֶךְ הַמַּמְלִ֣יךְ אֹת֗וֹ אֲשֶׁ֤ר בָּזָה֙ אֶת־ — ח[19]

17 אָ֣לָת֔וֹ[b] וַאֲשֶׁ֥ר הֵפֵ֖ר אֶת־בְּרִית֑וֹ[b] אִתּ֥וֹ[c] בְתוֹךְ־בָּבֶ֖ל יָמֽוּת׃ 17 וְלֹא֩ — ל

בְחַ֨יִל גָּד֜וֹל וּבְקָהָ֣ל רָ֗ב יַעֲשֶׂ֨ה[a] אוֹת֤וֹ פַרְעֹה֙ בַּמִּלְחָמָ֔ה[b] בִּשְׁפֹּ֥ךְ סֹלְלָ֖ה — ד. לג קמ[20]. כד מל ב מנה בסיפ

18 וּבִבְנ֣וֹת דָּיֵ֑ק לְהַכְרִ֖ית נְפָשׁ֥וֹת רַבּֽוֹת[c]׃ 18 וּבָזָ֥ה[a] אָלָ֖ה לְהָפֵ֣ר בְּרִ֑ית — ל[19]

19 וְהִנֵּ֨ה נָתַ֥ן יָד֛וֹ וְכָל־אֵ֥לֶּה עָשָׂ֖ה לֹ֥א יִמָּלֵֽט׃ ס 19 לָכֵ֞ן[a] כֹּה־אָמַ֣ר — ב. יג[21]. יא בטע בסיפ[22]. כט

אֲדֹנָ֣י יְהוִ֗ה חַי־אָ֙נִי֙ אִם־לֹ֤א אָלָתִי֙ אֲשֶׁ֣ר בָּזָ֔ה וּבְרִיתִ֖י אֲשֶׁ֣ר הֵפִ֑יר[c] — ח[19]. ב. ב

20 וּנְתַתִּ֖יו[d] בְּרֹאשֽׁוֹ׃ 20 וּפָרַשְׂתִּ֤י עָלָיו֙ רִשְׁתִּ֔י וְנִתְפַּ֖שׂ בִּמְצוּדָתִ֑י — יד

[a]וַהֲבִיאוֹתִ֣יהוּ בָבֶ֗לָה וְנִשְׁפַּטְתִּ֤י אִתּוֹ֙ שָׁ֔ם מַעֲל֖וֹ[b] אֲשֶׁ֥ר מָֽעַל־בִּֽי[a]׃ — ל. כט. ג

21 [a]וְאֵ֨ת כָּל־מִבְרָחָ֤ו[ab] בְּכָל־[c]אֲגַפָּיו֙ בַּחֶ֣רֶב יִפֹּ֔לוּ וְהַנִּשְׁאָרִ֕ים לְכָל־ — מברחיו ק

22 ר֣וּחַ יִפָּרֵ֑שׂוּ וִידַעְתֶּ֕ם כִּ֛י אֲנִ֥י יְהוָ֖ה דִּבַּֽרְתִּי׃ ס 22 כֹּ֣ה[a] אָמַר֮ אֲדֹנָ֣י[b] — ל. ה

[13] Mp contra textum, cf Mp sub loco. [14] Mm 2845. [15] Mm 2844. [16] Mm 639. [17] Mm 3785. [18] Mm 1581. [19] Mm 2353. [20] Mm 264. [21] Mm 3044. [22] Mm 2912.

9 [g] prp לְהַשְּׂאוֹת ‖ **10** [a] Ms והיא, prp וְהִנָּהּ ‖ [b] exc nonn vb an 10a add? ‖ [c] pc Mss 𝔊𝔖 גַּת– cf 7[e] ‖ **12** [a] 𝔊(𝔖) pr *υἱὲ ἀνθρώπου* cf 18,2[a] 19,1[a] 37,4[a] ‖ [b] dl? ‖ [c] > 𝔖 ‖ **14** [a] ℭ לעבדו = 𝔗 *lmplhjh* ‖ **15** [a] 𝔊(𝔗𝔙) *καὶ παραβαίνων* = וּמֵפֵר? ‖ [b] 𝔊(𝔗𝔙) *εἰ σωθήσεται* = הֲיִמָּלֵט? ‖ **16** [a] > 𝔊*, add ‖ [b] 𝔊𝔖 suff 1 sg ‖ [c] > 𝔖; cj c a cf 𝔙 ‖ **17** [a] prp יֹשִׁיעַ ‖ [b] Ms מל׳ cf Vrs ‖ [c] > Ms 𝔊* ‖ **18** [a] prb dl ו ‖ **19** [a] 𝔊 + *εἶπον* cf 7,2[a] ‖ [b] > 𝔊*, add ‖ [c] l c nonn Mss הֵפֵר ‖ [d] prp –תִּיהָ vel –תִּין ‖ **20** [a-a] > 𝔊*, add ‖ [b] pc Mss (𝔙) בְּמ׳, Ms (𝔖) עַל מ׳; prb l sol עַל־ (מ dttg) ‖ **21** [a-a] > 𝔊*, add ‖ [b] mlt Mss מבחריו = $𝔊^{L}$α′𝔖𝔗; l מבחרו ‖ [c] nonn Mss וכל ‖ **22** [a] $𝔊^{-L}$ pr *διότι* vel *διὰ τοῦτο* cf 9[a], $𝔊^{A\ min}$ + *εἶπον* cf 7,2[a] ‖ [b] > 𝔊*, add.

ל̇. ג ול בליש. יד. ב וכת כן[23] יְהוִה וְלָקַחְתִּי אָנִי מִצַּמֶּרֶת הָאֶרֶז [c]הָרָמָה וְנָתָתִּי[c] מֵרֹאשׁ יֹנְקוֹתָיו רַךְ[d]
ל̇ אֶקְטֹף וְשָׁתַלְתִּי אָנִי עַל הַר־גָּבֹהַ[e] וְתָלוּל׃ 23 בְּהַר מְרוֹם יִשְׂרָאֵל 23
יז. ל̇. ל̇. י פסוק כל כל ומילה חדה בינית[24]. ב̇ אֶשְׁתֳּלֶנּוּ וְנָשָׂא עָנָף וְעָשָׂה פֶרִי[a] וְהָיָה לְאֶרֶז אַדִּיר וְשָׁכְנוּ תַחְתָּיו כֹּל
ל̇ צִפּוֹר[b] כָּל־כָּנָף בְּצֵל דָּלִיּוֹתָיו תִּשְׁכֹּנָּה׃ 24 וְיָדְעוּ כָּל־עֲצֵי הַשָּׂדֶה כִּי 24
ג ב פת וחד קמ̇[25] אֲנִי יְהוָה הִשְׁפַּלְתִּי ׀ עֵץ גָּבֹהַ[a] הִגְבַּהְתִּי עֵץ שָׁפָל הוֹבַשְׁתִּי עֵץ לָח
ג. ה. ד וְהִפְרַחְתִּי עֵץ יָבֵשׁ אֲנִי יְהוָה דִּבַּרְתִּי וְעָשִׂיתִי׃ פ
18 1 וַיְהִי דְבַר־יְהוָה אֵלַי לֵאמֹר׃ 2 מַה[a]־לָּכֶם [b]אַתֶּם מֹשְׁלִים 18
ו בסיפ̇ אֶת־[b]הַמָּשָׁל הַזֶּה [c]עַל־אַדְמַת[c] יִשְׂרָאֵל לֵאמֹר
ל̇[1]. ג ומל[2] אָבוֹת יֹאכְלוּ[d] בֹסֶר וְשִׁנֵּי הַבָּנִים[e] תִּקְהֶינָה׃
3 חַי־אָנִי נְאֻם אֲדֹנָי[a] יְהוִה אִם־יִהְיֶה לָכֶם עוֹד מְשֹׁל[b] הַמָּשָׁל הַזֶּה 3
ב̇[3]. ל̇[3] בְּיִשְׂרָאֵל׃ 4 הֵן כָּל־הַנְּפָשׁוֹת לִי הֵנָּה כְּנֶפֶשׁ הָאָב וּכְנֶפֶשׁ הַבֵּן לִי־ 4
ב הֵנָּה הַנֶּפֶשׁ הַחֹטֵאת הִיא תָמוּת׃ ס 5 וְאִישׁ כִּי־יִהְיֶה צַדִּיק וְעָשָׂה 5
ח פסוק לא לא לא לא[4]. ב̇ זקף קמ̇. יא מִשְׁפָּט וּצְדָקָה׃ 6 אֶל[a]־הֶהָרִים[b] לֹא אָכָל וְעֵינָיו לֹא נָשָׂא אֶל־גִּלּוּלֵי 6
ב̇. ב̇[5] בֵּית יִשְׂרָאֵל וְאֶת־אֵשֶׁת רֵעֵהוּ לֹא טִמֵּא וְאֶל־אִשָּׁה נִדָּה לֹא יִקְרָב׃
ל̇. כד בליש[6] 7 וְאִישׁ לֹא יוֹנֶה [a]חֲבֹלָתוֹ חוֹב[a] יָשִׁיב גְּזֵלָה[b] לֹא יִגְזֹל לַחְמוֹ לְרָעֵב יִתֵּן 7
ג קמ̇ וכל אתנח̇ וס״פ דכות[7]. כד בליש[6] וְעֵירֹם יְכַסֶּה־בָּגֶד׃ 8 בַּנֶּשֶׁךְ[a] לֹא־יִתֵּן וְתַרְבִּית לֹא יִקָּח מֵעָוֶל[b] יָשִׁיב 8
ג̇[9] יָדוֹ מִשְׁפַּט אֱמֶת יַעֲשֶׂה בֵּין אִישׁ לְאִישׁ׃ 9 בְּחֻקּוֹתַי[a] יְהַלֵּךְ[b] וּמִשְׁפָּטַי ס̇,[8]
שָׁמַר לַעֲשׂוֹת אֱמֶת[c] צַדִּיק הוּא חָיֹה יִחְיֶה נְאֻם אֲדֹנָי[d] יְהוִה׃
ד מקף. ב̇. ל̇ג ר״פ 10 וְהוֹלִיד בֶּן־פָּרִיץ שֹׁפֵךְ דָּם וְעָשָׂה [b][a]אָח מֵאַחַד[b] מֵאֵלֶּה[a]׃ 11 [a]וְהוּא 10 11
ב אֶת־כָּל־אֵלֶּה לֹא עָשָׂה[a] כִּי גַם אֶל[b]־הֶהָרִים[c] אָכַל וְאֶת־אֵשֶׁת רֵעֵהוּ
ב̇. ב זקף קמ̇. כד בליש[6] טִמֵּא׃ 12 עָנִי[a] וְאֶבְיוֹן הוֹנָה גְּזֵלוֹת[ba] גָּזָל חֲבֹל[a] לֹא יָשִׁיב[c] וְאֶל־הַגִּלּוּלִים 12

[23] Mm 2846. [24] Mm 3316. [25] Mm 221. **Cp 18** [1] Mm 2637. [2] Mm 2638. [3] Mm 2847. [4] Mm 3132. [5] Mm 2848. [6] Mm 1685. [7] Mm 1566. [8] Mp sub loco. [9] Mm 3342.

22 c–c > 𝔊*, Ms 𝔖 om ונתתי; prb dl ‖ d > 𝔊*𝔖, add? ‖ e sic L, mlt Mss Edd הּ– ‖ **23** a prp פֹּארָה ‖ b 𝔊^AC *θηρίον* = חַיָּה ‖ **24** a sic L, mlt Mss Edd הּ– ‖ **Cp 18,2** a 𝔊(𝔖) pr *υἱὲ ἀνθρώπου*, ex 12,22 ‖ b–b > 𝔊 ‖ c–c 𝔊 *ἐν τοῖς υἱοῖς* ‖ d 𝔊(𝔖𝔙) *ἔφαγον* = אָכְלוּ ut Jer 31,29 ‖ e ℭ pc Mss om ה ut Jer 31,29 ‖ **3** a > Ms 𝔊*, add ‖ b frt l מֹשֵׁל cf 𝔖𝔗^Mss, al dl ‖ **6** a = עַל ‖ b prp הַדָּם cf 33,25 Lv 19,26 ‖ **7** a–a prb l חֲבֹל הַחַיָּב cf Vrs ‖ b 𝔊 pr cop ‖ **8** a 𝔊 pr *καὶ τὸ ἀργύριον αὐτοῦ* ‖ b cf 7b ‖ **9** a cf 7b ‖ b l הָלַךְ (י dttg cf 17) ‖ c 𝔊 *αὐτά*, prb l אֹתָם cf 19 ‖ d > Ms 𝔊*, add ‖ **10** a–a 𝔊 *ἁμαρτήματα* ‖ b–b dl אח et frt l c mlt Mss מאחת cf 𝔖𝔙 et Lv 4,2 ‖ **11** a–a > 𝔖; 𝔊 *ἐν τῇ ὁδῷ τοῦ πατρὸς αὐτοῦ τοῦ δικαίου οὐκ ἐπορεύθη* ‖ b = עַל ‖ c cf 6b ‖ **12** a cf 7b ‖ b l c 2 Mss 𝔊𝔗 לָהּ– cf 7.16 ‖ c prp הֵשִׁיב cf 𝔊 *ἀπέδωκεν*.

13 נָשָׂא עֵינָיו תּוֹעֵבָה עָשָׂה׃ 13 בַּנֶּשֶׁךְ נָתַן וְתַרְבִּית לָקַח וָחָי[a] לֹא יִחְיֶה אֵת יח וכל חיו יחיה דכות[10]
14 כָּל־הַתּוֹעֵבוֹת הָאֵלֶּה עָשָׂה מוֹת יוּמָת[b] דָּמָיו[c] בּוֹ יִהְיֶה׃ 14 וְהִנֵּה ב בנביא[11] . ד קמ וכל אתנח וס״פ דכות[12]
הוֹלִיד בֵּן וַיַּרְא אֶת־כָּל־חַטֹּאת אָבִיו אֲשֶׁר עָשָׂה וַיִּרְאֶה[a] וְלֹא יַעֲשֶׂה ו חס[13] . ח[14] . ה[15] . ב[16]
15 כָּהֵן׃ 15 עַל־הֶהָרִים[a] לֹא אָכָל וְעֵינָיו לֹא נָשָׂא אֶל־גִּלּוּלֵי בֵּית יִשְׂרָאֵל ב[17] בסיפ וכל קריא דכות ב מ ב . מז פסוק לא לא לא . ב זקף קמ . יא
16 אֶת[b]־אֵשֶׁת רֵעֵהוּ לֹא טִמֵּא׃ 16 וְאִישׁ לֹא הוֹנָה חֲבֹל[a] לֹא חָבָל וּגְזֵלָה מז פסוק לא לא לא . ב
17 לֹא גָזָל לַחְמוֹ לְרָעֵב נָתָן וְעֵרוֹם כִּסָּה־בָגֶד׃ 17 מֵעָנִי[a b] הֵשִׁיב יָדוֹ נֶשֶׁךְ ל זקף קמ וכל שם אנש דכות
וְתַרְבִּית לֹא לָקָח מִשְׁפָּטַי עָשָׂה בְּחֻקּוֹתַי[a] הָלָךְ הוּא לֹא יָמוּת בַּעֲוֺן ב זקף קמ[18]
18 אָבִיו חָיֹה יִחְיֶה׃ 18 אָבִיו כִּי־עָשַׁק עֹשֶׁק[a] גָּזַל[b] גֵּזֶל אָח[b] וַאֲשֶׁר לֹא־טוֹב ל ובטע מלעיל . ח[19]
19 עָשָׂה בְּתוֹךְ עַמָּיו[c] וְהִנֵּה־מֵת בַּעֲוֺנוֹ׃ 19 וַאֲמַרְתֶּם מַדֻּעַ לֹא־נָשָׂא הַבֵּן ל חס
בַּעֲוֺן[a] הָאָב וְהַבֵּן מִשְׁפָּט וּצְדָקָה עָשָׂה אֵת כָּל־חֻקּוֹתַי שָׁמַר וַיַּעֲשֶׂה ד
20 אֹתָם חָיֹה יִחְיֶה׃ 20 הַנֶּפֶשׁ הַחֹטֵאת הִיא תָמוּת בֵּן לֹא־יִשָּׂא | בַּעֲוֺן[a] כה חס בסיפ . הי ר״פ מיחד[20] . ב . לז
הָאָב וְאָב לֹא יִשָּׂא בַּעֲוֺן[a] הַבֵּן צִדְקַת הַצַּדִּיק[b] עָלָיו תִּהְיֶה וְרִשְׁעַת לז . ה[21]
רָשָׁע[c] עָלָיו תִּהְיֶה׃ ס הרשע ק חד מן יג[22] חס ה ר״ת
21 וְהָרָשָׁע כִּי יָשׁוּב מִכָּל־חַטֹּאתָו[a] אֲשֶׁר עָשָׂה וְשָׁמַר אֶת־כָּל־ חטאתיו ק חד מן ג בליש . ח[14]
22 חֻקּוֹתַי וְעָשָׂה מִשְׁפָּט וּצְדָקָה חָיֹה יִחְיֶה לֹא[a] יָמוּת׃ 22 כָּל־פְּשָׁעָיו
23 אֲשֶׁר עָשָׂה לֹא יִזָּכְרוּ לוֹ[a] בְּצִדְקָתוֹ אֲשֶׁר־עָשָׂה יִחְיֶה׃ 23 הֶחָפֹץ אֶחְפֹּץ יח וכל חיו יחיה דכות[23] . ל
מוֹת[a] רָשָׁע נְאֻם אֲדֹנָי[b] יְהוִה הֲלוֹא בְּשׁוּבוֹ מִדְּרָכָיו[c] וְחָיָה׃ ס ל . ו
24 וּבְשׁוּב צַדִּיק מִצִּדְקָתוֹ וְעָשָׂה עָוֶל כְּכֹל[a] הַתּוֹעֵבוֹת אֲשֶׁר־עָשָׂה ד
הָרָשָׁע יַעֲשֶׂה וָחָי[b] כָּל־צִדְקֹתָו[c] אֲשֶׁר־עָשָׂה לֹא תִזָּכַרְנָה בְּמַעֲלוֹ צדקתיו ק חד מן ג חס בליש
25 אֲשֶׁר־מָעַל וּבְחַטָּאתוֹ[d] אֲשֶׁר־חָטָא בָּם יָמוּת׃ 25 וַאֲמַרְתֶּם לֹא[a] יִתָּכֵן מז פסוק לא לא לא
דֶּרֶךְ[a] אֲדֹנָי[b] שִׁמְעוּ־נָא בֵּית יִשְׂרָאֵל[a] הֲדַרְכִּי לֹא יִתָּכֵן[a] הֲלֹא[c] דַרְכֵיכֶם ל . ח חס בסיפ

[10] Mm 107. [11] Mm 988. [12] Mm 590. [13] Mm 861. [14] Mm 2851. [15] Mm 2070. [16] Mm 2849. [17] Mm 2850. [18] Gn 27,36. [19] Mm 3985. [20] Mm 944. [21] Mm 1242. [22] Mm 1856. [23] Mm 107.

13 [a] 𝔊 *οὗτος ζωῇ*, l הוּא חָיוֹ vel sol חָיוֹ cf 28 ‖ [b] prp c ℭ 2 Mss 𝔊[A min]𝔖𝔗𝔙 יָמוּת cf 17.21.24.28 ‖ [c] ℭ דָּמוֹ ‖ **14** [a] > 𝔖; l c mlt Mss 𝔊𝔙 וַיִּרָא ‖ **15** [a] cf 6[b] ‖ [b] l c mlt Mss Edd 𝔊𝔖𝔗[Mss]𝔙 וְאֵת ‖ **16** [a] cf 7[b] ‖ **17** [a] cf 7[b] ‖ [b] 𝔊 *καὶ ἀπὸ ἀδικίας*, l מֵעָוֶל cf 8 ‖ **18** [a] cf 7[b] ‖ [b] l גְּזֵלָה cf 𝔊𝔖𝔗 et 7.(12.)16 ‖ [c] 𝔊 *τοῦ λαοῦ μου*, 𝔙(𝔖𝔗) *populi sui* ‖ **19** [a] 𝔊 *τὴν ἀδικίαν* = עָוֺן? ‖ **20** [a] ut 19[a] ‖ [b] cf [c] ‖ [c] aut l c Q ℭ mlt Mss הָר׳ aut dl ה in הצדיק ‖ **21** [a] ℭ nonn Mss ut Q ‖ [b] mlt Mss 𝔊[-B 147]𝔖𝔙 וְלֹא cf 28[c] ‖ **22** [a] > 𝔊* cf 33,16[b] ‖ **23** [a] l c nonn Mss בְּמ׳ cf 32 et b ‖ [b] > 𝔊*, add ‖ [c] prb l c mlt Mss 𝔊𝔖𝔗 מִדַּרְכּוֹ; 𝔊(𝔖) + *τῆς πονηρᾶς* cf 33,11 ‖ **24** [a] ℭ 2 Mss בְּכֹל ‖ [b–b] > 𝔊*𝔖, add ‖ [c] ℭ mlt Mss ut Q ‖ [d] 𝔊𝔖𝔗[Mss] pl ‖ **25** [a–a] 𝔖𝔗 pl cf 29 ‖ [b] l c ℭ mlt Mss 𝔊𝔗 יְהוָה, it 29 ‖ [c–c] 𝔊 sg.

26 לֹא יִתָּכֵנוּ׃ 26 בְּשׁוּב־צַדִּיק[c] מִצִּדְקָתוֹ וְעָשָׂה עָוֶל וּמֵת עֲלֵיהֶם[a] בְּעַוְלוֹ ב ר״פ . ל
27 אֲשֶׁר־עָשָׂה[b] יָמוּת׃ ס 27 וּבְשׁוּב רָשָׁע מֵרִשְׁעָתוֹ אֲשֶׁר עָשָׂה וַיַּעַשׂ ד
28 מִשְׁפָּט וּצְדָקָה הוּא אֶת־נַפְשׁוֹ יְחַיֶּה׃ 28 וַיִּרְאֶה[a] וַיָּשׁוֹב מִכָּל־פְּשָׁעָיו ז[24] . ה[25] . וישב ק
29 אֲשֶׁר עָשָׂה חָיוֹ[b] יִחְיֶה לֹא[c] יָמוּת׃ 29 וְאָמְרוּ בֵּית יִשְׂרָאֵל לֹא[a] יִתָּכֵן ד כת ו . מז פסוק לא לא לא
דֶּרֶךְ[a] אֲדֹנָי[b] הַדְּרָכַי[c] [d] לֹא יִתָּכְנוּ[ce] בֵּית יִשְׂרָאֵל הֲלֹא דַרְכֵיכֶם[f] לֹא ל . ח חס בסיפ
30 יִתָּכֵן׃[g] 30 לָכֵן[a] אִישׁ כִּדְרָכָיו[b] אֶשְׁפֹּט אֶתְכֶם בֵּית יִשְׂרָאֵל נְאֻם
אֲדֹנָי[c] יְהוִה שׁוּבוּ וְהָשִׁיבוּ מִכָּל־פִּשְׁעֵיכֶם וְלֹא־יִהְיֶה[d] לָכֶם לְמִכְשׁוֹל ב
31 עָוֺן׃ 31 הַשְׁלִיכוּ מֵעֲלֵיכֶם אֶת־כָּל־פִּשְׁעֵיכֶם אֲשֶׁר פְּשַׁעְתֶּם בָּם[a] וַעֲשׂוּ ג
32 לָכֶם לֵב חָדָשׁ וְרוּחַ חֲדָשָׁה וְלָמָּה תָמֻתוּ בֵּית יִשְׂרָאֵל׃ 32 כִּי לֹא
אֶחְפֹּץ בְּמוֹת הַמֵּת נְאֻם אֲדֹנָי[a] יְהוִה[b] וְהָשִׁיבוּ וִחְיוּ׃[b] פ ח

19 1 וְאַתָּה[a] שָׂא קִינָה אֶל־[b]נְשִׂיאֵי[c] יִשְׂרָאֵל׃ 2 וְאָמַרְתָּ ג[1]

מָה אִמְּךָ לְבִיָּא בֵּין אֲרָיוֹת ל
רָבָצָה בְּתוֹךְ כְּפִרִים רִבְּתָה גוּרֶיהָ׃ ל . ד חס בליש . ל . ל
3 וַתַּעַל[a] אֶחָד מִגֻּרֶיהָ כְּפִיר הָיָה ב
וַיִּלְמַד לִטְרָף־טֶרֶף אָדָם אָכָל׃
4 וַיִּשְׁמְעוּ[a] אֵלָיו[b] גּוֹיִם בְּשַׁחְתָּם נִתְפָּשׂ
וַיְבִאֻהוּ בַחַחִים אֶל־אֶרֶץ מִצְרָיִם׃ ז[2] . ב
5 וַתֵּרֶא כִּי נוֹחֲלָה[a] אָבְדָה תִּקְוָתָהּ ל
וַתִּקַּח אֶחָד[b] מִגֻּרֶיהָ כְּפִיר שָׂמָתְהוּ׃ ב . ב
6 וַיִּתְהַלֵּךְ בְּתוֹךְ־אֲרָיוֹת כְּפִיר הָיָה
וַיִּלְמַד לִטְרָף־טֶרֶף אָדָם אָכָל׃
7 וַיֵּדַע[a] אַלְמְנוֹתָיו[b] וְעָרֵיהֶם הֶחֱרִיב

[24] Mm 1687. [25] Mm 2070. **Cp 19** [1] Mm 1725. [2] Mm 1391.

26 [a] > Ms 𝔊𝔖, dl ‖ [b] 𝔊 + *ἐν αὐτῷ* cf 𝔖 ‖ **28** [a] > 𝔊*, add ‖ [b] ℭ mlt Mss חָיָה ‖ [c] nonn Mss וְלֹא cf 𝔖𝔙 ‖ **29** [a–a] 𝔖𝔗 pl cf 29[c–c] ‖ [b] l c ℭ nonn Mss 𝔊𝔗 יְהוָה, it 25 ‖ [c–c] prb l c 𝔊 sg cf 25 ‖ [d] sic L, nonn Mss Edd הַדְּ ‖ [e] sic L, mlt Mss Edd נוּ— ‖ [f] pc Mss 𝔊 sg ‖ [g] prb l c mlt Mss Edd 𝔖𝔗𝔙 pl cf 25 ‖ **30** [a] > 𝔊* ‖ [b] 𝔊 sg ‖ [c] > 𝔊*, add ‖ [d] 𝔊 pl ‖ **31** [a] prb l c 2 Mss Ed 𝔊 בִּי cf Jer 33,8 ‖ **32** [a] > ℭ𝔊*, add ‖ [b–b] > 𝔊*, add ‖ **Cp 19,1** [a] 𝔊[AC min](𝔖) + *υἱὲ ἀνθρώπου* cf 17,12[a] ‖ [b] = עַל ‖ [c] 𝔊 sg, frt recte ‖ **3** [a] 𝔊(𝔖) *καὶ ἀπεπήδησεν* = וִיעַל? ‖ **4** [a] l (וַיַּשְׁמִ(י)עוּ ‖ [b] = עָלָיו ‖ **5** [a] 𝔊 *ἀπῶσται*, 𝔖 *'tkrht*, 𝔗 *psq*, 𝔙 *infirmata est*, prp נואלה ‖ [b] 𝔊 *ἄλλον* = אַחֵר ‖ **7** [a] 𝔊 *καὶ ἐνέμετο*, α' *καὶ ἐκάκωσε*, 𝔗 *w'sdj*; frt l וַיָּרַע ‖ [b] 𝔊 *τῷ θράσει αὐτοῦ*, θ' *βαρεῖς αὐτοῦ*, 𝔗 *bjrnjtjh*; frt l אַרְמְנוֹתֵיהֶם.

וַתֵּשַׁם אֶרֶץ וּמְלֹאָהּ מִקּוֹל שַׁאֲגָתוֹ׃ ל̇[3]
8 וַיִּתְּנוּ עָלָיו גּוֹיִם סָבִיב מִמְּדִינוֹת[a]
וַיִּפְרְשׂוּ עָלָיו רִשְׁתָּם בְּשַׁחְתָּם נִתְפָּשׂ׃ [בַּמְּצֹדוֹת[ab] ל̇
9 וַיִּתְּנֻהוּ בַסּוּגַר בַּחַחִים וַיְבִאֻהוּ [a]אֶל־מֶלֶךְ בָּבֶל יְבִאֻהוּ ד̇[4] ג חס וחד מל . ב̇ . ז̇[5] . ל̇
לְמַעַן לֹא־יִשָּׁמַע קוֹלוֹ עוֹד[c] אֶל[d]־הָרֵי יִשְׂרָאֵל׃ פ ל̇[6] . ה̇[7]
10 אִמְּךָ כַגֶּפֶן בְּדָמְךָ[a] עַל־מַיִם שְׁתוּלָה ז̇[8]
פֹּרִיָּה וַעֲנֵפָה הָיְתָה מִמַּיִם רַבִּים׃
11 [a]וַיִּהְיוּ־לָהּ מַטּוֹת[a] עֹז אֶל־שִׁבְטֵי[b] מֹשְׁלִים [דָּלִיּוֹתָיו[c]׃ ל̇ [ל̇ חס
[c]וַתִּגְבַּהּ קוֹמָתוֹ עַל[d]־בֵּין עֲבֹתִים[e] וַיֵּרָא בְגָבְהוֹ בְּרֹב ל̇ . כ̇[9]
12 וַתֻּתַּשׁ[a] בְּחֵמָה לָאָרֶץ הֻשְׁלָכָה
וְרוּחַ הַקָּדִים הוֹבִישׁ פִּרְיָהּ[b] הִתְפָּרְקוּ ב̇[10] . ב̇ מל וכל יהושע דכות[11]
[c]וְיָבֵשׁוּ[d] מַטֵּה עֻזָּהּ אֵשׁ אֲכָלָתְהוּ[c]׃ ד
13 וְעַתָּה שְׁתוּלָה[a] בַמִּדְבָּר בְּאֶרֶץ צִיָּה וְצָמָא[b]׃
14 [a]וַתֵּצֵא אֵשׁ מִמַּטֵּה[b] בַדֶּיהָ פִּרְיָהּ[c] אָכָלָה[ad] ג
וְלֹא־הָיָה בָהּ מַטֵּה־עֹז שֵׁבֶט לִמְשׁוֹל כה̇[12] . ג̇[13] מל ול בליש
קִינָה הִיא וַתְּהִי לְקִינָה׃ פ

ס̇ יא[1] **20** 1 וַיְהִי׀ בַּשָּׁנָה הַשְּׁבִיעִית בַּחֲמִשִׁי בֶּעָשׂוֹר לַחֹדֶשׁ בָּאוּ אֲנָשִׁים ג חס[2] . ל̇[3]
2 מִזִּקְנֵי[a] יִשְׂרָאֵל לִדְרֹשׁ אֶת־יְהוָה וַיֵּשְׁבוּ לְפָנָי׃ ס 2 וַיְהִי דְבַר־
3 יְהוָה אֵלַי לֵאמֹר׃ 3 בֶּן־אָדָם דַּבֵּר אֶת[a]־זִקְנֵי[b] יִשְׂרָאֵל וְאָמַרְתָּ אֲלֵהֶם כט חס בנביא[4]
כֹּה אָמַר אֲדֹנָי[c] יְהוִה הֲלִדְרֹשׁ אֹתִי אַתֶּם בָּאִים חַי־אָנִי אִם־אִדָּרֵשׁ ל̇ וחס
4 לָכֶם נְאֻם אֲדֹנָי[d] יְהוִה׃ 4 הֲתִשְׁפֹּט אֹתָם הֲתִשְׁפּוֹט בֶּן־אָדָם אֶת־ כה̇ חס בסיפ . ג̇[5] מל ב מנה בליש
5 תּוֹעֲבֹת אֲבוֹתָם הוֹדִיעֵם׃ 5 וְאָמַרְתָּ אֲלֵיהֶם כֹּה־אָמַר אֲדֹנָי[a] יְהוִה יב̇ בטע בסיפ

[3] Mm 2817. [4] Mm 2182. [5] Mm 1391. [6] Mm 3112. [7] Mm 2929. [8] Mm 739. [9] Mm 1227. [10] Mm 438 et Mm 2845. [11] Mm 2852. [12] Mp sub loco. [13] Mm 272. **Cp 20** [1] Mp sub loco. [2] Mm 2853. [3] וחד באו האנשים Nu 22,20. [4] Mm 1954. [5] Mm 2854.

8 [a] prp מְצוּדוֹת || **9** [a–a] aut dl אל־מלך בבל יבאהו (gl) aut l sol בבל || [b] frt l בַּמַּצֹּרֶת cf 𝔊𝔖𝔙 || [c] > Ms 𝔊*𝔖, add || [d] = עַל || **10** [a] 2 Mss כרמך; 𝔊 *ὡς ἄνθος ἐν ῥόᾳ*, frt l בַּכֶּרֶם || **11** [a–a] 𝔊 sg, prp וַיְהִי־לָהּ מַטֵּה cf 12.14 || [b] 𝔊 sg, prp שֵׁבֶט || [c–c] prb add || [d] = אֶל || [e] l עֲבֹת cf 31,3 || **12** [a] prp (m cs) וְהִיא הֻתְּשָׁה || [b] 𝔊 *τὰ ἐκλεκτὰ αὐτῆς*, prb l בַּדֶּיהָ cf 14 || [c–c] prb add || [d] 𝔊 sg, l וְיָבֵשׁ vel וַיִּבַשׁ || **13** [a] 𝔊 *πεφύτευκαν αὐτήν*, frt l שְׁתָלוּהָ || [b] > 𝔊*, add || **14** [a–a] prb add cf 11[c–c].12[c–c] || [b] prp מִמַּטֶּהָ || [c] > 𝔊, prp וּפֹרֹתֶיהָ || [d] 𝔊 *καὶ κατέφαγεν αὐτήν*, l 𝔐 || **Cp 20,1** [a] 𝔊 + *οἴκου* cf 3[b] et 8,11.12 || **3** [a] mlt Mss אֶל || [b] 𝔊 + *οἴκου* cf 1[a], 𝔖 + *dbnj* || [c] > 2 Mss 𝔊*, add || [d] > 𝔊*, add || **5** [a] cf 3[d].

בְּיוֹם בָּחֳרִי בְיִשְׂרָאֵל[b] וָאֶשָּׂא יָדִי לְזֶרַע בֵּית יַעֲקֹב וָאִוָּדַע לָהֶם בְּאֶרֶץ ו׳[6] ול בליש וכל אף דכות . ח חס את[7]
6 מִצְרָיִם וָאֶשָּׂא יָדִי לָהֶם לֵאמֹר אֲנִי יְהוָה אֱלֹהֵיכֶם׃ 6 בַּיּוֹם הַהוּא ח חס את[7] . כד ס״פ
נָשָׂאתִי יָדִי לָהֶם לְהוֹצִיאָם מֵאֶרֶץ מִצְרָיִם אֶל־אֶרֶץ אֲשֶׁר־תַּרְתִּי[a] יט . ח חס את[7] . ב
7 לָהֶם זָבַת חָלָב וּדְבַשׁ צְבִי הִיא לְכָל־הָאֲרָצוֹת׃ 7 וָאֹמַר אֲלֵהֶם אִישׁ כט חס בנביא[8] . ה פסוק בסיפ[9]
שִׁקּוּצֵי עֵינָיו הַשְׁלִיכוּ וּבְגִלּוּלֵי מִצְרַיִם אַל־תִּטַּמָּאוּ אֲנִי יְהוָה אֱלֹהֵיכֶם׃ ג . כד ס״פ
8 8 וַיַּמְרוּ־בִי וְלֹא אָבוּ לִשְׁמֹעַ אֵלַי אִישׁ[a] אֶת־שִׁקּוּצֵי עֵינֵיהֶם לֹא הִשְׁלִיכוּ י פסוק ולא לא לא[10] . ה פסוק בסיפ[9]
וְאֶת־גִּלּוּלֵי מִצְרַיִם לֹא עָזָבוּ וָאֹמַר לִשְׁפֹּךְ חֲמָתִי עֲלֵיהֶם לְכַלּוֹת אַפִּי ב
9 בָּהֶם בְּתוֹךְ אֶרֶץ מִצְרָיִם׃ 9 וָאַעַשׂ לְמַעַן שְׁמִי לְבִלְתִּי הֵחֵל לְעֵינֵי ב
הַגּוֹיִם אֲשֶׁר־הֵמָּה בְתוֹכָם אֲשֶׁר נוֹדַעְתִּי אֲלֵיהֶם לְעֵינֵיהֶם לְהוֹצִיאָם ל
10 מֵאֶרֶץ מִצְרָיִם׃ 10 וָאוֹצִיאֵם מֵאֶרֶץ מִצְרָיִם וָאֲבִאֵם אֶל־הַמִּדְבָּר׃ ל חס
11 11 וָאֶתֵּן לָהֶם אֶת־חֻקּוֹתַי וְאֶת־מִשְׁפָּטַי הוֹדַעְתִּי אוֹתָם אֲשֶׁר יַעֲשֶׂה
12 אוֹתָם הָאָדָם וָחַי בָּהֶם׃ 12 וְגַם אֶת־שַׁבְּתוֹתַי נָתַתִּי לָהֶם לִהְיוֹת לְאוֹת ב בסיפ
13 בֵּינִי וּבֵינֵיהֶם לָדַעַת כִּי אֲנִי יְהוָה מְקַדְּשָׁם׃ 13 וַיַּמְרוּ־בִי בֵית־יִשְׂרָאֵל ד[11]
בַּמִּדְבָּר בְּחֻקּוֹתַי לֹא־הָלָכוּ וְאֶת־מִשְׁפָּטַי מָאָסוּ אֲשֶׁר יַעֲשֶׂה אֹתָם כה חס בסיפ
הָאָדָם וָחַי בָּהֶם וְאֶת־שַׁבְּתֹתַי חִלְּלוּ מְאֹד וָאֹמַר לִשְׁפֹּךְ חֲמָתִי עֲלֵיהֶם ב חס וכל אורית דכות
14 בַּמִּדְבָּר לְכַלּוֹתָם׃ 14 וָאֶעֱשֶׂה לְמַעַן שְׁמִי לְבִלְתִּי הֵחֵל לְעֵינֵי הַגּוֹיִם ב
15 אֲשֶׁר הוֹצֵאתִים לְעֵינֵיהֶם׃ 15 וְגַם־אֲנִי נָשָׂאתִי יָדִי לָהֶם בַּמִּדְבָּר יט . ה[9] פסוק בסיפ וחד מן ח[7] חס את
לְבִלְתִּי הָבִיא אוֹתָם אֶל־הָאָרֶץ אֲשֶׁר־נָתַתִּי[a] זָבַת חָלָב וּדְבַשׁ צְבִי הִיא ח קמ[12]
16 לְכָל־הָאֲרָצוֹת׃ 16 יַעַן בְּמִשְׁפָּטַי מָאָסוּ וְאֶת־חֻקּוֹתַי לֹא־הָלְכוּ בָהֶם ה[13]
17 וְאֶת־שַׁבְּתוֹתַי חִלֵּלוּ[a] כִּי אַחֲרֵי גִלּוּלֵיהֶם לִבָּם הֹלֵךְ׃ 17 וַתָּחָס עֵינִי ב . כט[14]
18 עֲלֵיהֶם מִשַּׁחֲתָם וְלֹא־עָשִׂיתִי אוֹתָם[a] כָּלָה בַּמִּדְבָּר׃ 18 וָאֹמַר ב[15]
אֶל־בְּנֵיהֶם בַּמִּדְבָּר בְּחוּקֵּי אֲבוֹתֵיכֶם אַל־תֵּלֵכוּ וְאֶת־מִשְׁפְּטֵיהֶם ל . ל מל
19 אַל־תִּשְׁמֹרוּ וּבְגִלּוּלֵיהֶם אַל־תִּטַּמָּאוּ׃ 19 אֲנִי יְהוָה אֱלֹהֵיכֶם בְּחֻקּוֹתַי
20 לֵכוּ וְאֶת־מִשְׁפָּטַי שִׁמְרוּ וַעֲשׂוּ אוֹתָם׃ 20 וְאֶת־שַׁבְּתוֹתַי קַדֵּשׁוּ וְהָיוּ ג
21 לְאוֹת בֵּינִי וּבֵינֵיכֶם לָדַעַת כִּי אֲנִי יְהוָה אֱלֹהֵיכֶם׃ 21 וַיַּמְרוּ־בִי י . כד ס״פ

[6]Mm 1643. [7]Mm 1830. [8]Mm 1954. [9]Mm 2855. [10]Mm 1139. [11]Mm 785. [12]Mm 1092. [13]Mm 2786. [14]Mm 2501. [15]Mm 2219

5 [b] 𝔊 *τὸν οἶκον Ισραηλ* ‖ **6** [a] 𝔊 *ἡτοίμασα*, 𝔖(𝔗) *jhbt* = נתתי cf 15; l 𝔐 ‖ **8** [a] > 𝔊*𝔖, add ‖ **15** [a] prb ins c pc Mss 𝔊𝔖𝔙 לָהֶם cf 6 ‖ **16** [a] nonn Mss + מְאֹד cf 𝔖 et 13 sed etiam 21 ‖ **17** [a] mlt Mss אתם, prb l אִתָּם.

הַבָּנִים בְּחֻקּוֹתַי לֹא־הָלָכוּ וְאֶת־מִשְׁפָּטַי לֹא־שָׁמְרוּ לַעֲשׂוֹת אוֹתָם
אֲשֶׁר יַעֲשֶׂה אוֹתָם הָאָדָם וָחַי בָּהֶם אֶת־[a]שַׁבְּתוֹתַי חִלֵּלוּ וָאֹמַר לִשְׁפֹּךְ׃ ב̇ בסיפ̇
22 חֲמָתִי עֲלֵיהֶם לְכַלּוֹת אַפִּי בָּם בַּמִּדְבָּר׃ 22 [a]וַהֲשִׁבֹתִי אֶת־יָדִי[a] וָאַעַשׂ ב̇. ב̇ בטע
לְמַעַן שְׁמִי לְבִלְתִּי הֵחֵל לְעֵינֵי הַגּוֹיִם אֲשֶׁר־הוֹצֵאתִי אוֹתָם לְעֵינֵיהֶם׃
23 גַּם־[a]אֲנִי נָשָׂאתִי אֶת־יָדִי לָהֶם בַּמִּדְבָּר לְהָפִיץ אֹתָם בַּגּוֹיִם וּלְזָרוֹת ג̇ ר״פ בסיפ̇[16]. ו̇[17] ר״פ וכל מ״פ דכות ב̇ מ̇ ה̇. יט̇. ה̇ פסוק בסיפ̇[18]. כה̇ חס̇ בסיפ̇
24 אוֹתָם בָּאֲרָצוֹת׃ 24 יַעַן מִשְׁפָּטַי לֹא־עָשׂוּ וְחֻקּוֹתַי מָאָסוּ וְאֶת־שַׁבְּתוֹתַי
25 חִלֵּלוּ וְאַחֲרֵי גִּלּוּלֵי אֲבוֹתָם הָיוּ עֵינֵיהֶם׃ 25 וְגַם־אֲנִי נָתַתִּי לָהֶם חֻקִּים
26 לֹא טוֹבִים וּמִשְׁפָּטִים לֹא יִחְיוּ בָּהֶם׃ 26 וָאֲטַמֵּא אוֹתָם בְּמַתְּנוֹתָם ז̇[19]. ל̇[20]
בְּהַעֲבִיר כָּל־פֶּטֶר רָחַם לְמַעַן אֲשִׁמֵּם [a]לְמַעַן אֲשֶׁר יֵדְעוּ אֲשֶׁר אֲנִי ה̇[21]. ו̇ פסוק למען למען[22]. ל̇. יב̇[23]
27 יְהוָה[a]׃ ס 27 לָכֵן דַּבֵּר אֶל־בֵּית יִשְׂרָאֵל בֶּן־אָדָם וְאָמַרְתָּ אֲלֵיהֶם יא̇ בטע̇ בסיפ̇[24]. ב̇
כֹּה אָמַר אֲדֹנָי[a] יְהוִה עוֹד זֹאת גִּדְּפוּ אוֹתִי אֲבוֹתֵיכֶם בְּמַעֲלָם בִּי מָעַל׃ ג̇[25]. כ̇י[26] מל̇ ה̇[27] מנה̇ בסיפ̇ וכל יהושע ושפטים דכות ב̇ מ̇ ב̇
28 וָאֲבִיאֵם אֶל־הָאָרֶץ אֲשֶׁר נָשָׂאתִי אֶת־יָדִי לָתֵת אוֹתָהּ לָהֶם וַיִּרְאוּ יט̇
כָל־גִּבְעָה רָמָה וְכָל־עֵץ עָבֹת וַיִּזְבְּחוּ־שָׁם אֶת־זִבְחֵיהֶם [a]וַיִּתְּנוּ־שָׁם ה̇[28]. ז̇
כַּעַס קָרְבָּנָם[a] וַיָּשִׂימוּ שָׁם רֵיחַ נִיחוֹחֵיהֶם וַיַּסִּיכוּ שָׁם אֶת־נִסְכֵּיהֶם׃ לה̇. ל̇
29 וָאֹמַר אֲלֵהֶם מָה הַבָּמָה אֲשֶׁר־אַתֶּם הַבָּאִים[a] שָׁם [b]וַיִּקָּרֵא שְׁמָהּ כט̇ חס̇ בנביא̇[29]. יב̇[30] ב̇[31] מנה̇ בליש̇. ה̇[32]
30 בָּמָה עַד הַיּוֹם הַזֶּה[b]׃ 30 לָכֵן אֱמֹר ׀ אֶל־בֵּית יִשְׂרָאֵל כֹּה אָמַר יא̇ בטע̇ בסיפ̇[24]
אֲדֹנָי[a] יְהוִה הַבְדֶרֶךְ אֲבוֹתֵיכֶם אַתֶּם נִטְמְאִים וְאַחֲרֵי שִׁקּוּצֵיהֶם אַתֶּם ל̇
31 זֹנִים׃ 31 [a]וּבִשְׂאֵת מַתְּנֹתֵיכֶם[a] [b]בְּהַעֲבִיר בְּנֵיכֶם בָּאֵשׁ[b] אַתֶּם נִטְמְאִים ב̇. ד̇. ל̇ בטע
לְכָל־גִּלּוּלֵיכֶם עַד־הַיּוֹם[c] וַאֲנִי אִדָּרֵשׁ לָכֶם בֵּית יִשְׂרָאֵל חַי־אָנִי נְאֻם ט̇ מיחד̇[20]
32 אֲדֹנָי[d] יְהוִה אִם־אִדָּרֵשׁ לָכֶם׃ 32 וְהָעֹלָה עַל־רוּחֲכֶם הָיוֹ לֹא תִהְיֶה ה̇ חס̇ בסיפ̇. ל̇
אֲשֶׁר ׀ אַתֶּם אֹמְרִים נִהְיֶה כַגּוֹיִם כְּמִשְׁפְּחוֹת הָאֲרָצוֹת לְשָׁרֵת עֵץ וָאָבֶן׃ ג̇[33]. יא̇[34] ול̇ בליש̇ וכל כל אלה בני דכות ב̇ מ̇ ב̇
33 [a]חַי־אָנִי נְאֻם אֲדֹנָי[b] יְהוִה אִם־לֹא בְּיָד חֲזָקָה וּבִזְרוֹעַ נְטוּיָה וּבְחֵמָה
34 שְׁפוּכָה אֶמְלוֹךְ עֲלֵיכֶם׃ 34 וְהוֹצֵאתִי אֶתְכֶם מִן־הָעַמִּים וְקִבַּצְתִּי ג̇ מל̇ בליש̇[35]. ג̇ ר״פ

[16] Mm 2856. [17] Mm 2449. [18] Mm 2855. [19] Mm 1294. [20] Mp sub loco. [21] Mm 1425. [22] Mm 2707. [23] Mm 801. [24] Mm 2912. [25] Mm 2351. [26] Mm 1238 א. [27] Mm 2790. [28] Mm 2857. [29] Mm 1954. [30] Mm 2938. [31] Mm 1536. [32] Mm 1806. [33] Mm 2144. [34] Mm 3361. [35] Mm 1670.

21 [a] l c V^P mlt Mss Vrs וְאֵת cf 13 ‖ **22** [a–a] > 𝔊*𝔖, add cf 9.14 ‖ **23** [a] l c V^P nonn Mss Edd וְגַם cf 15.25 ‖ **26** [a–a] > 𝔊*, add ‖ **27** [a] cf 3[d] ‖ **28** [a–a] > 𝔊*, add ‖ **29** [a] crrp? prp בָּאִים ‖ [b–b] add? frt tot v add ‖ **30** [a] cf 3[d] ‖ **31** [a–a] 𝔊 *καὶ ἐν ταῖς ἀπαρχαῖς τῶν δομάτων ὑμῶν ἐν ταῖς ἀφορισμοῖς* cf 40, 1 𝔐 ‖ [b–b] > 𝔊*, add ‖ [c] ℭ pc Mss + הַזֶּה cf 𝔊𝔗 ‖ [d] > Ms 𝔊*, add ‖ **33** [a] 𝔊 pr *διὰ τοῦτο* ‖ [b] cf 3[d].

ג . ג̇[36] אֶתְכֶ֗ם מִן־הָ֣אֲרָצ֔וֹת אֲשֶׁ֥ר נְפוֹצֹתֶ֖ם בָּ֑ם בְּיָ֤ד חֲזָקָה֙ וּבִזְר֣וֹעַ נְטוּיָ֔ה
ג וּבְחֵמָ֖ה שְׁפוּכָֽה׃ 35 וְהֵבֵאתִ֣י אֶתְכֶ֔ם אֶל־מִדְבַּ֖ר הָעַמִּ֑ים וְנִשְׁפַּטְתִּ֤י 35
ה̇[37] אִתְּכֶם֙ שָׁ֔ם פָּנִ֖ים אֶל־פָּנִֽים׃ 36 כַּאֲשֶׁ֤ר נִשְׁפַּ֙טְתִּי֙ אֶת־אֲב֣וֹתֵיכֶ֔ם בְּמִדְבַּ֖ר 36
ל̇[38] אֶ֣רֶץ מִצְרָ֑יִם כֵּ֚ן אִשָּׁפֵ֣ט אִתְּכֶ֔ם נְאֻ֖ם אֲדֹנָ֥יa יְהוִֽה׃ 37 וְהַעֲבַרְתִּ֥י אֶתְכֶ֖ם 37
ל̇ תַּ֣חַת הַשָּׁ֑בֶט וְהֵבֵאתִ֥י אֶתְכֶ֖ם בְּמָסֹ֥רֶתa הַבְּרִֽיתb׃ 38 וּבָרוֹתִ֨י מִכֶּ֜ם 38
ב̇ . ב̇ מל . ד̇ חד חס וג̇ מל[39] . ח̇ הַמֹּרְדִ֣ים וְהַפּוֹשְׁעִ֣ים בִּ֔י מֵאֶ֤רֶץ מְגֽוּרֵיהֶם֙ אוֹצִ֣יא אוֹתָ֔ם וְאֶל־אַדְמַ֥ת
ח̇ סביר לשון רבים . יא̇ ס״פ בסיפ יִשְׂרָאֵ֖ל לֹ֣א יָב֑וֹאa וִֽידַעְתֶּ֖ם כִּֽי־אֲנִ֥י יְהוָֽה׃ 39 וְאַתֶּ֣ם בֵּית־ 39
ל̇ יִשְׂרָאֵ֗ל כֹּֽה־אָמַ֣ר ׀ אֲדֹנָ֣יa יְהוִ֗ה אִ֤ישׁ גִּלּוּלָיו֙ לְכ֣וּb dc עֲבֹ֔דוּ וְאַחַ֕רd אִם־
ד̇[40] . ד̇ אֵינְכֶ֖םe שֹׁמְעִ֣ים אֵלָ֑יc וְאֶת־שֵׁ֤ם קָדְשִׁי֙ לֹ֣א תְחַלְּלוּ־ע֔וֹד בְּמַתְּנוֹתֵיכֶ֖ם
וּבְגִלּוּלֵיכֶֽם׃ 40 כִּ֣י בְהַר־קָדְשִׁ֞י בְּהַ֣ר ׀ מְר֣וֹם יִשְׂרָאֵ֗ל נְאֻם֙ אֲדֹנָ֣יa יְהוִ֔ה 40
ג̇ . כן כת[41] . ג̇ מל בליש שָׁ֣ם יַֽעַבְדֻ֜נִי כָּל־בֵּ֧ית יִשְׂרָאֵ֛ל כֻּלֹּ֖ה בָּאָ֑רֶץb שָׁ֣ם אֶרְצֵ֗ם וְשָׁ֨ם אֶדְר֤וֹשׁ
ב̇ . כח̇ . ב̇[42] אֶת־תְּרוּמֹֽתֵיכֶם֙ וְאֶת־רֵאשִׁ֣ית מַשְׂאוֹתֵיכֶ֔ם בְּכָל־קָדְשֵׁיכֶֽם׃ 41 בְּרֵ֣יחַ ס֗ ב̇[38]
ל̇ ר״פ . ג̇ נִיחֹ֙חַ֙ אֶרְצֶ֣ה אֶתְכֶ֔ם בְּהוֹצִיאִ֤י אֶתְכֶם֙ מִן־הָ֣עַמִּ֔ים וְקִבַּצְתִּ֣י אֶתְכֶ֔ם מִן־
ג̇ . ג̇[36] הָ֣אֲרָצ֔וֹת אֲשֶׁ֥ר נְפֹצֹתֶ֖ם בָּ֑ם וְנִקְדַּשְׁתִּ֥י בָכֶ֖ם לְעֵינֵ֥י הַגּוֹיִֽם׃ 42 וִֽידַעְתֶּם֙ 42
ח̇ כִּֽי־אֲנִ֣י יְהוָ֔ה בַּהֲבִיאִ֥י אֶתְכֶ֖ם אֶל־אַדְמַ֣ת יִשְׂרָאֵ֑ל אֶל־הָאָ֗רֶץ אֲשֶׁ֤ר
יט̇ נָשָׂ֙אתִי֙ אֶת־יָדִ֔י לָתֵ֥ת אוֹתָ֖הּ לַאֲבוֹתֵיכֶֽם׃ 43 וּזְכַרְתֶּם־שָׁ֗ם אֶת־ 43
ג̇ . ב̇ . ד̇ דַּרְכֵיכֶם֙ וְאֵת֙ כָּל־עֲלִילוֹתֵיכֶ֔םa אֲשֶׁ֥ר נִטְמֵאתֶ֖ם בָּ֑ם וּנְקֹטֹתֶם֙ בִּפְנֵיכֶ֔ם
בְּכָל־רָעוֹתֵיכֶ֖ם אֲשֶׁ֥רb עֲשִׂיתֶֽםb׃ 44 וִֽידַעְתֶּ֖ם כִּֽי־אֲנִ֣י יְהוָ֑ה בַּעֲשׂוֹתִ֤י 44
ג̇[43] מילין מן יא̇ אות ול בליש . ל̇ אִתְּכֶם֙ לְמַ֣עַן שְׁמִ֔י לֹ֩א כְדַרְכֵיכֶ֨ם הָרָעִ֜ים וְכַעֲלִילוֹתֵיכֶ֤ם הַנִּשְׁחָתוֹת֙
aבֵּ֣ית יִשְׂרָאֵ֔לa נְאֻ֖ם אֲדֹנָ֥יb יְהוִֽה׃ פ
כ̇ד̇ **21** 1 וַיְהִ֥י דְבַר־יְהוָ֖ה אֵלַ֥י לֵאמֹֽר׃ 2 בֶּן־אָדָ֗ם שִׂ֤ים פָּנֶ֙יךָ֙ דֶּ֣רֶךְ **21**
ו̇ ה̇ מנה בסיפ תֵּימָ֔נָה וְהַטֵּ֖ףa אֶל־bדָּר֑וֹם וְהִנָּבֵ֛א אֶל־bיַ֥עַר cהַשָּׂדֶ֖ה נֶֽגֶבcd׃ 3 וְאָמַרְתָּ֙ 3
ל̇ לְיַ֣עַר הַנֶּ֔גֶב שְׁמַ֖ע דְּבַר־יְהוָ֑ה כֹּֽה־אָמַ֞ר אֲדֹנָ֣יa יְהוִ֗ה הִנְנִ֣י מַֽצִּית־בְּךָ֣ ׀

[36] Mm 2858. [37] Mm 243. [38] Mp sub loco. [39] Mm 2859. [40] Mm 309. [41] Cf Mp sub loco, Mm 2264 et 2480. [42] Lv 26,31. [43] Mm 3779. **Cp 21** [1] Mm 2860.

36 a > Ms 𝔊*, add ‖ **37** a 𝔊 ἐν ἀριθμῷ, l בְּמִסְפָּר cf 1 Ch 9,28 ‖ b > 𝔊*, dl (dttg cf init 38) ‖ **38** a l c 𝔈 nonn Mss Seb Vrs יָבֹאוּ ‖ **39** a cf 3d ‖ b prp הַשְׁלִיכוּ cf 7 ‖ c–c add? cf b ‖ d–d pc Mss 'עברו ו; 𝔊 ἐξάρατε· καὶ μετὰ ταῦτα, prp בַּעֲרוּ אַחֲרֵיכֶם cf 1 R 14,10 21,21 ‖ e prp יֶשְׁכֶם — אֶשְׁכֶם ‖ **40** a cf 3d ‖ b > 𝔊*𝔖 ‖ **43** a > 𝔈𝔊*, add ‖ b–b > 𝔊*, add ‖ **44** a–a > 𝔊* ‖ b > 2 Mss 𝔊* ‖ **Cp 21,2** a 𝔊(𝔖) καὶ ἐπίβλεψον — וְהַבֵּט? ‖ b = עַל ‖ c–c Ms om השדה, Ms 𝔖 הנגב; prb l sol הנגב (שדה var lect ad יער) ‖ d Or pc Mss נֶגְבָּה ‖ **3** a > 𝔈 Ms 𝔊*, add.

אֵשׁ וְאָכְלָה בְךָ כָל־עֵץ־לַח וְכָל־עֵץ יָבֵשׁ לֹא־תִכְבֶּה לַהֶבֶת שַׁלְהֶבֶת
4 וְנִצְרְבוּ־בָהּ כָּל־פָּנִים מִנֶּגֶב צָפוֹנָה׃ 4 וְרָאוּ כָּל־בָּשָׂר כִּי אֲנִי יְהוָה
5 בִּעַרְתִּיהָ לֹא תִּכְבֶּה׃ 5 וָאֹמַר אֲהָהּ אֲדֹנָי[a] יְהוִה הֵמָּה[b] אֹמְרִים לִי
6 הֲלֹא מְמַשֵּׁל מְשָׁלִים הוּא׃ פ 6 וַיְהִי דְבַר־יְהוָה אֵלַי לֵאמֹר׃
7 [a]בֶּן־אָדָם שִׂים פָּנֶיךָ אֶל־יְרוּשָׁלִַם וְהַטֵּף[b] אֶל־[c]מִקְדָּשִׁים[d] וְהִנָּבֵא
8 אֶל־[c]אַדְמַת יִשְׂרָאֵל׃ 8 וְאָמַרְתָּ לְאַדְמַת יִשְׂרָאֵל [a]כֹּה אָמַר[b] יְהוָה[a]
הִנְנִי אֵלַיִךְ[c] וְהוֹצֵאתִי חַרְבִּי מִתַּעְרָהּ וְהִכְרַתִּי מִמֵּךְ צַדִּיק[d] וְרָשָׁע׃
9 [b]יַעַן אֲשֶׁר־הִכְרַתִּי מִמֵּךְ צַדִּיק[a] וְרָשָׁע לָכֵן תֵּצֵא חַרְבִּי מִתַּעְרָהּ אֶל־[b]
10 כָּל־בָּשָׂר מִנֶּגֶב צָפוֹן[c]׃ 10 וְיָדְעוּ כָּל־בָּשָׂר כִּי אֲנִי יְהוָה הוֹצֵאתִי
11 חַרְבִּי מִתַּעְרָהּ לֹא תָשׁוּב עוֹד׃ ס 11 וְאַתָּה בֶן־אָדָם הֵאָנַח
12 בְּשִׁבְרוֹן מָתְנַיִם וּבִמְרִירוּת תֵּאָנַח לְעֵינֵיהֶם׃ 12 וְהָיָה כִּי־יֹאמְרוּ אֵלֶיךָ
עַל־מָה אַתָּה נֶאֱנָח וְאָמַרְתָּ אֶל־[a]שְׁמוּעָה כִי־בָאָה וְנָמֵס כָּל־לֵב וְרָפוּ
כָל־יָדַיִם וְכִהֲתָה כָל־רוּחַ וְכָל־בִּרְכַּיִם תֵּלַכְנָה מַּיִם הִנֵּה בָאָה
וְנִהְיָתָה נְאֻם אֲדֹנָי[b] יְהוִה׃ פ
13 וַיְהִי דְבַר־יְהוָה אֵלַי לֵאמֹר׃ 14 בֶּן־אָדָם הִנָּבֵא וְאָמַרְתָּ כֹּה
אָמַר אֲדֹנָי[a] אֱמֹר[b]
חֶרֶב חֶרֶב הוּחַדָּה וְגַם־מְרוּטָה[c]׃
15 לְמַעַן טְבֹחַ טֶבַח הוּחַדָּה
לְמַעַן־הֱיֵה־לָהּ[a] בָּרָק מֹרָטָּה
[b]אוֹ נָשִׂישׂ שֵׁבֶט בְּנִי מֹאֶסֶת כָּל־עֵץ[b]׃
16 וַיִּתֵּן[a] אֹתָהּ לְמָרְטָה[b] לִתְפֹּשׂ בַּכָּף

ה פסוק כל וכל כל . ג ב פת וחד קמ[2] . ה[3] . ג . ה . ו[4] . ב
גג . ב
ו[4] . ג[5] ול בליש
ה חס בסיפ
כד . יג[6] וכל עזרא דכות ב מ א . ל . ו[1] ה מנה בסיפ
ה . ד בסיפ
כט . ד[7] . ה[8]
ה[8] . ד[7]
ד[7] . כג בסיפ . ל
ל . ל
ל . ב[9] . ל
ב פסוק כל כל כל וכל[10] . ב
ד בסיפ
ב . ג . ג פסוק דמיין
ו[11] פסוק למען למען ג מנה ר״פ . ג
ב
ב
ג[12] ול חס בסיפ

[2] Mm 221. [3] Mm 2857. [4] Mm 687. [5] Mm 2861. [6] Mm 2682. [7] Mm 2862. [8] Mm 3473. [9] Mm 1609. [10] Mm 2863. [11] Mm 2707. [12] Mm 1009.

5 [a] 𝔊* hic vertit *κύριε*, sed 𝔏[S]𝔄 Tyc om; dl ‖ [b] 𝔗 pr הִנֵּה cf 𝔖𝔗 ‖ **7** [a] 𝔊 pr *διὰ τοῦτο προφήτευσον* ‖ [b] cf 2[a] ‖ [c] = עַל ‖ [d] 2 Mss שֵׁי–, pc Mss 𝔖 שָׁם– 𝔊 *τὰ ἅγια αὐτῶν*; l מִקְדָּשָׁם vel שָׁהּ– vel שֶׁיהָ– ‖ **8** [a–a] > 𝔊* ‖ [b] 𝔗 mlt Mss Edd 𝔊[L]𝔖𝔗[Ms]𝔙 + אדני (𝔊[Bmg O 62.407] θ′ + *κύριος*), l 𝔐 = 𝔗𝔏[S]𝔄 Tyc ‖ [c] = עָלַיִךְ ‖ [d] 𝔊 *ἄδικον* cf 𝔗 ‖ **9** [a] cf 8[d] ‖ [b] = עַל ‖ [c] l c Or pc Mss צָפוֹנָה cf 3 ‖ **12** [a] = עַל ‖ [b] > 𝔊*, add ‖ **14** [a] mlt Mss Edd + יהוה cf 𝔖𝔗[f]𝔙; l יהוה cf 𝔊* ‖ [b] > 𝔊[L]𝔏[S] Bo 𝔖, prb dl ‖ [c] l מֹרָטָה ut 15 ‖ **15** [a–a] 𝔊 *γένῃ εἰς*, frt l הֱיֹת לְ; al prp בְּרַק ‖ [b–b] crrp et prb add; prp אֵיךְ אֲשִׁיבֵנוּ שֵׁבֶט vel אֵין יְשׁ׳ מָאַסְתְּ וְכָל־עֵצָה ‖ **16** [a] 𝔙 *et dedi* ‖ [b] frt l לְמֹרְטָה; prp לִמְרַצֵּחַ vel לְבֹטֵחַ.

ג . ב	[c]הִיא־הוּחַדָּה חֶרֶב[d] וְהִיא מֹרָטָּה[c]
ל מל	לָתֵת אוֹתָהּ בְּיַד־הוֹרֵג׃
17 זְעַק וְהֵילֵל בֶּן־אָדָם כִּי־הִיא הָיְתָה[a] בְעַמִּי
הִיא בְּכָל־נְשִׂיאֵי יִשְׂרָאֵל
ב̇[13] . ל̇	מְגוּרֵי[b] אֶל־חֶרֶב הָיוּ אֶת־עַמִּי
ל̇	לָכֵן סְפֹק אֶל[c]־יָרֵךְ׃
ב̇[14] . ב	18 [a]כִּי בֹחַן וּמָה אִם־גַּם־שֵׁבֶט מֹאֶסֶת לֹא יִהְיֶה[a] נְאֻם אֲדֹנָי[b] יְהוִה׃ פ
כג בסיפ . ב̇[15]	19 [a]וְאַתָּה בֶן־אָדָם הִנָּבֵא וְהַךְ כַּף אֶל[b]־כָּף
ד חס ול בליש	וְתִכָּפֵל חֶרֶב שְׁלִישִׁתָה[c] חֶרֶב חֲלָלִים הִיא
ל̇ . ל̇	חֶרֶב [d]חָלָל הַגָּדוֹל הַחֹדֶרֶת[de] לָהֶם׃
ל̇ . ב̇ . ל̇	20 לְמַעַן ׀ לָמוּג[a] לֵב[b] וְהַרְבֵּה הַמִּכְשֹׁלִים[c]
ל̇ . ל̇	עַל כָּל־שַׁעֲרֵיהֶם נָתַתִּי [d]אִבְחַת־חָרֶב[d]
ל̇	אָח עֲשׂוּיָה לְבָרָק מְעֻטָּה[e] לְטָבַח׃
ל̇ . ל̇ . ח . ל̇	21 הִתְאַחֲדִי[a] הֵימִנִי הָשִׂימִי[b] הַשְׂמִילִי[c] אָנָה פָּנַיִךְ מֻעָדוֹת[d]׃
ט̇[16] . ט̇[16]	22 וְגַם־אֲנִי אַכֶּה כַפִּי אֶל[a]־כַּפִּי וַהֲנִחֹתִי חֲמָתִי
כג בסיפ	אֲנִי יְהוָה דִּבַּרְתִּי׃ פ 23 וַיְהִי דְבַר־יְהוָה אֵלַי לֵאמֹר׃ 24 וְאַתָּה° 23 24
כד	בֶן־אָדָם שִׂים־לְךָ ׀ שְׁנַיִם דְּרָכִים לָבוֹא חֶרֶב מֶלֶךְ־בָּבֶל מֵאֶרֶץ אֶחָד[a]
יד̇[17] . הי̇ ג מנה קמ . ג̇[18] . לה̇[19] . ג̇[18]	יֵצְאוּ שְׁנֵיהֶם וְיָד בָּרֵא[b] בְּרֹאשׁ [c]דֶּרֶךְ־עִיר[c] בָּרֵא[d]׃ 25 דֶּרֶךְ תָּשִׂים 25
ג̇[20]	לָבוֹא חֶרֶב אֵת[a] רַבַּת בְּנֵי־עַמּוֹן וְאֶת[b]־יְהוּדָה בִירוּשָׁלִַם[c] בְּצוּרָה[d]׃
ל̇ . לה̇[19]	26 כִּי־עָמַד מֶלֶךְ־בָּבֶל אֶל[a]־אֵם הַדֶּרֶךְ בְּרֹאשׁ שְׁנֵי הַדְּרָכִים לִקְסָם־ 26
ב	קָסֶם קִלְקַל בַּחִצִּים שָׁאַל בַּתְּרָפִים רָאָה בַּכָּבֵד׃ 27 בִּימִינוֹ הָיָה ׀ 27

[13]Gn 37,1. [14]Mp sub loco. [15]Ex 8,12. [16]Mm 609. [17]Mm 98. [18]Mm 2864. [19]Mm 2840. [20]Mm 345.

61 [c–c] frt l הוּא הֵחַד הַחֶרֶב והוּא מְרָטָה ‖ [d] dl, gl? ‖ **17** [a] sic L, mlt Mss Edd הָיְ׳; add? ‖ [b] prb l מְגֻרֵי ‖ [c] = עַל ‖ **18** [a–a] crrp ‖ [b] cf 12[b] ‖ **19** [a] Mss pr וַיְהִי דְבַר יְהוָה אֵלַי לֵאמֹר ‖ [b] = עַל ‖ [c] 𝔙 *ac triplicetur*, l וְשָׁלְשָׁה cf 𝔖 ‖ [d–d] l חֲלָלִים גְּדוֹלָה חדרת ‖ [e] Ms Vrs החרדת, l 𝔐 ‖ **20** [a] ℭ נמוג, l הָמוֹג ‖ [b] 𝔊[L](𝔎𝔄 Arm 𝔖𝔗) + *αὐτῶν*, prb l לִבָּם ‖ [c] 𝔊(𝔖) *οἱ ἀσθενοῦντες*, 𝔗 *mtqljhwn*; prp הַמְּכְשָׁלִים, prb l מִכְשֹׁלָם ‖ [d–d] prb l טבחת־חרב vel טֶבַח הֶחָרֶב cf 𝔊 ‖ [e] l מְרֻטָּה vel (מְ)מֹרָטָה ‖ **21** [a] prb l c pc Mss התאחרי; prp הִתְחַדִּי cf 𝔊(𝔙) *ὀξύνου* ‖ [b] > Ms 𝔊𝔙, dl (dttg) ‖ [c] mlt Mss השמא(י)לי ‖ [d] prp ־דִים ‖ **22** [a] = עַל ‖ **24** [a] l c 2 Mss אַחַת cf Vrs ‖ [b] > 𝔊*, dl (dttg) ‖ [c–c] l דרך יָד ‖ [d] 𝔊 *ἐπ' ἀρχῆς*, l בְּרֹאשׁ et cj c 25 ‖ **25** [a] l אֶל = עַל ‖ [b] l וְאֶל = וְעַל ‖ [c] frt l c pc Mss וִי׳ cf 𝔊𝔖 ‖ [d] 𝔊 *ἐν μέσῳ αὐτῆς*, frt l בְּתוֹכָהּ ‖ **26** [a] = עַל.

הַקֶּ֣סֶם יְרוּשָׁלִַ֗ם [a]לָשׂ֣וּם כָּרִ֗ים[a] לִפְתֹּ֤חַ פֶּה֙ [b]בְּרֶ֔צַח לְהָרִ֥ים ק֖וֹל ב[21]
בִּתְרוּעָ֑ה לָשׂ֤וּם כָּרִים֙ עַל־שְׁעָרִ֔ים לִשְׁפֹּ֥ךְ סֹלְלָ֖ה [c]לִבְנ֥וֹת דָּיֵֽק׃
28 וְהָיָה֩ לָהֶ֨ם כִּקְסָום־[a]שָׁוְא֙ בְּעֵ֣ינֵיהֶ֔ם [b]שְׁבֻעֵ֥י שְׁבֻע֖וֹת לָהֶ֑ם[b] וְהֽוּא־ כקסם ק . ל . ד[22]
29 מַזְכִּ֥יר עָוֺ֖ן לְהִתָּפֵֽשׂ׃ פ 29 לָכֵ֞ן כֹּֽה־אָמַ֣ר אֲדֹנָ֣י[a] יְהוִ֗ה יַ֚עַן הַזְכַּרְכֶ֣ם ל . כג בטע בסיפ . כט . יב בטע בסיפ . ל
עֲוֺנְכֶ֔ם בְּהִגָּלוֹת֙ פִּשְׁעֵיכֶ֔ם לְהֵֽרָאוֹת֙ חַטֹּ֣אותֵיכֶ֔ם בְּכֹ֖ל עֲלִילֽוֹתֵיכֶ֑ם ל . ד[23] ג מנה כת כן . ד מל[24]
30 יַ֚עַן הִזָּ֣כֶרְכֶ֔ם בַּכַּ֖ף[b] תִּתָּפֵֽשׂוּ׃ פ 30 וְאַתָּה֙ [a]חָלָ֣ל רָשָׁ֔ע[a] נְשִׂ֖יא ל
31 יִשְׂרָאֵ֑ל אֲשֶׁר־בָּ֣א יוֹמ֔וֹ בְּעֵ֖ת עֲוֺ֥ן קֵֽץ׃ ס 31 כֹּ֤ה אָמַר֙ אֲדֹנָ֣י[a] יְהוִ֔ה
הָסִיר֙[b] הַמִּצְנֶ֔פֶת וְהָרִ֖ים[c] הָעֲטָרָ֑ה זֹ֣את לֹא־זֹ֔את הַשָּׁפָ֣לָה[d] הַגְבֵּ֔הַ[e] ב חד חס וחד מל[25] . ל . ב
32 [f]וְהַגָּבֹ֖הַ[g] הַשְׁפִּֽיל׃[f] 32 עַוָּ֥ה עַוָּ֖ה עַוָּ֑ה[a] אֲשִׂימֶ֑נָּה [b]גַּם־זֹאת֙ לֹ֣א הָיָ֔ה[bc] ל . ל . ל
33 עַד־בֹּ֛א אֲשֶׁר־ל֥וֹ הַמִּשְׁפָּ֖ט וּנְתַתִּֽיו׃ פ 33 וְאַתָּ֣ה בֶן־אָדָם֮ הִנָּבֵ֣א כג בסיפ[26]
וְאָמַרְתָּ֒ כֹּ֤ה אָמַר֙ אֲדֹנָ֣י[a] יְהוִ֔ה אֶל־[b]בְּנֵ֥י עַמּ֖וֹן וְאֶל־[c]חֶרְפָּתָ֑ם וְאָמַרְתָּ֗
34 חֶ֣רֶב חֶ֤רֶב פְּתוּחָה֙ לְטֶ֣בַח מְרוּטָ֔ה לְהָכִ֖יל[d] לְמַ֥עַן בָּרָֽק׃[e] 34 בַּחֲז֥וֹת ב . ג[27] . ל[26]
לָךְ֙ שָׁ֔וְא בִּקְסָם־לָ֖ךְ כָּזָ֑ב לָתֵ֣ת אוֹתָ֗ךְ[a] אֶל־צַוְּארֵי֙ חַֽלְלֵ֣י רְשָׁעִ֔ים ט מל בלשון זכר[28] . ל
35 אֲשֶׁר־בָּ֣א יוֹמָ֔ם בְּעֵ֖ת עֲוֺ֥ן קֵֽץ׃ 35 הָשֵׁ֖ב[a] [b]אֶל־תַּעְרָ֑הּ[b] בִּמְק֨וֹם אֲשֶׁר־ ב[29]
36 נִבְרֵ֜את בְּאֶ֧רֶץ מְכֻר֛וֹתַ֖יִךְ אֶשְׁפֹּ֥ט אֹתָֽךְ׃ 36 וְשָׁפַכְתִּ֤י עָלַ֙יִךְ֙ זַעְמִ֔י בְּאֵ֥שׁ ל . ל
עֶבְרָתִ֖י אָפִ֣יחַ עָלָ֑יִךְ וּנְתַתִּ֗יךְ בְּיַד֙ אֲנָשִׁ֣ים בֹּֽעֲרִ֔ים חָרָשֵׁ֖י מַשְׁחִֽית׃ ל . ב[30]
37 לָאֵ֤שׁ תִּֽהְיֶה֙[a] לְאָכְלָ֔ה דָּמֵ֥ךְ יִהְיֶ֖ה בְּת֣וֹךְ הָאָ֑רֶץ לֹ֣א תִזָּכֵ֔רִי כִּ֛י אֲנִ֥י ב . ה
יְהוָ֖ה דִּבַּֽרְתִּי׃ פ

22 1 וַיְהִ֥י דְבַר־יְהוָ֖ה אֵלַ֥י לֵאמֹֽר׃ 2 וְאַתָּ֣ה בֶן־אָדָ֔ם הֲתִשְׁפֹּ֥ט כג בסיפ[1]
3 הֲתִשְׁפֹּ֖ט[a] אֶת־עִ֣יר הַדָּמִ֑ים וְה֣וֹדַעְתָּ֔הּ אֵ֖ת כָּל־תּוֹעֲבוֹתֶֽיהָ׃ 3 וְאָמַרְתָּ֗ ג מל
כֹּ֤ה אָמַר֙ אֲדֹנָ֣י[a] יְהוִ֔ה[b] עִ֣יר שֹׁפֶ֥כֶת דָּ֛ם בְּתוֹכָ֖הּ לָב֣וֹא עִתָּ֑הּ וְעָשְׂתָ֧ה ב[2]

[21]Mm 2865. [22]Mm 2477. [23]Mm 731. [24]Mm 1383. [25]Jes 27,9. [26]Mp sub loco. [27]Mm 3956. [28]Mm 2565. [29]Mm 2866. [30]Mm 2867. **Cp 22** [1]Mp sub loco. [2]Mm 2259.

27 [a–a] dl cf v b ‖ [b] 𝔊 *ἐν βοῇ*, l בצרח ‖ [c] mlt Mss Edd 𝔊𝔖𝔗[Mss] וְלִ׳ ‖ **28** [a] prp כְּקֶסֶם cf 𝔖 ‖ [b–b] > 𝔊*𝔖, add ‖ **29** [a] cf 12[b] ‖ [b] 𝔊 *ἐν τούτοις* = בָּהֶם? ‖ **30** [a–a] prb l חָלָל רֶשַׁע cf 34 ‖ **31** [a] cf 12[b] ‖ [b] l הסר ‖ [c] l והרם ‖ [d] l הַשְּׁ׳ ‖ [e] sic L, mlt Mss Edd –הַ ‖ [f–f] l והגבהה השפל ‖ [g] sic L, mlt Mss Edd –הּ ‖ **32** [a] > Ms 𝔊*𝔖 ‖ [b–b] 𝔊 *οὐδ᾽* (𝔊[A] *οὐ* 𝔊[B] *οὐαὶ*) *αὕτη* (> 𝔊[A]) *τοιαύτη ἔσται*, prp אוֹי לָהּ כָּזֹאת תִּהְיֶה ‖ [c] l תִּהְיֶה aut תִּהְיֶה זֹאת vel sol זֹאת ‖ **33** [a] cf 12[b] ‖ [b] = עַל ‖ [c] = וְעַל ‖ [d] 𝔊(𝔗𝔙) *εἰς συντέλειαν*, prb l לְכַלָּה ‖ [e] l בְּרָק ‖ **34** [a] prp אוֹתָהּ ‖ [b] = עַל ‖ **35** [a] frt l שֻׁבִי ‖ [b–b] 𝔊 *μὴ καταλύσῃς*, οι γ′ (𝔖𝔙) *εἰς τὸν κολεόν σου* (cf 𝔊[LC] lect dupl); frt l –רֵךְ ‖ **37** [a] l תִּהְיִי ‖ **Cp 22,2** [a] > pc Mss 𝔊*𝔖, dl (ex 20,4?) ‖ **3** [a] > 𝔊*, add? ‖ [b] 𝔊 + *ὦ*, frt ins אוֹי (cf 24,6) vel הוֹי vel (הָ(עִיר.

4 גִּלּוּלִים עָלֶיהָ לְטָמְאָה׃ 4 בְּדָמֵךְ אֲשֶׁר־שָׁפַכְתְּ אָשַׁמְתְּ וּבְגִלּוּלַיִךְ ב[3] . ל
אֲשֶׁר־עָשִׂית טָמֵאת וַתַּקְרִיבִי[a] יָמַיִךְ[b] וַתָּבוֹא[c] עַד־[d]שְׁנוֹתָיִךְ עַל־כֵּן ל . ל . י מל בנביא
5 נְתַתִּיךְ חֶרְפָּה לַגּוֹיִם וְקַלָּסָה לְכָל־הָאֲרָצוֹת׃ 5 הַקְּרֹבוֹת וְהָרְחֹקוֹת ל
6 מִמֵּךְ יִתְקַלְּסוּ־בָךְ טְמֵאַת הַשֵּׁם רַבַּת הַמְּהוּמָה׃ 6 הִנֵּה נְשִׂיאֵי יִשְׂרָאֵל ב . ב[4] . י ר״פ בסיפ[5]
7 אִישׁ לִזְרֹעוֹ[a] הָיוּ בָךְ לְמַעַן שְׁפָךְ־דָּם׃ 7 אָב וָאֵם הֵקַלּוּ בָךְ לַגֵּר עָשׂוּ ב[6]
8 בַעֹשֶׁק בְּתוֹכֵךְ יָתוֹם וְאַלְמָנָה הוֹנוּ בָךְ׃ 8 קָדָשַׁי בָּזִית וְאֶת־שַׁבְּתֹתַי ב[7] . ב חס וכל אורית דכות
9 חִלָּלְתְּ׃ 9 אַנְשֵׁי רָכִיל הָיוּ בָךְ לְמַעַן שְׁפָךְ־דָּם וְאֶל־[a]הֶהָרִים[b] אָכְלוּ ל
10 בָךְ זִמָּה עָשׂוּ בְתוֹכֵךְ׃ 10 עֶרְוַת־אָב גִּלָּה־[a]בָךְ טְמֵאַת הַנִּדָּה עִנּוּ־בָךְ׃ ב
11 11 וְאִישׁ׀ אֶת־אֵשֶׁת רֵעֵהוּ עָשָׂה תּוֹעֵבָה וְאִישׁ אֶת־כַּלָּתוֹ טִמֵּא בְזִמָּה
12 וְאִישׁ אֶת־אֲחֹתוֹ בַת־אָבִיו עִנָּה־בָךְ׃ 12 שֹׁחַד לָקְחוּ־בָךְ לְמַעַן שְׁפָךְ־
דָּם נֶשֶׁךְ וְתַרְבִּית לָקַחַתְּ וַתְּבַצְּעִי רֵעַיִךְ בַּעֹשֶׁק וְאֹתִי שָׁכַחַתְּ נְאֻם ל . ל . ב[7]
13 אֲדֹנָי[a] יְהוִה׃ 13 וְהִנֵּה הִכֵּיתִי כַפִּי אֶל־[a]בִּצְעֵךְ אֲשֶׁר עָשִׂית ט[8]
14 וְעַל־דָּמֵךְ[b] אֲשֶׁר הָיוּ[c] בְּתוֹכֵךְ׃ 14 הֲיַעֲמֹד לִבֵּךְ אִם־תֶּחֱזַקְנָה יָדַיִךְ ל . ל . ה . ג
15 לַיָּמִים אֲשֶׁר אֲנִי עֹשֶׂה אוֹתָךְ[a] אֲנִי יְהוָה דִּבַּרְתִּי וְעָשִׂיתִי׃ 15 וַהֲפִיצוֹתִי ה[9] . יז מל בלשון נקיבה[10] . ד . ל מל
16 אוֹתָךְ בַּגּוֹיִם וְזֵרִיתִיךְ בָּאֲרָצוֹת וַהֲתִמֹּתִי טֻמְאָתֵךְ מִמֵּךְ׃ 16 [a]וְנִחַלְתְּ ס[11] יז מל בלשון נקיבה[10]
בָּךְ[a] לְעֵינֵי גוֹיִם[b] וְיָדַעַתְּ כִּי־אֲנִי יְהוָה׃ פ ב . ז[12]
17 18 17 וַיְהִי דְבַר־יְהוָה אֵלַי לֵאמֹר׃ 18 בֶּן־אָדָם[a] הָיוּ־לִי בֵית־
יִשְׂרָאֵל לְסִוג[b] כֻּלָּם נְחֹשֶׁת וּבְדִיל וּבַרְזֶל וְעוֹפֶרֶת בְּתוֹךְ כּוּר סִגִים לסיג ק
19 כֶּסֶף[c] הָיוּ׃ ס 19 לָכֵן[a] כֹּה אָמַר אֲדֹנָי[b] יְהוִה יַעַן הֱיוֹת כֻּלְּכֶם כג בטע בסיפ . כט
20 לְסִגִים לָכֵן הִנְנִי קֹבֵץ אֶתְכֶם אֶל־תּוֹךְ יְרוּשָׁלִָם׃ 20 קְבֻצַת[a] כֶּסֶף ל
וּנְחֹשֶׁת וּבַרְזֶל וְעוֹפֶרֶת וּבְדִיל אֶל־תּוֹךְ כּוּר לָפַחַת־עָלָיו אֵשׁ
לְהַנְתִּיךְ[b] כֵּן אֶקְבֹּץ בְּאַפִּי וּבַחֲמָתִי[c] וְהִנַּחְתִּי[d] וְהִתַּכְתִּי אֶתְכֶם׃ ל . ל . ג[13] ב מנה בסיפ

[3] Mm 2835. [4] Mm 2868. [5] Mm 2869. [6] Mm 2870. [7] Mm 2871. [8] Mm 609. [9] Mm 2872. [10] Mm 287. [11] Mp sub loco. [12] Mm 2392. [13] Mm 2873.

4 [a] S *qrbw* T *wqrjb* || [b] T sg || [c] G *καὶ ἤγαγες*, V *et adduxisti*, frt l וַתָּבִאִי || [d] l c 2 Mss Or Vrs עֵת || **6** [a] G *πρὸς τοὺς συγγενεῖς αὐτοῦ* = לְזַרְעוֹ || **9** [a] = וְעַל || [b] prp הַדָּם cf 18,6 || **10** [a] Vrs pl || [b] pc Mss sg || **12** [a] > pc Mss G*, add || **13** [a] = עַל || [b] prb l c pc Mss G דָּמַיִךְ || [c] 2 Mss Seb הָיָה cf SCV || **14** [a] mlt Mss אתך, l אִתָּךְ || **16** [a–a] l c Ms Vrs –תִּי בָךְ || [b] l c mlt Mss Gσ'SC הַגּ' || **18** [a] G + *ἰδού* || [b] C² nonn Mss ut Q; prb l לְסִגִים || [c] prb tr post כלם cf 20; an dl? || **19** [a] G + *εἶπον*, frt ins אֱמֹר cf 7,2[a] || [b] > G*, add || **20** [a] l כִּקְ' cf GSC || [b] prp לְהַנְתֵּךְ cf GS || [c] > G* || [d] > S; G *καὶ συνάξω* = ?וְכִנַּסְתִּי prp וְנִפַּחְתִּי (cf 21) vel וְהִפַּחְתִּי.

21 ᵃוְכִנַּסְתִּ֣י אֶתְכֶ֔םᵃ וְנָפַחְתִּ֥י עֲלֵיכֶ֖ם בְּאֵ֣שׁ עֶבְרָתִ֑י וְנִתַּכְתֶּ֖ם בְּתוֹכָֽהּ׃ ב בתרי לישנ̇[14]. ל̇
22 כְּהִתּ֥וּךְ כֶּ֙סֶף֙ בְּת֣וֹךְ כּ֔וּר כֵּ֖ן תֻּתְּכ֣וּ בְתוֹכָ֑הּ וִֽידַעְתֶּם֙ כִּֽי־אֲנִ֣י יְהוָ֔ה ל̇. ל̇
שָׁפַ֥כְתִּי חֲמָתִ֖י עֲלֵיכֶֽם׃ פ ב ובטע
23 וַיְהִ֥י דְבַר־יְהוָ֖ה אֵלַ֥י לֵאמֹֽר׃ 24 בֶּן־אָדָ֕ם אֱמָר־לָ֕הּ אַ֣תְּ אֶ֔רֶץ
25 לֹ֥א מְטֹהָרָ֖הᵃ הִ֑יא לֹ֥אᵇ גֻשְׁמָ֖הᶜ בְּי֥וֹם זָֽעַם׃ 25 ᵃקֶ֤שֶׁר נְבִיאֶ֙יהָ֙ᵃ בְּתוֹכָ֔הּ ל̇. ל̇
כַּאֲרִ֥י שׁוֹאֵ֖ג טֹ֣רֵֽף טָ֑רֶף נֶ֣פֶשׁ אָכָ֗לוּ חֹ֤סֶן וִיקָר֙ יִקָּ֔חוּᵇ אַלְמְנוֹתֶ֖יהָᶜ הִרְבּ֥וּ ד̇. ב̇[15]. ל̇[16]
26 בְתוֹכָֽהּ׃ 26 כֹּהֲנֶ֞יהָ חָמְס֣וּ תֽוֹרָתִי֮ וַיְחַלְּל֣וּ קָֽדָשַׁי֒ בֵּין־קֹ֤דֶשׁ לְחֹל֙ לֹ֣א
הִבְדִּ֔ילוּ וּבֵין־הַטָּמֵ֥אᵃ לְטָה֖וֹר לֹ֣א הוֹדִ֑יעוּ וּמִשַּׁבְּתוֹתַ֗יᵇ הֶעְלִ֣ימוּ ל̇. ב
27 עֵֽינֵיהֶ֔ם וָאֵחַ֖ל בְּתוֹכָֽם׃ 27 שָׂרֶ֣יהָ בְקִרְבָּ֔הּ כִּזְאֵבִ֖ים טֹ֣רְפֵי טָ֑רֶף
28 לִשְׁפָּךְ־דָּם֙ ᵃלְאַבֵּ֣ד נְפָשׁ֔וֹתᵃ לְמַ֖עַן בְּצֹ֥עַ בָּֽצַע׃ 28 וּנְבִיאֶ֗יהָ טָח֤וּ לָהֶם֙ ל̇
תָּפֵ֔ל חֹזִ֣ים שָׁ֔וְא וְקֹסְמִ֥ים לָהֶ֖ם כָּזָ֑ב אֹמְרִ֗ים כֹּ֤ה אָמַר֙ אֲדֹנָ֣יᵃ יְהוִ֔ה ל̇
29 וַיהוָ֖ה לֹ֥א דִבֵּֽר׃ 29 עַ֤ם הָאָ֙רֶץ֙ עָ֣שְׁקוּ עֹ֔שֶׁק וְגָזְל֖וּ גָּזֵ֑ל וְעָנִ֤יᵃ וְאֶבְיוֹן֙ ב
30 הוֹנ֔וּ וְאֶת־הַגֵּ֥ר עָשְׁק֖וּᵇ בְּלֹ֥א מִשְׁפָּֽט׃ 30 וָאֲבַקֵּ֣שׁ מֵ֠הֶם אִ֣ישׁ גֹּֽדֵר־ ל̇[17]
גָּ֜דֵר וְעֹמֵ֨ד בַּפֶּ֧רֶץ לְפָנַ֛י בְּעַ֥ד הָאָ֖רֶץ לְבִלְתִּ֣י שַׁחֲתָ֑הּ וְלֹ֖א מָצָֽאתִי׃ ב̇[18]. ה̇[19]
31 וָאֶשְׁפֹּ֤ךְ עֲלֵיהֶם֙ זַעְמִ֔י בְּאֵ֥שׁ עֶבְרָתִ֖י כִּלִּיתִ֑ים דַּרְכָּם֙ בְּרֹאשָׁ֣ם נָתַ֔תִּי ח̇[20]
נְאֻ֖ם אֲדֹנָ֥יᵃ יְהוִֽה׃ פ

23 1 וַיְהִ֥י דְבַר־יְהוָ֖ה אֵלַ֥י לֵאמֹֽר׃ 2 בֶּן־אָדָ֑ם שְׁתַּ֣יִם נָשִׁ֔ים בְּנ֥וֹת ל̇ בטע. ג̇[1]
3 אֵם־אַחַ֖ת הָיֽוּ׃ 3 וַתִּזְנֶ֣ינָה בְמִצְרַ֔יִם בִּנְעוּרֵיהֶ֖ן זָנ֑וּ שָׁ֚מָּה מֹעֲכ֣וּ שְׁדֵיהֶ֔ן ל̇[2]. ל̇. ל̇. ל̇
4 וְשָׁ֣ם עִשּׂ֔וּ דַּדֵּ֖י בְּתוּלֵיהֶֽן׃ 4 וּשְׁמוֹתָ֗ן אָהֳלָ֤ה הַגְּדוֹלָה֙ וְאָהֳלִיבָ֣ה אֲחוֹתָ֔הּ ב. ב. ב
וַתִּהְיֶ֣ינָה לִ֔י וַתֵּלַ֖דְנָה בָּנִ֣ים וּבָנ֑וֹת ᵃוּשְׁמוֹתָ֗ן שֹׁמְר֣וֹן אָהֳלָ֔ה וִירוּשָׁלִַ֖ם ב
5 אָהֳלִיבָֽהᵃ׃ 5 וַתִּ֥זֶן אָהֳלָ֖ה תַּחְתָּ֑י וַתַּעְגַּב֙ᵃ עַל־מְאַהֲבֶ֔יהָ ᵇאֶל־אַשּׁ֖וּרᵇ ב
6 קְרוֹבִֽיםᶜ׃ 6 לְבֻשֵׁ֣י תְכֵ֗לֶת פַּח֤וֹת וּסְגָנִים֙ בַּחוּרֵ֣י חֶ֔מֶד כֻּלָּ֑ם פָּרָשִׁ֕ים ה מל
7 רֹכְבֵ֖י סוּסִֽים׃ 7 וַתִּתֵּ֤ן תַּזְנוּתֶ֙יהָ֙ עֲלֵיהֶ֔ם מִבְחַ֥ר בְּנֵֽי־אַשּׁ֖וּר כֻּלָּ֑ם וּבְכֹ֤ל ג פסוק ובכל בכל. ה̇[3]

[14]Mm 3137. [15]Mm 3778. [16]Mm 1853. [17]Mp sub loco. [18]Mm 2874. [19]Mm 2875. [20]Mm 2876.
Cp 23 [1]Mm 1886. [2]Mp sub loco. [3]Mm 781.

21 ᵃ⁻ᵃ > 𝔊*𝔖, add ‖ **24** ᵃ 𝔊 *βρεχομένη*, l (מְ)מֻטָּרָה ‖ ᵇ nonn Mss 𝔊𝔖𝔗^Edd^𝔙 וְלֹא ‖ ᶜ l גֻּשְׁמָהּ ‖ **25** ᵃ⁻ᵃ 𝔊 *ἧς οἱ ἀφηγούμενοι*, l אֲשֶׁר נְשִׂיאֶיהָ ‖ ᵇ 2 Mss לָקָחוּ, prb recte cf Vrs ‖ ᶜ nonn Mss 𝔊 וְא׳ ‖ **26** ᵃ l c ℭ pc Mss טמא cf 44,23 ‖ ᵇ sic L, mlt Mss Edd ומש׳ ‖ **27** ᵃ⁻ᵃ > 𝔊*, add ‖ **28** ᵃ > 𝔊*𝔖, add ‖ **29** ᵃ pc Mss 𝔊𝔙 עני ‖ ᵇ l עָשׁוּ cf 𝔊 et 7 ‖ **31** ᵃ > 𝔊*, add ‖ **Cp 23,4** ᵃ⁻ᵃ prb add ‖ **5** ᵃ Or וַתֶּעְגַּב ‖ ᵇ⁻ᵇ prb add; עַל = אל ‖ ᶜ cj c 6.

8 אֲשֶׁר־עָֽגְבָה בְּכָל־גִּלּוּלֵיהֶם נִטְמָֽאָה׃ 8 וְאֶת־תַּזְנוּתֶיהָ מִמִּצְרַיִם לֹא
עָזָבָה כִּי אוֹתָהּ[a] שָׁכְבוּ בִנְעוּרֶיהָ וְהֵמָּה עִשּׂוּ דַּדֵּי בְתוּלֶיהָ וַיִּשְׁפְּכוּ ב . ב
9 תַזְנוּתָם עָלֶיהָ׃ 9 לָכֵן נְתַתִּיהָ בְּיַד־מְאַהֲבֶיהָ בְּיַד בְּנֵי אַשּׁוּר אֲשֶׁר
10 עָגְבָה עֲלֵיהֶם׃ 10 הֵמָּה גִּלּוּ עֶרְוָתָהּ בָּנֶיהָ וּבְנוֹתֶיהָ לָקָחוּ וְאוֹתָהּ יט ר״פ[4]
11 בַּחֶרֶב הָרָגוּ וַתְּהִי־שֵׁם[a] לַנָּשִׁים וּשְׁפוּטִים[b] עָשׂוּ בָהּ׃ ס 11 וַתֵּרֶא ב דגש[5] . ל
אֲחוֹתָהּ אָהֳלִיבָה וַתַּשְׁחֵת עַגְבָתָהּ מִמֶּנָּה וְאֶת־תַּזְנוּתֶיהָ מִזְּנוּנֵי אֲחוֹתָהּ׃
12 12 אֶל[a]־בְּנֵי אַשּׁוּר עָגָבָה פַּחוֹת וּסְגָנִים קְרֹבִים לְבֻשֵׁי מִכְלוֹל[b] פָּרָשִׁים
13 רֹכְבֵי סוּסִים בַּחוּרֵי חֶמֶד כֻּלָּם׃ 13 וָאֵרֶא כִּי נִטְמָאָה דֶּרֶךְ אֶחָד ה בסיפ
14 לִשְׁתֵּיהֶן׃ 14 וַתּוֹסֶף אֶל־תַּזְנוּתֶיהָ וַתֵּרֶא[a] אַנְשֵׁי מְחֻקֶּה[a] עַל־הַקִּיר ל . ג מל[6] . ב[7] . ג
15 צַלְמֵי כַשְׂדִּיִּם חֲקֻקִים בַּשָּׁשַׁר׃ 15 חֲגוֹרֵי אֵזוֹר בְּמָתְנֵיהֶם סְרוּחֵי כשדים ק . ב
טְבוּלִים בְּרָאשֵׁיהֶם מַרְאֵה שָׁלִשִׁים כֻּלָּם דְּמוּת בְּנֵי־בָבֶל[a] כַּשְׂדִּים ל . ב[8]
16 אֶרֶץ מוֹלַדְתָּם׃ 16 וַתַּעְגְּבָ[a] עֲלֵיהֶם לְמַרְאֵה עֵינֶיהָ וַתִּשְׁלַח מַלְאָכִים ותעגבה ק . ב[9]
17 אֲלֵיהֶם כַּשְׂדִּימָה׃ 17 וַיָּבֹאוּ אֵלֶיהָ בְנֵי־בָבֶל לְמִשְׁכַּב דֹּדִים וַיְטַמְּאוּ ג . ד ג חס וחד מל[10]
18 אוֹתָהּ בְּתַזְנוּתָם וַתִּטְמָא־בָם וַתֵּקַע נַפְשָׁהּ מֵהֶם׃ 18 וַתְּגַל תַּזְנוּתֶיהָ ג[11] . ג
וַתְּגַל אֶת־עֶרְוָתָהּ וַתֵּקַע נַפְשִׁי מֵעָלֶיהָ כַּאֲשֶׁר נָקְעָה נַפְשִׁי מֵעַל ג[11]
19 אֲחוֹתָהּ׃ 19 וַתַּרְבֶּה[a] אֶת־תַּזְנוּתֶיהָ לִזְכֹּר אֶת־יְמֵי נְעוּרֶיהָ אֲשֶׁר זָנְתָה
20 בְּאֶרֶץ מִצְרָיִם׃ 20 וַתַּעְגְּבָה[a] עַל פִּלַגְשֵׁיהֶם אֲשֶׁר בְּשַׂר־חֲמוֹרִים ל וחס . ו מל[12]
21 בְּשָׂרָם וְזִרְמַת סוּסִים זִרְמָתָם׃ 21 [a]וַתִּפְקְדִי אֵת זִמַּת נְעוּרָיִךְ בַּעְשׂוֹת[b] ל . ל . ל חטף
22 מִמִּצְרַיִם[c] דַּדַּיִךְ לְמַעַן[d] שְׁדֵי נְעוּרָיִךְ׃ ס 22 לָכֵן אָהֳלִיבָה כֹּה־ יב בטע בסיפ
אָמַר אֲדֹנָי[a] יְהוִה הִנְנִי מֵעִיר אֶת־מְאַהֲבַיִךְ עָלַיִךְ אֵת אֲשֶׁר־נָקְעָה
23 נַפְשֵׁךְ מֵהֶם וַהֲבֵאתִים עָלַיִךְ מִסָּבִיב׃ 23 בְּנֵי בָבֶל וְכָל־כַּשְׂדִּים ג פסוק בסיפ וכל כל
פְּקוֹד וְשׁוֹעַ וְקוֹעַ כָּל[a]־בְּנֵי אַשּׁוּר אוֹתָם[b] בַּחוּרֵי חֶמֶד פַּחוֹת וּסְגָנִים ב מל[13] . ב ומל[14]
24 כֻּלָּם שָׁלִשִׁים וּקְרוּאִים[c] רֹכְבֵי סוּסִים כֻּלָּם׃ 24 וּבָאוּ עָלַיִךְ הֹצֶן[a] ב מל[15]

[4]Mm 1497. [5]Mm 2877. [6]Mm 1633. [7]Mm 2798. [8]Mm 2024. [9]Mm 2878. [10]Mm 2830. [11]Mp sub loco. [12]Mm 1507. [13]Mm 2742. [14]Mm 2879. [15]Mm 1572.

8 [a] mlt Mss אתה, l אִתָּהּ || **10** [a] 𝔊 *λάλημα* (1 R 9,7 = שְׁנִינָה) || [b] pc Mss ושפטים cf 16,41 || **12** [a] = עַל || [b] 𝔖 *tklt'* = תְּכֵלֶת cf 6 || **14** [a–a] prp אֲנָשִׁים חֲקֻקִים cf Vrs || **15** [a] > 𝔊*, add || **16** [a] l c K וַתַּעְגַּב cf 5 || **19** [a] Or וַתֶּרֶב || **20** [a] cf 16[a] || **21** [a] 21 add? || [b] l בַּעֲשׂוֹת vel בְּעֲשׂוֹת cf 𝔖𝔗 et 3.8 || [c] l c 2 Mss מִצְ׳ vel c Ms 𝔊𝔖𝔗 בְּמִצְ׳ || [d] l לְמַעֵךְ vel לְמַעֵךְ cf 𝔖𝔗 || **22** [a] > 𝔊*, add || **23** [a] 𝔊𝔖 pr cop; sed prb add כל־בני אשור || [b] mlt Mss אתם, l אִתָּם || [c] prb l קְרוֹבִים cf 5.12 || **24** [a] nonn Mss Edd חצן, 𝔊 *ἀπὸ βορρᾶ* (= מִצָּפֹן?); prp הֲמוֹן.

רֶכֶב וְגַלְגַּל וּבִקְהַל עַמִּים צִנָּה וּמָגֵן וְקוֹבַע יָשִׂימוּ עָלַיִךְ סָבִיב וְנָתַתִּי
25 לִפְנֵיהֶם מִשְׁפָּט וּשְׁפָטוּךְ בְּמִשְׁפְּטֵיהֶם׃ 25 וְנָתַתִּי קִנְאָתִי בָּךְ וְעָשׂוּ
אוֹתָךְ[a] בְּחֵמָה אַפֵּךְ וְאָזְנַיִךְ יָסִירוּ וְאַחֲרִיתֵךְ בַּחֶרֶב תִּפּוֹל [b]הֵמָּה בָּנַיִךְ
26 וּבְנוֹתַיִךְ יִקָּחוּ וְאַחֲרִיתֵךְ תֵּאָכֵל בָּאֵשׁ[b]׃ 26 וְהִפְשִׁיטוּךְ אֶת־בְּגָדָיִךְ
ס וְלָקְחוּ כְּלֵי תִפְאַרְתֵּךְ׃ 27 וְהִשְׁבַּתִּי זִמָּתֵךְ מִמֵּךְ [a]וְאֶת־זְנוּתֵךְ[a] מֵאֶרֶץ
מִצְרָיִם וְלֹא־תִשְׂאִי עֵינַיִךְ אֲלֵיהֶם וּמִצְרַיִם לֹא תִזְכְּרִי־עוֹד׃ ס
28 כִּי כֹה אָמַר אֲדֹנָי[a] יְהוִה הִנְנִי נֹתְנָךְ בְּיַד אֲשֶׁר שָׂנֵאת בְּיַד אֲשֶׁר־
29 נָקְעָה נַפְשֵׁךְ מֵהֶם׃ 29 וְעָשׂוּ אוֹתָךְ[a] בְּשִׂנְאָה וְלָקְחוּ כָּל־יְגִיעֵךְ וַעֲזָבוּךְ
30 עֵירֹם וְעֶרְיָה וְנִגְלָה[b] עֶרְוַת זְנוּנַיִךְ[c] וְזִמָּתֵךְ[d] וְתַזְנוּתָיִךְ׃ 30 עָשֹׂה[a] אֵלֶּה
31 לָךְ בִּזְנוֹתֵךְ אַחֲרֵי גוֹיִם [b]עַל אֲשֶׁר־נִטְמֵאת[b] בְּגִלּוּלֵיהֶם׃ 31 בְּדֶרֶךְ
32 אֲחוֹתֵךְ הָלָכְתְּ וְנָתַתִּי כוֹסָהּ בְּיָדֵךְ[a]׃ ס 32 כֹּה אָמַר אֲדֹנָי[a] יְהוִה

כּוֹס אֲחוֹתֵךְ תִּשְׁתִּי הָעֲמֻקָּה וְהָרְחָבָה
[b]תִּהְיֶה לִצְחֹק וּלְלַעַג[b] מִרְבָּה[c] לְהָכִיל׃
33 שִׁכָּרוֹן[a] וְיָגוֹן תִּמָּלֵאִי[b]
כּוֹס [c]שַׁמָּה וּ[c]שְׁמָמָה[d] כּוֹס אֲחוֹתֵךְ שֹׁמְרוֹן[e]׃
34 וְשָׁתִית אוֹתָהּ וּמָצִית [a]וְאֶת־חֲרָשֶׂיהָ[b] תְּגָרֵמִי[a]
[c]וְשָׁדַיִךְ תְּנַתֵּקִי[c] כִּי אֲנִי דִבַּרְתִּי נְאֻם אֲדֹנָי[d] יְהוִה׃ ס

35 [a]לָכֵן כֹּה אָמַר אֲדֹנָי יְהוִה[a] יַעַן שָׁכַחַתְּ אוֹתִי וַתַּשְׁלִיכִי אוֹתִי
36 אַחֲרֵי גַוֵּךְ וְגַם־אַתְּ שְׂאִי זִמָּתֵךְ וְאֶת־תַּזְנוּתָיִךְ׃ ס 36 וַיֹּאמֶר יְהוָה
אֵלַי בֶּן־אָדָם הֲתִשְׁפּוֹט אֶת־אָהֳלָה וְאֶת־אָהֳלִיבָה וְהַגֵּד לָהֶן אֶת
37 תּוֹעֲבוֹתֵיהֶן׃ 37 כִּי נִאֵפוּ וְדָם בִּידֵיהֶן וְאֶת־גִּלּוּלֵיהֶן נִאֵפוּ וְגַם אֶת־
38 בְּנֵיהֶן אֲשֶׁר יָלְדוּ־לִי הֶעֱבִירוּ לָהֶם[a] לְאָכְלָה׃ 38 עוֹד זֹאת עָשׂוּ לִי

יז מל בלשון נקיבה[16]. ב ומל[17]. ח מל בליש. יח
יח[18]. ט[19]. ל
ד[20]. יג[21]
יא
יג[22]. ב. ב
יז מל בלשון נקיבה[16]. ל
ח. ב
ל. ב
ל
ל
ל. ל
ל
ב[20]. ל. ל
ל
כג בטע בסיפ. כט. כ[23] מל ה[24] מנה בסיפ וכל יהושע ושפטים דכות ב מ ב. כ[23] מל ה[24] מנה בסיפ וכל יהושע ושפטים דכות ב מ ב
ל. ח. ל
ג[25] מל ב מנה בליש. יד[26]
ל. ב
ג בליש

[16]Mm 287. [17]Mm 2880. [18]Mm 1853. [19]Mm 690. [20]Mp sub loco. [21]Mm 815. [22]Mm 2827. [23]Mm 1238 א. [24]Mm 2790. [25]Mm 2854. [26]Mm 190.

25 [a] mlt Mss אתך, l אִתָּךְ ‖ [b–b] add? ‖ **27** [a–a] l c pc Mss ואת־תזנות(י)ך vel ותזנות(י)ך cf 29.35 et 11.14.18.19.43 ‖ **28** [a] > Ms 𝔊*, add ‖ **29** [a] cf 25[a] ‖ [b] prb l וְנִגְלְתָה ‖ [c] huc tr : cf 𝔙 ‖ [d] 𝔙 *scelus tuum*, dl ְ ‖ **30** [a] pc Mss עשׂוּ, l עָשׂוּ ‖ [b–b] 𝔊(𝔖𝔗) *καὶ ἐμιαίνου* ‖ **31** [a] pc Mss 𝔊𝔖 pl ‖ **32** [a] > Ms 𝔊*, add ‖ [b–b] > 𝔊*, add ‖ [c] prb l מַרְבָּה cf 𝔊σ′ ‖ **33** [a] l c pc Mss שֶׁבֶ׳ ‖ [b] prp תמלא ‖ [c–c] > 𝔊* ‖ [d] l c pc Mss וּמְשַׁמָּה ‖ [e] > 𝔊[B*], prb add ‖ **34** [a–a] prp שְׁמָרֶיהָ תְגַמֵּאִי al ש׳ תְגַמֵּרִי ‖ [b] pc Mss Edd חרשׂ׳ ‖ [c–c] > 𝔊*, add ‖ [d] > 𝔊*, add ‖ **35** [a–a] > 𝔖[W], 𝔖[A] = 𝔐 ‖ [b] > 𝔊*, add ‖ **37** [a] mlt Mss Edd לָהֶן.

39 טִמְּאוּ אֶת־מִקְדָּשִׁי [a]בַּיּוֹם הַהוּא[a] וְאֶת־שַׁבְּתוֹתַי חִלֵּלוּ׃ 39 וּבְשַׁחֲטָם
אֶת־בְּנֵיהֶם לְגִלּוּלֵיהֶם וַיָּבֹאוּ אֶל־מִקְדָּשִׁי [a]בַּיּוֹם הַהוּא[a] לְחַלְּלוֹ וְהִנֵּה־
40 כֹה עָשׂוּ בְּתוֹךְ בֵּיתִי׃ 40 וְאַף כִּי תִשְׁלַחְנָה[a] לַאֲנָשִׁים בָּאִים מִמֶּרְחָק
אֲשֶׁר מַלְאָךְ שָׁלוּחַ אֲלֵיהֶם וְהִנֵּה־בָאוּ [b]לַאֲשֶׁר [c]רָחַצְתְּ כָּחַלְתְּ עֵינַיִךְ
41 וְעָדִית[cd] עֶדִי׃ 41 וְיָשַׁבְתְּ[e] עַל־מִטָּה כְבוּדָּה[f] וְשֻׁלְחָן עָרוּךְ לְפָנֶיהָ[g]
42 וּקְטָרְתִּי וְשַׁמְנִי שַׂמְתְּ עָלֶיהָ[bh]׃ 42 וְקוֹל הָמוֹן [a]שָׁלֵו בָהּ[a] [b]וְאֶל־אֲנָשִׁים
מֵרֹב אָדָם[b] [c]מוּבָאִים סוֹבָאִים[c] מִמִּדְבָּר וַיִּתְּנוּ צְמִידִים אֶל[d]־יְדֵיהֶן
43 וַעֲטֶרֶת תִּפְאֶרֶת עַל־רָאשֵׁיהֶן׃ 43 וָאֹמַר [a]לַבָּלָה נִאוּפִים עַתָּ יִזְנֶה
44 תַזְנוּתֶהָ וָהִיא[a]׃ 44 וַיָּבוֹא[a] אֵלֶיהָ[b] כְּבוֹא אֶל־אִשָּׁה זוֹנָה כֵּן בָּאוּ אֶל־
45 אָהֳלָה וְאֶל־אָהֳלִיבָה [c]אִשֹּׁת הַזִּמָּה[c]׃ 45 וַאֲנָשִׁים צַדִּיקִם הֵמָּה יִשְׁפְּטוּ
אוֹתְהֶם[a] מִשְׁפַּט נֹאֲפוֹת וּמִשְׁפַּט שֹׁפְכוֹת[b] דָּם כִּי נֹאֲפֹת הֵנָּה וְדָם
46 בִּידֵיהֶן׃ ס 46 כִּי[a] כֹּה אָמַר אֲדֹנָי[b] יְהוִה הַעֲלֵה עֲלֵיהֶם[c] קָהָל
47 וְנָתֹן אֶתְהֶן לְזַעֲוָה[d] וְלָבַז׃ 47 וְרָגְמוּ[a] עֲלֵיהֶן אֶבֶן קָהָל[b] וּבָרֵא[c] אוֹתְהֶן
48 בְּחַרְבוֹתָם בְּנֵיהֶם[d] וּבְנוֹתֵיהֶם[d] יַהֲרֹגוּ וּבָתֵּיהֶן בָּאֵשׁ יִשְׂרֹפוּ׃ 48 וְהִשְׁבַּתִּי
49 זִמָּה מִן־הָאָרֶץ וְנִוַּסְּרוּ כָּל־הַנָּשִׁים וְלֹא תַעֲשֶׂינָה כְּזִמַּתְכֶנָה[a]׃ 49 וְנָתְנוּ[a]
זִמַּתְכֶנָה עֲלֵיכֶן וַחֲטָאֵי גִלּוּלֵיכֶן תִּשֶּׂאינָה וִידַעְתֶּם[b] כִּי אֲנִי אֲדֹנָי[c]
יְהוִה׃ פ

24 **24** 1 וַיְהִי דְבַר־יְהוָה אֵלַי בַּשָּׁנָה הַתְּשִׁיעִית בַּחֹדֶשׁ הָעֲשִׂירִי
2 בֶּעָשׂוֹר לַחֹדֶשׁ לֵאמֹר׃ 2 בֶּן־אָדָם כְּתוֹב־לְךָ אֶת־שֵׁם הַיּוֹם [a]אֶת־
עֶצֶם הַיּוֹם הַזֶּה[a] סָמַךְ מֶלֶךְ־בָּבֶל אֶל[b]־יְרוּשָׁלִַם בְּעֶצֶם הַיּוֹם הַזֶּה׃

ג̇ [27]. ל̇
ל̇
ט ר״פ. ח̇ [28]
ד̇ [29]. ל̇. ל̇. יא
ב̇. ג̇ ומל [30]. ד̇
ב̇
ג̇ ומל [31]. סבאים ק̇
ל̇. ל̇ ומל. עתה [32] ק̇ חד מן כ̇ בטע בליש.
יזנו [32] ק̇ חד מן יד̇ [33] כת ה וקר ו
ל̇ חס [32]. ח̇ סביר לשון רבים וחד מן ה̇ [34] מל וכל מגלה דכות ב̇ מ̇ ב̇
ל̇ כת כן ובנביא. ו̇ [35]
ג̇ [36]. ג̇ [36]
ב̇. יג̇ [37]
ז̇ [38] וכל כלית דכות [39]. ג̇ [40]. ל̇
ל̇ [32]. יג̇ [41]
ב̇ [42]. ל̇
ל̇. ל̇. ל̇. ל̇ וכת כן. ג̇
ב̇ מל [1]
כתב חד מן ה̇ [2] מל ול̇ בליש ק̇
יג̇ [3] וכל עזרא דכות ב̇ מ̇ א̇

[27] Mm 2881. [28] Mm 1551. [29] Mm 1969. [30] Mm 1501. [31] Mm 323. [32] Mp sub loco. [33] Mm 782. [34] Mm 1552. [35] Mm 2882. [36] Mm 2839. [37] Mm 2827. [38] Mm 307. [39] Mm 1197. [40] Mm 2864. [41] Mm 815. [42] Mm 3465. **Cp 24** [1] Mm 2883. [2] Mm 2651. [3] Mm 2682.

38 [a–a] > 𝔊*, add ‖ **39** [a–a] > 𝔊*, add ‖ **40/41** [a] 𝔗[Edd] 2 f sg ‖ [b–b] add ‖ [c–c] 𝔖 3 f pl ‖ [d] sic L, mlt Mss Edd וְעָדִית ‖ [e] cf [c–c] ‖ [f] 𝔊(𝔖) *ἐστρωμένης* = רְבוּדָה? ‖ [g] cf [c–c]; pc Mss 𝔙 ־נַיִךְ ‖ [h] cf [c–c]; 𝔊 *ἐν αὐτοῖς* ‖ **42** [a–a] prb crrp; 𝔊 *ἀνεκρούοντο*, 𝔖 *'zl hw*, 𝔗[Edd] *djšln šljw' bhwn* ‖ [b–b] 𝔖 *w'p dgbr'*, 𝔗 *wltqwp gbrjn msgj 'nš'*; frt l sol קוֹל אֲנָשִׁים ‖ [c–c] 𝔊 *ἥκοντας*, 𝔖 *d'tw mn šb'*, 𝔗[f Ms] *'tn mshwr shwr*, 𝔙 *qui ... adducebantur et veniebant*; frt l sol בָּאִים cf 40 ‖ [d] = עַל ‖ **43** [a–a] crrp; prp הֲלֹא כָאֵלֶּה נִאֲפוּ וּמַעֲשֵׂי זֹנָה תַעֲשֶׂינָה cf 𝔊𝔖 ‖ **44** [a] l c 2 Mss Vrs וַיָּבֹאוּ ‖ [b] 𝔖 pl ‖ [c–c] 𝔊 *τοῦ ποιῆσαι ἀνομίαν*, prb l לַעֲשׂוֹת זִמָּה ‖ **45** [a] pc Mss אותהן vel אתהן (cf 46) ‖ [b] > Ms 𝔊* ‖ **46** [a] > Ms 𝔊*, dl ‖ [b] > 𝔊*, add ‖ [c] mlt Mss Edd ־הֶן ‖ [d] V[P] 2 Mss K[Or] לזועה ‖ **47** [a] prp וְרָגוֹם cf 𝔊 ‖ [b] add? ‖ [c] frt l וּבָרְאוּ cf 𝔖𝔗 ‖ [d] pc Mss ־הֶן ‖ **48** [a] 𝔊𝔙 suff 3 pl ‖ **49** [a] 2 Mss 𝔖 וְנָתַתִּי ‖ [b] pc Mss 𝔖𝔗 ־תֶן ‖ [c] > 𝔗 Ms 𝔊*, add ‖ **Cp 24,2** [a–a] > 𝔖𝔙, prb dl ‖ [b] = עַל.

3 וּמְשֹׁל אֶל־[a]בֵּית־הַמֶּרִי מָשָׁל וְאָמַרְתָּ אֲלֵיהֶם כֹּה אָמַר אֲדֹנָי[b] יְהוִה
ד[4]. ד[4]. כג פסוק וגם ובתר תלת מילין[5] שְׁפֹת הַסִּיר שְׁפֹת[c] וְגַם־יְצֹק בּוֹ[d] מָיִם׃
4 אֱסֹף נְתָחֶיהָ[a] אֵלֶיהָ כָּל־נֵתַח טוֹב
ה[6] יָרֵךְ וְכָתֵף [b]מִבְחַר עֲצָמִים מַלֵּא׃[b]
ד[7] 5 [a]מִבְחַר[b] הַצֹּאן לָקוֹחַ[a]
ל. ל. ל וְגַם דּוּר הָעֲצָמִים[c] תַּחְתֶּיהָ[d] רַתַּח רְתָחֶיהָ[e]
גַּם־בָּשְׁלוּ עֲצָמֶיהָ בְּתוֹכָהּ׃ ס
יא בטע בסיפ[8]. כט. ב[9]. ל 6 לָכֵן כֹּה־אָמַר אֲדֹנָי[a] יְהוִה אוֹי עִיר הַדָּמִים סִיר אֲשֶׁר חֶלְאָתָה[b] בָהּ
ל וְחֶלְאָתָהּ לֹא יָצְאָה מִמֶּנָּה [c]לִנְתָחֶיהָ[d] לִנְתָחֶיהָ הוֹצִיאָהּ לֹא־נָפַל עָלֶיהָ
ב 7 גּוֹרָל׃[c] 7 כִּי דָמָהּ בְּתוֹכָהּ הָיָה עַל־צְחִיחַ סֶלַע שָׂמָתְהוּ לֹא שְׁפָכַתְהוּ
8 עַל־הָאָרֶץ לְכַסּוֹת עָלָיו עָפָר׃ 8 [a]לְהַעֲלוֹת חֵמָה לִנְקֹם נָקָם נָתַתִּי
ל. כג בטע בסיפ. כט 9 אֶת־דָּמָהּ עַל־צְחִיחַ סָלַע לְבִלְתִּי הִכָּסוֹת׃ פ 9 לָכֵן כֹּה אָמַר
ב[9]. ל 10 אֲדֹנָי[a] יְהוִה [b]אוֹי עִיר הַדָּמִים[b] גַּם־אֲנִי אַגְדִּיל הַמְּדוּרָה׃ 10 הַרְבֵּה
ל[10]. ל. ל הָעֵצִים הַדְלֵק הָאֵשׁ הָתֵם הַבָּשָׂר [a]וְהַרְקַח הַמֶּרְקָחָה[a] [b]וְהָעֲצָמוֹת
ל. ל. ל. ב בטע[11] 11 יֵחָרוּ׃[b] 11 וְהַעֲמִידֶהָ[a] עַל־גֶּחָלֶיהָ[b] רֵקָה[c] לְמַעַן תֵּחַם וְחָרָה נְחֻשְׁתָּהּ
ל. ו[12] 12 וְנִתְּכָה בְתוֹכָהּ טֻמְאָתָהּ תִּתֹּם חֶלְאָתָהּ׃ 12 [a]תְּאֻנִים הֶלְאָת[a] וְלֹא־תֵצֵא
13 מִמֶּנָּה רַבַּת[b] חֶלְאָתָהּ בְּאֵשׁ[c] חֶלְאָתָהּ׃ 13 [a]בְּטֻמְאָתֵךְ זִמָּה[a] [b]יַעַן
ל. ל. ב טִהַרְתִּיךְ וְלֹא טָהַרְתְּ מִטֻּמְאָתֵךְ[b] לֹא תִטְהֲרִי־עוֹד עַד־הֲנִיחִי אֶת־
ב ר״פ[13]. לד פסוק לא ולא ולא[14] 14 חֲמָתִי בָּךְ׃ 14 אֲנִי יְהוָה דִּבַּרְתִּי בָּאָה[a] וְעָשִׂיתִי לֹא־אֶפְרַע וְלֹא־אָחוּס
ג. ל [b]וְלֹא אֶנָּחֵם[b] כִּדְרָכַיִךְ וְכַעֲלִילוֹתַיִךְ שְׁפָטוּךְ[c] נְאֻם אֲדֹנָי[d] יְהוִה׃[e] פ
ה[15] 15 וַיְהִי דְבַר־יְהוָה אֵלַי לֵאמֹר׃ 16 בֶּן־אָדָם הִנְנִי לֹקֵחַ מִמְּךָ

[4] Mm 1803. [5] Mm 1629. [6] Mm 211. [7] Mm 1229. [8] Mm 2912. [9] Mm 2884. [10] Mp sub loco. [11] Mm 2885. [12] Mm 2886. [13] Mm 914. [14] Mm 771. [15] Mm 201.

3 [a] = עַל ‖ [b] > 𝔊*, add ‖ [c] > 𝔊*𝔖 ‖ [d] prp בָּהּ cf sqq ‖ 4 [a] l נְתָחִים cf 𝔊𝔖 ‖ [b–b] 𝔊(𝔖) ἐκσεσαρκισμένα ἀπὸ τῶν ὀστῶν ‖ 5 [a–a] var lect ad 4b? ‖ [b] prp מִמִּב׳ cf 𝔊𝔖 ‖ [c] l הָעֵצִים cf 10 ‖ [d] prp מִתּ׳ ‖ [e] prp c Ms נתחיה; frt l רַתְּחָהּ ‖ 6 [a] > 𝔊*, add ‖ [b] prp חלאתה vel חלאה ‖ [c–c] prb add ‖ [d] > 𝔊 ‖ 8 [a] 8 prb add ‖ 9 [a] > 𝔊*, add ‖ [b–b] > 𝔊*, add ex 6 ‖ 10 [a–a] pc Mss הרחק המ׳ 𝔊 καὶ ἐλαττωθῇ ὁ ζωμός; prb l (וְ)הַרְחֵק הַמָּרָק, al וְהָרֵק המרק ‖ [b–b] > 𝔊*, add ‖ 11 [a] prb l והעמד, prp וַאֲעַמִּידָה vel וְהֶעֱמַדְתִּיהָ ‖ [b] l (הַ)גּחלים cf 𝔊𝔖𝔗 ‖ [c] > 𝔊*, l 𝔐 ‖ 12 [a–a] > 𝔊*, dl (dttg) ‖ [b] prb l רַבָּה ‖ [c] l c pc Mss בָּאֵשׁ ‖ 13 [a–a] 𝔊 ἀνθ᾽ ὧν ἐμιαίνου σύ. καὶ τί = בטמא אתה ומה, frt l טְמֵאַת הַזִּמָּה ‖ [b–b] > 𝔊* ‖ 14 [a] 𝔊 καὶ ἥξει, 𝔖 wmjt᾽ ᾽n᾽, prb add ‖ [b–b] > 𝔊*, add? ‖ [c] l c pc Mss Vrs שְׁפַטְתִּיךְ ‖ [d] > 𝔊*, add ‖ [e] 𝔊 + nonn vb.

אֶת־מַחְמַד עֵינֶיךָ בְּמַגֵּפָה וְלֹא תִסְפֹּד וְלֹא תִבְכֶּה[a] וְלוֹא תָבוֹא
17 דִּמְעָתֶךָ׃[a] 17 הֵאָנֵק ׀ דֹּם מֵתִים אֵבֶל לֹא־תַעֲשֶׂה פְּאֵרְךָ[a] חֲבוֹשׁ עָלֶיךָ
וּנְעָלֶיךָ תָּשִׂים בְּרַגְלֶיךָ וְלֹא תַעְטֶה עַל־שָׂפָם וְלֶחֶם אֲנָשִׁים[b] לֹא
18 תֹאכֵל׃ 18 [a]וָאֲדַבֵּר[b] אֶל־הָעָם בַּבֹּקֶר[a] וַתָּמָת אִשְׁתִּי בָּעָרֶב וָאַעַשׂ
19 בַּבֹּקֶר כַּאֲשֶׁר צֻוֵּיתִי׃ 19 וַיֹּאמְרוּ אֵלַי הָעָם הֲלֹא־תַגִּיד לָנוּ מָה־אֵלֶּה
20 לָּנוּ[a] כִּי אַתָּה עֹשֶׂה׃ 20 וָאֹמַר אֲלֵיהֶם דְּבַר־יְהוָה הָיָה אֵלַי לֵאמֹר׃
21 אֱמֹר ׀ לְבֵית יִשְׂרָאֵל כֹּה־אָמַר אֲדֹנָי[a] יְהוִה הִנְנִי מְחַלֵּל אֶת־מִקְדָּשִׁי
גְּאוֹן עֻזְּכֶם מַחְמַד עֵינֵיכֶם וּמַחְמַל[b] נַפְשְׁכֶם וּבְנֵיכֶם וּבְנוֹתֵיכֶם אֲשֶׁר
22 עֲזַבְתֶּם בַּחֶרֶב יִפֹּלוּ׃ 22 וַעֲשִׂיתֶם כַּאֲשֶׁר עָשִׂיתִי עַל־שָׂפָם לֹא תַעְטוּ
23 וְלֶחֶם אֲנָשִׁים[a] לֹא תֹאכֵלוּ׃ 23 וּפְאֵרֵכֶם[a] עַל־רָאשֵׁיכֶם וְנַעֲלֵיכֶם
בְּרַגְלֵיכֶם לֹא תִסְפְּדוּ וְלֹא תִבְכּוּ וּנְמַקֹּתֶם בַּעֲוֺנֹתֵיכֶם וּנְהַמְתֶּם[b] אִישׁ
אֶל־אָחִיו׃ 24 וְהָיָה יְחֶזְקֵאל לָכֶם לְמוֹפֵת כְּכֹל אֲשֶׁר־עָשָׂה ס
25 תַּעֲשׂוּ בְּבֹאָהּ וִידַעְתֶּם כִּי אֲנִי אֲדֹנָי[a] יְהוִה׃ ס 25 וְאַתָּה בֶן־
אָדָם הֲלוֹא בְּיוֹם קַחְתִּי מֵהֶם אֶת־מָעוּזָּם מְשׂוֹשׂ תִּפְאַרְתָּם אֶת־
26 מַחְמַד עֵינֵיהֶם וְאֶת־מַשָּׂא נַפְשָׁם [a]בְּנֵיהֶם וּבְנוֹתֵיהֶם׃[a] 26 בַּיּוֹם הַהוּא
27 יָבוֹא הַפָּלִיט אֵלֶיךָ [a]לְהַשְׁמָעוּת אָזְנָיִם׃[a] 27 בַּיּוֹם הַהוּא יִפָּתַח פִּיךָ
אֶת־הַפָּלִיט[a] וּתְדַבֵּר וְלֹא תֵאָלֵם עוֹד וְהָיִיתָ לָהֶם לְמוֹפֵת וְיָדְעוּ
כִּי־אֲנִי יְהוָה׃ ס

25 1 וַיְהִי דְבַר־יְהוָה אֵלַי לֵאמֹר׃ 2 בֶּן־אָדָם שִׂים פָּנֶיךָ אֶל־ 25
3 בְּנֵי עַמּוֹן וְהִנָּבֵא עֲלֵיהֶם׃ 3 וְאָמַרְתָּ לִבְנֵי עַמּוֹן שִׁמְעוּ דְּבַר־אֲדֹנָי[a]
יְהוִה כֹּה־אָמַר אֲדֹנָי[a] יְהוִה יַעַן אָמְרֵךְ[b] הֶאָח אֶל־[c]מִקְדָּשִׁי כִּי־נִחָל
וְאֶל־אַדְמַת יִשְׂרָאֵל כִּי נָשַׁמָּה וְאֶל־[d]בֵּית יְהוּדָה כִּי הָלְכוּ בַּגּוֹלָה׃
4 לָכֵן הִנְנִי נֹתְנָךְ[a] לִבְנֵי־קֶדֶם לְמוֹרָשָׁה וְיִשְּׁבוּ[b] טִירוֹתֵיהֶם בָּךְ וְנָתְנוּ בָךְ

ב . ל . ט פסוק ולא ולא ולא . לה מל . ג
ג[16] . יז[17] מ״פ לא ולא לא ג[18] מנה בסיפ . ג[19]
יו[20]
ה[21] . ח חס בסיפ
ג[22] . יב בטע בסיפ
יג . ל . ב
ל . ו[23]
ל . ל
ב[25]
ג[24] . כג בסיפ
ל[26] . מא
ל . ל
ג[27]
כד
ג
ב . ב חד קמ וחד פת[1]
ח
ב . ל . ג מל בליש

[16] Mm 3263. [17] Mm 1613. [18] Mm 2788. [19] Mm 2887. [20] Mm 787. [21] Mm 2811. [22] Mm 2888. [23] Mm 1215. [24] Mp sub loco. [25] Ez 1,3, וחד ליחזקאל 1Ch 24,16 et Mp sub loco. [26] וחד את משא Nu 11,11. [27] Mm 1671. Cp 25 [1] Mm 2889.

16 [a–a] > 𝔊*, add ‖ **17** [a] sic L, mlt Mss Edd פ׳ ‖ [b] prb l אוֹנִים cf 𝔗𝔙 et Hos 9,4 ‖ **18** [a–a] prb add ‖ [b] prp וְדִבַּרְתָּ ‖ **19** [a] > 𝔊*𝔖𝔙, dl (dttg) ‖ **21** [a] > 𝔊*, add ‖ [b] pc Mss Edd ומחמד; prp וּמַשָּׂא cf 25, sed מחמל = משא ‖ **22** [a] cf 17[b] ‖ **23** [a] nonn Mss יכם– ‖ [b] pc Mss 𝔊σ′𝔖 וְנִחַ׳, l 𝔐 ‖ **24** [a] > 2 Mss 𝔊*, add ‖ **25** [a–a] add?, 𝔖 pr cop cf 𝔗 ‖ **26** [a–a] prp לְהַשְׁמִיעַ אֶת־אָזְנֶיךָ ‖ **27** [a–a] add? ‖ **Cp 25,3** [a] > 𝔊*, add ‖ [b] 𝔊𝔖 pl, l 𝔐 ‖ [c] = עַל ‖ [d] = וְעַל ‖ **4** [a] 𝔊 pl (cf 3[b]), l 𝔐 ‖ [b] prp וְיָשִׂמוּ vel וְשָׂמוּ.

5 מִשְׁכְּנֵיהֶם הֵמָּה יֹאכְלוּ פִרְיֵךְ וְהֵמָּה יִשְׁתּוּ חֲלָבֵךְ׃ 5 וְנָתַתִּי אֶת־ ל̇ . ל̇
רַבָּה֙[a] לִנְוֵה גְמַלִּים [b]וְאֶת־בְּנֵי[b] עַמּוֹן לְמִרְבַּץ־צֹאן וִידַעְתֶּם[c] כִּי־אֲנִי ל̇[2] . ב̇[3] . י̇א ס״פ בסיפ̇
6 יְהוָה׃ ס 6 כִּי כֹה אָמַר אֲדֹנָי[a] יְהוִה יַעַן מַחְאֲךָ יָד וְרַקְעֲךָ בְּרָגֶל י̇ג[4] . ל̇ . ל̇
7 וַתִּשְׂמַח [b]בְּכָל־שָׁאטְךָ[b] בְּנֶפֶשׁ אֶל[c]־אַדְמַת יִשְׂרָאֵל׃ 7 לָכֵן הִנְנִי[a] נָטִיתִי מ̇ח[5] כת̇ א לא קר̇ ול̇ בליש . ח̇
אֶת־יָדִי עָלֶיךָ וּנְתַתִּיךָ[b]־לְבַג[c] לַגּוֹיִם[d] וְהִכְרַתִּיךָ מִן־הָעַמִּים וְהַאֲבַדְתִּיךָ לבז ק̇
מִן־הָאֲרָצוֹת אַשְׁמִידְךָ[e] וְיָדַעְתָּ כִּי־אֲנִי יְהוָה׃ ס
8 כֹּה אָמַר אֲדֹנָי[a] יְהוִה יַעַן אֲמֹר מוֹאָב וְשֵׂעִיר[a] הִנֵּה כְּכָל־ ה̇ בטע̇ בסיפ̇ . ד̇[6]
9 הַגּוֹיִם בֵּית יְהוּדָה[b]׃ 9 לָכֵן הִנְנִי פֹתֵחַ אֶת־כֶּתֶף מוֹאָב [a]מֵהֶעָרִים ד̇[7]
מֵעָרָיו מִקָּצֵהוּ[a] צְבִי אֶרֶץ בֵּית הַיְשִׁימֹת בַּעַל מְעוֹן וְקִרְיָתָמָה[b]׃ ל̇ . ב̇ . ד̇[8] . וקריתימה ק̇ ול̇ בליש
10 לִבְנֵי־קֶדֶם [a]עַל־בְּנֵי עַמּוֹן[a] [b]וּנְתַתִּיהָ לְמוֹרָשָׁה[b] לְמַעַן לֹא־תִזָּכֵר
11 [c]בְּנֵי־עַמּוֹן בַּגּוֹיִם[c]׃ 11 וּבְמוֹאָב אֶעֱשֶׂה שְׁפָטִים וְיָדְעוּ[a] כִּי־אֲנִי ל̇
יְהוָה׃ ס
12 כֹּה אָמַר אֲדֹנָי[a] יְהוִה יַעַן עֲשׂוֹת אֱדוֹם בִּנְקֹם[b] נָקָם לְבֵית
13 יְהוּדָה [c]וַיֶּאְשְׁמוּ אָשׁוֹם וְנִקְּמוּ בָהֶם[c]׃ 13 לָכֵן כֹּה אָמַר אֲדֹנָי[a] יְהוִה ב̇[9] . ב̇ חד חס̇ וחד מל̇[10] . כ̇ג בטע̇ בסיפ̇ . כ̇ט
וְנָטִתִי יָדִי עַל־אֱדוֹם וְהִכְרַתִּי מִמֶּנָּה אָדָם וּבְהֵמָה וּנְתַתִּיהָ חָרְבָּה ל̇ חס̇ . י̇ו חס̇ את
14 מִתֵּימָן וּדְדָנֶה בַּחֶרֶב יִפֹּלוּ[b]׃ 14 וְנָתַתִּי אֶת־נִקְמָתִי בֶּאֱדוֹם בְּיַד עַמִּי ג̇ . ל̇
יִשְׂרָאֵל וְעָשׂוּ בֶאֱדוֹם כְּאַפִּי וְכַחֲמָתִי וְיָדְעוּ אֶת־נִקְמָתִי נְאֻם אֲדֹנָי[a] ל̇ . ל̇
יְהוִה׃ פ
15 כֹּה אָמַר אֲדֹנָי[a] יְהוִה יַעַן עֲשׂוֹת פְּלִשְׁתִּים בִּנְקָמָה וַיִּנָּקְמוּ נָקָם
16 בִּשְׁאָט בְּנֶפֶשׁ לְמַשְׁחִית אֵיבַת[b] עוֹלָם׃ 16 לָכֵן כֹּה אָמַר אֲדֹנָי[a] יְהוִה ב̇ . ב̇[11] . כ̇ג בטע̇ בסיפ̇ . כ̇ט
הִנְנִי נוֹטֶה יָדִי עַל־פְּלִשְׁתִּים וְהִכְרַתִּי אֶת־כְּרֵתִים וְהַאֲבַדְתִּי אֶת־ ד̇ מל̇ . י̇ו חס̇ את . ב̇

[2] Mm 271. [3] Mm 2890. [4] Mm 2827. [5] Mm 898. [6] Mm 1565. [7] Mm 1517. [8] Mm 2891. [9] Mm 2892. [10] Mm 685. [11] Mm 2934.

5 [a] 𝔊 *τὴν πόλιν τοῦ Αμμων* ‖ [b–b] prp וְאֶת־עָרֵי בני vel וְאֶת־עָרֵי ‖ [c] ℭ V[P] 2 Mss וְיָדְעוּ ‖ **6** [a] > 𝔊*, add ‖ [b–b] > 𝔊𝔖, l 𝔐 cf 15 ‖ [c] = עַל ‖ **7** [a] > 𝔊*; 𝔖 pr *hkn' 'mr mr' mrwt'* = כה אמר אדני יהוה ‖ [b] sic L, mlt Mss Edd sine maqqef ‖ [c] ℭ nonn Mss ut Q cf 𝔊 *εἰς διαρπαγήν* ‖ [d] pc Mss 𝔊 בַּגּוֹיִם ‖ [e] pc Mss 𝔖𝔙 וְאַשׁ'; 𝔊 *ἀπωλείᾳ* ‖ **8** [a] > 𝔊*, add ‖ [b] Or Ms ישראל, 𝔊 *Ισραηλ καὶ Ιουδα* ‖ **9** [a–a] l aut מהערים מקצהו (cf 𝔊*) aut potius מֵעֲרוֹעֵר מקצהו ‖ [b] ℭ mlt Mss K[Or] ut Q cf Vrs ‖ **10** [a–a] gl? ‖ [b–b] tr ad init v? ‖ [c–c] 𝔊* om בגוים, prb l בָּעַמִּים ‖ **11** [a] 𝔖𝔄 2 pl ‖ **12** [a] > 𝔊*, add ‖ [b] > 𝔖, dl? sed cf 15 ‖ [c–c] 𝔊 *καὶ ἐμνησικάκησαν καὶ ἐξεδίκησαν δίκην* (= נָקָם cf 15), l 𝔐 et frt וַיִּנָּקְמוּ pro וְנ' ‖ **13** [a] > 𝔊*, add ‖ [b] cj c sq ‖ **14** [a] > 𝔊*, add ‖ **15** [a] > 𝔊*, add ‖ [b] 𝔊 *ἕως*, 𝔖 *rḥmwt'* = אַהֲבַת? frt l בְּאֵיבַת cf 𝔗[f] *bdbbwt* ‖ **16** [a] > Ms 𝔊*, dl.

17 שְׁאֵרִית חוֹף הַיָּם׃ 17 וְעָשִׂיתִי בָם נְקָמוֹת גְּדֹלוֹת [a]בְּתוֹכְחוֹת חֵמָה[a] — ו פסוק בם בם . ל ומל
וְיָדְעוּ כִּי־אֲנִי יְהוָה בְּתִתִּי אֶת־נִקְמָתִי בָּם׃ ס — חצי הספר בפסוקים
26 1 וַיְהִי [a]בְּעַשְׁתֵּי־עֶשְׂרֵה שָׁנָה[b] בְּאֶחָד לַחֹדֶשׁ[a] הָיָה דְבַר־יְהוָה 26 — כ בטע ר״פ[1] . ג[2]
2 אֵלַי לֵאמֹר׃ 2 בֶּן־אָדָם יַעַן אֲשֶׁר־אָמְרָה צֹּר עַל־יְרוּשָׁלַםִ הֶאָח
3 נִשְׁבְּרָה דַּלְתוֹת[a] הָעַמִּים[b] נָסֵבָּה אֵלָי אִמָּלְאָה[c] הָחֳרָבָה[d]׃ 3 לָכֵן כֹּה — ב בסיפ[3] . ל[4] / כג בטע בסיפ . כט
אָמַר אֲדֹנָי[a] יְהוִה הִנְנִי עָלַיִךְ צֹר וְהַעֲלֵיתִי עָלַיִךְ גּוֹיִם רַבִּים כְּהַעֲלוֹת[b] — ל . ג[5]
4 הַיָּם לְגַלָּיו׃ 4 וְשִׁחֲתוּ חֹמוֹת צֹר וְהָרְסוּ מִגְדָּלֶיהָ[a] וְסִחֵיתִי עֲפָרָהּ מִמֶּנָּה — ח[6] וכל ירמיה דכות ב מ ג וחד מן ז כת כן . ל[7]
5 וְנָתַתִּי אוֹתָהּ לִצְחִיחַ סָלַע׃ 5 מִשְׁטַח חֲרָמִים תִּהְיֶה בְּתוֹךְ הַיָּם כִּי אֲנִי
6 דִבַּרְתִּי נְאֻם אֲדֹנָי[a] יְהוִה [b]וְהָיְתָה לְבַז לַגּוֹיִם[b]׃ 6 וּבְנוֹתֶיהָ אֲשֶׁר[a] בַּשָּׂדֶה
7 בַּחֶרֶב תֵּהָרַגְנָה וְיָדְעוּ כִּי־אֲנִי יְהוָה׃ פ 7 כִּי כֹה אָמַר אֲדֹנָי[a] — ל . יג[8]
יְהוִה הִנְנִי מֵבִיא אֶל[b]־צֹר נְבוּכַדְרֶאצַּר מֶלֶךְ־בָּבֶל מִצָּפוֹן מֶלֶךְ
8 מְלָכִים בְּסוּס וּבְרֶכֶב וּבְפָרָשִׁים וְקָהָל[c] וְעַם[d]־רָב׃ 8 בְּנוֹתַיִךְ בַּשָּׂדֶה — ל
בַּחֶרֶב יַהֲרֹג וְנָתַן[a] עָלַיִךְ דָּיֵק וְשָׁפַךְ עָלַיִךְ סֹלְלָה וְהֵקִים עָלַיִךְ צִנָּה׃
9 10 9 וּמְחִי קָבָלּוֹ יִתֵּן בְּחֹמוֹתָיִךְ וּמִגְדְּלֹתַיִךְ יִתֹּץ בְּחַרְבוֹתָיו׃ 10 מִשִּׁפְעַת — ל . ל . ל כת כן . ל[7]
סוּסָיו יְכַסֵּךְ אֲבָקָם מִקּוֹל [a]פָּרַשׁ וְגַלְגַּל וָרֶכֶב[a] תִּרְעַשְׁנָה חוֹמוֹתַיִךְ — ג ב קמ ול פת . ד מל[9]
11 בְּבֹאוֹ בִּשְׁעָרַיִךְ כִּמְבוֹאֵי[b] עִיר מְבֻקָּעָה׃ 11 בְּפַרְסוֹת סוּסָיו יִרְמֹס — ב מל[10] . ל . ל
אֶת־כָּל־חוּצוֹתָיִךְ עַמֵּךְ בַּחֶרֶב יַהֲרֹג וּמַצְּבוֹת עֻזֵּךְ לָאָרֶץ תֵּרֵד[a]׃ — ל ומל . ה[11] . ג[12]
12 12 וְשָׁלְלוּ[a] חֵילֵךְ וּבָזְזוּ[a] רְכֻלָּתֵךְ וְהָרְסוּ[a] חוֹמוֹתַיִךְ וּבָתֵּי חֶמְדָּתֵךְ יִתֹּצוּ[a] — ל . ד מל[9]
13 וַאֲבָנַיִךְ וְעֵצַיִךְ וַעֲפָרֵךְ בְּתוֹךְ מַיִם יָשִׂימוּ[b]׃[a] 13 וְהִשְׁבַּתִּי[a] הֲמוֹן שִׁירָיִךְ — ה דקדמין לעצים[13] . ל . יג[14] . ל
14 וְקוֹל כִּנּוֹרַיִךְ לֹא יִשָּׁמַע עוֹד׃ 14 וּנְתַתִּיךְ לִצְחִיחַ סֶלַע מִשְׁטַח חֲרָמִים — ל . ל[15]
תִּהְיֶה[a] לֹא תִבָּנֶה[b] עוֹד כִּי אֲנִי יְהוָה[c] דִּבַּרְתִּי נְאֻם אֲדֹנָי[d] יְהוִה׃ ס — ה

Cp 26 [1]Mm 1017. [2]Mm 2683. [3]Mm 2673. [4]וחד ונסבה 1Ch 13,3. [5]Mm 2787. [6]Mm 2893. [7]Mp sub loco. [8]Mm 2827. [9]Mm 2894. [10]Mp contra textum, cf Mp sub loco. [11]Mm 868. [12]Mm 2704. [13]Mm 4157. [14]Mm 815. [15]Mm 3112.

17 [a–a] > 𝔊* ‖ **Cp 26,1** [a–a] 𝔊^{A} *ἐν τῷ δωδεκάτῳ ἔτει μιᾷ τοῦ μηνὸς τοῦ πρώτου* ‖ [b] prb ins בְּעַשְׁתֵּי עָשָׂר cf 2 et 33,21 ‖ **2** [a] frt l רְכֻלַּת cf 𝔗 et 27,3 ‖ [b] huc tr ‸ ‖ [c] 𝔊 *ἡ πλήρης* 𝔗 *mlj'* = מלאה, frt l מְלֵאַת cf [d] ‖ [d] frt l הַחֲרֵבָה ‖ **3** [a] > 𝔊*, dl ‖ [b] prb l כַּעֲלוֹת cf Vrs ‖ **4** [a] 𝔊 suff 2 sg ‖ **5** [a] > 𝔊*, dl ‖ [b–b] add? ‖ **6** [a] > 𝔊*, dl cf 𝔖 et 8 ‖ **7** [a] > 𝔊*, dl ‖ [b] = עַל; 𝔊$^{-Q\,544}$ *ἐπὶ σέ* ‖ [c] 2 Mss וּבְקהל cf 𝔊𝔖 ‖ [d] pc Mss 𝔊 עם ‖ **8** [a] 𝔗 *wjbnj* = וּבָנָה cf 4,2 17,17 21,27 ‖ **10** [a–a] 𝔊(𝔖) *τῶν ἱππέων αὐτοῦ καὶ τῶν τροχῶν τῶν ἁρμάτων αὐτοῦ* = פָּרָשָׁיו וְגַלְגַּלֵּי רִכְבּוֹ, prb l ‖ [b] prp כִּמְבוֹא cf 𝔊𝔖𝔙 ‖ **11** [a] prb l יוֹרִיד cf 𝔊𝔖𝔗 ‖ **12** [a] 𝔊 sg ‖ [b] 𝔊(𝔖𝔗^{Edd}) *θαλάσσης*, l הַיָּם ‖ **13** [a] 𝔊$^{-V\,967}$ 3 sg cf 12[a] ‖ **14** [a] l תִּהְיִי ‖ [b] l תִבְּנִי ‖ [c] > V^{P} mlt Mss 𝔊$^{-B}$𝔖𝔗𝔙, dl ‖ [d] > 𝔊*, dl.

15 כֹּה אָמַר אֲדֹנָי[a] יְהוִה לְצוֹר הֲלֹא׀ מִקּוֹל מַפַּלְתֵּךְ בֶּאֱנֹק חָלָל [b]בֵּהָרֵג — י מל[16]. ח חס בסיפ
16 הֶרֶג[b] בְּתוֹכֵךְ יִרְעֲשׁוּ הָאִיִּים׃ 16 וְיָרְדוּ מֵעַל כִּסְאוֹתָם כֹּל נְשִׂיאֵי הַיָּם — ב. ז[17]
וְהֵסִירוּ אֶת־מְעִילֵיהֶם וְאֶת־בִּגְדֵי רִקְמָתָם יִפְשֹׁטוּ חֲרָדוֹת[a]׀ יִלְבָּשׁוּ — ז[18]
17 עַל־הָאָרֶץ יֵשֵׁבוּ וְחָרְדוּ לִרְגָעִים וְשָׁמְמוּ עָלָיִךְ׃ 17 וְנָשְׂאוּ עָלַיִךְ קִינָה — ג. ד. י
וְאָמְרוּ לָךְ

אֵיךְ אָבַדְתְּ[a] נוֹשֶׁבֶת[b] מִיַּמִּים[c] הָעִיר הַהֻלָּלָה — ל. ל
[d]אֲשֶׁר הָיְתָה חֲזָקָה בַיָּם הִיא וְיֹשְׁבֶיהָ[d]
[e]אֲשֶׁר־[f]נָתְנוּ חִתִּיתָם[f] לְכָל־[e]יוֹשְׁבֶיהָ׃ — ב. ב מל[19]
18 עַתָּה יֶחְרְדוּ הָאִיִּן[a] יוֹם[b] מַפַּלְתֵּךְ — כה ר״פ[20]
[c]וְנִבְהֲלוּ הָאִיִּים אֲשֶׁר־בַּיָּם מִצֵּאתֵךְ׃[c] ס — ל

19 כִּי כֹה אָמַר אֲדֹנָי[a] יְהוִה בְּתִתִּי אֹתָךְ עִיר נֶחֱרֶבֶת כֶּעָרִים אֲשֶׁר לֹא־ — יג[21]. ב
נוֹשָׁבוּ בְּהַעֲלוֹת[b] עָלַיִךְ אֶת־תְּהוֹם וְכִסּוּךְ הַמַּיִם הָרַבִּים׃ 20 וְהוֹרַדְתִּיךְ — ג[22] — ס̊ י[23]
אֶת־[a]יוֹרְדֵי בוֹר אֶל־עַם עוֹלָם וְהוֹשַׁבְתִּיךְ בְּאֶרֶץ תַּחְתִּיּוֹת כָּחֳרָבוֹת[b] — ב[24]. ל. ז ומל[25]
מֵעוֹלָם אֶת־יוֹרְדֵי בוֹר לְמַעַן לֹא תֵשֵׁבִי[c] וְנָתַתִּי צְבִי[d] בְּאֶרֶץ חַיִּים׃
21 בַּלָּהוֹת אֶתְּנֵךְ וְאֵינֵךְ [a]וּתְבֻקְשִׁי וְלֹא־תִמָּצְאִי[a] עוֹד לְעוֹלָם נְאֻם — ב. ל. ל
אֲדֹנָי[b] יְהוִה׃ ס

27 1 וַיְהִי דְבַר־יְהוָה אֵלַי לֵאמֹר׃ 2 וְאַתָּה בֶן־אָדָם שָׂא עַל־צֹר — כג בסיפ[1]. ב[2]
3 קִינָה׃ 3 וְאָמַרְתָּ לְצוֹר הַיֹּשַׁבְתִּי[a] [b]עַל־מְבוֹאֹת יָם[b] רֹכֶלֶת הָעַמִּים אֶל־ — י מל[3]. הישבת ק. ל וחס[1]
אִיִּים רַבִּים כֹּה אָמַר אֲדֹנָי[c] יְהוִה

צוֹר אַתְּ [d]אָמַרְתְּ אֲנִי[d] כְּלִילַת יֹפִי׃ — י מל[3]. ז[4]. כל מל
4 בְּלֵב יַמִּים [a]גְּבוּלַיִךְ בֹּנַיִךְ[a] כָּלְלוּ יָפְיֵךְ׃ — ל

[16]Mm 1897. [17]Mm 3140. [18]Mm 2895. [19]Mm 2896. [20]Mm 1057. [21]Mm 2827. [22]Mm 581. [23]Mp sub loco. [24]Mm 2372. [25]Mm 1327. Cp 27 [1]Mp sub loco. [2]Mm 2290. [3]Mm 1897. [4]Mm 1742.

15 [a] > Ms 𝔊*, dl ‖ [b–b] 𝔊 *ἐν τῷ σπάσαι μάχαιραν* = בְּהָרִיק חֶרֶב ? ‖ **16** [a] prp קְדֹרוֹת vel חֲגֹרוֹת ‖ **17** [a] > 𝔊*, add ‖ [b] 𝔊 *κατελύθης*, l נִשְׁבַּתְּ ‖ [c] 𝔊 sg ‖ [d–d] > 𝔊*, prb dl ‖ [e–e] 𝔗 *'jkdjn 'tmsrw ltbr* = אֵיךְ נִתְּנוּ לַחֲתַּת(ם)? cf 𝔖^A *w'ttbrw* ‖ [f–f] 𝔊 *(ἡ) δοῦσα τὸν φόβον αὐτῆς*, frt l נָתְנָה חִתִּיתָהּ ‖ **18** [a] nonn Mss האיים ‖ [b] 𝔊 *ἀφ' ἡμέρας* = מִיּוֹם, frt sic l aut c 2 Mss σ'𝔖𝔗𝔙 בְּיוֹם ‖ [c–c] > 𝔊*, add ‖ **19** [a] > 𝔊*, dl ‖ [b] 𝔊(𝔗) *ἐν τῷ ἀναγαγεῖν με* = בהעלותי; 𝔖 *msq 'n'* 𝔙 *et adduxero* = וְהֶעֱלֵיתִי ‖ **20** [a] pc Mss 𝔊 *(πρός)* אֶל ‖ [b] frt l c mlt Mss 𝔙𝔖 בְּחרבות ‖ [c] l תָשֻׁבִי et cj c sq ‖ [d–d] 𝔊 *ἀνασταθῇς*, l וְתִתְיַצְּבִי ‖ **21** [a–a] > 𝔊*, add ‖ [b] > 𝔊*, dl ‖ **Cp 27,3** [a] mlt Mss ut Q ‖ [b–b] 𝔊(𝔖𝔙) *(ἐπὶ) τῆς εἰσόδου τῆς θαλάσσης* = עַל־מְבוֹא הַיָּם ? ‖ [c] > Ms 𝔊*, dl ‖ [d–d] prb l אֳנִיָּה ‖ **4** [a–a] l גְּבָלוּךְ et dl בניך (gl).

5 בְּרוֹשִׁ֤ים מִשְּׂנִיר֙ בָּ֣נוּ לָ֔ךְ אֵ֖ת כָּל־לֻחֹתָ֑יִם[a] ל

אֶ֤רֶז מִלְּבָנוֹן֙ לָקָ֔חוּ לַעֲשׂ֥וֹת[b] תֹּ֖רֶן

עָלָֽיִךְ׃[c] 6 אַלּוֹנִים֙ מִבָּ֔שָׁן עָשׂ֖וּ מִשּׁוֹטָ֑יִךְ ל. ל

קַרְשֵׁ֤ךְ עָֽשׂוּ־שֵׁן֙[a] [b]בַּת־אֲשֻׁרִ֔ים[b] מֵאִיֵּ֖י כִּתִּיִּֽם׃[c] ל. כתיים[5] חד מן ב בליש ק

7 שֵׁשׁ־בְּרִקְמָ֤ה מִמִּצְרַ֙יִם֙ הָיָ֣ה מִפְרָשֵׂ֔ךְ

[a]לִהְי֥וֹת לָ֖ךְ לְנֵ֑ס[a]

תְּכֵ֧לֶת וְאַרְגָּמָ֛ן[b] מֵאִיֵּ֥י אֱלִישָׁ֖ה הָיָ֥ה מְכַסֵּֽךְ׃[c] ג[6]

8 יֹשְׁבֵ֤י[a] צִידוֹן֙ וְאַרְוַ֔ד הָי֥וּ שָׁטִ֖ים לָ֑ךְ ב חס

[b]חֲכָמַ֤יִךְ צוֹר֙[b] הָ֣יוּ בָ֔ךְ הֵ֖מָּה חֹבְלָֽיִךְ׃ י מל[7]

9 זִקְנֵ֨י גְבַ֤ל וַחֲכָמֶ֙יהָ֙[a] הָ֣יוּ בָ֔ךְ מַחֲזִיקֵ֖י בִּדְקֵ֑ךְ ב חד קמ וחד פת . ב[5]

[b]כָּל־אֳנִיּ֨וֹת הַיָּ֤ם וּמַלָּֽחֵיהֶם֙ הָ֣יוּ בָ֔ךְ לַעֲרֹ֖ב מַעֲרָבֵֽךְ׃[b] ב

10 פָּרַ֨ס וְל֤וּד וּפוּט֙ הָי֣וּ בְחֵילֵ֔ךְ[a] אַנְשֵׁ֥י מִלְחַמְתֵּ֑ךְ[a]

מָגֵ֤ן וְכוֹבַע֙ תִּלּוּ־בָ֔ךְ הֵ֖מָּה נָתְנ֥וּ[b] הֲדָרֵֽךְ׃ ב

11 בְּנֵ֧י אַרְוַ֣ד וְחֵילֵ֗ךְ עַל־חוֹמוֹתַ֙יִךְ֙ סָבִ֔יב[a] וְגַ֨מָּדִ֔ים בְּמִגְדְּלוֹתַ֖יִךְ הָי֑וּ 11 ד מל[8]. ל. ל

12 שִׁלְטֵיהֶ֞ם תִּלּ֤וּ עַל־חוֹמוֹתַ֙יִךְ֙ סָבִ֔יב הֵ֖מָּה כָּלְל֥וּ יָפְיֵֽךְ׃ 12 תַּרְשִׁ֥ישׁ ב. ד מל[8]

סֹחַרְתֵּ֖ךְ מֵרֹ֣ב כָּל־[a]ה֑וֹן בְּכֶ֡סֶף[a] בַּרְזֶ֨ל בְּדִ֤יל וְעוֹפֶ֙רֶת֙ נָתְנ֖וּ עִזְבוֹנָֽיִךְ׃[b] הי[9]. ד

13 יָוָ֤ן תֻּבַל֙[a] וָמֶ֔שֶׁךְ הֵ֖מָּה רֹכְלָ֑יִךְ בְּנֶ֣פֶשׁ[b] אָדָ֗ם וּכְלֵ֤י נְח֙שֶׁת֙ נָתְנ֖וּ מַעֲרָבֵֽךְ׃[c] 13 ו פת[10]. ב

14 מִבֵּ֖ית תּוֹגַרְמָ֑ה סוּסִ֤ים וּפָֽרָשִׁים֙ וּפְרָדִ֔ים[a] נָתְנ֖וּ עִזְבוֹנָֽיִךְ׃[b] 15 בְּנֵ֤י 14 15 ד

דְדָן֙[a] רֹֽכְלַ֔יִךְ אִיִּ֥ים רַבִּ֖ים סְחֹ֣רַת יָדֵ֑ךְ קַרְנ֥וֹת שֵׁן֙ וְהָובְנִ֔ים הֵשִׁ֖יבוּ ל וחס[5]. והבנים ק

אֶשְׁכָּרֵֽךְ׃ 16 אֲרָ֤ם[a] סֹחַרְתֵּךְ֙ מֵרֹ֣ב מַעֲשָׂ֔יִךְ[b] בְּנֹ֡פֶךְ[c] אַרְגָּמָ֨ן[d] וְרִקְמָ֤ה 16 ל

וּב֙וּץ֙ וְרָאמֹ֣ת וְכַדְכֹּ֔ד נָתְנ֖וּ בְּעִזְבוֹנָֽיִךְ׃[e] 17 יְהוּדָה֙ וְאֶ֣רֶץ[a] יִשְׂרָאֵ֔ל הֵ֖מָּה 17 ג כת כן. ל קמ. ד ר״פ[11]. ג בסיפ

[5] Mp sub loco. [6] Mm 69. [7] Mm 1897. [8] Mm 2894. [9] Mm 158. [10] Mm 3277. [11] Mm 3997.

5 [a] 𝔗 *gšrk*, l לחתיך ‖ [b] frt ins לָךְ (an l תָּרְנֵךְ?) ‖ [c] prb l עֶלְיוֹנַיִ et cj c 6 ‖ **6** [a] > Ms, dl (dttg) ‖ [b–b] l בִּתְאַשֻּׁרִים vel potius תא׳ ‖ [c] K[Or] mlt Mss ut Q ‖ **7** [a–a] dl, gl ‖ [b] dl cf 𝔊[B] 24 ‖ [c] prp מִכְסֵךְ ‖ **8** [a] 𝔊 pr *καὶ οἱ ἄρχοντές σου* = וּנְשִׂיאַיִךְ, var lect ad יֹשְׁבֵי et l נְשִׂאֵי (cf 21)? ‖ [b–b] prb l חַכְמֵי־צֶמֶר ‖ **9** [a] dl m cs (gl ex 8b) ‖ [b–b] add ‖ **10** [a–a] dl m cs (gl) ‖ [b] > 𝔖(𝔙), dl m cs ‖ **11** [a] > 𝔊*𝔖 ‖ **12** [a–a] 𝔊(𝔖) *ἰσχύος σου, ἀργύριον*, l הוֹנֵךְ כֶּסֶף ‖ [b] frt l c pc Mss בְּע׳ cf 𝔗 et 16.19, sed etiam 14.22 ‖ **13** [a] nonn Mss 𝔊*𝔖 וְת׳ ‖ [b] l נפש cf 𝔙 ‖ [c] prp בְּמ׳ ‖ **14** [a] > 𝔊* ‖ [b] frt l בְּע׳ cf 𝔙 et 12b ‖ **15** [a] 𝔊 *Ῥοδίων* = רְדָן ‖ **16** [a] l c mlt Mss α′𝔖 אֱדֹם cf 𝔊 *ἀνθρώπους* ‖ [b] 𝔊 *τοῦ συμμείκτου σου* = מַעֲרָבֵךְ ‖ [c] l נפך cf 𝔊𝔖𝔙 ‖ [d] > 𝔊 ‖ [e] pc Mss 𝔊 עזבוניך cf 12.14 ‖ **17** [a] 𝔊 *καὶ οἱ υἱοί* = וּבְנֵי.

18 רֹכְלָיִךְ [b]בְּחִטֵּי מִנִּית[b] וּפַנַּג[c] וּדְבַשׁ וָשֶׁמֶן וָצֹרִי נָתְנוּ מַעֲרָבֵךְ[d]׃ 18 דַּמֶּשֶׂק ל. ב. ל. ו[12]
סֹחַרְתֵּךְ [a]בְּרֹב מַעֲשַׂיִךְ[a] מֵרֹב כָּל־[b]הוֹן בְּיֵין[b] חֶלְבּוֹן וְצֶמֶר צָחַר׃ י בליש. ל. ל
19 [a]וְדָן[b] וְיָוָן[c] מְאוּזָּל[d] בְּעִזְבוֹנַיִךְ[a] נָתָנוּ בַּרְזֶל עָשׁוֹת[e] קִדָּה וְקָנֶה בְּמַעֲרָבֵךְ ב. ל. ג דגש[13]. ל. ל
20 21 הָיָה׃ 20 דְּדָן רֹכַלְתֵּךְ בְּבִגְדֵי[a]־חֹפֶשׁ לְרִכְבָּה׃ 21 עֲרַב וְכָל־נְשִׂיאֵי ג. ב
22 קֵדָר הֵמָּה סֹחֲרֵי יָדֵךְ בְּכָרִים וְאֵילִים וְעַתּוּדִים בָּם סֹחֲרָיִךְ׃ 22 רֹכְלֵי[a] ז בליש וחד מן ג[14] חס בליש. ה[15]
שְׁבָא וְרַעְמָה הֵמָּה רֹכְלָיִךְ בְּרֹאשׁ[b] כָּל־[c]בֹּשֶׂם [d]וּבְכָל־אֶבֶן[d] יְקָרָה ג ב כת ה וחד כת א. לה[16]
23 וְזָהָב נָתְנוּ עִזְבוֹנָיִךְ[e]׃ 23 חָרָן וְכַנֵּה וָעֶדֶן[a] רֹכְלֵי[b] שְׁבָא[c] אַשּׁוּר כִּלְמַד[d] ד. ד[17]. ל. ל
24 רֹכַלְתֵּךְ[e]׃ 24 הֵמָּה רֹכְלַיִךְ [a]בְּמַכְלֻלִים בִּגְלוֹמֵי[a] תְּכֵלֶת וְרִקְמָה[b] וּבְגִנְזֵי יט ר״פ[18]
25 בְּרֹמִים בַּחֲבָלִים חֲבֻשִׁים וַאֲרֻזִים בְּמַרְכֻלְתֵּךְ[c]׃ 25 אֳנִיּוֹת תַּרְשִׁישׁ ל. ל
שָׁרוֹתַיִךְ[a] מַעֲרָבֵךְ[b]

וַתִּמָּלְאִי וַתִּכְבְּדִי מְאֹד בְּלֵב יַמִּים׃ ל. ל
26 בְּמַיִם רַבִּים הֱבִאוּךְ הַשָּׁטִים אֹתָךְ ז רפי[19]. ב חס
רוּחַ הַקָּדִים שְׁבָרֵךְ בְּלֵב יַמִּים׃ ג[20]

27 הוֹנֵךְ וְעִזְבוֹנַיִךְ מַעֲרָבֵךְ מַלָּחַיִךְ וְחֹבְלָיִךְ מַחֲזִיקֵי בִדְקֵךְ[a] וְעֹרְבֵי ל. ל. ב[21]
מַעֲרָבֵךְ וְכָל־אַנְשֵׁי מִלְחַמְתֵּךְ אֲשֶׁר־בָּךְ וּבְכָל[b]־קְהָלֵךְ אֲשֶׁר בְּתוֹכֵךְ ל
יִפְּלוּ בְּלֵב יַמִּים בְּיוֹם מַפַּלְתֵּךְ׃

28 לְקוֹל זַעֲקַת חֹבְלָיִךְ יִרְעֲשׁוּ מִגְרֹשׁוֹת[a]׃ ג. ל
29 וְיָרְדוּ מֵאֳנִיּוֹתֵיהֶם[a] כֹּל תֹּפְשֵׂי מָשׁוֹט ז[22]
מַלָּחִים[b] כֹּל[c] חֹבְלֵי הַיָּם אֶל[d]־הָאָרֶץ יַעֲמֹדוּ׃
30 וְהִשְׁמִיעוּ עָלַיִךְ בְּקוֹלָם וְיִזְעֲקוּ מָרָה ל

[12] Mm 3632. [13] Mm 3739. [14] Mm 879. [15] Mm 2338. [16] Mm 2840. [17] Mm 3050. [18] Mm 1497. [19] Mm 753. [20] Mm 2845. [21] Mp sub loco. [22] Mm 3140.

17 [b–b] prp (בְּ)חִטִּים וּנְכֹאת ‖ [c] 2 Mss וּפַגַּג ‖ [d] prp בְּמ׳ cf 𝔊𝔗𝔙 ‖ **18** [a–a] > 𝔊* ‖ [b–b] 𝔊 *δυνάμεώς σου· οἶνος*, l הוֹנֵךְ יַיִן cf 𝔖 ‖ **19** [a–a] cj c 18b ‖ [b] > 𝔊*, dl ‖ [c] 𝔊* *καὶ οἶνον* = וְיַיִן, prb dl ‖ [d] l c nonn Mss α′𝔖 מֵאוּזָל; 𝔊 *ἐξ Ασηλ* tr ante ברזל, prb recte ‖ [e] frt l עָשׁוּת ‖ **20** [a] sic L, mlt Mss Edd בב׳ ‖ **22** [a] crrp? dl? ‖ [b] l רֹאשׁ ‖ [c] > 𝔊𝔖 ‖ [d–d] 𝔊𝔖𝔙 om כל, l וְאֶבֶן ‖ [e] frt l c Ms בְּעִ׳ cf 𝔗𝔙 et 16.19 ‖ **23** [a] 𝔊 *οὗτοι* cf 24 ‖ [b] 𝔊(𝔙) *ἔμποροί σου* = רֹכְלַיִךְ, frt recte ‖ [c] > 𝔊 ‖ [d] > 𝔖; 𝔗 *wmdj*, prp וְכָל־מָדַי ‖ [e] frt dl cf 24 ‖ **24** [a–a] > 𝔊* cf 𝔖 ‖ [b] > 𝔊* ‖ [c] > 𝔊*𝔖; frt l בָּם רְכֻלָּתֵךְ (cf 𝔗) vel בָּם רֹכְלָיִךְ ‖ **25** [a] 𝔊 *ἔμποροί σου*, l 𝔐 (a שׁוּר II) ‖ [b] l c Ms 𝔊𝔖𝔙 בְּמ׳ ‖ **27** [a] sic L, mlt Mss Edd ךְ– ‖ [b] l c mlt Mss Edd 𝔊𝔖𝔗[f Ms] וְכָל ‖ **28** [a] 𝔊 *φόβῳ* = מַרְעֶשֶׁת? α′ *οἱ ἄπωθεν*, θ′ *αἱ πατριαί*, 𝔖 *dḥdrjkj*, 𝔗 *prwrj'*, 𝔙 *classes*; prp הַקְּרָשִׁים cf 6 ‖ **29** [a] sic L, mlt Mss Edd מאֳנ׳ ‖ [b] add? ‖ [c] 𝔊 *καί* (om כל), 𝔖𝔙 pr cop ‖ [d] = עַל.

וְיַעֲל֤וּ עָפָר֙ עַל־רָ֣אשֵׁיהֶ֔ם בָּאֵ֖פֶר יִתְפַּלָּֽשׁוּ׃ — ג̇. יג̇ [23]

31 [a]וְהִקְרִ֤יחוּ אֵלַ֙יִךְ֙[b] קָרְחָ֔ה וְחָגְר֖וּ שַׂקִּ֑ים — כט̇

וּבָכ֨וּ אֵלַ֧יִךְ[b] בְּמַר־נֶ֛פֶשׁ מִסְפֵּ֥ד מָֽר׃ — ג̇ [24] בליש וכל לשון בכיה על ב מ ג. כט̇

32 וְנָשְׂא֨וּ אֵלַ֤יִךְ[a] בְּנִֽיהֶם֙[b] קִינָ֔ה [c]וְקוֹנְנ֖וּ עָלָ֑יִךְ — י. כט̇. ל̇. ג̇ [25]

מִ֣י כְצ֔וֹר כְּדֻמָ֖ה[d] בְּת֥וֹךְ הַיָּֽם[c]׃ — י מל̇ [26]

33 [a]בְּצֵ֤את עִזְבוֹנַ֙יִךְ֙ מִיַּמִּ֔ים הִשְׂבַּ֖עַתְּ עַמִּ֣ים רַבִּ֑ים בְּרֹ֤ב הוֹנַ֙יִךְ֙ וּמַ֣עֲרָבַ֔יִךְ — ד̇. ל̇. ל̇

הֶעֱשַׁ֖רְתְּ מַלְכֵי־אָֽרֶץ׃ — ב̇ [27] וכל תלים דכות ב מ א

34 עֵ֚ת[a] נִשְׁבֶּ֣רֶת[b] מִיַּמִּ֔ים[c] בְּמַעֲמַקֵּי־מָ֑יִם

[d]מַעֲרָבֵ֥ךְ וְכָל־קְהָלֵ֖ךְ בְּתוֹכֵ֥ךְ נָפָֽלוּ[de]׃

35 כֹּ֚ל[a] יֹשְׁבֵ֣י הָאִיִּ֔ים שָׁמְמ֖וּ עָלָ֑יִךְ

וּמַלְכֵיהֶם֙ שָׂ֣עֲרוּ שַׂ֔עַר רָעֲמ֖וּ[b] פָּנִֽים[c]׃ — ל̇

36 סֹֽחֲרִים֙ בָּֽעַמִּ֔ים שָׁרְק֖וּ עָלָ֑יִךְ

בַּלָּה֣וֹת הָיִ֔ית וְאֵינֵ֖ךְ עַד־עוֹלָֽם׃ ס

28 1 וַיְהִ֥י דְבַר־יְהוָ֖ה אֵלַ֥י לֵאמֹֽר׃ 2 בֶּן־אָדָ֡ם[a] אֱמֹר֩ לִנְגִ֨יד צֹ֜ר 28 — ל̇

כֹּֽה־אָמַ֣ר ׀ אֲדֹנָ֣י[b] יְהוִ֗ה יַ֣עַן גָּבַ֤הּ לִבְּךָ֙ וַתֹּ֙אמֶר֙ אֵ֣ל אָ֔נִי מוֹשַׁ֧ב אֱלֹהִ֛ים — ה̇ [1]

יָשַׁ֖בְתִּי בְּלֵ֣ב יַמִּ֑ים וְאַתָּ֤ה אָדָם֙ וְלֹא־אֵ֔ל וַתִּתֵּ֥ן לִבְּךָ֖ כְּלֵ֥ב אֱלֹהִֽים׃ — ה̇

3 הִנֵּ֥ה חָכָ֛ם אַתָּ֖ה מִדָּֽנִאֵ֑ל[a] כָּל־סָת֖וּם[a] לֹ֥א עֲמָמֽוּךָ[b]׃ 4 בְּחָכְמָֽתְךָ֙ 3 4 — י ר״פ בסיפ̇ [2]. מדניאל חד מן ג חס בליש ק̇

וּבִ֨תְבוּנָתְךָ֔ עָשִׂ֥יתָ לְּךָ֖ חָ֑יִל וַתַּ֤עַשׂ זָהָב֙ וָכֶ֔סֶף בְּאוֹצְרוֹתֶֽיךָ׃ 5 בְּרֹ֧ב 5

חָכְמָתְךָ֛ בִּרְכֻלָּתְךָ֖ הִרְבִּ֣יתָ חֵילֶ֑ךָ וַיִּגְבַּ֥הּ לְבָבְךָ֖ בְּחֵילֶֽךָ׃ ס — ל̇. ל̇

6 לָכֵ֕ן כֹּ֥ה אָמַ֖ר אֲדֹנָ֣י[a] יְהוִ֑ה יַ֛עַן תִּתְּךָ֥ אֶת־לְבָבְךָ֖ כְּלֵ֥ב אֱלֹהִֽים׃ 7 לָכֵ֗ן 6 7 — ב̇ בטע בסיפ̇. כט̇. ה̇. כג̇ בטע בסיפ̇

הִנְנִ֨י מֵבִ֤יא עָלֶ֙יךָ֙ זָרִ֔ים עָרִיצֵ֖י גּוֹיִ֑ם וְהֵרִ֤יקוּ חַרְבוֹתָם֙ עַל־יְפִ֣י חָכְמָתֶ֔ךָ — ל̇

וְחִלְּל֖וּ יִפְעָתֶֽךָ׃ 8 לַשַּׁ֖חַת יֽוֹרִד֑וּךָ וָמַ֛תָּה מְמוֹתֵ֥י חָלָ֖ל בְּלֵ֥ב יַמִּֽים׃ 8 — ב̇. ל̇. ל̇. ב̇ ומל̇ [3]

[23]Mm 2897. [24]Mm 2898. [25]Mm 1725. [26]Mm 1897. [27]Mm 2899. Cp 28 [1]Mm 2900. [2]Mm 2869. [3]Mm 2901.

31 a 31 > 𝔊* ‖ b = עליך ‖ **32** a = עָלַיִךְ ‖ b nonn Mss Edd 𝔊𝔖 בניהם, dl m cs (gl)? ‖ c–c 𝔊* *καὶ θρήνημα Σορ*; v b add? ‖ d 𝔊^AOLC min θ′(𝔙) *κατασιγηθεῖσα*, prb l נִדְמָה cf 𝔖𝔗 et Apc 18,18 ‖ **33** a 33 add ‖ **34** a 𝔊(𝔗𝔙) *νῦν*, l עַתָּ(ה) ‖ b frt l c pc Mss Vrs נִשְׁבַּרְתְּ, an l נִשְׁבָּרָה? ‖ c 𝔊 *ἐν θαλάσσῃ*, frt l בְּיַ׳ cf 𝔗 ‖ d–d add ‖ e 𝔊 + *πάντες οἱ κωπηλάται σου*, ex 29; 34b add ‖ **35** a prp (m cs) נִכְלְמוּ ‖ b 𝔊(𝔖) *καὶ ἐδάκρυσε* = וְדָמְעוּ ‖ c 𝔊(𝔖𝔗) *τὸ πρόσωπον* (𝔊^A *τῷ προσώπῳ*) *αὐτῶν* = פְּנֵיהֶם, prb recte ‖ **Cp 28,2** a 𝔊^-A 407.967 pr *καὶ σύ* = וְאַתָּה ‖ b > 𝔊*, dl ‖ **3** a–a 𝔊 *ἢ σοφοί* = חֲכָמִים ‖ b prp עָמְק מִמֶּךָּ cf 𝔖𝔗 ‖ **6** a > 𝔊*, dl.

9 הֶאָמֹ֤ר תֹּאמַר֙ אֱלֹהִ֣ים אָ֔נִי לִפְנֵ֖י הֹרְגֶ֑ךָ[a] וְאַתָּ֥ה אָדָ֛ם וְלֹא־אֵ֖ל [b]בְּיַ֥ד ל
10 מְחַלְלֶֽיךָ[c]׃ 10 מוֹתֵ֧י[b] עֲרֵלִ֛ים תָּמ֖וּת בְּיַד־זָרִ֑ים כִּ֚י אֲנִ֣י דִבַּ֔רְתִּי נְאֻ֖ם ל. ל
אֲדֹנָ֥י[d] יְהוִֽה׃ ס

11 וַיְהִ֥י דְבַר־יְהוָ֖ה אֵלַ֥י לֵאמֹֽר׃ 12 בֶּן־אָדָ֕ם שָׂ֥א קִינָ֖ה עַל־מֶ֣לֶךְ ט[4]
צ֑וֹר וְאָמַרְתָּ֣ לּ֗וֹ כֹּ֤ה אָמַר֙ אֲדֹנָ֣י[a] יְהוִ֔ה אַתָּה֙ ח֣וֹתֵם[b] תָּכְנִ֔ית[c] [d]מָלֵ֥א י מל[5]. ב. ל. ב[6]
ס̇ י[6] חָכְמָ֖ה[d] וּכְלִ֥יל יֹֽפִי׃ 13 בְּעֵ֨דֶן גַּן־אֱלֹהִ֜ים הָיִ֗יתָ כָּל־אֶ֨בֶן יְקָרָ֤ה מְסֻכָתֶ֙ךָ֙
[a]אֹ֣דֶם פִּטְדָ֞ה וְיָהֲלֹ֗ם תַּרְשִׁ֥ישׁ שֹׁ֙הַם֙ וְיָשְׁפֵ֔ה סַפִּ֖יר נֹ֣פֶךְ וּבָרְקַ֑ת[a] וְזָהָ֗ב[b] ג[7]. ג
14 מְלֶ֨אכֶת[c] תֻּפֶּ֤יךָ וּנְקָבֶ֙יךָ֙ בָּ֔ךְ[d] בְּי֥וֹם הִבָּרַאֲךָ֖ כּוֹנָֽנוּ[e]׃ 14 [a]אַ֨תְּ־כְּר֔וּב[a] ל. ל. ל. ג בלשון זכר[8]
[b]מִמְשַׁ֖ח הַסּוֹכֵ֑ךְ[b] וּנְתַתִּ֗יךָ[c] בְּהַ֨ר קֹ֤דֶשׁ[d] אֱלֹהִים֙ הָיִ֔יתָ בְּת֥וֹךְ אַבְנֵי־אֵ֖שׁ ג
15 הִתְהַלָּֽכְתָּ׃ 15 תָּמִ֤ים אַתָּה֙ בִּדְרָכֶ֔יךָ מִיּ֖וֹם הִבָּֽרְאָ֑ךְ עַד־נִמְצָ֥א עַוְלָ֖תָה ב. ל. ג[9]
16 בָּֽךְ׃ 16 [a]בְּרֹ֣ב רְכֻלָּתְךָ֗ מָל֧וּ[b] תוֹכְךָ֛ חָמָ֖ס וַתֶּחֱטָ֑א[a] וָאֲחַֽלֶּלְךָ֩[c] מֵהַ֨ר ל. ל
17 אֱלֹהִ֤ים וָֽאַבֶּדְךָ֙[d] כְּר֣וּב הַסֹּכֵ֔ךְ[e] מִתּ֖וֹךְ אַבְנֵי־אֵֽשׁ׃ 17 גָּבַ֤הּ לִבְּךָ֙ בְּיָפְיֶ֔ךָ ג. ה[10]
שִׁחַ֥תָּ חָכְמָתְךָ֖ עַל־יִפְעָתֶ֑ךָ עַל־אֶ֣רֶץ הִשְׁלַכְתִּ֔יךָ לִפְנֵ֧י מְלָכִ֛ים נְתַתִּ֖יךָ ב. כא פסוק על על ומילה חדה ביניה[11]. ב. ט וכל על ארץ מצרים דאורית דכות[12]
18 לְרַ֥אֲוָה בָֽךְ׃ 18 מֵרֹ֣ב עֲוֺנֶ֗יךָ[a] [b]בְּעֶ֙וֶל֙ רְכֻלָּ֣תְךָ֔[b] חִלַּ֖לְתָּ מִקְדָּשֶׁ֑יךָ[c] ב מל[13]
וָאוֹצִא־אֵ֤שׁ מִתּֽוֹכְךָ֙[d] הִ֣יא אֲכָלַ֔תְךָ וָאֶתֶּנְךָ֤ לְאֵ֙פֶר֙ עַל־הָאָ֔רֶץ לְעֵינֵ֖י ג ב חס וחד מל
19 כָּל־רֹאֶֽיךָ׃ 19 כָּל־יוֹדְעֶ֙יךָ֙ בָּֽעַמִּ֔ים שָׁמְמ֖וּ עָלֶ֑יךָ בַּלָּה֣וֹת הָיִ֔יתָ וְאֵינְךָ֖ ל. ב
עַד־עוֹלָֽם׃ פ

20 וַיְהִ֥י דְבַר־יְהוָ֖ה אֵלַ֥י לֵאמֹֽר׃ 21 בֶּן־אָדָ֕ם שִׂ֥ים פָּנֶ֖יךָ אֶל־ כד
22 צִיד֑וֹן וְהִנָּבֵ֖א עָלֶֽיהָ׃ 22 וְאָמַרְתָּ֗ כֹּ֣ה אָמַר֮ אֲדֹנָ֣י[a] יְהוִה֒ הִנְנִ֤י עָלַ֙יִךְ֙ ג[14]

[4] Mm 2902. [5] Mm 1897. [6] Mp sub loco. [7] Mm 650. [8] Mm 900. [9] Mm 3026. [10] Mm 2900. [11] Mm 686. [12] Mm 2946. [13] Mm 3312. [14] Mm 2787.

9/10 [a] l c mlt Mss Edd 𝔊𝔖𝔙 הרגֶיךָ ‖ [b–b] 𝔊 *ἐν πλήθει* ‖ [c] Ms מחֹלליך ‖ [d] > 𝔊*, dl ‖ **12** [a] > 𝔊*, dl ‖ [b] l c pc Mss 𝔊α′𝔖𝔙 חוֹתַם ‖ [c] nonn Mss Vrs תַּבְנִית ‖ [d–d] > 𝔊*, add? ‖ **13** [a–a] prb add cf 𝔊 et Ex 28,17–20 ‖ [b] cj c sq ‖ [c–c] 𝔊 *ἐνέπλησας τοὺς θησαυρούς σου*, 𝔖 *mljt bjt gzjk*, unde prp מָלֵא בֵית־נְכֹתֶיךָ (וזהב); α′θ′ *ἔργον τοῦ κάλλους σου* = מלאכת יָפְיֵךְ cf 𝔗 *'bjdt tqwnk*, 𝔙 *opus decoris tui*; sed prb l 𝔐 ‖ [d] dl, dttg? ‖ [e] > 𝔊*𝔖, prb add ‖ **14** [a–a] 𝔊(𝔖) *μετὰ τοῦ χερουβ*, prb l אֶת־כ′ ‖ [b–b] > 𝔊*, add? ‖ [c] 𝔊 *ἔθηκά σε*, l נתתיך et cj c v a ‖ [d] frt dl cf 16; an cj אלהים c היית? ‖ **16** [a–a] gl? cf 18[b–b] ‖ [b] pc Mss מָלְאוּ; 𝔊(𝔖) *ἔπλησας*, frt l מִלֵּאתָ ‖ [c] sic L, mlt Mss Edd וָאֲ′; 𝔊 *καὶ ἐτραυματίσθης* = וַתְּחֻלַּל, frt recte ‖ [d] 𝔊 *καὶ ἤγαγέ σε*, frt l וַיְאבדך; al prp וְאִבַּדְךָ ‖ [e] > 𝔊* ‖ **18** [a] l c ℭ[2] mlt Mss Edd עונך ‖ [b–b] gl? cf 16[a–a] ‖ [c] ℭ mlt Mss Edd 𝔖𝔗 מקדשך; prp מקדשִׁי, al קָדְשְׁךָ (cf 𝔊[L]σ′𝔙) ‖ [d] prp מתוכוֹ ‖ **22** [a] > 𝔊*, dl.

צִידוֹן וְנִכְבַּדְתִּי בְּתוֹכֵךְ וְיָדְעוּ[b] כִּי־אֲנִי יְהוָה בַּעֲשׂוֹתִי בָהּ[c] שְׁפָטִים
23 וְנִקְדַּשְׁתִּי בָהּ[d]׃ 23 וְשִׁלַּחְתִּי־בָהּ[a] דֶּבֶר וָדָם בְּחוּצוֹתֶיהָ[b] וְנִפְלַל[c] חָלָל
24 בְּתוֹכָהּ[d] בְּחֶרֶב[e] עָלֶיהָ[f] מִסָּבִיב וְיָדְעוּ כִּי־אֲנִי יְהוָה׃ 24 וְלֹא־יִהְיֶה
עוֹד לְבֵית יִשְׂרָאֵל סִלּוֹן מַמְאִיר וְקוֹץ מַכְאִב מִכֹּל[a] סְבִיבֹתָם הַשָּׁאטִים
25 אוֹתָם וְיָדְעוּ כִּי אֲנִי אֲדֹנָי[b] יְהוִה׃ ס 25 כֹּה־אָמַר אֲדֹנָי[a] יְהוִה
בְּקַבְּצִי ׀ אֶת־בֵּית[b] יִשְׂרָאֵל מִן־הָעַמִּים אֲשֶׁר נָפֹצוּ בָם[c] וְנִקְדַּשְׁתִּי בָם
26 לְעֵינֵי הַגּוֹיִם וְיָשְׁבוּ עַל־אַדְמָתָם אֲשֶׁר נָתַתִּי לְעַבְדִּי לְיַעֲקֹב׃ 26 וְיָשְׁבוּ
עָלֶיהָ לָבֶטַח וּבָנוּ בָתִּים וְנָטְעוּ כְרָמִים וְיָשְׁבוּ לָבֶטַח בַּעֲשׂוֹתִי שְׁפָטִים
בְּכֹל הַשָּׁאטִים אֹתָם מִסְּבִיבוֹתָם וְיָדְעוּ כִּי אֲנִי יְהוָה אֱלֹהֵיהֶם׃ ס

29 1 בַּשָּׁנָה הָעֲשִׂרִית בָּעֲשִׂרִי[a] בִּשְׁנֵים עָשָׂר[a] לַחֹדֶשׁ הָיָה דְבַר־יְהוָה **29**
2 אֵלַי לֵאמֹר׃ 2 בֶּן־אָדָם שִׂים פָּנֶיךָ עַל[a]־פַּרְעֹה מֶלֶךְ מִצְרָיִם וְהִנָּבֵא
3 עָלָיו וְעַל־מִצְרַיִם כֻּלָּהּ׃ 3 דַּבֵּר[a] וְאָמַרְתָּ כֹּה־אָמַר ׀ אֲדֹנָי[b] יְהוִה
הִנְנִי עָלֶיךָ פַּרְעֹה [c]מֶלֶךְ־מִצְרַיִם[c]
הַתַּנִּים[d] הַגָּדוֹל הָרֹבֵץ בְּתוֹךְ יְאֹרָיו[e]
אֲשֶׁר אָמַר לִי יְאֹרִי[f] וַאֲנִי עֲשִׂיתִנִי[g]׃
4 4 וְנָתַתִּי חַחִיים[a] בִּלְחָיֶיךָ וְהִדְבַּקְתִּי דְגַת־יְאֹרֶיךָ[b] בְּקַשְׂקְשֹׂתֶיךָ
וְהַעֲלִיתִיךָ מִתּוֹךְ יְאֹרֶיךָ[b] וְאֵת [c]כָּל־דְּגַת יְאֹרֶיךָ בְּקַשְׂקְשֹׂתֶיךָ תִּדְבָּק[c]׃
5 וּנְטַשְׁתִּיךָ הַמִּדְבָּרָה אוֹתְךָ וְאֵת כָּל־דְּגַת יְאֹרֶיךָ[a]
עַל־פְּנֵי הַשָּׂדֶה תִּפּוֹל לֹא תֵאָסֵף וְלֹא תִקָּבֵץ[b]
לְחַיַּת הָאָרֶץ וּלְעוֹף הַשָּׁמַיִם נְתַתִּיךָ לְאָכְלָה׃
6 וְיָדְעוּ כָּל־יֹשְׁבֵי מִצְרַיִם כִּי אֲנִי יְהוָה
יַעַן הֱיוֹתָם[a] מִשְׁעֶנֶת קָנֶה לְבֵית יִשְׂרָאֵל׃

ו דמטע[15]
ו דמטע[15] . ל
ח[16] . ד ר״פ
ל . ג מל[17] . ל . ג ב חס וחד מל[18] . מח[19] כת א לא קר וב בליש
ב . ד בטע ר״פ בסיפ
ל . ג[20] . ו פסוק בם בם
ה בסיפ
,
מח[19] כת א לא קר וב בליש . כה חס בסיפ . ג ב חס וחד מל[18] . ח
ד חס ב מנה בליש
ב . כד . ה ג מנה בליש
ל בסיפ
ה[1] . ל[2] . ל
חחים ק . ב
ב
יב[3] . יז מל בליש[4]
ח מל בליש
י בליש[5]

[15] Mm 1404. [16] Mm 2903. [17] Mm 4020. [18] Mm 2149. [19] Mm 898. [20] Mm 2858. **Cp 29** [1] Mm 4139. [2] Mm 2904. [3] Mm 757. [4] Mm 541. [5] Mm 9.

22 [b] 𝔊 *καὶ γνώσῃ* ‖ [c] pc Mss 𝔊 בָּךְ ‖ [d] 2 Mss 𝔊 בָּךְ ‖ **23** [a–a] > 𝔊* ‖ [b] 𝔊 *ἐν ταῖς πλατείαις σου* ‖ [c] l c pc Mss 𝔊𝔖𝔙 וְנָפַל ‖ [d] > 𝔊* ‖ [e] prp וְחרב ‖ [f] 𝔊 *ἐν σοί* ‖ **24** [a] 𝔊* om כל ‖ [b] > ℭ pc Mss 𝔊*, dl ‖ **25** [a] > 𝔊*, dl ‖ [b] > Ms 𝔊*; pc Mss בְּנֵי cf 3,1[b] ‖ [c] mlt Mss Edd 𝔊ℭ[f Ms] שָׁם cf 29,13 ‖ **Cp 29,1** [a–a] 𝔊 *μιᾷ*, α′θ′ *τῇ δωδεκάτῃ*, 𝔙 *undecima die* ‖ **2** [a] = אֶל? ‖ **3** [a] > 𝔊* ‖ [b] > 𝔊*, dl ‖ [c–c] > 𝔊* ‖ [d] l c mlt Mss הַתַּנִּין cf 𝔖ℭ ‖ [e] 𝔖 *nhrwt'* = יְאֹרִים? ‖ [f] 𝔊 *οἱ ποταμοί* 𝔖 *nhr'* cf 𝔙 et 9, l יְאֹרִים ‖ [g] 𝔊 *ἐποίησα αὐτούς* 𝔖 *'bdth* (cf 9), l עֲשִׂיתִים ‖ **4** [a] ℭ mlt Mss ut Q ‖ [b] 𝔊𝔖 sg ‖ [c–c] > 𝔊* ‖ **5** [a] 𝔊𝔖𝔙 sg cf 4[b] ‖ [b] l c nonn Mss ℭ תִקָּבֵר ‖ **6** [a] 𝔊(𝔖𝔙) *ἐγενήθης*, l הֱיוֹתְךָ.

7 בְּתָפְשָׂם בְּךָ בַכַּפְּךָ[a] תֵּרוֹץ וּבָקַעְתָּ לָהֶם כָּל־כָּתֵף[b] — בכף ב מל בליש[6] ק
וּבְהִשָּׁעֲנָם עָלֶיךָ תִּשָּׁבֵר וְהַעֲמַדְתָּ[c] לָהֶם כָּל־מָתְנָיִם׃ ס — ל
8 לָכֵן כֹּה אָמַר אֲדֹנָי[a] יְהוִה הִנְנִי מֵבִיא עָלַיִךְ חָרֶב וְהִכְרַתִּי מִמֵּךְ אָדָם — כג בטע בסיפ . כט
9 וּבְהֵמָה׃ 9 וְהָיְתָה אֶרֶץ־מִצְרַיִם לִשְׁמָמָה וְחָרְבָּה וְיָדְעוּ כִּי־אֲנִי יְהוָה — ל
10 יַעַן אָמַר[a] יְאֹר[b] לִי וַאֲנִי עָשִׂיתִי[c]׃ 10 לָכֵן הִנְנִי[a] אֵלֶיךָ וְאֶל־[a]יְאֹרֶיךָ[b] — ב[7]
וְנָתַתִּי אֶת־אֶרֶץ מִצְרַיִם לְחָרְבוֹת[c] חֹרֶב[d] שְׁמָמָה[e] מִמִּגְדֹּל סְוֵנֵה[f] וְעַד־ — ל . יז בליש . ב . ב . יב ד[7] מנה בליש
11 גְּבוּל כּוּשׁ׃ 11 לֹא תַעֲבָר־בָּהּ רֶגֶל אָדָם וְרֶגֶל בְּהֵמָה לֹא תַעֲבָר־בָּהּ — ה ר״פ בסיפ וחד מן ו[8] פסוק לא לא ולא
12 וְלֹא תֵשֵׁב אַרְבָּעִים שָׁנָה׃ 12 וְנָתַתִּי אֶת־אֶרֶץ מִצְרַיִם שְׁמָמָה בְּתוֹךְ ׀ — ד[9]
אֲרָצוֹת נְשַׁמּוֹת וְעָרֶיהָ בְּתוֹךְ עָרִים מָחֳרָבוֹת[a] תִּהְיֶיןָ שְׁמָמָה[b] אַרְבָּעִים — ל[10] . ל . ה כת כן בנביא
13 שָׁנָה וַהֲפִצֹתִי אֶת־מִצְרַיִם בַּגּוֹיִם וְזֵרִיתִים בָּאֲרָצוֹת׃ פ 13 כִּי[a] — ל חס . ל מל[11] . יג[12]
כֹה אָמַר אֲדֹנָי[b] יְהוִה מִקֵּץ אַרְבָּעִים שָׁנָה אֲקַבֵּץ אֶת־מִצְרַיִם מִן־
14 הָעַמִּים אֲשֶׁר־נָפֹצוּ שָׁמָּה׃ 14 וְשַׁבְתִּי אֶת־שְׁבוּת מִצְרַיִם וַהֲשִׁבֹתִי[a] — יח[13] ס״פ ד[14] מנה בסיפ
אֹתָם אֶרֶץ פַּתְרוֹס עַל־[b]אֶרֶץ מְכוּרָתָם וְהָיוּ[c] שָׁם[c] מַמְלָכָה שְׁפָלָה׃ — כה חס בסיפ . ט וכל על ארץ מצרים דאורית דכות[15]
15 [a]מִן־הַמַּמְלָכוֹת[a] [b]תִּהְיֶה שְׁפָלָה[b] וְלֹא־[c]תִתְנַשֵּׂא עוֹד עַל־הַגּוֹיִם — ל . ה[16]
16 וְהִמְעַטְתִּים לְבִלְתִּי רְדוֹת בַּגּוֹיִם׃ 16 וְלֹא יִהְיֶה־[a]עוֹד לְבֵית יִשְׂרָאֵל — ל . ד ר״פ
לְמִבְטָח מַזְכִּיר עָוֹן בִּפְנוֹתָם אַחֲרֵיהֶם וְיָדְעוּ כִּי אֲנִי אֲדֹנָי יְהוִה׃ פ — ב
17 וַיְהִי בְּעֶשְׂרִים וָשֶׁבַע שָׁנָה בָּרִאשׁוֹן בְּאֶחָד לַחֹדֶשׁ הָיָה דְבַר־ — ח[17]
18 יְהוָה אֵלַי לֵאמֹר׃ 18 בֶּן־אָדָם נְבוּכַדְרֶאצַּר מֶלֶךְ־בָּבֶל הֶעֱבִיד אֶת־
חֵילוֹ עֲבֹדָה גְדֹלָה אֶל־[a]צֹר כָּל־רֹאשׁ מֻקְרָח וְכָל־כָּתֵף מְרוּטָה וְשָׂכָר — ל . ב ובתרי לישנ[18]
לֹא־הָיָה לוֹ וּלְחֵילוֹ מִצֹּר עַל־הָעֲבֹדָה אֲשֶׁר־עָבַד עָלֶיהָ׃ ס — ל
19 לָכֵן[a] כֹּה אָמַר אֲדֹנָי[b] יְהוִה הִנְנִי נֹתֵן לִנְבוּכַדְרֶאצַּר מֶלֶךְ־בָּבֶל — כג בטע בסיפ . כט

[6] Mm 2905. [7] Mm 2906. [8] Mm 1245. [9] Mm 2750. [10] Mm 2907. [11] Mm 2913. [12] Mm 2827. [13] Mp sub loco. [14] Mm 2908. [15] Mm 2946. [16] Mm 2453. [17] Mm 2909. [18] Mm 4125.

7 [a] mlt Mss Edd ut Q; 𝔊(𝔖) *τῇ χειρὶ αὐτῶν* = בְּכַפָּם; prb dl ‖ [b] 𝔊(𝔖) *χείρ* = כַּף ‖ [c] 𝔊 *καὶ συνέκλασας* 𝔖 *w'r'lt*, l וְהִמְעַדְתָּ ‖ **8** [a] > 2 Mss 𝔊*, dl ‖ **9** [a] 𝔊(𝔖𝔙) *(ἀντὶ) τοῦ λέγειν σε* = אֲמָרְךָ ‖ [b] 𝔊 pl ut 3[f], frt recte ‖ [c] 𝔊 + *αὐτούς* ut 3[g], frt recte ‖ **10** [a–a] = עָלֶיךָ ועל ‖ [b] 𝔖 sg; 𝔊 *πάντας τοὺς ποταμούς σου* ‖ [c] 𝔊𝔖𝔗 sg, frt l לְחָרְבָּה ‖ [d] 𝔊(𝔙) *καὶ ῥομφαίαν*; > 𝔖, frt dl (dttg) ‖ [e] 𝔊(𝔖𝔗) *καὶ ἀπώλειαν*, frt l וּשׁ׳ ‖ [f] 𝔊 *καὶ Συήνης*, prb l וּס׳ ‖ **12** [a] Ms נֶחֱרָבוֹת ut 30,7 ‖ [b] > 𝔊* cf 30,7, add? ‖ **13** [a] > 𝔊*𝔖, add? ‖ [b] > 2 Mss 𝔊*, add ‖ **14** [a] 𝔊(𝔖𝔙) *καὶ κατοικιῶ*, l 𝔐 ‖ [b] = אֶל ‖ [c–c] 𝔊 *καὶ ἔσται* cf 15[b–b] ‖ **15** [a–a] 𝔊(𝔖) *παρὰ πάσας τὰς ἀρχάς* et cj c 14b ‖ [b–b] > Ms 𝔊* cf 14[c–c] ‖ [c] 𝔊 om cop ‖ **16** [a] Vrs pl, l יִהְיוּ ‖ [b] > nonn Mss 𝔊*, add ‖ **18** [a] = עַל ‖ **19** [a] > 𝔊* ‖ [b] > 𝔊*, add.

יז . ל חס אֶת־אֶרֶץ מִצְרָיִם [c]וְנָשָׂא הֲמֹנָהּ[c] וְשָׁלַל שְׁלָלָהּ וּבָזַז בִּזָּהּ וְהָיְתָה שָׂכָר
20 לְחֵילוֹ׃ 20 פְּעֻלָּתוֹ אֲשֶׁר־עָבַד בָּהּ[a] נָתַתִּי לוֹ אֶת־אֶרֶץ מִצְרָיִם [b]אֲשֶׁר
ס̇ יח[19] עָשׂוּ לִי[b] נְאֻם אֲדֹנָי[c] יְהוִה׃ ס 21 בַּיּוֹם הַהוּא אַצְמִיחַ[a] קֶרֶן לְבֵית[b]
ב יִשְׂרָאֵל וּלְךָ אֶתֵּן פִּתְחוֹן־פֶּה בְּתוֹכָם וְיָדְעוּ כִּי־אֲנִי יְהוָה׃ פ
30 1 וַיְהִי דְבַר־יְהוָה אֵלַי לֵאמֹר׃ 2 בֶּן־אָדָם הִנָּבֵא וְאָמַרְתָּ 30
כֹּה אָמַר אֲדֹנָי[a] יְהוִה
כ[1] הֵילִילוּ[b] הָהּ[c] לַיּוֹם׃
3 ד[2] 3 כִּי־קָרוֹב יוֹם [a]וְקָרוֹב יוֹם[a] לַיהוָה יוֹם עָנָן[b] עֵת גּוֹיִם יִהְיֶה׃
4 4 וּבָאָה חֶרֶב בְּמִצְרַיִם וְהָיְתָה חַלְחָלָה בְּכוּשׁ
ב חד מל וחד חס[3] בִּנְפֹל[a] חָלָל בְּמִצְרָיִם [b]וְלָקְחוּ הֲמוֹנָהּ[b] וְנֶהֶרְסוּ יְסוֹדֹתֶיהָ׃
5 ל . לז 5 כּוּשׁ וּפוּט וְלוּד[a] וְכָל־הָעֶרֶב[b] וְכוּב[c] וּבְנֵי אֶרֶץ[d] הַבְּרִית[e] אִתָּם[f]
6 ד בסיפ בַּחֶרֶב יִפֹּלוּ׃ פ 6 [a]כֹּה אָמַר יְהוָה[a]
ל וְנָפְלוּ סֹמְכֵי מִצְרַיִם וְיָרַד גְּאוֹן עֻזָּהּ
ב . ב מִמִּגְדֹּל סְוֵנֵה[b] בַּחֶרֶב יִפְּלוּ־בָהּ נְאֻם אֲדֹנָי[c] יְהוִה׃
7 ל . ל[4] 7 וְנָשַׁמּוּ[a] בְּתוֹךְ אֲרָצוֹת נְשַׁמּוֹת וְעָרָיו[b] בְּתוֹךְ־עָרִים נַחֲרָבוֹת תִּהְיֶינָה׃
8 9 ד בטע ר״פ בסיפ[5] 8 וְיָדְעוּ כִּי־אֲנִי יְהוָה בְּתִתִּי־אֵשׁ בְּמִצְרַיִם וְנִשְׁבְּרוּ כָּל־עֹזְרֶיהָ׃ 9 בַּיּוֹם
יד[6] . יב . ל הַהוּא יֵצְאוּ מַלְאָכִים מִלְּפָנַי[a] בַּצִּים[b] לְהַחֲרִיד אֶת־כּוּשׁ בֶּטַח[c] וְהָיְתָה
10 ה בטע בסיפ חַלְחָלָה בָהֶם בְּיוֹם מִצְרַיִם כִּי הִנֵּה בָּאָה׃ ס 10 כֹּה אָמַר אֲדֹנָי[a]
11 יג[7] יְהוִה וְהִשְׁבַּתִּי אֶת־הֲמוֹן מִצְרַיִם בְּיַד נְבוּכַדְרֶאצַּר מֶלֶךְ־בָּבֶל׃ 11 הוּא
ו[8] . ג ומל[9] . ב וְעַמּוֹ אִתּוֹ[a] עָרִיצֵי גוֹיִם מוּבָאִים לְשַׁחֵת הָאָרֶץ וְהֵרִיקוּ[b] חַרְבוֹתָם עַל־
12 ל מִצְרַיִם [c]וּמָלְאוּ אֶת־הָאָרֶץ[c] חָלָל׃ 12 וְנָתַתִּי יְאֹרִים חָרָבָה[a] וּמָכַרְתִּי
אֶת־הָאָרֶץ בְּיַד־רָעִים[a] וַהֲשִׁמֹּתִי אֶרֶץ וּמְלֹאָהּ בְּיַד־זָרִים אֲנִי יְהוָה

[19] Mp sub loco. **Cp 30** [1] Mm 875. [2] Mm 2258. [3] Mm 2910. [4] Mm 2907. [5] Mp sub loco. [6] Mm 98. [7] Mm 815. [8] Mm 2572. [9] Mm 323.

19 c–c > 𝔊*, add ‖ **20** a 𝔊(𝔖) *ἐπὶ Τύρον* ‖ b–b > 𝔊𝔖, add ‖ c > Ms 𝔊*, add ‖ **21** a 𝔊(𝔙) *ἀνατελεῖ* = תִּצְמַח ‖ b 𝔊 *παντὶ τῷ οἴκῳ* ‖ **Cp 30,2** a > 𝔊*, add ‖ b > 𝔊* ‖ c 𝔊* *ὤ ὤ* 𝔙 *vae vae* 𝔖(𝔗) *w'mrw 'wh* ‖ **3** a–a > 𝔊*, dl (dttg) ‖ b > 𝔊*, add ‖ **4** a 𝔊 *καὶ πεσοῦνται* = וְנָפְל? ‖ b–b > 𝔊* ‖ **5** a 𝔖 *wlwbj'* = וְלוּב, 𝔊 + *καὶ Λίβυες* cf c ‖ b 𝔖(α'σ') *'rbj'* = עֲרַב ‖ c > 𝔊, sed prb l וְלוּב et cf a ‖ d > 𝔊*, dl ‖ e 𝔊^-967 *τῆς διαθήκης μου* = הַבְּרִתִי; prp בְּרִיתִי ‖ f > 𝔊^-967 ‖ **6** a–a 𝔊* *ἐν αὐτῇ* = בָּהּ (cf v b) et cj c 5, frt recte ‖ b 𝔊 *ἕως Συήνης*, prb l סְוֵנָה aut c pc Mss סונה ‖ c > Ms 𝔊*, add ‖ **7** a 𝔊^-967.544 sg = ונשמה ‖ b l aut וְעָרֶיהָ (cf a) aut וְעָרֵיהֶם ‖ **9** a > 𝔊*, dl (dttg) ‖ b 𝔊*(σ'𝔖) *σπεύδοντες*, l אָצִים ‖ c > 𝔊*, add? ‖ **10** a > 𝔊*, add ‖ **11** a > 𝔊* ‖ b 𝔊 + *πάντες* ‖ c–c 𝔊 *καὶ πλησθήσεται* = וּמָלְאָה ‖ **12** a–a > 𝔊*𝔖^W, add?

13 דִּבַּֽרְתִּי׃ ס 13 כֹּֽה־[a]אָמַר֮ אֲדֹנָ֣י[b] יְהוִה֒ [c]וְהַאֲבַדְתִּ֨י גִלּוּלִ֜ים[c] וְהִשְׁבַּתִּ֤י ח בטע בסיפ[10]. יג[11]
אֱלִילִים֙[d] מִנֹּ֔ף וְנָשִׂ֥יא[e] מֵאֶֽרֶץ־[f]מִצְרַ֖יִם [g]לֹ֣א יִֽהְיֶה־[g]ע֑וֹד [h]וְנָתַתִּ֥י יִרְאָ֖ה ה בסיפ
14 בְּאֶ֥רֶץ מִצְרָֽיִם[h]׃ 14 וַהֲשִׁמֹּתִי֙ אֶת־[a]פַּתְר֔וֹס וְנָתַ֥תִּי אֵ֖שׁ בְּצֹ֑עַן וְעָשִׂ֥יתִי
15 שְׁפָטִ֖ים בְּנֹֽא׃ 15 וְשָׁפַכְתִּ֣י חֲמָתִ֔י עַל־סִ֖ין מָע֣וֹז מִצְרָ֑יִם וְהִכְרַתִּ֖י אֶת־
16 הֲמ֥וֹן נֹֽא[a]׃ 16 וְנָתַתִּ֤י אֵשׁ֙ בְּמִצְרַ֔יִם [a]ח֤וּל תָּחִיל֙ סִ֔ין[a] וְנֹ֖א תִּהְיֶ֣ה לְהִבָּקֵ֑עַ תחול[12] ק
17 [b]וְנֹ֖ף צָרֵ֥י יוֹמָֽם[b]׃ 17 בַּחוּרֵ֥י אָ֖וֶן[a] וּפִי־בֶ֑סֶת בַּחֶ֣רֶב יִפֹּ֔לוּ וְהֵ֖נָּה בַּשְּׁבִ֥י ל. ג[13] ול בסיפ
18 תֵלַֽכְנָה׃ 18 וּבִתְחַפְנְחֵס֙ חָשַׂ֣ךְ[a] הַיּ֔וֹם בְּשִׁבְרִי־שָׁם֙ אֶת־מֹט֣וֹת[b] מִצְרַ֔יִם ל. ז[14]
וְנִשְׁבַּת־בָּ֖הּ גְּא֣וֹן עֻזָּ֑הּ הִ֚יא עָנָ֣ן יְכַסֶּ֔נָּה וּבְנוֹתֶ֖יהָ בַּשְּׁבִ֥י תֵלַֽכְנָה׃
19 וְעָשִׂ֥יתִי שְׁפָטִ֖ים בְּמִצְרָ֑יִם וְיָדְע֖וּ כִּֽי־אֲנִ֥י יְהוָֽה׃ פ
20 וַיְהִ֗י בְּאַחַ֤ת עֶשְׂרֵה֙ שָׁנָ֔ה בָּֽרִאשׁ֖וֹן בְּשִׁבְעָ֣ה לַחֹ֑דֶשׁ הָיָ֥ה דְבַר־ ח[15]
21 יְהוָ֖ה אֵלַ֥י לֵאמֹֽר׃ 21 בֶּן־אָדָ֕ם אֶת־זְר֛וֹעַ[a] פַּרְעֹ֥ה מֶֽלֶךְ־מִצְרַ֖יִם שָׁבָ֑רְתִּי
וְהִנֵּ֣ה לֹֽא־חֻבְּשָׁ֗ה לָתֵ֤ת רְפֻאוֹת֙ לָשׂ֣וּם חִתּ֔וּל [b]לְחָבְשָׁ֥הּ לְחָזְקָ֖הּ[b] לִתְפֹּ֥שׂ ג. ל. ל
22 בֶּחָֽרֶב[a]׃ ס 22 לָכֵ֞ן כֹּֽה־אָמַ֣ר ׀ אֲדֹנָ֣י[a] יְהוִ֗ה הִנְנִי֙ אֶל־[b]פַּרְעֹ֣ה מֶֽלֶךְ־ יא בטע בסיפ[16]. כט
מִצְרַ֔יִם וְשָֽׁבַרְתִּי֙ אֶת־זְרֹ֣עֹתָ֔יו [c]אֶת־הַחֲזָקָ֖ה וְאֶת־הַנִּשְׁבָּ֑רֶת[c] וְהִפַּלְתִּ֥י יב פסוק את את ואת את. ל
23 אֶת־הַחֶ֖רֶב מִיָּדֽוֹ׃ 23 וַהֲפִצוֹתִ֥י אֶת־מִצְרַ֖יִם בַּגּוֹיִ֑ם וְזֵרִיתִ֖ם בָּאֲרָצֽוֹת׃ ל כת כן[17]
24 וְחִזַּקְתִּ֗י אֶת־זְרֹעוֹת֙ מֶ֣לֶךְ בָּבֶ֔ל וְנָתַתִּ֥י אֶת־חַרְבִּ֖י בְּיָד֑וֹ [a]וְשָׁבַרְתִּי֙ אֶת־ ב[18]
25 זְרֹע֣וֹת פַּרְעֹ֔ה וְנָאַ֛ק נַאֲק֥וֹת חָלָ֖ל לְפָנָֽיו[a]׃ 25 וְהַחֲזַקְתִּ֗י אֶת־זְרֹעוֹת֙ ל. ל
מֶ֣לֶךְ בָּבֶ֔ל וּזְרֹע֥וֹת פַּרְעֹ֖ה תִּפֹּ֑לְנָה וְיָדְע֞וּ כִּֽי־אֲנִ֣י יְהוָ֗ה בְּתִתִּ֤י חַרְבִּי֙ ב. ל
26 בְּיַ֣ד מֶֽלֶךְ־בָּבֶ֔ל וְנָטָ֥ה אוֹתָ֖הּ אֶל־[a]אֶ֥רֶץ מִצְרָֽיִם׃ 26 וַהֲפִצוֹתִ֤י אֶת־
מִצְרַ֙יִם֙ בַּגּוֹיִ֔ם וְזֵרִיתִ֥י אוֹתָ֖ם בָּאֲרָצ֑וֹת וְיָדְע֖וּ[a] כִּֽי־אֲנִ֥י יְהוָֽה׃ ס
31 1 וַיְהִ֗י בְּאַחַ֤ת עֶשְׂרֵה֙ שָׁנָ֔ה בַּשְּׁלִישִׁ֖י בְּאֶחָ֣ד לַחֹ֑דֶשׁ הָיָ֥ה דְבַר־

[10]Mm 2911. [11]Mm 815. [12]Mm 832. [13]Mm 1728. [14]Mm 1676. [15]Mm 2909. [16]Mm 2912. [17]Mm 2913. [18]Mm 460.

13 [a] 2 Mss 𝔊* pr כִּי ‖ [b] > 𝔊*, add ‖ [c–c] > 𝔊*; prp וה׳ גְּדוֹלִים ‖ [d] 𝔊 *μεγιστᾶνας* = אֵילִים? ‖ [e] 𝔊 pl cf [g–g] ‖ [f] 𝔖 *bʾrʿ* = בְּארץ ‖ [g–g] 𝔊 *καὶ οὐκ ἔσονται* cf [e] ‖ [h–h] > 𝔊*𝔖, add ‖ **14** [a] Ms 𝔊𝔖𝔙 אֶרֶץ ‖ **15** [a] 𝔊 *Μέμφεως* = נֹף ‖ **16** [a–a] 𝔊 *καὶ ταραχῇ ταραχθήσεται Συήνη,* l וְחוּל תָּחִיל סְוֵן ‖ [b–b] 𝔊 *καὶ διαχυθήσεται ὕδατα* = וְנָפוֹצוּ מַיִם? prp וְנִפְרְצוּ חוֹמֹתֶיהָ ‖ **17** [a] l אוֹן cf 𝔊 *(Ἡλιουπόλεως)* 𝔙 ‖ **18** [a] l c mlt Mss Edd Vrs חשך ‖ [b] 𝔊(𝔙; 𝔖 sg) *τὰ σκῆπτρα,* l מַטּוֹת ‖ **21** [a] 𝔊 pl ‖ [b–b] 𝔊* *τοῦ δοθῆναι ἰσχύν* = לָשׂוּם חָזְקָה an sol לְחָזְקָה? 𝔖 *wlʾ ntʿṣb wlʾ nthlm* ‖ **22** [a] > 𝔊*, add ‖ [b] = עַל ‖ [c–c] prb add cf Vrs ‖ **24** [a–a] 𝔊 *καὶ ἐπάξει αὐτὴν ἐπ᾽ Αἴγυπτον καὶ προνομεύσει τὴν προνομὴν αὐτῆς καὶ σκυλεύσει τὰ σκῦλα αὐτῆς* = וְהֵבִיא אֹתָהּ עַל־מִצְרַיִם וּבָזַז בִּזָּהּ וְשָׁלַל שְׁלָלָהּ, ex 29,19 ‖ **25** [a] = עַל ‖ **26** [a] $𝔊^{L}$ = 𝔐; $𝔊^{B\,V\,967.449}$ + *πάντες,* $𝔊^{AC\,rel}$ + *πάντες οἱ Αἰγύπτιοι* (ex 29,6).

יְהוָה אֵלַי לֵאמֹר׃ 2 בֶּן־אָדָם אֱמֹר אֶל־פַּרְעֹה מֶלֶךְ־מִצְרַיִם
וְאֶל־הֲמוֹנוֹ ג מל
אֶל־מִי דָּמִיתָ בְגָדְלֶךָ׃ ג. ב[1]
3 הִנֵּה אַשּׁוּר[a] אֶרֶז בַּלְּבָנוֹן י ר״פ בסיפ[2]
יְפֵה עָנָף [b]וְחֹרֶשׁ מֵצַל[b] וּגְבַהּ קוֹמָה
וּבֵין עֲבֹתִים[c] הָיְתָה צַמַּרְתּוֹ׃
4 מַיִם גִּדְּלוּהוּ תְּהוֹם רֹמְמָתְהוּ ל. ל
אֶת־[a]נַהֲרֹתֶיהָ הֹלֵךְ[b] סְבִיבוֹת מַטָּעָהּ[c] ד חס ול בליש
וְאֶת־[a]תְּעָלֹתֶיהָ שִׁלְחָה [d]אֶל כָּל־עֲצֵי הַשָּׂדֶה[d]׃ ו[3]
5 [a]עַל־כֵּן[a] גָּבְהָא[b] קֹמָתוֹ מִכֹּל עֲצֵי הַשָּׂדֶה ל וכת א. ב חס בליש[4]
וַתִּרְבֶּינָה סַרְעַפֹּתָיו[c] [d]וַתֶּאֱרַכְנָה פֹארֹתָו[d] ל. פארתיו ק
מִמַּיִם רַבִּים בְּשַׁלְּחוֹ[e]׃
6 [a]בִּסְעַפֹּתָיו קִנְנוּ כָּל־עוֹף הַשָּׁמַיִם ל. ל
וְתַחַת פֹּארֹתָיו יָלְדוּ כֹּל חַיַּת הַשָּׂדֶה[a]
וּבְצִלּוֹ יֵשְׁבוּ[b] כֹּל[c] גּוֹיִם רַבִּים׃ כ[5]
7 [a]וַיְּיִף בְּגָדְלוֹ בְּאֹרֶךְ[b] דָּלִיּוֹתָיו ל. ג בליש. ג[6]
כִּי־הָיָה שָׁרְשׁוֹ אֶל־[c]מַיִם רַבִּים׃ ג
8 [a]אֲרָזִים לֹא־עֲמָמֻהוּ בְּגַן־אֱלֹהִים ח פסוק לא לא לא[7]
בְּרוֹשִׁים לֹא דָמוּ אֶל־סְעַפֹּתָיו ל
וְעַרְמֹנִים לֹא־הָיוּ כְּפֹארֹתָיו ל
כָּל־עֵץ בְּגַן־אֱלֹהִים לֹא־דָמָה אֵלָיו בְּיָפְיוֹ[a]׃ ב
9 [a]יָפֶה עֲשִׂיתִיו[a] בְּרֹב דָּלִיּוֹתָיו ה[8]
וַיְקַנְאֻהוּ כָּל־[b]עֲצֵי־עֵדֶן [c]אֲשֶׁר בְּ[c]גַן הָאֱלֹהִים[d]׃ ס ל

Cp 31 [1]Mm 2914. [2]Mm 2869. [3]Mm 2915. [4]Mp sub loco. [5]Mm 534. [6]Mm 3642. [7]Mm 3132. [8]Mm 1781.

Cp 31,3 [a] prb l תְּאַשּׁוּר ‖ [b–b] > 𝔊*, add ‖ [c] 𝔊 *νεφελῶν*, l עָבוֹת cf 10[c] 14[a] ‖ **4** [a] add? ‖ [b] 𝔊 *ἤγαγε*, l הֹלִיכָה ‖ [c] 𝔊(𝔖) *τῶν φυτῶν αὐτοῦ*, l מַטָּעָהּ ‖ [d–d] prp אֶל כָּל־שָׂדֵהוּ, al אֵלָיו ‖ **5** [a–a] add? cf mtr ‖ [b] l c nonn Mss גבהה ‖ [c] prb l סְעִפֹּתָיו cf 6.8 ‖ [d–d] > 𝔊*, prb add cf 6[a–a] ‖ [e] > 𝔊*, add ‖ **6** [a–a] dl m cs? cf 5[d–d] ‖ [b] l c mlt Mss Vrs יָשְׁבוּ ‖ [c] > 𝔖, dl ‖ **7** [a] 7 add? cf 5 ‖ [b] 𝔊(𝔖𝔗) *διὰ τὸ πλῆθος* = בְּרֹב cf 9 ‖ [c] = עַל ‖ **8** [a–a] prb add cf 9a ‖ **9** [a–a] > 𝔊*, add ‖ [b] > 𝔊*, add ‖ [c–c] > 𝔊𝔖; dl c Ms 𝔊𝔖 אשר ‖ [d] 𝔆 pc Mss אלהים cf 8a.b, l 𝔐.

10 לָכֵ֗ן כֹּ֤ה אָמַר֙ אֲדֹנָ֣י[a] יְהוִ֔ה יַ֕עַן אֲשֶׁ֥ר [b]גָּבַ֖הְתָּ בְּקוֹמָ֑ה[b] וַיִּתֵּ֤ן צַמַּרְתּוֹ֙ — כג בטע בסיפ . כט . ג בטע[9]
11 אֶל־בֵּ֣ין עֲבוֹתִ֔ים[c] וְרָ֥ם לְבָב֖וֹ בְּגָבְהֽוֹ׃ 11 וְאֶ֨תְּנֵ֔הוּ[a] בְּיַ֖ד אֵ֣יל גּוֹיִ֑ם [b]עָשׂ֤וֹ — ג מל[10] . ב . ד כת ו[11]
12 יַעֲשֶׂה֙ ל֔וֹ כְּרִשְׁע֖וֹ גֵּרַשְׁתִּֽהוּ[b]׃ 12 וַיִּכְרְתֻ֧הוּ זָרִ֛ים עָרִיצֵ֥י גוֹיִ֖ם וַֽיִּטְּשֻׁ֑הוּ — ב
אֶל[a]־הֶ֠הָרִים[b] וּבְכָל[c]־גֵּ֨אָי֜וֹת נָפְל֣וּ דָלִיּוֹתָ֗יו וַתִּשָּׁבַ֤רְנָה פֹּארֹתָיו֙ בְּכֹל֙ — ג פסוק ובכל בכל . ד
אֲפִיקֵ֣י הָאָ֔רֶץ וַיֵּרְד֧וּ[d] מִצִּלּ֛וֹ כָּל־עַמֵּ֥י הָאָ֖רֶץ וַיִּטְּשֻֽׁהוּ[e]׃ — ב
13 עַל־מַפַּלְתּ֥וֹ יִשְׁכְּנ֖וּ[a] כָּל־ע֣וֹף הַשָּׁמָ֑יִם
וְאֶל[b]־פֹּארֹתָ֣יו[c] הָי֔וּ כֹּ֖ל חַיַּ֥ת הַשָּׂדֶֽה׃ — ל
14 לְמַ֡עַן אֲשֶׁר֩ לֹא־יִגְבְּה֨וּ בְקוֹמָתָ֜ם כָּל־עֲצֵי־מַ֗יִם וְלֹֽא־יִתְּנ֤וּ אֶת־ — לד פסוק לא ולא ולא[12] . ל . ל
צַמַּרְתָּם֙ אֶל־בֵּ֣ין עֲבֹתִ֔ים[a] וְלֹֽא־יַעַמְד֧וּ אֵלֵיהֶ֛ם[b] בְּגָבְהָ֖ם כָּל־שֹׁ֣תֵי מָ֑יִם — ל . ל
כִּֽי־כֻלָּ֞ם נִתְּנ֨וּ לַמָּ֜וֶת אֶל־אֶ֣רֶץ תַּחְתִּ֗ית בְּת֛וֹךְ בְּנֵ֥י אָדָ֖ם אֶל־י֥וֹרְדֵי — ו דגש[13] . ו וכל תלים ומשלי דכות ב מ ב[14]
15 בֽוֹר׃ ס 15 כֹּה־אָמַר֮ אֲדֹנָ֣י[a] יְהוִה֒ בְּי֨וֹם רִדְתּ֤וֹ שְׁאֹ֙לָה֙ הֶאֱבַ֔לְתִּי — ח בטע בסיפ[15] . ל . י
כִּסֵּ֤תִי עָלָיו֙ אֶת־תְּה֔וֹם וָֽאֶמְנַע֙ נַהֲרוֹתֶ֔יהָ וַיִּכָּלְא֖וּ מַ֣יִם רַבִּ֑ים וָאַקְדִּ֤ר — ל . ל . ל
16 עָלָיו֙ לְבָנ֔וֹן וְכָל־עֲצֵ֥י הַשָּׂדֶ֖ה עָלָ֥יו עֻלְפֶּֽה[b]׃ 16 מִקּ֤וֹל מַפַּלְתּוֹ֙ הִרְעַ֣שְׁתִּי
גוֹיִ֔ם בְּהוֹרִדִ֥י אֹת֛וֹ שְׁא֖וֹלָה אֶת־י֣וֹרְדֵי ב֑וֹר וַיִּנָּ֨חֲמ֜וּ בְּאֶ֤רֶץ תַּחְתִּית[a]֙ — י . ב
17 כָּל־עֲצֵי־עֵ֔דֶן [b]מִבְחַ֥ר וְטוֹב[b]־לְבָנ֖וֹן כָּל־שֹׁ֥תֵי מָֽיִם׃ 17 גַּם־הֵ֗ם אִתּ֛וֹ — יז[16] . ג ר״פ בסיפ[17] . ג בנביא
יָרְד֥וּ שְׁא֖וֹלָה אֶל־חַלְלֵי־חָ֑רֶב וּזְרֹע֛וֹ[a] יָשְׁב֥וּ[b] בְצִלּ֖וֹ [c]בְּת֥וֹךְ גּוֹיִֽם[c]׃ — י
18 אֶל־מִ֨י דָמִ֥יתָ[a] כָּ֛כָה[b] בְּכָב֥וֹד וּבְגֹ֖דֶל בַּעֲצֵי־עֵ֑דֶן[a] וְהוּרַדְתָּ֙ אֶת־עֲצֵי־ — ג . ב . ל
עֵ֜דֶן אֶל־אֶ֣רֶץ תַּחְתִּ֗ית בְּת֨וֹךְ עֲרֵלִ֤ים תִּשְׁכַּב֙ אֶת־חַלְלֵי־חֶ֔רֶב ה֤וּא — ג[18]
פַרְעֹה֙ וְכָל־הֲמוֹנֹ֔ה נְאֻ֖ם אֲדֹנָ֥י[c] יְהוִֽה׃ ס — המונו חד מן ד[19] כת כן בליש ק
32 1 וַיְהִ֗י בִּשְׁתֵּ֤י[a] עֶשְׂרֵה֙ שָׁנָ֔ה בִּשְׁנֵי־עָשָׂ֥ר חֹ֖דֶשׁ בְּאֶחָ֣ד לַחֹ֑דֶשׁ — ו בליש[2] — ס̄ יט[1]
2 הָיָ֥ה דְבַר־יְהוָ֖ה אֵלַ֥י לֵאמֹֽר׃ 2 בֶּן־אָדָ֗ם שָׂ֤א קִינָה֙ עַל־פַּרְעֹ֣ה מֶֽלֶךְ־ — ה̇[1] ג מנה בליש

[9] Mm 2597. [10] Mm 2780. [11] Mp sub loco. [12] Mm 771. [13] Mm 716. [14] Ps 33,13; 145,12 et cf Mp sub loco. [15] Mm 2911. [16] Mm 1088. [17] Mm 2856. [18] Mm 2916. [19] Mm 2917, Q addidi, cf Mp sub loco.
Cp 32 [1] Mp sub loco. [2] Mm 874.

10 [a] > 𝔊*, add ‖ [b–b] 𝔖 *'ttrjm bqwmth* = גָּבַהּ בקומתו, prb recte (cf 𝔙 et 14) ‖ [c] l עָבוֹת cf 3[c] 14[a] ‖ **11** [a] prb l וָאֶתֵּ׳ cf 𝔊𝔙 ‖ [b–b] 𝔊* *καὶ ἐποίησε τὴν ἀπώλειαν αὐτοῦ*, frt l וַיַּעַשׂ et dl גרשתהו (dttg) ‖ **12** [a] = עַל ‖ [b] huc tr ‸ cf [c] ‖ [c] 𝔊* om cop ‖ [d] prp וַיִּדְּדוּ ‖ [e] dl? ‖ **13** [a] 𝔊(𝔗) *ἀνεπαύσαντο*, l 𝔐 ‖ [b] = ועל ‖ [c] > Ms, dl; an tot v b add? ‖ **14** [a] l עָבוֹת cf 3[c] 10[c] ‖ [b] l c mlt Mss Edd 𝔊𝔗 אֲלֵיהֶם = עלי׳ ‖ **15** [a] > 𝔊*, add ‖ [b] 𝔊(𝔖𝔗𝔙) *ἐξελύθησαν*, l עֻלְּפוּ ‖ **16** [a] > 𝔊*, add? ‖ [b–b] 𝔊* *καὶ τὰ ἐκλεκτά*, frt dl וטוב ‖ **17** [a] 𝔊(𝔖) *καὶ τὸ σπέρμα αὐτοῦ* = וְזַרְעוֹ; prp וְעֹזְרָיו aut וְגָוְעוּ ‖ [b] 𝔊 *οἱ κατοικοῦντες* = יֹשְׁבֵי, 𝔖 *jtb* = יָשַׁב, 𝔗 *'tbrw* = נִשְׁבְּרוּ ‖ [c–c] 𝔊 *ἐν μέσῳ τῆς ζωῆς αὐτῶν ἀπώλοντο* = בתוך חַיֵּיהֶם גָּוְעוּ? ‖ **18** [a–a] > 𝔊* ‖ [b] 𝔊[O] θ′ *ἐν ἰσχύι*, 𝔊[L] *ἐν δυνάμει* = בְּכֹחַ; > Ms 𝔖𝔙, prb dl (dttg) ‖ [c] > 𝔊*, add ‖ **Cp 32,1** [a] prb l c nonn Mss 𝔊[A min]𝔖 בְּעַשְׁתֵּי.

ב חד חס וחד מל[3] מִצְרַיִם וְאָמַרְתָּ אֵלָיו כְּפִיר גּוֹיִם נִדְמֵיתָ
ג̇ . ה̇[4][5] וְאַתָּה כַּתַּנִּים[a] בַּיַּמִּים וַתָּגַח בְּנַהֲרוֹתֶיךָ[b]
ל̇ . ל̇ וַתִּדְלַח־מַיִם בְּרַגְלֶיךָ וַתִּרְפֹּס נַהֲרוֹתָם[c]׃
3 כֹּה אָמַר אֲדֹנָי[a] יְהוִה
וּפָרַשְׂתִּי עָלֶיךָ אֶת־[b]רִשְׁתִּי בִּקְהַל[c][d]עַמִּים רַבִּים[d] וְהֶעֱלוּךָ[e] בְּחֶרְמִי׃
ל̇ 4 וּנְטַשְׁתִּיךָ בָאָרֶץ [a]עַל־פְּנֵי הַשָּׂדֶה אֲטִילֶךָ[a]
ל̇ . י בליש[6] וְהִשְׁכַּנְתִּי עָלֶיךָ כָּל־עוֹף הַשָּׁמַיִם וְהִשְׂבַּעְתִּי מִמְּךָ [b]חַיַּת כָּל־[b]הָאָרֶץ׃
ב̇[7] בסיפ וכל קריא דכות ב מ ב . ד̇[8] 5 וְנָתַתִּי אֶת־[a]בְּשָׂרְךָ עַל־הֶהָרִים וּמִלֵּאתִי [b]הַגֵּאָיוֹת רָמוּתֶךָ[b]׃
ל̇ . ל̇ . ב חס בליש 6 וְהִשְׁקֵיתִי אֶרֶץ צָפָתְךָ מִדָּמְךָ[a] [b]אֶל־הֶהָרִים[b] וַאֲפִקִים יִמָּלְאוּן מִמֶּךָּ[c]׃
ל̇ . ב חס ול בליש 7 וְכִסֵּיתִי בְכַבּוֹתְךָ[a] שָׁמַיִם וְהִקְדַּרְתִּי אֶת־כֹּכְבֵיהֶם
ט̇ שֶׁמֶשׁ בֶּעָנָן אֲכַסֶּנּוּ וְיָרֵחַ לֹא־יָאִיר אוֹרוֹ׃
ל̇ 8 כָּל־מְאוֹרֵי אוֹר בַּשָּׁמַיִם אַקְדִּירֵם עָלֶיךָ
וְנָתַתִּי חֹשֶׁךְ עַל־אַרְצְךָ נְאֻם אֲדֹנָי[a] יְהוִה׃
ל̇ . ל̇ 9 וְהִכְעַסְתִּי לֵב עַמִּים רַבִּים בַּהֲבִיאִי שִׁבְרְךָ[a] בַּגּוֹיִם עַל־[b]אֲרָצוֹת 9
ד̇[9] . ב מל . ב חד כת ש וחד כת ס[10] אֲשֶׁר לֹא־יְדַעְתָּם׃ 10 וַהֲשִׁמּוֹתִי עָלֶיךָ עַמִּים רַבִּים וּמַלְכֵיהֶם יִשְׂעֲרוּ 10
ד̇ עָלֶיךָ[a] שַׂעַר בְּעוֹפְפִי[b] חַרְבִּי עַל־פְּנֵיהֶם וְחָרְדוּ לִרְגָעִים אִישׁ לְנַפְשׁוֹ
יג̇[11] בְּיוֹם מַפַּלְתֶּךָ׃ ס 11 כִּי[a] כֹּה אָמַר אֲדֹנָי[b] יְהוִה חֶרֶב מֶלֶךְ־ 11
ל̇ בָּבֶל תְּבוֹאֶךָ׃
ל̇ 12 בְּחַרְבוֹת[a] גִּבּוֹרִים אַפִּיל הֲמוֹנֶךָ עָרִיצֵי גוֹיִם כֻּלָּם
וְשָׁדְדוּ אֶת־גְּאוֹן מִצְרַיִם וְנִשְׁמַד כָּל־הֲמוֹנָהּ׃
13 וְהַאֲבַדְתִּי אֶת־כָּל־בְּהֶמְתָּהּ מֵעַל מַיִם רַבִּים
ב̇ . ל̇ . ב̇ וְלֹא תִדְלָחֵם רֶגֶל־אָדָם עוֹד וּפַרְסוֹת[a] בְּהֵמָה לֹא תִדְלָחֵם׃

[3]Mp sub loco. [4]Mm 2918. [5]Mm 720. [6]Mm 9. [7]Mm 2850. [8]Mm 1867. [9]Mm 1133. [10]Mm 2919. [11]Mm 2827.

2 [a] l c 2 Mss כתנין cf 𝔖𝔗 ‖ [b] l בִּנְחָרֶיךָ vel בְּנַחֲרָתְךָ ‖ [c] 𝔊 suff 2 m sg ‖ **3** [a] > Ms 𝔊*, add ‖ [b] > pc Mss, frt dl ‖ [c] > 𝔊*, add ‖ [d–d] add ‖ [e] 𝔊^-967(𝔙) *καὶ ἀνάξω σε*, l וְהַעֲלִיתִיךָ ‖ **4** [a–a] 𝔊 *πεδία πλησθήσεταί σου* ‖ [b–b] l c pc Mss 𝔊*𝔖 כָּל־חַיַּת ‖ **5** [a] > 2 Mss ‖ [b–b] 𝔊* *ἀπὸ τοῦ αἵματός σου* (= מִדָּמְךָ) *πᾶσαν τὴν γῆν*, l 𝔐 ‖ **6** [a] tr ad fin v (recta lect pro ממך) ‖ [b–b] dl, dttg ex 5a ‖ [c] cf [a] ‖ **7** [a] 𝔊(𝔙) *ἐν τῷ σβεσθῆναί σε*, 𝔖 *bd'kk*, frt l בִּכְבוֹתְךָ ‖ **8** [a] > 𝔊*, add ‖ **9** [a] 𝔊 *αἰχμαλωσίαν σου*, prb l שִׁבְיְךָ ‖ [b] = אֶל ‖ **10** [a] > 𝔊*𝔖 ‖ [b] prp בנופפי ‖ **11** [a] > 2 Mss 𝔖 ‖ [b] > 𝔊*, add ‖ **12** [a] 𝔖𝔗 sg ‖ **13** [a] 𝔊𝔙 sg, l ופרסת.

14 אָ֚ז אַשְׁקִ֣יעַ[a] מֵֽימֵיהֶ֔ם וְנַהֲרוֹתָ֖ם כַּשֶּׁ֣מֶן אוֹלִ֑יךְ ל̇.ב̇.ב̇
נְאֻ֖ם אֲדֹנָ֥י[b] יְהוִֽה׃
15 בְּתִתִּ֞י[a] אֶת־אֶ֣רֶץ[a] מִצְרַ֗יִם שְׁמָמָ֡ה וּנְשַׁמָּה֙[b] אֶ֣רֶץ מִמְּלֹאָ֔הּ ל̇.ב̇[12]
בְּהַכּוֹתִ֖י[c] אֶת־כָּל־י֣וֹשְׁבֵי בָ֑הּ וְיָדְע֖וּ כִּֽי־אֲנִ֥י יְהוָֽה׃ ב̇ חד מל וחד חס[13]. לד מל
16 קִינָ֥ה הִיא֙ וְק֣וֹנְנ֔וּהָ[a] בְּנ֥וֹת[b] הַגּוֹיִ֖ם תְּקוֹנֵ֣נָּה אוֹתָ֑הּ עַל־מִצְרַ֤יִם וְעַל־ ל̇.ב̇
כָּל־הֲמוֹנָהּ֙ תְּקוֹנֵ֣נָּה אוֹתָ֔הּ נְאֻ֖ם אֲדֹנָ֥י[c] יְהוִֽה׃ פ ב̇
17 וַיְהִי֙ בִּשְׁתֵּ֣י[a] עֶשְׂרֵ֣ה שָׁנָ֔ה[b] בַּחֲמִשָּׁ֥ה עָשָׂ֖ר לַחֹ֑דֶשׁ הָיָ֥ה דְבַר־
יְהוָ֖ה אֵלַ֥י לֵאמֹֽר׃ 18 בֶּן־אָדָ֕ם נְהֵ֛ה עַל־הֲמ֥וֹן מִצְרַ֖יִם וְהוֹרִדֵ֑הוּ[a] ל̇.ל̇
א֠וֹתָהּ[b] וּבְנ֨וֹת גּוֹיִ֧ם
אַדִּרִ֛ם[c] אֶל־אֶ֥רֶץ תַּחְתִּיּ֖וֹת אֶת־י֥וֹרְדֵי בֽוֹר׃ ל חס[14]. ו̇ ומל[15]
19 [a]מִמִּ֖י נָעָ֑מְתָּ רְדָ֥ה וְהָשְׁכְּבָ֖ה אֶת־עֲרֵלִֽים׃ [הֲמוֹנֶֽיהָ׃[c] ב̇.ב̇[16]. ל̇]ל̇
20 בְּת֥וֹךְ חַלְלֵי־חֶ֖רֶב יִפֹּ֑לוּ חֶ֣רֶב[a] נִתָּ֔נָה[b] [c]מָשְׁכ֥וּ אוֹתָ֖הּ וְכָל־ ב̇. ל̇ חטף
21 יְדַבְּרוּ־ל֞וֹ[a] אֵלֵ֧י[b] גִבּוֹרִ֛ים [c]מִתּ֥וֹךְ שְׁא֖וֹל[c d] [e]אֶת־עֹזְרָ֑יו[e] ל חס
[f]יָרְד֛וּ שָׁכְב֥וּ הָעֲרֵלִ֖ים[f] [g]חַלְלֵי־חָֽרֶב׃[g] ל̇
22 שָׁ֤ם אַשּׁוּר֙ וְכָל־קְהָלָ֔הּ [a]סְבִֽיבוֹתָ֖יו קִבְרֹתָ֑יו[a] ד̇ מל[17]
כֻּלָּ֣ם חֲלָלִ֔ים [b]הַנֹּפְלִ֖ים בֶּחָֽרֶב׃[b]
23 אֲשֶׁ֨ר[a] נִתְּנ֤וּ קִבְרֹתֶ֙יהָ֙ בְּיַרְכְּתֵי־ב֔וֹר ו̇ דגש[18]. ג̇
וַיְהִ֣י קְהָלָ֔הּ סְבִיב֖וֹת קְבֻרָתָ֑הּ ג̇ וחס בליש[19]
כֻּלָּ֤ם חֲלָלִים֙ נֹֽפְלִ֣ים בַּחֶ֔רֶב ל̇
אֲשֶׁר־נָתְנ֥וּ חִתִּ֖ית[b] בְּאֶ֥רֶץ חַיִּֽים׃ ב̇ בעינ̇
24 שָׁ֤ם עֵילָם֙ וְכָל־הֲמוֹנָ֔הּ סְבִיב֖וֹת קְבֻרָתָ֑הּ ג̇ וחס בליש[19]

[12] Mm 2818. [13] Mm 446. [14] Mm 2534. [15] Mm 1327. [16] Gn 45,9. [17] Mm 2920. [18] Mm 716. [19] Mm 2921.

14 [a] 𝔊 *ἡσυχάσει*, 𝔗 ʾšqjṭ, frt l אַשְׁקִיט ‖ [b] > 𝔊*, add ‖ **15** [a–a] > 𝔊, add ‖ [b] prb l וְנָשַׁמָּה cf Vrs ‖ [c] 𝔊 *ὅταν διασπείρω* = בְּזָרוֹתִי ? ‖ **16** [a] 𝔊* *καὶ θρηνήσεις αὐτόν*, l וְקוֹנַנְתָּהּ ‖ [b] 𝔊𝔖 pr cop, l ′וּב ‖ [c] > 𝔊*, add ‖ **17** [a] pc Mss 𝔖 בְּעַשְׁתֵּי ‖ [b] 𝔊* + *τοῦ πρώτου μηνός* ‖ **18** [a] prp וַהֲדָדָהּ ‖ [b] prb l אַתָּה ‖ [c] prp אֹרְדֵם, sed init threni exc ‖ **19** [a] 𝔊* hab 19 post שׁאול in 21 ‖ **20** [a] > 𝔊𝔖, prb add ‖ [b] > 𝔖, 𝔊 *μετ' αὐτοῦ* = אתו, prb add ‖ [c–c] 𝔊 *καὶ κοιμηθήσεται πᾶσα ἡ ἰσχὺς αὐτοῦ*, frt l וְהָשְׁכַּב כָּל־הֲמוֹנָם ‖ **21** [a] 𝔊 *σοι* ‖ [b] mlt Mss Edd אֵילֵי; > 𝔊 ‖ [c–c] 𝔊 *ἐν βάθει βόθρου* = בְּיַרְכְּתֵי־בוֹר cf 23 ‖ [d] huc prb ins 19 cf 19[a] ‖ [e–e] > 𝔊𝔖, add? cf [f–f] ‖ [f–f] > 𝔊, prb dl cf 19b ‖ [g–g] 𝔊 pr *ἐν μέσῳ*, nonn vb exc? ‖ **22** [a–a] > 𝔊, prb add; an l סְבִיבוֹת קְבֻרָתָהּ ut in 23 (cf 𝔖)? ‖ [b–b] > 𝔊, prb add; an l ′נפלים ב ut in 23? ‖ **23** [a] 𝔊 *ἐκεῖ* ‖ [b] prb l c pc Mss 𝔊 חִתִּיתָם.

כֻּלָּם חֲלָלִים הַנֹּפְלִים[a] בַּחֶרֶב
אֲשֶׁר־יָרְדוּ עֲרֵלִים ׀ אֶל־אֶרֶץ תַּחְתִּיּוֹת ז ומל[20]
אֲשֶׁר נָתְנוּ חִתִּיתָם בְּאֶרֶץ חַיִּים
וַיִּשְׂאוּ כְלִמָּתָם אֶת־יוֹרְדֵי בוֹר׃ מג
25 [a]בְּתוֹךְ חֲלָלִים נָתְנוּ מִשְׁכָּב לָהּ ב[21]
בְּכָל־[b]הֲמוֹנָהּ [c]סְבִיבוֹתָיו קִבְרֹתֶהָ[c] ד מל[22]. ג
כֻּלָּם עֲרֵלִים חַלְלֵי־חֶרֶב
כִּי־נִתַּן חִתִּיתָם בְּאֶרֶץ חַיִּים כא[23]
וַיִּשְׂאוּ כְלִמָּתָם אֶת־יוֹרְדֵי בוֹר[a] מג
בְּתוֹךְ חֲלָלִים נִתָּן[d]׃ ב[21]. כא[23] ד[24] מנה קמ
26 שָׁם מֶשֶׁךְ תֻּבַל[a] וְכָל־הֲמוֹנָהּ[b] [c]סְבִיבוֹתָיו קִבְרוֹתֶיהָ[c] ו פת[25]. ד מל[22]. ג
כֻּלָּם עֲרֵלִים מְחֻלְלֵי[d] חֶרֶב ל
[e]כִּי־נָתְנוּ[e] חִתִּיתָם בְּאֶרֶץ חַיִּים׃
27 [a]וְלֹא יִשְׁכְּבוּ[a] אֶת־גִּבּוֹרִים נֹפְלִים[b] מֵעֲרֵלִים[c] ל
אֲשֶׁר יָרְדוּ־שְׁאוֹל בִּכְלֵי־מִלְחַמְתָּם
וַיִּתְּנוּ אֶת־חַרְבוֹתָם תַּחַת רָאשֵׁיהֶם יג[26]
וַתְּהִי עֲוֹנֹתָם[d] עַל־עַצְמוֹתָם
כִּי־חִתִּית[e] גִּבּוֹרִים בְּאֶרֶץ חַיִּים׃ ב בעינ
28 וְאַתָּה בְּתוֹךְ עֲרֵלִים [a]תִּשָּׁבַר וְ[a]תִשְׁכַּב אֶת־חַלְלֵי־חָרֶב׃ ג[21]. ל. ל
29 שָׁמָּה [a]אֱדוֹם מְלָכֶיהָ וְכָל־נְשִׂיאֶיהָ[a] אֲשֶׁר־נִתְּנוּ בִגְבוּרָתָם[b] אֶת־ 29 ה ר״פ[27]. ל. ו דגש[28]
חַלְלֵי־חָרֶב הֵמָּה אֶת־עֲרֵלִים יִשְׁכָּבוּ וְאֶת־[c]יֹרְדֵי בוֹר׃ 30 שָׁמָּה נְסִיכֵי 30 ג[29]. ג חס. ה ר״פ[27]
צָפוֹן [a]כֻּלָּם וְכָל־צִדֹנִי אֲשֶׁר־[a]יָרְדוּ אֶת־[b]חֲלָלִים בְּחִתִּיתָם מִגְּבוּרָתָם[c] ל חס

[20] Mm 1327. [21] Mm 2916. [22] Mm 2920. [23] Mm 2838. [24] Mm 403. [25] Mm 3277. [26] Mm 2897. [27] Mm 2922. [28] Mm 716. [29] Mm 3503.

24 [a] prb l נפלים ‖ **25** [a–a] > 𝔊*, dl cf 24 ‖ [b] l c Ms וְכָל ‖ [c–c] l סְבִיבוֹת קְבֻרָתָהּ ‖ [d] Vrs pl (sed 𝔊 post *ἐκεῖ* 26), frt add ‖ **26** [a] pc Mss 𝔊𝔖𝔙 וְת׳ ‖ [b] 𝔊* *ἡ ἰσχὺς αὐτῶν* ‖ [c–c] 𝔊(𝔖) *περικύκλῳ τοῦ μνήματος αὐτοῦ*, l סְבִיבוֹת קְבֻרָתָהּ ‖ [d] prb l חַלְלֵי (מ dttg) ‖ [e–e] 𝔊 *οἱ* (= אֲשֶׁר? ut 23.24) *δεδωκότες* ‖ **27** [a–a] 𝔊* *καὶ ἐκοιμήθησαν*, 𝔖 om ולא; l 𝔐 ‖ [b] prp נְפִלִים ‖ [c] 𝔊 *ἀπ' αἰῶνος*, l מֵעוֹלָם ‖ [d] l צִנּתָם vel צִנּוֹתָם ‖ [e] 𝔊 *ἐξεφόβησαν*, 𝔖 *'bdw … tbr'*, prb l חִתְּתוּ ‖ **28** [a–a] > 𝔊*, dl ‖ **29** [a–a] 𝔊* *ἐδόθησαν οἱ ἄρχοντες Ασσουρ*, l 𝔐 ‖ [b] prp בִּקְבֻרָתָם, sed cf 30bβ ‖ [c] l c mlt Mss 𝔊𝔗 אֶת ‖ **30** [a–a] 𝔊 *πάντες στρατηγοὶ Ασσουρ*, l 𝔐 ‖ [b] > 𝔊* ‖ [c] 𝔊* *καὶ τῇ ἰσχύι αὐτῶν* = וּגבורתם.

בּוֹשִׁ֑ים[d] וַיִּשְׁכְּב֤וּ עֲרֵלִים֙ אֶת־חַלְלֵי־חֶ֔רֶב וַיִּשְׂא֥וּ כְלִמָּתָ֖ם אֶת־י֥וֹרְדֵי
31 בֽוֹר׃ 31 אוֹתָם֙ יִרְאֶ֣ה פַרְעֹ֔ה וְנִחַ֖ם עַל־כָּל־הֲמוֹנֹ֑ה [a]חַלְלֵי־חֶ֙רֶב֙
32 פַּרְעֹה֙ וְכָל־חֵיל֔וֹ[a] נְאֻ֖ם אֲדֹנָ֥י[b] יְהוִֽה׃ 32 כִּֽי־נָתַ֥תִּי[a] אֶת־חִתִּיתוֹ[b] בְּאֶ֣רֶץ
חַיִּ֑ים וְהֻשְׁכַּב֩ בְּת֨וֹךְ עֲרֵלִ֜ים אֶת־חַלְלֵי־חֶ֗רֶב פַּרְעֹה֙ וְכָל־הֲמוֹנֹ֔ה נְאֻ֖ם
אֲדֹנָ֥י[c] יְהוִֽה׃ פ

33 1 וַיְהִ֥י דְבַר־יְהוָ֖ה אֵלַ֥י לֵאמֹֽר׃ 2 בֶּן־אָדָ֗ם דַּבֵּ֤ר אֶל־בְּנֵֽי־עַמְּךָ֙
וְאָמַרְתָּ֣ אֲלֵיהֶ֔ם אֶ֕רֶץ כִּֽי־אָבִ֥יא עָלֶ֖יהָ חָ֑רֶב וְלָקְח֨וּ עַם־הָאָ֜רֶץ
3 אִ֤ישׁ אֶחָד֙ מִקְצֵיהֶ֔ם וְנָתְנ֥וּ אֹת֛וֹ לָהֶ֖ם לְצֹפֶֽה׃ 3 וְרָאָ֥ה אֶת־הַחֶ֖רֶב בָּאָ֣ה
4 עַל־הָאָ֑רֶץ וְתָקַ֥ע בַּשּׁוֹפָ֖ר וְהִזְהִ֥יר אֶת־הָעָֽם׃ 4 וְשָׁמַ֨ע הַשֹּׁמֵ֜עַ אֶת־ק֤וֹל
5 הַשּׁוֹפָר֙ וְלֹ֣א נִזְהָ֔ר וַתָּב֥וֹא חֶ֖רֶב[a] וַתִּקָּחֵ֑הוּ דָּמ֥וֹ בְרֹאשׁ֖וֹ יִהְיֶֽה׃ 5 אֵת֩
ק֨וֹל הַשּׁוֹפָ֤ר שָׁמַע֙ וְלֹ֣א נִזְהָ֔ר דָּמ֖וֹ בּ֣וֹ יִהְיֶ֑ה וְה֥וּא נִזְהָ֖ר[a] נַפְשׁ֥וֹ מִלֵּֽט׃
6 וְהַצֹּפֶ֡ה כִּֽי־יִרְאֶ֣ה אֶת־הַחֶרֶב֩ בָּאָ֨ה וְלֹֽא־תָקַ֤ע בַּשּׁוֹפָר֙ וְהָעָ֣ם לֹֽא־
נִזְהָ֔ר וַתָּב֣וֹא חֶ֔רֶב[a] וַתִּקַּ֥ח מֵהֶ֖ם נָ֑פֶשׁ ה֚וּא בַּעֲוֺנ֣וֹ נִלְקָ֔ח וְדָמ֖וֹ מִיַּֽד־
7 הַצֹּפֶ֥ה אֶדְרֹֽשׁ׃ ס 7 [a]וְאַתָּ֣ה בֶן־אָדָ֔ם צֹפֶ֥ה נְתַתִּ֖יךָ לְבֵ֣ית יִשְׂרָאֵ֑ל
8 וְשָׁמַעְתָּ֤ מִפִּי֙ דָּבָ֔ר וְהִזְהַרְתָּ֥ אֹתָ֖ם מִמֶּֽנִּי׃ 8 בְּאָמְרִ֣י לָרָשָׁ֗ע רָשָׁע֙[a] מ֣וֹת
תָּמ֔וּת וְלֹ֣א דִבַּ֔רְתָּ לְהַזְהִ֥יר רָשָׁ֖ע מִדַּרְכּ֑וֹ ה֤וּא רָשָׁע֙ בַּעֲוֺנ֣וֹ יָמ֔וּת וְדָמ֖וֹ
9 מִיָּדְךָ֥ אֲבַקֵּֽשׁ׃ 9 וְ֠אַתָּה כִּֽי־הִזְהַ֨רְתָּ רָשָׁ֤ע מִדַּרְכּוֹ֙ לָשׁ֣וּב מִמֶּ֔נָּה וְלֹא־
10 שָׁ֖ב מִדַּרְכּ֑וֹ ה֚וּא בַּעֲוֺנ֣וֹ יָמ֔וּת וְאַתָּ֖ה נַפְשְׁךָ֥ הִצַּֽלְתָּ׃ ס 10 וְאַתָּ֣ה
בֶן־אָדָ֗ם אֱמֹר֙ אֶל־בֵּ֣ית יִשְׂרָאֵ֔ל כֵּ֤ן אֲמַרְתֶּם֙ לֵאמֹ֔ר[a] כִּֽי־[b]פְשָׁעֵ֥ינוּ
11 וְחַטֹּאתֵ֖ינוּ עָלֵ֑ינוּ וּבָ֛ם אֲנַ֥חְנוּ נְמַקִּ֖ים וְאֵ֥יךְ נִחְיֶֽה׃ 11 אֱמֹ֨ר אֲלֵיהֶ֜ם חַי־
אָ֣נִי ׀ נְאֻ֣ם ׀ אֲדֹנָ֣י[a] יְהוִ֗ה אִם־אֶחְפֹּץ֙ בְּמ֣וֹת הָרָשָׁ֔ע כִּ֥י אִם־בְּשׁ֥וּב רָשָׁ֛ע
מִדַּרְכּ֖וֹ וְחָיָ֑ה שׁ֣וּבוּ שׁ֜וּבוּ מִדַּרְכֵיכֶ֧ם הָרָעִ֛ים[b] וְלָ֥מָּה תָמ֖וּתוּ בֵּ֥ית
12 יִשְׂרָאֵֽל׃ פ 12 [a]וְאַתָּ֣ה בֶן־אָדָ֗ם[a] אֱמֹ֤ר אֶל־בְּנֵֽי־עַמְּךָ֙ צִדְקַ֣ת
הַצַּדִּ֗יק לֹ֤א תַצִּילֶ֙נּוּ֙ בְּי֣וֹם פִּשְׁע֔וֹ וְרִשְׁעַ֤ת הָרָשָׁע֙ לֹֽא־יִכָּ֣שֶׁל בָּ֔הּ בְּי֖וֹם

ל. ל[1]
ה[4]

[30] Mm 1775. [31] Mm 2917, Q addidi sicut Ez 32,31, cf Mp sub loco. [32] Mm 3811. [33] Mm 2916. Cp 33 [1] Mm 2689. [2] Mm 2923. [3] Mm 2779. [4] Mm 2093. [5] Okhl 232. [6] Mp sub loco. [7] Mm 1242.

30 [d] > 𝔊*, dl ‖ **31** [a–a] > 𝔊*, add ‖ [b] > 𝔊*, add ‖ **32** [a] $𝔊^L$ *ἔδωκε(ν)* cf 𝔗, l נָתַן ‖ [b] l c K 𝔊𝔖 חתיתו cf 𝔗 ‖ [c] > 𝔊*, add ‖ **Cp 33,4** [a] 𝔊 *ἡ ῥομφαία*, frt l הַחֶ׳ sed cf 6 ‖ **5** [a] prp הִזְהִיר ‖ **6** [a] cf 4[a] ‖ **7** [a] 7–9 cf 3,17–19 ‖ **8** [a] > Ms 𝔊*𝔖 et 3,18, dl ‖ **10** [a] > 𝔖, frt dl ‖ [b] > 𝔊* ‖ **11** [a] > 𝔊*, add ‖ [b] > 𝔊*, add ‖ **12** [a–a] > 𝔊*.

13 שׁוּבוֹ מֵֽרִשְׁעוֹ וְצַדִּיק לֹא יוּכַל לִחְיוֹת [b]בָּהּ בְּיוֹם חֲטֹאתוֹ[b]׃ 13 בְּאָמְרִי
לַצַּדִּיק חָיֹה יִחְיֶה[a] וְהוּא־בָטַח עַל־צִדְקָתוֹ וְעָשָׂה עָוֶל כָּל־צִדְקֹתָו[b]
14 לֹא תִזָּכַרְנָה וּבְעַוְלוֹ[c] אֲשֶׁר־עָשָׂה בּוֹ יָמוּת׃ 14 וּבְאָמְרִי לָרָשָׁע מוֹת
15 תָּמוּת וְשָׁב מֵחַטָּאתוֹ וְעָשָׂה מִשְׁפָּט וּצְדָקָה׃ 15 חֲבֹל יָשִׁיב רָשָׁע[a] גְּזֵלָה
יְשַׁלֵּם בְּחֻקּוֹת הַחַיִּים הָלַךְ לְבִלְתִּי עֲשׂוֹת עָוֶל חָיוֹ יִחְיֶה לֹא[b] יָמוּת׃
16 כָּל־חַטֹּאתָו[a] אֲשֶׁר חָטָא לֹא תִזָּכַרְנָה לוֹ[b] מִשְׁפָּט וּצְדָקָה עָשָׂה חָיוֹ ס̇ג̇[10]
17 יִחְיֶה׃ 17 וְאָמְרוּ בְּנֵי עַמְּךָ לֹא יִתָּכֵן דֶּרֶךְ אֲדֹנָי[a] וְהֵמָּה דַּרְכָּם לֹא־
18 19 יִתָּכֵן׃ 18 בְּשׁוּב־צַדִּיק מִצִּדְקָתוֹ וְעָשָׂה עָוֶל וּמֵת בָּהֶם׃ 19 וּבְשׁוּב
20 רָשָׁע מֵרִשְׁעָתוֹ וְעָשָׂה מִשְׁפָּט וּצְדָקָה עֲלֵיהֶם הוּא יִחְיֶה׃ 20 וַאֲמַרְתֶּם
לֹא יִתָּכֵן דֶּרֶךְ אֲדֹנָי[a] אִישׁ כִּדְרָכָיו אֶשְׁפּוֹט אֶתְכֶם בֵּית יִשְׂרָאֵל׃ פ
21 21 וַיְהִי בִּשְׁתֵּי[a] עֶשְׂרֵה שָׁנָה בָּעֲשִׂרִי בַּחֲמִשָּׁה לַחֹדֶשׁ לְגָלוּתֵנוּ בָּא־
22 אֵלַי הַפָּלִיט מִירוּשָׁלַםִ לֵאמֹר הֻכְּתָה הָעִיר׃ 22 וְיַד־יְהוָה הָיְתָה
אֵלַי[a] בָּעֶרֶב לִפְנֵי בּוֹא הַפָּלִיט וַיִּפְתַּח אֶת־פִּי עַד־בּוֹא אֵלַי בַּבֹּקֶר
23 וַיִּפָּתַח פִּי וְלֹא נֶאֱלַמְתִּי עוֹד׃ פ 23 וַיְהִי דְבַר־יְהוָה אֵלַי לֵאמֹר׃
24 24 בֶּן־אָדָם יֹשְׁבֵי הֶחֳרָבוֹת הָאֵלֶּה[a] עַל־אַדְמַת יִשְׂרָאֵל אֹמְרִים לֵאמֹר
אֶחָד הָיָה אַבְרָהָם וַיִּירַשׁ אֶת־הָאָרֶץ וַאֲנַחְנוּ רַבִּים לָנוּ נִתְּנָה הָאָרֶץ
25 לְמוֹרָשָׁה׃ ס 25 לָכֵן אֱמֹר אֲלֵיהֶם כֹּה־אָמַר אֲדֹנָי[a] יְהוִה[cb] עַל־
הַדָּם[c] תֹּאכֵלוּ וְעֵינֵכֶם[d] תִּשְׂאוּ אֶל־גִּלּוּלֵיכֶם וְדָם תִּשְׁפֹּכוּ וְהָאָרֶץ
26 תִּירָשׁוּ׃ 26 עֲמַדְתֶּם[a] עַל־חַרְבְּכֶם עֲשִׂיתֶן[b] תּוֹעֵבָה וְאִישׁ אֶת־אֵשֶׁת
27 רֵעֵהוּ טִמֵּאתֶם וְהָאָרֶץ תִּירָשׁוּ׃ ס 27 כֹּה־תֹאמַר אֲלֵהֶם[a] כֹּה־
אָמַר אֲדֹנָי[b] יְהוִה[c] חַי־אָנִי אִם־לֹא אֲשֶׁר בֶּחֳרָבוֹת בַּחֶרֶב יִפֹּלוּ וַאֲשֶׁר
עַל־פְּנֵי הַשָּׂדֶה לַחַיָּה נְתַתִּיו לְאָכְלוֹ[d] וַאֲשֶׁר בַּמְּצָדוֹת וּבַמְּעָרוֹת בַּדֶּבֶר
28 יָמוּתוּ׃ 28 וְנָתַתִּי אֶת־הָאָרֶץ שְׁמָמָה וּמְשַׁמָּה[a] וְנִשְׁבַּת גְּאוֹן עֻזָּהּ וְשָׁמְמוּ

ו̇[8] . ל̇ . ל̇
צדקתיו חד מן ג̇ חס בליש ק̇
ל̇
כ̇ד̇ בליש[9]
ד̇ כת̇ ו̇
חטאתיו חד מן ג̇ חס בליש . ב̇[11] . ד̇ כת̇ ו̇ ק̇
ב̇ ר״פ . ל̇ . ד̇
י̇ח̇ וכל חיו יחיה דכות[12]
ב̇ מל[13]
ד̇ חס ב̇ מנה בליש . ב̇
ב̇ וחס[14] . ה̇י . ג̇[15]
י̇ד̇[16] מל וכל שמואל וכתיב דכות ב̇ מ̇ ה̇ . י̇ד̇[16] מל וכל שמואל וכתיב דכות ב̇ מ̇ ה̇
ל̇ קמ̇
ו̇ בסיפ̇
ד̇[17] . כ̇ט̇ חס בנביא[18]
ב̇ חד חס וחד מל[19]
ב̇
כ̇ט̇ חס בנביא[18]
ב̇
ב̇ . ח̇ בליש[20] . ל̇
ל̇

[8] Mm 528. [9] Mm 1685. [10] Mp sub loco. [11] Mm 2447. [12] Mm 107. [13] Mm 2924. [14] Mm 2925. [15] Mm 2010. [16] Mm 169. [17] Mm 2813. [18] Mm 1954 contra textum. [19] Mm 2926. [20] Mm 1666.

12 $^{b-b}$ > 𝔊* || **13** ^{a} l תחיה cf 𝔊^{AOCL} *ζήσῃ* et 14 || ^{b} pc Mss 𝔊𝔗𝔙 ut Q || ^{c} 𝔊 om cop || **15** ^{a} > 2 Mss 𝔊*𝔖, add || ^{b} nonn Mss 𝔊𝔖𝔗^{f}𝔙 וְלֹא || **16** ^{a} nonn Mss ut Q || ^{b} > Ms 𝔊* || **17** ^{a} l c mlt Mss יהוה || **20** ^{a} l c nonn Mss יהוה || **21** ^{a} pc Mss 𝔊^{L}𝔖 בְּעַשְׁתֵּי, l 𝔐 || **22** ^{a} = עָלַי || **24** ^{a} > 𝔊* || **25** ^{a} > ℭ𝔊*, add || ^{b} 𝔊* om sqq usque ad יהוה 27 || $^{c-c}$ prp עַל־הֶהָרִים cf 18,6 || ^{d} l c mlt Mss Edd ועיניכם || **26** ^{a} cf 25^{b} || ^{b} l c nonn Mss תֶּם– || **27** ^{a} mlt Mss Edd אליהם || ^{b} add || ^{c} cf 25^{b} || ^{d} l c pc Mss 𝔊𝔖𝔙 לְאָכְלָה || **28** ^{a} > 𝔊*.

29 הָרֵי יִשְׂרָאֵל מֵאֵין עוֹבֵר׃ 29 וְיָדְעוּ כִּי־אֲנִי יְהוָה בְּתִתִּי אֶת־הָאָרֶץ — ד בטע ר״פ בסיפ
30 שְׁמָמָה וּמְשַׁמָּה עַל כָּל־תּוֹעֲבֹתָם אֲשֶׁר עָשׂוּ׃ ס 30 וְאַתָּה בֶן־ — ה . כג בסיפ[21]
אָדָם בְּנֵי עַמְּךָ הַנִּדְבָּרִים בְּךָ אֵצֶל הַקִּירוֹת וּבְפִתְחֵי הַבָּתִּים וְדִבֶּר־[a] — ל[22]
[b]חַד אֶת־אַחַד[b] אִישׁ אֶת־אָחִיו לֵאמֹר בֹּאוּ־נָא וְשִׁמְעוּ [b]מָה הַדָּבָר[b] — כה[23]
31 הַיּוֹצֵא מֵאֵת יְהוָה׃ 31 וְיָבוֹאוּ אֵלֶיךָ כִּמְבוֹא־עָם וְיֵשְׁבוּ לְפָנֶיךָ עַמִּי[a] — ד מל בנביא וכל כתיב דכות[24] . ז[25] רפי ול מל . יז וכל זקף אתנח וס״פ דכות[26] . ד[27]
וְשָׁמְעוּ אֶת־דְּבָרֶיךָ וְאוֹתָם לֹא יַעֲשׂוּ כִּי־עֲגָבִים[b] בְּפִיהֶם [c]הֵמָּה עֹשִׂים[c] — ג ב מל וחד חס[28] . ה[29]
32 אַחֲרֵי[d] בִּצְעָם[e] לִבָּם הֹלֵךְ׃[f] 32 וְהִנְּךָ לָהֶם כְּשִׁיר[a] עֲגָבִים יְפֵה קוֹל — ל
33 וּמֵטִב נַגֵּן וְשָׁמְעוּ אֶת־דְּבָרֶיךָ וְעֹשִׂים אֵינָם אוֹתָם׃ 33 וּבְבֹאָהּ[a] הִנֵּה — ח[30] חס וחד מן ב בליש חד חס וחד מל . ב ור״פ
בָאָה וְיָדְעוּ כִּי נָבִיא הָיָה בְתוֹכָם׃ ס

34 1 וַיְהִי דְבַר־יְהוָה אֵלַי לֵאמֹר׃ 2 בֶּן־אָדָם הִנָּבֵא עַל־רוֹעֵי
יִשְׂרָאֵל הִנָּבֵא וְאָמַרְתָּ אֲלֵיהֶם[a] לָרֹעִים[b] כֹּה אָמַר ׀ אֲדֹנָי[c] יְהוִה הוֹי
רֹעֵי־יִשְׂרָאֵל [d]אֲשֶׁר הָיוּ רֹעִים[d] אוֹתָם הֲלוֹא הַצֹּאן יִרְעוּ הָרֹעִים׃
3 [a]אֶת־הַחֵלֶב[a] תֹּאכֵלוּ וְאֶת־הַצֶּמֶר תִּלְבָּשׁוּ הַבְּרִיאָה[b] תִּזְבָּחוּ הַצֹּאן[b] — ב[1]
4 לֹא תִרְעוּ׃ 4 אֶת־הַנַּחְלוֹת[a] לֹא חִזַּקְתֶּם וְאֶת־הַחוֹלָה לֹא־רִפֵּאתֶם — יח פסוק דמיין[2] . ב
וְלַנִּשְׁבֶּרֶת לֹא חֲבַשְׁתֶּם וְאֶת־הַנִּדַּחַת לֹא הֲשֵׁבֹתֶם וְאֶת־הָאֹבֶדֶת לֹא — ל
5 בִקַּשְׁתֶּם וּבְחָזְקָה[b] רְדִיתֶם [c]אֹתָם וּ[c]בְפָרֶךְ׃ 5 וַתְּפוּצֶינָה[a] מִבְּלִי רֹעֶה — ל[3] . ל[4] . כה חס בסיפ . ב
6 וַתִּהְיֶינָה לְאָכְלָה לְכָל־חַיַּת הַשָּׂדֶה [b]וַתְּפוּצֶינָה׃ 6 יִשְׁגּוּ[a] צֹאנִי בְּכָל־ — ב . ב[5]
הֶהָרִים וְעַל כָּל־גִּבְעָה רָמָה וְעַל [b]כָּל־פְּנֵי[b] הָאָרֶץ נָפֹצוּ צֹאנִי[c] וְאֵין — ד[6] . יג פסוק ואין ואין[7]
7
8 דּוֹרֵשׁ וְאֵין מְבַקֵּשׁ׃ 7 לָכֵן רֹעִים[a] שִׁמְעוּ אֶת־[b]דְּבַר יְהוָה׃ 8 חַי־ — ד מל[8] . יד זוגין[9]
אָנִי נְאֻם ׀ אֲדֹנָי[a] יְהוִה אִם־לֹא יַעַן הֱיוֹת־צֹאנִי ׀ לָבַז וַתִּהְיֶינָה צֹאנִי — יז[10] מ״פ לא ולא לא ג[11] מנה בסיפ
לְאָכְלָה לְכָל־חַיַּת הַשָּׂדֶה מֵאֵין רֹעֶה וְלֹא־דָרְשׁוּ רֹעַי[b] אֶת־צֹאנִי — ב[12]

[21] Mp sub loco. [22] Mm 2971. [23] Mm 187. [24] Mm 1475. [25] Mm 465. [26] Mm 2120. [27] Mm 253. [28] Mm 2807. [29] Mm 628. [30] Mm 1098. Cp 34 [1] Mm 2927. [2] Mm 3911. [3] Mm 926. [4] Mm 1439. [5] Lv 4,13. [6] Mm 2928. [7] Mm 2004. [8] Mm 4142. [9] Mm 565. [10] Mm 1613. [11] Mm 2788. [12] Gn 13,8.

30 [a] prp וּדְבָרוּ ‖ [b–b] > 𝔊* ‖ **31** [a] > 𝔊*𝔖, var lect ad עָם? ‖ [b] 𝔊(𝔖) *ψεῦδος*, frt l כְּזָבִים ‖ [c–c] > 𝔊*𝔖, add? ‖ [d] 𝔊(𝔖𝔙) *καὶ ὀπίσω*, frt l 'וְא ‖ [e] 𝔊 *τῶν μιασμάτων* = עֲצַבִּים? ‖ [f] > 𝔊* ‖ **32** [a] frt l כְּשָׁר ‖ **33** [a] 𝔊 + *ἐροῦσιν* ‖ **Cp 34,2** [a] > 𝔊*𝔙, dl ‖ [b] 𝔖 *r'wt'* = הָרעים? ‖ [c] > 𝔊*, add ‖ [d–d] 𝔊 *μὴ βόσκουσιν οἱ ποιμένες* = 'הֲיִרְעוּ הָר? l 𝔐 ‖ **3** [a–a] 𝔊 *ἰδοὺ τὸ γάλα*, 𝔙 *lac*; l 𝔐 ‖ [b] pc Mss 𝔊𝔖𝔙 'וְה, l 𝔐 ‖ **4** [a] 𝔊θ′𝔖𝔙 sg, l הנחלָה ‖ [b] 𝔊 *καὶ τὸ ἰσχυρόν*, frt l וּבַחֲזָקָה ‖ [c–c] > 𝔊*, frt recte cf [b] ‖ **5** [a] 𝔊(𝔖𝔙) + *τὰ πρόβατά μου* cf 6 ‖ [b] > 𝔖; 𝔊 cj c 6, prb recte ‖ **6** [a] > 𝔊*, add cf 5[b] ‖ [b–b] pc Mss 𝔊* פני כל־ ‖ [c] > 𝔊* ‖ **7** [a] prp 'הָר cf 9 ‖ [b] > mlt Mss ‖ **8** [a] > 𝔊*, add ‖ [b] 𝔊(𝔖𝔗[Edd]) *οἱ ποιμένες*.

9 וַיִּרְע֤וּ הָֽרֹעִים֙ אוֹתָ֔ם וְאֶת־צֹאנִ֖י לֹ֥א רָעֽוּ׃ ס 9 לָכֵן֙ הָֽרֹעִ֔ים [a]שִׁמְע֖וּ
10 דְּבַר־יְהוָֽה[a]׃ 10 כֹּה־אָמַ֞ר [a]אֲדֹנָ֣י יְהוִ֗ה הִנְנִ֨י אֶל־[b]הָרֹעִ֜ים וְדָרַשְׁתִּ֧י
אֶת־צֹאנִ֣י מִיָּדָ֗ם וְהִשְׁבַּתִּים֙ מֵרְע֣וֹת צֹ֔אן[c] וְלֹא־יִרְע֥וּ ע֛וֹד הָרֹעִ֖ים אוֹתָ֑ם
11 וְהִצַּלְתִּ֤י צֹאנִי֙ מִפִּיהֶ֔ם וְלֹא־תִהְיֶ֥יןָ לָהֶ֖ם לְאָכְלָֽה׃ ס 11 כִּ֛י כֹּ֥ה
12 אָמַ֖ר אֲדֹנָ֣י[a] יְהוִ֑ה הִנְנִי־אָ֕נִי וְדָרַשְׁתִּ֥י אֶת־צֹאנִ֖י וּבִקַּרְתִּֽים׃ 12 [a]כְּבַקָּרַ֨ת
רֹעֶ֤ה[a] עֶדְרוֹ֙ בְּיוֹם־הֱיוֹת֤וֹ[b] בְתוֹךְ־צֹאנוֹ֙ נִפְרָשׁ֔וֹת[c] כֵּ֖ן אֲבַקֵּ֣ר אֶת־צֹאנִ֑י
וְהִצַּלְתִּ֣י אֶתְהֶ֗ם מִכָּל־הַמְּקוֹמֹת֙ אֲשֶׁ֣ר נָפֹ֣צוּ שָׁ֔ם בְּי֥וֹם עָנָ֖ן וַעֲרָפֶֽל׃
13 13 וְהוֹצֵאתִ֣ים מִן־הָעַמִּ֗ים וְקִבַּצְתִּים֙ מִן־הָ֣אֲרָצ֔וֹת וַהֲבִיאֹתִ֖ים אֶל־
אַדְמָתָ֑ם וּרְעִיתִים֙ אֶל־[a]הָרֵ֣י יִשְׂרָאֵ֔ל בָּאֲפִיקִ֕ים וּבְכֹ֖ל מוֹשְׁבֵ֥י הָאָֽרֶץ׃
14 14 בְּמִרְעֶה־טּוֹב֙ אֶרְעֶ֣ה אֹתָ֔ם וּבְהָרֵ֥י[a] מְרוֹם־יִשְׂרָאֵ֖ל יִהְיֶ֣ה נְוֵהֶ֑ם שָׁ֚ם
15 תִּרְבַּ֙צְנָה֙ בְּנָ֣וֶה טּ֔וֹב וּמִרְעֶ֥ה[b] שָׁמֵ֛ן תִּרְעֶ֖ינָה אֶל־הָרֵ֥י יִשְׂרָאֵֽל׃ 15 אֲנִ֨י
16 אֶרְעֶ֤ה צֹאנִי֙ וַאֲנִ֣י אַרְבִּיצֵ֔ם[a] נְאֻ֖ם אֲדֹנָ֥י[b] יְהוִֽה׃ 16 אֶת־הָאֹבֶ֤דֶת אֲבַקֵּשׁ֙
וְאֶת־הַנִּדַּ֣חַת אָשִׁ֔יב וְלַנִּשְׁבֶּ֣רֶת אֲחַבֵּ֔שׁ וְאֶת־הַחוֹלָ֖ה אֲחַזֵּ֑ק [a]וְאֶת־
הַשְּׁמֵנָ֧ה[a] וְאֶת־הַחֲזָקָ֛ה אַשְׁמִ֖יד[b] אֶרְעֶ֥נָּה[c] בְמִשְׁפָּֽט׃
17 17 [a]וְאַתֵּ֣נָה צֹאנִ֔י[a] כֹּ֥ה אָמַ֖ר אֲדֹנָ֣י[b] יְהוִ֑ה הִנְנִ֤י שֹׁפֵט֙ בֵּֽין־שֶׂ֣ה לָשֶׂ֔ה
18 לָאֵילִ֖ים וְלָעַתּוּדִֽים׃ 18 הַמְעַ֣ט מִכֶּ֗ם[a] הַמִּרְעֶ֤ה הַטּוֹב֙ תִּרְע֔וּ וְיֶ֙תֶר֙
מִרְעֵיכֶ֔ם תִּרְמְס֖וּ בְּרַגְלֵיכֶ֑ם וּמִשְׁקַע־מַ֣יִם תִּשְׁתּ֔וּ וְאֵת֙ הַנּ֣וֹתָרִ֔ים
19 בְּרַגְלֵיכֶ֖ם תִּרְפֹּשֽׂוּן׃ 19 וְצֹאנִ֕י מִרְמַ֤ס רַגְלֵיכֶם֙ תִּרְעֶ֔ינָה וּמִרְפַּ֥שׂ
20 רַגְלֵיכֶ֖ם תִּשְׁתֶּֽינָה׃ ס 20 לָכֵ֗ן כֹּ֥ה אָמַ֛ר אֲדֹנָ֥י[a] יְהוִ֖ה אֲלֵיהֶ֑ם[b]
21 הִנְנִי־אָ֕נִי וְשָֽׁפַטְתִּי֙ בֵּין־שֶׂ֣ה בִרְיָ֔ה[c] וּבֵ֖ין שֶׂ֥ה רָזָֽה׃ 21 יַ֗עַן בְּצַ֤ד וּבְכָתֵף֙
תֶּהְדֹּ֔פוּ וּבְקַרְנֵיכֶ֥ם תְּנַגְּח֖וּ[a] כָּל־הַנַּחְל֑וֹת עַ֛ד אֲשֶׁ֥ר הֲפִיצוֹתֶ֛ם אוֹתָ֖נָה
22 אֶל־הַחֽוּצָה[a]׃ 22 וְהוֹשַׁעְתִּ֣י לְצֹאנִ֔י וְלֹא־תִהְיֶ֥ינָה ע֖וֹד לָבַ֑ז וְשָׁ֣פַטְתִּ֔י

ל̇ . ל̇ וחד מן יד̇[13] זוגין
ח̇ בטע̇ בסיפ̇[14]
ל̇
ל̇ . ה̇ כת̇ כן בנביא . יג̇[15]
ב̇ . ל̇ . ל̇
ל̇
ה̇[16] . ג̇ כת̇ כן
ב̇ . ד̇[17] . ב̇
ל̇ . ל̇ . ה̇[18]
כה̇ חס̇ בסיפ̇ . ל̇ . ב̇
ב̇ . ד̇[19] . ג̇[20] . ה̇[18]
ל̇ . ל̇
ל̇
ג̇ . ל̇ . ל̇
ג̇[21]
ל̇ . ל̇
ל̇[22]
ל̇ . ג̇[20]
כג̇ בטע̇ בסיפ̇ . כט̇ . ל̇
ב̇
ב̇ . ב̇ חד מל̇ וחד חס̇ . ב̇ חד מל̇ וחד חס̇[23]
יו̇[24]

[13] Mm 565. [14] Mm 2911. [15] Mm 2827. [16] Mm 234. [17] Mm 3933. [18] Mm 2929. [19] Mm 1407. [20] Mm 2248. [21] Mm 2930. [22] Mm 2931. [23] Mm 626. [24] Mm 290.

9 [a–a] > 𝔊* ‖ **10** [a] > 𝔊*, add ‖ [b] = עַל ‖ [c] 𝔊(𝔖) *τὰ πρόβατά μου* ‖ **11** [a] > Ms 𝔊*, add ‖ **12** [a–a] prp כְּבַקֵּר הָרֹעֶה ‖ [b] frt l c Ms הֱיוֹת cf 𝔊 ‖ [c] prp נִפְרָשׁוֹת ‖ **13** [a] = עַל ‖ **14** [a] 2 Mss sg cf 𝔊𝔗 ‖ [b] pc Mss וּבְמ׳ cf 𝔊𝔙 ‖ [c] = עַל ‖ **15** [a] 𝔊^{-967} + *καὶ γνώσονται ὅτι ἐγώ εἰμι κύριος* ‖ [b] > 𝔊*, add ‖ **16** [a–a] > 𝔊*, add ‖ [b] > Ms; 2 Mss אשמיר 𝔊(𝔖𝔙) *φυλάξω*, l אֶשְׁמֹר ‖ [c] 𝔊(𝔖𝔙) *καὶ βοσκήσω αὐτά*, l וְאֶרְעֶן ‖ **17** [a–a] 𝔊* *καὶ ὑμεῖς πρόβατα* = ואתן הַצֹּאן ‖ [b] > 𝔊*, add ‖ **18** [a] 𝔊(𝔗) + *ὅτι* (= כִּי ?), 𝔖 + *r'wt'* ‖ **20** [a] > 𝔊*, add ‖ [b] > 2 Mss 𝔊*𝔖; 𝔙 *ad vos* ‖ [c] nonn Mss בְּרִיאָה vel בְּרִיָּה ‖ **21** [a–a] 𝔊* *καὶ πᾶν τὸ ἐκλεῖπον ἐξεθλίβετε.*

23 בֵּין שֶׂה לָשֶׂה[a]׃ 23 וַהֲקִמֹתִי עֲלֵיהֶם[a] רֹעֶה אֶחָד[b] וְרָעָה אֶתְהֶן אֵת עַבְדִּי ט[25] . ה
24 דָוִיד [c]הוּא יִרְעֶה אֹתָם[cd] וְהוּא־יִהְיֶה לָהֶן[e] לְרֹעֶה׃ 24 וַאֲנִי יְהוָה[a] ה מל . כה חס בסיפ . יד[26] . סז ר״פ . ב
אֶהְיֶה לָהֶם לֵאלֹהִים [b]וְעַבְדִּי דָוִד[b] נָשִׂיא בְתוֹכָם[c] אֲנִי יְהוָה דִּבַּרְתִּי[c]׃ ה . ה בסיפ . ז פסוק[27]
25 וְכָרַתִּי לָהֶם[a] בְּרִית שָׁלוֹם וְהִשְׁבַּתִּי חַיָּה־רָעָה מִן־הָאָרֶץ וְיָשְׁבוּ יג[28]
ס כא[29] בַמִּדְבָּר לָבֶטַח[b] וְיָשְׁנוּ בַּיְּעָרִים׃ 26 וְנָתַתִּי [a]אוֹתָם וּסְבִיבוֹת[b] גִּבְעָתִי[a] ב
27 בְּרָכָה[c] וְהוֹרַדְתִּי הַגֶּשֶׁם בְּעִתּוֹ גִּשְׁמֵי[d] בְרָכָה יִהְיוּ[e]׃ 27 וְנָתַן עֵץ הַשָּׂדֶה
אֶת־פִּרְיוֹ וְהָאָרֶץ תִּתֵּן יְבוּלָהּ וְהָיוּ עַל־אַדְמָתָם לָבֶטַח וְיָדְעוּ כִּי־אֲנִי ד חס את בליש[30] . ה בסיפ
28 יְהוָה בְּשִׁבְרִי אֶת־מֹטוֹת[a] עֻלָּם וְהִצַּלְתִּים מִיַּד הָעֹבְדִים בָּהֶם׃ 28 וְלֹא־ ל . ג בליש[31] . יז ר״פ ולא לא[32]
יִהְיוּ עוֹד בַּז לַגּוֹיִם וְחַיַּת הָאָרֶץ לֹא תֹאכְלֵם וְיָשְׁבוּ לָבֶטַח וְאֵין י בליש[33]
29 מַחֲרִיד׃ 29 וַהֲקִמֹתִי לָהֶם [a]מַטָּע לְשֵׁם[a] וְלֹא־יִהְיוּ עוֹד אֲסֻפֵי רָעָב ל . ב חד פת וחד קמ[34]
30 בָּאָרֶץ וְלֹא־יִשְׂאוּ עוֹד כְּלִמַּת הַגּוֹיִם׃ 30 וְיָדְעוּ[a] כִּי אֲנִי יְהוָה אֱלֹהֵיהֶם ד . כ . ח
31 אִתָּם[b] וְהֵמָּה עַמִּי בֵּית יִשְׂרָאֵל נְאֻם אֲדֹנָי[c] יְהוִה׃ 31 וְאַתֵּן[a] צֹאנִי צֹאן[b] לז . ל
מַרְעִיתִי אָדָם[c] אַתֶּם אֲנִי[d] אֱלֹהֵיכֶם[e] נְאֻם אֲדֹנָי[f] יְהוִה׃ פ ל

35 1 וַיְהִי דְבַר־יְהוָה אֵלַי לֵאמֹר׃ 2 בֶּן־אָדָם שִׂים פָּנֶיךָ עַל[a]־הַר ב . כד
3 שֵׂעִיר וְהִנָּבֵא עָלָיו׃ 3 וְאָמַרְתָּ לּוֹ כֹּה אָמַר אֲדֹנָי[a] יְהוִה ב
הִנְנִי אֵלֶיךָ[b] הַר־שֵׂעִיר וְנָטִיתִי יָדִי עָלֶיךָ יו חס את[1]
4 וּנְתַתִּיךָ שְׁמָמָה וּמְשַׁמָּה[c]׃ 4 עָרֶיךָ[a] חָרְבָּה אָשִׂים
וְאַתָּה שְׁמָמָה תִהְיֶה וְיָדַעְתָּ כִּי־אֲנִי יְהוָה׃
5 יַעַן הֱיוֹת לְךָ אֵיבַת עוֹלָם וַתַּגֵּר אֶת־בְּנֵי[a]־יִשְׂרָאֵל עַל־יְדֵי־חָרֶב ב[2] . יח[3] ט מנה בסיפ
6 בְּעֵת אֵידָם בְּעֵת עֲוֹן קֵץ׃ 6 לָכֵן חַי־אָנִי נְאֻם אֲדֹנָי[a] יְהוִה [b]כִּי־לְדָם
אֶעֶשְׂךָ וְדָם יִרְדֲּפֶךָ[b] [c]אִם־לֹא [d]דָם שָׂנֵאתָ[d] וְדָם יִרְדֲּפֶךָ[c]׃

[25] Mm 1144. [26] Mm 190. [27] Mm 855. [28] Mm 815. [29] Mp sub loco. [30] Mm 2932. [31] Mm 2933. [32] Mm 2708. [33] Mm 9. [34] Mm 2432. **Cp 35** [1] Mp sub loco. [2] Mm 2934. [3] Mm 953.

22 [a] 𝔖 + *wbjt dkr' ldkr'* = לָאֵלִים וְלָעַתּוּדִים cf 17 ‖ **23** [a] > ℭ; Ms 𝔖𝔙 עליהן ‖ [b] 𝔊* *ἕτερον* ‖ [c–c] > 𝔊* ‖ [d] 𝔖(𝔙) *'njn* = אתן ‖ [e] ℭ[2] mlt Mss להם ‖ **24** [a] > ℭ ‖ [b–b] 𝔊* *καὶ Δαυιδ* ‖ [c–c] > 𝔖 ‖ **25** [a] 𝔊 *τῷ Δαυιδ* ‖ [b] > 𝔊*, add ‖ **26** [a–a] crrp; prp אֶת־הָרְבִיבִים בְּעִתָּם ‖ [b] Vrs om cop ‖ [c] > 𝔊* ‖ [d] 𝔊*𝔖 sg ‖ [e] > 𝔊* ‖ **27** [a] > 𝔊*𝔖 ‖ **29** [a–a] 𝔊(𝔖) *φυτὸν εἰρήνης* 𝔗 *nṣb' lqjjm'*, prb l מַטַּע שָׁלֹם ‖ **30** [a] pc Mss Edd + הַגּוֹיִם ‖ [b] > pc Mss 𝔊*𝔖, add ‖ [c] > 𝔊*, add ‖ **31** [a] > 𝔊*; 2 Mss ואתם ‖ [b] 𝔊[-967] pr cop ‖ [c] > 𝔊*, dl ‖ [d] 𝔊𝔖𝔙 pr cop, frt recte ‖ [e] nonn Mss 𝔊𝔖𝔙 pr יהוה ‖ [f] > 𝔊*, add ‖ **Cp 35,2** [a] ℭ pc Mss אֶל cf 𝔖 ‖ **3** [a] > Ms 𝔊*, add ‖ [b] pc Mss עָלֶיךָ cf 𝔖𝔗 ‖ [c] 𝔊 *καὶ σὺ ἔρημος ἔσῃ* ‖ **4** [a] 𝔊𝔖 pr cop ‖ **5** [a] Ms 𝔊 בֵּית cf 2,3[a] ‖ **6** [a] > 𝔊* ‖ [b–b] > 𝔊, dl cf b ‖ [c–c] > pc Mss ‖ [d–d] 𝔊* *εἰς αἷμα ἥμαρτες*, prb l לְדָם אָשַׁמְתָּ vel בְּדם א׳.

7 וְנָתַתִּי֙ אֶת־הַ֣ר שֵׂעִ֔יר לְשִֽׁמְמָ֖הa וּשְׁמָמָ֑הb וְהִכְרַתִּ֥י מִמֶּ֖נּוּ עֹבֵ֥ר וָשָֽׁב׃ 7 — ל. ל חס בסיפ.[4] ג[5]
8 וּמִלֵּאתִ֥י aאֶת־הָרָ֖יוa חֲלָלָ֑יוb גִּבְעוֹתֶ֤יךָc וְגֵאוֹתֶ֙יךָ֙ וְכָל־אֲפִיקֶ֔יךָc 8 — ד[6]. ג מל בליש[7]
חַלְלֵי־חֶ֖רֶב יִפְּל֥וּ בָהֶֽםd׃
9 שִֽׁמְמ֤וֹתa עוֹלָם֙ אֶתֶּנְךָ֔ וְעָרַ֖יִךְ לֹ֣א תָשֹׁ֑בְנָהb 9 — תשבנה ק
וִידַעְתֶּ֖םc כִּֽי־אֲנִ֥י יְהוָֽה׃ — יא ס״פ בסיפ
10 יַ֣עַן אֲמָרְךָ֡ אֶת־שְׁנֵ֣י הַגּוֹיִם֩ וְאֶת־שְׁתֵּ֨י הָאֲרָצ֥וֹת לִ֛י תִהְיֶ֖ינָה 10 — ו וכל ואת שתי הכלית דכות[8]
וִֽירַשְׁנ֑וּהָa וַֽיהוָ֖ה שָׁ֥ם הָיָֽה׃ 11 לָכֵ֣ן חַי־אָ֗נִי נְאֻם֙ אֲדֹנָ֣יa יְהוִ֔ה וְעָשִׂ֗יתִיb 11 — ל. ג בטע בסיפ
כְּאַפְּךָ֙c וּכְקִנְאָ֣תְךָ֔ אֲשֶׁ֣ר עָשִׂ֔יתָה מִשִּׂנְאָתֶ֖יךָd בָּ֑םc וְנוֹדַ֥עְתִּי בָ֖םe כַּאֲשֶׁ֥ר — ח מל. ל. ו פסוק בם בם
אֶשְׁפְּטֶֽךָ׃ 12 וְיָדַעְתָּ֮ כִּֽי־אֲנִ֣י יְהוָה֒ שָׁמַ֣עְתִּי׀ אֶֽת־כָּל־aנֶאָֽצוֹתֶ֗יךָ אֲשֶׁ֥ר 12 — ל. ל
אָמַ֛רְתָּ עַל־bהָרֵ֥י יִשְׂרָאֵ֖ל לֵאמֹ֣רb׀ שָׁמֵ֑מָהc לָ֥נוּ נִתְּנ֖וּ לְאָכְלָֽה׃ 13 וַתַּגְדִּ֤ילוּa 13 — שממו ק; חד מן יד[9] כת ה וקר ו. ו דגש[10]
עָלַי֙ בְּפִיכֶ֔םa bוְהַעְתַּרְתֶּ֥םc עָלַ֖י דִּבְרֵיכֶ֑םb אֲנִ֖י שָׁמָֽעְתִּי׃ ס — ל
14 כֹּ֥ה אָמַ֖ר אֲדֹנָ֣יa יְהוִ֑ה bכִּשְׂמֹ֙חַ֙ כָּל־הָאָ֔רֶץ שְׁמָמָ֖הb אֶֽעֱשֶׂה־לָּֽךְ׃ 14 — ה בטע בסיפ. ל
15 aכְּשִׂמְחָתְךָ֞ לְנַחֲלַ֧ת בֵּית־יִשְׂרָאֵ֛ל עַ֥ל אֲשֶׁר־שָׁמֵ֖מָה כֵּ֣ן אֶֽעֱשֶׂה־לָּ֑ךְa 15 — ל[11]
שְׁמָמָ֨ה תִֽהְיֶ֤ה הַר־שֵׂעִיר֙ וְכָל־bאֱד֣וֹם כֻּלָּ֔הּ וְיָדְע֖וּc כִּֽי־אֲנִ֥י יְהוָֽהd׃ פ
36 1 וְאַתָּ֣ה בֶן־אָדָ֔ם הִנָּבֵ֖א אֶל־aהָרֵ֣י יִשְׂרָאֵ֑ל וְאָמַרְתָּ֙ הָרֵ֣יb **36** — כג בסיפ[1]. ו[2] ה מנה בסיפ. ה[3]
יִשְׂרָאֵ֔ל שִׁמְע֖וּ דְּבַר־יְהוָֽה׃ 2 כֹּ֤ה אָמַר֙ אֲדֹנָ֣יa יְהוִ֔ה יַ֣עַן אָמַ֧ר הָאוֹיֵ֛ב 2 — ל. ה[4] וחד מן ג חס בליש
עֲלֵיכֶ֖ם הֶאָ֑ח וּבָמ֣וֹתb עוֹלָ֔ם לְמוֹרָשָׁ֖ה הָ֥יְתָה לָּֽנוּ׃ 3 לָכֵן֙ הִנָּבֵ֣א וְאָמַרְתָּ֔ 3
כֹּ֥ה אָמַ֖ר אֲדֹנָ֣יa יְהוִ֑ה יַ֡עַן בְּיַ֡עַןb cשַׁמּ֨וֹת וְשָׁאֹ֜ףc אֶתְכֶ֗ם מִסָּבִיב֙ לִֽהְיוֹתְכֶ֣ם
מוֹרָשָׁ֔ה לִשְׁאֵרִ֖ית הַגּוֹיִ֑ם וַתֵּעֲל֛וּ עַל־שְׂפַ֥ת לָשׁ֖וֹן וְדִבַּת־עָֽם׃ — ל וכן בטע[5]. יז[6]
4 לָכֵן֙ הָרֵ֣י יִשְׂרָאֵ֔ל שִׁמְע֖וּ דְּבַר־אֲדֹנָ֣יa יְהוִ֑ה כֹּֽה־אָמַר֩ אֲדֹנָ֨יb יְהוִ֜ה 4 — ג
לֶהָרִ֨ים וְלַגְּבָע֜וֹת לָאֲפִיקִ֣ים וְלַגֵּאָי֗וֹת וְלֶחֳרָב֤וֹתc הַשֹּֽׁמְמוֹת֙ וְלֶעָרִ֣ים

[4]Mm 2429. [5]Mm 1622. [6]Mm 1867. [7]Mm 2935. [8]Mm 124. [9]Mm 782. [10]Mm 716. [11]Mm 2936.
Cp 36 [1]Mp sub loco. [2]Mm 2860. [3]Mm 2929. [4]Mm 2542. [5]Mm 4243. [6]Mm 3615.

7 a 𝔗 pc Mss Ed לְשָׁמָה ‖ b l c nonn Mss וּמְשַׁמָּה cf 3 ‖ **8** a–a > 𝔊*, dl ‖ b 𝔊 suff 2 m sg; prb l חללים cf 𝔊^{B*} ‖ c–c 𝔗 suff 3 m sg ‖ d 𝔊 *ἐν σοί* ‖ **9** a 𝔊𝔖𝔗 sg ‖ b 𝔗 mlt Mss תשבנה, l תֵּשַׁבְנָה aut c 𝔗 pc Mss תּוּשַׁבְנָה cf Vrs ‖ c 𝔊𝔖 sg ‖ **10** a l וִירַשְׁתִּין cf Vrs ‖ **11** a > 𝔊*, add ‖ b 𝔊(𝔖) + *σοι* ‖ c–c 𝔊* *κατὰ τὴν ἔχθραν σου* ‖ d mlt Mss משׂנאתך ‖ e 𝔊 *σοι*, l בְּךָ ‖ **12** a 𝔊 *τῆς φωνῆς* = קוֹל ‖ b–b > 𝔊 ‖ c 𝔗 pc Mss שָׁמְמוּ ut Q cf 𝔊𝔖𝔙 ‖ **13** a 𝔊 sg ‖ b–b > 𝔊* ‖ c prp והעתקתם ‖ **14** a > 𝔊*, add ‖ b–b crrp; prp כְּשִׂמְחָתְךָ לְאַרְצִי עַל־אֲשֶׁר שָׁמֵמָה כֵּן cf 15a ‖ **15** a–a > 𝔊*; var lect ad 14b ‖ b prb l וְכֻלָּהּ cf 𝔊 (hic et 36,10) ‖ c 𝔊* 2 sg ‖ d 𝔊 + *ὁ θεὸς αὐτῶν* ‖ **Cp 36,1** a = עַל ‖ b 𝔊(𝔖) *τοῖς ὄρεσι* cf 6 ‖ **2** a > 𝔊*, add ‖ b 𝔊 *ἔρημα*, prp שִׁמְמַת ‖ **3** a > 𝔊*, add ‖ b l c pc Mss וּבְ׳ ‖ c–c prp שָׁמוֹהַ וְשָׁאט ‖ **4** a > 2 Mss 𝔊*, add ‖ b > 𝔊*, add ‖ c nonn Mss Edd לח׳.

הַנֶּעֱזָב֗וֹת אֲשֶׁ֨ר הָי֤וּ לְבַז֙ᵈ וּלְלַ֔עַג לִשְׁאֵרִ֥ית הַגּוֹיִ֖ם אֲשֶׁ֥ר מִסָּבִֽיב׃ ס — ל
5 לָכֵ֗ן כֹּה־אָמַר֮ אֲדֹנָ֣יᵃ יְהוִה֒ אִם־לֹ֠א בְּאֵ֨שׁ קִנְאָתִ֥י דִבַּ֛רְתִּי עַל־שְׁאֵרִ֥ית — כג בטע בסיפ . כט . יב בטע בסיפ
הַגּוֹיִ֖ם וְעַל־אֱד֣וֹם כֻּלָּ֑אᵇ אֲשֶׁ֣ר נָתְנֽוּ־אֶת־אַרְצִ֣י׀ לָ֠הֶם לְמ֨וֹרָשָׁ֜ה בְּשִׂמְחַ֤ת — ל כת א
6 כָּל־לֵבָב֙ בִּשְׁאָ֣ט נֶ֔פֶשׁ לְמַ֥עַןᶜ מִגְרָשָׁ֖הּ לָבַֽזᶜ׃ 6 לָכֵ֕ן הִנָּבֵ֖א עַל־אַדְמַ֣ת — ב[7] . ל . ב בטע בסיפ . ו בסיפ
יִשְׂרָאֵ֑ל וְאָמַרְתָּ֡ לֶהָרִים֩ וְלַגְּבָע֨וֹת לָאֲפִיקִ֜ים וְלַגֵּאָי֗וֹת כֹּֽה־אָמַר֮ אֲדֹנָ֣יᵃ
7 יְהוִה֒ הִנְנִ֨י בְקִנְאָתִ֤י וּבַחֲמָתִי֙ דִּבַּ֔רְתִּי יַ֛עַן כְּלִמַּ֥ת גּוֹיִ֖ם נְשָׂאתֶֽם׃ 7 לָכֵ֗ן — ל . כג בטע בסיפ[7] . כט
ᵃכֹּ֤ה אָמַר֙ אֲדֹנָ֣י יְהוִ֔הᵃ אֲנִ֖י נָשָׂ֣אתִי אֶת־יָדִ֑י אִם־לֹ֤א הַגּוֹיִם֙ אֲשֶׁ֣ר לָכֶ֣ם — יט
8 מִסָּבִ֔יב הֵ֖מָּה כְּלִמָּתָ֥ם יִשָּֽׂאוּ׃ 8 וְאַתֶּ֞ם הָרֵ֤י יִשְׂרָאֵל֙ עַנְפְּכֶ֣םᵃ תִּתֵּ֔נוּᵇ — ו . ד בטע[8] . ג
9 וּפֶרְיְכֶ֥ם תִּשְׂא֖וּ לְעַמִּ֣י יִשְׂרָאֵ֑לᵇ כִּ֥י קֵרְב֖וּ לָבֽוֹא׃ 9 כִּ֖י הִנְנִ֣י אֲלֵיכֶ֑ם — ל . ב[9]
10 וּפָנִ֣יתִי אֲלֵיכֶ֔ם וְנֶעֱבַדְתֶּ֖ם וְנִזְרַעְתֶּֽם׃ 10 וְהִרְבֵּיתִ֤י עֲלֵיכֶם֙ אָדָ֔ם כָּל־ — ל
11 בֵּ֥ית יִשְׂרָאֵ֖ל כֻּלֹּ֑ה וְנֹֽשְׁבוּ֙ הֶֽעָרִ֔ים וְהֶחֳרָב֖וֹת תִּבָּנֶֽינָה׃ 11 וְהִרְבֵּיתִ֧י — כן כת[10] . ל וחס . ב
עֲלֵיכֶ֛ם אָדָ֥ם וּבְהֵמָ֖ה ᵃוְרָב֣וּ וּפָר֑וּᵃ וְהוֹשַׁבְתִּ֨י אֶתְכֶ֜ם כְּקַדְמֽוֹתֵיכֶ֗ם — ל . ל
12 וְהֵטִֽבֹתִי֙ מֵרִאשֹׁ֣תֵיכֶ֔ם וִֽידַעְתֶּ֖ם כִּֽי־אֲנִ֥י יְהוָֽה׃ 12 וְהוֹלַכְתִּ֨יᵃ עֲלֵיכֶ֜ם — ח חס בליש[11] . יא ס״פ בסיפ . ב
אָדָ֨ם אֶת־עַמִּ֤י יִשְׂרָאֵל֙ וִֽירֵשׁ֔וּךָᵇ וְהָיִ֥יתָᵇ לָהֶ֖ם לְנַחֲלָ֑ה וְלֹֽא־תוֹסִ֥ףᵇ ע֖וֹד — הי[12] . ד[13] . יג ג[14] מנה חס י
13 לְשַׁכְּלָֽם׃ ס 13 כֹּ֤ה אָמַר֙ אֲדֹנָ֣יᵃ יְהוִ֔ה יַ֚עַן אֹמְרִ֣יםᵇ לָכֶ֔םᶜ אֹכֶ֨לֶת — את ק חד מן ז[15] כת כן בליש
14 אָדָ֖ם אָ֑תְּיᵈ וּמְשַׁכֶּ֥לֶת גּוֹיַ֖ךְᵉ הָיִֽית׃ 14 לָכֵ֗ן אָדָם֙ לֹא־תֹ֣אכְלִי ע֔וֹד — גוייך ק . כג בטע בסיפ
15 וְגוֹיַ֖ךְᵃ לֹ֣א תְכַשְּׁלִי־ᵇע֑וֹד נְאֻ֖ם אֲדֹנָ֥יᶜ יְהוִֽה׃ 15 וְלֹֽא־אַשְׁמִ֨יעַ אֵלַ֥יִךְᵃ — וגוייך ק . תשכלי ק . י פסוק ולא לא[16] . כט
ע֜וֹד כְּלִמַּ֣ת הַגּוֹיִ֗ם וְחֶרְפַּ֥ת עַמִּ֖ים לֹ֣א תִשְׂאִי־ע֑וֹדᵇ וְגוֹיַ֥יִךְᶜ לֹא־תַכְשִׁ֥לִיᵈ — וגוייך ק . ל וחס
ע֖וֹדᵇ נְאֻ֥ם אֲדֹנָ֥יᵉ יְהוִֽה׃ ס
16 וַיְהִ֥י דְבַר־יְהוָ֖ה אֵלַ֥י לֵאמֹֽר׃ 17 בֶּן־אָדָ֗ם בֵּ֤ית יִשְׂרָאֵל֙ יֹשְׁבִ֣ים
עַל־אַדְמָתָ֔ם וַיְטַמְּא֣וּ אוֹתָ֔הּ בְּדַרְכָּ֖ם וּבַעֲלִילוֹתָ֑ם כְּטֻמְאַת֙ הַנִּדָּ֔ה — ה בסיפ . ל . ל . ב[17]
18 הָיְתָ֥ה דַרְכָּ֖ם לְפָנָֽי׃ 18 וָאֶשְׁפֹּ֤ךְ חֲמָתִי֙ עֲלֵיהֶ֔םᵃ עַל־הַדָּ֖ם אֲשֶׁר־שָׁפְכ֣וּ
19 עַל־הָאָ֑רֶץ וּבְגִלּוּלֵיהֶ֖ם טִמְּאֽוּהָᵃ׃ 19 וָאָפִ֤יץ אֹתָם֙ בַּגּוֹיִ֔ם וַיִּזָּר֖וּ — כה חס בסיפ . ל

[7] Mp sub loco. [8] Mm 1451. [9] Mm 2937. [10] Cf Mp sub loco, Mm 2264 et 2480. [11] Mm 1098. [12] Mm 943. [13] Mm 2296. [14] Mm 3625. [15] Mm 2081. [16] Mm 1139. [17] Lv 15,26.

4 ᵈ frt l לְבֹז cf 𝔗ᴱᵈᵈ *lḥwk* ‖ **5** ᵃ > 𝔊*, add ‖ ᵇ mlt Mss Q^Or Edd כלה ‖ ᶜ⁻ᶜ crrp, frt dttg ‖ **6** ᵃ > 𝔊*, add ‖ **7** ᵃ⁻ᵃ > 𝔊*, add ‖ **8** ᵃ 𝔊 *τὴν σταφυλὴν … ὑμῶν* = עִנְּבְכֶם ‖ ᵇ > 𝔊* ‖ **11** ᵃ⁻ᵃ > 𝔊*, add ‖ **12** ᵃ 𝔊 *καὶ γεννήσω* = והולדתי, l 𝔐 ‖ ᵇ 𝔊𝔖 pl, l 𝔐 ‖ **13** ᵃ > Ms 𝔊*, add ‖ ᵇ prb l אָמְרָם ‖ ᶜ l c 𝔊𝔖ᵂ𝔗 sg ‖ ᵈ mlt Mss Edd ut Q ‖ ᵉ l c K Vrs גּוֹיֵךְ ‖ **14** ᵃ l c K Vrs וְגוֹיֵךְ ‖ ᵇ mlt Mss Vrs ut Q ‖ ᶜ > ℭ𝔊*, add ‖ **15** ᵃ = עָלַיִךְ? ‖ ᵇ⁻ᵇ > Ms 𝔊*𝔖, add ‖ ᶜ l ut 14ᵃ ‖ ᵈ nonn Mss 𝔗 תְּשַׁכְּלִי ‖ ᵉ > 𝔊*, add ‖ **18** ᵃ⁻ᵃ > 𝔊*, add.

20 בָּאֲרָצ֑וֹת כְּדַרְכָּ֥ם וְכַעֲלִילוֹתָ֖ם שְׁפַטְתִּֽים׃ 20 וַיָּב֗וֹאa אֶל־הַגּוֹיִם֙ אֲשֶׁר־ ל̇ . ח̇ סביר לשון רבים וחד מן ה̇[18] מל̇ וכל מגלה דכות ב̇ מ̇ ב̇ . ה̇
בָּ֣אוּ שָׁ֔ם וַֽיְחַלְּל֖וּ אֶת־שֵׁ֣ם קָדְשִׁ֑י בֶּאֱמֹ֤ר לָהֶם֙ עַם־יְהוָ֣ה אֵ֔לֶּה וּמֵאַרְצ֖וֹ יב̇[19] ב̇ מנה בליש . ג̇[20] . ל̇
21 יָצָֽאוּ׃ 21 וָאֶחְמֹ֖ל עַל־שֵׁ֣ם קָדְשִׁ֑י אֲשֶׁ֤ר חִלְּלֻ֙הוּ֙ בֵּ֣ית יִשְׂרָאֵ֔ל בַּגּוֹיִ֖ם ח̇[21]
22 אֲשֶׁר־בָּ֥אוּ שָֽׁמָּה׃ ס 22 לָכֵ֞ן אֱמֹ֣ר לְבֵֽית־יִשְׂרָאֵ֗ל כֹּ֤ה אָמַר֙ אֲדֹנָ֣יa יח̇ ס״פ ד̇[22] מנה בסיפ . יא̇ בטע בסיפ[23] . ג̇[24]
יְהֹוִ֔ה לֹ֧א לְמַֽעַנְכֶ֛ם אֲנִ֥י עֹשֶׂ֖ה בֵּ֣ית יִשְׂרָאֵ֑ל כִּ֤י אִם־לְשֵׁם־קָדְשִׁי֙ אֲשֶׁ֣ר
23 חִלַּלְתֶּ֔ם בַּגּוֹיִ֖ם אֲשֶׁר־בָּ֥אתֶם שָֽׁם׃ 23 וְקִדַּשְׁתִּ֞י אֶת־שְׁמִ֣י הַגָּד֗וֹל הַֽמְחֻלָּל֙ יב̇[19] ב̇ מנה בליש . ל̇
בַּגּוֹיִ֔ם אֲשֶׁ֥ר חִלַּלְתֶּ֖ם בְּתוֹכָ֑ם וְיָדְע֨וּ הַגּוֹיִ֜ם כִּֽי־אֲנִ֣י יְהוָ֗ה aנְאֻם֙ אֲדֹנָ֣י
24 יְהֹוִ֔הa בְּהִקָּֽדְשִׁ֥י בָכֶ֖םb לְעֵינֵיהֶֽםc׃ 24 וְלָקַחְתִּ֤י אֶתְכֶם֙ מִן־הַגּוֹיִ֔ם
וְקִבַּצְתִּ֥י אֶתְכֶ֖ם מִכָּל־aהָאֲרָצ֑וֹת וְהֵבֵאתִ֥י אֶתְכֶ֖ם אֶל־אַדְמַתְכֶֽם׃ ב̇[25] . ו̇
25 וְזָרַקְתִּ֧י עֲלֵיכֶ֛ם מַ֥יִם טְהוֹרִ֖ים וּטְהַרְתֶּ֑ם מִכֹּ֧ל טֻמְאוֹתֵיכֶ֛ם וּמִכָּל־ ס̇ כב̇[26] ג̇[27] . ב̇[28] . ב̇
26 גִּלּֽוּלֵיכֶ֖ם אֲטַהֵ֥ר אֶתְכֶֽם׃ 26 וְנָתַתִּ֤י לָכֶם֙ לֵ֣ב חָדָ֔שׁ וְר֥וּחַ חֲדָשָׁ֖ה אֶתֵּ֣ן ח̇ בטע[29]
בְּקִרְבְּכֶ֑ם וַהֲסִ֨רֹתִ֜י אֶת־לֵ֤ב הָאֶ֙בֶן֙ מִבְּשַׂרְכֶ֔ם וְנָתַתִּ֥י לָכֶ֖ם לֵ֥ב בָּשָֽׂר׃ ה̇ פסוק בסיפ[30]
27 וְאֶת־רוּחִ֖י אֶתֵּ֣ן בְּקִרְבְּכֶ֑ם וְעָשִׂ֗יתִי אֵ֤ת אֲשֶׁר־בְּחֻקַּי֙ תֵּלֵ֔כוּ וּמִשְׁפָּטַ֥י ל̇
28 תִּשְׁמְר֖וּ וַעֲשִׂיתֶֽם׃ 28 וִישַׁבְתֶּ֣ם בָּאָ֔רֶץ אֲשֶׁ֥ר נָתַ֖תִּי לַאֲבֹתֵיכֶ֑ם וִהְיִ֤יתֶם ב̇[31] . ח̇[32] חס ב̇ מנה בסיפ וכל עזרא דכות
29 לִי֙ לְעָ֔ם וְאָ֣נֹכִ֔יa אֶהְיֶ֥ה לָכֶ֖ם לֵאלֹהִֽים׃ 29 וְהוֹשַׁעְתִּ֣י אֶתְכֶ֔ם מִכֹּ֖ל ל̇[33] בסיפ וכל ירמיה דכות ב̇ מ̇ א̇
טֻמְאוֹתֵיכֶ֑ם וְקָרָ֤אתִי אֶל־הַדָּגָן֙ וְהִרְבֵּיתִ֣י אֹת֔וֹ וְלֹא־אֶתֵּ֥ן עֲלֵיכֶ֖ם רָעָֽב׃ ב̇ . ב̇
30 וְהִרְבֵּיתִי֙ אֶת־פְּרִ֣י הָעֵ֔ץ וּתְנוּבַ֖ת הַשָּׂדֶ֑ה לְמַ֗עַן אֲשֶׁ֨ר לֹ֧א תִקְח֛וּ ע֖וֹד ל̇
31 חֶרְפַּ֥ת רָעָ֖ב בַּגּוֹיִֽם׃ 31 וּזְכַרְתֶּם֙ אֶת־דַּרְכֵיכֶ֣ם הָֽרָעִ֔ים וּמַעַלְלֵיכֶ֖ם
אֲשֶׁ֣ר לֹא־טוֹבִ֑ים וּנְקֹֽטֹתֶם֙ בִּפְנֵיכֶ֔ם עַ֚ל עֲוֺנֹ֣תֵיכֶ֔ם וְעַ֖ל תּוֹעֲבוֹתֵיכֶֽם׃ ב̇ . ד̇
32 לֹ֧א לְמַעַנְכֶ֣ם אֲנִֽי־עֹשֶׂ֗ה נְאֻם֙ אֲדֹנָ֣יa יְהֹוִ֔ה יִוָּדַ֖ע לָכֶ֑ם בּ֧וֹשׁוּ וְהִכָּלְמ֛וּ ה̇ ר״פ בסיפ . ג̇ מל[34]
33 מִדַּרְכֵיכֶ֖ם בֵּ֥ית יִשְׂרָאֵֽל׃ ס 33 כֹּ֤ה אָמַר֙ אֲדֹנָ֣יa יְהֹוִ֔ה בְּיוֹם֙ טַהֲרִ֣י
אֶתְכֶ֔ם מִכֹּ֖ל עֲוֺנֽוֹתֵיכֶ֑ם וְהוֹשַׁבְתִּי֙ אֶת־הֶ֣עָרִ֔ים וְנִבְנ֖וּ הֶחֳרָבֽוֹת׃ ב̇ מל
34 וְהָאָ֥רֶץ הַנְּשַׁמָּ֖ה תֵּעָבֵ֑ד תַּ֚חַת אֲשֶׁ֣ר הָיְתָ֣ה שְׁמָמָ֔ה לְעֵינֵ֖י כָּל־עוֹבֵֽר׃ ח̇ ר״פ[35]
35 וְאָמְר֗וּ הָאָ֤רֶץ הַלֵּ֙זוּ֙ הַנְּשַׁמָּ֔ה הָיְתָ֖ה כְּגַן־עֵ֑דֶן וְהֶעָרִ֧ים הֶחֳרֵב֛וֹת ל̇ . ז̇ . ב̇[36]
36 וְהַֽנְשַׁמּ֥וֹת וְהַנֶּהֱרָס֖וֹת בְּצוּר֥וֹת יָשָֽׁבוּ׃ 36 וְיָדְע֣וּ הַגּוֹיִ֗ם אֲשֶׁ֣ר יִֽשָּׁאֲרוּ֮ ב̇ מל

[18] Mm 1552. [19] Mm 2938. [20] Mm 1068. [21] Mm 1602. [22] Mm 2908. [23] Mm 2912. [24] Mm 2888. [25] Mm 2695. [26] Mp sub loco. [27] Mm 2939. [28] Mm 1014. [29] Mm 796. [30] Mm 2855. [31] Mm 2485. [32] Mm 1586. [33] Mm 2649. [34] Mm 2380. [35] Mm 4. [36] Mm 2940.

20 a l c 𝕮 pc Mss Seb Vrs וַיָּבֹאוּ ‖ **22** a > Ms 𝔊*, add ‖ **23** a–a > 2 Mss 𝔊*, add ‖ b nonn Mss Edd בָּהֶם ‖ c nonn Mss Edd ־כֶם ‖ **24** a 𝕮 nonn Mss 𝔖 מִן ‖ **28** a 𝕮 pc Mss וַאֲנִי ‖ **32** a > 𝔊*, add ‖ **33** a > 𝔊*, add.

סְבִיבוֹתֵיכֶם כִּי ׀ אֲנִי יְהוָה בָּנִיתִי הַנֶּהֱרָסוֹת נָטַעְתִּי[a] הַנְּשַׁמָּה אֲנִי יְהוָה ל

37 דִּבַּרְתִּי וְעָשִׂיתִי׃ ס 37 כֹּה אָמַר אֲדֹנָי[a] יְהוִה עוֹד זֹאת אִדָּרֵשׁ ד

38 לְבֵית־יִשְׂרָאֵל לַעֲשׂוֹת לָהֶם אַרְבֶּה אֹתָם כַּצֹּאן אָדָם׃ 38 כְּצֹאן כה חס בסיפ . ז

קָדָשִׁים כְּצֹאן יְרוּשָׁלַ͏ִם בְּמוֹעֲדֶיהָ כֵּן תִּהְיֶינָה הֶעָרִים הֶחֳרֵבוֹת ז . ב בליש . ב[37]

מְלֵאוֹת צֹאן אָדָם וְיָדְעוּ כִּי־אֲנִי יְהוָה׃ ס ל

37 1 הָיְתָה[a] עָלַי יַד־יְהוָה וַיּוֹצִאֵנִי בְרוּחַ יְהוָה וַיְנִיחֵנִי בְּתוֹךְ ה ר״פ[1] . ג חס[2] . ב ומל[3]

2 הַבִּקְעָה וְהִיא מְלֵאָה עֲצָמוֹת[b]׃ 2 וְהֶעֱבִירַנִי עֲלֵיהֶם סָבִיב ׀ סָבִיב

3 וְהִנֵּה רַבּוֹת מְאֹד עַל־פְּנֵי הַבִּקְעָה וְהִנֵּה יְבֵשׁוֹת מְאֹד׃ 3 וַיֹּאמֶר אֵלַי ט בטע ר״פ בסיפ[4]

בֶּן־אָדָם הֲתִחְיֶינָה הָעֲצָמוֹת הָאֵלֶּה וָאֹמַר אֲדֹנָי[a] יְהוִה אַתָּה יָדָעְתָּ׃ ל

4 וַיֹּאמֶר אֵלַי[a] הִנָּבֵא עַל־הָעֲצָמוֹת הָאֵלֶּה וְאָמַרְתָּ אֲלֵיהֶם הָעֲצָמוֹת ט בטע ר״פ בסיפ[4]

5 הַיְבֵשׁוֹת שִׁמְעוּ דְּבַר־יְהוָה׃ 5 כֹּה אָמַר אֲדֹנָי[a] יְהוִה לָעֲצָמוֹת ל . ל[5]

6 הָאֵלֶּה הִנֵּה אֲנִי מֵבִיא בָכֶם רוּחַ וִחְיִיתֶם[b]׃ 6 וְנָתַתִּי עֲלֵיכֶם גִּדִים ז . ג ומל[6]

וְהַעֲלֵתִי עֲלֵיכֶם בָּשָׂר וְקָרַמְתִּי עֲלֵיכֶם עוֹר וְנָתַתִּי בָכֶם רוּחַ[a] וִחְיִיתֶם ל חס . ג ומל[6]

7 וִידַעְתֶּם כִּי־אֲנִי יְהוָה׃ 7 וְנִבֵּאתִי כַּאֲשֶׁר צֻוֵּיתִי[a] וַיְהִי־קוֹל[b] כְּהִנָּבְאִי[c] יא ס״פ בסיפ . ה[7]

8 וְהִנֵּה־רַעַשׁ וַתִּקְרְבוּ[d] עֲצָמוֹת[e] עֶצֶם אֶל־עַצְמוֹ׃ 8 וְרָאִיתִי וְהִנֵּה־ ב[8] . יב[9]

עֲלֵיהֶם גִּדִים וּבָשָׂר עָלָה וַיִּקְרַם[a] עֲלֵיהֶם עוֹר מִלְמָעְלָה וְרוּחַ אֵין ח[10]

9 בָּהֶם׃ 9 וַיֹּאמֶר אֵלַי הִנָּבֵא אֶל־הָרוּחַ הִנָּבֵא בֶן־אָדָם וְאָמַרְתָּ אֶל־ ט בטע ר״פ בסיפ[4] . ו[11] ה מנה בסיפ

הָרוּחַ כֹּה־אָמַר ׀ אֲדֹנָי[a] יְהוִה מֵאַרְבַּע רוּחוֹת בֹּאִי הָרוּחַ[b] וּפְחִי ל

10 בַּהֲרוּגִים הָאֵלֶּה וְיִחְיוּ[c]׃ 10 וְהִנַּבֵּאתִי[a] כַּאֲשֶׁר צִוָּנִי וַתָּבוֹא בָהֶם הָרוּחַ ל . ל . י מל בנביא

11 וַיִּחְיוּ וַיַּעַמְדוּ עַל־רַגְלֵיהֶם חַיִל גָּדוֹל מְאֹד־מְאֹד׃ ס 11 וַיֹּאמֶר ו . יב בטע ר״פ

אֵלַי בֶּן־אָדָם הָעֲצָמוֹת הָאֵלֶּה כָּל־בֵּית יִשְׂרָאֵל הֵמָּה הִנֵּה[a] אֹמְרִים ל

12 יָבְשׁוּ עַצְמוֹתֵינוּ וְאָבְדָה[b] תִקְוָתֵנוּ נִגְזַרְנוּ[c] לָנוּ[c]׃ 12 לָכֵן הִנָּבֵא וְאָמַרְתָּ ג[12] . ל

[37] Mm 2940. Cp 37 [1] Mm 2522. [2] Mp sub loco. [3] Mm 2941. [4] Mm 2943. [5] Mp sub loco. [6] Mm 2942. [7] Mm 2811. [8] Mm 3454. [9] Mm 445. [10] Mm 527. [11] Mm 2860. [12] Mm 2944.

36 [a] 2 Mss 𝔊𝔖𝔙 'וְנ ‖ **37** [a] > Ms 𝔊*, add ‖ **Cp 37,1** [a] 𝔊(𝔖) *καὶ ἐγένετο* ‖ [b] 𝔊$^{-967}$ (𝔗) + *ἀνθρωπίνων* ‖ **3** [a] > 𝔊*, add ‖ **4** [a] pc Mss 𝔊^{OL}𝔏 + בֶּן־אָדָם cf 17,12[a] ‖ **5** [a] > Ms 𝔊*, add ‖ [b] 𝔊 *ζωῆς*, l 𝔐 ‖ **6** [a] 𝔊 + *μου*, l 𝔐 ‖ **7** [a] pc Mss 𝔊𝔖𝔙 צִוַּנִי cf 10 ‖ [b] > Ms 𝔊*, frt dl ‖ [c] frt l c mlt Mss 𝔊𝔗$^{f\ Ms}$ 'בְּה ‖ [d] 𝔊 *καὶ προσήγαγε*, frt l c Seb ויקרבו ‖ [e] > 2 Mss, frt l c 2 Mss 𝔊 'הָע ‖ **8** [a] prb l וַיִּקְרַם cf 𝔊𝔖𝔙 ‖ **9** [a] > 𝔊*, add ‖ [b] > 𝔊* ‖ [c] mlt Mss וְחָיוּ ‖ **10** [a] pc Mss 'והתנבּ, prp 'וְנִבֵּ ‖ **11** [a] pc Mss 'וְה, 𝔊* *καὶ αὐτοί*, 𝔗 *h'nwn*, 𝔙 *ipsi*; prb l וְהִנָּם ‖ [b] l c mlt Mss 𝔊𝔗 אבדה ‖ [c–c] prp נִגְזַר נִוְלֵנוּ.

אֲלֵיהֶם[a] כֹּה־אָמַר אֲדֹנָי[b] יְהוִה הִנֵּה אֲנִי פֹתֵחַ אֶת־קִבְרוֹתֵיכֶם וְהַעֲלֵיתִי   יב בטע בסיפ . ז

אֶתְכֶם מִקִּבְרוֹתֵיכֶם עַמִּי[c] וְהֵבֵאתִי אֶתְכֶם אֶל־אַדְמַת יִשְׂרָאֵל׃ ס   ח

13 וִידַעְתֶּם כִּי־אֲנִי יְהוָה בְּפִתְחִי אֶת־קִבְרוֹתֵיכֶם וּבְהַעֲלוֹתִי אֶתְכֶם 13

מִקִּבְרוֹתֵיכֶם עַמִּי[a]׃ 14 וְנָתַתִּי רוּחִי בָכֶם וִחְיִיתֶם וְהִנַּחְתִּי אֶתְכֶם עַל־ 14   ג ומל[13] . ג[14] ב מנה בסיפ

אַדְמַתְכֶם וִידַעְתֶּם כִּי־אֲנִי יְהוָה דִּבַּרְתִּי וְעָשִׂיתִי נְאֻם־יְהוָה׃ פ   ו . ה . ד . ד בסיפ[15]

15 וַיְהִי דְבַר־יְהוָה אֵלַי לֵאמֹר׃ 16 וְאַתָּה[a] בֶן־אָדָם קַח־לְךָ עֵץ 15 16   כג בסיפ

אֶחָד[b] וּכְתֹב עָלָיו לִיהוּדָה וְלִבְנֵי יִשְׂרָאֵל חֲבֵרָו[c] וּלְקַח[d] עֵץ אֶחָד[e]   ל בסיפ[16] . חבריו ק חד מן ד[17] בליש . ל[18]

וּכְתוֹב עָלָיו לְיוֹסֵף [f]עֵץ אֶפְרַיִם[f] וְכָל־[g]בֵּית[h] יִשְׂרָאֵל חֲבֵרָו[c]׃ 17 וְקָרַב 17   ה מל[19] . ח . יב[20] . חבריו ק חד מן ד[17] בליש

אֹתָם אֶחָד אֶל־אֶחָד לְךָ לְעֵץ אֶחָד וְהָיוּ לַאֲחָדִים[a] בְּיָדֶךָ׃ 18 וְכַאֲשֶׁר[a] 18   כה חס בסיפ . ל[21] . ב ר״פ[22]

יֹאמְרוּ אֵלֶיךָ בְּנֵי עַמְּךָ לֵאמֹר[b] הֲלוֹא־תַגִּיד לָנוּ מָה־אֵלֶּה לָּךְ׃ 19 דַּבֵּר[a] 19

אֲלֵהֶם כֹּה־אָמַר אֲדֹנָי[b] יְהוִה הִנֵּה אֲנִי לֹקֵחַ אֶת־עֵץ[c] יוֹסֵף [d]אֲשֶׁר   כט חס בנביא[23] . יב בטע בסיפ . ז . ח[24]

בְּיַד־אֶפְרַיִם[d] וְשִׁבְטֵי יִשְׂרָאֵל חֲבֵרָו[e] וְנָתַתִּי אוֹתָם[f] [g]עָלָיו אֶת[g]־עֵץ[c]   חבריו ק חד מן ד[17] בליש

יְהוּדָה [h]וַעֲשִׂיתִם לְעֵץ אֶחָד[i] וְהָיוּ אֶחָד בְּיָדִי[hk]׃ 20 וְהָיוּ הָעֵצִים אֲשֶׁר־ 20   ל וחס[25]

תִּכְתֹּב עֲלֵיהֶם בְּיָדְךָ לְעֵינֵיהֶם׃ 21 וְדַבֵּר אֲלֵיהֶם כֹּה־אָמַר אֲדֹנָי[a] 21   יא[26] . ב[27] . יב בטע בסיפ

יְהוִה הִנֵּה אֲנִי לֹקֵחַ אֶת־בְּנֵי יִשְׂרָאֵל מִבֵּין הַגּוֹיִם אֲשֶׁר הָלְכוּ־שָׁם   ז . ח[24] . יח[28] ט מנה בסיפ

וְקִבַּצְתִּי אֹתָם מִסָּבִיב וְהֵבֵאתִי אוֹתָם אֶל־אַדְמָתָם׃ 22 וְעָשִׂיתִי אֹתָם 22   כה חס בסיפ . ב . כה חס בסיפ

לְגוֹי אֶחָד בָּאָרֶץ[a] בְּהָרֵי יִשְׂרָאֵל וּמֶלֶךְ[b] אֶחָד יִהְיֶה לְכֻלָּם לְמֶלֶךְ[c]   ג מיחד דמטע[29] . כט וכל משיחה מצרים אשור ישראל דכות[30]

וְלֹא יִהְיֶה[d]־עוֹד לִשְׁנֵי גוֹיִם וְלֹא יֵחָצוּ עוֹד לִשְׁתֵּי מַמְלָכוֹת עוֹד[e]׃   יהיו ק חד מן ז בליש כת ה וחד מן יד[31] כת ה וקר ו

23 וְלֹא יִטַּמְּאוּ[a] עוֹד בְּגִלּוּלֵיהֶם [b]וּבְשִׁקּוּצֵיהֶם וּבְכֹל פִּשְׁעֵיהֶם[b] וְהוֹשַׁעְתִּי 23   ב . ב

אֹתָם מִכֹּל מוֹשְׁבֹתֵיהֶם[c] אֲשֶׁר חָטְאוּ בָהֶם וְטִהַרְתִּי אוֹתָם וְהָיוּ־לִי   כה חס בסיפ

לְעָם וַאֲנִי אֶהְיֶה לָהֶם לֵאלֹהִים׃ 24 וְעַבְדִּי דָוִד מֶלֶךְ[a] עֲלֵיהֶם וְרוֹעֶה 24   ה . ל מל

12 [a] > Ms 𝔊* ‖ [b] > 𝔊*, add ‖ [c] > 𝔊*𝔖, add ‖ **13** [a] > 𝔖 ‖ **16** [a] > Ms 𝔊* ‖ [b] > 𝔊* cf [e] ‖ [c] mlt Mss ריו— ut Q cf Vrs ‖ [d] prb l וְקַח־לְךָ cf 𝔊 ‖ [e] prp אַחֵר cf 𝔊𝔖𝔙, l 𝔐 ‖ [f–f] add? ‖ [g] l c Ms וּלְכל ‖ [h] Ms 𝔊𝔖 בְּנֵי cf 3,1[b] ‖ **17** [a] prp לְאֶחָד cf 19 ‖ **18** [a] 𝔊 *καὶ ἔσται ὅταν* = וְהָיָה כאשר cf 19[a] ‖ [b] > 𝔊*𝔖 ‖ **19** [a] 𝔊(𝔙) *καὶ ἐρεῖς* = וְדִבַּרְתָּ cf 18[a] ‖ [b] > Ms 𝔊*, add ‖ [c] 𝔊(𝔗) *τὴν φυλήν* ‖ [d–d] dl, gl ‖ [e] ut 16[c] ‖ [f] dl ‖ [g–g] 𝔊(𝔖) *ἐπί* = עַל ‖ [h–h] 𝔊* *καὶ ἔσονται εἰς ῥάβδον μίαν ἐν τῇ χειρὶ Ιουδα* ‖ [i] nonn Mss לְא׳, pc Mss לַאֲחָדִים cf 17 ‖ [k] Ms 𝔙 בידו cf [h–h] ‖ **21** [a] > 𝔊*, add ‖ **22** [a] 𝔊 *ἐν τῇ γῇ μου καί*, frt l בְּאַרְצִי cf 25aβ ‖ [b] 𝔊 *καὶ ἄρχων* cf 24[a] ‖ [c] > 𝔊*𝔖 ‖ [d] mlt Mss יהיו ut Q cf Vrs ‖ [e] > 𝔊𝔖𝔙, dl ‖ **23** [a] sic L, mlt Mss Edd יט׳ ‖ [b–b] > 𝔊* ‖ [c] mlt Mss משב(ו)תיהם Ms משבתם; l מְשׁוּבֹתֵיהֶם ‖ **24** [a] 𝔊 *ἄρχων* cf 25.

אֶחָד יִהְיֶה לְכֻלָּם וּבְמִשְׁפָּטַי יֵלֵכוּ וְחֻקֹּתַי יִשְׁמְרוּ וְעָשׂוּ אוֹתָם׃
25 וְיָשְׁבוּ עַל־הָאָרֶץ אֲשֶׁר נָתַתִּי לְעַבְדִּי לְיַעֲקֹב אֲשֶׁר יָשְׁבוּ־בָהּ
אֲבוֹתֵיכֶם[a] וְיָשְׁבוּ עָלֶיהָ הֵמָּה [b]וּבְנֵיהֶם וּבְנֵי בְנֵיהֶם עַד־עוֹלָם[b] וְדָוִד ל
26 עַבְדִּי נָשִׂיא לָהֶם לְעוֹלָם׃ 26 וְכָרַתִּי לָהֶם בְּרִית שָׁלוֹם בְּרִית עוֹלָם ה בסיפׄ[32] . ד בליש[33]
יִהְיֶה אוֹתָם[a] [b]וּנְתַתִּים וְהִרְבֵּיתִי אוֹתָם[b] וְנָתַתִּי אֶת־מִקְדָּשִׁי בְּתוֹכָם ל
27 לְעוֹלָם׃ 27 וְהָיָה מִשְׁכָּנִי עֲלֵיהֶם וְהָיִיתִי לָהֶם לֵאלֹהִים וְהֵמָּה יִהְיוּ־ ג[34]
לִי לְעָם׃ 28 וְיָדְעוּ הַגּוֹיִם כִּי אֲנִי יְהוָה מְקַדֵּשׁ אֶת־יִשְׂרָאֵל בִּהְיוֹת כג[32] ס̄
מִקְדָּשִׁי בְּתוֹכָם לְעוֹלָם׃ ס

38 1 וַיְהִי דְבַר־יְהוָה אֵלַי לֵאמֹר׃ 2 בֶּן־אָדָם שִׂים פָּנֶיךָ אֶל־גּוֹג כד . ל
3 [a]אֶרֶץ הַמָּגוֹג[a] נְשִׂיא רֹאשׁ מֶשֶׁךְ וְתֻבָל וְהִנָּבֵא עָלָיו׃ 3 וְאָמַרְתָּ כֹּה אָמַר ל
4 אֲדֹנָי[a] יְהוִה הִנְנִי אֵלֶיךָ[b] גּוֹג נְשִׂיא רֹאשׁ מֶשֶׁךְ וְתֻבָל׃ 4 [a]וְשׁוֹבַבְתִּיךָ ב
וְנָתַתִּי חַחִים בִּלְחָיֶיךָ[a] וְהוֹצֵאתִי אוֹתְךָ וְאֶת־כָּל־חֵילֶךָ סוּסִים וּפָרָשִׁים יז מל בליש[1]
5 לְבֻשֵׁי מִכְלוֹל כֻּלָּם קָהָל רָב [b]צִנָּה וּמָגֵן תֹּפְשֵׂי חֲרָבוֹת[b] כֻּלָּם[c]׃ 5 פָּרַס לג קמׄ[2]
6 כּוּשׁ וּפוּט אִתָּם[a] כֻּלָּם מָגֵן וְכוֹבָע׃ 6 גֹּמֶר וְכָל־אֲגַפֶּיהָ בֵּית תּוֹגַרְמָה לז . ג פסוק בסיפׄ וכל כל[3]
7 יַרְכְּתֵי[a] צָפוֹן [b]וְאֶת־כָּל[b]־אֲגַפָּיו עַמִּים רַבִּים אִתָּךְ׃ 7 הִכֹּן וְהָכֵן לְךָ ל . ל[4] . ב חד חס וחד מל י זקף קמׄ בב״ך[3]
8 אַתָּה וְכָל־קְהָלֶךָ הַנִּקְהָלִים עָלֶיךָ[a] וְהָיִיתָ לָהֶם[b] לְמִשְׁמָר׃ 8 מִיָּמִים ב
רַבִּים תִּפָּקֵד בְּאַחֲרִית הַשָּׁנִים תָּבוֹא ׀ אֶל־אֶרֶץ ׀ מְשׁוֹבֶבֶת מֵחֶרֶב ב . ל
מְקֻבֶּצֶת מֵעַמִּים רַבִּים [b]עַל הָרֵי יִשְׂרָאֵל[b] [d]אֲשֶׁר־הָיוּ לְחָרְבָּה תָּמִיד ל
9 וְהִיא מֵעַמִּים הוּצָאָה[d] וְיָשְׁבוּ לָבֶטַח כֻּלָּם׃ 9 וְעָלִיתָ כַּשֹּׁאָה תָבוֹא ל . ל
כֶּעָנָן לְכַסּוֹת הָאָרֶץ תִּהְיֶה[a] אַתָּה וְכָל־אֲגַפֶּיךָ וְעַמִּים רַבִּים אוֹתָךְ[b]׃ ס ב . ב[4] . ט מל בלשון זכר[5]
10 כֹּה אָמַר אֲדֹנָי[a] יְהוִה וְהָיָה ׀ בַּיּוֹם הַהוּא יַעֲלוּ דְבָרִים עַל־לְבָבֶךָ ה בטע בסיפׄ . ב[6]
11 וְחָשַׁבְתָּ מַחֲשֶׁבֶת רָעָה׃ 11 וְאָמַרְתָּ אֶעֱלֶה עַל־אֶרֶץ פְּרָזוֹת אָבוֹא[a] ט וכל על ארץ מצרים דאורית דכות[7] . ג[8]

[32] Mp sub loco. [33] Mm 2831. [34] Mm 756. **Cp 38** [1] Mm 541. [2] Mm 264. [3] Mp sub loco. [4] Mm 2373. [5] Mm 2565. [6] Mm 1219. [7] Mm 2946. [8] Mm 2947.

25 [a] l הֵם– cf 𝔊𝔖 ‖ [b–b] > 𝔊* ‖ **26** [a] mlt Mss אתם, prb l אִתָּם ‖ [b–b] > 𝔊*, prb dl ‖ **Cp 38,2** [a–a] 𝔊(𝔖) *καὶ τὴν γῆν τοῦ Μαγωγ*; > 𝔊[62], prb dl (gl) ‖ **3** [a] > 𝔊*, add ‖ [b] = עָלֶיךָ ‖ **4** [a–a] > 𝔊*, add ‖ [b–b] 𝔊* *πέλται καὶ περικεφαλαῖαι καὶ μάχαιραι* ‖ [c] > 𝔊*𝔙 ‖ **5** [a] > 𝔊* cf 6 אתך ‖ **6** [a] 𝔊 *ἀπ' ἐσχάτου* 𝔖 *wšpwlj* ‖ [b–b] prb l c pc Mss 𝔊* וכל ‖ **7** [a] = אֵלֶיךָ ‖ [b] 𝔊 *μοι*, prb l לִי ‖ **8** [a] 𝔖 huc tr [b–b] et add cop ‖ [b–b] cf [a], frt add ‖ [c] 𝔊 *γῆν* ‖ [d–d] > 𝔖, frt add ‖ **9** [a] dl? cf 𝔖𝔙 ‖ [b] l c nonn Mss Vrs אִתָּךְ ‖ **10** [a] > 𝔊*, add ‖ **11** [a] prb ins עַל.

ל̇. ל̇ הַשֹּׁ֣קְטִ֔ים יֹשְׁבֵ֖י לָבֶ֑טַח כֻּלָּ֗ם יֹֽשְׁבִים֙ בְּאֵ֣ין חוֹמָ֔ה וּבְרִ֥יחַ וּדְלָתַ֖יִם אֵ֥ין
כו̇ פסוק דאית בהון א״ב. ז̇ פסוק על אל על. ל̇ לָהֶֽם׃ 12 לִשְׁלֹ֥ל שָׁלָ֖ל וְלָבֹ֣ז בַּ֑ז לְהָשִׁ֣יב יָדְךָ֪[a] עַל־חֳרָב֣וֹת נוֹשָׁבֹת֒ וְאֶל[b]־ 12
ל̇. ב̇ ומל[9] עַם֙ מְאֻסָּ֣ף מִגּוֹיִ֔ם עֹשֶׂה֙[c] מִקְנֶ֣ה וְקִנְיָ֔ן[d] יֹשְׁבֵ֖י עַל־טַבּ֥וּר הָאָֽרֶץ׃ 13 שְׁבָ֡א 13
י̇ זקף קמ׳ בנ״ך. ל̇ וּ֠דְדָן וְסֹחֲרֵ֨י[a] תַרְשִׁ֤ישׁ וְכָל־כְּפִרֶ֙יהָ֙[b] יֹאמְר֣וּ לְךָ֔ הֲלִשְׁלֹ֤ל שָׁלָל֙ אַתָּ֣ה
ל̇. ב̇. כ̇ד בָ֔א הֲלָבֹ֥ז בַּ֖ז הִקְהַ֣לְתָּ קְהָלֶ֑ךָ לָשֵׂ֣את ׀ כֶּ֣סֶף וְזָהָ֗ב לָקַ֙חַת֙ מִקְנֶ֣ה וְקִנְיָ֔ן[c]
לִשְׁלֹ֖ל שָׁלָ֥ל גָּדֽוֹל[d]׃ ס 14 לָכֵ֚ן הִנָּבֵא֙ בֶן־אָדָ֔ם וְאָמַרְתָּ֣ לְג֔וֹג כֹּ֥ה 14
ב̇[10] אָמַ֖ר אֲדֹנָ֣י[a] יְהוִ֑ה הֲל֣וֹא ׀ בַּיּ֣וֹם הַה֗וּא בְּשֶׁ֨בֶת עַמִּ֧י יִשְׂרָאֵ֛ל לָבֶ֖טַח תֵּדָֽע[b]׃
ב̇[11] 15 וּבָ֤אתָ מִמְּקֽוֹמְךָ֙ מִיַּרְכְּתֵ֣י צָפ֔וֹן אַתָּ֖ה וְעַמִּ֣ים רַבִּ֣ים אִתָּ֑ךְ רֹכְבֵ֤י 15
ב̇ סוּסִים֙ כֻּלָּ֔ם קָהָ֥ל גָּד֖וֹל וְחַ֥יִל רָֽב׃ 16 וְעָלִ֙יתָ֙ עַל־עַמִּ֣י יִשְׂרָאֵ֔ל כֶּעָנָ֖ן 16
ב̇ חד חס וחד מל[12]. ב̇[13] לְכַסּ֣וֹת הָאָ֑רֶץ בְּאַחֲרִ֨ית הַיָּמִ֤ים תִּֽהְיֶה֙ וַהֲבִאוֹתִ֣יךָ עַל־אַרְצִ֔י לְמַ֩עַן֩
ח̇ בטע בסיפ[14] דַּ֨עַת הַגּוֹיִ֜ם[a] אֹתִ֗י בְּהִקָּדְשִׁ֥י בְךָ֛ לְעֵינֵיהֶ֖ם גּֽוֹג[b]׃ ס 17 כֹּֽה־אָמַ֞ר 17
ל̇ ומל[15] אֲדֹנָ֣י[a] יְהוִ֗ה[b] הַאַתָּה־[c]ה֞וּא אֲשֶׁר־דִּבַּ֙רְתִּי֙ בְּיָמִ֣ים קַדְמוֹנִ֔ים בְּיַד֙ עֲבָדַ֙י֙
נְבִיאֵ֣י יִשְׂרָאֵ֔ל הַנִּבְּאִ֛ים[d] בַּיָּמִ֥ים [e]הָהֵ֖ם שָׁנִ֑ים[e] לְהָבִ֥יא אֹתְךָ֖ עֲלֵיהֶֽם׃ ס
י̇ד[16] מל וכל שמואל וכתיב דכות ב̇ מ̇ ה̇. ו̇ בסיפ 18 וְהָיָ֣ה ׀ בַּיּ֣וֹם הַה֗וּא בְּי֨וֹם בּ֥וֹא גוֹג֙ עַל־אַדְמַ֣ת יִשְׂרָאֵ֔ל נְאֻ֖ם אֲדֹנָ֣י[a] יְהוִ֑ה 18
תַּעֲלֶ֥ה חֲמָתִ֖י בְּאַפִּֽי[b]׃ 19 וּבְקִנְאָתִ֥י[a] בְאֵשׁ־עֶבְרָתִ֖י דִּבַּ֑רְתִּי אִם־לֹ֣א ׀ 19
ו̇ בסיפ. ז̇ בַּיּ֣וֹם הַה֗וּא יִֽהְיֶה֙ רַ֣עַשׁ גָּד֔וֹל עַ֖ל אַדְמַ֥ת יִשְׂרָאֵֽל׃ 20 וְרָעֲשׁ֣וּ מִ֠פָּנַי דְּגֵ֨י 20
ה̇ פסוק וכל וכל וכל[17]. ב̇ הַיָּ֜ם וְע֣וֹף הַשָּׁמַ֗יִם וְחַיַּ֣ת הַשָּׂדֶה֒ וְכָל־הָרֶ֙מֶשׂ֙ הָֽרֹמֵ֣שׂ עַל־הָאֲדָמָ֔ה וְכֹל֙
ל̇ הָֽאָדָ֔ם אֲשֶׁ֖ר עַל־פְּנֵ֣י הָאֲדָמָ֑ה וְנֶהֶרְס֣וּ הֶהָרִ֗ים וְנָֽפְלוּ֙ הַמַּדְרֵג֔וֹת[a] וְכָל־
ח̇ מל בליש. ל̇ חוֹמָ֖ה לָאָ֥רֶץ תִּפּֽוֹל׃ 21 וְקָרָ֨אתִי עָלָ֤יו לְכָל־[a]הָרַי֙ חֶ֔רֶב[a] נְאֻ֖ם אֲדֹנָ֣י[b] 21
ג̇. ב̇. ה̇ יְהוִ֑ה חֶ֥רֶב אִ֖ישׁ בְּאָחִ֥יו תִּהְיֶֽה׃ 22 וְנִשְׁפַּטְתִּ֥י אִתּ֖וֹ בְּדֶ֣בֶר וּבְדָ֑ם וְגֶ֨שֶׁם 22
י̇. ב̇. ל̇ שׁוֹטֵ֜ף וְאַבְנֵ֣י אֶלְגָּבִ֗ישׁ אֵ֚שׁ וְגָפְרִ֔ית אַמְטִ֣יר עָלָ֔יו וְעַל־אֲגַפָּ֔יו וְעַל־עַמִּ֥ים
ל̇. ל̇. ב̇ רַבִּ֖ים אֲשֶׁ֥ר אִתּֽוֹ׃ 23 וְהִתְגַּדִּלְתִּי֙ וְהִתְקַדִּשְׁתִּ֔י וְנ֣וֹדַעְתִּ֔י לְעֵינֵ֖י גּוֹיִ֣ם רַבִּ֑ים 23
כ̇ג בסיפ. ל̇ וְיָדְע֖וּ כִּֽי־אֲנִ֥י יְהוָֽה׃ ס **39** 1 וְאַתָּ֤ה בֶן־אָדָם֙ הִנָּבֵ֣א עַל־גּ֔וֹג **39**

[9] Mm 2948. [10] Mm 1471. [11] Mm 2373. [12] Mm 2949. [13] Mm 2950. [14] Mm 2911. [15] Mp sub loco. [16] Mm 169. [17] Mm 2951.

12 [a] 𝔊 *χεῖρά μου* ‖ [b] Ms Seb ועַל ‖ [c] 𝔊$^{-L}$𝔖𝔗 pl = עֹשֵׂי ‖ [d] > 𝔊* cf 13[c] ‖ **13** [a] prp וסֹחֲרֶיהָ ‖ [b] 𝔊θ′ (𝔖) *καὶ πᾶσαι αἱ κῶμαι αὐτῶν* = וכל־כפריה; prp וכל־רֹכְלֶיהָ ‖ [c] > 𝔊* cf 12[d] ‖ [d] > 𝔊* ‖ **14** [a] > 𝔊*, add ‖ [b] 𝔊 *ἐγερθήσῃ*, prb l תֵּעֹר ‖ **16** [a] pc Mss 𝔊 כָּל־הַגּ׳ ‖ [b] > 𝔊*𝔖 cf 17[b] ‖ **17** [a] > 𝔊*, add ‖ [b] 𝔊* + *τῷ Γωγ* ‖ [c] prb l אתה cf 𝔊𝔙 ‖ [d] > 𝔊* ‖ [e–e] prp הָרִאשֹׁנִים vel dl שנים ‖ **18** [a] > 𝔊*, add ‖ [b] > 𝔊*; 𝔗 *wḥmtj* cf 𝔊^{L} *καὶ ἡ ὀργή μου* ‖ **19** [a] 𝔊 *καὶ ὁ ζῆλός μου* = וְקִנְאָתִי et cj c 18 ‖ **20** [a] 𝔖(𝔗) *mgdl'*, frt l הַמִּגְדָּלוֹת ‖ **21** [a–a] 𝔊* *φόβον*, prp חֲרָדָה ‖ [b] > 𝔊*, add.

וְאָמַרְתָּ כֹּה אָמַר אֲדֹנָי[a] יְהוִה הִנְנִי אֵלֶיךָ[b] גּוֹג נְשִׂיא רֹאשׁ מֶשֶׁךְ וְתֻבָל׃
2 וְשֹׁבַבְתִּיךָ וְשִׁשֵּׁאתִיךָ[a] וְהַעֲלִיתִיךָ מִיַּרְכְּתֵי צָפוֹן וַהֲבִאוֹתָךָ עַל־הָרֵי
3 יִשְׂרָאֵל׃ 3 וְהִכֵּיתִי קַשְׁתְּךָ מִיַּד שְׂמֹאולֶךָ וְחִצֶּיךָ מִיַּד יְמִינְךָ אַפִּיל׃
4 עַל־הָרֵי יִשְׂרָאֵל תִּפּוֹל אַתָּה וְכָל־אֲגַפֶּיךָ וְעַמִּים[a] אֲשֶׁר אִתָּךְ לְעֵיט
5 צִפּוֹר כָּל־כָּנָף וְחַיַּת[b] הַשָּׂדֶה נְתַתִּיךָ לְאָכְלָה׃ 5 עַל־פְּנֵי הַשָּׂדֶה
6 תִּפּוֹל כִּי אֲנִי דִבַּרְתִּי נְאֻם אֲדֹנָי[a] יְהוִה׃ 6 וְשִׁלַּחְתִּי־אֵשׁ בְּמָגוֹג[a] וּבְיֹשְׁבֵי
7 הָאִיִּים לָבֶטַח וְיָדְעוּ כִּי־אֲנִי יְהוָה׃ 7 וְאֶת־שֵׁם קָדְשִׁי אוֹדִיעַ בְּתוֹךְ
עַמִּי יִשְׂרָאֵל וְלֹא־אַחֵל אֶת־שֵׁם־קָדְשִׁי עוֹד וְיָדְעוּ הַגּוֹיִם כִּי־אֲנִי יְהוָה
8 [a]קָדוֹשׁ בְּיִשְׂרָאֵל[a]׃ 8 הִנֵּה בָאָה וְנִהְיָתָה נְאֻם אֲדֹנָי[a] יְהוִה הוּא הַיּוֹם
9 אֲשֶׁר דִּבַּרְתִּי׃ 9 וְיָצְאוּ יֹשְׁבֵי עָרֵי יִשְׂרָאֵל וּבִעֲרוּ וְהִשִּׂיקוּ[a] בְּנֶשֶׁק
וּמָגֵן[b] וְצִנָּה[c] בְּקֶשֶׁת וּבְחִצִּים וּבְמַקֵּל יָד וּבְרֹמַח וּבִעֲרוּ בָהֶם אֵשׁ שֶׁבַע
10 שָׁנִים׃ 10 וְלֹא־יִשְׂאוּ עֵצִים מִן־הַשָּׂדֶה וְלֹא יַחְטְבוּ מִן־הַיְּעָרִים כִּי
בַנֶּשֶׁק יְבַעֲרוּ־אֵשׁ וְשָׁלְלוּ אֶת־שֹׁלְלֵיהֶם וּבָזְזוּ אֶת־בֹּזְזֵיהֶם נְאֻם אֲדֹנָי[a]
11 יְהוִה׃ ס 11 וְהָיָה בַיּוֹם הַהוּא אֶתֵּן לְגוֹג מְקוֹם־שָׁם[a] קֶבֶר בְּיִשְׂרָאֵל
גֵּי הָעֹבְרִים[b] קִדְמַת הַיָּם[c] וְחֹסֶמֶת הִיא אֶת־הָעֹבְרִים[c] וְקָבְרוּ שָׁם אֶת־
12 גּוֹג וְאֶת־כָּל־הֲמוֹנֹה וְקָרְאוּ גֵּיא הֲמוֹן גּוֹג׃ 12 וּקְבָרוּם בֵּית יִשְׂרָאֵל
13 לְמַעַן טַהֵר אֶת־הָאָרֶץ שִׁבְעָה חֳדָשִׁים׃ 13 וְקָבְרוּ[a] כָּל־עַם הָאָרֶץ
14 וְהָיָה לָהֶם לְשֵׁם יוֹם הִכָּבְדִי נְאֻם אֲדֹנָי[b] יְהוִה׃ 14 וְאַנְשֵׁי תָמִיד יַבְדִּילוּ
עֹבְרִים בָּאָרֶץ מְקַבְּרִים [a]אֶת־הָעֹבְרִים[a] אֶת־הַנּוֹתָרִים עַל־פְּנֵי הָאָרֶץ
15 לְטַהֲרָהּ מִקְצֵה שִׁבְעָה־חֳדָשִׁים יַחְקֹרוּ׃ 15 וְעָבְרוּ הָעֹבְרִים בָּאָרֶץ
וְרָאָה עֶצֶם אָדָם וּבָנָה אֶצְלוֹ צִיּוּן עַד קָבְרוּ אֹתוֹ הַמְקַבְּרִים אֶל־גֵּיא
16 17 הֲמוֹן גּוֹג׃ 16 [a]וְגַם שֶׁם־עִיר הֲמוֹנָה[a] וְטִהֲרוּ[b] הָאָרֶץ׃ ס 17 וְאַתָּה

ב̇ . מח̇[1] כת א לא קר̇ ול בליש . ב̇ חד חס וחד מל[2]
ב̇ חד חס וחד מל[3]
ח̇ מל בליש . ג̇ פסוק בסיפ̇ וכל כל
ח̇ מל בליש . ג̇
ד̇[4]
ג̇[5]
י̇ ר״פ בסיפ̇[6] . ב̇
ז̇[7] . ב̇ . ל̇
ב̇ . ל̇ . ל̇ . ב̇
ד̇ . כ̇ . ל̇
ל̇
ח̇ בטע̇[8]
ט̇ כת י̇[9] . ל̇
המונו̇ ק̇ חד מן ד̇[10] כת כן בליש . ל̇
ל̇
ל̇ . יח̇[11] ד̇[12] מנה ר״פ
ב̇[13] כו̇ פסוק את את ומילה חדה ביניה יט̇ מנה בנביא . ל̇[14] . ה̇
ל̇ . ל̇[15]
ל̇ . ל̇[13]
ו̇[16] . ל̇ . כג̇ בסיפ̇

Cp 39 [1] Mm 898. [2] Mm 2949. [3] Mm 1712. [4] Mm 309. [5] Mm 1059. [6] Mm 2869. [7] Mm 1281. [8] Mm 4137. [9] Mm 3989. [10] Mm 2917, Q addidi, cf 32,31 et 32,32 et Mp sub loco. [11] Mm 2952. [12] Mm 88. [13] Mm 2953. [14] Mm 2931. [15] Mp sub loco. [16] Mm 1989.

Cp 39,1 [a] > 𝔊*, add ‖ [b] = עָלֶיךָ ‖ **2** [a] 𝔗 *w'ṭ'jnk* = וְהִשַּׁאתִיךָ? ‖ **4** [a] mlt Mss 𝔖𝔗 + רַבִּים ‖ [b] 2 Mss 𝔊 ,וְכָל־ח׳ Ms לחית, 𝔗^Edd *wlḥjt*, l וּלְחַיַּת ‖ **5** [a] > 𝔊*, add ‖ **6** [a] 𝔊* *Γωγ* ‖ **7** [a–a] pc Mss 𝔊*𝔖𝔙 קָדוֹשׁ ישראל, l 𝔐 ‖ **8** [a] > 2 Mss 𝔊*, add ‖ **9** [a] > 𝔊* ‖ [b] Ms ובמגן, 𝔗 *b'gjljn*, prb l בְּמָגֵן ‖ [c] 𝔊(𝔖𝔙) *καὶ κοντοῖς*, prp וּבַחֲנִית ‖ **10** [a] > 2 Mss 𝔊*, add ‖ **11** [a] ℭ𝔊𝔙 שֵׁם ‖ [b] prp הָעֲבָרִים cf 𝔎 ‖ [c–c] 𝔊(𝔖) *καὶ περιοικοδομήσουσι τὸ περιστόμιον τῆς φάραγγος*, frt l וְחָסְמוּ אֶת־הַגָּיְא ‖ **13** [a] 𝔊(𝔖) + *αὐτούς* = וּקְבָרוּם ut 12 ‖ [b] > Ms 𝔊*𝔖^W, add ‖ **14** [a–a] > 𝔊*𝔖, dl ‖ **16** [a–a] gl? ‖ [b] 𝔊 *καὶ καθαρισθήσεται* = וְטָהֲרָה?

בֶן־אָדָם[a] [b]כֹּה־אָמַר׀ אֲדֹנָי[c] יְהוִה[b] אֱמֹר לְצִפּוֹר כָּל־כָּנָף וּלְכֹל׀ חַיַּת
הַשָּׂדֶה הִקָּבְצוּ וָבֹאוּ הֵאָסְפוּ מִסָּבִיב עַל־זִבְחִי אֲשֶׁר אֲנִי זֹבֵחַ לָכֶם ד[17]. ג[18]
18 זֶבַח גָּדוֹל עַל הָרֵי יִשְׂרָאֵל וַאֲכַלְתֶּם בָּשָׂר וּשְׁתִיתֶם דָּם׃ 18 בְּשַׂר
גִּבּוֹרִים תֹּאכֵלוּ וְדַם־נְשִׂיאֵי הָאָרֶץ תִּשְׁתּוּ אֵילִים כָּרִים וְעַתּוּדִים ה[19]
19 פָּרִים [a]מְרִיאֵי בָשָׁן[a] כֻּלָּם׃ 19 וַאֲכַלְתֶּם־חֵלֶב לְשָׂבְעָה וּשְׁתִיתֶם דָּם ל. ד
20 לְשִׁכָּרוֹן מִזִּבְחִי אֲשֶׁר־זָבַחְתִּי לָכֶם׃ 20 וּשְׂבַעְתֶּם עַל־שֻׁלְחָנִי סוּס ל
21 וָרֶכֶב[a] גִּבּוֹר וְכָל־אִישׁ מִלְחָמָה נְאֻם אֲדֹנָי[b] יְהוִה׃ 21 וְנָתַתִּי אֶת־כְּבוֹדִי ו. יו[20]
בַּגּוֹיִם וְרָאוּ כָל־הַגּוֹיִם אֶת־מִשְׁפָּטִי אֲשֶׁר עָשִׂיתִי וְאֶת־יָדִי אֲשֶׁר־שַׂמְתִּי ל. יו[21]. ל
ס̇ כד[24] בָהֶם׃ 22 וְיָדְעוּ בֵּית יִשְׂרָאֵל כִּי אֲנִי יְהוָה אֱלֹהֵיהֶם מִן־הַיּוֹם הַהוּא ח
23 וָהָלְאָה׃ 23 וְיָדְעוּ הַגּוֹיִם[a] כִּי בַעֲוֺנָם גָּלוּ בֵית־יִשְׂרָאֵל עַל אֲשֶׁר מָעֲלוּ־
בִי וָאַסְתִּר פָּנַי מֵהֶם וָאֶתְּנֵם בְּיַד צָרֵיהֶם וַיִּפְּלוּ בַחֶרֶב כֻּלָּם׃ ו[22] חס ב מנה בליש . ב[23]
24 כְּטֻמְאָתָם וּכְפִשְׁעֵיהֶם עָשִׂיתִי אֹתָם[a] וָאַסְתִּר פָּנַי מֵהֶם׃ ס ל. ל. כה חס בסיפ. ו[22] חס ב מנה בליש
25 לָכֵן כֹּה אָמַר אֲדֹנָי[a] יְהוִה עַתָּה אָשִׁיב אֶת־שְׁבִית[b] יַעֲקֹב וְרִחַמְתִּי שבות ק . כג בטע בסיפ. כט.
26 כָּל־בֵּית יִשְׂרָאֵל וְקִנֵּאתִי לְשֵׁם קָדְשִׁי׃ 26 וְנָשׂוּ[a] אֶת־כְּלִמָּתָם וְאֶת־ ב חד חס וחד מל
כָּל־[c]מַעֲלָם[b] אֲשֶׁר מָעֲלוּ־בִי בְּשִׁבְתָּם עַל־אַדְמָתָם לָבֶטַח וְאֵין מַחֲרִיד׃ ה בסיפ
27 בְּשׁוֹבְבִי אוֹתָם מִן־הָעַמִּים וְקִבַּצְתִּי אֹתָם מֵאַרְצוֹת אֹיְבֵיהֶם כה חס בסיפ
28 וְנִקְדַּשְׁתִּי בָם לְעֵינֵי [a]הַגּוֹיִם רַבִּים[a]׃ 28 וְיָדְעוּ כִּי אֲנִי יְהוָה אֱלֹהֵיהֶם ל. ח
בְּהַגְלוֹתִי[a] אֹתָם אֶל־הַגּוֹיִם [b]וְכִנַּסְתִּים עַל־אַדְמָתָם וְלֹא־אוֹתִיר עוֹד כה חס בסיפ. ה. ל. ה בסיפ[24]
29 מֵהֶם שָׁם[b]׃ 29 וְלֹא־אַסְתִּיר עוֹד פָּנַי מֵהֶם אֲשֶׁר שָׁפַכְתִּי אֶת־רוּחִי עַל־ ב ובטע. יג[25] וכל מלכים ישעיה וירמיה דכות ב מ״א
בֵּית יִשְׂרָאֵל נְאֻם אֲדֹנָי[a] יְהוִה׃ פ

40 40 1 בְּעֶשְׂרִים וְחָמֵשׁ שָׁנָה לְגָלוּתֵנוּ בְּרֹאשׁ הַשָּׁנָה בֶּעָשׂוֹר לַחֹדֶשׁ ב[1]. לה[2]
בְּאַרְבַּע עֶשְׂרֵה שָׁנָה אַחַר אֲשֶׁר הֻכְּתָה הָעִיר בְּעֶצֶם׀ הַיּוֹם הַזֶּה הָיְתָה ה. ב וחס[3]
2 עָלַי יַד־יְהוָה וַיָּבֵא אֹתִי שָׁמָּה[a]׃ 2 בְּמַרְאוֹת אֱלֹהִים הֱבִיאַנִי[a] אֶל־ נא[4]. יח ס״פ ד[5] מנה בסיפ. ד ב מל וב חס[6]. ד[7]

[17]Mm 2381. [18]Mm 2954. [19]Mm 2338. [20]Mm 1520. [21]Mm 2362. [22]Mm 2105. [23]Mm 2955. [24]Mp sub loco. [25]Mm 324. **Cp 40** [1]Mp sub loco. [2]Mm 2840. [3]Mm 2925. [4]Mm 639. [5]Mm 2908. [6]Mm 340. [7]Mm 1099.

17 [a] 𝔊* + εἶπον cf 7,2[a] ‖ [b–b] 𝔖 tr post השדה ‖ [c] > 𝔊*, add ‖ **18** [a–a] 𝔊 ἐστεατωμένοι = מְרִיאִים, 𝔙 *et altilium et pinguium* ‖ **20** [a] 𝔊(𝔖𝔙) καὶ ἀναβάτην = וְרֹכֵב? ‖ [b] > 𝔊*, add ‖ **23** [a] 𝔊 πάντα τὰ ἔθνη ‖ **24** [a] prb l אִתָּם ‖ **25** [a] > 𝔊*, add ‖ [b] 𝔆 mlt Mss ut Q ‖ [c] 2 Mss עַל cf 𝔊 τὸν οἶκον ‖ **26** [a] pc Mss Vrs וְנָשְׂאוּ, l וְנָשׁוּ ‖ [b] > pc Mss 𝔊*; 𝔖 tr ante כלמתם ‖ **27** [a–a] l aut c pc Mss גוים רבים (cf 𝔖𝔆𝔙) aut c 𝔊* sol הגוים ‖ **28** [a] 𝔊 ἐν τῷ ἐπιφανῆναί με = בְּהִגָּלוֹתִי ‖ [b–b] > 𝔊* ‖ **29** [a] > Ms 𝔊*, add ‖ **Cp 40,1** [a] > 𝔊*𝔖[W] ‖ **2** [a] > 𝔊*𝔖[W].

אֶרֶץ יִשְׂרָאֵל וַיְנִיחֵנִי אֶל־ᵇהַר גָּבֹהַּ מְאֹד וְעָלָיו כְּמִבְנֵה־עִיר מִנֶּגֶב׃ᶜ
3 וַיָּבֵיא אוֹתִי שָׁמָּה וְהִנֵּה־אִישׁ מַרְאֵהוּᵃ כְּמַרְאֵה נְחֹשֶׁת וּפְתִיל־פִּשְׁתִּים
4 בְּיָדוֹ וּקְנֵה הַמִּדָּה וְהוּא עֹמֵד בַּשָּׁעַר׃ 4 וַיְדַבֵּר אֵלַי הָאִישׁ בֶּן־אָדָם
רְאֵה בְעֵינֶיךָ וּבְאָזְנֶיךָ שְּׁמָע וְשִׂים לִבְּךָ לְכֹל אֲשֶׁר־אֲנִי מַרְאֶה אוֹתָךְ
כִּי לְמַעַן הַרְאוֹתְכָה הֻבָאתָהᵃ הֵנָּה הַגֵּד אֶת־כָּל־אֲשֶׁר־אַתָּה רֹאֶה
5 לְבֵית יִשְׂרָאֵל׃ 5 וְהִנֵּה חוֹמָה מִחוּץ לַבַּיִת סָבִיב ׀ סָבִיב וּבְיַד
הָאִישׁ קְנֵה הַמִּדָּה שֵׁשׁ־אַמּוֹת בָּאַמָּה וָטֹפַח וַיָּמָד אֶת־רֹחַב הַבִּנְיָן
6 קָנֶה אֶחָד וְקוֹמָה קָנֶה אֶחָד׃ 6 וַיָּבוֹאᵃ אֶל־שַׁעַרᵇ אֲשֶׁר פָּנָיו
דֶּרֶךְ הַקָּדִימָה וַיַּעַלᶜ בְּמַעֲלוֹתָו וַיָּמָדᵈ ׀ אֶת־סַף הַשַּׁעַר קָנֶה אֶחָד
7 רֹחַב ᵉוְאֵת סַף אֶחָד קָנֶה אֶחָד רֹחַבᵉ׃ 7 וְהַתָּא קָנֶה אֶחָד אֹרֶךְ וְקָנֶה
אֶחָד רֹחַב וּבֵיןᵃ הַתָּאִים חָמֵשׁ אַמּוֹתᵇ וְסַף הַשַּׁעַר מֵאֵצֶל אוּלָם
8 הַשַּׁעַר ᶜמֵהַבַּיִת קָנֶה אֶחָד׃ 8 וַיָּמָד אֶת־אֻלָם הַשַּׁעַר ᵈמֵהַבַּיִת קָנֶה
9 אֶחָד׃ 9 וַיָּמָד אֶת־אֻלָם הַשַּׁעַרᶜᵈ שְׁמֹנֶה אַמּוֹת וְאֵילָוᵉ שְׁתַּיִם אַמּוֹת
10 וְאֻלָם הַשַּׁעַר מֵהַבָּיִת׃ 10 וְתָאֵי הַשַּׁעַר דֶּרֶךְ הַקָּדִים שְׁלֹשָׁה מִפֹּה
וּשְׁלֹשָׁה מִפֹּה מִדָּה אַחַת לִשְׁלָשְׁתָּם וּמִדָּה אַחַת לָאֵילִם מִפֹּה וּמִפּוֹ׃
11 וַיָּמָד אֶת־רֹחַב פֶּתַח־הַשַּׁעַר עֶשֶׂר אַמּוֹת אֹרֶךְᵃ הַשַּׁעַר שְׁלוֹשׁ
12 עֶשְׂרֵה אַמּוֹת׃ 12 וּגְבוּל לִפְנֵי הַתָּאוֹתᵃ אַמָּה אֶחָת וְאַמָּה־אַחַת גְּבוּל
13 מִפֹּהᵇ וְהַתָּא שֵׁשׁ־אַמּוֹת מִפּוֹ וְשֵׁשׁ אַמּוֹת מִפּוֹ׃ 13 וַיָּמָד אֶת־הַשַּׁעַר
14 ᵃמִגַּג הַתָּא לְגַגּוֹᵃ רֹחַב עֶשְׂרִים וְחָמֵשׁ אַמּוֹת פֶּתַח נֶגֶד פָּתַח׃ 14 ᵃᵇוַיַּעַשׂ
אֶת־אֵילִיםᵇ שִׁשִּׁיםᶜ אַמָּה וְאֶל־ᵈאֵיל הֶחָצֵר הַשַּׁעַרᵈ סָבִיב ׀ סָבִיב׃
15 ᵃוְעַל פְּנֵיᵃ הַשַּׁעַר ᵇהָיִאתוֹןᵇ עַל־ᶜלִפְנֵי אֻלָם הַשַּׁעַר הַפְּנִימִיᵈ חֲמִשִּׁים

במעלותיו[13] ק
ואיליו[13] ק

[8] Mm 2941. [9] Mm 385. [10] Mm 639. [11] Mm 1238 א. [12] Mm 2790. [13] Mp sub loco. [14] Mm 1672. [15] Mm 2565. [16] Mm 2956. [17] Mm 964. [18] Mm 1552. [19] Mm 2957. [20] Mm 879. [21] Mm 641. [22] Mm 2958 et Mm 3937.

2 ᵇ = עַל ‖ ᶜ 𝔊 *ἀπέναντι*, prp נֶגְדִּי; prb dl, gl ‖ **3** ᵃ 𝔊𝔖 pr cop ‖ **4** ᵃ 𝔖 *'tjt*, frt l בָּאתִי (ה dttg) ‖ **6** ᵃ prp וַיְבִיאֵנִי ‖ ᵇ l c Ms 𝔊𝔖𝔗 הַשַּׁעַר ‖ ᶜ⁻ᶜ 𝔊 *ἐν ἑπτὰ ἀναβαθμοῖς* ‖ ᵈ 𝔊⁻ᴮ + *τὸ θεε ἔξ ἔνθεν καὶ ἔξ ἔνθεν καί* ‖ ᵉ⁻ᵉ > 𝔊*, dl (dttg) ‖ **7/8/9** ᵃ 𝔊 *καὶ τὸ αιλαμ ἀνὰ μέσον* ‖ ᵇ 𝔊 add descriptionem alterius et tertii תא ‖ ᶜ⁻ᶜ > 𝔊⁻ᴬ ‖ ᵈ⁻ᵈ > mlt Mss 𝔖𝔙, dl (dttg); cf etiam ᶜ⁻ᶜ ‖ ᵉ frt l וְאֵילוֹ cf 𝔖𝔙 ‖ **11** ᵃ frt l וְאֹרֶךְ cf 𝔊𝔙 ‖ **12** ᵃ 𝔊* *τῶν θεϊμ*, l הַתָּאִים ‖ ᵇ 𝔊(𝔖) + *καὶ ἔνθεν*, ins וּמִפֹּה (hpgr) ‖ **13** ᵃ⁻ᵃ frt l מִגַּו הַתָּא לְגַוּוֹ cf 𝔊* *τοῖχος* ‖ **14** ᵃ 14 prb dl, ex 15aγδb + 16aα ortus esse vid ‖ ᵇ⁻ᵇ crrp; 𝔊 *καὶ τὸ αἴθριον τοῦ αιλαμ τῆς πύλης*, prb l וְעַל־פְּנֵי אֻלָם הַשַּׁעַר cf 𝔊 15aα ‖ ᶜ crrp cf ᵃ; prb l חֲמִשִּׁים ‖ ᵈ⁻ᵈ crrp cf ᵃ ‖ **15** ᵃ⁻ᵃ prb l וּמִלִּפְנֵי cf 19 ‖ ᵇ 𝔈 mlt Mss ut Q, 𝔊 *ἔξωθεν* ‖ ᶜ l c 2 Mss 𝔙 עַד ‖ ᵈ dl (cf 14ᵃ) an l לִפְנִימָה?

16 אַמָּה׃ 16 וְחַלֹּנוֹת אֲטֻמוֹת אֶל־הַתָּאִים [a]וְאֶל אֵלֵיהֵמָה[a] לִפְנִימָה לַשַּׁעַר ל̇
סָבִיב ׀ סָבִיב וְכֵן [b]לָאֵלַמּוֹת וְחַלּוֹנוֹת[b] סָבִיב ׀ סָבִיב לִפְנִימָה [c]וְאֶל־
17 אַיִל תִּמֹרִים[c]׃ 17 וַיְבִיאֵנִי אֶל־הֶחָצֵר הַחִיצוֹנָה וְהִנֵּה לְשָׁכוֹת ל̇ ושאר ויציאני אל החצר החיצונה[23]
וְרִצְפָה עָשׂוּי[a] לֶחָצֵר סָבִיב ׀ סָבִיב שְׁלֹשִׁים לְשָׁכוֹת אֶל[b]־הָרִצְפָה׃
18 וְהָרִצְפָה אֶל[a]־כֶּתֶף הַשְּׁעָרִים לְעֻמַּת אֹרֶךְ הַשְּׁעָרִים הָרִצְפָה ז̇ פסוק[24]
19 הַתַּחְתּוֹנָה׃ 19 וַיָּמָד רֹחַב מִלִּפְנֵי הַשַּׁעַר [a]הַתַּחְתּוֹנָה לִפְנֵי[a] הֶחָצֵר[b] ל̇. ל̇. ל̇ בטע
20 הַפְּנִימִי מִחוּץ מֵאָה אַמָּה [c]הַקָּדִים וְהַצָּפוֹן[c]׃ 20 וְהַשַּׁעַר[a] ל̇
21 אֲשֶׁר פָּנָיו דֶּרֶךְ הַצָּפוֹן לֶחָצֵר הַחִיצוֹנָה מָדַד[b] אָרְכּוֹ וְרָחְבּוֹ׃ 21 וְתָאָו ו̇. ותאיו ק̇
שְׁלוֹשָׁה מִפּוֹ וּשְׁלֹשָׁה מִפּוֹ וְאֵילָו וְאֵלַמָּו[a] הָיָה[b] כְּמִדַּת הַשַּׁעַר הָרִאשׁוֹן יו̇ מל וכל מגלה דכות[25]. ואיליו[26] ק̇. ואלמיו[26] ק̇. סד̇
22 חֲמִשִּׁים אַמָּה אָרְכּוֹ[c] וְרֹחַב חָמֵשׁ וְעֶשְׂרִים בָּאַמָּה׃ 22 [a]וְחַלּוֹנָו וְאֵלַמָּו[a] ד̇[27]. וחלוניו ק̇. ואלמיו[26] ק̇
וְתִמֹרָו כְּמִדַּת הַשַּׁעַר אֲשֶׁר פָּנָיו דֶּרֶךְ הַקָּדִים וּבְמַעֲלוֹת שֶׁבַע יַעֲלוּ־ ל̇. ותמריו[26] ק̇
23 בוֹ וְאֵילַמָּו[b] לִפְנֵיהֶם[c]׃ 23 וְשַׁעַר לֶחָצֵר הַפְּנִימִי נֶגֶד הַשַּׁעַר לַצָּפוֹן ל̇. ואילמיו[26] ק̇
24 וְלַקָּדִים[a] וַיָּמָד מִשַּׁעַר אֶל־שַׁעַר מֵאָה אַמָּה׃ 24 וַיּוֹלִכֵנִי דֶּרֶךְ הַדָּרוֹם יד̇ זוגין[28]. ג̇. ז̇[29]
וְהִנֵּה־שַׁעַר דֶּרֶךְ הַדָּרוֹם וּמָדַד אֵילָו וְאֵילַמָּו[a] כַּמִּדּוֹת הָאֵלֶּה׃ ז̇[29]. איליו[26] ק̇. ואילמיו[26] ק̇
25 וְחַלּוֹנִים לוֹ וּלְאֵילַמָּו[a] סָבִיב ׀ סָבִיב כְּהַחַלֹּנוֹת[b] הָאֵלֶּה חֲמִשִּׁים אַמָּה ולאילמיו[26] ק̇. חד מן ג̇ מל בליש. ג̇ חס̇[30]
26 אֹרֶךְ וְרֹחַב חָמֵשׁ וְעֶשְׂרִים אַמָּה׃ 26 וּמַעֲלוֹת[a] שִׁבְעָה[b] עֹלוֹתָו[c] וְאֵלַמָּו[d] עלותיו[26] ק̇. ואלמיו[26] ק̇
27 לִפְנֵיהֶם[e] וְתִמֹרִים לוֹ אֶחָד מִפּוֹ וְאֶחָד מִפּוֹ אֶל[f]־אֵילָו׃ 27 וְשַׁעַר איליו[26] ק̇
לֶחָצֵר הַפְּנִימִי דֶּרֶךְ הַדָּרוֹם וַיָּמָד מִשַּׁעַר אֶל־הַשַּׁעַר[a] דֶּרֶךְ הַדָּרוֹם ז̇[29]. יד̇ זוגין[28]. ז̇[29]
28 מֵאָה אַמּוֹת׃ 28 וַיְבִיאֵנִי אֶל־חָצֵר[a] הַפְּנִימִי בְּשַׁעַר הַדָּרוֹם ל̇. ב̇
29 וַיָּמָד אֶת־הַשַּׁעַר הַדָּרוֹם[b] כַּמִּדּוֹת הָאֵלֶּה׃ 29 וְתָאָו וְאֵלָו וְאֵלַמָּו[a] ל̇. ותאיו[26] ק̇. ואיליו[26] ק̇. ואלמיו[26] ק̇
כַּמִּדּוֹת הָאֵלֶּה וְחַלּוֹנוֹת לוֹ וּלְאֵלַמָּו[a] סָבִיב ׀ סָבִיב חֲמִשִּׁים אַמָּה אֹרֶךְ ולאלמיו[26] ק̇. חד מן ג̇ מל בליש

[23] Cf Cp 42 et 46. [24] Mm 855. [25] Mm 2959. [26] Mp sub loco. [27] Mm 2960. [28] Mm 565. [29] Mm 2961. [30] Mm 3671.

16 [a–a] dl ‖ [b–b] 𝔊* *τοῖς αιλαμ θυρίδες*, l לְאֵלַמּוֹ חלונות; 𝔐 in 16–36 אֵילָם, alibi semper אוּלָם vel אֻלָם; 𝔊* ubique *αιλαμ* = אֵילָם ‖ [c–c] l וְעַל־הָאֵילִים cf 𝔊𝔙 ‖ **17** [a] > 𝔊*𝔖𝔙; prp עֲשׂוּיָה, sed 𝔗 = 𝔐 et cf 41,18sq ‖ [b] = עַל ‖ **18** [a] = עַל ‖ **19** [a–a] l התחתון אֶל־פְּנֵי vel הת׳ עַד־לפני cf 𝔊 ‖ [b] 𝔊 *τῆς πύλης*, l הַשַּׁעַר ‖ [c–c] dl, gl ‖ **20** [a] prb l וַיּוֹלִכֵנִי דֶּרֶךְ הַצָּפוֹן וְהִנֵּה שַׁעַר cf 𝔊 et 24 ‖ [b] l וַיָּמָד (28 cf 𝔊) vel וּמדד (24) ‖ **21** [a] 𝔊*(𝔙) *καὶ τὰ αιλαμμω*, l ואלמו; id in v sqq ‖ [b] prp היו ‖ [c] prb l אֹרֶךְ cf 25.29.33 ‖ **22** [a–a] l וחלונים לו וּלְאלמו (–ות) cf 25.29.33 ‖ [b] cf 21[a] ‖ [c] 𝔊* *ἔσωθεν*, l לִפְנִימָה ‖ **23** [a] prb dl, gl ‖ **24** [a] cf 21[a] ‖ **25** [a] cf 21[a] ‖ [b] sic L, mlt Mss Edd כהחַ׳ ‖ **26** [a] cf [c] ‖ [b] l שֶׁבַע cf 22 ‖ [c] l מַעֲלוֹ (cf 𝔗 et 31.34.37) vel יַעֲלוּ־בוֹ (ut 22) ac antea וּבְמַעֲלוֹת (cf 𝔖𝔙) ‖ [d] cf 21[a] ‖ [e] cf 22[c] ‖ [f] = עַל ‖ **27** [a] l c mlt Mss 𝔊𝔗 שַׁעַר cf 23 ‖ **28** [a] l c 𝔗 nonn Mss הֶחָצֵר ‖ [b] > 𝔊*𝔙, dl cf 32 ‖ **29** [a] cf 21[a].

30 וְרֹ֫חַב עֶשְׂרִים וְחָמֵשׁ אַמּוֹת׃ ³⁰ᵃ וְאֵלַמּוֹת סָבִיב ׀ סָבִיב אֹרֶךְ חָמֵשׁ
31 וְעֶשְׂרִים אַמָּה וְרֹחַב חָמֵשׁ אַמּוֹת׃ 31 וְאֵלַמָּוᵃ אֶל־חָצֵרᵇ הַחִצֹנָה
32 וְתִמֹרִים אֶל־אֵילָוᶜ וּמַעֲלוֹת שְׁמוֹנֶה מַעֲלָוᵈ׃ 32 וַיְבִיאֵנִי אֶל־ᵃהֶחָצֵר
33 הַפְּנִימִיᵃ דֶּרֶךְ הַקָּדִים וַיָּמָד אֶת־הַשַּׁעַר כַּמִּדּוֹת הָאֵלֶּה׃ 33 וְתָאָו וְאֵלָו
וְאֵלַמָּוᵃ כַּמִּדּוֹת הָאֵלֶּה וְחַלּוֹנוֹת לוֹ וּלְאֵלַמָּוᵃ סָבִיב ׀ סָבִיב אֹרֶךְ
34 חֲמִשִּׁים אַמָּה וְרֹחַב חָמֵשׁ וְעֶשְׂרִים אַמָּה׃ 34 וְאֵלַמָּוᵃ לֶחָצֵרᵇ הַחִיצוֹנָה
35 וְתִמֹרִים אֶל־אֵלָוᶜ מִפּוֹ וּמִפּוֹ וּשְׁמֹנֶה מַעֲלוֹת מַעֲלָוᵈ׃ 35 וַיְבִיאֵנִי אֶל־
36 שַׁעַר הַצָּפוֹן וּמָדַד כַּמִּדּוֹת הָאֵלֶּה׃ 36 תָּאָו אֵלָו וְאֵלַמָּוᵃ וְחַלּוֹנוֹת לוֹ
37 סָבִיב ׀ סָבִיב אֹרֶךְ חֲמִשִּׁים אַמָּה וְרֹחַב חָמֵשׁ וְעֶשְׂרִים אַמָּה׃ 37 וְאֵילָוᵃ
לֶחָצֵרᵇ הַחִיצוֹנָה וְתִמֹרִים אֶל־אֵילָוᶜ מִפּוֹ וּמִפּוֹ וּשְׁמֹנֶה מַעֲלוֹת
38 מַעֲלָוᵈ׃ 38 וְלִשְׁכָּה וּפִתְחָהּ ᵃבְּאֵילִים הַשְּׁעָרִיםᵃ שָׁם יָדִיחוּᵇ אֶת־
39 הָעֹלָה׃ 39 וּבְאֻלָם הַשַּׁעַר שְׁנַיִם שֻׁלְחָנוֹת מִפּוֹ וּשְׁנַיִם שֻׁלְחָנוֹת מִפֹּהᵇ
40 לִשְׁחוֹט אֲלֵיהֶםᶜ הָעוֹלָה ᵈוְהַחַטָּאת וְהָאָשָׁם׃ 40 וְאֶלᵃ־הַכָּתֵף מִחוּצָה
לָעוֹלֶהᵇ לְפֶתַח הַשַּׁעַר הַצָּפוֹנָה שְׁנַיִם שֻׁלְחָנוֹת וְאֶלᵃ־הַכָּתֵף הָאַחֶרֶת
41 אֲשֶׁר לְאֻלָם הַשַּׁעַר שְׁנַיִם שֻׁלְחָנוֹת׃ ⁴¹ᵃ אַרְבָּעָה שֻׁלְחָנוֹת מִפֹּה וְאַרְבָּעָה
שֻׁלְחָנוֹת מִפֹּה לְכֶתֶף הַשָּׁעַר שְׁמוֹנָה שֻׁלְחָנוֹת אֲלֵיהֶםᵃ יִשְׁחָטוּ׃
42 42 וְאַרְבָּעָה שֻׁלְחָנוֹתᵃ לָעוֹלָה אַבְנֵי גָזִית אֹרֶךְ אַמָּה אַחַת וָחֵצִי וְרֹחַב
אַמָּה אַחַת וָחֵצִי וְגֹבַהּ אַמָּה אֶחָת ᵇאֲלֵיהֶםᶜ וְיַנִּיחוּᵈ אֶת־הַכֵּלִים אֲשֶׁר
43 יִשְׁחֲטוּ אֶת־הָעוֹלָה בָּם וְהַזָּבַחᵇᵉ׃ 43 וְהַשְׁפַתַּיִםᵃ טֹפַח אֶחָד מוּכָנִים
44 בַּבַּיִת סָבִיב ׀ סָבִיבᵇ וְאֶלᶜ־הַשֻּׁלְחָנוֹת בְּשַׂר הַקָּרְבָּןᶜ׃ 44 וּמִחוּצָה
לַשַּׁעַרᵃ הַפְּנִימִי לִשְׁכוֹת שָׁרִיםᵇ בֶּחָצֵר הַפְּנִימִי אֲשֶׁרᶜ אֶלᵈ־כֶּתֶף שַׁעַר

ל
ואלמיו[31] ק . ב . ג כת כן[32]
אילו ק . ג מל בנביא וכל ד״ה דכות[33] . מעליו ק
ותאיו ק . ואליו[34] ק
ואלמיו[34] ק . ולאלמיו[34] ק . חד מן ג מל בליש
ואלמיו[34] ק
אליו[34] ק . מעליו ק
תאיו[34] ק . ול ר״פ . אליו[34] ק . ואלמיו[34] ק
ואיליו[34] ק
איליו[34] ק
מעליו ק . ב
ה חס בסיפ . יא כת ה
ב חד מל וחד חס[35] . ה[36]
ה מל[37] . גג ב[34] מנה בליש
יא כת ה
יא כת ה . ג מל וכל ד״ה דכות . ה[36] ול בליש
ה[38]
ל
כל עלותא חס קודש[39] . ל . ל . ל
ל . ל
ח בליש[40] . ה[41]

[31] Q addidi, cf Mp sub loco. [32] Mm 2969. [33] Mm 34. [34] Mp sub loco. [35] Mm 147. [36] Mm 2101. [37] Mm 1624. [38] Mm 698. [39] Mm 2962. [40] Mm 1824. [41] Mm 651.

30 ᵃ 30 > pc Mss 𝔊*, dl (dttg = 29) ‖ **31** ᵃ cf 21ᵃ ‖ ᵇ cf 28ᵃ ‖ ᶜ = עַל ‖ ᵈ l מעלו ‖ **32** ᵃ⁻ᵃ prb l הַשַּׁעַר אֲשֶׁר פָּנָיו cf 𝔊* ‖ **33** ᵃ cf 21ᵃ ‖ **34** ᵃ cf 21ᵃ ‖ ᵇ frt l אֶל־הֶחָ׳ cf 𝔊* et 31, sed etiam 37 ‖ ᶜ = עַל ‖ ᵈ cf 31ᵈ ‖ **36** ᵃ cf 21ᵃ ‖ **37** ᵃ 𝔊(𝔙) *καὶ τὰ αιλαμμω*, l וְאֵלַמּוֹ cf 31.34 ‖ ᵇ cf 34ᵇ ‖ ᶜ = עַל ‖ ᵈ cf 31ᵈ ‖ **38/39** ᵃ⁻ᵃ l בְּאוּלָם הַשַּׁעַר cf 𝔊𝔖 ‖ ᵇ⁻ᵇ > 𝔊*, l 𝔐 ‖ ᶜ = עָלָ׳ ‖ ᵈ⁻ᵈ > 𝔊*, l 𝔐 ‖ **40** ᵃ = ועל ‖ ᵇ l לְאוּלָם cf v b ‖ **41** ᵃ cf 39ᶜ ‖ **42** ᵃ frt l הַשּׁ׳ (hpgr?) ‖ ᵇ⁻ᵇ tr post 43a ‖ ᶜ cf 39ᶜ ‖ ᵈ l יַנִּ׳ cf Vrs ‖ ᵉ add? ‖ **43** ᵃ l וְהַשְּׂפָתַיִם ‖ ᵇ cf 42ᵇ⁻ᵇ ‖ ᶜ⁻ᶜ gl? 𝔊 *καὶ ἐπὶ τὰς τραπέζας ἐπάνωθεν στέγας τοῦ καλύπτεσθαι ἀπὸ τοῦ ὑετοῦ καὶ ἀπὸ τῆς ξηρασίας* ‖ ᵈ = ועל ‖ **44** ᵃ prb l לֶחָצֵר cf 𝔊 ‖ ᵇ⁻ᵇ 𝔊 *δύο ἐξέδραι*, l לְשָׁכוֹת שְׁתַּיִם ‖ ᶜ 𝔊 *μία*, l אַחַת ‖ ᵈ = עַל.

הַצָּפ֔וֹן וּפְנֵיהֶ֖ם[e] דֶּ֣רֶךְ הַדָּר֑וֹם אֶחָ֗ד אֶל־[f]כֶּ֙תֶף֙ שַׁ֣עַר הַקָּדִ֔ים[g] פְּנֵ֖י[e] ט̇. ל̇[42]
45 דֶּ֥רֶךְ הַצָּפֽוֹן׃ 45 וַיְדַבֵּ֖ר אֵלָ֑י זֹ֤ה הַלִּשְׁכָּה֙ אֲשֶׁ֣ר פָּנֶ֙יהָ֙ דֶּ֣רֶךְ הַדָּר֔וֹם ס כה[43] ו̇. ל̇ חס̇. ג̇[44]. ל̇[42]
46 לַכֹּ֣הֲנִ֔ים שֹׁמְרֵ֖י מִשְׁמֶ֥רֶת הַבָּֽיִת׃ 46 וְהַלִּשְׁכָּ֗ה אֲשֶׁ֤ר פָּנֶ֙יהָ֙ דֶּ֣רֶךְ הַצָּפ֔וֹן ו̇
לַכֹּ֣הֲנִ֔ים שֹׁמְרֵ֖י מִשְׁמֶ֣רֶת הַמִּזְבֵּ֑חַ הֵ֣מָּה בְנֵי־צָד֗וֹק הַקְּרֵבִ֧ים מִבְּנֵי־לֵוִ֛י ג̇[45]
47 אֶל־יְהוָ֖ה לְשָׁרְתֽוֹ׃ 47 וַיָּ֨מָד אֶת־הֶחָצֵ֜ר אֹ֣רֶךְ ׀ מֵאָ֣ה אַמָּ֗ה וְרֹ֛חַב מֵאָ֥ה
48 אַמָּ֖ה מְרֻבָּ֑עַת וְהַמִּזְבֵּ֖חַ לִפְנֵ֥י הַבָּֽיִת׃ 48 וַיְבִאֵנִי֮ אֶל־אֻלָ֣ם הַבַּיִת֒ ל̇. ב̇[46]. ב̇ חס̇
וַיָּ֙מָד֙ [a]אֵ֣ל אֻלָ֔ם[a] חָמֵ֤שׁ אַמּוֹת֙ מִפֹּ֔ה וְחָמֵ֥שׁ אַמּ֖וֹת מִפֹּ֑ה וְרֹ֙חַב֙ הַשַּׁ֔עַר[b] ל̇ חס̇ באלמין[43]. יא̇ כת̇ ה̇. יא̇ כת̇ ה̇
49 שָׁלֹ֤שׁ אַמּוֹת֙ מִפּ֔וֹ וְשָׁלֹ֥שׁ אַמּ֖וֹת מִפּֽוֹ׃ 49 אֹ֣רֶךְ[a] הָאֻלָ֞ם עֶשְׂרִ֣ים אַמָּ֗ה
וְרֹ֙חַב֙ [b]עַשְׁתֵּ֣י עֶשְׂרֵה֮[b] אַמָּה֒ [c]וּבַֽמַּעֲל֔וֹת אֲשֶׁ֥ר[c] יַעֲל֖וּ אֵלָ֑יו וְעַמֻּדִים֙ ל̇. יא̇ חס̇[47]
41 אֶל־[d]הָ֣אֵילִ֔ים אֶחָ֥ד מִפֹּ֖ה וְאֶחָ֥ד מִפֹּֽה׃ 41 1 וַיְבִיאֵ֖נִי אֶל־הַהֵיכָ֑ל יא̇ כת̇ ה̇. יא̇ כת̇ ה̇
וַיָּ֣מָד אֶת־הָאֵילִ֗ים [a]שֵׁשׁ־אַמּ֨וֹת רֹֽחַב־מִפּ֜וֹ וְשֵׁשׁ־אַמּ֧וֹת־רֹ֛חַב מִפּ֖וֹ
2 רֹ֥חַב הָאֹֽהֶל[a]׃ 2 וְרֹ֣חַב הַפֶּ֗תַח עֶ֣שֶׂר אַמּוֹת֮ וְכִתְפ֣וֹת הַפֶּ֗תַח חָמֵ֤שׁ ל̇
אַמּוֹת֙ מִפּ֔וֹ וְחָמֵ֥שׁ אַמּ֖וֹת מִפּ֑וֹ וַיָּ֤מָד אָרְכּוֹ֙ אַרְבָּעִ֣ים אַמָּ֔ה וְרֹ֖חַב עֶשְׂרִ֥ים
3 אַמָּֽה׃ 3 וּבָ֣א[a] לִפְנִ֔ימָה וַיָּ֥מָד אֵֽיל־הַפֶּ֖תַח שְׁתַּ֣יִם אַמּ֑וֹת וְהַפֶּ֙תַח֙ שֵׁ֣שׁ יז̇ ר״פ. ל̇
4 אַמּ֔וֹת וְרֹ֥חַב[b] הַפֶּ֖תַח שֶׁ֥בַע אַמּֽוֹת[c]׃ 4 וַיָּ֨מָד אֶת־אָרְכּ֜וֹ עֶשְׂרִ֣ים אַמָּ֗ה
וְרֹ֛חַב עֶשְׂרִ֥ים אַמָּ֖ה אֶל־[a]פְּנֵ֣י הַהֵיכָ֑ל וַיֹּ֣אמֶר אֵלַ֔י זֶ֖ה קֹ֥דֶשׁ הַקֳּדָשִֽׁים׃ ל̇
5 וַיָּ֥מָד קִֽיר־הַבַּ֖יִת שֵׁ֣שׁ אַמּ֑וֹת וְרֹ֣חַב הַצֵּלָ֗ע אַרְבַּ֤ע אַמּוֹת֙ סָבִ֣יב ׀ סָבִ֔יב 5
6 לַבַּ֖יִת סָבִֽיב׃ 6 וְהַצְּלָע֡וֹת צֵלָ֣ע אֶל־[a]צֵלָע֩ שָׁל֨וֹשׁ וּשְׁלֹשִׁ֜ים[b] פְּעָמִ֗ים ל̇. ה̇ מל̇ וכל כתיב דכות
וּבָא֡וֹת[c] בַּ֠קִּיר אֲשֶׁר־לַבַּ֨יִת לַצְּלָע֤וֹת סָבִיב֙ ׀ סָבִ֔יב לִהְי֖וֹת אֲחוּזִ֑ים ב̇
7 וְלֹֽא־יִהְי֥וּ אֲחוּזִ֖ים בְּקִ֥יר הַבָּֽיִת׃ 7 וְֽרָחֲבָ֡ה[a] וְֽנָסְבָה֩[b] לְמַ֨עְלָה לְמַ֜עְלָה ב̇. ל̇. ל̇
לַצְּלָע֗וֹת כִּ֣י מֽוּסַב־[c]הַ֠בַּיִת לְמַ֨עְלָה לְמַ֜עְלָה סָבִ֤יב ׀ סָבִיב֙ לַבַּ֔יִת עַל־ ל̇
כֵּ֥ן רֹֽחַב־לַבַּ֖יִת לְמָ֑עְלָה וְכֵ֧ן[d] הַתַּחְתּוֹנָ֛ה יַעֲלֶ֥ה עַל־הָעֶלְיוֹנָ֖ה לַתִּיכוֹנָֽה׃ ב̇ מל̇

[42] Mm 2961. [43] Mp sub loco. [44] Mm 2963. [45] Mm 2964. [46] Mm 1960. [47] Mm 558.

44 e l וּפָנֶיהָ || f = עַל || g 𝔊 *πρὸς νότον*, l הַדָּרוֹם || **48** a–a 𝔊* *τὸ αιλ τοῦ αιλαμ*, l אֵיל־הָאֻלָם || b 𝔊 + *πηχῶν δέκα τεσσάρων, καὶ ἐπωμίδες τῆς θύρας*, ins אַרְבַּע עֶשְׂרֵה אַמָּה וְכִתְפוֹת הַשַּׁעַר (homtel) || **49** a 𝔊𝔖 pr cop, prb l וְא׳ || b–b 𝔊* *δώδεκα*, l שְׁתֵּי ע׳ || c–c 𝔊 *καὶ ἐπὶ δέκα ἀναβαθμῶν*, l וּבְמַ׳ עֶשֶׂר || d = עַל || **Cp 41,1** a–a dl, gl; cf 𝔊* *τὸ εὖρος τοῦ αιλαμ* = ר׳ הָאֵילִים? || **3** a prp וַיָּבֹא || b 𝔊 *καὶ τὰς ἐπωμίδας*, l וְכִתְפוֹת || c 𝔊 + *ἔνθεν καὶ πηχῶν ἑπτὰ ἔνθεν*, ins מִפֹּה וְשֶׁבַע אַמּוֹת מִפֹּה || **4** a = עַל || **6** a = עַל || b prb dl || c terminus technicus an crrp? cf 1 R 6,6 מִגְרָעוֹת || **7** a 𝔊(σ′𝔗𝔙) *καὶ τὸ εὖρος*, prb l וְרֹחַב; cf aγ || b 𝔗 *msjbt’*, prb l הַמְּסִבָּה || c l מוּסָב || d l c ℭ𝔊𝔖 וּמִן vel potius ins מִן (hpgr) cf σ′𝔗𝔙.

8 [a]וְרָאִ֥יתִי לַבַּ֖יִת[a] גֹּ֣בַהּ[b] סָבִ֣יב ׀ סָבִ֑יב מְיֻסְּד֤וֹת[c] הַצְּלָעוֹת֙ מְל֣וֹ[d] הַקָּנֶ֔ה יב֯[1] . מוסדות[2] ק
9 שֵׁ֥שׁ אַמּ֖וֹת אַצִּֽילָה׃ 9 רֹ֣חַב[a] הַקִּ֞יר אֲשֶׁר־לַצֵּ֛לָע אֶל־הַח֖וּץ חָמֵ֣שׁ אַמּ֑וֹת ל
10 [b]וַאֲשֶׁ֣ר מֻנָּ֗ח[b] [c]בֵּ֛ית צְלָע֖וֹת[c] אֲשֶׁ֥ר לַבָּֽיִת׃[d] 10 [a]וּבֵ֨ין הַלְּשָׁכ֜וֹת רֹ֧חַב ל
11 עֶשְׂרִ֥ים אַמָּ֛ה סָבִ֥יב לַבַּ֖יִת סָבִ֥יב ׀ סָבִֽיב׃ 11 וּפֶ֨תַח[a] הַצֵּלָ֜ע לַמֻּנָּ֗ח פֶּ֤תַח ה֯[3] וחד מן ח֯[4] פסוק דמיין . ל
אֶחָד֙ דֶּ֣רֶךְ הַצָּפ֔וֹן וּפֶ֥תַח אֶחָ֖ד לַדָּר֑וֹם וְ֠רֹחַב מְק֣וֹם הַמֻּנָּ֗ח[b] חָמֵ֥שׁ אַמּ֖וֹת ו . ה֯[3] . ל
12 סָבִ֥יב ׀ סָבִֽיב׃ 12 וְהַבִּנְיָ֗ן אֲשֶׁר֩ אֶל־[a]פְּנֵ֨י הַגִּזְרָ֜ה פְּאַ֣ת דֶּֽרֶךְ־הַיָּ֗ם רֹ֨חַב ח֯[5] . ב֯[6]
שִׁבְעִ֣ים אַמָּ֔ה וְקִ֧יר הַבִּנְיָ֛ן חָמֵשׁ־אַמּ֥וֹת רֹ֖חַב סָבִ֣יב ׀ סָבִ֑יב וְאָרְכּ֖וֹ
13 תִּשְׁעִ֥ים אַמָּֽה׃ 13 וּמָדַ֣ד אֶת־הַבַּ֔יִת אֹ֖רֶךְ מֵאָ֣ה אַמָּ֑ה וְהַגִּזְרָ֤ה וְהַבִּנְיָה֙ ל
14 וְקִ֣ירוֹתֶ֔יהָ אֹ֖רֶךְ מֵאָ֥ה אַמָּֽה׃ 14 וְרֹ֩חַב֩ פְּנֵ֨י הַבַּ֤יִת וְהַגִּזְרָה֙ לַקָּדִ֔ים מֵאָ֖ה ל
15 אַמָּֽה׃ 15 וּמָדַ֣ד אֹֽרֶךְ־הַ֠בִּנְיָן אֶל־[a]פְּנֵ֨י הַגִּזְרָ֜ה אֲשֶׁ֨ר עַל־אַחֲרֶ֤יהָ[b] ג בליש[7]
[c]וְאַתּוּקֶיהָ֛א מִפּ֥וֹ וּמִפּ֖וֹ מֵאָ֣ה אַמָּ֑ה[c] וְהַֽהֵיכָל֙ הַפְּנִימִ֔י וְאֻֽלַמֵּ֖י[d] ואתיקיהא ק חד מן יב֯[8] יתיר א ס״ת בליש . ב֯
16 הֶחָצֵֽר׃[d] 16 הַסִּפִּ֡ים[a] וְהַחַלּוֹנִ֣ים הָאֲטֻמ֣וֹת וְ֠הָאַתִּיקִים סָבִ֨יב לִשְׁלָשְׁתָּ֜ם ז֯[9]
נֶ֧גֶד הַסַּ֛ף[b] שְׂחִ֥יף עֵ֖ץ סָבִ֣יב ׀ סָבִ֑יב וְהָאָ֙רֶץ֙[c] עַד־הַֽחַלֹּנ֔וֹת וְהַחַלֹּנ֖וֹת[d] יא . י֯[10] כת ש ול בליש . ג חס[11]
17 מְכֻסּֽוֹת׃[e] 17 [a]עַל־[b]מֵ֨עַל הַפֶּ֜תַח[a] וְעַד[c]־הַבַּ֤יִת הַפְּנִימִי֙ וְלַח֔וּץ וְאֶֽל[d]־ ל . ד֯ זוגין חד עד וחד על[12]
18 כָּל־הַקִּ֞יר סָבִ֣יב ׀ סָבִ֗יב בַּפְּנִימִ֛י וּבַחִיצ֖וֹן מִדּֽוֹת[e]׃[f] 18 וְעָשׂ֥וּי[a] כְּרוּבִ֖ים ד בליש[13]
19 וְתִֽמֹרִ֑ים וְתִֽמֹרָה֙ בֵּין־כְּר֣וּב לִכְר֔וּב וּשְׁנַ֥יִם פָּנִ֖ים לַכְּרֽוּב׃ 19 וּפְנֵ֨י אָדָ֜ם ל . יו
אֶל־הַתִּֽמֹרָה֙ מִפּ֔וֹ וּפְנֵי־כְפִ֛יר אֶל־הַתִּמֹרָ֖ה מִפּ֑וֹ עָשׂ֥וּי[a] אֶל[b]־כָּל־הַבַּ֖יִת יו
20 סָבִ֥יב ׀ סָבִֽיב׃ 20 מֵהָאָ֙רֶץ֙ עַד־מֵעַ֣ל הַפֶּ֔תַח הַכְּרוּבִ֥ים וְהַתִּמֹרִ֖ים ה֯ . ד֯ זוגין חד עד וחד על[12]
21 עֲשׂוּיִ֑ם[a] וְקִ֖יר[b] הַֽהֵיכָֽל׃[c] 21 הַהֵיכָ֖ל[a] מְזוּזַ֣ת[b] רְבֻעָ֑ה[c] וּפְנֵ֣י[d] הַקֹּ֔דֶשׁ ה֯י נקוד . ל . יו
22 הַמַּרְאֶ֖ה [e]כַּמַּרְאֶֽה׃ 22 הַמִּזְבֵּ֡חַ[e] עֵ֣ץ שָׁל֣וֹשׁ אַמּ֣וֹת גָּ֠בֹהַּ[f] וְאָרְכּ֨וֹ שְׁתַּ֤יִם־ ה֯[14] . ל ר״פ . ה֯ מל וכל כתיב דכות

Cp 41 [1]Mm 445. [2]Mm 832. [3]Mm 2965. [4]Mm 3838. [5]Mm 651. [6]Mm 2966. [7]Cf Mp sub loco et Ex 26,12. [8]Mm 907. [9]Mm 4217. [10]Mm 1411. [11]Mm 3671. [12]Mm 1318. [13]Mm 1903. [14]Mm 883.

8 [a–a] 𝔊 *καὶ τὸ θραελ τοῦ οἴκου* = וְהַתְּרָאֵל לב׳ vel וְתראל הבית (terminus technicus) ‖ [b] l גֹּבַהּ ‖ [c] nonn Mss ut Q ‖ [d] ℭ mlt Mss Edd מל(ו)א ‖ **9** [a] l c Ms 𝔊𝔖𝔙 וְר׳ ‖ [b–b] 𝔊 *καὶ τὰ ἀπόλοιπα*, prb l וּמנח (terminus technicus cf 11) ‖ [c–c] 𝔊 *ἀνὰ μέσον τῶν πλευρῶν*, l בֵּין הַצְּ׳ ‖ [d] dl : et cj 10 c 9 ‖ **10** [a] cf 9[d] ‖ **11** [a] 𝔊 pl, l וּפִתְחֵי ‖ [b] 𝔊 *τοῦ φωτός* = גדר(ת) 42,7.10.12, prb l גֶּדֶר vel גְּדֶרֶת ‖ **12** [a] = עַל ‖ **15** [a] = עַל ‖ [b] frt l c ℭ Ms אַחֲ(ו)ריה ‖ [c–c] gl? ℭ sol ואתיקהא ‖ [d–d] 𝔊 *καὶ τὸ αιλαμ τὸ ἐξώτερον*, prb l וְהָאֻלָם הַחִצוֹן vel וְאֵלַמּוֹ ‖ **16** [a] 𝔊 *πεφατνωμένα*, l סְפֻנִים et cj c 15b ‖ [b–b] > 𝔖, dl (gl)? ‖ [c] l וּמֵהארץ cf 𝔊 ‖ [d] dl? (dttg) ‖ [e] dl : ‖ **17** [a–a] > 𝔊, prb dl (gl ex 20) ‖ [b] l c Ms ℭ עד cf 20 ‖ [c] prb l c Ms וְעַל ‖ [d] = וְעַל ‖ [e] > 𝔊*, dl ‖ [f] dl : ‖ **18** [a] prp (וְ)עֲשׂוּיִם, sed cf 40,17; 𝔖ℭ = 𝔐 ‖ **19** [a] cf 18[a] ‖ [b] = עַל; > 𝔊 ‖ **20** [a] huc tr : ‖ [b] prp לַקִּיר cf 25, sed frt l 𝔐 ‖ [c] nonn Mss om aut hoc vb aut sq cf 21[a] ‖ **21/22** [a] > 𝔖𝔙, dl (dttg) cf punct extr 20[c] ‖ [b] prb l זוֹת– ‖ [c] huc tr : ‖ [d] prp (וְ)לִפְנֵי, sed frt l 𝔐 ‖ [e–e] 𝔊 *ὡς ὄψις θυσιαστηρίου*, l כְּמַרְאֵה הַמִּזְבֵּחַ ‖ [f] 𝔊(𝔖ℭ) *τὸ ὕψος αὐτοῦ*, l גָּבְהוֹ (ו hpgr).

ל. ¹⁵.ל   אַמּוֹת^g וּמִקְצֹעוֹתָיו לוֹ וְאָרְכּוֹ^h וְקִירֹתָיו עֵץ וַיְדַבֵּר אֵלַי זֶה הַשֻּׁלְחָן 1.

ל   אֲשֶׁר לִפְנֵי יְהוָה׃ ²³ וּשְׁתַּיִם דְּלָתוֹת לַהֵיכָל וְלַקֹּדֶשׁ ²⁴ וּשְׁתַּיִם^b   ₂₃ ₂₄

ל. ל מל   דְּלָתוֹת לַדְּלָתוֹת^a שְׁתַּיִם מוּסַבּוֹת דְּלָתוֹת שְׁתַּיִם לְדֶלֶת אֶחָת וּשְׁתֵּי

ה ד מל וחד חס¹⁶   דְּלָתוֹת לָאַחֶרֶת׃ ²⁵ וַעֲשׂוּיָה^a אֲלֵיהֶן^b אֶל־דַּלְתוֹת^{c-d} הַהֵיכָל^c כְּרוּבִים ₂₅
ל. ב בסיפ¹⁷

ה מל בצורת הבית¹⁸   וְתִמֹרִים כַּאֲשֶׁר עֲשׂוּיִם לַקִּירוֹת וְעָב עֵץ אֶל^d־פְּנֵי הָאוּלָם מֵהַחוּץ׃

ה מל בצורת הבית¹⁸   וְחַלּוֹנִים אֲטֻמוֹת וְתִמֹרִים מִפּוֹ וּמִפּוֹ אֶל^a־כִּתְפוֹת הָאוּלָם וְצַלְעוֹת ₂₆

ג חס   הַבַּיִת וְהָעֻבִּים׃^b   42 ¹ וַיּוֹצִאֵנִי אֶל־הֶחָצֵר הַחִיצוֹנָה הַדֶּרֶךְ^a42

ל. ב חס   דֶּרֶךְ הַצָּפוֹן וַיְבִאֵנִי אֶל־הַלִּשְׁכָּה אֲשֶׁר נֶגֶד הַגִּזְרָה וַאֲשֶׁר־נֶגֶד הַבִּנְיָן

ל   אֶל־הַצָּפוֹן׃ ² אֶל־פְּנֵי^a־אֹרֶךְ אַמּוֹת הַמֵּאָה^b פֶּתַח הַצָּפוֹן וְהָרֹחַב

ח.ל.ג¹⁹   חֲמִשִּׁים אַמּוֹת׃ ³ נֶגֶד הָעֶשְׂרִים אֲשֶׁר לֶחָצֵר הַפְּנִימִי וְנֶגֶד רִצְפָה

ל. יׄו וכל   אֲשֶׁר לֶחָצֵר הַחִיצוֹנָה אַתִּיק^a אֶל^b־פְּנֵי־אַתִּיק בַּשְּׁלִשִׁים^c׃ ⁴ וְלִפְנֵי^b
לפני ולפני דכות

ל בעינ   הַלְּשָׁכוֹת מַהֲלַךְ^a עֶשֶׂר אַמּוֹת רֹחַב אֶל־הַפְּנִימִית^a דֶּרֶךְ^b אַמָּה אֶחָת^b

ל.ל.ל כת כן   וּפִתְחֵיהֶם^d לַצָּפוֹן׃ ⁵ וְהַלְּשָׁכוֹת הָעֶלְיוֹנֹת קְצֻרוֹת כִּי־יוֹכְלוּ^a אַתִּיקִים

ל ב חס בליש³.ב.ל   מֵהֵנָה^b מֵהַתַּחְתֹּנוֹת וּמֵהַתִּכֹנוֹת^c בִּנְיָן׃ ⁶ כִּי מְשֻׁלָּשׁוֹת הֵנָּה וְאֵין לָהֶן
ל³ל⁴

ב   עַמּוּדִים כְּעַמּוּדֵי הַחֲצֵרוֹת עַל־כֵּן נֶאֱצַל^a מֵהַתַּחְתֹּנוֹת וּמֵהַתִּיכֹנוֹת

ה.ג כת כן⁶   מֵהָאָרֶץ׃ ⁷ וְגָדֵר אֲשֶׁר־לַחוּץ לְעֻמַּת הַלְּשָׁכוֹת דֶּרֶךְ הֶחָצֵר הַחִצוֹנָה

ג כת כן⁷   אֶל^a־פְּנֵי הַלְּשָׁכוֹת אָרְכּוֹ חֲמִשִּׁים אַמָּה׃ ⁸ כִּי־אֹרֶךְ הַלְּשָׁכוֹת אֲשֶׁר
ד בצורת הבית⁷
ומתחת הלשכות   לֶחָצֵר הַחִצוֹנָה חֲמִשִּׁים אַמָּה וְהִנֵּה עַל־פְּנֵי הַהֵיכָל^a מֵאָה אַמָּה׃
המביא. ה⁸ ל
ק

ל כת כן   וּמִתַּחַת^a לְּשָׁכוֹת^a הָאֵלֶּה הַמֵּבוֹא^b מֵהַקָּדִים בְּבֹאוֹ לָהֵנָּה מֵהֶחָצֵר ₉

ל בעינ¹⁰   הַחִצֹנָה׃ ¹⁰ בְּרֹחַב^b גֶּדֶר הֶחָצֵר^a דֶּרֶךְ הַקָּדִים^c אֶל^d־פְּנֵי הַגִּזְרָה ₁₀

  וְאֶל^e־פְּנֵי הַבִּנְיָן לְשָׁכוֹת׃ ¹¹ וְדֶרֶךְ לִפְנֵיהֶם כְּמַרְאֵה הַלְּשָׁכוֹת אֲשֶׁר ₁₁

---

¹⁵Mm 642.   ¹⁶Mm 1048.   ¹⁷Mm 2673.   ¹⁸Mm 2957.   **Cp 42**   ¹Mm 117.   ²Mm 2967.   ³Mm 2968.   ⁴Mp sub loco.   ⁵Mm 190.   ⁶Mm 2969.   ⁷Mm 2958 et Mm 3937.   ⁸Mm 1912.   ⁹Mm 2769.   ¹⁰Mm 3936.

22 ^g 𝔊* + καὶ τὸ εὖρος πηχῶν δύο, ins אַמּוֹת שְׁתַּיִם וְרָחְבּוֹ ‖ ^h 𝔊 καὶ ἡ βάσις αὐτοῦ, l וְאַדְנָיו vel וַאֲדָנוֹ ‖ **24** ^{a—a} cj c 23 ‖ ^b dl cop cf 𝔊 ‖ ^c cj c sq (𝔊 δύο θυρώματα) ‖ **25** ^a prp וְעֲשׂוּיִם ‖ 𝔖(𝔗) wˀbjd = וְעָשׂוּי? cf 18.19 ‖ ^b = עַל׳ ‖ ^{c—c} gl, dl ‖ ^d = עַל ‖ ^e ?; 𝔊 σπουδαῖα, 𝔗 wsqwptˀ, 𝔙 grossiora (ligna) ‖ **26** ^a = עַל ‖ ^b crrp? sed cf עב 25 ‖ **Cp 42,1** ^a > 𝔖, dl (dttg) ‖ **2** ^{a—a} > 𝔊*, dl (dttg) ‖ ^{b—b} l אַמּוֹת מֵאָה אָרְכָּה ‖ ^c l פְּאַת ‖ **3** ^a prb pr אַתִּיקִים cf 𝔊 ‖ ^b = עַל ‖ ^c l מְשֻׁלָּשִׁים cf 𝔖𝔗𝔙 ‖ **4** ^{a—a} > 𝔊*𝔖 ‖ ^{b—b} 𝔊 (𝔖) ἐπὶ πήχεις ἑκατὸν τὸ μῆκος, l 𝔐 ‖ ^c prb l וְגָדֵר ‖ ^d nonn Mss Edd הֵן— ‖ **5** ^a Q^{nonn Mss} יאכ׳, nonn Mss יוכ׳, Ms Ed יכ׳; prb l יִכְלוּ ‖ ^b sic L, mlt Mss Edd נָה— ‖ ^c exc nonn vb ‖ **6** ^a prp נאצר ‖ **7** ^a = עַל ‖ **8** ^a 𝔊 τὸ πᾶν, l הַכֹּ(וֹ)ל ‖ **9** ^{a—a} l c 𝔙 nonn Mss ut Q ‖ ^b l c K הַמָּבוֹא cf 𝔗𝔙 ‖ **10** ^{a—a} cj c 9 ‖ ^b prb l בְּרֹאשׁ cf 𝔊 ‖ ^c l הַדָּרוֹם cf 𝔊 ‖ ^d = עַל ‖ ^e וְעַל.

דֶּ֫רֶךְ הַצָּפ֔וֹן כְּאָרְכָּ֖ן [a]כֵּ֣ן רָחְבָּ֑ן[a] [b]וְכֹל֙ מוֹצָ֣אֵיהֶ֔ן[b] וּכְמִשְׁפְּטֵיהֶ֖ן ו . ל . ל . ל . ל[11]
12 וּכְפִתְחֵיהֶֽן׃ 12 וּכְפִתְחֵ֣י[a] הַלְּשָׁכ֗וֹת אֲשֶׁר֙ דֶּ֣רֶךְ הַדָּר֔וֹם פֶּ֖תַח בְּרֹ֣אשׁ ל[11] . ל . ל[12] . לה[13]
ס כו[15] דֶּ֑רֶךְ[b] דֶּ֗רֶךְ בִּפְנֵי֙ [c]הַגְּדֶ֣רֶת הֲגִינָ֔ה[c] דֶּ֥רֶךְ הַקָּדִ֖ים בְּבוֹאָֽן[d]׃ 13 וַיֹּ֣אמֶר ל . ל . ב חד מל וחד חס[14]
אֵלַ֗י לִשְׁכ֨וֹת הַצָּפ֜וֹן לִשְׁכ֣וֹת[a] הַדָּר֗וֹם אֲשֶׁ֣ר אֶל־פְּנֵ֣י הַגִּזְרָה֒ הֵ֣נָּה ׀ ה[16]
לִשְׁכ֣וֹת הַקֹּ֔דֶשׁ אֲשֶׁ֧ר יֹאכְלוּ־שָׁ֛ם הַכֹּהֲנִ֛ים[c] אֲשֶׁר־קְרוֹבִ֥ים[d] לַֽיהוָ֖ה קָדְשֵׁ֣י ה מל
הַקֳּדָשִׁ֑ים שָׁ֣ם[e] יַנִּ֣יחוּ ׀ קָדְשֵׁ֣י הַקֳּדָשִׁ֗ים[e] וְהַמִּנְחָה֙ וְהַחַטָּ֣את וְהָאָשָׁ֔ם כִּ֥י ל
14 הַמָּק֖וֹם קָדֹֽשׁ׃ 14 [a]בְּבֹאָ֣ם הַכֹּהֲנִ֗ים[a] וְלֹֽא־יֵצְא֨וּ מֵהַקֹּ֜דֶשׁ אֶל־הֶחָצֵ֣ר יג חס[17] . ג חס[18] . יד[19]
הַחִיצוֹנָ֗ה וְשָׁ֞ם יַנִּ֤יחוּ בִגְדֵיהֶם֙ אֲשֶׁר־יְשָׁרְת֣וּ בָהֵ֔ן כִּי־קֹ֖דֶשׁ הֵ֑נָּה יִלְבְּשׁ֞וּ[b] ל . ג[20] . ולבשו ק חד מן ג ב מנה בליש
15 בְּגָדִ֣ים אֲחֵרִ֔ים וְקָרְב֖וּ אֶל־אֲשֶׁ֥ר לָעָֽם׃ 15 וְכִלָּ֗ה אֶת־מִדּוֹת֙ ה[21] . ו[22]
הַבַּ֣יִת הַפְּנִימִ֔י וְהוֹצִיאַ֙נִי֙ דֶּ֣רֶךְ הַשַּׁ֔עַר אֲשֶׁ֥ר פָּנָ֖יו דֶּ֣רֶךְ הַקָּדִ֑ים וּמְדָד֖וֹ ל . ל
16 סָבִ֥יב ׀ סָבִֽיב׃ 16 מָדַ֛ד ר֥וּחַ הַקָּדִ֖ים [a]בִּקְנֵ֣ה הַמִּדָּ֑ה[a] חֲמֵשׁ־אמֹ֥ות[b] קָנִ֛ים[c] ג[23] . מאות ק
17 בִּקְנֵ֥ה הַמִּדָּ֖ה סָבִֽיב[d]׃ 17 מָדַ֖ד[a] ר֣וּחַ הַצָּפ֑וֹן חֲמֵשׁ־מֵא֥וֹת קָנִ֛ים[b] בִּקְנֵ֥ה
18 הַמִּדָּ֖ה סָבִֽיב[c]׃ 18 [a]אֵ֛ת[b] ר֥וּחַ הַדָּר֖וֹם מָדָ֑ד חֲמֵשׁ־מֵא֥וֹת קָנִ֖ים[c] בִּקְנֵ֥ה
19 הַמִּדָּֽה׃ 19 סָבַ֖ב אֶל־ר֣וּחַ הַיָּ֑ם מָדַ֛ד חֲמֵשׁ־מֵא֥וֹת קָנִ֖ים[a] בִּקְנֵ֥ה הַמִּדָּֽה׃ ל[24]
20 לְאַרְבַּ֨ע רוּח֜וֹת מְדָד֗וֹ ח֤וֹמָה לוֹ֙ סָבִ֣יב ׀ סָבִ֔יב אֹ֚רֶךְ חֲמֵ֣שׁ מֵא֔וֹת ל בטע
וְרֹ֖חַב חֲמֵ֣שׁ מֵא֑וֹת לְהַבְדִּ֕יל בֵּ֥ין הַקֹּ֖דֶשׁ לְחֹֽל׃
43 1 וַיּוֹלִכֵ֖נִי אֶל־הַשָּׁ֑עַר שַׁ֕עַר[a] אֲשֶׁ֥ר פֹּנֶ֖ה[b] דֶּ֥רֶךְ הַקָּדִֽים׃ 2 וְהִנֵּ֗ה ג . ג וחס[1]
כְּבוֹד֙ אֱלֹהֵ֣י יִשְׂרָאֵ֔ל בָּ֖א מִדֶּ֣רֶךְ הַקָּדִ֑ים וְקוֹל֗וֹ כְּקוֹל֙ מַ֣יִם רַבִּ֔ים כח[2] . ל[3]
3 וְהָאָ֖רֶץ הֵאִ֥ירָה מִכְּבֹדֽוֹ׃ 3 [a]וּכְמַרְאֵ֨ה הַמַּרְאֶ֜ה[a] אֲשֶׁ֣ר רָאִ֗יתִי כַּמַּרְאֶ֤ה ל . ג חס . ה[4]
אֲשֶׁר־רָאִ֙יתִי֙ בְּבֹאִ֣י[b] לְשַׁחֵ֣ת אֶת־הָעִ֔יר [c]וּמַרְא֕וֹת כַּמַּרְאֶ֕ה[c] אֲשֶׁ֥ר ל . ה[4]
4 רָאִ֖יתִי אֶל־נְהַר־כְּבָ֑ר וָאֶפֹּ֖ל אֶל[d]־פָּנָֽי׃ 4 וּכְב֥וֹד יְהוָ֖ה בָּ֣א אֶל־ ג[5] . ב[6]

[11] Mm 2971. [12] Mm 2961. [13] Mm 2840. [14] Mm 223. [15] Mp sub loco. [16] Mm 651. [17] Mm 783. [18] Mm 2970. [19] Mm 98. [20] Mm 1701. [21] Mm 602. [22] Mm 1385. [23] Mm 2845. [24] Mm 1561. **Cp 43** [1] Mm 1326. [2] Mm 2364. [3] Mm 2772. [4] Mm 883. [5] Mm 2713. [6] Mm 2976.

11 [a–a] 𝔊 *καὶ κατὰ τὸ εὖρος αὐτῶν*, l וּכְרָחְבָּן ‖ [b–b] prb l וּכְמוֹצָאֵיהֶן cf 𝔊 ‖ **12** [a] prb l וּמִתַּחַת cf 9 ‖ [b] dl (dttg) cf 𝔊 ‖ [c–c] prb l גדרת הגינה ‖ [d] l בְּבֹאוֹ cf 9 ‖ **13** [a] 𝔊𝔖𝔙 pr cop, l וְל׳ ‖ [b] = עַל ‖ [c] 𝔊 + *οἱ υἱοὶ Σαδδουκ* cf 40,46 44,15 ‖ [d] 40,46 קְרֵבִים ‖ [e–e] > pc Mss ‖ **14** [a–a] exc nonn vb? prp שָׁמָּה יָבֹאוּ הכ׳ al בְּצֵאתָם הכ׳ ‖ [b] ℭ mlt Mss ut Q cf Vrs et 44,19 ‖ **16** [a–a] > 𝔊 et 17.18.19, dl ‖ [b] mlt Mss Vrs ut Q cf 17.18.19 ‖ [c] > 𝔊 (it 17.18.19), dl ‖ [d] 𝔊 *καὶ ἐπέστρεψε*, l סָבַב (cf 19) et cj c sq ‖ **17** [a] prp וּמדד, sed frt ins אֶל et tr מדד ante חמש cf 18.19 ‖ [b] cf 16[c] ‖ [c] cf 16[d] ‖ **18** [a] Ms 𝔊 tr v post 19, sed l 𝔐 ‖ [b] 𝔊 *πρός*, l אֶל cf 19 ‖ [c] cf 16[c] ‖ **19** [a] cf 16[c] ‖ **Cp 43,1** [a] > 𝔊𝔖𝔙, dl (dttg) ‖ [b] prp פָּנָיו cf 4 ‖ **3** [a–a] 𝔊 *καὶ ἡ ὅρασις*, l וְהַמַּרְאֶה ‖ [b] l c pc Mss θ′𝔙 בְּבֹאוֹ ‖ [c–c] prp וְכַמַּרְאֶה cf 𝔖 ‖ [d] = עַל.

5 הַבַּיִת דֶּרֶךְ שַׁעַר[a] אֲשֶׁר פָּנָיו דֶּרֶךְ הַקָּדִים׃ 5 וַתִּשָּׂאֵנִי רוּחַ וַתְּבִאֵנִי — ב[7]
6 אֶל־הֶחָצֵר הַפְּנִימִי וְהִנֵּה מָלֵא כְבוֹד־יְהוָה הַבָּיִת׃ 6 וָאֶשְׁמַע מִדַּבֵּר[a] — ח[8]
7 אֵלַי מֵהַבָּיִת וְאִישׁ[b] הָיָה עֹמֵד אֶצְלִי׃ 7 וַיֹּאמֶר אֵלַי בֶּן־אָדָם אֶת־[a] — ל
מְקוֹם כִּסְאִי וְאֶת־מְקוֹם כַּפּוֹת רַגְלַי אֲשֶׁר[b] אֶשְׁכָּן־שָׁם[b] בְּתוֹךְ בְּנֵי־[c] — ל. יח[9] ט מנה בסיפ
יִשְׂרָאֵל לְעוֹלָם וְלֹא יְטַמְּאוּ עוֹד בֵּית־יִשְׂרָאֵל שֵׁם קָדְשִׁי הֵמָּה — ב
8 וּמַלְכֵיהֶם בִּזְנוּתָם וּבְפִגְרֵי מַלְכֵיהֶם בָּמוֹתָם[d]׃ 8 בְּתִתָּם סִפָּם אֶת־סִפִּי — ל. ל. ל
וּמְזוּזָתָם אֵצֶל מְזוּזָתִי וְהַקִּיר בֵּינִי וּבֵינֵיהֶם וְטִמְּאוּ ׀ אֶת־שֵׁם קָדְשִׁי — ל[10]
9 בְּתוֹעֲבוֹתָם אֲשֶׁר עָשׂוּ וָאֲכַל אֹתָם בְּאַפִּי׃ 9 עַתָּה[a] יְרַחֲקוּ אֶת־זְנוּתָם — ה ב מנה מל. כה חס בסיפ. כה ר״פ[11]
וּפִגְרֵי מַלְכֵיהֶם מִמֶּנִּי וְשָׁכַנְתִּי בְתוֹכָם לְעוֹלָם׃ ס — נז וכל תלים דכות ב מ יא
10 אַתָּה[a] בֶן־אָדָם הַגֵּד אֶת־בֵּית־יִשְׂרָאֵל אֶת־הַבַּיִת וְיִכָּלְמוּ — יא ר״פ ד מנה בנביא. ל בסיפ[7]
11 מֵעֲוֺנוֹתֵיהֶם וּמָדְדוּ אֶת־תָּכְנִית[b]׃ 11 וְאִם־[a]נִכְלְמוּ[a] מִכֹּל אֲשֶׁר־עָשׂוּ — ב מל[12]. ב[13]. ב. ל
צוּרַת הַבַּיִת וּתְכוּנָתוֹ וּמוֹצָאָיו וּמוֹבָאָיו[b] וְכָל־צוּרֹתָו[c] וְאֵת כָּל־חֻקֹּתָיו — צורתיו[14] ק. ל. ב בליש[7]
[d]וְכָל־צוּרֹתָו וְכָל־תּוֹרֹתָו[d] הוֹדַע אוֹתָם וּכְתֹב לְעֵינֵיהֶם וְיִשְׁמְרוּ אֶת־ — צורתיו[7] ק. תורתיו ק חד מן ג[15] בליש. ל
12 כָּל־צוּרָתוֹ[e] וְאֶת־כָּל־חֻקֹּתָיו[f] וְעָשׂוּ אוֹתָם׃ 12 זֹאת תּוֹרַת הַבָּיִת עַל־ — ה[16]
רֹאשׁ הָהָר כָּל־גְּבֻלוֹ סָבִיב ׀ סָבִיב קֹדֶשׁ קָדָשִׁים [a]הִנֵּה־זֹאת תּוֹרַת — ה חס. ה בנ״ך
13 הַבָּיִת[a]׃ 13 וְאֵלֶּה מִדּוֹת הַמִּזְבֵּחַ בָּאַמּוֹת אַמָּה אַמָּה וָטֹפַח[a] וְחֵיק
הָאַמָּה[a] וְאַמָּה־רֹחַב וּגְבוּלָהּ[b] אֶל־[c]שְׂפָתָהּ[c] סָבִיב זֶרֶת הָאֶחָד[d] וְזֶה גַּב[e] — ד בליש[17]. ל
14 הַמִּזְבֵּחַ׃ 14 וּמֵחֵיק[a] הָאָרֶץ עַד־הָעֲזָרָה הַתַּחְתּוֹנָה שְׁתַּיִם אַמּוֹת וְרֹחַב — ל. ב
אַמָּה אֶחָת וּמֵהָעֲזָרָה[b] הַקְּטַנָּה עַד־הָעֲזָרָה הַגְּדוֹלָה אַרְבַּע אַמּוֹת — ל. ב
15 וְרֹחַב הָאַמָּה[c]׃ 15 וְהַהַרְאֵל[a] אַרְבַּע אַמּוֹת וּמֵהָאֲרִאֵיל[b] וּלְמַעְלָה — ל. ומהאריאל[18] ק ל כת כן בליש

[7] Mp sub loco. [8] Mm 615. [9] Mm 953. [10] Mm 2881. [11] Mm 1057. [12] Mm 2655. [13] Dt 21,2. [14] Q addidi, cf Mp sub loco. [15] Mm 499. [16] Mm 1680. [17] Mm 2972. [18] Q addidi, cf Mp sub loco et 43,16.

4 [a] l c pc Mss Vrs הַשַּׁעַר || **6** [a] l מְדַבֵּר cf Vrs et 2,2 || [b] l וְהָאִישׁ cf Vrs || **7** [a] num exc vb regens? 𝔊* pr (𝔊[L] εἰ) ἑόρακας, prb ins הֲרָאִיתָ; al l זֶה ac postea וְזֶה cf 𝔗 || [b–b] 𝔊 ἐν οἷς κατασκηνώσει τὸ ὄνομά μου, prp אֲשַׁכֵּן שְׁמִי שָׁם, sed cf 9 || [c] 𝔊 οἴκου = בֵּית cf 2,3[a] || [d] l c nonn Mss θ′𝔗[Ed] בְּמ׳ || **9** [a] frt l c pc Mss 𝔊𝔙 וְע׳ || **10** [a] prb l c 𝔈 mlt Mss 𝔊𝔖𝔙 וְא׳ || [b] 𝔙 fabricam 𝔗 ṭqwsjh hic et 11, prb l תְּכֻנָתוֹ || **11** [a–a] 𝔊(𝔙) καὶ αὐτοὶ λήμψονται τὴν κόλασιν αὐτῶν, prb l וְהֵם יִכָּלְמוּ || [b] l c pc Mss וּמְבוֹאָיו || [c] prb l תּוֹרֹתָו cf [d–d] || [d–d] dl cf 𝔊*; dl corrigens וכל־צורתו 1° || [e] 𝔊 τὰ δικαιώματά μου, l תּוֹרֹתַי || [f] 𝔊 τὰ προστάγματά μου, l חקתַי || **12** [a–a] > 𝔊*𝔖, dl || **13** [a] l אמה et frt וחיקָהּ (cf 𝔙) vel potius והַחיק (cf 17b) || [b] l וגבולָהּ; 𝔊 sol γεῖσος cf 𝔖 || [c–c] l עַל־שְׂפתָהּ || [d] > 𝔊*𝔖; l אַחַת || [e] 𝔊* τὸ ὕψος, prb l גָּבְהָהּ et cj bγ c 14 || **14** [a] 𝔊 om cop, l מחיק || [b] sic L, mlt Mss Edd וּמֵהָ׳ || [c] prb l c Ms 𝔊𝔖 אמה || **15** [a] l וְהָאֲרִאֵל cf 𝔊𝔖𝔙 || [b] 𝔈 mlt Mss –ריאל.

16 הַקְּרָנ֥וֹת אַרְבַּֽע׃c 16 וְהָאֲרִאֵ֗ילa שְׁתֵּ֤ים עֶשְׂרֵה֙ אֹ֔רֶךְ בִּשְׁתֵּ֥ים עֶשְׂרֵ֖ה — והאריאל ק
17 רֹ֑חַב רָב֕וּעַ אֶ֖לb אַרְבַּ֥עַת רְבָעָֽיו׃ 17 וְהָעֲזָרָ֗הa אַרְבַּ֨ע עֶשְׂרֵ֤ה אֹ֙רֶךְ֙ — ד. ל
בְּאַרְבַּ֣ע עֶשְׂרֵה֮ רֹ֔חַב אֶ֖לb אַרְבַּ֣עַת רְבָעֶ֑יהָc וְהַגְּב֨וּלd סָבִ֜יב אוֹתָ֗הּe — ה. ד. ל
חֲצִ֣י הָאַמָּ֔ה וְהַחֵיק־לָ֤הּf אַמָּה֙ סָבִ֔יב וּמַעֲלֹתֵ֖הוּ פְּנ֥וֹתg קָדִֽים׃ — ל. ב
18 וַיֹּ֣אמֶר אֵלַ֗י בֶּן־אָדָם֙ כֹּ֤ה אָמַר֙ אֲדֹנָ֣יa יְהוִ֔הb אֵ֚לֶּה חֻקּ֣וֹת הַמִּזְבֵּ֔חַ — ט
19 בְּי֖וֹם הֵעָשׂוֹת֑וֹ לְהַעֲל֤וֹת עָלָיו֙ עוֹלָ֔ה וְלִזְרֹ֥ק עָלָ֖יו דָּֽם׃ 19 וְנָתַתָּ֣ה אֶל־ — ל מל[19]. ל
הַכֹּהֲנִ֣ים הַלְוִיִּ֡ם אֲשֶׁ֣ר הֵם֩ מִזֶּ֨רַע צָד֜וֹק הַקְּרֹבִ֧יםa אֵלַ֛י נְאֻ֖ם אֲדֹנָ֣יb יְהוִ֑ה — יג[20]
20 לְשָׁרְתֵ֑נִי פַּ֥ר בֶּן־בָּקָ֖ר לְחַטָּֽאת׃ 20 וְלָקַחְתָּ֣a מִדָּמ֗וֹ וְנָתַתָּ֞הa עַל־ — יד פסוק על אל אל[21]. ב בסיפ[22]
אַרְבַּ֤ע קַרְנֹתָיו֙ וְאֶל־b אַרְבַּע֙ פִּנּ֣וֹת הָעֲזָרָ֔ה וְאֶל־הַגְּב֖וּל סָבִ֑יב וְחִטֵּאתָ֥a — ג[23]
21 אוֹת֖וֹ וְכִפַּרְתָּֽהוּ׃a 21 וְלָקַחְתָּ֕a אֵ֖ת הַפָּ֣רb הַחַטָּ֑את וּשְׂרָפוֹ֙c בְּמִפְקַ֣ד — כד מל ב מנה בסיפ
22 הַבַּ֔יִת מִח֖וּץ לַמִּקְדָּֽשׁ׃ 22 וּבַיּוֹם֙ הַשֵּׁנִ֔י תַּקְרִ֛יבa שְׂעִיר־עִזִּ֥ים תָּמִ֖ים — ג דגש[24]
23 לְחַטָּ֑את וְחִטְּאוּ֙ אֶת־הַמִּזְבֵּ֔חַ כַּאֲשֶׁ֥ר חִטְּא֖וּ בַּפָּֽר׃ 23 בְּכַלּוֹתְךָ֖ מֵֽחַטֵּ֑א — ל. ל. ל
24 תַּקְרִיב֙ פַּ֣ר בֶּן־בָּקָ֔ר תָּמִ֕ים וְאַ֥יִל מִן־הַצֹּ֖אן תָּמִֽים׃ 24 וְהִקְרַבְתָּ֖ם — ל
לִפְנֵ֣י יְהוָ֑ה וְהִשְׁלִ֨יכוּ הַכֹּהֲנִ֤ים עֲלֵיהֶם֙ מֶ֔לַח וְהֶעֱל֥וּ אוֹתָ֛ם עֹלָ֖ה לַיהוָֽה׃ — ה חס בסיפ
25 שִׁבְעַ֣ת יָמִ֔ים תַּעֲשֶׂ֥ה שְׂעִיר־חַטָּ֖את לַיּ֑וֹם וּפַ֧ר בֶּן־בָּקָ֛ר וְאַ֥יִל מִן־ — כ[25]. ב[26]
26 הַצֹּ֖אן תְּמִימִ֥ים יַעֲשֽׂוּ׃ 26 aשִׁבְעַ֣ת יָמִ֔יםa יְכַפְּרוּ֙b אֶת־הַמִּזְבֵּ֔חַ וְטִהֲר֖וּ
סֹ כז[19] אֹת֑וֹ וּמִלְא֖וּ יָדָֽו׃ 27 aוִיכַלּ֖וּ אֶת־הַיָּמִ֑יםa ס וְהָיָה֩ בַיּ֨וֹם הַשְּׁמִינִ֜י — ד. ידיו ק חד מן ה כת חס בליש. ל[27]
וָהָלְאָה֒ יַעֲשׂ֨וּ הַכֹּהֲנִ֤ים עַל־הַמִּזְבֵּ֙חַ֙ אֶת־עוֹלֽוֹתֵיכֶם֙ וְאֶת־שַׁלְמֵיכֶ֔ם — ל מל
וְרָצֵ֣אתִי אֶתְכֶ֔ם נְאֻ֖ם אֲדֹנָ֥יb יְהוִֽה׃ ס — מח[28] כת א לא קר ול בליש

44 1 וַיָּ֣שֶׁב אֹתִ֗י דֶּ֣רֶךְ שַׁ֤עַר הַמִּקְדָּשׁ֙ הַחִיצ֔וֹן הַפֹּנֶ֖ה קָדִ֑ים וְה֖וּא — כה. ד בליש[1]
2 סָגֽוּר׃ 2 וַיֹּ֨אמֶר אֵלַ֜י יְהוָ֗הa הַשַּׁ֨עַר הַזֶּ֜ה סָג֣וּר יִהְיֶ֗ה לֹ֣א יִפָּתֵ֔חַ וְאִישׁ֙ — ה וכל זהב סגור דכות[2]. ד[3]. ה וכל זהב סגור דכות[2]. ה[4]

[19] Mp sub loco. [20] Mm 1188. [21] Mm 4093. [22] Ez 7,2. [23] Mm 2973. [24] Mm 4143. [25] Mm 875. [26] Mm 2974. [27] Mm 1359. [28] Mm 898. **Cp 44** [1] Mm 1903. [2] Mm 3563. [3] Mm 2280. [4] Mm 2975.

15 c–c l vel הַקְּ׳ אַמָּה cf 𝔊 vel קַרְנוֹת אַרְ׳ || **16** a Q ut 15b, 𝔆 ־ראל cf 15a || b = עַל || **17** a prb ins הַגְּדוֹלָה cf c et 14 || b = עַל || c prb ins (הַתַּחְתּוֹנָה vel) וְהָעֲזָרָה הַקְּטַנָּה שֵׁשׁ עֶשְׂרֵה אֹרֶךְ בְּשֵׁשׁ עֶשְׂרֵה רֹחַב אֶל (=עַל) אַרְבַּעַת רְבָעֶיהָ || d sic L, mlt Mss Edd ־בוּל || e–e prb l סְבִיבוֹתָיו || f prb l לָהּ || g l c Mss Vrs פִּנּוֹת || **18** a > 2 Mss 𝔊*, add || b 𝔊* + ὁ θεὸς Ισραηλ || **19** a cf 42,13d || b > Ms 𝔊*, add || **20** a 𝔊 3 pl (it 21.22), sed l 𝔐 cf 𝔊 19.23.24.25 || b = וְעַל || **21** a cf 20a || b frt l c pc Mss פַּר; an add החטאת (> Ms)? || c frt l וּשְׂרָפוּהוּ || **22** a cf 20a || **26** a–a cj c 25 || b l c 𝔆 K^Or mlt Mss 𝔊𝔖 וְכִפְּרוּ || c 𝔆 mlt Mss ut Q, l c K 𝔙 ידו cf 𝔗 || **27** a–a > 𝔊* || b > 𝔊*, add || **Cp 44,2** a > 𝔊^239, dl (gl).

3 לֹא־יָבֹא בוֹ כִּי יְהוָה אֱלֹהֵי־יִשְׂרָאֵל בָּא בוֹ וְהָיָה סָגוּר׃ 3 אֶת[a]־הַנָּשִׂיא
נָשִׂיא[b] הוּא יֵשֶׁב־בּוֹ לֶאֱכוֹל־לֶחֶם לִפְנֵי יְהוָה מִדֶּרֶךְ אֻלָם הַשַּׁעַר
יָבוֹא וּמִדַּרְכּוֹ יֵצֵא׃
4 4 וַיְבִיאֵנִי דֶּרֶךְ־שַׁעַר הַצָּפוֹן אֶל[a]־פְּנֵי הַבַּיִת וָאֵרֶא וְהִנֵּה מָלֵא
5 כְבוֹד־יְהוָה אֶת־בֵּית יְהוָה וָאֶפֹּל אֶל־פָּנָי׃ 5 וַיֹּאמֶר אֵלַי יְהוָה[a] בֶּן־
אָדָם שִׂים לִבְּךָ וּרְאֵה בְעֵינֶיךָ וּבְאָזְנֶיךָ שְּׁמָע אֵת כָּל־אֲשֶׁר אֲנִי מְדַבֵּר
אֹתָךְ לְכָל־חֻקּוֹת בֵּית־יְהוָה וּלְכָל־תּוֹרֹתָו וְשַׂמְתָּ לִבְּךָ[b] לִמְבוֹא הַבַּיִת
6 בְּכֹל מוֹצָאֵי[b] הַמִּקְדָּשׁ׃ 6 וְאָמַרְתָּ אֶל־מֶרִי[a] אֶל־בֵּית יִשְׂרָאֵל כֹּה אָמַר
7 אֲדֹנָי[b] יְהוִה רַב־לָכֶם מִכָּל־תּוֹעֲבוֹתֵיכֶם בֵּית יִשְׂרָאֵל׃ 7 בַּהֲבִיאֲכֶם
בְּנֵי־נֵכָר עַרְלֵי־לֵב וְעַרְלֵי בָשָׂר לִהְיוֹת בְּמִקְדָּשִׁי לְחַלְּלוֹ[a] אֶת־בֵּיתִי[a]
בְּהַקְרִיבְכֶם אֶת־לַחְמִי חֵלֶב וָדָם וַיָּפֵרוּ[b] אֶת־בְּרִיתִי [c]אֶל כָּל־[c]
8 תּוֹעֲבוֹתֵיכֶם׃ 8 [a]וְלֹא שְׁמַרְתֶּם מִשְׁמֶרֶת קָדָשָׁי[a] וַתְּשִׂימוּן[b] לְשֹׁמְרֵי
9 מִשְׁמַרְתִּי בְּמִקְדָּשִׁי לָכֶם[c]׃ 9 כֹּה־אָמַר אֲדֹנָי[a] יְהוִה כָּל־בֶּן־נֵכָר עֶרֶל
לֵב וְעֶרֶל בָּשָׂר לֹא יָבוֹא אֶל־מִקְדָּשִׁי לְכָל־בֶּן־נֵכָר אֲשֶׁר בְּתוֹךְ בְּנֵי[b]
10 יִשְׂרָאֵל׃ 10 כִּי אִם־הַלְוִיִּם אֲשֶׁר רָחֲקוּ מֵעָלַי בִּתְעוֹת יִשְׂרָאֵל[a] אֲשֶׁר
11 תָּעוּ[a] מֵעָלַי אַחֲרֵי גִּלּוּלֵיהֶם וְנָשְׂאוּ עֲוֺנָם׃ 11 וְהָיוּ בְּמִקְדָּשִׁי מְשָׁרְתִים
פְּקֻדּוֹת אֶל[a]־שַׁעֲרֵי הַבַּיִת וּמְשָׁרְתִים אֶת־הַבָּיִת הֵמָּה יִשְׁחֲטוּ אֶת־
12 הָעֹלָה וְאֶת־הַזֶּבַח לָעָם וְהֵמָּה יַעַמְדוּ לִפְנֵיהֶם לְשָׁרְתָם׃ 12 יַעַן אֲשֶׁר
יְשָׁרְתוּ[a] אוֹתָם לִפְנֵי גִלּוּלֵיהֶם וְהָיוּ[b] לְבֵית־יִשְׂרָאֵל לְמִכְשׁוֹל עָוֺן עַל־
13 כֵּן נָשָׂאתִי יָדִי עֲלֵיהֶם נְאֻם אֲדֹנָי[c] יְהוִה [d]וְנָשְׂאוּ עֲוֺנָם[d]׃ 13 וְלֹא־יִגְּשׁוּ
אֵלַי לְכַהֵן לִי וְלָגֶשֶׁת עַל[a]־כָּל־קָדָשַׁי אֶל[b]־קָדְשֵׁי הַקְּדָשִׁים וְנָשְׂאוּ
14 כְּלִמָּתָם וְתוֹעֲבוֹתָם אֲשֶׁר עָשׂוּ׃ 14 וְנָתַתִּי אוֹתָם שֹׁמְרֵי מִשְׁמֶרֶת הַבָּיִת

ל חס בסיפ . ד ג מנה בנביא . ה וכל זהב סגור דכות[5]
ה בסיפ . לאכל ק חד מן יג[6] מל ול בליש
ה בסיפ
ב[7] . ד[8]
כד . סו . ג[9] . ג
ט . תורתיו ק חד מן ג[10] בליש
ד[11]
ה בטע[12]
ב ומל[13]
ל[14]
ד בטע ר"פ בסיפ . ל
ל . יח[15] ט מנה בסיפ
ל
י
ד[16]
יט . ה חס את[17] . ל . י
ל . י
ה ב מנה בליש

[5]Mm 3563. [6]Mm 1640, Q addidi, cf Mp sub loco. [7]Mm 2976. [8]Mm 2280. [9]Mm 1672. [10]Mm 499. [11]Mm 1611. [12]Mm 796. [13]Mm 2977. [14]Mm 2697. [15]Mm 953. [16]Mm 2717. [17]Mm 1830.

3 [a] frt l אַךְ ‖ [b] > 𝔊*𝔖, dl ‖ **4** [a] = עַל ‖ **5** [a] dl, gl ‖ [b–b] prb l לִמְבוֹאֵי הַבַּיִת וּלְמוֹצָאֵי cf 𝔖𝔗 ‖ **6** [a] 𝔊 *πρὸς τὸν οἶκον τὸν παραπικραίνοντα*, l אֶל בֵּית הַמֶּרִי ‖ [b] > Ms 𝔊*, add ‖ **7** [a–a] > 𝔊*, dl (gl) ‖ [b] 𝔊𝔖𝔙 2 pl, prb l וַתָּפֵרוּ ‖ [c–c] 𝔊(𝔖𝔙) *ἐν πάσαις* = בְּכָל, frt l עַל כָּל ‖ **8** [a–a] > 𝔊*, add ‖ [b] l ‑מוּם ‖ [c] 𝔊 *διὰ τοῦτο*, l לָכֵן et cj c 9 ‖ **9** [a] > 𝔊*, add ‖ [b] 𝔊 *οἴκου* = בֵּית cf 2,3[a] ‖ **10** [a–a] > 𝔊*𝔖, prb dl ‖ **11** [a] = עַל ‖ **12** [a] l שֵׁרְתוּ cf 𝔊𝔖 ‖ [b] 𝔊-L *καὶ ἐγένετο* = וַיְהִי; l וַיִּהְיוּ? an aγ add? ‖ [c] > 𝔊*, add ‖ [d–d] > 𝔊*, add? ‖ **13** [a] = אֶל? cf pc Mss 𝔊 ‖ [b] 𝔊 pr *οὐδέ*, l וְאַל; an aγ add?

15 לְכֹל֙ עֲבֹדָת֔וֹ וּלְכֹל אֲשֶׁר יֵעָשֶׂה בּֽוֹ׃ פ 15 וְהַכֹּהֲנִים הַלְוִיִּם בְּנֵי ג[18] . ל[19] . ג[20]
צָדוֹק אֲשֶׁר שָׁמְרוּ אֶת־מִשְׁמֶרֶת מִקְדָּשִׁי בִּתְעוֹת בְּנֵי־[a]יִשְׂרָאֵל מֵעָלַי יח[21] ט מנה בסיפ
הֵמָּה יִקְרְבוּ אֵלַי לְשָׁרְתֵנִי וְעָמְדוּ לְפָנַי לְהַקְרִיב לִי חֵלֶב וָדָם נְאֻם
16 אֲדֹנָי[b] יְהוִה׃ 16 הֵמָּה יָבֹאוּ אֶל־מִקְדָּשִׁי וְהֵמָּה יִקְרְבוּ אֶל־שֻׁלְחָנִי יט ר״פ[22]
17 לְשָׁרְתֵנִי וְשָׁמְרוּ אֶת־מִשְׁמַרְתִּי׃ 17 וְהָיָה בְּבוֹאָם אֶל־שַׁעֲרֵי הֶחָצֵר
הַפְּנִימִית בִּגְדֵי פִשְׁתִּים יִלְבָּשׁוּ וְלֹא־יַעֲלֶה עֲלֵיהֶם צֶמֶר בְּשָׁרְתָם ג[23]
18 בְּשַׁעֲרֵי הֶחָצֵר הַפְּנִימִית וָבָיְתָה[a]׃ 18 פַּאֲרֵי פִשְׁתִּים יִהְיוּ עַל־רֹאשָׁם ב[24] . ב[25]
19 וּמִכְנְסֵי פִשְׁתִּים יִהְיוּ עַל־מָתְנֵיהֶם לֹא[a] יַחְגְּרוּ בַּיָּזַע׃ 19 וּבְצֵאתָם אֶל־ ל
הֶחָצֵר הַחִיצוֹנָה [a]אֶל־הֶחָצֵר הַחִיצוֹנָה[a] אֶל־הָעָם יִפְשְׁטוּ אֶת־בִּגְדֵיהֶם
אֲשֶׁר־הֵמָּה מְשָׁרְתִם בָּם וְהִנִּיחוּ אוֹתָם בְּלִשְׁכֹת הַקֹּדֶשׁ וְלָבְשׁוּ בְּגָדִים ל חס[26] . ג . ד[27] ב[28] מנה בליש . ג חס בליש[29] . ג ב מנה בליש
20 אֲחֵרִים וְלֹא־יְקַדְּשׁוּ אֶת־הָעָם בְּבִגְדֵיהֶם׃ 20 וְרֹאשָׁם לֹא יְגַלֵּחוּ וּפֶרַע ל
21 לֹא יְשַׁלֵּחוּ כָּסוֹם יִכְסְמוּ אֶת־רָאשֵׁיהֶם׃ 21 וְיַיִן לֹא־יִשְׁתּוּ כָּל־כֹּהֵן ל . ל . ג[30]
22 בְּבוֹאָם אֶל־הֶחָצֵר הַפְּנִימִית׃ 22 וְאַלְמָנָה וּגְרוּשָׁה לֹא־יִקְחוּ לָהֶם ל[31]
לְנָשִׁים כִּי אִם־בְּתוּלֹת מִזֶּרַע בֵּית[a] יִשְׂרָאֵל וְהָאַלְמָנָה אֲשֶׁר תִּהְיֶה יד . ב . ל בסיפ
23 אַלְמָנָה מִכֹּהֵן יִקָּחוּ׃ 23 וְאֶת־עַמִּי יוֹרוּ בֵּין קֹדֶשׁ לְחֹל וּבֵין־טָמֵא י . ד[32]
24 לְטָהוֹר יוֹדִעֻם׃ 24 וְעַל־רִיב[a] הֵמָּה יַעַמְדוּ לִשְׁפֹּט[b] בְּמִשְׁפָּטַי וּשְׁפָטֻהוּ[c] ב . ל וחס . למשפט ק חד מן ז[33] חס מ בליש . ישפטהו[26] ק
וְאֶת־תּוֹרֹתַי וְאֶת־חֻקֹּתַי בְּכָל־מוֹעֲדַי יִשְׁמֹרוּ וְאֶת־שַׁבְּתוֹתַי יְקַדֵּשׁוּ׃ ה[34] . ט[35] חס וכל אורית דכות ב מ א
25 וְאֶל־מֵת אָדָם לֹא יָבוֹא[a] לְטָמְאָה כִּי אִם־לְאָב וּלְאֵם וּלְבֵן וּלְבַת ל
26 לְאָח[b] וּלְאָחוֹת אֲשֶׁר־לֹא־הָיְתָה לְאִישׁ יִטַּמָּאוּ[c]׃ 26 וְאַחֲרֵי טָהֳרָתוֹ ל . ל[36] . ב
27 שִׁבְעַת יָמִים יִסְפְּרוּ־[a]לוֹ׃ 27 וּבְיוֹם בֹּאוֹ [a]אֶל־הַקֹּדֶשׁ[a] אֶל־הֶחָצֵר ל
הַפְּנִימִית לְשָׁרֵת בַּקֹּדֶשׁ יַקְרִיב חַטָּאתוֹ נְאֻם אֲדֹנָי[b] יְהוִה׃
28 [a]וְהָיְתָה לָהֶם לְנַחֲלָה[a] אֲנִי נַחֲלָתָם וַאֲחֻזָּה לֹא־תִתְּנוּ לָהֶם בְּיִשְׂרָאֵל ה[37]
29 אֲנִי אֲחֻזָּתָם׃ 29 הַמִּנְחָה וְהַחַטָּאת וְהָאָשָׁם הֵמָּה יֹאכְלוּם וְכָל־חֵרֶם ל . ל

[18] Mm 2698. [19] Mm 210. [20] Mm 1199. [21] Mm 953. [22] Mm 1497. [23] Mm 1217. [24] Mm 1731. [25] Ex 39,28. [26] Mp sub loco. [27] Mm 1559. [28] Mm 2978. [29] Mm 4053. [30] Mm 2897. [31] Mm 1853. [32] Mm 2979. [33] Mm 1646. [34] Mm 2786. [35] Mm 1902. [36] Mm 2576. [37] Mm 943.

15 [a] 𝔊 *οἴκου* = בֵּית cf 2,3[a] ‖ [b] > 𝔊*, add ‖ **17** [a] > 𝔊* ‖ **18** [a] mlt Mss וְלֹא cf 𝔊𝔗𝔙 ‖ **19** [a–a] > nonn Mss 𝔊𝔖𝔙, dl (dttg) ‖ **22** [a] > 2 Mss 𝔊𝔖 ‖ **24** [a] 𝔊 + *αἵματος* ‖ [b] l c K 𝔊 לִשְׁפֹּט ‖ [c] l c mlt Mss 𝔊𝔖𝔗 ut Q ‖ **25** [a] 𝔊𝔖𝔙 pl ‖ [b] mlt Mss 𝔊𝔖𝔙 ול' ‖ [c] 𝔊 sg ‖ **26** [a] Ms 𝔊𝔖 sg cf Lv 15,13.28 ‖ **27** [a–a] > 𝔊* ‖ [b] > 𝔊*, add ‖ **28** [a–a] crrp? 𝔙 *non erit autem eis hereditas* = וְלֹא תִהְיֶה לָהֶם נַחֲלָה?

30 בְּיִשְׂרָאֵל לָהֶם יִהְיֶה׃ 30 וְרֵאשִׁית ᵃכָּל־בִּכּוּרֵיᵃ כֹּל וְכָל־תְּרוּמַת כֹּל
מִכֹּל תְּרוּמֹתֵיכֶם לַכֹּהֲנִים יִהְיֶה וְרֵאשִׁית עֲרִסוֹתֵיכֶם תִּתְּנוּ לַכֹּהֵן
31 לְהָנִיחַ בְּרָכָה אֶלᵇ־בֵּיתֶךָᶜ׃ 31 כָּל־נְבֵלָה וּטְרֵפָה מִן־הָעוֹף וּמִן־
הַבְּהֵמָה לֹא יֹאכְלוּ הַכֹּהֲנִים׃ פ
45 1 וּבְהַפִּילְכֶם אֶת־הָאָרֶץ בְּנַחֲלָה תָּרִימוּ תְרוּמָה לַיהוָה
קֹדֶשׁ מִן־הָאָרֶץ אֹרֶךְ חֲמִשָּׁה וְעֶשְׂרִים אֶלֶף ᵃאֹרֶךְ וְרֹחַב עֲשָׂרָהᵇ אָלֶף
2 קֹדֶשׁ־הוּא בְכָל־גְּבוּלָהּ סָבִיב׃ 2 יִהְיֶהᵃ מִזֶּה אֶל־הַקֹּדֶשׁ חֲמֵשׁ מֵאוֹת
3 בַּחֲמֵשׁ מֵאוֹת מְרֻבָּע סָבִיב וַחֲמִשִּׁים אַמָּה מִגְרָשׁ לוֹ סָבִיב׃ 3 וּמִן־
הַמִּדָּה הַזֹּאת תָּמוֹדᵃ אֹרֶךְ חֲמִשָּׁהᵇ וְעֶשְׂרִים אֶלֶף וְרֹחַב עֲשֶׂרֶת אֲלָפִים
4 וּבוֹ־יִהְיֶה הַמִּקְדָּשׁ קֹדֶשׁ קֳדָשִׁים׃ 4 ᵃקֹדֶשׁ מִן־הָאָרֶץᵃ הוּא לַכֹּהֲנִים
מְשָׁרְתֵי הַמִּקְדָּשׁ יִהְיֶה הַקְּרֵבִים לְשָׁרֵת אֶת־יְהוָה וְהָיָה לָהֶם מָקוֹם
5 לְבָתִּים וּמִקְדָּשׁᵇ לַמִּקְדָּשׁᶜ׃ 5 וַחֲמִשָּׁה וְעֶשְׂרִים אֶלֶף אֹרֶךְ וַעֲשֶׂרֶת
אֲלָפִים רֹחַב יִהְיֶהᵃ לַלְוִיִּם מְשָׁרְתֵי הַבַּיִת לָהֶם לַאֲחֻזָּה ᵇעֶשְׂרִים
6 לְשָׁכֹתᵇ׃ 6 וַאֲחֻזַּת הָעִיר תִּתְּנוּ חֲמֵשֶׁת אֲלָפִים רֹחַב וְאֹרֶךְ חֲמִשָּׁה
וְעֶשְׂרִים אֶלֶף לְעֻמַּת תְּרוּמַת הַקֹּדֶשׁ לְכָל־בֵּית יִשְׂרָאֵל יִהְיֶה׃
7 וְלַנָּשִׂיא מִזֶּה וּמִזֶּה לִתְרוּמַת הַקֹּדֶשׁ וְלַאֲחֻזַּת הָעִיר אֶלᵃ־פְּנֵי תְרוּמַת־
הַקֹּדֶשׁ וְאֶלᵇ־פְּנֵי אֲחֻזַּת הָעִיר מִפְּאַת־יָם יָמָּה וּמִפְּאַת־קֵדְמָהᶜ קָדִימָה
8 וְאֹרֶךְ לְעֻמּוֹתᵈ אַחַד הַחֲלָקִים מִגְּבוּל יָםᵉ אֶל־גְּבוּל קָדִימָה׃ 8 לָאָרֶץᵃ
יִהְיֶהᵇ־לּוֹ לַאֲחֻזָּה בְּיִשְׂרָאֵל וְלֹא־יוֹנוּ עוֹד נְשִׂיאַיᶜ אֶת־עַמִּי וְהָאָרֶץ
9 יִתְּנוּ לְבֵית־יִשְׂרָאֵל לְשִׁבְטֵיהֶם׃ ס 9 כֹּה־אָמַר אֲדֹנָיᵃ יְהוִה רַב־
לָכֶם נְשִׂיאֵי יִשְׂרָאֵל חָמָס וָשֹׁד הָסִירוּ וּמִשְׁפָּט וּצְדָקָה עֲשׂוּ הָרִימוּ
10 גְרֻשֹׁתֵיכֶם מֵעַל עַמִּי נְאֻם אֲדֹנָיᵃ יְהוִה׃ 10 מֹאזְנֵי־צֶדֶק וְאֵיפַת־צֶדֶק

ו̇[38]. ד̇ פסוק כל כל וכל כל[39]
ב̇. ו̇[38]. ג̇
ל̇
ל̇
ל̇
ל̇. ה̇ ר״פ בנביא[1]
חמשה ק̇
ה̇ בנ״ך
ב̇[2]
ג̇ דגש[3]
והיה ק̇ חד מן ז̇[4] פסוק מן ה̇י̇ מילין ז̇ מכה וז̇ מכה
ג̇ חס בליש[5]. ב̇[6]
ג̇ בעינ[7]. ב̇. ז̇ חס פאת
ל̇. כה̇[8]. ז̇ חס פאת
ל̇
ח̇ בטע בסיפ[9]
ל̇
ל̇

[38] Mm 1157. [39] Mm 2102. Cp 45 [1] Mm 2980. [2] Mm 2964. [3] Mm 4143. [4] Mm 1594. [5] Mm 4053. [6] Mp sub loco. [7] Mm 3936. [8] Mm 187. [9] Mm 2911.

30 ᵃ⁻ᵃ 𝔊 *πάντων καὶ τὰ πρωτότοκα*, frt l כֹּל וּבְכ׳ ‖ ᵇ = עַל ‖ ᶜ 𝔊(𝔖) *(ἐπὶ) τοὺς οἴκους ὑμῶν*, prb l בָּתֵּיכֶם ‖ **Cp 45,1** ᵃ dl vel 1° vel 2° cf 𝔊*𝔖𝔙 ‖ ᵇ 𝔊* *εἴκοσι*, l עֶשְׂרִים ‖ **2** ᵃ prp וְהָיָה cf 𝔊𝔖𝔗ᶠ𝔙 ‖ **3** ᵃ prb l תמדו ‖ ᵇ 𝔆 mlt Mss ut Q ‖ **4** ᵃ⁻ᵃ dl קדשׁ (cf 𝔊*) et cj c 3 ‖ ᵇ prb l וּמִגְרָשׁ cf 𝔊𝔗 ‖ ᶜ prb l לְמִקְנֶה cf Jos 14,4 21,2 ‖ **5** ᵃ l c K יִהְיֶה ‖ ᵇ⁻ᵇ 𝔊 *πόλεις τοῦ κατοικεῖν* = עָרִים לָשָׁבֶת? ‖ **7** ᵃ = עַל ‖ ᵇ = וְעַל ‖ ᶜ prb l קָדִים ‖ ᵈ l c nonn Mss Edd מַּת– ‖ ᵉ 𝔊 *πρὸς θάλασσαν*, l יָמָּה ‖ **8** ᵃ cj c 7 cf 𝔊 ‖ ᵇ 𝔊 *καὶ ἔσται*, l וְהָיָה ‖ ᶜ l c Ms 𝔊 נְשִׂיאֵי יִשְׂרָאֵל ‖ **9** ᵃ > 𝔊*, add.

11 וּבַת־צֶדֶק יְהִי־לָכֶם׃ 11 הָאֵיפָה וְהַבַּת תֹּכֶן אֶחָד יִהְיֶה לָשֵׂאת מַעְשַׂר ל . ל . כד
הַחֹמֶר הַבָּת וַעֲשִׂירִת הַחֹמֶר הָאֵיפָה אֶל־[a]הַחֹמֶר יִהְיֶה מַתְכֻּנְתּוֹ׃ לקמ . ב[10]
12 וְהַשֶּׁקֶל עֶשְׂרִים גֵּרָה עֶשְׂרִים[a] שְׁקָלִים חֲמִשָּׁה וְעֶשְׂרִים[b] שְׁקָלִים
13 עֲשָׂרָה וַחֲמִשָּׁה[c] שֶׁקֶל הַמָּנֶה יִהְיֶה לָכֶם׃ 13 זֹאת הַתְּרוּמָה אֲשֶׁר ל
תָּרִימוּ שִׁשִּׁית הָאֵיפָה מֵחֹמֶר הַחִטִּים וְשִׁשִּׁיתֶם[a] הָאֵיפָה מֵחֹמֶר ל
14 הַשְּׂעֹרִים׃ 14 וְחֹק הַשֶּׁמֶן [a]הַבַּת הַשֶּׁמֶן[a] מַעְשַׂר הַבַּת [b]מִן־הַכֹּר[b] [c]עֲשֶׂרֶת
ס כה הַבַּתִּים חֹמֶר[c] כִּי־עֲשֶׂרֶת הַבַּתִּים חֹמֶר[d]׃ 15 וְשֶׂה־אַחַת מִן־הַצֹּאן מִן־ ל
הַמָּאתַיִם מִמַּשְׁקֵה[a] יִשְׂרָאֵל לְמִנְחָה וּלְעוֹלָה וְלִשְׁלָמִים לְכַפֵּר ב[12] . ל[13] . ב
16 עֲלֵיהֶם[b] נְאֻם אֲדֹנָי[c] יְהוִה׃ 16 כֹּל הָעָם הָאָרֶץ[a] [b]יִהְיוּ אֶל־הַתְּרוּמָה ג ר״פ
17 הַזֹּאת לַנָּשִׂיא בְּיִשְׂרָאֵל׃ 17 וְעַל־הַנָּשִׂיא יִהְיֶה הָעוֹלוֹת[a] וְהַמִּנְחָה ג מל[14]
וְהַנֶּסֶךְ בַּחַגִּים וּבֶחֳדָשִׁים וּבַשַּׁבָּתוֹת בְּכָל־[b]מוֹעֲדֵי בֵּית יִשְׂרָאֵל הוּא־ ל
יַעֲשֶׂה אֶת־הַחַטָּאת וְאֶת־הַמִּנְחָה וְאֶת־הָעוֹלָה וְאֶת־הַשְּׁלָמִים לְכַפֵּר ח[15] . ג[16] . ל
בְּעַד בֵּית־יִשְׂרָאֵל׃ ס
18 כֹּה־אָמַר אֲדֹנָי[a] יְהוִה בָּרִאשׁוֹן בְּאֶחָד לַחֹדֶשׁ תִּקַּח פַּר־בֶּן־ ד בטע ר״פ בסיפ . ח[17]
19 בָּקָר תָּמִים וְחִטֵּאתָ אֶת־הַמִּקְדָּשׁ׃ 19 וְלָקַח הַכֹּהֵן מִדַּם הַחַטָּאת וְנָתַן ג[18]
אֶל[a]־מְזוּזַת[b] הַבַּיִת וְאֶל[c]־אַרְבַּע פִּנּוֹת הָעֲזָרָה לַמִּזְבֵּחַ וְעַל־מְזוּזַת[b] ל
20 שַׁעַר[d] הֶחָצֵר הַפְּנִימִית׃ 20 וְכֵן תַּעֲשֶׂה בְּשִׁבְעָה בַחֹדֶשׁ[a] מֵאִישׁ שֹׁגֶה ח[19] . ל[11]
21 וּמִפֶּתִי וְכִפַּרְתֶּם אֶת־הַבָּיִת׃ 21 בָּרִאשׁוֹן בְּאַרְבָּעָה עָשָׂר יוֹם ח[17]
22 לַחֹדֶשׁ יִהְיֶה לָכֶם הַפָּסַח חָג[a] שְׁבֻעוֹת[b] יָמִים מַצּוֹת יֵאָכֵל׃ 22 וְעָשָׂה ד[20] . ל . ג[21]
23 הַנָּשִׂיא בַּיּוֹם הַהוּא בַּעֲדוֹ וּבְעַד כָּל־עַם הָאָרֶץ פַּר חַטָּאת׃ 23 וְשִׁבְעַת ל
יְמֵי־הֶחָג יַעֲשֶׂה עוֹלָה לַיהוָה שִׁבְעַת פָּרִים וְשִׁבְעַת אֵילִים תְּמִימִם
24 לַיּוֹם שִׁבְעַת הַיָּמִים וְחַטָּאת שְׂעִיר עִזִּים לַיּוֹם׃ 24 וּמִנְחָה אֵיפָה לַפָּר ב[22] . ח[23] . ל[11] . ב[22]

[10] Mm 2981. [11] Mp sub loco. [12] Mm 2982. [13] Mm 3117. [14] Mm 297. [15] Mm 1930. [16] Mm 2983. [17] Mm 2909. [18] Mm 2973. [19] Mm 550. [20] Mm 2477. [21] Mm 994. [22] Mm 875. [23] Mm 4051.

11 [a] = עַל || **12** [a] 𝔊* *πέντε*, l חֲמִשָּׁה || [b] 𝔊* *δέκα*, l וַעֲשָׂרָה || [c] 𝔊* *καὶ πεντήκοντα*, l –שִּׁים || **13** [a] l –ית cf Vrs || **14** [a–a] > 𝔖𝔗, dl || [b–b] > 𝔊 || [c–c] > 𝔊*, dl (dttg) cf 𝔖 || [d] 𝔙 *corum*, frt l הַכֹּר || **15** [a] prb l מִמִּקְנֵה || [b] 𝔊 suff 2 pl || [c] > 𝔊*, add || **16** [a] > 𝔊*, add || [b–b] prb l יִהְיֶה אֵלָיו (= עָלָיו) || **17** [a] l c nonn Mss הָעוֹלָה || [b] l c mlt Mss Edd 𝔊𝔖𝔗[Mss]𝔙 וּבְ׳ || **18** [a] > 2 Mss 𝔊*, add || **19** [a] = עַל || [b] 𝔊𝔖𝔙 pl || [c] = וְעַל || [d] frt l שַׁעֲרֵי || **20** [a] l c pc Mss לחדש; 𝔊* *ἐν τῷ ἑβδόμῳ μηνὶ μιᾷ τοῦ μηνός* = בַּשְּׁבִיעִי בְּאֶחָד לַחֹדֶשׁ || **21** [a] vel dl vel tr חג ante הפסח || [b] l c 2 Mss Vrs שִׁבְעַת.

25 וְאֵיפָ֛ה לָאַ֥יִל יַעֲשֶׂ֖ה וְשֶׁ֖מֶן הִ֥ין לָאֵיפָֽה׃ 25 בַּשְּׁבִיעִ֡י[a] בַּחֲמִשָּׁה֩ עָשָׂ֨ר
י֤וֹם לַחֹ֙דֶשׁ֙ בֶּחָ֔ג יַעֲשֶׂ֥ה כָאֵ֖לֶּה שִׁבְעַ֣ת הַיָּמִ֑ים כַּֽחַטָּאת֙ כָּעֹלָ֔ה[b] וְכַמִּנְחָ֖ה
וְכַשָּֽׁמֶן׃ ס

46 1 כֹּה־אָמַר֮ אֲדֹנָ֣י[a] יְהוִה֒ שַׁ֜עַר הֶחָצֵ֤ר הַפְּנִימִית֙ הַפֹּנֶ֣ה קָדִ֔ים 46
יִהְיֶ֣ה סָג֔וּר שֵׁ֖שֶׁת יְמֵ֣י הַֽמַּעֲשֶׂ֑ה וּבְי֤וֹם הַשַּׁבָּת֙ יִפָּתֵ֔חַ וּבְי֥וֹם הַחֹ֖דֶשׁ יִפָּתֵֽחַ׃
2 וּבָ֣א הַ֠נָּשִׂיא דֶּ֣רֶךְ א֨וּלָם הַשַּׁ֜עַר מִח֗וּץ וְעָמַד֙ עַל־מְזוּזַ֣ת[a] הַשַּׁ֔עַר וְעָשׂ֣וּ 2
הַכֹּהֲנִ֗ים אֶת־ע֙וֹלָתוֹ֙ וְאֶת־שְׁלָמָ֔יו וְהִֽשְׁתַּחֲוָ֛ה עַל־מִפְתַּ֥ן הַשַּׁ֖עַר וְיָצָ֑א
וְהַשַּׁ֛עַר לֹֽא־יִסָּגֵ֖ר עַד־הָעָֽרֶב׃ 3 וְהִשְׁתַּחֲו֣וּ עַם־הָאָ֗רֶץ פֶּ֚תַח הַשַּׁ֣עַר 3
הַה֔וּא בַּשַּׁבָּת֖וֹת וּבֶחֳדָשִׁ֑ים לִפְנֵ֖י יְהוָֽה׃ 4 וְהָ֣עֹלָ֔ה אֲשֶׁר־יַקְרִ֥ב הַנָּשִׂ֖יא 4
לַֽיהוָ֑ה בְּי֣וֹם הַשַּׁבָּ֗ת שִׁשָּׁ֧ה כְבָשִׂ֛ים תְּמִימִ֖ם וְאַ֥יִל תָּמִֽים׃ 5 וּמִנְחָה֙ אֵיפָ֣ה 5
לָאַ֔יִל וְלַכְּבָשִׂ֥ים מִנְחָ֖ה מַתַּ֣ת יָד֑וֹ וְשֶׁ֖מֶן הִ֥ין לָאֵיפָֽה׃ 6 וּבְי֣וֹם הַחֹ֔דֶשׁ 6
פַּ֥ר בֶּן־בָּקָ֖ר תְּמִימִ֑ם[a] וְשֵׁ֧שֶׁת כְּבָשִׂ֛ם וָאַ֖יִל תְּמִימִ֥ם יִהְיֽוּ׃ 7 וְאֵיפָ֨ה לַפָּ֜ר 7
וְאֵיפָ֤ה לָאַ֙יִל֙ יַעֲשֶׂ֣ה מִנְחָ֔ה וְלַ֨כְּבָשִׂ֔ים כַּאֲשֶׁ֥ר תַּשִּׂ֖יג יָד֑וֹ וְשֶׁ֖מֶן הִ֥ין
לָאֵיפָֽה׃ 8 וּבְב֖וֹא הַנָּשִׂ֑יא דֶּ֣רֶךְ אוּלָ֤ם הַשַּׁ֙עַר֙ יָב֔וֹא וּבְדַרְכּ֖וֹ יֵצֵֽא׃ 8
9 וּבְב֨וֹא עַם־הָאָ֜רֶץ לִפְנֵ֣י יְהוָה֮ בַּמּוֹעֲדִים֒ הַבָּ֞א דֶּ֣רֶךְ־שַׁ֣עַר צָפ֗וֹן 9
לְהִֽשְׁתַּחֲוֹת֙ יֵצֵא֙ דֶּ֣רֶךְ־שַׁ֣עַר נֶ֔גֶב וְהַבָּא֙ דֶּ֣רֶךְ־שַׁ֣עַר נֶ֔גֶב יֵצֵ֖א דֶּ֣רֶךְ־שַׁ֣עַר
צָפ֑וֹנָה לֹ֣א יָשׁ֗וּב דֶּ֤רֶךְ הַשַּׁ֙עַר֙ אֲשֶׁר־בָּ֣א ב֔וֹ כִּ֥י נִכְח֖וֹ יֵצֵֽאו[a]׃ 10 וְהַנָּשִׂ֕יא 10
בְּתוֹכָ֑ם בְּבוֹאָם֙ יָב֔וֹא וּבְצֵאתָ֖ם יֵצֵֽאוּ[a]׃ 11 וּבַחַגִּ֣ים וּבַמּֽוֹעֲדִ֗ים תִּהְיֶ֤ה 11
הַמִּנְחָה֙ אֵיפָ֤ה לַפָּר֙ וְאֵיפָ֣ה לָאַ֔יִל וְלַכְּבָשִׂ֖ים מַתַּ֣ת יָד֑וֹ וְשֶׁ֖מֶן הִ֥ין
לָאֵיפָֽה׃ ס 12 וְכִֽי־יַעֲשֶׂ֨ה הַנָּשִׂ֜יא נְדָבָ֗ה עוֹלָ֣ה אֽוֹ־שְׁלָמִים֮ נְדָבָ֣ה 12
לַֽיהוָה֒ וּפָ֣תַח ל֗וֹ אֹֽת[a]־הַשַּׁ֙עַר֙ הַפֹּנֶ֣ה קָדִ֔ים וְעָשָׂ֤ה אֶת־עֹֽלָתוֹ֙ וְאֶת־שְׁלָמָ֔יו
כַּאֲשֶׁ֥ר יַעֲשֶׂ֖ה בְּי֣וֹם הַשַּׁבָּ֑ת וְיָצָ֕א וְסָגַ֥ר אֶת־הַשַּׁ֖עַר אַחֲרֵ֥י צֵאתֽוֹ׃
13 וְכֶ֨בֶשׂ בֶּן־שְׁנָת֜וֹ תָּמִ֗ים תַּעֲשֶׂ֥ה[a] עוֹלָ֛ה לַיּ֖וֹם לַֽיהוָ֑ה בַּבֹּ֥קֶר בַּבֹּ֖קֶר 13
תַּעֲשֶׂ֥ה[a] אֹתֽוֹ׃ 14 וּמִנְחָה֩ תַעֲשֶׂ֨ה[a] עָלָ֜יו בַּבֹּ֣קֶר בַּבֹּ֗קֶר שִׁשִּׁ֤ית הָֽאֵיפָה֙ 14

ח̇[24]. ה̇ חס בסיפ
ד̇ בטע ר״פ בסיפ
ה̇ וכל זהב סגור דכות[1]. ב̇. ה̇[2]. ה̇
י̇ז ר״פ. ה̇ מל בצורת הבית[3]
ל̇ מל. ל̇
ל̇[4]
ה̇ חס בסיפ. ל̇[5] חס ול̇ בליש
ט̇[6] מל וחד מן ד̇[7] בליש ב̇ מל וב̇ חס. ה̇ מל בצורת הבית[3]
ט̇[6] מל וחד מן ד̇[7] בליש ב̇ מל וב̇ חס
ב̇[8]
נ̇ג. ב̇[9]. יצא ק̇
ד̇[10]
ל̇
ל̇
י̇ב פסוק את את ואת את
כ̇[11]. ג̇[12]
ג̇[12]

[24] Mm 4051. **Cp 46** [1] Mm 3563. [2] Mm 2975. [3] Mm 2957. [4] Mm 441. [5] Mm 667. [6] Mm 2069. [7] Mm 616. [8] Mm 2984. [9] Ex 14,2. [10] Mm 105. [11] Mm 875. [12] Mm 688.

25 [a] 𝔊𝔖 pr cop, frt l 'וּב ‖ [b] l c 2 Mss 𝔊𝔖 'וְכ ‖ **Cp 46,1** [a] > 𝔊*, add ‖ **2** [a] 𝔊 pl ‖ **6** [a] l c ℭ mlt Mss Q^Or Vrs תָּמִים ‖ **9** [a] l c mlt Mss Q Vrs יֵצֵא ‖ **10** [a] l c mlt Mss 𝔊𝔖 𝔗^f Ms^s יֵצֵא ע ‖ **12** [a] sic L, mlt Mss Edd אֶת־ ‖ **13** [a] pc Mss 𝔊𝔙 3 sg cf 𝔖 et 14[a] ‖ **14** [a] 2 Mss 𝔊𝔖𝔙 3 sg cf 13[a].

וְשֶׁ֨מֶן שְׁלִישִׁ֧ית הַהִ֛ין לָרֹ֖ס אֶת־הַסֹּ֑לֶת מִנְחָה֙ לַֽיהוָ֔ה חֻקּ֥וֹתᵇ °ᶜעוֹלָ֖ם — ט מל[13]. ל. ט. ל

15 תָּמִֽיד׃ᶜ 15 וַֽעֲשׂ֨וּᵃ אֶת־הַכֶּ֧בֶשׂ וְאֶת־הַמִּנְחָ֛ה וְאֶת־הַשֶּׁ֖מֶן בַּבֹּ֣קֶר° בַּבֹּ֑קֶר — יעשו ק. ח[14]. ג[15]

16 עוֹלַ֖ת° תָּמִֽיד׃ פ 16 כֹּֽה־°אָמַ֞ר° אֲדֹנָ֣יᵃ יְהוִ֗ה כִּֽי־יִתֵּ֨ן הַנָּשִׂ֤יא מַתָּנָה֙ — ג מל[16]. ד[17]. ח בטע בסיפ[18]

17 לְאִ֣ישׁ מִבָּנָ֔יו נַחֲלָת֖וֹᵇ הִ֣יא לְבָנָ֣יו תִּֽהְיֶ֑ה אֲחֻזָּתָ֥ם הִ֖יא בְּנַחֲלָֽה׃ 17 וְכִֽי־° — ל

יִתֵּ֨ן מַתָּנָ֜ה מִנַּחֲלָת֗וֹ לְאַחַד֙ מֵעֲבָדָ֔יו וְהָ֣יְתָה לּ֗וֹ עַד־שְׁנַ֣ת הַדְּר֔וֹר וְשָׁבַ֖תᵃ — ל. ז[19]

18 לַנָּשִׂ֑יא אַ֚ךְ נַחֲלָת֔וֹᵇ בָּנָ֖יו לָהֶ֥ם תִּֽהְיֶֽה׃ 18 וְלֹֽא־°יִקַּ֨ח הַנָּשִׂ֜יא מִנַּחֲלַ֣ת הָעָ֗ם — יז ר״פ ולא לא[20]. ג[21]

לְהֽוֹנֹתָם֙ מֵאֲחֻזָּתָ֔םᵃ מֵאֲחֻזָּת֖וֹ יַנְחִ֣ל אֶת־בָּנָ֑יו לְמַ֙עַן֙ אֲשֶׁ֣ר לֹֽא־יָפֻ֣צוּ עַמִּ֔י — ל. ל חס

אִ֖ישׁ מֵאֲחֻזָּתֽוֹ׃

19 וַיְבִיאֵ֤נִי בַמָּבוֹא֙ אֲשֶׁ֣ר עַל־°כֶּ֣תֶף הַשַּׁ֔עַר אֶל־הַלְּשָׁכ֣וֹתᵃ הַקֹּ֗דֶשׁ — יד פסוק על אל אל[22]. ה[23]. ב

ᵇאֶל־הַכֹּ֣הֲנִ֔יםᵇ הַפֹּנ֖וֹת צָפ֑וֹנָה וְהִנֵּה־שָׁ֣ם מָק֔וֹם בַּיַּרְכָתָ֖ם° יָֽמָּהᶜ׃ ס — גג. בירכתים ק

20 וַיֹּ֣אמֶר° אֵלַ֔י זֶ֣ה הַמָּק֗וֹם אֲשֶׁ֤ר יְבַשְּׁלוּ־שָׁם֙ הַכֹּ֣הֲנִ֔ים אֶת־הָאָשָׁ֖ם וְאֶת־ — ט בטע ר״פ בסיפ[24]

הַֽחַטָּ֑את אֲשֶׁ֤רᵃ יֹאפוּ֙ אֶת־הַמִּנְחָ֔ה לְבִלְתִּ֛י הוֹצִ֛יא אֶל־הֶחָצֵ֥ר הַחִיצוֹנָ֖ה — ל

21 לְקַדֵּ֥שׁ אֶת־הָעָֽם׃ 21 וַיּוֹצִיאֵ֗נִי אֶל־הֶֽחָצֵר֙ הַחִ֣יצֹנָ֔ה וַיַּ֣עֲבִירֵ֔נִי אֶל־° — ג מל. ד

אַרְבַּ֖עַת מִקְצוֹעֵ֑יᵃ הֶחָצֵ֑ר וְהִנֵּ֤ה חָצֵר֙ בְּמִקְצֹ֣עַ הֶחָצֵ֔ר חָצֵ֖ר בְּמִקְצֹ֥עַ — ג חס. ג חס

22 הֶחָצֵֽר׃ 22 בְּאַרְבַּ֜עַת מִקְצֹע֣וֹת הֶחָצֵ֗ר חֲצֵר֙וֹת קְטֻר֔וֹתᵃ אַרְבָּעִ֣ים

23 אֹ֔רֶךְ וּשְׁלֹשִׁ֖ים רֹ֑חַב מִדָּ֣ה אַחַ֔ת לְאַרְבַּעְתָּ֖ם מְהֻקְצָעֽוֹתᵇ׃ 23 וְט֨וּר — הׄ נקוד

סָבִ֤יב בָּהֶםᵃ֙ סָבִ֖יב לְאַרְבַּעְתָּ֑ם וּמְבַשְּׁל֣וֹת עָשׂ֔וּיᵇ מִתַּ֥חַת הַטִּיר֖וֹת — ג מל ול בליש

24 סָבִֽיב׃ 24 וַיֹּ֖אמֶר° אֵלָ֑י אֵ֚לֶּה בֵּ֣יתᵃ הַֽמְבַשְּׁלִ֔ים אֲשֶׁ֧ר יְבַשְּׁלוּ־שָׁ֛ם מְשָׁרְתֵ֥י — ז בטע ר״פ בסיפ[25]

הַבַּ֖יִת אֶת־זֶ֥בַח הָעָֽם׃

47 1 וַיְשִׁבֵ֙נִי֙ אֶל־פֶּ֣תַח הַבַּ֔יִת וְהִנֵּה־מַ֣יִם יֹצְאִ֗ים מִתַּ֨חַת מִפְתַּ֤ן — ב וחס בסיפ[1]

הַבַּ֙יִת֙ קָדִ֔ימָה כִּֽי־פְנֵ֥י הַבַּ֖יִת קָדִ֑ים וְהַמַּ֣יִם יֹרְדִ֗ים מִתַּ֜חַתᵃ °ᵇמִכֶּ֤תֶף — ז חס פאת. ל

2 הַבַּ֙יִת֙ᵇ הַיְמָנִ֔ית מִנֶּ֖גֶב לַמִּזְבֵּֽחַ׃ 2 וַיּוֹצִאֵ֜נִי דֶּֽרֶךְ־שַׁ֣עַר °צָפ֗וֹנָהᵃ וַיְסִבֵּ֙נִי֙ — ג חס. ב[2]. גג. ל

[13] Mm 1900. [14] Mm 1930. [15] Mm 688. [16] Mm 995. [17] Mm 578. [18] Mm 2911. [19] Mm 1207. [20] Mm 2708. [21] Mm 1110. [22] Mm 4093. [23] Mm 1033. [24] Mm 2943. [25] Mp sub loco. Cp 47 [1] Mm 2985. [2] Mm 2984.

14 ᵇ l c 𝔊 nonn Mss Vrs חֻקַּת ‖ ᶜ⁻ᶜ prp עוֹלַת תָּ׳ cf 15, sed תמיד frt add ‖ **15** ᵃ K וְעָשׂוּ cf 𝔖𝔗ᶠ, 𝔊 mlt Mss 𝔗 ut Q; 𝔊 ποιήσετε, 𝔙 *faciet* ‖ **16** ᵃ > Ms 𝔊*, add ‖ ᵇ 𝔊 pr ἐκ, l מִבָּ׳ et cj c aβ (cf 17) ‖ **17** ᵃ prp וְשָׁבָה ‖ ᵇ l נַחֲלַת cf 𝔊𝔖 ‖ **18** ᵃ > 𝔊*, dttg? ‖ **19** ᵃ l לְשָׁ׳ ‖ ᵇ⁻ᵇ l אֲשֶׁר לַכֹּ׳ cf 𝔊𝔖𝔗 ‖ ᶜ > 𝔊*, dl; prb ex Q (בירכת)ים ‖ **20** ᵃ 𝔊(𝔖) καὶ ἐκεῖ, prb l וְשָׁם ‖ **21** ᵃ frt l ־עוֹת cf 22 ‖ **22** ᵃ crrp? 𝔊 μικρά, 𝔊ᴸ μικραί = קְטַנּוֹת? prp קְצָרוֹת cf 42,5 ‖ ᵇ > 𝔊𝔖𝔙, dl ‖ **23** ᵃ frt l c 2 Mss לָהֶם ‖ ᵇ⁻ᵇ prb l עֲשׂוּיוֹת תחת ‖ **24** ᵃ prp בָּתֵּי ‖ **Cp 47,1** ᵃ > 𝔊*𝔖𝔙, prb dl ‖ ᵇ⁻ᵇ 𝔊* ἀπὸ τοῦ κλίτους, frt dl הבית (cf ᵃ) et l מִן־הַכָּתֵף (cf 2) ‖ **2** ᵃ l הַצָּפוֹן cf 𝔊ᵇ הצ׳ et Vrs.

דֶּרֶךְ חוּץ אֶל־שַׁעַר [b]הַחוּץ דֶּרֶךְ[b] הַפּוֹנֶה קָדִים וְהִנֵּה־[c]מַיִם מְפַכִּים ל̇ . ד̇ מל
3 מִן־הַכָּתֵף הַיְמָנִית׃ 3 בְּצֵאת[a]־הָאִישׁ קָדִים וְקָו בְּיָדוֹ וַיָּמָד אֶלֶף ב̇ . ל̇
4 בָּאַמָּה וַיַּעֲבִרֵנִי[b] בַמַּיִם מֵי אָפְסָיִם׃ 4 וַיָּמָד אֶלֶף וַיַּעֲבִרֵנִי[a] בַמַּיִם ל̇
5 מַיִם[b] בִּרְכָּיִם וַיָּמָד אֶלֶף וַיַּעֲבִרֵנִי[c] מֵי מָתְנָיִם׃ 5 וַיָּמָד אֶלֶף נַחַל אֲשֶׁר
לֹא־אוּכַל[a] לַעֲבֹר כִּי־גָאוּ הַמַּיִם מֵי שָׂחוּ נַחַל אֲשֶׁר לֹא־יֵעָבֵר׃ ל̇ . ל̇ . ל̇
6 7 וַיֹּאמֶר אֵלַי הֲרָאִיתָ בֶן־אָדָם וַיּוֹלִכֵנִי וַיְשִׁבֵנִי[a] שְׂפַת[b] הַנָּחַל׃ 7 בְּשׁוּבֵנִי[a] ד̇ . ג̇ . ב̇ וחס בסיפ̇[3] . ל̇
8 וְהִנֵּה אֶל[b]־שְׂפַת הַנַּחַל עֵץ רַב מְאֹד מִזֶּה וּמִזֶּה׃ 8 וַיֹּאמֶר אֵלַי הַמַּיִם ד̇ בליש̇[4]
הָאֵלֶּה יוֹצְאִים אֶל־הַגְּלִילָה הַקַּדְמוֹנָה וְיָרְדוּ עַל־הָעֲרָבָה וּבָאוּ ד̇ מל̇[5] . ז̇ פסוק אל על אל . ל̇ . ז̇[6]
9 הַיָּמָּה [a]אֶל־הַיָּמָּה[a] הַמּוּצָאִים[b] וְנִרְפְּאוּ[c] הַמָּיִם׃ 9 וְהָיָה כָל־נֶפֶשׁ חַיָּה ׀ ב̇[7] . ונרפו ק̇ חד מן מח̇[8] כת א לא קר ול בליש̇ . ב̇ פסוק כל כל כל[9]
אֲשֶׁר־יִשְׁרֹץ אֶל כָּל־אֲשֶׁר יָבוֹא שָׁם נַחֲלַיִם[a] יִחְיֶה וְהָיָה הַדָּגָה רַבָּה יב̇[10] . ל̇ . יח̇ וכל חיו יהיה דכות̇[11] [12]
מְאֹד כִּי בָאוּ שָׁמָּה הַמַּיִם הָאֵלֶּה וְיֵרָפְאוּ וָחָי כֹּל אֲשֶׁר־יָבוֹא שָׁמָּה ו̇ פסוק שם שמה[13] . ל̇[5] . ל̇ זקף קמ̇[5]
10 הַנָּחַל׃ 10 וְהָיָה יַעַמְדוּ[a] עָלָיו דַּוָּגִים מֵעֵין גֶּדִי וְעַד־עֵין עֶגְלַיִם מִשְׁטוֹחַ עמדו ק̇ יתיר י̇[5] חד מן ב̇[14] כת י ר״ת . ל̇
לַחֲרָמִים יִהְיוּ[b] לְמִינָה[c] תִּהְיֶה דְגָתָם[d] כִּדְגַת הַיָּם הַגָּדוֹל רַבָּה מְאֹד׃ ל̇ . ה̇[12]
11 בִּצֹּאתָו וּגְבָאָיו וְלֹא יֵרָפְאוּ לְמֶלַח נִתָּנוּ׃ 12 וְעַל־הַנַּחַל יַעֲלֶה עַל־ ס̇ כט[5] בצאתיו ק̇ . ב̇[15]
שְׂפָתוֹ מִזֶּה ׀ וּמִזֶּה ׀ כָּל־עֵץ־מַאֲכָל לֹא־יִבּוֹל עָלֵהוּ וְלֹא־יִתֹּם פִּרְיוֹ ד̇ ב מנה בנביא̇[5] . ל̇
לָחֳדָשָׁיו יְבַכֵּר כִּי מֵימָיו מִן־הַמִּקְדָּשׁ הֵמָּה יוֹצְאִים וְהָיוּ[a] פִרְיוֹ לְמַאֲכָל ל̇ . ל̇ . ד̇ מל̇ . והיה חד מן ח̇[16] כת ו וקר ה
וְעָלֵהוּ לִתְרוּפָה׃ ס ב̇[17] . ל̇
13 13 כֹּה אָמַר אֲדֹנָי[a] יְהוִה [b]גֵּה גְבוּל[b] אֲשֶׁר תִּתְנַחֲלוּ אֶת־הָאָרֶץ ל̇ כת ה̇[18]
14 לִשְׁנֵי עָשָׂר שִׁבְטֵי יִשְׂרָאֵל יוֹסֵף חֲבָלִים[c]׃ 14 וּנְחַלְתֶּם אוֹתָהּ אִישׁ ו̇ בליש̇[19] . ב̇
כְּאָחִיו אֲשֶׁר נָשָׂאתִי אֶת־יָדִי לְתִתָּהּ לַאֲבֹתֵיכֶם וְנָפְלָה הָאָרֶץ הַזֹּאת יט̇ . ב̇[20] . ח̇[21] חס ב מנה בסיפ̇ וכל עזרא דכות̇
15 לָכֶם בְּנַחֲלָה׃ 15 וְזֶה גְּבוּל הָאָרֶץ לִפְאַת צָפוֹנָה מִן־הַיָּם הַגָּדוֹל כג ר״פ . יד̇ . ג̇[22] . נג

[3]Mm 2985. [4]Mm 2972. [5]Mp sub loco. [6]Mm 3140. [7]Mm 2828. [8]Mm 898, cf Jer 51,9. [9]Mm 2986. [10]Mm 2938. [11]Mm 107. [12]Mm 2987. [13]Mm 2057. [14]Mm 2741. [15]Gn 9,2. [16]Mm 3827. [17]Mm 3195. [18]Mm 3989. [19]Mm 874. [20]Ex 22,16. [21]Mm 1586. [22]Mm 2988.

2 [b–b] 𝔊(𝔖) *τῆς αὐλῆς* = הֶחָצֵר, sed potius tr דרך post הפונה ‖ [c] 𝔊* *τὸ ὕδωρ*, l הַמַּיִם (hpgr) ‖ **3** [a] prb l וַיּוֹצִאֵנִי ‖ [b] 𝔊 *καὶ διῆλθεν* ‖ **4** [a] cf 3[b] ‖ [b] l c ℭ mlt Mss 𝔗 מֵי ‖ [c] cf 3[a]; frt ins c ℭ nonn Mss בַּמַּיִם cf 𝔖𝔗[f]𝔙 (= 3.4a) ‖ **5** [a] pc Mss 𝔊𝔖 3 sg, l 𝔐 ‖ **6** [a] > 𝔊*, dl (var lect vel gl)? ‖ [b] ℭ mlt Mss 𝔅 pr עַל, l 𝔐 ‖ **7** [a] prp בְּשׁוּבִי, al om ‖ [b] = עַל ‖ **8** [a–a] 𝔊(𝔖) *ἐπὶ τὸ ὕδωρ*, l אֶל־הַמַּיִם ‖ [b] crrp, frt l הַחֲמוּצִים ‖ [c] l c K וְנִרְפְּאוּ ‖ **9** [a] 𝔊(𝔖𝔗𝔙) *ὁ ποταμός*, l הַנַּחַל cf bγ ‖ **10** [a] K יַעֲמְדוּ, pc Mss Edd 𝔊𝔖𝔙 וְעָמְדוּ ‖ [b] 𝔊(𝔖𝔙) *ἔσται*, l יִהְיֶה ‖ [c] l לְמִינָהּ cf 𝔗 ‖ [d] 𝔊(𝔙) *οἱ ἰχθύες αὐτῆς*, l דגתו ‖ **12** [a] l c mlt Mss ut Q ‖ **13** [a] > 𝔊*, add ‖ [b–b] 𝔊(𝔗𝔙) *ταῦτα τὰ ὅρια*, l זֶה הַגְּבוּל ‖ [c] 𝔗(𝔙) *trjn ḥwlqjn*, l חֲבָלִים.

16 הַדֶּרֶךְ[a] חֶתְלֹן לְבוֹא[b] צְדָדָה׃ 16 חֲמָת[a] ׀ בֵּרוֹתָה סִבְרַיִם אֲשֶׁר בֵּין־ ב . ב . ל . ל
גְּבוּל דַּמֶּשֶׂק וּבֵין גְּבוּל חֲמָת [b]חָצֵר הַתִּיכוֹן[b] אֲשֶׁר אֶל[c]־גְּבוּל חַוְרָן׃ ל מל . ח[23]
17 וְהָיָה גְבוּל[a] מִן־הַיָּם חֲצַר עֵינוֹן[b] גְּבוּל דַּמֶּשֶׂק [c]וְצָפוֹן[d] ׀ צָפוֹנָה וּגְבוּל ב . נג
18 חֲמָת[c] וְאֵת[e] פְּאַת צָפוֹן׃ 18 וּפְאַת קָדִים מִבֵּין[ba] חַוְרָן וּמִבֵּין[b]־דַּמֶּשֶׂק ח . יח פסוק דמיין[24]
וּמִבֵּין[b] הַגִּלְעָד וּמִבֵּין[b] אֶרֶץ יִשְׂרָאֵל הַיַּרְדֵּן מִגְּבוּל[c] עַל[d]־הַיָּם הַקַּדְמוֹנִי ג בסיפ . ב בסיפ . ד מל
19 תָּמֹדּוּ[e] וְאֵת[f] פְּאַת קָדִימָה׃ 19 וּפְאַת נֶגֶב תֵּימָנָה מִתָּמָר עַד־מֵי ח
מְרִיבוֹת[a] קָדֵשׁ נַחֲלָה אֶל־הַיָּם הַגָּדוֹל וְאֵת[b] פְּאַת־תֵּימָנָה נֶגְבָּה׃ ל ומל . כז ד[25] מנה בסיפ
20 וּפְאַת־יָם הַיָּם הַגָּדוֹל מִגְּבוּל[a] עַד־נֹכַח לְבוֹא חֲמָת זֹאת פְּאַת־יָם׃ ח . ב
21 וְחִלַּקְתֶּם אֶת־הָאָרֶץ הַזֹּאת לָכֶם לְשִׁבְטֵי יִשְׂרָאֵל׃ 22 וְהָיָה תַּפִּלוּ ו חס בליש[26]
אוֹתָהּ בְּנַחֲלָה לָכֶם וּלְהַגֵּרִים הַגָּרִים בְּתוֹכְכֶם אֲשֶׁר־הוֹלִדוּ בָנִים ד קמ[27] . ב חד חס וחד מל[28]
בְּתוֹכְכֶם וְהָיוּ לָכֶם כְּאֶזְרָח בִּבְנֵי יִשְׂרָאֵל אִתְּכֶם יִפְּלוּ[a] בְנַחֲלָה בְּתוֹךְ ד ג קמ וחד פת[29]
23 שִׁבְטֵי יִשְׂרָאֵל׃ 23 וְהָיָה בַשֵּׁבֶט אֲשֶׁר־גָּר הַגֵּר אִתּוֹ שָׁם תִּתְּנוּ נַחֲלָתוֹ ל[30] . ז
48 נְאֻם אֲדֹנָי[a] יְהוִה׃ ס **48** 1 וְאֵלֶּה שְׁמוֹת הַשְּׁבָטִים מִקְצֵה צָפוֹנָה ד ר״פ בנ״ך . נג
אֶל[b]־יַד[a] דֶּרֶךְ־חֶתְלֹן ׀ לְבוֹא־חֲמָת חֲצַר עֵינָן גְּבוּל דַּמֶּשֶׂק [a]צָפוֹנָה ה[1] וכל מגלה דכות במ א . ב . ח . נג
2 אֶל[b]־יַד חֲמָת וְהָיוּ[c]־לוֹ [d]פְאַת־קָדִים הַיָּם[d] דָּן אֶחָד׃ 2 וְעַל ׀ גְּבוּל דָּן ה[1] וכל מגלה דכות ב מ א
3 מִפְּאַת [a]קָדִים עַד[a]־פְּאַת־יָמָּה אָשֵׁר אֶחָד׃ 3 וְעַל ׀ גְּבוּל אָשֵׁר מִפְּאַת
4 קָדִימָה וְעַד־פְּאַת־יָמָּה נַפְתָּלִי אֶחָד׃ 4 וְעַל ׀ גְּבוּל נַפְתָּלִי מִפְּאַת ב
5 [a]קָדְמָה עַד[a]־פְּאַת־יָמָּה מְנַשֶּׁה אֶחָד׃ 5 וְעַל ׀ גְּבוּל מְנַשֶּׁה מִפְּאַת ג חס[2]
6 [a]קָדְמָה עַד[a]־פְּאַת־יָמָּה אֶפְרַיִם אֶחָד׃ 6 וְעַל ׀ גְּבוּל אֶפְרַיִם מִפְּאַת ג חס[2]
7 [a]קָדִים וְעַד[a]־פְּאַת־יָמָּה רְאוּבֵן אֶחָד׃ 7 וְעַל ׀ גְּבוּל רְאוּבֵן מִפְּאַת [a]קָדִים ב

[23]Mm 651. [24]Mm 3911. [25]Mm 2996. [26]Mm 1317. [27]Mm 807. [28]Mm 2989. [29]Mm 455. [30]Mp sub loco. **Cp 48** [1]Mm 2990. [2]Mm 2994.

15 [a] l c ℭ pc Mss דרך cf 48,1 ‖ [b] 𝔊 + *Ημαθ*, ins חמת ex 16; cf 48,1 ‖ **16** [a] tr c 𝔊 post לבוא 15b cf 15[b] ‖ [b–b] 𝔊 *αὐλὴ τοῦ Σαυναν*; l חֲצֵרָה עֵינ(ו)ן cf 17 48,1 Nu 34,9 ‖ [c] = על ‖ **17** [a] l c nonn Mss 𝔊 הַגּ׳ ‖ [b] 𝔊 *Αιναν* cf 16[b–b] 48,1 ‖ [c–c] > 𝔊*, gl ex 48,1? ‖ [d] dl cf 48,1 ‖ [e] l c pc Mss 𝔖 זאת cf 20b ‖ **18** [a] prp מֵחֲצַר עֵינ(ו)ן אֲשֶׁר בֵּין ‖ [b] 𝔊 *(καὶ) ἀνὰ μέσον* = (וּ)בֵין? ‖ [c] 𝔊(𝔖𝔙) *διορίζει*, prb l מַגְבִּיל ‖ [d] frt l c Ms עַד ‖ [e] l תָּמָרָה cf 𝔊𝔖 et 19 48,28 ‖ [f] l c pc Mss 𝔊𝔖 זאת cf 17[e] ‖ **19** [a] l c ℭ pc Mss 𝔖𝔗𝔙 בַת– cf 48,28 ‖ [b] l c pc Mss 𝔊𝔙 זאת cf 18[f] ‖ **20** [a] 𝔊(𝔖) *διορίζει*, prb l מַגְבִּיל cf 18[c] ‖ **22** [a] 𝔖(𝔗𝔙) *nplgwn*, l יַפִּלוּ ‖ **23** [a] > 𝔊*, add ‖ **Cp 48,1** [a–a] prp מִן־הַיָּם cf 47,17 ‖ [b] = עַל ‖ [c] 𝔊 *καὶ ἔσται* = וְהָיָה? ‖ [d–d] l מִפְּאַת קָדִימ(ה) (וְ)עַד פְּאַת יָמָּה cf 𝔊 et 2 sqq ‖ **2–7** [a–a] frt l קדימָה וְעד cf 23 –27[a]; sed num aequalitas ut in nonn Mss intenta?

8 עַד־[a]פְּאַת־יָמָּה יְהוּדָה אֶחָד׃ 8 וְעַל גְּבוּל יְהוּדָה מִפְּאַת
קָדִים עַד־[a]פְּאַת־יָמָּה[a] תִּהְיֶה הַתְּרוּמָה אֲשֶׁר־תָּרִימוּ חֲמִשָּׁה וְעֶשְׂרִים
אֶלֶף רֹחַב וְאֹרֶךְ כְּאַחַד הַחֲלָקִים מִפְּאַת [a]קָדִימָה עַד־[a]פְּאַת־יָמָּה — ב̇. יב̇ [3] [4]
9 וְהָיָה הַמִּקְדָּשׁ בְּתוֹכוֹ׃ 9 הַתְּרוּמָה אֲשֶׁר תָּרִימוּ לַיהוָה אֹרֶךְ חֲמִשָּׁה
10 וְעֶשְׂרִים אֶלֶף וְרֹחַב [a]עֲשֶׂרֶת אֲלָפִים[a]׃ 10 וּלְאֵלֶּה תִּהְיֶה תְרוּמַת־ — ג̇[5] ר״פ וחד מן ה̇[6] בתרי טעמ̇
הַקֹּדֶשׁ לַכֹּהֲנִים צָפוֹנָה חֲמִשָּׁה וְעֶשְׂרִים אֶלֶף וְיָמָּה רֹחַב[a] עֲשֶׂרֶת — נג̇[3]
אֲלָפִים וְקָדִימָה רֹחַב[a] עֲשֶׂרֶת אֲלָפִים וְנֶגְבָּה אֹרֶךְ[a] חֲמִשָּׁה וְעֶשְׂרִים — כז̇[3] ד̇[7] מנה בסיפ
11 אָלֶף [b]וְהָיָה מִקְדַּשׁ־יְהוָה בְּתוֹכוֹ[b]׃ 11 לַכֹּהֲנִים [a]הַמְקֻדָּשׁ מִבְּנֵי[a] צָדוֹק — ה̇. ל̇
אֲשֶׁר שָׁמְרוּ מִשְׁמַרְתִּי אֲשֶׁר לֹא־תָעוּ בִּתְעוֹת בְּנֵי יִשְׂרָאֵל כַּאֲשֶׁר תָּעוּ — יח̇[8] ט̇ מנה בסיפ
12 הַלְוִיִּם׃ ס 12 וְהָיְתָה לָהֶם תְּרוּמִיָּה[a] מִתְּרוּמַת הָאָרֶץ קֹדֶשׁ — ל̇. ה̇ בנ״ך
13 קָדָשִׁים אֶל־[b]גְּבוּל הַלְוִיִּם׃ 13 וְהַלְוִיִּם[a] לְעֻמַּת גְּבוּל הַכֹּהֲנִים חֲמִשָּׁה
וְעֶשְׂרִים אֶלֶף אֹרֶךְ וְרֹחַב עֲשֶׂרֶת אֲלָפִים כָּל־[b]אֹרֶךְ חֲמִשָּׁה וְעֶשְׂרִים
14 אֶלֶף וְרֹחַב [c]עֲשֶׂרֶת אֲלָפִים[c]׃ 14 וְלֹא־יִמְכְּרוּ[a] מִמֶּנּוּ וְלֹא יָמֵר[b] וְלֹא — ט̇ פסוק ולא ולא ולא . ל̇
15 יַעֲבוֹר[c] רֵאשִׁית הָאָרֶץ כִּי־קֹדֶשׁ לַיהוָה׃ 15 וַחֲמֵשֶׁת אֲלָפִים הַנּוֹתָר — יעביר[9] ק̇ . כ̇ח
בָּרֹחַב עַל־פְּנֵי חֲמִשָּׁה וְעֶשְׂרִים אֶלֶף חֹל־הוּא לָעִיר לְמוֹשָׁב וּלְמִגְרָשׁ — ל̇ חס̇ . ד̇ בצורת הבית[10] . ב̇[11]
16 וְהָיְתָה הָעִיר בְּתוֹכֹה׃ 16 וְאֵלֶּה מִדּוֹתֶיהָ פְּאַת צָפוֹן חֲמֵשׁ מֵאוֹת — בתוכו ק̇ חד מן ב̇ כת̇ ה̇ בליש̇ . ל̇. ה̇ פסוק מן ד̇ מילין דמיין ותלת משנ̇
וְאַרְבַּעַת אֲלָפִים וּפְאַת־נֶגֶב חֲמֵשׁ חמש[a] מֵאוֹת וְאַרְבַּעַת אֲלָפִים — ה̇. חמש חד מן ה̇[12] כת̇ ולא קר̇
וּמִפְּאַת[b] קָדִים חֲמֵשׁ מֵאוֹת וְאַרְבַּעַת אֲלָפִים וּפְאַת־יָמָּה חֲמֵשׁ מֵאוֹת — ב̇. ה̇
17 וְאַרְבַּעַת אֲלָפִים׃ 17 וְהָיָה מִגְרָשׁ לָעִיר צָפוֹנָה חֲמִשִּׁים וּמָאתַיִם וְנֶגְבָּה — נג̇. כז̇[3] ד̇[7] מנה בסיפ
חֲמִשִּׁים וּמָאתָיִם וְקָדִימָה חֲמִשִּׁים וּמָאתַיִם וְיָמָּה חֲמִשִּׁים וּמָאתָיִם׃
18 וְהַנּוֹתָר בָּאֹרֶךְ לְעֻמַּת ׀ תְּרוּמַת הַקֹּדֶשׁ עֲשֶׂרֶת אֲלָפִים קָדִימָה — ז̇ חס פאת
וַעֲשֶׂרֶת אֲלָפִים יָמָּה [a]וְהָיָה לְעֻמַּת תְּרוּמַת הַקֹּדֶשׁ[a] וְהָיְתָה תְבוּאָתֹה — תבואתו ק̇ חד מן ב̇ כת̇ ה̇ בליש̇

[3] Mp sub loco. [4] Mm 361. [5] Mm 2803. [6] Mm 2991. [7] Mm 2996. [8] Mm 953. [9] Mm 839. [10] Mm 2958 et Mm 3937. [11] Mm 2992. [12] Mm 2752.

7/8 a–a cf 2–7 a–a ‖ **9** a–a l עֶשְׂרִים אֶלֶף cf 45,1b ‖ **10** a > 𝔊^B𝔖, gl? ‖ b–b 𝔊* *καὶ τὸ ὄρος τῶν ἁγίων ἔσται ἐν μέσῳ αὐτοῦ* ‖ **11** a–a 𝔊 *τοῖς ἡγιασμένοις υἱοῖς*, l דָשִׁים בְּנֵי׳– cf 𝔖𝔗 ‖ **12** a l c pc Mss תְּרוּמָה cf Vrs ‖ b = עַל ‖ **13** a 𝔊(𝔙) *τοῖς δὲ Λευίταις*, l וְלַלְ׳ cf 10.11 ‖ b l הַכֹּל cf 𝔖 ‖ c–c 𝔊* *εἴκοσι χιλιάδες*, l עֶשְׂרִים אֶלֶף cf 9 a–a ‖ **14** a 𝔊 *πραθήσεται* = יִמָּכֵר ‖ b 𝔊 *καταμετρηθήσεται* = ימד, frt l יָמַר; prp יָמִרוּ cf 𝔖𝔙 ‖ c prp יַעֲבִירוּ cf Q 𝔖 ‖ **16** a > ℭ mlt Mss Vrs, dl (dttg) ‖ b l c pc Mss 𝔊𝔖𝔗^f Ms𝔙 וּפְאַת ‖ **18** a–a frt dl (dttg).

19 לַלֶּ֖חֶם לְעֹבְדֵ֥י הָעִֽיר׃ 19 וְהָעֹבֵ֖ד[a] הָעִ֑יר יַעַבְד֕וּהוּ[b] מִכֹּ֖ל שִׁבְטֵ֥י — ל̇. ג̇ מל בליש[13]
20 יִשְׂרָאֵֽל׃ 20 כָּל־הַתְּרוּמָ֗ה חֲמִשָּׁ֤ה וְעֶשְׂרִים֙ אֶ֔לֶף בַּחֲמִשָּׁ֥ה ° וְעֶשְׂרִ֖ים — ל̇
אָ֑לֶף רְבִיעִ֗ית[a] תָּרִ֙ימוּ֙ אֶת־תְּרוּמַ֣ת הַקֹּ֔דֶשׁ אֶל־[b]אֲחֻזַּ֖ת הָעִֽיר׃ — ד̇ מל[14]
21 וְהַנּוֹתָ֣ר לַנָּשִׂ֣יא מִזֶּ֣ה ׀ וּמִזֶּ֣ה ׀ לִתְרוּמַֽת־הַקֹּ֣דֶשׁ וְלַאֲחֻזַּ֣ת ° הָעִ֡יר אֶל־[a]פְּנֵ֡י — יו̇ בטע[15]
חֲמִשָּׁה֩ וְעֶשְׂרִ֨ים אֶ֜לֶף ׀ תְּרוּמָ֗ה[b] עַד־°גְּב֣וּל קָדִ֔ימָה וְיָ֡מָּה עַל־°פְּנֵי֩ חֲמִשָּׁ֨ה — יב̇. ז̇ חס פאת. ד̇ בצורת הבית[16]
וְעֶשְׂרִ֥ים אֶ֙לֶף֙ עַל־[c]°גְּב֣וּל יָ֔מָּה לְעֻמַּ֥ת חֲלָקִ֖ים[d] לַנָּשִׂ֑יא וְהָֽיְתָה֙ תְּרוּמַ֣ת — ה̇[17]. ד̇[18]
22 הַקֹּ֔דֶשׁ וּמִקְדַּ֥שׁ הַבַּ֖יִת בְּתוֹכֹֽה׃ 22 וּמֵאֲחֻזַּ֤ת[a] הַלְוִיִּם֙ וּמֵאֲחֻזַּ֣ת[a] הָעִ֔יר — בתוכו ק̇ חד מן ב̇ כת ה בליש
בְּת֕וֹךְ אֲשֶׁ֥ר לַנָּשִׂ֖יא יִהְיֶ֑ה בֵּ֣ין ׀ גְּב֣וּל יְהוּדָ֗ה וּבֵין֙ גְּב֣וּל בִּנְיָמִ֔ן[b] לַנָּשִׂ֖יא
23 יִהְיֶֽה[b]׃ 23 וְיֶ֖תֶר הַשְּׁבָטִ֑ים מִפְּאַ֥ת קָדִ֛ימָה עַד־[a]פְּאַת־יָ֖מָּה בִּנְיָמִ֥ן
24 אֶחָֽד׃ 24 וְעַ֣ל ׀ גְּב֣וּל בִּנְיָמִ֗ן מִפְּאַ֥ת קָדִ֛ימָה עַד־[a]פְּאַת־יָ֖מָּה שִׁמְע֥וֹן
25 אֶחָֽד׃ 25 וְעַ֣ל ׀ גְּב֣וּל שִׁמְע֔וֹן מִפְּאַ֥ת קָדִ֛ימָה עַד־[a]פְּאַת־יָ֖מָּה יִשָּׂשכָ֥ר[b]
26 אֶחָֽד׃ 26 וְעַ֣ל ׀ גְּב֣וּל יִשָּׂשכָ֔ר[b] מִפְּאַ֥ת קָדִ֛ימָה עַד־[a]פְּאַת־יָ֖מָּה זְבוּלֻ֥ן
27 אֶחָֽד׃ 27 וְעַ֣ל ׀ גְּב֣וּל זְבוּלֻ֔ן מִפְּאַ֥ת קָדְמָ֖ה עַד־[a]פְּאַת־יָ֑מָּה גָּ֖ד אֶחָֽד׃ — ג̇ חס[19]
28 וְעַל֙ גְּב֣וּל גָּ֔ד אֶל־פְּאַ֥ת נֶ֖גֶב תֵּ֑ימָנָה וְהָיָ֨ה גְב֜וּל[a] מִתָּמָ֗ר מֵ֤י[b] מְרִיבַ֣ת
29 קָדֵ֔שׁ נַחֲלָ֖ה עַל־[c]°הַיָּ֥ם הַגָּדֽוֹל׃ 29 זֹ֥את הָאָ֛רֶץ אֲשֶׁר־תַּפִּ֥ילוּ מִֽנַּחֲלָ֖ה[a] — ב̇ בסיפ
לְשִׁבְטֵ֣י יִשְׂרָאֵ֑ל וְאֵ֙לֶּה֙ מַחְלְקוֹתָ֔ם נְאֻ֖ם אֲדֹנָ֥י[b] יְהוִֽה׃ פ
30 וְאֵ֖לֶּה תּוֹצְאֹ֣ת הָעִ֑יר מִפְּאַ֣ת ° צָפ֗וֹן חֲמֵ֥שׁ מֵא֛וֹת וְאַרְבַּ֥עַת אֲלָפִ֖ים — ב̇ כת כן. ל̇[20]
31 מִדָּֽה׃ 31 וְשַׁעֲרֵ֣י הָעִ֗יר עַל־שְׁמוֹת֙ שִׁבְטֵ֣י יִשְׂרָאֵ֔ל שְׁעָרִ֥ים שְׁלוֹשָׁ֖ה — יו̇ מל וכל מגלה דכות[21]
32 צָפ֑וֹנָה שַׁ֣עַר רְאוּבֵ֣ן אֶחָ֡ד שַׁ֣עַר יְהוּדָה֩ אֶחָ֨ד שַׁ֥עַר לֵוִ֖י אֶחָֽד׃ 32 וְאֶל־[a] — נג̇
פְּאַ֣ת קָדִ֗ימָה חֲמֵ֤שׁ מֵאוֹת֙ וְאַרְבַּ֣עַת אֲלָפִ֔ים[b] וּשְׁעָרִ֖ים שְׁלֹשָׁ֑ה וְשַׁ֙עַר[c]
33 יוֹסֵ֤ף אֶחָד֙ שַׁ֣עַר בִּנְיָמִן֙ אֶחָ֔ד שַׁ֥עַר דָּ֖ן אֶחָֽד׃ 33 וּפְאַת־נֶ֗גְבָּה חֲמֵ֨שׁ — ח̇. כז̇[22] ד̇[23] מנה בסיפ
מֵא֜וֹת וְאַרְבַּ֤עַת אֲלָפִים֙ מִדָּ֔ה וּשְׁעָרִ֖ים שְׁלֹשָׁ֑ה שַׁ֨עַר שִׁמְע֤וֹן אֶחָד֙

[13] Mm 1462. [14] Mm 919. [15] Mm 3998. [16] Mm 2958 et Mm 3937. [17] Mm 1348. [18] Mm 2993. [19] Mm 2994. [20] Mm 2995. [21] Mm 2959. [22] Mp sub loco. [23] Mm 2996.

19 [a] 𝔊 οἱ δὲ ἐργαζόμενοι = וְעֹבְדֵי? ‖ [b] 𝔊 ἐργῶνται αὐτήν = ־וּהָ? ‖ **20** [a] frt l רְבוּעָה (43,16) vel מְרֻבַּעַת (40,47 45,2) ‖ [b] = עַל ‖ **21** [a] = עַל ‖ [b] > 𝔊𝔖; prb l קָדִימָה ‖ [c] l c nonn Mss 𝔊𝔗𝔙 עַד ‖ [d] 𝔊 τῶν μερίδων, l ׳הַחֲ ‖ **22** [a] l וַאֲחזת ‖ [b–b] > 𝔖 ‖ **23–27** [a] frt l וְעַד cf 2–8 [a–a] ‖ [b] sic L, mlt Mss Edd ׳יש ‖ **28** [a] l c nonn Mss ׳הַגְּ ‖ [b] 2 Mss 𝔖𝔙 pr ־עַד (cf 47,19), 𝔊 pr cop ‖ [c] pc Mss 𝔗 אֶל cf 47,19; 2 Mss 𝔊 עד ‖ **29** [a] l c pc Mss 𝔊𝔖𝔙 ׳בְּנַ cf 45,1 47,22 ‖ [b] > 𝔊*, add ‖ **32** [a] = ועל ‖ [b] $𝔊^{L}$(𝔖) + μέτρῳ = מִדָּה cf 30.33.34 ‖ [c] l c nonn Mss $𝔊𝔖𝔗^{Mss}𝔙$ שער cf 31.33.34.

ל̇ ר״פ[24] שַׁ֧עַר יִשָּׂשכָר֙ אֶחָ֔ד שַׁ֥עַר זְבוּלֻ֖ן אֶחָֽד׃ 34 פְּאַ֣ת[a]־יָ֗מָּה חֲמֵ֤שׁ מֵאוֹת֙ 34
וְאַרְבַּ֣עַת אֲלָפִ֔ים[b] שַׁעֲרֵיהֶ֖ם[c] שְׁלֹשָׁ֑ה שַׁ֧עַר גָּ֣ד אֶחָ֗ד שַׁ֤עַר אָשֵׁר֙ אֶחָ֔ד
ג̇ ר״פ[25] שַׁ֥עַר נַפְתָּלִ֖י אֶחָֽד׃ 35 סָבִ֕יב שְׁמֹנָ֥ה עָשָׂ֖ר אָ֑לֶף וְשֵׁם־הָעִ֥יר מִיּ֛וֹם 35
יח̇ ס״פ ד̇[26] מנה בסיפ̇ יְהוָ֥ה ׀ שָֽׁמָּה׃

סכום הפסוקים של ספר
אלף ומאתים
ושבעים ושלשה
וחציו ויהי בעשתי[27]
וסדרים כ̇ט̇

[24] Mm 978. [25] Mm 3215. [26] Mm 2908. [27] Ez 26, 1.

34 [a] prb l c pc Mss 𝔊𝔖𝔗[Edd]𝔙 וּפְ׳ cf 32.33 ‖ [b] 𝔊(𝔖) + *μέτρῳ* = מִדָּה cf 32[b] ‖ [c] prb l c Ms 𝔊*𝔖 וּשְׁעָרִים; 𝔙 pr cop.

HOSEA הושע

[סא] **1** [1] דְּבַר־יְהוָ֣ה ׀ אֲשֶׁ֣ר הָיָ֗ה אֶל־הוֹשֵׁ֙עַ֙ בֶּן־בְּאֵרִ֔י בִּימֵ֨י עֻזִּיָּ֥ה יוֹתָ֛ם — ב[1]
אָחָ֥ז יְחִזְקִיָּ֖ה מַלְכֵ֣י יְהוּדָ֑ה וּבִימֵ֛י יָרָבְעָ֥ם בֶּן־יוֹאָ֖שׁ מֶ֥לֶךְ יִשְׂרָאֵֽל׃ — ב[2]
2 תְּחִלַּ֥ת דִּבֶּר[a]־יְהוָ֖ה בְּהוֹשֵׁ֑עַ פ — ג ור״פ[3]. ב[4]
וַיֹּ֨אמֶר יְהוָ֜ה אֶל־הוֹשֵׁ֗עַ
לֵ֣ךְ קַח־לְךָ֞ אֵ֤שֶׁת זְנוּנִים֙ וְיַלְדֵ֣י זְנוּנִ֔ים — ל
כִּֽי־זָנֹ֤ה תִזְנֶה֙ הָאָ֔רֶץ מֵאַחֲרֵ֖י יְהוָֽה׃ — ל וכת ה
3 וַיֵּ֗לֶךְ וַיִּקַּח֙ אֶת־גֹּ֣מֶר בַּת־דִּבְלָ֔יִם וַתַּ֥הַר וַתֵּֽלֶד־ל֖וֹ בֵּֽן׃ 4 וַיֹּ֤אמֶר — ל. ב. ו ר״פ[5]
יְהוָה֙ אֵלָ֔יו
קְרָ֥א שְׁמ֖וֹ יִזְרְעֶ֑אל כִּי־ע֣וֹד מְעַ֗ט
וּפָ֨קַדְתִּ֜י אֶת־דְּמֵ֤י יִזְרְעֶאל֙ עַל־בֵּ֣ית יֵה֔וּא — יב
וְהִשְׁבַּתִּ֔י מַמְלְכ֖וּת בֵּ֥ית יִשְׂרָאֵֽל׃ — יג[6]. ד וכל יהושע דכות[7]. ד בסיפ[8]
5 וְהָיָ֖ה בַּיּ֣וֹם הַה֑וּא
וְשָֽׁבַרְתִּי֙ אֶת־קֶ֣שֶׁת יִשְׂרָאֵ֔ל בְּעֵ֖מֶק יִזְרְעֶֽאל׃
6 וַתַּ֤הַר עוֹד֙ וַתֵּ֣לֶד בַּ֔ת וַיֹּ֣אמֶר ל֔וֹ
קְרָ֥א שְׁמָ֖הּ לֹ֣א רֻחָ֑מָה כִּי֩ לֹ֨א אוֹסִ֜יף ע֗וֹד — ד וחס. יט
אֲרַחֵם֙ אֶת־בֵּ֣ית יִשְׂרָאֵ֔ל כִּֽי־[a]נָשֹׂ֥א אֶשָּׂ֖א[a] לָהֶֽם׃ — ד בסיפ[8]. כג
7 וְאֶת־בֵּ֨ית יְהוּדָ֜ה אֲרַחֵ֗ם וְהוֹשַׁעְתִּ֛ים בַּיהוָ֖ה אֱלֹהֵיהֶ֑ם וְלֹ֣א — ג מיחד[9]. ל
אוֹשִׁיעֵ֗ם בְּקֶ֤שֶׁת וּבְחֶ֙רֶב֙ וּבְמִלְחָמָ֔ה בְּסוּסִ֖ים וּבְפָרָשִֽׁים[a]׃ — ב. ל[10]. ג[11]
8 וַתִּגְמֹ֖ל אֶת־לֹ֣א רֻחָ֑מָה וַתַּ֖הַר וַתֵּ֥לֶד בֵּֽן׃ 9 וַיֹּ֕אמֶר — ד וחס
קְרָ֥א שְׁמ֖וֹ לֹ֣א עַמִּ֑י כִּ֤י אַתֶּם֙ לֹ֣א עַמִּ֔י — מז פסוק לא לא לא
וְאָנֹכִ֖י לֹֽא־[a]אֶהְיֶ֥ה לָכֶֽם[a]׃ ס

Cp 1 [1] Gn 26,34. [2] Mm 2997. [3] Mm 2998. [4] Mm 2999. [5] Mm 1931. [6] Mm 815. [7] Mm 1612. [8] Mm 953. [9] Mm 2526. [10] Mm 2903. [11] Mm 3000.

Cp 1,2 [a] 𝔊 *λόγου* cf 𝔖 ‖ **6** [a–a] 𝔊 *ἀντιτασσόμενος ἀντιτάξομαι*, prp שָׂנֹא אֶשְׂנָא; frt l לֹא אֶשָּׂא ‖ **7** [a–a] add ‖ **9** [a–a] prb l אֱלֹהֵיכֶם.

2 1 וְהָיָה֩ מִסְפַּ֨ר בְּנֵֽי־יִשְׂרָאֵ֜ל כְּח֣וֹל הַיָּ֗ם — ג בטע ר״פ בסיפ[1]
אֲשֶׁ֛ר לֹֽא־יִמַּ֖ד וְלֹ֣א יִסָּפֵ֑ר — יז מ״פ לא ולא לא[2]. ל
וְהָיָ֗ה בִּמְק֞וֹם אֲשֶׁר־יֵאָמֵ֤ר לָהֶם֙ לֹֽא־עַמִּ֣י אַתֶּ֔ם
יֵאָמֵ֥ר לָהֶ֖ם בְּנֵ֥י אֵל־חָֽי׃
2 וְנִקְבְּצוּ֩ בְּנֵי־יְהוּדָ֨ה וּבְנֵי־יִשְׂרָאֵ֜ל יַחְדָּ֗ו — הי וכל ר״פ דכות[3]
וְשָׂמ֥וּ לָהֶ֛ם רֹ֥אשׁ אֶחָ֖ד וְעָל֣וּ מִן־הָאָ֑רֶץ
כִּ֥י גָד֖וֹל י֥וֹם יִזְרְעֶֽאל׃
3 אִמְר֥וּ לַאֲחֵיכֶ֖ם עַמִּ֑י וְלַאֲחֽוֹתֵיכֶ֖ם רֻחָֽמָה׃ — ל. ד וחס

4 רִ֤יבוּ בְאִמְּכֶם֙ רִ֔יבוּ כִּֽי־הִיא֙ לֹ֣א אִשְׁתִּ֔י [a]וְאָנֹכִ֖י לֹ֣א אִישָׁ֑הּ[a] — כה[4]
וְתָסֵ֤ר זְנוּנֶ֙יהָ֙ מִפָּנֶ֔יהָ[b] וְנַאֲפוּפֶ֖יהָ מִבֵּ֥ין שָׁדֶֽיהָ׃ — ל. ל
5 פֶּן־אַפְשִׁיטֶ֣נָּה עֲרֻמָּ֔ה וְהִ֨צַּגְתִּ֔יהָ כְּי֖וֹם הִוָּֽלְדָ֑הּ — ל. ל. יא[5]
וְשַׂמְתִּ֣יהָ כַמִּדְבָּ֗ר וְשַׁתִּ֙הָ֙ כְּאֶ֣רֶץ צִיָּ֔ה [a]וַהֲמִתִּ֖יהָ בַּצָּמָֽא[a]׃ — ו[6]. ל. ה[7]
6 וְאֶת־בָּנֶ֖יהָ לֹ֣א אֲרַחֵ֑ם כִּֽי־בְנֵ֥י זְנוּנִ֖ים הֵֽמָּה׃
7 כִּ֤י זָֽנְתָה֙ אִמָּ֔ם הֹבִ֖ישָׁה הֽוֹרָתָ֑ם — ל
כִּ֣י אָמְרָ֗ה אֵלְכָ֞ה אַחֲרֵ֤י מְאַהֲבַי֙
נֹתְנֵ֤י לַחְמִי֙ וּמֵימַ֔י צַמְרִ֣י וּפִשְׁתִּ֔י שַׁמְנִ֖י וְשִׁקּוּיָֽי׃ — ב. ב. ל
8 לָכֵ֛ן[a] הִנְנִי־שָׂ֥ךְ אֶת־[a]דַּרְכֵּ֖ךְ[b] בַּסִּירִ֑ים — ל
וְגָֽדַרְתִּי֙ אֶת־גְּדֵרָ֔הּ וּנְתִיבוֹתֶ֖יהָ לֹ֥א תִמְצָֽא׃ — ל
9 וְרִדְּפָ֤ה אֶת־מְאַהֲבֶ֙יהָ֙ וְלֹֽא־תַשִּׂ֣יג אֹתָ֔ם — ל
וּבִקְשָׁ֖תַם וְלֹ֣א תִמְצָ֑א[a] וְאָמְרָ֗ה אֵלְכָ֤ה — ל. ח[8]
וְאָשׁ֙וּבָה֙ אֶל־אִישִׁ֣י הָרִאשׁ֔וֹן כִּ֣י ט֥וֹב לִ֛י אָ֖ז מֵעָֽתָּה׃ — ח[9]. סד
10 וְהִיא֙ לֹ֣א יָֽדְעָ֔ה כִּ֤י אָנֹכִי֙ נָתַ֣תִּי לָ֔הּ הַדָּגָ֖ן וְהַתִּיר֣וֹשׁ וְהַיִּצְהָ֑ר — ג[10]
[a]וְכֶ֨סֶף הִרְבֵּ֥יתִי לָ֛הּ וְזָהָ֖ב עָשׂ֥וּ לַבָּֽעַל[a]׃
11 לָכֵ֣ן אָשׁ֗וּב וְלָקַחְתִּ֤י דְגָנִי֙ בְּעִתּ֔וֹ וְתִירוֹשִׁ֖י בְּמוֹעֲד֑וֹ — ל[11]. ג מל[11]
וְהִצַּלְתִּי֙ צַמְרִ֣י וּפִשְׁתִּ֔י[a] לְכַסּ֖וֹת אֶת־עֶרְוָתָֽהּ׃ — ב. ב

Cp 2 [1]Mp sub loco. [2]Mm 1613. [3]Mm 470. [4]Mm 1506. [5]Mm 1630. [6]Mm 2503. [7]Mm 1114. [8]Mm 3001. [9]Mm 1776. [10]Mm 3002. [11]Mm 3003.

Cp 2,4 [a–a] nonn add hab, sed l 𝔐 ‖ [b] sic L, mlt Mss Edd ־נֶיהָ ‖ **5** [a–a] cf 4[a–a] ‖ **8** [a] add? ‖ [b] l דַּרְכָּהּ cf 𝔊𝔖 ‖ **9** [a] 𝔊(𝔖) + *αὐτούς* ‖ **10** [a–a] add? ‖ **11** [a] frt hemist exc.

12 וְעַתָּ֛ה אֲגַלֶּ֥ה אֶת־נַבְלֻתָ֖הּ לְעֵינֵ֣י מְאַהֲבֶ֑יהָ וְאִ֖ישׁ לֹא־יַצִּילֶ֥נָּה — כֹ בטע . ב . ל
13 וְהִשְׁבַּתִּי֙ כָּל־מְשׂוֹשָׂ֔הּ חַגָּ֖הּ חָדְשָׁ֣הּ וְשַׁבַּתָּ֑הּ וְכֹ֖ל מוֹעֲדָֽהּ׃ [מִיָּדִֽי׃ — יג[12] . ל . ל . ל . ל . ל
14 וַהֲשִׁמֹּתִ֗י גַּפְנָהּ֙ וּתְאֵ֣נָתָ֔הּ אֲשֶׁ֣ר אָמְרָ֗ה
אֶתְנָ֥ה[a] הֵ֙מָּה֙ לִ֔י אֲשֶׁ֥ר נָֽתְנוּ־לִ֖י מְאַהֲבָ֑י — ל
וְשַׂמְתִּ֣ים לְיַ֔עַר וַאֲכָלָ֖תַם חַיַּ֥ת הַשָּׂדֶֽה׃ — ב
15 וּפָקַדְתִּ֣י עָלֶ֗יהָ אֶת־יְמֵ֤י הַבְּעָלִים֙ אֲשֶׁ֣ר תַּקְטִ֣יר[a] לָהֶ֔ם
וַתַּ֤עַד נִזְמָהּ֙ וְחֶלְיָתָ֔הּ וַתֵּ֖לֶךְ אַחֲרֵ֣י מְאַהֲבֶ֑יהָ — ל . ל . ל
וְאֹתִ֥י שָׁכְחָ֖ה נְאֻם־יְהוָֽה׃ פ
16 לָכֵ֗ן הִנֵּ֤ה אָֽנֹכִי֙ מְפַתֶּ֔יהָ וְהֹלַכְתִּ֖יהָ הַמִּדְבָּ֑ר וְדִבַּרְתִּ֖י עַל־לִבָּֽהּ׃ — ל . ו[13] חס ו ול בליש
17 וְנָתַ֨תִּי לָ֤הּ אֶת־כְּרָמֶ֙יהָ֙ מִשָּׁ֔ם וְאֶת־עֵ֥מֶק עָכ֖וֹר לְפֶ֣תַח תִּקְוָ֑ה — ל . ל
וְעָ֤נְתָה שָּׁ֙מָּה֙ כִּימֵ֣י נְעוּרֶ֔יהָ וּכְי֖וֹם[a] עֲלֹתָ֥הּ מֵאֶֽרֶץ־מִצְרָֽיִם׃ ס — ד . יא[14] ול בליש . ג ב מל וחד חס[15]
18 וְהָיָ֤ה בַיּוֹם־הַהוּא֙ נְאֻם־יְהוָ֔ה
תִּקְרְאִ֖י[a] אִישִׁ֑י וְלֹֽא־תִקְרְאִי[b]־לִ֥י ע֖וֹד בַּעְלִֽי׃ — ח[16]
19 וַהֲסִרֹתִ֛י[a] אֶת־שְׁמ֥וֹת הַבְּעָלִ֖ים מִפִּ֑יהָ וְלֹֽא־יִזָּכְר֥וּ ע֖וֹד בִּשְׁמָֽם׃
20 וְכָרַתִּ֨י לָהֶ֤ם בְּרִית֙ בַּיּ֣וֹם הַה֔וּא
עִם־חַיַּ֤ת הַשָּׂדֶה֙ וְעִם־ע֣וֹף הַשָּׁמַ֔יִם וְרֶ֖מֶשׂ הָאֲדָמָ֑ה
וְקֶ֨שֶׁת וְחֶ֤רֶב וּמִלְחָמָה֙ אֶשְׁבּ֣וֹר מִן־הָאָ֔רֶץ — ג מל בליש
וְהִשְׁכַּבְתִּ֖ים לָבֶֽטַח׃
21 וְאֵרַשְׂתִּ֥יךְ[a] לִ֖י לְעוֹלָ֑ם — ג
וְאֵרַשְׂתִּ֥יךְ לִי֙ בְּצֶ֣דֶק וּבְמִשְׁפָּ֔ט וּבְחֶ֖סֶד וּֽבְרַחֲמִֽים׃ — ג . ב
22 וְאֵרַשְׂתִּ֥יךְ לִ֖י בֶּאֱמוּנָ֑ה וְיָדַ֖עַתְּ אֶת[a]־יְהוָֽה׃ ס — ג . ז[17]
23 וְהָיָ֣ה ׀ בַּיּ֣וֹם הַה֗וּא אֶֽעֱנֶה֙[a] נְאֻם־יְהוָ֔ה — ו בטע בסיפ
אֶעֱנֶ֖ה אֶת־הַשָּׁמָ֑יִם וְהֵ֖ם יַעֲנ֥וּ אֶת־הָאָֽרֶץ׃
24 וְהָאָ֣רֶץ תַּעֲנֶ֔ה אֶת־הַדָּגָ֖ן וְאֶת־הַתִּיר֣וֹשׁ וְאֶת־הַיִּצְהָ֑ר — ח ר״פ[18] . יח פסוק את ואת ואת את
וְהֵ֖ם יַעֲנ֥וּ אֶֽת־יִזְרְעֶֽאל׃

[12] Mm 815. [13] Mm 1871. [14] Mm 1630. [15] Mm 1530 contra textum. [16] Mm 1776. [17] Mm 2392. [18] Mm 4.

14 [a] prp אֶתְנַן ‖ **15** [a] prp תְּקַטֵּר cf 4,13 11,2 ‖ **17** [a] sic L = וְכִ׳ + וּכ׳, mlt Mss Edd וּכ׳ ‖ **18** [a] prp תִּקְרָא לִי cf 𝔊𝔖𝔙 ‖ [b] prp תִּקְרָא cf 𝔊𝔖𝔙 ‖ **19** [a] excipit 17? ‖ **21** [a] excipit 18? ‖ **22** [a] mlt Mss 𝔙 כִּי אֲנִי ‖ **23** [a] > 𝔊𝔖.

25 וּזְרַעְתִּיהָ[a] לִּי בָּאָרֶץ וְרִחַמְתִּי אֶת־לֹא רֻחָמָה | ד וחס
וְאָמַרְתִּי לְלֹא־עַמִּי עַמִּי־אַתָּה וְהוּא יֹאמַר אֱלֹהָי׃ פ | יא[19]. ב. כו מלעיל

3 1 וַיֹּאמֶר יְהוָה אֵלַי עוֹד לֵךְ אֱהַב־אִשָּׁה אֲהֻבַת[a] רֵעַ וּמְנָאָפֶת [b]כְּאַהֲבַת | ל. ל[1]. ל
יְהוָה[b] אֶת־בְּנֵי יִשְׂרָאֵל וְהֵם פֹּנִים אֶל־אֱלֹהִים אֲחֵרִים וְאֹהֲבֵי אֲשִׁישֵׁי | ד[2]. ל
עֲנָבִים׃ 2 וָאֶכְּרֶהָ לִּי בַּחֲמִשָּׁה עָשָׂר כָּסֶף וְחֹמֶר שְׂעֹרִים [a]וְלֶתֶךְ 2 | ל
שְׂעֹרִים׃[a] 3 וָאֹמַר אֵלֶיהָ יָמִים רַבִּים תֵּשְׁבִי לִי לֹא תִזְנִי וְלֹא תִהְיִי 3
לְאִישׁ וְגַם־אֲנִי[a] אֵלָיִךְ׃ 4 כִּי ׀ יָמִים רַבִּים יֵשְׁבוּ בְּנֵי יִשְׂרָאֵל אֵין מֶלֶךְ 4 | ה[3]. יא ס״פ[4]. כט. כ[5]
וְאֵין שָׂר וְאֵין זֶבַח וְאֵין מַצֵּבָה וְאֵין אֵפוֹד וּתְרָפִים׃ 5 אַחַר יָשֻׁבוּ בְּנֵי 5 | ל[6]. ב זקף קמ. ז חס
יִשְׂרָאֵל וּבִקְשׁוּ אֶת־יְהוָה אֱלֹהֵיהֶם[a] וְאֵת דָּוִד מַלְכָּם[a] וּפָחֲדוּ אֶל־יְהוָה | ב
וְאֶל־טוּבוֹ [a]בְּאַחֲרִית הַיָּמִים[a]׃ פ | ג ומל[7]

4 1 שִׁמְעוּ דְבַר־יְהוָה בְּנֵי יִשְׂרָאֵל
כִּי רִיב לַיהוָה עִם־יוֹשְׁבֵי הָאָרֶץ | לד מל
כִּי אֵין־אֱמֶת וְאֵין־חֶסֶד וְאֵין־דַּעַת אֱלֹהִים בָּאָרֶץ׃ | ג
2 אָלֹה וְכַחֵשׁ וְרָצֹחַ וְגָנֹב וְנָאֹף | ל
פָּרָצוּ[a] וְדָמִים בְּדָמִים נָגָעוּ׃ | ב[1]
3 עַל־כֵּן ׀ תֶּאֱבַל הָאָרֶץ וְאֻמְלַל[a] כָּל־יוֹשֵׁב בָּהּ | מט מל בנביא
בְּחַיַּת הַשָּׂדֶה[b] וּבְעוֹף הַשָּׁמָיִם וְגַם־דְּגֵי הַיָּם יֵאָסֵפוּ׃ | ג. כג פסוק וגם ובתר תלת מילין[2]. ב
4 אַךְ אִישׁ אַל־יָרֵב וְאַל־יוֹכַח אִישׁ | ל
[a]וְעַמְּךָ כִּמְרִיבֵי כֹהֵן[a]׃
5 וְכָשַׁלְתָּ הַיּוֹם[a] [b]וְכָשַׁל גַּם־נָבִיא עִמְּךָ לָיְלָה[b]
[c]וְדָמִיתִי[d] אִמֶּךָ[c]׃ 6 נִדְמוּ[a] עַמִּי מִבְּלִי הַדָּעַת | ל. ל

[19] Mm 2442. Cp 3 [1] וחד מנאפת Prv 30,20. [2] Mm 3093. [3] Mm 2449. [4] Okhl 357. [5] Mm 534. [6] וחד אין שר Gn 39,23. [7] Mm 3499. Cp 4 [1] Mm 4140. [2] Mm 1629.

25 [a] prp הו– || **Cp 3,1** [a] prb l אֹהֶבֶת cf 𝔊𝔖𝔙 || [b–b] prp כאהבָתִי, sed cf 1,2 || **2** [a–a] 𝔊 *καὶ νεβελ οἴνου* || **3** [a] prb ins לֹא אָבוֹא || **5** [a–a] nonn add hab, sed l 𝔐 || **Cp 4,2** [a] 𝔊 *κέχυται ἐπὶ τῆς γῆς* = פָּרְצוּ בָּאָרֶץ? prp וּפָרֶץ, frt l פֶּרֶץ פָּרָצוּ (hpgr) || **3** [a] > 𝔊* *(σὺν πᾶσι)*, frt l (בְּ(כָל vel (עִם־(כָּל || [b] 𝔊* + *καὶ σὺν τοῖς ἑρπετοῖς τῆς γῆς* = וּבְרֶמֶשׂ הָאֲדָמָה cf 2,20, frt ins m cs; al dl aγb || **4** [a–a] crrp; frt l וְעִמְּךָ אֲנִי רָב (הַ)כֹּהֵן vel וְעִמְּךָ רִיבִי (הַ)כֹּהֵן || **5** [a] 𝔊 *ἡμέρας*, prp ביום vel יוֹמָם || [b–b] dl gl? al aβ add hab || [c–c] prp ודמית אֶת־עַמֶּךָ || [d] frt l וְדָמִיתָ cf 𝔙 || **6** [a] prp נִדְמָה.

Mp	Text
מח̇[3] כת̇ א לא קר ול̇ בליש̇ . ב̇	כִּֽי־אַתָּ֞ה הַדַּ֣עַת מָאַ֗סְתָּ וְאֶמְאָֽסְאךָ֙[b] מִכַּהֵ֣ן לִ֔י
ל̇	וַתִּשְׁכַּח֙ תּוֹרַ֣ת אֱלֹהֶ֔יךָ אֶשְׁכַּ֥ח בָּנֶ֖יךָ גַּם־אָֽנִי׃
ל̇ . ב̇	7 כְּרֻבָּ֖ם כֵּ֣ן חָֽטְאוּ־לִ֑י כְּבוֹדָ֖ם[a] בְּקָל֥וֹן אָמִֽיר[b]׃
כ̇ . ג̇ דמטע	8 חַטַּ֥את עַמִּ֖י יֹאכֵ֑לוּ וְאֶל־עֲוֺנָ֖ם יִשְׂא֥וּ נַפְשֽׁוֹ[a]׃
ב̇[4]	9 וְהָיָ֥ה[a] כָעָ֖ם כַּכֹּהֵ֑ן
	וּפָקַדְתִּ֤י עָלָיו֙ דְּרָכָ֔יו וּמַעֲלָלָ֖יו אָשִׁ֥יב לֽוֹ׃
ב̇[5]	10 וְאָֽכְלוּ֙ וְלֹ֣א יִשְׂבָּ֔עוּ הִזְנ֖וּ[a] וְלֹ֣א יִפְרֹ֑צוּ
ל̇	[b]כִּֽי־[c]אֶת־יְהוָ֥ה[c] עָזְב֖וּ לִשְׁמֹֽר[b]׃ 11 [a]זְנ֛וּת וְיַ֥יִן°
	וְ[a]תִיר֖וֹשׁ יִֽקַּֽח־לֵֽב׃ 12 עַמִּי֙[a]
ל̇ זקף קמ̇ . ל̇	בְּעֵצ֣וֹ יִשְׁאָ֔ל וּמַקְל֖וֹ יַגִּ֣יד ל֑וֹ
	כִּ֣י ר֤וּחַ זְנוּנִים֙ הִתְעָ֔ה[b] וַיִּזְנ֖וּ מִתַּ֥חַת אֱלֹהֵיהֶֽם׃
עה̇ . ה̇	13 עַל־רָאשֵׁ֨י הֶהָרִ֜ים יְזַבֵּ֗חוּ וְעַל־הַגְּבָעוֹת֙ יְקַטֵּ֔רוּ
ג̇ . ל̇[6] . ב̇	תַּ֣חַת אַלּ֧וֹן וְלִבְנֶ֛ה וְאֵלָ֖ה כִּ֣י ט֣וֹב צִלָּ֑הּ
ב̇ ומל̇	עַל־כֵּ֗ן תִּזְנֶ֙ינָה֙ בְּנ֣וֹתֵיכֶ֔ם[a] וְכַלּוֹתֵיכֶ֖ם[a] תְּנָאַֽפְנָה׃ [תְּנָאַ֫פְנָה[a]
ב̇ מל̇ . ב̇ ומל̇	14 [a]לֹֽא־אֶפְק֨וֹד עַל־בְּנ֜וֹתֵיכֶ֣ם[b] כִּ֣י תִזְנֶ֗ינָה וְעַל־כַּלּֽוֹתֵיכֶם֙[b] כִּ֣י
ל̇ . ל̇	כִּי־הֵם֙ עִם־הַזֹּנ֣וֹת יְפָרֵ֔דוּ[c] וְעִם־הַקְּדֵשׁ֖וֹת יְזַבֵּ֑חוּ
ג̇[7] . ג̇	וְעָ֥ם לֹֽא־יָבִ֖ין יִלָּבֵֽט׃
ב̇ חד חס̇ וחד מל̇[8] . יח̇ פסוק דמיין[9]	15 [a]אִם־זֹנֶ֤ה אַתָּה֙ יִשְׂרָאֵ֔ל אַל־יֶאְשַׁ֖ם יְהוּדָ֑ה [יְהוָֽה׃
ל̇	וְאַל[b]־תָּבֹ֣אוּ הַגִּלְגָּ֗ל וְאַֽל־תַּעֲלוּ֙ בֵּ֣ית אָ֔וֶן וְאַל־תִּשָּׁבְע֖וּ חַי־
ל̇ וחד מן ד̇[10] בחד לשון . ל̇[6]	16 כִּ֚י כְּפָרָ֣ה סֹרֵרָ֔ה סָרַ֖ר יִשְׂרָאֵ֑ל
ג̇[11] . ב̇ . ג̇	עַתָּה֙ יִרְעֵ֣ם יְהוָ֔ה כְּכֶ֖בֶשׂ בַּמֶּרְחָֽב׃
ד̇ קמ̇ וכל אתנח̇ וס״פ דכות̇[12] . ל̇	17 חֲב֧וּר עֲצַבִּ֛ים אֶפְרָ֖יִם [a]הַנַּֽח־לֽוֹ[a]׃ 18 [a]סָ֖ר[b] סָבְאָ֑ם[a]

[3] Mm 898. [4] Mm 3004. [5] Prv 3,10. [6] Mp sub loco. [7] Mm 3005. [8] Mm 3006. [9] Mm 3911. [10] Mm 1347. [11] Mm 3007. [12] Mm 906.

6 [b] mlt Mss ואמאסך; crrp ex וְאמאסך אֲנִי (𝔊 *κἀγὼ ἀπώσομαί σε*)? ‖ **7** [a] Tiq soph כבודִי ‖ [b] ℭ𝔖 3 pl, prp הֵמִירוּ (Tiq soph) ‖ **8** [a] nonn Mss Vrs נַפְשָׁם, prb l ‖ **9** [a] tot v add? ‖ **10** [a] prp c 2 Mss וְהזנו, al יזנו ‖ [b–b] prb add ‖ [c–c] frt l אֹתִי ‖ **11** [a–a] prb l זְנוּנִים et cj c 10 cf 𝔊𝔖 ‖ **12** [a] cj c 11 cf 𝔊 ‖ [b] prb l c pc Mss עָם– cf ℭ𝔖𝔙 ‖ **13** [a] prp –יהם ‖ **14** [a–a] add? ‖ [b] cf 13[a] ‖ [c] l יְפרדו ‖ **15** [a] tot v prb add cf Am 5,5 8,14 ‖ [b] nonn Mss ℭ[Mss] אל; 𝔊 *(καὶ Ἰούδα) μή* ‖ **17** [a–a] frt l וַיָּנַח בְּ et cj c 18 ‖ **18** [a–a] cj c 17 ‖ [b] prb l סֹד.

הַזְנֵ֥ה הִזְנ֖וּ[c] אָהֲב֥וּ הֵב֛וּ[d] קָל֖וֹן מָגִנֶּֽיהָ׃[e] ל̇ . ל̇
19 צָרַ֥ר ר֛וּחַ אוֹתָ֖הּ[a] בִּכְנָפֶ֑יהָ וְיֵבֹ֖שׁוּ מִזִּבְחוֹתָֽם׃[b] ס יב̇[13] מל̇ וכל יהושע שפטים ויחזק דכות ב̇ מ̇ ג̇ . ל̇

5 1 שִׁמְעוּ־זֹ֨את הַכֹּהֲנִ֜ים וְהַקְשִׁ֣יבוּ ׀ בֵּ֣ית[a] יִשְׂרָאֵ֗ל וּבֵ֤ית הַמֶּ֙לֶךְ֙ הַאֲזִ֔ינוּ ד̇ . ד בסיפ̇[1] . ג̇[2] . ה̇
כִּ֥י לָכֶ֖ם הַמִּשְׁפָּ֑ט
כִּֽי־פַח֙ הֱיִיתֶ֣ם לְמִצְפָּ֔ה וְרֶ֖שֶׁת פְּרוּשָׂ֥ה עַל־תָּבֽוֹר׃ 2 [a]וְשַׁחֲטָ֥ה ל̇ . ל̇
[שֵׂטִ֖ים[a] הֶעְמִ֑יקוּ[b] וַאֲנִ֖י מוּסָ֥ר[c] לְכֻלָּֽם׃[c] ב̇[3]
3 אֲנִי֙ יָדַ֣עְתִּי אֶפְרַ֔יִם וְיִשְׂרָאֵ֖ל לֹֽא־נִכְחַ֣ד מִמֶּ֑נִּי לג̇ . נ̇ז וכל תלים דכות ב̇ מ̇ י̇א
כִּ֤י עַתָּה֙ הִזְנֵ֣יתָ[a] אֶפְרַ֔יִם נִטְמָ֖א יִשְׂרָאֵֽל׃ יב̇[4] י̇א מנה̇ בנביא . ל̇
4 לֹ֤א יִתְּנוּ֙[a] מַֽעַלְלֵיהֶ֔ם לָשׁ֖וּב אֶל־אֱלֹהֵיהֶ֑ם
כִּ֣י ר֤וּחַ זְנוּנִים֙ בְּקִרְבָּ֔ם וְאֶת־יְהוָ֖ה לֹ֥א יָדָֽעוּ׃ ו̇[5]
5 וְעָנָ֥ה[a] גְאוֹן־יִשְׂרָאֵ֖ל בְּפָנָ֑יו וְיִשְׂרָאֵל֙[b] וְאֶפְרַ֔יִם [c]יִכָּֽשְׁלוּ֙ בַּעֲוֺנָ֔ם[c] ה̇[6] . לג̇ . ה̇ וכל מנשה ואפרים דכות[7]
[d]כָּשַׁ֥ל גַּם־יְהוּדָ֖ה עִמָּֽם׃[d]
6 בְּצֹאנָ֣ם וּבִבְקָרָ֗ם יֵֽלְכוּ֙ לְבַקֵּ֣שׁ אֶת־יְהוָ֔ה
וְלֹ֥א יִמְצָ֖אוּ חָלַ֥ץ מֵהֶֽם׃ ל̇
7 בַּיהוָ֣ה בָּגָ֔דוּ כִּֽי־בָנִ֥ים זָרִ֖ים יָלָ֑דוּ
עַתָּ֛ה [a]יֹאכְלֵ֥ם חֹ֖דֶשׁ[b] אֶת[a]־חֶלְקֵיהֶֽם׃ ס כ̇ בטע̇ . ל̇

8 תִּקְע֤וּ שׁוֹפָר֙ בַּגִּבְעָ֔ה חֲצֹצְרָ֖ה בָּֽרָמָ֑ה ד̇ בטע̇ ר״פ
הָרִ֙יעוּ֙ בֵּ֣ית אָ֔וֶן אַחֲרֶ֖יךָ[a] בִּנְיָמִֽין׃ יז̇ מל̇[8]
9 אֶפְרַ֙יִם֙ לְשַׁמָּ֣ה תִֽהְיֶ֔ה בְּי֖וֹם תּֽוֹכֵחָ֑ה
בְּשִׁבְטֵי֙ יִשְׂרָאֵ֔ל הוֹדַ֖עְתִּי נֶאֱמָנָֽה׃
10 הָיוּ֙ שָׂרֵ֣י יְהוּדָ֔ה כְּמַסִּיגֵ֖י גְּב֑וּל ג̇ ר״פ
עֲלֵיהֶ֕ם אֶשְׁפּ֥וֹךְ כַּמַּ֖יִם עֶבְרָתִֽי׃ ד̇ מל̇

[13] Mm 1009. Cp 5 [1] Mm 953. [2] Mm 2118. [3] Mm 3364. [4] Mm 230. [5] Mm 2323. [6] Mm 3008. [7] Mm 1396. [8] Mm 262.

18 [c–c] exc vb? || [d–d] dl הבו, dttg (cf 𝔊) vel potius l אָהֹב אָהֲבוּ (cf σ′) || [e] 𝔊 *ἐκ φρυάγματος αὐτῆς* (vel *αὐτῶν*), prp מִגְּאוֹנָם; frt l (קָלוֹן) גֵּוִיהֶם || **19** [a] prb l אותם cf v b || [b] prb l מִמִּזְבְּחוֹתָם cf 𝔊𝔖𝔗 || **Cp 5,1** [a] prp שָׂרֵי || **2** [a–a] crrp; prp וְשַׁחַת הַשִּׁטִּים, prb l וְשַׁחַת בַּשִּׁטִּים || [b] prp תַּעֲמִיקוּ, sed l 𝔐 || [c–c] 𝔊(𝔙) *παιδευτὴς ὑμῶν*, prb l מְיַסֵּר לָכֶם; prp מוּסַר לכ(ל)ם || **3** [a] l הִזְנָה cf Vrs || **4** [a] prp יתנום (מ hpgr) || **5** [a] prp ענה (ו dttg) || [b] dl, var lect ad ואפרים || [c–c] prb l יִכָּשֵׁל בעונו || [d–d] dl m cs, gl || **7** [a–a] prp יֹאכַל מַשְׁחִית vel יֹאכְלוּ מַחֲרֵשִׁית || [b] 𝔊 *ἡ ἐρυσίβη καί* || **8** [a] 𝔊 *ἐξέστη*; prp יֶחֱרַד vel הַחֲרִדוּ, l 𝔐.

11 עָשׁוּק[a] אֶפְרַיִם רְצוּץ מִשְׁפָּט[a]
כִּי הוֹאִיל הָלַךְ אַחֲרֵי־צָו[b]׃
12 וַאֲנִי[a] כָעָשׁ לְאֶפְרָיִם וְכָרָקָב לְבֵית יְהוּדָה׃
13 וַיַּרְא אֶפְרַיִם אֶת־חָלְיוֹ וִיהוּדָה[a] אֶת־מְזֹרוֹ
וַיֵּלֶךְ אֶפְרַיִם אֶל־אַשּׁוּר וַיִּשְׁלַח[b] אֶל־[c]מֶלֶךְ יָרֵב[c]
וְהוּא לֹא יוּכַל לִרְפֹּא לָכֶם[d] וְלֹא־יִגְהֶה[e] מִכֶּם[d] מָזוֹר׃
14 כִּי אָנֹכִי כַשַּׁחַל לְאֶפְרַיִם וְכַכְּפִיר לְבֵית יְהוּדָה
אֲנִי אֲנִי אֶטְרֹף וְאֵלֵךְ אֶשָּׂא וְאֵין מַצִּיל׃
15 [a]אֵלֵךְ אָשׁוּבָה אֶל־מְקוֹמִי
עַד אֲשֶׁר־יֶאְשְׁמוּ וּבִקְשׁוּ פָנָי
[b]בַּצַּר לָהֶם יְשַׁחֲרֻנְנִי׃

6 1 לְכוּ וְנָשׁוּבָה אֶל־יְהוָה
כִּי הוּא טָרָף וְיִרְפָּאֵנוּ יַךְ[a] וְיַחְבְּשֵׁנוּ׃
2 יְחַיֵּנוּ מִיֹּמָיִם בַּיּוֹם הַשְּׁלִישִׁי יְקִמֵנוּ ס [ב]
וְנִחְיֶה לְפָנָיו׃ 3 וְנֵדְעָה[a]
נִרְדְּפָה לָדַעַת אֶת־יְהוָה [b]כְּשַׁחַר נָכוֹן מֹצָאוֹ[b]
וְיָבוֹא כַגֶּשֶׁם לָנוּ כְּמַלְקוֹשׁ יוֹרֶה[c] אָרֶץ׃
4 מָה אֶעֱשֶׂה־לְּךָ אֶפְרַיִם מָה אֶעֱשֶׂה־לְּךָ יְהוּדָה
וְחַסְדְּכֶם כַּעֲנַן־בֹּקֶר וְכַטַּל מַשְׁכִּים הֹלֵךְ׃
5 עַל־כֵּן חָצַבְתִּי[a] בַּנְּבִיאִים[b] הֲרַגְתִּים[c] בְּאִמְרֵי־פִי
[d][e]וּמִשְׁפָּטֶיךָ אוֹר[e] יֵצֵא׃
6 כִּי חֶסֶד חָפַצְתִּי וְלֹא־זָבַח וְדַעַת אֱלֹהִים מֵעֹלוֹת׃

ד̇ ג̇ מל̇ וחד חס̇[9]
ג̇ ומל̇[10] . ל̇
ס̇ז ר״פ . ג̇ . ל̇
ל̇
ב̇ חד חס̇ וחד מל̇[11]
ל̇[12]
ג̇ . כ̇ג̇
ל̇
ב̇
ז̇[1]
ב̇ קמ̇[2] . ל̇
ז̇ פסוק מן ז̇ מילין כל מילה אית בהון י̇ . ה̇ ג̇ מל̇ וב̇ חס̇[3] . ל̇
ו̇
ב̇ . ב̇ חד מל̇ וחד חס̇[4]
י̇א̇[5]
ה̇[6]
ל̇[7] . ג̇

[9] Mm 3009. [10] Mm 1044. [11] Mm 3695. [12] Mm 3622. **Cp 6** [1] Mm 2714. [2] Mm 3010. [3] Mm 517. [4] Mm 3011 contra textum. [5] Mm 2300. [6] Mm 3012. [7] Mp sub loco.

11 [a–a] 𝔊 *κατεδυνάστευσεν Εφραιμ τὸν ἀντίδικον αὐτοῦ, κατεπάτησε κρίμα*; l 𝔐 cf 𝔖𝔗𝔙 ‖ [b] prb l צָרוֹ (= צר + ו init 12?); prp שָׁוְא cf 𝔊𝔖(𝔗) ‖ **12** [a] frt l אני cf 11[b] ‖ **13** [a] prp וּבֵית יְהודה m cs ‖ [b] prb ins (בֵּית) יְהוּדָה cf aβ et 14aβ ‖ [c–c] prb l מַלְכִּי רָב vel מלך רָב cf 10,6[b–b] ‖ [d] aut dl aut l להם et מֵהם ‖ [e] prb l יַגהה ‖ **15** [a] tot v add? ‖ [b] 𝔊𝔙 hinc incip cp 6 ‖ **Cp 6,1** [a] frt l וַיַּךְ vel וְהוּא נָכָה ‖ **3** [a] prb exc nonn vb; al dl ‖ [b–b] prp כְּשַׁחֲרֵנוּ כֵּן נִמְצָאֵנוּ, l 𝔐 ‖ [c] l יַרְוֶה cf 𝔖𝔗 ‖ **5** [a] prp חֲצַבתיךָ ‖ [b] frt l בָּאֲבָנִים cf Ex 31,18 ‖ [c] prp הרגתיךָ; frt l הוֹדַעְתִּי ‖ [d] exc hemist? al vix recte cj 5b c 3aγ ‖ [e–e] 𝔊*(𝔖𝔗) *καὶ τὸ κρίμα μου ὡς φῶς*, l וּמשפטִי כָאוֹר.

7 וְהֵמָּה[a] כְּאָדָם[b] עָבְרוּ בְרִית שָׁם בָּגְדוּ בִי׃ — י ר״פ[8]. ג[9]
8 גִּלְעָד קִרְיַת פֹּעֲלֵי אָוֶן[a] עֲקֻבָּה מִדָּם[a]׃ — ל
9 וּכְחַכֵּי[a] אִישׁ גְּדוּדִים חֶבֶר[b] כֹּהֲנִים — ל
דֶּרֶךְ יְרַצְּחוּ־שֶׁכְמָה כִּי זִמָּה עָשׂוּ׃ — ל
10 [a]בְּבֵית יִשְׂרָאֵל[a] רָאִיתִי שַׁעֲרוּרִיָּה[b] — ל. שערוריה ק[10]
[c]שָׁם זְנוּת לְאֶפְרַיִם נִטְמָא יִשְׂרָאֵל[c]׃
11 [a]גַּם־יְהוּדָה שָׁת קָצִיר לָךְ[b] — ד קמ[11]
בְּשׁוּבִי[c] שְׁבוּת עַמִּי׃ פ 7 1 כְּרָפְאִי לְיִשְׂרָאֵל — ל[1] — 7
וְנִגְלָה עֲוֺן אֶפְרַיִם וְרָעוֹת[a] שֹׁמְרוֹן — ג
כִּי פָעֲלוּ שָׁקֶר[b] — ב
וְגַנָּב יָבוֹא[c] פָּשַׁט[d] גְּדוּד בַּחוּץ׃
2 וּבַל־יֹאמְרוּ לִלְבָבָם כָּל־[a]רָעָתָם זָכָרְתִּי — ל
עַתָּה סְבָבוּם מַעַלְלֵיהֶם נֶגֶד פָּנַי הָיוּ׃
3 בְּרָעָתָם יְשַׂמְּחוּ־[a]מֶלֶךְ וּבְכַחֲשֵׁיהֶם שָׂרִים׃ — ב. ל
4 כֻּלָּם מְנָאֲפִים[a] כְּמוֹ תַנּוּר [b]בֹּעֵרָה
[c]מֵאֹפֶה[b] יִשְׁבּוֹת מֵעִיר מִלּוּשׁ בָּצֵק עַד־חֻמְצָתוֹ[c]׃ — ל. ל. ל
5 [a]יוֹם מַלְכֵּנוּ[a] הֶחֱלוּ[b] שָׂרִים [c]חֲמַת מִיָּיִן[cd]
[e]מָשַׁךְ יָדוֹ[e] אֶת־לֹצְצִים׃ — ל
6 כִּי־קֵרְבוּ כַתַּנּוּר[a] לִבָּם בְּאָרְבָּם — ב[2]. ג. ל
כָּל־הַלַּיְלָה יָשֵׁן אֹפֵהֶם[b] — ל
בֹּקֶר הוּא בֹעֵר כְּאֵשׁ לֶהָבָה׃
7 כֻּלָּם יֵחַמּוּ כַּתַּנּוּר וְאָכְלוּ אֶת־שֹׁפְטֵיהֶם — ג

[8] Mm 1249. [9] Mm 3013. [10] Mm 832. [11] Mm 3014. Cp 7 [1] Mp sub loco. [2] Mm 2937.

7 [a] prb add ‖ [b] prb l באדם ‖ **8** [a–a] prp עִקְּבֵיהֶם דם ‖ **9** [a] frt l כְּחַכָּא vel כְּחֶבֶר ‖ [b] 𝔊 ἔκρυψαν, frt l חָבְאוּ cf Hi 24,4 ‖ **10** [a–a] prp בבית־אל ‖ [b] mlt Mss ut Q ‖ [c–c] prb add cf 5,3b ‖ **11** [a] al tot v al sol v a vel aα add hab ‖ [b] prp c pc Mss $𝔊^L$ לה ‖ [c] frt l כְּשׁוּבִי et cj c 7,1 ‖ **Cp 7,1** [a] prp ורעת cf 𝔊𝔖𝔙 ‖ [b] exc hemist? ‖ [c] frt ins הַבַּיְתָה ‖ [d] prp פֹּשֵׁט cf 𝔊 (ἐκδιδύσκων) 𝔖 (יִפְשֹׁט) ‖ **2** [a] prp כִּי־ ‖ **3** [a] prb l יִמְשְׁחוּ ‖ **4** [a] prp אֹנְפִים; frt ins כַּתַּנּוּר ex 6 cf 6[a] ‖ [b–b] prp בֹּעֵר הֵם ‖ [c–c] gl ad 6? ‖ **5** [a–a] frt l בְּיוֹם מלכם cf 𝔗 ‖ [b] pc Mss 𝔊𝔖𝔙 הֶחֱלוּ ‖ [c–c] frt l חֲמָתָם י׳ ‖ [d] var lect ad (ו)ידו? cf [e–e] ‖ [e–e] frt l מֹשֵׁךְ (= מסך) יֵינוֹ ‖ **6** [a] frt tr post (מנאפים) אנפים 4a ‖ [b] 𝔖(𝔗) *rwgzhwn*, l אַפֵּהֶם.

כָּל־מַלְכֵיהֶ֣ם נָפָ֔לוּ אֵין־קֹרֵ֥א בָהֶ֖ם אֵלָֽי׃

8 אֶפְרַ֕יִם בָּעַמִּ֖ים ה֣וּא יִתְבּוֹלָ֑ל
אֶפְרַ֛יִם הָיָ֥ה עֻגָ֖ה בְּלִ֥י הֲפוּכָֽה׃

9 אָכְל֤וּ זָרִים֙ כֹּח֔וֹ וְה֖וּא לֹ֣א יָדָ֑ע
גַּם־שֵׂיבָה֙ זָ֣רְקָה בּ֔וֹ וְה֖וּא לֹ֥א יָדָֽע׃

10 [a]וְעָנָ֥ה גְאוֹן־יִשְׂרָאֵ֖ל בְּפָנָ֑יו
וְלֹא־שָׁ֙בוּ֙ אֶל־יְהוָ֣ה אֱלֹהֵיהֶ֔ם וְלֹ֥א בִקְשֻׁ֖הוּ בְּכָל־זֹֽאת׃

11 וַיְהִ֣י אֶפְרַ֔יִם כְּיוֹנָ֥ה פוֹתָ֖ה אֵ֣ין לֵ֑ב
מִצְרַ֥יִם קָרָ֖אוּ אַשּׁ֥וּר הָלָֽכוּ׃

12 כַּאֲשֶׁ֣ר יֵלֵ֗כוּ אֶפְר֤וֹשׂ עֲלֵיהֶם֙ רִשְׁתִּ֔י
כְּע֥וֹף הַשָּׁמַ֖יִם אוֹרִידֵ֑ם אַיְסִרֵ֕ם[a] [b]כְּשֵׁ֖מַע[c] לַעֲדָתָֽם[b]׃ ס

13 א֤וֹי לָהֶם֙ כִּֽי־נָדְד֣וּ מִמֶּ֔נִּי שֹׁ֥ד לָהֶ֖ם כִּֽי־פָ֣שְׁעוּ בִ֑י
וְאָנֹכִ֣י אֶפְדֵּ֔ם וְהֵ֕מָּה דִּבְּר֥וּ עָלַ֖י כְּזָבִֽים׃

14 וְלֹֽא־זָעֲק֤וּ אֵלַי֙ בְּלִבָּ֔ם כִּ֥י יְיֵלִ֖ילוּ[a] עַל־מִשְׁכְּבוֹתָ֑ם[b]
עַל־דָּגָ֧ן וְתִיר֛וֹשׁ יִתְגּוֹרָ֖רוּ[c] יָס֥וּרוּ[d] בִֽי׃

15 וַאֲנִ֣י יִסַּ֔רְתִּי[a] חִזַּ֖קְתִּי זְרוֹעֹתָ֑ם וְאֵלַ֖י יְחַשְּׁבוּ־רָֽע׃

16 יָשׁ֣וּבוּ ׀ [a]לֹ֣א עָ֗ל[a] הָיוּ֙ כְּקֶ֣שֶׁת רְמִיָּ֔ה
יִפְּל֥וּ בַחֶ֛רֶב שָׂרֵיהֶ֖ם מִזַּ֣עַם לְשׁוֹנָ֑ם
[b]ז֥וֹ לַעְגָּ֖ם[b] בְּאֶ֥רֶץ מִצְרָֽיִם׃

8 1 אֶל־חִכְּךָ֣ שֹׁפָ֔ר[a] כַּנֶּ֖שֶׁר[b] עַל־בֵּ֣ית יְהוָ֑ה
יַ֚עַן עָבְר֣וּ בְרִיתִ֔י וְעַל־תּוֹרָתִ֖י פָּשָֽׁעוּ׃

2 לִ֖י[a] יִזְעָ֑קוּ [b]אֱלֹהַ֥י יְדַֽעֲנ֖וּךָ יִשְׂרָאֵֽל[b]׃

3 זָנַ֥ח יִשְׂרָאֵ֖ל ט֑וֹב אוֹיֵ֖ב יִרְדְּפֽוֹ[a]׃

ל
ל
ז פסוק והוא והוא[3]
כל ליש כת כן . ל
ה[4]
ג[5] . ב וחס
ב[6] . ל
ל מל
ב[7]
בז וכל תלים דכות ב מ א
ב
ג ר״פ . ט . כא פסוק על על ומילה חדה ביניה[8] . ד ומל[9]
ב מל[10]
טו ר״פ . ג[11] . ב[12]
ב קמ[13]
י[14] ב[15] מנה כת כן . ל
ב[1] חס וכל אורית דכות ב מ ב

[3] Mm 2017. [4] Mm 3008. [5] Mm 3982. [6] Mm 2724. [7] Mm 206. [8] Mm 686. [9] Mm 3446. [10] Mm 3015. [11] Mm 3016. [12] Mm 3017. [13] Mm 3018. [14] Mm 2963. [15] Mm 3426. **Cp 8** [1] Mp sub loco.

10 [a] aut v a (cf 5,5) aut tot v add ‖ **12** [a] = ’אאס id est אֶאֱסְרֵם ‖ [b–b] crrp? prp מִשָּׁם עַל־רָעָתָם ‖ [c] frt l כְּשָׁמְעָם ‖ **14** [a] l יֵילִילוּ ‖ [b] prp (עַל־)מִזְבְּחוֹתָם ‖ [c] l c nonn Mss 𝔊 *(κατετέμνοντο)* יתגודדו ut 1R 18,28 ‖ [d] 𝔗(𝔖) *mrdw* cf 𝔊, prb l יָסֹרוּ ‖ **15** [a] > 𝔊, dl ‖ **16** [a–a] 𝔊(𝔖) *εἰς οὐθέν*, prp לַבְּלִיַּעַל; frt l לַבַּעַל ‖ [b–b] crrp? prp לַעֲגָם (et desiit) וְזָל cf 8,13 b ‖ **Cp 8,1** [a] prb exc stich ‖ [b] prp כַּנֹּצֵר vel כַּשֹּׁמֵר ‖ **2** [a] prp אֵלַי; exc vb? ‖ [b–b] frt l ידענוך אֱלֹהֵי ישׂראל; al dl ישׂראל (cf 𝔊𝔖) et l אֱלֹהִים ‖ **3** [a] sic L, mlt Mss Edd יִרְדְּפוֹ.

4 הֵ֤ם הִמְלִ֙יכוּ֙ וְלֹ֣א מִמֶּ֔נִּי הֵשִׂ֖ירוּ וְלֹ֣א יָדָ֑עְתִּי
כַּסְפָּ֣ם וּזְהָבָ֗ם עָשׂ֤וּ לָהֶם֙ עֲצַבִּ֔ים לְמַ֖עַן יִכָּרֵֽת׃

5 זָנַח֙ עֶגְלֵ֣ךְ שֹׁמְר֔וֹן חָרָ֥ה אַפִּ֖י בָּ֑ם
עַד־מָתַ֕י לֹ֥א יוּכְל֖וּ נִקָּיֹֽן׃ 6 כִּ֥י מִיִּשְׂרָאֵ֖ל

וְה֗וּא חָרָ֣שׁ עָשָׂ֔הוּ וְלֹ֥א אֱלֹהִ֖ים ה֑וּא
כִּֽי־שְׁבָבִ֣ים יִֽהְיֶ֔ה עֵ֖גֶל שֹׁמְרֽוֹן׃

7 כִּ֤י ר֙וּחַ֙ יִזְרָ֔עוּ וְסוּפָ֖תָה יִקְצֹ֑רוּ
קָמָ֣ה אֵֽין־ל֗וֹ צֶ֚מַח בְּלִ֣י יַֽעֲשֶׂה־קֶּ֔מַח
אוּלַ֣י יַֽעֲשֶׂ֔ה זָרִ֖ים יִבְלָעֻֽהוּ׃

8 נִבְלַ֖ע יִשְׂרָאֵ֑ל
עַתָּה֙ הָי֣וּ בַגּוֹיִ֔ם כִּכְלִ֖י אֵֽין־חֵ֥פֶץ בּֽוֹ׃

9 כִּֽי־הֵ֙מָּה֙ עָל֣וּ אַשּׁ֔וּר פֶּ֖רֶא בּוֹדֵ֣ד ל֑וֹ אֶפְרַ֖יִם הִתְנ֥וּ אֲהָבִֽים׃

10 גַּ֛ם כִּֽי־יִתְנ֥וּ בַגּוֹיִ֖ם עַתָּ֣ה אֲקַבְּצֵ֑ם
וַיָּחֵ֣לּוּ מְּעָ֔ט מִמַּשָּׂ֖א מֶ֥לֶךְ שָׂרִֽים׃

11 כִּֽי־הִרְבָּ֥ה אֶפְרַ֛יִם מִזְבְּחֹ֖ת לַחֲטֹ֑א הָיוּ־ל֥וֹ מִזְבְּח֖וֹת לַחֲטֹֽא׃

12 אֶכְתֹּב־ל֔וֹ רֻבֵּ֖י תּֽוֹרָתִ֑י כְּמוֹ־זָ֖ר נֶחְשָֽׁבוּ׃

13 זִבְחֵ֣י הַבְהָבַ֗י יִזְבְּח֤וּ בָשָׂר֙ וַיֹּאכֵ֔לוּ יְהוָ֖ה לֹ֣א רָצָ֑ם
עַתָּ֞ה יִזְכֹּ֤ר עֲוֺנָם֙ וְיִפְקֹ֣ד חַטֹּאותָ֔ם הֵ֖מָּה מִצְרַ֥יִם יָשֽׁוּבוּ׃

14 וַיִּשְׁכַּ֤ח יִשְׂרָאֵל֙ אֶת־עֹשֵׂ֔הוּ וַיִּ֖בֶן הֵֽיכָל֑וֹת
וִֽיהוּדָ֗ה הִרְבָּ֛ה עָרִ֖ים בְּצֻר֑וֹת
וְשִׁלַּחְתִּי־אֵ֣שׁ בְּעָרָ֔יו וְאָכְלָ֖ה אַרְמְנֹתֶֽיהָ׃ ס

Masora marginalia (right column):

נֹ וְכל תלים דכות בֹמֹ יֹאֹ²

²⁴ כת ש ול בליש . הֹ³

יֹאֹ⁴ . גֹ בליש⁵

חֹ פסוק והוא הוא . לֹ

⁶גֹ . לֹ

לֹ

ל ה מנה כת א וחד
כת הֹ³ . גֹ . לֹ . בֹ⁸

דֹ . ז קֹמֹ וכל אתנח וסֹֹפֹ
דכות⁹ . לֹ

אכתב חד מן הֹ¹⁰ מל בליש .
רֻבֵּי חד מן מחֹ¹¹ כת ר וקר יֹ קֹ

לֹ

בֹ . טֹ בליש וכל בחטאתם
ובחטאתם דכות¹²

לֹ

דֹ חסֹ¹³

²Mm 1411. ³Mm 1248. ⁴Mm 2545. ⁵Mm 3320. ⁶Mm 3422. ⁷Mm 3560. ⁸Mm 3019. ⁹Mm 1208.
¹⁰Mm 2651. ¹¹Mm 3811. ¹²Mm 759 et Mm 929. ¹³Mm 2340.

4 ᵃ⁻ᵃ nonn tr ante 8 ‖ ᵇ sic L, mlt Mss Edd הִמְלִיכוּ ‖ ᶜ⁻ᶜ prb add, gl ‖ **5** ᵃ l זָנַ֑חְתִּי;
prp זָנַח cf 𝔊 α'θ' ‖ **6** ᵃ⁻ᵃ frt l בְּנֵי יִשְׂרָאֵל et cj c 5b ‖ ᵇ⁻ᵇ gl ad 6b? ‖ **7** ᵃ prp לֹה ‖
ᵇ prp תַעֲשֶׂה ‖ ᶜ prp תַּעֲשֵׂהוּ ‖ **8** ᵃ cf 9ᵃ⁻ᵃ ‖ **9** ᵃ⁻ᵃ frt tr post 8a ‖ ᵇ prp נָתְנוּ ‖ **10** ᵃ
prp c nonn Mss יִתְּנוּ ‖ ᵇ crrp? prp אֶפְרַ֑יִם ‖ ᶜ⁻ᶜ prb l וַיֶּחְדְּלוּ מְעַט מִמְּשֹׁחַ cf 𝔊 ‖ ᵈ l c
mlt Mss 𝔊𝔖𝔗ᴹˢˢ שָׂרִים ‖ וְשָׂרִים ‖ **11** ᵃ⁻ᵃ cj לַחֲטֹא הָיוּ־לוֹ cf 𝔊 ‖ ᵇ⁻ᵇ > 𝔊ᴸ, dl (dttg) ‖
12 ᵃ⁻ᵃ prb l זֶבַח אָהֲבוּ וַיִּזְבְּחוּ ‖ 𝔊𝔖 cf רֹב תּוֹרָתִי ‖ ᵇ K רֻבּוֹ l ‖ **13** ᵃ⁻ᵃ cj l ‖ ᵇ⁻ᵇ dl, gl ‖
ᶜ l אָזְכֹּר cf 12 ‖ ᵈ l וָאֶפְקֹד ‖ ᵉ⁻ᵉ frt add; cf 𝔊* + καὶ ἐν Ἀσσυρίοις ἀκάθαρτα φάγονται
ex 9,3 ‖ **14** ᵃ tot v add? ‖ ᵇ⁻ᵇ al aɣ vel sol וִיהוּדָה add hab ‖ ᶜ prp אַרְמְנוֹתָיו, sed cf
Am 1,7.10.14.

9 1 אַל־תִּשְׂמַח יִשְׂרָאֵל ׀ [a]אֶל־גִּיל[a] כָּעַמִּים — ג̇ [1] . ל̇
כִּי [b]זָנִיתָ מֵעַל אֱלֹהֶיךָ[b]
אָהַבְתָּ אֶתְנָן עַל כָּל־גָּרְנוֹת דָּגָן׃
2 גֹּרֶן וָיֶקֶב לֹא יִרְעֵם[a] וְתִירוֹשׁ יְכַחֶשׁ בָּהּ[b]׃ — ג̇ [2] . ו̇ דמטע [3]
3 [a]לֹא יֵשְׁבוּ בְּאֶרֶץ יְהוָה[a] — כ̇ [4]
וְשָׁב אֶפְרַיִם מִצְרַיִם וּבְאַשּׁוּר טָמֵא יֹאכֵלוּ׃ — ל̇
4 לֹא־יִסְּכוּ לַיהוָה ׀ יַיִן וְלֹא יֶעֶרְבוּ[a]־לוֹ זִבְחֵיהֶם — ג̇ ר״פ לא ולא לא [5]
כְּלֶחֶם אוֹנִים לָהֶם[b] כָּל־אֹכְלָיו יִטַּמָּאוּ[c] — ב̇
כִּי־לַחְמָם לְנַפְשָׁם לֹא יָבוֹא בֵּית יְהוָה׃
5 מַה־תַּעֲשׂוּ לְיוֹם מוֹעֵד וּלְיוֹם חַג־יְהוָה׃ — ל̇ . ד̇ [6]
6 כִּי־הִנֵּה [a]הָלְכוּ מִשֹּׁד[a] מִצְרַיִם תְּקַבְּצֵם מֹף תְּקַבְּרֵם — ל̇
[b]מַחְמַד לְכַסְפָּם[b] קִמּוֹשׂ יִירָשֵׁם חוֹחַ בְּאָהֳלֵיהֶם׃
7 בָּאוּ ׀ יְמֵי הַפְּקֻדָּה בָּאוּ יְמֵי הַשִּׁלֻּם[a] [b]יֵדְעוּ[c] יִשְׂרָאֵל[b] — ב̇ ר״פ [7] . ג̇ חס בליש . יב̇ [8]
אֱוִיל הַנָּבִיא מְשֻׁגָּע אִישׁ הָרוּחַ — ג̇ חס [9]
[d]עַל רֹב עֲוֺנְךָ[e] [f]וְרַבָּה מַשְׂטֵמָה[f]׃ — ד̇ [10]
8 צֹפֶה אֶפְרַיִם [a]עִם־אֱלֹהָי נָבִיא[a] — ח̇ [11]
פַּח יָקוֹשׁ עַל־כָּל־דְּרָכָיו — ל̇
מַשְׂטֵמָה[b] בְּבֵית אֱלֹהָיו׃ — ב̇ [12]
9 הֶעְמִיקוּ־שִׁחֵתוּ[a] כִּימֵי הַגִּבְעָה
[b]יִזְכּוֹר עֲוֺנָם יִפְקוֹד חַטֹּאותָם[b]׃ ס — ל̇ מל . ט̇ בליש וכל בחטאתם ובחטאתם דכות [13]
10 כַּעֲנָבִים בַּמִּדְבָּר מָצָאתִי יִשְׂרָאֵל
כְּבִכּוּרָה בִתְאֵנָה בְּרֵאשִׁיתָהּ[a] רָאִיתִי אֲבוֹתֵיכֶם[b] — ל̇ [14] . ל̇ . ז̇ [15] מל ג̇ מנה בסיפ וכל יהושע שפטים מלכים ירמיה יחזק וכתיב דכות ב̇ מ̇ ח̇

Cp 9 [1] Mm 3020. [2] Mm 3007. [3] Mm 1404. [4] Mm 534. [5] Mm 3021. [6] Mm 435. [7] Mm 3022. [8] Mm 801. [9] Mm 2622. [10] Mm 533. [11] Mm 2923. [12] Mm 3023. [13] Mm 759 et Mm 929. [14] וחד כְּבִכּוּרָה Jes 28,4. [15] Mm 1586.

Cp 9,1 [a–a] l (וְ)אַל־תָּגֵל cf Vrs ‖ [b–b] add? ‖ **2** [a] prb l יֵדָעֵם cf 𝔊 ‖ [b] l c mlt Mss Vrs בם ‖ **3** [a–a] add (gl ad 2)? ‖ **4** [a] prp c 2 Mss יַעַרְכוּ ‖ [b] prb l לַחְמָם ‖ [c] sic L, mlt Mss Edd יִטַּ׳ ‖ **6** [a–a] prb l יֵלְכוּ אַשּׁוּר ‖ [b–b] frt l מַחְמַדֵּי כספם ‖ **7** [a] sic L, mlt Mss Edd הַשִּׁ׳ ‖ [b–b] tr ante bγ? cf [d] ‖ [c] 𝔊 *καὶ κακωθήσεται*, prb l וְיֵרֵעוּ vel (וְיֵרַע לְ(יִשְׂרָאֵל; prp יָרֵעוּ ‖ [d] prb huc tr [b–b] ‖ [e] prb l עֲוֺנָם ‖ [f–f] cf 8 [b] ‖ **8** [a–a] tr ‸ et prb l עִם־אֹהֶל נָבִ‸יא ‖ [b] prb dl et huc tr 7 [f–f] ‖ **9** [a] prb l שַׁחֲתוּ ‖ [b–b] add ex 8,13 ‖ **10** [a] prb dl cf 𝔖 ‖ [b] prp ־יהם cf 𝔊.

הֵ֜מָּה בָּ֣אוּ בַֽעַל־פְּע֗וֹר וַיִּנָּֽזְרוּ֙ לַבֹּ֔שֶׁת ל̇ . ב וחס[16]
וַיִּהְי֥וּ שִׁקּוּצִ֖ים כְּאָהֳבָֽם׃ ל̇
11 אֶפְרַ֕יִם כָּע֖וֹף יִתְעוֹפֵ֣ף כְּבוֹדָ֑ם ל̇ . ל̇
מִלֵּדָ֥ה וּמִבֶּ֖טֶן וּמֵהֵרָיֽוֹן׃ ב . ל̇
12 כִּ֤י אִם־יְגַדְּלוּ֙ אֶת־בְּנֵיהֶ֔ם וְשִׁכַּלְתִּ֖ים מֵאָדָ֑ם ל̇
כִּֽי־גַם־א֥וֹי לָהֶ֖ם בְּשׂוּרִ֥י[a] מֵהֶֽם׃ ל̇[17] כת ש ול בליש
13 אֶפְרַ֛יִם [a]כַּאֲשֶׁר־רָאִ֥יתִי[a] [b]לְצ֖וֹר שְׁתוּלָ֣ה בְנָוֶ֑ה[b] י מל[18]
[c]וְאֶפְרַ֕יִם לְהוֹצִ֖יא אֶל־הֹרֵ֥ג בָּנָֽיו׃ ה̇ וכל מנשה ואפרים דכות[19]
14 [a]תֵּן־לָהֶ֥ם יְהוָ֖ה מַה־תִּתֵּ֑ן
תֵּן־לָהֶם֙ רֶ֣חֶם מַשְׁכִּ֔יל וְשָׁדַ֖יִם צֹמְקִֽים׃ ב . ל̇
15 כָּל־רָעָתָ֤ם בַּגִּלְגָּל֙ כִּֽי־שָׁ֣ם שְׂנֵאתִ֔ים
עַ֚ל רֹ֣עַ מַעַלְלֵיהֶ֔ם מִבֵּיתִ֖י אֲגָרְשֵׁ֑ם
לֹ֚א אוֹסֵ֣ף אַהֲבָתָ֔ם כָּל־שָׂרֵיהֶ֖ם סֹרְרִֽים׃ ג
16 [a]הֻכָּ֣ה אֶפְרַ֔יִם ג ב חס וחד מל[20]
שָׁרְשָׁ֥ם יָבֵ֖שׁ פְּרִ֣י בְלִי[b]־יַעֲשׂ֑וּן בל ק . ה̇[21]
גַּ֚ם כִּ֣י יֵֽלֵד֔וּן וְהֵמַתִּ֖י מַחֲמַדֵּ֥י בִטְנָֽם׃ ס ב . ב[22]
17 יִמְאָסֵ֣ם אֱלֹהַ֔י[a] כִּ֛י לֹ֥א שָׁמְע֖וּ ל֑וֹ
וְיִהְי֥וּ נֹדְדִ֖ים בַּגּוֹיִֽם׃ ס יא רפי[23]

10 1 גֶּ֤פֶן בּוֹקֵק֙ יִשְׂרָאֵ֔ל פְּרִ֖י יְשַׁוֶּה[a]־לּ֑וֹ ב
כְּרֹ֣ב לְפִרְי֗וֹ[b] הִרְבָּה֙ לַֽמִּזְבְּח֔וֹת[c] ח̇[1]
כְּט֣וֹב לְאַרְצ֔וֹ[d] הֵיטִ֖יבוּ[e] מַצֵּבֽוֹת׃ ד̇[2]
2 חָלַ֥ק[a] לִבָּ֖ם[b] עַתָּ֣ה יֶאְשָׁ֑מוּ
ה֚וּא יַעֲרֹ֣ף מִזְבְּחוֹתָ֔ם יְשֹׁדֵ֖ד מַצֵּבוֹתָֽם׃ ב . ג

[16] Mm 2514. [17] Mm 1411. [18] Mm 1897. [19] Mm 1396. [20] Mm 979. [21] Mm 500. [22] Thr 2,4. [23] Mm 417.
Cp 10 [1] Mp sub loco. [2] Mm 1772.

12 [a] = בסורי? prp בשורי in ulciscendo meo cf 𝔖 ‖ **13** [a–a] prb l אַיֶּלֶת vel al bestia; cf 11 ‖ [b–b] 𝔊 *εἰς θήραν παρέστησαν* (𝔊^OL *παρέστη*) *τὰ τέκνα αὐτῶν* (𝔊^L *αὐτοῦ*), prp לְצַיִּד שָׁתְלָה (הִשְׁפִּילָה) בָנֶיהָ; frt l לְצַיִד שָׁתוּ לָהֶם (שָׁת לָהּ) בָּנֶיהָ vel sim ‖ [c] prb exc vb; prp וְכֵן ‖ **14** [a] tot v add? ‖ **16** [a] exc hemist? ‖ [b] K בְּלִי ‖ **17** [a] 𝔊 *ὁ θεός*, prp אֱלֹהֵיהֶם ‖ **Cp 10,1** [a] prp יְשַׂגֶּה ‖ [b] prp לו פריו ‖ [c] frt l מזבחות ‖ [d] prp לו ארצו ‖ [e] frt l היטיב ‖ **2** [a] prp חֵלֶק (cf α′σ′𝔖𝔗𝔙) vel לָקַח ‖ [b] prb ins מֵיְהוָה.

יב̇[3] יא מנה בנביא — 3 כִּ֤י עַתָּה֙ יֹֽאמְר֔וּ אֵ֥ין מֶ֖לֶךְ לָ֑נוּ
[a]כִּ֚י לֹ֣א יָרֵ֣אנוּ אֶת־יְהוָ֔ה[a] וְהַמֶּ֖לֶךְ מַה־יַּֽעֲשֶׂה־לָּֽנוּ׃
ל̇[4] — 4 דִּבְּר֣וּ[a] דְבָרִ֔ים אָל֥וֹת שָׁ֖וְא כָּרֹ֣ת בְּרִ֑ית
וּפָרַ֤ח כָּרֹאשׁ֙ מִשְׁפָּ֔ט עַ֖ל תַּלְמֵ֥י שָׂדָֽי׃
ל̇ — 5 לְעֶגְלוֹת֙[a] בֵּ֣ית אָ֔וֶן יָג֖וּרוּ שְׁכַ֣ן[b] שֹׁמְר֑וֹן
ג̇ — כִּֽי־אָבַ֨ל[c] עָלָ֜יו עַמּ֗וֹ וּכְמָרָיו֙ עָלָ֣יו[d]
יָגִ֔ילוּ[e] עַל־כְּבוֹד֖וֹ כִּי־גָלָ֥ה מִמֶּֽנּוּ׃
כד מל̇ ד̇[5] מנה בתרי עשר . ב̇ זקף קמ̇ . כט וכל משיחה מצרים אשור ישראל דכות̇[6] — 6 גַּם־אוֹתוֹ֙ לְאַשּׁ֣וּר יוּבָ֔ל[a] מִנְחָ֖ה [b]לְמֶ֣לֶךְ יָרֵ֑ב[b]
ל̇ . ג̇ קמ̇ וכל אתנח̇ וס״פ דכות̇[7] . ב̇ מל — בָּשְׁנָה֙ אֶפְרַ֣יִם יִקָּ֔ח וְיֵב֥וֹשׁ יִשְׂרָאֵ֖ל מֵעֲצָתֽוֹ[c]׃
ה̇ — 7 [a]נִדְמֶ֥ה שֹׁמְר֖וֹן מַלְכָּ֑הּ[a] כְּקֶ֖צֶף עַל־פְּנֵי־מָֽיִם׃
ל̇ ר״פ חד מן כו̇ פסוק דאית בהון א״ב — 8 וְנִשְׁמְד֞וּ בָּמ֣וֹת[a] אָ֗וֶן חַטַּאת֙ יִשְׂרָאֵ֔ל
ב̇[8] . ל̇ . ב̇[9] — ק֣וֹץ וְדַרְדַּ֔ר יַעֲלֶ֖ה עַל־מִזְבְּחוֹתָ֑ם
ל̇ . ל̇ — וְאָמְר֤וּ לֶֽהָרִים֙ כַּסּ֔וּנוּ וְלַגְּבָע֖וֹת נִפְל֥וּ עָלֵֽינוּ׃ ס

9 מִימֵי֙ הַגִּבְעָ֔ה חָטָ֖אתָ[a] יִשְׂרָאֵ֑ל שָׁ֣ם עָמָ֔דוּ[b]
ג̇[10] — לֹֽא־תַשִּׂיגֵ֥ם[c] בַּגִּבְעָ֛ה מִלְחָמָ֖ה עַל־בְּנֵ֥י עַלְוָֽה[d]׃
ב̇ — 10 בְּאַוָּתִ֖י[a] וְאֶסֳּרֵ֑ם[b] וְאֻסְּפ֤וּ עֲלֵיהֶם֙ עַמִּ֔ים
ל̇ . עונתם[11] ק̇ — בְּאָסְרָ֖ם[c] לִשְׁתֵּ֥י עֹנֹתָֽם[d]׃
ה̇ וכל מנשה ואפרים דכות̇[12] . ב̇[13] . ל̇ . ב̇ חד חס וחד מל̇[14] — 11 וְאֶפְרַ֜יִם עֶגְלָ֤ה מְלֻמָּדָה֙ אֹהַ֣בְתִּי לָד֔וּשׁ
ל̇ . יט בליש[15] — וַאֲנִ֣י עָבַ֔רְתִּי[a] עַל־ט֖וּב צַוָּארָ֑הּ
ב̇ מל̇[16] . ג̇ בליש[17] — אַרְכִּ֤יב אֶפְרַ֙יִם֙ יַחֲר֣וֹשׁ יְהוּדָ֔ה[b] יְשַׂדֶּד־ל֖וֹ יַעֲקֹֽב׃
12 זִרְע֨וּ לָכֶ֤ם לִצְדָקָה֙ קִצְר֣וּ [a]לְפִי־חֶ֔סֶד[a] — ס̇ [ג̇]

3 a–a tr ad fin 2 (homark c 3a) et l יָרְאוּ pro יראנו? ‖ **4** a l דַּבֵּר ‖ **5** a l לְעֵגֶל cf 𝔊θ′𝔖 (cf עליו bα) ‖ b prb l שֹׁכְנֵי cf 𝔊𝔖 ‖ c frt l יֶאֱבַל cf σ′ *πενθήσει* ‖ d huc tr ׃ ‖ e prb l יְיֵלִילוּ ‖ **6** a prb l יוֹבִלוּ cf 𝔊𝔖𝔗 ‖ b–b l לְמַלְכִּי רָב cf 5,13 c–c ‖ c prp מֵעֲצַבּוֹ vel מֵעָצְבּוֹ ‖ **7** a–a l נִדְמָה שֹׁמְרוֹן מלכה ‖ **8** a prb ins c Ms בֵּית־ ‖ **9** a 𝔊(𝔙) *ἥμαρτεν* = חָטָא; frt l c pc Mss חַטַּאת ‖ b prp מָרְדוּ ‖ c frt l הֲלֹא ‖ d mlt Mss עַוְלָה ‖ **10** a 𝔊* *ἦλθον* = בָּאתִי, frt l וּבָאתִי ‖ b 𝔊 *παιδεῦσαι αὐτούς*, prp (וְ)אֲיַסְּרֵם ‖ c 𝔊(𝔖𝔙) *ἐν τῷ παιδεύεσθαι αὐτούς* = בְּהִוָּסְרָם vel בְּיַסְּרָם, prp לְיַסְּרָם ‖ d mlt Mss 𝔊𝔖𝔙 ut Q, K עינתם ‖ **11** a l הֶעֱבַרְתִּי עַל ‖ b dl ‖ **12** a–a 𝔊 *εἰς καρπὸν ζωῆς*.

נִירוּ לָכֶם נִיר וְעֵת[b] לִדְרוֹשׁ אֶת־יְהוָה — ח[18]. ב מל בנביא[19]
עַד־יָבוֹא וְיֹרֶה צֶדֶק לָכֶם׃
13 חֲרַשְׁתֶּם[a]־רֶשַׁע עַוְלָתָה קְצַרְתֶּם — ב. יז[20]. ג[21]
אֲכַלְתֶּם[b] פְּרִי־כָחַשׁ
כִּי־בָטַחְתָּ בְדַרְכְּךָ[c] בְּרֹב גִּבּוֹרֶיךָ׃
14 וְקָאם שָׁאוֹן בְּעַמֶּךָ[a] וְכָל־מִבְצָרֶיךָ יוּשַּׁד[b] — מח[22] כת א לא קר ול בליש. ל
כְּשֹׁד שַׁלְמַן בֵּית אַרְבֵאל בְּיוֹם מִלְחָמָה — ל. מח[22] כת א לא קר ול בליש
[c]אֵם עַל־בָּנִים רֻטָּשָׁה[c]׃ — ב
15 כָּכָה עָשָׂה[a] לָכֶם [b]בֵּית־אֵל[b] [c]מִפְּנֵי רָעַת רָעַתְכֶם[c]
בַּשַּׁחַר[d] נִדְמֹה נִדְמָה מֶלֶךְ יִשְׂרָאֵל׃ — ל. ד

11 1 כִּי נַעַר יִשְׂרָאֵל וָאֹהֲבֵהוּ וּמִמִּצְרַיִם קָרָאתִי לִבְנִי[a]׃ — ל. ב
2 קָרְאוּ[a] לָהֶם כֵּן הָלְכוּ מִפְּנֵיהֶם[b]
לַבְּעָלִים יְזַבֵּחוּ וְלַפְּסִלִים יְקַטֵּרוּן׃ — ל
3 וְאָנֹכִי תִרְגַּלְתִּי לְאֶפְרַיִם קָחָם[a] עַל־זְרוֹעֹתָיו[b] — ל. ל. ל כת כן
וְלֹא יָדְעוּ כִּי רְפָאתִים׃ — ג[1]. ב ומל[2]
4 בְּחַבְלֵי אָדָם[a] אֶמְשְׁכֵם בַּעֲבֹתוֹת אַהֲבָה
וָאֶהְיֶה לָהֶם [b]כִּמְרִימֵי עֹל[b] עַל לְחֵיהֶם[c] — ל
[d]וְאַט אֵלָיו אוֹכִיל׃ 5 לֹא[d] — ל[3]
יָשׁוּב אֶל־אֶרֶץ מִצְרַיִם וְאַשּׁוּר הוּא מַלְכּוֹ
[e]כִּי מֵאֲנוּ לָשׁוּב[e]׃
6 וְחָלָה חֶרֶב בְּעָרָיו וְכִלְּתָה בַדָּיו[a]

18 Mm 2469. 19 Mm 4226. 20 Mm 1667. 21 Mm 3026. 22 Mm 898. **Cp 11** 1 Mm 3027. 2 Mm 2654. 3 Mp sub loco.

12 [b] prp כִּי עֵת cf 𝔊[L] *(ὡς ἔτι καιρός)* 𝔖 Hier *(quoniam est tempus)*, al לָדַעַת (cf 𝔊 *γνώσεως*) ‖ **13** [a] 𝔊 + *ἵνα τί*, frt ins לָמָּה (hpgr) ‖ [b] frt l וַא׳ ‖ [c] l בְּרִכְבְּךָ cf 𝔊 ‖ **14** [a] prp בְּעָרֶיךָ ‖ [b] prb l יוּשַּׁדוּ ‖ [c–c] add? ‖ **15** [a] 𝔊 *ποιήσω*; prb l c Ms יֵעָשֶׂה ‖ [b–b] prb l בֵּית־יִשְׂרָאֵל cf 𝔊 ‖ [c–c] add? ‖ [d] prb l בַּשַּׂעַר = בסער ‖ **Cp 11,1** [a] 𝔊 *τὰ τέκνα αὐτοῦ* cf 𝔗; prp לוֹ cf 2[a] ‖ **2** [a] 𝔊 *καθὼς μετεκάλεσα*, l כְּקָרְאִי cf 𝔖; prp כְּדֵי קָרְאִי ‖ [b] 𝔊(𝔖) *ἐκ προσώπου μου αὐτοί*, l מִפָּנַי הֵם et cj הם c sq ‖ **3** [a] 𝔊 *ἀνέλαβον αὐτόν* = לְקַחְתִּיו?; 𝔖(𝔗) *wqblt ʼnwn*, frt l וָאֶקָּחֵם ‖ [b] l c pc Mss (𝔊)𝔖𝔙 זרועתָי ‖ **4/5** [a] crrp? prp אֱמֶת vel חֶסֶד ‖ [b–b] prb l כִּמְרִים עוּל ‖ [c] prb l לְחָיָיו cf 𝔊* ‖ [d–d] prb l וָאֵט אליו וָאוכיל לוֹ׃ cf 𝔊 *δυνήσομαι αὐτῷ* ‖ [e–e] add? ‖ **6** [a] prp בָּנָיו et huc tr ‸.

ᵇוְאָכָלָה מִמֹּעֲצוֹתֵיהֶםᵇ׃ — בׄ[4] כת כן וחד מן דׄ[5] בטעׄ ס״פ
7 וְעַמִּי ᵃתְלוּאִים לִמְשׁוּבָתִיᵃ — יׄאׄ . בׄ חד מלׄ וחד חסׄ[6]
ᵇוְאֶל־עַל יִקְרָאֻᶜהוּᵇ יַחַד לֹא יְרוֹמֵםᶜ׃ — בׄ וחסׄ . לׄ
8 אֵיךְ אֶתֶּנְךָ אֶפְרַיִם אֲמַגֶּנְךָ יִשְׂרָאֵל — לׄ
אֵיךְ אֶתֶּנְךָ כְאַדְמָה אֲשִׂימְךָ כִּצְבֹאיִם — לׄ . לׄ כת אׄ[7]
נֶהְפַּךְ עָלַי לִבִּי יַחַד נִכְמְרוּ נִחוּמָיᵃ׃ — גׄ[8] . לׄ
9 לֹא אֶעֱשֶׂה חֲרוֹן אַפִּי לֹא אָשׁוּב לְשַׁחֵת אֶפְרָיִם
כִּי אֵל אָנֹכִי וְלֹא־אִישׁ — בׄ
בְּקִרְבְּךָ קָדוֹשׁ וְלֹא ᵃאָבוֹא בְּעִירᵃ׃
10 ᵃאַחֲרֵי יְהוָה יֵלְכוּ כְּאַרְיֵה יִשְׁאָג
ᵇכִּי־הוּא יִשְׁאַגᵇ וְיֶחֶרְדוּ בָנִים מִיָּם׃
11 יֶחֶרְדוּ כְצִפּוֹר מִמִּצְרַיִם וּכְיוֹנָה מֵאֶרֶץ אַשּׁוּר — לׄ
וְהוֹשַׁבְתִּיםᶜ עַל־בָּתֵּיהֶם נְאֻם־יְהוָהᵃ׃ ס — בׄ חד מלׄ וחד חסׄ[9]

12 1 סְבָבֻנִי בְכַחַשׁ אֶפְרַיִם וּבְמִרְמָה בֵּית יִשְׂרָאֵל — לׄ חסׄ . דׄ בסיפׄ[1]
וִיהוּדָהᵃ עֹד רָד עִם־אֵלᵇ וְעִם־קְדוֹשִׁיםᶜ נֶאֱמָן׃ — יׄדׄ חסׄ[2] . לׄ . גׄ מלׄ בליש[3]
2 אֶפְרַיִם רֹעֶה רוּחַ וְרֹדֵף קָדִים כָּל־הַיּוֹם — גׄ
ᵃכָּזָב וָשֹׁד יַרְבֶּהᵃ
וּבְרִית עִם־אַשּׁוּר יִכְרֹתוּ וְשֶׁמֶן לְמִצְרַיִם יוּבָלᵇ׃ — בׄ
3 וְרִיבᵃ לַיהוָה עִם־יְהוּדָהᵇ — דׄ
וְלִפְקֹדᶜ עַל־יַעֲקֹב כִּדְרָכָיו כְּמַעֲלָלָיו יָשִׁיב לוֹ׃ — לׄ . לׄ . כׄדׄ בליש[4]
4 בַּבֶּטֶן עָקַב אֶת־אָחִיו וּבְאוֹנוֹ שָׂרָה אֶת־אֱלֹהִים׃ — גׄ דגשׄ[5] . לׄ וכל שם ברנש דכות
5 וַיָּשַׂר אֶל־ᵃמַלְאָךְ וַיֻּכָל בָּכָה וַיִּתְחַנֶּן־לוֹ — גׄ כת שׄ . לׄ וחסׄ

[4]Mm 3028. [5]Mm 4015. [6]Mm 3029. [7]Mp sub loco. [8]Mm 1889. [9]Mm 2648. **Cp 12** [1]Mm 953. [2]Mm 62. [3]Mm 3030. [4]Mm 1685. [5]Mm 3534.

6 ᵇ⁻ᵇ var lect ad aβ? prp וְאָכְלָה בְּמִצוּדוֹתָיו, al וַאֲכָלָתַם ממ׳ ‖ **7** ᵃ⁻ᵃ crrp? prp נִלְאָה מִמְּשׁוּבָתוֹ (cf 𝔊), al חוֹלְאִים לִמְשׁוּבָתָם, al תלואים לַעֲצַבִּים ‖ ᵇ⁻ᵇ prb l וְאֶל־בַּעַל יִקְרָא (וְהוּא) ‖ ᶜ⁻ᶜ prp הַאֶחְדַּל אֲרַחֵם ‖ **8** ᵃ prb l רַחֲמַי cf 𝔖𝔗 ‖ **9** ᵃ⁻ᵃ prb l אֲבָעֵר, prp אוֹבֶה בָעֵר ‖ **10/11** ᵃ⁻ᵃ add? ‖ ᵇ⁻ᵇ > pc Mss ‖ ᶜ 𝔊 *καὶ ἀποκαταστήσω αὐτούς*, prb l וַהֲשִׁיבֹתִים ‖ **Cp 12,1** ᵃ add ‖ ᵇ prb l אֵלִים cf bβ, prp בַּעַל ‖ ᶜ prp קְדֵשִׁים, l 𝔐 ‖ **2** ᵃ⁻ᵃ add (gl)? ‖ ᵇ l יוֹבִלוּ cf 3ᵃ ‖ **3** ᵃ l רִיב cf 2ᵇ ‖ ᵇ prb l יִשְׂרָאֵל; exc hemist? ‖ ᶜ l aut לפקד (cf 𝔊) aut יִפְקֹד ‖ **5** ᵃ prp אֶת־ cf 4b; al l אֵל et dl מלאך (gl).

בֵּית־אֵל יִמְצָאֶנּוּ וְשָׁם יְדַבֵּר עִמָּנוּ[b]׃

6 [a]וַיהוָה אֱלֹהֵי הַצְּבָאוֹת יְהוָה זִכְרוֹ׃ ה

7 וְאַתָּה בֵּאלֹהֶיךָ[a] תָשׁוּב

חֶסֶד וּמִשְׁפָּט שְׁמֹר וְקַוֵּה אֶל־אֱלֹהֶיךָ תָּמִיד׃ ב̇[6]

8 כְּנַעַן בְּיָדוֹ מֹאזְנֵי מִרְמָה לַעֲשֹׁק[a] אָהֵב׃ ט̇[7]

9 וַיֹּאמֶר אֶפְרַיִם אַךְ עָשַׁרְתִּי מָצָאתִי אוֹן לִי יב סביר. ג מל

כָּל־יְגִיעַי[a] לֹא יִמְצְאוּ־[b]לִי עָוֺן[b] אֲשֶׁר־חֵטְא[c]׃

10 וְאָנֹכִי יְהוָה אֱלֹהֶיךָ מֵאֶרֶץ מִצְרָיִם יב. ד[8]

עֹד אוֹשִׁיבְךָ בָאֳהָלִים כִּימֵי מוֹעֵד׃ יד חס[9]. ד[10]

11 וְדִבַּרְתִּי עַל[a]־הַנְּבִיאִים וְאָנֹכִי חָזוֹן הִרְבֵּיתִי

וּבְיַד הַנְּבִיאִים אֲדַמֶּה[b]׃ ב

12 אִם־[a]גִּלְעָד אָוֶן [b]אַךְ־שָׁוְא הָיוּ[b] בַּגִּלְגָּל שְׁוָרִים[c] זִבֵּחוּ ל

גַּם מִזְבְּחוֹתָם כְּגַלִּים עַל תַּלְמֵי שָׂדָי׃

13 וַיִּבְרַח יַעֲקֹב שְׂדֵה אֲרָם וַיַּעֲבֹד יִשְׂרָאֵל בְּאִשָּׁה וּבְאִשָּׁה שָׁמָר׃ ב. ל

14 וּבְנָבִיא הֶעֱלָה יְהוָה אֶת־יִשְׂרָאֵל מִמִּצְרָיִם וּבְנָבִיא נִשְׁמָר׃ ב. ב

15 הִכְעִיס אֶפְרַיִם תַּמְרוּרִים[a]

וְדָמָיו עָלָיו יִטּוֹשׁ וְחֶרְפָּתוֹ יָשִׁיב לוֹ אֲדֹנָיו׃ ל. כד בליש[11]

13 1 כְּדַבֵּר אֶפְרַיִם רְתֵת[a] נָשָׂא[b] הוּא בְּיִשְׂרָאֵל ל

וַיֶּאְשַׁם בַּבַּעַל וַיָּמֹת׃

2 וְעַתָּה ׀ יוֹסִפוּ לַחֲטֹא וַיַּעֲשׂוּ לָהֶם מַסֵּכָה כו פסוק דאית בהון א״ב. ט ד׳ מנה כת כן

מִכַּסְפָּם כִּתְבוּנָם[a] עֲצַבִּים מַעֲשֵׂה חָרָשִׁים כֻּלֹּה ל. כת כן[2]

לָהֶם[b] הֵם אֹמְרִים זֹבְחֵי[c] אָדָם עֲגָלִים יִשָּׁקוּן׃ ב[3]. ל

3 [a]לָכֵן יִהְיוּ כַּעֲנַן־בֹּקֶר וְכַטַּל מַשְׁכִּים הֹלֵךְ[a]

[6] Ps 27,14. [7] Mm 3212. [8] Mm 2399. [9] Mm 62. [10] Mm 2664. [11] Mm 1685. **Cp 13** [1] Mm 3031. [2] Cf Mp sub loco, Mm 2264 et 2480. [3] Dt 18,3.

5 [b] l עִמּוֹ cf 𝔊[LMss]𝔖 ‖ **6** [a] tot v add ‖ **7** [a] frt l בְּאֹהָלֶיךָ ‖ **8** [a] prp לְעַקֵּשׁ, al לַעֲקֹב ‖ **9** [a] 𝔊 *οἱ πόνοι αὐτοῦ*, prb l יְגִיעָיו ‖ [b–b] prb l לוֹ לְעָוֺן cf 𝔊 ‖ [c] 𝔊 *ἥμαρτεν*, prb l חָטָא ‖ **11** [a] 𝔊 *πρός* ‖ [b] exc nonn vb? ‖ **12** [a] crrp; prp עִם־ vel בְּ׳ ‖ [b–b] crrp ‖ [c] prb l לַשֵּׁדִים ‖ **15** [a] 𝔊(𝔖) *καὶ παρώργισε*; exc nonn vb? ‖ **Cp 13,1** [a] 𝔊 *δικαιώματα*, prp תּוֹרוֹת vel תּוֹרָתִי ‖ [b] prb l נְשִׂיא vel נָשָׂא cf 𝔖𝔗 ‖ **2** [a] 𝔊(𝔙) *κατ' εἰκόνα*, prb l כְּתַבְנִית ‖ [b] frt l אֱלֹהִים ‖ [c] prb l זִבְחוּ vel זֹבְחִים; al l זִבְחוּ et cj c bα ‖ **3** [a–a] cf 6,4.

כְּמֹץ יְסֹעֵר[b] מִגֹּרֶן וּכְעָשָׁן מֵאֲרֻבָּה׃ ל̇
4 וְאָנֹכִי יְהוָה אֱלֹהֶיךָ[a] מֵאֶרֶץ מִצְרָיִם יב̇ . ד̇[4]
וֵאלֹהִים זוּלָתִי לֹא תֵדָע וּמוֹשִׁיעַ אַיִן בִּלְתִּי׃ ה̇[5] . ב̇
5 אֲנִי יְדַעְתִּיךָ[a] בַּמִּדְבָּר בְּאֶרֶץ תַּלְאֻבוֹת׃ ל̇[6]
6 כְּמַרְעִיתָם[a] וַיִּשְׂבָּעוּ שָׂבְעוּ[b] וַיָּרָם לִבָּם ל̇ . ב̇
עַל־כֵּן שְׁכֵחוּנִי׃
7 וָאֱהִי[a] לָהֶם כְּמוֹ־שָׁחַל כְּנָמֵר עַל־דֶּרֶךְ אָשׁוּר[b]׃ ה̇ וכל על הדרך דכות[7] . ל̇
8 אֶפְגְּשֵׁם כְּדֹב שַׁכּוּל וְאֶקְרַע סְגוֹר לִבָּם ג̇[8] . ג̇ מל[9]
וְאֹכְלֵם[a] שָׁם כְּלָבִיא[b] [c]חַיַּת הַשָּׂדֶה תְּבַקְּעֵם[c]׃ ל̇
9 שִׁחֶתְךָ[a] יִשְׂרָאֵל [b]כִּי־בִי[b] בְעֶזְרֶךָ׃ ל̇ . ב̇[10]
10 אֱהִי[a] מַלְכְּךָ אֵפוֹא וְיוֹשִׁיעֲךָ [b]בְּכָל־עָרֶיךָ[c] ל̇ ומל
[d]וְשֹׁפְטֶיךָ[b] אֲשֶׁר אָמַרְתָּ תְּנָה־לִּי מֶלֶךְ וְשָׂרִים[d]׃ ב̇[11] . ב̇
11 אֶתֶּן־לְךָ מֶלֶךְ בְּאַפִּי וְאֶקַּח בְּעֶבְרָתִי׃ ס ט̇ . ל̇
12 צָרוּר עֲוֺן אֶפְרָיִם צְפוּנָה חַטָּאתוֹ׃ ד̇ קמ̇ וכל אתנח וס״פ דכות[12] . ל̇
13 חֶבְלֵי יוֹלֵדָה יָבֹאוּ לוֹ הוּא[a]־בֵן לֹא חָכָם ל̇
[b]כִּי־עֵת[b] לֹא־יַעֲמֹד בְּמִשְׁבַּר בָּנִים׃
14 מִיַּד שְׁאוֹל אֶפְדֵּם מִמָּוֶת אֶגְאָלֵם ב̇
אֱהִי[a] דְבָרֶיךָ[b] מָוֶת אֱהִי[a] קָטָבְךָ שְׁאוֹל ל̇
נֹחַם יִסָּתֵר מֵעֵינָי׃ ל̇ . ד̇[13]
15 כִּי הוּא [a][b]בֵּן אַחִים[b] יַפְרִיא[a] יָבוֹא קָדִים ל̇ . ל̇[6]
רוּחַ יְהוָה מִמִּדְבָּר עֹלֶה
וְיֵבוֹשׁ[c] מְקוֹרוֹ וְיֶחֱרַב[d] מַעְיָנוֹ ב̇ מל

[4]Mm 2399. [5]Mm 371. [6]Mp sub loco. [7]Mm 3032. [8]Mm 3033. [9]Mm 3034. [10]Mm 3035. [11]Dt 21,2. [12]Mm 906. [13]Mm 2446.

3 [b] l יְסֹעַר ‖ **4** [a] 𝔊 + *στερεῶν οὐρανὸν καὶ κτίζων γῆν, οὗ αἱ χεῖρες ἔκτισαν πᾶσαν τὴν στρατιὰν τοῦ οὐρανοῦ, καὶ οὐ παρέδειξά σοι αὐτὰ τοῦ πορεύεσθαι ὀπίσω αὐτῶν* ‖ **5** [a] 𝔊(𝔖) *ἐποίμαινόν σε*, frt l רְעִיתִיךָ ‖ **6** [a] prp כְּמוֹ רְעִיתִים ‖ [b] add (dttg)? ‖ **7** [a] 𝔊 *καὶ ἔσομαι*, l וְאֶהְיֶה ‖ [b] 𝔊(𝔖𝔙) *Ἀσσυρίων* = אַשּׁוּר; prp אֶשְׁקֹד ‖ **8** [a] 𝔊 *καὶ καταφάγονται αὐτούς* = וַאֲכָלוּם ‖ [b] prp כלבים ‖ [c–c] prp כְּחִית השדה אֲבקעם ‖ **9** [a] l aut שִׁחַתִּיךָ (cf 𝔖) aut אֲשַׁחֶתְךָ ‖ [b–b] 𝔊(𝔖) *τίς*, l מִי ‖ **10** [a] l אַיֵּה cf Vrs et 14[a] ‖ [b–b] prp וְכָל־שָׂרֶיךָ וְיִשְׁפְּטוּךָ ‖ [c] frt l צָרֶיךָ ‖ [d–d] add? ‖ **13** [a] prp c pc Mss וְהוּא ‖ [b–b] prb l כְּעִתּוֹ ‖ **14** [a] 𝔊(𝔖) *ποῦ*, l אַיֵּה cf 10[a] ‖ [b] mlt Mss דברך (= דַּבְרְךָ?); 𝔊(𝔖) *ἡ δίκη σου* ‖ **15** [a–a] 𝔊(𝔖𝔙) *ἀνὰ μέσον ἀδελφῶν διαστελεῖ* = בין אחים יפריד ‖ [b–b] frt l כְּאָחוּ ‖ [c] 𝔊(𝔖𝔙) *καὶ ἀναξηρανεῖ*, prb l וְיוֹבִישׁ ‖ [d] 𝔊(𝔖𝔙) *ἐξερημώσει* ($𝔊^{L}$ pr *καί*), prb l וְיַחֲרִיב.

הֽוּא [e]יִשְׁסֶ֕ה אוֹצַ֖ר[e] כָּל־כְּלִ֥י חֶמְדָּֽה׃

14 1 תֶּאְשַׁם֙ שֹֽׁמְר֔וֹן כִּ֥י מָרְתָ֖ה בֵּאלֹהֶ֑יהָ
בַּחֶ֣רֶב יִפֹּ֔לוּ עֹלְלֵיהֶ֣ם יְרֻטָּ֔שׁוּ [a]וְהָרִיּוֹתָ֖יו יְבֻקָּֽעוּ׃[a] פ — ג̇ . ל̇ . ל̇

2 שׁ֚וּבָה יִשְׂרָאֵ֔ל עַ֖ד [a]יְהוָ֣ה אֱלֹהֶ֑יךָ[a] כִּ֥י כָשַׁ֖לְתָּ בַּעֲוֹנֶֽךָ׃ — ה̇[1]
3 קְח֤וּ עִמָּכֶם֙ דְּבָרִ֔ים וְשׁ֖וּבוּ אֶל־יְהוָ֑ה [a]אִמְר֣וּ אֵלָ֗יו[a] — ה̇ ר״פ[2]
כָּל־[b]תִּשָּׂ֤א עָוֹן֙
וְקַח־[c]ט֔וֹב וּנְשַׁלְּמָ֥ה פָרִ֖ים[d] שְׂפָתֵֽינוּ׃ — יג̇[3]
4 אַשּׁ֣וּר ׀ לֹ֣א יוֹשִׁיעֵ֗נוּ עַל־סוּס֙ לֹ֣א נִרְכָּ֔ב [a]יָתֽוֹם׃] — ב̇ זקף קמ̇
וְלֹא־נֹ֥אמַר ע֛וֹד אֱלֹהֵ֖ינוּ לְמַעֲשֵׂ֣ה יָדֵ֑ינוּ [a]אֲשֶׁר־בְּךָ֖ יְרֻחַ֥ם — ו̇ מל̇
5 אֶרְפָּא֙ מְשׁ֣וּבָתָ֔ם אֹהֲבֵ֖ם נְדָבָ֑ה — ל̇
[a]כִּ֛י שָׁ֥ב אַפִּ֖י מִמֶּֽנּוּ׃[a]
6 אֶהְיֶ֤ה כַטַּל֙ לְיִשְׂרָאֵ֔ל יִפְרַ֖ח כַּשּׁוֹשַׁנָּ֑ה ס̇ת[5] — ב̇ . ד̇ ב̇ קמ̇ וב̇ פת̇[4]
וְיַ֥ךְ[a] שָׁרָשָׁ֖יו כַּלְּבָנֽוֹן[b]׃ 7 יֵלְכוּ֙ יֹֽנְקוֹתָ֔יו — ל̇ . ד̇ . ב̇ וכת כן[6]
וִיהִ֥י כַזַּ֖יִת הוֹד֑וֹ וְרֵ֥יחַֽ[a] ל֖וֹ כַּלְּבָנֽוֹן[b]׃ — ל̇ב̇ . ה̇[7] ג̇ מנה̇ בסיפ̇ . ה̇[8] . ד̇
8 יָשֻׁ֙בוּ֙ יֹשְׁבֵ֣י[a] בְצִלּ֔וֹ[b] יְחַיּ֥וּ דָגָ֖ן — ז̇ חס̇ . ב̇[9]
[c]וְיִפְרְח֣וּ כַגָּ֑פֶן[c] זִכְר֖וֹ כְּיֵ֥ין לְבָנֽוֹן׃ ס — י̇ בליש̇
9 אֶפְרַ֕יִם מַה־לִּ֥י[a] ע֖וֹד לָעֲצַבִּ֑ים [b]אֲנִ֧י עָנִ֣יתִי וַאֲשׁוּרֶ֗נּוּ[b] — ב̇ . ל̇
אֲנִי֙ כִּבְר֣וֹשׁ רַֽעֲנָ֔ן מִמֶּ֖נִּי פֶּרְיְךָ֥[c] נִמְצָֽא׃ — ו̇ כת כן[10] . נ̇ז̇ וכל תלים דכות ב̇ מ̇ י̇א̇
10 מִ֤י חָכָם֙ וְיָ֣בֵֽן אֵ֔לֶּה נָב֖וֹן וְיֵדָעֵ֑ם — ג̇[11]
כִּֽי־יְשָׁרִ֞ים דַּרְכֵ֣י יְהוָ֗ה וְצַדִּקִים֙ יֵ֣לְכוּ בָ֔ם — ג̇[12] חס̇ בנביא̇ וחד מן ד̇ בליש̇ . ח̇[13] דמטע̇ ב̇ מנה̇ בפסוק וחד מן ו̇ פסוק בם בם
וּפֹשְׁעִ֖ים יִכָּ֥שְׁלוּ בָֽם׃ — ח̇[13] דמטע̇ ב̇ מנה̇ בפסוק

סכום הפסוקים
מאה ותשעים
ושבעה

Cp 14 [1]Mm 1076. [2]Mm 3588. [3]Mm 936. [4]Mm 937. [5]Mp sub loco. [6]Mm 2846. [7]Mm 3121. [8]Mm 3817. [9]Gn 12,12. [10]Mm 1237. [11]Mm 2502. [12]Mm 2097. [13]Mm 1404.

15 [e–e] 𝔊 *καταξηρανεῖ τὴν γῆν αὐτοῦ καί*, frt l (וְ(כל יַשְׁאֶה אַרְצוֹ || Cp 14,1 [a–a] add? || 2 [a–a] alterum vb add? || 3 [a–a] add? cf 𝔖 4.9 𝔗 9 || [b] crrp (cf 𝔊𝔖𝔗)? frt nonn vb exc || [c] l וְנִקַּח cf 𝔗 || [d] 𝔊(𝔖) *καρπόν*, l פְּרִי || 4 [a–a] add || 5 [a–a] add? || 6 [a] prp ויט vel ויר || [b] l כַּלִּבְנֶה ? || 7 [a] sic L, mlt Mss Edd וְרֵיחַ || [b] prp כלבנה || 8 [a] prb l (וְ)יֵשְׁבוּ cf 𝔊𝔖 || [b] frt l בְצִלִּי || [c–c] frt l וְיִפְרְחוּ גֶפֶן || 9 [a] 𝔊 *αὐτῷ*, frt l לוֹ, sed cf 𝔖 *wn'mr 'prjm* = וְיֹאמַר אפרים || [b–b] 𝔊 *ἐταπείνωσα αὐτόν, καὶ ἐγὼ κατισχύσω αὐτόν*, prp (ואשיבנו vel) עִנִּיתִיו וַאֲאַשְּׁרֶנּוּ || [c] frt l פִּרְיוֹ.

יוֹאֵל JOEL

1 ¹ דְּבַר־יְהוָה֙ אֲשֶׁ֣ר הָיָ֔ה אֶל־יוֹאֵ֖ל בֶּן־פְּתוּאֵֽל׃

² שִׁמְעוּ־זֹאת֙ הַזְּקֵנִ֔ים וְהַֽאֲזִ֔ינוּ כֹּ֖ל יוֹשְׁבֵ֣י הָאָ֑רֶץ
הֶהָ֤יְתָה זֹּאת֙ בִּֽימֵיכֶ֔ם וְאִ֖ם בִּימֵ֥י אֲבֹֽתֵיכֶֽם׃

³ עָלֶ֖יהָ לִבְנֵיכֶ֣ם סַפֵּ֑רוּ וּבְנֵיכֶם֙ ªלִבְנֵיהֶ֔ם
וּבְנֵיהֶ֖םª לְד֥וֹר אַחֵֽר׃

⁴ יֶ֤תֶר הַגָּזָם֙ אָכַ֣ל הָֽאַרְבֶּ֔ה וְיֶ֥תֶר הָֽאַרְבֶּ֖ה אָכַ֣ל הַיָּ֑לֶק
וְיֶ֥תֶר הַיֶּ֖לֶק אָכַ֥ל הֶחָסִֽיל׃

⁵ הָקִ֤יצוּ שִׁכּוֹרִים֙ וּבְכ֔וּ וְהֵילִ֖לוּ כָּל־שֹׁ֣תֵי יָ֑יִן
עַל־עָסִ֕יס כִּ֥י נִכְרַ֖ת מִפִּיכֶֽם׃

⁶ כִּֽי־גוֹי֙ עָלָ֣ה עַל־אַרְצִ֔י עָצ֖וּם וְאֵ֣ין מִסְפָּ֑ר
שִׁנָּיו֙ שִׁנֵּ֣י אַרְיֵ֔ה וּֽמְתַלְּע֥וֹת לָבִ֖יא לֽוֹ׃

⁷ שָׂ֤ם גַּפְנִי֙ לְשַׁמָּ֔ה וּתְאֵנָתִ֖י לִקְצָפָ֑ה
ªחָשֹׂ֤ף חֲשָׂפָהּ֙ וְהִשְׁלִ֔יךְª הִלְבִּ֖ינוּ שָׂרִיגֶֽיהָ׃

⁸ אֱלִ֕י כִּבְתוּלָ֥ה חֲגֻֽרַת־שַׂ֖ק עַל־בַּ֥עַל נְעוּרֶֽיהָ׃

⁹ הָכְרַ֥ת מִנְחָ֣ה וָנֶ֔סֶךְ מִבֵּ֖ית יְהוָ֑ה
אָֽבְלוּ֙ הַכֹּ֣הֲנִ֔ים מְשָׁרְתֵ֖י יְהוָֽה׃

¹⁰ שֻׁדַּ֣ד שָׂדֶ֔ה אָבְלָ֖ה אֲדָמָ֑ה
כִּ֤י שֻׁדַּ֣ד דָּגָ֔ן הוֹבִ֥ישׁ תִּיר֖וֹשׁ אֻמְלַ֥ל יִצְהָֽר׃

¹¹ הֹבִ֣ישׁוּ אִכָּרִ֗ים הֵילִ֙ילוּ֙ כֹּֽרְמִ֔ים
עַל־חִטָּ֖ה וְעַל־שְׂעֹרָ֑ה כִּ֥י אָבַ֖ד קְצִ֥יר שָׂדֶֽה׃

¹² הַגֶּ֣פֶן הוֹבִ֔ישָׁה וְהַתְּאֵנָ֖ה אֻמְלָ֑לָה
רִמּ֣וֹן גַּם־תָּמָ֣ר וְתַפּ֗וּחַ כָּל־עֲצֵ֤י הַשָּׂדֶה֙ יָבֵ֔שׁוּ
כִּֽי־הֹבִ֥ישׁ שָׂשׂ֖וֹן מִן־בְּנֵ֥י אָדָֽם׃ ס

¹³ חִגְר֨וּ וְסִפְד֜וּ הַכֹּהֲנִ֗ים הֵילִ֙ילוּ֙ מְשָׁרְתֵ֣י מִזְבֵּ֔חַ

ל

ג¹ . לד מל

ל

ל

לר״פ²

ב³

ב¹ . ד⁵

ל

ל

ל . ל

ל

ג

ה . יא⁶

ב מל וכל יהושע דכות⁷

ל ומל . ב . ב

ג ב מל וחד חס⁸

ד⁹ וכל לשון ארמית וכל
ד״ה דכות ב מ ז . ו וכל
תלים ומשלי דכות ב מ ב¹⁰

Cp 1 ¹Mm 2531. ²Mm 978. ³Mm 3036. ⁴Mm 2950. ⁵Mm 3037. ⁶Mm 512. ⁷Mm 2852. ⁸Mm 4013.
⁹Mm 665. ¹⁰Cf Mp sub loco, Ps 33, 13 et 145, 13.

Cp 1,3 ª⁻ª prp add ‖ 7 ª⁻ª prp חֲשָׂפָה חָשֹׂף וְהַשְׁלֵךְ.

בֹּאוּ לִינוּ בַשַּׂקִּים מְשָׁרְתֵי אֱלֹהָיa ל
כִּי נִמְנַע מִבֵּית אֱלֹהֵיכֶם מִנְחָה וָנָסֶךְ׃ ג ול בליש
14 קַדְּשׁוּ־צוֹם קִרְאוּ עֲצָרָה
אִסְפוּ זְקֵנִים כֹּל יֹשְׁבֵי הָאָרֶץ ו
בֵּית יְהוָהa אֱלֹהֵיכֶם וְזַעֲקוּ אֶל־יְהוָה׃ ג פת[11]
15 אֲהָהּa לַיּוֹם כ[12]
כִּי קָרוֹב יוֹם יְהוָה וּכְשֹׁד מִשַּׁדַּיb יָבוֹא׃
16 הֲלוֹא נֶגֶד עֵינֵינוּ אֹכֶל נִכְרָת
מִבֵּית אֱלֹהֵינוּ שִׂמְחָה וָגִיל׃
17 עָבְשׁוּ פְרֻדוֹת aתַּחַת מֶגְרְפֹתֵיהֶםa ב וכת כן[13]. ל
נָשַׁמּוּ אֹצָרוֹת נֶהֶרְסוּ מַמְּגֻרוֹתb כִּי הֹבִישׁ דָּגָן׃ ל
18 מַה־נֶּאֶנְחָה בְהֵמָה נָבֹכוּ עֶדְרֵי בָקָר ב. ל[14]
כִּי אֵין מִרְעֶה לָהֶם גַּם־עֶדְרֵי הַצֹּאן נֶאְשָׁמוּa׃
19 אֵלֶיךָ יְהוָה אֶקְרָא
כִּי אֵשׁ אָכְלָה נְאוֹת מִדְבָּר
וְלֶהָבָה לִהֲטָה כָּל־עֲצֵי הַשָּׂדֶה׃ ג
20 גַּם־בַּהֲמוֹתa שָׂדֶה תַּעֲרוֹגb אֵלֶיךָ ג ב חס וחד מל[15]
כִּי יָבְשׁוּ אֲפִיקֵי מָיִם ב[16] זקף קמ וכל אתנח וס״פ דכות ב מ ג
וְאֵשׁ אָכְלָה נְאוֹת הַמִּדְבָּר׃ פ

2 1 תִּקְעוּ שׁוֹפָר בְּצִיּוֹן וְהָרִיעוּ בְּהַר קָדְשִׁי ד בטע ר״פ. ל
יִרְגְּזוּ כֹּל יֹשְׁבֵי הָאָרֶץ כִּי־בָא יוֹם־יְהוָה aכִּי קָרוֹבa׃
2 יוֹם חֹשֶׁךְ וַאֲפֵלָה יוֹם עָנָן וַעֲרָפֶל
כְּשַׁחַרa פָּרֻשׂ עַל־הֶהָרִים עַם רַב וְעָצוּם ב. ל
כָּמֹהוּ לֹא נִהְיָה מִן־הָעוֹלָם ח[1]
וְאַחֲרָיו לֹא יוֹסֵף עַד־שְׁנֵי דּוֹר וָדוֹר׃ ג[2] מל וכל שם ברנש דכות וחד מן ד[3] בליש וכל אוריה דכות ב מ ב

[11] Mm 1464. [12] Mm 875. [13] Mm 2770. [14] Mp sub loco. [15] Mm 3272. [16] Mm 1097. **Cp 2** [1] Mm 3609. [2] Mm 3038 א. [3] Mm 3038 ב.

13 a 𝔊 θεῷ ‖ **14** a > 𝔊* ‖ **15** a 𝔊*𝔙 ter 𝔖 bis ‖ b sic L, mlt Mss Edd מש׳ ‖ **17** a–a prb l חַתּוּ גָּרְנֹתֵיהֶם ‖ b prb l מְגֻרוֹת (מ dttg) ‖ **18** a = נָשַׁמּוּ cf Vrs ‖ **20** a prp בְּהֵמַת, sed cf 2,22 ‖ b frt l תערֹגְנָה ‖ **Cp 2,1** a–a 𝔖 cj c 2 ‖ **2** a prp כְּשַׁחַר.

3 לְפָנָיו֙ אָ֣כְלָה אֵ֔שׁ וְאַחֲרָ֖יו תְּלַהֵ֣ט לֶֽהָבָ֑ה
כְּגַן־עֵ֨דֶן הָאָ֜רֶץ לְפָנָ֗יו וְאַחֲרָיו֙ מִדְבַּ֣ר שְׁמָמָ֔ה
[a]וְגַם־פְּלֵיטָ֖ה לֹא־הָ֥יְתָה לּֽוֹ[a]׃
4 כְּמַרְאֵ֥ה סוּסִ֖ים מַרְאֵ֑הוּ וּכְפָרָשִׁ֖ים כֵּ֥ן יְרוּצֽוּן׃
5 כְּק֣וֹל מַרְכָּב֗וֹת[a] עַל־רָאשֵׁ֤י הֶֽהָרִים֙ יְרַקֵּד֔וּן
כְּקוֹל֙ לַ֣הַב אֵ֔שׁ אֹ֖כְלָה קָ֑שׁ
כְּעַ֣ם עָצ֔וּם עֱר֖וּךְ מִלְחָמָֽה׃
6 מִפָּנָ֖יו יָחִ֣ילוּ עַמִּ֑ים כָּל־פָּנִ֖ים קִבְּצ֥וּ פָארֽוּר׃
7 כְּגִבּוֹרִ֣ים יְרֻצ֔וּן כְּאַנְשֵׁ֥י מִלְחָמָ֖ה יַעֲל֣וּ חוֹמָ֑ה[a]
וְאִ֤ישׁ בִּדְרָכָיו֙ יֵֽלֵכ֔וּן וְלֹ֥א יְעַבְּט֖וּן אֹֽרְחוֹתָֽם׃
8 וְאִ֤ישׁ אָחִיו֙ לֹ֣א יִדְחָק֔וּן גֶּ֥בֶר בִּמְסִלָּת֖וֹ יֵֽלֵכ֑וּן
וּבְעַ֥ד הַשֶּׁ֛לַח יִפֹּ֖לוּ [a]לֹ֥א יִבְצָֽעוּ[a]׃
9 בָּעִ֣יר[a] יָשֹׁ֗קּוּ בַּֽחוֹמָה֙ יְרֻצ֔וּן בַּבָּתִּ֖ים יַעֲל֑וּ
בְּעַ֧ד הַחַלּוֹנִ֛ים יָבֹ֖אוּ כַּגַּנָּֽב׃
10 לְפָנָיו֙ רָ֣גְזָה אֶ֔רֶץ רָעֲשׁ֖וּ שָׁמָ֑יִם
שֶׁ֤מֶשׁ וְיָרֵ֙חַ֙ קָדָ֔רוּ וְכוֹכָבִ֖ים אָסְפ֥וּ נָגְהָֽם׃
11 וַֽיהוָ֗ה נָתַ֤ן קוֹלוֹ֙ לִפְנֵ֣י חֵיל֔וֹ[a]
כִּ֣י רַ֤ב מְאֹד֙ מַחֲנֵ֔הוּ כִּ֥י עָצ֖וּם עֹשֵׂ֣ה דְבָר֑וֹ
כִּֽי־גָד֧וֹל יוֹם־יְהוָ֛ה וְנוֹרָ֥א מְאֹ֖ד וּמִ֥י יְכִילֶֽנּוּ׃
12 וְגַם־עַתָּה֙ נְאֻם־יְהוָ֔ה
שֻׁ֥בוּ עָדַ֖י בְּכָל־לְבַבְכֶ֑ם וּבְצ֥וֹם וּבִבְכִ֖י[a] וּבְמִסְפֵּֽד׃
13 וְקִרְע֤וּ לְבַבְכֶם֙ וְאַל־בִּגְדֵיכֶ֔ם
וְשׁ֖וּבוּ אֶל־יְהוָ֣ה אֱלֹהֵיכֶ֑ם כִּֽי־חַנּ֤וּן וְרַחוּם֙ ה֔וּא
אֶ֤רֶךְ אַפַּ֙יִם֙ וְרַב־חֶ֔סֶד וְנִחָ֖ם עַל־הָרָעָֽה׃
14 מִ֥י יוֹדֵ֖עַ יָשׁ֣וּב וְנִחָ֑ם וְהִשְׁאִ֤יר אַחֲרָיו֙ בְּרָכָ֔ה

ד̇ דקדים אחריו
ז̇
ל̇ מל
[4]׳ . עה . ה̇ . ב̇[5]
[4]׳ . ה̇[6]
ל̇
כג . ב̇ וחד מן מח[7] כת א לא קר
ל̇[8]
ג . ל̇
ל . ג
ל̇
ג̇
ט . ו̇
ו̇[9] בטע ר״פ וחד מן ה̇ בליש ר״פ בסיפ
ב̇
ז̇[10]
ה̇ ר״פ בסיפ וכל וגם אני וגם אנכי בסיפ דכות[11]
ה̇ חס . ל̇

[4]Mm 2772. [5]Mm 3502. [6]Mm 1128. [7]Mm 898. [8]Mm 3039. [9]Mm 3567. [10]Mm 3040. [11]Mm 3167.

3 [a–a] add? ‖ **5** [a] prb ins קוֹלָם ‖ **7** [a] tr post ירצון? ‖ **8** [a–a] crrp? prp יְבַקְּעוּ et cj c בעיר 9 (cf 9[a]); tr לא ante יפלו? ‖ **9** [a] tr ad fin 8 (cf 8[a–a])? tunc scandendum, **ישקו בחומה, ירצון בבתים. יעלו בעד החלונים, יבאו כגנב.** ‖ **11** [a] exc vb? ‖ **12** [a] sic L, mlt Mss Edd **וּבְב'**.

[a]מִנְחָה וָנֶסֶךְ לַיהוָה אֱלֹהֵיכֶם׃ פ — ג קמ[12]

15 תִּקְעוּ שׁוֹפָר בְּצִיּוֹן — ד בטע ר״פ[12]
קַדְּשׁוּ־צוֹם קִרְאוּ עֲצָרָה׃
16 אִסְפוּ־עָם[a] קַדְּשׁוּ קָהָל[b] קִבְצוּ זְקֵנִים — ו. יז וכל זקף אתנח וס״פ דכות[13]. ב[14]
אִסְפוּ עוֹלָלִים וְיֹנְקֵי שָׁדָיִם — ו
יֵצֵא חָתָן מֵחֶדְרוֹ וְכַלָּה מֵחֻפָּתָהּ׃
17 בֵּין הָאוּלָם וְלַמִּזְבֵּחַ יִבְכּוּ הַכֹּהֲנִים — ב[15]
[a]מְשָׁרְתֵי יְהוָה[a] וְיֹאמְרוּ חוּסָה יְהוָה עַל־עַמֶּךָ — ט רפי[16]. ל[17]
וְאַל־תִּתֵּן נַחֲלָתְךָ לְחֶרְפָּה לִמְשָׁל־בָּם גּוֹיִם — ג[12]
לָמָּה יֹאמְרוּ בָעַמִּים אַיֵּה אֱלֹהֵיהֶם׃

18 וַיְקַנֵּא יְהוָה לְאַרְצוֹ וַיַּחְמֹל עַל־עַמּוֹ׃ — ה[18]
19 וַיַּעַן יְהוָה וַיֹּאמֶר לְעַמּוֹ הִנְנִי שֹׁלֵחַ לָכֶם
אֶת־הַדָּגָן וְהַתִּירוֹשׁ וְהַיִּצְהָר וּשְׂבַעְתֶּם אֹתוֹ — ג[19]
וְלֹא־אֶתֵּן אֶתְכֶם עוֹד חֶרְפָּה בַּגּוֹיִם׃ — ב
20 [a]וְאֶת־הַצְּפוֹנִי[a] אַרְחִיק מֵעֲלֵיכֶם — ב בתרי לישנ[20]
וְהִדַּחְתִּיו אֶל־אֶרֶץ צִיָּה וּשְׁמָמָה[b]
אֶת־פָּנָיו אֶל־הַיָּם הַקַּדְמֹנִי וְסֹפוֹ אֶל־הַיָּם הָאַחֲרוֹן — ג חס[21]. ל וחס
וְעָלָה בָאְשׁוֹ וְתַעַל[c] צַחֲנָתוֹ — ל. ל. ל
כִּי הִגְדִּיל[d] לַעֲשׂוֹת׃
21 אַל־תִּירְאִי אֲדָמָה גִּילִי וּשְׂמָחִי כִּי־הִגְדִּיל יְהוָה לַעֲשׂוֹת׃ — יא[22]. ל
22 אַל־תִּירְאוּ בַּהֲמוֹת שָׂדַי כִּי דָשְׁאוּ נְאוֹת מִדְבָּר — ל
כִּי־עֵץ נָשָׂא פִרְיוֹ תְּאֵנָה וָגֶפֶן נָתְנוּ חֵילָם׃ — ל
23 וּבְנֵי צִיּוֹן גִּילוּ וְשִׂמְחוּ בַּיהוָה אֱלֹהֵיכֶם — ל
כִּי־נָתַן לָכֶם [a]אֶת־הַמּוֹרֶה[b] לִצְדָקָה וַיּוֹרֶד לָכֶם גֶּשֶׁם[a] — ו[23]

[12] Mp sub loco. [13] Mm 2120. [14] Mm 3041. [15] Ex 40,33. [16] Mm 1233. [17] וחד וחוסה Neh 13,22. [18] Mm 1593. [19] Mm 3002. [20] Mm 980. [21] Mm 100. [22] Mm 512. [23] Mm 3042.

14 [a] exc vb? || **16** [a–a] et [b–b] var lect? || **17** [a–a] tr post ויאמרו? || **20** [a–a] prp וְאֶת־הַצְּפְצְפוֹנִי || [b] 𝔊 *καὶ ἀφανιῶ* || [c] prp וְעָלְתָה || [d] prb ins יְהוָה || **23** [a–a] l אֶת־הַגֶּשֶׁם? || [b] 𝔊(𝔖) *τὰ* (> 𝔊[L]) *βρώματα*.

מוֹרֶ֥הᶜ וּמַלְק֖וֹשׁ בָּרִאשֽׁוֹןᵈ׃ ח̇[24]

24 וּמָלְא֥וּ הַגֳּרָנ֖וֹת בָּ֑ר וְהֵשִׁ֥יקוּ הַיְקָבִ֖ים תִּיר֥וֹשׁ וְיִצְהָֽר׃ ב̇ . ל̇

25 וְשִׁלַּמְתִּ֤י לָכֶם֙ ᵃאֶת־הַשָּׁנִ֔יםᵃ אֲשֶׁר֙ אָכַ֣ל הָֽאַרְבֶּ֔ה

הַיֶּ֖לֶק וְהֶחָסִ֣יל וְהַגָּזָ֑ם חֵילִי֙ הַגָּד֔וֹל אֲשֶׁ֥ר שִׁלַּ֖חְתִּי בָּכֶֽם׃ ג̇

26 וַאֲכַלְתֶּ֤ם אָכוֹל֙ וְשָׂב֔וֹעַ וְהִֽלַּלְתֶּ֗ם אֶת־שֵׁם֙ יְהוָ֣ה אֱלֹֽהֵיכֶ֔ם י̇ מל . ב̇ ומל

אֲשֶׁר־עָשָׂ֥ה עִמָּכֶ֖ם לְהַפְלִ֑יא ᵃוְלֹא־יֵבֹ֥שׁוּ עַמִּ֖י לְעוֹלָֽםᵃ׃ ב̇

27 וִֽידַעְתֶּ֗ם כִּ֣י בְקֶ֤רֶב יִשְׂרָאֵל֙ אָ֔נִי ס̊ ה̇[25]

וַאֲנִ֛י יְהוָ֥ה אֱלֹהֵיכֶ֖ם וְאֵ֣ין ע֑וֹד וְלֹא־יֵבֹ֥שׁוּ עַמִּ֖י לְעוֹלָֽם׃ ס ב̇ . ב̇ . ב̇

3 1 וְהָיָ֣ה אַחֲרֵי־כֵ֗ן

אֶשְׁפּ֤וֹךְ אֶת־רוּחִי֙ עַל־כָּל־בָּשָׂ֔ר וְנִבְּא֖וּ בְּנֵיכֶ֣ם וּבְנֽוֹתֵיכֶ֑ם ד̇ מל

זִקְנֵיכֶם֙ חֲלֹמ֣וֹת יַחֲלֹמ֔וּן בַּח֣וּרֵיכֶ֔ם חֶזְיֹנ֖וֹת יִרְאֽוּ׃ [רוּחִֽי׃

2 וְגַ֥ם עַל־הָעֲבָדִ֖ים וְעַל־הַשְּׁפָח֑וֹת בַּיָּמִ֣ים הָהֵ֔מָּה אֶשְׁפּ֖וֹךְ אֶת־ ה̇ ר״פ בסיפ וכל וגם אני וגם אנכי בסיפ דכות[1] . ח̇[2] . יב̇[3] . ד̇ מל

3 וְנָתַתִּי֙ מֽוֹפְתִ֔ים בַּשָּׁמַ֖יִם וּבָאָ֑רֶץ דָּ֣ם וָאֵ֔שׁ וְתִֽימֲר֖וֹת עָשָֽׁן׃ ב̇ קמ̇[4] . ב̇ מל̇[5]

4 הַשֶּׁ֙מֶשׁ֙ יֵהָפֵ֣ךְ לְחֹ֔שֶׁךְ וְהַיָּרֵ֖חַ לְדָ֑ם ב̇

לִפְנֵ֗י בּ֚וֹא י֣וֹם יְהוָ֔ה הַגָּד֖וֹל וְהַנּוֹרָֽא׃ יד̇[6] מל וכל שמואל וכתיב דכות ב̇ מ̇ ה̇

5 וְהָיָ֗ה כֹּ֛ל אֲשֶׁר־יִקְרָ֛א בְּשֵׁ֥ם יְהוָ֖ה יִמָּלֵ֑ט יג̇[7]

כִּ֠י בְּהַר־צִיּ֨וֹן וּבִירוּשָׁלִַ֜םᵃ תִּהְיֶ֣ה פְלֵיטָ֗ה כַּֽאֲשֶׁר֙ אָמַ֣ר יְהוָ֔ה כא̇

וּבַ֨שְּׂרִידִ֔יםᵇ אֲשֶׁ֥ר יְהוָ֖ה קֹרֵֽא׃ ב̇ בליש

4 1 כִּ֗י הִנֵּ֛ה בַּיָּמִ֥ים הָהֵ֖מָּה וּבָעֵ֣ת הַהִ֑יא אֲשֶׁ֧רᵃ אָשׁ֛וּב אֶת־שְׁב֥וּת ח̇[1] . יב̇[2] . ח̇[3] . אשיב חד מן ג̇[4] כת כן ק̇

2 וְקִבַּצְתִּי֙ אֶת־כָּל־הַגּוֹיִ֔ם [יְהוּדָ֖ה וִירוּשָׁלִָֽם׃

וְהֽוֹרַדְתִּ֔ים אֶל־עֵ֖מֶק יְהוֹשָׁפָ֑ט וְנִשְׁפַּטְתִּ֨י עִמָּ֜ם שָׁ֗ם

עַל־עַמִּ֨י וְנַחֲלָתִ֤י יִשְׂרָאֵל֙ אֲשֶׁ֣ר פִּזְּר֣וּ בַגּוֹיִ֔ם ג̇ . ל̇

וְאֶת־אַרְצִ֖י חִלֵּֽקוּ׃ 3 וְאֶל־עַמִּ֖י יַדּ֣וּ גוֹרָ֑ל ג̇ . ל̇[5] . ל̇ . ל̇

וַיִּתְּנ֤וּ הַיֶּ֙לֶד֙ בַּזּוֹנָ֔ה וְהַיַּלְדָּ֛ה מָכְר֥וּ בַיַּ֖יִן וַיִּשְׁתּֽוּᵃ׃ ל̇

[24]Mm 2909. [25]Mp sub loco. **Cp 3** [1]Mm 3167. [2]Mm 2738. [3]Mm 891. [4]Mm 3043. [5]Mp sub loco. [6]Mm 169. [7]Mm 3044. **Cp 4** [1]Mm 2738. [2]Mm 891. [3]Mm 1482. [4]Mm 2736. [5]Mm 364.

23 ᶜ mlt Mss יורה ‖ ᵈ prb l c Ms 𝔊𝔖𝔙 כָּרִאשׁוֹן ‖ **25** ᵃ⁻ᵃ prp שְׁנַיִם אֶת־ ‖ **26** ᵃ⁻ᵃ dl? cf 27b ‖ **Cp 3,5** ᵃ tr ad bγ? cf ᵇ ‖ ᵇ prp ובירושלם שְׂרִידִים cf ᵃ ‖ **Cp 4,1** ᵃ > pc Mss, dl? ‖ **3** ᵃ add?

4 וְגַ֨ם ה̇ ר״פ בסיפ̇ וכל וגם אני וגם אנכי בסיפ̇ דכות̇[6]

מָה־אַתֶּ֥ם לִ֙י צֹ֣ר וְצִיד֔וֹן וְכֹ֖ל גְּלִיל֣וֹת פְּלָ֑שֶׁת ל̇

הַגְּמ֗וּל אַתֶּם֙ מְשַׁלְּמִ֣ים עָלָ֔י וְאִם־גֹּמְלִ֥ים אַתֶּם֙ עָלַ֔י ל̇ זקף קמ̇ . ב̇ וחס̇[7]

קַ֣ל מְהֵרָ֔ה אָשִׁ֥יב גְּמֻלְכֶ֖ם בְּרֹאשְׁכֶֽם׃ [לְהֵיכְלֵיכֶֽם׃ ב̇ וחס̇]ל̇[9]

5 אֲשֶׁר־כַּסְפִּ֥י וּזְהָבִ֖י לְקַחְתֶּ֑ם וּמַחֲמַדַּי֙ הַטֹּבִ֔ים הֲבֵאתֶ֖ם ה̇ חס̇ . ג̇[8]

6 וּבְנֵ֤י יְהוּדָה֙ וּבְנֵ֣י יְרוּשָׁלִַ֔ם מְכַרְתֶּ֖ם לִבְנֵ֣י הַיְּוָנִ֑ים ל̇

לְמַ֥עַן הַרְחִיקָ֖ם מֵעַ֥ל גְּבוּלָֽם׃

7 הִנְנִ֣י מְעִירָ֔ם מִן־הַ֨מָּק֔וֹם אֲשֶׁר־מְכַרְתֶּ֥ם אֹתָ֖ם שָׁ֑מָּה

וַהֲשִׁבֹתִ֥י גְמֻלְכֶ֖ם בְּרֹאשְׁכֶֽם׃ ב̇ וחס̇

8 וּמָכַרְתִּ֞י אֶת־בְּנֵיכֶ֣ם וְאֶת־בְּנוֹתֵיכֶ֗ם בְּיַד֙ בְּנֵ֣י יְהוּדָ֔ה ג̇ בנביא

וּמְכָר֥וּם לִשְׁבָאיִ֖ם אֶל־גּ֣וֹי רָח֑וֹק ל̇

כִּ֥י יְהוָ֖ה דִּבֵּֽר׃ ס

9 קִרְאוּ־זֹאת֙ בַּגּוֹיִ֔ם קַדְּשׁ֖וּ מִלְחָמָ֑ה

הָעִ֙ירוּ֙ הַגִּבּוֹרִ֔ים [a]יִגְּשׁ֣וּ יַעֲל֔וּ[a] כֹּ֖ל אַנְשֵׁ֥י הַמִּלְחָמָֽה׃ ז̇ מל̇

10 כֹּ֤תּוּ אִתֵּיכֶם֙ לַחֲרָב֔וֹת וּמַזְמְרֹתֵיכֶ֖ם לִרְמָחִ֑ים ל̇

הַֽחַלָּ֔שׁ יֹאמַ֖ר גִּבּ֥וֹר אָֽנִי׃ ל̇

11 ע֣וּשׁוּ[a] וָבֹ֧אוּ כָֽל־הַגּוֹיִ֛ם מִסָּבִ֖יב [b]וְנִקְבָּ֑צוּ שָׁ֕מָּה[b] ג̇[10]

[c]הַנְחַ֥ת יְהוָ֖ה גִּבּוֹרֶֽיךָ׃[c] ב̇ חד פת̇ וחד קמ̇

12 יֵע֙וֹרוּ֙ וְיַֽעֲל֣וּ הַגּוֹיִ֔ם אֶל־עֵ֖מֶק יְהוֹשָׁפָ֑ט ג̇ ב̇ חס̇ וחד מל̇[11] . ג̇

כִּ֣י שָׁ֗ם אֵשֵׁב֙ לִשְׁפֹּ֣ט אֶת־כָּל־הַגּוֹיִ֖ם מִסָּבִֽיב׃

13 שִׁלְח֣וּ מַגָּ֔ל כִּ֥י בָשַׁ֖ל קָצִ֑יר ב̇

בֹּ֤אוּ רְדוּ֙ כִּֽי־מָ֣לְאָה גַּ֔ת

הֵשִׁ֙יקוּ֙ הַיְקָבִ֔ים כִּ֥י רַבָּ֖ה רָעָתָֽם׃ ל̇

14 הֲמוֹנִ֣ים הֲמוֹנִ֔ים בְּעֵ֖מֶק הֶחָר֑וּץ ב̇ . ב̇ . ב̇

כִּ֤י קָרוֹב֙ י֣וֹם יְהוָ֔ה בְּעֵ֖מֶק הֶחָרֽוּץ׃ ב̇

[6]Mm 3167. [7]Mm 3045. [8]Mm 1650. [9]Mp sub loco. [10]Mm 2954. [11]Mm 3484.

9 [a–a] prp גְּשׁוּ וַעֲלוּ cf 𝔊 ‖ **11** [a] crrp? prp עורו vel חושו ‖ [b–b] prb l הִקָּבְצוּ שָׁמָּה ‖ [c–c] crrp? nonn add hab, sed cf 𝔊 *ὁ πραῢς ἔστω μαχητής*; frt l וְהַנּוֹחַ יִהְיֶה גבור (mansuetus) et tr post 10b.

15 שֶׁמֶשׁ וְיָרֵחַ קָדָרוּ וְכוֹכָבִים אָסְפוּ נָגְהָם׃ ט. ו

16 וַיהוָה מִצִּיּוֹן יִשְׁאָג וּמִירוּשָׁלִַם יִתֵּן קוֹלוֹ ה ר״פ בסיפ

וְרָעֲשׁוּ שָׁמַיִם וָאָרֶץ

וַיהוָה מַחֲסֶה לְעַמּוֹ וּמָעוֹז לִבְנֵי יִשְׂרָאֵל׃ ח[12] רפי ג[13] מנה בליש וכל אחסה דכות ב מ א. ב[14]

17 וִידַעְתֶּם כִּי אֲנִי יְהוָה אֱלֹהֵיכֶם שֹׁכֵן בְּצִיּוֹן הַר־קָדְשִׁי י

וְהָיְתָה יְרוּשָׁלִַם קֹדֶשׁ וְזָרִים לֹא־יַעַבְרוּ־בָהּ עוֹד׃ ס

18 וְהָיָה בַיּוֹם הַהוּא

יִטְּפוּ הֶהָרִים עָסִיס וְהַגְּבָעוֹת תֵּלַכְנָה חָלָב ל

וְכָל־אֲפִיקֵי יְהוּדָה יֵלְכוּ מָיִם[a]

וּמַעְיָן מִבֵּית יְהוָה יֵצֵא וְהִשְׁקָה אֶת־נַחַל הַשִּׁטִּים׃ ל. ג[15]

19 מִצְרַיִם לִשְׁמָמָה תִהְיֶה וֶאֱדוֹם לְמִדְבַּר שְׁמָמָה תִּהְיֶה[a] ג ר״פ

מֵחֲמַס בְּנֵי יְהוּדָה אֲשֶׁר־[b]שָׁפְכוּ דָם־נָקִיא בְּאַרְצָם׃ יב[16] יתיר א ס״ת ב מנה בליש

20 וִיהוּדָה לְעוֹלָם תֵּשֵׁב וִירוּשָׁלִַם לְדוֹר וָדוֹר׃ ב ר״פ[17]

21 [a]וְנִקֵּיתִי[b] דָּמָם [c]לֹא־נִקֵּיתִי וַיהוָה שֹׁכֵן בְּצִיּוֹן[a]׃

סכום הפסוקים
שבעים ושלשה

AMOS עמוס

1 [1] דִּבְרֵי עָמוֹס אֲשֶׁר־הָיָה בַנֹּקְדִים מִתְּקוֹעַ אֲשֶׁר חָזָה עַל־יִשְׂרָאֵל ל. ל
בִּימֵי ׀ עֻזִּיָּה מֶלֶךְ־יְהוּדָה וּבִימֵי יָרָבְעָם בֶּן־יוֹאָשׁ מֶלֶךְ יִשְׂרָאֵל שְׁנָתַיִם
לִפְנֵי הָרָעַשׁ׃ 2 וַיֹּאמַר ׀ צא יט מנה ר״פ וחד מן ז[1] בטע מרעימין בליש

יְהוָה מִצִּיּוֹן יִשְׁאָג וּמִירוּשָׁלִַם יִתֵּן קוֹלוֹ

וְאָבְלוּ נְאוֹת הָרֹעִים וְיָבֵשׁ רֹאשׁ הַכַּרְמֶל׃ פ ה

[12] Mm 3046. [13] Mm 3278. [14] Mm 3047. [15] Mm 3048. [16] Mm 907. [17] Mm 3049.
Cp 1 [1] Mm 705.

18 [a] nonn add חַיִּים ‖ **19** [a] dl m cs? cf 𝔖; al dl שממה ‖ [b] add? ‖ **21** [a–a] add? ‖ [b] 𝔊(𝔖) *καὶ ἐκδικήσω* (vel *ἐκζητήσω*), prb l וְנִקַּמְתִּי ‖ [c–c] 𝔊(𝔖) *καὶ οὐ μὴ ἀθῳώσω*, frt l וְלֹא־אֲנַקֶּה.

3 כֹּה אָמַר יְהוָה
עַל־שְׁלֹשָׁה פִּשְׁעֵי דַמֶּשֶׂק וְעַל־אַרְבָּעָה לֹא אֲשִׁיבֶנּוּ
עַל־דּוּשָׁם בַּחֲרֻצוֹת הַבַּרְזֶל אֶת־הַגִּלְעָד׃ ל̇
4 וְשִׁלַּחְתִּי אֵשׁ בְּבֵית חֲזָאֵל וְאָכְלָה אַרְמְנוֹת בֶּן־הֲדָד׃
5 ᵃוְשָׁבַרְתִּי בְּרִיחַ דַּמֶּשֶׂקᵃ וְהִכְרַתִּי יוֹשֵׁב מִבִּקְעַת־אָוֶן מ̇ט מל בנביא
וְתוֹמֵךְ שֵׁבֶט מִבֵּית עֶדֶןᵇ וְגָלוּ עַם־אֲרָם קִירָה ב̇ מל̇ . ד̇[2] . ב̇
אָמַר יְהוָה׃ פ 6 כֹּה אָמַר יְהוָה כ̇ ס״פ[3]
עַל־שְׁלֹשָׁה פִּשְׁעֵי עַזָּה וְעַל־אַרְבָּעָה לֹא אֲשִׁיבֶנּוּ
עַל־הַגְלוֹתָם גָּלוּת שְׁלֵמָה לְהַסְגִּיר לֶאֱדוֹם׃
7 וְשִׁלַּחְתִּי אֵשׁ בְּחוֹמַת עַזָּה וְאָכְלָה אַרְמְנֹתֶיהָ׃ ד̇ חס̇[4]
8 וְהִכְרַתִּי יוֹשֵׁב מֵאַשְׁדּוֹד וְתוֹמֵךְ שֵׁבֶט מֵאַשְׁקְלוֹן מ̇ט מל בנביא . ב̇ מל̇
וַהֲשִׁיבוֹתִי יָדִי עַל־עֶקְרוֹן וְאָבְדוּ שְׁאֵרִית פְּלִשְׁתִּים ב̇ בטע̇
אָמַר אֲדֹנָיᵃ יְהוִה׃ פ 9 כֹּה אָמַר יְהוָה
עַל־שְׁלֹשָׁה פִּשְׁעֵי־צֹר וְעַל־אַרְבָּעָה לֹא אֲשִׁיבֶנּוּ
עַל־הַסְגִּירָם גָּלוּת שְׁלֵמָה לֶאֱדוֹםᵃ וְלֹא זָכְרוּ בְּרִית אַחִיםᵇ׃ ל̇ . ג̇[5]
10 וְשִׁלַּחְתִּי אֵשׁ בְּחוֹמַת צֹר וְאָכְלָה אַרְמְנֹתֶיהָ׃ פ
11 כֹּה אָמַר יְהוָה
עַל־שְׁלֹשָׁה פִּשְׁעֵי אֱדוֹם וְעַל־אַרְבָּעָה לֹא אֲשִׁיבֶנּוּ
עַל־רָדְפוֹ בַחֶרֶב אָחִיו וְשִׁחֵת רַחֲמָיו ל̇
וַיִּטְרֹףᵃ לָעַד אַפּוֹ וְעֶבְרָתוֹ ᵇשְׁמָרָה נֶצַחᵇ׃ ל̇
12 וְשִׁלַּחְתִּי אֵשׁ בְּתֵימָן וְאָכְלָה אַרְמְנוֹת בָּצְרָה׃ פ
13 כֹּה אָמַר יְהוָה
עַל־שְׁלֹשָׁה פִּשְׁעֵי בְנֵי־עַמּוֹן וְעַל־אַרְבָּעָה לֹא אֲשִׁיבֶנּוּ
עַל־בִּקְעָם הָרוֹת הַגִּלְעָד לְמַעַן הַרְחִיב אֶת־גְּבוּלָם׃ ל̇ . ל̇
14 וְהִצַּתִּי אֵשׁ בְּחוֹמַת רַבָּה וְאָכְלָה אַרְמְנוֹתֶיהָ ו̇ ול̇[6] בעינ̇
בִּתְרוּעָה בְּיוֹם מִלְחָמָה בְּסַעַר בְּיוֹם סוּפָה׃

[2] Mm 3050. [3] Mm 2481. [4] Mm 2340. [5] Mm 1446. [6] Mm 3051.

Cp 1,5 ᵃ⁻ᵃ frt tr post מבית עדן ‖ ᵇ cf ᵃ⁻ᵃ ‖ **8** ᵃ > 𝔊*, frt dl ‖ **9** ᵃ frt l לַאֲרָם ‖ ᵇ exc hemist? cf 11 bβγ ‖ **11** ᵃ 𝔖(𝔙) *wnṭr*, l וַיִּטֹּר ‖ ᵇ⁻ᵇ 𝔊(σ′θ′𝔖𝔙) ἐφύλαξεν εἰς νῖκος, l שָׁמַר לָנֶצַח.

15 וְהָלַךְ מַלְכָּם בַּגּוֹלָה הוּא וְשָׂרָיו יַחְדָּו
2 אָמַר יְהוָה׃ פ 2 1 כֹּה אָמַר יְהוָה — כ̇ ס״פ[7]
עַל־שְׁלֹשָׁה פִּשְׁעֵי מוֹאָב וְעַל־אַרְבָּעָה לֹא אֲשִׁיבֶנּוּ
עַל־שָׂרְפוֹ עַצְמוֹת[a] מֶלֶךְ־אֱדוֹם לַשִּׂיד׃ — ל̇ . ל̇
2 וְשִׁלַּחְתִּי־אֵשׁ בְּמוֹאָב[a] וְאָכְלָה [b]אַרְמְנוֹת הַקְּרִיּוֹת[b]
וּמֵת בְּשָׁאוֹן מוֹאָב בִּתְרוּעָה בְּקוֹל[c] שׁוֹפָר׃
3 [a]וְהִכְרַתִּי שׁוֹפֵט מִקִּרְבָּהּ[b] וְכָל־שָׂרֶיהָ[c] אֶהֱרוֹג עִמּוֹ[a] — ו̇ מל . ב̇ חד מל וחד חס[1]
אָמַר יְהוָה׃ פ 4 [a]כֹּה אָמַר יְהוָה — כ̇ ס״פ[2]
עַל־שְׁלֹשָׁה פִּשְׁעֵי יְהוּדָה וְעַל־אַרְבָּעָה לֹא אֲשִׁיבֶנּוּ
עַל־מָאֳסָם אֶת־תּוֹרַת יְהוָה וְחֻקָּיו לֹא שָׁמָרוּ — ל̇ . ו̇ קמ[3]
וַיַּתְעוּם כִּזְבֵיהֶם אֲשֶׁר־הָלְכוּ אֲבוֹתָם אַחֲרֵיהֶם׃ — ל̇
5 וְשִׁלַּחְתִּי אֵשׁ בִּיהוּדָה וְאָכְלָה אַרְמְנוֹת יְרוּשָׁלִָם[a]׃ פ
6 כֹּה אָמַר יְהוָה
עַל־שְׁלֹשָׁה פִּשְׁעֵי יִשְׂרָאֵל וְעַל־אַרְבָּעָה לֹא אֲשִׁיבֶנּוּ
עַל־מִכְרָם בַּכֶּסֶף צַדִּיק וְאֶבְיוֹן בַּעֲבוּר נַעֲלָיִם׃ — ג̇[4] . ב̇
7 הַשֹּׁאֲפִים[a] [b]עַל־עֲפַר־אֶרֶץ בְּ[b]רֹאשׁ דַּלִּים וְדֶרֶךְ עֲנָוִים יַטּוּ — ב̇ . ג̇[5] . לה̇[6] . ב̇ דסמיכ̇ לשון דל[7]
[c]וְאִישׁ וְאָבִיו יֵלְכוּ אֶל־הַנַּעֲרָה לְמַעַן חַלֵּל אֶת־שֵׁם קָדְשִׁי[c]׃ — ט̇[8]
8 וְעַל־[a]בְּגָדִים חֲבֻלִים יַטּוּ [b]אֵצֶל כָּל־מִזְבֵּחַ[b] — ל̇
וְיֵין עֲנוּשִׁים יִשְׁתּוּ [b]בֵּית אֱלֹהֵיהֶם[b]׃ — י̇ בליש̇ . ל̇
9 וְאָנֹכִי הִשְׁמַדְתִּי אֶת־הָאֱמֹרִי מִפְּנֵיהֶם[a]
אֲשֶׁר כְּגֹבַהּ אֲרָזִים גָּבְהוֹ וְחָסֹן הוּא כָּאַלּוֹנִים — ב̇ וחס[9] . ל̇
וָאַשְׁמִיד פִּרְיוֹ מִמַּעַל וְשָׁרָשָׁיו מִתָּחַת׃
10 וְאָנֹכִי הֶעֱלֵיתִי אֶתְכֶם מֵאֶרֶץ מִצְרָיִם ס̄ [ו]
וָאוֹלֵךְ אֶתְכֶם בַּמִּדְבָּר אַרְבָּעִים שָׁנָה — ד̇[10]

[7] Mm 2481. **Cp 2** [1] Mm 3052. [2] Mm 2481. [3] Mm 3053. [4] Mm 3054. [5] Mm 3055. [6] Mm 2840. [7] Mm 3549. [8] Mm 3056. [9] Mm 3057. [10] Mm 817.

Cp 2,1 [a] exc nomen regis? ‖ **2** [a] prp בְּקִיר מוֹאב cf [b–b] ‖ [b–b] prp אַרמנוּתֶיהָ cf [a] ‖ [c] l c pc Mss 𝔊𝔖 וּבקול aut וְקוֹל ‖ **3** [a–a] nonn tr post 2a cf 2[a.b–b] ‖ [b] frt l מקרבוֹ vel מקרבֹה cf $𝔊^L$ ‖ [c] frt l שָׂרָיו cf $𝔊^L$ ‖ **4/5** [a–a] add ‖ **7** [a] prp הַשָּׁ(א)פִים cf 𝔊 *τὰ πατοῦντα* ‖ [b–b] prb add; al עַל־עפר־ארץ vel sol ארץ add hab ‖ [c–c] add? ‖ **8** [a] frt dl עַל־ et l וּבְג׳ cf 𝔊 ‖ [b–b] add? ‖ **9** [a] frt l c mlt Mss ־יכם.

לָרֶ֖שֶׁת אֶת־אֶ֥רֶץ הָאֱמֹרִֽי׃
11 וָאָקִ֤ים מִבְּנֵיכֶם֙ לִנְבִיאִ֔ים וּמִבַּחוּרֵיכֶ֖ם לִנְזִרִ֑ים ל.ל.ל
הַאַ֥ף אֵין־זֹ֛את בְּנֵ֥י יִשְׂרָאֵ֖ל נְאֻם־יְהוָֽה׃
12 וַתַּשְׁק֥וּ אֶת־הַנְּזִרִ֖ים יָ֑יִן
וְעַל־הַנְּבִיאִים֙ צִוִּיתֶ֣ם לֵאמֹ֔ר לֹ֖א תִּנָּבְאֽוּ׃ ל
13 הִנֵּ֛ה אָנֹכִ֥י מֵעִ֖יק תַּחְתֵּיכֶ֑ם
כַּאֲשֶׁ֤ר תָּעִיק֙ הָעֲגָלָ֔ה הַמְלֵאָ֥ה לָ֖הּ עָמִֽיר׃ ל.ב
14 וְאָבַ֤ד מָנוֹס֙ מִקָּ֔ל וְחָזָ֖ק לֹא־יְאַמֵּ֣ץ כֹּח֑וֹ ל.ב
[a]וְגִבּ֖וֹר לֹא־יְמַלֵּ֥ט נַפְשֽׁוֹ[a]׃ 15 וְתֹפֵ֤שׂ הַקֶּ֙שֶׁת֙ לֹ֣א יַעֲמֹ֔ד ג[11].ח[12]. מז פסוק לא לא לא
[a]וְקַ֥ל בְּרַגְלָ֖יו לֹ֣א יְמַלֵּ֑ט[ab] וְרֹכֵ֣ב הַסּ֔וּס לֹ֥א יְמַלֵּ֖ט נַפְשֽׁוֹ׃ ח[12].ח[12]
16 וְאַמִּ֥יץ לִבּ֖וֹ בַּגִּבּוֹרִ֑ים עָר֛וֹם יָנ֥וּס [a]בַּיּוֹם־הַה֖וּא[a] ד
נְאֻם־יְהוָֽה׃ פ

3 1 שִׁמְע֞וּ אֶת־הַדָּבָ֣ר הַזֶּ֗ה אֲשֶׁ֨ר דִּבֶּ֧ר יְהוָ֛ה עֲלֵיכֶ֖ם בְּנֵ֣י[a] יִשְׂרָאֵ֑ל עַ֚ל
כָּל־הַמִּשְׁפָּחָ֔ה אֲשֶׁ֧ר הֶעֱלֵ֛יתִי מֵאֶ֥רֶץ מִצְרַ֖יִם לֵאמֹֽר׃
2 רַ֚ק אֶתְכֶ֣ם יָדַ֔עְתִּי מִכֹּ֖ל מִשְׁפְּח֣וֹת הָאֲדָמָ֑ה ג[1]
עַל־כֵּן֙ אֶפְקֹ֣ד עֲלֵיכֶ֔ם אֵ֖ת כָּל־עֲוֺנֹתֵיכֶֽם׃
3 הֲיֵלְכ֥וּ שְׁנַ֖יִם יַחְדָּ֑ו בִּלְתִּ֖י אִם־נוֹעָֽדוּ׃ ל
4 הֲיִשְׁאַ֤ג אַרְיֵה֙ בַּיַּ֔עַר וְטֶ֖רֶף אֵ֣ין ל֑וֹ ל
הֲיִתֵּ֨ן כְּפִ֤יר קוֹלוֹ֙ מִמְּעֹ֣נָת֔וֹ[a] בִּלְתִּ֖י אִם־לָכָֽד׃ ל
5 הֲתִפֹּ֤ל צִפּוֹר֙ עַל־פַּ֣ח[a] הָאָ֔רֶץ וּמוֹקֵ֖שׁ אֵ֣ין לָ֑הּ ל.ל
הֲיַֽעֲלֶה־פַּח֙ מִן־הָ֣אֲדָמָ֔ה וְלָכ֖וֹד לֹ֥א יִלְכּֽוֹד׃ ל.ל וחד מן ב מל בליש. ל וחד מן ב מל בליש
6 אִם־יִתָּקַ֤ע שׁוֹפָר֙ בְּעִ֔יר וְעָ֖ם לֹ֣א יֶחֱרָ֑דוּ יב ר״פ אם אם[2]. ג[3]. ב
אִם־תִּהְיֶ֤ה רָעָה֙ בְּעִ֔יר וַיהוָ֖ה לֹ֥א עָשָֽׂה׃
7 [a]כִּ֣י לֹ֧א יַעֲשֶׂ֛ה אֲדֹנָ֥י יְהוִ֖ה דָּבָ֑ר כִּ֚י אִם־גָּלָ֣ה סוֹד֔וֹ אֶל־עֲבָדָ֖יו [הַנְּבִיאִֽים׃
8 אַרְיֵ֥ה שָׁאָ֖ג מִ֣י לֹ֣א יִירָ֑א ל.ג מל בליש
אֲדֹנָ֤י[a] יְהוִה֙ דִּבֶּ֔ר מִ֖י לֹ֥א יִנָּבֵֽא׃

[11] Mm 3236. [12] Mm 3058. Cp 3 [1] Mm 81. [2] Mm 519. [3] Mm 3005.

14 [a–a] nonn add hab ‖ **15** [a–a] nonn add hab ‖ [b] 𝔊 *διασωθῇ*, prb l יִמָּלֵט cf 𝔖𝔗𝔙 ‖ **16** [a–a] add? ‖ **Cp 3,1** [a] 𝔊 *οἶκος* = בֵּית ‖ **4** [a] prb add ‖ **5** [a] > 𝔊, dl ‖ **7** [a] tot v add ‖ **8** [a] add?

9 הַשְׁמִ֙יעוּ֙ עַל־אַרְמְנ֣וֹת בְּאַשְׁדּ֔וֹד[a] וְעַֽל־אַרְמְנ֖וֹת בְּאֶ֣רֶץ[b] מִצְרָ֑יִם
וְאִמְר֗וּ[c] הֵאָֽסְפוּ֙ עַל־הָרֵ֣י[d] שֹֽׁמְר֔וֹן וּרְא֞וּ מְהוּמֹ֤ת רַבּוֹת֙[e] בְּתוֹכָ֔הּ — ו֝[4]. ג בליש[5]. ב
[f]וַעֲשׁוּקִ֖ים בְּקִרְבָּֽהּ[f]׃ [בְּאַרְמְנוֹתֵיהֶֽם[b]׃ פ
10 וְלֹֽא־יָדְע֥וּ עֲשׂוֹת־נְכֹחָ֖ה [a]נְאֻם־יְהוָ֑ה[a] הָאֽוֹצְרִ֛ים חָמָ֥ס וָשֹׁ֖ד — ג ר״פ. ג[6]. ל. ל
11 לָכֵ֗ן כֹּ֤ה אָמַר֙ אֲדֹנָ֣י[a] יְהוִ֔ה צַ֖ר וּסְבִ֣יב[b] הָאָ֑רֶץ — כט. ל
וְהוֹרִ֤ד[c] מִמֵּךְ֙ עֻזֵּ֔ךְ וְנָבֹ֖זּוּ אַרְמְנוֹתָֽיִךְ׃ — ל

12 כֹּ֘ה אָמַ֣ר יְהוָ֒ה — ה בטע בסיפ[7]
כַּאֲשֶׁר֩ יַצִּ֨יל הָרֹעֶ֜ה מִפִּ֣י הָאֲרִ֗י — ל
שְׁתֵּ֥י כְרָעַ֛יִם א֥וֹ בְדַל־אֹ֖זֶן — ל. כה
כֵּ֤ן יִנָּצְלוּ֙ בְּנֵ֣י יִשְׂרָאֵ֔ל — ד בסיפ[8]

הַיֹּֽשְׁבִים֙ בְּשֹׁ֣מְר֔וֹן בִּפְאַ֥ת מִטָּ֖ה[a] וּבִדְמֶ֥שֶׁק עָֽרֶשׁ[a]׃ — ל
13 שִׁמְע֥וּ וְהָעִ֖ידוּ בְּבֵ֣ית יַעֲקֹ֑ב [a]נְאֻם־אֲדֹנָ֥י יְהוִ֖ה אֱלֹהֵ֥י הַצְּבָאֽוֹת[a]׃ — ב. ז[9] וכל יחזק דכות במ״ד. ה
14 כִּ֗י בְּי֛וֹם פָּקְדִ֥י פִשְׁעֵֽי־יִשְׂרָאֵ֖ל עָלָ֑יו[a]
[b]וּפָקַדְתִּי֙ עַל־מִזְבְּח֣וֹת[c] בֵּֽית־אֵ֔ל[b]
וְנִגְדְּעוּ֙ קַרְנ֣וֹת הַמִּזְבֵּ֔חַ וְנָפְל֖וּ לָאָֽרֶץ׃
15 וְהִכֵּיתִ֥י בֵית־הַחֹ֖רֶף עַל־בֵּ֣ית הַקָּ֑יִץ
וְאָבְד֞וּ בָּתֵּ֣י הַשֵּׁ֗ן וְסָפ֛וּ [a]בָּתִּ֥ים רַבִּ֖ים[a] — ל
נְאֻם־יְהוָֽה׃ ס

4 1 שִׁמְע֞וּ הַדָּבָ֣ר הַזֶּ֗ה פָּר֤וֹת הַבָּשָׁן֙ אֲשֶׁר֙[a] בְּהַ֣ר שֹׁמְר֔וֹן — ל
הָעֹשְׁק֣וֹת דַּלִּ֔ים הָרֹצְצ֖וֹת אֶבְיוֹנִ֑ים — ל. ל
הָאֹמְרֹ֥ת לַאֲדֹנֵיהֶ֖ם[b] הָבִ֥יאָה וְנִשְׁתֶּֽה׃ — ל. ט פת ב׳[1] מנה בליש. ג[2]
2 נִשְׁבַּ֨ע אֲדֹנָ֤י[a] יְהוִה֙ בְּקָדְשׁ֔וֹ כִּ֛י הִנֵּ֥ה יָמִ֖ים בָּאִ֣ים עֲלֵיכֶ֑ם[b]
וְנִשָּׂ֤א אֶתְכֶם֙[c] בְּצִנּ֔וֹת וְאַחֲרִיתְכֶ֖ן בְּסִיר֥וֹת דּוּגָֽה׃ — יב[3]. ל. ל. ל. ל

[4]Mm 2470. [5]Mm 2186. [6]Mm 3027. [7]Mm 3166. [8]Mm 953. [9]Mm 2459. Cp 4 [1]Mm 3059. [2]Mm 3060. [3]Mm 545.

9 [a] 𝔊 ἐν Ἀσσυρίοις, prp בְּאַשּׁוּר ‖ [b] > 𝔊* cf 11; prb l (מצרים)בְּ ‖ [c] add (an exc nonn vb)? ‖ [d] 𝔊(𝔖) τὸ ὄρος, prb l הַר ‖ [e] add? ‖ [f–f] frt add ‖ **10** [a–a] add ‖ [b] frt add ‖ **11** [a] > 𝔖 ‖ [b] 𝔖 nḥdrjh, prb l יְסוֹבֵב ‖ [c] l c pc Mss 𝔖𝔗 וְהוּרַד; mlt Mss והרד ‖ **12** [a–a] frt l וּבְעֶרֶשׂ דַּמֶּשֶׂק cf 𝔙; add? ‖ **13** [a–a] add; al l sol נאם יהוה ‖ **14** [a] add? ‖ [b–b] add an exc hemist? ‖ [c] prp מִזְבַּח ‖ **15** [a–a] prp בָּתֵּי הָבְנִים ‖ **Cp 4,1** [a] prb add ‖ [b] prp ־יהן ‖ **2** [a] > 𝔊*, add? ‖ [b] prp ־יכן ‖ [c] prp אַפְּכֶן.

3 וּפְרָצִים תֵּצֶאנָה[a] אִשָּׁה נֶגְדָּהּ וְהִשְׁלַכְתֶּנָה[b] הַהַרְמוֹנָה[c] ל̇. ל̇. ל̇[4]
נְאֻם־יְהוָה׃
4 בֹּאוּ בֵית־אֵל וּפִשְׁעוּ הַגִּלְגָּל הַרְבּוּ[a] לִפְשֹׁעַ ב̇[5]. ב̇ וחס
וְהָבִיאוּ לַבֹּקֶר זִבְחֵיכֶם לִשְׁלֹשֶׁת יָמִים מַעְשְׂרֹתֵיכֶם׃ ו̇[6]
5 וְקַטֵּר[a] מֵחָמֵץ תּוֹדָה וְקִרְאוּ נְדָבוֹת הַשְׁמִיעוּ
כִּי כֵן אֲהַבְתֶּם בְּנֵי יִשְׂרָאֵל נְאֻם אֲדֹנָי יְהוִה׃ ד̇ בסיפ[7]. ז̇[8] וכל יחזק דכות ב̇ מ̇ ד̇

6 וְגַם־אֲנִי נָתַתִּי לָכֶם
נִקְיוֹן שִׁנַּיִם בְּכָל־עָרֵיכֶם
וְחֹסֶר לֶחֶם בְּכֹל מְקוֹמֹתֵיכֶם ל̇
וְלֹא־שַׁבְתֶּם עָדַי נְאֻם־יְהוָה׃
7 וְגַם אָנֹכִי מָנַעְתִּי מִכֶּם אֶת־הַגֶּשֶׁם ה̇[9]
בְּעוֹד שְׁלֹשָׁה חֳדָשִׁים לַקָּצִיר [a]וְהִמְטַרְתִּי עַל־עִיר אֶחָת ד̇[10]
וְעַל־עִיר אַחַת לֹא אַמְטִיר חֶלְקָה אַחַת תִּמָּטֵר וְחֶלְקָה ד̇[10]. ל̇
אֲשֶׁר־לֹא־תַמְטִיר[b] עָלֶיהָ תִּיבָשׁ׃ 8 וְנָעוּ שְׁתַּיִם שָׁלֹשׁ ג̇
עָרִים אֶל־עִיר אַחַת לִשְׁתּוֹת מַיִם וְלֹא יִשְׂבָּעוּ[a]
וְלֹא־שַׁבְתֶּם עָדַי נְאֻם־יְהוָה׃
9 הִכֵּיתִי אֶתְכֶם בַּשִּׁדָּפוֹן וּבַיֵּרָקוֹן
הַרְבּוֹת[a] גַּנּוֹתֵיכֶם וְכַרְמֵיכֶם
[b]וּתְאֵנֵיכֶם וְזֵיתֵיכֶם יֹאכַל הַגָּזָם[b]
וְלֹא־שַׁבְתֶּם עָדַי נְאֻם־יְהוָה׃ ס
10 שִׁלַּחְתִּי בָכֶם דֶּבֶר בְּדֶרֶךְ[a] מִצְרַיִם ל̇ ר״פ[11]. ג̇
הָרַגְתִּי בַחֶרֶב בַּחוּרֵיכֶם עִם שְׁבִי[b] סוּסֵיכֶם
[c]וָאַעֲלֶה בְּאֹשׁ[d] מַחֲנֵיכֶם וּבְאַפְּכֶם[ce] ג̇[12]. יז̇[13] מפק א ול בליש. ל̇

[4]Mm 1735. [5]Mm 3061. [6]Mm 593. [7]Mm 953. [8]Mm 2459. [9]Mm 143. [10]Mm 1740. [11]Mm 978. [12]Mm 3995. [13]Mm 411.

3 [a–a] 𝔊 *καὶ ἐξενεχθήσεσθε γυμναί* = ?וַעֲרֻמּוֹת תּוּצֶאנָה; frt l תּוּצֶאנָה (פְּצוּרוֹת vel) פְּרוּצוֹת ‖ [b] 𝔊(σ′𝔙) *καὶ ἀπορριφήσεσθε*, l 'וְהֻשְׁ ‖ [c] 𝔊* *εἰς τὸ ὄρος τὸ Ρεμμαν*, α′ 𝔊^{OC} *ὄρος ερμωνα*, σ′(𝔖𝔗) *εἰς Ἀρμενίαν*; prp חֶרְמֹנָה, al הַמַּדְמֵנָה ‖ **4** [a] frt l 'וְהַ cf aα ‖ **5** [a] l וְקַטְּרוּ ‖ **7/8** [a–a] prb add ‖ [b] prb l c pc Mss 𝔊𝔙 אַמְטִיר, cf 7aδ ‖ **9** [a] prb l הֶחֱרַבְתִּי ‖ [b–b] add? ‖ **10** [a] prp כְּדֶבֶר; al dl ‖ [b] prp צְבִי, al dl עם שבי סוסיכם ‖ [c–c] add? al aβ add hab ‖ [d] pc Mss 𝔊 בָּאֵשׁ, frt recte ‖ [e] prp 'בְּאַ cf 𝔊; al dl (cf [d]) et ins ובאפי in init 11.

וְלֹֽא־שַׁבְתֶּ֥ם עָדַ֖י נְאֻם־יְהוָֽה׃

11 [a]הָפַ֣כְתִּי בָכֶ֗ם[b]

כְּמַהְפֵּכַ֤ת אֱלֹהִים֙ אֶת־סְדֹ֣ם וְאֶת־עֲמֹרָ֔ה ג[14]

וַתִּהְי֕וּ כְּא֖וּד מֻצָּ֣ל מִשְּׂרֵפָ֑ה ב[15]

וְלֹֽא־שַׁבְתֶּ֥ם עָדַ֖י נְאֻם־יְהוָֽה׃ ס

12 לָכֵ֕ן כֹּ֥ה אֶעֱשֶׂה־לְּךָ֖ יִשְׂרָאֵ֑ל [a]עֵ֚קֶב כִּֽי־זֹ֣את אֶעֱשֶׂה־לָּ֔ךְ יד פסוק לך לך[16]

הִכּ֥וֹן לִקְרַֽאת־אֱלֹהֶ֖יךָ יִשְׂרָאֵֽל[a]׃ 13 כִּ֡י הִנֵּה֩ ב חד מל וחד חס

יוֹצֵ֨ר הָרִ֜ים[a] וּבֹרֵ֣א ר֗וּחַ וּמַגִּ֤יד לְאָדָם֙ מַה־שֵּׂח֔וֹ ל חס . ב

עֹשֵׂ֥ה שַׁ֙חַר֙ עֵיפָ֔ה[b] וְדֹרֵ֖ךְ עַל־בָּ֣מֳתֵי אָ֑רֶץ

יְהוָ֥ה [c]אֱלֹהֵֽי־צְבָא֖וֹת[c] שְׁמֽוֹ׃ ס יב[17]

5 1 שִׁמְע֞וּ אֶת־הַדָּבָ֣ר הַזֶּ֗ה אֲשֶׁ֨ר אָנֹכִ֜י נֹשֵׂ֧א עֲלֵיכֶ֛ם קִינָ֖ה בֵּ֥ית לח

יִשְׂרָאֵֽל׃

2 נָֽפְלָה֙ לֹֽא־תוֹסִ֣יף ק֔וּם בְּתוּלַ֖ת יִשְׂרָאֵ֑ל

נִטְּשָׁ֥ה עַל־אַדְמָתָ֖הּ אֵ֥ין מְקִימָֽהּ׃ ל . ל

3 כִּ֣י כֹ֤ה אָמַר֙ אֲדֹנָ֣י[a] יְהוִ֔ה[b] יג[1]

הָעִ֛יר הַיֹּצֵ֥את אֶ֖לֶף תַּשְׁאִ֣יר מֵאָ֑ה

וְהַיּוֹצֵ֥את[c] מֵאָ֛ה תַּשְׁאִ֥יר עֲשָׂרָ֖ה [d]לְבֵ֥ית יִשְׂרָאֵֽל[d]׃ ס ב[2] חד חס וחד מן ה מל בליש . ד[3] וכל יחזק דכות ב מ א

4 כִּ֣י כֹ֥ה אָמַ֛ר יְהוָ֖ה לְבֵ֣ית יִשְׂרָאֵ֑ל כי מיחד[4] . ג[5] . ד[3] וכל יחזק דכות ב מ א

דִּרְשׁ֖וּנִי וִֽחְיֽוּ׃ 5 וְאַֽל־תִּדְרְשׁוּ֙ בֵּֽית־אֵ֔ל ח

וְהַגִּלְגָּל֙ לֹ֣א תָבֹ֔אוּ וּבְאֵ֥ר שֶׁ֖בַע לֹ֣א תַעֲבֹ֑רוּ ב . ד[6]

כִּ֤י הַגִּלְגָּל֙ גָּלֹ֣ה יִגְלֶ֔ה וּבֵֽית־אֵ֖ל יִהְיֶ֥ה לְאָֽוֶן׃

6 דִּרְשׁ֥וּ אֶת־יְהוָ֖ה וִֽחְי֑וּ פֶּן־[a]יִצְלַ֤ח כָּאֵשׁ֙[a] בֵּ֣ית יוֹסֵ֔ף ח

וְאָכְלָ֥ה וְאֵין־מְכַבֶּ֖ה [b]לְבֵֽית־אֵֽל[b]׃

7 הַהֹפְכִ֥ים[a] לְלַעֲנָ֖ה[b] מִשְׁפָּ֑ט וּצְדָקָ֖ה לָאָ֥רֶץ הִנִּֽיחוּ׃ ל[7] . ב . ד[8] ב מנה בליש

[14] Mm 2257. [15] Mm 3149. [16] Mm 1860. [17] Mm 2015. **Cp 5** [1] Mm 2827. [2] Mm 4131. [3] Mm 2435. [4] Mm 2049. [5] Mm 2888. [6] Mm 3062. [7] Mp sub loco. [8] Mm 1559.

11 [a] cf 10[e] ‖ [b] prp בָּתֵּיכם ‖ **12** [a–a] prb add ‖ **13** [a] 𝔊 *βροντήν* = רַעַם ‖ [b] l c nonn Mss 𝔊 וְעֵ׳ ‖ [c–c] prb dl cf 5,8 9,6 ‖ **Cp 5,3** [a] > 𝔊*, add ‖ [b] huc tr לבית ישראל ex 3b, cf 4a ‖ [c] frt l וְהָעִיר הַיּ׳ ‖ [d–d] cf [b] ‖ **6** [a–a] prp יְשַׁלַּח באשׁ aut יצלח באשׁ בְּ aut יצלח לַהַב אשׁ בְּ ‖ [b–b] 𝔊 *τῷ οἴκῳ Ισραηλ* cf Hos 10,15, frt l לְבֵית־יִשְׂרָאֵל; al add hab ‖ **7** [a] frt l הֹ(ו)י (הַ)הֹ׳ cf 5,18 6,1 ‖ [b] 𝔊 *εἰς ὕψος* = לְמַעְלָה?

8 [a]עֹשֵׂה כִימָה וּכְסִיל ה ר״פ
וְהֹפֵךְ לַבֹּקֶר צַלְמָוֶת וְיוֹם לַיְלָה הֶחְשִׁיךְ
הַקּוֹרֵא לְמֵי־הַיָּם וַיִּשְׁפְּכֵם עַל־פְּנֵי הָאָרֶץ י מל בליש . ה
יְהוָה[b] שְׁמוֹ׃ ס ד
9 הַמַּבְלִיג[a] [b]שֹׁד[c] עַל־עָז[bd] וְשֹׁד[c] עַל־מִבְצָר[e] יָבוֹא[f]׃ ל . ז קמ למערב[9]
10 שָׂנְאוּ בַשַּׁעַר מוֹכִיחַ וְדֹבֵר תָּמִים יְתָעֵבוּ׃ ה . ד קמ בליש
11 לָכֵן יַעַן בּוֹשַׁסְכֶם[a] עַל־דָּל וּמַשְׂאַת־[b]בַּר תִּקְחוּ מִמֶּנּוּ ב בטע בסיפ . ל . ל[10]
בָּתֵּי גָזִית בְּנִיתֶם וְלֹא־תֵשְׁבוּ בָם ל
כַּרְמֵי־חֶמֶד נְטַעְתֶּם וְלֹא תִשְׁתּוּ אֶת־יֵינָם׃
12 כִּי יָדַעְתִּי רַבִּים פִּשְׁעֵיכֶם וַעֲצֻמִים חַטֹּאתֵיכֶם[a] ג[11] חס וכל אורית דכות ב מ א
צֹרְרֵי צַדִּיק לֹקְחֵי כֹפֶר וְאֶבְיוֹנִים בַּשַּׁעַר הִטּוּ׃ ג חס[12] . ג חס[13]
13 לָכֵן הַמַּשְׂכִּיל בָּעֵת הַהִיא יִדֹּם כִּי עֵת רָעָה הִיא׃ ב וחס[14]
[15]ס 14 דִּרְשׁוּ־טוֹב וְאַל־רָע לְמַעַן תִּחְיוּ ג
וִיהִי־כֵן יְהוָה [a]אֱלֹהֵי־צְבָאוֹת[a] אִתְּכֶם כַּאֲשֶׁר אֲמַרְתֶּם׃ לב . יב[16]
15 שִׂנְאוּ־רָע וְאֶהֱבוּ טוֹב וְהַצִּיגוּ בַשַּׁעַר מִשְׁפָּט ל
אוּלַי יֶחֱנַן יְהוָה [a]אֱלֹהֵי־צְבָאוֹת[a] שְׁאֵרִית יוֹסֵף׃ ס יב[16]
16 לָכֵן כֹּה־אָמַר יְהוָה אֱלֹהֵי צְבָאוֹת אֲדֹנָי[a] ב בטע בסיפ . יב[16]
בְּכָל־רְחֹבוֹת מִסְפֵּד וּבְכָל־חוּצוֹת יֹאמְרוּ הוֹ־הוֹ ב ובפסוק[15]
וְקָרְאוּ אִכָּר אֶל־אֵבֶל [b]וּמִסְפֵּד אֶל־יוֹדְעֵי נֶהִי׃ ב . ג בליש[17] . ד מל[18]
17 [a]וּבְכָל־כְּרָמִים[b] מִסְפֵּד[a] כִּי־אֶעֱבֹר בְּקִרְבְּךָ אָמַר יְהוָה׃ ס כ ס״פ[19]
18 הוֹי הַמִּתְאַוִּים אֶת־יוֹם יְהוָה ב[20]
לָמָּה־זֶּה לָכֶם יוֹם יְהוָה הוּא[a]־חֹשֶׁךְ וְלֹא־אוֹר׃
19 כַּאֲשֶׁר יָנוּס אִישׁ מִפְּנֵי הָאֲרִי וּפְגָעוֹ הַדֹּב ג דמטע[21] . ל

[9] Mm 3655. [10] Mm 326. [11] Mm 3063. [12] Mm 2249. [13] Mm 1729. [14] Mm 3247. [15] Mp sub loco. [16] Mm 2015. [17] Mm 3064. [18] Mm 4068. [19] Mm 2481. [20] Nu 11,34. [21] Mm 1025.

8 [a] exc init ‖ [b] pc Mss + צְבָאוֹת, 𝔊* + *ὁ θεὸς ὁ παντοκράτωρ* ‖ **9** [a] 𝔊 *ὁ διαιρῶν*, prp הַמַּפְלִיג, al הַמֵּפִיל ‖ [b–b] 𝔊 *συντριμμὸν ἐπ᾽ ἰσχύν*, prp שֶׁבֶר עַל־עֹז ‖ [c] prp שׁוֹר taurus ‖ [d] prp עֵז capella ‖ [e] prp מְבַצֵּר vindemiator ‖ [f] prb l יָבִיא cf Vrs ‖ **11** [a] prp בּוּסְכֶם ‖ [b] 𝔊 *καὶ δῶρα*, frt l וּמַשְׂאֹת ‖ **12** [a] frt l חֲטָאֵיכֶם ‖ **14** [a–a] prb add ‖ **15** [a–a] prb add ‖ **16** [a] > 𝔊𝔖 ‖ [b–b] prb l וְאַל־מִסְפֵּד cf 𝔖 ‖ **17** [a–a] nonn add hab ‖ [b] 𝔊 *ὁδοῖς* ‖ **18** [a] 𝔊 *καὶ αὐτή*, frt l וְהוּא.

וּבָא הַבַּיִת וְסָמַךְ יָדוֹ עַל־הַקִּיר וּנְשָׁכוֹ הַנָּחָשׁ׃ ד²²․ג
20 הֲלֹא־חֹשֶׁךְ יוֹם יְהוָה וְלֹא־אוֹר וְאָפֵל וְלֹא־נֹגַהּ לוֹ׃ ל חס בסיפ

21 שָׂנֵאתִי מָאַסְתִּי חַגֵּיכֶם וְלֹא אָרִיחַ בְּעַצְּרֹתֵיכֶם׃ ב²³․ל
22 [a]כִּי אִם־תַּעֲלוּ־לִי עֹלוֹת[a][b]
וּמִנְחֹתֵיכֶם לֹא אֶרְצֶה וְשֶׁלֶם[c] מְרִיאֵיכֶם לֹא אַבִּיט׃ ל
23 הָסֵר[a] מֵעָלַי הֲמוֹן שִׁרֶיךָ[b] וְזִמְרַת נְבָלֶיךָ[b] לֹא אֶשְׁמָע׃ ל․ב
24 וְיִגַּל כַּמַּיִם מִשְׁפָּט וּצְדָקָה כְּנַחַל אֵיתָן׃ ל
25 [a]הַזְּבָחִים וּמִנְחָה[b] הִגַּשְׁתֶּם־לִי בַמִּדְבָּר[c] אַרְבָּעִים שָׁנָה בֵּית [יִשְׂרָאֵל׃
26 וּנְשָׂאתֶם[a] אֵת סִכּוּת[b] מַלְכְּכֶם וְאֵת כִּיּוּן[c] צַלְמֵיכֶם [d]כּוֹכַב ב²⁴․ל․ל․ב חד פת וחד קמ²⁵
[אֱלֹהֵיכֶם[d] אֲשֶׁר עֲשִׂיתֶם לָכֶם׃
27 וְהִגְלֵיתִי אֶתְכֶם מֵהָלְאָה לְדַמָּשֶׂק אָמַר יְהוָה ג ב קמ וחד פת²⁶․ יב²⁷
[a]אֱלֹהֵי־צְבָאוֹת שְׁמוֹ[a]׃ פ

6 1 הוֹי הַשַּׁאֲנַנִּים בְּצִיּוֹן[a] וְהַבֹּטְחִים בְּהַר שֹׁמְרוֹן ג․ל
נְקֻבֵי רֵאשִׁית הַגּוֹיִם [b]וּבָאוּ לָהֶם בֵּית[b] יִשְׂרָאֵל׃ [פְּלִשְׁתִּים[b] כח․ל
2 עִבְרוּ כַלְנֵה וּרְאוּ וּלְכוּ מִשָּׁם[a] חֲמַת רַבָּה וּרְדוּ גַת־ ל¹․ל וכל חמת אף דכות
הַטֹּבִים[c] מִן־הַמַּמְלָכוֹת הָאֵלֶּה אִם־רַב [d]גְּבוּלָם מִגְּבֻלְכֶם[d]׃ ג ב חס וחד מל²
3 הַמְנַדִּים לְיוֹם רָע וַתַּגִּישׁוּן שֶׁבֶת[a] חָמָס׃ ל․ל
4 הַשֹּׁכְבִים עַל־מִטּוֹת שֵׁן וּסְרֻחִים עַל־עַרְשׂוֹתָם ב․ל²
וְאֹכְלִים כָּרִים מִצֹּאן וַעֲגָלִים מִתּוֹךְ מַרְבֵּק׃ ד³
5 הַפֹּרְטִים עַל־פִּי הַנָּבֶל כְּדָוִיד[a] חָשְׁבוּ לָהֶם כְּלֵי־[b]שִׁיר׃ ג מיחד וכל עשייה דכות⁴․ב⁵ ול בסיפ
6 הַשֹּׁתִים בְּמִזְרְקֵי יַיִן וְרֵאשִׁית שְׁמָנִים יִמְשָׁחוּ ו⁶
[a]וְלֹא נֶחְלוּ עַל־שֵׁבֶר יוֹסֵף[a][b]׃ ב․ג בליש⁷
7 לָכֵן עַתָּה יִגְלוּ בְּרֹאשׁ גֹּלִים וְסָר מִרְזַח סְרוּחִים׃ פ לה⁸․ל

[22] Mm 3065. [23] Mm 3066. [24] Gn 45,19. [25] Mm 974. [26] Mm 2732. [27] Mm 2015. **Cp 6** [1] וחד וכלנה Gn 10,10. [2] Mp sub loco. [3] Mm 2715. [4] Mm 1654. [5] Mm 2781. [6] Mm 1157. [7] Mm 2445. [8] Mm 2840.

22 [a–a] nonn add hab || [b] exc fin stich || [c] prp וְשַׁלְמֵי || **23** [a] prp הָסִירוּ || [b] prb l שִׁירֵיכֶם et נִבְלֵיכֶם || **25** [a] tot v add? || [b] > Ms, add? || [c] > 𝔊* || **26** [a] prp וְנִשֵּׂאתֶם || [b] 𝔊σ′(𝔖𝔙) *τὴν σκηνήν*, frt l סֻכַּת; prp סַכּוּת aut מַסֵּכוֹת || [c] frt add; prp כֵּיוָן aut כִּיּוֹן || [d–d] add, gl || **27** [a–a] add? || **Cp 6,1** [a] prp בִּגְאוֹנָם || [b–b] prb l וְכֵאלֹהִים בְּבֵית || **2** [a] add? al tr post וּרְדוּ || [b] sic L, mlt Mss Edd –תִּים || [c] prb l הֲיִטַבְתֶּם, al ins אַתֶּם || [d–d] l גְּבוּלָם מִגְּבוּלְכֶם vel גבולכם מִגבולם || **3** [a] prb l שְׁנַת; prp שֹׁד vel שֶׁבֶר || **5** [a] add (gl)? prp הֵידָד || [b] prp כְּ, al כָּל־ || **6** [a–a] nonn cj c 13a || [b] exc fin v?

8 נִשְׁבַּע אֲדֹנָי[a] יְהוִה בְּנַפְשׁוֹ [b]נְאֻם־יְהוָה אֱלֹהֵי צְבָאוֹת[b] יב̇[9]
מְתָאֵב[c] אָנֹכִי אֶת־גְּאוֹן יַעֲקֹב וְאַרְמְנֹתָיו שָׂנֵאתִי ל̇ . ד̇ חס[10]
וְהִסְגַּרְתִּי עִיר וּמְלֹאָהּ׃
9 וְהָיָה אִם־יִוָּתְרוּ עֲשָׂרָה אֲנָשִׁים בְּבַיִת אֶחָד וָמֵתוּ׃ 10 [a]וּנְשָׂאוֹ ו̇[11] . ה̇[12]
דּוֹדוֹ וּמְסָרְפוֹ[a] לְהוֹצִיא עֲצָמִים מִן־הַבַּיִת וְאָמַר לַאֲשֶׁר ה̇ מל̇[13] . ז̇ בסיפ̇ ג̇ מנה̇ בפסוק
בְּיַרְכְּתֵי הַבַּיִת הַעוֹד עִמָּךְ וְאָמַר אָפֶס וְאָמַר הָס כִּי לֹא ז̇ בסיפ̇ ג̇ מנה̇ בפסוק . ב̇ קמ̇ . ז̇ בסיפ̇ ג̇ מנה̇ בפסוק . ב̇ זקף קמ̇[14]
לְהַזְכִּיר בְּשֵׁם יְהוָה׃

11 כִּי־הִנֵּה יְהוָה מְצַוֶּה[a]
וְהִכָּה הַבַּיִת הַגָּדוֹל רְסִיסִים וְהַבַּיִת הַקָּטֹן בְּקִעִים׃ ל̇ . ל̇

12 הַיְרֻצוּן בַּסֶּלַע סוּסִים אִם־יַחֲרוֹשׁ[a] בַּבְּקָרִים[b] ב̇ מל̇[15]
כִּי־הֲפַכְתֶּם לְרֹאשׁ מִשְׁפָּט וּפְרִי צְדָקָה לְלַעֲנָה׃ כ̇ד̇ . ב̇

13 [a]הַשְּׂמֵחִים לְלֹא דָבָר[b] ג̇ ר״פ̇[16] . י̇א̇[17]
הָאֹמְרִים הֲלוֹא בְחָזְקֵנוּ לָקַחְנוּ לָנוּ קַרְנָיִם׃ [הַצְּבָאוֹת[a] גּוֹי ה̇
14 כִּי הִנְנִי מֵקִים עֲלֵיכֶם בֵּית יִשְׂרָאֵל [a]נְאֻם־יְהוָה אֱלֹהֵי
וְלָחֲצוּ אֶתְכֶם מִלְּבוֹא חֲמָת עַד־נַחַל הָעֲרָבָה׃ ס

7 1 כֹּה הִרְאַנִי אֲדֹנָי[a] יְהוִה וְהִנֵּה יוֹצֵר[b] גֹּבַי בִּתְחִלַּת עֲלוֹת הַלָּקֶשׁ ב̇ . ו̇[1] . ו̇ . ל̇[2]
[c]וְהִנֵּה־לֶקֶשׁ[d] אַחַר גִּזֵּי הַמֶּלֶךְ[c]׃ 2 [a]וְהָיָה אִם־כִּלָּה[a] לֶאֱכוֹל אֶת־עֵשֶׂב ל̇ . י̇ג̇ מל̇[3] . ה̇[2]
הָאָרֶץ וָאֹמַר אֲדֹנָי יְהוִה סְלַח־נָא מִי יָקוּם יַעֲקֹב כִּי קָטֹן הוּא׃ 3 נִחַם ו̇ פת̇ וכל ישעיה דכות̇[4]
יְהוָה עַל־זֹאת לֹא תִהְיֶה אָמַר[a] יְהוָה׃ כ̇ ס״פ̇[5]
4 כֹּה הִרְאַנִי אֲדֹנָי[a] יְהוִה וְהִנֵּה קֹרֵא [b]לָרִב בָּאֵשׁ[b] [c]אֲדֹנָי[a] יְהוִה[c] ה̇[6] חס̇ וחד מן ה̇[7] בליש̇
וַתֹּאכַל אֶת־תְּהוֹם רַבָּה וְאָכְלָה אֶת־הַחֵלֶק׃ 5 וָאֹמַר אֲדֹנָי יְהוִה
חֲדַל־נָא מִי יָקוּם יַעֲקֹב כִּי קָטֹן הוּא׃ 6 נִחַם יְהוָה עַל־זֹאת גַּם־ ו̇ פת̇ וכל ישעיה דכות̇[4]
הִיא לֹא תִהְיֶה אָמַר אֲדֹנָי[a] יְהוִה׃ ס

[9] Mm 2015. [10] Mm 2340. [11] Mm 3067. [12] Mm 3068. [13] Mm 1460. [14] Mm 1406. [15] Mm 3069. [16] Mm 3070. [17] Mm 2442. **Cp 7** [1] Mm 1834. [2] Mp sub loco. [3] Mm 1640. [4] Mm 1775. [5] Mm 2481. [6] Mm 3480. [7] Mm 1526.

8 [a] > Ms 𝔊 ‖ [b–b] > Ms 𝔊*, add ‖ [c] = מתעב cf Vrs ‖ **10** [a–a] 𝔊 *καὶ λήμψονται οἱ οἰκεῖοι αὐτῶν καὶ παραβιῶνται*, prp וְנִשְׁאֲרוּ מְתֵי מִסְפָּר ‖ **11** [a] exc nonn vb? ‖ **12** [a] prp יֵחָרֵשׁ ‖ [b] l בַּבָּקָר יָם ‖ **13** [a] frt ins הוֹי ‖ [b] exc hemist? ‖ **14** [a–a] > 𝔊*, add; al tr ad fin v ‖ **Cp 7,1** [a] > pc Mss 𝔊* cf 4[a].6[a].7[b] 8,1[a] ‖ [b] prp יֵצֶר (cf 𝔊) aut יוֹצֵא ‖ [c–c] nonn add hab (gl) ‖ [d] 𝔊 *βροῦχος* = יֶלֶק? ‖ **2** [a–a] prb l וַיְהִי הִא מְכַלָּה ‖ **3** [a] pc Mss + אֲדֹנָי ‖ **4** [a] > 𝔊* ‖ [b–b] prb l לַהֶבֶת אֵשׁ ‖ [c–c] dl, gl ‖ **6** [a] > Ms 𝔊*.

7 כֹּ֣ה הִרְאַ֔נִי וְהִנֵּ֧ה °אֲדֹנָ֛י[a] נִצָּ֖ב[b] עַל־[c]חוֹמַ֣ת אֲנָ֑ךְ[c] וּבְיָד֖וֹ אֲנָֽךְ[a]׃ ד[8] . ד . ד

8 וַיֹּ֨אמֶר יְהוָ֜ה אֵלַ֗י מָֽה־אַתָּ֤ה רֹאֶה֙ עָמ֔וֹס וָאֹמַ֖ר אֲנָ֑ךְ וַיֹּ֣אמֶר אֲדֹנָ֗י[a] ד

הִנְנִ֨י שָׂ֤ם אֲנָךְ֙ בְּקֶ֙רֶב֙ עַמִּ֣י יִשְׂרָאֵ֔ל לֹֽא־אוֹסִ֥יף ע֖וֹד עֲב֥וֹר לֽוֹ׃ ד . יט . ד מל[9]

9 וְנָשַׁ֙מּוּ֙ בָּמ֣וֹת יִשְׂחָ֔ק וּמִקְדְּשֵׁ֥י יִשְׂרָאֵ֖ל יֶחֱרָ֑בוּ ד כינוי ליצחק[10]

וְקַמְתִּ֛י עַל־בֵּ֥ית יָרָבְעָ֖ם בֶּחָֽרֶב׃ פ

10 וַיִּשְׁלַ֗ח אֲמַצְיָה֙ כֹּהֵ֣ן בֵּֽית־אֵ֔ל אֶל־יָרָבְעָ֥ם מֶֽלֶךְ־יִשְׂרָאֵ֖ל לֵאמֹ֑ר ט[11]

קָשַׁ֨ר עָלֶ֜יךָ עָמ֗וֹס בְּקֶ֙רֶב֙ בֵּ֣ית יִשְׂרָאֵ֔ל לֹא־תוּכַ֣ל הָאָ֔רֶץ לְהָכִ֖יל

אֶת־°כָּל־°דְּבָרָֽיו׃ 11 כִּי־כֹה֙ אָמַ֣ר עָמ֔וֹס ב

בַּחֶ֖רֶב יָמ֣וּת יָרָבְעָ֑ם וְיִשְׂרָאֵ֕ל גָּלֹ֥ה יִגְלֶ֖ה מֵעַ֥ל אַדְמָתֽוֹ׃ ס לג

12 וַיֹּ֤אמֶר אֲמַצְיָה֙ אֶל־עָמ֔וֹס חֹזֶ֕ה לֵ֥ךְ בְּרַח־לְךָ֖ אֶל־אֶ֣רֶץ יְהוּדָ֑ה ט[11]

וֶאֱכָל־שָׁ֣ם לֶ֔חֶם וְשָׁ֖ם תִּנָּבֵֽא׃ 13 וּבֵֽית־אֵ֔ל לֹֽא־תוֹסִ֥יף ע֖וֹד לְהִנָּבֵ֑א יג

כִּ֤י מִקְדַּשׁ־מֶ֙לֶךְ֙ ה֔וּא וּבֵ֥ית מַמְלָכָ֖ה הֽוּא׃ ס 14 וַיַּ֤עַן עָמוֹס֙ ב פסוק דמטע הוא הוא[12]

וַיֹּ֣אמֶר אֶֽל־אֲמַצְיָ֔ה לֹֽא־נָבִ֣יא אָנֹ֔כִי וְלֹ֥א בֶן־נָבִ֖יא אָנֹ֑כִי כִּֽי־°בוֹקֵ֥ר[a] ל . ט[11]

ס ח[9] אָנֹ֖כִי וּבוֹלֵ֥ס שִׁקְמִֽים׃ 15 וַיִּקָּחֵ֣נִי יְהוָ֔ה מֵאַחֲרֵ֖י הַצֹּ֑אן וַיֹּ֤אמֶר °אֵלַי֙° ח[13] בטע וכל זקף אתנח וס״פ דכות ב מ א . ד[14]

יְהוָ֔ה לֵ֥ךְ הִנָּבֵ֖א °אֶל־°עַמִּ֥י יִשְׂרָאֵֽל׃ 16 וְעַתָּ֖ה שְׁמַ֣ע דְּבַר־יְהוָ֑ה אַתָּ֣ה ו[15] . ד[16]

אֹמֵ֗ר לֹ֤א תִנָּבֵא֙ עַל־יִשְׂרָאֵ֔ל וְלֹ֥א תַטִּ֖יף עַל־בֵּ֥ית יִשְׂחָֽק׃ 17 לָכֵ֞ן° ד כינוי ליצחק[10] . ג בטע בסיפ . כ[17]

כֹּה־°אָמַ֣ר °יְהוָ֗ה

אִשְׁתְּךָ֞ בָּעִ֤יר תִּזְנֶה֙ וּבָנֶ֨יךָ °וּבְנֹתֶ֜יךָ בַּחֶ֣רֶב יִפֹּ֗לוּ ז . ג[18]

וְאַדְמָתְךָ֖ בַּחֶ֣בֶל תְּחֻלָּ֑ק וְאַתָּ֗ה עַל־אֲדָמָ֤ה טְמֵאָה֙ תָּמ֔וּת ל . יא[19]

וְיִשְׂרָאֵ֕ל גָּלֹ֥ה יִגְלֶ֖ה מֵעַ֥ל אַדְמָתֽוֹ׃ ס לג

8 1 כֹּ֥ה הִרְאַ֖נִי אֲדֹנָ֣י[a] יְהוִ֑ה וְהִנֵּ֖ה כְּל֥וּב קָֽיִץ׃ 2 וַיֹּ֗אמֶר מָֽה־אַתָּ֤ה רֹאֶה֙

עָמ֔וֹס וָאֹמַ֖ר כְּל֣וּב קָ֑יִץ וַיֹּ֨אמֶר יְהוָ֜ה אֵלַ֗י

בָּ֤א הַקֵּץ֙ אֶל־°עַמִּ֣י יִשְׂרָאֵ֔ל לֹֽא־אוֹסִ֥יף ע֖וֹד עֲב֥וֹר לֽוֹ׃ ד[1] . יט . ד מל[2]

3 וְהֵילִ֜ילוּ שִׁיר֤וֹת[a] הֵיכָל֙[c] [b]בַּיּ֣וֹם הַה֔וּא נְאֻ֖ם °אֲדֹנָ֣י° יְהוִ֑ה[b] ז[3] וכל יחזק דכות ב מ ד

[8] Mm 2013. [9] Mp sub loco. [10] Mm 2659. [11] Mm 3071. [12] Okhl 342. [13] Mm 1571. [14] Mm 2280. [15] Mm 2860. [16] Mm 364. [17] Mm 2168. [18] Mm 122. [19] Mm 512. **Cp 8** [1] Mm 364. [2] Mp sub loco. [3] Mm 2459.

7 [a–a] prp אנך נצב על־חומה ‖ [b] l c mlt Mss 𝔊* יהוה et tr c 𝔊 post הראני cf 𝔙 ‖ [c–c] l חוֹמָה ‖ **8** [a] l c mlt Mss יהוה ‖ **14** [a] 𝔊 *αἰπόλος*, frt l נֹוקֵד ‖ **Cp 8,1** [a] > 2 Mss 𝔊* ‖ **3** [a] prb l שָׁרוֹת ‖ [b–b] nonn add hab ‖ [c] > 𝔊*, frt recte.

רַב הַפֶּגֶר בְּכָל־מָקוֹם [d]הִשְׁלִיךְ הָס׃[d] פ — ד

4 שִׁמְעוּ־זֹאת הַשֹּׁאֲפִים[a] אֶבְיוֹן וְלַשְׁבִּית[b] עֲנִוֵי[c]־אָרֶץ׃ — עניי ק . ל . ב

5 לֵאמֹר[a] מָתַי יַעֲבֹר הַחֹדֶשׁ וְנַשְׁבִּירָה שֶּׁבֶר[b] וְהַשַּׁבָּת וְנִפְתְּחָה־בָּר — ל . ל . ט ר״פ[4]

לְהַקְטִין אֵיפָה וּלְהַגְדִּיל שֶׁקֶל וּלְעַוֵּת מֹאזְנֵי מִרְמָה׃ — ל

6 [a]לִקְנוֹת בַּכֶּסֶף דַּלִּים וְאֶבְיוֹן בַּעֲבוּר נַעֲלָיִם[a] [b]וּמַפַּל בַּר נַשְׁבִּיר׃[b] — ל . ב

7 נִשְׁבַּע יְהוָה בִּגְאוֹן יַעֲקֹב אִם־אֶשְׁכַּח לָנֶצַח כָּל־מַעֲשֵׂיהֶם׃

8 הַעַל זֹאת לֹא־תִרְגַּז הָאָרֶץ וְאָבַל כָּל־יוֹשֵׁב בָּהּ — ל . מט מל בנביא

וְעָלְתָה כָאֹר[a] כֻּלָּהּ וְנִגְרְשָׁה[b] וְנִשְׁקְהָ[c] כִּיאוֹר מִצְרָיִם׃ ס — ונשקעה ק . ו מל

9 וְהָיָה׀ בַּיּוֹם הַהוּא נְאֻם [a]אֲדֹנָי יְהוִה[a] — ו בטע בסיפ . ז[5] וכל יחזק דכות ב מ ד

וְהֵבֵאתִי הַשֶּׁמֶשׁ בַּצָּהֳרָיִם וְהַחֲשַׁכְתִּי לָאָרֶץ בְּיוֹם אוֹר׃ — יב . ל

10 וְהָפַכְתִּי חַגֵּיכֶם לְאֵבֶל וְכָל־שִׁירֵיכֶם לְקִינָה — ג פסוק וכל כל כל

וְהַעֲלֵיתִי עַל־כָּל־מָתְנַיִם שָׂק וְעַל־כָּל־רֹאשׁ קָרְחָה — ד קמ וכל בשק אתנח וס״פ דכות[6]

וְשַׂמְתִּיהָ כְּאֵבֶל יָחִיד וְאַחֲרִיתָהּ כְּיוֹם מָר׃ — יא[7]

11 הִנֵּה׀ יָמִים בָּאִים [a]נְאֻם אֲדֹנָי יְהוִה[a] — ז[5] וכל יחזק דכות ב מ ד

וְהִשְׁלַחְתִּי רָעָב בָּאָרֶץ — ג

לֹא־רָעָב לַלֶּחֶם [b]וְלֹא־צָמָא לַמַּיִם[b] — ה[8] . ד[9]

כִּי אִם־לִשְׁמֹעַ אֵת דִּבְרֵי[c] יְהוָה׃ — ה

12 וְנָעוּ מִיָּם עַד־יָם וּמִצָּפוֹן וְעַד[a]־מִזְרָח יְשׁוֹטְטוּ — ג[10] . ג[11] . יז פסוק עד ועד[12] . ב חד מל וחד חס[13]

לְבַקֵּשׁ [b]אֶת־דְּבַר־יְהוָה[b] וְלֹא יִמְצָאוּ׃ [בַּצָּמָא[b]׃

13 [a]בַּיּוֹם הַהוּא[a] תִּתְעַלַּפְנָה הַבְּתוּלֹת הַיָּפוֹת וְהַבַּחוּרִים

14 [a]הַנִּשְׁבָּעִים בְּאַשְׁמַת[b] שֹׁמְרוֹן — ל

[4] Mm 3072. [5] Mm 2459. [6] Mm 2484. [7] Mm 1630. [8] Mm 3073. [9] Mm 494. [10] Mp sub loco. [11] Mm 3169. [12] Mm 912. [13] Mm 3074.

3 [d–d] crrp; 𝔊 *ἐπιρρίψω σιωπήν*, prp אַשְׁלִיכֵם vel הִשְׁלִיכָם; exc nonn vb? || **4** [a] prp הַשָּׁאפִים cf 2,7 || [b] frt dl ו et l לְהַשְׁבִּית; prp לשחית || [c] K עֲנִוֵי || **5** [a] add || [b] > 𝔊, dl || **6** [a–a] > Ms, prb dl cf 2,6 || [b–b] prb dl, gl; al cj c 5a || **8** [a] l c nonn Mss 𝔊𝔖𝔗 כַּיְאֹר cf 9,5 || [b] > Ms 𝔊, dl || [c] mlt Mss ut Q cf Vrs et 9,5 || **9** [a–a] 𝔊*(𝔖) *κύριος* || **11** [a–a] 𝔊*(𝔖𝔙) *λέγει κύριος*; nonn add hab || [b–b] nonn add hab || [c] l c pc Mss 𝔊𝔖𝔙 דְּבַר cf 12; al dl יהוה et l דְּבָרִי || **12** [a] frt l c pc Mss עד || [b–b] prp דְּבָרִי || **13** [a–a] nonn add hab || [b] prb add; prp הָאַמִּצִים || **14** [a] prb huc tr v b || [b] prp בַּאֲשֵׁרַת.

וְאָמְר֗וּ חֵ֤י אֱלֹהֶ֙יךָ֙ דָּ֔ן וְחֵ֖י דֶּ֣רֶךְ[c] בְּאֵֽר־שָׁ֑בַע
[d]וְנָפְל֖וּ וְלֹא־יָק֥וּמוּ עֽוֹד׃[d] ס — בׄ[14]

9 1 רָאִ֨יתִי אֶת־אֲדֹנָ֜י נִצָּ֣ב עַל־הַמִּזְבֵּ֗חַ וַיֹּאמֶר֩[a] הַ֨ךְ[b] הַכַּפְתּ֜וֹר וְיִרְעֲשׁ֣וּ[c] — טׄ ר״פ[1] . לׄ
הַסִּפִּ֗ים — זׄ[2]
[d]וּבְצַ֙עַם֙[e] בְּרֹ֣אשׁ[d f] כֻּלָּ֔ם וְאַחֲרִיתָ֖ם בַּחֶ֣רֶב אֶהֱרֹ֑ג — לׄ . לה[3] . בׄ חד מל וחד חס[4]
לֹֽא־יָנ֥וּס לָהֶם֙ נָ֔ס וְלֹֽא־יִמָּלֵ֥ט לָהֶ֖ם פָּלִֽיט׃ — יגׄ[5]
2 אִם־יַחְתְּר֣וּ בִשְׁא֔וֹל מִשָּׁ֖ם יָדִ֣י תִקָּחֵ֑ם
וְאִֽם־יַעֲלוּ֙ הַשָּׁמַ֔יִם מִשָּׁ֖ם אוֹרִידֵֽם׃
3 וְאִם־יֵחָֽבְאוּ֙ בְּרֹ֣אשׁ הַכַּרְמֶ֔ל מִשָּׁ֥ם אֲחַפֵּ֖שׂ וּלְקַחְתִּ֑ים [וּנְשָׁכָֽם׃ — גׄ[6] ר״פ בסיפ וחד מן ח[7] פסוק ואם ואם . לה[3] . לׄ
וְאִם־יִסָּ֨תְר֜וּ [a]מִנֶּ֤גֶד עֵינַי֙[a] בְּקַרְקַ֣ע הַיָּ֔ם מִשָּׁ֛ם[b] אֲצַוֶּ֥ה אֶת־הַנָּחָ֖שׁ — בׄ[8]
4 וְאִם־יֵלְכ֤וּ בַשְּׁבִי֙[a] לִפְנֵ֣י אֹֽיְבֵיהֶ֔ם[b] מִשָּׁ֛ם[c] אֲצַוֶּ֥ה אֶת־הַחֶ֖רֶב — גׄ ר״פ בסיפ[6]
וְשַׂמְתִּ֨י עֵינִ֧י עֲלֵיהֶ֛ם לְרָעָ֖ה וְלֹ֥א לְטוֹבָֽה׃ [וַהֲרָגָ֑תַם — כט[9] ול בסיפ [לׄ
5 [a]וַאדֹנָ֨י יְהֹוִ֜ה הַצְּבָא֗וֹת[a] — דׄ[10] . הׄ
הַנּוֹגֵ֤עַ בָּאָ֙רֶץ֙ וַתָּמ֔וֹג [b]וְאָבְל֖וּ כָּל־י֣וֹשְׁבֵי בָ֑הּ[b] — גׄ מל[11] . לד מל
וְעָלְתָ֤ה כַיְאֹר֙ כֻּלָּ֔הּ וְשָׁקְעָ֖ה כִּיאֹ֥ר מִצְרָֽיִם׃ — לׄ
6 הַבּוֹנֶ֤ה בַשָּׁמַ֙יִם֙ מַעֲלוֹתָ֔ו[a] וַאֲגֻדָּת֖וֹ עַל־אֶ֣רֶץ יְסָדָ֑הּ — הׄ מל בליש . מעלותיו ק . טׄ וכל על ארץ מצרים דאורית דכות[12] . דׄ[13]
הַקֹּרֵ֣א לְמֵֽי־הַיָּ֗ם וַֽיִּשְׁפְּכֵ֛ם עַל־פְּנֵ֥י הָאָ֖רֶץ — הׄ
יְהוָ֥ה[b] שְׁמֽוֹ׃ — דׄ

7 הֲל֣וֹא כִבְנֵי֩ כֻשִׁיִּ֨ים אַתֶּ֥ם לִ֛י בְּנֵ֥י יִשְׂרָאֵ֖ל [a]נְאֻם־יְהוָ֑ה[a] — גׄ[14] . לׄ . דׄ בסיפ[15]
הֲל֣וֹא אֶת־יִשְׂרָאֵ֗ל הֶעֱלֵ֙יתִי֙ מֵאֶ֣רֶץ מִצְרַ֔יִם
וּפְלִשְׁתִּיִּ֥ים מִכַּפְתּ֖וֹר וַאֲרָ֥ם מִקִּֽיר׃ — לׄ

8 הִנֵּ֞ה [a]עֵינֵ֣י ׀ אֲדֹנָ֣י יְהוִ֗ה[a] בַּמַּמְלָכָה֙ הַֽחַטָּאָ֔ה — לׄ
וְהִשְׁמַדְתִּ֣י אֹתָ֔הּ מֵעַ֖ל פְּנֵ֣י הָאֲדָמָ֑ה

[14] Mm 2493. **Cp 9** [1] Mp sub loco. [2] Mm 4217. [3] Mm 2840. [4] Mm 3052. [5] Mm 3044. [6] Mm 3075. [7] Mm 4191. [8] Nu 5,17. [9] Mm 2501. [10] Mm 2508. [11] Mm 755. [12] Mm 2946. [13] Mm 2292. [14] Mm 3076. [15] Mm 953.

14 [c] 𝔊 *ὁ θεός (= θεῖος) σου*; prb l דֹּדְךָ || [d–d] prb tr ante v a || **Cp 9,1** [a] prb tr post הספים || [b] prb l וַיַּךְ aut (ו)מַכֵּה || [c] l וַיִּרְעֲשׁוּ || [d–d] prp אֶבְצַע ראשׁ || [e] prb l אֶבְצָעֵם || [f] prp בְּרַעַשׁ || **3** [a–a] add || [b] prb dl; prp שֵׁם || **4** [a] frt gl || [b] sic L, mlt Mss Edd אֹיְבֵ׳ || [c] cf 3[b] || **5** [a–a] add? cf 6b || [b–b] Mur ואבל כל יושב בה || **6** [a] l עֲלִיָּתוֹ || [b] 𝔊 + *ὁ θεὸς ὁ παντοκράτωρ* 𝔖 + *ḥjltn'* = צְבָאוֹת || **7** [a–a] add? al tr ad fin || **8** [a–a] prp עֵינַי.

אֶ֗פֶס כִּ֠י לֹ֣א הַשְׁמֵ֥יד אַשְׁמִ֛יד אֶת־בֵּ֥ית יַעֲקֹ֖ב[b] נְאֻם־יְהוָֽה׃ — ל מל
9 כִּֽי־הִנֵּ֤ה אָנֹכִי֙ מְצַוֶּ֔ה וַהֲנִע֥וֹתִי [a]בְכָל־הַגּוֹיִ֖ם[a] אֶת־בֵּ֣ית יִשְׂרָאֵ֑ל — ג[16] חס ול בליש
כַּאֲשֶׁ֤ר יִנּ֙וֹעַ֙ בַּכְּבָרָ֔ה וְלֹֽא־יִפּ֥וֹל צְר֖וֹר אָֽרֶץ׃ — ל . ל . ו מל וכל קהלת ומשלי דכות ב מ ג . ה דמטע
10 בַּחֶ֣רֶב יָמ֔וּתוּ כֹּ֖ל חַטָּאֵ֣י עַמִּ֑י
הָאֹמְרִ֗ים [a]לֹֽא־תַגִּ֧ישׁ וְתַקְדִּ֛ים בַּעֲדֵ֖ינוּ[a] הָרָעָֽה׃ — ל . ל מל
11 בַּיּ֣וֹם הַה֔וּא אָקִ֛ים אֶת־סֻכַּ֥ת דָּוִ֖יד הַנֹּפֶ֑לֶת [עוֹלָֽם׃
וְגָדַרְתִּ֣י [a]אֶת־פִּרְצֵיהֶ֗ן[a] וַהֲרִֽסֹתָיו֙[b] אָקִ֔ים וּבְנִיתִ֖יהָ כִּימֵ֥י — ל . ל . ל
12 לְמַ֨עַן יִֽירְשׁ֜וּ אֶת־שְׁאֵרִ֤ית אֱדוֹם֙ וְכָל־הַגּוֹיִ֔ם אֲשֶׁר־נִקְרָ֥א שְׁמִ֖י — ב[17]
עֲלֵיהֶ֑ם נְאֻם־יְהוָ֖ה עֹ֥שֶׂה זֹּֽאת׃ פ — כב[18]
13 הִנֵּ֨ה יָמִ֤ים בָּאִים֙ נְאֻם־יְהוָ֔ה — כו פסוק דאית בהון א״ב
וְנִגַּ֤שׁ חוֹרֵשׁ֙[a] בַּקֹּצֵ֔ר וְדֹרֵ֥ךְ עֲנָבִ֖ים [b]בְּמֹשֵׁ֣ךְ הַזָּ֑רַע[b] — ל מל
וְהִטִּ֤יפוּ הֶֽהָרִים֙ עָסִ֔יס וְכָל־הַגְּבָע֖וֹת תִּתְמוֹגַֽגְנָה׃ — ב . ל
14 וְשַׁבְתִּי֮ אֶת־שְׁב֣וּת עַמִּ֣י יִשְׂרָאֵל֒ וּבָנ֞וּ עָרִ֤ים נְשַׁמּוֹת֙ וְיָשָׁ֔בוּ — י . ב וכל אתנח וס״פ דכות
וְנָטְע֣וּ כְרָמִ֔ים וְשָׁת֖וּ אֶת־יֵינָ֑ם וְעָשׂ֣וּ גַנּ֔וֹת וְאָכְל֖וּ אֶת־פְּרִיהֶֽם׃
15 וּנְטַעְתִּ֖ים עַל־אַדְמָתָ֑ם וְלֹ֨א יִנָּתְשׁ֜וּ ע֗וֹד מֵעַ֤ל אַדְמָתָם֙ אֲשֶׁ֣ר — ג[19]
נָתַ֣תִּי לָהֶ֔ם אָמַ֖ר יְהוָ֥ה אֱלֹהֶֽיךָ׃ — ל ס״פ בנביא[20]

סכום הפסוקים
מאה וארבעים
וששה

OBADIA עבדיה

1 חֲז֖וֹן עֹֽבַדְיָ֑ה — ל בנביא[1]
כֹּה־אָמַר֩ אֲדֹנָ֨י יְהוִ֜ה לֶאֱד֗וֹם
שְׁמוּעָ֨ה שָׁמַ֜עְנוּ[a] מֵאֵ֤ת יְהוָה֙ וְצִיר֙ בַּגּוֹיִ֣ם שֻׁלָּ֔ח[b] — ג[2]
[c]ק֛וּמוּ וְנָק֥וּמָה עָלֶ֖יהָ[d] לַמִּלְחָמָֽה[c]׃ — ג[3]

16 Mm 3730. 17 Mm 1375. 18 Mm 475. 19 Mm 2650. 20 Mm 3133.
1 Mm 4135. 2 Mm 3077. 3 Mm 3078.

8 b–b prb add || **9** a–a add || **10** a–a prb l לֹא־תַגִּשׁ וּתְקַדֵּם עָדֵינוּ cf Vrs || **11** a–a l פִּרְצֶיהָ cf 𝔊*𝔖 || b l ־תֶיהָ cf 𝔊 || **13** a prp הַח׳ || b–b 𝔊 ἐν τῷ σπόρῳ, prp sol בַּמֹּשֵׁךְ aut בַּזֹּרֵעַ.
1 a Jer 49,14 𝔊 שָׁמַעְתִּי || b Jer 49,14 שָׁלוּחַ || c–c Jer 49,14 הִתְקַבְּצוּ וּבֹאוּ עָלֶיהָ וְקוּמוּ לַמִּלְחָמָה || d 𝔊^{III}(𝔙) ἐπ' αὐτόν = עָלָיו; sic nonn prp (cf 2), al נַעֲלֶה.

2 הִנֵּה קָטֹן נְתַתִּיךָ בַּגּוֹיִם בָּזוּי [a]אַתָּה מְאֹד׃
3 [a]זְדוֹן לִבְּךָ הִשִּׁיאֶךָ
שֹׁכְנִי בְחַגְוֵי־סֶלַע [b]מְרוֹם[c] שִׁבְתּוֹ[b] ד̇[4]. ג̇[5]
אֹמֵר בְּלִבּוֹ מִי יוֹרִדֵנִי אָרֶץ׃ ל̇[6]
4 אִם־תַּגְבִּיהַּ כַּנֶּשֶׁר [b]וְאִם־בֵּין כּוֹכָבִים שִׂים[bc] קִנֶּךָ ג̇[7]
מִשָּׁם אוֹרִידְךָ נְאֻם־יְהוָה׃ ג̇[8]
5 [a]אִם־גַּנָּבִים בָּאוּ־לְךָ [b]אִם־שׁוֹדְדֵי לַיְלָה ב̇ ר״פ אם אם אם[9]. יד פסוק לך לך[10]. ל̇ ומל
אֵיךְ נִדְמֵיתָה[b] הֲלוֹא[c] יִגְנְבוּ דַּיָּם[a] ב̇ חד חס וחד מל. ג̇
אִם־בֹּצְרִים בָּאוּ לָךְ הֲלוֹא[d] יַשְׁאִירוּ עֹלֵלוֹת׃
6 אֵיךְ נֶחְפְּשׂוּ[a] עֵשָׂו נִבְעוּ מַצְפֻּנָיו׃ ל̇. ל̇
7 עַד־הַגְּבוּל שִׁלְּחוּךָ כֹּל אַנְשֵׁי בְרִיתֶךָ
הִשִּׁיאוּךָ יָכְלוּ לְךָ אַנְשֵׁי שְׁלֹמֶךָ ב̇ חס לא. ג̇
לַחְמְךָ[a] יָשִׂימוּ[b] מָזוֹר[c] תַּחְתֶּיךָ
[d]אֵין תְּבוּנָה בּוֹ[d]׃ ל̇
8 הֲלוֹא בַּיּוֹם הַהוּא נְאֻם־יְהוָה
וְהַאֲבַדְתִּי חֲכָמִים מֵאֱדוֹם וּתְבוּנָה מֵהַר עֵשָׂו׃
9 וְחַתּוּ גִבּוֹרֶיךָ[a] תֵּימָן לְמַעַן יִכָּרֶת־אִישׁ מֵהַר עֵשָׂו
מִקָּטֶל[b]׃ 10 מֵחֲמַס[a] אָחִיךָ יַעֲקֹב תְּכַסְּךָ בוּשָׁה וְנִכְרַתָּ לְעוֹלָם׃ ל̇. ל̇
11 [a]בְּיוֹם עֲמָדְךָ[a] מִנֶּגֶד בְּיוֹם שְׁבוֹת זָרִים חֵילוֹ ל̇
וְנָכְרִים בָּאוּ שְׁעָרָו[b] וְעַל־יְרוּשָׁלִַם יַדּוּ גוֹרָל שעריו ק. ב̇[11]. ג̇[12]
גַּם־אַתָּה כְּאַחַד מֵהֶם׃ יב̇[13]
12 וְאַל־תֵּרֶא [a]בְיוֹם־אָחִיךָ[a] בְּיוֹם נָכְרוֹ ל̇
וְאַל־תִּשְׂמַח לִבְנֵי־יְהוּדָה בְּיוֹם אָבְדָם

[4] Mm 2727. [5] Mm 3672. [6] וחד אָמַר בלבו Ps 10,13. [7] Mm 3079. [8] Mm 2728. [9] Mm 3554. [10] Mm 1860. [11] Mm 3080. [12] Mp sub loco. [13] Mm 361.

2 [a–a] Jer 49,15 בָּאָדָם ‖ 3 [a–a] Jer 49,16 תִּפְלַצְתְּךָ הִשִּׁיא אֹתָךְ זדון לבך ‖ [b–b] Jer 49,16 תֹּפְשִׂי מרום גִּבְעָה ‖ [c] 𝔊 ὑψῶν = מֵרִים ? cf 𝔙 ‖ 4 [a] Jer 49,16 כִּי ‖ [b–b] > Jer 49,16 ‖ [c] aut l תָּשִׂים (cf Vrs) aut dl ‖ 5 [a–a] Jer 49,9b אם גנבים באו לך הִשְׁחִיתוּ דים ‖ [b–b] tr ad fin v a an dl (gl ex Jer 49,9)? ‖ [c] prp (יגנבו)הֲ cf [d] ‖ [d] Jer 49,9a לא; prp (ישאירו)הֲ ‖ 6 [a] prb l נחפַּשׂ ‖ 7 [a] prp לְחֻמֶּיךָ cf 𝔊^{L}σ′𝔗𝔙; 𝔊^{W}(𝔎𝔄) *ἐπολέμησάν σε*; sed frt exc vb ‖ [b] frt l שָׂמוּ cf 𝔊𝔖𝔗 ‖ [c] prp מָצוֹד cf Vrs ‖ [d–d] gl ad 8b? ‖ 9 [a] prp גִבּוֹרֵי ‖ [b] 𝔊𝔖𝔙 cj c 10, frt recte (cf 10a); al gl vel var lect ad מחמס 10 hab ‖ 10 [a] 𝔊𝔖𝔙 pr cop, frt l ומ׳; sed cf 9[b] ‖ 11 [a–a] prp מֵעָמְדְךָ ‖ [b] K שְׁעָרוֹ ‖ 12 [a–a] prp בְּאחיך.

וְאַל־תַּגְדֵּל פִּיךָ בְּיוֹם צָרָה׃ ל
13 אַל־תָּבוֹא בְשַׁעַר־עַמִּי בְּיוֹם אֵידָם[a]
אַל־תֵּרֶא גַם־אַתָּה בְּרָעָתוֹ בְּיוֹם אֵידוֹ כז בטע
[b]וְאַל־תִּשְׁלַחְנָה[b] בְחֵילוֹ בְּיוֹם אֵידוֹ[c]׃
14 וְאַל־תַּעֲמֹד עַל־הַפֶּרֶק לְהַכְרִית אֶת־פְּלִיטָיו ב[14] . ל
וְאַל־תַּסְגֵּר שְׂרִידָיו בְּיוֹם צָרָה׃ ב
15 כִּי־קָרוֹב יוֹם־יְהוָה עַל־כָּל־הַגּוֹיִם י
כַּאֲשֶׁר עָשִׂיתָ[a] יֵעָשֶׂה לָּךְ גְּמֻלְךָ יָשׁוּב בְּרֹאשֶׁךָ׃ לו[15] . ל וחס[16] . ג

16 כִּי כַּאֲשֶׁר שְׁתִיתֶם עַל־הַר קָדְשִׁי יִשְׁתּוּ כָל־הַגּוֹיִם תָּמִיד[a]
וְשָׁתוּ וְלָעוּ[b] וְהָיוּ כְּלוֹא הָיוּ׃ ל . ל
17 וּבְהַר צִיּוֹן תִּהְיֶה פְלֵיטָה[a] וְהָיָה קֹדֶשׁ[a]
וְיָרְשׁוּ בֵּית יַעֲקֹב אֵת מוֹרָשֵׁיהֶם[b]׃ ל
18 וְהָיָה בֵית־יַעֲקֹב אֵשׁ וּבֵית יוֹסֵף לֶהָבָה ב[17]
וּבֵית עֵשָׂו לְקַשׁ וְדָלְקוּ בָהֶם וַאֲכָלוּם ל[16] . ב
וְלֹא־יִהְיֶה שָׂרִיד לְבֵית עֵשָׂו
כִּי יְהוָה דִּבֵּר׃

19 וְיָרְשׁוּ הַנֶּגֶב[a] אֶת־הַר עֵשָׂו וְהַשְּׁפֵלָה[a] אֶת־פְּלִשְׁתִּים וְיָרְשׁוּ
[b]אֶת־שְׂדֵה[b] אֶפְרַיִם[a] וְאֵת שְׂדֵה שֹׁמְרוֹן[a] וּבִנְיָמִן[c] אֶת־הַגִּלְעָד[c]׃ ב . ט וכל יהודה ויוסף דכות[18]
20 וְגָלֻת[a] הַחֵל־הַזֶּה לִבְנֵי[a] יִשְׂרָאֵל אֲשֶׁר[b]־כְּנַעֲנִים עַד־צָרְפַת ה חס ול[19] פת . ג
וְגָלֻת יְרוּשָׁלִַם אֲשֶׁר בִּסְפָרַד[c] יִרְשׁוּ אֵת עָרֵי הַנֶּגֶב׃
21 וְעָלוּ מוֹשִׁעִים[a] בְּהַר[b] צִיּוֹן לִשְׁפֹּט אֶת־הַר עֵשָׂו ס̄ט[16] ב חד חס וחד מל[20]
וְהָיְתָה לַיהוָה הַמְּלוּכָה׃ כ[21]

סכום הפסוקים
עשרים ואחד

[14]Mm 3081. [15]Mm 210. [16]Mp sub loco. [17]Mm 3082. [18]Mm 334. [19]Mm 1546. [20]Mm 3978. [21]Mm 1581.

13 [a] 𝔊 *πόνων* (vel *πόνου*) *αὐτῶν*, prp אוֹנוֹ ‖ [b–b] l וְאַל־תִּשְׁלַח יָד ‖ [c] 𝔊 *ἀπωλείας αὐτῶν*, prp אָבְדוֹ ‖ **15** [a] L עָשִׂית ‖ **16** [a] mlt Mss סָבִיב ‖ [b] prp וְנָעוּ ‖ **17** [a–a] add? ‖ [b] l מוֹרְשֵׁיהֶם cf Mur מוריש′ et Vrs ‖ **19** [a–a] prb gl ‖ [b–b] 𝔊 *τὸ ὄρος*, frt l הַר ‖ [c–c] prb l אֶת־בְּנֵי עַמּוֹן (gl ad וְהַגִּלְעָד) ‖ **20** [a–a] crrp; prp חֵלַח זֶה (gl); frt l (dominabuntur) בְּחֵלַח יִזְבְּלוּ et tr post אשר ‖ [b] prp יָרְשׁוּ, sed cf [a] ‖ [c–c] gl? ‖ **21** [a] 𝔊 (α′θ′𝔖) *ἄνδρες σεσῳσμένοι*, prb l נוֹשָׁעִים vel מוּשָׁעִים ‖ [b] 𝔊 *ἐξ ὄρους*, frt l מֵהַר.

JONA יונה

1 ¹וַיְהִי דְּבַר־יְהוָה אֶל־יוֹנָה בֶן־אֲמִתַּי לֵאמֹר׃ ²קוּם לֵךְ אֶל־ ט ר״פ[1]
3 נִינְוֵה הָעִיר הַגְּדוֹלָה וּקְרָא עָלֶיהָ כִּי־עָלְתָה רָעָתָם לְפָנָי׃ ³וַיָּקָם ב[2]
יוֹנָה לִבְרֹחַ תַּרְשִׁישָׁה מִלִּפְנֵי יְהוָה וַיֵּרֶד יָפוֹ וַיִּמְצָא אָנִיָּה[a] | בָּאָה ד[3]. ח[4] וכל אורית דכות ב מ ב. יא[5] בטע וכל מלכים ויחזק דכות ב מ ב
תַרְשִׁישׁ וַיִּתֵּן שְׂכָרָהּ וַיֵּרֶד בָּהּ לָבוֹא עִמָּהֶם תַּרְשִׁישָׁה מִלִּפְנֵי יְהוָה׃ ד[3]. ח[4] וכל אורית דכות ב מ ב
4 ⁴וַיהוָה הֵטִיל רוּחַ־גְּדוֹלָה אֶל־הַיָּם וַיְהִי סַעַר־גָּדוֹל בַּיָּם ו[6] בטע ר״פ וחד מן ה ר״פ בסיפ. ב
5 וְהָאֳנִיָּה חִשְּׁבָה לְהִשָּׁבֵר׃ ⁵וַיִּירְאוּ הַמַּלָּחִים וַיִּזְעֲקוּ אִישׁ אֶל־אֱלֹהָיו
וַיָּטִלוּ אֶת־הַכֵּלִים אֲשֶׁר בָּאֳנִיָּה אֶל־הַיָּם לְהָקֵל מֵעֲלֵיהֶם וְיוֹנָה יָרַד ל
6 אֶל־יַרְכְּתֵי הַסְּפִינָה וַיִּשְׁכַּב וַיֵּרָדַם׃ ⁶וַיִּקְרַב אֵלָיו רַב הַחֹבֵל וַיֹּאמֶר ל. ה. ה פת[7]
לוֹ מַה־לְּךָ נִרְדָּם קוּם קְרָא אֶל־אֱלֹהֶיךָ אוּלַי יִתְעַשֵּׁת הָאֱלֹהִים לָנוּ ה. ל
7 וְלֹא נֹאבֵד׃ ⁷וַיֹּאמְרוּ אִישׁ אֶל־רֵעֵהוּ לְכוּ וְנַפִּילָה גוֹרָלוֹת ו בטע ר״פ[8]
וְנֵדְעָה בְּשֶׁלְּמִי הָרָעָה הַזֹּאת לָנוּ וַיַּפִּלוּ גּוֹרָלוֹת וַיִּפֹּל הַגּוֹרָל עַל־יוֹנָה׃ ו. ו[9] חס בליש וחד מן ד בליש. ל
8 ⁸וַיֹּאמְרוּ אֵלָיו הַגִּידָה־נָּא לָנוּ [a]בַּאֲשֶׁר לְמִי־הָרָעָה הַזֹּאת לָנוּ[a] מַה־ ה[10]
9 מְּלַאכְתְּךָ וּמֵאַיִן תָּבוֹא מָה אַרְצֶךָ וְאֵי־מִזֶּה עַם אָתָּה׃ ⁹וַיֹּאמֶר אֲלֵיהֶם ה[11]. לא
עִבְרִי אָנֹכִי וְאֶת־יְהוָה אֱלֹהֵי הַשָּׁמַיִם אֲנִי יָרֵא אֲשֶׁר־עָשָׂה אֶת־הַיָּם ו[12]. ו[13]
10 וְאֶת־הַיַּבָּשָׁה׃ ¹⁰וַיִּירְאוּ הָאֲנָשִׁים יִרְאָה גְדוֹלָה וַיֹּאמְרוּ אֵלָיו מַה־
זֹּאת עָשִׂיתָ כִּי־יָדְעוּ הָאֲנָשִׁים כִּי־מִלִּפְנֵי יְהוָה הוּא בֹרֵחַ [a]כִּי הִגִּיד ח[4] וכל אורית דכות ב מ ב
11 לָהֶם׃[a] ¹¹וַיֹּאמְרוּ אֵלָיו מַה־נַּעֲשֶׂה לָּךְ וְיִשְׁתֹּק הַיָּם מֵעָלֵינוּ כִּי הַיָּם ב[14]
12 הוֹלֵךְ וְסֹעֵר׃ ¹²וַיֹּאמֶר אֲלֵיהֶם שָׂאוּנִי וַהֲטִילֻנִי אֶל־הַיָּם וְיִשְׁתֹּק הַיָּם כז[15] מל ב מנה בעינ וכל משלי וקהלת דכות ב מ ה. ב. ב ומל[16]. ב
13 מֵעֲלֵיכֶם כִּי יוֹדֵעַ אָנִי כִּי בְשֶׁלִּי הַסַּעַר הַגָּדוֹל הַזֶּה עֲלֵיכֶם׃ ¹³וַיַּחְתְּרוּ ל. ל
הָאֲנָשִׁים לְהָשִׁיב אֶל־הַיַּבָּשָׁה וְלֹא יָכֹלוּ כִּי הַיָּם הוֹלֵךְ וְסֹעֵר עֲלֵיהֶם׃ ג[17]. כז[15] מל ב מנה בעינ וכל משלי וקהלת דכות ב מ ה. ב
14 ¹⁴וַיִּקְרְאוּ אֶל־יְהוָה וַיֹּאמְרוּ אָנָּה יְהוָה אַל־נָא נֹאבְדָה בְּנֶפֶשׁ הָאִישׁ ו כת ה וכל ר״פ וכל לשון ארמית דכות[18]
הַזֶּה וְאַל־תִּתֵּן עָלֵינוּ דָּם נָקִיא כִּי־אַתָּה יְהוָה כַּאֲשֶׁר חָפַצְתָּ עָשִׂיתָ׃ ג. יב[19] יתיר א ס״ת ב מנה בליש
15 ¹⁵וַיִּשְׂאוּ אֶת־יוֹנָה וַיְטִלֻהוּ אֶל־הַיָּם וַיַּעֲמֹד הַיָּם מִזַּעְפּוֹ׃ ¹⁶וַיִּירְאוּ מג. ל. ל
הָאֲנָשִׁים יִרְאָה גְדוֹלָה [a]אֶת־יְהוָה[a] וַיִּזְבְּחוּ־זֶבַח לַיהוָה וַיִּדְּרוּ נְדָרִים׃

Cp 1 [1]Mm 1995. [2]Mm 3086. [3]Mm 2288. [4]Mm 3083. [5]Mm 279. [6]Mm 3567. [7]Mm 710. [8]Mm 76. [9]Mm 1317. [10]Mm 2386. [11]Mm 1292. [12]Mm 2323. [13]Mm 3880. [14]Mp sub loco. [15]Mm 1788. [16]Mm 3500. [17]Mm 423. [18]Mm 2169. [19]Mm 907.

Cp 1,3 [a] sic L, mlt Mss Edd אֳנִיָּה cf 4.5 || **8/10** [a–a] nonn add hab || **16** [a–a] add?

2 1 וַיְמַ֤ן יְהוָה֙ דָּ֣ג גָּד֔וֹל לִבְלֹ֖עַ אֶת־יוֹנָ֑ה וַיְהִ֤י יוֹנָה֙ בִּמְעֵ֣י הַדָּ֔ג
שְׁלֹשָׁ֥ה יָמִ֖ים וּשְׁלֹשָׁ֥ה לֵילֽוֹת׃ 2 וַיִּתְפַּלֵּ֣ל יוֹנָ֔ה אֶל־יְהוָ֖ה אֱלֹהָ֑יו מִמְּעֵ֖י ד1
הַדָּגָֽה׃ 3 וַיֹּ֗אמֶר

קָ֠רָאתִי מִצָּ֥רָה לִּ֛י אֶל־יְהוָ֖ה וַֽיַּעֲנֵ֑נִי ל בטע
מִבֶּ֧טֶן שְׁא֛וֹל שִׁוַּ֖עְתִּי שָׁמַ֥עְתָּ קוֹלִֽי׃
4 וַתַּשְׁלִיכֵ֤נִי [a]מְצוּלָה֙ בִּלְבַ֣ב יַמִּ֔ים[a] וְנָהָ֖ר יְסֹבְבֵ֑נִי ב2. ד3. ב וחס
כָּל־מִשְׁבָּרֶ֥יךָ וְגַלֶּ֖יךָ עָלַ֥י עָבָֽרוּ׃
5 וַאֲנִ֣י אָמַ֔רְתִּי נִגְרַ֖שְׁתִּי מִנֶּ֣גֶד עֵינֶ֑יךָ סז ר״פ. ל
אַ֚ךְ[a] אוֹסִ֣יף לְהַבִּ֔יט אֶל־הֵיכַ֖ל קָדְשֶֽׁךָ׃ יט
6 אֲפָפ֤וּנִי מַ֙יִם֙ עַד־נֶ֔פֶשׁ תְּה֖וֹם יְסֹבְבֵ֑נִי ד ג מל וחד חס4. ב וחס
ס֖וּף חָב֥וּשׁ לְרֹאשִֽׁי׃ 7 לְקִצְבֵ֤י[a] הָרִים֙ ד5
יָרַ֔דְתִּי הָאָ֛רֶץ בְּרִחֶ֥יהָ בַעֲדִ֖י לְעוֹלָ֑ם ד ול כת כן
וַתַּ֧עַל מִשַּׁ֛חַת חַיַּ֖י יְהוָ֥ה אֱלֹהָֽי׃
8 בְּהִתְעַטֵּ֤ף עָלַי֙ נַפְשִׁ֔י אֶת־יְהוָ֖ה זָכָ֑רְתִּי ב
וַתָּב֤וֹא אֵלֶ֙יךָ֙ תְּפִלָּתִ֔י אֶל־הֵיכַ֖ל קָדְשֶֽׁךָ׃ י מל בנביא
9 מְשַׁמְּרִ֖ים[a] הַבְלֵי־שָׁ֑וְא חַסְדָּ֖ם יַעֲזֹֽבוּ׃ ב6
10 וַאֲנִ֗י בְּק֤וֹל תּוֹדָה֙ אֶזְבְּחָה־לָּ֔ךְ סז ר״פ
אֲשֶׁ֥ר נָדַ֖רְתִּי אֲשַׁלֵּ֑מָה יְשׁוּעָ֖תָה לַיהוָֽה׃ ס ב. ב7
11 וַיֹּ֥אמֶר יְהוָ֖ה לַדָּ֑ג וַיָּקֵ֥א אֶת־יוֹנָ֖ה אֶל־הַיַּבָּשָֽׁה׃ פ ל8

3 1 וַיְהִ֧י דְבַר־יְהוָ֛ה אֶל־יוֹנָ֖ה שֵׁנִ֥ית לֵאמֹֽר׃ 2 ק֛וּם לֵ֥ךְ אֶל־נִֽינְוֵ֖ה **3** ט ר״פ1
הָעִ֣יר הַגְּדוֹלָ֑ה וּקְרָ֤א[a] אֵלֶ֙יהָ֙ אֶת־הַקְּרִיאָ֔ה אֲשֶׁ֥ר אָנֹכִ֖י דֹּבֵ֥ר אֵלֶֽיךָ׃ ד2. ל
3 וַיָּ֣קָם יוֹנָ֗ה וַיֵּ֛לֶךְ אֶל־נִֽינְוֶ֖ה[a] כִּדְבַ֣ר יְהוָ֑ה וְנִֽינְוֵ֗ה הָיְתָ֤ה עִיר־גְּדוֹלָה֙ 3
4 לֵֽאלֹהִ֔ים מַהֲלַ֖ךְ שְׁלֹ֥שֶׁת יָמִֽים׃ 4 וַיָּ֤חֶל יוֹנָה֙ לָב֣וֹא בָעִ֔יר מַהֲלַ֖ךְ י֣וֹם ט3. ל4
5 אֶחָ֑ד וַיִּקְרָא֙ וַיֹּאמַ֔ר ע֚וֹד אַרְבָּעִ֣ים י֔וֹם וְנִֽינְוֵ֖ה נֶהְפָּֽכֶת׃[a] 5 וַיַּאֲמִ֛ינוּ ל4. צא. ל. ג5
אַנְשֵׁ֥י נִֽינְוֵ֖ה בֵּאלֹהִ֑ים וַיִּקְרְאוּ־צוֹם֙ וַיִּלְבְּשׁ֣וּ שַׂקִּ֔ים מִגְּדוֹלָ֖ם וְעַד־

Cp 2 [1]Mm 1952. [2]Mm 3084. [3]Mm 2273. [4]Mm 1838. [5]Mm 3085. [6]Mm 3248. [7]Mp sub loco. [8]וחד יקה Prv 30,1. **Cp 3** [1]Mm 1995. [2]Mm 3086. [3]Mm 4056. [4]Mp sub loco. [5]Mm 3376.

Cp 2,4 [a–a] dl aut מצולה aut בלבב ימים, gl ‖ **5** [a] prp אֵיךְ cf θ′ πῶς; frt ins לֹא ‖ **7** [a] prb l לְקַצְוֵי et tr post הרים ‖ **9** [a] prp מְשַׁמְּרֵי, al הַשֹּׁמְרִים ‖ **Cp 3,2** [a] sic L = וק׳ + וק׳, mlt Mss Edd וק׳ ‖ **3** [a] sic L, mlt Mss Edd וֵה– ‖ **4** [a] nonn huc tr 4,5.

6 קְטַנָּֽם׃ 6 וַיִּגַּ֤ע הַדָּבָר֙ אֶל־מֶ֣לֶךְ[a] נִֽינְוֵ֔ה וַיָּ֙קָם֙ מִכִּסְא֔וֹ וַיַּעֲבֵ֥ר אַדַּרְתּ֖וֹ ט[6]
7 מֵעָלָ֑יו וַיְכַ֣ס שַׂ֔ק וַיֵּ֖שֶׁב עַל־הָאֵֽפֶר׃ 7 וַ֠יַּזְעֵק וַיֹּ֙אמֶר֙ בְּנִֽינְוֵ֔ה מִטַּ֧עַם ד
הַמֶּ֛לֶךְ וּגְדֹלָ֖יו לֵאמֹ֑ר הָאָדָ֨ם וְהַבְּהֵמָ֜ה הַבָּקָ֣ר וְהַצֹּ֗אן אַֽל־יִטְעֲמוּ֙ ל
8 מְא֔וּמָה אַֽל־יִרְע֔וּ וּמַ֖יִם אַל־יִשְׁתּֽוּ׃ 8 וְיִתְכַּסּ֣וּ שַׂקִּ֗ים הָֽאָדָם֙ וְהַבְּהֵמָ֔ה ל
וְיִקְרְא֥וּ אֶל־אֱלֹהִ֖ים בְּחָזְקָ֑ה וְיָשֻׁ֗בוּ אִ֚ישׁ מִדַּרְכּ֣וֹ הָֽרָעָ֔ה וּמִן־הֶחָמָ֖ס ד[7]. ח[8]
9 אֲשֶׁ֥ר בְּכַפֵּיהֶֽם׃ 9 מִֽי־יוֹדֵ֣עַ יָשׁ֔וּב וְנִחַ֖ם הָאֱלֹהִ֑ים וְשָׁ֛ב מֵחֲר֥וֹן אַפּ֖וֹ וְלֹ֥א ו פת וכל ישעיה דכות[9]
10 נֹאבֵֽד׃ 10 וַיַּ֤רְא הָֽאֱלֹהִים֙ אֶֽת־מַ֣עֲשֵׂיהֶ֔ם כִּי־שָׁ֖בוּ מִדַּרְכָּ֣ם הָרָעָ֑ה
וַיִּנָּ֣חֶם הָאֱלֹהִ֗ים עַל־הָרָעָ֛ה אֲשֶׁר־דִּבֶּ֥ר לַעֲשֽׂוֹת־לָהֶ֖ם וְלֹ֥א עָשָֽׂה׃ ל. ה[10]
4 1 וַיֵּ֥רַע אֶל־יוֹנָ֖ה רָעָ֣ה גְדוֹלָ֑ה וַיִּ֖חַר לֽוֹ׃ 2 וַיִּתְפַּלֵּ֨ל אֶל־יְהוָ֜ה
וַיֹּאמַ֗ר אָנָּ֤ה יְהוָה֙ הֲלוֹא־זֶ֣ה דְבָרִ֗י עַד־הֱיוֹתִי֙ עַל־אַדְמָתִ֔י עַל־כֵּ֥ן צא. ו כת ה וכל ר״פ וכל לשון ארמית דכות[1]. יג[2]. ג
קִדַּ֖מְתִּי לִבְרֹ֣חַ תַּרְשִׁ֑ישָׁה כִּ֣י יָדַ֗עְתִּי כִּ֤י אַתָּה֙ אֵֽל־חַנּ֣וּן וְרַח֔וּם אֶ֤רֶךְ ב. ד[3]
3 אַפַּ֙יִם֙ וְרַב־חֶ֔סֶד וְנִחָ֖ם עַל־הָרָעָֽה׃ 3 וְעַתָּ֣ה יְהוָ֔ה קַח־נָ֥א אֶת־נַפְשִׁ֖י
4 מִמֶּ֑נִּי כִּ֛י ט֥וֹב מוֹתִ֖י מֵחַיָּֽי׃ ס 4 וַיֹּ֣אמֶר יְהוָ֔ה הַהֵיטֵ֖ב חָ֥רָה לָֽךְ׃ נז וכל תלים דכות במ א. ב. ב
5 [a]וַיֵּצֵ֤א יוֹנָה֙ מִן־הָעִ֔יר וַיֵּ֖שֶׁב מִקֶּ֣דֶם לָעִ֑יר וַיַּעַשׂ֩ ל֨וֹ שָׁ֜ם סֻכָּ֗ה וַיֵּ֤שֶׁב
6 תַּחְתֶּ֙יהָ֙ בַּצֵּ֔ל עַ֚ד אֲשֶׁ֣ר יִרְאֶ֔ה מַה־יִּהְיֶ֖ה בָּעִֽיר׃ 6 וַיְמַ֣ן יְהוָֽה־אֱ֠לֹהִים ה כת בנביא
קִֽיקָי֞וֹן וַיַּ֣עַל ׀ מֵעַ֣ל לְיוֹנָ֗ה לִהְי֥וֹת צֵל֙ עַל־רֹאשׁ֔וֹ לְהַצִּ֥יל[a] ל֖וֹ מֵרָעָת֑וֹ לב בנביא
7 וַיִּשְׂמַ֥ח יוֹנָ֛ה עַל־הַקִּֽיקָי֖וֹן שִׂמְחָ֥ה גְדוֹלָֽה׃ 7 וַיְמַ֤ן הָֽאֱלֹהִים֙ תּוֹלַ֔עַת ל
8 בַּעֲל֥וֹת הַשַּׁ֖חַר לַֽמָּחֳרָ֑ת וַתַּ֥ךְ אֶת־הַקִּֽיקָי֖וֹן וַיִּיבָֽשׁ׃ 8 וַיְהִ֣י ׀ כִּזְרֹ֣חַ הַשֶּׁ֗מֶשׁ ה[4]. ל. ג ב מל וחד חס[5]. ב וחס[6]
וַיְמַ֨ן אֱלֹהִ֜ים ר֤וּחַ קָדִים֙ חֲרִישִׁ֔ית[a] וַתַּ֥ךְ הַשֶּׁ֛מֶשׁ עַל־רֹ֥אשׁ יוֹנָ֖ה וַיִּתְעַלָּ֑ף ל. ל
9 וַיִּשְׁאַ֤ל אֶת־נַפְשׁוֹ֙ לָמ֔וּת וַיֹּ֕אמֶר ט֥וֹב מוֹתִ֖י מֵחַיָּֽי׃ 9 וַיֹּ֤אמֶר אֱלֹהִים֙ כה[7]
אֶל־יוֹנָ֔ה הַהֵיטֵ֥ב חָרָֽה־לְךָ֖ עַל־הַקִּֽיקָי֑וֹן וַיֹּ֕אמֶר הֵיטֵ֥ב חָֽרָה־לִ֖י עַד־ ב. ב
10 מָֽוֶת׃ 10 וַיֹּ֣אמֶר יְהוָ֔ה אַתָּ֤ה חַ֙סְתָּ֙ עַל־הַקִּ֣יקָי֔וֹן אֲשֶׁ֛ר לֹא־עָמַ֥לְתָּ בּ֖וֹ
11 וְלֹ֣א גִדַּלְתּ֑וֹ שֶׁבִּן־לַ֥יְלָה הָיָ֖ה וּבִן־לַ֥יְלָה אָבָֽד׃ 11 וַאֲנִי֙ לֹ֣א אָח֔וּס עַל־ ל. ל. ל. טז ר״פ. ל
נִֽינְוֵ֖ה הָעִ֣יר הַגְּדוֹלָ֑ה אֲשֶׁ֣ר יֶשׁ־בָּ֡הּ הַרְבֵּה֩ מִֽשְׁתֵּים־עֶשְׂרֵ֨ה רִבּ֜וֹ אָדָ֗ם ד חס א[8]
אֲשֶׁ֤ר לֹֽא־יָדַע֙ בֵּין־יְמִינ֣וֹ לִשְׂמֹאל֔וֹ וּבְהֵמָ֖ה רַבָּֽה׃ ה

סכום הפסוקים
ארבעים ושמונה

[6]Mm 57. [7]Mm 1439. [8]Mm 2668. [9]Mm 1775. [10]Mm 1821. **Cp 4** [1]Mm 2169. [2]Mm 902. [3]Mm 2288. [4]Mm 1943. [5]Mm 1993. [6]Mm 1456. [7]Mm 5. [8]Mm 3847.

6 [a] sic L, mlt Mss Edd ךְ– ‖ **Cp 4,5** [a] cf 3,4[a] ‖ **6** [a] 𝔊 *τοῦ σκιάζειν* ‖ **8** [a] prp חריפית.

MICHA מיכה

1 1 [a]דְּבַר־יְהוָה׀ אֲשֶׁר הָיָה[a] אֶל־מִיכָה הַמֹּרַשְׁתִּי בִּימֵי יוֹתָם אָחָז ס[ו] ב חד מל וחד חס[1]
יְחִזְקִיָּה מַלְכֵי יְהוּדָה אֲשֶׁר־חָזָה עַל־שֹׁמְרוֹן וִירוּשָׁלִָם׃ ב[2]
2 שִׁמְעוּ עַמִּים כֻּלָּם הַקְשִׁיבִי אֶרֶץ וּמְלֹאָהּ ג . ב[3]
[a]וִיהִי° [b]אֲדֹנָי יְהוִה[ab] בָּכֶם לְעֵד אֲדֹנָי מֵהֵיכַל קָדְשׁוֹ׃ לב
3 כִּי־[a]הִנֵּה יְהוָה[a] יֹצֵא מִמְּקוֹמוֹ [b]וְיָרַד וְדָרַךְ[b] עַל־בָּמֳותֵי במתי ק חד מן ג[4] יתיר ו בליש
4 וְנָמַסּוּ הֶהָרִים תַּחְתָּיו וְהָעֲמָקִים יִתְבַּקָּעוּ [אָרֶץ[c]׃ ל
כַּדּוֹנַג מִפְּנֵי הָאֵשׁ כְּמַיִם מֻגָּרִים בְּמוֹרָד׃ ג רפי[5] . ג ב פת וחד קמ[6]
5 בְּפֶשַׁע יַעֲקֹב כָּל־זֹאת וּבְחַטֹּאות[a] [b]בֵּית יִשְׂרָאֵל[b]
מִי־[c]פֶשַׁע יַעֲקֹב הֲלוֹא שֹׁמְרוֹן
[d]וּמִי[e] [f]בָּמוֹת יְהוּדָה הֲלוֹא יְרוּשָׁלִָם[d]׃
6 וְשַׂמְתִּי שֹׁמְרוֹן לְעִי[a] הַשָּׂדֶה לְמַטָּעֵי כָרֶם ל . ל
וְהִגַּרְתִּי לַגַּי אֲבָנֶיהָ וִיסֹדֶיהָ אֲגַלֶּה׃ [עֲצַבֶּיהָ אָשִׂים שְׁמָמָה ל . ג חס . ב
7 וְכָל־פְּסִילֶיהָ יֻכַּתּוּ [a]וְכָל־אֶתְנַנֶּיהָ יִשָּׂרְפוּ בָאֵשׁ[a] וְכָל־ ה פסוק וכל וכל וכל[7] . ג[8] . ב[9]
כִּי מֵאֶתְנַן זוֹנָה קִבָּצָה[b] וְעַד־אֶתְנַן זוֹנָה יָשׁוּבוּ׃ ה פת . ל . ה פת
8 עַל־זֹאת אֶסְפְּדָה וְאֵילִילָה אֵילְכָה[a] שֵׁילָל[b] וְעָרוֹם ל מל . שולל[10] ק חד מן ג[11] בליש
אֶעֱשֶׂה מִסְפֵּד כַּתַּנִּים וְאֵבֶל כִּבְנוֹת יַעֲנָה׃ ג[12] . ב
9 כִּי אֲנוּשָׁה מַכּוֹתֶיהָ[a] כִּי־בָאָה עַד־יְהוּדָה ב מל
נָגַע עַד־שַׁעַר עַמִּי עַד־יְרוּשָׁלִָם׃
10 [ab]בְּגַת אַל־תַּגִּידוּ[b] [c]בָּכוֹ אַל־תִּבְכּוּ[c] ה כת ו[13]

Cp 1 [1]Mm 2606. [2]Mm 2997. [3]Mm 2246. [4]Mp sub loco. [5]Mm 2760. [6]Mm 1299. [7]Mm 2951. [8]Mm 3087. [9]Mm 3088. [10]Mm 832. [11]Mm 3089. [12]Mm 2918. [13]Mm 2739.

Cp 1,1 [a–a] 𝔊* *καὶ ἐγένετο λόγος κυρίου* ∥ **2** [a–a] 𝔔 יהוה אדני יהיה ∥ [b–b] 𝔊* *κύριος* ut bβ; 2 Mss om אדני, dl ∥ **3** [a–a] prp הִנֵּהוּ m cs ∥ [b–b] var lect? alterum dl m cs (cf 𝔔)? ∥ [c] 𝔔 הארץ ∥ **5** [a] 𝔊(𝔗[Mss]) *καὶ διὰ ἁμαρτίαν*, prb l ובחַטַּאת ∥ [b–b] prp יהודה cf v b ∥ [c] cf [e] ∥ [d–d] add? ∥ [e] 𝔔 ומה, sic et bα? ∥ [f] 𝔊(𝔖𝔗) *ἡ ἁμαρτία*; 𝔊 + *οἴκου* ∥ **6** [a] 𝔊 *εἰς ὀπωροφυλάκιον* (cf 3,12) 𝔖 *bjt dbrʾ* ∥ **7** [a–a] prb add ∥ [b] 𝔖𝔗(𝔙) *ʾtknšw*, l קֻבָּצוּ ∥ **8** [a] mlt Mss אלכה ∥ [b] mlt Mss ut Q ∥ **9** [a] l מַכָּתָהּ (cf Vrs) vel potius מכַּת יה(וה) ∥ **10** [a] init 10–15 (16a) omnia mutilata sunt ∥ [b–b] crrp (cf 2S 1,20); 𝔊 *μὴ μεγαλύνεσθε* 𝔖 *lʾ thdwn*, prb l אל־תָּגִילוּ et antea frt בְּגַת גִּלָה ∥ [c–c] prb l בְּכוּ אַף; al prp nom loci (כַּבּוֹן?).

ᵈבְּבֵית לְעַפְרָהᵈ עָפָר הִתְפַּלָּשְׁתִּיᵉ׃ — התפלשי חד מן ‎[14]‎ יתיר ת ק

11 עִבְרִיᵃ לָכֶםᵇ יוֹשֶׁבֶת שָׁפִיר

עֶרְיָה־ᶜבֹשֶׁתᵈ לֹא יָצְאָה יוֹשֶׁבֶת צַאֲנָן

ᵉמִסְפַּד בֵּית הָאֵצֶל — ג . ל

ᶠᵍיִקַּח מִכֶּם עֶמְדָּתוֹᵍ׃ — ל

12 ᵃכִּי־חָלָה לְטוֹבᵃ יוֹשֶׁבֶת מָרוֹת — ג בטע . ל

כִּי־יָרַד רָע מֵאֵת יְהוָה לְשַׁעַרᵇ יְרוּשָׁלִָם׃ — ל

13 רְתֹםᵃ הַמֶּרְכָּבָה לָרֶכֶשׁ יוֹשֶׁבֶת לָכִישׁ [יִשְׂרָאֵל׃ᵇ 14 לָכֵןᵃ — ל

ᵇרֵאשִׁית חַטָּאת הִיא לְבַת־צִיּוֹן כִּי־בָךְ נִמְצְאוּ פִּשְׁעֵי — כה . ל בסיפ[15]

תִּתְּנִיᵇ שִׁלּוּחִים עַלᶜ מוֹרֶשֶׁת גַּת — ב חד מל וחד חס

ᵈבָּתֵּי אַכְזִיב לְאַכְזָב לְמַלְכֵיᵉ יִשְׂרָאֵל׃ — ב ול בליש . ל וכל הלוא הגם דכות

15 ᵃעֹד הַיֹּרֵשׁᵃ אָבִיᵇ לָךְ יוֹשֶׁבֶת מָרֵשָׁה — יד חס[16] . ב . ט חס א ב מנה בליש

ᶜᵈעַד־עֲדֻלָּםᵈ יָבוֹאᵉ כְּבוֹדᶠ יִשְׂרָאֵל׃

16 קָרְחִי וָגֹזִּיᵃ עַל־בְּנֵי תַּעֲנוּגָיִךְ — ל

הַרְחִבִי קָרְחָתֵךְ כַּנֶּשֶׁר כִּי גָלוּ מִמֵּךְ׃ ס — ב חד חס וחד מל

2 1 הוֹי חֹשְׁבֵי־אָוֶן ᵃוּפֹעֲלֵי רָעᵃ עַל־מִשְׁכְּבוֹתָם — ד ומל[1]

בְּאוֹר הַבֹּקֶר יַעֲשׂוּהָ כִּי יֶשׁ־לְאֵל יָדָם׃

2 וְחָמְדוּ שָׂדוֹת וְגָזָלוּ וּבָתִּים וְנָשָׂאוּ — ד[2] . ל קמ בליש[3]

וְעָשְׁקוּ גֶּבֶר וּבֵיתוֹ וְאִישׁᵃ וְנַחֲלָתוֹ׃ פ — ו[4]

3 לָכֵן כֹּה אָמַר יְהוָה — כ[5]

הִנְנִי חֹשֵׁב ᵃעַל־הַמִּשְׁפָּחָה הַזֹּאתᵃ רָעָה

[14] Mm 2792. [15] Mm 676. [16] Mm 62. **Cp 2** [1] Mm 3446. [2] Mm 1090. [3] Mp sub loco. [4] Mm 3090. [5] Mm 2168.

10 ᵈ⁻ᵈ crrp? 𝔖𝔗 om ל; prp בְּכַרְמֵי בית עפרה ‖ ᵉ 𝔊(𝔖) *καταπάσασθε*, l התפלשו cf Q et Mur –שי vel –שו ‖ **11** ᵃ exc init stich; prp שׁוֹפָר יַעֲבִ(י)רוּ ‖ ᵇ l לָךְ? ‖ ᶜ prb l מֵעִירָהּ; prp עִירָהּ ‖ ᵈ > 𝔊, prb dl (gl); prp תֵּשֵׁב ‖ ᵉ prb exc hemist ‖ ᶠ prb exc hemist ‖ ᵍ⁻ᵍ inc; prp יֻקַּח מִמְּכוֹן עמדתו, al יִקְחוּ מכם עמְדָה ‖ **12** ᵃ⁻ᵃ 𝔊 *τίς ἤρξατο*, prb l מִי יִחֲלָה; prp אֵיךְ יִחֲלָה ‖ ᵇ 𝔊𝔖𝔗 pl, frt l לְשַׁעֲרֵי ‖ **13** ᵃ prb crrp; prp רָתֹם, sed vix recte ‖ ᵇ⁻ᵇ prb add ‖ **14** ᵃ prb dl c 13b; al prp לָךְ נ(תְּנוּ) cf ᵇ et ᶜ ‖ ᵇ 𝔊^BQ min(𝔏^C𝔙) *δώσει*; l prb יִתְּנוּ, al prp נִתְּנוּ cf ᵃ ‖ ᶜ l prb עָלַיִךְ = אֵלַיִךְ, al dl (cf ᵃ) ‖ ᵈ l prb בַּת; prp יוֹשֶׁבֶת ‖ ᵉ l לְמֶלֶךְ, dttg ‖ **15** ᵃ⁻ᵃ prb l הַעֹד ירשׁ vel הַעֹד הירשׁ ‖ ᵇ nonn Mss אביא, sed prb l יבוא ‖ ᶜ exc vb? prp אָכֵן vel אֵיךְ ‖ ᵈ⁻ᵈ prb l עד־עוֹלָם cf 𝔖 ‖ ᵉ prb l אָבַד, prp יֹאבַד ‖ ᶠ prp מְאַבֵּד ‖ **16** ᵃ prb exc vb, prp (בַּת) צִיּוֹן ‖ **Cp 2,1** ᵃ⁻ᵃ add? prp (ופֹּעַל vel) וּפָעֲלֵי רע ‖ **2** ᵃ sic L, mlt Mss Edd 𝔊^-BO 𝔗^Ms𝔙 אִישׁ ‖ **3** ᵃ⁻ᵃ add an crrp? cf 2 pl in v b.

אֲשֶׁר לֹא־תָמִישׁוּ מִשָּׁם צַוְּארֹתֵיכֶם
וְלֹא תֵלְכוּ רוֹמָה[b] כִּי עֵת רָעָה הִיא׃ ב[6] . ל
4 בַּיּוֹם הַהוּא יִשָּׂא עֲלֵיכֶם מָשָׁל וְנָהָה נְהִי נִהְיָה[a] אָמַר[b] לז . ח[7]
[c]שָׁדוֹד נְשַׁדֻּנוּ[c] חֵלֶק עַמִּי יָמִיר[d] ל
[e]אֵיךְ יָמִישׁ לִי[e] לְשׁוֹבֵב[f] שָׂדֵינוּ יְחַלֵּק[g]׃ ז[8]
5 לָכֵן לֹא־יִהְיֶה לְךָ[a] מַשְׁלִיךְ חֶבֶל בְּגוֹרָל בִּקְהַל יְהוָה׃ י זקף קמ בנ״ך . ג מל בליש
6 אַל־תַּטִּפוּ יַטִּיפוּן לֹא־יַטִּפוּ לָאֵלֶּה[a] ל . ל . ל . ה[9]
לֹא יִסַּג[b] כְּלִמּוֹת׃ 7 הֶאָמוּר[a] בֵּית־יַעֲקֹב ל . ל
הֲקָצַר רוּחַ יְהוָה אִם־אֵלֶּה מַעֲלָלָיו ל
הֲלוֹא [b]דְבָרַי יֵיטִיבוּ[b] [c]עִם הַיָּשָׁר הוֹלֵךְ[c]׃ כז[10] מל וכל משלי וקהלת דכות ב מ ה
8 [a]וְאֶתְמוּל עַמִּי[a] לְאוֹיֵב יְקוֹמֵם[b] ל
[c]מִמּוּל שַׂלְמָה אֶדֶר[c] תַּפְשִׁטוּן ב . ב
[d]מֵעֹבְרִים בֶּטַח שׁוּבֵי[de] מִלְחָמָה׃ ל
9 נְשֵׁי עַמִּי תְּגָרְשׁוּן מִבֵּית תַּעֲנֻגֶיהָ[a] ל . ב חס ו ול בליש[11]
מֵעַל עֹלָלֶיהָ[b] תִּקְחוּ הֲדָרִי[c] לְעוֹלָם׃ ל
10 קוּמוּ וּלְכוּ כִּי לֹא־זֹאת הַמְּנוּחָה
בַּעֲבוּר טָמְאָה[a] [b]תְּחַבֵּל[c] וְחֶבֶל[b] נִמְרָץ׃ ב[12]
11 לוּ־אִישׁ הֹלֵךְ[a] רוּחַ וָשֶׁקֶר כִּזֵּב כב[13] ו[14] מנה ר״פ
אַטִּף לְךָ[b] לַיַּיִן וְלַשֵּׁכָר ל וחס . י זקף קמ בנ״ך
וְהָיָה מַטִּיף הָעָם[c] הַזֶּה׃
12 אָסֹף אֶאֱסֹף יַעֲקֹב כֻּלָּךְ[a] קַבֵּץ אֲקַבֵּץ שְׁאֵרִית יִשְׂרָאֵל ג חס[15] . ג

[6] Mm 3091. [7] Mm 3609. [8] Mm 3293. [9] Mm 232. [10] Mm 1788. [11] Mm 3689. [12] Jos 17,14, cf Mp sub loco. [13] Mm 1444. [14] Mm 1236. [15] Mm 2496.

3 [b] 𝔊* + *ἐξαίφνης* ‖ **4** [a] prb dl, dttg ‖ [b] l c nonn Mss 𝔖 וְאמר ‖ [c–c] tr in fin v, cf [g] ‖ [d] 𝔊(𝔖) *κατεμετρήθη ἐν σχοινίῳ*, prb l (? בַּחֶבֶל) יִמַּד ‖ [e–e] 𝔊 *καὶ οὐκ ἦν ὁ κωλύσων αὐτόν* (cf 𝔖), prb l וְאֵין מֵשִׁיב et cj c aγ ‖ [f] prb l לְשׁוֹבֵינוּ ‖ [g] l יְחֻלַּק cf 𝔊*; huc tr [c–c] ‖ **5** [a] prb l לָכֶם, hpgr ‖ **6** [a] prp כָּאלה ‖ [b] prb l יַסִּגֵנוּ = יִשׁ׳ ‖ **7** [a] l הארור ‖ [b–b] prb l דבריו ייטיב cf 𝔊 ‖ [c–c] crrp; prp עִם עַמּוֹ יִשְׂרָאֵל ‖ **8** [a–a] prb l (עַל־עמי) וְאַתֶּם לְעמי ‖ [b] prb l תָּקוּמוּ cf aδ; prp קָמִים ‖ [c–c] crrp; frt l מֵעַל שְׁלֵמִים אַדֶּרֶת, al prp תִּשְׁלוּ שׁ׳ א׳ ‖ [d–d] prp מֵעֹבְרִים לְבֶטַח שֶׁבֶר ‖ [e] frt l שְׁבִי; 𝔊 *συντριμμόν* = שֶׁבֶר? cf [d–d] ‖ **9** [a] prp תענֻגֶיהֶן; frt l תענֻגָם ‖ [b] prp עֹלְלֵיהֶן; frt l עללָם cf [c] ‖ [c] frt l חֶדְרוֹ ‖ **10** [a] prb l מְאוּמָה, prp מְעַט מְאוּמָה ‖ [b–b] prp חֲבֹל תַּחְבְּלוּ, sed m cs prb l sol תַּחְבְּלוּ (חבל dttg) ‖ [c] prp תְּחֻבַּל ‖ **11** [a] l הָלַךְ ‖ [b] prp לָכֶם ‖ [c] prp לעם ‖ **12** [a] 𝔊 *σὺν πᾶσιν*, l כֻּלּוֹ.

יַ֫חַד אֲשִׂימֶ֫נּוּ כְּצֹ֣אן בָּצְרָ֑הᵇ כְּעֵ֙דֶר֙ בְּת֣וֹךְ הַדָּֽבְר֔וֹᶜ תְּהִימֶ֖נָהᵈ ז. ל. ל

13 עָלָ֤הᵃ הַפֹּרֵץ֙ לִפְנֵיהֶ֔ם פָּֽרְצוּ֙ וַיַּעֲבֹ֔רוּᶜ שַׁ֖עַר וַיֵּ֣צְאוּᵈ ב֑וֹ [מֵאָדָֽםᵉ׃ ג. ב[16]. [17]

וַיַּעֲבֹ֤רᵉ מַלְכָּם֙ לִפְנֵיהֶ֔ם וַיהוָ֖ה בְּרֹאשָֽׁם׃ פ ח[18]

3 1 וָאֹמַ֕רᵃ

שִׁמְעוּ־נָא֙ רָאשֵׁ֣י יַעֲקֹ֔ב וּקְצִינֵ֖י בֵּ֣ית יִשְׂרָאֵ֑ל עה

הֲל֣וֹא לָכֶ֔ם לָדַ֖עַת אֶת־הַמִּשְׁפָּֽט׃

2 שֹׂ֥נְאֵי ט֖וֹב וְאֹ֣הֲבֵי רָ֑עה ד[1]. רע ק

ᵃגֹּזְלֵ֤י עוֹרָם֙ מֵֽעֲלֵיהֶ֔ם וּשְׁאֵרָ֖ם מֵעַ֥ל עַצְמוֹתָֽם׃

3 וַאֲשֶׁ֨רᵃ אָֽכְל֜וּ שְׁאֵ֣ר עַמִּ֗יᵇ וְעוֹרָם֙ מֵעֲלֵיהֶ֣ם הִפְשִׁ֔יטוּᵇ וְאֶת־ יב ר״פ

עַצְמֹתֵיהֶ֖ם פִּצֵּ֑חוּ] ל

וּפָרְשׂוּ֙ כַּאֲשֶׁ֣רᶜ בַּסִּ֔יר וּכְבָשָׂ֖ר בְּת֥וֹךְ קַלָּֽחַת׃ ל. ל

4 אָ֚ז יִזְעֲק֣וּ אֶל־יְהוָ֔ה וְלֹ֥א יַעֲנֶ֖ה אוֹתָ֑ם ה

וְיַסְתֵּ֨ר פָּנָ֤יו מֵהֶם֙ ᵃבָּעֵ֣ת הַהִ֔יאᵃ כַּאֲשֶׁ֥ר הֵרֵ֖עוּ מַעַלְלֵיהֶֽם׃ פ ב

5 כֹּ֚ה אָמַ֣ר יְהוָ֔ה עַל־הַנְּבִיאִ֖ים הַמַּתְעִ֣ים ᵃאֶת־עַמִּ֑יᵃ

הַנֹּשְׁכִ֤ים בְּשִׁנֵּיהֶם֙ וְקָרְא֣וּ שָׁל֔וֹםᵇ

וַאֲשֶׁר֙ לֹא־יִתֵּ֣ן עַל־פִּיהֶ֔ם וְקִדְּשׁ֥וּ עָלָ֖יו מִלְחָמָֽה׃ ח[2]

6 לָכֵ֨ן לַ֤יְלָה לָכֶם֙ מֵֽחָז֔וֹן וְחָשְׁכָ֥הᵃ לָכֶ֖ם מִקְּסֹ֑ם ג בטע בסיפ

וּבָ֤אָה הַשֶּׁ֙מֶשׁ֙ עַל־הַנְּבִיאִ֔ים וְקָדַ֥ר עֲלֵיהֶ֖ם הַיּֽוֹם׃

7 וּבֹ֣שׁוּ הַחֹזִ֗ים וְחָֽפְרוּ֙ הַקֹּ֣סְמִ֔ים ג

וְעָט֥וּ עַל־שָׂפָ֖ם כֻּלָּ֑ם כִּ֛י אֵ֥ין מַעֲנֵ֖ה אֱלֹהִֽים׃ ג[3]

8 וְאוּלָ֗ם אָנֹכִ֞י מָלֵ֤אתִי כֹ֙חַ֙ ᵃאֶת־ר֣וּחַ יְהוָ֔הᵃ וּמִשְׁפָּ֖ט וּגְבוּרָ֑ה ה ר״פ וכל איוב דכות ב מ״ג[4]. ג[5]. ל

לְהַגִּ֤יד לְיַעֲקֹב֙ פִּשְׁע֔וֹ וּלְיִשְׂרָאֵ֖ל חַטָּאתֽוֹ׃ ס ב[6]. ו

[16] Mm 3092. [17] Mm 1262. [18] Mm 2876. **Cp 3** [1] Mm 3093. [2] Mm 3985. [3] Mm 3094. [4] Hi 2,5; 5,8; 13,3. [5] Mm 3095. [6] Mm 967.

12 ᵇ prb l בַּצִּרָה cf 𝔗𝔙 ‖ ᶜ l הַדֹּבֶר cf σ′θ′𝔗 𝔙 ‖ ᵈ prb l תְּהֶמֶה ‖ ᵉ dl (gl)? an exc vb? ‖ **13** ᵃ 𝔊 διά = עַל, sed potius l יַעֲלֶה cf σ′𝔙 *(ascendet)* et impf 12 ‖ ᵇ cj c α (cf 𝔊) et prb l וּפָרַץ cf 𝔖𝔙 ‖ ᶜ prb l יַעַבְרוּ ‖ ᵈ prb l וְיָצְאוּ ‖ ᵉ prb l וְיעבר ‖ **Cp 3,1** ᵃ 𝔊 καὶ ἐρεῖ cf 𝔖 ‖ **2** ᵃ exc stich an v b tr? frt l יִגְזְלוּ et tr v b post 3 ‖ **3** ᵃ prb dl ‖ ᵇ⁻ᵇ add? cf 2b ‖ ᶜ 𝔊 ὡς σάρκας, l כִּשְׁאֵר ‖ **4** ᵃ⁻ᵃ add? ‖ **5** ᵃ⁻ᵃ prp אֶת־עַם (יְהוָה) ‖ ᵇ 𝔊(𝔗) + ἐπ' αὐτόν ‖ **6** ᵃ 𝔊(𝔙) καὶ σκοτία, l וַחֲשֵׁכָה ‖ **8** ᵃ⁻ᵃ dl cf σ′ et cet Vrs.

9 שִׁמְעוּ־נָא זֹאת רָאשֵׁי בֵּית יַעֲקֹב וּקְצִינֵי בֵּית יִשְׂרָאֵל עה
הַֽמְתַעֲבִים מִשְׁפָּט וְאֵת כָּל־הַיְשָׁרָה יְעַקֵּשׁוּ׃ ל
10 בֹּנֶה[a] צִיּוֹן בְּדָמִים וִירוּשָׁלִַם בְּעַוְלָה׃
11 רָאשֶׁיהָ ׀ בְּשֹׁחַד יִשְׁפֹּטוּ וְכֹהֲנֶיהָ בִּמְחִיר יוֹרוּ ג . ב . ח[7]
וּנְבִיאֶיהָ בְּכֶסֶף יִקְסֹמוּ וְעַל־יְהוָה יִשָּׁעֵנוּ לֵאמֹר הי[8] . ב[9] . ב
הֲלוֹא יְהוָה בְּקִרְבֵּנוּ לֹא־תָבוֹא עָלֵינוּ רָעָה׃
12 לָכֵן בִּגְלַלְכֶם צִיּוֹן שָׂדֶה תֵחָרֵשׁ חצי הספר בפסוקים
וִירוּשָׁלִַם עִיִּין[a] תִּהְיֶה וְהַר הַבַּיִת לְבָמוֹת[b] יָעַר׃ פ

4 1 וְהָיָה ׀ בְּאַחֲרִית הַיָּמִים[a] יִהְיֶה הַר בֵּית־יְהוָה ו בטע בסיפ
נָכוֹן בְּרֹאשׁ הֶהָרִים וְנִשָּׂא הוּא[c] מִגְּבָעוֹת לה[1] . יב[2]
וְנָהֲרוּ[d] עָלָיו עַמִּים[d]׃ ג[3]
2 וְהָלְכוּ גּוֹיִם[a] רַבִּים וְאָמְרוּ[b]
לְכוּ ׀ וְנַעֲלֶה אֶל־הַר־יְהוָה וְאֶל־בֵּית אֱלֹהֵי יַעֲקֹב יו וכל אל הר הכרמל דכות[4] . יא[5]
וְיוֹרֵנוּ מִדְּרָכָיו וְנֵלְכָה בְּאֹרְחֹתָיו ג ב מל וחד חס[6]
כִּי מִצִּיּוֹן תֵּצֵא תוֹרָה וּדְבַר־יְהוָה מִירוּשָׁלִָם׃ יח . ז
3 וְשָׁפַט בֵּין[a] עַמִּים רַבִּים[a] וְהוֹכִיחַ[b] לְגוֹיִם עֲצֻמִים[b][c] עַד־רָחוֹק[c] ל . ג[7] חס וכל אורית דכות ב מ א
וְכִתְּתוּ חַרְבֹתֵיהֶם לְאִתִּים וַחֲנִיתֹתֵיהֶם לְמַזְמֵרוֹת ג[8] . ב וחס[9] . ב . ב
לֹא־יִשְׂאוּ[d] גּוֹי אֶל־גּוֹי חֶרֶב וְלֹא־יִלְמְדוּן עוֹד מִלְחָמָה׃ ל . ב . ב[10]
4 וְיָשְׁבוּ אִישׁ תַּחַת גַּפְנוֹ וְתַחַת תְּאֵנָתוֹ וְאֵין מַחֲרִיד ב[11] . ג בסיפ
כִּי־פִי יְהוָה צְבָאוֹת דִּבֵּר׃
5 כִּי כָּל־הָעַמִּים יֵלְכוּ אִישׁ[a] בְּשֵׁם אֱלֹהָיו[a] ס̄ יא[12]
וַאֲנַחְנוּ נֵלֵךְ בְּשֵׁם־יְהוָה אֱלֹהֵינוּ לְעוֹלָם וָעֶד׃ פ ג[13] . ט[14]
6 בַּיּוֹם הַהוּא נְאֻם־יְהוָה
אֹסְפָה הַצֹּלֵעָה וְהַנִּדָּחָה אֲקַבֵּצָה וַאֲשֶׁר הֲרֵעֹתִי׃ ל . ג . ל
7 וְשַׂמְתִּי אֶת־הַצֹּלֵעָה לִשְׁאֵרִית וְהַנַּהֲלָאָה[a] לְגוֹי עָצוּם ג . ל . ג[15]

[7] Mm 1862. [8] Mm 158. [9] Mm 3621. **Cp 4** [1] Mm 2840. [2] Mm 545. [3] Mm 3096. [4] Mm 385. [5] Mm 324. [6] Mm 1481. [7] Mm 3063. [8] Mm 3173. [9] Mm 3097. [10] Mm 3098. [11] Mm 1896. [12] Mp sub loco. [13] Mm 2605. [14] Mm 478. [15] Mm 1102.

10 [a] l בֹּנֵי cf Vrs ‖ **12** [a] pc Mss עִיִּים cf Jer 26,18 ‖ [b] Vrs sg, prp לְבָמַת; sed cf עִיִּין (pl) ‖ **Cp 4,1** [a] Jes 2,2 huc tr נָכוֹן ‖ [b] > 𝔊* ‖ [c] > Jes 2,2 ‖ [d–d] Jes 2,2 אֵלָיו כָּל־הַגּוֹיִם cf 𝔖 ‖ **2** [a] Jes 2,3 עַמִּים ‖ [b] add? ‖ **3** [a–a] Jes 2,4 הַגּוֹיִם ‖ [b–b] Jes 2,4 לְעַמִּים רַבִּים ‖ [c–c] > Jes 2,4, add ‖ [d] Jes 2,4 יִשָּׂא ‖ **5** [a–a] 𝔊 *τὴν ὁδὸν αὐτοῦ* ‖ **7** [a] 𝔊 *καὶ τὴν ἀπωσμένην* 𝔖 *wrḥjq'* 𝔗 *wmbdrj'*, prp וְהַנַּחֲלָה aut וְהַנִּלְאָה.

[b]וּמָלַךְ יְהוָה[b] עֲלֵיהֶם בְּהַר צִיּוֹן מֵעַתָּה וְעַד־עוֹלָם׃ פ ב[16] . ל . יב[17]

8 וְאַתָּה מִגְדַּל־עֵדֶר עֹפֶל בַּת־צִיּוֹן
עָדַיִךְ [a]תֵּאתֶה[b] וּבָאָה[a] הַמֶּמְשָׁלָה הָרִאשֹׁנָה ג[18] . ל . יא[19] בטע וכל מלכים ויחזק דכות ב מ ב . ח
[c]מַמְלֶכֶת[d] לְבַת־יְרוּשָׁלִָם[c]׃
9 עַתָּה[a] לָמָּה תָרִיעִי רֵעַ כה ר״פ[20]
הֲמֶלֶךְ אֵין־בָּךְ אִם־יוֹעֲצֵךְ אָבָד ב חד חס וחד מל . ב זקף קמ[21]
כִּי־הֶחֱזִיקֵךְ חִיל כַּיּוֹלֵדָה׃
10 חוּלִי וָגֹחִי[a] בַּת־צִיּוֹן כַּיּוֹלֵדָה
כִּי־עַתָּה תֵצְאִי מִקִּרְיָה וְשָׁכַנְתְּ בַּשָּׂדֶה יב[22] יא מנה בנביא . ג[23]
[b]וּבָאת עַד־בָּבֶל שָׁם תִּנָּצֵלִי[b] ה[24] . ל
שָׁם יִגְאָלֵךְ יְהוָה מִכַּף אֹיְבָיִךְ׃
11 וְעַתָּה נֶאֶסְפוּ עָלַיִךְ גּוֹיִם רַבִּים כ בטע . ה
הָאֹמְרִים[a] תֶּחֱנָף[b] וְתַחַז בְּצִיּוֹן עֵינֵינוּ[c]׃ ל
12 וְהֵמָּה לֹא יָדְעוּ מַחְשְׁבוֹת יְהוָה י ר״פ[25]
וְלֹא הֵבִינוּ עֲצָתוֹ כִּי קִבְּצָם כֶּעָמִיר גֹּרְנָה׃ ב[26] . ל
13 קוּמִי וָדוֹשִׁי בַת־צִיּוֹן כִּי־קַרְנֵךְ אָשִׂים בַּרְזֶל ד ר״פ[27] . ל
וּפַרְסֹתַיִךְ אָשִׂים נְחוּשָׁה וַהֲדִקּוֹת עַמִּים רַבִּים ל
וְהַחֲרַמְתִּי[a] לַיהוָה בִּצְעָם וְחֵילָם לַאֲדוֹן כָּל־הָאָרֶץ׃ ל
14 עַתָּה [a]תִּתְגֹּדְדִי בַת־גְּדוּד[a] מָצוֹר שָׂם עָלֵינוּ כה ר״פ[20]
בַּשֵּׁבֶט יַכּוּ עַל־הַלְּחִי אֵת שֹׁפֵט יִשְׂרָאֵל׃ ס

5 1 וְאַתָּה בֵּית־לֶחֶם [a]אֶפְרָתָה צָעִיר[a] לִהְיוֹת[b] בְּאַלְפֵי יְהוּדָה
מִמְּךָ לִי[c] יֵצֵא לִהְיוֹת מוֹשֵׁל בְּיִשְׂרָאֵל ל בסיפ . יד מל
וּמוֹצָאֹתָיו מִקֶּדֶם מִימֵי עוֹלָם׃ ל

[16]Mm 2577. [17]Mm 2487. [18]Mm 3306. [19]Mm 279. [20]Mm 1057. [21]Mm 3099. [22]Mm 230. [23]Mm 2461. [24]Mm 2052. [25]Mm 1249. [26]Mm 3100. [27]Mm 3732.

7 [b–b] prb l וּמָלַכְתִּי || **8** [a–a] var lect (orig תָּבֹא)? cf [d] || [b] sic L, mlt Mss Edd sine dageš || [c–c] nonn add hab || [d] $\mathfrak{G}^{-C}$ + *ἐκ Βαβυλῶνος*; frt exc vb (ובאה ex bα?) et l מַמְלֶכֶת || **9** [a] pc Mss $\mathfrak{G}\mathfrak{T}^{Mss}$ pr cop || **10** [a] prp ונוחי vel וֶהֱגִי || [b–b] add? || **11** [a] add? cf 2[b] || [b] $\mathfrak{G}$ *ἐπιχαρούμεθα*, prp תֶּחֱשַׂף || [c] $\mathfrak{S}\mathfrak{T}\mathfrak{V}$ sg, l עינו || **13** [a] 2 f sg = וְהַחֲרַמְתְּ cf $\mathfrak{G}\mathfrak{S}\mathfrak{V}$ || **14** [a–a] frt l הִתְגּוֹדֵד || **Cp 5,1** [a–a] prb l אֶפְרָת הַצָּעִיר || [b] prb dl, ex aδ || [c] frt l יֶלֶד cf 2aβ; an exc vb post יצא?

2 לָכֵן יִתְּנֵם עַד־עֵת יוֹלֵדָה יָלָדָה
וְיֶתֶר אֶחָיו יְשׁוּבוּן עַל־[a]בְּנֵי יִשְׂרָאֵל׃ ל̇[1] . ז̇[2] . ד̇ בסיפ[3]
3 וְעָמַד וְרָעָה בְּעֹז יְהוָה בִּגְאוֹן שֵׁם יְהוָה אֱלֹהָיו ט̇[4] . ב̇ חד חס וחד מל
וְיָשָׁבוּ כִּי־עַתָּה יִגְדַּל עַד־אַפְסֵי־אָרֶץ׃ ב̇ וכל אתנח וס״פ דכות . יב̇[5] יא מנה בנביא
4 וְהָיָה זֶה שָׁלוֹם[a]
[b]אַשּׁוּר ׀ כִּי־יָבוֹא בְאַרְצֵנוּ וְכִי יִדְרֹךְ בְּאַרְמְנֹתֵינוּ[bc] לא̇ פסוק כי וכי[6]
וַהֲקֵמֹנוּ[d] עָלָיו שִׁבְעָה רֹעִים וּשְׁמֹנָה נְסִיכֵי אָדָם׃ ל̇
5 וְרָעוּ אֶת־אֶרֶץ[a] אַשּׁוּר בַּחֶרֶב וְאֶת־אֶרֶץ נִמְרֹד בִּפְתָחֶיהָ[b] ו̇ . ל̇
וְהִצִּיל[c] מֵאַשּׁוּר כִּי־יָבוֹא בְאַרְצֵנוּ וְכִי יִדְרֹךְ בִּגְבוּלֵנוּ׃ ס ג̇[7] . לא̇ פסוק כי וכי[6]

6 וְהָיָה ׀ שְׁאֵרִית יַעֲקֹב[a] בְּקֶרֶב עַמִּים רַבִּים ו̇ בטע בסיפ
כְּטַל מֵאֵת יְהוָה כִּרְבִיבִים עֲלֵי־עֵשֶׂב ב̇
אֲשֶׁר לֹא־יְקַוֶּה לְאִישׁ וְלֹא יְיַחֵל לִבְנֵי אָדָם׃ ל̇
7 וְהָיָה שְׁאֵרִית יַעֲקֹב בַּגּוֹיִם[a] בְּקֶרֶב עַמִּים רַבִּים
כְּאַרְיֵה בְּבַהֲמוֹת יַעַר כִּכְפִיר בְּעֶדְרֵי־צֹאן
אֲשֶׁר אִם[b] עָבַר וְרָמַס וְטָרַף וְאֵין מַצִּיל׃ ב̇[8]
8 תָּרֹם[a] יָדְךָ עַל־צָרֶיךָ וְכָל־אֹיְבֶיךָ יִכָּרֵתוּ׃ פ ל̇

9 וְהָיָה בַיּוֹם־הַהוּא נְאֻם־יְהוָה
וְהִכְרַתִּי סוּסֶיךָ מִקִּרְבֶּךָ וְהַאֲבַדְתִּי מַרְכְּבֹתֶיךָ׃ ב̇ וחס
10 וְהִכְרַתִּי עָרֵי אַרְצֶךָ וְהָרַסְתִּי כָּל־מִבְצָרֶיךָ׃ ח̇ לשון שנאה
11 וְהִכְרַתִּי כְשָׁפִים מִיָּדֶךָ וּמְעוֹנְנִים לֹא יִהְיוּ־לָךְ׃ ל̇ . ג̇ ב̇ מל וחד חס[9]
12 וְהִכְרַתִּי פְסִילֶיךָ וּמַצֵּבוֹתֶיךָ מִקִּרְבֶּךָ
וְלֹא־תִשְׁתַּחֲוֶה עוֹד לְמַעֲשֵׂה יָדֶיךָ׃ ב̇[10] . ב̇ . יא̇[11] מל וכל תלים דכות ב̇ מ̇ ה̇
13 וְנָתַשְׁתִּי אֲשֵׁירֶיךָ מִקִּרְבֶּךָ וְהִשְׁמַדְתִּי עָרֶיךָ[a]׃ ג̇ מל בליש[12] . ח̇ לשון שנאה
14 וְעָשִׂיתִי בְּאַף וּבְחֵמָה נָקָם אֶת־הַגּוֹיִם אֲשֶׁר לֹא שָׁמֵעוּ׃ ס ב̇

Cp 5 [1]Mm 2398. [2]Mm 762. [3]Mm 953. [4]Mm 1144. [5]Mm 230. [6]Mm 2059. [7]Mm 3101. [8]Dt 33,20. [9]Mm 1457. [10]Mm 3337. [11]Mm 477. [12]Mp sub loco.

2 [a] = אֶל || **4** [a] huc tr 5b? cf [b–b] || [b–b] dl? textus mutilatus - textus originalis 5b || [c] 𝔊* *ἐπὶ τὴν χώραν ἡμῶν* = בְּאַדְמָתֵנוּ, 𝔖 *bsḥrtn* || [d] prp וְהֵקִים || **5** [a] > 𝔊 || [b] l בַּפְּתִיחָה cf ε′ *ἐν παραξιφίσιν αὐτῶν* || [c] prp והצילָנו || **6** [a] 𝔊*(𝔖) + *ἐν τοῖς ἔθνεσιν* cf 7[a] || **7** [a] dl m cs? cf 6[a] || [b] sic L, mlt Mss Edd אִם־ || **8** [a] mlt Mss Vrs תרום || **13** [a] l עֲצַבֶּיךָ vel צִרֶיךָ.

6 1 שִׁמְעוּ־נָא[a] אֵת[b] אֲשֶׁר־יְהוָה אֹמֵר[a]
קוּם רִיב אֶת־הֶהָרִים וְתִשְׁמַעְנָה הַגְּבָעוֹת קוֹלֶךָ׃ ל
2 שִׁמְעוּ הָרִים אֶת־רִיב יְהוָה וְהָאֵתָנִים[a] מֹסְדֵי אָרֶץ ל
כִּי רִיב לַיהוָה עִם־עַמּוֹ וְעִם־יִשְׂרָאֵל יִתְוַכָּח׃ ל
3 עַמִּי מֶה־עָשִׂיתִי לְךָ[a] וּמָה הֶלְאֵתִיךָ עֲנֵה בִי׃
4 כִּי הֶעֱלִתִיךָ מֵאֶרֶץ מִצְרַיִם וּמִבֵּית עֲבָדִים פְּדִיתִיךָ ל חס. ל. ב
וָאֶשְׁלַח לְפָנֶיךָ אֶת־מֹשֶׁה אַהֲרֹן וּמִרְיָם׃ 5 עַמִּי[a] [[c]בֶּן־בְּעוֹר[c] ל[1]. ג[2]
זְכָר־נָא מַה־יָּעַץ בָּלָק[b] מֶלֶךְ מוֹאָב[b] וּמֶה־עָנָה אֹתוֹ בִּלְעָם
מִן־הַשִּׁטִּים עַד־הַגִּלְגָּל לְמַעַן דַּעַת[d] צִדְקוֹת יְהוָה[d]׃ ד
6 בַּמָּה אֲקַדֵּם יְהוָה אִכַּף לֵאלֹהֵי מָרוֹם ח קמ[3]. ל
הַאֲקַדְּמֶנּוּ בְעוֹלוֹת בַּעֲגָלִים בְּנֵי שָׁנָה׃ ל. ג מל[4]
7 הֲיִרְצֶה יְהוָה[a] בְּאַלְפֵי אֵילִים בְּרִבְבוֹת נַחֲלֵי־שָׁמֶן ג געיא
הַאֶתֵּן בְּכוֹרִי פִּשְׁעִי פְּרִי בִטְנִי חַטַּאת נַפְשִׁי׃ ל מל
8 הִגִּיד[a] לְךָ אָדָם מַה־טּוֹב וּמָה־יְהוָה דּוֹרֵשׁ מִמְּךָ [אֱלֹהֶיךָ׃ פ ג[1]. ל. ד מל[5]
כִּי אִם־עֲשׂוֹת מִשְׁפָּט וְאַהֲבַת חֶסֶד וְהַצְנֵעַ לֶכֶת עִם־ ב
[[c]וּמִי יְעָדָהּ׃ 10 עוֹד[c] ג[6]
9 [a]קוֹל יְהוָה לָעִיר יִקְרָא [b]וְתוּשִׁיָּה יִרְאֶה שְׁמֶךָ[b] שִׁמְעוּ מַטֶּה ז מל
הַאִשׁ[d] [e]בֵּית רָשָׁע[e] אֹצְרוֹת רֶשַׁע וְאֵיפַת רָזוֹן זְעוּמָה׃ ב[7] חד מל וחד מן ב חס בליש וחד מן ג[8] סביר יש. ה זוגין בבית בית[9]. יז[10]. ל
11 הַאֶזְכֶּה[a] בְּמֹאזְנֵי רֶשַׁע וּבְכִיס אַבְנֵי מִרְמָה׃ ל. יז[10]
12 [a]אֲשֶׁר[b] עֲשִׁירֶיהָ מָלְאוּ חָמָס וְיֹשְׁבֶיהָ דִּבְּרוּ־שָׁקֶר
[c]וּלְשׁוֹנָם רְמִיָּה בְּפִיהֶם[c]׃ ד[11]. ל

Cp 6 [1] Mp sub loco. [2] Mm 904. [3] Mm 96. [4] Mm 297. [5] Mm 4142. [6] Mm 513. [7] Neh 6,11, cf Mp sub loco. [8] Mm 3620. [9] Mm 3761. [10] Mm 1667. [11] Mm 3102.

Cp 6,1 [a–a] 𝔊* *λόγον κυρίου· κύριος εἶπεν* ‖ [b] frt ins c Ms 𝔊[Mss] הַדָּבָר; an tot stich add? ‖ **2** [a] l וְהַאֲזִינוּ ‖ **3** [a] 𝔊 + *ἢ τί ἐλύπησά σε* ‖ **5** [a] prb l עַמּוֹ et cj c 4b ‖ [b–b] add? ‖ [c–c] add? al prp (בְּ)עָבְרְךָ vel וַתַּעֲבֹר et cj c v b ‖ [d–d] prp צדקותָי ‖ **7** [a] dl m cs? ‖ **8** [a] 𝔊 *εἰ* (> 𝔊[LC]) *ἀνηγγέλη*, θ′ *ἐρρέθη* = הֻגַּד; 𝔙(𝔖) *indicabo* ‖ **9/10** [a] 9–16 textus mixtus esse vid: 9. 12. 14 aβb. 16 (3f) et 10. 11. 13. 14 aα. 15 (2m) ‖ [b–b] add; 𝔊 *καὶ σώσει φοβουμένους τὸ ὄνομα αὐτοῦ* = וְהוֹשִׁיעַ יִרְאֵי שְׁמוֹ? ‖ [c–c] 𝔊 *καὶ τίς κοσμήσει πόλιν* = וּמִי יַעֲדֶה עִיר; l וּמוֹעֵד הָעִיר et tr : ‖ [d] l הַאֶשֶּׁה vel הַאֶשָּׂא ‖ [e–e] prb dl, var lect ad אצרות רשע vel gl; al ins אוֹצַר cf 𝔊 ‖ **11** [a] 𝔙 *iustificabo*, l הַאֲזַכֶּה ‖ **12** [a] nonn tr 12 post 9, sed cf 9[a] ‖ [b] nonn add hab ‖ [c–c] cf [b].

13 וְגַם־אֲנִי הֶחֱלֵיתִי[a] הַכּוֹתֶךָ הַשְׁמֵם עַל־חַטֹּאתֶךָ׃ ל. ל. ל. ל חס
14 [a]אַתָּה תֹאכַל וְלֹא תִשְׂבָּע[a] יא ר״פ ז מנה בנביא
[b]וְיֶשְׁחֲךָ[c] בְּקִרְבֶּךָ וְתַסֵּג[b]
וְלֹא תַפְלִיט[d] וַאֲשֶׁר תְּפַלֵּט לַחֶרֶב אֶתֵּן׃
15 [a]אַתָּה תִזְרַע וְלֹא תִקְצוֹר יא ר״פ ז מנה בנביא . ט פסוק ולא ולא ולא . ב מל[12]
אַתָּה תִדְרֹךְ־זַיִת וְלֹא־תָסוּךְ שֶׁמֶן וְתִירוֹשׁ וְלֹא תִשְׁתֶּה־יָּיִן׃ ה וחס[13] . ב
16 וְיִשְׁתַּמֵּר[a] חֻקּוֹת עָמְרִי וְכֹל מַעֲשֵׂה בֵית־אַחְאָב [b]וַתֵּלְכוּ[c] ל . ט . ג[14]
בְּמֹעֲצוֹתָם[b] לְמַעַן תִּתִּי אֹתְךָ[d] לְשַׁמָּה וְיֹשְׁבֶיהָ לִשְׁרֵקָה
[e]וְחֶרְפַּת עַמִּי[f] תִּשָּׂאוּ[eg]׃ פ

7 1 אַלְלַי לִי ל בטע[1]
כִּי הָיִיתִי כְּאָסְפֵּי[a]־קַיִץ כְּעֹלְלֹת[b] בָּצִיר ל חס
אֵין־אֶשְׁכּוֹל לֶאֱכוֹל בִּכּוּרָה אִוְּתָה נַפְשִׁי׃ יג מל[2] . ג
2 אָבַד חָסִיד מִן־הָאָרֶץ וְיָשָׁר בָּאָדָם אָיִן
כֻּלָּם לְדָמִים יֶאֱרֹבוּ אִישׁ אֶת־אָחִיהוּ יָצוּדוּ חֵרֶם׃ ל . ד[3] . ב ס״פ
3 [a]עַל־הָרַע כַּפַּיִם לְהֵיטִיב[a] הַשַּׂר שֹׁאֵל[b] ב[4] . ד פת[5]
וְהַשֹּׁפֵט[c] בַּשִּׁלּוּם וְהַגָּדוֹל[d] דֹּבֵר הַוַּת נַפְשׁוֹ הוּא ל[6] . ב
וַיְעַבְּתוּהָ[e]׃ 4 טוֹבָם כְּחֵדֶק [a]יָשָׁר מִמְּסוּכָה[a] ל . ל . ל
יוֹם מְצַפֶּיךָ[b] פְּקֻדָּתְךָ[c][d] בָאָה[e] עַתָּה תִהְיֶה מְבוּכָתָם׃ ל
5 אַל־תַּאֲמִינוּ בְרֵעַ אַל[a]־תִּבְטְחוּ בְּאַלּוּף כו ר״פ אל אל[7] . ל . ל
מִשֹּׁכֶבֶת חֵיקֶךָ שְׁמֹר פִּתְחֵי־פִיךָ׃

[12]Mm 805. [13]Mm 1118. [14]Mm 1012. **Cp 7** [1]Cf Mm 3160 et אַלְלַי חד Hi 10,15. [2]Mm 1640. [3]Mm 2660. [4]Mm 3290. [5]Mm 3103. [6]Mp sub loco. [7]Mm 3261.

13 [a] l הַחִלּוֹתִי cf 𝔊α′θ′𝔖𝔙 ‖ **14** [a–a] nonn tr 14a ante 15, sed cf 9[a] ‖ [b–b] prp וַאֲשֶׁר בקרבך תַּסֵּג, al וְיֵשׁ־כֹּחַ בקרבך תִּסֹּג cf Gn 20,18; prb l וְיֵשׁ־כֹּחַ בְּקִרְבָּהּ וְתִסָּגֵר et cf 9[a] ‖ [c] 𝔊*θ′ *καὶ σκοτάσει* = וְיֶחְשַׁךְ, 𝔖 *wʿbrtʾ* (dysenteria) *thwʾ*, 𝔗 *wjhj lk lmrʿ* (infirmitas), 𝔙 *humiliatio* ‖ [d] prb l תְּפַלֵּט cf bβ ‖ **15** [a] nonn huc tr 14 aα, sed cf 9[a] ‖ **16** [a] θ′(𝔊^Mss𝔖𝔙) *καὶ ἐφύλαξας*, l וַתִּשְׁמֹר, sed 3 f (cf וישביה bβ); cf **9**[a] ‖ [b–b] nonn add hab (2 pl), sed cf [c] ‖ [c] frt l ותלֵךְ et cf 9[a] ‖ [d] prb l אתָהּ cf וישביה et 9[a] ‖ [e–e] prb add (2 pl), sed cf [g] ‖ [f] 𝔊 *λαῶν*, l עַמִּים? cf 𝔊 Ob 13 ‖ [g] prb l תִּשָּׂא et cf 9[a] ‖ **Cp 7,1** [a] frt l כְּאֹסֵף; 𝔊 *ὡς συνάγων* = (י)כְּאֹסְפֵ? ‖ [b] prp כעלל cf [a] ‖ **3** [a–a] l לְהָרַע כַּפֵּיהֶם הֵיטִיבוּ cf 𝔊𝔖𝔙 ‖ [b] exc vb cf 𝔖 et [d] ‖ [c] exc vb; prp שֹׁפֵט ‖ [d] > 𝔊^-W; l גְּדוֹלוֹת et tr post שׁאל? ‖ [e] frt l . . . יעבתו הַ (al יְעַוְּתוּ vel יְתַעֲבוּ cf 𝔖 et 3,9) et ins מִשְׁפָּט ex 4b (cf 4[c]) ‖ **4** [a–a] frt l יְשָׁרָם כִּמְסוּכָה cf σ′𝔙 ‖ [b] prp הוֹי cf 𝔊 ‖ [c] frt l מִשְׁפָּט et tr ad fin 3; cf 3[e] ‖ [d] prb l פקדתָם ‖ [e] frt l בָּא cf יום ‖ **5** [a] Mur mlt Mss ואל.

6 כִּֽי־בֵן֙ מְנַבֵּ֣ל אָ֔ב בַּ֚ת קָמָ֣ה בְאִמָּ֔הּ
כַּלָּ֖ה בַּחֲמֹתָ֑הּ אֹיְבֵ֥י אִ֖ישׁ אַנְשֵׁ֥י בֵיתֽוֹ׃ ל
7 וַאֲנִי֙ בַּיהוָ֣ה אֲצַפֶּ֔ה אוֹחִ֖ילָה לֵאלֹהֵ֣י יִשְׁעִ֑י ט֗ז ר״פ. ג[8]
יִשְׁמָעֵ֖נִי אֱלֹהָֽי׃
8 אַֽל־תִּשְׂמְחִ֤י אֹיַ֙בְתִּי֙ לִ֔י כִּ֣י נָפַ֖לְתִּי קָ֑מְתִּי ב. ל
כִּֽי־אֵשֵׁ֣ב בַּחֹ֔שֶׁךְ יְהוָ֖ה א֥וֹר לִֽי׃ ס
9 זַ֤עַף יְהוָה֙ אֶשָּׂ֔א כִּ֥י חָטָ֖אתִי ל֑וֹ כג
עַד֩ אֲשֶׁ֨ר יָרִ֤יב רִיבִי֙ וְעָשָׂ֣ה מִשְׁפָּטִ֔י יי[9]
יוֹצִיאֵ֣נִי לָא֔וֹר אֶרְאֶ֖ה בְּצִדְקָתֽוֹ׃ ג מל. ז[10]
10 וְתֵרֶ֤א אֹֽיַבְתִּי֙ וּתְכַסֶּ֣הָ בוּשָׁ֔ה ל. ב
הָאֹמְרָ֣ה אֵלַ֔י אַיּ֖וֹ[a] יְהוָ֣ה אֱלֹהָ֑יִךְ ה[11]. ו[12] בנביא וכל ס״פ דכות ב מ א
עֵינַי֙ תִּרְאֶ֔ינָּה בָּ֔הּ ל דגש
עַתָּ֛ה תִּהְיֶ֥ה לְמִרְמָ֖ס כְּטִ֥יט חוּצֽוֹת׃ כ בטע
11 י֥וֹם[a] לִבְנ֖וֹת גְּדֵרָ֑יִךְ י֥וֹם הַה֖וּא[b] יִרְחַק־חֹֽק[c]׃ ל
12 י֥וֹם הוּא֙ וְעָדֶ֣יךָ[a] יָב֔וֹא[b] לְמִנִּ֥י אַשּׁ֖וּר וְעָרֵ֣י[c] מָצ֑וֹר ל[13]. ל
וּלְמִנִּ֤י מָצוֹר֙ וְעַד־נָהָ֔ר [d]וְיָ֥ם מִיָּ֖ם וְהַ֥ר הָהָֽר[de]׃ ג[14]. ל
13 וְהָיְתָ֥ה הָאָ֛רֶץ לִשְׁמָמָ֖ה עַל־יֹֽשְׁבֶ֑יהָ מִפְּרִ֖י מַעַלְלֵיהֶֽם׃ ס
14 רְעֵ֨ה עַמְּךָ֤ בְשִׁבְטֶ֙ךָ֙ צֹ֣אן נַחֲלָתֶ֔ךָ ב[15]
שֹׁכְנִ֣י[a] לְבָדָ֔ד יַ֖עַר בְּת֣וֹךְ כַּרְמֶ֑ל ד[16]. ג[17]
יִרְע֥וּ בָשָׁ֛ן וְגִלְעָ֖ד כִּימֵ֥י עוֹלָֽם׃ ב
15 כִּימֵ֥י צֵאתְךָ֖ [a]מֵאֶ֣רֶץ מִצְרָ֑יִם[a] אַרְאֶ֖נּוּ[b] נִפְלָאֽוֹת׃ ב
16 יִרְא֤וּ גוֹיִם֙ וְיֵבֹ֔שׁוּ מִכֹּ֖ל גְּבוּרָתָ֑ם
יָשִׂ֤ימוּ יָד֙ עַל־פֶּ֔ה אָזְנֵיהֶ֖ם תֶּחֱרַֽשְׁנָה׃ ב
17 יְלַחֲכ֤וּ עָפָר֙ כַּנָּחָ֔שׁ כְּזֹחֲלֵ֣י אֶ֔רֶץ ב. ב
יִרְגְּז֖וּ מִמִּסְגְּרֹתֵיהֶ֑ם [a]אֶל־יְהוָ֤ה אֱלֹהֵ֙ינוּ֙[a] יִפְחָ֔דוּ וְיִֽרְא֖וּ מִמֶּֽךָּ׃ ב חד חס וחד מל[18]. ה ל מנה חס[19]

[8]Mm 3104. [9]Mm 2362. [10]Mm 3105. [11]Mm 3106. [12]Mm 3133. [13]Mm 3306. [14]Mm 3107. [15]Mm 3108. [16]Mm 2727. [17]Mm 3199. [18]Mm 3109. [19]Mm 1056.

10 [a] l אַיֵּה? || **11** [a] prp יום הוא aut הִנֵּה יוֹם || [b] l הוא וְ || cf 12aα || [c] prb l חֻקָּךְ cf 𝔊$^{L\,Mss}$𝔄 Arm || **12** [a] l ועדַיִךְ || [b] prp יבואו cf 𝔊 || [c] l וְעַד || [d–d] prp מַיִם עַד יָם וּמֵהַר עַד הָר || [e] 𝔙(𝔊$^{-WQ86}$ θ') *de monte*, l מֵהַר || **14** [a] l שכְנֵי cf Vrs || **15** [a–a] l c Ms 𝔊* מִמִּצְרַיִם || [b] l הַרְאֵנוּ || **17** [a–a] add, frt etiam יפחדו dl m cs.

18 מִי־אֵל כָּמוֹךָ נֹשֵׂא עָוֺן ל̇ה
וְעֹבֵר עַל־פֶּשַׁע ᵃלִשְׁאֵרִית נַחֲלָתוֹᵃ
לֹא־הֶחֱזִיק לָעַד אַפּוֹ כִּי־חָפֵץ חֶסֶד הוּא׃
19 יָשׁוּב יְרַחֲמֵנוּ יִכְבֹּשׁ עֲוֺנֹתֵינוּ
וְתַשְׁלִיךְᵃ בִּמְצֻלוֹת יָם כָּל־חַטֹּאותָםᵇ׃ ל̇[20]. ט בליש וכל בחטאתם ובחטאתם דכות[21]
ס̄ יב[20] 20 תִּתֵּן אֱמֶת לְיַעֲקֹב חֶסֶד לְאַבְרָהָם
אֲשֶׁר־נִשְׁבַּעְתָּ לַאֲבֹתֵינוּ מִימֵי קֶדֶם׃

סכום הפסוקים
מאה וחמשה

NAHUM נחום

1 1 מַשָּׂא נִינְוֵה סֵפֶר חֲזוֹן נַחוּם הָאֶלְקֹשִׁי׃ מא. ל
(א) 2 אֵל קַנּוֹא וְנֹקֵםᵃ יְהוָה ᵇנֹקֵם יְהוָהᵇ וּבַעַל חֵמָה ד ב מל וב חס[1]
ᶜנֹקֵם יְהוָה לְצָרָיו וְנוֹטֵר הוּא לְאֹיְבָיוᶜ׃
3 ᵃיְהוָה אֶרֶךְ אַפַּיִם וּגְדָול־כֹּחַᵇ וְנַקֵּה לֹא יְנַקֶּה יְהוָהᵃᶜ וגדל ק ב חד כת מל וחד חס[2]
(ב) בְּסוּפָה וּבִשְׂעָרָה דַּרְכּוֹ וְעָנָן אֲבַק רַגְלָיו׃ ב כת ש
(ג) 4 גּוֹעֵר בַּיָּם וַיַּבְּשֵׁהוּᵃ וְכָל־הַנְּהָרוֹת הֶחֱרִיב ב חד מל וחד חס
(ד) אֻמְלַלᵇ בָּשָׁן וְכַרְמֶל וּפֶרַח לְבָנוֹן אֻמְלָל׃
(ה) 5 הָרִיםᵃ רָעֲשׁוּ מִמֶּנּוּ וְהַגְּבָעוֹת הִתְמֹגָגוּ ל וחד מן ג[3] חס בליש
(ו) וַתִּשָּׂאᵇ הָאָרֶץ מִפָּנָיוᶜ וְתֵבֵל וְכָלᶜ־יֹשְׁבֵי בָהּ׃ כג. ב. ח[4]. לד מל[5]
(ז) 6 לִפְנֵיᵃ זַעְמוֹ מִי יַעֲמוֹד וּᵃמִי יָקוּם בַּחֲרוֹן אַפּוֹ ג מל[6]. ב
(ח) חֲמָתוֹ נִתְּכָה כָאֵשׁ וְהַצֻּרִים נִתְּצוּᵇ מִמֶּנּוּ׃ ב

[20] Mp sub loco. [21] Mm 759 et Mm 929.

Cp 1 [1] Mm 1382. [2] Mm 3440. [3] Mm 3532. [4] Mm 2556. [5] Mp contra textum, cf Mp sub loco. [6] Mm 3482.

18 ᵃ⁻ᵃ nonn add hab, sed l 𝔐 ‖ **19** ᵃ l וְהִשְׁלִיךְ cf Vrs ‖ ᵇ l c pc Mss 𝔊𝔖𝔙 חַטֹּאתֵנוּ.
Cp 1,2 ᵃ tr post יהוה? ‖ ᵇ⁻ᵇ > 𝔊ᴹˢˢ ‖ ᶜ⁻ᶜ add ‖ **3** ᵃ⁻ᵃ add ‖ ᵇ prp חֶסֶד ‖ ᶜ huc tr ‸ cf 𝔊 ‖ **4** ᵃ frt l וַיֹּבִשֵׁהוּ ‖ ᵇ ד-stropha, prp דָּלְלוּ (cf parallelismum et Vrs) ‖ **5** ᵃ l c Mur הֶהָרִים cf 𝔊𝔗 ‖ ᵇ l ותשא cf 𝔖(om cop)𝔙 ‖ ᶜ⁻ᶜ prp וַיֶּאֶבְלוּ כל vel וְאָבְלוּ כל ‖ **6** ᵃ l לְפָנָיו et tr post יעמוד (ז-stropha) ‖ ᵇ prp c Ms נִצְּתוּ.

(ט) 7 טֹ֣וב יְהוָ֔ה לְמָע֖וֹז[a] בְּי֣וֹם צָרָ֑ה
(י) וְיֹדֵ֖עַ[b] חֹ֥סֵי בֽוֹ׃ 8 וּבְשֶׁ֣טֶף עֹבֵ֔ר[a] — ג̇[7]. ל̇
(כ) כָּלָ֖ה יַעֲשֶׂ֣ה מְקוֹמָ֑הּ[b] וְאֹיְבָ֖יו יְרַדֶּף־[c]חֹֽשֶׁךְ׃ — ג
9 מַה־תְּחַשְּׁבוּן֙ אֶל־יְהוָ֔ה — ג̇[8]. ל̇
כָּלָ֖ה ה֣וּא עֹשֶׂ֑ה לֹֽא־תָק֥וּם[a] פַּעֲמַ֖יִם צָרָֽה[b]׃ — כב[9]
10 כִּ֚י[a][b] עַד־[b]סִירִ֣ים סְבֻכִ֔ים [c]וּכְסָבְאָ֖ם סְבוּאִ֑ים[c] — ל̇. ל̇
אֻ֨כְּל֔וּ כְּקַ֥שׁ יָבֵ֖שׁ מָלֵֽא[d]׃ 11 [e]מִמֵּ֣ךְ יָצָ֔א — ג̇[10]. ה̇
חֹשֵׁ֥ב עַל־יְהוָ֖ה רָעָ֑ה יֹעֵ֖ץ בְּלִיָּֽעַל׃ ס — לא̇[11]. ד̇ חס בליש וכל יעצי דכות[12]

12 כֹּ֣ה ׀ אָמַ֣ר יְהוָ֗ה
[a]אִם־שְׁלֵמִים֙[b] וְכֵ֣ן רַבִּ֔ים[a] וְכֵ֥ן נָגֹ֖זּוּ[d] וְעָבָ֑ר[e] — ב
וְעִנִּתִ֕ךְ[d] לֹ֥א אֲעַנֵּ֖ךְ עֽוֹד׃ — ל̇ וחס
13 וְעַתָּ֕ה אֶשְׁבֹּ֥ר מֹטֵ֖הוּ[a] מֵעָלָ֑יִךְ וּמוֹסְרֹתַ֖יִךְ אֲנַתֵּֽק׃ — ל̇. ד̇[13]. ל̇
14 וְצִוָּ֤ה עָלֶ֙יךָ֙ יְהוָ֔ה
[a]לֹא־יִזָּרַ֥ע מִשִּׁמְךָ֖ ע֑וֹד[a][b]
מִבֵּ֨ית אֱלֹהֶ֜יךָ אַכְרִ֨ית פֶּ֧סֶל וּמַסֵּכָ֛ה
אָשִׂ֥ים קִבְרֶ֖ךָ [c]כִּ֥י קַלּֽוֹתָ[c]׃ פ — ל̇

2 1 הִנֵּ֨ה עַל־הֶהָרִ֜ים רַגְלֵ֣י מְבַשֵּׂ֗ר מַשְׁמִ֙יעַ֙ שָׁל֔וֹם[a]
חָגִּ֧י יְהוּדָ֛ה חַגַּ֖יִךְ שַׁלְּמִ֣י נְדָרָ֑יִךְ — ל̇. ל̇
כִּ֠י לֹ֣א יוֹסִ֨יף ע֧וֹד לַעֲבָר־בָּ֛ךְ[b] בְּלִיַּ֖עַל — לעבר ק̇ חד מן ד̇[1] מל בליש
כֻּלֹּ֥ה[c] נִכְרָֽת׃ — כת̇ כן[2]

[7] Mm 973. [8] Mm 2751. [9] Mm 475. [10] Mm 3110. [11] Mm 486. [12] Mm 2808. [13] Mm 2832. **Cp 2** [1] Mm 1259. [2] Cf Mp sub loco, Mm 2264 et 2480.

7 [a] exc vb; l exempli cs לְמְחַכֵּי־לוֹ מָעוֹז ‖ [b] י-stropha, l יְהוָה ידע ‖ **8** [a] exc vb; prb יַעֲבִירֵם ‖ [b] 𝔊 *τοὺς ἐπεγειρομένους* α′ *ἀπὸ ἀνισταμένων* θ′ sec Hier *consurgentibus ei* ε′ sec Hier *a consurgentibus illi*, l בְּקָמָיו ‖ [c] prp יֶהְדֹּף ‖ **9** [a] 𝔊 *ἐκδικήσει* = יִקּוֹם; prp יקומו ‖ [b] prp צָרָיו cf [a] ‖ **10/11** [a] cj c 2,2.4sqq? ‖ [b–b] frt l הוֹי עִיר cf 3,1, al יִבְעֲרוּ כְ ‖ [c–c] aut secundum aut utrumque vb dttg; al prp וּ... לְבִיאִים et cj c מלא (cf [d]), al dl ‖ [d] al tr ante [c–c] (מָלְא(וּ לביאים, al l הֲלֹא et cj c 11 ‖ [e] unum vb (כִּי ?) aut plur exc? ‖ **12** [a–a] 𝔊 *κατάρχων ὑδάτων πολλῶν* = מֹשֵׁל מַיִם רבים, 𝔖 *'l rjšj mj' sgj''* = אֶל מֹשְׁלֵי מַיִם רבים; prp אם שַׁלְמִים רבים (inundationes, imbres) ‖ [b] frt l מֹשְׁלים cf 𝔊𝔖 ‖ [c] frt l וְאִם, al הֵם וְ ‖ [d–d] l ועברו עניתך ‖ [e] > 𝔊 ‖ **13** [a] prp מַטֵּהוּ cf 𝔊𝔙, al מֹטָה ‖ **14** [a–a] frt l לֹא יִזָּכֵר עוד שְׁמֶךָ cf 𝔗 ‖ [b] exc hemist? ‖ [c–c] prp קִיקָלוֹת stercilinium vel (קִי)קָלוֹן ‖ **Cp 2,1** [a] hic ins 3? ‖ [b] prp בֶּן־ ‖ [c] 𝔊 *συντετέλεσται*, frt l כָּלָה.

2 עָלָה[a] מֵפִיץ[b] עַל־פָּנַיִךְ ב. ח
נָצוֹר מְצֻרָה[c] צַפֵּה־דֶרֶךְ
חַזֵּק מָתְנַיִם אַמֵּץ כֹּחַ מְאֹד׃ [3]ד
3 כִּי[a] שָׁב יְהוָה אֶת־גְּאוֹן[b] יַעֲקֹב כִּגְאוֹן[c] יִשְׂרָאֵל
כִּי בְּקָקוּם בֹּקְקִים וּזְמֹרֵיהֶם שִׁחֵתוּ׃ ל. ל
4 מָגֵן גִּבֹּרֵיהוּ מְאָדָּם אַנְשֵׁי־חַיִל מְתֻלָּעִים ל. ל. ל
[a]בְּאֵשׁ־פְּלָדוֹת[a] הָרֶכֶב [b]בְּיוֹם הֲכִינוֹ[b] וְהַבְּרֹשִׁים[c] הָרְעָלוּ[d]׃ ל. ל
5 בַּחוּצוֹת יִתְהוֹלְלוּ הָרֶכֶב[a] יִשְׁתַּקְשְׁקוּן בָּרְחֹבוֹת ב חד מל וחד חס. ל
מַרְאֵיהֶן[b] כַּלַּפִּידִם כַּבְּרָקִים יְרוֹצֵצוּ׃ [5]ד. [4]ג מל בליש
6 יִזְכֹּר[a] אַדִּירָיו יִכָּשְׁלוּ[b] בַּהֲלִכוֹתָם בהליכתם ק חד מן [6]ו חס י ול בליש
יְמַהֲרוּ חוֹמָתָהּ[c] וְהֻכַן הַסֹּכֵךְ׃ ג ב מל וחד חס[7]. ג
7 שַׁעֲרֵי הַנְּהָרוֹת נִפְתָּחוּ וְהַהֵיכָל נָמוֹג׃ [8]ג. ב
8 [a]וְהֻצַּב גֻּלְּתָה הֹעֲלָתָה[a] וְאַמְהֹתֶיהָ מְנַהֲגוֹת[b]
כְּקוֹל[c] יוֹנִים מְתֹפְפֹת עַל־לִבְבֵהֶן׃ [9]י. ל. ל
9 וְנִינְוֵה כִבְרֵכַת־מַיִם [a]מִימֵי הִיא[a] וְהֵמָּה[b] נָסִים
עִמְדוּ עֲמֹדוּ וְאֵין מַפְנֶה׃ ב חד קמ ול פת
10 בֹּזּוּ כֶסֶף בֹּזּוּ זָהָב וְאֵין קֵצֶה לַתְּכוּנָה [10]ה
כָּבֹד[a] מִכֹּל כְּלִי חֶמְדָּה׃ ב חס
11 בּוּקָה וּמְבוּקָה וּמְבֻלָּקָה וְלֵב נָמֵס וּפִק בִּרְכַּיִם ל. ל
וְחַלְחָלָה בְּכָל־מָתְנַיִם וּפְנֵי כֻלָּם קִבְּצוּ פָארוּר׃ יו. מח[11] כת א לא קר ב מנה בליש
12 אַיֵּה מְעוֹן אֲרָיוֹת וּמִרְעֶה[a] הוּא לַכְּפִרִים ב. ד חס בליש
אֲשֶׁר[b] הָלַךְ אַרְיֵה לָבִיא[c] שָׁם גּוּר אַרְיֵה וְאֵין מַחֲרִיד׃ [12]ג בסיפ

[3] Mm 2112. [4] Mm 302. [5] Mp contra textum, cf Mp sub loco. [6] Mm 1871. [7] Mm 2266. [8] Mm 54. [9] Mm 2772. [10] Mm 2213. [11] Mm 898. [12] Mp sub loco.

2 [a] tr 2 ante 4 || [b] prp מַפֵּץ || [c] prp מְצֻרָה custodia || **3** [a] tr post 1aα? cf 1[a] || [b] prp כְּגֶפֶן (cf זמריהם) || [c] prp גֶּפֶן || **4** [a–a] prp 1 כְּאֵשׁ לַפִּדוֹת cf σ′𝔖 *(blmpjd' dnwr')*, pc Mss כְּאֵ׳; sed cf ug *pld* tegimen, frt 1 כְּאֵשׁ פְּלְדוֹת || [b–b] prb dl, gl? || [c] 𝔊(𝔖) *καὶ οἱ ἱππεῖς*, 1 וְהַפָּרָשִׁים || [d] frt 1 הִרְעִלוּ || **5** [a] prb dl || [b] 1 ־יהם || **6** [a] 𝔊(𝔙) *καὶ μνησθήσονται*, prb 1 יִזָּכְרוּ || [b] frt 1 לֹא יִכָּשְׁלוּ || [c] 1 c pc Mss 𝔖𝔗 חוֹמָתָה || **8** [a–a] prb crrp; prp וְהֻצְּאָה גָּלְתָה בַּעֲלָתָהּ, al הוּצְאָה בְּגָלוּת הַבַּעֲלָה || [b] 1 מְנֹהֲגוֹת cf 𝔊𝔗𝔙 || [c] pr הֹגוֹת cf 𝔗𝔙 || **9** [a–a] 𝔊(𝔙) *τὰ ὕδατα αὐτῆς*, 1 מֵימֶיהָ || [b] prb dl || **10** [a] 𝔊(𝔖) *βεβάρυνται*, prb 1 כָּבֵד || **12** [a] prp וּמְעָרָה || [b] add? || [c] 𝔊(𝔖𝔙) *τοῦ εἰσελθεῖν*; 1 לָבוֹא? sed frt var lect ad אריה.

ד . ל

13 אַרְיֵה טֹרֵף֙ בְּדֵי גֹֽרוֹתָ֔יו וּמְחַנֵּ֖ק לְלִבְאֹתָ֑יו

ט . ל חס¹³

וַיְמַלֵּא־טֶ֣רֶף חֹרָ֔יו וּמְעֹֽנֹתָ֖יו טְרֵפָֽה׃

כט . כו

14 הִנְנִ֣י אֵלַ֗יִךְ נְאֻם֙ יְהוָ֣ה צְבָא֔וֹת

ל

וְהִבְעַרְתִּ֤י בֶֽעָשָׁן֙ רִכְבָּ֔הּᵃ וּכְפִירַ֖יִךְ תֹּ֣אכַל חָ֑רֶב

בי¹⁴ ¹⁵. ל ס

וְהִכְרַתִּ֤י מֵאֶ֙רֶץ֙ טַרְפֵּ֔ךְ וְלֹֽא־יִשָּׁמַ֥ע ע֖וֹד ק֥וֹל מַלְאָכֵֽכֵהᵇ׃ ס

ל

3 1 ה֥וֹי עִ֖יר דָּמִ֑ים כֻּלָּ֗הּ כַּ֤חַשׁ

ṭ

פֶּ֙רֶק֙ מְלֵאָ֔ה לֹ֥א יָמִ֖ישׁ טָֽרֶף׃

2 ק֣וֹל שׁ֔וֹט וְק֖וֹל רַ֣עַשׁ אוֹפָ֑ן

וְס֣וּס דֹּהֵ֔ר וּמֶרְכָּבָ֖ה מְרַקֵּדָֽה׃

ג ב קמֵ וחד פֵת . ח²

3 פָּרָ֣שׁ מַעֲלֶ֔הᵃ

וְלַ֤הַב חֶ֙רֶב֙ וּבְרַ֣ק חֲנִ֔ית

וְרֹ֥ב חָלָ֖ל וְכֹ֣בֶד פָּ֑גֶר

ה³ . וכשלו ק

וְאֵ֥ין קֵ֙צֶה֙ לַגְּוִיָּ֔הᵇ יְכַשְׁל֖וּᵇ בִּגְוִיָּתָֽםᶜ׃

4 מֵרֹב֙ זְנוּנֵ֣י זוֹנָ֔ה ט֥וֹבַת חֵ֖ן בַּעֲלַ֣ת כְּשָׁפִ֑ים

הַמֹּכֶ֤רֶתᵃ גּוֹיִם֙ בִּזְנוּנֶ֔יהָ וּמִשְׁפָּח֖וֹת בִּכְשָׁפֶֽיהָ׃

כט . כו . ג ומל . ח

5 הִנְנִ֣י אֵלַ֗יִךְ נְאֻם֙ יְהוָ֣ה צְבָא֔וֹתᵃ וְגִלֵּיתִ֤י שׁוּלַ֙יִךְ֙ עַל־פָּנָ֔יִךְ

וְהַרְאֵיתִ֥י גוֹיִם֙ מַעְרֵ֔ךְ וּמַמְלָכ֖וֹת קְלוֹנֵֽךְ׃

ג חס⁴ . ל

6 וְהִשְׁלַכְתִּ֥י עָלַ֛יִךְ שִׁקֻּצִ֖ים וְנִבַּלְתִּ֑יךְ וְשַׂמְתִּ֖יךְ כְּרֹֽאִי׃

ז בסיפ

7 וְהָיָ֣ה כָל־רֹאַ֗יִךְ יִדּ֤וֹד מִמֵּךְ֙ וְאָמַר֙ᵃ

שָׁדְּדָ֣ה נִֽינְוֵ֔ה מִ֖י יָנ֣וּד לָ֑הּ

מֵאַ֥יִן אֲבַקֵּ֖שׁ מְנַחֲמִ֥ים לָֽךְᵇ׃

ל . ל

8 הֲתֵֽיטְבִי֙ מִנֹּ֣א אָמ֔וֹן הַיֹּֽשְׁבָה֙ בַּיְאֹרִ֔ים ᵃמַ֖יִם סָבִ֣יב לָ֑הּᵃ

אֲשֶׁר־חֵ֣ילᵇ יָ֔םᶜ מִיָּ֖םᵈ חוֹמָתָֽהּ׃

ב . ה³

9 כּ֥וּשׁ עָצְמָ֛הᵃ וּמִצְרַ֖יִם וְאֵ֣ין קֵ֑צֶה

---

¹³ Mm 2570. ¹⁴ Mm 3111. ¹⁵ Mm 3112. **Cp 3** ¹ Mm 3293. ² Mm 2726. ³ Mm 2213. ⁴ Mm 2190.

14 ᵃ 𝔊(𝔖) πλῆθός σου = רֻבֵּךְ? prp רִכְבֵּךְ (cf 𝔗𝔙) vel רְבָצֵךְ, sed frt l סֻבְכֵּךְ cf 1,10 ‖ ᵇ 𝔊 τὰ ἔργα σου, prp מַלְאָכַיִךְ cf 𝔗𝔙, sed frt l לִבְיָאִךְ ‖ **Cp 3,3** ᵃ exc hemist ‖ ᵇ K יְכַשְׁלוּ 𝔊² pc Mss ut Q ‖ ᶜ l בַּגְוִיָּה ‖ **4** ᵃ frt l הַמְכֹרֶת (cf מִכְמֶרֶת) ‖ **5** ᵃ frt dl m cs ‖ **7** ᵃ add? ‖ ᵇ 𝔊 αὐτῇ, l לָהּ ‖ **8** ᵃ⁻ᵃ prb gl ad v b sq ‖ ᵇ l חֵילָה cf Vrs ‖ ᶜ > Mur ‖ ᵈ 𝔙(𝔊𝔖 pr cop) aquae, l מַיִם ‖ **9** ᵃ 𝔊(𝔖𝔗^Mss𝔙) ἡ ἰσχὺς αὐτῆς, l עָצְמָהּ.

פּ֣וּט וְלוּבִ֔ים הָי֖וּ בְּעֶזְרָתֵֽךְ[b]׃
10 גַּם־הִ֗יא לַגֹּלָה֙ הָלְכָ֣ה בַשֶּׁ֔בִי — ד׳ וחס בליש
גַּ֧ם עֹלָלֶ֛יהָ יְרֻטְּשׁ֖וּ[a] בְּרֹ֣אשׁ כָּל־חוּצ֑וֹת — ל׳ה[5]
וְעַל־[b]נִכְבַּדֶּ֙יהָ֙ יַדּ֣וּ גוֹרָ֔ל — ג
וְכָל־גְּדוֹלֶ֖יהָ רֻתְּק֥וּ בַזִּקִּֽים׃
11 גַּם־אַ֣תְּ תִּשְׁכְּרִ֔י[a] תְּהִ֖י נַעֲלָמָ֑ה[b] — ב
גַּם־אַ֛תְּ תְּבַקְשִׁ֥י מָע֖וֹז מֵאוֹיֵֽב׃
12 כָּל־מִ֨בְצָרַ֔יִךְ תְּאֵנִ֖ים עִם־[a]בִּכּוּרִ֑ים
אִם־יִנּ֕וֹעוּ וְנָפְל֖וּ עַל־פִּ֥י אוֹכֵֽל׃ — ד מל[6]
13 הִנֵּ֨ה עַמֵּ֤ךְ נָשִׁים֙[a] [b]בְּקִרְבֵּ֔ךְ לְאֹ֣יְבַ֔יִךְ[b] — ה[7]
פָּת֥וֹחַ נִפְתְּח֖וּ שַׁעֲרֵ֣י אַרְצֵ֑ךְ — ג ב חס וחד מל
[c]אָכְלָ֥ה אֵ֖שׁ בְּרִיחָֽיִךְ[cd]׃
14 מֵ֤י מָצוֹר֙ שַׁאֲבִי־לָ֔ךְ חַזְּקִ֖י מִבְצָרָ֑יִךְ
בֹּ֧אִי[a] בַטִּ֛יט וְרִמְסִ֥י בַחֹ֖מֶר — ב.ב
הַחֲזִ֥יקִי מַלְבֵּֽן[b]׃ — ל
15 שָׁ֚ם[a] תֹּאכְלֵ֣ךְ אֵ֔שׁ תַּכְרִיתֵ֣ךְ חֶ֔רֶב [b]תֹּאכְלֵ֖ךְ כַּיָּ֑לֶק[b]
הִתְכַּבֵּ֣ד[c] כַּיֶּ֔לֶק הִֽתְכַּבְּדִ֖י כָּאַרְבֶּֽה׃ — ל.ה
16 הִרְבֵּית֙[a] רֹכְלַ֔יִךְ מִכּוֹכְבֵ֖י הַשָּׁמָ֑יִם [b]יֶ֥לֶק פָּשַׁ֖ט וַיָּעֹֽף[b]׃ — ג וחס[8]
17 מִנְּזָרַ֙יִךְ֙ כָּֽאַרְבֶּ֔ה וְטַפְסְרַ֖יִךְ[a] כְּג֣וֹב גֹּבָ֑י[a] — ל.ה.ב
הַחוֹנִ֤ים בַּגְּדֵרוֹת֙ בְּי֣וֹם קָרָ֔ה — ל[9]
שֶׁ֤מֶשׁ זָֽרְחָה֙ [b]וְנוֹדַ֔ד וְלֹֽא־נוֹדַ֥ע מְקוֹמ֖וֹ[c] — ד[10]
אַיָּֽם׃[d] 18 נָמ֤וּ רֹעֶ֙יךָ֙[a] [b]מֶ֣לֶךְ אַשּׁ֔וּר[b] יִשְׁכְּנ֖וּ[c] אַדִּירֶ֑יךָ[a] — ב.ל

[5] Mm 2840. [6] Mm 3271. [7] Mm 868. [8] Mm 1843. [9] Mm 841. [10] Mm 520.

9 [b] 𝔊(𝔖) *βοηθοὶ αὐτῆς*, l תָה– ‖ **10** [a] l רֻטְּשׁוּ cf 𝔖𝔙 ‖ [b] 𝔊 + *πάντα*, ins כָּל־ ‖ **11** [a] prp תִּשָּׁבְרִי ‖ [b] prp נֶעֱלָפָה; 𝔗 *msl'm'*, frt l נִלְעָמָה pessum data ‖ **12** [a] prb l עָרַיִךְ vel בִּקְרָב (כֹּל) איביך l [b–b] ‖ עַמֵּךְ ‖ **13** [a] frt l נָשִׁים (= נָסִים) vel כְּנָשִׁים cf 𝔊(𝔖𝔗) *ὡς γυναῖκες* ‖ [c–c] gl? an exc hemist? ‖ [d] sic L, mlt Mss Edd יִךְ– ‖ **14** [a] prp בּוֹסִי ‖ [b] exc hemist; שם 15 superesse vid ‖ **15** [a] cf 14[b] ‖ [b–b] prb dl ‖ [c] l הִתְכַּבְּדִי ‖ **16** [a] l הִרְבִּי vel וְהִרְבִּית ‖ [b–b] add ‖ **17** [a–a] dttg; l כְּגוֹבָי ‖ [b–b] l ונודדו לא, sed frt (cf metrum) ונודד(ו) add ‖ [c] l מְקוֹמָם׃ ‖ [d] prb l אֵיכָה et cj c 18, al prp אוֹי מַה נָּמוּ ‖ **18** [a] prp ־ַיִךְ cf 𝔖 ‖ [b–b] add? ‖ [c] prb l יָשְׁנוּ.

נָפֹ֧שׁוּ[d] עַמְּךָ֛[e] עַל־הֶהָרִ֖ים וְאֵ֥ין מְקַבֵּֽץ׃

19 אֵין־כֵּהָ֣ה[a] לְשִׁבְרֶ֔ךָ[b] נַחְלָ֖ה מַכָּתֶ֑ךָ[b]

כֹּ֣ל ׀ שֹׁמְעֵ֣י שִׁמְעֲךָ֗[b] תָּ֤קְעוּ כַף֙ עָלֶ֔יךָ[c] — ו[11]

כִּ֗י עַל־מִ֛י לֹא־עָבְרָ֥ה רָעָתְךָ֖[b] תָּמִֽיד׃

סכום הפסוקים
ארבעים ושבעה

HABAKUK חבקוק

ס ג[1] 1 1 הַמַּשָּׂא֙ אֲשֶׁ֣ר חָזָ֔ה חֲבַקּ֖וּק הַנָּבִֽיא׃ — ט

2 עַד־אָ֧נָה יְהוָ֛ה שִׁוַּ֖עְתִּי וְלֹ֣א תִשְׁמָ֑ע — ד[2]

אֶזְעַ֥ק אֵלֶ֛יךָ חָמָ֖ס וְלֹ֥א תוֹשִֽׁיעַ׃

3 לָ֣מָּה תַרְאֵ֤נִי אָ֙וֶן֙ וְעָמָ֣ל תַּבִּ֔יט[a] — ה[3]

וְשֹׁ֥ד וְחָמָ֖ס לְנֶגְדִּ֑י [b]וַיְהִ֥י רִ֖יב[b] [c]וּמָד֥וֹן יִשָּֽׂא[c]׃ — יד בטע[4]. ל[1]. לז

4 עַל־כֵּן֙ תָּפ֣וּג תּוֹרָ֔ה וְלֹֽא־יֵצֵ֥א לָנֶ֖צַח מִשְׁפָּ֑ט[a] — ב. ב[5]

כִּ֤י רָשָׁע֙ מַכְתִּ֣יר אֶת־הַצַּדִּ֔יק עַל־כֵּ֛ן יֵצֵ֥א מִשְׁפָּ֖ט מְעֻקָּֽל׃ — ל

5 רְא֤וּ בַגּוֹיִם֙[a] וְֽהַבִּ֔יטוּ וְהִֽתַּמְּה֖וּ תְּמָ֑הוּ[b] — ל

כִּי־פֹ֙עַל֙ פֹּעֵ֣ל[c] בִּֽימֵיכֶ֔ם לֹ֥א תַאֲמִ֖ינוּ כִּ֥י יְסֻפָּֽר׃ — ב

6 כִּֽי־הִנְנִ֤י מֵקִים֙ [a]אֶת־הַכַּשְׂדִּ֔ים[a] הַגּ֖וֹי הַמַּ֣ר וְהַנִּמְהָ֑ר — ל

הַהוֹלֵךְ֙ לְמֶרְחֲבֵי־אֶ֔רֶץ לָרֶ֖שֶׁת מִשְׁכָּנ֥וֹת לֹּא־לֽוֹ׃ — כז[6] מל ול בעינ וכל משלי וקהלת דכות ב מ ה. ו דגש[7]. ה[8]

7 אָיֹ֥ם וְנוֹרָ֖א ה֑וּא מִמֶּ֕נּוּ מִשְׁפָּט֥וֹ וּשְׂאֵת֖וֹ[a] יֵצֵֽא׃ — ז[9]. יא זוגין דמטע בטע[10]. ו[11]. ל

8 וְקַלּ֨וּ[a] מִנְּמֵרִ֜ים סוּסָ֗יו וְחַדּוּ֙ מִזְּאֵ֣בֵי עֶ֔רֶב[b] — ל

[11] Mm 1703.

Cp 1 [1] Mp sub loco. [2] Mm 2475. [3] Mm 125. [4] Mm 3948. [5] Mm 3113. [6] Mm 1788. [7] Mm 3644. [8] Mm 282. [9] Mm 3040. [10] Mm 794. [11] Mm 1689.

18 [d] l נָפֹצוּ || [e] prp ־ֵךְ cf 𝔖 || **19** [a] 𝔊 *ἴασις* = גֵּהָה? || [b] cf 18[e] || [c] cf 18[a].
Cp 1,3 [a] frt l אביט cf 𝔖𝔗 || [b–b] var lect an gl ad sq? || [c–c] frt l אֶשָּׂא an exc nonn vb? || **4** [a] 𝔔 המ׳ || **5** [a] 𝔊 *οἱ καταφρονηταί* = בֹּגְדִים cf 𝔖, l 𝔐 || [b] 𝔊* + *ἀφανίσθητε* = וָשֹׁמּוּ? || [c] 𝔊 + *ἐγώ* cf 𝔖, frt ins אֲנִי vel potius l אֶפְעַל m cs || **6** [a–a] gl, dl; 𝔊 + *τοὺς μαχητάς*, l sol (הַ)גִּבֹּרִים m cs || **7** [a] prb dl, var lect ad ומשפטו || **8** [a] 𝔔 וקול || [b] 𝔊 *τῆς Ἀραβίας*, prb l עֲרָבָה.

[c]וּפָשׁוּ פָּרָשָׁיו[d][e]
וּפָרָשָׁיו[c][f] מֵרָחוֹק יָבֹאוּ[g] יָעֻפוּ כְּנֶשֶׁר חָשׁ לֶאֱכוֹל׃ ד[12]. יג מל[13]
9 כֻּלֹּה לְחָמָס יָבוֹא כת כן[14]
[a]מְגַמַּת פְּנֵיהֶם קָדִימָה[a][b] וַיֶּאֱסֹף[c] כַּחוֹל שֶׁבִי׃ ז חס פאת. כ[15] ב מנה בסיפ
10 וְהוּא בַּמְּלָכִים יִתְקַלָּס[a] וְרֹזְנִים מִשְׂחָק לוֹ לג ר״פ וחד מן ח פסוק והוא הוא
הוּא[b] לְכָל־מִבְצָר יִשְׂחָק וַיִּצְבֹּר[c] עָפָר וַיִּלְכְּדָהּ[d]׃
11 אָז חָלַף[a] רוּחַ[b] וַיַּעֲבֹר[c] וְאָשֵׁם[d] זוּ כֹחוֹ לֵאלֹהוֹ[e]׃ ל̇

12 הֲלוֹא אַתָּה מִקֶּדֶם יְהוָה [a]אֱלֹהַי קְדֹשִׁי[a] [b]לֹא נָמוּת[b] ל̇ וחס
יְהוָה לְמִשְׁפָּט שַׂמְתּוֹ וְצוּר[c] לְהוֹכִיחַ[d] יְסַדְתּוֹ׃ ל̇. ל̇
13 טְהוֹר עֵינַיִם מֵרְאוֹת רָע[a] וְהַבִּיט אֶל־עָמָל לֹא תוּכָל כת. ל̇
לָמָּה תַבִּיט[b] בּוֹגְדִים תַּחֲרִישׁ[c] בְּבַלַּע רָשָׁע צַדִּיק מִמֶּנּוּ[d]׃ ה[16]. ה מל[17]
14 וַתַּעֲשֶׂה[a] אָדָם כִּדְגֵי הַיָּם כְּרֶמֶשׂ [b]לֹא־מֹשֵׁל[b] בּוֹ׃ ד[18]
15 כֻּלֹּה בְּחַכָּה הֵעֲלָה[a] יְגֹרֵהוּ[b] בְחֶרְמוֹ כת כן[14]. ב[19]. ל[20]
וְיַאַסְפֵהוּ בְּמִכְמַרְתּוֹ עַל־כֵּן יִשְׂמַח וְיָגִיל׃ ל̇
16 עַל־כֵּן יְזַבֵּחַ לְחֶרְמוֹ וִיקַטֵּר לְמִכְמַרְתּוֹ ל̇
כִּי בָהֵמָּה שָׁמֵן חֶלְקוֹ וּמַאֲכָלוֹ בְּרִאָה[a]׃ ג[21]. ד[22]. ל̇. ב חד מל וחד חס
17 הַעַל[a] כֵּן יָרִיק חֶרְמוֹ[b] וְתָמִיד[c] לַהֲרֹג גּוֹיִם לֹא[d] יַחְמוֹל׃ ס ב. ד מל

2 1 עַל־מִשְׁמַרְתִּי אֶעֱמֹדָה וְאֶתְיַצְּבָה עַל־מָצוֹר[a] וַאֲצַפֶּה[b] ב ר״פ על על[1]. ב[2]
לִרְאוֹת מַה־יְדַבֶּר־בִּי וּמָה אָשִׁיב[c] עַל־תּוֹכַחְתִּי׃

[12] Mm 3635. [13] Mm 1640. [14] Cf Mp sub loco, Mm 2264 et 2480. [15] Mm 4234. [16] Mm 125. [17] Mm 3638. [18] Mm 1970. [19] Hi 40,25. [20] Mm 1430. [21] Mm 579. [22] Mm 1407. Cp 2 [1] Mm 2328. [2] Mm 3114.

8 c–c 𝔔 פשו ופרשו פרשו ‖ d exc vb? ‖ e cf 9a–a ‖ f > pc Mss 𝔊𝔖W, dttg? ‖ g > 𝔔𝔖, frt dl ‖ **9** a–a frt tr post 8a cf 8e; 𝔊 *ἀνθεστηκότας προσώποις αὐτῶν ἐξ ἐναντίας*, prp מְגֹרָה (מְגֹרַת) פניהם קָדִמָה ‖ b 𝔔 קדים, σ'(𝔙) *ἄνεμος καύσων*, 𝔖 *ʿšjn*, 𝔗 *krwḥ qdwm'*; prp קֻדְמָה ‖ c 𝔊(𝔙) *καὶ συνάξει*, l וְיֶאֱסֹף cf 𝔖 ‖ **10** a 𝔔 יקלס ‖ b 𝔔 pc Mss 𝔊(𝔖) והוא ‖ c 𝔊(𝔙) *καὶ βαλεῖ*, l וְי' ‖ d 𝔔 וילכדהו, 𝔊 *καὶ κρατήσει αὐτοῦ*; l וַיִּלְכְּדֵהוּ cf 𝔙 ‖ **11** a prp יַחֲלִף cf 𝔊𝔙 ‖ b prb l כְּרוּחַ ‖ c prp וַיַּעֲבֵר cf 𝔊𝔙 ‖ d 𝔔 וישם, l וַיָּשֶׂם et cj c v b ‖ e prb l –הָ(י)ו ‖ **12** a–a 𝔊* *ὁ θεὸς ὁ ἅγιός μου*, prb l אֱלֹהַי קְדֹשִׁי ‖ b–b l c Tiq soph לא תמות ‖ c prp צוּרִי ‖ d 𝔔 למוכיחו ‖ **13** a 𝔔 ברע ‖ b 𝔔 תביטו ‖ c 𝔔 ותחריש cf 𝔖𝔗 ‖ d > 𝔊*𝔖, frt dl ‖ **14** a 𝔔 ותעש; frt l תעשה (ו dttg) ‖ b–b 𝔔 למשל ‖ **15** a prb l c 𝔔 יַעֲלֶה ‖ b prb l c 𝔔 ויגרהו cf 𝔊𝔖; exc vb? ‖ **16** a 𝔔 ברי, l בָּרָא (ה dttg) ‖ **17** a 𝔔 Ms 𝔊𝔖(𝔙) על ‖ b frt l c 𝔔 חַרְבּוֹ ‖ c l c 𝔔 תמיד (ו dttg) et cj c v a cf 𝔖 ‖ d 𝔔 pc Mss ולוא cf 𝔖𝔗Mss ‖ **Cp 2,1** a 𝔔 מצורי, prp מְצוּרִי ‖ b add? ‖ c l יָשִׁיב cf 𝔖.

2 וַיַּעֲנֵנִי יְהוָה וַיֹּאמֶר
כְּתֹב חָזוֹן וּבָאֵר עַל־הַלֻּחוֹת לְמַעַן יָרוּץ קוֹרֵא[a] בּוֹ׃ — ל . י מל בליש
3 כִּי עוֹד חָזוֹן לַמּוֹעֵד וְיָפֵחַ[a] לַקֵּץ וְלֹא יְכַזֵּב — ב
אִם־יִתְמַהְמַהּ חַכֵּה־לוֹ כִּי־בֹא יָבֹא לֹא[b] יְאַחֵר׃ — ל חס בסיפ
4 הִנֵּה עֻפְּלָה[a] לֹא־יָשְׁרָה[b] נַפְשׁוֹ[c] בּוֹ וְצַדִּיק בֶּאֱמוּנָתוֹ[d] יִחְיֶה׃ — ב . [3] / יח וכל חיו יחיה דכות[4]
5 [a]וְאַף כִּי־[a] [b]הַיַּיִן[c] בּוֹגֵד[b] גֶּבֶר יָהִיר וְלֹא[d] יִנְוֶה[e] — ט ר״פ . ב חס[5] . ב
אֲשֶׁר הִרְחִיב כִּשְׁאוֹל נַפְשׁוֹ וְהוּא כַמָּוֶת וְלֹא[f] יִשְׂבָּע — ג[6] . ג[7] . ב זקף קמ
וַיֶּאֱסֹף[g] אֵלָיו כָּל־הַגּוֹיִם וַיִּקְבֹּץ[h] אֵלָיו כָּל־הָעַמִּים׃ [וְיֹאמַר[f][a] — כ[8] ב מנה בסיפ [ו רפי[10]
6 הֲלוֹא־אֵלֶּה[b] כֻלָּם [c]עָלָיו מָשָׁל[c] יִשָּׂאוּ וּמְלִיצָה[d] חִידוֹת[e] לוֹ — ו . ב[9]
הוֹי הַמַּרְבֶּה לֹּא[g]־לוֹ [h]עַד־מָתַי[h] וּמַכְבִּיד[i] עָלָיו עַבְטִיט׃ — ו דגש[11] . ה[12] . ל
7 הֲלוֹא [a]פֶּתַע יָקוּמוּ[a] נֹשְׁכֶיךָ[b] וְיִקְצוּ[c] מְזַעְזְעֶיךָ — ל וחטף[13]
וְהָיִיתָ לִמְשִׁסּוֹת לָמוֹ׃ 8 כִּי אַתָּה[a]
שַׁלּוֹתָ גּוֹיִם רַבִּים יְשָׁלּוּךָ[b] כָּל־יֶתֶר עַמִּים — ל . ל
[c]מִדְּמֵי אָדָם וַחֲמַס־אֶרֶץ קִרְיָה וְכָל־יֹשְׁבֵי בָהּ׃[c] פ — ח[14]
9 הוֹי בֹּצֵעַ[a] בֶּצַע[b] רָע לְבֵיתוֹ
לָשׂוּם בַּמָּרוֹם קִנּוֹ לְהִנָּצֵל מִכַּף־רָע׃ [נַפְשֶׁךָ׃ — ג . ב
10 יָעַצְתָּ בֹּשֶׁת לְבֵיתֶךָ קְצוֹת[a]־[b]עַמִּים רַבִּים[b] וְחוֹטֵא[c] — ג[13]
11 כִּי־אֶבֶן מִקִּיר תִּזְעָק וְכָפִיס מֵעֵץ יַעֲנֶנָּה׃ פ — ב
12 הוֹי בֹּנֶה עִיר בְּדָמִים וְכוֹנֵן[a] קִרְיָה בְּעַוְלָה׃

[3]Mm 528. [4]Mm 107. [5]Prv 22,12, Mp contra textum, cf Mp sub loco. [6]Mm 3115. [7]Mm 3116. [8]Mm 4234. [9]Prv 1,6. [10]Mm 2423. [11]Mm 3644. [12]Mm 282. [13]Mp sub loco. [14]Mm 2556.

2 a 𝔔 הקורא ‖ **3** a 𝔔 יפיח, prb l (וְ)יָפִיחַ; prp וְיִפְרַח, al וּפֶתַח et apertio cf 𝔊 ‖ b l c 𝔔 mlt Mss 𝔊𝔖𝔗𝔙 וְלֹא ‖ **4** a l עֻפָּל vel עָפֵל ‖ b 𝔊(𝔖) *εὐδοκεῖ*, prb l רָצְתָה; 𝔔 יושרה ‖ c l c Ms 𝔊α′ נפשי ‖ d 𝔊* *ἐκ πίστεώς μου* ‖ **5** a–a > 𝔊𝔖, prb add ‖ b–b 𝔔 הון יבגוד ‖ c prb l הוֹי cf 6. 9. 12. 15. 19 et 𝔔 הון; prp יָהִין ‖ d prp לֹא, sed cf bβ ‖ e frt l ירוה cf 𝔖; prp יִבָּנֶה ‖ f 𝔔 לוא ‖ g 𝔔 ויאספו ‖ h 𝔔 ויקבצו ‖ **6** a–a add an ex textu crrp ortum? ‖ b > 𝔔 ‖ c–c 𝔔 invers ‖ d 𝔔 ומליצי ‖ e prp וְחִידוּ ‖ f l c 𝔔𝔊 וְיֹאמְרוּ ‖ g 𝔔 ולוא ‖ h–h dl? prp עַד־תֻּמּוֹ ‖ i 𝔔 יכביד cf 𝔖𝔗 ‖ **7** a–a 𝔔 פת.אום ויקומו ‖ b prp נֹשֶׁיךָ cf 𝔔 ‖ c l c 𝔔 וְיָקִיצוּ ‖ **8** a exc nonn vb; frt ins שׁוֹסֵת אֹתָם cf stich sq ‖ b frt l c 𝔔 וישלוכה ‖ c–c add cf 17 ‖ **9** a 𝔔 הבוצע ‖ b exc vb; prb ins m cs וְזֹרֵעַ (homtel) ‖ **10** a prb l קְצוֹתָ vel קַצּוֹת ‖ b–b prb add ‖ c 𝔔 וחוטי; prp בְּחֵטְא, al וְחָטָאתָ vel וַחֲטֹא cf Prv 20,2 ‖ **12** a frt l c 𝔔 ויכונן; prp וּמְכוֹנֵן cf 𝔊𝔖𝔗.

13 [a]הֲלוֹא הִנֵּה[b] מֵאֵת[c] יְהוָה צְבָאוֹת[a]
וְיִיגְעוּ[d] עַמִּים בְּדֵי־אֵשׁ וּלְאֻמִּים בְּדֵי־רִיק יִעָפוּ׃ ל מל
14 [a]כִּי תִּמָּלֵא הָאָרֶץ לָדַעַת אֶת־כְּבוֹד יְהוָה כַּמַּיִם יְכַסּוּ
עַל־יָם[b]׃ [ס ד
15 הוֹי מַשְׁקֵה רֵעֵהוּ [a]מְסַפֵּחַ חֲמָתְךָ[ab] וְאַף[c] שַׁכֵּר ל. ל. [15]ד
[d]לְמַעַן הַבִּיט עַל־מְעוֹרֵיהֶם[de]׃ ל
16 שָׂבַעְתָּ קָלוֹן מִכָּבוֹד שְׁתֵה גַם־אַתָּה וְהֵעָרֵל[a] ל
תִּסּוֹב עָלֶיךָ כּוֹס יְמִין יְהוָה וְקִיקָלוֹן עַל־כְּבוֹדֶךָ׃ ב[16] מל ול בסיפ. ל
17 [a]כִּי חֲמַס לְבָנוֹן יְכַסֶּךָּ וְשֹׁד בְּהֵמוֹת יְחִיתַן[ab] ל
מִדְּמֵי אָדָם וַחֲמַס־אֶרֶץ קִרְיָה וְכָל־יֹשְׁבֵי בָהּ׃ ס ח[17]
18 מָה־הוֹעִיל פֶּסֶל כִּי פְסָלוֹ[a] יֹצְרוֹ מַסֵּכָה וּמוֹרֶה[b] שָּׁקֶר ל
כִּי בָטַח [c]יֹצֵר יִצְרוֹ[cd] עָלָיו לַעֲשׂוֹת אֱלִילִים אִלְּמִים׃ ס ד חס. ב[18]
19 הוֹי אֹמֵר[a] לָעֵץ הָקִיצָה עוּרִי לְאֶבֶן דּוּמָם [b]הוּא יוֹרֶה[b] ג[19]. ג[20]. ב[21]
הִנֵּה־הוּא תָּפוּשׂ זָהָב וָכֶסֶף וְכָל־רוּחַ אֵין בְּקִרְבּוֹ׃ ל. ל
20 וַיהוָה בְּהֵיכַל קָדְשׁוֹ הַס מִפָּנָיו[a] כָּל־הָאָרֶץ׃ פ ה ר״פ בסיפ. כג

3 1 תְּפִלָּה לַחֲבַקּוּק הַנָּבִיא עַל שִׁגְיֹנוֹת׃ ל. ל
2 [a]יְהוָה שָׁמַעְתִּי שִׁמְעֲךָ יָרֵאתִי[b] יְהוָה פָּעָלְךָ ל
בְּקֶרֶב[c] שָׁנִים חַיֵּיהוּ[d] בְּקֶרֶב[c] שָׁנִים תּוֹדִיעַ[e] ל ומל[1]
[f]בְּרֹגֶז רַחֵם תִּזְכּוֹר[f]׃ ב. ב מל
3 אֱלוֹהַ[a] מִתֵּימָן יָבוֹא וְקָדוֹשׁ מֵהַר־פָּארָן סֶלָה ג. ג[2]
כִּסָּה שָׁמַיִם הוֹדוֹ וּתְהִלָּתוֹ מָלְאָה הָאָרֶץ׃ ה[3] ג מנה בסיפ
4 וְנֹגַהּ כָּאוֹר תִּהְיֶה[a] קַרְנַיִם מִיָּדוֹ לוֹ

[15] Mm 3117. [16] Mp sub loco. [17] Mm 2556. [18] Dt 31,21. [19] Mm 3118. [20] Mm 3119. [21] Mm 3120. **Cp 3** [1] Mp sub loco. [2] Mm 2417. [3] Mm 3121.

13 [a–a] add ‖ [b] 𝔊(𝔖𝔙) *ταῦτά ἐστι*, prb l הֵנָּה ‖ [c] 𝔔 מעם ‖ [d] 𝔔 יגעו ‖ **14** [a] add cf Jes 11,9 ‖ [b] 𝔔 הים cf 𝔊* *αὐτούς* = עליהם ‖ **15** [a–a] prb l מְסַּף חֲמָתוֹ, ח dttg et cf [b] ‖ [b] 𝔔 חמתו cf σ′𝔙 ‖ [c] 𝔔 אף ‖ [d–d] prb dl, gl; an exc hemist? ‖ [e] 𝔔 מועדיהם ‖ **16** [a] l c 𝔔𝔊 (α′𝔖𝔙) וְהֵרָעֵל ‖ **17** [a–a] prb tr post 13 (14); al tr tot v ‖ [b] 𝔔 יחתה (crrp ex יחתכה?); 𝔊(𝔖𝔗) *πτοήσει σε* cf 𝔙, l יְחִתֶּךָּ ‖ **18** [a] 𝔔 פסל ‖ [b] 𝔔 ומרי ‖ [c–c] l יֹצְרוֹ, dttg ‖ [d] 𝔔 יצריו ‖ **19** [a] 𝔔 [ה[אמר ‖ [b–b] gl, dl ‖ **20** [a] 𝔔 מלפניו ‖ **Cp 3,2** [a] 𝔊 textus auctus (transl dupl) ‖ [b] l (וְ)רָאִיתִי cf 𝔊 ‖ [c] prp בִּקְרֹב cf α′ ‖ [d] prp חַוֵּהוּ ‖ [e] 𝔊(𝔖) *ἐπιγνωσθήσῃ*, frt l תִּוָּדֵעַ ‖ [f–f] prb add ‖ **3** [a] sic L, mlt Mss Edd הּ– ‖ **4** [a] l תַּחְתָּיו.

וְשָׁם חֶבְיוֹן עֻזֹּה[b]׃ — ל. עזו֯[4] ול כת ה ק

5 לְפָנָיו יֵלֶךְ דָּבֶר וְיֵצֵא רֶשֶׁף לְרַגְלָיו׃ — ג רפי[5]. ג. ד[6]

6 עָמַד ׀ וַיְמֹדֶד[a] אֶרֶץ רָאָה וַיַּתֵּר גּוֹיִם — ל. ב[7]

וַיִּתְפֹּצְצוּ הַרְרֵי־עַד שַׁחוּ גִּבְעוֹת עוֹלָם — ב[8]. ג

[b]הֲלִיכוֹת עוֹלָם לוֹ[b]׃ [c]מִדְיָן׃ ס] — ד

7 [a]תַּחַת אָוֶן[a] רָאִיתִי[b] אָהֳלֵי כוּשָׁן יִרְגְּזוּן[c] יְרִיעוֹת אֶרֶץ[d] — ל. ה מל[9]

8 הֲבִנְהָרִים חָרָה יְהוָה[a] [b]אִם בַּנְּהָרִים[b] אַפֶּךָ אִם־בַּיָּם — ל

כִּי תִרְכַּב עַל־סוּסֶיךָ [c]מַרְכְּבֹתֶיךָ יְשׁוּעָה[c]׃ [עֶבְרָתֶךָ — ב וחס

9 [a]עֶרְיָה תֵעוֹר[a] קַשְׁתֶּךָ שְׁבֻעוֹת[b] מַטּוֹת אֹמֶר[c] סֶלָה — ד[10]. ו חס[11]

נְהָרוֹת תְּבַקַּע[d]־אָרֶץ׃ 10 רָאוּךָ יָחִילוּ הָרִים — ג[12]

[a]זֶרֶם מַיִם עָבָר[a] נָתַן תְּהוֹם קוֹלוֹ

[b]רוֹם יָדֵיהוּ[b] נָשָׂא[c]׃ 11 שֶׁמֶשׁ[a] יָרֵחַ עָמַד זְבֻלָה[b] — ל. ל. ל. ל

לְאוֹר חִצֶּיךָ יְהַלֵּכוּ לְנֹגַהּ בְּרַק חֲנִיתֶךָ׃ — יג

12 בְּזַעַם תִּצְעַד־אָרֶץ בְּאַף תָּדוּשׁ גּוֹיִם׃ — ב

13 יָצָאתָ לְיֵשַׁע עַמֶּךָ [a]לְיֵשַׁע אֶת[a]־מְשִׁיחֶךָ[b] [סֶלָה׃ פ — ב. ב

מָחַצְתָּ [c]רֹּאשׁ מִבֵּית[c] רָשָׁע עָרוֹת[d] יְסוֹד עַד־צַוָּאר[e] — ג

14 נָקַבְתָּ בְמַטָּיו[a] רֹאשׁ[b] פְּרָזָו[c] יִסְעֲרוּ[d][e] — ל. פרזיו ק. ב חד כת ש וחד כת ס[13]

לַהֲפִיצֵנִי[f] עֲלִיצֻתָם כְּמוֹ[g]־לֶאֱכֹל עָנִי בַּמִּסְתָּר׃

4Q addidi, cf Mp sub loco. [5]Mm 2814. [6]Mm 396. [7]Mm 1846. [8]Mm 3610. [9]Mm 632. [10]Mm 2477. [11]Mm 3122. [12]Mm 3326. [13]Mm 2919.

4 b–b prb add, gl ‖ **6** a prp וַיַּעֲמֵד ‖ b–b prb dl (var lect ad aδ + לו cf 7 a–a), al tr ad fin 4 ‖ **7** a–a prb l תַּחֲתָאֻנָּה, prp תְּחִתִּין; 𝔊^Barb *αὐτοῦ ἕνεκα σεισθήσεται ἡ οἰκουμένη* = לוֹ תֵּחַת אֶרֶץ ‖ b dl; huc tr a fin v b ירִיעוֹת מדין ‖ c–c cf b ‖ d var lect ad און v a (cf a–a), dl ‖ **8** a dl aut potius tr ad fin v a ‖ b–b dl, var lect ad הבנהרים ‖ c–c crrp; prp מֶרְכַּבְתְּךָ רֶכֶב ישועה cf 𝔊(𝔖𝔗) *ἡ ἱππασία σου*, 𝔊^Barb + *ὃ προέβης* ‖ **9** a–a 𝔊 *ἐντείνων ἐντενεῖς*, l עָרֹה תְעָרֶה cf 𝔖𝔗𝔙 ‖ b frt l שִׂבַּעְתָּ cf 𝔊^Barb *ἐχόρτασας* 𝔖 *wnsbʿwn* ‖ c 𝔊^Barb *τῆς φαρέτρας αὐτῆς*, frt l (יִתְרוֹ) יִתְרָהּ vel מֵיתָרֶךָ; prp תֹּאמַר (ת hpgr) ‖ d 𝔊(𝔖) *ῥαγήσεται*, prb l תִּבָּקַע ‖ **10** a–a l c Mur זֹרְמוּ מַיִם עָבוֹת cf Ps 77,18 ‖ b–b crrp; frt l מִזְרָחֹה, prp רוֹמְמוּת aut אוֹר מוֹעֲדוֹ ‖ c l נשׂא = נשׁה ‖ **11** a cj c 10bβ, huc tr : ‖ b 𝔊 *ἐν τῇ τάξει αὐτῆς*, l (בִּ)זְבֻלֹה ‖ **13** a–a frt l לישׁע עם vel potius ל(ה)וֹשִׁיעַ אֶת־עַם ‖ b pc Mss 𝔊^-BS pl ‖ c–c prb l sol בַּיִת, ראשׁ var lect? cf 𝔊 et 14 ‖ d l עֵרִיתָ vel עֹרַרְתָּ ‖ e l צוּר ‖ **14** a prb l בְּמַטֶּךָ vel בְּמַטּוֹתֶיךָ cf 𝔊^Barb *μετὰ δυνάμεώς σου*; prp בַּמַּטֶּה ‖ b l רָאשׁוֹ cf 𝔊(𝔖) *κεφαλὰς* ^Barb *ἀρχηγοὺς* = ראשׁי ‖ c 𝔊(𝔖) *δυναστῶν* 𝔗 *wgjbrj (rjšj)* 𝔙 *bellatorum eius* ‖ d l יְסֹעֲרוּ ‖ e prb ins כַּמֹּץ cf g ‖ f prb l לְהָפִיץ עָנִי ‖ g l כַּמֹּץ et tr post יסערו cf e; prp פִּימוֹ et antea לְהָפִיץ עֲלִיצוּת.

15 דָּרַ֥כְתָּ בַיָּ֖ם [a]סוּסֶ֑יךָ חֹ֖מֶר[a] מַ֥יִם רַבִּֽים׃
16 שָׁמַ֣עְתִּי ׀ וַתִּרְגַּ֣ז בִּטְנִ֗י לְקוֹל֙ צָלֲל֣וּ שְׂפָתַ֔י — יז שמיעה לקול[14]. ג
יָב֥וֹא רָקָ֛ב בַּעֲצָמַ֖י וְתַחְתַּ֣י [a]אֶרְגָּ֑ז אֲשֶׁ֤ר[a]
אָנ֙וּחַ֙ [b]לְי֣וֹם צָרָ֔ה לַעֲל֖וֹת לְעַ֥ם יְגוּדֶֽנּוּ׃ — יד[15] וכל אורית ויהושע דכות ב מ ג. ב[16]
17 [a]כִּֽי־תְאֵנָ֣ה לֹֽא־תִפְרָ֗ח[b] וְאֵ֤ין יְבוּל֙ בַּגְּפָנִ֔ים — ל. יג פסוק ואין ואין[17]. ג
כִּחֵשׁ֙ מַעֲשֵׂה־[c]זַ֔יִת וּשְׁדֵמ֖וֹת לֹא־עָ֣שָׂה אֹ֑כֶל — ב
גָּזַ֤ר[d] מִמִּכְלָה֙ צֹ֔אן וְאֵ֥ין בָּקָ֖ר בָּרְפָתִֽים׃ — ל. ל
18 וַאֲנִ֖י בַּיהוָ֣ה אֶעְל֑וֹזָה אָגִ֖ילָה בֵּאלֹהֵ֥י יִשְׁעִֽי׃ — סז ר״פ. ג ב חס וחד מל[18]
19 יְהוִ֤ה אֲדֹנָי֙ חֵילִ֔י[a] — ה[19]. ג
וַיָּ֤שֶׂם רַגְלַי֙ כָּֽאַיָּל֔וֹת וְעַ֥ל בָּמוֹתַ֖י[b] יַדְרִכֵ֑נִי — פד. ג ב מל וחד חס[20]
לַמְנַצֵּ֖חַ בִּנְגִינוֹתָֽי[c]׃ — ל

סכום הפסוקים
חמשים וששה

ZEPHANIA צפניה

1 1 דְּבַר־יְהוָ֣ה ׀ אֲשֶׁ֣ר הָיָ֗ה אֶל־צְפַנְיָה֙ בֶּן־כּוּשִׁ֣י בֶן־גְּדַלְיָ֔ה בֶּן־ ס[2] — ה[1]
אֲמַרְיָ֖ה בֶּן־חִזְקִיָּ֑ה[a] בִּימֵ֛י יֹאשִׁיָּ֥הוּ בֶן־אָמ֖וֹן מֶ֥לֶךְ יְהוּדָֽה׃ — ג לפי מג וחד מן יב[3] לפי מק
2 אָסֹ֨ף אָסֵ֜ף[a] כֹּ֗ל מֵעַ֛ל פְּנֵ֥י הָאֲדָמָ֖ה נְאֻם־יְהוָֽה׃ — ג חס[4]
3 אָסֵ֨ף[a] אָדָ֜ם וּבְהֵמָ֗ה אָסֵ֤ף[a] עוֹף־הַשָּׁמַ֙יִם֙ וּדְגֵ֣י הַיָּ֔ם
[b]וְהַמַּכְשֵׁל֖וֹת[c] אֶת־הָרְשָׁעִ֑ים[b] — ל
וְהִכְרַתִּ֣י אֶת־הָאָדָ֗ם מֵעַ֛ל פְּנֵ֥י הָאֲדָמָ֖ה נְאֻם־יְהוָֽה׃

[14] Mm 23. [15] Mm 1523. [16] Gn 49,19. [17] Mm 2004. [18] Mm 3123. [19] Mm 3311. [20] Mm 3124.
Cp 1 [1] Mm 2690. [2] Mp sub loco. [3] Mm 3125 et Mm 3983. [4] Mm 2496.

15 [a–a] l סוּסָו בְּחמר || **16** [a–a] prb l יִרְגְּזוּ אֲשֻׁרָי cf 𝔊 || [b] prb l אֲחַכֶּה || **17** [a] tot v prb add || [b] 𝔊 *καρποφορήσει*, l תִּפְרֶה || [c] l מעשֵׂה vel potius מעשֵׂהוּ || [d] l נִגְזַר || **19** [a] frt exc hemist || [b] 𝔊 *τὰ ὑψηλά*, frt l בָּמוֹת(הַ) (י dttg) || [c] frt l בנגינות cf Ps 4,1 etc.
Cp 1,1 [a] pc Mss 𝔖 חלקיה || **2/3** [a] prp אֹסֵף || [b–b] > 𝔊*; frt add tot 3 (et 2?) || [c] prb l וְהִכְשַׁלְתִּי.

4 וְנָטִ֤יתִי יָדִי֙ עַל־יְהוּדָ֔ה וְעַ֖ל כָּל־יוֹשְׁבֵ֣י יְרוּשָׁלָ֑͏ִם   יו̇ וחס את . לד מל
וְהִכְרַתִּ֞י ᵃמִן־הַמָּק֤וֹם הַזֶּה֙ᵃ אֶת־שְׁאָ֣ר הַבַּ֔עַל אֶת־ᵇשֵׁ֥ם הַכְּמָרִ֖ים   ב
5 וְאֶת־הַמִּשְׁתַּחֲוִ֥ים עַל־הַגַּגּ֖וֹת לִצְבָ֣א הַשָּׁמָ֑יִם [ᶜעִם־הַכֹּהֲנִֽים׃ᶜ
וְאֶת־הַמִּשְׁתַּחֲוִ֞יםᵃ הַנִּשְׁבָּעִ֣יםᵇ לַֽיהוָ֔הᶜ וְהַנִּשְׁבָּעִ֖ים בְּמַלְכָּֽםᵈ׃   ל̇ . ג[5]
6 וְאֶת־הַנְּסוֹגִ֖ים מֵאַחֲרֵ֣י יְהוָ֑ה וַאֲשֶׁ֛ר לֹֽא־בִקְשׁ֥וּ אֶת־יְהוָ֖ה וְלֹ֥א   ח[6]
7 הַ֕ס מִפְּנֵ֖י אֲדֹנָ֣י יְהוִ֑ה כִּ֤י קָרוֹב֙ י֣וֹם יְהוָ֔ה   דְרָשֻֽׁהוּ׃]   ג ל̇]
כִּֽי־הֵכִ֧ין יְהוָ֛ה זֶ֖בַחᵃ הִקְדִּ֥ישׁ קְרֻאָֽיו׃   ל̇
8 ᵃוְהָיָ֗ה בְּיוֹם֙ זֶ֣בַח יְהוָ֔הᵃ   ה
וּפָקַדְתִּ֥י עַל־הַשָּׂרִ֖ים וְעַל־בְּנֵ֣יᵇ הַמֶּ֑לֶךְ   ב
וְעַ֥ל כָּל־הַלֹּבְשִׁ֖ים מַלְבּ֥וּשׁ נָכְרִֽי׃   ב[7]
9 וּפָקַדְתִּ֗י עַ֤ל כָּל־הַדּוֹלֵג֙ עַל־הַמִּפְתָּ֔ן ᵃבַּיּ֖וֹם הַה֑וּאᵃ   ל̇ . ל̇
הַֽמְמַלְאִ֛ים בֵּ֥ית אֲדֹנֵיהֶ֖ם חָמָ֥ס וּמִרְמָֽה׃ ס   ב[8] . ה[9]
10 ᵃוְהָיָה֩ בַיּ֨וֹם הַה֜וּא נְאֻם־יְהוָ֗הᵃ
ק֤וֹל צְעָקָה֙ מִשַּׁ֣עַר הַדָּגִ֔ים וִֽילָלָ֖ה מִן־הַמִּשְׁנֶ֑ה   ד וכל אורית דכות
וְשֶׁ֥בֶר גָּד֖וֹל מֵהַגְּבָעֽוֹת׃ 11 הֵילִ֖ילוּ יֹשְׁבֵ֣י הַמַּכְתֵּ֑שׁ   ב
כִּ֤י נִדְמָה֙ כָּל־עַ֣ם כְּנַ֔עַן נִכְרְת֖וּ כָּל־נְטִ֥ילֵי כָֽסֶף׃   ד . ל̇
12 ᵃוְהָיָה֙ בָּעֵ֣ת הַהִ֔יאᵃ
אֲחַפֵּ֥שׂ אֶת־יְרוּשָׁלַ֖͏ִם בַּנֵּר֑וֹתᵇ וּפָקַדְתִּ֣י עַל־הָאֲנָשִׁ֗יםᶜ   ל̇ . ה[10]
הַקֹּֽפְאִים֙ עַל־שִׁמְרֵיהֶ֔ם הָאֹמְרִים֙ בִּלְבָבָ֔ם   ל̇ . ל̇ . ט
לֹֽא־יֵיטִ֥יב יְהוָ֖ה וְלֹ֥א יָרֵֽעַ׃
13 וְהָיָ֤ה חֵילָם֙ לִמְשִׁסָּ֔ה וּבָתֵּיהֶ֖ם לִשְׁמָמָ֑ה
ᵃוּבָנ֤וּ בָתִּים֙ וְלֹ֣א יֵשֵׁ֔בוּ וְנָטְע֣וּ כְרָמִ֔ים וְלֹ֥א יִשְׁתּ֖וּ אֶת־יֵינָֽםᵃ׃   י . ג
14 קָר֤וֹב יוֹם־יְהוָה֙ הַגָּד֔וֹל קָר֖וֹב וּמַהֵ֣רᵃ מְאֹ֑ד   ל̇
ᵇק֚וֹל י֣וֹם יְהוָ֔ה מַ֥ר צֹרֵ֖חַ שָׁ֥ם גִּבּֽוֹרᵇ׃

[5] Mm 3445. [6] Mm 3985. [7] Hi 27,16. [8] Mm 3126. [9] Mm 3127. [10] Mm 2347.

4 ᵃ⁻ᵃ dl m cs ‖ ᵇ l c mlt Mss 𝔊𝔖𝔗^Edd𝔙 וְאֶת ‖ ᶜ⁻ᶜ > 𝔊*, dl ‖ **5** ᵃ > 𝔊* ‖ ᵇ dl ‖ ᶜ prp לַיָּרֵחַ cf Dt 17,3 Jer 8,2 ‖ ᵈ 𝔊^L(𝔖𝔙) *κατὰ τοῦ Μελχομ* = בְּמִלְכֹּם ‖ **7** ᵃ 𝔊 + *αὐτοῦ* ‖ **8** ᵃ⁻ᵃ add ‖ ᵇ 𝔊 *τὸν οἶκον* ‖ **9** ᵃ⁻ᵃ add ‖ **10** ᵃ⁻ᵃ add ‖ **12** ᵃ⁻ᵃ add ‖ ᵇ 𝔊𝔖𝔗 sg ‖ ᶜ prp הַשַּׁאֲנַנִּים ‖ **13** ᵃ⁻ᵃ prb dl cf Am 5,11 ‖ **14** ᵃ l וּמְמַהֵר? ‖ ᵇ⁻ᵇ prp קַל יוֹם יהוה מֵרָץ וְחָשׁ מִגִּבּוֹר.

15 יוֹם עֶבְרָה הַיּוֹם הַהוּא יוֹם צָרָה וּמְצוּקָה
יוֹם שֹׁאָה וּמְשׁוֹאָה יוֹם חֹשֶׁךְ וַאֲפֵלָה ב מל בנביא
יוֹם עָנָן וַעֲרָפֶל׃ 16 יוֹם שׁוֹפָר וּתְרוּעָה
עַל הֶעָרִים הַבְּצֻרוֹת וְעַל הַפִּנּוֹת הַגְּבֹהוֹת׃ ב
17 וַהֲצֵרֹתִי לָאָדָם וְהָלְכוּ כַּעִוְרִים ב חד חס וחד מל . ה[11] וכל קהלת דכות ב מ א . ב
[a]כִּי לַיהוָה חָטָאוּ[a] ג[12]
וְשֻׁפַּךְ דָּמָם כֶּעָפָר וּלְחֻמָם[b] כַּגְּלָלִים׃ ל . ל
18 גַּם־כַּסְפָּם גַּם־זְהָבָם לֹא־יוּכַל לְהַצִּילָם
[a]בְּיוֹם עֶבְרַת יְהוָה וּבְאֵשׁ קִנְאָתוֹ תֵּאָכֵל כָּל־הָאָרֶץ ט[13]
כִּי־כָלָה אַךְ־נִבְהָלָה יַעֲשֶׂה אֵת כָּל־יֹשְׁבֵי הָאָרֶץ׃[a] ס ד[14]

2 1 הִתְקוֹשְׁשׁוּ וָקוֹשּׁוּ הַגּוֹי לֹא נִכְסָף׃ ל . ל
2 בְּטֶרֶם [a]לֶדֶת חֹק[a] כְּמֹץ [b]עָבַר יוֹם[b] יב פסוק דמיין[1]
[c]בְּטֶרֶם׀ לֹא־יָבוֹא עֲלֵיכֶם חֲרוֹן אַף־יְהוָה[c]
בְּטֶרֶם לֹא־יָבוֹא עֲלֵיכֶם יוֹם אַף־יְהוָה׃
3 בַּקְּשׁוּ אֶת־יְהוָה כָּל־עַנְוֵי הָאָרֶץ[a] אֲשֶׁר מִשְׁפָּטוֹ פָּעָלוּ ז[2] דגש וחד מן יב[1] פסוק דמיין . ו[3]
בַּקְּשׁוּ־צֶדֶק בַּקְּשׁוּ עֲנָוָה ז דגש[2] . ז דגש[2]
אוּלַי תִּסָּתְרוּ בְּיוֹם אַף־יְהוָה׃
4 כִּי עַזָּה עֲזוּבָה תִהְיֶה וְאַשְׁקְלוֹן לִשְׁמָמָה
אַשְׁדּוֹד בַּצָּהֳרַיִם יְגָרְשׁוּהָ וְעֶקְרוֹן תֵּעָקֵר׃ ס ל . יב .
5 הוֹי יֹשְׁבֵי חֶבֶל הַיָּם גּוֹי כְּרֵתִים [a]דְּבַר־יְהוָה עֲלֵיכֶם[a] ב
כְּנַעַן[b] [c]אֶרֶץ פְּלִשְׁתִּים[c] וְהַאֲבַדְתִּיךְ מֵאֵין יוֹשֵׁב׃ ל . מט מל בנביא
6 וְהָיְתָה[a] [b]חֶבֶל הַיָּם[b] נְוֹת כְּרֹת[c] רֹעִים וְגִדְרוֹת צֹאן׃ ג בטע בנביא[4]
7 [a]וְהָיָה חֶבֶל[b] לִשְׁאֵרִית בֵּית יְהוּדָה כת כן[5]

[11] Mm 391. [12] Mm 1974. [13] Mm 690. [14] Mm 1296. **Cp 2** [1] Mm 3896. [2] Mm 1690. [3] Mm 1689. [4] Mm 3128. [5] Mp sub loco.

17 $^{a-a}$ add; sed frt add tot v ‖ ^{b} 𝔊(𝔖𝔙) *καὶ τὰς σάρκας αὐτῶν*, prp וְלֶחָם vel וְרַחְמֵהֶם ‖ **18** $^{a-a}$ add; sed frt add tot v ‖ **Cp 2,2** $^{a-a}$ crrp; l לֹא תִדָּחֲקוּ ? ‖ $^{b-b}$ 𝔊* *παραπορευόμενον*, l עֹבֵר ‖ $^{c-c}$ > nonn Mss, homark? ‖ **3** ^{a} Mur pc Mss ארץ ‖ **5** $^{a-a}$ add ‖ ^{b} dl, gl? ‖ $^{c-c}$ tr post יושב ? ‖ **6** ^{a} l וְהָיִת ‖ $^{b-b}$ > 𝔊, dl ‖ ^{c} > 𝔙, dl ‖ **7** ^{a} 7 prb add ‖ ^{b} 𝔊(𝔖) + *τῆς θαλάσσης*, ins הַיָּם cf 6.

עֲלֵיהֶם[c] יִרְעוּן בְּבָתֵּי אַשְׁקְלוֹן בָּעֶרֶב יִרְבָּצוּן   ל̇. ב̇[6]
כִּי יִפְקְדֵם יְהוָה אֱלֹהֵיהֶם וְשָׁב שְׁבוּתָם׃   שביתם[7] ק̇
8 שָׁמַעְתִּי חֶרְפַּת מוֹאָב וְגִדּוּפֵי בְּנֵי עַמּוֹן
אֲשֶׁר חֵרְפוּ אֶת־עַמִּי וַיַּגְדִּילוּ עַל־גְּבוּלָם[a]׃   ב̇. ב̇[8]
9 לָכֵן חַי־אָנִי נְאֻם יְהוָה צְבָאוֹת[a] אֱלֹהֵי יִשְׂרָאֵל   כ̇ו̇
כִּי־מוֹאָב כִּסְדֹם תִּהְיֶה וּבְנֵי עַמּוֹן כַּעֲמֹרָה   ד̇[9]
מִמְשַׁק[b] חָרוּל וּמִכְרֵה־מֶלַח וּשְׁמָמָה עַד־עוֹלָם   ל̇. ב̇[10]
שְׁאֵרִית עַמִּי יְבָזּוּם וְיֶתֶר גּוֹי יִנְחָלוּם׃   ל̇. ל̇. גויי[11] ק̇. ל̇
10 [a]זֹאת לָהֶם תַּחַת גְּאוֹנָם כִּי חֵרְפוּ וַיַּגְדִּלוּ עַל־עַם יְהוָה צְבָאוֹת׃   ב̇ וחד מן ג̇ חס̇ בליש
11 [a]נוֹרָא[b] יְהוָה עֲלֵיהֶם כִּי רָזָה[c] אֵת כָּל־אֱלֹהֵי הָאָרֶץ וְיִשְׁתַּחֲווּ־לוֹ   ז̇
אִישׁ מִמְּקוֹמוֹ כֹּל אִיֵּי הַגּוֹיִם׃
12 גַּם־אַתֶּם כּוּשִׁים חַלְלֵי [a]חַרְבִּי הֵמָּה[a]׃
13 וְיֵט יָדוֹ עַל־צָפוֹן וִיאַבֵּד אֶת־אַשּׁוּר   יו̇ חס̇ את. ב̇
וְיָשֵׂם אֶת־נִינְוֵה לִשְׁמָמָה צִיָּה כַּמִּדְבָּר׃   ו̇ רפי[12]. ו̇[13]
14 וְרָבְצוּ בְתוֹכָהּ עֲדָרִים כָּל־חַיְתוֹ־גוֹי[a]
גַּם־קָאַת גַּם־קִפֹּד בְּכַפְתֹּרֶיהָ יָלִינוּ   ג̇. ל̇ חס̇ בנביא וכל אורית̇ דכות̇ חס̇
קוֹל[b] יְשׁוֹרֵר בַּחַלּוֹן חֹרֶב[c] בַּסַּף [d]כִּי אַרְזָה עֵרָה[d]׃   ל̇. יו̇ בליש. ל̇. ב̇
15 זֹאת הָעִיר הָעַלִּיזָה הַיּוֹשֶׁבֶת לָבֶטַח   ה̇ בתרי טעמ̇[14]
הָאֹמְרָה בִּלְבָבָהּ אֲנִי וְאַפְסִי עוֹד
אֵיךְ ׀ הָיְתָה לְשַׁמָּה מַרְבֵּץ לַחַיָּה   ל̇
כֹּל עוֹבֵר עָלֶיהָ יִשְׁרֹק יָנִיעַ יָדוֹ׃ ס   ח̇[15] מל̇ וכל יחזק̇ דכות̇ ב̇ מ̇ א̇

3 1 הוֹי מֹרְאָה וְנִגְאָלָה[a] הָעִיר הַיּוֹנָה׃   ל̇. ל̇
2 לֹא שָׁמְעָה בְּקוֹל לֹא לָקְחָה מוּסָר   ח̇ פסוק לא לא לא לא[1]
בַּיהוָה לֹא בָטָחָה אֶל־אֱלֹהֶיהָ לֹא קָרֵבָה׃

[6] Mm 3129. [7] Mm 839. [8] Mm 3130. [9] Mm 2208. [10] Mm 3529. [11] Mp sub loco. [12] Mm 3131. [13] Mm 2503. [14] Mm 2991 contra textum, acc invers. [15] Mm 2429. Cp 3 [1] Mm 3132.

7 [c] l עַל־הַיָּם ? ‖ **8** [a] 𝔊* *τὰ ὅριά μου*; $\mathfrak{G}^{W}$ = 𝔐 ‖ **9** [a] > 𝔊*, dl ‖ [b] prp מוֹרַשׁ ‖ **10/11** [a] 10sq add ‖ [b] 𝔊*(𝔖) *ἐπιφανήσεται*, l נִרְאָה ‖ [c] prp יַרְזֶה ‖ **12** [a–a] prp חֶרֶב יְהוָה; prb exc nonn vb post כושים ‖ **14** [a] 𝔊 *τῆς γῆς* = (א)גַּיְ? ins הַשָּׂדֶה (cf 𝔊) et גוי crrp ex גַּם vel al vb? ‖ [b] prp כּוֹס ‖ [c] 𝔊(𝔙) *κόρακες*, l עֹרֵב ‖ [d–d] crrp, ex 15aα (זאת העיר העליזה) orta; dl ‖ **Cp 3,1** [a] prp וּמֹאֲלָה = ומעלה.

3 שָׂרֶיהָ בְקִרְבָּהּ אֲרָיוֹת שֹׁאֲגִים
שֹׁפְטֶיהָ [a]זְאֵבֵי עֶרֶב[b] לֹא גָרְמוּ[a] לַבֹּקֶר[c]׃ — ל
4 נְבִיאֶיהָ פֹּחֲזִים אַנְשֵׁי בֹּגְדוֹת
כֹּהֲנֶיהָ חִלְּלוּ־קֹדֶשׁ חָמְסוּ תּוֹרָה׃
5 [a]יְהוָה צַדִּיק בְּקִרְבָּהּ לֹא יַעֲשֶׂה עַוְלָה [עַוָּל בֹּשֶׁת[d]׃
בַּבֹּקֶר בַּבֹּקֶר מִשְׁפָּטוֹ יִתֵּן [b]לָאוֹר[c] לֹא נֶעְדָּר[b] [d]וְלֹא־יוֹדֵעַ — יג[2] . ו[3] . ז[4] . ב זקף קמ[5]

6 הִכְרַתִּי גוֹיִם נָשַׁמּוּ פִּנּוֹתָם
הֶחֱרַבְתִּי חוּצוֹתָם מִבְּלִי עוֹבֵר — ח[6] מל וכל יחזק דכות ב מ א
נִצְדּוּ עָרֵיהֶם [a]מִבְּלִי־אִישׁ[a] מֵאֵין יוֹשֵׁב׃ — ל . מט מל בנביא
7 אָמַרְתִּי אַךְ־תִּירְאִי[a] אוֹתִי תִּקְחִי[a] מוּסָר — כי[7] מל וכל יהושע ושפטים דכות ב מ ב
וְלֹא־יִכָּרֵת מְעוֹנָהּ[b] כֹּל אֲשֶׁר־פָּקַדְתִּי עָלֶיהָ — ד[8]
אָכֵן הִשְׁכִּימוּ הִשְׁחִיתוּ כֹּל עֲלִילוֹתָם׃ — יח[9]
8 לָכֵן חַכּוּ־לִי[a] נְאֻם־יְהוָה לְיוֹם קוּמִי לְעַד[b] — כו פסוק דאית בהון א״ב . ל . ב מלרע . ל[5]
כִּי מִשְׁפָּטִי לֶאֱסֹף גּוֹיִם לְקָבְצִי[c] מַמְלָכוֹת — יו[10]
לִשְׁפֹּךְ עֲלֵיהֶם[d] זַעְמִי כֹּל חֲרוֹן אַפִּי
[e]כִּי בְּאֵשׁ קִנְאָתִי תֵּאָכֵל כָּל־הָאָרֶץ[e]׃ — ט[11]

9 כִּי־אָז אֶהְפֹּךְ [a]אֶל־עַמִּים[a] שָׂפָה בְרוּרָה — ג
[b]לִקְרֹא כֻלָּם בְּשֵׁם יְהוָה לְעָבְדוֹ שְׁכֶם אֶחָד[b]׃ [הַהוּא[a] — ל בסיפ
10 [a]מֵעֵבֶר לְנַהֲרֵי־כוּשׁ[b] עֲתָרַי בַּת־פּוּצַי[b] יוֹבִלוּן מִנְחָתִי׃ 11 [a]בַּיּוֹם — ל . ל . ל[5]
לֹא תֵבוֹשִׁי מִכֹּל עֲלִילֹתַיִךְ אֲשֶׁר פָּשַׁעַתְּ בִּי — ב מל . ל חס
כִּי־אָז׀ אָסִיר מִקִּרְבֵּךְ עַלִּיזֵי גַּאֲוָתֵךְ
וְלֹא־תוֹסִפִי לְגָבְהָה עוֹד בְּהַר קָדְשִׁי׃ — ל חס

[2]Mm 688. [3]Mm 1689. [4]Mm 3105. [5]Mp sub loco. [6]Mm 2429. [7]Mm 1238 א. [8]Mm 65. [9]Mm 1941. [10]Mm 2362. [11]Mm 690.

3 [a–a] frt l זְאֵבִים לֹא עָזְבוּ גֶּרֶם ‖ [b] 𝔊 *τῆς Ἀραβίας*, prp עֲרָב vel עֲרָבָה ‖ [c] dl m cs? ‖ **5** [a] 5 add? ‖ [b–b] > 𝔊* ‖ [c] frt l כָּאוֹר cf 𝔖𝔗 ‖ [d–d] var lect ad 5aβ? 𝔊* *καὶ οὐκ εἰς νῖκος ἀδικίαν.* [6]*ἐν διαφθορᾷ* ‖ **6** [a–a] dl m cs, var lect? ‖ **7** [a] l 3fsg תִּירָא et תִּקַּח cf aβγ (𝔊𝔖𝔗 2pl) ‖ [b] 𝔊(𝔖) *ἐξ ὀφθαλμῶν αὐτῆς*, l מֵעֵינֶיהָ ‖ **8** [a] 𝔊𝔙 sg ‖ [b] 𝔊(𝔖) *εἰς μαρτύριον*, l לְעֵד ‖ [c] l c ℭ לְקַבֵּץ cf 𝔊𝔖𝔗 ‖ [d] prb l כם– ‖ [e–e] add ‖ **9** [a–a] Mur על העמים; prp אֶל־עַמִּי ‖ [b–b] add, sed frt tot v add ‖ **10** [a] 10 add ‖ [b–b] > 𝔊*𝔖; prp עַד־יַרְכְּתֵי צָפוֹן ‖ **11** [a–a] dl m cs.

12 וְהִשְׁאַרְתִּי בְקִרְבֵּךְ עַם עָנִי וָדָל ל
וְחָסוּ בְּשֵׁם יְהוָה׃ 13 [a]שְׁאֵרִית יִשְׂרָאֵל[a] ל ר״פ
לֹא־יַעֲשׂוּ עַוְלָה וְלֹא־יְדַבְּרוּ כָזָב לד פסוק לא ולא ולא[12]
וְלֹא־יִמָּצֵא בְּפִיהֶם לְשׁוֹן תַּרְמִית ד[13]
כִּי־הֵמָּה יִרְעוּ וְרָבְצוּ וְאֵין מַחֲרִיד׃ ס ג בסיפ

14 [a]רָנִּי בַּת־צִיּוֹן הָרִיעוּ יִשְׂרָאֵל
שִׂמְחִי וְעָלְזִי בְּכָל־לֵב בַּת יְרוּשָׁלִָם׃ ל
15 [a]הֵסִיר יְהוָה מִשְׁפָּטַיִךְ[b] פִּנָּה אֹיְבֵךְ[c] ה׳ ר״פ מיחד[14]
[d]מֶלֶךְ יִשְׂרָאֵל[d] | יְהוָה בְּקִרְבֵּךְ לֹא־תִירְאִי[e] רָע עוֹד׃
16 [a]בַּיּוֹם הַהוּא יֵאָמֵר לִירוּשָׁלִַם
אַל־תִּירָאִי צִיּוֹן אַל־יִרְפּוּ יָדָיִךְ׃ ג
17 [a]יְהוָה אֱלֹהַיִךְ בְּקִרְבֵּךְ[b] גִּבּוֹר יוֹשִׁיעַ ו[15] בנביא וכל ס״פ דכות ב מ א
יָשִׂישׂ עָלַיִךְ בְּשִׂמְחָה [c]יַחֲרִישׁ בְּאַהֲבָתוֹ[c] ד
יָגִיל עָלַיִךְ בְּרִנָּה׃ 18 [a]נוּגֵי מִמּוֹעֵד[a] ל
[b]אָסַפְתִּי מִמֵּךְ[c] [d]הָיוּ מַשְׂאֵת עָלֶיהָ[d] חֶרְפָּה׃ ה[16] ג מנה בליש
19 [a]הִנְנִי עֹשֶׂה[b] אֶת־כָּל־מְעַנַּיִךְ [c]בָּעֵת הַהִיא[c] כב[17]. ב[18]
וְהוֹשַׁעְתִּי אֶת־הַצֹּלֵעָה וְהַנִּדָּחָה אֲקַבֵּץ ג
וְשַׂמְתִּים לִתְהִלָּה וּלְשֵׁם בְּכָל־הָאָרֶץ בָּשְׁתָּם[d]׃ ד[19]. ד
20 [a]בָּעֵת הַהִיא אָבִיא אֶתְכֶם [b]וּבָעֵת קַבְּצִי[b] אֶתְכֶם ס̄ה׳[20]
כִּי־אֶתֵּן אֶתְכֶם לְשֵׁם וְלִתְהִלָּה בְּכֹל עַמֵּי הָאָרֶץ
בְּשׁוּבִי אֶת־שְׁבוּתֵיכֶם[c] לְעֵינֵיכֶם אָמַר יְהוָה׃ ל. ח. כ ס״פ[21]

סכום הפסוקים
חמשים ושלשה

[12] Mm 771. [13] Mm 2318. [14] Mm 944. [15] Mm 3133. [16] Mm 3750. [17] Mm 475. [18] Mm 3134. [19] Mm 72. [20] Mp sub loco. [21] Mm 2481.

13 [a–a] cj c 12b ut 𝔊 et m cs ‖ **14/15** [a] 14sq add? ‖ [b] l מְשִׁפְּטִיךְ cf 𝔗 ‖ [c] l c mlt Mss 𝔊𝔖𝔗 אֹיְבָיִךְ ‖ [d–d] 𝔊$^{L Mss}$ *βασιλεύσει* cf Mi 4,7, l יִמְלֹךְ ‖ [e] prb l c 2 Mss 𝔊 *(ὄψῃ)* 𝔖 תִּרְאִי ‖ **16/17** [a] 16sq add? ‖ [b] sic L, mlt Mss Edd ךְ– ‖ [c–c] prb l יְחַדֵּשׁ אה׳ cf 𝔊 *(καινιεῖ σε ἐν)* 𝔖 ‖ **18** [a–a] 𝔊(𝔏) *ὡς ἐν ἡμέρᾳ ἑορτῆς*, l כְּיוֹם מועד et cj c 17 ‖ [b] 18aβ–20 add ‖ [c] 𝔊* *τοὺς συντετριμμένους* = מֻכִּם? ‖ [d–d] crrp; 𝔊 *οὐαί, τίς ἔλαβεν ἐπ' αὐτήν* = הוֹי מִי נָשָׂא עליה? 𝔖 *'jljn dmmlljn hww 'ljkj* = הָיוּ נֹשְׂאִם עָלַיִךְ? prp הַיּוֹם שְׂאֵת עָלָיו ‖ **19** [a] cf 18 [b] ‖ [b] prb ins כָלָה cf 𝔗 ‖ [c–c] add? ‖ [d] prp בְּשׁוּבִי אֶת־שְׁבוּתָם cf 20b ‖ **20** [a] cf 18 [b] ‖ [b–b] l וּבָעֵת הַהִיא אֲקַבֵּץ ‖ [c] l c nonn Mss 𝔊𝔖𝔙 –תְכֶם.

HAGGAI חגי

1 ¹ בִּשְׁנַת שְׁתַּיִם לְדָרְיָוֶשׁ הַמֶּלֶךְ בַּחֹדֶשׁ הַשִּׁשִּׁי בְּיוֹם אֶחָד לַחֹדֶשׁ ג̇[1]
הָיָה דְבַר־יְהוָה בְּיַד־חַגַּי הַנָּבִיא[a] אֶל־זְרֻבָּבֶל בֶּן־שְׁאַלְתִּיאֵל פַּחַת ג̇ וכל עזרא דכות[2]
יְהוּדָה וְאֶל־יְהוֹשֻׁעַ בֶּן־יְהוֹצָדָק הַכֹּהֵן הַגָּדוֹל לֵאמֹר׃ ² כֹּה אָמַר
יְהוָה צְבָאוֹת לֵאמֹר הָעָם הַזֶּה אָמְרוּ לֹא [a]עֶת־בֹּא[a] עֶת־בֵּית יְהוָה
לְהִבָּנוֹת׃ פ ³ וַיְהִי דְּבַר־יְהוָה בְּיַד־חַגַּי הַנָּבִיא לֵאמֹר׃ ב̇

4 הַעֵת לָכֶם אַתֶּם לָשֶׁבֶת בְּבָתֵּיכֶם[a] סְפוּנִים ב̇ פת̇[3]. ל̇
וְהַבַּיִת הַזֶּה חָרֵב׃
5 וְעַתָּה כֹּה אָמַר יְהוָה צְבָאוֹת
שִׂימוּ לְבַבְכֶם עַל־דַּרְכֵיכֶם׃ י̇ו̇
6 זְרַעְתֶּם הַרְבֵּה וְהָבֵא מְעָט אָכוֹל וְאֵין־לְשָׂבְעָה ל̇ ר״פ . ז̇ קמ̇ וכל אתנח וס״פ דכות[4] . י̇ מל̇ . ג̇ פסוק ואין ואין ואין . ד̇
שָׁתוֹ וְאֵין־לְשָׁכְרָה לָבוֹשׁ וְאֵין־לְחֹם לוֹ ל̇ . ל̇
וְהַמִּשְׂתַּכֵּר מִשְׂתַּכֵּר[a] אֶל־צְרוֹר נָקוּב׃ פ ל̇ . ל̇

7 כֹּה אָמַר יְהוָה צְבָאוֹת
[a]שִׂימוּ לְבַבְכֶם עַל־דַּרְכֵיכֶם׃[a] י̇ו̇
8 עֲלוּ הָהָר וַהֲבֵאתֶם עֵץ וּבְנוּ הַבָּיִת
וְאֶרְצֶה־בּוֹ וְאֶכָּבְדָה אָמַר יְהוָה׃ ואכבדה ק̇ . כ̇ ס״פ[5]
9 פָּנֹה אֶל־הַרְבֵּה וְהִנֵּה[a] לִמְעָט וַהֲבֵאתֶם הַבַּיִת וְנָפַחְתִּי בוֹ ז̇[4] קמ̇ ב̇ מנה זקף וכל אתנח וס״פ דכות . ב̇ בתרי לישנ̇[6]
יַעַן מֶה נְאֻם יְהוָה צְבָאוֹת כ̇ד̇[7] . כ̇ו̇
יַעַן בֵּיתִי אֲשֶׁר־הוּא חָרֵב וְאַתֶּם רָצִים אִישׁ לְבֵיתוֹ׃
10 עַל־כֵּן עֲלֵיכֶם[a] כָּלְאוּ שָׁמַיִם[b] מִטָּל[c] וְהָאָרֶץ כָּלְאָה יְבוּלָהּ׃ ג̇ . ל̇
11 וָאֶקְרָא חֹרֶב עַל־הָאָרֶץ וְעַל־הֶהָרִים וְעַל־הַדָּגָן י̇ו̇ בליש
וְעַל־הַתִּירוֹשׁ וְעַל־הַיִּצְהָר[a] וְעַל[b] אֲשֶׁר תּוֹצִיא הָאֲדָמָה ד̇[8]
וְעַל־[a]הָאָדָם וְעַל־הַבְּהֵמָה[a] וְעַל כָּל־יְגִיעַ כַּפָּיִם׃ ס ד̇[9]

Cp 1 [1]Mm 3135. [2]Mm 3136. [3]Mm 2073. [4]Mm 1208. [5]Mm 2481. [6]Mm 3137. [7]Mm 592. [8]Mm 3138. [9]Mm 15.

Cp 1,1 [a] 𝔊 + λέγων Εἰπον ([Mss] + δή) cf 2,1.2 ‖ **2** [a–a] 𝔊(𝔖) ἥκει, prb l עַתָּ בָא ‖ **4** [a] prp בְּבָתִּים cf 𝔊[Mss]𝔗𝔙 ‖ **6** [a] prp c 2 Mss ישתכר ‖ **7** [a–a] add? cf 5 ‖ **9** [a] 𝔊(𝔖𝔗) *καὶ ἐγένετο*, prb l וְהָיָה vel וְהִיָה ‖ **10** [a] > 𝔊*, dl (dttg) ‖ [b] prb l c Ms הַשָּׁ' cf b ‖ [c] l טַלָּם cf b; prp מָטָר ‖ **11** [a–a] add? ‖ [b] ins c mlt Mss Vrs כָּל־.

¹² וַיִּשְׁמַ֣ע זְרֻבָּבֶ֣ל ׀ בֶּֽן־שַׁלְתִּיאֵ֡ל וִיהוֹשֻׁ֣עַ בֶּן־יְהוֹצָדָק֩ הַכֹּהֵ֨ן הַגָּד֜וֹל

וְכֹ֣ל ׀ שְׁאֵרִ֣ית הָעָ֗ם בְּקוֹל֙ יְהוָ֣ה אֱלֹֽהֵיהֶ֔ם וְעַל־דִּבְרֵי֙ חַגַּ֣י הַנָּבִ֔יא כַּאֲשֶׁ֥ר

שְׁלָח֖וֹ יְהוָ֣ה אֱלֹהֵיהֶ֑םᵃ וַיִּֽירְא֥וּ הָעָ֖ם מִפְּנֵ֥י יְהוָֽה׃ ¹³ וַ֠יֹּאמֶר חַגַּ֞י מַלְאַ֧ךᵃ

יְהוָ֛ה בְּמַלְאֲכ֥וּת יְהוָ֖הᵃ לָעָ֣ם לֵאמֹ֑ר אֲנִ֥י אִתְּכֶ֖ם נְאֻם־יְהוָֽה׃ ¹⁴ וַיָּ֣עַר

יְהוָ֡ה אֶת־ר֩וּחַ זְרֻבָּבֶ֨ל בֶּן־שַׁלְתִּיאֵ֜ל פַּחַ֣ת יְהוּדָ֗ה וְאֶת־ר֙וּחַ֙ יְהוֹשֻׁ֤עַ בֶּן־

יְהוֹצָדָק֙ הַכֹּהֵ֣ן הַגָּד֔וֹל וְֽאֶת־ר֔וּחַ כֹּ֖ל שְׁאֵרִ֣ית הָעָ֑ם וַיָּבֹ֙אוּ֙ וַיַּעֲשׂ֣וּ מְלָאכָ֔ה

בְּבֵית־יְהוָ֥ה צְבָא֖וֹת אֱלֹהֵיהֶֽם׃ פ

¹⁵ בְּי֨וֹם עֶשְׂרִ֧ים וְאַרְבָּעָ֛ה לַחֹ֖דֶשׁ בַּשִּׁשִּֽׁיᵃ

2 בִּשְׁנַ֥ת שְׁתַּ֖יִם לְדָרְיָ֥וֶשׁ הַמֶּֽלֶךְ׃ ²,¹ בַּשְּׁבִיעִ֕י בְּעֶשְׂרִ֥ים וְאֶחָ֖ד

לַחֹ֑דֶשׁ הָיָה֙ דְּבַר־יְהוָ֔ה בְּיַד־חַגַּ֥י הַנָּבִ֖יא לֵאמֹֽר׃ ² אֱמָר־נָ֣א אֶל־

זְרֻבָּבֶ֤ל בֶּן־שַׁלְתִּיאֵל֙ פַּחַ֣ת יְהוּדָ֔ה וְאֶל־יְהוֹשֻׁ֥עַ בֶּן־יְהוֹצָדָ֖ק הַכֹּהֵ֣ן

הַגָּד֑וֹל וְאֶל־ᵃשְׁאֵרִ֥ית הָעָ֖ם לֵאמֹֽר׃

³ מִ֤י בָכֶם֙ הַנִּשְׁאָ֔ר

אֲשֶׁ֤ר רָאָה֙ אֶת־הַבַּ֣יִת הַזֶּ֔ה בִּכְבוֹד֖וֹ הָרִאשׁ֑וֹן

וּמָ֨ה אַתֶּ֜ם רֹאִ֤ים אֹתוֹ֙ עַתָּ֔ה

הֲל֥וֹא כָמֹ֛הוּ כְּאַ֖יִן בְּעֵינֵיכֶֽם׃

⁴ וְעַתָּ֣ה חֲזַ֣ק זְרֻבָּבֶ֣ל ׀ נְאֻם־יְהוָ֗הᵃ

וַחֲזַ֨ק יְהוֹשֻׁ֤עַ בֶּן־יְהוֹצָדָק֙ᵇ הַכֹּהֵ֣ן הַגָּד֔וֹל

וַחֲזַ֞ק כָּל־עַ֥ם הָאָ֛רֶץ נְאֻם־יְהוָ֖הᵇ

וַעֲשׂ֑וּ כִּֽי־אֲנִ֣י אִתְּכֶ֔ם נְאֻ֖ם יְהוָ֥ה צְבָאֽוֹתᶜ׃

⁵ אֶת־הַדָּבָ֞רᵇ ᵃ ᵃאֲשֶׁר־כָּרַ֤תִּי אִתְּכֶם֙ בְּצֵאתְכֶ֣ם מִמִּצְרַ֔יִםᵃ

וְרוּחִ֛י עֹמֶ֥דֶת בְּתוֹכְכֶ֖ם אַל־תִּירָֽאוּ׃ ס

⁶ כִּ֣י כֹ֤ה אָמַר֙ יְהוָ֣ה צְבָא֔וֹת ᵃ ע֥וֹד אַחַ֖ת מְעַ֣ט הִ֑יאᵃ

¹⁰Mm 2684.   ¹¹Mm 1718.   ¹²Mm 411.   ¹³Mm 4031.   **Cp 2** ¹Mm 915.

12 ᵃ 𝔊* πρὸς αὐτούς = אֲלֵיהֶם, pc Mss 𝔊⁻ᵂⱽ𝔖𝔗ᶠ𝔙 + אֲלֵיהֶם || **13**. ᵃ⁻ᵃ var lect ad vb
sqq? 𝔊* ἄγγελος κυρίου || **15** ᵃ huc ins 2,15—19 || **Cp 2,1** ᵃ Mur אל || **2** ᵃ 𝔊(𝔖) +
πάντας || **4** ᵃ⁻ᵃ add? || ᵇ⁻ᵇ add? || ᶜ add? || **5** ᵃ⁻ᵃ > 𝔊*, add || ᵇ⁻ᵇ prb l זאת
הַבְּרִית, al dl את = (צב)אות || **6** ᵃ⁻ᵃ 𝔊 ἔτι ἅπαξ, 𝔖 twb ḥd' zbn, l 𝔐.

ג¹⁰. י¹¹ וכל דׄׄה
דכות בׄמׄאׄ

יׄי מפק אׄ¹². ג¹³

לׄט

סׄ

לׄ

יׄח

כׄו

יׄא זוגין בטעׄ¹

וַאֲנִי מַרְעִישׁ אֶת־הַשָּׁמַיִם וְאֶת־הָאָרֶץ וְאֶת־[b]הַיָּם וְאֶת־
הֶחָרָבָה׃]
7 וְהִרְעַשְׁתִּי אֶת־כָּל־הַגּוֹיִם וּבָאוּ חֶמְדַּת[a] כָּל־הַגּוֹיִם
וּמִלֵּאתִי אֶת־הַבַּיִת הַזֶּה כָּבוֹד אָמַר יְהוָה צְבָאוֹת׃
8 לִי הַכֶּסֶף וְלִי הַזָּהָב נְאֻם יְהוָה צְבָאוֹת׃ [יְהוָה צְבָאוֹת
9 גָּדוֹל יִהְיֶה כְּבוֹד הַבַּיִת הַזֶּה הָאַחֲרוֹן מִן־הָרִאשׁוֹן אָמַר
וּבַמָּקוֹם הַזֶּה אֶתֵּן שָׁלוֹם נְאֻם יְהוָה צְבָאוֹת[a]׃ פ

10 בְּעֶשְׂרִים וְאַרְבָּעָה לַתְּשִׁיעִי בִּשְׁנַת שְׁתַּיִם לְדָרְיָוֶשׁ הָיָה דְּבַר־
יְהוָה אֶל־חַגַּי הַנָּבִיא לֵאמֹר׃ 11 כֹּה אָמַר יְהוָה צְבָאוֹת שְׁאַל־נָא
אֶת־הַכֹּהֲנִים תּוֹרָה לֵאמֹר׃ 12 הֶן ׀ יִשָּׂא־אִישׁ בְּשַׂר־קֹדֶשׁ בִּכְנַף בִּגְדוֹ
וְנָגַע בִּכְנָפוֹ אֶל־הַלֶּחֶם וְאֶל־הַנָּזִיד וְאֶל־הַיַּיִן וְאֶל־שֶׁמֶן וְאֶל־כָּל־
מַאֲכָל הֲיִקְדָּשׁ וַיַּעֲנוּ הַכֹּהֲנִים וַיֹּאמְרוּ לֹא׃ 13 וַיֹּאמֶר חַגַּי אִם־יִגַּע
טְמֵא־נֶפֶשׁ בְּכָל־אֵלֶּה הֲיִטְמָא וַיַּעֲנוּ הַכֹּהֲנִים וַיֹּאמְרוּ יִטְמָא׃ 14 וַיַּעַן
חַגַּי וַיֹּאמֶר
כֵּן הָעָם־הַזֶּה וְכֵן־הַגּוֹי הַזֶּה לְפָנַי נְאֻם־יְהוָה
וְכֵן כָּל־מַעֲשֵׂה יְדֵיהֶם וַאֲשֶׁר יַקְרִיבוּ שָׁם טָמֵא הוּא[a]׃

15 וְעַתָּה[a]
שִׂימוּ־נָא לְבַבְכֶם מִן־הַיּוֹם הַזֶּה וָמָעְלָה
מִטֶּרֶם שׂוּם־אֶבֶן אֶל־אֶבֶן בְּהֵיכַל יְהוָה׃ 16 מִהְיוֹתָם[a]
בָּא[b] אֶל־עֲרֵמַת עֶשְׂרִים וְהָיְתָה עֲשָׂרָה
בָּא[b] אֶל־הַיֶּקֶב לַחְשֹׂף[c] חֲמִשִּׁים פּוּרָה[d] וְהָיְתָה עֶשְׂרִים׃
17 הִכֵּיתִי אֶתְכֶם בַּשִּׁדָּפוֹן וּבַיֵּרָקוֹן וּבַבָּרָד אֵת כָּל־מַעֲשֵׂה יְדֵיכֶם
וְאֵין־[b]אֶתְכֶם[b] אֵלַי נְאֻם־יְהוָה׃

ל. יג[2]. ה[3]
ד
ד[4]. ז[5] וכל מלאכי דכות ב מ ג
ב ר"פ לי ולי[6]. ח[7]. כו
סד. ז[5] וכל מלאכי דכות ב מ ג
ל. כו
ה
לז
ג פסוק אל ואל ואל ואל[8]. ב בסיפ[9]
ל
ל. ד
ל
יו
ל. ל. ל
ג וחד כת א
ל

[2]Mm 3139. [3]Mm 1913. [4]Mm 1867. [5]Mm 2379. [6]Mm 3299. [7]Mm 1485. [8]Mm 2612. [9]Sach 7,5.

6 [b] 𝔊[2] pc Mss את ‖ **7** [a] l חֲמֻדֹת cf 𝔊 ‖ **9** [a] 𝔊 + *καὶ εἰρήνην ψυχῆς εἰς περιποίησιν παντὶ τῷ κτίζοντι τοῦ ἀναστῆσαι τὸν ναὸν τοῦτον* ‖ **14** [a] 𝔊 + *ἕνεκεν τῶν λημμάτων αὐτῶν τῶν ὀρθρινῶν, ὀδυνηθήσονται ἀπὸ προσώπου πόνων αὐτῶν· καὶ ἐμισεῖτε ἐν πύλαις ἐλέγχοντας* cf Am 5,10 ‖ **15** [a] tr 15–19 post 1,15a ‖ **16** [a] 𝔊 *τίνες ἦτε*, l מַה־הֱיִיתֶם et cj c 15 ‖ [b] prb l בָּא cf 1,6.9 ‖ [c] add? cf a ‖ [d] var lect ad היקב ‖ **17** [a] 17 add cf Am 4,9 ‖ [b–b] 𝔊(𝔖) *καὶ οὐκ ἐπεστρέψατε*, prb l וְלֹא שַׁבְתֶּם cf 𝔗𝔙.

יו̇ [יו̇ 18 שִׂימוּ־נָא לְבַבְכֶם מִן־הַיּוֹם הַזֶּה וָמָעְלָה [שִׂימוּ לְבַבְכֶם׃b
ח̇10. ד̇11 aמִיּוֹם עֶשְׂרִים וְאַרְבָּעָה לַתְּשִׁיעִיa bלְמִן־הַיּוֹם אֲשֶׁר־יֻסַּד הֵיכַל־יְהוָה
ב̇ 19 הַעוֹד הַזֶּרַעa בַּמְּגוּרָה bוְעַד־הַגֶּפֶן וְהַתְּאֵנָה וְהָרִמּוֹןb וְעֵץ הַזַּיִת
מִן־הַיּוֹם הַזֶּה אֲבָרֵךְ׃ ס [לֹא נָשָׂא

20 וַיְהִי דְבַר־יְהוָה ׀ שֵׁנִית אֶל־חַגַּי בְּעֶשְׂרִים וְאַרְבָּעָה לַחֹדֶשׁ
יא̇ זוגין בטע̇12 לֵאמֹר׃ 21 אֱמֹר אֶל־זְרֻבָּבֶל פַּחַת־יְהוּדָה לֵאמֹר
ל̇. יג̇13 אֲנִי מַרְעִישׁ אֶת־הַשָּׁמַיִם וְאֶת־הָאָרֶץa׃
22 וְהָפַכְתִּי כִּסֵּא מַמְלָכוֹת וְהִשְׁמַדְתִּי חֹזֶק מַמְלְכוֹתa הַגּוֹיִם
ז̇14 וְהָפַכְתִּי מֶרְכָּבָה וְרֹכְבֶיהָ וְיָרְדוּ סוּסִים וְרֹכְבֵיהֶם bאִישׁ
ח̇15 [בְּחֶרֶב אָחִיו׃b
ס̇ יו̇10 23 בַּיּוֹם הַהוּא aנְאֻם־יְהוָה צְבָאוֹתa אֶקָּחֲךָ זְרֻבָּבֶלa בֶּן־ כו̇
ג̇ וכל עזרא דכות̇16 [שְׁאַלְתִּיאֵלa עַבְדִּי נְאֻם־יְהוָהa
ג̇17 וְשַׂמְתִּיךָ כַּחוֹתָם כִּי־בְךָ בָחַרְתִּי
כו̇ נְאֻם יְהוָה צְבָאוֹת׃

סכום הפסוקים
שלשים ושמונה

SACHARIA זכריה

1 1 aבַּחֹדֶשׁ הַשְּׁמִינִי בִּשְׁנַת שְׁתַּיִם לְדָרְיָוֶשׁ הָיָה דְבַר־יְהוָה אֶל־ ז̇ ר״פ1
2 זְכַרְיָה bבֶּן־בֶּרֶכְיָהb בֶּן־עִדּוֹ הַנָּבִיא לֵאמֹר׃ 2 קָצַף יְהוָה עַל־ ז̇2 מל̇ ג̇ מנה בסיפ̇ וכל יהושע שפטים מלכים ירמיה יחזק וכתיב
3 אֲבוֹתֵיכֶם קָצֶףa׃ 3 וְאָמַרְתָּ אֲלֵהֶם כֹּה אָמַר יְהוָה צְבָאוֹת דכות̇ ב̇ מ̇ ח̇. ג̇3. כט̇ חס̇ בנביא4. ז̇5 וכל מלאכי דכות̇ ב̇ מ̇ ג̇
כו̇ שׁוּבוּ אֵלַי aנְאֻם יְהוָה צְבָאוֹתa
ל̇ וְאָשׁוּב אֲלֵיכֶם אָמַר יְהוָה צְבָאוֹתb׃

[10] Mp sub loco. [11] Mm 1905. [12] Mm 915. [13] Mm 3139. [14] Mm 3140. [15] Mm 2903. [16] Mm 3136. [17] Mm 3141.
Cp 1 [1] Mm 791. [2] Mm 1586. [3] Mm 2566. [4] Mm 1954. [5] Mm 2379.

18 $^{a-a}$ add, gl ‖ $^{b-b}$ add ‖ **19** ^{a} prb l מְגָרַע deminutio, al ins נִגְרַע ‖ $^{b-b}$ add? ‖ **21** ^{a} 𝔊$^{-V}$ + *καὶ τὴν θάλασσαν καὶ τὴν ξηράν* cf 6 ‖ **22** ^{a} prb dl, var lect ‖ $^{b-b}$ frt gl ‖ **23** $^{a-a}$ add?
Cp 1,1 ^{a} exc dies mensis? cf 𝔖 ‖ $^{b-b}$ add? cf Esr 5,1 6,14 et 𝔊 *Ζαχαρίαν τὸν τοῦ Βαραχίου υἱὸν Αδδω* ‖ **2** ^{a} 𝔊(𝔖^{W}) + *μεγάλην*; exc nonn vb ‖ **3** $^{a-a}$ > 𝔊* ‖ ^{b} > 𝔊*.

4 אַל־תִּהְיוּ כַאֲבֹתֵיכֶם אֲשֶׁר קָרְאוּ־אֲלֵיהֶם הַנְּבִיאִים הָרִאשֹׁנִים לֵאמֹר 4
כֹּה אָמַר יְהוָה צְבָאוֹת שׁוּבוּ נָא מִדַּרְכֵיכֶם הָרָעִים וּמַעֲלְלֵיכֶם[a]
הָרָעִים וְלֹא שָׁמְעוּ וְלֹא־הִקְשִׁיבוּ אֵלַי נְאֻם־יְהוָה׃
5 אֲבוֹתֵיכֶם אַיֵּה־הֵם וְהַנְּבִאִים הַלְעוֹלָם יִחְיוּ׃
6 אַךְ ׀ דְּבָרַי וְחֻקַּי אֲשֶׁר צִוִּיתִי אֶת־עֲבָדַי הַנְּבִיאִים
הֲלוֹא הִשִּׂיגוּ אֲבֹתֵיכֶם[a]
וַיָּשׁוּבוּ וַיֹּאמְרוּ כַּאֲשֶׁר זָמַם יְהוָה צְבָאוֹת לַעֲשׂוֹת לָנוּ כִּדְרָכֵינוּ
וּכְמַעֲלָלֵינוּ כֵּן עָשָׂה אִתָּנוּ׃ ס

7 בְּיוֹם עֶשְׂרִים וְאַרְבָּעָה לְעַשְׁתֵּי־עָשָׂר חֹדֶשׁ [a]הוּא־חֹדֶשׁ שְׁבָט[a] 7
בִּשְׁנַת שְׁתַּיִם לְדָרְיָוֶשׁ הָיָה דְבַר־יְהוָה אֶל־זְכַרְיָה [b]בֶּן־בֶּרֶכְיָהוּ[b] בֶּן־
עִדּוֹא הַנָּבִיא לֵאמֹר׃ 8 רָאִיתִי ׀ הַלַּיְלָה וְהִנֵּה־אִישׁ רֹכֵב עַל־סוּס 8
אָדֹם וְהוּא עֹמֵד בֵּין הַהֲדַסִּים[a] [b]אֲשֶׁר בַּמְּצֻלָה[b] וְאַחֲרָיו סוּסִים אֲדֻמִּים[c]
שְׂרֻקִּים[d] וּלְבָנִים׃ 9 וָאֹמַר מָה־אֵלֶּה אֲדֹנִי [a]וַיֹּאמֶר אֵלַי הַמַּלְאָךְ 9
הַדֹּבֵר בִּי אֲנִי אַרְאֶךָּ מָה־הֵמָּה אֵלֶּה׃[a] 10 וַיַּעַן [a]הָאִישׁ הָעֹמֵד בֵּין־ 10
הַהֲדַסִּים[a] וַיֹּאמַר אֵלֶּה אֲשֶׁר שָׁלַח יְהוָה לְהִתְהַלֵּךְ בָּאָרֶץ׃ 11 וַיַּעֲנוּ[a] 11
[b]אֶת־מַלְאַךְ יְהוָה הָעֹמֵד בֵּין הַהֲדַסִּים[b] וַיֹּאמְרוּ הִתְהַלַּכְנוּ בָאָרֶץ
וְהִנֵּה כָל־הָאָרֶץ יֹשֶׁבֶת וְשֹׁקָטֶת׃ 12 וַיַּעַן [a]מַלְאַךְ־יְהוָה[a] וַיֹּאמַר יְהוָה 12
צְבָאוֹת עַד־מָתַי אַתָּה לֹא־תְרַחֵם אֶת־יְרוּשָׁלִַם וְאֵת עָרֵי יְהוּדָה אֲשֶׁר
זָעַמְתָּה זֶה שִׁבְעִים שָׁנָה׃ 13 וַיַּעַן יְהוָה אֶת־הַמַּלְאָךְ הַדֹּבֵר בִּי דְּבָרִים 13
טוֹבִים דְּבָרִים נִחֻמִים׃ 14 וַיֹּאמֶר אֵלַי הַמַּלְאָךְ הַדֹּבֵר בִּי קְרָא לֵאמֹר 14
כֹּה אָמַר יְהוָה צְבָאוֹת
קִנֵּאתִי לִירוּשָׁלִַם וּלְצִיּוֹן[a] קִנְאָה גְדוֹלָה׃
15 וְקֶצֶף גָּדוֹל אֲנִי קֹצֵף עַל־הַגּוֹיִם הַשַּׁאֲנַנִּים
אֲשֶׁר אֲנִי קָצַפְתִּי מְּעָט וְהֵמָּה עָזְרוּ לְרָעָה׃

כ׳ · ומעלליכם ק · ז[6] מל ג מנה בסיפ וכל יהושע שפטים מלכים ירמיה יחזק וכתיב דכות ב מ ח. ל חס בסיפ. ז[7] · ב[8] · ו מל בנביא · ל · ד · ל מל בסיפ וכל עזרא דכות[9] · ד. ל וחס · ב[10] · צא · ה[11]. ח חס[12]. צא · ז[13] · ל מל[14] · ב וחס ו[15] · ב[16] · ה[17]. ג · ז קמ וכל אתנח וס״פ דכות[18]

[6] Mm 1586. [7] Mm 1294. [8] Mm 3142. [9] Mm 3143. [10] Mm 80. [11] Mm 1825. [12] Mm 2184. [13] Mm 1936. [14] Mm 1713. [15] Mm 2419. [16] Mm 3346. [17] Mm 2453. [18] Mm 1208.

4 [a] frt l c mlt Mss וּמִמַּעַלְלֵיכֶם (hpgr cf 𝔊𝔖𝔗[f Edd]𝔙) ‖ **6** [a] l אֶתְכֶם ‖ **7** [a–a] frt add ‖ [b–b] cf 1[b–b] ‖ **8** [a] 𝔊 *τῶν ὀρέων* = הֶהָרִים id 10.11, l 𝔐 ‖ [b–b] 𝔊(𝔖) *τῶν κατασκίων* = אֲשֶׁר בַּמְּצִלָּה, l 𝔐 ‖ [c] 𝔊* + *καὶ ψαροί* = וַאֲמֻצִּים (cf 6,3.7) an ortum ex *πυρροί*? ‖ [d] prb ins שְׁחֹרִים ‖ **9** [a–a] cf 10[a–a] ‖ **10** [a–a] frt add (gl), al 9b add hab ‖ **11** [a] prp sg ‖ [b–b] prb add, gl; prp הָאִישׁ cf [a] ‖ **12** [a–a] prb add, gl ‖ **14** [a] prb dl m cs, var lect.

16 לָכֵ֞ן כֹּֽה־אָמַ֣ר יְהוָ֗ה[a]
שַׁ֤בְתִּי לִירוּשָׁלִַ֙ם֙ בְּֽרַחֲמִ֔ים בֵּיתִי֙ יִבָּ֣נֶה בָּ֔הּ
[b]נְאֻ֖ם יְהוָ֣ה צְבָא֑וֹת[b] וְקָוֶה֙ יִנָּטֶ֣ה עַל־יְרוּשָׁלִָֽם׃
17 ע֣וֹד ׀ קְרָ֣א לֵאמֹ֗ר
כֹּ֤ה אָמַר֙ יְהוָ֣ה צְבָא֔וֹת ע֛וֹד תְּפוּצֶ֥ינָה עָרַ֖י מִטּ֑וֹב
וְנִחַ֨ם[a] יְהוָ֥ה עוֹד֙ אֶת־צִיּ֔וֹן וּבָחַ֥ר ע֖וֹד בִּירוּשָׁלִָֽם׃ ס

2 1 וָאֶשָּׂ֥א אֶת־עֵינַ֖י וָאֵ֑רֶא וְהִנֵּ֖ה אַרְבַּ֥ע קְרָנֽוֹת׃ 2 וָאֹמַ֗ר אֶל־
הַמַּלְאָ֛ךְ הַדֹּבֵ֥ר בִּ֖י מָה־אֵ֑לֶּה[a] וַיֹּ֣אמֶר אֵלַ֗י אֵ֤לֶּה הַקְּרָנוֹת֙ אֲשֶׁ֣ר זֵר֣וּ
3 אֶת־יְהוּדָ֔ה[b c] אֶת־יִשְׂרָאֵ֖ל[c] וִירוּשָׁלִָֽם׃[b d] ס 3 וַיַּרְאֵ֣נִי יְהוָ֔ה אַרְבָּעָ֖ה
4 חָרָשִֽׁים׃ 4 וָאֹמַ֕ר מָ֛ה אֵ֥לֶּה בָאִ֖ים לַעֲשׂ֑וֹת וַיֹּ֣אמֶר לֵאמֹ֗ר אֵ֣לֶּה[a] הַקְּרָנ֞וֹת
אֲשֶׁר־זֵ֣רוּ אֶת־יְהוּדָ֗ה כְּפִי־אִישׁ֙ לֹא־נָשָׂ֣א רֹאשׁ֔וֹ[a] וַיָּבֹ֣אוּ[b] אֵ֗לֶּה[b]
[c]לְהַחֲרִ֣יד אֹתָ֔ם[c] לְיַדּ֞וֹת אֶת־קַרְנ֣וֹת הַגּוֹיִ֗ם הַנֹּשְׂאִ֥ים קֶ֛רֶן אֶל־אֶ֥רֶץ
יְהוּדָ֖ה לְזָרוֹתָֽהּ׃ ס
5 וָאֶשָּׂ֥א עֵינַ֛י וָאֵ֖רֶא וְהִנֵּה־אִ֑ישׁ וּבְיָד֖וֹ חֶ֥בֶל מִדָּֽה׃ 6 וָאֹמַ֖ר[a] אָ֣נָה
אַתָּ֣ה[b] הֹלֵ֑ךְ וַיֹּ֣אמֶר אֵלַ֗י לָמֹד֙ אֶת־יְרוּשָׁלִַ֔ם לִרְא֥וֹת כַּמָּה־רָחְבָּ֖הּ
7 וְכַמָּ֥ה אָרְכָּֽהּ׃ 7 וְהִנֵּ֗ה הַמַּלְאָ֛ךְ הַדֹּבֵ֥ר בִּ֖י יֹצֵ֑א[a] וּמַלְאָ֣ךְ אַחֵ֔ר יֹצֵ֖א
8 לִקְרָאתֽוֹ׃ 8 וַיֹּ֣אמֶר אֵלָ֔ו רֻ֗ץ דַּבֵּ֛ר אֶל־הַנַּ֥עַר הַלָּ֖ז לֵאמֹ֑ר
פְּרָזוֹת֙ תֵּשֵׁ֣ב יְרוּשָׁלִַ֔ם מֵרֹ֥ב אָדָ֛ם וּבְהֵמָ֖ה בְּתוֹכָֽהּ׃
9 וַאֲנִ֤י אֶֽהְיֶה־לָּהּ֙[a] נְאֻם־יְהוָ֔ה[a] ח֖וֹמַת אֵ֣שׁ סָבִ֑יב
וּלְכָב֖וֹד אֶהְיֶ֥ה בְתוֹכָֽהּ׃ פ
10 ה֣וֹי ה֗וֹי וְנֻ֛סוּ מֵאֶ֥רֶץ צָפ֖וֹן נְאֻם־יְהוָ֑ה
[a]כִּ֞י כְּאַרְבַּ֨ע רוּח֧וֹת הַשָּׁמַ֛יִם פֵּרַ֥שְׂתִּי[b] אֶתְכֶ֖ם נְאֻם־יְהוָֽה׃[a]
11 ה֥וֹי צִיּ֖וֹן[a] הִמָּלְטִ֑י יוֹשֶׁ֖בֶת בַּת־בָּבֶֽל׃[a] ס

ג̇ בטע̇ בסיפ̇ . כ̇[19]
ה̇ שובה לירושלם[20]
כו̇ . יקו ק̇
ל̇ כת̇ כן
ו̇ פת̇ וכל ישעיה דכות[21]
ב̇
ב̇
כו̇ פסוק את את ומילה חדה ביניה̇ יט̇ מנה בנביא
ב̇ . לב̇ בנביא
ל̇
ל̇
ב̇ בתרי לישנ̇[1]
ב̇ ר״פ בסיפ̇
אליו̇[2] ק̇ חד מן ג̇ כת̇ כן בליש̇ . ב̇ חס̇[3]
ג̇[4]
סז̇ ר״פ
ל̇ בסיפ̇
ד̇[5] . ג̇[6]

[19] Mm 2168. [20] Mm 3963. [21] Mm 1775. Cp 2 [1] Mm 2527. [2] Q addidi, cf Mp sub loco. [3] Mm 1645. [4] Mm 2947. [5] Mm 3144. [6] Mm 3434.

16 [a] Ms 𝔖 + צבאות ‖ [b–b] > 2 Mss, dl vel potius tr ad fin ‖ **17** [a] 𝔊 *καὶ ἐλεήσει* = וְרִחַם? ‖ **Cp 2,2** [a] 𝔊(𝔖) + *κύριε* cf 1,9 ‖ [b–b] var lect an tot dl? cf fin 4 ‖ [c–c] > Ms 𝔊*, dl? ‖ [d] sic L, mlt Mss Edd לָ͏ִם–; > Ms ‖ **4** [a–a] crrp, ortum ex 2b cf 𝔊, dl (dttg) ‖ [b–b] prb l בָּאוּ ‖ [c–c] var lect vel gl ad vb sqq ‖ **6** [a] 𝔊(𝔖) + *πρὸς αὐτόν* ‖ [b] frt l זֶה vel הוּא ‖ **7** [a] 𝔊 *εἱστήκει*, frt l עֹמֵד ‖ **9** [a–a] dl m cs? ‖ **10** [a–a] add ‖ [b] 𝔊 *συνάξω* = כִּנַּשְׂתִּי? ‖ **11** [a–a] frt l (בַּת) המלטו יֹשְׁבֵי אֶת cf 𝔊.

12 כִּי כֹה אָמַר יְהוָה צְבָאוֹת ᵃ⁻ᵇאַחַר כָּבוֹדᵇ שְׁלָחַנִיᵃ אֶלᶜ־ ה̇ בטע בסיפ⁷. ה̇
[הַגּוֹיִם הַשֹּׁלְלִים אֶתְכֶם ל̇
ᵈכִּי הַנֹּגֵעַ בָּכֶם נֹגֵעַ בְּבָבַת עֵינוֹᵈᵉ׃ ל̇. ט⁸
13 כִּי הִנְנִי מֵנִיף אֶת־יָדִי עֲלֵיהֶם וְהָיוּ שָׁלָל לְעַבְדֵיהֶם ל̇
ᵃוִידַעְתֶּם כִּי־יְהוָה צְבָאוֹת שְׁלָחָנִיᵃ׃ ס
14 רָנִּי וְשִׂמְחִי בַּת־צִיּוֹן
כִּי הִנְנִי־בָא וְשָׁכַנְתִּי בְתוֹכֵךְ נְאֻם־יְהוָה׃
15 וְנִלְווּ גוֹיִם רַבִּים אֶל־יְהוָה בַּיּוֹם הַהוּא וְהָיוּ לִיᵃ לְעָם ד⁹. ב¹⁰
וְשָׁכַנְתִּיᵇ בְתוֹכֵךְ ᶜוְיָדַעַתְּ כִּי־יְהוָה צְבָאוֹת שְׁלָחַנִי אֵלָיִךְᶜ׃ ז¹¹. כט
16 וְנָחַל יְהוָה אֶת־יְהוּדָה חֶלְקוֹ עַל אַדְמַת הַקֹּדֶשׁ וּבָחַר ל¹²
עוֹד בִּירוּשָׁלִָם׃
17 הַס כָּל־בָּשָׂר מִפְּנֵי יְהוָה כִּי נֵעוֹר מִמְּעוֹן קָדְשׁוֹ׃ ס ל̇

3 **3** 1 וַיַּרְאֵנִי אֶת־יְהוֹשֻׁעַ הַכֹּהֵן הַגָּדוֹל עֹמֵד לִפְנֵי מַלְאַךְ יְהוָה
2 וְהַשָּׂטָן עֹמֵד עַל־יְמִינוֹ לְשִׂטְנוֹ׃ 2 וַיֹּאמֶר יְהוָהᵃ אֶל־הַשָּׂטָן יִגְעַר יְהוָה ל¹. ל̇. ל̇
בְּךָ הַשָּׂטָן וְיִגְעַר יְהוָה בְּךָ הַבֹּחֵר בִּירוּשָׁלִָם הֲלוֹא זֶה אוּד מֻצָּל מֵאֵשׁ׃ ל̇. ל̇. יד בטע². ב³
3 4 3 וִיהוֹשֻׁעַ הָיָה לָבֻשׁ בְּגָדִים צוֹאִים ᵃוְעֹמֵד לִפְנֵי הַמַּלְאָךְᵃ׃ 4 וַיַּעַן ל̇
וַיֹּאמֶר אֶל־הָעֹמְדִים לְפָנָיו לֵאמֹר הָסִירוּ הַבְּגָדִים הַצֹּאִים מֵעָלָיו יא בתור ובנביא. ל̇ בסיפ
ᵃוַיֹּאמֶר אֵלָיו רְאֵה הֶעֱבַרְתִּי מֵעָלֶיךָ עֲוֺנֶךָᵃ ᵇוְהַלְבֵּשׁ אֹתְךָᵇ מַחֲלָצוֹת׃ ל̇
5 5 ᵃוָאֹמַר יָשִׂימוּᵃ צָנִיף טָהוֹר עַל־רֹאשׁוֹ וַיָּשִׂימוּ הַצָּנִיף הַטָּהוֹר עַל־ ל̇. לב בנביא. לה. ל̇
6 רֹאשׁוֹ ᵇוַיַּלְבִּשֻׁהוּ בְּגָדִיםᵇ ᶜוּמַלְאַךְ יְהוָה עֹמֵדᶜ׃ 6 וַיָּעַד מַלְאַךְ יְהוָה לב בנביא. ד⁴ חס ול בליש. ב⁵
7 בִּיהוֹשֻׁעַ לֵאמֹר׃ 7 כֹּה־אָמַר יְהוָה צְבָאוֹת ל̇. ב בטע בסיפ⁶
אִם־בִּדְרָכַי תֵּלֵךְ וְאִם אֶת־מִשְׁמַרְתִּי תִשְׁמֹר

⁷Mm 3166. ⁸Mm 3145. ⁹Mm 3146. ¹⁰Mm 2740. ¹¹Mm 2392. ¹²Mm 3147. **Cp 3** ¹Mm 3148. ²Mm 3948. ³Mm 3149. ⁴Mm 3833. ⁵Mm 2146. ⁶Mm 3150.

12 ᵃ⁻ᵃ crrp; add? prp אֲנִי שְׁלָחַ׳א׳ כ ‖ ᵇ⁻ᵇ prp אֲשֶׁר כְּבוֹדוֹ ‖ ᶜ = עַל ‖ ᵈ⁻ᵈ add? ‖ ᵉ Tiq soph pro עֵינִי cf 𝔊ᵂ Tert 𝔙 ‖ **13** ᵃ⁻ᵃ prb add ‖ **15** ᵃ 𝔊(𝔖) *αὐτῷ*, l לוֹ ‖ ᵇ 𝔊(𝔖 3sg) *καὶ κατασκηνώσουσιν*, prb l וְשָׁכְנוּ; al ושׁ׳ בת׳ add hab (> Ms) ‖ ᶜ⁻ᶜ prb add ‖ **Cp 3,2** ᵃ 𝔖 *ml'kh dmrj'*, l מַלְאַךְ יהוה ‖ **3** ᵃ⁻ᵃ frt dl ‖ **4** ᵃ⁻ᵃ nonn tr post 5 ‖ ᵇ⁻ᵇ 𝔊 *καὶ ἐνδύσατε αὐτόν*, l aut וְהַלְבִּשׁוּ אֹתוֹ aut potius וַיַּלְבִּשׁוּ אֹתוֹ ‖ **5** ᵃ⁻ᵃ 𝔙 *Et dixit: Ponite*, prb l וַיֹּאמֶר שִׂימוּ cf 𝔖𝔗; al dl ואמר et l וְשִׂימוּ cf 𝔊 *καὶ ἐπίθετε* ‖ ᵇ⁻ᵇ prb dl cf 4ᵇ⁻ᵇ ‖ ᶜ⁻ᶜ add?

וְגַם־אַתָּה תָּדִין אֶת־בֵּיתִי וְגַם תִּשְׁמֹר אֶת־חֲצֵרָי ג׳[7]. ב
וְנָתַתִּי לְךָ מַהְלְכִים[a] בֵּין הָעֹמְדִים הָאֵלֶּה׃ [לְפָנֶיךָ ל׳. יא בתור ובנביא
8 שְׁמַע־נָא יְהוֹשֻׁעַ ׀ הַכֹּהֵן הַגָּדוֹל אַתָּה וְרֵעֶיךָ הַיֹּשְׁבִים ב מל בנביא[8]
כִּי־אַנְשֵׁי מוֹפֵת הֵמָּה[a] כִּי־הִנְנִי מֵבִיא אֶת־עַבְדִּי צֶמַח׃
9 כִּי ׀ הִנֵּה הָאֶבֶן אֲשֶׁר נָתַתִּי[a] לִפְנֵי יְהוֹשֻׁעַ[a] עַל־אֶבֶן אַחַת
[שִׁבְעָה עֵינָיִם הִנְנִי מְפַתֵּחַ פִּתֻּחָהּ נְאֻם יְהוָה צְבָאוֹת ל. כו [כח
וּמַשְׁתִּי אֶת־עֲוֺן הָאָרֶץ־הַהִיא בְּיוֹם אֶחָד׃ ל
10 בַּיּוֹם[a] הַהוּא נְאֻם יְהוָה צְבָאוֹת תִּקְרְאוּ אִישׁ לְרֵעֵהוּ אֶל־ כו. ל בסיפ
תַּחַת גֶּפֶן וְאֶל־תַּחַת תְּאֵנָה׃

4 1 וַיָּשָׁב הַמַּלְאָךְ הַדֹּבֵר בִּי וַיְעִירֵנִי כְּאִישׁ אֲשֶׁר־יֵעוֹר מִשְּׁנָתוֹ׃ ל. כ׳
ס 2 וַיֹּאמֶר אֵלַי מָה אַתָּה רֹאֶה וָיֹּאמַר[a] רָאִיתִי ׀ וְהִנֵּה מְנוֹרַת זָהָב כֻּלָּהּ ואמר ק חד מן ד[2] כת כן וקר ב מל
וְגֻלָּהּ[b] עַל־רֹאשָׁהּ וְשִׁבְעָה נֵרֹתֶיהָ[c] עָלֶיהָ שִׁבְעָה[d] וְשִׁבְעָה מוּצָקוֹת ל. ז. ח פסוק דמיין[1]. ל
3 לַנֵּרוֹת אֲשֶׁר עַל־רֹאשָׁהּ׃ 3 וּשְׁנַיִם זֵיתִים עָלֶיהָ אֶחָד [a]מִימִין הַגֻּלָּה[a] ל. ז
4 וְאֶחָד עַל־שְׂמֹאלָהּ׃ 4 וָאַעַן וָאֹמַר אֶל־הַמַּלְאָךְ הַדֹּבֵר בִּי לֵאמֹר ג ב מל וחד חס[5]
5 מָה־אֵלֶּה אֲדֹנִי׃ 5 וַיַּעַן הַמַּלְאָךְ הַדֹּבֵר בִּי וַיֹּאמֶר אֵלַי הֲלוֹא יָדַעְתָּ
6 מָה־הֵמָּה אֵלֶּה וָאֹמַר לֹא אֲדֹנִי׃ 6 וַיַּעַן וַיֹּאמֶר אֵלַי לֵאמֹר[a]
זֶה דְּבַר־יְהוָה אֶל־זְרֻבָּבֶל לֵאמֹר
לֹא בְחַיִל וְלֹא בְכֹחַ כִּי אִם־בְּרוּחִי ל. ל
אָמַר יְהוָה צְבָאוֹת׃ ז[6] וכל מלאכי דכות ב מ ג
7 מִי־[a]אַתָּה הַר־הַגָּדוֹל[a] לִפְנֵי זְרֻבָּבֶל לְמִישֹׁר
[b]וְהוֹצִיא אֶת־הָאֶבֶן[b] הָרֹאשָׁה תְּשֻׁאוֹת חֵן ׀ חֵן לָהּ׃ פ ל. ד כת כן[7]
8 וַיְהִי דְבַר־יְהוָה אֵלַי לֵאמֹר׃
9 יְדֵי זְרֻבָּבֶל יִסְּדוּ הַבַּיִת הַזֶּה וְיָדָיו תְּבַצַּעְנָה ל. ד. ל
[a]וְיָדַעְתָּ[b] כִּי־יְהוָה צְבָאוֹת שְׁלָחַנִי אֲלֵיכֶם׃[a]

[7] Mm 142. [8] Mm 1762. **Cp 4** [1] Mm 1514. [2] Mm 3960. [3] Mp sub loco. [4] Mm 3838. [5] Mm 3576. [6] Mm 2379. [7] Mm 2282.

7 [a] l מַהֲלָכִים || **8** [a] 𝔖 2 pl || **9** [a–a] frt l לְפָנֶיךָ, prp לְפָנָיו || **10** [a] 10 prb add || **Cp 4,2** [a] ℭ mlt Mss Vrs ut Q || [b] l c mlt Mss 𝔊𝔖𝔗 וְגֻלָּה || [c] 𝔊(𝔖) *λύχνοι*, prb l נֵרוֹת || [d] > 𝔊, dl || **3** [a–a] prb l מִימִינָהּ cf 11 || **6** [a] cf 10[b] || **7** [a–a] l אַתְּ הָהָר || [b–b] 𝔊* *καὶ ἐξοίσω τὸν λίθον (τῆς κληρονομίας)*, prp וְהוֹצֵאתִי אבן || **9** [a–a] prb add || [b] l c ℭ pc Mss 𝔖𝔗𝔙 וִידַעְתֶּם (cf אליכם).

10 כִּי מִי בַז לְיוֹם קְטַנּוֹת וְשָׂמְחוּ וְרָאוּ אֶת־הָאֶבֶן הַבְּדִיל[a] ל̇ בסיפ̇ . ל̇
בְּיַד זְרֻבָּבֶל שִׁבְעָה־[b]
אֵלֶּה עֵינֵי יְהוָה הֵמָּה מְשׁוֹטְטִים בְּכָל־הָאָרֶץ׃ 11 וָאַעַן וָאֹמַר אֵלָיו 11 ל̇
מַה־שְּׁנֵי הַזֵּיתִים הָאֵלֶּה[a] עַל־יְמִין הַמְּנוֹרָה וְעַל־שְׂמֹאולָהּ׃ 12 [a]וָאַעַן 12 ל̇ . ג̇ ב מל וחד חס[8]
שֵׁנִית וָאֹמַר אֵלָיו מַה־שְׁתֵּי שִׁבֲּלֵי הַזֵּיתִים [b]אֲשֶׁר בְּיַד שְׁנֵי צַנְתְּרוֹת ל̇ . ל̇
הַזָּהָב הַמְרִיקִים מֵעֲלֵיהֶם הַזָּהָב[b]׃ 13 וַיֹּאמֶר אֵלַי לֵאמֹר הֲלוֹא יָדַעְתָּ 13 ל̇
מָה־אֵלֶּה וָאֹמַר לֹא אֲדֹנִי׃ 14 וַיֹּאמֶר אֵלֶּה שְׁנֵי בְנֵי־הַיִּצְהָר הָעֹמְדִים 14 יא̇ בתור̇ ובנביא
עַל־אֲדוֹן כָּל־הָאָרֶץ׃
5 1 וָאָשׁוּב וָאֶשָּׂא עֵינַי וָאֶרְאֶה וְהִנֵּה מְגִלָּה עָפָה׃ 2 וַיֹּאמֶר אֵלַי 5 ג̇[1]
מָה אַתָּה רֹאֶה וָאֹמַר אֲנִי רֹאֶה מְגִלָּה עָפָה אָרְכָּהּ עֶשְׂרִים בָּאַמָּה ד̇[2]
וְרָחְבָּהּ עֶשֶׂר בָּאַמָּה׃ 3 וַיֹּאמֶר אֵלַי זֹאת הָאָלָה הַיּוֹצֵאת עַל־פְּנֵי 3 ה̇ מל
כָל־הָאָרֶץ כִּי כָל־הַגֹּנֵב מִזֶּה[a] כָּמוֹהָ נִקָּה וְכָל־הַנִּשְׁבָּע[b] מִזֶּה[a] כָּמוֹהָ יג̇ פסוק כל כל וכל . ד̇[3]
נִקָּה׃

4 הוֹצֵאתִיהָ נְאֻם יְהוָה צְבָאוֹת ל̇ . כו̇
וּבָאָה אֶל־בֵּית הַגַּנָּב וְאֶל־בֵּית הַנִּשְׁבָּע בִּשְׁמִי לַשָּׁקֶר יא̇[4] ג̇ מנה̇ בסיפ̇ . יא̇[4] ג̇ מנה̇ בסיפ̇
וְלָנֶה בְּתוֹךְ בֵּיתוֹ וְכִלַּתּוּ וְאֶת־עֵצָיו וְאֶת־אֲבָנָיו׃ ל̇ . ל̇ . ב̇ . ל̇

5 וַיֵּצֵא הַמַּלְאָךְ הַדֹּבֵר בִּי וַיֹּאמֶר אֵלַי שָׂא נָא עֵינֶיךָ וּרְאֵה[a] מָה 5
הַיּוֹצֵאת[a] הַזֹּאת׃ 6 וָאֹמַר מַה־הִיא וַיֹּאמֶר זֹאת [a]הָאֵיפָה הַיּוֹצֵאת[a] 6 ה̇ מל . ד̇[5]
[b]וַיֹּאמֶר זֹאת[b] עֵינָם[c] בְּכָל־הָאָרֶץ׃ 7 וְהִנֵּה כִּכַּר עֹפֶרֶת נִשֵּׂאת וְזֹאת[a] 7 ב̇[6] . ב̇ ר״פ בסיפ̇ . ד̇ חס̇ . ג̇[7] . כה̇
אִשָּׁה אַחַת יוֹשֶׁבֶת בְּתוֹךְ הָאֵיפָה׃ 8 וַיֹּאמֶר זֹאת הָרִשְׁעָה וַיַּשְׁלֵךְ אֹתָהּ 8 ו̇[8] זקף פת̇ וכל חקה מדה שנה תורה וא ס פ̇ דכות̇ ב מ״א
אֶל־תּוֹךְ הָאֵיפָה וַיַּשְׁלֵךְ אֶת־אֶבֶן הָעֹפֶרֶת אֶל־פִּיהָ׃ ס 9 וָאֶשָּׂא 9 ל̇ . ס[9]
עֵינַי וָאֵרֶא וְהִנֵּה שְׁתַּיִם נָשִׁים יוֹצְאוֹת וְרוּחַ בְּכַנְפֵיהֶם וְלָהֵנָּה כְנָפַיִם ג̇[10] . ב̇ מל[11] . ה̇[12]
כְּכַנְפֵי הַחֲסִידָה וַתִּשֶּׂאנָה אֶת־הָאֵיפָה בֵּין הָאָרֶץ וּבֵין הַשָּׁמָיִם׃ ל̇ . ב̇

[8] Mm 3576. **Cp 5** [1] Mm 3151. [2] Mm 2960. [3] Mm 588. [4] Mm 324. [5] Mm 908. [6] Mm 2256. [7] Mm 3152. [8] Mm 492. [9] L lectio def contra Mp Sach 5,7, cf Mp sub loco. [10] Mm 1886. [11] Mm 3153. [12] Mm 2769.

10 [a] crrp? sed cf 7 הראשה ‖ [b] abhinc usque ad fin 14 cj c 6aα (cf 6[a]); tr ad זרבבל ‖ **11** [a] sic L, mlt Mss Edd לה– ‖ **12** [a] 12 add ‖ [b–b] crrp; prp al אשר ביד שני צנתרות הזהב המריקים מעליהם הַיִּצְהָר (pro הזהב[2]), al ביד מְרִיקִים מעליהם אֶת־הַיִּצְהָר לְנֵרוֹת הזהב שני צנתרות הזהב ‖ **Cp 5,3** [a] prp מִי זֶה ‖ [b] ins לַשָּׁקֶר (בִּשְׁמִי) cf 4 ‖ **5** [a–a] prb l הָאֵיפָה היוצאת cf 6[a–a] ‖ **6** [a–a] dl (textus emendatus pro 5[a–a]) ‖ [b–b] add ‖ [c] l c Ms 𝔊𝔖 עֲוֹנָם ‖ **7** [a] 𝔊 *καὶ ἰδού.*

10 וָאֹמַר אֶל־הַמַּלְאָךְ הַדֹּבֵר בִּי אָנָה הֵמָּה מוֹלִכוֹת אֶת־הָאֵיפָה׃ ו̇¹³ חס̇ י̇ ו̇ל̇ בליש
11 וַיֹּאמֶר אֵלַי לִבְנוֹת־לָהּ בַיִת בְּאֶרֶץ שִׁנְעָר[a] וְהוּכַן וְהֻנִּיחָה[b] שָׁם עַל־ ג̇ ל̇א מפק̇ ה¹⁴. ג̇ ב̇ מל̇ וחד̇ חס̇¹⁵. ל̇
מְכֻנָתָהּ׃ ס

6 1 וָאָשֻׁב וָאֶשָּׂא עֵינַי וָאֶרְאֶה וְהִנֵּה אַרְבַּע מַרְכָּבוֹת יֹצְאוֹת מִבֵּין ג̇¹
2 שְׁנֵי הֶהָרִים וְהֶהָרִים הָרֵי נְחֹשֶׁת׃ 2 בַּמֶּרְכָּבָה הָרִאשֹׁנָה סוּסִים אֲדֻמִּים ל̇. ח̇
3 וּבַמֶּרְכָּבָה הַשֵּׁנִית סוּסִים שְׁחֹרִים׃ 3 וּבַמֶּרְכָּבָה הַשְּׁלִשִׁית סוּסִים
4 לְבָנִים וּבַמֶּרְכָּבָה הָרְבִעִית סוּסִים בְּרֻדִּים אֲמֻצִּים[a]׃ 4 וָאַעַן וָאֹמַר ל̇. ל̇
5 אֶל־הַמַּלְאָךְ הַדֹּבֵר בִּי מָה־אֵלֶּה אֲדֹנִי׃ 5 וַיַּעַן הַמַּלְאָךְ וַיֹּאמֶר אֵלָי
אֵלֶּה אַרְבַּע רֻחוֹת הַשָּׁמַיִם יוֹצְאוֹת מֵהִתְיַצֵּב עַל־אֲדוֹן כָּל־הָאָרֶץ׃ ב̇ מל̇². ב̇
6 [a]אֲשֶׁר־בָּהּ הַסּוּסִים[a] הַשְּׁחֹרִים יֹצְאִים אֶל־אֶרֶץ צָפוֹן וְהַלְּבָנִים יָצְאוּ
7 [b]אֶל־אַחֲרֵיהֶם[b] וְהַבְּרֻדִּים יָצְאוּ אֶל־אֶרֶץ הַתֵּימָן׃ 7 [a]וְהָאֲמֻצִּים ג̇ בליש. ל̇
יָצְאוּ[a] וַיְבַקְשׁוּ לָלֶכֶת לְהִתְהַלֵּךְ[b] בָּאָרֶץ וַיֹּאמֶר לְכוּ הִתְהַלְּכוּ בָאָרֶץ יב̇ סביר̇. ל̇
8 וַתִּתְהַלַּכְנָה בָּאָרֶץ׃ 8 וַיַּזְעֵק אֹתִי וַיְדַבֵּר אֵלַי לֵאמֹר רְאֵה הַיּוֹצְאִים ל̇. ד̇ מל̇
אֶל־אֶרֶץ צָפוֹן הֵנִיחוּ אֶת־רוּחִי[a] בְּאֶרֶץ צָפוֹן׃ ס

9 וַיְהִי דְבַר־יְהוָה אֵלַי לֵאמֹר׃ 10 לָקוֹחַ מֵאֵת[a] הַגּוֹלָה מֵחֶלְדַּי ד̇³. ל̇
וּמֵאֵת טוֹבִיָּה וּמֵאֵת יְדַעְיָה [b]וּבָאתָ אַתָּה בַּיּוֹם הַהוּא[b] [c]וּבָאתָ בֵּית[c] ז̇ בטע̇⁴. ג̇ בטע̇⁵
11 יֹאשִׁיָּה בֶן־צְפַנְיָה אֲשֶׁר־בָּאוּ מִבָּבֶל׃ 11 וְלָקַחְתָּ כֶסֶף־וְזָהָב וְעָשִׂיתָ כ̇ו̇ פסוק̇ דאית בהון א״ב
12 עֲטָרוֹת[a] וְשַׂמְתָּ בְּרֹאשׁ [b]יְהוֹשֻׁעַ בֶּן־יְהוֹצָדָק הַכֹּהֵן הַגָּדוֹל[b]׃ 12 וְאָמַרְתָּ לה̇⁶
אֵלָיו לֵאמֹר כֹּה אָמַר יְהוָה צְבָאוֹת לֵאמֹר[a]

הִנֵּה־אִישׁ[b] צֶמַח שְׁמוֹ וּמִתַּחְתָּיו יִצְמָח ב̇⁷. ל̇. ל̇ זקף קמ̇
[c]וּבָנָה אֶת־הֵיכַל יְהוָה[c]׃ [עַל־כִּסְאוֹ
13 וְ֠הוּא יִבְנֶה אֶת־הֵיכַל יְהוָה וְהוּא־יִשָּׂא הוֹד [a]וְיָשַׁב וּמָשַׁל[a] ל̇ג̇ ר״פ וחד מן ז̇⁸ פסוק והוא והוא. ל̇ז̇. ג̇⁹

¹³Mm 1871. ¹⁴Mm 3154. ¹⁵Mm 2266. Cp 6 ¹Mm 3151. ²Mm 3153. ³Mm 1229. ⁴Mm 50. ⁵Mm 2016. ⁶Mm 2840. ⁷Mm 1812. ⁸Mm 2017. ⁹Mm 3871.

11 [a] var lect ad vb sq? prp וְהֵכִנוּ מְכֻנָה || [b] 𝔊(𝔖[W]) *καὶ θήσουσιν αὐτό*, l וְהִנִּיחֻהָ || **Cp 6,3** [a] dl, var lect aut gl cf 𝔖 || **6** [a–a] prb add (cf parallelismum) in lacuna (exc equi rufi); l exempli cs (הַסּוּסִים) הָאֲדֻמִּים יֹצְאִים אֶל־אֶרֶץ (הַ)קֶּדֶם וְ || [b–b] prb l אֶל־אֶרֶץ הַיָּם || **7** [a–a] var lect ad והברדים יצאו 6b (cf 3[a]), al ins אֶל־אֶרֶץ הַמַּעֲרָב aut הַקֶּדֶם aut הַתֵּימָן || [b] sic L, mlt Mss Edd ־ךְ || **8** [a] l רוּחַ יְהוָה = רוּחַ י׳ || **10** [a] prb l מַשְׂאַת vel מַתְּנַת || [b–b] prb dl || [c–c] prb l (בית) וּמֵאֵת || **11** [a] l c pc Mss 𝔊[LC]𝔖𝔗 עֲטֶרֶת cf 14 || [b–b] prb l זְרֻבָּבֶל בֶּן־שְׁאַלְתִּיאֵל || **12** [a] > pc Mss 𝔊𝔖, dl || [b] prb l הָאִישׁ (hpgr) || [c–c] var lect ad 13aα? cf 𝔊𝔖 || **13** [a–a] prb var lect.

וְהָיָה[b] כֹהֵן עַל־כִּסְאוֹ[b] וַעֲצַת שָׁלוֹם תִּהְיֶה בֵּין שְׁנֵיהֶם׃
14 [a]וְהָעֲטָרֹת[b] תִּהְיֶה לְחֵלֶם[c] וּלְטוֹבִיָּה וְלִידַעְיָה[d] וּלְחֵן בֶּן־צְפַנְיָה[d] ס [יח]
לְזִכָּרוֹן בְּהֵיכַל יְהוָה׃ 15 [a]וּרְחוֹקִים יָבֹאוּ וּבָנוּ בְּהֵיכַל יְהוָה [b]וִידַעְתֶּם 15 — ז . 10מל ב מנה בליש . ל
כִּי־יְהוָה צְבָאוֹת שְׁלָחַנִי אֲלֵיכֶם[b] וְהָיָה אִם־שָׁמוֹעַ תִּשְׁמְעוּן בְּקוֹל יְהוָה — 11ל
אֱלֹהֵיכֶם׃ ס

7 1 וַיְהִי בִּשְׁנַת אַרְבַּע לְדָרְיָוֶשׁ הַמֶּלֶךְ [a]הָיָה דְבַר־יְהוָה אֶל־ 7
זְכַרְיָה[a] בְּאַרְבָּעָה לַחֹדֶשׁ הַתְּשִׁעִי בְּכִסְלֵו[b]׃ 2 וַיִּשְׁלַח [a]בֵּית־אֵל שַׂר־ 2 — ג חס1 . ב חס2 כן למדינ2
אֶצֶר[a] וְרֶגֶם מֶלֶךְ[b] וַאֲנָשָׁיו לְחַלּוֹת אֶת־פְּנֵי יְהוָה׃ 3 לֵאמֹר אֶל־ 3 — 3כה . ט ר״פ
הַכֹּהֲנִים אֲשֶׁר לְבֵית־יְהוָה צְבָאוֹת וְאֶל־הַנְּבִיאִים לֵאמֹר הַאֶבְכֶּה — ל
בַּחֹדֶשׁ הַחֲמִשִׁי הִנָּזֵר כַּאֲשֶׁר עָשִׂיתִי זֶה כַּמֶּה שָׁנִים[a]׃ פ — 5ג חס4 . ג
4 וַיְהִי דְּבַר־יְהוָה צְבָאוֹת[a] אֵלַי לֵאמֹר׃ — 6ב בטע ר״פ
5 אֱמֹר אֶל־כָּל־עַם הָאָרֶץ וְאֶל־הַכֹּהֲנִים לֵאמֹר — 7ב בסיפ
כִּי־צַמְתֶּם וְסָפוֹד בַּחֲמִישִׁי וּבַשְּׁבִיעִי — ג מל
וְזֶה שִׁבְעִים שָׁנָה הֲצוֹם צַמְתֻּנִי אָנִי׃ — ל . ל
6 וְכִי תֹאכְלוּ וְכִי תִשְׁתּוּ הֲלוֹא אַתֶּם הָאֹכְלִים וְאַתֶּם הַשֹּׁתִים׃ — 8ב ר״פ בסיפ וכי וכי
7 [a]הֲלוֹא אֶת־הַדְּבָרִים אֲשֶׁר קָרָא יְהוָה בְּיַד הַנְּבִיאִים הָרִאשֹׁנִים — כי
בִּהְיוֹת יְרוּשָׁלִַם יֹשֶׁבֶת וּשְׁלֵוָה וְעָרֶיהָ סְבִיבֹתֶיהָ וְהַנֶּגֶב וְהַשְּׁפֵלָה — 9ח חס
יֹשֵׁב׃ פ — ב חס בסיפ
8 [a]וַיְהִי דְּבַר־יְהוָה אֶל־זְכַרְיָה לֵאמֹר׃
9 כֹּה אָמַר יְהוָה צְבָאוֹת לֵאמֹר[ab] מִשְׁפַּט אֱמֶת שְׁפֹטוּ
וְחֶסֶד וְרַחֲמִים עֲשׂוּ אִישׁ אֶת־אָחִיו׃ — ל
10 וְאַלְמָנָה וְיָתוֹם גֵּר וְעָנִי אַל־תַּעֲשֹׁקוּ — 10ה
וְרָעַת אִישׁ אָחִיו אַל־תַּחְשְׁבוּ בִּלְבַבְכֶם׃

[10]Mm 3780. [11]Mm 3155. **Cp 7** [1]Mm 2670. [2]Mp sub loco. [3]Mm 3072. [4]Mm 2853. [5]Mm 3156. [6]Mm 1017. [7]Hag 2,12. [8]Mm 3157. [9]Mm 2184. [10]Mm 524.

13 [b–b] prb l וְהָיָה יְהוֹשֻׁעַ כֹּהֵן עַל־יְמִינוֹ cf 𝔊 *καὶ ἔσται ὁ ἱερεὺς ἐκ δεξιῶν αὐτοῦ* ‖ **14** [a] 14 add ‖ [b] 𝔊(𝔖𝔗) *ὁ δὲ στέφανος*, l וְהָעֲטֶרֶת ‖ [c] l חֶלְדַּי cf 𝔖 et 10 ‖ [d–d] l aut וּלְיֹאשִׁיָּה ב׳ צ׳ (cf 𝔖 et 10) aut וּלְחֵן צפניה, al add hab ‖ **15** [a] 15 add? ‖ [b–b] prb add ‖ **Cp 7,1** [a–a] add ‖ [b] dl, gl ‖ **2** [a–a] prp בֵּית־אֵל־שַׂר־אֶצֶר (unum nomen) ‖ [b–b] 𝔖Syh (𝔄) *wrbmg*, frt l הַמֶּלֶךְ et וְרַב־מָג cf 𝔊* *(καὶ Αρβεσεερ ὁ βασιλεύς)* 𝔖Syh𝔄; al prp וְרֶגֶם־מֶלֶךְ (unum nomen) ‖ **3** [a] 8,18 sq prb excipit 1–3 ‖ **4** [a] > pc Mss 𝔊*𝔖𝔗 ‖ **7** [a] 7 fragmentum, exc fin v; al l אֵלֶּה pro אֶת־ (cf 𝔊𝔖) et dl 8.9a ‖ **8/9** [a–a] dl? cf 7[a] ‖ [b] > 2 Mss, dl.

11 וַיְמָאֲנ֣וּ לְהַקְשִׁ֔יב וַיִּתְּנ֥וּ כָתֵ֖ף סֹרָ֑רֶת וְאָזְנֵיהֶ֖ם הִכְבִּ֥ידוּ מִשְּׁמֽוֹעַ׃ — ג[11] . ג ב חס וחד מל[12] . ה מל[13]
12 וְלִבָּ֞ם שָׂ֣מוּ שָׁמִ֗יר מִשְּׁמ֨וֹעַ אֶת־הַתּוֹרָ֜ה וְאֶת־הַדְּבָרִ֗ים אֲשֶׁ֨ר שָׁלַ֜ח — ה מל[13] . ג[14]
יְהוָ֤ה צְבָאוֹת֙ בְּרוּח֔וֹ בְּיַ֖ד הַנְּבִיאִ֣ים הָרִאשֹׁנִ֑ים וַֽיְהִי֙ קֶ֣צֶף גָּד֔וֹל מֵאֵ֖ת — כי
13 יְהוָ֥ה צְבָאֽוֹת׃ 13 וַיְהִ֥י כַאֲשֶׁר־קָרָ֖א[a] וְלֹ֣א שָׁמֵ֑עוּ כֵּ֚ן יִקְרְא֙וּ וְלֹ֣א אֶשְׁמָ֔ע — ג . ל זקף קמ
14 אָמַ֖ר יְהוָ֥ה צְבָאֽוֹת׃ 14 וְאֵֽסָעֲרֵ֗ם[a] עַ֤ל כָּל־הַגּוֹיִם֙ אֲשֶׁ֣ר לֹֽא־יְדָע֔וּם — ז[15] וכל מלאכי דכות ב מ ג . ה בטע[16]
וְהָאָ֙רֶץ֙ נָשַׁ֣מָּה אַחֲרֵיהֶ֔ם מֵעֹבֵ֖ר וּמִשָּׁ֑ב וַיָּשִׂ֛ימוּ אֶֽרֶץ־חֶמְדָּ֖ה לְשַׁמָּֽה׃ פ — לה

8 1 וַיְהִ֛י דְּבַר־יְהוָ֥ה צְבָא֖וֹת לֵאמֹֽר׃ 2 כֹּ֤ה אָמַר֙ יְהוָ֣ה צְבָא֔וֹת — כ בטע ר״פ[1] . ל
קִנֵּ֥אתִי לְצִיּ֖וֹן קִנְאָ֣ה גְדוֹלָ֑ה וְחֵמָ֥ה גְדוֹלָ֖ה קִנֵּ֥אתִי לָֽהּ׃
3 כֹּ֚ה אָמַ֣ר יְהוָ֔ה[a]
שַׁ֚בְתִּי אֶל־צִיּ֔וֹן וְשָׁכַנְתִּ֖י בְּת֣וֹךְ יְרוּשָׁלִָ֑ם [הַקֹּֽדֶשׁ׃ ס — ל[2]
וְנִקְרְאָ֤ה יְרוּשָׁלִַ֙ם֙ עִ֣יר־הָֽאֱמֶ֔ת וְהַר־יְהוָ֥ה צְבָא֖וֹת הַ֥ר — ב[3] . ל
4 כֹּ֤ה אָמַר֙ יְהוָ֣ה צְבָא֔וֹת
עֹ֤ד יֵֽשְׁבוּ֙ זְקֵנִ֣ים וּזְקֵנ֔וֹת בִּרְחֹב֖וֹת יְרוּשָׁלִָ֑ם — יד חס[4] . כ[5]
וְאִ֧ישׁ מִשְׁעַנְתּ֛וֹ בְּיָד֖וֹ מֵרֹ֥ב יָמִֽים׃
5 וּרְחֹב֤וֹת הָעִיר֙ יִמָּ֣לְא֔וּ יְלָדִ֖ים וִֽילָד֑וֹת
מְשַׂחֲקִ֖ים בִּרְחֹבֹתֶֽיהָ׃ ס
6 כֹּ֣ה אָמַר֮ יְהוָ֣ה צְבָאוֹת֒
כִּ֣י יִפָּלֵ֗א בְּעֵינֵי֙ שְׁאֵרִית֙ הָעָ֣ם הַזֶּ֔ה [a]בַּיָּמִ֖ים הָהֵ֑ם[a]
גַּם־[b]בְּעֵינַ֣י יִפָּלֵ֔א נְאֻ֖ם יְהוָ֥ה צְבָאֽוֹת׃ פ — כו
7 כֹּ֤ה אָמַר֙ יְהוָ֣ה צְבָא֔וֹת
הִנְנִ֥י מוֹשִׁ֛יעַ אֶת־עַמִּ֖י מֵאֶ֣רֶץ מִזְרָ֑ח וּמֵאֶ֖רֶץ מְב֥וֹא הַשָּֽׁמֶשׁ׃ — ז[6]
8 וְהֵבֵאתִ֣י אֹתָ֔ם וְשָׁכְנ֖וּ בְּת֣וֹךְ יְרוּשָׁלִָ֑ם
וְהָיוּ־לִ֣י לְעָ֗ם
וַאֲנִ֞י אֶהְיֶ֥ה לָהֶ֛ם לֵֽאלֹהִ֖ים בֶּאֱמֶ֥ת וּבִצְדָקָֽה׃ ס

[11] Mm 1568. [12] Mm 3158. [13] Mm 3159. [14] Mm 2674. [15] Mm 2379. [16] Mm 3160. **Cp 8** [1] Mm 1017. [2] וחד על ציון Ps 2,6. [3] Mm 3161. [4] Mm 62. [5] Mm 534. [6] Mm 1698.

13 [a] prp קְרָאתִי cf 𝔖, l 𝔐 ‖ **14** [a] prp וָאֲסָעֲרֵם, l 𝔐 ‖ **Cp 8,3** [a] ins c nonn Mss 𝔊[Mss] Syh𝔙 צְבָאוֹת cf 2.4.6.7.9.14 ‖ **6** [a–a] add ‖ [b] prb l הֲגַם, hpgr.

9 כֹּה־אָמַר֮ יְהוָ֣ה צְבָאוֹת֒
תֶּחֱזַ֣קְנָה יְדֵיכֶ֔ם הַשֹּׁמְעִים֙ בַּיָּמִ֣ים הָאֵ֔לֶּה
אֵ֚ת הַדְּבָרִ֣ים הָאֵ֔לֶּה מִפִּי֙ הַנְּבִיאִ֔ים
[a]אֲשֶׁ֗ר בְּיוֹם֙ יֻסַּ֔ד בֵּית־יְהוָ֥ה צְבָא֖וֹת הַֽהֵיכָ֥ל לְהִבָּנֽוֹת[a]׃
10 כִּ֗י לִפְנֵי֙ הַיָּמִ֣ים הָהֵ֔ם[a]
שְׂכַ֤ר הָֽאָדָם֙ לֹ֣א נִֽהְיָ֔ה וּשְׂכַ֥ר הַבְּהֵמָ֖ה אֵינֶ֑נָּה
וְלַיּוֹצֵ֨א וְלַבָּ֜א אֵין־שָׁל֗וֹם מִן־הַצָּר֙
וַאֲשַׁלַּ֣ח[b] [c]אֶת־כָּל־[c]הָאָדָ֔ם אִ֖ישׁ בְּרֵעֵֽהוּ׃
11 וְעַתָּ֗ה לֹ֤א כַיָּמִים֙ הָרִ֣אשֹׁנִ֔ים אֲנִ֖י לִשְׁאֵרִ֣ית הָעָ֣ם הַזֶּ֑ה
נְאֻ֖ם יְהוָ֥ה צְבָאֽוֹת׃
12 כִּי־[a]זֶ֣רַע הַשָּׁל֗וֹם[a] הַגֶּ֜פֶן תִּתֵּ֣ן פִּרְיָ֗הּ
וְהָאָ֙רֶץ֙ תִּתֵּ֣ן אֶת־יְבוּלָ֔הּ וְהַשָּׁמַ֖יִם יִתְּנ֣וּ טַלָּ֑ם
וְהִנְחַלְתִּ֗י אֶת־שְׁאֵרִ֛ית הָעָ֥ם הַזֶּ֖ה אֶת־כָּל־אֵֽלֶּה׃
13 וְהָיָ֡ה כַּאֲשֶׁ֣ר הֱיִיתֶם֩ קְלָלָ֨ה בַּגּוֹיִ֜ם
[a]בֵּ֧ית יְהוּדָ֣ה וּבֵ֣ית יִשְׂרָאֵ֗ל[a]
כֵּ֚ן אוֹשִׁ֣יעַ אֶתְכֶ֔ם וִהְיִיתֶ֖ם בְּרָכָ֑ה
אַל־תִּירָ֕אוּ תֶּחֱזַ֖קְנָה יְדֵיכֶֽם׃ ס
14 כִּ֣י כֹ֣ה אָמַר֮ יְהוָ֣ה צְבָאוֹת֒
כַּאֲשֶׁ֨ר זָמַ֜מְתִּי[a] לְהָרַ֣ע לָכֶ֗ם בְּהַקְצִ֨יף אֲבֹתֵיכֶ֤ם אֹתִי֙ אָמַר֙
יְהוָ֣ה צְבָא֔וֹת וְלֹ֖א נִחָֽמְתִּי׃ 15 כֵּ֣ן שַׁ֤בְתִּי זָמַ֙מְתִּי֙ בַּיָּמִ֣ים הָאֵ֔לֶּה
לְהֵיטִ֥יב אֶת־יְרוּשָׁלִַ֖ם וְאֶת־בֵּ֣ית יְהוּדָ֑ה אַל־תִּירָֽאוּ׃
16 אֵ֥לֶּה הַדְּבָרִ֖ים אֲשֶׁ֣ר תַּעֲשׂ֑וּ [בְּשַׁעֲרֵיכֶֽם׃
דַּבְּר֤וּ אֱמֶת֙ אִ֣ישׁ אֶת־רֵעֵ֔הוּ אֱמֶת[a]֙ וּמִשְׁפַּ֣ט שָׁל֔וֹם שִׁפְט֖וּ
17 וְאִ֣ישׁ׀ אֶת־רָעַ֣ת רֵעֵ֗הוּ אַֽל־תַּחְשְׁבוּ֙ בִּלְבַבְכֶ֔ם
וּשְׁבֻ֥עַת שֶׁ֖קֶר אַֽל־תֶּאֱהָ֑בוּ כִּ֣י אֶת־כָּל־אֵ֗לֶּה [a]אֲשֶׁ֥ר שָׂנֵ֖אתִי
[נְאֻם־יְהוָֽה׃ ס

ה בטע בסיפ[7]
ה. ה[8]
ז דמטע בטע[9]
ד[10]. ב
ח[11]. ב
ג ב קמ וחד פת[12]
ל[13]
ד[14]. כו
כו
ד[15]
ב
ב[16]
ה
ה בטע בסיפ[7]
ו[17]. ל. ז[18] וכל מלאכי דכות ב מ ג
ה[8]
ג מיחד[19]
ז ר״פ בנביא[20]. ה[21]
ל[22]

[7] Mm 3166. [8] Mm 3163. [9] Mm 2139. [10] Mm 1905. [11] Mm 3609. [12] Mm 893. [13] Mm 425. [14] Mm 3162. [15] Mm 2094. [16] Mm 2776. [17] Mm 227. [18] Mm 2379. [19] Mm 2526. [20] Mm 3164. [21] Mm 617. [22] Mm 1833.

9 a–a add (gl; ביום contra בימים האלה) ‖ **10** a prb l הָאֵלֶּה cf 𝔗^f hic 9 ‖ b 𝔙 *et dimisi*, l וָאֲשַׁלַּח ‖ c–c frt dl m cs ‖ **12** a–a crrp; prb l אֶזְרְעָה שָׁלוֹם (cf 𝔊 *δείξω εἰρήνην*), prp הַזֶּרַע שָׁלוֹם, al זַרְעָה שׁ׳ cf 𝔖𝔗 ‖ **13** a–a prb add ‖ **14** a sic L, mlt Mss Edd זִמֹּמְתִּי ‖ **16** a > 𝔊*, dl (dttg) ‖ **17** a > pc Mss 𝔊𝔖, dl.

18 וַיְהִ֛י[a] דְּבַר־יְהוָ֥ה צְבָא֖וֹת אֵלַ֥י לֵאמֹֽר׃ 19 כֹּֽה־אָמַ֞ר[a] יְהוָ֣ה צְבָא֗וֹת — כֹ בטע ר״פ[23] . בֹ בטע בסיפֿ[24]
צ֣וֹם הָרְבִיעִ֡י וְצ֣וֹם הַחֲמִישִׁי֩ וְצ֨וֹם הַשְּׁבִיעִ֜י וְצ֣וֹם הָעֲשִׂירִ֗י — יֹחֹ פסוק דמיין[25]
יִהְיֶ֤ה לְבֵית־יְהוּדָה֙ לְשָׂשׂ֣וֹן וּלְשִׂמְחָ֔ה וּֽלְמֹעֲדִ֖ים טוֹבִ֑ים — גֹ[26] . בֹ חד מל וחד מן גֹ חס בליש
[b]וְהָאֱמֶ֥ת וְהַשָּׁל֖וֹם אֱהָֽבוּ׃[b] פ — גֹ[27] . בֹ

20 כֹּ֥ה אָמַ֖ר יְהוָ֣ה צְבָא֑וֹת
עֹ֚ד אֲשֶׁ֨ר[a] יָבֹ֣אוּ עַמִּ֔ים[b] וְיֹשְׁבֵ֖י עָרִ֥ים רַבּֽוֹת׃ — יֹד חס[28]
21 וְהָלְכ֡וּ יֹשְׁבֵי֩ אַחַ֨ת אֶל־אַחַ֜ת לֵאמֹ֗ר — לֹד מל[29] . בֹ[30]
נֵלְכָ֤ה הָלוֹךְ֙ לְחַלּוֹת֙ אֶת־פְּנֵ֣י יְהוָ֔ה
וּלְבַקֵּ֖שׁ אֶת־יְהוָ֣ה צְבָא֑וֹת אֵלְכָ֖ה גַּם־אָֽנִי׃ — דֹ[31]
22 וּבָ֨אוּ עַמִּ֤ים רַבִּים֙ וְגוֹיִ֣ם עֲצוּמִ֔ים
לְבַקֵּ֛שׁ אֶת־יְהוָ֥ה צְבָא֖וֹת בִּירוּשָׁלִָ֑ם[a] וּלְחַלּ֖וֹת אֶת־פְּנֵ֥י יְהוָֽה׃ ס — לֹ
ס̊ טֹ[32] — 23 כֹּ֣ה[a] אָמַר֮ יְהוָ֣ה צְבָאוֹת֒ בַּיָּמִ֣ים הָהֵ֔מָּה אֲשֶׁ֣ר יַחֲזִ֗יקוּ עֲשָׂרָ֣ה — הֹ בטע בסיפֿ[33] . חֹ[34] . יֹבֹ[35]
אֲנָשִׁ֔ים מִכֹּ֖ל לְשֹׁנ֣וֹת הַגּוֹיִ֑ם וְהֶחֱזִ֡יקוּ בִּכְנַף֩ אִ֨ישׁ יְהוּדִ֜י לֵאמֹ֗ר — גֹ
נֵלְכָה֙ עִמָּכֶ֔ם כִּ֥י שָׁמַ֖עְנוּ אֱלֹהִ֥ים עִמָּכֶֽם׃ ס — בֹ[36]

9 1 מַשָּׂ֣א — מֹאֹ
דְּבַר־יְהוָה֙ בְּאֶ֙רֶץ֙[a] חַדְרָ֔ךְ וְדַמֶּ֖שֶׂק מְנֻחָת֑וֹ כִּ֤י לַֽיהוָה֙ [b]עֵ֣ין אָדָ֔ם[b] — לֹ . דֹ חס בליש[1]
[c]וְכֹ֖ל שִׁבְטֵ֥י יִשְׂרָאֵֽל׃[c] 2 וְגַם־חֲמָ֖ת תִּגְבָּל־בָּ֑הּ צֹ֣ר[a] וְצִיד֔וֹן כִּ֥י — לֹ . הֹ ר״פ בסיפֿ וכל וגם אני וגם אנכי בסיפֿ דכות[2]
חָכְמָ֖ה מְאֹֽד׃ — לֹ
3 וַתִּ֥בֶן צֹ֛ר מָצ֖וֹר לָ֑הּ וַתִּצְבָּר־כֶּ֙סֶף֙ כֶּֽעָפָ֔ר וְחָר֖וּץ כְּטִ֥יט חוּצֽוֹת׃ — בֹ[3] . בֹ
4 הִנֵּ֤ה אֲדֹנָי֙[a] יוֹרִשֶׁ֔נָּה וְהִכָּ֥ה בַיָּ֖ם חֵילָ֑הּ וְהִ֖יא בָּאֵ֥שׁ תֵּאָכֵֽל׃ — בֹ . לֹ . טֹ[4]
5 תֵּרֶ֨א אַשְׁקְל֜וֹן וְתִירָ֗א וְעַזָּה֙ וְתָחִ֣יל מְאֹ֔ד וְעֶקְר֖וֹן כִּֽי־הֹבִ֣ישׁ מֶבָּטָ֑הּ[a] — לֹ ר״פ . לֹ
וְאָ֥בַד מֶ֙לֶךְ֙ מֵֽעַזָּ֔ה וְאַשְׁקְל֖וֹן לֹ֥א תֵשֵֽׁב׃ 6 וְיָשַׁ֥ב מַמְזֵ֖ר בְּאַשְׁדּ֑וֹד — בֹ[5]

[23] Mm 1017. [24] Mm 3150. [25] Mm 3911. [26] Mm 1494. [27] Mm 4245. [28] Mm 62. [29] Mp contra textum, cf Mp sub loco. [30] Mm 631. [31] Mm 3165. [32] Mp sub loco. [33] Mm 3166. [34] Mm 2738. [35] Mm 891. [36] Mm 359.
Cp 9 [1] Mm 360. [2] Mm 3167. [3] 1 Ch 7,24. [4] Mm 690. [5] Dt 23,3.

18/19 [a] prb cj c 7,1–3 ‖ [b–b] add? ‖ **20** [a] add? cf 𝔊 hic et 23 ‖ [b] 2 Mss 𝔊 + רַבִּים ‖ **22** [a] > Ms, add? ‖ **23** [a] add? frt 20–23 add ‖ **Cp 9,1** [a] prp בָּא אֶרֶץ vel בָּא צַר ‖ [b–b] prp עֲוֹו אֲרָם ‖ [c–c] crrp; frt 1 וְרָאוּ כָל שׁ׳ צ׳ vel נִבְהֲלוּ שֹׁפְטֵי צֶמֶר cf 2[a]; prp וכל ישׂראל (contemptores) שָׁאטֵי ‖ **2** [a] 1 צֶמֶר et tr ad fin 1 cf 1[c–c]; al dl aut צר aut וצידון cf חכמה ‖ **4** [a] mlt Mss יְהוָה ‖ **5** [a] prp מִבְטָחָהּ cf 𝔊[Mss] *ἀπὸ τῆς ἐλπίδος αὐτῆς*.

וְהִכְרַתִּי גְּאוֹן פְּלִשְׁתִּים[a]׃ 7 וַהֲסִרֹתִי דָמָיו מִפִּיו וְשִׁקֻּצָיו מִבֵּין שִׁנָּיו ג חס[6]
וְנִשְׁאַר גַּם־הוּא לֵאלֹהֵינוּ וְהָיָה כְּאַלֻּף[a] בִּיהוּדָה וְעֶקְרוֹן כִּיבוּסִי׃ ה חס בליש. ל
8 וְחָנִיתִי לְבֵיתִי מִצָּבָה[a] [b]מֵעֹבֵר וּמִשָּׁב[b] וְלֹא־יַעֲבֹר עֲלֵיהֶם[c] עוֹד נֹגֵשׂ ב[7]
[כִּי עַתָּה רָאִיתִי בְעֵינָי[d]׃ ס יב[8] יא מנה בנביא

9 גִּילִי מְאֹד בַּת־צִיּוֹן הָרִיעִי בַּת יְרוּשָׁלִַם
הִנֵּה מַלְכֵּךְ יָבוֹא לָךְ צַדִּיק וְנוֹשָׁע[a] הוּא ל
עָנִי וְרֹכֵב עַל־חֲמוֹר וְעַל־עַיִר בֶּן־אֲתֹנוֹת׃ ב[9]
10 וְהִכְרַתִּי[a]־רֶכֶב מֵאֶפְרַיִם וְסוּס מִירוּשָׁלִַם
וְנִכְרְתָה קֶשֶׁת מִלְחָמָה וְדִבֶּר שָׁלוֹם לַגּוֹיִם ל
וּמָשְׁלוֹ מִיָּם עַד־יָם וּמִנָּהָר עַד־אַפְסֵי־אָרֶץ׃ ל[10]. ג[11]. ב

11 גַּם־אַתְּ בְּדַם־בְּרִיתֵךְ שִׁלַּחְתִּי אֲסִירַיִךְ מִבּוֹר [a]אֵין מַיִם בּוֹ[a]׃ ל
12 [a]שׁוּבוּ לְבִצָּרוֹן[a][b] אֲסִירֵי הַתִּקְוָה
[c]גַּם־הַיּוֹם מַגִּיד[c] מִשְׁנֶה[d] אָשִׁיב לָךְ׃
13 כִּי־דָרַכְתִּי לִי יְהוּדָה קֶשֶׁת מִלֵּאתִי אֶפְרַיִם
וְעוֹרַרְתִּי בָנַיִךְ צִיּוֹן [a]עַל־בָּנַיִךְ יָוָן[a] וְשַׂמְתִּיךְ כְּחֶרֶב גִּבּוֹר׃ יח. יח. ג
14 וַיהוָה עֲלֵיהֶם יֵרָאֶה וְיָצָא כַבָּרָק חִצּוֹ ה ר״פ בסיפ[12]. ד[13]. יג[14]
וַאדֹנָי[a] יְהוִה בַּשּׁוֹפָר יִתְקָע וְהָלַךְ בְּסַעֲרוֹת תֵּימָן׃ ד[15]. ל זקף קמ
15 יְהוָה צְבָאוֹת[a] יָגֵן עֲלֵיהֶם וְאָכְלוּ[c] וְכָבְשׁוּ[d] אַבְנֵי־קֶלַע[d]
וְשָׁתוּ הָמוּ[e] כְּמוֹ־יָיִן וּמָלְאוּ[f] כַּמִּזְרָק כְּזָוִיּוֹת[f] מִזְבֵּחַ׃ ד. ב
16 וְהוֹשִׁיעָם יְהוָה אֱלֹהֵיהֶם[a] [b]בַּיּוֹם הַהוּא[b] [c]כְּצֹאן עַמּוֹ[c] [d]כִּי אַבְנֵי־ ב ומל[16]. ז
[נֵזֶר מִתְנוֹסְסוֹת[d] עַל־אַדְמָתוֹ׃ ל
17 כִּי מַה־טּוּבוֹ וּמַה־יָּפְיוֹ דָּגָן בַּחוּרִים[a] וְתִירוֹשׁ יְנוֹבֵב בְּתֻלוֹת[a]׃ ג ומל[17]. ל. ב חס

[6] Mm 2190. [7] Mm 2313. [8] Mm 230. [9] Mm 3168. [10] וחד משלו Hi 41,25. [11] Mm 3169. [12] Mp sub loco. [13] Mm 405. [14] Mm 150. [15] Mm 2508. [16] Mm 1402. [17] Mm 3499.

6 [a] l c Ms פלשתי cf suff 7 ‖ **7** [a] l כְּאֶלֶף ‖ **8** [a] prb l מַצֵּבָה cf 𝔊 *ἀνάστημα* 𝔖 *qjwm'* ‖ [b–b] dl, gl ‖ [c] dl m cs? et cf [d] ‖ [d] l בְּעָנְיָם vel potius (cf [c]) בְּעָנְיוֹ ‖ **9** [a] 𝔊 *σῴζων* = 𝔖 *(w)prwq'* = 𝔗 *(w)prjq* = 𝔙 *salvator* ‖ **10** [a] 𝔊(𝔖) *καὶ ἐξολεθρεύσει*, l והכרית cf sq ‖ **11** [a–a] add ‖ **12** [a–a] prp וְשָׁבוּ לָךְ בַּת־צִיּוֹן ‖ [b] crrp; frt exc nonn vb ‖ [c–c] prp גְּמוּל יוֹם מְגוּרַיִךְ cf 𝔊 ‖ [d] frt exc nonn vb, inter alia אֲנִי (cf 2 Mss אַגִּיד) ‖ **13** [a–a] gl, dl; al dl sol ציון et בניך ‖ **14** [a] prb dl אדני m cs cf Ms ‖ **15** [a] prb dl m cs ‖ [b] prp וְיָכְלוּ cf 𝔊 ‖ [c] frt l בָּשָׂר ‖ [d–d] prp בְּנֵי קֶבַע vel בְּנֵי קלע ‖ [e] 𝔊-BWS *τὸ αἷμα αὐτῶν*, frt l דָּם vel דָּמָם ‖ [f–f] dl aut כמזרק aut כזויות; var lect cf 𝔊 sol *ὡς φιάλας* α′σ′θ′ sol *ὡς γωνίας* ‖ **16** [a] > 𝔊* ‖ [b–b] add ‖ [c–c] prb l כַּצֹּאן יִרְעֵם ‖ [d–d] l כְּאַבְנֵי־נ׳ מ׳ et dl, gl ‖ **17** [a] add.

10 1 שַׁאֲלוּ מֵיְהוָה מָטָר בְּעֵת מַלְקוֹשׁ
יְהוָה עֹשֶׂה חֲזִיזִים וּמְטַר־[a]גֶּשֶׁם — כב̇[1] . ל̇[2]
יִתֵּן לָהֶם[b] לְאִישׁ[c] עֵשֶׂב בַּשָּׂדֶה׃

2 כִּי הַתְּרָפִים דִּבְּרוּ־אָוֶן וְהַקּוֹסְמִים חָזוּ שֶׁקֶר — ב̇ חד מל וחד חס
וַחֲלֹמוֹת הַשָּׁוְא[a] יְדַבֵּרוּ הֶבֶל יְנַחֵמוּן[b] — ל̇
עַל־כֵּן נָסְעוּ[c] כְמוֹ־צֹאן יַעֲנוּ[d] כִּי־אֵין רֹעֶה׃ פ

3 [a]עַל־הָרֹעִים חָרָה אַפִּי וְעַל־הָעַתּוּדִים אֶפְקוֹד[a] — ב̇ מל
כִּי־פָקַד יְהוָה צְבָאוֹת[b] אֶת־עֶדְרוֹ[c] אֶת־בֵּית יְהוּדָה[c] וְשָׂם אוֹתָם — כו̇ פסוק את את ומילה חדה ביניה̇ יט̇ מנה̇ בנביא . ח̇[3]
כְּסוּס הוֹדוֹ בַּמִּלְחָמָה[d]׃ — ה̇[4] ג̇[5] מנה̇ בסיפ̇

4 מִמֶּנּוּ פִנָּה [a]מִמֶּנּוּ יָתֵד[a] מִמֶּנּוּ קֶשֶׁת מִלְחָמָה — יא̇ זוגין דמטע̇ בטע̇[6]
[b]מִמֶּנּוּ יֵצֵא כָל־נוֹגֵשׂ[b] — ב̇ מל
[c]יַחְדָּו׃ 5 וְהָיוּ כְגִבֹּרִים בּוֹסִים בְּטִיט[d] חוּצוֹת בַּמִּלְחָמָה[c] — ז̇ חס̇[7] . ל̇[8]
וְנִלְחֲמוּ כִּי יְהוָה עִמָּם וְהֹבִישׁוּ רֹכְבֵי סוּסִים׃

6 וְגִבַּרְתִּי ׀ אֶת־בֵּית יְהוּדָה וְאֶת־בֵּית יוֹסֵף אוֹשִׁיעַ
וְהוֹשְׁבוֹתִים[a] כִּי רִחַמְתִּים וְהָיוּ כַּאֲשֶׁר לֹא־זְנַחְתִּים — ל̇ ומל̇ . ג̇ ול̇ בליש̇ . ל̇
[b]כִּי אֲנִי יְהוָה אֱלֹהֵיהֶם וְאֶעֱנֵם[b]׃ — ח̇

7 וְהָיוּ כְגִבּוֹר אֶפְרַיִם וְשָׂמַח לִבָּם כְּמוֹ־יָיִן — ב̇[9]
וּבְנֵיהֶם יִרְאוּ וְשָׂמֵחוּ יָגֵל לִבָּם בַּיהוָה׃

8 אֶשְׁרְקָה לָהֶם וַאֲקַבְּצֵם [a]כִּי פְדִיתִים[a] וְרָבוּ כְּמוֹ רָבוּ׃ — ל̇ . ל̇

9 וְאֶזְרָעֵם[a] [b]בָּעַמִּים וּבַמֶּרְחַקִּים[b] יִזְכְּרוּנִי וְחָיוּ[c] אֶת־בְּנֵיהֶם וָשָׁבוּ׃ — ל̇ . ב̇[5] . ל̇

10 וַהֲשֵׁבוֹתִים מֵאֶרֶץ מִצְרַיִם וּמֵאַשּׁוּר אֲקַבְּצֵם
וְאֶל־אֶרֶץ גִּלְעָד וּלְבָנוֹן[a] אֲבִיאֵם וְלֹא[b] יִמָּצֵא לָהֶם[c]׃ — ב̇ וכל בארץ דכות ב̇ מ̇ ב̇[10] . ב̇ . ד̇[11]

Cp 10 [1]Mm 475. [2]Mm 2321. [3]Mm 224. [4]Mm 3121. [5]Mp sub loco. [6]Mm 794. [7]Mm 3633. [8]Mm 3966. [9]Mm 3375. [10]Jdc 10,4 et 1 Ch 2,22. [11]Mm 2318.

Cp 10,1 [a] prb l וּמַמְטִיר cf 𝔗 ‖ [b] l לָהֶם ‖ [c] l לָאִישׁ ‖ **2** [a] sic L, mlt Mss Edd וְא— ‖ [b] Ms ינאמן ‖ [c] prb l נִתְּעוּ, prp נָסוּ vel נָעוּ ‖ [d] frt l יָנֻעוּ ‖ **3** [a–a] prb add ‖ [b] > Ms, add ‖ [c–c] prb dl m cs, gl ‖ [d] prb dl m cs, gl; al ins דהר ‖ **4/5** [a–a] frt l וְיִתֵּד m cs ‖ [b–b] prb dl, gl ‖ [c–c] cj et l יַחְדָּו יִהְיוּ ‖ [d] frt l c pc Mss כְּ׳ cf 𝔗 ‖ [e] prb dl m cs, gl ‖ **6** [a] l וַהֲשִׁבֹתִים cf 𝔖𝔗𝔙; mlt Mss 𝔊 *(καὶ κατοικιῶ αὐτούς)* והושבתים, sed cf 10 ‖ [b–b] prb add ‖ **8** [a–a] prb dl m cs, gl ‖ **9** [a] frt l וְאַזְעִקֵם, prp וְאֶזְרֵם ‖ [b–b] dl aut ו בעמים aut ובמרחקים, var lect ‖ [c] prb l וְחִוּוּ, prp וְחִיּוּ ‖ **10** [a] frt tr ante לא (ולבנון לא), al add hab ‖ [b] frt l לא cf [a] ‖ [c] 𝔊 + *οὐδὲ εἷς*.

11 וְעָבַר[a] [b]בַּיָּם צָרָה[b] [c]וְהִכָּה בַיָּם גַּלִּים[c] וְהֹבִישׁוּ כֹּל מְצוּלוֹת יְאֹר
וְהוּרַד גְּאוֹן אַשּׁוּר וְשֵׁבֶט מִצְרַיִם יָסוּר׃
12 וְגִבַּרְתִּים[a] בַּיהוָה וּבִשְׁמוֹ יִתְהַלָּכוּ[b] [c]נְאֻם יְהוָה[c]׃ ס

11 1 פְּתַח לְבָנוֹן דְּלָתֶיךָ וְתֹאכַל אֵשׁ בַּאֲרָזֶיךָ׃
2 הֵילֵל בְּרוֹשׁ כִּי־נָפַל אֶרֶז אֲשֶׁר[a] אַדִּרִים שֻׁדָּדוּ
הֵילִילוּ אַלּוֹנֵי בָשָׁן כִּי יָרַד יַעַר הַבָּצוּר׃
3 קוֹל יִלְלַת הָרֹעִים כִּי שֻׁדְּדָה אַדַּרְתָּם
קוֹל שַׁאֲגַת כְּפִירִים כִּי שֻׁדַּד גְּאוֹן הַיַּרְדֵּן׃ ס

4 5 4 כֹּה אָמַר יְהוָה אֱלֹהָי[a] רְעֵה אֶת־צֹאן הַהֲרֵגָה׃ 5 אֲשֶׁר קֹנֵיהֶן
יַהַרְגֻן וְלֹא יֶאְשָׁמוּ וּמֹכְרֵיהֶן יֹאמַר[a] בָּרוּךְ יְהוָה וַאעְשִׁר[b] וְרֹעֵיהֶם[c] לֹא
6 יַחְמוֹל[d] עֲלֵיהֶן׃ 6 [a]כִּי לֹא אֶחְמוֹל עוֹד עַל־יֹשְׁבֵי הָאָרֶץ נְאֻם־יְהוָה
וְהִנֵּה אָנֹכִי מַמְצִיא אֶת־הָאָדָם אִישׁ בְּיַד־רֵעֵהוּ[b] וּבְיַד מַלְכּוֹ וְכִתְּתוּ
7 אֶת־הָאָרֶץ וְלֹא אַצִּיל מִיָּדָם׃ 7 וָאֶרְעֶה אֶת־צֹאן הַהֲרֵגָה [a]לָכֵן עֲנִיֵּי[a]
הַצֹּאן וָאֶקַּח־לִי שְׁנֵי מַקְלוֹת לְאַחַד קָרָאתִי נֹעַם וּלְאַחַד קָרָאתִי
8 חֹבְלִים[b] וָאֶרְעֶה אֶת־הַצֹּאן׃ 8 [a]וָאַכְחִד אֶת־שְׁלֹשֶׁת הָרֹעִים בְּיֶרַח
9 אֶחָד[a] וַתִּקְצַר נַפְשִׁי בָּהֶם וְגַם־נַפְשָׁם בָּחֲלָה[b] בִי׃ 9 וָאֹמַר לֹא אֶרְעֶה
אֶתְכֶם הַמֵּתָה תָמוּת וְהַנִּכְחֶדֶת תִּכָּחֵד וְהַנִּשְׁאָרוֹת תֹּאכַלְנָה אִשָּׁה אֶת־
10 בְּשַׂר רְעוּתָהּ׃ 10 וָאֶקַּח אֶת־מַקְלִי אֶת־נֹעַם וָאֶגְדַּע אֹתוֹ לְהָפֵיר אֶת־
11 בְּרִיתִי[a] אֲשֶׁר כָּרַתִּי[b] אֶת־כָּל־הָעַמִּים[c]׃ 11 וַתֻּפַר בַּיּוֹם הַהוּא וַיֵּדְעוּ
12 [a]כֵן עֲנִיֵּי[a] הַצֹּאן הַשֹּׁמְרִים אֹתִי כִּי דְבַר־יְהוָה הוּא׃ 12 וָאֹמַר אֲלֵיהֶם
אִם־טוֹב בְּעֵינֵיכֶם הָבוּ שְׂכָרִי וְאִם־לֹא ׀ חֲדָלוּ וַיִּשְׁקְלוּ אֶת־שְׂכָרִי

ל מל
ב. ה[12]
ג[13]
ד[1]. ו רפי[2]
ב. ו כת כן[3]. ל כת כן[4]
הבציר ק
ב[5]. ד. ל
ל. מח[6] כת א לא קר ול בליש
ד מל. ז וכל כלית דכות[7]. ה מל. ח[8] ה מנה בליש
ה[9]. ל. ג[10]
ד
ז[11]. וחד מן ב בליש חד פת וחד קמ
ל. ד
ד[12]. כג פסוק וגם ובתר תלת מילין[13]. ל
ל. ל. ל
ה. יו פסוק את את את את. ל מל
ו[14]
יח. יז מ״פ

[12]Mm 2755. [13]Mm 3170. Cp 11 [1]Mm 2121. [2]Mm 3171. [3]Mm 1237. [4]Mm 2534. [5]Mm 3108. [6]Mm 898. [7]Mm 1197. [8]Mm 3172. [9]Mm 1377. [10]Mm 3173. [11]Mm 1207. [12]Mm 1492. [13]Mm 1629. [14]Mm 3174.

11 [a] l וְעָבְרוּ ‖ [b–b] l בְּיַם מִצְרַיִם ‖ [c–c] add (l חִילָה pro גלים ? cf 9,4) ‖ **12** [a] l וּגְבַרְתָּם ‖ [b] l c Ms 𝔊(𝔖) –לָּלוּ ‖ [c–c] add, an v a add? ‖ **Cp 11,2** [a] prb add cf 𝔖 ‖ **4** [a] prb l אֱלַי ‖ **5** [a] l יאמרו cf 𝔊 *ἔλεγον* ‖ [b] l וְאֶעְשַׁר ‖ [c] prb l c nonn Mss 𝔖 (𝔗 omnia suff m) –הן ‖ [d] l יחמלו cf 𝔊 *ἔπασχον* ‖ **6** [a] 6 add cf 15[a] ‖ [b] prp רֹעֵהוּ ‖ **7** [a–a] l לִכְנַעֲנִיֵּי cf 𝔊 *(εἰς τὴν Χαναανῖτιν)* et 11 ‖ [b] prp חֹבְלִים ‖ **8** [a–a] add ‖ [b] prp גָּעֲלָה ‖ **10** [a] l ברית י[הוה] cf 𝔖𝔗 (om suff) ‖ [b] l כָּרַת vel כָּרַת י[הוה] ‖ [c] prb l הָעָם ‖ **11** [a–a] 𝔊 *οἱ Χαναναῖοι*, l כְּנַעֲנִיֵּי cf 7[a–a].

13 שְׁלֹשִׁ֥ים כָּֽסֶף׃ 13 וַיֹּ֨אמֶר יְהוָ֜ה אֵלַ֗י הַשְׁלִיכֵ֙הוּ֙ אֶל־הַיּוֹצֵ֔ר[a] אֶ֣דֶר — ב מל . ב
הַיְקָ֔ר אֲשֶׁ֥ר יָקַ֖רְתִּי[b] מֵעֲלֵיהֶ֑ם וָֽאֶקְחָה֙ שְׁלֹשִׁ֣ים הַכֶּ֔סֶף וָאַשְׁלִ֥יךְ אֹת֛וֹ — ל . ב חד מל וחד חס[15]
14 בֵּ֥ית יְהוָ֖ה אֶל־הַיּוֹצֵֽר[a]׃ 14 וָֽאֶגְדַּע֙ אֶת־מַקְלִ֣י הַשֵּׁנִ֔י אֵ֖ת הַחֹבְלִ֑ים[a]
15 לְהָפֵר֙ אֶת־הָ֣אַחֲוָ֔ה בֵּ֥ין יְהוּדָ֖ה וּבֵ֥ין יִשְׂרָאֵֽל׃[b] ס 15 [a]וַיֹּ֥אמֶר יְהוָ֖ה — ל
16 אֵלָ֑י ע֚וֹד קַח־לְךָ֔ כְּלִ֖י רֹעֶ֥ה אֱוִלִֽי׃ 16 [a]כִּ֣י הִנֵּֽה־אָנֹכִ֨י מֵקִ֥ים רֹעֶה֮ — י זקף קמ בנ״ך . ה חס[16]
בָּאָרֶץ֒ הַנִּכְחָד֣וֹת[b] לֹֽא־יִפְקֹ֗ד הַנַּ֙עַר֙[c] לֹֽא־יְבַקֵּ֔שׁ וְהַנִּשְׁבֶּ֖רֶת לֹ֣א יְרַפֵּ֑א — ל[17] . ה פסוק לא לא לא לא[18]
הַנִּצָּבָה֙[d] לֹ֣א יְכַלְכֵּ֔ל וּבְשַׂ֤ר הַבְּרִיאָה֙ יֹאכַ֔ל וּפַרְסֵיהֶ֖ן[e] יְפָרֵֽק׃ ס — ד . ב[19] . ל

17 ה֣וֹי רֹעִ֤י הָֽאֱלִיל֙[a] עֹזְבִ֣י הַצֹּ֔אן — ה[20] . ל
חֶ֥רֶב עַל־זְרוֹע֖וֹ וְעַל־עֵ֣ין יְמִינ֑וֹ — ב מל[21]
זְרֹעוֹ֙ יָב֣וֹשׁ תִּיבָ֔שׁ [b]וְעֵ֥ין יְמִינ֖וֹ[b] כָּהֹ֥ה תִכְהֶֽה׃[c] ס — ל מל . ה[22] . ל

ס̊כ׳ **12** 1 מַשָּׂ֥א דְבַר־יְהוָ֖ה עַל־יִשְׂרָאֵ֑ל נְאֻם־יְהוָ֗ה — מא
נֹטֶ֤ה שָׁמַ֙יִם֙ וְיֹסֵ֣ד אָ֔רֶץ וְיֹצֵ֥ר רֽוּחַ־אָדָ֖ם בְּקִרְבּֽוֹ׃ פ — יד[2] קמ וכל אתנח וס״פ דכות ב מ ד . ל חס[1]
2 הִנֵּ֣ה אָ֠נֹכִי שָׂ֣ם אֶת־יְרוּשָׁלִַ֤ם סַף־רַ֙עַל֙ לְכָל־הָעַמִּ֖ים סָבִ֑יב [a][b]וְגַ֥ם — ל
3 עַל־יְהוּדָ֛ה יִהְיֶ֥ה בַמָּצ֖וֹר[b] [c]עַל־יְרוּשָׁלִָֽם׃[a][c] 3 וְהָיָ֣ה בַיּוֹם־הַ֠הוּא אָשִׂ֨ים
אֶת־יְרוּשָׁלִַ֜ם אֶ֤בֶן מַֽעֲמָסָה֙ לְכָל־הָ֣עַמִּ֔ים כָּל־עֹמְסֶ֖יהָ שָׂר֣וֹט יִשָּׂרֵ֑טוּ — ל
4 [a]וְנֶאֶסְפ֣וּ עָלֶ֔יהָ כֹּ֖ל גּוֹיֵ֥י הָאָֽרֶץ׃[a] 4 בַּיּ֨וֹם הַה֜וּא נְאֻם־יְהוָ֗ה אַכֶּ֤ה כָל־ — ד . ג מל וכל אוריתׄ דכותׄ[3]
ס֙וּס֙ בַּתִּמָּה֔וֹן וְרֹכְב֖וֹ בַּשִּׁגָּע֑וֹן [a]וְעַל־בֵּ֤ית יְהוּדָה֙ אֶפְקַ֣ח אֶת־עֵינַ֔י[a] וְכֹל֙ — ל . ל
5 ס֣וּס[b] הָֽעַמִּ֔ים אַכֶּ֖ה בַּעִוָּרֽוֹן׃ 5 וְאָמְר֛וּ אַלֻּפֵ֥י[a] יְהוּדָ֖ה בְּלִבָּ֑ם אַמְצָ֥ה — ל . ט . ה חס בליש . ל
6 לִי֙[b] יֹשְׁבֵ֣י[b] יְרוּשָׁלִַ֔ם בַּיהוָ֥ה צְבָא֖וֹת אֱלֹהֵיהֶֽם׃ 6 [a]בַּיּ֣וֹם הַה֡וּא אָשִׂים֩
אֶת־אַלֻּפֵ֨י[b] יְהוּדָ֜ה כְּכִיּ֧וֹר אֵ֣שׁ בְּעֵצִ֗ים וּכְלַפִּ֥יד אֵשׁ֙ בְּעָמִ֔יר וְאָ֨כְל֜וּ — ה חס בליש . ל
עַל־יָמִ֧ין וְעַל־שְׂמֹ֛אול אֶת־כָּל־הָעַמִּ֖ים סָבִ֑יב[a] וְיָשְׁבָ֨ה יְרוּשָׁלִַ֥ם ע֛וֹד
תַּחְתֶּ֖יהָ בִּירוּשָׁלִָֽם׃[c] פ

[15] Mm 1105. [16] Mm 3383. [17] Mp sub loco. [18] Mm 3132. [19] Mm 2927. [20] Mm 3232. [21] Mm 3175. [22] Mm 3900. **Cp 12** [1] Mp sub loco. [2] Mm 1234. [3] Mm 2656.

13 [a] prp הָאוֹצָר cf 𝔖, 1 𝔐𝔰 ‖ [b] prp יקרתָּ **14** [a] prp חֲבָלִים ‖ [b] cf 13,7[a] ‖ **15/16** [a] 15sq add una c 6 ‖ [b] l הַנִּכְחֶדֶת ‖ [c] l הַנֶּעְדֶּרֶת ‖ [d] crrp? prp הַנַּחְלָה vel הָרְעֵבָה ‖ [e] prb l וּפַרְצֵיהֶן **17** [a] prp האוִילִי cf 𝔖𝔗 ‖ [b–b] frt l m cs ועינוֹ ‖ [c] cf 13,7[a] ‖ **Cp 12,2** [a–a] 2b. 3b. 4bα. 6a prb add ‖ [b–b] textus mixtus ex וגם על־יהודה יהיה מצור (cf 𝔊𝔖) et וגם יהודה יהיה במצור (cf 𝔗𝔙) ‖ [c–c] gl vel var lect ‖ **3** [a–a] cf 2[a] ‖ **4** [a–a] cf 2[a] ‖ [b] add ‖ **5** [a] prb l אַלְפֵי ‖ [b–b] l c Ms 𝔗 לְיֹשְׁבֵי ‖ **6** [a–a] cf 2[a] ‖ [b] cf 5[a] ‖ [c] > Ms 𝔊*, dl; prp בְּשָׁלוֹם.

7 ⁷ וְהוֹשִׁיעַ יְהוָה[a] אֶת־אָהֳלֵי יְהוּדָה בָּרִאשֹׁנָה לְמַעַן לֹא־תִגְדַּל
8 תִּפְאֶרֶת בֵּית־דָּוִיד וְתִפְאֶרֶת יֹשֵׁב[b] יְרוּשָׁלִָם עַל־יְהוּדָה׃ ⁸ [a]בַּיּוֹם
הַהוּא יָגֵן יְהוָה בְּעַד יוֹשֵׁב[b] יְרוּשָׁלִַם וְהָיָה הַנִּכְשָׁל בָּהֶם [c]בַּיּוֹם הַהוּא[c]
כְּדָוִיד וּבֵית דָּוִיד כֵּאלֹהִים [d]כְּמַלְאַךְ יְהוָה[d] לִפְנֵיהֶם׃
9 ⁹ וְהָיָה בַּיּוֹם הַהוּא אֲבַקֵּשׁ לְהַשְׁמִיד אֶת־כָּל־הַגּוֹיִם הַבָּאִים עַל־
10 יְרוּשָׁלִָם׃ ¹⁰ וְשָׁפַכְתִּי עַל־בֵּית דָּוִיד וְעַל יוֹשֵׁב[a] יְרוּשָׁלִַם רוּחַ חֵן
וְתַחֲנוּנִים וְהִבִּיטוּ [b]אֵלַי אֵת[b] אֲשֶׁר־דָּקָרוּ וְסָפְדוּ עָלָיו כְּמִסְפֵּד עַל־
11 הַיָּחִיד וְהָמֵר[c] עָלָיו כְּהָמֵר עַל־הַבְּכוֹר׃ ¹¹ בַּיּוֹם הַהוּא יִגְדַּל הַמִּסְפֵּד
12 בִּירוּשָׁלִַם כְּמִסְפַּד הֲדַד־רִמּוֹן בְּבִקְעַת מְגִדּוֹן׃ ¹² וְסָפְדָה הָאָרֶץ
מִשְׁפָּחוֹת מִשְׁפָּחוֹת לְבָד מִשְׁפַּחַת בֵּית־דָּוִיד לְבָד וּנְשֵׁיהֶם לְבָד
13 מִשְׁפַּחַת בֵּית־נָתָן לְבָד וּנְשֵׁיהֶם לְבָד׃ ¹³ מִשְׁפַּחַת בֵּית־לֵוִי לְבָד
14 וּנְשֵׁיהֶם לְבָד מִשְׁפַּחַת הַשִּׁמְעִי[a] לְבָד וּנְשֵׁיהֶם לְבָד׃ ¹⁴ כֹּל הַמִּשְׁפָּחוֹת
13 הַנִּשְׁאָרוֹת מִשְׁפָּחֹת מִשְׁפָּחֹת לְבָד וּנְשֵׁיהֶם לְבָד׃ ס **13** ¹ בַּיּוֹם
הַהוּא יִהְיֶה מָקוֹר נִפְתָּח לְבֵית דָּוִיד [a]וּלְיֹשְׁבֵי יְרוּשָׁלִָם לְחַטַּאת[b]
וּלְנִדָּה[a]׃
2 ² וְהָיָה בַיּוֹם הַהוּא נְאֻם יְהוָה צְבָאוֹת אַכְרִית אֶת־שְׁמוֹת
הָעֲצַבִּים מִן־הָאָרֶץ וְלֹא יִזָּכְרוּ עוֹד וְגַם אֶת־הַנְּבִיאִים וְאֶת־רוּחַ
3 הַטֻּמְאָה אַעֲבִיר מִן־הָאָרֶץ׃ ³ וְהָיָה כִּי־יִנָּבֵא אִישׁ עוֹד וְאָמְרוּ אֵלָיו
אָבִיו וְאִמּוֹ יֹלְדָיו לֹא תִחְיֶה כִּי שֶׁקֶר דִּבַּרְתָּ בְּשֵׁם יְהוָה וּדְקָרֻהוּ
4 אָבִיהוּ וְאִמּוֹ יֹלְדָיו בְּהִנָּבְאוֹ׃ ⁴ וְהָיָה בַּיּוֹם הַהוּא יֵבֹשׁוּ הַנְּבִיאִים
5 אִישׁ מֵחֶזְיֹנוֹ בְּהִנָּבְאֹתוֹ[a] וְלֹא יִלְבְּשׁוּ אַדֶּרֶת שֵׂעָר לְמַעַן כַּחֵשׁ׃ ⁵ וְאָמַר
לֹא נָבִיא אָנֹכִי אִישׁ־עֹבֵד אֲדָמָה אָנֹכִי כִּי [a]אָדָם הִקְנַנִי[a] מִנְּעוּרָי׃
6 ⁶ וְאָמַר אֵלָיו מָה הַמַּכּוֹת הָאֵלֶּה בֵּין יָדֶיךָ וְאָמַר אֲשֶׁר הֻכֵּיתִי בֵּית
מְאַהֲבָי׃ ס

ב̇ חד חס וחד מל[4]. כב̇[5]
ב̇ חס בסיפ. ז̇
מ̇ט מל בנביא. ז̇
ג̇ מיחד וכל עשייה דכות[6]. ב̇[7]. ג̇[8]
מ̇ט מל בנביא. ל̇. ז̇
ב̇[9]
ל̇. ז̇
ג̇. ל̇
ט̇
ט̇
ט̇. ט̇
ב̇ חס. ב̇ חס. ט̇
ל̇. ל̇. ג̇ בליש וחד מן ג̇[1] חס בליש. ו̇
כו̇
ד̇
ב̇. ג̇
ב̇
ז̇ מל[2]. ב̇. ו̇ בטע בסיפ
ל̇. ל̇. ז̇ בסיפ
ב̇. יא̇[3]. ל̇
ז̇ בסיפ. ל̇. יא̇[4] מל וכל תלים דכות ב̇ מ̇ ה̇ חס. ז̇ בסיפ. ל̇

[4] Mm 3176 contra textum. [5] Mm 1743. [6] Mm 1654. [7] Mm 4092. [8] Mm 21. [9] Mm 3177. **Cp 13** [1] Mm 2747. [2] Mm 1483. [3] Mm 512. [4] Mm 477.

7/8 [a] 7sq prb add ‖ [b] prb l c nonn Mss Vrs יֹשְׁבֵי ‖ [c–c] add? ‖ [d–d] frt gl ‖ **10** [a] prb l c mlt Mss Vrs יֹשְׁבֵי ‖ [b–b] var lect; l אֶל־ vel אֱלֵי־ ‖ [c] l והמרו ‖ **13** [a] frt l c 2 Mss 𝔖𝔗 בֵּית־שִׁמְעִי ‖ **Cp 13,1** [a–a] > 𝔊* ‖ [b] prp לְחַטָּאת ‖ **4** [a] l בהנבאו ‖ **5** [a–a] l אֲדָמָה קִנְיָנִי.

7 [a]חֶ֗רֶב ע֛וּרִי עַל־רֹעִ֛י וְעַל־גֶּ֥בֶר עֲמִיתִ֖י נְאֻ֖ם יְהוָ֣ה צְבָא֑וֹת   ה חרב על[5]. ה[6]. כו
הַ֤ךְ[b] אֶת־הָֽרֹעֶה֙ וּתְפוּצֶ֣יןָ הַצֹּ֔אן וַהֲשִׁבֹתִ֥י יָדִ֖י עַל־הַצֹּעֲרִֽים[c]׃   ל. ל[7]
8 [a]וְהָיָ֤ה בְכָל־הָאָ֙רֶץ֙ נְאֻם־יְהוָ֔ה פִּֽי־שְׁנַ֣יִם בָּ֔הּ[b] יִכָּרְת֖וּ יִגְוָ֑עוּ[c]   ג
[וְהַשְּׁלִשִׁ֖ית יִוָּ֥תֶר בָּֽהּ׃
9 [a]וְהֵבֵאתִ֣י אֶת־הַשְּׁלִשִׁית֮ בָּאֵשׁ֒ וּצְרַפְתִּים֙ כִּצְרֹ֣ף אֶת־הַכֶּ֔סֶף   ל. ב
ה֣וּא ׀ יִקְרָ֣א בִשְׁמִ֗י וַאֲנִי֙ אֶעֱנֶ֣ה אֹת֔וֹ [וּבְחַנְתִּ֖ים כִּבְחֹ֣ן אֶת־הַזָּהָ֑ב   ב[8]. ו[9]
אָמַ֙רְתִּי֙[b] עַמִּ֣י ה֔וּא וְה֥וּא יֹאמַ֖ר יְהוָ֥ה[c] אֱלֹהָֽי׃ ס   ל

14 1 הִנֵּ֥ה יוֹם־בָּ֖א לַיהוָ֑ה[a] וְחֻלַּ֥ק שְׁלָלֵ֖ךְ בְּקִרְבֵּֽךְ׃   ל[1]
2 וְאָסַפְתִּ֨י[a] אֶת־כָּל־הַגּוֹיִ֥ם ׀ אֶל־יְרוּשָׁלִַם֮ לַמִּלְחָמָה֒   יג[2] וכל עזרא דכות ב מ א
וְנִלְכְּדָ֣ה הָעִ֗יר וְנָשַׁ֙סּוּ֙ הַבָּ֣תִּ֔ים וְהַנָּשִׁ֖ים תִּשָּׁגַ֑לְנָה   ל. תשכבנה ק
וְיָצָ֞א חֲצִ֤י הָעִיר֙ בַּגּוֹלָ֔ה וְיֶ֣תֶר הָעָ֔ם לֹ֥א יִכָּרֵ֖ת מִן־הָעִֽיר׃
3 וְיָצָ֣א יְהוָ֔ה וְנִלְחַ֖ם [a]בַּגּוֹיִ֣ם הָהֵ֑ם[a] כְּי֥וֹם הִֽלָּחֲמ֖וֹ בְּי֥וֹם קְרָֽב׃   ה[3]. יא[4]
4 וְעָמְד֣וּ רַגְלָיו֩ [a]בַּיּוֹם־הַה֨וּא[a] עַל־הַ֣ר הַזֵּתִ֗ים [מֶחֶצְיוֹ֙
[b]אֲשֶׁ֨ר עַל־פְּנֵ֣י יְרוּשָׁלִַם֮ מִקֶּדֶם֒[b] וְנִבְקַע֩ הַ֨ר הַזֵּיתִ֤ים
[c]מִזְרָ֣חָה וָיָ֔מָּה גֵּ֖יא גְּדוֹלָ֣ה מְאֹ֑ד וּמָ֨שׁ חֲצִ֥י הָהָ֛ר צָפ֖וֹנָה וְחֶצְיוֹ־נֶֽגְבָּה׃   ג[5]. ל. נג. כז
5 [d]וְנַסְתֶּ֣ם [e]גֵּיא־הָרַ֗י[e] כִּֽי־יַגִּ֣יעַ [f]גֵּי־הָרִים֮ אֶל־אָצַל֒[cf] [g]וְנַסְתֶּ֗ם כַּאֲשֶׁ֤ר   ג[6]. ט כת י[7]. ג[8]. ג[6]
נַסְתֶּם֙ מִפְּנֵ֣י הָרַ֔עַשׁ בִּימֵ֖י עֻזִּיָּ֣ה מֶֽלֶךְ־יְהוּדָ֑ה[g]
וּבָא֙ יְהוָ֣ה אֱלֹהַ֔י[h] כָּל־[i]קְדֹשִׁ֖ים עִמָּֽךְ[k]׃   ל
6 וְהָיָ֖ה בַּיּ֣וֹם הַה֑וּא לֹא־יִהְיֶ֣ה א֔וֹר[a] [b]יְקָר֖וֹת יְקִפָּאֽוֹן[b]׃   וקפאון ק
7 וְהָיָ֣ה יוֹם־אֶחָ֗ד [a]ה֛וּא יִוָּדַ֥ע לַֽיהוָ֖ה[a] לֹא־י֣וֹם וְלֹא־לָ֑יְלָה   י
וְהָיָ֥ה לְעֵֽת־עֶ֖רֶב יִֽהְיֶה־אֽוֹר׃
8 וְהָיָ֣ה ׀ בַּיּ֣וֹם הַה֗וּא יֵצְא֤וּ מַֽיִם־חַיִּים֙ מִיר֣וּשָׁלִַ֔ם   ו בטע בסיפ. יד[9]

[5]Mm 2748. [6]Mm 3232. [7]Mp sub loco. [8]Mm 3178. [9]Mm 1904. **Cp 14** [1]Mm 3816. [2]Mm 2682. [3]Mm 373. [4]Mm 1630. [5]Mm 89. [6]Mm 819. [7]Mm 3989. [8]Mm 4055. [9]Mm 98.

7 [a] 7–9 tr al post 11,14 al post 11,17 ‖ [b] prb l m cs הַכֵּה אַכֶּה cf 𝔊[Mss] *(πατάξω)* 𝔄 Arm Mt 26,31 ‖ [c] prp הַצְּעִרִים ‖ **8** [a] cf 7[a] ‖ [b] > 𝔊* ‖ [c] frt l c mlt Mss וְיִגועו (hpgr) cf 𝔊𝔖𝔗𝔙 ‖ **9** [a] cf 7[a] ‖ [b] 𝔊𝔖 pr cop, l וְא׳ ‖ [c] > pc Mss, frt dl ‖ **Cp 14,1** [a] frt l לִי cf 2 ואספתי, sed etiam 2[a] ‖ **2** [a] prp וְאָסַף י[הוה], frt l וְאָסְפוּ ‖ **3** [a–a] prb add ‖ **4/5** [a–a] prb add ‖ [b–b] prb add ‖ [c–c] prb add ‖ [d] l c pc Mss 𝔊σ′𝔗 וְנִסְתַּם ‖ [e–e] prb l גֵּי(א)־הִנֹּם ‖ [f–f] prb l אֶל־אֶצְלוֹ ‖ [g–g] add ‖ [h] pc Mss אלהים, frt l אֱלֹהַיִךְ (hpgr cf 1) vel c Ms אלהֵי י[שראל] ‖ [i] l c mlt Mss 𝔊𝔖𝔗[Mss]𝔙 וְכל ‖ [k] l c mlt Mss Vrs עִמּוֹ ‖ **6** [a] l קוֹר cf Gn 8,22 ‖ [b–b] 𝔊 *καὶ ψύχη καὶ πάγος*, l וְקָרוּת וְקִפָּאוֹן cf σ′𝔖𝔗𝔙 ‖ **7** [a–a] add.

חֶצְיָם אֶל־הַיָּם הַקַּדְמוֹנִי וְחֶצְיָם אֶל־הַיָּם הָאַחֲרוֹן
ד̇ מל̇
בַּקַּיִץ וּבָחֹרֶף יִהְיֶה[a]׃
ל̇
9 וְהָיָה יְהוָה לְמֶלֶךְ עַל־כָּל־הָאָרֶץ
ו̇[10] . כ̇ט̇ וכל משיחה מצרים אשור ישראל דכות̇[11] . ז̇ וכל תלים דכות̇ ב̇ מ̇ ב̇
בַּיּוֹם הַהוּא יִהְיֶה יְהוָה אֶחָד וּשְׁמוֹ אֶחָד׃
10 יִסּוֹב[a] כָּל־הָאָרֶץ כָּעֲרָבָה מִגֶּבַע לְרִמּוֹן נֶגֶב [b]יְרוּשָׁלִַם וְרָאֲמָה[b]
ב̇ . ל̇
וְיָשְׁבָה תַחְתֶּיהָ לְמִשַּׁעַר בִּנְיָמִן [c]עַד־מְקוֹם שַׁעַר הָרִאשׁוֹן[c] עַד־שַׁעַר
ל̇ . ל̇ . ס̇ד̇
הַפִּנִּים וּמִגְדַּל[d] חֲנַנְאֵל עַד יִקְבֵי הַמֶּלֶךְ׃ 11 [a]וְיָשְׁבוּ[b] בָהּ[a]
ל̇ . ז̇[12] . ל̇
וְחֵרֶם לֹא יִהְיֶה־עוֹד וְיָשְׁבָה יְרוּשָׁלִַם לָבֶטַח׃
12 וְזֹאת ׀ תִּהְיֶה הַמַּגֵּפָה אֲשֶׁר יִגֹּף יְהוָה אֶת־כָּל־הָעַמִּים אֲשֶׁר
כ̇ה̇ י̇ו̇[13] מנה̇ ר״פ
צָבְאוּ עַל־יְרוּשָׁלִָם הָמֵק[a] ׀ בְּשָׂרוֹ וְהוּא עֹמֵד עַל־רַגְלָיו וְעֵינָיו
ל̇ . ד̇ . י̇א̇
תִּמַּקְנָה בְחֹרֵיהֶן וּלְשׁוֹנוֹ תִּמַּק בְּפִיהֶם[b]׃
ל̇ . ל̇ . ז̇ מל̇ בליש̇
13 וְהָיָה בַּיּוֹם הַהוּא תִּהְיֶה מְהוּמַת־יְהוָה רַבָּה בָּהֶם
וְהֶחֱזִיקוּ אִישׁ יַד[a] רֵעֵהוּ וְעָלְתָה יָדוֹ עַל־יַד רֵעֵהוּ׃
ג̇
14 [a]וְגַם־יְהוּדָה תִּלָּחֵם בִּירוּשָׁלִָם[a]
ה̇ ר״פ בסיפ̇ וכל וגם אני וגם אנכי בסיפ̇ דכות̇[14]
וְאֻסַּף חֵיל כָּל־הַגּוֹיִם סָבִיב זָהָב וָכֶסֶף וּבְגָדִים לָרֹב מְאֹד׃
ב̇ וחס̇[15] . ה̇[16]
15 וְכֵן תִּהְיֶה מַגֵּפַת הַסּוּס הַפֶּרֶד הַגָּמָל וְהַחֲמוֹר וְכָל־הַבְּהֵמָה
אֲשֶׁר יִהְיֶה בַּמַּחֲנוֹת הָהֵמָּה כַּמַּגֵּפָה הַזֹּאת׃
ל̇ . י̇ב̇[17]
16 וְהָיָה כָּל־הַנּוֹתָר מִכָּל־הַגּוֹיִם הַבָּאִים עַל־יְרוּשָׁלִָם
וְעָלוּ מִדֵּי שָׁנָה בְשָׁנָה לְהִשְׁתַּחֲוֺת לְמֶלֶךְ יְהוָה צְבָאוֹת
כ̇ט̇ וכל משיחה מצרים אשור ישראל דכות̇[11]
וְלָחֹג אֶת־חַג הַסֻּכּוֹת׃
ל̇
17 וְהָיָה אֲשֶׁר לֹא־יַעֲלֶה מֵאֵת מִשְׁפְּחוֹת הָאָרֶץ אֶל־יְרוּשָׁלִַם
ג̇ בטע̇ ר״פ בסיפ̇ . ל̇ . י̇א̇[18] וכל כל אלה בני דכות̇ ב̇ מ̇ ב̇ . י̇ג̇[19] וכל עזרא דכות̇ ב̇ מ̇ א̇
לְהִשְׁתַּחֲוֺת לְמֶלֶךְ יְהוָה צְבָאוֹת וְלֹא עֲלֵיהֶם יִהְיֶה הַגָּשֶׁם׃
כ̇ט̇ וכל משיחה מצרים אשור ישראל דכות̇[11]
18 וְאִם־מִשְׁפַּחַת מִצְרַיִם לֹא־תַעֲלֶה וְלֹא בָאָה [a]וְלֹא עֲלֵיהֶם[a] תִּהְיֶה
ג̇ ר״פ בסיפ̇[20] . ב̇ פסוק̇ לא ולא ולא לא . י̇א̇[21] בטע̇ וכל מלכים ויחזק̇ דכות̇ ב̇ מ̇ ב̇
הַמַּגֵּפָה אֲשֶׁר יִגֹּף יְהוָה אֶת־הַגּוֹיִם [b]אֲשֶׁר לֹא יַעֲלוּ לָחֹג אֶת־חַג

[10] Mm 2154. [11] Mm 958. [12] Mm 1330. [13] Mm 856. [14] Mm 3167. [15] Mm 2332. [16] Mm 3179. [17] Mm 891. [18] Mm 3361. [19] Mm 2682. [20] Mm 3075. [21] Mm 279.

8 [a] prp יהיו vel יִחְיוּ ‖ **10** [a] frt l וְתִסוב vel תִּסוב ‖ [b–b] l וירושלם ראמה vel וְירושלם ראמה ‖ [c–c] gl ad vb sqq, prb dl ‖ [d] l c 𝔊 mlt Mss 𝔖𝔙 וּמִמגדל ‖ ירוּשלם; tr ad תחתיה ‖ **11** [a–a] cj c 10 ‖ [b] 𝔊* κατοικήσουσιν, l יֵשְׁבוּ ‖ **12** [a] frt l הָמַּק, prp יִמַּק ‖ [b] l בפיהו cf 𝔙 ‖ **13** [a] frt l c mlt Mss בְּיד cf 𝔗 ‖ **14** [a–a] prb add ‖ **18** [a–a] l c pc Mss 𝔊𝔖 עליהם(וַ) cf 𝔗 ‖ [b–b] dl, homark ex 19.

ל הַסֻּכּֽוֹת׃ [b] 19 זֹ֤את תִּֽהְיֶה֙ חַטַּ֣את מִצְרָ֔יִם וְחַטַּאת֙ כָּל־הַגּוֹיִ֔ם אֲשֶׁר֙
לֹ֣א יַֽעֲל֔וּ לָחֹ֖ג אֶת־חַ֥ג הַסֻּכּֽוֹת׃
ל 20 בַּיּ֣וֹם הַה֗וּא יִֽהְיֶה֙ עַל־[a]מְצִלּ֣וֹת הַסּ֔וּס קֹ֖דֶשׁ לַֽיהוָ֑ה וְהָיָ֤ה
לט . ל . ג בטע ר״פ בסיפ הַסִּירוֹת֙ בְּבֵ֣ית יְהוָ֔ה כַּמִּזְרָקִ֖ים לִפְנֵ֥י הַמִּזְבֵּֽחַ׃ 21 וְהָיָה֩ כָּל־ ס כא[22]
ה[23] סִ֨יר בִּירוּשָׁלַ֜͏ִם וּבִֽיהוּדָ֗ה קֹ֚דֶשׁ לַיהוָ֣ה צְבָא֔וֹת וּבָ֙אוּ֙ כָּל־
ב[24] הַזֹּ֣בְחִ֔ים וְלָקְח֥וּ מֵהֶ֖ם וּבִשְּׁל֣וּ בָהֶ֑ם וְלֹא־יִֽהְיֶ֨ה כְנַעֲנִ֥י ע֛וֹד
לט בְּבֵית־יְהוָ֥ה צְבָא֖וֹת בַּיּ֥וֹם הַהֽוּא׃

סכום הפסוקים
מאתים
ואחד עשר

MALEACHI מלאכי

מא . ז[1] וכל משחתיך למלך דכות ב מ א . ב[2] 1 [1] מַשָּׂ֥א דְבַר־יְהוָ֖ה אֶל־יִשְׂרָאֵ֑ל בְּיַ֖ד מַלְאָכִֽי[a]׃
ח קמ[3] 2 אָהַ֤בְתִּי אֶתְכֶם֙ אָמַ֣ר יְהוָ֔ה וַאֲמַרְתֶּ֖ם בַּמָּ֣ה אֲהַבְתָּ֑נוּ [עֵשָׂו שָׂנֵאתִי
ל . ב[4] הֲלוֹא־אָ֨ח עֵשָׂ֤ו לְיַעֲקֹב֙ נְאֻם־יְהוָ֔ה[a] וָאֹהַ֖ב אֶֽת־יַעֲקֹֽב׃ 3 וְאֶת־
ט[5] . ב וָאָשִׂ֤ים אֶת־הָרָיו֙ שְׁמָמָ֔ה וְאֶת־נַחֲלָת֖וֹ לְתַנּ֥וֹת[a] מִדְבָּֽר׃
ל . ל 4 כִּֽי־תֹאמַ֨ר אֱד֜וֹם רֻשַּׁ֗שְׁנוּ וְנָשׁוּב֙ וְנִבְנֶ֣ה חֳרָב֔וֹת
ג מל בליש[6] כֹּ֤ה אָמַר֙ יְהוָ֣ה צְבָא֔וֹת הֵ֥מָּה יִבְנ֖וּ וַאֲנִ֣י אֶהֱר֑וֹס
וְקָרְא֤וּ לָהֶם֙ גְּב֣וּל רִשְׁעָ֔ה וְהָעָ֛ם אֲשֶׁר־זָעַ֥ם יְהוָ֖ה עַד־עוֹלָֽם׃
ב חד חס וחד מל[7] . ל 5 וְעֵינֵיכֶ֖ם תִּרְאֶ֑ינָה וְאַתֶּ֤ם תֹּֽאמְרוּ֙ יִגְדַּ֣ל יְהוָ֔ה מֵעַ֖ל לִגְב֥וּל[a]
יִשְׂרָאֵֽל׃]
6 בֵּ֛ן יְכַבֵּ֥ד אָ֖ב וְעֶ֣בֶד אֲדֹנָ֑יו
ח פסוק ואם ואם[8] וְאִם־אָ֣ב אָ֣נִי אַיֵּ֣ה כְבוֹדִ֡י
ו מל בליש[9] . ל וְאִם־אֲדוֹנִ֣ים אָנִי֩ אַיֵּ֨ה מוֹרָאִ֜י
ב[10] אָמַ֣ר ׀ יְהוָ֣ה צְבָא֗וֹת לָכֶם֙ הַכֹּהֲנִ֔ים בּוֹזֵ֣י שְׁמִ֔י

[22] Mp sub loco. [23] Mm 2147. [24] Mm 3180.
Cp 1 [1] Mm 1021. [2] Mm 3181. [3] Mm 96. [4] Mm 1378. [5] Mm 1918. [6] Mm 2454. [7] Mm 2926. [8] Mm 4191. [9] Mm 3182. [10] Mm 3183.

20 [a] prp c pc Mss כָּל־.
Cp 1,1 [a] 𝔊 *ἀγγέλου αὐτοῦ, + θέσθε δὴ ἐπὶ τὰς καρδίας ὑμῶν* ex Hag 2,15.18 ‖ **2** [a–a] dl m cs ‖ **3** [a] frt l נָתַתִּי, prp נְוֹת cf 𝔖 ‖ **5** [a] frt l c pc Mss גבול, dttg.

וַאֲמַרְתֶּ֕ם בַּמֶּ֥ה בְזִינ֖וּ אֶת־שְׁמֶֽךָ׃

7 מַגִּישִׁים֙ עַל־מִזְבְּחִי֙ לֶ֣חֶם מְגֹאָ֔ל וַאֲמַרְתֶּ֕ם בַּמֶּ֖ה גֵֽאַלְנ֑וּךָ בֶּאֱמָרְכֶ֕ם שֻׁלְחַ֥ן יְהוָ֖ה נִבְזֶ֥ה הֽוּא׃

8 וְכִֽי־תַגִּשׁ֨וּן עִוֵּ֤ר לִזְבֹּ֙חַ֙ אֵ֣ין רָ֔ע וְכִ֥י תַגִּ֛ישׁוּ פִּסֵּ֥חַ וְחֹלֶ֖ה אֵ֣ין רָ֑ע הַקְרִיבֵ֨הוּ נָ֜א לְפֶחָתֶ֗ךָ הֲיִרְצְךָ֙ א֚וֹ הֲיִשָּׂ֣א פָנֶ֔יךָ אָמַ֖ר יְהוָ֥ה צְבָאֽוֹת׃

9 וְעַתָּ֛ה חַלּוּ־נָ֥א פְנֵי־אֵ֖ל וִֽיחָנֵ֑נוּ מִיֶּדְכֶם֙ הָ֣יְתָה זֹּ֔את הֲיִשָּׂ֤א מִכֶּם֙ פָּנִ֔ים אָמַ֖ר יְהוָ֥ה צְבָאֽוֹת׃

10 מִ֤י גַם־בָּכֶם֙ וְיִסְגֹּ֣ר דְּלָתַ֔יִם וְלֹֽא־תָאִ֥ירוּ מִזְבְּחִ֖י חִנָּ֑ם אֵֽין־לִ֨י חֵ֜פֶץ בָּכֶ֗ם אָמַר֙ יְהוָ֣ה צְבָא֔וֹת וּמִנְחָ֖ה לֹֽא־אֶרְצֶ֥ה מִיֶּדְכֶֽם׃

11 כִּ֣י מִמִּזְרַח־שֶׁ֜מֶשׁ וְעַד־מְבוֹא֗וֹ גָּד֤וֹל שְׁמִי֙ בַּגּוֹיִ֔ם וּבְכָל־מָק֗וֹם מֻקְטָ֥ר מֻגָּ֛שׁ לִשְׁמִ֖י וּמִנְחָ֣ה טְהוֹרָ֑ה כִּֽי־גָד֤וֹל שְׁמִי֙ בַּגּוֹיִ֔ם אָמַ֖ר יְהוָ֥ה צְבָאֽוֹת׃

12 וְאַתֶּ֖ם מְחַלְּלִ֣ים אוֹת֑וֹ בֶּאֱמָרְכֶ֗ם שֻׁלְחַ֤ן אֲדֹנָי֙ מְגֹאָ֣ל ה֔וּא וְנִיב֖וֹ נִבְזֶ֥ה אָכְלֽוֹ׃

13 וַאֲמַרְתֶּם֩ הִנֵּ֨ה מַתְּלָאָ֜ה וְהִפַּחְתֶּ֣ם אוֹת֗וֹ אָמַר֙ יְהוָ֣ה צְבָא֔וֹת וַהֲבֵאתֶ֣ם גָּז֗וּל וְאֶת־הַפִּסֵּ֙חַ֙ וְאֶת־הַ֣חוֹלֶ֔ה וַהֲבֵאתֶ֖ם אֶת־הַמִּנְחָ֑ה הַאֶרְצֶ֥ה אוֹתָ֛הּ מִיֶּדְכֶ֖ם אָמַ֥ר יְהוָֽה׃ ס

14 וְאָר֣וּר נוֹכֵ֗ל וְיֵ֤שׁ בְּעֶדְרוֹ֙ זָכָ֔ר וְנֹדֵ֕ר וְזֹבֵ֥חַ מָשְׁחָ֖ת לַֽאדֹנָ֑י כִּ֣י מֶ֤לֶךְ גָּדוֹל֙ אָ֔נִי אָמַר֙ יְהוָ֣ה צְבָא֔וֹת וּשְׁמִ֖י נוֹרָ֥א בַגּוֹיִֽם׃

2 וְעַתָּ֗ה אֲלֵיכֶ֛ם הַמִּצְוָ֥ה הַזֹּ֖את הַכֹּהֲנִֽים׃

2 אִם־לֹ֣א תִשְׁמְע֡וּ וְאִם־לֹא֩ תָשִׂ֨ימוּ עַל־לֵ֜ב לָתֵ֧ת כָּב֣וֹד לִשְׁמִ֗י אָמַר֙ יְהוָ֣ה צְבָא֔וֹת וְשִׁלַּחְתִּ֤י בָכֶם֙ אֶת־הַמְּאֵרָ֔ה וְאָרוֹתִ֖י אֶת־

גׄ¹¹ ב חס וחד מל. חׄ¹²

לׄ

בׄ רׄפׄ בסיפ וכי וכי¹³
יוׄ מׄׄׄפׄ אין אין

לׄ

לׄ. ב.

כׄ בטעׄ. לׄ.

בׄ

לׄ. חׄ¹²

לׄ. דׄ גׄ מל וחד חסׄ¹⁴

לׄ. לׄ. הׄ¹⁵

בׄ¹⁶. כד מל דׄ מנה
בתרי עשר

לׄ

לׄ. לׄ. כד מל דׄ מנה
בתרי עשר

בׄ מלׄ¹⁷. לׄ. יבׄ¹⁸ מל וכל
יהושע שפטים ויחזק
דכות בׄ מׄ גׄ

כׄ¹⁹ סׄׄׄ פׄ גׄ²⁰ מנה
בליש ובסיפ

גׄ²¹. בׄ. +̇ כת אׄ²²

חׄ רׄפׄ וכל איוב דכות
בׄ מׄ בׄ. יזׄ מׄׄׄ פׄ

לׄ. בׄ.

¹¹Mm 2053. ¹²Mm 2410. ¹³Mm 3157. ¹⁴Mm 3372. ¹⁵Mm 1140. ¹⁶Mm 1872. ¹⁷Mm 3934. ¹⁸Mm 1009. ¹⁹Mm 2481. ²⁰Mm 2379. ²¹Mm 3184. ²²Mm 2305. Cp 2 ¹Mm 3185.

7 ᵃ 𝔊 ἠλισγήσαμεν αὐτούς, 1 גאלנוהו ‖ הירצהו frt ‖ 8 ᵃ 𝔊ᴹˢˢ(𝔙) εἰ προσδέξεται αὐτό, frt 1 ‖ ᵇ⁻ᵇ dl m cs ‖ 9 ᵃ sic L, mlt Mss Edd —נו ‖ ᵇ⁻ᵇ dl ‖ 10 ᵃ⁻ᵃ add ‖ 11 ᵃ 11—13 prb add ‖ ᵇ prp מנחה ‖ 12 ᵃ cf 11ᵃ ‖ ᵇ⁻ᵇ prb 1 וְנִבְזֶה (ניבו ortum ex dttg נב) cf 𝔖𝔗 ‖ ᶜ prp כָּלוֹ ‖ 13 ᵃ cf 11ᵃ ‖ ᵇ 1 אוֹתִי (Tiq soph) ‖ ᶜ add; prp אֶת־הַגָּזוּל (sed cf ᵈ), al add hab (ה) ‖ ᵈ 1 c mlt Mss Edd אֵת cf 𝔖 ‖ ᵉ frt ins c pc Mss 𝔊𝔖ᵂ ‖ 14 ᵃ 14 add ‖ ᵇ prp זָכֶה ‖ ᶜ prp c mlt Mss לַיהוָה vel לִי ‖ Cp 2,2 ᵃ 2 add.

בִּרְכוֹתֵיכֶם[b] וְגַם֙ אָרוֹתִיהָ כִּי אֵינְכֶם שָׂמִים עַל־לֵב׃ ל

3 הִנְנִי גֹעֵר[a] לָכֶם֙ אֶת־הַזֶּרַע[b] וְזֵרִיתִי פֶּרֶשׁ֙ עַל־פְּנֵיכֶם ב חד מל וחד חס . ג[2]

[c]פֶּרֶשׁ חַגֵּיכֶם[c] [d]וְנָשָׂא אֶתְכֶם אֵלָיו׃[d] ג[2]. יז

4 וִידַעְתֶּם כִּי[a] שִׁלַּחְתִּי אֲלֵיכֶם אֵת הַמִּצְוָה הַזֹּאת

לִהְיוֹת[b] בְּרִיתִי֙ אֶת־לֵוִי אָמַר יְהוָה צְבָאוֹת׃ ל

5 בְּרִיתִי ׀ הָיְתָה אִתּוֹ הַחַיִּים֙ וְהַשָּׁלוֹם וָאֶתְּנֵם־לוֹ ב

מוֹרָא[a] וַיִּירָאֵנִי וּמִפְּנֵי שְׁמִי נִחַת[b] הוּא׃

6 תּוֹרַת אֱמֶת֙ הָיְתָה בְּפִיהוּ וְעַוְלָה לֹא־נִמְצָא בִשְׂפָתָיו כב ול בליש בסיפ . ב

בְּשָׁלוֹם וּבְמִישׁוֹר֙ הָלַךְ אִתִּי וְרַבִּים הֵשִׁיב מֵעָוֹן׃ י[3] מל ול בסיפ . ו[4]

7 [a]כִּי־שִׂפְתֵי כֹהֵן֙ יִשְׁמְרוּ־דַעַת וְתוֹרָה יְבַקְשׁוּ מִפִּיהוּ ה[5]. כב ול בליש

כִּי מַלְאַךְ יְהוָה־צְבָאוֹת הוּא׃

8 וְאַתֶּם֙ סַרְתֶּם מִן־הַדֶּרֶךְ הִכְשַׁלְתֶּם רַבִּים בַּתּוֹרָה

שִׁחַתֶּם֙ בְּרִית הַלֵּוִי אָמַר יְהוָה צְבָאוֹת׃ ל

9 וְגַם־אֲנִי נָתַתִּי אֶתְכֶם נִבְזִים וּשְׁפָלִים לְכָל־הָעָם[a] ל. ל

כְּפִי אֲשֶׁר[b] אֵינְכֶם֙ שֹׁמְרִים אֶת־דְּרָכַי וְנֹשְׂאִים פָּנִים בַּתּוֹרָה׃ פ ל

10 הֲלוֹא אָב אֶחָד֙ לְכֻלָּנוּ הֲלוֹא אֵל אֶחָד בְּרָאָנוּ ב. ל

מַדּוּעַ נִבְגַּד֙[a] אִישׁ בְּאָחִיו לְחַלֵּל בְּרִית אֲבֹתֵינוּ׃

11 בָּגְדָה[a] יְהוּדָה וְתוֹעֵבָה נֶעֶשְׂתָה [b]בְיִשְׂרָאֵל וּ[b]בִירוּשָׁלָ͏ִם כא

[c]כִּי ׀ חִלֵּל יְהוּדָה קֹדֶשׁ יְהוָה֙ אֲשֶׁר אָהֵב[d] וּבָעַל בַּת־אֵל נֵכָר׃ ט[6]. ל

12 יַכְרֵת יְהוָה לָאִישׁ אֲשֶׁר יַעֲשֶׂנָּה֙ עֵר[e] וְעֹנֶה מֵאָהֳלֵי יַעֲקֹב ב. לב[7]. ב

וּמַגִּישׁ[f] מִנְחָה לַיהוָה צְבָאוֹת׃[c] פ 13 [a]וְזֹאת֙ שֵׁנִית תַּעֲשׂוּ[a] ל. כה י[8] מנה ר״פ

כַּסּוֹת[b] דִּמְעָה֙ אֶת־מִזְבַּח יְהוָה בְּכִי וַאֲנָקָה ל

מֵאֵין[c] עוֹד פְּנוֹת֙ אֶל־הַמִּנְחָה וְלָקַחַת רָצוֹן מִיֶּדְכֶם׃ ב. ד רפי[9]

[2]Mm 3186. [3]Mm 2021. [4]Mm 4248. [5]Mm 2797. [6]Mm 3212. [7]Mm 319. [8]Mm 856. [9]Mm 216.

2 [b] 𝔊 sg, l בִּרְכַּתְכֶם cf אֲרוּתִיהָ ‖ **3** [a] prb l גֹּדֵעַ cf 𝔊 *ἀφορίζω* = גרע ‖ [b] 𝔊(α′𝔙) *τὸν ὦμον*, prb l הַזְּרֹעַ ‖ [c–c] gl, dl ‖ [d–d] add; prp ונשׂאתִי אתכם מֵעָלַי cf 𝔊𝔖 ‖ **4** [a] 𝔊 + *ἐγώ* ‖ [b] prp לְחַיּוֹת aut לְהָחֵת vel מִהְיוֹת ‖ **5** [a] frt l וְהַמּוֹרא; exc vb? ‖ [b] prp נֶחָת ‖ **7** [a] 7 prb add ‖ **9** [a] mlt Mss 𝔊𝔙 pl ‖ [b] dl m cs? ‖ **10** [a] prp נבגֹּד, 𝔊 *ἐγκατελίπετε* ‖ **11/12** [a] prp בָּגַד ‖ [b–b] prb dl, var lect ‖ [c–c] prb add ‖ [d] prp אֲהֵבוֹ (ו hpgr), al dl אשר ‖ [e] prp עֵד cf Ms 𝔊 (*ἕως* = עַד) ‖ [f] prp וּמִמַּגִּישֵׁי cf 𝔊 ‖ **13** [a–a] prb add cf 11/12[c–c], al dl sol שֵׁנִית ‖ [b] prp תְּכַסּוּ cf 𝔊 *ἐκαλύπτετε* ‖ [c] prb l מֵאֵן et frt ins יְהוָה vel l pro עוד.

14 וַאֲמַרְתֶּ֖ם עַל־מָ֑ה עַ֡ל כִּֽי־יְהוָה֩ הֵעִ֨יד בֵּינְךָ֜ וּבֵ֣ין׀ אֵ֣שֶׁת נְעוּרֶ֗יךָ כא פסוק על על ומילה חדה ביניה[10]. ה קמ דסמיכ[11]. ו
אֲשֶׁ֤ר אַתָּה֙ בָּגַ֣דְתָּה בָּ֔הּ וְהִ֥יא חֲבֶרְתְּךָ֖ וְאֵ֥שֶׁת בְּרִיתֶֽךָ׃ ל מל[12]. ו
15 ᵃוְלֹא־אֶחָ֣ד ᵇעָשָׂ֗ה וּשְׁאָ֥ר ר֙וּחַ֙ ל֔וֹ וּמָה֙ הָֽאֶחָ֔דᵇ מְבַקֵּ֖שׁ זֶ֣רַע ג ר״פ. ב[13]
אֱלֹהִ֑ים וְנִשְׁמַרְתֶּם֙ בְּר֣וּחֲכֶ֔םᵃ ה[14]
ᶜוּבְאֵ֥שֶׁת נְעוּרֶ֖יךָ אַל־יִבְגֹּֽדᵈ׃ ב
16 כִּֽי־שָׂנֵ֣אᵃ שַׁלַּ֗ח ᵇאָמַ֤ר יְהוָה֙ אֱלֹהֵ֣י יִשְׂרָאֵ֔לᵇ ב. ה[15]. ג[16] ול בליש ובסיפ
ᶜוְכִסָּ֤ה חָמָס֙ עַל־לְבוּשׁ֔וֹ אָמַ֖ר יְהוָ֣ה צְבָא֑וֹת
ᵈוְנִשְׁמַרְתֶּ֥ם בְּרוּחֲכֶ֖ם וְלֹ֥א תִבְגֹּֽדוּᵈ׃ ס ה[14]
17 הוֹגַעְתֶּ֤ם יְהוָה֙ בְּדִבְרֵיכֶ֔ם וַאֲמַרְתֶּ֖ם בַּמָּ֣ה הוֹגָ֑עְנוּᵃ ל. ח קמ[17]. ל
בֶּאֱמָרְכֶ֗ם כָּל־עֹ֨שֵׂה רָ֜ע ט֣וֹב׀ בְּעֵינֵ֣י יְהוָ֗ה כל עשייה רע פת ב מ ז[18] קמ
וּבָהֶם֙ ה֣וּא חָפֵ֔ץ א֥וֹ אַיֵּ֖ה אֱלֹהֵ֥י הַמִּשְׁפָּֽט׃ ל
3 1 הִנְנִ֤י שֹׁלֵחַ֙ מַלְאָכִ֔י וּפִנָּה־דֶ֖רֶךְ לְפָנָ֑י ב[1]
וּפִתְאֹם֩ יָב֨וֹא אֶל־הֵיכָל֜וֹ הָאָד֣וֹן׀ אֲשֶׁר־אַתֶּ֣ם מְבַקְשִׁ֗ים ל
ᵃוּמַלְאַ֨ךְ הַבְּרִ֜ית אֲשֶׁר־אַתֶּ֤ם חֲפֵצִים֙ הִנֵּה־בָ֔א אָמַ֖ר יְהוָ֥ה ב פת וכל דסמיכ לאדכרא דכות[2]
2 וּמִ֤י מְכַלְכֵּל֙ אֶת־י֣וֹם בּוֹא֔וֹ וּמִ֥י הָעֹמֵ֖ד בְּהֵרָֽאוֹת֑וֹ [צְבָאֽוֹתᵃ׃ ד פסוק ומי ומי. ל ומל[3]
כִּֽי־הוּא֙ᵃ כְּאֵ֣שׁ מְצָרֵ֔ף וּכְבֹרִ֖ית מְכַבְּסִֽים׃ ל
3 ᵃוְיָשַׁ֞ב מְצָרֵ֤ף וּמְטַהֵר֙ כֶּ֔סֶף וְטִהַ֤ר אֶת־בְּנֵי־לֵוִי֙ וְזִקַּ֣ק אֹתָ֔ם ל
כַּזָּהָ֖ב וְכַכָּ֑סֶף וְהָיוּ֙ לַֽיהוָ֔ה מַגִּישֵׁ֥י מִנְחָ֖ה בִּצְדָקָֽה׃ 4 ᵃוְעָֽרְבָה֙ ג[4]. ל. ב[5]
לַֽיהוָ֔ה מִנְחַ֥ת יְהוּדָ֖ה וִירוּשָׁלָ֑͏ִם כִּימֵ֣י עוֹלָ֔ם וּכְשָׁנִ֖ים קַדְמֹנִיּֽוֹת׃ ל. ל
5 וְקָרַבְתִּ֣י אֲלֵיכֶם֮ לַמִּשְׁפָּט֒ וְהָיִ֣יתִי׀ עֵ֣ד מְמַהֵ֗ר ה[6]
בַּֽמְכַשְּׁפִים֙ וּבַמְנָ֣אֲפִ֔ים וּבַנִּשְׁבָּעִ֖יםᵃ לַשָּׁ֑קֶר ל
וּבְעֹשְׁקֵ֣י שְׂכַר־ᵇשָׂ֠כִיר ᶜאַלְמָנָ֨ה וְיָת֤וֹםᶜ וּמַטֵּי־ᵈגֵר֙ᶜ ה[7]. ו כת י ס״ת וקר ה[8]
וְלֹ֣א יְרֵא֔וּנִי אָמַ֖ר יְהוָ֥ה צְבָאֽוֹת׃

[10] Mm 686. [11] Mm 592. [12] Mm 1713. [13] Mm 3431. [14] Mm 1070. [15] Mm 1150. [16] Mm 2379. [17] Mm 96. [18] Mm 824. **Cp 3** [1] Mm 3181. [2] Mm 3187. [3] וחד בְּהֵרָאֹתוֹ Est 1,4. [4] Mm 3188. [5] Mm 3189. [6] Mm 1035. [7] Mm 524. [8] Mm 1344.

15 ᵃ⁻ᵃ prb add ‖ ᵇ 𝔊 ἄλλο(ς) ‖ ᶜ exc hemist praecedens (vel compl)? ‖ ᵈ frt l c nonn Mss 𝔊𝔗𝔙 תִּבְגֹּד ‖ **16** ᵃ prb l שָׂנֵאתִי ‖ ᵇ⁻ᵇ add? ‖ ᶜ frt l כְּכַסֵּה, prp וְכַסֵּה ‖ ᵈ⁻ᵈ prb add cf 15bα ‖ **17** ᵃ prp הוֹגַעְנֻהוּ cf 𝔊^Mss^𝔖𝔗𝔙 ‖ **Cp 3,1** ᵃ⁻ᵃ prb add ‖ **2** ᵃ 𝔊 + εἰσπορεύεται = בָּא ‖ **3/4** ᵃ prb add ‖ **5** ᵃ mlt Mss 𝔊 + בִּשְׁמִי ‖ ᵇ dl, dttg? ‖ ᶜ⁻ᶜ prb tr ante אלמנה et frt l (וּ)בְמַטֵּי־גֵר, al dl אלמנה ויתום ‖ ᵈ 𝔊 + κρίσιν = מִשְׁפָּט?

6 כִּי אֲנִי יְהוָה לֹא שָׁנִיתִי וְאַתֶּם בְּנֵי־יַעֲקֹב לֹא כְלִיתֶם׃
7 לְמִימֵי אֲבֹתֵיכֶם סַרְתֶּם מֵחֻקַּי וְלֹא שְׁמַרְתֶּם[a] ב
שׁוּבוּ אֵלַי וְאָשׁוּבָה אֲלֵיכֶם אָמַר יְהוָה צְבָאוֹת
[b]וַאֲמַרְתֶּם בַּמֶּה נָשׁוּב[b]׃
8 הֲיִקְבַּע[a] אָדָם אֱלֹהִים כִּי אַתֶּם קֹבְעִים[b] אֹתִי ל . ב
וַאֲמַרְתֶּם בַּמֶּה קְבַעֲנוּךָ[c] [d]הַמַּעֲשֵׂר וְהַתְּרוּמָה[de]׃ ל . ל
9 בַּמְּאֵרָה אַתֶּם נֵאָרִים וְאֹתִי אַתֶּם קֹבְעִים[a] [b]הַגּוֹי כֻּלּוֹ[b]׃ ב . ו כת ו ול בסיפ וכל אורית וכתיב דכות[9]
10 הָבִיאוּ אֶת־כָּל־הַמַּעֲשֵׂר אֶל־בֵּית הָאוֹצָר וִיהִי טֶרֶף בְּבֵיתִי ג[10] . יא[11] . לב
וּבְחָנוּנִי נָא בָּזֹאת אָמַר יְהוָה צְבָאוֹת [בְּרָכָה עַד־בְּלִי־דָי׃ ל . ג[12]
אִם־לֹא אֶפְתַּח לָכֶם אֵת אֲרֻבּוֹת הַשָּׁמַיִם וַהֲרִיקֹתִי לָכֶם ב[13]
11 וְגָעַרְתִּי לָכֶם בָּאֹכֵל וְלֹא־יַשְׁחִת לָכֶם אֶת־פְּרִי הָאֲדָמָה ל . ז[14] חס ב מנה בליש
וְלֹא־תְשַׁכֵּל לָכֶם הַגֶּפֶן בַּשָּׂדֶה אָמַר יְהוָה צְבָאוֹת׃ ג[15]
12 וְאִשְּׁרוּ אֶתְכֶם כָּל־הַגּוֹיִם כִּי־תִהְיוּ אַתֶּם אֶרֶץ חֵפֶץ ל
אָמַר יְהוָה צְבָאוֹת׃ ס

13 חָזְקוּ עָלַי דִּבְרֵיכֶם אָמַר יְהוָה[a] ג[16] . ג[17] ב בליש ובסיפ
וַאֲמַרְתֶּם מַה־נִּדְבַּרְנוּ עָלֶיךָ׃ ל
14 אֲמַרְתֶּם שָׁוְא עֲבֹד אֱלֹהִים וּמַה־בֶּצַע כִּי שָׁמַרְנוּ מִשְׁמַרְתּוֹ ל . ר"פ[18] . ל . לא פסוק כי וכי[19] . ג
וְכִי הָלַכְנוּ קְדֹרַנִּית מִפְּנֵי יְהוָה צְבָאוֹת׃
15 וְעַתָּה אֲנַחְנוּ מְאַשְּׁרִים זֵדִים ל . ד
גַּם־נִבְנוּ עֹשֵׂי רִשְׁעָה גַּם בָּחֲנוּ אֱלֹהִים וַיִּמָּלֵטוּ׃ יו כת י[20]
16 אָז[a] נִדְבְּרוּ יִרְאֵי יְהוָה אִישׁ אֶת־רֵעֵהוּ וַיַּקְשֵׁב יְהוָה וַיִּשְׁמָע ב קמ
וַיִּכָּתֵב סֵפֶר זִכָּרוֹן לְפָנָיו [b]לְיִרְאֵי יְהוָה וּלְחֹשְׁבֵי שְׁמוֹ[b]׃ ל
17 וְהָיוּ לִי אָמַר יְהוָה צְבָאוֹת לַיּוֹם אֲשֶׁר אֲנִי עֹשֶׂה סְגֻלָּה כ[21] . כב[22]
וְחָמַלְתִּי עֲלֵיהֶם כַּאֲשֶׁר יַחְמֹל אִישׁ עַל־בְּנוֹ הָעֹבֵד אֹתוֹ׃

[9] Mm 2480 et Mm 2264. [10] Mm 313. [11] Mm 324. [12] Mm 3190. [13] Lv 26,33. [14] Mm 1757. [15] Mm 3191. [16] Mm 1336. [17] Mm 2379. [18] Mm 978. [19] Mm 2059. [20] Mm 627. [21] Mm 875. [22] Mm 475.

7 [a] frt ins מִשְׁמַרְתִּי cf 14 ‖ [b–b] add? ‖ **8** [a] prb l הֲיַעֲקֹב cf 𝔊 *εἰ πτερνιεῖ* ‖ [b] 𝔊 *πτερνίζετε*, prb l עֹקְבִים ‖ [c] 𝔊 *ἐπτερνίκαμέν σε*, prb l עֲקַבְנוּךָ ‖ [d–d] frt l בַּמַּעֲשֵׂר וּבַתְּרוּמָה cf 𝔖𝔗𝔙, sed cf 9 [b–b] ‖ [e] 𝔊 + *μεθ᾽ ὑμῶν εἰσι* ‖ **9** [a] 𝔊 *πτερνίζετε*, l עֹקְבִים ‖ [b–b] add? prb l הֲגַם כלו et tr ad fin 8 ‖ **13** [a] prb ins צְבָאוֹת cf $𝔊^{L}$ ‖ **16** [a] 𝔊(𝔖) *ταῦτα*, frt l זֹה vel זֹאת ‖ [b–b] prp לְיִרְאָיו ול׳ שׁ׳ aut לי׳ י׳ וּלְחֹסֵי בשמו.

18 וְשַׁבְתֶּם֙ וּרְאִיתֶ֔ם בֵּ֥ין צַדִּ֖יק לְרָשָׁ֑ע בֵּ֚ין עֹבֵ֣ד אֱלֹהִ֔ים לַאֲשֶׁ֖ר — ג פסוק בין בין . ה[23]
[לֹ֥א עֲבָדֽוֹ׃ ס

19 כִּֽי־הִנֵּ֤ה הַיּוֹם֙ בָּ֔א בֹּעֵ֖ר כַּתַּנּ֑וּר[a] וְהָי֨וּ כָל־זֵדִ֜ים וְכָל־עֹשֵׂ֤ה[b] — ג . ד
[רִשְׁעָה֙ קַ֔שׁ וְלִהַ֨ט אֹתָ֜ם הַיּ֣וֹם הַבָּ֗א אָמַר֙ יְהוָ֣ה צְבָא֔וֹת — ל̇
אֲשֶׁ֛ר לֹא־יַעֲזֹ֥ב[c] לָהֶ֖ם שֹׁ֥רֶשׁ וְעָנָֽף׃ — ל̇
20 וְזָרְחָ֨ה לָכֶ֜ם יִרְאֵ֤י שְׁמִי֙ שֶׁ֣מֶשׁ צְדָקָ֔ה וּמַרְפֵּ֖א בִּכְנָפֶ֑יהָ — ל[24] . ג[25]
וִֽיצָאתֶ֥ם וּפִשְׁתֶּ֖ם כְּעֶגְלֵ֥י מַרְבֵּֽק׃ — ב[26] . ד[27]
21 וְעַסּוֹתֶ֣ם רְשָׁעִ֔ים כִּֽי־יִהְי֣וּ אֵ֔פֶר תַּ֖חַת כַּפּ֣וֹת רַגְלֵיכֶ֑ם — ל̇
בַּיּוֹם֙ אֲשֶׁ֣ר אֲנִ֣י עֹשֶׂ֔ה אָמַ֖ר יְהוָ֥ה צְבָאֽוֹת׃ פ — כב[22]

22 [a]זִכְר֕וּ תּוֹרַ֖ת מֹשֶׁ֣ה עַבְדִּ֑י אֲשֶׁר֩ צִוִּ֨יתִי אוֹת֤וֹ — ל̇ . כד מל̇ ד מנה בתרי עשר
בְחֹרֵב֙ עַל־כָּל־יִשְׂרָאֵ֔ל חֻקִּ֖ים וּמִשְׁפָּטִֽים׃ — ב[28]
23 [a]הִנֵּ֤ה אָנֹכִי֙ שֹׁלֵ֣חַ לָכֶ֔ם אֵ֖ת אֵלִיָּ֣ה הַנָּבִ֑יא — ה[29] וכל כתיב דכות ב מ א
לִפְנֵ֗י בּ֚וֹא י֣וֹם יְהוָ֔ה הַגָּד֖וֹל וְהַנּוֹרָֽא׃ — יד[30] מל וכל שמואל וכתיב דכות ב מ ה
24 [a]וְהֵשִׁ֤יב לֵב־אָבוֹת֙ עַל־בָּנִ֔ים וְלֵ֥ב בָּנִ֖ים עַל־אֲבוֹתָ֑ם
פֶּן־אָב֕וֹא וְהִכֵּיתִ֥י אֶת־הָאָ֖רֶץ חֵֽרֶם׃ — ב ס״פ

סכום הפסוקים
חמשים
וחמשה

סכום הפסוקים של שנים עשר
אלף וחמשים
וחציו לכן בגללכם ציון שדה[31]
וסדרים כ א
סכום הפסוקים של נביאים
תשעת אלפים ומאתים
ושמונים וחמשה:
ט̇ר̇פ̇ה̇
כל סדרי הנביאים
מאתים וארבעה:
ק̇ק̇ד̇
חצי המקרא כהקיר
בור מימיה כן[32]

[23] Mm 3594. [24] Mm 520. [25] Mm 2653. [26] Mm 1527. [27] Mm 2715. [28] Mp sub loco. [29] Mm 3192. [30] Mm 169. [31] Mi 3,12, cf Mp sub loco. [32] Jer 6,7, cf Mp sub loco.

19 [a] 𝔊* + *καὶ φλέξει αὐτούς* ‖ [b] prp c mlt Mss Edd Vrs עשׂי ‖ [c] 𝔊 *ὑπολειφθῇ* = יֵעָזֵב ‖ **22** [a] 22 add; 𝔊* tr 22 post 24 ‖ **23/24** [a] 23sq add.

PSALMI תהלים

ס֯ א 1 [a](א) 1 אַ֥שְֽׁרֵי־הָאִ֗ישׁ אֲשֶׁ֤ר ׀ לֹ֥א הָלַךְ֮ בַּעֲצַ֪ת[a] רְשָׁ֫עִ֥ים
וּבְדֶ֣רֶךְ[b] חַ֭טָּאִים לֹ֥א עָמָ֑ד וּבְמוֹשַׁ֥ב לֵ֝צִ֗ים לֹ֣א יָשָֽׁב׃
2 כִּ֤י אִ֥ם בְּתוֹרַ֥ת יְהוָ֗ה חֶ֫פְצ֥וֹ וּֽבְתוֹרָת֥וֹ יֶהְגֶּ֗ה יוֹמָ֥ם וָלָֽיְלָה׃
3 וְֽהָיָ֗ה כְּעֵץ֮ שָׁת֪וּל עַל־פַּלְגֵ֫י מָ֥יִם
אֲשֶׁ֤ר[a] פִּרְי֨וֹ ׀ יִתֵּ֬ן בְּעִתּ֗וֹ וְעָלֵ֥הוּ לֹֽא־יִבּ֑וֹל
[b]וְכֹ֖ל אֲשֶׁר־יַעֲשֶׂ֣ה יַצְלִֽיחַ[b]׃
4 לֹא־כֵ֥ן הָרְשָׁעִ֑ים[a]
כִּ֥י אִם־כַּ֝מֹּ֗ץ אֲֽשֶׁר־תִּדְּפֶ֥נּוּ רֽוּחַ[b]׃
5 עַל־כֵּ֤ן ׀ לֹא־יָקֻ֣מוּ רְ֭שָׁעִים בַּמִּשְׁפָּ֑ט וְ֝חַטָּאִ֗ים בַּעֲדַ֥ת[a] צַדִּיקִֽים׃
6 כִּֽי־יוֹדֵ֣עַ יְ֭הוָה דֶּ֣רֶךְ צַדִּיקִ֑ים וְדֶ֖רֶךְ רְשָׁעִ֣ים תֹּאבֵֽד׃

2 ב 1 לָ֭מָּה רָגְשׁ֣וּ גוֹיִ֑ם וּ֝לְאֻמִּ֗ים יֶהְגּוּ־רִֽיק׃
2 יִ֥תְיַצְּב֨וּ ׀ מַלְכֵי־אֶ֗רֶץ וְרוֹזְנִ֥ים נֽוֹסְדוּ־יָ֑חַד
[a]עַל־יְ֝הוָ֗ה[b] וְעַל־מְשִׁיחֽוֹ[a][c]׃
3 נְֽ֭נַתְּקָה אֶת־מ֣וֹסְרוֹתֵ֑ימוֹ וְנַשְׁלִ֖יכָה מִמֶּ֣נּוּ עֲבֹתֵֽימוֹ׃
4 יוֹשֵׁ֣ב בַּשָּׁמַ֣יִם יִשְׂחָ֑ק אֲ֝דֹנָ֗י[a] יִלְעַג־לָֽמוֹ׃
5 אָ֤ז יְדַבֵּ֣ר אֵלֵ֣ימוֹ בְאַפּ֑וֹ וּֽבַחֲרוֹנ֥וֹ[a] יְבַהֲלֵֽמוֹ׃
6 וַ֭אֲנִי נָסַ֣כְתִּי[a] מַלְכִּ֑י[b] עַל־צִ֝יּ֗וֹן הַר־קָדְשִֽׁי[b]׃
7 אֲסַפְּרָ֗ה אֶֽ֫ל[a] חֹ֥ק[b] יְֽהוָ֗ה
אָמַ֘ר אֵלַ֥י בְּנִ֥י אַ֑תָּה אֲ֝נִ֗י הַיּ֥וֹם יְלִדְתִּֽיךָ׃

ד בטע[1] . ל[2] . מז פסוק דאית בהון לא לא לא . ב
ד[3] . ב . ב . ה קמ[4]
נה בטע ר״פ בסיפ . ה[5] . ג ב מל וחד חס
ב[6] . ד
יט[7]
ב[8]
ז חס[9] . ח[10] דגש וכל איוב דכות ב מ א . ד[11]
י מל וכל ת ד מ ק דכות ב מ ג חס
ל . ל
ה בטע ר״פ בשלש ספרים[1] . ג מל בליש[2]
לא[3] . ל
ל . ל ומל . ל
ב מל בסיפ[4]
ב . ל . ל . ל
סז ר״פ לג[5] מנה בכתיב . ל . ל[6]
כז מלעיל . ל

Ps 1 [1]Mm 3193. [2]וחד אשרי איש Ps 112,1. [3]Mm 3194. [4]Mm 87. [5]Mp sub loco. [6]Mm 3195. [7]Mm 436. [8]Mm 3196. [9]Mm 1709. [10]Mm 772. [11]Mm 2210. **Ps 2** [1]Mm 3654. [2]Mm 3656. [3]Mm 486. [4]Mm 3231. [5]Mp sub loco. [6]וחד אל ציון Sach 8,3.

Ps 1 [a] numerus > L ‖ **1,1** [a.b] 𝔖 invers ‖ **3** [a] > ℭ ‖ [b–b] gl, cf Jos 1,8 ‖ **4** [a] ins לא כן cf 𝔊 ‖ [b] 𝔊 + ἀπὸ προσώπου τῆς γῆς ‖ **5** [a] 𝔊 ἐν βουλῇ cf 1 ‖ **Ps 2,2** [a–a] frt gl ‖ [b] sic L, mlt Mss Edd ֗ ֝ ‖ [c] 𝔊 + διάψαλμα = סֶלָה ‖ **4** [a] ℭ mlt Mss יהוה; 𝔊𝔖 pr cop ‖ **5** [a] 2 Mss ובחמתו ‖ **6** [a] 𝔊 pass ‖ [b] 𝔊 suff 3 sg ‖ **7** [a] sic L ‖ [b] 𝔖 + suff 1 sg.

8 שְׁאַ֤ל מִמֶּ֗נִּי וְאֶתְּנָ֣ה[a] ג֭וֹיִם נַחֲלָתֶ֑ךָ[b] וַ֝אֲחֻזָּתְךָ֗[c] אַפְסֵי־אָֽרֶץ׃ ל̇ בכתיב[7]
9 תְּ֭רֹעֵם[a] בְּשֵׁ֣בֶט בַּרְזֶ֑ל כִּכְלִ֖י[b] יוֹצֵ֣ר תְּנַפְּצֵֽם׃ ל̇ . ו̇[8]
10 וְ֭עַתָּה מְלָכִ֣ים הַשְׂכִּ֑ילוּ הִ֝וָּסְר֗וּ[a] שֹׁ֣פְטֵי אָֽרֶץ׃ ל̇[9]
11 עִבְד֣וּ אֶת־יְהוָ֣ה בְּיִרְאָ֑ה[a] וְ֝גִ֗ילוּ[b] בִּרְעָדָֽה׃ 12 נַשְּׁקוּ־בַ֡ר[b] ד̇[10] . ל̇ . ל̇ . ג̇ דמטע
פֶּן־יֶאֱנַ֤ף ׀ וְתֹ֬אבְדוּ דֶ֗רֶךְ[c] כִּֽי־יִבְעַ֣ר כִּמְעַ֣ט אַפּ֑וֹ ל̇
אַ֝שְׁרֵ֗י כָּל־ח֥וֹסֵי[d] בֽוֹ׃ כל מל ב̇ מ̇ א̇[11] חס

3 ג̇ 1 מִזְמ֥וֹר לְדָוִ֑ד בְּ֝בָרְח֗וֹ מִפְּנֵ֤י ׀ אַבְשָׁל֬וֹם בְּנֽוֹ׃ ח̇ ר״פ . ג̇
2 יְהוָ֗ה מָה־רַבּ֥וּ צָרָ֑י רַ֝בִּ֗ים קָמִ֥ים עָלָֽי׃
3 רַבִּים֮ אֹמְרִ֪ים לְנַ֫פְשִׁ֥י אֵ֤ין יְֽשׁוּעָ֓תָה לּ֬וֹ[a] בֵֽאלֹהִ֬ים[b] סֶֽלָה׃ ב̇
4 וְאַתָּ֣ה יְ֭הוָה[a] מָגֵ֣ן בַּעֲדִ֑י[a] כְּ֝בוֹדִ֗י וּמֵרִ֥ים רֹאשִֽׁי׃ ל̇[1] . כ̇ו̇
5 ק֭וֹלִי אֶל־יְהוָ֣ה אֶקְרָ֑א וַיַּעֲנֵ֨נִי[a] מֵהַ֖ר קָדְשׁ֣וֹ סֶֽלָה׃
6 אֲנִ֥י שָׁכַ֗בְתִּי וָֽאִ֫ישָׁ֥נָה הֱקִיצ֑וֹתִי כִּ֖י יְהוָ֣ה יִסְמְכֵֽנִי׃ ל̇ . ג̇
7 לֹֽא־אִ֭ירָא מֵרִבְב֣וֹת[a] עָ֑ם אֲשֶׁ֥ר סָ֝בִ֗יב שָׁ֣תוּ עָלָֽי׃ ב̇[2] . ד̇
8 ק֘וּמָ֤ה יְהוָ֨ה ׀ הוֹשִׁ֘יעֵ֤נִי אֱלֹהַ֗י ב̇ בטע
כִּֽי־הִכִּ֣יתָ אֶת[a]־כָּל־אֹיְבַ֣י לֶ֑חִי[b] שִׁנֵּ֖י[c] רְשָׁעִ֣ים שִׁבַּֽרְתָּ׃
9 לַיהוָ֥ה הַיְשׁוּעָ֑ה עַֽל[a]־עַמְּךָ֖ בִרְכָתֶ֣ךָ סֶּֽלָה[b]׃ ג̇[3] . ב̇[4]

4 ד̇ 1 לַמְנַצֵּ֥חַ בִּנְגִינ֗וֹת מִזְמ֥וֹר לְדָוִֽד׃ ג̇ מילין בליש
2 בְּקָרְאִ֡י עֲנֵ֤נִי[a] ׀ אֱלֹ֘הֵ֤י[b] צִדְקִ֗י
בַּ֭צָּר הִרְחַ֣בְתָּ[c] לִּ֑י חָ֝נֵּ֗נִי וּשְׁמַ֥ע תְּפִלָּתִֽי׃ [סֶֽלָה׃ ל̇ . ל̇
3 בְּנֵ֥י אִ֡ישׁ עַד־מֶ֬ה[a] כְבוֹדִ֨י[b] לִכְלִמָּ֗ה[a] תֶּאֱהָב֥וּן[c] רִ֑יק תְּבַקְשׁ֖וּ[d] כָזָ֣ב ל̇ . כ̇ו̇[1] . ל̇
4 וּדְע֗וּ כִּֽי־הִפְלָ֣ה[a] יְ֭הוָה חָסִ֣יד[b] ל֑וֹ[b] יְהוָ֥ה יִ֝שְׁמַ֗ע[c] בְּקָרְאִ֥י אֵלָֽיו׃ ל̇ כת ה

[7]Mm 886. [8]Mm 1420. [9]וחד הוסרי Jer 6,8. [10]Mp sub loco. [11]Na 1,7. **Ps 3** [1]Mm 623. [2]Dt 33,2. [3]Mm 2250. [4]Gn 27,35. **Ps 4** [1]Mm 592.

8 [a] 𝔊(𝔖) *καὶ δώσω σοι* = תְּנָה–? ‖ [b] ℭ pc Mss –תיך ‖ [c] Ms + עַד־ ‖ **9** [a] 𝔊(𝔖) *ποιμανεῖς* = תִּרְעֵם ‖ [b] 𝔊^{AL}𝔖 pl ‖ **10** [a] ℭ pc Mss הוסדו; Ms 𝔊 + כָּל־ ut 148,11 ‖ **11/12** [a] Ms בְּשִׂמְחָה ‖ [b–b] l ב׳ נ׳ לְרַגְלָיו (בְּרַגְלָיו):, al וְגַדְּלוּ שְׁמוֹ ברעדה: et dl נ׳ בר (dttg) ‖ [c] 𝔊 *ἐξ ὁδοῦ δικαίας*, 𝔖 *mn ʾwrḥh* a via eius ‖ [d] 2 Mss –ים ‖ **Ps 3,3** [a] 𝔖 *lkj* tibi ‖ [b] 𝔊 + suff 3 m sg, 𝔖 + suff 2 f sg ‖ **4** [a–a] 𝔊 *ἀντιλήμπτωρ μου* ‖ **5** [a] frt l וַיְ׳ ‖ **7** [a] 𝔗 *mmṣwtʾ* = מְרִיבוֹת ‖ **8** [a] > pc Mss ‖ [b] 𝔊 *ματαίως* = חִנָּם; 𝔖𝔗 + suff 3 pl ‖ [c] pc Mss 𝔖 וְשִׁנֵּי ‖ **9** [a] pc Mss 𝔊𝔖 וְעַל ‖ [b] > 𝔊 ‖ **Ps 4,2** [a] 𝔊 *εἰσήκουσέν μου* = עָנָנִי ‖ [b] 𝔖 *ʾlhj wprwqʾ* deus meus et vindex ‖ [c] prp הַרְחִיבָה vel הִרְחִיב ‖ **3** [a–a] 𝔊 *βαρυκάρδιοι* = כִּבְדֵי לֵב ‖ [b] α′ (Hier) *ἔνδοξοί μου* = נִכְבָּדַי ‖ [c] 𝔊 pr *ἵνα τί* ‖ [d] 𝔊𝔖 pr cop ‖ **4** [a] ℭ mlt Mss הפלא cf 𝔊 Hier ‖ [b–b] prb l חַסְדּוֹ לִי cf 31,22 ‖ [c] 𝔊 + suff 1 sg.

5 רִגְזוּ[a] וְאַל־תֶּחֱטָאוּ [b]אִמְרוּ בִלְבַבְכֶם[b] עַל־[c]מִשְׁכַּבְכֶם וְדֹמּוּ[d]
6 זִבְחוּ זִבְחֵי־צֶדֶק וּבִטְחוּ אֶל־יְהוָה׃ [סֶלָה׃
7 רַבִּים אֹמְרִים מִי־יַרְאֵנוּ[a] טוֹב נְסָה[b]־עָלֵינוּ אוֹר פָּנֶיךָ[c] יְהוָה׃
8 נָתַתָּה שִׂמְחָה[a] בְלִבִּי מֵעֵת דְּגָנָם וְתִירוֹשָׁם[b] רָבּוּ׃ [תּוֹשִׁיבֵנִי׃
9 בְּשָׁלוֹם יַחְדָּו אֶשְׁכְּבָה וְאִישָׁן כִּי־אַתָּה יְהוָה[a] לְבָדָד[b] לָבֶטַח

5 1 לַמְנַצֵּחַ אֶל־[a]הַנְּחִילוֹת[b] מִזְמוֹר לְדָוִד׃
ה̇
2 אֲמָרַי הַאֲזִינָה ׀ יְהוָה בִּינָה הֲגִיגִי׃
3 הַקְשִׁיבָה ׀ לְקוֹל שַׁוְעִי מַלְכִּי וֵאלֹהָי
כִּי־אֵלֶיךָ אֶתְפַּלָּל[a]׃ 4 יְהוָה[a] בֹּקֶר תִּשְׁמַע קוֹלִי
בֹּקֶר אֶעֱרָךְ־לְךָ וַאֲצַפֶּה[b]׃
5 כִּי ׀ לֹא אֵל־[a]חָפֵץ רֶשַׁע ׀ אָתָּה לֹא[b] יְגֻרְךָ רָע׃
6 לֹא־יִתְיַצְּבוּ הוֹלְלִים לְנֶגֶד עֵינֶיךָ
שָׂנֵאתָ כָּל־פֹּעֲלֵי אָוֶן׃ 7 תְּאַבֵּד[a] דֹּבְרֵי כָזָב[b]
אִישׁ־דָּמִים וּמִרְמָה יְתָעֵב[c] ׀ יְהוָה׃
8 וַאֲנִי בְּרֹב חַסְדְּךָ אָבוֹא בֵיתֶךָ
אֶשְׁתַּחֲוֶה אֶל־הֵיכַל־קָדְשְׁךָ בְּיִרְאָתֶךָ[a]׃
9 יְהוָה ׀ נְחֵנִי בְצִדְקָתֶךָ לְמַעַן שׁוֹרְרָי
הַוְשַׁר[a] לְפָנַי[b] דַּרְכֶּךָ[c]׃
10 כִּי אֵין בְּפִיהוּ[a] נְכוֹנָה קִרְבָּם[b] הַוּוֹת
קֶבֶר־פָּתוּחַ גְּרוֹנָם לְשׁוֹנָם יַחֲלִיקוּן[c]׃
11 הַאֲשִׁימֵם ׀ אֱלֹהִים יִפְּלוּ מִמֹּעֲצוֹתֵיהֶם

ב̇[2]
יׄ בטח אל
ב̇ חד כת̇ סה וחד כת̇ שא[3] . ל̇ בטע̇[4]
ג̇[5]
ג̇[6]
ג̇ בליש̇[1]
יׄ . ב̇ בטע̇ מלעיל בכתיב[2] . ל̇[3]
ל̇ . ב̇
ב̇[4]
יא̇ בטע̇ ר״פ בשלש ספרים . יז̇[5] . ל̇ וחס̇
ג̇ בליש̇ ומל̇
ד̇ ג̇ חס̇ וחד מל̇
ה̇[6] . ד̇ קמ̇ בליש̇
טז̇ ר״פ לג̇ מנה̇ בכתיב וחד מן ד̇[7] בטע̇ בסיפ̇
ח̇ בטע̇ ר״פ בסיפ̇[8]
הישר ק̇
נג̇ בטע̇ ר״פ בסיפ̇ . כב̇ ול̇ בליש̇ בסיפ̇
ל̇ . ד̇[9]
ה̇ בטע̇ ר״פ בשלש ספרים[10] . ב̇ כת̇ כן[11]

[2] Mm 3197. [3] Mm 3198. [4] Mm 3389. [5] Mm 3238. [6] Mm 3199. **Ps 5** [1] Mm 1124. [2] Mm 3200. [3] וחד בהגיגי Ps 39,4. [4] Mm 3114. [5] Mm 1667. [6] Mm 3127. [7] Mm 3221. [8] Mm 3443. [9] Mm 946. [10] Mm 3654. [11] Mm 3028.

5 [a] frt tr ante על ‖ [b–b] prb tr ante ואל ‖ [c] 𝔆 Ms 𝔊𝔖 וְעַל ‖ [d] 𝔊𝔖 om cop ‖ **7** [a] pc Mss ־נִי ‖ [b] Ms נשׂא, 𝔊 *ἐσημειώθη*; prp נָסְעָה vel נְטֵה ‖ [c] 𝔖 suff 3 m sg; huc tr : ‖ **8** [a] 𝔖 + suff 2 sg ‖ [b] 𝔔 Ms ת׳, 𝔔𝔊𝔖 + וְיִצְהָרָם ‖ **9** [a] dl m cs ‖ [b] pc Mss לְבַדְּךָ ‖ **Ps 5,1** [a] pc Mss עַל ‖ [b] 2 Mss הנחלות, 𝔊 *τῆς κληρονομούσης*, α′ (σ′ Hier) *κληροδοσιῶν* = נַחֲלֹת ‖ **3** [a] l ־ֵל et tr : post בקר 4a ‖ **4** [a] dl m cs ‖ [b] frt ins לְךָ vel אֵלֶיךָ vel בָּךְ ‖ **5** [a] > 2 Mss ‖ [b] pc Mss 𝔖 וְלֹא ‖ **7** [a] Ms 𝔊 + כָּל־ ‖ [b] huc tr : ‖ [c] prp תְּת׳ ‖ **8** [a] 𝔖 cj c 9 ‖ **9** [a] 𝔆 mlt Mss ut Q, K הו׳ ‖ [b] 2 Mss 𝔊[BAL]𝔙 ־ֶיךָ ‖ [c] 𝔙 suff 1 sg ‖ **10** [a] l בפימוֹ cf 𝔊𝔖𝔗 Hier (Ms בפיהֶם) ‖ [b] 2 Mss 𝔖𝔄 בְּק׳ ‖ [c] sic L, mlt Mss Edd יחליקוּן.

בְּרֹ֣ב[a] פִּ֭שְׁעֵיהֶם הַדִּיחֵ֑מוֹ כִּי־מָ֥רוּ בָֽךְ[b]׃ ל
12 וְיִשְׂמְח֨וּ כָל־ח֪וֹסֵי בָ֡ךְ לְעוֹלָ֣ם יְ֭רַנֵּנוּ ה
וְתָסֵ֣ךְ עָלֵ֑ימוֹ[a] וְֽיַעְלְצ֥וּ בְ֝ךָ֗[b] אֹהֲבֵ֥י שְׁמֶֽךָ׃ ל. ל
13 כִּֽי־אַתָּה֮ תְּבָרֵ֪ךְ צַ֫דִּ֥יק יְהוָ֑ה
כַּ֝צִּנָּ֗ה רָצ֥וֹן תַּעְטְרֶֽנּוּ[a]׃ ל

6 1 לַמְנַצֵּ֣חַ בִּ֭נְגִינוֹת עַֽל־הַשְּׁמִינִ֗ית מִזְמ֥וֹר לְדָוִֽד׃ ג מל בליש
2 יְֽהוָ֗ה אַל־בְּאַפְּךָ֥ תוֹכִיחֵ֑נִי וְֽאַל־בַּחֲמָתְךָ֥ תְיַסְּרֵֽנִי׃
3 חָנֵּ֥נִי יְהוָה֮[a] כִּ֤י אֻמְלַ֫ל אָ֥נִי רְפָאֵ֥נִי יְהוָ֑ה[b] כִּ֖י נִבְהֲל֣וּ[c] עֲצָמָֽי׃ י קמ בסיפ ו מנה בטע[1]
4 וְ֭נַפְשִׁי נִבְהֲלָ֣ה[a] מְאֹ֑ד וְאַ֥תְּ יְ֝הוָ֗ה עַד־מָתָֽי׃ ה. ואתה ק
5 שׁוּבָ֣ה יְ֭הוָה חַלְּצָ֣ה[a] נַפְשִׁ֑י ה֝וֹשִׁיעֵ֗נִי[b] לְמַ֣עַן חַסְדֶּֽךָ׃ ה בטע
6 כִּ֤י אֵ֣ין בַּמָּ֣וֶת זִכְרֶ֑ךָ[a] בִּ֝שְׁא֗וֹל מִ֣י יֽוֹדֶה־לָּֽךְ׃ נה בטע ר״פ בסיפ. ב[2]
7 יָגַ֤עְתִּי ׀ בְּֽאַנְחָתִ֗י[a] ב
אַשְׂחֶ֣ה בְכָל־לַ֭יְלָה מִטָּתִ֑י בְּ֝דִמְעָתִ֗י עַרְשִׂ֥י אַמְסֶֽה׃
8 עָֽשְׁשָׁ֣ה מִכַּ֣עַס עֵינִ֑י עָ֝תְקָ֗ה[a] בְּכָל[b]־צוֹרְרָֽי[c]׃ ב. כט[3]
9 ס֣וּרוּ מִ֭מֶּנִּי כָּל־פֹּ֣עֲלֵי אָ֑וֶן כִּֽי־שָׁמַ֥ע יְ֝הוָ֗ה ק֣וֹל בִּכְיִֽי׃ ל
10 שָׁמַ֣ע יְ֭הוָה תְּחִנָּתִ֑י יְ֝הוָ֗ה תְּֽפִלָּתִ֥י יִקָּֽח׃
11 [a]יֵבֹ֤שׁוּ ׀ וְיִבָּהֲל֣וּ[a] מְ֭אֹד כָּל־אֹיְבָ֑י יָ֝שֻׁ֗בוּ יֵבֹ֥שׁוּ[b] רָֽגַע[c]׃ ז חס

7 1 שִׁגָּי֗וֹן לְדָ֫וִ֥ד אֲשֶׁר־שָׁ֥ר לַיהוָ֑ה עַל־דִּבְרֵי־כ֝֗וּשׁ[a] בֶּן־יְמִינִֽי׃ ל. ל[1]. ל[2] וכל ד״ה דכות ב מ א
2 יְהוָ֣ה אֱ֭לֹהַי בְּךָ֣ חָסִ֑יתִי הוֹשִׁיעֵ֥נִי[a] מִכָּל־רֹ֝דְפַ֗י[a] וְהַצִּילֵֽנִי׃
3 פֶּן־יִטְרֹ֣ף כְּאַרְיֵ֣ה נַפְשִׁ֑י פֹּ֝רֵ֗ק[a] וְאֵ֣ין מַצִּֽיל׃ ב וחס[3]
4 יְהוָ֣ה אֱ֭לֹהַי אִם־עָשִׂ֣יתִי זֹ֑את אִֽם־יֶשׁ־עָ֥וֶל בְּכַפָּֽי׃
5 אִם־גָּ֭מַלְתִּי שֽׁוֹלְמִ֥י[a] רָ֑ע וָאֲחַלְּצָ֖ה[b] צוֹרְרִ֣י רֵיקָֽם׃ ל ומל. ל. ל ומל

Ps 6 [1]Mp sub loco. [2]Mm 3201. [3]Mm 2501. **Ps 7** [1]וחד ושר Prv 25,20. [2]Mm 1718. [3]Mm 3202.

11 [a] 𝔔 וכרב cf 𝔊 ‖ [b] 𝔊 + *κύριε* ‖ **12** [a–a] prp וְתָ׳ עָלָיו et tr ante 13b ‖ [b] frt ins m cs יְהוָה vel תָּמִיד; 𝔊(𝔖) + *πάντες* ‖ **13** [a] pc Mss תְּעַטְ׳; 𝔊 suff 1 pl, 𝔖 suff 1 sg ‖ **Ps 6,3** [a] > Ms ‖ [b] > pc Mss 𝔊[B] ‖ [c] prp נִבְלוּ vel בָּלוּ ‖ **4** [a] 2 Mss + עַד ‖ **5** [a] 𝔖𝔙 pr cop ‖ [b] Ms 𝔖 וה׳ ‖ **6** [a] 𝔊 *ὁ μνημονεύων σου* = זֹכְרֶךָ ‖ **7** [a] prb nonn vb exc ‖ **8** [a] 𝔊 α′σ′ Hier 1 sg ‖ [b] Ms 𝔖 מִכָּל ‖ [c] prp צָרָתִי ‖ **11** [a–a] dl ו יבשו ‖ [b] ℭ𝔊𝔖 וְיִ׳ ‖ [c] 𝔊 *σφόδρα διὰ τάχους* ‖ **Ps 7,1** [a] 𝔊 α′σ′θ′ (Hier) *Χουσι* cf 2S 18,21sqq ‖ **2** [a–a] prp מֵרֹדְפִי ‖ **3** [a] 𝔊 *μὴ ὄντος λυτρουμένου* = אֵין פֹּ׳ cf 𝔖 ‖ **5** [a] 𝔊 pl ‖ [b] 𝔊(𝔖ℭ) *ἀποπέσοιν ... ἀπό* = וָאֶלְחֲצָה.

6 יִֽרַדֹּ֥ף[a] אוֹיֵ֨ב ׀ נַפְשִׁ֡י וְיַשֵּׂ֗ג[b] וְיִרְמֹ֣ס לָאָ֣רֶץ חַיָּ֑י ל . ל
וּכְבוֹדִ֓י ׀ לֶעָפָ֖ר יַשְׁכֵּ֣ן סֶֽלָה[c]׃ [[e]מִשְׁפָּ֥ט צִוִּֽיתָ[ef]׃ ל4
7 ק֤וּמָה יְהוָ֨ה ׀ בְּאַפֶּ֗ךָ הִ֭נָּשֵׂא[a] בְּעַבְר֣וֹת[b] צוֹרְרָ֑י וְע֥וּרָה[c] אֵ֝לַ֗י[d] ב בטע . ל בסיפ5
8 וַעֲדַ֣ת לְ֭אֻמִּים תְּסוֹבְבֶ֑ךָּ וְ֝עָלֶ֗יהָ לַמָּר֥וֹם שֽׁוּבָה[a]׃ ל . ל . ג6
9 [a]יְהוָה֮ יָדִ֪ין עַ֫מִּ֥ים[a]
שָׁפְטֵ֥נִי יְהוָ֑ה כְּצִדְקִ֖י וּכְתֻמִּ֣י עָלָֽי׃
10 יִגְמָר[a]־נָ֬א רַ֨ע[b] ׀ רְשָׁעִים֮ וּתְכוֹנֵ֪ן צַ֫דִּ֥יק[c] ט7 וכל אמירה יצר לשון עשייה ועין דכות ב מ ז . ל ומל
וּבֹחֵ֣ן[d] לִ֭בּוֹת וּכְלָי֗וֹת אֱלֹהִ֥ים צַדִּֽיק[e]׃
11 מָֽגִנִּ֥י עַל[a]־אֱלֹהִ֑ים מ֝וֹשִׁ֗יעַ יִשְׁרֵי־לֵֽב׃ ב8
12 אֱ֭לֹהִים שׁוֹפֵ֣ט צַדִּ֑יק[a] וְ֝אֵ֗ל זֹעֵ֥ם[b] בְּכָל־יֽוֹם׃ ז בטע ר״פ בסיפ9 . ג . ו מל . ג
13 [a]אִם־לֹ֣א יָ֭שׁוּב[ab] חַרְבּ֣וֹ יִלְט֑וֹשׁ קַשְׁתּ֥וֹ דָ֝רַ֗ךְ וַֽיְכוֹנְנֶֽהָ׃ ח10 ר״פ וכל איוב דכות ב מ ב . ב מל ול בליש . ד
14 וְ֭לוֹ הֵכִ֣ין כְּלֵי־מָ֑וֶת[a] חִ֝צָּ֗יו לְֽדֹלְקִ֥ים[b] יִפְעָֽל׃ ד ר״פ11 . ב12 ול בסיפ . ל13
15 הִנֵּ֥ה יְחַבֶּל־אָ֑וֶן וְהָרָ֥ה[a] עָ֝מָ֗ל וְיָ֣לַד שָֽׁקֶר׃ ל . ב חד כת א וחד כת ה
16 בּ֣וֹר כָּ֭רָה וַֽיַּחְפְּרֵ֑הוּ וַ֝יִּפֹּ֗ל בְּשַׁ֣חַת יִפְעָֽל׃ ב ול בטע14
17 יָשׁ֣וּב עֲמָל֣וֹ בְרֹאשׁ֑וֹ וְעַ֥ל קָ֝דְקֳד֗וֹ חֲמָס֥וֹ יֵרֵֽד׃ יד . ג ול בסיפ15
18 אוֹדֶ֣ה יְהוָ֣ה כְּצִדְק֑וֹ[a] וַ֝אֲזַמְּרָ֗ה שֵֽׁם־יְהוָ֥ה[b] עֶלְיֽוֹן׃

8 ח 1 לַמְנַצֵּ֥חַ עַֽל־הַגִּתִּ֗ית[a] מִזְמ֥וֹר לְדָוִֽד׃
2 יְהוָ֤ה אֲדֹנֵ֗ינוּ מָֽה־אַדִּ֣יר שִׁ֭מְךָ בְּכָל־הָאָ֑רֶץ ג
[a]אֲשֶׁ֥ר תְּנָ֥ה[a] ה֝וֹדְךָ֗ עַל־הַשָּׁמָֽיִם׃
3 מִפִּ֤י עֽוֹלְלִ֨ים ׀ וְֽיֹנְקִים֮ יִסַּ֪דְתָּ֫ עֹ֥ז[a] ל
לְמַ֥עַן צוֹרְרֶ֑יךָ[b] לְהַשְׁבִּ֥ית א֝וֹיֵ֗ב וּמִתְנַקֵּֽם׃ ל ומל . ב

[4] וב וישכן Gn 3,24 et Ps 78,55. [5] וחד עברות Hi 40,11. [6] Mm 3203. [7] Mm 824. [8] Mm 3204. [9] Mm 3288. [10] Mm 3185. [11] Mm 1529. [12] Mm 2781. [13] וחד דלקים Prv 26,23. [14] Mm 3205. [15] Mp sub loco.

6 [a] l יִרְ׳ vel יִרְדֹּף ‖ [b] 𝔖 + suff 3 f sg ‖ [c] > 𝔖 ‖ **7** [a] pc Mss 𝔖𝔗 וה׳ ‖ [b] 𝔖 *ʿl kdlʾ* = בְּעָרְפּוֹת ‖ [c] 𝔊𝔖 om cop ‖ [d] 𝔊 *κύριε ὁ θεός μου* ‖ [e–e] 𝔊(𝔖) *ἐν προστάγματι, ᾧ ἐνετείλω* ‖ [f] prp צִוֵּה et tr huc 9[a–a] ‖ **8** [a] l prb שֵׁבָה ‖ **9** [a–a] cf 7[f] ‖ **10** [a] melius ־ר ‖ [b] melius רֹעַ; 𝔖 + *ʾl* ‖ [c] 𝔖𝔗 pl ‖ [d] 𝔊θ′𝔖 Hier om cop ‖ [e] 𝔊 cj c 11 ‖ **11** [a] > 𝔖; prp עָלַי ‖ **12** [a] 𝔖 *dqwšt*ʾ veritatis ‖ [b–b] 𝔊(𝔖) *μὴ ὀργὴν ἐπάγων* ‖ **13** [a–a] 𝔖 cj c 12 ‖ [b] 𝔊 2 pl ‖ **14** [a] 𝔖 *drwgzʾ* irae ‖ [b] 𝔊(𝔖) *τοῖς καιομένοις* ‖ **15** [a] pc Mss 𝔊 הרה ‖ **18** [a] pc Mss ׳בְּצ, 𝔖 suff 1 sg ‖ [b] pc Mss 𝔗 אֱלֹהִים ‖ **Ps 8,1** [a] 𝔊 σ′ Hier pl, it 81,1[a] 84,1[a] ‖ **2** [a–a] crrp; 𝔊 *ὅτι ἐπήρθη*, 𝔖(𝔗) *djhbt* qui dedisti, σ′ (Hier) *ὃς ἔταξας*; l א׳ נָתַתָּה, prp א׳ נָתַן vel א׳ נִתְּנָה ‖ **3** [a] 𝔖 *tšbwḥtk* gloriam tuam ‖ [b] Hier suff 1 sg.

4 כִּֽי־אֶרְאֶ֣ה^a שָׁ֭מֶיךָ^b מַעֲשֵׂ֣י^c אֶצְבְּעֹתֶ֑יךָ יָרֵ֥חַ וְ֝כוֹכָבִ֗ים אֲשֶׁ֣ר כּוֹנָֽנְתָּה׃ — ג ומל[1]. כן למדינ[2]. ו

5 מָֽה־אֱנ֥וֹשׁ כִּֽי־תִזְכְּרֶ֑נּוּ וּבֶן־אָ֝דָ֗ם כִּ֣י תִפְקְדֶֽנּוּ׃ — ה[4] ל מל[3]

6 וַתְּחַסְּרֵ֣הוּ מְּ֭עַט מֵאֱלֹהִ֑ים וְכָב֖וֹד^a וְהָדָ֣ר תְּעַטְּרֵֽהוּ׃ — ל. ל

7 תַּ֭מְשִׁילֵהוּ^a בְּמַעֲשֵׂ֣י^b יָדֶ֑יךָ כֹּ֝֗ל^c שַׁ֣תָּה תַֽחַת־רַגְלָֽיו׃ — יא כת י[5]. ב חד מלרע וחד מלעיל

8 צֹנֶ֣ה^a וַאֲלָפִ֣ים כֻּלָּ֑ם וְ֝גַ֗ם בַּהֲמ֥וֹת שָׂדָֽי׃ — יא ס״פ[6]

9 צִפּ֣וֹר שָׁ֭מַיִם וּדְגֵ֣י הַיָּ֑ם עֹ֝בֵ֗ר אָרְח֥וֹת יַמִּֽים׃

10 יְהוָ֥ה אֲדֹנֵ֑ינוּ מָֽה־אַדִּ֥יר שִׁ֝מְךָ֗ בְּכָל־הָאָֽרֶץ׃ — ג

9 ט 1 לַמְנַצֵּ֬חַ עַלְמ֬וּת^a לַבֵּ֗ן^b מִזְמ֥וֹר לְדָוִֽד׃ — ב כת תרי מילין[1]. ב[2]

(א) 2 אוֹדֶ֣ה יְ֭הוָה בְּכָל־לִבִּ֑י אֲ֝סַפְּרָ֗ה כָּל־נִפְלְאוֹתֶֽיךָ׃

3 אֶשְׂמְחָ֣ה וְאֶעֶלְצָ֣ה בָ֑ךְ אֲזַמְּרָ֖ה שִׁמְךָ֣ עֶלְיֽוֹן׃ — ל

(ב) 4 בְּשׁוּב־אוֹיְבַ֥י אָח֑וֹר יִכָּשְׁל֥וּ וְ֝יֹאבְד֗וּ מִפָּנֶֽיךָ׃ — יא מל[3]. ב[4]

5 כִּֽי־עָ֭שִׂיתָ מִשְׁפָּטִ֣י וְדִינִ֑י יָשַׁ֥בְתָּ לְ֝כִסֵּ֗א שׁוֹפֵ֥ט צֶֽדֶק^a׃ — יו[5]. ל. ו[6]. ו מל

(ג) 6 גָּעַ֣רְתָּ ג֭וֹיִם אִבַּ֣דְתָּ^a רָשָׁ֑ע שְׁמָ֥ם מָ֝חִ֗יתָ לְעוֹלָ֥ם וָעֶֽד׃ — ט[7]

7 הָֽאוֹיֵ֨ב^a׀^b תַּ֥מּוּ חֳרָב֗וֹת^c לָ֫נֶ֥צַח וְעָרִ֥ים נָתַ֑שְׁתָּ^d אָבַ֖ד^e זִכְרָ֣ם — ה[8]. ח לשון שנאה

(ה) הֵֽמָּה^f׃ 8 וַֽיהוָה^a לְעוֹלָ֣ם יֵשֵׁ֑ב^b כּוֹנֵ֖ן לַמִּשְׁפָּ֣ט כִּסְאֽוֹ׃ — ה[9]

9 וְה֗וּא יִשְׁפֹּֽט־תֵּבֵ֥ל בְּצֶ֑דֶק יָדִ֥ין^a לְ֝אֻמִּ֗ים^b בְּמֵישָׁרִֽים׃ — לג ר״פ

(ו) 10 וִ֘יהִ֤י^a יְהוָ֣ה מִשְׂגָּ֣ב לַדָּ֑ךְ מִ֝שְׂגָּ֗ב^b לְעִתּ֥וֹת בַּצָּרָֽה^c׃ — ל. ב. ל. ב. ב ומל

11 וְיִבְטְח֣וּ בְ֭ךָ יוֹדְעֵ֣י שְׁמֶ֑ךָ כִּ֤י לֹֽא־עָזַ֖בְתָּ דֹרְשֶׁ֣יךָ יְהוָֽה׃ — ב. ד מל[10]

(ז) 12 זַמְּר֗וּ לַ֭יהוָה יֹשֵׁ֣ב^a צִיּ֑וֹן הַגִּ֥ידוּ בָ֝עַמִּ֗ים עֲלִילוֹתָֽיו׃ — ה מל בכתיב. ל קמ וכל זכר ונקיבה דכות.

13 כִּֽי־דֹרֵ֣שׁ דָּ֭מִים אוֹתָ֣ם זָכָ֑ר לֹֽא^a־שָׁ֝כַ֗ח צַעֲקַ֥ת עֲנִיִּֽים^b׃ — חד מן[11] כת יי וקר וי. ענוים ק

(ח) 14 חָֽנְנֵ֗נִי^a יְֽהוָ֗ה רְאֵ֣ה^b עָ֭נְיִי מִשֹּׂנְאָ֑י^c מְ֝רוֹמְמִ֗י מִשַּׁ֥עֲרֵי^d מָֽוֶת׃ — ל. ל ומל

Ps 8 [1]Mm 1204. [2]Mm 3206. [3]Mm 1713. [4]Mm 3207. [5]Mm 2706. [6]Okhl 357. Ps 9 [1]Mp contra textum, cf Mp sub loco. [2]Hic solum duae ad unum verbum notulae non congruentes duabus e traditionibus ortae, cf Ps 48,15. [3]Mm 3365. [4]Mm 933. [5]Mm 2362. [6]Mm 2768. [7]Mm 478. [8]Mm 2542. [9]Mm 1035. [10]Mm 4068. [11]Mm 3549.

4 [a] 𝔖 3 pl ‖ [b] 𝔊 om suff ‖ [c] ℭ mlt Mss 𝔖 מעשה ‖ 6 [a] 𝔊𝔖 Hier om cop ‖ 7 [a] l 'וַתּ cf 𝔊𝔖 ‖ [b] ℭ mlt Mss 𝔖 –שה ‖ [c] cf 2,2[b] ‖ 8 [a] nonn Mss צאנה ‖ Ps 9,1 [a] ℭ mlt Mss על־מות, o εβρ′ αλμωθ, 𝔊 ὑπὲρ τῶν κρυφίων = עַל־עֲלָמוֹת, α′ νεανιότητος, θ′ε′ ὑπὲρ ἀκμῆς ‖ [b] o εβρ′ βεν ‖ 5 [a] 𝔖(𝔗) *zdjq* צַדִּיק; pc Mss + סֶלָה ‖ 6 [a] 𝔊 καὶ ἀπώλετο = וְאָבַד cf 7[e] ‖ 7 [a] ד-stropha inc ‖ [b] 𝔖 *b'ldbbj* hostes mei ‖ [c] 𝔊(𝔖) ῥομφαῖαι = 'חֳ ‖ [d] nonn Mss נטשת ‖ [e] 𝔖(𝔗) *w'wbdt* וְאִבַּדְתָּ cf 6[a] ‖ [f] l הֵמָּה (cf 𝔊) et cj c 8; > 𝔖 ‖ 8 [a] dl וַ ‖ [b] l frt יָשָׁב ‖ 9 [a] > 𝔖 ‖ [b] 2 Mss 𝔖 'ול ‖ 10 [a] l prb וַיְהִי ‖ [b] pc Mss –בַּ ‖ [c] prp 'הַצּ ‖ 12 [a] Hier pl ‖ 13 [a] nonn Mss 𝔖 וְלֹא ‖ [b] ℭ mlt Mss ut Q, K עֲנִיִּים ‖ 14 [a] ℭ mlt Mss חָנֵּנִי; α′ (Hier) ἐδωρήσατό μοι, l חֲנָנִי ‖ [b] α′ (Hier) εἶδε, l רָאָה ‖ [c] Ms מְנַשְּׂאַי; frt dl m cs ‖ [d] ℭ Ms –רַ.

15 לְמַעַן אֲסַפְּרָה כָּל־תְּהִלָּתֶיךָ[a] בְּשַׁעֲרֵי בַת־צִיּוֹן אָגִילָה
בִּישׁוּעָתֶךָ׃]
(ט) 16 טָבְעוּ גוֹיִם בְּשַׁחַת עָשׂוּ בְּרֶשֶׁת־זוּ טָמָנוּ נִלְכְּדָה רַגְלָם׃
17 נוֹדַע ׀ יְהוָה מִשְׁפָּט עָשָׂה בְּפֹעַל[a] כַּפָּיו נוֹקֵשׁ[b] רָשָׁע [c]הִגָּיוֹן
(י) 18 יָשׁוּבוּ רְשָׁעִים לִשְׁאוֹלָה כָּל־גּוֹיִם שְׁכֵחֵי אֱלֹהִים׃ [סֶלָה[c]
(כ) 19 כִּי לֹא לָנֶצַח יִשָּׁכַח אֶבְיוֹן תִּקְוַת[a] עֲנָוִים[b] תֹּאבַד לָעַד׃
20 קוּמָה יְהוָה אַל־יָעֹז אֱנוֹשׁ יִשָּׁפְטוּ גוֹיִם עַל־פָּנֶיךָ׃
21 שִׁיתָה יְהוָה ׀ מוֹרָה[a] לָהֶם יֵדְעוּ גוֹיִם אֱנוֹשׁ הֵמָּה סֶּלָה׃
(ל) **10** 1 [a]לָמָה יְהוָה תַּעֲמֹד בְּרָחוֹק[b] תַּעְלִים[c] לְעִתּוֹת בַּצָּרָה׃[d]
2 בְּגַאֲוַת[a] רָשָׁע יִדְלַק עָנִי יִתָּפְשׂוּ ׀ בִּמְזִמּוֹת זוּ חָשָׁבוּ׃
3 [a]כִּי־הִלֵּל[a] רָשָׁע[b] עַל־[c]תַּאֲוַת נַפְשׁוֹ וּבֹצֵעַ[d] בֵּרֵךְ[e] נִאֵץ ׀ יְהוָה׃
4 [a]רָשָׁע כְּגֹבַהּ[b] אַפּוֹ בַּל־יִדְרֹשׁ אֵין אֱלֹהִים
[c]כָּל־מְזִמּוֹתָיו׃[c] 5 יָחִילוּ דְרָכָו[a] ׀ בְּכָל־עֵת
מָרוֹם[b] מִשְׁפָּטֶיךָ מִנֶּגְדּוֹ כָּל־צוֹרְרָיו יָפִיחַ בָּהֶם׃
6 אָמַר בְּלִבּוֹ בַּל־אֶמּוֹט לְדֹר וָדֹר [a b]אֲשֶׁר לֹא־בְרָע[a]׃ 7 אָלָה[b]
(פ) פִּיהוּ מָלֵא וּמִרְמוֹת[c] וָתֹךְ תַּחַת לְשׁוֹנוֹ עָמָל וָאָוֶן׃
8 יֵשֵׁב ׀ בְּמַאְרַב חֲצֵרִים[a] בַּמִּסְתָּרִים יַהֲרֹג[b] נָקִי
(ע) עֵינָיו לְחֵלְכָה[c] יִצְפֹּנוּ[d]׃ 9 יֶאֱרֹב בַּמִּסְתָּר ׀ כְּאַרְיֵה בְסֻכֹּה[a]
יֶאֱרֹב לַחֲטוֹף עָנִי יַחְטֹף עָנִי בְּמָשְׁכוֹ בְרִשְׁתּוֹ׃
10 [a]וּדְכֶה[b] יָשֹׁחַ וְנָפַל בַּעֲצוּמָיו[c] חֶלְכָּאִים[d]׃

ל מל
ב ר״פ[12]
ה ד בטע בשלש ספרים[13] . ב
י ול בליש ומל
נה בטע ר״פ בסיפ . עניים ק
ג ב חס וחד מל
ל כת ה וכל דגבי נזיר דכות . יב[14]
ג ר״פ[1] . ל ושאר עמידה מרחוק דכות . ב ומל[2]
ל וכל שם ברנש דכות . ד זוגין חד עד וחד על[3] . ל
ב וחס[4]
דרכיו ק חד מן ה[5] כת כן
ל מל
ה
כב ול בליש בסיפ . ב . ל . ז מל בליש
ל[2] . ג
כ[6] מילין כת ה ס״ת ול בליש . ב ומל[2]
ל ומל . ל
ידכה ק . חיל כאים ק חד מן ה[7] כת מילה חדה וקר תרי

[12]Mm 3208. [13]Mp sub loco. [14]Mm 801. **Ps 10** [1]Mm 3209. [2]Mp sub loco. [3]Mm 1318. [4]Mm 3057. [5]Mm 3210. [6]Mm 964. [7]Mm 214.

15 [a] Vrs pl ‖ **17** [a] pc Mss 'כַּפֵּ ‖ [b] l שׁ־ cf 𝔊α′𝔖𝔗 ‖ [c–c] > 𝔖 ‖ **19** [a] 2 Mss 𝔖 'וְתִ ‖ [b] sic L, ℭ mlt Mss ut Q עֲנִיִּים, K עֲנָוִים; Ms 𝔊𝔖𝔗 + לֹא ‖ **21** [a] nonn Mss α′θ′ Hier 𝔗 מוֹרָא cf Sir 36,2 1 Makk 4,32; 𝔊(𝔖) *νομοθέτην* = מוֹרֶה ‖ **Ps 10,1** [a] pc Mss 𝔊 cj Ps 10 c 9, recte ‖ [b] Ms 𝔊 'מֵר ‖ [c] l frt תַּעְלֵם ‖ [d] cf 9,10[c] ‖ **2** [a] prp בְּגֵאוּת ‖ **3** [a–a] מ-stropha deest, vel l ?מְהַלֵּל 𝔊(𝔖𝔗) *ὅτι ἐπαινεῖται* = כִּי־הֻלַּל ‖ [b] l רָשָׁע ‖ [c] > pc Mss Hier, dl; 𝔊(𝔖) *ἐν* ‖ [d] l וּבֹצֵעַ ‖ [e] 𝔊𝔖 pass ‖ **4** [a] נ-stropha deest ‖ [b] mlt Mss 𝔖𝔗 'בְּג ‖ [c–c] prb cj c 5 et ins לְפָנָיו post 'מ (cf 𝔊) ‖ **5** [a] ℭ ut Q; K דְּרָכוֹ ‖ [b] prp סָרוּ (ס-stropha) cf 𝔊𝔖 ‖ **6/7** [a–a] 𝔊 *ἄνευ κακοῦ*, 𝔖 *rn' bbjšt'* meditatur malum, σ′ *οὐ γὰρ ἔσομαι ἐν κακώσει* ‖ [b–b] prp אֲשֶׁר לֹא כְרֵעַ אֵלֵךְ ‖ [c] l c ℭ nonn Mss 𝔗 'מִ ‖ **8** [a] 𝔊 *μετὰ πλουσίων* = עֲשִׁרִים ‖ [b] 𝔊 (Hier) *ἀποκτεῖναι* = לַהֲרֹג ‖ [c] 𝔊(𝔖𝔗) *τὸν πένητα*, recte ‖ [d] 𝔊(𝔖) *ἀποβλέπουσιν*, l יִצְפִּיּוּ ‖ **9** [a] pc Mss כּוֹ־; prb l בְּסֻבְּכוֹ cf Jer 4,7 ‖ **10** [a] ins צַדִּיק (צ-stropha) ‖ [b] ℭ mlt Mss ut Q; l יִדְכֶּה ‖ [c] 𝔊 *ἐν τῷ αὐτὸν κατακυριεῦσαι* = בְּעָצְמוֹ, 𝔖 *wbgrmwhj* = וּבְעַצְמוֹתָיו; prp בְּמוֹעֲצֹתָיו ‖ [d] ℭ pc Mss ut Q.

11 אָמַ֣ר בְּ֭לִבּוֹ שָׁ֣כַח אֵ֑ל הִסְתִּ֥יר פָּ֝נָ֗יו בַּל־רָאָ֥ה לָנֶֽצַח׃

(ק) 12 ק֤וּמָה יְהוָ֗ה אֵ֭לa נְשָׂ֣א יָדֶ֑ךָ אַל־תִּשְׁכַּ֥ח עֲנָוִֽיםb׃

13 עַל־מֶ֤ה ׀ נִ֬אֵּ֥ץ רָשָׁ֨ע ׀ אֱלֹהִ֑ים אָמַ֥ר בְּ֝לִבּ֗וֹ לֹ֣א תִּדְרֹֽשׁa׃

(ר) 14 רָאִ֡תָה aכִּֽי־אַתָּ֨הa ׀ עָ֘מָ֤ל וָכַ֨עַס ׀ תַּבִּיטb לָתֵ֪ת בְּיָ֫דֶ֥ךָb

עָ֭לֶיךָ יַעֲזֹ֣ב חֵלֶ֑כָהc יָ֝ת֗וֹםd אַתָּ֤ה ׀ הָיִ֬יתָ עוֹזֵֽר׃

(ש) 15 שְׁ֭בֹר זְר֣וֹעַ רָשָׁ֑ע וָ֝רָ֗עa תִּֽדְרוֹשׁ־b רִשְׁע֥וֹ בַלc־תִּמְצָֽאd׃

16 יְהוָ֣ה מֶ֭לֶךְa עוֹלָ֣םb וָעֶ֑ד אָבְד֥וּc ג֝וֹיִ֗ם מֵֽאַרְצֽוֹ׃

(ת) 17 תַּאֲוַ֬ת עֲנָוִ֣יםa שָׁמַ֣עְתָּb יְהוָ֑ה תָּכִ֥יןc לִ֝בָּ֗ם תַּקְשִׁ֥יב אָזְנֶֽךָ׃

18 לִשְׁפֹּ֥ט יָת֗וֹם וָ֫דָ֥ךְ בַּל־יוֹסִ֥יף ע֑וֹדa לַעֲרֹ֥ץ אֱ֝נ֗וֹשׁ מִן־הָאָֽרֶץ׃

11 יא 1 לַמְנַצֵּ֗חַa לְדָ֫וִ֥ד

בַּיהוָ֨ה ׀ חָסִ֗יתִי אֵ֭יךְ תֹּאמְר֣וּ לְנַפְשִׁ֑י נ֝֗וּדוּb הַרְכֶ֥םc צִפּֽוֹר׃

2 כִּ֤י הִנֵּ֪ה הָרְשָׁעִ֡ים יִדְרְכ֬וּן קֶ֗שֶׁת כּוֹנְנ֣וּ חִצָּ֣םa עַל־יֶ֑תֶר

לִיר֥וֹת בְּמוֹ־b אֹ֝֗פֶלc לְיִשְׁרֵי־לֵֽב׃

3 כִּ֣י aהַ֭שָּׁתוֹת יֵהָרֵס֑וּןa צַ֝דִּ֗יק מַה־פָּעָֽלb׃

4 יְהוָ֤ה ׀ בְּֽהֵיכַ֬ל קָדְשׁ֗וֹ יְהוָה֮ בַּשָּׁמַ֪יִםa כִּ֫סְא֥וֹ

עֵינָ֥יו יֶחֱז֑וּb עַפְעַפָּ֥יו יִ֝בְחֲנ֗וּ בְּנֵ֣י אָדָֽם׃

5 יְהוָה֮ צַדִּ֪יק aיִ֫בְחָ֥ןa וְ֭רָשָׁע וְאֹהֵ֣ב חָמָ֑ס שָֽׂנְאָ֥הb נַפְשֽׁוֹ׃

6 יַמְטֵ֢ר עַל־רְשָׁעִ֗ים פַּ֫חִ֥יםa אֵ֣שׁ וְ֭גָפְרִית וְר֥וּחַ זִלְעָפ֗וֹת מְנָ֣ת

7 כִּֽי־צַדִּ֣יק יְ֭הוָה צְדָק֣וֹתa אָהֵ֑ב יָ֝שָׁ֗רb יֶחֱז֥וּ פָנֵֽימוֹc׃ [כּוֹסָֽם׃ ס]

ל
ב חד כת סה וחד כת שא[8]. ה חס בסיפ[9]. ענוים חד מן ה[10] כת יי וקר וי
ג מיחד . כד[11] . ל[12]
ל חס . ה[13]
כ[14] מילין כת ה ס״ת ול בליש . ה מל
ל וכל טוב ורע דכות . ג מל ב מנה בליש
ו
ל חס בסיפ
ג
נודי חד מן מח[1] כת ו וקר י . ל
נה בטע ר״פ בסיפ . ב[2]
ב חד מל וחד חס[3] . ט
ל . ל
ה בטע ר״פ בסיפ[4]
ל . ה[5] . ב[6]
ב . ל[7]
ד ומל[8] . ט[9] . ל ל

[8]Mm 3198. [9]Mm 477. [10]Mm 3549. [11]Mm 592. [12]וחד אָמַר בְּלִבּוֹ Ob 1,3. [13]Mm 125. [14]Mm 964. Ps 11 [1]Mm 3811. [2]Mm 3211. [3]Mm 3304. [4]Mm 3443. [5]Mm 3473. [6]Dt 10,18. [7]וחד וְזַלְעֲפוֹת Thr 5,10. [8]Mm 3367. [9]Mm 3212.

12 ᵃ 𝔊ᴬᴿᴸ𝔖 + suff 1 sg; > 𝔗, prb dl ‖ ᵇ ℭ mlt Mss ut Q ‖ **13** ᵃ 𝔊𝔖 3 sg ‖ **14** ᵃ⁻ᵃ dl (dttg) ‖ ᵇ⁻ᵇ prp לְיָתוֹם וָדָךְ cf 18 ‖ ᶜ cf 8ᶜ ‖ ᵈ l לְי׳ ‖ **15** ᵃ huc tr ‸ cf 𝔊𝔖 ‖ ᵇ 𝔊 (α′ σ′ 𝔖) *ζητηθήσεται* = יִדָּרֵשׁ ‖ ᶜ pc Mss כל; 𝔊𝔖 pr cop ‖ ᵈ 𝔊(𝔖) *εὑρεθῇ* = יִמָּצֵא cf α′σ′; 𝔊* + *δι᾽ αὐτήν* ‖ **16** ᵃ 𝔊 *βασιλεύσει* ‖ ᵇ nonn Mss 𝔊𝔖𝔗 לְע׳ ‖ ᶜ 𝔊 *ἀπολεῖσθε* = אִ׳ ‖ **17** ᵃ nonn Mss 𝔊𝔖 עֲנִיִּים ‖ ᵇ 𝔊 3 sg ‖ ᶜ 𝔊(𝔖) *τὴν ἑτοιμασίαν*, Ms תבין; prp הֶגְיוֹן ‖ **18** ᵃ frt dl m cs ‖ **Ps 11,1** ᵃ 2 Mss 𝔊 + מִזְמוֹר ‖ ᵇ ℭ mlt Mss 𝔊α′𝔖𝔗 ut Q, K נודו; 𝔖 + *wšknj* et habita ‖ ᶜ 𝔊(𝔖𝔗) *ἐπὶ τὰ ὄρη ὡς* = הַר כְּמוֹ vel הָרִים כְּ ‖ **2** ᵃ 𝔊 *βέλη* = חִצִּים cf 64,4ᵃ ‖ ᵇ pc Mss כְּמוֹ, prb l ‖ ᶜ prp עוֹף ‖ **3** ᵃ⁻ᵃ 𝔊(𝔖) *ἃ κατηρτίσω καθεῖλον* = הַשָּׁתּוֹת יֶהֶרְ׳ ‖ ᵇ prp יִפְעָל ‖ **4** ᵃ pc Mss + הֵכִין ‖ ᵇ 𝔊 + *εἰς τὸν πένητα*, 𝔊ᵁ Syh + *εἰς τὴν οἰκουμένην* = לַחֶלֶד ‖ **5** ᵃ⁻ᵃ 𝔊𝔖 invers ‖ ᵇ 𝔊 3 m sg ‖ **6** ᵃ σ′ *ἄνθρακας*, l פַּחֲמֵי ‖ **7** ᵃ 𝔊𝔖 pr cop ‖ ᵇ 𝔊(𝔖) *εὐθύτητα* = יֹשֶׁר ‖ ᶜ l פָּנָיו cf Vrs.

12 יב 1 לַמְנַצֵּחַ עַל־הַשְּׁמִינִית מִזְמוֹר לְדָוִד׃
2 הוֹשִׁיעָה[a] יְהוָה כִּי־גָמַר חָסִיד כִּי־פַסּוּ[b] אֱמוּנִים[c] [d]מִבְּנֵי אָדָם[d]׃ ל
3 שָׁוְא ׀ יְדַבְּרוּ אִישׁ אֶת־[a]רֵעֵהוּ שְׂפַת חֲלָקוֹת בְּלֵב וָלֵב יְדַבֵּרוּ׃ ג[1]. ד
4 יַכְרֵת יְהוָה כָּל־שִׂפְתֵי חֲלָקוֹת לָשׁוֹן[a] מְדַבֶּרֶת גְּדֹלוֹת׃ ב. ג[1]. יז[2]
5 אֲשֶׁר אָמְרוּ ׀ לִלְשֹׁנֵנוּ[a] נַגְבִּיר שְׂפָתֵינוּ אִתָּנוּ מִי אָדוֹן לָנוּ׃ ל וחס
6 מִשֹּׁד עֲנִיִּים[a] מֵאַנְקַת[b] אֶבְיוֹנִים עַתָּה אָקוּם יֹאמַר[c] יְהוָה ל. ב. ו דמטע
אָשִׁית בְּיֵשַׁע [d]יָפִיחַ לוֹ[d]׃ 7 אִמֲרוֹת יְהוָה אֲמָרוֹת טְהֹרוֹת
כֶּסֶף צָרוּף [a]בַּעֲלִיל[b] לָאָרֶץ[a] מְזֻקָּק שִׁבְעָתָיִם׃ ג[3]
8 אַתָּה־יְהוָה תִּשְׁמְרֵם[a] תִּצְּרֶנּוּ[b] ׀ מִן־הַדּוֹר זוּ לְעוֹלָם׃ יו ר״פ בסיפ. ג ר״פ[4]
9 סָבִיב רְשָׁעִים יִתְהַלָּכוּן [a]כְּרֻם[b] זֻלּוּת[ac] לִבְנֵי אָדָם׃ ג ר״פ[5]. ל. ל

13 יג 1 לַמְנַצֵּחַ מִזְמוֹר לְדָוִד׃ י ר״פ
2 עַד־אָנָה יְהוָה תִּשְׁכָּחֵנִי נֶצַח עַד־אָנָה ׀ תַּסְתִּיר אֶת־פָּנֶיךָ מִמֶּנִּי׃
3 עַד־אָנָה אָשִׁית עֵצוֹת[a] בְּנַפְשִׁי יָגוֹן בִּלְבָבִי יוֹמָם[b] ג[1]
עַד־אָנָה ׀ יָרוּם אֹיְבִי עָלָי׃ ז
4 הַבִּיטָה עֲנֵנִי[a] יְהוָה אֱלֹהָי הָאִירָה עֵינַי פֶּן־אִישַׁן הַמָּוֶת׃ ב[2]. ל
5 פֶּן־יֹאמַר אֹיְבִי יְכָלְתִּיו[a] צָרַי יָגִילוּ כִּי אֶמּוֹט׃ ז. ל
6 וַאֲנִי ׀ בְּחַסְדְּךָ בָטַחְתִּי יָגֵל לִבִּי בִּישׁוּעָתֶךָ טז ר״פ לג מנה בכתיב. ב[3]
אָשִׁירָה לַיהוָה כִּי גָמַל עָלָי[a]׃

14 יד 1 לַמְנַצֵּחַ[a] לְדָוִד ג
אָמַר נָבָל בְּלִבּוֹ אֵין אֱלֹהִים אמירה פלוני בלבו ו. יו מ״פ אין אין

Ps 12 [1]Mm 3213. [2]Mm 3615. [3]Mm 31. [4]Mm 3214. [5]Mm 3215. Ps 13 [1]Mm 3216. [2]Mm 3217. [3]Mm 3218.

Ps 12,2 [a] 𝔊 + suff 1 sg ‖ [b] pc Mss פָּצוּ; 𝔊(𝔖) *ὠλιγώθησαν*, 𝔗 *spw* = סָפוּ ‖ [c] 𝔖 + *mn ʼrʻ* = מִן הָאָרֶץ ‖ [d–d] 𝔖 (v 3) *bnjnšʼ* = בְּנֵי א׳ ‖ **3** [a] mlt Mss 𝔊 אל ‖ **4** [a] Ms 𝔊𝔖 וְל׳ ‖ **5** [a] 𝔊(𝔖) *τὴν γλῶσσαν ἡμῶν* = לְשׁ׳; 𝔗 *bljšnʼ* = בְּל׳ ‖ **6** [a] pc Mss עֲנָוִים ‖ [b] 𝔊𝔖 pr cop ‖ [c] Seb אָמַר ‖ [d–d] 𝔊 *παρρησιάσομαι ἐν αὐτῷ*, σ′ *ἐμφανές*, 𝔖 *glj'jt* aperte; prp אוֹפִיעַ לוֹ vel עֵיפֵי־חַיִל ‖ **7** [a–a] Hier *separatum a terra*; prp מְעֻלָּלִין חָרֶץ ‖ [b] 𝔊(𝔖) *δοκίμιον*, α′ *χωροῦν* ‖ **8** [a] pc Mss 𝔊 Hier ־רֵנוּ ‖ [b] nonn Mss 𝔊 ־רֵנוּ; 𝔖 *šwzbjnj wpṣnj* libera me et redime me ‖ **9** [a–a] prp כְּרֻמָּה זַלּוֹתָ cf [c] ‖ [b] pc Mss בְּרֻם, 𝔊 + suff 2 sg ‖ [c] Sexta *ἐξουθένησας* = זַלּוֹתָ cf [a–a] ‖ **Ps 13,3** [a] prp עַצֶּבֶת vel עַצָּבוֹת ‖ [b] 𝔊[AL] + *καὶ νυκτός* ‖ **4** [a] 𝔊[R]𝔖𝔗𝔙 pr cop ‖ **5** [a] 𝔊 *ἴσχυσα πρὸς αὐτόν* = יָכֹלְתִּי לוֹ? ‖ **6** [a] 𝔊 + *καὶ ψαλῶ τῷ ὀνόματι κυρίου τοῦ ὑψίστου*, ex 7,18b ‖ **Ps 14,1** [a] pc Mss 𝔊 + מִזְמוֹר.

הִשְׁחִיתוּ הִתְעִיבוּ[b] עֲלִילָה[c] אֵין עֹשֵׂה־טוֹב׃[d]
2 יְהוָה[a] מִשָּׁמַיִם הִשְׁקִיף עַל־בְּנֵי־אָדָם
לִרְאוֹת הֲיֵשׁ מַשְׂכִּיל דֹּרֵשׁ[b] אֶת־אֱלֹהִים׃ ב
3 הַכֹּל סָר[a] יַחְדָּו נֶאֱלָחוּ[b] ל̇. ב
אֵין[b] עֹשֵׂה־טוֹב אֵין גַּם־אֶחָד׃[c] יו מ״פ אין אין
4 הֲלֹא יָדְעוּ[a] כָּל־[b]פֹּעֲלֵי אָוֶן אֹכְלֵי[c] עַמִּי אָכְלוּ[d] לֶחֶם יְהוָה[e] לֹא קָרָאוּ׃
5 שָׁם ׀ פָּחֲדוּ פָחַד[a] כִּי־אֱלֹהִים בְּדוֹר צַדִּיק׃
6 עֲצַת־עָנִי תָבִישׁוּ[a] כִּי יְהוָה מַחְסֵהוּ׃ ל̇
7 מִי יִתֵּן מִצִּיּוֹן יְשׁוּעַת[a] יִשְׂרָאֵל ה̇[1]
בְּשׁוּב יְהוָה שְׁבוּת עַמּוֹ יָגֵל יַעֲקֹב יִשְׂמַח[b] יִשְׂרָאֵל׃

15 1 מִזְמוֹר לְדָוִד ח ר״פ
ה̇י
יְהוָה מִי־יָגוּר בְּאָהֳלֶךָ[a] מִי־[b]יִשְׁכֹּן בְּהַר קָדְשֶׁךָ׃
2 הוֹלֵךְ תָּמִים וּפֹעֵל צֶדֶק כז̇[1] מל̇ וכל משלי וקהלת דכות ב מ ה
וְדֹבֵר אֱמֶת בִּלְבָבוֹ׃ 3 לֹא־רָגַל[a] ׀ עַל־לְשֹׁנוֹ ה̇. ה̇[2]. מז̇ פסוק לא לא לא ד̇[3] מנה ר״פ
לֹא־עָשָׂה לְרֵעֵהוּ רָעָה וְחֶרְפָּה[c] לֹא־נָשָׂא עַל־קְרֹבוֹ׃ ג חס̇[4]
4 נִבְזֶה[a] ׀ בְּעֵינָיו נִמְאָס[b] וְאֶת־יִרְאֵי יְהוָה יְכַבֵּד נא̇. ב̇[5]
נִשְׁבַּע לְהָרַע[c] וְלֹא יָמִר׃[d] ו̇[6]. ל̇ חס
5 כַּסְפּוֹ ׀ לֹא־נָתַן בְּנֶשֶׁךְ וְשֹׁחַד עַל־נָקִי לֹא לָקָח מז̇ פסוק לא לא לא
עֹשֵׂה־אֵלֶּה[a] לֹא יִמּוֹט לְעוֹלָם׃

16 1 מִכְתָּם לְדָוִד ב̇[1]
י̇ג
שָׁמְרֵנִי אֵל כִּי־חָסִיתִי בָךְ׃ 2 אָמַרְתְּ[a] לַיהוָה אֲדֹנָי אָתָּה ל̇ געיא. ז̇[2] ול לשון זכר

Ps 14 [1]Mm 463. **Ps 15** [1]Mm 1788. [2]Mm 2238. [3]Mm 814. [4]Mm 600. [5]Mm 3219. [6]Mm 227. **Ps 16** [1]Mm 3220. [2]Mm 1742.

1 [b] 𝔊𝔖 ut 53,2 וְה׳ ‖ [c] Ms 𝔗 עָוֶל ut 53,2 ‖ [d] 𝔊 + *οὐκ ἔστιν ἕως ἑνός* cf 3b ‖ **2** [a] 53,3 אֱלֹהִים ‖ [b] cf 2,2[b]; 𝔊 pr *ἤ*, 𝔖 pr cop ‖ **3** [a] 2 Mss סָג ut 53,4 ‖ [b–b] Ms וְאֵין ח– cf 𝔖 ‖ [c] 2 Ms 𝔊 + קֶבֶר פָּתוּחַ גְּרוֹנָם לְשׁוֹנָם יַחֲלִיקוּן חֲמַת עַכְשׁוּב תַּחַת לְשׁוֹנָם אֲשֶׁר פִּיהֶם אָלָה וּמִרְמָה מָלֵא קַלּוּ רַגְלֵיהֶם לִשְׁפּוֹךְ דָּם׃ מַזָּל רַע וּפֶגַע רַע בְּדַרְכֵיהֶם וְדֶרֶךְ שָׁלוֹם לֹא יָדְעוּ׃ אֵין פַּחַד אֱלֹהִים לְנֶגֶד עֵינֵיהֶם = Rm 3,13–18 ‖ **4** [a] pc Mss 𝔊σ′𝔗 יֵ׳ ‖ [b] > 2 Mss et 53,5 ‖ [c] pc Mss אָכְלוּ ‖ [d] 𝔊(𝔖) *βρώσει* = אֹכֶל ‖ [e] 2 Mss אֱלֹהִים ut 53,5 ‖ **5** [a] Ms 𝔊 + לֹא הָיָה פַחַד ut 53,6 ‖ **6** [a] Ms הֵב׳ ‖ **7** [a] pc Mss –עוֹת ut 53,7 ‖ [b] Ms 𝔊𝔖 וְי׳ ‖ **Ps 15,1** [a] ℭ mlt Mss בְּאֹהָלֶיךָ ‖ [b] ℭ mlt Mss 𝔊𝔖 Hier וּמִי ‖ **3** [a] 𝔖 *nkwltn* mendax ‖ [b] pc Mss 𝔊𝔖 וְלֹא ‖ [c] 𝔖 *wšwḥd*ʾ et munus cf 5 ‖ **4** [a] crrp ‖ [b] 2 Mss וְנ׳, 𝔊 *πονηρευόμενος*, 𝔖 *mrgzn*ʾ irritator ‖ [c] 𝔊(𝔖) *τῷ πλησίον αὐτοῦ*, σ′ *ἑταῖρος εἶναι* ‖ [d] frt ins בְּרָע ‖ **5** [a] 𝔖 + *k*ʾ*jn hw* rectus est ‖ **Ps 16,2/3** [a] mlt Mss 𝔊𝔖 Hier –תִּי.

טוֹבָתִ֗י [c][b]בַּל־עָלֶֽיךָ[b]׃

3 לִ֭קְדוֹשִׁים [c]אֲשֶׁר־בָּאָ֣רֶץ [d]הֵ֑מָּה [e]וְ֝אַדִּירֵ֗י[f] כָּל־חֶפְצִי־[g]בָֽם׃ ג מל בליש[3]. ל

4 יִרְבּ֥וּ[a] עַצְּבוֹתָם֮ [b]אַחֵ֪ר[c] מָ֫הָ֥רוּ[c] ל

בַּל־אַסִּ֣יךְ נִסְכֵּיהֶ֣ם מִדָּ֑ם וּֽבַל־אֶשָּׂ֥א אֶת־שְׁ֝מוֹתָ֗ם עַל־שְׂפָתָֽי׃ ל. כג

5 יְֽהוָ֗ה מְנָת־חֶלְקִ֥י וְכוֹסִ֑י אַ֝תָּ֗ה תּוֹמִ֥יךְ[a] גּוֹרָלִֽי[b]׃ ל[4]

6 חֲבָלִ֣ים נָֽפְלוּ־לִ֭י בַּנְּעִמִ֑ים אַף־נַ֝חֲלָ֗ת[a] שָֽׁפְרָ֥ה עָלָֽי׃ ל. ל

7 אֲבָרֵ֗ךְ אֶת־יְ֭הוָה אֲשֶׁ֣ר יְעָצָ֑נִי אַף־לֵ֝יל֗וֹת יִסְּר֥וּנִי[a] כִלְיוֹתָֽי׃

8 שִׁוִּ֬יתִי יְהוָ֣ה לְנֶגְדִּ֣י תָמִ֑יד כִּ֥י מִ֝ימִינִ֗י[a] בַּל־אֶמּֽוֹט׃

9 לָכֵ֤ן ׀ שָׂמַ֣ח[a] לִ֭בִּי וַיָּ֣גֶל כְּבוֹדִ֑י[b] אַף־בְּ֝שָׂרִ֗י יִשְׁכֹּ֥ן לָבֶֽטַח׃ ג[5]. ב ובתרי לישנ

10 כִּ֤י ׀ לֹא־תַעֲזֹ֣ב נַפְשִׁ֣י לִשְׁא֑וֹל לֹֽא־תִתֵּ֥ן חֲ֝סִידְךָ֗ לִרְא֥וֹת שָֽׁחַת׃ יא בטע ר״פ בשלש ספרים. ל[6]

11 תּֽוֹדִיעֵנִי֮ אֹ֤רַח חַיִּ֫ים

שֹׂ֣בַע[a] שְׂ֭מָחוֹת אֶת־פָּנֶ֑יךָ נְעִמ֖וֹת בִּימִינְךָ֣ נֶֽצַח׃ ל ומל[7]

17 יז 1 תְּפִלָּ֗ה לְדָ֫וִ֥ד ב[1]

שִׁמְעָ֤ה יְהוָ֨ה ׀ צֶ֗דֶק[a] הַקְשִׁ֥יבָה רִנָּתִ֗י[b]

הַאֲזִ֥ינָה תְפִלָּתִ֑י בְּ֝לֹ֗א שִׂפְתֵ֥י מִרְמָֽה׃ יז

2 מִ֭לְּפָנֶיךָ מִשְׁפָּטִ֣י יֵצֵ֑א עֵ֝ינֶ֗יךָ[a] תֶּחֱזֶ֥ינָה מֵישָׁרִֽים׃ י. יז[2]

3 בָּ֘חַ֤נְתָּ לִבִּ֨י ׀ פָּ֘קַ֤דְתָּ לַּ֗יְלָה צְרַפְתַּ֥נִי בַל־תִּמְצָ֑א זַ֝מֹּתִ֗י[a] ב ול בטע

בַּל־יַעֲבָר־פִּֽי׃ 4 לִפְעֻלּ֣וֹת אָ֭דָם בִּדְבַ֣ר שְׂפָתֶ֑יךָ אֲנִ֥י שָׁ֝מַ֗רְתִּי[a] ל

אָרְח֥וֹת פָּרִֽיץ[b]׃ 5 תָּמֹ֣ךְ[a] אֲ֭שֻׁרַי[b] בְּמַעְגְּלוֹתֶ֑יךָ בַּל־נָמ֥וֹטּוּ פְעָמָֽי׃ ב. ל

6 אֲֽנִי־קְרָאתִ֣יךָ כִֽי־תַעֲנֵ֣נִי אֵ֑ל הַֽט־אָזְנְךָ֥ לִ֝֗י שְׁמַ֣ע[a] אִמְרָתִֽי׃ יג

[3] Mm 3030. [4] וחד כוסי Ps 23,5. [5] Mm 3375. [6] Mp sub loco. [7] וחד בשמחת Ps 45,16. Ps 17 [1] Ps 86,1. [2] Mm 2362.

2/3 [b–b] 𝔊 *οὐ χρείαν ἔχεις*, 𝔖 *mn lwtk hj* a te est, σ′ (Hier 𝔗) *οὐκ ἔστιν ἄνευ σου*; prp בִּלְעָדֶיךָ (vel בל־ע׳ ‖ (כָּלָה) (טובתי) ‖ [c–c] prp בְּלִיַּעַל כָּל־ק׳ (et : tr post ‖ [d] 𝔊 + suff 3 m sg ‖ [e] prp חָמַד ‖ [f] 𝔊 *ἐθαυμάστωσεν*, 𝔖 *wmšbḥ*; prp יַאְדִּיר vel הָאַדִּיר vel וַאֲרוּרִים ‖ [g] 𝔊 suff 3 m sg, prp חֶפְצוֹ vel חֲפֵצִי ‖ **4** [a] exc hemist ante 4a ‖ [b] 𝔗 *msgn* = יַ־ ‖ [c–c] prp אֲחֵרִים יִירָאוּ vel אָרְחָם הֵרֵעוּ, al אֹ׳ הֵמִירוּ cf Jer 2,11 ‖ **5** [a] l c mlt Mss תּוֹמֵךְ cf 𝔊 ‖ [b] 𝔊 + *ἐμοί* cf 𝔖 ‖ **6** [a] l –תִי– cf 𝔊𝔖 ‖ **7** [a] 2 Mss יסרני = יִסְּרֻנִי? ‖ **8** [a] ins הוּא ‖ **9** [a] 2 Mss יִשְׂ׳ ‖ [b] pc Mss כבדי = כְּבֵדִי? 𝔊 *ἡ γλῶσσά μου* ‖ **11** [a] 𝔖 *w'sb' mn* et satiabor a, 𝔊 *πληρώσεις με*, θ′ *ἑπτά* ‖ **Ps 17,1** [a] 𝔊 + suff 1 sg, α′ (𝔖 Hier) *δίκαιον* = צַדִּיק; prp אֵל צ׳ vel אֵל צִדְקִי, al צִרְחִי vel צַעֲקָתִי ‖ [b] huc tr ‸ ‖ **2** [a] 𝔊 suff 1 sg ‖ **3** [a] 𝔊 (𝔖 Hier) *ἀδικία*, l זִמָּתִי vel זִמֹּתַי (cf α′σ′); huc tr : ‖ **4** [a] huc tr : ‖ [b] pc Mss פרץ cf akk *parṣu* mandatum ‖ **5** [a] prb l תָּמְכוּ ‖ [b] huc tr ‸ ‖ **6** [a] pc Mss 𝔊𝔖 וּשְׁ׳.

7 הַפְלֵה[a] חֲסָדֶיךָ מוֹשִׁיעַ[b] חוֹסִים[bc] מִמִּתְקוֹמְמִים בִּימִינֶךָ׃ ב̇ חד כת ה וחד כת א[3]. ל̇ מל
8 שָׁמְרֵנִי כְּאִישׁוֹן בַּת[a]־עָיִן בְּצֵל כְּנָפֶיךָ תַּסְתִּירֵנִי׃ ג̇ . ג̇
9 מִפְּנֵי רְשָׁעִים זוּ שַׁדּוּנִי אֹיְבַי בְּנֶפֶשׁ יַקִּיפוּ עָלָי׃
10 חֶלְבָּמוֹ[a] סָּגְרוּ פִּימוֹ דִּבְּרוּ בְגֵאוּת׃ ל̇ . ב̇
11 אַשֻּׁרֵינוּ[a] עַתָּה סְבָבוּנִי[b] עֵינֵיהֶם יָשִׁיתוּ לִנְטוֹת בָּאָרֶץ׃ סבבונו ק̇
12 דִּמְיֹנוֹ[a] כְּאַרְיֵה יִכְסוֹף לִטְרוֹף וְכִכְפִיר יֹשֵׁב בְּמִסְתָּרִים׃ ל̇ . ל̇ מל̇ . ל̇ . ג̇ רפי[4]
13 קוּמָה יְהוָה קַדְּמָה פָנָיו הַכְרִיעֵהוּ פַּלְּטָה נַפְשִׁי מֵרָשָׁע חַרְבֶּךָ[a]׃ ל̇ . ל̇
14 מִמְתִים[a] יָדְךָ[b] ׀ יְהוָה[c] מִמְתִים[d] מֵחֶלֶד[ce] חֶלְקָם[f] בַּחַיִּים[a] ב̇ . ב̇
וּצְפִינְךָ[g] תְּמַלֵּא[h] בִטְנָם יִשְׂבְּעוּ בָנִים וְהִנִּיחוּ יִתְרָם לְעוֹלְלֵיהֶם׃ וצפונך[5] ק̇ חד מן ז̇[6] פסוק מן ה̇י מילין ז̇ מכה וז̇ מכה . ד̇[7] ב̇[8] מנה בליש
15 אֲנִי בְּצֶדֶק אֶחֱזֶה פָנֶיךָ אֶשְׂבְּעָה[a] בְהָקִיץ תְּמוּנָתֶךָ[ab]׃ סז̇ ר״פ ל̇ג מנה בכתיב̇ וחד מן ד̇[9] בטע̇ בסיפ̇ . ד̇

18 1 לַמְנַצֵּחַ ׀ לְעֶבֶד יְהוָה לְדָוִד אֲשֶׁר דִּבֶּר ׀ לַיהוָה אֶת־דִּבְרֵי הַשִּׁירָה ב̇ . ג̇ חד באור̇ וחד בנביא̇ וחד בכתיב̇[1]
הַזֹּאת בְּיוֹם הִצִּיל־יְהוָה אוֹתוֹ מִכַּף כָּל־אֹיְבָיו וּמִיַּד[a] שָׁאוּל׃ 2 וַיֹּאמַר כ̇ד מל̇ ה̇ מנה̇ בכתיב̇ . ב̇ . צ̇א̇ י̇ט̇ מנה̇ ר״פ
אֶרְחָמְךָ[b] יְהוָה חִזְקִי[a]׃ ל̇ . ל̇
3 יְהוָה ׀ סַלְעִי וּמְצוּדָתִי וּמְפַלְטִי[a] אֵלִי[b] צוּרִי אֶחֱסֶה־בּוֹ ח̇ בטע̇ ר״פ בסיפ̇[2] . ל̇
מָגִנִּי וְקֶרֶן־יִשְׁעִי מִשְׂגַּבִּי[c]׃
4 מְהֻלָּל[a] אֶקְרָא יְהוָה וּמִן־אֹיְבַי אִוָּשֵׁעַ׃ ג̇ וחס̇[3] . ל̇
5 אֲפָפוּנִי[a] חֶבְלֵי[b]־מָוֶת וְנַחֲלֵי[c] בְלִיַּעַל יְבַעֲתוּנִי׃ ד̇ ג̇ מל̇ וחד חס̇[4]. ב̇ חד מל̇ וחד חס̇
6 חֶבְלֵי שְׁאוֹל סְבָבוּנִי[a] קִדְּמוּנִי מוֹקְשֵׁי מָוֶת׃ ד̇ ב̇ חס̇ וב̇ מל̇[5]
7 בַּצַּר־לִי ׀ אֶקְרָא יְהוָה וְאֶל־אֱלֹהַי אֲשַׁוֵּעַ[a]

[3] Mm 2316. [4] Mm 3737. [5] Mm 832. [6] Mm 1594. [7] Mm 1559. [8] Mm 2978. [9] Mm 3221. **Ps 18** [1] Mm 4256. [2] Mm 3443. [3] Mm 1837. [4] Mm 1838. [5] Mm 1839.

7 [a] ℭ mlt Mss הפלא ‖ [b–b] prp הו׳ חוֹסֶה־בָּךְ ‖ [c] 𝔊 *τοὺς ἐλπίζοντας ἐπὶ σέ* ‖ **8** [a] frt gl ‖ **10** [a] > 𝔖; prp חֵלֶב לִבָּמוֹ ‖ **11** [a] Ms אשרוני, 𝔊 *ἐκβάλλοντές με* (aram אשדוני), σ′ (𝔖) *μακαρίζοντές με*; prp ־ימוֹ vel יְשָׁרוּנִי ‖ [b] ℭ mlt Mss 𝔗 ut Q, K 𝔊𝔖 Hier ־נִי ‖ **12** [a] 𝔊 *ὑπέλαβόν με* = דִּמּוּנִי ‖ **13** [a] 𝔊 cj c 14; 𝔖 *wmn ḥrb*ʾ et a gladio ‖ **14** [a–a] crrp ‖ [b] 𝔊 *ἀπὸ ἐχθρῶν*, α′ *ἀπὸ τεθνηκότων* cf 𝔖; prp הֲמִיתֵם vel הַתְמֵם vel מְמֹתִים (et postea מִידך) vel מַמְרִים (cf [c–c]) ‖ [c–c] prp מְמָתִים מַחֲלָה ‖ [d] 𝔊[BU] *ἀπολ(λ)ύων*, 𝔊[−BU] *ἀπὸ ὀλίγων*, α′𝔖 ut [b], Hier *qui mortui sunt* ‖ [e] α′ *ἐκ καταδύσεως*, 𝔖 *dḥpr*ʾ foveae, Hier *in profundo* ‖ [f] 𝔊 *διαμέρισον αὐτούς* cf 𝔖 (ℭ om ח׳ בחיים) ‖ [g] ℭ mlt Mss ut Q, K וצפי׳ ‖ [h] 𝔊(𝔖𝔗) *ἐπλήσθη* = תִּמָּלֵא ‖ **15** [a–a] 𝔊 *ἐν τῷ ὀφθῆναι τὴν δόξαν σου* ‖ [b] 𝔖 *hjmnwtk* fides tua ‖ **Ps 18,1** [a] mlt Mss et 2S 22,1 וּמִכַּף ‖ **2** [a–a] > 2S 22,2 ‖ [b] prp אֲרֹמִמְךָ ‖ **3** [a] dl m cs; ℭ nonn Mss et 2S 22,3 + לִי ‖ [b] ℭ pc Mss et 2S 22,3 אֱלֹהֵי ‖ [c] dl m cs ‖ **4** [a] 𝔊 *αἰνῶν* = מְהַלֵּל; 𝔖 cj c 3; prp מִמְּהֻלָּלַי vel מְחֹלָל cf Jes 53,5 ‖ **5** [a] nonn Mss 𝔖𝔄 et 2S 22,5 pr כִּי ‖ [b] l prb c 2S 22,5 מִשְׁבְּרֵי ‖ [c] 2 Mss et 2S 22,5 נ׳ ‖ **6** [a] nonn Mss סבוני, 2S 22,6 סַבֻּנִי ‖ **7** [a] ℭ pc Mss אושע, 2S 22,7 אֶקְרָא.

יִשְׁמַע [b]מֵהֵיכָלוֹ [c]קוֹלִי וְשַׁוְעָתִי לְפָנָיו ׀[d] תָּבוֹא בְאָזְנָיו׃ [חָרָה לוֹ׃[d] — ג[6]

8 וַתִּגְעַשׁ [a]וַתִּרְעַשׁ ׀ הָאָרֶץ [b]וּמוֹסְדֵי [c]הָרִים יִרְגָּזוּ [d]וַיִּתְגָּעֲשׁוּ כִּי־ — ג[7]

9 עָלָה עָשָׁן ׀ בְּאַפּוֹ וְאֵשׁ־[a]מִפִּיו תֹּאכֵל [b]גֶּחָלִים בָּעֲרוּ מִמֶּנּוּ[b]׃ — יז[8]

10 וַיֵּט שָׁמַיִם וַיֵּרַד וַעֲרָפֶל תַּחַת רַגְלָיו׃ — ג[9]

11 וַיִּרְכַּב עַל־כְּרוּב וַיָּעֹף [a]וַיֵּדֶא עַל־כַּנְפֵי־[b]רוּחַ׃ — ג וחס[10] . ל

12 [a]יָשֶׁת חֹשֶׁךְ ׀ [b]סִתְרוֹ [c]סְבִיבוֹתָיו סֻכָּתוֹ חֶשְׁכַת־[d]מַיִם [e]עָבֵי שְׁחָקִים[e]׃ — ד מל[11]

13 מִנֹּגַהּ נֶגְדּוֹ עָבָיו [a]עָבְרוּ [b]בָּרָד וְגַחֲלֵי־אֵשׁ׃

14 [a]וַיַּרְעֵם [b]בַּשָּׁמַיִם ׀[c] יְהוָה וְעֶלְיוֹן יִתֵּן קֹלוֹ [d]בָּרָד וְגַחֲלֵי־אֵשׁ[d]׃ — ב . ב[12] . ה[13] חס ד מנה בכתיב וכל אורית דכות ב מ א

15 וַיִּשְׁלַח חִצָּיו [a]וַיְפִיצֵם וּבְרָקִים רָב[b] וַיְהֻמֵּם[c]׃ — ב[14] . לג קמ[15] . ג[16]

16 וַיֵּרָאוּ ׀ אֲפִיקֵי מַיִם[a] וַיִּגָּלוּ[b] מוֹסְדוֹת תֵּבֵל — ד[17] . ב

מִגַּעֲרָתְךָ[c] יְהוָה [d]מִנִּשְׁמַת רוּחַ אַפֶּךָ[e]׃

17 יִשְׁלַח מִמָּרוֹם יִקָּחֵנִי יַמְשֵׁנִי מִמַּיִם רַבִּים׃ — ב

18 יַצִּילֵנִי [a]מֵאֹיְבִי עָז [b]וּמִשֹּׂנְאַי[a] כִּי־אָמְצוּ מִמֶּנִּי׃ — ב[12] . ז קמ למערב[18]

19 יְקַדְּמוּנִי בְיוֹם־אֵידִי[a] וַיְהִי־יְהוָה לְמִשְׁעָן[b] לִי׃ — ב חד מל וחד חס . ו בנ״ך

20 [a]וַיּוֹצִיאֵנִי לַמֶּרְחָב[a] יְחַלְּצֵנִי כִּי חָפֵץ בִּי׃ — ג מל

21 יִגְמְלֵנִי[a] יְהוָה [b]כְּצִדְקִי [c]כְּבֹר יָדַי יָשִׁיב לִי׃ — כב[19] . כד בליש[20]

22 כִּי־שָׁמַרְתִּי דַּרְכֵי יְהוָה וְלֹא־רָשַׁעְתִּי מֵאֱלֹהָי׃

23 כִּי כָל־מִשְׁפָּטָיו לְנֶגְדִּי וְחֻקֹּתָיו לֹא־[a]אָסִיר [b]מֶנִּי[b]׃

24 [a]וָאֱהִי תָמִים עִמּוֹ וָאֶשְׁתַּמֵּר[b] מֵעֲוֹנִי׃ — ל

[6] Mm 1840. [7] Mm 1841. [8] Mm 787. [9] Mm 1842. [10] Mm 1843. [11] Mm 2920. [12] Mp sub loco. [13] Mm 1669. [14] Ex 19,16. [15] Mm 264. [16] Mm 3222. [17] Mm 3223. [18] Mm 3655. [19] Mm 1104. [20] Mm 1685.

7 [b] 2 Mss 𝔊𝔖𝔗 et 2S 22,7 וַיִּ׳ ‖ [c] 𝔊 ἐκ ναοῦ ἁγίου αὐτοῦ ‖ [d] > 2S 22,7, dl m cs ‖ **8** [a] 2 Mss וַתִּתְגָּ׳ ‖ [b] nonn Mss מ׳, 2S 22,8 ־דוֹת ‖ [c] 2S 22,8 הַשָּׁמַיִם ‖ [d–d] prb gl ‖ **9** [a] 𝔊(𝔖) ἀπὸ προσώπου αὐτοῦ ‖ [b–b] prb gl ‖ **11** [a] ℭ nonn Mss et 2S 22,11 וַיֵּרָא ‖ [b] ℭ הָרוּחַ ‖ **12** [a] 2 Mss 𝔊𝔗 et 2S 22,12 וַיָּ׳ ‖ [b] > 2S 22,12; huc tr ‸ ‖ [c] frt gl, dl m cs ‖ [d] Ms et 2S 22,12 חַשְׁרַת ‖ [e–e] 𝔊(𝔖) ἐν νεφέλαις ἀέρων; prb gl ‖ **13** [a] 𝔊 (Hier) αἱ νεφέλαι; dl ‖ [b] l c 2S 22,13 בָּעֲרוּ ‖ **14** [a] > ℭ nonn Mss ‖ [b] 2 Mss et 2S 22,14 מִן־ ‖ [c] pc Mss 𝔊𝔗 Hier מִשׁ׳, 2S 22,14 מִן־שׁ׳ ‖ [d–d] > nonn Mss 𝔊 et 2S 22,14, dl cf 13 b ‖ **15** [a] ℭ pc Mss 𝔊 et 2S 22,15 חִצִּים ‖ [b] cf 2,2[b]; 𝔊 ἐπλήθυνεν, l frt בָּרָק ‖ [c] ℭ et 2S 22,15 (Q) וַיָּהֹם ‖ **16** [a] pc Mss et 2S 22,16 יָם ‖ [b] ℭ et 2S 22,16 וַיִּ׳ ‖ [c] 2S 22,16 בְּגַעֲרַת ‖ [d] Ms 𝔖 וּמ׳ ‖ [e] ℭ pc Mss אפיך, ℭ Ms et 2S 22,16 אַפּוֹ ‖ **18** [a–a] 𝔊𝔖 pl cf 𝔗 ‖ [b] 2 Mss וּמִמְּתְקוֹמְמַי, 2S 22,18 מִשּׁ׳ ‖ **19** [a] 𝔗 *tjltwlj* = נוֹדִי? ‖ [b] 𝔖𝔗 ut 2S 22,19 מִ׳ ‖ **20** [a–a] 2S 22,20 וַיֵּצֵא לַ׳ אֹתִי ‖ **21** [a] 𝔊𝔖 pr cop ‖ [b] ℭ pc Mss et 2S 22,21 ־קָתִי, 2 Mss בְּצ׳ cf 25[a] ‖ [c] ℭ Ms כבד, pc Mss כְּבוֹד cf 2S 22,21 𝔊[L] δόξαν; 𝔊𝔖 pr cop ‖ **23** [a] ℭ mlt Mss et 2S 22,23 אָסוּר ‖ [b] 2S 22,23 מִמֶּנָּה ‖ **24** [a] 2S 22,24 וָאֶהְיֶה ‖ [b] ℭ ואשמר; 2S 22,24 melius ־מְּרָה.

25 וַיָּֽשֶׁב־יְהוָ֣ה לִ֣י כְצִדְקִ֑י[a] [b]כְּבֹ֥ר יָ֝דַ֗י[b] לְנֶ֣גֶד עֵינָֽיו[c]׃ — כה . כב[21]

26 עִם־[a]חָסִ֥יד תִּתְחַסָּ֑ד עִם־[b]גְּבַ֥ר[c] תָּ֝מִ֗ים תִּתַּמָּֽם׃ — ב . ג . ב

27 עִם־[a]נָבָ֥ר תִּתְבָּרָ֑ר[b] וְעִם־עִ֝קֵּ֗שׁ תִּתְפַּתָּֽל[c]׃ — ל . ה . ל

28 [a]כִּֽי־אַ֭תָּה[a] עַם־עָנִ֣י[b] תוֹשִׁ֑יעַ [c]וְעֵינַ֖יִם רָמ֣וֹת[c] תַּשְׁפִּֽיל׃ — ו כת כן[22]

29 כִּֽי־אַ֭תָּה תָּאִ֣יר[a] נֵרִ֑י יְהוָ֥ה[b] אֱ֝לֹהַ֗י[c] יַגִּ֥יהַּ[d] חָשְׁכִּֽי׃ — ל[23]

30 כִּֽי־בְ֭ךָ אָרֻ֣ץ[a] גְּד֑וּד[b] וּ֝בֵֽאלֹהַ֗י[c] אֲדַלֶּג־שֽׁוּר׃ — ד ג מל וחד חס[24] . ל

31 הָאֵל֮ תָּמִ֪ים דַּ֫רְכּ֥וֹ [a]אִמְרַֽת־יְהוָ֥ה צְרוּפָ֑ה[a]
מָגֵ֥ן ה֝֗וּא לְכֹ֤ל ׀ הַחֹסִ֬ים בּֽוֹ׃

32 כִּ֤י מִ֣י אֱ֭לוֹהַּ[a] מִבַּלְעֲדֵ֣י יְהוָ֑ה [b]וּמִ֥י צ֝֗וּר זוּלָתִ֥י[c] אֱלֹהֵֽינוּ[b]׃ — נה בטע ר״פ בסיפ . ל

33 הָאֵ֣ל הַמְאַזְּרֵ֣נִי[a] חָ֑יִל וַיִּתֵּ֖ן[b] תָּמִ֣ים דַּרְכִּֽי[c]׃

34 מְשַׁוֶּ֣ה רַ֭גְלַי[a] כָּאַיָּל֑וֹת וְעַ֥ל בָּ֝מֹתַ֗י[b] יַעֲמִידֵֽנִי׃ — ג ב מל וחד חס[25] . ל מל

35 מְלַמֵּ֣ד יָ֭דַי לַמִּלְחָמָ֑ה וְֽנִחֲתָ֥ה[a] קֶֽשֶׁת־נְ֝חוּשָׁ֗ה[b] זְרוֹעֹתָֽי׃ — כב[21] . ב חד חס וחד מל

36 וַתִּתֶּן־לִי֮ מָגֵ֪ן יִ֫שְׁעֶ֥ךָ[a] [b]וִימִינְךָ֥ תִסְעָדֵ֑נִי[b] וְֽעַנְוַתְךָ֥[c] תַרְבֵּֽנִי[d]׃

37 תַּרְחִ֣יב צַעֲדִ֣י[a] תַחְתָּ֑י[b] וְלֹ֥א מָ֝עֲד֗וּ קַרְסֻלָּֽי׃ — ב וחס

38 אֶרְדּ֣וֹף[a] א֭וֹיְבַי וְאַשִּׂיגֵ֑ם[b] וְלֹֽא־אָ֝שׁ֗וּב[c] עַד־כַּלּוֹתָֽם׃ — ג ב חס ול מל . יא מל[26] . ד[27]

39 אֶ֭מְחָצֵם[a] וְלֹא־[b]יֻ֣כְלוּ ק֑וּם[b] יִ֝פְּל֗וּ[c] תַּ֣חַת רַגְלָֽי׃ — יא[28] ב[29] מנה חס

40 וַתְּאַזְּרֵ֣נִי[a] חַ֭יִל לַמִּלְחָמָ֑ה תַּכְרִ֖יעַ[b] קָמַ֣י תַּחְתָּֽי[c]׃ — ל מפק א[30]

[21] Mm 1104. [22] Mm 1700. [23] Mm 3224. [24] Mm 1845. [25] Mm 3124. [26] Mm 3365. [27] Mm 1847. [28] Mm 2545. [29] Mm 1276. [30] Mm 331.

25 [a] 𝔗 et 2S 22,25 ־קָתִי, pc Mss בְּצ׳ cf 21[b] ‖ [b–b] 2S 22,25 כְּבֹרִי; Ms כְּבוֹד י׳, Ms כְּבוֹדִי cf 21[c] ‖ [c] pc Mss ־נָי ‖ **26** [a] prb ins אִישׁ ‖ [b] nonn Mss o εβρ′ 𝔊𝔖 וְעִם ‖ [c] pc Mss et 2S 22,26 גִּבּוֹר ‖ **27** [a] o εβρ′ 𝔊𝔖 pr cop ‖ [b] 𝔗 pc Mss et 2S 22,27 תִּתָּבַר, 𝔗 תתברד ‖ [c] 𝔗 pc Mss et 2S 22,27 תִּתַּפָּל ‖ **28** [a–a] 2S 22,28 וְאֶת־ ‖ [b] l frt עָנָו ‖ [c–c] 𝔊 *καὶ ὀφθαλμοὺς ὑπερηφάνων* = ־נֵי רָמִים, 2S 22,28 ־נֶיךָ עַל־רָמִים ‖ **29** [a] > 2S 22,29, prb dl ‖ [b] prb huc tr ‸ cf 2S 22,29 ‖ [c] 2S 22,29 וַיהוָה ‖ [d] 𝔊 2 sg ‖ **30** [a] 𝔊 *ῥυσθήσομαι* ‖ [b] 𝔊 *ἀπὸ πειρατηρίου*; l prb גָּדֵר cf 2S 22,30 $𝔊^{L}$ *πεφραγμένος* = גָּדוּר ‖ [c] 2S 22,30 ב׳ ‖ **31** [a–a] prb gl, dl m cs ‖ **32** [a] 2 Mss et 2S 22,32 אֵל ‖ [b–b] Ms 𝔖𝔄 כֵּא׳ ‖ [c] 2S 22,32 מִבַּלְעֲדֵי ‖ **33** [a] 2S 22,33 מָעוּזִּי ‖ [b] 2S 22,33 וַיַּתֵּר ‖ [c] 𝔗 pc Mss et 2S 22,33 (K) דרכו ‖ **34** [a] 2S 22,34 (K) ־יו ‖ [b] $𝔊𝔖^{W}$ Hier et 2S 22,34 (𝔊𝔙) om suff ‖ **35** [a] Ms et 2S 22,35 וְנִחַת cf 𝔖𝔗σ′ Hier, prp וְנִחַת; 𝔊 *καὶ ἔθου* = וְנָתַתָּה? ‖ [b] > 2S 22,35 $𝔊^{L}$, prb dl m cs ‖ **36** [a] 𝔊* suff 1 sg; 𝔖𝔗 om suff ‖ [b–b] > 2S 22,36, dl ‖ [c] l c 2S 22,36 וַעֲנֹתְךָ cf 𝔊θ′ (𝔖) *καὶ ἡ παιδεία σου*, σ′ *καὶ τὸ ὑπακούειν σοι*; prp וְעֶזְרָתְךָ ‖ [d] 𝔊 + *εἰς τέλος* = לָנֶצַח ‖ **37** [a] 𝔊𝔖 pl cf o εβρ′ *σααδαι* ‖ [b] Ms et 2S 22,37 תַּחְתֵּנִי ‖ **38** [a] 2S 22,38 אֶרְדְּפָה ‖ [b] 𝔗 ut 2S 22,38 וָאַשְׁמִידֵם ‖ [c] cf 2,2[b] ‖ **39** [a] 2S 22,39 וָאֲכַלֵּם וָאֶ׳ ‖ [b–b] 2S 22,39 יְקוּמוּן ‖ [c] 𝔖𝔗 ut 2S 22,39 וַיִּ׳, sic l ‖ **40** [a] 2 Mss et 2S 22,40 (K) ותזרני ‖ [b] 𝔊 + *πάντας* ‖ [c] 2S 22,40 ־תֵּנִי.

41 וְֽאֹיְבַ֗י[a] נָתַ֣תָּה[b] לִּ֣י עֹ֑רֶף[a] וּ֝[c]מְשַׂנְאַ֗י אַצְמִיתֵֽם[cd]׃

ג[31]. לא[32] — 42 יְשַׁוְּע֥וּ[a] וְאֵין־מוֹשִׁ֑יעַ [b]עַל־יְ֝הוָ֗ה[b] וְלֹ֣א עָנָֽם׃

ל[33] — 43 וְ֭אֶשְׁחָקֵם [a]כְּעָפָ֣ר עַל־פְּנֵי־ר֑וּחַ[a] כְּטִ֖יט חוּצ֣וֹת אֲרִיקֵֽם[b]׃

יז וכל זקף אתנח וס״פ דכות[34]. כד — 44 תְּפַלְּטֵנִי֮[a] מֵרִ֪יבֵ֫י[b] עָ֥ם[c] תְּ֭שִׂימֵנִי[d] לְרֹ֣אשׁ[e] גּוֹיִ֑ם

ג. ב. כה — עַ֖ם לֹא־יָדַ֣עְתִּי יַֽעַבְדֽוּנִי[f]׃ 45 [a]לְשֵׁ֣מַע[b] אֹ֭זֶן יִשָּׁ֣מְעוּ לִ֑י

[c]בְּֽנֵי־נֵ֝כָ֗ר יְכַחֲשׁוּ[d]־לִֽי[c]׃

ל. ה[35] מל ב[36] מנה בליש חד חס וחד מל — 46 בְּנֵי־נֵכָ֥ר יִבֹּ֑לוּ[a] וְ֝יַחְרְג֗וּ[b] מִֽמִּסְגְּרוֹתֵיהֶֽם[c]׃

ז[37]. ג מל בליש[38] — 47 חַי־יְ֭הוָה וּבָר֣וּךְ צוּרִ֑י וְ֝יָר֗וּם [a]אֱלוֹהֵ֥י[b] יִשְׁעִֽי[a]׃

ד מל[39]. ל[40] — 48 הָאֵ֗ל הַנּוֹתֵ֣ן נְקָמ֣וֹת לִ֑י וַיַּדְבֵּ֖ר[a] עַמִּ֣ים תַּחְתָּֽי[b]׃

ל — 49 מְפַלְּטִ֗י[a] מֵאֹ֫יְבָ֥י אַ֣ף[b] [c]מִן־קָ֭מַי[c] תְּרוֹמְמֵ֑נִי מֵאִ֥ישׁ חָ֝מָ֗ס[d] תַּצִּילֵֽנִי׃

ל. כב — 50 עַל־כֵּ֤ן ׀ אוֹדְךָ֖ [a]בַגּוֹיִ֥ם ׀ יְהוָ֑ה[a] וּלְשִׁמְךָ֥ אֲזַמֵּֽרָה[b]׃

מגדיל[41] חד מן ג חס בליש. ז מל[42]. ק כב[43] ו מנה בסיפ ול בליש. ד — 51 מַגְדִּיל֮[a] יְשׁוּע֪וֹת מַ֫לְכּ֥וֹ וְעֹ֤שֶׂה חֶ֨סֶד ׀ לִמְשִׁיח֗וֹ

לְדָוִ֥ד וּלְזַרְע֗וֹ עַד־עוֹלָֽם׃

19

יט — י ר״פ — 1 לַמְנַצֵּ֗חַ מִזְמ֥וֹר לְדָוִֽד׃

ל[1] — 2 הַשָּׁמַיִם֮ מְֽסַפְּרִ֪ים כְּב֫וֹד־אֵ֥ל וּֽמַעֲשֵׂ֥ה[a] יָ֝דָ֗יו מַגִּ֥יד הָרָקִֽיעַ׃

ל. ו חס[2]. ו[3]. ל — 3 י֣וֹם לְ֭יוֹם יַבִּ֣יעַ אֹ֑מֶר וְלַ֥יְלָה[a] לְּ֝לַ֗יְלָה יְחַוֶּה־דָּֽעַת׃

ו חס[2]. ד — 4 אֵֽין־אֹ֭מֶר וְאֵ֣ין דְּבָרִ֑ים בְּ֝לִ֗י נִשְׁמָ֥ע קוֹלָֽם׃

[31] Mm 3225. [32] Mm 486. [33] Mm 1849. [34] Mm 2120. [35] Mm 1911. [36] Mm 3109. [37] Mm 1850. [38] Mm 3226. [39] Mm 3436. [40] וחד ידבר Ps 47,4. [41] Mm 839. [42] Mm 1852. [43] Mm 475. **Ps 19** [1] Mm 2441. [2] Mm 3122. [3] Mm 3230.

41 [a–a] 𝔖(𝔗) *ttbr qdmj* franges coram me ‖ [b] pc Mss et 2S 22,41 תַּתָּה ‖ [c–c] pc Mss et 2S 22,41 מ׳ וָאַ׳ ‖ [d] 𝔊 et 2S 22,41 (𝔊) 2 sg ‖ **42** [a] 2S 22,42 יִשְׁעוּ ‖ [b–b] l c 2S 22,42 אֶל־י׳; 𝔖(𝔗) *nbʿwn mn mrj'* petent a Domino ‖ **43** [a–a] Ms et 2S 22,43 כַּעֲפַר־אָרֶץ, id 𝔗 pro כע׳; prp כַּעֲפַר רְחֹב vel כַּעֲפַר אֹרַח ‖ [b] l c mlt Mss 𝔊𝔖𝔗 et 2S 22,43 אֲדִקֵם; 2 Mss et 2S 22,43 + אֶרְקָעֵם (var) ‖ **44** [a] 2S 22,44 וַתְּ׳ ‖ [b] prp מֵרִבְבוֹת vel מֵרִבּוֹ vel מִירִיבֵי ‖ [c] 2S 22,44 עַמִּי ‖ [d] Ms 𝔗 et 2S 22,44 תִּשְׁמְרֵנִי ‖ [e] Ms et 2S 22,44 $𝔊^L$ לאור cf Jes 42,6 49,6 ‖ [f] ℭ יעבוד ‖ **45** [a] 2S 22,45 a et b invers ‖ [b] ℭ et 2S 22,45 לִשְׁמוֹעַ ‖ [c–c] prb dl ‖ [d] l c 2S 22,45 יִתְכַּ׳ vel יְכַ׳ ‖ **46** [a] Ms 𝔖𝔗 יִכְלוּ; 𝔊 ἐπαλαιώθησαν = יִבְלוּ ‖ [b] ℭ mlt Mss et 2S 22,46 וְיַחְגְּרוּ, 𝔊(𝔖) καὶ ἐχώλαναν, recte ‖ [c] 2S 22,46 ־תָם, 𝔊(𝔖) ἀπὸ τῶν τρίβων αὐτῶν = מִמְּסִלּוֹתֵיהֶם vel מִמַּעְגְּלֹתֵיהֶם ‖ **47** [a–a] 𝔖 *'lhj wprwqj* = ־הַי וְי׳ ‖ [b] 2S 22,47 + צוּר ‖ **48** [a] 2S 22,48 וּמוֹרִיד, Ps 144,2 הָרוֹדֵד, 𝔊 καὶ ὑποτάξας ‖ [b] 2S 22,48 תַּחְתֵּנִי ‖ **49** [a] 2S 22,49 וּמוֹצִיאִי ‖ [b] > pc Mss et 2S 22,49 ‖ [c–c] ℭ Ms et 2S 22,49 מִקָּמַי ‖ [d] nonn Mss et 2S 22,49 חֲמָסִים ‖ **50** [a–a] pc Mss et 2S 22,50 invers, frt recte et postea l לשמך ‖ [b] pc Mss et 2S 22,50 ־ר ‖ **51** [a] 2S 22,51 (Q) מִגְדּוֹל ‖ **Ps 19,2** [a] ℭ pc Mss מ׳, ℭ σ′𝔗𝔙 ־שֵׁי ‖ **3** [a] 2 Mss $𝔖^A$ לַ׳.

5 בְּכָל־הָאָרֶץ ׀ יָצָא קַוָּם[a] וּבִקְצֵה[b] תֵבֵל מִלֵּיהֶם ל . ל
לַשֶּׁמֶשׁ[c] שָׂם־אֹהֶל[d] בָּהֶם[e]׃
6 וְהוּא כְּחָתָן יֹצֵא מֵחֻפָּתוֹ יָשִׂישׂ כְּגִבּוֹר לָרוּץ אֹרַח[a]׃ לג ר״פ . ל[4] . ב[5] דמטע ול[6] חס בכתיב . ל . ד . ג[7]
7 מִקְצֵה הַשָּׁמַיִם ׀ מוֹצָאוֹ וּתְקוּפָתוֹ עַל[a]־קְצוֹתָם[b] ב חד מל וחד חס[8] . ל
וְאֵין נִסְתָּר מֵחַמָּתוֹ׃ ל

8 תּוֹרַת יְהוָה תְּמִימָה מְשִׁיבַת נָפֶשׁ ל
עֵדוּת יְהוָה נֶאֱמָנָה מַחְכִּימַת פֶּתִי׃ ל
9 פִּקּוּדֵי יְהוָה יְשָׁרִים מְשַׂמְּחֵי־לֵב
מִצְוַת יְהוָה בָּרָה מְאִירַת עֵינָיִם׃ ג[9] . ה כת כן וכל לשון אכילה דכות[10] . ל . כת
10 יִרְאַת[a] יְהוָה ׀ טְהוֹרָה עוֹמֶדֶת לָעַד ה[11]
מִשְׁפְּטֵי־יְהוָה אֱמֶת צָדְקוּ יַחְדָּו׃
11 הַנֶּחֱמָדִים מִזָּהָב וּמִפַּז רָב ל
וּמְתוּקִים מִדְּבַשׁ וְנֹפֶת צוּפִים׃ ל . ל
12 גַּם[a]־עַבְדְּךָ נִזְהָר בָּהֶם בְּשָׁמְרָם עֵקֶב רָב׃ כב פסוק דלית בהון לא ו ולא י[12] . ל וכל יחזק דכות
13 שְׁגִיאוֹת מִי־יָבִין מִנִּסְתָּרוֹת[a] נַקֵּנִי׃ ל
14 גַּם מִזֵּדִים[a] ׀ חֲשֹׂךְ עַבְדֶּךָ אַל[b]־יִמְשְׁלוּ־בִי[c] ז[13] וכל אתנח וס״פ דכות ב מ א
אָז אֵיתָם[d] וְנִקֵּיתִי מִפֶּשַׁע רָב׃ ל מל [ל וחס
15 יִהְיוּ[a] לְרָצוֹן ׀ אִמְרֵי־פִי וְהֶגְיוֹן לִבִּי לְפָנֶיךָ[b] יְהוָה צוּרִי [וְגֹאֲלִי׃ ל ומל

20 1 לַמְנַצֵּחַ מִזְמוֹר לְדָוִד׃ י ר״פ
2 יַעַנְךָ יְהוָה בְּיוֹם צָרָה יְשַׂגֶּבְךָ שֵׁם ׀ אֱלֹהֵי יַעֲקֹב׃
3 יִשְׁלַח־עֶזְרְךָ מִקֹּדֶשׁ[a] וּמִצִּיּוֹן יִסְעָדֶךָּ׃ ל . ל
4 יִזְכֹּר כָּל־מִנְחֹתֶךָ[a] וְעוֹלָתְךָ[b] יְדַשְּׁנֶה[c] סֶלָה[d]׃ ל . ל מל . ל
5 יִתֶּן־לְךָ[a] כִלְבָבֶךָ וְכָל־עֲצָתְךָ יְמַלֵּא׃ ב[1] . ז[2]

[4] חוד כְּחָתָן Jes 61,10. [5] Mm 3227. [6] Mm 1268. [7] Mm 3582. [8] Mm 3011. [9] Mm 1364. [10] Mm 3680. [11] Mm 1140. [12] Mm 878. [13] Mm 1660. Ps 20 [1] Mm 1595. [2] Mm 706.

5 [a] 𝔊 (σ′𝔖) *φθόγγος* ‖ [b] α′ *καὶ εἰς τέλος* = וְלִקְ׳ ‖ [c] ℭ nonn Mss וְלַ׳ cf 𝔖, 𝔊 *ἐν τῷ ἡλίῳ* ‖ [d] 𝔊(𝔖) *τὸ σκήνωμα αὐτοῦ* ‖ [e] > 𝔊 ‖ 6 [a] 𝔊𝔖 + suff 3 sg ‖ 7 [a] nonn Mss 𝔊 עד ‖ [b] ℭ תיו–, 𝔊(𝔖) *ἄκρου τοῦ οὐρανοῦ* = ת הַשָּׁמַיִם– ‖ 10 [a] frt l אִמְרַת cf 119,38 ‖ 12 [a] 𝔊𝔖[A] pr cop ‖ 13 [a] nonn Mss 𝔖𝔗 ומ׳ ‖ 14 [a] 𝔊 *ἀπὸ ἀλλοτρίων* = מִזָּרִים ‖ [b] ℭ pc Mss וְאַל ‖ [c] huc tr ‸ ‖ [d] l c pc Mss אֶתָּם ‖ 15 [a] 2 Mss 𝔊 וְיִ׳ ‖ [b] 𝔊 + *διὰ παντός* = תָּמִיד ‖ Ps 20,3 [a] 𝔖𝔗 + suff 3 sg ‖ 4 [a] ℭ nonn Mss תֶיךָ– cf 𝔖𝔗𝔄, 𝔊 Hier sg = תְךָ– ‖ [b] pc Mss 𝔖𝔗𝔄 לֹתֶיךָ– ‖ [c] l frt הָ–; prp יְדַשְּׁנָהּ ‖ [d] > 𝔖 ‖ 5 [a] pc Mss 𝔊[-BS]𝔖𝔄 + יהוה.

6 נְרַנְּנָה ׀ בִּֽישׁוּעָתֶךָ וּבְשֵׁם־אֱלֹהֵינוּ נִדְגֹּל[a] ל̇
יְמַלֵּא יְהוָה כָּל־מִשְׁאֲלוֹתֶֽיךָ׃ ז̇[3]. ל̇ ומל
7 עַתָּה[a] יָדַעְתִּי כִּי הוֹשִׁיעַ ׀ יְהוָה מְשִׁיחוֹ כה ר״פ[4]. ב[5]
יַעֲנֵהוּ מִשְּׁמֵי קָדְשׁוֹ בִּגְבֻרוֹת[b] יֵשַׁע יְמִינֽוֹ׃
8 אֵלֶּה בָרֶכֶב וְאֵלֶּה בַסּוּסִים וַאֲנַחְנוּ ׀ בְּשֵׁם־יְהוָה[a] אֱלֹהֵינוּ נַזְכִּיר[b]׃ ג[6]
9 הֵמָּה כָּרְעוּ וְנָפָלוּ וַאֲנַחְנוּ קַּמְנוּ[a] וַנִּתְעוֹדָד[b]׃ יט ר״פ[7]
10 יְהוָה הוֹשִׁיעָה הַמֶּלֶךְ[a] יַעֲנֵנוּ[b] בְיוֹם־קָרְאֵֽנוּ׃ ב[8] ס̄ג

21 א
1 לַמְנַצֵּחַ מִזְמוֹר לְדָוִד׃ י ר״פ
2 יְהוָה בְּעָזְּךָ יִשְׂמַח־מֶלֶךְ וּבִישׁוּעָתְךָ מַה־[a]יָּגֶיל[b] מְאֹֽד׃ ג. ל̇ יתיר י[1]
3 תַּאֲוַת לִבּוֹ נָתַתָּה לּוֹ וַאֲרֶשֶׁת שְׂפָתָיו בַּל־מָנַעְתָּ סֶּֽלָה[a]׃ ל̇
4 כִּֽי־תְקַדְּמֶנּוּ בִּרְכוֹת טוֹב תָּשִׁית לְרֹאשׁוֹ עֲטֶרֶת פָּֽז׃ ג געיא[2]. ו רפי ול מל[3]. ה[4]
5 חַיִּים ׀ שָׁאַל מִמְּךָ נָתַתָּה[a] לּוֹ אֹרֶךְ יָמִים עוֹלָם וָעֶֽד׃ ב ר״פ[5]. ו
6 גָּדוֹל כְּבוֹדוֹ בִּישׁוּעָתֶךָ הוֹד וְהָדָר[a] תְּשַׁוֶּה עָלָֽיו׃ ל̇
7 כִּֽי־תְשִׁיתֵהוּ בְרָכוֹת לָעַד[a] תְּחַדֵּהוּ בְשִׂמְחָה אֶת־[b]פָּנֶֽיךָ׃ ד[6]. ל̇
8 כִּֽי־הַמֶּלֶךְ בֹּטֵחַ בַּיהוָה וּבְחֶסֶד עֶלְיוֹן בַּל־יִמּֽוֹט׃ ד חס בסיפ
9 תִּמְצָא יָדְךָ לְכָל־אֹיְבֶיךָ יְמִינְךָ[a] תִּמְצָא[b] שֹׂנְאֶֽיךָ׃ ג
10 תְּשִׁיתֵמוֹ ׀ כְּתַנּוּר אֵשׁ[a] לְעֵת פָּנֶיךָ יְהוָה ב
[b]בְּאַפּוֹ יְבַלְּעֵם וְתֹאכְלֵם אֵשׁ[b]׃ ל̇
11 פִּרְיָמוֹ מֵאֶרֶץ תְּאַבֵּד וְזַרְעָם מִבְּנֵי אָדָֽם׃ ל̇
12 כִּֽי־נָטוּ עָלֶיךָ רָעָה חָשְׁבוּ מְזִמָּה[a] בַּל־יוּכָֽלוּ׃
13 כִּי תְּשִׁיתֵמוֹ שֶׁכֶם בְּמֵיתָרֶיךָ[a] תְּכוֹנֵן עַל־פְּנֵיהֶֽם׃ חד מן אתנח פת בסיפ[1]. ל̇ ומל
14 רוּמָה יְהוָה בְעֻזֶּךָ נָשִׁירָה וּֽנְזַמְּרָה גְּבוּרָתֶֽךָ[a]׃

[3] Mm 706. [4] Mm 1057. [5] Mm 1720. [6] Mm 2605. [7] Mm 1497. [8] Dt 4,7. **Ps 21** [1] Mp sub loco. [2] Mm 3239. [3] Mm 363 et Mm 3839. [4] Mm 3228. [5] Mm 3229. [6] Mm 3595.

6 [a] 𝔊 *μεγαλυνθησόμεθα* = נִגְדַּל vel נְגַדֵּל? prp נָגִיל ‖ **7** [a] frt ins יָדוֹעַ m cs ‖ [b] ℭ mlt Mss α′σ′ Hier 𝔖 בִּגְבוּרַת cf 21,14 ‖ **8** [a] > ℭ pc Mss $𝔊^{A}$ cf 6 ‖ [b] 𝔊 *μεγαλυνθησόμεθα*, 𝔖 *n'šn* fortes erimus, l נַגְבִּיר ‖ **9** [a] sic L, mlt Mss Edd קָ׳ ‖ [b] σ′ *καὶ ὑπομένομεν* ‖ **10** [a] huc tr ‸ ‖ [b] l וַ׳ cf 𝔊𝔗 ‖ **Ps 21,2** > 𝔊𝔖 ‖ [b] K יָגִיל, Q ℭ mlt Mss יָגֶל ‖ **3** [a] > 𝔖 ‖ **5** [a] 𝔊𝔖 pr cop ‖ **6** [a] cf 2,2[b] ‖ **7** [a] 𝔊(𝔖) *εἰς αἰῶνα αἰῶνος* ‖ [b] 𝔗 *dj mn* = מֵאֵת ‖ **9** [a] cf 2,2[b] ‖ [b] ins frt c 2 Mss 𝔊𝔗 לְכָל־ ‖ **10** [a] huc tr ‸ ‖ [b–b] gl ‖ **12** [a] pc Mss $𝔊^{AL}$σ′𝔗𝔙 מְזִמֹּת ‖ **13** [a] ℭ במתרך ‖ **14** [a] ℭ nonn Mss 𝔊 ־רֹתֶיךָ.

22 כב 1 לַמְנַצֵּחַ עַל־אַיֶּלֶת[a] הַשַּׁחַר מִזְמוֹר לְדָוִד׃ — ג[1]. ט פשטין פת ס״פ בסיפ[2]

2 אֵלִי אֵלִי[a] לָמָה עֲזַבְתָּנִי [b]רָחוֹק מִישׁוּעָתִי[bc] דִּבְרֵי שַׁאֲגָתִי[d]׃ — ל

3 אֱלֹהַי אֶקְרָא יוֹמָם וְלֹא תַעֲנֶה וְלַיְלָה וְלֹא[a]־דוּמִיָּה לִי׃ — ג פסוק[3]. ו[4]. ד

4 וְאַתָּה קָדוֹשׁ[a] יוֹשֵׁב[b] תְּהִלּוֹת[c] יִשְׂרָאֵל׃ — ב מל בסיפ[5]. ד[6]

5 בְּךָ בָּטְחוּ אֲבֹתֵינוּ בָּטְחוּ וַתְּפַלְּטֵמוֹ׃

6 אֵלֶיךָ זָעֲקוּ וְנִמְלָטוּ בְּךָ בָטְחוּ וְלֹא־בוֹשׁוּ׃ — ג מל[7]

7 וְאָנֹכִי תוֹלַעַת וְלֹא־אִישׁ חֶרְפַּת אָדָם וּבְזוּי עָם׃ — ט ר״פ וכל תרי עשר דכות[8]. ב. ל

8 כָּל־רֹאַי יַלְעִגוּ לִי יַפְטִירוּ בְשָׂפָה יָנִיעוּ[a] רֹאשׁ׃ — ל וחס[9]

9 גֹּל[a] אֶל־יְהוָה יְפַלְּטֵהוּ יַצִּילֵהוּ כִּי חָפֵץ בּוֹ׃

10 כִּי־אַתָּה גֹחִי מִבָּטֶן מַבְטִיחִי[a] [b]עַל־שְׁדֵי[b] אִמִּי׃ — ל. ל ומל

11 עָלֶיךָ הָשְׁלַכְתִּי מֵרָחֶם מִבֶּטֶן אִמִּי אֵלִי אָתָּה׃ — ל

12 אַל־תִּרְחַק מִמֶּנִּי כִּי־צָרָה קְרוֹבָה כִּי־אֵין עוֹזֵר׃ — ה מל

13 סְבָבוּנִי פָּרִים רַבִּים אַבִּירֵי בָשָׁן כִּתְּרוּנִי׃ — ל

14 פָּצוּ עָלַי פִּיהֶם אַרְיֵה[a] טֹרֵף וְשֹׁאֵג׃ — ד. ל

15 כַּמַּיִם נִשְׁפַּכְתִּי וְהִתְפָּרְדוּ כָּל־עַצְמוֹתָי
הָיָה לִבִּי כַּדּוֹנָג נָמֵס בְּתוֹךְ מֵעָי׃

16 יָבֵשׁ כַּחֶרֶשׂ ׀ כֹּחִי[a] וּלְשׁוֹנִי מֻדְבָּק מַלְקוֹחָי — ג[10]. ל. ל ומל
וְלַעֲפַר־מָוֶת תִּשְׁפְּתֵנִי[b]׃ — ל

17 כִּי סְבָבוּנִי כְּלָבִים[a] עֲדַת מְרֵעִים הִקִּיפוּנִי — ל ומל
כָּאֲרִי[b] יָדַי וְרַגְלָי׃ — ב קמ. כב[11]

18 אֲסַפֵּר כָּל־עַצְמוֹתָי הֵמָּה יַבִּיטוּ יִרְאוּ־בִי׃

19 יְחַלְּקוּ בְגָדַי לָהֶם וְעַל־לְבוּשִׁי יַפִּילוּ גוֹרָל׃

Ps 22 [1] Mm 2536. [2] Textus contra Mp, cf Mp sub loco. [3] Mp sub loco. [4] Mm 3230. [5] Mm 3231. [6] Mm 474. [7] Mm 2380. [8] Mm 1472. [9] וחד וילעגו Neh 2,19. [10] Mm 3518. [11] Mm 1104.

Ps 22,1 [a] 𝔊(σ′𝔗) *τῆς ἀντιλήμψεως* = אֱיָלֻת? cf 20 ‖ **2** [a] 𝔊 + *πρόσχες μοι* ‖ [b–b] 𝔖[W] *w'rḥqt mnj pwrqnj* et removeris a me salutem meam ‖ [c] prp מִשַּׁוְעָתִי ‖ [d] 𝔊(𝔖) *τῶν παραπτωμάτων μου* = שְׁגָאֹתַי ‖ **3** [a] l c pc Mss 𝔗 לא ‖ **4** [a] 𝔊* *ἐν ἁγίοις*, 𝔊[L](𝔙) *-ίῳ* ‖ [b] huc tr ‸ ‖ [c] 𝔊 sg cf pc Mss תהלת, 𝔖 *(b)šwbḥk* (in) gloria tua ‖ **8** [a] 𝔖𝔙 pr cop ‖ **9** [a] 𝔊(𝔖) *ἤλπισεν* cf Mt 27,43, l גַּל; 𝔗 *jšbḥ* praedicabit, 𝔗[W] *šbḥ* ‖ **10** [a] ℭ pc Mss 𝔊𝔖 Hier מִבְטַחִי ‖ [b–b] Ms 𝔊𝔖[W] Hier מִשְּׁדֵי ‖ **14** [a] Ms Vrs כְּא׳ ‖ **16** [a] l חִכִּי ‖ [b] 𝔏[G] *deduxerunt*, l prb שְׁפָתֻנִי ‖ **17** [a] α′σ′ (Hier) *θηραταί*, 𝔊(𝔗) + *πολλοί* ‖ [b] pc Mss Edd כארו, 2 Mss Edd כָּרוּ cf 𝔊(𝔖) *ὤρυξαν*, α′ *ἐπέδησαν*, σ′ *ὡς ζητοῦντες δῆσαι*.

20 וְאַתָּ֣ה יְ֭הוָה אַל־תִּרְחָ֑ק אֱ֝יָלוּתִ֗י לְעֶזְרָ֥תִי חֽוּשָׁה׃ ל
21 הַצִּ֣ילָה מֵחֶ֣רֶב נַפְשִׁ֑י מִֽיַּד־כֶּ֝֗לֶב יְחִידָתִֽי׃ ב[12]
22 ה֭וֹשִׁיעֵנִי[a] מִפִּ֣י אַרְיֵ֑ה וּמִקַּרְנֵ֖י רֵמִ֣ים[b] עֲנִיתָֽנִי[c]׃ ל. ב ובסיפ[13]
23 אֲסַפְּרָ֣ה שִׁמְךָ֣ לְאֶחָ֑י בְּת֖וֹךְ קָהָ֣ל אֲהַלְלֶֽךָּ׃
24 יִרְאֵ֤י יְהוָ֨ה ׀ הַֽלְל֗וּהוּ כָּל־זֶ֣רַע יַעֲקֹ֣ב כַּבְּד֑וּהוּ ל. ל
וְג֥וּרוּ[a] מִ֝מֶּ֗נּוּ כָּל־זֶ֥רַע יִשְׂרָאֵֽל׃ ל
25 כִּ֤י לֹֽא־בָזָ֨ה וְלֹ֪א שִׁ֡קַּ֤ץ עֱנ֬וּת[a] עָנִ֗י נֹה בטע ר״פ בסיפ. לד פסוק לא ולא ולא[14]. ח[15]
וְלֹא־הִסְתִּ֣יר פָּנָ֣יו[b] מִמֶּ֑נּוּ[c] וּֽבְשַׁוְּע֖וֹ[c] אֵלָ֣יו שָׁמֵֽעַ׃ ד[16]
26 מֵאִ֥תְּךָ֗ תְּֽהִלָּ֫תִ֥י בְּקָהָ֪ל רָ֥ב נְדָרַ֥י אֲ֝שַׁלֵּ֗ם נֶ֣גֶד יְרֵאָֽיו׃
27 יֹאכְל֬וּ עֲנָוִ֨ים ׀ וְיִשְׂבָּ֗עוּ יְהַֽלְל֣וּ יְ֭הוָה דֹּ֣רְשָׁ֑יו ב[17]
יְחִ֖י לְבַבְכֶ֣ם[a] לָעַֽד׃ ב[18] וחד מן ד[19] בטע
28 יִזְכְּר֤וּ ׀ וְיָשֻׁ֣בוּ אֶל־יְ֭הוָה כָּל־אַפְסֵי־אָ֑רֶץ ח[20]
וְיִֽשְׁתַּחֲו֥וּ לְ֝פָנֶ֗יךָ[a] כָּֽל־מִשְׁפְּח֥וֹת גּוֹיִֽם׃ ז
29 כִּ֣י לַ֭יהוָה הַמְּלוּכָ֑ה וּ֝מֹשֵׁ֗ל[a] בַּגּוֹיִֽם׃ ב[21]
30 [a]אָֽכְל֬וּ וַיִּֽשְׁתַּחֲוּ֨וּ[ab] ׀ כָּֽל־דִּשְׁנֵי[c]־אֶ֡רֶץ לְפָנָ֣יו יִ֭כְרְעוּ כָּל־יוֹרְדֵ֣י עָפָ֑ר
[d]וְ֝נַפְשׁ֗וֹ[e] לֹ֣א[f] חִיָּֽה[g]׃ 31 זֶ֥רַע[h] יַֽעַבְדֶ֑נּוּ[di] ח. ל
יְסֻפַּ֖ר לַֽאדֹנָ֣י לַדּֽוֹר[k]׃ 32 יָ֭בֹאוּ[a] וְיַגִּ֣ידוּ צִדְקָת֑וֹ לְעַ֥ם נ֝וֹלָ֗ד כִּ֣י עָשָֽׂה[b]׃ ב. ז כת א[22]. ד רפי[23]. ג קמ[24]

23 כג 1 מִזְמ֥וֹר לְדָוִ֑ד ח ר״פ
יְהוָ֥ה רֹ֝עִ֗י לֹ֣א אֶחְסָֽר׃ 2 בִּנְא֣וֹת דֶּ֭שֶׁא יַרְבִּיצֵ֑נִי[a] ה[1]. ל
עַל־מֵ֖י מְנֻח֣וֹת יְנַהֲלֵֽנִי׃ 3 נַפְשִׁ֥י יְשׁוֹבֵ֑ב ל וכת כן[2]
יַֽנְחֵ֥נִי בְמַעְגְּלֵי־צֶ֝֗דֶק לְמַ֣עַן שְׁמֽוֹ׃ ב[3]
4 גַּ֤ם כִּֽי־אֵלֵ֨ךְ בְּגֵ֪יא צַלְמָ֡וֶת לֹא־אִ֘ירָ֤א רָ֗ע

[12]Ps 35,17. [13]Ps 118,21. [14]Mm 771. [15]Mm 2353. [16]Mm 2671. [17]ומחלפ דֹּרְשָׁיו בשביל שלא יהיה ב מלין לכך פת אתו Mp sub loco. [18]Mm 1239. [19]Mp sub loco. [20]Mm 2668. [21]Mm 1581. [22]Mm 2305. [23]Mm 2366. [24]Mm 1958. **Ps 23** [1]Mm 3232. [2]Mp sub loco. [3]Mm 3233.

22 [a] ℭ –עה ‖ [b] mlt Mss רְאֵמִים ‖ [c] 𝔊(𝔖) *τὴν ταπείνωσίν μου, σ′ τὴν κάκωσίν μου* ‖ **24** [a] ℭ pc Mss 𝔊 יָג′ ‖ **25** [a] 𝔊 *τῇ δεήσει*; 𝔖(𝔗𝔙) *gʿth d*, prp צַעֲקַת ‖ [b] ℭ פנים ‖ [c–c] 𝔊 suff 1 sg ‖ **27** [a] 2 Mss 𝔊𝔖 לְבָבָם ‖ **28** [a] Ms 𝔖 Hier 𝔙𝔄 לְפָנָיו ‖ **29** [a] l prb וְהוּא מ′ cf 𝔊𝔖 ‖ **30/31** [a–a] l אַךְ לוֹ י′ vel אֵיךְ לוֹ י′ ‖ [b] sic L, mlt Mss Edd –וּ ‖ [c] prp יְשֵׁנֵי ‖ [d–d] dl gl ‖ [e] 𝔊𝔖 suff 1 sg ‖ [f] 𝔊(𝔖 Hier) *αὐτῷ* = לוֹ ‖ [g] prp חָיָה cf Vrs ‖ [h] Ms זַרְעִי cf 𝔊 ‖ [i] huc tr : ‖ [k] 𝔊(𝔖) *γενεά* = דּוֹר ‖ **32** [a] 𝔊 cj c 31 ‖ [b] 𝔊(𝔖) + *ὁ κύριος* ‖ **Ps 23,2** [a] huc tr :.

כִּֽי־אַתָּה עִמָּדִי שִׁבְטְךָ וּמִשְׁעַנְתֶּךָ הֵמָּה יְנַחֲמֻנִי[a]׃ ל̇
5 תַּעֲרֹךְ לְפָנַי׀ שֻׁלְחָן[a] נֶגֶד צֹרְרָי ב̇ חס
דִּשַּׁנְתָּ בַשֶּׁמֶן רֹאשִׁי כּוֹסִי[b] רְוָיָה׃ כו̇. ל̇[4]
6 אַ֤ךְ[a]׀ ט֤וֹב[a] וָחֶ֣סֶד[b] יִ֭רְדְּפוּנִי כָּל־יְמֵ֣י חַיָּ֑י ה̇[5]
וְשַׁבְתִּ֥י[c] בְּבֵית־יְ֝הוָ֗ה לְאֹ֣רֶךְ יָמִֽים׃ ב̇ מלרע[6]. לט̇. ג̇

24 כד 1 לְדָוִ֗ד מִ֫זְמ֥וֹר ג̇ ובטע
לַֽ֭יהוָה הָאָ֣רֶץ וּמְלוֹאָ֑הּ תֵּ֝בֵ֗ל וְיֹ֣שְׁבֵי[a] בָֽהּ׃ ג̇ מל̇[1]
2 כִּי[a]־ה֭וּא עַל־יַמִּ֣ים יְסָדָ֑הּ וְעַל־נְ֝הָר֗וֹת יְכוֹנְנֶֽהָ[b]׃ ד̇[2]. ד̇
3 מִֽי־יַעֲלֶ֥ה בְהַר־יְהוָ֑ה וּמִי־יָ֝קוּם[a] בִּמְק֥וֹם קָדְשֽׁוֹ׃ ג̇ ר״פ מי וג̇ מילין רביע ומי וכל פסוק דאית בהון ח̇ מילין[3]. ג̇[4]. ב̇
4 נְקִ֥י כַפַּ֗יִם וּֽבַר־לֵ֫בָ֥ב אֲשֶׁ֤ר׀ לֹא־נָשָׂ֣א לַשָּׁ֣וְא נַפְשִׁ֑י[a] ב̇[5]. כן כת̇[6]
וְלֹ֖א נִשְׁבַּ֣ע לְמִרְמָֽה[b]׃
5 יִשָּׂ֣א בְ֭רָכָה מֵאֵ֣ת יְהוָ֑ה וּ֝צְדָקָ֗ה מֵאֱלֹהֵ֥י יִשְׁעֽוֹ׃ ל̇ז ד̇[6] מנה ר״פ
6 זֶ֭ה דּ֣וֹר דֹּרְשָׁ֑ו[a] מְבַקְשֵׁ֨י פָנֶ֖יךָ[b] יַעֲקֹ֣ב סֶֽלָה[c]׃ דרשיו ק̇ חד מן ב̇ בליש
7 שְׂא֤וּ שְׁעָרִ֨ים׀ רָֽאשֵׁיכֶ֗ם וְֽ֭הִנָּשְׂאוּ פִּתְחֵ֣י עוֹלָ֑ם וְ֝יָב֗וֹא מֶ֣לֶךְ הַכָּבֽוֹד׃ י̇א ר״פ. ו̇[7]. י̇א[8]
8 מִ֥י זֶה֮ מֶ֤לֶךְ הַכָּ֫ב֥וֹד יְ֭הוָה עִזּ֣וּז וְגִבּ֑וֹר יְ֝הוָ֗ה גִּבּ֥וֹר מִלְחָמָֽה׃ ג̇[9]
9 שְׂא֤וּ שְׁעָרִ֨ים׀ רָֽאשֵׁיכֶ֗ם וּ֭שְׂאוּ[a] פִּתְחֵ֣י עוֹלָ֑ם וְ֝יָבֹ֗א[b] מֶ֣לֶךְ הַכָּבֽוֹד׃ י̇א ר״פ. ו̇[7]. י̇א[8]
10 מִ֤י ה֣וּא זֶה֮ מֶ֤לֶךְ הַכָּ֫ב֥וֹד יְהוָ֥ה צְבָא֑וֹת ה֤וּא מֶ֖לֶךְ הַכָּב֣וֹד סֶֽלָה[a]׃ ג̇[10]

25 כה 1 לְדָוִ֡ד[a] ב̇ בטע̇[1]
(א) אֵלֶ֥יךָ[b] יְ֝הוָ֗ה נַפְשִׁ֥י אֶשָּֽׂא[c]׃ 2 אֱלֹהַ֡י[a] כ̇ג
(ב) בְּךָ֣ בָ֭טַחְתִּי אַל־אֵב֑וֹשָׁה אַל־יַעַלְצ֖וּ אֹיְבַ֣י לִֽי׃ י̇א מל̇[2]
(ג) 3 גַּ֣ם כָּל־קֹ֭וֶיךָ לֹ֣א יֵבֹ֑שׁוּ יֵ֝בֹ֗שׁוּ[a] הַבּוֹגְדִ֥ים רֵיקָֽם׃ ה̇ מל̇ ול̇ בליש[3]

[4] וחד וכוסי Ps 16,5. [5] Mm 3234. [6] Mp sub loco. **Ps 24** [1] Mm 2499. [2] Mm 2292. [3] Mm 3552. [4] Mm 149. [5] Mm 3235. [6] Mp sub loco. [7] Mm 1215. [8] Mm 2300. [9] Mm 3236. [10] Mm 2629. **Ps 25** [1] Mm 3243. [2] Mm 3365 contra textum. [3] Mm 3638.

4 [a] prp יַנְחֵנִי ‖ **5** [a] prp שֶׁלַח (נ dttg) ‖ [b] 𝔊* *καὶ τὸ ποτήριόν σου* = וְכוֹסְךָ ‖ **6** [a–a] 𝔊 cj c 5 ‖ [b] 𝔊𝔖 + suff 2 sg ‖ [c] 𝔊(σ′) *καὶ τὸ κατοικεῖν με* = וְשִׁ׳ cf 27,4, 𝔖 *d"mr* = וְיָשַׁ׳? ‖ **Ps 24,1** [a] 𝔊(𝔖) *καὶ πάντες οἱ κατοικοῦντες* ‖ **2** [a] > 𝔊σ′θ′ ‖ [b] l frt כּוֹנְנָהּ ‖ **3** [a] cf 2,2[b] ‖ **4** [a] l c ℭ mlt Mss Vrs נפשׁו ‖ [b] 𝔊 + *τῷ πλησίον αὐτοῦ* = לְרֵעֵהוּ ‖ **6** [a] ℭ mlt Mss ut Q, sic l; 𝔊[URL] *ζητούντων τὸν κύριον* ‖ [b] 𝔊 om suff, 2 Mss 𝔊𝔖 + אֱלֹהֵי, 𝔗 suff 3 sg ‖ [c] > 𝔖 ‖ **9** [a] pc Mss Vrs והנשׂאו ut 7 ‖ [b] cf 2,2[b] ‖ **10** [a] > 𝔊 ‖ **Ps 25,1** [a] 𝔊 pr *ψαλμός* = מִזְמוֹר ‖ [b] ins קִוִּיתִי ‖ [c] ins אֶל־ (hpgr) ‖ **2** [a] huc tr ׃ ‖ **3** [a] frt dttg; l prb יָשֻׁבוּ.

(ד) 4 דְּרָכֶ֣יךָ יְ֭הוָה הוֹדִיעֵ֑נִי אֹ֖רְחוֹתֶ֣יךָ[a] לַמְּדֵֽנִי׃ — ל כת כן

(ה) 5 הַדְרִ֘יכֵ֤נִי בַאֲמִתֶּ֨ךָ ׀ וְֽלַמְּדֵ֗נִי כִּֽי־אַ֭תָּה אֱלֹהֵ֣י יִשְׁעִ֑י — ב

(ו) אוֹתְךָ֥[a] קִ֝וִּ֗יתִי כָּל־הַיּֽוֹם[b]׃ — יז מל בליש[4]

(ז) 6 זְכֹר־רַחֲמֶ֣יךָ יְ֭הוָה[a] וַחֲסָדֶ֑יךָ כִּ֖י מֵעוֹלָ֣ם הֵֽמָּה׃ — ל

(ח) 7 חַטֹּ֤אות נְעוּרַ֨י ׀ וּפְשָׁעַ֗י[a] אַל־תִּ֫זְכֹּ֥ר [b]כְּחַסְדְּךָ֥ זְכָר־לִי־אַ֑תָּה[b] — ב וכל דסמיכ לא ז ן דכות . כז מלעיל

[c]לְמַ֖עַן טוּבְךָ֣ יְהוָֽה[c]׃

(ט) 8 טוֹב־וְיָשָׁ֥ר יְהוָ֑ה[a] עַל־כֵּ֤ן[a] יוֹרֶ֖ה חַטָּאִ֣ים בַּדָּֽרֶךְ׃

(י) 9 יַדְרֵ֣ךְ עֲ֭נָוִים בַּמִּשְׁפָּ֑ט וִֽילַמֵּ֖ד עֲנָוִ֣ים דַּרְכּֽוֹ׃ — ח[5] דגש וכל איוב דכות ב מ א . ל

(כ) 10 כָּל־[a]אָרְח֣וֹת יְ֭הוָה[a] חֶ֣סֶד וֶאֱמֶ֑ת לְנֹצְרֵ֥י בְ֝רִית֗וֹ וְעֵדֹתָֽיו׃ — ה

(ל) 11 לְמַעַן־שִׁמְךָ֥ יְהוָ֑ה וְֽסָלַחְתָּ֥ לַ֝עֲוֺנִ֗י כִּ֣י רַב־הֽוּא׃

(מ) 12 מִי־זֶ֣ה הָ֭אִישׁ יְרֵ֣א יְהוָ֑ה י֝וֹרֶ֗נּוּ בְּדֶ֣רֶךְ יִבְחָֽר׃

(נ) 13 נַ֭פְשׁוֹ בְּט֣וֹב תָּלִ֑ין וְ֝זַרְע֗וֹ יִ֣ירַשׁ אָֽרֶץ׃ — ד רפי[6] . ז[7]

(ס) 14 ס֣וֹד יְ֭הוָה לִירֵאָ֑יו וּ֝בְרִית֗וֹ לְהוֹדִיעָֽם׃

(ע) 15 עֵינַ֣י תָּ֭מִיד אֶל־יְהוָ֑ה כִּ֤י הֽוּא־יוֹצִ֖יא מֵרֶ֣שֶׁת רַגְלָֽי׃

(פ) 16 פְּנֵה־אֵלַ֥י וְחָנֵּ֑נִי כִּֽי־יָחִ֖יד וְעָנִ֣י אָֽנִי׃ — י קמ בסיפ

(צ) 17 צָר֣וֹת לְבָבִ֣י הִרְחִ֑יבוּ[a] מִ֝מְּצֽוּקוֹתַ֗י[b] הוֹצִיאֵֽנִי׃ — ל מל

(.) 18 רְאֵ֣ה[a] עָ֭נְיִי וַעֲמָלִ֑י וְ֝שָׂ֗א לְכָל־חַטֹּאותָֽי׃ — ג[8] . ל ומל

(ר) 19 רְאֵֽה־אוֹיְבַ֥י כִּי־רָ֑בּוּ וְשִׂנְאַ֖ת חָמָ֣ס שְׂנֵאֽוּנִי׃ — ג[9]

(ש) 20 שָׁמְרָ֣ה נַ֭פְשִׁי וְהַצִּילֵ֑נִי [a]אַל־אֵ֝ב֗וֹשׁ[a] כִּֽי־חָסִ֥יתִי בָֽךְ׃

(ת) 21 תֹּם־וָיֹ֥שֶׁר יִצְּר֑וּנִי כִּ֝֗י קִוִּיתִֽיךָ[a]׃ — ב בליש

22 פְּדֵ֣ה אֱ֭לֹהִים אֶת־יִשְׂרָאֵ֑ל מִ֝כֹּ֗ל צָֽרוֹתָיו׃ — ל[10]

26 כו 1 לְדָוִ֨ד ׀ — ז בטע[1]

שָׁפְטֵ֤נִי יְהוָ֗ה כִּֽי־אֲ֭נִי בְּתֻמִּ֣י הָלַ֑כְתִּי

[a]וּבַיהוָ֥ה בָּ֝טַ֗חְתִּי לֹ֣א אֶמְעָֽד[a]׃ — ב . ל

[4] Mm 541. [5] Mm 772. [6] Mm 825. [7] Mm 970. [8] Mm 3237. [9] Mm 3238. [10] וחד פרה Gn 35,11. **Ps 26** [1] Mm 3429.

4 [a] nonn Mss 𝔊𝔖 ′וא ‖ **5** [a] pc Mss 𝔊𝔖 ′וא ‖ [b] prb huc tr 7 [b–b] vel [c–c] ‖ **6** [a] > 𝔆𝔊^{B}𝔏^{G}; frt huc tr ‸ ‖ **7** [a] > 𝔖, prb dl ‖ [b–b] cf 5 [b] ‖ [c–c] cf 5 [b] ‖ **8** [a–a] prb dl m cs ‖ **10** [a–a] l frt ארחותיו m cs ‖ **17** [a] l הַרְחִיב ‖ [b] l c pc Mss ′וּמ ‖ **18** [a] l prb קְשַׁב vel קְהֵה ‖ **20** [a–a] > 𝔖 ‖ **21** [a] ins יְהוָה cf 𝔊 et metrum ‖ **Ps 26,1** [a–a] metrum crrp, stich deest.

2 בְּחָנֵנִי יְהוָה וְנַסֵּנִי צָרְוֹפָה[a] כִלְיוֹתַי וְלִבִּי׃ — צרפה ק̇

3 כִּֽי־חַסְדְּךָ לְנֶגֶד עֵינָי וְהִתְהַלַּכְתִּי בַּאֲמִתֶּךָ׃ — ג געיא[2]

4 לֹא־יָשַׁבְתִּי עִם־מְתֵי־שָׁוְא וְעִם נַעֲלָמִים לֹא אָבוֹא׃

5 שָׂנֵאתִי קְהַל מְרֵעִים וְעִם־רְשָׁעִים לֹא אֵשֵׁב׃

6 אֶרְחַץ בְּנִקָּיוֹן כַּפָּי וַאֲסֹבְבָה אֶת־מִזְבַּחֲךָ יְהוָה[a]׃ — ג בליש[3]. ב חד חס וחד מל למערב[4]

7 לַשְׁמִעַ[a] בְּקוֹל תּוֹדָה וּלְסַפֵּר כָּל־נִפְלְאוֹתֶיךָ׃ — ל כת כן[5]. ל

8 יְהוָה[a] אָהַבְתִּי מְעוֹן[b] בֵּיתֶךָ וּמְקוֹם מִשְׁכַּן כְּבוֹדֶךָ׃ — ג[6]

9 אַל־תֶּאֱסֹף עִם־חַטָּאִים נַפְשִׁי וְעִם־אַנְשֵׁי דָמִים חַיָּי׃ — ב[7]

10 אֲשֶׁר־בִּידֵיהֶם זִמָּה וִימִינָם מָלְאָה שֹּׁחַד׃

11 וַאֲנִי בְּתֻמִּי אֵלֵךְ פְּדֵנִי[a] וְחָנֵּנִי׃ — טז ר״פ לג מנה בכתיב

12 רַגְלִי עָמְדָה בְמִישׁוֹר בְּמַקְהֵלִים אֲבָרֵךְ[a] יְהוָה׃ — ח בליש וכל מנין איש רגלי דכות[8]. ד[9]. י מל[10]

27 כז 1 לְדָוִד׀ — ז בטע[1]

יְהוָה׀ אוֹרִי וְיִשְׁעִי מִמִּי אִירָא

יְהוָה מָעוֹז־חַיַּי מִמִּי אֶפְחָד׃

2 בִּקְרֹב עָלַי׀ מְרֵעִים לֶאֱכֹל אֶת־בְּשָׂרִי — ל וחס

צָרַי וְאֹיְבַי לִי[a] הֵמָּה[b] כָשְׁלוּ וְנָפָלוּ׃

3 אִם־תַּחֲנֶה עָלַי׀ מַחֲנֶה לֹא־יִירָא[a] לִבִּי — יב ר״פ אם אם[2]. ל

אִם־תָּקוּם עָלַי מִלְחָמָה בְּזֹאת אֲנִי בוֹטֵחַ׃

4 אַחַת׀ שָׁאַלְתִּי מֵאֵת־יְהוָה אוֹתָהּ אֲבַקֵּשׁ — ב בכתיב חד[3] חס וחד מן יב[4] מל וכל יהושע שפטים יחזק דכות ב מ ג

[a]שִׁבְתִּי בְּבֵית־יְהוָה כָּל־יְמֵי חַיַּי[a] — ל̇ט

לַחֲזוֹת בְּנֹעַם־יְהוָה וּלְבַקֵּר בְּהֵיכָלוֹ׃ — ל. ל[5]

5 כִּי יִצְפְּנֵנִי׀ בְּסֻכֹּה[a] בְּיוֹם רָעָה[b] — נה בטע ר״פ בסיפ. ב ומל[3]

יַסְתִּרֵנִי בְּסֵתֶר אָהֳלוֹ בְּצוּר יְרוֹמְמֵנִי׃ — ו חס בליש[6]. ח

6 וְעַתָּה יָרוּם[a] רֹאשִׁי עַל אֹיְבַי סְבִיבוֹתַי[b] — כו

[2] Mm 3239. [3] Mm 3320. [4] Mm 3240. [5] Mm 839. [6] Mm 3241. [7] Dt 28,38. [8] Mm 3533. [9] Mm 3690. [10] Mm 2021. **Ps 27** [1] Mm 3429. [2] Mm 519. [3] Mp sub loco. [4] Mm 1009. [5] Mm 3630. [6] Mm 2105.

2 [a] ℭ ut Q, K צְרוֹפָה ‖ **6** [a] > 𝔊[B]𝔏[G] ‖ **7** [a] = לְהַשְׁמִיעַ; 2 Mss 𝔊 לִשְׁמוֹעַ ‖ **8** [a] frt dl m cs ‖ [b] 𝔊 *εὐπρέπειαν*, 𝔖 *tšmšth d* ministerium ‖ **11** [a] 𝔊[AL] + *κύριε*, ins frt יְהוָה m cs ‖ **12** [a] 𝔊 + suff 2 sg ‖ **Ps 27,2** [a] > 𝔊𝔖 ‖ [b] huc tr ‸ ‖ **3** [a] nonn Mss אִירָא ‖ **4** [a–a] frt add cf 23,6 ‖ **5** [a] K 𝔊 σ′ ־ֹה; l c Q[Mss] בסכו ‖ [b] 𝔊 + suff 1 sg ‖ **6** [a] 𝔊 *ὕψωσεν*, σ′ *ἐπῆραν*, Hier *exaltabit* = יָרִים ‖ [b] 𝔊 *ἐκύκλωσα* = אֲסֹבְבָה (cj c sq); l סָבִיב אֲסֹבְבָה (hpgr).

וְאֶזְבְּחָה בְאָהֳלוֹ זִבְחֵי תְרוּעָה
אָשִׁירָה וַאֲזַמְּרָה לַיהוָה׃
ל 7 שְׁמַע־יְהוָה קוֹלִי אֶקְרָא וְחָנֵּנִי[a] וַעֲנֵנִי׃
ז דגש[7] 8 לְךָ ׀ אָמַר לִבִּי [a]בַּקְּשׁוּ[b] פָנָי[a]
אֶת־פָּנֶיךָ יְהוָה אֲבַקֵּשׁ׃[c] 9 אַל־[a]תַּסְתֵּר פָּנֶיךָ ׀ מִמֶּנִּי[a]
ב אַל־תַּט־בְּאַף עַבְדֶּךָ עֶזְרָתִי הָיִיתָ
אַל־תִּטְּשֵׁנִי וְאַל־תַּעַזְבֵנִי אֱלֹהֵי יִשְׁעִי׃
10 כִּי־אָבִי וְאִמִּי עֲזָבוּנִי[a] וַיהוָה יַאַסְפֵנִי׃
11 הוֹרֵנִי יְהוָה דַּרְכֶּךָ[a]
י מל[8] וּנְחֵנִי בְּאֹרַח מִישׁוֹר [b]לְמַעַן שׁוֹרְרָי׃[bc]
12 אַל־תִּתְּנֵנִי[a] בְּנֶפֶשׁ צָרָי
כִּי קָמוּ־בִי עֵדֵי־שֶׁקֶר וִיפֵחַ[b] חָמָס׃[c]
ד[9] כת א ול[10] נקוד מלעיל ומלרע ב מ אות ו וחד מן ה׳ נקוד . יט[11] ד[12] מנה בליש 13 לׅׄוּׅׄלֵׅׄאׅׄ[a] הֶאֱמַנְתִּי לִרְאוֹת בְּטוּב־יְהוָה בְּאֶרֶץ חַיִּים׃[b]
ב[13] 14 קַוֵּה[a] אֶל־יְהוָה חֲזַק[b] וְיַאֲמֵץ לִבֶּךָ[c] וְקַוֵּה[a] אֶל־יְהוָה׃

ב בטע[1] **28** כח 1 לְדָוִד
אֵלֶיךָ יְהוָה ׀ אֶקְרָא צוּרִי אַל־תֶּחֱרַשׁ מִמֶּנִּי
[a]פֶּן־תֶּחֱשֶׁה מִמֶּנִּי[a] וְנִמְשַׁלְתִּי עִם־יוֹרְדֵי בוֹר׃
2 שְׁמַע[a] קוֹל תַּחֲנוּנַי בְּשַׁוְּעִי אֵלֶיךָ
ל . כב[2] בְּנָשְׂאִי יָדַי אֶל־דְּבִיר קָדְשֶׁךָ׃
3 אַל־תִּמְשְׁכֵנִי[a] עִם־רְשָׁעִים וְעִם־פֹּעֲלֵי אָוֶן[b]
ד ג חס וחד מל[3] . ב[4] . ט[5] . ט דֹּבְרֵי שָׁלוֹם עִם־רֵעֵיהֶם וְרָעָה בִּלְבָבָם׃

[7] Mm 1690. [8] Mm 2021. [9] Mm 1714. [10] Mp sub loco. [11] Mm 335. [12] Mm 3242. [13] Hos 12,7. **Ps 28** [1] Mm 3243. [2] Mm 1104. [3] Mp sub loco. [4] Mm 3244. [5] Mm 1144.

7 [a] mlt Mss 𝔊𝔖 ח׳ ‖ **8** [a–a] 𝔖 cj c sq; prp בַּקֵּשׁ פָּנָיו ‖ [b] 𝔊(α′σ′𝔖) *ἐζήτησεν* = בִּ׳ ‖ [c] > 𝔖 (et cj יהוה c 9) ‖ **9** [a–a] l ת׳ פ׳ vel תִּסָּתֵר מ׳ ‖ **10** [a] 𝔗 impf ‖ **11** [a] > 𝔈 ‖ [b–b] > 𝔖 ‖ [c] 𝔗 *twšbḥ(t)j* = שִׁירוֹתַי ‖ **12** [a] Hier + *Domine*, ins prb יְהוָה m cs ‖ [b] 𝔊 *καὶ ἐψεύσατο*, 𝔖 *wmllw*; l frt וִיָפִיחוּ ‖ [c] 𝔊 + *ἑαυτῇ* = לוֹ cf 13[a] ‖ **13** [a] > pc Mss 𝔊 (sed cf 12[c]) α′σ′, 𝔖 *’n’ djn* = Hier *ego autem* ‖ [b] 𝔈 mlt Mss הַח׳ ‖ **14** [a] 𝔖 pl ‖ [b] > 𝔖 ‖ [c] 𝔖 suff pl ‖ **Ps 28,1** [a–a] > pc Mss 𝔈 ‖ **2** [a] $𝔊^{L}$(𝔄𝔇 Hier) + *κύριε* ut 27,7 (sed יְהוָה frt ins post ידי) ‖ **3** [a] $𝔊^{BAR}$ *συνελκύσῃς … τὴν ψυχήν μου* = תִּמְשֹׁךְ נַפְשִׁי ‖ [b] 𝔊 + *μὴ συναπολέσῃς με* = אַל־תְּאַבְּדֵנִי.

4 תֶּן־לָהֶ֣ם כְּפָעֳלָם֮ וּכְרֹ֪עַ מַֽעַלְלֵ֫יהֶ֥ם
[a]כְּֽמַעֲשֵׂ֣ה[b] יְ֭דֵיהֶם [c]תֵּ֣ן לָהֶ֑ם[c] הָשֵׁ֖ב גְּמוּלָ֣ם לָהֶֽם[a]׃
5 כִּ֤י לֹ֤א יָבִ֡ינוּ אֶל־פְּעֻלֹּ֣ת[a] יְ֭הוָה וְאֶל־מַעֲשֵׂ֣ה[b] יָדָ֑יו — נה בטע ר״פ בסיפ. ל
יֶ֝הֶרְסֵ֗ם[c] וְלֹ֣א יִבְנֵֽם[d]׃ — ל
6 בָּר֥וּךְ יְהוָ֑ה כִּֽי־שָׁ֝מַע[a] ק֣וֹל תַּחֲנוּנָֽי׃
7 יְהוָ֤ה ׀ עֻזִּ֥י וּמָגִנִּי֮ בּ֤וֹ בָטַ֪ח לִבִּ֫י — ח בטע ר״פ בסיפ[6]
וְֽנֶעֱזָ֗רְתִּי[a] וַיַּעֲלֹ֥ז[b] לִבִּ֑י[c] וּֽמִשִּׁירִ֥י[d] אֲהוֹדֶֽנּוּ׃ — ל. ל
8 יְהוָ֥ה עֹֽז־לָ֑מוֹ[a] וּמָ֘ע֤וֹז[b] יְשׁוּע֖וֹת מְשִׁיח֣וֹ הֽוּא׃ — ב[7]. ז מל[8]
9 הוֹשִׁ֤יעָה ׀ אֶת־עַמֶּ֗ךָ וּבָרֵ֥ךְ אֶת־נַחֲלָתֶ֑ךָ — ג[9]
וּרְעֵ֥ם וְ֝נַשְּׂאֵ֗ם עַד־הָעוֹלָֽם׃ — ל. ד

29 כט 1 מִזְמ֗וֹר לְדָ֫וִ֥ד[a] — ח ר״פ
הָב֣וּ לַ֭יהוָה בְּנֵ֣י אֵלִ֑ים[b] הָב֥וּ לַ֝יהוָ֗ה כָּב֥וֹד וָעֹֽז׃ — ו חס בכתיב למערב[1]
2 הָב֣וּ לַ֭יהוָה כְּב֣וֹד שְׁמ֑וֹ הִשְׁתַּחֲו֥וּ לַ֝יהוָ֗ה בְּהַדְרַת[a]־קֹֽדֶשׁ[b]׃
3 ק֥וֹל יְהוָ֗ה עַל־הַ֫מָּ֥יִם [a]אֵֽל־הַכָּב֥וֹד הִרְעִ֑ים[a] יְ֝הוָ֗ה עַל־מַ֥יִם רַבִּֽים׃ — ל. ז[2]
4 קוֹל־יְהוָ֥ה בַּכֹּ֑חַ ק֥וֹל יְ֝הוָ֗ה בֶּהָדָֽר׃ — ד דגש[3]
5 ק֣וֹל יְ֭הוָה שֹׁבֵ֣ר אֲרָזִ֑ים וַיְשַׁבֵּ֥ר יְ֝הוָ֗ה אֶת־אַרְזֵ֥י הַלְּבָנֽוֹן׃
6 וַיַּרְקִידֵ֥ם כְּמוֹ־עֵ֑גֶל לְבָנ֥וֹן וְ֝שִׂרְיֹ֗ן כְּמ֣וֹ בֶן־רְאֵמִֽים׃ — ל. ב[4]
7 [a]קוֹל־יְהוָ֥ה חֹצֵ֗ב לַהֲב֥וֹת אֵֽשׁ׃
8 ק֣וֹל יְ֭הוָה יָחִ֣יל מִדְבָּ֑ר יָחִ֥יל[a] יְ֝הוָ֗ה מִדְבַּ֥ר קָדֵֽשׁ׃
9 ק֤וֹל יְהוָ֨ה ׀ יְחוֹלֵ֣ל אַיָּלוֹת֮[a] וַֽיֶּחֱשֹׂ֪ף יְעָ֫ר֥וֹת[b] — ל
וּבְהֵיכָל֑וֹ כֻּ֝לּ֗וֹ אֹמֵ֥ר כָּבֽוֹד׃
10 יְ֭הוָה לַמַּבּ֣וּל יָשָׁ֑ב וַיֵּ֥שֶׁב יְ֝הוָ֗ה מֶ֣לֶךְ לְעוֹלָֽם׃ — ל[5]. ה קמ[6]
11 יְֽהוָ֗ה עֹ֭ז לְעַמּ֣וֹ יִתֵּ֑ן יְהוָ֓ה ׀ יְבָרֵ֖ךְ אֶת־עַמּ֣וֹ בַשָּׁלֽוֹם׃ ס — ב[7]

[6] Mm 3443. [7] Mm 3047. [8] Mm 1852. [9] Mm 3245. **Ps 29** [1] Mm 879. [2] Mm 739. [3] Mm 3246. [4] Mm 2339. [5] וחד לַמַּבּוּל Gn 9,15. [6] Mm 87. [7] Hi 15,21.

4 a–a > S ‖ b 2 Mss G α′ T שֵׁי– ‖ c–c frt dl ‖ **5** a pc Mss α′ –ַת ‖ b 2 Mss G σ′ ε′ T שֵׁי– ‖ c G 2 sg; frt pr עַל־כֵּן יְהוָה ‖ d G 2 sg ‖ **6** a cf 2,2 b ‖ **7** a > S ‖ b G θ′ (S) *καὶ ἀνέθαλεν*, ε′ *καὶ ἐκρατύνθη* ‖ c G(S) *ἡ σάρξ μου* ‖ d G *καὶ ἐκ θελήματός μου* = וּמִלִּבִּי ‖ **8** a l c pc Mss GS לְעַמּוֹ ‖ b > T ‖ **Ps 29,1** a G + *ἐξοδίου σκηνῆς* ‖ b pc Mss אילים, G + *ἐνέγκατε τῷ κυρίῳ υἱοὺς κριῶν* (dupl) ‖ **2** a G(S) *ἐν αὐλῇ* = בְּחַצְרַת ‖ b l קָדְשׁוֹ cf GS et 96,9 (GS) ‖ **3** a–a frt cj c 7 ‖ **7** a cf 3 a–a ‖ **8** a GS pr cop ‖ **9** a prp אֵילוֹת = אֵילִים ‖ b prp = יְעָרִים vel l יְעָלוֹת; prb vb exc.

30 ל 1 מִזְמ֡וֹר[a] שִׁיר־חֲנֻכַּ֖ת הַבַּ֣יִת לְדָוִֽד׃ — ב בטע¹

2 אֲרוֹמִמְךָ֣ יְ֭הוָה כִּ֣י דִלִּיתָ֑נִי וְלֹֽא־שִׂמַּ֖חְתָּ אֹיְבַ֣י לִֽי׃ — ג²

3 יְהוָ֥ה אֱלֹהָ֑י שִׁוַּ֥עְתִּי אֵ֝לֶ֗יךָ וַתִּרְפָּאֵֽנִי׃

4 יְֽהוָ֗ה הֶעֱלִ֣יתָ[a] מִן־שְׁא֣וֹל[a] נַפְשִׁ֑י חִ֝יִּיתַ֗נִי מִיָּֽרְדִי[b]־בֽוֹר׃ — ג³ . יו מיחד מן⁴ . ב חד פת וחד קמ⁵ . מירדי ק

5 זַמְּר֣וּ לַיהוָ֣ה חֲסִידָ֑יו וְ֝הוֹד֗וּ לְזֵ֣כֶר קָדְשֽׁוֹ׃

6 כִּ֤י רֶ֨גַע[a] ׀ בְּאַפּוֹ֮ חַיִּ֪ים[b] בִּרְצ֫וֹנ֥וֹ בָּ֭עֶרֶב יָלִ֥ין[c] בֶּ֗כִי וְלַבֹּ֥קֶר רִנָּֽה׃ — נה בטע ר״פ בסיפ . ב

7 וַ֭אֲנִי אָמַ֣רְתִּי בְשַׁלְוִ֑י בַּל־אֶמּ֥וֹט לְעוֹלָֽם׃ — טז ר״פ לג מנה בכתיב

8 יְֽהוָ֗ה בִּרְצוֹנְךָ֮ הֶעֱמַ֪דְתָּה לְֽהַרְרִ֫י[a] עֹ֥ז הִסְתַּ֥רְתָּ פָנֶ֗יךָ הָיִ֥יתִי נִבְהָֽל׃ — ל מל⁶ . ל

9 אֵלֶ֣יךָ יְהוָ֣ה אֶקְרָ֑א וְאֶל[a]־אֲ֝דֹנָ֗י[b] אֶתְחַנָּֽן׃

10 מַה־בֶּ֥צַע בְּדָמִי֮ בְּרִדְתִּ֪י אֶ֫ל שָׁ֥חַת הֲיוֹדְךָ֥ עָפָ֑ר הֲיַגִּ֥יד אֲמִתֶּֽךָ׃ — ל . ל

11 שְׁמַע[a]־יְהוָ֥ה וְחָנֵּ֑נִי[b] יְ֝הוָ֗ה[c] הֱֽיֵה[d]־עֹזֵ֥ר לִֽי׃

12 הָפַ֣כְתָּ מִסְפְּדִי֮ לְמָח֪וֹל לִ֥י פִּתַּ֥חְתָּ שַׂקִּ֑י וַֽתְּאַזְּרֵ֥נִי שִׂמְחָֽה׃ — ל . ב⁷ . ל

13 לְמַ֤עַן ׀ יְזַמֶּרְךָ֣[a] כָ֭בוֹד[b] וְלֹ֣א יִדֹּ֑ם[c] יְהוָ֥ה אֱ֝לֹהַ֗י לְעוֹלָ֥ם אוֹדֶֽךָּ׃ — ב וחס⁸

31 לא 1 לַמְנַצֵּ֗חַ מִזְמ֥וֹר לְדָוִֽד׃[a] — י ר״פ

2 בְּךָ֤ יְהוָ֣ה חָ֭סִיתִי אַל־אֵב֣וֹשָׁה לְעוֹלָ֑ם בְּצִדְקָתְךָ֥ פַלְּטֵֽנִי׃[a]

3 הַטֵּ֤ה אֵלַ֨י ׀ אָזְנְךָ֮ מְהֵרָ֪ה הַצִּ֫ילֵ֥נִי[a] — יג

הֱיֵ֤ה לִ֨י ׀ לְצוּר־מָ֭עוֹז[b] לְבֵ֥ית[c] מְצוּד֗וֹת לְהוֹשִׁיעֵֽנִי׃ — ל

4 כִּֽי־סַלְעִ֣י וּמְצוּדָתִ֣י אָ֑תָּה וּלְמַ֥עַן[a] שִׁ֝מְךָ֗[b] תַּנְחֵ֥נִי וּֽתְנַהֲלֵֽנִי׃[b] — ט מיחד . ל . ל

5 תּֽוֹצִיאֵנִי מֵרֶ֣שֶׁת ז֭וּ טָ֣מְנוּ לִ֑י כִּֽי־אַ֝תָּ֗ה[a] מָעוּזִּֽי׃

6 בְּיָדְךָ֮ אַפְקִ֪יד ר֫וּחִ֥י פָּדִ֖יתָה אוֹתִ֥י יְהוָ֗ה אֵ֣ל אֱמֶֽת׃ — כי¹ מל ה מנה בכתיב וכל יהושע ושפטים דכות ב מ ב

7 שָׂנֵ֗אתִי[a] הַשֹּׁמְרִ֥ים הַבְלֵי־שָׁ֑וְא וַ֝אֲנִ֗י אֶל־יְהוָ֥ה בָּטָֽחְתִּי׃ — ב² . י בטח אל

Ps 30 ¹Mm 3362. ²Mm 2297. ³Mm 603. ⁴Okhl 196. ⁵Mm 3410. ⁶Mm 1713. ⁷Mm 3398. ⁸Mm 3247.
Ps 31 ¹Mm 1238א. ²Mm 3248.

Ps 30,1 [a] 𝔊 pr *εἰς τὸ τέλος* = לַמְנַצֵּחַ ‖ **4** [a–a] pc Mss o εβρ′ מִשְׁ′ ‖ [b] mlt Mss α′σ′ 𝔗 Hier ut Q, K 𝔊θ′ o εβρ′ 𝔖 מִיּוֹרְדֵי ‖ **6** [a] 𝔊 *ὀργή*, 𝔖 *k'ṭ'* increpatio; l prb רֹגֶז ‖ [b] 𝔊 𝔖 pr cop ‖ [c] frt dl m cs ‖ **8** [a] 𝔊 *τῷ κάλλει μου* = לַהֲדָרִי ‖ **9** [a] 𝔖𝔗 + suff 2 sg ‖ [b] 𝔗 mlt Mss יהוה, 𝔊(𝔗) *τὸν θεόν μου* = אֱלֹהַי ‖ **11** [a] 𝔊 *ἤκουσεν* = שָׁמַע ‖ [b] 𝔊 *ἠλέησέν με* = וְחָנַּנִי ‖ [c] cf 2,2[b] ‖ [d] 𝔊 *ἐγενήθη* = הָיָה ‖ **13** [a] 𝔖 1 sg ‖ [b] 𝔊 + suff 1 sg; prp כְּבֵדִי ‖ [c] 𝔊 *κατανυγῶ* = אֶדָּקֵר? 𝔖 1 sg ‖ **Ps 31,1** [a] 𝔊 + *ἐκστάσεως* cf 23 (𝔊) ‖ **2** [a] 𝔊 + *καὶ ἐξελοῦ με* cf 71,2 (𝔊) ‖ **3** [a] 𝔖 *'njnj* = עֲנֵנִי cf 69,18 102,3; Ms + יהוה ‖ [b] 𝔊 *ε′ κατοικητήριον ἰσχυρόν* cf 71,3 מעון ‖ [c] 𝔊𝔖 Hier pr cop ‖ **4** [a] Ms 𝔖 + יהוה ‖ [b–b] 𝔖 *bj'jnj* = נַחֲמֵנִי ‖ **5** [a] cf 2,2[b] ‖ **7** [a] Ms 𝔊𝔖 Hier תָּ–.

8 אָגִ֣ילָה וְאֶשְׂמְחָה֮ בְּחַ֫סְדֶּ֥ךָ   ב ובסיפ
אֲשֶׁ֣ר רָ֭אִיתָ אֶת־עָנְיִ֑י [a]יָ֝דַ֗עְתָּ בְּצָר֥וֹת[a] נַפְשִֽׁי׃   ה חס בכתיב
9 וְלֹ֣א הִ֭סְגַּרְתַּנִי בְּיַד־אוֹיֵ֑ב הֶֽעֱמַ֖דְתָּ בַמֶּרְחָ֣ב רַגְלָֽי׃   יד[3] ר״פ בכתיב ה מנה בתהלים וכל ד״ה דכות ב מ ב . ג
10 חָנֵּ֤נִי יְהוָה֮ כִּ֤י צַ֫ר־לִ֥י עָשְׁשָׁ֖ה בְכַ֥עַס[a] עֵינִ֗י [b]נַפְשִׁ֥י וּבִטְנִֽי[b]׃   ב . כט[4]
11 כִּ֤י כָל֪וּ בְיָג֡וֹן חַיַּ֗י וּשְׁנוֹתַ֗י בַּאֲנָ֫חָ֥ה   נה בטע ר״פ בסיפ . ל ומל
כָּשַׁ֣ל בַּעֲוֺנִ֣י[a] כֹחִ֑י וַעֲצָמַ֥י עָשֵֽׁשׁוּ׃   ל . ל
12 מִכָּל־צֹרְרַ֨י הָיִ֪יתִי חֶרְפָּ֡ה וְלִשְׁכֵנַ֨י ׀ מְאֹ֡ד[a]   ב חס וכן[5] לבן אשר . כן לבן אשר[5]
וּפַ֬חַד לִמְיֻדָּ֫עָ֥י רֹאַ֣י בַּח֑וּץ נָדְד֥וּ מִמֶּֽנִּי׃   ב[6] . ל
13 נִ֭שְׁכַּחְתִּי כְּמֵ֣ת מִלֵּ֑ב הָ֝יִ֗יתִי כִּכְלִ֥י אֹבֵֽד׃
14 כִּ֤י שָׁמַ֨עְתִּי ׀ דִּבַּ֪ת רַבִּ֡ים [a]מָג֬וֹר[b] מִסָּבִ֗יב[a]   נה בטע ר״פ בסיפ
בְּהִוָּסְדָ֣ם[c] יַ֣חַד עָלַ֑י לָקַ֖חַת נַפְשִׁ֣י זָמָֽמוּ׃   ל . ל
15 וַאֲנִ֤י ׀ עָלֶ֣יךָ בָטַ֣חְתִּי יְהוָ֑ה אָ֝מַ֗רְתִּי אֱלֹהַ֥י אָֽתָּה׃   טז ר״פ לג מנה בכתיב
16 בְּיָדְךָ֥ עִתֹּתָ֑י הַצִּ֘ילֵ֤נִי מִיַּד־א֝וֹיְבַ֗י וּמֵרֹדְפָֽי׃   יא מל[7]
17 הָאִ֣ירָה פָ֭נֶיךָ עַל־עַבְדֶּ֑ךָ ה֝וֹשִׁיעֵ֗נִי בְחַסְדֶּֽךָ׃   ב[8] . ב[9] . ב פסוק דמטע בסיפ[10] . ב ובסיפ
18 יְֽהוָ֗ה אַל־אֵ֭בוֹשָׁה כִּ֣י קְרָאתִ֑יךָ יֵבֹ֥שׁוּ רְ֝שָׁעִ֗ים יִדְּמ֥וּ[a] לִשְׁאֽוֹל׃
19 תֵּ֥אָלַ֗מְנָה[a] שִׂפְתֵ֫י שָׁ֥קֶר הַדֹּבְר֬וֹת עַל־צַדִּ֣יק עָתָ֑ק בְּגַאֲוָ֥ה[b] וָבֽוּז[c]׃   ל . ל[11] . ל . ד
20 מָ֤ה רַֽב־טוּבְךָ֮[a] אֲשֶׁר־צָפַ֪נְתָּ לִּ֫ירֵאֶ֥יךָ
פָּ֭עַלְתָּ[b] לַחֹסִ֣ים בָּ֑ךְ נֶ֝֗גֶד בְּנֵ֣י אָדָֽם׃
21 תַּסְתִּירֵ֤ם ׀ בְּסֵ֬תֶר פָּנֶ֗יךָ[a] מֵֽרֻכְסֵ֫י[b] אִ֥ישׁ   ח . ל
תִּצְפְּנֵ֥ם בְּסֻכָּ֗ה[c] מֵרִ֥יב לְשֹׁנֽוֹת[d]׃   ל
22 בָּר֥וּךְ יְהוָ֑ה כִּ֤י [a]הִפְלִ֘יא חַסְדּ֥וֹ[b] לִ֝֗י[c] [d]בְּעִ֣יר מָצֽוֹר[d]׃   ב מל
23 וַאֲנִ֤י ׀ אָמַ֬רְתִּי בְחָפְזִ֗י נִגְרַ֡זְתִּי[a] מִנֶּ֬גֶד עֵינֶ֗יךָ   טז ר״פ לג מנה בכתיב . ל

[3] Mm 3249. [4] Mm 2501. [5] Mm 3250. [6] Gn 31,42. [7] Mm 3365. [8] Mm 3217. [9] Mm 3252. [10] Mm 3251 et Mm 3313. [11] Mm 1898.

8 [a–a] 𝔊 ἔσωσας ἐκ τῶν ἀναγκῶν = הוֹשַׁעְתָּ מִצ׳ ‖ **10** [a] pc Mss 𝔊^{RL}𝔗 מִכּ׳ ‖ [b–b] > Ms, frt dl ‖ **11** [a] 𝔊(𝔖) ἐν πτωχείᾳ = בְּעָנְיִ, σ′ διὰ τὴν κάκωσίν μου = בְּעָנְיִי ‖ **12** [a] > 𝔖; prp מָנוֹד vel מָגוֹר vel מֹרָא vel מָדוֹן ‖ **14** [a–a] > 𝔖 ‖ [b] 𝔊 παροικούντων ‖ [c] prp בְּהִסּוֹדָם ‖ **18** [a] 𝔊 καὶ καταχθείησαν = וְיוּרְדוּ? 𝔖 wnḥtwn (𝔗 + wjḥtwn) et descendant ‖ **19** [a] gaʿya eras? ‖ [b] 𝔖 wštjwt' et delirium ‖ [c] > 𝔖, frt dl ‖ **20** [a] ins c pc Mss 𝔊* יהוה ‖ [b] > 𝔖 ‖ **21** [a] prp כְּנָפֶיךָ ut 61,5 ‖ [b] prp מַרְכְּלֵי ‖ [c] l frt בסכָּתְךָ cf 𝔏𝔙; 𝔖 bṭllk in umbra tua ‖ [d] > 𝔖 ‖ **22** [a] pc Mss Hier אֲשֶׁר ‖ [b] 𝔖 gbj' electos, ε′ ὅσιον αὐτοῦ = חֲסִידוֹ? ‖ [c] > 𝔊*; 𝔖 lh = לוֹ ‖ [d–d] frt l בְּעֵת מָצוֹק vel בְּעֵת מָצוֹר ‖ **23** [a] nonn Mss נִגְזַרְתִּי ut Thr 3,54; 2 Mss נִגְרַשְׁתִּי ut Jon 2,5.

אָכֵן שָׁמַעְתָּ קוֹל תַּחֲנוּנַי בְּשַׁוְּעִי אֵלֶיךָ׃ — יח̇[12]. ט̇ פשטין פת̇ ס״פ בסיפ̇[13]

24 אֶהֱבוּ אֶת־יְהוָה כָּל־ᵃחֲסִידָיו אֱמוּנִים נֹצֵר יְהוָה

וּמְשַׁלֵּם עַל־יֶתֶר עֹשֵׂה גַאֲוָה׃ — ג̇[14]. ב̇[15]

25 חִזְקוּ וְיַאֲמֵץ לְבַבְכֶם כָּל־הַמְיַחֲלִים לַיהוָה׃

32 לב 1 לְדָוִד מַשְׂכִּיל — ג̇ בטע̇[1]

אַשְׁרֵי נְשׂוּיᵃ־פֶּשַׁע כְּסוּי חֲטָאָה׃

2 אַשְׁרֵי אָדָם לֹא יַחְשֹׁב יְהוָה לוֹ עָוֺן — ד̇ בטע̇[2]

ᵃוְאֵין בְּרוּחוֹᵇ רְמִיָּהᵃ׃

3 כִּי־הֶחֱרַשְׁתִּי בָּלוּᵃ עֲצָמָי בְּשַׁאֲגָתִי כָּל־הַיּוֹם׃ — ב̇. ד̇

4 כִּי ׀ יוֹמָם וָלַיְלָה תִּכְבַּד עָלַי יָדֶךָ — י̇א בטע ר״פ בשלש ספרים. ב̇ פת̇. ה̇ חס̇ בסיפ̇[3]

נֶהְפַּךְᵃ לְשַׁדִּיᵇ בְּחַרְבֹנֵיᶜ קַיִץᵈ סֶלָהᵉ׃ — ל̇ וחס̇

5 חַטָּאתִי אוֹדִיעֲךָ וַעֲוֺנִי לֹא־כִסִּיתִי

אָמַרְתִּי אוֹדֶה עֲלֵיᵃ פְשָׁעַיᵇ לַיהוָה

וְאַתָּה נָשָׂאתָ עֲוֺן חַטָּאתִי סֶלָהᶜ׃ — ג̇ בטע̇[1] · ד̇

6 עַל־זֹאת יִתְפַּלֵּל כָּל־חָסִיד ׀ אֵלֶיךָ לְעֵתᵃ מְצֹא רַקᵃᵇ

לְשֵׁטֶף מַיִם רַבִּים אֵלָיו לֹא יַגִּיעוּ׃ — ל̇

7 אַתָּה ׀ סֵתֶר לִי מִצַּר תִּצְּרֵנִי רָנֵּיᵃ פַלֵּטᵇ תְּסוֹבְבֵנִי סֶלָהᶜ׃ — י̇ו ר״פ בסיפ̇. ל̇

8 אַשְׂכִּילְךָᵃ ׀ וְאוֹרְךָ בְּדֶרֶךְ־זוּ תֵלֵךְ אִיעֲצָהᵇ עָלֶיךָ עֵינִי׃ — ל̇. ל̇[4]. כט̇[5]

9 אַל־תִּהְיוּᵃ ׀ כְּסוּס כְּפֶרֶדᵇ אֵין הָבִין בְּמֶתֶג־וָרֶסֶןᶜ עֶדְיוֹᵈ — ל̇. ה̇[6]. ג̇[7]

ᵉבַּל ᶠקְרֹב אֵלֶיךָᵉ׃ [לִבְלוֹם — ל̇ וחס̇

10 רַבִּים מַכְאוֹבִים לָרָשָׁע וְהַבּוֹטֵחַ בַּיהוָה חֶסֶד יְסוֹבְבֶנּוּ׃

11 שִׂמְחוּ בַיהוָה וְגִילוּ צַדִּיקִים וְהַרְנִינוּ כָּל־יִשְׁרֵי־לֵב׃ — ד̇. ל̇ ומל̇

[12] Mm 1941. [13] Textus contra Mp, cf Mp sub loco. [14] Mm 1093. [15] Mm 3211. **Ps 32** [1] Mp sub loco. [2] Mm 3193. [3] Mm 477. [4] Mm 1849. [5] Mm 2501. [6] Mm 2412. [7] Mm 2796.

24 ᵃ > nonn Mss 𝔖 ‖ **Ps 32,1** ᵃ Sexta *ἐπελήσθη* = נְשׁוּי ‖ **2** ᵃ⁻ᵃ frt add ‖ ᵇ 𝔊σ′ *ἐν τῷ στόματι αὐτοῦ* = בְּפִיו, 𝔖 *blbh* = בְּלִבּוֹ? ‖ **3** ᵃ nonn Mss כלו ‖ **4** ᵃ 𝔊 Hier 1 sg, Ms + לִבִּי ‖ ᵇ 𝔊 (α′σ′θ′ε′ Hier) *εἰς ταλαιπωρίαν* = לְשֹׁדִּי a שֹׁד; 𝔖 *bḥdjj* = בְּשָׁדַי; prp לְשַׁדִּי vel לְשָׁנִי ‖ ᶜ Ms σ′ 𝔗 ′כֹּחַ, 𝔊 *ἐν τῷ ἐμπαγῆναι*, θ′ *ἐν ἐρημίᾳ μου* = ־ִי ‖ ᵈ 𝔊 *ἄκανθαν* = קוֹץ ‖ ᵉ > 𝔖 ‖ **5** ᵃ 2 Mss 𝔊α′ עָלַי ‖ ᵇ pc Mss 𝔊α′ Hier פִּשְׁעִי ‖ ᶜ > 𝔖 ‖ **6** ᵃ⁻ᵃ 𝔊(𝔖) *εὐθέτῳ*; l מָצוֹר vel מָצוֹק cf 31,22ᵈ⁻ᵈ ‖ ᵇ prb huc tr 9ᵉ⁻ᵉ ‖ **7** ᵃ Vrs alit; dl (dttg), prp מָגִנֵּי ‖ ᵇ l frt פַּלְ(י)ט ‖ ᶜ > 𝔖 ‖ **8** ᵃ 𝔖 cj c 7 ‖ ᵇ 𝔊 *ἐπιστηριῶ* = אֶעֱצָה cf Prv 16,30 (𝔊) ‖ **9** ᵃ frt l c 2 Mss תְּהִי ‖ ᵇ Vrs pr cop ‖ ᶜ > 𝔖 ‖ ᵈ 𝔊 *τὰς σιαγόνας αὐτῶν* = לְעֵיהֶם vel לְחָיֵהֶם? 𝔖 *mn ṭljwthwn* = מֵעֲדָיו ‖ ᵉ⁻ᵉ crrp, prb dl; cf 6ᵇ ‖ ᶠ pc Mss כל.

33 לג 1 רַנְּנ֣וּ ᵃ צַ֭דִּיקִים בַּיהוָ֑ה לַ֝יְשָׁרִ֗ים ᵇ נָאוָ֥ה תְהִלָּֽה׃ ג̇. ד̇[1]

2 הוֹד֣וּ לַיהוָ֣ה בְּכִנּ֑וֹר בְּנֵ֥בֶל עָ֝שׂ֗וֹר זַמְּרוּ־לֽוֹ׃

3 שִֽׁירוּ־ל֖וֹ ᵃ שִׁ֣יר חָדָ֑שׁ הֵיטִ֥יבוּ נַ֝גֵּ֗ן בִּתְרוּעָֽה׃ ז̇[2]

4 כִּֽי־יָשָׁ֥ר דְּבַר־יְהוָ֑ה וְכָל־מַ֝עֲשֵׂ֗הוּ בֶּאֱמוּנָֽה׃

5 אֹ֭הֵב צְדָקָ֣ה וּמִשְׁפָּ֑ט חֶ֥סֶד יְ֝הוָ֗ה מָלְאָ֥ה הָאָֽרֶץ׃ ג̇

6 בִּדְבַ֣ר יְ֭הוָה שָׁמַ֣יִם נַעֲשׂ֑וּ וּבְר֥וּחַ פִּ֝֗יו כָּל־צְבָאָֽם׃ ה̇[3]. ד̇. ז̇

7 כֹּנֵ֣ס כַּ֭נֵּד ᵃ מֵ֣י הַיָּ֑ם נֹתֵ֖ן בְּאֹצָר֣וֹת תְּהוֹמֽוֹת׃ ל̇. ד̇ מל̇[4]. ד̇ מל̇ ל̇[5]

8 יִֽירְא֣וּ מֵ֭יְהוָה כָּל־הָאָ֑רֶץ מִמֶּ֥נּוּ יָ֝ג֗וּרוּ כָּל־יֹשְׁבֵ֥י תֵבֵֽל׃

9 כִּ֤י ה֣וּא אָמַ֣ר וַיֶּ֑הִי ᵃ הֽוּא־צִ֝וָּ֗ה וַֽיַּעֲמֹֽד ᵇ׃ ב̇[6]. נה̇ בטע ר״פ בסיפ̇

10 יְֽהוָ֗ה הֵפִ֥יר עֲצַת־גּוֹיִ֑ם הֵ֝נִ֗יא מַחְשְׁב֥וֹת עַמִּֽים ᵃ׃ ב̇

11 עֲצַ֣ת יְ֭הוָה לְעוֹלָ֣ם תַּעֲמֹ֑ד מַחְשְׁב֥וֹת לִ֝בּ֗וֹ לְדֹ֣ר וָדֹֽר׃

12 אַ֥שְֽׁרֵי הַגּ֗וֹי ᵃ אֲשֶׁר־יְהוָ֣ה ᵃ אֱלֹהָ֑יו הָעָ֓ם ׀ בָּחַ֖ר לְנַחֲלָ֣ה לֽוֹ׃ ה̇[7]

13 מִ֭שָּׁמַיִם הִבִּ֣יט יְהוָ֑ה רָ֝אָ֗ה ᵃ אֶֽת־ ᵇ כָּל־בְּנֵ֥י הָאָדָֽם ᶜ׃ ו̇ וכל קהלת דכות

14 מִמְּכוֹן־שִׁבְתּ֥וֹ ᵃ הִשְׁגִּ֑יחַ אֶ֖ל כָּל־יֹשְׁבֵ֣י הָאָֽרֶץ׃ ג̇. ל̇[8]. יא בכתיב. ב̇[9]

15 הַיֹּצֵ֣ר יַ֣חַד ᵃ לִבָּ֑ם הַ֝מֵּבִ֗ין אֶל־כָּל־מַעֲשֵׂיהֶֽם׃ ב̇ חס. יא בכתיב

16 אֵֽין־הַ֭מֶּלֶךְ נוֹשָׁ֣ע בְּרָב־חָ֑יִל ᵃ גִּ֝בּ֗וֹר ᵇ לֹֽא־יִנָּצֵ֥ל בְּרָב־כֹּֽחַ ᶜ׃ ל̇

17 שֶׁ֣קֶר הַ֭סּוּס לִתְשׁוּעָ֑ה וּבְרֹ֥ב חֵ֝יל֗וֹ לֹ֣א יְמַלֵּֽט ᵃ׃ ו̇. ב̇[10]. ב̇ בספר אמ״ת[11]. ח̇[12]

18 הִנֵּ֤ה עֵ֣ין ᵃ יְ֭הוָה אֶל־יְרֵאָ֑יו לַֽמְיַחֲלִ֥ים לְחַסְדּֽוֹ׃

19 לְהַצִּ֣יל מִמָּ֣וֶת נַפְשָׁ֑ם וּ֝לְחַיּוֹתָ֗ם בָּרָעָֽב׃ ל̇[13]

20 נַ֭פְשֵׁנוּ חִכְּתָ֣ה לַיהוָ֑ה עֶזְרֵ֖נוּ ᵃ וּמָגִנֵּ֣נוּ הֽוּא׃ ב̇[14]

21 כִּי־ב֭וֹ יִשְׂמַ֣ח לִבֵּ֑נוּ ᵃ כִּ֤י בְשֵׁ֖ם ᵃ קָדְשׁ֣וֹ בָטָֽחְנוּ׃

22 יְהִֽי־חַסְדְּךָ֣ יְהוָ֣ה עָלֵ֑ינוּ כַּ֝אֲשֶׁ֗ר יִחַ֥לְנוּ לָֽךְ׃

Ps 33 [1] Mm 3253. [2] Mm 3360. [3] Mm 1549. [4] Mm 3254 contra textum. [5] Mp sub loco. [6] Ez 16,19. [7] Mm 943. [8] וחד משגיח Cant 2,9. [9] Mm 2600. [10] Mm 3255. [11] Mm 3256. [12] Mm 3058. [13] וחד לחיותם Jos 9,15. [14] Ps 124,8.

Ps 33,1 ᵃ 𝔊 ε′ pr *τῷ Δαυιδ*; pc Mss cj Ps 33 c Ps 32 ‖ ᵇ pc Mss 𝔖 וְלַ׳ ‖ **3** ᵃ pc Mss 𝔗 ליהוה ‖ **7** ᵃ 𝔊(𝔗) *ὡς ἀσκόν* = כְּנֹ(א)ד, 𝔖 *'jk dbzq'* quasi in utribus cf σ′ 𝔏 ‖ **9** ᵃ 𝔊𝔖 pl ‖ ᵇ 𝔊 pl; 𝔖 *w'qjm* = וַיָּעֲמֹד ‖ **10** ᵃ 𝔊 + *καὶ ἀθετεῖ βουλὰς ἀρχόντων* (dupl ad 10a) ‖ **12** ᵃ⁻ᵃ pc Mss שֶׁיהוה ‖ **13** ᵃ nonn Mss 𝔖 וְרָ׳ ‖ ᵇ > pc Mss ‖ ᶜ pc Mss ארם ‖ **14** ᵃ Ms 𝔄 קָדְשׁוֹ ‖ **15** ᵃ 𝔊 σ′ *κατὰ μόνας* = יָחִד ‖ **16** ᵃ 𝔗𝔏 + suff 3 sg ‖ ᵇ nonn Mss 𝔊 α′ 𝔖 וְגִ׳ ‖ ᶜ 𝔊 σ′ 𝔖𝔗 + suff 3 sg ‖ **17** ᵃ 𝔊(𝔗) *σωθήσεται* = יִמָּלֵט; 𝔖 + *lrkbh* equitem suum ‖ **18** ᵃ Ms 𝔊𝔖 עֵינֵי ‖ **20** ᵃ 𝔊(𝔖) pr *ὅτι* = כִּי ‖ **21** ᵃ⁻ᵃ l וּבְ׳ cf 𝔊.

ל ומל . ד[1] . ז[2] **34** לד 1 לְדָוִ֗ד בְּשַׁנּוֹת֣וֹ אֶת־טַ֭עְמוֹ לִפְנֵ֣י אֲבִימֶ֑לֶךְ[a] וַ֝יְגָרְשֵׁ֗הוּ וַיֵּלַֽךְ׃

ל (א) 2 אֲבָרְכָ֣ה אֶת־יְהוָ֣ה בְּכָל־עֵ֑ת תָּ֝מִ֗יד תְּֽהִלָּת֥וֹ בְּפִֽי׃

(ב) 3 בַּֽיהוָ֗ה תִּתְהַלֵּ֣ל נַפְשִׁ֑י יִשְׁמְע֖וּ עֲנָוִ֣ים וְיִשְׂמָֽחוּ׃

ל . ל (ג) 4 גַּדְּל֣וּ לַיהוָ֣ה אִתִּ֑י וּנְרוֹמְמָ֖ה שְׁמ֣וֹ יַחְדָּֽו׃

ל . ל ומל . ג ב מל וחד חס (ד) 5 דָּרַ֣שְׁתִּי אֶת־יְהוָ֣ה וְעָנָ֑נִי וּמִכָּל־מְ֝גוּרוֹתַ֗י הִצִּילָֽנִי׃

ב[3] . ט (ה) 6 הִבִּ֣יטוּ[a] אֵלָ֣יו וְנָהָ֑רוּ[b] וּ֝פְנֵיהֶ֗ם[c] אַל־יֶחְפָּֽרוּ׃

ד[4] (ז) 7 זֶ֤ה[a] עָנִ֣י קָ֭רָא וַיהוָ֣ה שָׁמֵ֑עַ וּמִכָּל־צָ֝רוֹתָ֗יו הוֹשִׁיעֽוֹ׃

ב[5] (ח) 8 חֹנֶ֤ה מַלְאַךְ־יְהוָ֓ה סָ֘בִ֤יב לִירֵאָ֗יו וַֽיְחַלְּצֵֽם׃

ל . ד[6] (ט) 9 טַעֲמ֣וּ וּ֭רְאוּ כִּי־ט֣וֹב יְהוָ֑ה אַֽשְׁרֵ֥י הַ֝גֶּ֗בֶר יֶחֱסֶה־בּֽוֹ׃

ג יתיר א . ב[7] (י) 10 יְר֣אוּ[a] אֶת־יְהוָ֣ה קְדֹשָׁ֑יו כִּי־אֵ֥ין מַ֝חְס֗וֹר לִירֵאָֽיו׃

(כ) 11 כְּפִירִים[a] רָשׁ֣וּ וְרָעֵ֑בוּ וְדֹרְשֵׁ֥י יְ֝הוָ֗ה לֹא־יַחְסְר֥וּ כָל־טֽוֹב׃

ל (ל) 12 לְֽכוּ־בָ֭נִים שִׁמְעוּ־לִ֑י יִֽרְאַ֥ת יְ֝הוָ֗ה אֲלַמֶּדְכֶֽם׃

ג[8] (מ) 13 מִֽי־הָ֭אִישׁ הֶחָפֵ֣ץ חַיִּ֑ים אֹהֵ֥ב יָ֝מִ֗ים לִרְא֥וֹת טֽוֹב׃

ח[9] (נ) 14 נְצֹ֣ר לְשׁוֹנְךָ֣ מֵרָ֑ע וּ֝שְׂפָתֶ֗יךָ מִדַּבֵּ֥ר מִרְמָֽה׃

ג . ל (ס) 15 ס֣וּר מֵ֭רָע וַעֲשֵׂה־ט֑וֹב בַּקֵּ֖שׁ שָׁל֣וֹם וְרָדְפֵֽהוּ׃

ב (ע) 16 עֵינֵ֣י[a] יְ֭הוָה אֶל־צַדִּיקִ֑ים וְ֝אָזְנָ֗יו אֶל־שַׁוְעָתָֽם׃

ג וכת י (פ) 17 פְּנֵ֣י[a] יְ֭הוָה בְּעֹ֣שֵׂי רָ֑ע לְהַכְרִ֖ית מֵאֶ֣רֶץ זִכְרָֽם׃

ב . ד[4] (צ) 18 צָעֲק֣וּ[a] וַיהוָ֣ה שָׁמֵ֑עַ [b]וּמִכָּל־צָ֝רוֹתָ֗ם[b] הִצִּילָֽם׃

ל (ק) 19 קָר֣וֹב יְ֭הוָה לְנִשְׁבְּרֵי־לֵ֑ב וְאֶת־דַּכְּאֵי־ר֥וּחַ יוֹשִֽׁיעַ׃

ל . ל (ר) 20 רַ֭בּוֹת רָע֣וֹת צַדִּ֑יק וּ֝מִכֻּלָּ֗ם יַצִּילֶ֥נּוּ יְהוָֽה[a]׃

ז[10] (ש) 21 שֹׁמֵ֥ר[a] כָּל־עַצְמוֹתָ֑יו אַחַ֥ת מֵ֝הֵ֗נָּה לֹ֣א נִשְׁבָּֽרָה׃

ל (ת) 22 תְּמוֹתֵ֣ת[a] רָשָׁ֣ע רָעָ֑ה וְשֹׂנְאֵ֖י צַדִּ֣יק יֶאְשָֽׁמוּ׃

ל[11] 23 פּוֹדֶ֣ה יְ֭הוָה נֶ֣פֶשׁ עֲבָדָ֑יו וְלֹ֥א יֶ֝אְשְׁמ֗וּ כָּל־הַחֹסִ֥ים בּֽוֹ׃

Ps 34 [1] Mm 2721. [2] Mm 175. [3] Mm 3177. [4] Mm 2671. [5] Ex 18,5. [6] Mm 3257. [7] Dt 33,3, cf Mp sub loco. [8] Mm 1967. [9] Mm 615. [10] Mm 2967. [11] וחד פרה Dt 29,17, cf Mp sub loco.

Ps 34,1 [a] 𝔊[U] *Αχιμελεχ*, 𝔏[G] *amelech* ‖ **6** [a] l c nonn Mss α′𝔖 Hier 'הַ; 𝔊 *προσέλθατε* = גְּשׁוּ ‖ [b] l 'וּנְ cf 𝔊α′; 𝔖 *wsbrw bh* et sperate in eo ‖ [c] l ־יכֶם cf 𝔊𝔖 ‖ **7** [a] ו-stropha deest ‖ **10** [a] > 𝔖 ‖ **11** [a] 𝔊(𝔖) *πλούσιοι* = כְּבֵדִים vel כַּבִּירִים ‖ **16** [a] inverte 16 et 17 cf Thr 2,16.17 3,46.49 4,16.17 ‖ **17** [a] cf 16[a] ‖ **18** [a] 𝔊(𝔖𝔗) + *οἱ δίκαιοι* ‖ [b–b] > 𝔖 ‖ **20** [a] 𝔊 cj c 21 ‖ **21** [a] 2 Mss 𝔊 + יהוה ‖ **22** [a] 𝔊 *θάνατος*, 𝔗 *mtwt'* = תְּמוּתַת.

35 (לֹה)[a] 1 לְדָוִד[a] ׀
רִיבָה יְהוָה אֶת־יְרִיבַי[b] לְחַם אֶת־לֹחֲמָי׃
2 הַחֲזֵק מָגֵן וְצִנָּה וְקוּמָה בְּעֶזְרָתִי[a]׃
3 וְהָרֵק חֲנִית וּסְגֹר[a] לִקְרַאת רֹדְפָי
אֱמֹר לְנַפְשִׁי יְשֻׁעָתֵךְ אָנִי׃
4 יֵבֹשׁוּ וְיִכָּלְמוּ מְבַקְשֵׁי נַפְשִׁי
יִסֹּגוּ אָחוֹר וְיַחְפְּרוּ חֹשְׁבֵי רָעָתִי׃
5 יִהְיוּ כְּמֹץ לִפְנֵי־רוּחַ וּמַלְאַךְ יְהוָה דּוֹחֶה[a]׃
6 יְהִי־דַרְכָּם חֹשֶׁךְ וַחֲלַקְלַקּוֹת וּמַלְאַךְ יְהוָה רֹדְפָם׃
7 כִּי־חִנָּם[a] טָמְנוּ־לִי [b]שַׁחַת רִשְׁתָּם[b] [c]חִנָּם חָפְרוּ[d] לְנַפְשִׁי׃
8 תְּבוֹאֵהוּ שׁוֹאָה לֹא־יֵדָע וְרִשְׁתּוֹ אֲשֶׁר־טָמַן תִּלְכְּדוֹ בְּשׁוֹאָה[a]
9 וְנַפְשִׁי תָּגִיל בַּיהוָה תָּשִׂישׂ בִּישׁוּעָתוֹ׃ [יִפָּל־בָּהּ׃
10 כָּל עַצְמוֹתַי ׀ תֹּאמַרְנָה יְהוָה מִי כָמוֹךָ
מַצִּיל עָנִי מֵחָזָק מִמֶּנּוּ וְעָנִי וְאֶבְיוֹן מִגֹּזְלוֹ׃
11 יְקוּמוּן עֵדֵי חָמָס אֲשֶׁר לֹא־יָדַעְתִּי יִשְׁאָלוּנִי׃
12 יְשַׁלְּמוּנִי רָעָה תַּחַת טוֹבָה שְׁכוֹל[a] לְנַפְשִׁי׃
13 וַאֲנִי ׀ בַּחֲלוֹתָם לְבוּשִׁי שָׂק עִנֵּיתִי[a] בַצּוֹם נַפְשִׁי
וּתְפִלָּתִי עַל־חֵיקִי תָשׁוּב׃ 14 כְּרֵעַ[a]־כְּאָח לִי[b]
הִתְהַלָּכְתִּי [c]כַּאֲבֶל־אֵם[cd] קֹדֵר שַׁחוֹתִי׃
15 וּבְצַלְעִי שָׂמְחוּ וְנֶאֱסָפוּ נֶאֶסְפוּ עָלַי
נֵכִים[a] וְלֹא יָדַעְתִּי [b]קָרְעוּ[c] וְלֹא־דָמּוּ[b]׃

ז̇ בטע[1]
ב̇ חד פת̇ וחד קמ̇ . ל̇ . ל̇
ל̇ בטע בסיפ̇[2]
ו̇ חס בליש . י̇ קמ̇ בסיפ̇
ל̇ וחס
ל̇ . ג̇ מל̇ וכל שאה דכות̇ . יט̇[3] . ל̇
ה̇ . ב̇
ב̇ בטע
ב̇ . ל̇
ז̇[4] . ב̇[5]
ס̇ז̇ ר״פ ל̇ג̇ מנה̇ בכתיב . ל̇ ומל̇ . ד̇ קמ̇ וכל̇ בשק אתנח̇ וס״פ דכות̇[6]
ג̇ . ב̇ בליש[7] . ב̇
ל̇ . ל̇[8] . ה̇י
ה̇[9]

Ps 35 [1]Mm 3429. [2]Mm 4168. [3]Mm 1369. [4]Mm 2302. [5]Mm 3258. [6]Mm 2484. [7]Mm 3259. [8]וחד נאספו Ps 47,10. [9]Mm 1248.

Ps 35 [a] numerus > L ‖ **1** [a] 𝔊^{AL}𝔏^{G} pr *ψαλμός* = מִזְמוֹר ‖ [b] pc Mss 𝔖 רִיבִי ‖ **2** [a] mlt Mss לְעֶ׳ cf 𝔊 ‖ **3** [a] l וְסָגָר (cf akk *šikru*) vel וְסֶגֶר (cf סגר 1QM 5,7.9 pars hastae?); 𝔖 *w'brḳ* et fulge ‖ **5** [a] l דֹּחָם cf 𝔊 ‖ **7** [a] > 𝔖 ‖ [b–b] 𝔖 *pḥ' wmṣjdt'* laqueos et rete; l ר׳ וְשׁ׳ ‖ [c] > 𝔖, dl ‖ [d] 2 Mss 𝔊 חֵרְפוּ ‖ **8** [a] 𝔖 *wgwmṣ' dḥprw* = וְשׁוּחָה אֲשֶׁר חָפְרוּ; prb ins תְּבִיאֵהוּ ‖ **9** [a] cf 2,2[b] ‖ **12** [a] 𝔊 *καὶ ἀτεκνίαν*, 𝔖 *w'wbdw* et perdiderunt; prp שָׁכוּ vel שָׁרוּ, l frt שֶׁכּוֹל ‖ **13** [a] 𝔊 𝔖 pr cop ‖ **14** [a] prp כְּרֵעַ ‖ [b] 𝔊 *ἡμέτερον* = לָנוּ? huc tr : ‖ [c–c] 𝔊 *ὡς πενθῶν καί* = כְּאָבֵל אִם ‖ [d] > 𝔖; huc tr ‸ ‖ **15** [a] 𝔊 *μάστιγες* (a נָכָה), 𝔖 *nwgr'* diu; prp כְּנָכְרִים ‖ [b–b] > 𝔖 ‖ [c] 𝔊 pass; l frt קָרְאוּ vel קָרְצוּ (cf 19).

16 בְּחַנְפֵי ᵃ ᵇלַעֲגֵי מָעוֹג ᵇ חָרֹק ᶜעָלַי שִׁנֵּימוֹ׃ — ב¹⁰. ל וחס
17 אֲדֹנָי כַּמָּה תִּרְאֶה הָשִׁיבָה נַפְשִׁי מִשֹּׁאֵיהֶם ᵃ מִכְּפִירִים יְחִידָתִי׃ — ג¹¹. ב¹²
18 אוֹדְךָ בְּקָהָל רָב בְּעַם עָצוּם אֲהַלְלֶךָּ׃ — ב¹³
19 אַל־יִשְׂמְחוּ־לִי אֹיְבַי שֶׁקֶר שֹׂנְאַי חִנָּם יִקְרְצוּ־עָיִן׃
20 כִּי לֹא שָׁלוֹם יְדַבֵּרוּ וְעַל רִגְעֵי־אֶרֶץ דִּבְרֵי מִרְמוֹת ᵃ יַחֲשֹׁבוּן׃ — נה בטע ר״פ בסיפ. ד באתנח¹⁴. ל
21 וַיַּרְחִיבוּ עָלַי פִּיהֶם אָמְרוּ הֶאָח ׀ הֶאָח רָאֲתָה עֵינֵינוּ׃ — ב חס
22 רָאִיתָה יְהוָה אַל־תֶּחֱרַשׁ אֲדֹנָי ᵃ אַל־תִּרְחַק מִמֶּנִּי׃
23 הָעִירָה וְהָקִיצָה לְמִשְׁפָּטִי אֱלֹהַי וַאדֹנָי לְרִיבִי׃ — ט¹⁵. ל. ו¹⁶. ל. ג כת א¹⁷
24 שָׁפְטֵנִי כְצִדְקְךָ ᵃ יְהוָה אֱלֹהָי ᵇ וְאַל־ᶜ יִשְׂמְחוּ־לִי ᵈ׃ — ח¹⁸ קמ וכל אתנח וס״פ דכות ב מ ב
25 אַל־יֹאמְרוּ בְלִבָּם הֶאָח ᵃ נַפְשֵׁנוּ אַל־יֹאמְרוּ בִּלַּעֲנוּהוּ׃ — כו ר״פ אל אל¹⁹. ב. ט. ב. ל
26 יֵבֹשׁוּ וְיַחְפְּרוּ ׀ יַחְדָּו שְׂמֵחֵי רָעָתִי
יִלְבְּשׁוּ־בֹשֶׁת וּכְלִמָּה הַמַּגְדִּילִים עָלָי׃
27 יָרֹנּוּ וְיִשְׂמְחוּ חֲפֵצֵי צִדְקִי וְיֹאמְרוּ תָמִיד — ה. ל. ט רפי²⁰ ב מנה בסיפ
יִגְדַּל יְהוָה הֶחָפֵץ שְׁלוֹם עַבְדּוֹ׃ — ג²¹. ל²²
28 וּלְשׁוֹנִי תֶּהְגֶּה צִדְקֶךָ כָּל־הַיּוֹם ᵃ תְּהִלָּתֶךָ׃ ס — ל²³

36 לו
1 לַמְנַצֵּחַ ׀ לְעֶבֶד־יְהוָה לְדָוִד׃ — ח בטע. ב
2 נְאֻם ᵃ־ᵇפֶּשַׁע לָרָשָׁע ᵇ בְּקֶרֶב לִבִּי ᶜ
אֵין־פַּחַד אֱלֹהִים לְנֶגֶד עֵינָיו׃ — ב¹
3 כִּי־הֶחֱלִיק אֵלָיו בְּעֵינָיו לִמְצֹא עֲוֹנוֹ לִשְׂנֹא ᵃ׃ — נא²
4 דִּבְרֵי־פִיו אָוֶן וּמִרְמָה חָדַל לְהַשְׂכִּיל לְהֵיטִיב׃ [יִמְאָס׃ — ה³
5 אָוֶן ׀ יַחְשֹׁב עַל־מִשְׁכָּבוֹ יִתְיַצֵּב ᵃעַל־דֶּרֶךְ ᵃ לֹא־טוֹב רָע לֹא — ה וכל על הדרך דכות⁴

[10] 1 R 17,12. [11] Mm 1468. [12] Ps 22,21. [13] Mm 3260. [14] Mm 1234. [15] Mm 1972. [16] Mm 2362. [17] Mm 2390. [18] Mm 960. [19] Mm 3261. [20] Mm 1233. [21] Mm 1967. [22] Mm 300. [23] Mm 3518. **Ps 36** [1] 2 Ch 20,29. [2] Mp sub loco. [3] Mm 3127. [4] Mm 3032.

16 ᵃ 𝔊 *ἐπείρασάν με* = בְּחָנֻנִי; prp בְּחַנְפִי (arab *ḥanafa*) vel בהנפלי (hit) ‖ ᵇ⁻ᵇ 𝔊 *ἐξεμυκτήρισάν με μυκτηρισμόν* = לָעֲגוּ לַעַג; prp ל׳ מָעוֹג vel עָגוּ מ׳ ‖ ᶜ l frt חָרְקוּ cf 𝔊 ‖ **17** ᵃ 𝔊 *ἀπὸ τῆς κακουργίας αὐτῶν* (a שׁוֹא cf שָׁוְא); prp מִשֹּׁאֲגִים ‖ **20** ᵃ cf 2,2ᵇ ‖ **22** ᵃ sic L, mlt Mss Edd אַל־ ‖ **24** ᵃ nonn Mss קְתְךָ– ‖ ᵇ > 𝔖; cj c sq ‖ ᶜ dl ו ‖ ᵈ Ms בִי ‖ **25** ᵃ ins האח (hpgr) cf 𝔊 ‖ **28** ᵃ cf 2,2ᵇ ‖ **Ps 36,2** ᵃ prp נְעִים vel נָאֻץ ‖ ᵇ⁻ᵇ 𝔊 *ὁ παράνομος τοῦ ἁμαρτάνειν* = פֹּשֵׁעַ לְרַשַּׁע; 𝔖 *ʿwlʾ rwšʿ* iniquus flagitium ‖ ᶜ l c pc Mss o εβρ′ 𝔖 לִבּוֹ cf 𝔊 ‖ **3** ᵃ 𝔊𝔖 pr cop; l frt שָׂנֵא ‖ **5** ᵃ⁻ᵃ 𝔊 *πάσῃ ὁδῷ* = עַל־כָּל־ד׳?.

6 יְהוָה בְּהַשָּׁמַיִם[a] חַסְדֶּךָ אֱמוּנָתְךָ[b] עַד־שְׁחָקִים׃ ל
7 צִדְקָתְךָ ׀ כְּהַרְרֵי־אֵל מִשְׁפָּטְךָ[a] תְּהוֹם[b] רַבָּה ד. ל
אָדָם־וּבְהֵמָה תוֹשִׁיעַ יְהוָה׃[c] 8 מַה־יָּקָר חַסְדְּךָ
[a]אֱלֹהִים[b] וּבְנֵי[a] אָדָם בְּצֵל כְּנָפֶיךָ יֶחֱסָיוּן׃ ל. ל
9 יִרְוְיֻן מִדֶּשֶׁן בֵּיתֶךָ וְנַחַל עֲדָנֶיךָ תַשְׁקֵם׃ ל וחס
10 כִּי־עִמְּךָ מְקוֹר חַיִּים בְּאוֹרְךָ נִרְאֶה־אוֹר׃ ה[5]
11 מְשֹׁךְ חַסְדְּךָ לְיֹדְעֶיךָ וְצִדְקָתְךָ לְיִשְׁרֵי־לֵב׃ ל וחס
12 אַל־תְּבוֹאֵנִי רֶגֶל גַּאֲוָה וְיַד־רְשָׁעִים אַל־תְּנִדֵנִי׃ כו ר״פ אל אל[6]. הי
13 שָׁם[a] נָפְלוּ פֹּעֲלֵי אָוֶן דֹּחוּ וְלֹא־יָכְלוּ קוּם׃

37 לז 1 לְדָוִד ׀ ז בטע[1]
(א) אַל־תִּתְחַר בַּמְּרֵעִים אַל־[a]תְּקַנֵּא בְּעֹשֵׂי עַוְלָה׃ ג וכת י
2 כִּי כֶחָצִיר מְהֵרָה יִמָּלוּ וּכְיֶרֶק דֶּשֶׁא יִבּוֹלוּן׃ ב. ל. ל
(ב) 3 בְּטַח בַּיהוָה וַעֲשֵׂה־טוֹב שְׁכָן־אֶרֶץ וּרְעֵה אֱמוּנָה[a]׃ ל[2]
4 וְהִתְעַנַּג עַל־יְהוָה וְיִתֶּן־לְךָ מִשְׁאֲלֹת לִבֶּךָ׃ לא[3]. יג[4]. ל חס
(ג) 5 גּוֹל[a] עַל־[b]יְהוָה דַּרְכֶּךָ[c] וּבְטַח עָלָיו וְהוּא יַעֲשֶׂה׃ לא[3]
6 וְהוֹצִיא כָאוֹר צִדְקֶךָ וּמִשְׁפָּטֶךָ[a] כַּצָּהֳרָיִם׃ ה חס[5]. ב[6]
(ד) 7 דּוֹם ׀ לַיהוָה וְהִתְחוֹלֵל[a] לוֹ ג[7] וחד מן ה בטע בשלש ספרים
אַל־תִּתְחַר בְּמַצְלִיחַ דַּרְכּוֹ בְּאִישׁ עֹשֶׂה מְזִמּוֹת׃ כב[8] ו בסיפ ה מנה בליש
(ה) 8 הֶרֶף מֵאַף וַעֲזֹב חֵמָה אַל־תִּתְחַר אַךְ־לְהָרֵעַ׃ ו. ב[9]
9 כִּי־מְרֵעִים יִכָּרֵתוּן וְקֹוֵי יְהוָה הֵמָּה[a] יִירְשׁוּ־אָרֶץ׃ ב. ל[10]
(ו) 10 וְעוֹד מְעַט וְאֵין רָשָׁע וְהִתְבּוֹנַנְתָּ עַל־מְקוֹמוֹ וְאֵינֶנּוּ׃ כג ח[11] מנה ר״פ. ב[12]. יב
11 וַעֲנָוִים יִירְשׁוּ־אָרֶץ וְהִתְעַנְּגוּ עַל־רֹב שָׁלוֹם׃
(ז) 12 זֹמֵם רָשָׁע לַצַּדִּיק וְחֹרֵק עָלָיו שִׁנָּיו׃
13 אֲדֹנָי יִשְׂחַק־לוֹ כִּי־רָאָה כִּי־יָבֹא[a] יוֹמוֹ׃

[5] Mm 3682. [6] Mm 3261. Ps 37 [1] Mm 3429. [2] Mm 3108. [3] Mm 486. [4] Mm 157 [5] Mm 2028. [6] Mm 3262. [7] Mm 3263. [8] Mm 475. [9] Mm 3264. [10] וחד וקוי יי Jes 40,31. [11] Mm 2227. [12] Mm 502.

6 [a] pc Mss בַּשׁ׳ ‖ [b] nonn Mss 𝔊𝔖 וֶאֱ׳ ‖ **7** [a] ℭ mlt Mss 𝔊 ־טיך, nonn Mss ומ׳ ‖ [b] l prb כְּתְ׳ (hpgr) cf 𝔖𝔗 ‖ [c] frt cj c 8 ‖ **8** [a–a] prp אֵלֶיךָ יָבֹ(א)וּ בְּנֵי ‖ [b] frt cj c 8aα et huc tr ‸ ‖ **13** [a] prp שָׁמְמוּ ‖ **Ps 37,1** [a] nonn Mss Vrs וְאל ‖ **3** [a] 𝔊 *ἐπὶ τῷ πλούτῳ αὐτῆς* = הֲמוֹנָהּ? ‖ **5** [a] 𝔊(ℭ) *ἀποκάλυψον* = גַּל ‖ [b] ℭ nonn Mss אֶל ‖ [c] ℭ pc Mss דְּרָכֶיךָ ‖ **6** [a] ℭ mlt Mss ־טיך ‖ **7** [a] 𝔊(𝔖) *καὶ ἱκέτευσον*; α′ (𝔗) *καὶ ἀποκαραδόκει*, l frt וְהוֹחֵל ‖ **9** [a] frt dl m cs ‖ **13** [a] pc Mss בָּא.

(ח) 14 חֶרֶב ׀ פָּתְחוּ רְשָׁעִים וְדָרְכוּ קַשְׁתָּם
[a]לְהַפִּיל עָנִי וְאֶבְיוֹן לִטְבוֹחַ יִשְׁרֵי־דָֽרֶךְ[ab]׃ ד ומל
15 חַרְבָּם תָּבוֹא בְלִבָּם וְקַשְּׁתוֹתָם תִּשָּׁבַֽרְנָה׃ ט. ל. ד
(ט) 16 טוֹב־מְעַט לַצַּדִּיק מֵהֲמוֹן רְשָׁעִים רַבִּֽים[a]׃
17 כִּי זְרוֹעוֹת רְשָׁעִים תִּשָּׁבַרְנָה וְסוֹמֵךְ צַדִּיקִים יְהוָֽה׃ נה בטע ר״פ בסיפ. ל מל. ד
(י) 18 יוֹדֵעַ יְהוָה יְמֵי[a] תְמִימִם וְנַחֲלָתָם לְעוֹלָם תִּהְיֶֽה׃ ימל וכל ת ד מ ק דכות במ ג חס. ל חס בסיפ
19 לֹא־יֵבֹשׁוּ בְּעֵת רָעָה וּבִימֵי רְעָבוֹן יִשְׂבָּֽעוּ׃ ל
(כ) 20 כִּי רְשָׁעִים ׀ יֹאבֵדוּ וְאֹיְבֵי יְהוָה נה בטע ר״פ בסיפ. ל
[a]כִּיקַר כָּרִים[ab] כָּלוּ בֶעָשָׁן[c] כָּֽלוּ׃ ל
(ל) 21 לֹוֶה רָשָׁע וְלֹא יְשַׁלֵּם וְצַדִּיק חוֹנֵן וְנוֹתֵֽן׃ ב[13]. ל[14]. ו מל
22 כִּי מְבֹרָכָיו[a] יִירְשׁוּ אָרֶץ וּמְקֻלָּלָיו[b] יִכָּרֵֽתוּ׃ ל. ל
(מ) 23 מֵיְהוָה מִצְעֲדֵי־גֶבֶר כּוֹנָנוּ וְדַרְכּוֹ יֶחְפָּֽץ׃ ב
24 כִּי־יִפֹּל לֹא־יוּטָל כִּי־יְהוָה סוֹמֵךְ יָדֽוֹ׃ [מְבַקֶּשׁ־לָֽחֶם׃ ג
(נ) 25 נַעַר ׀ הָיִיתִי גַּם[a]־זָקַנְתִּי וְלֹא־רָאִיתִי צַדִּיק נֶעֱזָב וְזַרְעוֹ ל. ז[15]
26 כָּל־הַיּוֹם חוֹנֵן וּמַלְוֶה וְזַרְעוֹ לִבְרָכָֽה׃ ז[15]
(ס) 27 סוּר מֵרָע וַעֲשֵׂה־טוֹב וּשְׁכֹן לְעוֹלָֽם[a]׃
28 כִּי יְהוָה ׀ אֹהֵב מִשְׁפָּט וְלֹא־יַעֲזֹב אֶת־חֲסִידָיו נה בטע ר״פ בסיפ. ל
(ע) [a]לְעוֹלָם נִשְׁמָרוּ[a] וְזֶרַע רְשָׁעִים נִכְרָֽת׃
29 צַדִּיקִים יִירְשׁוּ־אָרֶץ וְיִשְׁכְּנוּ לָעַד עָלֶֽיהָ׃ ל ר״פ
(פ) 30 פִּי־צַדִּיק יֶהְגֶּה חָכְמָה וּלְשׁוֹנוֹ תְּדַבֵּר מִשְׁפָּֽט׃ ז מל בליש
31 תּוֹרַת אֱלֹהָיו בְּלִבּוֹ לֹא[a] תִמְעַד אֲשֻׁרָֽיו׃ ל. ל
(צ) 32 צוֹפֶה רָשָׁע לַצַּדִּיק וּמְבַקֵּשׁ לַהֲמִיתֽוֹ׃ ה[16] ב מנה מל
33 יְהוָה לֹא־יַעַזְבֶנּוּ בְיָדוֹ וְלֹא יַרְשִׁיעֶנּוּ בְּהִשָּׁפְטֽוֹ׃ ב חד ר״פ וחד ס״פ[17]

[13] Mm 521. [14] Mm 528. [15] Mm 970. [16] Mm 2923. [17] Mm 3265.

14 a–a frt gl ‖ b nonn Mss 𝔊 לֵב ‖ **16** a 𝔊𝔖 Hier sg = רָב ‖ **18** a 𝔊 *τὰς ὁδούς* = דַּרְכֵי ‖ **20** a–a 𝔊 *ἅμα τῷ δοξασθῆναι αὐτοὺς καὶ ὑψωθῆναι* = כ׳ וּכְרוּם ?‎ 𝔖 *mpṭm' gmrjn* saginati absumuntur ‖ b σ′ (Hier) *ὡς μονοκέρωτες* = כְּרֵמִים (vel כָּרִים?) ‖ c l c mlt Mss כְּע׳ ‖ **22** a 𝔊 *οἱ εὐλογοῦντες αὐτόν* = מְבָרְכָיו cf 𝔖 ‖ b 𝔊(𝔖) *οἱ δὲ καταρώμενοι αὐτόν* = וּמְקַלְלָיו ‖ **25** a nonn Mss וְגַם cf 𝔊 ‖ **27** a 𝔊 *εἰς αἰῶνα αἰῶνος* = ל׳ וָעֶד ‖ **28** a–a 𝔊 + *ἄνομοι δὲ ἐκδιωχθήσονται* = dupl, l frt עַוָּלִים ל׳ נִשְׁמָדוּ (ע-stropha) ‖ **31** a l c Ms 𝔊𝔖 וְלֹא.

34 (ק) קַוֵּ֤ה אֶל־יְהוָ֨ה׀ וּשְׁמֹ֬ר דַּרְכּ֗וֹ
וִֽ֭ירוֹמִמְךָ לָרֶ֣שֶׁת אָ֑רֶץ בְּהִכָּרֵ֖ת רְשָׁעִ֣ים תִּרְאֶֽה׃
35 (ר) רָ֭אִיתִי רָשָׁ֣ע עָרִ֑יץ[a] וּ֝מִתְעָרֶ֗ה[b] כְּאֶזְרָ֥ח רַעֲנָֽן[b]׃ ד ג קמ וחד פת[18]
36 וַֽ֭יַּעֲבֹר[a] וְהִנֵּ֣ה אֵינֶ֑נּוּ וָ֝אֲבַקְשֵׁ֗הוּ וְלֹ֣א נִמְצָֽא׃ ג[19]
37 (ש) שְׁמָר־תָּ֭ם[a] וּרְאֵ֣ה[b] יָשָׁ֑ר[c] כִּֽי־אַחֲרִ֖ית לְאִ֣ישׁ שָׁלֽוֹם׃
38 וּ֭פֹשְׁעִים נִשְׁמְד֣וּ יַחְדָּ֑ו אַחֲרִ֖ית[a] רְשָׁעִ֣ים נִכְרָֽתָה׃ ל
39 (ת) וּתְשׁוּעַ֣ת[a] צַ֭דִּיקִים מֵיְהוָ֑ה מָ֝עוּזָּ֗ם בְּעֵ֣ת צָרָֽה׃
40 וַיַּעְזְרֵ֥ם יְהוָ֗ה וַֽיְפַ֫לְּטֵ֥ם יְפַלְּטֵ֣ם[a] מֵ֭רְשָׁעִים וְיוֹשִׁיעֵ֑ם כִּֽי־[חָ֥סוּ בֽוֹ׃ ל. ל. ב[20]

38 (לח)[a] 1 מִזְמ֖וֹר לְדָוִ֣ד לְהַזְכִּֽיר[a]׃ ח ר״פ. ג בטע בליש[1]
2 יְֽהוָ֗ה אַל־בְּקֶצְפְּךָ֥ תוֹכִיחֵ֑נִי וּֽבַחֲמָתְךָ֥[a] תְיַסְּרֵֽנִי׃ ל
3 כִּֽי־חִ֭צֶּיךָ נִ֣חֲתוּ בִ֑י וַתִּנְחַ֖ת[a] עָלַ֣י יָדֶֽךָ׃ ל. ל. ה חס בסיפ[2]
4 אֵין־מְתֹ֣ם בִּ֭בְשָׂרִי מִפְּנֵ֣י זַעְמֶ֑ךָ אֵין[a]־שָׁל֥וֹם בַּ֝עֲצָמַ֗י מִפְּנֵ֥י [חַטָּאתִֽי[b]׃ ב ר״פ אין אין[3]. ד
5 כִּ֣י עֲ֭וֺנֹתַי עָבְר֣וּ רֹאשִׁ֑י כְּמַשָּׂ֥א[a] כָ֝בֵ֗ד יִכְבְּד֥וּ מִמֶּֽנִּי׃ כו
6 הִבְאִ֣ישׁוּ נָ֭מַקּוּ[a] חַבּוּרֹתָ֑י[b] מִ֝פְּנֵ֗י אִוַּלְתִּֽי[b]׃ ל. ל
7 נַעֲוֵ֣יתִי שַׁחֹ֣תִי[a] עַד־מְאֹ֑ד כָּל־הַ֝יּ֗וֹם קֹדֵ֥ר הִלָּֽכְתִּי׃ ג[4] חד קמ וב פת
8 כִּֽי־כְ֭סָלַי מָלְא֣וּ נִקְלֶ֑ה וְאֵ֥ין מְ֝תֹ֗ם בִּבְשָׂרִֽי׃ ל. ד
9 נְפוּג֣וֹתִי וְנִדְכֵּ֣יתִי[a] עַד־מְאֹ֑ד שָׁ֝אַ֗גְתִּי מִֽנַּהֲמַ֥ת לִבִּֽי׃ ל וכת כן
10 אֲֽדֹנָי[a] נֶגְדְּךָ֥ כָל־תַּאֲוָתִ֑י וְ֝אַנְחָתִ֗י מִמְּךָ֥ לֹא־נִסְתָּֽרָה׃ ג
11 לִבִּ֣י סְ֭חַרְחַר עֲזָבַ֣נִי כֹחִ֑י וְֽאוֹר־עֵינַ֥י[a] גַּם־הֵ֝֗ם[a] אֵ֣ין אִתִּֽי׃ ל
12 אֹ֘הֲבַ֤י׀ וְרֵעַ֗י מִנֶּ֣גֶד[a] נִגְעִ֣י יַעֲמֹ֑דוּ[a] וּ֝קְרוֹבַ֗י מֵרָחֹ֥ק עָמָֽדוּ׃ ל. ב מל ול בליש. ה[5] חס וכל אורית דכות וחד מן ד חס בליש בכתיב
13 וַיְנַקְשׁ֤וּ׀ מְבַקְשֵׁ֬י[b] נַפְשִׁ֗י וְדֹרְשֵׁ֣י רָ֭עָתִי[b] דִּבְּר֣וּ[c] הַוּ֑וֹת וּ֝מִרְמ֗וֹת
[כָּל־הַ֝יּ֗וֹם יֶהְגּֽוּ׃ ב

[18] Mm 455. [19] Mm 226. [20] Mm 2130. Ps 38 [1] Mp sub loco. [2] Mm 477. [3] Mm 1269. [4] Mm 3266. [5] Mm 1681.

35 [a] 𝔊 *ὑπερυψούμενον*, prp עֲלִיץ = עֵלִיז ‖ [b–b] 𝔊 *καὶ ἐπαιρόμενον ὡς τὰς κέδρους τοῦ Λιβάνου*, l prb וּמִתְעַלֶּה כְּאַרְזֵי הַלְּבָנוֹן cf 𝔖 ‖ **36** [a] 𝔊𝔖 Hier 1 sg ‖ **37** [a] l תֹּם cf Vrs ‖ [b] 𝔖 *wgbj* et elige; l frt וּרְעֵה ‖ [c] l יֹשֶׁר cf Vrs ‖ **38** [a] pc Mss 𝔏[R]𝔖 Hier וְא׳ ‖ **39** [a] l c pc Mss Hier ת׳ cf 𝔖 ‖ **40** [a] 𝔊𝔖 pr cop ‖ **Ps 38** [a] numerus > L ‖ **1** [a] 𝔊 + *περὶ σαββάτου* = לַשַּׁבָּת ‖ **2** [a] l c nonn Mss Vrs וְאַל ב׳ ‖ **3** [a] 𝔊 *καὶ ἐπεστήρισας* = וַתַּנְחֵת; 𝔖(𝔗) *w'ttnjḥt*, l וַתָּנַח ‖ **4** [a] pc Mss 𝔖 וְאֵין ‖ [b] 𝔊σ'𝔖 pl ‖ **5** [a] 𝔖𝔙 pr cop ‖ **6** [a] 𝔊𝔖 pr cop ‖ [b–b] 𝔖 pr cop et cj c 7a ‖ **7** [a] 𝔊 Hier pr cop; > 𝔖 ‖ **9** [a] pc Mss כָּאתִי– ‖ **10** [a] sic L, mlt Mss Edd –נָי ‖ **11** [a–a] 𝔊[2013 LA] *καὶ αὐτό*; > 𝔊[BR]𝔖, frt dl ‖ **12** [a–a] 𝔊 *ἐξ ἐναντίας μου ἤγγισαν καὶ ἔστησαν* = מִנֶּגְדִּי נָגְשׁוּ וַיַּ׳; l frt מִנֶּגְדִּי עָבְרוּ ‖ **13** [a] l frt c pc Mss וַיְבַקְשׁוּ ‖ [b–b] prb dl ‖ [c] l דִּבְרֵי cf σ'.

14 וַאֲנִ֣י כְ֭חֵרֵשׁ לֹ֣א אֶשְׁמָ֑ע[a] וּ֝כְאִלֵּ֗ם לֹ֣א יִפְתַּח[b]־פִּֽיו[c]׃ — סז ר״פ לג מנה בכתיב
15 [a]וָאֱהִ֗י כְּ֭אִישׁ אֲשֶׁ֣ר לֹא־שֹׁמֵ֑עַ וְאֵ֥ין בְּ֝פִ֗יו תּוֹכָחֽוֹת׃ — כ[6]
16 כִּֽי־לְךָ֣ יְהוָ֣ה הוֹחָ֑לְתִּי [a]אַתָּ֥ה תַ֝עֲנֶ֗ה[a] אֲדֹנָ֥י[b] אֱלֹהָֽי׃ — קלד[7]
17 כִּֽי־אָ֭מַרְתִּי פֶּן־יִשְׂמְחוּ־לִ֑י[a] בְּמ֥וֹט רַ֝גְלִ֗י עָלַ֥י הִגְדִּֽילוּ׃ — ח בליש וכל מנין איש רגלי דכות[8]
18 כִּֽי־אֲ֭נִי לְצֶ֣לַע נָכ֑וֹן וּמַכְאוֹבִ֖י נֶגְדִּ֣י תָמִֽיד׃
19 כִּֽי־עֲוֺנִ֥י אַגִּ֑יד אֶ֝דְאַ֗ג מֵֽחַטָּאתִֽי׃
20 וְֽ֭אֹיְבַי חַיִּ֣ים[a] עָצֵ֑מוּ וְרַבּ֖וּ שֹׂנְאַ֣י שָֽׁקֶר׃
21 וּמְשַׁלְּמֵ֣י רָ֭עָה תַּ֣חַת טוֹבָ֑ה יִ֝שְׂטְנ֗וּנִי תַּ֣חַת רָֽדְופִי[a]־טֽוֹב׃ — ל. ב. רדפי ק
22 אַל־תַּֽעַזְבֵ֥נִי יְהוָ֑ה אֱ֝לֹהַ֗י אַל־תִּרְחַ֥ק מִמֶּֽנִּי׃ — כו ר״פ אל אל[9]
23 ח֥וּשָׁה לְעֶזְרָתִ֑י אֲ֝דֹנָ֗י תְּשׁוּעָתִֽי׃ — ב[10]

39 (לט)[a] 1 לַמְנַצֵּ֥חַ לִֽידִית֗וּן[a] מִזְמ֥וֹר לְדָוִֽד׃ — לידותון ק חד מן ג כת כן[1]
2 אָמַ֗רְתִּי אֶֽשְׁמְרָ֣ה דְרָכַי֮ מֵחֲט֪וֹא בִלְשׁ֫וֹנִ֥י — ג חד כת טא וחד כת טו וחד כת טוא[2]
אֶשְׁמְרָ֥ה[a] לְפִ֣י מַחְס֑וֹם[b] בְּעֹ֖ד[c] רָשָׁ֣ע לְנֶגְדִּֽי׃ — ל. יד[3] חס ב מנה בליש
3 נֶאֱלַ֣מְתִּי דוּמִיָּ֭ה[a] הֶחֱשֵׁ֣יתִי מִטּ֑וֹב — ד
וּכְאֵבִ֥י נֶעְכָּֽר׃ 4 חַם־לִבִּ֨י ׀ בְּקִרְבִּ֗י[a] — ל. ל. ל. יא[4]
בַּהֲגִיגִ֥י תִבְעַר־אֵ֑שׁ דִּ֝בַּ֗רְתִּי בִּלְשֽׁוֹנִי׃ — ל[5]
5 הוֹדִ֘יעֵ֤נִי יְהוָ֨ה ׀ קִצִּ֗י וּמִדַּ֣ת יָמַ֣י מַה־הִ֑יא — ל. ד[6]
אֵ֝דְעָ֗ה[a] מֶה־חָדֵ֥ל אָֽנִי׃ — ב. י קמ בסיפ
6 הִנֵּ֤ה טְפָח֨וֹת ׀ נָ֘תַ֤תָּה יָמַ֗י וְחֶלְדִּ֣י כְאַ֣יִן נֶגְדֶּ֑ךָ — ל ומל. ל
אַ֥ךְ כָּֽל[a]־הֶ֥בֶל כָּל־אָ֝דָ֗ם נִצָּ֥ב[b] סֶֽלָה[c]׃ — י פסוק כל כל ומילה חדה ביניה[7]. ל
7 אַךְ־בְּצֶ֤לֶם ׀ יִֽתְהַלֶּךְ־אִ֗ישׁ — ג[8]
אַךְ־הֶ֥בֶל יֶהֱמָי֑וּן[a] יִ֝צְבֹּ֗ר וְֽלֹא־יֵדַ֥ע מִי־אֹסְפָֽם׃ — ג. ג. יט[9]. ל

[6]Mm 1514. [7]Cf Okhl II,151 et Mp sub loco. [8]Mm 3533. [9]Mm 3261. [10]Ps 51,16, וחד ותשועתי Jes 46,13.
Ps 39 [1]Mm 3267. [2]Mm 132. [3]Mm 62. [4]Mm 2580. [5]וחד הגיגי Ps 5,2. [6]Mm 908. [7]Mm 3316. [8]Mm 10.
[9]Mm 1369.

14 [a] pc Mss יִשְׁמַע, frt sic l ‖ [b] 𝔖 1 sg ‖ [c] 𝔖 (suff) 1 sg ‖ **15** [a] tot v frt add ‖ **16** [a–a] nonn Mss וְא׳ ת׳; 𝔖 *wʿnjtnj* et exaudivisti me ‖ [b] mlt Mss יהוה ‖ **17** [a] 𝔊 + *οἱ ἐχθροί μου* ‖ **20** [a] prp חִנָּם ut 35,19 69,5 ‖ **21** [a] mlt Mss ut Q ‖ **Ps 39** [a] numerus > L ‖ **1** [a] mlt Mss 𝔗 ut Q, K 𝔊 לִידִי׳ ‖ **2** [a] 𝔊 *ἐθέμην*, l frt אָשִׂימָה ‖ [b] 𝔖 *mn ʿwlʾ* = מֵחָמָס ‖ [c] 𝔊 *ἐν τῷ συστῆναι*, l בַּעֲמֹד ‖ **3** [a] 𝔊(𝔖) *καὶ ἐταπεινώθην*, 𝔗 *štqjt* tacui ‖ **4** [a] huc tr : ‖ **5** [a] nonn Mss וְא׳ cf 𝔊𝔖 Hier ‖ **6** [a] > mlt Mss 𝔖, dl (dttg) ‖ [b] > v 12, frt cj c סלה ‖ [c] > 𝔖 ‖ **7** [a] l frt הָמוֹן (cf 37,16) vel הוֹנִים (cf Ez 27,33 29,19).

8 וְעַתָּה מַה־קִּוִּיתִי[a] אֲדֹנָי[b] תּוֹחַלְתִּי[c] לְךָ הִיא׃
9 מִכָּל־פְּשָׁעַי[a] הַצִּילֵנִי חֶרְפַּת נָבָל אַל[b]־תְּשִׂימֵנִי׃
10 נֶאֱלַמְתִּי לֹא[a] אֶפְתַּח־פִּי כִּי אַתָּה עָשִׂיתָ[b]׃
11 הָסֵר מֵעָלַי נִגְעֶךָ מִתִּגְרַת[a] יָדְךָ[b] אֲנִי כָלִיתִי׃ ל . ל . ב בסיפ חד כת י וחד כת א
12 בְּתוֹכָחוֹת עַל־עָוֺן ׀ יִסַּרְתָּ אִישׁ וַתֶּמֶס כָּעָשׁ חֲמוּדוֹ[a] ל . ל[10] . ג . ל
אַךְ הֶבֶל כָּל־אָדָם סֶלָה[b]׃
13 שִׁמְעָה־תְפִלָּתִי ׀ יְהוָה וְשַׁוְעָתִי ׀ הַאֲזִינָה ל בטע[11] . יו
אֶל[a]־דִּמְעָתִי אַל־תֶּחֱרַשׁ
כִּי גֵר אָנֹכִי עִמָּךְ תּוֹשָׁב[b] כְּכָל־אֲבוֹתָי׃ ג . ז מל
14 הָשַׁע[a] מִמֶּנִּי וְאַבְלִיגָה בְּטֶרֶם אֵלֵךְ וְאֵינֶנִּי׃ ב . ג . ג

40 מ 1 לַמְנַצֵּחַ לְדָוִד מִזְמוֹר׃ ב בטע . ד
2 קַוֺּה קִוִּיתִי[a] יְהוָה וַיֵּט אֵלַי וַיִּשְׁמַע שַׁוְעָתִי׃
3 וַיַּעֲלֵנִי ׀ מִבּוֹר שָׁאוֹן מִטִּיט[a] הַיָּוֵן
וַיָּקֶם עַל־סֶלַע רַגְלַי כּוֹנֵן[b] אֲשֻׁרָי׃ כ[1] . ט פשטין פת ס״פ בסיפ[2]
4 וַיִּתֵּן בְּפִי ׀ שִׁיר חָדָשׁ תְּהִלָּה לֵאלֹהֵינוּ ז[3]
יִרְאוּ רַבִּים וְיִירָאוּ וְיִבְטְחוּ בַּיהוָה׃ ו[4] ג מנה מל וב בליש ובסיפ . ב
5 אַשְׁרֵי הַגֶּבֶר אֲשֶׁר־שָׂם[a] יְהוָה מִבְטַחוֹ ד בטע[5] . ד[6] . ד[7]
וְלֹא־פָנָה אֶל־רְהָבִים וְשָׂטֵי כָזָב׃
6 רַבּוֹת עָשִׂיתָ ׀ אַתָּה ׀ יְהוָה אֱלֹהַי[a] נִפְלְאֹתֶיךָ ג חס
וּמַחְשְׁבֹתֶיךָ אֵלֵינוּ[b] אֵין ׀ עֲרֹךְ אֵלֶיךָ ג חס . ל חס
אַגִּידָה וַאֲדַבֵּרָה עָצְמוּ מִסַּפֵּר׃ ד[8]
7 זֶבַח וּמִנְחָה ׀ לֹא־חָפַצְתָּ אָזְנַיִם כָּרִיתָ לִּי עוֹלָה וַחֲטָאָה[a] לֹא [שָׁאָלְתָּ׃

[10] וחד תמס Ps 58,9. [11] Mm 3297. **Ps 40** [1] Mm 1991. [2] Mp sub loco. [3] Mm 3360. [4] Mm 1180. [5] Mm 3193. [6] Mm 3257. [7] Mm 2554. [8] Mm 1232.

8 [a] 𝔊(𝔖) *ἡ ὑπομονή μου*, l תִּקְוָתִי || [b] mlt Mss יהוה cf 𝔊 || [c] 2 Mss 𝔊 וְת׳ || **9** [a] l פְּשָׁעַי || [b] > 𝔊 (hpgr?) || **10** [a] 2 Mss Vrs וְלֹא || [b] 𝔊 *ὁ ποιήσας με* = עֹשֵׂנִי? || **11** [a] 𝔊 *ἀπὸ τῆς ἰσχύος*, l frt מִגְּבוּרַת; 𝔖 *wmn mḥwtʾ* et a plaga || [b] 2 Mss 𝔖 יָדֶיךָ || **12** [a] pc Mss חמדו, prp חֶמְדּוֹ || [b] > 𝔖 || **13** [a] nonn Mss וְאל || [b] Ms 𝔊𝔖 וְת׳ || **14** [a] 𝔊 *ἄνες* (cf syr *šʿ* Afʿel), 𝔖 *prwqjnj* pro ה׳ מ׳ (a ישׁע); prp שְׁעֵה ut Hi 14,6 || **Ps 40,2** [a] nonn Mss + אֶל־ || **3** [a] 𝔊𝔖 pr cop || [b] 𝔊α′σ′𝔖 pr cop || **5** [a] 𝔊(𝔖) *τὸ ὄνομα* = שֵׁם || **6** [a] Ms 𝔖 ־ֵינוּ; frt dl m cs || [b] > 𝔊 || **7** [a] 2 Mss וְחַטָּאת.

8 אָז אָמַרְתִּי הִנֵּה־בָאתִי
בִּמְגִלַּת־סֵפֶר כָּתוּב עָלָי׃
9 לַעֲשׂוֹת[a]־רְצוֹנְךָ אֱלֹהַי חָפָצְתִּי וְתוֹרָתְךָ בְּתוֹךְ מֵעָי׃ — ב וכל א״ב דכות
10 בִּשַּׂרְתִּי צֶדֶק ׀ בְּקָהָל רָב — לג קמ[9]
הִנֵּה שְׂפָתַי לֹא אֶכְלָא יְהוָה[a] אַתָּה יָדָעְתָּ׃
11 צִדְקָתְךָ לֹא־כִסִּיתִי ׀ בְּתוֹךְ לִבִּי [לְקָהָל[a] רָב׃ — ד
אֱמוּנָתְךָ וּתְשׁוּעָתְךָ אָמָרְתִּי לֹא־כִחַדְתִּי חַסְדְּךָ וַאֲמִתְּךָ — ל קמ
12 אַתָּה יְהוָה לֹא־תִכְלָא רַחֲמֶיךָ מִמֶּנִּי — יו ר״פ בסיפ . ג ר״פ[10] ג[11] ב כת ה וחד כת א
חַסְדְּךָ וַאֲמִתְּךָ תָּמִיד יִצְּרוּנִי׃
13 כִּי אָפְפוּ־עָלַי ׀ רָעוֹת עַד־אֵין מִסְפָּר — נה בטע ר״פ בסיפ
הִשִּׂיגוּנִי עֲוֺנֹתַי וְלֹא־יָכֹלְתִּי לִרְאוֹת — ג[12]
עָצְמוּ מִשַּׂעֲרוֹת רֹאשִׁי וְלִבִּי עֲזָבָנִי׃ — כו
14 רְצֵה יְהוָה לְהַצִּילֵנִי יְהוָה[a] לְעֶזְרָתִי חוּשָׁה׃
15 יֵבֹשׁוּ וְיַחְפְּרוּ ׀ יַחַד[a] מְבַקְשֵׁי נַפְשִׁי לִסְפּוֹתָהּ[b] — ל ומל
יִסֹּגוּ אָחוֹר וְיִכָּלְמוּ חֲפֵצֵי רָעָתִי׃
16 יָשֹׁמּוּ[a] [b]עַל־עֵקֶב[b] בָּשְׁתָּם הָאֹמְרִים לִי[c] הֶאָח ׀ הֶאָח[d]׃ — ב וחס . ג . ג[13]
17 [a]יָשִׂישׂוּ וְיִשְׂמְחוּ[a] ׀ בְּךָ כָּל־מְבַקְשֶׁיךָ[b] — ה
יֹאמְרוּ[c] תָמִיד[d] יִגְדַּל יְהוָה אֹהֲבֵי תְּשׁוּעָתֶךָ׃ — ל
18 וַאֲנִי ׀ עָנִי וְאֶבְיוֹן אֲדֹנָי[a] [b]יַחֲשָׁב לִי[b] — סז ר״פ לג מנה בכתיב . ג זוגין[14] . קלד[15]
עֶזְרָתִי[c] וּמְפַלְטִי אַתָּה אֱלֹהַי[d] אַל־תְּאַחַר׃ — כז מלעיל . ג[16]

41 מא
1 לַמְנַצֵּחַ מִזְמוֹר לְדָוִד׃ — י ר״פ
2 אַשְׁרֵי מַשְׂכִּיל אֶל־דָּל[a] בְּיוֹם רָעָה יְמַלְּטֵהוּ יְהוָה׃ — ל

[9] Mm 264. [10] Mm 3214. [11] Mm 3412. [12] Mm 213. [13] Mm 2861. [14] Mm 3268. [15] Cf Okhl II,151 et Mp sub loco. [16] Mm 3269.

9 [a] frt cj c 8 m cs ‖ **10** [a] 𝔗 + *'lhj*; tr post צדק ‖ **11** [a] mlt Mss 𝔗 בְּק׳, 𝔊(𝔖) *ἀπὸ συναγωγῆς* ‖ **14** [a] frt dl m cs ‖ **15** [a] pc Mss יַחְדָּו; > 2 Mss 𝔖 et 35,4 70,3 ‖ [b] > 70,3 ‖ **16** [a] Ms ישבו, 𝔊 *κομισάσθωσαν* = יָשֻׁבוּ? 70,4 יָשׁוּבוּ ‖ [b–b] 𝔊 *παραχρῆμα* ‖ [c] > 𝔊 et 70,4, prb dl ‖ [d] > Ms, prb dl m cs ‖ **17** [a–a] 𝔖 *nḥdwn* = יִשְׂמְחוּ ‖ [b] 𝔊 + *κύριε* ‖ [c] 𝔊 mlt Mss 𝔊𝔖𝔗 וְי׳ ‖ [d] > Ms, prb dl m cs ‖ **18** [a] 𝔊 mlt Mss יהוה, 70,6 אֱלֹהִים ‖ [b–b] 70,6 melius חוּשָׁה־לִּי ‖ [c] 70,6 עֶזְרִי ‖ [d] 𝔊[RL] ut 70,6 יהוה ‖ **Ps 41,2** [a] 𝔊 + *καὶ πένητα* cf 𝔗, prb ins וְאֶבְיוֹן m cs.

3 יְהוָה[a] ׀ יִשְׁמְרֵהוּ וִיחַיֵּהוּ יְאֻשַּׁר[b] בָּאָרֶץ וְאַל[c]־תִּתְּנֵהוּ[c] בְּנֶפֶשׁ[d] אֹיְבָיו׃
4 יְהוָה יִסְעָדֶנּוּ עַל־עֶרֶשׂ דְּוָי כָּל־מִשְׁכָּבוֹ[a] הָפַכְתָּ[b] בְחָלְיוֹ[c]׃
5 אֲנִי־אָמַרְתִּי יְהוָה חָנֵּנִי רְפָאָה נַפְשִׁי כִּי־חָטָאתִי לָךְ׃
6 אוֹיְבַי[a] יֹאמְרוּ רַע לִי[b] מָתַי יָמוּת וְאָבַד שְׁמוֹ׃ [יְדַבֵּר׃
7 וְאִם־בָּא[a] לִרְאוֹת ׀ שָׁוְא יְדַבֵּר לִבּוֹ[b] יִקְבָּץ־אָוֶן לוֹ יֵצֵא[c] לַחוּץ
8 יַחַד עָלַי יִתְלַחֲשׁוּ כָּל־שֹׂנְאָי עָלַי[a] ׀ יַחְשְׁבוּ רָעָה לִי׃
9 דְּבַר־בְּלִיַּעַל יָצוּק בּוֹ[a] וַאֲשֶׁר[b] שָׁכַב לֹא־יוֹסִיף לָקוּם׃
10 גַּם־אִישׁ שְׁלוֹמִי ׀ אֲשֶׁר־בָּטַחְתִּי בוֹ אוֹכֵל לַחְמִי הִגְדִּיל [a]עָלַי
11 וְאַתָּה יְהוָה חָנֵּנִי וַהֲקִימֵנִי וַאֲשַׁלְּמָה לָהֶם׃ [עָקֵב[ab]׃
12 בְּזֹאת יָדַעְתִּי כִּי־חָפַצְתָּ בִּי כִּי לֹא־יָרִיעַ אֹיְבִי עָלָי׃
13 וַאֲנִי בְּתֻמִּי תָּמַכְתָּ בִּי וַתַּצִּיבֵנִי לְפָנֶיךָ לְעוֹלָם׃
14 בָּרוּךְ יְהוָה ׀ אֱלֹהֵי יִשְׂרָאֵל מֵהָעוֹלָם וְעַד הָעוֹלָם ס
אָמֵן ׀ וְאָמֵן׃

42 מב
1 לַמְנַצֵּחַ מַשְׂכִּיל לִבְנֵי־קֹרַח׃
2 כְּאַיָּל[a] תַּעֲרֹג עַל־אֲפִיקֵי־מָיִם
כֵּן נַפְשִׁי תַעֲרֹג אֵלֶיךָ אֱלֹהִים[b]׃
3 צָמְאָה נַפְשִׁי ׀ לֵאלֹהִים לְאֵל[a] חָי
מָתַי אָבוֹא וְאֵרָאֶה[b] פְּנֵי[c] אֱלֹהִים׃
4 הָיְתָה־לִּי דִמְעָתִי לֶחֶם יוֹמָם וָלָיְלָה
בֶּאֱמֹר[a] אֵלַי כָּל־הַיּוֹם אַיֵּה אֱלֹהֶיךָ׃
5 אֵלֶּה אֶזְכְּרָה ׀ וְאֶשְׁפְּכָה עָלַי ׀ נַפְשִׁי
כִּי אֶעֱבֹר ׀ [a]בַּסָּךְ אֶדַּדֵּם[a] עַד־בֵּית אֱלֹהִים

ח̇ בטע̇ ר״פ בסיפ̇[1]. ל̇. ואשר ק̇
ל̇. ל̇
ל̇
יא̇[2] מל̇ ול̇ ר״פ. ס̇[3]
ל̇
ל̇. ב̇[4]
ל̇
ד̇ מל̇[5]
ל̇ ובסיפ̇. ל̇]ג̇ ס״פ
ז̇
ס̇ז̇ ר״פ ל̇ג̇ מנה̇ בכתיב וחד מן ד̇[6] בטע̇ בסיפ̇. ל̇
ל̇. ג̇ ב̇ חס̇ וחד מל̇[1]
ג̇ ב̇ חס̇ וחד מל̇[1]
ב̇. ל̇
ל̇. ב̇
ה̇ ר״פ[2]
ג̇[3]
ל̇
ל̇. ל̇. ה̇

Ps 41 [1]Mm 3443. [2]Mm 3365. [3]Cf Mm 824. [4]Mm 3270. [5]Mm 3271. [6]Mm 3221. **Ps 42** [1]Mm 3272. [2]Mm 2522. [3]Mm 1068.

3 [a] frt dttg; dl m cs ‖ [b] mlt Mss ut Q, 𝔊(𝔖𝔗) *καὶ μακαρίσαι αὐτόν* = וִיאַשְּׁרֵהוּ ‖ [c–c] l וְלֹא יִתְּ׳ cf 𝔊𝔖 Hier ‖ [d] 𝔊 *εἰς χεῖρας* ‖ **4** [a] prp ־בִּי ‖ [b] 𝔊[194](𝔖) *ἔστρεψεν*, l prb יַהֲפֹךְ ‖ [c] prp ־יִי, al בַּחֲלוֹתִי ‖ **6** [a] ℭ pc Mss וְא׳ ‖ [b] l עָלָי cf 𝔖𝔗 (hpgr) ‖ **7** [a] > ℭ ‖ [b] cf 2,2[b] ‖ [c] > Ms, prb dl m cs ‖ **8** [a] > 2 Mss ‖ **9** [a] l בִּי cf 𝔊 ‖ [b] prp וְאָמְרוּ ‖ **10** [a–a] crrp; 𝔖 *ʾtnkl ʿlj* = עלי עקב, l frt וְעָקֵב (עלי dttg) ‖ [b] prp עֵקֶב vel עִקְּבָם et tr post 11 ‖ **Ps 42,2** [a] l כְּאַיֶּלֶת (ת hpgr) ‖ [b] 2 Mss 𝔖𝔗 יהוה ‖ **3** [a] > Ms cf 𝔊*𝔖 ‖ [b] pc Mss 𝔖𝔗 וְאֶרְאֶה ‖ [c] 𝔖 + suff 2 sg ‖ **4** [a] pc Mss 𝔖 בְּאָמְרָם ut 11, prb l ‖ **5** [a–a] pc Mss בְּ׳ אַדִּרִם, 𝔊 *ἐν τόπῳ σκηνῆς θαυμαστῆς*, 𝔖 *bstrk ʿšjnʾ* in protectione tua forti; l בְּסֹךְ אַדִּיר.

ל   בְּק֤וֹל־רִנָּ֥ה וְתוֹדָ֗ה [b]הָמ֥וֹן חוֹגֵֽג[b]׃

ל   6 מַה־תִּשְׁתּ֬וֹחֲחִ֨י ׀ נַפְשִׁי֮ וַתֶּהֱמִ֪י[a] עָ֫לָ֥י

ג. ז מל[4]   הוֹחִ֣ילִי לֵ֭אלֹהִים כִּי־ע֥וֹד אוֹדֶ֗נּוּ יְשׁוּע֥וֹת[b] פָּנָֽיו[c]׃ 7 אֱלֹהַ֗י[c]

ל   עָלַ֗י נַפְשִׁ֪י תִשְׁתּ֫וֹחָ֥ח עַל־כֵּ֗ן אֶ֭זְכָּרְךָ[d]

ל. ד[5]   מֵאֶ֣רֶץ יַרְדֵּ֑ן וְ֝חֶרְמוֹנִ֗ים[e] מֵהַ֥ר[f] מִצְעָֽר[g]׃

י מל בליש   8 תְּהֽוֹם־אֶל־תְּה֣וֹם ק֭וֹרֵא לְק֣וֹל צִנּוֹרֶ֑יךָ

כָּֽל־מִשְׁבָּרֶ֥יךָ וְ֝גַלֶּ֗יךָ עָלַ֥י עָבָֽרוּ׃

9 יוֹמָ֤ם ׀ יְצַוֶּ֬ה ׀ יְהוָ֨ה ׀ חַסְדּ֗וֹ

ה[6]. שירו חד מן ב[7] ק בליש. ל   וּ֭בַלַּיְלָה שִׁירֹ֣ה עִמִּ֑י תְּ֝פִלָּ֗ה[a] לְאֵ֣ל חַיָּֽי[b]׃

ל ומל[8]. ב רפי[9]. ג זוגין[10]   10 אוֹמְרָ֤ה ׀ לְאֵ֥ל סַלְעִי֮[a] לָמָ֪ה שְׁכַ֫חְתָּ֥נִי[b]

לָֽמָּה־[c]קֹדֵ֥ר אֵלֵ֗ךְ[d] בְּלַ֣חַץ אוֹיֵֽב[e]׃

ב[11]   11 בְּרֶ֤צַח[a] ׀ בְּֽעַצְמוֹתַ֗י חֵרְפ֥וּנִי צוֹרְרָ֑י

בְּאָמְרָ֥ם[b] אֵלַ֥י כָּל־הַ֝יּ֗וֹם אַיֵּ֥ה אֱלֹהֶֽיךָ׃

12 מַה־תִּשְׁתּ֬וֹחֲחִ֨י ׀ נַפְשִׁי֮ וּֽמַה־תֶּהֱמִ֪י עָ֫לָ֥י

ג   הוֹחִ֣ילִי לֵ֭אלֹהִים כִּי־ע֣וֹד אוֹדֶ֑נּוּ יְשׁוּעֹ֥ת[a] [b]פָּ֝נַ֗י וֵאלֹהָֽי[b]׃

43 מג

ל   1 שָׁפְטֵ֤נִי[a] אֱלֹהִ֨ים ׀ וְרִ֥יבָה רִיבִי֮ מִגּ֪וֹי לֹא־חָ֫סִ֥יד

מֵאִֽישׁ־[b][c]מִרְמָ֖ה וְעַוְלָ֣ה[c] תְפַלְּטֵֽנִי׃

ב רפי[1]. ג זוגין[2]   2 כִּֽי־אַתָּ֤ה ׀ [a]אֱלֹהֵ֣י מָעוּזִּי֮[a] לָמָ֪ה זְנַ֫חְתָּ֥נִי

לָֽמָּה־[b]קֹדֵ֥ר אֶתְהַלֵּ֗ךְ בְּלַ֣חַץ אוֹיֵֽב[c]׃

ל   3 שְׁלַח־אוֹרְךָ֣ וַ֭אֲמִתְּךָ הֵ֣מָּה יַנְח֑וּנִי[a]

יו וכל אל הר הכרמל דכות[3]. ג בליש[4]   יְבִיא֥וּנִי[b] אֶל־הַֽר־קָ֝דְשְׁךָ֗ וְאֶל־מִשְׁכְּנוֹתֶֽיךָ׃

[4] Mm 1852. [5] Mm 126. [6] Mm 2309. [7] Mm 3273. [8] וחד ואמרה Gn 46,31. [9] Mm 3274. [10] Mm 509. [11] Mm 2865. Ps 43 [1] Mm 3274. [2] Mm 509. [3] Mm 385. [4] Mm 938.

5 [b–b] 𝔊^{BS} *ἤχου ἑορταζόντων* = הֲ׳ חוֹגְגִים ‖ **6/7** [a] l c pc Mss 𝔊𝔖 וּמַה־תְּ׳ ut 12 43,5 ‖ [b] Vrs sg cf 12 43,5, l –עַת ‖ [c–c] l c pc Mss 𝔊𝔖 פְּנֵי וֵאלֹהָי׃ cf 12 43,5 ‖ [d] Ms 𝔊^{MSR}𝔎 + יהוה, Ms + אֱלֹהַי ‖ [e] Ms –וֹן, 𝔖 *wmn ḥrmwn* ‖ [f] prp הַר (מ dttg) ‖ [g] 2 Mss מִזְעָר ‖ **9** [a] pc Mss תְּהִלָּה ‖ [b] mlt Mss 𝔖 חַי ut 3 ‖ **10** [a] > 𝔖 ‖ [b] 2 Mss זנחתני ut 43,2 ‖ [c] 𝔊^{AL} 𝔖𝔙 pr cop cf 43,2[b] ‖ [d] pc Mss אתהלך ut 43,2 ‖ [e] 𝔊*(𝔖 pl) + suff 1 sg ‖ **11** [a] pc Mss σ′ כְּרֶ׳; prp כְּרָקָב ‖ [b] vel בְּאָמְרָם? ‖ **12** [a] Ms 𝔊θ′𝔖𝔗 –עַת ‖ [b–b] pc Mss 𝔗 פָּנָיו אֱ׳, 2 Mss פָּנָיו וא׳, 𝔊^{BS}𝔎 om cop ‖ **Ps 43,1** [a] mlt Mss cj Ps 43 c Ps 42, recte; pc Mss pr לְדָוִד, 𝔊θ′ pr *ψαλμὸς τῷ Δαυιδ* ‖ [b] pc Mss 𝔖 וּמ׳ ‖ [c–c] 𝔊𝔖 invers ‖ **2** [a–a] l prb אלהים עֻזִּי cf 𝔊𝔗 Hier ‖ [b] 𝔊𝔖 pr cop cf 42,10[c] ‖ [c] ut 42,10[e] ‖ **3** [a] pc Mss 𝔖 יְנַחֲמוּנִי cf 23,4 ‖ [b] pc Mss K^{Or} יבואוני; 𝔊𝔖 pr cop.

4 וְאָב֤וֹאָה ׀ אֶל־מִזְבַּ֬ח[a] אֱלֹהִ֗ים אֶל־אֵל֮ שִׂמְחַ֪ת[b] — ד̇[5] . ב̇[6]
גִּ֫ילִ֥י[c] וְאוֹדְךָ֥ בְכִנּ֑וֹר אֱ֝לֹהִ֗ים אֱלֹהָֽי׃ — ל[7]
5 מַה־תִּשְׁתּ֬וֹחֲחִ֨י ׀ נַפְשִׁי֮ וּמַה־תֶּהֱמִ֪י עָ֫לָ֥י
הוֹחִ֣ילִי לֵ֭אלֹהִים כִּי־ע֣וֹד אוֹדֶ֑נּוּ יְשׁוּעֹ֥ת[a] [b]פָּ֝נַ֗י וֵֽאלֹהָֽי[b]׃ — ג

44 (מד)[a] 1 לַמְנַצֵּ֥חַ לִבְנֵי־קֹ֗רַח מַשְׂכִּֽיל[a]׃ — ח̇ בטע
2 אֱלֹהִ֤ים ׀ בְּאָזְנֵ֬ינוּ שָׁמַ֗עְנוּ אֲבוֹתֵ֥ינוּ סִפְּרוּ־לָ֑נוּ — ו̇
פֹּ֥עַל פָּעַ֥לְתָּ בִ֝ימֵיהֶ֗ם בִּ֣ימֵי[a] קֶֽדֶם׃ 3 [a]אַתָּ֤ה ׀ יָדְךָ֡[a] — יו̇ ר״פ בסיפ
גּוֹיִ֣ם ה֭וֹרַשְׁתָּ[c] וַתִּטָּעֵ֑ם תָּרַ֥ע[d] לְ֝אֻמִּ֗ים וַֽתְּשַׁלְּחֵֽם׃ — ל . ל
4 כִּ֤י לֹ֪א בְחַרְבָּ֡ם יָ֥רְשׁוּ אָ֗רֶץ וּזְרוֹעָם֮ לֹא־הוֹשִׁ֪יעָ֫ה לָּ֥מוֹ — נ̇ה בטע ר״פ בסיפ . יד̇[1] קמ̇ וכל אתנח וס״פ דכות ב̇ מ̇ד
כִּֽי־יְמִינְךָ֣ וּ֭זְרוֹעֲךָ וְא֣וֹר פָּנֶ֑יךָ כִּ֣י רְצִיתָֽם׃ — ל[2]
5 אַתָּה־ה֣וּא מַלְכִּ֣י אֱלֹהִ֑ים[a] צַ֝וֵּ֗ה[b] יְשׁוּע֥וֹת יַעֲקֹֽב׃ — יו̇ ר״פ בסיפ . ג . ז̇ מל[3]
6 בְּ֭ךָ צָרֵ֣ינוּ נְנַגֵּ֑חַ בְּ֝שִׁמְךָ֗[a] נָב֥וּס קָמֵֽינוּ׃
7 כִּ֤י לֹ֣א בְקַשְׁתִּ֣י אֶבְטָ֑ח וְ֝חַרְבִּ֗י לֹ֣א תוֹשִׁיעֵֽנִי׃ — נ̇ה בטע ר״פ בסיפ . ל[4]
8 כִּ֣י ה֭וֹשַׁעְתָּנוּ מִצָּרֵ֑ינוּ וּמְשַׂנְאֵ֥ינוּ הֱבִישֽׁוֹתָ׃ — ב̇ . ב̇[5]
9 בֵּֽאלֹהִים הִלַּ֣לְנוּ[a] כָל־הַיּ֑וֹם וְשִׁמְךָ֨[b] ׀ לְעוֹלָ֖ם נוֹדֶ֣ה סֶֽלָה[c]׃
10 אַף־[a]זָ֭נַחְתָּ[b] וַתַּכְלִימֵ֑נוּ וְלֹֽא־תֵ֝צֵ֗א [c]בְּצִבְאוֹתֵֽינוּ׃ — ו[6] . ג
11 תְּשִׁיבֵ֣נוּ אָ֭חוֹר [a]מִנִּי־צָ֑ר[a] וּ֝מְשַׂנְאֵ֗ינוּ שָׁ֣סוּ לָֽמוֹ[b]׃
12 תִּ֭תְּנֵנוּ כְּצֹ֣אן מַאֲכָ֑ל וּ֝בַגּוֹיִ֗ם זֵרִיתָֽנוּ׃ — ד̇[7] . ז̇
13 תִּמְכֹּר־עַמְּךָ֥ בְלֹא־ה֑וֹן וְלֹֽא־רִ֝בִּ֗יתָ בִּמְחִירֵיהֶֽם[a]׃
14 תְּשִׂימֵ֣נוּ חֶ֭רְפָּה לִשְׁכֵנֵ֑ינוּ לַ֥עַג וָ֝קֶ֗לֶס לִסְבִיבוֹתֵֽינוּ׃ — ב̇ מל
15 תְּשִׂימֵ֣נוּ מָ֭שָׁל בַּגּוֹיִ֑ם מְנֽוֹד־רֹ֝֗אשׁ בַּל־אֻמִּֽים[a]׃

[5] Mm 209. [6] Mm 2188. [7] Mm 1849. Ps 44 [1] Mm 1234. [2] Mm 49, וחד ורציתם 2 Ch 10,7. [3] Mm 1852. [4] וחד ובקשתי Gn 48,22. [5] Mp sub loco. [6] Mm 2886. [7] Mm 4000.

4 [a] l frt c pc Mss Hier חַג– ‖ [b] l frt c Ms חָתִי– ‖ [c] l אָגִילָה; 𝔊(𝔖) *τὸν εὐφραίνοντα τὴν νεότητά μου* pro ש׳ ג׳ ‖ **5** [a] 𝔊𝔖𝔗 sg ‖ [b–b] 2 Mss 𝔗 פָּנָיו אֱ׳ cf 42,6/7.12[b–b] ‖ **Ps 44** [a] numerus > L ‖ **1** [a] 𝔊* + *ψαλμός* = מִזְמוֹר ‖ **2** [a] nonn Mss כִּימֵי ‖ **3** [a–a] l בְּיָדְךָ et cj c 2 ‖ [b] > 𝔊𝔖 ‖ [c] 𝔊 (𝔖) *ἐξωλέθρευσεν* ‖ [d] prp תָּרֹעַ (a רעע = רצץ) ‖ **5** [a] 𝔊 *καὶ ὁ θεός μου*, α′ *θεέ μου* ‖ [b] l מְצַוֶּה cf 𝔊𝔖 ‖ **6** [a] pc Mss 𝔊𝔖 וּבְ׳ ‖ **9** [a] sic L (accentus); 𝔊 pass, l הֻלַּלְנוּ vel frt הִתְהַ׳ ‖ [b] Ms 𝔊 וּבְשׁ׳ ‖ [c] > 𝔖 ‖ **10** [a] Ms אַךְ ‖ [b] nonn Mss 𝔖 זְנַחְתָּנוּ ‖ [c] pc Mss 𝔊^{ARL} + אלהים, ex 60,12 ‖ **11** [a–a] 𝔊 *παρὰ τοὺς ἐχθροὺς ἡμῶν*; > 𝔖 ‖ [b] pc Mss 𝔖𝔗 לָנוּ ‖ **13** [a] 𝔖 Hier sg ‖ **15** [a] sic L, mlt Mss Edd בְּלְאֻ׳, it 57,10[c] 108,4[c] 149,7[b].

16 כָּל־הַיּוֹם כְּלִמָּתִי נֶגְדִּי וּבֹשֶׁת פָּנַי כִּסָּתְנִי׃

ל̇[8] . ב̇ — 17 מִקּוֹל מְחָרֵף וּמְגַדֵּף מִפְּנֵי אוֹיֵב וּמִתְנַקֵּם׃

ל . ל . ל — 18 כָּל־זֹאת בָּאַתְנוּ וְלֹא שְׁכַחֲנוּךָ וְלֹא־שִׁקַּרְנוּ בִּבְרִיתֶךָ׃

ג — 19 לֹא־[a]נָסוֹג אָחוֹר לִבֵּנוּ [b]וַתֵּט [c]אֲשֻׁרֵינוּ מִנִּי אָרְחֶךָ׃

20 כִּי דִכִּיתָנוּ בִּמְקוֹם תַּנִּים[a] וַתְּכַס עָלֵינוּ בְצַלְמָוֶת[b]׃

ל — 21 אִם־שָׁכַחְנוּ שֵׁם אֱלֹהֵינוּ וַנִּפְרֹשׂ כַּפֵּינוּ לְאֵל זָר׃

ב̇[9] — 22 הֲלֹא אֱלֹהִים יַחֲקָר־זֹאת כִּי־הוּא יֹדֵעַ תַּעֲלֻמוֹת לֵב׃

ל̇[8] . ג . ז . ל — 23 כִּי־עָלֶיךָ הֹרַגְנוּ כָל־הַיּוֹם נֶחְשַׁבְנוּ כְּצֹאן טִבְחָה[a]׃

ג[10] — 24 עוּרָה ׀ לָמָּה תִישַׁן ׀ אֲדֹנָי[a] הָקִיצָה אַל־[b]תִּזְנַח[c] לָנֶצַח[d]׃

25 לָמָּה־פָנֶיךָ תַסְתִּיר תִּשְׁכַּח עָנְיֵנוּ וְלַחֲצֵנוּ׃

נ̇ה̇ בטע ר״פ בסיפ̇ . ב̇ — 26 כִּי שָׁחָה לֶעָפָר נַפְשֵׁנוּ דָּבְקָה לָאָרֶץ בִּטְנֵנוּ׃

ג[11] — 27 קוּמָה[a] עֶזְרָתָה לָּנוּ וּפְדֵנוּ לְמַעַן חַסְדֶּךָ[b]׃

ב̇ חס̇ . ב̇ — **45** 1 לַמְנַצֵּחַ עַל־שֹׁשַׁנִּים[a] לִבְנֵי־קֹרַח מַשְׂכִּיל שִׁיר יְדִידֹת[b]׃

מה

ל̇[1] קמ̇ בסיפ̇ ו̇ מנה̇ בטע̇ . כט̇ וכל משיחה מצרים אשור ישראל דכות[2] — 2 רָחַשׁ לִבִּי ׀ דָּבָר טוֹב אֹמֵר אָנִי מַעֲשַׂי[a] לְמֶלֶךְ

ג — לְשׁוֹנִי ׀ עֵט ׀ סוֹפֵר מָהִיר׃

ל — 3 יָפְיָפִיתָ[a] מִבְּנֵי אָדָם הוּצַק חֵן בְּשְׂפְתוֹתֶיךָ[b]

עַל־כֵּן בֵּרַכְךָ אֱלֹהִים[c] לְעוֹלָם׃

ה̇ ג̇ מל̇ וב̇ חס̇[3] — 4 חֲגוֹר־חַרְבְּךָ עַל־יָרֵךְ[a] גִּבּוֹר [b]הוֹדְךָ וַהֲדָרֶךָ׃ 5 וַהֲדָרְךָ ׀ צְלַח[bc]

כן לבן אשר[4] — רְכַב עַל־דְּבַר־אֱמֶת [d]וְעַנְוָה־צֶדֶק[d]

ג[5] — וְתוֹרְךָ נוֹרָאוֹת[e] יְמִינֶךָ׃ 6 [a]חִצֶּיךָ שְׁנוּנִים[b] [c]עַמִּים תַּחְתֶּיךָ יִפְּלוּ[c]

ב̇ מל̇ — בְּלֵב אוֹיְבֵי הַמֶּלֶךְ׃

[8] Mp sub loco. [9] Hi 11,6. [10] Mm 3119. [11] Mm 3303. **Ps 45** [1] Mp sub loco. [2] Mm 958. [3] Mm 3275. [4] Mm 3276. [5] Mm 2225.

19 [a] pc Mss 𝔊𝔖 וְלֹא ‖ [b] 𝔊(𝔗) *καὶ ἐξέκλινας* = וַתַּט; $𝔊^{L}$(𝔖) *καὶ οὐκ ἐξέκλινας* ‖ [c] mlt Mss אשׁרנו ‖ **20** [a] l c pc Mss תנין cf 𝔖; 𝔊 *κακώσεως* ‖ [b] pc Mss 𝔊 צ׳ ‖ **23** [a] 2 Mss 𝔖𝔗 לְט׳ ‖ **24** [a] mlt Mss יהוה ‖ [b] pc Mss 𝔊σ′𝔖 וְאַל ‖ [c] Ms תִּשְׁכַּח ‖ [d] > 𝔖 ‖ **27** [a] 𝔊 + *κύριε* ‖ [b] Ms חֲסָדֶיךָ, 𝔊 *τοῦ ὀνόματός σου* ‖ **Ps 45,1** [a] 𝔊 *τῶν ἀλλοιωθησομένων* = שֶׁשֹּׁנִים ‖ [b] 𝔊σ′ sg, l c pc Mss דוֹת– vel דַּת– cf α′ *προσφιλίας* ‖ **2** [a] prp –ַי ‖ **3** [a] l יָפוֹ יָפִיתָ vel יָפְיִ יָפִיתָ cf Vrs ‖ [b] sic L, mlt Mss Edd בְּשְׂפ׳ ‖ [c] l יהוה ‖ **4/5** [a] 𝔊σ′𝔖𝔗 + suff 2 sg ‖ [b–b] crrp, l הֲדַר חֲלָצֶיךָ ‖ [c] huc tr : ‖ [d–d] Ms וַת צ׳– cf α′𝔖, 𝔊(𝔗 Hier) *καὶ πραΰτητος καὶ δικαιοσύνης*; l frt sol וְצֶדֶק, prp וְיַעַן הַצֶּדֶק ‖ [e] 𝔊 *θαυμαστῶς* ‖ **6** [a] huc tr [c–c] ‖ [b] 𝔊 + *δυνατέ*, ins הַגִּבּוֹר ‖ [c–c] cf 6[a].

7 כִּסְאֲךָ אֱלֹהִים עוֹלָם[a] וָעֶד שֵׁבֶט מִישֹׁר שֵׁבֶט מַלְכוּתֶךָ׃ ו . ד
8 אָהַבְתָּ צֶּדֶק וַתִּשְׂנָא רֶשַׁע ל[6]
עַל־כֵּן ׀ מְשָׁחֲךָ אֱלֹהִים[a] אֱלֹהֶיךָ שֶׁמֶן שָׂשׂוֹן מֵחֲבֵרֶיךָ[b]׃ ב[7]
9 מֹר־וַאֲהָלוֹת קְצִיעוֹת[a] כָּל[b]־בִּגְדֹתֶיךָ ב
מִן־הֵיכְלֵי שֵׁן מִנִּי[c] שִׂמְּחוּךָ׃ 10 [a]בְּנוֹת מְלָכִים[a] בְּיִקְּרוֹתֶיךָ[b] נִצְּבָה[c] ל וכן[8] לבן אשר
שֵׁגַל לִימִינְךָ בְּכֶתֶם אוֹפִיר[d]׃
11 שִׁמְעִי־בַת וּרְאִי וְהַטִּי אָזְנֵךְ וְשִׁכְחִי[a] עַמֵּךְ וּבֵית אָבִיךְ׃ ל . ה[9]
12 וְיִתְאָו הַמֶּלֶךְ[a] יָפְיֵךְ כִּי־הוּא אֲדֹנַיִךְ ל . ב[10]
[b]וְהִשְׁתַּחֲוִי[c]־לוֹ[b]׃ 13 וּבַת[a]־צֹר ׀ בְּמִנְחָה פָּנַיִךְ יְחַלּוּ עֲשִׁירֵי עָם[b]׃ ח[11] . ב
14 כָּל־כְּבוּדָּה [a]בַת־מֶלֶךְ[a] פְּנִימָה[b] מִמִּשְׁבְּצוֹת[c] זָהָב ג ומל[12] . ה[13] . ג מל
לְבוּשָׁהּ׃ 15 [a]לִרְקָמוֹת[b] תּוּבַל לַמֶּלֶךְ בְּתוּלוֹת אַחֲרֶיהָ [c]רֵעוֹתֶיהָ ג . ו פת[14] . ג מל וכל מגלה דכות
16 תּוּבַלְנָה[a] בִּשְׂמָחֹת וָגִיל תְּבֹאֶינָה[b] בְּהֵיכַל [מוּבָאוֹת[c] לָךְ[d]׃ ל[15] . ב כת כן[16]
מֶלֶךְ[c]׃
17 תַּחַת אֲבֹתֶיךָ יִהְיוּ בָנֶיךָ תְּשִׁיתֵמוֹ לְשָׂרִים בְּכָל־הָאָרֶץ׃
18 אַזְכִּירָה[a] שִׁמְךָ בְּכָל־דֹּר וָדֹר [b]עַל־כֵּן עַמִּים יְהוֹדֻךָ לְעֹלָם וָעֶד[c]׃ יח[17] חס ח מנה בנ״ך . ט[18]

46 מו 1 לַמְנַצֵּחַ לִבְנֵי־קֹרַח עַל־עֲלָמוֹת[a] שִׁיר׃ ד
2 אֱלֹהִים לָנוּ מַחֲסֶה וָעֹז עֶזְרָה בְצָרוֹת נִמְצָא מְאֹד׃ ח[1] רפי ג[2] מנה בליש וכל אחסה דכות ב מ א
3 עַל־כֵּן לֹא־נִירָא בְּהָמִיר[a] אָרֶץ[b] וּבְמוֹט הָרִים בְּלֵב יַמִּים׃ ב . ל
4 יֶהֱמוּ יֶחְמְרוּ[a] מֵימָיו יִרְעֲשׁוּ־הָרִים בְּגַאֲוָתוֹ[b] סֶלָה׃ ל

[6] Mm 1667. [7] Ps 50,7. [8] Mm 3276. [9] Mm 868. [10] Mm 2401. [11] Mp sub loco. [12] Mm 1501. [13] Mm 717. [14] Mm 3277. [15] וחד שמחות Ps 16,11. [16] Mm 1579. [17] Mm 25. [18] Mm 478. Ps 46 [1] Mm 3046. [2] Mm 3278.

7 [a] pc Mss et var sec Odonem 'לְע cf 𝔊α′θ′ ‖ **8** [a] Ms 𝔗 יהוה ‖ [b] mlt Mss —רֶךָ ‖ **9** [a] pc Mss Vrs 'וק ‖ [b] > Ms; 𝔊 *ἀπό*, σ′ *εἰς* ‖ [c] = מִנִּים cf Sir 39,15 ‖ **10** [a–a] 𝔖 *brt mlk'*, l בַּת הַמֶּלֶךְ ‖ [b] 𝔊 *ἐν τῇ τιμῇ σου*, 𝔖 *bšwbḥ'* in splendore; prp לִקְרָאתְךָ ‖ [c] huc tr ‸ ‖ [d] 𝔊 + *περιβεβλημένη πεποικιλμένη* ‖ **11** [a] pc Mss 'שׂ ‖ **12** [a] prb dl ‖ [b–b] l frt —וָה לָךְ et cj c 13 ‖ [c] 𝔊 3 pl ‖ **13** [a] l c Ms בת; 𝔊* *θυγατέρες* ‖ [b] 𝔗 pl; 𝔊[B 55] 𝔎 + *τῆς γῆς* ‖ **14** [a–a] prb dl m cs ‖ [b] prp פנינים ‖ [c] 𝔊 *ἐν κροσσωτοῖς* = 'בְּמִשׁ, 𝔖 *wmṣbt* = (וּ)מְשֻׁבֶּצֶת? ‖ **15** [a] 15.16 crrp, metrum inc ‖ [b] 𝔊 cj c 14; 𝔖 *bqwrbn'* = בְּקָרְבָנִים vel בְּקָרְבָנוֹת ‖ [c–c] prb dl ‖ [d] 2 Mss לָהּ, > 𝔊[min] 𝔖; prp הֻלְכַת (hpgr) ‖ **16** [a] prp תּוּבֶלנה ‖ [b] prp תְּבִיאֶנָּה ‖ [c] prb dl ‖ **18** [a] 𝔊* *μνησθήσονται* = יַזְכִּירוּ, 𝔖𝔗 1 pl ‖ [b–b.c] prb dl alterutrum m cs ‖ **Ps 46,1** [a] pc Mss עֲלְמוּת, ο εβρ′ *ἀλμωθ*, 𝔊 *κρυφίων*, σ′ *αἰωνίων* = 'עֹ, cf 9,1[a] ‖ **3** [a] 𝔊(𝔖) *ἐν τῷ ταράσσεσθαι*, l frt בְּהִמּוֹר vel בְּהִמּוֹג ‖ [b] ο εβρ′ (𝔊) *ααρσ* = 'הָא ‖ **4** [a] 𝔊σ′𝔖 pr cop ‖ [b] ins יהוה צבאות עמנו משגב־לנו אלהי יעקב sec 8.12.

5	נָהָר פְּלָגָיו יְשַׂמְּחוּ עִיר־אֱלֹהִים קְדֹשׁ[a] מִשְׁכְּנֵי[b] עֶלְיוֹן׃	יא ר״פ וס״פ נ[3] . ב . ג חס
6	אֱלֹהִים בְּקִרְבָּהּ בַּל־תִּמּוֹט יַעְזְרֶהָ[a] אֱלֹהִים לִפְנוֹת בֹּקֶר׃	ב
7	הָמוּ גוֹיִם מָטוּ מַמְלָכוֹת נָתַן בְּקוֹלוֹ[a] תָּמוּג אָרֶץ[b]׃	ד
8	יְהוָה צְבָאוֹת עִמָּנוּ מִשְׂגָּב־לָנוּ[a] אֱלֹהֵי יַעֲקֹב סֶלָה[b]׃	
9	לְכוּ־חֲזוּ מִפְעֲלוֹת יְהוָה[a] אֲשֶׁר־שָׂם שַׁמּוֹת בָּאָרֶץ׃	כן בטע לבן אשר[4]
10	מַשְׁבִּית מִלְחָמוֹת עַד־קְצֵה הָאָרֶץ	
	קֶשֶׁת יְשַׁבֵּר וְקִצֵּץ חֲנִית עֲגָלוֹת[a] יִשְׂרֹף בָּאֵשׁ׃	ב
11	הַרְפּוּ וּדְעוּ כִּי־אָנֹכִי אֱלֹהִים אָרוּם בַּגּוֹיִם אָרוּם בָּאָרֶץ׃	ל . ל . ב . ב
12	יְהוָה צְבָאוֹת עִמָּנוּ מִשְׂגָּב־לָנוּ[a] אֱלֹהֵי יַעֲקֹב סֶלָה[b]׃	
47 מז 1	לַמְנַצֵּחַ ׀ לִבְנֵי־קֹרַח מִזְמוֹר׃	ח בטע
2	כָּל־הָעַמִּים תִּקְעוּ־כָף הָרִיעוּ לֵאלֹהִים[a] בְּקוֹל רִנָּה׃	ב
3	כִּי־יְהוָה עֶלְיוֹן נוֹרָא[a] מֶלֶךְ גָּדוֹל[b] עַל־כָּל־הָאָרֶץ[c]׃	
4	יַדְבֵּר עַמִּים תַּחְתֵּינוּ וּלְאֻמִּים תַּחַת רַגְלֵינוּ׃	ל[1] . ג ב מל וחד חס
5	יִבְחַר־לָנוּ אֶת־נַחֲלָתֵנוּ[a] אֶת גְּאוֹן יַעֲקֹב אֲשֶׁר־אָהֵב סֶלָה[b]׃	כו פסוק את את ומילה חדה ביניה . ג פת קטן בטע . ט[2]
6	עָלָה אֱלֹהִים בִּתְרוּעָה יְהוָה בְּקוֹל שׁוֹפָר׃	
7	זַמְּרוּ אֱלֹהִים[a] זַמֵּרוּ[b] זַמְּרוּ לְמַלְכֵּנוּ זַמֵּרוּ[c]׃	ב . ב
8	כִּי מֶלֶךְ[a] כָּל־הָאָרֶץ אֱלֹהִים זַמְּרוּ מַשְׂכִּיל׃	נה בטע ר״פ בסיפ
9	מָלַךְ אֱלֹהִים עַל־[a]גּוֹיִם אֱלֹהִים[b] יָשַׁב ׀ עַל־כִּסֵּא קָדְשׁוֹ׃	ל . ב[3] . הי[4]
10	נְדִיבֵי עַמִּים ׀ נֶאֱסָפוּ [a]עַם[b] אֱלֹהֵי[a] אַבְרָהָם	הי ול[5] בליש
	כִּי לֵאלֹהִים מָגִנֵּי־[c]אֶרֶץ מְאֹד נַעֲלָה[d]׃	ג[6] . ט פשטין פת ס״פ בסיפ[7]
48 מח 1	שִׁיר מִזְמוֹר[a] לִבְנֵי־קֹרַח׃	ה
2	גָּדוֹל יְהוָה וּמְהֻלָּל מְאֹד בְּעִיר אֱלֹהֵינוּ[a]	

[3]Mm 729. [4]Mm 3411. Ps 47 [1] וחד וידבר Ps 18,48. [2]Mm 3212. [3]Mm 2261. [4]Mm 87. [5] וחד ונאספו Ps 35,15. [6]Mm 3279. [7]Textus contra Mp, cf Mp sub loco.

5 [a] ο εβρ′ *κοδς* = קֹדֶשׁ cf σ′ *τὸ ἅγιον*; 𝔊 *ἡγίασεν* = קִדֵּשׁ, 𝔖 *qdjšhw* = קִדְּשׁוֹ ‖ [b] 𝔊 *τὸ σκήνωμα αὐτοῦ* = ־נוֹ, 𝔖 *bjt mšrjh d* domus habitaculi ‖ **6** [a] ο εβρ′ *ουεζρα* = וְעֶזְרָה ‖ **7** [a] 2 Mss ק′ ‖ [b] mlt Mss 𝔊 הָא′ ‖ **8** [a] cf 2,2[b] ‖ [b] > 𝔖 ‖ **9** [a] mlt Mss 𝔊[AL]𝔖 אֱלֹהִים ut 66,5 ‖ **10** [a] 𝔊 *καὶ θυρεούς* = וַעֲגִלוֹת cf 𝔗 ‖ **12** [a] cf 2,2[b] ‖ [b] > 𝔊𝔖 ‖ **Ps 47,2** [a] > pc Mss ‖ **3** [a] pc Mss 𝔖 וְנ′ ‖ [b] cf 2,2[b] ‖ [c] pc Mss אֱלֹהִים ‖ **5** [a] 𝔊𝔖 suff 3 sg ‖ [b] > 𝔖 ‖ **7** [a] pc Mss לֵא′, Ms 𝔊 לֵאלֹהֵינוּ ‖ [b] 𝔖 *bšwbḥ*′ in splendore ‖ [c] > 2 Mss 𝔖 ‖ **8** [a] mlt Mss + עַל־ ‖ **9** [a] 2 Mss 𝔊[RA al] + כָּל־ ‖ [b] > Ms, frt dl ‖ **10** [a–a] prp עִם אָהֳלֵי ‖ [b] 𝔊(𝔖) *μετά* = עִם; l prb עִם עַם (hpgr) ‖ [c] 𝔊 *οἱ κραταιοί*, 𝔖 *'wḥdnjh d* imperia; prp סִגְנֵי ‖ [d] 𝔊 *ἐπήρθησαν* ‖ **Ps 48,1** [a] cf 2,2[b] ‖ **2** [a] huc tr :.

הַר־קָדְשׁוֹ׃ 3 יְפֵה נוֹף מְשׂוֹשׂ כָּל־הָאָרֶץ ל מל
הַר־צִיּוֹן יַרְכְּתֵי צָפוֹן קִרְיַת מֶלֶךְ רָב׃ ל
4 אֱלֹהִים בְּאַרְמְנוֹתֶיהָ נוֹדַע לְמִשְׂגָּב׃
5 כִּי־הִנֵּה הַמְּלָכִים[a] נוֹעֲדוּ עָבְרוּ יַחְדָּו׃
6 הֵמָּה רָאוּ כֵּן תָּמָהוּ נִבְהֲלוּ נֶחְפָּזוּ[a]׃ יט ר״פ[1] . ל
7 רְעָדָה אֲחָזָתַם שָׁם[a] חִיל כַּיּוֹלֵדָה׃ ל
8 בְּרוּחַ[a] קָדִים[b] תְּשַׁבֵּר[c] אֳנִיּוֹת תַּרְשִׁישׁ׃ ב[2]
9 כַּאֲשֶׁר שָׁמַעְנוּ ׀ כֵּן רָאִינוּ [a]בְּעִיר־יְהוָה צְבָאוֹת[a] בְּעִיר [אֱלֹהֵינוּ
אֱלֹהִים יְכוֹנְנֶהָ עַד־עוֹלָם סֶלָה׃ ד
10 דִּמִּינוּ אֱלֹהִים חַסְדֶּךָ בְּקֶרֶב הֵיכָלֶךָ׃ ל
11 כְּשִׁמְךָ אֱלֹהִים כֵּן תְּהִלָּתְךָ עַל־[a]קַצְוֵי־אֶרֶץ ל . ג . ד באתנח[3]
צֶדֶק מָלְאָה יְמִינֶךָ׃
12 יִשְׂמַח ׀ הַר־צִיּוֹן תָּגֵלְנָה[a] בְּנוֹת יְהוּדָה לְמַעַן מִשְׁפָּטֶיךָ[b]׃
13 סֹבּוּ צִיּוֹן וְהַקִּיפוּהָ סִפְרוּ מִגְדָּלֶיהָ׃ ל . ב
14 שִׁיתוּ לִבְּכֶם ׀ לְחֵילָה[a] פַּסְּגוּ[b] אַרְמְנוֹתֶיהָ ג[4] . ל
לְמַעַן תְּסַפְּרוּ לְדוֹר אַחֲרוֹן׃ 15 כִּי זֶה ׀ אֱלֹהִים נה בטע ר״פ בסיפ
אֱלֹהֵינוּ עוֹלָם[a] וָעֶד הוּא[b] יְנַהֲגֵנוּ ו
[c]עַל־מוּת[c]׃ ב כת תרי מילין[5] . ב[6]

49 מט 1 לַמְנַצֵּחַ ׀ לִבְנֵי־קֹרַח מִזְמוֹר׃ ח בטע
2 שִׁמְעוּ־זֹאת כָּל־הָעַמִּים הַאֲזִינוּ כָּל־יֹשְׁבֵי חָלֶד[a]׃ ח
3 גַּם־בְּנֵי אָדָם גַּם־בְּנֵי־אִישׁ יַחַד עָשִׁיר וְאֶבְיוֹן׃
4 פִּי יְדַבֵּר חָכְמוֹת[a] וְהָגוּת[b] לִבִּי תְבוּנוֹת׃ ד . ל
5 אַטֶּה לְמָשָׁל אָזְנִי אֶפְתַּח בְּכִנּוֹר חִידָתִי׃ ח

Ps 48 [1]Mm 1497. [2]Ex 14,21. [3]Mm 1234. [4]Mm 2450. [5]Cf Ps 9,1 notulam 2. [6]Mp contra textum, cf Mp sub loco.

5 [a] 𝔊[RLA] + *τῆς γῆς* ‖ **6** [a] 2 Mss 𝔏 'וְנ, pc Mss (וְ)נִפְחָזוּ; > 𝔖 ‖ **7** [a] > σ'𝔖 ‖ **8** [a] l c pc Mss כְּרוּחַ ‖ [b] 𝔊(𝔖𝔗) *βιαίῳ* ‖ [c] huc tr ‸ ‖ **9** [a–a] prb dl ‖ **11** [a] l c pc Mss 𝔖 Hier 𝔄 עד ‖ **12** [a] pc Mss 𝔖 'וְתָ ‖ [b] Ms 𝔊𝔖 + יהוה ‖ **14** [a] l c nonn Mss Vrs ־הּ ‖ [b] 𝔊𝔖 pr cop; prp פִּקְדוּ ‖ **15** [a] Ms 𝔊 'לְע ‖ [b] pc Mss וְהוּא ‖ [c–c] mlt Mss עלמות, 𝔊 *εἰς τοὺς αἰῶνας* = עֹלָמוֹת? 𝔖 *l'l mn mwt'* = עַל־מָוֶת cf Hier *in mortem*; l frt עַל־עֲלָמוֹת ut 46,1 et cj c 49,1 ‖ **Ps 49,2** [a] Ms חדל ‖ **4** [a] ο εβρ' *αχαμωθ* = 'חָכָ? ‖ [b] ο εβρ' *ουαγιθ*.

ה דגש דסמיכ[1] . ל ומל 6 לָ֣מָּה אִ֭ירָא בִּ֣ימֵי רָ֑ע עֲוֺ֖ן עֲקֵבַ֣י[a] יְסוּבֵּֽנִי[b]׃

7 הַבֹּטְחִ֥ים עַל־חֵילָ֑ם וּבְרֹ֥ב עָ֝שְׁרָ֗ם יִתְהַלָּֽלוּ׃

ב[2] . ל 8 אָ֗ח[a] לֹא־פָדֹ֣ה יִפְדֶּ֣ה[b] אִ֑ישׁ לֹא[c]־יִתֵּ֖ן לֵאלֹהִ֣ים כָּפְרֽוֹ׃

ב . ב חד מל וחד חס[3] . ב[4] 9 [a]וְ֭יֵקַר[b] פִּדְי֥וֹן נַפְשָׁ֗ם[c] וְחָדַ֥ל[d] לְעוֹלָֽם[a]׃

ג ובסיפ[5] 10 וִֽיחִי־ע֥וֹד לָנֶ֑צַח לֹ֖א[a] יִרְאֶ֣ה הַשָּֽׁחַת׃

נה בטע ר״פ בסיפ 11 כִּ֥י יִרְאֶ֨ה ׀ חֲכָמִ֣ים יָמ֗וּתוּ יַ֤חַד כְּסִ֣יל וָבַ֣עַר יֹאבֵ֑דוּ

[a]וְעָזְב֖וּ לַאֲחֵרִ֣ים חֵילָֽם[a]׃

ל . ג חס ול בליש 12 קִרְבָּ֤ם[a] בָּתֵּ֨ימוֹ ׀ לְֽעוֹלָ֗ם מִ֭שְׁכְּנֹתָם לְדֹ֣ר וָדֹ֑ר

ל קָֽרְא֥וּ בִ֝שְׁמוֹתָ֗ם[b] עֲלֵ֣י אֲדָמֽוֹת[c]׃

ט ול ר״פ 13 וְאָדָ֣ם בִּ֭יקָר בַּל־יָלִ֑ין[a] נִמְשַׁ֖ל כַּבְּהֵמ֣וֹת נִדְמֽוּ[b]׃

ל בסיפ . ד[6] 14 זֶ֣ה דַ֭רְכָּם כֵּ֣סֶל[a] לָ֑מוֹ וְאַחֲרֵיהֶ֓ם[b] ׀ בְּפִיהֶ֖ם[c] יִרְצ֣וּ[d] סֶֽלָה׃

ב . ג[7] . ב[8] 15 [a]כַּצֹּ֤אן ׀ [b]לִשְׁא֙וֹל שַׁתּ֗וּ[b] מָ֤וֶת יִ֫רְעֵ֥ם[c] וַיִּרְדּ֬וּ[d] [e]בָ֨ם יְשָׁרִ֨ים[e] ׀ לַבֹּ֗קֶר[f]

וצורם[9] . ל . ב / ק וְצִירָ֥ם[g] לְבַלּ֥וֹת[h] שְׁ֝א֗וֹל [i]מִזְּבֻ֥ל[k] לֽוֹ[i]׃

ב[10] 16 אַךְ־אֱלֹהִ֗ים יִפְדֶּ֣ה נַ֭פְשִׁי[a] מִֽיַּד־שְׁא֑וֹל כִּ֖י יִקָּחֵ֣נִי סֶֽלָה׃

ל חס 17 אַל־תִּ֭ירָא כִּֽי־יַעֲשִׁ֣ר אִ֑ישׁ כִּֽי־יִ֝רְבֶּה[a] כְּב֣וֹד בֵּיתֽוֹ׃

נה בטע ר״פ בסיפ 18 כִּ֤י לֹ֣א בְ֭מוֹתוֹ יִקַּ֣ח הַכֹּ֑ל לֹא[a]־יֵרֵ֖ד אַחֲרָ֣יו כְּבוֹדֽוֹ׃

19 כִּֽי־נַ֭פְשׁוֹ בְּחַיָּ֣יו יְבָרֵ֑ךְ[a] וְ֝יוֹדֻ֗ךָ[b] כִּֽי־תֵיטִ֥יב לָֽךְ[c]׃ ס

ג מל[11] . ד[12] כת כן ב מנה בליש 20 תָּ֭בוֹא[a] עַד־דּ֣וֹר אֲבוֹתָ֑יו עַד־נֵ֝֗צַח לֹ֣א יִרְאוּ[b]־אֽוֹר׃

ג[13] 21 אָדָ֣ם[a] בִּ֭יקָר וְלֹ֣א[b] יָבִ֑ין[c] נִמְשַׁ֖ל כַּבְּהֵמ֣וֹת נִדְמֽוּ[d]׃

Ps 49 [1]Mm 3274. [2]Nu 18,15. [3]Mm 3280. [4]Nu 9,13 [5]Mm 3281. [6]Mm 3282. [7]Mm 3007. [8]Neh 9,28. [9]Mm 832. [10]Mm 3283. [11]Mm 4240. [12]Mm 3284. [13]Mm 3487.

6 [a] ο εβρʹ *ακοββαι* = עֲקֵבַי; prp עִקְּבַי ‖ [b] ο εβρʹ *ισοββουνι* = ־ִנִי ‖ **8** [a] l c pc Mss אַךְ ‖ [b] l frt יִפָּדֶה ‖ [c] mlt Mss וְלֹא ‖ **9** [a–a] prb gl ‖ [b] 𝔊 *καὶ τὴν τιμήν* = וִיקָר cf ο εβρʹ; 𝔖 *jkjr hw* = (וְ)יָקָר ‖ [c] l נפשׁוֹ cf 𝔊 ‖ [d] ο εβρʹ *ιεδαλ* = יֶחְדַּל ‖ **10** [a] mlt Mss וְלֹא ‖ **11** [a–a] prb cj c 12 ‖ **12** [a] l קִבְרָם (cf 𝔊𝔖𝔗) vel קְבָרִים ‖ [b] l שׁמותם cf Vrs ‖ [c] Ms 𝔊θʹ אַדְמוֹתָם ‖ **13** [a] 𝔊(𝔖) *συνῆκεν* cf 21 ‖ [b] pc Mss נִדְמָה, 𝔊(𝔖 Hier) *καὶ ὡμοιώθη αὐτοῖς* ‖ **14** [a] 𝔊(𝔖) *σκάνδαλον* ‖ [b] 𝔗 *wbswphwn* = וְאַחֲרִיתָם? frt l וְאָרְחוֹתָם cf Hi 8,13 ‖ [c] 2 Mss Hier כְּפִ׳; prp בְּכֹחָם ‖ [d] αʹ (Hier) *δραμοῦνται* = יָרֻצוּ cf ο εβρʹ *ιαροσου* (?) ‖ **15** [a] crrp ‖ [b–b] l frt ל׳ שָׁחוּ vel ל׳ שָׁבוּ et tr post ירעם ‖ [c] cf [b–b] ‖ [d] prp וַיֵּרְדֶה vel וְיֵרְדוּ ‖ [e–e] prp בְּשָׂרָם vel בַּמֵּישָׁרִים ‖ [f] prp לַקֶּבֶר vel לְרָקָב ‖ [g] mlt Mss ut Q, K וצי׳, 𝔊 *καὶ ἡ βοήθεια αὐτῶν*, 𝔖 *wṣwrthwn* = וְצוּרָתָם; prp וְיִצְרָם vel יְצוּרָם ‖ [h] pc Mss לכלות; prp לִבְלוֹת ‖ [i–i] 𝔊(𝔖) *ἐκ τῆς δόξης αὐτῶν*, $𝔊^{AL}$(𝔖) + *ἐξώσθησαν*; prp זְבוּל לָמוֹ ‖ [k] mlt Mss ז sine dagesch ‖ **16** [a] huc tr ^ ‖ **17** [a] cf 2,2[b] ‖ **18** [a] nonn Mss 𝔊 וְלֹא ‖ **19** [a] 2 Mss יְבוֹרַךְ, 𝔊 *εὐλογηθήσεται* = תְּבֹרַךְ ‖ [b] l c Ms ־ךָ cf 𝔊𝔖 ‖ [c] l c pc Mss 𝔊𝔖 לוֹ ‖ **20** [a] 𝔖 *wtmṭjwhj* et perduces eum; prb l יָבוֹא ‖ [b] l c 2 Mss 𝔊𝔖 יראֶה ‖ **21** [a] pc Mss $𝔊^{SRL}$ וְא׳ ‖ [b] 2 Mss Vrs לא, pc Mss בַּל ‖ [c] pc Mss ילין ut 13 ‖ [d] cf 13[b].

50 1 מִזְמוֹר לְאָסָף ג [מְבֹאוֹ׃ ד ג מל וחד חס[2]
אֵל ׀ אֱלֹהִים יְהוָה דִּבֶּר וַיִּקְרָא־אָרֶץ מִמִּזְרַח־שֶׁמֶשׁ עַד־[a] ג[1]
2 מִצִּיּוֹן מִכְלַל־יֹפִי אֱלֹהִים הוֹפִיעַ׃ 3 יָבֹא אֱלֹהֵינוּ[a] וְאַל־יֶחֱרַשׁ ל . ג[3] . ל
אֵשׁ־לְפָנָיו תֹּאכֵל וּסְבִיבָיו נִשְׂעֲרָה[b] מְאֹד׃ יז[4]
4 יִקְרָא אֶל־הַשָּׁמַיִם מֵעָל[a] וְאֶל־הָאָרֶץ לָדִין עַמּוֹ׃ ה[5] . ג[6] . ג[7]
5 אִסְפוּ־לִי[a] חֲסִידָי[b] כֹּרְתֵי בְרִיתִי[a] עֲלֵי־זָבַח׃ ו
6 וַיַּגִּידוּ[a] שָׁמַיִם צִדְקוֹ כִּי־[b]אֱלֹהִים ׀ שֹׁפֵט[b] הוּא סֶלָה׃ ג . יד זוגין[8]
7 שִׁמְעָה עַמִּי ׀ וַאֲדַבֵּרָה יִשְׂרָאֵל וְאָעִידָה בָּךְ אֱלֹהִים אֱלֹהֶיךָ ד[9] . ה[10] . ב[11]
8 לֹא עַל־זְבָחֶיךָ אוֹכִיחֶךָ וְעוֹלֹתֶיךָ לְנֶגְדִּי תָמִיד׃ [אָנֹכִי׃ ג וכל משנה תורה דכות[12]
9 לֹא־אֶקַּח מִבֵּיתְךָ פָר מִמִּכְלְאֹתֶיךָ עַתּוּדִים׃ ל וחס[13]
10 כִּי־לִי כָל־חַיְתוֹ־יָעַר בְּהֵמוֹת [a]בְּהַרְרֵי־אָלֶף[a]׃
11 יָדַעְתִּי כָּל־עוֹף הָרִים[a] וְזִיז[b] שָׂדַי עִמָּדִי׃
12 אִם־אֶרְעַב לֹא־אֹמַר לָךְ כִּי־לִי תֵבֵל וּמְלֹאָהּ׃ ל מל למערב[14]
13 הַאוֹכַל בְּשַׂר אַבִּירִים וְדַם עַתּוּדִים אֶשְׁתֶּה׃
14 זְבַח לֵאלֹהִים תּוֹדָה וְשַׁלֵּם לְעֶלְיוֹן נְדָרֶיךָ׃
15 וּקְרָאֵנִי בְּיוֹם צָרָה אֲחַלֶּצְךָ[a] וּתְכַבְּדֵנִי[b]׃
16 [a]וְלָרָשָׁע ׀ אָמַר אֱלֹהִים[a] ב[15] . ו[16]
מַה־לְּךָ לְסַפֵּר[b] חֻקָּי וַתִּשָּׂא בְרִיתִי עֲלֵי־פִיךָ׃
17 וְאַתָּה שָׂנֵאתָ מוּסָר וַתַּשְׁלֵךְ דְּבָרַי אַחֲרֶיךָ׃ ג[17]
18 אִם־רָאִיתָ גַנָּב וַתִּרֶץ[a] עִמּוֹ וְעִם מְנָאֲפִים[b] חֶלְקֶךָ׃ ל . ה חס בכתיב
19 פִּיךָ שָׁלַחְתָּ בְרָעָה וּלְשׁוֹנְךָ תַּצְמִיד מִרְמָה׃ ל
20 תֵּשֵׁב[a] בְּאָחִיךָ תְדַבֵּר בְּבֶן־[b]אִמְּךָ תִּתֶּן־דֹּפִי׃

Ps 50 [1]Mm 1368. [2]Mm 3372. [3]Mm 3357. [4]Mm 787. [5]Mm 1923. [6]Mm 362. [7]Mm 2215. [8]Mm 565. [9]Mm 1232. [10]Mm 1230. [11]Ps 45,8. [12]Mm 3285. [13]וחד ממכלאת Ps 78,70. [14]Mp contra textum, cf Mp sub loco. [15]Mm 3713. [16]Mm 19. [17]Mm 139.

Ps 50,1 [a] nonn Mss 𝔊𝔖[A] וְעַד ‖ **3** [a] pc Mss 𝔖 –ים ‖ [b] mlt Mss נסע׳ ‖ **4** [a] id Gn 27,39 49,25; l c Ms מִמַּעַל ‖ **5** [a] 𝔊𝔖 suff 3 sg ‖ [b] ℭ𝔊𝔖 –דָיו ‖ **6** [a] 𝔊(𝔖) *καὶ ἀναγγελοῦσιν* = וְיַ׳ ‖ [b–b] l אֱלֹהֵי מִשְׁפָּט ut Sir 35,15 cf Ms אלהי ‖ **10** [a–a] 𝔊(𝔖) *ἐν τοῖς ὄρεσιν καὶ βόες*; prp בְּהַרְרֵי א׳ vel ב׳ אֵל ‖ **11** [a] 𝔊(𝔖𝔗) *τοῦ οὐρανοῦ*, l שָׁמַיִם vel מָרוֹם ‖ [b] pc Mss וזיו cf 80,14[b]; 𝔊 *καὶ ὡραιότης*, 𝔖 *whjwt'* et animalia ‖ **15** [a] 𝔊 pr cop ‖ [b] 𝔊 (Hier) + *διάψαλμα* = סֶלָה ‖ **16** [a–a] frt gl ‖ [b] 𝔖 *wlktb'* = וְלִסְפֹּר ‖ **18** [a] 𝔊(𝔖𝔗) *συνέτρεχες* = וַתָּרָץ ‖ [b] 𝔊(𝔖𝔗) + *ἐτίθεις* = שַׂמְתָּ ‖ **20** [a] prp בֹּשֶׁת ‖ [b] Ms 𝔊𝔖 וּבְבֵן.

21 אֵ֥לֶּה עָשִׂ֨יתָ ׀ וְֽהֶחֱרַ֗שְׁתִּי דִּ֭מִּיתָ הֱיֽוֹת[a]־אֶהְיֶ֣ה כָמ֑וֹךָ ל.ל
אוֹכִֽיחֲךָ֖ וְאֶֽעֶרְכָ֣ה[b] לְעֵינֶֽיךָ[c]׃
22 בִּֽינוּ־נָ֣א[a] זֹ֭את שֹׁכְחֵ֣י אֱל֑וֹהַּ פֶּן־אֶ֝טְרֹ֗ף[b] וְאֵ֣ין מַצִּֽיל׃ ל
23 זֹבֵ֥חַ תּוֹדָ֗ה יְֽכַ֫בְּדָ֥נְנִי [a]וְשָׂ֥ם דֶּ֑רֶךְ[a] אַ֝רְאֶ֗נּוּ [b]בְּיֵ֣שַׁע אֱלֹהִֽים[b]׃ ח[18].ב.ל

51 1 לַמְנַצֵּ֗חַ מִזְמ֥וֹר לְדָוִֽד׃ 2 בְּֽבוֹא־אֵ֭לָיו נָתָ֣ן הַנָּבִ֑יא כַּֽאֲשֶׁר־בָּ֝֗א י״ר״פ. ט מל[1]. כן בטע לבן אשר[2]
נא
אֶל־בַּת־שָֽׁבַע׃
3 חָנֵּ֣נִי אֱלֹהִ֣ים כְּחַסְדֶּ֑ךָ[a] כְּרֹ֥ב[b] רַ֝חֲמֶ֗יךָ מְחֵ֣ה פְשָׁעָֽי[c]׃ ב.ח
4 הֶ֭רֶבה[a] כַּבְּסֵ֣נִי מֵעֲוֺנִ֑י וּֽמֵחַטָּאתִ֥י טַהֲרֵֽנִי׃ הרב ק חד מן ב[3] בליש. ל
5 כִּֽי־פְ֭שָׁעַי[a] אֲנִ֣י אֵדָ֑ע וְחַטָּאתִ֖י נֶגְדִּ֣י[b] תָמִֽיד׃
6 לְךָ֤ לְבַדְּךָ֨ ׀ חָטָאתִי֮ וְהָרַ֥ע בְּעֵינֶ֗יךָ עָ֫שִׂ֥יתִי טו
לְ֭מַעַן תִּצְדַּ֣ק בְּדָבְרֶ֑ךָ[a] תִּזְכֶּ֥ה[b] בְשָׁפְטֶֽךָ[c]׃ ד.ל.ל
7 הֵן־בְּעָו֥וֹן חוֹלָ֑לְתִּי וּ֝בְחֵ֗טְא יֶֽחֱמַ֥תְנִי אִמִּֽי׃ ד[4] מל בליש וחד מן יא[5] כתיב תרי ו. ג מל[6]
8 הֵן־אֱ֭מֶת חָפַ֣צְתָּ בַטֻּח֑וֹת[a] וּ֝בְסָתֻ֗ם[b] חָכְמָ֥ה תוֹדִיעֵֽנִי׃
9 תְּחַטְּאֵ֣נִי בְאֵז֣וֹב וְאֶטְהָ֑ר תְּ֝כַבְּסֵ֗נִי וּמִשֶּׁ֥לֶג אַלְבִּֽין׃ ל.ל
10 תַּ֭שְׁמִיעֵנִי[a] שָׂשׂ֣וֹן וְשִׂמְחָ֑ה תָּ֝גֵ֗לְנָה עֲצָמ֥וֹת דִּכִּֽיתָ׃ ל. ב חד כת י וחד כת א
11 הַסְתֵּ֣ר פָּ֭נֶיךָ מֵחֲטָאָ֑י וְֽכָל־עֲוֺנֹתַ֥י מְחֵֽה׃ ל[7]
12 לֵ֣ב טָ֭הוֹר בְּרָא־לִ֣י אֱלֹהִ֑ים וְר֥וּחַ נָ֝כ֗וֹן חַדֵּ֥שׁ בְּקִרְבִּֽי׃ ל. יא[8]. יא[9]
13 אַל־תַּשְׁלִיכֵ֥נִי מִלְּפָנֶ֑יךָ וְר֥וּחַ קָ֝דְשְׁךָ֗ אַל־תִּקַּ֥ח מִמֶּֽנִּי׃ כו ר״פ אל אל[10]. י
14 הָשִׁ֣יבָה לִּ֭י שְׂשׂ֣וֹן יִשְׁעֶ֑ךָ וְר֖וּחַ נְדִיבָ֣ה תִסְמְכֵֽנִי׃ ג[11]
15 אֲלַמְּדָ֣ה פֹשְׁעִ֣ים דְּרָכֶ֑יךָ[a] וְ֝חַטָּאִ֗ים אֵלֶ֥יךָ יָשֽׁוּבוּ׃ ד[12]
16 הַצִּ֘ילֵ֤נִי מִדָּמִ֨ים[a] ׀ אֱֽלֹהִ֗ים [b]אֱלֹהֵ֥י תְּשׁוּעָתִ֑י[b] תְּרַנֵּ֥ן[c] לְ֝שׁוֹנִ֗י צִדְקָתֶֽךָ׃ ב[13]

[18] Mm 224. **Ps 51** [1] Mm 2069. [2] Mm 3411. [3] Mm 1522. [4] Mm 4100. [5] Mm 648. [6] Mm 3591. [7] Mp sub loco. [8] Mm 3286. [9] Mm 2580. [10] Mm 3261. [11] Mm 1468. [12] Mm 2210. [13] Ps 38,23, וחד ותשועתי Jes 46,13.

21 [a] 𝔊 θ′(𝔖) *ἀνομίαν* = הַוּ֫ת; l frt הָיוֹ ‖ [b] 𝔖 *w'sdwr 'njn* = ־ֵהָ, frt l ‖ [c] 2 Mss 𝔊 לְפָנֶיךָ ‖ **22** [a] > pc Mss ‖ [b] Ms 𝔊𝔖 יִטְרֹף ut 7,3 ‖ **23** [a–a] pc Mss 𝔊𝔖 ושם ד׳; prp וְתַם ד׳ (cf Prv 10,29 13,6) vel שֹׁמֵר דְּרָכָי ‖ [b–b] 𝔖[W] *dpwrqnh* = יִשְׁעוֹ (cj c דרך); prp יִשְׁעִי vel בְּיִשְׁעִי ‖ **Ps 51,3** [a] 2 Mss בְּח׳, pc Mss כַּחֲסָדֶיךָ, 𝔊 *κατὰ τὸ μέγα ἔλεός σου* ‖ [b] 𝔊𝔖 pr cop ‖ [c] 𝔊 sg, it 5[a] ‖ **4** [a] mlt Mss ut Q; l c K הַרְבֵּה cf Vrs ‖ **5** [a] cf 3[c] ‖ [b] pc Mss לְנ׳ ‖ **6** [a] mlt Mss 𝔊σ′ בִּדְבָרֶיךָ ‖ [b] 𝔊𝔖 Hier pr cop ‖ [c] 𝔊 pass = בִּשָׁ׳ (בְּהִשָּׁ׳) ‖ **8** [a] 𝔊 cj c sq; > 𝔖 ‖ [b] 𝔊𝔖 (+ suff 2 sg) cj c ובסתם ‖ **10** [a] 𝔖 *'sb'jnj* = תַּשְׂבִּיעֵנִי ‖ **15** [a] nonn Mss 𝔖 דַּרְכְּךָ ‖ **16** [a] Ms 𝔖 מִדָּם ‖ [b–b] prb dl m cs ‖ [c] 𝔖𝔙 pr cop.

17 אֲדֹנָי שְׂפָתַי תִּפְתָּח וּפִי יַגִּיד תְּהִלָּתֶךָ׃
18 כִּי׀ לֹא־[a]תַחְפֹּץ זֶבַח[b] וְאֶתֵּנָה[c] עוֹלָה לֹא תִרְצֶה׃
19 זִבְחֵי[a] אֱלֹהִים רוּחַ נִשְׁבָּרָה לֵב־נִשְׁבָּר[b] וְנִדְכֶּה[c] אֱלֹהִים לֹא [תִבְזֶה[d]׃
20 הֵיטִיבָה בִרְצוֹנְךָ אֶת־צִיּוֹן תִּבְנֶה[a] חוֹמוֹת יְרוּשָׁלָםִ׃
21 אָז תַּחְפֹּץ זִבְחֵי־צֶדֶק [a]עוֹלָה וְכָלִיל[a] אָז יַעֲלוּ עַל־מִזְבַּחֲךָ פָרִים׃

52 1 לַמְנַצֵּחַ מַשְׂכִּיל לְדָוִד׃ 2 בְּבוֹא׀ דּוֹאֵג הָאֲדֹמִי וַיַּגֵּד לְשָׁאוּל
וַיֹּאמֶר לוֹ בָּא דָוִד אֶל־בֵּית אֲחִימֶלֶךְ[a]׃
3 מַה־תִּתְהַלֵּל בְּרָעָה הַגִּבּוֹר [a]חֶסֶד אֵל[a] כָּל־הַיּוֹם׃
4 הַוּוֹת תַּחְשֹׁב לְשׁוֹנֶךָ כְּתַעַר מְלֻטָּשׁ [a]עֹשֵׂה רְמִיָּה[a]׃
5 אָהַבְתָּ רָּע מִטּוֹב שֶׁקֶר׀ מִדַּבֵּר[a] צֶדֶק סֶלָה׃
6 אָהַבְתָּ כָל־דִּבְרֵי[a]־בָלַע לְשׁוֹן מִרְמָה[b]׃
7 גַּם־אֵל יִתָּצְךָ לָנֶצַח יַחְתְּךָ[a] וְיִסָּחֲךָ מֵאֹהֶל
וְשֵׁרֶשְׁךָ[b] מֵאֶרֶץ חַיִּים סֶלָה׃
8 וְיִרְאוּ צַדִּיקִים וְיִירָאוּ[a] [b]וְעָלָיו יִשְׂחָקוּ[b]׃
9 הִנֵּה הַגֶּבֶר לֹא יָשִׂים אֱלֹהִים מָעוּזּוֹ
וַיִּבְטַח [a]בְּרֹב עָשְׁרוֹ[a] יָעֹז[b] בְּהַוָּתוֹ[c]׃
10 וַאֲנִי׀ כְּזַיִת רַעֲנָן בְּבֵית אֱלֹהִים
בָּטַחְתִּי בְחֶסֶד־אֱלֹהִים עוֹלָם וָעֶד׃
11 אוֹדְךָ[a] לְעוֹלָם כִּי עָשִׂיתָ
וַאֲקַוֶּה שִׁמְךָ [b]כִי־טוֹב[b] נֶגֶד חֲסִידֶיךָ[c]׃

53 1 לַמְנַצֵּחַ עַל־מָחֲלַת[a] מַשְׂכִּיל לְדָוִד׃
2 אָמַר נָבָל בְּלִבּוֹ אֵין אֱלֹהִים

יא בטע ר״פ בשלש ספרים . ב[14]
ח[15] וכל ירמיה דכות ב מ ג וחד מן ג[16] מל
ב[17]
ט מל[1]
ל
ל
ח[2]
ל בטע
ד[3]
ג . ג . ו[4] ג מנה מל וב בליש ובסיפ . ז
ב
ג ב חס וחד מל
סז ר״פ לג מנה בכתיב . ב[5]
ל . ו
ל[6]
ד[1]
אמירה פלוני בלבו ו . יו מ״פ אין אין

[14]Gn 30,28. [15]Mm 2893. [16]Mm 2299. [17]Dt 33,10. Ps 52 [1]Mm 2069. [2]Mm 615. [3]Mm 660. [4]Mm 1180. [5]Mm 3287. [6] וחד וַאֲקַוֶּה Ps 69,21. Ps 53 [1]Mm 203.

18 [a] 𝔊 εἰ = לֹא ‖ [b] huc tr ‖ [c] l וְאִתְּנָה ‖ **19** [a] l prb זִבְחִי ‖ [b] > 𝔖, prb dl ‖ [c] 𝔖 om cop, prb l נִ׳ ‖ [d] 𝔊𝔖 3 sg ‖ **20** [a] l c 2 Mss 𝔖 וְתִ׳ cf 𝔊 ‖ **21** [a–a] frt gl ‖ **Ps 52,2** [a] 2 Mss 𝔊 אֲבִי׳ ‖ **3** [a–a] 𝔊 ἀνομίαν = חָמָס; l אֶל־חָסִ(י)ד cf 𝔖 ‖ **4** [a–a] prb dl m cs ‖ **5** [a] l frt מִדַּבֵּר ‖ **6** [a] 𝔖 dmmlljn = ד׳ ‖ [b] pc Mss רְמִיָּה ut 120,2.3 ‖ **7** [a] α′ (Hier) πτοήσει σε cf 𝔗; l frt יְחִתְּךָ ‖ [b] 𝔊 καὶ τὸ ῥίζωμά σου = וְשָׁ׳ ‖ **8** [a] pc Mss 𝔖 וְיִשְׂמְחוּ, frt l ‖ [b–b] 𝔖 wnsbrwn bmrj' et sperabunt in Domino ‖ **9** [a–a] 𝔗 b'wtrjh = בְּעָשְׁרוֹ ‖ [b] 𝔊𝔖 pr cop ‖ [c] 𝔖(𝔗) bqnjnh = בְּהוֹנוֹ ‖ **11** [a] ins יהוה cf 𝔏 ‖ [b–b] 𝔖 ldrdrjn = לְדוֹר דּוֹרִים ‖ [c] mlt Mss ־דְךָ ‖ **Ps 53,1** [a] α′(σ′θ′ Hier) χορείᾳ = מְחֹלַת.

הִֽשְׁחִיתוּ וְהִתְעִיבוּ[a] עָוֶל[b] אֵין[c] עֹשֵׂה־טֽוֹב׃ | ל̇
3 אֱֽלֹהִים מִשָּׁמַיִם הִשְׁקִיף עַל־בְּנֵי אָדָם
לִרְאוֹת הֲיֵשׁ מַשְׂכִּיל דֹּרֵשׁ אֶת־אֱלֹהִֽים׃ | ב̇[2]
4 כֻּלּוֹ[a] סָג[b] יַחְדָּו נֶאֱלָחוּ | ל̇ . ב̇
אֵין[c] עֹֽשֵׂה־ט֑וֹב אֵין גַּם־אֶחָֽד׃ [קָרָֽאוּ׃ | יו̇ מ״פ אין אין[2]
5 הֲלֹא יָדְעוּ[a] פֹּעֲלֵי אָוֶן אֹכְלֵי עַמִּי אָכְלוּ[b] לֶחֶם אֱלֹהִים[c] לֹא
6 שָׁם ׀ פָּֽחֲדוּ־פַחַד [a]לֹא־הָיָה פָחַד[a]
כִּֽי־אֱלֹהִים[b] פִּזַּר עַצְמוֹת חֹנָךְ[c] | ב̇[3] . ל̇
הֱבִשֹׁתָה[d] כִּֽי־אֱלֹהִים מְאָסָֽם[e]׃ | ל̇ כת̇ כן
7 מִי יִתֵּן מִצִּיּוֹן יְשֻׁעוֹת[a] יִשְׂרָאֵל | ו̇ חס̇ בליש̇[2]
בְּשׁוּב אֱלֹהִים[b] שְׁבוּת עַמּוֹ יָגֵל יַעֲקֹב יִשְׂמַח[c] יִשְׂרָאֵֽל׃ | ל̇

54 נד 1 לַמְנַצֵּחַ בִּנְגִינֹת מַשְׂכִּיל לְדָוִֽד׃ 2 בְּבֹא הַזִּיפִים וַיֹּאמְרוּ לְשָׁאוּל | ל̇ מל̇
הֲלֹא דָוִד מִסְתַּתֵּר עִמָּֽנוּ׃ | ד̇[1]
3 אֱלֹהִים בְּשִׁמְךָ הוֹשִׁיעֵנִי וּבִגְבוּרָתְךָ תְדִינֵֽנִי׃ | ז̇ בטע̇ ר״פ בסיפ̇[2]
4 אֱלֹהִים שְׁמַע תְּפִלָּתִי הַאֲזִינָה לְאִמְרֵי־פִֽי׃ [לְנֶגְדָּם סֶֽלָה׃ | ז̇ בטע̇ ר״פ בסיפ̇[2] . יו̇
5 כִּי זָרִים[a] ׀ קָמוּ עָלַי וְעָרִיצִים בִּקְשׁוּ נַפְשִׁי לֹא שָׂמוּ אֱלֹהִים | נה̇ בטע̇ ר״פ בסיפ̇
6 הִנֵּה אֱלֹהִים עֹזֵר לִי אֲדֹנָי[a] בְּסֹמְכֵי נַפְשִֽׁי׃ | ל̇
7 יָשׁוֹב[a] הָרַע לְשֹׁרְרָי בַּאֲמִתְּךָ הַצְמִיתֵֽם[b]׃ | ישיב ק̇ חד מן ג̇[3] כת̇ כן וחד מן כד̇[4] בליש̇ . ב̇[5] . ג̇ חס̇ בליש̇[6]
8 בִּנְדָבָה אֶזְבְּחָה־לָּךְ אוֹדֶה שִּׁמְךָ יְהוָה[a] כִּי־טֽוֹב׃
9 כִּי מִכָּל־צָרָה הִצִּילָנִי וּבְאֹיְבַי רָאֲתָה עֵינִֽי׃ | ג̇ ב̇ מל̇ וחד חס̇ . כט̇[7]

55 נה 1 לַמְנַצֵּחַ בִּנְגִינֹת מַשְׂכִּיל לְדָוִֽד׃
2 הַאֲזִינָה אֱלֹהִים תְּפִלָּתִי וְאַל־תִּתְעַלַּם מִתְּחִנָּתִֽי׃ | יו̇ . ל̇ . ב̇

[2]Mp sub loco. [3]Ps 112,9, וחד בזר Ps 68,31. Ps 54 [1]Mm 1678. [2]Mm 3288. [3]Mm 3289. [4]Mm 1685. [5]Mm 3290. [6]Mm 3291. [7]Mm 2501.

2 [a] mlt Mss 𝔗 et 14,1 ה׳ ‖ [b] pc Mss et 14,1 עֲלִילָה, Ms עָוֹן ‖ [c] 2 Mss 𝔖𝔄 וְאֵין ‖ **4** [a] 𝔊 ut 14,3 הַכֹּל ‖ [b] Ms 𝔗 et 14,3 סָר ‖ [c] Ms 𝔖 וְאֵין ‖ **5** [a] Ms 𝔊 ׳׳ֵ; mlt Mss 𝔊𝔖𝔗 et 14,4 + כָּל־ ‖ [b] 𝔊(𝔖) *βρώσει* = אֹכֶל ‖ [c] nonn Mss יהוה ‖ **6** [a–a] > pc Mss ‖ [b] 2 Mss יהוה ‖ [c] 𝔊(𝔖) *ἀνθρωπαρέσκων*; l prb חָנֵף ‖ [d] 𝔊(𝔖) *κατῃσχύνθησαν* ‖ [e] nonn Mss add eadem vb ut 14,6 ‖ **7** [a] mlt Mss 𝔊𝔖 Hier et 14,7 יְשׁוּעַת ‖ [b] mlt Mss 𝔊𝔖𝔗 et 14,7 יהוה ‖ [c] 𝔊𝔖 pr cop ‖ **Ps 54,5** [a] l c mlt Mss 𝔗 זֵדִים ut 86,14 ‖ **6** [a] nonn Mss יהוה ‖ **7** [a] l יָשֵׁב cf 𝔗; mlt Mss 𝔊 ut Q, 𝔖 *ʼjtʼ* = הָשִׁיבָה ‖ [b] prb m cs huc tr יהוה ex 8 ‖ **8** [a] > pc Mss $𝔊^B$ cf 7[b].

3 הַקְשִׁיבָה לִּי וַעֲנֵנִי אָרִיד[a] בְּשִׂיחִי ל[1]
וְאָהִימָה[b]׃ 4 מִקּוֹל אוֹיֵב מִפְּנֵי[a] עָקַת רָשָׁע ל. ל
כִּי־יָמִיטוּ[b] עָלַי אָוֶן וּבְאַף יִשְׂטְמוּנִי׃ ל כת כן[2]. ב. ל
5 לִבִּי[a] יָחִיל בְּקִרְבִּי וְאֵימוֹת[b] מָוֶת נָפְלוּ[b] עָלָי׃ יא[3]. ל ומל
6 יִרְאָה וָרַעַד יָבֹא בִי וַתְּכַסֵּנִי פַּלָּצוּת׃ ד
7 וָאֹמַר מִי־יִתֶּן־לִּי אֵבֶר כַּיּוֹנָה אָעוּפָה וְאֶשְׁכֹּנָה׃ ב. ב[4]. ל. ל
8 הִנֵּה אַרְחִיק נְדֹד אָלִין בַּמִּדְבָּר סֶלָה׃ ל וחס
9 [a]אָחִישָׁה מִפְלָט[a] לִי [b]מֵרוּחַ סֹעָה מִסָּעַר[b]׃ ל ל וחס
10 [a]בַּלַּע אֲדֹנָי[ab] פַּלַּג[c] לְשׁוֹנָם ל. ל
כִּי־רָאִיתִי חָמָס וְרִיב בָּעִיר׃ ד
11 יוֹמָם וָלַיְלָה יְסוֹבְבֻהָ[a] עַל־חוֹמֹתֶיהָ ל וכת כן
וְאָוֶן וְעָמָל בְּקִרְבָּהּ׃ 12 הַוּוֹת בְּקִרְבָּהּ[a]
וְלֹא־יָמִישׁ מֵרְחֹבָהּ תֹּךְ וּמִרְמָה׃ ב[5]. ז[6]. ב חס בליש. ה[7]
13 כִּי לֹא־[a]אוֹיֵב[b] יְחָרְפֵנִי[b] וְאֶשָּׂא[c] נה בטע ר״פ בסיפ. ב
לֹא־[d]מְשַׂנְאִי עָלַי הִגְדִּיל וְאֶסָּתֵר מִמֶּנּוּ׃ ב. ל. ל[1]
14 וְאַתָּה אֱנוֹשׁ כְּעֶרְכִּי אַלּוּפִי וּמְיֻדָּעִי׃ ל. ל. ל
15 אֲשֶׁר יַחְדָּו נַמְתִּיק סוֹד בְּבֵית אֱלֹהִים ב[8]
[a]נְהַלֵּךְ בְּרָגֶשׁ[a]׃ 16 [a]יַשִּׁימָוֶת[b] ׀ עָלֵימוֹ[a] ישי מות ק חד מן ה[9] כת מילה חדה וקר תרי וחד מן ה ישיא ב מל וג חס בליש
יֵרְדוּ שְׁאוֹל חַיִּים כִּי־רָעוֹת בִּמְגוּרָם[c] בְּקִרְבָּם[d]׃ ה[10]
17 אֲנִי אֶל־אֱלֹהִים אֶקְרָא וַיהוָה יוֹשִׁיעֵנִי[a]׃

Ps 55 [1] Mp sub loco. [2] Mm 839. [3] Mm 2580. [4] Mm 3292. [5] Mm 2555. [6] Mm 3293. [7] Mm 3127. [8] Mm 3287. [9] Mm 214 contra textum, ישי pro ישיא plen. [10] Mm 2743.

Ps 55,3 [a] 𝔊 ἐλυπήθην, σ′ κατηνέχθην, Hier *humiliatus sum*; l frt אוּרַד (a רדד) vel אֹבֵד ‖ [b] 𝔊(σ′ Hier) ἐταράχθην; l frt וְאֶהֱמֶה vel וְאֵהוֹמָה (a הום) et cj c 4 ‖ **4** [a] 𝔊𝔖 pr cop ‖ [b] σ′ ἐπέρριψαν; prp יַטּוּ (cf 𝔊 ἐξέκλιναν, 𝔖 *ṣlw*) vel יָעִיטוּ vel יַמְטִירוּ ‖ **5** [a] 𝔖 *wnplt bj dḥlt' wksjwnj ṭllj mwt'* et cecidit in me pavor et operuerunt me umbrae mortis ‖ [b] 𝔊 sg ‖ **9** [a–a] 𝔊 προσεδεχόμην τὸν σῴζοντα (it 𝔖, sed pr cop) = (וְ)אֲחִילָה מְפַלֵּט? ‖ [b–b] 𝔊 ἀπὸ ὀλιγοψυχίας καὶ καταιγίδος = מ׳ צָעָרָה וְסָעַר; l מ׳ סְעָרָה (סעה dttg) cf 𝔖 ‖ **10** [a–a] prp בַּלַּע גְּרוֹנָם ‖ [b] mlt Mss יהוה; 𝔗 + *'ṣthwn*, ins עֲצָתָם ‖ [c] 𝔖 *hwpk'* conversationem, prp פֶּלֶג ‖ **11** [a] 𝔊 sg ‖ **12** [a] > 𝔊𝔖; l frt בְּתוֹכָהּ vel בְּשׁוּקֶיהָ; huc tr : ‖ **13** [a] 𝔊 εἰ cf 51,18[a] ‖ [b–b] l prb אוֹיְבִי חֵרְפַנִי cf 𝔖𝔇 ‖ [c] prb exc vb ‖ [d] 𝔊 καὶ εἰ cf [a] ‖ **15** [a–a] 𝔊(𝔖) ἐπορεύθημεν ἐν ὁμονοίᾳ; prp יְהַלֵּךְ vel יְהַלְּכוּ et בְּרֶגַע vel בְּרֶעַשׁ; al trp 21–23 post 15 ‖ **16** [a–a] prb cj c 15bβ ‖ [b] mlt Mss Vrs ut Q (ישי = ישיא), sic l ‖ [c] > 𝔖 ‖ [d] prb dl ‖ **17** [a] 𝔊 εἰσήκουσέν μου = יִשְׁמָעֵנִי.

18 עֶרֶב וָבֹקֶר וְצָהֳרַיִם אָשִׂיחָה וְאֶהֱמֶה — ל
וַיִּשְׁמַע[a] קוֹלִי׃ 19 פָּדָה[a] בְשָׁלוֹם נַפְשִׁי
מִקְּרָב[b]־לִי כִּי־בְרַבִּים[c] הָיוּ עִמָּדִי׃ — ל
20 יִשְׁמַע[a] ׀ אֵל ׀ וְיַעֲנֵם[b] וְיֹשֵׁב[ab] קֶדֶם סֶלָה[c] — ל . ב חד חס וחד מל[11]
אֲשֶׁר אֵין חֲלִיפוֹת לָמוֹ וְלֹא יָרְאוּ אֱלֹהִים׃
21 שָׁלַח[a] יָדָיו[b] בִּשְׁלֹמָיו[d] חִלֵּל[e] בְּרִיתוֹ׃
22 חָלְקוּ[a] ׀ מַחְמָאֹת[b] פִּיו[c] וּקֲרָב־לִבּוֹ[d] — ב . ג קמ וכל אתנח וס״פ דכות[12]
רַכּוּ דְבָרָיו מִשֶּׁמֶן וְהֵמָּה פְתִחוֹת׃ — ט פשטין פת ס״פ בסיפ[13] . ל כת כן[14]
23 הַשְׁלֵךְ עַל־יְהוָה ׀ יְהָבְךָ[a] וְהוּא יְכַלְכְּלֶךָ — לא[15] . ל
לֹא־יִתֵּן לְעוֹלָם מוֹט לַצַּדִּיק׃
24 וְאַתָּה אֱלֹהִים ׀ תּוֹרִדֵם ׀ לִבְאֵר[a] שַׁחַת — ה ול בליש . ל משנין בטע
אַנְשֵׁי דָמִים וּמִרְמָה לֹא־יֶחֱצוּ יְמֵיהֶם — ה[16]
וַאֲנִי אֶבְטַח־בָּךְ[b]׃

56 1 לַמְנַצֵּחַ ׀ עַל־יוֹנַת[a] אֵלֶם[b] רְחֹקִים[a] לְדָוִד מִכְתָּם בֶּאֱחֹז אֹתוֹ — ל בטע . ב . ד . כד[1] מל ; ה מנה בכתיב
פְלִשְׁתִּים בְּגַת׃
2 חָנֵּנִי אֱלֹהִים כִּי־שְׁאָפַנִי אֱנוֹשׁ[a] כָּל־הַיּוֹם לֹחֵם יִלְחָצֵנִי׃ — ג
3 שָׁאֲפוּ[a] שׁוֹרְרַי[b] כָּל־הַיּוֹם[a] כִּי־רַבִּים לֹחֲמִים[c] לִי מָרוֹם[cd]׃
4 יוֹם[a] אִירָא[b] אֲנִי אֵלֶיךָ אֶבְטָח׃ 5 בֵּאלֹהִים אֲהַלֵּל דְּבָרוֹ[a] — ב
בֵּאלֹהִים בָּטַחְתִּי לֹא אִירָא מַה־יַּעֲשֶׂה בָשָׂר לִי׃

[11] Mm 3294. [12] Mm 3851. [13] Textus contra Mp, cf Mp sub loco. [14] Mm 839. [15] Mm 486. [16] Mm 3127.
Ps 56 [1] Mp contra textum, cf Mp sub loco.

18 [a] Ms 𝔖 וָאֶשְׁמַע ‖ **19** [a] 𝔊 *λυτρώσεται* = יִפְדֶּה, 𝔖 *pṣh* = פְּדֵה ‖ [b] 𝔊 *ἀπὸ τῶν ἐγγιζόντων*, l frt מִקְּרֵבִים ‖ [c] 𝔖 *bhrjn'* in contentione; l frt בְּרָבִים ‖ **20** [a–a] prp יִשְׁמָעֵאל ‖ [b–b] 𝔊(𝔖) *καὶ ταπεινώσει αὐτούς, ὁ ὑπάρχων* = וִיעַנֵּמוֹ יֹשֵׁב? ‖ וְיַעְלָם יֹשֵׁב cf Gn 36,5 ‖ [c] prp כָּלָה ‖ **21** [a] cf 15[a–a] ‖ [b] 𝔖 pl ‖ [c] nonn Mss 𝔊 ידו ‖ [d] 𝔊 *ἐν τῷ ἀποδιδόναι* = בְּשַׁלֵּם? 𝔖 *'l qrjbh*; l בִּשְׁלֹמוֹ ‖ [e] 𝔊σ'𝔖 pl ‖ **22** [a] l חָלַק ‖ [b] 2 Mss מַחֲמָאוֹת; σ' *βουτύρου* cf Hier 𝔗, l מֶחֶמְאָה ‖ [c] 𝔊(𝔖) *τοῦ προσώπου αὐτοῦ* = פָּנָיו ‖ [d] l frt בְּלִבּוֹ (ב hpgr) ‖ **23** [a] α'σ'ε' *ἀγαπήσει σε* = יֶחֱבְךָ? Hier *caritatem tuam*, 𝔗 *sjbrk* spem tuam ‖ **24** [a] 𝔖 *lgwb'*, l לְבוֹר (לְבְאֵר) ‖ [b] 𝔊 + *κύριε* ‖ **Ps 56,1** [a–a] 𝔊 *ὑπὲρ τοῦ λαοῦ τοῦ ἀπὸ τῶν ἁγίων μεμακρυμμένου* ‖ [b] l frt אֵלִים cf 𝔊 (Hier *muta* = אִלֵּם) ‖ **2** [a–a] et **3** [a–a] dupl? prp pro 2.3 ח' א' כִּי־שְׁאָפוּנִי שׁוֹרְרִי כָּל־ה' הַצִּילֵנִי כִּי־ר' ל' לִי מִמָּ' ‖ [b] 𝔊 *κατεπάτησάν με* ‖ [c–c] 𝔖 *'ttrjmw 'lj* exaltati sunt super me ‖ [d] 𝔊 *ἀπὸ ὕψους* = מִמָּ'; prb dl m cs ‖ **4** [a–a] gl? prb dl ‖ [b] prp בְּיוֹם cf 10 ‖ **5** [a] 𝔊 *τοὺς λόγους μου* = דְּבָרַי; > 𝔖.

6 כָּל־הַיּוֹם דְּבָרַי[a] יְעַצֵּבוּ[b] עָלַי כָּל־מַחְשְׁבֹתָם [נַפְשִׁי[c]׃ — ל
לָרָע[c]׃ 7 יָגוּרוּ[a] ׀ יִצְפּוֹנוּ[b] הֵמָּה עֲקֵבַי יִשְׁמֹרוּ כַּאֲשֶׁר קִוּוּ — ג . יצפונו[2] ק
8 עַל־אָוֶן[a] פַּלֶּט־לָמוֹ בְּאַף עַמִּים ׀ הוֹרֵד אֱלֹהִים׃ — ל . ג[3]
9 נֹדִי סָפַרְתָּה אָתָּה שִׂימָה דִמְעָתִי בְנֹאדֶךָ[a] [b]הֲלֹא בְּסִפְרָתֶךָ[b]׃ — ל . ל . ג[4] כת א ול בליש . ל
10 אָז[a] יָשׁוּבוּ אוֹיְבַי אָחוֹר [b]בְּיוֹם אֶקְרָא[b][c] — יא מל[5]
זֶה־יָדַעְתִּי כִּי־אֱלֹהִים לִי׃ — ל
11 בֵּאלֹהִים אֲהַלֵּל דָּבָר[a] [b]בַּיהוָה אֲהַלֵּל דָּבָר[b][a]׃ — ב
12 בֵּאלֹהִים בָּטַחְתִּי לֹא אִירָא מַה־יַּעֲשֶׂה אָדָם לִי׃
13 עָלַי אֱלֹהִים נְדָרֶיךָ אֲשַׁלֵּם תּוֹדֹת לָךְ׃ — ל
14 כִּי הִצַּלְתָּ נַפְשִׁי מִמָּוֶת [a]הֲלֹא רַגְלַי מִדֶּחִי[a] — נה בטע ר״פ בסיפ
לְהִתְהַלֵּךְ לִפְנֵי אֱלֹהִים בְּאוֹר[b] הַחַיִּים׃ — ט פשטין פת ס״פ בסיפ

57 נז 1 לַמְנַצֵּחַ אַל־תַּשְׁחֵת לְדָוִד מִכְתָּם בְּבָרְחוֹ מִפְּנֵי[a]־שָׁאוּל בַּמְּעָרָה׃ — ד . ג[1]
2 חָנֵּנִי אֱלֹהִים ׀ חָנֵּנִי כִּי בְךָ חָסָיָה נַפְשִׁי — ג . ל
וּבְצֵל־כְּנָפֶיךָ אֶחְסֶה [a]עַד־יַעֲבֹר[a] הַוּוֹת׃ — ג[2] . ל[3]
3 אֶקְרָא לֵאלֹהִים עֶלְיוֹן לָאֵל גֹּמֵר עָלָי׃ — ל . יא
4 יִשְׁלַח מִשָּׁמַיִם ׀ וְיוֹשִׁיעֵנִי חֵרֵף שֹׁאֲפִי[a] סֶלָה — ל
יִשְׁלַח אֱלֹהִים חַסְדּוֹ וַאֲמִתּוֹ׃ 5 נַפְשִׁי[a] ׀ — ל
בְּתוֹךְ[b] לְבָאִם[c] אֶשְׁכְּבָה לֹהֲטִים[d] בְּנֵי־אָדָם — ל וחס
שִׁנֵּיהֶם חֲנִית וְחִצִּים וּלְשׁוֹנָם חֶרֶב חַדָּה׃ — ב[4] . ד[5] . ה[6]
6 רוּמָה עַל־הַשָּׁמַיִם אֱלֹהִים עַל[a] כָּל־הָאָרֶץ כְּבוֹדֶךָ׃ — ב פסוק דמטע[7]
7 רֶשֶׁת ׀ הֵכִינוּ לִפְעָמַי [a]כָּפַף[b] נַפְשִׁי[a] — ב[8] וכל ד״ה דכות ב מ ב . ל
כָּרוּ לְפָנַי שִׁיחָה נָפְלוּ[c] בְתוֹכָהּ סֶלָה׃ — ל כת כן[9]

[2]Mm 832. [3]Mm 604. [4]Mm 1619. [5]Mm 3365. Ps 57 [1]Mp sub loco. [2]Mm 2400. [3]Mm 3046. [4]Nu 11, 33. [5]Mm 3102. [6]Mm 3295. [7]Mm 3384. [8]Mm 483. [9]Mm 839.

6 [a] > S; l דָּבָר (י dttg) ‖ [b] G ἐβδελύσσοντο = יְתָעֲבוּ, S *mtmlkjn hww* (= יִוָּעֲצוּ) *ʿlj* ‖ [c] cj c 7 ‖ **7** [a] Hier (T) *congregabuntur* = יָגֹדּוּ ‖ [b] mlt Mss ut Q, K יַצְפִּינוּ; prp יִצְפִּיוּן ‖ [c] mlt Mss לנ׳ cf T ‖ **8** [a] G τοῦ μηθενός = אַיִן cf S Hier; ins אַיִן ‖ **9** [a] G(S) ἐνώπιόν σου = בְּנֶגְדְּךָ ‖ [b–b] prb tr post אתה ‖ **10** [a] > G* ‖ [b–b] > S ‖ [c] G + suff 2 sg ‖ **11** [a] prp דְּבָרוֹ ut 5 ‖ [b–b] > S ‖ **14** [a–a] frt gl cf 116,8 ‖ [b] G^min(S) ἐν χώρᾳ cf 27,13 116,9 ‖ **Ps 57,1** [a] Q מלפני ‖ **2** [a–a] l frt עֲדֵי עֲבֹר ‖ **4** [a] GS pl + suff 1 sg ‖ **5** [a] G(S) pr καὶ ἐρρύσατο; l : וְיוֹשַׁע נפשי ‖ [b] G ἐκ μέσου = מִתּוֹךְ cf S ‖ [c] S *klbʾ* = כְּלָבִים ‖ [d] G(S) τεταραγμένος ‖ **6** [a] pc Mss GS וְעַל ‖ **7** [a–a] > S ‖ [b] G 3 pl ‖ [c] GS pr cop.

8 נָכוֹן לִבִּי אֱלֹהִים [a]נָכוֹן לִבִּי[a]
ב פסוק דמטע[10]
אָשִׁירָה וַאֲזַמֵּרָה׃ 9 עוּרָה[a] כְבוֹדִי[b]
ב פסוק דמטע[10]
עוּרָה הַנֵּבֶל וְכִנּוֹר אָעִירָה שָּׁחַר׃
ו בכתיב
10 אוֹדְךָ בָעַמִּים ׀ אֲדֹנָי[a] אֲזַמֶּרְךָ[b] בַּל־אֻמִּים[c]׃
ב פסוק דמטע[10]
11 כִּי־גָדֹל עַד[a]־שָׁמַיִם חַסְדֶּךָ וְעַד־שְׁחָקִים אֲמִתֶּךָ׃
ג חס[11] . יו פסוק עד ועד[12]
12 רוּמָה עַל־שָׁמַיִם אֱלֹהִים עַל[a] כָּל־הָאָרֶץ כְּבוֹדֶךָ׃
ס ח

58 1 לַמְנַצֵּחַ אַל־תַּשְׁחֵת לְדָוִד מִכְתָּם׃
נח
ד
2 הַאֻמְנָם אֵלֶם[a] צֶדֶק תְּדַבֵּרוּן מֵישָׁרִים תִּשְׁפְּטוּ בְּנֵי אָדָם׃
ד . ב . ל . ג בכתיב
3 אַף־בְּלֵב[a] עוֹלֹת[b] תִּפְעָלוּן בָּאָרֶץ חֲמַס[c] יְדֵיכֶם תְּפַלֵּסוּן[d]׃
ג כת כן בתור ובתלים[1] . ב בטע[2]
4 זֹרוּ[a] רְשָׁעִים מֵרָחֶם תָּעוּ[b] מִבֶּטֶן דֹּבְרֵי[c] כָזָב׃
ד ג חס וחד מל
5 חֲמַת־לָמוֹ כִּדְמוּת חֲמַת[a]־נָחָשׁ כְּמוֹ־פֶתֶן חֵרֵשׁ יַאְטֵם אָזְנוֹ׃
ל . ז[3]
6 אֲשֶׁר לֹא־יִשְׁמַע לְקוֹל מְלַחֲשִׁים חוֹבֵר חֲבָרִים מְחֻכָּם׃
יז שמיעה לקול[4] . ל מל . ל
7 אֱלֹהִים הֲרָס[a]־שִׁנֵּימוֹ בְּפִימוֹ[b] מַלְתְּעוֹת[c] כְּפִירִים נְתֹץ[d] ׀ יְהוָה׃
ל וכן לבן אשר[5] . ל . ל וכן לבן אשר[5]
8 יִמָּאֲסוּ כְמוֹ־מַיִם יִתְהַלְּכוּ־לָמוֹ יִדְרֹךְ חִצָּו[a] [b]כְּמוֹ יִתְמֹלָלוּ[b]׃
חציו ק
9 כְּמוֹ שַׁבְּלוּל תֶּמֶס יַהֲלֹךְ נֵפֶל[a] אֵשֶׁת[b] בַּל־חָזוּ[c] שָׁמֶשׁ׃
ל[6]
10 [a]בְּטֶרֶם יָבִינוּ[b] סִּירֹתֵיכֶם[c] אָטָד כְּמוֹ־חַי כְּמוֹ־חָרוֹן[d] יִשְׂעָרֶנּוּ[e]׃
ל . ג[7]
11 יִשְׂמַח צַדִּיק כִּי־חָזָה נָקָם[a] פְּעָמָיו[b] יִרְחַץ בְּדַם הָרָשָׁע׃
ב . ה ד פת וחד קמ[8]
12 וְיֹאמַר אָדָם אַךְ־פְּרִי לַצַּדִּיק אַךְ יֵשׁ־אֱלֹהִים שֹׁפְטִים[a] בָּאָרֶץ׃
ו רפי[9] . ב[10] . ל

59 1 לַמְנַצֵּחַ אַל־תַּשְׁחֵת לְדָוִד מִכְתָּם בִּשְׁלֹחַ שָׁאוּל וַיִּשְׁמְרוּ[a] אֶת־
הַבַּיִת לַהֲמִיתוֹ׃
נט
ד . ב
2 הַצִּילֵנִי מֵאֹיְבַי ׀ אֱלֹהָי[a] מִמְתְקוֹמְמַי[b] תְּשַׂגְּבֵנִי׃
ב

[10] Mm 3384. [11] Mm 1195. [12] Mm 912. **Ps 58** [1] Mm 297. [2] Mp sub loco. [3] Mm 3650. [4] Mm 23. [5] Mm 3296. [6] וחד ותמס Ps 39,12. [7] Mm 2794. [8] Mm 662. [9] Mm 2423. [10] Mm 1626.

8 [a–a] > 108,2 ‖ **9** [a] 108,2 אַף ‖ [b] Ms 𝔖 כִּנּוֹרִי ‖ **10** [a] mlt Mss et 108,4 יהוה ‖ [b] mlt Mss 𝔙 et 108,4 וַא׳ cf 𝔖 ‖ [c] cf 44,15[a] ‖ **11** [a] 108,5 מֵעַל ‖ **12** [a] 2 Mss 𝔊𝔖 et 108,6 וְעַל ‖ **Ps 58,2** [a] 𝔊 ἄρα, 𝔖 *'jn*, Hier *utique* = אֻלָם, α' ἀλαλίᾳ = אִלֵּם; l frt אֵ(י)לִים ‖ **3** [a] 𝔖 *klkwn*, l frt כֻּלְּכֶם ‖ [b] 𝔖(𝔗) *'wl'*, l עָוֶל ‖ [c] 𝔊(𝔖𝔗𝔙) ἀδικίαν = חָמָס; l לְחָמָס ‖ [d] Vrs 3 f pl ‖ **4** [a] l frt נָזֹרוּ (נ hpgr) ‖ [b] frt huc tr ‸ ‖ [c] l דֹּבְרוּ cf 𝔊 ‖ **5** [a] > 𝔊𝔖, prb dl (dttg) ‖ **7** [a] 𝔊(𝔖) συνέτριψεν = הָרַס ‖ [b] Hier *ex ore eorum* = מִפִּ׳ ‖ [c] pc Mss מְתַלְּעוֹת ‖ [d] 𝔊(𝔖) συνέθλασεν = נָתַץ ‖ **8** [a] mlt Mss 𝔖𝔗 ut Q, K 𝔊 חִצּוֹ ‖ [b–b] l frt בָּם יְי׳ ‖ **9** [a] θ' (Hier 𝔗) pr ὡς, l כְּנ׳ ‖ [b] 𝔊(𝔖) πῦρ, 𝔗 *w'šwt'* et talpa; prb = אִשָּׁה ‖ [c] prp חָזָה ‖ **10** [a] crrp ‖ [b] l frt יָנוּבוּ ‖ [c] Ms 𝔖 יהֶם– ‖ [d] prp חָרוּר ‖ [e] prp רֵם– ‖ **11** [a] 𝔊* + ἀσεβῶν ‖ [b] 𝔊 τὰς χεῖρας αὐτοῦ = כַּפָּיו cf 𝔖 ‖ **12** [a] 𝔊(𝔖) κρίνων αὐτούς = שֹׁפְטָם ‖ **Ps 59,1** [a] 𝔊 sg ‖ **2** [a] Ms 𝔊*𝔖 –ִים, nonn Mss יהוה, pc Mss pr יהוה ‖ [b] sic L, mlt Mss Edd ממ׳, pc Mss 𝔊𝔖 ומ׳.

3 הַצִּילֵנִי מִפֹּעֲלֵי אָוֶן וּמֵאַנְשֵׁי דָמִים הוֹשִׁיעֵנִי׃ ל

4 כִּי הִנֵּה אָרְבוּ לְנַפְשִׁי יָגוּרוּ[a] עָלַי עַזִּים[b] נה בטע ר״פ בסיפ

לֹא־פִשְׁעִי וְלֹא־חַטָּאתִי יְהוָה[c]׃ 5 בְּלִי־עָוֺן[a] יְרוּצוּן וְיִכּוֹנָנוּ ל

[b]עוּרָה לִקְרָאתִי וּרְאֵה[b]׃ 6 וְאַתָּה יְהוָה־אֱלֹהִים[a] ׀ צְבָאוֹת [b]אֱלֹהֵי ל בטע[1]

יִשְׂרָאֵל[b]]

הָקִיצָה לִפְקֹד כָּל־הַגּוֹיִם אַל־תָּחֹן כָּל־בֹּגְדֵי[c] אָוֶן סֶלָה׃ ג[2]. ב וחס

7 יָשׁוּבוּ לָעֶרֶב יֶהֱמוּ[a] כַכָּלֶב וִיסוֹבְבוּ עִיר׃ ב. ב

8 הִנֵּה ׀ יַבִּיעוּן בְּפִיהֶם חֲרָבוֹת בְּשִׂפְתוֹתֵיהֶם

[a]כִּי־מִי שֹׁמֵעַ[a]׃

9 וְאַתָּה יְהוָה תִּשְׂחַק־לָמוֹ תִּלְעַג לְכָל־גּוֹיִם׃

10 עֻזּוֹ[a] אֵלֶיךָ אֶשְׁמֹרָה[b] כִּי־אֱלֹהִים[c] מִשְׂגַּבִּי׃ ג[3] זוגין וחד מן ב[4] פסוק דמטע בסיפ

11 אֱלֹהֵי[a] חַסְדּוֹ[b] יְקַדְּמֵנִי אֱלֹהִים יַרְאֵנִי בְשֹׁרְרָי׃ חד מן מח[5] כת ו וקר י. ג חס בליש[6] — חסדי ק

12 אַל־תַּהַרְגֵם ׀ פֶּן־יִשְׁכְּחוּ עַמִּי הֲנִיעֵמוֹ[a] בְחֵילְךָ וְהוֹרִידֵמוֹ[b]

מָגִנֵּנוּ[c] אֲדֹנָי׃ 13 חַטַּאת־פִּימוֹ דְּבַר־שְׂפָתֵימוֹ וְיִלָּכְדוּ בִגְאוֹנָם ז[7] פת וכל תרי עשר דכות ב מ א. ב

וּמֵאָלָה וּמִכַּחַשׁ יְסַפֵּרוּ׃ 14 כַּלֵּה בְחֵמָה כַּלֵּה[a] וְאֵינֵמוֹ ט כת ה[8]. ט כת ה[8]

וְיֵדְעוּ כִּי־אֱלֹהִים מֹשֵׁל בְּיַעֲקֹב לְאַפְסֵי הָאָרֶץ סֶלָה׃ יא[9]

15 וְיָשֻׁבוּ[a] לָעֶרֶב יֶהֱמוּ[b] כַכָּלֶב וִיסוֹבְבוּ עִיר׃ ח[10]. ב. ב

16 הֵמָּה יְנִועוּן[a] לֶאֱכֹל אִם־לֹא יִשְׂבְּעוּ וַיָּלִינוּ[b]׃ יט ר״פ[11]. יניעון ק

17 וַאֲנִי ׀ אָשִׁיר עֻזֶּךָ וַאֲרַנֵּן לַבֹּקֶר חַסְדֶּךָ טז ר״פ לג מנה בכתיב

כִּי־הָיִיתָ מִשְׂגָּב לִי וּמָנוֹס בְּיוֹם צַר־לִי׃ ג[12]

18 עֻזִּי[a] אֵלֶיךָ[b] אֲזַמֵּרָה כִּי־אֱלֹהִים[c] מִשְׂגַּבִּי ג[3] זוגין וחד מן ב[4] פסוק דמטע בסיפ

אֱלֹהֵי חַסְדִּי׃

Ps 59 [1]Mm 3297. [2]Mm 3119. [3]Mm 509. [4]Mm 3313. [5]Mm 3811. [6]Mm 3291. [7]Mm 676. [8]Mm 2122. [9]Mm 1625. [10]Mm 2668. [11]Mm 1497. [12]Mm 3477.

4 [a] Ms Hier 𝔗 יָגֻדוּ ‖ [b] sic L, mlt Mss Edd עַזִּים ‖ [c] pc Mss אֱלֹהַי, Ms 𝔖 אֲדֹנָי; prb dl m cs ‖ **5** [a] l frt עֲוֹנִי (י hpgr) ‖ [b–b] prb tr post 6a ‖ **6** [a] prb add ‖ [b–b] prb add ‖ [c] 𝔊 (Hier) *τοὺς ἐργαζομένους* = פֹּעֲלֵי ‖ **7** [a] 𝔊𝔖 pr cop ‖ **8** [a–a] frt gl ‖ **10** [a] l c nonn Mss 𝔊𝔗 עֻזִּי ut 18; 𝔖 *'lh'* ‖ [b] 𝔖 *'šbḥ* = אָשִׁירָה? ‖ [c] 𝔖 *'nt*; Hier pr *tu*, l אַתָּה א' ‖ **11** [a] 2 Mss 𝔊 אֱלֹהַי, pc Mss 𝔖𝔗 אלהים ‖ [b] mlt Mss Hier 𝔗 ut Q, sic l; K 𝔊 חסדו, 𝔖 suff 2 sg ‖ **12** [a] Ms הַכְנִ' ‖ [b] huc tr : ‖ [c] 𝔊𝔖 suff 1 sg; prp מְנָעֵמוֹ ‖ **14** [a] l frt כַּלֵּם ‖ **15** [a] 𝔊σ'θ'𝔖 om cop, dl cf 7 ‖ [b] 𝔊𝔖 pr cop cf 7[a] ‖ **16** [a] K 'ינו ‖ [b] 𝔊(α' Hier) *καὶ γογγύσουσιν* = וַיָּלִינוּ; 𝔖 *wl' nbwtwn* ‖ **18** [a] cf 10.11, frt dl ‖ [b] 𝔖 *'lh'* cf 10[a] ‖ [c] cf 10[c].

60 1 לַמְנַצֵּ֥חַ עַל־שׁוּשַׁ֥ן[a] עֵד֑וּת מִכְתָּ֖ם לְדָוִ֣ד לְלַמֵּֽד׃ 2 בְּהַצּוֹת֨וֹ[a] ׀ אֶ֥ת — ב ומל וכל שושן הבירה דכות[1] . ב[2] . ג פת קטן בטע[3]
אֲרַ֪ם נַהֲרַ֡יִם וְאֶת־אֲרַ֬ם צ֗וֹבָה וַיָּ֤שָׁב יוֹאָ֗ב וַיַּ֣ךְ אֶת־אֱד֣וֹם[b] בְּגֵיא[b]־מֶ֑לַח
שְׁנֵ֖ים עָשָׂ֣ר אָֽלֶף׃

3 אֱ‍ֽלֹהִ֣ים זְ֭נַחְתָּנוּ פְרַצְתָּ֑נוּ[a] אָ֝נַ֗פְתָּ תְּשׁ֣וֹבֵב[b] לָֽנוּ׃ — ז בטע ר״פ בסיפ[4] . ל
4 הִרְעַ֣שְׁתָּה אֶ֣רֶץ פְּצַמְתָּ֑הּ[a] רְפָ֖ה[b] שְׁבָרֶ֣יהָ כִי־מָֽטָה׃ — ב[5] חד כת א וחד[6] כת ה . ג ס״פ ב מנה דגש וחד רפי
5 הִרְאִ֣יתָה[a] עַמְּךָ֣ קָשָׁ֑ה הִ֝שְׁקִיתָ֗נוּ יַ֣יִן תַּרְעֵלָֽה׃ — ה חס בכתיב ול בליש[7]
6 נָתַ֬תָּה[a] לִּירֵאֶ֣יךָ נֵּ֭ס[b] לְהִתְנוֹסֵ֑ס[c] מִ֝פְּנֵ֗י קֹ֣שֶׁט[d] סֶֽלָה׃ — ל ומל
7 לְ֭מַעַן יֵחָלְצ֣וּן יְדִידֶ֑יךָ הוֹשִׁ֖יעָה יְמִֽינְךָ֣ וַעֲנֵֽנוּ[a]׃ [וַעֲנֵֽנִי — ב . ועננו ק חד מן מח[8] כת ו וקר י [ב
8 אֱלֹהִ֤ים ׀ דִּבֶּ֥ר בְּקָדְשׁ֗וֹ אֶ֫עְלֹ֥זָה[a] אֲחַלְּקָ֥ה שְׁכֶ֑ם וְעֵ֖מֶק סֻכּ֣וֹת — ג ב חס וחד מל[9]
9 לִ֤י גִלְעָ֨ד ׀ וְלִ֬י[a] מְנַשֶּׁ֗ה וְ֭אֶפְרַיִם מָע֣וֹז רֹאשִׁ֑י יְ֝הוּדָ֗ה מְחֹֽקְקִֽי׃ — ב ר״פ לי ולי[10] . ח[11] . ב פסוק דמטע[12] . כו
10 מוֹאָ֤ב ׀ סִ֬יר רַחְצִ֗י עַל־אֱ֭דוֹם אַשְׁלִ֣יךְ נַעֲלִ֑י עָ֝לַ֗י[a] פְּלֶ֣שֶׁת — ב פסוק דמטע[12]
11 מִ֣י יֹ֭בִלֵנִי עִ֣יר מָצ֑וֹר[a] מִ֖י נָחַ֣נִי[b] עַד־אֱדֽוֹם׃ [הִתְרֹעָֽעִי[b]׃ — ב וחס . ב פסוק דמטע[12] [ב פסוק דמטע[12]
12 הֲלֹֽא־אַתָּ֣ה[a] אֱ֭לֹהִים זְנַחְתָּ֑נוּ וְלֹֽא־תֵצֵ֥א אֱ֝לֹהִ֗ים בְּצִבְאוֹתֵֽינוּ[b]׃ — ב פסוק דמטע[12] . ה . ו[13] . ג
13 הָֽבָה־לָּ֣נוּ עֶזְרָ֣ת[a] מִצָּ֑ר וְ֝שָׁ֗וְא תְּשׁוּעַ֥ת אָדָֽם׃
14 בֵּֽ֭אלֹהִים[a] נַעֲשֶׂה־חָ֑יִל וְ֝ה֗וּא יָב֥וּס צָרֵֽינוּ[b]׃

61 סא 1 לַמְנַצֵּ֬חַ ׀ עַֽל־נְגִינַ֬ת[a] לְדָוִֽד׃ — ח בטע . ל
2 שִׁמְעָ֣ה אֱ֭לֹהִים[a] רִנָּתִ֑י הַ֝קְשִׁ֗יבָה תְּפִלָּתִֽי׃
3 מִקְצֵ֤ה הָאָ֨רֶץ ׀ אֵלֶ֣יךָ אֶ֭קְרָא בַּעֲטֹ֣ף לִבִּ֑י
בְּצוּר־יָר֖וּם[a] מִמֶּ֣נִּי תַנְחֵֽנִי׃
4 כִּֽי־הָיִ֣יתָ מַחְסֶ֣ה לִ֑י מִגְדַּל־עֹ֝֗ז מִפְּנֵ֥י אוֹיֵֽב׃ — ב
5 אָג֣וּרָה בְ֭אָהָלְךָ עוֹלָמִ֑ים אֶֽחֱסֶ֨ה בְסֵ֖תֶר כְּנָפֶ֣יךָ סֶּֽלָה׃ — ל . ח

Ps 60 [1]Mm 1910. [2]Mm 3220. [3]Mp sub loco. [4]Mm 3288. [5]Mm 3298. [6]Mm 4045. [7]Mp contra textum, cf Mp sub loco. [8]Mm 3811. [9]Mm 3123. [10]Mm 3299. [11]Mm 1485. [12]Mm 3384. [13]Mm 2886.

Ps 60,1 a–a 𝔊 *τοῖς ἀλλοιωθησομένοις ἔτι*; cf 45,1[a] ‖ **2** a 𝔊(σ′) *ὁπότε ἐνεπύρισεν* = בהציתו ‖ b–b 𝔊 *φάραγγα* = גַּיְא ‖ **3** a 𝔊𝔖 pr cop ‖ b Ms 𝔊′ וַתּ׳, > 𝔖 ‖ **4** a nonn Mss פְּצַמְתָּ, mlt Mss ה sine mappiq ‖ b = רפא, sic pc Mss ‖ **5** a l prb הִרְוִיתָ ‖ **6** a prp תְּנָה ‖ b huc tr ‸ ‖ c 𝔖 *dl' n'rqwn* ne fugiant ‖ d = קֶשֶׁת cf 𝔊𝔖 ‖ **7** a mlt Mss Vrs ut Q, it 108,7; K נוּ– ‖ **8** a prp אעל־זֶה cf Nu 13,17 ‖ **9** a pc Mss et 108,9 לי ‖ **10** a 𝔖 *w'l* cf 𝔗, l עֲלֵי ut 108,10 ‖ b l c Ms 𝔖 et Ps 108,10 אֶתְרוֹעָע ‖ **11** a 108,11 מִבְצָר ‖ b l יַנְחֵנִי cf Vrs (י hpgr) ‖ **12** a > 2 Mss et 108,12 ‖ b > 2 Mss σ′𝔖 ‖ **13** a pc Mss עזרה ‖ **14** a > 𝔖 ‖ b nonn Mss קָמֵינוּ ‖ **Ps 61,1** a mlt Mss 𝔊σ′𝔗 Hier נֹת– ‖ **2** a > 𝔊[B] ‖ **3** a–a 𝔊(𝔖) *ὕψωσάς με* = תְּרוֹמְמֵנִי cf 27,5 ‖ b 𝔖 *wbj'tnj* = וַתְּנַחֵמֵנִי; prp תַּנְ׳.

6 כִּֽי־אַתָּ֣ה אֱ֭לֹהִים שָׁמַ֣עְתָּ לִנְדָרָ֑י נָתַ֥תָּ יְ֝רֻשַּׁ֗ת[a] יִרְאֵ֥י שְׁמֶֽךָ׃
7 יָמִ֣ים עַל־יְמֵי־מֶ֣לֶךְ תּוֹסִ֑יף שְׁ֝נוֹתָ֗יו כְּמוֹ[a]־דֹ֥ר וָדֹֽר׃
8 יֵשֵׁ֣ב ע֭וֹלָם לִפְנֵ֣י אֱלֹהִ֑ים חֶ֥סֶד וֶ֝אֱמֶ֗ת מַ֣ן[a] יִנְצְרֻֽהוּ׃
9 כֵּ֤ן אֲזַמְּרָ֣ה שִׁמְךָ֣ לָעַ֑ד לְֽשַׁלְּמִ֥י נְ֝דָרַ֗י י֣וֹם ׀ יֽוֹם׃

62 סב 1 לַמְנַצֵּ֥חַ[a] עַֽל־יְדוּת֗וּן[ab] מִזְמ֥וֹר לְדָוִֽד׃
2 אַ֣ךְ אֶל־אֱ֭לֹהִים דּֽוּמִיָּ֣ה[a] נַפְשִׁ֑י מִ֝מֶּ֗נּוּ[b] יְשׁוּעָתִֽי׃
3 אַךְ־ה֣וּא צ֭וּרִי וִישׁוּעָתִ֑י מִ֝שְׂגַּבִּ֗י לֹֽא־אֶמּ֥וֹט רַבָּֽה[a]׃
4 עַד־אָ֤נָה ׀ תְּהוֹתְת֣וּ עַל־אִישׁ֮ תְּרָצְּח֪וּ[a] כֻ֫לְּכֶ֥ם
כְּקִ֥יר נָט֑וּי [b]גָּ֝דֵ֗ר הַדְּחוּיָֽה[b]׃
5 אַ֤ךְ מִשְּׂאֵת֨וֹ[a] ׀ יָעֲצ֬וּ לְהַדִּ֗יחַ יִרְצ֫וּ[b] כָזָ֥ב[c]
בְּפִ֥יו[d] יְבָרֵ֑כוּ וּ֝בְקִרְבָּ֗ם יְקַלְלוּ־סֶֽלָה׃
6 אַ֣ךְ לֵ֭אלֹהִים דּ֣וֹמִּי[a] נַפְשִׁ֑י כִּי־מִ֝מֶּ֗נּוּ תִּקְוָתִֽי׃
7 אַךְ־ה֣וּא צ֭וּרִי וִישׁוּעָתִ֑י מִ֝שְׂגַּבִּ֗י לֹ֣א אֶמּֽוֹט׃
8 עַל־אֱ֭לֹהִים יִשְׁעִ֣י וּכְבוֹדִ֑י צוּר[a]־עֻזִּ֥י[b] מַ֝חְסִ֗י[c] בֵּאלֹהִֽים׃
9 בִּטְח֘וּ ב֤וֹ [a]בְכָל־עֵ֗ת ׀ עָ֭ם שִׁפְכֽוּ־לְפָנָ֣יו לְבַבְכֶ֑ם אֱלֹהִ֖ים
10 אַ֤ךְ ׀ הֶ֥בֶל בְּנֵֽי־אָדָם֮ כָּזָ֪ב בְּנֵ֫י אִ֥ישׁ[a] [מַחֲסֶה־לָּ֣נוּ סֶֽלָה[b]׃
בְּמֹאזְנַ֥יִם לַֽעֲל֑וֹת[b] הֵ֝֗מָּה מֵהֶ֥בֶל יָֽחַד׃
11 אַל־תִּבְטְח֣וּ בְעֹשֶׁק֮ וּבְגָזֵ֪ל אַל־תֶּ֫הְבָּ֥לוּ[a]
חַ֤יִל ׀ כִּֽי־יָנ֑וּב[b] אַל־תָּשִׁ֥יתוּ לֵֽב׃
12 אַחַ֤ת ׀ דִּבֶּ֬ר אֱלֹהִ֗ים שְׁתַּֽיִם־ז֥וּ שָׁמָ֑עְתִּי[a]

כט חס[1] . ב וחס
ג ר״פ[2] . יג
ל . ל לשון קדש
ל . ז[3]
ד . יא בסיפ
ל . ה[1] . כן לבן אשר[2]
ל . ל
ל[3] . ד[4]
ב[5]
יז וכל זקף אתנח וס״פ דכות[6]
ח[7] רפי ג[8] מנה בליש וכל אחסה דכות ב מ א
יד[9] וכל אורית ויהושע דכות ב מ ג
ב ר״פ אל אל[10] . ל[11]

Ps 61 [1]Mm 657. [2]Mm 3300. [3]Mm 484. **Ps 62** [1]Mm 3301. [2]Mm 3302. [3]Mp sub loco. [4]Mm 3282. [5]Mm 3204. [6]Mm 2120. [7]Mm 3046. [8]Mm 3278. [9]Mm 1523. [10]Mm 2540. [11]וחד בגזל Lv 5,21.

6 [a] prp אֲרֶשֶׁת cf 21,3 ‖ **7** [a] l כִּימֵי cf 𝔊 ‖ **8** [a] > 2 Mss α′σ′ Hier; frt dttg ‖ **Ps 62,1** [a–a] pc Mss לִיד′ ‖ [b] 𝔊(α′σ′ Hier) *Ιδιθουν* ‖ **2** [a] prp דּוֹ′ a דמה ‖ [b] pc Mss 𝔊𝔖 pr כִּי ut 6 ‖ **3** [a] > Ms et 7, frt dl ‖ **4** [a] nonn Mss Edd תְּרַצְּ′; prp תָּרוּצוּ, l frt תְּרוּצוּהוּ ‖ [b–b] l גְּדֵרָה דְ′; 𝔊𝔖 pr cop ‖ **5** [a] 𝔊(𝔖) *τὴν τιμήν μου* = מַשְּׂאֵתִי, Hier *partem eius* = מַשְׂ′; prp מַשְּׂאוֹת vel מְשַׂנְאַי ‖ [b] 𝔊(𝔖) *ἔδραμον* = יָרֻצוּ ‖ [c] l בְּכ′ et cj c ירצו cf 𝔊α′σ′ε′𝔖 ‖ [d] 2 Mss בפיהֶם cf 𝔊𝔖𝔗; l בפימוֹ ‖ **6** [a] pc Mss דומיה ut 2 ‖ **8** [a] Ms צוּרִי, 𝔖 *twqpj* robur meum ‖ [b] 𝔊 *τῆς βοηθείας μου* = עֶזְרִי, 𝔖 *wʿdwrj* et auxiliator meus ‖ [c] pc Mss 𝔊𝔖 וּמ′ ‖ **9** [a–a] 𝔊 *πᾶσα συναγωγή*, l prb כָּל־עֲדַת ‖ [b] Ga Hier *in aeternum* ‖ **10** [a] huc tr ^ ‖ [b] 𝔊 *τοῦ ἀδικῆσαι* ‖ **11** [a] pc Mss תבהלו, 𝔊 *ἐπιποθεῖτε*, 𝔖 *trḥmwn* = תֶּאֱהָבוּ? ‖ [b] 𝔊 *ῥέῃ* = יָזוּב? 𝔖 *(d)sgʾ* = יָרוּב? ‖ **12** [a] mlt Mss שָׁמָעְנוּ.

כִּ֥י עֹ֝֗ז לֵאלֹהִֽים׃ 13 וּלְךָֽ־אֲדֹנָ֥י חָ֑סֶד ב. ב ור״פ ול בליש
כִּֽי־אַתָּ֨ה תְשַׁלֵּ֖ם לְאִ֣ישׁ כְּֽמַעֲשֵֽׂהוּ׃ ג בטע

63 סג

1 מִזְמ֥וֹר לְדָוִ֑ד בִּ֝הְיוֹת֗וֹ בְּמִדְבַּ֥ר יְהוּדָֽה׃ ח ר״פ
2 אֱלֹהִ֤ים ׀ אֵלִ֥י אַתָּ֗ה אֲֽשַׁ֫חֲרֶ֥ךָּ צָמְאָ֬ה לְךָ֨ ׀ נַפְשִׁ֗י ב[1]. ב
כָּמַ֣הּ לְךָ֣ בְשָׂרִ֑י בְּאֶֽרֶץ[a]־צִיָּ֖ה וְעָיֵ֣ף[b] [c]בְּלִי־מָֽיִם[c]׃ ל. ח[2]
3 כֵּ֭ן בַּקֹּ֣דֶשׁ חֲזִיתִ֑ךָ לִרְא֥וֹת עֻ֝זְּךָ֗ וּכְבוֹדֶֽךָ׃
4 כִּי־ט֣וֹב חַ֭סְדְּךָ מֵֽחַיִּ֗ים שְׂפָתַ֥י יְשַׁבְּחֽוּנְךָ׃ ל
5 כֵּ֣ן אֲבָרֶכְךָ֣ בְחַיָּ֑י בְּ֝שִׁמְךָ֗[a] אֶשָּׂ֥א כַפָּֽי׃ כג
6 כְּמ֤וֹ חֵ֣לֶב וָ֭דֶשֶׁן תִּשְׂבַּ֣ע נַפְשִׁ֑י וְשִׂפְתֵ֥י רְ֝נָנ֗וֹת יְהַלֶּל־פִּֽי׃ ל
7 אִם־זְכַרְתִּ֥יךָ עַל־יְצוּעָ֑י בְּ֝אַשְׁמֻר֗וֹת אֶהְגֶּה־בָּֽךְ׃ ל
8 כִּֽי־הָיִ֣יתָ עֶזְרָ֣תָה לִּ֑י וּבְצֵ֖ל כְּנָפֶ֣יךָ אֲרַנֵּֽן׃ ג[3]. ג[4]
9 דָּבְקָ֣ה נַפְשִׁ֣י אַחֲרֶ֑יךָ בִּ֝֗י תָּמְכָ֥ה יְמִינֶֽךָ׃
10 וְהֵ֗מָּה לְ֭שׁוֹאָה[a] יְבַקְשׁ֣וּ נַפְשִׁ֑י יָ֝בֹ֗אוּ בְּֽתַחְתִּיּ֥וֹת הָאָֽרֶץ[b]׃ י ר״פ[5]. ב מל בליש. ל[6]
11 יַגִּירֻ֥הוּ[a] עַל־יְדֵי־חָ֑רֶב מְנָ֖ת שֻׁעָלִ֣ים יִהְיֽוּ׃ ל
12 וְהַמֶּ֗לֶךְ יִשְׂמַ֬ח בֵּאלֹ֫הִ֥ים יִ֭תְהַלֵּל כָּל־הַנִּשְׁבָּ֣ע בּ֑וֹ ל. ל
כִּ֥י יִ֝סָּכֵ֗ר פִּ֣י דֽוֹבְרֵי־שָֽׁקֶר׃ ל. ד ג חס ול מל

64 סד

1 לַמְנַצֵּ֗חַ מִזְמ֥וֹר לְדָוִֽד׃ י ר״פ
2 שְׁמַע־אֱלֹהִ֣ים קוֹלִ֣י בְשִׂיחִ֑י מִפַּ֥חַד א֝וֹיֵ֗ב [a]תִּצֹּ֥ר חַיָּֽי[ab]׃ ל
3 תַּ֭סְתִּירֵנִי מִסּ֣וֹד מְרֵעִ֑ים מֵ֝רִגְשַׁ֗ת פֹּ֣עֲלֵי אָֽוֶן׃ ג. ל
4 אֲשֶׁ֤ר שָׁנְנ֣וּ כַחֶ֣רֶב לְשׁוֹנָ֑ם דָּֽרְכ֥וּ חִ֝צָּ֗ם[a] דָּבָ֥ר מָֽר׃ ב חד חס וחד מל[1]. ג.
5 לִירֹ֣ת בַּמִּסְתָּרִ֣ים תָּ֑ם פִּתְאֹ֥ם יֹ֝רֻ֗הוּ וְלֹ֣א יִירָֽאוּ[a]׃ ז[2] חס ול בליש. ג מל בליש ובסיפ[3]
6 יְחַזְּקוּ־לָ֨מוֹ ׀ דָּ֘בָ֤ר רָ֗ע יְֽסַפְּר֗וּ[a] לִטְמ֣וֹן מוֹקְשִׁ֑ים אָ֝מְר֗וּ מִ֣י
7 יַחְפְּֽשׂוּ[a]־עוֹלֹ֗ת תַּ֭מְנוּ[b] חֵ֣פֶשׂ מְחֻפָּ֑שׂ [יִרְאֶה־לָּֽמוֹ[b]׃ ג כת כן בתור ובתלים[4]. ל

Ps 63 [1]Jes 26,9. [2]Mm 184. [3]Mm 3303. [4]Mm 2400. [5]Mm 1249. [6]וחד בתחתיות ארץ Ps 139,15. **Ps 64** [1]Mm 3304 contra textum. [2]Mm 1759. [3]Mp sub loco. [4]Mm 297.

Ps 63,2 [a] pc Mss 𝔖 כְּאֶ׳, σ' ὡς ἐν γῇ ‖ [b] pc Mss וַעֲיֵפָה ‖ [c–c] frt dl m cs ‖ **5** [a] cf 2,2[b] ‖ **10** [a] l c Ms 𝔊 לַשָּׁוְא ‖ [b] nonn Mss א׳ ‖ **11** [a] l frt יַגִּרוּ (cf 𝔊𝔖) vel יַגִּירוּם vel יַגִּירֻמוֹ ‖ **Ps 64,2** [a–a] 𝔖 *nṭrjnj* = תִּצְּרֵנִי ‖ [b] 𝔊 α' τὴν ψυχήν μου ‖ **4** [a] l frt c 2 Mss חִצִּים cf 11,2[a]; 𝔖 *'jk g'r'* ut sagittam ‖ **5** [a] 𝔖 *ntḥzwn* = יֵרָאוּ ‖ **6** [a] 𝔖 *w'tḥšbw* et cogitaverunt; prp יַחְפְּרוּ ‖ [b] l לָנוּ cf 𝔖 Hier ‖ **7** [a] 2 Mss 𝔊𝔖 Hier חָפְ׳ ‖ [b] mlt Mss טָמְנוּ.

וְקֶ֥רֶב אִ֝֗ישׁ^c וְלֵ֣ב עָמֹֽק׃ — כל חס ב מ ב[5] מל

8 וַיֹּרֵ֗ם אֱלֹ֫הִ֥ים חֵ֥ץ^a פִּתְאֹ֑ום הָ֝י֗וּ מַכֹּותָֽם׃ — ז חס ול בליש[6]

9 ^a וַיַּכְשִׁיל֣וּהוּ עָלֵ֣ימוֹ^a לְשׁוֹנָ֑ם^b יִ֝תְנֹדְד֗וּ^c כָּל־רֹ֥אֵה בָֽם׃ — ל ומל . ל . ב[7] חד כת ה וחד כת י

10 וַיִּֽירְא֗וּ^a כָּל־אָ֫דָ֥ם וַ֭יַּגִּידוּ פֹּ֣עַל אֱלֹהִ֑ים וּֽמַעֲשֵׂ֥הוּ^b הִשְׂכִּֽילוּ׃ — ג

11 יִשְׂמַ֬ח צַדִּ֣יק בַּ֭יהוָה וְחָ֣סָה ב֑וֹ וְ֝יִֽתְהַלְל֗וּ כָּל־יִשְׁרֵי־לֵֽב׃ — ב

65 סה 1 לַמְנַצֵּ֥חַ מִזְמ֗וֹר לְדָוִ֥ד שִֽׁיר׃ — י ר״פ

2 לְךָ֤ דֻֽמִיָּ֨ה^a תְהִלָּ֓ה אֱלֹהִ֣ים בְּצִיּ֑וֹן — ד

וּ֝לְךָ֗ יְשֻׁלַּם־נֶֽדֶר^b׃ 3 שֹׁמֵ֥עַ^a תְּפִלָּ֑ה^b — ג ול בליש

עָ֝דֶ֗יךָ^c כָּל־בָּשָׂ֥ר יָבֹֽאוּ^d׃ 4 דִּ֥בְרֵ֣י עֲ֭וֺנֹת^a — ג[1] . ד חס

גָּ֣בְרוּ מֶ֑נִּי^b פְּ֝שָׁעֵ֗ינוּ^c אַתָּ֥ה תְכַפְּרֵֽם׃ — ל

5 אַשְׁרֵ֤י ׀ תִּֽבְחַ֣ר וּתְקָרֵב֮ יִשְׁכֹּ֪ן^a חֲצֵ֫רֶ֥יךָ^b — ב[2]

נִ֭שְׂבְּעָה בְּט֣וּב בֵּיתֶ֑ךָ קְ֝דֹ֗שׁ הֵיכָלֶֽךָ׃ — יט[3] ד[4] מנה בליש . ג חס

6 נ֤וֹרָא֨וֹת^a ׀ בְּצֶ֣דֶק תַּ֭עֲנֵנוּ אֱלֹהֵ֣י יִשְׁעֵ֑נוּ

מִבְטָ֥ח כָּל־קַצְוֵי־אֶ֝֗רֶץ וְיָ֣ם^b רְחֹקִֽים׃ — ג ב קמ וחד פת[5] . ג . ג[6]

7 מֵכִ֣ין הָרִ֣ים בְּכֹח֑וֹ^a נֶ֝אְזָ֗ר בִּגְבוּרָֽה׃ — ל

8 מַשְׁבִּ֤יחַ ׀ שְׁא֣וֹן יַ֭מִּים שְׁא֣וֹן גַּלֵּיהֶ֑ם^a וַ֝הֲמ֗וֹן^b לְאֻמִּֽים^a׃

9 וַיִּֽירְא֨וּ ׀ יֹשְׁבֵ֣י קְ֭צָוֺת מֵאוֹתֹתֶ֑יךָ — ל

מ֤וֹצָאֵי־בֹ֖קֶר וָעֶ֣רֶב תַּרְנִֽין^a׃ — ל

10 פָּקַ֣דְתָּ הָאָ֨רֶץ ׀ וַתְּשֹׁ֬קְקֶ֗הָ^a רַבַּ֬ת תַּעְשְׁרֶ֗נָּה — ל חס . ל

פֶּ֣לֶג אֱ֭לֹהִים מָ֣לֵא מָ֑יִם תָּכִ֥ין דְּ֝גָנָ֗ם^b כִּי־כֵ֥ן תְּכִינֶֽהָ׃ — ל . ל

11 תְּלָמֶ֣יהָ רַ֭וֵּה נַחֵ֣ת גְּדוּדֶ֑יהָ בִּרְבִיבִ֥ים^a תְּ֝מֹגְגֶ֗נָּה צִמְחָ֥הּ תְּבָרֵֽךְ׃ — ב[7] . ל . ל . ל וחד מן ג[8] חס בליש . ד[9]

[5] Cf Mm 3990. [6] Mm 1759. [7] Mm 3305. **Ps 65** [1] Mm 3306. [2] Mm 3910. [3] Mm 335. [4] Mm 3242. [5] Mm 3307. [6] Mm 3107. [7] Mm 3537. [8] Mm 3532. [9] Mm 2844.

7 ^c prp אֱנֹשׁ vel בְּאִישׁ (ב hpgr) ‖ **8** ^a huc tr ‸ ‖ **9** ^a–a prp עָלֵי לֵמוֹ— ‖ ^b 2 Mss יתנוֹדד ‖ ^c mlt Mss 𝔊𝔖 Hier רֹאֵי ‖ **10** ^a mlt Mss σ′ וַיִּרְאוּ ‖ ^b 𝔖 *wbʿbd ʾjdwhj* = שֵׂה יָדָיו— ‖ **Ps 65,2** ^a 𝔊(𝔖) *πρέπει*, l ד′ ‖ ^b 𝔊 + *ἐν Ιερουσαλημ* ‖ **3** ^a 𝔊(𝔖 Hier) *εἰσάκουσον* = שְׁמַע ‖ ^b 𝔊𝔖 + suff 1 sg ‖ ^c α′ε′ *ἕως* = עֲדֵי ‖ ^d α′ε′ *ἥξει* = יבא ‖ **4** ^a huc tr : ‖ ^b prb l c pc Mss מֶנּוּ cf 𝔊 ‖ ^c 𝔗 pc Mss פשענו, 𝔖 suff 1 sg; 𝔊𝔖 pr cop ‖ **5** ^a 𝔗 2 Mss לִשְׁכּוֹן ‖ ^b pc Mss 𝔖 חצרך ‖ ^c l ק′ (cf 𝔊) vel קֹדֶשׁ (cf 𝔖𝔗) ‖ **6** ^a 𝔊 sg et cj c 5, cf 𝔖 ‖ ^b 𝔖 *wdʿmmʾ* = וְעַמִּים, 𝔗 *wngwwt jmʾ* = וְאִיֵּי ים; l frt וְאִיִּם ‖ **7** ^a 𝔊^B 𝔏^G Ga 𝔙 suff 2 sg ‖ **8** ^a–a frt dl ‖ ^b 𝔊(𝔖) *ταραχθήσονται* = יֶהֱמוּן ‖ **9** ^a frt dl (dttg) et huc tr 14 ^b–b ‖ **10** ^a 𝔊 *καὶ ἐμέθυσας αὐτήν* = וַתְּשַׁקְּהָ cf 𝔖 ‖ ^b σ′ (Syh) *τὴν πανσπερμίαν αὐτῆς* = דגנָהּ ‖ **11** ^a mlt Mss כּר′.

12 עִטַּרְתָּ שְׁנַת טוֹבָתֶךָ וּ֝מַעְגָּלֶיךָ יִרְעֲפוּן דָּשֶׁן׃ ל̇. ל̇
13 יִ֭רְעֲפוּ[a] נְאוֹת מִדְבָּר וְ֝גִיל גְּבָעוֹת תַּחְגֹּרְנָה׃ ג̇. ל̇[10]
14 לָבְשׁוּ כָרִים[a] ׀ הַצֹּאן וַעֲמָקִים יַעַטְפוּ־בָר ג ול̇[11] בליש
[b]יִ֝תְרוֹעֲעוּ אַף־יָשִׁירוּ׃[b] ל̇ ומל̇[12]

66 סו 1 לַמְנַצֵּחַ שִׁיר מִזְמוֹר [תְּהִלָּתוֹ׃ ה
הָרִיעוּ לֵ֝אלֹהִים[a] כָּל־הָאָרֶץ׃ 2 זַמְּרוּ כְבוֹד־שְׁמוֹ שִׂימוּ[a] כָ֝בוֹד[b] ב̇. יו
3 אִמְרוּ לֵ֭אלֹהִים מַה־נּוֹרָא מַעֲשֶׂיךָ בְּרֹב עֻ֝זְּךָ יְכַחֲשׁוּ[a] לְךָ אֹיְבֶיךָ׃
4 כָּל־הָאָרֶץ ׀ יִשְׁתַּחֲווּ לְ֭ךָ[a] וִיזַמְּרוּ־לָךְ[b] יְזַמְּרוּ שִׁמְךָ סֶלָה׃ ב̇[1]. יד פסוק לך לך[2]
5 לְכוּ וּ֭רְאוּ מִפְעֲלוֹת אֱלֹהִים נוֹרָא עֲ֝לִילָה[a] עַל־בְּנֵי אָדָם׃
6 הָפַךְ[a] יָם ׀ לְיַבָּשָׁה בַּ֭נָּהָר יַעַבְרוּ בְרָגֶל שָׁ֝ם נִשְׂמְחָה־בּוֹ׃ ל̇[3]. ל̇
7 מֹשֵׁל בִּגְבוּרָתוֹ ׀ עוֹלָם עֵ֭ינָיו בַּגּוֹיִם תִּצְפֶּינָה
הַסּוֹרְרִים ׀ אַל־יָרִימוּ[a] לָמוֹ[b] סֶלָה׃ ירומו[4] ק
8 בָּרְכוּ עַמִּים ׀ אֱלֹהֵינוּ[a] וְ֝הַשְׁמִיעוּ קוֹל תְּהִלָּתוֹ׃
9 הַשָּׂם נַ֭פְשֵׁנוּ[a] בַּחַיִּים וְלֹא־נָתַן לַמּוֹט[b] רַגְלֵנוּ׃[c] ד̇. ד̇[5]. ג ב מל̇ וחד חס
10 כִּי־בְחַנְתָּנוּ אֱלֹהִים צְ֝רַפְתָּנוּ כִּצְרָף־כָּסֶף׃ ל̇. ב
11 הֲבֵאתָנוּ בַמְּצוּדָה[a] שַׂמְתָּ מוּעָקָה[b] בְמָתְנֵינוּ׃ ל̇. ל̇
12 הִרְכַּבְתָּ אֱנוֹשׁ לְרֹאשֵׁנוּ[a] בָּאנוּ־בָאֵשׁ וּבַמַּיִם וַ֝תּוֹצִיאֵנוּ לָרְוָיָה׃[b] ג פת̇[6]
13 אָבוֹא בֵיתְךָ בְעוֹלוֹת אֲשַׁלֵּם לְךָ נְדָרָי׃ ג מל̇[7] ול̇ בתלים
14 אֲשֶׁר־פָּצוּ שְׂפָתָי וְדִבֶּר־פִּ֝י בַּצַּר־לִי׃
15 עֹלוֹת מֵחִים אַעֲלֶה־לָּךְ עִם־קְטֹרֶת אֵילִים ב̇[8]. ח̇ פת̇[9]
אֶעֱשֶׂה[a] בָקָר עִם־עַתּוּדִים סֶלָה׃

[10]Mm 3020. [11]Mp sub loco. [12]Mp contra textum, cf Mp sub loco. Ps 66 [1]Gn 49,8. [2]Mm 1860. [3]וחד לַיַּבָּשָׁה Gn 1,10. [4]Mm 832. [5]Mm 1212. [6]Mm 1097. [7]Mm 297. [8]Mm 2224. [9]Mm 389.

13 [a] l prb יֵעָרְפוּ; prp יָרִיעוּ ‖ **14** [a] 𝔊(𝔖) *οἱ κριοί* = כָּרֵי ‖ [b–b] cf 9[a] ‖ **Ps 66,1** [a] cf 2,2[b] ‖ **2** [a] 𝔖 *zmrw* = זַמְּרוּ; ins לוֹ ‖ [b] l כְּ׳ cf 𝔖𝔗 ‖ **3** [a] l יְכַ׳ cf 𝔊𝔖 ‖ **4** [a] l לָךְ ‖ [b] l לְךָ cf [a] ‖ **5** [a] 2 Mss עלילות cf 𝔊θ′ (*ἐν βουλαῖς*) σ′𝔖 Hier ‖ **6** [a] 𝔊 *ὁ μεταστρέφων* = הֹפֵךְ ‖ **7** [a] mlt Mss ut Q, K ירימו ‖ [b] > nonn Mss 𝔖 ‖ **8** [a] mlt Mss 𝔖𝔗 אלהים ‖ **9** [a] mlt Mss נפשינו, 𝔊 suff 1 sg ‖ [b] l לָמוּט cf 121,3[a] ‖ [c] mlt Mss רגלינו, 𝔊 suff 1 sg ‖ **11** [a] σ′ *ἐντὸς πολιορκίας*, Hier *in obsidionem* = בַּמָּצוֹר? ‖ [b] 𝔊 *θλίψεις*, 𝔗 *šwšlt'* catenam, Hier *stridorem*; prp מְצוּקָה vel מוּצָקָה ‖ **12** [a] mlt Mss 𝔊 לְרָאשֵׁינוּ ‖ [b] l לָרְוָחָה cf 𝔊𝔖𝔗 ‖ **15** [a] ins c pc Mss 𝔊 לְךָ.

16 לְכוּ־שִׁמְעוּ וַאֲסַפְּרָה כָּל־יִרְאֵי אֱלֹהִים ב̇[10]
אֲשֶׁר עָשָׂה לְנַפְשִׁי׃
17 אֵלָיו פִּי־קָרָאתִי וְרוֹמַם[a] תַּחַת[b] לְשׁוֹנִי׃
18 אָוֶן אִם־רָאִיתִי[a] בְלִבִּי לֹא יִשְׁמַע[b] ׀ אֲדֹנָי׃
19 אָכֵן שָׁמַע אֱלֹהִים הִקְשִׁיב בְּקוֹל תְּפִלָּתִי׃ יח̇[11]. ג̇[12]
20 בָּרוּךְ אֱלֹהִים אֲשֶׁר[a] לֹא־הֵסִיר תְּפִלָּתִי וְחַסְדּוֹ מֵאִתִּי׃ ב̇ חד ר״פ וחד ס״פ

67 סז 1 לַמְנַצַּח[a] בִּנְגִינֹת מִזְמוֹר[b] שִׁיר[c]׃
2 אֱלֹהִים יְחָנֵּנוּ וִיבָרְכֵנוּ יָאֵר פָּנָיו אִתָּנוּ סֶלָה׃ ב̇[1]
3 לָדַעַת בָּאָרֶץ דַּרְכֶּךָ[a] בְּכָל־גּוֹיִם יְשׁוּעָתֶךָ[b]׃
4 יוֹדוּךָ עַמִּים ׀ אֱלֹהִים יוֹדוּךָ עַמִּים כֻּלָּם׃
5 יִשְׂמְחוּ וִירַנְּנוּ לְאֻמִּים כִּי־תִשְׁפֹּט[a]
עַמִּים מִישֹׁר[b] וּלְאֻמִּים ׀ בָּאָרֶץ תַּנְחֵם סֶלָה׃
6 יוֹדוּךָ עַמִּים ׀ אֱלֹהִים יוֹדוּךָ עַמִּים כֻּלָּם׃
7 אֶרֶץ נָתְנָה יְבוּלָהּ יְבָרְכֵנוּ אֱלֹהִים אֱלֹהֵינוּ׃ יג̇ ר״פ . ד̇ חס את בליש[2]
סט 8 יְבָרְכֵנוּ אֱלֹהִים וְיִירְאוּ אוֹתוֹ כָּל־אַפְסֵי־אָרֶץ׃ ה̇ ומל̇[3] . כד̇[4] מל̇ ה̇ מנה בכתיב

68 סח 1 לַמְנַצֵּחַ לְדָוִד מִזְמוֹר שִׁיר׃ ד̇ . ל̇
2 יָקוּם אֱלֹהִים יָפוּצוּ[a] אוֹיְבָיו וְיָנוּסוּ מְשַׂנְאָיו מִפָּנָיו׃ ל̇ . ב̇ מל̇ . ה̇ מל̇ . ב̇ . כג̇
3 כְּהִנְדֹּף[a] עָשָׁן תִּנְדֹּף[b] כְּהִמֵּס דּוֹנַג מִפְּנֵי־אֵשׁ ל̇ . ל̇ . ל̇
יֹאבְדוּ[c] רְשָׁעִים מִפְּנֵי אֱלֹהִים׃
4 וְצַדִּיקִים יִשְׂמְחוּ יַעַלְצוּ[a] לִפְנֵי אֱלֹהִים וְיָשִׂישׂוּ[b] בְשִׂמְחָה׃ ד̇ . ל̇ בטע
5 שִׁירוּ ׀ לֵאלֹהִים זַמְּרוּ שְׁמוֹ[a] סֹלּוּ לָרֹכֵב בָּעֲרָבוֹת[b] ב̇ . ב̇
בְּיָהּ[c] שְׁמוֹ וְעִלְזוּ לְפָנָיו׃ ב̇[1]

[10] Ex 18,21. [11] Mm 1941. [12] Mm 3308. **Ps 67** [1] Mm 3309. [2] Mm 2932. [3] Mm 1056. [4] Mp contra textum, cf Mp sub loco. **Ps 68** [1] Jes 26,4.

17 [a] 𝔊 (Hier) *καὶ ὕψωσα* cf 𝔖 ‖ [b] Hier (𝔖) *in* ‖ **18** [a] 𝔖 2 sg ‖ [b] 𝔖 *tprwqjnj* = תוֹשִׁיעֵנִי ‖ **20** [a] frt dl ‖ **Ps 67,1** [a] sic L, mlt Mss Edd צֵּחַ– ‖ [b] pc Mss 𝔊^{B min} + לְדָוִד ‖ [c] > 𝔊^{B min}, 𝔊^{al min}(𝔙) + *τῷ Δαυιδ* ‖ **3** [a] nonn Mss דְּרָכֶיךָ, 2 Mss דרכו, 𝔖 *'wrḥth* = דְּרָכָיו ‖ [b] 𝔖 suff 3 sg ‖ **5** [a] 𝔊^S pr *κρινεῖ τὴν οἰκουμένην ἐν δικαιοσύνῃ*, l תִּשְׁפֹּט תֵּבֵל בְּצֶדֶק : תשפט ‖ [b] pc Mss 𝔊𝔗 בְּמ׳ ut Jes 11,4 ‖ **Ps 68,2** [a] mlt Mss 𝔊𝔖 Hier וְי׳ ‖ **3** [a] l כְּהִנָּדֵף ‖ [b] l יִנָּדֵפוּ cf Vrs ‖ [c] pc Mss 𝔊 pr כֵּן ‖ **4** [a] mlt Mss 𝔊^S𝔖𝔗𝔙 וְי׳ ‖ [b] pc Mss 𝔊 יָ׳ ‖ **5** [a] pc Mss 𝔊𝔖 לְשׁ׳ ‖ [b] prp בֶּעָבוֹת vel בַּעֲרָפוֹת (cf ug *rkb ʿrpt*) ‖ [c] 𝔊𝔖 om בְּ; l frt כִּי יָהּ (י hpgr).

6 אֲבִי יְתוֹמִים וְדַיַּן אַלְמָנוֹת אֱלֹהִים בִּמְעוֹן[a] קָדְשׁוֹ׃
7 אֱלֹהִים ׀ מוֹשִׁיב יְחִידִים ׀ בַּיְתָה מוֹצִיא אֲסִירִים בַּכּוֹשָׁרוֹת[a] ב ומל². ל
אַךְ[b] סוֹרְרִים שָׁכְנוּ צְחִיחָה[c]׃ ל
8 אֱלֹהִים בְּצֵאתְךָ לִפְנֵי עַמֶּךָ בְּצַעְדְּךָ בִישִׁימוֹן סֶלָה׃ ל. ב
9 אֶרֶץ רָעָשָׁה ׀ אַף־שָׁמַיִם נָטְפוּ [a]מִפְּנֵי אֱלֹהִים[a] יג ר״פ. ג
[b]זֶה סִינַי[b] מִפְּנֵי אֱלֹהִים[c] אֱלֹהֵי יִשְׂרָאֵל׃
10 גֶּשֶׁם נְדָבוֹת תָּנִיף אֱלֹהִים
נַחֲלָתְךָ וְנִלְאָה[a] אַתָּה כוֹנַנְתָּהּ[b]׃ ל. ל
11 חַיָּתְךָ יָשְׁבוּ[a]־בָהּ תָּכִין בְּטוֹבָתְךָ[b] לֶעָנִי אֱלֹהִים׃
12 אֲדֹנָי יִתֶּן־[a]אֹמֶר הַמְבַשְּׂרוֹת[a] צָבָא רָב׃ ו חס³
13 מַלְכֵי[a] צְבָאוֹת [b]יִדֹּדוּן יִדֹּדוּן[b][c] ל
וּנְוַת[d] בַּיִת תְּחַלֵּק[e] שָׁלָל׃ ל
14 [a]אִם־תִּשְׁכְּבוּן בֵּין שְׁפַתָּיִם[a] ל
כַּנְפֵי יוֹנָה נֶחְפָּה[b] בַכֶּסֶף וְאֶבְרוֹתֶיהָ בִּירַקְרַק חָרוּץ[c]׃ ל
15 בְּפָרֵשׂ שַׁדַּי מְלָכִים [a]בָּהּ תַּשְׁלֵג[a] בְּצַלְמוֹן׃ ל. ל
16 הַר־אֱלֹהִים הַר־בָּשָׁן
הַר גַּבְנֻנִּים הַר־בָּשָׁן׃ ב
17 לָמָּה ׀ תְּרַצְּדוּן הָרִים גַּבְנֻנִּים ב
הָהָר חָמַד אֱלֹהִים לְשִׁבְתּוֹ אַף־יְהוָה יִשְׁכֹּן לָנֶצַח׃ ל
18 רֶכֶב אֱלֹהִים רִבֹּתַיִם אַלְפֵי שִׁנְאָן[a]
אֲדֹנָי [b]בָם סִינַי[b] בַּקֹּדֶשׁ׃ ל
19 עָלִיתָ לַמָּרוֹם ׀ שָׁבִיתָ שֶּׁבִי לָקַחְתָּ מַתָּנוֹת בָּאָדָם

[2] Mm 3310. [3] Mm 3122.

6 [a] pc Mss 'מִמְּ ‖ **7** [a] 𝔊 *ἐν ἀνδρείᾳ* ‖ [b] pc Mss אַף, 𝔊 *ὁμοίως*, 𝔖 cop, Hier *autem* ‖ [c] 𝔊 (𝔖) *ἐν τάφοις* = צְרִיחִם? ‖ **9** [a–a] > 2 Mss, dl ‖ [b–b] > pc Mss, frt gl ‖ [c] > 𝔊, dl ‖ **10** [a] frt dl cop ‖ [b] pc Mss תָּ– ‖ **11** [a] Ms 'יֵ cf 𝔊, pc Mss יָשׁוּבוּ ‖ [b] Ms 'ט ‖ **12** [a–a] 𝔊 *ῥῆμα τοῖς εὐαγγελιζομένοις* (= 'לַמְ?) ‖ **13** [a] mlt Mss מַלְאֲכֵי, 𝔊 *ὁ βασιλεύς* ‖ [b–b] 𝔊 bis *τοῦ ἀγαπητοῦ* = יָדִיד, 𝔖 semel *ntknšwn* = יֵחָדוּן? ‖ [c] > pc Mss ‖ [d] prp וּבְנוֹת ‖ [e] l frt יְחַלֵּק ‖ **14** [a–a] frt gl cf Jdc 5,16 ‖ [b] l frt נֶחְפַּת ‖ [c] 𝔊(𝔖[W]) + *διάψαλμα* = סֶלָה ‖ **15** [a–a] prp כְּהַתְשׁ שֶׁלֶג ‖ **18** [a] Ms שַׁאֲנָן, 𝔊 *εὐθηνούντων*, 𝔖 *dhjl'* exercitus ‖ [b–b] prp 'בָּא מִסּ cf Dt 33,2.

וְאַף[a] סוֹרְרִים [b]לִשְׁכֹּן ׀ יָהּ אֱלֹהִים[b]׃ ל

20 בָּרוּךְ אֲדֹנָי יוֹם ׀ יוֹם יַעֲמָס[a]־לָנוּ הָאֵל יְשׁוּעָתֵנוּ סֶלָה׃ ד[4]

21 הָאֵל ׀ לָנוּ אֵל לְמוֹשָׁעוֹת ל

וְלֵיהוִה אֲדֹנָי לַמָּוֶת תּוֹצָאוֹת׃ ה[5]

22 אַךְ־אֱלֹהִים יִמְחַץ רֹאשׁ אֹיְבָיו ב[6]

קָדְקֹד שֵׂעָר מִתְהַלֵּךְ בַּאֲשָׁמָיו׃ ל

23 אָמַר אֲדֹנָי מִבָּשָׁן אָשִׁיב אָשִׁיב מִמְּצֻלוֹת[a] יָם׃ ג ר״פ[7]

24 לְמַעַן ׀ תִּמְחַץ[a] רַגְלְךָ בְּדָם

לְשׁוֹן כְּלָבֶיךָ מֵאֹיְבִים[b] מִנֵּהוּ[c]׃ ל . ד ב חס וב מל[8] . ל[9]

25 רָאוּ[a] הֲלִיכוֹתֶיךָ אֱלֹהִים הֲלִיכוֹת אֵלִי מַלְכִּי[b] בַקֹּדֶשׁ׃ ל . ד

26 קִדְּמוּ שָׁרִים[a] אַחַר נֹגְנִים בְּתוֹךְ עֲלָמוֹת תּוֹפֵפוֹת׃ ה . ח בליש[10] . ל וחס . ד . ל

27 בְּמַקְהֵלוֹת בָּרְכוּ[a] אֱלֹהִים יְהוָה[b] מִמְּקוֹר[c] יִשְׂרָאֵל׃ ב[11] חד מל וחד חס ובתרי לישנ . ל[12] . ב חד מל וחד חס

28 שָׁם בִּנְיָמִן ׀ צָעִיר רֹדֵם[a] שָׂרֵי יְהוּדָה רִגְמָתָם[b] ל

שָׂרֵי זְבֻלוּן שָׂרֵי[c] נַפְתָּלִי׃

29 צִוָּה[a] אֱלֹהֶיךָ[b] [c]עֻזֶּךָ עוּזָּה אֱלֹהִים[c] זוּ פָּעַלְתָּ לָּנוּ׃ ל ר״פ[13] . ב כת ה בכתיב[14]

30 מֵהֵיכָלֶךָ עַל־יְרוּשָׁלָםִ לְךָ יוֹבִילוּ מְלָכִים שָׁי׃

31 גְּעַר חַיַּת קָנֶה עֲדַת אַבִּירִים ׀ בְּעֶגְלֵי[a] עַמִּים

מִתְרַפֵּס[b] בְּרַצֵּי־[c]כָסֶף בִּזַּר[d] עַמִּים קְרָבוֹת יֶחְפָּצוּ׃ ל[15] . ל

32 יֶאֱתָיוּ[a] חַשְׁמַנִּים[b] מִנִּי מִצְרָיִם כּוּשׁ [c]תָּרִיץ יָדָיו[c] לֵאלֹהִים׃ ל . ל

[4] Mm 484. [5] Mm 3311. [6] Mm 3283. [7] Mm 2541. [8] Mm 3424. [9] וחד מֻנְּהוּ Hi 4,12. [10] Mm 1824. [11] Mm 1027. [12] Mp sub loco. [13] Mm 978. [14] Mm 1738. [15] וב פזר Ps 53,6 et Ps 112,9.

19 [a] nonn Mss 𝔖[AM] אף, Ms אַךְ ‖ [b–b] crrp; 𝔖 *l' n'mrwn qdm 'lh'* = לֹא יִשְׁכְּנוּ לִפְנֵי א׳ ‖ **20** [a] 𝔊 *κατευοδώσει* ‖ **23** [a] pc Mss 𝔊 בִּמְ׳ ‖ **24** [a] 𝔊(𝔖) *βαφῇ* cf 𝔗; l תִּרְחַץ cf 58,11, prp תְּמָּחַץ vel תמצח (cf ug *mṣḫ*) ‖ [b] 𝔖 + suff 2 sg ‖ [c] > 𝔖 ‖ **25** [a] 𝔊 pass = נִרְאוּ ‖ [b] 𝔊σ′ om suff ‖ **26** [a] nonn Mss 𝔊𝔖 שׁ׳ ‖ **27** [a] l בֵּ׳ ‖ [b] mlt Mss Edd אֲדֹנָי ‖ [c] 𝔊 pl; l frt מִמִּקְרָאֵי ‖ **28** [a] 𝔖 *bšlj'* = בְּדֹם cf 𝔊 *ἐν ἐκστάσει* ‖ [b] 𝔊(𝔖) *ἡγεμόνες αὐτῶν* = רֹזְנֵיהֶם? Ms בְּרִקְמָתָם cf Hier *in purpura sua* ‖ [c] pc Mss 𝔖 וְשׂ׳ ‖ **29** [a] l צַוֵּה cf Vrs ‖ [b] nonn Mss Vrs אלהים ‖ [c–c] prp עֻזְּךָ עֹז הָאֱ׳ עוזך; l frt עֹז כְּעוֹז הָאֱ׳ ‖ **31** [a] pc Mss כְּעֶ׳; prp בַּעֲלֵי ‖ [b] pc Mss פַּם–, 𝔊[BS al] *τοῦ μὴ ἀποκλεισθῆναι*, 𝔖 *qrjmjn* obductos; l frt הִתְ׳ ‖ [c] pc Mss בְּרָצֵי (a רוּץ) cf Hier *contra rotas*, 𝔊 *τοὺς δεδοκιμασμένους* (a צרף), > 𝔖; σ′ *τοὺς εὐδοκή-τους*, l frt בִּרֹצֵי ‖ [d] l prb בַּזֵּר cf 𝔊𝔖 Hier ‖ **32** [a] α′ (Hier) *οἴσουσιν*, l frt יַאֲתִיוּ ‖ [b] 𝔊(𝔖) *πρέσβεις*, α′ (Hier) *ἐσπευσμένως* = חָשִׁים ‖ [c–c] prp תָּרֵץ יָדֶיהָ (cf akk *tiriṣ qāti* manum extendere) vel תָּרִים יָדֶיהָ.

33 מַמְלְכ֣וֹת הָ֭אָרֶץ שִׁ֣ירוּ לֵאלֹהִ֑ים זַמְּר֖וּ אֲדֹנָ֣י[a] סֶֽלָה׃ ב
34 לָֽ֭רֹכֵב בִּשְׁמֵ֣י[a] שְׁמֵי־קֶ֑דֶם הֵ֥ן יִתֵּ֥ן בְּ֝קוֹל֗וֹ[b] ק֣וֹל עֹֽז׃ ב
35 תְּנ֥וּ עֹ֗ז לֵֽאלֹ֫הִ֥ים עַל־יִשְׂרָאֵ֥ל גַּאֲוָת֑וֹ וְ֝עֻזּ֗וֹ בַּשְּׁחָקִֽים׃ ב. ד
36 נ֤וֹרָ֥א אֱלֹהִ֗ים מִֽמִּקְדָּ֫שֶׁ֥יךָ[a] אֵ֤ל יִשְׂרָאֵ֗ל ה֤וּא נֹתֵ֨ן ׀ עֹ֖ז וְתַעֲצֻמ֥וֹת ב מל[16]. ל
לָעָ֗ם[b] בָּר֥וּךְ אֱלֹהִֽים׃ ב חד ר״פ וחד ס״פ

69 1 לַמְנַצֵּ֥חַ עַֽל־שׁ֝וֹשַׁנִּ֗ים[a] לְדָוִֽד׃ ח בטע
סט
2 הוֹשִׁיעֵ֥נִי אֱלֹהִ֑ים כִּ֤י בָ֖אוּ מַ֣יִם עַד־נָֽפֶשׁ[a]׃
3 טָבַ֤עְתִּי ׀ בִּיוֵ֣ן מְ֭צוּלָה וְאֵ֣ין מָעֳמָ֑ד ל. ל. ב
בָּ֥אתִי בְמַעֲמַקֵּי־מַ֝֗יִם וְשִׁבֹּ֥לֶת שְׁטָפָֽתְנִי׃
4 יָגַ֣עְתִּי בְקָרְאִי֮ נִחַ֪ר גְּר֫וֹנִ֥י ל
כָּל֥וּ עֵינַ֑י מְ֝יַחֵ֗ל[a] לֵאלֹהָֽי׃ ל
5 רַבּ֤וּ ׀ מִשַּׂעֲר֣וֹת רֹאשִׁי֮ שֹׂנְאַ֪י חִ֫נָּ֥ם כו
עָצְמ֣וּ מַ֭צְמִיתַי[a] אֹיְבַ֣י שֶׁ֑קֶר ל
אֲשֶׁ֥ר לֹא־גָ֝זַ֗לְתִּי אָ֣ז אָשִֽׁיב׃
6 אֱֽלֹהִ֗ים אַתָּ֣ה יָ֭דַעְתָּ לְאִוַּלְתִּ֑י וְ֝אַשְׁמוֹתַ֗י מִמְּךָ֥ לֹא־נִכְחָֽדוּ׃ ל
7 אַל־יֵ֘בֹ֤שׁוּ בִ֨י ׀ קֹוֶ֗יךָ[a] אֲדֹנָ֣י[b] יְהוִה֮ צְבָ֫א֥וֹת[a] כו ר״פ אל אל[1]. ח[2] ד מנה בכתיב. ה׳
אַל[c]־יִכָּ֣לְמוּ בִ֣י מְבַקְשֶׁ֑יךָ אֱ֝לֹהֵ֗י יִשְׂרָאֵֽל׃ כח[3]
8 כִּֽי־עָ֭לֶיךָ נָשָׂ֣אתִי חֶרְפָּ֑ה כִּסְּתָ֖ה כְלִמָּ֣ה פָנָֽי׃ יט. ד
9 מ֭וּזָר הָיִ֣יתִי לְאֶחָ֑י וְ֝נָכְרִ֗י לִבְנֵ֥י אִמִּֽי׃ ל. ב פסוק דמטע[4]
10 כִּֽי־קִנְאַ֣ת בֵּיתְךָ֣ אֲכָלָ֑תְנִי וְחֶרְפּ֥וֹת ח֝וֹרְפֶ֗יךָ נָפְל֥וּ עָלָֽי׃
11 וָאֶבְכֶּ֣ה[a] בַצּ֣וֹם נַפְשִׁ֑י וַתְּהִ֖י[b] לַחֲרָפ֣וֹת לִֽי[c]׃ ג[5]. ב
12 וָאֶתְּנָ֣ה לְבוּשִׁ֣י שָׂ֑ק וָאֱהִ֥י לָ֝הֶ֗ם לְמָשָֽׁל׃
13 יָשִׂ֣יחוּ בִ֭י יֹ֣שְׁבֵי שָׁ֑עַר וּ֝נְגִינ֗וֹת[a] שׁוֹתֵ֥י שֵׁכָֽר׃ ג מל בליש. ל מל

[16] Mm 3312. **Ps 69** [1] Mm 3261. [2] Mm 95. [3] Mm 2364. [4] Mm 3313. [5] Mm 1765.

33 [a] 2 Mss 𝔊𝔖 Hier לא׳ ‖ **34** [a] prp בַּשָּׁמַיִם ‖ [b] cf 2,2[b] ‖ **36** [a] mlt Mss σ′ 𝔖𝔗 ־שְׁךָ, 𝔊 *ἐν τοῖς ἁγίοις αὐτοῦ* = בְּקָדְשָׁיו; Hier *de sanctuario suo*, l ־שׁוֹ ‖ [b] 𝔊−S 𝔖𝔗 + suff 3 sg ‖ **Ps 69,1** [a] cf 45,1[a] 60,1[a–a] ‖ **2** [a] 𝔊σ′ + suff 1 sg ‖ **4** [a] l frt c cod Erfurtensi 3 Edd 𝔊𝔗 מִיַּ׳ ‖ **5** [a] 𝔖 *mn grmj* = מֵעַצְמוֹתַי, prb sic l (hpgr) ‖ **7** [a–a] > 𝔗 ‖ [b] > 𝔊[B] ‖ [c] nonn Mss 𝔖𝔗 וְאַל ‖ **11** [a] 𝔊*(𝔖) *καὶ συνέκαμψα* = וָאֲדַכֶּה vel וָאֲעַנֶּה? ‖ [b] 𝔖 1 sg ‖ [c] 𝔖 suff 3 pl ‖ **13** [a] l frt וְנִגְּנוּ בִי cf 𝔊σ′𝔖.

14 וַאֲנִי תְפִלָּתִי־לְךָ ׀ יְהוָה עֵת רָצוֹן — טז ר״פ לג מנה בכתיב
אֱלֹהִים בְּרָב־חַסְדֶּךָ עֲנֵנִי בֶּאֱמֶת יִשְׁעֶךָ׃
15 הַצִּילֵנִי מִטִּיט וְאַל־אֶטְבָּעָה אִנָּצְלָה מִשֹּׂנְאַי[a] וּמִמַּעֲמַקֵּי־מָיִם׃ — ל.ל
16 אַל־תִּשְׁטְפֵנִי ׀ שִׁבֹּלֶת מַיִם וְאַל־תִּבְלָעֵנִי מְצוּלָה — ל
וְאַל־תֶּאְטַר־עָלַי בְּאֵר פִּיהָ׃ — ל
17 עֲנֵנִי יְהוָה [a]כִּי־טוֹב[a] חַסְדֶּךָ כְּרֹב רַחֲמֶיךָ פְּנֵה אֵלָי׃ — ח
18 וְאַל[a]־תַּסְתֵּר פָּנֶיךָ מֵעַבְדֶּךָ כִּי־צַר־לִי מַהֵר עֲנֵנִי׃
19 קָרְבָה אֶל־נַפְשִׁי גְאָלָהּ לְמַעַן אֹיְבַי פְּדֵנִי׃ — ל חטף . ל
20 אַתָּה יָדַעְתָּ חֶרְפָּתִי [a]וּבָשְׁתִּי [b]וּכְלִמָּתִי[a] נֶגְדְּךָ[b] כָּל־צוֹרְרָי׃ — יו ר״פ בסיפ
21 חֶרְפָּה[a] ׀ שָׁבְרָה[b] לִבִּי וָאָנוּשָׁה[c] — ל
וָאֲקַוֶּה לָנוּד[d] וָאַיִן וְלַמְנַחֲמִים וְלֹא מָצָאתִי׃ — ל[6]. ה[7]
22 וַיִּתְּנוּ בְּבָרוּתִי רֹאשׁ וְלִצְמָאִי יַשְׁקוּנִי חֹמֶץ׃ — ל.ל.ל
23 יְהִי־שֻׁלְחָנָם לִפְנֵיהֶם לְפָח וְלִשְׁלוֹמִים[a] לְמוֹקֵשׁ׃ — ל
24 תֶּחְשַׁכְנָה עֵינֵיהֶם מֵרְאוֹת וּמָתְנֵיהֶם תָּמִיד הַמְעַד׃ — ל
25 שְׁפָךְ־עֲלֵיהֶם זַעְמֶךָ וַחֲרוֹן אַפְּךָ יַשִּׂיגֵם׃
26 תְּהִי־טִירָתָם נְשַׁמָּה[a] בְּאָהֳלֵיהֶם[b] אַל־יְהִי יֹשֵׁב׃ — ל
27 כִּי[a]־אַתָּה אֲשֶׁר־הִכִּיתָ[a] רָדָפוּ וְאֶל־מַכְאוֹב חֲלָלֶיךָ[b] יְסַפֵּרוּ[c]׃ — ג[8]. ל
28 תְּנָה־עָוֹן עַל־עֲוֺנָם וְאַל־יָבֹאוּ בְּצִדְקָתֶךָ׃
29 יִמָּחוּ מִסֵּפֶר חַיִּים וְעִם צַדִּיקִים אַל־יִכָּתֵבוּ׃ — ל. ד
30 וַאֲנִי עָנִי וְכוֹאֵב יְשׁוּעָתְךָ[a] אֱלֹהִים[b] תְּשַׂגְּבֵנִי׃ — טז ר״פ לג מנה בכתיב. ל ומל. ל. ב[8]
31 אֲהַלְלָה שֵׁם־אֱלֹהִים[a] בְּשִׁיר וַאֲגַדְּלֶנּוּ בְתוֹדָה׃ — ל
32 וְתִיטַב לַיהוָה מִשּׁוֹר פָּר[a] מַקְרִן מַפְרִיס[b]׃ — ל. ל וחס

[6] וחד וַאֲקַוֶּה Ps 52,11. [7] Mm 2875. [8] Mp sub loco.

15 [a] l prb מִשּׁוֹאָה ‖ **17** [a–a] l prb כְּטוּב ‖ **18** [a] pc Mss 𝔊𝔖[A] אל ‖ **20** [a–a] tr post 21[c] ‖ [b–b] 𝔖 *lwqbl* = נֶגֶד ‖ **21** [a] 𝔖 *'s'* = רַפֵּה ‖ [b] 𝔊 *προσεδόκησεν* = שִׂבְּרָה; 𝔖 *tbrh d* = שֶׁבֶר ‖ [c] cf 20[a–a] ‖ [d] l לָנֹּד cf Vrs ‖ **23** [a] 𝔊 (α′σ′θ′ Hier) *καὶ εἰς ἀνταπόδοσιν* = וּלְשִׁלּוּמִים, 𝔖 *wpwr'nhwn* = וְשִׁלּוּמָם; 𝔗 *wnksthwn*, l prb וְשַׁלְמֵיהֶם ‖ **26** [a] pc Mss לְשׁ׳ ‖ [b] 𝔊𝔖 pr cop ‖ **27** [a–a] 𝔊(𝔖 Hier) *ὃν σὺ ἐπάταξας* = אֵת אֲ׳ ה׳ ‖ [b] Ms חֲלָלְךָ, 𝔖 *dqtjl'* = הֶחָלָל? ‖ [c] 𝔊(𝔖) *προσέθηκαν*, l יֹסִפוּ ‖ **30** [a] 𝔊* *καὶ ἡ σωτηρία τοῦ προσώπου σου* ‖ [b] > 𝔊[B] ‖ **31** [a] 𝔊[L]𝔗 + suff 1 sg ‖ **32** [a] cj c sq ‖ [b] mlt Mss 𝔊𝔖 Hier ומ׳.

ל̇. ג̇ ובסיפ[9] — 33 רָאוּ[a] עֲנָוִים יִשְׂמָחוּ[b] [c]דֹּרְשֵׁי[d] אֱלֹהִים וִיחִי[c] לְבַבְכֶם׃

ח̇[10] — 34 כִּי־שֹׁמֵעַ[a] אֶל־אֶבְיוֹנִים יְהוָה וְאֶת־[b]אֲסִירָיו[c] לֹא בָזָה׃

ב̇ חד ר״פ וחד ס״פ[11]. ל̇ — 35 יְהַלְלוּהוּ שָׁמַיִם וָאָרֶץ יַמִּים וְכָל־רֹמֵשׂ בָּם׃

נ̇ה̇ בטע ר״פ בסיפ. ל̇[12] — 36 כִּי אֱלֹהִים ׀ יוֹשִׁיעַ צִיּוֹן וְיִבְנֶה עָרֵי יְהוּדָה [בָהּ׃

ד̇[13]. ד̇[14] — וְיָשְׁבוּ שָׁם וִירֵשׁוּהָ׃ 37 וְזֶרַע עֲבָדָיו יִנְחָלוּהָ וְאֹהֲבֵי שְׁמוֹ יִשְׁכְּנוּ־

70 (לעּ[a])

ב̇ בטע. ג̇ — 1 לַמְנַצֵּחַ לְדָוִד לְהַזְכִּיר׃

ל̇ — 2 אֱלֹהִים[a] לְהַצִּילֵנִי יְהוָה[b] לְעֶזְרָתִי חוּשָׁה׃

3 יֵבֹשׁוּ וְיַחְפְּרוּ[a] מְבַקְשֵׁי נַפְשִׁי

יִסֹּגוּ אָחוֹר וְיִכָּלְמוּ חֲפֵצֵי רָעָתִי׃

ד̇ — 4 יָשׁוּבוּ[a] עַל־עֵקֶב בָּשְׁתָּם הָאֹמְרִים[b] הֶאָח ׀ הֶאָח׃[c]

ה̇ — 5 [a]יָשִׂישׂוּ וְיִשְׂמְחוּ ׀[a] בְּךָ כָּל־מְבַקְשֶׁיךָ

ט̇ רפי[1] ב̇ מנה בסיפ. ל̇. ל̇ — וְיֹאמְרוּ תָמִיד[b] יִגְדַּל אֱלֹהִים[c] אֹהֲבֵי יְשׁוּעָתֶךָ׃[d]

ס̇ז̇ ר״פ ל̇ג̇ מנה בכתיב. ג̇ זוגין[2] — 6 וַאֲנִי ׀ עָנִי וְאֶבְיוֹן אֱלֹהִים חוּשָׁה־לִּי

כ̇ז̇ מלעיל. ג̇[3] — עֶזְרִי[a] וּמְפַלְטִי אַתָּה יְהוָה[b] אַל־תְּאַחַר׃

71 (עא)[a]

1 [a]בְּךָ־יְהוָה חָסִיתִי אַל־אֵבוֹשָׁה לְעוֹלָם׃

י̇ג̇. ב̇ חד חס וחד מל — 2 בְּצִדְקָתְךָ תַּצִּילֵנִי וּתְפַלְּטֵנִי[a] הַטֵּה־אֵלַי אָזְנְךָ וְהוֹשִׁיעֵנִי׃

ד̇ וכל שם קריה ואנש דכות — 3 הֱיֵה לִי ׀ לְצוּר מָעוֹן[a] [b]לָבוֹא תָּמִיד צִוִּיתָ[b] לְהוֹשִׁיעֵנִי כִּי־סַלְעִי

ל̇. ל̇ — 4 אֱלֹהַי[a] פַּלְּטֵנִי מִיַּד רָשָׁע מִכַּף[b] מְעַוֵּל וְחוֹמֵץ׃ [וּמְצוּדָתִי אָתָּה׃

ח̇[1] ד̇ מנה בכתיב — 5 כִּי־אַתָּה תִקְוָתִי אֲדֹנָי[a] יְהוִה מִבְטַחִי מִנְּעוּרָי׃

ל̇ ומל̇ — 6 עָלֶיךָ ׀ נִסְמַכְתִּי מִבֶּטֶן מִמְּעֵי אִמִּי אַתָּה גוֹזִי[a] בְּךָ תְהִלָּתִי[b] תָמִיד׃

ל̇. ב̇[2]. ח̇[3] רפי ב̇ מנה בליש וכל אחסה דכות ב̇ מ̇ א̇ — 7 כְּמוֹפֵת הָיִיתִי לְרַבִּים וְאַתָּה מַחֲסִי־עֹז׃[a]

[9] Mm 3281. [10] Mm 2353. [11] Ps 107,32. [12] Mp sub loco. [13] Mm 2443. [14] Mm 3093. **Ps 70** [1] Mm 1233. [2] Mm 3268. [3] Mm 3269. **Ps 71** [1] Mm 95. [2] Mm 2551. [3] Mm 3046.

33 [a] nonn Mss 𝔊 יִרְאוּ; l frt רְאוּ ‖ [b] mlt Mss ׳וְיִ cf Vrs; l frt ׳וּשְׂ cf 𝔖 ‖ [c–c] prp דֹּרְשָׁיו יְחִי; 𝔖 om ׳ד׳ א ‖ [d] 𝔊 ἐκζητήσατε = דִּרְשׁוּ ‖ **34** [a] l frt שָׁמַע cf 𝔊 Hier ‖ [b] nonn Mss ואל ‖ [c] prp חֲסִידָיו ‖ **Ps 70** [a] sic L pro עּ ‖ **2** [a] pr רְצֵה ut 40,14 ‖ [b] frt dl m cs ‖ **3** [a] 40,15 + יַחַד ‖ **4** [a] pc Mss 𝔖 et 40,16 יָשֹׁמּוּ, Ms יֵבוֹשׁוּ ‖ [b] mlt Mss Vrs et 40,16 + לִי ‖ [c] frt dl m cs ‖ **5** [a–a] cf 40,17[a–a] ‖ [b] prb dl m cs ‖ [c] mlt Mss et 40,17 יהוה ‖ [d] mlt Mss et 40,17 ׳תְּשׁ ‖ **6** [a] nonn Mss et 40,18 עֶזְרָתִי ‖ [b] nonn Mss et 40,18 אֱלֹהַי ‖ **Ps 71** [a] numerus > L ‖ **1** [a] mlt Mss cj Ps 71 c Ps 70; 𝔊 pr *Τῷ Δαυιδ· υἱῶν Ιωναδαβ καὶ τῶν πρώτων αἰχμαλωτισθέντων* ‖ **2** [a] > 𝔖 ‖ [b] 31,3 מְהֵרָה הַצִּילֵנִי ‖ **3** [a] mlt Mss 𝔊σ′𝔗 et 31,3 מעוז ‖ [b–b] 𝔊 ut 31,3 לְבֵית מְצוּדוֹת ‖ **4** [a] pc Mss 𝔊[B]𝔄𝔖𝔗 אלהים ‖ [b] pc Mss 𝔊[R]𝔏𝔖 ׳וּמ ‖ **5** [a] huc tr ‸ ‖ **6** [a] l frt עוּזִּי cf 𝔊 Hier ‖ [b] σ′ *ἡ ἀναμονή μου* = תּוֹחַלְתִּי ‖ **7** [a] 𝔗 *wʿwšnʾ djlj* = וְעֻזִּי.

8 יִמָּלֵא פִי תְּהִלָּתֶךָ כָּל־הַיּוֹם תִּפְאַרְתֶּךָ׃

9 אַל־תַּשְׁלִיכֵנִי לְעֵת זִקְנָה כִּכְלוֹת כֹּחִי אַל־תַּעַזְבֵנִי׃

10 כִּי־אָמְרוּ אוֹיְבַי לִי וְשֹׁמְרֵי נַפְשִׁי נוֹעֲצוּ יַחְדָּו׃

11 לֵאמֹר[a] אֱלֹהִים עֲזָבוֹ רִדְפוּ וְתִפְשׂוּהוּ כִּי־אֵין מַצִּיל׃

12 אֱלֹהִים אַל־תִּרְחַק מִמֶּנִּי אֱלֹהַי לְעֶזְרָתִי חִישָׁה[a]׃

13 יֵבֹשׁוּ יִכְלוּ[a] שֹׂטְנֵי נַפְשִׁי
יַעֲטוּ חֶרְפָּה וּכְלִמָּה[b] מְבַקְשֵׁי רָעָתִי׃

14 וַאֲנִי תָּמִיד אֲיַחֵל וְהוֹסַפְתִּי עַל־כָּל[a]־תְּהִלָּתֶךָ[b]׃

15 פִּי ׀ יְסַפֵּר צִדְקָתֶךָ כָּל־הַיּוֹם תְּשׁוּעָתֶךָ כִּי לֹא יָדַעְתִּי סְפֹרוֹת[a]׃

16 אָבוֹא בִּגְבֻרוֹת[a] אֲדֹנָי[b] יְהוִה[c] אַזְכִּיר צִדְקָתְךָ[d] לְבַדֶּךָ׃

17 אֱלֹהִים לִמַּדְתַּנִי מִנְּעוּרָי וְעַד־הֵנָּה אַגִּיד נִפְלְאוֹתֶיךָ׃

18 וְגַם עַד־זִקְנָה ׀ וְשֵׂיבָה אֱלֹהִים אַל־תַּעַזְבֵנִי [אֱלֹהִים עַד־מָרוֹם
עַד־אַגִּיד זְרוֹעֲךָ [a]לְדוֹר לְכָל[a]־יָבוֹא גְּבוּרָתֶךָ׃ 19 וְצִדְקָתְךָ
אֲשֶׁר־עָשִׂיתָ גְדֹלוֹת אֱלֹהִים מִי כָמוֹךָ׃

20 אֲשֶׁר[a] הִרְאִיתַנוּ[b] ׀ צָרוֹת רַבּוֹת וְרָעוֹת תָּשׁוּב תְּחַיֵּינוּ[c]
וּמִתְּהֹמוֹת הָאָרֶץ תָּשׁוּב תַּעֲלֵנִי[d]׃

21 תֶּרֶב ׀ גְּדֻלָּתִי וְתִסֹּב תְּנַחֲמֵנִי׃

22 גַּם־אֲנִי ׀ אוֹדְךָ בִכְלִי־נֶבֶל אֲמִתְּךָ אֱלֹהָי[a]
אֲזַמְּרָה לְךָ בְכִנּוֹר קְדוֹשׁ יִשְׂרָאֵל׃

23 תְּרַנֵּנָּה שְׂפָתַי [a]כִּי אֲזַמְּרָה־לָּךְ[a] וְנַפְשִׁי אֲשֶׁר פָּדִיתָ׃

24 גַּם־לְשׁוֹנִי כָּל־הַיּוֹם תֶּהְגֶּה צִדְקָתֶךָ
כִּי־בֹשׁוּ כִּי־חָפְרוּ מְבַקְשֵׁי רָעָתִי׃

8 ח[4]
9 כו ר״פ אל אל[5]. ל
10 יא מל[6]. ב
11 ט ר״פ[7]. ב. ל ומל
12 ז בטע ר״פ בסיפ[8]. חושה[9] ק
13 ל
14 סז ר״פ לג מנה בכתיב. ד. ל
15 ל
16 ח[10] ד מנה בכתיב. ד
17 ד[11]
18 כ ר״פ בכתיב[12]. ל. כל ליש כת כן
19 ל. ל מל בסיפ. ל
20 הראיתני ק חד מן ב[13] בליש וחד מן מח[14] כת ו וקר י. ג. תחייני ק חד מן מח[14] כת ו וקר י. כת כן[15]
21 ל. ל. ל
22 ו[16] ר״פ וכל מ״פ דכות ב מ ה. ב בליש[17]
23 ל. ה

[4]Mm 1854. [5]Mm 3261. [6]Mm 3365. [7]Mm 3072. [8]Mm 3288. [9]Mm 832. [10]Mm 95. [11]Mm 913. [12]Mm 4070. [13]Mm 2516. [14]Mm 3811. [15]Cf Ps 102,25 et Mp sub loco. [16]Mm 2449. [17]Mm 3314.

11 [a] frt dl ‖ **12** [a] K׳ חִי ‖ **13** [a] nonn Mss 𝔊 ו׳, nonn Mss יִכָּלְמוּ; 𝔖 *wnhprwn*, l וְיִכָּלְמוּ ‖ [b] > 𝔖 ‖ **14** [a] > σ′ 𝔎𝔖 ‖ [b] α′σ′ Hier 𝔖 pl ‖ **15** [a] 𝔊*(𝔖 Hier) *γραμματείας*; σ′ (Syh) *ἐξαριθμῆσαι* cf 𝔗, l prb לְסַפֵּר ‖ **16** [a] l c nonn Mss Vrs –רַת ‖ [b] prb dl (var) ‖ [c] cf [b] ‖ [d] α′σ′ pl ‖ **18** [a–a] 𝔊 *πάσῃ τῇ γενεᾷ* = לְכָל־דּוֹר cf 22,31.32, 𝔖 *ldr’* = לדור ‖ **20** [a] prb dl ‖ [b] mlt Mss 𝔊σ′θ′𝔖𝔗 ut Q; l prb c K α′ –תָנוּ ‖ [c] mlt Mss 𝔊𝔖 ut Q; l prb c K 𝔗 Hier –יֵּינוּ ‖ [d] mlt Mss 𝔗 Hier –נוּ ‖ **22** [a] pc Mss 𝔊σ′𝔖 אֱלֹהִים ‖ **23** [a–a] frt dl (ex 22).

72 עב

1 לִשְׁלֹמֹ֨ה[a]׀[b] אֱֽלֹהִ֗ים מִ֭שְׁפָּטֶיךָ[c] לְמֶ֣לֶךְ תֵּ֑ן וְצִדְקָתְךָ֥ לְבֶן־מֶֽלֶךְ׃

2 יָדִ֣ין[a] עַמְּךָ֣ בְצֶ֑דֶק וַעֲנִיֶּ֥יךָ בְמִשְׁפָּֽט׃

3 יִשְׂא֤וּ הָרִ֣ים[a] שָׁל֣וֹם לָעָ֑ם וּ֝גְבָע֗וֹת[b] בִּצְדָקָֽה[c]׃

4 יִשְׁפֹּ֤ט׀ עֲֽנִיֵּי־עָ֗ם י֭וֹשִׁיעַ לִבְנֵ֣י אֶבְי֑וֹן וִֽידַכֵּ֥א עוֹשֵֽׁק׃

5 יִֽירָא֥וּךָ[a] עִם־שָׁ֑מֶשׁ וְלִפְנֵ֥י יָ֝רֵ֗חַ דּ֣וֹר דּוֹרִֽים׃

6 יֵ֭רֵד כְּמָטָ֣ר עַל־גֵּ֑ז כִּ֝רְבִיבִ֗ים[a] זַרְזִ֥יף[b] אָֽרֶץ׃

7 יִֽפְרַח־בְּיָמָ֥יו צַדִּ֑יק[a] וְרֹ֥ב שָׁ֝ל֗וֹם עַד־בְּלִ֥י יָרֵֽחַ׃

8 וְ֭יֵרְדְּ מִיָּ֣ם עַד־יָ֑ם וּ֝מִנָּהָ֗ר עַד־אַפְסֵי־אָֽרֶץ׃

9 לְ֭פָנָיו יִכְרְע֣וּ צִיִּ֑ים[a] וְ֝אֹיְבָ֗יו עָפָ֥ר יְלַחֵֽכוּ׃

10 מַ֚לְכֵ֨י תַרְשִׁ֣ישׁ וְ֭אִיִּים מִנְחָ֣ה יָשִׁ֑יבוּ
מַלְכֵ֥י שְׁבָ֥א וּ֝סְבָ֗א אֶשְׁכָּ֥ר יַקְרִֽיבוּ׃

11 וְיִשְׁתַּחֲווּ־ל֥וֹ כָל־מְלָכִ֑ים כָּל־גּ֝וֹיִ֗ם יַעַבְדֽוּהוּ׃

12 כִּֽי־יַ֭צִּיל אֶבְי֣וֹן מְשַׁוֵּ֑עַ[a] וְ֝עָנִ֗י וְאֵין־עֹזֵ֥ר לֽוֹ׃

13 יָ֭חֹס עַל־דַּ֣ל וְאֶבְי֑וֹן וְנַפְשׁ֖וֹת אֶבְיוֹנִ֣ים יוֹשִֽׁיעַ׃

14 מִתּ֣וֹךְ וּ֭מֵחָמָס יִגְאַ֣ל נַפְשָׁ֑ם וְיֵיקַ֖ר דָּמָ֣ם[a] בְּעֵינָֽיו׃

15 וִיחִ֗י וְיִתֶּן[a]־ל֮וֹ מִזְּהַ֪ב שְׁ֫בָ֥א
וְיִתְפַּלֵּ֣ל בַּעֲד֣וֹ תָמִ֑יד כָּל־הַ֝יּ֗וֹם יְבָרֲכֶֽנְהוּ׃

16 יְהִ֤י פִסַּת[a]־בַּ֨ר׀ בָּאָרֶץ֮ בְּרֹ֪אשׁ הָ֫רִ֥ים יִרְעַ֣שׁ
כַּלְּבָנ֣וֹן פִּרְי֑וֹ [b]וְיָצִ֥יצוּ מֵ֝עִ֗יר[b] כְּעֵ֣שֶׂב הָאָֽרֶץ׃

17 יְהִ֤י שְׁמ֨וֹ[a] לְֽעוֹלָ֗ם לִפְנֵי־שֶׁ֭מֶשׁ יִנּ֣וֹן[b] שְׁמ֑וֹ
וְיִתְבָּ֥רְכוּ ב֑וֹ[c] כָּל־גּ֝וֹיִ֗ם יְאַשְּׁרֽוּהוּ׃

כט וכל משיחה מצרים אשור ישראל דכות[1]. ל
ג חד חס וב מל[2]
כ
יז וכל זקף אתנח וס״פ דכות[3]. ב מל
ד[4]. יו וכל לפני ולפני דכות. ג[5]
ב[6]. ל
ד ב קמ וב פת[7]
ב[8]. ג[9]. ב
ב
ל
ז. י פסוק כל כל ומילה חדה ביניה[10]. ב[11].
ג מל בליש[12]
ו[13]
ל
ב ובסיפ. נא
ג ובסיפ[14]. יג[15]
ג[16]. ל
ל. לה[17]
ד. ל רפי[18]. ה
ינון[19]
ק
ל[20]

Ps 72 [1]Mm 958. [2]Mm 3315. [3]Mm 2120. [4]Mm 1924. [5]Mm 2397. [6]Dt 18,4. [7]Mm 937. [8]Nu 24,19. [9]Mm 3169. [10]Mm 3316. [11]Mm 1313. [12]Mm 1462. [13]Mm 2129. [14]Mm 3281. [15]Mm 157. [16]Mm 3317. [17]Mm 2840. [18]וחד וְיָצִיצוּ Ps 92,8. [19]Mm 832. [20]Mm 4149.

Ps 72,1 [a] pc Mss cj 72 c 71 ‖ [b] > pc Mss ‖ [c] 𝔊𝔖 sg ‖ **2** [a] 𝔊* *κρίνειν* = לָדִין ‖ **3** [a] frt huc tr וגבעות ‖ [b] cf [a] ‖ [c] $𝔊^{L\,1219\,55}$𝔖𝔗 Hier om ב ‖ **5** [a] 𝔊 *καὶ συμπαραμενεῖ* = וְיַאֲרִיךְ ‖ **6** [a] nonn Mss 𝔊𝔖 וְכ׳ ‖ [b] l prb יַזְרִיפוּ ‖ **7** [a] l c pc Mss 𝔊𝔖 צֶדֶק ‖ **9** [a] 𝔊 *Αἰθίοπες*, 𝔖 *gzrt'* = אִיִּים; prp צָרִים vel צָרָיו ‖ **12** [a] 𝔊 *ἐκ χειρὸς δυνάστου*, 𝔖 (Hier) *mn d'šjn mnh* = מְשׁוֹעַ ‖ **14** [a] 𝔊 θ' *τὸ ὄνομα αὐτῶν* = שְׁמָם ‖ **15** [a] 𝔊𝔖 pass = וְיֻתַּן ‖ **16** [a] cf aram *pjs'* abundantia ‖ [b–b] prp יָצִיץ וַעֲמִירוֹ ‖ **17** [a] 𝔊 + *εὐλογημένον* cf 113,2 ‖ [b] mlt Mss ut Q (= ni), K יָנִין, Ms יִכּוֹן, 𝔊 *διαμενεῖ* ‖ [c] 𝔊 + *πᾶσαι αἱ φυλαὶ τῆς γῆς*, ex Gn 12,3 28,14.

18 בָּר֤וּךְ׀ יְהוָ֣ה אֱ֭לֹהִים[a] אֱלֹהֵ֣י יִשְׂרָאֵ֑ל עֹשֵׂ֖ה נִפְלָא֣וֹת[b] לְבַדּֽוֹ׃

19 וּבָר֤וּךְ׀ שֵׁ֥ם כְּבוֹד֗וֹ לְע֫וֹלָ֥ם וְיִמָּלֵ֣א[a] כְ֭בוֹדוֹ אֶת־כֹּ֥ל הָאָ֗רֶץ יֹ֗ 21ג 22מנה ר״פ . ב 23 . יד
אָ֘מֵ֤ן׀ וְאָמֵֽן׃

ס̊, 20 [a]כָּלּ֥וּ[b] תְפִלּ֑וֹת[c] דָּ֝וִ֗ד בֶּן־יִשָֽׁי׃ ל קמ . ל

73 עג 1 מִזְמ֗וֹר לְאָ֫סָ֥ף

אַ֤ךְ ט֣וֹב לְיִשְׂרָאֵ֣ל[a] אֱ֝לֹהִ֗ים לְבָרֵ֥י לֵבָֽב׃ ל1

2 וַאֲנִ֗י כִּ֭מְעַט נָטוּ֣י[a] רַגְלָ֑י כְּ֝אַ֗יִן שֻׁפְּכָ֥ה[b] אֲשֻׁרָֽי׃ סז ר״פ לג מנה בכתיב וחד מן ד 2 בטע בסיפ . ג פסוק דמיין 3 . נטיו ק . שפכו ק חד מן יד 4 כת ה וקר ו

3 כִּֽי־קִ֭נֵּאתִי בַּהוֹלְלִ֑ים שְׁל֖וֹם רְשָׁעִ֣ים אֶרְאֶֽה׃ ג בליש ומל . י 5

4 כִּ֤י אֵ֣ין חַרְצֻבּ֣וֹת לְמוֹתָ֑ם[a] וּבָרִ֥יא אוּלָֽם׃ נה בטע ר״פ בסיפ . ב 6 . ב מל . ל ומל 7

5 בַּעֲמַ֣ל אֱנ֣וֹשׁ אֵינֵ֑מוֹ וְעִם־אָ֝דָ֗ם לֹ֣א יְנֻגָּֽעוּ׃ ב 8 . ל 9 . ל

6 לָ֭כֵן עֲנָקַ֣תְמוֹ גַאֲוָ֑ה [a]יַעֲטָף־שִׁ֝֗ית חָמָ֥ס[a] לָֽמוֹ׃ ל

7 יָ֭צָא מֵחֵ֣לֶב עֵינֵ֑מוֹ[a] עָ֝בְר֗וּ[b] מַשְׂכִּיּ֥וֹת[c] לֵבָֽב׃ ל

8 יָמִ֤יקוּ[a]׀ וִידַבְּר֣וּ בְרָ֣ע[b] עֹ֑שֶׁק[c] מִמָּר֥וֹם יְדַבֵּֽרוּ׃ ל . ה

9 שַׁתּ֣וּ בַשָּׁמַ֣יִם פִּיהֶ֑ם וּ֝לְשׁוֹנָ֗ם תִּֽהֲלַ֥ךְ[a] בָּאָֽרֶץ׃ ב 9 . ד 10 . ל 11

10 לָכֵ֤ן׀ יָשִׁ֣יב[a] [b]עַמּ֣וֹ[c] הֲלֹ֑ם[b] [d]וּמֵ֥י[e] מָ֝לֵ֗א יִמָּ֥צוּ[d] לָֽמוֹ׃ ישוב ק חד מן ה 12 זוגין כת י וקר ו . יא

11 וְֽאָמְר֗וּ אֵיכָ֥ה יָדַֽע־אֵ֑ל וְיֵ֖שׁ דֵּעָ֣ה בְעֶלְיֽוֹן׃ יז 13

12 הִנֵּה־אֵ֥לֶּה רְשָׁעִ֑ים [a]וְשַׁלְוֵ֥י ע֝וֹלָ֗ם[a] הִשְׂגּוּ־חָֽיִל׃

13 אַךְ־רִ֭יק זִכִּ֣יתִי לְבָבִ֑י וָאֶרְחַ֖ץ בְּנִקָּי֣וֹן כַּפָּֽי׃ ג בליש 14

14 וָאֱהִ֣י נָ֭גוּעַ כָּל־הַיּ֑וֹם וְ֝תוֹכַחְתִּ֗י[a] לַבְּקָרִֽים׃ ב ומל 15 . ד 16

15 אִם־אָ֭מַרְתִּי אֲסַפְּרָ֣ה כְמ֑וֹ[a] הִנֵּ֤ה ד֖וֹר בָּנֶ֣יךָ בָגָֽדְתִּי[b]׃

[21] Mm 1850. [22] Mm 3318. [23] Mm 3319. Ps 73 [1] Mm 2864. [2] Mm 3221. [3] Mm 3618. [4] Mm 782. [5] Mm 300. [6] Mm 2422. [7] וחד בריא Jdc 3,17. [8] Mm 1465. [9] Mp sub loco. [10] Mm 3102. [11] וחד ותהלך Ex 9,23. [12] Mm 2195. [13] Mm 1095. [14] Mm 3320. [15] Mm 2403. [16] Mm 2331.

18 [a] > pc Mss 𝔊𝔖 ‖ [b] pc Mss 𝔖𝔗 + גְּדוֹלוֹת ‖ **19** [a] frt l וִימַלֵּא ‖ **20** [a] > pc Mss 𝔖 ‖ [b] l כָּלוּ ‖ [c] 𝔊 *οἱ ὕμνοι* = תְּהִלּוֹת ‖ **Ps 73,1** [a] prp לַיָּשָׁר אֵל ‖ **2** [a] l c Q mlt Mss Vrs נָטָיוּ; K נטוי ‖ [b] l Q; K ־ָה ‖ **4** [a] l לָמוֹ תָּם ‖ **6** [a–a] Vrs alit; l frt עָטַף pro ׳י et cj c שִׁית ח׳ ‖ **7** [a] l frt עֲוֹנָמוֹ cf 𝔊𝔖 ‖ [b] 𝔖 *wʿbdw* et operati sunt ‖ [c] 𝔊 *εἰς διάθεσιν* = בְּשְׂכִיַּת cf 𝔖 ‖ **8** [a] 𝔊(𝔖) *διενοήθησαν*, Hier *irriserunt* ‖ [b] huc tr ‸ cf 𝔊α′𝔖 ‖ [c] l frt עִקֵּשׁ vel עָתָק ‖ **9** [a] l frt תְּהַלֵּךְ ‖ **10** [a] mlt Mss Vrs ut Q, sic l; K יָשִׁיב ‖ [b–b] prp עִם אֱלֵיהֶם ‖ [c] l frt עַמִּי cf 𝔊𝔖 ‖ [d–d] prp וּמִלֵּיהֶם יָמֹצּוּ ‖ [e] 𝔊 *καί ἡμέραι* = וִימֵי; > 𝔖 ‖ **12** [a–a] 𝔊 *καὶ εὐθηνοῦνται εἰς τὸν αἰῶνα* = וְשָׁלוּ לְע׳ ‖ **14** [a] l frt וְהוֹכַחְתִּי ‖ **15** [a] l frt כָּהֶם cf 𝔖 ‖ [b] 𝔊^Mss 2 sg.

16 וָאֲחַשְּׁבָה[a] לָדַעַת זֹאת עָמָל הִיא[b] בְעֵינָי׃ — הוא ק̇ חד מן ה̇[17] כתיב היא

17 עַד־אָבוֹא אֶל־מִקְדְּשֵׁי־אֵל[a] אָבִינָה[b] לְאַחֲרִיתָם׃ — ל̇

18 אַךְ בַּחֲלָקוֹת תָּשִׁית לָמוֹ הִפַּלְתָּם לְמַשּׁוּאוֹת׃ — ה̇[18]. ב̇ חד חס וחד מל̇[19]

19 אֵיךְ הָיוּ לְשַׁמָּה כְרָגַע סָפוּ תַמּוּ[a] מִן־בַּלָּהוֹת[a]׃

20 כַּחֲלוֹם מֵהָקִיץ[a] אֲדֹנָי[b] בָּעִיר[c] ׀ צַלְמָם[d] תִּבְזֶה[e]׃ — ג̇[20]. ל̇. ל̇

21 כִּי יִתְחַמֵּץ לְבָבִי וְכִלְיוֹתַי אֶשְׁתּוֹנָן׃ — ל̇. ל̇

22 וַאֲנִי־בַעַר וְלֹא אֵדָע בְּהֵמוֹת[a] הָיִיתִי עִמָּךְ׃ — סז̇ ר״פ ל̇ג מנה בכתיב. ג̇[21]

23 וַאֲנִי תָמִיד עִמָּךְ אָחַזְתָּ בְּיַד־יְמִינִי׃ — סז̇ ר״פ ל̇ג מנה בכתיב

24 בַּעֲצָתְךָ תַנְחֵנִי[a] וְאַחַר כָּבוֹד[b] תִּקָּחֵנִי׃

25 מִי־לִי בַשָּׁמָיִם[a] וְעִמְּךָ לֹא־[b]חָפַצְתִּי בָאָרֶץ׃

26 כָּלָה שְׁאֵרִי וּלְבָבִי צוּר־לְבָבִי וְחֶלְקִי אֱלֹהִים לְעוֹלָם[a]׃ — ל̇

27 כִּי־הִנֵּה רְחֵקֶיךָ יֹאבֵדוּ הִצְמַתָּה כָּל־זוֹנֶה מִמֶּךָּ[a]׃ — ל̇[19]. ב̇ חד חס וחד מל̇[22]

28 וַאֲנִי ׀ קִרֲבַת[a] אֱלֹהִים[b] לִי־טוֹב שַׁתִּי ׀ בַּאדֹנָי[c] יְהוִה[d] מַחְסִי — סז̇ ר״פ ל̇ג מנה בכתיב. ב̇. ל̇[23]. ח̇[24] ד̇ מנה בכתיב

לְסַפֵּר כָּל־מַלְאֲכוֹתֶיךָ[e]׃

74 1 מַשְׂכִּיל לְאָסָף

עד

לָמָה אֱלֹהִים זָנַחְתָּ לָנֶצַח יֶעְשַׁן אַפְּךָ בְּצֹאן מַרְעִיתֶךָ׃ — ל̇. ב̇. ב̇

2 זְכֹר עֲדָתְךָ ׀ קָנִיתָ קֶּדֶם גָּאַלְתָּ שֵׁבֶט נַחֲלָתֶךָ הַר־צִיּוֹן זֶה ׀

[שָׁכַנְתָּ בּוֹ׃

3 הָרִימָה פְעָמֶיךָ[a] לְמַשֻּׁאוֹת נֶצַח כָּל־הֵרַע אוֹיֵב בַּקֹּדֶשׁ׃ — ד̇[1]. ב̇ חד חס וחד מל̇

4 שָׁאֲגוּ צֹרְרֶיךָ בְּקֶרֶב מוֹעֲדֶךָ[a] שָׂמוּ אוֹתֹתָם אֹתוֹת׃ — ל̇[2]. ל̇[3] וחס

5 יִוָּדַע[a] כְּמֵבִיא לְמָעְלָה[b] בִּסֲבָךְ־עֵץ קַרְדֻּמּוֹת[c]׃

[17] Mm 3702. [18] Mm 3228. [19] Mp sub loco. [20] Mm 2315. [21] Mm 2385. [22] Mm 3006. [23] וחד ושתי Ex 23, 31. [24] Mm 95. Ps 74 [1] Mm 407. [2] Mm 2335. [3] וחד ואתתם Hi 21,29.

16 [a] mlt Mss Edd נָ׳ ‖ [b] mlt Mss ut Q, l; K הִיא ‖ **17** [a] 𝔊𝔖 sg ‖ [b] 𝔊𝔖 pr cop ‖ **19** [a–a] 𝔊 *διὰ τὴν ἀνομίαν αὐτῶν* ‖ **20** [a] 𝔊 (σ′ Hier 𝔗) *ἐξεγειρομένου* cf 𝔖 ‖ [b] cf 2,2[b]; prp אֵינֶנּוּ ‖ [c] = בְּהָעִיר? vel frt l בְּעוּרְךָ cf 𝔊 ‖ [d] prp צלמוֹ ‖ [e] prp נבזה ‖ **22** [a] l c Ms כַּבְּהֵמָה vel בהמָה cf 𝔊σ′ ‖ **24** [a] 𝔖 *bj'jnj* = תְּנַחֲמֵנִי ‖ [b] l frt בְּכ׳ cf 𝔊 ‖ **25** [a] frt ins זוּלָתֶךָ ‖ [b] 𝔊 (𝔖) *τί* ‖ **26** [a] frt dl m cs ‖ **27** [a] 𝔖 + *l'lm* ‖ **28** [a] 𝔊 *τὸ προσκολλᾶσθαι* (a דבק?); l קִרְבָתְךָ ‖ [b] prb dl ‖ [c] > pc Mss 𝔊𝔖, prb dl ‖ [d] l prb בי׳ cf 𝔊 ‖ [e] 𝔊 *τὰς αἰνέσεις σου* cf 9,15, 𝔖 *tdmrtk* = נִפְלְאוֹתֶיךָ ‖ **Ps 74,3** [a] 𝔊 *τὰς χεῖράς σου* = כַּפֶּיךָ, 𝔖 *'bdjk* = פְּעָלֶיךָ cf 77,13 ‖ **4** [a] mlt Mss ־דיך cf 8 ‖ **5** [a] prp יִגְדְּעוּ ‖ [b] prp לוֹ עָלֶה ‖ [c] prp קַרְדֻּמּוֹ.

6 וְעַתָּ[a] פִּתּוּחֶיהָ[b] יָּחַד בְּכַשִּׁיל וְכֵילַפֹּת[c] יַהֲלֹמוּן׃ ועתה ק . ל . ל
7 שִׁלְחוּ בָאֵשׁ מִקְדָּשֶׁךָ[a] לָאָרֶץ חִלְּלוּ מִשְׁכַּן־שְׁמֶךָ[b]׃
8 אָמְרוּ בְלִבָּם נִינָם[a] יָחַד שָׂרְפוּ[b] כָל־מוֹעֲדֵי־אֵל בָּאָרֶץ׃ ב ר״פ . ט
9 אוֹתֹתֵינוּ לֹא רָאִינוּ אֵין־עוֹד נָבִיא וְלֹא־אִתָּנוּ יֹדֵעַ עַד־מָה׃ ד[4]
10 עַד־מָתַי אֱלֹהִים יְחָרֶף צָר יְנָאֵץ אוֹיֵב שִׁמְךָ לָנֶצַח׃
11 לָמָּה תָשִׁיב יָדְךָ[a] וִימִינֶךָ מִקֶּרֶב חוֹקְךָ[b] כַלֵּה[c]׃ ל[5] . חיקך ק . ט כת ה[6]
12 וֵאלֹהִים[a] מַלְכִּי[b] מִקֶּדֶם פֹּעֵל יְשׁוּעוֹת בְּקֶרֶב הָאָרֶץ׃ ה[7] וחד מן ז[8] בטע ר״פ בסיפ . ז מל[9]
13 אַתָּה פוֹרַרְתָּ בְעָזְּךָ יָם שִׁבַּרְתָּ רָאשֵׁי תַנִּינִים עַל־הַמָּיִם׃ יו ר״פ בסיפ . ג . עה
14 אַתָּה רִצַּצְתָּ רָאשֵׁי לִוְיָתָן תִּתְּנֶנּוּ מַאֲכָל [a]לְעָם[b] לְצִיִּים[ac]׃ יו ר״פ בסיפ . ל . עה . ל
15 אַתָּה בָקַעְתָּ מַעְיָן וָנָחַל אַתָּה הוֹבַשְׁתָּ נַהֲרוֹת אֵיתָן׃ ב חד חס וחד מל[10] . ג[11]
16 לְךָ יוֹם אַף־לְךָ לָיְלָה אַתָּה הֲכִינוֹתָ מָאוֹר וָשָׁמֶשׁ׃
17 אַתָּה הִצַּבְתָּ כָּל־גְּבוּלוֹת אָרֶץ קַיִץ וָחֹרֶף אַתָּה יְצַרְתָּם׃ יו ר״פ בסיפ . ב[12] . ל וכת מל[13]
18 זְכָר־זֹאת אוֹיֵב חֵרֵף ׀ יְהוָה וְעַם נָבָל נִאֲצוּ שְׁמֶךָ׃
19 אַל־תִּתֵּן לְחַיַּת[a] נֶפֶשׁ תּוֹרֶךָ[b] חַיַּת[c] עֲנִיֶּיךָ אַל־תִּשְׁכַּח לָנֶצַח׃ כו ר״פ אל אל[14] . ג חד חס וב מל[15]
20 הַבֵּט לַבְּרִית[a] כִּי מָלְאוּ מַחֲשַׁכֵּי־אֶרֶץ [b]נְאוֹת חָמָס[b]׃
21 אַל־יָשֹׁב[a] דַּךְ נִכְלָם[b] עָנִי וְאֶבְיוֹן יְהַלְלוּ שְׁמֶךָ׃ ה וחס[16]
22 קוּמָה אֱלֹהִים רִיבָה רִיבֶךָ זְכֹר חֶרְפָּתְךָ מִנִּי־נָבָל [a]כָּל־הַיּוֹם[a]׃ ב
23 אַל־תִּשְׁכַּח קוֹל צֹרְרֶיךָ שְׁאוֹן קָמֶיךָ עֹלֶה תָמִיד׃ ב[17]

75 עה
1 לַמְנַצֵּחַ אַל־תַּשְׁחֵת מִזְמוֹר לְאָסָף שִׁיר׃
2 הוֹדִינוּ לְּךָ ׀ אֱלֹהִים הוֹדִינוּ [a]וְקָרוֹב שְׁמֶךָ סִפְּרוּ[a] נִפְלְאוֹתֶיךָ׃ ב . ב . ד[1]
3 כִּי אֶקַּח מוֹעֵד אֲנִי מֵישָׁרִים אֶשְׁפֹּט׃

[4] Mm 975. [5] Mm 161. [6] Mm 2122. [7] Mm 371. [8] Mm 3288. [9] Mm 1852. [10] Mm 1815. [11] Mm 3321. [12] Gn 21,29. [13] Mm 2241. [14] Mm 3261. [15] Mm 3315. [16] Mm 1433. [17] Ex 15,7. **Ps 75** [1] Mm 2258.

6 [a] K וְעַת; 𝔊(𝔖) *ἐξέκοψαν*, prp כִּתְּתוּ; al prp וְאֵת vel עִוְּתוּ ‖ [b] 𝔊 *τὰς θύρας αὐτῆς* = פְּתָחֶיהָ cf 𝔖; prp חִים– vel –חֶיךָ ‖ [c] 2 Mss וּבְכֵלַפּוֹת ‖ **7** [a] mlt Mss –שֶׁיךָ ‖ [b] pc Mss כְּבוֹדֶךָ ‖ **8** [a] frt a ינה cf 𝔖 ‖ [b] l frt וְנַשְׂרֹף cf 𝔊𝔖 ‖ **11** [a] huc tr ‸ ‖ [b] mlt Mss Vrs ut Q; K חו׳ ‖ [c] l frt כְּלָאָה ‖ **12** [a] 𝔖 + suff 1 pl; l frt וְאַתָּה א׳ cf sq ‖ [b] 𝔊 suff 1 pl; 𝔖𝔗 om suff ‖ **14** [a–a] prp לְעַמְלְצֵי יָם ‖ [b] > Ms, 𝔊 pl ‖ [c] 𝔊 *τοῖς Αἰθίοψιν* cf 72,9[a]; 𝔖 *'šjn'* = עָצוּם ‖ **19** [a] 𝔊 (𝔗 Hier) *τοῖς θηρίοις* = לְחַיֹּת, 𝔖 *ltbr'* = לְהַוּוֹת; prp לַמָּוֶת ‖ [b] Ms 𝔊𝔖 תודך ‖ [c] nonn Mss וחית ‖ **20** [a] 𝔊𝔖 + suff 2 sg ‖ [b–b] 𝔊 *οἴκων ἀνομιῶν*; prp אֲנָחָה וְח׳ ‖ **21** [a] 𝔖 *ntb* = יֵשֵׁב ‖ [b] 2 Mss 𝔊[B]𝔏[G] וְנ׳ ‖ **22** [a–a] prb dl m cs ‖ **Ps 75,2** [a–a] 𝔊(𝔖) *καὶ ἐπικαλεσόμεθα τὸ ὄνομά σου. διηγήσομαι* = וְקָרָא בִשְׁמֶךָ סַפֵּר? prp וְקֹרְאֵי בְשׁ׳ ס׳; 𝔊(𝔖) + *πάντα*.

4 נְמֹגִים אֶרֶץ וְכָל־יֹשְׁבֶיהָ אָנֹכִי[a] תִכַּנְתִּי[b] עַמּוּדֶיהָ סֶּלָה׃ ל וחס. ד
5 אָמַרְתִּי[a] לַהוֹלְלִים אַל־תָּהֹלּוּ וְלָרְשָׁעִים אַל־תָּרִימוּ קָרֶן׃ ג בליש ומל. ל
6 אַל־תָּרִימוּ לַמָּרוֹם קַרְנְכֶם תְּדַבְּרוּ בְצַוָּאר[a] עָתָק׃ ד[2]
7 כִּי לֹא[a] מִמּוֹצָא וּמִמַּעֲרָב וְלֹא[b] מִמִּדְבַּר[c] הָרִים[d]׃ נה בטע ר״פ בסיפ. ג[3]. ל
8 כִּי־אֱלֹהִים שֹׁפֵט זֶה יַשְׁפִּיל וְזֶה יָרִים׃ ג
9 כִּי כוֹס בְּיַד־יְהוָה וְיַיִן חָמַר ׀ מָלֵא מֶסֶךְ נה בטע ר״פ בסיפ. ל
וַיַּגֵּר מִזֶּה[a] אַךְ־שְׁמָרֶיהָ יִמְצוּ יִשְׁתּוּ כֹּל רִשְׁעֵי־אָרֶץ׃ ל. ל
10 וַאֲנִי אַגִּיד[a] לְעֹלָם אֲזַמְּרָה לֵאלֹהֵי יַעֲקֹב׃ טז ר״פ לג מנה בכתיב. ל. יה[4] חס ח מנה בנ״ך
11 וְכָל־קַרְנֵי רְשָׁעִים אֲגַדֵּעַ[a] תְּרוֹמַמְנָה[b] קַרְנוֹת צַדִּיק׃ ל. ב[5]

76 עו
1 לַמְנַצֵּחַ בִּנְגִינֹת מִזְמוֹר לְאָסָף שִׁיר[a]׃
2 נוֹדָע בִּיהוּדָה אֱלֹהִים בְּיִשְׂרָאֵל גָּדוֹל שְׁמוֹ׃ ב[1]
3 וַיְהִי בְשָׁלֵם סֻכּוֹ וּמְעוֹנָתוֹ בְצִיּוֹן׃ ג[2]
4 שָׁמָּה שִׁבַּר רִשְׁפֵי־קָשֶׁת מָגֵן וְחֶרֶב וּמִלְחָמָה סֶלָה׃ ה ר״פ. ל[3] רפי. ל
5 נָאוֹר[a] אַתָּה אַדִּיר מֵהַרְרֵי־טָרֶף[b]׃ ג[4]
6 אֶשְׁתּוֹלְלוּ ׀ אַבִּירֵי[a] לֵב נָמוּ שְׁנָתָם ל
וְלֹא־מָצְאוּ כָל־אַנְשֵׁי־חַיִל יְדֵיהֶם׃
7 מִגַּעֲרָתְךָ אֱלֹהֵי יַעֲקֹב [a]נִרְדָּם וְרֶכֶב וָסוּס[a]׃ ה[5] ול בסיפ. ל
8 אַתָּה[a] ׀ נוֹרָא אַתָּה וּמִי־יַעֲמֹד לְפָנֶיךָ מֵאָז[b] אַפֶּךָ׃ יו ר״פ בסיפ. כו מלעיל. ב[6]
9 מִשָּׁמַיִם הִשְׁמַעְתָּ דִּין אֶרֶץ יָרְאָה וְשָׁקָטָה׃ ב
10 בְּקוּם־לַמִּשְׁפָּט אֱלֹהִים לְהוֹשִׁיעַ כָּל־עַנְוֵי־אֶרֶץ[a] סֶלָה׃ ה[7]
11 כִּי־[a]חֲמַת אָדָם[a] תּוֹדֶךָּ[b] שְׁאֵרִית[c] חֵמֹת[d] תַּחְגֹּר[e]׃ ב[8]. ב חד חס וחד מל[5]

[2] Mp sub loco. [3] Mm 3381. [4] Mm 25. [5] Mm 3322. **Ps 76** [1] Prv 31,23. [2] Mm 2602. [3] Mm 2922. [4] Mm 966. [5] Mp sub loco. [6] Mm 3323. [7] Mm 1035. [8] Mm 3324.

4 [a] 𝔖 *'nt* = אַתָּה ‖ [b] 𝔖 2 m sg ‖ **5** [a] 𝔖 2 m sg, cf 4[a.b] ‖ **6** [a] 𝔊 *κατὰ τοῦ θεοῦ* = בַּצּוּר ‖ **7** [a] prp לָא ‖ [b] prp וְלָא ‖ [c] mlt Mss בָּר– ‖ [d] = inf cstr hi a רום (Vrs alit); > 𝔊[B] ‖ **9** [a] 𝔊(𝔖) + *εἰς τοῦτο* = אֶל־זֶה ‖ **10** [a] 𝔊 *ἀγαλλιάσομαι* = אָגִיל; l prb אֲגַדֵּל cf 69,31 (ל hpgr) ‖ **11** [a] prp יַג׳ ‖ [b] 𝔊𝔖 pr cop ‖ **Ps 76,1** [a] 𝔊 + *πρὸς τὸν Ἀσσύριον* ‖ **5** [a] 𝔊 *φωτίζεις* = תָּאִיר, θ′ *φοβερός* cf 8.13, σ′ *ἐπιφανής*, 𝔗 *nhjr dhjl* ‖ [b] 𝔊 *αἰωνίων*, 𝔖 *'šjn'* (= עַד?); l עַד cf Gn 49,26 Dt 33,15 ‖ **6** [a] 𝔊(𝔖) *πάντες οἱ ἀσύνετοι* = כָּל־בַּעֲרֵי ‖ **7** [a–a] 𝔊(𝔖) *ἐνύσταξαν οἱ ἐπιβεβηκότες τοὺς ἵππους*, l frt –מוּ רֹכְבֵי סוּס (vel נ׳ רֹכֵב וָסוּס) ‖ **8** [a] > 𝔊, frt dl ‖ [b] l frt מֵעֹז cf 90,11 ‖ **10** [a] 𝔊[BS] *τῇ καρδίᾳ* ‖ **11** [a–a] prp חֲמַתָּה אֲדָמָה vel ח׳ אֱדֹם ‖ [b] prp תּוֹרֵד ‖ [c] 𝔊𝔖𝔗 pr cop ‖ [d] prp חֲמָתָה vel חֲמַת vel נְחָמוֹת ‖ [e] 𝔊 *ἑορτάσει σοι* = תְּחָגֶּךָּ.

12 נִדְר֣וּ וְשַׁלְּמוּ֮ לַיהוָ֪ה אֱלֹֽהֵ֫יכֶ֥ם כָּל־סְבִיבָ֑יו יֹבִ֥ילוּ שַׁ֝֗י לַמּוֹרָֽא[a]׃
13 יִ֭בְצֹר ר֣וּחַ נְגִידִ֑ים נ֝וֹרָ֗א לְמַלְכֵי־אָֽרֶץ׃

77 1 לַמְנַצֵּ֥חַ עַֽל־יְדִית֗וּן[a] לְאָסָ֥ף מִזְמֽוֹר׃ ידותון חד מן ג̇[1] כת כן ק̇
2 קוֹלִ֣י אֶל־אֱלֹהִ֣ים וְאֶצְעָ֑קָה[a] קוֹלִ֥י אֶל־אֱ֝לֹהִ֗ים וְהַאֲזִ֥ין אֵלָֽי׃ ב̇. ל̇. ב̇. ל̇
3 בְּי֪וֹם צָרָתִ֡י אֲדֹנָ֬י דָּרָ֗שְׁתִּי יָדִ֤י[a] ׀ לַ֣יְלָה[b] נִ֭גְּרָה[c] וְלֹ֣א תָפ֑וּג
מֵאֲנָ֖ה הִנָּחֵ֣ם נַפְשִֽׁי׃ ב̇. ב̇
4 אֶזְכְּרָ֣ה אֱלֹהִ֣ים וְאֶהֱמָיָ֑ה אָשִׂ֓יחָה ׀ וְתִתְעַטֵּ֖ף רוּחִ֣י סֶֽלָה׃ ל̇. ל̇
5 אָ֭חַזְתָּ[a] שְׁמֻר֣וֹת עֵינָ֑י[b] נִ֝פְעַ֗מְתִּי וְלֹ֣א אֲדַבֵּֽר׃ ל̇. ל̇. ב̇[2]
6 חִשַּׁ֣בְתִּי יָמִ֣ים מִקֶּ֑דֶם שְׁ֝נ֗וֹת עוֹלָמִֽים[a]׃ ב̇
7 אֶ֥זְכְּרָ֥ה[a] נְגִינָתִ֗י[b] בַּ֫לָּ֥יְלָה[c] עִם־לְבָבִ֥י[c] אָשִׂ֑יחָה וַיְחַפֵּ֥שׂ[d] רוּחִֽי׃ ג̇
8 הַֽ֭לְעוֹלָמִים יִזְנַ֥ח ׀ אֲדֹנָ֑י וְלֹֽא־יֹסִ֖יף לִרְצ֣וֹת עֽוֹד׃ ל̇. ג̇[3]. יד̇ כת כן
9 הֶאָפֵ֣ס לָנֶ֣צַח חַסְדּ֑וֹ[a] גָּ֥מַר אֹ֝֗מֶר[a] לְדֹ֣ר וָדֹֽר׃ ו̇ חס̇[4]
10 הֲשָׁכַ֣ח חַנּ֣וֹת אֵ֑ל אִם־קָפַ֥ץ בְּ֝אַ֗ף רַחֲמָ֥יו סֶֽלָה׃ ל̇. ל̇. ל̇
11 וָ֭אֹמַר חַלּ֣וֹתִי[a] הִ֑יא שְׁ֝נ֗וֹת יְמִ֣ין עֶלְיֽוֹן׃ ל̇
12 אֶזְכּ֥יר[a] מַֽעַלְלֵי־יָ֑הּ כִּֽי־אֶזְכְּרָ֖ה מִקֶּ֣דֶם פִּלְאֶֽךָ[b]׃ אזכור[5] ק̇
13 וְהָגִ֥יתִי בְכָל־פָּעֳלֶ֑ךָ[a] וּֽבַעֲלִילוֹתֶ֥יךָ אָשִֽׂיחָה׃ ל̇
14 אֱ֭לֹהִים בַּקֹּ֣דֶשׁ דַּרְכֶּ֑ךָ מִי־אֵ֥ל גָּ֝ד֗וֹל כֵּאלֹהִֽים[a]׃ ז̇ בטע̇ ר״פ בסיפ̇[6]. ל̇. ג̇[7]
15 אַתָּ֣ה הָ֭אֵל עֹ֣שֵׂה פֶ֑לֶא הוֹדַ֖עְתָּ בָעַמִּ֣ים עֻזֶּֽךָ׃ יו̇ ר״פ בסיפ̇. ב̇
16 גָּאַ֣לְתָּ בִּזְר֣וֹעַ[a] עַמֶּ֑ךָ בְּנֵֽי־יַעֲקֹ֖ב וְיוֹסֵ֣ף סֶֽלָה׃ ב̇ פסוק בזה הטעמ̇ בשלש ספרים. ב̇ פסוק בטע̇ בשלש ספרים. ל̇. ל̇[8]
17 רָ֘א֤וּךָ מַּ֨יִם ׀ אֱלֹהִ֗ים רָא֣וּךָ מַּ֣יִם יָחִ֑ילוּ[a] אַ֝֗ף יִרְגְּז֥וּ תְהֹמֽוֹת׃ ג̇[9]. ג̇[9]
18 זֹ֤רְמוּ[a] מַ֨יִם ׀ עָב֗וֹת[a] ק֭וֹל נָתְנ֣וּ שְׁחָקִ֑ים אַף־חֲ֝צָצֶ֗יךָ יִתְהַלָּֽכוּ׃ ל̇ וחס̇. כל חס̇ ב̇ מ̇ ב̇ מל̇[10]

Ps 77 [1]Mm 3267. [2]Mm 3325. [3]Mm 1777. [4]Mm 3122. [5]Mm 832. [6]Mm 3288. [7]Mm 21. [8]Mm 1858. [9]Mm 3326. [10]Mm 800.

12 [a] 𝔊(𝔖) *τῷ φοβερῷ* cf 5.8.13 (𝔊 cj c 13), l לַנּוֹרָא; σ′ *τῷ νομοδότῃ* = לַמּוֹרֶה ‖ **Ps 77,1** [a] mlt Mss 𝔗 ut Q, K𝔊 יְדִי׳ ‖ **2** [a] Ms 𝔊𝔖 א׳ ‖ **3** [a] 𝔊 pl, 𝔖 *w'jdh* = וְיָדוֹ ‖ [b] prb dl m cs ‖ [c] 𝔊 *ἐναντίον αὐτοῦ* = נֶגְדּוֹ (𝔖 *ngdtnj*) ‖ **5** [a] 𝔊𝔖 3 pl; σ′Hier 1 sg, l prb ־תִּי ‖ [b] 𝔊[B] *οἱ ἐχθροί μου* ‖ **6** [a] tr huc 7[c–c] m cs ‖ **7** [a] 𝔊σ′𝔖 cj c 6 ‖ [b] 𝔊(𝔖) *καὶ ἐμελέτησα* = וְהָגִיתִי, 𝔊 cj c 6 ‖ [c–c] cf 6[a] ‖ [d] σ′θ′𝔖 Hier 1 sg ‖ **9** [a–a] > 𝔊; 𝔖 pr *'w* = אוֹ ‖ **11** [a] α′(𝔖 Hier) *ἀρρωστία μου* = חֲלוֹתִי; l 𝔐 cf σ′ *τρῶσίς μου* ‖ **12** [a] mlt Mss Vrs ut Q, sic l; K אַזְכִּיר ‖ [b] mlt Mss Vrs פְּלָאֶיךָ ‖ **13** [a] mlt Mss 𝔊𝔖 פְּעָלֶיךָ ‖ **14** [a] 𝔊𝔖 + suff 1 pl ‖ **16** [a] 𝔊𝔖𝔗 + suff 2 sg ‖ **17** [a] 𝔊α′ε′𝔖 pr cop ‖ **18** [a–a] 𝔊 *πλῆθος ἤχους ὑδάτων* (cj c 17).

19 קֹ֤ול רַֽעַמְךָ֨ ׀ בַּגַּלְגַּ֗ל הֵאִ֣ירוּ בְרָקִ֣ים[a] תֵּבֵ֑ל רָגְזָ֖ה[b] וַתִּרְעַ֣שׁ הָאָֽרֶץ׃ ‏ל̇
20 בַּיָּ֡ם דַּרְכֶּ֗ךָ וּֽ֭שְׁבִילְיךָ[a] בְּמַ֣יִם רַבִּ֑ים וְ֝עִקְּבֹותֶ֗יךָ לֹ֣א נֹדָֽעוּ׃ ‏ושבילך ק . ז רפי[11]
21 נָחִ֣יתָ כַצֹּ֣אן עַמֶּ֑ךָ בְּֽיַד־מֹשֶׁ֥ה וְאַהֲרֹֽן׃ ‏ב̇[12] ר״פ וחד מן יא̇[13] ר״פ וס״פ נ̇ . ב̇ וס״פ

78 עח 1 מַשְׂכִּ֗יל לְאָ֫סָ֥ף
הַאֲזִ֣ינָה עַ֭מִּי תֹּורָתִ֑י הַטּ֥וּ אָ֝זְנְכֶ֗ם[a] לְאִמְרֵי־פִֽי׃ ‏יו̇ . ג̇ . ה̇
2 אֶפְתְּחָ֣ה בְמָשָׁ֣ל פִּ֑י אַבִּ֥יעָה חִ֝ידֹ֗ות מִנִּי־קֶֽדֶם׃ ‏ל̇ . ב̇[2]
3 אֲשֶׁ֣ר שָׁ֭מַעְנוּ וַנֵּדָעֵ֑ם וַ֝אֲבֹותֵ֗ינוּ סִפְּרוּ־לָֽנוּ׃
4 לֹ֤א נְכַחֵ֨ד[a] ׀ מִבְּנֵיהֶ֗ם לְדֹ֣ור אַחֲרֹון֮ מְֽסַפְּרִ֪ים
תְּהִלֹּ֫ות יְהוָ֥ה וֶעֱזוּזֹ֑ו[b] וְ֝נִפְלְאֹותָ֗יו אֲשֶׁ֣ר עָשָֽׂה׃ ‏ד̇[3] . ל̇ . ל̇ חס̇[4]
5 וַיָּ֤קֶם עֵד֨וּת ׀ בְּֽיַעֲקֹ֗ב וְתֹורָה֮ שָׂ֤ם בְּיִשְׂרָ֫אֵ֥ל
אֲשֶׁ֣ר צִ֭וָּה אֶת־אֲבֹותֵ֑ינוּ לְ֝הֹודִיעָ֗ם לִבְנֵיהֶֽם׃ ‏כ̇[5] . ה̇[6]
6 לְמַ֤עַן יֵדְע֨וּ ׀ דֹּ֤ור אַחֲרֹ֗ון בָּנִ֥ים יִוָּלֵ֑דוּ ‏יב̇[7]
יָ֝קֻ֗מוּ[a] וִיסַפְּר֥וּ[b] לִבְנֵיהֶֽם׃ 7 וְיָשִׂ֥ימוּ בֵֽאלֹהִ֗ים כִּ֫סְלָ֥ם ‏ז חס̇[8] . ג̇ . ג̇[9]
וְלֹ֣א יִ֭שְׁכְּחוּ מַֽעַלְלֵי־אֵ֑ל וּמִצְוֹתָ֥יו יִנְצֹֽרוּ׃
8 וְלֹ֤א יִהְי֨וּ ׀ כַּאֲבֹותָ֗ם דֹּ֭ור סֹורֵ֣ר וּמֹרֶ֑ה ‏יד̇[10] ר״פ בכתיב ה̇ מנה בתלים וכל ד״ה דכות ב̇ מ̇ ב̇ וחד מן ד̇ ר״פ ולא לא ולא . ג̇ וכל יחזק דכות ב̇ מ̇ א̇ . ה̇ חס̇[11]
דֹּ֭ור לֹא־הֵכִ֣ין[a] לִבֹּ֑ו וְלֹא־נֶאֶמְנָ֖ה אֶת[b]־אֵ֣ל רוּחֹֽו׃
9 [a]בְּנֵֽי־אֶפְרַ֗יִם נֹושְׁקֵ֥י[b] רֹומֵי־קָ֑שֶׁת הָ֝פְכ֗וּ בְּיֹ֣ום קְרָֽב׃ ‏ב̇ בליש̇[12] . ג̇ קמ̇[13]
10 לֹ֣א שָׁ֭מְרוּ בְּרִ֣ית אֱלֹהִ֑ים וּ֝בְתֹורָתֹ֗ו מֵאֲנ֥וּ לָלֶֽכֶת׃ ‏ג̇ ב̇ מל̇ וחד חס̇
11 וַיִּשְׁכְּח֥וּ עֲלִילֹותָ֑יו וְ֝נִפְלְאֹותָ֗יו אֲשֶׁ֣ר הֶרְאָֽם׃
12 נֶ֣גֶד אֲ֭בֹותָם עָ֣שָׂה פֶ֑לֶא בְּאֶ֖רֶץ מִצְרַ֣יִם שְׂדֵה־צֹֽעַן׃ ‏יא̇ ר״פ וס״פ נ̇[14]
13 בָּ֣קַע יָ֭ם וַיַּֽעֲבִירֵ֑ם וַֽיַּצֶּב־מַ֥יִם כְּמֹו־נֵֽד[a]׃ ‏ב̇ חד חס̇ וחד מל̇[15]
14 וַיַּנְחֵ֣ם בֶּעָנָ֣ן יֹומָ֑ם וְכָל[a]־הַ֝לַּ֗יְלָה בְּאֹ֣ור אֵֽשׁ׃ ‏ז̇[16]
15 יְבַקַּ֣ע צֻ֭רִים בַּמִּדְבָּ֑ר וַ֝יַּ֗שְׁקְ[a] כִּתְהֹמֹ֥ות[b] רַבָּֽה׃

19 [a] 𝔊𝔖 Hier + suff 2 sg cf 97,4 ‖ [b] pc Mss רָאֲתָה ut 97,4 ‖ **20** [a] mlt Mss ut Q, sic l; K 𝔊𝔖 Hier ־ֶיךָ ‖ **Ps 78,1** [a] pc Mss 𝔖𝔗 אזנֵיכם ‖ **4** [a] 𝔊 (Hier) *ἐκρύβη* = נִכְחַד ‖ [b] pc Mss וְעֻזּוֹ = וע(ו)זו; huc tr ‸ ‖ **6** [a] 𝔊𝔖 pr cop, l frt וְי׳ (hpgr) ‖ [b] 𝔊 + suff 3 m pl ‖ **8** [a] pc Mss הבין ‖ [b] mlt Mss אל ‖ **9** [a] gl? ‖ [b] pc Mss נוקשי ‖ **13** [a] 𝔊(𝔖𝔗) *ἀσκόν* = נֹד cf 33,7[a] ‖ **14** [a] > pc Mss 𝔏 ‖ **15** [a] 𝔊𝔖 + suff 3 pl ‖ [b] mlt Mss בְּת׳.

16 וַיּוֹצִא נוֹזְלִים מִסָּלַע וַיּוֹרֶד כַּנְּהָרוֹת מָיִם׃ — ד[17]. ב מל. ו[18]

17 וַיּוֹסִיפוּ עוֹד לַחֲטֹא־לוֹ לַמְרוֹת עֶלְיוֹן בַּצִּיָּה׃ — ל[19]. ל גריש[20]

18 וַיְנַסּוּ־אֵל בִּלְבָבָם לִשְׁאָל־אֹכֶל לְנַפְשָׁם׃ — ט. ו חס[21]

19 [a]וַיְדַבְּרוּ בֵּאלֹהִים[a] אָמְרוּ הֲיוּכַל אֵל לַעֲרֹךְ שֻׁלְחָן בַּמִּדְבָּר׃ — ל

20 הֵן הִכָּה־צוּר ׀ וַיָּזוּבוּ מַיִם וּנְחָלִים יִשְׁטֹפוּ — ד ב מל וב חס

הֲגַם־לֶחֶם יוּכַל תֵּת אִם־יָכִין שְׁאֵר לְעַמּוֹ׃ [בְיִשְׂרָאֵל[b]׃

21 לָכֵן ׀[a] שָׁמַע יְהוָה וַיִּתְעַבָּר וְאֵשׁ נִשְּׂקָה בְיַעֲקֹב [b]וְגַם־אַף עָלָה — ל. כג פסוק וגם ובתר תלת מילין[22]

22 כִּי לֹא הֶאֱמִינוּ בֵּאלֹהִים וְלֹא בָטְחוּ בִּישׁוּעָתוֹ׃ — נה בטע ר״פ בסיפ

23 וַיְצַו שְׁחָקִים מִמָּעַל וְדַלְתֵי שָׁמַיִם פָּתָח׃

24 וַיַּמְטֵר עֲלֵיהֶם מָן לֶאֱכֹל[a] וּדְגַן־שָׁמַיִם נָתַן לָמוֹ׃

25 לֶחֶם אַבִּירִים אָכַל אִישׁ צֵידָה שָׁלַח לָהֶם[a] לָשֹׂבַע׃ — ד[23]

26 יַסַּע קָדִים בַּשָּׁמָיִם[a] וַיְנַהֵג בְּעֻזּוֹ תֵימָן׃ — ל[24]

27 וַיַּמְטֵר עֲלֵיהֶם[a] כֶּעָפָר שְׁאֵר וּכְחוֹל יַמִּים עוֹף כָּנָף׃

28 וַיַּפֵּל[a] בְּקֶרֶב מַחֲנֵהוּ[b] סָבִיב לְמִשְׁכְּנֹתָיו[c]׃ — ג[25]. ב חד חס וחד מל

29 וַיֹּאכְלוּ וַיִּשְׂבְּעוּ מְאֹד וְתַאֲוָתָם יָבִא לָהֶם׃ — יג[26] ה[27] מנה חס

30 לֹא־זָרוּ מִתַּאֲוָתָם עוֹד אָכְלָם בְּפִיהֶם׃ [יִשְׂרָאֵל הִכְרִיעַ׃

31 וְאַף אֱלֹהִים ׀ עָלָה בָהֶם וַיַּהֲרֹג בְּמִשְׁמַנֵּיהֶם וּבַחוּרֵי — ט ר״פ

32 בְּכָל־זֹאת חָטְאוּ־עוֹד וְלֹא־הֶאֱמִינוּ בְּנִפְלְאוֹתָיו׃

33 וַיְכַל־בַּהֶבֶל יְמֵיהֶם וּשְׁנוֹתָם בַּבֶּהָלָה׃

34 אִם־הֲרָגָם וּדְרָשׁוּהוּ וְשָׁבוּ וְשִׁחֲרוּ־אֵל[a]׃ — ל. ל

35 וַיִּזְכְּרוּ כִּי־אֱלֹהִים צוּרָם וְאֵל עֶלְיוֹן[a] גֹּאֲלָם׃

36 וַיְפַתּוּהוּ בְּפִיהֶם וּבִלְשׁוֹנָם יְכַזְּבוּ־לוֹ׃ — חצי הספר

37 וְלִבָּם לֹא־נָכוֹן עִמּוֹ וְלֹא נֶאֶמְנוּ בִּבְרִיתוֹ׃

38 וְהוּא רַחוּם ׀ יְכַפֵּר עָוֺן וְלֹא־יַשְׁחִית — לג ר״פ — ס יא

וְהִרְבָּה לְהָשִׁיב אַפּוֹ וְלֹא־יָעִיר[a] כָּל־חֲמָתוֹ׃ — ב. ח

[17] Mm 1074. [18] Mm 3042. [19] Mp sub loco. [20] וחד לַמְרוֹת עֵנֵי Jes 3,8. [21] Mm 1393. [22] Mm 1629. [23] Mm 482. [24] Mm 3493. [25] Mm 16. [26] Mm 679. [27] Mm 871.

19 a–a prb dl m cs ‖ **21** a prb dl cf 59 ‖ b–b frt add ‖ **24** a > Ms, frt dl ‖ **25** a frt dl m cs ‖ **26** a 𝔊σ′ (Hier) *ἐξ οὐρανοῦ* ‖ **27** a prb dl m cs ‖ **28** a 𝔊(𝔖 Hier) *καὶ ἐπέπεσον* = וַיִּפְּלוּ ‖ b 𝔊σ′𝔖 suff 3 pl ‖ c 𝔊𝔖 suff 3 pl ‖ **34** a 𝔖 *lwth* = אֵלָיו ‖ **35** a cf 2,2b ‖ **38** a cf 2,2b; 𝔊 *ἐκκαύσει* = יַבְעִיר?

39 וַיִּזְכֹּר כִּי־בָשָׂר הֵמָּה רוּחַ הוֹלֵךְ וְלֹא יָשׁוּב׃ כֹז[28] מל וכל משלי וקהלת דכות בׄ מׄ הׄ . ׄו[29]
40 כַּמָּה[a] יַמְרוּהוּ בַמִּדְבָּר יַעֲצִיבוּהוּ בִּישִׁימוֹן׃ לׄ ומל
41 וַיָּשׁוּבוּ וַיְנַסּוּ אֵל וּקְדוֹשׁ יִשְׂרָאֵל הִתְווּ׃ בׄ . לׄ
42 לֹא־זָכְרוּ אֶת־יָדוֹ יוֹם אֲשֶׁר־פָּדָם מִנִּי[a]־צָר׃
43 אֲשֶׁר־שָׂם בְּמִצְרַיִם אֹתוֹתָיו וּמוֹפְתָיו בִּשְׂדֵה־צֹעַן׃ גׄ . גׄ בׄ חס וחד מל[30]
44 וַיַּהֲפֹךְ לְדָם יְאֹרֵיהֶם וְנֹזְלֵיהֶם בַּל־יִשְׁתָּיוּן׃
45 יְשַׁלַּח בָּהֶם[a] עָרֹב וַיֹּאכְלֵם וּצְפַרְדֵּעַ וַתַּשְׁחִיתֵם׃ יׄבׄ[31]
46 וַיִּתֵּן לֶחָסִיל יְבוּלָם וִיגִיעָם לָאַרְבֶּה׃ בׄ
47 יַהֲרֹג בַּבָּרָד גַּפְנָם וְשִׁקְמוֹתָם בַּחֲנָמַל׃
48 וַיַּסְגֵּר לַבָּרָד[a] בְּעִירָם וּמִקְנֵיהֶם לָרְשָׁפִים׃ [רָעִים׃ בׄ
49 יְשַׁלַּח־בָּם ׀ חֲרוֹן אַפּוֹ עֶבְרָה וָזַעַם וְצָרָה מִשְׁלַחַת מַלְאֲכֵי[a] יׄבׄ[31] . בׄ
50 יְפַלֵּס נָתִיב לְאַפּוֹ[a] לֹא[b]־חָשַׂךְ מִמָּוֶת נַפְשָׁם וְחַיָּתָם זׄ[32]
[לַדֶּבֶר הִסְגִּיר׃
51 וַיַּךְ כָּל־בְּכוֹר בְּמִצְרָיִם[a] רֵאשִׁית אוֹנִים[b] בְּאָהֳלֵי־חָם׃ כׄחׄ
52 וַיַּסַּע כַּצֹּאן עַמּוֹ וַיְנַהֲגֵם כַּעֵדֶר[a] בַּמִּדְבָּר׃ גׄ[33]
53 וַיַּנְחֵם לָבֶטַח וְלֹא פָחָדוּ וְאֶת־אוֹיְבֵיהֶם כִּסָּה הַיָּם׃ זׄ[34] . וׄ מל
54 וַיְבִיאֵם אֶל־גְּבוּל קָדְשׁוֹ הַר־זֶה קָנְתָה יְמִינוֹ׃
55 וַיְגָרֶשׁ מִפְּנֵיהֶם ׀ גּוֹיִם וַיַּפִּילֵם בְּחֶבֶל נַחֲלָה וַיַּשְׁכֵּן בׄ[35]
[בְּאָהֳלֵיהֶם שִׁבְטֵי יִשְׂרָאֵל׃
56 וַיְנַסּוּ וַיַּמְרוּ אֶת־אֱלֹהִים עֶלְיוֹן וְעֵדוֹתָיו לֹא שָׁמָרוּ׃ הׄ . וׄ קמׄ[36]
57 וַיִּסֹּגוּ וַיִּבְגְּדוּ כַּאֲבוֹתָם נֶהְפְּכוּ כְּקֶשֶׁת[a] רְמִיָּה׃ בׄ
58 וַיַּכְעִיסוּהוּ בְּבָמוֹתָם וּבִפְסִילֵיהֶם יַקְנִיאוּהוּ׃ בׄ חׄד ר״פ וחד ס״פ
59 שָׁמַע אֱלֹהִים וַיִּתְעַבָּר וַיִּמְאַס מְאֹד בְּיִשְׂרָאֵל׃ גׄ[37]
60 וַיִּטֹּשׁ מִשְׁכַּן שִׁלוֹ[a] אֹהֶל שִׁכֵּן[b] בָּאָדָם׃ חׄ כתׄ ו בליש[38]

[28] Mm 1788. [29] Mm 2494. [30] Mm 3330. [31] Mm 440. [32] Mm 1676. [33] Mm 3493. [34] Mm 1653. [35] Gn 3,24, וחד ישכן Ps 7,6. [36] Mm 3053. [37] Mm 3308. [38] Mm 1525.

40 [a] 𝔖 *hnwn* = הֵמָּה ‖ **42** [a] 𝔊(𝔖[W]) *ἐκ χειρός* cf 61 ‖ **45** [a] pc Mss בָּם ‖ **48** [a] 2 Mss בַּבָּ׳ (ex 47), Ms σ′ לַדֶּבֶר (ut 50) ‖ **49** [a] 1 c Ms Vrs אָכִים– ‖ **50** [a] pc Mss בְּאַ׳ ‖ [b] pc Mss 𝔖𝔗 וְלֹא ‖ **51** [a] 2 Mss 𝔖𝔗 מִצְ׳ ‖ [b] pc Mss Vrs אֹנָם ‖ **52** [a] mlt Mss Edd כָּ׳ ‖ **57** [a] 2 Mss בְּקָ׳ cf 𝔊* ‖ **60** [a] mlt Mss שִׁ(י)לֹה ‖ [b] 𝔊(θ′𝔖𝔗) *κατεσκήνωσεν* = שָׁכַן.

61 וַיִּתֵּ֣ן לַשְּׁבִ֣י עֻזּ֑וֹ^a וְֽתִפְאַרְתּ֥וֹ^b בְיַד־צָֽר׃
62 וַיַּסְגֵּ֣ר לַחֶ֣רֶב עַמּ֑וֹ וּ֝בְנַחֲלָת֗וֹ הִתְעַבָּֽר׃ ב . ל
63 בַּחוּרָ֥יו אָֽכְלָה־אֵ֑שׁ וּ֝בְתוּלֹתָ֗יו לֹ֣א הוּלָּֽלוּ^a׃ ל . ל ומל
64 כֹּ֭הֲנָיו בַּחֶ֣רֶב נָפָ֑לוּ וְ֝אַלְמְנֹתָ֗יו לֹ֣א תִבְכֶּֽינָה^a׃
65 וַיִּקַ֣ץ כְּיָשֵׁ֣ן׀ אֲדֹנָ֑י כְּ֝גִבּ֗וֹר מִתְרוֹנֵ֥ן מִיָּֽיִן׃ ג חס[39] . קלד[40] . ל
66 וַיַּךְ־צָרָ֥יו אָח֑וֹר חֶרְפַּ֥ת ע֝וֹלָ֗ם נָ֣תַן לָֽמוֹ׃
67 וַ֭יִּמְאַס בְּאֹ֣הֶל יוֹסֵ֑ף וּ֝בְשֵׁ֗בֶט אֶ֜פְרַ֗יִם לֹ֣א בָחָֽר׃ ל[41]
68 וַ֭יִּבְחַר אֶת־שֵׁ֣בֶט יְהוּדָ֑ה אֶֽת־הַ֥ר צִ֝יּ֗וֹן אֲשֶׁ֣ר אָהֵֽב׃ ט[42]
69 וַיִּ֣בֶן כְּמוֹ^b־^a רָ֭מִים^ac מִקְדָּשׁ֑וֹ כְּ֝אֶ֗רֶץ^d יְסָדָ֥הּ לְעוֹלָֽם׃ ה[43] . ד[44]
70 וַ֭יִּבְחַר בְּדָוִ֣ד עַבְדּ֑וֹ וַ֝יִּקָּחֵ֗הוּ מִֽמִּכְלְאֹ֥ת צֹֽאן׃ ל וחס[45]
71 מֵאַחַ֥ר עָל֗וֹת הֱ֫בִיא֥וֹ לִ֭רְעוֹת בְּיַעֲקֹ֣ב עַמּ֑וֹ^a וּ֝בְיִשְׂרָאֵ֗ל נַחֲלָתֽוֹ׃ ה[46] . ב[47] . ג
72 וַ֭יִּרְעֵם כְּתֹ֣ם^a לְבָב֑וֹ וּבִתְבוּנ֖וֹת^b כַּפָּ֣יו יַנְחֵֽם׃ ל . ל[48]

79 1 מִזְמ֗וֹר לְאָ֫סָ֥ף
עט
אֱלֹהִ֡ים בָּ֤אוּ גוֹיִ֨ם׀ בְּֽנַחֲלָתֶ֗ךָ טִ֭מְּאוּ אֶת־הֵיכַ֣ל קָדְשֶׁ֑ךָ ג[1]
שָׂ֖מוּ אֶת־יְרוּשָׁלִַ֣ם לְעִיִּֽים׃
2 נָֽתְנ֡וּ אֶת־נִ֘בְלַ֤ת עֲבָדֶ֗יךָ מַ֭אֲכָל לְע֣וֹף הַשָּׁמָ֑יִם ב ר״פ[2]
בְּשַׂ֥ר חֲ֝סִידֶ֗יךָ לְחַיְתוֹ־אָֽרֶץ׃
3 שָׁפְכ֬וּ דָמָ֨ם׀ כַּמַּ֗יִם סְבִ֣יב֣וֹת יְרוּשָׁלִָ֑ם וְאֵ֣ין קוֹבֵֽר׃ ח[3] קמ וכל אתנח וס״פ דכות ב מ א . ב חד מל וחד חס
4 הָיִ֣ינוּ חֶ֭רְפָּה לִשְׁכֵנֵ֑ינוּ לַ֥עַג וָ֝קֶ֗לֶס לִסְבִיבוֹתֵֽינוּ׃ ב מל
5 עַד־מָ֣ה יְ֭הוָה תֶּאֱנַ֣ף לָנֶ֑צַח תִּבְעַ֥ר כְּמוֹ־אֵ֝֗שׁ קִנְאָתֶֽךָ׃ ד[4]
6 שְׁפֹ֤ךְ חֲמָתְךָ֨ אֶֽל^a־הַגּוֹיִ֗ם אֲשֶׁ֣ר לֹֽא־יְדָ֫ע֥וּךָ ה
וְעַ֥ל מַמְלָכ֑וֹת^b אֲשֶׁ֥ר בְּ֝שִׁמְךָ֗ לֹ֣א קָרָֽאוּ׃ ל[5]
7 כִּ֭י אָכַ֣ל^a אֶֽת־יַעֲקֹ֑ב וְֽאֶת־נָוֵ֥הוּ הֵשַֽׁמּוּ׃ ב

[39] Mm 3331. [40] Cf Okhl II, 151 et Mp sub loco. [41] וחד ולשבט Jos 13,33. [42] Mm 3212. [43] Mm 1114. [44] Mm 2292. [45] וחד ממכלאתיך Ps 50,9 cf Mp sub loco. [46] Mm 245. [47] Mm 3332. [48] Mm 3007. Ps 79 [1] Mm 2881. [2] Mp sub loco. [3] Mm 2491. [4] Mm 975. [5] Mm 2510.

61 ^a 𝔊α′ suff 3 pl, 𝔖 *ʿmh* = עַמּוֹ ‖ ^b 𝔊α′ suff 3 pl ‖ **63** ^a 𝔊^L ἐπενθήθησαν, 𝔊^BS ἐπένθησαν ‖ **64** ^a 𝔊(𝔖 Hier) κλαυσθήσονται = תִּבָּכֶינָה ‖ **69** ^a–a l prb כִּמְרֹמִים cf 148,1 ‖ ^b 𝔖 *ʾl* = בְּמוֹ? ‖ ^c 𝔊(θ′ Hier 𝔗) μονοκερώτων = רְ׳ ‖ ^d mlt Mss 𝔊𝔖 בָּאָרֶץ ‖ **71** ^a pc Mss 𝔊 עַבְדּוֹ cf 70 ‖ **72** ^a mlt Mss Vrs בְּתֹם ‖ ^b mlt Mss 𝔖 Hier ־נַת ‖ **Ps 79,6** ^a l c nonn Mss 𝔊𝔖𝔗 עַל ‖ ^b Jer 10,25 מִשְׁפָּחוֹת ‖ **7** ^a l c mlt Mss Vrs et Jer 10,25 אָכְלוּ.

8 אַל־תִּזְכָּר־לָנוּ עֲוֺנֹת רִאשֹׁנִים מַהֵר יְקַדְּמוּנוּ רַחֲמֶיךָ כִּי דַלּוֹנוּ מְאֹד׃ — ד חס . ה֯[6] . ל֯ מל֯ . ל֯
9 עָזְרֵנוּ ׀ אֱלֹהֵי יִשְׁעֵנוּ עַל־דְּבַר כְּבוֹד־שְׁמֶךָ[a] — ב֯[7]
וְהַצִּילֵנוּ[b] וְכַפֵּר עַל־חַטֹּאתֵינוּ לְמַעַן שְׁמֶךָ׃ — ל֯ בסיפ֯ . ד֯[8]
10 לָמָּה ׀ יֹאמְרוּ[a] הַגּוֹיִם[b] אַיֵּה אֱלֹהֵיהֶם
יִוָּדַע בַּגיִּם[c] לְעֵינֵינוּ נִקְמַת דַּם־עֲבָדֶיךָ הַשָּׁפוּךְ׃ — בגוים[9] ק֯ . חד מן ה֯[10] זוגין כת֯ י וקר֯ ו וחד מן ב֯[11] כת֯ כן . ל֯
11 תָּבוֹא לְפָנֶיךָ אֶנְקַת אָסִיר כְּגֹדֶל זְרוֹעֲךָ הוֹתֵר[a] בְּנֵי תְמוּתָה׃ — ב֯[12] . ב֯
12 וְהָשֵׁב לִשְׁכֵנֵינוּ שִׁבְעָתַיִם אֶל־חֵיקָם חֶרְפָּתָם אֲשֶׁר חֵרְפוּךָ אֲדֹנָי׃ — ד . ו֯[13] . קל֯ד[14]
13 וַאֲנַחְנוּ עַמְּךָ ׀ וְצֹאן מַרְעִיתֶךָ נוֹדֶה לְּךָ לְעוֹלָם לְדֹר וָדֹר
נְסַפֵּר תְּהִלָּתֶךָ׃

80 פ
1 לַמְנַצֵּחַ אֶל־[a]שֹׁשַׁנִּים[b] עֵדוּת לְאָסָף מִזְמוֹר[c]׃ — ל֯ וכל על שושן דכות֯ . ב֯ חס
2 רֹעֵה יִשְׂרָאֵל ׀ הַאֲזִינָה נֹהֵג כַּצֹּאן יוֹסֵף — ד כת֯ ה . י֯ו
יֹשֵׁב הַכְּרוּבִים הוֹפִיעָה׃ 3 לִפְנֵי[a] אֶפְרַיִם ׀ וּבִנְיָמִן[b] וּמְנַשֶּׁה[c] — ל֯ . ב֯ דמטע֯[1] . ט֯ וכל יהודה ויוסף דכות֯[2]
עוֹרְרָה אֶת־גְּבוּרָתֶךָ וּלְכָה לִישֻׁעָתָה לָּנוּ׃ — ד֯[3] מל֯ וכל לשון הליכה דכות֯ ב֯ מ֯ ג֯ . ו֯ חס בליש
4 אֱלֹהִים[a] הֲשִׁיבֵנוּ וְהָאֵר פָּנֶיךָ וְנִוָּשֵׁעָה׃ — ל֯[4] . ג֯[5]
5 יְהוָה אֱלֹהִים[a] צְבָאוֹת עַד־מָתַי עָשַׁנְתָּ[b] בִּתְפִלַּת עַמֶּךָ[c]׃
6 הֶאֱכַלְתָּם[a] לֶחֶם דִּמְעָה וַתַּשְׁקֵמוֹ[a] בִּדְמָעוֹת שָׁלִישׁ[b]׃ — ל֯ . ל֯ . ל֯
7 תְּשִׂימֵנוּ מָדוֹן לִשְׁכֵנֵינוּ וְאֹיְבֵינוּ יִלְעֲגוּ־לָמוֹ[a]׃
8 אֱלֹהִים[a] צְבָאוֹת הֲשִׁיבֵנוּ וְהָאֵר פָּנֶיךָ וְנִוָּשֵׁעָה[b]׃ — ל֯[4] . ג֯
9 גֶּפֶן מִמִּצְרַיִם תַּסִּיעַ תְּגָרֵשׁ גּוֹיִם וַתִּטָּעֶהָ׃ — ל֯
10 פִּנִּיתָ לְפָנֶיהָ וַתַּשְׁרֵשׁ שָׁרָשֶׁיהָ וַתְּמַלֵּא[a]־אָרֶץ[b]׃ — ל֯
11 כָּסּוּ[a] הָרִים צִלָּהּ וַעֲנָפֶיהָ אַרְזֵי־אֵל׃ — ב֯[6] . ב֯
12 [a]תְּשַׁלַּח קְצִירֶהָ עַד־יָם וְאֶל־נָהָר יוֹנְקוֹתֶיהָ׃ — ה֯[7] . ל֯[5] . ל֯ ומל֯
13 לָמָּה פָּרַצְתָּ גְדֵרֶיהָ וְאָרוּהָ כָּל־עֹבְרֵי דָרֶךְ׃ — ל֯ . ל֯[5]

[6] Mm 823. [7] Mm 4189. [8] Mm 709. [9] Mm 832. [10] Mm 2195. [11] Mm 181. [12] Nu 14,19. [13] Mm 31. [14] Cf Okhl II,151 et Mp sub loco. **Ps 80** [1] Prv 4,3. [2] Mm 334. [3] Mm 2214. [4] Mm 3333. [5] Mp sub loco. [6] Mm 3334. [7] Mm 473.

9 [a] 𝔊 + *κύριε* ‖ [b] 𝔊𝔖 om cop ‖ **10** [a] Ms יֹאמַר ‖ [b] pc Mss 𝔊^BS 𝔎 בַּגּ׳ ‖ [c] mlt Mss ut Q ‖ **11** [a] 𝔖(𝔗) *šrj* = הַתֵּר cf 105,20 ‖ **Ps 80,1** [a] nonn Mss עַל ‖ [b] cf 45,1[a] ‖ [c] 𝔊 + *ὑπὲρ τοῦ Ἀσσυρίου* ‖ **3** [a] nonn Mss לבני ‖ [b] > Ms ‖ [c] > 2 Mss ‖ **4** [a] 𝔖𝔏 ut 8.20 א׳ צבאות ‖ **5** [a] > 2 Mss, prb dl ‖ [b] frt verb aram ‖ [c] Ms עֲבָדֶיךָ, 𝔊(𝔖) *τοῦ δούλου σου* ‖ **6** [a] 𝔊 σ′ suff 1 pl ‖ [b] > 𝔖 ‖ **7** [a] 2 Mss 𝔊σ′𝔖 לָנוּ ‖ **8** [a] 𝔊 pr *κύριε*; l frt יהוה pro א׳ ‖ [b] 𝔊 + *διάψαλμα* = סֶלָה ‖ **10** [a] 2 Mss 𝔊*𝔖 וַתְּמַלֵּא ‖ [b] pc Mss הָא׳ cf 𝔊 ‖ **11** [a] 𝔊 sg ‖ **12** [a] frt v exc cf 4.8.

14 יְכַרְסְמֶ֣נָּה חֲזִ֣יר מִיָּ֑עַרa וְזִ֖יזb שָׂדַ֣י יִרְעֶֽנָּה׃ — ד̇ אות תלויות[8]
15 אֱלֹהִ֣ים צְבָאוֹת֮ שֽׁוּב־נָ֥א הַבֵּ֣ט מִשָּׁמַ֣יִם וּרְאֵ֑ה
וּ֝פְקֹ֗ד גֶּ֣פֶן זֹֽאת׃ 16 וְ֭כַנָּהa אֲשֶׁר־נָטְעָ֣ה יְמִינֶ֑ךָ
bוְעַל־בֵּ֝֗ן cאִמַּ֥צְתָּה לָּֽךְ׃b — ל̇. ב̇ חד חס וחד מל
17 שְׂרֻפָ֣הa בָאֵ֣שׁ כְּסוּחָ֑הb מִגַּעֲרַ֖ת פָּנֶ֣יךָ יֹאבֵֽדוּ׃ — ב̇ חד חס וחד מל[9]
18 תְּֽהִי־יָ֭דְךָ עַל־אִ֣ישׁ יְמִינֶ֑ךָ עַל־aבֶּן־אָ֝דָ֗ם אִמַּ֥צְתָּ לָּֽךְ׃ — ה̇[10]. ב̇ חד חס וחד מל
19 וְֽלֹא־aנָס֥וֹג מִמֶּ֑ךָּ תְּ֝חַיֵּ֗נוּ וּבְשִׁמְךָ֥ נִקְרָֽא׃ — יד̇[11] ר״פ בכתיב ה̇ מנה בתלים וכל ד״ה דכות ב̇ מ̇ ב̇
20 יְהוָ֣ה אֱלֹהִ֣יםa צְבָא֣וֹת הֲשִׁיבֵ֑נוּ הָאֵ֥רb פָּ֝נֶ֗יךָ וְנִוָּשֵֽׁעָה׃ — ג̇. ל̇. ל̇[12]

81 (פא)a 1 לַמְנַצֵּ֬חַ ׀ עַֽל־הַגִּתִּ֬יתa לְאָסָֽף׃b — ח̇ בטע
2 הַ֭רְנִינוּ לֵאלֹהִ֣ים עוּזֵּ֑נוּ הָ֝רִ֗יעוּ לֵאלֹהֵ֥י יַעֲקֹֽב׃ — ב̇ ר״פ[1]. ל̇ מל
3 שְֽׂאוּ־זִ֭מְרָה וּתְנוּ־תֹ֑ף כִּנּ֖וֹר נָעִ֣ים עִם־נָֽבֶל׃ — יא̇ ר״פ
4 תִּקְע֣וּ בַחֹ֣דֶשׁ שׁוֹפָ֑ר בַּ֝כֵּ֗סֶהa לְי֣וֹם חַגֵּֽנוּ׃b — ד̇ בטע ר״פ
5 כִּ֤י חֹ֣ק לְיִשְׂרָאֵ֣ל ה֑וּא מִ֝שְׁפָּ֗טa לֵאלֹהֵ֥י יַעֲקֹֽב׃ — נ̇ה̇ בטע ר״פ בסיפ̇
6 עֵד֤וּת ׀ בִּֽיהוֹסֵ֣ף שָׂ֭מוֹ בְּצֵאת֣וֹ aעַל־אֶ֣רֶץa מִצְרָ֑יִם — ד̇[2]. ט̇ וכל על ארץ[3] מצרים דאורית̇ דכות̇
שְׂפַ֖ת לֹא־יָדַ֣עְתִּיb אֶשְׁמָֽע׃b
7 הֲסִיר֣וֹתִיa מִסֵּ֣בֶל שִׁכְמ֑וֹ כַּ֝פָּ֗יוb מִדּ֥וּדc תַּעֲבֹֽרְנָה׃d — ב̇ מל[4]. ל̇[5]. ב̇[6]
8 בַּצָּרָ֥ה קָרָ֗אתָ וָאֲחַ֫לְּצֶ֥ךָּ אֶ֭עֶנְךָa בְּסֵ֣תֶר רַ֑עַם — ל̇. ח̇
אֶבְחָנְךָ֨b עַל־מֵ֖י מְרִיבָ֣ה סֶֽלָה׃ — ל̇
9 שְׁמַ֣ע עַ֭מִּיa וְאָעִ֣ידָה בָּ֑ךְ יִ֝שְׂרָאֵ֗ל אִם־תִּֽשְׁמַֽע־לִֽי׃ — ה̇[7]
10 לֹא־יִהְיֶ֣ה בְ֭ךָ אֵ֣ל זָ֑ר וְלֹ֥א תִ֝שְׁתַּחֲוֶ֗ה לְאֵ֣ל נֵכָֽר׃ — ב̇[8]. ל̇
11 אָֽנֹכִ֨י ׀ יְה֘וָ֤ה אֱלֹהֶ֗יךָ הַֽ֭מַּעַלְךָ מֵאֶ֣רֶץ מִצְרָ֑יִם — יב̇. ד̇[9]. ב̇[10]
aהַרְחֶב־פִּ֝֗יךָ וַאֲמַלְאֵֽהוּ׃a — ל̇

[8] Mm 3557. [9] Mm 1695. [10] Mm 3301. [11] Mm 3249. [12] Mm 3333. **Ps 81** [1] Mm 3335. [2] Mm 2842. [3] Mm 2946. [4] Mm 3336. [5] וחד מדור Ps 84,11. [6] Mm 2657. [7] Mm 1230. [8] Mm 3337. [9] Mm 2399. [10] Mm 1170.

14 [a] **ע** suspensum ‖ [b] pc Mss וְזִיו cf 50,11[b] ‖ **16** [a] 𝔊 *καὶ κατάρτισαι αὐτήν* = וְכוֹנְנָהּ? 𝔖 *wlst'* et propaginem; prp וְכַנָּהּ vel וְגַנָּהּ ‖ [b–b] ex 18, dl ‖ [c] 𝔊(𝔖) + *ἀνθρώπου* cf 18 ‖ **17** [a] prp שְׂרָפֻהָ ‖ [b] prp כְּסָחוּהָ ‖ **18** [a] nonn Mss 𝔊𝔖 Hier וְעַל ‖ **19** [a] 2 Mss 𝔗 לֹא ‖ **20** [a] dl ‖ [b] pc Mss 𝔊𝔖 וְה׳ ut 4.8 ‖ **Ps 81** [a] numerus > L ‖ **1** [a] cf 8,1[a] ‖ [b] pc Mss 𝔊 + מִזְמוֹר ‖ **4** [a] mlt Mss בַּכְּ׳, nonn Mss בַּכֶּסֶא ‖ [b] mlt Mss 𝔖𝔗 חגינו ‖ **5** [a] nonn Mss 𝔊𝔖 וּמ׳ ‖ **6** [a–a] 𝔊(𝔖[W] Hier) *ἐκ γῆς* = מֵא׳ ut Ex 20,2 ‖ [b] 𝔊𝔖 3 sg; tr 11[a–a] post 6 ‖ **7** [a] 𝔊 3 sg ‖ [b] nonn Mss 𝔖 וְכ׳ ‖ [c] nonn Mss מדור, 𝔊 *ἐν τῷ κοφίνῳ* = בַּדּוּד ‖ [d] 𝔊 *ἐδούλευσαν* = תעבדנה ‖ **8** [a] Ms 𝔖𝔗 וָא׳ ‖ [b] prp תִּבְחָנֵנִי ‖ **9** [a] 𝔊*(𝔖) + *καὶ λαλήσω σοι* ‖ **11** [a–a] cf 6[b].

12 וְלֹא־שָׁמַ֣ע עַמִּ֣י לְקוֹלִ֑י וְ֝יִשְׂרָאֵ֗ל לֹא־אָ֥בָה לִֽי׃
13 וָ֭אֲשַׁלְּחֵהוּ[a] בִּשְׁרִיר֣וּת לִבָּ֑ם יֵ֝לְכ֗וּ בְּֽמוֹעֲצ֖וֹתֵיהֶֽם׃
14 ל֗וּ עַ֭מִּי שֹׁמֵ֣עַ[a] לִ֑י יִ֝שְׂרָאֵ֗ל בִּדְרָכַ֥י יְהַלֵּֽכוּ׃
15 כִּ֭מְעַט אוֹיְבֵיהֶ֣ם אַכְנִ֑יעַ וְעַ֥ל צָ֝רֵיהֶ֗ם אָשִׁ֥יב יָדִֽי׃
16 [a]מְשַׂנְאֵ֣י יְ֭הוָה[a] יְכַחֲשׁוּ־ל֑וֹ וִיהִ֖י עִתָּ֣ם[b] לְעוֹלָֽם׃
17 וַֽ֭יַּאֲכִילֵהוּ[a] מֵחֵ֣לֶב חִטָּ֑ה וּ֝מִצּ֗וּר דְּבַ֣שׁ אַשְׂבִּיעֶֽךָ[b]׃

82 פב 1 מִזְמ֗וֹר לְאָ֫סָ֥ף
אֱֽלֹהִ֗ים נִצָּ֥ב בַּעֲדַת־אֵ֑ל בְּקֶ֖רֶב אֱלֹהִ֣ים יִשְׁפֹּֽט׃
2 עַד־מָתַ֥י תִּשְׁפְּטוּ־עָ֑וֶל וּפְנֵ֥י רְ֝שָׁעִ֗ים תִּשְׂאוּ־סֶֽלָה׃
3 שִׁפְטוּ־דַ֥ל[a] וְיָת֑וֹם עָנִ֖י וָרָ֣שׁ הַצְדִּֽיקוּ׃
4 פַּלְּטוּ־דַ֥ל וְאֶבְי֑וֹן מִיַּ֖ד רְשָׁעִ֣ים הַצִּֽילוּ׃
5 לֹ֤א יָֽדְע֨וּ[a] ׀ וְלֹ֥א יָבִ֗ינוּ בַּחֲשֵׁכָ֥ה יִתְהַלָּ֑כוּ יִ֝מּ֗וֹטוּ כָּל־מ֥וֹסְדֵי [אָֽרֶץ׃
6 אֲֽנִי־אָ֭מַרְתִּי אֱלֹהִ֣ים אַתֶּ֑ם וּבְנֵ֖י עֶלְי֣וֹן כֻּלְּכֶֽם׃
7 אָ֭כֵן כְּאָדָ֣ם תְּמוּת֑וּן וּכְאַחַ֖ד הַשָּׂרִ֣ים תִּפֹּֽלוּ׃
8 קוּמָ֣ה אֱ֭לֹהִים שָׁפְטָ֣ה הָאָ֑רֶץ כִּֽי־אַתָּ֥ה תִ֝נְחַ֗ל[a] בְּכָל־הַגּוֹיִֽם׃

83 (פג)[a] 1 שִׁ֖יר מִזְמ֣וֹר לְאָסָֽף׃
2 אֱלֹהִ֥ים אַל־דֳּמִי־לָ֑ךְ אַל־תֶּחֱרַ֖שׁ וְאַל־תִּשְׁקֹ֣ט אֵֽל׃
3 כִּֽי־הִנֵּ֣ה א֭וֹיְבֶיךָ יֶהֱמָי֑וּן וּ֝מְשַׂנְאֶ֗יךָ נָ֣שְׂאוּ רֹֽאשׁ׃
4 עַל־עַ֭מְּךָ יַעֲרִ֣ימוּ ס֑וֹד וְ֝יִתְיָעֲצ֗וּ עַל־צְפוּנֶֽיךָ[a]׃
5 אָֽמְר֗וּ[a] לְ֭כוּ וְנַכְחִידֵ֣ם מִגּ֑וֹי וְלֹֽא־יִזָּכֵ֖ר שֵֽׁם־יִשְׂרָאֵ֣ל עֽוֹד[a]׃
6 כִּ֤י נוֹעֲצ֣וּ לֵ֣ב יַחְדָּ֑ו[a] עָ֝לֶ֗יךָ[b] בְּרִ֣ית יִכְרֹֽתוּ׃
7 אָהֳלֵ֣י אֱ֭דוֹם [a]וְיִשְׁמְעֵאלִ֗ים מוֹאָ֥ב[a] וְהַגְרִֽים׃
8 [a]גְּבָ֣ל וְ֭עַמּוֹן[a] וַעֲמָלֵ֑ק פְּ֝לֶ֗שֶׁת[b] עִם־יֹ֥שְׁבֵי צֽוֹר׃

לב
ה[1]
ג[1]

13 [a] Ms 𝔊σ' חֵם– ‖ **14** [a] 𝔊 *ἤκουσεν* = שָׁמַע; l יִשְׁמַע (י hpgr)' ‖ **16** [a–a] prp אֵיהֶם– vel אָיו– ‖ [b] 𝔖 *zw'hwn*, l frt בְּעִתָּתָם vel בְּעֶתָּם; 𝔗 *twqphwn* furor eorum ‖ **17** [a] l וָאֲאַכִ' ‖ [b] l c Ms עֶהוּ– cf 𝔊𝔖 ‖ **Ps 82,3** [a] ex 4; l prb דַּךְ ‖ **5** [a] l frt 'יֵ ‖ **8** [a] Ms תַּנְחִיל ‖ **Ps 83** [a] numerus > L ‖ **4** [a] pc Mss α'σ' Hier נֶּךָ– ‖ **5** [a] prb dl m cs ‖ **6** [a] l prb יַחַד ‖ [b] l prb 'וְעַ cf 𝔖𝔗 ‖ **7** [a–a] l frt 'וּמוֹאָב יִשׁ ‖ **8** [a–a] 𝔖 *tḥwm' d'mwn* = 'גְּבֻל ע ‖ [b] 𝔊𝔖 pr cop.

9 גַּם־אַשּׁוּר נִלְוָה עִמָּם הָיוּ זְרוֹעַ לִבְנֵי־לוֹט סֶלָה׃

10 עֲשֵׂה־לָהֶם כְּמִדְיָן[a] כְּסִיסְרָא כְיָבִין בְּנַחַל קִישׁוֹן׃ ל̇. ל̇

11 נִשְׁמְדוּ[a] בְעֵין־דֹּאר[b] הָיוּ דֹּמֶן לָאֲדָמָה׃ ב̇. ד כת א

12 שִׁיתֵמוֹ[a] נְדִיבֵמוֹ כְּעֹרֵב[b] וְכִזְאֵב [c]וּכְזֶבַח וּכְצַלְמֻנָּע[c] כָּל־נְסִיכֵמוֹ׃ ב̇. ל̇[5]. ל̇. ל̇

13 אֲשֶׁר אָמְרוּ נִירְשָׁה לָּנוּ אֵת נְאוֹת[a] אֱלֹהִים׃ ל̇

14 אֱלֹהַי שִׁיתֵמוֹ כַגַּלְגַּל כְּקַשׁ[a] לִפְנֵי־רוּחַ׃ ב̇. ל̇

15 כְּאֵשׁ תִּבְעַר־יָעַר וּכְלֶהָבָה תְּלַהֵט הָרִים׃

16 כֵּן תִּרְדְּפֵם בְּסַעֲרֶךָ וּבְסוּפָתְךָ תְבַהֲלֵם׃ ל̇

17 מַלֵּא פְנֵיהֶם קָלוֹן וִיבַקְשׁוּ שִׁמְךָ יְהוָה׃ ה̇[6]. ג̇[7]

18 יֵבֹשׁוּ וְיִבָּהֲלוּ עֲדֵי־עַד וְיַחְפְּרוּ וְיֹאבֵדוּ׃ 19 וְיֵדְעוּ[a] ל̇. יא̇[8]

כִּי־אַתָּה שִׁמְךָ יְהוָה[b] לְבַדֶּךָ עֶלְיוֹן עַל־כָּל־הָאָרֶץ׃

84 פד 1 לַמְנַצֵּחַ עַל־הַגִּתִּית[a] לִבְנֵי־קֹרַח מִזְמוֹר׃

2 מַה־יְּדִידוֹת מִשְׁכְּנוֹתֶיךָ יְהוָה צְבָאוֹת׃ ב̇

3 נִכְסְפָה [a]וְגַם־כָּלְתָה[a] ׀ נַפְשִׁי לְחַצְרוֹת יְהוָה ל̇

לִבִּי וּבְשָׂרִי יְרַנְּנוּ אֶל אֵל־חָי׃

4 גַּם־צִפּוֹר ׀ מָצְאָה בַיִת וּדְרוֹר ׀ קֵן לָהּ ל̇ בסיפ

אֲשֶׁר־שָׁתָה אֶפְרֹחֶיהָ אֶת[a]־מִזְבְּחוֹתֶיךָ ב חד חס וחד מל למערב̇[1]. ג̇

[b]יְהוָה צְבָאוֹת מַלְכִּי וֵאלֹהָי[b]׃ ב̇

5 אַשְׁרֵי יוֹשְׁבֵי בֵיתֶךָ עוֹד[a] יְהַלְלוּךָ סֶּלָה׃ לד מל

6 אַשְׁרֵי אָדָם[a] עוֹז־לוֹ בָךְ[b] מְסִלּוֹת[c] בִּלְבָבָם[d]׃ ט̇

7 עֹבְרֵי[a] ׀ בְּעֵמֶק הַבָּכָא[b] מַעְיָן[c] יְשִׁיתוּהוּ[d]

[5] וחד כָּעוֹרֵב Cant 5,11. [6] Mm 211. [7] Mm 3339. [8] Mm 1625. Ps 84 [1] Mm 3340.

10 [a] frt dl cf 11[a] ‖ **11** [a] l frt כמדין ante נשמדו cf 10[a] ‖ [b] prp חֲרֹד cf Jdc 7,1 ‖ **12** [a] 𝔊 *θοῦ* = שִׁיתָ(ה) ‖ [b] prb huc tr ‸ ‖ [c–c] prb dl cf Jdc 8,5 ‖ **13** [a] Vrs sg, l frt נְוַת vel נְוֵה ‖ **14** [a] Ms 𝔖𝔗𝔙 וּכְ׳ ‖ **19** [a] huc tr : ‖ [b] huc tr ‸ ‖ **Ps 84,1** [a] cf 8,1[a] ‖ **3** [a–a] Ms 𝔊𝔖 Hier וְכָ׳ ‖ **4** [a] Ms אל ‖ [b–b] frt add ‖ **5** [a] 𝔊 *εἰς τοὺς αἰῶνας τῶν αἰώνων* = לַעֲדֵי עַד ‖ **6** [a] 2 Mss הָעָם ‖ [b] 𝔊 + *κύριε* ‖ [c] 𝔖 + suff 2 sg, σ′ *τῆς τρίβου σου*, 𝔊 *ἀναβάσεις* = מַעֲלוֹת, 𝔗 *rwḥṣnwt'* fiducia; prp כְּסָלוֹת ‖ [d] 𝔊𝔖 Hier suff sg ‖ **7** [a] Ms ־רִים, 𝔖 *'brw*, 𝔊 *διέθετο* = עָרַךְ (cj c 6) ‖ [b] pc Mss הבכה cf Vrs, sed 𝔐 prb nom vallis ‖ [c] 𝔊 *εἰς τόπον* et 𝔖 *bjt m'mr'* = מָעוֹן ‖ [d] mlt Mss 𝔊 ־תֵהוּ, pc Mss יְשִׁתֵהוּ, pc Mss יְשִׁתוּהוּ; prp יְשִׁתוּ.

[e]גַּם־בְּ֝רָכ֗וֹת[f] יַעְטֶ֥ה[g] מוֹרֶֽה[eh]׃ ד̇ . ²ד̇³

8 יֵֽלְכוּ מֵחַ֥יִל אֶל־חָ֑יִל יֵרָאֶ֖ה[a] אֶל־אֱלֹהִ֣ים[b] בְּצִיּֽוֹן׃ [סֶֽלָה׃ יג̇⁴

9 יְהוָ֤ה אֱלֹהִ֣ים[a] צְ֭בָאוֹת שִׁמְעָ֣ה תְפִלָּתִ֑י הַאֲזִ֨ינָה אֱלֹהֵ֖י יַעֲקֹ֣ב יי

10 מָ֭גִנֵּנוּ רְאֵ֣ה אֱלֹהִ֑ים וְ֝הַבֵּ֗ט פְּנֵ֣י מְשִׁיחֶֽךָ׃ ב̇⁵

11 כִּ֤י טֽוֹב־י֥וֹם בַּחֲצֵרֶ֗יךָ מֵ֫אָ֥לֶף בָּחַ֗רְתִּי[a] ג̇ה בטע ר״פ בסיפ

הִ֭סְתּוֹפֵף בְּבֵ֣ית אֱלֹהַ֑י[b] מִ֝דּ֗וּר בְּאָהֳלֵי־רֶֽשַׁע׃ ב פת̇ באתנח⁶. ל̇⁷. יג̇⁸

12 כִּ֤י שֶׁ֨מֶשׁ׀ וּמָגֵ֡ן[a] יְהוָ֪ה אֱלֹ֫הִ֥ים[b] חֵ֣ן וְ֭כָבוֹד ג̇ה בטע ר״פ בסיפ

יִתֵּ֣ן יְהוָ֑ה[c] לֹ֥א יִמְנַע־ט֝֗וֹב לַֽהֹלְכִ֥ים בְּתָמִֽים׃

13 יְהוָ֥ה צְבָא֑וֹת אַֽשְׁרֵ֥י אָ֝דָ֗ם בֹּטֵ֥חַ בָּֽךְ׃ ס̇ יב ד̇ חס̇ בסיפ

85 פה

1 לַמְנַצֵּ֬חַ ׀ לִבְנֵי־קֹ֬רַח מִזְמֽוֹר׃ ח̇ בטע

2 רָצִ֣יתָ יְהוָ֣ה אַרְצֶ֑ךָ שַׁ֝֗בְתָּ שְׁבִ֣ות יַעֲקֹֽב׃ שבית¹ ק̇

3 נָ֭שָׂאתָ עֲוֺ֣ן[a] עַמֶּ֑ךָ כִּסִּ֖יתָ כָל־חַטָּאתָ֣ם[b] סֶֽלָה׃ ד̇

4 אָסַ֥פְתָּ כָל־עֶבְרָתֶ֑ךָ הֱ֝שִׁיב֗וֹתָ[a] מֵחֲר֥וֹן אַפֶּֽךָ׃ ל̇ וכת̇ כן

5 שׁ֭וּבֵנוּ[a] אֱלֹהֵ֣י יִשְׁעֵ֑נוּ וְהָפֵ֖ר[b] כַּֽעַסְךָ֣ עִמָּֽנוּ׃ ל̇. ב̇ חד כת̇ סך וחד שך

6 הַלְעוֹלָ֥ם תֶּֽאֱנַף־בָּ֑נוּ תִּמְשֹׁ֥ךְ אַ֝פְּךָ֗ לְדֹ֣ר וָדֹֽר׃

7 הֲלֹא[a]־אַ֭תָּה[b] תָּשׁ֣וּב תְּחַיֵּ֑נוּ וְ֝עַמְּךָ֗ יִשְׂמְחוּ־בָֽךְ׃

8 הַרְאֵ֣נוּ יְהוָ֣ה חַסְדֶּ֑ךָ וְ֝יֶשְׁעֲךָ֗ תִּתֶּן־לָֽנוּ׃ ב̇². ל̇

9 אֶשְׁמְעָ֗ה מַה־יְדַבֵּר֮[a] הָאֵ֪ל׀ יְה֫וָ֥ה[b] כִּ֤י׀ יְדַבֵּ֬ר שָׁל֗וֹם ב̇³. ב̇ פסיק⁴

אֶל־עַמּ֥וֹ וְאֶל־חֲסִידָ֑יו[c] וְֽאַל־יָשׁ֥וּבוּ לְכִסְלָֽה[c]׃ ל̇

10 אַ֤ךְ׀ קָר֣וֹב לִירֵאָ֣יו יִשְׁע֑וֹ לִשְׁכֹּ֖ן כָּב֣וֹד[a] בְּאַרְצֵֽנוּ׃

11 חֶֽסֶד־וֶאֱמֶ֥ת נִפְגָּ֑שׁוּ צֶ֖דֶק וְשָׁל֣וֹם נָשָֽׁקוּ׃ ג̇. ה̇⁵. ל̇

[2] Mm 3595. [3] Mm 2703. [4] Mm 150. [5] Gn 31,50. [6] Mm 960. [7] וחד מדוד Ps 81,7. [8] Mm 1667. **Ps 85** [1] Mm 839. [2] Mm 3341. [3] Jer 4,21. [4] Jes 42,5. [5] Mm 4066.

7 [e–e] crrp ‖ [f] prp בְּרֵ׳ ‖ [g] 2 Mss יַעֲשֶׂה, 𝔊 *δώσει*; prp טְעָמִים ‖ [h] prp יַרְוֶה יהוה ‖ **8** [a] l prb יִרְאוּ ‖ [b–b] frt l אֵל (cf 𝔊α′𝔖) et dl אֱ׳ aut dl אֶל־, m cs ‖ **9** [a] dl m cs ‖ **11** [a] prp בַּחֲדָרַי ‖ [b] 2 Mss 𝔊*𝔖𝔗 אלהים ‖ **12** [a–a] 𝔊𝔖 alit ‖ [b] frt dl m cs ‖ [c] dl m cs? ‖ **Ps 85,3** [a] 𝔊𝔗 pl ‖ [b] 𝔊𝔖𝔗 Hier pl ‖ **4** [a] 2 Mss הִשְׁבַּתָּ; 𝔊 *ἀπέστρεψας*, prp שִׁבַּתָּ; l frt תָם– (מ hpgr) ‖ **5** [a] l frt שׁוּב נָא ‖ [b] 𝔊 *καὶ ἀπόστρεψον*, prp והסר vel וְהָרֵף ‖ **7** [a] 𝔊 *ὁ θεός* = הָאֵל vel אֱלֹהַּ? ‖ [b] frt dl m cs ‖ **9** [a] 𝔊 + *ἐν ἐμοί* ‖ [b–b] prp הֲלֹא י׳ ‖ [c–c] 𝔊 *καὶ ἐπὶ τοὺς ἐπιστρέφοντας πρὸς αὐτὸν καρδίαν*; prp אַל יָשֻׁבוּ בְּלִי כ׳ ‖ **10** [a] l frt כְּבוֹדוֹ cf 𝔖.

12 אֱמֶת מֵאֶרֶץ תִּצְמָח וְצֶדֶק מִשָּׁמַיִם נִשְׁקָף׃
13 גַּם־יְהוָה יִתֵּן הַטּוֹב וְאַרְצֵנוּ[a] תִּתֵּן יְבוּלָהּ׃ ד חס את בליש[6]
14 צֶדֶק[a] לְפָנָיו יְהַלֵּךְ וְיָשֵׂם[b] לְדֶרֶךְ פְּעָמָיו׃ ג[7]. ו רפי[8]. ג

86 1 תְּפִלָּה לְדָוִד ב[1]
פו
הַטֵּה־יְהוָה אָזְנְךָ עֲנֵנִי[a] כִּי־עָנִי וְאֶבְיוֹן אָנִי׃ [אֵלֶיךָ׃ יג. י קמ בסיפ
2 שָׁמְרָה נַפְשִׁי כִּי־חָסִיד[a] אָנִי הוֹשַׁע עַבְדְּךָ[b] אַתָּה[c] אֱלֹהַי[b] הַבּוֹטֵחַ ב בסיפ[2]. י קמ בסיפ ו מנה בטע. ב[3]. ב פת באתנח[4]
3 חָנֵּנִי אֲדֹנָי[a] כִּי אֵלֶיךָ אֶקְרָא כָּל־הַיּוֹם׃
4 שַׂמֵּחַ נֶפֶשׁ עַבְדֶּךָ כִּי אֵלֶיךָ אֲדֹנָי[a] נַפְשִׁי אֶשָּׂא׃ ב[5]. כג
5 כִּי־אַתָּה אֲדֹנָי[a] טוֹב וְסַלָּח[b] וְרַב־חֶסֶד לְכָל־קֹרְאֶיךָ׃ ל. ל
6 הַאֲזִינָה יְהוָה תְּפִלָּתִי וְהַקְשִׁיבָה בְּקוֹל[a] תַּחֲנוּנוֹתָי׃ יו. ל ומל
7 בְּיוֹם צָרָתִי אֶקְרָאֶךָּ כִּי תַעֲנֵנִי[a]׃ ב דגש
8 אֵין־כָּמוֹךָ[a] בָאֱלֹהִים׀ אֲדֹנָי[a] וְאֵין כְּמַעֲשֶׂיךָ[b]׃ [לִשְׁמֶךָ׃ ל
9 כָּל־גּוֹיִם׀ [a]אֲשֶׁר עָשִׂיתָ[a] יָבוֹאוּ׀ וְיִשְׁתַּחֲווּ לְפָנֶיךָ[b] אֲדֹנָי[c] וִיכַבְּדוּ ג מל[6]. ז רפי
10 כִּי־גָדוֹל אַתָּה וְעֹשֵׂה נִפְלָאוֹת אַתָּה אֱלֹהִים לְבַדֶּךָ[a]׃ [שְׁמֶךָ׃ ה
11 הוֹרֵנִי יְהוָה[a]׀ דַּרְכֶּךָ[b] אֲהַלֵּךְ בַּאֲמִתֶּךָ יַחֵד[c] לְבָבִי לְיִרְאָה[d] ל
12 אוֹדְךָ׀ אֲדֹנָי[a] אֱלֹהַי בְּכָל־לְבָבִי וַאֲכַבְּדָה שִׁמְךָ לְעוֹלָם׃
13 כִּי־חַסְדְּךָ גָּדוֹל עָלָי וְהִצַּלְתָּ נַפְשִׁי מִשְּׁאוֹל תַּחְתִּיָּה׃ ג געיא[7]. ל
14 [a]אֱלֹהִים׀ זֵדִים קָמוּ־עָלַי וַעֲדַת עָרִיצִים בִּקְשׁוּ נַפְשִׁי ד
[b]וְלֹא שָׂמוּךָ לְנֶגְדָּם[b]׃ ל
15 וְאַתָּה אֲדֹנָי[a] אֵל־רַחוּם וְחַנּוּן אֶרֶךְ אַפַּיִם וְרַב־חֶסֶד וֶאֱמֶת׃ ג. ב
16 [a]פְּנֵה אֵלַי וְחָנֵּנִי[a]
תְּנָה־עֻזְּךָ לְעַבְדֶּךָ וְהוֹשִׁיעָה לְבֶן־אֲמָתֶךָ׃ ב

[6]Mm 2932. [7]Mm 3342. [8]Mm 3131. **Ps 86** [1]Ps 17,1. [2]Ps 119,167. [3]Mm 2630. [4]Mm 960. [5]Mm 3343. [6]Mm 3344. [7]Mm 3239.

13 [a] Ms 𝔖 וְהָאָרֶץ ut Ez 34,27 ‖ **14** [a] 𝔖 *wzdjq'* = וְצַדִּיק ‖ [b] l frt וְשָׁלוֹם (cf 11) vel וְיֹשֶׁר ‖ **Ps 86,1** [a] 𝔊𝔖 pr cop ‖ **2** [a–a] 𝔖 *ṭb 'nt* cf 5 ‖ [b–b] tr vel ante vel post 3a ‖ [c] > 𝔊 ‖ **3** [a] mlt Mss יהוה ‖ **4** [a] > 𝔊^{S*L} Hier ‖ **5** [a] mlt Mss יהוה ‖ [b] > 𝔖 ‖ **6** [a] mlt Mss 𝔊 לְקוֹל ‖ **7** [a] prb exc vb ‖ **8** [a–a] mlt Mss יהוה, 𝔖 *mrj' 'lhn ('lh')* = יהוה אֱלֹהֵינוּ (אלהים) ‖ [b] frt huc tr 9[a–a] ‖ **9** [a–a] cf 8[b] ‖ [b] prb huc tr ‸ ‖ [c] ℭ mlt Mss יהוה ‖ **10** [a] 𝔊* + ὁ μέγας ‖ **11** [a] prb dl m cs ‖ [b] pc Mss דְּרָכֶיךָ ‖ [c] 𝔊(𝔖) εὐφρανθήτω = יִחַד a חדה ‖ [d] mlt Mss + אֶת־ ‖ **12** [a] mlt Mss יהוה; frt dl m cs ‖ **14** [a] cf 54,5 ‖ [b–b] dl? cf 54,5 ‖ **15** [a] mlt Mss יהוה ‖ **16** [a–a] tr ante 17.

17 עֲשֵׂה־[a]עִמִּי א֡וֹת לְט֫וֹבָ֥ה

וְיִרְא֣וּ[b] שֹׂנְאַ֣י וְיֵבֹ֑שׁוּ כִּֽי־אַתָּ֥ה[c] יְ֝הוָ֗ה עֲזַרְתַּ֥נִי וְנִחַמְתָּֽנִי׃ ג̇. ל̇[8]

87 1 לִבְנֵי־קֹ֭רַח מִזְמ֣וֹר שִׁ֑יר (פּ֞)[a]

[a]יְ֝סוּדָת֗וֹ[b] [c]בְּהַרְרֵי־קֹֽדֶשׁ׃[ac] ב̇ פסוק דמטע בסיפ̇[1]

2 אֹהֵ֣ב יְ֭הוָה שַׁעֲרֵ֣י צִיּ֑וֹן מִ֝כֹּ֗ל מִשְׁכְּנ֥וֹת יַעֲקֹֽב׃

3 נִ֭כְבָּדוֹת מְדֻבָּ֣ר[a] בָּ֑ךְ עִ֖יר הָאֱלֹהִ֣ים סֶֽלָה׃[b] [יֻלַּד־שָֽׁם׃] ל̇. ל̇. ל̇

4 אַזְכִּ֤יר׀ רַ֥הַב וּבָבֶ֗ל לְֽיֹ֫דְעָ֥י[a] הִנֵּ֤ה פְלֶ֣שֶׁת וְצ֣וֹר עִם־[b]כּ֑וּשׁ זֶ֝֗ה ד̇[2]

5 וּֽלְצִיּ֨וֹן׀ יֵאָמַ֗ר אִ֣ישׁ וְ֭אִישׁ יֻלַּד־בָּ֑הּ[a] וְה֖וּא יְכוֹנְנֶ֣הָ עֶלְיֽוֹן׃[a] ב̇[3] וחד מן ה̇[4] בטע ר״פ בשלש ספרים. ל̇. ג̇[5]. ג̇[6]. ד̇

6 [a]יְֽהוָ֗ה יִ֭סְפֹּר[b] בִּכְת֣וֹב[c] עַמִּ֑ים זֶ֖ה יֻלַּד־שָׁ֣ם סֶֽלָה׃ ה̇ ומל̇[7]

7 וְשָׁרִ֥ים[a] כְּחֹלְלִ֑ים[b] [c]כָּֽל־מַעְיָנַ֥י[cd] בָּֽךְ׃ ח̇ בליש̇[8]. ל̇. ל̇

88 1 שִׁ֥יר מִזְמ֗וֹר לִבְנֵ֫י קֹ֥רַח לַמְנַצֵּ֣חַ עַל־מָחֲלַ֣ת[a] לְעַנּ֑וֹת מַ֝שְׂכִּ֗יל לְהֵימָ֥ן ה̇. ד̇[1]. ב̇ חד חס וחד מל̇[2]
פּ֞

הָאֶזְרָחִֽי׃[b]

2 יְ֭הוָה[a] אֱלֹהֵ֣י יְשׁוּעָתִ֑י יוֹם־[b]צָעַ֖קְתִּי[a] בַלַּ֣יְלָה[c] נֶגְדֶּֽךָ׃

3 תָּב֣וֹא לְ֭פָנֶיךָ תְּפִלָּתִ֑י הַטֵּֽה־אָ֝זְנְךָ֗ לְרִנָּתִֽי׃[a] י̇ג

4 כִּֽי־שָׂבְעָ֣ה בְרָע֣וֹת נַפְשִׁ֑י וְ֝חַיַּ֗י לִשְׁא֥וֹל הִגִּֽיעוּ׃ ל̇

5 נֶ֭חְשַׁבְתִּי עִם־י֣וֹרְדֵי ב֑וֹר הָ֝יִ֗יתִי כְּגֶ֣בֶר אֵֽין־אֱיָֽל׃ ל̇

6 בַּמֵּתִ֗ים[a] חָ֫פְשִׁ֥י[b] כְּמ֤וֹ[c] חֲלָלִ֨ים׀ שֹׁ֬כְבֵי קֶ֗בֶר ל̇

אֲשֶׁ֤ר לֹ֣א זְכַרְתָּ֣ם ע֑וֹד וְ֝הֵ֗מָּה מִיָּדְךָ֥ נִגְזָֽרוּ׃ ל̇

7 שַׁ֭תַּנִי בְּב֣וֹר תַּחְתִּיּ֑וֹת בְּ֝מַחֲשַׁכִּ֗ים בִּמְצֹלֽוֹת׃[a] ז̇ ומל̇[3]. ג̇[4]. ג̇

8 עָ֭לַי סָמְכָ֣ה חֲמָתֶ֑ךָ וְכָל־מִ֝שְׁבָּרֶ֗יךָ עִנִּ֥יתָ[a] סֶּֽלָה׃ ל̇

9 הִרְחַ֥קְתָּ מְיֻדָּעַ֗י מִ֫מֶּ֥נִּי שַׁתַּ֣נִי תוֹעֵב֣וֹת[a] לָ֑מוֹ ב̇[5]

[8] וחד נחמתני Ru 2,13. **Ps 87** [1] Mm 1849 et Mm 3313. [2] Mm 3345. [3] Mm 3346. [4] Mm 3654. [5] Mm 956. [6] Mm 1753. [7] Mm 2651. [8] Mm 1824. **Ps 88** [1] Mm 203. [2] Nu 30,14. [3] Mm 1327. [4] Mm 3733. [5] Mp sub loco.

17 [a] cf 16[a–a] ‖ [b] pc Mss יִ׳ ‖ [c] > pc Mss ‖ **Ps 87** [a] numerus > L ‖ **87,1** [a–a] crrp ‖ [b] 𝔊𝔖 pl ‖ [c–c] 𝔖 *btwrh qdjš'* = בְּהַר קָדְשׁוֹ; cf 5[a–a] ‖ **3** [a] prp מְדַבֵּר ‖ [b] cf 6[a] ‖ **4** [a] ℭ –ָיו ‖ [b] 𝔊(𝔖) *καὶ λαός* = וְעַם ‖ **5** [a–a] prb tr post 1 ‖ **6** [a] prb tr post 3 ‖ [b] 𝔊 *διηγήσεται* = יְסַפֵּר ‖ [c] 𝔊θ′ *ἐν γραφῇ*, ε′ *ἐν ἀπογραφῇ* = בִּכְתָב cf ℭ mlt Mss (בכתב) 𝔖𝔗 ‖ **7** [a] nonn Mss 𝔊𝔖 ושׁ׳ ‖ [b] Ms בְּח׳ ‖ [c–c] prp כֻּלָּם עֹ(וֹ)נֵי ‖ [d] pc Mss מעיְנֵי cf σ′, 𝔊 *ἡ κατοικία* cf 84,7[c], 𝔖 *d'tmkkw* = מְעֻנַּי ‖ **Ps 88,1** [a] cf 53,1[a] ‖ [b] 𝔊 α′ *τῷ Ἰσραηλίτῃ* ‖ **2** [a–a] prp אלהַי שִׁוַּעְתִּי יוֹמָם צַעֲקָתִי ‖ [b] 𝔗 *jjmm* = יוֹמָם ‖ [c] 𝔊𝔖 pr cop ‖ **3** [a] 𝔊 + *κύριε* ‖ **6** [a] pc Mss ℭ כַּמּ׳ ‖ [b] prp נַפְשִׁי vel הֻשְׁבַּתִּי vel חֻפַּשְׁתִּי, sed cf Ez 27,20 ‖ [c] 𝔊* + *ἐρριμένοι* ‖ **7** [a] 𝔊(𝔖) *καὶ ἐν σκιᾷ θανάτου* = וּבְצַלְמָוֶת ‖ **8** [a] 𝔊(𝔖) *ἐπ' ἐμὲ ἐπήγαγες*, l frt אִנִּיתָ לִי ‖ **9** [a] pc Mss 𝔊𝔖 –בָה.

כָּלְאֹ[b] וְלֹא אֵצֵא׃ 10 עֵינִי דָאֲבָה מִנִּי עֹנִי ל חס . ב[6] . כט[7] . ב[8]
קְרָאתִיךָ יְהוָה בְּכָל־יוֹם שִׁטַּחְתִּי אֵלֶיךָ כַפָּי׃ ג
11 הֲלַמֵּתִים תַּעֲשֶׂה־פֶּלֶא אִם־רְפָאִים יָקוּמוּ ׀ יוֹדוּךָ סֶּלָה[a]׃ ל
12 הַיְסֻפַּר בַּקֶּבֶר חַסְדֶּךָ אֱמוּנָתְךָ[a] בָּאֲבַדּוֹן׃ ב[9] . ג[10]
13 הֲיִוָּדַע בַּחֹשֶׁךְ פִּלְאֶךָ[a] וְצִדְקָתְךָ בְּאֶרֶץ נְשִׁיָּה׃ ל
14 וַאֲנִי ׀ אֵלֶיךָ יְהוָה שִׁוַּעְתִּי וּבַבֹּקֶר תְּפִלָּתִי תְקַדְּמֶךָּ׃ סז ר״פ לג מנה בכתיב . ו . ל
15 לָמָה יְהוָה תִּזְנַח נַפְשִׁי תַּסְתִּיר פָּנֶיךָ מִמֶּנִּי׃ ג ר״פ[11]
16 עָנִי אֲנִי וְגֹוֵעַ[a] מִנֹּעַר נָשָׂאתִי[b] אֵמֶיךָ[c] אָפוּנָה[d]׃ ל . ג[12] . יט . ד חס בליש . ל
17 עָלַי עָבְרוּ חֲרוֹנֶיךָ בִּעוּתֶיךָ צִמְּתוּתֻנִי[a]׃ ל . ל
18 סַבּוּנִי כַמַּיִם כָּל־הַיּוֹם הִקִּיפוּ עָלַי יָחַד׃
19 הִרְחַקְתָּ מִמֶּנִּי אֹהֵב וָרֵעַ מְיֻדָּעַי[a] מַחְשָׁךְ[b]׃ ל . ב . ב

89 פט 1 מַשְׂכִּיל לְאֵיתָן הָאֶזְרָחִי׃
2 חַסְדֵי[a] יְהוָה עוֹלָם[b] אָשִׁירָה לְדֹר וָדֹר ׀ אוֹדִיעַ אֱמוּנָתְךָ[c] בְּפִי׃ ל
3 [a]כִּי־אָמַרְתִּי[a] עוֹלָם חֶסֶד[b] יִבָּנֶה שָׁמַיִם[c] ׀ תָּכִן[d] אֱמוּנָתְךָ[e] בָהֶם[f]׃ ל חס
4 [a]כָּרַתִּי בְרִית לִבְחִירִי[b] נִשְׁבַּעְתִּי לְדָוִד עַבְדִּי׃
5 עַד־עוֹלָם אָכִין זַרְעֶךָ וּבָנִיתִי לְדֹר־וָדוֹר כִּסְאֲךָ סֶלָה׃ ל כת כן
6 וְיוֹדוּ[a] שָׁמַיִם פִּלְאֲךָ[b] יְהוָה אַף־אֱמוּנָתְךָ בִּקְהַל[c] קְדֹשִׁים׃
7 כִּי מִי בַשַּׁחַק יַעֲרֹךְ לַיהוָה יִדְמֶה לַיהוָה בִּבְנֵי אֵלִים[a]׃ נה בטע ר״פ בסיפ . ב . ו חס בכתיב למערב[1]
8 אֵל נַעֲרָץ בְּסוֹד־קְדֹשִׁים[a] רַבָּה[b] וְנוֹרָא[c] עַל־כָּל־סְבִיבָיו׃ ל . ז[2]

[6]Thr 3,7. [7]Mm 2501. [8]Jer 31,25. [9]Hi 37,20. [10]Mm 1966. [11]Mm 3209. [12]Mm 3347. Ps 89 [1]Mm 879. [2]Mm 3040.

9 [b] pc Mss כלוֹ, 𝔊 *παρεδόθην*, 𝔖 *ʾtkljt* detentus sum, prp כ׳ אֲנִי vel נִכְלֵאתִי || **11** [a] > 𝔊𝔖 || **12** [a] pc Mss 𝔊𝔖 וְא׳ || **13** [a] pc Mss 𝔊𝔗 פְּלָאֶיךָ || **16** [a] 𝔊(𝔖 Hier) *καὶ ἐν κόποις* = וְיָגֵעַ || [b] 𝔊(𝔖) *ὑψωθείς* = נִשֵּׂ׳ || [c] 𝔊(𝔖) *ἐταπεινώθην* = אֶמַּךְ || [d] prp אפוּגָה cf 77,3, sed 𝔊 *καὶ ἐξηπορήθην* || **17** [a] l c pc Mss צמתוּנִי || **19** [a] pc Mss 𝔊𝔖𝔗 וּמ׳ || [b] nonn Mss מחשׁךְ, 𝔊 *ἀπὸ ταλαιπωρίας*, 𝔖 *ʾprqt mnj*, Hier *abstulisti* = מְחַשֵּׁךְ vel חָשַׂכְתָּ? prp שְׁכֵחֻנִי || **Ps 89,2** [a] 𝔊 θʹ + suff 2 sg, l prb חֲסָדֶיךָ || [b] mlt Mss 𝔊 σʹ𝔖𝔗 Hier לְע׳ || [c] 𝔖 suff 3 m sg || **3** [a–a] prp כְּאַדְמַת vel tr [a–a] ante 4; 𝔊 2 sg || [b] prp חֲסָדַי vel חַסְדְּךָ || [c] 𝔊 σʹ *ἐν τοῖς οὐρανοῖς* = בַּשׁ׳, prp כַּשׁ׳ || [d] l prb תִּכֹּן cf 𝔊 σʹ || [e] prp ־תִי || [f] 2 Mss כָּהֵם; > 𝔊 σʹ𝔖 || **4** [a] cf 3[a–a] || [b] 𝔊 pl || **6** [a] 2 Mss 𝔊𝔖 י׳ || [b] 2 Mss 𝔊𝔖𝔗 Hier פְּלָאֶיךָ || [c] prp vel קְהַל vel בַּשָּׁמַיִם || **7** [a] pc Mss אֵילִים, 𝔖(𝔗) *mlʾkʾ* angelorum || **8** [a] huc tr ‸ || [b] l רַב (vel רַב הוּא) cf 𝔊𝔖𝔗 || [c] pc Mss + הוּא.

9 יְהוָה׀ אֱלֹהֵי[a] צְבָאוֹת מִי־כָמוֹךָ[b] חֲסִין׀ יָהּ[c d] וֶאֱמוּנָתְךָ — ח בטע ר״פ בסיפ[3] . יב[4]

סְבִיבוֹתֶיךָ׃] — ב

10 אַתָּה מוֹשֵׁל בְּגֵאוּת הַיָּם בְּשׂוֹא[a] גַלָּיו אַתָּה תְשַׁבְּחֵם׃ — יו ר״פ בסיפ . יד מל

11 אַתָּה דִכִּאתָ[a] כֶחָלָל רָהַב בִּזְרוֹעַ עֻזְּךָ פִּזַּרְתָּ אוֹיְבֶיךָ׃ — יו ר״פ בסיפ . ב חד כת י וחד מן מח[5] כת א לא קר . ז מל[6]

12 לְךָ שָׁמַיִם אַף־לְךָ אָרֶץ תֵּבֵל וּמְלֹאָהּ אַתָּה יְסַדְתָּם׃ — ב[7]

13 צָפוֹן וְיָמִין[a] אַתָּה בְרָאתָם תָּבוֹר וְחֶרְמוֹן בְּשִׁמְךָ[b] יְרַנֵּנוּ׃ — ל . ל

14 לְךָ זְרוֹעַ עִם[a]־גְּבוּרָה תָּעֹז יָדְךָ תָּרוּם יְמִינֶךָ׃

15 צֶדֶק וּמִשְׁפָּט מְכוֹן כִּסְאֶךָ חֶסֶד וֶאֱמֶת יְקַדְּמוּ פָנֶיךָ׃

16 אַשְׁרֵי הָעָם יוֹדְעֵי תְרוּעָה יְהוָה בְּאוֹר־פָּנֶיךָ יְהַלֵּכוּן׃ — ג

17 בְּשִׁמְךָ יְגִילוּן כָּל־הַיּוֹם וּבְצִדְקָתְךָ יָרוּמוּ[a]׃ — ל

18 כִּי־תִפְאֶרֶת עֻזָּמוֹ[a] אָתָּה וּבִרְצֹנְךָ תָּרִים[b] קַרְנֵנוּ[c]׃ — ל . תרים[8] ק

19 כִּי לַיהוָה[a] מָגִנֵּנוּ וְלִקְדוֹשׁ[b] יִשְׂרָאֵל מַלְכֵּנוּ׃ — ג[9]

20 אָז דִּבַּרְתָּ־בְחָזוֹן לַחֲסִידֶיךָ[a] וַתֹּאמֶר

שִׁוִּיתִי עֵזֶר[b] עַל־גִּבּוֹר הֲרִימוֹתִי בָחוּר מֵעָם׃ — ג ול מל

21 מָצָאתִי דָּוִד עַבְדִּי בְּשֶׁמֶן קָדְשִׁי מְשַׁחְתִּיו׃ — ו רפ[10]

22 אֲשֶׁר יָדִי תִּכּוֹן עִמּוֹ אַף־זְרוֹעִי תְאַמְּצֶנּוּ׃ — ב מל בליש

23 לֹא־יַשִּׁא אוֹיֵב בּוֹ וּבֶן־עַוְלָה לֹא יְעַנֶּנּוּ[a]׃ — ה ב מל וג חס

24 וְכַתּוֹתִי מִפָּנָיו צָרָיו וּמְשַׂנְאָיו אֶגּוֹף׃ — ל . כג . ל ומל

25 וֶאֱמוּנָתִי[a] וְחַסְדִּי עִמּוֹ וּבִשְׁמִי תָּרוּם קַרְנוֹ׃

26 וְשַׂמְתִּי בַיָּם יָדוֹ וּבַנְּהָרוֹת יְמִינוֹ׃ — ב[11]

27 הוּא יִקְרָאֵנִי אָבִי אָתָּה אֵלִי וְצוּר יְשׁוּעָתִי׃

28 אַף־אָנִי בְּכוֹר אֶתְּנֵהוּ עֶלְיוֹן לְמַלְכֵי־אָרֶץ׃ — י קמ בסיפ ו מנה בטע

[3] Mm 3443. [4] Mm 2015. [5] Mm 898. [6] Mm 3348. [7] Ps 119,152. [8] Mm 832. [9] Mm 3349. [10] Mm 577. [11] Mm 2369.

9 [a] frt dl m cs ‖ [b] prb huc tr ‸ cf 𝔊 ‖ [c–c] prp חָסְנְךָ vel (’אֱ) יֶחֱסַן ‖ [d] > 𝔖 ‖ **10** [a] 𝔊 *τὸν δὲ σάλον*, prp וּבִשְׁאוֹן ‖ **11** [a] mlt Mss דכית ‖ **13** [a] 𝔊* *καὶ θαλάσσας*, 𝔊^{AL}𝔏^{G} *καὶ τὴν θάλασσαν* ‖ [b] 2 Mss 𝔖 ’לְשׁ ‖ **14** [a] 𝔖 *wdjlk hj* = וּלְךָ ‖ **17** [a] prp יְרַנֵּנוּ vel יָרִימוּ קוֹלָם ‖ **18** [a] 𝔖 suff 1 pl ‖ [b] mlt Mss 𝔊𝔖𝔗 ut Q, sic l; K Hier תרים ‖ [c] ℭ קרנינו ‖ **19** [a] 𝔖 *mrj’* = ’בְּ cf 𝔎 ‖ [b] 𝔖 *wqdjš’* = ’וּקְ cf 𝔎 ‖ **20** [a] mlt Mss ־דְךָ ‖ [b] prp נֵזֶר cf 40 ‖ **23** [a] 𝔊 *προσθήσει τοῦ κακῶσαι αὐτόν* = יוֹסִיף לְעַנּוֹתוֹ cf 2 S 7,10 ‖ **25** [a] sic L, mlt Mss Edd ’וֶאֱ.

29 לְעוֹלָם אֶשְׁמָור־[a] לוֹ חַסְדִּי וּבְרִיתִי נֶאֱמֶנֶת לוֹ׃ — אשמר ק . ב
30 וְשַׂמְתִּי לָעַד זַרְעוֹ וְכִסְאוֹ כִּימֵי שָׁמָיִם׃ — ל[12]
31 אִם־יַעַזְבוּ בָנָיו תּוֹרָתִי וּבְמִשְׁפָּטַי[a] לֹא יֵלֵכוּן[b]׃ — ג
32 אִם־[a]חֻקֹּתַי יְחַלֵּלוּ וּמִצְוֹתַי לֹא יִשְׁמֹרוּ׃ — ט[13] חס וכל אורית דכות ב מ א
33 וּפָקַדְתִּי[a] בְשֵׁבֶט פִּשְׁעָם וּבִנְגָעִים עֲוֺנָם׃ — ו[14] . ל
34 וְחַסְדִּי לֹא־אָפִיר[a] מֵעִמּוֹ וְלֹא־אֲשַׁקֵּר בֶּאֱמוּנָתִי׃ — ל . ל
35 לֹא־[a]אֲחַלֵּל בְּרִיתִי וּמוֹצָא שְׂפָתַי לֹא אֲשַׁנֶּה׃
36 אַחַת נִשְׁבַּעְתִּי בְקָדְשִׁי אִם־לְדָוִד אֲכַזֵּב׃
37 זַרְעוֹ לְעוֹלָם יִהְיֶה וְכִסְאוֹ כַשֶּׁמֶשׁ נֶגְדִּי[a]׃
38 כְּיָרֵחַ יִכּוֹן עוֹלָם[a] [b]וְעֵד בַּשַּׁחַק[b] נֶאֱמָן סֶלָה׃ — ל[15] . ב
39 וְאַתָּה זָנַחְתָּ וַתִּמְאָס[a] הִתְעַבַּרְתָּ עִם־מְשִׁיחֶךָ׃ — ל
40 נֵאַרְתָּה בְּרִית עַבְדֶּךָ חִלַּלְתָּ לָאָרֶץ נִזְרוֹ׃ — ל
41 פָּרַצְתָּ כָל־גְּדֵרֹתָיו שַׂמְתָּ מִבְצָרָיו מְחִתָּה׃ — ל
42 שַׁסֻּהוּ כָּל־עֹבְרֵי דָרֶךְ הָיָה חֶרְפָּה לִשְׁכֵנָיו׃
43 הֲרִימוֹתָ יְמִין צָרָיו הִשְׂמַחְתָּ כָּל־אוֹיְבָיו׃ — ג ב חס וחד מל[16] . ה מל
44 אַף־תָּשִׁיב צוּר[a] חַרְבּוֹ וְלֹא הֲקֵימֹתוֹ בַּמִּלְחָמָה׃ — ו[17] . ל
45 הִשְׁבַּתָּ[a] מִטְּהָרוֹ[a b] וְכִסְאוֹ לָאָרֶץ מִגַּרְתָּה׃ — ב . ל
46 הִקְצַרְתָּ יְמֵי עֲלוּמָיו הֶעֱטִיתָ עָלָיו בּוּשָׁה סֶלָה׃ — ל . ל
47 עַד־מָה יְהוָה תִּסָּתֵר[a] לָנֶצַח תִּבְעַר כְּמוֹ־אֵשׁ חֲמָתֶךָ׃ — ד[18]
48 זְכָר־[a b]אֲנִי[c] מֶה־חָלֶד[b] עַל־מַה־[d]שָּׁוְא[d] בָּרָאתָ כָל־[e]בְּנֵי־אָדָם׃ — ל
49 מִי גֶבֶר יִחְיֶה וְלֹא יִרְאֶה־מָּוֶת יְמַלֵּט נַפְשׁוֹ מִיַּד־שְׁאוֹל סֶלָה׃ — יה וכל חיו יחיה דכות[19] . ו[20] . ח[21]
50 אַיֵּה ׀ חֲסָדֶיךָ הָרִאשֹׁנִים ׀ אֲדֹנָי[a] נִשְׁבַּעְתָּ לְדָוִד בֶּאֱמוּנָתֶךָ׃ — כ׳

[12] וחד כימי השמים Dt 11,21. [13] Mm 1902. [14] Mm 1420. [15] Mp sub loco. [16] Mm 3350. [17] Mm 161. [18] Mm 975. [19] Mm 107. [20] Mm 2624. [21] Mm 3058.

29 [a] K אֶשְׁמוֹר ‖ **31** [a] ο εβρ′ sg ‖ [b] ο εβρ′ *ιαλληχουν* = יְהַלֵּ׳ ‖ **32** [a] > 𝔖 ‖ **33** [a] 𝔊𝔖 om cop ‖ **34** [a] nonn Mss 𝔖 Hier אָסִיר cf 2 S 7,15 ‖ **35** [a] Ms 𝔊𝔖 וְלֹא ‖ **37** [a] 𝔗 נגדו ‖ **38** [a] nonn Mss ο εβρ′ 𝔊𝔖𝔗 לְעֹ׳ ‖ [b–b] prp בְּעַד הַשׁ׳ vel לְעַד כַּשׁ׳ ‖ **39** [a] ο εβρ′ *ουαθθεμας* = וְאַתָּה תִ׳; 𝔖 + suff 1 sg ‖ **44** [a] 𝔗 *l'ḥwr'* = אָחוֹר; prp צַר vel מִצַּר ‖ **45** [a–a] prp שָׁבַרְתָּ מַטֵּה הֹדוֹ vel שָׁבַרְתָּ חָטְרוֹ ‖ [b] 𝔗 mlt Mss מִטֶּ׳, nonn Mss ο εβρ′ α′σ′𝔖 Hier מַטְ׳ ‖ **47** [a] 𝔖 *rgz 'nt* = תִּקְצֹף ‖ **48** [a] Ms + נָא ‖ [b–b] l prb מה־חָדֵל אני (2 Mss חדל) ‖ [c] prp אֲדֹנָי ‖ [d–d] prp עוֹלָם הַשָּׁוְא ‖ [e] > pc Mss Hier ‖ **50** [a] mlt Mss ο εβρ′ יהוה, 𝔖 tr ante הר׳; pc Mss 𝔊𝔖𝔗 Hier + אֲשֶׁר, 𝔏 + *sicut*.

51 זְכֹ֣ר אֲ֭דֹנָי[a] חֶרְפַּ֣ת עֲבָדֶ֑יךָ[b] שְׂאֵתִ֥י בְ֝חֵיקִ֗י כָּל־רַבִּ֥ים[c] עַמִּֽים׃ — ב[22]. ל וכל קריא חלוף עמים רבים
52 אֲשֶׁ֤ר חֵרְפ֖וּ אוֹיְבֶ֥יךָ ׀ יְהוָ֑ה אֲשֶׁ֥ר חֵ֝רְפ֗וּ עִקְּב֥וֹת מְשִׁיחֶֽךָ׃ — ז מל[23]
53 [a]בָּר֖וּךְ יְהוָ֥ה לְ֝עוֹלָ֗ם אָ֘מֵ֥ן ׀ וְאָמֵֽן׃

90 1 תְּפִלָּ֗ה לְמֹ֫שֶׁ֥ה אִישׁ־הָאֱלֹהִ֥ים — יז. ו ול בסיפ[1]
צ
אֲֽדֹנָ֗י מָע֣וֹן[a] אַ֭תָּה הָיִ֥יתָ לָּ֗נוּ בְּדֹ֣ר[b] וָדֹֽר׃ [אַתָּ֥ה אֵֽל[d]׃ — ד וכל שם קריה ואנש דכות
2 בְּטֶ֤רֶם ׀ הָ֘רִ֤ים יֻלָּ֗דוּ וַתְּח֣וֹלֵֽל[a] אֶ֣רֶץ וְתֵבֵ֑ל וּֽמֵעוֹלָ֥ם[b] עַד־[c]ע֝וֹלָ֗ם — ל. ל. ב. ג ב מל וחד חס[2]
3 תָּשֵׁ֣ב אֱ֭נוֹשׁ עַד־דַּכָּ֑א וַ֝תֹּ֗אמֶר[a] שׁ֣וּבוּ בְנֵי־אָדָֽם׃ [בַלָּֽיְלָה[c]׃ — ג[3]. ד[4]
4 [a]כִּ֤י אֶ֪לֶף שָׁנִ֡ים בְּעֵינֶ֗יךָ כְּי֣וֹם אֶ֭תְמוֹל כִּ֣י יַעֲבֹ֑ר[b] [c]וְאַשְׁמוּרָ֥ה[d] — נה בטע ר"פ בסיפ. סו. יא[5]. ג. ל
5 זְ֭רַמְתָּם[a] שֵׁנָ֣ה[b] יִהְי֑וּ בַּ֝בֹּ֗קֶר[c] כֶּחָצִ֥יר יַחֲלֹֽף׃ — ל. ד וחס[6]
6 בַּ֭בֹּקֶר יָצִ֣יץ וְחָלָ֑ף לָ֝עֶ֗רֶב[a] יְמוֹלֵ֥ל וְיָבֵֽשׁ׃ — ל ומל. ה
7 כִּֽי־כָלִ֥ינוּ בְאַפֶּ֑ךָ וּֽבַחֲמָתְךָ֥ נִבְהָֽלְנוּ׃
8 שַׁתָּ֣ עֲוֺנֹתֵ֣ינוּ לְנֶגְדֶּ֑ךָ עֲ֝לֻמֵ֗נוּ[a] לִמְא֥וֹר פָּנֶֽיךָ׃ — שתה ק. ב[7]. ל[8]
9 כִּ֣י כָל־[a]יָ֭מֵינוּ פָּנ֣וּ בְעֶבְרָתֶ֑ךָ כִּלִּ֖ינוּ[b] שָׁנֵ֣ינוּ[c] כְמוֹ־הֶֽגֶה[cd]׃ — ג בליש[9]
10 [a]יְמֵֽי־שְׁנוֹתֵ֨ינוּ[a] בָהֶ֥ם[b] שִׁבְעִ֪ים שָׁנָ֡ה וְאִ֤ם בִּגְבוּרֹ֨ת ׀ שְׁמ֘וֹנִ֤ים שָׁנָ֗ה — ו[10] מל וכל ד"ה דכות במ א
וְ֭רָהְבָּם[c] עָמָ֣ל וָאָ֑וֶן כִּי־גָ֥ז[d] ח֝֗ישׁ וַנָּעֻֽפָה׃
11 מִֽי־י֭וֹדֵעַ עֹ֣ז אַפֶּ֑ךָ וּ֝כְיִרְאָתְךָ֗[a] עֶבְרָתֶֽךָ׃ — י מל וכל תדמק דכות במ ג חס. ל
12 לִמְנ֣וֹת יָ֭מֵינוּ כֵּ֣ן הוֹדַ֑ע [a]וְ֝נָבִ֗א לְבַ֣ב[a] חָכְמָֽה׃ — ה[11]. ג[12] חס וחד מן ז בלשון נביאיה. ל
13 שׁוּבָ֣ה יְ֭הוָה עַד־מָתָ֑י וְ֝הִנָּחֵ֗ם עַל־עֲבָדֶֽיךָ[a]׃ — ה בטע. ב[13]
14 שַׂבְּעֵ֣נוּ[a] בַבֹּ֣קֶר חַסְדֶּ֑ךָ וּֽנְרַנְּנָ֥ה וְ֝נִשְׂמְחָ֗ה בְּכָל־יָמֵֽינוּ׃ — ד
15 שַׂ֭מְּחֵנוּ[a] כִּימ֣וֹת עִנִּיתָ֑נוּ שְׁ֝נ֗וֹת רָאִ֥ינוּ רָעָֽה׃ — ל ומל[14]

[22] Mm 3351. [23] Mm 3348. Ps 90 [1] Mm 3890. [2] Mm 3352. [3] Mm 163. [4] Mm 1185. [5] Mm 1630. [6] Mm 3476. [7] Mm 3353. [8] וחד למאד 2 Ch 16,14. [9] Mp sub loco. [10] Mm 43. [11] Mm 90. [12] Mm 2582. [13] Mm 3354. [14] וחד ימות מל Dt 32,7, cf Mp sub loco.

51 [a] mlt Mss יהוה || [b] mlt Mss 𝔊[min] 𝔖 עַבְדְּךָ || [c] > 𝔊; α' (Hier) *ἀδικίας*, 𝔖 *rnjhwn d* = רִבֵי ?prp דִּבַּת (vel כְּלִמַּת pro 'כל־ר) || **53** [a] > 2 Mss || **Ps 90,1** [a] pc Mss 𝔊 מעוז || [b] mlt Mss 𝔖 לְדֹר || **2** [a] 𝔊(α'σ'Hier𝔗) –לַל || [b] mlt Mss 𝔏𝔙 'מִ || [c] mlt Mss 𝔖𝔙 וְעַד || [d] 𝔊 *μή* = אַל et cj c 3; cf 4[a] || **3** [a] l וְתֹאמַר cf α'Hier || **4** [a] prb tr post 2 || [b] l prb עָבַר cf 𝔊𝔖 || [c–c] frt dl || [d] σ'(𝔖𝔗) *καὶ ὡς φυλακή*; l 'כְּא || **5** [a] 𝔖 *šrbthwn* aeva eorum; l frt זְרַעְתָּם || [b] 𝔊 *ἔτη*, 𝔖 *šnt'* annus; l frt שָׁנָה שָׁנָה || [c] prb dl (ex 6) et cj יהיו c b || **6** [a] nonn Mss 𝔖 'וְל, 𝔊 + *ἀποπέσοι* = יִבּוֹל || **8** [a] mlt Mss α'σ'Hier עלמינו || **9** [a] frt dl || [b] 𝔊 *ἐξελίπομεν* = כָּלִינוּ; l כָּלוּ cf 𝔖 *wgmrw* || [c–c] 𝔊 *ὡς ἀράχνη(ν) ἐμελέτων*; prp בְּתוּגָה || [d] 𝔖 *gwgj* aranea || **10** [a–a] frt dl m cs || [b] frt l גָּבְהָם cf [a–a] vel dl || [c] l frt וְרֻבָּם cf Vrs || [d] 𝔗 *'dw* = גָּזוּ || **11** [a] 𝔊 *καὶ ἀπὸ τοῦ φόβου σου* = "וּמִי; prp וּמִי רָאָה תֹּקֶף || **12** [a–a] l frt וְנָבֹא בְלֵב cf α'σ'ε' Hier 𝔖 || **13** [a] pc Mss עַבְדְּךָ || **14** [a] 𝔊 *ἐνεπλήσθημεν* = שָׂבַעְנוּ || **15** [a] 𝔊 *εὐφράνθημεν* = שָׂמַחְנוּ.

16 יֵרָאֶ֣ה[a] אֶל־עֲבָדֶ֣יךָ פָעֳלֶ֑ךָ[b] וַ֝הֲדָרְךָ֗[c] עַל[d]־בְּנֵיהֶֽם׃ יג[15]

17 וִיהִ֤י׀ נֹ֤עַם אֲדֹנָ֬י אֱלֹהֵ֗ינוּ[a] עָ֫לֵ֥ינוּ וּמַעֲשֵׂ֣ה יָ֭דֵינוּ כּוֹנְנָ֥ה עָלֵ֑ינוּ[b] ס̄ יג לב . ו[16] מל

וּֽמַעֲשֵׂ֥ה יָ֝דֵ֗ינוּ כּוֹנְנֵֽהוּ[c]׃ ו[16] מל

91 צא 1 יֹ֭שֵׁב[a] בְּסֵ֣תֶר עֶלְי֑וֹן בְּצֵ֥ל שַׁ֝דַּ֗י יִתְלוֹנָֽן[b]׃ ח . ל[1]

2 אֹ֗מַר[a] לַ֭יהוָה מַחְסִ֣י וּמְצוּדָתִ֑י אֱ֝לֹהַ֗י אֶבְטַח־בּֽוֹ׃ ל

3 כִּ֤י ה֣וּא יַ֭צִּילְךָ מִפַּ֥ח יָק֗וּשׁ[a] מִדֶּ֥בֶר[b] הַוּֽוֹת׃ נה בטע ר״פ בסיפ . ב

4 בְּאֶבְרָת֨וֹ[a]׀ יָ֤סֶךְ לָ֗ךְ וְתַֽחַת־כְּנָפָ֥יו תֶּחְסֶ֑ה ל[2]

צִנָּ֖ה וְֽסֹחֵרָ֣ה[c] אֲמִתּֽוֹ[b]׃ ל

5 לֹֽא־תִ֭ירָא מִפַּ֣חַד לָ֑יְלָה מֵ֝חֵ֗ץ[a] יָע֥וּף יוֹמָֽם׃ ו[3] ול בסיפ

6 מִ֭דֶּבֶר[a] בָּאֹ֣פֶל יַהֲלֹ֑ךְ מִ֝קֶּ֗טֶב[b] יָשׁ֥וּד[c] צָהֳרָֽיִם׃ ל . ל

7 יִפֹּ֤ל מִצִּדְּךָ֨׀ אֶ֗לֶף וּרְבָבָ֥ה מִימִינֶ֑ךָ ל

אֵ֝לֶ֗יךָ לֹ֣א יִגָּֽשׁ[a]׃

8 רַ֭ק בְּעֵינֶ֣יךָ תַבִּ֑יט וְשִׁלֻּמַ֖ת רְשָׁעִ֣ים תִּרְאֶֽה׃ סו . ה[4] . ג חס בליש

9 כִּֽי־אַתָּ֣ה יְהוָ֣ה מַחְסִ֑י[a] עֶ֝לְי֗וֹן שַׂ֣מְתָּ מְעוֹנֶֽךָ[b]׃

10 לֹֽא־תְאֻנֶּ֣ה אֵלֶ֣יךָ רָעָ֑ה וְ֝נֶ֗גַע לֹא־יִקְרַ֥ב בְּאָהֳלֶֽךָ[a]׃ ל . ל

11 כִּ֣י מַ֭לְאָכָיו יְצַוֶּה־לָּ֑ךְ לִ֝שְׁמָרְךָ֗ בְּכָל־דְּרָכֶֽיךָ׃

12 עַל־כַּפַּ֥יִם יִשָּׂא֑וּנְךָ פֶּן־תִּגֹּ֖ף בָּאֶ֣בֶן רַגְלֶֽךָ׃ ג[5] . ל

13 עַל־שַׁ֣חַל[a] וָפֶ֣תֶן תִּדְרֹ֑ךְ תִּרְמֹ֖ס כְּפִ֣יר וְתַנִּֽין׃ ה וחס[6] . ח בליש[7]

14 כִּ֤י בִ֣י חָ֭שַׁק וַאֲפַלְּטֵ֑הוּ אֲ֝שַׂגְּבֵ֗הוּ כִּֽי־יָדַ֥ע שְׁמִֽי׃ נה בטע ר״פ בסיפ . ל . ל

15 יִקְרָאֵ֨נִי׀ וְֽאֶעֱנֵ֗הוּ עִמּֽוֹ־אָנֹכִ֥י בְצָרָ֑ה אֲ֝חַלְּצֵ֗הוּ וַאֲכַבְּדֵֽהוּ׃

16 אֹ֣רֶךְ יָ֭מִים אַשְׂבִּיעֵ֑הוּ וְ֝אַרְאֵ֗הוּ[a] בִּישׁוּעָתִֽי׃ ל . ל

[15]Mm 150. [16]Mm 2441. Ps 91 [1]וחד ויתלנן Hi 39,28. [2]וחד אברתו Dt 32,11. [3]Mm 3355. [4]Mm 125. [5]Mm 2391. [6]Mm 1118. [7]Mm 413.

16 [a] 𝔊 *καὶ ἰδέ* = וּרְאֵה; 𝔖 pl ‖ [b] mlt Mss 𝔖 פְּעָלֶיךָ, 𝔊 *καὶ τὰ ἔργα σου* ‖ [c] 𝔊 *καὶ ὁδήγησον* = וְהַדְרֵךְ ‖ [d] > 𝔊 ‖ **17** [a] > 2 Mss 𝔗, frt dl ‖ [b] prb dl (ex a) ‖ [c–c] > pc Mss 𝔊 ‖ **Ps 91,1** [a] 𝔊 pr *αἶνος ᾠδῆς τῷ Δαυιδ* = שִׁיר מִזְמוֹר לְדָוִד ‖ [b] 𝔖 *mštbḥ* = יִתְרוֹנָן? ‖ **2** [a] l יֹאמַר cf 𝔊 ‖ **3** [a] cf Hos 9,8 ‖ [b] nonn Mss 𝔊𝔖 'וּמ; frt l מִדְּבַר cf 𝔊σ'𝔖 et 6[a] ‖ **4** [a] l ־רֹתָיו cf 𝔊𝔖 ‖ [b–b] prb add; tr post 7 ‖ [c] 𝔊(𝔖) *κυκλώσει σε* = תְּסֹחֲרֶךָּ? ‖ **5** [a] pc Mss 𝔊[S]𝔖 'וּמ ‖ **6** [a] 𝔊 (α'𝔖) *ἀπὸ πράγματος* = מִדָּבָר ‖ [b] 𝔖 *wmn rwḥ'* ‖ [c] 𝔊 *καὶ δαιμονίου* = וְשֵׁד cf α'σ' ‖ **7** [a] cf 4[b–b] ‖ **9** [a] prp מַחְסֶךָ ‖ [b] 𝔊 ε' *καταφυγήν σου* = מָעֻזֶּךָ ‖ **10** [a] mlt Mss 𝔗 ־ליך ‖ **13** [a] 𝔊(𝔖) *ἀσπίδα* = זֹחֵל? ‖ **16** [a] prp וְאַרְוֵהוּ, sed cf 50,23.

92 צב 1 מִזְמ֥וֹר שִׁ֗יר לְי֣וֹם הַשַּׁבָּֽת׃ ל

2 ט֗וֹב לְהֹד֥וֹת לַיהוָ֑ה וּלְזַמֵּ֖ר לְשִׁמְךָ֣ עֶלְיֽוֹן׃ ג בטע ר״פ בסיפ[1] . ל

3 לְהַגִּ֣יד בַּבֹּ֣קֶר חַסְדֶּ֑ךָ וֶ֝אֱמ֥וּנָתְךָ֗ בַּלֵּילֽוֹת׃ ל[2]

4 עֲלֵי־עָ֭שׂוֹר וַעֲלֵי[a]־נָ֑בֶל עֲלֵ֖י הִגָּי֣וֹן בְּכִנּֽוֹר׃ ג פסוק דמיין[3] . ב

5 כִּ֤י שִׂמַּחְתַּ֣נִי יְהוָ֣ה[a] בְּפָעֳלֶ֑ךָ[b] בְּֽמַעֲשֵׂ֖י[c] יָדֶ֣יךָ אֲרַנֵּֽן׃ נה בטע ר״פ בסיפ . יא כת י[4]

6 מַה־גָּדְל֣וּ מַעֲשֶׂ֣יךָ יְהוָ֑ה מְ֝אֹ֗ד עָמְק֥וּ מַחְשְׁבֹתֶֽיךָ׃ ג חס

7 אִֽישׁ־בַּ֭עַר לֹ֣א[a] יֵדָ֑ע וּ֝כְסִ֗יל לֹא־יָבִ֥ין אֶת־זֹֽאת׃ יט[5]

8 בִּפְרֹ֤חַ רְשָׁעִ֨ים׀ כְּמ֥וֹ עֵ֗שֶׂב וַ֭יָּצִיצוּ כָּל־פֹּ֣עֲלֵי אָ֑וֶן ל[6]

לְהִשָּׁמְדָ֥ם עֲדֵי־עַֽד׃ 9 וְאַתָּ֥ה מָר֗וֹם[a] לְעֹלָ֥ם יְהוָֽה[b]׃ יח[7] חס ח מנה בנ״ך

10 [a]כִּ֤י הִנֵּ֪ה אֹיְבֶ֡יךָ׀ יְֽהוָ֗ה[a] כִּֽי־הִנֵּ֣ה אֹיְבֶ֣יךָ יֹאבֵ֑דוּ יִ֝תְפָּרְד֗וּ[b] כָּל־ נה בטע ר״פ בסיפ

11 וַתָּ֣רֶם[a] כִּרְאֵ֣ים קַרְנִ֑י בַּ֝לֹּתִ֗י[b] בְּשֶׁ֣מֶן רַעֲנָֽן׃ [פֹּ֥עֲלֵי אָֽוֶן׃ ל ומל . ל דגש . ו רפי[8]

12 וַתַּבֵּ֥ט עֵינִ֗י בְּשׁ֫וּרָ֥י[a] [b]בַּקָּמִ֣ים עָלַ֣י מְ֝רֵעִ֗ים[b] תִּשְׁמַ֥עְנָה[c] אָזְנָֽי׃ כט[9]

13 צַ֭דִּיק כַּתָּמָ֣ר יִפְרָ֑ח כְּאֶ֖רֶז בַּלְּבָנ֣וֹן יִשְׂגֶּֽה׃ ל . ד ב קמ וב פת[10] . ג

14 שְׁ֭תוּלִים בְּבֵ֣ית יְהוָ֑ה בְּחַצְר֖וֹת[a] אֱלֹהֵ֣ינוּ יַפְרִֽיחוּ[b]׃ ל . לט

15 ע֭וֹד יְנוּב֣וּן[a] בְּשֵׂיבָ֑ה[b] דְּשֵׁנִ֖ים וְרַעֲנַנִּ֣ים יִהְיֽוּ[c]׃ ל . כל ליש כת כן

16 לְ֭הַגִּיד כִּֽי־יָשָׁ֣ר יְהוָ֑ה צ֝וּרִ֗י וְֽלֹא־עַלָ֥תָה[a] בּֽוֹ׃ עולתה ק חד מן ג[11] בליש

93 צג 1 יְהוָ֣ה[a] מָלָךְ֮ גֵּא֪וּת לָ֫בֵ֥שׁ לָבֵ֣שׁ יְ֭הוָה עֹ֣ז הִתְאַזָּ֑ר[b] ב . ל . ב

אַף־תִּכּ֥וֹן[c] תֵּ֝בֵ֗ל בַּל־תִּמּֽוֹט׃ 2 נָכ֣וֹן כִּסְאֲךָ֣ מֵאָ֑ז מֵעוֹלָ֣ם אָֽתָּה[a]׃

3 נָשְׂא֤וּ נְהָר֨וֹת׀ יְֽהוָ֗ה נָשְׂא֣וּ נְהָר֣וֹת קוֹלָ֑ם[a] יִשְׂא֖וּ[b] נְהָר֣וֹת דָּכְיָֽם[a]׃ יו ול[1] ר״פ . י . כ . ל

4 מִקֹּל֨וֹת׀ מַ֤יִם רַבִּ֗ים [a]אַדִּירִ֣ים מִשְׁבְּרֵי[b]־יָ֑ם[a] אַדִּ֖יר בַּמָּר֣וֹם יְהוָֽה׃ ו כת כן

5 עֵֽדֹתֶ֨יךָ׀ נֶאֶמְנ֬וּ מְאֹ֗ד לְבֵיתְךָ֥[a] נַאֲוָה[b]־קֹ֑דֶשׁ יְ֝הוָ֗ה לְאֹ֣רֶךְ יָמִֽים׃ יז מפק א[2] . ג

Ps 92 [1]Mm 3400. [2]Mm 3674. [3]Mm 3356 et Mm 3838. [4]Mm 2706. [5]Mm 1369. [6]וחד וַיָּצִיצוּ Ps 72,16. [7]Mm 25. [8]Mm 577. [9]Mm 2501. [10]Mm 937. [11]Mm 3026. Ps 93 [1]Mm 978. [2]Mm 411.

Ps 92,4 [a] > 𝔊𝔖 ‖ **5** [a] dl m cs? ‖ [b] ℭ mlt Mss 𝔖 ־לֶיךָ ‖ [c] 4QPs[b] ℭ mlt Mss 𝔖 ־שֵׂה; 𝔊𝔖 pr cop ‖ **7** [a] 4QPs[b] ולא cf 73,22 ‖ **9** [a] 𝔊 *ὕψιστος*; frt l מְרֹמָם ‖ [b] frt dl m cs ‖ **10** [a–a] > pc Mss 𝔊[B]𝔏 ‖ [b] pc Mss Vrs וְי׳ ‖ **11** [a] 𝔊 (Hier) *καὶ ὑψωθήσεται* = ־ָם ‖ [b] 𝔊 (Hier) *καὶ τὸ γῆράς μου*, σ′ *ἡ παλαίωσίς μου* = (וּ)בְלֹתִי? 𝔖 *wṣb'tnj* (cf 𝔗) = (וּ)בַלֹּתַנִי ‖ **12** [a] l בְּשׁוֹרְרָי cf Vrs ‖ [b–b] frt dl ‖ [c] 𝔔 שמעה, 𝔊 *ἀκούσεται* = תִּשְׁמַע ‖ **14** [a] pc Mss 𝔊[R]𝔏𝔗 + בֵּית ‖ [b] 4QPs[b] יפרחו ‖ **15** [a] 4QPs[b] ינבון ‖ [b] 4QPs[b] + טובה cf Gn 15,15 ‖ [c] 4QPs[b] והיו ‖ **16** [a] mlt Mss Vrs ut Q, sic l; K עֹ׳ ‖ **Ps 93,1** [a] 𝔊 pr *εἰς τὴν ἡμέραν τοῦ προσαββάτου, ὅτε κατῴκισται ἡ γῆ· αἶνος ᾠδῆς τῷ Δαυιδ* ‖ [b] Vrs pr cop ‖ [c] l תִּכֵּן cf Vrs et 75,4; 96,10[d] ‖ **2** [a] 𝔗 + *'lh'*, prb ins אֵל m cs ‖ **3** [a–a] > 𝔊* ‖ [b] prp נָשְׂאוּ ‖ **4** [a–a] prp אדיר מִמִּ׳ ‖ [b] 𝔗 *mmšbḥjj'* = מֵא׳ ‖ **5** [a] nonn Mss 𝔖 וּל׳ ‖ [b] 4QPs[b] נוה.

94 צד

1 אֵל־נְקָמוֹת יְהוָה אֵל נְקָמוֹת הוֹפִיעַ[a]׃ ג[1]

2 הִנָּשֵׂא שֹׁפֵט הָאָרֶץ הָשֵׁב גְּמוּל עַל־גֵּאִים׃

3 עַד־מָתַי רְשָׁעִים ׀ יְהוָה עַד־מָתַי רְשָׁעִים יַעֲלֹזוּ׃

4 יַבִּיעוּ יְדַבְּרוּ[a] עָתָק יִתְאַמְּרוּ[b] כָּל־פֹּעֲלֵי אָוֶן׃ ד . ל

5 עַמְּךָ יְהוָה יְדַכְּאוּ וְנַחֲלָתְךָ יְעַנּוּ׃

6 אַלְמָנָה וְגֵר יַהֲרֹגוּ וִיתוֹמִים יְרַצֵּחוּ׃

7 וַיֹּאמְרוּ לֹא יִרְאֶה־יָּהּ וְלֹא־יָבִין אֱלֹהֵי יַעֲקֹב׃ ד דגש . ג[2]

8 בִּינוּ בֹּעֲרִים בָּעָם וּכְסִילִים מָתַי תַּשְׂכִּילוּ׃ ב[3]

9 הֲנֹטַע אֹזֶן הֲלֹא יִשְׁמָע אִם־יֹצֵר עַיִן הֲלֹא יַבִּיט׃ ל . כה . ד חס

10 הֲיֹסֵר[a] גּוֹיִם הֲלֹא יוֹכִיחַ הַמְלַמֵּד אָדָם[b] דָּעַת[c]׃ ל . ב

11 יְהוָה יֹדֵעַ מַחְשְׁבוֹת אָדָם כִּי־הֵמָּה הָבֶל׃

12 אַשְׁרֵי ׀ הַגֶּבֶר אֲשֶׁר־[a]תְּיַסְּרֶנּוּ יָּהּ וּמִתּוֹרָתְךָ תְלַמְּדֶנּוּ׃ ד[4] . ד דגש

13 לְהַשְׁקִיט לוֹ מִימֵי רָע עַד יִכָּרֶה לָרָשָׁע שָׁחַת׃ ל

14 כִּי ׀ לֹא־יִטֹּשׁ יְהוָה עַמּוֹ[a] וְנַחֲלָתוֹ לֹא יַעֲזֹב׃ יא בטע ר״פ בשלש ספרים

15 כִּי־עַד־צֶדֶק[a] יָשׁוּב מִשְׁפָּט וְאַחֲרָיו כָּל־יִשְׁרֵי־לֵב[b]׃

16 מִי־יָקוּם לִי עִם־מְרֵעִים מִי־[a]יִתְיַצֵּב לִי[b] עִם־[c]פֹּעֲלֵי אָוֶן׃

17 לוּלֵי יְהוָה עֶזְרָתָה לִּי כִּמְעַט ׀ שָׁכְנָה דוּמָה[a] נַפְשִׁי׃ ג[5]

18 אִם־אָמַרְתִּי מָטָה רַגְלִי חַסְדְּךָ יְהוָה יִסְעָדֵנִי׃ ח[6] בליש וכל מנין איש רגלי דכות . ל

19 בְּרֹב שַׂרְעַפַּי[a] בְּקִרְבִּי תַּנְחוּמֶיךָ יְשַׁעַשְׁעוּ נַפְשִׁי׃ ב חד פת וחד קמ[7] . יא[8] . ל

20 הַיְחָבְרְךָ כִּסֵּא הַוּוֹת יֹצֵר עָמָל עֲלֵי־חֹק[a]׃ ל . ד חס

21 יָגוֹדּוּ[a] עַל־נֶפֶשׁ צַדִּיק וְדָם נָקִי יַרְשִׁיעוּ׃ ל ומל . ד

22 וַיְהִי יְהוָה לִי לְמִשְׂגָּב וֵאלֹהַי לְצוּר מַחְסִי׃ [אֱלֹהֵינוּ׃ ו בנ״ך

23 וַיָּשֶׁב[a] עֲלֵיהֶם ׀ אֶת־אוֹנָם וּבְרָעָתָם יַצְמִיתֵם[b] יַצְמִיתֵם יְהוָה כה . ל

Ps 94 [1]Mm 3357. [2]Mm 3487. [3]Mm 2867. [4]Mm 3257. [5]Mm 3303. [6]Mm 3533. [7]Mm 3358. [8]Mm 2580.

Ps 94,1 [a] α′σ′θ′ε′ Hier 𝔖 imp, l הוֹפִיעָה (ה hpgr) ‖ **4** [a] 𝔊𝔖𝔗 pr cop ‖ [b] 𝔊 *λαλήσουσιν* = יֹאמְרוּ cf 𝔖 ‖ **10** [a] 𝔊 *ὁ παιδεύων* = הַיּ׳ ‖ [b] nonn Mss לְא׳ ‖ [c] prp מְד׳ (מ hpgr) vel הֲלֹא יֵדַע vel הֲלֹא מְד׳ ‖ **12** [a] > 2 Mss ‖ **14** [a] 4QPs[b] pr את ‖ **15** [a] prb l c 2 Mss σ′𝔖 צַדִּיק ‖ [b] 𝔊 + *διάψαλμα* = סֶלָה ‖ **16** [a] 2 Mss 𝔊𝔖 ומי ‖ [b] cf 2,2[b] ‖ [c] > ℭ ‖ **17** [a] 𝔊 *τῷ ᾅδῃ*, 𝔏 *in inferno* ‖ **19** [a] mlt Mss סר׳ ‖ **20** [a] 𝔖 + suff 2 sg ‖ **21** [a] mlt Mss יָגֻדּוּ; prp יָגוּרוּ cf 56,7 59,4 ‖ **23** [a] 𝔊 (Hier) *καὶ ἀποδώσει* = וְיָשֵׁב ‖ [b] > pc Mss 𝔊.

95 צה

1 לְ֭כוּ נְרַנְּנָ֣ה לַיהוָ֑ה נָ֝רִ֗יעָה לְצ֣וּר יִשְׁעֵֽנוּ[a]׃

ל[1] 2 נְקַדְּמָ֣ה פָנָ֣יו בְּתוֹדָ֑ה בִּ֝זְמִר֗וֹת[a] נָ֣רִיעַ[b] לֽוֹ׃

נה בטע ר״פ בסיפ . ג בסיפ 3 כִּ֤י אֵ֣ל גָּד֣וֹל יְהוָ֑ה וּמֶ֥לֶךְ[a] גָּ֝ד֗וֹל[b] עַל־כָּל־אֱלֹהִֽים׃

ל . ל 4 אֲשֶׁ֣ר[a] בְּ֭יָדוֹ מֶחְקְרֵי[b]־אָ֑רֶץ וְתוֹעֲפֹ֖ת הָרִ֣ים לֽוֹ׃

5 אֲשֶׁר[a]־ל֣וֹ הַ֭יָּם וְה֣וּא עָשָׂ֑הוּ וְ֝יַבֶּ֗שֶׁת יָדָ֥יו יָצָֽרוּ׃

ל 6 בֹּ֭אוּ נִשְׁתַּחֲוֶ֣ה וְנִכְרָ֑עָה[a] נִ֝בְרְכָ֗ה[b] לִֽפְנֵי־יְהוָ֥ה עֹשֵֽׂנוּ׃

ה[2] חס ד מנה בכתיב וכל אורית דכות ב מ א 7 כִּ֤י ה֪וּא אֱלֹהֵ֗ינוּ וַאֲנַ֤חְנוּ[a] עַ֣ם מַ֭רְעִיתוֹ וְצֹ֣אן[b]
יָד֑וֹ[ac] הַ֝יּ֗וֹם אִֽם־בְּקֹל֥וֹ תִשְׁמָֽעוּ׃

ג[3] . יא[4] 8 אַל־תַּקְשׁ֣וּ לְ֭בַבְכֶם כִּמְרִיבָ֑ה כְּי֥וֹם מַ֝סָּ֗ה בַּמִּדְבָּֽר׃

9 אֲשֶׁ֣ר נִ֭סּוּנִי אֲבוֹתֵיכֶ֑ם בְּ֝חָנ֗וּנִי גַּם־רָא֥וּ פָעֳלִֽי[a]׃

ב ר״פ[5] . ב 10 אַרְבָּ֘עִ֤ים שָׁנָ֨ה ׀ אָ֘ק֤וּט בְּד֗וֹר[a] וָאֹמַ֗ר עַ֤ם[b] תֹּעֵ֣י לֵבָ֣ב הֵ֑ם
וְ֝הֵ֗ם לֹא־יָדְע֥וּ דְרָכָֽי׃

ל 11 אֲשֶׁר[a]־נִשְׁבַּ֥עְתִּי בְאַפִּ֑י אִם־יְ֝בֹא֗וּן אֶל־מְנוּחָתִֽי׃

96 צו

ז[1] 1 [ba]שִׁ֣ירוּ לַ֭יהוָה שִׁ֣יר חָדָ֑שׁ[b] שִׁ֥ירוּ לַ֝יהוָ֗ה כָּל־הָאָֽרֶץ׃

2 שִׁ֣ירוּ לַ֭יהוָה בָּרֲכ֣וּ[b] שְׁמ֑וֹ[a] בַּשְּׂר֥וּ מִיּֽוֹם־[c]לְ֝י֗וֹם יְשׁוּעָתֽוֹ׃

ג[2] 3 [a]סַפְּר֣וּ בַגּוֹיִ֣ם[b] כְּבוֹד֑וֹ[a] בְּכָל־הָ֝עַמִּ֗ים נִפְלְאוֹתָֽיו׃

ד בטע ר״פ דסמיכ[3] . ג בסיפ 4 כִּ֥י גָ֘ד֤וֹל יְהוָ֣ה וּמְהֻלָּ֣ל מְאֹ֑ד נ֥וֹרָא[a] ה֝֗וּא עַל־כָּל־אֱלֹהִֽים׃

יא בטע ר״פ בשלש ספרים 5 כִּ֤י ׀ כָּל־אֱלֹהֵ֣י הָעַמִּ֣ים אֱלִילִ֑ים וַ֝יהוָ֗ה שָׁמַ֥יִם עָשָֽׂה׃

6 הוֹד־וְהָדָ֥ר לְפָנָ֑יו עֹ֥ז [a]וְ֝תִפְאֶ֗רֶת בְּמִקְדָּשֽׁוֹ[a]׃

יא[4] וכל כל אלה בני דכות ב מ ב 7 הָב֣וּ לַ֭יהוָה מִשְׁפְּח֣וֹת עַמִּ֑ים הָב֥וּ לַ֝יהוָ֗ה כָּב֥וֹד וָעֹֽז׃

8 הָב֣וּ לַ֭יהוָה כְּב֣וֹד שְׁמ֑וֹ שְׂאֽוּ־מִ֝נְחָ֗ה וּבֹ֥אוּ לְחַצְרוֹתָֽיו[a]׃

Ps 95 [1]Mm 2295. [2]Mm 1669. [3]Mm 1109. [4]Mm 1630. [5]Mm 3359. Ps 96 [1]Mm 3360. [2]Mm 293. [3]Mp sub loco. [4]Mm 3361.

Ps 95,1 [a] 𝔗 mlt Mss יִשְׁעֵנוּ ‖ **2** [a] 𝔊𝔖 pr cop ‖ [b] pc Mss נָרִיעָה ‖ **3** [a] pc Mss 𝔖 מ׳ ‖ [b] dl m cs ‖ **4** [a] > Ms, prb dl m cs ‖ [b] Ms 𝔊 מֶרְחַקֵּי ‖ **5** [a] prb dl m cs ‖ **6** [a] 𝔊(𝔖) + αὐτῷ = ־ַע לוֹ ‖ [b] > 2 Mss; nonn Mss 𝔖 וְנ׳, 𝔊 καὶ κλαύσωμεν = וְנִבְכֶּה? ‖ **7** [a–a] Ms 𝔖 עַמּוֹ וצ׳ מ׳ cf 𝔗 et 79,13 100,3 ‖ [b] frt huc tr ‸ ‖ [c] pr frt דְּעוּ (hpgr?) ‖ **9** [a] Vrs pl ‖ **10** [a] 𝔊(𝔖) τῇ γενεᾷ ἐκείνῃ = בַּדּוֹר הַהוּא ‖ [b] Ms עַד cf 𝔊 ἀεί ‖ **11** [a] 𝔊(𝔖) ὡς = כַּאֲ׳ ‖ **Ps 96,1** [a] 𝔊 pr ὅτε ὁ οἶκος ᾠκοδομεῖτο μετὰ τὴν αἰχμαλωσίαν· ᾠδὴ τῷ Δαυιδ ‖ [b–b] > 1 Ch 16,23 ‖ **2** [a–a] > 1 Ch 16,23 ‖ [b] 𝔖𝔙 pr cop ‖ [c] mlt Mss et 1 Ch 16,23 אֶל־יוֹם ‖ **3** [a–a] > 𝔊[AR] ‖ [b] mlt Mss et 1 Ch 16,24 + אֶת־ ‖ **4** [a] nonn Mss 𝔖𝔗 et 1 Ch 16,25 וְנ׳ ‖ **6** [a–a] pc Mss et 1 Ch 16,27 וְחֶדְוָה בִּמְקֹמוֹ ‖ **8** [a] pc Mss et 1 Ch 16,29 לְפָנָיו; pc Mss 𝔗 pr לְפָנָיו.

9 הִשְׁתַּחֲווּ לַיהוָה בְּהַדְרַת[a]־קֹדֶשׁ[b] חִילוּ[c] מִפָּנָיו[d] כָּל־הָאָרֶץ׃ כג
10 [a]אִמְרוּ[b] בַגּוֹיִם׀ יְהוָה מָלָךְ[a] [c]אַף־תִּכּוֹן[d] תֵּבֵל בַּל־תִּמּוֹט[c]
[e]יָדִין עַמִּים בְּמֵישָׁרִים[e]׃
11 יִשְׂמְחוּ הַשָּׁמַיִם וְתָגֵל הָאָרֶץ יִרְעַם הַיָּם וּמְלֹאוֹ׃
12 יַעֲלֹז[a] שָׂדַי[b] וְכָל־אֲשֶׁר־בּוֹ אָז יְרַנְּנוּ כָּל[c]־עֲצֵי־יָעַר[d]׃
13 לִפְנֵי[a] יְהוָה׀ כִּי בָא [b]כִּי בָא[b] לִשְׁפֹּט[c] הָאָרֶץ ל
[d]יִשְׁפֹּט־תֵּבֵל בְּצֶדֶק וְעַמִּים בֶּאֱמוּנָתוֹ[d]׃

97 צז 1 יְהוָה מָלָךְ תָּגֵל הָאָרֶץ יִשְׂמְחוּ אִיִּים רַבִּים׃
2 עָנָן וַעֲרָפֶל סְבִיבָיו צֶדֶק וּמִשְׁפָּט מְכוֹן כִּסְאוֹ׃
3 אֵשׁ לְפָנָיו תֵּלֵךְ וּתְלַהֵט סָבִיב[a] צָרָיו׃ ל[1]
4 הֵאִירוּ בְרָקָיו תֵּבֵל רָאֲתָה וַתָּחֵל[a] הָאָרֶץ׃ ל
5 הָרִים כַּדּוֹנַג נָמַסּוּ [a]מִלִּפְנֵי יְהוָה[a] מִלִּפְנֵי[b] אֲדוֹן כָּל־הָאָרֶץ׃ ח[2] וכל אורית דכות ב מ ב
6 הִגִּידוּ הַשָּׁמַיִם צִדְקוֹ וְרָאוּ כָל־הָעַמִּים כְּבוֹדוֹ׃ יד זוגין[3]
7 יֵבֹשׁוּ׀ כָּל־עֹבְדֵי פֶסֶל הַמִּתְהַלְלִים בָּאֱלִילִים הִשְׁתַּחֲווּ[a]־לוֹ[b] כָּל־
[אֱלֹהִים[c]׃
8 שָׁמְעָה וַתִּשְׂמַח׀ צִיּוֹן וַתָּגֵלְנָה בְּנוֹת יְהוּדָה לְמַעַן מִשְׁפָּטֶיךָ יְהוָה׃ ל
9 כִּי־אַתָּה יְהוָה[a] עֶלְיוֹן עַל־כָּל־הָאָרֶץ מְאֹד נַעֲלֵיתָ עַל־כָּל־אֱלֹהִים׃ ל . ג בסיפ[4]
10 אֹהֲבֵי[a] יְהוָה שִׂנְאוּ[b] רָע שֹׁמֵר[c] נַפְשׁוֹת חֲסִידָיו מִיַּד רְשָׁעִים יַצִּילֵם׃
11 אוֹר זָרֻעַ[a] לַצַּדִּיק וּלְיִשְׁרֵי־לֵב שִׂמְחָה׃ ל וחס . ל
12 שִׂמְחוּ צַדִּיקִים בַּיהוָה וְהוֹדוּ לְזֵכֶר קָדְשׁוֹ׃

98 צח 1 מִזְמוֹר[a] ב בטע[1]
שִׁירוּ לַיהוָה׀ שִׁיר חָדָשׁ כִּי־נִפְלָאוֹת עָשָׂה[b] ז[2]

Ps 97 [1] וחד וּתְלַהֵט Dt 32,22. [2] Mm 3083. [3] Mm 565. [4] Mp sub loco. **Ps 98** [1] Mm 3362. [2] Mm 3360.

9 [a] 𝔊(𝔖) *ἐν αὐλῇ* = בְּחַצְרַת ‖ [b] l קָדְשׁוֹ cf 𝔊𝔖 et 29,2 ‖ [c] 𝔊(𝔖) *σαλευθήτω* = חִילִי ‖ [d] mlt Mss et 1 Ch 16,30 מִלְּפָנָיו ‖ **10** [a–a] > pc Mss; 1 Ch 16,31 tr post 11a ‖ [b] 1 Ch 16,31 וְיֹאמ׳ ‖ [c–c] prb dl (ex 93,1) ‖ [d] 𝔊(σ′𝔖𝔗 Hier) *κατώρθωσεν* = תִּכֵּן cf 93,1[c] ‖ [e–e] > 1 Ch 16,31 ‖ **12** [a] 1 Ch 16,32 יַעֲלֹץ ‖ [b] pc Mss et 1 Ch 16,32 הַשָּׂדֶה ‖ [c] > pc Mss et 1 Ch 16,33 ‖ [d] nonn Mss et 1 Ch 16,33 הַיּ׳, Ms 𝔙 הַיְּעָרִים ‖ **13** [a] 1 Ch 16,33 מִלִּ׳ ‖ [b–b] > mlt Mss 𝔖 et 1 Ch 16,33, cf 98,9 ‖ [c] nonn Mss et 1 Ch 16,33 + אֶת־ ‖ [d–d] > 1 Ch 16,33 ‖ **Ps 97,3** [a] pc Mss סְבִיבָיו ‖ **4** [a] pc Mss ־ֶל, prb l ‖ **5** [a–a] prb dl ‖ [b] > 𝔖 ‖ **7** [a] 𝔊𝔖 imp ‖ [b] cf 2,2[b] ‖ [c] 𝔊(𝔖) *οἱ ἄγγελοι αὐτοῦ* ‖ **9** [a] > Ms, dl m cs ‖ **10** [a] l אֹהֵב (י dttg) ‖ [b] l c pc Mss 𝔖 שֹׂנְאֵי ‖ [c] 𝔊(𝔗) + *κύριος* ‖ **11** [a] l c Ms Vrs זָרַח ut 112,4 ‖ **Ps 98,1** [a] 𝔊 + *τῷ Δαυιδ* ‖ [b] 𝔊 + *κύριος*.

הוֹשִׁיעָה־לּוֹ יְמִינוֹ וּזְרוֹעַ קָדְשׁוֹ׃
2 הוֹדִיעַ יְהוָה יְשׁוּעָתוֹ ᵃלְעֵינֵי הַגּוֹיִםᵃ גִּלָּה צִדְקָתוֹ׃
3 זָכַר חַסְדּוֹᵃ ׀ וֶאֱמוּנָתוֹ לְבֵית יִשְׂרָאֵל — ד̇³ וכל יחזק דכות ב̇ מ̇ א̇
רָאוּᵇ כָל־אַפְסֵי־אָרֶץ אֵת יְשׁוּעַת אֱלֹהֵינוּ׃ — ה̇⁴. ב̇
4 הָרִיעוּ לַיהוָה כָּל־הָאָרֶץ פִּצְחוּ וְרַנְּנוּ וְזַמֵּרוּ׃
5 זַמְּרוּ לַיהוָה בְּכִנּוֹר בְּכִנּוֹרᵃ וְקוֹל זִמְרָה׃
6 בַּחֲצֹצְרוֹתᵃ וְקוֹל שׁוֹפָר הָרִיעוּ לִפְנֵי ׀ הַמֶּלֶךְ יְהוָהᵇ׃ — ג̇⁵. ב̇⁶
7 יִרְעַם הַיָּם וּמְלֹאוֹ תֵּבֵל וְיֹשְׁבֵיᵃ בָהּ׃
8 נְהָרוֹת יִמְחֲאוּ־כָף יַחַד הָרִים יְרַנֵּנוּ׃ — ב̇⁷
9 לִפְנֵי־יְהוָה כִּי בָא לִשְׁפֹּט הָאָרֶץ
יִשְׁפֹּט־תֵּבֵל בְּצֶדֶק וְעַמִּיםᵃ בְּמֵישָׁרִים׃

99 צט
1 יְהוָה מָלָךְ יִרְגְּזוּ עַמִּים יֹשֵׁב כְּרוּבִים תָּנוּטᵃ הָאָרֶץ׃ — ל̇
2 יְהוָה בְּצִיּוֹן גָּדוֹל וְרָם הוּא עַל־כָּל־הָעַמִּיםᵃ׃ — ב̇ וכל מגלה דכות
3 יוֹדוּ שִׁמְךָ גָּדוֹל וְנוֹרָא קָדוֹשׁ הוּא׃ — ז̇¹
4 וְעֹז מֶלֶךְ מִשְׁפָּט אָהֵב אַתָּה כּוֹנַנְתָּ מֵישָׁרִים — ט̇²
מִשְׁפָּט וּצְדָקָה בְּיַעֲקֹב ׀ אַתָּה עָשִׂיתָ׃
5 רוֹמְמוּ יְהוָה אֱלֹהֵינוּ וְהִשְׁתַּחֲווּ לַהֲדֹם רַגְלָיו ᵃקָדוֹשׁ הוּאᵃ׃ — ז̇³
6 מֹשֶׁה וְאַהֲרֹן ׀ בְּכֹהֲנָיו וּשְׁמוּאֵל בְּקֹרְאֵי שְׁמוֹ — ג̇ ר״פ⁴
קֹרִאים אֶל־יְהוָה וְהוּא יַעֲנֵם׃ — ל̇⁵ בליש וחד מן יא̇⁶ מילין דלא מפק א
7 בְּעַמּוּד עָנָן יְדַבֵּר אֲלֵיהֶם שָׁמְרוּᵃ עֵדֹתָיו וְחֹק נָתַן־לָמוֹ׃ — ה̇
8 יְהוָה אֱלֹהֵינוּ אַתָּה עֲנִיתָם — ל̇⁷
אֵל נֹשֵׂא הָיִיתָ לָהֶם וְנֹקֵם עַל־עֲלִילוֹתָם׃
9 רוֹמְמוּ יְהוָה אֱלֹהֵינוּ וְהִשְׁתַּחֲווּ לְהַר קָדְשׁוֹ כִּי־קָדוֹשׁ יְהוָה [אֱלֹהֵינוּ׃ — ז̇³

³Mm 2435. ⁴Mm 463. ⁵Mm 2696. ⁶Mm 2226. ⁷Jes 55,12. **Ps 99** ¹Mm 3040. ²Mm 3212. ³Mm 441. ⁴Mm 3363. ⁵Cf Mm 898. ⁶Mm 4069. ⁷וחד ועניתם 1 R 12,7.

2 ᵃ⁻ᵃ frt add cf Jes 52,10 ‖ **3** ᵃ 𝔊 + *τῷ Ιακωβ* ‖ ᵇ mlt Mss 𝔖𝔗 וְרָאוּ ut Jes 52,10 ‖ **5** ᵃ > pc Mss 𝔊^min 𝔖𝔏^G ‖ **6** ᵃ > 𝔖 ‖ ᵇ dl m cs ‖ **7** ᵃ 𝔊^RLA(𝔖^W𝔗) *καὶ πάντες οἱ κατοικοῦντες* ‖ **9** ᵃ prp וְיָדִין ע׳ ‖ **Ps 99,1** ᵃ 𝔊 *σαλευθήτω*, frt aram ‖ **2** ᵃ pc Mss 𝔊^B*min אֱלֹהִים cf 95,3 96,4 97,9 ‖ **5** ᵃ⁻ᵃ pc Mss 𝔊 Hier pr כִּי; 𝔖^A cj c 6 ‖ **7** ᵃ pc Mss וְשׁ׳; prp שָׁמְעוּ.

100 1 מִזְמוֹר לְתוֹדָה ל ל[1]
הָרִיעוּ לַיהוָה כָּל־הָאָרֶץ׃ 2 עִבְדוּ אֶת־יְהוָה בְּשִׂמְחָה בֹּאוּ לְפָנָיו בִּרְנָנָה׃
3 דְּעוּ כִּי־יְהוָה הוּא אֱלֹהִים הוּא־עָשָׂנוּ וְלֹא[a] אֲנַחְנוּ ד[2]. ולו חד מן יז[3] כת כן ק בליש
עַמּוֹ וְצֹאן מַרְעִיתוֹ׃
4 בֹּאוּ שְׁעָרָיו | בְּתוֹדָה חֲצֵרֹתָיו בִּתְהִלָּה הוֹדוּ־לוֹ בָּרְכוּ שְׁמוֹ׃
5 כִּי־טוֹב יְהוָה לְעוֹלָם חַסְדּוֹ וְעַד־דֹּר וָדֹר אֱמוּנָתוֹ׃ ס׳ יד

101 קא 1 לְדָוִד מִזְמוֹר ג רבטע
חֶסֶד־וּמִשְׁפָּט אָשִׁירָה לְךָ יְהוָה אֲזַמֵּרָה׃
2 אַשְׂכִּילָה[a] | בְּדֶרֶךְ תָּמִים מָתַי תָּבוֹא אֵלָי[b]
אֶתְהַלֵּךְ בְּתָם־לְבָבִי בְּקֶרֶב בֵּיתִי׃
3 לֹא־אָשִׁית | לְנֶגֶד עֵינַי דְּבַר־בְּלִיָּעַל
עֲשֹׂה[a]־סֵטִים[b] שָׂנֵאתִי לֹא יִדְבַּק בִּי׃ ד[1]. ב[2]. ל[3]
4 לֵבָב[a] עִקֵּשׁ יָסוּר מִמֶּנִּי רָע לֹא אֵדָע׃ ה[4]
5 מְלָושְׁנִי[a] בַסֵּתֶר | רֵעֵהוּ אוֹתוֹ אַצְמִית מלשני ול בליש. כד מל ה מנה בכתיב ק
גְּבַהּ־עֵינַיִם וּרְחַב לֵבָב [b]אֹתוֹ לֹא אוּכָל[b]׃ ב[5]. כח
6 עֵינַי | בְּנֶאֶמְנֵי־אֶרֶץ לָשֶׁבֶת עִמָּדִי ל
הֹלֵךְ בְּדֶרֶךְ תָּמִים הוּא יְשָׁרְתֵנִי׃
7 לֹא־יֵשֵׁב | בְּקֶרֶב בֵּיתִי עֹשֵׂה רְמִיָּה
דֹּבֵר שְׁקָרִים לֹא־יִכּוֹן לְנֶגֶד עֵינָי׃
8 לַבְּקָרִים[a] אַצְמִית כָּל־רִשְׁעֵי־אָרֶץ ד[6]
לְהַכְרִית מֵעִיר־יְהוָה כָּל־פֹּעֲלֵי אָוֶן׃

102 קב 1 תְּפִלָּה לְעָנִי כִי־יַעֲטֹף וְלִפְנֵי יְהוָה יִשְׁפֹּךְ שִׂיחוֹ׃ ל. יו וכל לפני ולפני דכות. ל. ב[1]
2 יְהוָה שִׁמְעָה תְפִלָּתִי וְשַׁוְעָתִי אֵלֶיךָ תָבוֹא׃
3 אַל־תַּסְתֵּר פָּנֶיךָ | מִמֶּנִּי בְּיוֹם צַר לִי
הַטֵּה־אֵלַי אָזְנֶךָ בְּיוֹם אֶקְרָא מַהֵר עֲנֵנִי׃

Ps 100 [1]Mp sub loco. [2]Mm 1250. [3]Mm 1795. **Ps 101** [1]Mm 3631. [2]Mm 3364. [3]Mm 1136. [4]Mp sub loco. [5]Prv 16,5. [6]Mm 2331. **Ps 102** [1]2 R 9,11.

Ps 100,3 [a] l c mlt Mss α′𝔗 Hier ut Q ‖ **Ps 101,2** [a] pc Mss 𝔗 לְךָ־ ‖ [b] 𝔔 לִי, prb l ‖ **3** [a] 𝔊 ποιοῦντας = עֹשֵׂי ‖ [b] mlt Mss שֹׂטִים, 𝔊 παραβάσεις ‖ **4** [a] l frt c 2 Mss לֵב ‖ **5** [a] 𝔗 mlt Mss ut Q; K מְלוֹ׳ ‖ [b–b] 𝔊(𝔖) τούτῳ οὐ συνήσθιον = אִתּוֹ לֹא אֹכֵל ‖ **8** [a] 𝔖 sg.

4 כִּֽי־כָל֣וּ בְעָשָׁ֣ן[a] יָמָ֑י וְ֝עַצְמוֹתַ֗י[b] כְּמוֹ־קֵ֥ד[b] נִחָֽרוּ׃ — ל̇ . ל̇

5 הוּכָּֽה־כָ֭עֵשֶׂב וַיִּבַ֣שׁ[a] לִבִּ֑י כִּֽי־שָׁ֝כַ֗חְתִּי מֵאֲכֹ֥ל[b] לַחְמִֽי׃ — ג̇ ב̇ חס וחד מל̇[2] . ג̇[3] ב̇ מל̇ וחד מן ד̇ חס בליש . ל̇

6 [a]מִקּ֥וֹל אַנְחָתִ֑י דָּבְקָ֥ה עַ֝צְמִ֗י לִבְשָׂרִֽי׃

7 דָּ֭מִיתִי לִקְאַ֣ת מִדְבָּ֑ר הָ֝יִ֗יתִי כְּכ֣וֹס[a] חֳרָבֽוֹת׃ — ב̇ . ל̇

8 שָׁקַ֥דְתִּי וָאֶהְיֶ֑ה כְּ֝צִפּ֗וֹר בּוֹדֵ֥ד[a] עַל־גָּֽג׃ — ג̇

9 כָּל־הַ֭יּוֹם חֵרְפ֣וּנִי אוֹיְבָ֑י מְ֝הוֹלָלַ֗י[a] בִּ֣י נִשְׁבָּֽעוּ׃ — י̇א̇ מל̇[4] . ב̇

10 כִּי־אֵ֭פֶר כַּלֶּ֣חֶם[a] אָכָ֑לְתִּי וְ֝שִׁקֻּוַ֗י[b] בִּבְכִ֥י מָסָֽכְתִּי׃ — ל̇ . ו̇[5] ול̇ בסיפ̇

11 מִפְּנֵֽי־זַעַמְךָ֥ וְקִצְפֶּ֑ךָ כִּ֥י נְ֝שָׂאתַ֗נִי וַתַּשְׁלִיכֵֽנִי׃ — ל̇[6] . ב̇ חד ר״פ וחד ס״פ[7]

12 יָ֭מַי כְּצֵ֣ל נָט֑וּי[a] וַ֝אֲנִ֗י כָּעֵ֥שֶׂב אִיבָֽשׁ׃ — ד̇[8]

13 וְאַתָּ֣ה יְ֭הוָה לְעוֹלָ֣ם תֵּשֵׁ֑ב וְ֝זִכְרְךָ֗[a] לְדֹ֣ר וָדֹֽר׃

14 אַתָּ֣ה תָ֭קוּם תְּרַחֵ֣ם צִיּ֑וֹן כִּי־[a]עֵ֥ת לְ֝חֶנְנָ֗הּ [b]כִּי־בָ֥א מוֹעֵֽד[b]׃ — י̇ו̇ ר״פ בסיפ̇

15 כִּֽי־רָצ֣וּ עֲ֭בָדֶיךָ אֶת־אֲבָנֶ֑יהָ וְאֶת־עֲפָרָ֥הּ יְחֹנֵֽנוּ׃ — ל̇

16 וְיִֽירְא֣וּ[a] ג֭וֹיִם אֶת־שֵׁ֣ם[b] יְהוָ֑ה וְֽכָל־מַלְכֵ֥י הָ֝אָ֗רֶץ אֶת־כְּבוֹדֶֽךָ[c]׃ — ה̇ ומל̇[9] . ו̇[10] . ל̇ בסיפ̇[11]

17 כִּֽי־בָנָ֣ה יְהוָ֣ה צִיּ֑וֹן נִ֝רְאָ֗ה[a] בִּכְבוֹדֽוֹ[b]׃

18 פָּ֭נָה אֶל־תְּפִלַּ֣ת[a] הָעַרְעָ֑ר וְלֹֽא־בָ֝זָ֗ה אֶת־תְּפִלָּתָֽם[b]׃ — ל̇ . ח̇[12]

19 תִּכָּ֣תֶב זֹ֭את לְד֣וֹר אַחֲר֑וֹן וְעַ֥ם נִ֝בְרָ֗א יְהַלֶּל־יָֽהּ׃ — ל̇

20 כִּֽי־הִ֭שְׁקִיף מִמְּר֣וֹם[a] קָדְשׁ֑וֹ יְ֝הוָ֗ה[b] מִשָּׁמַ֤יִם ׀ [c]אֶל־אֶ֬רֶץ[c] הִבִּֽיט׃

21 לִ֭שְׁמֹעַ אֶנְקַ֣ת אָסִ֑יר לְ֝פַתֵּ֗חַ בְּנֵ֣י תְמוּתָֽה׃ — ב̇

22 לְסַפֵּ֣ר בְּ֭צִיּוֹן שֵׁ֣ם יְהוָ֑ה וּ֝תְהִלָּת֗וֹ בִּירוּשָׁלִָֽם׃

23 בְּהִקָּבֵ֣ץ עַמִּ֣ים יַחְדָּ֑ו וּ֝מַמְלָכ֗וֹת לַעֲבֹ֥ד אֶת־יְהוָֽה׃ — ל̇

24 עִנָּ֣ה[a] בַדֶּ֣רֶךְ כֹּח֑וֹ[b] קִצַּ֥ר[c] יָמָֽי׃ — כחי חד מן מח̇[13] כת̇ ו וקר̇ י̇ . ל̇

[2] Mm 979. [3] Mm 1993. [4] Mm 3365. [5] Mp sub loco. [6] וחד ונשאתני Gn 47,30. [7] Mm 3084. [8] Mm 2324. [9] Mm 1056. [10] Mm 1264. [11] Mm 2899. [12] Mm 2353. [13] Mm 3811.

Ps 102,4 [a] mlt Mss 𝔊𝔗 Hier כֶּע׳ ‖ [b–b] sic L, mlt Mss Edd כמוקד ‖ **5** [a] frt dl ‖ [b] 𝔖 *m'kwlth* = מַאֲכַל ‖ **6** [a] prb vb exc (prp יָגַעְתִּי vel חָלַשְׁתִּי) ‖ **7** [a] pc Mss כְּבוֹס ‖ **8** [a] pc Mss 𝔖𝔗 נוֹדֵד ‖ **9** [a] 𝔊(𝔖) *καὶ οἱ ἐπαινοῦντές με* = מְהַלְלַי; l frt –לְלַי ‖ **10** [a] nonn Mss בַּל׳ ‖ [b] 𝔗 –וַי׳ ‖ **12** [a] 𝔊(𝔖 Hier) *ἐκλίθησαν* = נָטָיו ‖ **13** [a] Ms וְכִסְאֲךָ, pc Mss כִּסְאֲךָ, ex Thr 5,19 ‖ **14** [a] 𝔖 + *mṭ'* = בָא, prb l ‖ [b–b] gl dl ‖ **16** [a] 4QPs[b] om cop, mlt Mss וְיִרְאוּ cf Jes 59,19[a] ‖ [b] 𝔖 + suff 2 sg ‖ [c] 4QPs[b] –דו cf Jes 59,19 ‖ **17** [a] 𝔊𝔖 pr cop ‖ [b] 4QPs[b] –ד ‖ **18** [a] 𝔔 תולעת ‖ [b] prp תְּחִנָּתָם cf 𝔊 ‖ **20** [a] 4QPs[b] ממעון cf Dt 26,15 ‖ [b] huc tr ‸ ‖ [c–c] 4QPs[b] לא׳ ‖ **24** [a] 𝔔 pr כי; 𝔊 *ἀπεκρίθη* = עָנָה, prp עִנָּה ‖ [b] 4QPs[b] mlt Mss σ'𝔖𝔗 Hier ut Q, sic l; K 𝔊 כחו ‖ [c] 𝔊 *τὴν ὀλιγότητα* = קֹצֶר; l קִצְּרוּ.

25 אֹמַ֗ר[a] אֵלִ֗י[a] אַֽל־תַּ֭עֲלֵנִי בַּחֲצִ֣י יָמָ֑י בְּד֖וֹר דּוֹרִ֣ים שְׁנוֹתֶֽיךָ׃ ג̇[14]
26 לְ֭פָנִים[a] הָאָ֣רֶץ יָסַ֑דְתָּ[b] וּֽמַעֲשֵׂ֖ה[c] יָדֶ֣יךָ שָׁמָֽיִם׃ [15]
27 הֵ֤מָּה ׀ יֹאבֵדוּ֮ וְאַתָּ֪ה תַ֫עֲמֹ֥ד וְ֭כֻלָּם כַּבֶּ֣גֶד יִבְל֑וּ [יִתָּֽמּוּ[a]׃ יט ר״פ[16]. ג̇
כַּלְּב֖וּשׁ[a] תַּחֲלִיפֵ֣ם וְֽיַחֲלֹֽפוּ׃ 28 וְאַתָּה־ה֑וּא וּ֝שְׁנוֹתֶ֗יךָ לֹ֣א ב̇
29 בְּנֵי־עֲבָדֶ֥יךָ יִשְׁכּ֑וֹנוּ וְ֝זַרְעָ֗ם לְפָנֶ֥יךָ[a] יִכּֽוֹן׃ ב̇ חד מל וחד חס

103 קג

1 לְדָוִ֨ד ׀ ז̇ בטע̇[1]
בָּרְכִ֣י נַ֭פְשִׁי אֶת־יְהוָ֑ה וְכָל־קְ֝רָבַ֗י[a] אֶת־שֵׁ֥ם קָדְשֽׁוֹ׃
2 בָּרְכִ֣י נַ֭פְשִׁי אֶת־יְהוָ֑ה וְאַל־תִּ֝שְׁכְּחִ֗י כָּל־גְּמוּלָֽיו[a]׃ ל̇ ומל
3 הַסֹּלֵ֣חַ לְכָל־עֲוֺנֵ֑כִי[a] הָ֝רֹפֵ֗א[b] לְכָל־תַּחֲלֻאָֽיְכִי[c]׃ י̇ פסוק לכל לכל. ל̇. ל̇ מל
4 הַגּוֹאֵ֣ל[a] מִשַּׁ֣חַת חַיָּ֑יְכִי[b] הַ֝מְעַטְּרֵ֗כִי[c] חֶ֣סֶד וְרַחֲמִֽים׃ ב̇[2] מל ול בליש. ל̇. ל̇
5 הַמַּשְׂבִּ֣יעַ בַּטּ֣וֹב עֶדְיֵ֑ךְ[a] תִּתְחַדֵּ֖שׁ כַּנֶּ֣שֶׁר נְעוּרָֽיְכִי[b]׃ ל̇. ט̇ דגש[3]. ל̇. ל̇
6 עֹשֵׂ֣ה[a] צְדָק֣וֹת יְהוָ֑ה וּ֝מִשְׁפָּטִ֗ים[b] לְכָל־עֲשׁוּקִֽים׃ ה̇ ר״פ. ד̇ ומל[4]
7 יוֹדִ֣יעַ דְּרָכָ֣יו לְמֹשֶׁ֑ה לִבְנֵ֥י[a] יִ֝שְׂרָאֵ֗ל עֲלִילוֹתָֽיו׃ ב̇. יו̇
8 רַח֣וּם וְחַנּ֣וּן יְהוָ֑ה אֶ֖רֶךְ אַפַּ֣יִם וְרַב־חָֽסֶד׃ ג̇
9 לֹֽא[a]־לָנֶ֥צַח יָרִ֑יב וְלֹ֖א לְעוֹלָ֣ם יִטּֽוֹר[b]׃ ל̇
10 לֹ֣א כַ֭חֲטָאֵינוּ עָ֣שָׂה לָ֑נוּ וְלֹ֥א כַ֝עֲוֺנֹתֵ֗ינוּ גָּמַ֥ל עָלֵֽינוּ׃ ל̇
11 כִּ֤י כִגְבֹ֣הַּ שָׁ֭מַיִם עַל[a]־הָאָ֑רֶץ גָּבַ֥ר[b] חַ֝סְדּ֗וֹ עַל־יְרֵאָֽיו׃ נ̇ה̇ בטע ר״פ בסיפ. ל̇. ב̇ בסיפ[5]
12 כִּרְחֹ֣ק מִ֭זְרָח מִמַּעֲרָ֑ב הִֽרְחִ֥יק מִ֝מֶּ֗נּוּ אֶת־פְּשָׁעֵֽינוּ[a]׃ ד̇ חס בליש בכתיב
13 כְּרַחֵ֣ם אָ֭ב עַל־בָּנִ֑ים רִחַ֥ם יְ֝הוָ֗ה עַל־יְרֵאָֽיו׃ ל̇
14 כִּי־ה֖וּא יָדַ֣ע יִצְרֵ֑נוּ[a] זָ֝כ֗וּר[b] כִּי־עָפָ֥ר אֲנָֽחְנוּ׃
15 אֱ֭נוֹשׁ כֶּחָצִ֣יר יָמָ֑יו כְּצִ֥יץ הַ֝שָּׂדֶ֗ה כֵּ֣ן יָצִֽיץ׃ ג̇

[14]Mm 2397. [15]Mm 2441. [16]Mm 1497. Ps 103 [1]Mm 3429. [2]Mm 3366. [3]Mm 2625. [4]Mm 3367. [5]Mm 3368.

25 a–a 𝔊 *ἀνάγγειλόν μοι* = אֱמֹר אֵלַי et cj c 24 ‖ **26** a 𝔊 + *σὺ κύριε* ‖ b 𝔔 נוסדה ‖ c 4QPs[b] Ms 𝔊𝔗 ־שי ‖ **27** a 𝔊σ′𝔖 pr cop, frt l וְכֻ׳ ‖ **28** a 2 Mss Edd יִתַּמּוּ ‖ **29** a 𝔊 *εἰς τὸν αἰῶνα* = לָעַד vel לְעוֹלָם cf 𝔔 לדור ‖ **Ps 103,1** a prp קְרָבַי ‖ **2** a ℭ ־לו ‖ **3** a 4QPs[b] עונך, mlt Mss 𝔊 עֲוֺנָיְכִי ‖ b 4QPs[b] ור׳ ‖ c 4QPs[b] ־ך ‖ **4** a 4QPs[b] הגאל ‖ b 4QPs[b] ־ך ‖ c 4QPs[b] 𝔔 ־רך ‖ **5** a prp עֶרְגֵּךְ (cf 𝔊 *τὴν ἐπιθυμίαν σου*) vel עֲדֵיְכִי vel עַד־דַּיְכִי ‖ b 4QPs[b] ־ך, ℭ נעורכי ‖ **6** a nonn Mss עָשָׂה ‖ b pc Mss וּכְמִ׳ ‖ **7** a pc Mss 𝔖 וְלִ׳ ‖ **9** a 𝔖 pr *mṭl d* = כִּי cf Jes 57,16 ‖ b Jes 57,16 אֶקְצוֹף ‖ **11** a l prb מֵעַל (מ hpgr) cf 𝔊𝔖 ‖ b 𝔊 *ἐκραταίωσεν* (= גִּבַּר) *κύριος*; l גָּבַהּ ‖ **12** a pc Mss 𝔖 פִּשְׁעֵנוּ ‖ **14** a ℭ nonn Mss יצרינו ‖ b 𝔊 *μνήσθητι* = זְכוֹר.

16 כִּי רוּחַ עָבְרָה־בּוֹ וְאֵינֶנּוּ וְלֹא־יַכִּירֶנּוּ עוֹד מְקוֹמוֹ׃ [בָּנִים׃ נה̇ בטע ר״פ בסיפ̇. יב̇
17 וְחֶסֶד יְהוָה׀ [a]מֵעוֹלָם וְעַד־[a]עוֹלָם [b]עַל־יְרֵאָיו[b] וְצִדְקָתוֹ לִבְנֵי יב̇[6]. ג̇
18 [a]לְשֹׁמְרֵי בְרִיתוֹ וּלְזֹכְרֵי פִקֻּדָיו לַעֲשׂוֹתָם׃ ב̇[7]. ד̇ ב̇ מל̇ וב̇ חס̇
19 יְהוָה בַּשָּׁמַיִם הֵכִין כִּסְאוֹ וּמַלְכוּתוֹ בַּכֹּל מָשָׁלָה׃ ל̇. ז̇ דגש[8]
20 בָּרֲכוּ יְהוָה [a]מַלְאָכָיו גִּבֹּרֵי כֹחַ עֹשֵׂי דְבָרוֹ[b] [c]לִשְׁמֹעַ בְּקוֹל ה̇[9]. ה̇ חס̇[10]. יו̇ כת̇ י[11]. ב̇
21 בָּרֲכוּ יְהוָה כָּל־צְבָאָיו מְשָׁרְתָיו עֹשֵׂי רְצוֹנוֹ׃ [דְּבָרוֹ[cd]׃ ה̇[9]. יו̇ כת̇ י[11]
22 בָּרֲכוּ יְהוָה׀ כָּל־מַעֲשָׂיו בְּכָל־מְקֹמוֹת[a] מֶמְשַׁלְתּוֹ ה̇[9]. ח̇
בָּרֲכִי נַפְשִׁי אֶת־יְהוָה׃

104 קד
1 [a]בָּרֲכִי נַפְשִׁי[b] אֶת־יְהוָה יְהוָה אֱלֹהַי[c] גָּדַלְתָּ מְּאֹד
הוֹד וְהָדָר לָבָשְׁתָּ׃ 2 עֹטֶה[a]־אוֹר כַּשַּׂלְמָה ל̇
נוֹטֶה[b] שָׁמַיִם כַּיְרִיעָה׃ 3 הַמְקָרֶה בַמַּיִם עֲלִיּוֹתָיו ד̇ מל̇[1]. ל̇. ל̇
הַשָּׂם־עָבִים רְכוּבוֹ הַמְהַלֵּךְ עַל־כַּנְפֵי־רוּחַ׃ ד̇
4 עֹשֶׂה מַלְאָכָיו רוּחוֹת מְשָׁרְתָיו[a] אֵשׁ לֹהֵט[b]׃ כב̇[2] ו̇ בסיפ̇ ה̇ מנה̇ בליש̇
5 יָסַד[a]־אֶרֶץ עַל־מְכוֹנֶיהָ בַּל־תִּמּוֹט עוֹלָם[b] וָעֶד׃ ל̇. ו̇
6 תְּהוֹם כַּלְּבוּשׁ כִּסִּיתוֹ[a] עַל־הָרִים יַעַמְדוּ־מָיִם׃
7 מִן־גַּעֲרָתְךָ יְנוּסוּן מִן־קוֹל רַעַמְךָ יֵחָפֵזוּן׃ יו̇ מיחד̇ מן̇[3]. יו̇ מיחד̇ מן[3]
8 יַעֲלוּ הָרִים יֵרְדוּ בְקָעוֹת אֶל[a]־מְקוֹם זֶה[b]׀ יָסַדְתָּ לָהֶם׃ ה̇[4]
9 גְּבוּל־שַׂמְתָּ בַּל־יַעֲבֹרוּן בַּל־יְשׁוּבוּן לְכַסּוֹת הָאָרֶץ׃ ל̇ ר״פ̇[5]. ל̇. י̇[6] ג̇[7] מנה̇ חס̇
10 הַמְשַׁלֵּחַ מַעְיָנִים בַּנְּחָלִים בֵּין הָרִים יְהַלֵּכוּן[a]׃
11 יַשְׁקוּ כָּל־חַיְתוֹ שָׂדָי יִשְׁבְּרוּ[a] פְרָאִים צְמָאָם׃ ג̇[8]
12 עֲלֵיהֶם עוֹף־הַשָּׁמַיִם יִשְׁכּוֹן מִבֵּין עֳפָאִים[a] יִתְּנוּ־קוֹל[b]׃ ב̇ מל̇[9]

[6] Mm 2487. [7] Mm 3369. [8] Mm 104. [9] Mm 1414. [10] Mm 4052. [11] Mm 627. **Ps 104** [1] Mp sub loco. [2] Mm 475. [3] Okhl 196. [4] Mm 2743. [5] Mm 978. [6] Mm 2398. [7] Mp contra textum, cf Mp sub loco. [8] Mm 3370. [9] Mm 1422.

17 [a–a] l עַד ‖ [b–b] l לַי׳ et tr ante 18 ‖ **18** [a] frt vb exc ‖ **20** [a] pc Mss 𝔊 + כָּל־ ut 148,2 ‖ [b] 4QPs[b] דבריו ‖ [c–c] > 𝔖, gl? ‖ [d] 4QPs[b] דבריו, 𝔊 *τῶν λόγων αὐτοῦ* ‖ **22** [a] 𝔊𝔖𝔗 sg ‖ **Ps 104,1** [a] 𝔔𝔊 pr לְדָוִד ‖ [b] > pc Mss ‖ [c] 𝔔 אלוהינו ‖ **2** [a] prp תַּעְטֶה (ת hpgr) ‖ [b] l הַנֹּ׳ (ה hpgr) ‖ **4** [a] 𝔊𝔖 pr cop ‖ [b] 𝔔 לוהטת, 𝔊 *πῦρ φλέγον*, prb l; prp וָלַהַט ‖ **5** [a] 𝔊[AL](𝔏[p]𝔗 Hier) *ὁ θεμελίων* = יֹסֵד ‖ [b] pc Mss Vrs לְע׳ ‖ **6** [a] 𝔊 *τὸ περιβόλαιον αὐτοῦ* = כְּסוּתוֹ; α′θ′ Hier 𝔗 suff f, prp כִּסַּתָּה cf 9 ‖ **8** [a] 𝔔 [ולכו[ל ‖ [b] > pc Mss ‖ **10** [a] 𝔊 + *ὕδατα* = מַיִם ‖ **11** [a] 𝔖 *wsbʿjn* = וְיִשְׂבְּעוּ ‖ [b] Ms 𝔖 צְמֵאִים ‖ **12** [a] Q[Mss] עֳפָיִם, K[Mss] עֳפָאִים vel עֲפָאִים, 𝔊(𝔖) *τῶν πετρῶν* ‖ [b] Ms 𝔊[R]𝔏[RG] קוֹלָם, prb l.

13 מַשְׁקֶה הָרִים מֵעֲלִיּוֹתָיו [a]מִפְּרִי מַעֲשֶׂיךָ[a] תִּשְׂבַּע הָאָרֶץ׃
14 מַצְמִיחַ חָצִיר ׀ לַבְּהֵמָה וְעֵשֶׂב לַעֲבֹדַת הָאָדָם[a] ב̇[10]. ב
לְהוֹצִיא לֶחֶם[b] מִן־הָאָרֶץ׃ 15 וְיַיִן ׀ יְשַׂמַּח לְבַב־אֱנוֹשׁ ג. ז
לְהַצְהִיל פָּנִים מִשָּׁמֶן[a] וְלֶחֶם [b]לְבַב־אֱנוֹשׁ[b] יִסְעָד׃ ג. ל̇
16 יִשְׂבְּעוּ עֲצֵי יְהוָה[a] אַרְזֵי לְבָנוֹן אֲשֶׁר נָטָע׃ ב̇[11]
17 אֲשֶׁר־[a]שָׁם צִפֳּרִים יְקַנֵּנוּ חֲסִידָה בְּרוֹשִׁים[b] בֵּיתָהּ׃ ג
18 הָרִים[a] הַגְּבֹהִים לַיְּעֵלִים סְלָעִים מַחְסֶה לַשְׁפַנִּים׃ ל̇[12]. ל̇. ל̇
19 עָשָׂה[a] יָרֵחַ לְמוֹעֲדִים שֶׁמֶשׁ יָדַע[b] מְבוֹאוֹ׃ ב ר״פ[13]. ל̇. ד ג מל וחד חס[14]
20 תָּשֶׁת[a]־חֹשֶׁךְ וִיהִי[b] לָיְלָה בּוֹ־תִרְמֹשׂ כָּל־חַיְתוֹ־יָעַר׃ ל̇ב
21 הַכְּפִירִים שֹׁאֲגִים לַטָּרֶף וּלְבַקֵּשׁ מֵאֵל אָכְלָם׃ ד̇[15]
22 תִּזְרַח הַשֶּׁמֶשׁ יֵאָסֵפוּן[a] וְאֶל־מְעוֹנֹתָם[b] יִרְבָּצוּן׃ ל̇[16]. ב̇[17]
23 יֵצֵא אָדָם לְפָעֳלוֹ וְלַעֲבֹדָתוֹ עֲדֵי־עָרֶב׃ [הָאָרֶץ קִנְיָנֶךָ[b]׃ ל̇
24 מָה־רַבּוּ מַעֲשֶׂיךָ ׀ יְהוָה כֻּלָּם[a] בְּחָכְמָה עָשִׂיתָ מָלְאָה
25 זֶה[a] ׀ הַיָּם גָּדוֹל וּרְחַב יָדָיִם שָׁם־רֶמֶשׂ[b] וְאֵין מִסְפָּר[c] חַיּוֹת ד̇[18]. ל̇
[קְטַנּוֹת עִם־גְּדֹלוֹת׃
26 שָׁם אֳנִיּוֹת יְהַלֵּכוּן לִוְיָתָן זֶה־יָצַרְתָּ לְשַׂחֶק־בּוֹ׃
27 כֻּלָּם אֵלֶיךָ יְשַׂבֵּרוּן לָתֵת[a] אָכְלָם בְּעִתּוֹ׃ ל̇
28 תִּתֵּן לָהֶם יִלְקֹטוּן[a] תִּפְתַּח יָדְךָ יִשְׂבְּעוּן טוֹב[b]׃ [יְשׁוּבוּן׃ ל̇. ל̇]י[21]
29 [a]תַּסְתִּיר פָּנֶיךָ יִבָּהֵלוּן[a] תֹּסֵף רוּחָם[b] יִגְוָעוּן וְאֶל־עֲפָרָם ג̇[19]. ג מל[20]. ל̇
30 תְּשַׁלַּח רוּחֲךָ יִבָּרֵאוּן[a] וּתְחַדֵּשׁ פְּנֵי אֲדָמָה׃ ה̇[22]. ל̇. ל̇. יא[23]
31 יְהִי[a] כְבוֹד יְהוָה לְעוֹלָם יִשְׂמַח יְהוָה בְּמַעֲשָׂיו׃

[10] Mm 3371. [11] Mm 2260. [12] וחד ההרים הגבהים Gn 7,19. [13] Mm 3731. [14] Mm 3372. [15] Mm 3165. [16] Mm 2570. [17] Mm 3129. [18] Mm 3037. [19] Mm 30. [20] Mm 1440. [21] Mm 2398. [22] Mm 473. [23] Mm 512.

13 [a–a] l frt ′מִמַּע cf 𝔗; prp מִפְּרֹשׁ עָבֶיךָ vel מֵרִי אֲסָמֶיךָ ‖ **14** [a] huc tr : ‖ [b] prp לֵחַ cf Dt 34,7 (מ dttg) ‖ **15** [a] 𝔊(𝔖) *ἐν ἐλαίῳ* = ′בְּשׁ ‖ [b–b] prp לְבָבוֹ ‖ **16** [a] 𝔊$^{-S}$ *τοῦ πεδίου* = שָׂדָי ut 8,8, ex ?שַׂדַי ‖ **17** [a] > 𝔊α′𝔖 Hier ‖ [b] 𝔊 *ἡγεῖται αὐτῶν* = בְּרֹאשָׁם; 𝔖 *bšrwjn*ʾ = ′בְּבְ ‖ **18** [a] prb l ′הֶהָ (ה hpgr) ‖ **19** [a] prp עֹשֶׂה ‖ [b] α′σ′ *ἐγνώρισε* = ?יִדַּע ‖ **20** [a] 𝔖 𝔏^{G} 3 sg ‖ [b] 𝔊(𝔖 Hier) *καὶ ἐγένετο* = וַיְהִי ‖ **22** [a] 𝔔𝔊 pr cop ‖ [b] 𝔔 מעונותיהם cf Jer 21,13 Hi 38,8 ‖ **24** [a] Ms 𝔊 כֹּל ‖ [b] ℭ mlt Mss ניך– ‖ **25** [a] > 𝔔 ‖ [b] 𝔔 + הרבה ‖ [c] 𝔔 ′לְמ ‖ **27** [a] 𝔔 + להם ‖ **28** [a] 𝔔 pr cop ‖ [b] > 𝔖 ‖ **29** [a–a] > 𝔔, pc Mss תסתר ′פ′ י ‖ [b] 𝔔 רוחכה ‖ **30** [a] 𝔔𝔊𝔖 pr cop ‖ **31** [a] 𝔔 pr cop.

32 הַמַּבִּיט לָאָרֶץ[a] וַתִּרְעָד יִגַּע בֶּהָרִים וְיֶעֱשָׁנוּ׃ ב

33 אָשִׁירָה לַיהוָה בְּחַיָּי אֲזַמְּרָה לֵאלֹהַי בְּעוֹדִי׃

34 יֶעֱרַב עָלָיו שִׂיחִי אָנֹכִי אֶשְׂמַח בַּיהוָה׃

35 יִתַּמּוּ[a] חַטָּאִים[b] ׀ מִן־הָאָרֶץ[c] וּרְשָׁעִים ׀ עוֹד אֵינָם ז בטע פזר . ז

בָּרְכִי נַפְשִׁי אֶת־יְהוָה

[d]הַלְלוּ־יָהּ[d]׃ יג ס״פ

105 קה

1 הוֹדוּ[a] לַיהוָה קִרְאוּ[b] בִשְׁמוֹ הוֹדִיעוּ בָעַמִּים עֲלִילוֹתָיו׃

2 שִׁירוּ־לוֹ זַמְּרוּ[a]־לוֹ שִׂיחוּ בְּכָל־נִפְלְאוֹתָיו׃

3 הִתְהַלְלוּ בְּשֵׁם קָדְשׁוֹ יִשְׂמַח לֵב ׀ [a]מְבַקְשֵׁי יְהוָה[a]׃

4 דִּרְשׁוּ יְהוָה וְעֻזּוֹ[a] בַּקְּשׁוּ פָנָיו תָּמִיד׃ ג ר״פ[1] . ד . ז דגש[2]

5 זִכְרוּ נִפְלְאוֹתָיו אֲשֶׁר־עָשָׂה מֹפְתָיו וּמִשְׁפְּטֵי־פִיו[a]׃ ג ב חס וחד מל[3]

6 זֶרַע אַבְרָהָם[a] עַבְדּוֹ[b] בְּנֵי יַעֲקֹב בְּחִירָיו[c]׃

7 הוּא[a] יְהוָה אֱלֹהֵינוּ בְּכָל־הָאָרֶץ מִשְׁפָּטָיו׃

8 זָכַר[a] לְעוֹלָם בְּרִיתוֹ דָּבָר צִוָּה לְאֶלֶף דּוֹר׃ ג

9 אֲשֶׁר כָּרַת אֶת־[a]אַבְרָהָם וּשְׁבוּעָתוֹ[b] לְיִשְׂחָק[c]׃ ד כינוי ליצחק[4]

10 וַיַּעֲמִידֶהָ לְיַעֲקֹב לְחֹק לְיִשְׂרָאֵל[a] בְּרִית עוֹלָם׃ ב

11 לֵאמֹר[a] ט ר״פ[5] . כב פסוק דלית בהון לא ו ולא י[6]

לְךָ[b] אֶתֵּן אֶת־[c]אֶרֶץ־כְּנָעַן חֶבֶל נַחֲלַתְכֶם[d]׃

12 בִּהְיוֹתָם[a] מְתֵי מִסְפָּר כִּמְעַט וְגָרִים בָּהּ׃ ה

13 וַיִּתְהַלְּכוּ מִגּוֹי אֶל־גּוֹי מִמַּמְלָכָה[a] אֶל־עַם אַחֵר׃ ל[7]

14 לֹא־הִנִּיחַ אָדָם[a] לְעָשְׁקָם וַיּוֹכַח עֲלֵיהֶם מְלָכִים׃ ב

Ps 105 [1] Mm 3373. [2] Mm 1690. [3] Mm 3330. [4] Mm 2659. [5] Mm 3072. [6] Mm 878. [7] וחד וממלכה 1 Ch 16,20.

32 [a] 𝔔 אל הארץ ‖ **35** [a] 𝔔 pr כאשר ‖ [b] 𝔔 חוטאים ‖ [c] 𝔔 מארץ ‖ [d–d] > Ms 𝔖, mlt Mss Edd ויה–; 𝔊 cj c 105 ‖ **Ps 105,1** [a] 𝔔 pr pc vb cf Ps 118 vel 136 ‖ [b] 𝔊𝔖 pr cop ‖ **2** [a] 𝔊𝔖 Hier pr cop ‖ **3** [a–a] 𝔔 מבקשׁ רצונו cf 1 Ch 16,10 (𝔊) ‖ **4** [a] 𝔊(𝔖) καὶ κραταιώθητε = ו– ‖ **5** [a] mlt Mss et 1 Ch 16,12 פִּיהוּ ‖ **6** [a] nonn Mss et 1 Ch 16,13 יִשְׂרָאֵל ‖ [b] 𝔔𝔊[–R] עבדיו ‖ [c] 𝔔 2 Mss –רוֹ ‖ **7** [a] 𝔔 pr כי ‖ **8** [a] pc Mss et 1 Ch 16,15 זִכְרוּ ‖ **9** [a] 𝔔 עם ‖ [b] 𝔔 שׁ׳ ‖ [c] ℭ nonn Mss et 1 Ch 16,16 ליצחק ‖ **10** [a] nonn Mss 𝔊 ול׳ ‖ **11** [a] > Ms ‖ [b] 𝔔 לכם ‖ [c] > pc Mss 1 Ch 16,18 ‖ [d] 𝔖[A] suff 3 pl ‖ **12** [a] ℭ mlt Mss 𝔖𝔗 et 1 Ch 16,19 –תְכֶם ‖ **13** [a] pc Mss 𝔊[Mss]𝔖𝔙 et 1 Ch 16,20 ומ׳ ‖ **14** [a] nonn Mss אִישׁ, pc Mss et 1 Ch 16,21 לְאִישׁ.

15 אַֽל־תִּגְּע֥וּ בִמְשִׁיחָ֑י וְ֝לִנְבִיאַ֗י[a] אַל־תָּרֵֽעוּ׃ כו ר״פ אל אל[8]. ב. ל. ג

16 וַיִּקְרָ֣א רָ֭עָב עַל־הָאָ֑רֶץ כָּֽל[a]־מַטֵּה־לֶ֥חֶם שָׁבָֽר׃ ב בסיפ[9]

17 שָׁלַ֣ח לִפְנֵיהֶ֣ם אִ֑ישׁ לְ֝עֶ֗בֶד נִמְכַּ֥ר יוֹסֵֽף׃

18 עִנּ֣וּ בַכֶּ֣בֶל רַגְלָ֑יו[a] בַּ֝רְזֶ֗ל[b] בָּ֣אָה נַפְשֽׁוֹ[c]׃ רגלו ק

19 עַד־עֵ֥ת בֹּֽא־דְבָר֑וֹ אִמְרַ֖ת יְהוָ֣ה צְרָפָֽתְהוּ׃ ה חס בשמואל ובכתיב[10]. ל

20 שָׁ֣לַח מֶ֭לֶךְ וַיַּתִּירֵ֑הוּ [a]מֹ֝שֵׁ֗ל עַמִּ֗ים וַֽיְפַתְּחֵֽהוּ[a]׃ ל. ל

21 שָׂמ֣וֹ אָד֣וֹן לְבֵית֑וֹ וּ֝מֹשֵׁ֗ל בְּכָל־קִנְיָנֽוֹ׃ ד[11]

22 לֶאְסֹ֣ר[a] שָׂרָ֣יו בְּנַפְשׁ֑וֹ[b] וּזְקֵנָ֥יו יְחַכֵּֽם׃ ב[12]. ל

23 וַיָּבֹ֣א יִשְׂרָאֵ֣ל מִצְרָ֑יִם וְ֝יַעֲקֹ֗ב גָּ֣ר בְּאֶֽרֶץ־חָֽם׃ יד

24 וַיֶּ֣פֶר אֶת־עַמּ֣וֹ מְאֹ֑ד וַ֝יַּעֲצִמֵ֗הוּ[a] מִצָּרָֽיו׃ ל. ל

25 הָפַ֣ךְ לִ֭בָּם לִשְׂנֹ֣א עַמּ֑וֹ לְ֝הִתְנַכֵּ֗ל בַּעֲבָדָֽיו׃ ל

26 שָׁ֭לַח מֹשֶׁ֣ה עַבְדּ֑וֹ אַ֝הֲרֹ֗ן[a] אֲשֶׁ֣ר בָּֽחַר־בּֽוֹ[b]׃

27 שָֽׂמוּ[a]־[b]בָ֭ם דִּבְרֵ֣י[bc] אֹתוֹתָ֑יו וּ֝מֹפְתִ֗ים[d] בְּאֶ֣רֶץ חָֽם׃ ג

28 שָׁ֣לַח חֹ֭שֶׁךְ וַיַּחְשִׁ֑ךְ וְלֹֽא[a]־מָ֝ר֗וּ[b] אֶת־דְּבָרֽוֹ[c]׃ ל וחס. דבריו ק

29 הָפַ֣ךְ אֶת־מֵימֵיהֶ֣ם לְדָ֑ם וַ֝יָּ֗מֶת אֶת־דְּגָתָֽם׃ ה[13]

30 שָׁרַ֣ץ[a] אַרְצָ֣ם צְפַרְדְּעִ֑ים בְּ֝חַדְרֵ֗י מַלְכֵיהֶֽם[b]׃ ב

31 אָ֭מַר וַיָּבֹ֣א[a] עָרֹ֑ב כִּ֝נִּ֗ים[b] בְּכָל־גְּבוּלָֽם׃

32 נָתַ֣ן גִּשְׁמֵיהֶ֣ם בָּרָ֑ד אֵ֖שׁ לֶהָב֣וֹת בְּאַרְצָֽם׃

33 וַיַּ֣ךְ גַּ֭פְנָם וּתְאֵנָתָ֑ם וַ֝יְשַׁבֵּ֗ר[a] עֵ֣ץ גְּבוּלָֽם׃

34 אָ֭מַר וַיָּבֹ֣א[a] אַרְבֶּ֑ה וְ֝יֶ֗לֶק וְאֵ֣ין[b] מִסְפָּֽר׃ ד[14]. ל

35 וַיֹּ֣אכַל כָּל־עֵ֣שֶׂב בְּאַרְצָ֑ם וַ֝יֹּ֗אכַל[a] פְּרִ֣י אַדְמָתָֽם׃

36 וַיַּ֣ךְ כָּל־בְּכ֣וֹר בְּאַרְצָ֑ם[a] רֵ֝אשִׁ֗ית לְכָל־אוֹנָֽם׃ כח

[8] Mm 3261. [9] Mm 3368. [10] Mm 169. [11] Mm 2848. [12] Mm 3374. [13] Mm 283. [14] Mm 3037.

15 [a] cf 2,2[b]; ℭ mlt Mss 𝔊𝔗 et 1 Ch 16,22 וּבִנְ׳ ‖ **16** [a] pc Mss 𝔖𝔏[p] וְכָל ‖ **18** [a] ℭ mlt Mss ut Q, K Vrs ־ָיו ‖ [b] frt l בַּבְּ׳ cf σ′ 𝔖 ‖ [c] Ms 𝔗 בְּנ׳ ‖ **20** [a–a] 𝔖 *w'bdh šljṭ' 'l 'mh* et fecit eum principem super populum suum cf 𝔊[55] ‖ **22** [a] 𝔊(𝔖 Hier) *τοῦ παιδεῦσαι* = לְיַסֵּר ‖ [b] 2 Mss Vrs כְּנ׳ ‖ **24** [a] cf 2,2[b] ‖ **26** [a] pc Mss 𝔏[p]𝔖 וְא׳ ‖ [b] 𝔊[ARL] (Hier) *ἑαυτῷ* = לוֹ ‖ **27** [a] 𝔊𝔖 sg, l שָׂם ‖ [b–b] prp בְּמִצְרַיִם ‖ [c] > 𝔖 ‖ [d] Ms 𝔊[AL]𝔖𝔗 ־תָיו ‖ **28** [a] 𝔊𝔖 om לא ‖ [b] l frt שָׁמְרוּ ‖ [c] sic L, ℭ mlt Mss 𝔖𝔗 ut Q, K[Mss]𝔊 ־ָיו ‖ **30** [a] 𝔔 [ש]רצה ‖ [b] prp מֶלֶךְ יֶהֱמוּ ‖ **31** [a] 𝔖[A]𝔗 *w'jtj* = ־בֵא ut 40 cf 34[a] ‖ [b] 𝔊𝔖 pr cop ‖ **33** [a] 𝔊 + *πᾶν* ‖ **34** [a] ut 31[a] ‖ [b] pc Mss 𝔗 אין ‖ **35** [a] prp וַיְכַל; 𝔊[AL] + *πάντα* cf σ′ ‖ **36** [a] ℭ mlt Mss 𝔗 בְּמִצְרָיִם, pc Mss 𝔖 מִצְרָיִם.

37 וַיּוֹצִיאֵם בְּכֶסֶף וְזָהָב[a] וְאֵין בִּשְׁבָטָיו כּוֹשֵׁל׃ הׄ[15] . לׄ . הׄ מל
38 שָׂמַח מִצְרַיִם בְּצֵאתָם כִּֽי־נָפַל פַּחְדָּם עֲלֵיהֶם׃ גׄ[16]
39 פָּרַשׂ עָנָן לְמָסָךְ וְאֵשׁ לְהָאִיר לָיְלָה׃ לׄ[17]
40 שָׁאַל[a] וַיָּבֵא[b] שְׂלָו[c] וְלֶחֶם שָׁמַיִם[d] יַשְׂבִּיעֵם׃ נאׄ[18]
41 פָּתַח צוּר וַיָּזוּבוּ מָיִם הָלְכוּ בַּצִּיּוֹת נָהָר׃ ד ב מל וב חס . ל
42 כִּֽי־זָכַר אֶת־דְּבַר קָדְשׁוֹ אֶת־אַבְרָהָם עַבְדּוֹ׃
43 וַיּוֹצִא עַמּוֹ בְשָׂשׂוֹן בְּרִנָּה[a] אֶת־בְּחִירָיו[b]׃ דׄ[19]
44 וַיִּתֵּן לָהֶם אַרְצוֹת גּוֹיִם וַעֲמַל לְאֻמִּים יִירָשׁוּ׃ לׄ
45 בַּעֲבוּר ׀ יִשְׁמְרוּ חֻקָּיו וְתוֹרֹתָיו[a] יִנְצֹרוּ לׄ[20] סׄ הׄ
[b]הַֽלְלוּ־יָהּ[b]׃ יג ס״פ

106 קו 1 הַלְלוּיָהּ[a] ׀ יא ר״פ[1]
הוֹדוּ לַיהוָה כִּי־טוֹב כִּי לְעוֹלָם חַסְדּוֹ׃
2 מִי יְמַלֵּל גְּבוּרוֹת יְהוָה יַשְׁמִיעַ כָּל־תְּהִלָּתוֹ[a]׃ ב ומל
3 אַשְׁרֵי שֹׁמְרֵי מִשְׁפָּט[a] עֹשֵׂה[b] צְדָקָה בְכָל־עֵת׃
4 זָכְרֵנִי[a] יְהוָה בִּרְצוֹן עַמֶּךָ פָּקְדֵנִי[b] בִּישׁוּעָתֶךָ׃
5 לִרְאוֹת ׀ בְּטוֹבַת בְּחִירֶיךָ לִשְׂמֹחַ בְּשִׂמְחַת[a] גּוֹיֶךָ[b] לְהִתְהַלֵּל [עִם־נַחֲלָתֶךָ׃ ל . ל
6 חָטָאנוּ עִם־אֲבוֹתֵינוּ הֶעֱוִינוּ[a] הִרְשָׁעְנוּ׃ לׄ
7 אֲבוֹתֵינוּ בְמִצְרַיִם ׀ לֹא־הִשְׂכִּילוּ נִפְלְאוֹתֶיךָ
לֹא[a] זָכְרוּ אֶת־רֹב חֲסָדֶיךָ[b] וַיַּמְרוּ [c]עַל־יָם[c] בְּיַם־סוּף[d]׃ דׄ[1]
8 וַיּוֹשִׁיעֵם לְמַעַן שְׁמוֹ לְהוֹדִיעַ אֶת־גְּבוּרָתוֹ׃ דׄ[2]
9 וַיִּגְעַר בְּיַם־סוּף וַיֶּחֱרָב וַיּוֹלִיכֵם בַּתְּהֹמוֹת כַּמִּדְבָּר[a]׃ בׄ . דׄ[3]
10 וַיּוֹשִׁיעֵם מִיַּד שׂוֹנֵא וַיִּגְאָלֵם מִיַּד אוֹיֵב׃ דׄ[2]

[15] Mm 158. [16] Mm 3375. [17] וחד לְמָסָךְ Ex 26,37. [18] Mm 639. [19] Mm 1074. [20] Mm 499. **Ps 106** [1] Mp sub loco. [2] Mm 2130. [3] Mm 2503.

37 [a] pc Mss 𝔖𝔗 ׳וּבְז || **40** [a] Vrs pl, l שָׁאֲלוּ (ו hpgr) || [b] pc Mss 𝔊 ־א || [c] 𝔔 mlt Mss שְׂלִיו; l prb שְׂלוֵי || [d] 2 Mss ׳מִשׁ || **43** [a] 𝔊𝔖 pr cop || [b] 𝔖 *lgdwdwhj* = בַּחוּרָיו || **45** [a] 𝔊 sg || [b–b] nonn Mss ־ויה; > 𝔊𝔖 || **Ps 106,1** [a] > pc Mss 𝔖 || **2** [a] Vrs pl || **3** [a] 𝔖 pl + suff 3 sg || [b] nonn Mss Vrs עֹשֵׂי; 𝔊𝔖 pr cop || **4** [a] 2 Mss 𝔊α′σ′θ′ε′𝔖[W] ־נוּ || [b] 2 Mss 𝔊𝔖[W] ־נוּ || **5** [a] 𝔖 + suff 2 sg || [b] > 𝔖 || **6** [a] mlt Mss 𝔖 ׳וְה || **7** [a] nonn Mss 𝔊[BR] 𝔖 וְלֹא || [b] pc Mss 𝔊α′ חַסְדְּךָ || [c–c] 𝔊 ἀναβαίνοντες = עֹלִים; prp עֶלְיוֹן; al prp בְּךָ pro [c–c.d] עַל־יַם־סוּף || [d] > 2 Mss cf α′σ′ || **9** [a] nonn Mss ׳בַּמ.

11 וַיְכַסּוּ־מַיִם צָרֵיהֶם אֶחָד מֵהֶם לֹא נוֹתָר׃ ב
12 וַיַּאֲמִינוּ בִדְבָרָיו יָשִׁירוּ[a] תְּהִלָּתוֹ׃ ג[4]
13 מִהֲרוּ שָׁכְחוּ מַעֲשָׂיו[a] לֹא־[b]חִכּוּ לַעֲצָתוֹ׃ ג[5]
14 וַיִּתְאַוּוּ תַאֲוָה בַּמִּדְבָּר וַיְנַסּוּ־אֵל בִּישִׁימוֹן׃
15 וַיִּתֵּן לָהֶם שֶׁאֱלָתָם וַיְשַׁלַּח רָזוֹן[a] בְּנַפְשָׁם׃ ל. כב[6]
16 וַיְקַנְאוּ[a] לְמֹשֶׁה בַּמַּחֲנֶה לְאַהֲרֹן[b] קְדוֹשׁ יְהוָה׃ יז
17 תִּפְתַּח־[a]אֶרֶץ וַתִּבְלַע דָּתָן וַתְּכַס עַל־עֲדַת אֲבִירָם׃ ב[7]
18 וַתִּבְעַר־אֵשׁ בַּעֲדָתָם לֶהָבָה תְּלַהֵט רְשָׁעִים׃
19 יַעֲשׂוּ־[a]עֵגֶל בְּחֹרֵב וַיִּשְׁתַּחֲווּ לְמַסֵּכָה׃ ב[8]
20 וַיָּמִירוּ אֶת־כְּבוֹדָם[a] בְּתַבְנִית שׁוֹר אֹכֵל עֵשֶׂב׃ ל
21 שָׁכְחוּ אֵל מוֹשִׁיעָם עֹשֶׂה גְדֹלוֹת בְּמִצְרָיִם׃ כב[9] ו בסיפ ה מנה בליש
22 נִפְלָאוֹת בְּאֶרֶץ חָם נוֹרָאוֹת עַל־יַם־סוּף׃
23 וַיֹּאמֶר לְהַשְׁמִידָם לוּלֵי מֹשֶׁה בְחִירוֹ ל
עָמַד בַּפֶּרֶץ לְפָנָיו לְהָשִׁיב חֲמָתוֹ מֵהַשְׁחִית׃ ב[10]
24 וַיִּמְאֲסוּ בְּאֶרֶץ חֶמְדָּה לֹא־[a]הֶאֱמִינוּ לִדְבָרוֹ׃
25 וַיֵּרָגְנוּ בְאָהֳלֵיהֶם לֹא[a] שָׁמְעוּ בְּקוֹל יְהוָה׃
26 וַיִּשָּׂא יָדוֹ לָהֶם לְהַפִּיל אוֹתָם בַּמִּדְבָּר׃ ה חס את[11]. ה מל בכתיב
27 וּלְהַפִּיל[a] זַרְעָם בַּגּוֹיִם וּלְזָרוֹתָם בָּאֲרָצוֹת׃ ל. ל
28 וַיִּצָּמְדוּ לְבַעַל פְּעוֹר וַיֹּאכְלוּ זִבְחֵי מֵתִים׃ ל
29 וַיַּכְעִיסוּ[a] בְּמַעַלְלֵיהֶם וַתִּפְרָץ־בָּם מַגֵּפָה׃
30 וַיַּעֲמֹד פִּינְחָס וַיְפַלֵּל וַתֵּעָצַר הַמַּגֵּפָה׃ ל
31 וַתֵּחָשֶׁב לוֹ לִצְדָקָה לְדֹר וָדֹר עַד־עוֹלָם׃
32 וַיַּקְצִיפוּ[a] עַל־מֵי מְרִיבָה וַיֵּרַע[b] לְמֹשֶׁה בַּעֲבוּרָם׃ ל. יז

[4]Mm 3376. [5]Mm 3377. [6]Mm 59. [7]Mm 2377. [8]Mm 3378. [9]Mm 475. [10]Mm 2874. [11]Mm 1830.

12 [a] pc Mss 𝔊𝔖 Hier 'וַיָּ || **13** [a] 𝔖 *l'lh'* = אֵל cf 21 || [b] pc Mss 𝔖𝔗 וְלֹא || **15** [a] 𝔊(𝔖) *πλησμονήν*; prp מָזוֹן || **16** [a] 𝔊 *καὶ παρώργισαν* = וַיַּקְנִיאוּ || [b] pc Mss 𝔊𝔖 Hier 'וּלְ || **17** [a] 𝔊(𝔖𝔗 Hier) *ἠνοίχθη* = תִּפָּתַח || **19** [a] Ms 𝔊 'וַיַּ || **20** [a] Tiq soph pro –דוֹ vel –דִי || **24** [a] pc Mss 𝔊[B]𝔏𝔖 Hier וְלֹא || **25** [a] nonn Mss Edd 𝔏𝔖 וְלֹא || **27** [a] 𝔖 *wnbdr* = וּלְהָפִיץ? cf Ez 20,23 || **29** [a] pc Mss Vrs –והוּ || **32** [a] 𝔊𝔖 + suff 3 sg || [b] 𝔖 *w'b'š* = 'וַיָּ.

33 כִּֽי־הִמְר֥וּ[a] אֶת־רוּח֑וֹ וַ֝יְבַטֵּ֗א בִּשְׂפָתָֽיו׃ ל̇[12]
34 לֹֽא־הִ֭שְׁמִידוּ אֶת־הָֽעַמִּ֑ים אֲשֶׁ֬ר אָמַ֬ר יְהוָ֬ה לָהֶֽם׃ ג̇[13]
35 וַיִּתְעָרְב֥וּ בַגּוֹיִ֑ם וַ֝יִּלְמְד֗וּ מַֽעֲשֵׂיהֶֽם׃ ל̇. ל̇
36 וַיַּעַבְד֥וּ אֶת־עֲצַבֵּיהֶ֑ם וַיִּהְי֖וּ[a] לָהֶ֣ם לְמוֹקֵֽשׁ׃
37 וַיִּזְבְּח֣וּ אֶת־בְּ֭נֵיהֶם וְאֶת־בְּנֽוֹתֵיהֶ֗ם לַשֵּֽׁדִים׃ ב̇
38 וַיִּשְׁפְּכ֬וּ דָ֨ם נָקִ֗י [a]דַּם־בְּנֵיהֶ֣ם וּ֭בְנוֹתֵיהֶם אֲשֶׁ֣ר זִ֭בְּחוּ לַעֲצַבֵּ֣י ל̇[14]
כְנָ֑עַן[a] וַתֶּחֱנַ֥ף הָ֝אָ֗רֶץ בַּדָּמִֽים׃ ל̇. ל̇
39 וַיִּטְמְא֥וּ בְמַעֲשֵׂיהֶ֑ם וַ֝יִּזְנ֗וּ בְּמַֽעַלְלֵיהֶֽם׃ ל̇[14]
40 וַיִּֽחַר־אַ֣ף יְהוָ֣ה בְּעַמּ֑וֹ וַ֝יְתָעֵ֗ב אֶת־נַחֲלָתֽוֹ׃ ד̇ קמ̇ בליש
41 וַיִּתְּנֵ֥ם בְּיַד־גּוֹיִ֑ם וַֽיִּמְשְׁל֥וּ בָ֝הֶ֗ם שֹׂנְאֵיהֶֽם׃
42 וַיִּלְחָצ֥וּם אוֹיְבֵיהֶ֑ם וַ֝יִּכָּנְע֗וּ תַּ֣חַת יָדָֽם׃ ל̇. ו̇ מל
43 פְּעָמִ֪ים רַבּ֫וֹת יַצִּ֥ילֵ֑ם וְ֭הֵמָּה יַמְר֣וּ[a] בַעֲצָתָ֑ם[b] [c]וַ֝יָּמֹ֗כּוּ[d] בַּעֲוֺנָֽם[c]׃ ל̇
44 וַ֭יַּרְא[a] בַּצַּ֣ר לָהֶ֑ם בְּ֝שָׁמְע֗וֹ אֶת־רִנָּתָֽם׃ ג̇[15]
45 וַיִּזְכֹּ֣ר לָהֶ֣ם בְּרִית֑וֹ וַ֝יִּנָּחֵ֗ם[a] כְּרֹ֣ב חֲסָדָֽו[b]׃ ב̇ וחד מן ה̇[16] בטע. ה̇. ג̇[17]. חסדיו ק̇
46 וַיִּתֵּ֣ן אוֹתָ֣ם לְרַחֲמִ֑ים לִ֝פְנֵ֗י כָּל־שׁוֹבֵיהֶֽם׃ ה̇ מל בכתיב. ג̇ מל[18]
47 הוֹשִׁיעֵ֤נוּ ׀ [a]יְהוָ֤ה אֱלֹהֵ֗ינוּ[a] וְקַבְּצֵנוּ[b] מִֽן־הַגּ֫וֹיִ֥ם ב̇
לְ֭הֹדוֹת לְשֵׁ֣ם קָדְשֶׁ֑ךָ לְ֝הִשְׁתַּבֵּ֗חַ[c] בִּתְהִלָּתֶֽךָ[d]׃ ב̇
48 בָּֽרוּךְ־יְהוָ֨ה אֱלֹהֵ֪י יִשְׂרָאֵ֡ל מִן־הָעוֹלָ֨ם ׀ וְעַ֬ד הָעוֹלָ֗ם
וְאָמַ֣ר כָּל־הָעָ֣ם אָ֭מֵן[a]
[b]הַֽלְלוּ־יָֽהּ[b]׃ יג̇ ס״פ

107 ק̇ז 1 הֹד֣וּ לַיהוָ֣ה כִּי־ט֑וֹב כִּ֖י לְעוֹלָ֣ם חַסְדּֽוֹ׃ ל̇ חס
2 יֹ֭אמְרוּ גְּאוּלֵ֣י יְהוָ֑ה אֲשֶׁ֥ר גְּ֝אָלָ֗ם מִיַּד־צָֽר׃

[12] וחד יבטא Lv 5,4. [13] Mm 2145. [14] Mm 3379. [15] Mm 485. [16] Mp sub loco. [17] Mm 2436. [18] Mm 3380.

33 [a] frt l c 2 Mss 𝔊𝔖 Hier הֵמֵירוּ ‖ **36** [a] mlt Mss 𝔊𝔗 וַיְהִי ‖ **38** [a–a] gl, dl ‖ **43** [a] 𝔊𝔖𝔗 + suff 3 sg ‖ [b] Ms + אֶת עֲצָתוֹ; l frt ־תוֹ cf 13 ‖ [c–c] prb gl, dl ‖ [d] prb l c Ms וַיִּמַּקּוּ cf Lv 26,39 ‖ **44** [a] Ms 𝔊^{AL} + יהוה ‖ **45** [a] 𝔖 *wdbr ʾnwn* = וַיְנַ' ‖ [b] ℭ mlt Mss 𝔖𝔗 ut Q, K 𝔊 Hier חֲסָדוֹ ‖ **47** [a–a] 1 Ch 16,35 אֱלֹהֵי יִשְׁעֵנוּ ‖ [b] pc Mss et 1 Ch 16,35 + וְהַצִּילֵנוּ ‖ [c] nonn Mss 𝔖𝔙 ול' ‖ [d] ℭ𝔖 עם נחלתך ‖ **48** [a] 𝔊 bis cf 𝔖 ‖ [b–b] 𝔊 cj c 107; > 𝔖.

3 וּמֵאֲרָצ֗וֹת[a] קִ֫בְּצָ֥ם מִמִּזְרָ֥ח וּמִֽמַּעֲרָ֑ב מִצָּפ֥וֹן[b] וּמִיָּֽם[c]׃ ב̇ . ג̇[2] . ב̇[1]
4 תָּע֣וּ[a] בַ֭מִּדְבָּר בִּישִׁימ֣וֹן[b] דָּ֑רֶךְ עִ֥יר מ֝וֹשָׁ֗ב לֹ֣א מָצָֽאוּ׃
5 רְעֵבִ֥ים גַּם־צְמֵאִ֑ים נַ֝פְשָׁ֗ם בָּהֶ֥ם תִּתְעַטָּֽף׃ ל̇
6 וַיִּצְעֲק֣וּ אֶל־יְ֭הוָה בַּצַּ֣ר לָהֶ֑ם מִ֝מְּצ֥וּקוֹתֵיהֶ֗ם[a] יַצִּילֵֽם׃ ז̇[3] . ג̇ ול מל
7 וַ֭יַּדְרִיכֵם בְּדֶ֣רֶךְ יְשָׁרָ֑ה לָ֝לֶ֗כֶת אֶל־עִ֥יר מוֹשָֽׁב׃ ל̇
8 יוֹד֣וּ לַיהוָ֣ה חַסְדּ֑וֹ[a] וְ֝נִפְלְאוֹתָ֗יו לִבְנֵ֥י אָדָֽם׃
9 כִּֽי־הִ֭שְׂבִּיעַ נֶ֣פֶשׁ שֹׁקֵקָ֑ה וְנֶ֥פֶשׁ רְ֝עֵבָ֗ה[a] מִלֵּא־טֽוֹב[b]׃ ב̇ חד חס וחד מל
10 יֹ֭שְׁבֵי חֹ֣שֶׁךְ וְצַלְמָ֑וֶת אֲסִירֵ֖י עֳנִ֣י וּבַרְזֶֽל׃ ב̇ בכתיב
11 כִּֽי־הִמְר֥וּ אִמְרֵי־אֵ֑ל וַעֲצַ֖ת עֶלְי֣וֹן נָאָֽצוּ׃
12 וַיַּכְנַ֣ע[a] בֶּעָמָ֣ל לִבָּ֑ם כָּ֝שְׁל֗וּ וְאֵ֣ין עֹזֵֽר׃ ב̇[4] . ו̇[5]
13 וַיִּזְעֲק֣וּ אֶל־יְ֭הוָה בַּצַּ֣ר לָהֶ֑ם מִ֝מְּצֻֽקוֹתֵיהֶ֗ם[a] יוֹשִׁיעֵֽם׃ ג̇
14 י֭וֹצִיאֵם מֵחֹ֣שֶׁךְ וְצַלְמָ֑וֶת וּמוֹסְר֖וֹתֵיהֶ֣ם יְנַתֵּֽק׃ ל̇
15 יוֹד֣וּ לַיהוָ֣ה חַסְדּ֑וֹ[a] וְ֝נִפְלְאוֹתָ֗יו לִבְנֵ֥י אָדָֽם׃
16 כִּֽי־שִׁ֭בַּר דַּלְת֣וֹת נְחֹ֑שֶׁת וּבְרִיחֵ֖י בַרְזֶ֣ל גִּדֵּֽעַ׃ ב̇
17 אֱ֭וִלִים[a] מִדֶּ֣רֶךְ פִּשְׁעָ֑ם וּ֝מֵעֲוֺנֹתֵיהֶ֗ם יִתְעַנּֽוּ׃ ה̇ חס[6]
18 כָּל־אֹ֭כֶל תְּתַעֵ֣ב נַפְשָׁ֑ם וַ֝יַּגִּ֗יעוּ עַד־שַׁ֥עֲרֵי מָֽוֶת׃ ל̇
19 וַיִּזְעֲק֣וּ אֶל־יְ֭הוָה בַּצַּ֣ר לָהֶ֑ם מִ֝מְּצֻֽקוֹתֵיהֶ֗ם[a] יוֹשִׁיעֵֽם׃ ג̇
20 יִשְׁלַ֣ח דְּ֭בָרוֹ וְיִרְפָּאֵ֑ם וִ֝ימַלֵּ֗ט[a] מִשְּׁחִיתוֹתָֽם[b]׃ ל̇ . ל̇[7]
׆ 21 יוֹד֣וּ לַיהוָ֣ה חַסְדּ֑וֹ[a] וְ֝נִפְלְאוֹתָ֗יו לִבְנֵ֥י אָדָֽם׃
׆ 22 וְ֭יִזְבְּחוּ זִבְחֵ֣י תוֹדָ֑ה וִֽיסַפְּר֖וּ מַעֲשָׂ֣יו בְּרִנָּֽה׃ ב̇ . ג̇
׆ 23 יוֹרְדֵ֣י הַ֭יָּם בָּאֳנִיּ֑וֹת עֹשֵׂ֥ה[a] מְ֝לָאכָ֗ה בְּמַ֣יִם רַבִּֽים׃ ד̇[8] . י̇ן כת י̇[9] . ד̇[10] . ז̇ רפי[11]
׆ 24 הֵ֣מָּה רָ֭אוּ מַעֲשֵׂ֣י[a] יְהוָ֑ה וְ֝נִפְלְאוֹתָ֗יו בִּמְצוּלָֽה׃ יט ר״פ[12] . יא כת י̇[13]
׆ 25 וַיֹּ֗אמֶר[a] וַֽ֭יַּעֲמֵד[b] ר֣וּחַ סְעָרָ֑ה וַתְּרוֹמֵ֥ם[c] גַּלָּֽיו[d]׃ ד̇[14] וכל ד״ה דכות ב̇ מ̇ ז̇

Ps 107 [1]Mm 3100. [2]Mm 3381. [3]Mm 402. [4]Mm 3382. [5]Mm 2129. [6]Mm 3383. [7]Mm 3058. [8]Mm 1211. [9]Mm 627. [10]Mm 1946 [11]Mm 753. [12]Mm 1497. [13]Mm 2706. [14]Mm 903.

Ps 107,3 [a] 𝔊 om cop; 𝔖 *wmn klhjn ʾrʿt* = ־וּמִכָּל־א׳ ‖ [b] mlt Mss 𝔊𝔖 ומ׳ ut 28 ‖ [c] 𝔗 + (*str*) *drwmʾ* austri; prp וּמִיָּמִין ‖ **4** [a] l תֹּעֵי cf 10.23 ‖ [b] huc tr ^ cf 𝔊𝔖 ‖ **6** [a] pc Mss 𝔊𝔖 ומ׳ ‖ **8** [a] 𝔊 Hier pl, 𝔖 *zdjqwhj* = חֲסָדָיו ‖ **9** [a] cf 2,2b ‖ [b] > 𝔖̂ ‖ **12** [a] 𝔊 *καὶ ἐταπεινώθη* = וַיִּכָּנַע ‖ **13** [a] ut 6[a] ‖ **15** [a] ut 8[a] ‖ **17** [a] 𝔊(𝔖) *ἀντελάβετο αὐτῶν* = עֲזָרָם; prp אֻמְלָלִים vel חוֹלִים ‖ **19** [a] ut 6[a] ‖ **20** [a] 𝔊𝔖 + suff 3 pl ‖ [b] 𝔗 בִּשְׁ׳; l prb מִשַּׁחַת חַיָּתָם cf 103,4 ‖ **21** [a] ut 8[a] ‖ **23** [a] 𝔗 pc Mss עֹ(ו)שֵׂה ‖ **24** [a] 𝔗 mlt Mss מעשה ‖ **25** [a] > 𝔖 ‖ [b] 𝔊 *καὶ ἔστη* = ־מֹד ‖ [c] 𝔊(𝔖𝔗) *καὶ ὑψώθη* = וַיָּרֹמּוּ vel וַיִּרוֹמֵם ‖ [d] 𝔖 *gllwhj djmʾ*, l prb גַּלֵּי הַיָּם.

׆ 26 יַעֲל֣וּ שָׁ֭מַיִם יֵרְד֣וּ[a] תְהוֹמ֑וֹת נַ֝פְשָׁ֗ם בְּרָעָ֥ה תִתְמוֹגָֽג׃ ה[15] . ד מל

27 יָח֣וֹגּוּ וְ֭יָנוּעוּ כַּשִּׁכּ֑וֹר וְכָל־חָ֝כְמָתָ֗ם תִּתְבַּלָּֽע׃

28 וַיִּצְעֲק֣וּ אֶל־יְ֭הוָה בַּצַּ֣ר לָהֶ֑ם וּ֝מִמְּצ֥וּקֹתֵיהֶ֗ם יוֹצִיאֵֽם׃ ז[16]

29 יָקֵ֣ם סְ֭עָרָה לִדְמָמָ֑ה וַ֝יֶּחֱשׁ֗וּ גַּלֵּיהֶֽם[a]׃ ג[17] . ל

30 וַיִּשְׂמְח֥וּ כִֽי־יִשְׁתֹּ֑קוּ וַ֝יַּנְחֵ֗ם אֶל־מְח֥וֹז חֶפְצָֽם׃ ז[18]

31 יוֹד֣וּ לַיהוָ֣ה חַסְדּ֑וֹ[a] וְ֝נִפְלְאוֹתָ֗יו לִבְנֵ֥י אָדָֽם׃

32 וִֽ֭ירֹמְמוּהוּ בִּקְהַל־עָ֑ם וּבְמוֹשַׁ֖ב זְקֵנִ֣ים יְהַלְלֽוּהוּ׃ ל ומל . ב . ב חד ר״פ וחד ס״פ[19]

33 יָשֵׂ֣ם נְהָר֣וֹת לְמִדְבָּ֑ר וּמֹצָ֥אֵי מַ֝֗יִם לְצִמָּאֽוֹן׃

34 אֶ֣רֶץ פְּ֭רִי לִמְלֵחָ֑ה מֵ֝רָעַ֗ת יֹ֣שְׁבֵי בָֽהּ׃ יג ר״פ . לד מל[20]

35 יָשֵׂ֣ם מִ֭דְבָּר לַאֲגַם־מַ֑יִם וְאֶ֥רֶץ צִ֝יָּ֗ה לְמֹצָ֥אֵי מָֽיִם׃ ג . ג פת[21]

36 וַיּ֣וֹשֶׁב שָׁ֣ם רְעֵבִ֑ים וַ֝יְכוֹנְנ֗וּ עִ֣יר מוֹשָֽׁב׃ ד[22]

37 וַיִּזְרְע֣וּ שָׂ֭דוֹת וַיִּטְּע֣וּ כְרָמִ֑ים וַ֝יַּעֲשׂ֗וּ פְּרִ֣י תְבוּאָֽה׃

38 וַיְבָרְכֵ֣ם וַיִּרְבּ֣וּ מְאֹ֑ד וּ֝בְהֶמְתָּ֗ם לֹ֣א יַמְעִֽיט׃ ל

39 [a]וַיִּמְעֲט֥וּ וַיָּשֹׁ֑חוּ מֵעֹ֖צֶר רָעָ֣ה וְיָגֽוֹן׃

׆[23] 40 [a]שֹׁפֵ֣ךְ בּ֭וּז עַל־נְדִיבִ֑ים וַ֝יַּתְעֵ֗ם בְּתֹ֣הוּ לֹא־דָֽרֶךְ׃

41 וַיְשַׂגֵּ֣ב אֶבְי֣וֹן מֵע֑וֹנִי[a] וַיָּ֥שֶׂם כַּ֝צֹּ֗אן מִשְׁפָּחֽוֹת׃ ב . ל ומל . פד

42 יִרְא֣וּ יְשָׁרִ֣ים וְיִשְׂמָ֑חוּ וְכָל־עַ֝וְלָ֗ה קָ֣פְצָה פִּֽיהָ׃

43 מִי־חָכָ֥ם וְיִשְׁמָר־אֵ֑לֶּה וְ֝יִתְבּֽוֹנְנ֗וּ[a] חַֽסְדֵ֥י יְהוָֽה׃ ל ומל

108 קח 1 שִׁ֖יר מִזְמ֣וֹר לְדָוִֽד[a]׃ ה . ג בטע בליש

2 נָכ֣וֹן לִבִּ֣י אֱלֹהִ֑ים[a] ב פסוק דמטע[1]

אָשִׁ֥ירָה וַ֝אֲזַמְּרָ֗ה אַף[b]־כְּבוֹדִֽי[c]׃

3 ע֭וּרָה הַנֵּ֥בֶל וְכִנּ֗וֹר אָעִ֥ירָה שָּֽׁחַר׃ ב פסוק דמטע[1] . ו בכתיב

4 אוֹדְךָ֖ בָעַמִּ֥ים ׀ יְהוָ֑ה[a] וַ֝אֲזַמֶּרְךָ֗[b] בַּל־אֻמִּֽים[c]׃ ב פסוק דמטע[1]

5 כִּֽי־גָד֣וֹל מֵֽעַל[a]־שָׁמַ֣יִם חַסְדֶּ֑ךָ וְֽעַד־שְׁחָקִ֥ים אֲמִתֶּֽךָ׃ ל

[15] Mm 2743. [16] Mm 402. [17] Mm 1535. [18] Mm 1653. [19] Ps 69,35. [20] Mp contra textum, cf Mp sub loco. [21] Mm 1097. [22] Mm 2152. [23] Mp sub loco. **Ps 108** [1] Mm 3384.

26 [a] 𝔊𝔖 pr cop ‖ **29** [a] ut 25[d] ‖ **31** [a] ut 8[a] ‖ **39** [a] tr post 40 ‖ **40** [a] cf Hi 12,21.24 ‖ **41** [a] > 𝔖 ‖ **43** [a] 𝔖𝔗[p] sg ‖ **Ps 108,1** [a] pc Mss לְאָסָף ‖ **2** [a] frt ins c pc Mss 𝔊𝔖 et 57,8 נכון לבי ‖ [b] 𝔊(𝔖) ἐν, 57,9 עוּרָה ‖ [c] prp כְּבֵדִי ‖ **4** [a] 57,10 אֲדֹנָי ‖ [b] l c pc Mss et 57,10 'א; 𝔖 *wlšmk 'zmr* = וְשִׁמְךָ א' ‖ [c] cf 44,15[a] ‖ **5** [a] pc Mss 𝔖 et 57,11 עַד.

6 ר֣וּמָה עַל־שָׁמַ֣יִם אֱלֹהִ֑ים וְעַ֖לa כָּל־הָאָ֣רֶץ כְּבוֹדֶֽךָ׃ ב פסוק דמטע[2]
7 לְ֭מַעַן יֵחָלְצ֣וּן יְדִידֶ֑יךָ הוֹשִׁ֖יעָה יְמִֽינְךָ֣ וַעֲנֵֽנִי׃ [אֲמַדֵּֽד׃ ב . ועניני כן כת[3] [ב
8 אֱלֹהִ֤ים ׀ דִּבֶּ֥ר בְּקָדְשׁ֗וֹ אֶ֫עְלֹ֥זָהa אֲחַלְּקָ֥ה שְׁכֶ֑ם וְעֵ֖מֶק סֻכּ֣וֹת ג ב חס וחד מל[4]
9 לִ֤י גִלְעָ֨ד ׀ לִ֬יa מְנַשֶּׁ֗ה וְ֭אֶפְרַיִם מָע֣וֹז רֹאשִׁ֑י יְ֝הוּדָ֗ה מְחֹקְקִֽי׃ ב פסוק דמטע[2] . כו
10 מוֹאָ֤ב ׀ סִ֬יר רַחְצִ֗י עַל־אֱ֭דוֹם אַשְׁלִ֣יךְ נַעֲלִ֑י aעֲלֵי־פְ֝לֶ֗שֶׁת ב פסוק דמטע[2]
11 מִ֣י יֹ֭בִלֵנִי עִ֣יר מִבְצָ֑רa מִ֖י נָחַ֣נִיb עַד־אֱדֽוֹם׃ [אֶתְרוֹעָֽעa׃ ב וחס . ב פסוק דמטע[2] . [ב[2] פסוק דמטע ול כת מל
12 הֲלֹֽאa־אֱלֹהִ֥ים זְנַחְתָּ֑נוּ וְֽלֹא־תֵצֵ֥א אֱ֝לֹהִ֗יםb בְּצִבְאֹתֵֽינוּ׃ ב פסוק דמטע[2] . ו[5] . ג
13 הָֽבָה־לָּ֣נוּ עֶזְרָ֣תa מִצָּ֑ר וְ֝שָׁ֗וְא תְּשׁוּעַ֥ת אָדָֽם׃
14 בֵּֽאלֹהִ֥ים נַעֲשֶׂה־חָ֑יִל וְ֝ה֗וּא יָב֥וּס צָרֵֽינוּa׃

109 קט 1 לַמְנַצֵּ֗חַ לְדָוִ֥ד מִזְמ֑וֹר [עָלַ֣י פָּתָ֑חוּc ד
אֱלֹהֵ֥יa תְ֝הִלָּתִ֗י אַל־תֶּחֱרַֽשׁ׃ 2 כִּ֤י פִ֪י רָשָׁ֡עa bוּֽפִי־מִ֭רְמָהb ל . נה בטע ר״פ בסיפ
דִּבְּר֥וּd אִ֝תִּ֗י לְשׁ֣וֹן שָֽׁקֶר׃ 3 וְדִבְרֵ֣יa שִׂנְאָ֣ה סְבָב֑וּנִי וַ֝יִּֽלָּחֲמ֗וּנִי ה[1] ג[2] מנה ר״פ
4 aתַּֽחַת־אַהֲבָתִ֥יa יִשְׂטְנ֑וּנִי וַאֲנִ֥י תְפִלָּֽהb׃ [חִנָּֽם׃ ב וכן למערב[3]
5 aוַיָּ֤שִׂ֪ימוּ עָלַ֣יa רָ֭עָה תַּ֣חַת טוֹבָ֑ה וְ֝שִׂנְאָ֗ה תַּ֣חַת אַהֲבָתִֽיb׃ לה[4] ה[5] מנה בכתיב
6 הַפְקֵ֣ד עָלָ֣יו רָשָׁ֑ע וְ֝שָׂטָ֗ן יַעֲמֹ֥ד עַל־יְמִינֽוֹ׃ ב[6] . ל[7]
7 בְּ֭הִשָּׁ֣פְטוֹ יֵצֵ֣א רָשָׁ֑ע וּ֝תְפִלָּת֗וֹ תִּהְיֶ֥ה לַחֲטָאָֽה׃ ב חד ר״פ וחד ס״פ[8]
8 יִֽהְיוּ־יָמָ֥יו מְעַטִּ֑ים פְּ֝קֻדָּת֗וֹa יִקַּ֥ח אַחֵֽר׃ ב[9]
9 יִֽהְיוּ־בָנָ֥יו יְתוֹמִ֑ים וְ֝אִשְׁתּ֗וֹa אַלְמָנָֽה׃
10 וְנ֤וֹעַ יָנ֣וּעוּ בָנָ֣יו וְשִׁאֵ֑לוּ וְ֝דָרְשׁ֗וּa מֵחָרְבוֹתֵיהֶֽם׃ ל . ל . ל חטף . ל
11 יְנַקֵּ֣שׁa נ֭וֹשֶׁה לְכָל־אֲשֶׁר־ל֑וֹ וְיָבֹ֖זּוּ זָרִ֣ים יְגִיעֽוֹ׃ ל . ל
12 אַל־יְהִי־ל֭וֹ מֹשֵׁ֣ךְ חָ֑סֶד וְֽאַל־יְהִ֥י ח֝וֹנֵ֗ן לִיתוֹמָֽיו׃ ב חד חס וחד מל בליש

[2] Mm 3384. [3] Cf Mm 3811. [4] Mm 3123. [5] Mm 2886. **Ps 109** [1] Mm 3438. [2] Mm 3385. [3] Mm 3386. [4] Mp sub loco. [5] Mm 4219. [6] Mm 3387. [7] Mm 3148. [8] Mm 3265. [9] Mm 3388.

6 a l c nonn Mss et 57,12 על ‖ **8** a Ms ואעלה, 𝔊 *ὑψωθήσομαι*, prp אַעַל־זֶה cf Nu 13, 17 ‖ **9** a mlt Mss 𝔊𝔖 et 60,9 וְלִי ‖ **10** a–a 𝔊 *ἐμοὶ ἀλλόφυλοι ὑπετάγησαν* = עָלַי פ׳ הִתְרוֹעָעִי ut 60,10 ‖ **11** a mlt Mss et 60,11 מָצוֹר ‖ b cf 60,11 b ‖ **12** a pc Mss 𝔊𝔖 et 60,12 + אַתָּה ‖ b > pc Mss 𝔖 cf 60,12 b ‖ **13** a 2 Mss עזרה ‖ **14** a pc Mss קָמֵינוּ ‖ **Ps 109,1** a pc Mss 𝔊𝔗 אלהים ‖ **2** a prp רֶשַׁע ‖ b–b Ms Sa 𝔏p וּמִ׳; prb dl ‖ c 𝔊(𝔖 Hier) *ἠνοίχθη* = נִפְתָּח(וּ) vel פָּתוּחַ ‖ d Ms דִּבֶּר ‖ **3** a 𝔗 *wmmllj* = וְדִ׳, l 𝔐 ‖ **4** a–a dl cf 5 ‖ b 𝔊(𝔖𝔗) *προσευχόμην*, 𝔖 + *ʿljhwn*, l frt תפלתי לָהֶם ‖ **5** a–a 𝔖 *prʿwnj* = וַיָּשִׁיבוּ עלי ‖ b 𝔖 om suff, l frt אהבָה ‖ **8** a pc Mss 𝔊𝔖 וּפְ׳ ‖ **9** a cf 2,2 b ‖ **10** a 𝔊 *ἐκβληθήτωσαν*, l prb יְגֹרְשׁוּ ‖ **11** a 𝔊 *ἐξερευνησάτω*, prp יְחַפֵּשׂ vel יְבַקֵּשׁ.

13 יְהִֽי־אַחֲרִית֥וֹ לְהַכְרִ֑ית בְּד֥וֹר אַ֝חֵ֗ר[a] יִמַּ֥ח שְׁמָֽם[b]׃

14 יִזָּכֵ֤ר ׀ עֲוֺ֣ן אֲ֭בֹתָיו [a]אֶל־יְהוָ֑ה[a] וְחַטַּ֥את אִ֝מּ֗וֹ אַל־תִּמָּֽח׃ ל

15 יִהְי֣וּ נֶגֶד־יְהוָ֣ה תָּמִ֑יד וְיַכְרֵ֖ת[a] מֵאֶ֣רֶץ זִכְרָֽם׃ ל[10]

16 יַ֗עַן אֲשֶׁ֤ר ׀ לֹ֥א זָכַר֮ עֲשׂ֪וֹת חָ֥סֶד וַיִּרְדֹּ֡ף אִישׁ־[a]עָנִ֣י וְ֭אֶבְיוֹן

וְנִכְאֵ֥ה[b] לֵ֝בָ֗ב לְמוֹתֵֽת[c]׃ [ל . כן בטע[11] . ל

17 וַיֶּאֱהַ֣ב קְ֭לָלָה וַתְּבוֹאֵ֑הוּ[a] וְלֹא־חָפֵ֥ץ בִּ֝בְרָכָ֗ה וַתִּרְחַ֥ק[b] ל וכת כן

18 וַיִּלְבַּ֥שׁ קְלָלָ֗ה כְּמַ֫דּ֥וֹ וַתָּבֹ֣א[a] כַמַּ֣יִם בְּקִרְבּ֑וֹ [מִמֶּֽנּוּ׃ ב חס בכתיב

וְ֝כַשֶּׁ֗מֶן בְּעַצְמוֹתָֽיו׃

19 תְּהִי־ל֭וֹ כְּבֶ֣גֶד יַעְטֶ֑ה[a] וּ֝לְמֵ֗זַח תָּמִ֥יד יַחְגְּרֶֽהָ׃ ד[12] . ל . ל

20 זֹ֤את פְּעֻלַּ֣ת שֹׂ֭טְנַי [a]מֵאֵ֣ת יְהוָ֑ה[a] וְהַדֹּבְרִ֥ים רָ֝֗ע עַל־נַפְשִֽׁי׃ ל

21 וְאַתָּ֤ה ׀ יְהוִ֬ה אֲדֹנָ֗י עֲשֵֽׂה־אִ֭תִּי[a] לְמַ֣עַן שְׁמֶ֑ךָ ה[13]

[b]כִּי־ט֥וֹב[b] חַ֝סְדְּךָ֗ הַצִּילֵֽנִי[c]׃ 22 כִּי־עָנִ֣י וְאֶבְי֣וֹן אָנֹ֑כִי וְ֝לִבִּ֗י

23 כְּצֵל־כִּנְטוֹת֥וֹ[a] נֶהֱלָ֑כְתִּי נִ֝נְעַ֗רְתִּי כָּאַרְבֶּֽה׃ [חָלַ֥ל[a] בְּקִרְבִּֽי׃ ד[15] . ל . ל . ל . ל . ה ול בסיפ [ל . יא[14]

24 בִּ֭רְכַּי כָּשְׁל֣וּ מִצּ֑וֹם וּ֝בְשָׂרִ֗י כָּחַ֥שׁ מִשָּֽׁמֶן׃ ל

25 וַאֲנִ֤י ׀ הָיִ֣יתִי חֶרְפָּ֣ה לָהֶ֑ם יִ֝רְא֗וּנִי יְנִיע֥וּן רֹאשָֽׁם׃ סז ר"פ לג מנה בכתיב

26 עָ֭זְרֵנִי יְהוָ֣ה אֱלֹהָ֑י ה֖וֹשִׁיעֵ֣נִי כְחַסְדֶּֽךָ[a]׃ ב פסוק דמטע בסיפ[16]

27 וְֽיֵדְע֗וּ כִּי־יָ֣דְךָ זֹּ֑את אַתָּ֖ה[a] יְהוָ֣ה עֲשִׂיתָֽהּ[b]׃ יא[17] . ל

28 יְקַלְלוּ[a]־הֵמָּה֮ וְאַתָּ֪ה תְבָ֫רֵ֥ךְ [b]קָ֤מוּ ׀ וַיֵּבֹ֗שׁוּ[b] וְֽעַבְדְּךָ֥ יִשְׂמָֽח׃ ב[18]

29 יִלְבְּשׁ֣וּ שׂוֹטְנַ֣י כְּלִמָּ֑ה וְיַעֲט֖וּ כַמְעִ֣יל בָּשְׁתָּֽם׃ ל מל . ל . ב[19] . ד

30 א֘וֹדֶ֤ה יְהוָ֣ה מְאֹ֣ד בְּפִ֑י וּבְת֖וֹךְ רַבִּ֣ים[a] אֲהַֽלְלֶֽנּוּ׃

31 כִּֽי־יַ֭עֲמֹד[a] לִימִ֣ין אֶבְי֑וֹן לְ֝הוֹשִׁ֗יעַ מִשֹּׁפְטֵ֥י[b] נַפְשֽׁוֹ[c]׃ ל וחס . ג דמטע

[10] Mp sub loco. [11] Mm 3389. [12] Mm 2703. [13] Mm 3311. [14] Mm 2580. [15] Mm 2324. [16] Mm 3251 et Mm 3313. [17] Mm 1625. [18] Mm 3390. [19] Mm 3391.

13 [a] 𝔊 *μιᾷ* = אֶחָד ‖ [b] ℭ mlt Mss 𝔊$^{-R}$ שְׁמוֹ ‖ **14** [a–a] > 𝔖, frt dl ‖ **15** [a] 2 Mss 𝔊 Hier וְיִכָּרֵת ‖ [b] 𝔊$^{RA al}$ suff sg ‖ **16** [a] > pc Mss 𝔊^{S}𝔖 ‖ [b] prb l c ℭ ־ָה; 𝔊 (α′σ′ Hier) *καὶ κατανενυγμένον* = (הַל׳) וּנְכֵא ‖ [c] 𝔖 *lmwt'*, l prb לַמָּוֶת ‖ **17** [a] l וּתְ׳ cf 𝔊 ‖ [b] l וַתְּ׳ cf 𝔊 ‖ **18** [a] l וְתָ׳ ‖ **19** [a] l frt ־ֵהוּ (hpgr) ‖ **20** [a–a] frt dl ‖ **21** [a] 𝔊 + *ἔλεος* ‖ [b–b] l prb כְּטוֹב cf 𝔗; hoc et sq cj c 22 ‖ [c] 𝔊 cj c 22 ‖ **22** [a] l prb חִלֵּל (a חיל) cf 𝔊𝔖𝔗 et 55,5 ‖ **23** [a] nonn Mss 𝔊 בְּנ׳ ‖ **26** [a] pc Mss בְּח׳, 𝔊^{S} + *μέγα* (ex 51,3) ‖ **27** [a] 2 Mss 𝔊𝔖 וְא׳ ‖ [b] mlt Mss ־תָ ‖ **28** [a] 𝔖 pass ‖ [b–b] 𝔊 *οἱ ἐπανιστανόμενοί μοι αἰσχυνθήτωσαν*, l prb ק׳ יֵ׳; > 𝔖 ‖ **30** [a] 𝔗 *ḥkjmj'* = חֲכָמִים ‖ **31** [a] 𝔔𝔊𝔖 עמד ‖ [b] 𝔊 *ἐκ τῶν καταδιωκόντων* = מֵרֹדְפִים ‖ [c] pc Mss 𝔊 נַפְשִׁי.

110 קי 1 לְדָוִ֗ד מִ֫זְמ֥וֹר ג ובטע
נְאֻ֤ם יְהוָ֨ה ׀ לַֽאדֹנִ֗י שֵׁ֥ב לִֽימִינִ֑י
עַד־אָשִׁ֥ית אֹ֝יְבֶ֗יךָ הֲדֹ֣ם לְרַגְלֶֽיךָ[a]׃ ל מל בכתיב[1]
2 מַטֵּֽה־עֻזְּךָ֗ יִשְׁלַ֣ח[a] יְ֭הוָה מִצִּיּ֑וֹן רְ֝דֵ֗ה[b] בְּקֶ֣רֶב אֹיְבֶֽיךָ׃ ב ר״פ[2]
3 [a]עַמְּךָ֣ נְדָבֹת֮[a] בְּי֪וֹם חֵ֫ילֶ֥ךָ[b] ל חס
בְּהַדְרֵי[c]־קֹ֭דֶשׁ מֵרֶ֣חֶם מִשְׁחָ֑ר[d] [e]לְ֝ךָ֗ טַ֣ל[e] יַלְדֻתֶֽיךָ[f]׃ ב פסוק דמטע בסיפ[3] . ל . ל וכת כן
4 נִשְׁבַּ֤ע יְהוָ֨ה ׀ וְלֹ֢א יִנָּ֫חֵ֥ם ד[4]
אַתָּֽה־כֹהֵ֥ן לְעוֹלָ֑ם עַל־דִּ֝בְרָתִ֗י[a] מַלְכִּי־צֶֽדֶק׃
5 אֲדֹנָ֥י[a] עַל־יְמִֽינְךָ֑[b] מָ֖חַץ בְּיוֹם־אַפּ֣וֹ מְלָכִֽים׃
6 יָדִ֣ין בַּ֭גּוֹיִם מָלֵ֣א גְוִיּ֑וֹת[a] מָ֥חַץ רֹ֝֗אשׁ[b] עַל־אֶ֥רֶץ רַבָּֽה׃ ב חד מל וחד חס . ט וכל על ארץ מצרים דאורית דכות[5]
7 מִ֭נַּחַל בַּדֶּ֣רֶךְ יִשְׁתֶּ֑ה עַל־כֵּ֝֗ן יָרִ֥ים[a] רֹֽאשׁ[b]׃ ד[6]

111 קיא 1 הַ֥לְלוּ יָ֨הּ ׀ יא ר״פ
(א) אוֹדֶ֣ה יְ֭הוָה בְּכָל־לֵבָ֑ב ל
(ב) בְּס֖וֹד יְשָׁרִ֣ים וְעֵדָֽה׃
2 (ג) גְּ֭דֹלִים מַעֲשֵׂ֣י[a] יְהוָ֑ה יא כת י[1]
(ד) דְּ֝רוּשִׁ֗ים לְכָל־[b]חֶפְצֵיהֶֽם[c]׃ ל . ל
3 (ה) ה֣וֹד־וְהָדָ֣ר פָּעֳל֑וֹ
(ו) וְ֝צִדְקָת֗וֹ עֹמֶ֥דֶת לָעַֽד׃ ג
4 (ז) זֵ֣כֶר עָ֭שָׂה לְנִפְלְאֹתָ֑יו
(ח) חַנּ֖וּן וְרַח֣וּם יְהוָֽה׃
5 (ט) טֶ֭רֶף נָתַ֣ן לִירֵאָ֑יו
(י) יִזְכֹּ֖ר לְעוֹלָ֣ם בְּרִיתֽוֹ׃

Ps 110 [1]Mm 1267. [2]Mm 840. [3]Mm 1849 et Mm 3313. [4]Mm 1403. [5]Mm 2946. [6]Mm 2193.
Ps 111 [1]Mm 2706.

Ps 110,1 [a] pc Mss ר׳, nonn Mss ־לך ‖ **2** [a] prp שְׁלַח cf רְדֵה ‖ [b] Ms 𝔊𝔗 ור׳, 𝔖 *wnštlṭ* = וְיִרְדֶּה cf יִשְׁלַח ‖ **3** [a–a] 𝔊 *μετὰ σοῦ ἡ ἀρχή* = עִמְּךָ נְדִבֹת? ‖ [b] prp חוֹלַלְךָ ‖ [c] prb l c 𝔗 mlt Mss σ′ Hier בהררי ‖ [d] 𝔊 (ο εβρ′ θ′𝔖) *πρὸ ἑωσφόρου* = מִשַּׁחַר; l prb שַׁחַר (מ dttg) ‖ [e–e] > 𝔊; prp כְּטַל ‖ [f] prb l c mlt Mss ο εβρ′ 𝔊𝔖 יְלִדְתִּיךָ ‖ **4** [a] nonn Mss ־תוֹ, 2 Mss ־ַת ‖ **5** [a] 𝔗 mlt Mss יהוה ‖ [b] 𝔗 ־ניך ‖ **6** [a] α′σ′ *ὡς φάραγγες* et Hier *valles* = גֵּאָיוֹת; prp בִּגְוִיּוֹת מְלֵא גֵאָיוֹת pro מ׳ ג׳ ‖ [b] Ms ראשי ‖ **7** [a] pc Mss 𝔖 יָרוּם ‖ [b] 𝔗 ראשי, 2 Mss 𝔖 ראשו, 3 Mss + הללויה (2 Mss om in 111,1) ‖ **Ps 111,2** [a] 𝔗 nonn Mss מעשה ‖ [b] Ms בְּכל ‖ [c] 𝔊 suff sg; 𝔖(𝔗) *dṣbjn bhwn* = חֲפֵ׳?

(כ) 6 כֹּ֣חַ מַ֭עֲשָׂיו הִגִּ֣יד לְעַמּ֑וֹ
(ל) לָתֵ֥ת לָ֝הֶ֗ם נַחֲלַ֥ת גּוֹיִֽם׃
(מ) 7 מַעֲשֵׂ֣י[a] יָ֭דָיו [b]אֱמֶ֣ת וּמִשְׁפָּ֑ט[b] יא כת י[2]
(נ) נֶ֝אֱמָנִ֗ים כָּל־[c]פִּקּוּדָֽיו׃ ב ול מל[3]
(ס) 8 סְמוּכִ֣ים לָעַ֣ד לְעוֹלָ֑ם ל. ב
(ע) עֲ֝שׂוּיִ֗ם בֶּאֱמֶ֥ת וְיָשָֽׁר׃[a]
(פ) 9 פְּד֤וּת ׀ שָׁ֘לַ֤ח לְעַמּ֗וֹ ג ב מל וחד חס[4]
(צ) צִוָּֽה־לְעוֹלָ֥ם בְּרִית֑וֹ
(ק) קָד֖וֹשׁ וְנוֹרָ֣א שְׁמֽוֹ׃ ל[5]
(ר) 10 רֵאשִׁ֤ית חָכְמָ֨ה ׀ יִרְאַ֬ת יְהוָ֗ה כח ס״י
(ש) שֵׂ֣כֶל ט֭וֹב לְכָל־עֹשֵׂיהֶ֑ם[a] ל בטע. ל
(ת) תְּ֝הִלָּת֗וֹ עֹמֶ֥דֶת לָעַֽד׃

112 קיב 1 הַ֥לְלוּ יָ֨הּ ׀ יא ר״פ
(א) אַשְׁרֵי־אִ֭ישׁ[a] יָרֵ֣א אֶת־[b]יְהוָ֑ה ל[1]
(ב) בְּ֝מִצְוֺתָ֗יו חָפֵ֥ץ מְאֹֽד׃
(ג) 2 גִּבּ֣וֹר[a] בָּ֭אָרֶץ יִהְיֶ֣ה זַרְע֑וֹ
(ד) דּ֖וֹר[b] יְשָׁרִ֣ים יְבֹרָֽךְ׃ ד ב פת וב קמ[2]
(ה) 3 הוֹן־וָעֹ֥שֶׁר בְּבֵית֑וֹ
(ו) וְ֝צִדְקָת֗וֹ עֹמֶ֥דֶת לָעַֽד׃ ג
(ז) 4 זָ֘רַ֤ח בַּחֹ֣שֶׁךְ א֭וֹר לַיְשָׁרִ֑ים ג[3]
(ח) חַנּ֖וּן וְרַח֣וּם וְצַדִּֽיק׃[a] ל[4]
(ט) 5 טֽוֹב־אִ֭ישׁ חוֹנֵ֣ן וּמַלְוֶ֑ה
(י) יְכַלְכֵּ֖ל דְּבָרָ֣יו בְּמִשְׁפָּֽט׃
(כ) 6 כִּֽי־לְעוֹלָ֥ם לֹֽא־יִמּ֑וֹט
(ל) לְזֵ֥כֶר ע֝וֹלָ֗ם יִהְיֶ֥ה צַדִּֽיק׃

[2] Mm 2706. [3] Mm 3369. [4] Mm 424. [5] Mm 3040. Ps 112 [1] וחד אשרי האיש Ps 1,1. [2] Mm 1744. [3] Mm 3253. [4] Mm 528.

7 [a] 𝔗 mlt Mss 𝔖 Hier שֵׂה– ‖ [b–b] l vel ′א vel ′מ? ‖ [c] 𝔗 pc Mss לְכל ‖ **8** [a] prb l c pc Mss Vrs וָיֹשֶׁר ‖ **10** [a] 𝔊𝔖 Hier suff 3 f sg ‖ **Ps 112,1** [a] o εβρ′ αεις = ′הָא cf 1,1 ‖ [b] > 𝔗 pc Mss ‖ **2** [a] prp גְּבִיר ‖ [b] 𝔖(𝔗) *bdr'* = בְּדוֹר ‖ **4** [a] pc Mss ′צ, Ms 𝔄 יהוה, 𝔊^R + *ὁ κύριος*, 𝔊^A(ℜ𝔏^p) + *κύριος ὁ θεός*; 𝔖 *'l zdjq'*.

(מ) 7 מִשְּׁמוּעָ֣ה רָ֭עָה לֹ֣א יִירָ֑א
(נ) נָכ֥וֹן לִ֝בּ֗וֹ בָּטֻ֥חַ בַּיהוָֽה׃ ב̇[5]
(ס) 8 סָמ֣וּךְ לִ֭בּוֹ לֹ֣א יִירָ֑א ב̇[6]. יב̇
(ע) עַ֖ד אֲשֶׁר־יִרְאֶ֣ה בְצָרָֽיו׃ ל̇
(פ) 9 פִּזַּ֤ר ׀ נָ֘תַ֤ן לָֽאֶבְיוֹנִ֗ים ב̇[7]
(צ) צִ֭דְקָתוֹ עֹמֶ֣דֶת לָעַ֑ד
(ק) קַ֝רְנ֗וֹ תָּר֥וּם בְּכָבֽוֹד׃
(ר) 10 רָשָׁ֤ע יִרְאֶ֨ה ׀ וְכָעָ֗ס ב̇ חד קמ̇ וחד פת̇
(ש) שִׁנָּ֣יו יַחֲרֹ֣ק וְנָמָ֑ס ב̇
(ת) תַּאֲוַ֖ת רְשָׁעִ֣ים תֹּאבֵֽד׃

113 קי̇ג 1 הַ֥לְלוּ יָ֨הּ ׀ יא̇ ר״פ
הַ֭לְלוּ עַבְדֵ֣י[a] יְהוָ֑ה הַֽ֝לְלוּ[b] אֶת־שֵׁ֥ם יְהוָֽה׃
2 יְהִ֤י שֵׁ֣ם יְהוָ֣ה מְבֹרָ֑ךְ מֵ֝עַתָּ֗ה[a] וְעַד־עוֹלָֽם׃ ג̇[1] . יב̇[2]
3 מִמִּזְרַח־שֶׁ֥מֶשׁ עַד[a]־מְבוֹא֑וֹ מְ֝הֻלָּ֗ל שֵׁ֣ם יְהוָֽה׃ ד̇ ג̇ מל̇ וחד חס̇[3] . ג̇ וחס̇[4]
4 רָ֖ם עַל־כָּל־גּוֹיִ֥ם ׀ יְהוָ֑ה עַ֖ל הַשָּׁמַ֣יִם כְּבוֹדֽוֹ׃
5 מִ֭י כַּיהוָ֣ה אֱלֹהֵ֑ינוּ הַֽ֝מַּגְבִּיהִ֗י לָשָֽׁבֶת׃ ד̇[5] . ל̇
6 הַֽמַּשְׁפִּילִ֥י לִרְא֑וֹת [a]בַּשָּׁמַ֥יִם וּבָאָֽרֶץ[a]׃ ל̇
7 [a]מְקִימִ֣י[b] מֵעָפָ֣ר דָּ֑ל[a] מֵ֝אַשְׁפֹּ֗ת[c] יָרִ֥ים אֶבְיֽוֹן׃ ל̇ ובטע̇ . ב̇ חס̇
8 לְהוֹשִׁיבִ֥י[a] [b]עִם־נְדִיבִ֑ים[b] עִ֝֗ם נְדִיבֵ֥י[c] עַמּֽוֹ[d]׃
9 מֽוֹשִׁיבִ֨י ׀ עֲקֶ֬רֶת הַבַּ֗יִת אֵֽם־הַבָּנִ֥ים שְׂמֵחָ֗ה ל̇ . ל̇
[a]הַֽלְלוּ־יָֽהּ[a]׃ יג̇ ס״פ

114 קי̇ד 1 בְּצֵ֣את יִ֭שְׂרָאֵל מִמִּצְרָ֑יִם בֵּ֥ית יַ֝עֲקֹ֗ב מֵעַ֥ם לֹעֵֽז׃
2 הָיְתָ֣ה יְהוּדָ֣ה לְקָדְשׁ֑וֹ יִ֝שְׂרָאֵ֗ל מַמְשְׁלוֹתָֽיו[a]׃ ה̇ ר״פ[1] . ל̇ ומל̇
3 הַיָּ֣ם רָ֭אָה וַיָּנֹ֑ס הַ֝יַּרְדֵּ֗ן יִסֹּ֥ב לְאָחֽוֹר׃

[5]Mm 2301. [6]Mp sub loco. [7]Ps 53,6, וחד בזר Ps 68,31. **Ps 113** [1]Mm 3392. [2]Mm 2487. [3]Mm 3372. [4]Mm 1837. [5]Mm 421. **Ps 114** [1]Mm 2522.

Ps 113,1 [a] 𝔊 α′σ′θ′ Hier vocativus = עֲבָדִים? cf 135,1[b] ‖ [b] cf 2,2[b] ‖ **2** [a] 𝔖 *mn ʿlm* ‖ **3** [a] mlt Mss 𝔊[AR min] α′σ′ וְעַד ‖ **6** [a–a] prb tr post 5a ‖ **7** [a–a] > 𝔖 ‖ [b] 1 S 2,8 ־ם ‖ [c] pc Mss 𝔊 Hier 'וּמֵ ‖ **8** [a] 𝔊𝔖 Hier suff 3 sg ‖ [b–b] > Ms 𝔖 ‖ [c] Ms ־בִים ‖ [d] 𝔖 om suff ‖ **9** [a–a] 𝔊 cj c sq ‖ **Ps 114,2** [a] Ms 'לְמַ, 𝔊(𝔖 Hier) *ἐξουσία αὐτοῦ* = לְמֶמְשַׁלְתּוֹ.

4 הֶהָרִים רָקְדוּ כְאֵילִים גְּבָעוֹת[a] כִּבְנֵי־צֹאן׃ ג[2]
5 מַה־לְּךָ הַיָּם כִּי תָנוּס הַיַּרְדֵּן[a] תִּסֹּב לְאָחוֹר׃
6 הֶהָרִים[a] תִּרְקְדוּ כְאֵילִים גְּבָעוֹת[b] כִּבְנֵי־צֹאן׃ ג[2]
7 מִלִּפְנֵי אָדוֹן [a]חוּלִי[b] אָרֶץ[a] מִלִּפְנֵי אֱלוֹהַּ[c] יַעֲקֹב׃ ל̇. ל̇
8 הַהֹפְכִי הַצּוּר אֲגַם־מָיִם חַלָּמִישׁ[a] לְמַעְיְנוֹ־מָיִם׃ ל̇. ל̇

115 1 לֹא[a] לָנוּ יְהוָה לֹא לָנוּ כִּי־לְשִׁמְךָ תֵּן כָּבוֹד[b]
[c]עַל־חַסְדְּךָ עַל[d]־אֲמִתֶּךָ[c]׃ כא פסוק על על ומילה חדה ביניה[1]. ל̇
2 לָמָּה יֹאמְרוּ הַגּוֹיִם אַיֵּה־נָא[a] אֱלֹהֵיהֶם׃
3 וֵאלֹהֵינוּ בַשָּׁמָיִם כֹּל אֲשֶׁר־חָפֵץ עָשָׂה׃
4 עֲצַבֵּיהֶם[a] כֶּסֶף וְזָהָב מַעֲשֵׂה[b] יְדֵי אָדָם׃
5 פֶּה־לָהֶם וְלֹא יְדַבֵּרוּ עֵינַיִם לָהֶם וְלֹא יִרְאוּ׃ ב̇ בסיפ̇. כ̇ח̇[2]
6 אָזְנַיִם לָהֶם וְלֹא יִשְׁמָעוּ אַף לָהֶם וְלֹא יְרִיחוּן׃ [בִּגְרוֹנָם׃ ב̇ חד מל̇ וחד חס̇[3]
7 יְדֵיהֶם[a] ׀ וְלֹא[b] יְמִישׁוּן רַגְלֵיהֶם[c] וְלֹא[d] יְהַלֵּכוּ לֹא[e]־יֶהְגּוּ ד̇ פסוק ולא ולא לא. ל̇ ומל̇. ל̇
8 כְּמוֹהֶם יִהְיוּ עֹשֵׂיהֶם כֹּל[a] אֲשֶׁר־בֹּטֵחַ בָּהֶם׃ ג̇ ומל̇[4]. ד̇ חס̇ בסיפ̇
9 יִשְׂרָאֵל[a] בְּטַח[b] בַּיהוָה עֶזְרָם וּמָגִנָּם הוּא׃
10 בֵּית אַהֲרֹן בִּטְחוּ[a] בַיהוָה עֶזְרָם וּמָגִנָּם הוּא׃
11 יִרְאֵי יְהוָה בִּטְחוּ[a] בַיהוָה עֶזְרָם וּמָגִנָּם[b] הוּא׃
12 [a]יְהוָה זְכָרָנוּ יְבָרֵךְ[b] ל̇[5]
יְבָרֵךְ אֶת־בֵּית יִשְׂרָאֵל יְבָרֵךְ אֶת־בֵּית אַהֲרֹן׃ כ̇[6] וכל ירמיה ויחזק דכות ב̇ מ̇ י̇ח̇
13 יְבָרֵךְ [a]יִרְאֵי[b] יְהוָה[a] הַקְּטַנִּים עִם־הַגְּדֹלִים׃
14 יֹסֵף יְהוָה עֲלֵיכֶם ° עֲלֵיכֶם וְעַל־בְּנֵיכֶם׃ ד̇ וכל אורית דכות ב̇ מ̇ ב̇[7]. ל̇

[2]Mm 3076. **Ps 115** [1]Mm 686. [2]Mp sub loco. [3]Mm 3393. [4]Mm 3427. [5]Mm 3394. [6]Mm 953. [7]Mm 3038 ב.

4 [a] 𝔊𝔖 pr cop ‖ **5** [a] 𝔊 *καὶ σοί, Ιορδάνη, ὅτι* ‖ **6** [a] 𝔊 + *ὅτι* ‖ [b] ut 4[a] ‖ **7** [a–a] prp כָּל־הָאָ׳ (Ms הָאָ׳) ‖ [b] 𝔊(𝔖 Hier) *ἐσαλεύθη* ‖ [c] l frt c pc Mss אֱלֹהֵי (י hpgr) ‖ **8** [a] ut 4[a] ‖ **Ps 115,1** [a] L mlt Mss 𝔊θ′𝔖 Hier cj Ps 115 c 114 ‖ [b] hemist exc? cf [c–c] ‖ [c–c] dl? cf [b] ‖ [d] mlt Mss Vrs וְעַל־ ‖ **2** [a] > 4QPs[b] ‖ **4** [a] 𝔊(𝔖 Hier) *τὰ εἴδωλα τῶν ἐθνῶν* cf 135,15 ‖ [b] ℭ pc Mss 𝔊 מעשׂי ‖ **7** [a] 𝔊 Hier ut 5.6 יָדַיִם לָהֶם; 𝔖 *b'jdjhwn* = בִּידֵ׳ ‖ [b] 2 Mss 𝔖 לא ‖ [c] cf [a] ‖ [d] pc Mss 𝔖 לא ‖ [e] ℭ mlt Mss 𝔖 ולא ‖ **8** [a] nonn Mss 𝔊𝔖 וְכֹל ‖ **9** [a] mlt Mss 𝔊𝔖 pr בֵּית cf 12 et 135,19 ‖ [b] 𝔊(𝔖 Hier) *ἤλπισεν* = בָּטַח cf 10[a] ‖ **10** [a] 𝔊 (𝔖 Hier) *ἤλπισεν* = בָּטַח cf 9[b] ‖ **11** [a] 𝔊(𝔖 Hier) *ἤλπισαν* = בָּטְחוּ cf 9[b] ‖ [b] > ℭ ‖ **12** [a] mlt Mss novum Ps incip ‖ [b] 𝔊 (𝔖) *καὶ εὐλόγησεν ἡμᾶς* = וַיְבָרְכֵנוּ ‖ **13** [a–a] 𝔖 *ldḥlwhj* = יְרֵאָיו ‖ [b] > ℭ.

15 בְּרוּכִ֣ים אַ֭תֶּם לַיהוָ֑ה עֹ֝שֵׂ֗ה שָׁמַ֥יִם וָאָֽרֶץ׃ ג חד חס וב מל[8]
16 [a]הַשָּׁמַ֣יִם שָׁ֭מַיִם[a] לַיהוָ֑ה וְ֝הָאָ֗רֶץ נָתַ֥ן לִבְנֵי־אָדָֽם[b]׃
17 לֹ֣א הַ֭מֵּתִים יְהַֽלְלוּ[a]־יָ֑הּ וְ֝לֹ֗א כָּל־יֹרְדֵ֥י דוּמָֽה׃ ל. ג חס
18 וַאֲנַ֤חְנוּ[a] ׀ נְבָ֘רֵ֤ךְ יָ֗הּ מֵעַתָּ֥ה וְעַד־עוֹלָ֗ם ל[9]. יב[10]
[b]הַֽלְלוּ־יָֽהּ[b]׃ יג ס״פ

116 קיח
1 אָהַ֗בְתִּי[a] כִּֽי־יִשְׁמַ֥ע[b] ׀ יְהוָ֑ה[c] אֶת־ק֝וֹלִ֗י[d] תַּחֲנוּנָֽי׃
2 כִּֽי־הִטָּ֣ה אָזְנ֣וֹ לִ֑י וּבְיָמַ֥י[a] אֶקְרָֽא׃ ב[1]. ז[2]
3 אֲפָפ֤וּנִי ׀ חֶבְלֵי־מָ֗וֶת וּמְצָרֵ֣י[a] שְׁא֣וֹל מְצָא֑וּנִי צָרָ֖ה וְיָג֣וֹן אֶמְצָֽא׃ ד ג מל וחד חס[3]. ל
4 וּבְשֵֽׁם־יְהוָ֥ה אֶקְרָ֑א אָנָּ֥ה יְ֝הוָ֗ה מַלְּטָ֥ה נַפְשִֽׁי׃ ג[4]. ו כת ה וכל ר״פ וכל לשון ארמית דכות[5]
5 חַנּ֣וּן יְהוָ֣ה וְצַדִּ֑יק וֵ֝אלֹהֵ֗ינוּ מְרַחֵֽם׃ ל[6]
6 שֹׁמֵ֣ר פְּתָאיִ֣ם[a] יְהוָ֑ה דַּ֝לּוֹתִ֗י וְלִ֣י יְהוֹשִֽׁיעַ׃ ח[7]. ב ומל[8]
7 שׁוּבִ֣י נַ֭פְשִׁי לִמְנוּחָ֑יְכִי כִּֽי־יְ֝הוָ֗ה גָּמַ֥ל עָלָֽיְכִי׃ ג בטע[9]. ל. ל
8 כִּ֤י חִלַּ֪צְתָּ[a] נַפְשִׁ֫י מִ֫מָּ֥וֶת [b]אֶת־[c]עֵינִ֥י[d] [e]מִן־דִּמְעָ֑ה[be] אֶת־[f]רַגְלִ֥י[g] [מִדֶּֽחִי׃ נה בטע ר״פ בסיפ. ל. בסיפ. כט[10]. ל. ח בליש וכל מנין איש רגלי דכות[11]
9 אֶ֭תְהַלֵּךְ לִפְנֵ֣י יְהוָ֑ה בְּ֝אַרְצ֗וֹת[a] הַחַיִּֽים׃ ל
10 [a]הֶ֭אֱמַנְתִּי[b] כִּ֣י[c] אֲדַבֵּ֑ר אֲ֝נִ֗י עָנִ֥יתִי[d] מְאֹֽד׃ ב
11 אֲ֭נִי אָמַ֣רְתִּי בְחָפְזִ֑י כָּל־הָאָדָ֥ם כֹּזֵֽב[a]׃
12 מָה־אָשִׁ֥יב לַיהוָ֑ה כָּל־תַּגְמוּל֥וֹהִי עָלָֽי׃
13 כּוֹס־יְשׁוּע֥וֹת אֶשָּׂ֑א וּבְשֵׁ֖ם יְהוָ֣ה אֶקְרָֽא׃ ז מל[12]. כג. ג[4]
14 [a]נְדָרַ֣י לַיהוָ֣ה אֲשַׁלֵּ֑ם [b]נֶגְדָה־נָּ֝֗א לְכָל[b]־עַמּֽוֹ׃ ב
15 [a]יָ֭קָר בְּעֵינֵ֣י יְהוָ֑ה הַ֝מָּ֗וְתָה[b] לַחֲסִידָֽיו׃ ל[13]
16 [a]אָנָּ֣ה יְהוָה֮ כִּֽי־[b]אֲנִ֢י עַ֫בְדֶּ֥ךָ ו כת ה וכל ר״פ וכל לשון ארמית דכות[5]

[8] Mm 3395. [9] Mm 3396. [10] Mm 2487. **Ps 116** [1] Mm 3912. [2] Mm 3650. [3] Mm 1838. [4] Mm 3399. [5] Mm 2169. [6] Mm 528. [7] Mm 1485. [8] Mm 1627. [9] Mm 3397. [10] Mm 2501. [11] Mm 3533. [12] Mm 1852. [13] Mm 476.

16 [a–a] 𝔊(𝔖𝔗) *ὁ οὐρανὸς τοῦ οὐρανοῦ* = שְׁמֵי הַשּ׳ ‖ [b] pc Mss הָא׳ ‖ **17** [a] 𝔊 + suff 2 sg ‖ **18** [a] 𝔊 + *οἱ ζῶντες* ‖ [b–b] 𝔊 cj c sq, > 𝔖 ‖ **Ps 116,1** [a] huc tr יהוה ‖ [b] l prb שָׁמַע (י dttg) ‖ [c] cf [a] ‖ [d] prb cj c ת׳ vel l c Ms קוֹל cf 𝔊𝔖 Hier ‖ **2** [a] 𝔖 sg et om suff ‖ **3** [a] mlt Mss 𝔊 מ׳ ‖ **6** [a] sic L, mlt Mss Edd ־אִים ‖ **8** [a] 𝔊𝔖[U] Hier 3 sg ‖ [b–b] > pc Mss 𝔖 ‖ [c] pc Mss וְאֶת ‖ [d] 𝔊 Hier pl ‖ [e–e] ℭ nonn Mss מִדּ׳ ‖ [f] nonn Mss 𝔊𝔖 וְאֶת ‖ [g] 𝔊𝔖 Hier pl ‖ **9** [a] 𝔊𝔖𝔗 sg ut 27,13 52,7 ‖ **10** [a] 𝔊 Hier novum Ps incip cf Mss ‖ [b] 𝔊 pr *Αλληλουια* ‖ [c] 𝔊 *διό*, prp לָכֵן ‖ [d] 𝔊 (σ′𝔖) *ἐταπεινώθην* = עֻנֵּיתִי ‖ **11** [a] α′ (Hier) *διάψευσμα* = כָּזָב ‖ **14** [a] > 2 Mss 𝔊* cf 18[a] ‖ [b–b] prp לְנֶגֶד עֵינֵי כֹל cf 18[b–b] ‖ **15** [a] > ℭ pc Mss ‖ [b] l frt תְּמוּתָה ‖ **16** [a] > ℭ pc Mss ‖ [b] > 𝔊𝔖.

אָֽנָּה יְהוָה כִּֽי־אֲנִי עַבְדֶּךָ — אֲֽנִי־עַבְדְּךָ בֶּן־אֲמָתֶךָ פִּתַּחְתָּ לְמוֹסֵרָי׃ — ב ל ומל[14]
17 [a]לְֽךָ־אֶזְבַּח זֶבַח תּוֹדָה [b]וּבְשֵׁם יְהוָה אֶקְרָא[b]׃ — כן בטע לבן אשר[15]. ג[16]
18 [a]נְדָרַי לַיהוָה אֲשַׁלֵּם [b]נֶגְדָה־נָּא[c] לְכָל[b]־עַמּֽוֹ׃ — ב
19 בְּחַצְרוֹת ׀ בֵּית יְהוָה בְּֽתוֹכֵכִי יְרוּשָׁלָ͏ִם — ח[17] קמ וכל אתנח וס״פ דכות ב מ א
[a]הַֽלְלוּ־יָֽהּ[a]׃ — יג ס״פ

117 קיו
1 [a]הַֽלְלוּ אֶת־יְהוָה כָּל־גּוֹיִם שַׁבְּחוּהוּ כָּל־הָאֻמִּים[b]׃
2 כִּי גָבַר עָלֵינוּ ׀ חַסְדּוֹ וֶֽאֱמֶת־יְהוָה לְעוֹלָם — ד בטע ר״פ דסמיכ
[a]הַֽלְלוּ־יָֽהּ[a]׃ — יג ס״פ

118 קיז
1 [a]הוֹדוּ לַיהוָה כִּי־טוֹב כִּי לְעוֹלָם חַסְדּֽוֹ׃
2 יֹֽאמַר־נָא[a] יִשְׂרָאֵל[b] כִּי לְעוֹלָם חַסְדּֽוֹ׃
3 יֹאמְרוּ־נָא בֵֽית־אַהֲרֹן[a] כִּי לְעוֹלָם חַסְדּֽוֹ׃
4 יֹאמְרוּ־נָא[a] יִרְאֵי יְהוָה[b] כִּי לְעוֹלָם חַסְדּֽוֹ׃
5 [a]מִֽן־הַמֵּצַר קָרָאתִי יָּהּ עָנָנִי[b] [c]בַמֶּרְחָב יָֽהּ[cd]׃ — ל. ד דגש. ג
6 יְהוָה לִי[a] לֹא[b] אִירָא מַה־יַּעֲשֶׂה לִי אָדָֽם׃
7 יְהוָה לִי בְּעֹזְרָי[a] וַאֲנִי[b] אֶרְאֶה בְשֹׂנְאָֽי׃ — ג בטע ר״פ בסיפ[1]. ח[2] רפי ג מנה בליש וכל אחסה דכות ב מ א
8 טוֹב לַחֲסוֹת[a] בַּֽיהוָה מִבְּטֹחַ בָּאָדָֽם׃
9 טוֹב לַחֲסוֹת בַּֽיהוָה מִבְּטֹחַ בִּנְדִיבִֽים׃ — ג בטע ר״פ בסיפ[1]. ח[2] רפי ג מנה בליש וכל אחסה דכות ב מ א
10 [a]כָּל־גּוֹיִם[a] סְבָבוּנִי בְּשֵׁם[b] יְהוָה כִּי אֲמִילַֽם[c]׃ — ג
11 [a]סַבּוּנִי[b] גַם־סְבָבוּנִי בְּשֵׁם[c] יְהוָה כִּי אֲמִילַֽם[d]׃ — ג
12 [a]סַבּוּנִי[b] כִדְבוֹרִים[a] דֹּעֲכוּ[c] כְּאֵשׁ קוֹצִים[d] בְּשֵׁם[e] יְהוָה כִּי אֲמִילַֽם[f]׃ — ג בליש ב מל וחד חס[3]. ד ב חס וב מל[4]. ג

[14]Mm 3398. [15]Mm 3411. [16]Mm 3399. [17]Mm 2491. **Ps 118** [1]Mm 3400. [2]Mm 3046. [3]Mm 3401. [4]Mm 3402.

17 [a] > 𝕮 pc Mss ‖ [b–b] > 𝕲 ‖ **18** [a] > 𝕮 Ms cf 14[a] ‖ [b–b] cf 14[b–b] ‖ [c] > pc Mss ‖ **19** [a–a] 𝕲 cj c sq, > 𝕾 ‖ **Ps 117,1** [a] mlt Mss cj c 116 ‖ [b] Ms הָעַמִּים; prp לְאֻמִּים ‖ **2** [a–a] ut 116,19[a–a] ‖ **Ps 118,1** [a] mlt Mss cj c 117 ‖ **2** [a] 𝕲 + *οἶκος* cf 115,9[a] 135,19 ‖ [b] 𝕲 + *ὅτι ἀγαθός* ‖ **3** [a] cf 2[b] ‖ **4** [a] 𝕲 + *πάντες* ‖ [b] cf 2[b] ‖ **5** [a] mlt Mss novum Ps incip ‖ [b] 𝕲σ′𝕾 pr cop ‖ [c–c] pc Mss Edd חַבְיָה– ‖ [d] > 𝕲σ′ ‖ **6** [a] 𝕲𝕾 ut 7 (בעזרי) ‖ [b] 𝕮𝕲[AL] וְלֹא ‖ **7** [a] 1 –רַי cf 𝕲𝕾 ‖ [b] 4QPs[b] א′ ‖ **8** [a] 4QPs[b] לבטח cf 𝕲𝕾 ‖ **10** [a–a] prp כִּכְלָבִים ‖ [b] 𝕲𝕾 pr cop ‖ [c] pc Mss אמלם, prp אֲמִלָּם (al אֲפִילֵם vel אֲמָלֵט) ‖ **11** [a] v 11 > 4QPs[b] 𝕮, prb dl (homark), sed cf 12 [a–a] ‖ [b] dupl ‖ [c] ut 10[b] ‖ [d] ut 10[c] ‖ **12** [a–a] frt tr ante 11 b et dl 11 a ‖ [b] 𝕮 סבבוני ‖ [c] 𝕲 *κηρίον καὶ ἐξεκαύθησαν*, l frt דּוֹנַג בָּעֲרוּ et tr 12aα (סבוני כדבורים דונג) ante 11 b (pro 11 a) ‖ [d] l frt ′בְּק cf 𝕲 ‖ [e] ut 10[b] ‖ [f] ut 10[c].

13 דַּחֹ֣ה דְחִיתַ֣נִי[a] לִנְפֹּ֑ל וַֽיהוָ֥ה עֲזָרָֽנִי׃ ל̇. ל̇. ד דגש[5]
14 עָזִּ֣י וְזִמְרָ֣ת[a] יָ֑הּ וַֽיְהִי־לִ֝֗י לִֽישׁוּעָֽה׃ ג קמ̇
15 ק֤וֹל ׀ רִנָּ֬ה וִֽישׁוּעָ֗ה בְּאָהֳלֵ֥י צַדִּיקִ֑ים [חָֽיִל[b]׃
יְמִ֥ין יְ֝הוָ֗ה[a] עֹ֣שָׂה חָֽיִל׃ 16 יְמִ֣ין יְ֭הוָה רוֹמֵמָ֑ה[a] [b]יְמִ֥ין יְ֝הוָ֗ה[c] עֹ֣שָׂה ו̇[6]. ל̇ ומל. ו̇[6]
17 לֹ֣א אָמ֣וּת כִּֽי־אֶחְיֶ֑ה וַ֝אֲסַפֵּ֗ר מַעֲשֵׂ֥י[a] יָֽהּ׃ ד̇ מאריך[7]. י̇א̇ כת̇ י̇[8]
18 יַסֹּ֣ר יִסְּרַ֣נִּי יָּ֑הּ וְ֝לַמָּ֗וֶת לֹ֣א נְתָנָֽנִי׃ ל̇. ל̇. ד דגש. ל̇
19 פִּתְחוּ־לִ֥י שַׁעֲרֵי־צֶ֑דֶק אָֽבֹא[a]־בָ֝ם[b] אוֹדֶ֥ה[c] יָֽהּ׃ ה̇ חס̇
20 זֶה־הַשַּׁ֥עַר לַיהוָ֑ה צַ֝דִּיקִ֗ים יָבֹ֥אוּ בֽוֹ׃
21 א֭וֹדְךָ כִּ֣י עֲנִיתָ֑נִי[a] וַתְּהִי־לִ֝֗י לִֽישׁוּעָֽה׃ ב̇ בסיפ̇[9]
22 אֶ֭בֶן מָאֲס֣וּ הַבּוֹנִ֑ים הָ֝יְתָ֗ה לְרֹ֣אשׁ פִּנָּֽה׃ ה̇[10]. כ̇ד̇
23 מֵאֵ֣ת יְ֭הוָה הָ֣יְתָה זֹּ֑את הִ֖יא[a] נִפְלָ֣את[b] בְּעֵינֵֽינוּ׃ ל̇
24 זֶה־הַ֭יּוֹם עָשָׂ֣ה יְהוָ֑ה נָגִ֖ילָה וְנִשְׂמְחָ֣ה בֽוֹ׃ ד̇
25 [a]אָנָּ֣א יְ֭הוָה הוֹשִׁ֘יעָ֥ה נָּ֑א אָֽנָּ֥א יְ֝הוָ֗ה הַצְלִ֘יחָ֥ה נָּֽא׃ ב̇. ל̇[11]
26 בָּר֣וּךְ הַ֭בָּא בְּשֵׁ֣ם יְהוָ֑ה בֵּ֝רַ֥כְנ֗וּכֶם[a] מִבֵּ֥ית יְהוָֽה׃ ל̇
27 אֵ֤ל ׀ יְהוָה֮ וַיָּ֪אֶר[a] לָ֥נוּ֫ ה̇ בטע̇ בשלש ספרים. ב̇ בתרי לישנ̇[12]
אִסְרוּ[b]־חַ֥ג בַּעֲבֹתִ֑ים עַד[c]־קַ֝רְנ֗וֹת הַמִּזְבֵּֽחַ׃ ב̇. ל̇
28 אֵלִ֣י אַתָּ֣ה וְאוֹדֶ֑ךָּ אֱ֝לֹהַ֗י אֲרוֹמְמֶֽךָּ׃ ל̇[13]
29 הוֹד֣וּ לַיהוָ֣ה כִּי־ט֑וֹב כִּ֖י לְעוֹלָ֣ם חַסְדּֽוֹ׃

119 (א) קי̇ח̇
1 אַשְׁרֵ֥י תְמִֽימֵי־דָ֑רֶךְ הַֽ֝הֹלְכִ֗ים בְּתוֹרַ֥ת יְהוָֽה׃
2 אַ֭שְׁרֵי נֹצְרֵ֣י עֵדֹתָ֑יו בְּכָל־לֵ֥ב יִדְרְשֽׁוּהוּ׃ ה̇. ל̇ ומל
3 אַ֭ף לֹא־פָעֲל֣וּ[a] עַוְלָ֑ה בִּדְרָכָ֥יו הָלָֽכוּ׃ ב̇
4 אַ֭תָּה צִוִּ֣יתָה פִקֻּדֶ֑יךָ לִשְׁמֹ֥ר מְאֹֽד׃ י̇ו̇ ר״פ בסיפ̇. ד̇ מל. ו̇ חס̇[1]
5 אַ֭חֲלַי יִכֹּ֣נוּ דְרָכָ֑י לִשְׁמֹ֥ר חֻקֶּֽיךָ׃ ל̇[2]. ל̇ וכל אתנח̇ וס״פ דכות

[5] Mm 2758. [6] Mm 1175. [7] Mm 2039. [8] Mm 2706. [9] Ps 22,22. [10] Mm 3947. [11] וחד והצליחה נא Neh 1,11. [12] Mm 466. [13] Mm 471 א. Ps 119 [1] Mm 3407. [2] וב̇ אַחְלָי 1 Ch 2,31 et 11,41.

13 [a] 𝔊𝔖 Hier 1 sg pass = נִדְחֵיתִי ‖ **14** [a] 1 c Ms Vrs תִי– (י hpgr) cf Ex 15,2 Jes 12,2 ‖ **15** [a] cf 2,2[b] ‖ **16** [a] 𝔊𝔖 + suff 1 sg ‖ [b–b] > Ms 𝔊[S], prb dl ‖ [c] cf 2,2[b] ‖ **17** [a] 𝔗 mlt Mss מעשׂה ‖ **19** [a] pc Mss 𝔖𝔗 וְא׳; 4QPs[b] אבואם; l 𝔐 ‖ [b] cf 2,2[b] ‖ [c] 𝔗𝔖 וְא׳ ‖ **21** [a] prp עֲנִי׳ ‖ **23** [a] Ms 𝔊𝔖 וְהיא ‖ [b] l frt לֵאת– cf Vrs ‖ **25** [a] nonn Mss hinc, pc a 26 novum Ps incip ‖ **26** [a] 4QPs[b] ברכנו אתכם ‖ **27** [a] Ms 𝔖𝔗𝔗 om cop, l frt יָאֵר ‖ [b] 𝔔 אסורו vel אסורי ‖ [c] 𝔗 pc Mss על ‖ **Ps 119,3** [a] 𝔊 *οἱ ἐργαζόμενοι* = פֹּעֲלֵי.

6 אָז לֹא־אֵבוֹשׁ בְּהַבִּיטִי אֶל־כָּל־מִצְוֹתֶיךָ׃ ל̇. יא בכתיב
7 אוֹדְךָ בְּיֹשֶׁר לֵבָב בְּלָמְדִי מִשְׁפְּטֵי צִדְקֶךָ׃
8 אֶת־חֻקֶּיךָ אֶשְׁמֹר אַל־תַּעַזְבֵנִי עַד־מְאֹד׃

(ב) 9 בַּמֶּה יְזַכֶּה־נַּעַר אֶת־אָרְחוֹ לִשְׁמֹר[a] כִּדְבָרֶךָ[b]׃ ל̇. יג חס בליש
10 בְּכָל־לִבִּי[a] דְרַשְׁתִּיךָ אַל־תַּשְׁגֵּנִי מִמִּצְוֹתֶיךָ׃
11 בְּלִבִּי צָפַנְתִּי אִמְרָתֶךָ[a] לְמַעַן לֹא אֶחֱטָא־לָךְ׃ יב וחס
12 בָּרוּךְ אַתָּה יְהוָה לַמְּדֵנִי[a] חֻקֶּיךָ׃ ב[3]
13 בִּשְׂפָתַי סִפַּרְתִּי כֹּל מִשְׁפְּטֵי־פִיךָ[a]׃ ב
14 בְּדֶרֶךְ עֵדְוֹתֶיךָ שַׂשְׂתִּי כְּעַל[a] כָּל־הוֹן׃ י מל̇. ל̇ וחד מן ט[4] פשטין פת̇ ס״פ בסיפ̇. ל̇
15 בְּפִקֻּדֶיךָ אָשִׂיחָה וְאַבִּיטָה אֹרְחֹתֶיךָ׃ ד פסוק מן ד מילין בא״ב[5]
16 בְּחֻקֹּתֶיךָ[a] אֶשְׁתַּעֲשָׁע לֹא אֶשְׁכַּח דְּבָרֶךָ[b]׃ ל̇. יג חס בליש

(ג) 17 גְּמֹל עַל־עַבְדְּךָ אֶחְיֶה[a] וְאֶשְׁמְרָה דְבָרֶךָ[b]׃ ד מאריך[6]. יג חס בליש
18 גַּל־עֵינַי וְאַבִּיטָה נִפְלָאוֹת מִתּוֹרָתֶךָ׃ ט בא״ב
19 גֵּר אָנֹכִי בָאָרֶץ[a] אַל־תַּסְתֵּר מִמֶּנִּי מִצְוֹתֶיךָ׃ ג ר״פ
20 גָּרְסָה נַפְשִׁי לְתַאֲבָה אֶל־מִשְׁפָּטֶיךָ בְכָל־עֵת׃ ל̇. ל וכת̇ ה
21 גָּעַרְתָּ זֵדִים[a] אֲרוּרִים הַשֹּׁגִים[b] מִמִּצְוֹתֶיךָ׃ ג ומל[7]
22 גַּל[a] מֵעָלַי חֶרְפָּה וָבוּז[b] כִּי עֵדֹתֶיךָ נָצָרְתִּי׃
23 גַּם יָשְׁבוּ שָׂרִים[a] בִּי[b] נִדְבָּרוּ עַבְדְּךָ יָשִׂיחַ בְּחֻקֶּיךָ׃
24 גַּם־עֵדֹתֶיךָ שַׁעֲשֻׁעָי אַנְשֵׁי עֲצָתִי[a]׃ ו חס[8]

(ד) 25 דָּבְקָה לֶעָפָר נַפְשִׁי חַיֵּנִי כִּדְבָרֶךָ[a]׃ יג חס בליש
26 דְּרָכַי[a] סִפַּרְתִּי וַתַּעֲנֵנִי לַמְּדֵנִי חֻקֶּיךָ׃ ב
27 דֶּרֶךְ־פִּקּוּדֶיךָ הֲבִינֵנִי וְאָשִׂיחָה בְּנִפְלְאוֹתֶיךָ׃

[3] 1Ch 29,10. [4] Textus contra Mp, cf Mp sub loco. [5] Mm 3403. [6] Mm 2039. [7] Mm 1682. [8] Mm 3409.

9 [a] 𝔊 *ἐν τῷ φυλάσσεσθαι* = בִּשְׁ || [b] mlt Mss 𝔗 –ריך, Ms בִּד׳, Ms בִּדבריך; 𝔊(𝔖) *τοὺς λόγους σου* = דְּבָרֶיךָ || **10** [a] pc Mss 𝔊[S] לֵב || **11** [a] nonn Mss 𝔊𝔖 אמרֹתיך || **12** [a] prp הַמְל׳ vel תְּל׳ || **13** [a] pc Mss 𝔊[min]𝔖 צִדְקֶךָ || **14** [a] 𝔖 *ṭb mn* = מֵעל cf 72.127 || **16** [a] l prb בְּחֻקֶּיךָ cf 12 || [b] mlt Mss 𝔊𝔖 Hier דבריך || **17** [a] pc Mss וְא׳ || [b] mlt Mss Vrs דבריך || **19** [a] 𝔖 ut 39,13 עִמְּךָ || **21** [a] pc Mss זָרִים, Ms גּוֹיִם cf 𝔖 et 9,6; huc tr ‸ cf 𝔊𝔖 Hier || [b] cf 2,2[b] || **22** [a] l prb גֹּל cf 𝔊𝔖 || [b] > 𝔖 || **23** [a] 𝔖 *ʿwlʾ* = nefarii || [b] 𝔊𝔖 pr cop || **24** [a] 𝔊 + *τὰ δικαιώματά σου* cf 23b || **25** [a] mlt Mss 𝔗 –ריך, pc Mss בִּד׳ || **26** [a] 𝔊[SAR] suff 2 sg.

28 דָּלְפָ֣ה נַ֭פְשִׁי[a] מִתּוּגָ֑ה קַ֝יְּמֵ֗נִי כִּדְבָרֶֽךָ[b]׃ ב̇ . ל̇ ומל . יג̇ חס בליש

29 דֶּרֶךְ־שֶׁ֭קֶר הָסֵ֣ר מִמֶּ֑נִּי וְֽתוֹרָתְךָ֥ חָנֵּֽנִי[a]׃ ג̇ בסיפ[9]

30 דֶּֽרֶךְ־אֱמוּנָ֥ה בָחָ֑רְתִּי מִשְׁפָּטֶ֥יךָ[a] שִׁוִּֽיתִי[b]׃

31 דָּבַ֥קְתִּי בְעֵדְוֺתֶ֑יךָ יְ֝הוָ֗ה אַל־תְּבִישֵֽׁנִי׃ ב̇ חד חס וחד מן י̇ מל בליש

32 דֶּֽרֶךְ־מִצְוֺתֶ֥יךָ אָר֑וּץ כִּ֖י תַרְחִ֣יב לִבִּֽי׃ ד̇ ג̇ מל וחד חס[10]

(ה) 33 ה֤וֹרֵנִי יְהוָ֗ה דֶּ֥רֶךְ חֻקֶּ֗יךָ וְאֶצְּרֶ֥נָּה עֵֽקֶב׃

34 הֲ֭בִינֵנִי וְאֶצְּרָ֣ה תוֹרָתֶ֑ךָ וְאֶשְׁמְרֶ֥נָּה בְכָל־לֵֽב׃ ל̇ . ט̇ בא״ב . ל̇

35 הַ֭דְרִיכֵנִי בִּנְתִ֣יב מִצְוֺתֶ֑יךָ כִּי־ב֥וֹ חָפָֽצְתִּי׃

36 הַט־לִ֭בִּי אֶל־עֵדְוֺתֶ֗יךָ וְאַ֣ל אֶל־בָּֽצַע׃ י̇ מל . ל̇

37 הַעֲבֵ֣ר עֵ֭ינַי מֵרְא֣וֹת שָׁ֑וְא בִּדְרָכֶ֥ךָ[a] חַיֵּֽנִי׃ ג̇ חס[11]

38 הָקֵ֣ם לְ֭עַבְדְּךָ אִמְרָתֶ֑ךָ אֲ֝שֶׁ֗ר לְיִרְאָתֶֽךָ׃ יב̇ וחס . ל̇[12]

39 הַעֲבֵ֣ר חֶ֭רְפָּתִי[a] אֲשֶׁ֣ר יָגֹ֑רְתִּי[a] כִּ֖י מִשְׁפָּטֶ֣יךָ טוֹבִֽים׃ ד̇ וחס[13]

40 הִ֭נֵּה תָּאַ֣בְתִּי לְפִקֻּדֶ֑יךָ בְּצִדְקָתְךָ֥ חַיֵּֽנִי׃ ב̇[14] . ו̇ חס[15]

(ו) 41 [a]וִֽיבֹאֻ֣נִי חֲסָדֶ֣ךָ[a] יְהוָ֑ה תְּ֝שׁוּעָתְךָ֗ כְּאִמְרָתֶֽךָ׃ ל̇ וחס . ל̇ חס . יב̇ וחס

42 וְאֶעֱנֶ֣ה חֹרְפִ֣י[a] דָבָ֑ר כִּֽי־בָ֝טַ֗חְתִּי[b] בִּדְבָרֶֽךָ[c]׃ [יִחָֽלְתִּי׃ ב̇ . ב̇ חד מל וחד מן יג̇[16] חס בליש [ה̇

43 וְאַל־תַּצֵּ֬ל[a] מִפִּ֣י דְבַר־אֱמֶ֣ת [b]עַד־מְאֹ֑ד[b] כִּ֖י לְמִשְׁפָּטֶ֣ךָ[c] ב̇ פסוק מן י̇ מילין בא״ב . ה̇ חס[17]

44 וְאֶשְׁמְרָ֖ה תוֹרָתְךָ֥ תָמִ֗יד לְעוֹלָ֥ם וָעֶֽד׃ ט̇[18]

45 וְאֶתְהַלְּכָ֥ה בָרְחָבָ֑ה כִּ֖י פִקֻּדֶ֣יךָ דָרָֽשְׁתִּי׃ ו̇ חס[15]

46 וַאֲדַבְּרָ֣ה בְ֭עֵדֹתֶיךָ[a] נֶ֥גֶד מְלָכִ֗ים וְלֹ֣א אֵבֽוֹשׁ׃ ב̇ חד מל וחד חס . ל̇

47 וְאֶשְׁתַּעֲשַׁ֥ע בְּמִצְוֺתֶ֗יךָ אֲשֶׁ֣ר אָהָֽבְתִּי[a]׃ [בְחֻקֶּֽיךָ׃ ד̇ פסוק מן ד̇ מילין בא״ב[19] . ה̇

48 וְאֶשָּׂא־כַפַּ֗י אֶֽל־[a]מִ֭צְוֺתֶיךָ אֲשֶׁ֥ר אָהָ֗בְתִּי[b] וְאָשִׂ֥יחָה ב̇ . ה̇

(ז) 49 זְכָר־דָּבָ֥ר[a] לְעַבְדֶּ֑ךָ[b] עַ֝֗ל אֲשֶׁ֣ר יִֽחַלְתָּֽנִי[c]׃

[9] Mm 3415. [10] Mm 1845. [11] Mm 605. [12] Mp sub loco. [13] Mm 3404. [14] Mm 3405. [15] Mm 3407. [16] Mm 3406. [17] Mm 2028. [18] Mm 478. [19] Mm 3403.

28 [a] pc Mss עֵינִי || [b] mlt Mss ־ריך, pc Mss 𝔊 בִּדבריך || **29** [a] 𝔖 *ʾlpjnj* doce me || **30** [a] nonn Mss 𝔖 ומ׳ || [b] 𝔊 *οὐκ ἐπελαθόμην*, 𝔖 *ṣbjt* = אִוִּיתִי? || **37** [a] ℭ mlt Mss ־כיך, 2 Mss ℭ בִּדְבָרְךָ cf 25 || **39** [a–a] > 𝔖 || **41** [a–a] 𝔊 sg, prb l || **42** [a] 𝔊𝔖 pl || [b] cf 2,2[b] || [c] mlt Mss 𝔊𝔖ℭ ־ריך || **43** [a] prp תָּאצֵל || [b–b] > 𝔖 cf 51 [b–b], dl || [c] mlt Mss 𝔊𝔖ℭ ־טיך || **46** [a] 𝔖 *bzdjqwtʾ* = בְּצִדְקָה || **47** [a] 𝔊 + *σφόδρα* = מְאֹד || **48** [a] prp אֵלֶיךָ || [b–b] dl || **49** [a] 𝔊*𝔖 + suff 2 sg, l prb דְּבָרְךָ; $𝔊^{L}$ θʹ pl c suff 2 sg, σʹ pl c suff 1 sg || [b] Ms $𝔊^{S}$ αʹ לַעֲבָדֶיךָ || [c] prp יִחַלְתִּי.

ב[20] | 50 זֹ֣את נֶחָמָתִ֣י[a] בְעָנְיִ֑י כִּ֖י אִמְרָתְךָ֣ חִיָּֽתְנִי׃

ל וחס | 51 זֵ֭דִים הֱלִיצֻ֣נִי[a] [b]עַד־מְאֹ֑ד[b] מִ֝תּֽוֹרָתְךָ֗[c] לֹ֣א נָטִֽיתִי׃

ח קמ בא״ב | 52 זָ֘כַ֤רְתִּי מִשְׁפָּטֶ֖יךָ מֵעוֹלָ֥ם ׀ יְהוָ֗ה וָאֶתְנֶחָֽם׃

ל. ל. ט בא״ב | 53 זַלְעָפָ֣ה אֲ֭חָזַתְנִי מֵרְשָׁעִ֑ים עֹ֝זְבֵ֗י תּוֹרָתֶֽךָ׃

ד[21] | 54 זְ֭מִרוֹת הָֽיוּ־לִ֥י חֻקֶּ֗יךָ בְּבֵ֣ית מְגוּרָֽי׃

ח קמ בא״ב. ט בא״ב | 55 זָכַ֣רְתִּי בַלַּ֣יְלָה שִׁמְךָ֣ יְהוָ֑ה וָ֝אֶשְׁמְרָ֗ה תּוֹרָתֶֽךָ׃

ו חס[22] | 56 זֹ֥את הָֽיְתָה־לִּ֑י[a] כִּ֖י פִקֻּדֶ֣יךָ נָצָֽרְתִּי׃

ג מל בא״ב[23] | 57 (ח) חֶלְקִ֖י יְהוָ֥ה אָ֝מַ֗רְתִּי לִשְׁמֹ֥ר דְּבָרֶֽיךָ[a]׃

ב[24]. ג בסיפ[25]. יב וחס | 58 חִלִּ֣יתִי פָנֶ֣יךָ בְכָל־לֵ֑ב חָ֝נֵּ֗נִי[a] כְּאִמְרָתֶֽךָ׃

ב. ב בליש וחד מן ח קמ בא״ב. ט פשטין פת ס״פ בסיפ | 59 חִשַּׁ֥בְתִּי דְרָכָ֑י[a] וָאָשִׁ֥יבָה רַ֝גְלַ֗י אֶל־עֵדֹתֶֽיךָ׃

ל | 60 חַ֭שְׁתִּי וְלֹ֣א הִתְמַהְמָ֑הְתִּי לִ֝שְׁמֹ֗ר מִצְוֺתֶֽיךָ׃

ל וחס | 61 חֶבְלֵ֣י רְשָׁעִ֣ים עִוְּדֻ֑נִי[a] תּ֝וֹרָתְךָ֗ לֹ֣א שָׁכָֽחְתִּי׃

ד מל[26] | 62 חֲצֽוֹת־לַ֗יְלָה אָ֭קוּם לְהוֹד֣וֹת לָ֑ךְ עַ֝֗ל מִשְׁפְּטֵ֥י צִדְקֶֽךָ׃

ל. י קמ בסיפ ו מנה בטע. ו | 63 חָבֵ֣ר אָ֭נִי לְכָל־אֲשֶׁ֣ר יְרֵא֑וּךָ וּ֝לְשֹׁמְרֵ֗י פִּקּוּדֶֽיךָ׃

64 חַסְדְּךָ֣ יְ֭הוָה מָלְאָ֣ה הָאָ֑רֶץ חֻקֶּ֥יךָ לַמְּדֵֽנִי׃

ל אתנח[27]. יג חס בליש | 65 (ט) ט֭וֹב עָשִׂ֣יתָ עִֽם־עַבְדְּךָ֑ יְ֝הוָ֗ה כִּדְבָרֶֽךָ[a]׃

יט בליש[28]. ד | 66 ט֤וּב[a] טַ֣עַם וָדַ֣עַת לַמְּדֵ֑נִי כִּ֖י בְמִצְוֺתֶ֣יךָ הֶאֱמָֽנְתִּי׃

67 טֶ֣רֶם אֶ֭עֱנֶה[a] אֲנִ֣י שֹׁגֵ֑ג וְ֝עַתָּ֗ה אִמְרָתְךָ֥ שָׁמָֽרְתִּי׃

ב חד חס וחד מל | 68 טוֹב־אַתָּ֥ה[a] וּמֵטִ֗יב לַמְּדֵ֥נִי חֻקֶּֽיךָ׃

69 טָֽפְל֬וּ עָלַ֣י שֶׁ֣קֶר זֵדִ֑ים אֲ֝נִ֗י בְּכָל־לֵ֤ב ׀ אֱצֹּ֬ר[a] פִּקּוּדֶֽיךָ׃

ל. ל. ל | 70 טָפַ֣שׁ כַּחֵ֣לֶב[a] לִבָּ֑ם אֲ֝נִ֗י תּוֹרָתְךָ֥ שִֽׁעֲשָֽׁעְתִּי׃

71 טֽוֹב־לִ֥י כִֽי־עֻנֵּ֑יתִי[a] לְ֝מַ֗עַן אֶלְמַ֥ד חֻקֶּֽיךָ׃

ל | 72 טֽוֹב־לִ֥י תֽוֹרַת־פִּ֑יךָ מֵ֝אַלְפֵ֗י זָהָ֥ב וָכָֽסֶף׃ סה

[20] Mm 3468. [21] Mm 2295. [22] Mm 3407. [23] Mm 3408. [24] Mm 1591. [25] Mm 3415. [26] Mm 3432. [27] Mm 1660. [28] Mm 335.

50 [a] 𝔊 *με παρεκάλεσεν* = נִחֲמַתְנִי; 𝔖 *'tbj't* = נֻחַמְתִּי ‖ **51** [a] 𝔊 *παρηνόμουν*, 𝔖 *'lṣwnj* = אִלְּצֻנִי ‖ [b–b] > 𝔖 cf 43 [b–b] ‖ [c] Ms 𝔊𝔖 'וּמ ‖ **56** [a] 𝔗 + *lzkwt'* ad meritum ‖ **57** [a] mlt Mss Hier דברך, 𝔊 *τὸν νόμον σου* (ex 55) ‖ **58** [a] 𝔖 *'ḥnj* = חַיֵּנִי ‖ **59** [a] 𝔊 suff 2 sg; prp דְּרָכֶיךָ ‖ **61** [a] pc Mss עִוְּתֻנִי, 2 Mss עוֹרְרוּנִי, 2 Mss עוֹדְדֻנִי ‖ **65** [a] nonn Mss ריך– ‖ **66** [a] ex 65, dl ‖ **67** [a] 𝔊(𝔖) *τοῦ με ταπεινωθῆναι* = אֶעֱנֶה ‖ **68** [a] 𝔊(𝔖) + *κύριε* ‖ **69** [a] sic L, mlt Mss Edd 'אֶ ‖ **70** [a] Ms 𝔊𝔖 כֶּחָלָב; prp 'בַּח ‖ **71** [a] 𝔊 *ἐταπείνωσάς με* = עִנִּיתָנִי.

(י) 73 יָדֶ֣יךָ עָ֭שׂוּנִי וַֽיְכוֹנְנ֑וּנִי הֲ֝בִינֵ֗נִי[a] וְאֶלְמְדָ֥ה מִצְוֺתֶֽיךָ׃ ל̇ ומל

74 יְ֭רֵאֶיךָ[a] יִרְא֣וּנִי וְיִשְׂמָ֑חוּ כִּ֖י לִדְבָרְךָ֣ יִחָֽלְתִּי׃ ח̇ בעינ̇ . ה̇

75 יָדַ֣עְתִּי יְ֭הוָה כִּי־צֶ֣דֶק מִשְׁפָּטֶ֑יךָ[a] וֶ֝אֱמ֗וּנָה עִנִּיתָֽנִי׃ ל̇

76 יְהִי־נָ֣א חַסְדְּךָ֣ לְנַחֲמֵ֑נִי כְּֽאִמְרָתְךָ֥ לְעַבְדֶּֽךָ׃

77 יְבֹא֣וּנִי רַחֲמֶ֣יךָ וְאֶחְיֶ֑ה כִּֽי־ת֝וֹרָתְךָ֗ שַֽׁעֲשֻׁעָֽי׃ ל̇ . ו̇ חס[29]

78 יֵבֹ֣שׁוּ זֵ֭דִים כִּי־שֶׁ֣קֶר עִוְּת֑וּנִי אֲ֝נִ֗י אָשִׂ֥יחַ בְּפִקּוּדֶֽיךָ׃

79 יָשׁ֣וּבוּ לִ֣י יְרֵאֶ֑יךָ וְ֝יֹדְעֵ֗ו[a] עֵדֹתֶֽיךָ׃ וידעי ק̇ חד מן מח̇[30] כת ו וקר י וחד מן ב̇ בליש

80 יְהִי־לִבִּ֣י תָמִ֣ים בְּחֻקֶּ֑יךָ לְ֝מַ֗עַן לֹ֣א אֵבֽוֹשׁ׃

(כ) 81 כָּלְתָ֣ה לִתְשׁוּעָתְךָ֣[a] נַפְשִׁ֑י לִדְבָרְךָ֥[b] יִחָֽלְתִּי׃ ל̇ . ח̇ בעינ̇ . ה̇

82 כָּל֣וּ עֵ֭ינַי לְאִמְרָתֶ֑ךָ לֵ֝אמֹ֗ר[a] מָתַ֥י תְּנַחֲמֵֽנִי׃ יב̇ וחס

83 כִּֽי־הָ֭יִיתִי כְּנֹ֣אד בְּקִיט֑וֹר חֻ֝קֶּ֗יךָ לֹ֣א שָׁכָֽחְתִּי׃ ג̇[31] כת א ול בליש . ל̇[32]

84 כַּמָּ֥ה יְמֵֽי־עַבְדֶּ֑ךָ מָתַ֓י תַּעֲשֶׂ֖ה בְרֹדְפַ֣י מִשְׁפָּֽט׃

85 כָּֽרוּ־לִ֣י זֵדִ֣ים שִׁיח֑וֹת אֲ֝שֶׁ֗ר לֹ֣א כְתוֹרָתֶֽךָ[a]׃ ל̇ . ט̇ בא״ב

86 כָּל־מִצְוֺתֶ֥יךָ אֱמוּנָ֑ה שֶׁ֖קֶר רְדָפ֣וּנִי עָזְרֵֽנִי׃

87 כִּ֭מְעַט כִּלּ֣וּנִי בָאָ֑רֶץ[a] וַ֝אֲנִ֗י לֹא־עָזַ֥בְתִּי פִקֻּודֶֽיךָ׃ ו̇ חס[33]

88 כְּחַסְדְּךָ֥ חַיֵּ֑נִי וְ֝אֶשְׁמְרָ֗ה עֵד֥וּת פִּֽיךָ׃

(ל) 89 לְעוֹלָ֥ם[a] יְהוָ֑ה דְּ֝בָרְךָ֗ נִצָּ֥ב בַּשָּׁמָֽיִם[b]׃ ח̇ בעינ̇[34]

90 לְדֹ֣ר וָ֭דֹר אֱמוּנָתֶ֑ךָ כּוֹנַ֥נְתָּ אֶ֝֗רֶץ וַֽתַּעֲמֹֽד[a]׃

91 [a]לְ֭מִשְׁפָּטֶיךָ[b] עָמְד֣וּ[c] הַיּ֑וֹם[d] כִּ֥י הַכֹּ֥ל עֲבָדֶֽיךָ[e]׃

92 לוּלֵ֣י ת֭וֹרָתְךָ שַׁעֲשֻׁעָ֑י אָ֝֗ז אָבַ֥דְתִּי בְעָנְיִֽי׃ ו̇ חס[29]

93 לְ֭עוֹלָם לֹא־אֶשְׁכַּ֣ח פִּקּוּדֶ֑יךָ כִּ֥י֝ בָ֗ם חִיִּיתָֽנִי[a]׃ ב̇ חד קמ̇ וחד פת̇[35]

94 לְֽךָ־אֲ֭נִי הוֹשִׁיעֵ֑נִי כִּ֖י פִקּוּדֶ֣יךָ דָרָֽשְׁתִּי׃ ב̇ וכן בטע לבן אשר[36]

95 לִ֤י קִוּ֣וּ רְשָׁעִ֣ים לְאַבְּדֵ֑נִי עֵ֝דֹתֶ֗יךָ[a] אֶתְבּוֹנָֽן׃ ל̇

[29] Mm 3409. [30] Mm 3811. [31] Mm 1619. [32] וחד כקיטר Gn 19,28. [33] Mm 3407. [34] Mp sub loco. [35] Mm 3410. [36] Mm 3411.

73 [a] 𝔗 הביאני ‖ **74** [a] nonn Mss 𝔊 ־רֶיךָ ‖ **75** [a] Hier sg ‖ **79** [a] mlt Mss 𝔊𝔖 Hier ut Q; K וְיֵדְעוּ ‖ **81** [a] pc Mss לִישׁ׳ ‖ [b] pc Mss 𝔊[min] ־רֶיךָ; 𝔊𝔖 pr cop ‖ **82** [a] > 𝔖 Sa, prb dl (dttg) ‖ **85** [a] nonn Mss 𝔗 בְּת׳, 𝔊 + κύριε ‖ **87** [a] prp מֵא׳ ‖ **89** [a] 𝔖 + *'nt* = tu ‖ [b] prp כַּשּׁ׳ ‖ **90** [a] 𝔖 *w'qjmth* = ־מְדָהּ ‖ **91** [a] > 𝔖 ‖ [b] 𝔊 Hier sg ‖ [c] 𝔊 sg ‖ [d] Hier *usque hodie* = עַד־ה׳? ‖ [e] Hier *serviunt tibi* = עֲבָדוּךָ ‖ **93** [a] 𝔖 *hjj* = חַיַּי, 𝔊 + κύριε ‖ **95** [a] 𝔖 Hier sg.

96 לְכָל תִּכְלָה רָאִיתִי קֵץ רְחָבָה מִצְוָתְךָ מְאֹד׃ — ג̇ ב̇ כת̇ ה וחד כת̇ א[37]. ב̇[38]

97 (מ) מָה־אָהַבְתִּי תוֹרָתֶךָ[a] כָּל־הַיּוֹם הִיא שִׂיחָתִי׃ — ט̇ בא״ב. ל̇

98 מֵאֹיְבַי תְּחַכְּמֵנִי מִצְוֺתֶךָ[a] כִּי לְעוֹלָם הִיא־לִי׃ — ב̇ חס̇

99 מִכָּל־מְלַמְּדַי הִשְׂכַּלְתִּי כִּי עֵדְוֺתֶיךָ[a] שִׂיחָה לִי׃ — ב̇ חד כת̇ ש וחד כת̇ ס. י̇ מל̇

100 מִזְּקֵנִים אֶתְבּוֹנָן כִּי פִקּוּדֶיךָ נָצָרְתִּי׃

101 מִכָּל־אֹרַח רָע כָּלִאתִי רַגְלָי לְמַעַן אֶשְׁמֹר דְּבָרֶךָ[a]׃ — ב̇ בסיפ̇ וחד כת̇ י וחד מן י̇א̇[39] מילין דלא מפק̇ א. י̇ג̇ חס̇ בליש

102 מִמִּשְׁפָּטֶיךָ לֹא־סָרְתִּי כִּי־אַתָּה הוֹרֵתָנִי׃ — ל̇

103 מַה־נִּמְלְצוּ לְחִכִּי אִמְרָתֶךָ[a] מִדְּבַשׁ[b] לְפִי׃ — ל̇. י̇ב̇ וחס̇

104 מִפִּקּוּדֶיךָ[a] אֶתְבּוֹנָן עַל־כֵּן שָׂנֵאתִי ׀ כָּל־אֹרַח שָׁקֶר׃

105 (נ) נֵר־לְרַגְלִי[a] דְבָרֶךָ[b] וְאוֹר לִנְתִיבָתִי[c]׃ — ח̇[40] ב̇[41] מנה̇ בליש וכל מנין איש רגלי דכות̇. י̇ג̇ חס̇ בליש

106 נִשְׁבַּעְתִּי וָאֲקַיֵּמָה לִשְׁמֹר מִשְׁפְּטֵי צִדְקֶךָ׃ — ל̇ וחד מן ח̇ קמ̇ בא״ב

107 נַעֲנֵיתִי עַד־מְאֹד יְהוָה חַיֵּנִי כִדְבָרֶךָ׃ — ב̇ ומל̇[42]. י̇ג̇ חס̇ בליש

108 נִדְבוֹת פִּי רְצֵה־נָא יְהוָה וּמִשְׁפָּטֶיךָ לַמְּדֵנִי׃ — ב̇[43]

109 נַפְשִׁי בְכַפִּי[a] תָמִיד וְתוֹרָתְךָ לֹא שָׁכָחְתִּי׃ — ט̇[44] ד̇ מנה̇ בליש

110 נָתְנוּ רְשָׁעִים פַּח לִי וּמִפִּקּוּדֶיךָ לֹא תָעִיתִי׃ — ב̇ ר״פ. ל̇

111 נָחַלְתִּי[a] עֵדְוֺתֶיךָ לְעוֹלָם כִּי־שְׂשׂוֹן לִבִּי הֵמָּה׃ — י̇ מל̇

112 נָטִיתִי לִבִּי לַעֲשׂוֹת חֻקֶּיךָ לְעוֹלָם עֵקֶב׃

113 (ס) סֵעֲפִים שָׂנֵאתִי וְתוֹרָתְךָ אָהָבְתִּי׃ — ל̇. ד̇ פסוק̇ מן ד̇ מילין בא״ב[45]. ה̇

114 סִתְרִי וּמָגִנִּי אָתָּה לִדְבָרְךָ יִחָלְתִּי׃ — ל̇. ח̇ בעינ̇. ה̇

115 סוּרוּ־מִמֶּנִּי מְרֵעִים וְאֶצְּרָה מִצְוֺת אֱלֹהָי׃ — ב̇ פסוק̇ בעינ̇ דלית בהון כ̇[46]. ג̇ וכל דסמיכ̇ לאדכרה דכות̇

116 סָמְכֵנִי כְאִמְרָתְךָ[a] וְאֶחְיֶה וְאַל־תְּבִישֵׁנִי מִשִּׂבְרִי׃ — ל̇

117 סְעָדֵנִי וְאִוָּשֵׁעָה וְאֶשְׁעָה[a] בְחֻקֶּיךָ תָמִיד׃ — ב̇

118 סָלִיתָ כָּל־שׁוֹגִים מֵחֻקֶּיךָ כִּי־שֶׁקֶר תַּרְמִיתָם[a]׃ — ל̇. ל̇

[37] Mm 3412. [38] Dt 26,13. [39] Mm 4069. [40] Mm 3533. [41] Gn 30,30. [42] Mm 2822. [43] 2 Ch 31,14. [44] Mm 609. [45] Mm 3403. [46] Mm 3413.

97 [a] 𝔊 + *κύριε* ‖ **98** [a] prb l c Ms 𝔊 מִצְוָ׳ ‖ **99** [a] 𝔖 sg ‖ **101** [a] mlt Mss Vrs ־ריך ‖ **103** [a] pc Mss 𝔊𝔖𝔗 אמר̇תיך ‖ [b] 𝔊 + *καὶ κηρίον*, ex 19,11 ‖ **104** [a] 𝔖 *bpwqdnjk* = בְּפִ׳ ‖ **105** [a] Ms 𝔊𝔖 ־לַי ‖ [b] mlt Mss דבריך ‖ [c] 𝔊𝔖 pl ‖ **109** [a] 𝔊[RL 1219] 𝔖𝔏 suff 2 sg ‖ **111** [a] l prb נִחַלְתִּי cf Hier ‖ **116** [a] mlt Mss α′𝔖𝔗 בְּא׳ ‖ **117** [a] 𝔊 (𝔖𝔗 Hier) *καὶ μελετήσω* = וְאֶשְׁתַּעֲשַׁע cf 16.47 ‖ **118** [a] 𝔊 θ′ε′(𝔖 Hier) *τὸ ἐνθύμημα αὐτῶν* = תַּרְעִיתָם?.

119 סִגִים[a] הִשְׁבַּתָּ[b] כָל־רִשְׁעֵי־אָרֶץ לָכֵן אָהַבְתִּי[c] עֵדֹתֶיךָ[d]׃ ב
120 סָמַר מִפַּחְדְּךָ בְשָׂרִי וּמִמִּשְׁפָּטֶיךָ יָרֵאתִי׃ ב חד פת וחד קמ . ב
(ע) 121 עָשִׂיתִי[a] מִשְׁפָּט וָצֶדֶק בַּל־תַּנִּיחֵנִי לְעֹשְׁקָי׃ ג ר״פ . ב פסוק בעינ דלית בהון כ[47] . ד וחד מן ח קמ בא״ב . ל
122 עֲרֹב עַבְדְּךָ[a] לְטוֹב אַל־[b]יַעַשְׁקֻנִי זֵדִים׃ ל . ל[48] . ל
123 עֵינַי כָּלוּ לִישׁוּעָתֶךָ וּלְאִמְרַת צִדְקֶךָ׃ ל
124 עֲשֵׂה עִם־עַבְדְּךָ כְחַסְדֶּךָ וְחֻקֶּיךָ לַמְּדֵנִי׃
125 עַבְדְּךָ־אָנִי הֲבִינֵנִי וְאֵדְעָה עֵדֹתֶיךָ׃ י קמ בסיפ ו מנה בטע . ו[49]
126 עֵת לַעֲשׂוֹת לַיהוָה[a] הֵפֵרוּ תּוֹרָתֶךָ׃ ט בא״ב
127 עַל־כֵּן אָהַבְתִּי[a] מִצְוֺתֶיךָ מִזָּהָב וּמִפָּז׃
128 עַל־כֵּן ׀ [a]כָּל־פִּקּוּדֵי כֹל[a] יִשָּׁרְתִּי כָּל־אֹרַח שֶׁקֶר שָׂנֵאתִי׃ ב פסוק מן י מילין בא״ב
(פ) 129 פְּלָאוֹת עֵדְוֺתֶיךָ עַל־כֵּן נְצָרָתַם נַפְשִׁי׃ י מל . ל
130 פֵּתַח[a] דְּבָרֶיךָ[b] יָאִיר[c] מֵבִין[dc] פְּתָיִים׃ ל . ג מל בא״ב[50] . ב כת תרי י
131 פִּי־פָעַרְתִּי וָאֶשְׁאָפָה כִּי לְמִצְוֺתֶיךָ יָאָבְתִּי׃ ח קמ בא״ב . ב
132 פְּנֵה־אֵלַי וְחָנֵּנִי כְּמִשְׁפָּט לְאֹהֲבֵי שְׁמֶךָ׃ ג בסיפ[51] . ב קמ
133 פְּעָמַי הָכֵן בְּאִמְרָתֶךָ[a] וְאַל־תַּשְׁלֶט[b]־בִּי כָל־אָוֶן׃ יב וחס . ל
134 פְּדֵנִי מֵעֹשֶׁק אָדָם וְאֶשְׁמְרָה פִּקּוּדֶיךָ׃
135 פָּנֶיךָ הָאֵר בְּעַבְדֶּךָ וְלַמְּדֵנִי אֶת־חֻקֶּיךָ׃ ב
136 פַּלְגֵי־מַיִם יָרְדוּ עֵינָי עַל לֹא־שָׁמְרוּ תוֹרָתֶךָ׃ ג . ט בא״ב
(צ) 137 צַדִּיק אַתָּה יְהוָה וְיָשָׁר מִשְׁפָּטֶיךָ[a]׃ ב ר״פ
138 צִוִּיתָ צֶדֶק עֵדֹתֶיךָ וֶאֱמוּנָה מְאֹד׃
139 צִמְּתַתְנִי קִנְאָתִי[a] כִּי־שָׁכְחוּ דְבָרֶיךָ[b] צָרָי[c]׃ ל . ג מל בא״ב[50]
140 צְרוּפָה אִמְרָתְךָ מְאֹד וְעַבְדְּךָ אֲהֵבָהּ׃ ב[52]

[47] Mm 3413. [48] Mm 3414. [49] Mm 961. [50] Mm 3408. [51] Mm 3415. [52] Mm 3416.

119 [a] 𝔊 *παραβαίνοντας* = ׳סָ ‖ [b] pc Mss α′σ′ Hier חָשַׁבְתָּ cf 𝔊 ‖ [c] ℭ ת– ‖ [d] 𝔊 + *διὰ παντός* = תָּמִיד, prb dttg ‖ **121** [a] pc Mss 𝔖 Sa תָ– ‖ **122** [a] prp דְּבָרְךָ ‖ [b] pc Mss 𝔖 וְאַל ‖ **126** [a] prb l c Ms Hier ׳י ‖ **127** [a] l frt כֹּל ‖ **128** [a–a] l prb לְכָל־פִּקּוּדֶיךָ cf 𝔊 Hier ‖ **130** [a] 𝔊 *ἡ δήλωσις*, 𝔖 *ptḥ* = פֶּתַח, 𝔗 *gljp* inscriptio (a פתח II), σ′ (Hier) *ἡ πύλη*; l prb ׳פֶּ ‖ [b] mlt Mss 𝔖 דברְךָ ‖ [c] 𝔖 imp ‖ [d] 𝔊𝔖 pr cop ‖ **133** [a] nonn Mss 𝔊 𝔙 ׳כְּא, 𝔖 *bšbjljk* = בִּדְרָכֶיךָ ‖ [b] 𝔊(𝔖) *κατακυριευσάτω* = יַשְׁלֵט ‖ **137** [a] pc Mss 𝔊 Hier –טךָ ‖ **139** [a] 𝔊* *ὁ ζῆλος τοῦ οἴκου σου* cf 69,10; $𝔊^{AL}$ suff 2 sg ‖ [b] mlt Mss 𝔖 דברְךָ ‖ [c] 𝔖 suff 2 sg.

141 צָעִ֣יר אָנֹכִ֣י וְנִבְזֶ֑ה פִּ֝קֻּדֶ֗יךָ לֹ֣א שָׁכָֽחְתִּי׃ — ו̇ חס[53]
142 צִדְקָתְךָ֣ צֶ֣דֶק לְעוֹלָ֑ם וְֽתוֹרָתְךָ֥ אֱמֶֽת׃ — ד̇[54]
143 צַר־וּמָצ֥וֹק מְצָא֑וּנִי מִ֝צְוֺתֶ֗יךָ שַׁעֲשֻׁעָֽי׃ — ו̇ וחס[55]
144 צֶ֖דֶק עֵדְוֺתֶ֥יךָ[a] לְעוֹלָ֗ם הֲבִינֵ֥נִי וְאֶחְיֶֽה׃ — י̇ מל

(ק) 145 קָרָ֣אתִי בְכָל־לֵ֭ב עֲנֵ֥נִי יְהוָ֗ה חֻקֶּ֥יךָ אֶצֹּֽרָה׃
146 קְרָאתִ֥יךָ הוֹשִׁיעֵ֑נִי וְ֝אֶשְׁמְרָ֗ה עֵדֹתֶֽיךָ[a]׃ — ד̇ פסוק מן ד̇ מילין בא״ב[56]
147 קִדַּ֣מְתִּי בַ֭נֶּשֶׁף וָאֲשַׁוֵּ֑עָה לִדְבָרְיךָ[a] יִחָֽלְתִּי׃ — ב̇ . ה̇ קמ̇ בא״ב . לדברך ק̇ חד מן ה̇[57] יתיר י̇ וחד מן ה̇ בעינ̇ . ה̇
148 קִדְּמ֣וּ עֵ֭ינַי אַשְׁמֻר֑וֹת לָ֝שִׂ֗יחַ בְּאִמְרָתֶֽךָ[a]׃ — ה̇ . יב̇ וחס
149 ק֭וֹלִי שִׁמְעָ֣ה [a]כְחַסְדֶּ֑ךָ[b] יְ֝הוָ֗ה[a] כְּֽמִשְׁפָּטֶ֥ךָ[c] חַיֵּֽנִי׃ — ה̇ חס[58]
150 קָ֭רְבוּ רֹדְפֵ֣י[a] זִמָּ֑ה מִתּוֹרָתְךָ֥ רָחָֽקוּ׃
151 קָר֣וֹב אַתָּ֣ה יְהוָ֑ה וְֽכָל־מִצְוֺתֶ֥יךָ אֱמֶֽת׃ — ל̇
152 קֶ֣דֶם יָ֭דַעְתִּי מֵעֵדֹתֶ֑יךָ[a] כִּ֖י לְעוֹלָ֣ם יְסַדְתָּֽם׃ — ב̇[59]

(ר) 153 רְאֵה־עָנְיִ֥י וְחַלְּצֵ֑נִי כִּֽי־ת֝וֹרָתְךָ֗ לֹ֣א שָׁכָֽחְתִּי׃
154 רִיבָ֣ה רִ֭יבִי וּגְאָלֵ֑נִי לְאִמְרָתְךָ֥ חַיֵּֽנִי׃ — ל̇
155 רָח֣וֹק מֵרְשָׁעִ֣ים יְשׁוּעָ֑ה כִּֽי־חֻ֝קֶּ֗יךָ[a] לֹ֣א דָרָֽשׁוּ׃
156 רַחֲמֶ֣יךָ רַבִּ֣ים׀ יְהוָ֑ה כְּֽמִשְׁפָּטֶ֥יךָ[a] חַיֵּֽנִי׃ — פסיק[54]
157 רַ֭בִּים רֹדְפַ֣י וְצָרָ֑י מֵ֝עֵדְוֺתֶ֗יךָ[a] לֹ֣א נָטִֽיתִי׃ — י̇ מל
158 רָאִ֣יתִי בֹ֭גְדִים וָאֶתְקוֹטָ֑טָה אֲשֶׁ֥ר אִ֝מְרָתְךָ֗[a] לֹ֣א שָׁמָֽרוּ׃ — ל̇ . ו̇ קמ̇[60]
159 רְ֭אֵה כִּֽי־פִקּוּדֶ֣יךָ אָהָ֑בְתִּי יְ֝הוָ֗ה כְּֽחַסְדְּךָ֥[a] חַיֵּֽנִי׃ — ה̇[54]
160 רֹאשׁ־דְּבָרְךָ֥[a] אֱמֶ֑ת וּ֝לְעוֹלָ֗ם כָּל־מִשְׁפַּ֥ט[b] צִדְקֶֽךָ׃ — ג̇ ר״פ . ה̇ בעינ̇ . ל̇

(ש) 161 שָׂרִ֗ים רְדָפ֥וּנִי חִנָּ֑ם וּ֝מִדְּבָרְיךָ[a] פָּחַ֥ד לִבִּֽי׃ — ומדברך[54] ק̇ חד מן ה̇[57] יתיר י̇ וחד מן ה̇ בעינ̇
162 שָׂ֣שׂ אָ֭נֹכִי עַל־אִמְרָתֶ֑ךָ[a] כְּ֝מוֹצֵ֗א שָׁלָ֥ל רָֽב׃ — ד̇[61] . יב̇ וחס . ל̇

[53] Mm 3407. [54] Mp sub loco. [55] Mm 3409. [56] Mm 3403. [57] Mm 1921. [58] Mm 2028. [59] Ps 89,12. [60] Mm 3053. [61] Mm 1210.

144 [a] 𝔖 sg ‖ **146** [a] 𝔖 sg ‖ **147** [a] ℭ mlt Mss 𝔖𝔗 Hier ut Q, K 𝔊 ־ֶיך ‖ **148** [a] pc Mss 𝔊 Hier באמרֹתֶיךָ ‖ **149** [a–a] 𝔊𝔖 invers ‖ [b] pc Mss בְּח׳ ‖ [c] nonn Mss בְּמשפטיך cf 𝔖, l בְּמִשְׁפָּטְךָ ‖ **150** [a] nonn Mss 𝔊σ′ Hier ־פַּי ‖ **152** [a] 𝔖 *shdwtk* = עֵדוּתֶךָ, Ms מעדותך ‖ **155** [a] cf 2,2[b] ‖ **156** [a] pc Mss 𝔊 ־טְךָ; 𝔖 *wbdjnjk* = (וּ)בְּמ׳ ‖ **157** [a] pc Mss 𝔖 מֵעֵדוּתְךָ ‖ **158** [a] 𝔊 pl ‖ **159** [a] 𝔊(𝔖) ἐν τῷ ἐλέει σου = בְּחַ׳ ‖ **160** [a] Ms 𝔊 Hier דבריךָ ‖ [b] mlt Mss 𝔊𝔖𝔗 מִשְׁפְּטֵי ut 7.62.106.164 ‖ **161** [a] mlt Mss 𝔖𝔗 ut Q, K 𝔊 Hier ־רֶיךָ ‖ **162** [a] pc Mss 𝔊 אמרֹתֶיךָ.

163 שֶׁ֣קֶר שָׂ֭נֵאתִי וַאֲתַעֵ֑בָה[a] תּוֹרָתְךָ֥[b] אָהָֽבְתִּי׃ ל. ה
164 שֶׁ֣בַע בַּ֭יּוֹם הִלַּלְתִּ֑יךָ עַ֝֗ל מִשְׁפְּטֵ֥י צִדְקֶֽךָ׃ ל
165 שָׁל֣וֹם רָ֭ב לְאֹהֲבֵ֣י תוֹרָתֶ֑ךָ וְאֵֽין־לָ֥מוֹ מִכְשֽׁוֹל׃ לג קמ[62]. ט בא״ב
166 שִׂבַּ֣רְתִּי לִישׁוּעָתְךָ֣ יְהוָ֑ה וּֽמִצְוֺתֶ֥יךָ עָשִֽׂיתִי׃[a]
167 שָֽׁמְרָ֣ה נַ֭פְשִׁי עֵדֹתֶ֑יךָ[a] וָאֹהֲבֵ֥ם מְאֹֽד׃ ב בסיפ[63]. ח קמ בא״ב
168 שָׁמַ֣רְתִּי פִ֭קּוּדֶיךָ וְעֵדֹתֶ֑יךָ כִּ֖י כָל־דְּרָכַ֣י נֶגְדֶּֽךָ׃

(ת) 169 תִּקְרַ֣ב רִנָּתִ֣י לְפָנֶ֣יךָ יְהוָ֑ה כִּדְבָרְךָ֥[a] הֲבִינֵֽנִי׃[b] ח בעינ
170 תָּב֣וֹא תְּחִנָּתִ֣י לְפָנֶ֑יךָ כְּ֝אִמְרָתְךָ֗[a] הַצִּילֵֽנִי׃
171 [a]תַּבַּ֣עְנָה שְׂפָתַ֣י תְּהִלָּ֑ה כִּ֖י תְלַמְּדֵ֣נִי חֻקֶּֽיךָ׃ ל
172 [a]תַּ֣עַן לְ֭שׁוֹנִי אִמְרָתֶ֑ךָ[b] כִּ֖י כָל־מִצְוֺתֶ֣יךָ צֶּֽדֶק׃ ב. יב וחס
173 תְּהִי־יָדְךָ֥ לְעָזְרֵ֑נִי כִּ֖י פִקּוּדֶ֣יךָ בָחָֽרְתִּי׃
174 תָּאַ֣בְתִּי לִישׁוּעָתְךָ֣ יְהוָ֑ה וְ֝תוֹרָתְךָ֗ שַֽׁעֲשֻׁעָֽי׃ ב[64]. ו חס[65]
175 תְּֽחִי־נַ֭פְשִׁי וּֽתְהַלְלֶ֑ךָּ וּֽמִשְׁפָּטֶ֥ךָ[a] יַעֲזְרֻֽנִי׃[b] ב[66]. ה חס[67]. ג חס בליש
176 תָּעִ֗יתִי כְּשֶׂ֣ה אֹ֭בֵד בַּקֵּ֣שׁ עַבְדֶּ֑ךָ כִּ֥י מִ֝צְוֺתֶ֗יךָ לֹ֣א שָׁכָֽחְתִּי׃ ג

120 1 שִׁ֗יר הַֽמַּ֫עֲל֥וֹת
קיט
אֶל־יְ֭הוָה בַּצָּרָ֣תָה לִּ֑י קָ֝רָ֗אתִי וַֽיַּעֲנֵֽנִי׃ ל[1]
2 יְֽהוָ֗ה הַצִּ֣ילָה נַ֭פְשִׁי מִשְּׂפַת־שֶׁ֑קֶר מִלָּשׁ֥וֹן[a] רְמִיָּֽה׃ ל בליש
3 מַה־יִּתֵּ֣ן[a] לְ֭ךָ וּמַה־יֹּסִ֥יף[b] לָ֗ךְ[c] לָשׁ֥וֹן רְמִיָּֽה׃[c] יד פסוק לך לך[2]. יד כת כן. יז[3]
4 חִצֵּ֣י גִבּ֣וֹר שְׁנוּנִ֑ים עִ֝֗ם גַּחֲלֵ֥י רְתָמִֽים׃ ג[4]. ב
5 אֽוֹיָה־לִ֭י כִּי־גַ֣רְתִּי מֶ֑שֶׁךְ שָׁ֝כַ֗נְתִּי עִם־אָהֳלֵ֥י קֵדָֽר׃ ל. ב[5]
6 רַ֭בַּת שָֽׁכְנָה־לָּ֣הּ נַפְשִׁ֑י עִ֝֗ם שׂוֹנֵ֥א[a] שָׁלֽוֹם׃
7 אֲֽנִי־שָׁ֭לוֹם[a] וְכִ֣י[b] אֲדַבֵּ֑ר[c] הֵ֝֗מָּה לַמִּלְחָמָֽה׃ ל

[62] Mm 264. [63] Ps 86,2. [64] Mm 3405. [65] Mm 3409. [66] Mm 2025. [67] Mm 2028. Ps 120 [1] Mm 476. [2] Mm 1860. [3] Mm 3615. [4] Mm 2225. [5] Gn 32,5.

163 [a] mlt Mss Edd וָאֲ׳ ‖ [b] pc Mss 𝔊𝔖 וְתוֹ׳ ‖ **166** [a] Ms חָפָצְתִּי cf 𝔊 ‖ **167** [a] Ms 𝔖 ‖ **169** [a] pc Mss 𝔖 בְּד׳ ‖ [b] ut 58[a] cf 107 ‖ **170** [a] pc Mss 𝔖 בְּא׳ ‖ **171** [a] 𝔖 עֵדוּתֶךָ post 172 tr ‖ **172** [a] cf 171[a] ‖ [b] pc Mss 𝔊^RL𝔎 ־רֹתֶיךָ ‖ **175** [a] 𝔆 mlt Mss 𝔊𝔗 Hier ־טֶיךָ; pc Mss מ׳ ‖ [b] 𝔖 *n'drnj* = יַעְזְרֵנִי ‖ **Ps 120,2** [a] pc Mss 𝔊𝔖 וּמִ׳ ‖ **3** [a] 𝔊 (Hier) *δοθείη* = יֻתַּן ‖ [b] Ms 𝔊 Hier יוּסַף ‖ [c—c] 𝔊 pr *πρός* = לְלָ׳; α′ *γλῶσσα κατεπιθέσεως* = לְ׳ ר׳ ‖ **6** [a] pc Mss 𝔊 σ′𝔖 Hier שֹׂנְאֵי, prb l ‖ **7** [a] 2 Mss לְשׁ׳ ‖ [b] > Ms 𝔖 Hier, 2 Mss 𝔊 α′σ′θ′ 𝔗 כִּי; prp וְכֵן cf Ex 10,29 ‖ [c] nonn Mss 𝔖 Hier וְה׳, 𝔊 *δωρεάν* = חִנָּם.

121 קכ

1 שִׁ֗יר לַֽמַּ֫עֲל֥וֹת[a] | ל

אֶשָּׂ֣א עֵ֭ינַי אֶל־הֶהָרִ֑ים מֵ֝אַ֗יִן יָבֹ֥א עֶזְרִֽי[b]׃ | כג . ב[1] וכל יחזק דכות ב מ ב

2 עֶ֭זְרִי מֵעִ֣ם יְהוָ֑ה עֹ֝שֵׂ֗ה שָׁמַ֥יִם וָאָֽרֶץ׃ | ט ומן ראש דמלכים עד וירא כל ישראל דכות[2]

3 אַל־יִתֵּ֣ן לַמּ֣וֹט[a] רַגְלֶ֑ךָ[b] אַל־[c]יָ֝נ֗וּם שֹׁמְרֶֽךָ׃ | כו ר״פ אל אל[3]

4 הִנֵּ֣ה לֹֽא־יָ֭נוּם וְלֹ֣א יִישָׁ֑ן שׁ֝וֹמֵ֗ר יִשְׂרָאֵֽל׃ | ג[4] . י מל[5]

5 יְהוָ֥ה[a] שֹׁמְרֶ֑ךָ[b] יְהוָ֥ה[c] צִ֝לְּךָ֗ עַל־יַ֥ד יְמִינֶֽךָ׃

6 יוֹמָ֗ם הַשֶּׁ֥מֶשׁ לֹֽא־יַכֶּ֗כָּה וְיָרֵ֥חַ בַּלָּֽיְלָה׃ | ג[6] . ט

7 יְֽהוָ֗ה יִשְׁמָרְךָ֥ מִכָּל־רָ֑ע יִ֝שְׁמֹ֗ר אֶת־נַפְשֶֽׁךָ׃

8 יְֽהוָ֗ה[a] יִשְׁמָר־[b]צֵאתְךָ֥ וּבוֹאֶ֑ךָ מֵ֝עַתָּ֗ה וְעַד־עוֹלָֽם׃ | ד מל . יב[7]

122 קכא

1 שִׁ֥יר הַֽמַּעֲל֗וֹת לְדָ֫וִ֥ד[a] | ד

שָׂ֭מַחְתִּי בְּאֹמְרִ֣ים לִ֑י בֵּ֖ית יְהוָ֣ה נֵלֵֽךְ׃ | ג[1]

2 עֹ֖מְדוֹת הָי֣וּ רַגְלֵ֑ינוּ[a] בִּ֝שְׁעָרַ֗יִךְ[b] יְרוּשָׁלִָֽם׃ | ג ב מל וחד חס

3 יְרוּשָׁלִַ֥ם הַבְּנוּיָ֑ה כְּ֝עִ֗יר [a]שֶׁחֻבְּרָה־[b]לָּ֥הּ[a] יַחְדָּֽו[c]׃ | ל . ב . ל

4 שֶׁשָּׁ֨ם[a] עָל֪וּ שְׁבָטִ֡ים שִׁבְטֵי־יָ֭הּ | כן בטע לבן אשר[2]

[b]עֵד֣וּת לְיִשְׂרָאֵ֑ל[b] לְ֝הֹד֗וֹת[c] לְשֵׁ֣ם יְהוָֽה׃

5 כִּ֤י שָׁ֨מָּה ׀ יָשְׁב֣וּ כִסְא֣וֹת[a] לְמִשְׁפָּ֑ט כִּ֝סְא֗וֹת לְבֵ֣ית דָּוִֽד׃ | נה בטע ר״פ בסיפ . י מילין ר״פ ובתר שמה[3] . ב . ב

6 שַׁ֭אֲלוּ שְׁל֣וֹם יְרוּשָׁלִָ֑ם [a]יִ֝שְׁלָ֗יוּ אֹהֲבָֽיִךְ[ab]׃ | י[4] . ב

7 יְהִי־שָׁל֥וֹם בְּחֵילֵ֑ךְ שַׁ֝לְוָ֗ה[a] בְּאַרְמְנוֹתָֽיִךְ׃

8 לְמַ֣עַן אַחַ֣י וְרֵעָ֑י אֲדַבְּרָה־נָּ֖א שָׁל֣וֹם בָּֽךְ׃

9 לְ֭מַעַן בֵּית־יְהוָ֣ה אֱלֹהֵ֑ינוּ אֲבַקְשָׁ֖ה ט֣וֹב לָֽךְ׃

123 קכב

1 שִׁ֥יר הַֽמַּ֫עֲל֥וֹת

אֵ֭לֶיךָ נָשָׂ֣אתִי אֶת־עֵינַ֑י הַ֝יֹּשְׁבִ֗י בַּשָּׁמָֽיִם׃ | יט . ל וחס

Ps 121 [1]Mm 2850. [2]Mm 3417. [3]Mm 3261. [4]Mm 1639. [5]Mm 3634. [6]Mm 2244. [7]Mm 2487.
Ps 122 [1]Mm 2861. [2]Mm 3418. [3]Mm 1123. [4]Mm 300.

Ps 121,1 [a] 𝔔 nonn Mss 'הַמּ ut 122,1 etc ‖ [b] 𝔖 *m'drnj* = 'עֹ ‖ **3** [a] l לָמוֹט cf 66,9 ‖ [b] mlt Mss רגליך ‖ [c] 𝔔 mlt Mss 𝔊𝔖 Hier וְאל ‖ **5** [a] 𝔔 pr בלילה ‖ [b] 𝔊𝔗 Hier ut 7 ישמרך ‖ [c] > 𝔔 ‖ **8** [a] > 𝔔, prb dl ‖ [b] ℭ –רך ut 7 ‖ **Ps 122,1** [a] > 2 Mss 𝔊*𝔗 ‖ **2** [a] 𝔔𝔖 רגלי ‖ [b] 𝔊 *ἐν ταῖς αὐλαῖς σου* = בַּחֲצֵרַיִךְ? ‖ **3** [a–a] 𝔊σ' (Hier) *ἧς ἡ μετοχὴ αὐτῆς* = שֶׁחֶבְרָהּ vel שֶׁחֶבְרָה לָהּ; 𝔔 לו pro לה יחדו ‖ [b] Ms שחיברה ‖ [c] 𝔖 *šwr'* murus ‖ **4** [a] 𝔔𝔖 שמה ‖ [b–b] 𝔔 עדת יש' cf σ' *ἐκκλησία* ‖ [c] huc tr ‸ ‖ **5** [a] 𝔔 כסא ‖ **6** [a–a] 𝔊 *καὶ εὐθηνία τοῖς ἀγαπῶσίν σε* = וְשַׁלְוָה לְא' cf 7 ‖ [b] prb l c Ms אֹהֲלָיִךְ ‖ **7** [a] nonn Mss 𝔊𝔖 'וְשׁ.

2 הִנֵּ֨ה כְעֵינֵ֪י עֲבָדִ֡ים אֶל־יַ֤ד אֲֽדוֹנֵיהֶ֗ם — כן בטע לבן אשר[1]. הֿ[2] וכל מגלה דכות בֿ מ א . וֿ מל בליש[3]
כְּעֵינֵ֥י שִׁפְחָה֮ אֶל־יַ֪ד גְּבִ֫רְתָּ֥הּ — הֿ[2] וכל מגלה דכות בֿ מ א . דֿ[4]
כֵּ֣ן עֵ֭ינֵינוּ אֶל־יְהוָ֣ה אֱלֹהֵ֑ינוּ עַ֝֗ד שֶׁיְּחָנֵּֽנוּ׃
3 חָנֵּ֣נוּ יְהוָ֣ה חָנֵּ֑נוּ כִּֽי־רַ֝֗ב[a] שָׂבַ֥עְנוּ[b] בֽוּז׃ — גֿ . גֿ
4 רַ֭בַּת שָֽׂבְעָה־לָּ֣הּ נַפְשֵׁ֑נוּ הַלַּ֣עַג[a] הַשַּׁאֲנַנִּ֑ים[b] [c]הַ֝בּ֗וּז לִגְאֵ֥יוֹנִֽים[c]׃ — גֿ . לגאי יונים[5] קֿ חד מן הֿ[6] כתֿ מילה חדה וקרֿ תרי

124 קכג 1 שִׁ֥יר הַֽמַּעֲל֗וֹת לְדָ֫וִ֥ד[a] — דֿ
לוּלֵ֣י יְ֭הוָה שֶׁהָ֣יָה לָ֑נוּ יֹֽאמַר־נָ֝א יִשְׂרָאֵֽל׃ — כן בטע לבן אשר[1]
2 ל֣וּלֵ֣י יְ֭הוָה שֶׁהָ֣יָה לָ֑נוּ בְּק֖וּם עָלֵ֣ינוּ אָדָֽם׃ — כן בטע לבן אשר[1]
3 אֲ֭זַי חַיִּ֣ים בְּלָע֑וּנוּ בַּחֲר֖וֹת אַפָּ֣ם בָּֽנוּ׃ — גֿ[2] . לֿ ומל
4 אֲ֭זַי הַמַּ֣יִם שְׁטָפ֑וּנוּ נַ֝֗חְלָה עָבַ֥ר עַל־נַפְשֵֽׁנוּ׃ — גֿ[2] . בֿ מילין גֿ בטע וחד מן בֿ[3] בתרי לישנֿ
5 אֲ֭זַי עָבַ֣ר עַל־נַפְשֵׁ֑נוּ הַ֝מַּ֗יִם הַזֵּֽידוֹנִֽים׃ — גֿ[2] . לֿ ומל
6 בָּר֥וּךְ יְהוָ֑ה שֶׁלֹּ֥א נְתָנָ֥נוּ טֶ֝֗רֶף לְשִׁנֵּיהֶֽם׃ — דֿ[2] . לֿ
7 נַפְשֵׁ֗נוּ כְּצִפּ֥וֹר נִמְלְטָה֮ מִפַּ֪ח י֫וֹקְשִׁ֥ים — לֿ ומל
הַפַּ֥ח נִשְׁבָּ֑ר וַ֖אֲנַ֣חְנוּ נִמְלָֽטְנוּ׃
8 עֶ֭זְרֵנוּ בְּשֵׁ֣ם יְהוָ֑ה עֹ֝שֵׂ֗ה שָׁמַ֥יִם וָאָֽרֶץ׃ — בֿ[4]

125 קכד 1 שִׁ֗יר הַֽמַּ֫עֲל֥וֹת
הַבֹּטְחִ֥ים בַּיהוָ֑ה כְּֽהַר[a]־צִיּ֥וֹן לֹא־יִ֝מּ֗וֹט לְעוֹלָ֥ם יֵשֵֽׁב[b]׃ — בֿ[1]
2 יְֽרוּשָׁלִַ֗ם הָרִ֥ים סָבִ֗יב לָ֥הּ וַֽיהוָה֮ סָבִ֪יב לְעַ֫מּ֥וֹ [a]מֵ֝עַתָּ֗ה וְעַד־[עוֹלָֽם[a]׃ — יבֿ[2]
3 כִּ֤י[a] לֹ֪א יָנ֡וּחַ[b] שֵׁ֤בֶט הָרֶ֗שַׁע[c] עַל֮ גּ֤וֹרַל הַֽצַּדִּ֫יקִ֥ים — נֿהֿ בטע ר״פ בסיפֿ . דֿ[3] בֿ מנהֿ בליש . וֿ[4]
לְ֭מַעַן לֹא־יִשְׁלְח֨וּ הַצַּדִּיקִ֬ים בְּעַוְלָ֬תָה יְדֵיהֶֽם׃ — וֿ[4]
4 הֵיטִ֣יבָה יְ֭הוָה לַטּוֹבִ֑ים וְ֝לִישָׁרִ֗ים בְּלִבּוֹתָֽם׃ — לֿ . לֿ
5 וְהַמַּטִּ֤ים עֲֽקַלְקַלּוֹתָ֗ם יוֹלִיכֵ֣ם יְ֭הוָה אֶת־פֹּעֲלֵ֣י הָאָ֑וֶן — לֿ . לֿ . לֿ
[a]שָׁ֝ל֗וֹם עַל־יִשְׂרָאֵֽל[a]׃

Ps 123 [1] Mm 3418. [2] Mm 2990. [3] Mm 3182. [4] Mm 2065. [5] Q addidi, cf Mp sub loco. [6] Mm 214. **Ps 124** [1] Mm 3419. [2] Mp sub loco. [3] Mm 1032. [4] Ps 33,20. **Ps 125** [1] Jes 28,21. [2] Mm 2487. [3] Mm 3420. [4] Mm 3421.

Ps 123,3 [a] prb dl m cs ‖ [b] 𝔖 *šmʿn* = שמענו ‖ **4** [a] prp הַלְעָ(י)ג ‖ [b] Ms 𝔊 לַשׁ׳ ‖ [c–c] frt dupl (nonn Mss 𝔊𝔖 וְה׳, Q לִגְאֵי יוֹנִים; l c K Vrs לִגְאֵ׳) ‖ **Ps 124,1** [a] > pc Mss 𝔊* ‖ **Ps 125,1** [a] mlt Mss 𝔖 בְּהַר ‖ [b] 𝔊 *ὁ κατοικῶν* (= יֹ׳) *Ιερουσαλημ* ‖ **2** [a–a] dl m cs ‖ **3** [a] > 2 Mss ‖ [b] 𝔊 *ἀφήσει* = יָנִיחַ ‖ [c] pc Mss σ′ הָרְשָׁע cf 𝔊𝔖 ‖ **5** [a–a] frt add.

126 קכו 1 שִׁ֗יר הַֽמַּֽ֫עֲל֥וֹת
בְּשׁ֣וּב יְ֭הוָה אֶת־שִׁיבַ֣ת[a] צִיּ֑וֹן הָ֝יִ֗ינוּ כְּחֹלְמִֽים[b]׃ ל
2 אָ֤ז יִמָּלֵ֪א שְׂח֡וֹק פִּינוּ֮ וּלְשׁוֹנֵ֪נוּ רִ֫נָּ֥ה ח[1]
אָ֭ז יֹאמְר֣וּ בַגּוֹיִ֑ם הִגְדִּ֥יל יְ֝הוָ֗ה לַעֲשׂ֥וֹת עִם־אֵֽלֶּה׃
3 הִגְדִּ֣יל יְ֭הוָה לַעֲשׂ֥וֹת עִמָּ֗נוּ הָיִ֥ינוּ שְׂמֵחִֽים׃ ד
4 שׁוּבָ֣ה יְ֭הוָה אֶת־שְׁבוּתֵ֑נוּ[a] כַּאֲפִיקִ֥ים בַּנֶּֽגֶב׃ ה בטע . שביתנו ק
5 הַזֹּרְעִ֥ים בְּדִמְעָ֗ה בְּרִנָּ֥ה יִקְצֹֽרוּ׃ ג[2]
6 הָל֤וֹךְ יֵלֵ֨ךְ ׀ וּבָכֹה֮ נֹשֵׂ֪א[a] מֶֽשֶׁךְ[b]־הַ֫זָּ֥רַע לח
בֹּֽא־יָבֹ֥א בְרִנָּ֑ה נֹ֝שֵׂ֗א[c] אֲלֻמֹּתָֽיו׃ ה חס בשמואל ובכתיב[3] . לח[4]

127 קכז 1 שִׁ֥יר הַֽמַּֽעֲל֗וֹת לִשְׁלֹ֫מֹ֥ה[a] ל
אִם־יְהוָ֤ה ׀ לֹא־יִבְנֶ֬ה בַ֗יִת שָׁ֤וְא ׀ עָמְל֣וּ בוֹנָ֣יו בּ֑וֹ ל ומל
אִם־יְהוָ֥ה לֹֽא־יִשְׁמָר־עִ֝֗יר שָׁ֤וְא ׀ שָׁקַ֬ד שׁוֹמֵֽר׃ י מל[1]
2 שָׁ֤וְא לָכֶ֨ם ׀ מַשְׁכִּ֪ימֵי[a] ק֡וּם מְאַֽחֲרֵי[b]־שֶׁ֗בֶת ב . ב
אֹ֭כְלֵי לֶ֣חֶם הָעֲצָבִ֑ים כֵּ֤ן[c] יִתֵּ֖ן לִֽידִיד֣וֹ[d] שֵׁנָֽא[e]׃ ל . ל כת א[2]
3 הִנֵּ֤ה נַחֲלַ֣ת יְהוָ֣ה בָּנִ֑ים שָׂ֝כָ֗ר פְּרִ֣י הַבָּֽטֶן׃ ל
4 כְּחִצִּ֥ים בְּיַד־גִּבּ֑וֹר כֵּ֝֗ן בְּנֵ֣י הַנְּעוּרִֽים׃ ל
5 אַשְׁרֵ֤י הַגֶּ֗בֶר[a] אֲשֶׁ֤ר מִלֵּ֥א אֶת־אַשְׁפָּת֗וֹ[b] מֵ֫הֶ֥ם ד[3] . ג[4]
לֹֽא־יֵבֹ֑שׁוּ כִּֽי־יְדַבְּר֖וּ אֶת־אוֹיְבִ֣ים בַּשָּֽׁעַר׃ ד ב חס וב מל[5]

128 קכח 1 שִׁ֗יר הַֽמַּֽ֫עֲל֥וֹת
אַ֭שְׁרֵי כָּל־יְרֵ֣א יְהוָ֑ה הַ֝הֹלֵ֗ךְ בִּדְרָכָֽיו׃ ל
2 יְגִ֣יעַ כַּ֭פֶּיךָ כִּ֣י[a] תֹאכֵ֑ל אַ֝שְׁרֶ֗יךָ וְט֣וֹב לָֽךְ׃ יז[1] . ב ומל[2] . יז[3]
3 אֶשְׁתְּךָ֤ ׀ כְּגֶ֥פֶן פֹּרִיָּה֮[a] בְּיַרְכְּתֵ֪י בֵ֫יתֶ֥ךָ ל
בָּ֭נֶיךָ כִּשְׁתִלֵ֣י זֵיתִ֑ים סָ֝בִ֗יב לְשֻׁלְחָנֶֽךָ׃ ל וחס

Ps 126 [1]Mm 1854. [2]Mm 3422. [3]Mm 169. [4]Mp sub loco. **Ps 127** [1]Mm 3634. [2]Mm 3709. [3]Mm 3257. [4]Mm 3423. [5]Mm 3424. **Ps 128** [1]Mm 787. [2]Mm 3425. [3]Mm 1088.

Ps 126,1 [a] l c pc Mss 𝔊 שְׁבוּת; Ms שְׁבִית ‖ [b] 𝔊 *ὡς παρακεκλημένοι* cf Jes 38,16, 𝔖 *'jk hnwn dḥdjn* ut ii qui laetantur, 𝔗 *hjk mr'j'* = כְּחֹלִים ‖ **4** [a] ℭ mlt Mss ut Q, K nonn Mss שְׁבוּ׳ ‖ **6** [a] 𝔊 pl; prb dl (ex 6b) ‖ [b] prp מֹשֵׁךְ cf [a] ‖ [c] 𝔔𝔊 נושאי ‖ **Ps 127,1** [a] > $\mathfrak{G}^{SAL}$ ‖ **2** [a] 𝔊 inf = הַשְׁכֵּם? ‖ [b] 𝔊(Hier) *μετά* = אחרי ‖ [c] 2 Mss 𝔊 כִּי ‖ [d] 2 Mss 𝔊𝔖 Hier דָיו– ‖ [e] nonn Mss שֵׁ(י)נָה ‖ **5** [a] > $\mathfrak{G}^{SL}$ ‖ [b] 𝔊 *τὴν ἐπιθυμίαν αὐτοῦ* ‖ **Ps 128,2** [a] > 𝔊 (hpgr?) ‖ **3** [a] 𝔔 הפ׳.

4 הִנֵּ֣ה כִי־[a]כֵ֭ן יְבֹ֥רַךְ גָּ֗בֶר יְרֵ֣א יְהוָֽה׃ — ד ב פת וב קמ[4]
5 יְבָרֶכְךָ֥ יְהוָ֗ה מִצִּ֫יּ֥וֹן[a]
וּ֭רְאֵה בְּט֣וּב יְרוּשָׁלִָ֑ם כֹּ֝֗ל יְמֵ֣י חַיֶּֽיךָ׃ — יט[5] ד[6] מנה בליש
6 וּרְאֵֽה־בָנִ֥ים לְבָנֶ֑יךָ שָׁ֝ל֗וֹם עַל־יִשְׂרָאֵֽל׃ — ג ר״פ[7] — ס׳ יח

129 קכט 1 שִׁ֗יר הַֽמַּ֫עֲל֥וֹת
רַ֭בַּת צְרָר֣וּנִי מִנְּעוּרָ֑י יֹֽאמַר־נָ֝֗א[a] יִשְׂרָאֵֽל׃ — ב
2 רַ֭בַּת צְרָר֣וּנִי מִנְּעוּרָ֑י גַּ֝֗ם[a] לֹא־יָ֥כְלוּ לִֽי׃ — ב
3 עַל־גַּ֭בִּי חָרְשׁ֣וּ חֹרְשִׁ֑ים[a] הֶ֝אֱרִ֗יכוּ לְמַעֲנִותָֽם[b]׃ — למעניתם ק
4 יְהוָ֥ה צַדִּ֑יק קִ֝צֵּ֗ץ עֲב֣וֹת רְשָׁעִֽים׃ — ל. ל מל
5 יֵ֭בֹשׁוּ וְיִסֹּ֣גוּ אָח֑וֹר כֹּ֝֗ל שֹׂנְאֵ֥י צִיּֽוֹן׃
6 יִ֭הְיוּ כַּחֲצִ֣יר גַּגּ֑וֹת[a] [b]שֶׁ֝קַּדְמַ֗ת שָׁלַ֥ף[b] יָבֵֽשׁ[c]׃ — ד[1] ול בסיפ. ל
7 שֶׁלֹּ֤א מִלֵּ֣א כַפּ֣וֹ קוֹצֵ֑ר וְ֝חִצְנ֗וֹ מְעַמֵּֽר׃ — ל. ל. ד
8 וְלֹ֤א אָֽמְר֨וּ ׀ הָעֹ֥בְרִ֗ים בִּרְכַּֽת־יְהוָ֥ה אֲלֵיכֶ֑ם[a] — יד[2] ר״פ בכתיב ה מנה בתלים וכל ד״ה דכות ב מ ב. ד[3]
בֵּרַ֥כְנוּ אֶ֝תְכֶ֗ם בְּשֵׁ֣ם יְהוָֽה׃

130 קטכ[a] 1 שִׁ֥יר הַֽמַּעֲל֑וֹת — ל בטע
מִמַּעֲמַקִּ֖ים קְרָאתִ֣יךָ יְהוָֽה׃ 2 אֲדֹנָי֮[a] שִׁמְעָ֪ה בְ֫ק֥וֹלִ֥י — ג כל בליש וחד מן ב בכתיב — חצי הכתובים
תִּהְיֶ֣ינָה אָ֭זְנֶיךָ קַשֻּׁב֑וֹת לְ֝ק֗וֹל תַּחֲנוּנָֽי׃
3 אִם־עֲוֺנ֥וֹת תִּשְׁמָר־יָ֑הּ[a] אֲ֝דֹנָ֗י[b] מִ֣י יַעֲמֹֽד׃ — ו מל[1]
4 כִּֽי־עִמְּךָ֥ הַסְּלִיחָ֑ה לְ֝מַ֗עַן תִּוָּרֵֽא[a]׃ — ל. ל
5 קִוִּ֣יתִי יְ֭הוָה קִוְּתָ֣ה נַפְשִׁ֑י וְֽלִדְבָר֥וֹ[a] הוֹחָֽלְתִּי[b]׃ — ל
6 נַפְשִׁ֥י לַֽאדֹנָ֑י[a] [b]מִשֹּׁמְרִ֥ים לַ֝בֹּ֗קֶר[b] [c]שֹׁמְרִ֥ים לַבֹּֽקֶר[c]׃ — ז כת א[2]. ל
7 יַחֵ֥ל[a] יִשְׂרָאֵ֗ל אֶל־יְה֫וָ֥ה כִּֽי־עִם־יְהוָ֥ה הַחֶ֑סֶד וְהַרְבֵּ֖ה עִמּ֣וֹ פְדֽוּת׃ — ה[3]. ב. ג ב מל וחד חס[4]

[4]Mm 1744. [5]Mm 335. [6]Mm 3242. [7]Mm 548. **Ps 129** [1]Mp sub loco. [2]Mm 3249. [3]Mm 1371.
Ps 130 [1]Mm 3973. [2]Mm 2305. [3]Mm 1008. [4]Mm 424.

4 [a] > pc Mss 𝔊𝔖 Hier ‖ **5** [a] frt vb exc ‖ **Ps 129,1** [a] cf 2,2[b] ‖ **2** [a] cf 2,2[b] ‖ **3** [a] 𝔊 *οἱ ἁμαρτωλοί* = הָרְשָׁעִים ‖ [b] ℭ mlt Mss ut Q, l c K לְמַעֲנוֹ׳; 𝔊 *τὴν ἀνομίαν αὐτῶν* = לַעֲוֹנוֹתָם? 𝔖 *mwkkhwn* = לְעַנֹּתָם ‖ **6** [a] mlt Mss גנות ‖ [b–b] prp שֶׁקָּדִם תִּשְׁדֹּף ‖ [c] frt dl ‖ **8** [a] mlt Mss עֲלֵיכם ‖ **Ps 130** [a] sic L pro קכט ‖ **2** [a] mlt Mss יהוה, > 𝔖 ‖ **3** [a] > Ms 𝔖𝔏𝔄 ‖ [b] ℭ mlt Mss יהוה; > Sa ‖ **4** [a] 𝔊θ′ *τοῦ νόμου σου* = תּוֹרָתֶךָ cf σ′ ‖ **5** [a] Ms —רָיו, 2 Mss (𝔊) —רְךָ; 𝔊𝔖 om cop ‖ [b] 𝔊 3 f sg (cj c 6) ‖ **6** [a] ℭ mlt Mss ליהוה ‖ [b–b] 𝔊(𝔖 Hier) *ἀπὸ φυλακῆς πρωίας* = מֵאַשְׁמֹרֶת הַבּ׳; 𝔊 + *μέχρι νυκτός* ‖ [c–c] 𝔊 *ἀπὸ φυλακῆς πρωίας*, 𝔖 *wʿdmʾ lmṭrtʾ dṣprʾ* = Hier *usque ad vigiliam matutinam*; dl (dttg)? ‖ **7** [a] 𝔊 *ἐλπισάτω* = ׳יְיַ?

8 וְה֗וּא יִפְדֶּ֥ה אֶת־יִשְׂרָאֵ֑ל מִ֝כֹּ֗ל עֲוֺנֹתָֽיו׃ לג ר״פ

131 קל 1 שִׁ֥יר הַֽמַּעֲל֗וֹת לְדָ֫וִ֥ד[a] ד
יְהוָ֤ה׀ לֹא־גָבַ֣הּ לִ֭בִּי וְלֹא־רָמ֣וּ עֵינַ֑י לד פסוק לא ולא ולא[1] . ה[2]
וְלֹ֤א־הִלַּ֓כְתִּי׀ בִּגְדֹל֖וֹת וּבְנִפְלָא֣וֹת מִמֶּֽנִּי׃ ג חד קמ וב פת[3]
2 אִם־לֹ֤א שִׁוִּ֨יתִי׀ וְדוֹמַ֗מְתִּי[a] נַ֫פְשִׁ֥י ח[4] ר״פ וכל איוב דכות במ ב . ל ומל
כְּ֭גָמֻל עֲלֵ֣י אִמּ֑וֹ [b]כַּגָּמֻ֖ל עָלַ֣י[b] נַפְשִֽׁי׃ ל
3 יַחֵ֣ל יִ֭שְׂרָאֵל אֶל־יְהוָ֑ה מֵ֝עַתָּ֗ה וְעַד־עוֹלָֽם׃ ה[5] . יב[6]

132 קלא 1 שִׁ֗יר הַֽמַּ֫עֲל֥וֹת
זְכוֹר־יְהוָ֥ה לְדָוִ֑ד אֵ֝ת[a] כָּל־עֻנּוֹתֽוֹ[b]׃ ל מל . ל וכת כן
2 אֲשֶׁ֣ר נִ֭שְׁבַּע לַיהוָ֑ה נָ֝דַ֗ר לַאֲבִ֥יר יַעֲקֹֽב׃
3 אִם־אָ֭בֹא בְּאֹ֣הֶל בֵּיתִ֑י אִם־אֶ֝עֱלֶ֗ה עַל־עֶ֥רֶשׂ יְצוּעָֽי׃ יב ר״פ אם אם[1] . ה חס
4 אִם־אֶתֵּ֣ן שְׁנַ֣ת[a] לְעֵינָ֑י לְעַפְעַפַּ֥י תְּנוּמָֽה׃ ה בשינה[2]
5 עַד־אֶמְצָ֣א מָ֭קוֹם לַיהוָ֑ה מִ֝שְׁכָּנ֗וֹת לַאֲבִ֥יר יַעֲקֹֽב׃
6 הִנֵּֽה־שְׁמַֽעֲנ֥וּהָ[a] בְאֶפְרָ֑תָה מְ֝צָאנ֗וּהָ[a] בִּשְׂדֵי[b]־יָֽעַר[c]׃ ל . ל . ו[3] כת י וכל רות דכות ב מ ב
7 נָב֥וֹאָה לְמִשְׁכְּנוֹתָ֑יו נִ֝שְׁתַּחֲוֶ֗ה לַהֲדֹ֥ם רַגְלָֽיו׃ ג ב מל וחד חס[4] . ב חד כל וחד חס
8 קוּמָ֣ה יְ֭הוָה לִמְנוּחָתֶ֑ךָ[a] אַ֝תָּ֗ה וַאֲר֥וֹן עֻזֶּֽךָ׃
9 כֹּהֲנֶ֥יךָ יִלְבְּשׁוּ־צֶ֑דֶק[a] וַחֲסִידֶ֥יךָ[b] יְרַנֵּֽנוּ[c]׃
10 בַּ֭עֲבוּר דָּוִ֣ד עַבְדֶּ֑ךָ אַל[a]־תָּ֝שֵׁ֗ב פְּנֵ֣י מְשִׁיחֶֽךָ׃ ד[5]
11 נִשְׁבַּֽע־יְהוָ֨ה׀ לְדָוִ֡ד אֱמֶת֮ לֹא־יָשׁ֪וּב מִ֫מֶּ֥נָּה
מִפְּרִ֥י[a] בִטְנְךָ֑ אָ֝שִׁ֗ית לְכִסֵּא־לָֽךְ׃ ו[6]
12 אִֽם־יִשְׁמְר֬וּ בָנֶ֨יךָ׀ בְּרִיתִי֮ וְעֵדֹתִ֥י ז֗וֹ[a] אֲלַ֫מְּדֵ֥ם ו[7] ב[8] מנה כת כן
גַּם־בְּנֵיהֶ֥ם עֲדֵי־עַ֑ד יֵ֝שְׁבוּ לְכִסֵּא־לָֽךְ׃ כ[9] . ו[6]

Ps 131 [1]Mm 771. [2]Mm 2900. [3]Mm 3266. [4]Mm 3185. [5]Mm 1008. [6]Mm 2487. **Ps 132** [1]Mm 519. [2]Mm 2756. [3]Mm 2329. [4]Mm 2079. [5]Mm 163. [6]Mm 2768. [7]Mm 2963. [8]Mm 3426. [9]Mm 534.

Ps 131,1 [a] > 𝔊[L] ‖ **2** [a] nonn Mss 𝔊 ורו׳ ‖ [b–b] prp תִּגְמֹל עָלַי vel תִּגָּמֵל ‖ **Ps 132,1** [a] cf 2,2[b] ‖ [b] 𝔊(𝔖) τῆς πραΰτητος αὐτοῦ = עַנְוָתוֹ ‖ **4** [a] mlt Mss שְׁנָת, 1 frt שֵׁנָה = שְׁנַת cf Vrs ‖ **6** [a] Hier suff m ‖ [b] ℭ mlt Mss α′σ′ε′ Hier בשדה ‖ [c] > 𝔖 ‖ **8** [a] 2 Ch 6,41 לְנוּחֶךָ ‖ **9** [a] 2 Ch 6,41 תְשׁוּעָה cf 16 ‖ [b] pc Mss + רַנֵּן ut 16 ‖ [c] 2 Ch 6,41 יִשְׂמְחוּ בַטּוֹב ‖ **10** [a] 2 Ch 6,42 pr יהוה אֱלֹהִים ‖ **11** [a] frt vb exc, prp מִפְּרִי מֶלֶךְ (cf ℭ) vel מְלָכִים מ׳ vel בָּנִים מ׳ (cf 12) ‖ **12** [a] ℭ Ms זֶה.

13 כִּֽי־בָחַ֣ר יְהוָ֣ה בְּצִיּ֑וֹן אִ֝וָּ֗הּ לְמוֹשָׁ֥ב לֽוֹ׃ [ל̇. ב[10]]
14 זֹאת־מְנוּחָתִ֥י עֲדֵי־עַ֑ד פֹּה־אֵ֝שֵׁ֗ב כִּ֣י אִוִּתִֽיהָ׃ [ל וחס]
15 צֵ֭ידָהּ בָּרֵ֣ךְ אֲבָרֵ֑ךְ אֶ֝בְיוֹנֶ֗יהָ[a] אַשְׂבִּ֥יעַ לָֽחֶם׃ [ל̇]
16 וְ֭כֹהֲנֶיהָ[a] אַלְבִּ֣ישׁ יֶ֑שַׁע וַ֝חֲסִידֶ֗יהָ רַנֵּ֥ן יְרַנֵּֽנוּ׃ [ב. ה[11]. ל̇]
17 שָׁ֤ם אַצְמִ֣יחַ קֶ֣רֶן לְדָוִ֑ד עָרַ֥כְתִּי נֵ֝֗ר לִמְשִׁיחִֽי׃ [ג. ל̇]
18 א֭וֹיְבָיו אַלְבִּ֣ישׁ בֹּ֑שֶׁת וְ֝עָלָ֗יו יָצִ֥יץ נִזְרֽוֹ[a]׃ [ה מל. ז]

133 קלב
1 שִׁ֥יר הַֽמַּעֲל֗וֹת לְדָ֫וִ֥ד[a] [ד]
הִנֵּ֣ה מַה־טּ֭וֹב וּמַה־נָּעִ֑ים שֶׁ֖בֶת אַחִ֣ים גַּם־יָֽחַד׃
2 כַּשֶּׁ֤מֶן הַטּ֨וֹב ׀ עַל־הָרֹ֗אשׁ יֹרֵ֗ד[a] עַֽל־הַזָּקָ֥ן [ב. לז. ג[1]]
[b]זְקַֽן־אַהֲרֹ֑ן שֶׁ֝יֹּרֵ֗ד עַל־פִּ֥י מִדּוֹתָֽיו[b]׃ [ב[2]. ב וחס]
3 כְּטַל־חֶרְמ֗וֹן שֶׁיֹּרֵד֮ עַל־הַרְרֵ֪י צִ֫יּ֥וֹן[a] [ב. ב וחס]
כִּ֤י שָׁ֨ם ׀ צִוָּ֣ה יְהוָ֣ה אֶת־הַבְּרָכָ֑ה חַ֝יִּ֗ים[b] עַד־הָעוֹלָֽם׃ [ב בטע. ד]

134 קלג
1 שִׁ֗יר הַֽמַּ֫עֲל֥וֹת
הִנֵּ֤ה ׀ בָּרְכ֣וּ אֶת־יְ֭הוָה כָּל־עַבְדֵ֣י יְהוָ֑ה
הָעֹמְדִ֥ים בְּבֵית־יְ֝הוָ֗ה[a] בַּלֵּילֽוֹת[b]׃ [לט. ד[1]]
2 שְׂאֽוּ־יְדֵכֶ֥ם קֹ֑דֶשׁ וּ֝בָרְכ֗וּ[a] אֶת־יְהוָֽה׃ [יא ר״פ[2]. ל̇ חס. ב[3]]
3 יְבָרֶכְךָ֣ יְהוָ֣ה מִצִּיּ֑וֹן עֹ֝שֵׂ֗ה שָׁמַ֥יִם וָאָֽרֶץ׃

135 קלד
1 הַ֥לְלוּ יָ֨הּ ׀ [יא ר״פ]
הַ֭לְלוּ אֶת־שֵׁ֣ם יְהוָ֑ה הַ֝לְל֗וּ[a] עַבְדֵ֥י[b] יְהוָֽה׃
2 שֶׁ֣עֹמְדִים בְּבֵ֣ית יְהוָ֑ה בְּ֝חַצְר֗וֹת בֵּ֣ית אֱלֹהֵֽינוּ׃ [ל̇. לט]
3 הַֽלְלוּ־יָ֭הּ כִּי־ט֣וֹב יְהוָ֑ה[a] זַמְּר֥וּ לִ֝שְׁמ֗וֹ כִּ֣י נָעִֽים׃ [יא ר״פ ול בטע[1]]
4 כִּֽי־יַ֭עֲקֹב בָּחַ֣ר ל֣וֹ יָ֑הּ יִ֝שְׂרָאֵ֗ל לִסְגֻלָּתֽוֹ׃
5 כִּ֤י אֲנִ֣י יָ֭דַעְתִּי כִּי־גָד֣וֹל יְהוָ֑ה וַ֝אֲדֹנֵ֗ינוּ מִכָּל־[a]אֱלֹהִֽים׃ [נ̇ה בטע ר״פ בסיפ. ט פת ב[2] מנה בליש]

[10] Mm 2992. [11] Mm 2378. **Ps 133** [1] Mm 733. [2] Gn 24,2. **Ps 134** [1] Mm 3674. [2] Mp sub loco. [3] Mm 1832. **Ps 135** [1] Mp sub loco. [2] Mm 1866.

15 [a] nonn Mss 𝔖𝔗 'וְא ‖ **16** [a] pc Mss 𝔊𝔖 'כ ‖ **18** [a] 𝔊𝔖 suff 1 sg ‖ **Ps 133,1** [a] > 2 Mss 𝔊[L]𝔏𝔗 ‖ **2** [a] Ms 'הַיּ; l prb 'שֶׁי ut 2b.3 (שׁ hpgr) ‖ [b–b] frt dl ‖ **3** [a] prp עִיּוֹן vel צִיָּה vel צָיוֹן ‖ [b] Ms 𝔊𝔖 'וְח ‖ **Ps 134,1** [a] 𝔊 + ἐν αὐλαῖς οἴκου θεοῦ ἡμῶν, ex 135,2 ‖ [b] 𝔊 cj c 2 ‖ **2** [a] cf 2,2[b] ‖ **Ps 135,1** [a] cf 2,2[b] ‖ [b] 𝔊 vocativus cf 113,1[a] ‖ **3** [a] > 𝔏[G]𝔖 ‖ **5** [a] 𝔗 *'l kl*.

6 כֹּל אֲשֶׁר־חָפֵץ יְהוָה עָשָׂה בַּשָּׁמַיִם וּבָאָרֶץ

בַּיַּמִּים וְכָל־[a]תְּהוֹמוֹת׃ [ר֝וּחַ[b] מֵאוֹצְרוֹתָיו׃ — ה׳[3]. ד׳ מל [ל׳ ומל

7 מַעֲלֶה נְשִׂאִים מִקְצֵה הָאָרֶץ בְּרָקִים לַמָּטָר עָשָׂה מֽוֹצֵא[a]־ — ח׳[4]. ד׳[5] חס בנ״ך וכל אורית דכות ב׳ מ׳ ד׳ וחד מן ד׳ מילין לשון ענן

8 שֶׁהִכָּה בְּכוֹרֵי מִצְרָיִם מֵאָדָם עַד[a]־בְּהֵמָה׃ [עֲבָדָיו׃ — ד׳[6]

9 שָׁלַח׀ אֹתוֹת וּמֹפְתִים [a]בְּתוֹכֵכִי מִצְרָיִם[a] בְּפַרְעֹה וּבְכָל־ — ב׳ כת כן[7]

10 שֶׁהִכָּה גּוֹיִם רַבִּים וְהָרַג מְלָכִים עֲצוּמִים׃ [כְּנָעַן׃

11 לְסִיחוֹן׀ מֶלֶךְ הָאֱמֹרִי וּלְעוֹג מֶלֶךְ הַבָּשָׁן וּלְכֹל מַמְלְכוֹת — ל׳

12 וְנָתַן אַרְצָם נַחֲלָה נַחֲלָה לְיִשְׂרָאֵל עַמּוֹ׃

13 יְהוָה שִׁמְךָ לְעוֹלָם יְהוָה זִכְרְךָ לְדֹר־וָדֹר׃

14 כִּי־יָדִין יְהוָה עַמּוֹ וְעַל־עֲבָדָיו יִתְנֶחָם׃ — ג׳[8]

15 עֲצַבֵּי הַגּוֹיִם כֶּסֶף וְזָהָב מַעֲשֵׂה[a] יְדֵי אָדָם׃

16 פֶּה־לָהֶם וְלֹא יְדַבֵּרוּ עֵינַיִם לָהֶם וְלֹא יִרְאוּ׃ — ב׳ בסיפ[7]. כת

17 אָזְנַיִם לָהֶם וְלֹא יַאֲזִינוּ[a] אַף אֵין־יֶשׁ[b]־רוּחַ בְּפִיהֶם׃

18 כְּמוֹהֶם יִהְיוּ עֹשֵׂיהֶם כֹּל[a] אֲשֶׁר־בֹּטֵחַ בָּהֶם׃ — ג׳ ומל[9]. ד׳ חס בסיפ

19 בֵּית יִשְׂרָאֵל בָּרְכוּ אֶת־יְהוָה בֵּית אַהֲרֹן בָּרְכוּ אֶת־יְהוָה׃ — כ׳[10] וכל ירמיה ויחזק דכות ב׳ מ׳ ח׳

20 בֵּית הַלֵּוִי בָּרְכוּ אֶת־יְהוָה יִרְאֵי יְהוָה בָּרְכוּ אֶת־יְהוָה׃

21 בָּרוּךְ יְהוָה׀ מִצִּיּוֹן שֹׁכֵן יְרוּשָׁלָ͏ִם — ח׳[11] קמ׳ וכל אתנח וס״פ דכות ב׳ מ׳ א׳

[a]הַלְלוּ־יָהּ[a]׃ — י״ג ס״פ

136 קלו

1 הוֹדוּ לַיהוָה כִּי־טוֹב כִּי לְעוֹלָם חַסְדּוֹ׃ — אילן כו׳ פסוק כנגד

2 הוֹדוּ לֵאלֹהֵי הָאֱלֹהִים כִּי לְעוֹלָם חַסְדּוֹ׃

3 הוֹדוּ לַאֲדֹנֵי הָאֲדֹנִים כִּי לְעֹלָם חַסְדּוֹ׃ — ט׳ פת ב׳ מנה בליש. ט׳ פת בליש

4 לְעֹשֵׂה נִפְלָאוֹת גְּדֹלוֹת[a] לְבַדּוֹ[b] כִּי לְעוֹלָם חַסְדּוֹ׃

5 לְעֹשֵׂה הַשָּׁמַיִם בִּתְבוּנָה כִּי לְעוֹלָם חַסְדּוֹ׃

6 לְרֹקַע הָאָרֶץ עַל־הַמָּיִם כִּי לְעוֹלָם חַסְדּוֹ׃ — ל׳ וחס

[3] Mm 720. [4] Mm 2726. [5] Mm 1367. [6] Mm 849. [7] Mp sub loco. [8] Mm 2675. [9] Mm 3427. [10] Mm 953. [11] Mm 2491.

6 [a] mlt Mss 𝔊𝔖 וּבְכָל ‖ **7** [a] pro מוֹצִיא; 2 Mss וּמ׳, Jer 10,13 51,16 וַיּוֹצֵא ‖ [b] cf 2,2[b] ‖ **8** [a] mlt Mss 𝔖 וְעַד ‖ **9** [a–a] prb dl ‖ **15** [a] pc Mss 𝔊 מעשי ‖ **17** [a] Ms et 115,6 יִשְׁמָעוּ ‖ [b] prb dl ‖ **18** [a] nonn Mss 𝔊θ′𝔖 וְכֹל ‖ **21** [a–a] 𝔊 cj c sq ‖ **Ps 136,4** [a] > 𝔊[2017] Sa𝔏[p] ‖ [b] > Ms.

7 לְעֹשֵׂה אוֹרִים גְּדֹלִים כִּי לְעוֹלָם חַסְדּוֹ׃
8 אֶת־הַשֶּׁמֶשׁ לְמֶמְשֶׁלֶת בַּיּוֹם כִּי לְעוֹלָם חַסְדּוֹ׃ ג̇[1]
9 אֶת־הַיָּרֵחַ וְכוֹכָבִים[a] לְמֶמְשְׁלוֹת[b] בַּלָּיְלָה כִּי לְעוֹלָם חַסְדּוֹ׃ ל̇ ומל . ו̇ . ל̇[2]
10 לְמַכֵּה מִצְרַיִם בִּבְכוֹרֵיהֶם כִּי לְעוֹלָם חַסְדּוֹ׃ ל̇ ומל
11 וַיּוֹצֵא יִשְׂרָאֵל מִתּוֹכָם כִּי לְעוֹלָם חַסְדּוֹ׃ יב̇ מל[3]
12 בְּיָד חֲזָקָה וּבִזְרוֹעַ נְטוּיָה כִּי לְעוֹלָם חַסְדּוֹ׃
13 לְגֹזֵר יַם־סוּף לִגְזָרִים כִּי לְעוֹלָם חַסְדּוֹ׃ ל̇ וחס
14 וְהֶעֱבִיר יִשְׂרָאֵל בְּתוֹכוֹ כִּי לְעוֹלָם חַסְדּוֹ׃
15 וְנִעֵר פַּרְעֹה וְחֵילוֹ[a] [b]בְיַם־סוּף[b] כִּי לְעוֹלָם חַסְדּוֹ׃ ל̇[4]
16 לְמוֹלִיךְ עַמּוֹ בַּמִּדְבָּר כִּי לְעוֹלָם חַסְדּוֹ׃
17 לְמַכֵּה מְלָכִים גְּדֹלִים כִּי לְעוֹלָם חַסְדּוֹ׃
18 וַיַּהֲרֹג מְלָכִים אַדִּירִים כִּי לְעוֹלָם חַסְדּוֹ׃ ל̇
19 לְסִיחוֹן מֶלֶךְ הָאֱמֹרִי כִּי לְעוֹלָם חַסְדּוֹ׃
20 וּלְעוֹג מֶלֶךְ הַבָּשָׁן כִּי לְעוֹלָם חַסְדּוֹ׃
21 וְנָתַן אַרְצָם לְנַחֲלָה[a] כִּי לְעוֹלָם חַסְדּוֹ׃ ל̇ . ה̇[5]
22 נַחֲלָה לְיִשְׂרָאֵל עַבְדּוֹ כִּי לְעוֹלָם חַסְדּוֹ׃ ל̇
23 שֶׁבְּשִׁפְלֵנוּ[a] זָכַר לָנוּ כִּי לְעוֹלָם חַסְדּוֹ׃ ל̇
24 וַיִּפְרְקֵנוּ מִצָּרֵינוּ כִּי לְעוֹלָם חַסְדּוֹ׃ ל̇
25 נֹתֵן לֶחֶם לְכָל־בָּשָׂר כִּי לְעוֹלָם חַסְדּוֹ׃ ז̇[6]
26 הוֹדוּ לְאֵל הַשָּׁמָיִם כִּי לְעוֹלָם חַסְדּוֹ׃ ל̇

137 קלז
1 עַל[a] נַהֲרוֹת ׀ בָּבֶל שָׁם יָשַׁבְנוּ גַּם־בָּכִינוּ בְּזָכְרֵנוּ אֶת־צִיּוֹן׃ ג̇[1] . ל̇
2 עַל־עֲרָבִים בְּתוֹכָהּ תָּלִינוּ כִּנֹּרוֹתֵינוּ׃ ל̇
3 כִּי שָׁם שְׁאֵלוּנוּ שׁוֹבֵינוּ דִּבְרֵי־שִׁיר וְתוֹלָלֵינוּ[a] שִׂמְחָה נ̇ה בטע ר״פ בסיפ . ל̇ וכת כן . ל̇ . ל̇
שִׁירוּ לָנוּ מִשִּׁיר[b] צִיּוֹן׃
4 אֵיךְ נָשִׁיר אֶת־שִׁיר־יְהוָה עַל אַדְמַת נֵכָר׃

Ps 136 [1]Mm 3428. [2]Mm 1072. [3]Mm 2194. [4]וחד וינער Ex 14,27. [5]Mm 943. [6]Mm 927. Ps 137 [1]Mm 3321.

9 [a] prb dl ‖ [b] nonn Mss Vrs שֶׁלֶת– ‖ **15** [a] frt dl m cs cf [b–b] ‖ [b–b] frt dl m cs cf [a] ‖ **21** [a] nonn Mss 'נ ut 135,12 ‖ **23** [a] 𝔗 om שׁ ‖ **Ps 137,1** [a] 𝔊 pr *τῷ Δαυιδ* ‖ **3** [a] 𝔊(𝔖) *καὶ οἱ ἀπαγαγόντες ἡμᾶς* = וּמוֹלִיכֵינוּ? σ' *καὶ οἱ καταλαζονευόμενοι ἡμῶν*, Hier *et qui adfligebant nos*, 𝔗 *wbzwzn'* = וְשֹׁלְלֵינוּ; l prb 𝔐 (a ילל) ‖ [b] Vrs pl.

5 אִֽם־אֶשְׁכָּחֵ֥ךְ יְֽרוּשָׁלִָ֗ם תִּשְׁכַּ֥חᵃ יְמִינִֽי׃ — ב̇ . ח̇² קמ̇ וכל אתנח̇ וס״פ דכות̇ ב̇ מ̇ א

6 תִּדְבַּ֤ק־לְשׁוֹנִ֨י ׀ לְחִכִּי֮ אִם־לֹ֪א אֶ֫זְכְּרֵ֥כִי — ל̇

אִם־לֹ֣א אַ֭עֲלֶה אֶת־יְרוּשָׁלִַ֑ם עַ֝֗ל רֹ֣אשׁ שִׂמְחָתִֽי׃ — ח̇ פת̇³ . ל̇ פת̇² . קנ̇⁴

7 זְכֹ֤ר יְהוָ֨ה ׀ לִבְנֵ֬י אֱד֗וֹם אֵת֮ י֤וֹם יְֽרוּשָׁלִָ֫ם — ח̇² קמ̇ וכל אתנח̇ וס״פ דכות̇ ב̇ מ̇ א

הָ֭אֹמְרִים עָ֤רוּ ׀ עָ֑רוּ עַ֝֗ד הַיְס֥וֹד בָּֽהּ׃ [שֶׁגָּמַ֥לְתְּ לָֽנוּᵇ׃ — ל̇ . ב̇

8 בַּת־בָּבֶ֗ל הַשְּׁד֫וּדָ֥הᵃ אַשְׁרֵ֥י שֶׁיְשַׁלֶּם־לָ֑ךְ ᵇאֶת־גְּ֝מוּלֵ֗ךְ — ל̇ . ל̇

9 אַשְׁרֵ֤י ׀ שֶׁיֹּאחֵ֓ז וְנִפֵּ֬ץ אֶֽת־עֹ֝לָלַ֗יִךְ אֶל־הַסָּֽלַע׃ — ב̇ חד מל וחד חס̇ מן ט̇ פשטין פת̇ ס״פ בסיפ̇

138 (קלח) 1 לְדָוִ֨דᵃ ׀ — ז̇ בטע̇¹

אוֹדְךָ֥ᵇ בְכָל־לִבִּ֑יᶜ נֶ֖גֶדᵈ אֱלֹהִ֣ים אֲזַמְּרֶֽךָּ׃ — ל̇

2 אֶשְׁתַּחֲוֶ֨ה אֶל־הֵ֪יכַ֡ל קָדְשְׁךָ֮ [ᵃכָּל־שִׁ֝מְךָ֗ אִמְרָתֶֽךָᵃ׃ — יב̇ וחס̇

וְא֪וֹדֶ֫ה אֶת־שְׁ֥מֶךָ עַל־חַסְדְּךָ֥ וְעַל־אֲמִתֶּ֑ךָ כִּֽי־הִגְדַּ֥לְתָּ עַל־

3 בְּי֣וֹם קָ֭רָאתִי וַֽתַּעֲנֵ֑נִי תַּ֖רְהִבֵ֥נִיᵃ בְנַפְשִׁ֣י עֹֽז׃ — ל̇

4 יוֹד֣וּךָ יְ֭הוָה כָּל־מַלְכֵי־אָ֑רֶץ כִּ֥י שָׁ֝מְע֗וּ אִמְרֵי־פִֽיךָ׃

5 וְ֭יָשִׁירוּ בְּדַרְכֵ֣י יְהוָ֑ה כִּ֥י גָ֝ד֗וֹל כְּב֣וֹד יְהוָֽה׃ — ל̇

6 כִּי־רָ֣ם יְ֭הוָה וְשָׁפָ֣ל יִרְאֶ֑ה וְ֝גָבֹ֗הַּ מִמֶּרְחָ֥ק יְיֵדָֽעᵃ׃ — ל̇ . ל̇

7 אִם־אֵלֵ֤ךְ ׀ בְּ֘קֶ֤רֶב צָרָ֗ה תְּחַ֫יֵּ֥נִיᵃ עַ֤ל אַ֣ףᵃᵇ אֹ֭יְבַי

תִּשְׁלַ֣ח יָדֶ֑ךָᶜ וְ֝תוֹשִׁיעֵ֗נִי יְמִינֶֽךָ׃ [תֶּֽרֶף׃ — ה̇ חס̇ בסיפ̇²

8 יְהוָ֗ה יִגְמֹ֫ר בַּֽעֲדִ֥י יְֽהוָ֗ה חַסְדְּךָ֣ לְעוֹלָ֑ם מַעֲשֵׂ֖יᵃ יָדֶ֣יךָ אַל־ — יא̇ כת̇ י̇³ . ג̇⁴

139 (קלט) 1 לַמְנַצֵּ֬חַ לְדָוִ֬ד מִזְמ֑וֹר [לְ֝רֵעִ֗יᵃ מֵרָחֽוֹק׃ — ד̇

יְהוָ֣ה חֲ֭קַרְתַּנִי וַתֵּדָֽע׃ 2 אַתָּ֣ה יָ֭דַעְתָּ שִׁבְתִּ֣י וְקוּמִ֑י בַּ֥נְתָּה — ל̇ . ל̇ . יו̇ ר״פ בסיפ̇ . ב̇ מלרע̇¹

3 אָרְחִ֣י וְרִבְעִ֣י זֵרִ֑יתָ וְֽכָל־דְּרָכַ֥י הִסְכַּֽנְתָּה׃ — ל̇ . ל̇ ומל̇

4 כִּ֤י אֵ֣ין מִ֭לָּה בִּלְשׁוֹנִ֑י הֵ֥ן יְ֝הוָ֗ה יָדַ֥עְתָּ כֻלָּֽהּ׃ — נ̇ה̇ בטע̇ ר״פ בסיפ̇

5 ᵃאָח֣וֹר וָקֶ֣דֶםᵃ צַרְתָּ֑נִי וַתָּ֖שֶׁת עָלַ֣י כַּפֶּֽכָה׃ — כ̇² מילין כת̇ ה̇ ס״ת ול̇ בליש̇

²Mm 2491. ³Mm 389. ⁴Mp sub loco. **Ps 138** ¹Mm 3429. ²Mm 477. ³Mm 2706. ⁴Mm 3578. **Ps 139** ¹Mp sub loco. ²Mm 964.

5 ᵃ 𝔊 *ἐπιλησθείη* = תִּשָּׁכַח; 𝔖 + suff 1 sg, 𝔗 1 sg; prp תִּכְחַשׁ vel תִּכָּחֵשׁ ‖ **8** ᵃ σ′(𝔖𝔗) *ἡ λῃστρίς*, l frt הַשּׁוֹדֵדָה ‖ ᵇ⁻ᵇ gl, dl ‖ **Ps 138,1** ᵃ > pc Mss α′ Sexta ‖ ᵇ nonn Mss Vrs + יהוה ‖ ᶜ 𝔊 + *ὅτι ἤκουσας τὰ ῥήματα τοῦ στόματός μου* = כִּי שָׁמַעְתָּ אִמְרֵי פִי ‖ ᵈ 𝔊𝔖 pr cop ‖ **2** ᵃ⁻ᵃ l prb כָּל א׳ (שמך ex 2aβ); prp כָּל־שָׁמֶיךָ שִׁמְךָ וְא׳ ‖ **3** ᵃ 𝔊 *πολυωρήσεις με*, 𝔏 *multiplicabis me* (> 𝔏ᵖ) cf 𝔖, l frt תַּרְבֵּנִי; α′ (Hier) *πλατυνεῖς* = תרחבני? ‖ **6** ᵃ pro יֵדָע ‖ **7** ᵃ⁻ᵃ nonn Mss invers ‖ ᵇ > 2 Mss ‖ ᶜ mlt Mss ידיך ‖ **8** ᵃ prb l c mlt Mss 𝔖 מַעֲשֵׂה; pc Mss 𝔖 pr cop ‖ **Ps 139,2** ᵃ nonn Mss לְדֵעִי cf 𝔊𝔖 ‖ **5** ᵃ⁻ᵃ 𝔊α′σ′𝔖 cj c 4.

6 פְּלִאיָה[a] דַעַת[b] מִמֶּנִּי נִשְׂגְּבָה לֹא־אוּכַל לָהּ׃ | פליאה ק̇
7 אָנָה אֵלֵךְ מֵרוּחֶךָ וְאָנָה מִפָּנֶיךָ אֶבְרָח׃ | ב̇ בטע̇ מלרע[3]
8 אִם־אֶסַּק שָׁמַיִם שָׁם אָתָּה וְאַצִּיעָה שְּׁאוֹל הִנֶּךָּ׃ | ל̇ . ל̇
9 אֶשָּׂא כַנְפֵי[a]־שָׁחַר[b] אֶשְׁכְּנָה[c] בְּאַחֲרִית יָם׃ | כג̇ . ו̇ בכתיב̇
10 גַּם־שָׁם יָדְךָ תַנְחֵנִי[a] וְתֹאחֲזֵנִי יְמִינֶךָ׃ | ל̇
11 וָאֹמַר[a] אַךְ־חֹשֶׁךְ יְשׁוּפֵנִי[b] וְלַיְלָה אוֹר[c] בַּעֲדֵנִי׃ [כָּאוֹרָה[a]׃ | ב̇ . ו̇[4]
12 גַּם־חֹשֶׁךְ לֹא־יַחְשִׁיךְ מִמֶּךָ וְלַיְלָה כַּיּוֹם יָאִיר [a]כַּחֲשֵׁיכָה | ב̇ חד חס̇ וחד מל̇[5] . ו̇[4] . ל̇ ומל̇
13 כִּי־אַתָּה קָנִיתָ כִלְיֹתָי תְּסֻכֵּנִי בְּבֶטֶן[a] אִמִּי׃ [יֹדַעַת מְאֹד׃ | ג̇ חס̇ . ב̇[6] [ג̇[7]
14 אוֹדְךָ עַל כִּי נוֹרָאוֹת נִפְלֵיתִי[a] [b]נִפְלָאִים מַעֲשֶׂיךָ[b] וְנַפְשִׁי | ל̇ . ל̇ . ה̇
15 לֹא־נִכְחַד עָצְמִי מִמֶּךָּ אֲשֶׁר־[a]עֻשֵּׂיתִי[b] בַסֵּתֶר רֻקַּמְתִּי[c] | ל̇ . ל̇ . ל̇
[בְּתַחְתִּיּוֹת אָרֶץ׃ | ל̇[8]
16 [a]גָּלְמִי ׀ רָאוּ עֵינֶיךָ[b] וְעַל־סִפְרְךָ כֻּלָּם[c] יִכָּתֵבוּ[d] | ל̇ . ד̇
יָמִים[e] יֻצָּרוּ וְלֹא[f] אֶחָד בָּהֶם[g]׃ | ל̇ . ולו̇ ק̇ חד מן יז̇[9] כת̇ כן בליש̇ . ב̇[10]
17 וְלִי מַה־יָּקְרוּ רֵעֶיךָ אֵל מֶה[a] עָצְמוּ[b] רָאשֵׁיהֶם׃ | ח̇[11] . יג̇[12]
18 אֶסְפְּרֵם מֵחוֹל יִרְבּוּן הֱקִיצֹתִי[a] וְעוֹדִי עִמָּךְ׃ | ג̇
19 אִם־תִּקְטֹל אֱלוֹהַּ ׀ רָשָׁע וְאַנְשֵׁי[a] דָמִים סוּרוּ[b] מֶנִּי[c]׃ | ל̇ . יח̇[13] . ל̇
20 אֲשֶׁר יֹמְרֻךָ[a] לִמְזִמָּה נָשׂוּא[b] לַשָּׁוְא עָרֶיךָ[c]׃ | ג̇[14] חס̇ א ול̇ בליש̇ . ב̇ חד חס̇ וחד מל̇[6] . ח̇ לשון שנאה
21 הֲלוֹא־מְשַׂנְאֶיךָ יְהוָה ׀ אֶשְׂנָא וּבִתְקוֹמְמֶיךָ[b] אֶתְקוֹטָט׃ | ט̇ מל̇ בכתיב̇[15] . ב̇ . ל̇ . ל̇
22 תַּכְלִית שִׂנְאָה שְׂנֵאתִים לְאוֹיְבִים הָיוּ לִי׃ | ד̇ ב̇ חס̇ וב̇ מל̇[16]
23 חָקְרֵנִי אֵל וְדַע לְבָבִי בְּחָנֵנִי וְדַע שַׂרְעַפָּי׃ | ל̇[6] . ג̇ . ב̇ חד פת̇ וחד קמ̇[17]

[3] Mm 1050. [4] Mm 3230. [5] Mm 2532. [6] Mp sub loco. [7] Mm 3430. [8] וחד בתחתיות הארץ Ps 63,10. [9] Mm 1795. [10] Mm 3431. [11] Mm 1485. [12] Mm 2897. [13] Mm 2952. [14] Mm 3901 contra textum. [15] Mm 3664. [16] Mm 3424. [17] Mm 3358.

6 [a] mlt Mss ut Q,K פְּלִאָיָה ‖ [b] 𝔊 + suff 2 sg; l prb הַדּ׳ ‖ **9** [a] 𝔊(𝔖) *τὰς πτέρυγάς μου* = כְּנָפַי ‖ [b] 𝔖 *'jk dnšr'* = כַּנֶּשֶׁר ‖ [c] pc Mss 𝔊𝔖 וא׳ ‖ **10** [a] prp תִּקָּחֵנִי ‖ **11** [a] prp וָאֹמַר ‖ [b] σ′(Hier) *ἐπισκεπάσει με*, l prb יְשׂוּכֵּנִי (a שׂכך = סכך) ‖ [c] 𝔗 *qbjl* = חָשַׁךְ ‖ **12** [a—a] gl ‖ **13** [a] 𝔊(𝔖) *ἐκ γαστρός* = מִבּ׳ ‖ **14** [a] 𝔊*𝔖 Hier 2 sg, l frt –תָ ‖ [b—b] gl? ‖ **15** [a] prp כָּא׳ (כ hpgr) ‖ [b] 𝔊(𝔖) *ἐποίησας* = עָשִׂיתָ ‖ [c] 𝔊 *καὶ ἡ ὑπόστασίς μου* = וְקָמָתִי? ‖ **16** [a—a] frt dl et huc tr יְמֵי יֻצָּרוּ sec 16aγ ‖ [b] prp גְּמֻלַי cf 𝔖 ‖ [c] prp כָּל־יוֹם ‖ [d] prp –ב ‖ [e] prp כָּל־יָמַי ‖ [f] pc Mss ut Q ‖ [g] pc Mss מֵהֶם ‖ **17** [a] pc Mss וּמָה ‖ [b] cf 2,2 [b] ‖ **18** [a] l prb הֲקִצּוֹתִי (a קצץ) cf pc Mss ‖ **19** [a] 𝔊σ′ Hier om cop ‖ [b] pc Mss סָרוּ; l frt יָס׳ cf 𝔖𝔗 ‖ [c] pc Mss מִמֶּנִּי; frt dl ‖ **20** [a] ε′ *παρεπίκρανάν σε*, l יַמְרֻךָ ‖ [b] l frt וְנָשְׂאוּ cf Vrs ‖ [c] prb l c mlt Mss עדיך; prp עָלֶיךָ ‖ **21** [a] > pc Mss ‖ [b] pc Mss וּבְמִתְקוֹמְטֶיךָ (2 Mss וּמִתְק׳), prp וּבְמִתְק׳.

24 וּרְאֵה אִם־דֶּֽרֶךְ־עֹ֣צֶב[a] בִּ֑י וּ֝נְחֵ֗נִי בְּדֶ֣רֶךְ עוֹלָֽם׃ [ג ר״פ[18]]

140 קלט 1 לַמְנַצֵּ֗חַ מִזְמ֥וֹר לְדָוִֽד׃ [י ר״פ]

2 חַלְּצֵ֣נִי יְ֭הוָה מֵאָדָ֣ם רָ֑ע מֵאִ֖יש[a] חֲמָסִ֣ים תִּנְצְרֵֽנִי׃ [ד[1]]

3 אֲשֶׁ֤ר חָשְׁב֣וּ רָע֣וֹת בְּלֵ֑ב כָּל־י֝֗וֹם[a] יָג֥וּרוּ[b] מִלְחָמֽוֹת׃ [ל]

4 שָֽׁנֲנ֣וּ לְשׁוֹנָם֮ כְּמוֹ־נָ֫חָ֥שׁ חֲמַ֥ת עַכְשׁ֑וּב תַּ֖חַת שְׂפָתֵ֣ימוֹ סֶֽלָה׃ [ל]

5 שָׁמְרֵ֤נִי יְהוָ֨ה ׀ מִ֤ידֵי רָשָׁ֗ע מֵאִ֣ישׁ חֲמָסִ֣ים תִּנְצְרֵ֑נִי [ד[1]]
אֲשֶׁ֥ר חָ֝שְׁב֗וּ לִדְח֥וֹת פְּעָמָֽי׃

6 טָֽמְנוּ־גֵאִ֨ים ׀ פַּ֡ח לִ֗י וַחֲבָלִ֗ים[a] פָּ֣רְשׂוּ רֶ֭שֶׁת[b]
לְיַד־מַעְגָּ֑ל מֹקְשִׁ֖ים שָֽׁתוּ־לִ֣י סֶֽלָה׃ [ג חס בליש . ד]

7 אָמַ֣רְתִּי לַ֭יהוָה אֵ֣לִי אָ֑תָּה הַאֲזִ֥ינָה יְ֝הוָ֗ה[a] ק֣וֹל תַּחֲנוּנָֽי׃ [יז]

8 יְהוִ֣ה אֲ֭דֹנָי עֹ֣ז יְשׁוּעָתִ֑י סַכֹּ֥תָה לְ֝רֹאשִׁ֗י בְּי֣וֹם נָֽשֶׁק׃ [ה[2] . ג חד חס וב מל[3] . ד[4]]

9 אַל־תִּתֵּ֣ן יְ֭הוָה מַאֲוַיֵּ֣י[a] רָשָׁ֑ע זְמָמ֥וֹ[b] אַל־תָּ֝פֵ֗ק [כו ר״פ אל אל[5] . ל]
יָר֥וּמוּ[c] סֶֽלָה[d]׃ 10 רֹ֥אשׁ[a] מְסִבָּ֑י עֲמַ֖ל שְׂפָתֵ֣ימוֹ יְכַסֵּֽומוֹ[b]׃ [ג ר״פ . יכסימו[6] ק]

11 יָמִ֣יטוּ[a] עֲלֵיהֶם֮ גֶּֽחָ֫לִ֥ים[b] בָּאֵ֥שׁ[b] יַפִּלֵ֑ם[c] בְּ֝מַהֲמֹר֗וֹת[d] בַּל־יָקֽוּמוּ׃ [ימוטו[7] ק . ו חס בליש[8]]

12 אִ֥ישׁ לָשׁ֗וֹן בַּל־יִכּ֬וֹן בָּאָ֫רֶץ אִישׁ־חָמָ֥ס[a] רָ֑ע יְ֝צוּדֶ֗נּוּ לְמַדְחֵפֹֽת[b]׃ [יז[9] . ל וחס]

13 יָדַ֗עְתִּ[a] כִּֽי־יַעֲשֶׂ֣ה יְ֭הוָה דִּ֣ין עָנִ֑י מִ֝שְׁפַּ֗ט[b] אֶבְיֹנִֽים׃ [ידעתי ק חד מן ב[10] כת כן . ג חס בליש]

14 אַ֣ךְ צַ֭דִּיקִים יוֹד֣וּ לִשְׁמֶ֑ךָ יֵשְׁב֥וּ[a] יְ֝שָׁרִ֗ים אֶת־פָּנֶֽיךָ׃ [כ[11]] ס יט

141 קמ 1 מִזְמ֗וֹר לְדָ֫וִ֥ד [ח ר״פ]
יְהוָ֣ה קְ֭רָאתִיךָ[a] ח֣וּשָׁה לִּ֑י[a] הַאֲזִ֥ינָה ק֝וֹלִ֗י[b] בְּקָרְאִי־לָֽךְ׃ [יז]

2 תִּכּ֤וֹן תְּפִלָּתִ֣י קְטֹ֣רֶת לְפָנֶ֑יךָ מַֽשְׂאַ֥ת כַּ֝פַּ֗י מִנְחַת־עָֽרֶב׃ [ו[1] ול בטע]

[18] Mm 548. **Ps 140** [1] Mm 1851. [2] Mm 3311. [3] Mm 3738. [4] Mm 3085. [5] Mm 3261. [6] Mp sub loco. [7] Mm 832. [8] Mm 1317. [9] Mm 3615. [10] Mm 3564. [11] Mm 534. **Ps 141** [1] Mm 326.

24 [a] 𝔊 *ἀνομίας*, 𝔖 *dšwqr'* mendacii, 𝔗 *dṭ'jn* erroris, Hier *doli*; l 𝔐 cf Jes 48,5 ‖ **Ps 140,2** [a] pc Mss 𝔖 'ומ ‖ **3** [a] pc Mss 𝔊 'הַי ‖ [b] 𝔊 *παρετάσσοντο*; 𝔖 *grgw* excitaverunt, 𝔗 *mgrgjn* excitantes, l יְגָרוּ (a גרה) ‖ **6** [a] prp 'וְחֹבְ vel 'וּמְחַבְּ; al huc tr : ‖ [b] huc tr ‸ ‖ **7** [a] > 𝔖 ‖ **9** [a] 𝔊 *ἀπὸ τῆς ἐπιθυμίας μου* = מֵאַוָּתִי? ‖ [b] 𝔊 *διελογίσαντο κατ' ἐμοῦ* = זָמְמוּ עָלַי ‖ [c] pr ־אַל (cf 𝔊) et l c 2 Mss יָרִימוּ ‖ [d] > 𝔖 Syh; prp עָלַי vel סֹלִי ‖ **10** [a] l prb רֹאשָׁם (מ hpgr) ‖ [b] nonn Mss ut Q, K יכסומו ‖ **11** [a] K יָמִיטוּ, nonn Mss ימטו, 𝔖[W] *nḥtwn* descendant; l frt יַמְטֵר vel יִמָּטְרוּ ‖ [b–b] l frt גַּחֲלֵי אֵשׁ cf 𝔊[BS] et 18,13.14 ‖ [c] 𝔊 2 sg; 𝔖 *nplwn*, l prb יִפְּלוּ ‖ [d] Ms במהורות ‖ **12** [a] huc tr ‸ ‖ [b] frt dl (dupl ad במהמרות 11), al prp לָמוֹ פַּחַת ‖ **13** [a] mlt Mss Vrs ut Q, K –תָּ ‖ [b] pc Mss 𝔊𝔖 'ומ ‖ **14** [a] 𝔊𝔖 pr cop ‖ **Ps 141,1** [a–a] 𝔊 *εἰσάκουσόν μου* = שְׁמָעֵנִי? ‖ [b] 𝔊 *τῇ φωνῇ τῆς δεήσεώς μου* = קוֹל תַּחֲנוּנַי cf 140,7.

3 שִׁיתָ֣ה יְ֭הוָה שָׁמְרָ֣ה[a] לְפִ֑י [b]נִ֝צְּרָ֗ה עַל־דַּ֥ל[b] שְׂפָתָֽי׃ — ל̇. יב̇ וכל דל ואביון דכות
4 אַל־תַּט־לִבִּ֨י׀ לְדָ֘בָ֤ר[a]׀ רָ֗ע[b] לְהִתְע֘וֹלֵ֤ל עֲלִל֨וֹת׀ בְּרֶ֗שַׁע — ב̇. ב̇ רפי[2]. ל̇[3]. ד̇
אֶת־אִישִׁ֥ים פֹּֽעֲלֵי־אָ֑וֶן וּבַל־אֶ֝לְחַ֗ם בְּמַנְעַמֵּיהֶֽם׃ — ג̇. ל̇
5 יֶֽהֶלְמֵֽנִי־צַדִּ֨יק[a]׀ חֶ֡סֶד[b] וְֽיוֹכִיחֵ֗נִי[a] שֶׁ֣מֶן רֹ֭אשׁ[c] אַל־יָנִ֣י[d] רֹאשִׁ֑י — ל̇. ל̇. ל̇ חס̇. כו̇
כִּי־ע֥וֹד[e] וּ֝תְפִלָּתִ֗י[e] בְּרָעוֹתֵיהֶֽם׃ — ג̇. ל̇
6 [a]נִשְׁמְט֣וּ בִֽידֵי־סֶ֭לַע[b] שֹׁפְטֵיהֶ֑ם וְשָׁמְע֥וּ אֲ֝מָרַ֗י כִּ֣י נָעֵֽמוּ׃
7 [a]כְּמ֤וֹ [b]פֹלֵ֣חַ וּבֹקֵ֣עַ[c] בָּאָ֑רֶץ[b] נִפְזְר֥וּ עֲ֝צָמֵ֗ינוּ[d] לְפִ֣י שְׁאֽוֹל׃ — ל̇ וחס̇. ל̇
8 כִּ֤י[a] אֵלֶ֨יךָ׀ יְהוִ֣ה אֲדֹנָ֣י[c] עֵינָ֑י בְּכָ֥ה חָ֝סִ֗יתִי אַל־תְּעַ֥ר נַפְשִֽׁי׃ — נה̇ בטע̇ ר״פ בסיפ̇. ה̇[4]. כ̇[5] מילין כת̇ ה̇ ס״ת ג̇ מנה̇ בליש̇. ל̇[3]
9 שָׁמְרֵנִי מִ֣ידֵי פַ֭ח[a] יָ֣קְשׁוּ לִ֑י וּ֝מֹקְשׁ֗וֹת[b] פֹּ֣עֲלֵי אָֽוֶן׃ — ג̇ חס̇ בליש̇
10 יִפְּל֣וּ בְמַכְמֹרָ֣יו[a] רְשָׁעִ֑ים יַ֥חַד[b] אָ֝נֹכִ֗י עַד־אֶעֱבֽוֹר׃ — ג̇ מל̇

142 קמא
1 מַשְׂכִּ֥יל לְדָוִ֑ד בִּהְיוֹת֥וֹ בַ֝מְּעָרָ֗ה תְפִלָּֽה׃
2 ק֭וֹלִי אֶל־יְהוָ֣ה אֶזְעָ֑ק ק֝וֹלִ֗י אֶל־יְהוָ֥ה אֶתְחַנָּֽן׃
3 אֶשְׁפֹּ֣ךְ לְפָנָ֣יו שִׂיחִ֑י צָ֝רָתִ֗י[a] לְפָנָ֥יו אַגִּֽיד׃
4 בְּהִתְעַטֵּ֬ף עָלַ֨י[a]׀ ר֭וּחִי וְאַתָּה֮ יָדַ֪עְתָּ נְֽתִיבָ֫תִ֥י[b] — ב̇
בְּאֹֽרַח־ז֥וּ אֲהַלֵּ֑ךְ טָמְנ֖וּ פַ֣ח לִֽי׃ — ל̇
5 הַבֵּ֤יט יָמִ֨ין׀ וּרְאֵה֮[a] וְֽאֵין־לִ֪י מַ֫כִּ֥יר — ל̇ מל̇. ו̇ פסוק ואין אין
אָבַ֣ד מָנ֣וֹס מִמֶּ֑נִּי אֵ֖ין[b] דּוֹרֵ֣שׁ לְנַפְשִֽׁי׃ — ד̇ מל̇[1]
6 זָעַ֥קְתִּי אֵלֶ֗יךָ יְה֫וָ֥ה אָ֭מַרְתִּי אַתָּ֣ה מַחְסִ֑י חֶ֝לְקִ֗י בְּאֶ֣רֶץ [הַחַיִּֽים׃ — ג̇[2]
7 הַקְשִׁ֤יבָה׀ אֶֽל־רִנָּתִי֮ כִּֽי־דַלּ֪וֹתִ֫י מְאֹ֥ד
הַצִּילֵ֣נִי מֵרֹדְפַ֑י כִּ֖י אָמְצ֣וּ מִמֶּֽנִּי׃
8 ה֘וֹצִ֤יאָה מִמַּסְגֵּ֨ר׀ נַפְשִׁי֮ לְהוֹד֪וֹת אֶת־שְׁ֫מֶ֥ךָ[a] — ל̇. ב̇. ד̇ מל̇[3]

[2] Mm 3607. [3] Mp sub loco. [4] Mm 3311. [5] Mm 964. **Ps 142** [1] Mm 4142. [2] Mm 2357. [3] Mm 3432.

3 [a] 𝔊(𝔗) *φυλακήν*, 𝔖 *ntwr'* custodem ‖ [b–b] 𝔊 *καὶ θύραν περιοχῆς περί*, σ' *καὶ φραγμὸν ταπεινώσεως ἐπί* = וְנֶצֶרֶת דל על־? l prb וּנְצָרָה pro נ' ‖ **4** [a] 𝔊σ' pl ‖ [b] σ' pl ‖ **5** [a–a] prp וְחָסִיד יו' ‖ [b] > 𝔖 ‖ [c] 𝔊(𝔖) *ἁμαρτωλοῦ* = רָשָׁע ‖ [d] mlt Mss יניא; l frt יָנָא a נאה ‖ [e–e] l frt עַד תּ' cf 10; prp עֵדוּת פְּלִלְתִּי ‖ **6** [a] crrp ‖ [b] dl cf 7[c] ‖ **7** [a] crrp ‖ [b–b] σ' *γεωργὸς* (= פלח aram) *ὅταν ῥήσσῃ τὴν γῆν* ‖ [c] huc tr סלע ex 6 ‖ [d] l prb עַצְמֵיהֶם cf 𝔊[RL al] 𝔖 ‖ **8** [a] 𝔖 *w'n'*, l prb וְאָנֹכִי ‖ [b] pc Mss אֱלֹהִים ‖ [c] > 𝔊[S] Sa 𝔏[G] 𝔖, prb dl ‖ **9** [a] 𝔖 *dšbhrn'* = פֹּחֲזִים? ‖ [b] prb l c Ms 𝔊 וּמִמֹּ' ‖ **10** [a] l ־רֵיהֶם cf 𝔊[L] ‖ [b] σ'𝔖 cj c a ‖
Ps 142,3 [a] pc Mss 𝔖𝔙[p] וְצ' ‖ **4** [a] > 77,4 ‖ [b] 𝔊α'𝔖 pl ‖ **5** [a] l prb וְרָאֵה ‖ [b] nonn Mss 𝔊𝔖𝔗 וְאֵין ‖ **8** [a] 𝔊* + *κύριε*.

בִּי[b] יַכְתִּרוּ[c] צַדִּיקִים[d] כִּי[e] תִגְמֹל עָלָי׃ — ב

143 1 מִזְמוֹר לְדָוִד [בְּצִדְקָתֶךָ׃ — ח ר״פ
קמב
יְהוָה ׀ שְׁמַע תְּפִלָּתִי הַאֲזִינָה אֶל־תַּחֲנוּנַי בֶּאֱמֻנָתְךָ[a] עֲנֵנִי — י. ה חס בליש[1] ול בסיפ
2 וְאַל־תָּבוֹא[a] בְמִשְׁפָּט אֶת־עַבְדֶּךָ כִּי לֹא־יִצְדַּק לְפָנֶיךָ כָל־חָי׃ — ל. ב ס״פ[2]
3 כִּי רָדַף אוֹיֵב ׀ נַפְשִׁי דִּכָּא לָאָרֶץ חַיָּתִי הוֹשִׁיבַנִי בְמַחֲשַׁכִּים — ד בטע ר״פ דסמיכ. ג[3]
[a]כְּמֵתֵי עוֹלָם[a]׃
4 וַתִּתְעַטֵּף עָלַי רוּחִי[a] בְּתוֹכִי יִשְׁתּוֹמֵם לִבִּי׃ [אֲשׁוֹחֵחַ׃ — ל. ל — ל]
5 זָכַרְתִּי[a] יָמִים[a] ׀ מִקֶּדֶם הָגִיתִי[b] בְכָל־פָּעֳלֶךָ[c] בְּמַעֲשֵׂה[d] יָדֶיךָ
6 פֵּרַשְׂתִּי יָדַי אֵלֶיךָ נַפְשִׁי ׀ כְּאֶרֶץ[a]־עֲיֵפָה לְךָ סֶלָה׃ — ג[4]. כב[5]. ה[6]
7 מַהֵר עֲנֵנִי ׀ יְהוָה כָּלְתָה[a] רוּחִי
אַל־תַּסְתֵּר פָּנֶיךָ מִמֶּנִּי וְנִמְשַׁלְתִּי עִם־יֹרְדֵי בוֹר׃ — ג חס
8 הַשְׁמִיעֵנִי בַבֹּקֶר ׀ חַסְדֶּךָ כִּי־בְךָ בָטָחְתִּי
הוֹדִיעֵנִי[a] דֶּרֶךְ־זוּ אֵלֵךְ כִּי־אֵלֶיךָ[b] נָשָׂאתִי נַפְשִׁי׃ — יט
9 הַצִּילֵנִי מֵאֹיְבַי ׀ יְהוָה [a]אֵלֶיךָ כִסִּתִי[ab]׃ — ל חס
10 לַמְּדֵנִי ׀ לַעֲשׂוֹת רְצוֹנֶךָ כִּי־אַתָּה אֱלוֹהָי — ג מל בליש[7]
רוּחֲךָ טוֹבָה[a] תַּנְחֵנִי בְּאֶרֶץ[b] מִישׁוֹר[c]׃ — י מל[8]
11 לְמַעַן־שִׁמְךָ יְהוָה[a] תְּחַיֵּנִי[b] בְּצִדְקָתְךָ ׀ תּוֹצִיא מִצָּרָה נַפְשִׁי׃
12 וּבְחַסְדְּךָ תַּצְמִית אֹיְבָי וְהַאֲבַדְתָּ כָּל־צֹרֲרֵי נַפְשִׁי — ל. ג חס[9]
כִּי אֲנִי עַבְדֶּךָ׃

144 1 לְדָוִד ׀ [לַמִּלְחָמָה׃ — ז בטע[1]
קמג
בָּרוּךְ יְהוָה ׀ צוּרִי[a] הַמְלַמֵּד יָדַי לַקְרָב אֶצְבְּעוֹתַי[b] — ב. כב[2]. ל[3]
2 חַסְדִּי[a] וּמְצוּדָתִי[b] מִשְׂגַּבִּי וּמְפַלְטִי לִי[c] — ב

Ps 143 [1]Mm 2116. [2]Mm 3433. [3]Mm 3733. [4]Mm 3434. [5]Mm 1104. [6]Mm 1114. [7]Mm 3226. [8]Mm 2021. [9]Mm 2249. **Ps 144** [1]Mm 3429. [2]Mm 1104. [3]וחד ואצבעתי Cant 5,5.

8 [b] pc Mss כי ‖ [c] 𝔊 *ὑπομενοῦσιν*, l frt יְכַתְּרוּ ‖ [d] 𝔖 + suff 2 sg ‖ [e] 𝔊α′ *ἕως οὗ* = עַד ‖ **Ps 143,1** [a] 𝔖 *bm'mrk* = בְּאִמְרָתְךָ ‖ **2** [a] 𝔖 *t'ljwhj*, l frt תָּבֵא cf Hi 14,3 ‖ **3** [a–a] frt ex Thr 3,6 ‖ **4** [a] ℭα′ נַפְשִׁי ‖ **5** [a–a] 𝔖 *w'tdkrtk mrj'* = (וּ)זְכַרְתִּיךָ יהוה ‖ [b] nonn Mss 𝔊α′𝔖 וְהָ′ ‖ [c] mlt Mss 𝔊α′𝔖𝔗 פְּעָלֶיךָ ‖ [d] nonn Mss 𝔊σ′𝔗 –שֵׂי ‖ **6** [a] mlt Mss בְּאָ′ ‖ **7** [a] 2 Mss 𝔖 pr כִּי ‖ **8** [a] 𝔊 + *κύριε* cf 𝔖 ‖ [b] cf 2,2[b] ‖ **9** [a–a] > 𝔖; pc Mss 𝔊 pr כִּי ‖ [b] Ms 𝔊 נַסְתִּי, Ms חָסִיתִי; Hier *protectus sum* = כֻּסֵּתִי; prp כְּסוּתִי cf Gn 20,16 ‖ **10** [a] Ms הַטּ′, Ms בַּטּ′ ‖ [b] nonn Mss בְּאוֹרַח ut 27,11, pc Mss בְּדֶרֶךְ, 𝔖 *b'wrḥ'* ‖ [c] 𝔖 *dḥj'* vitae ‖ **11** [a] > 2 Mss ‖ [b] 𝔖 *bj'jnj* = תְּנַחֲמֵנִי ‖ **Ps 144,1** [a] > pc Mss 𝔖 ‖ [b] nonn Mss 𝔖𝔗[p] וְאֶ′ ‖ **2** [a] prp חָסְנִי ‖ [b] huc tr ‸ ‖ [c] > pc Mss 𝔊 cf 18,3.

מָגִנִּי וּבוֹ חָסִיתִי הָרוֹדֵד[d] עַמִּי[e] תַחְתָּי[f]׃ — ל . ג סביר עמים וקר׳ עמי[4]

3 יְהוָה מָה־אָדָם וַתֵּדָעֵהוּ בֶּן־[a]אֱנוֹשׁ וַתְּחַשְּׁבֵהוּ׃ — ל . ל

4 אָדָם לַהֶבֶל דָּמָה יָמָיו כְּצֵל עוֹבֵר[a]׃ — ב . ד[5] . ח[6] מל וכל יחזק דכות ב מ א

5 יְהוָה הַט־שָׁמֶיךָ[a] וְתֵרֵד גַּע בֶּהָרִים וְיֶעֱשָׁנוּ׃ — ג ומל[7] . ב

6 בְּרוֹק בָּרָק וּתְפִיצֵם שְׁלַח חִצֶּיךָ וּתְהֻמֵּם׃ — ל . ל . ל

7 שְׁלַח יָדֶיךָ[a] מִמָּרוֹם [b]פְּצֵנִי וְהַצִּילֵנִי[b] — ב

מִמַּיִם רַבִּים מִיַּד בְּנֵי נֵכָר׃

8 אֲשֶׁר פִּיהֶם דִּבֶּר־שָׁוְא וִימִינָם יְמִין שָׁקֶר׃

9 אֱלֹהִים שִׁיר חָדָשׁ אָשִׁירָה לָּךְ בְּנֵבֶל עָשׂוֹר אֲזַמְּרָה־לָּךְ׃ — ז[8]

10 הַנּוֹתֵן תְּשׁוּעָה לַמְּלָכִים הַפּוֹצֶה אֶת־דָּוִד עַבְדּוֹ[a] — ד מל[9]

מֵחֶרֶב רָעָה׃ 11 [a]פְּצֵנִי וְהַצִּילֵנִי מִיַּד בְּנֵי־נֵכָר — ב

אֲשֶׁר פִּיהֶם דִּבֶּר־שָׁוְא וִימִינָם יְמִין שָׁקֶר׃

12 אֲשֶׁר[a] בָּנֵינוּ[b] | כִּנְטִעִים מְגֻדָּלִים בִּנְעוּרֵיהֶם[c]

בְּנוֹתֵינוּ[d] כְזָוִיֹּת מְחֻטָּבוֹת תַּבְנִית הֵיכָל׃ — ד מל[10] . ב

13 מְזָוֵינוּ[a] מְלֵאִים מְפִיקִים [b]מִזַּן אֶל־זַן[b] — כן בטע לרבי פינחס[11] . כל כת כן . ל . ל . ל

צֹאונֵנוּ[c] מַאֲלִיפוֹת מְרֻבָּבוֹת בְּחוּצוֹתֵינוּ[a]׃ [בִּרְחֹבֹתֵינוּ[a]׃ — ל . ל . ל ומל [ב

14 אַלּוּפֵינוּ[a] מְסֻבָּלִים אֵין־פֶּרֶץ וְאֵין יוֹצֵאת וְאֵין צְוָחָה — ה מל ול בכתיב . ב

15 אַשְׁרֵי הָעָם שֶׁכָּכָה לּוֹ אַשְׁרֵי הָעָם שֶׁיְהוָה אֱלֹהָיו׃ — ג . ג

145 קמד 1 תְּהִלָּה לְדָוִד

(א) אֲרוֹמִמְךָ אֱלוֹהַי הַמֶּלֶךְ וַאֲבָרְכָה שִׁמְךָ לְעוֹלָם וָעֶד׃ — ג[1] . ג מל בליש[2] . ב מל . ט[3]

2 (ב) בְּכָל־יוֹם אֲבָרְכֶךָּ וַאֲהַלְלָה שִׁמְךָ לְעוֹלָם וָעֶד׃ — ג . ט[3]

3 (ג) גָּדוֹל יְהוָה וּמְהֻלָּל מְאֹד וְלִגְדֻלָּתוֹ אֵין חֵקֶר׃ — ל

4 (ד) דּוֹר לְדוֹר יְשַׁבַּח מַעֲשֶׂיךָ וּגְבוּרֹתֶיךָ[a] יַגִּידוּ׃ — ל . ג[4]

[4] Mm 3435. [5] Mm 2324. [6] Mm 2429. [7] Mm 1204. [8] Mm 3360. [9] Mm 3436. [10] Mm 3437. [11] Mm 3539.
Ps 145 [1] Mm 2297. [2] Mm 3226. [3] Mm 478. [4] Mm 2439.

2 [d] Ms הרודה ‖ [e] mlt Mss Seb α′ 𝔖𝔗 Hier עמים cf 18,48 ‖ [f] pc Mss תָּיו– et –תו ‖ **3** [a] mlt Mss 𝔖 וּבֶן ‖ **4** [a] 𝔊𝔖 pl ‖ **5** [a] 2 Mss 𝔊^{RL}𝔖𝔗 שָׁמַיִם cf 18,10 ‖ **7** [a] mlt Mss Vrs יָדְךָ ‖ [b–b] prp הַמְּשֵׁנִי cf 18,17 ‖ **10** [a] Ms 𝔖^{W}𝔏 עבדך ‖ **11** [a] var cf 7sq ‖ **12** [a] prp אַשְׁרֵי vel melius אֲשֶׁר ‖ [b] 𝔊𝔖^{W} suff 3 pl ‖ [c] 𝔖(𝔗) *mn ṭljwthwn* = מִנְּ׳; prp בַּעֲרוּגֹתָם ‖ [d] pc Mss 𝔊𝔖^{W} יהם– ‖ **13** [a] 𝔊𝔖^{W} suff 3 pl, it [c] ‖ [b–b] 𝔊 α′(𝔖 Hier) *ἐκ τούτου εἰς τοῦτο* = מִזֶּה אֶל־זֶה ‖ [c] ℭ mlt Mss צאננו, ℭ mlt Mss צאנינו; cf [a] ‖ **14** [a] ut 13 [a] ‖ **Ps 145,4** [a] 𝔊𝔖𝔗 sg.

(ה) 5 הֲדַר[a] כְּבוֹד[a] הוֹדֶךָ וְדִבְרֵי[b] נִפְלְאוֹתֶיךָ אָשִׂיחָה[c]׃ — ה̇⁵. ג̇ חס
(ו) 6 וֶעֱזוּז נוֹרְאוֹתֶיךָ יֹאמֵרוּ וּגְדוּלֹּתֶיךָ[a] אֲסַפְּרֶנָּה[b]׃ — ב̇⁶. ג̇⁷. וגדולתך ק̇
(ז) 7 זֵכֶר רַב[a]־טוּבְךָ יַבִּיעוּ וְצִדְקָתְךָ[b] יְרַנֵּנוּ׃
(ח) 8 חַנּוּן וְרַחוּם יְהוָה אֶרֶךְ אַפַּיִם וּגְדָל־חָסֶד׃ — ב̇ חד מל וחד חס⁸
(ט) 9 טוֹב־יְהוָה לַכֹּל[a] וְרַחֲמָיו עַל־כָּל־מַעֲשָׂיו׃ — י̇א
(י) 10 יוֹדוּךָ יְהוָה כָּל־מַעֲשֶׂיךָ וַחֲסִידֶיךָ יְבָרְכוּכָה[a]׃ — כ̇⁹ מילין כת̇ ה ס״ת ול̇ בליש
(כ) 11 כְּבוֹד מַלְכוּתְךָ יֹאמֵרוּ וּגְבוּרָתְךָ[a] יְדַבֵּרוּ׃ — ג̇⁷
(ל) 12 לְהוֹדִיעַ ׀ לִבְנֵי הָאָדָם גְּבוּרֹתָיו[a] וּכְבוֹד הֲדַר[b] מַלְכוּתוֹ[c]׃ — ו̇ וכל קהלת דכות̇. ג̇¹⁰
(מ) 13 מַלְכוּתְךָ מַלְכוּת כָּל־עֹלָמִים וּמֶמְשַׁלְתְּךָ בְּכָל־דּוֹר וָדֹור[a]׃ — ג̇ חס. ב̇¹¹
(ס) 14 סוֹמֵךְ יְהוָה לְכָל־הַנֹּפְלִים וְזוֹקֵף לְכָל־הַכְּפוּפִים׃ — י̇ פסוק לכל לכל. ל̇ וכל̇
(ע) 15 עֵינֵי־כֹל אֵלֶיךָ יְשַׂבֵּרוּ וְאַתָּה נוֹתֵן־לָהֶם[a] אֶת־אָכְלָם בְּעִתּוֹ׃ — ל̇. ו̇ מל
(פ) 16 פּוֹתֵחַ אֶת[a]־יָדֶךָ[b] וּמַשְׂבִּיעַ לְכָל־חַי רָצוֹן׃ — ל̇ מל. ה̇ חס בסיפ̇¹². ל̇. ב̇ חד פת̇ וחד קמ̇
(צ) 17 צַדִּיק יְהוָה בְּכָל־דְּרָכָיו וְחָסִיד בְּכָל[a]־מַעֲשָׂיו׃
(ק) 18 קָרוֹב יְהוָה לְכָל־קֹרְאָיו לְכֹל אֲשֶׁר יִקְרָאֻהוּ בֶאֱמֶת׃ — י̇ פסוק לכל לכל. ב̇ וחס
(ר) 19 רְצוֹן־יְרֵאָיו יַעֲשֶׂה וְאֶת־שַׁוְעָתָם יִשְׁמַע וְיוֹשִׁיעֵם׃ — ג̇¹³. ב̇¹⁴
(ש) 20 שׁוֹמֵר יְהוָה אֶת־כָּל־אֹהֲבָיו וְאֵת כָּל־הָרְשָׁעִים יַשְׁמִיד׃ — י̇ מל̇¹⁵
(ת) 21 תְּהִלַּת יְהוָה יְדַבֶּר־פִּי וִיבָרֵךְ כָּל־בָּשָׂר שֵׁם קָדְשׁוֹ — ד̇¹⁶. ב̇¹⁷
לְעוֹלָם וָעֶד[a]׃ — ט̇¹⁸

146 קמו 1 [a]הַלְלוּ־יָהּ[a] [לֵאלֹהַי בְּעוֹדִי׃ — י̇א ר״פ ול̇ בטע
הַלְלִי נַפְשִׁי אֶת־יְהוָה׃ 2 אֲהַלְלָה יְהוָה בְּחַיָּי אֲזַמְּרָה
3 אַל־תִּבְטְחוּ בִנְדִיבִים בְּבֶן[a]־אָדָם ׀ שֶׁאֵין לוֹ תְשׁוּעָה׃ — ל̇
4 תֵּצֵא רוּחוֹ יָשֻׁב לְאַדְמָתוֹ בַּיּוֹם הַהוּא אָבְדוּ[a] עֶשְׁתֹּנֹתָיו׃ — ב̇ חס

[5] Mm 3438. [6] Mm 2368. [7] Mm 3439. [8] Mm 3440. [9] Mm 964. [10] Mm 3441. [11] Mm 2284. [12] Mm 477. [13] Mm 3612. [14] Mm 2130. [15] Mm 3634. [16] Mm 2718. [17] Mm 3442. [18] Mm 478.

5 [a–a] frt dl vel ה׳ vel כ׳ cf 𝔖 ‖ [b] 𝔊(𝔖) *λαλήσουσιν*, l prb c 𝔔 יְדַבֵּרוּ ‖ [c] 𝔊(𝔖) *διηγήσονται*, l prb יָשִׂיחוּ ‖ **6** [a] mlt Mss 𝔊θ′𝔖𝔗 ut Q, K Hier וּגדוּלֹתֵיךָ vel וּגְדוּלֹּתֶיךָ ‖ [b] 𝔊𝔗 3 pl, l prb יְסַפֵּרוּ ‖ **7** [a] l prb רֹב (רָב־) cf 𝔊 ‖ [b] σ′ Hier pl ‖ **9** [a] > 𝔖 ‖ **10** [a] ℭ pc Mss ךָ– ‖ **11** [a] Hier pl ‖ **12** [a] 𝔊𝔖 sg ‖ [b] > ℭ𝔖 ‖ [c] 𝔊𝔖 suff 2 sg ‖ **13** [a] ins c Ms 𝔊𝔖 נֶאֱמָן יהוה בְּכָל־דְּבָרָיו וְחָסִיד בְּכָל־מַעֲשָׂיו (נ-stropha) cf 17 ‖ **15** [a] > 𝔊, prb dl cf 104,27 ‖ **16** [a] l אַתָּה cf 𝔊𝔖 ‖ [b] ℭ mlt Mss 𝔊[BSA] Hier יָדֶיךָ ‖ **17** [a] ℭ לְכל ‖ **21** [a–a] add; mlt Mss + eadem vb ut 115,18 ‖ **Ps 146,1** [a–a] > pc Mss ‖ **3** [a] 𝔊𝔖 pr cop ‖ **4** [a] 𝔊(𝔖) + *πάντες*.

5 אַשְׁרֵי שֶׁאֵל יַעֲקֹב בְּעֶזְרוֹ[a] שִׂבְרוֹ עַל־יְהוָה אֱלֹהָיו׃ — ל וחס. ל. לא[1]
6 עֹשֶׂה ׀ שָׁמַיִם וָאָרֶץ אֶת־הַיָּם וְאֶת־כָּל־אֲשֶׁר־בָּם[a] — כב[2] ו בסיפ ה מנה בליש
הַשֹּׁמֵר[b] אֱמֶת לְעוֹלָם׃ 7 עֹשֶׂה מִשְׁפָּט ׀ לָעֲשׁוּקִים — ל דגש. כב[2] ו בסיפ ה מנה בליש
נֹתֵן לֶחֶם לָרְעֵבִים יְהוָה מַתִּיר אֲסוּרִים׃
8 יְהוָה ׀ פֹּקֵחַ עִוְרִים יְהוָה זֹקֵף כְּפוּפִים — ח בטע ר״פ בסיפ[3]
[a]יְהוָה אֹהֵב צַדִּיקִים[a]׃ 9 יְהוָה ׀ שֹׁמֵר אֶת־גֵּרִים — ח בטע ר״פ בסיפ[3]
יָתוֹם וְאַלְמָנָה יְעוֹדֵד וְדֶרֶךְ רְשָׁעִים יְעַוֵּת׃
10 יִמְלֹךְ יְהוָה ׀ לְעוֹלָם אֱלֹהַיִךְ צִיּוֹן לְדֹר וָדֹר
הַלְלוּ־יָהּ[a]׃ — יג ס״פ

147 1 הַלְלוּ יָהּ[a] ׀ — יא ר״פ
קמו
כִּי־טוֹב זַמְּרָה[b] אֱלֹהֵינוּ[c] כִּי־נָעִים[d] נָאוָה תְהִלָּה׃ — ד
2 בּוֹנֵה יְרוּשָׁלַ͏ִם יְהוָה נִדְחֵי[a] יִשְׂרָאֵל יְכַנֵּס׃ — ג ול[1] בליש
3 הָרֹפֵא לִשְׁבוּרֵי לֵב וּמְחַבֵּשׁ לְעַצְּבוֹתָם׃ — ל. ל. ל[2]
4 מוֹנֶה מִסְפָּר לַכּוֹכָבִים לְכֻלָּם[a] שֵׁמוֹת יִקְרָא׃ — ב ומל[3]
5 גָּדוֹל אֲדוֹנֵינוּ וְרַב־כֹּחַ לִתְבוּנָתוֹ[a] אֵין מִסְפָּר׃ — ו מל בליש[4]
6 מְעוֹדֵד עֲנָוִים יְהוָה מַשְׁפִּיל רְשָׁעִים עֲדֵי־אָרֶץ׃ — ל. ג ב מל וחד חס[5]. ל
7 עֱנוּ לַיהוָה בְּתוֹדָה זַמְּרוּ לֵאלֹהֵינוּ בְכִנּוֹר׃ — ב[6]
8 הַמְכַסֶּה שָׁמַיִם ׀ בְּעָבִים הַמֵּכִין לָאָרֶץ מָטָר — ב וכל קהלת דכות
הַמַּצְמִיחַ הָרִים חָצִיר[a]׃
9 נוֹתֵן לִבְהֵמָה לַחְמָהּ לִבְנֵי[a] עֹרֵב אֲשֶׁר יִקְרָאוּ[b]׃ — ו מל
10 לֹא בִגְבוּרַת הַסּוּס יֶחְפָּץ לֹא־בְשׁוֹקֵי הָאִישׁ יִרְצֶה׃ — ו. ב. ל ומל
11 רוֹצֶה יְהוָה אֶת־יְרֵאָיו אֶת־[a]הַמְיַחֲלִים לְחַסְדּוֹ׃ — ב ומל. כו פסוק את את ומילה חדה ביניה
12 שַׁבְּחִי[a] יְרוּשָׁלַ͏ִם אֶת־יְהוָה הַלְלִי אֱלֹהַיִךְ צִיּוֹן׃ — ל

13 כִּֽי־חִ֭זַּק בְּרִיחֵ֣י שְׁעָרָ֑יִךְ בֵּרַ֖ךְ בָּנַ֣יִךְ בְּקִרְבֵּֽךְ׃ יב . יח
14 הַשָּׂם־גְּבוּלֵ֥ךְ שָׁל֑וֹם חֵ֥לֶב חִ֝טִּ֗ים יַשְׂבִּיעֵֽךְ׃ ד . ב[7] . ל
15 הַשֹּׁלֵ֣חַ אִמְרָת֣וֹ אָ֑רֶץ עַד[a]־מְ֝הֵרָ֗ה יָר֥וּץ דְּבָרֽוֹ׃
16 הַנֹּתֵ֣ן שֶׁ֣לֶג כַּצָּ֑מֶר כְּ֝פ֗וֹר כָּאֵ֥פֶר יְפַזֵּֽר׃ ל . ל
17 מַשְׁלִ֣יךְ קַֽרְח֣וֹ כְפִתִּ֑ים לִפְנֵ֥י קָ֝רָת֗וֹ [a]מִ֣י יַעֲמֹֽד[a]׃ ג מל בליש . ל
18 יִשְׁלַ֣ח דְּבָר֣וֹ וְיַמְסֵ֑ם יַשֵּׁ֥ב ר֝וּח֗וֹ יִזְּלוּ־מָֽיִם׃ ל . ל
19 מַגִּ֣יד דְּבָרָ֣ו[a] לְיַעֲקֹ֑ב חֻקָּ֥יו וּ֝מִשְׁפָּטָ֗יו לְיִשְׂרָאֵֽל׃ דבריו ק
20 לֹ֤א עָ֨שָׂה כֵ֨ן ׀ לְכָל־גּ֗וֹי וּמִשְׁפָּטִ֥ים[a] בַּל־יְדָע֗וּם[b]
הַֽלְלוּ־יָֽהּ׃ יג ס״פ

148 קמז
1 הַ֥לְלוּ יָ֨הּ ׀ יא ר״פ
הַלְל֣וּ אֶת[a]־יְ֭הוָה [b]מִן־הַשָּׁמַ֑יִם[b] הַ֝לְל֗וּהוּ בַּמְּרוֹמִֽים׃ ג מל
2 הַלְל֥וּהוּ כָל־מַלְאָכָ֑יו הַ֝לְל֗וּהוּ כָּל־צְבָאָֽו[a]׃ צבאיו ק
3 הַ֭לְלוּהוּ שֶׁ֣מֶשׁ וְיָרֵ֑חַ הַ֝לְל֗וּהוּ כָּל[a]־כּ֥וֹכְבֵי אֽוֹר[a]׃ ט
4 הַ֭לְלוּהוּ שְׁמֵ֣י הַשָּׁמָ֑יִם וְ֝הַמַּ֗יִם אֲשֶׁ֤ר[a] ׀ מֵעַ֬ל הַשָּׁמָֽיִם[b]׃ ל
5 יְֽהַלְלוּ אֶת־שֵׁ֣ם יְהוָ֑ה כִּ֤י[a] ה֖וּא צִוָּ֣ה וְנִבְרָֽאוּ׃
6 וַיַּעֲמִידֵ֣ם לָעַ֣ד לְעוֹלָ֑ם חָק־נָ֝תַ֗ן וְלֹ֣א יַעֲבֽוֹר[a]׃ ב . ז[1] מל ג מנה בכתיב
7 הַֽלְל֣וּ אֶת־יְ֭הוָה מִן־הָאָ֑רֶץ תַּ֝נִּינִ֗ים וְכָל־תְּהֹמֽוֹת׃
8 אֵ֣שׁ וּ֭בָרָד שֶׁ֣לֶג וְקִיט֑וֹר ר֥וּחַ סְ֝עָרָ֗ה עֹשָׂ֥ה[a] דְבָרֽוֹ׃ ו[2]
9 הֶהָרִ֥ים וְכָל־גְּבָע֑וֹת עֵ֥ץ פְּ֝רִ֗י וְכָל־אֲרָזִֽים׃ ב
10 הַחַיָּ֥ה וְכָל־בְּהֵמָ֑ה רֶ֝֗מֶשׂ וְצִפּ֥וֹר כָּנָֽף׃ ג[3]
11 מַלְכֵי־אֶ֭רֶץ וְכָל־לְאֻמִּ֑ים שָׂ֝רִ֗ים וְכָל־שֹׁ֥פְטֵי אָֽרֶץ׃ ל
12 בַּחוּרִ֥ים וְגַם־בְּתוּל֑וֹת זְ֝קֵנִ֗ים עִם־נְעָרִֽים׃ ג מל וכל מגלה דכות
13 יְהַלְל֤וּ ׀ אֶת־שֵׁ֬ם יְהוָ֗ה כִּֽי־נִשְׂגָּ֣ב שְׁמ֣וֹ לְבַדּ֑וֹ ד קמ[4]
ה֝וֹד֗וֹ עַל־אֶ֥רֶץ וְשָׁמָֽיִם׃ 14 וַיָּ֤רֶם[a] קֶ֨רֶן ׀ לְעַמּ֡וֹ ה[5] . ט וכל על ארץ מצרים דאורית דכות[6] . ד[7] . ח דגש[8]

[7] Mm 2407. **Ps 148** [1] Mp sub loco. [2] Mm 1175. [3] Mm 1138. [4] Mm 2252. [5] Mm 3121. [6] Mm 2946. [7] Mm 2360. [8] Mm 1573.

15 [a] prp עַל ‖ **17** [a–a] prp מַיִם יַעַמְדוּ ‖ **19** [a] ℭ mlt Mss 𝔗 ut Q, K 𝔊α'σ'𝔖 וֹ– ut 18 ‖ **20** [a] 𝔔 om cop, 𝔊𝔖 Hier + suff 3 sg ‖ [b] 𝔔 הודיעם, 𝔊(𝔖𝔗) *ἐδήλωσεν αὐτοῖς* = יְדָעֵם ‖ **Ps 148,1** [a] > 𝔔 ‖ [b–b] 𝔔 מש' ‖ **2** [a] ℭ mlt Mss Vrs ut Q, K וֹ– ‖ **3** [a–a] 𝔊(𝔖) *τὰ ἄστρα καὶ τὸ φῶς* ‖ **4** [a] frt dl m cs ‖ [b] 𝔔 לש' ‖ **5** [a] 𝔊(𝔖) + *αὐτὸς εἶπεν, καὶ ἐγενήθησαν*, ex 33,9 ‖ **6** [a] l prb יַעַבְרוּ ‖ **8** [a] 𝔔 עושה, 𝔖 *'bd' d* = מַעֲשֵׂה ‖ **14** [a] 𝔊(𝔖) *καὶ ὑψώσει* = וְיָרֵם.

תְּהִלָּה לְכָל־חֲסִידָיו לִבְנֵי יִשְׂרָאֵל עַם־קְרֹבוֹ[b] ג חס[9]
[c]הַֽלְלוּ־יָהּ[c]׃ יג ס״פ

149 1 הַֽלְלוּ יָהּ ׀ קמח יא ר״פ
שִׁירוּ לַֽיהוָה שִׁיר חָדָשׁ תְּהִלָּתוֹ בִּקְהַל חֲסִידִים[a]׃ ז[1]
2 יִשְׂמַח יִשְׂרָאֵל בְּעֹשָׂיו[a] בְּנֵי[b]־צִיּוֹן יָגִילוּ בְמַלְכָּם׃ ל̇. ג[2]
3 יְהַלְלוּ שְׁמוֹ בְמָחוֹל בְּתֹף וְכִנּוֹר יְזַמְּרוּ־לוֹ׃
4 כִּֽי־רוֹצֶה יְהוָה[a] בְּעַמּוֹ יְפָאֵר[b] עֲנָוִים בִּישׁוּעָה׃ ב ומל
5 יַעְלְזוּ חֲסִידִים בְּכָבוֹד יְרַנְּנוּ[a] עַל־מִשְׁכְּבוֹתָם[b]׃ ד ומל[3]
6 רוֹמְמוֹת אֵל בִּגְרוֹנָם וְחֶרֶב פִּיפִיּוֹת בְּיָדָם׃ ב
7 לַעֲשׂוֹת נְקָמָה בַּגּוֹיִם תּוֹכֵחֹת[a] בַּל־אֻמִּים[b]׃ ל̇
8 לֶאְסֹר מַלְכֵיהֶם בְּזִקִּים וְנִכְבְּדֵיהֶם בְּכַבְלֵי בַרְזֶל׃ ל̇
9 לַעֲשׂוֹת בָּהֶם ׀ מִשְׁפָּט כָּתוּב הָדָר הוּא לְכָל־חֲסִידָיו
[a]הַֽלְלוּ־יָהּ[a]׃ יג ס״פ

150 1 [a]הַֽלְלוּ יָהּ[a] ׀ קמט יא ר״פ
הַֽלְלוּ־אֵל[b] בְּקָדְשׁוֹ הַֽלְלוּהוּ בִּרְקִיעַ עֻזּוֹ׃ ל̇
2 הַֽלְלוּהוּ בִגְבוּרֹתָיו[a] הַֽלְלוּהוּ כְּרֹב[b] גֻּדְלוֹ׃ ג[1]. ח
3 הַֽלְלוּהוּ בְּתֵקַע שׁוֹפָר הַֽלְלוּהוּ בְּנֵבֶל וְכִנּוֹר׃ ל̇
4 הַֽלְלוּהוּ בְתֹף וּמָחוֹל[a] הַֽלְלוּהוּ בְּמִנִּים וְעוּגָב׃ ל̇. ב[2] חד מל וחד חס
5 הַֽלְלוּהוּ בְצִלְצְלֵי־שָׁמַע הַֽלְלוּהוּ בְּצִלְצְלֵי תְרוּעָה׃ ב̇. ב
6 כֹּל הַנְּשָׁמָה תְּהַלֵּל יָהּ ב̇[3]
[a]הַֽלְלוּ־יָהּ[a]׃ יג ס״פ

סכום הפסוקים של ספר
אלפים וחמש מאות
ועשרים ושבעה
וסדרים יט̇

[9]Mm 600. **Ps 149** [1]Mm 3360. [2]Mm 3445. [3]Mm 3446. **Ps 150** [1]Mm 3441. [2]Mm 3447 contra textum. [3]Jos 10,40.

14 [b] l prb קְרֹבָיו ‖ [c–c] > 𝔊𝔖 ‖ **Ps 149,1** [a] Ms קְדוֹשִׁים ‖ **2** [a] 𝔊𝔖 sg ‖ [b] 𝔊𝔖 pr cop ‖ **4** [a] > 𝔗 ‖ [b] 𝔊𝔖 pr cop ‖ **5** [a] 𝔊α′𝔖 pr cop ‖ [b] prp מִשְׁפְּחוֹתָם ‖ **7** [a] pc Mss 𝔖[W] וְתוֹ′ ‖ [b] cf 44,15[a] ‖ **9** [a–a] > 𝔊𝔖 Hier ‖ **Ps 150,1** [a–a] > pc Mss 𝔖 ‖ [b] 𝔖 (Hier) *lmrj'* = יָהּ ‖ **2** [a] 𝔖 sg ‖ [b] pc Mss 𝔖 בְּרֹב ‖ **4** [a] pc Mss וּבְמ′ ‖ **6** [a–a] > 𝔊[ARL]𝔎𝔖 Hier.

IOB איוב

ס[a] **1** 1 אִ֛ישׁ הָיָ֥ה בְאֶֽרֶץ־ע֖וּץ אִיּ֣וֹב שְׁמ֑וֹ וְהָיָ֣ה ׀ הָאִ֣ישׁ הַה֗וּא תָּ֧ם וְיָשָׁ֛ר — ל̇. ב̇
2 וִירֵ֥א אֱלֹהִ֖ים וְסָ֥ר מֵרָֽע׃ 2 וַיִּוָּ֥לְדוּ ל֛וֹ שִׁבְעָ֥ה בָנִ֖ים וְשָׁל֥וֹשׁ בָּנֽוֹת׃ — ב̇[1]. ל̇[2] וחד מן ד̇[3] זוגין . ה̇[4]. ה̇[5]. כל כתיב מל̇
3 וַיְהִ֣י מִ֠קְנֵהוּ שִֽׁבְעַ֨ת אַלְפֵי־צֹ֜אן וּשְׁלֹ֧שֶׁת אַלְפֵ֣י גְמַלִּ֗ים וַחֲמֵ֨שׁ מֵא֤וֹת — ל̇
צֶֽמֶד־בָּקָר֙ וַחֲמֵ֣שׁ מֵא֣וֹת אֲתוֹנ֔וֹת וַעֲבֻדָּ֖ה רַבָּ֣ה מְאֹ֑ד וַיְהִי֙ הָאִ֣ישׁ הַה֔וּא — ב̇ מל̇[6]. ב̇. ה̇[7]
4 גָּד֖וֹל מִכָּל־בְּנֵי־קֶֽדֶם׃ 4 וְהָלְכ֤וּ בָנָיו֙ וְעָשׂ֣וּ מִשְׁתֶּ֔ה בֵּ֖ית אִ֣ישׁ יוֹמ֑וֹ
5 וְשָׁלְח֗וּ וְקָֽרְאוּ֙ לִשְׁלֹ֣שֶׁת[a] אַחְיֹתֵיהֶ֔ם לֶאֱכֹ֥ל וְלִשְׁתּ֖וֹת עִמָּהֶֽם׃ 5 וַיְהִ֡י — אחיותיהם[8] ק̇ חד מן ה̇[9] בליש
כִּ֣י הִקִּיפֽוּ֩ יְמֵ֨י הַמִּשְׁתֶּ֜ה וַיִּשְׁלַ֧ח אִיּ֣וֹב וַֽיְקַדְּשֵׁ֗ם וְהִשְׁכִּ֣ים בַּבֹּקֶר֮ וְהֶעֱלָ֣ה — ב̇[10]. ב̇
עֹלוֹת֮ מִסְפַּ֣ר כֻּלָּם֒ כִּ֚י אָמַ֣ר אִיּ֔וֹב אוּלַי֙ חָטְא֣וּ בָנַ֔י וּבֵרֲכ֥וּ[a] אֱלֹהִ֖ים — ל̇[11]
6 בִּלְבָבָ֑ם כָּ֛כָה יַעֲשֶׂ֥ה אִיּ֖וֹב כָּל־הַיָּמִֽים׃ פ 6 וַיְהִ֣י הַיּ֔וֹם וַיָּבֹ֙אוּ֙ — ט̇. ב̇[12]
7 בְּנֵ֣י הָֽאֱלֹהִ֔ים לְהִתְיַצֵּ֖ב עַל־יְהוָ֑ה וַיָּב֥וֹא גַֽם־הַשָּׂטָ֖ן בְּתוֹכָֽם׃ 7 וַיֹּ֧אמֶר — ד̇[13]. ל̇א̇[14]. ה̇י̇[15] מל̇ וכל מגלה דכות ב̇ מ̇ ב̇. ז̇ פסוק̇ וַיֹּאמֶר וַיֹּאמַר[16]
יְהוָ֛ה אֶל־הַשָּׂטָ֖ן מֵאַ֣יִן תָּבֹ֑א וַיַּ֨עַן הַשָּׂטָ֤ן אֶת־יְהוָה֙ וַיֹּאמַ֔ר מִשּׁ֣וּט בָּאָ֔רֶץ — י̇ז̇ חס̇ ד̇ מנה̇ בסיפ̇ וכל משלי דכות ב̇ מ̇ ד̇. ב̇ חד חס̇ וחד מל̇
8 וּמֵֽהִתְהַלֵּ֖ךְ בָּֽהּ׃ 8 וַיֹּ֤אמֶר יְהוָה֙ אֶל־הַשָּׂטָ֔ן הֲשַׂ֥מְתָּ לִבְּךָ֖ עַל[a]־עַבְדִּ֣י — ב̇. ב̇
אִיּ֑וֹב כִּ֣י אֵ֤ין כָּמֹ֙הוּ֙ בָּאָ֔רֶץ אִ֣ישׁ תָּ֧ם וְיָשָׁ֛ר יְרֵ֥א אֱלֹהִ֖ים וְסָ֥ר מֵרָֽע׃ — ד̇[2] וחד מן ד̇[3] זוגין . ה̇[4]
9 וַיַּ֧עַן הַשָּׂטָ֛ן אֶת־יְהוָ֖ה וַיֹּאמַ֑ר הַֽחִנָּ֔ם יָרֵ֥א אִיּ֖וֹב אֱלֹהִֽים׃ 10 הֲלֹא־אַ֠תְּ — ל̇. אתה ק̇
שַׂ֣כְתָּ[a] בַעֲד֧וֹ וּבְעַד־בֵּית֛וֹ וּבְעַ֥ד כָּל־אֲשֶׁר־ל֖וֹ מִסָּבִ֑יב מַעֲשֵׂ֤ה יָדָיו֙
11 בֵּרַ֔כְתָּ וּמִקְנֵ֖הוּ פָּרַ֥ץ בָּאָֽרֶץ׃ 11 וְאוּלָם֙ שְֽׁלַֽח־נָ֣א יָֽדְךָ֔ וְגַ֖ע בְּכָל־ — ל̇
12 אֲשֶׁר־ל֑וֹ אִם־לֹ֥א עַל־פָּנֶ֖יךָ יְבָרֲכֶֽךָּ[a]׃ 12 וַיֹּ֨אמֶר יְהוָ֜ה אֶל־הַשָּׂטָ֗ן
הִנֵּ֤ה כָל־אֲשֶׁר־לוֹ֙ בְּיָדֶ֔ךָ רַ֣ק אֵלָ֔יו אַל־תִּשְׁלַ֖ח יָדֶ֑ךָ וַיֵּצֵא֙ הַשָּׂטָ֔ן — ל̇[17]
13 מֵעִ֖ם פְּנֵ֥י יְהוָֽה׃ 13 וַיְהִ֖י הַיּ֑וֹם וּבָנָ֨יו וּבְנֹתָ֜יו אֹֽכְלִ֗ים וְשֹׁתִ֥ים — ו̇[18]
14 יַ֛יִן בְּבֵ֖ית אֲחִיהֶ֥ם הַבְּכֽוֹר׃ 14 וּמַלְאָ֛ךְ בָּ֥א אֶל־אִיּ֖וֹב וַיֹּאמַ֑ר הַבָּקָר֙ — ד̇. ב̇ ר״פ[19]. צ̇א̇

Cp 1 [1]Prv 13,13. [2]Mm 3450. [3]Mm 3561. [4]Mm 2427. [5]Mm 1717. [6]Mm 3448. [7]Mm 2987. [8]Mp sub loco. [9]Mm 1251. [10]Jdc 14,12. [11]וחד ברכו 2Ch 20,26. [12]Jos 10,25. [13]Mm 3449. [14]Mm 486. [15]Mm 1552. [16]Mm 3452. [17]Q addidi, cf Mp sub loco. [18]Mm 1697. [19]Mm 1665.

1/5 fere huius libri deest in 𝔊 ‖ **Cp 1,4** [a] Ms לשלש ‖ **5** [a] correctio vel euphemismus pro וְקִלְּלוּ vel sim ‖ **8** [a] mlt Mss אֶל cf 2,3 ‖ **10** [a] pc Mss סכת ‖ **11** [a] cf 5[a].

הָי֣וּ חֹֽרְשׁ֔וֹת וְהָאֲתֹנ֖וֹת רֹע֥וֹת עַל־יְדֵיהֶֽם׃ᵃ 15 וַתִּפֹּ֤ל שְׁבָא֙ וַתִּקָּחֵ֔ם ל
וְאֶת־הַנְּעָרִ֖ים הִכּ֣וּ לְפִי־חָ֑רֶב וָאִמָּ֨לְטָ֧ה רַק־אֲנִ֛י לְבַדִּ֖י לְהַגִּ֥יד לָֽךְ׃ ג[20]. ד
16 ע֣וֹד ׀ זֶ֣ה מְדַבֵּ֗ר וְזֶה֙ בָּ֣א וַיֹּאמַ֔ר צא
אֵ֣שׁ אֱלֹהִ֗יםᵃ נָֽפְלָה֙ מִן־הַשָּׁמַ֔יִם וַתִּבְעַ֥ר בַּצֹּ֛אן וּבַנְּעָרִ֖ים וַתֹּאכְלֵ֑ם ב
וָאִמָּ֨לְטָ֧ה רַק־אֲנִ֛י לְבַדִּ֖י לְהַגִּ֥יד לָֽךְ׃ ד
17 ע֣וֹד ׀ זֶ֣ה מְדַבֵּ֗ר וְזֶ֣ה בָּ֣א וַיֹּאמַ֔ר צא
כַּשְׂדִּ֞ים שָׂ֣מוּ ׀ שְׁלֹשָׁ֣ה רָאשִׁ֗ים וַֽיִּפְשְׁט֤וּ עַל־הַגְּמַלִּים֙ וַיִּקָּח֔וּם כ. ב ומל[21]
וְאֶת־הַנְּעָרִ֖ים הִכּ֣וּ לְפִי־חָ֑רֶב ג[20]
וָאִמָּ֨לְטָ֧ה רַק־אֲנִ֛י לְבַדִּ֖י לְהַגִּ֥יד לָֽךְ׃ ד
18 עַ֚דᵃ זֶ֣ה מְדַבֵּ֔ר וְזֶ֖ה בָּ֣א וַיֹּאמַ֑ר צא
בָּנֶ֨יךָ וּבְנוֹתֶ֜יךָ אֹֽכְלִ֣ים וְשֹׁתִ֣ים יַ֔יִן בְּבֵ֖ית אֲחִיהֶ֥ם הַבְּכֽוֹר׃ ג מל[22]. ו[23]. ד
19 וְהִנֵּה֩ ר֨וּחַ גְּדוֹלָ֜ה בָּ֣אָה ׀ מֵעֵ֣בֶר הַמִּדְבָּ֗ר
וַיִּגַּע֙ בְּאַרְבַּע֙ פִּנּ֣וֹת הַבַּ֔יִת וַיִּפֹּ֥ל עַל־הַנְּעָרִ֖ים וַיָּמ֑וּתוּ ב מל[24]
וָאִמָּ֨לְטָ֧ה רַק־אֲנִ֛י לְבַדִּ֖י לְהַגִּ֥יד לָֽךְ׃ ד
20 וַיָּ֤קָם אִיּוֹב֙ וַיִּקְרַ֣ע אֶת־מְעִל֔וֹ וַיָּ֖גָז אֶת־רֹאשׁ֑וֹ וַיִּפֹּ֥ל אַ֖רְצָה וַיִּשְׁתָּֽחוּ׃ ב חס. ב[25]
21 וַיֹּאמֶר֩
עָרֹ֨ם יָצָ֜תִיᵃ מִבֶּ֣טֶן אִמִּ֗י וְעָרֹם֙ אָשׁ֣וּב שָׁ֔מָהᵇ ד חס[26]. יצאתי[27] ק. ד חס[26]
יְהוָ֣ה נָ֭תַן וַיהוָ֣ה לָקָ֑ח יְהִ֛י שֵׁ֥ם יְהוָ֖ה מְבֹרָֽךְ׃ ג[28]
22 בְּכָל־זֹ֖את לֹא־חָטָ֣א אִיּ֑וֹב וְלֹא־נָתַ֥ן תִּפְלָ֖ה לֵאלֹהִֽים׃ פ ד[29]. ג[30]

2 1 וַיְהִ֣י הַיּ֗וֹם וַיָּבֹ֙אוּ֙ בְּנֵ֣י הָאֱלֹהִ֔ים לְהִתְיַצֵּ֖ב עַל־יְהוָ֑ה וַיָּב֤וֹא גַם־ **2** ד[1]. לא[2]. הי[3] מל וכל מגלה דכות ב מ ב
הַשָּׂטָן֙ בְּתֹכָ֔ם לְהִתְיַצֵּ֖ב עַל־יְהוָֽה׃ 2 וַיֹּ֤אמֶר יְהוָה֙ אֶל־הַשָּׂטָ֔ן אֵ֥י 2 ל חס. לא[2]. ז פסוק ויאמר ויאמר[4]. לא[2]. ב[5]
מִזֶּ֣ה תָּבֹ֑א וַיַּ֨עַן הַשָּׂטָ֤ן אֶת־יְהוָה֙ וַיֹּאמַ֔ר מִשֻּׁ֣ט בָּאָ֔רֶץ וּמֵהִתְהַלֵּ֖ךְ בָּֽהּ׃ יז חס ד מנה בסיפ וכל משלי דכות ב מ ד. ב חד חס וחד מל. ב
3 וַיֹּ֨אמֶר יְהוָ֜ה אֶל־הַשָּׂטָ֗ן הֲשַׂ֤מְתָּ לִבְּךָ֙ אֶל־עַבְדִּ֣י אִיּ֔וֹב כִּ֣י אֵ֤ין כָּמֹ֙הוּ֙ 3 ב
בָּאָ֔רֶץ אִ֣ישׁ תָּ֧ם וְיָשָׁ֛ר יְרֵ֥א אֱלֹהִ֖ים וְסָ֣ר מֵרָ֑ע וְעֹדֶ֙נּוּ֙ מַחֲזִ֣יק בְּתֻמָּת֔וֹ ד[6] וחד מן ד[7] זוגין. ה[8]. ב חס[9]
וַתְּסִיתֵ֥נִי ב֖וֹ לְבַלְּע֥וֹ חִנָּֽם׃ 4 וַיַּ֧עַן הַשָּׂטָ֛ן אֶת־יְהוָ֖ה וַיֹּאמַ֑ר ע֣וֹר בְּעַד־ 4 ל. ל. ל
ע֔וֹר וְכֹל֙ אֲשֶׁ֣ר לָאִ֔ישׁ יִתֵּ֖ן בְּעַ֥ד נַפְשֽׁוֹ׃ 5 אוּלָם֙ שְׁלַֽח־נָ֣א יָֽדְךָ֔ וְגַ֥ע אֶל־ 5 לב[10]. ג ר"פ בסיפ. ב[11]

[20] Mm 1647. [21] Mm 1279. [22] Mm 228. [23] Mm 1697. [24] Mm 3451. [25] Nu 11,31. [26] Mm 1638. [27] Mp sub loco. [28] Mm 3392. [29] Mm 1212. [30] Mm 3510. **Cp 2** [1] Mm 3449. [2] Mm 486. [3] Mm 1552. [4] Mm 3452. [5] Mm 1706. [6] Mm 3450. [7] Mm 3561. [8] Mm 2427. [9] Mm 3453. [10] Mm 319. [11] Mm 3454.

14 ᵃ pc Mss הן– ‖ **16** ᵃ > 𝔊 ‖ **18** ᵃ l c mlt Mss עוֹד cf 16.17 ‖ **21** ᵃ nonn Mss ut Q יצאתי ‖ ᵇ sic L, mlt Mss Edd שָׁמָּה.

6 עַצְמ֣וֹ וְאֶל־בְּשָׂר֑וֹ אִם־לֹ֥א אֶלᵃ־פָּנֶ֖יךָ יְבָרֲכֶֽךָּᵇ׃ 6 וַיֹּ֧אמֶר יְהוָ֛ה אֶל־
7 הַשָּׂטָ֖ן הִנּ֣וֹ בְיָדֶ֑ךָ אַ֖ךְ אֶת־נַפְשׁ֥וֹ שְׁמֹֽר׃ 7 וַיֵּצֵא֙ הַשָּׂטָ֔ן מֵאֵ֖ת פְּנֵ֣י יְהוָ֑ה ג . ה̇[12]
8 וַיַּ֤ךְ אֶת־אִיּוֹב֙ בִּשְׁחִ֣ין רָ֔ע מִכַּ֥ף רַגְל֖וֹ עַדᵃ קָדְקֳדֽוֹ׃ 8 וַיִּֽקַּֽח־ל֣וֹ חֶ֔רֶשׂ ג̇[13] . ועד ק̇ חד מן יא[14] בטע וחד מן יב חס ו ר״ת[15] . ג
9 לְהִתְגָּרֵ֖ד בּ֑וֹ וְה֖וּא יֹשֵׁ֥ב בְּתוֹךְ־הָאֵֽפֶר׃ 9 וַתֹּ֤אמֶר לוֹ֙ אִשְׁתּ֔וֹ עֹדְךָ֖ ל̇ חס בסיפ . ל̇ חס
10 מַחֲזִ֣יק בְּתֻמָּתֶ֑ךָ בָּרֵ֥ךְ אֱלֹהִ֖יםᵃ וָמֻֽת׃ 10 וַיֹּ֣אמֶר אֵלֶ֗יהָ כְּדַבֵּ֞ר אַחַ֤ת ל̇ וחס . ל̇ בסיפ
הַנְּבָלוֹת֙ תְּדַבֵּ֔רִי גַּ֣ם אֶת־הַטּ֗וֹב נְקַבֵּל֙ מֵאֵ֣ת הָאֱלֹהִ֔ים וְאֶת־הָרָ֖ע לֹ֣א ל̇ ומל . ב̇[16] . ב . ב[17]
11 נְקַבֵּ֑ל בְּכָל־זֹ֛את לֹא־חָטָ֥א אִיּ֖וֹב בִּשְׂפָתָֽיו׃ פ 11 וַֽיִּשְׁמְע֞וּ שְׁלֹ֣שֶׁת ׀ ב̇
רֵעֵ֣י אִיּ֗וֹב אֵ֣ת כָּל־הָרָעָ֣ה הַזֹּאת֮ הַבָּ֣אָה עָלָיו֒ וַיָּבֹ֙אוּ֙ אִ֣ישׁ מִמְּקֹמ֔וֹ ג בטע[18]
אֱלִיפַ֤ז הַתֵּֽימָנִי֙ וּבִלְדַּ֣ד הַשּׁוּחִ֔י וְצוֹפַ֖ר הַנַּֽעֲמָתִ֑י וַיִּוָּעֲד֣וּ יַחְדָּ֔ו לָב֥וֹא ל̇ . ב[19]
12 לָנֽוּד־ל֖וֹ וּֽלְנַחֲמֽוֹ׃ 12 וַיִּשְׂא֨וּ אֶת־עֵינֵיהֶ֤ם מֵֽרָחוֹק֙ וְלֹ֣א הִכִּיר֔וּהוּ וַיִּשְׂא֥וּ מג . ל̇[20] . ב חד חס וחד מל . מג . ג[21]
קוֹלָ֖ם וַיִּבְכּ֑וּ וַֽיִּקְרְעוּ֙ אִ֣ישׁ מְעִל֔וֹ וַיִּזְרְק֥וּ עָפָ֛ר עַל־רָאשֵׁיהֶ֖ם הַשָּׁמָֽיְמָה׃ ב חס . יג[22] . יא[23]
13 וַיֵּשְׁב֤וּ אִתּוֹ֙ לָאָ֔רֶץ שִׁבְעַ֥ת יָמִ֖ים וְשִׁבְעַ֣ת לֵיל֑וֹת וְאֵין־דֹּבֵ֤ר אֵלָיו֙ ג[24]
דָּבָ֔ר כִּ֣י רָא֔וּ כִּֽי־גָדַ֥ל הַכְּאֵ֖ב מְאֹֽד׃ ג

3 1 אַחֲרֵי־כֵ֗ן פָּתַ֤ח אִיּוֹב֙ אֶת־פִּ֔יהוּ וַיְקַלֵּ֖ל אֶת־יוֹמֽוֹ׃ פ ל̇ ר״פ בכתיב . כב . ד
2 וַיַּ֥עַן אִיּ֗וֹב וַיֹּאמַֽר׃
3 יֹ֣אבַד י֭וֹם אִוָּ֣לֶד בּ֑וֹ וְהַלַּ֥יְלָה אָ֝מַ֗ר הֹ֣רָה גָֽבֶר׃ [עָלָ֣יו נְהָרָֽה׃ ב . ל̇
4 הַיּ֥וֹם הַה֗וּא יְֽהִ֫י חֹ֥שֶׁךְ אַֽל־יִדְרְשֵׁ֣הוּ אֱל֣וֹהַּ מִמָּ֑עַל וְאַל־תּוֹפַ֖ע ל̇
5 יִגְאָלֻ֣הוּ חֹ֣שֶׁךְ וְ֭צַלְמָוֶת תִּשְׁכָּן־עָלָ֣יו עֲנָנָ֑ה יְ֝בַעֲתֻ֗הוּ כִּמְרִ֥ירֵיᵃ יֽוֹם׃ ל̇ וחס . כן לבן אשר[1] . ב
6 הַלַּ֥יְלָה הַהוּא֮ יִקָּחֵ֪הוּ אֹ֫פֶל אַל־יִ֭חַדᵃ בִּימֵ֣י שָׁנָ֑ה בְּמִסְפַּ֥ר יְ֝רָחִ֗ים ל̇[2] . ד[3]
7 הִנֵּ֣ה הַלַּ֣יְלָה הַ֭הוּא יְהִ֣י גַלְמ֑וּד אַל־תָּבֹ֖א רְנָנָ֣ה בֽוֹ׃ [אַל־יָבֹֽא׃ ג
8 יִקְּבֻ֥הוּ אֹרְרֵי־י֑וֹםᵃ הָ֝עֲתִידִ֗ים עֹרֵ֥ר לִוְיָתָֽן׃ ל̇ . ל̇[4] . ד חס בליש
9 יֶחְשְׁכוּ֮ כּוֹכְבֵ֪י נִ֫שְׁפּ֥וֹ יְקַו־לְא֥וֹר וָאַ֑יִן וְאַל־יִ֝רְאֶ֗ה בְּעַפְעַפֵּי־שָֽׁחַר׃ ל̇ . ל̇ . יג . ל̇ . ו בכתיב
10 כִּ֣י לֹ֣א סָ֭גַר דַּלְתֵ֣י בִטְנִ֑י וַיַּסְתֵּ֥ר עָ֝מָ֗ל מֵעֵינָֽי׃ כד בטע ר״פ בסיפ . ב[5] . ד[6]
11 לָ֤מָּה לֹּ֣א מֵרֶ֣חֶם אָמ֑וּת מִבֶּ֖טֶן יָצָ֣אתִי וְאֶגְוָֽע׃ ב[7]
12 מַ֭דּוּעַ קִדְּמ֣וּנִי בִרְכָּ֑יִם וּמַה־שָּׁ֝דַ֗יִם כִּ֣י אִינָֽק׃ ד ב חס וב מל[8]

[12] Mm 713. [13] Mm 3455. [14] Mm 284. [15] Mm 3804. [16] Jes 29,4. [17] Dt 30,15. [18] Mm 344. [19] Jos 11,5. [20] וחד הכרהו Gn 42,8. [21] Mm 1774. [22] Mm 2897. [23] Mm 1071. [24] Mm 2382. Cp 3 [1] Mm 3302. [2] וחד ויחד Ex 18,9. [3] Mm 378. [4] Mp sub loco. [5] Ex 3,6. [6] Mm 2446. [7] Mm 3456. [8] Mm 1839.

Cp 2,5 ᵃ mlt Mss Edd עַל cf 1,11 ‖ ᵇ cf 1,5ᵃ ‖ **7** ᵃ Q וְעַד, K עַד ‖ **9** ᵃ cf 1,5ᵃ ‖ **Cp 3,5** ᵃ prp כְּ׳ a *כמריר = niger, sed cf 𝔔 במ׳ ‖ **6** ᵃ 𝔊 εἴη, 𝔙 *computetur*; prp יֵחַד ‖ **8** ᵃ orig frt יָם.

13 כִּֽי־עַתָּה שָׁכַבְתִּי וְאֶשְׁקוֹט יָשַׁנְתִּי אָז ׀ יָנוּחַ לִי׃ — ג מל בליש[9]
14 עִם־מְלָכִים וְיֹעֲצֵי אָרֶץ הַבֹּנִים חֳרָבוֹת לָמוֹ׃ — ה[10] וחד מן ה[11] חס בליש
15 אוֹ עִם־שָׂרִים זָהָב לָהֶם הַמְמַלְאִים בָּתֵּיהֶם כָּסֶף׃ — ב[12]
16 אוֹ כְנֵפֶל טָמוּן לֹא אֶהְיֶה כְּעֹלְלִים לֹא־רָאוּ אוֹר׃
17 שָׁם רְשָׁעִים חָדְלוּ רֹגֶז וְשָׁם יָנוּחוּ יְגִיעֵי כֹחַ׃
18 יַחַד אֲסִירִים שַׁאֲנָנוּ לֹא שָׁמְעוּ קוֹל נֹגֵשׂ׃ — ב ומל[13]. ל
19 קָטֹן וְגָדוֹל שָׁם הוּא וְעֶבֶד חָפְשִׁי מֵאֲדֹנָיו׃ — ח[14]
20 לָמָּה יִתֵּן לְעָמֵל אוֹר וְחַיִּים לְמָרֵי נָפֶשׁ׃ — ח[15]
21 הַמְחַכִּים לַמָּוֶת וְאֵינֶנּוּ וַיַּחְפְּרֻהוּ מִמַּטְמוֹנִים׃ — יב. ל. ג
22 הַשְּׂמֵחִים אֱלֵי־גִיל[a] יָשִׂישׂוּ כִּי יִמְצְאוּ־קָבֶר׃ — ג ר״פ[16]. ד. ל. ג[17]
23 לְגֶבֶר אֲשֶׁר־דַּרְכּוֹ נִסְתָּרָה וַיָּסֶךְ אֱלוֹהַּ בַּעֲדוֹ׃ — ב ובסיפ. ג. ד[18]
24 כִּי־לִפְנֵי לַחְמִי אַנְחָתִי תָבֹא וַיִּתְּכוּ כַמַּיִם שַׁאֲגֹתָי׃ — יז חס ד מנה בסיפ וכל משלי דכות ב מ ד
25 כִּי פַחַד פָּחַדְתִּי וַיֶּאֱתָיֵנִי וַאֲשֶׁר יָגֹרְתִּי יָבֹא לִי׃ — כד בטע ר״פ בסיפ. ל. ד וחס[19]. ב ובטע[20]
26 לֹא שָׁלַוְתִּי ׀ וְלֹא שָׁקַטְתִּי וְלֹא־נָחְתִּי וַיָּבֹא רֹגֶז׃ פ — לד פסוק לא ולא ולא[21]. ל. ל

4 1 וַיַּעַן אֱלִיפַז הַתֵּימָנִי וַיֹּאמַר׃
2 הֲנִסָּה דָבָר אֵלֶיךָ תִּלְאֶה וַעְצֹר בְּמִלִּין מִי יוּכָל׃ — ב[1]. ל. ל
3 הִנֵּה יִסַּרְתָּ רַבִּים וְיָדַיִם רָפוֹת תְּחַזֵּק׃ — ב
4 כּוֹשֵׁל יְקִימוּן מִלֶּיךָ וּבִרְכַּיִם כֹּרְעוֹת תְּאַמֵּץ׃ — ה מל. ל כת כן[2]. ל
5 כִּי עַתָּה ׀ תָּבוֹא אֵלֶיךָ וַתֵּלֶא תִּגַּע עָדֶיךָ וַתִּבָּהֵל׃ — כד בטע ר״פ בסיפ[3]. ג[4]
6 הֲלֹא יִרְאָתְךָ כִּסְלָתֶךָ תִּקְוָתְךָ[a] וְתֹם[b] דְּרָכֶיךָ׃ — ל
7 זְכָר־נָא מִי הוּא נָקִי אָבָד וְאֵיפֹה יְשָׁרִים נִכְחָדוּ׃ — ו[5] כת ה ב מנה בסיפ
8 כַּאֲשֶׁר רָאִיתִי חֹרְשֵׁי אָוֶן וְזֹרְעֵי עָמָל יִקְצְרֻהוּ׃ — ל
9 מִנִּשְׁמַת אֱלוֹהַ[a] יֹאבֵדוּ וּמֵרוּחַ אַפּוֹ יִכְלוּ׃ — ב ר״פ[6]
10 שַׁאֲגַת אַרְיֵה וְקוֹל שָׁחַל וְשִׁנֵּי כְפִירִים נִתָּעוּ׃ — ל
11 לַיִשׁ אֹבֵד מִבְּלִי־טָרֶף וּבְנֵי לָבִיא יִתְפָּרָדוּ׃ — ב[7]

[9] Mm 2270. [10] Mm 3947. [11] Mm 2115. [12] Mm 3126. [13] Mm 3310. [14] Mm 1674. [15] Mm 3457. [16] Mm 3070. [17] Mm 3020. [18] Mm 1764. [19] Mm 3404. [20] Jer 4,12. [21] Mm 771. Cp 4 [1] Mm 3458. [2] Mm 839. [3] Mp sub loco. [4] Mm 3306. [5] Mm 1750. [6] Mm 3459. [7] Hi 41,9.

22 [a] prp גַּל ‖ **Cp 4,6** [a] l c pc Mss 𝔊𝔖 וְתִ׳ ‖ [b] dl ו ‖ **9** [a] sic L, mlt Mss Edd ־הַּ.

12 וְאֵלַי דָּבָר יְגֻנָּב וַתִּקַּח אָזְנִי שֵׁמֶץ מֶנְהוּ׃ — ג[8]. ל. ח. ב. ל[9]
13 בִּשְׂעִפִּים מֵחֶזְיֹנוֹת לָיְלָה בִּנְפֹל תַּרְדֵּמָה עַל־אֲנָשִׁים׃
14 פַּחַד קְרָאַנִי וּרְעָדָה וְרֹב[a] עַצְמוֹתַי הִפְחִיד׃ — ל[10]. ל
15 וְרוּחַ עַל־פָּנַי יַחֲלֹף תְּסַמֵּר שַׂעֲרַת בְּשָׂרִי׃ — ד וחס[11]. ל
16 יַעֲמֹד ׀ וְלֹא־אַכִּיר מַרְאֵהוּ
תְּמוּנָה לְנֶגֶד עֵינָי דְּמָמָה וָקוֹל אֶשְׁמָע׃ — ב[12]
17 הַאֱנוֹשׁ מֵאֱלוֹהַ[a] יִצְדָּק אִם מֵעֹשֵׂהוּ יִטְהַר־גָּבֶר׃ — ל. ל
18 הֵן בַּעֲבָדָיו לֹא יַאֲמִין וּבְמַלְאָכָיו יָשִׂים תָּהֳלָה[a]׃ — ל. ל
19 אַף ׀ שֹׁכְנֵי בָתֵּי־חֹמֶר אֲשֶׁר־בֶּעָפָר יְסוֹדָם
יְדַכְּאוּם לִפְנֵי־[a]עָשׁ׃ — ל. ה ג מנה בסיפ[13]
20 מִבֹּקֶר לָעֶרֶב יֻכַּתּוּ מִבְּלִי מֵשִׂים[a] לָנֶצַח יֹאבֵדוּ׃ — ג[14]
21 הֲלֹא־נִסַּע יִתְרָם בָּם[a] יָמוּתוּ וְלֹא בְחָכְמָה׃

5 1 קְרָא־נָא הֲיֵשׁ עוֹנֶךָּ וְאֶל־מִי מִקְּדֹשִׁים תִּפְנֶה׃ — ד[1]
2 כִּי־לֶאֱוִיל יַהֲרָג־כָּעַשׂ[a] וּפֹתֶה תָּמִית קִנְאָה׃ — ד כת ש[2]. ל[3]. ב
3 אֲנִי־רָאִיתִי אֱוִיל מַשְׁרִישׁ וָאֶקּוֹב[a] נָוֵהוּ פִתְאֹם׃ — ל
4 יִרְחֲקוּ בָנָיו מִיֶּשַׁע וְיִדַּכְּאוּ בַשַּׁעַר וְאֵין מַצִּיל׃ [חֵילָם[e]׃ — ה[4]. ל
5 אֲשֶׁר קְצִירוֹ[a] ׀ רָעֵב יֹאכֵל [b]וְאֶל־מִצִּנִּים יִקָּחֵהוּ[b] וְשָׁאַף[c] צַמִּים[d]׃ — יג[5]. ל / ל[6] וכן למערב[7]. ב[8]
6 כִּי ׀ לֹא־יֵצֵא מֵעָפָר אָוֶן וּמֵאֲדָמָה לֹא־יִצְמַח עָמָל׃ — יא בטע ר״פ בשלש ספרים
7 כִּי־אָדָם לְעָמָל יוּלָּד[a] וּבְנֵי־רֶשֶׁף יַגְבִּיהוּ עוּף׃ — ב[9] מל ול קמ. ג. ל
8 אוּלָם אֲנִי אֶדְרֹשׁ אֶל־אֵל וְאֶל־אֱלֹהִים אָשִׂים דִּבְרָתִי׃ — ג ר״פ בסיפ. ל
9 עֹשֶׂה גְדֹלוֹת וְאֵין חֵקֶר נִפְלָאוֹת עַד־אֵין מִסְפָּר׃ — ל[10]. ו פסוק ואין אין
10 הַנֹּתֵן מָטָר עַל־פְּנֵי־אָרֶץ וְשֹׁלֵחַ מַיִם[a] עַל־פְּנֵי חוּצוֹת׃

[8] Mm 3016. [9] וחד מֶנֵּהוּ Ps 68,24. [10] וחד קְרָאָנִי Jes 49,1. [11] Mm 3476. [12] Mm 3460. [13] Mp sub loco. [14] Mm 3087. Cp 5 [1] Mm 1560. [2] Mm 3461. [3] וחד ולפתה Prv 20,19. [4] Mm 2378. [5] Mm 784. [6] Mp sub loco. [7] Mm 3462. [8] Mm 3463. [9] Mm 1504. [10] Mm 3464.

14 [a] prp וְרִ(י)ב cf akk *rību* = fremitus ‖ **17** [a] cf 9[a] ‖ **18** [a] prp תִּפְלָה, *הַתָּלָה = error (a תלל) ‖ **19** [a] = celerius quam cf 8,12 ‖ **20** [a] prp שֵׂם, sed מ׳ frt = animadversio (cf מֵרוּץ = cursus) ‖ **21** [a] prp בַּיּוֹם ‖ **Cp 5,2** [a] mlt Mss כעס ‖ **3** [a] frt inf aram pro וְהִקּוֹב, cf arab *qabba* = exarescere; prp וַיֵּעָקֵר ‖ **5** [a] l frt קָצְרוּ ‖ [b–b] prp וֵאֱלֹמִים צְנֻמִים יִקַּח הוּא, sed frt dl (dupl) cf [d] ‖ [c] prp —אַפּוּ ‖ [d] l צְמֵיִם = צְמֵאִים cf α′σ′SꟾD ‖ [e] Ms חלקם ‖ **7** [a] prp יוֹלִד vel יְיַלֵּד ‖ **10** [a] sic L, mlt Mss Edd ־׳.

11 לָשׂ֣וּם שְׁפָלִ֣ים לְמָר֑וֹם וְ֝קֹדְרִ֗ים שָׂ֣גְבוּ יֶֽשַׁע׃ — ה[11]

12 מֵ֭פֵר מַחְשְׁב֣וֹת עֲרוּמִ֑ים וְֽלֹא־תַעֲשֶׂ֥ינָה יְ֝דֵיהֶ֗ם תּוּשִׁיָּֽה׃ — ד מל ב דגש וב רפ[12] . ב[13]

13 לֹכֵ֣ד חֲכָמִ֣ים בְּעָרְמָ֑ם וַעֲצַ֖ת נִפְתָּלִ֣ים נִמְהָֽרָה׃ — ל . ל

14 יוֹמָ֥ם יְפַגְּשׁוּ־חֹ֑שֶׁךְ וְ֝כַלַּ֗יְלָה יְמַשְׁשׁ֥וּ בַֽצָּהֳרָֽיִם׃ — ל . ל[14] . ב[15] . יב

15 וַיֹּ֣שַׁע מֵ֭חֶרֶב מִפִּיהֶ֑ם[a] וּמִיַּ֖ד חָזָ֣ק אֶבְיֽוֹן׃ — ג[16] חס ול בכתיב

16 וַתְּהִ֣י לַדַּ֣ל תִּקְוָ֑ה וְ֝עֹלָ֗תָה קָ֣פְצָה פִּֽיהָ׃ — יב וכל דל ואביון דכות ול בליש

17 הִנֵּ֣ה אַ֭שְׁרֵי אֱנ֣וֹשׁ יוֹכִחֶ֣נּוּ אֱל֑וֹהַּ וּמוּסַ֥ר שַׁ֝דַּ֗י אַל־תִּמְאָֽס׃ — ב . ל וכת כן[17] . ה[18]

18 כִּ֤י ה֣וּא יַכְאִ֣יב וְיֶחְבָּ֑שׁ יִ֝מְחַ֗ץ וְיָדָ֥ו[a] תִּרְפֶּֽינָה׃ — כד בטע ר״פ בסיפ . ל ומל . ל . וידיו ק חד מן ה כת חס וחד מן ד בליש

19 בְּשֵׁ֣שׁ צָ֭רוֹת יַצִּילֶ֑ךָּ וּבְשֶׁ֓בַע ׀ לֹא־יִגַּ֖ע בְּךָ֣ רָֽע׃ — ג . ל

20 בְּ֭רָעָב פָּֽדְךָ֣ מִמָּ֑וֶת וּ֝בְמִלְחָמָ֗ה מִ֣ידֵי חָֽרֶב׃ — ד[19] . ג[20]

21 בְּשׁ֣וֹט[a] לָ֭שׁוֹן תֵּחָבֵ֑א וְלֹא־תִירָ֥א מִ֝שֹּׁ֗ד כִּ֣י יָבֽוֹא׃ — יז[21] . ל . ב . ד מל בסיפ

22 לְשֹׁ֣ד וּלְכָפָ֣ן תִּשְׂחָ֑ק וּֽמֵחַיַּ֥ת הָ֝אָ֗רֶץ אַל־תִּירָֽא׃ — ל . י בליש[22]

23 כִּ֤י עִם־אַבְנֵ֣י הַשָּׂדֶ֣ה בְרִיתֶ֑ךָ וְחַיַּ֥ת הַ֝שָּׂדֶ֗ה הָשְׁלְמָה־לָֽךְ׃ — כד בטע ר״פ בסיפ . ל

24 וְֽ֭יָדַעְתָּ כִּֽי־שָׁל֣וֹם אָהֳלֶ֑ךָ וּֽפָקַדְתָּ֥ נָ֝וְךָ֗[a] וְלֹ֣א תֶחֱטָֽא׃

25 וְֽ֭יָדַעְתָּ כִּי־רַ֣ב זַרְעֶ֑ךָ וְ֝צֶאֱצָאֶ֗יךָ כְּעֵ֣שֶׂב הָאָֽרֶץ׃ — ה[23]

26 תָּב֣וֹא בְכֶ֣לַח אֱלֵי־קָ֑בֶר כַּעֲל֖וֹת גָּדִ֣ישׁ בְּעִתּֽוֹ׃ — ג . ל . ד . ל

27 הִנֵּה־זֹ֭את חֲקַרְנ֥וּהָ כֶּן־הִ֑יא שְׁ֝מָעֶ֗נָּה וְאַתָּ֥ה דַֽע־לָֽךְ׃ פ — ב פסוק בזה הטעמ בשלש ספרים[23] . ל — סב

6 1 וַיַּ֥עַן אִיּ֗וֹב וַיֹּאמַֽר׃

2 ל֗וּ שָׁק֣וֹל יִשָּׁקֵ֣ל כַּעְשִׂ֑י וְ֝הַיָּתִ֗י[a] בְּמֹאזְנַ֥יִם יִשְׂאוּ־יָֽחַד׃ — כב[1] ו[1] מנה ר״פ . ו מל בליש . ד כת ש[3] . והותי ק[4] . ב

3 כִּֽי־עַתָּ֗ה מֵח֣וֹל יַמִּ֣ים יִכְבָּ֑ד עַל־כֵּ֝֗ן דְּבָרַ֥י לָֽעוּ׃ — ב קמ[5]

4 כִּ֤י חִצֵּ֪י שַׁדַּ֡י עִמָּדִ֗י אֲשֶׁ֣ר חֲ֭מָתָם שֹׁתָ֣ה רוּחִ֑י בִּעוּתֵ֖י אֱל֣וֹהַּ יַֽעַרְכֽוּנִי[a]׃ — כד בטע ר״פ בסיפ . ל וחס

5 הֲֽיִנְהַק־פֶּ֥רֶא עֲלֵי־דֶ֑שֶׁא אִ֥ם יִגְעֶה־שּׁ֝֗וֹר עַל־בְּלִילֽוֹ׃ — ל . ו ה מנה כת א וחד כת ה[6] . אם האם ואם כן בטע[7]

6 הֲיֵאָכֵ֣ל תָּ֭פֵל מִבְּלִי־מֶ֑לַח אִם־יֶשׁ־טַ֝֗עַם בְּרִ֣יר חַלָּמֽוּת׃ — ל . ל

7 מֵאֲנָ֣ה לִנְגּ֣וֹעַ נַפְשִׁ֑י [a]הֵ֝֗מָּה כִּדְוֵ֥י[a] לַחְמִֽי׃ — ג[8] . ל

8 מִֽי־יִתֵּ֣ן תָּב֣וֹא שֶׁאֱלָתִ֑י וְ֝תִקְוָתִ֗י יִתֵּ֥ן אֱלֽוֹהַּ׃

[11] Mm 2378. [12] Mm 18. [13] Mm 3465. [14] Mm 2309. [15] Hi 12,25. [16] Mm 1658. [17] Mm 3466. [18] Mm 3637. [19] Mm 1206. [20] Mm 3000. [21] Mm 3615. [22] Mm 9. [23] Mp sub loco. **Cp 6** [1] Mm 1444. [2] Mm 1236. [3] Mm 3461. [4] Mm 832. [5] Mm 3467. [6] Mm 3560. [7] Mm 3887. [8] Mm 133.

15 [a] prp מִפַּח ‖ **18** [a] l c Vrs Q וְיָדָיו, K וְיָדוֹ ‖ **21** [a] Ms 𝔊𝔖𝔙 מִשּׁוֹט; l frt בְּשׁוּט (inf) ‖ **24** [a] cf 10[a] ‖ **Cp 6,2** [a] Q וְהַוָּתִי ‖ **4** [a] frt = vexant me cf arab *ʿaraka* ‖ **7** [a–a] prp וְהֵמָּה כְּדֵי (כְּדֵי = בְּדֵי 39,25).

9 וְיֹאֵל אֱלוֹהַּ וִידַכְּאֵנִי יַתֵּר יָדוֹ וִיבַצְּעֵנִי׃ [אִמְרֵי קָדוֹשׁ׃ ל כת כן[9]. ל. ל[10] [ל

10 וּ[a]תְהִי עוֹד[a] ׀ נֶחָמָתִי וַאֲסַלְּדָה בְחִילָה לֹא יַחְמוֹל כִּי־לֹא כִחַדְתִּי יד רפי[11]. ב[12]. ל. ל. ד מל

11 מַה־כֹּחִי כִי־אֲיַחֵל וּמַה־קִּצִּי כִּי־אַאֲרִיךְ נַפְשִׁי׃ ב

12 אִם־כֹּחַ אֲבָנִים כֹּחִי אִם־בְּשָׂרִי נָחוּשׁ׃ יב ר״פ אם אם[13]. ל

13 הַאִם[a] אֵין עֶזְרָתִי בִי וְתֻשִׁיָּה נִדְּחָה מִמֶּנִּי׃ ב[14]. נז וכל תלים דכות ב מ יא

14 [a]לַמָּס[b] מֵרֵעֵהוּ[a] חָסֶד וְיִרְאַת שַׁדַּי יַעֲזוֹב׃ ב מל בליש[15]

15 אַחַי בָּגְדוּ כְמוֹ־נָחַל כַּאֲפִיק נְחָלִים יַעֲבֹרוּ׃ ל

16 הַקֹּדְרִים מִנִּי־קָרַח עָלֵימוֹ יִתְעַלֶּם־שָׁלֶג׃ ל

17 בְּעֵת יְזֹרְבוּ נִצְמָתוּ בְּחֻמּוֹ[a] נִדְעֲכוּ מִמְּקוֹמָם׃ ל וחס. ל וחס[16]. ל

18 יִלָּפְתוּ אָרְחוֹת דַּרְכָּם יַעֲלוּ בַתֹּהוּ וְיֹאבֵדוּ׃ ל. ב

19 הִבִּיטוּ אָרְחוֹת[a] תֵּמָא הֲלִיכֹת שְׁבָא קִוּוּ־לָמוֹ׃ ב[17]. ה ול חס. ד

20 בֹּשׁוּ כִּי־בָטָח[a] בָּאוּ עָדֶיהָ וַיֶּחְפָּרוּ׃ ל

21 כִּי־עַתָּה הֱיִיתֶם לֹא[a] תִּרְאוּ חֲתַת וַתִּירָאוּ׃ לו[15] ק. ב[18]. ל

22 הֲכִי־אָמַרְתִּי הָבוּ לִי וּמִכֹּחֲכֶם שִׁחֲדוּ בַעֲדִי׃ ה[19]. ל

23 וּמַלְּטוּנִי מִיַּד־צָר וּמִיַּד עָרִיצִים תִּפְדּוּנִי׃ ל. ל ומל

24 הוֹרוּנִי וַאֲנִי אַחֲרִישׁ וּמַה־שָּׁגִיתִי הָבִינוּ לִי׃

25 מַה־נִּמְרְצוּ[a] אִמְרֵי־יֹשֶׁר וּמַה־יּוֹכִיחַ הוֹכֵחַ מִכֶּם׃ ה

26 הַלְהוֹכַח מִלִּים תַּחְשֹׁבוּ וּלְרוּחַ אִמְרֵי נֹאָשׁ׃ ל. י בסיפ ו[20] מנה בליש. ל. ב. ד[21]

27 אַף־עַל־יָתוֹם תַּפִּילוּ וְתִכְרוּ עַל־רֵיעֲכֶם׃ ל ומל

28 וְעַתָּה הוֹאִילוּ פְנוּ־בִי וְעַל־פְּנֵיכֶם אִם־אֲכַזֵּב׃

29 שֻׁבוּ־נָא אַל־תְּהִי עַוְלָה וְשָׁבִי[a] עוֹד[b] צִדְקִי־בָהּ׃ ה חס. ושבו[22] ק

30 הֲיֵשׁ־בִּלְשׁוֹנִי עַוְלָה אִם־חִכִּי לֹא־יָבִין הַוּוֹת׃

7 1 הֲלֹא־צָבָא לֶאֱנוֹשׁ עֲלֵי[a]־אָרֶץ וְכִימֵי שָׂכִיר יָמָיו׃ עלי ק. ל

2 כְּעֶבֶד יִשְׁאַף־צֵל וּכְשָׂכִיר יְקַוֶּה פָעֳלוֹ׃ ל[1]

[9] Mm 1599. [10] Mm 1846. [11] Mm 174. [12] Mm 3468. [13] Mm 519. [14] Mm 3469. [15] Mp sub loco. [16] וחד בחמם Jer 51,39. [17] Mm 3177. [18] 1 Ch 4,13. [19] Mm 207. [20] Cf Mm 3542. [21] Mm 2460. [22] K et Q Or, cf Mm 1795 et Mp sub loco. Cp 7 [1] Mm 812.

10 [a–a] sic L, mlt Mss Edd ותהי־עוד ‖ **13** [a] = vere cf Nu 17,28 ‖ **14** [a–a] prp לֹא מָאַס ‖ [b] mlt Mss למאס ‖ **17** [a] Ms כְּחמו ‖ **19** [a] = א׳ cf הליכת ‖ **20** [a] l בָּטָחוּ ‖ **21** [a] prp לְאַל ‖ **25** [a] Ms נמלצו ‖ **29** [a] l c Q וְשֻׁבוּ, K וְשָׁבִי ‖ [b] cf 5,10[a] ‖ **Cp 7,1** [a] Q עֲלֵי, K עַל.

3 כֵּ֤ן הָנְחַ֣לְתִּי לִ֭י יַרְחֵי־שָׁ֑וְא וְלֵיל֥וֹת עָ֝מָ֗ל מִנּוּ־לִֽי׃ [עֲדֵי־נָֽשֶׁף׃ ל̇ . ל̇

4 אִם־שָׁכַ֗בְתִּי וְאָמַ֗רְתִּי מָתַ֣י אָ֭קוּם[a] וּמִדַּד[b]־עָ֑רֶב וְשָׂבַ֖עְתִּי נְדֻדִ֣ים ל̇

5 לָבַ֣שׁ בְּשָׂרִ֣י רִ֭מָּה וְגִישׁ[a] עָפָ֑ר[b] עוֹרִ֥י רָ֝גַ֗ע וַיִּמָּאֵֽס׃ וגרש[2] ק̇

6 יָמַ֣י קַ֭לּוּ מִנִּי־אָ֑רֶג וַ֝יִּכְל֗וּ בְּאֶ֣פֶס תִּקְוָֽה׃ ה̇ ד̇ מנה בטע . ג̇

7 זְ֭כֹר כִּי־ר֣וּחַ חַיָּ֑י לֹא־תָשׁ֥וּב עֵ֝ינִ֗י לִרְא֥וֹת טֽוֹב׃ כט̇[3]

8 לֹֽא־תְשׁוּרֵ֗נִי עֵ֥ין רֹ֑אִי עֵינֶ֖יךָ בִּ֣י וְאֵינֶֽנִּי׃ ו̇ ב̇[4] מנה בטע . ג̇

9 כָּלָ֣ה עָ֭נָן[a] וַיֵּלַ֑ךְ כֵּ֥ן יוֹרֵ֥ד שְׁ֝א֗וֹל לֹ֣א יַעֲלֶֽה׃ ז̇[5] . ב̇ מל[6]

10 לֹא־יָשׁ֣וּב ע֣וֹד לְבֵית֑וֹ וְֽלֹא־יַכִּירֶ֖נּוּ ע֣וֹד מְקֹמֽוֹ׃

11 גַּם־אֲנִי֮ לֹ֤א אֶחֱשָׂ֫ךְ פִּ֥י אֲ֭דַבְּרָה בְּצַ֣ר רוּחִ֑י אָ֝שִׂ֗יחָה בְּמַ֣ר נַפְשִֽׁי׃ ו̇[7] ר״פ וכל מ״פ דכות במ̇ה

12 הֲֽיָם־אָ֭נִי אִם־תַּנִּ֑ין כִּֽי־תָשִׂ֖ים עָלַ֣י מִשְׁמָֽר׃ ח̇ בליש[8]

13 כִּֽי־אָ֭מַרְתִּי תְּנַחֲמֵ֣נִי עַרְשִׂ֑י יִשָּׂ֥א בְ֝שִׂיחִ֗י מִשְׁכָּבִֽי׃ ל̇ . ל̇ז

14 וְחִתַּתַּ֥נִי בַחֲלֹמ֑וֹת וּֽמֵחֶזְיֹנ֥וֹת תְּבַעֲתַֽנִּי׃ ל̇

15 וַתִּבְחַ֣ר מַחֲנָ֣ק נַפְשִׁ֑י מָ֝֗וֶת מֵֽעַצְמוֹתָֽי[a]׃

16 מָ֭אַסְתִּי לֹא־לְעֹלָ֣ם אֶֽחְיֶ֑ה חֲדַ֥ל מִ֝מֶּ֗נִּי כִּי־הֶ֥בֶל יָמָֽי׃ יח̇ חס ח̇ מנה בנ״ך[9] . ד̇ מאריך[10] . נ̇ז וכל תלים דכות במ̇א

17 מָֽה־אֱ֭נוֹשׁ כִּ֣י תְגַדְּלֶ֑נּוּ וְכִֽי־תָשִׁ֖ית אֵלָ֣יו לִבֶּֽךָ׃ ל̇א פסוק כי וכי[11] . ה̇[12]

18 וַתִּפְקְדֶ֥נּוּ לִבְקָרִ֑ים לִ֝רְגָעִ֗ים תִּבְחָנֶֽנּוּ׃ ל̇[13] . ד̇

19 כַּ֭מָּה לֹא־תִשְׁעֶ֣ה מִמֶּ֑נִּי לֹֽא־תַ֝רְפֵּ֗נִי עַד־בִּלְעִ֥י רֻקִּֽי׃ נ̇ז וכל תלים דכות במ̇א

20 חָטָ֡אתִי מָ֤ה אֶפְעַ֨ל ׀ לָךְ֮ נֹצֵ֪ר הָאָ֫דָ֥ם לָ֣מָה שַׂמְתַּ֣נִי לְמִפְגָּ֣ע לָ֑ךְ ל̇ בטע רפי[14]

21 וּמֶ֤ה ׀ לֹא־תִשָּׂ֣א פִשְׁעִי֮ וְתַעֲבִ֪יר אֶת־עֲוֺ֫נִ֥י [וָאֶהְיֶ֖ה עָלַ֣י[a] לְמַשָּֽׂא׃ ג̇[15] . ל̇ . כד̇[16]

כִּֽי־עַ֭תָּה לֶעָפָ֣ר אֶשְׁכָּ֑ב וְשִׁ֥חֲרְתַּ֗נִי[a] וְאֵינֶֽנִּי׃ פ ל̇ . ג̇

8 1 וַ֭יַּעַן בִּלְדַּ֥ד הַשּׁוּחִ֗י וַיֹּאמַֽר[a]׃

2 עַד־אָ֥ן תְּמַלֶּל־אֵ֑לֶּה וְר֥וּחַ כַּ֝בִּ֗יר[a] אִמְרֵי־פִֽיךָ׃ ב̇[1]

3 הַ֭אֵל יְעַוֵּ֣ת מִשְׁפָּ֑ט וְאִם־שַׁ֝דַּ֗י יְעַוֵּת־צֶֽדֶק׃ ל̇[2]

4 אִם־בָּנֶ֥יךָ חָֽטְאוּ־ל֑וֹ וַ֝יְשַׁלְּחֵ֗ם בְּיַד־פִּשְׁעָֽם׃ ט̇[3]

5 אִם־אַ֭תָּה תְּשַׁחֵ֣ר אֶל־אֵ֑ל וְאֶל־שַׁ֝דַּ֗י תִּתְחַנָּֽן׃

[2] Mm 832. [3] Mm 2501. [4] 1S 16,12. [5] Mm 175. [6] Mm 3470. [7] Mm 2449. [8] Mm 413. [9] Mm 25. [10] Mm 2039. [11] Mm 2059. [12] Mm 3228. [13] Mm 2331. [14] Mm 3274. [15] Mm 1791. [16] Mm 592. **Cp 8** [1] 1S 10,14. [2] Mm 2346. [3] Mm 2192.

4 [a] l frt יָאֹר וְאָקוּם ‖ [b] prp וּמִדֵּי = et quoties ‖ **5** [a] l c Q וְגוּשׁ, K וְגִישׁ ‖ [b] prb dl ‖ **9** [a] Ms 𝔗 עָשָׁן ‖ **15** [a] l מֵעַצְּבוֹתָי cf 9,28 ‖ **20** [a] Tiq soph 𝔊 עָלֶיךָ ‖ **21** [a] sic L, mlt Mss Edd וְשִׁחַרְ׳ ‖ **Cp 8,1** [a] sic L, mlt Mss Edd וי׳ ‖ **2** [a] cf 5,10[a].

6 אִם־זַךְ וְיָשָׁר אָתָּה [a]כִּי־עַתָּה יָעִיר עָלֶיךָ[a] וְשִׁלַּם נְוַת צִדְקֶךָ׃ ח̇. ג̇
7 וְהָיָה רֵאשִׁיתְךָ מִצְעָר וְאַחֲרִיתְךָ יִשְׂגֶּה מְאֹד׃ ד̇[4]. ג̇
8 כִּי־שְׁאַל־נָא לְדֹר רִישׁוֹן וְכוֹנֵן לְחֵקֶר אֲבוֹתָם׃ ה̇. ב̇ חס מיחד. ח̇ ול̇ כת̇ כן
9 כִּי־תְמוֹל אֲנַחְנוּ וְלֹא נֵדָע כִּי צֵל יָמֵינוּ עֲלֵי־אָרֶץ׃
10 הֲלֹא־הֵם יוֹרוּךָ יֹאמְרוּ לָךְ וּמִלִּבָּם יוֹצִאוּ מִלִּים׃ ד̇[5] ול̇ כת̇ כן. י̇ בסיפ ו̇[6] מנה בליש
11 הֲיִגְאֶה־גֹּמֶא בְּלֹא בִצָּה[a] יִשְׂגֶּה־אָחוּ בְלִי־מָיִם׃ ג̇[7]. ג̇
12 עֹדֶנּוּ בְאִבּוֹ לֹא יִקָּטֵף וְלִפְנֵי כָל־חָצִיר יִיבָשׁ׃ ב̇ חס[8]. ל̇. ל̇. י̇ו̇ וכל לפני ולפני דכות
13 כֵּן אָרְחוֹת[a] כָּל־שֹׁכְחֵי אֵל וְתִקְוַת חָנֵף תֹּאבֵד׃
14 [a]אֲשֶׁר־יָקוֹט[ab] כִּסְלוֹ וּבֵית עַכָּבִישׁ מִבְטַחוֹ׃ ל̇. ד̇[9]
15 יִשָּׁעֵן [a]עַל־בֵּיתוֹ[a] וְלֹא יַעֲמֹד יַחֲזִיק בּוֹ וְלֹא יָקוּם׃ ח̇[10]. ד̇. ד̇[11]
16 רָטֹב הוּא לִפְנֵי־שָׁמֶשׁ וְעַל גַּנָּתוֹ יֹנַקְתּוֹ תֵצֵא׃ ג̇ ול̇ בליש
17 עַל־גַּל שָׁרָשָׁיו יְסֻבָּכוּ בֵּית[a] אֲבָנִים יֶחֱזֶה׃ ל̇
18 אִם־יְבַלְּעֶנּוּ מִמְּקוֹמוֹ וְכִחֶשׁ בּוֹ לֹא רְאִיתִיךָ׃ ג̇[12]
19 הֶן־הוּא מְשׂוֹשׂ דַּרְכּוֹ וּמֵעָפָר אַחֵר יִצְמָחוּ׃ ה̇ וכל כל אל אלה דכות. ג̇[13]
20 הֶן־אֵל לֹא יִמְאַס־תָּם וְלֹא־יַחֲזִיק בְּיַד־מְרֵעִים׃
21 עַד־[a]יְמַלֵּה[b] שְׂחוֹק פִּיךָ וּשְׂפָתֶיךָ תְרוּעָה׃ ל̇ כת̇ ה[14]
22 שֹׂנְאֶיךָ יִלְבְּשׁוּ־בֹשֶׁת וְאֹהֶל רְשָׁעִים אֵינֶנּוּ׃ פ

9 1 וַיַּעַן אִיּוֹב וַיֹּאמַר׃
2 אָמְנָם יָדַעְתִּי כִי־כֵן וּמַה־יִּצְדַּק אֱנוֹשׁ עִם־אֵל׃
3 אִם־יַחְפֹּץ לָרִיב עִמּוֹ לֹא־יַעֲנֶנּוּ אַחַת מִנִּי־אָלֶף׃ ה̇[1]
4 חֲכַם לֵבָב וְאַמִּיץ כֹּחַ מִי־הִקְשָׁה אֵלָיו וַיִּשְׁלָם׃
5 הַמַּעְתִּיק הָרִים וְלֹא יָדָעוּ אֲשֶׁר הֲפָכָם בְּאַפּוֹ׃ ב̇[2]
6 הַמַּרְגִּיז אֶרֶץ מִמְּקוֹמָהּ וְעַמּוּדֶיהָ יִתְפַלָּצוּן[a]׃ ד̇
7 הָאֹמֵר לַחֶרֶס וְלֹא יִזְרָח וּבְעַד כּוֹכָבִים יַחְתֹּם׃
8 נֹטֶה שָׁמַיִם לְבַדּוֹ וְדוֹרֵךְ עַל־בָּמֳתֵי יָם[a]׃ ל̇ מל

[4]Mm 126. [5]Mm 4154. [6]Cf Mm 3542. [7]Mm 379. [8]Mm 3453. [9]Mm 2554. [10]Mm 321. [11]Mm 2232. [12]Mm 3471. [13]Mm 2314. [14]Mm 706. **Cp 9** [1]Mm 1526. [2]Mm 2539.

6 [a–a] > Ms ‖ **11** [a] 𝔗[2] בֵּצָה ‖ **13** [a] 𝔊 *τὰ ἔσχατα* = אַחֲרִית ‖ **14** [a–a] prp קְרֵי־קַיִט vel קִשְׁרֵי־קַיִט ‖ [b] frt a *קטט = brevis est cf arab *qatta* ‖ **15** [a–a] frt dl ‖ **17** [a] Ed בֵּין ‖ **21** [a] l עֹד ‖ [b] mlt Mss Edd ימלא ‖ **Cp 9,6** [a] > L*, nunc in margine ‖ **8** [a] 2 Mss Edd עָב.

9 עֹֽשֶׂה־עָ֭שׁ[a] כְּסִ֥יל וְכִימָ֗ה וְחַדְרֵ֥י תֵמָֽן׃ ה ר״פ . ה ג מנה בסיפ

10 עֹשֶׂ֣ה גְ֭דֹלוֹת עַד־אֵ֣ין חֵ֑קֶר וְנִפְלָא֗וֹת עַד־אֵ֥ין מִסְפָּֽר׃ ל[3] . יו מ״פ אין אין

11 הֵ֤ן יַעֲבֹ֣ר עָ֭לַי וְלֹ֣א אֶרְאֶ֑ה וְ֝יַחֲלֹ֗ף[a] וְֽלֹא־אָבִ֥ין לֽוֹ׃ ג פסוק[4] . ב[5] . ד[6]

12 הֵ֣ן יַ֭חְתֹּף[a] מִ֣י יְשִׁיבֶ֑נּוּ מִֽי־יֹאמַ֥ר אֵ֝לָ֗יו מַֽה־תַּעֲשֶֽׂה׃

13 אֱ֭לוֹהַּ לֹא־יָשִׁ֣יב אַפּ֑וֹ תַּחְתָּ֥ו שָׁ֝חֲח֗וּ עֹ֣זְרֵי רָֽהַב׃ כד בליש[7] . תחתיו ק חד מן ד[8] כת כן למערב

14 אַ֭ף כִּֽי־אָנֹכִ֣י אֶֽעֱנֶ֑נּוּ אֶֽבְחֲרָ֖ה דְבָרַ֣י עִמּֽוֹ׃ ב

15 אֲשֶׁ֣ר אִם־צָ֭דַקְתִּי לֹ֣א אֶֽעֱנֶ֑ה לִ֝מְשֹׁפְטִ֗י אֶתְחַנָּֽן׃ ל

16 אִם־קָרָ֥אתִי וַיַּֽעֲנֵ֑נִי[a] לֹֽא־אַ֝אֲמִ֗ין כִּֽי־יַאֲזִ֥ין קוֹלִֽי׃ ל . ל בסיפ

17 אֲשֶׁר־בִּשְׂעָרָ֥ה[a] יְשׁוּפֵ֑נִי וְהִרְבָּ֖ה פְצָעַ֣י חִנָּֽם׃ ב כת ש . ב[4] . ב

18 לֹֽא־יִ֭תְּנֵנִי הָשֵׁ֣ב רוּחִ֑י כִּ֥י יַ֝שְׂבִּעַ֗נִי מַמְּרֹרִֽים׃ ל . ל

19 אִם־לְכֹ֣חַ אַמִּ֣יץ הִנֵּ֑ה וְאִם־לְ֝מִשְׁפָּ֗ט מִ֣י יוֹעִידֵֽנִי׃ ל בליש[9]

20 אִם־אֶ֭צְדָּק פִּ֣י יַרְשִׁיעֵ֑נִי תָּֽם־אָ֝֗נִי וַֽיַּעְקְשֵֽׁנִי׃ ב . ל

21 תָּֽם־אָ֭נִי לֹֽא־אֵדַ֥ע נַפְשִׁ֗י אֶמְאַ֥ס חַיָּֽי׃

22 אַחַ֗ת הִ֥יא עַל־כֵּ֥ן אָמַ֑רְתִּי תָּ֥ם וְ֝רָשָׁ֗ע ה֣וּא מְכַלֶּֽה׃ ה[10]

23 אִם־שׁ֭וֹט יָמִ֣ית פִּתְאֹ֑ם לְמַסַּ֖ת נְקִיִּ֣ם יִלְעָֽג׃ ח[11] . ל

24 אֶ֤רֶץ ׀ נִתְּנָ֬ה בְֽיַד־רָשָׁ֗ע פְּנֵֽי־שֹׁפְטֶ֥יהָ יְכַסֶּ֑ה אִם־לֹ֖א אֵפ֣וֹא מִי־הֽוּא׃ יג ר״פ

25 וְיָמַ֣י[a] קַ֭לּוּ מִנִּי־רָ֑ץ בָּ֝רְח֗וּ לֹא־רָא֥וּ טוֹבָֽה׃ ה ד מנה בטע

26 חָ֭לְפוּ עִם־אֳנִיּ֣וֹת אֵבֶ֑ה כְּ֝נֶ֗שֶׁר יָט֥וּשׂ עֲלֵי־אֹֽכֶל׃ ל . ד[12]

27 אִם־אָ֭מְרִי[a] אֶשְׁכְּחָ֣ה שִׂיחִ֑י אֶעֶזְבָ֖ה פָנַ֣י וְאַבְלִֽיגָה׃ ב[13] . ג

28 יָגֹ֥רְתִּי כָל־עַצְּבֹתָ֑י יָ֝דַ֗עְתִּי כִּי־לֹ֣א תְנַקֵּֽנִי׃ ד וחס[14]

29 אָנֹכִ֥י[a] אֶרְשָׁ֑ע לָמָּה־זֶּ֝֗ה הֶ֣בֶל אִיגָֽע׃

30 אִם־הִתְרָחַ֥צְתִּי בְמוֹ־[a] שָׁ֑לֶג וַ֝הֲזִכּ֗וֹתִי בְּבֹ֣ר כַּפָּֽי׃ במי ק חד מן מח[15] כת ו וקר י וחד מן ה[16] בליש . ל ומל

31 אָ֭ז בַּשַּׁ֣חַת[a] תִּטְבְּלֵ֑נִי וְ֝תִֽעֲב֗וּנִי שַׂלְמוֹתָֽי׃ ל . ל

32 כִּי־לֹא־אִ֣ישׁ כָּמֹ֣נִי אֶֽעֱנֶ֑נּוּ נָב֥וֹא יַ֝חְדָּ֗ו בַּמִּשְׁפָּֽט׃

33 לֹ֣א[a] יֵשׁ־בֵּינֵ֣ינוּ מוֹכִ֑יחַ יָשֵׁ֖ת יָד֣וֹ עַל־שְׁנֵֽינוּ׃ ג ומל[17]

[3] Mm 3464. [4] Mp sub loco. [5] Mm 3509. [6] Mm 3879. [7] Mm 1685. [8] Mm 3472. [9] Mm 2730. [10] Mm 3473. [11] Mm 1873. [12] Mm 3635. [13] Mm 3474. [14] Mm 3404. [15] Mm 3811. [16] Mm 1013. [17] Mm 229.

9 [a] l עַ֫יִשׁ וּבָנֶ֫יהָ cf 38,32 || **11** [a] 2 Mss ׳י || **12** [a] pc Mss יַחְטֹף cf Jdc 21,21 Ps 10,9 || **16** [a] 𝔊[B] *καὶ μὴ ὑπακούσῃ* || **17** [a] pc Mss ׳בסע || **25** [a] 2 Mss ימי || **27** [a] Ms אָמַרְתִּי || **29** [a] Ms + לֹא || **30** [a] 𝔖𝔗 ut Q בְּמֵי, K 𝔊 במו || **31** [a] 𝔊 *ἐν ῥύπῳ*, l prb בַּשֻּׁחֹת || **33** [a] nonn Mss 𝔊𝔖 לוּ cf 16,4.

34 יָסֵ֣ר מֵעָלַ֣י שִׁבְט֑וֹ וְ֝אֵמָת֗וֹ אַל־תְּבַעֲתַֽנִּי׃ — ד חס בליש

35 אֲ֭דַבְּרָה[a] וְלֹ֣א אִירָאֶ֑נּוּ כִּ֥י לֹא־כֵ֥ן אָ֝נֹכִ֗י עִמָּדִֽי׃ — יט[18]

10 1 נָֽקְטָ֣ה[a] נַפְשִׁי֮ בְּחַיָּ֪י אֶֽעֶזְבָ֣ה עָלַ֣י שִׂיחִ֑י אֲ֝דַבְּרָ֗ה[b] בְּמַ֣ר נַפְשִֽׁי׃ — ל

2 אֹמַ֣ר אֶל־אֱ֭לוֹהַּ אַל־תַּרְשִׁיעֵ֑נִי ה֝וֹדִיעֵ֗נִי עַ֣ל מַה־תְּרִיבֵֽנִי׃

3 הֲט֤וֹב לְךָ֨ ׀ כִּֽי־תַעֲשֹׁ֗ק כִּֽי־תִ֭מְאַס יְגִ֣יעַ כַּפֶּ֑יךָ וְעַל־עֲצַ֖ת רְשָׁעִ֣ים [הוֹפָֽעְתָּ׃ — ד[1]

4 הַעֵ֣ינֵי בָשָׂ֣ר לָ֑ךְ אִם־כִּרְא֖וֹת אֱנ֣וֹשׁ תִּרְאֶֽה׃ — ב

5 הֲכִימֵ֣י אֱנ֣וֹשׁ יָמֶ֑יךָ אִם־שְׁ֝נוֹתֶ֗יךָ כִּ֣ימֵי גָֽבֶר׃

6 כִּֽי־תְבַקֵּ֥שׁ לַעֲוֺנִ֑י וּֽלְחַטָּאתִ֥י תִדְרֽוֹשׁ׃ — ג מל ב מנה בליש

7 עַֽל־דַּ֭עְתְּךָ כִּי־לֹ֣א אֶרְשָׁ֑ע וְאֵ֖ין מִיָּדְךָ֣ מַצִּֽיל׃

8 יָדֶ֣יךָ עִ֭צְּבוּנִי וַֽיַּעֲשׂ֑וּנִי [a]יַ֥חַד סָ֝בִ֗יב[a] וַתְּבַלְּעֵֽנִי׃ — יא[2] מל ב[3] מנה בסיפ וכל תלים דכות ב מ ה

9 זְכָר־נָ֭א כִּֽי־כַחֹ֣מֶר עֲשִׂיתָ֑נִי וְאֶל־עָפָ֥ר תְּשִׁיבֵֽנִי׃ — ב

10 הֲלֹ֣א כֶ֭חָלָב תַּתִּיכֵ֑נִי וְ֝כַגְּבִנָּ֗ה תַּקְפִּיאֵֽנִי׃ — ל . ל

11 ע֣וֹר וּ֭בָשָׂר תַּלְבִּישֵׁ֑נִי וּבַעֲצָמ֥וֹת וְ֝גִידִ֗ים תְּסֹכְכֵֽנִי׃ — ח[4] . ל

12 חַיִּ֣ים וָ֭חֶסֶד עָשִׂ֣יתָ עִמָּדִ֑י וּ֝פְקֻדָּתְךָ֗ שָֽׁמְרָ֥ה רוּחִֽי׃ — ב ר״פ[5] . ה[6]

13 וְ֭אֵלֶּה צָפַ֣נְתָּ בִלְבָבֶ֑ךָ יָ֝דַ֗עְתִּי כִּי־זֹ֥את עִמָּֽךְ׃

14 אִם־חָ֭טָאתִי וּשְׁמַרְתָּ֑נִי וּ֝מֵעֲוֺנִ֗י לֹ֣א תְנַקֵּֽנִי׃ [וּרְאֵ֥ה[a] עָנְיִֽי׃ — ל

15 אִם־רָשַׁ֡עְתִּי אַלְלַ֬י לִ֗י וְ֭צָדַקְתִּי לֹא־אֶשָּׂ֣א רֹאשִׁ֑י שְׂבַ֥ע קָ֝ל֗וֹן — ל בטע[7] . כג . כו

16 וְיִגְאֶ֗ה כַּשַּׁ֣חַל תְּצוּדֵ֑נִי וְ֝תָשֹׁ֗ב תִּתְפַּלָּא־בִֽי׃ — ל . ל . ב[8]

17 תְּחַדֵּ֬שׁ עֵדֶ֨יךָ ׀ נֶגְדִּ֗י וְתֶ֣רֶב כַּ֭עַשְׂךָ עִמָּדִ֑י חֲלִיפ֖וֹת וְצָבָ֣א עִמִּֽי׃ — ב חד כת ס וחד מן ד[9] כת ש . ד[10] וכן למערב[11]

18 וְלָ֣מָּה מֵ֭רֶחֶם הֹצֵאתָ֑נִי אֶ֝גְוַ֗ע וְעַ֣יִן לֹא־תִרְאֵֽנִי׃ — ה ר״פ[12] . ד[13] . ב[14]

19 כַּאֲשֶׁ֣ר לֹא־הָ֭יִיתִי אֶהְיֶ֑ה מִ֝בֶּ֗טֶן לַקֶּ֥בֶר אוּבָֽל׃

20 הֲֽלֹא־מְעַ֣ט [a]יָמַ֣י יַחְדָּ֑ל[ab] יָשִׁ֥ית[c] מִ֝מֶּ֗נִּי וְאַבְלִ֥יגָה מְּעָֽט׃ — וחדל . ושית . נז וכל ק ק תלים דכות ב מ יא . ג

21 בְּטֶ֣רֶם אֵ֭לֵךְ וְלֹ֣א אָשׁ֑וּב אֶל־אֶ֥רֶץ חֹ֝֗שֶׁךְ וְצַלְמָֽוֶת׃ — ד[15]

[18] Mm 436. **Cp 10** [1] Mm 1470. [2] Mm 477. [3] Mm 3485. [4] Mm 527. [5] Mm 3229. [6] Mm 3234. [7] וחד אַלְלַי Mi 7,1. [8] Mm 1961. [9] Mm 3461. [10] Mm 3868. [11] Mm 3475. [12] Mm 1020. [13] Mm 3629. [14] Mm 2518. [15] Mm 1847.

35 [a] sic L, mlt Mss Edd אֲ‎׳ ‖ **Cp 10,1** [a] = נָקוֹטָה ‖ [b] sic L, mlt Mss Edd ־רָה; pc Mss אָשִׂיחָה ‖ **8** [a–a] = omni parte perfectus? 𝔊 μετὰ ταῦτα μεταβαλών = אַחַר סַבּוֹת, l frt אַחַר סָבוֹב ‖ **15** [a] a * רָאֶה = videns, vel l וּרְוֵה = et satiatus ‖ **20** [a–a] prp יְמֵי חֶלְדִּי cf 𝔊𝔖 ‖ [b] Q וַחֲדָל, K יֶחְדָּל ‖ [c] Q וְשִׁית, K יָשִׁית; l frt שִׁית.

22 אֶ֤רֶץ[a] עֵיפָ֨תָה ׀ כְּמ֥וֹ אֹ֗פֶל צַ֭לְמָוֶת[a] וְלֹ֣א[b] סְדָרִ֑ים[b] וַתֹּ֖פַע כְּמוֹ־אֹֽפֶל׃ פ — י֯ג ר״פ

11 1 וַ֭יַּעַן צֹפַ֥ר הַֽנַּעֲמָתִ֗י וַיֹּאמַֽר׃

2 הֲרֹ֣ב דְּ֭בָרִים לֹ֣א יֵעָנֶ֑ה וְאִם־אִ֖ישׁ שְׂפָתַ֣יִם יִצְדָּֽק׃ — ג ב חס וחד מל . ב[1] . ג[2]

3 בַּ֭דֶּיךָ[a] מְתִ֣ים יַחֲרִ֑ישׁוּ[b] וַ֝תִּלְעַ֗ג[c] וְאֵ֣ין מַכְלִֽם׃ — ב חד מל וחד חס

4 וַ֭תֹּאמֶר זַ֣ךְ לִקְחִ֑י וּ֝בַ֗ר הָיִ֥יתִי בְעֵינֶֽיךָ׃ — ג[3] . ב[4] . סו

5 וְֽאוּלָ֗ם מִֽי־יִתֵּ֣ן אֱל֣וֹהַּ דַּבֵּ֑ר וְיִפְתַּ֖ח שְׂפָתָ֣יו עִמָּֽךְ׃ — ג ב קמ וחד פת[5]

6 וְיַגֶּד־לְךָ֨ ׀ תַּֽעֲלֻמ֣וֹת חָכְמָה֮ כִּֽי־כִפְלַ֪יִם[a] לְת֫וּשִׁיָּ֥ה — ד[6] . ב[7] . ב . ז מל

וְדַ֡ע כִּֽי־יַשֶּׁ֥ה לְךָ֡ אֱ֝ל֗וֹהַּ[b] מֵעֲוֺנֶֽךָ׃ — ג . ב[8]

7 הַחֵ֣קֶר אֱל֣וֹהַּ[a] תִּמְצָ֑א אִ֤ם עַד־תַּ֖כְלִית שַׁדַּ֣י[b] תִּמְצָֽא׃

8 גָּבְהֵ֣י שָׁ֭מַיִם[a] מַה־תִּפְעָ֑ל עֲמֻקָּ֥ה מִ֝שְּׁא֗וֹל מַה־תֵּדָֽע׃ — ל . ב

9 אֲרֻכָּ֣ה מֵאֶ֣רֶץ מִדָּ֑הּ[a] וּ֝רְחָבָ֗ה מִנִּי־יָֽם׃ — ג[9]

10 אִם־יַחֲלֹ֣ף וְיַסְגִּ֑יר וְ֝יַקְהִ֗יל וּמִ֣י יְשִׁיבֶֽנּוּ׃ — ד וחס[10] . ל . ל[11]

11 כִּֽי־ה֭וּא יָדַ֣ע מְתֵי־שָׁ֑וְא וַיַּרְא־אָ֝֗וֶן וְלֹ֣א[a] יִתְבּוֹנָֽן׃

12 וְאִ֣ישׁ נָ֭בוּב יִלָּבֵ֑ב וְעַ֥יִר[a] פֶּ֝֗רֶא אָדָ֥ם[a] יִוָּלֵֽד׃ — ב . ו ה מנה כת א וחד כת ה[12] . ב בכתיב[13]

13 אִם־אַ֭תָּה הֲכִינ֣וֹתָ לִבֶּ֑ךָ וּפָרַשְׂתָּ֖ אֵלָ֣יו כַּפֶּֽךָ׃

14 אִם־אָ֣וֶן בְּ֭יָדְךָ הַרְחִיקֵ֑הוּ וְאַל־תַּשְׁכֵּ֖ן בְּאֹהָלֶ֣יךָ עַוְלָֽה׃ — ל

15 כִּי־אָ֤ז ׀ תִּשָּׂ֣א פָ֭נֶיךָ מִמּ֑וּם וְהָיִ֥יתָ מֻ֝צָ֗ק וְלֹ֣א תִירָֽא׃ — ב חס . ב

16 כִּֽי־אַ֭תָּה עָמָ֣ל תִּשְׁכָּ֑ח כְּמַ֖יִם עָבְר֣וּ תִזְכֹּֽר׃ — ט[14] ב מנה בסיפ וכל קריא דכות ב מ״ב . ג רפ[15]

17 וּ֭מִצָּהֳרַיִם יָק֣וּם חָ֑לֶד תָּ֝עֻ֗פָה[a] כַּבֹּ֥קֶר תִּהְיֶֽה׃ — ל

18 וּ֭בָטַחְתָּ כִּֽי־יֵ֣שׁ תִּקְוָ֑ה וְ֝חָפַרְתָּ֗[a] לָבֶ֥טַח תִּשְׁכָּֽב׃ — ב חד מל וחד חס[16]

19 וְֽ֭רָבַצְתָּ וְאֵ֣ין מַחֲרִ֑יד וְחִלּ֖וּ פָנֶ֣יךָ רַבִּֽים׃ — ס֯ג

20 וְעֵינֵ֥י רְשָׁעִ֗ים תִּ֫כְלֶ֥ינָה — י ג מנה ר״פ

וּ֭מָנוֹס אָבַ֣ד מִנְהֶ֑ם וְ֝תִקְוָתָ֗ם מַֽפַּח־נָֽפֶשׁ׃ פ — ג[17]

Cp 11 [1] Prv 21,13. [2] Mm 1190. [3] Mm 1997. [4] Mm 3235. [5] Mm 1331. [6] Mm 1484. [7] Ps 44,22. [8] Dt 15,2 [9] Mm 2623. [10] Mm 3476. [11] וחד ובהקהיל Nu 10,7. [12] Mm 3560. [13] Mp sub loco. [14] Mm 230. [15] Mm 2760 [16] Mm 1187. [17] Mm 3477.

22 [a–a] > Ms (homtel) ∥ [b–b] = nullo ordine, confusus ∥ **Cp 11,3** [a] l frt בְּדֶיךָ (בְּדֵי = coram? cf 41,4) ∥ [b] sic L, mlt Mss Edd ־וּ ∥ [c] prp וְתִ׳ ∥ **6** [a] prp פְּלָאִים = פְּלָיִם ∥ [b] cf 4,9[a] ∥ **7** [a] cf 4,9[a] ∥ [b] Ms שָׁמַיִם ∥ **8** [a–a] prp גְּבֹהָה מִשְּׁ׳ cf 𝔙 Hier, sed cf 22,12 ∥ **9** [a] l frt ־ָה ∥ **11** [a] = לֹא emphaticum ∥ **12** [a–a] prp פֶּרֶד ∥ **17** [a] l prb תְּ׳ ∥ **18** [a] 2 Mss וחרפת; prp וְחָפַרְתָּ.

12 1 וַיַּעַן אִיּוֹב וַיֹּאמַר׃
2 אָמְנָם כִּי אַתֶּם־עָם וְעִמָּכֶם תָּמוּת חָכְמָה׃
3 [a]גַּם־לִי לֵבָב ׀ כְּמוֹכֶם לֹא־נֹפֵל אָנֹכִי מִכֶּם[a] וְאֶת־מִי־אֵין כְּמוֹ־אֵלֶּה׃ ד[1]
4 שְׂחֹק לְרֵעֵהוּ ׀ אֶהְיֶה קֹרֵא לֶאֱלוֹהַּ וַיַּעֲנֵהוּ שְׂחוֹק צַדִּיק תָּמִים׃ ד חס בליש . ב[2]
5 [a]לַפִּיד בּוּז לְעַשְׁתּוּת שַׁאֲנָן נָכוֹן לְמוֹעֲדֵי רָגֶל׃
6 יִשְׁלָיוּ אֹהָלִים ׀ לְשֹׁדְדִים וּבַטֻּחוֹת לְמַרְגִּיזֵי אֵל ב . ל . ל
לַאֲשֶׁר הֵבִיא אֱלוֹהַּ בְּיָדוֹ׃ ל
7 וְאוּלָם שְׁאַל־נָא בְהֵמוֹת וְתֹרֶךָּ וְעוֹף הַשָּׁמַיִם וְיַגֶּד־לָךְ׃ ה . ב[3] . ד[4]
8 אוֹ [a]שִׂיחַ לָאָרֶץ[a] וְתֹרֶךָּ וִיסַפְּרוּ לְךָ דְּגֵי הַיָּם׃ ה . ב[3] . ג
9 מִי לֹא־יָדַע בְּכָל־אֵלֶּה כִּי יַד־יְהוָה[a] עָשְׂתָה זֹּאת׃
10 אֲשֶׁר בְּיָדוֹ נֶפֶשׁ כָּל־חָי וְרוּחַ כָּל־בְּשַׂר־אִישׁ׃ ל
11 הֲלֹא־אֹזֶן מִלִּין תִּבְחָן וְחֵךְ אֹכֶל יִטְעַם־לוֹ׃ כה . ב
12 בִּישִׁישִׁים[a] חָכְמָה וְאֹרֶךְ יָמִים תְּבוּנָה׃ ל
13 עִמּוֹ חָכְמָה וּגְבוּרָה לוֹ עֵצָה וּתְבוּנָה׃ ד ר״פ[5]
14 הֵן יַהֲרוֹס וְלֹא יִבָּנֶה יִסְגֹּר עַל־אִישׁ וְלֹא יִפָּתֵחַ׃ ג מל בליש[6] . ה[7] . ה[8]
15 הֵן יַעְצֹר בַּמַּיִם וְיִבָשׁוּ וִישַׁלְּחֵם וְיַהַפְכוּ אָרֶץ׃ ג וחס[9] . ד חס בליש . ל
16 עִמּוֹ עֹז וְתוּשִׁיָּה לוֹ שֹׁגֵג[a] וּמַשְׁגֶּה׃ ד ר״פ[5] . ז מל . ל[10]
17 מוֹלִיךְ יוֹעֲצִים שׁוֹלָל וְשֹׁפְטִים יְהוֹלֵל׃ ג . ג[11] . ג
18 מוּסַר[a] מְלָכִים פִּתֵּחַ וַיֶּאְסֹר אֵזוֹר בְּמָתְנֵיהֶם׃ יב פת[12] . ג
19 מוֹלִיךְ כֹּהֲנִים שׁוֹלָל וְאֵתָנִים יְסַלֵּף׃ ג . ג[11]
20 מֵסִיר שָׂפָה לְנֶאֱמָנִים וְטַעַם זְקֵנִים יִקָּח׃
21 שׁוֹפֵךְ בּוּז עַל־נְדִיבִים וּמְזִיחַ אֲפִיקִים רִפָּה׃ ל מל . ל . ל כת ה[13]
22 מְגַלֶּה עֲמֻקוֹת מִנִּי־חֹשֶׁךְ וַיֹּצֵא לָאוֹר צַלְמָוֶת׃ יג חס[14] . ז[15]
23 מַשְׂגִּיא[a] לַגּוֹיִם וַיְאַבְּדֵם שֹׁטֵחַ לַגּוֹיִם[b] וַיַּנְחֵם[c]׃ ז[16]

Cp 12 [1]Mm 2306. [2]Mm 3478. [3]Mm 3324. [4]Mm 1484. [5]Mm 3479. [6]Mm 2454. [7]Mm 3301. [8]Mm 2975. [9]Mm 4190. [10]Mm 1200. [11]Mm 3089. [12]Mm 2405. [13]Mm 4045. [14]Mm 1509. [15]Mm 3105. [16]Mm 1653.

Cp 12,3 [a–a] = 13,2b ‖ **5** [a] v 5 inc ‖ **8** [a–a] prp חַיַּת הָא׳ ‖ **9** [a] cf 5,10[a]; pc Mss אֱלוֹהַּ ‖ **12** [a] Ms משישים ‖ **16** [a] 2 Mss שוגה ‖ **18** [a] = vestis regalis (a אסר)? cf אזור = vestis humilis ‖ **23** [a] nonn Mss מש׳ = מַשְׂגֶּה cf 𝔊^O𝔖 et 16 ‖ [b] pc Mss לְאֻמִּים ‖ [c] prp ׳נַ—.

24 מֵסִיר לֵב רָאשֵׁי עַם[a]־הָאָרֶץ וַיַּתְעֵם בְּתֹהוּ לֹא־דָרֶךְ׃ — עה . ב בסיפ
25 יְמַשְׁשׁוּ־חֹשֶׁךְ וְלֹא־אוֹר וַיַּתְעֵם כַּשִּׁכּוֹר׃ — ב[17] . ב בסיפ

13 1 הֶן־כֹּל[a] רָאֲתָה עֵינִי שָׁמְעָה אָזְנִי וַתָּבֶן לָהּ׃ — כט[1] . ה . ל
2 כְּדַעְתְּכֶם יָדַעְתִּי גַם־אָנִי לֹא־נֹפֵל אָנֹכִי מִכֶּם׃
3 אוּלָם אֲנִי אֶל־שַׁדַּי אֲדַבֵּר וְהוֹכֵחַ אֶל־אֵל אֶחְפָּץ׃ — ג ר״פ בסיפ . ל
4 וְאוּלָם אַתֶּם טֹפְלֵי־שָׁקֶר רֹפְאֵי אֱלִל כֻּלְּכֶם׃ — ל . ל כת כן
5 מִי־יִתֵּן הַחֲרֵשׁ תַּחֲרִישׁוּן וּתְהִי לָכֶם לְחָכְמָה׃ — ב חד מל וחד חס[2] . יד רפי[3]
6 שִׁמְעוּ־נָא תוֹכַחְתִּי[a] וְרִבוֹת שְׂפָתַי הַקְשִׁיבוּ׃ — ה חס בליש[4]
7 הַלְאֵל תְּדַבְּרוּ עַוְלָה וְלוֹ תְּדַבְּרוּ רְמִיָּה׃
8 הֲפָנָיו תִּשָּׂאוּן אִם־לָאֵל תְּרִיבוּן׃ — ב בסיפ . יא . ג ומל[5]
9 הֲטוֹב כִּי־יַחְקֹר אֶתְכֶם אִם־כְּהָתֵל בֶּאֱנוֹשׁ תְּהָתֵלּוּ בוֹ׃ — ד[6]
10 הוֹכֵחַ יוֹכִיחַ אֶתְכֶם אִם־בַּסֵּתֶר פָּנִים תִּשָּׂאוּן׃ — ה . ב בסיפ
11 הֲלֹא שְׂאֵתוֹ תְּבַעֵת אֶתְכֶם וּפַחְדּוֹ יִפֹּל עֲלֵיכֶם׃ — ב[7]
12 זִכְרֹנֵיכֶם מִשְׁלֵי־אֵפֶר לְגַבֵּי־חֹמֶר גַּבֵּיכֶם׃ — ל . ד . ל
13 הַחֲרִישׁוּ מִמֶּנִּי וַאֲדַבְּרָה־אָנִי וְיַעֲבֹר עָלַי מָה׃ — נז וכל תלים דכות ב מ א . ג[8]
14 [a]עַל־מָה[a] ׀ אֶשָּׂא בְשָׂרִי בְשִׁנָּי וְנַפְשִׁי אָשִׂים בְּכַפִּי׃ — כג . ה . ט[9] ד מנה בליש
15 הֵן יִקְטְלֵנִי לֹא[a] אֲיַחֵל אַךְ־דְּרָכַי אֶל־פָּנָיו אוֹכִיחַ׃ — לו ק חד מן יז[10] כת כן . ו[11]
16 גַּם־הוּא־לִי לִישׁוּעָה כִּי־לֹא לְפָנָיו חָנֵף יָבוֹא׃ — ד מל בסיפ
17 שִׁמְעוּ שָׁמוֹעַ מִלָּתִי וְאַחֲוָתִי בְּאָזְנֵיכֶם׃ — ל . ד
18 הִנֵּה־נָא עָרַכְתִּי מִשְׁפָּט יָדַעְתִּי כִּי־אֲנִי אֶצְדָּק׃ — ג
19 מִי־הוּא יָרִיב עִמָּדִי כִּי־עַתָּה אַחֲרִישׁ וְאֶגְוָע׃ — ב[12]
20 אַךְ־שְׁתַּיִם אַל־תַּעַשׂ עִמָּדִי אָז מִפָּנֶיךָ לֹא אֶסָּתֵר׃ — ב
21 כַּפְּךָ מֵעָלַי הַרְחַק וְאֵמָתְךָ אַל־תְּבַעֲתַנִּי׃ — ד חס ול בליש
22 וּקְרָא וְאָנֹכִי אֶעֱנֶה אוֹ־אֲדַבֵּר וַהֲשִׁיבֵנִי׃ — ד[13] . ב חד מל וחד חס[14]
23 כַּמָּה לִי עֲוֹנוֹת וְחַטָּאוֹת פִּשְׁעִי וְחַטָּאתִי הֹדִיעֵנִי׃ — ו מל[15] . ג מל[16] . ל כת כן

[17] Hi 5,14. **Cp 13** [1] Mm 2501. [2] Mm 464. [3] Mm 174. [4] Mm 3480. [5] Mm 493. [6] Mm 1470. [7] Dt 14,24. [8] Mm 1576. [9] Mm 609. [10] Mm 1795. [11] Mm 1094. [12] Mm 3456. [13] Mm 3086. [14] Mm 273. [15] Mm 3973. [16] Mm 2117.

24 [a] prb dl ‖ **Cp 13,1** [a] nonn Mss כָּל־אֵלֶּה ‖ **6** [a] 𝔊 *ἔλεγχον στόματός μου* = ־חַת פִּי ‖ **14** [a–a] > 𝔊, dl (dttg) ‖ **15** [a] mlt Mss Vrs ut Q לוֹ; K לֹא.

24 לָמָּה־פָנֶיךָ תַסְתִּיר וְתַחְשְׁבֵנִי לְאוֹיֵב לָךְ׃
25 הֶעָלֶה נִדָּף תַּעֲרוֹץ וְאֶת־קַשׁ יָבֵשׁ תִּרְדֹּף׃ — ב בכתיב. ד[17] מל ול בליש. ה
26 כִּי־תִכְתֹּב עָלַי מְרֹרוֹת וְתוֹרִישֵׁנִי עֲוֺנוֹת נְעוּרָי׃ — ב. ו מל[18]
27 וְתָשֵׂם[a] בַּסַּד ׀ רַגְלַי וְתִשְׁמוֹר כָּל־אָרְחֹתָי[a] עַל־שָׁרְשֵׁי רַגְלַי [תִּתְחַקֶּה׃ — ד מל
28 וְהוּא כְּרָקָב[a] יִבְלֶה כְּבֶגֶד אֲכָלוֹ עָשׁ׃ — לג ר״פ. ב. ה ג מנה בסיפ

14 1 אָדָם יְלוּד אִשָּׁה קְצַר יָמִים וּשְׂבַע־רֹגֶז׃ — ג[1]
2 כְּצִיץ יָצָא וַיִּמָּל וַיִּבְרַח כַּצֵּל וְלֹא יַעֲמוֹד׃ — ג. ל. ה דגש[2]. ד. ג מל[3]
3 אַף־עַל־זֶה פָּקַחְתָּ עֵינֶךָ וְאֹתִי[a] תָבִיא בְמִשְׁפָּט עִמָּךְ׃ — טו ו[4] מנה חס. יג[5]. ל בסיפ רפי ושאר דגש[6]
4 [a]מִי־יִתֵּן טָהוֹר מִטָּמֵא לֹא אֶחָד׃ — ל[7]
5 אִם חֲרוּצִים ׀ יָמָיו מִסְפַּר־חֳדָשָׁיו אִתָּךְ חֻקָּו[a] עָשִׂיתָ וְלֹא [יַעֲבֹור׃ — אם האם ואם כן בטע[8]. חקיו ק
6 שְׁעֵה מֵעָלָיו וְיֶחְדָּל[a] עַד־יִרְצֶה כְּשָׂכִיר יוֹמוֹ׃ — ב[9]
7 כִּי יֵשׁ לָעֵץ תִּקְוָה אִם־יִכָּרֵת וְעוֹד[a] יַחֲלִיף וְיֹנַקְתּוֹ לֹא תֶחְדָּל׃ — כה בטע ר״פ בסיפ. ג[10]. כג
8 אִם־יַזְקִין בָּאָרֶץ שָׁרְשׁוֹ וּבֶעָפָר יָמוּת גִּזְעוֹ׃
9 מֵרֵיחַ מַיִם יַפְרִחַ וְעָשָׂה קָצִיר כְּמוֹ־נָטַע׃ — ב חד חס וחד מל[11]
10 וְגֶבֶר יָמוּת וַיֶּחֱלָשׁ[a] וַיִּגְוַע אָדָם וְאַיּוֹ[b]׃ — ל[12]. ה[13]
11 אָזְלוּ־מַיִם מִנִּי־יָם וְנָהָר יֶחֱרַב וְיָבֵשׁ׃ — ל. ד[14]. ה
12 וְאִישׁ שָׁכַב וְלֹא־יָקוּם עַד־בִּלְתִּי שָׁמַיִם לֹא יָקִיצוּ וְלֹא־[יֵעֹרוּ מִשְּׁנָתָם׃ — ד[15]; ג ב חס וחד מל[16]
13 מִי יִתֵּן ׀ בִּשְׁאוֹל תַּצְפִּנֵנִי תַּסְתִּירֵנִי עַד־שׁוּב אַפֶּךָ — ג[17]
תָּשִׁית לִי חֹק וְתִזְכְּרֵנִי׃ — ה[18]
14 אִם־יָמוּת גֶּבֶר הֲיִחְיֶה כָּל־יְמֵי צְבָאִי אֲיַחֵל עַד־בּוֹא חֲלִיפָתִי׃ — ב. יא[19] מל ב[20] מנה בסיפ וכל תלים דכות ב מ ה
15 תִּקְרָא וְאָנֹכִי אֶעֱנֶךָּ לְמַעֲשֵׂה יָדֶיךָ תִכְסֹף׃
16 כִּי־עַתָּה צְעָדַי תִּסְפּוֹר לֹא־תִשְׁמוֹר עַל־חַטָּאתִי׃ — ל מל
17 חָתֻם בִּצְרוֹר פִּשְׁעִי וַתִּטְפֹּל עַל־עֲוֺנִי׃ — ל חס. ב[21]. ל וחס
18 וְאוּלָם הַר־[a]נוֹפֵל יִבּוֹל[a] וְצוּר יֶעְתַּק מִמְּקֹמוֹ׃ — ד

[17] Mm 2387. [18] Mm 3973. Cp 14 [1] Mm 3481. [2] Mm 3707. [3] Mm 3482. [4] Mm 1145. [5] Mm 1228. [6] Mm 772. [7] Mm 3431. [8] Mm 3887. [9] Mm 812. [10] Mm 3118. [11] Mm 3483. [12] וחד וַיֶּחֱלַשׁ Ex 17,13. [13] Mm 3106. [14] Mm 2273. [15] Mm 2232. [16] Mm 3484. [17] Mp sub loco. [18] Mm 3228. [19] Mm 477. [20] Mm 3485. [21] Mm 3486.

27 [a–a] cf 33,11 ‖ **28** [a] l frt כְּרֶקֶב cf 𝔊𝔖𝔗 ‖ **Cp 14,3** [a] 𝔊𝔖𝔙 suff 3 sg ‖ **4** [a] v 4 > Ms ‖ **5** [a] Q חֻקָּיו, K חֻקּוֹ ‖ **6** [a] Ms וחדל ‖ **7** [a] Ms עוד ‖ **10** [a] l frt וַיֵּ׳ ‖ [b] Ms 𝔊 וְאַיִן cf 𝔖 ‖ **18** [a–a] prp נָפוֹל יִפּוֹל.

19 אֲבָנִים ׀ שָׁחֲקוּ מַיִם תִּשְׁטֹף־סְפִיחֶיהָ[a] עֲפַר־אָרֶץ ל̇ . ב̇ ומל[22] . ג̇[23]
וְתִקְוַת אֱנוֹשׁ הֶאֱבַדְתָּ׃
20 תִּתְקְפֵהוּ לָנֶצַח וַיַּהֲלֹךְ מְשַׁנֶּה פָנָיו וַתְּשַׁלְּחֵהוּ׃ ב̇ . ל̇
21 יִכְבְּדוּ בָנָיו וְלֹא יֵדָע וְיִצְעֲרוּ וְלֹא־יָבִין לָמוֹ׃ ג̇ . יט̇[24] . ג̇[25]
22 אַךְ־בְּשָׂרוֹ עָלָיו יִכְאָב וְנַפְשׁוֹ עָלָיו תֶּאֱבָל׃ פ ל̇ . ח̇

15 1 וַיַּעַן אֱלִיפַז הַתֵּימָנִי וַיֹּאמַר׃
2 הֶחָכָם יַעֲנֶה דַעַת־רוּחַ וִימַלֵּא קָדִים בִּטְנוֹ׃ ל̇
3 הוֹכֵחַ בְּדָבָר לֹא יִסְכּוֹן וּמִלִּים לֹא־יוֹעִיל בָּם׃ ה̇ . י̇ בסיפ̇
4 אַף־אַתָּה תָּפֵר יִרְאָה וְתִגְרַע שִׂיחָה לִפְנֵי־אֵל׃ ב̇ . ב̇
5 כִּי יְאַלֵּף עֲוֺנְךָ פִיךָ וְתִבְחַר לְשׁוֹן עֲרוּמִים׃ כד̇ בטע̇ ר״פ בסיפ̇[1] . ד̇ מל̇ ב̇ דגש̇ וב̇ רפי̇[2]
6 יַרְשִׁיעֲךָ פִיךָ וְלֹא־אָנִי וּשְׂפָתֶיךָ יַעֲנוּ־בָךְ׃
7 הֲרִאישׁוֹן אָדָם תִּוָּלֵד וְלִפְנֵי גְבָעוֹת חוֹלָלְתָּ׃ סד̇ ול̇ בליש̇ . יו̇ וכל לפני ולפני דכות
8 הַבְסוֹד אֱלֹוהַ[a] תִּשְׁמָע וְתִגְרַע אֵלֶיךָ חָכְמָה׃ ל̇ . ב̇
9 מַה־יָּדַעְתָּ וְלֹא נֵדָע תָּבִין וְלֹא־עִמָּנוּ הוּא׃
10 גַּם־שָׂב גַּם־יָשִׁישׁ בָּנוּ כַּבִּיר מֵאָבִיךָ יָמִים׃ ל̇
11 הַמְעַט מִמְּךָ תַּנְחֻמוֹת אֵל וְדָבָר לָאַט עִמָּךְ׃ ל̇ . ב̇[3]
12 מַה־יִּקָּחֲךָ לִבֶּךָ וּמַה־יִּרְזְמוּן[a] עֵינֶיךָ׃
13 כִּי־תָשִׁיב אֶל[a]־אֵל רוּחֶךָ וְהֹצֵאתָ מִפִּיךָ מִלִּין׃ י̇[4] . ל̇ חס̇
14 מָה־אֱנוֹשׁ כִּי־יִזְכֶּה וְכִי־יִצְדַּק יְלוּד אִשָּׁה׃ לא̇ פסוק כי וכי[5]
15 הֵן בִּקְדֹשָׁו לֹא יַאֲמִין וְשָׁמַיִם לֹא־זַכּוּ בְעֵינָיו׃ בקדשיו ק̇ . ד̇[6] . ג̇ . נא̇
16 אַף כִּי־נִתְעָב וְנֶאֱלָח אִישׁ־שֹׁתֶה כַמַּיִם עַוְלָה׃ ג̇ ב̇ קמ̇ וחד̇ פת̇[7] . ל̇
17 אֲחַוְּךָ שְׁמַע־לִי וְזֶה־חָזִיתִי וַאֲסַפֵּרָה׃ ל̇
18 אֲשֶׁר־חֲכָמִים יַגִּידוּ וְלֹא כִחֲדוּ מֵאֲבוֹתָם׃
19 לָהֶם לְבַדָּם נִתְּנָה הָאָרֶץ וְלֹא־עָבַר זָר בְּתוֹכָם׃
20 כָּל־יְמֵי רָשָׁע הוּא מִתְחוֹלֵל וּמִסְפַּר שָׁנִים נִצְפְּנוּ לֶעָרִיץ׃ ב̇[8] . ח̇
21 קוֹל־פְּחָדִים בְּאָזְנָיו בַּשָּׁלוֹם שׁוֹדֵד יְבוֹאֶנּוּ׃ ג̇[9] . ב̇[10] . ז̇ מל̇ . ב̇ חד̇ חס̇ וחד̇ מל̇[11]

[22] Lv 25,11. [23] Mm 3055. [24] Mm 1369. [25] Mm 3487. Cp 15 [1] Mp sub loco. [2] Mm 18. [3] Mm 1814 et Mm 2230. [4] Mm 161. [5] Mm 2059. [6] Mm 2360. [7] Mm 3488. [8] Mm 2583. [9] Mm 1840. [10] Ps 29,11. [11] Mp sub loco.

19 [a] prp חָהּ— ‖ **Cp 15,8** [a] sic L ‖ **12** [a] pc Mss יְרָמְזוּן 𝔊 ἐπήνεγκαν = יָרְמוּן ‖ **13** [a] = עַל.

22 לֹא־יַאֲמִין שׁוּב מִנִּי־חֹשֶׁךְ וְצָפוּ[a] הוּא אֱלֵי־חָרֶב׃ — וצפוי ק . ד
23 נֹדֵד הוּא לַלֶּחֶם אַיֵּה יָדַע ׀ כִּי־נָכוֹן בְּיָדוֹ יוֹם־חֹשֶׁךְ׃ — ד[12]
24 יְבַעֲתֻהוּ צַר וּמְצוּקָה תִּתְקְפֵהוּ כְּמֶלֶךְ ׀ עָתִיד לַכִּידוֹר׃ — ב[11] . ב . ב . ל
25 כִּי־נָטָה אֶל־אֵל[a] יָדוֹ וְאֶל[a]־שַׁדַּי יִתְגַּבָּר׃ — יו חס את . ב
26 יָרוּץ אֵלָיו[a] בְּצַוָּאר בַּעֲבִי גַּבֵּי מָגִנָּיו׃ — ב
27 כִּי־כִסָּה פָנָיו בְּחֶלְבּוֹ וַיַּעַשׂ פִּימָה עֲלֵי־כָסֶל׃ — ל
28 וַיִּשְׁכּוֹן ׀ עָרִים נִכְחָדוֹת בָּתִּים לֹא־יֵשְׁבוּ לָמוֹ — ה ד חס וחד מל[13] . כ[14]
אֲשֶׁר הִתְעַתְּדוּ לְגַלִּים׃ — ל . ג
29 לֹא־יֶעְשַׁר וְלֹא־יָקוּם חֵילוֹ וְלֹא־יִטֶּה לָאָרֶץ מִנְלָם[a]׃ — לד פסוק לא ולא ולא[15] . ד[16] . ל
30 לֹא־יָסוּר ׀ מִנִּי־חֹשֶׁךְ יֹנַקְתּוֹ תְּיַבֵּשׁ שַׁלְהָבֶת וְיָסוּר בְּרוּחַ פִּיו׃ — ב
31 אַל־יַאֲמֵן בַּשָּׁו[a] נִתְעָה[b] כִּי־שָׁוְא תִּהְיֶה תְמוּרָתוֹ׃ — בשיו ק[11]
32 בְּלֹא־יוֹמוֹ תִּמָּלֵא[a] וְכִפָּתוֹ לֹא רַעֲנָנָה׃
33 יַחְמֹס כַּגֶּפֶן בִּסְרוֹ וְיַשְׁלֵךְ[a] כַּזַּיִת נִצָּתוֹ׃ — ל . ל . ב[17] . ל
34 כִּי־עֲדַת חָנֵף גַּלְמוּד וְאֵשׁ אָכְלָה אָהֳלֵי־שֹׁחַד׃ — ג
35 הָרֹה עָמָל וְיָלֹד אָוֶן וּבִטְנָם תָּכִין מִרְמָה׃ ס — ל . ל

16 1 וַיַּעַן אִיּוֹב וַיֹּאמַר׃
2 שָׁמַעְתִּי כְאֵלֶּה רַבּוֹת מְנַחֲמֵי עָמָל כֻּלְּכֶם׃ — ג[1]
3 הֲקֵץ לְדִבְרֵי־רוּחַ [a]אוֹ מַה[a]־יַּמְרִיצְךָ כִּי תַעֲנֶה׃ — ל . ל
4 גַּם ׀ אָנֹכִי כָּכֶם אֲדַבֵּרָה לוּ־יֵשׁ נַפְשְׁכֶם תַּחַת נַפְשִׁי — ד בטע בשלש ספרים . ל[2] . כב[3]
אַחְבִּירָה עֲלֵיכֶם בְּמִלִּים וְאָנִיעָה עֲלֵיכֶם בְּמוֹ רֹאשִׁי׃ — ל . י בסיפ . ט . כו
5 אֲאַמִּצְכֶם בְּמוֹ־פִי וְנִיד שְׂפָתַי יַחְשֹׂךְ׃ — ל . ט . ג[4]
6 אִם־אֲדַבְּרָה לֹא־יֵחָשֵׂךְ כְּאֵבִי וְאַחְדְּלָה מַה־מִּנִּי[a] יַהֲלֹךְ׃ — ב . ל
7 אַךְ־עַתָּה הֶלְאָנִי הֲשִׁמּוֹתָ כָּל־עֲדָתִי׃ — ל . ל
8 וַתִּקְמְטֵנִי לְעֵד הָיָה וַיָּקָם בִּי כַחֲשִׁי בְּפָנַי יַעֲנֶה׃

[12] Mm 3073. [13] Mm 537. [14] Mm 534. [15] Mm 771. [16] Mm 2232. [17] Mm 3522. **Cp 16** [1] Mm 1617. [2] C Mm 1232. [3] Mm 1444. [4] Mp sub loco.

22 [a] mlt Mss ut Q וְצָפוּי destinatus, K וְצָפוּ ‖ **25** [a] = (ו)עַל ‖ **26** [a] = עָלָיו ‖ **29** [a] prp מְנֻלָם (a מָנוֹל* = arab *manal*) = possessio eorum ‖ **31** [a] mlt Mss בשוא ‖ [b] prp –עֶה ‖ **32** [a] prp תִּמֹּל a מלל ‖ **33** [a] l –לִיךְ? ‖ **Cp 16,3** [a–a] Ms אוֹ מִי, Ed ומה ‖ **6** [a] sic L, mlt Mss Edd מ׳.

9 אַפּוֹ טָרַף ׀ וַֽיִּשְׂטְמֵנִי חָרַק עָלַי בְּשִׁנָּיו
צָרִי ׀ יִלְטוֹשׁ עֵינָיו לִי׃
10 פָּעֲרוּ עָלַי ׀ בְּפִיהֶם בְּחֶרְפָּה הִכּוּ לְחָיָי יַחַד עָלַי יִתְמַלָּאוּן׃ ב. ל
11 יַסְגִּירֵנִי אֵל אֶל עֲוִיל[a] וְעַל־יְדֵי רְשָׁעִים יִרְטֵנִי׃ ל. ל. ל
12 שָׁלֵו הָיִיתִי ׀ וַֽיְפַרְפְּרֵנִי וְאָחַז בְּעָרְפִּי וַֽיְפַצְפְּצֵנִי ל. ל
וַיְקִימֵנִי לוֹ לְמַטָּרָה׃ [מְרֵרָתִי׃ ב
13 יָסֹבּוּ עָלַי ׀ רַבָּיו יְפַלַּח כִּלְיוֹתַי וְלֹא יַחְמוֹל יִשְׁפֹּךְ לָאָרֶץ ב. ד[5]
14 יִפְרְצֵנִי פֶרֶץ עַל־פְּנֵי־פָרֶץ יָרֻץ עָלַי כְּגִבּוֹר׃ ל חס
15 שַׂק תָּפַרְתִּי עֲלֵי גִלְדִּי וְעֹלַּלְתִּי בֶעָפָר קַרְנִי׃ ל. ל
16 פָּנַי חֳמַרְמְרָה מִנִּי־בֶכִי וְעַל עַפְעַפַּי צַלְמָוֶת׃ חמרמרו ק חד מן י״ד[6] כת ה וקר ו
17 עַל לֹא־חָמָס בְּכַפָּי וּתְפִלָּתִי זַכָּה׃ ג. ג. ג[7]
18 אֶרֶץ אַל־תְּכַסִּי דָמִי וְאַל־יְהִי מָקוֹם לְזַעֲקָתִי[a]׃ יג ר״פ. ב[8]
19 גַּם־עַתָּה הִנֵּה־בַשָּׁמַיִם עֵדִי וְשָׂהֲדִי בַּמְּרוֹמִים׃ ל
20 מְלִיצַי[a] רֵעָי[a] אֶל־אֱלוֹהַּ[b] דָּלְפָה עֵינִי׃ ל. ב. כט[9]
21 וְיוֹכַח לְגֶבֶר עִם־אֱלוֹהַּ וּבֶן[a]־אָדָם לְרֵעֵהוּ׃ ב[10]. ב ובסיפ. ה[11]
22 כִּי־שְׁנוֹת מִסְפָּר יֶאֱתָיוּ וְאֹרַח לֹא־אָשׁוּב אֶהֱלֹךְ׃ ב בטע

17 1 רוּחִי חֻבָּלָה יָמַי נִזְעָכוּ[a] קְבָרִים לִי׃ ל. ל
2 אִם־לֹא הֲתֻלִים עִמָּדִי וּבְהַמְּרוֹתָם תָּלַן עֵינִי׃ ל. ל. ב. כט[1]
3 שִׂימָה־נָּא עָרְבֵנִי[a] עִמָּךְ [b]מִי הוּא[b] לְיָדִי יִתָּקֵעַ׃ ב
4 כִּי־לִבָּם צָפַנְתָּ מִּשָּׂכֶל עַל־כֵּן לֹא תְרֹמֵם[a]׃ ב חד חס וחד מל[2]
5 לְחֵלֶק יַגִּיד רֵעִים וְעֵינֵי בָנָיו תִּכְלֶנָה׃ ה[3]. י. ל חס
6 וְהִצִּגַנִי לִמְשֹׁל[a] עַמִּים וְתֹפֶת[b] לְפָנִים אֶהְיֶה׃ ל
7 וַתֵּכַהּ מִכַּעַשׂ עֵינִי וִיצֻרַי כַּצֵּל כֻּלָּם[a]׃ ל. ד כת ש[4]. כט[1]. ה דגש[5]
8 יָשֹׁמּוּ יְשָׁרִים עַל־זֹאת וְנָקִי עַל־חָנֵף יִתְעֹרָר׃ ב וחס[6]. ג. ד חס בליש

[5] Mm 3489. [6] Mm 782. [7] Mm 586. [8] Mm 1683. [9] Mm 2501. [10] 1 Ch 12,18. [11] Mm 3207. Cp 17 [1] Mm 2501. [2] Mm 3490. [3] Mm 2462. [4] Mm 3461. [5] Mm 3707. [6] Mp sub loco.

11 [a] Ms עול, *S (l)ml'k' 'wl'* ‖ **18** [a] תוֹ– cf Gn 4,10 ‖ **20** [a–a] l frt צִי רֵעִי– = mediator meus alter = idem quocum contendo ‖ [b] cf 4,9[a] ‖ **21** [a] l c pc Mss וּבֵין ‖ **Cp 17,1** [a] nonn Mss נדעכו ‖ **3** [a] prp עֶרְבֹנִי ‖ [b–b] sic L, mlt Mss Edd מִי־הוּא ‖ **4** [a] = תְּרֹמְמֵם ‖ **6** [a] cstr a מֹשֶׁל = obiectum dicteriorum ‖ [b] = obiectum aversionis? cf arab *tuffan*, aeth *taf'a* ‖ **7** [a] prp כֻּלָּם, כָּלוּ.

9 וְיֹאחֵז צַדִּיק דַּרְכּוֹ וּטֳהָר־יָדַיִם יֹסִיף אֹמֶץ׃ ב . ג . יד כת כן ס
10 וְאוּלָם כֻּלָּם[a] תָּשֻׁבוּ וּבֹאוּ נָא וְלֹא־אֶמְצָא בָכֶם חָכָם׃
11 יָמַי עָבְרוּ זִמֹּתַי[a] נִתְּקוּ מוֹרָשֵׁי לְבָבִי׃
12 לַיְלָה לְיוֹם יָשִׂימוּ אוֹר קָרוֹב מִפְּנֵי־חֹשֶׁךְ׃
13 אִם־אֲקַוֶּה שְׁאוֹל בֵּיתִי בַּחֹשֶׁךְ רִפַּדְתִּי יְצוּעָי׃ ל
14 לַשַּׁחַת קָרָאתִי אָבִי אָתָּה אִמִּי וַאֲחֹתִי לָרִמָּה׃ ל
15 וְאַיֵּה אֵפוֹ תִקְוָתִי וְתִקְוָתִי[a] מִי יְשׁוּרֶנָּה׃ ג ר״פ[7] . ד כת כן[8]
16 בַּדֵּי[a] שְׁאֹל תֵּרַדְנָה אִם־יַחַד עַל־עָפָר נָחַת׃ ס ב חס

18 1 וַיַּעַן בִּלְדַּד הַשֻּׁחִי וַיֹּאמַר׃ ב חס
2 עַד־אָנָה ׀ תְּשִׂימוּן קִנְצֵי לְמִלִּין תָּבִינוּ וְאַחַר נְדַבֵּר׃ ג[1] . ל
3 מַדּוּעַ נֶחְשַׁבְנוּ כַבְּהֵמָה נִטְמִינוּ[a] בְּעֵינֵיכֶם׃ ג . ב[2] . יח
4 טֹרֵף נַפְשׁוֹ בְּאַפּוֹ הַלְמַעַנְךָ תֵּעָזַב אָרֶץ [a]וְיֶעְתַּק־צוּר מִמְּקֹמוֹ[a]׃ ד
5 גַּם אוֹר רְשָׁעִים יִדְעָךְ וְלֹא־יִגַּהּ שְׁבִיב אִשּׁוֹ׃ ב[3]
6 אוֹר חָשַׁךְ בְּאָהֳלוֹ וְנֵרוֹ עָלָיו יִדְעָךְ׃ ד[4]
7 יֵצְרוּ צַעֲדֵי אוֹנוֹ וְתַשְׁלִיכֵהוּ[a] עֲצָתוֹ׃ ל . ל
8 כִּי־שֻׁלַּח בְּרֶשֶׁת בְּרַגְלָיו[a] וְעַל־שְׂבָכָה יִתְהַלָּךְ׃ ג[5]
9 יֹאחֵז בְּעָקֵב פָּח יַחֲזֵק[a] עָלָיו צַמִּים׃ ב[6]
10 טָמוּן בָּאָרֶץ חַבְלוֹ וּמַלְכֻּדְתּוֹ עֲלֵי נָתִיב׃
11 סָבִיב בִּעֲתֻהוּ בַלָּהוֹת וֶהֱפִיצֻהוּ לְרַגְלָיו׃ ג ר״פ[7] . ד[8]
12 יְהִי־רָעֵב אֹנוֹ[a] וְאֵיד נָכוֹן לְצַלְעוֹ׃ ג חס[9] . ב חד חס וחד מל
13 [a]יֹאכַל בַּדֵּי[a] עוֹרוֹ יֹאכַל בַּדָּיו בְּכוֹר מָוֶת׃ כן למערב[10]
14 יִנָּתֵק מֵאָהֳלוֹ מִבְטַחוֹ וְתַצְעִדֵהוּ לְמֶלֶךְ בַּלָּהוֹת׃ ג . ד[11] . ל . כט וכל משיחה מצרים אשור ישראל דכות[12]
15 תִּשְׁכּוֹן בְּאָהֳלוֹ [a]מִבְּלִי־לוֹ[a] יְזֹרֶה עַל־נָוֵהוּ גָפְרִית׃ ג מל
16 מִתַּחַת שָׁרָשָׁיו יִבָשׁוּ וּמִמַּעַל יִמַּל קְצִירוֹ׃ ד חס בליש . ב[13]

[7] Mm 3491. [8] Mp sub loco. **Cp 18** [1] Mm 2697. [2] Mm 2438. [3] Dt 4,36. [4] Mm 1676. [5] Mm 3077. [6] Mm 3463. [7] Mm 3215. [8] Mm 396. [9] Mm 1178. [10] Mm 3492. [11] Mm 2554. [12] Mm 958. [13] Mm 2774.

10 [a] pc Mss כֻּלְּכֶם ‖ **11** [a] l frt זַמֹּתַי ‖ **15** [a] 𝔊 *τὰ ἀγαθά μου*, l frt וְטוֹבָתִי vel sim ‖ **16** [a] l frt בִּידֵי ‖ **Cp 18,3** [a] a טמא, vel l נִטַמְּנוּ a *טמם (neohb) = obturare ‖ **4** [a–a] cf 14,18 ‖ **7** [a] 𝔊 *σφάλαι δέ* = וְתַכְשִׁילֵהוּ ‖ **8** [a] = statim cf Nu 20,19 Dt 2,28 Jdc 5,15 ‖ **9** [a] pc Mss יחזיק ‖ **12** [a] l frt בְּאֹנוּ ‖ **13** [a–a] prp יֵאָכֵל בִּדְוַי ‖ **15** [a–a] l frt *מַבֵּל cf akk *nablu*, ug *nblt* = ignis.

17 זִכְרוֹ־אָבַד מִנִּי־אָרֶץ וְלֹא־שֵׁם לוֹ עַל־פְּנֵי־חוּץ׃
18 יֶהְדְּפֻהוּ מֵאוֹר אֶל־חֹשֶׁךְ וּמִתֵּבֵל יְנִדֻּהוּ׃ ל. ל. ל
19 לֹא נִין לוֹ וְלֹא־נֶכֶד בְּעַמּוֹ וְאֵין שָׂרִיד בִּמְגוּרָיו׃ ל. ל
20 עַל־יוֹמוֹ נָשַׁמּוּ אַחֲרֹנִים וְקַדְמֹנִים אָחֲזוּ שָׂעַר׃ ל וחס
21 אַךְ־אֵלֶּה מִשְׁכְּנוֹת עַוָּל וְזֶה מְקוֹם לֹא־יָדַע־אֵל׃ ס

19 1 וַיַּעַן אִיּוֹב וַיֹּאמַר׃
2 עַד־אָנָה תּוֹגְיוּן נַפְשִׁי וּתְדַכְּאוּנַנִי בְמִלִּים׃ ל. מח כת א לא קר[1]. י בסיפ
3 זֶה עֶשֶׂר פְּעָמִים תַּכְלִימוּנִי לֹא־תֵבֹשׁוּ תַּהְכְּרוּ[a]־לִי[b]׃ ל. ל
4 וְאַף־אָמְנָם שָׁגִיתִי אִתִּי תָּלִין מְשׁוּגָתִי׃ ט ר״פ[2]
5 אִם־אָמְנָם עָלַי תַּגְדִּילוּ וְתוֹכִיחוּ עָלַי חֶרְפָּתִי[a]׃ ל. ל
6 דְּעוּ־אֵפוֹ כִּי־אֱלוֹהַּ עִוְּתָנִי וּמְצוּדוֹ עָלַי הִקִּיף׃ ד כת כן. ל. ל
7 הֵן אֶצְעַק חָמָס וְלֹא אֵעָנֶה אֲשַׁוַּע וְאֵין מִשְׁפָּט׃ ל
8 אָרְחִי גָדַר וְלֹא אֶעֱבוֹר וְעַל נְתִיבוֹתַי חֹשֶׁךְ יָשִׂים׃ ג[3]. ג מל. ב חד מל וחד חס[4]
9 כְּבוֹדִי מֵעָלַי הִפְשִׁיט וַיָּסַר עֲטֶרֶת רֹאשִׁי׃ כו
10 יִתְּצֵנִי סָבִיב וָאֵלַךְ וַיַּסַּע כָּעֵץ תִּקְוָתִי׃ ל. ג[5]. ג[6]
11 וַיַּחַר[a] עָלַי אַפּוֹ וַיַּחְשְׁבֵנִי לוֹ כְצָרָיו׃ ל. ל
12 יַחַד ׀ יָבֹאוּ גְדוּדָיו [a]וַיָּסֹלּוּ עָלַי דַּרְכָּם[a] וַיַּחֲנוּ סָבִיב לְאָהֳלִי׃ ב
13 אַחַי מֵעָלַי הִרְחִיק[a] וְיֹדְעַי אַךְ־זָרוּ מִמֶּנִּי׃ נז וכל תלים דכות ב מ יא
14 [a]חָדְלוּ קְרוֹבָי וּמְיֻדָּעַי[a] שְׁכֵחוּנִי׃ 15 גָּרֵי בֵיתִי[a] ב מל בליש. ל
וְאַמְהֹתַי לְזָר תַּחְשְׁבֻנִי נָכְרִי הָיִיתִי בְעֵינֵיהֶם׃ י
16 לְעַבְדִּי קָרָאתִי וְלֹא יַעֲנֶה בְּמוֹ־פִי אֶתְחַנֶּן־לוֹ׃ ה. ט
17 רוּחִי זָרָה לְאִשְׁתִּי וְחַנֹּתִי לִבְנֵי בִטְנִי׃ ל בטע מלעיל. ב[7]
18 גַּם־עֲוִילִים מָאֲסוּ בִי אָקוּמָה וַיְדַבְּרוּ־בִי׃ ג[8]
19 תִּעֲבוּנִי כָּל־מְתֵי סוֹדִי וְזֶה־אָהַבְתִּי נֶהְפְּכוּ־בִי׃ ב
20 [a]בְּעוֹרִי וּבִבְשָׂרִי[a] דָּבְקָה עַצְמִי וָאֶתְמַלְּטָה[b] בְּעוֹר שִׁנָּי׃ ל

Cp 19 [1]Mm 898. [2]Mp sub loco. [3]Mm 3734. [4]Mm 3736. [5]Mm 3493. [6]Mm 3494. [7]Mm 3495. [8]Mm 1721.

Cp 19,3 [a] 2 Mss תחברו; prb l c pc Mss תחכ׳ ‖ [b] pc Mss בי ‖ **5** [a] sic L, mlt Mss Edd תִי– ‖ **11** [a] prp ׳וַיִּ ‖ **12** [a–a] cf 30,12 ‖ **13** [a] prb l c Ms 𝔊𝔖 קוּ– ‖ **14** [a–a] l עָ–בַי– ‖ **15** [a] huc tr : ‖ **20** [a–a] l בְעוֹר־בְּשָׂרִי ‖ [b] = מרטה–? a *מרט = laceravi, momordi cf akk *marāṭu*, arab *maraṭa*, syr *mrṭ*, aeth *malata*.

21 חָנֻּנִי חָנֻּנִי אַתֶּם רֵעָי כִּי יַד־אֱלוֹהַּ נָגְעָה בִּי׃ — ל
22 לָמָּה תִּרְדְּפֻנִי כְמוֹ־אֵל וּמִבְּשָׂרִי לֹא תִשְׂבָּעוּ׃ — ל וחס
23 מִי־יִתֵּן אֵפוֹ וְיִכָּתְבוּן מִלָּי מִי־יִתֵּן בַּסֵּפֶר וְיֻחָקוּ[a]׃ — ד כת כן . ל . ל
24 בְּעֵט־בַּרְזֶל וְעֹפָרֶת[a] לָעַד בַּצּוּר יֵחָצְבוּן׃ — ד חס . ג . ל
25 וַאֲנִי יָדַעְתִּי גֹּאֲלִי חָי וְאַחֲרוֹן עַל־עָפָר יָקוּם׃ — טז ר״פ לג מנה בכתיב . ל
26 וְאַחַר עוֹרִי נִקְּפוּ־זֹאת וּמִבְּשָׂרִי אֶחֱזֶה אֱלוֹהַּ׃ — ל . ד
27 אֲשֶׁר אֲנִי[a] | אֶחֱזֶה־לִּי וְעֵינַי רָאוּ וְלֹא־זָר — ד . ב . ל
כָּלוּ כִלְיֹתַי בְּחֵקִי׃ — ג חס . ד חס
28 כִּי תֹאמְרוּ מַה־נִּרְדָּף־לוֹ וְשֹׁרֶשׁ דָּבָר נִמְצָא־בִי[a]׃ — ב[9]
29 גּוּרוּ לָכֶם | מִפְּנֵי־חֶרֶב כִּי־חֵמָה עֲוֺנוֹת חָרֶב — ו מל[10]
לְמַעַן תֵּדְעוּן שַׁדִּין[a]׃ ס — ד[11] . שדון[12] ק

20 1 וַיַּעַן צֹפַר הַנַּעֲמָתִי וַיֹּאמַר׃
2 לָכֵן שְׂעִפַּי יְשִׁיבוּנִי וּבַעֲבוּר[a] חוּשִׁי בִי׃ — ל . ב[1]
3 מוּסַר כְּלִמָּתִי אֶשְׁמָע וְרוּחַ מִבִּינָתִי[a] יַעֲנֵנִי׃ — יב פת[2]
4 הֲזֹאת[a] יָדַעְתָּ מִנִּי־עַד מִנִּי שִׂים אָדָם עֲלֵי־אָרֶץ׃ — ה[3] . ב
5 כִּי רִנְנַת רְשָׁעִים מִקָּרוֹב וְשִׂמְחַת חָנֵף עֲדֵי־רָגַע׃ — כד בטע ר״פ בסיפ . ל
6 אִם־יַעֲלֶה לַשָּׁמַיִם שִׂיאוֹ וְרֹאשׁוֹ לָעָב יַגִּיעַ׃ — ד[4]
7 כְּגֶלְלוֹ לָנֶצַח יֹאבֵד רֹאָיו יֹאמְרוּ אַיּוֹ׃ — ל . ה[5]
8 כַּחֲלוֹם יָעוּף וְלֹא יִמְצָאֻהוּ וְיֻדַּד כְּחֶזְיוֹן לָיְלָה׃ — ג[6] . ל[7]
9 עַיִן שְׁזָפַתּוּ וְלֹא תוֹסִיף וְלֹא־עוֹד תְּשׁוּרֶנּוּ מְקוֹמוֹ׃ — ב . ד[8] . יג . ל ומל[9] ב מל בליש בסיפ[10]
10 בָּנָיו יְרַצּוּ דַלִּים וְיָדָיו תָּשֵׁבְנָה אוֹנוֹ׃ — ל . ד
11 עַצְמוֹתָיו מָלְאוּ עֲלוּמָו וְעִמּוֹ עַל־עָפָר תִּשְׁכָּב׃ — עלומיו ק
12 אִם־תַּמְתִּיק בְּפִיו רָעָה יַכְחִידֶנָּה תַּחַת לְשׁוֹנוֹ׃ — ל . ל
13 יַחְמֹל עָלֶיהָ וְלֹא יַעַזְבֶנָּה וְיִמְנָעֶנָּה בְּתוֹךְ חִכּוֹ׃
14 לַחְמוֹ בְּמֵעָיו נֶהְפָּךְ מְרוֹרַת פְּתָנִים בְּקִרְבּוֹ׃ — ל[11]

[9]Mm 3496. [10]Mm 3973. [11]Mm 1255. [12]Mm 832. Cp 20 [1]Mm 3497. [2]Mm 2045. [3]Mm 2289. [4]Mm 3498. [5]Mm 3106. [6]Mm 2315. [7]Mp sub loco. [8]Mm 2296. [9]Mp Or contra TM et Mm 3548, cf Hi 35,14 et Mp sub loco. [10]Cf Mm 489. [11]וחד ונהפך Prv 17,20.

23 [a] ק sine dageš ‖ **24** [a] prp וְצִפֹּרֶן ‖ **27** [a–a] > Ms ‖ **28** [a] mlt Mss Vrs בּוֹ ‖ **29** [a] Q שַׁדּוּן = (ut sciatis) esse iudicium, K שַׁדִּין ‖ **Cp 20,2** [a] = וב׳ זאת ‖ **3** [a] l frt מְבִי׳ ‖ **4** [a] Ms 𝔊 הֲלֹא.

15 חַיִל בָּלַע וַיְקִאֶנּוּ מִבִּטְנוֹ יֹרִשֶׁנּוּ אֵל׃ ל
16 רֹאשׁ־פְּתָנִים יִינָק תַּהַרְגֵהוּ לְשׁוֹן אֶפְעֶה׃ ג ר״פ . ד[12]
17 אַל־יֵרֶא בִפְלַגּוֹת נַהֲרֵי[a] נַחֲלֵי דְּבַשׁ וְחֶמְאָה׃ ה[13] . ב
18 מֵשִׁיב יָגָע[a] וְלֹא יִבְלָע כְּחֵיל[b] תְּמוּרָתוֹ וְלֹא[c] יַעֲלֹס׃ ל . ל
19 כִּי־רִצַּץ עָזַב דַּלִּים בַּיִת גָּזַל וְלֹא יִבֶנֵהוּ׃
20 כִּי ׀ לֹא־יָדַע [a]שָׁלֵו בְּבִטְנוֹ[a] בַּחֲמוּדוֹ[b] לֹא יְמַלֵּט׃ יא בטע ר״פ בשלש ספרים . ל . ב בספר אמ״ת[14] . ח[15]
21 אֵין־שָׂרִיד לְאָכְלוֹ עַל־כֵּן לֹא־יָחִיל טוּבוֹ׃ ב . ג ומל[16]
22 בִּמְלֹאות שִׂפְקוֹ יֵצֶר לוֹ כָּל־יַד עָמֵל[a] תְּבֹאֶנּוּ׃ ל . ח[17] . ג ב מל וחד חס[18]
23 יְהִי ׀ לְמַלֵּא בִטְנוֹ יְשַׁלַּח־בּוֹ חֲרוֹן אַפּוֹ וְיַמְטֵר [a]עָלֵימוֹ בִּלְחוּמוֹ[a]׃ יב[19]
24 יִבְרַח מִנֵּשֶׁק בַּרְזֶל תַּחְלְפֵהוּ קֶשֶׁת נְחוּשָׁה׃ ג מנוקדין כן בליש[20]
25 שָׁלַף וַיֵּצֵא מִגֵּוָה וּבָרָק מִמְּרֹרָתוֹ יַהֲלֹךְ[a] עָלָיו אֵמִים׃ ג . ל
26 כָּל־חֹשֶׁךְ טָמוּן לִצְפּוּנָיו תְּאָכְלֵהוּ[a] אֵשׁ לֹא־נֻפָּח[b] יֵרַע[c] שָׂרִיד [בְּאָהֳלוֹ׃ ל . ל
27 יְגַלּוּ שָׁמַיִם עֲוֺנוֹ וְאֶרֶץ מִתְקוֹמָמָה לוֹ׃ ל ומל
28 יִגֶל[a] יְבוּל[b] בֵּיתוֹ נִגָּרוֹת בְּיוֹם אַפּוֹ׃ ג . ל ומל
29 [a]זֶה ׀ חֵלֶק־אָדָם[a] רָשָׁע מֵאֱלֹהִים וְנַחֲלַת אִמְרוֹ מֵאֵל׃ פ

21 1 וַיַּעַן אִיּוֹב וַיֹּאמַר׃
2 שִׁמְעוּ שָׁמוֹעַ מִלָּתִי וּתְהִי־זֹאת תַּנְחוּמֹתֵיכֶם׃ יד רפי[1] . ל
3 שָׂאוּנִי וְאָנֹכִי אֲדַבֵּר וְאַחַר דַּבְּרִי תַלְעִיג׃ ב ומל[2] . ג[3] . ל ומל בליש
4 הֶאָנֹכִי לְאָדָם שִׂיחִי וְאִם־מַדּוּעַ לֹא־תִקְצַר רוּחִי׃ ב[4] . ל פת
5 פְּנוּ־אֵלַי וְהָשַׁמּוּ[a] וְשִׂימוּ יָד עַל־פֶּה׃ ל . ב
6 וְאִם־זָכַרְתִּי וְנִבְהָלְתִּי וְאָחַז בְּשָׂרִי פַּלָּצוּת׃ ו ר״פ בסיפ . ד
7 מַדּוּעַ רְשָׁעִים יִחְיוּ עָתְקוּ גַּם־גָּבְרוּ חָיִל׃ ז[5]
8 זַרְעָם נָכוֹן [a]לִפְנֵיהֶם עִמָּם וְצֶאֱצָאֵיהֶם[a] לְעֵינֵיהֶם׃ ל בכתיב

[12] Mm 2425. [13] Mm 404. [14] Mm 3256. [15] Mm 3058. [16] Mm 3499. [17] Mm 3457. [18] Mm 3597. [19] Mm 440. [20] Mm 4174. **Cp 21** [1] Mm 174. [2] Mm 3500. [3] Mm 1417. [4] Mm 3501. [5] Mm 1294.

17 [a] prb dl ‖ **18** [a] prp יְגָעוֹ ‖ [b] l prb c mlt Mss בְּחֵיל ‖ [c] l prb לא ‖ **20** [a–a] l frt שָׁלוּ בֶּן־בִּטְנוֹ = prosperitatis fratris sui (non curat) ‖ [b] l frt בֶּן־ח׳ ‖ **22** [a] l c pc Mss 𝔊𝔙 עָמָל ‖ **23** [a–a] l frt עָלָיו מַבֵּל חֲמוֹ cf 18,15[a–a] ‖ **25** [a] cf 5,10[a] ‖ **26** [a] = תא׳ ‖ [b] prp נֻפָּחָה ‖ [c] prp יֵרֹעַ ‖ **28** [a] 𝔊 *ἑλκύσαι*, prp יָגֹל a גלל ‖ [b] prp יָבָל = fluvius ‖ **29** [a–a] cf 27,13 ‖ **Cp 21,5** [a] prp וְהִשַּׁמּוּ (ni) ‖ **8** [a–a] prb dl ל׳ vel l לִפְנֵיהֶם; al prp עַמְּמוּ צא׳ a עמם cf arab *amma* = se extendere.

9 בָּתֵּיהֶם שָׁלוֹם מִפָּחַד וְלֹא שֵׁבֶט אֱלוֹהַּ עֲלֵיהֶם׃ ל
10 שׁוֹרוֹ עִבַּר וְלֹא יַגְעִל תְּפַלֵּט פָּרָתוֹ וְלֹא תְשַׁכֵּל׃ ל וחס. ל. ג[6]
11 יְשַׁלְּחוּ כַצֹּאן עֲוִילֵיהֶם וְיַלְדֵיהֶם יְרַקֵּדוּן׃ ל. ב[7]
12 יִשְׂאוּ כְּתֹף[a] וְכִנּוֹר וְיִשְׂמְחוּ לְקוֹל עוּגָב׃ כ. ל. ה
13 יְבַלּוּ[a] בַטּוֹב יְמֵיהֶם וּבְרֶגַע שְׁאוֹל יֵחָתּוּ[b]׃ יכלו ק. ט דגש[8]
14 וַיֹּאמְרוּ לָאֵל סוּר מִמֶּנּוּ וְדַעַת דְּרָכֶיךָ לֹא חָפָצְנוּ׃ יא
15 מַה־שַּׁדַּי[a] כִּי־נַעַבְדֶנּוּ וּמַה־נּוֹעִיל כִּי נִפְגַּע־בּוֹ׃
16 הֵן לֹא בְיָדָם טוּבָם עֲצַת רְשָׁעִים רָחֲקָה מֶנִּי[a]׃ ל
17 כַּמָּה ׀ נֵר־רְשָׁעִים יִדְעָךְ וְיָבֹא עָלֵימוֹ אֵידָם יא[9] ול בכתיב
חֲבָלִים יְחַלֵּק בְּאַפּוֹ׃
18 יִהְיוּ כְּתֶבֶן לִפְנֵי־רוּחַ וּכְמֹץ גְּנָבַתּוּ סוּפָה׃ ל וכל ליש דכות פת קטן
19 אֱלוֹהַּ[a] יִצְפֹּן־לְבָנָיו אוֹנוֹ יְשַׁלֵּם אֵלָיו וְיֵדָע׃ ב. ג ול קמ
20 יִרְאוּ עֵינָו כִּידוֹ וּמֵחֲמַת שַׁדַּי יִשְׁתֶּה׃ עיניו ק חד מן ח[10] כת כן בליש. ל
21 כִּי מַה־חֶפְצוֹ בְּבֵיתוֹ אַחֲרָיו וּמִסְפַּר חֳדָשָׁיו חֻצָּצוּ׃ כד בטע ר״פ בסיפ. ה. ה. ל
22 הַלְאֵל יְלַמֶּד־דָּעַת וְהוּא רָמִים יִשְׁפּוֹט׃ ג מל
23 זֶה יָמוּת בְּעֶצֶם תֻּמּוֹ כֻּלּוֹ שַׁלְאֲנַן[a] וְשָׁלֵיו[b]׃ ב עינינ דמיין ומל[11]
24 עֲטִינָיו[a] מָלְאוּ חָלָב וּמֹחַ עַצְמוֹתָיו יְשֻׁקֶּה׃ ל. ל. ל
25 וְזֶה יָמוּת בְּנֶפֶשׁ מָרָה וְלֹא־אָכַל בַּטּוֹבָה׃ כג ר״פ. ד[12]
26 יַחַד עַל־עָפָר יִשְׁכָּבוּ וְרִמָּה תְּכַסֶּה עֲלֵיהֶם׃ ג קמ[13]. ב[14]
27 הֵן יָדַעְתִּי מַחְשְׁבוֹתֵיכֶם וּמְזִמּוֹת עָלַי תַּחְמֹסוּ[a]׃ ב[15] מל ול בכתיב
28 כִּי תֹאמְרוּ אַיֵּה בֵית־נָדִיב וְאַיֵּה אֹהֶל[a] ׀ מִשְׁכְּנוֹת רְשָׁעִים׃ כד בטע ר״פ בסיפ
29 הֲלֹא שְׁאֶלְתֶּם עוֹבְרֵי דָרֶךְ וְאֹתֹתָם לֹא תְנַכֵּרוּ׃ ב[16]. ל מל. ל[17]
30 כִּי לְיוֹם אֵיד יֵחָשֶׂךְ רָע לְיוֹם עֲבָרוֹת יוּבָלוּ׃ כד בטע ר״פ בסיפ. ב
31 מִי־יַגִּיד עַל־פָּנָיו דַּרְכּוֹ וְהוּא־עָשָׂה מִי יְשַׁלֶּם־לוֹ׃

[6] Mm 3191. [7] Mm 3502. [8] Mm 2625. [9] Mm 2300. [10] Mm 1543. [11] Mp sub loco. [12] Mm 1644. [13] Mm 3503. [14] Ex 16,24. [15] Mm 3504. [16] Mm 1588. [17] וחד אותתם Ps 74,4.

12 [a] l c mlt Mss Edd Vrs בְּתֹף || **13** [a] Vrs ut Q יְכַלּוּ, K יְבַלּוּ || [b] = יֵחָתּוּ a נחת || **15** [a] sic L, mlt Mss Edd ׳שׁ || **16** [a] prp מֶנּוּ = מֶנְהוּ || **19** [a] prp אַל || **23** [a] prb l c Ms שַׁאֲנָן || [b] mlt Mss Edd ושלו || **24** [a] hpleg, frt = vasa cf arab *ʿaṭana* || **27** [a] prp *תְּהַמְּסוּ cf syr *hms* = cogitare || **28** [a] > Ms, prb dl.

32 וְהוּא לִקְבָרוֹת יוּבָל וְעַל־גָּדִישׁ יִשְׁקוֹד׃ — לג ר״פ. ל ומל. ג. ל ומל

33 מָתְקוּ־לוֹ רִגְבֵי נָחַל וְאַחֲרָיו כָּל־אָדָם יִמְשׁוֹךְ וּלְפָנָיו אֵין [מִסְפָּר׃ — ל. ב מל[18]. ב

34 וְאֵיךְ תְּנַחֲמוּנִי הָבֶל וּתְשׁוּבֹתֵיכֶם נִשְׁאַר־מָעַל׃ ס — ג ר״פ[19]. ל

22 1 וַיַּעַן אֱלִיפַז הַתֵּימָנִי וַיֹּאמַר׃ — ל חס

2 הַלְאֵל יִסְכָּן־גָּבֶר[a] כִּי־יִסְכֹּן עָלֵימוֹ[b] מַשְׂכִּיל׃

3 הַחֵפֶץ לְשַׁדַּי כִּי תִצְדָּק וְאִם־בֶּצַע כִּי־תַתֵּם דְּרָכֶיךָ׃ — ג[1]. ד. ל

4 הֲמִיִּרְאָתְךָ יֹכִיחֶךָ יָבוֹא עִמְּךָ בַּמִּשְׁפָּט׃ — ל. ד מל בסיפ

5 הֲלֹא רָעָתְךָ רַבָּה וְאֵין־קֵץ לַעֲוֺנֹתֶיךָ׃

6 כִּי־תַחְבֹּל אַחֶיךָ חִנָּם וּבִגְדֵי עֲרוּמִּים תַּפְשִׁיט׃ — ד מל ב דגש וב רפי[2]

7 לֹא־מַיִם עָיֵף תַּשְׁקֶה וּמֵרָעֵב תִּמְנַע־לָחֶם׃ — ח[3]

8 וְאִישׁ זְרוֹעַ לוֹ הָאָרֶץ וּנְשׂוּא פָנִים יֵשֶׁב בָּהּ׃ — ד

9 אַלְמָנוֹת שִׁלַּחְתָּ רֵיקָם וּזְרֹעוֹת יְתֹמִים יְדֻכָּא[a]׃ — ב חס

10 עַל־כֵּן סְבִיבוֹתֶיךָ פַחִים וִיבַהֶלְךָ[a] פַּחַד פִּתְאֹם׃ — ב. ל

11 אוֹ־חֹשֶׁךְ[a] לֹא־תִרְאֶה[a] וְשִׁפְעַת־מַיִם תְּכַסֶּךָּ׃ — ב

12 הֲלֹא־אֱלוֹהַּ גֹּבַהּ שָׁמָיִם וּרְאֵה רֹאשׁ כּוֹכָבִים כִּי־רָמּוּ׃ — ל בסיפ

13 וְאָמַרְתָּ מַה־יָּדַע אֵל הַבְעַד עֲרָפֶל יִשְׁפּוֹט׃ — ל. ג מל

14 עָבִים סֵתֶר־לוֹ וְלֹא יִרְאֶה וְחוּג שָׁמַיִם יִתְהַלָּךְ׃ — ו[4]. ל[5]

15 הַאֹרַח עוֹלָם תִּשְׁמֹר אֲשֶׁר דָּרְכוּ מְתֵי־אָוֶן׃ — ל. ד מל

16 אֲשֶׁר־קֻמְּטוּ וְלֹא[a]־עֵת נָהָר יוּצַק יְסוֹדָם׃ — חצי הספר בפסוקים ל. ב מל[6]

17 הָאֹמְרִים לָאֵל סוּר מִמֶּנּוּ וּמַה־יִּפְעַל שַׁדַּי לָמוֹ[a]׃ — יא

18 וְהוּא מִלֵּא בָתֵּיהֶם טוֹב וַעֲצַת רְשָׁעִים רָחֲקָה מֶנִּי׃ — לג ר״פ

19 יִרְאוּ צַדִּיקִים וְיִשְׂמָחוּ וְנָקִי יִלְעַג־לָמוֹ׃ — ג

20 אִם־לֹא נִכְחַד קִימָנוּ וְיִתְרָם אָכְלָה אֵשׁ׃ — ב[7]

21 הַסְכֶּן־נָא עִמּוֹ וּשְׁלָם[a] בָּהֶם תְּבוֹאַתְךָ[b] טוֹבָה׃ — ל. ל

22 קַח־נָא מִפִּיו תּוֹרָה וְשִׂים אֲמָרָיו בִּלְבָבֶךָ׃ — יב ר״פ. ט

[18]Qoh 2,3. [19]Mm 2160. Cp 22 [1]Mm 3505. [2]Mm 18. [3]Mm 184. [4]Mm 2624. [5]Mm 2361. [6]Lv 21,10. [7]Ex 23,11.

Cp 22,2 [a] Ms דעת ‖ [b] = עָלָיו cf 20,23 27,23 ‖ **9** [a] prp תְּדַכֵּא cf Vrs ‖ **10** [a] cf 5,10[a] ‖ **11** [a–a] l frt אוֹר חָשַׁךְ cf 𝔊 ‖ **16** [a] mlt Mss Edd 𝔗 בְּלֹא ‖ **17** [a] prp לָנוּ cf 𝔊𝔖 ‖ **21** [a] sic L, mlt Mss Edd וּשְׁלָם ‖ [b] וֹ pro ךָ; num = veniet tibi?

23 אִם־תָּשׁ֣וּב עַד־שַׁ֭דַּי תִּבָּנֶ֑ה תַּרְחִ֥יק עַ֝וְלָ֗ה מֵאָהֳלֶֽךָ׃

24 וְשִׁית־[a]עַל־עָפָ֥ר בָּ֑צֶר וּבְצ֖וּר[b] נְחָלִ֣ים אוֹפִֽיר׃ ל

25 וְהָיָ֣ה שַׁדַּ֣י בְּצָרֶ֑יךָ וְכֶ֥סֶף תּוֹעָפ֣וֹת לָֽךְ׃ ל

26 כִּֽי־אָ֭ז עַל־שַׁדַּ֣י תִּתְעַנָּ֑ג וְתִשָּׂ֖א אֶל־אֱל֣וֹהַּ פָּנֶֽיךָ׃ ב. ל

27 תַּעְתִּ֣יר אֵ֭לָיו וְיִשְׁמָעֶ֑ךָּ וּנְדָרֶ֥יךָ תְשַׁלֵּֽם׃ ב[8]

28 וְֽתִגְזַר־א֭וֹמֶר וְיָ֣קָם לָ֑ךְ וְעַל־דְּ֝רָכֶ֗יךָ נָ֣גַהּ אֽוֹר׃ ל. ו חס[9]. ל

29 כִּֽי־[a]הִ֭שְׁפִּילוּ וַתֹּ֣אמֶר[a] גֵּוָ֑ה וְשַׁ֖ח עֵינַ֣יִם יוֹשִֽׁעַ׃ ב[10]. כח. ב חס[11]

30 יְֽמַלֵּ֥ט אִֽי־[a]נָקִ֑י וְ֝נִמְלַ֗ט בְּבֹ֣ר כַּפֶּֽיךָ׃ פ ח[12] סה

23 1 וַיַּ֥עַן אִיּ֗וֹב וַיֹּאמַֽר׃

2 גַּם־הַ֭יּוֹם מְרִ֣י שִׂחִ֑י יָ֝דִ֗י כָּבְדָ֥ה עַל־אַנְחָתִֽי׃ ל חס

3 מִֽי־יִתֵּ֣ן יָ֭דַעְתִּי וְאֶמְצָאֵ֑הוּ אָ֝ב֗וֹא עַד־תְּכוּנָתֽוֹ׃ ל. ב ול בליש ומל וכף דכות

4 אֶעֶרְכָ֣ה לְפָנָ֣יו מִשְׁפָּ֑ט וּ֝פִ֗י אֲמַלֵּ֥א תוֹכָחֽוֹת׃ ל. ג[1]

5 אֵ֭דְעָה מִלִּ֣ים יַעֲנֵ֑נִי וְ֝אָבִ֗ינָה מַה־יֹּ֥אמַר לִֽי׃ ב. י בסיפ ו[2] מנה בליש

6 הַבְּרָב־כֹּ֭חַ יָרִ֣יב עִמָּדִ֑י לֹ֥א[a] אַ֝ךְ־ה֗וּא יָשִׂ֥ם בִּֽי׃ ל[3]

7 שָׁ֗ם[a] יָשָׁ֗ר נוֹכָ֣ח עִמּ֑וֹ וַ֝אֲפַלְּטָ֗ה לָ֝נֶ֗צַח מִשֹּׁפְטִֽי[b]׃ ל. ל

8 הֵ֣ן קֶ֣דֶם אֶהֱלֹ֣ךְ וְאֵינֶ֑נּוּ וְ֝אָח֗וֹר וְלֹא־אָבִ֥ין לֽוֹ׃ יב. ד[4]

9 שְׂמֹ֣אול בַּעֲשֹׂת֣וֹ[a] וְלֹא־אָ֑חַז[b] יַעְטֹ֥ף יָ֝מִ֗ין וְלֹ֣א אֶרְאֶֽה׃ ג[5]. ב[6]

10 כִּֽי־יָ֭דַע דֶּ֣רֶךְ עִמָּדִ֑י בְּ֝חָנַ֗נִי כַּזָּהָ֥ב אֵצֵֽא׃ ל. ג[7]

11 בַּ֭אֲשֻׁרוֹ אָחֲזָ֣ה רַגְלִ֑י דַּרְכּ֖וֹ שָׁמַ֣רְתִּי וְלֹא־אָֽט׃ ל וחס. ח וכל מנין איש רגלי דכות[8]. ל

12 מִצְוַ֣ת שְׂ֭פָתָיו וְלֹ֣א[a] אָמִ֑ישׁ מֵ֝חֻקִּ֗י[b] צָפַ֥נְתִּי אִמְרֵי־פִֽיו׃

13 וְה֣וּא בְ֭אֶחָד וּמִ֣י[a] יְשִׁיבֶ֑נּוּ וְנַפְשׁ֖וֹ אִוְּתָ֣ה וַיָּֽעַשׂ׃ לג ר״פ. ח. ג. ל

14 כִּ֭י יַשְׁלִ֣ים חֻקִּ֑י וְ֝כָהֵ֗נָּה רַבּ֥וֹת עִמּֽוֹ׃ ד ב חס וב מל. ג. ל[3]

15 עַל־כֵּ֭ן מִפָּנָ֣יו אֶבָּהֵ֑ל אֶ֝תְבּוֹנֵ֗ן וְאֶפְחַ֥ד מִמֶּֽנּוּ׃ כג. ל. ל

16 וְ֭אֵל הֵרַ֣ךְ לִבִּ֑י וְ֝שַׁדַּ֗י הִבְהִילָֽנִי׃ ל. ל

17 כִּי־לֹ֣א נִ֭צְמַתִּי מִפְּנֵי־חֹ֑שֶׁךְ וּ֝מִפָּנַ֗י[a] כִּסָּה־אֹֽפֶל׃ ל. ב[9]

[8] Mm 3506. [9] Mm 3122 contra textum. [10] Mm 2533. [11] Mm 3507. [12] Mm 3058. **Cp 23** [1] Mm 3590. [2] Cf Mm 3542. [3] Mp sub loco. [4] Mm 3879. [5] Mm 3508. [6] Mm 3509. [7] Mm 3188. [8] Mm 3533. [9] Hi 30,10.

24 [a] prp וְשַׁתָּ ‖ [b] mlt Mss וּבְצוּר ‖ **29** [a–a] l frt אֶת־אֵמֶר –ל ‖ **30** [a] l prb אֱלֹהִים ‖ **Cp 23,6** [a] l frt לֹא = לוֹ ‖ **7** [a] prb = si cf akk *šumma* ‖ [b] l frt מִשֹּׁפְטִי cf Vrs ‖ **9** [a] frt = in tegmento eius cf arab *ġašā* = tegere ‖ [b] = אֶחֱזֶה ‖ **12** [a] l c nonn Mss 𝔊[A]𝔙 לא ‖ [b] l frt בְּחֵקִי cf 𝔊𝔙 ‖ **13** [a] prb l c pc Mss מִי ‖ **17** [a] prp וּמִפְּנֵי אֲשֶׁר = וּמִפָּנַי.

24 1 מַדּ֗וּעַ מִשַּׁדַּי לֹא־נִצְפְּנ֣וּ עִתִּ֑ים וְ֝יֹדְעָ֗ו[a] לֹא־חָ֥זוּ יָמָֽיו׃ — וידעיו ק

2 גְּבֻל֥וֹת יַשִּׂ֑יגוּ עֵ֥דֶר גָּ֝זְל֗וּ וַיִּרְעֽוּ׃ — ל כת כן

3 חֲמ֣וֹר יְתוֹמִ֣ים יִנְהָ֑גוּ יַ֝חְבְּל֗וּ שׁ֣וֹר אַלְמָנָֽה׃

4 יַטּ֣וּ אֶבְיוֹנִ֣ים מִדָּ֑רֶךְ יַ֥חַד חֻ֝בְּא֗וּ עֲנִיֵּי־אָֽרֶץ׃ — ג חס[1]. ל[2]

5 הֵ֤ן פְּרָאִ֨ים ׀ בַּֽמִּדְבָּ֗ר יָֽצְא֣וּ[a] בְּ֭פָעֳלָם[b]
מְשַׁחֲרֵ֣י לַטָּ֑רֶף עֲרָבָ֥ה ל֥וֹ לֶ֝֗חֶם לַנְּעָרִֽים׃

6 בַּ֭שָּׂדֶה בְּלִיל֣וֹ[a] יַקְצִ֑ירוּ[b] וְכֶ֖רֶם רָשָׁ֣ע יְלַקֵּֽשׁוּ׃ — יקצורו[3] ק; חד מן ג[4] בליש. ל

7 עָר֣וֹם יָ֭לִינוּ מִבְּלִ֣י לְב֑וּשׁ וְאֵ֥ין כְּ֝ס֗וּת בַּקָּרָֽה׃ — ל

8 מִזֶּ֣רֶם הָרִ֣ים יִרְטָ֑בוּ וּֽמִבְּלִ֥י מַ֝חְסֶ֗ה חִבְּקוּ־צֽוּר׃ — ב. ל. ל

9 יִ֭גְזְלוּ מִשֹּׁ֣ד יָת֑וֹם וְֽעַל[a]־עָנִ֥י יַחְבֹּֽלוּ׃

10 [a]עָר֣וֹם הִ֭לְּכוּ בְּלִ֣י לְב֑וּשׁ[a] וּ֝רְעֵבִ֗ים נָ֣שְׂאוּ עֹֽמֶר׃ — ג ב דגש וחד רפי[5]. ל[5]

11 בֵּין־שׁוּרֹתָ֥ם יַצְהִ֑ירוּ יְקָבִ֥ים דָּ֝רְכ֗וּ וַיִּצְמָֽאוּ׃

12 מֵ֘עִ֤יר מְתִ֨ים[a] ׀ יִנְאָ֗קוּ וְנֶֽפֶשׁ־חֲלָלִ֥ים תְּשַׁוֵּ֑עַ — ל. ל
וֶ֝אֱל֗וֹהַּ לֹא־יָשִׂ֥ים תִּפְלָֽה[b]׃ — ג[6]

13 הֵ֤מָּה ׀ הָיוּ֮ בְּֽמֹרְדֵ֫י־א֥וֹר לֹֽא־הִכִּ֥ירוּ דְרָכָ֑יו — יט ר״פ[7]. ל וחס
וְלֹ֥א יָ֝שְׁב֗וּ[a] בִּנְתִיבֹתָֽיו׃

14 לָא֡וֹר יָ֘ק֤וּם רוֹצֵ֗חַ יִֽקְטָל־עָנִ֥י וְאֶבְי֑וֹן — ז[8]. ד מל
וּ֝בַלַּ֗יְלָה יְהִ֣י כַגַּנָּֽב׃ — ה[9]. ג

15 וְעֵ֤ין נֹאֵ֨ף ׀ שָׁ֪מְרָ֫ה נֶ֥שֶׁף לֵ֭אמֹר לֹא־תְשׁוּרֵ֣נִי עָ֑יִן — ח[10]. ל
וְסֵ֖תֶר פָּנִ֣ים יָשִֽׂים׃

16 חָ֚תַר בַּחֹ֗שֶׁךְ בָּ֫תִּ֥ים יוֹמָ֥ם חִתְּמוּ־לָ֗מוֹ לֹא־יָ֥דְעוּ אֽוֹר׃ — ל. ל

17 כִּ֤י יַחְדָּ֨ו ׀ בֹּ֣קֶר לָ֣מוֹ צַלְמָ֑וֶת כִּֽי־יַ֝כִּ֗יר בַּלְה֥וֹת צַלְמָֽוֶת׃ — כד בטע ר״פ בסיפ[5]

18 [a]קַל־ה֤וּא ׀ עַל[a]־פְּֽנֵי־מַ֗יִם — ה
תְּקֻלַּ֣ל חֶלְקָתָ֣ם בָּאָ֑רֶץ לֹֽא־יִ֝פְנֶה[b] דֶּ֣רֶךְ כְּרָמִֽים׃ — ל

Cp 24 [1]Mp contra textum, cf Mp sub loco. [2]Mm 471 ב. [3]Mm 832. [4]Mm 3422. [5]Mp sub loco. [6]Mm 3510. [7]Mm 1497. [8]Mm 3105. [9]Mm 2309. [10]Mm 3900.

Cp 24,1 [a] Q וִידָעָיו, K וְיָדְעוּ vel וְיֹדְעוֹ ‖ **5** [a] contra acc cj c בַּמִּ׳ ‖ [b] cj c sq ‖ **6** [a] Ms בלילא, 𝔊 *πρὸ ὥρας οὐκ αὐτῶν ὄντα* = בְּלִילוֹ בְּלִי לוֹ (dupl) ‖ [b] Q יִקְצוֹרוּ, K יַקְצִירוּ ‖ **9** [a] prp וְעוֹל ‖ **10** [a–a] cf 7 ‖ **12** [a] Ms 𝔖 מֵ׳; 𝔊 *καὶ οἴκων ἰδίων* = וּבָתֵּיהֶם ‖ [b] frt l c 2 Mss 𝔖 תְּפִלָּה ‖ **13** [a] pc Mss יָשׁוּבוּ cf 𝔙 *reversi sunt* ‖ **18** [a–a] prp קַלּוּ ‖ [b] cf 5,10[a].

19 צִיָּ֣ה גַם־חֹ֭ם יִגְזְל֣וּ מֵֽימֵי־שֶׁ֑לֶג שְׁא֣וֹל חָטָֽאוּ׃ ג[11]
20 יִשְׁכָּחֵ֬הוּ רֶ֨חֶם׀ מְתָק֣וֹ רִ֭מָּה ע֣וֹד לֹֽא־יִזָּכֵ֑ר
וַתִּשָּׁבֵ֖ר כָּעֵ֣ץ עַוְלָֽה׃ ג[12]
21 רֹעֶ֣ה עֲ֭קָרָה לֹ֣א תֵלֵ֑ד וְ֝אַלְמָנָ֗ה לֹ֣א יְיֵטִֽיב׃
22 וּמָשַׁ֣ךְ אַבִּירִ֣ים בְּכֹח֑וֹ יָ֝ק֗וּם וְֽלֹא־יַאֲמִ֥ין בַּֽחַיִּֽין[a]׃ ל
23 יִתֶּן־ל֣וֹ לָ֭בֶטַח[a] וְיִשָּׁעֵ֑ן וְ֝עֵינֵ֗יהוּ עַל־דַּרְכֵיהֶֽם׃ ב . ל
24 ר֤וֹמּוּ מְּעַ֨ט׀ וְֽאֵינֶ֗נּוּ[a] וְֽהֻמְּכ֗וּ כַּכֹּ֥ל[b] יִקָּפְצ֑וּן[c] ל . יב . ל . ל . ל
וּכְרֹ֖אשׁ שִׁבֹּ֣לֶת יִמָּֽלוּ׃ ל . ל בסיפ . ב
25 וְאִם־לֹ֣א אֵ֭פוֹ מִ֣י יַכְזִיבֵ֑נִי וְיָשֵׂ֥ם לְ֝אַ֗ל מִלָּתִֽי׃ ס ו ר״פ בסיפ . ב ר״פ בסיפ[13] . ד כת כן . ו רפי[14]

25 1 וַ֭יַּעַן [a]בִּלְדַּ֥ד הַשֻּׁחִ֗י[a] וַיֹּאמַֽר׃ ב חס
2 הַמְשֵׁ֣ל וָפַ֣חַד עִמּ֑וֹ עֹשֶׂ֥ה שָׁ֝ל֗וֹם בִּמְרוֹמָֽיו׃ ב[1] . ב[2]
3 הֲיֵ֣שׁ מִ֭סְפָּר לִגְדוּדָ֑יו וְעַל־מִ֝֗י לֹא־יָק֥וּם אוֹרֵֽהוּ[a]׃ ל . ד[3] . ל וכת כן
4 וּמַה־יִּצְדַּ֣ק אֱנ֣וֹשׁ עִם־אֵ֑ל וּמַה־יִּ֝זְכֶּ֗ה יְל֣וּד אִשָּֽׁה׃
5 הֵ֣ן עַד־יָ֭רֵחַ וְלֹ֣א יַאֲהִ֑יל[a] וְ֝כוֹכָבִ֗ים לֹא־זַכּ֥וּ בְעֵינָֽיו׃ ג פסוק ולא לא . ל . ו . ג . נא
6 אַ֭ף כִּֽי־אֱנ֣וֹשׁ רִמָּ֑ה וּבֶן־אָ֝דָ֗ם תּוֹלֵעָֽה׃ פ ה[4]

26 1 וַיַּ֥עַן אִיּ֗וֹב וַיֹּאמַֽר׃
2 מֶה־עָזַ֥רְתָּ לְלֹא־כֹ֑חַ ה֝וֹשַׁ֗עְתָּ זְר֣וֹעַ לֹא־עֹֽז׃ יא[1]
3 מַה־יָּ֭עַצְתָּ לְלֹ֣א חָכְמָ֑ה וְ֝תֻשִׁיָּ֗ה לָרֹ֥ב הוֹדָֽעְתָּ׃ יא[1]
4 אֶת־מִ֭י הִגַּ֣דְתָּ מִלִּ֑ין וְנִשְׁמַת־מִ֝֗י[a] יָצְאָ֥ה מִמֶּֽךָּ׃
5 הָרְפָאִ֥ים יְחוֹלָ֑לוּ מִתַּ֥חַת מַ֝֗יִם וְשֹׁכְנֵיהֶֽם׃ ל ור״פ . ל
6 עָר֣וֹם שְׁא֣וֹל נֶגְדּ֑וֹ וְאֵ֥ין כְּ֝ס֗וּת לָאֲבַדּֽוֹן[a]׃
7 נֹטֶ֣ה צָפ֣וֹן עַל־תֹּ֑הוּ תֹּ֥לֶה אֶ֝֗רֶץ עַל־בְּלִי־מָֽה׃ ב[2] . ל . ב[3]
8 צֹרֵֽר־מַ֥יִם בְּעָבָ֑יו וְלֹא־נִבְקַ֖ע עָנָ֣ן תַּחְתָּֽם׃ ל וחס
9 מְאַחֵ֥ז פְּנֵי־כִסֵּ֑ה[a] פַּרְשֵׁ֖ז עָלָ֣יו עֲנָנֽוֹ׃ ל[4] . ג כת ה . ל . ב[5]
10 חֹק־חָ֭ג עַל־פְּנֵי־מָ֑יִם עַד־תַּכְלִ֖ית א֣וֹר עִם־חֹֽשֶׁךְ׃ ה

[11] Mm 1974. [12] Mm 3494. [13] Mm 3185. [14] Mm 3131. **Cp 25** [1] Mm 3511. [2] Mm 3512. [3] Mm 2165. [4] Mm 3207. **Cp 26** [1] Mm 2442. [2] Mm 3513. [3] Mm 3514. [4] Mm 3515. [5] Mm 3516.

22 [a] pc Mss בְּחַיָּיו ‖ **23** [a] prp לְבֶטַח ‖ **24** [a] prp וְאֵינָם ‖ [b] 𝔊 *ὥσπερ μολόχη* = כְּמַלּוּחַ cf 30,4 ‖ [c] prp יִקָּטְפוּן cf 30,4 ‖ **Cp 25,1** [a–a] Ms אִיּוֹב ‖ **3** [a] 𝔊 *ἔνεδρα παρ' αὐτοῦ*, prp אֹרְבוֹ, al prp אִמְרֵהוּ cf Sir 43,10; 1 𝔐 ‖ **5** [a] = יָהֵל cf Ms ‖ **Cp 26.4** [a] cf 5,10[a] ‖ **6** [a] sic L, mlt Mss Edd לַ׳ ‖ **9** [a] prp כֶּסֶה.

11 עַמּוּדֵי שָׁמַיִם יְרוֹפָפוּ וְיִתְמְהוּ מִגַּעֲרָתוֹ׃ ל

12 בְּכֹחוֹ רָגַע הַיָּם וּבִתוּבָנָתוֹ[a] מָחַץ רָהַב׃ ובתבונתו ק

13 בְּרוּחוֹ שָׁמַיִם שִׁפְרָה חֹלְלָה יָדוֹ נָחָשׁ בָּרִיחַ׃ ב בתרי לישנ[6]. ב[7] חד מל וחד מן ג[8] חס בליש

14 הֶן־אֵלֶּה׀ קְצוֹת דְּרָכוֹ[a] וּמַה־שֵּׁמֶץ דָּבָר נִשְׁמַע־בּוֹ דרכיו ק חד מן ה[9] חס בליש. ב

וְרַעַם גְּבוּרֹתוֹ[b] מִי יִתְבּוֹנָן׃ ס גבורתיו[10] ק חד מן ג[11] בליש

27 1 וַיֹּסֶף אִיּוֹב שְׂאֵת מְשָׁלוֹ וַיֹּאמַר׃ כי. יד. ב

2 חַי־אֵל הֵסִיר מִשְׁפָּטִי וְשַׁדַּי הֵמַר נַפְשִׁי׃ ל. יו[1]

3 כִּי־כָל־עוֹד נִשְׁמָתִי בִי וְרוּחַ אֱלוֹהַּ בְּאַפִּי׃

4 אִם־תְּדַבֵּרְנָה שְׂפָתַי עַוְלָה וּלְשׁוֹנִי אִם־יֶהְגֶּה[a] רְמִיָּה׃ יב ר״פ אם אם[2]. ג[3]

5 חָלִילָה לִּי אִם־אַצְדִּיק אֶתְכֶם עַד־אֶגְוָע לֹא־אָסִיר תֻּמָּתִי מִמֶּנִּי׃ ב. נז וכל תלים דכות ב מ״א

6 בְּצִדְקָתִי הֶחֱזַקְתִּי וְלֹא אַרְפֶּהָ לֹא־יֶחֱרַף לְבָבִי מִיָּמָי׃ ב[4]. ב[5]. ל

7 יְהִי כְרָשָׁע אֹיְבִי וּמִתְקוֹמְמִי כְעַוָּל׃ ל. ז. ל ומל

8 כִּי מַה־תִּקְוַת חָנֵף כִּי יִבְצָע[a] כִּי יֵשֶׁל[b] אֱלוֹהַּ נַפְשׁוֹ׃ כד בטע ר״פ בסיפ. ל

9 הֲצַעֲקָתוֹ יִשְׁמַע׀ אֵל כִּי־תָבוֹא עָלָיו צָרָה׃ ל

10 אִם־עַל־שַׁדַּי יִתְעַנָּג יִקְרָא אֱלוֹהַּ[a] בְּכָל־עֵת׃ ב

11 אוֹרֶה אֶתְכֶם בְּיַד־אֵל אֲשֶׁר עִם־שַׁדַּי לֹא אֲכַחֵד׃ ב[6]

12 הֵן־אַתֶּם כֻּלְּכֶם חֲזִיתֶם וְלָמָּה־זֶּה הֶבֶל תֶּהְבָּלוּ׃ ג[7]

13 זֶה׀ חֵלֶק־אָדָם רָשָׁע׀ עִם־אֵל[a] וְנַחֲלַת עָרִיצִים מִשַּׁדַּי יִקָּחוּ׃ [8]

14 אִם־יִרְבּוּ בָנָיו לְמוֹ־חָרֶב וְצֶאֱצָאָיו לֹא יִשְׂבְּעוּ־לָחֶם׃

15 שְׂרִידוֹ[a] בַּמָּוֶת יִקָּבֵרוּ וְאַלְמְנֹתָיו לֹא תִבְכֶּינָה׃ שרידיו ק ב[9] חד מן ב בליש.

16 אִם־יִצְבֹּר כֶּעָפָר כָּסֶף וְכַחֹמֶר יָכִין מַלְבּוּשׁ׃ ב[10]

17 יָכִין וְצַדִּיק יִלְבָּשׁ וְכֶסֶף נָקִי יַחֲלֹק׃ [11]. ב[12]

18 בָּנָה כָעָשׁ[a] בֵּיתוֹ וּכְסֻכָּה עָשָׂה נֹצֵר׃ ג

19 עָשִׁיר יִשְׁכַּב וְלֹא יֵאָסֵף[a] עֵינָיו פָּקַח וְאֵינֶנּוּ׃ ב[13]. יב

[6] Mm 375. [7] Mm 3517. [8] Mm 554 contra textum et contra Mm 3517. [9] Mm 3210. [10] Mp sub loco. [11] Mm 3441. **Cp 27** [1] Mm 2362. [2] Mm 519. [3] Mm 3518. [4] Mm 3519. [5] Mm 3520. [6] 1S 20,20. [7] Mm 185. [8] Mm 1853. [9] Mm 3201. [10] Zeph 1,8. [11] Mm 528. [12] Mm 3521. [13] Mm 429.

12 [a] Q וּבִתְבוּנָתוֹ; K error scriptoris ‖ **14** [a] Q דְּרָכָיו, K דַּרְכּוֹ ‖ [b] Q ־רֹתָיו, K ־רָתוֹ ‖ **Cp 27,4** [a] pc Mss Edd תֶּהְ׳ ‖ **8** [a] = finire (vitam) ‖ [b] prp יָשֹׁל ‖ **10** [a] nonn Mss 𝔖 pr אֶל־ ‖ **13** [a–a] prp מֵאֵל (ע dttg) ‖ **15** [a] Q ־דָיו, K ־דוֹ ‖ **18** [a] prp כָּעַכָּבִישׁ cf 𝔊𝔖 et 8,14 ‖ **19** [a] 𝔊(𝔖) *προσθήσει*, prp יוֹסִיף.

20 תַּשִּׂיגֵ֣הוּ כַ֭מַּיִם[a] בַּלָּה֑וֹת לַ֝֗יְלָה גְּנָבַ֥תּוּ סוּפָֽה׃
21 יִשָּׂאֵ֣הוּ קָדִ֣ים וְיֵלַ֑ךְ וִ֝ישָׂעֲרֵ֗הוּ מִמְּקֹמֽוֹ׃ ב . ל[14] . ל
22 וְיַשְׁלֵ֣ךְ[a] עָ֭לָיו וְלֹ֣א יַחְמֹ֑ל מִ֝יָּד֗וֹ בָּר֥וֹחַ יִבְרָֽח׃ ב[15] . ד[16] . ל
23 יִשְׂפֹּ֣ק עָלֵ֣ימוֹ[a] כַפֵּ֑ימוֹ[b] וְיִשְׁרֹ֥ק עָ֝לָ֗יו מִמְּקֹמֽוֹ[c]׃ ג ב חס וחד מל[17]

28 1 כִּ֤י יֵ֣שׁ לַכֶּ֣סֶף מוֹצָ֑א וּ֝מָק֗וֹם לַזָּהָ֥ב יָזֹֽקּוּ׃ כל בטע ר״פ בסיפ . ב[1] . ב
2 בַּ֭רְזֶל מֵעָפָ֣ר יֻקָּ֑ח וְ֝אֶ֗בֶן יָצ֥וּק[a] נְחוּשָֽׁה׃ ג ב קמ וחד פת[2]
3 קֵ֤ץ ׀ שָׂ֤ם לַחֹ֗שֶׁךְ וּֽלְכָל־תַּ֭כְלִית ה֣וּא חוֹקֵ֑ר אֶ֖בֶן אֹ֣פֶל וְצַלְמָֽוֶת׃ ל[3]
4 פָּ֤רַץ [a]נַ֨חַל ׀ מֵֽעִם[a]־גָּ֗ר הַֽנִּשְׁכָּחִ֥ים מִנִּי־רָ֑גֶל דַּ֖לּוּ מֵאֱנ֣וֹשׁ נָֽעוּ׃ ל . יב וכל דל ואביון דכות וחד מן ב[4] בליש ול בטע
5 אֶ֗רֶץ מִמֶּ֥נָּה יֵֽצֵא־לָ֑חֶם וְ֝תַחְתֶּ֗יהָ נֶהְפַּ֥ךְ כְּמוֹ־אֵֽשׁ׃ יג ר״פ
6 מְקוֹם־סַפִּ֥יר אֲבָנֶ֑יהָ וְעַפְרֹ֖ת זָהָ֣ב לֽוֹ׃ ל וחס
7 נָ֭תִיב לֹא־יְדָע֣וֹ עָ֑יִט וְלֹ֥א שְׁ֝זָפַ֗תּוּ עֵ֣ין אַיָּֽה׃ ב . ב
8 לֹֽא־הִדְרִיכ֥וּהוּ בְנֵי־שָׁ֑חַץ לֹא־עָדָ֖ה עָלָ֣יו שָֽׁחַל׃ ב חד מל וחד חס[5]
9 בַּ֭חַלָּמִישׁ שָׁ֣לַח יָד֑וֹ הָפַ֖ךְ מִשֹּׁ֣רֶשׁ הָרִֽים׃ ל[6]
10 בַּ֭צּוּרוֹת יְאֹרִ֣ים בִּקֵּ֑עַ וְכָל־יְ֝קָ֗ר רָאֲתָ֥ה עֵינֽוֹ׃ ב מל . ט[7]
11 [a]מִ֭בְּכִי נְהָר֣וֹת[a] חִבֵּ֑שׁ וְ֝תַֽעֲלֻמָ֗הּ[b] יֹ֣צִא אֽוֹר׃ פ ב ר״פ . ל חס
12 וְֽ֭הַחָכְמָה מֵאַ֣יִן תִּמָּצֵ֑א וְאֵ֥י זֶ֝֗ה[a] מְק֣וֹם בִּינָֽה׃ לא . ד[8]
13 לֹא־יָדַ֣ע אֱנ֣וֹשׁ עֶרְכָּ֑הּ[a] וְלֹ֥א תִ֝מָּצֵ֗א בְּאֶ֣רֶץ הַֽחַיִּֽים׃ ל . ג[9]
14 תְּה֣וֹם אָ֭מַר לֹ֣א בִי־הִ֑יא וְיָ֥ם אָ֝מַ֗ר אֵ֣ין עִמָּדִֽי׃ ג[10]
15 לֹא־יֻתַּ֣ן סְג֣וֹר[a] תַּחְתֶּ֑יהָ וְלֹ֥א יִ֝שָּׁקֵ֗ל כֶּ֣סֶף מְחִירָֽהּ׃ ז[11] . ג מל[12] . ל
16 לֹֽא־תְ֭סֻלֶּה בְּכֶ֣תֶם אוֹפִ֑יר בְּשֹׁ֖הַם יָקָ֣ר וְסַפִּֽיר׃ ב . ל
17 לֹא־יַעַרְכֶ֣נָּה זָהָ֣ב וּזְכוֹכִ֑ית וּ֝תְמ֥וּרָתָ֗הּ כְּלִי־פָֽז׃ ב בסיפ . ל . ל . יח[13] וכל יוצר חפץ חמדה דכות ב מ א
18 רָאמ֣וֹת וְ֭גָבִישׁ לֹ֣א יִזָּכֵ֑ר וּמֶ֥שֶׁךְ חָ֝כְמָ֗ה מִפְּנִינִֽים׃ ד מל
19 לֹֽא־יַ֭עַרְכֶנָּה פִּטְדַת־כּ֑וּשׁ בְּכֶ֥תֶם טָ֝ה֗וֹר לֹ֣א תְסֻלֶּֽה׃ פ ב בסיפ . ל . ב
20 וְֽ֭הַחָכְמָה מֵאַ֣יִן תָּב֑וֹא וְאֵ֥י זֶ֝֗ה מְק֣וֹם בִּינָֽה׃ לא . ד[8]

[14] Mm 175. [15] Mm 3522. [16] Mm 3489. [17] Mm 2018. **Cp 28** [1] Mm 3523. [2] Mm 110. [3] וחד ולחשך Gn 1,5. [4] Mm 3524. [5] Mm 1524 contra textum. [6] וחד החלמיש Dt 8,15, cf Mp sub loco. [7] Mm 3145. [8] Mm 3525. [9] Mm 2357. [10] Mm 3107. [11] Mm 723. [12] Mm 3034. [13] Mm 2781.

20 [a] prp בַּיּוֹם vel יוֹמָם ‖ **22** [a] Ms וישליך ‖ **23** [a] = עָלָיו cf 20,23 22,2 ‖ [b] l prb כַּפָּיִם ‖ [c] Ms מקמו ‖ **Cp 28,2** [a] prp יוּצָק ‖ **4** [a–a] prp נְחָלִים עַם ‖ **11** [a–a] cf ug *mbk nhrm* = fontes fluviorum ‖ [b] l הָ– ‖ **12** [a] cf 5,10[a] ‖ **13** [a] 𝔊 *ὁδὸν αὐτῆς*, prp דַּרְכָּהּ ‖ **15** [a] = זָהָב סָגוּר.

21 וְֽנֶעֶלְמָה מֵעֵינֵ֣י כָל־חָ֑י וּמֵע֖וֹף הַשָּׁמַ֣יִם נִסְתָּֽרָה׃ (ל̇ . ד̇[14] . ב̇ . ג̇)

22 אֲבַדּ֣וֹן וָ֭מָוֶת אָמְר֑וּ בְּ֝אָזְנֵ֗ינוּ שָׁמַ֥עְנוּ שִׁמְעָֽהּ׃ (ב̇ . ו̇ וחד מן ה̇ בטע̇ . ל̇)

23 אֱ֭לֹהִים הֵבִ֣ין[a] דַּרְכָּ֑הּ וְ֝ה֗וּא יָדַ֥ע אֶת־מְקוֹמָֽהּ׃ (ג̇[15] . ג̇ פסוק דמיין[16] . ג̇)

24 כִּֽי־ה֭וּא לִקְצוֹת־הָאָ֣רֶץ יַבִּ֑יט [a]תַּ֖חַת כָּל־[a]הַשָּׁמַ֣יִם יִרְאֶֽה׃

25 לַעֲשׂ֣וֹת לָר֣וּחַ מִשְׁקָ֑ל וּ֝מַ֗יִם תִּכֵּ֥ן בְּמִדָּֽה׃ (ג̇ . ג̇)

26 בַּעֲשֹׂת֣וֹ לַמָּטָ֣ר חֹ֑ק וְ֝דֶ֗רֶךְ לַחֲזִ֥יז קֹלֽוֹת׃ (ו̇ כת̇ כן)

27 אָ֣ז רָ֭אָהּ וַֽיְסַפְּרָ֑הּ הֱ֝כִינָ֗הּ וְגַם־חֲקָרָֽהּ׃ (ל̇ . ל̇ . ל̇ . ג̇ פסוק דמיין . ל̇)

28 וַיֹּ֤אמֶר׀ לָֽאָדָ֗ם[a] (ה̇[17] וכל קהלת דכות ב̇ מ̇ א̇)

הֵ֤ן [b]יִרְאַ֣ת אֲ֭דֹנָי[c] הִ֣יא חָכְמָ֑ה וְס֖וּר מֵרָ֣ע בִּינָֽה׃ ס (ב̇)

29 1 וַיֹּ֣סֶף אִ֭יּוֹב שְׂאֵ֥ת מְשָׁל֗וֹ וַיֹּאמַֽר׃ (כ̇י̇ . י̇ד̇ . ב̇)

2 מִֽי־יִתְּנֵ֣נִי כְיַרְחֵי־קֶ֑דֶם כִּ֝ימֵ֗י אֱל֣וֹהַּ יִשְׁמְרֵֽנִי׃

3 בְּהִלּ֣וֹ[a] נֵ֭רוֹ עֲלֵ֣י רֹאשִׁ֑י לְ֝אוֹר֗וֹ[b] אֵ֣לֶךְ חֹֽשֶׁךְ׃ (ל̇ . כ̇ו̇)

4 כַּאֲשֶׁ֣ר הָ֭יִיתִי בִּימֵ֣י חָרְפִּ֑י בְּס֥וֹד[a] אֱ֝ל֗וֹהַּ עֲלֵ֣י אָהֳלִֽי׃ (ל̇)

5 בְּע֣וֹד שַׁ֭דַּי עִמָּדִ֑י סְבִיבוֹתַ֥י נְעָרָֽי׃ (ל̇)

6 בִּרְחֹ֣ץ הֲלִיכַ֣י בְּחֵמָ֑ה[a] וְצ֥וּר יָצ֥וּק עִ֝מָּדִ֗י פַּלְגֵי־שָֽׁמֶן׃ (ל̇ . ל̇)

7 בְּצֵ֣אתִי שַׁ֣עַר עֲלֵי־קָ֑רֶת בָּ֝רְח֗וֹב אָכִ֥ין מוֹשָׁבִֽי׃ (ל̇ בטע̇ . ג̇ בטע̇[1] . ד̇[2])

8 רָא֣וּנִי נְעָרִ֣ים וְנֶחְבָּ֑אוּ וִֽ֝ישִׁישִׁ֗ים קָ֣מוּ עָמָֽדוּ׃ (ל̇)

9 שָׂ֭רִים עָצְר֣וּ בְמִלִּ֑ים וְ֝כַ֗ף יָשִׂ֥ימוּ לְפִיהֶֽם׃ (י̇ בסיפ̇ . ב̇)

10 קוֹל־נְגִידִ֥ים נֶחְבָּ֑אוּ וּ֝לְשׁוֹנָ֗ם לְחִכָּ֥ם דָּבֵֽקָה׃ (ל̇ . ד̇[3] . ל̇)

11 כִּ֤י אֹ֣זֶן שָׁ֭מְעָה וַתְּאַשְּׁרֵ֑נִי וְעַ֥יִן[a] רָ֝אֲתָ֗ה וַתְּעִידֵֽנִי׃ (כ̇ד̇ בטע̇ ר״פ בסיפ̇ . כ̇ה̇ . ד̇[4] . ל̇)

12 כִּֽי־אֲ֭מַלֵּט עָנִ֣י מְשַׁוֵּ֑עַ וְ֝יָת֗וֹם וְֽלֹא[a]־עֹזֵ֥ר לֽוֹ׃ (ה̇[5])

13 בִּרְכַּ֣ת אֹ֭בֵד עָלַ֣י תָּבֹ֑א וְלֵ֥ב אַ֝לְמָנָ֗ה אַרְנִֽן׃ (י̇ז̇ חס̇ ד̇ מנה̇ בסיפ̇ וכל משלי̇ דכות̇ ב̇ מ̇ ד̇)

ס̇ 14 צֶ֣דֶק לָ֭בַשְׁתִּי וַיִּלְבָּשֵׁ֑נִי כִּמְעִ֥יל וְ֝צָנִ֗יף מִשְׁפָּטִֽי׃ (ל̇ . ל̇ . ל̇ . י̇ן̇[6])

15 עֵ֭ינַיִם הָיִ֣יתִי לַעִוֵּ֑ר וְ֝רַגְלַ֗יִם לַפִּסֵּ֥חַ אָֽנִי׃ (כ̇ח̇ . ל̇)

16 אָ֤ב אָנֹכִ֗י לָֽאֶבְיוֹנִ֑ים וְרִ֥ב לֹא־יָ֝דַ֗עְתִּי אֶחְקְרֵֽהוּ׃ (ה̇[7] חס̇ ול̇ בליש̇)

[14] Mm 866. [15] Mm 3787. [16] Mp sub loco. [17] Mm 391. **Cp 29** [1] Mp sub loco. [2] Mm 2426. [3] Mm 3102. [4] Mm 3629. [5] Mm 524. [6] Mm 2362. [7] Mm 3480.

23 [a] pc Mss הכין ‖ **24** [a–a] prp כֹּל תְּ׳ ‖ **28** [a] > Ms ‖ [b] > Ms 𝔖 ‖ [c] mlt Mss יהוה; pc Mss pr יהוה; > 2 Mss ‖ **Cp 29,3** [a] pro בְּהַהִלּוֹ = בַּ׳ ‖ [b] cf 5,10[a] ‖ **4** [a] prp בְּסוֹךְ cf 𝔊σ′𝔖 ‖ **6** [a] = בְּחֶמְאָה, sic pc Mss ‖ **11** [a] sic L, mlt Mss Edd ־יִן ‖ **12** [a] pc Ms לא.

17 וָֽאֲשַׁבְּרָה מְתַלְּעוֹת עַוָּל וּמִשִּׁנָּיו אַשְׁלִיךְ[a] טָרֶף׃ — ל . ל . ל
18 וָאֹמַר עִם־קִנִּי אֶגְוָע וְכַחוֹל אַרְבֶּה יָמִים׃ — ב ובתרי לישנ[8]
19 שָׁרְשִׁי פָתוּחַ אֱלֵי־מָיִם וְטַל יָלִין בִּקְצִירִי׃ — ד[9] . ד
20 כְּבוֹדִי חָדָשׁ עִמָּדִי וְקַשְׁתִּי בְּיָדִי תַחֲלִיף׃ — ל[10]
21 לִי־שָׁמְעוּ וְיִחֵלּוּ וְיִדְּמוּ[a] לְמוֹ עֲצָתִי[a]׃ — ל . ל
22 אַחֲרֵי דְבָרִי לֹא יִשְׁנוּ וְעָלֵימוֹ תִּטֹּף מִלָּתִי׃ — יג[11]
23 וְיִחֲלוּ כַמָּטָר לִי וּפִיהֶם פָּעֲרוּ לְמַלְקוֹשׁ׃ — ב[12] . ב
24 אֶשְׂחַק אֲלֵהֶם לֹא[a] יַאֲמִינוּ וְאוֹר פָּנַי לֹא יַפִּילוּן׃ — ל . יו חס בכתיב ול בסיפ . ל
25 אֶבְחַר דַּרְכָּם וְאֵשֵׁב רֹאשׁ וְאֶשְׁכּוֹן כְּמֶלֶךְ בַּגְּדוּד — ב[13] . ב מל[14] . ב
כַּאֲשֶׁר אֲבֵלִים יְנַחֵם׃ — ב סביר אנחם[15]

30 1 וְעַתָּה ׀ שָׂחֲקוּ עָלַי צְעִירִים מִמֶּנִּי לְיָמִים — נג וכל תלים דכות ב מ א
אֲשֶׁר־מָאַסְתִּי אֲבוֹתָם לָשִׁית עִם־כַּלְבֵי צֹאנִי׃ — ל . ב וכל יחזק דכות
2 גַּם־כֹּחַ יְדֵיהֶם לָמָּה לִּי עָלֵימוֹ אָבַד כָּלַח׃
3 בְּחֶסֶר וּבְכָפָן גַּלְמוּד הַעֹרְקִים צִיָּה אֶמֶשׁ[a] שׁוֹאָה וּמְשֹׁאָה׃ — ל . ל . ג . ל . ג מל וכל שאה דכות
4 הַקֹּטְפִים מַלּוּחַ עֲלֵי־שִׂיחַ וְשֹׁרֶשׁ רְתָמִים לַחְמָם[a]׃ — ל . ל . ה . ב
5 מִן־גֵּו יְגֹרָשׁוּ יָרִיעוּ עָלֵימוֹ כַּגַּנָּב׃ — ג
6 בַּעֲרוּץ נְחָלִים לִשְׁכֹּן חֹרֵי עָפָר וְכֵפִים׃ — ד[1] מל ול בליש
7 בֵּין־שִׂיחִים יִנְהָקוּ תַּחַת חָרוּל יְסֻפָּחוּ׃ — ל . ל . ב[2] . ל
8 בְּנֵי־נָבָל גַּם־בְּנֵי בְלִי־שֵׁם נִכְּאוּ מִן־הָאָרֶץ׃ — ל[3]
9 וְעַתָּה נְגִינָתָם הָיִיתִי וָאֱהִי לָהֶם לְמִלָּה׃
10 תִּעֲבוּנִי רָחֲקוּ מֶנִּי וּמִפָּנַי לֹא־חָשְׂכוּ רֹק׃ — ב . ב[4] . ל וחס
11 כִּי־יִתְרוֹ[a] פִתַּח וַיְעַנֵּנִי וְרֶסֶן מִפָּנַי שִׁלֵּחוּ׃ — יתרי חד מן מח[5] כת ו ק וקרי י . ב[6] . ב[7] . ז . ג[8]
12 עַל־יָמִין פִּרְחַח[a] יָקוּמוּ רַגְלַי שִׁלֵּחוּ וַיָּסֹלּוּ עָלַי אָרְחוֹת אֵידָם׃ — ל . ג[8] . ב
13 נָתְסוּ נְתִיבָתִי לְהַוָּתִי יֹעִילוּ לֹא עֹזֵר[a] לָמוֹ׃ — ל . ל חס ו
14 כְּפֶרֶץ רָחָב יֶאֱתָיוּ תַּחַת שֹׁאָה הִתְגַּלְגָּלוּ׃ — ד . ל וכל שם ברנש דכות

[8]Mm 3526. [9]Mm 946. [10]וחד קשתי Gn 9,13. [11]Mm 902. [12]Mm 3527. [13]Mm 3528. [14]Mm 2418. [15]Prb Jes 51,19, Mp sol ל, cf Mp sub loco. Cp 30 [1]Mm 2387. [2]Mm 3529. [3]Mm 471 ב. [4]Hi 23,17. [5]Mm 3811. [6]Mm 3530. [7]Mm 2322. [8]Mm 1394.

17 [a] prp אֶשְׁלֹף ‖ **21** [a–a] mlt Mss 'למוע ‖ **24** [a] mlt Mss וְלֹא ‖ **Cp 30,3** [a] Ms אֱנוֹשׁ ‖ **4** [a] frt = לְחָמָם inf qal a חמם cf Jes 47,14 ‖ **11** [a] 𝔖𝔗 ut Q –רי– K 𝔊 –וֹ ‖ **12** [a] mlt Mss פרחה ‖ **13** [a] prp עֹצֵר.

15 הָהְפַּךְ[a] עָלַי בַּלָּהוֹת תִּרְדֹּף[b] כָּרוּחַ נְדִבָתִי[c] וּכְעָב עָבְרָה יְשֻׁעָתִי׃ ל̇. ב̇
16 וְעַתָּה עָלַי תִּשְׁתַּפֵּךְ נַפְשִׁי יֹאחֲזוּנִי יְמֵי־עֹנִי׃ ו̇ חס בליש[9]
17 לַיְלָה עֲצָמַי נִקַּר מֵעָלָי וְעֹרְקַי לֹא יִשְׁכָּבוּן׃ ל̇. ל̇. ב̇[10]
18 בְּרָב־כֹּחַ יִתְחַפֵּשׂ לְבוּשִׁי כְּפִי כֻתָּנְתִּי יַאַזְרֵנִי׃ ב̇[11]. ל̇
19 הֹרָנִי לַחֹמֶר וָאֶתְמַשֵּׁל כֶּעָפָר וָאֵפֶר׃ ב̇[12]
20 אֲשַׁוַּע אֵלֶיךָ וְלֹא תַעֲנֵנִי עָמַדְתִּי וַתִּתְבֹּנֶן[a] בִּי׃ ג̇ חס בליש
21 תֵּהָפֵךְ לְאַכְזָר לִי בְּעֹצֶם יָדְךָ תִשְׂטְמֵנִי׃ ב̇[13]. ל̇ וחס
22 תִּשָּׂאֵנִי אֶל־רוּחַ תַּרְכִּיבֵנִי וּתְמֹגְגֵנִי תְּשֻׁוָּה[a]׃ ג̇[14] חס ול בליש. תושיה ק̇
23 כִּי־יָדַעְתִּי מָוֶת תְּשִׁיבֵנִי וּבֵית מוֹעֵד לְכָל־חָי׃ ב̇ חד פת̇ וחד קמ̇
24 אַךְ לֹא־בְעִי[a] יִשְׁלַח־יָד אִם־בְּפִידוֹ[b] לָהֶן שׁוּעַ[b]׃ ל̇. יד̇[15]. ל̇ וכל שם ברנש דכות
25 אִם־לֹא בָכִיתִי לִקְשֵׁה־יוֹם עָגְמָה נַפְשִׁי לָאֶבְיוֹן׃ ל̇
26 כִּי טוֹב קִוִּיתִי וַיָּבֹא רָע וַאֲיַחֲלָה לְאוֹר וַיָּבֹא אֹפֶל׃ כ̇ד̇ בטע̇ ר״פ בסיפ̇. ל̇. יג̇
27 מֵעַי רֻתְּחוּ וְלֹא־דָמּוּ קִדְּמֻנִי יְמֵי־עֹנִי׃ ד̇ ב̇ חס וב̇ מל[16]
28 קֹדֵר הִלַּכְתִּי בְּלֹא חַמָּה[a] קַמְתִּי בַקָּהָל אֲשַׁוֵּעַ׃ ג̇[17]. ד̇ דגש[18]
29 אָח הָיִיתִי לְתַנִּים וְרֵעַ לִבְנוֹת יַעֲנָה׃
30 עוֹרִי שָׁחַר מֵעָלָי וְעַצְמִי־חָרָה מִנִּי־חֹרֶב׃ ב̇ בטע̇[19]. יו̇ בליש
31 וַיְהִי לְאֵבֶל כִּנֹּרִי וְעֻגָבִי לְקוֹל בֹּכִים׃ ל̇. ל̇ וחס[20]

31 1 בְּרִית כָּרַתִּי לְעֵינָי וּמָה[a] אֶתְבּוֹנֵן[a] עַל־בְּתוּלָה׃
2 וּמֶה׀ חֵלֶק אֱלוֹהַּ מִמָּעַל וְנַחֲלַת שַׁדַּי מִמְּרֹמִים׃
3 הֲלֹא־אֵיד לְעַוָּל וְנֵכֶר לְפֹעֲלֵי אָוֶן׃ ל̇
4 הֲלֹא־הוּא יִרְאֶה דְרָכָי וְכָל־צְעָדַי יִסְפּוֹר׃ ל̇ מל
5 אִם־הָלַכְתִּי עִם־שָׁוְא[a] וַתַּחַשׁ עַל־מִרְמָה רַגְלִי׃ ח̇ וכל מנין איש רגלי דכות[1]
6 יִשְׁקְלֵנִי בְמֹאזְנֵי־צֶדֶק וְיֵדַע אֱלוֹהַּ תֻּמָּתִי׃ ג̇. ב̇ [מח̇[2] כת̇ א לא קר̇ ב̇ מנה בליש
7 אִם תִּטֶּה אַשֻּׁרִי מִנִּי הַדָּרֶךְ וְאַחַר עֵינַי הָלַךְ לִבִּי וּבְכַפַּי דָּבַק מְאוּם[a]׃ פ

[9] Mp sub loco. [10] Jos 2,8. [11] Mm 3677. [12] Mm 3531. [13] Mm 2784. [14] Mm 3532. [15] Mm 190. [16] Mm 1839. [17] Mm 3266. [18] Mm 3722. [19] Mm 2885. [20] Mm 3447. **Cp 31** [1] Mm 3533. [2] Mm 898.

15 [a] Ms תֵּהָפֵךְ ‖ [b] prp תֵּרָדֵף ‖ [c] pc Mss S נתיבתי ‖ **20** [a] Ms וְלֹא תְ׳ ט, Ms ותתכנן ‖ **22** [a] Q תֻּשִׁיָּה, l c K תְּשֻׁוָּה ‖ **24** [a] prp בְּטֶבַע ‖ [b–b] prp לֹה (= לֹא) יְשַׁוֵּעַ, al לֹא נוֹשָׁע ‖ **28** [a] prp נֶחָמָה cf 6,10 ‖ **Cp 31,1** [a–a] prp מֵהִתְ׳ ‖ **5** [a] 2 Mss 𝔊S + מְתֵי ‖ **7** [a] sic L, mlt Mss Edd מְאוּם.

8 אֶזְרְעָה וְאַחֵר יֹאכֵל וְצֶאֱצָאַי יְשֹׁרָשׁוּ׃
9 אִם־נִפְתָּה לִבִּי עַל־אִשָּׁה וְעַל־פֶּתַח רֵעִי אָרָבְתִּי׃
10 תִּטְחַן לְאַחֵר אִשְׁתִּי וְעָלֶיהָ יִכְרְעוּן אֲחֵרִין׃
11 כִּי־הֻוא[a] זִמָּה וְהִיא[b] [c]עָוֺן פְּלִילִים[c]׃
12 כִּי אֵשׁ הִיא עַד־אֲבַדּוֹן תֹּאכֵל וּבְכָל־תְּבוּאָתִי תְשָׁרֵשׁ׃
13 אִם־אֶמְאַס מִשְׁפַּט עַבְדִּי וַאֲמָתִי בְּרִבָם עִמָּדִי׃
14 וּמָה אֶעֱשֶׂה כִּי־יָקוּם אֵל וְכִי־יִפְקֹד מָה אֲשִׁיבֶנּוּ׃
15 הֲלֹא־בַבֶּטֶן עֹשֵׂנִי עָשָׂהוּ וַיְכֻנֶנּוּ[a] בְּרֶחֶם אֶחָד׃
16 אִם־אֶמְנַע מֵחֵפֶץ דַּלִּים וְעֵינֵי אַלְמָנָה אֲכַלֶּה׃
17 וְאֹכַל פִּתִּי לְבַדִּי וְלֹא־אָכַל יָתוֹם מִמֶּנָּה׃
18 כִּי מִנְּעוּרַי גְּדֵלַנִי[a] כְאָב וּמִבֶּטֶן אִמִּי אַנְחֶנָּה[b]׃
19 אִם־אֶרְאֶה אוֹבֵד מִבְּלִי לְבוּשׁ וְאֵין כְּסוּת לָאֶבְיוֹן׃
20 אִם־לֹא בֵרְכוּנִי חֲלָצָו וּמִגֵּז כְּבָשַׂי יִתְחַמָּם׃
21 אִם־הֲנִיפוֹתִי [a]עַל־יָתוֹם[a] יָדִי כִּי־אֶרְאֶה בַשַּׁעַר עֶזְרָתִי׃
22 כְּתֵפִי מִשִּׁכְמָה[a] תִפּוֹל וְאֶזְרֹעִי מִקָּנָה[a] תִשָּׁבֵר׃
23 כִּי פַחַד אֵלַי אֵיד אֵל וּמִשְּׂאֵתוֹ לֹא אוּכָל׃
24 אִם־שַׂמְתִּי זָהָב כִּסְלִי וְלַכֶּתֶם אָמַרְתִּי מִבְטַחִי׃
25 אִם־אֶשְׂמַח כִּי־רַב חֵילִי וְכִי־כַבִּיר מָצְאָה יָדִי׃
26 אִם־אֶרְאֶה אוֹר כִּי יָהֵל וְיָרֵחַ יָקָר הֹלֵךְ׃
27 וַיִּפְתְּ בַּסֵּתֶר לִבִּי וַתִּשַּׁק יָדִי לְפִי׃
28 גַּם־הוּא עָוֺן פְּלִילִי כִּי־כִחַשְׁתִּי לָאֵל מִמָּעַל׃
29 אִם־אֶשְׂמַח בְּפִיד מְשַׂנְאִי וְהִתְעֹרַרְתִּי[a] כִּי־מְצָאוֹ רָע׃
30 וְלֹא־נָתַתִּי לַחֲטֹא חִכִּי לִשְׁאֹל בְּאָלָה נַפְשׁוֹ׃

יג[3]
ב . ל נסיב ו
ג[4]
היא . והוא ק ק חד מן ה[5] כתיב היא
כד בטע ר״פ בסיפ . יז[6] . ל . ל
ה[7] חס ול בליש
ל . לא פסוק כי וכי[8]
ג דגש[9] . ב . ל . ל
י
ד[10]
ל . ב
ב מל בליש
ל . חלציו ק . ל
ל . ח מל בליש . ג מנה בכתיב . יז[11] מפק א ול בליש
כד בטע ר״פ בסיפ . ל
ל
לא פסוק כי וכי[8] . ג
ט
ל
ל . יא
ל . ב . ד חס ול בליש
יד[12] ר״פ בכתיב וכל ד״ה דכות ב מ ב . ב[13] . ו חס[14] . ג דמטע

[3] Mm 784. [4] Mm 3203. [5] Mm 3702. [6] Mm 787. [7] Mm 3480. [8] Mm 2059. [9] Mm 3534. [10] Mm 1644. [11] Mm 411. [12] Mm 3249. [13] Mm 3535. [14] Mm 1393.

11 [a] Q הִיא cf זמה, K הוא = neutrum || [b] Q וְהוּא cf עון, K והיא cf זמה || [c–c] constructio mixta ex עֲוֺן פלילי (sic l c nonn Mss cf 28) et עָוֺן פ׳ || **15** [a] pro וַיְכוֹנְנֵנוּ || **18** [a] prp גִּדְּלַנִי (regens Deus), al אֲגַדְּלֶנּוּ || [b] prp נְחָנִי, al אַנְחֶנּוּ cf [a] || **21** [a–a] prp עֲלֵי־תָם || **22** [a] pro ־הּ || **29** [a] l frt עֹדַדְתִּי־ a *עדד cf ug *ǵdd* = exsultare; prp וְהִתְרֹעַעְתִּי a רוע cf Ps 60,10 65,14.

31 אִם־לֹא אָמְרוּ מְתֵי אָהֳלִי מִי־יִתֵּן מִבְּשָׂרוֹ לֹא נִשְׂבָּע׃
32 בַּחוּץ לֹא־יָלִין גֵּר דְּלָתַי לָאֹרַח[a] אֶפְתָּח׃ ב ר״פ[15]
33 אִם־כִּסִּיתִי כְאָדָם פְּשָׁעָי לִטְמוֹן בְּחֻבִּי עֲוֺנִי׃ [פָּתַח׃ ג[16]. ל
34 כִּי אֶעֱרוֹץ ׀ הָמוֹן רַבָּה וּבוּז־מִשְׁפָּחוֹת יְחִתֵּנִי וָאֶדֹּם לֹא־אֵצֵא כד בטע ר״פ בסיפ. ד[17] מל ול בליש. ל
35 מִי יִתֶּן־לִי[a] ׀ שֹׁמֵעַ לִי הֶן־תָּוִי שַׁדַּי יַעֲנֵנִי ה וכל כל אל אלה דכות. ל
וְסֵפֶר כָּתַב אִישׁ רִיבִי׃
36 אִם־לֹא עַל־שִׁכְמִי אֶשָּׂאֶנּוּ אֶעֶנְדֶנּוּ עֲטָרוֹת[a] לִי׃ ל. ל
37 מִסְפַּר צְעָדַי אַגִּידֶנּוּ כְּמוֹ־נָגִיד אֲקָרֲבֶנּוּ׃ ל
38 אִם־עָלַי אַדְמָתִי תִזְעָק וְיַחַד תְּלָמֶיהָ יִבְכָּיוּן׃ ג ול בסיפ. ב[18]. ב
39 אִם־כֹּחָהּ אָכַלְתִּי בְלִי־כָסֶף וְנֶפֶשׁ בְּעָלֶיהָ הִפָּחְתִּי׃ ב[19]. ל
40 תַּחַת חִטָּה ׀ יֵצֵא חוֹחַ וְתַחַת־שְׂעֹרָה בָאְשָׁה ל
תַּמּוּ דִּבְרֵי אִיּוֹב׃ פ

32 1 וַיִּשְׁבְּתוּ שְׁלֹשֶׁת הָאֲנָשִׁים הָאֵלֶּה[a] מֵעֲנוֹת אֶת־אִיּוֹב כִּי הוּא 32
צַדִּיק בְּעֵינָיו[b]׃ פ 2 וַיִּחַר אַף ׀ אֱלִיהוּא בֶן־בַּרַכְאֵל הַבּוּזִי מִמִּשְׁפַּחַת 2 נא
רָם בְּאִיּוֹב חָרָה אַפּוֹ עַל־צַדְּקוֹ נַפְשׁוֹ מֵאֱלֹהִים׃ 3 וּבִשְׁלֹשֶׁת רֵעָיו 3 ל[1]. ל. ל. כן בטע לרבי פינחס[2]
חָרָה אַפּוֹ עַל אֲשֶׁר לֹא־מָצְאוּ מַעֲנֶה וַיַּרְשִׁיעוּ אֶת־אִיּוֹב[a]׃ 4 וֶאֱלִיהוּ 4 ד. ד חס א
חִכָּה אֶת־אִיּוֹב בִּדְבָרִים כִּי זְקֵנִים־הֵמָּה מִמֶּנּוּ לְיָמִים׃ 5 וַיַּרְא 5 ל. ב[3]
אֱלִיהוּא כִּי אֵין מַעֲנֶה בְּפִי שְׁלֹשֶׁת הָאֲנָשִׁים וַיִּחַר אַפּוֹ׃ פ
6 וַיַּעַן ׀ אֱלִיהוּא בֶן־בַּרַכְאֵל הַבּוּזִי וַיֹּאמַר
צָעִיר אֲנִי לְיָמִים וְאַתֶּם יְשִׁישִׁים
עַל־כֵּן זָחַלְתִּי וָאִירָא ׀ מֵחַוֺּת דֵּעִי אֶתְכֶם׃ ל. ג[4]. ל וחס. ד
7 אָמַרְתִּי יָמִים יְדַבֵּרוּ וְרֹב שָׁנִים יֹדִיעוּ חָכְמָה׃
8 אָכֵן רוּחַ־הִיא בֶאֱנוֹשׁ וְנִשְׁמַת שַׁדַּי תְּבִינֵם׃ ית[5]
9 לֹא־רַבִּים[a] יֶחְכָּמוּ וּזְקֵנִים יָבִינוּ מִשְׁפָּט׃
10 לָכֵן אָמַרְתִּי שִׁמְעָה[a]־לִּי [b]אֲחַוֶּה דֵעִי אַף־אָנִי[b]׃ ד

[15] Mm 3536. [16] Mm 3013. [17] Mm 2387. [18] Mm 3537. [19] Mm 3538. Cp 32 [1] וחד כאיוב Hi 34,7. [2] Mm 3539. [3] Mm 3540. [4] Mm 3541. [5] Mm 1941.

32 [a] prp הָרֶ– cf Vrs || **35** [a] > pc Mss || **36** [a] 2 Mss עֲטֶרֶת || **Cp 32,1** [a] > Ms || [b] Ms 𝔊σ'𝔖 –נֵיהֶם || **3** [a] Tiq soph pro הָאֱלֹהִים || **9** [a] l frt רַבֵּי יָמִים || **10** [a] 2 Mss Vrs שִׁמְעוּ || b–b = 17b.

11 הֵן הוֹחַלְתִּי לְדִבְרֵיכֶם אָזִין[a] עַד־תְּבוּנֹתֵיכֶם[b] ל . ל וכת כן
עַד־תַּחְקְרוּן מִלִּין׃ כן למערב[6]
12 וְעָדֵיכֶם אֶתְבּוֹנָן וְהִנֵּה אֵין לְאִיּוֹב מוֹכִיחַ עוֹנֶה אֲמָרָיו מִכֶּם׃ ג מל[7]
13 פֶּן־תֹּאמְרוּ מָצָאנוּ חָכְמָה אֵל יִדְּפֶנּוּ[a] לֹא־אִישׁ׃ ל
14 וְלֹא־עָרַךְ אֵלַי מִלִּין וּבְאִמְרֵיכֶם לֹא אֲשִׁיבֶנּוּ׃ יד[8] ר״פ בכתיב וכל ד״ה דכות ב מ ב וחד מן יז[9] ר״פ ולא לא
15 חַתּוּ לֹא־עָנוּ עוֹד הֶעְתִּיקוּ מֵהֶם מִלִּים׃ ב . י בסיפ ו[10] מנה בליש
16 וְהוֹחַלְתִּי כִּי־לֹא יְדַבֵּרוּ כִּי עָמְדוּ לֹא־עָנוּ עוֹד׃ ב
17 אַעֲנֶה[a] אַף־אֲנִי חֶלְקִי אֲחַוֶּה דֵעִי אַף־אָנִי׃ ל . ד
18 כִּי מָלֵתִי[a] מִלִּים הֱצִיקַתְנִי רוּחַ בִּטְנִי׃ ג[11] ול חס א . י בסיפ ו[10] מנה בליש . ל
19 הִנֵּה־בִטְנִי כְּיַיִן לֹא־יִפָּתֵחַ כְּאֹבוֹת חֲדָשִׁים יִבָּקֵעַ׃ ה[12] . ל
20 אֲדַבְּרָה וְיִרְוַח־לִי אֶפְתַּח שְׂפָתַי וְאֶעֱנֶה׃ ל
21 אַל־נָא אֶשָּׂא פְנֵי־אִישׁ וְאֶל־אָדָם לֹא אֲכַנֶּה׃ כג . ל[13] . ב
22 כִּי לֹא יָדַעְתִּי אֲכַנֶּה כִּמְעַט יִשָּׂאֵנִי עֹשֵׂנִי׃ כד בטע ר״פ בסיפ . ב . ב

33 1 וְאוּלָם שְׁמַע־נָא אִיּוֹב מִלָּי וְכָל־דְּבָרַי הַאֲזִינָה׃ יו
2 הִנֵּה־נָא פָּתַחְתִּי פִי דִּבְּרָה לְשׁוֹנִי בְחִכִּי׃
3 יֹשֶׁר־לִבִּי אֲמָרָי וְדַעַת שְׂפָתַי בָּרוּר מִלֵּלוּ׃ ב . ל
4 רוּחַ־אֵל עָשָׂתְנִי וְנִשְׁמַת שַׁדַּי תְּחַיֵּנִי׃ ל
5 אִם־תּוּכַל הֲשִׁיבֵנִי עֶרְכָה לְפָנַי הִתְיַצָּבָה׃ ל . ל
6 הֵן־אֲנִי כְפִיךָ לָאֵל מֵחֹמֶר קֹרַצְתִּי גַם־אָנִי׃ ד[1] . יא . ל
7 הִנֵּה אֵמָתִי לֹא תְבַעֲתֶךָּ וְאַכְפִּי עָלֶיךָ לֹא־יִכְבָּד׃ ד חס ול בליש . ל . ב קמ[2]
8 אַךְ אָמַרְתָּ בְאָזְנָי וְקוֹל מִלִּין אֶשְׁמָע׃ יב ח מנה קמ
9 זַךְ אֲנִי בְּלִי פָשַׁע חַף אָנֹכִי וְלֹא עָוֺן לִי׃ ל . ל באתנח בטע[3]
10 הֵן תְּנוּאוֹת עָלַי יִמְצָא יַחְשְׁבֵנִי לְאוֹיֵב לוֹ׃
11 יָשֵׂם[a] בַּסַּד רַגְלָי יִשְׁמֹר כָּל־אָרְחֹתָי׃
12 הֶן־זֹאת לֹא־צָדַקְתָּ אֶעֱנֶךָּ כִּי־יִרְבֶּה אֱלוֹהַּ[a] מֵאֱנוֹשׁ׃ ה וכל כל אל אלה דכות

[6] Mm 3542. [7] Mm 2393. [8] Mm 3249. [9] Mm 2708. [10] Cf Mm 3542. [11] Mm 3095. [12] Mm 2975. [13] Mp sub loco. **Cp 33** [1] Mm 412. [2] Mm 3467. [3] Mm 1571.

11 [a] = אֲאַזִין, sic pc Mss ‖ [b] vel תְּבוּנֹתֵיכֶם ‖ **13** [a] Ms 'יהד, Ms 'ירד ‖ **17** [a] = אֶעֱנֶה ‖ **18** [a] nonn Mss מלאתי ‖ **Cp 33,11** [a] l יָשֶׂם? ‖ **12** [a] cf 4,9[a].

13 מַדּוּעַ אֵלָיו רִיבוֹתָ כִּי כָל־דְּבָרָיו לֹא־יַעֲנֶה׃

14 כִּי־בְאַחַת יְדַבֶּר־אֵל וּבִשְׁתַּיִם לֹא יְשׁוּרֶנָּה׃ ג[4]

15 בַּחֲלוֹם ׀ חֶזְיוֹן[a] לַיְלָה בִּנְפֹל תַּרְדֵּמָה עַל־אֲנָשִׁים בִּתְנוּמוֹת עֲלֵי מִשְׁכָּב׃ ל ומל

16 אָז יִגְלֶה אֹזֶן אֲנָשִׁים וּבְמֹסָרָם[a] יַחְתֹּם[b]׃ כה. ל וחס

17 לְהָסִיר אָדָם מַעֲשֶׂה[a] וְגֵוָה מִגֶּבֶר יְכַסֶּה[b]׃ ל[5]. ל[6]

18 יַחְשֹׂךְ נַפְשׁוֹ מִנִּי־שָׁחַת וְחַיָּתוֹ מֵעֲבֹר בַּשָּׁלַח׃ ג

19 וְהוּכַח בְּמַכְאוֹב עַל־מִשְׁכָּבוֹ וְרִיב[a] עֲצָמָיו אֵתָן׃ ל ומל. ורוב ק[7] וכן למערב[8]

20 וְזִהֲמַתּוּ חַיָּתוֹ לָחֶם וְנַפְשׁוֹ מַאֲכַל תַּאֲוָה׃ ל. ח. ד פת[9]

21 יִכֶל בְּשָׂרוֹ מֵרֹאִי וְשֻׁפִּי[a] עַצְמוֹתָיו לֹא רֻאּוּ׃ ל. ל. ושפו ק. ב חס[10]. ד מילין דגש א ול בליש

22 וַתִּקְרַב לַשַּׁחַת נַפְשׁוֹ וְחַיָּתוֹ לַמְמִתִים[a]׃ ל[11]

23 אִם־יֵשׁ עָלָיו ׀ מַלְאָךְ מֵלִיץ אֶחָד מִנִּי־אָלֶף לְהַגִּיד לְאָדָם יָשְׁרוֹ׃ ל

24 וַיְחֻנֶּנּוּ וַיֹּאמֶר פְּדָעֵהוּ[a] מֵרֶדֶת שָׁחַת מָצָאתִי כֹפֶר׃ ל[12]

25 רֻטֲפַשׁ[a] בְּשָׂרוֹ מִנֹּעַר יָשׁוּב לִימֵי עֲלוּמָיו׃ ל. ג[13]

26 יֶעְתַּר אֶל־אֱלוֹהַּ ׀ וַיִּרְצֵהוּ וַיַּרְא פָּנָיו בִּתְרוּעָה וַיָּשֶׁב לֶאֱנוֹשׁ צִדְקָתוֹ׃ ל. ל. כה

27 יָשֹׁר[a] ׀ עַל־אֲנָשִׁים וַיֹּאמֶר חָטָאתִי וְיָשָׁר הֶעֱוֵיתִי וְלֹא־שָׁוָה לִי׃ ל וחס

28 פָּדָה נַפְשִׁי[a] מֵעֲבֹר בַּשָּׁחַת[b] וְחַיָּתִי[c] בָּאוֹר תִּרְאֶה׃ נפשו ק. וחיתו ק

29 הֶן־כָּל־אֵלֶּה יִפְעַל־אֵל פַּעֲמַיִם שָׁלוֹשׁ עִם־גָּבֶר׃

30 לְהָשִׁיב נַפְשׁוֹ מִנִּי־שָׁחַת לֵאוֹר[a] בְּאוֹר הַחַיִּים[b]׃ ל

31 הַקְשֵׁב אִיּוֹב שְׁמַע־לִי הַחֲרֵשׁ וְאָנֹכִי אֲדַבֵּר׃

32 אִם־יֵשׁ־מִלִּין הֲשִׁיבֵנִי דַּבֵּר כִּי־חָפַצְתִּי צַדְּקֶךָּ׃ ב[14]

33 אִם־אַיִן אַתָּה שְׁמַע־לִי הַחֲרֵשׁ וַאֲאַלֶּפְךָ חָכְמָה׃ ס ל. ד[15] סֹ

[4]Mp sub loco. [5]Mm 2217. [6]Mm 2533. [7]Mm 832. [8]Mm 3543. [9]Mm 3544. [10]Mm 3545 contra textum. [11]Mm 2604. [12]וחד פרעהו Prv 4,15. [13]Mm 3347. [14]Jer 31,18. [15]Mm 1798.

15 [a] pc Mss S בְּחֹ׳ || **16** [a] pro –מ׳ || [b] 𝔊 ἐξεφόβησεν = יְחִתֵּם || **17** [a] prp מִמַּעֲשֵׂהוּ (hpgr) || [b] prp יְכַסַּח || **19** [a] Q וְרוֹב, K וְרִיב || **21** [a] l c Q וְשֻׁפּוּ, K וּשְׁפִי || **22** [a] prp לְמוֹ מֵתִים || **24** [a] inc; frt l c 2 Mss פרעהו || **25** [a] inc; prp יִטְפַּשׁ cf akk *ṭapāšu* = pinguis fuit || **27** [a] prp יָשִׁר, al יָשֵׁר (שרר hi = divulgavit, notum fecit cf arab *ʾašarra*) || **28** [a] Q –שׁוֹ, l c K –שִׁי || [b] Ms Ed בשלח cf 18 || [c] Q –תוֹ, l c K –תִי || **30** [a] = לְהֵאוֹר || [b] sic L, mlt Mss Edd הַחַיִּים.

34 1 וַיַּעַן אֱלִיהוּא וַיֹּאמַר׃
2 שִׁמְעוּ חֲכָמִים מִלָּי וְיֹדְעִים הַאֲזִינוּ לִי׃ ח
3 כִּי־אֹזֶן מִלִּין תִּבְחָן וְחֵךְ יִטְעַם לֶאֱכֹל[a]׃ כה . ב
4 מִשְׁפָּט נִבְחֲרָה־לָּנוּ נֵדְעָה בֵינֵינוּ מַה־טּוֹב׃
5 כִּי־אָמַר אִיּוֹב צָדַקְתִּי וְאֵל הֵסִיר מִשְׁפָּטִי׃ יו[1]
6 עַל־מִשְׁפָּטִי אֲכַזֵּב אָנוּשׁ חִצִּי בְלִי־פָשַׁע׃ יו[1]
7 מִי־גֶבֶר כְּאִיּוֹב יִשְׁתֶּה־לַּעַג כַּמָּיִם׃ ל[2]
8 וְאָרַח לְחֶבְרָה עִם־פֹּעֲלֵי אָוֶן וְלָלֶכֶת עִם־אַנְשֵׁי־רֶשַׁע׃ ל . ל . ד[3] . יז[4]
9 כִּי־אָמַר לֹא יִסְכָּן־גָּבֶר בִּרְצֹתוֹ עִם־אֱלֹהִים׃ ג[5]
10 לָכֵן ׀ אַנְשֵׁי לֵבָב שִׁמְעוּ לִי ב[6]
חָלִלָה לָאֵל מֵרֶשַׁע וְשַׁדַּי מֵעָוֶל׃ ג חס . יא
11 כִּי פֹעַל[a] אָדָם יְשַׁלֶּם־לוֹ וּכְאֹרַח אִישׁ יַמְצִאֶנּוּ׃ כד בטע ר״פ בסיפ[7] . ל
12 אַף־אָמְנָם אֵל לֹא־יַרְשִׁיעַ וְשַׁדַּי לֹא־יְעַוֵּת מִשְׁפָּט׃ ד ג מל וחד חס[8]
13 מִי־פָקַד עָלָיו אָרְצָה[a] וּמִי שָׂם תֵּבֵל כֻּלָּהּ׃ ג ר״פ מי וג מילין רביע ומי וכל פסוק דאית בהון ח מילין[9]
14 אִם־יָשִׂים אֵלָיו לִבּוֹ רוּחוֹ וְנִשְׁמָתוֹ אֵלָיו יֶאֱסֹף׃
15 יִגְוַע כָּל־בָּשָׂר יָחַד וְאָדָם עַל־עָפָר יָשׁוּב׃ ט
16 וְאִם־בִּינָה[a] שִׁמְעָה־זֹּאת הַאֲזִינָה לְקוֹל מִלָּי׃ ו ר״פ בסיפ . ב בטע מלעיל בכתיב[10] . יו
17 הַאַף שׂוֹנֵא מִשְׁפָּט יַחֲבוֹשׁ וְאִם־צַדִּיק כַּבִּיר תַּרְשִׁיעַ[a]׃ ל ומל
18 הַאֹמַר[a] לְמֶלֶךְ בְּלִיָּעַל רָשָׁע אֶל־נְדִיבִים׃ כט וכל משיחה מצרים אשור ישראל דכות[11]
19 אֲשֶׁר לֹא־נָשָׂא ׀ פְּנֵי שָׂרִים וְלֹא נִכַּר־שׁוֹעַ לִפְנֵי־דָל ב[12]
כִּי־מַעֲשֵׂה יָדָיו כֻּלָּם׃ [לֹא בְיָד׃
20 רֶגַע ׀ יָמֻתוּ וַחֲצוֹת[a] לָיְלָה [b]יְגֹעֲשׁוּ עָם[b] וְיַעֲבֹרוּ וְיָסִירוּ[c] אַבִּיר[d] ד בטע בשלש ספרים . ג[13] חס וכל אורית וירמיה דכות ב מ א . יז וכל זקף אתנח וס״פ דכות[14] . ל[15] . ב[16]
21 כִּי־עֵינָיו עַל־דַּרְכֵי־אִישׁ וְכָל־צְעָדָיו יִרְאֶה׃
22 אֵין־חֹשֶׁךְ וְאֵין צַלְמָוֶת לְהִסָּתֶר שָׁם פֹּעֲלֵי אָוֶן׃

Cp 34 [1]Mm 2362. [2]וחד באיוב Hi 32,2. [3]Mm 1196. [4]Mm 1667. [5]Mm 242. [6]Mm 3546. [7]Mp sub loco. [8]Mm 3604. [9]Mm 3552. [10]Mm 3200. [11]Mm 958. [12]Mm 1659. [13]Mm 1804. [14]Mm 2120. [15]Mm 1262. [16]Mm 1649.

Cp 34,3 [a] prp לֶאֱכֹל vel לוֹ אֹכֶל cf 12,11 ‖ **11** [a] prp כְּפִ׳ ‖ **13** [a] prp אַרְצָה = אַרְצוֹ Ms, sed cf 37,12[b] ‖ **16** [a] prp בִּינֹתָה ‖ **17** [a] 2 Mss יר׳ ‖ **18** [a] Ms 𝔊𝔖𝔙 הָאוֹמֵר, prb l ‖ **20** [a] l frt ח׳ (dttg) ‖ [b–b] prp יִגְוְעוּ שׁוֹעִים ‖ [c] Ms –ר, Ms ויסורו ‖ [d] Ms –רים.

23 כִּי לֹא עַל־אִישׁ יָשִׂים עוֹד[a] לַהֲלֹךְ אֶל־אֵל בַּמִּשְׁפָּט׃ — כֹּד בטע ר״פ בסיפ. ה[17]. ד וחס[18]
24 יָרֹעַ כַּבִּירִים לֹא־חֵקֶר וַיַּעֲמֵד[a] אֲחֵרִים תַּחְתָּם׃ — ל. ד[19] וכל ד״ה דכות במ ז
25 לָכֵן יַכִּיר מַעְבָּדֵיהֶם וְהָפַךְ לַיְלָה וְיִדַּכָּאוּ׃ — ל. ל
26 תַּחַת־רְשָׁעִים סְפָקָם[a] בִּמְקוֹם רֹאִים׃ — ל
27 אֲשֶׁר עַל־כֵּן סָרוּ מֵאַחֲרָיו וְכָל־דְּרָכָיו לֹא הִשְׂכִּילוּ׃
28 לְהָבִיא עָלָיו[a] צַעֲקַת־דָּל וְצַעֲקַת עֲנִיִּים יִשְׁמָע׃
29 וְהוּא יַשְׁקִט[a] ׀ וּמִי יַרְשִׁעַ וְיַסְתֵּר פָּנִים וּמִי יְשׁוּרֶנּוּ — לג ר״פ. ל חס. ד פסוק ומי ומי. ד ג מל וחד חס[20]. ב[21]
וְעַל־גּוֹי וְעַל־אָדָם יָחַד׃ — ל. ל
30 מִמְּלֹךְ אָדָם חָנֵף מִמֹּקְשֵׁי עָם׃ — ד
31 כִּי־אֶל־אֵל הֶאָמַר נָשָׂאתִי לֹא אֶחְבֹּל׃ — ל. יט
32 בִּלְעֲדֵי אֶחֱזֶה אַתָּה הֹרֵנִי אִם־עָוֶל פָּעַלְתִּי לֹא אֹסִיף׃ — ד. יט ו[22] מנה חס ול בסיפ
33 הֲמֵעִמְּךָ יְשַׁלְּמֶנָּה[a] כִּי־מָאַסְתָּ כִּי־אַתָּה תִבְחַר וְלֹא־אָנִי — ל. ג[23]. ט[24] ב מנה בסיפ וכל קריא דכות במ ב
וּמַה־יָּדַעְתָּ[b] דַבֵּר׃
34 אַנְשֵׁי לֵבָב יֹאמְרוּ לִי וְגֶבֶר חָכָם שֹׁמֵעַ לִי׃ — ב[25]. ב
35 אִיּוֹב לֹא־בְדַעַת יְדַבֵּר וּדְבָרָיו לֹא בְהַשְׂכֵּיל׃ — ה[26]. ב מל[27]
36 אָבִי יִבָּחֵן אִיּוֹב עַד־נֶצַח עַל־תְּשֻׁבֹת בְּאַנְשֵׁי[a]־אָוֶן׃ [לָאֵל׃ ס — ל וחס. ד]יא
37 כִּי יֹסִיף עַל־חַטָּאתוֹ פֶשַׁע בֵּינֵינוּ יִסְפּוֹק[a] וְיֶרֶב אֲמָרָיו — ד בטע ר״פ דסמיכ. ג ב חס וחד מל[28]. ל[29]
35 1 וַיַּעַן אֱלִיהוּ וַיֹּאמַר׃ — ד חס א
2 הֲזֹאת חָשַׁבְתָּ לְמִשְׁפָּט אָמַרְתָּ צִדְקִי מֵאֵל׃ — ה[1]
3 כִּי־תֹאמַר מַה־יִּסְכָּן־לָךְ מָה־אֹעִיל מֵחַטָּאתִי׃ — ל כת כן
4 אֲנִי אֲשִׁיבְךָ מִלִּין וְאֶת־רֵעֶיךָ עִמָּךְ׃
5 הַבֵּט שָׁמַיִם וּרְאֵה וְשׁוּר שְׁחָקִים גָּבְהוּ מִמֶּךָּ׃ — ל
6 אִם־חָטָאתָ מַה־תִּפְעָל־בּוֹ וְרַבּוּ פְשָׁעֶיךָ מַה־תַּעֲשֶׂה־לּוֹ׃ — ב
7 אִם־צָדַקְתָּ מַה־תִּתֶּן־לוֹ אוֹ מַה־מִיָּדְךָ יִקָּח׃
8 לְאִישׁ־כָּמוֹךָ רִשְׁעֶךָ וּלְבֶן־אָדָם צִדְקָתֶךָ׃ — ב[2]

[17] Mm 3301. [18] Mm 3547. [19] Mm 903. [20] Mm 3604. [21] Mp sub loco. [22] Mm 4177. [23] Mm 803. [24] Mm 230. [25] Mm 3546. [26] Mm 1077. [27] Mm 2465. [28] Mm 2018. [29] Mm 1805. Cp 35 [1] Mm 2289. [2] Gn 49,12.

23 [a] prp מוֹעֵד (hpgr) ‖ **24** [a] l וַיַּעֲמִיד? ‖ **26** [a] vb exc? frt ins הִכָּם vel sim ‖ **28** [a] 2 Mss אֵלָיו ‖ **29** [a] Ms יִשְׁקוֹט ‖ **33** [a] sic L, mlt Mss Edd יְשַׁלְ׳ ‖ [b] sic L, mlt Mss Edd ׳יּ ‖ **36** [a] pc Mss כְּא׳ ‖ **37** [a] mlt Mss יִשְׂפֹּק, l frt יַשְׂפִּק.

9 מֵרֹב עֲשׁוּקִים[a] יַזְעִיקוּ יְשַׁוְּעוּ מִזְּרוֹעַ רַבִּים׃ ל ג[3]
10 וְלֹא־אָמַר אַיֵּה אֱלוֹהַ עֹשָׂי נֹתֵן זְמִרוֹת בַּלָּיְלָה׃ יד[4] ר״פ בכתיב וכל ד״ה דכות ב מ ב . ל . ד[5]
11 מַלְּפֵנוּ[a] מִבַּהֲמוֹת אָרֶץ וּמֵעוֹף הַשָּׁמַיִם יְחַכְּמֵנוּ׃ ל . ל . ב[6] . ל
12 שָׁם[a] יִצְעֲקוּ וְלֹא יַעֲנֶה מִפְּנֵי גְּאוֹן רָעִים׃ ג[7] . ה
13 אַךְ־שָׁוְא לֹא־יִשְׁמַע ׀ אֵל וְשַׁדַּי לֹא יְשׁוּרֶנָּה׃
14 אַף כִּי־תֹאמַר לֹא תְשׁוּרֶנּוּ דִּין לְפָנָיו וּתְחוֹלֵל[a] לוֹ׃ כן למערב[8] . ל
15 וְעַתָּה כִּי־אַיִן פָּקַד אַפּוֹ וְלֹא־יָדַע בַּפַּשׁ[a] מְאֹד׃ יא[9] . ל
16 וְאִיּוֹב הֶבֶל יִפְצֶה־פִּיהוּ בִּבְלִי־דַעַת מִלִּין יַכְבִּר[a]׃ פ ד[10] . כב . ל וחס[11]

36 1 וַיֹּסֶף אֱלִיהוּא וַיֹּאמַר׃ כי
2 כַּתַּר־לִי זְעֵיר וַאֲחַוֶּךָּ כִּי עוֹד לֶאֱלוֹהַ מִלִּים׃ ל . ל בסיפ . י בסיפ ו[1] מנה בליש
3 אֶשָּׂא דֵעִי לְמֵרָחוֹק וּלְפֹעֲלִי אֶתֵּן־צֶדֶק׃ כג . ד . ה . ל
4 כִּי־אָמְנָם לֹא־שֶׁקֶר מִלָּי תְּמִים דֵּעוֹת עִמָּךְ׃ ב . ב[2]
5 הֶן־אֵל כַּבִּיר וְלֹא יִמְאָס כַּבִּיר כֹּחַ לֵב׃
6 לֹא־יְחַיֶּה רָשָׁע וּמִשְׁפַּט עֲנִיִּים יִתֵּן׃ [וַיִּגְבָּהוּ׃ ז[3] . ג[4] ל]
7 לֹא־יִגְרַע מִצַּדִּיק עֵינָיו וְאֶת־מְלָכִים לַכִּסֵּא וַיֹּשִׁיבֵם לָנֶצַח
8 וְאִם־אֲסוּרִים בַּזִּקִּים יִלָּכְדוּן בְּחַבְלֵי־עֹנִי׃ ו ר״פ בסיפ . ל . ל
9 וַיַּגֵּד לָהֶם פָּעֳלָם וּפִשְׁעֵיהֶם כִּי יִתְגַּבָּרוּ׃ ל
10 וַיִּגֶל אָזְנָם לַמּוּסָר וַיֹּאמֶר כִּי־יְשֻׁבוּן מֵאָוֶן׃ ד[5] . י . ו[6]
11 אִם־יִשְׁמְעוּ וְיַעֲבֹדוּ יְכַלּוּ[a] יְמֵיהֶם בַּטּוֹב וּשְׁנֵיהֶם בַּנְּעִימִים׃ ל . ט דגש[7] . ל מל
12 וְאִם־לֹא יִשְׁמְעוּ בְּשֶׁלַח יַעֲבֹרוּ וְיִגְוְעוּ כִּבְלִי[a]־דָעַת׃ ו ר״פ בסיפ . ב ר״פ בסיפ[8] . ל
13 וְחַנְפֵי־לֵב יָשִׂימוּ[a] אָף לֹא יְשַׁוְּעוּ כִּי אֲסָרָם׃ ג[9] . ל
14 תָּמֹת[a] בַּנֹּעַר נַפְשָׁם וְחַיָּתָם בַּקְּדֵשִׁים׃ ג[10]
15 יְחַלֵּץ עָנִי בְעָנְיוֹ וְיִגֶל בַּלַּחַץ אָזְנָם׃ י . ל
16 וְאַף הֲסִיתְךָ ׀ מִפִּי־צָר ט ר״פ[11] . ל

רַחַב לֹא־מוּצָק תַּחְתֶּיהָ וְנַחַת שֻׁלְחָנְךָ מָלֵא דָשֶׁן׃

17 וְדִין־רָשָׁע מָלֵאתָ דִּין וּמִשְׁפָּט יִתְמֹכוּ׃ ז פסוק[12]

18 כִּי־חֵמָה[a] פֶּן־יְסִיתְךָ בְסָפֶק[b] וְרָב־כֹּפֶר אַל־יַטֶּךָּ׃ ג קמ

19 הֲיַעֲרֹךְ[a] שׁוּעֲךָ [b]לֹא בְצָר[b] וְכֹל מַאֲמַצֵּי־כֹחַ׃ ל. ל. ל

20 אַל־תִּשְׁאַף הַלָּיְלָה לַעֲלוֹת עַמִּים תַּחְתָּם׃ יד[13] וכל אורית ויהושע דכות ב מ ג

21 הִשָּׁמֶר אַל־תֵּפֶן אֶל־אָוֶן כִּי־עַל־זֶה בָּחַרְתָּ[a] מֵעֹנִי׃ ג[14]

22 הֶן־אֵל יַשְׂגִּיב בְּכֹחוֹ מִי כָמֹהוּ מוֹרֶה׃

23 מִי־פָקַד עָלָיו דַּרְכּוֹ וּמִי־אָמַר פָּעַלְתָּ עַוְלָה׃ ג ר״פ מי וג מילין רביע ומי וכל פסוק דאית בהון ח מילין[15]

24 זְכֹר כִּי־תַשְׂגִּיא פָעֳלוֹ אֲשֶׁר שֹׁרְרוּ אֲנָשִׁים׃ ג חס בליש[16]

25 כָּל־אָדָם חָזוּ־בוֹ אֱנוֹשׁ יַבִּיט מֵרָחוֹק׃

26 הֶן־אֵל שַׂגִּיא וְלֹא נֵדָע מִסְפַּר שָׁנָיו וְלֹא־חֵקֶר׃ ג[17]

27 כִּי יְגָרַע [a]נִטְפֵי־מָיִם[a] יָזֹקּוּ[b] מָטָר לְאֵדוֹ׃ ב[18]. ל חס[19]

28 אֲשֶׁר־יִזְּלוּ שְׁחָקִים יִרְעֲפוּ עֲלֵי ׀ אָדָם רָב׃ ג

29 אַף אִם[a]־יָבִין מִפְרְשֵׂי־עָב תְּשֻׁאוֹת[b] סֻכָּתוֹ׃ ד כת כן[20]

30 הֵן־פָּרַשׂ עָלָיו אוֹרוֹ וְשָׁרְשֵׁי הַיָּם כִּסָּה׃

31 כִּי־בָם יָדִין עַמִּים יִתֶּן־אֹכֶל לְמַכְבִּיר׃ ל[21]

32 עַל־כַּפַּיִם כִּסָּה־אוֹר וַיְצַו עָלֶיהָ[a] בְמַפְגִּיעַ[b]׃ ג[22]

33 יַגִּיד עָלָיו רֵעוֹ מִקְנֶה[a] אַף עַל־עוֹלֶה[b]׃ ה מל[23]

37 1 אַף־לְזֹאת יֶחֱרַד לִבִּי וְיִתַּר מִמְּקוֹמוֹ׃ ב. ל. ב מל בליש ובסיפ[1]

2 שִׁמְעוּ שָׁמוֹעַ בְּרֹגֶז קֹלוֹ וְהֶגֶה מִפִּיו יֵצֵא׃ ה[2] חס ד מנה בכתיב וכל אורית דכות ב מ א. ג בליש

3 תַּחַת־כָּל־הַשָּׁמַיִם יִשְׁרֵהוּ וְאוֹרוֹ עַל־כַּנְפוֹת הָאָרֶץ׃

4 אַחֲרָיו ׀ יִשְׁאַג־קוֹל[a] יַרְעֵם בְּקוֹל גְּאוֹנוֹ ד

וְלֹא יְעַקְּבֵם כִּי־יִשָּׁמַע קוֹלוֹ׃ ל. ל[3]

5 יַרְעֵם אֵל בְּקוֹלוֹ נִפְלָאוֹת עֹשֶׂה גְדֹלוֹת וְלֹא נֵדָע׃ ד

[12] Mm 855. [13] Mm 1523. [14] Mm 3551. [15] Mm 3552. [16] Mm 3291. [17] Mm 3553. [18] Mp sub loco. [19] וחד ואד Gn 2,6. [20] Mm 2282. [21] וחד יכבר Hi 35,16. [22] Mm 2391. [23] Mm 1624. **Cp 37** [1] Cf Mm 489. [2] Mm 1669. [3] Mm 3112.

18 [a] prp *חֲמֵה aram = cave ‖ [b] inc; cf שׂפקו 20,22, al = verberatio, castigatio cf arab *ṣafaqa* ‖ **19** [a] prp הַיְעִרְךָ ‖ [b–b] inc ‖ **21** [a] l frt בְּ׳ cf 𝔖 ‖ **27** [a–a] prp נְטָפִים מִיָּם, sed l גרע) זוג = stillare) ‖ [b] prp יָזֹק, sed frt ו phoneticum ‖ **29** [a] prp מִי (cf 𝔖) vel אָמְנָם ‖ [b] prp תשׁ׳ = elationes ‖ **32** [a] nonn Mss עָלָיו ‖ [b] prp בְּמִפְגָּע cf 7,20 ‖ **33** [a] l prb מַ׳ = מַקְנִיא ‖ [b] l עַוְלָה ‖ **Cp 37,4** [a] 2 Mss קוֹלוֹ.

6 כִּי לַשְּׁלֶג[a] ׀ יֹאמַר הֱוֵא אָרֶץ [b]וְגֶשֶׁם מָטָר וְגֶשֶׁם מִטְרוֹת[b] עֻזּוֹ[c]׃ — כֹּד בטע ר״פ בסיפ . ב חד כת א וחד כת ה . ה . ל

7 בְּיַד[a]־כָּל־אָדָם יַחְתּוֹם לָדַעַת כָּל־אַנְשֵׁי[b] מַעֲשֵׂהוּ׃

8 וַתָּבֹא חַיָּה בְמוֹ־אָרֶב וּבִמְעוֹנֹתֶיהָ תִשְׁכֹּן׃ — ט . ל כת כן[4]

9 מִן־הַחֶדֶר תָּבוֹא סוּפָה וּמִמְּזָרִים קָרָה׃ — ב

10 מִנִּשְׁמַת־אֵל יִתֶּן־קָרַח וְרֹחַב מַיִם בְּמוּצָק׃ — ב ר״פ[5]

11 אַף־בְּרִי יַטְרִיחַ עָב יָפִיץ עֲנַן אוֹרוֹ׃ — ב ובתרי לישנ[6] . ד[7]

12 וְהוּא מְסִבּוֹת[a] ׀ מִתְהַפֵּךְ בְּתַחְבּוּלֹתָו[b] לְפָעֳלָם — לג ר״פ . ב[8] . בתחבולתיו ק
כֹּל אֲשֶׁר יְצַוֵּם ׀ עַל־פְּנֵי תֵבֵל אָרְצָה[c]׃ — ל

13 אִם־לְשֵׁבֶט [a]אִם־לְאַרְצוֹ[a] אִם־לְחֶסֶד יַמְצִאֵהוּ[b]׃ — ב ר״פ אם אם אם[9] . ל וחס

14 הַאֲזִינָה זֹּאת אִיּוֹב עֲמֹד וְהִתְבּוֹנֵן ׀ נִפְלְאוֹת אֵל׃ — יו

15 הֲתֵדַע בְּשׂוּם־אֱלוֹהַּ עֲלֵיהֶם וְהוֹפִיעַ אוֹר עֲנָנוֹ׃ — ב . ל . ל[10] . ב

16 הֲתֵדַע עַל־מִפְלְשֵׂי־עָב מִפְלְאוֹת תְּמִים דֵּעִים׃ — ב . ל . ל . ב

17 אֲשֶׁר־בְּגָדֶיךָ חַמִּים בְּהַשְׁקִט אֶרֶץ מִדָּרוֹם׃ — ל וחס

18 תַּרְקִיעַ עִמּוֹ לִשְׁחָקִים חֲזָקִים כִּרְאִי מוּצָק׃ — ל . ג[12] . ל

19 הוֹדִיעֵנוּ[a] מַה־נֹּאמַר לוֹ לֹא־נַעֲרֹךְ מִפְּנֵי־חֹשֶׁךְ׃

20 הַיְסֻפַּר־לוֹ כִּי אֲדַבֵּר אִם־אָמַר אִישׁ כִּי יְבֻלָּע׃ — ב[13] . ב חד קמ וחד פת[14]

21 וְעַתָּה ׀ לֹא רָאוּ אוֹר בָּהִיר הוּא בַּשְּׁחָקִים
וְרוּחַ עָבְרָה וַתְּטַהֲרֵם׃ — ל

22 מִצָּפוֹן זָהָב יֶאֱתֶה עַל־אֱלוֹהַּ נוֹרָא הוֹד׃

23 שַׁדַּי לֹא־מְצָאנֻהוּ שַׂגִּיא־כֹחַ וּמִשְׁפָּט וְרֹב־צְדָקָה לֹא יְעַנֶּה׃ — ל וחס . ל

24 לָכֵן יְרֵאוּהוּ אֲנָשִׁים לֹא־יִרְאֶה כָּל־חַכְמֵי־לֵב׃ פ — ל ומל

38 1 וַיַּעַן־יְהוָה אֶת־אִיּוֹב מִנִי[a] ׀ הַסְּעָרָה וַיֹּאמַר׃ — מן הסערה חד מן ה׳[1] כת מילה חדה וקר תרי ק

2 מִי זֶה ׀ מַחְשִׁיךְ עֵצָה בְמִלִּין בְּלִי־דָעַת׃

3 אֱזָר־נָא כְגֶבֶר[a] חֲלָצֶיךָ וְאֶשְׁאָלְךָ וְהוֹדִיעֵנִי׃ — ד זוגין[2] . ל

[4] Mm 2570 contra textum. [5] Mm 3459. [6] Prv 31,2. [7] Mm 758. [8] Mm 1437. [9] Mm 3554. [10] Mm 3357. [11] Mm 3516. [12] Mm 2777. [13] Ps 88,12. [14] Mm 3555. **Cp 38** [1] Mm 214. [2] Mm 3561.

6 [a] sic L, mlt Mss Edd לַ־ ‖ [b–b] dttg; l prb וְלַגֶּשֶׁם וּמָטָר ‖ [c] l prb עִזּוּ ‖ **7** [a] prp בְּעַד ‖ [b] prp אֲנָשִׁים ‖ **12** [a] frt ins יִתְהַלֵּךְ ‖ [b] Q לָתָיו–, K לָתוֹ– ‖ [c] prp אַרְצוֹ = אַרְצָה, sed frt forma poetica pro אָרֶץ ‖ **13** [a–a] prp אֻמְלַל אָרֶץ ‖ [b] prp יַאֲמִצֵהוּ ‖ **19** [a] nonn Mss 𝔊𝔖 נִי– ‖ **Cp 38,1** [a] Q מִן ‖ **3** [a] Ms כְּגִיבּוֹר.

4 אֵיפֹ֣ה הָ֭יִיתָ בְּיָסְדִי־אָ֑רֶץ הַ֝גֵּ֗ד אִם־יָדַ֥עְתָּ בִינָֽה׃	ל[3] כת ה ב מנה בסיפ
5 מִי־שָׂ֣ם מְ֭מַדֶּיהָ כִּ֣י תֵדָ֑ע א֤וֹ מִֽי־נָטָ֖ה עָלֶ֣יהָ קָּֽו׃	ל
6 עַל־מָ֭ה אֲדָנֶ֣יהָ הָטְבָּ֑עוּ א֥וֹ מִֽי־יָ֝רָ֗ה אֶ֣בֶן פִּנָּתָֽהּ׃	ב קמ
7 בְּרָן־יַ֭חַד כּ֣וֹכְבֵי בֹ֑קֶר וַ֝יָּרִ֗יעוּ כָּל־בְּנֵ֥י אֱלֹהִֽים׃	ל . ד מל . ל[4]
8 וַיָּ֣סֶךְ בִּדְלָתַ֣יִם יָ֑ם בְּ֝גִיח֗וֹ מֵרֶ֥חֶם יֵצֵֽא׃	ד[5] . ל
9 בְּשׂוּמִ֣י עָנָ֣ן לְבֻשׁ֑וֹ וַ֝עֲרָפֶ֗ל חֲתֻלָּתֽוֹ׃	ב . ג חס
10 וָאֶשְׁבֹּ֣ר עָלָ֣יו חֻקִּ֑י וָ֝אָשִׂ֗ים בְּרִ֣יחַ וּדְלָתָֽיִם׃	ג[6] . ט[7]
11 וָאֹמַ֗ר עַד־פֹּ֣ה תָ֭בוֹא וְלֹ֣א תֹסִ֑יף וּפֹ֥א־[a]יָ֝שִׁ֗ית בִּגְא֥וֹן[a] גַּלֶּֽיךָ׃	ד[8] . יג ג מנה כת כן . ב חד כת ה וחד כת א[9] . ז ומל[10]
12 הֲֽ֭מִיָּמֶיךָ[a] צִוִּ֣יתָ בֹּ֑קֶר [b]יִדַּ֖עְתָּה שַּׁ֣חַר[b] מְקֹמֽוֹ׃	ל . ידעת השחר ק[6]
13 לֶ֭אֱחֹז בְּכַנְפ֣וֹת הָאָ֑רֶץ וְיִנָּעֲר֖וּ רְשָׁעִ֣ים[a] מִמֶּֽנָּה׃	ד אותיות תלויות[11]
14 תִּ֭תְהַפֵּךְ כְּחֹ֣מֶר חוֹתָ֑ם וְ֝יִֽתְיַצְּב֗וּ[a] כְּמ֣וֹ לְבֽוּשׁ׃	
15 וְיִמָּנַ֣ע מֵרְשָׁעִ֣ים[a] אוֹרָ֑ם וּזְר֥וֹעַ רָ֝מָ֗ה תִּשָּׁבֵֽר׃	ד אותיות תלויות[11] . ג[12]
16 הֲ֭בָאתָ עַד־נִבְכֵי־יָ֑ם וּבְחֵ֥קֶר תְּ֝ה֗וֹם הִתְהַלָּֽכְתָּ׃	ב . ב
17 הֲנִגְל֣וּ לְ֭ךָ שַׁעֲרֵי־מָ֑וֶת וְשַׁעֲרֵ֖י צַלְמָ֣וֶת תִּרְאֶֽה׃	ל
18 הִ֭תְבֹּנַנְתָּ עַד־רַחֲבֵי־אָ֑רֶץ הַ֝גֵּ֗ד אִם־יָדַ֥עְתָּ כֻלָּֽהּ׃	ג חס בליש
19 אֵי־זֶ֣ה הַ֭דֶּרֶךְ יִשְׁכָּן־א֑וֹר וְ֝חֹ֗שֶׁךְ אֵי־זֶ֥ה מְקֹמֽוֹ׃	לא . ב[13] . לא
20 כִּ֣י תִ֭קָּחֶנּוּ אֶל־גְּבוּל֑וֹ וְכִ֥י־תָ֝בִ֗ין[a] נְתִיב֥וֹת בֵּיתֽוֹ׃	לא פסוק כי וכי[14]
21 יָ֭דַעְתָּ כִּי־אָ֣ז תִּוָּלֵ֑ד וּמִסְפַּ֖ר יָמֶ֣יךָ רַבִּֽים׃	ה
22 הֲ֭בָאתָ אֶל־אֹצְר֣וֹת שָׁ֑לֶג וְאוֹצְר֖וֹת בָּרָ֣ד תִּרְאֶֽה׃	ב . יא מל[15]
23 אֲשֶׁר־חָשַׂ֥כְתִּי לְעֶת־צָ֑ר לְי֥וֹם קְ֝רָ֗ב וּמִלְחָמָֽה׃	ג[16]
24 אֵי־זֶ֣ה הַ֭דֶּרֶךְ יֵחָ֣לֶק א֑וֹר יָפֵ֖ץ קָדִ֣ים עֲלֵי־אָֽרֶץ׃	לא . ל
25 מִֽי־פִלַּ֣ג לַשֶּׁ֣טֶף תְּעָלָ֑ה וְ֝דֶ֗רֶךְ לַחֲזִ֥יז קֹלֽוֹת׃	ו כת כן
26 לְ֭הַמְטִיר עַל־אֶ֣רֶץ לֹא־אִ֑ישׁ מִ֝דְבָּ֗ר לֹא־אָדָ֥ם בּֽוֹ׃	ט וכל על ארץ מצרים דאורית דכות[17]
27 לְהַשְׂבִּ֣יעַ שֹׁ֭אָה וּמְשֹׁאָ֑ה וּ֝לְהַצְמִ֗יחַ מֹ֣צָא דֶֽשֶׁא׃	ב חס[18]

[3] Mm 1750. [4] Mm 3449. [5] Mm 1764. [6] Mp sub loco. [7] Mm 1918. [8] Mm 2296. [9] Mm 3556. [10] Mm 2737. [11] Mm 3557. [12] Mm 2253. [13] Gn 1,2. [14] Mm 2059. [15] Mm 1977 contra textum. [16] Mm 3851. [17] Mm 2946. [18] Mm 3558.

11 [a–a] שית ב = obsistere? vel frt l ׳יִשְּׁבֹת גּ ‖ **12** [a] sic L, mlt Mss Edd ׳הֲ ‖ [b–b] Q יִדַּעְתָּ הַשַּׁחַר, K יִדַּעְתָּה שַׁחַר ‖ **13** [a] עין hab ע suspensum ‖ **14** [a] prp וְתִצָּבַע vel וְתִצְטַבַּע ‖ **15** [a] ut 13[a] ‖ **20** [a] prp תְּבִיאֶנּוּ = תָּבִין.

28 הֲיֵשׁ־לַמָּטָר אָב אוֹ מִי־הוֹלִיד אֶגְלֵי־טָל׃ ל

29 מִבֶּטֶן מִי יָצָא הַקָּרַח וּכְפֹר שָׁמַיִם מִי יְלָדוֹ׃ ל . ל

30 כָּאֶבֶן[a] מַיִם יִתְחַבָּאוּ וּפְנֵי תְהוֹם יִתְלַכָּדוּ׃ ל . יו . ל . ל

31 הַתְקַשֵּׁר מַעֲדַנּוֹת כִּימָה אוֹ־מֹשְׁכוֹת כְּסִיל תְּפַתֵּחַ׃ ל . ב חד חס וחד מל[19] . ל

32 הֲתֹצִיא מַזָּרוֹת בְּעִתּוֹ וְעַיִשׁ עַל־בָּנֶיהָ תַנְחֵם׃ ל וחס . ל . ל

33 הֲיָדַעְתָּ חֻקּוֹת שָׁמָיִם אִם־תָּשִׂים מִשְׁטָרוֹ בָאָרֶץ׃ ה[20] . ט . ל

34 הֲתָרִים לָעָב קוֹלֶךָ וְשִׁפְעַת־מַיִם תְּכַסֶּךָּ[a]׃ ל . ב

35 הַתְשַׁלַּח בְּרָקִים וְיֵלֵכוּ וְיֹאמְרוּ לְךָ הִנֵּנוּ׃ ל[19] . ט רפי[21] ס ה

36 מִי־שָׁת בַּטֻּחוֹת חָכְמָה אוֹ מִי־נָתַן לַשֶּׂכְוִי בִינָה׃ ד קמ[22] . ל בסיפ . ל

37 מִי־יְסַפֵּר שְׁחָקִים בְּחָכְמָה וְנִבְלֵי שָׁמַיִם מִי יַשְׁכִּיב׃ ל

38 בְּצֶקֶת עָפָר לַמּוּצָק וּרְגָבִים יְדֻבָּקוּ׃ ל . ל . ב[23]

39 הֲתָצוּד לְלָבִיא טָרֶף וְחַיַּת כְּפִירִים תְּמַלֵּא׃ ל . ל

40 כִּי־יָשֹׁחוּ בַמְּעוֹנוֹת יֵשְׁבוּ בַסֻּכָּה לְמוֹ־אָרֶב׃ ב מל בליש[24] . כ[25]

41 מִי יָכִין לָעֹרֵב צֵידוֹ כִּי־יְלָדָו אֶל־אֵל יְשַׁוֵּעוּ יִתְעוּ לִבְלִי־ [אֹכֶל׃ ילדיו חד מן ג[26] בליש ק

39 1 הֲיָדַעְתָּ עֵת[a] לֶדֶת יַעֲלֵי־סָלַע חֹלֵל אַיָּלוֹת תִּשְׁמֹר׃ ה[1] . ל וחס

2 תִּסְפֹּר יְרָחִים תְּמַלֶּאנָה וְיָדַעְתָּ עֵת לִדְתָּנָה׃ ד[2] . ל . ל

3 תִּכְרַעְנָה יַלְדֵיהֶן תְּפַלַּחְנָה חֶבְלֵיהֶם[a] תְּשַׁלַּחְנָה׃ ל . ל . ל

4 יַחְלְמוּ בְנֵיהֶם יִרְבּוּ[a] בַבָּר[b] יָצְאוּ וְלֹא־שָׁבוּ לָמוֹ׃ ל . ג[3]

5 מִי־שִׁלַּח פֶּרֶא חָפְשִׁי וּמֹסְרוֹת עָרוֹד מִי פִתֵּחַ׃ ו ה מנה כת א וחד כת ה[4] . ל . ג

6 אֲשֶׁר־שַׂמְתִּי עֲרָבָה בֵיתוֹ וּמִשְׁכְּנוֹתָיו מְלֵחָה׃ ב חד מל וחד חס

7 יִשְׂחַק לַהֲמוֹן קִרְיָה תְּשֻׁאוֹת נוֹגֵשׂ לֹא יִשְׁמָע׃ ד כת כן[5]

8 יְתוּר[a] הָרִים מִרְעֵהוּ וְאַחַר כָּל־יָרוֹק יִדְרוֹשׁ׃ ל . ל . ג ב חס וחד מל[6] . ג מל בליש

9 הֲיֹאבֶה רֵּים עָבְדֶךָ אִם־יָלִין עַל־אֲבוּסֶךָ׃ ל . ב . ל . ל

10 הֲתִקְשָׁר־רֵים בְּתֶלֶם עֲבֹתוֹ אִם־יְשַׂדֵּד עֲמָקִים אַחֲרֶיךָ׃ ב . ג בליש[7]

11 הֲתִבְטַח־בּוֹ כִּי־רַב כֹּחוֹ וְתַעֲזֹב אֵלָיו יְגִיעֶךָ׃ ל . ל

[19] Mp sub loco. [20] Mm 2046. [21] Mm 1233. [22] Mm 3014. [23] Hi 41,9. [24] Mm 2570. [25] Mm 534. [26] Mm 3559.
Cp 39 [1] Mm 2046. [2] Mm 378. [3] Mm 3982. [4] Mm 3560. [5] Mm 2282. [6] Mm 751. [7] Mm 2310.

30 [a] = כְּבָאבֶן ‖ **34** [a] 𝔊 ὑπακούσεταί σου = תַּעֲנֶךָּ? ‖ **Cp 39,1** [a] frt dl (dttg) ‖ **3** [a] nonn Mss הֶן– ‖ **4** [a] Ms ילכו ‖ [b] pc Mss בכר ‖ **8** [a] = saxum procurrens; cf יתר transcendere.

12 הֲתַאֲמִין בּוֹ כִּֽי־יָשׁוּבa ᵇזַרְעֶךָ וְגָרְנְךָᵇ יֶאֱסֹף׃
13 כְּנַף־רְנָנִים נֶעֱלָסָה אִם־אֶבְרָה חֲסִידָה וְנֹצָה׃
14 כִּֽי־תַעֲזֹב לָאָרֶץ בֵּצֶיהָ וְעַל־עָפָר תְּחַמֵּם׃
15 וַתִּשְׁכַּח כִּי־רֶגֶל תְּזוּרֶהָ וְחַיַּת הַשָּׂדֶה תְּדוּשֶׁהָ׃
16 הִקְשִׁיחַ בָּנֶיהָ לְּלֹא־לָהּ לְרִיק יְגִיעָהּ בְּלִי־פָחַד׃
17 כִּֽי־הִשָּׁהּ אֱלוֹהַּ חָכְמָה וְלֹא־חָלַק לָהּ בַּבִּינָה׃
18 כָּעֵת בַּמָּרוֹם תַּמְרִיא תִּשְׂחַק לַסּוּס וּלְרֹכְבוֹ׃
19 הֲתִתֵּן לַסּוּס גְּבוּרָה הֲתַלְבִּישׁ צַוָּארוֹ רַעְמָה׃
20 הְֽתַרְעִישֶׁנּוּa כָּאַרְבֶּה הוֹד נַחְרוֹ אֵימָה׃
21 יַחְפְּרוּa בָעֵמֶק וְיָשִׂישׂb בְּכֹחַ יֵצֵא לִקְרַאת־נָשֶׁק׃
22 יִשְׂחַק לְפַחַדa וְלֹא יֵחָת וְלֹא־יָשׁוּב מִפְּנֵי־חָרֶב׃
23 עָלָיו תִּרְנֶה אַשְׁפָּה לַהַב חֲנִית וְכִידוֹן׃
24 בְּרַעַשׁ וְרֹגֶז יְגַמֶּא־אָרֶץ וְלֹא־יַאֲמִין כִּי־קוֹל שׁוֹפָר׃
25 בְּדֵי שֹׁפָר ׀ יֹאמַר הֶאָח וּמֵרָחוֹק יָרִיחַ מִלְחָמָה רַעַם שָׂרִים [וּתְרוּעָה׃
26 הֲמִבִּינָתְךָ יַֽאֲבֶר־נֵץ יִפְרֹשׂ כְּנָפָו לְתֵימָן׃
27 אִם־עַל־פִּיךָ יַגְבִּיהַּ נָשֶׁר וְכִי יָרִים קִנּוֹ׃
28 סֶלַע יִשְׁכֹּן וְיִתְלֹנָן עַל־שֶׁן־סֶלַע וּמְצוּדָה׃
29 מִשָּׁם חָפַר־אֹכֶל לְמֵרָחוֹק עֵינָיו יַבִּיטוּ׃
30 וְאֶפְרֹחָו יְעַלְעוּa־דָם וּבַאֲשֶׁר חֲלָלִים שָׁם הוּא׃ פ

40 1 וַיַּעַןa יְהוָה אֶת־אִיּוֹב וַיֹּאמַר׃
2 הֲרֹב עִם־שַׁדַּי יִסּוֹר מוֹכִיחַ אֱלוֹהַּ יַעֲנֶנָּה׃ פ
3 וַיַּעַן אִיּוֹב אֶת־יְהוָה וַיֹּאמַר׃
4 הֵן קַלֹּתִי מָה אֲשִׁיבֶךָּ יָדִי שַׂמְתִּי לְמוֹ־פִי׃
5 אַחַת דִּבַּרְתִּי וְלֹא אֶעֱנֶה וּשְׁתַּיִם וְלֹא אוֹסִיף׃ פ
6 aוַיַּעַן־יְהוָה אֶת־אִיּוֹב מִנb ׀ סְעָרָה וַיֹּאמַר׃

Masorah parva:
- 12: ל̇. ישיב ק̇ חד מן ג̇[8] כת כן וחד מן כד̇[9] בליש. ל̇
- 13: ל̇. ל̇. ל̇[10]. ג̇. ל̇ וחס
- 14: ל̇
- 15: ל̇. ל̇
- 16: ל̇. יא̇[11]. ב̇. ב̇
- 17: ל̇
- 18: ל̇
- 19: ל̇. ל̇. ה̇[12]
- 20: ל̇. ה̇. ל̇
- 21: ל̇
- 22: ו̇[13]
- 23: ל̇. ב̇
- 24: ל̇
- 25: ב̇ חס[14] וכל אורית דכות ב̇ מ̇ ב̇. ל̇. ל̇
- 26: ל̇. כנפיו ק̇
- 27: ג̇
- 28: ל̇[15]
- 29: ח̇
- 30: ואפרחיו ק̇[14]. ד̇[16]
- 40,2: ג̇ ב̇ חס וחד מל̇. ל̇. ב̇
- 40,4: ל̇ וחס
- 40,5: ד̇[1]. יט
- 40,6: מן סערה ק̇ חד מן ה̇[2] כת מילה חדה וקר̇ תרי

[8] Mm 3289. [9] Mm 1685. [10] Cf Mm 3680. [11] Mm 2442. [12] Mm 2613. [13] Mm 2494. [14] Mp sub loco. [15] וחד יתלונן Ps 91,1. [16] Mm 2444. Cp 40 [1] Mm 2175. [2] Mm 214.

12 a Q יָשִׁיב, prp c K יָשׁוּב ‖ b–b prp וְזַרְעֲךָ גָּרְנָה ‖ **20** a sic L, mlt Mss Edd הֲ׳ ‖ **21** a l frt יחפּוֹר cf 𝔊𝔖𝔙 ‖ b l prb וישׁישׁ ‖ **22** a pc Mss 𝔖 לפחת ‖ **30** a = יְלַעְלְעוּ ‖ **Cp 40,1** a v 1 > Ms ‖ **6** a 6.7 = 38,1.3 ‖ b Q מִן.

7 אֱזָר־נָ֣א כְגֶ֣בֶר חֲלָצֶ֑יךָ אֶ֝שְׁאָלְךָ֗ וְהוֹדִיעֵֽנִי׃ ד זוגין[3]. ב
8 הַאַ֣ף תָּפֵ֣ר מִשְׁפָּטִ֑י תַּ֝רְשִׁיעֵ֗נִי לְמַ֣עַן תִּצְדָּֽק׃ ב. יו[4]. ד
9 וְאִם־זְר֖וֹעַ כָּאֵ֥ל ׀ לָ֑ךְ וּ֝בְק֗וֹל כָּמֹ֥הוּ תַרְעֵֽם׃ ו ר״פ בסיפ
10 עֲדֵ֥ה נָ֣א גָא֣וֹן וָגֹ֑בַהּ וְה֖וֹד וְהָדָ֣ר תִּלְבָּֽשׁ׃ ל. ג[5]. ל
11 הָ֭פֵץ עֶבְר֣וֹת אַפֶּ֑ךָ וּרְאֵ֥ה כָל־גֵּ֝אֶ֗ה וְהַשְׁפִּילֵֽהוּ׃ ל. ל[6]. ד. ל
12 רְאֵ֣ה כָל־גֵּ֭אֶה הַכְנִיעֵ֑הוּ[a] וַהֲדֹ֖ךְ רְשָׁעִ֣ים תַּחְתָּֽם׃ ד. ל. ל
13 טָמְנֵ֣ם בֶּעָפָ֣ר יָ֑חַד פְּ֝נֵיהֶ֗ם חֲבֹ֣שׁ בַּטָּמֽוּן׃ ג[7]
14 וְגַם־אֲנִ֥י אוֹדֶ֑ךָּ כִּי־תוֹשִׁ֖עַ לְךָ֣ יְמִינֶֽךָ׃ כ ר״פ בכתיב[8]. ל חס
15 הִנֵּה־נָ֣א בְ֭הֵמוֹת אֲשֶׁר־עָשִׂ֣יתִי עִמָּ֑ךְ חָ֝צִ֗יר כַּבָּקָ֥ר יֹאכֵֽל׃ ג. יג[9]
16 הִנֵּה־נָ֣א כֹח֣וֹ בְמָתְנָ֑יו וְ֝אֹנ֗וֹ בִּשְׁרִירֵ֥י בִטְנֽוֹ׃ ל
17 יַחְפֹּ֣ץ זְנָב֣וֹ כְמוֹ־אָ֑רֶז גִּידֵ֥י פַחֲדָ֣ו יְשֹׂרָֽגוּ׃ ל. פחדיו ק
18 עֲ֭צָמָיו אֲפִיקֵ֣י נְחוּשָׁ֑ה גְּ֝רָמָ֗יו כִּמְטִ֥יל בַּרְזֶֽל׃ ב חס בליש[10]. ל. ל
19 ה֭וּא רֵאשִׁ֣ית דַּרְכֵי־אֵ֑ל הָ֝עֹשׂ֗וֹ[a] יַגֵּ֥שׁ חַרְבּֽוֹ׃ כח
20 כִּֽי־ב֭וּל[a] הָרִ֣ים יִשְׂאוּ־ל֑וֹ וְכָל־חַיַּ֥ת הַ֝שָּׂדֶ֗ה יְשַֽׂחֲקוּ־שָֽׁם׃ ב[11]. כ
21 תַּֽחַת־צֶאֱלִ֥ים יִשְׁכָּ֑ב בְּסֵ֖תֶר קָנֶ֣ה וּבִצָּֽה׃ ב. ח
22 יְסֻכֻּ֣הוּ צֶאֱלִ֣ים צִלְל֑וֹ יְ֝סֻבּ֗וּהוּ עַֽרְבֵי־נָֽחַל׃ ב. ל. ל
23 הֵ֤ן יַעֲשֹׁ֣ק[a] נָ֭הָר לֹ֣א יַחְפּ֑וֹז יִבְטַ֓ח ׀ כִּֽי־יָגִ֖יחַ יַרְדֵּ֣ן אֶל־פִּֽיהוּ׃ ל ומל. ל. ב[12]. כב
24 בְּעֵינָ֥יו יִקָּחֶ֑נּוּ בְּ֝מֹֽקְשִׁ֗ים יִנְקָב־אָֽף׃ נא
25 תִּמְשֹׁ֣ךְ[a] לִוְיָתָ֣ן בְּחַכָּ֑ה וּ֝בְחֶ֗בֶל תַּשְׁקִ֥יעַ לְשֹׁנֽוֹ׃ ב[13]. ל
26 הֲתָשִׂ֣ים אַגְמ֣וֹן בְּאַפּ֑וֹ וּ֝בְח֗וֹחַ תִּקּ֥וֹב לֶֽחֱיוֹ[a]׃ ל. ג חס בליש[14]. ל. ל
27 הֲיַרְבֶּ֣ה אֵ֭לֶיךָ תַּחֲנוּנִ֑ים אִם־יְדַבֵּ֖ר אֵלֶ֣יךָ רַכּֽוֹת׃ ל. ב ומל
28 הֲיִכְרֹ֣ת בְּרִ֣ית עִמָּ֑ךְ תִּ֝קָּחֶ֗נּוּ לְעֶ֣בֶד עוֹלָֽם׃ ל. ב
29 הַֽתְשַׂחֶק־בּ֭וֹ כַּצִּפּ֑וֹר וְ֝תִקְשְׁרֶ֗נּוּ לְנַעֲרוֹתֶֽיךָ׃ ל. ג. ל. ב ומל
30 יִכְר֣וּ עָ֭לָיו חַבָּרִ֑ים יֶ֝חֱצ֗וּהוּ בֵּ֣ין כְּנַעֲנִֽים׃ ל. ל ומל. ג ול לשון תגרייא
31 הַתְמַלֵּ֣א בְשֻׂכּ֣וֹת עוֹר֑וֹ וּבְצִלְצַ֖ל דָּגִ֣ים רֹאשֽׁוֹ׃ ל. יג[15]. כת ש ול בליש

[3] Mm 3561. [4] Mm 2362. [5] Mm 3617. [6] וחד בעברות Ps 7,7, Mp contra textum (Naft), ben Ascher עֶבְרוֹת. [7] Mm 2887. [8] Mm 4070. [9] Mm 784. [10] Mm 3564 contra textum. [11] Mm 1906. [12] Prv 19,24. [13] Hab 1,15. [14] Mp contra textum, cf Mp sub loco. [15] Mm 1411.

12 [a] nonn Mss וְה׳ ‖ **19** [a] = qui fecit eum ‖ **20** [a] inc ‖ **23** [a] prp יִפְשַׁע ‖ **25** [a] Ms הֲתִ׳ ‖ **26** [a] sic L, mlt Mss Edd –יָו.

32 שִׂים־עָלָיו כַּפֶּךָ זְכֹר מִלְחָמָה אַל־תּוֹסַף׃ כד . ל חס . ל

41 1 הֵן־תֹּחַלְתּוֹ[a] נִכְזָבָה הֲגַם[b] אֶל־מַרְאָיו יֻטָל׃ ל . ג ול חס

2 לֹא־אַכְזָר כִּי יְעוּרֶנּוּ[a] וּמִי הוּא לְפָנַי[b] יִתְיַצָּב׃ ל . ב קמ

3 מִי הִקְדִּימַנִי וַאֲשַׁלֵּם תַּחַת כָּל־הַשָּׁמַיִם לִי־הוּא׃ ל . ג

4 לֹא[a]־אַחֲרִישׁ בַּדָּיו[b] וּדְבַר־גְּבוּרוֹת וְחִין[c] עֶרְכּוֹ׃ לו חד מן יז[1] כת כן . ק יח . ב ומל . ג[2]

5 מִי־גִלָּה פְּנֵי לְבוּשׁוֹ בְּכֶפֶל רִסְנוֹ[a] מִי יָבוֹא׃ ל . ד מל בסיפ

6 דַּלְתֵי פָנָיו מִי פִתֵּחַ סְבִיבוֹת שִׁנָּיו אֵימָה׃ ג

7 גַּאֲוָה[a] אֲפִיקֵי מָגִנִּים סָגוּר חוֹתָם צָר׃ ה וכל זהב סגור דכות[3]

8 אֶחָד בְּאֶחָד יִגַּשׁוּ וְרוּחַ[a] לֹא־יָבוֹא בֵינֵיהֶם׃ ל

9 אִישׁ־בְּאָחִיהוּ יְדֻבָּקוּ יִתְלַכְּדוּ וְלֹא יִתְפָּרָדוּ׃ ד[4] . ב[5] . ב[6]

10 עֲטִישֹׁתָיו תָּהֶל אוֹר וְעֵינָיו כְּעַפְעַפֵּי־שָׁחַר׃ ל . ל . יא . ו בכתיב[7]

11 מִפִּיו לַפִּידִים יַהֲלֹכוּ כִּידוֹדֵי אֵשׁ יִתְמַלָּטוּ׃ ג מל בליש ול בכתיב . ל . ל . ל

12 מִנְּחִירָיו יֵצֵא עָשָׁן כְּדוּד נָפוּחַ וְאַגְמֹן[a]׃ ב ול בסיפ . ג חס בליש

13 נַפְשׁוֹ גֶּחָלִים תְּלַהֵט וְלַהַב מִפִּיו יֵצֵא׃

14 בְּצַוָּארוֹ יָלִין עֹז וּלְפָנָיו תָּדוּץ דְּאָבָה׃ ה[8] ול בליש . ב . ל ד ושאר ר . ל

15 מַפְּלֵי בְשָׂרוֹ דָבֵקוּ יָצוּק עָלָיו בַּל־יִמּוֹט׃ ל . ל

16 לִבּוֹ יָצוּק כְּמוֹ־אָבֶן וְיָצוּק כְּפֶלַח תַּחְתִּית׃ ל . ג

17 מִשֵּׂתוֹ[a] יָגוּרוּ אֵלִים[b] מִשְּׁבָרִים יִתְחַטָּאוּ׃ יא[9] מילין דלא מפק א ול בליש . ו חס בכתיב למערב[10] . ל . ל

18 מַשִּׂיגֵהוּ חֶרֶב בְּלִי תָקוּם חֲנִית מַסָּע[a] וְשִׁרְיָה׃ ל . ב[11]

19 יַחְשֹׁב לְתֶבֶן בַּרְזֶל לְעֵץ רִקָּבוֹן נְחוּשָׁה׃ ל

20 לֹא־יַבְרִיחֶנּוּ בֶן־קָשֶׁת לְקַשׁ נֶהְפְּכוּ־לוֹ אַבְנֵי־קָלַע׃ ל . ב

21 כְּקַשׁ נֶחְשְׁבוּ תוֹתָח וְיִשְׂחַק לְרַעַשׁ כִּידוֹן׃ ל . ל

22 תַּחְתָּיו חַדּוּדֵי חָרֶשׂ יִרְפַּד חָרוּץ עֲלֵי־טִיט׃ ל . ל

23 יַרְתִּיחַ כַּסִּיר מְצוּלָה יָם יָשִׂים כַּמֶּרְקָחָה׃ ל . ל

Cp 41 [1]Mm 1795. [2]Mm 3562. [3]Mm 3563. [4]Mm 2660. [5]Hi 38,38. [6]Hi 4,11. [7]Mp sub loco. [8]Mm 2613. [9]Mm 4069 contra textum, lect Mm frt inc. [10]Mm 879. [11]Mm 1901.

Cp 41,1 [a] pc Mss –תִּי, Ms –תְּךָ ‖ [b] dl ה (dttg) ‖ **2** [a] pc Mss יְעִירֶנּוּ, prb l ‖ [b] mlt Mss –נָיו ‖ **4** [a] Q לוֹ, K לא ‖ [b] l frt בְּדָיו (בְּדֵי = coram? cf 11,3) ‖ [c] inc ‖ **5** [a] 𝔊 *θώρακος αὐτοῦ*, l prb סִרְיֹנוֹ ‖ **7** [a] prp גֵּוֹה cf 𝔊α′𝔙 ‖ **8** [a] prp וְרֶוַח ‖ **12** [a] prp וְאֹגֵם (ן dttg) ‖ **17** [a] nonn Mss משאתו ‖ [b] = אילים ‖ **18** [a] inc.

24 אַחֲרָיו יָאִיר נָתִיב יַחְשֹׁב תְּהוֹם לְשֵׂיבָה׃ — כל ליש כת כן

25 אֵין־עַל־עָפָר מָשְׁלוֹ הֶעָשׂוּ[a] לִבְלִי־חָת׃ — ל̇[12] . ל̇

26 אֵת כָּל־גָּבֹהַּ יִרְאֶה הוּא מֶלֶךְ עַל־כָּל־בְּנֵי־שָׁחַץ׃ ס

42 1 וַיַּעַן אִיּוֹב אֶת־יְהוָה וַיֹּאמַר׃

2 יָדַעְתָּ[a] כִּי־כֹל תּוּכָל וְלֹא־יִבָּצֵר מִמְּךָ מְזִמָּה׃ — ידעתי ק חד מן ב̇[1] כת כן . ל̇[2]

3 מִי זֶה ׀ מַעְלִים עֵצָה[b] בְּלִי דָעַת[a] לָכֵן הִגַּדְתִּי וְלֹא אָבִין נִפְלָאוֹת — ל̇[3]

4 שְׁמַע־נָא וְאָנֹכִי אֲדַבֵּר אֶשְׁאָלְךָ וְהוֹדִיעֵנִי׃ [מִמֶּנִּי וְלֹא אֵדָע׃ — ד̇ זוגין[5] . ב̇ [נ̇ו̇ וכל תלים דכות ב̇ מ̇ א̇ . ג̇[4]]

5 לְשֵׁמַע־אֹזֶן שְׁמַעְתִּיךָ וְעַתָּה עֵינִי רָאָתְךָ׃ — ב̇ . כ̇ה̇ . ב̇ . כ̇ט̇[6] . ל̇

6 עַל־כֵּן אֶמְאַס וְנִחַמְתִּי עַל־עָפָר וָאֵפֶר׃ פ — ב̇[7]

7 וַיְהִי אַחַר דִּבֶּר יְהוָה אֶת־הַדְּבָרִים הָאֵלֶּה אֶל־אִיּוֹב וַיֹּאמֶר יְהוָה
אֶל־אֱלִיפַז הַתֵּימָנִי חָרָה אַפִּי בְךָ וּבִשְׁנֵי רֵעֶיךָ כִּי לֹא דִבַּרְתֶּם אֵלַי
8 נְכוֹנָה כְּעַבְדִּי[a] אִיּוֹב׃ 8 וְעַתָּה קְחוּ־לָכֶם שִׁבְעָה־פָרִים וְשִׁבְעָה
אֵילִים וּלְכוּ ׀ אֶל־עַבְדִּי אִיּוֹב וְהַעֲלִיתֶם עוֹלָה בַּעַדְכֶם וְאִיּוֹב עַבְדִּי — ל̇ מל בסיפ . ד̇[8] . ל̇
יִתְפַּלֵּל עֲלֵיכֶם כִּי אִם־פָּנָיו[a] אֶשָּׂא לְבִלְתִּי עֲשׂוֹת עִמָּכֶם נְבָלָה כִּי לֹא — כ̇ג̇
9 דִּבַּרְתֶּם אֵלַי נְכוֹנָה כְּעַבְדִּי[b] אִיּוֹב׃ 9 וַיֵּלְכוּ אֱלִיפַז הַתֵּימָנִי וּבִלְדַּד — ל̇
הַשּׁוּחִי צֹפַר[a] הַנַּעֲמָתִי וַיַּעֲשׂוּ כַּאֲשֶׁר דִּבֶּר אֲלֵיהֶם יְהוָה וַיִּשָּׂא יְהוָה
10 אֶת־פְּנֵי אִיּוֹב׃ 10 וַיהוָה שָׁב אֶת־שְׁבִית[a] אִיּוֹב בְּהִתְפַּלְלוֹ בְּעַד רֵעֵהוּ[b] — שבות ק ל̇ . ו̇ בטע ר״פ[9]
11 וַיֹּסֶף יְהוָה אֶת־כָּל־אֲשֶׁר לְאִיּוֹב לְמִשְׁנֶה׃ 11 וַיָּבֹאוּ אֵלָיו כָּל־אֶחָיו — כ̇י̇ . ב̇[10]
וְכָל־אַחְיֹתָיו וְכָל־יֹדְעָיו לְפָנִים וַיֹּאכְלוּ[a] עִמּוֹ לֶחֶם בְּבֵיתוֹ[b] וַיָּנֻדוּ לוֹ — אחיותיו ק חד מן ה̇[11] בליש . ל̇
וַיְנַחֲמוּ אֹתוֹ עַל כָּל־הָרָעָה אֲשֶׁר־הֵבִיא יְהוָה עָלָיו וַיִּתְּנוּ־לוֹ אִישׁ — ג̇ בליש[12]
12 קְשִׂיטָה אֶחָת וְאִישׁ נֶזֶם זָהָב אֶחָד׃ ס 12 וַיהוָה בֵּרַךְ אֶת־אַחֲרִית — ג̇[13] . ו̇ בטע ר״פ[9] . י̇ב̇
אִיּוֹב מֵרֵאשִׁתוֹ וַיְהִי־לוֹ אַרְבָּעָה עָשָׂר אֶלֶף צֹאן וְשֵׁשֶׁת אֲלָפִים גְּמַלִּים — ב̇ חד חס וחד מל
13 וְאֶלֶף־צֶמֶד בָּקָר וְאֶלֶף אֲתוֹנוֹת׃ 13 וַיְהִי־לוֹ שִׁבְעָנָה בָנִים וְשָׁלוֹשׁ — ב̇ מל[14] . ל̇ . כל כתיב מל
14 בָּנוֹת׃ 14 וַיִּקְרָא שֵׁם־הָאַחַת יְמִימָה וְשֵׁם הַשֵּׁנִית קְצִיעָה וְשֵׁם הַשְּׁלִישִׁית — ל̇ . ל̇ . ט̇ מל[15]

[12] וחד ומשלו Sach 9,10. **Cp 42** [1] Mm 3565. [2] וחד לא יבצר Gn 11,6. [3] Mm 3879. [4] Mm 2385. [5] Mm 3561. [6] Mm 2501. [7] Mm 3566. [8] Mm 2826. [9] Mm 3567. [10] Mm 3568. [11] Mm 1251. [12] Mm 1987. [13] Mm 249. [14] Mm 3448. [15] Mm 1900.

25 [a] nonn Mss וּ– ‖ **Cp 42,2** [a] l c Q Vrs תִּי–, K תָּ– ‖ **3** [a–a] cf 38,2 ‖ [b] Ms + בְּמִלִּים cf 𝔊𝔖 et 38,2 ‖ **7** [a] mlt Mss בְּעַ׳ cf 8[b] ‖ **8** [a] prp אֶת ‖ [b] mlt Mss בְּעַ׳ cf 7[a] ‖ **9** [a] mlt Mss וְצ׳ ‖ **10** [a] Q שְׁבוּת, K שְׁבִית ‖ [b] Vrs pl, prp רֵעָיו ‖ **11** [a] Ms 𝔊 + וַיִּשְׁתּוּ ‖ [b] > 2 Mss.

יד[16] ר״פ בכתיב וכל ד״ה דכות ב מ ב. ל מל. ב

15 קֶ֣רֶן הַפּֽוּךְ׃ 15 וְלֹ֤א נִמְצָ֨א[a] נָשִׁ֣ים יָפ֭וֹת כִּבְנ֣וֹת אִיּ֣וֹב בְּכָל־הָאָ֑רֶץ וַיִּתֵּ֬ן

ג בנקיבה[17]

16 לָהֶ֖ם[b] אֲבִיהֶ֥ם[b] נַחֲלָ֗ה בְּת֣וֹךְ אֲחֵיהֶֽם[b]׃ ס 16 וַיְחִ֥י אִיּ֗וֹב אַֽחֲרֵי־

ויראה ק חד מן ה[18] בליש וחד מן ז[19] פסוק מן ה׳ מילין ז מכה רז מכה. [20]

זֹ֗את מֵאָ֣ה וְאַרְבָּעִ֣ים שָׁנָ֑ה וַיַּרְא֙[a] אֶת־בָּנָ֔יו וְאֶת־בְּנֵ֣י בָנָ֔יו אַרְבָּעָ֖ה

ג[21]

דֹּרֽוֹת׃ 17 וַיָּ֣מָת אִיּ֔וֹב זָקֵ֖ן וּשְׂבַ֥ע יָמִֽים׃

סכום הפסוקים של ספר

אלף ושבעים׃

אֹעֹ

וחציו אשר קמטו[22]

וסדרים חֹ

[16] Mm 3249. [17] Mp sub loco. [18] Mm 2070. [19] Mm 1594. [20] Mm 271. [21] Mm 3481. [22] Hi 22,16, cf Mp sub loco.

15 [a] 2 Mss צְאוּ– ‖ [b] pc Mss –הן ‖ **16** [a] Q וַיִּרְאֶה, K וַיַּרְא.

PROVERBIA מִשְׁלֵי

[ס̄א **1** 1 מִשְׁלֵי שְׁלֹמֹה בֶן־דָּוִד ᵃמֶלֶךְ יִשְׂרָאֵלᵃ׃ — ד. ג. ג[1]

2 לָדַעַת חָכְמָה וּמוּסָר לְהָבִין אִמְרֵי בִינָה׃ — ה[2]

3 לָקַחַת ᵃמוּסַר הַשְׂכֵּלᵃ צֶדֶק וּמִשְׁפָּט וּמֵישָׁרִים׃ — יב פת[3]. ג ול חס

4 לָתֵת לִפְתָאיִם עָרְמָה לְנַעַרᵃ דַּעַת וּמְזִמָּה׃

5 יִשְׁמַע חָכָם וְיוֹסֶף לֶקַח וְנָבוֹן תַּחְבֻּלוֹת יִקְנֶה׃ — ג ב מלרע וחד מלעיל

6 לְהָבִין מָשָׁל וּמְלִיצָה דִּבְרֵי חֲכָמִים וְחִידֹתָם׃ — ב[4]

7 יִרְאַת יְהוָה רֵאשִׁית דָּעַת חָכְמָה וּמוּסָר אֱוִילִים בָּזוּ׃ פ — כח. ה[2]

8 שְׁמַע בְּנִי מוּסַר אָבִיךָ וְאַל־תִּטֹּשׁ תּוֹרַת אִמֶּךָ׃ — יב פת[3]

9 כִּי ׀ לִוְיַת חֵן הֵם לְרֹאשֶׁךָ וַעֲנָקִים לְגַרְגְּרֹתֶךָ׃ — יא בטע ר״פ בשלש ספרים. ב חס

10 בְּנִי אִם־יְפַתּוּךָ חַטָּאִים אַל־תֹּבֵאᵃ׃ 11 אִם־יֹאמְרוּ

לְכָה אִתָּנוּ נֶאֶרְבָה לְדָםᵃ נִצְפְּנָה לְנָקִי חִנָּםᵇ׃ — ל

12 נִבְלָעֵם כִּשְׁאוֹל חַיִּים וּתְמִימִים כְּיוֹרְדֵי בוֹר׃ — ג[5]

13 כָּל־הוֹן יָקָר נִמְצָא נְמַלֵּא בָתֵּינוּ שָׁלָל׃

14 גּוֹרָלְךָ תַּפִּיל בְּתוֹכֵנוּ כִּיס אֶחָד יִהְיֶה לְכֻלָּנוּ׃ — ל ומל. ב

15 בְּנִיᵃ אַל־תֵּלֵךְ בְּדֶרֶךְ אִתָּם מְנַע רַגְלְךָ מִנְּתִיבָתָםᵇ׃ — לז

16 ᵃכִּי רַגְלֵיהֶם לָרַע יָרוּצוּ וִימַהֲרוּ לִשְׁפָּךְ־דָּםᵃ׃ — ד[6]. ב

17 כִּי־חִנָּם מְזֹרָהᵃ הָרָשֶׁת בְּעֵינֵי כָּל־ᵇבַּעַלᶜ כָּנָף׃ — ל. ג

18 וְהֵם לְדָמָם יֶאֱרֹבוּ יִצְפְּנוּ לְנַפְשֹׁתָם׃ — ט ר״פ[7]. ב חס ול בליש[8]

19 כֵּן אָרְחוֹתᵃ כָּל־בֹּצֵעַ בָּצַע אֶת־נֶפֶשׁ בְּעָלָיו יִקָּח׃ פ

Cp 1 [1]Mm 3569. [2]Mm 3637. [3]Mm 2405. [4]Hab 2,6. [5]Mm 3115. [6]Mm 3570. [7]Mm 564. [8]Mm 2557.

Cp 1,1 ᵃ⁻ᵃ 2 Mss מ׳ עַל י׳ cf Qoh 1,12 ‖ **3** ᵃ⁻ᵃ 𝔖 *mrdwt' wdhlt'* = מוּסָר וְה׳ ‖ **4** ᵃ 𝔖(𝔗) *wlṭlj'* cf 𝔙^Mss, frt l לַנְּעָרִים ‖ **10** ᵃ mlt Mss Vrs תאבה, pc Mss תָּב(וֹ)א ‖ **11** ᵃ frt l לְתָם cf לנקי ‖ ᵇ frt l חֵרֶם ‖ **15** ᵃ > 𝔊*, frt dl sed cf 10 ‖ ᵇ l c nonn Mss Vrs מִנְּתִיב(וֹ)תָם ‖ **16** ᵃ⁻ᵃ > 𝔊^BS*min, frt dl (ex Jes 59,7) ‖ **17** ᵃ l מְזָרֶה ‖ ᵇ > Vrs ‖ ᶜ pc Mss בַּעֲלֵי cf Vrs ‖ **19** ᵃ l אַחֲרִית cf 18 𝔊 et Hi 8,13ᵃ.

20 חָכְמוֹת בַּחוּץ תָּרֹנָּה[a] בָּרְחֹבוֹת תִּתֵּן קוֹלָהּ׃ — ד . ב
21 בְּרֹאשׁ הֹמִיּוֹת[a] תִּקְרָא [b]בְּפִתְחֵי שְׁעָרִים בָּעִיר אֲמָרֶיהָ תֹאמֵר[b]׃ — לה[9] . ב . ב[10]
22 עַד־מָתַי ׀ פְּתָיִם תְּאֵהֲבוּ פֶתִי[a] וְלֵצִים לָצוֹן חָמְדוּ לָהֶם — ל . ג
וּכְסִילִים יִשְׂנְאוּ־דָעַת[a]׃ 23 תָּשׁוּבוּ לְתוֹכַחְתִּי
הִנֵּה אַבִּיעָה לָכֶם רוּחִי אוֹדִיעָה דְבָרַי אֶתְכֶם׃ — ב[11] . ב ומל[12]
24 יַעַן קָרָאתִי וַתְּמָאֵנוּ נָטִיתִי יָדִי וְאֵין מַקְשִׁיב׃ — ל . יו חס את
25 וַתִּפְרְעוּ כָל־עֲצָתִי וְתוֹכַחְתִּי לֹא אֲבִיתֶם׃ — ל
26 גַּם־אֲנִי בְּאֵידְכֶם אֶשְׂחָק אֶלְעַג בְּבֹא פַחְדְּכֶם׃ — ו[13] ר״פ וכל מ״פ דכות ב מ ה . ג[14]
27 בְּבֹא כְשַׁאֲוָה[a] ׀ פַּחְדְּכֶם וְאֵידְכֶם כְּסוּפָה[b] יֶאֱתֶה — כשואה ק . ג[14]
[c]בְּבֹא עֲלֵיכֶם צָרָה וְצוּקָה[c]׃
28 אָז יִקְרָאֻנְנִי וְלֹא אֶעֱנֶה יְשַׁחֲרֻנְנִי וְלֹא יִמְצָאֻנְנִי׃ — ל . ב . ב
29 תַּחַת כִּי־שָׂנְאוּ דָעַת וְיִרְאַת יְהוָה לֹא בָחָרוּ׃ — ב[15] . ג קמ[16]
30 לֹא־אָבוּ לַעֲצָתִי נָאֲצוּ כָּל־תּוֹכַחְתִּי׃ — ב . ל
31 וְיֹאכְלוּ מִפְּרִי דַרְכָּם וּמִמֹּעֲצֹתֵיהֶם יִשְׂבָּעוּ׃ — ב . ל חס[17]
32 כִּי מְשׁוּבַת פְּתָיִם תַּהַרְגֵם וְשַׁלְוַת כְּסִילִים תְּאַבְּדֵם׃ — כ בטע ר״פ בסיפ[18] . ל ובסיפ
33 וְשֹׁמֵעַ לִי יִשְׁכָּן־בֶּטַח וְשַׁאֲנַן מִפַּחַד רָעָה׃ פ — ל . ג[19]

2 1 בְּנִי אִם־תִּקַּח אֲמָרָי וּמִצְוֺתַי תִּצְפֹּן אִתָּךְ׃
2 לְהַקְשִׁיב לַחָכְמָה אָזְנֶךָ תַּטֶּה[a] לִבְּךָ לַתְּבוּנָה׃ — ב בסיפ
3 [a]כִּי אִם[a] לַבִּינָה תִקְרָא לַתְּבוּנָה תִּתֵּן קוֹלֶךָ׃ — כ בטע ר״פ בסיפ[1] . ב
4 אִם־תְּבַקְשֶׁנָּה כַכָּסֶף וְכַמַּטְמוֹנִים תַּחְפְּשֶׂנָּה׃ — ג ול בליש
5 אָז תָּבִין יִרְאַת יְהוָה וְדַעַת אֱלֹהִים תִּמְצָא׃ — ג
6 כִּי־יְהוָה יִתֵּן חָכְמָה מִפִּיו[a] דַּעַת וּתְבוּנָה׃
7 וְצָפַן[a] לַיְשָׁרִים תּוּשִׁיָּה מָגֵן לְהֹלְכֵי תֹם׃ — יצפן ק חד מן ב בליש . ג[2] . ז מל . ב בליש
8 לִנְצֹר[a] אָרְחוֹת מִשְׁפָּט וְדֶרֶךְ חֲסִידָו[b] יִשְׁמֹר׃ — חסידיו ק

[9]Mm 2840. [10]Mm 3571. [11]Mm 3572. [12]Mm 2220. [13]Mm 2449. [14]Mm 1119. [15]Mm 2247. [16]Mm 45. [17]Mm 3028. [18]Mm 3573. [19]Mm 3574. Cp 2 [1]Mm 3573. [2]Mm 3253.

20 [a] 𝔊(𝔖𝔗) *ὑμνεῖται* cf 8,3 [b]; l תְּרַנֵּה vel רָנָּתָה ‖ **21** [a] 𝔊(𝔖𝔗) *τειχέων* = חֹמוֹת ‖ [b–b] nonn vb m cs dl, ex cs בעיר אמריה ‖ **22** [a–a] frt dl ‖ **27** [a] ℭ כַּשׁ׳; K כְּשַׁאֲוָה, Q כְּשׁוֹאָה ‖ [b] ℭ כַּסּ׳ ‖ [c–c] frt dl ‖ **Cp 2,2** [a] prp תַּטֶּה ‖ **3** [a–a] 2 Mss 𝔗 כִּי אִם ‖ **6** [a] 𝔊 *καὶ ἀπὸ προσώπου αὐτοῦ*, frt l וּמִלְּפָנָיו vel וּמִפָּנָיו ‖ **7** [a] K 𝔊𝔖 וְצָפַן, Q 𝔗𝔙 יִצְפֹּן; prp וְצָנַף ‖ **8** [a] frt l לְנֹצֵר ‖ [b] K חֲסִידוֹ, Q 𝔊𝔖 חֲסִידָיו cf 𝔗𝔙.

9 אָ֣ז תָּ֭בִין צֶ֣דֶק וּמִשְׁפָּ֑ט וּ֝מֵישָׁרִ֗ים[a] כָּל־[b]מַעְגַּל־טֽוֹב׃ ג
10 כִּֽי־תָב֣וֹא חָכְמָ֣ה בְלִבֶּ֑ךָ [a]וְ֝דַ֗עַת לְֽנַפְשְׁךָ֥ יִנְעָֽם[a]׃ ד מל בסיפ . ה בטע
11 מְ֭זִמָּה תִּשְׁמֹ֣ר עָלֶ֑יךָ תְּבוּנָ֥ה תִנְצְרֶֽכָּה׃ כ[3] מילין כת ה ס״ת ול בליש
12 לְ֭הַצִּילְךָ מִדֶּ֣רֶךְ רָ֑ע מֵ֝אִ֗ישׁ מְדַבֵּ֥ר תַּהְפֻּכֽוֹת׃ ג
13 הַ֭עֹזְבִים אָרְח֣וֹת יֹ֑שֶׁר לָ֝לֶ֗כֶת בְּדַרְכֵי־חֹֽשֶׁךְ׃
14 הַ֭שְּׂמֵחִים לַעֲשׂ֣וֹת רָ֑ע יָ֝גִ֗ילוּ בְּתַהְפֻּכ֥וֹת רָֽע[a]׃ ג ר״פ[4]
15 אֲשֶׁ֣ר אָרְחֹתֵיהֶ֣ם עִקְּשִׁ֑ים[a] [b]וּ֝נְלוֹזִ֗ים בְּמַעְגְּלוֹתָֽם[b]׃ ל וחס . ל ומל
16 לְ֭הַצִּילְךָ מֵאִשָּׁ֣ה זָרָ֑ה מִ֝נָּכְרִיָּ֗ה אֲמָרֶ֥יהָ הֶחֱלִֽיקָה׃ ג . ג . ב
17 הַ֭עֹזֶבֶת אַלּ֣וּף נְעוּרֶ֑יהָ וְאֶת־בְּרִ֖ית אֱלֹהֶ֣יהָ[a] שָׁכֵֽחָה׃
18 כִּ֤י שָׁ֣חָה [a]אֶל־מָ֣וֶת[a] בֵּיתָ֑הּ[b] וְאֶל־רְ֝פָאִ֗ים מַעְגְּלֹתֶֽיהָ׃ כ בטע ר״פ בסיפ[5] . ב . ל[6]
19 כָּל־בָּ֭אֶיהָ לֹ֣א יְשׁוּב֑וּן וְלֹֽא־יַ֝שִּׂ֗יגוּ אָרְח֥וֹת חַיִּֽים׃ [7]
20 לְ֭מַעַן תֵּלֵךְ בְּדֶ֣רֶךְ טוֹבִ֑ים וְאָרְח֖וֹת צַדִּיקִ֣ים תִּשְׁמֹֽר׃
21 כִּֽי־יְשָׁרִ֥ים יִשְׁכְּנוּ־אָ֑רֶץ וּ֝תְמִימִ֗ים יִוָּ֥תְרוּ בָֽהּ׃
22 וּ֭רְשָׁעִים מֵאֶ֣רֶץ יִכָּרֵ֑תוּ וּ֝בוֹגְדִ֗ים יִסְּח֥וּ[a] מִמֶּֽנָּה׃ פ ז . ה מל[8] . ל וכת כן

3 1 בְּ֭נִי תּוֹרָתִ֣י אַל־תִּשְׁכָּ֑ח וּ֝מִצְוֺתַ֗י יִצֹּ֥ר לִבֶּֽךָ׃
2 כִּ֤י אֹ֣רֶךְ יָ֭מִים וּשְׁנ֣וֹת חַיִּ֑ים וְ֝שָׁל֗וֹם יוֹסִ֥יפוּ לָֽךְ׃ כ בטע ר״פ בסיפ[1] . ה[2] . ט בליש ג[3] מנה מל
3 חֶ֥סֶד וֶאֱמֶ֗ת אַֽל־יַ֫עַזְבֻ֥ךָ קָשְׁרֵ֥ם עַל־גַּרְגְּרוֹתֶ֑יךָ ל חס . ג . ל מל
[a]כָּ֝תְבֵ֗ם עַל־ל֥וּחַ לִבֶּֽךָ[a]׃ ב
4 וּמְצָא־חֵ֥ן וְשֵֽׂכֶל־ט֑וֹב בְּעֵינֵ֖י אֱלֹהִ֣ים וְאָדָֽם׃ פ ל[4] . ט
5 בְּטַ֣ח אֶל־יְ֭הוָה בְּכָל־לִבֶּ֑ךָ וְאֶל־בִּ֝ינָתְךָ֗ אַל־תִּשָּׁעֵֽן׃ י בטח אל
6 בְּכָל־דְּרָכֶ֥יךָ דָעֵ֑הוּ וְ֝ה֗וּא יְיַשֵּׁ֥ר אֹרְחֹתֶֽיךָ׃ ל . ב בליש
7 אַל־תְּהִ֣י חָכָ֣ם בְּעֵינֶ֑יךָ יְרָ֥א אֶת־יְ֝הוָ֗ה וְס֣וּר מֵרָֽע׃ טו . ד[5] . ב[6]
8 רִ֭פְאוּת תְּהִ֣י לְשָׁרֶּ֑ךָ[a] וְ֝שִׁקּ֗וּי לְעַצְמוֹתֶֽיךָ׃ ל . ל . ל . ל[6]

[3]Mm 964. [4]Mm 3070. [5]Mm 3573. [6]Cf Prv 12,28. [7]Mm 2398. [8]Mm 3638. Cp 3 [1]Mm 3573. [2]Mm 4066. [3]Mm 2632. [4]Mm 4099. [5]Mm 3639. [6]Mp sub loco.

9 [a] 𝔊 *καὶ κατορθώσεις*, frt l בְּ (וּתְאַשֵּׁר =) וּתְיַשֵּׁר cf 4,14; prp וְתִשְׁמֹר ‖ [b] 𝔙 pr cop ‖ **10** [a–a] prp לָדַעַת נַפְשְׁךָ מָעוֹן ‖ **14** [a] frt l רֵעַ (cf רָע 14a) vel רָשָׁע ‖ **15** [a] l מְעַקְּשִׁים (cf 10,9 Jes 59,8) vel מְעֻקָּשִׁים ‖ [b–b] 𝔊(𝔖𝔗𝔙) *καὶ καμπύλαι αἱ τροχιαὶ αὐτῶν*, frt dl בְּ ‖ **17** [a] prp אָהֳלָהּ = חֻפָּתָהּ ‖ **18** [a–a] 𝔖 *'skpt'* = אֵלַמּוֹת ‖ [b] l נְתִיבָתָהּ cf 7,27[a] ‖ **22** [a] 𝔗 יָסְחוּ; l יִנָּסְחוּ cf Vrs vel יִסָּחוּ (a סחה = סוח) ‖ **Cp 3,3** [a–a] > 𝔊[BS], dl (ex 7,3) ‖ **8** [a] 𝔊(𝔖) *τῷ σώματί σου* = לִשְׁאֵרֶךָ vel לִבְשָׂרֶךָ cf Sir 30,15sq.

9 כַּבֵּד אֶת־יְהוָה מֵהוֹנֶךָ וּמֵרֵאשִׁית כָּל־תְּבוּאָתֶךָ׃ | ל
10 וְיִמָּלְאוּ אֲסָמֶיךָ שָׂבָע[a] וְתִירוֹשׁ יְקָבֶיךָ יִפְרֹצוּ׃ פ | ל . ב[7] . ב[8]
11 מוּסַר יְהוָה בְּנִי[a] אַל־תִּמְאָס וְאַל־תָּקֹץ בְּתוֹכַחְתּוֹ׃ | ל וחס
12 [a]כִּי אֶת אֲשֶׁר יֶאֱהַב יְהוָה יוֹכִיחַ[a] וּכְאָב[b] אֶת־בֵּן יִרְצֶה׃ | כ בטע ר״פ בסיפ[9]. כן בטע לבן אשר[10]. ג פת קטן בטע
13 אַשְׁרֵי אָדָם מָצָא חָכְמָה וְאָדָם[a] יָפִיק תְּבוּנָה׃ | ט . ג
14 כִּי טוֹב סַחְרָהּ מִסְּחַר־כָּסֶף וּמֵחָרוּץ תְּבוּאָתָהּ׃ | כ בטע ר״פ בסיפ[9] . ד[11]
15 יְקָרָה הִיא מִפְּנִיִּים[a] וְכָל־חֲפָצֶיךָ[b] לֹא יִשְׁווּ־בָהּ׃ | מפנינים ק . ב
16 אֹרֶךְ יָמִים בִּימִינָהּ בִּשְׂמֹאולָהּ עֹשֶׁר וְכָבוֹד׃ | ג ב מל וחד חס[12]
17 דְּרָכֶיהָ דַרְכֵי־נֹעַם וְכָל־נְתִיבוֹתֶיהָ שָׁלוֹם׃
18 עֵץ־חַיִּים הִיא לַמַּחֲזִיקִים בָּהּ וְתֹמְכֶיהָ מְאֻשָּׁר[a]׃ פ | ל . ל
19 יְהוָה בְּחָכְמָה יָסַד־אָרֶץ כּוֹנֵן שָׁמַיִם בִּתְבוּנָה׃
20 בְּדַעְתּוֹ תְּהוֹמוֹת נִבְקָעוּ וּשְׁחָקִים יִרְעֲפוּ־טָל׃ | ד מל . ג
21 בְּנִי [a]אַל־יָלֻזוּ[b] מֵעֵינֶיךָ[a] נְצֹר תֻּשִׁיָּה וּמְזִמָּה׃ | ל וחס
22 וְיִהְיוּ חַיִּים לְנַפְשֶׁךָ וְחֵן לְגַרְגְּרֹתֶיךָ׃ | יא רפי[13] . ב חס
23 אָז תֵּלֵךְ לָבֶטַח דַּרְכֶּךָ וְרַגְלְךָ לֹא תִגּוֹף׃ | ל מל
24 אִם־תִּשְׁכַּב[a] לֹא־תִפְחָד וְשָׁכַבְתָּ וְעָרְבָה שְׁנָתֶךָ׃ | ב[14]
25 אַל־תִּירָא מִפַּחַד פִּתְאֹם[a] וּמִשֹּׁאַת רְשָׁעִים כִּי תָבֹא׃ | ל
26 כִּי־יְהוָה יִהְיֶה בְכִסְלֶךָ[a] וְשָׁמַר רַגְלְךָ מִלָּכֶד׃ | ל . ל
27 אַל־תִּמְנַע־טוֹב מִבְּעָלָיו[a] בִּהְיוֹת לְאֵל יָדֶיךָ[b] לַעֲשׂוֹת׃ | ידך ק
28 אַל־תֹּאמַר לְרֵעֶיךָ[a] לֵךְ וָשׁוּב וּמָחָר אֶתֵּן וְיֵשׁ אִתָּךְ[b]׃ | לרעך ק . ל . ו[15]
29 [a]אַל־תַּחֲרֹשׁ עַל־רֵעֲךָ רָעָה וְהוּא־יוֹשֵׁב[b] לָבֶטַח אִתָּךְ׃ | ב וחס[16] . ב מל בסיפ
30 אַל־תָּרוֹב[a] עִם־אָדָם חִנָּם אִם־לֹא גְמָלְךָ רָעָה׃ | תריב ק . ל

[7] Gn 41,29. [8] Hos 4,10. [9] Mm 3573. [10] Mm 3575. [11] Mm 2293. [12] Mm 3576. [13] Mm 417. [14] Mm 3189. [15] Mm 505. [16] Dt 22,10.

10 [a] 𝔊 *πλησμονῆς σίτου (-ῳ)* dupl, l שֶׁבֶר cf ותירוש ‖ **11** [a] 𝔊𝔖𝔗 tr ante מוסר, frt dl ‖ **12** [a–a] frt nonn vb add ‖ [b] 𝔊 *μαστιγοῖ δέ*, l וְיַכְאִב ‖ **13** [a] l c Ms וְאִישׁ vel וֶאֱנוֹשׁ ‖ **15** [a] K מְפִּנִיִּים, Q Vrs מִפְּנִינִים cf 8,11 ‖ [b] l c Ms Vrs חֲפָצִים cf 8,11 ‖ **18** [a] 𝔖𝔗 *ṭwbjhwn*, prp מְאֻשָּׁרִים ‖ **21** [a–a] prb tr post 21b ‖ [b] Ms יזלו = יִזַּלוּ (a זלל)? cf 𝔖𝔗 ‖ **24** [a] 𝔊 *κάθῃ*, frt l תֵּשֵׁב ‖ **25** [a] prp פְּתָאִ(י)ם ‖ **26** [a] 𝔊 *ἐπὶ πασῶν ὁδῶν σου*, frt l בִּמְסִלֹּתֶיךָ ‖ **27** [a] 𝔊 *ἐνδεῆ* ‖ [b] K 𝔖 יָדֶיךָ, mlt Mss Q 𝔊𝔗 יָדְךָ ‖ **28** [a] K לְרֵעֶיךָ, Q 𝔖𝔗𝔙 לְרֵעֲךָ ‖ [b] 𝔊 + 27,1b ‖ **29** [a] prb tr 29a. 30a. 29b. 30b ‖ [b] prp יֵשֵׁב ‖ **30** [a] K תָּרוֹב, Q Vrs תָּרִיב.

31 אַל־תְּקַנֵּא בְּאִישׁ חָמָס וְאַל־תִּבְחַר[a] בְּכָל־דְּרָכָיו׃
32 כִּי תוֹעֲבַת יְהוָה נָלוֹז וְאֶת־יְשָׁרִים סוֹדוֹ׃
33 מְאֵרַת יְהוָה בְּבֵית רָשָׁע וּנְוֵה צַדִּיקִים יְבָרֵךְ[a]׃
34 [a]אִם־לַלֵּצִים[a] הוּא־יָלִיץ וְלַעֲנִיִּים[b] יִתֶּן־חֵן׃
35 כָּבוֹד חֲכָמִים יִנְחָלוּ וּכְסִילִים מֵרִים[a] קָלוֹן׃ פ

4 1 [a]שִׁמְעוּ בָנִים[a] מוּסַר אָב וְהַקְשִׁיבוּ[b] לָדַעַת בִּינָה׃
2 כִּי לֶקַח טוֹב נָתַתִּי לָכֶם[a] תּוֹרָתִי אַל־תַּעֲזֹבוּ[b]׃
3 כִּי־בֵן הָיִיתִי לְאָבִי רַךְ וְיָחִיד לִפְנֵי[a] אִמִּי׃
4 [a]וַיֹּרֵנִי וַיֹּאמֶר לִי יִתְמָךְ־דְּבָרַי לִבֶּךָ
שְׁמֹר מִצְוֺתַי וֶחְיֵה[a]׃ 5 [a]קְנֵה חָכְמָה קְנֵה בִינָה[a]
[b]אַל־תִּשְׁכַּח[b] וְאַל־תֵּט מֵאִמְרֵי־פִי׃
6 אַל־תַּעַזְבֶהָ וְתִשְׁמְרֶךָּ [a]אֱהָבֶהָ וְתִצְּרֶךָּ[a]׃
7 [a][b]רֵאשִׁית חָכְמָה[b] קְנֵה חָכְמָה וּבְכָל־קִנְיָנְךָ קְנֵה בִינָה׃
8 סַלְסְלֶהָ וּתְרוֹמְמֶךָּ תְּכַבֵּדְךָ כִּי תְחַבְּקֶנָּה׃
9 תִּתֵּן לְרֹאשְׁךָ לִוְיַת־חֵן עֲטֶרֶת תִּפְאֶרֶת תְּמַגְּנֶךָּ׃
10 [a]שְׁמַע בְּנִי וְקַח אֲמָרָי וְיִרְבּוּ לְךָ שְׁנוֹת חַיִּים׃
11 בְּדֶרֶךְ חָכְמָה הֹרֵתִיךָ הִדְרַכְתִּיךָ בְּמַעְגְּלֵי־יֹשֶׁר׃
12 בְּלֶכְתְּךָ לֹא־יֵצַר צַעֲדֶךָ וְאִם־תָּרוּץ לֹא תִכָּשֵׁל׃
13 הַחֲזֵק בַּמּוּסָר אַל־תֶּרֶף נִצְּרֶהָ כִּי־הִיא חַיֶּיךָ׃
14 בְּאֹרַח רְשָׁעִים אַל־תָּבֹא וְאַל־תְּאַשֵּׁר בְּדֶרֶךְ רָעִים׃
15 פְּרָעֵהוּ אַל־תַּעֲבָר־בּוֹ שְׂטֵה מֵעָלָיו וַעֲבוֹר׃
16 כִּי לֹא יִשְׁנוּ[a] אִם־לֹא יָרֵעוּ וְנִגְזְלָה שְׁנָתָם אִם־לֹא יַכְשׁוֹלוּ[b]׃

ג̇[20] . ג̇[21]
יג̇[7]
ל̇[8] . ל̇
ג̇[9] . ל̇
ל̇[10] . ל̇

31 [a] 𝔊 *ζηλώσῃς*, l תִּתְחַר cf 24,19 Ps 37,1 ‖ **33** [a] 2 Mss 𝔊𝔙 יְבֹרַךְ ‖ **34** [a–a] l עִם־לֵצִים cf Ps 18,26sq ‖ [b] K וְלַעֲנִיִּים, Q 𝔊𝔗𝔙 וְלַעֲנָוִים ‖ **35** [a] 𝔊 *ὕψωσαν* = מְרִימִים ? 𝔙 *exaltatio*, frt l מָרוֹם; prp מֹרִשִׁים vel מְמִירִים ‖ **Cp 4,1** [a–a] frt l שְׁמַע בְּנִי cf 5sqq sed etiam 5,7 7,24 8,32 ‖ [b] frt l וְהַקְשִׁיבָה ‖ **2** [a] frt l לְךָ ‖ [b] frt l תַּעֲזֹב vel תַּעַזְבֶהָ ‖ **3** [a] mlt Mss לִבְנֵי ‖ **4** [a] > 𝔊*, frt dl (cf 7,2a); 𝔖 + 7,2b ‖ **5** [a–a] > 𝔊*, frt dl (cf 7aβ.bβ) ‖ [b–b] > 𝔖 ‖ **6** [a–a] tr post 7 ‖ **7** [a] v 7 > 𝔊* ‖ [b–b] frt l בְּרֵאשִׁית חֵילְךָ cf ובכל־קנינך ‖ **10** [a] 𝔅 hic incip cp 4 ‖ **16** [a] prp יְשַׁאֲנְנוּ ‖ [b] K יַכְשׁוֹלוּ, Q 𝔖𝔗𝔙 יַכְשִׁילוּ; 𝔊 *κοιμῶνται* = יִשְׁכָּבוּ (ex יַסְכְּלוּ = יַשְׂכְּלוּ ?).

17 כִּי לָחֲמוּ לֶחֶם רֶשַׁע וְיֵין חֲמָסִים יִשְׁתּוּ׃ ב̇ חד פת̇ וחד קמ̇. ינ̇[11]. י̇ בליש. ד̇[12]
18 [a]וְאֹרַח צַדִּיקִים כְּאוֹר נֹגַהּ הוֹלֵךְ וָאוֹר עַד־נְכוֹן[b] הַיּוֹם׃ ב̇[13]
19 דֶּרֶךְ רְשָׁעִים כָּאֲפֵלָה לֹא יָדְעוּ בַּמֶּה יִכָּשֵׁלוּ׃ פ ל̇[14]

20 בְּנִי לִדְבָרַי הַקְשִׁיבָה לַאֲמָרַי הַט־אָזְנֶךָ׃
21 אַל־יַלִּיזוּ מֵעֵינֶיךָ שָׁמְרֵם בְּתוֹךְ לְבָבֶךָ׃ ל̇
22 כִּי־חַיִּים הֵם לְמֹצְאֵיהֶם[a] וּלְכָל־בְּשָׂרוֹ[b] מַרְפֵּא׃ ל̇[15]
23 מִכָּל־[a]מִשְׁמָר נְצֹר לִבֶּךָ כִּי־מִמֶּנּוּ תּוֹצְאוֹת חַיִּים׃
24 הָסֵר מִמְּךָ עִקְּשׁוּת פֶּה וּלְזוּת שְׂפָתַיִם הַרְחֵק מִמֶּךָּ׃ ל̇
25 עֵינֶיךָ לְנֹכַח יַבִּיטוּ וְעַפְעַפֶּיךָ יַיְשִׁרוּ נֶגְדֶּךָ׃ ל̇
26 פַּלֵּס מַעְגַּל רַגְלֶךָ וְכָל־דְּרָכֶיךָ יִכֹּנוּ׃
27 אַל־תֵּט־יָמִין וּשְׂמֹאול הָסֵר רַגְלְךָ מֵרָע׃ ל̇

5 1 בְּנִי לְחָכְמָתִי הַקְשִׁיבָה לִתְבוּנָתִי הַט־אָזְנֶךָ׃
2 [a]לִשְׁמֹר[b] מְזִמּוֹת וְדַעַת שְׂפָתֶיךָ[c] יִנְצֹרוּ[a]׃ ה̇ בטע̇
3 כִּי נֹפֶת תִּטֹּפְנָה[a] שִׂפְתֵי זָרָה וְחָלָק מִשֶּׁמֶן חִכָּהּ׃ כ̇ בטע̇ ר״פ בסיפ̇[1]. ב̇. ל̇[2]. ל̇
4 וְאַחֲרִיתָהּ מָרָה כַלַּעֲנָה חַדָּה כְּחֶרֶב פִּיּוֹת[a]׃ ה̇[3]. ג̇. ל̇
5 רַגְלֶיהָ יֹרְדוֹת מָוֶת[a] שְׁאוֹל צְעָדֶיהָ יִתְמֹכוּ׃
6 אֹרַח חַיִּים פֶּן־[a]תְּפַלֵּס נָעוּ מַעְגְּלֹתֶיהָ לֹא תֵדָע׃ פ

7 וְעַתָּה [a]בָנִים שִׁמְעוּ־[a]לִי וְאַל־תָּסוּרוּ[b] מֵאִמְרֵי־פִי׃
8 הַרְחֵק מֵעָלֶיהָ דַרְכֶּךָ וְאַל־תִּקְרַב אֶל־פֶּתַח בֵּיתָהּ׃ ל̇
9 פֶּן־תִּתֵּן לַאֲחֵרִים הוֹדֶךָ[a] וּשְׁנֹתֶיךָ[b] לְאַכְזָרִי[c]׃ ל̇. ל̇ כת̇ כן
10 פֶּן־יִשְׂבְּעוּ זָרִים כֹּחֶךָ וַעֲצָבֶיךָ בְּבֵית נָכְרִי׃ ב̇[4] חד כת̇ חס̇ וחד כת̇ מל̇. ל̇
11 [a]וְנָהַמְתָּ בְאַחֲרִיתֶךָ בִּכְלוֹת בְּשָׂרְךָ וּשְׁאֵרֶךָ׃ ל̇. ל̇

[11] Mm 1667. [12] Mm 1851. [13] Mm 3579. [14] Mm 2581. [15] וחד לְמוֹצָאֵיהֶם Nu 33,2. Cp 5 [1] Mm 3573. [2] Mm 3648. [3] Mm 3295. [4] Mp sub loco.

18 [a] tr 18 post 19 an ְו del (dttg)? ‖ [b] frt l הִכּוֹן ‖ **22** [a] 𝔖(𝔗) *lmn dmškḥ lhjn*, frt l לְמֹצְאֵהֶם ‖ [b] prp בְּשָׂרָם ‖ **23** [a] 𝔊(𝔖𝔙) *πάσῃ* = בְּכָל; l 𝔐 cf Aḥiqar 98 ‖ **Cp 5,2** [a–a] prp לִשְׁמָרְךָ מְ׳ וְדַעַת מִשִּׂפְתֵי נָכְרִיָּה יִנְצְרוּךָ ‖ [b] ins עָלֶיךָ cf 2,11 ‖ [c] l שְׂפָתַי לְךָ cf 𝔊 ‖ **3** [a] frt dl ‖ **4** [a] prb l c 2 Mss פִּיפִיּוֹת ‖ **5** [a] frt pr אֶל־ ‖ **6** [a] prp בַּל vel לֹא cf Vrs ‖ **7** [a–a] 𝔊(𝔙) *υἱέ, ἄκουε*, frt l בְּנִי שְׁמַע cf 8sqq sed etiam 4,1 7,24 8,32 ‖ [b] 𝔊𝔙 sg, frt l תָּסוּר ‖ **9** [a] 𝔊 *ζωήν σου* = חַיֶּיךָ; 𝔖𝔗 *ḥjlk*, l חֵילֶךָ ‖ [b] prp שְׁנָה honor ‖ [c] 𝔊(𝔖𝔗𝔙[Mss]) *ἀνελεήμοσιν*, frt l לְאַכְזָרִים ‖ **11** [a] 𝔊(𝔖) *καὶ μεταμεληθήσῃ* = וְנִחַמְתָּ.

12 וְֽאָמַרְתָּ אֵיךְ שָׂנֵאתִי מוּסָר וְתוֹכַחַת נָאַץ לִבִּי׃
13 וְֽלֹא־שָׁמַעְתִּי בְּקוֹל מוֹרָי וְלִמְלַמְּדַי לֹא־הִטִּיתִי אָזְנִי׃ — יד[5] ר״פ בכתיב ג[6] מנה בסיפ וחד מן יז[7] ר״פ ולא לא. ל. כן למדינ[8]. ל. ח
14 כִּמְעַט הָיִיתִי בְכָל־רָע בְּתוֹךְ קָהָל וְעֵדָה׃
15 שְׁתֵה־מַיִם מִבּוֹרֶךָ וְנֹזְלִים מִתּוֹךְ בְּאֵרֶךָ׃ — ל. ל
16 יָפוּצוּ[a] מַעְיְנֹתֶיךָ חוּצָה בָּרְחֹבוֹת פַּלְגֵי־מָיִם׃ — ב מל
17 יִֽהְיוּ־לְךָ לְבַדֶּךָ וְאֵין[a] לְזָרִים אִתָּךְ׃
18 יְהִי־מְקוֹרְךָ בָרוּךְ[a] וּשְׂמַח מֵאֵשֶׁת[b] נְעוּרֶךָ׃ סֹ[5] — ל[9]. ל חס[10]
19 אַיֶּלֶת[a] אֲהָבִים וְֽיַעֲלַת־חֵן — ג[11]. ב[12]
דַּדֶּיהָ[b] יְרַוֻּךָ בְכָל־עֵת בְּאַהֲבָתָהּ תִּשְׁגֶּה תָמִיד׃ — ל. ב
20 וְלָמָּה תִשְׁגֶּה בְנִי[a] בְזָרָה וּתְחַבֵּק חֵק נָכְרִיָּה׃ — ה ר״פ[13]. ב ד חס
21 כִּי נֹכַח ׀ עֵינֵי יְהוָה דַּרְכֵי־אִישׁ וְכָל־מַעְגְּלֹתָיו מְפַלֵּס׃ — כ בטע ר״פ בסיפ[14]
22 עֲוֺנוֹתָיו[a] יִלְכְּדֻנוֹ[b] אֶת־הָרָשָׁע[b] וּבְחַבְלֵי חַטָּאתוֹ יִתָּמֵךְ׃ — ד מל[15] וחד מן יא[16] כת תרי ו
23 הוּא יָמוּת בְּאֵין מוּסָר וּבְרֹב אִוַּלְתּוֹ יִשְׁגֶּה[a]׃ פ

6 1 בְּנִי אִם־עָרַבְתָּ לְרֵעֶךָ תָּקַעְתָּ לַזָּר כַּפֶּיךָ[a]׃ — ל
2 נוֹקַשְׁתָּ [a]בְאִמְרֵי־פִיךָ[a] נִלְכַּדְתָּ בְּאִמְרֵי־פִיךָ׃
3 עֲשֵׂה זֹאת אֵפוֹא[a] ׀ בְּנִי וְהִנָּצֵל כִּי בָאתָ בְכַף־רֵעֶךָ
[b]לֵךְ הִתְרַפֵּס[c] וּרְהַב[b] רֵעֶיךָ׃ — ל. ל מל בסיפ[1]
4 אַל־תִּתֵּן שֵׁנָה לְעֵינֶיךָ וּתְנוּמָה לְעַפְעַפֶּיךָ׃
5 הִנָּצֵל כִּצְבִי מִיָּד[a] וּכְצִפּוֹר [b]מִיַּד יָקוּשׁ[b]׃ פ — ב. ב
6 לֵךְ־אֶל־נְמָלָה עָצֵל רְאֵה דְרָכֶיהָ וַחֲכָם׃ — ל. ב[2]
7 אֲשֶׁר אֵין־לָהּ קָצִין שֹׁטֵר[a] וּמֹשֵׁל׃ — ל וחס

[5] Mm 3249. [6] Mm 3580. [7] Mm 2708. [8] Mp sub loco. [9] Mm 1241. [10] Mm 1816. [11] Mm 2536. [12] Mm 3019. [13] Mm 1020. [14] Mm 3573. [15] Mm 4100. [16] Mm 648. **Cp 6** [1] Mm 1762. [2] Prv 23,19.

16 [a] 𝔊^BS* pr *μή*, pr ־פֶּן vel ־אַל ‖ **17** [a] prp וְאַל, sed cf Hi 3,9 ‖ **18** [a] 𝔊 *ἰδία* = לְבַדֶּךָ? (cf 17) ‖ [b] mlt Mss 𝔊𝔖𝔙 בְּאֵ׳ ‖ **19** [a] hemist exc, frt ins רְעֵה אוֹתָהּ לְבַדָּהּ ‖ [b] 𝔊^OSc *ἡ δὲ φιλία*, l דֹּדֶיהָ cf 7,18 ‖ **20** [a] > 𝔊, frt dl ‖ **22** [a] sic L, mlt Mss Edd עֲוֺ׳ ‖ [b–b] > 𝔊, frt dl (gl) ‖ **23** [a] frt l יִסָּפֶה cf 𝔊 ‖ **Cp 6,1** [a] l c mlt Mss Vrs כַּפֶּךָ cf 17,18 22,26 ‖ **2** [a–a] 𝔖 *bmmll' dspwtk*, l בִּדְבַר שְׂפָתֶיךָ ‖ **3** [a] frt dl m cs ‖ [b–b] prp (וּ)סַרְהֵב לְכָה טְרַף ab aram טרף et סרהב ‖ [c] = se defatigare cf akk *rapāsu* vel l וְאַל־תִּתְרַפֶּה cf 𝔊 ‖ **5** [a] 𝔊 *ἐκ βρόχων*, 𝔖𝔗 *mn nšb'*, l מִמָּצוֹד vel מִצַּיָּד ‖ [b–b] nonn Mss מִפַּח יָקְ׳, 𝔊(𝔖𝔗) *ἐκ παγίδος* = מִפַּח ‖ **7** [a] frt pr וְאֵין.

8 תָּכִין בַּקַּיִץ לַחְמָהּ אָגְרָה בַקָּצִיר מַאֲכָלָהּ׃ ל̇. ל̇
9 עַד־מָתַי עָצֵל ׀ תִּשְׁכָּב מָתַי תָּקוּם מִשְּׁנָתֶךָ׃
10 מְעַט שֵׁנוֹת מְעַט תְּנוּמוֹת מְעַט ׀ חִבֻּק יָדַיִם לִשְׁכָּב׃ ב̇. ז̇[3] ה̇ פת̇ וב̇ קמ̇
11 וּבָא־כִמְהַלֵּךְ רֵאשֶׁךָ וּמַחְסֹרְךָ כְּאִישׁ מָגֵן׃ פ יז̇ ר״פ. ל̇[4]. ל̇[5]. כ̇[6]
12 אָדָם בְּלִיַּעַל אִישׁ אָוֶן הוֹלֵךְ עִקְּשׁוּת פֶּה׃
13 קֹרֵץ בְּעֵינָו[a] מֹלֵל בְּרַגְלָו[b] מֹרֶה בְּאֶצְבְּעֹתָיו׃ בעיניו[7] ק̇ חד מן נ̇א̇ בליש וחד מן ה̇[8] כת̇ כן בליש. ברגליו[7] ק̇. ה̇ חס̇[9]
14 תַּהְפֻּכוֹת ׀ בְּלִבּוֹ חֹרֵשׁ רָע[a] בְּכָל־עֵת מִדְנָיִם[b] יְשַׁלֵּחַ׃ ה̇ בטע̇ ר״פ בשלש ספרים[10]. מדינים ק̇
15 עַל־כֵּן פִּתְאֹם יָבוֹא אֵידוֹ פֶּתַע יִשָּׁבֵר וְאֵין מַרְפֵּא׃ פ ל̇ מל̇ בסיפ̇
16 שֶׁשׁ־הֵנָּה שָׂנֵא יְהוָה וְשֶׁבַע תּוֹעֲבוֹת[a] נַפְשׁוֹ׃ ל̇. ב̇ בליש בסיפ̇[3]. ה̇[11]. תועבת[7] ק̇ יתיר ו
17 עֵינַיִם רָמוֹת לְשׁוֹן שָׁקֶר וְיָדַיִם שֹׁפְכוֹת דָּם־נָקִי׃ כח̇. ו̇ כת̇ כן[12]
18 לֵב חֹרֵשׁ מַחְשְׁבוֹת אָוֶן רַגְלַיִם מְמַהֲרוֹת לָרוּץ לָרָעָה[a]׃ ל̇ ומל̇. ג̇[13]. ל̇
19 יָפִיחַ כְּזָבִים עֵד שָׁקֶר וּמְשַׁלֵּחַ מְדָנִים בֵּין אַחִים׃ פ ל̇. ב̇[14]

20 נְצֹר בְּנִי מִצְוַת אָבִיךָ וְאַל־תִּטֹּשׁ תּוֹרַת אִמֶּךָ׃
21 קָשְׁרֵם עַל־לִבְּךָ תָמִיד עָנְדֵם עַל־גַּרְגְּרֹתֶךָ׃ ג̇. ל̇
22 [a]בְּהִתְהַלֶּכְךָ ׀ תַּנְחֶה אֹתָךְ ל̇. ד̇ דמטע̇
בְּשָׁכְבְּךָ תִּשְׁמֹר עָלֶיךָ וַהֲקִיצוֹתָ הִיא תְשִׂיחֶךָ׃ ל̇. ל̇
23 כִּי נֵר מִצְוָה וְתוֹרָה אוֹר וְדֶרֶךְ חַיִּים תּוֹכְחוֹת[a] מוּסָר׃ כ̇ בטע̇ ר״פ בסיפ̇[15]. ה̇[16]
24 לִשְׁמָרְךָ [a]מֵאֵשֶׁת רָע[ab] [c]מֵחֶלְקַת לָשׁוֹן נָכְרִיָּה[c]׃ יז̇[17]
25 אַל־תַּחְמֹד יָפְיָהּ בִּלְבָבֶךָ וְאַל־תִּקָּחֲךָ[a] בְּעַפְעַפֶּיהָ׃ [תָּצוּד׃ פ ב̇[18] [ל̇
26 כִּי [a]בְעַד־אִשָּׁה[a] זוֹנָה עַד־כִּכַּר לָחֶם וְאֵשֶׁת אִישׁ נֶפֶשׁ יְקָרָה[b] כ̇ בטע̇ ר״פ בסיפ̇[15]. ו̇
27 הֲיַחְתֶּה אִישׁ אֵשׁ בְּחֵיקוֹ וּבְגָדָיו לֹא תִשָּׂרַפְנָה׃ ל̇. ד̇
28 אִם־יְהַלֵּךְ אִישׁ עַל־הַגֶּחָלִים וְרַגְלָיו לֹא תִכָּוֶינָה׃ ג̇[19]. ל̇
29 כֵּן הַבָּא אֶל־אֵשֶׁת רֵעֵהוּ לֹא יִנָּקֶה כָּל־הַנֹּגֵעַ בָּהּ׃
30 לֹא־יָבוּזוּ לַגַּנָּב כִּי יִגְנוֹב לְמַלֵּא נַפְשׁוֹ כִּי יִרְעָב׃ ג̇ ב̇ מל̇ וחד חס̇[20]. ב̇ חד מל̇ וחד חס̇

[3] Mp sub loco. [4] Mm 3581. [5] וחד מחסורך Jdc 19,20. [6] Mm 1514. [7] Q addidi, cf Mp sub loco. [8] Mm 1543. [9] Mm 1121. [10] Mm 3654. [11] Mm 1150. [12] Mm 1700. [13] Mm 3582. [14] Mm 3596. [15] Mm 3573. [16] Mm 2797. [17] Mm 3615. [18] Mm 3583. [19] Mm 3342. [20] Mm 3584.

13 [a] K𝔊 בְּעֵינוֹ, Q^Mss 𝔖𝔗𝔙 בְּעֵינָיו || [b] K𝔊𝔖𝔙 בְּרַגְלוֹ, Q^Mss 𝔗 בְּרַגְלָיו || **14** [a] > Ms, dl || [b] K מְדָנִים, Q מִדְיָנִים || **16** [a] K תּוֹעֲבוֹת, Q𝔊 תּוֹעֲבַת || **18** [a] sic L, mlt Mss Edd —עָה || **22** [a] frt exc hemist || **23** [a] l c Ms 𝔙 תּוֹכַחַת || [b] 𝔊𝔖𝔗 pr cop, l || **24** [a–a] prp מֵאִשָּׁה זָרָה cf 7,5 || [b] 𝔊 ὑπάνδρου = רֵעַ cf 29 || [c–c] 𝔖(𝔗𝔙) *dlšnh dnwkrjt'*, frt l לְשׁוֹן נָכ' || **25** [a] prp תּוֹקִיחֵךְ || **26** [a–a] prp בְּעַד vel בְּקָשָׁה || [b] frt dl m cs.

31 וְנִמְצָא יְשַׁלֵּם שִׁבְעָתָיִם אֶת־כָּל־ה֫וֹן בֵּיתוֹ יִתֵּן׃ ו[21]
32 נֹאֵף אִשָּׁה חֲסַר־לֵב מַשְׁחִית נַפְשׁוֹ הוּא יַעֲשֶׂנָּה׃ ב
33 נֶגַע־וְקָלוֹן יִמְצָא וְחֶרְפָּתוֹ לֹא תִמָּחֶה׃ ב
34 כִּי־קִנְאָה[a] חֲמַת[b]־גָּבֶר וְלֹא־יַחְמוֹל בְּיוֹם נָקָם׃ ד[22]. ד מל
35 לֹא־יִשָּׂא [a]פְּנֵי כָל־כֹּפֶר[a] וְלֹא־יֹאבֶה כִּי תַרְבֶּה־שֹׁחַד׃ פ לז

7 1 בְּנִי שְׁמֹר אֲמָרָי וּמִצְוֹתַי תִּצְפֹּן אִתָּךְ׃
2 שְׁמֹר מִצְוֹתַי וֶחְיֵה וְתוֹרָתִי כְּאִישׁוֹן עֵינֶיךָ׃ ג.ב.ג
3 קָשְׁרֵם עַל־אֶצְבְּעֹתֶיךָ כָּתְבֵם עַל־לוּחַ לִבֶּךָ׃ ג.ב
4 אֱמֹר לַחָכְמָה אֲחֹתִי אָתְּ וּמֹדָע לַבִּינָה תִקְרָא׃ ב בסיפ. ב[1]. ל. ב
5 לִשְׁמָרְךָ מֵאִשָּׁה זָרָה מִנָּכְרִיָּה אֲמָרֶיהָ הֶחֱלִיקָה׃ ג.ב

6 כִּי בְּחַלּוֹן בֵּיתִי[ab] בְּעַד אֶשְׁנַבִּי[c] נִשְׁקָפְתִּי[d]׃ ל.ל
7 וָאֵרֶא[a] בַפְּתָאיִם[b] אָבִינָה[c] בַבָּנִים[d] נַעַר חֲסַר־לֵב׃ ב
8 עֹבֵר בַּשּׁוּק אֵצֶל פִּנָּהּ[a] וְדֶרֶךְ בֵּיתָהּ יִצְעָד׃ ל
9 בְּנֶשֶׁף־בְּעֶרֶב[a] יוֹם בְּאִישׁוֹן[b] לַיְלָה וַאֲפֵלָה׃ ל.ל.ב ס״פ[2]

10 וְהִנֵּה אִשָּׁה לִקְרָאתוֹ שִׁית זוֹנָה [a]וּנְצֻרַת לֵב[a]׃ ל וחס
11 הֹמִיָּה הִיא וְסֹרָרֶת[a] בְּבֵיתָהּ לֹא־יִשְׁכְּנוּ רַגְלֶיהָ׃ ג.ג ב חס וחד מל[3]
12 פַּעַם ׀ בַּחוּץ פַּעַם בָּרְחֹבוֹת וְאֵצֶל כָּל־פִּנָּה תֶאֱרֹב׃
13 וְהֶחֱזִיקָה בּוֹ וְנָשְׁקָה־לּוֹ הֵעֵזָה פָנֶיהָ וַתֹּאמַר לוֹ׃ ב.ל. ה ד מלרע וחד מלעיל[4]

14 זִבְחֵי שְׁלָמִים עָלָי הַיּוֹם שִׁלַּמְתִּי נְדָרָי׃
15 עַל־כֵּן יָצָאתִי לִקְרָאתֶךָ לְשַׁחֵר פָּנֶיךָ וָאֶמְצָאֶךָּ׃ ד[5].ל
16 מַרְבַדִּים רָבַדְתִּי עַרְשִׂי חֲטֻבוֹת[a] אֵטוּן מִצְרָיִם׃ ב[6].ל.ל
17 נַפְתִּי מִשְׁכָּבִי מֹר אֲהָלִים[a] וְקִנָּמוֹן׃ יא ר״פ וס״פ ב[7]. ב

[21] Mm 31. [22] Mm 3489. Cp 7 [1] Mm 3585. [2] Mm 3586. [3] Mm 3158. [4] Mm 3587. [5] Mm 2072. [6] Prv 31,22. [7] Mm 729.

34 [a] prp קַנָּאָה ‖ [b] prp תְּמִית ‖ **35** [a–a] l פָּנֶיךָ לְכֹפֶר ‖ **Cp 7,6** [a] 𝔊𝔖 suff 3f sg ‖ [b] ins m et par cs הַבִּטְתִּי ‖ [c] 𝔊 *τὰς πλατείας* ‖ [d] 𝔊𝔖 3f sg ‖ **7** [a] cf 6[d] ‖ [b] frt huc tr נַעַר ‖ [c] > 𝔊, 𝔖 3f sg ‖ [d] > 𝔖𝔗𝔙, prp בַּנְּבָלִים ‖ **8** [a] = פִּנָּתָהּ ? 𝔊(𝔖𝔗[W]𝔙) *γωνίαν*, l פִּנָּה cf 12 ‖ **9** [a] 𝔖(𝔗) *bmʿrbj*, frt l בַּעֲרֹב cf Jdc 19,9 ‖ [b] l בֶּאֱשׁוּן cf 20,20[a] ‖ **10** [a–a] frt l נְצֻרַת לוּט ‖ **11** [a] prp וְסֹחֶרֶת vel וְסֹבֶבֶת cf Cant 3,2sq ‖ **16** [a] 𝔊(𝔙) *ἔστρωκα*, 𝔖𝔗 *qrmth*, prp הִטֵּיתִי ‖ **17** [a] l c pc Mss Vrs וַאֲ׳.

18 לְכָ֤ה נִרְוֶ֣ה דֹ֭דִים [a]עַד־הַבֹּ֑קֶר[a] נִ֝תְעַלְּסָ֗ה בָּאֳהָבִֽים׃ ד̇ ג̇ חס וחד מל̇[8]. ל̇[9]
19 כִּ֤י אֵ֣ין הָאִ֣ישׁ בְּבֵית֑וֹ הָ֝לַ֗ךְ בְּדֶ֣רֶךְ מֵרָחֽוֹק׃ כ̇ בטע ר״פ בסיפ̇[10]
20 צְֽרוֹר־הַ֭כֶּסֶף לָקַ֣ח בְּיָד֑וֹ לְי֥וֹם הַ֝כֵּ֗סֶא[a] יָבֹ֥א בֵיתֽוֹ׃

21 הִ֭טַּתּוּ בְּרֹ֣ב לִקְחָ֑הּ בְּחֵ֥לֶק שְׂ֝פָתֶ֗יהָ תַּדִּיחֶֽנּוּ׃
22 ה֥וֹלֵ֣ךְ אַחֲרֶ֗יהָ פִּ֫תְאֹ֥ם[a] כְּ֭שׁוֹר אֶל־טָ֣בַח[b] יָבֹ֑וא[c] ל̇
[d]וּ֝כְעֶ֗כֶס[e] אֶל־מ֥וּסַ֥ר[f] אֱוִֽיל[dg]׃ 23 עַ֤ד יְפַלַּ֬ח חֵ֗ץ כְּֽבֵד֗וֹ ל̇. יב̇ פת̇[11]. ב̇. ל̇
כְּמַהֵ֣ר צִפּ֣וֹר אֶל־פָּ֑ח וְלֹֽא־יָ֝דַע כִּֽי־בְנַפְשׁ֥וֹ הֽוּא׃ פ יא̇[12]

24 וְעַתָּ֣ה [a]בָ֭נִים שִׁמְעוּ[a]־לִ֑י וְ֝הַקְשִׁ֗יבוּ[b] לְאִמְרֵי־פִֽי׃ ד̇
25 אַל־יֵ֣שְׂטְ אֶל־דְּרָכֶ֣יהָ לִבֶּ֑ךָ אַל־תֵּ֝תַע[a] בִּנְתִיבוֹתֶֽיהָ׃ כו̇ ר״פ אל אל̇[13]. ל̇. ל̇[14]
26 כִּֽי־רַבִּ֣ים חֲלָלִ֣ים הִפִּ֑ילָה וַ֝עֲצֻמִ֗ים כָּל־הֲרֻגֶֽיהָ׃ ג̇ חס̇[15] וכל אורית̇ דכות ב̇ מ̇ א̇. ב̇ חד מל וחד חס̇[16]
27 דַּרְכֵ֣י שְׁא֣וֹל בֵּיתָ֑הּ[a] יֹ֝רְד֗וֹת אֶל־חַדְרֵי־מָֽוֶת׃ פ

8 1 הֲלֹֽא־חָכְמָ֥ה תִקְרָ֑א וּ֝תְבוּנָ֗ה תִּתֵּ֥ן קוֹלָֽהּ׃
2 בְּרֹאשׁ־מְרֹמִ֥ים [a]עֲלֵי־דָ֑רֶךְ[a] בֵּ֖ית נְתִיב֣וֹת נִצָּֽבָה׃ לה̇[1]. ב̇
3 לְיַד־שְׁעָרִ֥ים [a]לְפִי־קָ֑רֶת[a] מְב֖וֹא פְתָחִ֣ים תָּרֹֽנָּה[b]׃ ב̇
4 אֲלֵיכֶ֣ם אִישִׁ֣ים אֶקְרָ֑א וְ֝קוֹלִ֗י אֶל־בְּנֵ֥י אָדָֽם׃ ג̇
5 הָבִ֣ינוּ פְתָאיִ֣ם עָרְמָ֑ה וּ֝כְסִילִ֗ים הָבִ֥ינוּ[a] לֵֽב׃
6 שִׁ֭מְעוּ כִּֽי־נְגִידִ֣ים[a] אֲדַבֵּ֑ר וּמִפְתַּ֥ח שְׂ֝פָתַ֗י מֵישָׁרִֽים׃ ל̇
7 כִּֽי־אֱ֭מֶת יֶהְגֶּ֣ה חִכִּ֑י [a]וְתוֹעֲבַ֖ת שְׂפָתַ֣י[a] רֶֽשַׁע׃ יז̇[2]
8 בְּצֶ֥דֶק כָּל־אִמְרֵי־פִ֑י אֵ֥ין בָּ֝הֶ֗ם נִפְתָּ֥ל וְעִקֵּֽשׁ׃ ל̇
9 כֻּלָּ֣ם נְ֭כֹחִים לַמֵּבִ֑ין וִ֝ישָׁרִ֗ים לְמֹ֣צְאֵי דָֽעַת׃
10 קְחֽוּ־מוּסָרִ֥י[a] וְאַל־כָּ֑סֶף וְ֝דַ֗עַת מֵחָר֥וּץ נִבְחָֽר׃ ה̇ ר״פ̇[3]. ל̇. ה̇ בטע
11 כִּֽי־טוֹבָ֣ה חָ֭כְמָה מִפְּנִינִ֑ים וְכָל־חֲ֝פָצִ֗ים לֹ֣א יִשְׁווּ־בָֽהּ׃

[8] Mm 2830. [9] Mm 3019. [10] Mm 3573. [11] Mm 2405. [12] Mm 130. [13] Mm 3261. [14] וחד ותתע Gn 21,14. [15] Mm 3063. [16] Jes 26,21. **Cp 8** [1] Mm 2840. [2] Mm 1667. [3] Mm 3588.

18 a–a dl m cs vel tr ‸ ad דדים ‖ **20** a sic L, mlt Mss Edd הַכֵּ׳ ‖ **22** a 𝔊(𝔖) κεπφωθείς, frt l פְּתָאִים vel פֶּתִי ‖ b sic L, mlt Mss Edd טֶ׳ ‖ c 𝔊(𝔙) ἄγεται, frt l יֻבָא ‖ d–d l וְכַעֲכֹס (וּכְעֶכֶס) אֶל־מוֹסֵר אַיָּל cf f.g ‖ e 𝔊(𝔖𝔗) καὶ ὥσπερ κύων, 𝔙 et quasi agnus ‖ f 𝔊(𝔖𝔗𝔙) δεσμούς = מוֹסֵר ‖ g 𝔊(𝔖𝔗) ἢ ὡς ἔλαφος = (וּ)כְאַיָּל ‖ **24** a–a cf 5,7a–a ‖ b 𝔊𝔙 sg, frt l וְהַקְשֵׁב vel וְהַקְשִׁיבָה ‖ **25** a sic L, mlt Mss Edd ׳ ‖ **27** a prp נְתִיבֹתֶיהָ cf 2,18b ‖ **Cp 8,2** a–a > 𝔊 ‖ **3** a–a prp תִּקְרָא cf 1,20sq ‖ b cf 1,20a ‖ **5** a 𝔊 ἔνθεσθε, l הָכִינוּ ‖ **6** a l נְגָדִים a נֶגֶד recta vel נְכֹחִים cf 9 ‖ **7** a–a 𝔊(𝔖) ἐβδελυγμένα δὲ ἐναντίον ἐμοῦ χείλη (ψευδῆ), l וְתוֹעֲבָה לִי שִׂפְתֵי cf 12,22 ‖ **10** a frt l c Ms 𝔊𝔖𝔗 מוּסָר cf וְדַעַת.

12 אֲנִי־חָכְמָה שָׁכַנְתִּי[a] עָרְמָה [b]וְדַעַת מְזִמּוֹת אֶמְצָא[b]׃ [שָׂנֵאתִי׃

13 [a]יִרְאַת יְהוָה שְׂנֹאת רָע[a] גֵּאָה וְגָאוֹן ׀ וְדֶרֶךְ רָע וּפִי תַהְפֻּכוֹת — ל. ל[4]. ל בטע[5]

14 לִי־עֵצָה וְתוּשִׁיָּה אֲנִי[a] בִינָה לִי[b] גְבוּרָה׃ — ז מל

15 בִּי מְלָכִים יִמְלֹכוּ וְרוֹזְנִים יְחֹקְקוּ צֶדֶק׃

16 בִּי שָׂרִים יָשֹׂרוּ וּנְדִיבִים [a]כָּל־שֹׁפְטֵי[a] צֶדֶק[b]׃ — ב. ל

17 אֲנִי אֹהֲבַיִהָ[a] אֵהָב וּמְשַׁחֲרַי יִמְצָאֻנְנִי׃ — אהבי ק. ב

18 עֹשֶׁר־וְכָבוֹד אִתִּי הוֹן עָתֵק וּצְדָקָה׃

19 טוֹב פִּרְיִי מֵחָרוּץ וּמִפָּז וּתְבוּאָתִי מִכֶּסֶף נִבְחָר׃ — ל

20 בְּאֹרַח־צְדָקָה אֲהַלֵּךְ[a] בְּתוֹךְ נְתִיבוֹת מִשְׁפָּט׃

21 לְהַנְחִיל אֹהֲבַי ׀ יֵשׁ וְאֹצְרֹתֵיהֶם אֲמַלֵּא׃ פ — ב[6]. ג[7]

22 יְהוָה קָנָנִי רֵאשִׁית[a] דַּרְכּוֹ[b] קֶדֶם מִפְעָלָיו מֵאָז[c]׃ — ל. כח

23 מֵעוֹלָם[a] נִסַּכְתִּי[b] מֵרֹאשׁ מִקַּדְמֵי־אָרֶץ׃ — ל. יד. ל

24 בְּאֵין־תְּהֹמוֹת חוֹלָלְתִּי [a]בְּאֵין מַעְיָנוֹת נִכְבַּדֵּי[a][b]־מָיִם׃ — ג מל[8]. ג[9]

25 בְּטֶרֶם הָרִים הָטְבָּעוּ לִפְנֵי גְבָעוֹת חוֹלָלְתִּי׃ — ב קמ. ג מל[8]

26 עַד־לֹא עָשָׂה[a] אֶרֶץ וְחוּצוֹת[b] וְרֹאשׁ[c] עַפְרוֹת[d] תֵּבֵל׃ — ב חד חס וחד מל[10]. יא[11]

27 בַּהֲכִינוֹ שָׁמַיִם שָׁם אָנִי בְּחוּקוֹ חוּג [a]עַל־פְּנֵי תְהוֹם[a]׃ — ל. ב. ב[12]. ב

28 בְּאַמְּצוֹ שְׁחָקִים מִמָּעַל בַּעֲזוֹז[a] עִינוֹת תְּהוֹם[b]׃ — ל. ל

29 [a]בְּשׂוּמוֹ לַיָּם ׀ חֻקּוֹ וּמַיִם לֹא יַעַבְרוּ־פִיו[a]

בְּחוּקוֹ[b] מוֹסְדֵי אָרֶץ׃ 30 וָאֶהְיֶה אֶצְלוֹ אָמוֹן[a] — ב. ל וכל שם ברנש דכות

וָאֶהְיֶה שַׁעֲשֻׁעִים[b] יוֹם ׀ יוֹם מְשַׂחֶקֶת לְפָנָיו בְּכָל־עֵת׃ — ב מל[13] וחד מן ב בליש. ז[14]. ב

31 מְשַׂחֶקֶת בְּתֵבֵל אַרְצוֹ וְשַׁעֲשֻׁעַי אֶת־בְּנֵי אָדָם׃ פ — ב. ו חס[15]

[4] Mm 3617. [5] Mm 3389. [6] Mm 3589. [7] Mm 3590. [8] Mm 3591. [9] Mm 2291. [10] Mm 3592. [11] Mm 1554. [12] Mm 2361. [13] Mm 2222. [14] Mm 484. [15] Mm 3409.

12 [a] 𝔖𝔗 *brjt*; frt l שְׁכֶנְתִּי ‖ [b–b] prp וּמוֹדַעַת מְזִמּוֹת אֶמְצָא cf 𝔊 ‖ **13** [a–a] frt dl (gl) cf 3,7 16,6 ‖ **14** [a] prp לִי cf 𝔊𝔖𝔙 ‖ [b] prp וְלִי cf 2 Mss 𝔊𝔖𝔙[Mss] ‖ **16** [a–a] 𝔊 *κρατοῦσι*, 𝔙 *decernunt*, prb l יִשְׁפְּטוּ ‖ [b] mlt Mss 𝔅𝔊 אָרֶץ cf Jes 40,23 Ps 2,10 148,11 ‖ **17** [a] K אֹהֲבֶיהָ, Q Vrs אֹהֲבַי ‖ **20** [a] sic L, mlt Mss Edd ךְ– ‖ **22** [a] 𝔖(𝔗𝔙[Mss]) *brš* = בְּר׳ ‖ [b] 𝔊σ′(𝔙) *ὁδῶν αὐτοῦ*, l דְּרָכָו ‖ [c] > 𝔊𝔖 ‖ **23** [a] Ms + אֲנִי, frt l ‖ [b] cf Ps 2,6; 𝔊(𝔖) *ἐθεμελίωσέν με*, 𝔗(𝔙[Mss]) *'jttqnjt*, frt l נוֹסַדְתִּי; prp נְסַכֹּתִי cf Ps 139,13 ‖ **24** [a–a] 𝔊(𝔙) *πρὸ τοῦ προελθεῖν τὰς πηγάς* cf [b] ‖ [b] prp נִבְכֵי cf Hi 38,16 ‖ **26** [a] prp עָשְׂתָה cf [b] ‖ [b] prp חָצִיר ‖ [c] prp דֶּשֶׁא ‖ [d] sic L, mlt Mss Edd ע׳ ‖ **27** [a–a] 𝔊 *ἐπ' ἀνέμων* ‖ **28** [a] 𝔊(𝔖𝔗[𝔙]) *καὶ ὡς ἀσφαλεῖς ἐτίθει*, l בְּעַזְּזוֹ ‖ [b] sic L, mlt Mss Edd תְּהוֹם ‖ **29** [a–a] > 𝔊* ‖ [b] 𝔊 *καὶ ἰσχυρὰ ἐποίει*, frt l בְּחַזְּקוֹ ‖ **30** [a] 𝔊(𝔖𝔙) *ἁρμόζουσα* = אָמָּן; α′ *τιθηνουμένη*, prb l אָמוּן ‖ [b] 𝔊(𝔖) *ἡ προσέχαιρεν*, l שַׁעֲשֻׁעָיו.

32 וְעַתָּה [a]בָנִים שִׁמְעוּ־לִי[a] [b]וְאַשְׁרֵי דְּרָכַי יִשְׁמֹרוּ׃ — ב̊[16]
33 שִׁמְעוּ מוּסָר וַחֲכָמוּ [c]וְאַל־תִּפְרָעוּ׃[bc] — ל̊. ב̊[17]
34 אַשְׁרֵי אָדָם שֹׁמֵעַ לִי לִשְׁקֹד עַל־דַּלְתֹתַי יוֹם ׀ יוֹם
לִשְׁמֹר מְזוּזֹת פְּתָחָי׃ — ד בטע[18]. ו̊[19]
35 כִּי [a]מֹצְאִי מָצָאי[a] חַיִּים וַיָּפֶק רָצוֹן מֵיְהוָה׃ — ב וחס. מצא[20] יתיר י ק̊
36 וְחֹטְאִי חֹמֵס נַפְשׁוֹ כָּל־מְשַׂנְאַי אָהֲבוּ מָוֶת׃ פ

9 1 חָכְמוֹת בָּנְתָה בֵיתָהּ חָצְבָה[a] עַמּוּדֶיהָ שִׁבְעָה׃ — ד̊. ד̊
2 טָבְחָה טִבְחָהּ מָסְכָה יֵינָהּ אַף עָרְכָה שֻׁלְחָנָהּ׃ — ל̊. ל̊. ל̊
3 שָׁלְחָה נַעֲרֹתֶיהָ תִקְרָא עַל־גַּפֵּי מְרֹמֵי קָרֶת׃ — ג חד מל וב חס
4 מִי־פֶתִי יָסֻר הֵנָּה חֲסַר־לֵב אָמְרָה[a] לּוֹ׃ — ג חס[1]. ח̊ זוגין מחליפין[2]
5 לְכוּ לַחֲמוּ בְלַחֲמִי וּשְׁתוּ בְּיַיִן מָסָכְתִּי׃ — ב̊ חד פת וחד קמ. ל̊
6 עִזְבוּ פְתָאיִם[a] וִחְיוּ וְאִשְׁרוּ בְּדֶרֶךְ בִּינָה׃ — ח̊
7 יֹסֵר ׀ לֵץ לֹקֵחַ לוֹ קָלוֹן וּמוֹכִיחַ לְרָשָׁע מוּמוֹ׃[a] — ל̊. ה̊[4]. ח̊[3]
8 אַל־תּוֹכַח לֵץ פֶּן־יִשְׂנָאֶךָּ הוֹכַח לְחָכָם וְיֶאֱהָבֶךָּ׃
9 [a]תֵּן לְחָכָם וְיֶחְכַּם־עוֹד הוֹדַע לְצַדִּיק וְיוֹסֶף לֶקַח׃ פ — ל̊. ג ב מלרע וחד מלעיל
10 [a]תְּחִלַּת חָכְמָה יִרְאַת יְהוָה וְדַעַת קְדֹשִׁים בִּינָה׃ — ג ר״פ[5]
11 [a]כִּי־בִי[a] יִרְבּוּ יָמֶיךָ וְיוֹסִיפוּ[b] לְּךָ שְׁנוֹת חַיִּים׃ — ל̊ — ס̊ג
12 אִם־חָכַמְתָּ חָכַמְתָּ לָּךְ וְלַצְתָּ לְבַדְּךָ תִשָּׂא׃
13 אֵשֶׁת[a] כְּסִילוּת הֹמִיָּה פְּתַיּוּת[b] וּבַל־יָדְעָה מָּה׃[c] — ל̊ בטע. ל̊. ג̊. ל̊
14 וְיָשְׁבָה לְפֶתַח בֵּיתָהּ עַל־כִּסֵּא מְרֹמֵי קָרֶת׃ — ג חד מל וב חס
15 לִקְרֹא לְעֹבְרֵי־דָרֶךְ הַמְיַשְּׁרִים אֹרְחוֹתָם׃
16 מִי־פֶתִי יָסֻר הֵנָּה וַחֲסַר־לֵב וְאָמְרָה[a] לּוֹ׃ — ג חס[1]. ח̊ זוגין מחליפין[2]. ח̊[6]. ל̊

[16]Mm 4172. [17]Mm 3593. [18]Mm 3193. [19]Mm 484. [20]Q addidi, cf Mp sub loco. **Cp 9** [1]Mm 2056. [2]Mm 3964. [3]Mm 201. [4]Mm 3594. [5]Mm 2998. [6]Mm 3001.

32/33 [a–a] 𝔊(𝔙[Mss]) *υἱέ, ἄκουε* cf 4,1 5,7 7,24 ‖ [b–b] > 𝔊* ‖ [c–c] 𝔙 *et nolite abicere eam*, frt l וְאַל־תִּפְרְעוּ אוֹתוֹ ‖ **35** [a–a] K מֹצְאִי מָצָאי, Q מֹצְאִי מָצָא cf 𝔊𝔖, Q 𝔗𝔙 מֹצְאִי מָצָא ‖ **Cp 9,1** [a] 𝔊 (𝔖𝔗) *καὶ ὑπήρεισεν*, frt l הִצִּבָה ‖ **4** [a] 𝔖 *w'mr*, l וְאָמְרָה cf 16[a] ‖ **6** [a] 𝔊α'σ'θ'(𝔖𝔗𝔙) *ἀφροσύνην*, l פֶּתִי vel פְּתַיּוּת cf 13 ‖ **7** [a] prp כְּלִמָּה vel חֶרְפָּה cf 18,3 ‖ **9** [a] 9–10 > Ms ‖ **10** [a] 10–12 > Ms ‖ **11** [a–a] 𝔊(𝔖𝔗) *τούτῳ γὰρ τρόπῳ*, prp כִּי־בָהּ ‖ [b] 𝔊(𝔖𝔙) *καὶ προστεθήσεται*, l וְיִוָּסְפוּ ‖ **13** [a] frt dl cf תשא 12 (dttg) ‖ [b] frt l המיה וּמְפַתָּה et cj c 𝔊 ‖ [c] 𝔊 (𝔖[AMU]) *αἰσχύνην*, l כְּלִמָּה ‖ **16** [a] 𝔊 *παρακελεύομαι λέγουσα*, 𝔖 *w'mr*, l וְאָמְרָה cf 4[a].

17 מַֽיִם־גְּנוּבִ֥ים יִמְתָּ֑קוּ וְלֶ֖חֶם סְתָרִ֣ים יִנְעָֽם׃

18 וְֽלֹא־יָ֭דַע כִּֽי־רְפָאִ֣ים שָׁ֑ם בְּעִמְקֵ֖י שְׁא֣וֹל קְרֻאֶֽיהָ׃ פ — יד[7] ר״פ בכתיב ג[8] מנה בסיפ . יא[9]

10 1 [a]מִשְׁלֵ֗י שְׁלֹ֫מֹ֥ה[a] פ — ד . ג

בֵּ֣ן חָ֭כָם יְשַׂמַּח־אָ֑ב וּבֵ֥ן כְּ֝סִ֗יל תּוּגַ֥ת אִמּֽוֹ׃ — ז . ל

2 לֹא־י֭וֹעִילוּ אוֹצְר֣וֹת רֶ֑שַׁע וּ֝צְדָקָ֗ה תַּצִּ֥יל מִמָּֽוֶת׃ — יא מל[1] . יז[2]

3 לֹֽא־יַרְעִ֣יב יְ֭הוָה נֶ֣פֶשׁ צַדִּ֑יק וְהַוַּ֖ת רְשָׁעִ֣ים[a] יֶהְדֹּֽף׃

4 רָ֗אשׁ[a] עֹשֶׂ֥ה[b] כַף־רְמִיָּ֑ה וְיַ֖ד חָרוּצִ֣ים תַּעֲשִֽׁיר׃ — ג מל[3] . הי

5 אֹגֵ֣ר בַּ֭קַּיִץ בֵּ֣ן מַשְׂכִּ֑יל נִרְדָּ֥ם בַּ֝קָּצִ֗יר בֵּ֣ן מֵבִֽישׁ׃ — ל וחס . ה

6 בְּ֭רָכוֹת[a] לְרֹ֣אשׁ צַדִּ֑יק [b]וּפִ֥י[c] רְ֝שָׁעִ֗ים יְכַסֶּ֥ה חָמָֽס[bd]׃ — ד[4] . כד

7 זֵ֣כֶר צַ֭דִּיק לִבְרָכָ֑ה וְשֵׁ֖ם רְשָׁעִ֣ים יִרְקָֽב[a]׃

8 חֲכַם־לֵ֭ב יִקַּ֣ח מִצְוֺ֑ת [a]וֶאֱוִ֥יל [b]שְׂ֝פָתַ֗יִם יִלָּבֵֽט[ab]׃ — ג וכל דסמיכ לאדכרה דכות . ג

9 הוֹלֵ֣ךְ בַּ֭תֹּם יֵ֣לֶךְ בֶּ֑טַח וּמְעַקֵּ֥שׁ דְּ֝רָכָ֗יו יִוָּדֵֽעַ[a]׃ — ל

10 קֹ֣רֵֽץ עַ֭יִן יִתֵּ֣ן עַצָּ֑בֶת [a]וֶאֱוִ֥יל שְׂ֝פָתַ֗יִם יִלָּבֵֽט[a]׃ — ל . ג

11 מְק֣וֹר חַ֭יִּים פִּ֣י צַדִּ֑יק [a]וּפִ֥י רְ֝שָׁעִ֗ים יְכַסֶּ֥ה חָמָֽס[ab]׃

12 שִׂ֭נְאָה תְּעֹרֵ֣ר מְדָנִ֑ים וְעַ֥ל כָּל־פְּ֝שָׁעִ֗ים תְּכַסֶּ֥ה אַהֲבָֽה׃ — ד חס בליש . ב[5]

13 בְּשִׂפְתֵ֣י נָ֭בוֹן תִּמָּצֵ֣א חָכְמָ֑ה [a]וְ֝שֵׁ֗בֶט[b] לְגֵ֣ו[a] חֲסַר־לֵֽב׃ — ה[6] . ב פסוק בטע[7]

14 חֲכָמִ֥ים[a] יִצְפְּנוּ־דָ֑עַת וּפִֽי־אֱ֝וִ֗יל[b] מְחִתָּ֥ה קְרֹבָֽה׃ — ב חס

15 ה֣וֹן עָ֭שִׁיר קִרְיַ֣ת עֻזּ֑וֹ מְחִתַּ֖ת דַּלִּ֣ים רֵישָֽׁם׃

16 פְּעֻלַּ֣ת צַדִּ֣יק לְחַיִּ֑ים תְּבוּאַ֖ת רָשָׁ֣ע לְחַטָּֽאת[a]׃ — ג בטע[8]

17 אֹ֣רַח[a] לְ֭חַיִּים שׁוֹמֵ֣ר מוּסָ֑ר וְעוֹזֵ֖ב תּוֹכַ֣חַת מַתְעֶֽה׃ — ל[9] . י מל[10] . ב

18 מְכַסֶּ֣ה[a] שִׂ֭נְאָה שִׂפְתֵי־שָׁ֑קֶר[b] וּמוֹצִ֥א דִ֝בָּ֗ה ה֣וּא כְסִֽיל׃ — ב חד חס וחד מל[11]

[7] Mm 3249. [8] Mm 3580. [9] Mm 130. **Cp 10** [1] Mm 1977. [2] Mm 1667. [3] Mm 1761. [4] Mm 3595. [5] Mm 3596. [6] Mm 2755. [7] Mm 3313. [8] Mp sub loco. [9] Mm 959. [10] Mm 3634. [11] Mm 2409.

Cp 10,1 [a–a] > 𝔊𝔖𝔙[Mss] ‖ **3** [a] pc Mss 𝔅 בּוֹגְדִים (ex 11,6) ‖ **4** [a] 𝔊(𝔖𝔗𝔙) *πενία*, l רֵאשׁ ‖ [b] 𝔙 *operata est*, l עָשָׂה ‖ **6** [a] 𝔊(𝔙[Mss]) *εὐλογία κυρίου* cf 22 ‖ [b–b] = 11b ‖ [c] prp וּפְנֵי ‖ [d] 𝔊 *πένθος ἄωρον* ‖ **7** [a] prp יוּקָב ‖ **8** [a–a] = 10b ‖ [b–b] prp שְׁבָטִים יֵדָע ‖ **9** [a] l יֵרוֹעַ cf 11,15 13,20 ‖ **10** [a–a] = 8b; 𝔊(𝔖) *ὁ δὲ ἐλέγχων μετὰ παρρησίας εἰρηνοποιεῖ*, frt l וּמוֹכִיחַ יַעֲשֶׂה שָׁלוֹם ‖ **11** [a–a] = 6b ‖ [b–b] prp כּוֹס חֹמֶץ ‖ **13** [a–a] frt l וּבִשְׂפָתָיו נִלְעַג vel וּבְשֵׁבֶט שְׂפָתָיו נִלְעַג cf [b] ‖ [b] 𝔊(𝔖) *ῥάβδῳ* = בְּשׁ׳ ‖ **14** [a] frt pr שִׂפְתֵי m et par cs ‖ [b] cf 7,25[a] ‖ **16** [a] frt l לְמְחִתָּה cf 14.15.29 ‖ **17** [a] prb l אֹרֵחַ ‖ **18** [a] 𝔊(𝔖𝔙) *καλύπτουσιν*, l מְכַסִּים vel מְכַסֵּי; prp מִכְסֶה ‖ [b] 𝔊 *δίκαια* = צֶדֶק cf 16,13.

19 בְּרֹב דְּבָרִים לֹא יֶחְדַּל־פָּשַׁע וְחֹשֵׂךְ שְׂפָתָיו מַשְׂכִּיל׃

20 כֶּסֶף נִבְחָר[a] לְשׁוֹן צַדִּיק לֵב רְשָׁעִים כִּמְעָט[b]׃ ב קמ[12]

21 שִׂפְתֵי צַדִּיק יִרְעוּ[a] רַבִּים וֶאֱוִילִים בַּחֲסַר[b]־לֵב[c] יָמוּתוּ׃

22 בִּרְכַּת יְהוָה הִיא תַעֲשִׁיר וְלֹא־יוֹסִף עֶצֶב עִמָּהּ[a]׃ ג[13] . ה חס

23 כִּשְׂחוֹק[a] לִכְסִיל עֲשׂוֹת זִמָּה וְחָכְמָה[b] לְאִישׁ תְּבוּנָה׃ ל[14]

24 מְגוֹרַת רָשָׁע הִיא תְבוֹאֶנּוּ וְתַאֲוַת צַדִּיקִים יִתֵּן׃ ל ומל . ג ב מל וחד חס[15]

25 כַּעֲבוֹר סוּפָה וְאֵין רָשָׁע וְצַדִּיק יְסוֹד עוֹלָם׃ ב חד מל וחד חס[16] . ל[17]

26 כַּחֹמֶץ ׀ לַשִּׁנַּיִם וְכֶעָשָׁן לָעֵינָיִם כֵּן הֶעָצֵל לְשֹׁלְחָיו׃ ל . ל . ד ב פת וב קמ ול[18] בליש . ב

27 יִרְאַת יְהוָה תּוֹסִיף יָמִים וּשְׁנוֹת רְשָׁעִים תִּקְצֹרְנָה׃ יג . ל

28 תּוֹחֶלֶת צַדִּיקִים שִׂמְחָה[a] וְתִקְוַת רְשָׁעִים תֹּאבֵד׃

29 מָעוֹז לַתֹּם[a] דֶּרֶךְ יְהוָה וּמְחִתָּה לְפֹעֲלֵי אָוֶן׃

30 צַדִּיק לְעוֹלָם בַּל־יִמּוֹט וּרְשָׁעִים לֹא יִשְׁכְּנוּ־אָרֶץ׃ ז

31 פִּי־צַדִּיק יָנוּב חָכְמָה וּלְשׁוֹן תַּהְפֻּכוֹת תִּכָּרֵת׃ ה[19]

32 [a]שִׂפְתֵי צַדִּיק יֵדְעוּן[b] רָצוֹן וּפִי רְשָׁעִים תַּהְפֻּכוֹת׃ ד[20]

11 1 מֹאזְנֵי מִרְמָה תּוֹעֲבַת יְהוָה וְאֶבֶן שְׁלֵמָה רְצוֹנוֹ׃

2 בָּא־זָדוֹן וַיָּבֹא קָלוֹן וְאֶת־צְנוּעִים חָכְמָה׃ ב פסוק בטע[1] . ל ומל

3 תֻּמַּת יְשָׁרִים תַּנְחֵם[a] וְסֶלֶף בּוֹגְדִים וְשַׁדֵּם[b]׃ ישדם ק

4 [a]לֹא־יוֹעִיל הוֹן בְּיוֹם עֶבְרָה וּצְדָקָה תַּצִּיל מִמָּוֶת׃

5 צִדְקַת תָּמִים תְּיַשֵּׁר דַּרְכּוֹ וּבְרִשְׁעָתוֹ יִפֹּל רָשָׁע׃ ה[2] . ב חס בסיפ למערב

6 צִדְקַת יְשָׁרִים תַּצִּילֵם וּבְהַוַּת[a] בֹּגְדִים יִלָּכֵדוּ׃ ה[2]

7 [ab]בְּמוֹת אָדָם רָשָׁע[c] תֹּאבַד[d] תִּקְוָה[b] וְתוֹחֶלֶת אוֹנִים[e] אָבָדָה[f]׃ ב

20 [a] cf 8,19; G *πεπυρωμένος* = נִבְחָן? ‖ [b] T *mht'* sordes; prp כְּמֶעָה ‖ **21** [a] G *ἐπίσταται* = יֵדְעוּ cf 32[b], V *erudiunt* = יוֹרוּ? frt l יִרְווּ ‖ [b] G(STV) *ἐν ἐνδείᾳ*, l בְּחֶסֶר ‖ [c] > G ‖ **22** [a] frt l עָלֶיהָ cf יוסף ‖ **23** [a] nonn Mss G בִּשׂ׳ ‖ [b] prp וּכְחֵמָה cf Dt 32,24 vel וְתֹעֵבָה ‖ **24** [a] S(TV) *mtjhb*, l יֻתָּן ‖ **28** [a] prp צָמְחָה ‖ **29** [a] G(STV) *ὁσίου*, l לְתָם cf 13,6[a] ‖ **32** [a] V hic incip cp 11 ‖ [b] pc Mss יִרְעוּן cf 21[a]; l יַבִּיעוּן cf 15,2.28 ‖ **Cp 11,3** [a] prp תְּנַחֵם ‖ [b] K וְשַׁדָּם vel וְשֻׁדָּם, Q CG[AO] ע יְשָׁדֵּם; prp ישקדם pi vel hi ‖ **4** [a] v 4 > G* (cf 10,2) ‖ **6** [a] prp וּבְהַוּוֹת ‖ **7** [a] v 7 crrp ‖ [b–b] frt l ב׳ צַדִּיק לֹא־ת׳ ת׳ cf [c.d] ‖ [c] > 2 Mss, G *δικαίου* = צַדִּיק ‖ [d] G pr *οὐκ* = לֹא ‖ [e] G *τῶν ἀσεβῶν*, frt l אֱוִילִים; prp אֱמוּנִים ‖ [f] prp אבד restare.

8 צַדִּיק מִצָּרָה נֶחֱלָץ וַיָּבֹא רָשָׁע תַּחְתָּיו׃

9 בְּפֶה[a] חָנֵף [b]יַשְׁחִת רֵעֵהוּ[b] וּבְדַעַת צַדִּיקִים יֵחָלֵצוּ׃ — ז חס ב מנה בליש[3] . ה

10 בְּטוּב צַדִּיקִים תַּעֲלֹץ קִרְיָה וּבַאֲבֹד רְשָׁעִים רִנָּה׃ — יט[4] ד[5] מנה בליש

11 בְּבִרְכַּת יְשָׁרִים תָּרוּם קָרֶת וּבְפִי רְשָׁעִים תֵּהָרֵס׃

12 בָּז־לְרֵעֵהוּ חֲסַר־לֵב וְאִישׁ תְּבוּנוֹת יַחֲרִישׁ׃

13 הוֹלֵךְ רָכִיל מְגַלֶּה־סּוֹד וְנֶאֱמַן־רוּחַ מְכַסֶּה דָבָר׃ — ל[6]

14 בְּאֵין תַּחְבֻּלוֹת יִפָּל־עָם וּתְשׁוּעָה בְּרֹב יוֹעֵץ׃

15 רַע[a]־יֵרוֹעַ כִּי־עָרַב זָר וְשֹׂנֵא תֹקְעִים בּוֹטֵחַ׃ — ט[7] וכל אמירה יצר לשון עשייה ועין דכות ב מ ז . ב . ה . ד חס ול בליש וכל אורית דכות[8]

16 אֵשֶׁת־חֵן תִּתְמֹךְ כָּבוֹד[a] וְעָרִיצִים[b] יִתְמְכוּ־עֹשֶׁר׃

17 גֹּמֵל נַפְשׁוֹ אִישׁ חָסֶד[a] וְעֹכֵר שְׁאֵרוֹ אַכְזָרִי׃ — ב וחס[9] . ז

18 רָשָׁע עֹשֶׂה פְעֻלַּת־שָׁקֶר [a]וְזֹרֵעַ צְדָקָה[a] שֶׂכֶר אֱמֶת׃ — ל וחס . ב[10]

19 כֵּן[a]־צְדָקָה לְחַיִּים וּמְרַדֵּף רָעָה לְמוֹתוֹ׃ — ג בטע

20 תּוֹעֲבַת יְהוָה עִקְּשֵׁי־לֵב וּרְצוֹנוֹ תְּמִימֵי דָרֶךְ׃

21 יָד לְיָד לֹא־יִנָּקֶה רָּע וְזֶרַע[a] צַדִּיקִים[b] נִמְלָט׃ — ל

22 נֶזֶם זָהָב בְּאַף חֲזִיר אִשָּׁה יָפָה וְסָרַת טָעַם׃ — ל

23 תַּאֲוַת צַדִּיקִים אַךְ־טוֹב תִּקְוַת רְשָׁעִים עֶבְרָה[a]׃

24 יֵשׁ מְפַזֵּר וְנוֹסָף עוֹד וְחוֹשֵׂךְ מִיֹּשֶׁר אַךְ־לְמַחְסוֹר׃ — ג ב פת וחד קמ[11]

25 נֶפֶשׁ־בְּרָכָה תְדֻשָּׁן וּמַרְוֶה[a] גַּם־הוּא יוֹרֶא[b]׃ — ב . ל כת א

26 מֹנֵעַ בָּר יִקְּבֻהוּ לְאוֹם וּבְרָכָה לְרֹאשׁ מַשְׁבִּיר׃ — ב . ב חד מל וחד חס[12] . ב ובתרי לישנ[13] . כד

27 שֹׁחֵר[a] טוֹב יְבַקֵּשׁ רָצוֹן וְדֹרֵשׁ רָעָה תְבוֹאֶנּוּ׃ — ג וחס[14] . ג ב מל וחד חס[15]

28 בּוֹטֵחַ בְּעָשְׁרוֹ הוּא יִפֹּל[a] וְכֶעָלֶה צַדִּיקִים יִפְרָחוּ׃

29 [a][b]עוֹכֵר בֵּיתוֹ יִנְחַל־רוּחַ[b] וְעֶבֶד אֱוִיל לַחֲכַם־לֵב׃

[3] Mm 1757. [4] Mm 335. [5] Mm 3242. [6] וחד וְנֶאֱמַן Jer 42,5. [7] Mm 824. [8] Mm 2433 et Mm 3599. [9] Mm 3600. [10] Jes 19,10. [11] Mm 3601. [12] Mm 3602. [13] Mm 3603. [14] Mm 1159. [15] Mm 3597.

9 [a] prp בְּפִי cf 𝔊 ‖ [b–b] prp יַשְׁחִת ר׳; al שַׁחַת רָעָה ‖ **15** [a] l רַע ‖ **16** [a] 𝔊(𝔖) + *θρόνος δὲ ἀτιμίας γυνὴ μισοῦσα δίκαια. πλούτου ὀκνηροὶ ἐνδεεῖς γίνονται*, ins וְכִסֵּא קָלוֹן שֹׂנֵאת יֹשֶׁר הוֹן עֲצֵלִים יֶחְסָרוּ ‖ [b] 𝔊(𝔖𝔗𝔙) *οἱ δὲ ἀνδρεῖοι*, l וְחָרוּצִים ‖ **17** [a] pc Mss Vrs חָסִיד ‖ **18** [a–a] 𝔊 *σπέρμα δὲ δικαίων* cf 21[a.b] ‖ **19** [a] Ms 𝔊𝔖 בֵּן; frt l קֹנֶה; prp תֹּכֵן cf 16,2 21,2 24,12 ‖ **21** [a] ℭ𝔊 וְזֹרֵעַ cf 18 ‖ [b] 𝔊 *δικαιοσύνην* cf 18[a–a] ‖ **23** [a] Ms 𝔊 אָבְדָה cf 10,28; frt l עֲבֻרָה ‖ **25** [a] 𝔖 *wljṭ'*, frt l וּמְאָרֵר ‖ [b] ℭ mlt Mss יוֹרֶה; 𝔖 *nttljṭ*, frt l יוּאָר ‖ **27** [a] 𝔊 *τεκταινόμενος* = חֹרֵשׁ ‖ **28** [a] prp יִבֹּל ‖ **29** [a] v 29 crrp ‖ [b–b] prp בַּעַר בֵּיתוֹ יְנַחַל לְרֵעוֹ (vel יַנְחִל רֵעֵהוּ).

30 פְּרִי־צַדִּיק[a] עֵץ חַיִּים וְלֹקֵחַ נְפָשׁוֹת[b] חָכָם[c]׃ ל̇ וחס[16]

31 הֵן[a] צַדִּיק בָּאָרֶץ[b] יְשֻׁלָּם[a] אַף כִּי־רָשָׁע וְחוֹטֵא׃ ג̇ . ג̇

12 1 אֹהֵב מוּסָר אֹהֵב דָּעַת וְשֹׂנֵא תוֹכַחַת בָּעַר׃

2 טוֹב יָפִיק רָצוֹן מֵיְהוָה וְאִישׁ מְזִמּוֹת יַרְשִׁיעַ׃ ה̇ בטע בסיפ̇ . ג̇ . ד̇ ג̇ מל̇ וחד חס̇[1]

3 לֹא־יִכּוֹן אָדָם בְּרֶשַׁע וְשֹׁרֶשׁ צַדִּיקִים בַּל־יִמּוֹט׃

4 אֵשֶׁת־חַיִל עֲטֶרֶת בַּעְלָהּ וּכְרָקָב בְּעַצְמוֹתָיו מְבִישָׁה׃ ל̇ . ל̇

5 מַחְשְׁבוֹת צַדִּיקִים מִשְׁפָּט תַּחְבֻּלוֹת רְשָׁעִים מִרְמָה׃

6 דִּבְרֵי רְשָׁעִים אֱרָב־דָּם[a] וּפִי יְשָׁרִים יַצִּילֵם׃ ל̇

7 הָפוֹךְ רְשָׁעִים וְאֵינָם וּבֵית צַדִּיקִים יַעֲמֹד׃ ל̇

8 לְפִי־שִׂכְלוֹ יְהֻלַּל־אִישׁ [a]וְנַעֲוֵה־לֵב[a] יִהְיֶה לָבוּז׃ ב̇[2] . ל̇ . ב̇[3]

9 טוֹב נִקְלֶה וְעֶבֶד[a] לוֹ מִמִּתְכַּבֵּד[b] וַחֲסַר־לָחֶם׃ ב̇ . ל̇ . ב̇

10 יוֹדֵעַ צַדִּיק נֶפֶשׁ בְּהֶמְתּוֹ וְרַחֲמֵי רְשָׁעִים אַכְזָרִי׃ ל̇ . ז̇

11 עֹבֵד אַדְמָתוֹ יִשְׂבַּע־לָחֶם וּמְרַדֵּף רֵיקִים [a]חֲסַר־לֵב[a]׃

12 [a][b]חָמַד רָשָׁע מְצוֹד[b] רָעִים וְשֹׁרֶשׁ צַדִּיקִים יִתֵּן[c]׃ ל̇

13 בְּפֶשַׁע שְׂפָתַיִם מוֹקֵשׁ[a] רָע וַיֵּצֵא מִצָּרָה צַדִּיק׃

14 מִפְּרִי פִי־אִישׁ יִשְׂבַּע־טוֹב[a] וּגְמוּל יְדֵי־אָדָם יָשׁוּב[b] לוֹ׃ ישיב ק̇ חד מן ג̇[4] כת̇ כן וחד מן כד̇[5] בליש̇

15 דֶּרֶךְ אֱוִיל יָשָׁר בְּעֵינָיו וְשֹׁמֵעַ לְעֵצָה חָכָם׃ נ̇א

16 אֱוִיל בַּיּוֹם יִוָּדַע[a] כַּעְסוֹ וְכֹסֶה קָלוֹן עָרוּם׃ ג̇ פסוק̇ דמיין[6]

17 יָפִיחַ אֱמוּנָה יַגִּיד צֶדֶק וְעֵד שְׁקָרִים מִרְמָה[a]׃

18 יֵשׁ בּוֹטֶה[a] כְּמַדְקְרוֹת חָרֶב וּלְשׁוֹן חֲכָמִים מַרְפֵּא׃ ל̇ . ל̇ . ה̇[7]

19 שְׂפַת־אֱמֶת תִּכּוֹן לָעַד וְעַד־אַרְגִּיעָה לְשׁוֹן שָׁקֶר׃ ל̇[8] . ג̇ ב̇ מל̇ וחד חס̇[9]

[16] Mm 201. Cp 12 [1] Mm 3604. [2] Mm 3857. [3] Mm 3605. [4] Mm 3289. [5] Mm 1685. [6] Mm 3618. [7] Mm 1278. [8] Mp sub loco. [9] Mm 2729.

30 [a] 𝔊 *δικαιοσύνης*, l צֶדֶק ‖ [b] sic L, mlt Mss Edd שׁוֹת– ‖ [c] 𝔊(𝔖) *παρανόμων*, frt l חָמָס ‖ **31** [a–a] dub; 𝔊 *εἰ ὁ μὲν δίκαιος μόλις σῴζεται* cf 1P 4,18 ‖ [b] frt l בַּצָּרָה vel בַּצֹּר ‖ **Cp 12,6** [a] frt l תָּם cf 1,11[a] ‖ **8** [a–a] 𝔊 *νωθροκάρδιος*, prp וְנַעֲבֵה־לֵב ‖ **9** [a] Ms 𝔊𝔖 עוֹבֵד; prp וַעֲבוּר cf Jos 5,11; al וְעֶדֶב cf aram עַדְבָּא sors ‖ [b] sic L, mlt Mss Edd מִמִּתְ׳ ‖ **11** [a–a] frt l חָסֵר ‖ **12** [a] v 12 crrp ‖ [b–b] prp יָשְׁמֵד יְסוֹד vel חֹמֶד רֹעַשׁ מְצוּדַת ‖ [c] frt l בְּאֵיתָן cf 𝔊 vel יִכֹּן ‖ **13** [a] 𝔊(𝔖) *ἐμπίπτει εἰς παγίδας*, frt l נוֹקַשׁ cf 6,2, sed etiam 29,6 ‖ **14** [a] dl (ex 13,2?) ‖ [b] l c K יָשׁוּב cf Vrs; Q יָשִׁיב ‖ **16** [a] 𝔊(𝔖𝔗𝔙) *ἐξαγγέλλει*, frt l יוֹדִעַ ‖ **17** [a] 𝔊(𝔗) *δόλιος* = מְרַמֶּה cf 14,25[a] ‖ **18** [a] sic Occ, Or בּוֹטֵא; 𝔗[K] nonn Mss בּוֹטֵח, 𝔗[Q] בּוֹטֶה.

20 מִרְמָה[a] בְּלֶב־חֹרְשֵׁי רָע וּֽלְיֹעֲצֵי שָׁלוֹם שִׂמְחָה׃ — כל חס
21 לֹא־יְאֻנֶּה[a] לַצַּדִּיק כָּל־אָוֶן וּ֝רְשָׁעִים מָלְאוּ רָע׃ — ל . ז
22 תּוֹעֲבַת יְהוָה שִׂפְתֵי־שָׁקֶר וְעֹשֵׂי[a] אֱמוּנָה רְצוֹנוֹ׃ — יו[10] כת י וחד מן ה[11] קמ קטן וכל דברים מלכים תרי עשר תלים קהלת עזרא ד"ה דכות ב מ כב
23 אָדָם עָרוּם כֹּסֶה דָּעַת וְלֵב כְּ֝סִילִים יִקְרָא אִוֶּלֶת׃
24 יַד־חָרוּצִים תִּמְשׁוֹל וּ֝רְמִיָּה תִּהְיֶה לָמַס׃ — ג מל ול בליש[12]
25 דְּאָגָה בְלֶב־אִישׁ יַשְׁחֶנָּה[a] וְדָבָר טוֹב יְשַׂמְּחֶנָּה[a]׃ — ל בסיפ . ל
26 [a]יָתֵר מֵרֵעֵהוּ[a] צַדִּיק וְדֶרֶךְ רְשָׁעִים תַּתְעֵם׃ — ל
27 [a]לֹא־יַחֲרֹךְ[b] רְמִיָּה צֵידוֹ וְהוֹן־[c]אָדָם יָקָר[c] חָרוּץ[a]׃ — ל וחס
28 בְּאֹרַח־צְדָקָה חַיִּים וְדֶרֶךְ נְתִיבָה[a] אַל[b]־מָוֶת׃ — ו דמטע[13] . ל[14]

13 1 בֵּן חָכָם מוּסַר[a] אָב[b] וְ֝לֵץ לֹא־שָׁמַע גְּעָרָה׃ — יב פת[1] . ה[2]
2 מִפְּרִי [a]פִי־אִישׁ[a] יֹאכַל[b] טוֹב וְנֶפֶשׁ בֹּגְדִים חָמָס׃
3 נֹצֵר פִּיו שֹׁמֵר נַפְשׁוֹ פֹּשֵׂק שְׂ֝פָתָיו מְחִתָּה־לוֹ׃ — ל
4 מִתְאַוָּה וָאַיִן נַפְשׁוֹ[a] עָצֵל וְנֶפֶשׁ חָרֻצִים תְּדֻשָּׁן׃ — ל . ל חס . ב
5 דְּבַר־שֶׁקֶר יִשְׂנָא צַדִּיק וְ֝רָשָׁע יַבְאִישׁ[a] וְיַחְפִּיר׃ — ב . ה[3] . ל ומל
6 צְדָקָה תִּצֹּר תָּם־[a]דָּרֶךְ וְ֝רִשְׁעָה[b] תְּסַלֵּף חַטָּאת[c]׃
7 יֵשׁ מִתְעַשֵּׁר וְאֵין כֹּל מִ֝תְרוֹשֵׁשׁ וְהוֹן[a] רָב׃ — ב[4] . ל
8 כֹּפֶר נֶפֶשׁ־אִישׁ עָשְׁרוֹ וְ֝רָשׁ לֹא־[a]שָׁמַע גְּעָרָה[a]׃ — ה[2]
9 אוֹר־צַדִּיקִים יִשְׂמָח[a] וְנֵר רְשָׁעִים יִדְעָךְ׃
10 רַק־[a]בְּזָדוֹן יִתֵּן מַצָּה וְאֶת־נֽוֹעָצִים[b] חָכְמָה׃ — ג . ב פסוק בטע[5] . ה ומל[6]
11 הוֹן מֵהֶבֶל[a] יִמְעָט וְקֹבֵץ עַל־יָד יַרְבֶּה׃

[10] Mm 627. [11] Mm 475. [12] Mm 272. [13] Notula Mp dub, Mp sub loco. [14] Cf Prv 2,18. **Cp 13** [1] Mm 2405. [2] Mm 3606. [3] Mm 3473. [4] Qoh 1,9. [5] Mm 3313. [6] Mm 1953.

20 [a] prp מֹרָה cf 14,10 ‖ **21** [a] 𝔊(𝔖𝔗) *ἀρέσει*, 𝔙 *contristabit* ‖ **22** [a] mlt Mss 𝔊 וְעֹשֵׂה ‖ **25** [a] l חֶנָּה– (= חֶנּוּ–) ‖ **26** [a–a] prp יָתֵר מִרְעֵהוּ cf Hi 39,8 vel יָסֵר מֵרָעָה ‖ **27** [a–a] prp לֹא יַחֲרֹךְ צַיִד רְמִיָּה וְיָקָר הוֹן אָדָם חָרוּץ ‖ [b] 𝔊(𝔖𝔗𝔙) *ἐπιτεύξεται*; l יַדְרִיךְ cf Sir 15,1.7 vel יִתְמֹךְ ‖ [c–c] 𝔊𝔖 tr, frt l יָקָר לְאָדָם cf 1,13 24,4 ‖ **28** [a] 𝔊(𝔖𝔗) *μνησικάκων*; l מְשׁוּבָה vel תּוֹעֵבָה ‖ [b] l c mlt Mss Vrs אֶל ‖ **Cp 13,1** [a] Ms 𝔊𝔖 יִשְׁמַע ‖ [b] prp אֹהֵב cf 12,1 vel אָב pt a אוב = אהב ‖ **2** [a–a] 𝔊 *δικαιοσύνης* cf 11,30[a]; prp מִשְׁפָּט vel שְׂפָתוֹ ‖ [b] pc Mss 𝔖𝔗𝔙 יִשְׂבַּע (ex 12,14) ‖ **4** [a] > 𝔊𝔖𝔙, frt dl et antea l מִתְאַוָּה nisi mavis נֶפֶשׁ cf 𝔗 ‖ **5** [a] l יָבִישׁ cf 19,26 ‖ **6** [a] 𝔊(𝔖𝔗𝔙) *ἀκάκους*, l תַּם cf 10,29[a] ‖ [b] Ms 𝔊 וּרְשָׁעִים cf 𝔖𝔗 ‖ [c] 𝔙[Mss] *peccatorem (-es)*, l חַטָּא ‖ **7** [a] 𝔗 *wmzljh*, l וְהוֹנוֹ ‖ **8** [a–a] ex 1? frt l מָצָא גְאֻלָּה ‖ **9** [a] Ms יצמח, 𝔊 *διὰ παντός* = לָנֶצַח? l יִזְרַח ‖ **10** [a] 𝔊(𝔖) *κακός*, frt l רַע vel potius רֵק cf 2S 6,20 Mt 5,22 ‖ [b] prp צְנוּעִים cf 11,2 ‖ **11** [a] 𝔊(𝔙) *ἐπισπουδαζομένη*, prb l מְבֹהָל cf 20,21[a]; prp מְהֻבָּל.

12 תּוֹחֶ֣לֶת מְ֭מֻשָּׁכָה מַֽחֲלָה־לֵ֑ב וְעֵ֥ץ חַ֝יִּ֗ים תַּאֲוָ֥ה בָאָֽה׃ ‎ל̇ . יא̇[7] בטע וכל מלכים ויחזק דכות ב מ ב

13 בָּ֣ז לְ֭דָבָר ᵃיֵחָ֣בֶל לֹ֑וᵃ וִירֵ֥א מִ֝צְוָ֗ה ה֣וּא יְשֻׁלָּֽםᵇ׃ ‎ב̇ רפי[8] . ב̇[9] . ג̇

14 תּוֹרַ֣ת חָ֭כָם מְק֣וֹר חַיִּ֑ים לָ֝ס֗וּר מִמֹּ֥קְשֵׁי מָֽוֶת׃

15 שֵֽׂכֶל־ט֭וֹב יִתֶּן־חֵ֑ן וְדֶ֖רֶךְ בֹּגְדִ֣ים אֵיתָֽןᵃ׃

16 כָּלᵃ־עָ֭רוּם יַעֲשֶׂ֣ה בְדָ֑עַת וּ֝כְסִ֗יל יִפְרֹ֥שׂ אִוֶּֽלֶת׃

17 מַלְאָ֣ךְ רָ֭שָׁע יִפֹּ֣לᵃ בְּרָ֑ע וְצִ֖יר אֱמוּנִ֣ים מַרְפֵּֽא׃ ‎ל̇ ר״פ[10] . ב̇ חס בסיפ למערב

18 ᵃרֵ֣ישׁ וְ֭קָלוֹן פּוֹרֵ֣עᵃ מוּסָ֑ר וְשׁוֹמֵ֖ר תּוֹכַ֣חַת יְכֻבָּֽד׃ ‎ג̇ ול̇ כת כן[11] . ב̇ ומל . ב̇

19 תַּאֲוָ֣ה נִ֭הְיָה תֶּעֱרַ֣ב לְנָ֑פֶשׁᵃ וְתוֹעֲבַ֥ת כְּ֝סִילִ֗ים ס֣וּר מֵרָֽע׃ ‎ח̇[12]

20 הָל֣וֹךְᵃ אֶת־חֲכָמִ֣ים וֶחְכָּ֑םᵇ וְרֹעֶ֖ה כְסִילִ֣ים יֵרֽוֹעַ׃ ‎הלך[13] ק̇ חד מן ח̇[14] חס . יחכם ק̇ . ב̇

21 חַ֭טָּאִים תְּרַדֵּ֣ף רָעָ֑ה וְאֶת־צַ֝דִּיקִ֗יםᵃ יְשַׁלֶּם־טֽוֹבᵃ׃

22 ט֗וֹב יַנְחִ֥יל בְּנֵי־בָנִ֑ים וְצָפ֥וּן לַ֝צַּדִּ֗יק חֵ֣יל חוֹטֶֽא׃ ‎ה̇ בטע בסיפ

23 רָב־אֹ֭כֶל נִ֣יר רָאשִׁ֑יםᵃ וְיֵ֥שׁ נִ֝סְפֶּ֗ה בְּלֹ֣א מִשְׁפָּֽט׃ ‎לג̇ קמ̇[15] . ח̇[16] . כ̇ . ב̇[17]

24 חוֹשֵׂ֣ךְ שִׁ֭בְטוֹ שׂוֹנֵ֣א בְנ֑וֹ וְ֝אֹהֲב֗וֹ שִׁחֲר֥וֹ מוּסָֽר׃ ‎ל̇

25 צַדִּ֗יק אֹ֭כֵל לְשֹׂ֣בַע נַפְשׁ֑וֹ וּבֶ֖טֶן רְשָׁעִ֣ים תֶּחְסָֽר׃ פ ‎ג̇

14 1 חַכְמ֣וֹתᵃ נָ֭שִׁיםᵇ בָּנְתָ֣הᶜ בֵיתָ֑הּ וְ֝אִוֶּ֗לֶת בְּיָדֶ֥יהָ תֶהֶרְסֶֽנּוּ׃ ‎ב̇[1] . ג̇[2] . ל̇

2 הוֹלֵ֣ךְ בְּ֭יָשְׁרוֹᵃ יְרֵ֣א יְהוָ֑ה וּנְל֖וֹז דְּרָכָ֣יו בּוֹזֵֽהוּ׃

3 בְּֽפִי־אֱ֭וִיל חֹ֣טֶר גַּאֲוָ֑הᵃ וְשִׂפְתֵ֥י חֲ֝כָמִ֗ים תִּשְׁמוּרֵֽםᵇ׃ ‎ב̇ . ל̇

4 בְּאֵ֣ין אֲ֭לָפִים אֵב֣וּסᵃ בָּ֑ר וְרָב־תְּ֝בוּא֗וֹת בְּכֹ֣חַ שֽׁוֹר׃ ‎ב̇[3] . ג̇ קמ̇[4] . ב̇ מנה מל ‎סד̇

5 עֵ֣ד אֱ֭מוּנִים לֹ֣א יְכַזֵּ֑ב וְיָפִ֥יחַ כְּ֝זָבִ֗ים עֵ֣ד שָֽׁקֶר׃

6 בִּקֶּשׁ־לֵ֣ץ חָכְמָ֣ה וָאָ֑יִן וְדַ֖עַת לְנָב֣וֹן נָקָֽל׃ ‎ל̇ קמ̇ באתנח[5]

7 לֵ֣ךְ מִ֭נֶּגֶד לְאִ֣ישׁ כְּסִ֑ילᵃ וּבַל־יָ֝דַ֗עְתָּᵃ שִׂפְתֵי־דָֽעַת׃

[7] Mm 279. [8] Mm 3607. [9] Hi 1,1. [10] Mm 978. [11] Mm 3608. [12] Mm 3609. [13] Mp sub loco. [14] Mm 1788. [15] Mm 264. [16] Mm 2469. [17] Mm 4101. **Cp 14** [1] Mm 1424. [2] Mm 624. [3] Jes 1,3. [4] Mp sub loco. [5] Mm 1240.

13 ᵃ⁻ᵃ frt l יְחֻבַּל (לוֹ dttg) ‖ ᵇ 𝔊 ὑγιαίνει, 𝔙 *in pace versabitur*, frt l יְשַׁלֵּם ‖ **15** ᵃ 𝔊(𝔖) ἐν ἀπωλείᾳ, l אֵידָם; 𝔗 + tjbd = תֹּאבֵד ‖ **16** ᵃ l כֹּל cf 𝔖𝔙 ‖ **17** ᵃ prb l יַפִּל ‖ **18** ᵃ⁻ᵃ frt l יוֹרֵשׁ קָלוֹן פ׳ vel ר׳ וְק׳ לפ׳ ‖ **19** ᵃ frt exc hemist vel stich ‖ **20** ᵃ K 𝔊[BS*] הָלוֹךְ, Q 𝔊[ASc]𝔖𝔗𝔙 הֹלֵךְ ‖ ᵇ K 𝔊[BS*] וַחֲכָם, Q 𝔊[ASc]𝔖𝔗𝔙 יֶחְכָּם ‖ **21** ᵃ⁻ᵃ prp שָׁלוֹם (טוֹב dttg); al יְשַׁלֶּם טוֹב ‖ **23** ᵃ 𝔊 δίκαιοι = יְשָׁרִים; frt a רושׁ = akk *râšu* largum esse vel l עָשִׁיר ‖ **Cp 14,1** ᵃ l חָכְמוֹת cf 9,1 ‖ ᵇ dl cf 9,1; prp תָּשִׁים ‖ ᶜ prp בְּאִיתָן ‖ **2** ᵃ Ms Vrs בְּיֹשֶׁר ‖ **3** ᵃ cf Ps 36,12; frt l גֵּוֹ cf 10,13 ‖ ᵇ l c Ms Vrs תִּשְׁמְרוּם ‖ **4** ᵃ prp אֶפֶס cf 14,28 ‖ **7** ᵃ⁻ᵃ 𝔊(𝔖) ὅπλα δὲ αἰσθήσεως, frt l וּכְלֵי־דַעַת cf 20 15 vel (אֵת) וּבַל־תֵּדַח; prp וּבְהֵל רְעוֹת.

8 חָכְמַת עָרוּם הָבִין[a] דַּרְכּוֹ וְאִוֶּלֶת כְּסִילִים מִרְמָה׃ ה̇[6]
9 [a]אֱוִלִים יָלִיץ[b] אָשָׁם [b]וּבֵין[c] יְשָׁרִים רָצוֹן׃ ה̇ חס̇[7]
10 לֵב יוֹדֵעַ מָרַּת נַפְשׁוֹ[a] וּבְשִׂמְחָתוֹ לֹא־יִתְעָרַב זָר[b]׃ ל̇
11 בֵּית רְשָׁעִים יִשָּׁמֵד וְאֹהֶל יְשָׁרִים יַפְרִיחַ[a]׃ ב̇ חד מל̇ וחד חס̇[8]
12 יֵשׁ דֶּרֶךְ יָשָׁר לִפְנֵי־אִישׁ וְאַחֲרִיתָהּ [a]דַּרְכֵי־מָוֶת[a]׃
13 גַּם־בִּשְׂחוֹק יִכְאַב־לֵב [a]וְאַחֲרִיתָהּ[b] שִׂמְחָה[a] תוּגָה׃ ד̇ חס̇ בליש̇ בכתיב̇[9]
14 מִדְּרָכָיו יִשְׂבַּע סוּג לֵב וּמֵעָלָיו אִישׁ טוֹב׃ ל̇. ל̇
15 פֶּתִי יַאֲמִין לְכָל־דָּבָר וְעָרוּם יָבִין לַאֲשֻׁרוֹ[a]׃ ל̇ וחס̇
16 חָכָם יָרֵא וְסָר מֵרָע וּכְסִיל מִתְעַבֵּר[a] וּבוֹטֵחַ׃ ה̇[10]
17 קְצַר־אַפַּיִם [a]יַעֲשֶׂה אִוֶּלֶת[a] וְאִישׁ מְזִמּוֹת יִשָּׂנֵא[b]׃
18 נָחֲלוּ[a] פְתָאיִם אִוֶּלֶת וַעֲרוּמִים יַכְתִּרוּ דָעַת׃ ד̇[11]. ב̇
19 שַׁחוּ רָעִים לִפְנֵי טוֹבִים וּרְשָׁעִים עַל־שַׁעֲרֵי צַדִּיק׃ ב̇[12]. ז̇. ב̇[13]
20 גַּם־לְרֵעֵהוּ יִשָּׂנֵא[a] רָשׁ וְאֹהֲבֵי עָשִׁיר רַבִּים׃ ד̇[14]
21 בָּז־לְרֵעֵהוּ[a] חוֹטֵא וּמְחוֹנֵן עֲנָיִים[b] אַשְׁרָיו׃ ענוים ק̇ חד מן ה̇[15] כת̇ יי וקר̇ וי
22 הֲלוֹא־יִתְעוּ[a] [b]חֹרְשֵׁי רָע וְחֶסֶד וֶאֱמֶת חֹרְשֵׁי[c] טוֹב׃ ט̇ מל̇ בכתיב̇[16]
23 בְּכָל־עֶצֶב יִהְיֶה מוֹתָר וּדְבַר־שְׂפָתַיִם אַךְ־לְמַחְסוֹר׃ יח̇
24 עֲטֶרֶת חֲכָמִים עָשְׁרָם[a] אִוֶּלֶת[b] כְּסִילִים אִוֶּלֶת׃
25 מַצִּיל נְפָשׁוֹת עֵד אֱמֶת וְיָפִחַ כְּזָבִים מִרְמָה[a]׃ ל̇ חס̇
26 בְּיִרְאַת יְהוָה מִבְטַח־עֹז[a] וּלְבָנָיו יִהְיֶה מַחְסֶה׃ ג̇ ב̇ קמ̇ וחד פת̇[17]
27 יִרְאַת[a] יְהוָה מְקוֹר חַיִּים לָסוּר[b] מִמֹּקְשֵׁי מָוֶת׃

[6] Mm 2412. [7] Mm 3383. [8] Mm 3483. [9] Mp sub loco. [10] Mm 2427. [11] Mm 1321. [12] Mm 3610. [13] Mm 3611. [14] Mm 3093. [15] Mm 3549. [16] Mm 3664. [17] Mm 3307.

8 [a] prp תָּכִין cf 20,24[a] 21,29[a] ‖ **9** [a] v 9 inc ‖ [b–b] 𝔊(𝔖) *οἰκίαι παρανόμων*, frt l אָהֳלֵי לֵצִים (vel מְלִיצִים) vel בְּבָתֵּי אֱוִילִים יָלִין ‖ [c] 𝔊(𝔖) *οἰκίαι δέ*, frt l וּבֵית vel וּבְבֵית ‖ **10** [a] prp נֶפֶשׁ ‖ [b] 𝔊 *ὕβρει* = זֵד vel זָדוֹן ‖ **11** [a] 𝔊 *στήσονται* = יַעֲמֹד? cf 12,7 ‖ **12** [a–a] 𝔊 *ἔρχεται εἰς πυθμένα ᾅδου*, frt l יַרְכְּתֵי־מָוֶת cf 16,25[a–a] ‖ **13** [a–a] 𝔊[A](𝔙) *τελευταῖα δὲ χαρᾶς*, l וְאַחֲרִית הַשִּׂמְחָה ‖ [b] sic L, mlt Mss Edd תָּהּ– ‖ **15** [a] 𝔊 *εἰς μετάνοιαν*, frt l לְתְשׁוּבָה vel לְאַשְׁרוֹ ‖ **16** [a] 𝔊(𝔖𝔗) *μείγνυται* = מִתְעָרֵב ‖ **17** [a–a] 𝔗 *mtḥšjb šṭjj'* = יֵחָשֵׁב אֱוִיל ‖ [b] 𝔊 *ὑποφέρει* = יִשָּׂא, frt l יִנָּשֵׂא; 𝔖 *rmjs*, prp יִשְׁאֲנָן cf 1,33 ‖ **18** [a] frt l חֲלִי cf 25,12 ‖ **20** [a] 𝔗 *s'nj* = יִשְׂנָא ‖ **21** [a] 𝔊 *πένητας*, frt l לְרָעֵב ‖ [b] l c K Vrs עֲנָיִים, Q עֲנָוִים ‖ **22** [a] > Vrs; frt l אָלָה ‖ [b] frt l יִטְּעוּ ‖ [c] frt l לְח׳ ‖ **24** [a] 𝔊 *πανοῦργος*, l עָרְמָה ‖ [b] 𝔊(𝔖) *ἡ δὲ διατριβή*, l וְלִוְיַת cf 1,9 4,9 ‖ **25** [a] 𝔊(𝔗) *δόλιος*, frt l מְרַמֶּה cf 12,17[a]; prp דָּם בְּיָדוֹ ‖ **26** [a] 𝔖 *'šjn'*, frt l עָז ‖ **27** [a] 𝔊 *πρόσταγμα* = תּוֹרַת cf 13,14 ‖ [b] 𝔖(𝔗) *l'jljn dsṭjn* = לַסָּר.

28 בְּרָב־עָם הַדְרַת[a]־מֶלֶךְ וּבְאֶפֶס לְאֹם מְחִתַּת רָזוֹן[b]׃ יז וכל זקף אתנח וס״פ דכות[18] . ב . ב חד מל וחד חס[19]

29 אֶרֶךְ אַפַּיִם רַב־תְּבוּנָה וּקְצַר־רוּחַ מֵרִים[a] אִוֶּלֶת׃ ג[20]

30 חַיֵּי בְשָׂרִים לֵב מַרְפֵּא וּרְקַב עֲצָמוֹת קִנְאָה׃ ב ובתרי לישנ[21]

31 עֹשֵׁק־דָּל חֵרֵף[a] עֹשֵׂהוּ וּמְכַבְּדוֹ חֹנֵן אֶבְיוֹן׃

32 בְּרָעָתוֹ יִדָּחֶה רָשָׁע וְחֹסֶה בְמוֹתוֹ[a] צַדִּיק׃

33 בְּלֵב נָבוֹן תָּנוּחַ חָכְמָה וּבְקֶרֶב כְּסִילִים תִּוָּדֵעַ[a]׃

34 צְדָקָה תְרוֹמֵם־גּוֹי וְחֶסֶד[a] לְאֻמִּים חַטָּאת׃ ב חד מל וחד חס[22]

35 רְצוֹן־מֶלֶךְ לְעֶבֶד מַשְׂכִּיל וְעֶבְרָתוֹ תִּהְיֶה[a] מֵבִישׁ׃ ג[23]

15 1 מַעֲנֶה־רַּךְ יָשִׁיב חֵמָה וּדְבַר־עֶצֶב יַעֲלֶה־אָף׃ כד בליש[1] . יח

2 לְשׁוֹן חֲכָמִים תֵּיטִיב[a] דָּעַת וּפִי כְסִילִים יַבִּיעַ אִוֶּלֶת׃ ב פסוק דמטע[2]

3 בְּכָל־מָקוֹם עֵינֵי יְהוָה צֹפוֹת רָעִים וְטוֹבִים[a]׃ ד . ל . ג ב מל וחד חס[3]

4 מַרְפֵּא לָשׁוֹן עֵץ חַיִּים וְסֶלֶף בָּהּ[a] שֶׁבֶר בְּרוּחַ[a]׃ יז[4]

5 אֱוִיל יִנְאַץ[a] מוּסַר אָבִיו וְשֹׁמֵר תּוֹכַחַת יַעְרִם׃ יב פת[5] . ג חס[6]

6 בֵּית[a] צַדִּיק חֹסֶן רָב וּבִתְבוּאַת[b] רָשָׁע נֶעְכָּרֶת׃ ל . ל

7 שִׂפְתֵי חֲכָמִים יְזָרוּ[a] דָעַת וְלֵב כְּסִילִים לֹא־כֵן׃ ל . יט[7]

8 זֶבַח רְשָׁעִים תּוֹעֲבַת יְהוָה וּתְפִלַּת יְשָׁרִים רְצוֹנוֹ׃

9 תּוֹעֲבַת יְהוָה דֶּרֶךְ רָשָׁע וּמְרַדֵּף צְדָקָה יֶאֱהָב׃

10 [a]מוּסָר רָע לְעֹזֵב אֹרַח[a] שׂוֹנֵא תוֹכַחַת יָמוּת׃

11 שְׁאוֹל וַאֲבַדּוֹן נֶגֶד יְהוָה אַף כִּי־לִבּוֹת בְּנֵי־אָדָם׃

12 לֹא יֶאֱהַב־לֵץ הוֹכֵחַ לוֹ אֶל[a]־חֲכָמִים לֹא יֵלֵךְ׃ ה

13 לֵב שָׂמֵחַ יֵיטִב פָּנִים וּבְעַצְּבַת־לֵב[a] רוּחַ נְכֵאָה׃ ל . ח חס בליש[8]

14 לֵב נָבוֹן יְבַקֶּשׁ־דָּעַת וּפְנֵי[a] כְסִילִים יִרְעֶה אִוֶּלֶת׃ ופי ק . ב פסוק דמטע[2]

[18] Mm 2120. [19] Mm 3602. [20] Mm 623. [21] Prv 19,10. [22] Mm 3490. [23] Mm 3612. **Cp 15** [1] Mm 1685. [2] Mm 3313. [3] Mm 3613. [4] Mm 3615. [5] Mm 2405. [6] Mp sub loco. [7] Mm 436. [8] Mm 1098.

28 [a] prp הֲדַר cf 20,29 vel עֶזְרַת ‖ [b] frt l רוֹזֵן cf 8,15 31,4 ‖ **29** [a] 𝔊(𝔖𝔗) *ἰσχυρῶς*, frt l מַרְבֶּה ‖ **31** [a] 𝔆 חָרֵף cf 17,5[a] ‖ **32** [a] 𝔊(𝔖) *τῇ ἑαυτοῦ ὁσιότητι*, l בְּתֻמּוֹ ‖ **33** [a] l לֹא תִוָּדֵעַ cf 𝔊𝔖 vel אִוֶּלֶת cf 𝔗 ‖ **34** [a] 𝔊(𝔖) *ἐλασσονοῦσι δέ*, frt l וְחֵסֶר ‖ **35** [a] 𝔊(𝔖) *ἀφαιρεῖται*, l תַּהֲרֹג; prp תֶּהְגֶּה cf 25,5 ‖ **Cp 15,2** [a] l תַּטִּיף; prp תֵּבַת ‖ **3** [a] sic L, mlt Mss Edd 'וְט ‖ **4** [a–a] prp שֶׁבֶר רוּחַ cf Jes 65,14 ‖ **5** [a] 𝔆 יְנָאֵץ ‖ **6** [a] 𝔖[U]𝔗 *bbjt'*, l בְּבֵית ‖ [b] l c pc Mss 𝔖𝔗 וּתְבוּאַת ‖ **7** [a] σ' *φυλάσσουσι* = יִצְּרוּ cf 20,28; prp יוֹרוּ, al יְזָרוּ ‖ **10** [a–a] prp ארח רע לעזב מוסר ‖ **12** [a] 𝔊(𝔖) *μετὰ δέ*, frt l אֶת ‖ **13** [a] cf 7,25[a] ‖ **14** [a] K וּפְנֵי, Q Vrs וּפִי.

15 כָּל־יְמֵי עָנִי רָעִים וְטוֹב־[a]לֵב מִשְׁתֶּה תָמִיד׃ יז[9]

16 טוֹב־מְעַט בְּיִרְאַת יְהוָה מֵאוֹצָר רָב וּמְהוּמָה בוֹ׃ לג קמ[10]

17 טוֹב אֲרֻחַת יָרָק וְאַהֲבָה־שָׁם מִשּׁוֹר אָבוּס וְשִׂנְאָה־בוֹ׃ ל

18 אִישׁ חֵמָה יְגָרֶה מָדוֹן וְאֶרֶךְ[a] אַפַּיִם יַשְׁקִיט רִיב׃ ג[11]. ל

19 דֶּרֶךְ עָצֵל כִּמְשֻׂכַת[a] חָדֶק וְאֹרַח יְשָׁרִים[b] סְלֻלָה׃ ל וחס. ב בטע[11]. ב חד חס וחד מל

20 בֵּן חָכָם יְשַׂמַּח־אָב [a]וּכְסִיל אָדָם[a] בּוֹזֶה אִמּוֹ׃ ז. ל וכת כן

21 אִוֶּלֶת שִׂמְחָה לַחֲסַר־לֵב וְאִישׁ תְּבוּנָה יְיַשֶּׁר־לָכֶת׃ ב בליש[11]. ב קמ[12]

22 הָפֵר מַחֲשָׁבוֹת בְּאֵין סוֹד וּבְרֹב יוֹעֲצִים תָּקוּם[a]׃

23 שִׂמְחָה לָאִישׁ בְּמַעֲנֵה־פִיו וְדָבָר בְּעִתּוֹ מַה־טּוֹב׃ לב[13]. ג[14]

24 אֹרַח חַיִּים לְמַעְלָה לְמַשְׂכִּיל לְמַעַן סוּר מִשְּׁאוֹל מָטָּה[a]׃ ל[15]. ל. ג ס״פ ב מנה דגש

25 בֵּית גֵּאִים יִסַּח ׀ יְהוָה וְיַצֵּב גְּבוּל אַלְמָנָה׃

26 תּוֹעֲבַת יְהוָה מַחְשְׁבוֹת רָע וּטְהֹרִים אִמְרֵי־נֹעַם׃ ג[16]

27 עֹכֵר בֵּיתוֹ בּוֹצֵעַ בָּצַע וְשׂוֹנֵא מַתָּנֹת יִחְיֶה׃ ב מל[17]. ב חס[18]. יח וכל חיו יחיה דכות[19]

28 לֵב צַדִּיק יֶהְגֶּה לַעֲנוֹת[a] וּפִי רְשָׁעִים יַבִּיעַ רָעוֹת׃

29 רָחוֹק יְהוָה מֵרְשָׁעִים וּתְפִלַּת צַדִּיקִים יִשְׁמָע׃

30 מְאוֹר[a]־עֵינַיִם יְשַׂמַּח־לֵב שְׁמוּעָה טוֹבָה תְּדַשֶּׁן־עָצֶם׃ כח. ז

31 אֹזֶן[a] שֹׁמַעַת תּוֹכַחַת חַיִּים בְּקֶרֶב חֲכָמִים תָּלִין׃ כה. ה[20]

32 פּוֹרֵעַ מוּסָר מוֹאֵס נַפְשׁוֹ וְשׁוֹמֵעַ תּוֹכַחַת [a]קוֹנֶה לֵּב[a]׃ ב ומל. ב חד חס וחד מל. ב מל[21]. ד מל בליש

33 יִרְאַת יְהוָה מוּסַר[a] חָכְמָה[b] וְלִפְנֵי כָבוֹד עֲנָוָה׃ יב פת[22]. יו וכל לפני ולפני דכות

16 1 לְאָדָם מַעַרְכֵי־לֵב וּמֵיְהוָה מַעֲנֵה לָשׁוֹן׃ ד[1]. ג[2]. יז[3]

2 כָּל־דַּרְכֵי־אִישׁ זַךְ בְּעֵינָיו וְתֹכֵן רוּחוֹת יְהוָה׃ נא

3 גֹּל[a] אֶל־יְהוָה מַעֲשֶׂיךָ וְיִכֹּנוּ מַחְשְׁבֹתֶיךָ׃ ג חס

[9] Mm 1088. [10] Mm 264. [11] Mp sub loco. [12] Prv 30,29. [13] Mm 319. [14] Mm 3094. [15] Mm 959. [16] Mm 2939. [17] Mm 3614. [18] Mm 177. [19] Mm 107. [20] Mm 114. [21] Prv 21,28. [22] Mm 2405. **Cp 16** [1] Mm 3623. [2] Mm 3094. [3] Mm 3615.

15 [a] frt l וּלְטוֹב vel וְטוֹב ‖ **18** [a] sic L, mlt Mss Edd ־ךְ ‖ **19** [a] 𝔊(𝔖) *ἐστρωμέναι* = מְשֻׂכֶּכֶת ‖ [b] 𝔊 *τῶν ἀνδρείων*, l חָרוּצִים ‖ **20** [a–a] cf 21,20; pc Mss 𝔊𝔖𝔗 וּבֶן־כְּסִיל cf 10,1 ‖ **22** [a] 𝔊(𝔖𝔗) + *βουλή* cf Jes 7,7 𝔊 ‖ **24** [a] l לְמָטָּה (hpgr) ‖ **28** [a] $𝔊^{BSA}$ *πίστ(ε)ις*, $𝔊^{min}$(𝔖𝔗) *πίστιν*, frt l אֱמוּנִים cf 13,17; prp לְנְעִמוֹת cf 23,8 ‖ **30** [a] prp מַרְאֵה vel מָרְאֵה ‖ **31** [a] sic L, mlt Mss Edd אֹ׳ ‖ **32** [a–a] 𝔊 *ἀγαπᾷ ψυχὴν αὐτοῦ* = אֹהֵב נַפְשׁוֹ (ex 19,8) ‖ **33** [a] prp מוּסָד cf Jes 28,16 vel מוּסַד cf 8,29 ‖ [b] 𝔊 pr cop ‖ **Cp 16,3** [a] 𝔖𝔗(𝔙) *glj* = גַּל.

4 כֹּ֤ל פָּעַ֣ל יְהוָ֣ה לַֽמַּעֲנֵ֑הוּ[a] וְגַם־רָ֝שָׁ֗ע לְי֣וֹם רָעָֽה׃ ל . כג פסוק וגם ובתר תלת מילין[4]
5 תּוֹעֲבַ֣ת יְ֭הוָה כָּל־גְּבַהּ[a]־לֵ֑ב יָ֥ד לְ֝יָ֗ד לֹ֣א יִנָּקֶֽה׃ ב[5]
6 [a]בְּחֶ֣סֶד וֶ֭אֱמֶת יְכֻפַּ֣ר עָוֺ֑ן וּבְיִרְאַ֥ת יְ֝הוָ֗ה [b]ס֣וּר מֵרָֽע[b]׃ ד[6]
7 [a]בִּרְצ֣וֹת יְ֭הוָה דַּרְכֵי־אִ֑ישׁ גַּם־א֝וֹיְבָ֗יו יַשְׁלִ֥ם אִתּֽוֹ׃ ה מל . ד ב מל וב מן ג חס בליש[7] . ד
8 [a]טוֹב־מְ֭עַט בִּצְדָקָ֑ה מֵרֹ֥ב תְּ֝בוּא֗וֹת בְּלֹ֣א מִשְׁפָּֽט׃ ז[8] ב מנה מל
9 [a]לֵ֣ב אָ֭דָם יְחַשֵּׁ֣ב דַּרְכּ֑וֹ וַ֝יהוָ֗ה יָכִ֥ין צַעֲדֽוֹ׃
10 קֶ֤סֶם ׀ עַֽל־שִׂפְתֵי־מֶ֑לֶךְ בְּ֝מִשְׁפָּ֗ט לֹ֣א יִמְעַל־פִּֽיו׃
11 פֶּ֤לֶס ׀ [a]וּמֹאזְנֵ֣י מִ֭שְׁפָּט לַיהוָ֑ה[a] מַ֝עֲשֵׂ֗הוּ כָּל־אַבְנֵי־כִֽיס׃ ב[9]
12 תּוֹעֲבַ֣ת מְ֭לָכִים עֲשׂ֣וֹת רֶ֑שַׁע כִּ֥י בִ֝צְדָקָ֗ה יִכּ֥וֹן כִּסֵּֽא׃ יז[10]
13 רְצ֣וֹן מְ֭לָכִים[a] שִׂפְתֵי־צֶ֑דֶק וְדֹבֵ֖ר[b] יְשָׁרִ֣ים[c] יֶאֱהָֽב׃ ג[11] . ה
14 חֲמַת־מֶ֥לֶךְ מַלְאֲכֵי־מָ֑וֶת וְאִ֖ישׁ חָכָ֣ם יְכַפְּרֶֽנָּה׃ ל
15 בְּאוֹר־פְּנֵי־מֶ֥לֶךְ חַיִּ֑ים וּ֝רְצוֹנ֗וֹ כְּעָ֣ב מַלְקֽוֹשׁ׃
16 קְנֹה[a]־חָ֭כְמָה מַה[b]־טּ֣וֹב מֵחָר֑וּץ וּקְנ֥וֹת[c] בִּ֝ינָ֗ה נִבְחָ֥ר מִכָּֽסֶף׃
17 מְסִלַּ֣ת יְ֭שָׁרִים ס֣וּר מֵרָ֑ע שֹׁמֵ֥ר נַ֝פְשׁ֗וֹ נֹצֵ֥ר דַּרְכּֽוֹ׃ חצי הספר בפסוקים
18 לִפְנֵי־שֶׁ֥בֶר גָּא֑וֹן וְלִפְנֵ֥י כִ֝שָּׁל֗וֹן גֹּ֣בַהּ רֽוּחַ׃ ג[12] . ל
19 ט֣וֹב שְׁפַל־ר֭וּחַ אֶת־עֲנָיִ֑ים[a] מֵֽחַלֵּ֥ק שָׁ֝לָ֗ל אֶת־גֵּאִֽים׃ ג . ענוים ק חד מן ה[13] כת יי וקר וי
20 מַשְׂכִּ֣יל עַל־דָּ֭בָר יִמְצָא־ט֑וֹב וּבוֹטֵ֖חַ בַּיהוָ֣ה אַשְׁרָֽיו׃
21 לַחֲכַם־לֵ֭ב יִקָּרֵ֣א נָב֑וֹן וּמֶ֥תֶק[a] שְׂ֝פָתַ֗יִם יֹסִ֥יף לֶֽקַח׃ כא[14] . יד כת כן
22 מְק֣וֹר חַ֭יִּים שֵׂ֣כֶל בְּעָלָ֑יו[a] וּמוּסַ֖ר אֱוִלִ֣ים אִוֶּֽלֶת׃ ה[15] . ה חס[16]
23 לֵ֣ב חָ֭כָם יַשְׂכִּ֣יל פִּ֑יהוּ וְעַל[a]־שְׂ֝פָתָ֗יו יֹסִ֥יף לֶֽקַח׃ כב ה מנה בסיפ . יד כת כן
24 צוּף־דְּ֭בַשׁ אִמְרֵי־נֹ֑עַם מָת֥וֹק לַ֝נֶּ֗פֶשׁ[a] וּמַרְפֵּ֥א לָעָֽצֶם׃ ל . ג[17]
25 יֵ֤שׁ דֶּ֣רֶךְ יָ֭שָׁר לִפְנֵי־אִ֑ישׁ וְ֝אַחֲרִיתָ֗הּ [a]דַּרְכֵי־מָֽוֶת[a]׃

[4] Mm 1629. [5] Ps 101,5. [6] Mm 1038. [7] Mp sub loco. [8] Mm 1240. [9] Mm 3616. [10] Mm 1667. [11] Mm 3612. [12] Mm 3617. [13] Mm 3549. [14] Mm 17. [15] Mm 3637. [16] Mm 3383. [17] Mm 2653.

4 [a] 𝔙 *propter semet ipsum*, l לְמַעֲנֵהוּ ‖ **5** [a] 𝔗 גְּבַע ‖ **6** [a] in 𝔊 v 6 post 15,27, v 7 post 15,28, v 8sq post 15,29 ‖ [b–b] prp מוּסַר רָע cf 15,10 ‖ **7** [a] cf 6[a] ‖ **8** [a] cf 6[a] ‖ **9** [a] cf 6[a] ‖ **11** [a–a] prp וּמֹאזְנַיִם לַיהוָה vel וּמֹאזְנַיִם מִפְּעַל יְהוָה ‖ **13** [a] frt l c 2 Mss 𝔊𝔖𝔗 מֶלֶךְ ‖ [b] 𝔊 *λόγους δέ* = וּדְבָרִים vel וְדִבְרֵי, 𝔖(𝔗) *wmlt'* = וּדְבַר ‖ [c] cf Da 11,17; frt l c pc Mss מֵישָׁרִים ‖ **16** [a] 𝔖(𝔗) *dqn'* = קֹנֶה, nonn Mss 𝔙 קְנֵה cf 4,5.7 ‖ [b] > Vrs, dl (dttg) ‖ [c] 𝔖(𝔗) *wdqn'* = וְקֹנֶה, 𝔙 *et adquire* = וּקְנֵה ‖ **19** [a] K עֲנִיִּים, Q 𝔗𝔙 עֲנָוִים cf 𝔊 ‖ **21** [a] prp וּמֶתֶג ‖ **22** [a] 𝔊(𝔖) *τοῖς κεκτημένοις*, frt l לִבְעָלָיו (hpgr) ‖ **23** [a] prp וּבַעַל ‖ **24** [a] cf 7,25[a] ‖ **25** [a–a] cf 14,12[a–a].

26 נֶ֣פֶשׁ עָ֭מֵל עָ֣מְלָה לּ֑וֹ כִּֽי־אָכַ֖ף עָלָ֣יו פִּֽיהוּ׃ ח[18]. ל̇. ל̇. כב ה מנה בסיפ
27 אִ֣ישׁ בְּ֭לִיַּעַל ᵃכֹּרֶ֣ה רָעָ֑הᵃ וְעַל־שְׂ֝פָתָ֗יוᵇ כְּאֵ֣שׁ צָרָֽבֶת׃ שפתו. ל̇ ק̇
28 אִ֣ישׁ תַּ֭הְפֻּכוֹת יְשַׁלַּ֣ח מָד֑וֹן וְ֝נִרְגָּ֗ןᵃ מַפְרִ֥יד אַלּֽוּף׃ יב[19]. ג נונין זעירין
29 אִ֣ישׁ חָ֭מָס יְפַתֶּ֣ה רֵעֵ֑הוּ וְ֝הוֹלִיכ֗וֹ בְּדֶ֣רֶךְ לֹא־טֽוֹב׃ ד[20]
30 עֹצֶ֣הᵃ עֵ֭ינָיו לַחְשֹׁ֣בᵇ תַּהְפֻּכ֑וֹת קֹרֵ֥ץ שְׂ֝פָתָ֗יו כִּלָּ֥ה רָעָֽה׃ ל̇
31 עֲטֶ֣רֶת תִּ֭פְאֶרֶת שֵׂיבָ֑ה בְּדֶ֥רֶךְ צְ֝דָקָ֗ה תִּמָּצֵֽא׃ כל ליש כת כן
32 ט֤וֹב אֶ֣רֶךְ אַ֭פַּיִם מִגִּבּ֑וֹר וּמֹשֵׁ֥ל בְּ֝רוּח֗וֹ מִלֹּכֵ֥ד עִֽיר׃ ב[21]
33 בַּ֭חֵיק יוּטַ֣ל אֶת־הַגּוֹרָ֑ל וּ֝מֵיְהוָ֗ה כָּל־מִשְׁפָּטֽוֹ׃ ג. ד[22]. ן[23]

17 1 ט֤וֹב פַּ֣ת חֲ֭רֵבָה ᵃוְשַׁלְוָה־בָ֑הּᵃ מִ֝בַּ֗יִת מָלֵ֥א זִבְחֵי־רִֽיב׃ ג[1]
2 עֶֽבֶד־מַשְׂכִּ֗יל יִ֭מְשֹׁל בְּבֵ֣ן מֵבִ֑ישׁ וּבְת֥וֹךְ אַ֝חִ֗ים יַחֲלֹ֥ק נַחֲלָֽה׃ ב[2]
3 מַצְרֵ֣ף לַ֭כֶּסֶף וְכ֣וּר לַזָּהָ֑ב וּבֹחֵ֖ן לִבּ֣וֹת יְהוָֽה׃ ב. ג פסוק דמיין[3]
4 מֵ֭רַע מַקְשִׁ֣יב עַל־שְׂפַת־אָ֑וֶן שֶׁ֥קֶרᵃ מֵ֝זִ֗יןᵇ עַל־לְשׁ֥וֹן הַוֺּֽת׃ ל̇. ל̇. ב חס
5 לֹעֵ֣ג לָ֭רָשׁ חֵרֵ֣ףᵃ עֹשֵׂ֑הוּ שָׂמֵ֥חַ לְ֝אֵ֗ידᵇ לֹ֣א יִנָּקֶֽה׃
6 עֲטֶ֣רֶת זְ֭קֵנִים בְּנֵ֣י בָנִ֑ים וְתִפְאֶ֖רֶת בָּנִ֣ים אֲבוֹתָֽם׃
7 לֹא־נָאוָ֣ה לְנָבָ֣ל שְׂפַת־יֶ֑תֶרᵃ אַ֝֗ף כִּֽי־לְנָדִ֥יב שְׂפַת־שָֽׁקֶר׃ ד. ג
8 אֶֽבֶן־חֵ֣ן הַ֭שֹּׁחַד בְּעֵינֵ֣י בְעָלָ֑יו אֶֽל־כָּל־אֲשֶׁ֖ר יִפְנֶ֣ה יַשְׂכִּֽיל׃ יא בכתיב
9 מְֽכַסֶּה־פֶּ֭שַׁע מְבַקֵּ֣שׁ אַהֲבָ֑ה וְשֹׁנֶ֥ה בְ֝דָבָ֗ר מַפְרִ֥יד אַלּֽוּף׃ ל̇ וחס
10 תֵּ֣חַתᵃ גְּעָרָ֣ה בְמֵבִ֑יןᵇ מֵהַכּ֖וֹת כְּסִ֣יל מֵאָֽה׃ ל̇ בטע
11 ᵃאַךְ־מְרִ֥יᵃ יְבַקֶּשׁ־רָ֑ע וּמַלְאָ֥ךְ אַ֝כְזָרִ֗י יְשֻׁלַּח־בּֽוֹ׃ ז
12 פָּג֬וֹשׁ דֹּ֣ב שַׁכּ֣וּל בְּאִ֑ישׁ וְאַל־כְּ֝סִ֗יל בְּאִוַּלְתּֽוֹ׃ ל̇ ומל. ג[4]. ל̇
13 מֵשִׁ֣יב רָ֭עָה תַּ֣חַת טוֹבָ֑ה לֹא־תָמ֥וּשׁᵃ רָ֝עָ֗ה מִבֵּיתֽוֹ׃ תמוש[5] ק̇ חד מן ג[6] בליש
14 פּ֣וֹטֵֽר מַ֭יִםᵃ רֵאשִׁ֣ית מָד֑וֹן וְלִפְנֵ֥י הִ֝תְגַּלַּ֗ע הָרִ֥יב נְטֽוֹשׁ׃ ל̇ ומל. כח. יו וכל לפני ולפני דכות. ב ומל[7]. ל̇ ומל[8]
15 מַצְדִּ֣יק רָ֭שָׁע וּמַרְשִׁ֣יעַ צַדִּ֑יק תּוֹעֲבַ֥ת יְ֝הוָ֗ה גַּם־שְׁנֵיהֶֽם׃ ל̇
16 לָמָּה־זֶּ֣ה מְחִ֣יר בְּיַד־כְּסִ֑יל לִקְנ֖וֹת חָכְמָ֣ה וְלֶב־אָֽיִן׃

[18] Mm 3457. [19] Mm 440. [20] Mm 522. [21] Jes 49,24. [22] Mm 3623. [23] Mm 1689. **Cp 17** [1] Mm 3935. [2] Mm 3521. [3] Mm 3618. [4] Mm 3033. [5] Mm 832. [6] Mm 1428. [7] Mm 3619. [8] Mp sub loco.

27 ᵃ⁻ᵃ inc; prp קָרָה רֹעֶה vel כּוּר רָעָה ‖ ᵇ K𝔊𝔗𝔙 שְׂפָתָיו, Q שְׂפָתוֹ ‖ **28** ᵃ ℭᴷ ונרגז, ℭ^Q non exstat ‖ **30** ᵃ frt l עֹצֵם cf Jes 33,15 ‖ ᵇ 𝔊(𝔖𝔗𝔙) *λογίζεται*, l יַחְשֹׁב ‖ **Cp 17,1** ᵃ⁻ᵃ 𝔊 *ἐν εἰρήνῃ*, prp וְשָׁלוֹם־בָּהּ ‖ **4** ᵃ frt l שַׁקָּר vel מְשַׁקֵּר ‖ ᵇ cf 7,25ᵃ; 2 Mss מאזין ‖ **5** ᵃ cf 14,31ᵃ ‖ ᵇ 𝔊 *ἀπολλυμένῳ*, prp לְאֹבֵד cf לָרָשׁ ‖ **7** ᵃ 𝔊(𝔖) *πιστά*, l יֹשֶׁר ‖ **10** ᵃ 𝔊(𝔖) *συντρίβει* = תָּחֵת; prp אַחַת ‖ ᵇ 𝔊(𝔖) *καρδίαν φρονίμου* = לֵב נָבוֹן cf 18,15 ‖ **11** ᵃ⁻ᵃ prp אַכְזָרִים vel אַכְזָרִיּוּת ‖ **13** ᵃ K תָּמִישׁ, Q תָּמוּשׁ ‖ **14** ᵃ 𝔊 *λόγοις* = מִלִּים.

17 בְּכָל־עֵ֭ת אֹהֵ֣ב הָרֵ֑עַ וְאָ֥ח לְ֝צָרָ֗ה יִוָּלֵֽד׃ ה̇. ב̇ בכתיב
18 אָדָ֣ם חֲסַר־לֵ֭ב תּוֹקֵ֣עַ כָּ֑ף עֹרֵ֥ב עֲ֝רֻבָּ֗ה לִפְנֵ֣י רֵעֵֽהוּ׃ ל̇
19 אֹ֣הֵֽב פֶּ֭שַׁע אֹהֵ֣ב מַצָּ֑ה מַגְבִּ֥יהַּ פִּ֝תְח֗וֹ מְבַקֶּשׁ־שָֽׁבֶר׃ ג̇
20 עִקֶּשׁ־לֵ֭ב לֹ֣א יִמְצָא־ט֑וֹב וְנֶהְפָּ֥ךְ בִּ֝לְשׁוֹנ֗וֹ יִפּ֥וֹל בְּרָעָֽה׃ ל̇. ל̇[9]. ז̇ מל בליש
21 יֹלֵ֣ד כְּ֭סִיל לְת֣וּגָה[a] ל֑וֹ וְלֹֽא־יִ֝שְׂמַ֗ח אֲבִ֣י נָבָֽל׃ ב̇ חס[10]. ל̇
22 לֵ֣ב שָׂ֭מֵחַ יֵיטִ֣ב גֵּהָ֑ה[a] וְר֥וּחַ נְ֝כֵאָ֗ה תְּיַבֶּשׁ־גָּֽרֶם׃ ל̇[11]. ג̇
23 שֹׁ֣חַד מֵ֭חֵיק רָשָׁ֣ע יִקָּ֑ח לְ֝הַטּ֗וֹת אָרְח֥וֹת מִשְׁפָּֽט׃ ד̇ חס[12]
24 אֶת־פְּנֵ֣י מֵבִ֣ין חָכְמָ֑ה וְעֵינֵ֥י כְ֝סִ֗יל בִּקְצֵה־אָֽרֶץ[a]׃ י̇
25 כַּ֣עַס לְ֭אָבִיו בֵּ֣ן כְּסִ֑יל וּ֝מֶ֗מֶר לְיוֹלַדְתּֽוֹ[a]׃ ל̇
26 גַּ֤ם עֲנ֣וֹשׁ לַצַּדִּ֣יק לֹא־ט֑וֹב לְהַכּ֖וֹת נְדִיבִ֣ים עַל־יֹֽשֶׁר[a]׃ ל̇
27 חוֹשֵׂ֣ךְ אֲ֭מָרָיו יוֹדֵ֣עַ דָּ֑עַת וְקַר[a]־ר֝֗וּחַ אִ֣ישׁ תְּבוּנָֽה׃ יקר ק
28 גַּ֤ם אֱוִ֣יל מַ֭חֲרִישׁ חָכָ֣ם יֵחָשֵׁ֑ב אֹטֵ֖ם שְׂפָתָ֣יו נָבֽוֹן׃ ג̇

18

1 לְֽ֭תַאֲוָה[a] יְבַקֵּ֣שׁ נִפְרָ֑ד בְּכָל־תּ֝וּשִׁיָּ֗ה יִתְגַּלָּֽע׃ ב̇. ז̇ מל
2 לֹֽא־יַחְפֹּ֣ץ כְּ֭סִיל בִּתְבוּנָ֑ה כִּ֝֗י אִֽם־בְּהִתְגַּלּ֥וֹת[a] לִבּֽוֹ׃
3 בְּבוֹא־רָ֭שָׁע[a] בָּ֣א גַם־בּ֑וּז וְעִם־קָל֥וֹן חֶרְפָּֽה׃ ט̇ מל[1]
4 מַ֣יִם עֲ֭מֻקִּים דִּבְרֵ֣י פִי־אִ֑ישׁ נַ֥חַל נֹ֝בֵ֗עַ מְק֣וֹר חָכְמָֽה[a]׃ ל̇ וחס
5 שְׂאֵ֣ת פְּנֵי־רָשָׁ֣ע לֹא־ט֑וֹב לְהַטּ֥וֹת צַ֝דִּ֗יק בַּמִּשְׁפָּֽט׃ יד̇. ח̇[2] דגש וכל איוב דכות ב מ א
6 שִׂפְתֵ֣י כְ֭סִיל יָבֹ֣אוּ[a] בְרִ֑יב וּ֝פִ֗יו לְמַהֲלֻמ֥וֹת יִקְרָֽא׃
7 פִּֽי־כְ֭סִיל מְחִתָּה־ל֑וֹ וּ֝שְׂפָתָ֗יו מוֹקֵ֥שׁ נַפְשֽׁוֹ׃
8 דִּבְרֵ֣י נִ֭רְגָּן כְּמִֽתְלַהֲמִ֑ים[a] וְ֝הֵ֗ם יָרְד֥וּ חַדְרֵי־בָֽטֶן׃ ב̇
9 גַּ֭ם מִתְרַפֶּ֣ה בִמְלַאכְתּ֑וֹ אָ֥ח ה֝֗וּא לְבַ֣עַל מַשְׁחִֽית׃ ל̇
10 מִגְדַּל־עֹ֭ז שֵׁ֣ם יְהוָ֑ה בּֽוֹ־יָר֖וּץ[a] צַדִּ֣יק וְנִשְׂגָּֽב׃ ב̇. ד̇ קמ̇ ול בליש[3] ס̄ה
11 ה֣וֹן עָ֭שִׁיר קִרְיַ֣ת עֻזּ֑וֹ וּכְחוֹמָ֥ה [a]נִ֝שְׂגָּבָ֗ה בְּמַשְׂכִּיתֽוֹ[ab]׃ ב̇[4]

[9] וחד נהפך Hi 20,14. [10] Mm 2628. [11] Mp sub loco. [12] Mp contra textum, cf Mp sub loco. Cp 18 [1] Mm 2069. [2] Mm 772. [3] Mm 2252. [4] Mm 2799.

21 [a] frt l תּוּגָה (ל dttg) ‖ **22** [a] 𝔖(𝔗) *gwšm'*, l גְּוִיָּה ‖ **24** [a] mlt Mss הארץ (hpgr?) ‖ **25** [a] frt exc vb ‖ **26** [a] prb l יֶתֶר cf 17,7 et Ps 31,24 ‖ **27** [a] l c K וְקַר, Q יְקַר ע ‖ **Cp 18,1** [a] 𝔊(𝔙) *προφάσεις*, l לְתֹאֲנָה cf Jdc 14,4 ‖ **2** [a] 𝔊(𝔖𝔗) *ἀφροσύνῃ* = בְּהוֹלֵלוֹת? ‖ **3** [a] l רֶשַׁע par cs ‖ **4** [a] nonn Mss 𝔊 חַיִּים cf 10,11 13,14 14,27 16,22 ‖ **6** [a] 𝔊(𝔗) *ἄγουσιν αὐτόν*, l יְבִאוּ ‖ **8** [a] inc; 26,22 𝔊 *μαλακοί*; prp כְּמַמְתַּקִּים cf Cant 5,16 vel מַכֹּת הֲלֻמִים cf 20,30 ‖ **10** [a] prp יָרוּם; al יִרְחַץ cf aram *rḥṣ* confisus est ‖ **11** [a–a] prp נִשְׂגָּב בְּמַשְׂכֻּתוֹ cf [b] ‖ [b] 𝔊(𝔖𝔗𝔙) *ἐπισκιάζει* = בְּמַשְׂכֻּתוֹ.

12 לִפְנֵי־שֶׁבֶר יִגְבַּהּ לֵב־אִישׁ וְלִפְנֵי כָבוֹד עֲנָוָה׃
13 מֵשִׁיב דָּבָר בְּטֶרֶם יִשְׁמָע אִוֶּלֶת הִיא־לוֹ וּכְלִמָּה׃
14 רוּחַ־אִישׁ יְכַלְכֵּל מַחֲלֵהוּ[a] וְרוּחַ נְכֵאָה מִי יִשָּׂאֶנָּה׃ ל̇
15 לֵב נָבוֹן יִקְנֶה־דָּעַת וְאֹזֶן חֲכָמִים תְּבַקֶּשׁ־דָּעַת׃
16 [a]מַתָּן אָדָם[a] יַרְחִיב לוֹ וְלִפְנֵי גְדֹלִים יַנְחֶנּוּ׃ יו̇ וכל לפני ולפני דכות̇. ב̇
17 צַדִּיק הָרִאשׁוֹן בְּרִיבוֹ יָבֹא[a]־רֵעֵהוּ וַחֲקָרוֹ׃ סד̇[5]. ד̇. ובא ק̇
18 מִדְיָנִים יַשְׁבִּית הַגּוֹרָל וּבֵין עֲצוּמִים יַפְרִיד׃ ב̇[6]
19 [a]אָח נִפְשָׁע[b] מִקִּרְיַת[c]־עֹז וּמִדְוָנִים[d] כִּבְרִיחַ אַרְמוֹן׃ ל̇. ומדינים ק̇ חד מן ו̇ כת̇ כן בסיפ̇[7]
20 מִפְּרִי פִי־אִישׁ תִּשְׂבַּע בִּטְנוֹ תְּבוּאַת שְׂפָתָיו יִשְׂבָּע׃
21 מָוֶת וְחַיִּים בְּיַד־לָשׁוֹן וְאֹהֲבֶיהָ[a] יֹאכַל[b] פִּרְיָהּ׃ יז̇[8]
22 מָצָא אִשָּׁה[a] מָצָא טוֹב וַיָּפֶק רָצוֹן מֵיְהוָה׃
23 תַּחֲנוּנִים יְדַבֶּר־רָשׁ וְעָשִׁיר יַעֲנֶה עַזּוֹת׃ ל̇ ומל̇
24 אִישׁ[a] רֵעִים לְהִתְרֹעֵעַ[b] וְיֵשׁ אֹהֵב דָּבֵק מֵאָח׃ ג̇ סביר יש̇[9]. ה̇[10]. ל̇. ב̇

19 1 טוֹב־רָשׁ הוֹלֵךְ בְּתֻמּוֹ מֵעִקֵּשׁ שְׂפָתָיו[a] וְהוּא כְסִיל[b]׃
2 גַּם בְּלֹא־דַעַת[a] נֶפֶשׁ[b] לֹא־טוֹב וְאָץ בְּרַגְלַיִם חוֹטֵא׃ ו̇
3 אִוֶּלֶת אָדָם תְּסַלֵּף דַּרְכּוֹ וְעַל־יְהוָה יִזְעַף לִבּוֹ׃ ב̇[1]
4 הוֹן יֹסִיף רֵעִים רַבִּים וְדָל מֵרֵעֵהוּ[a] יִפָּרֵד׃ יד̇ כת̇ כן. ה̇[2]. ב̇[3]
5 עֵד שְׁקָרִים לֹא יִנָּקֶה וְיָפִיחַ כְּזָבִים לֹא יִמָּלֵט׃ יג̇[4]
6 רַבִּים יְחַלּוּ פְנֵי־נָדִיב וְכָל־הָרֵעַ לְאִישׁ מַתָּן׃ ב̇. ה̇
7 כָּל אֲחֵי־רָשׁ ׀ שְׂנֵאֻהוּ אַף כִּי מְרֵעֵהוּ רָחֲקוּ מִמֶּנּוּ[a] ב̇ בטע̇
מְרַדֵּף אֲמָרִים לֹא[b]־הֵמָּה[c]׃ לו̇ ק̇ חד מן יז̇[5] כת̇ כן

[5] Mp sub loco. [6] Ru 1,17. [7] Mm 3645. [8] Mm 3615. [9] Mm 3620. [10] Mm 2462. **Cp 19** [1] Mm 3621. [2] Mm 2462. [3] Gn 2,10. [4] Mm 3044. [5] Mm 1795.

14 [a] 𝔊 *θεράπων φρόνιμος*, prp מְחַלְּהוּ ‖ **16** [a–a] 𝔊(𝔖𝔗𝔙) *δόμα ἀνθρώπου*, l מַתַּן אָדָם ‖ **17** [a] K 𝔙 יָבֹא, Q 𝔊𝔖𝔗 וּבָא ‖ **19** [a] v 19 crrp ‖ [b] 𝔊(𝔖𝔗𝔙) *βοηθούμενος*; prp מוֹשִׁיעַ vel שׁוֹעַ ‖ [c] 𝔊(𝔖𝔗𝔙) *ὡς πόλις*, frt l כְּקִרְיַת ‖ [d] K וּמִדְוֹנִים, Q וּמִדְיָנִים; prp וּמְיֻדָּע ‖ **21** [a] 𝔊 *οἱ δὲ κρατοῦντες αὐτῆς*, prp וְאֹחֲזֶיהָ ‖ [b] 𝔊(𝔙) *ἔδονται*, l יֹאכְלוּ ‖ **22** [a] Ms 𝔊𝔖𝔗𝔙[Mss] + טוֹבָה ‖ **24** [a] l c Seb 𝔊[Mss]𝔖𝔗 יֵשׁ ‖ [b] a רעע II; 𝔊[Mss](𝔖𝔗𝔙) *τοῦ ἑταιρεύσασθαι*, frt l לְהִתְרָעוֹת cf 22,24 ‖ **Cp 19,1** [a] frt l c mlt Mss 𝔖𝔗 דְּרָכָיו cf 28,6 ‖ [b] 𝔖 *'tjr'*, l עָשִׁיר cf 28,6 ‖ **2** [a] prp עֵת ‖ [b] prp = studium ‖ **4** [a] sic L, mlt Mss Edd מֵרֵעֵהוּ ‖ **7** [a] 𝔊 + *ἔννοια ἀγαθὴ τοῖς εἰδόσιν αὐτὴν ἐγγιεῖ, ἀνὴρ δὲ φρόνιμος εὑρήσει αὐτήν. ὁ πολλὰ κακοποιῶν τελεσιουργεῖ κακίαν* (= הָרַע?), frt ins שֵׂכֶל טוֹב יִקְרַב לְיֹדְעָיו וְאִישׁ תְּבוּנָה יִמְצָאֶנּוּ מַרְבֶּה הַבִּיעַ רֶשַׁע יְכַלֶּה ו׳ ‖ [b] l c K Vrs לֹא, Q לוֹ ‖ [c] 𝔊(𝔖𝔗) *σωθήσεται*, frt l יִמָּלֵט cf 28,26 vel יִחְיֶה cf 15,27.

8 קֹנֶה־לֵּב אֹהֵב נַפְשׁוֹ שֹׁמֵר תְּבוּנָה [a]לִמְצֹא־טוֹב׃
9 עֵד שְׁקָרִים לֹא יִנָּקֶה וְיָפִיחַ כְּזָבִים יֹאבֵד׃ פ
10 לֹא־נָאוֶה לִכְסִיל תַּעֲנוּג אַף כִּֽי־לְעֶבֶד ׀ מְשֹׁל בְּשָׂרִים׃ ב̇ ובתרי לישנ̇[6]
11 שֵׂכֶל אָדָם [a]הֶאֱרִיךְ אַפּוֹ[a] וְתִפְאַרְתּוֹ[b] עֲבֹר עַל־פָּשַׁע׃
12 נַהַם כַּכְּפִיר זַעַף מֶלֶךְ וּכְטַל עַל־עֵשֶׂב רְצוֹנוֹ׃ ג̇[7]. ל̇
13 הַוֺּת לְאָבִיו בֵּן כְּסִיל וְדֶלֶף טֹרֵד מִדְיְנֵי[a] אִשָּׁה׃ ב̇ חס. ב̇[8]
14 בַּיִת וָהוֹן נַחֲלַת אָבוֹת וּמֵיְהוָה אִשָּׁה מַשְׂכָּלֶת׃ ד̇[9]
15 עַצְלָה תַּפִּיל תַּרְדֵּמָה[a] וְנֶפֶשׁ רְמִיָּה תִרְעָב׃
16 שֹׁמֵר מִצְוָה שֹׁמֵר נַפְשׁוֹ בּוֹזֵה[a] דְרָכָיו[b] יוּמָת[c]׃ ב̇[10]. ימות ק̇
17 מַלְוֵה יְהוָה חוֹנֵן דָּל וּגְמֻלוֹ יְשַׁלֶּם־לוֹ׃
18 יַסֵּר בִּנְךָ כִּי־יֵשׁ תִּקְוָה וְאֶל־הֲמִיתוֹ אַל־תִּשָּׂא נַפְשֶׁךָ׃ ג̇
19 גְּרָל[a]־חֵמָה נֹשֵׂא עֹנֶשׁ [b]כִּי אִם־תַּצִּיל[b] וְעוֹד תּוֹסִף׃ גדל חד מן ד̇[11] כת ר ק̇ וקר ד. לח. כג. יג ג̇[12] מנה חס י
20 שְׁמַע עֵצָה וְקַבֵּל מוּסָר לְמַעַן תֶּחְכַּם בְּאַחֲרִיתֶךָ[a]׃
21 רַבּוֹת מַחֲשָׁבוֹת בְּלֶב־אִישׁ וַעֲצַת יְהוָה הִיא תָקוּם׃ ב̇ בסיפ. ל̇
22 תַּאֲוַת[a] אָדָם חַסְדּוֹ[b] וְטוֹב־רָשׁ[c] [d]מֵאִישׁ כָּזָב[d]׃ יו̇[13]
23 יִרְאַת יְהוָה לְחַיִּים [a]וְשָׂבֵעַ יָלִין[a] בַּל־יִפָּקֶד רָע׃ ג̇ בטע. ב̇[14]
24 טָמַן עָצֵל יָדוֹ בַּצַּלָּחַת גַּם־אֶל־פִּיהוּ לֹא יְשִׁיבֶנָּה׃ ב̇[15]. כב̇ ה̇ מנה בסיפ
25 לֵץ תַּכֶּה וּפֶתִי יַעְרִם וְהוֹכִיחַ לְנָבוֹן יָבִין דָּעַת׃ ג̇ חס[16]
26 מְשַׁדֶּד־אָב יַבְרִיחַ אֵם בֵּן מֵבִישׁ וּמַחְפִּיר׃ ל̇. ל̇
27 [a]חֲדַל־[b]בְּנִי לִשְׁמֹעַ[a] מוּסָר [c]לִשְׁגוֹת[d] מֵאִמְרֵי־דָעַת[c]׃
28 עֵד בְּלִיַּעַל יָלִיץ מִשְׁפָּט וּפִי רְשָׁעִים יְבַלַּע[a]־אָוֶן׃

[6] Prv 14,30. [7] Mm 3622. [8] Prv 27,15. [9] Mm 3623. [10] Mm 3183. [11] Mm 3624. [12] Mm 3625. [13] Mm 1088. [14] Mm 3626. [15] Hi 40,23. [16] Mp sub loco.

8 [a] 𝔊(𝔖𝔗𝔙) *εὑρήσει*, l יִמְצָא ‖ **11** [a–a] α′θ′(𝔖𝔗) *μακροθυμία αὐτοῦ*, prp הַאֲרִיךְ אַפּוֹ cf 𝔊 ‖ [b] sic L, mlt Mss Edd פּ־′ עֲבֹר ‖ **13** [a] 𝔗 מִדְיָנֵי ‖ **15** [a] prp חֲדָרִים cf 24,4 ‖ **16** [a] Vrs pr cop, l וּבוֹזֶה (hpgr) ‖ [b] l דָּבָר cf 13,13 (יו dttg) ‖ [c] K 𝔖𝔙 ,יוּמַת עס, Q 𝔗 יָמוּת ‖ **19** [a] K גְּרָל, Q גְּדָל; 𝔊(𝔖𝔗) *ἀνήρ* = גֶּבֶר ‖ [b–b] 𝔊(𝔖𝔗) *ἐὰν δὲ λοιμεύηται*, prp כִּי אִם־יָלִיץ; al וְאִם־תְּצֵר ‖ **20** [a] 𝔖 *b'wrhtk*, frt l בְּאָרְחֹתֶיךָ ‖ **22** [a] 𝔊 *καρπός*, frt l תְּבוּאַת ‖ [b] prp סַחְרוֹ cf 3,14 31,18 ‖ [c] cf 7,25[a] ‖ [d–d] prp מֵעָשִׁיר כָּזָב vel מֵאִישׁ אַכְזָר ‖ **23** [a–a] prp וְיֵשֵׁב עֶלְיוֹן ‖ **27** [a–a] 𝔊 *υἱὸς ἀπολειπόμενος φυλάξαι*, frt l חֲדַל בֵּן לִשְׁמֹר ‖ [b] sic L, mlt Mss Edd חֲ′ ‖ [c–c] 𝔊 *μελετήσει ῥήσεις κακάς*, frt l לַהֲגוֹת מֵאֲמָרִים רָעִים vel יִשְׁגֶּה מֵאִמְרֵי־דָעַת ‖ [d] sic L, mlt Mss Edd ג־′ ‖ **28** [a] l יַבִּיעַ cf 15,28.

29 נָכ֣וֹנוּ לַלֵּצִ֣ים שְׁפָטִ֑ים[a] וּ֝מַהֲלֻמ֗וֹת לְגֵ֣ו כְּסִילִֽים׃

20 1 לֵ֣ץ הַ֭יַּיִן[a] הֹמֶ֣ה שֵׁכָ֑ר[b] וְכָל־שֹׁ֥גֶה בּ֝֗וֹ לֹ֣א יֶחְכָּֽם׃

2 נַ֣הַם כַּ֭כְּפִיר אֵ֣ימַת[a] מֶ֑לֶךְ מִ֝תְעַבְּר֗וֹ חוֹטֵ֥א[b] נַפְשֽׁוֹ׃

3 כָּב֣וֹד לָ֭אִישׁ שֶׁ֣בֶת מֵרִ֑יב וְכָל־אֱ֝וִ֗יל יִתְגַּלָּֽע׃

4 מֵ֭חֹרֶף עָצֵ֣ל לֹא־יַחֲרֹ֑שׁ יִשְׁאַ֖ל[a] בַּקָּצִ֣יר וָאָֽיִן׃

5 מַ֣יִם עֲ֭מֻקִּים עֵצָ֣ה בְלֶב־אִ֑ישׁ וְאִ֖ישׁ תְּבוּנָ֣ה יִדְלֶֽנָּה׃

6 רָב־אָ֭דָם [a]יִקְרָ֣א[b] אִ֣ישׁ חַסְדּ֑וֹ[a] וְאִ֥ישׁ אֱ֝מוּנִ֗ים מִ֣י יִמְצָֽא׃

7 מִתְהַלֵּ֣ךְ [a]בְּתֻמּ֣וֹ צַדִּ֑יק[a] אַשְׁרֵ֖י בָנָ֣יו אַחֲרָֽיו׃

8 מֶ֗לֶךְ יוֹשֵׁ֥ב עַל־כִּסֵּא־דִ֑ין מְזָרֶ֖ה בְעֵינָ֣יו כָּל־רָֽע׃

9 מִֽי־יֹ֭אמַר זִכִּ֣יתִי לִבִּ֑י טָ֝הַ֗רְתִּי מֵחַטָּאתִֽי׃

10 אֶ֣בֶן וָ֭אֶבֶן אֵיפָ֣ה וְאֵיפָ֑ה תּוֹעֲבַ֥ת יְ֝הוָ֗ה גַּם־שְׁנֵיהֶֽם׃

11 גַּ֣ם בְּ֭מַעֲלָלָיו יִתְנַכֶּר־נָ֑עַר אִם־זַ֖ךְ וְאִם־יָשָׁ֣ר[a] פָּעֳלֽוֹ[b]׃

12 אֹ֣זֶן שֹׁ֭מַעַת וְעַ֣יִן רֹאָ֑ה יְ֝הוָ֗ה עָשָׂ֥ה גַם־שְׁנֵיהֶֽם׃

13 אַל־תֶּֽאֱהַ֣ב שֵׁ֭נָה פֶּן־תִּוָּרֵ֑שׁ פְּקַ֖ח עֵינֶ֣יךָ שְֽׂבַֽע[a]־לָֽחֶם׃

14 רַ֣ע רַ֭ע יֹאמַ֣ר הַקּוֹנֶ֑ה וְאֹזֵ֥ל ל֝֗וֹ אָ֣ז יִתְהַלָּֽל׃

15 יֵ֣שׁ זָ֭הָב וְרָב־פְּנִינִ֑ים וּכְלִ֥י יְ֝קָ֗ר שִׂפְתֵי־דָֽעַת׃

16 לְֽקַח־בִּ֭גְדוֹ כִּי־עָ֣רַב זָ֑ר וּבְעַ֖ד נָכְרִ֣ים[a] חַבְלֵֽהוּ׃

17 עָרֵ֣ב לָ֭אִישׁ לֶ֣חֶם שָׁ֑קֶר וְ֝אַחַ֗ר יִמָּֽלֵא־פִ֥יהוּ חָצָֽץ׃

18 מַ֭חֲשָׁבוֹת בְּעֵצָ֣ה תִכּ֑וֹן[a] וּ֝בְתַחְבֻּל֗וֹת עֲשֵׂ֣ה[b] מִלְחָמָֽה׃

19 גּֽוֹלֶה־ס֭וֹד הוֹלֵ֣ךְ רָכִ֑יל וּלְפֹתֶ֥ה שְׂ֝פָתָ֗יו לֹ֣א תִתְעָרָֽב׃

20 מְ֭קַלֵּל אָבִ֣יו וְאִמּ֑וֹ יִֽדְעַ֥ךְ נֵ֝ר֗וֹ בֶּאֱשׁ֥וּן[a] חֹֽשֶׁךְ׃

21 נַ֭חֲלָה מְבֹחֶ֣לֶת[a] בָּרִאשֹׁנָ֑ה וְ֝אַחֲרִיתָ֗הּ לֹ֣א תְבֹרָֽךְ׃

ב חד חס וחד מל[17] . ב
ב חס
ג[1] . ל
לב[2]
ושאל ק
ג[3] . ל
לג קמ[4] וחד מן ג בליש קמ בסיפ
ב מל בסיפ . נא
ל[5]
ל[6]
כה . ה[7] . ד[8]
ב[9]
ל . ד מל בליש . ל וחס
ג קמ . יח[10] וכל יוצר חפץ חמדה דכות ב מ א
ב . ל[11] . ה . נכריה ק . ב
לב[2] . ח[12] . כב ה מנה בסיפ
ה ב מל וג חס[13] . ל[14] . ב
באשון ק
מבהלת ק חד מן ד כת ח וקר ה[15] .
כב[16] ח[17] מנה מל . ג

[17] Mm 3627. Cp 20 [1] Mm 3622. [2] Mm 319. [3] Mm 1753. [4] Mm 264. [5] וחד וטהרתי 2 R 5,12. [6] Mm 3628. [7] Mm 114. [8] Mm 3629. [9] Gn 45,11. [10] Mm 2781. [11] Mm 959. [12] Mm 1854. [13] Mm 1787. [14] וחד ופתה Hi 5,2. [15] Mm 3864. [16] Mm 1743. [17] Mm 1135.

29 [a] 𝔊 *μάστιγες*, l שׁוֹטִים cf 26,3 vel שְׁבָטִים cf 23,14 ‖ **Cp 20,1** [a] sic L, mlt Mss Edd ־יִן ‖ [b] l הַשֵּׁכָר (hpgr) cf הַיַּיִן ‖ **2** [a] 𝔊 *ἀπειλή*; prp חֲמַת cf 19,12 vel אִמְרַת ‖ [b] frt l חוֹמֵס cf 8,36 ‖ **4** [a] K 𝔙 יִשְׁאַל, Q 𝔖𝔗 וְשָׁאַל ‖ **6** [a–a] 𝔖𝔗(𝔙) *mtqrjn gbr' mrḥmn'*, prp יִקָּרֵא אִישׁ חָסִיד ‖ [b] prp = יֵקָרֶה ‖ **7** [a–a] prp בְּתֹם וָצֶדֶק ‖ **11** [a] prp רָשָׁע ‖ [b] 𝔊 *ἡ ὁδὸς αὐτοῦ* ‖ **13** [a] Vrs pr cop, frt l וּשְׂבַע, ‖ **16** [a] l c K 𝔙 נָכְרִים, Q 𝔗 נָכְרִיָּה cf 27,13[a] ‖ **18** [a] prp תִּכֹּן ‖ [b] 𝔖𝔗(𝔙) *mt'bd*, frt l תֵּעָשֶׂה (hpgr) cf 24,6[b] ‖ **20** [a] K 𝔊𝔖𝔙 בְּאִישׁוֹן, Q בֶּאֱשׁוּן cf 7,9[b] ‖ **21** [a] K מְבֹחֶלֶת, Q mlt Mss Vrs מְבֹהֶלֶת cf 13,11[a].

22 אַל־תֹּאמַר אֲשַׁלְּמָה־רָע קַוֵּה לַיהוָה וְיֹשַׁע לָךְ׃ ב̇. ל̇. ל̇ וחס
23 תּוֹעֲבַת יְהוָה אֶבֶן וָאָבֶן וּמֹאזְנֵי מִרְמָה לֹא־טוֹב׃ ב̇[18]
24 מֵיְהוָה מִצְעֲדֵי־גָבֶר וְאָדָם מַה־יָּבִין[a] דַּרְכּוֹ׃ ט̇
25 מוֹקֵשׁ אָדָם יָלַע קֹדֶשׁ וְאַחַר[a] נְדָרִים לְבַקֵּר[b]׃ ל̇. ל̇. ב̇[19]
26 מְזָרֶה רְשָׁעִים מֶלֶךְ חָכָם וַיָּשֶׁב[a] עֲלֵיהֶם אוֹפָן[b]׃ כ̇ה̇
27 נֵר יְהוָה נִשְׁמַת אָדָם חֹפֵשׂ כָּל־חַדְרֵי־בָטֶן׃ י̇א̇ ר״פ וס״פ ב̇[20]
28 חֶסֶד וֶאֱמֶת יִצְּרוּ[a]־מֶלֶךְ וְסָעַד בַּחֶסֶד[b] כִּסְאוֹ׃ ל̇
29 תִּפְאֶרֶת בַּחוּרִים כֹּחָם וַהֲדַר זְקֵנִים שֵׂיבָה׃ כל ליש כת כן
30 חַבֻּרוֹת פֶּצַע תַּמְרִיק[a] בְּרָע[b] וּמַכּוֹת[c] חַדְרֵי־בָטֶן׃ ל̇. תמרוק[21] ק̇

21 1 פַּלְגֵי־מַיִם לֶב־מֶלֶךְ בְּיַד־יְהוָה עַל־כָּל־אֲשֶׁר יַחְפֹּץ יַטֶּנּוּ׃
2 כָּל־דֶּרֶךְ־אִישׁ יָשָׁר בְּעֵינָיו וְתֹכֵן לִבּוֹת יְהוָה׃ נ̇א̇
3 עֲשֹׂה צְדָקָה וּמִשְׁפָּט נִבְחָר לַיהוָה מִזָּבַח׃ ג̇. ד̇[1]
4 רוּם־עֵינַיִם וּרְחַב[a]־לֵב[b] [c]נֵר[d] רְשָׁעִים חַטָּאת[d]׃ כ̇ה̇. ה̇ ול חס̇[2]. ב̇ פסוק מטע̇[3]
5 מַחְשְׁבוֹת חָרוּץ אַךְ־לְמוֹתָר וְכָל[a]־אָץ אַךְ־לְמַחְסוֹר׃ ו̇
6 פֹּעַל[a] אוֹצָרוֹת בִּלְשׁוֹן שָׁקֶר הֶבֶל נִדָּף[b] מְבַקְשֵׁי[c]־מָוֶת׃ ב̇ בכתיב
7 שֹׁד־רְשָׁעִים יְגוֹרֵם כִּי מֵאֲנוּ לַעֲשׂוֹת מִשְׁפָּט׃ ל̇
8 הֲפַכְפַּךְ דֶּרֶךְ אִישׁ וָזָר[a] וְזַךְ יָשָׁר פָּעֳלוֹ׃ ל̇. ל̇
9 טוֹב לָשֶׁבֶת עַל־פִּנַּת־גָּג מֵאֵשֶׁת מִדְוָנִים[a] וּבֵית חָבֶר[a]׃ ה̇ בטע בסיפ. ל̇[4]. כת כן[5]
10 נֶפֶשׁ רָשָׁע אִוְּתָה־רָע לֹא־יֻחַן בְּעֵינָיו רֵעֵהוּ׃ ג̇. ב̇. נ̇א̇
11 בַּעְנָשׁ[a]־לֵץ יֶחְכַּם־פֶּתִי וּבְהַשְׂכִּיל לְחָכָם[b] יִקַּח־דָּעַת׃
12 מַשְׂכִּיל צַדִּיק לְבֵית[a] רָשָׁע[b] מְסַלֵּף רְשָׁעִים לָרָע׃ ג̇
13 אֹטֵם אָזְנוֹ מִזַּעֲקַת־דָּל גַּם־הוּא יִקְרָא וְלֹא יֵעָנֶה׃ ג̇. ג̇. ז̇[6]. ב̇[7]

[18] Mm 3616. [19] Mm 3630. [20] Mm 729. [21] Mm 832. **Cp 21** [1] Mm 3631. [2] Mm 2469. [3] Mm 3313. [4] Mm 959. [5] Cf Mp sub loco et Mm 3645. [6] Mm 3650. [7] Hi 11,2.

24 [a] prp יָכִין cf 14,8[a] 21,29[a] ‖ **25** [a] prp אַחַר ‖ [b] prp לַבֹּקֶר ‖ **26** [a] 𝔊(𝔖𝔗𝔙) *καὶ ἐπιβαλεῖ*, l וְיָשִׁיב ‖ [b] l אוֹנָם cf Ps 94,23 ‖ **27** [a] prp נֹצֵר cf 24,12 Hi 7,20 ‖ **28** [a] l יִצֹּר ‖ [b] 𝔊 *ἐν δικαιοσύνῃ*, frt l בַּצֶּדֶק cf 16,12 25,5 ‖ **30** [a] K תַּמְרִיק ע, Q תַּמְרוּק; 𝔊(𝔖𝔗) *συναντᾷ*; [b] l בְּמֵעִים vel עֹבֵר; al בְּרֵעַ a רֵעַ III ‖ [c] l וּמַכּוֹת ‖ **Cp 21,4** [a] ℭ וְרֹחַב ‖ [b] frt exc stich ‖ [c] mlt Mss Vrs נֵר ‖ [d–d] prp רִשְׁפּוֹ מַחֲטָאת ‖ **5** [a] frt ins מַחְשְׁבוֹת ‖ **6** [a] 𝔊(𝔙) *ὁ ἐνεργῶν*, l פֹּעֵל ‖ [b] 𝔊 *διώκει*, l רֹדֵף ‖ [c] l c nonn Mss 𝔊𝔙 וּמוֹקְשֵׁי ‖ **8** [a] l כָּזָב; prp זַרְזִיר cf 30,31 vel חָזִיר ‖ **9** [a–a] prp וּבֵית רָחָב ‖ **11** [a] sic L, mlt Mss Edd בַּעֲ' ‖ [b] 𝔊(𝔖𝔗) *σοφός*, l חָכָם (ל dttg) ‖ **12** [a] 𝔊(𝔖) *καρδίας*, frt l לִבּוֹת ‖ [b] frt exc stich.

14 מַתָּן בַּסֵּתֶר יִכְפֶּה[a]־אָף וְשֹׁחַד בַּחֵק חֵמָה עַזָּה׃ ד חס

15 שִׂמְחָה לַצַּדִּיק עֲשׂוֹת מִשְׁפָּט וּמְחִתָּה לְפֹעֲלֵי אָוֶן׃

16 אָדָם תּוֹעֶה מִדֶּרֶךְ הַשְׂכֵּל בִּקְהַל רְפָאִים יָנוּחַ׃ ג ב חס וחד מל

17 אִישׁ מַחְסוֹר אֹהֵב שִׂמְחָה אֹהֵב יַיִן־וָשֶׁמֶן לֹא יַעֲשִׁיר׃ ל[8]

18 כֹּפֶר לַצַּדִּיק רָשָׁע וְתַחַת יְשָׁרִים בּוֹגֵד׃

19 טוֹב שֶׁבֶת בְּאֶרֶץ־מִדְבָּר מֵאֵשֶׁת מִדְוָנִים[a] וָכָעַס׃ ה בטע בסיפ[9]. מדינים חד מן ו כת כן בסיפ[10] ק

20 אוֹצָר ׀ נֶחְמָד [a]וָשֶׁמֶן בִּנְוֵה[a] חָכָם וּכְסִיל אָדָם יְבַלְּעֶנּוּ[b]׃ ב[11]. ל[8]

21 רֹדֵף צְדָקָה וָחָסֶד יִמְצָא חַיִּים צְדָקָה[a] וְכָבוֹד׃ ה[12]

22 עִיר גִּבֹּרִים עָלָה חָכָם וַיֹּרֶד עֹז מִבְטֶחָה[a]׃ ז חס[13]. ו[14]. ל

23 שֹׁמֵר פִּיו וּלְשׁוֹנוֹ שֹׁמֵר מִצָּרוֹת נַפְשׁוֹ׃ ז מל בליש

24 זֵד יָהִיר לֵץ שְׁמוֹ עוֹשֶׂה בְּעֶבְרַת זָדוֹן׃ ב. ב מל וכת ה למערב

25 תַּאֲוַת עָצֵל תְּמִיתֶנּוּ כִּי־מֵאֲנוּ יָדָיו לַעֲשׂוֹת׃

26 כָּל־הַיּוֹם הִתְאַוָּה תַאֲוָה[a] וְצַדִּיק יִתֵּן וְלֹא יַחְשֹׂךְ׃ ל[15]. ג

27 זֶבַח רְשָׁעִים תּוֹעֵבָה[a] אַף כִּי־בְזִמָּה יְבִיאֶנּוּ׃

28 עֵד־כְּזָבִים יֹאבֵד וְאִישׁ שׁוֹמֵעַ לָנֶצַח יְדַבֵּר׃ ב מל[16]

29 הֵעֵז אִישׁ רָשָׁע בְּפָנָיו וְיָשָׁר הוּא ׀ יָכִין[a] דְּרָכָיו[b]׃ ה[17]. יבין ק חד מן ג[18] כת כ וקר ב. דרכו ק

30 אֵין חָכְמָה וְאֵין תְּבוּנָה וְאֵין עֵצָה לְנֶגֶד יְהוָה׃ פ

31 סוּס מוּכָן לְיוֹם מִלְחָמָה וְלַיהוָה הַתְּשׁוּעָה׃ ג פסוק בסיפ ראש ס[19]. ב[20]

22 1 נִבְחָר שֵׁם[a] מֵעֹשֶׁר רָב מִכֶּסֶף וּמִזָּהָב חֵן טוֹב׃ ח[1] קמ קטן וכל דברים מלכים תרי עשר תלים קהלת עזרא ד״ה דכות במ כב

2 עָשִׁיר וָרָשׁ נִפְגָּשׁוּ עֹשֵׂה כֻלָּם[a] יְהוָה׃

3 עָרוּם ׀ רָאָה רָעָה וְיִסְתָּר[a] וּפְתָיִים עָבְרוּ וְנֶעֱנָשׁוּ׃ ונסתר ק. ב כת תרי י

4 עֵקֶב עֲנָוָה[a] יִרְאַת[b] יְהוָה עֹשֶׁר וְכָבוֹד וְחַיִּים׃

[8]Mm 3632. [9]Mp sub loco. [10]Mm 3645. [11]Gn 2,9. [12]Mm 3234. [13]Mm 3633. [14]Mm 3042. [15]Mm 528. [16]Prv 15,32. [17]Mm 3008. [18]Mm 4255. [19]Mm 3658. [20]Jos 22,24. Cp 22 [1]Mm 475.

14 [a] σ′(𝔗𝔙) *σβέσει*, prp יְכַבֶּה vel יְכַפֵּר ‖ **19** [a] K מְדוֹנִים, Q מִדְיָנִים cf 23,29[b] 25,24[a] 26,21[b] 27,15[a] ‖ **20** [a–a] 𝔊 *ἀναπαύσεται ἐπὶ στόματος*, frt l יִשְׁכַּן בְּפִי ‖ [b] ℭ יְבַלַּע׳ ‖ **21** [a] > 𝔊𝔙[Mss], dl ‖ **22** [a] ℭ חֲה– ‖ **26** [a] 𝔊 *ἀσεβής*, l עַוָּל vel אֱוִיל vel רָשָׁע ‖ **27** [a] 𝔊 *βδέλυγμα κυρίῳ*, l תּוֹעֲבַת יְהוָה cf 15,8 ‖ **29** [a] K 𝔖𝔗𝔙 יָכִין, Q Ms 𝔊 יָבִין cf 14,8[a] 20,24[a] ‖ [b] K 𝔊𝔖 דְּרָכָיו, Q Ms 𝔗𝔙 דַּרְכּוֹ ‖ **Cp 22,1** [a] 𝔊(𝔙) + *καλόν* = טוֹב ‖ **2** [a] 𝔊(𝔖𝔗𝔙) *ἀμφοτέρους* = שְׁנֵיהֶם cf 20,12 ‖ **3** [a] K וְיִסָּתֵר vel וַיִּסָּתֵר, Q וְנִסְתָּר cf 27,12[a] ‖ **4** [a] prp עוֹנֶה ‖ [b] frt l וְיִרְאַת.

5 צִנִּים[a] פַּחִים[b] בְּדֶרֶךְ עִקֵּשׁ שׁוֹמֵר נַפְשׁוֹ יִרְחַק מֵהֶם׃ — ה . י מל[2]
6 חֲנֹךְ לַנַּעַר עַל־פִּי דַרְכּוֹ גַּם כִּי־יַזְקִין לֹא־יָסוּר מִמֶּנָּה׃ — ב[3] ר״פ וחד מן ג[4] חס בליש
7 עָשִׁיר בְּרָשִׁים יִמְשׁוֹל וְעֶבֶד לֹוֶה לְאִישׁ מַלְוֶה׃
8 זוֹרֵעַ עַוְלָה יִקְצוֹר[a]־אָוֶן וְשֵׁבֶט עֶבְרָתוֹ[b] יִכְלֶה[c]׃ — ב מל . יקצר ק חד מן ג[5] מל בליש . ה[6] . ב[7]
9 טוֹב־עַיִן הוּא יְבֹרָךְ כִּי־נָתַן מִלַּחְמוֹ לַדָּל׃ — ד ב פת וב קמ[8]
10 גָּרֵשׁ לֵץ וְיֵצֵא מָדוֹן וְיִשְׁבֹּת דִּין וְקָלוֹן׃ — ג[9] . ג רפי[10] . ל[11]
11 אֹהֵב[a] טְהוֹר[b]־לֵב חֵן שְׂפָתָיו[c] רֵעֵהוּ[d] מֶלֶךְ׃ — טהר ק
12 עֵינֵי יְהוָה נָצְרוּ דָעַת וַיְסַלֵּף דִּבְרֵי בֹגֵד׃ — ל . ב חס[12]
13 אָמַר עָצֵל אֲרִי בַחוּץ בְּתוֹךְ רְחֹבוֹת אֵרָצֵחַ[a]׃
14 שׁוּחָה עֲמֻקָּה פִּי זָרוֹת[a] זְעוּם יְהוָה יִפּוֹל[b]־שָׁם׃ — יפל ק
15 אִוֶּלֶת קְשׁוּרָה בְלֶב־נָעַר שֵׁבֶט מוּסָר יַרְחִיקֶנָּה מִמֶּנּוּ׃ — ב
16 עֹשֵׁק דָּל לְהַרְבּוֹת לוֹ נֹתֵן לְעָשִׁיר אַךְ־לְמַחְסוֹר׃ — ב[13]

17 הַט אָזְנְךָ וּשְׁמַע[a] °[b]דִּבְרֵי חֲכָמִים[b] וְלִבְּךָ תָּשִׁית לְדַעְתִּי[c]׃ — יג . ב . ה[14] . ה[15]
18 כִּי־נָעִים כִּי־תִשְׁמְרֵם בְּבִטְנֶךָ יִכֹּנוּ יַחְדָּו[a] עַל־שְׂפָתֶיךָ׃
19 לִהְיוֹת בַּיהוָה מִבְטַחֶךָ הוֹדַעְתִּיךָ[a] הַיּוֹם[b] אַף־אָתָּה[ab]׃ — ל
20 הֲלֹא כָתַבְתִּי[a] לְךָ שָׁלִשׁוֹם[b] בְּמֹעֵצֹת[c] וָדָעַת׃ — שלישים ק . ב . ד
21 לְהוֹדִיעֲךָ קֹשְׁטְ[a] אִמְרֵי אֱמֶת לְהָשִׁיב אֲמָרִים אֱמֶת[b] לְשֹׁלְחֶיךָ׃ פ ס

22 אַל־תִּגְזָל־דָּל כִּי דַל־הוּא וְאַל־תְּדַכֵּא עָנִי בַשָּׁעַר׃ — יב וכל דל ואביון דכות
23 כִּי־יְהוָה יָרִיב רִיבָם[a] וְקָבַע אֶת־קֹבְעֵיהֶם[a] נָפֶשׁ׃ — ל . ל
24 אַל־תִּתְרַע אֶת־בַּעַל אָף וְאֶת־אִישׁ חֵמוֹת[a] לֹא תָבוֹא׃ — ל . ב חד חס וחד מל . ד מל בסיפ

[2] Mm 3634. [3] 1 Ch 1,3. [4] Mm 176. [5] Mm 2269. [6] Mm 2755. [7] Gn 23,6. [8] Mm 1744. [9] Mm 137. [10] Mm 2814. [11] Mm 14. [12] Hab 2,5. [13] 2 S 12,2. [14] Mm 1491. [15] Mm 3228.

5 [a] 𝔖(𝔗) *nšb'*, frt l צַמִּים cf Hi 18,9; prp צְפוּנִים ‖ [b] 𝔊𝔖𝔙 pr cop, l 'וּפ ‖ **8** [a] K יִקְצוֹר, Q יִקְצָר ‖ [b] 𝔊 *ἔργων αὐτοῦ* = עֲבֹדָתוֹ ‖ [c] 𝔊 *συντελέσει* = יְכַלֶּה; prp יַכֵּהוּ ‖ **11** [a] 𝔊 + *κύριος*, 𝔖[AMU]𝔗 + *'lh'*, ins יְהוָה ‖ [b] K טָהוֹר, Q טְהָר ‖ [c] 𝔊 *χείλεσιν*, l שְׂפָתַיִם ‖ [d] 𝔊 *ποιμαίνει* = רֹעֶה; prb l רְצוֹן ‖ **13** [a] 𝔊 *φονευταί*, prp רֹצֵחַ ‖ **14** [a] pc Mss זָרוּת ‖ [b] K יִפּוֹל, Q יִפָּל ‖ **17** [a] 𝔊 + *ἐμὸν λόγον*, ins דְּבָרַי ‖ [b–b] eiciendum et ut titulus 17sqq supra scribendum est, cf 𝔊 ‖ [c] 𝔊 *ἵνα γνῷς* (𝔊[S] + *αὐτούς*), l לָדַעַת vel לְדַעְתָּם ‖ **18** [a] prp (כְּ)יָתֵד cf doctrinam Amenemope cp 1 ‖ **19** [a–a] prp אָרְחוֹת חַיִּים ‖ [b–b] 𝔊[B] *τὴν ὁδόν σου* (𝔊[SA] *αὐτοῦ*), l אֹרְחֹתֶיךָ vel אֹרְחֹתָיו ‖ **20** [a] 𝔊 *ἀπόγραψαι* = כְּתֹבְתָּ ‖ [b] K שִׁלְשׁוֹם, Q שָׁלִישִׁים; 𝔊(𝔖𝔗𝔙) *τρισσῶς*; prp שְׁלֹשִׁים cf doctrinam Amenemope cp 30 ‖ [c] prp בָּם עֵצוֹת ‖ **21** [a] frt dl ‖ [b] frt dl ‖ **23** [a–a] inc; prp וְעָקַב אֶת־עִקְּבֵיהֶם, sed cf Mal 3,8sq ‖ **24** [a] cf 7,25[a].

25 פֶּן־תֶּאֱלַף אָרְחֹתָו[a] וְלָקַחְתָּ מוֹקֵשׁ לְנַפְשֶׁךָ׃
ארחתיו ק

26 אַל־תְּהִי בְתֹקְעֵי־כָף בַּעֹרְבִים מַשָּׁאוֹת׃

27 אִם־אֵין־לְךָ לְשַׁלֵּם לָמָּה[a] יִקַּח[b] מִשְׁכָּבְךָ מִתַּחְתֶּיךָ׃

28 אַל־תַּסֵּג גְּבוּל עוֹלָם אֲשֶׁר עָשׂוּ אֲבוֹתֶיךָ׃
ב כת כן . ג מל

29 חָזִיתָ[a] אִישׁ ׀ מָהִיר בִּמְלַאכְתּוֹ לִפְנֵי־מְלָכִים יִתְיַצָּב
[b]בַּל־יִתְיַצֵּב[c] לִפְנֵי חֲשֻׁכִּים[b]׃ פ
ב ר״פ . ג . ב קמ

23 1 כִּי־תֵשֵׁב לִלְחוֹם אֶת־מוֹשֵׁל בִּין תָּבִין[a] אֶת־אֲשֶׁר לְפָנֶיךָ׃
ל ומל . יד מל

2 וְשַׂמְתָּ[a] שַׂכִּין בְּלֹעֶךָ[a] אִם־בַּעַל נֶפֶשׁ אָתָּה׃
ל וכת ש

3 אַל־תִּתְאָו[a] לְמַטְעַמּוֹתָיו וְהוּא לֶחֶם כְּזָבִים׃
תתאיו[1] ק . ב חד מל וחד חס[2]

4 אַל־תִּיגַע לְהַעֲשִׁיר [a]מִבִּינָתְךָ חֲדָל[a]׃
ב

5 הֲתָעוּף[a] עֵינֶיךָ בּוֹ וְאֵינֶנּוּ
כִּי עָשֹׂה[b] יַעֲשֶׂה־לּוֹ כְנָפַיִם כְּנֶשֶׁר וְעָיף[c] הַשָּׁמָיִם׃ פ
התעיף ק . יב
יעוף ק . ח . ד[3]

6 אַל־תִּלְחַם אֶת־לֶחֶם[a] רַע עָיִן וְאַל־תִּתְאָו[b] לְמַטְעַמֹּתָיו׃
תתאיו[4] ק . ב חד מל וחד חס[2]

7 כִּי ׀ כְּמוֹ־שָׁעַר[a] בְּנַפְשׁוֹ[b] כֶּן־הוּא[c]
אֱכֹל וּשְׁתֵה יֹאמַר לָךְ וְלִבּוֹ בַּל־עִמָּךְ׃
יא בטע ר״פ בשלש ספרים
ה מל בליש[5]

8 פִּתְּךָ־אָכַלְתָּ תְקִיאֶנָּה [a]וְשִׁחַתָּ דְּבָרֶיךָ[a] הַנְּעִימִים׃
ל . ל

9 בְּאָזְנֵי כְסִיל אַל־תְּדַבֵּר כִּי־יָבוּז לְשֵׂכֶל מִלֶּיךָ׃
לז

10 אַל־תַּסֵּג גְּבוּל עוֹלָם[a] וּבִשְׂדֵי יְתוֹמִים אַל־תָּבֹא׃
כו ר״פ אל אל[6] . ב כת כן . ו[7] כת י וכל רות דכות ב מ ב

11 כִּי־גֹאֲלָם חָזָק הוּא־יָרִיב[a] אֶת־רִיבָם אִתָּךְ׃

12 הָבִיאָה לַמּוּסָר לִבֶּךָ וְאָזְנֶךָ לְאִמְרֵי־דָעַת׃
ג[8]

Cp 23 [1]Q addidi sicut Prv 23,6 et 24,1, cf Ez 40,21.29.33.36 et Mp sub loco. [2]Mm 3636. [3]Mm 3635. [4]Q rar, cf Ez 40,21.29.33.36 et Mp sub loco. [5]Mm 1692. [6]Mm 3261. [7]Mm 2329. [8]Mm 3060.

25 [a] K אָרְחֹתוֹ, Q Vrs אֹרְחֹתָיו || **27** [a] > 𝔊𝔖𝔗, frt dl (dttg) || [b] prp יֻקַּח || **29** [a] frt dl, sed cf 29,20 || [b–b] frt dl (gl), nisi post 29a hemist exc || [c] cf 7,25[a] || **Cp 23,1** [a] l תָּבִין || **2** [a–a] dub || **3** [a] K תִּתְאָו, Q[Mss] תִּתְאָיו || **4** [a–a] frt l מִבִּינָתְךָ ח׳ cf Da 11,33 vel מב׳ חָדֵל || **5** [a] K הֲתָעוּף, Q הֲתָעִיף; prp תְּעֵצֶה || [b] prp עֹשֶׁר || [c] K וְעָיֵף (vel וְעוּף), Q 𝔗 יָעוּף cf 𝔖𝔙 || **6** [a] > Ms Vrs, frt dl || [b] K תִּתְאָו, Q תִּתְאָיו || **7** [a] 𝔊(𝔖) τρίχα = שֵׂעָר; l שֹׁעֵר cf doctrinam Amenemope cp 11 || [b] l בְּנֶפֶשׁ || [c] ins וּכְמוֹ מַר בְּצַוָּאר cf doctrinam Amenemope cp 11 || **8** [a–a] prp וְשִׁחַת דְּבָרָיו || **10** [a] l אַלְמָנָה cf doctrinam Amenemope cp 6 || **11** [a] 𝔊 pr cop, l וְיָרִיב.

13 אַל־תִּמְנַ֣ע מִנַּ֣עַר מוּסָ֑ר כִּֽי־תַכֶּ֥נּוּ בַ֝שֵּׁ֗בֶט לֹ֣א יָמֽוּת׃ ל̇ וכל יחזק דכות
14 אַ֭תָּה בַּשֵּׁ֣בֶט תַּכֶּ֑נּוּ וְ֝נַפְשׁ֗וֹ מִשְּׁא֥וֹל תַּצִּֽיל׃ ח̇
15 בְּ֭נִי אִם־חָכַ֣ם לִבֶּ֑ךָ יִשְׂמַ֖ח לִבִּ֣י גַם־אָֽנִי׃ ל̇
16 וְתַעְלֹ֣זְנָה כִלְיוֹתָ֑י בְּדַבֵּ֥ר שְׂ֝פָתֶ֗יךָ מֵישָׁרִֽים׃ ב̇[9]
17 אַל־יְקַנֵּ֣א לִ֭בְּךָ בַּֽחַטָּאִ֑ים כִּ֥י אִם־בְּיִרְאַת־יְ֝הוָ֗ה כָּל־הַיּֽוֹם׃
18 כִּ֭י אִםᵃ־יֵ֣שׁ אַחֲרִ֑ית וְ֝תִקְוָתְךָ֗ לֹ֣א תִכָּרֵֽת׃
19 שְׁמַע־אַתָּ֣ה בְנִ֣י וַחֲכָ֑ם וְאַשֵּׁ֖ר בַּדֶּ֣רֶךְ לִבֶּֽךָ׃ ל̇. ב̇[10]
20 אַל־תְּהִ֥י בְסֹבְאֵי־יָ֑יִן בְּזֹלְלֵ֖י בָשָׂ֣ר לָֽמוֹ׃ ל̇
21 כִּי־סֹבֵ֣א וְ֭זוֹלֵל יִוָּרֵ֑שׁ וּ֝קְרָעִ֗ים תַּלְבִּ֥ישׁ נוּמָֽה׃
22 שְׁמַ֣ע לְ֭אָבִיךָ זֶ֣ה יְלָדֶ֑ךָ וְאַל־תָּ֝ב֗וּז כִּֽי־זָקְנָ֥ה אִמֶּֽךָ׃
23 אֱמֶ֣ת קְ֭נֵה וְאַל־תִּמְכֹּ֑ר חָכְמָ֖ה וּמוּסָ֣ר וּבִינָֽה׃ ה̇[11]
24 ᵃגּ֣וֹל יָ֭גוֹלᵃ אֲבִ֣י צַדִּ֑יק יוֹלֵ֥דᵇ חָ֝כָ֗ם וְיִשְׂמַחᶜ־בּֽוֹ׃ גיל ק̇ חד מן ג̇[12] בליש. יגיל ק̇ ויולד ק̇ חד מן יב̇[13] חס ו ר״ת. ישמח ק̇
25 יִֽשְׂמַח־אָבִ֥יךָ וְאִמֶּ֑ךָᵃ וְ֝תָגֵ֗ל יוֹלַדְתֶּֽךָ׃
26 תְּנָֽה־בְנִ֣י לִבְּךָ֣ לִ֑י וְ֝עֵינֶ֗יךָ דְּרָכַ֥י תִּרְצֹֽנָהᵃ׃ תצרנה ק̇ . ז̇
27 כִּֽי־שׁוּחָ֣ה עֲמֻקָּ֣ה זוֹנָ֑הᵃ וּבְאֵ֥ר צָ֝רָ֗ה נָכְרִיָּֽה׃ ד̇[14]
28 אַף־הִ֭יא כְּחֶ֣תֶףᵃ תֶּאֱרֹ֑ב וּ֝בוֹגְדִ֗יםᵇ בְּאָדָ֥ם תּוֹסִֽף׃ ל̇. ה̇ מל[15]. ד̇[16]. יג ג̇[17] מנה חס י
29 לְמִ֨י א֡וֹי לְמִ֢י אֲב֣וֹיᵃ לְמִ֤י מִדְוָנִ֨יםᵇ ׀ לְמִ֥י שִׂ֗יחַ מדינים ק̇ חד מן ו̇ כת כן בסיפ[18]. ה̇
לְ֭מִי פְּצָעִ֣ים חִנָּ֑ם לְ֝מִ֗י חַכְלִל֥וּת עֵינָֽיִם׃ ל̇[19]. ל̇ וחס. כה
30 לַֽמְאַחֲרִ֥ים עַל־הַיָּ֑יִן לַ֝בָּאִ֗ים לַחְקֹ֥ר מִמְסָֽךְ׃ ל̇. ב̇
31 אַל־תֵּ֥רֶא יַיִן֮ כִּ֪י יִתְאַ֫דָּ֥ם כִּֽי־יִתֵּ֣ן בַּכִּ֣יסᵃ עֵינ֑וֹ בכוס ק̇ [20]. ט̇[21]
ᵇיִ֝תְהַלֵּ֗ךְ בְּמֵישָׁרִֽיםᵇᶜ׃
32 אַ֭חֲרִיתוֹ כְּנָחָ֣שׁ יִשָּׁ֑ךְ וּכְצִפְעֹנִ֥י יַפְרִֽשׁᵃ׃ ב̇[22]

[9] Gn 27,5. [10] Prv 6,6. [11] Mm 3637. [12] Mm 3020. [13] Mm 3804. [14] Mm 3062. [15] Mm 3638. [16] Mm 730. [17] Mm 3625. [18] Mm 3645. [19] Mp sub loco. [20] Mm 832. [21] Mm 3145. [22] Dt 23,20.

18 ᵃ 𝔊 + *τηρήσῃς αὐτά*, ins תִּשְׁמְרֶנָּה ‖ **24** ᵃ⁻ᵃ K גּוֹל יָגוֹל, Q ℭ גִּיל יָגִיל ‖ ᵇ K 𝔙 יוֹלֵד, Q 𝔊𝔖ℭ וְיוֹלֵד ‖ ᶜ K 𝔖 וְיִשְׂמַח, Q 𝔊ℭ𝔙 יִשְׂמַח ‖ **25** ᵃ 𝔊(𝔖) + *ἐπὶ σοί*, frt l מִמְּךָ cf 5,18; prp עִמְּךָ ‖ **26** ᵃ l c Kσ′ תִּרְצֶנָה, Q 𝔊𝔖ℭ𝔙 תִּצֹּרְנָה ‖ **27** ᵃ 𝔊 *ἀλλότριος*, l זָרָה ‖ **28** ᵃ mlt Mss בְּחַ׳ ‖ ᵇ prp וּבְגָדִים; al וּבְגוּדִים ‖ **29** ᵃ dub; ℭ אֲבוֹי, 𝔊(𝔖ℭ) *θόρυβος* ‖ ᵇ cf 21,19ᵃ ‖ **31** ᵃ K בַּכִּיס, Q Vrs בַּכּוֹס ‖ ᵇ⁻ᵇ frt add ex Cant 7,10 ‖ ᶜ frt ins דּוֹבֵב שְׂפָתַיִם וְשִׁנָּיִם ‖ **32** ᵃ 𝔊(𝔙) + *ὁ ἰός*, ins רוֹשׁ (hpgr) cf Dt 32,32sq.

33 עֵ֭ינֶיךָ יִרְא֣וּ זָר֑וֹת וְ֝לִבְּךָ֗ יְדַבֵּ֥ר תַּהְפֻּכֽוֹת׃ ה[23]

34 וְֽהָיִיתָ כְּשֹׁכֵ֥ב[a] בְּלֶב־יָ֑ם [b]וּ֝כְשֹׁכֵ֗ב בְּרֹ֣אשׁ חִבֵּֽל[b]׃ ג . ל . לה[24] . ל

35 הִכּ֣וּנִי[a] בַל־חָלִיתִי֮ הֲלָמ֗וּנִי בַּל־יָ֫דָ֥עְתִּי ב

מָתַ֥י אָקִ֑יץ[b] א֝וֹסִ֗יף אֲבַקְשֶׁ֥נּוּ עֽוֹד׃ יט

24 1 אַל־תְּ֭קַנֵּא[a] בְּאַנְשֵׁ֣י רָעָ֑ה וְאַל־תִּ֝תְאָ֗ו[b] לִהְי֥וֹת אִתָּֽם׃ ד . תתאיו[1] ק . לז

2 כִּי־שֹׁ֭ד יֶהְגֶּ֣ה לִבָּ֑ם וְ֝עָמָ֗ל שִׂפְתֵיהֶ֥ם תְּדַבֵּֽרְנָה׃

3 בְּ֭חָכְמָה יִבָּ֣נֶה בָּ֑יִת וּ֝בִתְבוּנָ֗ה יִתְכּוֹנָֽן׃

4 וּ֭בְדַעַת חֲדָרִ֣ים יִמָּלְא֑וּ כָּל־ה֖וֹן יָקָ֣ר וְנָעִֽים׃ ה

5 גֶּֽבֶר־[a]חָכָ֥ם בַּע֑וֹז[b] וְאִֽישׁ־דַּ֝֗עַת [c]מְאַמֶּץ־כֹּֽחַ[c]׃ ל

6 כִּ֣י[a] בְ֭תַחְבֻּלוֹת תַּעֲשֶׂה־[b]לְּךָ֣[c] מִלְחָמָ֑ה וּ֝תְשׁוּעָ֗ה בְּרֹ֣ב יוֹעֵֽץ׃

7 רָאמ֣וֹת[a] לֶאֱוִ֣יל חָכְמ֑וֹת בַּ֝שַּׁ֗עַר לֹ֣א יִפְתַּח־פִּֽיהוּ׃ ד מל . ד . כב ה מנה בסיפ

8 מְחַשֵּׁ֥ב לְהָרֵ֑עַ ל֝֗וֹ בַּֽעַל־מְזִמּ֥וֹת יִקְרָֽאוּ׃ ב[2]

9 זִמַּ֣ת אִוֶּ֣לֶת[a] חַטָּ֑את וְתוֹעֲבַ֖ת לְאָדָ֣ם לֵֽץ׃

10 [a]הִ֭תְרַפִּיתָ בְּי֥וֹם צָרָ֗ה [b]צַ֣ר כֹּחֶֽכָה[bc]׃ ל וכת כן . ב חד כת חס וחד מן כ[3] מילין כת ה ס״ת

11 הַ֭צֵּל לְקֻחִ֣ים לַמָּ֑וֶת וּמָטִ֥ים[a] לַ֝הֶ֗רֶג אִם־[b]תַּחְשֽׂוֹךְ[c]׃

12 כִּֽי־תֹאמַ֗ר הֵן֮ לֹא־יָדַ֪עְנ֫וּ[a] זֶ֥ה הֲלֹא־תֹ֘כֵ֤ן לִבּ֨וֹת ׀ הֽוּא־יָבִ֗ין

וְנֹצֵ֣ר[b] נַ֭פְשְׁךָ ה֣וּא יֵדָ֑ע וְהֵשִׁ֖יב לְאָדָ֣ם כְּפָעֳלֽוֹ׃ יט[4]

13 אֱכָל־בְּנִ֣י דְבַ֣שׁ כִּי־ט֑וֹב וְנֹ֥פֶת מָ֝ת֗וֹק עַל־חִכֶּֽךָ׃ ל

14 כֵּ֤ן ׀ דְּעֶ֥ה[a] חָכְמָ֗ה[b] לְנַ֫פְשֶׁ֥ךָ ל

[23]Mm 1491. [24]Mm 2840. Cp 24 [1]Q rar cf Ez 40,21.29.33.36 et Mp sub loco. [2]Mm 3264. [3]Mm 964. [4]Mm 1369.

34 [a] prp כְּרֹכֵב ‖ [b–b] 𝔊(𝔖) καὶ ὥσπερ κυβερνήτης ἐν πολλῷ κλύδωνι = וּכְחֹבֵל בְּסַעַר גָּדוֹל; prb l וּכְרֹכֵב בְּרַעַשׁ חֹבֵל; prp וּכְשֹׁכֵךְ בְּרֹאשׁ חִבֵּל ‖ **35** [a] 𝔊(𝔖𝔗𝔙) pr ἐρεῖς δέ ‖ [b] frt ins מִסָּבְאִי ‖ **Cp 24,1** [a] prp תְּקַוֶּה = תְּקַו ‖ [b] K תִּתְאָו, Q תִּתְאָיו ‖ **5** [a] 𝔊(𝔖) κρείσσων, l גָּבַר ‖ [b] 𝔊(𝔖𝔗) ἰσχυροῦ, l מֵעָז ‖ [c–c] 𝔊(𝔖𝔗) γεωργίου μεγάλου, l מֵאַמִּיץ־כֹּחַ ‖ **6** [a] > 𝔊𝔖, prb dl ‖ [b] 𝔊(𝔖𝔙) γίνεται, frt l תֵּעָשֶׂה cf 20,18[b] ‖ [c] > 𝔊(𝔖𝔙), frt dl ‖ **7** [a] frt = רָמוֹת; prp דְּמוּתָ ‖ **9** [a] Ms אוילים; 𝔊(𝔖𝔗𝔙) ἄφρων, l אֱוִיל ‖ **10** [a] v 10 crrp ‖ [b–b] prp צַר כֹּחֲכָה בְּצָרְכֶךָ ‖ [c] frt ins בְּיוֹם טוֹבָה ‖ **11** [a] prp וּמְטִים ‖ [b] 𝔊(𝔖𝔙) μή, frt l אַל ‖ [c] l תֶּחְשָׂךְ; prp תַּחְשִׁיךְ ‖ **12** [a] 𝔊(𝔖) οἶδα, l יָדַעְתִּי cf נפשך ‖ [b] 𝔊 καὶ ὁ πλάσας = וְיֹצֵר; prp וְיֵצֶר ‖ **14** [a] ℭ דְּעָה; l דֵּעָה et frt ins מְתוּקָה לְלִבֶּךָ וְ׳ ‖ [b] frt ins טוֹבָה.

אִם־מָצָאתָ וְיֵשׁ אַחֲרִית וְתִקְוָתְךָ לֹא תִכָּרֵת׃ פ

15 אַל־תֶּאֱרֹב רָשָׁע[a] לִנְוֵה צַדִּיק אַל־תְּשַׁדֵּד רִבְצוֹ׃ — כו̇ ר״פ אל אל[5]

16 כִּי שֶׁבַע ׀ יִפּוֹל צַדִּיק וָקָם וּרְשָׁעִים יִכָּשְׁלוּ בְרָעָה׃ — כ̇ בטע ר״פ בסיפ[6]. ל̇. ז̇

17 בִּנְפֹל אֹויְבֶיךָ[a] אַל־תִּשְׂמָח וּבִכָּשְׁלוֹ אַל־יָגֵל לִבֶּךָ׃ — אויבך[7] ק̇ יתיר י. ל̇

18 פֶּן־יִרְאֶה יְהוָה וְרַע בְּעֵינָיו וְהֵשִׁיב מֵעָלָיו אַפּוֹ׃ — נ̇א

19 אַל־תִּתְחַר בַּמְּרֵעִים אַל־תְּקַנֵּא בָּרְשָׁעִים׃ — כו̇ ר״פ אל אל[5]

20 כִּי ׀ לֹא־תִהְיֶה אַחֲרִית לָרָע נֵר רְשָׁעִים יִדְעָךְ׃ — י̇א בטע ר״פ בשלש ספרים. ג̇. ב̇ פסוק דמטע[8]

21 יְרָא־אֶת־יְהוָה בְּנִי וָמֶלֶךְ [a]עִם־שׁוֹנִים אַל־תִּתְעָרָב׃[a] — ד̇[9]. ה̇[10]. ב̇. ב̇[11]

22 כִּי־פִתְאֹם יָקוּם אֵידָם וּפִיד שְׁנֵיהֶם[a] מִי יוֹדֵעַ׃ ס

23 גַּם־אֵלֶּה לַחֲכָמִים
הַכֵּר־פָּנִים בְּמִשְׁפָּט בַּל־טוֹב׃[a]

24 אֹמֵר ׀ לְרָשָׁע צַדִּיק אָתָּה יִקְּבֻהוּ עַמִּים יִזְעָמוּהוּ לְאֻמִּים׃ — ה̇[12]. ל̇ ומל

25 וְלַמּוֹכִיחִים יִנְעָם וַעֲלֵיהֶם תָּבוֹא בִרְכַּת־טוֹב׃ — ל̇. ד̇ מל בסיפ

26 שְׂפָתַיִם יִשָּׁק[a] מֵשִׁיב דְּבָרִים נְכֹחִים׃ — ב̇ חד פת וחד קמ[13]

27 הָכֵן בַּחוּץ ׀ מְלַאכְתֶּךָ וְעַתְּדָהּ בַּשָּׂדֶה לָךְ
אַחַר[a] וּבָנִיתָ בֵיתֶךָ׃ פ

28 אַל־תְּהִי עֵד־חִנָּם[a] בְּרֵעֶךָ וַהֲפִתִּיתָ[b] בִּשְׂפָתֶיךָ׃ — ל̇

29 אַל־תֹּאמַר כַּאֲשֶׁר עָשָׂה־לִי כֵּן אֶעֱשֶׂה־לּוֹ[a]
[b]אָשִׁיב לָאִישׁ כְּפָעֳלוֹ׃[b] — ל̇ב[14]

30 עַל־שְׂדֵה אִישׁ־עָצֵל עָבַרְתִּי וְעַל־כֶּרֶם אָדָם חֲסַר־לֵב׃ — ל̇ אתנח פת

31 וְהִנֵּה עָלָה כֻלּוֹ ׀ קִמְּשֹׂנִים[a] כָּסּוּ פָנָיו חֲרֻלִּים — ל̇. ב̇[15]. ל̇
[b]וְגֶדֶר אֲבָנָיו נֶהֱרָסָה׃ — ל̇

[5] Mm 3261. [6] Mm 3573. [7] Q addidi, cf Mp sub loco. [8] Mm 3313. [9] Mm 3639. [10] Mm 2030. [11] Mp sub loco. [12] Mm 3594. [13] Gn 41,40. [14] Mm 319. [15] Mm 3334.

15 [a] dl (gl) ‖ **17** [a] K אוֹיְבֶיךָ, Q^Mss 𝔊𝔖𝔙 אוֹיִבְךָ ‖ **21** [a–a] 𝔊 *καὶ μηθετέρῳ αὐτῶν ἀπειθήσῃς*, frt l אַל־ (cf 22) עַל־שְׁנֵיהֶם תִּתְעַבָּר ‖ **22** [a] prp שׁוֹנִים cf 21 ‖ **23** [a] nonn vb exc cf 18,5 28,21 ‖ **26** [a] frt ins כְּמֵרֵעַ; prp יַשִּׁק cf Ez 3,13 ‖ **27** [a] frt ins תִּקַּח לְךָ אִשָּׁה ‖ **28** [a] l c Ms 𝔊𝔖𝔗 חָמָס ‖ [b] 𝔊(𝔗𝔙) *μηδὲ πλατύνου*, frt l וְאַל־תְּפַת ‖ **29** [a] ins גַּם אָנִי m cs ‖ [b–b] dl (ex 24,12) ‖ **31** [a] nonn Mss 𝔙 שׂ'– ‖ [b] prb exc hemist.

32 וָאֶחֱזֶ֣ה אָ֭נֹכִי אָשִׁ֣ית לִבִּ֑י רָ֝אִ֗יתִי לָקַ֥חְתִּי מוּסָֽר׃

33 מְעַ֣ט שֵׁ֭נוֹת מְעַ֣ט תְּנוּמ֑וֹת מְעַ֓ט ׀ חִבֻּ֖ק יָדַ֣יִם לִשְׁכָּֽב׃ — ב . ז ה פת וב קמ

34 [a]וּבָֽא־מִתְהַלֵּ֥ךְ[b] רֵישֶׁ֑ךָ וּ֝מַחְסֹרֶ֗יךָ[c] כְּאִ֣ישׁ מָגֵֽן׃ פ — יז ר״פ . ל[16] . ל כת כן . כ[17]

25 1 גַּם־אֵ֭לֶּה מִשְׁלֵ֣י שְׁלֹמֹ֑ה אֲשֶׁ֥ר הֶ֝עְתִּ֗יקוּ אַנְשֵׁ֤י[a] ׀ חִזְקִיָּ֬ה מֶֽלֶךְ־
יְהוּדָֽה׃ — ד . ג . ג לפי מג[1] וחד מן יב[2] לפי מק

2 כְּבֹ֣ד אֱ֭לֹהִים הַסְתֵּ֣ר דָּבָ֑ר וּכְבֹ֥ד מְ֝לָכִ֗ים חֲקֹ֣ר דָּבָֽר׃ — ב חס . ב חס

3 שָׁמַ֣יִם לָ֭רוּם וָאָ֣רֶץ לָעֹ֑מֶק וְלֵ֥ב מְ֝לָכִ֗ים אֵ֣ין חֵֽקֶר׃ — ב[3] . ג קמ וכל שמים וארץ דכות[4] . ל

4 הָג֣וֹ סִיגִ֣ים מִכָּ֑סֶף וַיֵּצֵ֖א[a] [b]לַצֹּרֵ֣ף כֶּֽלִי[b]׃ — ג . ג מל . ב חד מל וחד מן ד[5] חס בליש

5 הָג֣וֹ רָ֭שָׁע לִפְנֵי־מֶ֑לֶךְ וְיִכּ֖וֹן בַּצֶּ֣דֶק כִּסְאֽוֹ׃ — ג . ל דגש

6 אַל־תִּתְהַדַּ֥ר לִפְנֵי־מֶ֑לֶךְ וּבִמְק֥וֹם גְּ֝דֹלִ֗ים אַֽל־תַּעֲמֹֽד׃ — כו ר״פ אל אל[6] . ב

7 כִּ֤י ט֥וֹב אֲמָר־לְךָ֮ עֲלֵ֪ה הֵ֫נָּה מֵֽ֭הַשְׁפִּֽילְךָ לִפְנֵ֣י נָדִ֑יב — כ בטע ר״פ בסיפ[7] . ל . ל
אֲשֶׁ֖ר רָא֣וּ עֵינֶֽיךָ׃ 8 אַל־תֵּצֵ֥א[a] לָרִ֗ב[b] מַ֫הֵ֥ר — ה[8]
פֶּ֣ן[c] מַֽה־תַּ֭עֲשֶׂה בְּאַחֲרִיתָ֑הּ בְּהַכְלִ֖ים אֹתְךָ֣ רֵעֶֽךָ׃

9 רִֽיבְךָ֣ רִ֭יב אֶת־רֵעֶ֑ךָ וְס֖וֹד אַחֵ֣ר אַל־תְּגָֽל׃ — ל

10 פֶּֽן־יְחַסֶּדְךָ֥ שֹׁמֵ֑עַ וְ֝דִבָּתְךָ֗ לֹ֣א תָשֽׁוּב׃ — ל . ל

11 תַּפּוּחֵ֣י[a] זָ֭הָב בְּמַשְׂכִּיּ֣וֹת[b] כָּ֑סֶף דָּ֝בָ֗ר דָּבֻ֥ר עַל־אָפְנָֽיו[c]׃ — ל . ל וכת ש

12 נֶ֣זֶם זָ֭הָב וַחֲלִי־כָ֑תֶם מוֹכִ֥יחַ חָ֝כָ֗ם עַל־אֹ֥זֶן שֹׁמָֽעַת׃ — ב בתרי לישנ[9] . כה . ל קמ

ס̄ 13 כְּצִנַּת[a]־שֶׁ֨לֶג ׀ בְּי֬וֹם[b] קָצִ֗יר צִ֣יר נֶ֭אֱמָן לְשֹׁלְחָ֑יו — ב
[c]וְנֶ֖פֶשׁ אֲדֹנָ֣יו יָשִֽׁיב[c]׃ פ — כד בליש[10]

14 נְשִׂיאִ֣ים וְ֭רוּחַ וְגֶ֣שֶׁם אָ֑יִן אִ֥ישׁ מִ֝תְהַלֵּ֗ל בְּמַתַּת־שָֽׁקֶר׃ — ד מילין לשון ענן . ה[11]

15 בְּאֹ֣רֶךְ אַ֭פַּיִם יְפֻתֶּ֣ה קָצִ֑ין[a] וְלָשׁ֥וֹן רַ֝כָּ֗ה תִּשְׁבָּר־גָּֽרֶם׃ — ג[12] . ג . ל . ל[11] . ב . ג

[16] Mm 3581. [17] Mm 1514. **Cp 25** [1] Mm 3125. [2] Mm 3983. [3] Mm 2806. [4] Mm 3640. [5] Mm 2754. [6] Mm 3261. [7] Mm 3573. [8] Mm 1526. [9] Mm 1352. [10] Mm 1685. [11] Mp sub loco. [12] Mm 3642.

34 [a] 𝔅 hic incip cp 25 ‖ [b] l c mlt Mss 𝔙 כְּמְהַלֵּךְ cf 6,11 ‖ [c] l c nonn Mss Vrs וּמַחְסֹרְךָ ‖ **Cp 25,1** [a] 𝔊(𝔖𝔗) *οἱ φίλοι* ‖ **4** [a] 𝔖(𝔗𝔙) *dnpwq*, l וְיֵצֵא ‖ [b–b] 𝔊 *καθαρὸν ἅπαν* = נִצְרָף כֻּלּוֹ ‖ **8** [a] σ′(𝔙) *ἐξενέγκῃς*, l תֹּצֵא ‖ [b] σ′ *εἰς πλῆθος*, prp לָרֹב ‖ [c] dl vel l כִּי ‖ **11** [a] prp פִּתּוּחֵי ‖ [b] 𝔊 *ἐν ὁρμίσκῳ* ‖ [c] cf Sir 50,27 ‖ **13** [a] 𝔊(𝔖) *ὥσπερ ἔξοδος* = כְּצֵאת? ‖ [b] 𝔊 *κατὰ καῦμα*, l בְּחֹם ‖ [c–c] > Ms, add vel antea vel postea exc hemist ‖ **15** [a] prp קֹצֶף.

16 דְּבַשׁ מָצָאתָ אֱכֹל דַּיֶּךָּ פֶּן־תִּשְׂבָּעֶנּוּ וַהֲקֵאתוֹ׃

17 הֹקַר רַגְלְךָ מִבֵּית רֵעֶךָ פֶּן־יִשְׂבָּעֲךָ וּשְׂנֵאֶךָ׃ — ל וחס . ל . ל

18 מֵפִיץ[a] וְחֶרֶב וְחֵץ שָׁנוּן אִישׁ[b] עֹנֶה בְרֵעֵהוּ עֵד שָׁקֶר׃ — ב . ל

19 שֵׁן רֹעָה[a] וְרֶגֶל מוּעָדֶת[b] מִבְטָח[c] בּוֹגֵד בְּיוֹם צָרָה׃ — ג ב מלרע וחד מלעיל[13] . ג ב קמ וחד פת[14]

20 מַעֲדֶה[a] בֶּגֶד ׀ בְּיוֹם קָרָה[a] חֹמֶץ[b] עַל־נָתֶר וְשָׁר בַּשִּׁרִים עַל לֶב־ [רָע[c]׃ פ — ל . ל[15] . ל

21 אִם־רָעֵב שֹׂנַאֲךָ הַאֲכִלֵהוּ לָחֶם[a] וְאִם־צָמֵא הַשְׁקֵהוּ מָיִם[b]׃ — ל . ב[16]

22 כִּי גֶחָלִים אַתָּה חֹתֶה עַל־רֹאשׁוֹ וַיהוָה יְשַׁלֶּם־לָךְ׃ — ב בטע ר״פ בסיפ[17] . ל וחס

23 רוּחַ צָפוֹן תְּחוֹלֵל גָּשֶׁם וּפָנִים נִזְעָמִים לְשׁוֹן סָתֶר׃ — ל . ל

24 טוֹב שֶׁבֶת עַל־פִּנַּת־גָּג מֵאֵשֶׁת מִדוֹנִים[a] וּבֵית[b] חָבֶר[b]׃ — ה בטע בסיפ . ל[18] . מדינים חד מן ו כת ק כן בסיפ[19]

25 מַיִם קָרִים עַל־נֶפֶשׁ עֲיֵפָה וּשְׁמוּעָה[a] טוֹבָה מֵאֶרֶץ מֶרְחָק׃ — ל

26 מַעְיָן נִרְפָּשׂ וּמָקוֹר מָשְׁחָת צַדִּיק מָט לִפְנֵי־רָשָׁע׃ — ל . ב . ל

27 אָכֹל דְּבַשׁ הַרְבּוֹת[a] לֹא־טוֹב וְחֵקֶר[b] כְּבֹדָם כָּבוֹד[b]׃ — ל חס

28 עִיר פְּרוּצָה אֵין חוֹמָה אִישׁ אֲשֶׁר אֵין מַעְצָר לְרוּחוֹ׃ — יו מ״פ אין אין

26 1 כַּשֶּׁלֶג ׀ בַּקַּיִץ וְכַמָּטָר בַּקָּצִיר כֵּן לֹא־נָאוֶה לִכְסִיל כָּבוֹד׃

2 כַּצִּפּוֹר לָנוּד כַּדְּרוֹר לָעוּף כֵּן קִלְלַת חִנָּם לֹא[a] תָבֹא׃ — ג . ל[1] . ג[2] . לו חד מן יז[3] כת כן ק

3 שׁוֹט לַסּוּס מֶתֶג[a] לַחֲמוֹר וְשֵׁבֶט לְגֵו כְּסִילִים׃ — ה[4] . ב פסוק בטע[5]

4 אַל־תַּעַן כְּסִיל כְּאִוַּלְתּוֹ פֶּן־תִּשְׁוֶה־לּוֹ גַם־אָתָּה׃ — ב

5 עֲנֵה כְסִיל כְּאִוַּלְתּוֹ[a] פֶּן־יִהְיֶה חָכָם בְּעֵינָיו׃ — נא

6 מְקַצֶּה[a] רַגְלַיִם[a] חָמָס[b] שֹׁתֶה שֹׁלֵחַ דְּבָרִים בְּיַד־כְּסִיל׃ — ל

7 דַּלְיוּ[a] שֹׁקַיִם מִפִּסֵּחַ וּמָשָׁל[b] בְּפִי כְסִילִים׃ — ל . ל

[13] Mm 205. [14] Mm 3307. [15] וחד שר Ps 7,1. [16] Mm 3643. [17] Mm 3573. [18] Mm 959. [19] Mm 3645.
Cp 26 [1] וחד לָעוֹף Lv 7,26. [2] Mm 1459. [3] Mm 1795. [4] Mm 2755. [5] Mm 3313.

18 [a] 𝔊(𝔙) *ῥόπαλον* cf 𝔖𝔗, l מַפֵּץ ‖ [b] sic L, mlt Mss Edd אִישׁ־ ‖ **19** [a] = רֹעָעָה vel l רָעָה cf Vrs ‖ [b] 𝔙 *lapsus*, l מוֹעֶדֶת ‖ [c] > 𝔊, dl cf 20 ‖ **20** [a–a] nunc dupl ad 19 מועדת– צרה (excepto מבטח), sed frt crrp ex textu hebr, quem continent 𝔊(𝔖𝔗𝔙^Mss) 20a: *ὥσπερ σὴς ἱματίῳ καὶ σκώληξ ξύλῳ, οὕτως λύπη ἀνδρὸς βλάπτει καρδίαν* ‖ [b] ins עַל־נֶתֶק וּמַיִם cf 𝔊 ‖ [c] ins: כְּסָס בַּבֶּגֶד וְרָקָב לָעֵץ כֵּן תּוּגַת אִישׁ מְכַלָּה לִבּוֹ cf 𝔊𝔖𝔗𝔙^Mss 20a ‖ **21** [a] > 𝔊𝔖𝔙 Rm 12,20, dl ‖ [b] > 𝔊𝔖 Rm 12,20, dl ‖ **24** [a] cf 21,19[a] ‖ [b–b] cf 21,9[a–a] ‖ **25** [a] prp שְׁמוּעָה ‖ **27** [a] 𝔊(𝔖𝔗𝔙) *πολύ*, prp הַרְבֵּה ‖ [b–b] crrp; 𝔊 *τιμᾶν δὲ χρὴ λόγους ἐνδόξους* cf 𝔖𝔗, prp וְהֹקַר דִּבְרֵי כָבוֹד; al וּדְחֹק כָּבוֹד מִכָּבוֹד ‖ **Cp 26,2** [a] l c K 𝔊𝔗 לֹא, Q לוֹ ‖ **3** [a] mlt Mss Vrs ׳וּמ ‖ **5** [a] prp בְּאִ׳ ‖ **6** [a–a] prp מְקַצֵּי רַגְ׳ ‖ [b] prp חֶרְפָּה ‖ **7** [a] l דַּלּוּ a דלל ‖ [b] 𝔗 וּמָשָׁל.

8 כִּצְר֣וֹר[a] אֶ֭בֶן בְּמַרְגֵּמָ֑ה[b] כֵּן־נוֹתֵ֖ן לִכְסִ֣יל[c] כָּבֽוֹד׃ ל. ל. י מל
9 ח֗וֹחַ עָלָ֥ה בְיַד־שִׁכּ֑וֹר וּ֝מָשָׁ֗ל בְּפִ֣י כְסִילִֽים׃
10 [a]רַ֥ב[b] מְחֽוֹלֵֽל־[c]כֹּ֑ל וְשֹׂכֵ֥ר[cd] כְּ֝סִ֗יל וְשֹׂכֵ֥ר[e] עֹבְרִֽים[f]׃ ב. ב
11 כְּ֭כֶלֶב שָׁ֣ב עַל־קֵאֹ֑ו כְּ֝סִ֗יל שׁוֹנֶ֥ה בְאִוַּלְתּֽוֹ׃ ל.
12 רָאִ֗יתָ[a] אִ֭ישׁ חָכָ֣ם בְּעֵינָ֑יו תִּקְוָ֖ה לִכְסִ֣יל מִמֶּֽנּוּ׃ ה חס בכתיב[6]. נא

13 אָמַ֣ר עָ֭צֵל שַׁ֣חַל בַּדָּ֑רֶךְ אֲ֝רִ֗י בֵּ֣ין הָרְחֹבֽוֹת׃
14 הַ֭דֶּלֶת תִּסּ֣וֹב עַל־צִירָ֑הּ וְ֝עָצֵ֗ל עַל־מִטָּתֽוֹ׃ ב מל. ל
15 טָ֘מַ֤ן עָצֵ֣ל יָ֭דוֹ בַּצַּלָּ֑חַת נִ֝לְאָ֗ה לַהֲשִׁיבָ֥הּ אֶל־פִּֽיו׃ ב. ג. ג
16 חָכָ֣ם עָצֵ֣ל[a] בְּעֵינָ֑יו מִ֝שִּׁבְעָ֗ה מְשִׁ֣יבֵי טָֽעַם׃ נא. ב
17 מַחֲזִ֣יק בְּאָזְנֵי[a]־כָ֑לֶב עֹבֵ֥ר[b] מִ֝תְעַבֵּ֗ר[c] עַל־רִ֥יב לֹּא־לֽוֹ׃ לז. ו דגש[7]. ה[8]
18 כְּ֭מִתְלַהְלֵהַּ הַיֹּרֶ֣ה זִקִּ֑ים חִצִּ֣ים וָמָֽוֶת׃ ל. ז חס ול בליש[9]. ב
19 כֵּֽן־אִ֭ישׁ רִמָּ֣ה אֶת־רֵעֵ֑הוּ וְ֝אָמַ֗ר הֲלֹא־מְשַׂחֵ֥ק אָֽנִי׃

20 בְּאֶ֣פֶס עֵ֭צִים תִּכְבֶּה־אֵ֑שׁ וּבְאֵ֥ין נִ֝רְגָּ֗ן יִשְׁתֹּ֥ק מָדֽוֹן׃ ל
21 פֶּחָ֣ם[a] לְ֭גֶחָלִים וְעֵצִ֣ים לְאֵ֑שׁ וְאִ֥ישׁ מִ֝דוֹנִ֗ים[b] לְחַרְחַר־רִֽיב׃ פ ג[10]. מדינים ק חד מן ו כת כן בסיפ[11]. ל
22 דִּבְרֵ֣י נִ֭רְגָּן כְּמִתְלַהֲמִ֑ים וְ֝הֵ֗ם יָרְד֥וּ חַדְרֵי־בָֽטֶן׃ ב
23 [a]כֶּ֣סֶף סִ֭יגִים[ab] מְצֻפֶּ֣ה עַל־חָ֑רֶשׂ שְׂפָתַ֖יִם דֹּלְקִ֣ים[c] וְלֶב־רָֽע׃ ג מל. ל. ל[12]
24 בִּשְׂפָתָ֣ו[a] יִנָּכֵ֣ר שׂוֹנֵ֑א וּ֝בְקִרְבּ֗וֹ יָשִׁ֥ית מִרְמָֽה׃ בשפתיו ק. ג[13]. ז ומל[14]
25 כִּֽי־יְחַנֵּ֣ן ק֭וֹלוֹ אַל־תַּאֲמֶן־בּ֑וֹ כִּ֤י שֶׁ֖בַע תּוֹעֵב֣וֹת בְּלִבּֽוֹ׃
26 תִּכַּסֶּ֣ה[a] שִׂ֭נְאָה בְּמַשָּׁא֑וֹן תִּגָּלֶ֖ה רָעָת֣וֹ בְקָהָֽל׃ ג[15]
27 כֹּֽרֶה[a]־שַּׁ֭חַת בָּ֣הּ יִפֹּ֑ל וְגֹ֥לֵל אֶ֝֗בֶן[b] אֵלָ֥יו תָּשֽׁוּב׃
28 לְֽשׁוֹן־שֶׁ֭קֶר [a]יִשְׂנָ֣א דַכָּ֑יו[ab] וּפֶ֥ה חָ֝לָ֗ק יַעֲשֶׂ֥ה מִדְחֶֽה׃ ב. ל. ג[16]. ל

[6] Mp sub loco. [7] Mm 3644. [8] Mm 282. [9] Mm 1759. [10] Mm 2242. [11] Mm 3645. [12] וחד לדלקים Ps 7,14. [13] Mm 3646. [14] Mm 2737. [15] Mm 3647. [16] Mm 3648.

8 [a] 𝔊 ὅς ἀποδεσμεύει cf 𝔙, l כְּצֹרֵר ‖ [b] ℭ בְּמַרְגֵּמָה; prp בְּמַרְגָּלִית gemma ‖ [c] ℭ לְכְסִיל ‖ **10** [a] v 10 dub, frt gl ad 9 ‖ [b] frt = sagittarius cf Jer 50,29 Hi 16,13 ‖ [c–c] 𝔊 πᾶσα σάρξ cf 𝔖𝔗, l כָּל־בָּשָׂר ‖ [d] ℭ וְשִׁכֵּר ‖ [e] ℭ וְשִׁכֵּר; 𝔖𝔗 *wrwj'*, l וְשִׁכֹּר ‖ [f] nonn tr post כֹּל ‖ **12** [a] ℭ pc Mss 𝔊 רָאִיתִי ‖ **16** [a] prp הַלֵּץ ‖ **17** [a] 𝔊 κέρκου = בִּזְנַב ‖ [b] > pc Mss cf 𝔊𝔖, dl vel cj c כלב ‖ [c] 𝔙 *et inpatiens commiscetur*, frt l מִתְעָרֵב ‖ **21** [a] ℭ פְּחִים; 𝔊(𝔖𝔗) ἐσχάρα, l מַפֻּחַ follis ‖ [b] cf 21,19[a] ‖ **23** [a–a] prp כספסגים ‖ [b] frt dl (gl) ‖ [c] 𝔊 λεῖα, l חֲלָקִים ‖ **24** [a] K בִּשְׂפָתוֹ, Q Vrs בִּשְׂפָתָיו ‖ **26** [a] ℭ תְּכַסֶּה; 𝔊(𝔖𝔗𝔙) ὁ κρύπτων, prb l מְכַסֶּה ‖ **27** [a] ℭ כָּרָה ‖ [b] cf 7,25[a] ‖ **28** [a–a] prp יְנַשֵּׂא דָכְיוֹ cf Ps 93,3 ‖ [b] 𝔊(𝔖𝔗𝔙) ἀλήθειαν cf aram *dkj'* purus; prp אֲדֹנָיו vel בְּעָלָיו.

27 1 אַל־תִּתְהַלֵּל בְּיוֹם מָחָר כִּי לֹא־תֵדַע מַה־יֵּלֶד יוֹם׃ — ב[1]
2 יְהַלֶּלְךָ זָר וְלֹא־פִיךָ נָכְרִי וְאַל־שְׂפָתֶיךָ׃ — ד ול בליש[2]
3 כֹּבֶד־אֶבֶן וְנֵטֶל הַחוֹל וְכַעַס אֱוִיל כָּבֵד מִשְּׁנֵיהֶם׃ — ב חד חס וחד מל[3]
4 אַכְזְרִיּוּת חֵמָה וְשֶׁטֶף אָף וּמִי יַעֲמֹד[a] לִפְנֵי קִנְאָה׃ — ל ומל . ב[4]
5 טוֹבָה תּוֹכַחַת מְגֻלָּה מֵאַהֲבָה[a] מְסֻתָּרֶת׃ — ל . ב
6 נֶאֱמָנִים פִּצְעֵי אוֹהֵב וְנַעְתָּרוֹת[a] נְשִׁיקוֹת שׂוֹנֵא׃ — ל מל . ל . ל ומל[5]
7 נֶפֶשׁ שְׂבֵעָה תָּבוּס[a] נֹפֶת וְנֶפֶשׁ רְעֵבָה כָּל־מַר מָתוֹק׃
8 כְּצִפּוֹר נוֹדֶדֶת מִן־קִנָּהּ כֵּן־אִישׁ נוֹדֵד מִמְּקוֹמוֹ׃ — ל . ב מל
9 שֶׁמֶן וּקְטֹרֶת יְשַׂמַּח־לֵב [a]וּמֶתֶק רֵעֵהוּ מֵעֲצַת[a][b]־נָפֶשׁ׃ [אֵידֶךָ[b] — ז . ל בטע
10 רֵעֲךָ וְרֵעֵה[a] אָבִיךָ אַל־תַּעֲזֹב [b]וּבֵית אָחִיךָ אַל־תָּבוֹא[c] בְּיוֹם — ורע ק . ד מל בסיפ
טוֹב שָׁכֵן קָרוֹב מֵאָח רָחוֹק׃
11 חֲכַם בְּנִי וְשַׂמַּח לִבִּי וְאָשִׁיבָה חֹרְפִי דָבָר׃ — ד[6] . ב
12 עָרוּם רָאָה רָעָה נִסְתָּר[a] פְּתָאיִם עָבְרוּ נֶעֱנָשׁוּ[b]׃
13 קַח־בִּגְדוֹ כִּי־עָרַב זָר וּבְעַד נָכְרִיָּה[a] חַבְלֵהוּ׃ — יב ר״פ . ל[7] . ה . ב
14 מְבָרֵךְ רֵעֵהוּ ׀ בְּקוֹל גָּדוֹל [a]בַּבֹּקֶר הַשְׁכֵּים[a] קְלָלָה תֵּחָשֶׁב לוֹ׃ — ל וכל קרי חלוף . ג מל בליש[8]
15 דֶּלֶף טוֹרֵד בְּיוֹם סַגְרִיר וְאֵשֶׁת מִדְוָנִים[a] נִשְׁתָּוָה[b]׃ — ב[9] . ו . מדינים ק חד מן ו כת כן בסיפ[10] . ל
16 [a]צֹפְנֶיהָ צָפַן־רוּחַ וְשֶׁמֶן יְמִינוֹ יִקְרָא[a][b]׃ — ל
17 בַּרְזֶל בְּבַרְזֶל יָחַד[a] וְאִישׁ יַחַד[b] פְּנֵי־רֵעֵהוּ׃ — ל
18 נֹצֵר תְּאֵנָה יֹאכַל פִּרְיָהּ וְשֹׁמֵר אֲדֹנָיו יְכֻבָּד׃ — ב
19 כַּמַּיִם[a] הַפָּנִים לַפָּנִים כֵּן לֵב־הָאָדָם לָאָדָם׃ — י . ל . ב . ה[11] וכל קהלת דכות ב מ א
20 שְׁאוֹל וַאֲבַדֹּה[a] לֹא תִשְׂבַּעְנָה וְעֵינֵי הָאָדָם לֹא תִשְׂבַּעְנָה[b]׃ — ואבדו ק[12] . י

Cp 27 [1]Gn 30,33. [2]Mm 2972. [3]Mm 715. [4]Mm 3323. [5]וחד מנשיקות Cant 1,2. [6]Mm 2212. [7]Mm 959. [8]Mm 2595. [9]Prv 19,13. [10]Mm 3645. [11]Mm 391. [12]Mp sub loco.

Cp 27,4 [a] cf 7,25[a] || **5** [a] prp מֵאֵיבָה || **6** [a] prp וּנְעוּתוֹת vel וְעִקְּשׁוֹת || **7** [a] frt l תָּבוּז || **9** [a–a] dub; 𝔊 *καταρρήγνυται δὲ ὑπὸ συμπτωμάτων*, prp וּמִתְקָרְעָה מֵעַצֶּבֶת || [b] prp מְעַצֵּב || **10** [a] ℭ וְרוֹעֶה; Kℭ וְרֵעֶה, Q וְרֵעַ || [b–b] frt dl || [c] prp תָּבוּז || **12** [a] l c mlt Mss 𝔖𝔗 וְנִסְתָּר cf 22,3[a] || [b] l c mlt Mss 𝔖𝔗 וְנֶעֱנָשׁוּ || **13** [a] 𝔊(𝔙) *ἀλλότρια*, l נָכְרִים cf 20,16[a] || **14** [a–a] > Ms, dl || **15** [a] cf 21,19[a] || [b] frt l נִשְׁוָתָה || **16** [a–a] frt crrp; 𝔊(𝔖𝔗) *βορέας σκληρὸς ἄνεμος, ὀνόματι δὲ ἐπιδέξιος καλεῖται* = צָפוֹן רוּחַ קָשָׁה וּשְׁמָהּ יָמִין יִקָּרֵא; prp צֹפֵן צְפֹן רֵעוֹ שְׁמוֹ נֶאֱמָן יִקָּרֵא || [b] frt l יִקְרֶה || **17** [a] 𝔊(𝔖) *ὀξύνει* = יָחֵד; 𝔗(𝔙) *ltjš*, l יָחֵד || [b] 𝔊(𝔖𝔗𝔙) *παροξύνει*, l יָחֵד || **19** [a] 𝔊(𝔖) *ὥσπερ οὐχ ὅμοια* cf 𝔗 = כְּמוֹ, prp כְּמַרְאֶה || **20** [a] K וַאֲבַדֹּה, Q וַאֲבַדּוֹ, Q[Mss] וַאֲבַדּוֹן || [b] 𝔊 + *βδέλυγμα κυρίῳ στηρίζων ὀφθαλμόν* (cf 16,30[a]), *καὶ οἱ ἀπαίδευτοι ἀκρατεῖς γλώσσῃ*, prb ins תּוֹעֲבַת יְהוָה עֹצֶה עֵינָיו וּכְסִילִים עַזֵּי לָשׁוֹן.

21 מַצְרֵ֣ף לַ֭כֶּסֶף וְכ֣וּר לַזָּהָ֑ב וְ֝אִ֗ישׁ לְפִ֣י מַהֲלָלֽוֹ[a]׃	ב̇
22 אִ֥ם תִּכְתּֽוֹשׁ־אֶת־הָאֱוִ֨יל ׀ בַּמַּכְתֵּ֡שׁ[a] בְּת֣וֹךְ הָ֭רִיפוֹת[b] בַּֽעֱלִ֑י	אם האם ואם כן בטע[13]. ל̇ ומל. ב̇ חד חס וחד מל[14]. ל̇
לֹא־תָס֥וּר מֵ֝עָלָ֗יו אִוַּלְתּֽוֹ׃ פ	
23 יָדֹ֣עַ תֵּ֭דַע פְּנֵ֣י צֹאנֶ֑ךָ שִׁ֥ית לִ֝בְּךָ֗ לַעֲדָרִֽים׃	ב̇
24 כִּ֤י לֹ֣א לְעוֹלָ֣ם חֹ֑סֶן וְאִם־[a]נֵ֝֗זֶר[b] [c]לְד֣וֹר ד֑וֹר[c]׃	ב̇ בטע ר״פ בסיפ[15]. ודור ק̇ חד מן יב̇[16] חס ו ר״ת
25 גָּלָ֣ה[a] חָ֭צִיר וְנִרְאָה־דֶ֑שֶׁא וְ֝נֶאֶסְפ֗וּ עִשְּׂב֥וֹת הָרִֽים׃	ה̇[17]. ד̇
26 כְּבָשִׂ֥ים לִלְבוּשֶׁ֑ךָ וּמְחִ֥יר שָׂ֝דֶ֗ה עַתּוּדִֽים׃	ב̇. ב̇[18]
27 וְדֵ֤י ׀ חֲלֵ֬ב עִזִּ֗ים לְֽ֭לַחְמְךָ[a] לְלֶ֣חֶם בֵּיתֶ֑ךָ[b] וְ֝חַיִּ֗ים[c] לְנַעֲרוֹתֶֽיךָ[b]׃	ו ול̇ בליש. ג̇ ב̇ מנה בליש. ל̇. ב̇ ומל
28 1 נָ֣סוּ[a] וְֽאֵין־רֹדֵ֣ף רָשָׁ֑ע וְ֝צַדִּיקִ֗ים[b] כִּכְפִ֥יר יִבְטָֽח׃	ד̇
2 בְּפֶ֣שַׁע [a]אֶ֭רֶץ רַבִּ֣ים שָׂרֶ֑יהָ[a][b] וּבְאָדָ֥ם מֵבִ֥ין [c]יֹ֝דֵ֗עַ כֵּ֣ן יַאֲרִֽיךְ[c]׃	ל̇. ג̇[1] חס בכתיב ב̇ מנה בסיפ̇
3 גֶּ֣בֶר רָ֭שׁ[a] וְעֹשֵׁ֣ק דַּלִּ֑ים מָטָ֥ר סֹ֝חֵ֗ף וְאֵ֣ין לָֽחֶם׃	ל̇ וחס
4 עֹזְבֵ֣י ת֭וֹרָה יְהַֽלְל֣וּ רָשָׁ֑ע וְשֹׁמְרֵ֥י ת֝וֹרָ֗ה יִתְגָּ֥רוּ[a] בָֽם[b]׃ פ	ח̇ דמטע[2]
5 אַנְשֵׁי־רָ֭ע[a] לֹא־יָבִ֣ינוּ מִשְׁפָּ֑ט וּמְבַקְשֵׁ֥י יְ֝הוָ֗ה יָבִ֥ינוּ כֹֽל׃	
6 טֽוֹב־רָ֭שׁ הוֹלֵ֣ךְ בְּתֻמּ֑וֹ מֵעִקֵּ֥שׁ דְּ֝רָכַ֗יִם[a] וְה֣וּא עָשִֽׁיר׃	ב̇[3]
7 נוֹצֵ֣ר ת֭וֹרָה[a] בֵּ֣ן מֵבִ֑ין וְרֹעֶ֥ה ז֝וֹלְלִ֗ים יַכְלִ֥ים אָבִֽיו׃	
8 מַרְבֶּ֣ה ה֭וֹנוֹ בְּנֶ֣שֶׁךְ וּבְתַרְבִּ֑ית[a] לְחוֹנֵ֖ן דַּלִּ֣ים יִקְבְּצֶֽנּוּ׃	ותרבית ק̇ חד מן ד̇[4] יתיר ב̇ לא קר̇
9 מֵסִ֣יר[a] אָ֭זְנוֹ מִשְּׁמֹ֣עַ תּוֹרָ֑ה גַּם־תְּ֝פִלָּת֗וֹ תּוֹעֵבָֽה׃ [טֽוֹב[b]׃	ז̇[5]. ד̇ חס[6]
10 מַשְׁגֶּ֤ה יְשָׁרִ֨ים ׀ בְּדֶ֣רֶךְ רָ֭ע בִּשְׁחוּת֣וֹ[a] הֽוּא־יִפּ֑וֹל וּ֝תְמִימִ֗ים[b] יִנְחֲלוּ־	ב̇[7]
11 חָכָ֣ם בְּ֭עֵינָיו אִ֣ישׁ עָשִׁ֑יר וְדַ֖ל מֵבִ֣ין יַחְקְרֶֽנּוּ׃	נ̇א. יב̇ וכל דל ואביון דכות. ל̇
12 בַּעֲלֹ֣ץ[a] צַ֭דִּיקִים רַבָּ֣ה תִפְאָ֑רֶת וּבְק֥וּם רְ֝שָׁעִ֗ים יְחֻפַּ֥שׂ[b] אָדָֽם׃	ל̇. ל̇

[13] Mm 3887. [14] Mm 1801. [15] Mm 3573. [16] Mm 3804. [17] Mm 732. [18] Dt 23,19. Cp 28 [1] Mp sub loco. [2] Mm 1404. [3] Mm 3649. [4] Mm 1754. [5] Mm 3650. [6] Mm 3685. [7] Mm 1200.

21 [a] 𝔊(𝔖𝔗𝔙^{Mss}) *ἐγκωμιαζόντων*, frt l מְהַלְלָיו; prp מְהֻלָּלוֹ vel מַעֲלָלָיו; 𝔊(𝔖𝔙^{Mss}) + *καρδία ἀνόμου ἐκζήτει κακά, καρδία δὲ εὐθὴς ἐκζητεῖ γνῶσιν*, prb ins לֵב רָשָׁע מְבַקֵּשׁ רָע וְלֵב יָשָׁר דָּעַת ‖ **22** [a–a] dl m cs ‖ [b] > 𝔊𝔖 ‖ **24** [a] 𝔊(𝔖) *οὐδέ*, l וְאֵין ‖ [b] frt l אוֹצָר vel עֹשֶׁר ‖ [c–c] K לדור דור, Q לְדוֹר וָדוֹר ‖ **25** [a] prp עָלָה ‖ **27** [a–a] > 𝔊, dl ‖ [b–b] > 𝔖 ‖ [c] prp וְחֻקִּים cf 31,15 ‖ **Cp 28,1** [a] l c Ms 𝔊𝔙 נָס (dttg) ‖ [b] l c nonn Mss 𝔊𝔙 וְצַדִּיק ‖ **2** [a–a] 𝔊 *ἀσεβῶν κρίσεις ἐγείρονται*, prp עָרִיץ רַבִּים יֵעוֹרוּ ‖ [b] prp צָרֶיהָ ‖ [c–c] 𝔊 *κατασβέσει αὐτάς*, prp יִדְעָכוּן ‖ **3** [a] 𝔊 *ἐν ἀσεβείαις* = רֶשַׁע, frt l עָשִׁיר; prp רֹאשׁ ‖ **4** [a] prp יִתְגָּעֲרוּ ‖ [b] prb l בּוֹ ‖ **5** [a] frt l רֵעַ ‖ **6** [a] 𝔖(𝔗) *'wrḥth*, l דְּרָכָיו cf 10,9 vel דְּרָכִים ‖ **7** [a] prp יִתְרָה ‖ **8** [a] K 𝔖𝔗 וּבְתַרְבִּית, Q 𝔊𝔙 וְתַרְבִּית; prb dl (gl) ‖ **9** [a] 𝔖(𝔗) *dmskr* = אֹטֵם cf 21,13 Jes 33,15 ‖ **10** [a] 𝔗 בְּשַׁחַת; frt l בְּשַׁחְתּוֹ ‖ [b–b] dl (add) ‖ **12** [a] frt l בַּעֲלֹת cf ובקום ‖ [b] 𝔊 *ἁλίσκονται* = יִתָּפֵשׂ; l יִתְחַפֵּשׂ se deformare cf 28a.

13 מְכַסֶּ֣ה פְ֭שָׁעָיו לֹ֣א יַצְלִ֑יחַ וּמוֹדֶ֖ה וְעֹזֵ֣ב יְרֻחָֽם׃
14 אַשְׁרֵ֣י אָ֭דָם מְפַחֵ֣ד תָּמִ֑יד וּמַקְשֶׁ֥ה לִ֝בּ֗וֹ יִפּ֥וֹל בְּרָעָֽה׃ ל
15 אֲרִי־נֹ֭הֵם וְדֹ֣ב שׁוֹקֵ֑ק מֹשֵׁ֥ל רָ֝שָׁ֗ע עַ֣ל עַם־דָּֽל׃ ב מל . יד מל[8] ; ב[9] ול בסיפ .
16 נָגִ֗יד[a] חֲסַ֣ר [b]תְּ֭בוּנוֹת[c] וְרַ֣ב[d] מַעֲשַׁקּ֑וֹת שֹׂנְאֵ֥י[be] בֶ֝֗צַע יַאֲרִ֥יךְ [יָמִֽים׃ פ] סח שנא ק ; חד מן ד[10] חס וכל אורית דכות
17 אָדָ֗ם[a] עָשֻׁ֥ק בְּדַם־נָ֑פֶשׁ [b]עַד־בּ֥וֹר[b] יָ֝נ֗וּס[c] אַֽל־יִתְמְכוּ־בֽוֹ׃ ד ג מל וחד חס[11] . בקצת נוסחי חס כת[12]
18 הוֹלֵ֣ךְ תָּ֭מִים יִוָּשֵׁ֑עַ וְנֶעְקַ֥שׁ דְּ֝רָכַ֗יִם[a] יִפּ֥וֹל בְּאֶחָֽת[b]׃ ל . ב[13]
19 עֹבֵ֣ד אַ֭דְמָתוֹ יִֽשְׂבַּֽע־לָ֑חֶם וּמְרַדֵּ֥ף רֵ֝קִ֗ים יִֽשְׂבַּֽע־רִֽישׁ׃ ל
20 אִ֣ישׁ אֱ֭מוּנוֹת רַב־[a]בְּרָכ֑וֹת וְאָ֥ץ לְ֝הַעֲשִׁ֗יר לֹ֣א יִנָּקֶֽה׃ ד[14] . ו . ב
21 הַֽכֵּר־פָּנִ֥ים לֹא־ט֑וֹב וְעַל־פַּת־לֶ֝֗חֶם יִפְשַׁע־גָּֽבֶר׃
22 נִֽבֳהָ֥ל לַה֗וֹן אִ֫ישׁ רַ֥ע עָ֑יִן וְלֹֽא־יֵ֝דַ֗ע[a] כִּי־חֶ֥סֶר[b] יְבֹאֶֽנּוּ׃ ל . ג . יט[15] . ל . ב חד חס וחד מל
23 מ֘וֹכִ֤יחַ אָדָ֣ם אַ֭חֲרַי[a] חֵ֣ן יִמְצָ֑א מִֽמַּחֲלִ֥יק לָשֽׁוֹן׃ ל . יג[16]
24 גּוֹזֵ֤ל ׀ אָבִ֣יו וְאִמּ֗וֹ[a] וְאֹמֵ֥ר אֵֽין־פָּ֑שַׁע חָבֵ֥ר ה֝֗וּא לְאִ֣ישׁ מַשְׁחִֽית׃
25 רְחַב־נֶ֭פֶשׁ יְגָרֶ֣ה מָד֑וֹן וּבוֹטֵ֖חַ עַל־יְהוָ֣ה יְדֻשָּֽׁן׃ ג . לא[17] . ב
26 בּוֹטֵ֣חַ בְּ֭לִבּוֹ ה֣וּא כְסִ֑יל וְהוֹלֵ֥ךְ בְּ֝חָכְמָ֗ה ה֣וּא יִמָּלֵֽט׃ יג[18]
27 נוֹתֵ֣ן לָ֭רָשׁ אֵ֣ין מַחְס֑וֹר וּמַעְלִ֥ים עֵ֝ינָ֗יו רַב־[a]מְאֵרֽוֹת[b]׃ ו מל . ל . ל וכת כן
28 בְּק֣וּם רְ֭שָׁעִים יִסָּתֵ֣ר אָדָ֑ם וּ֝בְאָבְדָ֗ם יִרְבּ֥וּ צַדִּיקִֽים׃

29 1 אִ֣ישׁ[a] תּ֭וֹכָחוֹת מַקְשֶׁה־[b]עֹ֑רֶף פֶּ֥תַע יִ֝שָּׁבֵ֗ר וְאֵ֣ין מַרְפֵּֽא׃
2 בִּרְב֣וֹת[a] צַ֭דִּיקִים יִשְׂמַ֣ח הָעָ֑ם וּבִמְשֹׁ֥ל רָ֝שָׁ֗ע[b] יֵאָ֥נַח עָֽם׃ ל . ג[1]
3 אִֽישׁ־אֹהֵ֣ב חָ֭כְמָה יְשַׂמַּ֣ח אָבִ֑יו וְרֹעֶ֥ה ז֝וֹנ֗וֹת יְאַבֶּד־הֽוֹן׃ ז . ל מל
4 מֶ֗לֶךְ בְּ֭מִשְׁפָּט יַעֲמִ֣יד אָ֑רֶץ וְאִ֖ישׁ תְּרוּמ֣וֹת[a] יֶהֶרְסֶֽנָּה׃ ג[2] וחד מן ב[3] מל בליש . ב כת כן ול בליש[4]
5 גֶּ֭בֶר מַחֲלִ֣יק עַל־רֵעֵ֑הוּ רֶ֝֗שֶׁת פּוֹרֵ֥שׂ עַל־פְּעָמָֽיו׃ ב . ה[5] . ל מל
6 בְּפֶ֤שַׁע[a] אִ֣ישׁ רָ֭ע מוֹקֵ֑שׁ וְ֝צַדִּ֗יק יָר֥וּן[b] וְשָׂמֵֽחַ׃ ל . ל[6] . ל ומל

[8] Mp contra textum, cf Mp sub loco. [9] Mp sub loco. [10] Mm 2433 et Mm 3599. [11] Mm 3009. [12] Mm 3651 contra textum, lectio Or plena. [13] Mm 3649. [14] Mm 3595. [15] Mm 1369. [16] Mm 3615. [17] Mm 486. [18] Mm 3044. **Cp 29** [1] Mm 3652. [2] Mm 1708. [3] Neh 12,44. [4] Mm 4098. [5] Mm 515. [6] Mm 528.

16 [a] dl m cs ‖ [b–b] prp תְּבוּאוֹת יָרֵב מ׳ וְשֹׂנֵא cf [c.e] ‖ [c] 𝔊 *προσόδων* = תְּבוּאוֹת ‖ [d] ℭ וְרַב; Vrs om cop, l רַב ‖ [e] K שׂנְאֵי, Q שֹׂנֵא; 𝔊(𝔖ℭ𝔙) *ὁ δὲ μισῶν*, l וְשֹׂנֵא ‖ **17** [a] pc Mss 𝔙 ד min, frt l אִם ‖ [b–b] frt l יַעֲבֹר ‖ [c] l בְּנוּסוֹ ‖ **18** [a] cf 6[a] ‖ [b] 𝔖 *bgwmṣ'*, l בְּשַׁחַת ‖ **20** [a] ℭ רַב cf 27[a] 29,22[a] ‖ **22** [a] cf 7,25[a] ‖ [b] ℭ חֲסַר; 𝔊 *ἐλεήμων* = חֶסֶד ‖ **23** [a] > 𝔖, dl vel l c Ms אַחֲרָיו et tr post לָשׁוֹן ‖ **24** [a] frt dl (dttg) ‖ **27** [a] cf 20[a] ‖ [b] ℭ מְאֵרוֹת ‖ **Cp 29,1** prp שׂוֹנֵא cf 12,1 15,10 ‖ [b] 𝔖ℭ pr cop, frt l וּמַקְשֶׁה ‖ **2** [a] 𝔊 *ἐγκωμιαζομένων* = בְּבִרְכוֹת cf 10,7; frt l בִּרְדוֹת cf וּבִמְשֹׁל ‖ [b] l c nonn Mss Vrs רְשָׁעִים ‖ **4** [a] 𝔊 *παράνομος* = תַּרְמִית? ‖ **6** [a] frt l בְּפֶשַׂע ‖ [b] frt l c Ms יָרוּץ.

7 יֹדֵ֣עַ צַ֭דִּיק דִּ֣ין דַּלִּ֑ים רָ֝שָׁ֗ע לֹא־יָבִ֥ין דָּֽעַת׃ ג חס בכתיב ב מנה בסיפ
8 אַנְשֵׁ֣י לָ֭צוֹן יָפִ֣יחוּ קִרְיָ֑ה וַ֝חֲכָמִ֗ים יָשִׁ֥יבוּ אָֽף׃ ג
9 אִֽישׁ־חָכָ֗ם נִ֭שְׁפָּט אֶת־אִ֣ישׁ[a] אֱוִ֑יל וְרָגַ֥ז וְ֝שָׂחַ֗ק וְאֵ֣ין נָֽחַת[b]׃ ה̇[7]. ל
10 אַנְשֵׁ֣י דָ֭מִים יִשְׂנְאוּ־תָ֑ם וִ֝ישָׁרִ֗ים[a] יְבַקְשׁ֥וּ[b] נַפְשֽׁוֹ׃
11 כָּל־ר֭וּחוֹ יוֹצִ֣יא כְסִ֑יל וְ֝חָכָ֗ם בְּאָח֥וֹר[a] יְשַׁבְּחֶֽנָּה[b]׃ ד
12 מֹ֭שֵׁל מַקְשִׁ֣יב עַל־דְּבַר־שָׁ֑קֶר כָּֽל־מְשָׁרְתָ֥יו רְשָׁעִֽים׃
13 רָ֤שׁ וְאִ֣ישׁ תְּכָכִ֣ים נִפְגָּ֑שׁוּ מֵ֤אִיר־עֵינֵ֖י שְׁנֵיהֶ֣ם יְהוָֽה׃ ל
14 מֶ֤לֶךְ שׁוֹפֵ֣ט בֶּאֱמֶ֣ת דַּלִּ֑ים כִּ֝סְא֗וֹ לָעַ֥ד יִכּֽוֹן׃ ו מל
15 שֵׁ֣בֶט וְ֭תוֹכַחַת יִתֵּ֣ן חָכְמָ֑ה וְנַ֥עַר מְ֝שֻׁלָּ֗ח מֵבִ֥ישׁ אִמּֽוֹ׃ ג̇[8]
16 בִּרְב֣וֹת[a] רְ֭שָׁעִים יִרְבֶּה־פָּ֑שַׁע וְ֝צַדִּיקִ֗ים בְּמַפַּלְתָּ֥ם יִרְאֽוּ׃ ג̇[9]. ה̇[10] וכל כי וכי דכות ב מ א. ד
17 יַסֵּ֣ר בִּ֭נְךָ וִינִיחֶ֑ךָ וְיִתֵּ֖ן מַעֲדַנִּ֣ים לְנַפְשֶֽׁךָ׃ פ ל. ג̇[11]. ל̇[12]
18 בְּאֵ֣ין חָ֭זוֹן[a] יִפָּ֣רַֽע עָ֑ם וְשֹׁמֵ֖ר תּוֹרָ֣ה אַשְׁרֵֽהוּ[b]׃ ל. ל
19 בִּ֭דְבָרִים לֹא־יִוָּ֣סֶר עָ֑בֶד כִּֽי־יָ֝בִ֗ין וְאֵ֣ין מַעֲנֶֽה׃ ב̇[13]
20 חָזִ֗יתָ אִ֭ישׁ אָ֣ץ בִּדְבָרָ֑יו תִּקְוָ֖ה לִכְסִ֣יל מִמֶּֽנּוּ׃ ב ר״פ. ו
21 מְפַנֵּ֣ק[a] מִנֹּ֣עַר עַבְדּ֑וֹ וְ֝אַחֲרִית֗וֹ יִהְיֶ֥ה מָנֽוֹן[b]׃ ל. ג̇[14]. ל ומל
22 אִֽישׁ־אַ֭ף יְגָרֶ֣ה מָד֑וֹן וּבַ֖עַל חֵמָ֣ה רַב[a]־פָּֽשַׁע׃ ג
23 גַּאֲוַ֣ת אָ֭דָם תַּשְׁפִּילֶ֑נּוּ וּשְׁפַל־ר֝֗וּחַ יִתְמֹ֥ךְ כָּבֽוֹד׃ ל. ג
24 חוֹלֵ֣ק עִם־גַּ֭נָּב שׂוֹנֵ֣א נַפְשׁ֑וֹ אָלָ֥ה יִ֝שְׁמַ֗ע וְלֹ֣א יַגִּֽיד׃ ל ומל. ל
25 חֶרְדַּ֣ת אָ֭דָם יִתֵּ֣ן מוֹקֵ֑שׁ וּבוֹטֵ֖חַ בַּיהוָ֣ה יְשֻׂגָּֽב׃ ל
26 רַ֭בִּים מְבַקְשִׁ֣ים פְּנֵי־מוֹשֵׁ֑ל וּ֝מֵיְהוָ֗ה מִשְׁפַּט־אִֽישׁ׃ יד מל. ד̇[15]
27 תּוֹעֲבַ֣ת צַ֭דִּיקִים אִ֣ישׁ עָ֑וֶל וְתוֹעֲבַ֖ת רָשָׁ֣ע יְשַׁר־דָּֽרֶךְ׃ פ ל

30 1 [a][b]דִּבְרֵ֤י ׀ אָג֣וּר בִּן־יָ֭קֶה[b] הַמַּשָּׂ֗א[c] ב. ל̇[1]. ט

[7] Mm 2601. [8] Mm 2304. [9] Mm 3652. [10] Mm 372. [11] Mm 157. [12] וחד למעדנים Thr 4,5. [13] Mm 3540. [14] Mm 3347. [15] Mm 3623. **Cp 30** [1] וחד ויקא Jon 2,11.

9 [a] frt dl ‖ [b] 𝔊(𝔖𝔗) *καταπτήσσει* = נִחַת a חתת ‖ **10** [a] l וּרְשָׁעִים ‖ [b] prp יְבַקְּרוּ cf Ez 34,11 ‖ **11** [a] prp בְּאִחוּר tarditas ‖ [b] Ms ישכחנה; 𝔊 *ταμιεύεται*, frt l יַחְשְׂכֶנָּה ‖ **16** [a] frt l בִּרְדוֹת cf 2[a] ‖ **18** [a] 𝔊 *ἐξηγητής* = חֹזֶה? prp חַזָּן ‖ [b] prp אִשְּׁרָהוּ a אשר = ישר ‖ **21** [a] 𝔖(𝔗) *dmtpnq*, prp מְפֻנָּק ‖ [b] 𝔊(𝔖) *ὀδυνηθήσεται*; 𝔙 recte *contumacem*; prp מָנוֹד ‖ **22** [a] cf 28,20[a] ‖ **Cp 30,1** [a] Cp 30 in 𝔊 in cp 24: 30,1–14 post 24,22; 30,15–30 (+ 31,1–8) post 24,34 ‖ [b–b] 𝔊 *τοὺς ἐμοὺς λόγους, υἱέ, φοβήθητι καὶ δεξάμενος αὐτούς* = דְּבָרַי גּוּר (vel תָּגוּר) בְּנִי וְקָחֵם ‖ [c] 𝔊 *μετανόει*; prp מִמַּשָּׂא vel הַמַּשָּׂאִי vel הַנֹּשֵׂא מְשָׁלוֹ cf Nu 23,7 vel ins אֲשֶׁר נָשָׂא m cs.

נְאֻ֤ם הַגֶּ֣בֶר [d]לְאִֽיתִיאֵ֑ל לְאִֽיתִיאֵ֥ל[d] וְאֻכָֽל[e]׃ ב . ב . ל וחס
2 כִּ֤י בַ֣עַר אָנֹכִ֣י מֵאִ֑ישׁ וְלֹֽא־בִינַ֖ת אָדָ֣ם לִֽי׃ כ בטע ר״פ בסיפ[2]
3 וְֽלֹא[a]־[b]לָמַ֥דְתִּי[a] חָכְמָ֑ה וְדַ֖עַת[c] קְדֹשִׁ֣ים אֵדָֽע׃ יד[3] ר״פ בכתיב ג[4] מנה בסיפ
4 מִ֤י עָלָֽה־שָׁמַ֨יִם ׀ וַיֵּרַ֡ד מִ֤י אָֽסַף־ר֨וּחַ ׀ בְּחָפְנָ֡יו[a] ג[5] . ג
מִ֤י צָֽרַר־מַ֨יִם ׀ בַּשִּׂמְלָ֗ה מִ֣י [b]הֵ֭קִים כָּל־אַפְסֵי[b]־אָ֑רֶץ ו[6]
מַה־שְּׁמ֥וֹ וּמַֽה־שֶּׁם־בְּ֝נ֗וֹ[c] [d]כִּ֣י תֵדָֽע[d]׃ ב . ו[7]
5 כָּל־אִמְרַ֣ת אֱל֣וֹהַּ[a] צְרוּפָ֑ה מָגֵ֥ן ה֝֗וּא לַחֹסִ֥ים בּֽוֹ׃ ל
6 אַל־תּ֥וֹסְףְּ[a] עַל־דְּבָרָ֑יו פֶּן־יוֹכִ֖יחַ בְּךָ֣ וְנִכְזָֽבְתָּ׃ פ ב מל ול בליש . ל . ל
7 שְׁ֭תַּיִם שָׁאַ֣לְתִּי מֵאִתָּ֑ךְ אַל־תִּמְנַ֥ע מִ֝מֶּ֗נִּי בְּטֶ֣רֶם אָמֽוּת׃ ב ר״פ[8] . ה[9] . נז וכל תלים דכות ב מ יא
8 שָׁ֤וְא ׀ וּֽדְבַר־כָּזָ֡ב הַרְחֵ֬ק מִמֶּ֗נִּי[a] יח . נז וכל תלים דכות ב מ יא
רֵ֣אשׁ[b] וָ֭עֹשֶׁר אַל־תִּֽתֶּן־לִ֑י הַ֝טְרִיפֵ֗נִי לֶ֣חֶם חֻקִּֽי׃ ג ב מנה כת כן[10] . ל . ג
9 פֶּ֥ן[a] אֶשְׂבַּ֨ע ׀ וְכִחַ֗שְׁתִּי וְאָמַ֗רְתִּי מִ֥י יְה֫וָ֥ה[b] ב
וּפֶּן־אִוָּרֵ֥שׁ וְגָנַ֑בְתִּי וְ֝תָפַ֗שְׂתִּי שֵׁ֣ם אֱלֹהָֽי׃ פ ה
10 אַל־תַּלְשֵׁ֣ן[a] עֶ֭בֶד אֶל־אֲדֹנָ֑ו[b] פֶּן־יְקַלֶּלְךָ֥ וְאָשָֽׁמְתָּ[c]׃ ל . אדניו ק . ל . ל
11 דּ֭וֹר[a] אָבִ֣יו יְקַלֵּ֑ל וְאֶת־אִ֝מּ֗וֹ לֹ֣א יְבָרֵֽךְ׃ ג
12 דּ֭וֹר טָה֣וֹר בְּעֵינָ֑יו וּ֝מִצֹּאָת֗וֹ לֹ֣א רֻחָֽץ׃ נא . ל . ל
13 דּ֭וֹר מָה־רָמ֣וּ עֵינָ֑יו וְ֝עַפְעַפָּ֗יו יִנָּשֵֽׂאוּ׃
14 דּ֤וֹר ׀ חֲרָב֣וֹת שִׁנָּיו֮ וּֽמַאֲכָל֪וֹת מְֽתַלְּעֹ֫תָ֥יו ל ומל . ל וכת כן
לֶאֱכֹ֣ל עֲנִיִּ֣ים מֵאֶ֑רֶץ וְ֝אֶבְיוֹנִ֗ים מֵאָדָֽם[a]׃ פ ד באתנח[11]

[2] Mm 3573. [3] Mm 3249. [4] Mm 3580. [5] Mm 1842. [6] Mm 1213. [7] Mm 1989. [8] Mm 3653. [9] Mm 1877. [10] Mm 3608. [11] Mm 1234.

1 [d–d] prp לָאִיתִי אֵל לָאִתִי אֵל vel לְאֶה אֶת־(הָ)אֵל לְאֶה אֶת־(הָ)אֵל; al לֹא אָנֹכִי אֵל לֹא (vel לוּ) אִתִּי אֵל לוֹ (vel לֹא) אִתִּי אֵל vel אֲנִי אֵל || [e] 𝔊 καὶ παύομαι = וָאֲכַלֶּה; prp (וְ)אֵל לִמַּד אֹתִי vel וָאֵכָל cf Ex 39,32 vel וַיּוּכָל vel וָאֵכֶל || **3** [a–a] 𝔊 θεὸς δεδίδαχέν με = (וְ)אֵל לִמְּדַנִי vel) לִמְּדַנִי) || [b] prp וְלוּ = וְלֹא || [c] frt l הַדַּעַת || **4** [a] 𝔊 ἐν κόλπῳ = בְּחִצְנוֹ || [b–b] 𝔊 ἐκράτησεν πάντων (> 𝔊[BS]) τῶν ἄκρων, frt l הֶחֱזִיק בְּאַפְסֵי (vel בְּכָל־אַפְסֵי) || [c] 𝔊 τοῖς τέκνοις αὐτοῦ = בָּנָיו || [d–d] > 𝔊[BS], frt dl (ex Hi 38,5?) || **5** [a] Ps 18,31 2S 22,31 יְהוָה || **6** [a] ℭ תּוֹסֵף || **8** [a] frt exc hemist || [b] ℭ רֵשׁ || **9** [a] sic L, mlt Mss Edd פֶּן־ || [b] 𝔊 με ὁρᾷ = (אֹתִי) יֶחֱזֶה || **10** [a] ℭ תְּלַשֵּׁן; 𝔊(𝔖) παραδῷς = תַּשְׁלֵם; prp תַּמְשֵׁל || [b] K אֲדֹנוֹ, Q 𝔖 אֲדֹנָיו || [c] 𝔊(𝔙) καὶ ἀφανισθῇς, frt l וְשַׁמֹּתָ || **11** [a] frt pr הוֹי vel תּוֹעֲבַת יְהוָה || **14** [a] prp מֵאֲדָמָה.

15 לַֽעֲלוּקָ֨ה[a] ׀ שְׁתֵּ֪י[b] בָנ֡וֹת[c] הַ֤ב[d] ׀ הַ֥ב[e ad] — ה̇ בטע ר״פ בשלש ספרים[12] . ג . ג
שָׁל֣וֹשׁ הֵ֭נָּה לֹ֣א תִשְׂבַּ֑עְנָה אַ֝רְבַּ֗ע לֹא־אָ֥מְרוּ הֽוֹן׃ [הֽוֹן׃ — ב בליש בסיפ
16 שְׁא֗וֹל[a] וְעֹ֬צֶר[b] רָ֫חַ֥ם[c] אֶ֭רֶץ לֹא־שָׂ֣בְעָה מַּ֑יִם וְ֝אֵ֗שׁ לֹא־אָ֥מְרָה — ל̇ . ה̇[13] . ג פת[14]

17 עַ֤יִן ׀ תִּֽלְעַ֣ג לְאָ֗ב וְתָב֪וּז לִֽיקְּהַת[a]־אֵ֫ם — ל̇ . ל̇
יִקְּר֥וּהָ עֹרְבֵי־נַ֑חַל וְֽיֹאכְל֥וּהָ בְנֵי־נָֽשֶׁר׃ פ — ל̇ . ל̇ פת באתנח . ל̇

18 שְׁלֹשָׁ֣ה הֵ֭מָּה נִפְלְא֣וּ מִמֶּ֑נִּי וְ֝אַרְבָּעָ[a] לֹ֣א יְדַעְתִּֽים׃ — נ̇ז וכל תלים דכות ב מ י״א . וארבעה ק̇ . ל̇
19 דֶּ֤רֶךְ הַנֶּ֨שֶׁר ׀ בַּשָּׁמַ֗יִם דֶּ֥רֶךְ נָחָ֗שׁ עֲלֵ֫י צ֥וּר
דֶּֽרֶךְ־אֳנִיָּ֥ה בְלֶב־יָ֑ם וְ֭דֶרֶךְ גֶּ֣בֶר בְּעַלְמָֽה׃ — ג
20 כֵּ֤ן ׀ דֶּ֥רֶךְ אִשָּׁ֗ה מְנָ֫אָ֥פֶת אָ֭כְלָה וּמָ֣חֲתָה פִ֑יהָ — ל̇[15] . ל̇
וְ֝אָמְרָ֗ה לֹא־פָעַ֥לְתִּי אָֽוֶן׃ פ — ח̇[16]

21 תַּ֣חַת שָׁ֭לוֹשׁ רָ֣גְזָה אֶ֑רֶץ וְתַ֥חַת[a] אַ֝רְבַּ֗ע[a] לֹא־תוּכַ֥ל שְׂאֵֽת׃ — ד באתנח[17] . י̇ד
22 תַּֽחַת־עֶ֭בֶד כִּ֣י יִמְל֑וֹךְ וְ֝נָבָ֗ל כִּ֣י יִֽשְׂבַּֽע־לָֽחֶם׃ — ג מל ול בליש[18]
23 תַּ֣חַת שְׂ֭נוּאָה כִּ֣י תִבָּעֵ֑ל וְ֝שִׁפְחָ֗ה כִּֽי־תִירַ֥שׁ[a] גְּבִרְתָּֽהּ׃ פ — ב̇ . ד̇[19]

24 אַרְבָּעָ֣ה הֵ֭ם קְטַנֵּי־אָ֑רֶץ וְ֝הֵ֗מָּה חֲכָמִ֥ים מְחֻכָּמִֽים[a]׃ — ל̇ בטע . ל̇
25 הַ֭נְּמָלִים עַ֣ם לֹא־עָ֑ז וַיָּכִ֖ינוּ בַקַּ֣יִץ לַחְמָֽם׃ — ל̇ . ל̇ קמ למערב[20]
26 שְׁ֭פַנִּים עַ֣ם לֹא־עָצ֑וּם וַיָּשִׂ֖ימוּ בַסֶּ֣לַע בֵּיתָֽם׃ — ל̇ . ל̇ה[21] ה̇[22] מנה בכתיב
27 מֶ֭לֶךְ אֵ֣ין לָאַרְבֶּ֑ה וַיֵּצֵ֖א חֹצֵ֣ץ[a] כֻּלּֽוֹ׃ — ב̇ . ל̇
28 שְׂ֭מָמִית בְּיָדַ֣יִם תְּתַפֵּ֑שׂ[a] וְ֝הִ֗יא בְּהֵ֣יכְלֵי מֶֽלֶךְ׃ פ — ל̇ . ל̇ . ב̇[23]

29 שְׁלֹשָׁ֣ה הֵ֭מָּה מֵיטִ֣יבֵי צָ֑עַד וְ֝אַרְבָּעָ֗ה מֵיטִ֥בֵי לָֽכֶת׃ — ב חד מל וחד חס . ב חד מל וחד חס . ב קמ[24]
30 לַ֭יִשׁ גִּבּ֣וֹר בַּבְּהֵמָ֑ה וְ֝לֹא־יָ֗שׁוּב מִפְּנֵי־כֹֽל׃ — ו דגש[25] . ו̇[26]
31 זַרְזִ֣יר[a] מָתְנַ֣יִם אוֹ־תָ֑יִשׁ וּ֝מֶ֗לֶךְ אַלְק֥וּם[b] עִמּֽוֹ[a]׃ — ל̇ . ל̇ . ל̇

[12] Mm 3654. [13] Mm 1425. [14] Mm 1097. [15] וחד ומנאפת Ho 3,1. [16] Mm 3001. [17] Mm 1234. [18] Mm 1670. [19] Mm 2065. [20] Mm 3655. [21] Mp sub loco. [22] Mm 4219. [23] Jes 13,22. [24] Prv 15,21. [25] Mm 64. [26] Mm 2494.

15 [a–a] frt crrp ‖ [b] prp לָעוּ לַקּוּ ‖ [c] 𝔊(𝔖) τρεῖς = שְׁלֹשׁ ‖ [d–d] 𝔗 הַבְהַב; 𝔊(𝔖) ἀγαπήσει ἀγαπώμεναι ‖ [e] mlt Mss ב min ‖ **16** [a] nonn vb exc; frt ins לֹא תִשְׂבַּע cf 27,20 ‖ [b–b] nonn vb exc; frt ins אֹמֶר הָבָה בָנִים cf Gn 30,1 ‖ [c] 𝔊 ἔρως ‖ **17** [a] 𝔊(𝔖𝔗) γῆρας, frt l לְזִקְנַת cf 23,22 ‖ **18** [a] K וְאַרְבַּע, Q וְאַרְבָּעָה ‖ **21** [a–a] 𝔊(𝔙) τὸ δὲ τέταρτον, l וְאַרְבַּע ‖ **23** [a] l c Ms 𝔊 (ἐκβάλῃ) תּוֹרִישׁ vel תְּגָרֵשׁ ‖ **24** [a] 𝔊(𝔖𝔙) τῶν σοφῶν, frt l מֵחֲכָמִים ‖ **27** [a] 𝔊(𝔙) εὐτάκτως, prp חָלֵץ ‖ **28** [a] 𝔊 ἐρειδόμενος, frt l תִּתָּפֵשׂ ‖ **31** [a–a] crrp; prp זַרְזִיר מִתְנַשֵּׂא וְתַיִשׁ וּמֶלֶךְ לָקוּם עַל־עַמּוֹ ‖ [b] Or אַל־קוּם.

32 אִם־נָבַ֣לְתָּ בְהִתְנַשֵּׂ֑א וְאִם־זַ֝מּ֗וֹתָ יָ֣ד לְפֶֽה׃ ל. ל. ל
33 כִּ֤י מִ֪יץ חָלָ֡ב י֘וֹצִ֤יא חֶמְאָ֗ה וּֽמִיץ־אַ֭ף י֣וֹצִיא דָ֑ם ב בטע ר״פ בסיפ[27]. ל. ב
וּמִ֥יץ אַ֝פַּ֗יִם י֣וֹצִיא רִֽיב׃ פ ב

31 1 [a]דִּ֭בְרֵי לְמוּאֵ֣ל [b]מֶ֑לֶךְ מַ֝שָּׂ֗א[b] אֲ‍ֽשֶׁר־יִסְּרַ֥תּוּ אִמּֽוֹ׃[a] ל. מא. ל
2 מַה־בְּ֭רִי[a] וּמַֽה־בַּר־בִּטְנִ֑י וּ֝מֶ֗ה[b] בַּר־נְדָרָֽי׃ ב ובתרי לישנ[1]. ג דמטע. כד[2]. ג דמטע
3 אַל־תִּתֵּ֣ן לַנָּשִׁ֣ים חֵילֶ֑ךָ וּ֝דְרָכֶ֗יךָ[a] לַ֭מְחוֹת[b] מְלָכִֽין׃[c] ב דגש[3]. ל כת ן
4 [a]אַ֤ל לַֽמְלָכִ֨ים ׀ [b]לְֽמוֹאֵ֗ל אַ֣ל לַמְלָכִ֣ים[b] שְׁתוֹ־יָ֑יִן כו ר״פ אל אל[4]
וּ֝לְרוֹזְנִ֗ים אֵ֣ו[c] שֵׁכָֽר׃ ג מל בליש[5]. אי חד מן לא בליש וחד מן מח[6] כת ו וקרי י ק
5 פֶּן־יִ֭שְׁתֶּה[a] וְיִשְׁכַּ֣ח מְחֻקָּ֑ק[b] וִֽ֝ישַׁנֶּה[c] דִּ֣ין כָּל־בְּנֵי־עֹֽנִי׃ ב ובסיפ[7]
6 תְּנוּ־שֵׁכָ֣ר לְאוֹבֵ֑ד וְ֝יַ֗יִן[a] לְמָ֣רֵי נָֽפֶשׁ׃ ב מל בליש ול בסיפ
7 יִ֭שְׁתֶּה וְיִשְׁכַּ֣ח רִישׁ֑וֹ וַ֝עֲמָל֗וֹ לֹ֣א יִזְכָּר־עֽוֹד׃ ב ובסיפ[7]. ל
8 פְּתַח־פִּ֥יךָ לְאִלֵּ֑ם אֶל־דִּ֝֗ין כָּל־בְּנֵ֥י חֲלֽוֹף׃[a] ד[8]
9 פְּתַח־פִּ֥יךָ שְׁפָט־צֶ֑דֶק וְ֝דִ֗ין עָנִ֥י וְאֶבְיֽוֹן׃ פ ל. ד[8]

(א) 10 [a]אֵֽשֶׁת־חַ֭יִל מִ֣י יִמְצָ֑א וְרָחֹ֖ק מִפְּנִינִ֣ים מִכְרָֽהּ׃ ד חס בכתיב[9]. ל ומפק
(ב) 11 בָּ֣טַח בָּ֭הּ לֵ֣ב בַּעְלָ֑הּ וְ֝שָׁלָ֗ל לֹ֣א יֶחְסָֽר׃[a] ל בטע
(ג) 12 גְּמָלַ֣תְהוּ ט֣וֹב וְלֹא־רָ֑ע כֹּ֝֗ל יְמֵ֣י חַיֶּֽיהָ׃[a] ל[9]. ג בליש[10]
(ד) 13 דָּ֭רְשָׁה צֶ֣מֶר וּפִשְׁתִּ֑ים וַ֝תַּ֗עַשׂ בְּחֵ֣פֶץ כַּפֶּֽיהָ׃ ב[11]
(ה) 14 הָ֭יְתָה כָּאֳנִיּ֣וֹת סוֹחֵ֑ר מִ֝מֶּרְחָ֗ק תָּבִ֥יא לַחְמָֽהּ׃ ה ר״פ[12]. ל. ל. יג[13]
(ו) 15 וַתָּ֤קָם ׀ בְּע֬וֹד לַ֗יְלָה וַתִּתֵּ֣ן טֶ֣רֶף[a] לְבֵיתָ֑הּ[b] וְ֝חֹ֗ק לְנַעֲרֹתֶֽיהָ׃[b] ל
(ז) 16 זָמְמָ֣ה שָׂ֭דֶה וַתִּקָּחֵ֑הוּ מִפְּרִ֥י כַ֝פֶּ֗יהָ [a]נָ֣טַע כָּֽרֶם׃ ל. ל בסיפ. נטעה ק

[27] Mm 3573. **Cp 31** [1] Hi 37,11. [2] Mm 592. [3] Mm 2877. [4] Mm 3261. [5] Mm 3656. [6] Mm 3811. [7] Mm 3657. [8] Mm 2121. [9] Mp sub loco. [10] Mm 769. [11] Mm 1182. [12] Mm 2522. [13] Mm 1228.

Cp 31,1 [a–a] 𝔊 *οἱ ἐμοὶ λόγοι εἴρηνται ὑπὸ θεοῦ, βασιλέως χρηματισμός* ‖ [b–b] l מֶ֫לֶךְ מַשָּׂא ‖ **2** [a] 𝔊 + *τί; ῥήσεις θεοῦ· πρωτογενές, σοὶ λέγω*, ins מַה־לְּמוּאֵל בְּכֹרִי אֹמַר אֵלֶיךָ ‖ [b] cf 7,25[a] ‖ **3** [a] l וִירֵכֶיךָ ‖ [b] 𝔗 *lbnt*; l לְמֹחוֹת; prp לְלַחֲנוֹת cf Da 5,2 ‖ [c] 𝔊 *εἰς ὑστεροβουλίαν*, prp מַלְכִין aram consilia ‖ **4** [a] 𝔅 hic incip cp 31 ‖ [b–b] dl (dupl) ‖ [c] K אוֹ, Q 𝔙 אֵי; frt l אַוֵּה ‖ **5** [a] 𝔊 pl, l ‖ [b] ℭ מְחֹקֵק ‖ [c] cf 7,25[a]; 𝔊 pl, l ‖ **6** [a] cf 7,25[a] ‖ **8** [a] prp חֳלִי (ף dttg) ‖ **10** [a] 10–31 in 𝔊 post 29,27 ‖ **11** [a] 𝔊(𝔖) *ἡ τοιαύτη … ἀπορήσει*, frt ins לָהּ ‖ **12** [a] sic L, mlt Mss Edd הָ– ‖ **15** [a] prp טֹרַח cf וחק ‖ [b–b] dl (gl) cf 27,27 ‖ **16** [a] K נְטַע, Q Vrs נָטְעָה; prp נָטַע.

(ח) 17 חָֽגְרָה בְעוֹז מָתְנֶיהָ וַתְּאַמֵּץ זְרֹעוֹתֶֽיהָ[a]׃ — ל̇. ב̇ חד חס וחד מל. ל̇. ל̇

(ט) 18 טָעֲמָה כִּי־טוֹב סַחְרָהּ לֹֽא־יִכְבֶּה בַלַּיְל[a] נֵרָֽהּ׃ — ל̇. ו[14] בלילה ק̇

(י) 19 יָדֶיהָ שִׁלְּחָה בַכִּישׁוֹר וְכַפֶּיהָ תָּמְכוּ פָֽלֶךְ׃ — ל̇. ל̇ קמ

(כ) 20 כַּפָּהּ פָּרְשָׂה לֶעָנִי וְיָדֶיהָ שִׁלְּחָה לָאֶבְיֽוֹן׃ — ב̇[15]

(ל) 21 לֹא־תִירָא לְבֵיתָהּ מִשָּׁלֶג כִּי כָל־בֵּיתָהּ לָבֻשׁ שָׁנִֽים[a]׃ — ו[16]. ל̇ חס בסיפ. ב̇ בליש

(מ) 22 מַרְבַדִּים עָֽשְׂתָה־לָּהּ שֵׁשׁ וְאַרְגָּמָן לְבוּשָֽׁהּ׃ — ב̇[17]. ג̇

(נ) 23 נוֹדָע בַּשְּׁעָרִים בַּעְלָהּ בְּשִׁבְתּוֹ עִם־זִקְנֵי־אָֽרֶץ׃ — ב̇[18]. ל̇[19]. ל̇

(ס) 24 סָדִין עָשְׂתָה וַתִּמְכֹּר וַחֲגוֹר נָתְנָה לַֽכְּנַעֲנִֽי׃ — ג̇ פסוק בסיפ ראש ס[20]. ה̇ ג̇ מל וב̇ חס ול בליש[21]. ג̇

(ע) 25 עֹז[a]־וְהָדָר לְבוּשָׁהּ וַתִּשְׂחַק לְיוֹם אַחֲרֽוֹן׃ — ל̇. ג̇. ב̇[22]

(פ) 26 פִּיהָ פָּתְחָה בְחָכְמָה וְתֽוֹרַת־חֶסֶד עַל־לְשׁוֹנָֽהּ׃ — ב̇[23]

(צ) 27 צוֹפִיָּה הֲלִיכוֹת בֵּיתָהּ וְלֶחֶם עַצְלוּת לֹא תֹאכֵֽל[a]׃ — ד̇ וחד מן ו[24] חס י בליש. ל̇. ו[25]

(ק) 28 קָמוּ[a] בָנֶיהָ וַֽיְאַשְּׁרוּהָ בַּעְלָהּ וַֽיְהַלְלָֽהּ׃ — ב̇[26]. ל̇

(ר) 29 רַבּוֹת בָּנוֹת עָשׂוּ חָיִל וְאַתְּ עָלִית עַל־כֻּלָּֽנָה׃ — ב̇ בסיפ. ג̇. ב̇[27]

(ש) 30 שֶׁקֶר הַחֵן וְהֶבֶל הַיֹּפִי אִשָּׁה [a]יִרְאַת־יְהוָה[a] הִיא תִתְהַלָּֽל׃ — ג̇[28]. ל̇. ב̇[29]

(ת) 31 תְּנוּ־לָהּ מִפְּרִי יָדֶיהָ וִיהַלְלוּהָ בַשְּׁעָרִים מַעֲשֶֽׂיהָ׃ — ל̇

סכום הפסוקים של ספר
תשע מאות
וחמשה עשר
וחציו לפני שבר גאון[30]
וסדרים ח̇

[14] Mm 2293. [15] Mm 1192. [16] Mm 3355. [17] Prv 7,16. [18] Ps 76,2. [19] Mm 1988. [20] Mm 3658. [21] Mm 3275. [22] Mm 2317. [23] Mm 2495. [24] Mm 1871 contra textum sine Q. [25] Mm 787. [26] Mm 3681. [27] Gn 42,36. [28] Mm 26. [29] Mm 3659. [30] Prv 16,18, cf Mp sub loco.

17 [a] 𝔊 pr *εἰς ἔργον*, ins לַעֲבֹדָה ‖ **18** [a] K Ms בַלַּיִל, Q בַּלַּיְלָה ‖ **21** [a] nonn Mss 𝔖𝔗 שָׁנִי cf Jes 1,18[a]; 𝔊(𝔙) *δισσάς*, frt l שְׁנַיִם ‖ **25** [a] v 25 in 𝔊 post 26 cf Thr 2–4 ‖ **27** [a] prp תֹּאכַל ‖ **28** [a] prp קִדְּמוּ ‖ **30** [a–a] 𝔊 *συνετή* = נְבוֹנָה cf Sir 9,15 16,4.

רות RUTH

[ס א] וַיְהִ֗י ¹ 1 בִּימֵי֙ שְׁפֹ֣ט[a] הַשֹּׁפְטִ֔ים וַיְהִ֥י רָעָ֖ב בָּאָ֑רֶץ וַיֵּ֨לֶךְ אִ֜ישׁ מִבֵּ֧ית — ה֯[1] . ב֯ חד מל֯ וחד חס֯ . ד֯[2] . ב֯ פסוק מיחד֯[3] . ב֯[4]
2 לֶ֣חֶם יְהוּדָ֗ה לָגוּר֙ בִּשְׂדֵ֣י מוֹאָ֔ב ה֥וּא וְאִשְׁתּ֖וֹ וּשְׁנֵ֥י[b] בָנָֽיו׃ 2 וְשֵׁ֣ם הָאִ֣ישׁ — ל֯ . י֯ג֯ ר״פ[5]
אֱ‍ֽלִימֶ֡לֶךְ וְשֵׁם֩ אִשְׁתּ֨וֹ נָעֳמִ֜י וְשֵׁ֥ם שְׁנֵֽי־בָנָ֣יו ׀ מַחְל֤וֹן וְכִלְיוֹן֙ אֶפְרָתִ֔ים
3 מִבֵּ֥ית לֶ֖חֶם יְהוּדָ֑ה וַיָּבֹ֥אוּ שְׂדֵי־מוֹאָ֖ב וַיִּֽהְיוּ־שָֽׁם׃ 3 וַיָּ֥מָת אֱלִימֶ֖לֶךְ
4 אִ֣ישׁ נָעֳמִ֑י וַתִּשָּׁאֵ֥ר הִ֖יא וּשְׁנֵ֥י בָנֶֽיהָ׃ 4 וַיִּשְׂא֣וּ לָהֶ֗ם נָשִׁים֙ מֹֽאֲבִיּ֔וֹת שֵׁ֤ם — ב֯ . מ֯ג֯ . ל֯ חס֯
5 הָֽאַחַת֙ עָרְפָּ֔ה וְשֵׁ֥ם הַשֵּׁנִ֖ית ר֑וּת וַיֵּ֥שְׁבוּ שָׁ֖ם כְּעֶ֥שֶׂר שָׁנִֽים׃ 5 וַיָּמ֥וּתוּ — ל֯
גַם־שְׁנֵיהֶ֖ם מַחְל֣וֹן וְכִלְי֑וֹן וַתִּשָּׁאֵר֙ הָֽאִשָּׁ֔ה מִשְּׁנֵ֥י יְלָדֶ֖יהָ וּמֵאִישָֽׁהּ׃ — ב֯ . ל֯
6 וַתָּ֤קָם 6 הִיא֙ וְכַלֹּתֶ֔יהָ וַתָּ֖שָׁב מִשְּׂדֵ֣י מוֹאָ֑ב כִּ֤י שָֽׁמְעָה֙ בִּשְׂדֵ֣ה מוֹאָ֔ב — ל֯ וחס֯ . ב֯ כת֯ ה[6]
7 כִּֽי־פָקַ֤ד יְהוָה֙ אֶת־עַמּ֔וֹ לָתֵ֥ת לָהֶ֖ם לָֽחֶם׃ 7 וַתֵּצֵ֗א מִן־הַמָּקוֹם֙ אֲשֶׁ֣ר
הָיְתָה־שָׁ֔מָּה וּשְׁתֵּ֥י כַלֹּתֶ֖יהָ עִמָּ֑הּ וַתֵּלַ֣כְנָה בַדֶּ֔רֶךְ לָשׁ֖וּב אֶל־אֶ֥רֶץ — ב֯[7]
8 יְהוּדָֽה׃ 8 וַתֹּ֤אמֶר נָעֳמִי֙ לִשְׁתֵּ֣י כַלֹּתֶ֔יהָ לֵ֣כְנָה שֹּׁ֔בְנָה אִשָּׁ֖ה לְבֵ֣ית אִמָּ֑הּ — ב֯ . ב֯ חד חס֯ וחד מל֯ . ג֯[7] . ב֯[8]
9 יַעֲשֶׂה[a] יְהוָ֤ה עִמָּכֶם֙ חֶ֔סֶד כַּאֲשֶׁ֧ר עֲשִׂיתֶ֛ם עִם־הַמֵּתִ֖ים וְעִמָּדִֽי׃ 9 יִתֵּ֤ן — יעש ק . ב֯
יְהוָה֙ לָכֶ֔ם וּמְצֶ֣אןָ מְנוּחָ֔ה אִשָּׁ֖ה בֵּ֣ית אִישָׁ֑הּ וַתִּשַּׁ֣ק לָהֶ֔ן וַתִּשֶּׂ֥אנָה קוֹלָ֖ן — ב֯ . כ֯ה֯[9] . י֯ד֯[10] . ב֯ ומל֯
10 11 וַתִּבְכֶּֽינָה׃ 10 וַתֹּאמַ֖רְנָה־לָּ֑הּ כִּי־אִתָּ֥ךְ נָשׁ֖וּב לְעַמֵּֽךְ׃ 11 וַתֹּ֤אמֶר נָעֳמִי֙ — י֯ בטע֯[11]
שֹׁ֣בְנָה בְנֹתַ֔י לָ֥מָּה תֵלַ֖כְנָה עִמִּ֑י הַֽעֽוֹד־לִ֤י בָנִים֙ בְּמֵעַ֔י וְהָי֥וּ לָכֶ֖ם — ג֯
12 לַאֲנָשִֽׁים׃ 12 שֹׁ֤בְנָה בְנֹתַי֙ לֵ֔כְןָ כִּ֥י זָקַ֖נְתִּי מִהְי֣וֹת לְאִ֑ישׁ כִּ֤י אָמַ֙רְתִּי֙ יֶשׁ־ — ח֯[12] . ג֯ . ב֯ חד מל֯ וחד חס֯
13 לִ֣י תִקְוָ֔ה גַּ֣ם הָיִ֤יתִי הַלַּ֙יְלָה֙ לְאִ֔ישׁ וְגַ֖ם יָלַ֥דְתִּי בָנִֽים׃ 13 הֲלָהֵ֣ן ׀ — י֯א֯ ס״פ[13] . ב֯
תְּשַׂבֵּ֗רְנָה עַ֚ד אֲשֶׁ֣ר יִגְדָּ֔לוּ הֲלָהֵן֙ תֵּֽעָגֵ֔נָה לְבִלְתִּ֖י הֱי֣וֹת לְאִ֑ישׁ אַ֣ל בְּנֹתַ֗י — ל֯ . ב֯ . ל֯
14 כִּֽי־מַר־לִ֤י מְאֹד֙ מִכֶּ֔ם כִּֽי־יָצְאָ֥ה בִ֖י יַד־יְהוָֽה׃ 14 וַתִּשֶּׂ֣נָה קוֹלָ֔ן — ב֯ חס֯ א[14] . ב֯ ומל֯
15 וַתִּבְכֶּ֖ינָה ע֑וֹד וַתִּשַּׁ֤ק עָרְפָּה֙ לַחֲמוֹתָ֔הּ[a] וְר֖וּת דָּ֥בְקָה בָּֽהּ׃ 15 וַתֹּ֗אמֶר
הִנֵּה֙ שָׁ֣בָה יְבִמְתֵּ֔ךְ אֶל־עַמָּ֖הּ וְאֶל־אֱלֹהֶ֑יהָ שׁ֖וּבִי אַחֲרֵ֥י יְבִמְתֵּֽךְ׃ — ל֯ . ב֯ . ב֯

Cp 1 [1]Mm 91. [2]Mm 1168. [3]Mm 3660. [4]Mm 377. [5]Mm 33. [6]Mm 2329. [7]Mp sub loco. [8]Gn 24,28. [9]Mm 1506. [10]Mm 190. [11]Mm 3661. [12]Mm 1551. [13]Okhl 357. [14]Mm 2506.

Cp 1,1 [a–a] 𝔊* ἐν τῷ κρίνειν = בִּשְׁפֹט; 𝔖 om שְׁפֹט ‖ [b] 𝔊(𝔖) om שְׁנֵי ‖ **8** [a] 𝔊𝔙 ut Q יַעֲשׂ ‖ **14** [a] 𝔊 + καὶ ἐπέστρεψεν εἰς τὸν λαὸν αὐτῆς, frt l וַתָּשָׁב אֶל־עַמָּהּ.

16 וַתֹּאמֶר רוּת אַל־תִּפְגְּעִי־בִי לְעָזְבֵךְ לָשׁוּב מֵאַחֲרָיִךְ כִּי אֶל־ ה̇[15]
אֲשֶׁר תֵּלְכִי אֵלֵךְ וּבַאֲשֶׁר תָּלִינִי אָלִין עַמֵּךְ עַמִּי וֵאלֹהַיִךְ אֱלֹהָי׃ ד̇[16]. ה̇[17]
17 בַּאֲשֶׁר תָּמוּתִי אָמוּת וְשָׁם אֶקָּבֵר כֹּה יַעֲשֶׂה יְהוָה לִי וְכֹה יֹסִיף כִּי ה̇[18] ב מנה ר״פ
18 הַמָּוֶת יַפְרִיד בֵּינִי וּבֵינֵךְ׃ 18 וַתֵּרֶא כִּי־מִתְאַמֶּצֶת הִיא לָלֶכֶת אִתָּהּ ב̇[19]. ל̇
19 וַתֶּחְדַּל לְדַבֵּר אֵלֶיהָ׃ 19 וַתֵּלַכְנָה שְׁתֵּיהֶם[a] עַד־בֹּאָנָה בֵּית לָחֶם ב̇[20]. ג̇ ב מנה בסיפ ובפסוק
[b]וַיְהִי כְּבֹאָנָה בֵּית לֶחֶם[b] וַתֵּהֹם כָּל־הָעִיר עֲלֵיהֶן[c] וַתֹּאמַרְנָה הֲזֹאת ג̇ ב מנה בסיפ ובפסוק. ג̇ וחס̇[21]. ז̇ וכל כלית דכות[22]. ה̇[23]
20 נָעֳמִי׃ 20 וַתֹּאמֶר אֲלֵיהֶן אַל־תִּקְרֶאנָה לִי נָעֳמִי קְרֶאןָ לִי מָרָא[a] כִּי־ ה̇[24] ד מל וחד חס. ל̇ חס. ל̇ כת א
21 הֵמַר שַׁדַּי לִי מְאֹד׃ 21 אֲנִי מְלֵאָה הָלַכְתִּי וְרֵיקָם הֱשִׁיבַנִי יְהוָה לָמָּה
22 תִקְרֶאנָה לִי נָעֳמִי וַיהוָה[a] עָנָה בִי[a] וְשַׁדַּי הֵרַע לִי׃ 22 וַתָּשָׁב נָעֳמִי ד̇[25]
וְרוּת הַמּוֹאֲבִיָּה כַלָּתָהּ עִמָּהּ הַשָּׁבָה מִשְּׂדֵי מוֹאָב וְהֵמָּה בָּאוּ בֵּית
לֶחֶם בִּתְחִלַּת קְצִיר שְׂעֹרִים׃ ו̇[26]

2 1 וּלְנָעֳמִי מֹידַע[a] לְאִישָׁהּ אִישׁ גִּבּוֹר חַיִל מִמִּשְׁפַּחַת אֱלִימֶלֶךְ מודע[1] ק
2 וּשְׁמוֹ בֹּעַז׃ 2 וַתֹּאמֶר רוּת הַמּוֹאֲבִיָּה אֶל־נָעֳמִי אֵלְכָה־נָּא הַשָּׂדֶה
וַאֲלַקֳטָה בַשִׁבֳּלִים אַחַר אֲשֶׁר אֶמְצָא־חֵן בְּעֵינָיו וַתֹּאמֶר לָהּ לְכִי ל̇. ל̇. נא
3 בִתִּי׃ 3 וַתֵּלֶךְ וַתָּבוֹא וַתְּלַקֵּט בַּשָּׂדֶה אַחֲרֵי הַקֹּצְרִים וַיִּקֶר מִקְרֶהָ ל̇. ל̇
4 חֶלְקַת הַשָּׂדֶה לְבֹעַז אֲשֶׁר מִמִּשְׁפַּחַת אֱלִימֶלֶךְ׃ 4 וְהִנֵּה־בֹעַז בָּא
מִבֵּית לֶחֶם וַיֹּאמֶר לַקּוֹצְרִים יְהוָה עִמָּכֶם וַיֹּאמְרוּ לוֹ יְבָרֶכְךָ יְהוָה׃ ד מל[2]. ד מיחד וכל תלים דכות[3]
5 וַיֹּאמֶר בֹּעַז לְנַעֲרוֹ הַנִּצָּב עַל־הַקּוֹצְרִים לְמִי הַנַּעֲרָה הַזֹּאת׃ 6 וַיַּעַן ד מל[2]
הַנַּעַר [a]הַנִּצָּב עַל־הַקּוֹצְרִים[a] וַיֹּאמַר נַעֲרָה מוֹאֲבִיָּה הִיא הַשָּׁבָה עִם־ ד מל[2]. צא
7 נָעֳמִי מִשְּׂדֵה מוֹאָב׃ 7 וַתֹּאמֶר אֲלַקֳטָה־נָּא וְאָסַפְתִּי בָעֳמָרִים אַחֲרֵי ל̇
הַקּוֹצְרִים וַתָּבוֹא וַתַּעֲמוֹד מֵאָז הַבֹּקֶר וְעַד־עַתָּה[a] [b]זֶה שִׁבְתָּהּ הַבַּיִת[b] ד מל[2]
8 מְעָט׃ 8 וַיֹּאמֶר בֹּעַז אֶל־רוּת הֲלוֹא שָׁמַעַתְּ בִּתִּי אַל־תֵּלְכִי לִלְקֹט ט מל בכתיב[4]. ד̇[5]. ב̇[6]
9 בְּשָׂדֶה אַחֵר וְגַם לֹא תַעֲבוּרִי מִזֶּה וְכֹה תִדְבָּקִין עִם־נַעֲרֹתָי׃ 9 עֵינַיִךְ ה רפי[7]. ה̇[8]. ב. יא
בַּשָּׂדֶה אֲשֶׁר־יִקְצֹרוּן וְהָלַכְתְּ אַחֲרֵיהֶן הֲלוֹא צִוִּיתִי אֶת־הַנְּעָרִים ל̇. ט מל בכתיב[4]

[15]Mm 602. [16]Mm 2444. [17]Mm 868. [18]Mm 2386. [19]Prv 18,18. [20]Mm 3667. [21]Mm 3662. [22]Mm 1197. [23]Mm 2289. [24]Mm 1048. [25]Mm 407. [26]Mm 1834. Cp 2 [1]Mm 832. [2]Mm 3663. [3]Mm 2636. [4]Mm 3664. [5]Mm 1865. [6]Mm 488. [7]Mm 957. [8]Mm 2837.

19 [a] l c mlt Mss הֶן– ‖ [b–b] > 𝔊* ‖ [c] 𝔊[B] ἐπ' αὐτῆς (𝔊[AQ] αὐτῇ) = עָלֶיהָ ‖ **20** [a] l c mlt Mss מרה ‖ **21** [a–a] 𝔊(𝔖𝔙) ἐταπείνωσέν με ‖ **Cp 2,1** [a] mlt Mss ut Q מוֹדַע; K מְיֻדָּע ‖ **6** [a–a] > 𝔖 ‖ **7** [a] 𝔊 ἑσπέρας = עֶרֶב ‖ [b–b] 𝔊 οὐ κατέπαυσεν ἐν τῷ ἀγρῷ = לֹא שָׁבְתָה בַּשָּׂדֶה.

לְבִלְתִּי נָגְעֵךְ וְצָמִת וְהָלַכְתְּ אֶל־הַכֵּלִים וְשָׁתִית מֵאֲשֶׁר יִשְׁאֲבוּן ל . ל . ב . ל
10 הַנְּעָרִים׃ 10 וַתִּפֹּל עַל־פָּנֶיהָ וַתִּשְׁתַּחוּ אָרְצָה וַתֹּאמֶר אֵלָיו מַדּוּעַ ג
11 מָצָאתִי חֵן בְּעֵינֶיךָ לְהַכִּירֵנִי וְאָנֹכִי נָכְרִיָּה׃ 11 וַיַּעַן בֹּעַז וַיֹּאמֶר לָהּ סו . ל
הֻגֵּד הֻגַּד לִי כֹּל אֲשֶׁר־עָשִׂית אֶת־חֲמוֹתֵךְ אַחֲרֵי מוֹת אִישֵׁךְ וַתַּעַזְבִי ב[9] . ◦[10]
אָבִיךְ וְאִמֵּךְ וְאֶרֶץ מוֹלַדְתֵּךְ וַתֵּלְכִי אֶל־עַם אֲשֶׁר לֹא־יָדַעַתְּ תְּמוֹל ב[11]
שִׁלְשׁוֹם׃ 12 יְשַׁלֵּם יְהוָה פָּעֳלֵךְ וּתְהִי מַשְׂכֻּרְתֵּךְ שְׁלֵמָה מֵעִם יְהוָה [ס] ל . יד רפי[12] . ט ומן ראש דמלכים עד וירא כל ישראל דכות[13] . ב
13 אֱלֹהֵי יִשְׂרָאֵל אֲשֶׁר־בָּאת לַחֲסוֹת תַּחַת־כְּנָפָיו׃ 13 וַתֹּאמֶר אֶמְצָא־ ב[14] . ח[15] רפי ג מנה בליש וכל אחסה דכות ב מ א
חֵן בְּעֵינֶיךָ אֲדֹנִי כִּי נִחַמְתָּנִי וְכִי דִבַּרְתָּ עַל־לֵב שִׁפְחָתֶךָ וְאָנֹכִי לֹא סו . לא פסוק כי וכי[16] . ל זקף קמ[17]
14 אֶהְיֶה כְּאַחַת שִׁפְחֹתֶיךָ׃ 14 וַיֹּאמֶר לָה בֹעַז לְעֵת הָאֹכֶל גֹּשִׁי הֲלֹם ב . ל וחס . ג לא מפק ה[18] . יא
וְאָכַלְתְּ מִן־הַלֶּחֶם וְטָבַלְתְּ פִּתֵּךְ בַּחֹמֶץ וַתֵּשֶׁב מִצַּד הַקֹּצְרִים וַיִּצְבָּט־ ל . ל . יב[19] . ל
15 לָהּ קָלִי וַתֹּאכַל וַתִּשְׂבַּע וַתֹּתַר׃ 15 וַתָּקָם לְלַקֵּט וַיְצַו בֹּעַז אֶת־ ל וחס
16 נְעָרָיו לֵאמֹר גַּם בֵּין הָעֳמָרִים תְּלַקֵּט וְלֹא תַכְלִימוּהָ׃ 16[a] וְגַם שֹׁל־ ל ומל . כ ר"פ בכתיב[20]
17 תָּשֹׁלּוּ לָהּ מִן־הַצְּבָתִים וַעֲזַבְתֶּם וְלִקְּטָה וְלֹא תִגְעֲרוּ־בָהּ׃ 17 וַתְּלַקֵּט ל . ל . ל
בַּשָּׂדֶה עַד־הָעָרֶב וַתַּחְבֹּט אֵת אֲשֶׁר־לִקֵּטָה וַיְהִי כְּאֵיפָה שְׂעֹרִים׃ ב . ל
18 וַתִּשָּׂא וַתָּבוֹא הָעִיר וַתֵּרֶא[a] חֲמוֹתָהּ אֵת אֲשֶׁר־לִקֵּטָה וַתּוֹצֵא וַתִּתֶּן־ ב . ג חד חס וב מל[21]
19 לָהּ אֵת אֲשֶׁר־הוֹתִרָה מִשָּׂבְעָהּ׃ 19 וַתֹּאמֶר לָהּ חֲמוֹתָהּ אֵיפֹה לִקַּטְתְּ ל וחס . י כת ה[22] . ל
הַיּוֹם וְאָנָה עָשִׂית יְהִי מַכִּירֵךְ בָּרוּךְ וַתַּגֵּד לַחֲמוֹתָהּ[a] אֵת אֲשֶׁר־ ל
20 עָשְׂתָה עִמּוֹ וַתֹּאמֶר שֵׁם הָאִישׁ אֲשֶׁר עָשִׂיתִי עִמּוֹ הַיּוֹם בֹּעַז׃ 20 וַתֹּאמֶר
נָעֳמִי לְכַלָּתָהּ בָּרוּךְ הוּא לַיהוָה[a] אֲשֶׁר לֹא־עָזַב חַסְדּוֹ אֶת־הַחַיִּים ל בתור[23] . ג[24]
וְאֶת־הַמֵּתִים וַתֹּאמֶר לָהּ נָעֳמִי קָרוֹב לָנוּ הָאִישׁ מִגֹּאֲלֵנוּ הוּא׃ ל[25]
21 וַתֹּאמֶר רוּת הַמּוֹאֲבִיָּה[a] גַּם ׀ כִּי־אָמַר אֵלַי עִם־הַנְּעָרִים אֲשֶׁר־לִי חצי הספר בפסוקים
22 תִּדְבָּקִין עַד אִם־כִּלּוּ אֵת כָּל־הַקָּצִיר אֲשֶׁר־לִי׃ 22 וַתֹּאמֶר נָעֳמִי ב . ב
אֶל־רוּת כַּלָּתָהּ טוֹב בִּתִּי כִּי תֵצְאִי עִם־נַעֲרוֹתָיו וְלֹא יִפְגְּעוּ־בָךְ ג[26] . ב מל
23 בְּשָׂדֶה אַחֵר׃ 23 וַתִּדְבַּק בְּנַעֲרוֹת בֹּעַז לְלַקֵּט עַד־כְּלוֹת קְצִיר־ ה רפי[27] . ל

[9] Mm 1295. [10] Mlt Mss את כל lectio Occ, Q את lectio Or et Mp sub loco. [11] Ex 5,8. [12] Mm 174. [13] Mm 3417. [14] Gn 16,8. [15] Mm 3046. [16] Mm 2059. [17] וחד ונחמתני Ps 86,17. [18] Mm 3154. [19] Mm 140. [20] Mm 4070. [21] Mm 2645. [22] Mm 1750. [23] Mm 3665. [24] Mm 1223. [25] וחד את המתים Qoh 4,2. [26] Mm 2461. [27] Mm 957.

16 [a] v 16 > S ‖ **18** [a] pc Mss SV וַתַּרְא ‖ **19** [a–a] G *ποῦ ἐποίησεν* cf S ‖ **20** [a] Ms S יהוה ‖ **21** [a] G(S) + *πρὸς τὴν πενθερὰν αὐτῆς* = לַחֲמוֹתָהּ; > GSV.

3 הַשְּׂעֹרִ֖ים וּקְצִ֣יר הַֽחִטִּ֑ים וַתֵּ֖שֶׁב[a] אֶת־חֲמוֹתָֽהּ׃ **3** 1 וַתֹּ֥אמֶר — ל . יב[28]
2 לָ֖הּ נָעֳמִ֣י חֲמוֹתָ֑הּ בִּתִּ֗י הֲלֹ֛א אֲבַקֶּשׁ־לָ֥ךְ מָנ֖וֹחַ אֲשֶׁ֥ר יִֽיטַב־לָֽךְ׃ 2 וְעַתָּ֗ה — כל מל
הֲלֹ֥א בֹ֙עַז֙ מֹֽדַעְתָּ֔נוּ אֲשֶׁ֥ר הָיִ֖ית אֶת־נַעֲרוֹתָ֑יו הִנֵּה־ה֗וּא זֹרֶ֛ה אֶת־גֹּ֥רֶן — ל וכת כן . ב מל . ב
3 הַשְּׂעֹרִ֖ים הַלָּֽיְלָה׃ 3 וְרָחַ֣צְתְּ ׀ וָסַ֗כְתְּ וְשַׂ֧מְתְּ שִׂמְלֹתֵ֛ךְ[a] עָלַ֖יִךְ וְיָרַ֣דְתִּי[b] — ל . שמלתיך ק חד מן ו[1] בליש . וירדת ק
4 הַגֹּ֑רֶן אַל־תִּוָּדְעִ֣י לָאִ֔ישׁ עַ֥ד כַּלֹּת֖וֹ לֶאֱכֹ֥ל וְלִשְׁתּֽוֹת׃ 4 וִיהִ֣י בְשָׁכְב֗וֹ — לב[2] . ג . לב
וְיָדַ֙עַתְּ֙ אֶת־הַמָּק֙וֹם֙ אֲשֶׁ֣ר יִשְׁכַּב־שָׁ֔ם וּבָ֛את וְגִלִּ֥ית מַרְגְּלֹתָ֖יו וְשָׁכָ֑בְתְּי[a] — ז[3] . ה[4] . ושכבת ק
5 וְהוּא֙ יַגִּ֣יד לָ֔ךְ אֵ֖ת אֲשֶׁ֥ר תַּעֲשִֽׂין׃ 5 וַתֹּ֖אמֶר אֵלֶ֑יהָ כֹּ֛ל אֲשֶׁר־תֹּאמְרִ֥י — ל
6 7 ◦ ◦ [a] אֶֽעֱשֶֽׂה׃ 6 וַתֵּ֖רֶד הַגֹּ֑רֶן וַתַּ֕עַשׂ כְּכֹ֥ל[a] אֲשֶׁר־צִוַּ֖תָּה חֲמוֹתָֽהּ׃ 7 וַיֹּ֨אכַל — אלי חד מן ה[5] קר ולא כת . ל
בֹּ֤עַז וַיֵּשְׁתְּ֙[a] וַיִּיטַ֣ב לִבּ֔וֹ וַיָּבֹ֕א לִשְׁכַּ֖ב בִּקְצֵ֣ה הָעֲרֵמָ֑ה וַתָּבֹ֣א בַלָּ֔ט וַתְּגַ֥ל — ו[6] . ז ה פת וב קמ . ב חס בכתיב . ד חד מל וג חס א[7] . ג
8 מַרְגְּלֹתָ֖יו וַתִּשְׁכָּֽב׃ 8 וַיְהִי֙ בַּחֲצִ֣י הַלַּ֔יְלָה וַיֶּחֱרַ֥ד הָאִ֖ישׁ וַיִּלָּפֵ֑ת וְהִנֵּ֣ה — ג[8] . ל
9 אִשָּׁ֔ה שֹׁכֶ֖בֶת מַרְגְּלֹתָֽיו׃ 9 וַיֹּ֖אמֶר[a] מִי־אָ֑תְּ[b] וַתֹּ֗אמֶר אָנֹכִי֙ ר֣וּת אֲמָתֶ֔ךָ
10 וּפָרַשְׂתָּ֤ כְנָפֶ֙ךָ֙[c] עַל־אֲמָ֣תְךָ֔ כִּ֥י גֹאֵ֖ל אָֽתָּה׃ 10 וַיֹּ֗אמֶר בְּרוּכָ֨ה אַ֤תְּ — ל חס למערב . ל[9]
לַֽיהוָה֙ בִּתִּ֔י הֵיטַ֛בְתְּ חַסְדֵּ֥ךְ הָאַחֲר֖וֹן מִן־הָרִאשׁ֑וֹן לְבִלְתִּי־לֶ֗כֶת אַחֲרֵי֙ — ב[10] . סד
11 הַבַּ֣חוּרִ֔ים אִם־דַּ֖ל וְאִם־עָשִֽׁיר׃ 11 וְעַתָּ֗ה בִּתִּי֙ אַל־תִּ֣ירְאִ֔י כֹּ֥ל אֲשֶׁר־ — ל[11] . יב וכל דל ואביון דכות
תֹּאמְרִ֖י[a] אֶֽעֱשֶׂה־לָּ֑ךְ כִּ֤י יוֹדֵ֙עַ֙ כָּל־שַׁ֣עַר עַמִּ֔י כִּ֛י אֵ֥שֶׁת חַ֖יִל אָֽתְּ׃ — י מל וכל ת״ד מ״ק דכות ב מ״ג חס
ס[12] 12 וְעַתָּה֙ כִּ֣י אָמְנָ֔ם כִּ֥י אם[a] גֹאֵ֖ל אָנֹ֑כִי וְגַ֛ם יֵ֥שׁ גֹּאֵ֖ל קָר֥וֹב מִמֶּֽנִּי׃ 13 לִ֣ינִי ׀ — אם חד מן ח[13] כת ולא קר . נז וכל תלים דכות ב מ״א
הַלַּ֗יְלָה וְהָיָ֤ה בַבֹּ֙קֶר֙ אִם־יִגְאָלֵ֥ךְ טוֹב֙ יִגְאָ֔ל וְאִם־לֹ֨א יַחְפֹּ֧ץ לְגָֽאֳלֵ֛ךְ — ל וכל שם ברנש דכות . יז מ״פ
14 וּגְאַלְתִּ֥יךְ אָנֹ֖כִי חַי־יְהוָ֑ה שִׁכְבִ֖י עַד־הַבֹּֽקֶר׃ 14 וַתִּשְׁכַּ֤ב מַרְגְּלֹתָו֙[a] עַד־ — ח[14] בטע וכל זקף אתנח וס״פ דכות ב מ א . מרגלתיו ק
הַבֹּ֔קֶר וַתָּ֕קָם בטרום[b] יַכִּ֥יר אִ֖ישׁ אֶת־רֵעֵ֑הוּ וַיֹּ֙אמֶר֙[c] אַל־יִוָּדַ֔ע כִּי־ — בטרם[15] ק יתיר ו
15 בָ֥אָה[d] הָאִשָּׁ֖ה[e] הַגֹּֽרֶן׃ 15 וַיֹּ֗אמֶר[a] הָ֠בִי הַמִּטְפַּ֨חַת אֲשֶׁר־עָלַ֧יִךְ וְאֶֽחֳזִי־ — ח[16] קמ ול בטע וחד מן ט חס א בליש . ל
16 בָ֖הּ וַתֹּ֣אחֶז בָּ֑הּ וַיָּ֤מָד שֵׁשׁ־שְׂעֹרִים֙ וַיָּ֣שֶׁת עָלֶ֔יהָ וַיָּבֹ֖א[b] הָעִֽיר׃ 16 וַתָּבוֹא֙ — ב חד חס וחד מל . ו[6]
אֶל־חֲמוֹתָ֔הּ וַתֹּ֖אמֶר מִי־אַ֣תְּ בִּתִּ֑י וַתַּ֨גֶּד־לָ֔הּ אֵ֛ת כָּל־אֲשֶׁ֥ר עָֽשָׂה־לָ֖הּ

[28] Mm 140. **Cp 3** [1] Mm 1213. [2] Mm 319. [3] Mm 2392. [4] Mm 2052. [5] Mm 2745. [6] Mm 3666. [7] Mm 1412. [8] Mm 448. [9] וחד וברוכה 1S 25,33. [10] Gn 20,13. [11] Lv 14,21. [12] Mp sub loco. [13] Mm 2752. [14] Mm 1571. [15] Q addidi, L sine Q cum Mp יתיר ו, cf Mp sub loco. [16] Mm 1092.

23 [a–a] pc Mss 𝔙 וַתָּשָׁב אֶל ‖ **Cp 3,3** [a] pc Mss ut Q לֹתַיִךְ–; K mlt Mss לָתֵךְ– ‖ [b] Q mlt Mss וְיָרַדְתְּ; K תִּי– ‖ **4** [a] cf 3[b] ‖ **5** [a] mlt Mss ut Q אֵלַי, 𝔊* ut K ‖ **6** [a] pc Mss 𝔖𝔙 כל ‖ **7** [a] > 𝔊* ‖ **9** [a] 𝔊[L](𝔖𝔙) + αὐτῇ = לָהּ ‖ [b] sic L, mlt Mss Edd אָתְּ ‖ [c] K[Occ] mlt Mss פֶיךָ–, K[Or] Q 𝔊𝔖 פְךָ– ‖ **11** [a] pc Mss 𝔊[O]𝔖𝔗𝔙 + אֵלַי ‖ **12** [a] mlt Mss ut Q ‖ **14** [a] mlt Mss ut Q תָיו– ‖ [b] K בְּטְרוֹם, mlt Mss ut Q בְּטֶרֶם ‖ [c] 𝔊(𝔙) + Βοος; 𝔖 w'mrt = וַתֹּאמֶר ‖ [d] 𝔖 nḥtt = בָּאתִי ‖ [e] > 𝔖, 𝔊 γυνή = אִשָּׁה ‖ **15** [a] 𝔊* + αὐτῇ, 𝔊[L] + τῇ Ρουθ ‖ [b] mlt Mss 𝔖𝔙 וַתָּבֹא.

הָאִֽישׁ׃ 17 וַתֹּ֕אמֶר[a] שֵׁשׁ־הַשְּׂעֹרִ֥ים הָאֵ֖לֶּה נָ֣תַן לִ֑י כִּ֚י אָמַ֣ר ˚ [b] אַל־ 17
תָּב֥וֹאִי רֵיקָ֖ם אֶל־חֲמוֹתֵֽךְ׃ 18 וַתֹּ֗אמֶר שְׁבִ֣י בִתִּ֔י עַ֚ד אֲשֶׁ֣ר תֵּֽדְעִ֔ין אֵ֖יךְ 18
יִפֹּ֣ל דָּבָ֑ר כִּ֣י לֹ֤א יִשְׁקֹט֙ הָאִ֔ישׁ כִּֽי־אִם־כִּלָּ֥ה הַדָּבָ֖ר הַיּֽוֹם׃
4 1 וּבֹ֨עַז עָלָ֣ה הַשַּׁעַר֮ וַיֵּ֣שֶׁב שָׁם֒ וְהִנֵּ֨ה הַגֹּאֵ֤ל עֹבֵר֙ אֲשֶׁ֣ר דִּבֶּר־בֹּ֔עַז 4
וַיֹּ֛אמֶר ס֥וּרָה שְׁבָה־פֹּ֖ה פְּלֹנִ֣י אַלְמֹנִ֑י וַיָּ֖סַר וַיֵּשֵֽׁב׃ 2 וַיִּקַּ֞ח[a] עֲשָׂרָ֧ה 2
אֲנָשִׁ֛ים מִזִּקְנֵ֥י הָעִ֖יר וַיֹּ֣אמֶר שְׁבוּ־פֹ֑ה וַיֵּשֵֽׁבוּ׃ 3 וַיֹּ֙אמֶר֙ לַגֹּאֵ֔ל חֶלְקַת֙ 3
הַשָּׂדֶ֔ה אֲשֶׁ֥ר לְאָחִ֖ינוּ לֶאֱלִימֶ֑לֶךְ [a]מָכְרָ֣ה נָעֳמִ֔י[a] הַשָּׁ֖בָה מִשְּׂדֵ֥ה מוֹאָֽב׃
4 וַאֲנִ֨י אָמַ֜רְתִּי אֶגְלֶ֧ה אָזְנְךָ֣ לֵאמֹ֗ר קְ֠נֵה נֶ֣גֶד הַיֹּשְׁבִ֜ים וְנֶ֣גֶד זִקְנֵ֣י עַמִּ֗י 4
אִם־תִּגְאַל֙ גְּאָ֔ל וְאִם־לֹ֨א יִגְאַ֜ל[a] הַגִּ֣ידָה לִּ֗י וְאֵדְעָ[b] כִּ֣י אֵ֤ין זוּלָֽתְךָ֙
לִגְא֔וֹל וְאָנֹכִ֖י אַחֲרֶ֑יךָ וַיֹּ֖אמֶר אָנֹכִ֥י אֶגְאָֽל׃ 5 וַיֹּ֣אמֶר בֹּ֔עַז בְּיוֹם־ 5
קְנוֹתְךָ֥ הַשָּׂדֶ֖ה מִיַּ֣ד נָעֳמִ֑י וּ֠מֵאֵת[a] ר֣וּת הַמּוֹאֲבִיָּ֤ה אֵֽשֶׁת־הַמֵּת֙ קָנִ֔יתִי[b]
לְהָקִ֥ים שֵׁם־הַמֵּ֖ת עַל־נַחֲלָתֽוֹ׃ 6 וַיֹּ֣אמֶר הַגֹּאֵ֗ל לֹ֤א אוּכַל֙ לִגְאָול־לִ֔י 6
פֶּן־אַשְׁחִ֖ית אֶת־נַחֲלָתִ֑י גְּאַל־לְךָ֤ אַתָּה֙ אֶת־גְּאֻלָּתִ֔י כִּ֥י לֹא־אוּכַ֖ל
לִגְאֹֽל׃ 7 וְזֹאת֩[a] לְפָנִ֨ים בְּיִשְׂרָאֵ֜ל עַל־הַגְּאוּלָּ֣ה וְעַל־הַתְּמוּרָה֮ לְקַיֵּ֣ם 7
כָּל־דָּבָר֒ שָׁלַ֥ף[b] אִ֛ישׁ נַעֲל֖וֹ וְנָתַ֣ן לְרֵעֵ֑הוּ וְזֹ֥את הַתְּעוּדָ֖ה בְּיִשְׂרָאֵֽל׃
8 וַיֹּ֧אמֶר הַגֹּאֵ֛ל לְבֹ֖עַז קְנֵה־לָ֑ךְ וַיִּשְׁלֹ֖ף נַעֲלֽוֹ[a]׃ 9 וַיֹּ֨אמֶר בֹּ֜עַז לַזְּקֵנִ֣ים 8 9
וְכָל־הָעָ֗ם עֵדִ֤ים אַתֶּם֙ הַיּ֔וֹם כִּ֤י קָנִ֙יתִי֙ אֶת־כָּל־אֲשֶׁ֣ר לֶאֱלִימֶ֔לֶךְ וְאֵ֛ת
כָּל־אֲשֶׁ֥ר לְכִלְי֖וֹן וּמַחְל֑וֹן מִיַּ֖ד נָעֳמִֽי׃ 10 וְגַ֣ם אֶת־ר֣וּת הַמֹּאֲבִיָּה֩ 10
אֵ֨שֶׁת מַחְל֜וֹן קָנִ֧יתִי לִ֣י לְאִשָּׁ֗ה לְהָקִ֤ים שֵׁם־הַמֵּת֙ עַל־נַ֣חֲלָת֔וֹ וְלֹֽא־
יִכָּרֵ֥ת שֵׁם־הַמֵּ֛ת מֵעִ֥ם אֶחָ֖יו [a]וּמִשַּׁ֣עַר מְקוֹמ֑וֹ[a] עֵדִ֥ים אַתֶּ֖ם הַיּֽוֹם׃
11 וַיֹּ֨אמְר֜וּ כָּל־הָעָ֧ם אֲשֶׁר־בַּשַּׁ֛עַר [a]וְהַזְּקֵנִ֖ים עֵדִ֑ים[a] יִתֵּן֩ יְהוָ֨ה אֶֽת־ 11
הָאִשָּׁ֜ה הַבָּאָ֣ה אֶל־בֵּיתֶ֗ךָ כְּרָחֵ֤ל ׀ וּכְלֵאָה֙ אֲשֶׁ֨ר בָּנ֤וּ שְׁתֵּיהֶם֙ אֶת־
בֵּ֣ית יִשְׂרָאֵ֔ל וַעֲשֵׂה־חַ֣יִל בְּאֶפְרָ֔תָה וּקְרָא־שֵׁ֖ם בְּבֵ֥ית לָֽחֶם׃ 12 וִיהִ֤י 12
בֵֽיתְךָ֙ כְּבֵ֣ית פֶּ֔רֶץ אֲשֶׁר־יָלְדָ֥ה תָמָ֖ר לִֽיהוּדָ֑ה מִן־הַזֶּ֗רַע אֲשֶׁ֨ר יִתֵּ֤ן

ב כת ה[2]

17 [a] 𝔊* + *αὐτῇ* cf 15[a] ‖ [b] 𝔊(𝔖)𝔗 ut Q אֵלַי ‖ **Cp 4,2** [a] 𝔊(𝔙) + *Βοος* ‖ **3** [a–a] 𝔊 *ἣ δέδοται Νωεμειν* ‖ **4** [a] mlt Mss Vrs תִּגְ׳ ‖ [b] K וְאֵדַע; mlt Mss ut Q וְאֵדְעָה ‖ **5** [a] 𝔙 *quoque*, l גַּם אֶת־ ‖ [b] pc Mss ut Q קָנִיתָה, K קָנִיתִי; frt l קְנֵה cf Vrs ‖ **7** [a] 𝔊 + *τὸ δικαίωμα* cf 𝔖𝔗𝔙 = הַמִּשְׁפָּט ‖ [b] 𝔊𝔗 pr cop ‖ **8** [a] 𝔊 + *καὶ ἔδωκεν αὐτῷ* = וַיִּתֵּן לוֹ ‖ **10** [a–a] l מֵעַמּוֹ cf 𝔊 ‖ **11** [a–a] 𝔊 *Μάρτυρες καὶ οἱ πρεσβύτεροι εἴποσαν*, frt l עֵדִים וַיֹּאמְרוּ הַזְּקֵנִים.

13 יְהוָה֙ לְךָ֔ מִן־הַנַּעֲרָ֖ה הַזֹּֽאת׃ 13 וַיִּקַּ֨ח בֹּ֤עַז אֶת־רוּת֙ וַתְּהִי־ל֣וֹ — ל זקף קמ בנ״ך . ב מנה בכתיב . ל
14 לְאִשָּׁ֔ה וַיָּבֹ֖א אֵלֶ֑יהָ וַיִּתֵּ֨ן יְהוָ֥ה לָ֛הּ הֵרָי֖וֹן וַתֵּ֥לֶד בֵּֽן׃ 14 וַתֹּאמַ֤רְנָה — ל ומל
הַנָּשִׁים֙ אֶל־נָעֳמִ֔י בָּר֣וּךְ יְהוָ֔ה אֲשֶׁ֨ר לֹ֥א הִשְׁבִּ֛ית לָ֥ךְ גֹּאֵ֖ל הַיּ֑וֹם וְיִקָּרֵ֥א — ב[16]
15 שְׁמ֖וֹ[a] בְּיִשְׂרָאֵֽל׃ 15 וְהָ֤יָה לָךְ֙ לְמֵשִׁ֣יב נֶ֔פֶשׁ וּלְכַלְכֵּ֖ל אֶת־שֵׂיבָתֵ֑ךְ כִּ֣י — ב[17] . ל
כַלָּתֵ֨ךְ אֲשֶׁר־אֲהֵבַ֜תֶךְ[a] יְלָדַ֗תּוּ אֲשֶׁר־הִיא֙ ט֣וֹבָה לָ֔ךְ מִשִּׁבְעָ֖ה בָּנִֽים׃ — ל . ל . ל . ל בטע
16 וַתִּקַּ֨ח נָעֳמִ֤י אֶת־הַיֶּ֙לֶד֙ [a]וַתְּשִׁתֵ֣הוּ בְחֵיקָ֔הּ[a] וַתְּהִי־ל֖וֹ לְאֹמֶֽנֶת׃ — ל וחס . ל
17 וַתִּקְרֶ֨אנָה ל֤וֹ הַשְּׁכֵנוֹת֙ שֵׁ֔ם לֵאמֹ֔ר יֻלַּ֥ד בֵּ֖ן לְנָעֳמִ֑י וַתִּקְרֶ֤אנָֽה שְׁמוֹ֙ — ד . ל . ד
עוֹבֵ֔ד ה֥וּא אֲבִי־יִשַׁ֖י אֲבִ֥י דָוִֽד׃ פ — ב[18] מל למערב וכל ד״ה דכות ב מ עבד אדם

18 [a]וְאֵ֙לֶּה֙ תּוֹלְד֣וֹת פָּ֔רֶץ פֶּ֖רֶץ הוֹלִ֥יד אֶת־חֶצְרֽוֹן׃ 19 וְחֶצְרוֹן֙ — ל זקף קמ
20 הוֹלִ֣יד אֶת־רָ֔ם[a] וְרָ֖ם הוֹלִ֥יד אֶת־עַמִּֽינָדָֽב׃ 20 וְעַמִּֽינָדָב֙ הוֹלִ֣יד אֶת־ — ל
21 נַחְשׁ֔וֹן וְנַחְשׁ֖וֹן הוֹלִ֥יד אֶת־שַׂלְמָֽה[a]׃ 21 וְשַׂלְמוֹן֙[a] הוֹלִ֣יד אֶת־בֹּ֔עַז וּבֹ֖עַז
22 הוֹלִ֥יד אֶת־עוֹבֵֽד׃ 22 וְעֹבֵד֙ הוֹלִ֣יד אֶת־יִשָׁ֔י וְיִשַׁ֖י הוֹלִ֥יד אֶת־דָּוִֽד׃ — ב[18] מל למערב וכל ד״ה דכות ב מ עבד אדם . ב זקף קמ

סכום הפסוקים
של ספר פה
וחציו ותאמר רות המואביה[19]
וסדרים ב

שיר השירים

CANTICUM CANTICORUM

[ס א] 1 1 שִׁ֥יר הַשִּׁירִ֖ים אֲשֶׁ֥ר לִשְׁלֹמֹֽה׃ — ל
2 יִשָּׁקֵ֙נִי֙ מִנְּשִׁיק֣וֹת פִּ֔יהוּ — ל . ל[1] . כב
כִּֽי־טוֹבִ֥ים דֹּדֶ֖יךָ[a] מִיָּֽיִן[a]׃ 3 לְרֵ֙יחַ֙ שְׁמָנֶ֣יךָ[b] טוֹבִ֔ים[a] — ג[2]
שֶׁ֖מֶן[c] תּוּרַ֣ק[c] שְׁמֶ֑ךָ עַל־כֵּ֖ן עֲלָמ֥וֹת אֲהֵבֽוּךָ׃ — ל . ד . ג

[16] Mm 1806. [17] Mm 2431. [18] Mm 3668. [19] Ru 2,21, cf Mp sub loco.
Cp 1 [1] וחד נשיקות Prv 27,6. [2] Mm 574.

14 [a] 𝔊 *τὸ ὄνομά σου* = שְׁמֵךְ ‖ **15** [a] sic L, mlt Mss Edd אהבָתך ‖ **16** [a–a] > 𝔖 ‖ **18** [a] 18sqq cf 1 Ch 2,5.9–15 ‖ **19** [a] 𝔊[AB] *Αρραν*; 𝔊[rel] *Αραμ*, 1 אֲרָם cf Mt 1,3.4 ‖ **20** [a] 𝔊[B] *Σαλμαν*, 𝔊[rel] *Σαλμων* ‖ **21** [a] pc Mss ושלמה; 𝔊[B] *Σαλμαν*, 𝔊[rel] = 𝔐.
Cp 1,2 [a] 𝔊(𝔙) *μαστοί σου* = דַּדִּיךְ, it 4[f] ‖ **3** [a–a] 𝔊 *καὶ ὀσμὴ μύρων σου ὑπὲρ παντα τὰ ἀρώματα* cf 4,10 ‖ [b] 𝔔𝔖𝔗 שמנים ‖ [c–c] 1 שׁ׳ תַּמְרוּק; 𝔔 מרקחת מורקה cf 𝔊, α′(𝔙) *ἔλαιον ἐκχεόμενον* = שׁ׳ מוּרָק.

4 [a]מָשְׁכֵנִי[b] אַחֲרֶיךָ[a] נָּרוּצָה הֱבִיאַנִי[c] הַמֶּלֶךְ חֲדָרָיו[d] ל . ד[3] . ל[4]
[e]נָגִילָה וְנִשְׂמְחָה[e] בָּךְ נַזְכִּירָה דֹדֶיךָ[f] מִיַּיִן[g] ד
מֵישָׁרִים אֲהֵבוּךָ[h]׃ ס ג

5 שְׁחוֹרָה אֲנִי וְנָאוָה בְּנוֹת[a] יְרוּשָׁלָ͏ִם ל
כְּאָהֳלֵי קֵדָר כִּירִיעוֹת שְׁלֹמֹה[b]׃ ל . ה מל[5]

6 אַל־תִּרְאוּנִי שֶׁאֲנִי שְׁחַרְחֹרֶת שֶׁשֱּׁזָפַתְנִי הַשָּׁמֶשׁ ל . ב . ל ומל
בְּנֵי אִמִּי נִחֲרוּ־בִי שָׂמֻנִי נֹטֵרָה אֶת־הַכְּרָמִים ל . ל וחס
כַּרְמִי שֶׁלִּי לֹא נָטָרְתִּי׃ ל . ב

7 הַגִּידָה לִּי שֶׁאָהֲבָה נַפְשִׁי אֵיכָה תִרְעֶה יז[7] . ה[6] בטע ול בליש
אֵיכָה תַּרְבִּיץ בַּצָּהֳרָיִם יז[7] . יב
שַׁלָּמָה אֶהְיֶה כְּעֹטְיָה[a] עַל עֶדְרֵי חֲבֵרֶיךָ׃ ל . ל
8 אִם־לֹא תֵדְעִי לָךְ הַיָּפָה בַּנָּשִׁים ח[8] ר״פ וכל איוב דכות ב מ ב
צְאִי־לָךְ בְּעִקְבֵי הַצֹּאן וּרְעִי אֶת־גְּדִיֹּתַיִךְ[a] ל . ל וכת כן
עַל מִשְׁכְּנוֹת הָרֹעִים׃ ס

9 לְסֻסָתִי[a] בְּרִכְבֵי פַרְעֹה דִּמִּיתִיךְ רַעְיָתִי[b]׃ ב[9] חס ול בליש . ל
10 נָאווּ[a] לְחָיַיִךְ בַּתֹּרִים[b] צַוָּארֵךְ בַּחֲרוּזִים[c]׃ ב[10] . ל וחס . ל ומל
11 תּוֹרֵי זָהָב נַעֲשֶׂה־לָּךְ עִם נְקֻדּוֹת הַכָּסֶף׃ ב בסיפ[11]

12 עַד־שֶׁהַמֶּלֶךְ בִּמְסִבּוֹ נִרְדִּי נָתַן רֵיחוֹ׃ ה בטע ול בליש . ל

13 צְרוֹר הַמֹּר ׀ דּוֹדִי לִי בֵּין שָׁדַי יָלִין׃
14 אֶשְׁכֹּל הַכֹּפֶר ׀ דּוֹדִי לִי בְּכַרְמֵי עֵין גֶּדִי׃ ס ה חס[12]

15 הִנָּךְ יָפָה רַעְיָתִי הִנָּךְ יָפָה עֵינַיִךְ יוֹנִים׃ ד בסיפ[6] . ד בסיפ . יא
16 הִנְּךָ יָפֶה דוֹדִי אַף נָעִים אַף־עַרְשֵׂנוּ רַעֲנָנָה[a]׃ ה[13] . ל . ל בטע
17 קֹרוֹת בָּתֵּינוּ אֲרָזִים רַחִיטֵנוּ[a] בְּרוֹתִים׃ רהיטנו ק חד מן ד[14] כת ח וקר ה

[3]Mm 1099. [4]וחד והדריו 1Ch 28,11. [5]Mm 632. [6]Mp sub loco. [7]Mm 1095. [8]Mm 3185. [9]Mm 1786. [10]Mm 3669. [11]Mm 692. [12]Mm 92. [13]Mm 1781. [14]Mm 3864.

4 [a–a] cj haec vb contra acc cf 𝔗 ‖ [b] 𝔊 *εἵλκυσάν σε* = מְשָׁכְךָ ‖ [c] l הֲבִיאֵנִי cf σ′𝔖 ‖ [d] l חַדְרֶךָ cf 𝔖 (etiam 𝔊 sg) ‖ [e–e] 𝔔 נשׂ׳ ונג׳ ‖ [f] cf 2[a] ‖ [g] 𝔆 מִיָּיִן ‖ [h] 𝔔 אהובים ‖ **5** [a] 𝔔 בנתי ‖ [b] prp שַׁלְמָה ‖ **7** [a] σ′ *ὡς ῥεμβομένη*, prb l כְּטֹעִיָּה cf 𝔖𝔗𝔙 ‖ **8** [a] 𝔆 גַּדְ׳ ‖ **9** [a] 𝔆 לסוּסתי ‖ [b] 𝔆 רעַ׳ ‖ **10** [a] 𝔊 σ′ pr *τί* = מַה־ cf 𝔗 ‖ [b] 𝔊(𝔙) *ὡς τρογόνες* = כַּתּ׳ ‖ [c] 𝔆 בַּחֲרוּזִים; 𝔊(𝔙) *ὡς ὁρμίσκοι* = כַּח׳ ‖ **16** [a] 𝔆 רְעַ׳ ‖ **17** [a] l Q; 𝔆 רְהִי׳.

2 1 אֲנִי[a] חֲבַצֶּלֶת הַשָּׁרוֹן שׁוֹשַׁנַּת הָעֲמָקִים׃ ל̇
2 כְּשׁוֹשַׁנָּה בֵּין הַחוֹחִים כֵּן[a] רַעְיָתִי[b] בֵּין הַבָּנוֹת׃ ל̇
3 כְּתַפּוּחַ[a] בַּעֲצֵי הַיַּעַר כֵּן דּוֹדִי בֵּין הַבָּנִים ל̇
בְּצִלּוֹ חִמַּדְתִּי[b] וְיָשַׁבְתִּי וּפִרְיוֹ מָתוֹק לְחִכִּי׃ ל̇ . ב̇[1]
4 הֱבִיאַנִי[a] אֶל־בֵּית הַיָּיִן[b] וְדִגְלוֹ[c] עָלַי אַהֲבָה׃ ד̇[2] . ל זקף קמ̇
5 סַמְּכוּנִי[a] בָּאֲשִׁישׁוֹת רַפְּדוּנִי[b] בַּתַּפּוּחִים ל̇ . ל̇
כִּי־חוֹלַת אַהֲבָה אָנִי׃ ל̇ ומל[3]
6 שְׂמֹאלוֹ תַּחַת לְרֹאשִׁי וִימִינוֹ תְּחַבְּקֵנִי׃ ל̇[4] . ד̇[5] . ב̇
7 הִשְׁבַּעְתִּי[a] אֶתְכֶם בְּנוֹת יְרוּשָׁלַםִ
[b]בִּצְבָאוֹת אוֹ בְּאַיְלוֹת הַשָּׂדֶה[b] ב̇ ומל
אִם־תָּעִירוּ ׀ וְאִם־תְּעוֹרְרוּ אֶת־הָאַהֲבָה[c] עַד שֶׁתֶּחְפָּץ׃ ס ג̇ . י̇א בטע̇[6] . ג̇
8 קוֹל דּוֹדִי הִנֵּה־זֶה בָּא
מְדַלֵּג עַל־הֶהָרִים מְקַפֵּץ עַל־הַגְּבָעוֹת׃
9 [a]דּוֹמֶה דוֹדִי לִצְבִי אוֹ לְעֹפֶר הָאַיָּלִים[a]
הִנֵּה־זֶה עוֹמֵד אַחַר כָּתְלֵנוּ ו̇ מל . ל̇
מַשְׁגִּיחַ מִן־הַחַלֹּנוֹת[b] מֵצִיץ מִן־הַחֲרַכִּים[c]׃ ל̇[7] . ג̇ חס[8]
10 עָנָה דוֹדִי וְאָמַר לִי ב̇[9]
קוּמִי לָךְ[a] רַעְיָתִי[b] יָפָתִי[c] וּלְכִי־לָךְ[d]׃
11 כִּי־הִנֵּה הַסְּתָו עָבָר הַגֶּשֶׁם חָלַף הָלַךְ[a] לוֹ׃ הסתיו ק̇
12 הַנִּצָּנִים נִרְאוּ בָאָרֶץ [a]עֵת[b] הַזָּמִיר הִגִּיעַ[a] ד̇
וְקוֹל הַתּוֹר נִשְׁמַע[c] בְּאַרְצֵנוּ׃ ב̇ מל בליש̇[10]
13 הַתְּאֵנָה חָנְטָה פַגֶּיהָ וְהַגְּפָנִים[a] ׀ סְמָדַר[b] נָתְנוּ רֵיחַ ל̇

Cp 2 [1]Mm 3670. [2]Mm 1099. [3]Mm 3849. [4]Mm 959. [5]Mm 3085. [6]Mm 284. [7]וחד השגיח Ps 33,14. [8]Mm 3671. [9]Jes 38,15. [10]Mm 4087.

Cp 2,1 [a] prb l אַתְּ ‖ **2** [a] ℭ כֵּין ‖ [b] ℭ רְעַ׳ ‖ **3** [a] ℭ כַּ׳ ‖ [b] Ed חָמַ׳ ‖ **4** [a] 𝔊 *εἰσαγάγετέ με* = הֲבִיאֻנִי cf 𝔖 ‖ [b] ℭ הַיַּיִן ‖ [c] l –לוֹ cf 𝔊𝔖; α′(𝔙) *ἔταξεν* = דָּגַל, σ′ *ἐπισωρεύσατε* = דִּגְרוּ (aram דגר) ‖ **5** [a] ℭ סְ׳ ‖ [b] ℭ רְ׳ ‖ **7** [a] ℭ הִשְׁבַּעְתִּי ‖ [b–b] 𝔊 *ἐν ταῖς δυνάμεσιν καὶ ἐν ταῖς ἰσχύσεσιν τοῦ ἀγροῦ* cf 𝔗 ‖ [c] 𝔙 *dilectam* = הָאֲהֻבָה ‖ **9** [a–a] gl? 𝔊 + *ἐπὶ τὰ ὄρη Βαιθηλ* cf 17 ‖ [b] sic L, mlt Mss Edd הַחַלֹּנוֹת ‖ [c] ℭ הַחֲרִכִּים ‖ **10** [a] ℭ[K]𝔊𝔙 לֵךְ, ℭ[Q] לְכִי ‖ [b] cf 2[b] ‖ [c] 𝔊 + *περιστερά μου*; 𝔙 pr *columba mea* ‖ [d] > 𝔊 ‖ **11** [a] mlt Mss 𝔖𝔗𝔙 וְהָ׳ ‖ **12** [a–a] prb tr in fin v ‖ [b] mlt Mss וְעֵת ‖ [c] ℭ נִשְׁמָע ‖ **13** [a] ℭ –פָנִים ‖ [b] prb dl.

קוּמִי לָכְי[c] רַעְיָתִי[d] יָפָתִי[e] וּלְכִי־לָךְ׃ ס — לך ק

14 יוֹנָתִי בְּחַגְוֵי הַסֶּלַע [a]בְּסֵתֶר הַמַּדְרֵגָה[a] — ג̇11. ח̇. ל̇
הַרְאִינִי אֶת־מַרְאַיִךְ הַשְׁמִיעִינִי אֶת־קוֹלֵךְ — ל̇. ב̇
כִּי־קוֹלֵךְ עָרֵב וּמַרְאֵיךְ[b] נָאוֶה׃ ס — ל ומל12
15 אֶחֱזוּ־לָנוּ שׁוּעָלִים שׁוּעָלִים[a] קְטַנִּים — ל̇. ב̇ מל בכתיב. ס13
מְחַבְּלִים כְּרָמִים וּכְרָמֵינוּ[b] סְמָדַר׃
16 דּוֹדִי לִי וַאֲנִי לוֹ הָרֹעֶה בַּשּׁוֹשַׁנִּים׃
17 עַד שֶׁיָּפוּחַ הַיּוֹם וְנָסוּ הַצְּלָלִים — ב̇ ומל. ד̇
סֹב[a] דְּמֵה־לְךָ דוֹדִי לִצְבִי אוֹ לְעֹפֶר[b] הָאַיָּלִים — ו̇ וחס14
עַל־[c]הָרֵי בָתֶר[d]׃ ס — ל̇

3 1 עַל־מִשְׁכָּבִי בַּלֵּילוֹת בִּקַּשְׁתִּי אֵת שֶׁאָהֲבָה נַפְשִׁי — ד̇1
בִּקַּשְׁתִּיו[a] וְלֹא מְצָאתִיו[b]׃
2 אָקוּמָה נָּא וַאֲסוֹבְבָה[a] בָעִיר בַּשְּׁוָקִים וּבָרְחֹבוֹת — ג̇2. ב̇ חד מל וחד חס למערב3. ל̇
אֲבַקְשָׁה אֵת שֶׁאָהֲבָה נַפְשִׁי
בִּקַּשְׁתִּיו וְלֹא מְצָאתִיו[b]׃
3 מְצָאוּנִי הַשֹּׁמְרִים הַסֹּבְבִים בָּעִיר
אֵת שֶׁאָהֲבָה נַפְשִׁי רְאִיתֶם׃
4 כִּמְעַט שֶׁעָבַרְתִּי מֵהֶם עַד שֶׁמָּצָאתִי אֵת שֶׁאָהֲבָה נַפְשִׁי — ל̇. ל̇
אֲחַזְתִּיו וְלֹא אַרְפֶּנּוּ — ל̇
עַד־שֶׁהֲבֵיאתִיו[a] אֶל־בֵּית אִמִּי וְאֶל־חֶדֶר הוֹרָתִי׃ — ה̇ בטע ול בליש. ל̇ ומל
5 הִשְׁבַּעְתִּי[a] אֶתְכֶם בְּנוֹת יְרוּשָׁלִַם [b]בִּצְבָאוֹת אוֹ בְּאַיְלוֹת הַשָּׂדֶה[b] — ב̇ ומל
אִם־תָּעִירוּ וְאִם־תְּעוֹרְרוּ אֶת־הָאַהֲבָה[c] עַד שֶׁתֶּחְפָּץ׃ ס — ג̇4. יא̇ בטע5. ג̇

[11] Mm 3672. [12] L sine Q cum vocal, Q non scriptum, cf Mp sub loco. [13] Lectio plena contra TM, cf casus primus versiculi, Thr 5,18 et Mp sub loco. [14] Mm 1054. Cp 3 [1] Mm 3674. [2] Mm 1721. [3] Mm 3240. [4] Mp sub loco. [5] Mm 284.

13 [c] K 𝔊 לְכִי ‖ [d] cf 2[b] ‖ [e] 𝔊 + *περιστερά μου* cf 10[c] ‖ **14** [a–a] 𝔊 *ἐχόμενα τοῦ προτειχίσματος* ‖ [b] l c K ־אַיִךְ, Q mlt Mss ־אֵךְ ‖ **15** [a] > pc Mss 𝔊𝔙 ‖ [b] mlt Mss 𝔙 ־מֵנוּ ‖ **17** [a] 𝔊(𝔖𝔙) *ἀπόστεψον* = שׁוּב ‖ [b] ℭ לְעָפַר ‖ [c] K[Or] אֶל ‖ [d] θ′(𝔖) *θυμιαμάτων*, l בְּשָׂמִים cf 8,14; 𝔊 *κοιλωμάτων* ‖ **Cp 3,1** [a] ℭ ־תִיו ‖ [b] 𝔊 + *ἐκάλεσα αὐτὸν καὶ οὐχ ὑπήκουσέν μου* (cf 5,6), id 𝔊[-BSO] post 2 ‖ **2** [a] ℭ ואסבבה ‖ [b] cf 1[b] ‖ **4** [a] ℭ שֶׁהֲבֵאתִיו ‖ **5** [a] cf 2,7[a] ‖ [b–b] cf 2,7[b–b] ‖ [c] cf 2,7[c].

6 מִי זֹאת עֹלָה מִן־הַמִּדְבָּר כְּתִימְרוֹת[a] עָשָׁן
מְקֻטֶּרֶת[b] מוֹר וּלְבוֹנָה מִכֹּל אַבְקַת רוֹכֵל׃
7 [a]הִנֵּה מִטָּתוֹ שֶׁלִּשְׁלֹמֹה[a]
שִׁשִּׁים גִּבֹּרִים סָבִיב לָהּ מִגִּבֹּרֵי יִשְׂרָאֵל׃
8 כֻּלָּם אֲחֻזֵי חֶרֶב מְלֻמְּדֵי מִלְחָמָה
אִישׁ חַרְבּוֹ עַל־יְרֵכוֹ מִפַּחַד בַּלֵּילוֹת׃ ס
9 אַפִּרְיוֹן[a] עָשָׂה לוֹ הַמֶּלֶךְ ° שְׁלֹמֹה[b] מֵעֲצֵי הַלְּבָנוֹן׃
10 עַמּוּדָיו עָשָׂה כֶסֶף רְפִידָתוֹ זָהָב
מֶרְכָּבוֹ אַרְגָּמָן[a] תּוֹכוֹ רָצוּף[b] אַהֲבָה
מִבְּנוֹת[b] יְרוּשָׁלָםִ׃ 11 [a]צְאֶינָה ׀ וּרְאֶינָה[a] בְּנוֹת צִיּוֹן
בַּמֶּלֶךְ שְׁלֹמֹה[b] בָּעֲטָרָה שֶׁעִטְּרָה־לּוֹ אִמּוֹ
בְּיוֹם חֲתֻנָּתוֹ וּבְיוֹם שִׂמְחַת לִבּוֹ׃ ס

4 1 הִנָּךְ יָפָה רַעְיָתִי הִנָּךְ יָפָה עֵינַיִךְ יוֹנִים
מִבַּעַד לְצַמָּתֵךְ
שַׂעְרֵךְ כְּעֵדֶר הָעִזִּים שֶׁגָּלְשׁוּ[a] מֵהַר[b] גִּלְעָד׃
2 שִׁנַּיִךְ[a] כְּעֵדֶר[b] הַקְּצוּבוֹת שֶׁעָלוּ מִן־הָרַחְצָה
שֶׁכֻּלָּם מַתְאִימוֹת וְשַׁכֻּלָה אֵין בָּהֶם׃
3 כְּחוּט הַשָּׁנִי שִׂפְתֹתַיִךְ וּמִדְבָּרֵיךְ[a] נָאוֶה
כְּפֶלַח הָרִמּוֹן רַקָּתֵךְ מִבַּעַד לְצַמָּתֵךְ׃
4 כְּמִגְדַּל דָּוִיד צַוָּארֵךְ בָּנוּי לְתַלְפִּיּוֹת[a]
אֶלֶף הַמָּגֵן תָּלוּי עָלָיו כֹּל שִׁלְטֵי הַגִּבּוֹרִים׃
5 שְׁנֵי שָׁדַיִךְ כִּשְׁנֵי עֳפָרִים תְּאוֹמֵי צְבִיָּה[a]
[b]הָרוֹעִים בַּשּׁוֹשַׁנִּים[b]׃

ב מל ול בליש
ל . ס[6]
ל
ז חס[7] . ה חס[8]
ל . ב[9]
ד[10]
ד
ד מל[11] . ל
ל ומל
ל . ל
ל . ל
ל
ד בסיפ . ד בסיפ . יא
ג[1] . ג[1]
ב . ל
ל . ב[1]
ב ומל . ב וחס
ל . ל
ג . ג . ג
ה מל
ג[2] . כת כן[3]
ל מל

[6]TM contra Mm 3678, cf Mp sub loco. [7]Mm 3633. [8]Mm 4052. [9]Mm 3673. [10]Mm 3674. [11]Mm 638.
Cp 4 [1]Mp sub loco. [2]Mm 1807. [3]Mp sub loco et cf Mp 1R 1,8.

6 [a] mlt Mss כתמרת (sg? cf Vrs), 𝔗 כתמרות, α′ *ὡς ὁμοίωσις* = כְּתְמוּנַת ‖ [b] α′ *ἀπὸ θυμιάματος* = מִקְּטֹרֶת cf 𝔗𝔙 ‖ **7** [a–a] gl ‖ **9** [a] 𝔗 ′אִפְ ‖ [b] gl ‖ **10** [a] prb l אַלְגֻּמִּן (= אַלְמֻגִּם) ‖ [b–b] l הָבְנִים: בְּנוֹת ‖ **11** [a–a] > 𝔊 ‖ [b] gl cf 9[b] ‖ **Cp 4,1** [a] 𝔊 *αἳ ἀπεκαλύφθησαν*, σ′ *ἀνεφάνησαν* ‖ [b–b] 𝔗 nonn Mss 𝔊 ′מִן־הַגּ cf 6,5 ‖ **2** [a] 𝔗 שִׁנַּיִךְ ‖ [b] 𝔗 כְּעֶדֶר ‖ **3** [a] K[Mss] 𝔗 ־רַיִךְ–, Q[Mss] ־רֵךְ– ‖ **4** [a] 𝔊 *εἰς θαλπ(φ)ιωθ*, 𝔊[V]α′ *εἰς ἐπάλξεις* cf 𝔖𝔙, σ′ *εἰς ὕψη*, ε′ *εἰς ἐντολάς* ‖ **5** [a] 𝔗 צְבִיָּה ‖ [b–b] add cf 2,16.

6 עַ֤ד[a] שֶׁיָּפ֙וּחַ֙ הַיּ֔וֹם וְנָ֖סוּ הַצְּלָלִ֑ים
אֵ֤לֶךְ לִי֙ אֶל־הַ֣ר הַמּ֔וֹר וְאֶל־[b]גִּבְעַ֖ת הַלְּבוֹנָֽה׃
7 כֻּלָּ֤ךְ[a] יָפָה֙ רַעְיָתִ֔י וּמ֖וּם אֵ֥ין בָּֽךְ׃ ס

8 אִתִּ֤י[a] מִלְּבָנוֹן֙ כַּלָּ֔ה אִתִּ֖י[a] מִלְּבָנ֣וֹן תָּב֑וֹאִי
תָּשׁ֣וּרִי ׀ מֵרֹ֣אשׁ אֲמָנָ֗ה מֵרֹ֤אשׁ שְׂנִיר֙ וְחֶרְמ֔וֹן
מִמְּעֹנ֣וֹת אֲרָי֔וֹת מֵהַרְרֵ֖י נְמֵרִֽים[b]׃

9 לִבַּבְתִּ֖נִי אֲחֹתִ֣י כַלָּ֑ה לִבַּבְתִּ֙נִי֙ בְּאַחַ֣ד מֵעֵינַ֔יִךְ
בְּאַחַ֥ד[a] עֲנָ֖ק מִצַּוְּרֹנָֽיִךְ׃

10 מַה־יָּפ֥וּ דֹדַ֖יִךְ[a] אֲחֹתִ֣י כַלָּ֑ה מַה־טֹּ֤בוּ דֹדַ֙יִךְ֙[a] מִיַּ֔יִן[b]
וְרֵ֥יחַ שְׁמָנַ֖יִךְ[c] מִכָּל־בְּשָׂמִֽים׃

11 נֹ֛פֶת תִּטֹּ֥פְנָה שִׂפְתוֹתַ֖יִךְ כַּלָּ֑ה דְּבַ֤שׁ וְחָלָב֙ תַּ֣חַת לְשׁוֹנֵ֔ךְ
וְרֵ֥יחַ שַׂלְמֹתַ֖יִךְ [a]כְּרֵ֥יחַ לְבָנֽוֹן[a]׃ ס

12 גַּ֥ן ׀ נָע֖וּל אֲחֹתִ֣י כַלָּ֑ה גַּ֥ל[a] נָע֖וּל מַעְיָ֥ן[b] חָתֽוּם׃
13 שְׁלָחַ֙יִךְ֙[a] פַּרְדֵּ֣ס רִמּוֹנִ֔ים עִ֖ם פְּרִ֣י מְגָדִ֑ים
כְּפָרִ֖ים עִם־נְרָדִֽים׃ 14 נֵ֣רְדְּ ׀ וְכַרְכֹּ֗ם
קָנֶה֙ וְקִנָּמ֔וֹן עִ֖ם כָּל־עֲצֵ֣י לְבוֹנָ֑ה
מֹ֚ר וַאֲהָל֔וֹת עִ֖ם כָּל־רָאשֵׁ֥י בְשָׂמִֽים׃

15 מַעְיַ֣ן[a] גַּנִּ֔ים[b] בְּאֵ֖ר מַ֣יִם חַיִּ֑ים וְנֹזְלִ֖ים מִן־לְבָנֽוֹן[c]׃
16 ע֤וּרִי צָפוֹן֙ וּב֣וֹאִי תֵימָ֔ן הָפִ֥יחִי גַנִּ֖י יִזְּל֣וּ בְשָׂמָ֑יו
יָבֹ֤א דוֹדִי֙ [a]לְגַנּ֔וֹ וְיֹאכַ֖ל פְּרִ֥י מְגָדָֽיו׃
5 1 בָּ֣אתִי לְגַנִּי֮ אֲחֹתִ֣י כַלָּה֒ אָרִ֤יתִי מוֹרִי֙ עִם־בְּשָׂמִ֔י
אָכַ֤לְתִּי יַעְרִי֙[a] עִם־דִּבְשִׁ֔י שָׁתִ֥יתִי יֵינִ֖י עִם־חֲלָבִ֑י

ב̇ ומל . ד̇
י̇ו̇ וכל אל הר הכרמל דכות[4]
ג̇ . ל̇
ג̇[5] ב̇ מנה מל
ל̇ . י̇ד̇ . ג̇ . י̇ד̇ . ב̇
ג̇[6]
ב̇ וחס . ב̇ וחס . באחת חד מן ב̇[7] כת כן וחד מן י̇א̇[8] ק̇ר̇ ת̇ בליש
ל̇ . ב̇ חס ול בליש
ב̇[9]
ה̇[10]
י̇א̇ ר״פ וס״פ נ̇[11] . ב̇ . ג̇[12]
ה̇[10] . ב̇
ל̇ . ל̇[13]
ל̇ . חצי הספר בפסוקים[14] ל̇ . ל̇
ב̇
ב̇ ומל . ע̇ה̇
ד̇ . י̇ו̇ מיחד מן[15]
ד̇[16] ג̇ חס וחד מן ג̇ מל בליש . ל̇
ה̇[17] חס במגלות ב̇ מנה בליש . ה̇
ל̇ . ל̇

[4] Mm 385. [5] Mm 2829. [6] Mm 966. [7] Mm 1855. [8] Mm 3675. [9] Nu 24,5. [10] Mm 3817. [11] Mm 729. [12] Mm 112. [13] וחד הפרדס Neh 2,8. [14] Mp sub loco. [15] Okhl 196. [16] Mm 2383. [17] Mp sub loco.

6 [a] add (cf 2,17), postquam 2 vv exc ‖ [b] mlt Mss אל ‖ **7** [a] 𝔊 כלה ‖ **8** [a] 𝔊(𝔖𝔙) δεῦρο = אֲתִי ‖ [b] ℭ נמ׳ ‖ **9** [a] ℭ באחַד ‖ **10** [a] 𝔊𝔙 cf 1,2[a] ‖ [b] cf 1,4[g] ‖ [c] 𝔊 ἱματίων σου = שַׂלְמֹתַיִךְ cf 11 ‖ **11** [a–a] ℭ מכל־בשמים cf 10bβ ‖ **12** [a] l c mlt Mss Edd 𝔊𝔖𝔙 גן ‖ [b] ℭ מַעְיַן ‖ **13** [a] frt l שְׁלֻחוֹת ‖ **15** [a] cf 12[b] ‖ [b] prb l גני ‖ [c] ℭ הַל׳ ‖ **16** [a] 2 Mss 𝔊[A min] לְגַנִּי ‖ **Cp 5,1** [a] 𝔊 ἄρτον μου.

Masora	Text
ה̇[1]. ד̇ ג חס וחד מל[2]	אִכְלוּ רֵעִים שְׁתוּ וְשִׁכְרוּ דּוֹדִים׃ ס
ב̇ חד מל וחד חס[3]. ל̇ ומל	ס̊[ב] 2 אֲנִי יְשֵׁנָה וְלִבִּי עֵר קוֹל ׀ דּוֹדִי דוֹפֵק
ל̇. ב̇	פִּתְחִי־לִי אֲחֹתִי רַעְיָתִי[a] יוֹנָתִי תַמָּתִי
ל̇. ל̇ זקף קמ. ל̇. ל̇	שֶׁרֹּאשִׁי[b] נִמְלָא־טָל קְוֻצּוֹתַי[c] רְסִיסֵי לָיְלָה׃
ל̇. ב̇[4]. ב̇ בטע מלעיל	3 פָּשַׁטְתִּי אֶת־כֻּתָּנְתִּי אֵיכָכָה אֶלְבָּשֶׁנָּה
ב̇ בטע מלעיל. ל̇	רָחַצְתִּי אֶת־רַגְלַי אֵיכָכָה אֲטַנְּפֵם׃
ל̇. ל̇. ד̇	4 דּוֹדִי שָׁלַח יָדוֹ מִן־הַחֹר וּמֵעַי הָמוּ עָלָיו[a]׃
כב̇[5] ול̇ בליש. ג̇. ג̇ מל בסיפ[6]	5 קַמְתִּי אֲנִי לִפְתֹּחַ לְדוֹדִי וְיָדַי נָטְפוּ־מוֹר
ל̇[7]. ג̇ מל בסיפ[6]. ל̇	וְאֶצְבְּעֹתַי מוֹר עֹבֵר עַל כַּפּוֹת הַמַּנְעוּל׃
ל̇	6 פָּתַחְתִּי אֲנִי לְדוֹדִי וְדוֹדִי חָמַק[a] עָבָר
	נַפְשִׁי יָצְאָה בְדַבְּרוֹ
ל̇. ל̇	בִּקַּשְׁתִּיהוּ וְלֹא מְצָאתִיהוּ קְרָאתִיו וְלֹא עָנָנִי׃
ל̇ חס	7 מְצָאֻנִי הַשֹּׁמְרִים הַסֹּבְבִים בָּעִיר
ב̇[8]. ל̇ ומל	הִכּוּנִי פְצָעוּנִי
י̇. ל̇. ז̇ כת כן	נָשְׂאוּ אֶת־רְדִידִי מֵעָלַי שֹׁמְרֵי הַחֹמוֹת׃
	8 הִשְׁבַּעְתִּי[a] אֶתְכֶם בְּנוֹת יְרוּשָׁלִָם[b]
	אִם־תִּמְצְאוּ אֶת־דּוֹדִי מַה־תַּגִּידוּ לוֹ
ל̇ ומל	שֶׁחוֹלַת אַהֲבָה אָנִי׃
ב̇ ובפסוק. ד̇ מל בסיפ[8]	9 מַה־דּוֹדֵךְ מִדּוֹד הַיָּפָה בַּנָּשִׁים
ב̇ ובפסוק. ד̇ מל בסיפ[8]. ג̇	מַה־דּוֹדֵךְ מִדּוֹד שֶׁכָּכָה הִשְׁבַּעְתָּנוּ[a]׃
ל̇ ומל	10 דּוֹדִי צַח וְאָדוֹם דָּגוּל מֵרְבָבָה׃
	11 רֹאשׁוֹ כֶּתֶם פָּז[a]
ל̇. ל̇. ל̇. ד̇ מל ול̇[9] בליש	קְוֻצּוֹתָיו[b] תַּלְתַּלִּים שְׁחֹרוֹת כָּעוֹרֵב׃

Cp 5 [1]Mm 2462. [2]Mm 2830. [3]Mm 3676. [4]Mm 3677. [5]Mm 1104. [6]Mm 3678. [7]וחד אצבעותי Ps 144,1. [8]Mp sub loco. [9]וחד כְּעֹרֵב Ps 83,12.

2 [a] cf 2,2[b] ‖ [b] 𝔆 שָׁר׳ ‖ [c] sic L, mlt Mss Edd קְוֻ׳ ‖ **4** [a] 𝔆 mlt Mss Edd עלי ‖ **6** [a] > 𝔊 ‖ **8** [a] cf 2,7[a] ‖ [b] 𝔊 + *ἐν ταῖς δυνάμεσιν καὶ ἐν ταῖς ἰσχύσεσιν τοῦ ἀγροῦ* cf 2,7 ‖ **9** [a] l ־ַ־נוּ; 𝔆 ־בַּע׳ ‖ **11** [a] 𝔊 pr cop, l וּפָז; frt stich exc ‖ [b] sic L, mlt Mss Edd קְוֻ׳, cf 2[c].

12 עֵינָיו כְּיוֹנִים עַל־אֲפִיקֵי מָיִם
רֹחֲצוֹת בֶּחָלָב יֹשְׁבוֹת עַל־ᵃמִלֵּאת׃ ל . ד[10]
13 לְחָיָו כַּעֲרוּגַתᵃ הַבֹּשֶׂם מִגְדְּלוֹתᵇ מֶרְקָחִים ל[11] . ל
שִׂפְתוֹתָיו שׁוֹשַׁנִּיםᶜ נֹטְפוֹת מוֹר עֹבֵר׃ ג מל בסיפ[12]
14 יָדָיוᵃ גְּלִילֵי זָהָב מְמֻלָּאִים בַּתַּרְשִׁישׁᵇ ל בטע
מֵעָיו עֶשֶׁת שֵׁן מְעֻלֶּפֶתᶜ סַפִּירִים׃ ל . ל . ב מל ול בליש
15 שׁוֹקָיו עַמּוּדֵי שֵׁשׁᵃ מְיֻסָּדִים עַל־אַדְנֵיᵇ־פָז
מַרְאֵהוּ כַּלְּבָנוֹן בָּחוּר כָּאֲרָזִים׃ ד . ל[13]
16 חִכּוֹ מַמְתַקִּים וְכֻלּוֹ מַחֲמַדִּים ב[14] ול בסיפ . ב[15]
זֶה דוֹדִי וְזֶה רֵעִי בְּנוֹת יְרוּשָׁלִָם׃

6 1 אָנָה הָלַךְ דּוֹדֵךְ הַיָּפָה בַּנָּשִׁים ד מל בסיפ
אָנָה פָּנָה דוֹדֵךְ וּנְבַקְשֶׁנּוּ עִמָּךְ׃ ד מל בסיפ
2 דּוֹדִי יָרַד לְגַנּוֹ לַעֲרוּגוֹתᵃ הַבֹּשֶׂם ל
לִרְעוֹת בַּגַּנִּים וְלִלְקֹט שׁוֹשַׁנִּים׃ ל[1]

3 אֲנִי לְדוֹדִי וְדוֹדִי לִי הָרֹעֶה בַּשּׁוֹשַׁנִּים׃ ס

4 יָפָה אַתְּ רַעְיָתִיᵃ כְּתִרְצָהᵇ נָאוָה כִּירוּשָׁלִָם ל . ד[2] . ל
ᶜאֲיֻמָּה כַּנִּדְגָּלוֹתᶜ׃ ב
5 ᵃהָסֵבִּי עֵינַיִךְ מִנֶּגְדִּי שֶׁהֵם הִרְהִיבֻנִיᵃ ל . יא . ב[3] וחד מן ח[4] בטע
שַׂעְרֵךְᵇ כְּעֵדֶר הָעִזִּים שֶׁגָּלְשׁוּᶜ מִן־הַגִּלְעָד׃ ב . ב
6 שִׁנַּיִךְ כְּעֵדֶר הָרְחֵלִים שֶׁעָלוּᵃ מִן־הָרַחְצָה ב
שֶׁכֻּלָּם מַתְאִימוֹת וְשַׁכֻּלָה אֵין בָּהֶםᵇ׃ ב ומל[2] . ב וחס
7 כְּפֶלַח הָרִמּוֹן רַקָּתֵךְ מִבַּעַד לְצַמָּתֵךְ׃ ג . ג . ג

[10] Mm 1686. [11] Mm 1811. [12] Mm 3678. [13] וחד כַּאֲרָזִים Nu 24,6. [14] Neh 8,10. [15] Nu 23,13. Cp 6 [1] Mm 488. [2] Mp sub loco. [3] Thr 4,9. [4] Mm 796.

12 ᵃ ℭ עד ‖ **13** ᵃ l c pc Mss Vrs גֹת– cf 6,2 ‖ ᵇ 𝔊(𝔙) *φύουσαι*, l מְגַדְּ׳ cf 𝔗 ‖ ᶜ ℭ שׁוֹשָׁנִים ‖ **14** ᵃ ℭ עיניו ‖ ᵇ mlt Mss כַּתּ׳ ‖ ᶜ ℭ מעַ׳, 𝔊 *ἐπὶ λίθου* (?) ‖ **15** ᵃ ℭ שֵׁן ‖ ᵇ ℭ אֲ׳ ‖ **Cp 6,2** ᵃ mlt Mss ℭ² גַת– cf 𝔙 ‖ **4** ᵃ cf 2,2ᵇ ‖ ᵇ 𝔊 *ὡς εὐδοκία* cf 𝔖𝔗𝔙 ‖ ᶜ⁻ᶜ prb add cf 10 ‖ **5** ᵃ⁻ᵃ prb tr post 10 ‖ ᵇ pc Mss שׂעריך cf 𝔙 ‖ ᶜ 𝔊 *αἳ ἀνεφάνησαν* cf 4,1, 𝔊^Smin *αἳ ἀνέβησαν* cf 𝔖 et 6 ‖ **6** ᵃ ℭ שָׁ׳ ‖ ᵇ 𝔊α′σ′𝔖 + 4,3a.

8 שִׁשִּׁים הֵמָּה מְלָכוֹת[a] וּשְׁמֹנִים פִּילַגְשִׁים וַעֲלָמוֹת אֵין מִסְפָּר׃ — בֿ[5] חס וכל קריא דכות בֿ מ ו מל . לֿ

9 אַחַת הִיא יוֹנָתִי תַמָּתִי אַחַת הִיא לְאִמָּהּ בָּרָה הִיא — בֿ . הֿ כת כן וכל לשון אכילה דכות[6]

[לְיוֹלַדְתָּהּ — לֿ

רָאוּהָ בָנוֹת וַיְאַשְּׁרוּהָ מְלָכוֹת וּפִילַגְשִׁים וַיְהַלְלוּהָ׃ ס — בֿ[7] . לֿ

10 מִי־זֹאת הַנִּשְׁקָפָה כְּמוֹ־שָׁחַר יָפָה כַלְּבָנָה — לֿ ובטע . ו̇ בכתיב[8]

בָּרָה כַּחַמָּה אֲיֻמָּה כַּנִּדְגָּלוֹת[a]׃ ס — הֿ כת כן וכל לשון אכילה דכות[6] . בֿ

11 אֶל־גִּנַּת אֱגוֹז[a] יָרַדְתִּי לִרְאוֹת בְּאִבֵּי הַנָּחַל

לִרְאוֹת הֲפָרְחָה הַגֶּפֶן הֵנֵצוּ[b] הָרִמֹּנִים[c]׃ — לֿ . לֿ חס בכתיב

12 לֹא יָדַעְתִּי נַפְשִׁי שָׂמַתְנִי[a] מַרְכְּבוֹת [b]עַמִּי־נָדִיב[b]׃ — לֿ . דֿ גֿ מל וחד חס[9]

7 1 שׁוּבִי שׁוּבִי הַשּׁוּלַמִּית שׁוּבִי שׁוּבִי וְנֶחֱזֶה־בָּךְ — לֿ ומל

מַה־תֶּחֱזוּ בַּשּׁוּלַמִּית כִּמְחֹלַת[a] הַמַּחֲנָיִם[b]׃ — לֿ בסיפֿ . לֿ וחס

2 מַה־יָּפוּ פְעָמַיִךְ בַּנְּעָלִים בַּת־נָדִיב[a] — בֿ

חַמּוּקֵי[b] יְרֵכַיִךְ כְּמוֹ חֲלָאִים מַעֲשֵׂה יְדֵי אָמָּן׃ — לֿ . לֿ . לֿ

3 שָׁרְרֵךְ אַגַּן הַסַּהַר אַל־יֶחְסַר הַמָּזֶג — לֿ . לֿ . לֿ . לֿ

בִּטְנֵךְ עֲרֵמַת חִטִּים סוּגָה בַּשּׁוֹשַׁנִּים׃ — לֿ בסיפֿ . לֿ

4 שְׁנֵי שָׁדַיִךְ כִּשְׁנֵי עֳפָרִים תָּאֳמֵי[a] צְבִיָּה[b]׃ — לֿ

5 צַוָּארֵךְ כְּמִגְדַּל הַשֵּׁן[a]

עֵינַיִךְ בְּרֵכוֹת[b] בְּחֶשְׁבּוֹן עַל־שַׁעַר[c] בַּת[d]־רַבִּים — יֿא . בֿ[1] . בֿ

אַפֵּךְ כְּמִגְדַּל הַלְּבָנוֹן צוֹפֶה פְּנֵי דַמָּשֶׂק׃ — הֿ[2] בֿ מנה מל

6 רֹאשֵׁךְ עָלַיִךְ כַּכַּרְמֶל וְדַלַּת רֹאשֵׁךְ כָּאַרְגָּמָן — לֿ . לֿ

[a]מֶלֶךְ אָסוּר בָּרְהָטִים[a]׃

[5]Mm 3679. [6]Mm 3680. [7]Mm 3681. [8]Mp sub loco. [9]Mm 472. **Cp 7** [1]Mm 3687. [2]Mm 2923.

8 [a] sic L, mlt Mss Edd 'מְ ‖ **10** [a] prb ins 5a ‖ **11** [a] 𝔗 'אֱ ‖ [b] 𝔗 הנצו ‖ [c] 𝔊 + ἐκεῖ δώσω τοὺς μαστούς μου σοί cf 7,13b ‖ **12** [a] frt l שִׂמְחָתְנִי ‖ [b–b] pc Mss 𝔊𝔙 עמינדב ‖ **Cp 7,1** [a] mlt Mss Edd 'בִּמְ, σ' ἐν τρώσεσιν; Ms –לות, 𝔊 ἡ ἐρχομένη ὡς χοροί, 𝔙 *nisi chores* cf σ' ‖ [b] l –ִים cf 𝔊σ'𝔖𝔙 ‖ **2** [a] 𝔊 *Ναδαβ* ‖ [b] 𝔗 'חַמ ‖ **4** [a] 𝔗 תְּאוֹמֵי cf 4,5 ‖ [b] 𝔗 cf 4,5[a]; 𝔖 + 4,5b ‖ **5** [a] stich deest; ins מְיֻסָּד עַל־אַדְנֵי־בַהַט? ‖ [b] 𝔊 *ὡς λίμναι*, l 'כִּבְ (hpgr) cf 𝔗𝔙 ‖ [c] 𝔊 pl = שַׁעֲרֵי ‖ [d] 𝔗 *bjt* ‖ **6** [a–a] inc; 𝔊 *βασιλεὺς δεδεμένος ἐν παραδρομαῖς* (σ' *εἰλήμασιν*), 𝔙 *regis vincta canalibus.*

7 מַה־יָּפִית וּמַה־נָּעַמְתְּ אַהֲבָה[a] בַּתַּעֲנוּגִים[b]׃ | ל̇.ל̇.ל̇

8 זֹאת קוֹמָתֵךְ דָּמְתָה לְתָמָר וְשָׁדַיִךְ לְאַשְׁכֹּלוֹת׃ | ל̇.ל̇

9 אָמַרְתִּי אֶעֱלֶה בְתָמָר[a] אֹחֲזָה בְּסַנְסִנָּיו | ל̇

וְיִהְיוּ־נָא שָׁדַיִךְ כְּאֶשְׁכְּלוֹת הַגֶּפֶן | יא רפי[3]. ל̇

וְרֵיחַ אַפֵּךְ כַּתַּפּוּחִים׃ | ה̇[4]. ל̇

10 וְחִכֵּךְ כְּיֵין הַטּוֹב הוֹלֵךְ לְדוֹדִי[a] לְמֵישָׁרִים | ל̇. י̇ בליש. כז̇[5] מל וכל משלי וקהלת דכות ב̇ מ̇ ה̇

דּוֹבֵב [b]שִׂפְתֵי יְשֵׁנִים[b]׃ | ל̇ ומל

11 אֲנִי לְדוֹדִי וְעָלַי[a] תְּשׁוּקָתוֹ׃ ס | ה̇[6]. ג̇ מל ב̇ מנה בליש

12 לְכָה דוֹדִי נֵצֵא הַשָּׂדֶה נָלִינָה בַּכְּפָרִים׃ | ל̇

13 נַשְׁכִּימָה לַכְּרָמִים | ל̇

נִרְאֶה[a] אִם[b] פָּרְחָה הַגֶּפֶן | ה̇[7]

פִּתַּח הַסְּמָדַר | ב̇[8]. ל̇

הֵנֵצוּ[c] הָרִמּוֹנִים

שָׁם אֶתֵּן אֶת־דֹּדַי[d] לָךְ׃ | ז̇. ל̇[9]

14 הַדּוּדָאִים נָתְנוּ־רֵיחַ וְעַל־פְּתָחֵינוּ כָּל־מְגָדִים

חֲדָשִׁים גַּם־יְשָׁנִים דּוֹדִי צָפַנְתִּי לָךְ׃

8 1 מִי יִתֶּנְךָ כְּאָח לִי יוֹנֵק שְׁדֵי אִמִּי | ב̇

אֶמְצָאֲךָ בַחוּץ אֶשָּׁקְךָ גַּם לֹא־יָבוּזוּ לִי׃ | ל̇. ל̇. ג̇ ב̇ מל וחד חס[1]

2 אֶנְהָגְךָ אֲבִיאֲךָ אֶל־בֵּית אִמִּי תְּלַמְּדֵנִי[a] |

אַשְׁקְךָ מִיַּיִן[b] הָרֶקַח מֵעֲסִיס רִמֹּנִי[c]׃ | ל̇. ל̇. ט̇ חס[2]

3 שְׂמֹאלוֹ תַּחַת רֹאשִׁי[a] וִימִינוֹ תְּחַבְּקֵנִי׃ | ל̇[3]. כו̇. ב̇

[3]Mm 417. [4]Mm 3817. [5]Mm 1788. [6]Mm 3683. [7]Mm 3682. [8]Mm 3530. [9]Mp sub loco. Cp 8 [1]Mm 3584 contra textum. [2]Mm 653. [3]Mm 959.

7 [a] 𝔙 *carissima* cf 𝔖, l אֲהֻבָה ‖ [b] α′ *θυγάτηρ τρυφῶν*, l בַּת תַּעֲ׳ (hpgr) cf 𝔖 ‖ **9** [a] l בַּתָּמָר cf 𝔊 ‖ **10** [a] prb l לִי ‖ [b–b] 𝔊 α′σ′(𝔖𝔙) *χείλεσίν μου καὶ ὀδοῦσιν* = שְׂפָתַי וְשִׁנָּי ‖ **11** [a] l וְאֵלַי ‖ **13** [a] ℭ נִרְאָה ‖ [b] sic L, mlt Mss Edd אִם־ ‖ [c] cf 6,11[b] ‖ [d] 𝔊(𝔖𝔙) *τοὺς μαστούς μου* cf 1,2[a] ‖ **Cp 8,2** [a] 𝔊(𝔖) *καὶ εἰς ταμίειον τῆς συλλαβούσης με* = ואל חדר הורתי ut 3,4 ‖ [b] l c ℭ Vrs מִיֵּין ‖ [c] l c mlt Mss ℭ ־ים ‖ **3** [a] mlt Mss לְרֹ׳ cf 2,6.

4 הִשְׁבַּ֥עְתִּי[a] אֶתְכֶ֖ם בְּנ֣וֹת יְרוּשָׁלָ֑͏ִם[b]
ל̇ . ג̇ . ל̇ . יא בטע[4] . ג̇ — מַה־[c]תָּעִ֧ירוּ ׀ וּֽמַה־[d]תְּעֹֽרְר֛וּ אֶת־הָאַהֲבָ֖ה[e] עַ֥ד שֶׁתֶּחְפָּֽץ׃ ס

ל̇ . ל̇ — 5 מִ֣י זֹ֗את עֹלָה֙ מִן־הַמִּדְבָּ֔ר[a] מִתְרַפֶּ֖קֶת עַל־דּוֹדָ֑הּ
ל̇ ומל — תַּ֤חַת הַתַּפּ֨וּחַ֙ עֽוֹרַרְתִּ֔יךָ[b] שָׁ֚מָּה חִבְּלַ֣תְךָ[c] אִמֶּ֔ךָ[d]
ל̇ — שָׁ֖מָּה[e] חִבְּלָ֥ה יְלָדַֽתְךָ[f]׃

ג̇[5] . ג̇[5] — 6 שִׂימֵ֨נִי כַֽחוֹתָ֜ם עַל־לִבֶּ֗ךָ כַּֽחוֹתָם֙ עַל־זְרוֹעֶ֔ךָ
ג̇[6] . ג̇[7] — כִּֽי־עַזָּ֤ה כַמָּ֙וֶת֙ אַהֲבָ֔ה קָשָׁ֥ה כִשְׁא֖וֹל קִנְאָ֑ה
ל̇ . ל̇ דגש . ל̇ — רְשָׁפֶ֕יהָ[a] רִשְׁפֵּ֕י אֵ֖שׁ שַׁלְהֶ֥בֶתְיָֽה[b]׃
יא[8] — 7 מַ֣יִם רַבִּ֗ים לֹ֤א יֽוּכְלוּ֙ לְכַבּ֣וֹת אֶת־הָאַהֲבָ֔ה
ל̇ — וּנְהָר֖וֹת לֹ֣א יִשְׁטְפ֑וּהָ
ג̇ ב̇ מל וחד חס[9] — אִם־יִתֵּ֨ן אִ֜ישׁ אֶת־כָּל־ה֤וֹן בֵּיתוֹ֙ בָּאַ֣הֲבָ֔ה בּ֖וֹז[a] יָב֥וּזוּ לֽוֹ׃ ס

ג̇ ומל[10] — 8 אָח֥וֹת לָ֙נוּ֙ קְטַנָּ֔ה וְשָׁדַ֖יִם אֵ֣ין לָ֑הּ
ב̇ בסיפ[11] . ד̇ ג̇ חס וחד מל[12] — מַֽה־נַּעֲשֶׂה֙ לַאֲחֹתֵ֔נוּ בַּיּ֖וֹם[a] שֶׁיְּדֻבַּר־בָּֽהּ׃
ל̇ — 9 אִם־חוֹמָ֣ה הִ֔יא נִבְנֶ֥ה עָלֶ֖יהָ טִ֣ירַת[a] כָּ֑סֶף
וְאִם־דֶּ֣לֶת הִ֔יא נָצ֥וּר עָלֶ֖יהָ ל֥וּחַ[b] אָֽרֶז׃
ל̇ ומל — 10 אֲנִ֣י חוֹמָ֔ה וְשָׁדַ֖י כַּמִּגְדָּל֑וֹת
נא̇ . יז̇ מפק א[13] — אָ֛ז הָיִ֥יתִי בְעֵינָ֖יו כְּמוֹצְאֵ֥ת[a] שָׁלֽוֹם׃ פ

11 כֶּ֣רֶם הָיָ֤ה לִשְׁלֹמֹה֙ בְּבַ֣עַל הָמ֔וֹן
ל̇ פת — נָתַ֥ן אֶת־הַכֶּ֖רֶם לַנֹּטְרִ֑ים
יג̇[14] ה̇[15] מנה חס . ג̇[16] — אִ֛ישׁ יָבִ֥א בְּפִרְי֖וֹ אֶ֥לֶף כָּֽסֶף׃
ב̇ . ג̇[17] — 12 כַּרְמִ֥י שֶׁלִּ֖י לְפָנָ֑י הָאֶ֤לֶף לְךָ֙ שְׁלֹמֹ֔ה
ל̇ — וּמָאתַ֥יִם לְנֹטְרִ֖ים[a] אֶת־פִּרְיֽוֹ׃

[4] Mm 284. [5] Mm 3141. [6] Mm 3116. [7] Mm 3115. [8] Mm 2545. [9] Mm 3584. [10] Mm 2576. [11] Mm 692. [12] Mm 251. [13] Mm 411. [14] Mm 679. [15] Mm 871. [16] Mm 1809. [17] Mm 646.

4 [a] cf 2,7[a] || [b] pc Mss 𝔊 + 2,7aβ ut 3,5; sed cf 5,8 || [c] pc Mss אִם cf 2,7 3,5 5,8 || [d] pc Mss וְאִם cf [c] || [e] 𝔖𝔙 cf 2,7[c] || **5** [a] 𝔊 *λελευκανθισμένη* || [b] 𝔖 *ʾjrtkj*, l ־יִךְ || [c] 𝔖 *ḥbltkj*, l ־תֵךְ || [d] 𝔖 *ʾmkj*, l אִמֵּךְ || [e] mlt Mss וְשָׁמָּה || [f] 𝔊(𝔖𝔙) *ἡ τεκοῦσά σου*, l יְלָדְתֵּךְ || **6** [a] ℭ ר׳ || [b] l שַׁלְהֲבֹתֶיהָ שַׁלְהֶבֶת־יָהּ || **7** [a] prp הָבוּז || **8** [a] ℭ Seb pc Mss בְּיוֹם || **9** [a] Vrs pl || [b] σ′𝔖𝔙 pl || **10** [a] ℭ ־את, 2 Mss כְּמֹצֵאת || **12** [a] ℭ לַנֹ׳.

13 הַיּוֹשֶׁבֶת[a] בַּגַּנִּים חֲבֵרִים מַקְשִׁיבִים לְקוֹלֵךְ   בׄ[18] . לׄ . יׄז שמיעה לקול[19]
הַשְׁמִיעִנִי[b]׃   בׄ
14 בְּרַח ׀ דּוֹדִי וּדְמֵה־לְךָ לִצְבִי   לׄ
אוֹ לְעֹפֶר הָאַיָּלִים עַל הָרֵי בְשָׂמִים׃   לׄ

סכום הפסוקים
של ספר קיז
וחציו נרד וכרכם קנה וקנמון[20]
וסדרים בׄ

ECCLESIASTES קהלת

1 1 דִּבְרֵי קֹהֶלֶת בֶּן־דָּוִד מֶלֶךְ[a] בִּירוּשָׁלִָם׃   לׄ . וׄ   [סׄא]
2 הֲבֵל הֲבָלִים אָמַר קֹהֶלֶת הֲבֵל הֲבָלִים הַכֹּל הָבֶל׃   גׄ[1] . וׄ . גׄ
3 מַה־יִּתְרוֹן לָאָדָם בְּכָל־עֲמָלוֹ שֶׁיַּעֲמֹל תַּחַת הַשָּׁמֶשׁ׃
4 דּוֹר הֹלֵךְ וְדוֹר בָּא וְהָאָרֶץ לְעוֹלָם עֹמָדֶת׃   הׄ[2] חס ד מנה בסיפ . בׄ[3] . לׄ קמׄ
5 וְזָרַח[a] הַשֶּׁמֶשׁ וּבָא הַשָּׁמֶשׁ וְאֶל־מְקוֹמוֹ שׁוֹאֵף[b]   גׄ[4] . לׄ
[c]זוֹרֵחַ הוּא שָׁם[c]׃   לׄ ומלׄ
6 הוֹלֵךְ אֶל־דָּרוֹם וְסוֹבֵב אֶל־צָפוֹן סוֹבֵב ׀ סֹבֵב[a] הוֹלֵךְ הָרוּחַ   לׄ . בׄ חס[5]
[b]וְעַל־סְבִיבֹתָיו שָׁב הָרוּחַ[b]׃   לׄ
7 כָּל־הַנְּחָלִים הֹלְכִים אֶל־הַיָּם וְהַיָּם אֵינֶנּוּ מָלֵא   לׄ בסיפ . זׄ
אֶל־מְקוֹם שֶׁהַנְּחָלִים הֹלְכִים שָׁם הֵם שָׁבִים לָלָכֶת׃   הׄ בטע ול בליש . לׄ
8 כָּל־הַדְּבָרִים יְגֵעִים [a]לֹא־יוּכַל[a] אִישׁ לְדַבֵּר   לׄ
לֹא־תִשְׂבַּע עַיִן לִרְאוֹת וְלֹא־תִמָּלֵא אֹזֶן מִשְּׁמֹעַ׃   כׄה . דׄ חס[6]
9 מַה־שֶּׁהָיָה הוּא שֶׁיִּהְיֶה וּמַה־שֶּׁנַּעֲשָׂה[a] הוּא שֶׁיֵּעָשֶׂה   הׄ[7] . בׄ
וְאֵין כָּל־חָדָשׁ תַּחַת הַשָּׁמֶשׁ׃   בׄ[8]
10 יֵשׁ דָּבָר שֶׁיֹּאמַר רְאֵה־זֶה חָדָשׁ הוּא

[18]Jdc 20,11. [19]Mm 23. [20]Cant 4,14, cf Mp sub loco.
Cp 1 [1]Mp sub loco. [2]Mm 1788. [3]Gn 15,16. [4]Mm 2424. [5]Mm 3684. [6]Mm 3685. [7]Mm 3686. [8]Prv 13,7.

13 [a] 𝔊θ′ m, 𝔖 pl ‖ [b] frt ins גַּם אָנִי.
Cp 1,1 [a] 𝔊 + *Ισραηλ* ‖ **5** [a] l זוֹרֵחַ ‖ [b] l שׁוֹאֵף; prp שָׁב אַף ‖ [c–c] add? ‖ **6** [a] dl? ‖ [b–b] add? ‖ **8** [a–a] l prb לֹא־יְכַלֶּה ‖ **9** [a] sic L.

כְּבָר הָיָה לְעֹלָמִים אֲשֶׁר הָיָה[a] מִלְּפָנֵנוּ׃ ג חס . ג בסיפ
11 אֵין זִכְרוֹן לָרִאשֹׁנִים וְגַם לָאַחֲרֹנִים שֶׁיִּהְיוּ ג̇[9] . ג
לֹא־יִהְיֶה לָהֶם זִכָּרוֹן עִם שֶׁיִּהְיוּ לָאַחֲרֹנָה׃ פ ב̇[10] . ג

12 אֲנִי קֹהֶלֶת הָיִיתִי מֶלֶךְ עַל־יִשְׂרָאֵל בִּירוּשָׁלָםִ׃ 13 וְנָתַתִּי אֶת־ ו̇[11]
לִבִּי לִדְרוֹשׁ וְלָתוּר בַּחָכְמָה עַל[a] כָּל־אֲשֶׁר נַעֲשָׂה תַּחַת הַשָּׁמָיִם[b] ד . ג בסיפ
הוּא ׀ עִנְיַן רָע נָתַן אֱלֹהִים לִבְנֵי הָאָדָם לַעֲנוֹת בּוֹ׃ ב̇ בסיפ
14 רָאִיתִי אֶת־כָּל־הַמַּעֲשִׂים שֶׁנַּעֲשׂוּ תַּחַת הַשָּׁמֶשׁ וְהִנֵּה הַכֹּל הֶבֶל ל̇
וּרְעוּת רוּחַ׃
15 מְעֻוָּת לֹא־יוּכַל לִתְקֹן[a] וְחֶסְרוֹן לֹא־יוּכַל לְהִמָּנוֹת[b]׃ ל̇ . ל̇ וחס . ל̇ ומל . ל̇ ומל
16 דִּבַּרְתִּי אֲנִי עִם־לִבִּי לֵאמֹר אֲנִי[a] הִנֵּה הִגְדַּלְתִּי[b] וְהוֹסַפְתִּי ב̇ ר״פ . ד
חָכְמָה עַל כָּל־אֲשֶׁר־הָיָה לְפָנַי [c]עַל־יְרוּשָׁלָםִ[c] וְלִבִּי רָאָה ג בסיפ
הַרְבֵּה חָכְמָה וָדָעַת׃ ד
17 וָאֶתְּנָה לִבִּי לָדַעַת חָכְמָה וְדַעַת[a] הוֹלֵלוֹת[b] וְשִׂכְלוּת[c] יָדַעְתִּי ל̇ . ל̇ כת כן
שֶׁגַּם־זֶה הוּא רַעְיוֹן רוּחַ׃ ג
18 כִּי בְּרֹב חָכְמָה רָב־כָּעַס[a] וְיוֹסִיף דַּעַת יוֹסִיף מַכְאוֹב׃ ל̇ג קמ̇[12] . ג̇[11]

2 1 אָמַרְתִּי אֲנִי בְּלִבִּי
לְכָה־נָּא אֲנַסְּכָה[a] בְשִׂמְחָה וּרְאֵה בְטוֹב ל̇ . ד רפי[1]
וְהִנֵּה גַם־הוּא הָבֶל׃
2 לִשְׂחוֹק אָמַרְתִּי מְהוֹלָל וּלְשִׂמְחָה מַה־זֹּה עֹשָׂה׃ ל̇ ומל . ג̇[2] . ל̇[3] . ו̇[4]
3 תַּרְתִּי בְלִבִּי לִמְשׁוֹךְ[a] בַּיַּיִן אֶת־בְּשָׂרִי וְלִבִּי נֹהֵג בַּחָכְמָה וְלֶאֱחֹז[b] ב̇ . ב̇[5] מל ול בליש . ד . ל̇
בְּסִכְלוּת עַד אֲשֶׁר־אֶרְאֶה אֵי־זֶה טוֹב לִבְנֵי הָאָדָם אֲשֶׁר יַעֲשׂוּ ל̇א
תַּחַת הַשָּׁמַיִם[c] מִסְפַּר יְמֵי חַיֵּיהֶם׃ ג בסיפ
4 הִגְדַּלְתִּי מַעֲשָׂי
בָּנִיתִי לִי בָּתִּים נָטַעְתִּי לִי כְּרָמִים׃

[9] Mm 797. [10] Mm 846. [11] Mp sub loco. [12] Mm 264. **Cp 2** [1] Mm 825. [2] Mm 1494. [3] Mm 2963. [4] Mm 1175. [5] Hi 21,33.

10 [a] l c nonn Mss הָיוּ; cf 2,7[b] ‖ **13** [a] Or אֶל; > 𝔗 ‖ [b] 𝔗 mlt Mss 𝔖𝔗𝔙 הַשָּׁמֶשׁ; cf 1,3.9 etc ‖ **15** [a] l לְהִתָּקֵן cf 𝔊 ‖ [b] prp לְהִמָּלוֹת (cf bBer 16b) ‖ **16** [a] > 𝔗 ‖ [b] prp גָּדַלְתִּי cf 𝔊 *ἐμεγαλύνθην* = 𝔐 et 𝔊 2,9 ‖ [c–c] mlt Mss Vrs בִּירוּשׁ׳ cf 2,7 ‖ **17** [a] 𝔊𝔗 cj c aα ‖ [b] nonn Mss הוללוּת cf 10,13 ‖ [c] mlt Mss וְסִ׳ ‖ **18** [a] 𝔊 *γνώσεως* = דָּעַת ‖ **Cp 2,1** [a] sic L, mlt Mss Edd —כָה; prp אֲנַסֶּנָּה ‖ **3** [a] l לִשְׁמוֹךְ cf Cant 2,5 ‖ [b] l frt וְלֹא אֹחֵז ‖ [c] 2 Mss 𝔊𝔖 הַשֶּׁמֶשׁ.

5 עָשִׂיתִי לִי גַּנּוֹת וּפַרְדֵּסִים וְנָטַעְתִּי בָהֶם עֵץ כָּל־פֶּרִי׃ ג ר״פ . ל
6 עָשִׂיתִי לִי בְּרֵכוֹת מָיִם לְהַשְׁקוֹת מֵהֶם יַעַר צוֹמֵחַ עֵצִים׃ ג ר״פ . ב[6] . ל ומל
7 קָנִיתִי[a] עֲבָדִים וּשְׁפָחוֹת וּבְנֵי־בַיִת הָיָה[b] לִי גַּם מִקְנֶה בָקָר וָצֹאן ה . ד[7]
הַרְבֵּה הָיָה לִי מִכֹּל שֶׁהָיוּ[c] לְפָנַי בִּירוּשָׁלָםִ׃ ל
8 כָּנַסְתִּי לִי גַּם־כֶּסֶף וְזָהָב וּסְגֻלַּת מְלָכִים וְהַמְּדִינוֹת[a] ל וחס . ל ומל[8]
עָשִׂיתִי לִי שָׁרִים וְשָׁרוֹת וְתַעֲנוּגֹת בְּנֵי הָאָדָם [b]שִׁדָּה וְשִׁדּוֹת[b]׃ ח בליש[9] . ב . ב חס ו ול בליש[10] . ל . ל
9 וְגָדַלְתִּי וְהוֹסַפְתִּי מִכֹּל שֶׁהָיָה לְפָנַי בִּירוּשָׁלָםִ אַף חָכְמָתִי ד
עָמְדָה לִּי׃ ד[11]
10 וְכֹל אֲשֶׁר שָׁאֲלוּ עֵינַי לֹא אָצַלְתִּי מֵהֶם ל
לֹא־מָנַעְתִּי אֶת־לִבִּי מִכָּל־שִׂמְחָה כִּי־לִבִּי שָׂמֵחַ מִכָּל[a]־עֲמָלִי
וְזֶה־הָיָה חֶלְקִי מִכָּל־עֲמָלִי׃
11 וּפָנִיתִי אֲנִי בְּכָל־מַעֲשַׂי שֶׁעָשׂוּ יָדַי וּבֶעָמָל שֶׁעָמַלְתִּי לַעֲשׂוֹת כב[12] . ג
וְהִנֵּה הַכֹּל הֶבֶל וּרְעוּת רוּחַ וְאֵין יִתְרוֹן תַּחַת הַשָּׁמֶשׁ׃
12 וּפָנִיתִי אֲנִי לִרְאוֹת חָכְמָה וְהוֹלֵלוֹת וְסִכְלוּת כִּי ׀
מֶה[a] הָאָדָם שֶׁיָּבוֹא אַחֲרֵי הַמֶּלֶךְ כד[13] . ל ומל
אֵת אֲשֶׁר־כְּבָר עָשׂוּהוּ[b]׃ ל
13 וְרָאִיתִי אָנִי שֶׁיֵּשׁ יִתְרוֹן לַחָכְמָה מִן־הַסִּכְלוּת כִּיתְרוֹן[a] הָאוֹר יב[14] . ו בסיפ[15] . ל ומל
מִן־הַחֹשֶׁךְ׃
14 הֶחָכָם עֵינָיו בְּרֹאשׁוֹ וְהַכְּסִיל בַּחֹשֶׁךְ הוֹלֵךְ יד
וְיָדַעְתִּי גַם־אָנִי שֶׁמִּקְרֶה אֶחָד יִקְרֶה אֶת־כֻּלָּם׃ 15 וְאָמַרְתִּי ו בסיפ[15] . ל . ב
אֲנִי בְּלִבִּי
כְּמִקְרֵה הַכְּסִיל גַּם־אֲנִי יִקְרֵנִי וְלָמָּה חָכַמְתִּי אֲנִי אָז[a] יוֹתֵר ל
וְדִבַּרְתִּי בְלִבִּי שֶׁגַּם־זֶה הָבֶל[b]׃ 16 כִּי ג
אֵין זִכְרוֹן לֶחָכָם עִם־הַכְּסִיל לְעוֹלָם ג[16]

[6]Mm 3687. [7]Mm 3688. [8]וחד למדינות Est 2,18. [9]Mm 1824. [10]Mm 3689. [11]Mm 3690. [12]Mm 1104. [13]Mm 592. [14]Mm 445. [15]Mm 3691. [16]Mm 797.

7 [a] mlt Mss 𝔖 + לִי ‖ [b] pc Mss 𝔊𝔖 הָיוּ ‖ [c] mlt Mss Vrs שֶׁהָיָה cf 9 et 1,16 ‖ **8** [a] prp וְשָׂרֵי הַמּ׳ ‖ [b–b] cf Jdc 5,30; 𝔊(θ′𝔖) *οἰνοχόον καὶ οἰνοχόας*, α′ *κυλίκιον καὶ κυλίκια* cf σ′ 𝔗𝔙; gl? ‖ **10** [a] pc Mss ℭ בְּכָל ‖ **12** [a] ins יַעֲשֶׂה et l מַה־יַּעֲ׳ ‖ [b] mlt Mss עָשָׂהוּ cf 𝔊 (𝔖) *ἐποίησεν αὐτήν*; l frt עָשָׂה הוּא ‖ **13** [a] sic L, mlt Mss Edd כְּיִ׳ ‖ **15** [a] > Ms 𝔊[BS*min] 𝔖𝔙, frt dl vel l אֵין ‖ [b] 𝔊 + *διότι ἄφρων ἐκ περισσεύματος λαλεῖ* cf Mt 12,34 Lc 6,45.

בְּשֶׁכְּבָ֞ר הַיָּמִ֣ים הַבָּאִ֗ים הַכֹּ֣ל נִשְׁכָּ֔ח וְאֵ֛יךְ יָמ֥וּת הֶחָכָ֖ם עִם־ ל.ל
הַכְּסִֽיל׃ 17 וְשָׂנֵ֙אתִי֙[a] אֶת־הַ֣חַיִּ֔ים כִּ֚י רַ֤ע עָלַי֙ הַֽמַּעֲשֶׂ֔ה שֶׁנַּעֲשָׂ֖ה ג[17].ב
תַּ֣חַת הַשָּׁ֑מֶשׁ כִּֽי־הַכֹּ֥ל הֶ֖בֶל וּרְע֥וּת רֽוּחַ׃

18 וְשָׂנֵ֤אתִֽי אֲנִי֙ אֶת־כָּל־עֲמָלִ֔י שֶׁאֲנִ֥י עָמֵ֖ל תַּ֣חַת הַשָּׁ֑מֶשׁ שֶׁאַנִּיחֶ֕נּוּ ב.ח[18] ה[19] מנה בסיפ.ל
19 לָאָדָ֖ם[a] שֶׁיִּהְיֶ֥ה אַחֲרָֽי׃ 19 וּמִ֣י יוֹדֵ֗עַ הֶחָכָ֤ם יִהְיֶה֙ א֣וֹ סָכָ֔ל וְיִשְׁלַט֙ ה[20].ג.ל
20 בְּכָל־עֲמָלִ֔י שֶׁעָמַ֥לְתִּי וְשֶׁחָכַ֖מְתִּי תַּ֣חַת הַשָּׁ֑מֶשׁ גַּם־זֶ֖ה הָֽבֶל׃ 20 וְסַבּ֥וֹתִֽי ג.ד ס״פ[21].ל
אֲנִ֖י לְיַאֵ֣שׁ אֶת־לִבִּ֑י עַ֚ל כָּל־הֶ֣עָמָ֔ל שֶׁעָמַ֖לְתִּי[a] תַּ֥חַת הַשָּֽׁמֶשׁ׃ ל.ג
21 כִּי־יֵ֣שׁ אָדָ֗ם שֶׁעֲמָל֛וֹ בְּחָכְמָ֥ה וּבְדַ֖עַת וּבְכִשְׁר֑וֹן וּלְאָדָ֞ם שֶׁלֹּ֤א ל בסיפ.ה. ב[22] בסיפ ול בליש.ד
22 עָֽמַל־בּוֹ֙ יִתְּנֶ֣נּוּ חֶלְק֔וֹ גַּם־זֶ֥ה הֶ֖בֶל וְרָעָ֥ה רַבָּֽה׃ 22 כִּ֚י מֶֽה־הֹוֶ֤ה לָֽאָדָם֙ ב[23].ט[24].כד[25].ב
23 בְּכָל־עֲמָל֔וֹ וּבְרַעְי֖וֹן לִבּ֑וֹ שֶׁה֥וּא עָמֵ֖ל תַּ֥חַת הַשָּֽׁמֶשׁ׃ 23 כִּ֧י כָל־יָמָ֣יו ל.ח[18] ה[19] מנה בסיפ
מַכְאֹבִ֗ים וָכַ֙עַס֙ עִנְיָנ֔וֹ גַּם־בַּלַּ֖יְלָה לֹא־שָׁכַ֣ב לִבּ֑וֹ ל חס
גַּם־זֶ֖ה הֶ֥בֶל הֽוּא׃

24 אֵֽין־ט֤וֹב בָּאָדָם֙[a] שֶׁיֹּאכַ֣ל[b] וְשָׁתָ֔ה וְהֶרְאָ֥ה אֶת־נַפְשׁ֛וֹ ט֖וֹב בַּעֲמָל֑וֹ ב
גַּם־זֹה֙ רָאִ֣יתִי אָ֔נִי כִּ֛י מִיַּ֥ד הָאֱלֹהִ֖ים הִֽיא[c]׃ ל[26].ו בסיפ[27].ד בליש
25 כִּ֣י מִ֥י יֹאכַ֛ל וּמִ֥י יָח֖וּשׁ[a] ח֥וּץ מִמֶּֽנִּי[b]׃ נז וכל תלים דכות ב מ יא
26 כִּ֣י לְאָדָם֙ שֶׁטּ֣וֹב לְפָנָ֔יו נָתַ֛ן חָכְמָ֥ה וְדַ֖עַת וְשִׂמְחָ֑ה וְלַֽחוֹטֶא֩ ב[22] בסיפ ול[28] בליש
נָתַ֨ן עִנְיָ֜ן לֶאֱס֣וֹף וְלִכְנ֗וֹס לָתֵת֙ לְט֔וֹב לִפְנֵ֣י הָאֱלֹהִ֔ים גַּם־זֶ֥ה ג ס״פ[29]
הֶ֖בֶל[a] וּרְע֥וּת רֽוּחַ׃

3 1 לַכֹּ֖ל זְמָ֑ן וְעֵ֥ת לְכָל־חֵ֖פֶץ תַּ֥חַת הַשָּׁמָֽיִם׃ ס יא.ג בסיפ
2 עֵ֥ת לָלֶ֖דֶת וְעֵ֣ת לָמ֑וּת ל
עֵ֥ת לָטַ֖עַת וְעֵ֥ת לַעֲק֥וֹר נָטֽוּעַ׃ ל.ל.ל
3 עֵ֤ת לַהֲר֙וֹג֙[a] וְעֵ֣ת לִרְפּ֔וֹא ב מל.ב חד חס וחד מל[1]
עֵ֥ת לִפְר֖וֹץ וְעֵ֥ת לִבְנֽוֹת׃

[17]Mm 1223. [18]Mm 3457. [19]Mm 3693. [20]Mm 3686. [21]Mm 3703. [22]Mm 3692. [23]Lv 5,24. [24]Mm 1144. [25]Mm 592. [26]Mm 2963. [27]Mm 3691. [28]Mm 391. [29]Mm 3694. **Cp 3** [1]Mm 3695.

17 [a] nonn Mss 𝔖𝔗 + אֲנִי cf 18 ‖ **18** [a] 𝔊 לָאָ׳ ‖ **20** [a] mlt Mss 𝔗 + וְשֶׁחָכַמְתִּי cf 19 ‖ **24** [a] pc Mss 𝔖 לָאָ׳ sed cf 3,12 ‖ [b] l מִשֶּׁ׳ cf 𝔖𝔗 ‖ [c] mlt Mss Edd הוּא ‖ **25** [a] 𝔊θ′(𝔖) *πίεται*, 𝔊^O α′σ′ *φείσεται* = יָחוּשׁ pro יחוס ‖ [b] sic etiam 𝔗𝔙, sed pc Mss 𝔊𝔖 מִמֶּנּוּ, l? ‖ **26** [a] 𝔊 הָבֶל ‖ **Cp 3,3** [a] prp לַהֲרוֹס vel לַהֲדוֹף.

4 עֵ֤ת לִבְכּוֹת֙ וְעֵ֣ת לִשְׂח֔וֹק
עֵ֥ת סְפ֖וֹד וְעֵ֥ת רְקֽוֹד׃ ג מל ול בליש . ל
5 עֵ֚ת לְהַשְׁלִ֣יךְ אֲבָנִ֔ים וְעֵ֖ת כְּנ֣וֹס אֲבָנִ֑ים ב
עֵ֣ת לַחֲב֔וֹק וְעֵ֖ת לִרְחֹ֥ק מֵחַבֵּֽק׃ ל . ד חס ול בליש בכתיב . ל
6 עֵ֤ת לְבַקֵּשׁ֙ וְעֵ֣ת לְאַבֵּ֔ד ב בסיפ
עֵ֥ת לִשְׁמ֖וֹר וְעֵ֥ת לְהַשְׁלִֽיךְ׃ ח מל[2]
7 עֵ֤ת לִקְר֙וֹעַ֙ וְעֵ֣ת לִתְפּ֔וֹר ל ומל . ל ומל
עֵ֥ת לַחֲשׁ֖וֹת וְעֵ֥ת לְדַבֵּֽר׃ ל
8 עֵ֤ת לֶֽאֱהֹב֙ וְעֵ֣ת לִשְׂנֹ֔א
עֵ֥ת מִלְחָמָ֖ה וְעֵ֥ת שָׁלֽוֹם׃ ס
9 מַה־יִּתְרוֹן֙ הָֽעוֹשֶׂ֔ה בַּאֲשֶׁ֖ר ה֥וּא עָמֵֽל׃ מל למדינ[3] . הי[4] . ח[5] ה[6] מנה בסיפ
10 רָאִ֣יתִי אֶת־הָֽעִנְיָ֗ן אֲשֶׁ֨ר נָתַ֧ן אֱלֹהִ֛ים לִבְנֵ֥י הָאָדָ֖ם לַעֲנ֥וֹת[a] בּֽוֹ׃ ב בסיפ
11 אֶת־הַכֹּ֥ל עָשָׂ֖ה יָפֶ֣ה בְעִתּ֑וֹ גַּ֤ם אֶת־הָעֹלָם֙ נָתַ֣ן בְּלִבָּ֔ם[a] ה[7] . ב חס למערב[8] . ט
מִבְּלִ֞י אֲשֶׁ֧ר לֹא־יִמְצָ֣א הָאָדָ֗ם אֶת־הַמַּעֲשֶׂה֙ אֲשֶׁר־עָשָׂ֣ה הָאֱלֹהִ֔ים
מֵרֹ֖אשׁ וְעַד־סֽוֹף׃ 12 יָדַ֕עְתִּי כִּ֛י יד . ג
אֵ֥ין ט֖וֹב בָּ֑ם[a] כִּ֣י אִם־לִשְׂמ֔וֹחַ וְלַעֲשׂ֥וֹת ט֖וֹב בְּחַיָּֽיו׃ ב מל . הי[9]
13 וְגַ֤ם כָּל־הָֽאָדָם֙ שֶׁיֹּאכַ֣ל וְשָׁתָ֔ה וְרָאָ֥ה ט֖וֹב בְּכָל־עֲמָל֑וֹ מַתַּ֥ת ס֯ [בּ] כ ר״פ בכתיב[10] . ב . ב
אֱלֹהִ֖ים הִֽיא׃ 14 יָדַ֗עְתִּי כִּ֠י כָּל־אֲשֶׁ֨ר יַעֲשֶׂ֤ה הָֽאֱלֹהִים֙ ה֚וּא יִהְיֶ֣ה [לְעוֹלָ֔ם ב[11]
עָלָיו֙ אֵ֣ין לְהוֹסִ֔יף וּמִמֶּ֖נּוּ אֵ֣ין לִגְרֹ֑עַ יו מ״פ אין אין . ד . ב[12] . ל
וְהָאֱלֹהִ֣ים עָשָׂ֔ה שֶׁיִּֽרְא֖וּ מִלְּפָנָֽיו׃ ז[13] . ל וחס . ח[14]
15 מַה־שֶּֽׁהָיָה֙ כְּבָ֣ר ה֔וּא וַאֲשֶׁ֥ר לִהְי֖וֹת כְּבָ֣ר הָיָ֑ה
וְהָאֱלֹהִ֖ים יְבַקֵּ֥שׁ אֶת־נִרְדָּֽף׃ ז[13] . ב[15]
16 וְע֥וֹד רָאִ֖יתִי תַּ֣חַת הַשָּׁ֑מֶשׁ כג ח[16] מנה ר״פ
מְק֤וֹם הַמִּשְׁפָּט֙ שָׁ֣מָּה הָרֶ֔שַׁע
וּמְק֥וֹם הַצֶּ֖דֶק[a] שָׁ֥מָּה הָרָֽשַׁע[b]׃ ג[17] . ל

[2]Mm 1796. [3]Mm 3696. [4]Mm 2386. [5]Mm 3457. [6]Mm 3693. [7]Mm 1781. [8]Mm 4081. [9]Mm 1376. [10]Mm 4070. [11]Lv 18,29. [12]Mm 3697. [13]Mm 145. [14]Mm 4080. [15]Mm 3496. [16]Mm 2227. [17]Mm 3241.

10 [a] 𝔗 לְעָנוֹת || **11** [a] dttg, l בּוֹ vel בָּם || **12** [a] prp בָּאָדָם cf 2,24 || **16** [a] 𝔊 *τοῦ δικαίου*, 𝔗 *gbr zk'j* || [b] 𝔊 *ὁ ἀσεβής*, 𝔗 *gbr' ḥjjb'*; prp הַפָּשַׁע.

17 אָמַ֤רְתִּֽי אֲנִי֙ בְּלִבִּ֔י
אֶת־הַצַּדִּיק֙ וְאֶת־הָ֣רָשָׁ֔ע יִשְׁפֹּ֖ט הָאֱלֹהִ֑ים ל. ל
כִּי־עֵ֣ת לְכָל־חֵ֔פֶץ וְעַ֥ל כָּל־הַֽמַּעֲשֶׂ֖ה שָֽׁם[a]׃
18 אָמַ֤רְתִּֽי אֲנִי֙ בְּלִבִּ֔י עַל־דִּבְרַת֙ בְּנֵ֣י הָאָדָ֔ם לְבָרָ֖ם הָאֱלֹהִ֑ים ל
19 וְלִרְא֕וֹת[a] שְׁהֶם־בְּהֵמָ֥ה הֵ֖מָּה לָהֶֽם׃ 19 כִּי֩ מִקְרֶ֨ה[a] בְנֵֽי־הָאָדָ֜ם ג[18]. ל. ב[19]
וּמִקְרֶ֣ה[a] הַבְּהֵמָ֗ה וּמִקְרֶ֤ה[b] אֶחָד֙ לָהֶ֔ם כְּמ֥וֹת זֶה֙ כֵּ֣ן מ֣וֹת זֶ֔ה וְר֥וּחַ ב. ב. ג[20]
20 אֶחָ֖ד לַכֹּ֑ל וּמוֹתַ֨ר הָאָדָ֤ם מִן־הַבְּהֵמָה֙ אָ֔יִן כִּ֥י הַכֹּ֖ל הָֽבֶל׃ 20 הַכֹּ֥ל יא. ל. ל זקף קמ[21]
הוֹלֵ֖ךְ אֶל־מָק֣וֹם אֶחָ֑ד ג[22]
הַכֹּל֙ הָיָ֣ה מִן־הֶֽעָפָ֔ר וְהַכֹּ֖ל שָׁ֥ב אֶל־הֶעָפָֽר׃ ל
21 מִ֣י[a] יוֹדֵ֗עַ ר֚וּחַ בְּנֵ֣י הָֽאָדָ֔ם הָעֹלָ֥ה[b] הִ֖יא לְמָ֑עְלָה וְר֙וּחַ֙ הַבְּהֵמָ֔ה
22 הַיֹּ֥רֶדֶת[c] הִ֖יא לְמַ֥טָּה לָאָֽרֶץ׃ 22 וְרָאִ֗יתִי כִּ֣י אֵ֥ין טוֹב֙ מֵאֲשֶׁ֨ר יִשְׂמַ֤ח ל וחס. יב[23]
הָאָדָם֙ בְּמַ֣עֲשָׂ֔יו כִּי־ה֖וּא חֶלְק֑וֹ כִּ֣י
מִ֤י יְבִיאֶ֙נּוּ֙ לִרְא֔וֹת בְּמֶ֖ה שֶׁיִּהְיֶ֥ה אַחֲרָֽיו׃ ל. ה[24]

4 1 וְשַׁ֣בְתִּֽי אֲנִ֗י וָאֶרְאֶה֙ אֶת־כָּל־הָ֣עֲשֻׁקִ֔ים אֲשֶׁ֥ר נַעֲשִׂ֖ים תַּ֣חַת ב
הַשָּׁ֑מֶשׁ וְהִנֵּ֣ה ׀
דִּמְעַ֣ת הָעֲשֻׁקִ֗ים וְאֵ֤ין לָהֶם֙ מְנַחֵ֔ם ב. יג פסוק ואין ואין[1]. ג[2]
וּמִיַּ֤ד עֹֽשְׁקֵיהֶם֙ כֹּ֔חַ[a] וְאֵ֥ין לָהֶ֖ם מְנַחֵֽם׃ ל וחס. ג[2]
2 וְשַׁבֵּ֥חַ אֲנִ֛י אֶת־הַמֵּתִ֖ים שֶׁכְּבָ֣ר מֵ֑תוּ מִן־הַ֣חַיִּ֔ים אֲשֶׁ֛ר הֵ֥מָּה חַיִּ֖ים ל[3]. ל
עֲדֶֽנָה׃ 3 וְטוֹב֙ מִשְּׁנֵיהֶ֔ם אֵ֥ת אֲשֶׁר־עֲדֶ֖ן לֹ֣א הָיָ֑ה אֲשֶׁ֤ר לֹֽא־רָאָה֙ ל. יז[4]. ל
אֶת־הַֽמַּעֲשֶׂ֣ה הָרָ֔ע אֲשֶׁ֥ר נַעֲשָׂ֖ה תַּ֥חַת הַשָּֽׁמֶשׁ׃ כל עשייה רע פת ב מ ז[5] קמ ב מנה דסמיכ בליש
4 וְרָאִ֨יתִי אֲנִ֜י אֶת־כָּל־עָמָ֗ל וְאֵת֙ כָּל־כִּשְׁר֣וֹן הַֽמַּעֲשֶׂ֔ה כִּ֛י הִ֥יא יב[6]. ב
קִנְאַת־אִ֖ישׁ מֵרֵעֵ֑הוּ גַּם־זֶ֥ה הֶ֖בֶל וּרְע֥וּת רֽוּחַ׃ ג ס״פ[7]
5 הַכְּסִיל֙ חֹבֵ֣ק אֶת־יָדָ֔יו וְאֹכֵ֖ל אֶת־בְּשָׂרֽוֹ׃ ל וחס
6 ט֕וֹב מְלֹ֥א כַ֖ף נָ֑חַת[a] מִמְּלֹ֥א חָפְנַ֛יִם עָמָ֖ל[b] [c]וּרְע֥וּת רֽוּחַ[c]׃ ל וחס

[18] Mm 3698. [19] Mm 1975. [20] Mm 931. [21] Mm 3699. [22] Mm 3700. [23] Mm 445. [24] Mm 3686. **Cp 4** [1] Mm 2004. [2] Mm 2716. [3] וחד ואת המתים Ru 2,20. [4] Mm 1088. [5] Mm 824. [6] Mm 445. [7] Mm 3694.

17 [a] l frt מִשָּׁם observatio cf Hi 4,20 || **18** [a] 𝔊 καὶ τοῦ δεῖξαι = וְלַרְאוֹת cf 𝔖𝔙 || **19** [a] = –רֵה cf 2,15 || [b] mlt Mss 𝔊𝔖𝔗 מִקְרֶה || **21** [a] mlt Mss 𝔊𝔖 וּמִי || [b] l הָעֹלָה cf Vrs || [c] l הַיֹּרֶדֶת cf Vrs || **Cp 4,1** [a] prp מְנַקֵּם sed cf 3,16 || **6** [a] l וָנַחַת? cf 𝔗 || [b] l וְעָמָל? || [c–c] frt dl.

7 וְשַׁבְתִּי אֲנִי וָאֶרְאֶה הֶבֶל תַּחַת הַשָּׁמֶשׁ׃
8 יֵשׁ אֶחָד וְאֵין שֵׁנִי גַּם בֵּן וָאָח אֵין־לוֹ — כו̇ פסוק דאית בהון א״ב . ח̇ פסוק דמיין[8] . ל̇
וְאֵין קֵץ לְכָל־עֲמָלוֹ גַּם־עֵינָיו[a] לֹא־תִשְׂבַּע עֹשֶׁר — עינו ק̇ חד מן ט̇[9] בליש
וּלְמִי ׀ אֲנִי עָמֵל וּמְחַסֵּר אֶת־נַפְשִׁי[b] מִטּוֹבָה — ג̇[10] . ח̇[11] ה̇[12] מנה בסיפ̇ . ל̇
גַּם־זֶה הֶבֶל וְעִנְיַן[c] רָע הוּא׃ 9 טוֹבִים הַשְּׁנַיִם מִן־הָאֶחָד אֲשֶׁר — ל̇ . ב̇[13]
יֵשׁ־לָהֶם שָׂכָר טוֹב בַּעֲמָלָם׃ 10 כִּי — ל̇
אִם־יִפֹּלוּ הָאֶחָד יָקִים אֶת־חֲבֵרוֹ — ל̇
וְאִילוֹ[a] הָאֶחָד שֶׁיִּפּוֹל וְאֵין שֵׁנִי לַהֲקִימוֹ׃ — ה̇ בטע̇[14] . ב̇ . ב̇[15]
11 גַּם
אִם־יִשְׁכְּבוּ שְׁנַיִם וְחַם לָהֶם וּלְאֶחָד אֵיךְ יֵחָם׃ — ג̇[16] . ב̇ חד פת̇ וחד קמ̇ ול̇ בליש . ב̇ חד פת̇ וחד קמ̇[17]
12 וְאִם־יִתְקְפוֹ[a] הָאֶחָד הַשְּׁנַיִם יַעַמְדוּ נֶגְדּוֹ[a] — ב̇[18]
וְהַחוּט הַמְשֻׁלָּשׁ לֹא בִמְהֵרָה יִנָּתֵק׃ — ל̇ . ג̇

13 טוֹב יֶלֶד מִסְכֵּן וְחָכָם מִמֶּלֶךְ זָקֵן וּכְסִיל — ג̇ בטע̇ בסיפ̇ . ד̇ . ג̇
אֲשֶׁר לֹא־יָדַע לְהִזָּהֵר עוֹד׃ — ה̇ . ל̇
14 כִּי־מִבֵּית הָסוּרִים[a] יָצָא לִמְלֹךְ — ל̇ . ג̇ וחס̇[19]
כִּי גַּם בְּמַלְכוּתוֹ[b] נוֹלַד רָשׁ׃
15 רָאִיתִי אֶת־כָּל־הַחַיִּים הַמְהַלְּכִים תַּחַת הַשָּׁמֶשׁ
עִם הַיֶּלֶד הַשֵּׁנִי אֲשֶׁר יַעֲמֹד תַּחְתָּיו׃ — ל̇
16 אֵין־קֵץ לְכָל־הָעָם לְכֹל[a] אֲשֶׁר־הָיָה[a] לִפְנֵיהֶם[b] — ו̇ פסוק דמיין דמטע̇[15] . י̇ פסוק לכל לכל . ל̇ . ג̇ בסיפ̇
גַּם הָאַחֲרוֹנִים לֹא יִשְׂמְחוּ־בוֹ
כִּי־גַם־זֶה הֶבֶל וְרַעְיוֹן רוּחַ׃

17 שְׁמֹר רַגְלֶיךָ[a] כַּאֲשֶׁר[b] תֵּלֵךְ אֶל־בֵּית הָאֱלֹהִים — רגלך ק̇ מ̇ח

[8] Mm 3838. [9] Mm 3145. [10] Mm 239. [11] Mm 3457. [12] Mm 3693. [13] Qoh 4,12. [14] Mm 3160. [15] Mp sub loco. [16] Mm 1863. [17] Mm 1163. [18] Qoh 4,9. [19] Mm 1876.

8 [a] l c Q mlt Mss 𝔊𝔖𝔗 עֵינוֹ; 𝔙 ut K ‖ [b] ℭ נַפְשׁוֹ ‖ [c] ℭ pc Mss Edd וענין cf 5,13[a] ‖ **10** [a] mlt Mss וְאִי לוֹ cf 𝔊𝔖𝔙; l וְאִילוּ cf 𝔗 ‖ **12** [a–a] prp ואם־תַּקִּיף יִתְקֹף, sed cf יתננו חלקו 2,21 ‖ **14** [a] = הָאֲסוּרִים; sic nonn Mss cf 𝔊𝔖𝔙 ‖ [b] prp לְמַלְכוּתוֹ ‖ **16** [a] 𝔊 *ὅσοι ἐγένοντο*, 𝔙 *qui fuerunt* cf 𝔖 ‖ [b] 𝔙 *ante eum* = לְפָנָיו cf 𝔖 ‖ **17** [a] l c Q mlt Mss Vrs רַגְלְךָ; K רַגְלֶיךָ ‖ [b] nonn Mss 𝔊 θ′ בַּאֲשֶׁר.

וְקָרוֹב לִשְׁמֹעַ מִתֵּת[c] הַכְּסִילִים זָבַח[d] — ד[20] . ב[21]
כִּי־אֵינָם יוֹדְעִים לַעֲשׂוֹת[e] רָע׃ — ד מל[22]
5 1 אַל־תְּבַהֵל עַל־פִּיךָ וְלִבְּךָ אַל־יְמַהֵר — כו ר״פ אל אל[1] . ה[2]
לְהוֹצִיא דָבָר לִפְנֵי הָאֱלֹהִים
כִּי הָאֱלֹהִים בַּשָּׁמַיִם וְאַתָּה עַל־הָאָרֶץ — ו[3]
עַל־כֵּן יִהְיוּ דְבָרֶיךָ מְעַטִּים׃ — ב[4]
2 כִּי בָּא הַחֲלוֹם[a] בְּרֹב עִנְיָן וְקוֹל כְּסִיל בְּרֹב דְּבָרִים׃
3 כַּאֲשֶׁר תִּדֹּר נֶדֶר לֵאלֹהִים אַל־תְּאַחֵר לְשַׁלְּמוֹ — ל . ד[5]
כִּי אֵין חֵפֶץ בַּכְּסִילִים אֵת[a] אֲשֶׁר־תִּדֹּר שַׁלֵּם׃
4 טוֹב אֲשֶׁר לֹא־תִדֹּר מִשֶּׁתִּדּוֹר וְלֹא תְשַׁלֵּם׃ — ל ומל
5 אַל־תִּתֵּן אֶת־פִּיךָ לַחֲטִיא אֶת־בְּשָׂרֶךָ — ל
וְאַל־תֹּאמַר לִפְנֵי הַמַּלְאָךְ[a] כִּי שְׁגָגָה הִיא — ל
לָמָּה יִקְצֹף הָאֱלֹהִים[b] עַל־קוֹלֶךָ וְחִבֵּל אֶת־מַעֲשֵׂה[c] יָדֶיךָ׃ — ל . יא[6] מל וכל תלים דכות ב מ ה
6 כִּי בְרֹב חֲלֹמוֹת וַהֲבָלִים וּדְבָרִים הַרְבֵּה — ב[7]
כִּי[a]אֶת־הָאֱלֹהִים[a] יְרָא׃ — ד[8]
7 אִם־עֹשֶׁק רָשׁ וְגֵזֶל מִשְׁפָּט וָצֶדֶק תִּרְאֶה בַמְּדִינָה אַל־תִּתְמַהּ — ל . ד . ב . ל
עַל־הַחֵפֶץ כִּי — ג[9]
גָבֹהַּ מֵעַל גָּבֹהַּ שֹׁמֵר [a]וּגְבֹהִים עֲלֵיהֶם[a]׃ — ל וחס
8 וְיִתְרוֹן אֶרֶץ בַּכֹּל הִיא[a] מֶלֶךְ לְשָׂדֶה נֶעֱבָד׃ — ז דגש[10] . הוא ק חד מן ה[11] כת היא . ל
9 אֹהֵב כֶּסֶף לֹא־יִשְׂבַּע כֶּסֶף
וּמִי־אֹהֵב בֶּהָמוֹן[a] לֹא[b] תְבוּאָה גַּם־זֶה הָבֶל׃ — ד ס״פ[12]
10 בִּרְבוֹת הַטּוֹבָה רַבּוּ אוֹכְלֶיהָ — ג[13] . ל ומל
וּמַה־כִּשְׁרוֹן לִבְעָלֶיהָ כִּי אִם־רְאִית[a] עֵינָיו׃ — ב . ראות ק

[20] Mm 2258. [21] Dt 28,55. [22] Mm 3701. **Cp 5** [1] Mm 3261. [2] Mm 1491. [3] Mm 1580. [4] Mm 3388. [5] Mm 526. [6] Mm 477. [7] Mm 74. [8] Mm 3639. [9] Mm 3505. [10] Mm 104. [11] Mm 3702. [12] Mm 3703. [13] Mm 3652.

17 [c] 𝔊(α′θ′) *ὑπὲρ δόμα* = מִמַּתַּת; 𝔖 *ṭb mn mwhbt'*, l טוֹב מתת ‖ [d] 𝔊 *θυσία σου* ‖ [e] l frt מִלַּעֲשׂוֹת ‖ **Cp 5,2** [a] prp הֹלֵלוֹת ‖ **3** [a] 𝔊 *σύν*, $𝔊^{Mss}$ *σὺ οὖν*, α′(𝔖𝔗) *σύ* = אַתָּה ‖ **5** [a] 𝔊(𝔖) *τοῦ θεοῦ* = הָאֱלֹהִים; sic l ‖ [b] add? ‖ [c] sic et 𝔗; pc Mss Or Vrs מַעֲשֵׂי ‖ **6** [a–a] 𝔊 *σὺν* ($𝔊^{BS}$ *σὺ*) *τὸν θεόν*, 𝔖 *'nt l'lh'* cf 3[a] ‖ **7** [a–a] l prb וְגָבֹהַּ מֵעליהם ‖ **8** [a] 𝔗 2 Mss 𝔖 ut Q הוּא; K הִיא ‖ **9** [a] l הָמוֹן, ב dttg ‖ [b] l prb וְלֹא ‖ **10** [a] K רְאִיַּת, Q רְאוּת; $𝔗^{Q}$ Or רְאוֹת.

11 מְתוּקָה שְׁנַת הָעֹבֵד[a] אִם־מְעַט וְאִם־הַרְבֵּה יֹאכֵל
וְהַשָּׂבָע לֶעָשִׁיר אֵינֶנּוּ מַנִּיחַ לוֹ לִישׁוֹן׃
12 יֵשׁ רָעָה חוֹלָה רָאִיתִי תַּחַת הַשָּׁמֶשׁ
עֹשֶׁר שָׁמוּר לִבְעָלָיו לְרָעָתוֹ׃
13 וְאָבַד הָעֹשֶׁר הַהוּא בְּעִנְיַן[a] רָע וְהוֹלִיד בֵּן וְאֵין בְּיָדוֹ מְאוּמָה׃
14 כַּאֲשֶׁר[a] יָצָא מִבֶּטֶן אִמּוֹ עָרוֹם יָשׁוּב לָלֶכֶת כְּשֶׁבָּא
וּמְאוּמָה לֹא־יִשָּׂא בַעֲמָלוֹ שֶׁיֹּלֵךְ[b] בְּיָדוֹ׃
15 וְגַם[a]־זֹה רָעָה חוֹלָה
[b]כָּל־עֻמַּת[b] שֶׁבָּא כֵּן יֵלֵךְ וּמַה־יִּתְרוֹן לוֹ שֶׁיַּעֲמֹל לָרוּחַ׃
16 גַּם כָּל־יָמָיו [a]בַּחֹשֶׁךְ יֹאכֵל[a] וְכָעַס[b] הַרְבֵּה וְחָלְיוֹ[c] וָקָצֶף׃
17 הִנֵּה אֲשֶׁר־רָאִיתִי אָנִי טוֹב אֲשֶׁר־יָפֶה לֶאֱכוֹל[a]־וְלִשְׁתּוֹת וְלִרְאוֹת 17
טוֹבָה בְּכָל־עֲמָלוֹ ׀ שֶׁיַּעֲמֹל תַּחַת־הַשֶּׁמֶשׁ מִסְפַּר יְמֵי־חַיָּו[b] אֲשֶׁר־
נָתַן־לוֹ הָאֱלֹהִים כִּי־הוּא חֶלְקוֹ׃ 18 גַּם כָּל־הָאָדָם אֲשֶׁר נָתַן־לוֹ 18
הָאֱלֹהִים עֹשֶׁר וּנְכָסִים[a] וְהִשְׁלִיטוֹ לֶאֱכֹל מִמֶּנּוּ וְלָשֵׂאת אֶת־חֶלְקוֹ
וְלִשְׂמֹחַ בַּעֲמָלוֹ זֹה[b] מַתַּת אֱלֹהִים הִיא׃ 19 כִּי לֹא הַרְבֵּה יִזְכֹּר אֶת־ 19
יְמֵי חַיָּיו כִּי הָאֱלֹהִים מַעֲנֶה[a] בְּשִׂמְחַת לִבּוֹ׃
6 1 יֵשׁ רָעָה[a] אֲשֶׁר[b] רָאִיתִי תַּחַת הַשָּׁמֶשׁ וְרַבָּה הִיא עַל־הָאָדָם׃
2 אִישׁ אֲשֶׁר יִתֶּן־לוֹ הָאֱלֹהִים עֹשֶׁר וּנְכָסִים וְכָבוֹד וְאֵינֶנּוּ חָסֵר
לְנַפְשׁוֹ ׀ מִכֹּל אֲשֶׁר־יִתְאַוֶּה וְלֹא־יַשְׁלִיטֶנּוּ הָאֱלֹהִים לֶאֱכֹל
מִמֶּנּוּ כִּי אִישׁ נָכְרִי יֹאכְלֶנּוּ זֶה הֶבֶל וָחֳלִי רָע הוּא׃
3 אִם־יוֹלִיד אִישׁ מֵאָה וְשָׁנִים רַבּוֹת יִחְיֶה
וְרַב ׀ שֶׁיִּהְיוּ יְמֵי־שָׁנָיו

ה בשינה[14] . יג[15]
ל ומל
ל[16]
ב[17]
ל
ב . לז . ו חס ו[18]
כ ר"פ בכתיב[19] . ל . ל[20]
ג
יג[15] . ב חד קמ וחד פת . ב[21]
ו בסיפ[22] . ה[23] . יג מל[24] . ג[25]
ד חס[26]
ב
ב . ל[20] . ב
ו[27] . ל
ל[1] . ד[2] . ג וכל על האדם ועל הבהמה דכות[3]
יב . ד
ב[4] . יח וכל חיו יחיה דכות[5]
ג . ג[6]

[14]Mm 2756. [15]Mm 784. [16]Mm 3704. [17]Mm 1574. [18]Mm 1871. [19]Mm 4070. [20]Mm 2963. [21]Mm 3745. [22]Mm 3691. [23]Mm 1781. [24]Mm 1640. [25]Mm 3698. [26]L חייו Q contra Mm 1811, suppressi, cf 2 S 18,18 et Mp sub loco. [27]Mm 1580. **Cp 6** [1]Mm 3704. [2]Mm 533. [3]Mm 15. [4]Gn 1,14. [5]Mm 107. [6]Mm 3553.

11 [a] 𝔊σ′θ′ *τοῦ δούλου* = הָעֶבֶד ‖ **13** [a] ℭ nonn Mss Edd בְּעִנְיָן ‖ **14** [a] 𝔔 כִּיא ‖ [b] 𝔊(𝔖𝔗𝔙) *ἵνα πορευθῇ* = שֶׁיֵּלֵךְ ‖ **15** [a] 𝔔 גם ‖ [b–b] l כְּלְעֻמַּת, 𝔊 *ὥσπερ γάρ* cf 𝔖 ‖ **16** [a–a] 𝔊 *ἐν σκότει καὶ πένθει* = בְּחֹשֶׁךְ וָאֵבֶל ‖ [b] 𝔊(𝔖𝔗𝔙) *καὶ θυμῷ* = וְכַעַס ‖ [c] 𝔊(𝔖𝔗𝔙) *καὶ ἀρρωστίᾳ* = וָחֳלִי ‖ **17** [a] sic L, mlt Mss Edd לֶאֱ׳ ‖ [b] ℭ[2] חַיָּיו ‖ **18** [a] al ins וְכָבוֹד cf 6,2 ‖ [b] ℭ זוֹ, ℭ זֶה ‖ **19** [a] l מְעַנֵּהוּ cf 𝔊𝔖𝔗 ‖ **Cp 6,1** [a] nonn Mss + חוֹלָה cf 5,12 ‖ [b] > mlt Mss cf 5,12.

וְנַפְשׁוֹ לֹא־תִשְׂבַּע מִן־הַטּוֹבָה וְגַם־קְבוּרָה לֹא־הָיְתָה לּוֹ — ח
אָמַרְתִּי טוֹב [a]מִמֶּנּוּ הַנָּפֶל[a]׃ — ל
4 כִּי־בַהֶבֶל בָּא וּבַחֹשֶׁךְ יֵלֵךְ[a] וּבַחֹשֶׁךְ שְׁמוֹ יְכֻסֶּה׃ — ב . ב . ל
5 גַּם־שֶׁמֶשׁ לֹא־רָאָה וְלֹא יָדָע[a] נַחַת[b] לָזֶה מִזֶּה׃ — יא[7]. ג[8]
6 וְאִלּוּ[a] חָיָה אֶלֶף שָׁנִים פַּעֲמַיִם וְטוֹבָה לֹא רָאָה הֲלֹא אֶל־ — ב[9]. ב[10]. ג[11]
מָקוֹם אֶחָד הַכֹּל הוֹלֵךְ׃
7 כָּל־עֲמַל הָאָדָם לְפִיהוּ וְגַם־הַנֶּפֶשׁ לֹא תִמָּלֵא׃ — כב . כג[12] פסוק וגם ובתר תלת מילין
8 [a]כִּי מַה־יּוֹתֵר[a] לֶחָכָם מִן־הַכְּסִיל — ז מל בליש[13]
[b]מַה־לֶּעָנִי[b] יוֹדֵעַ לַהֲלֹךְ נֶגֶד הַחַיִּים׃ — ד וחס[14]
9 טוֹב מַרְאֵה עֵינַיִם מֵהֲלָךְ־נָפֶשׁ — ג בטע בסיפ . כח . ל
גַּם־זֶה הֶבֶל וּרְעוּת רוּחַ׃ — ג ס״פ[15]
10 מַה־שֶּׁהָיָה כְּבָר נִקְרָא שְׁמוֹ וְנוֹדָע אֲשֶׁר־הוּא אָדָם — חצי הספר בפסוקים ל
וְלֹא־יוּכַל לָדִין עִם שֶׁהתַּקִּיף[a] מִמֶּנּוּ׃ — ד[16]. ג[17]. שתקיף ק
11 כִּי יֵשׁ־דְּבָרִים הַרְבֵּה מַרְבִּים הָבֶל מַה־יֹּתֵר לָאָדָם׃ 12 כִּי
מִי־יוֹדֵעַ מַה־טּוֹב לָאָדָם בַּחַיִּים מִסְפַּר יְמֵי־חַיֵּי הֶבְלוֹ וְיַעֲשֵׂם
כַּצֵּל[a] אֲשֶׁר מִי־יַגִּיד לָאָדָם מַה־יִּהְיֶה אַחֲרָיו תַּחַת הַשָּׁמֶשׁ׃ — ה דגש[18]

7 1 טוֹב שֵׁם מִשֶּׁמֶן טוֹב וְיוֹם הַמָּוֶת מִיּוֹם הִוָּלְדוֹ׃ — ל — סג
2 טוֹב לָלֶכֶת אֶל־בֵּית־אֵבֶל מִלֶּכֶת אֶל־בֵּית מִשְׁתֶּה[a] — ה זוגין בבית בית[1]
בַּאֲשֶׁר הוּא סוֹף כָּל־הָאָדָם וְהַחַי יִתֵּן אֶל־לִבּוֹ׃ — הי[2]. ג . ל . ל
3 טוֹב כַּעַס מִשְּׂחֹק כִּי־בְרֹעַ פָּנִים יִיטַב לֵב׃
4 לֵב חֲכָמִים בְּבֵית אֵבֶל וְלֵב כְּסִילִים בְּבֵית שִׂמְחָה׃ — ה זוגין בבית בית[1]
5 טוֹב לִשְׁמֹעַ גַּעֲרַת[a] חָכָם מֵאִישׁ שֹׁמֵעַ שִׁיר כְּסִילִים׃
6 [a]כִּי כְקוֹל הַסִּירִים תַּחַת הַסִּיר כֵּן שְׂחֹק הַכְּסִיל — ל[3]. ל . ד חס בליש
וְגַם־זֶה הָבֶל[a]׃ — יא[4] ס״פ וחד מן ד[5] ס״פ בסיפ ול בליש

[7]Mm 130. [8]Mm 3705. [9]Mm 3706. [10]Mm 3771. [11]Mm 3700. [12]Mm 1629. [13]Mm 3767. [14]Mm 3547. [15]Mm 3694. [16]Mm 2268. [17]Mm 2215. [18]Mm 3707. **Cp 7** [1]Mm 3761. [2]Mm 2386. [3]Mm 2772. [4]Okhl 357. [5]Mm 3703.

3 [a–a] 𝔊 invers ‖ **4** [a] 𝔔 הלך ‖ **5** [a] α′σ′θ′𝔗𝔙 cj c b ‖ [b] 𝔔 נוחת ‖ **6** [a] 𝔔 ואם לוא ‖ **8** [a–a] 𝔔 כמה יו׳ ‖ [b–b] 𝔊α′θ′ *διότι ὁ πένης* cf 𝔖 ‖ **10** [a] mlt Mss 𝔆[2] Or Q שֶׁתַּקִּיף; K = שֶׁהתַּקִּיף + var הַתַּקִּיף ‖ **12** [a] 𝔊 *ἐν σκιᾷ* ‖ **Cp 7,2** [a] sic 𝔆 Q[Or]; K[Or] הַמִּשְׁתֶּה ‖ **5** [a] 𝔔 גערות ‖ **6** [a–a] frt dl et ins טוֹב מְלֹא כַף בִּצְדָקָה מִמְּלֹא חָפְנַיִם בְּעֹשֶׁק cf 4,6 Prv 16,8.

7 כִּ֚י הָעֹ֖שֶׁק יְהוֹלֵ֣ל חָכָ֑ם וִֽיאַבֵּ֥ד[a] אֶת־לֵ֖ב מַתָּנָֽה[b]׃ ג . ב
8 ט֛וֹב אַחֲרִ֥ית דָּבָ֖ר מֵֽרֵאשִׁית֑וֹ ט֥וֹב אֶֽרֶךְ־ר֖וּחַ מִגְּבַהּ־רֽוּחַ׃ ג בטע בסיפ . ב חד חס וחד מל
9 אַל־תְּבַהֵ֥ל בְּרֽוּחֲךָ֖ לִכְע֑וֹס כִּ֣י כַ֔עַס בְּחֵ֥יק כְּסִילִ֖ים יָנֽוּחַ׃ ל ומל
10 אַל־תֹּאמַר֙ מֶ֣ה הָיָ֔ה שֶׁהַיָּמִים֙ הָרִ֣אשֹׁנִ֔ים הָי֥וּ טוֹבִ֖ים מֵאֵ֑לֶּה כי . ה בטע ול בליש . כד[6]
כִּ֛י לֹ֥א מֵחָכְמָ֖ה[a] שָׁאַ֥לְתָּ עַל־זֶֽה[b]׃
11 טוֹבָ֥ה חָכְמָ֖ה עִֽם־נַחֲלָ֑ה וְיֹתֵ֖ר לְרֹאֵ֥י הַשָּֽׁמֶשׁ׃ ל וחס
12 כִּ֛י [a]בְּצֵ֥ל הַֽחָכְמָ֖ה בְּצֵ֣ל[a] הַכָּ֑סֶף
וְיִתְר֣וֹן דַּ֔עַת הַֽחָכְמָ֖ה תְּחַיֶּ֥ה בְעָלֶֽיהָ׃ ג
13 רְאֵ֖ה אֶֽת־מַעֲשֵׂ֣ה[a] הָאֱלֹהִ֑ים
כִּ֣י מִ֤י יוּכַל֙ לְתַקֵּ֔ן אֵ֖ת אֲשֶׁ֥ר עִוְּתֽוֹ׃ ל . ל
14 בְּי֤וֹם טוֹבָה֙ הֱיֵ֣ה[a] בְט֔וֹב וּבְי֥וֹם רָעָ֖ה רְאֵ֑ה ד רפי[7]
גַּ֣ם אֶת־זֶ֤ה לְעֻמַּת־זֶה֙ עָשָׂ֣ה הָאֱלֹהִ֔ים
עַל־דִּ֨בְרַ֔ת שֶׁלֹּ֨א יִמְצָ֧א הָאָדָ֛ם אַחֲרָ֖יו מְאֽוּמָה׃ ד

15 אֶת־הַכֹּ֥ל רָאִ֖יתִי בִּימֵ֣י הֶבְלִ֑י
יֵ֤שׁ צַדִּיק֙ אֹבֵ֣ד בְּצִדְק֔וֹ וְיֵ֣שׁ רָשָׁ֔ע מַאֲרִ֖יךְ בְּרָעָתֽוֹ׃ ל . ל[8]
16 אַל־תְּהִ֤י צַדִּיק֙ הַרְבֵּ֔ה וְאַל־תִּתְחַכַּ֖ם יוֹתֵ֑ר לָ֖מָּה תִּשּׁוֹמֵֽם׃ ז מל בליש[9]
17 אַל־תִּרְשַׁ֥ע הַרְבֵּ֖ה וְאַל־תְּהִ֣י סָכָ֑ל לָ֥מָּה תָמ֖וּת בְּלֹ֥א עִתֶּֽךָ׃ ג ב חס וחד מל[10]
18 ט֚וֹב אֲשֶׁ֣ר תֶּאֱחֹ֣ז בָּזֶ֔ה וְגַם־מִזֶּ֖ה אַל־תַּנַּ֣ח אֶת־יָדֶ֑ךָ[a] ג[11]
כִּֽי־יְרֵ֥א אֱלֹהִ֖ים יֵצֵ֥א אֶת־כֻּלָּֽם׃ ד[12] . ל בסיפ
19 הַֽחָכְמָ֖ה תָּעֹ֣ז[a] לֶחָכָ֑ם מֵֽעֲשָׂרָה֙ שַׁלִּיטִ֔ים אֲשֶׁ֥ר הָי֖וּ בָּעִֽיר׃ ל
20 כִּ֣י אָדָ֔ם אֵ֥ין צַדִּ֖יק בָּאָ֑רֶץ אֲשֶׁ֥ר יַעֲשֶׂה־טּ֖וֹב וְלֹ֥א יֶחֱטָֽא׃
21 גַּ֤ם לְכָל־הַדְּבָרִים֙ אֲשֶׁ֣ר יְדַבֵּ֔רוּ[a] אַל־תִּתֵּ֖ן לִבֶּ֑ךָ אֲשֶׁ֛ר לֹֽא־ ל
תִשְׁמַ֥ע אֶֽת־עַבְדְּךָ֖ מְקַלְלֶֽךָ׃ ל
22 כִּ֛י גַּם־פְּעָמִ֥ים רַבּ֖וֹת יָדַ֣ע[a] לִבֶּ֑ךָ אֲשֶׁ֛ר גַּם־אַ֖תְּ[b] קִלַּ֥לְתָּ אֲחֵרִֽים׃ אתה[10] ק

[6]Mm 592. [7]Mm 825. [8]וחד ומאריך Qoh 8,12. [9]Mm 3767. [10]Mp sub loco. [11]Mm 3718. [12]Mm 3450.

7 [a] 𝔔 יעוה (?) ‖ [b] 𝔊α′θ′ *εὐτονίας* (𝔊[B] *εὐγενείας*) *αὐτοῦ*, 𝔙 *robur … illius* ‖ **10** [a] 𝔊 *ἐν σοφίᾳ* cf 𝔖 ‖ [b] al tr v 10 post v 12 ‖ **12** [a–a] σ′ *ὅτι ὡς σκέπει σοφία ὁμοίως* … cf 𝔖𝔙; 𝔊 *ὅτι ἐν σκιᾷ αὐτῆς … ὡς σκιά …* ‖ **13** [a] 𝔊 *τὰ ποιήματα*, 𝔙 *opera* ‖ **14** [a] 𝔊α′θ′ *ζῆθι* = חֲיֵה ‖ **18** [a] mlt Mss יָדֶיךָ ‖ **19** [a] 𝔔 תעזר, 𝔊 *βοηθήσει* ‖ **21** [a] 𝔊[BSmin] + *ἀσεβεῖς* cf 𝔖𝔗 ‖ **22** [a] Ms יָרַע, 𝔊σ′ *πονηρεύσεταί σε* (𝔊 dupl + *κακώσει*) ‖ [b] Q אַתָּה, K אַתְּ.

23 כָּל־זֹ֖ה נִסִּ֣יתִי בַֽחָכְמָ֑ה
אָמַ֣רְתִּי אֶחְכָּ֔מָה וְהִ֖יא רְחוֹקָ֥ה מִמֶּֽנִּי׃
24 רָח֖וֹק ᵃמַה־שֶּֽׁהָיָ֑הᵃ וְעָמֹ֥ק׀ עָמֹ֖ק מִ֥י יִמְצָאֶֽנּוּ׃
25 סַבּ֨וֹתִי אֲנִ֤י ᵃוְלִבִּי֙ᵇ לָדַ֣עַת וְלָת֔וּרᵃ וּבַקֵּ֥שׁ חָכְמָ֖ה וְחֶשְׁבּ֑וֹן
וְלָדַ֙עַת֙ רֶ֣שַׁע כֶּ֔סֶל וְהַסִּכְל֖וּת הוֹלֵלֽוֹתᶜ׃
26 וּמוֹצֶ֨א אֲנִ֜י
מַ֣ר מִמָּ֗וֶת אֶת־הָֽאִשָּׁה֙ אֲשֶׁר־הִ֨יא מְצוֹדִ֧ים
וַחֲרָמִ֛ים לִבָּ֖הּ אֲסוּרִ֣יםᵃ יָדֶ֑יהָ
ט֣וֹב לִפְנֵ֤י הָֽאֱלֹהִים֙ יִמָּלֵ֣ט מִמֶּ֔נָּה וְחוֹטֵ֖א יִלָּ֥כֶד בָּֽהּ׃
27 רְאֵה֙ זֶ֣ה מָצָ֔אתִי ᵃאָמְרָ֖ה קֹהֶ֑לֶתᵃ אַחַ֥ת לְאַחַ֖ת לִמְצֹ֥א חֶשְׁבּֽוֹן׃
28 אֲשֶׁ֛ר עוֹד־בִּקְשָׁ֥ה נַפְשִׁ֖י וְלֹ֣א מָצָ֑אתִי
אָדָ֞ם אֶחָ֤ד מֵאֶ֙לֶף֙ מָצָ֔אתִי וְאִשָּׁ֥ה בְכָל־אֵ֖לֶּה לֹ֥א מָצָֽאתִי׃
29 לְבַד֙ רְאֵה־זֶ֣ה מָצָ֔אתִי אֲשֶׁ֨ר
עָשָׂ֧ה הָאֱלֹהִ֛ים אֶת־הָאָדָ֖ם יָשָׁ֑ר וְהֵ֥מָּה בִקְשׁ֖וּ חִשְּׁבֹנ֥וֹת רַבִּֽים׃

8 1 ᵃמִ֚י כְּהֶ֣חָכָ֔םᵃ וּמִ֥י יוֹדֵ֖עַ פֵּ֣שֶׁר דָּבָ֑ר
חָכְמַ֤ת אָדָם֙ תָּאִ֣יר פָּנָ֔יו וְעֹ֥זᵇ פָּנָ֖יו יְשֻׁנֶּֽאᶜ׃ [תִּבָּהֵ֤לᵃ
2 אֲנִ֗יᵃ פִּי־מֶ֣לֶךְ שְׁמֹ֔ר וְעַ֕ל דִּבְרַ֖ת שְׁבוּעַ֥ת אֱלֹהִֽיםᵇ׃ 3 ᵃאַל־
מִפָּנָיו֙ תֵּלֵ֔ךְ ᵇאַֽל־תַּעֲמֹ֖דᵇ בְּדָבָ֣ר רָ֑ע
כִּ֛י כָּל־אֲשֶׁ֥ר יַחְפֹּ֖ץ יַעֲשֶֽׂה׃
4 בַּאֲשֶׁ֥רᵃ ᵇדְּבַר־מֶ֖לֶךְᵇ שִׁלְט֑וֹן וּמִ֥י יֹֽאמַר־ל֖וֹ מַֽה־תַּעֲשֶֽׂה׃
5 שׁוֹמֵ֣ר מִצְוָ֔ה לֹ֥א יֵדַ֖ע דָּבָ֣ר רָ֑ע וְעֵת֙ וּמִשְׁפָּ֔טᵃ יֵדַ֖ע לֵ֥ב חָכָֽם׃
6 כִּ֚י לְכָל־חֵ֔פֶץ יֵ֖שׁ עֵ֣ת וּמִשְׁפָּ֑ט כִּֽי־רָעַ֥תᵃ הָאָדָ֖ם רַבָּ֥ה עָלָֽיו׃

ל̇[13]. ב̇[14]. ד̇
ל̇ בסיפ מוגה . נ̇ג וכל תלים דכות ב̇ מ̇ א̇
כל חס ב̇ מ̇ ב̇[15] מל. כל חס ב̇ מ̇ ב̇[15] מל
ב̇. ל̇
ה̇[16]. י̇ז[17]. ל̇
ל̇
ב̇ ומל[18]
י̇ג[19]. ג̇ ול בסיפ
ו̇. ל̇
ה̇[20]
כ̇ב̇
ב̇
ל̇. ג̇. ל̇
ל̇ כת א[1]
מל למערב[2]. ל̇. ה̇[3] ול מל. כ̇ו ר״פ אל אל[4]
כ̇ג̇
ה̇[5] ב̇ מנה ר״פ. ב̇
י̇ מל[6]. י̇ט[7]. י̇ט[7]

[13] Mm 2963. [14] Mm 3708. [15] Cf Mm 3990. [16] Mm 1722. [17] Mm 1667. [18] Mm 3717. [19] Mm 3044. [20] Mm 2875. **Cp 8** [1] Mm 3709. [2] Mm 3710. [3] Mm 1833. [4] Mm 3261. [5] Mm 2386. [6] Mm 3634. [7] Mm 1369.

24 ᵃ⁻ᵃ 𝔊(𝔖𝔙) ὑπὲρ ὃ ἦν = מִשֶּׁהָיָה ‖ **25** ᵃ⁻ᵃ prb l וְנָתוֹן לִבִּי לָתוּר ‖ ᵇ mlt Mss בְּלִבִּי cf σ′𝔗𝔙 ‖ ᶜ mlt Mss 𝔊𝔖 pr cop ‖ **26** ᵃ prb l וַאֲ׳ ‖ **27** ᵃ⁻ᵃ l אָמַר הַקֹּ׳ cf 12,8 et 𝔊 ‖ **Cp 8,1** ᵃ⁻ᵃ 𝔊 *τίς οἶδεν* (< *ὧδε* = α′) *σοφούς*; prp מִי מוֹכִיחַ כהח׳ ‖ ᵇ Vrs leg וְעַז ‖ ᶜ 𝔊 *μισηθήσεται* = יְשֻׂנֵּא cf 𝔖; prp יְשַׁנְּאֶנּוּ cf אני v 2; 𝔙 *commutabit*, l יְשַׁנֵּא (= יְשַׁנֶּה) ‖ **2** ᵃ l אֶת־ cf Vrs ‖ ᵇ tr c 𝔊σ′𝔖: post תבהל v 3 ‖ **3** ᵃ⁻ᵃ l אל־תְּבַהֵל cf 5,1 7,9 ‖ ᵇ⁻ᵇ mlt Mss 𝔖𝔙 וְאַל־ת׳ ‖ **4** ᵃ nonn Mss כַּאֲשֶׁר, 𝔊 *καθώς* cf 𝔖 ‖ ᵇ⁻ᵇ 𝔊θ′ *λαλεῖ βασιλεύς* cf α′𝔖 = דִּבֶּר מ׳ ‖ **5** ᵃ nonn Mss 𝔊 מִשְׁפָּט ‖ **6** ᵃ pc Mss (𝔊θ′) דַּעַת.

7 כִּֽי־אֵינֶ֥נּוּ יֹדֵ֖עַ מַה־שֶּׁיִּֽהְיֶ֑ה כִּ֚י כַּאֲשֶׁ֣ר[a] יִהְיֶ֔ה מִ֖י יַגִּ֥יד לֽוֹ׃ [הַמָּ֔וֶת
8 אֵ֣ין אָדָ֞ם שַׁלִּ֤יט בָּר֙וּחַ֙ [a]לִכְל֣וֹא אֶת־הָר֔וּחַ[a] וְאֵ֤ין שִׁלְטוֹן֙ בְּי֣וֹם
וְאֵ֥ין מִשְׁלַ֖חַת בַּמִּלְחָמָ֑ה וְלֹֽא־יְמַלֵּ֥ט רֶ֖שַׁע[b] אֶת־בְּעָלָֽיו׃
9 אֶת־כָּל־זֶ֣ה רָאִ֗יתִי וְנָת֙וֹן֙ אֶת־לִבִּ֔י לְכָל־מַעֲשֶׂ֔ה אֲשֶׁ֥ר נַעֲשָׂ֖ה
תַּ֣חַת הַשָּׁ֑מֶשׁ עֵ֗ת אֲשֶׁ֨ר שָׁלַ֧ט הָאָדָ֛ם בְּאָדָ֖ם לְרַ֥ע[a] לֽוֹ׃
10 וּבְכֵ֡ן רָאִיתִי֩ רְשָׁעִ֨ים [a]קְבֻרִ֜ים וָבָ֗אוּ[a] וּמִמְּק֤וֹם[b] קָדוֹשׁ֙ יְהַלֵּ֔כוּ[c]
וְיִשְׁתַּכְּח֥וּ[d] בָעִ֖יר אֲשֶׁ֣ר כֵּן־עָשׂ֑וּ
גַּם־זֶ֖ה הָֽבֶל׃
11 אֲשֶׁר֙ [a]אֵין־נַעֲשָׂ֣ה[a] פִתְגָ֔ם[b] מַעֲשֵׂ֥ה[c] הָרָעָ֖ה מְהֵרָ֑ה
עַל־כֵּ֡ן מָלֵ֞א לֵ֧ב בְּנֵֽי־הָאָדָ֛ם בָּהֶ֖ם לַעֲשׂ֥וֹת רָֽע׃
12 אֲשֶׁ֣ר חֹטֶ֗א עֹשֶׂ֥ה רָ֛ע מְאַ֖ת[a] וּמַאֲרִ֣יךְ[b] ל֑וֹ
כִּ֚י גַּם־יוֹדֵ֣עַ אָ֔נִי אֲשֶׁ֤ר
יִֽהְיֶה־טּוֹב֙ לְיִרְאֵ֣י הָאֱלֹהִ֔ים אֲשֶׁ֥ר יִֽירְא֖וּ מִלְּפָנָֽיו׃
13 וְטוֹב֙ לֹא־יִהְיֶ֣ה לָֽרָשָׁ֔ע וְלֹֽא־יַאֲרִ֥יךְ יָמִ֖ים כַּצֵּ֑ל[a]
אֲשֶׁ֛ר אֵינֶ֥נּוּ יָרֵ֖א מִלִּפְנֵ֥י אֱלֹהִֽים׃
14 יֶשׁ־הֶ֘בֶל֮ אֲשֶׁ֣ר נַעֲשָׂ֣ה עַל־הָאָרֶץ֒ אֲשֶׁ֣ר ׀
יֵ֣שׁ צַדִּיקִ֗ים אֲשֶׁ֨ר מַגִּ֤יעַ אֲלֵהֶם֙ כְּמַעֲשֵׂ֣ה הָרְשָׁעִ֔ים
וְיֵ֣שׁ רְשָׁעִ֔ים שֶׁמַּגִּ֥יעַ אֲלֵהֶ֖ם כְּמַעֲשֵׂ֣ה הַצַּדִּיקִ֑ים
אָמַ֕רְתִּי שֶׁגַּם־זֶ֖ה הָֽבֶל׃
15 וְשִׁבַּ֤חְתִּֽי אֲנִי֙ אֶת־הַשִּׂמְחָ֔ה אֲשֶׁ֧ר אֵֽין־ט֣וֹב לָאָדָם֙ תַּ֣חַת הַשֶּׁ֔מֶשׁ
כִּ֛י אִם־לֶאֱכ֥וֹל וְלִשְׁתּ֖וֹת וְלִשְׂמ֑וֹחַ וְהוּא֙ יִלְוֶ֣נּוּ בַעֲמָל֔וֹ יְמֵ֥י[a] חַיָּ֛יו
אֲשֶׁר־נָֽתַן־ל֥וֹ הָאֱלֹהִ֖ים תַּ֥חַת הַשָּֽׁמֶשׁ׃

ג חס בכתיב . ה[8]
ג[9] . ל וכת כן
ב . ה[10] . יז[11]
ז[12] וחד מן ז מל בליש . ל[13]
ד[14] . ג[15]
ב[16] . ל . ל
ל
ד ס״פ[17]
ב[18]
ט בטע . כל עשייה רע פת ב מ ז[19] קמ
ג[20] חס בליש ב מנה בסיפ . כב[21] . כל עשייה רע פת ב מ ז[19] קמ . ל[22]
ו בסיפ[23]
ל . ה[24]
יז[25] . ה דגש[26]
ב[27]
ל בסיפ
יו חס בכתיב ב מנה בסיפ
ל . יו חס בכתיב ב מנה בסיפ . ו[28]
ג
ג[29]
ב וחד מן ב מל בליש

[8]Mm 3686. [9]Mm 2014. [10]Mm 3058. [11]Mm 1667. [12]Mm 307. [13]Mm 2217. [14]Mm 730. [15]Mp sub loco. [16]Mm 3760. [17]Mm 3703. [18]Est 1,20. [19]Mm 824. [20]Mm 3711. [21]Mm 475. [22]וחד מאריך Qoh 7,15. [23]Mm 3691. [24]Mm 4080. [25]Mm 1088. [26]Mm 3707. [27]Mm 3712. [28]Mm 3421. [29]Mm 2237.

7 [a] prp אֲשֶׁר cf σ′𝔖𝔙 ‖ **8** [a–a] add ‖ [b] prp עֹשֶׁר, l? ‖ **9** [a] Ms לְהָרַע cf 𝔊𝔖𝔗 ‖ **10** [a–a] inc; 𝔊 *εἰς τάφους εἰσαχθέντες* = קְבָרִים מוּבָאִים ‖ [b] l c mlt Mss cod Hill וּמִמָּקוֹם ‖ [c] prp יְהֻלָּלוּ ‖ [d] nonn Mss וישתבחו cf 𝔊 *καὶ ἐπῃνέθησαν*, α′θ′ *ἐκαυχήσαντο*, σ′ *ἐπαινούμενοι* ‖ **11** [a–a] l אֵין־נַעֲשָׂה ‖ [b] l c pc Mss פִּתְגָם ‖ [c] 𝔊(𝔖) *ἀπὸ τῶν ποιούντων* = מֵעֹשֵׂי ‖ **12** [a] inc, l prb מְאָז ו׳; 𝔊 *ἀπὸ τότε καί* = מֵאָז ו׳, α′σ′θ′ *ἀπέθανεν καί* = מֵת ו׳, prp מֵאֹת cf Hier *centies* ‖ [b] 𝔊 *ἀπὸ μακρότητος* ‖ **13** [a] 𝔊 *ἐν σκιᾷ* ‖ **15** [a] pr c nonn Mss מִסְפַּר.

16 כַּאֲשֶׁרa נָתַתִּי אֶת־לִבִּי לָדַעַת חָכְמָה וְלִרְאוֹת אֶת־הָעִנְיָן אֲשֶׁר — ג[30]
נַעֲשָׂה עַל־הָאָרֶץ כִּי
גַם בַּיּוֹם וּבַלַּיְלָה שֵׁנָה בְּעֵינָיו אֵינֶנּוּ רֹאֶה׃ — ה[31]. נא
17 וְרָאִיתִי אֶת־כָּל־מַעֲשֵׂה הָאֱלֹהִים כִּי לֹא יוּכַל הָאָדָם לִמְצוֹא — יב[32]. יז מ״פ לא ולא לא[33]. ב מל בליש
אֶת־הַמַּעֲשֶׂה אֲשֶׁר נַעֲשָׂה תַחַת־הַשֶּׁמֶשׁ
בְּשֶׁל אֲשֶׁר יַעֲמֹל הָאָדָם לְבַקֵּשׁ וְלֹא יִמְצָא וְגַם אִם־יֹאמַר — ל. ב בסיפ
הֶחָכָם לָדַעַת לֹא יוּכַל לִמְצֹא׃

9 1 כִּי אֶת־כָּל־זֶה נָתַתִּי אֶלa־לִבִּי וְלָבוּרb אֶת־כָּל־זֶה — ל
אֲשֶׁר הַצַּדִּיקִים וְהַחֲכָמִים וַעֲבָדֵיהֶם בְּיַד הָאֱלֹהִים — ו[1]. ל. ל
גַּם־אַהֲבָה גַם־שִׂנְאָה אֵין יוֹדֵעַ הָאָדָם
הַכֹּל לִפְנֵיהֶם׃ 2 aהַכֹּל כַּאֲשֶׁרa לַכֹּל מִקְרֶה אֶחָד — יא[2]
לַצַּדִּיק וְלָרָשָׁע לַטּוֹבb וְלַטָּהוֹר וְלַטָּמֵא — ב[3]. ב דגש[4]. ל
וְלַזֹּבֵחַ וְלַאֲשֶׁר אֵינֶנּוּ זֹבֵחַ
כַּטּוֹב כַּחֹטֶאc הַנִּשְׁבָּעd כַּאֲשֶׁר שְׁבוּעָה יָרֵא׃ — ג[5] חס בליש ב מנה בסיפ
3 זֶה ׀ רָע בְּכֹל אֲשֶׁר־נַעֲשָׂה תַּחַת הַשֶּׁמֶשׁ כִּי־מִקְרֶה אֶחָד לַכֹּל — ג ר״פ בטע לגר[6]. יא
וְגַם לֵב בְּנֵי־הָאָדָם מָלֵא־רָע וְהוֹלֵלוֹת בִּלְבָבָם בְּחַיֵּיהֶם וְאַחֲרָיוa — ט
אֶל־הַמֵּתִים׃
4 כִּי־מִי אֲשֶׁר יְבֻחַרa אֶל כָּל־הַחַיִּים יֵשׁ בִּטָּחוֹן — יחבר ק. יא בכתיב. ל בטח אל ול בליש
כִּי־לְכֶלֶב חַי הוּא טוֹב מִן־הָאַרְיֵה הַמֵּת׃ — ל
5 כִּי הַחַיִּים יוֹדְעִים שֶׁיָּמֻתוּ וְהַמֵּתִים אֵינָם יוֹדְעִים מְאוּמָה — ד מל[7]. ג[8] חס וכל אורית וירמיה דכות ב מ א. ד מל[7]
וְאֵין־עוֹד לָהֶם שָׂכָר כִּי נִשְׁכַּח זִכְרָם׃
6 גַּם אַהֲבָתָם גַּם־שִׂנְאָתָם גַּם־קִנְאָתָם כְּבָר אָבָדָה — יב פסוק גם גם גם[9]. ב
וְחֵלֶק אֵין־לָהֶם עוֹד לְעוֹלָם בְּכֹל אֲשֶׁר־נַעֲשָׂה תַּחַת הַשָּׁמֶשׁ׃
ס 7 לֵךְ אֱכֹל בְּשִׂמְחָה לַחְמֶךָ וּשֲׁתֵה בְלֶב־טוֹב יֵינֶךָ — ל

[30]Mm 3698. [31]Mm 2309. [32]Mm 445. [33]Mm 1613. Cp 9 [1]Mm 3421. [2]Mp sub loco. [3]Mm 3713. [4]Mm 1042. [5]Mm 3711. [6]Mm 3714. [7]Mm 3701. [8]Mm 1804. [9]sic L: יב יחיד דרא פסו֗ אית בהון מן ג ג מלין קרחי, cf Mp sub loco.

16 a 2 Mss בָּא׳ cf 𝔊 *ἐν οἷς* ‖ **Cp 9,1** a mlt Mss אֶת ‖ b 𝔊 *εἶδεν* = רָאָה cf 𝔖; l 𝔐 a ברר ‖ **2** a–a l הֶבֶל: בָּא׳ cf 𝔊σ′𝔙 ‖ b dl; 𝔊(𝔖𝔙) ins *καὶ τῷ ἀκαθάρτῳ* = וְלָרָע ‖ c 𝔅 כחטא ‖ d 𝔊(𝔖𝔗𝔙) *ὡς ὁ ὀμνύων*, l כַּנּ׳ ‖ **3** a 𝔊 *καὶ ὀπίσω αὐτῶν* cf 𝔖, σ′ *τὰ δὲ τελεύτετα αὐτῶν*, 𝔙 *post haec* = אחריהֶם ‖ **4** a l c mlt Mss Q Vrs יְחֻבַּר, K יִבָּחֵר.

כִּי כְבָר רָצָה הָאֱלֹהִים אֶת־מַעֲשֶׂיךָ׃   ב̇[10]. ל̇
8 בְּכָל־עֵת יִהְיוּ בְגָדֶיךָ לְבָנִים וְשֶׁמֶן עַל־רֹאשְׁךָ אַל־יֶחְסָר׃
9 רְאֵה חַיִּים עִם־אִשָּׁה אֲשֶׁר־אָהַבְתָּ כָּל־יְמֵי חַיֵּי הֶבְלֶךָ   ב̇ וחס ובפסוק
ᵃאֲשֶׁר נָתַן־לְךָ תַּחַת הַשֶּׁמֶשׁ ᵇכֹּל יְמֵי הֶבְלֶךָᵃᵇ   ב̇ וחס ובפסוק
כִּי הוּאᶜ חֶלְקְךָ בַּחַיִּיםᵈ וּבַעֲמָלְךָ אֲשֶׁר־אַתָּה עָמֵל תַּחַת הַשָּׁמֶשׁ׃   ח̇[11] ה̇[12] מנה בסיפ
10 כֹּל אֲשֶׁר תִּמְצָא יָדְךָ לַעֲשׂוֹת בְּכֹחֲךָ עֲשֵׂה   ג̇. ו̇ זוגין[13]
כִּי אֵין מַעֲשֶׂה וְחֶשְׁבּוֹן וְדַעַת וְחָכְמָה בִּשְׁאוֹל   ל̇[14]
אֲשֶׁר אַתָּה הֹלֵךְ שָׁמָּה׃ ס   ה̇[15] חס ד̇ מנה בסיפ. ג̇. י̇ח̇ ס״פ

11 שַׁבְתִּי וְרָאֹה תַחַת־הַשֶּׁמֶשׁ כִּי   ל̇ ר״פ[16]. ל̇[17]
לֹא לַקַּלִּים הַמֵּרוֹץ וְלֹא לַגִּבּוֹרִים הַמִּלְחָמָה   ל̇. ב̇ מל בליש[18]
וְגַם לֹא לַחֲכָמִים לֶחֶם וְגַם לֹא לַנְּבֹנִים עֹשֶׁר   ה̇[19]. ה̇[19]
וְגַם לֹא לַיֹּדְעִים חֵן כִּי־עֵת וָפֶגַע יִקְרֶה אֶת־כֻּלָּם׃   ה̇[19]. ב̇
12 כִּי גַּם לֹא־יֵדַע הָאָדָם אֶת־עִתּוֹ   ט̇[20]
כַּדָּגִים שֶׁנֶּאֱחָזִים בִּמְצוֹדָה רָעָה   ל̇
וְכַצִּפֳּרִים הָאֲחֻזוֹתᵃ בַּפָּח כָּהֵם יוּקָשִׁים בְּנֵי הָאָדָם לְעֵת רָעָה   ל̇. ל̇. ל̇
כְּשֶׁתִּפּוֹל עֲלֵיהֶם פִּתְאֹם׃   ח̇ מל ול̇ בליש ג̇ מנה דכתיב

13 גַּם־זֹה רָאִיתִי חָכְמָהᵃ תַּחַת הַשָּׁמֶשׁ וּגְדוֹלָה הִיא אֵלָיᵇ׃   ל̇[21]. ב̇ חד מל̇ וחד חס[22]
14 עִיר קְטַנָּה וַאֲנָשִׁים בָּהּ מְעָט וּבָא־אֵלֶיהָ מֶלֶךְ גָּדוֹל וְסָבַב אֹתָהּ   ל̇[23]. ב̇[24]. ג̇[25]
וּבָנָה עָלֶיהָ מְצוֹדִיםᵃ גְּדֹלִים׃ 15 וּמָצָא בָהּ אִישׁ מִסְכֵּן חָכָםᵃ   ב̇ ומל[26]. ל̇ בסיפ מוגה
וּמִלַּט־הוּא אֶת־הָעִיר בְּחָכְמָתוֹ וְאָדָם לֹא זָכַר אֶת־הָאִישׁ   ל̇. ט̇
הַמִּסְכֵּן הַהוּא׃   ל̇
16 וְאָמַרְתִּי אָנִי   ו̇ בסיפ[27]
טוֹבָה חָכְמָה מִגְּבוּרָה וְחָכְמַת הַמִּסְכֵּן בְּזוּיָה   ל̇
וּדְבָרָיו אֵינָם נִשְׁמָעִים׃   ה̇[28]

[10]Mm 3715. [11]Mm 3457. [12]Mm 3693. [13]Mm 2036. [14]Mm 2217. [15]Mm 1788. [16]Mm 978. [17]Mm 192. [18]Mm 2905. [19]Mm 2837. [20]Mm 1369. [21]Mm 2963. [22]Mm 3961. [23]Mm 2882. [24]Mm 3716. [25]Mm 1561. [26]Mm 3717. [27]Mm 3691. [28]Mm 1077.

9 ᵃ⁻ᵃ add; > nonn Mss 𝔖 ‖ ᵇ⁻ᵇ > pc Mss 𝔗 ‖ ᶜ sic Q^Or; K^Or הִיא ‖ ᵈ 𝔊 ἐν τῇ ζωῇ σου = בְּחַיֶּיךָ ‖ **12** ᵃ sic L, mlt Mss Edd זוֹת– ‖ **13** ᵃ dl? ‖ ᵇ = עָלַי cf 6,1 ‖ **14** ᵃ l c 2 Mss 𝔊σ'𝔖𝔙 מְצוּרִים ‖ **15** ᵃ mlt Mss 𝔗 וְחָ׳.

17 דִּבְרֵ֣י חֲכָמִ֔ים בְּנַ֖חַת נִשְׁמָעִ֑ים מִזַּעֲקַ֥ת מוֹשֵׁ֖ל בַּכְּסִילִֽים׃ ג . יד מל

18 טוֹבָ֥ה חָכְמָ֖ה מִכְּלֵ֣י קְרָ֑ב וְחוֹטֶ֣א[a] אֶחָ֔ד יְאַבֵּ֖ד טוֹבָ֥ה הַרְבֵּֽה׃

10 1 [a]זְב֣וּבֵי מָ֔וֶת[a] יַבְאִ֥ישׁ יַבִּ֖יעַ[b] שֶׁ֣מֶן רוֹקֵ֑חַ[c] ל . ל בסיפ . ב מל[1]

יָקָ֥ר מֵחָכְמָ֛ה מִכָּב֖וֹד[d] סִכְל֥וּת מְעָֽט׃ ל

2 לֵ֤ב חָכָם֙ לִֽימִינ֔וֹ וְלֵ֥ב כְּסִ֖יל לִשְׂמֹאלֽוֹ׃ כ ר״פ בכתיב[2] .

3 וְגַם־בַּדֶּ֛רֶךְ כְּשֶׁהסָּכָ֥ל[a] הֹלֵ֖ךְ לִבּ֣וֹ חָסֵ֑ר כששכל[3] ל יתיר ה . ק ה[4] חס ד מנה בסיפ . ד[5]

וְאָמַ֥ר לַכֹּ֖ל סָכָ֥ל הֽוּא׃ יא

4 אִם־ר֤וּחַ הַמּוֹשֵׁל֙ תַּעֲלֶ֣ה עָלֶ֔יךָ מְקוֹמְךָ֖ אַל־תַּנַּ֑ח יד מל . ג[6]

כִּ֚י מַרְפֵּ֔א יַנִּ֖יחַ[a] חֲטָאִ֥ים גְּדוֹלִֽים׃ ו מל[7]

5 יֵ֣שׁ רָעָ֔ה רָאִ֖יתִי תַּ֣חַת הַשָּׁ֑מֶשׁ כִּשְׁגָגָ֕ה שֶׁיֹּצָ֖א מִלִּפְנֵ֥י הַשַּׁלִּֽיט׃ ל . ל

6 נִתַּ֣ן הַסֶּ֔כֶל[a] [b]בַּמְּרוֹמִ֖ים רַבִּ֑ים[b] וַעֲשִׁירִ֖ים בַּשֵּׁ֥פֶל יֵשֵֽׁבוּ׃ כא[8] . ה ד כת ש וחד כת ס[9] . ג מל . ל . ל . ג[5]

7 רָאִ֥יתִי עֲבָדִ֖ים[a] עַל־סוּסִ֑ים וְשָׂרִ֛ים הֹלְכִ֥ים כַּעֲבָדִ֖ים עַל־הָאָֽרֶץ׃

8 חֹפֵ֥ר גּוּמָּ֖ץ בּ֣וֹ יִפּ֑וֹל וּפֹרֵ֥ץ גָּדֵ֖ר יִשְּׁכֶ֥נּוּ נָחָֽשׁ׃ ל . ל . ב בסיפ . ל

9 מַסִּ֣יעַ אֲבָנִ֔ים יֵעָצֵ֖ב בָּהֶ֑ם בּוֹקֵ֥עַ[a] עֵצִ֖ים יִסָּ֥כֶן בָּֽם׃ ל . ב . ב[5]

10 אִם־קֵהָ֣ה הַבַּרְזֶ֗ל וְהוּא֙ לֹא־[a]פָנִ֣ים קִלְקַ֔ל ב

וַחֲיָלִ֖ים יְגַבֵּ֑ר וְיִתְר֥וֹן הַכְשֵׁ֖יר[b] חָכְמָֽה׃ ל . ל . הכשר[10] ק יתיר י

11 אִם־יִשֹּׁ֥ךְ הַנָּחָ֖שׁ בְּלוֹא־לָ֑חַשׁ וְאֵ֣ין יִתְר֔וֹן לְבַ֖עַל הַלָּשֽׁוֹן׃ ל . ו מל[11]

12 דִּבְרֵ֥י פִי־חָכָ֖ם חֵ֑ן וְשִׂפְת֥וֹת כְּסִ֖יל תְּבַלְּעֶֽנּוּ[a]׃

13 תְּחִלַּ֥ת דִּבְרֵי־פִ֖יהוּ סִכְל֑וּת וְאַחֲרִ֣ית פִּ֔יהוּ הוֹלֵל֖וּת רָעָֽה׃ ג ר״פ[12] . כב . כב

14 וְהַסָּכָ֖ל יַרְבֶּ֣ה דְבָרִ֑ים

[a]לֹא־[b]יֵדַ֤ע הָֽאָדָם֙ [c]מַה־שֶּׁיִּהְיֶ֔ה[c] וַאֲשֶׁ֣ר יִהְיֶה֙ מֵֽאַחֲרָ֔יו מִ֖י יַגִּ֥יד לֽוֹ[a]׃ יט[13] . ה[14]

Cp 10 [1]Mm 587. [2]Mm 4070. [3]Q addidi, L sine Q cum Mp ל יתיר ה al Mss sine Q, cf Mp sub loco. [4]Mm 1788. [5]Mp sub loco. [6]Mm 3718. [7]Mm 1421. [8]Mm 2838. [9]Mm 3917. [10]Q addidi, L sine Q, cf Mp sub loco. [11]Mm 2458. [12]Mm 2998. [13]Mm 1369. [14]Mm 3686.

18 [a] prp וְחֵטְא ‖ **Cp 10,1** [a–a] l prb זְבוּב מֵת ‖ [b] dl (dttg) cf σ′𝔗𝔙; 𝔊 *σκευασίαν* < *σκεῦος* = גָּבִיעַ? cf 𝔖 ‖ [c] 𝔊(𝔖𝔙) *ἡδύσματος* = רֹקַח ‖ [d] mlt Mss וּמִכָּ′ cf 𝔖𝔙; l לְמַכְבִּיר cf Hi 36,31 ‖ **3** [a] Q nonn Mss כְּשֶׁסָּכָל cf 𝔊, K כשהסכל < כְּשֶׁסָּכָל + var כְּהַסָּכָל ‖ **4** [a] l יָנִיא ‖ **6** [a] 𝔊(𝔖𝔗𝔙) *ὁ ἄφρων* = הַסָּכָל ‖ [b–b] l prb בַּמָּרוֹם (dttg) ‖ **7** [a] Ms pr רֹכְבִים, Ms + רֹכְבִים ‖ **9** [a] mlt Mss וּב′ cf 𝔖𝔙 ‖ **10** [a] Mss[Or] לוֹ; > 𝔊𝔖 ‖ [b] 𝔊 *τοῦ ἀνδρείου*, σ′ *ὁ γοργευσάμενος*, 𝔖 *lkšjr'* = הַכָּשֵׁר, l 𝔐 ‖ **12** [a] Or תְּבַלָּעֶנּוּ ‖ **14** [a–a] add ‖ [b] mlt Mss וְלֹא ‖ [c–c] mlt Mss 𝔅 מַה־שֶּׁ′; pc Mss מַה־שֶּׁהָיָה cf 𝔊σ′𝔖𝔙.

15 עֲמַ֥ל [a]הַכְּסִילִ֖ים תְּיַגְּעֶ֑נּוּ[a] אֲשֶׁר֙ לֹֽא־יָדַ֔ע לָלֶ֖כֶת אֶל־עִֽיר׃ ל̇. ה̇
16 אִֽי־לָ֣ךְ אֶ֔רֶץ שֶׁמַּלְכֵּ֖ךְ נָ֑עַר וְשָׂרַ֖יִךְ בַּבֹּ֥קֶר יֹאכֵֽלוּ׃ ב̇
17 אַשְׁרֵ֣יךְ אֶ֔רֶץ שֶׁמַּלְכֵּ֖ךְ בֶּן־חוֹרִ֑ים וְשָׂרַ֙יִךְ֙ בָּעֵ֣ת יֹאכֵ֔לוּ ב̇
בִּגְבוּרָ֖ה וְלֹ֥א בַשְּׁתִֽי[a]׃ ל̇ וכל ערב דכות ב̇ מ̇ א̇[15]
18 בַּעֲצַלְתַּ֖יִם יִמַּ֣ךְ הַמְּקָרֶ֑ה וּבְשִׁפְל֥וּת יָדַ֖יִם יִדְלֹ֥ף הַבָּֽיִת׃ ל̇. ל̇. ל̇. ל̇[16]
19 לִשְׂחוֹק֙ עֹשִׂ֣ים לֶ֔חֶם וְיַ֖יִן יְשַׂמַּ֣ח חַיִּ֑ים ז̇
וְהַכֶּ֖סֶף יַעֲנֶ֥ה אֶת־הַכֹּֽל׃ [עָשִׁ֑יר
20 גַּ֣ם בְּמַדָּֽעֲךָ֗[a] מֶ֚לֶךְ אַל־תְּקַלֵּ֔ל וּבְחַדְרֵי֙[b] מִשְׁכָּ֣בְךָ֔ אַל־תְּקַלֵּ֖ל ל̇
כִּ֣י ע֤וֹף הַשָּׁמַ֙יִם֙ יוֹלִ֣יךְ אֶת־הַקּ֔וֹל וּבַ֥עַל הַכְּנָפַ֖יִם[c] יַגֵּ֥יד[d] דָּבָֽר׃ ב̇ חד חס וחד מל[17]. כנפים ק̇. ג̇ מל בליש

11 1 שַׁלַּ֥ח לַחְמְךָ֖ עַל־פְּנֵ֣י הַמָּ֑יִם כִּֽי־בְרֹ֥ב הַיָּמִ֖ים תִּמְצָאֶֽנּוּ׃
2 תֶּן־חֵ֥לֶק לְשִׁבְעָ֖ה וְגַ֣ם לִשְׁמוֹנָ֑ה כִּ֚י לֹ֣א תֵדַ֔ע מַה־יִּהְיֶ֥ה רָעָ֖ה ג̇ ול̇ בליש וכל ד״ה דכות
3 אִם־יִמָּלְא֨וּ הֶעָבִ֥ים גֶּ֙שֶׁם֙ עַל־הָאָ֣רֶץ יָרִ֔יקוּ [עַל־הָאָֽרֶץ׃
וְאִם־יִפּ֥וֹל עֵ֛ץ בַּדָּר֖וֹם וְאִ֣ם בַּצָּפ֑וֹן ב̇ בסיפ[1]. ל̇
מְק֛וֹם שֶׁיִּפּ֥וֹל הָעֵ֖ץ שָׁ֥ם יְהֽוּא[a]׃ ב̇[1]
4 שֹׁמֵ֥ר ר֖וּחַ לֹ֣א יִזְרָ֑ע וְרֹאֶ֥ה בֶעָבִ֖ים לֹ֥א יִקְצֽוֹר׃ ג̇ מל[2]
5 כַּאֲשֶׁ֨ר[a] אֵינְךָ֤ יוֹדֵ֙עַ֙ מַה־דֶּ֣רֶךְ הָר֔וּחַ כַּעֲצָמִ֖ים[b] בְּבֶ֣טֶן הַמְּלֵאָ֑ה ל̇. ב̇. ב̇
כָּ֗כָה לֹ֤א תֵדַע֙ אֶת־מַעֲשֵׂ֣ה[c] הָאֱלֹהִ֔ים אֲשֶׁ֥ר יַעֲשֶׂ֖ה אֶת־הַכֹּֽל׃
6 בַּבֹּ֙קֶר֙ זְרַ֣ע אֶת־זַרְעֶ֔ךָ וְלָעֶ֖רֶב אַל־תַּנַּ֣ח יָדֶ֑ךָ[a] ג̇[3]
כִּי֩ אֵינְךָ֨ יוֹדֵ֜עַ[b] אֵ֣י זֶ֤ה יִכְשַׁר֙[c] הֲזֶ֣ה אוֹ־זֶ֔ה לא̇. ל̇. ד̇[4]
וְאִם־שְׁנֵיהֶ֥ם כְּאֶחָ֖ד טוֹבִֽים׃ ל̇. ז̇ קמ̇[5]
7 וּמָת֖וֹק הָא֑וֹר וְט֥וֹב לַֽעֵינַ֖יִם לִרְא֥וֹת אֶת־הַשָּֽׁמֶשׁ׃ ב̇. יז̇[6]. ד̇ ב̇[7] פת וב̇ קמ
8 כִּ֣י אִם־שָׁנִ֥ים הַרְבֵּ֛ה יִחְיֶ֥ה הָאָדָ֖ם בְּכֻלָּ֣ם יִשְׂמָ֑ח יח̇ וכל חיו יחיה דכות[8]
וְיִזְכֹּר֙ אֶת־יְמֵ֣י הַחֹ֔שֶׁךְ כִּֽי־הַרְבֵּ֥ה יִהְי֖וּ כָּל־שֶׁבָּ֥א הָֽבֶל׃ שֶׁבָּא־ מחליפין

[15] Lv 13,48. [16] וחד ואת ידלף Gn 22,22. [17] Mm 2641. **Cp 11** [1] Mp sub loco. [2] Mm 2269. [3] Mm 3718. [4] Mm 325. [5] Mm 3888. [6] Mm 1088. [7] Mm 3598. [8] Mm 107.

15 [a–a] nonn Mss 𝔊[SA]𝔗 הַכְּסִיל תְ׳, l prb הַכְּסִיל מָתַי יְיַגְּעֶנּוּ || **17** [a] 𝔊 *αἰσχυνθήσονται* = בְּ(בֹ)שֶׁת; nonn vb exc? || **20** [a] prp בְּמַצָּעֲךָ [b] pc Mss וּבְהֶדֶר cf 𝔖𝔗𝔙 || [c] Q כְּנָפַיִם, K הַכְּ׳ || [d] l יַגִּיד || **Cp 11,3** [a] pc Mss הוּא, sic l vel יֶהֱוֶא || **5** [a] pc Mss 𝔊α′ בַּאֲ׳ || [b] l c mlt Mss 𝔗 בַּעֲ׳ || [c] 𝔊(𝔖𝔙) *τὰ ποιήματα* = מַעֲשֵׂי || **6** [a] mlt Mss יָדֶיךָ || [b] sic L, mlt Mss Edd יוֹדֵעַ || [c] sic L, mlt Mss Edd יִכְשַׁר.

9 שְׂמַח בָּחוּר בְּיַלְדוּתֶיךָ[a] וִיטִיבְךָ[b] לִבְּךָ בִּימֵי בְחוּרוֹתֶךָ[c]
וְהַלֵּךְ בְּדַרְכֵי לִבְּךָ וּבְמַרְאֵי[d] עֵינֶיךָ
וְדָע כִּי עַל־כָּל־אֵלֶּה יְבִיאֲךָ הָאֱלֹהִים בַּמִּשְׁפָּט׃
10 וְהָסֵר כַּעַס מִלִּבֶּךָ וְהַעֲבֵר רָעָה מִבְּשָׂרֶךָ
כִּי־הַיַּלְדוּת וְהַשַּׁחֲרוּת הָבֶל׃

12 1 וּזְכֹר אֶת־בּוֹרְאֶיךָ[a] בִּימֵי בְּחוּרֹתֶיךָ
עַד אֲשֶׁר לֹא־יָבֹאוּ יְמֵי הָרָעָה
וְהִגִּיעוּ שָׁנִים אֲשֶׁר תֹּאמַר אֵין־לִי בָהֶם חֵפֶץ׃
2 עַד אֲשֶׁר לֹא־תֶחְשַׁךְ הַשֶּׁמֶשׁ וְהָאוֹר וְהַיָּרֵחַ וְהַכּוֹכָבִים
וְשָׁבוּ הֶעָבִים אַחַר הַגָּשֶׁם׃
3 בַּיּוֹם שֶׁיָּזֻעוּ שֹׁמְרֵי הַבַּיִת וְהִתְעַוְּתוּ אַנְשֵׁי הֶחָיִל
וּבָטְלוּ הַטֹּחֲנוֹת כִּי מִעֵטוּ וְחָשְׁכוּ הָרֹאוֹת בָּאֲרֻבּוֹת׃
4 וְסֻגְּרוּ דְלָתַיִם בַּשּׁוּק בִּשְׁפַל קוֹל הַטַּחֲנָה
[a]וְיָקוּם לְקוֹל[a] הַצִּפּוֹר וְיִשַּׁחוּ כָּל־בְּנוֹת הַשִּׁיר׃
5 גַּם מִגָּבֹהַּ יִרָאוּ[a] וְחַתְחַתִּים בַּדֶּרֶךְ
וְיָנֵאץ[b] הַשָּׁקֵד וְיִסְתַּבֵּל[c] הֶחָגָב וְתָפֵר[d] הָאֲבִיּוֹנָה[e]
כִּי־הֹלֵךְ הָאָדָם אֶל־בֵּית עוֹלָמוֹ וְסָבְבוּ בַשּׁוּק הַסֹּפְדִים׃
6 עַד אֲשֶׁר לֹא־יֵרָחֵק[a] חֶבֶל הַכֶּסֶף וְתָרֻץ[b] גֻּלַּת הַזָּהָב
וְתִשָּׁבֶר כַּד עַל־הַמַּבּוּעַ וְנָרֹץ[c] הַגַּלְגַּל אֶל־הַבּוֹר׃
7 וְיָשֹׁב[a] הֶעָפָר עַל־[b]הָאָרֶץ כְּשֶׁהָיָה
וְהָרוּחַ תָּשׁוּב אֶל־הָאֱלֹהִים אֲשֶׁר נְתָנָהּ׃
8 הֲבֵל הֲבָלִים אָמַר הַקּוֹהֶלֶת[a] הַכֹּל הָבֶל׃

9 [a] 𝔙 ־תֶךָ ‖ [b] l וְיֵטַב ‖ [c] 𝔙 ־תֶיךָ ‖ [d] l c mlt Mss 𝔊𝔖𝔙 ובמראה ‖ **Cp 12,1** [a] prp בּוֹרְךָ ‖ **4** [a–a] 2 Mss ויקום ל׳; frt l ויקום לוֹ קול cf Gn 23,17.20 ‖ **5** [a] mlt Mss יִרְאוּ cf 𝔊σ′; prp יִירָא ‖ [b] l וְיָנֵץ ‖ [c] mlt Mss ויסתכל, 𝔊 *παχυνθῇ* ‖ [d] 𝔊 *καὶ διασκεδασθῇ*, σ′(𝔖) *καὶ διαλυθῇ* = וְתֻפַּר, α′ *καὶ καρπεύσει* = וְתִפְרֶה ‖ [e] σ′ *ἡ ἐπίπονος* = הָאֶבְיוֹנָה ‖ **6** [a] K יִרְחַק, Q mlt Mss 𝔗 יֵרָתֵק; 𝔊 *ἀνατραπῇ*, σ′ *κοπῆναι ἀπό*, 𝔖 *ntpsg*, 𝔙 *rumpatur*, l יִנָּתֵק ‖ [b] l וְתֵרֹץ ‖ [c] 𝔊(𝔖𝔗) *καὶ συντροχάσῃ* = וְיָרֻץ ‖ **7** [a] l וְיָשֹׁב ‖ [b] l c mlt Mss 𝔖 אֶל ‖ **8** [a] pc Mss 𝔖 + הֲבֵל הֲבָלִים cf 1,2.

9 וְיֹתֵ֕ר שֶׁהָיָ֥ה קֹהֶ֖לֶת חָכָ֑ם ע֗וֹד לִמַּד־דַּ֙עַת֙ אֶת־הָעָ֔ם — ו. ל
וְאִזֵּ֣ן וְחִקֵּ֔ר תִּקֵּ֖ן[a] מְשָׁלִ֥ים הַרְבֵּֽה׃ — ל. ל
10 בִּקֵּ֣שׁ קֹהֶ֔לֶת לִמְצֹ֖א דִּבְרֵי־חֵ֑פֶץ וְכָת֥וּב[a] יֹ֖שֶׁר דִּבְרֵ֥י אֱמֶֽת׃ — י[11]
11 דִּבְרֵ֤י חֲכָמִים֙ כַּֽדָּרְבֹנ֔וֹת וּֽכְמַשְׂמְר֖וֹת — ל. י[12] כת ש ול בליש
נְטוּעִ֖ים בַּעֲלֵ֣י[a] אֲסֻפּ֑וֹת נִתְּנ֖וּ מֵרֹעֶ֥ה אֶחָֽד׃ — ל. ל. ו דגש[13]. ב
12 וְיֹתֵ֥ר מֵהֵ֖מָּה בְּנִ֣י הִזָּהֵ֑ר — ב[14]. ל
עֲשׂ֨וֹת סְפָרִ֤ים הַרְבֵּה֙ אֵ֣ין קֵ֔ץ וְלַ֥הַג הַרְבֵּ֖ה יְגִעַ֥ת בָּשָֽׂר׃ — ל. ל
13 ס֥וֹף דָּבָ֖ר הַכֹּ֣ל נִשְׁמָ֑ע — ג
אֶת־הָאֱלֹהִ֤ים יְרָא֙ וְאֶת־מִצְוֺתָ֣יו שְׁמ֔וֹר — ד[15]. ג[16]
כִּי־זֶ֖ה כָּל־הָאָדָֽם׃
14 כִּ֤י אֶת־כָּל־מַעֲשֶׂ֔ה הָאֱלֹהִ֛ים יָבִ֥א בְמִשְׁפָּ֖ט — י[17]. יג[18] ה[19] מנה חס
עַ֣ל כָּל־נֶעְלָ֑ם אִם־ט֖וֹב וְאִם־רָֽע׃ — ב קמ. ב[20]

סכום הפסוקים
של ספר רכב
וחציו מה שהיה כבר[21]
וסדרים ד

THRENI איכה

ס 1 1 אֵיכָ֣ה ׀ — יז[1]
יָשְׁבָ֣ה בָדָ֗ד הָעִיר֙ רַבָּ֣תִי עָ֔ם — ח[2]
הָיְתָ֖ה כְּאַלְמָנָ֑ה רַּבָּ֣תִי בַגּוֹיִ֗ם — ל
שָׂרָ֙תִי֙ בַּמְּדִינ֔וֹת הָיְתָ֖ה לָמַֽס׃ ס — ל ומל[3]. ל
2 בָּכ֨וֹ תִבְכֶּ֜ה בַּלַּ֗יְלָה וְדִמְעָתָהּ֙ עַ֣ל לֶֽחֱיָ֔הּ[a] — ה כת ר[4]. ל. ל
אֵֽין־לָ֥הּ מְנַחֵ֖ם מִכָּל־אֹהֲבֶ֑יהָ

[11] Mp sub loco. [12] Mm 1411. [13] Mm 716. [14] Mm 2507. [15] Mm 3639. [16] Mm 1079. [17] Mm 2217. [18] Mm 679. [19] Mm 871. [20] Jer 42,6. [21] Qoh 6,10, cf Mp sub loco.
Cp 1 [1] Mm 1095. [2] Mm 2544. [3] וחד לַמְּדִינוֹת Est 2,18, וחד בַּמְּדִינוֹת Est 9,16. [4] Mm 2739.

9 [a] prb add (gl) ‖ **10** [a] l c pc Mss α′σ′𝔖𝔗 וְכָתַב; prp וְכָתוֹב ‖ **11** [a] l prb מִבַּעְלֵי cf 𝔊.
Cp 1,2 [a] pc Mss Vrs du, l 𝔐.

כָּל־רֵעֶ֙יהָ֙ בָּ֣גְדוּ בָ֔הּ הָ֥יוּ לָ֖הּ לְאֹיְבִֽים׃ ס — ל . ד ב חס וב מל[5]

3 גָּלְתָ֨ה יְהוּדָ֤ה מֵעֹ֙נִי֙ וּמֵרֹ֣ב עֲבֹדָ֔ה — ל . ב[6]
הִ֚יא יָשְׁבָ֣ה בַגּוֹיִ֔ם לֹ֥א מָצְאָ֖ה מָנ֑וֹחַ — כל מל
כָּל־רֹדְפֶ֥יהָ הִשִּׂיג֖וּהָ בֵּ֥ין הַמְּצָרִֽים׃ ס — ל . ל

4 דַּרְכֵ֨י צִיּ֜וֹן אֲבֵל֗וֹת מִבְּלִי֙ בָּאֵ֣י מוֹעֵ֔ד — ל
כָּל־שְׁעָרֶ֙יהָ֙ᵃ שֽׁוֹמֵמִ֔ין כֹּהֲנֶ֖יהָ נֶאֱנָחִ֑ים — ל
בְּתוּלֹתֶ֥יהָ נּוּג֖וֹתᵇ וְהִ֥יא מַר־לָֽהּ׃ ס — ל . ל

5 הָי֨וּ צָרֶ֤יהָ לְרֹאשׁ֙ אֹיְבֶ֣יהָ שָׁל֔וּ — ג ר״פ . כד . ב וחס[7] . ו ה כת ו וחד כת ה[8]
כִּֽי־יְהוָ֥ה הוֹגָ֖הּ עַ֣ל רֹב־פְּשָׁעֶ֑יהָ
עוֹלָלֶ֛יהָ הָלְכ֥וּ שְׁבִ֖י לִפְנֵי־צָֽר׃ ס

6 וַיֵּצֵ֥אᵃ ᵇמִן֯ בַּת־ᵇצִיּ֖וֹן כָּל־הֲדָרָ֑הּ — מבת ק חד מן ח[9] כת ב מילין וקר חדה . ל
הָי֣וּ שָׂרֶ֗יהָ כְּאַיָּלִים֙ לֹא־מָצְא֣וּ מִרְעֶ֔ה — ד
וַיֵּלְכ֥וּ בְלֹא־כֹ֖חַ לִפְנֵ֥י רוֹדֵֽף׃ ס — ב מל ול בליש[10]

7 זָֽכְרָ֣ה יְרוּשָׁלִַ֗ם יְמֵ֤י עָנְיָהּ֙ וּמְרוּדֶ֔יהָᵃ
ᵇכֹּ֤ל מַחֲמֻדֶ֙יהָ֙ אֲשֶׁ֣ר הָי֖וּ מִ֣ימֵי קֶ֑דֶםᵇ — ל וכת כן
בִּנְפֹ֧ל עַמָּ֣הּ בְּיַד־צָ֗ר וְאֵ֤ין עוֹזֵר֙ לָ֔הּ — ו[11] . ה מל
רָא֣וּהָ צָרִ֔ים שָׂחֲק֖וּ עַ֥ל מִשְׁבַּתֶּֽהָ׃ ס — ל וחס

8 חֵ֤טְאᵃ חָֽטְאָה֙ יְר֣וּשָׁלִַ֔ם ᵇעַל־כֵּ֖ן לְנִידָ֣ה הָיָ֑תָה — ל . ד[12]
כָּל־מְכַבְּדֶ֤יהָ הִזִּיל֙וּהָ֙ כִּֽי־רָא֣וּ עֶרְוָתָ֔הּ — ל ומל
גַּם־הִ֥יא נֶאֶנְחָ֖ה וַתָּ֥שָׁב אָחֽוֹר׃ ס — ב

9 טֻמְאָתָ֣הּ בְּשׁוּלֶ֗יהָ לֹ֤א זָֽכְרָה֙ אַחֲרִיתָ֔הּ — ל ומל
וַתֵּ֣רֶדᵃ פְּלָאִ֔ים אֵ֥ין מְנַחֵ֖ם לָ֑הּ — ל
רְאֵ֤ה יְהוָה֙ אֶת־עָנְיִ֔יᵇ כִּ֥י הִגְדִּ֖יל אוֹיֵֽב׃ ס

[5] Mm 3424. [6] Jes 24,22. [7] Mm 2521. [8] Mm 3905. [9] Mm 214. [10] Mm 1287. [11] Mm 2129. [12] Mm 3721.

4 ᵃ prp שְׁעָרֶיהָ ‖ ᵇ 𝔊 ἀγόμεναι cf α′σ′, l נְהוּגוֹת ‖ **6** ᵃ 𝔊* καὶ ἐξῆρθη = וַיֻּצָּא ‖ ᵇ⁻ᵇ pc Mss ut Q מִבַּת ‖ **7** ᵃ prp מְרוֹרֶיהָ ‖ ᵇ⁻ᵇ prb add ‖ **8** ᵃ prp חֵטְא ‖ ᵇ⁻ᵇ frt dl m cs ‖ **9** ᵃ prp וַתּוּרַד cf σ′ καὶ κατήχθη, 𝔙 *deposita est* ‖ ᵇ l עָנְיָהּ cf Bo Ambr.

10 יָדוֹ פָּרַשׂ צָר עַל כָּל־מַחֲמַדֶּיהָ — ב
כִּי־רָאֲתָה גוֹיִם בָּאוּ מִקְדָּשָׁהּ — ל
אֲשֶׁר צִוִּיתָה לֹא־יָבֹאוּ בַקָּהָל לָךְ׃ ס — ד מל . ד דגש[13]

11 כָּל־עַמָּהּ נֶאֱנָחִים מְבַקְּשִׁים לֶחֶם
נָתְנוּ מַחֲמוֹדֵיהֶם[a] בְּאֹכֶל לְהָשִׁיב נָפֶשׁ — מחמדיהם[14] יתיר ו ק
רְאֵה יְהוָה וְהַבִּיטָה כִּי הָיִיתִי זוֹלֵלָה׃ ס — ל

12 לוֹא[a] אֲלֵיכֶם כָּל־עֹבְרֵי דֶרֶךְ הַבִּיטוּ וּרְאוּ — לה מל
אִם־יֵשׁ מַכְאוֹב כְּמַכְאֹבִי אֲשֶׁר עוֹלַל לִי — ג . ג חס[15] . ג ול בליש ובסיפ
אֲשֶׁר הוֹגָה יְהוָה בְּיוֹם חֲרוֹן אַפּוֹ׃ ס — ג

13 מִמָּרוֹם שָׁלַח־אֵשׁ בְּעַצְמֹתַי וַיִּרְדֶּנָּה[a] — ה חס בליש[16] . ל
פָּרַשׂ רֶשֶׁת לְרַגְלַי הֱשִׁיבַנִי אָחוֹר
נְתָנַנִי שֹׁמֵמָה כָּל־הַיּוֹם דָּוָה׃ ס — ג ב חס וחד מל[17] . ג[18]

14 [a]נִשְׂקַד עֹל[a] פְּשָׁעַי בְּיָדוֹ יִשְׂתָּרְגוּ — ל . ל
עָלוּ[b] עַל־צַוָּארִי הִכְשִׁיל כֹּחִי
נְתָנַנִי אֲדֹנָי[c] בִּידֵי לֹא־אוּכַל קוּם׃ ס — יד כת כן בסיפ

15 סִלָּה כָל־אַבִּירַי ׀ אֲדֹנָי[a] בְּקִרְבִּי[b] — ב חד כת א וחד כת ה. יד כת כן בסיפ . יא[19]
קָרָא עָלַי מוֹעֵד לִשְׁבֹּר בַּחוּרָי
גַּת דָּרַךְ אֲדֹנָי[a] לִבְתוּלַת בַּת־יְהוּדָה׃ ס — יד כת כן בסיפ

16 עַל־אֵלֶּה ׀ אֲנִי בוֹכִיָּה עֵינִי ׀ עֵינִי[a] יֹרְדָה מַּיִם — ל ומל . כט[20] . ל . כט[20]
כִּי־רָחַק מִמֶּנִּי מְנַחֵם מֵשִׁיב נַפְשִׁי — נז וכל תלים דכות ב מ א
הָיוּ בָנַי שׁוֹמֵמִים כִּי גָבַר אוֹיֵב׃ ס — ל

[13] Mm 3722. [14] Q addidi, L sine Q cum Mp יתיר ו, cf Mp sub loco. [15] Mm 2712. [16] Mm 3723. [17] Mm 3724. [18] Mm 778. [19] Mm 2580. [20] Mm 2501.

11 [a] Q[Mss] mlt Mss מחמדיהם ‖ **12** [a] 𝔊*[Mss] σ′ *οὐ*, 𝔊[rel] *οἱ* ‖ **13** [a] 𝔊 *κατήγαγεν αὐτό* = הֹרִידָהּ vel וַיֹּרִדֶנָּה ‖ **14** [a–a] dub; mlt Mss נשקד על, 𝔊 *ἐγρηγορήθη ἐπί* = נִשְׁקַד עַל ‖ [b] 𝔊[L] *τὸν ζυγὸν αὐτοῦ*, σ′ *ὁ ζυγὸς αὐτοῦ* = עֻלּוֹ ‖ [c] l c mlt Mss יהוה ‖ **15** [a] cf 14[c] ‖ [b] 𝔊(𝔙) *ἐκ μέσου μου* = מִקְּ׳ ‖ **16** [a] > pc Mss 𝔊*𝔖𝔙, dl.

17 פֵּֽרְשָׂ֨ה צִיּ֜וֹן בְּיָדֶ֗יהָ אֵ֤ין מְנַחֵם֙ לָ֔הּ ‏ ג[21]
צִוָּ֧ה יְהוָ֛ה לְיַעֲקֹ֖ב סְבִיבָ֣יו צָרָ֑יו
הָיְתָ֧ה יְרוּשָׁלִַ֛ם לְנִדָּ֖ה בֵּינֵיהֶֽם[a]׃ ס

18 צַדִּ֥יק ה֛וּא יְהוָ֖ה כִּ֣י פִ֣יהוּ מָרִ֑יתִי ‏ כב. ג ב[22] מנה בסיפ
שִׁמְעוּ־נָ֣א כָל־עַמִּ֗ים[a] וּרְאוּ֙ מַכְאֹבִ֔י ‏ העמים ק חד מן יג[23] חס ה ר״ת בליש. ג חס[24]
בְּתוּלֹתַ֥י וּבַחוּרַ֖י הָלְכ֥וּ בַשֶּֽׁבִי׃ ס

19 קָרָ֤אתִי לַֽמְאַהֲבַי֙ הֵ֣מָּה רִמּ֔וּנִי ‏ ל. ל
כֹּהֲנַ֥י וּזְקֵנַ֖י בָּעִ֣יר גָּוָ֑עוּ ‏ ל. ל
כִּֽי־בִקְשׁ֥וּ אֹ֙כֶל֙ לָ֔מוֹ וְיָשִׁ֖יבוּ אֶת־נַפְשָֽׁם[a]׃ ס ‏ ג ב מל וחד חס[25]

20 רְאֵ֨ה יְהוָ֤ה כִּֽי־צַר־לִי֙ מֵעַ֣י חֳמַרְמָ֔רוּ ‏ ל
נֶהְפַּ֤ךְ לִבִּי֙ בְּקִרְבִּ֔י כִּ֥י מָר֖וֹ מָרִ֑יתִי ‏ יא[26]. ל. ג ב[27] מנה בסיפ
מִח֥וּץ שִׁכְּלָה־חֶ֖רֶב [a]בַּבַּ֥יִת כַּמָּֽוֶת[a]׃ ס ‏ ג[28]

21 שָׁמְע֞וּ[a] כִּ֧י נֶאֱנָחָ֣ה אָ֗נִי אֵ֤ין מְנַחֵם֙ לִ֔י ‏ ג ר״פ[29]
כָּל־אֹיְבַ֞י שָׁמְע֤וּ רָֽעָתִי֙ שָׂ֔שׂוּ כִּ֥י אַתָּ֖ה עָשִׂ֑יתָ ‏ ל
הֵבֵ֥אתָ[b] יוֹם־קָרָ֖אתָ וְיִהְי֥וּ כָמֹֽנִי׃ ס ‏ יא רפי[30]. ל חס בסיפ[31]

22 תָּבֹ֨א כָל־רָעָתָ֤ם לְפָנֶ֙יךָ֙ וְעוֹלֵ֣ל לָ֔מוֹ ‏ יז חס וכל משלי דכות ב מ ד
כַּאֲשֶׁ֥ר עוֹלַ֛לְתָּ לִ֖י עַ֣ל כָּל־פְּשָׁעָ֑י ‏ כל חס. ל
כִּֽי־רַבּ֥וֹת אַנְחֹתַ֖י וְלִבִּ֥י דַוָּֽי׃ פ ‏ ל וחס. ג[32]

2 1 אֵיכָה֩ ‏ יז[1]
יָעִ֨יב בְּאַפּ֤וֹ׀ אֲדֹנָי֙[a] אֶת־בַּת־צִיּ֔וֹן ‏ יד כת כן בסיפ
הִשְׁלִ֤יךְ מִשָּׁמַ֙יִם֙ אֶ֔רֶץ תִּפְאֶ֖רֶת יִשְׂרָאֵ֑ל
וְלֹא־זָכַ֥ר הֲדֹם־רַגְלָ֖יו בְּי֥וֹם אַפּֽוֹ׃ ס ‏ ג[2]

[21] Mm 624. [22] Thr 1,20 et Mp sub loco. [23] Mm 1856. [24] Mm 2712. [25] Mm 1047. [26] Mm 2580. [27] Thr 1,18 et Mp sub loco. [28] Mm 3116. [29] Mm 3725. [30] Mm 417. [31] Mp contra textum, cf Mp sub loco. [32] Mm 2205. **Cp 2** [1] Mm 1095. [2] Mm 296.

17 [a] prp בְּעֵינֵיהֶם ‖ **18** [a] mlt Mss 𝔊𝔗 ut Q הָעַמִּים ‖ **19** [a] 𝔊 + *καὶ οὐχ εὗρον* = וְלֹא מָצָאוּ ‖ **20** [a–a] 𝔊 (Ambr) tr, 𝔖(𝔙) *wdbbjt' mwt'* = בבית מות ? frt l ב׳ כְּמוּת cf akk *kamûtu* captivitas ‖ **21** [a] 𝔊 *ἀκούσατε* = שִׁמְעוּ; l שְׁמַע cf 𝔖 ‖ [b] l הָבֵא אֶת־ cf 𝔖 ‖ **Cp 2,1** [a] cf 1,14[c].

2 בִּלַּע אֲדֹנָי[a] לֹא[b] חָמַל אֵת כָּל־נְאוֹת יַעֲקֹב — ב ר״פ[3] . יד כת כן בסיפ . ולא ק חד מן יב[4] חס ו ר״ת
הָרַס בְּעֶבְרָתוֹ מִבְצְרֵי בַת[c]־יְהוּדָה
הִגִּיעַ לָאָרֶץ חִלֵּל[d] מַמְלָכָה[e] וְשָׂרֶיהָ׃ ס — ל

3 גָּדַע בָּחֳרִי־אַף[a] כֹּל קֶרֶן יִשְׂרָאֵל — ל . ו[5] . ה
הֵשִׁיב אָחוֹר יְמִינוֹ מִפְּנֵי אוֹיֵב
וַיִּבְעַר בְּיַעֲקֹב כְּאֵשׁ לֶהָבָה אָכְלָה סָבִיב׃ ס — ל

4 דָּרַךְ קַשְׁתּוֹ כְּאוֹיֵב [a]נִצָּב יְמִינוֹ[a] — ב דמטע
כְּצָר[b] וַיַּהֲרֹג כֹּל מַחֲמַדֵּי־עָיִן — ל . ב[6]
בְּאֹהֶל בַּת־צִיּוֹן שָׁפַךְ כָּאֵשׁ חֲמָתוֹ׃ ס

5 הָיָה אֲדֹנָי[a] ׀ כְּאוֹיֵב בִּלַּע יִשְׂרָאֵל — הׄ ר״פ מיחד[7] . יד כת כן בסיפ . ב דמטע
בִּלַּע כָּל־[b]אַרְמְנוֹתֶיהָ שִׁחֵת[b] מִבְצָרָיו
וַיֶּרֶב בְּבַת־יְהוּדָה תַּאֲנִיָּה וַאֲנִיָּה׃ ס — בׄ[8] . בׄ[9] . בׄ[10]

6 וַיַּחְמֹס כַּגַּן[a] שֻׂכּוֹ שִׁחֵת מוֹעֲדוֹ — ל . ג[11] וחד מן יב[12] כת ש ול בליש . ג[13] חס בליש וכל במעדו דכות ב מ ב
שִׁכַּח יְהוָה ׀ בְּצִיּוֹן מוֹעֵד וְשַׁבָּת — ב
וַיִּנְאַץ בְּזַעַם־אַפּוֹ מֶלֶךְ וְכֹהֵן׃ ס — ב חד ר״פ וחד ס״פ

7 זָנַח אֲדֹנָי[a] ׀ מִזְבְּחוֹ נִאֵר מִקְדָּשׁוֹ — יד כת כן בסיפ . ג[14]
הִסְגִּיר בְּיַד־אוֹיֵב [b]חוֹמֹת אַרְמְנוֹתֶיהָ[b] — ח[15] וכל ירמיה דכות ב מ ג וחד מן ד כת כן
קוֹל נָתְנוּ בְּבֵית־יְהוָה כְּיוֹם מוֹעֵד׃ ס — לט . יא[16]

8 חָשַׁב[a] יְהוָה ׀ לְהַשְׁחִית חוֹמַת בַּת־צִיּוֹן
נָטָה קָו לֹא־הֵשִׁיב יָדוֹ מִבַּלֵּעַ — ל
וַיַּאֲבֶל־חֵל וְחוֹמָה יַחְדָּו אֻמְלָלוּ׃ ס — ל . ה חס

[3] Jes 25,8. [4] Mm 3804. [5] Mm 1643. [6] Ho 9,16. [7] Mm 944. [8] Mm 1805. [9] Gn 34,19. [10] Mm 3726. [11] Mm 2602. [12] Mm 1411. [13] Mm 3727 contra textum. [14] Mm 3728. [15] Mm 2893. [16] Mm 1630.

2 [a] cf 1,14[e] ‖ [b] 𝔊 ut K לא, mlt Mss 𝔖𝔗𝔙 ut Q וְלֹא ‖ [c] 𝔙 *virginis* = בְּתוּלַת ‖ [d] 𝔖 *qtjljh* = חֲלָלֶיהָ? ‖ [e] 𝔊 *βασιλέα αὐτῆς*, 𝔊[B](𝔖) *βασιλέας αὐτῆς* ‖ **3** [a] l אַפּוֹ cf 𝔊𝔖𝔙[Mss] ‖ **4** [a–a] prp חֵץ בִּימִינוֹ ‖ [b] tr post ויהרג ‖ **5** [a] cf 1,14[c] ‖ [b–b] l אַרְמְנוֹתָו הִשְׁחִת ‖ **6** [a] 𝔊 *ὡς ἄμπελον*, l כְּגֶפֶן ‖ **7** [a] cf 1,14[c] ‖ [b–b] prp חֶמְדַּת אֹצְרוֹתֶיהָ ‖ **8** [a] 𝔊* *καὶ ἐπέστρεψεν* = הֵשִׁב, l 𝔐.

9 טָבְעוּ בָאָרֶץ שְׁעָרֶיהָ [a]אִבַּד וְשִׁבַּר[a] בְּרִיחֶיהָ — ב ר״פ[17] . ב[18] . ד ב מנה מל
מַלְכָּהּ וְשָׂרֶיהָ בַגּוֹיִם אֵין תּוֹרָה
גַּם־נְבִיאֶיהָ לֹא־מָצְאוּ חָזוֹן מֵיְהוָה׃ ס — ד

10 יֵשְׁבוּ[a] לָאָרֶץ יִדְּמוּ[b] זִקְנֵי בַת־צִיּוֹן — כ[19] . ג[20]
הֶעֱלוּ עָפָר עַל־רֹאשָׁם חָגְרוּ שַׂקִּים
הוֹרִידוּ לָאָרֶץ רֹאשָׁן בְּתוּלֹת יְרוּשָׁלִָם׃ ס — ל . ב בסיפ

11 כָּלוּ בַדְּמָעוֹת עֵינַי חֳמַרְמְרוּ מֵעַי — ל דגש
נִשְׁפַּךְ לָאָרֶץ כְּבֵדִי עַל־שֶׁבֶר בַּת־עַמִּי — ל
בֵּעָטֵף עוֹלֵל וְיוֹנֵק בִּרְחֹבוֹת קִרְיָה׃ ס — ל

12 לְאִמֹּתָם יֹאמְרוּ אַיֵּה דָּגָן וָיָיִן — ל[21] . ז[22]
בְּהִתְעַטְּפָם כֶּחָלָל בִּרְחֹבוֹת עִיר — ל
בְּהִשְׁתַּפֵּךְ נַפְשָׁם אֶל־חֵיק אִמֹּתָם׃ ס — ל . ב

13 מָה־אֲעִידֵךְ[a] מָה אֲדַמֶּה־לָּךְ הַבַּת יְרוּשָׁלִַם — יב פסוק דמיין[23] . ל[24] . ב . ד פת
[b]מָה אַשְׁוֶה־לָּךְ וַאֲנַחֲמֵךְ[b] בְּתוּלַת בַּת־צִיּוֹן
כִּי־גָדוֹל כַּיָּם[c] שִׁבְרֵךְ מִי יִרְפָּא־לָךְ׃ ס — ד[25] . ג[26]

14 נְבִיאַיִךְ חָזוּ לָךְ שָׁוְא וְתָפֵל — ל ומל[27]
וְלֹא־גִלּוּ עַל־עֲוֺנֵךְ לְהָשִׁיב שְׁבִיתֵךְ[a] — שבותך[28] ק
וַיֶּחֱזוּ לָךְ מַשְׂאוֹת[b] שָׁוְא וּמַדּוּחִים׃ ס — ב[29] . ב חד מל וחד חס . ל ומל

15 סָפְקוּ עָלַיִךְ כַּפַּיִם כָּל־עֹבְרֵי דֶרֶךְ
שָׁרְקוּ וַיָּנִעוּ רֹאשָׁם עַל־בַּת יְרוּשָׁלִָם — ג[30] חס ול בליש
הֲזֹאת הָעִיר [a]שֶׁיֹּאמְרוּ כְּלִילַת יֹפִי מָשׂוֹשׂ לְכָל־הָאָרֶץ[a]׃ ס — ה[31] . כל מל . ד[32]

[17] Mm 3208. [18] Mm 2174. [19] Mm 534. [20] Mm 2382. [21] וחד לְאִמֹּתָם Gn 25,16. [22] Mm 94. [23] Mm 3896. [24] L sine Q, al Mss אעודך K, אעידך Q, cf Mp sub loco. [25] Mm 2420. [26] Mm 2171. [27] Mp sub loco. [28] Mm 832. [29] Mm 3729. [30] Mm 3730. [31] Mm 2289. [32] Mm 2448.

9 a–a dl vel אבד vel ושבר ‖ **10** a ℭ𝔊𝔖𝔙 יָשְׁבוּ ‖ b 𝔊(𝔖𝔙) ἐσιώπησαν = דָּמוּ ‖ **13** a 𝔙 *comparabo te*, l אֶעֱרֹךְ ‖ b–b 𝔊 τίς σώσει σε καὶ παρακαλέσει = מִי יוֹשִׁיעַ לָךְ וְנִחַמְךְ ‖ c 𝔊 ποτήριον = כּוֹס ‖ **14** a mlt Mss ut Q שְׁבוּתֵךְ, K שְׁבִיתֵךְ ‖ b frt l מַשָּׂאוֹת ‖ **15** a–a dl vel שיאמרו vel משוש לכל־הארץ.

16 פָּצוּ[a] עָלַיִךְ פִּיהֶם כָּל־אוֹיְבַיִךְ
שָׁרְקוּ וַיַּחַרְקוּ־שֵׁן אָמְרוּ בִּלָּעְנוּ — ל̇. ל̇
אַךְ זֶה הַיּוֹם שֶׁקִּוִּינֻהוּ מָצָאנוּ רָאִינוּ׃ ס — ל̇. ל̇

17 עָשָׂה יְהוָה אֲשֶׁר זָמָם בִּצַּע אֶמְרָתוֹ — ב ר״פ[33]. ל̇. ל̇
אֲשֶׁר צִוָּה מִימֵי־קֶדֶם הָרַס וְלֹא חָמָל
וַיְשַׂמַּח עָלַיִךְ אוֹיֵב הֵרִים קֶרֶן צָרָיִךְ׃ ס — ל̇[34]

18 צָעַק[a] לִבָּם אֶל־[a]אֲדֹנָי[b] חוֹמַת[c] בַּת־צִיּוֹן — ב . יד כת כן בסיפ
הוֹרִידִי כַנַּחַל דִּמְעָה יוֹמָם וָלַיְלָה — ל̇ בטע
אַל־תִּתְּנִי פוּגַת לָךְ אַל־תִּדֹּם בַּת־[d]עֵינֵךְ׃ ס — ל̇ בסיפ מוגה

19 קוּמִי ׀ רֹנִּי בַלַּיִל[a] לְרֹאשׁ אַשְׁמֻרוֹת — ד ר״פ[35]. ל̇. בלילה ק̇ כד
שִׁפְכִי כַמַּיִם לִבֵּךְ נֹכַח פְּנֵי אֲדֹנָי[b] — ל̇. ל̇ בסיפ. יד כת כן בסיפ
שְׂאִי אֵלָיו כַּפַּיִךְ עַל־נֶפֶשׁ עוֹלָלַיִךְ — ח̇. ב חד חס וחד מל
הָעֲטוּפִים בְּרָעָב בְּרֹאשׁ כָּל־[c]חוּצוֹת[c]׃ ס — ב חד מל וחד חס[36]. ד̇[37]. ל̇ה[38]

20 רְאֵה יְהוָה וְהַבִּיטָה לְמִי עוֹלַלְתָּ כֹּה — כל חס
אִם־תֹּאכַלְנָה נָשִׁים פִּרְיָם עֹלְלֵי טִפֻּחִים — כל חס
אִם־יֵהָרֵג בְּמִקְדַּשׁ אֲדֹנָי[a] כֹּהֵן וְנָבִיא׃ ס — ה̇ ב מנה בליש. יד כת כן בסיפ. ז̇ בלשון נביאיה

21 שָׁכְבוּ לָאָרֶץ חוּצוֹת נַעַר וְזָקֵן
בְּתוּלֹתַי וּבַחוּרַי [a]נָפְלוּ בֶחָרֶב[a]
הָרַגְתָּ בְּיוֹם אַפֶּךָ טָבַחְתָּ [b]לֹא חָמָלְתָּ׃ ס — ב̇

22 תִּקְרָא כְיוֹם מוֹעֵד מְגוּרַי[a] מִסָּבִיב — י̇א̇[39]
וְלֹא הָיָה בְּיוֹם אַף־יְהוָה פָּלִיט וְשָׂרִיד — כ̇ה. ב̇
אֲשֶׁר־טִפַּחְתִּי וְרִבִּיתִי אֹיְבִי כִלָּם׃ פ — ל̇. ל̇[40]. ז̇[40]

[33] Mm 3731. [34] וחד ושמח Prv 27,11. [35] Mm 3732. [36] Mm 225. [37] Mm 1206. [38] Mm 2840. [39] Mm 1630. [40] Mp sub loco.

16 [a] pc Mss 𝔊[L]𝔖 tr v 16 (פ) post v 17 (ע) ‖ **18** [a–a] crrp; prp צַעֲקִי לָךְ מָלֵא ‖ [b] cf 1,14[c] ‖ [c] prp הֶמִי ‖ [d] prp בָּבַת ‖ **19** [a] mlt Mss ut Q בַּלַּיְלָה, K בַּלַּיִל ‖ [b] cf 1,14[c] ‖ [c–c] add ‖ **20** [a] cf 1,14[c] ‖ **21** [a–a] 𝔊* *ἐπορεύθησαν ἐν αἰχμαλωσίᾳ* (ex 1,5.18) *ἐν ῥομφείᾳ καὶ ἐν λιμῷ* ‖ [b] mlt Mss 𝔖𝔗𝔙 וְלֹא ‖ **22** [a] 𝔖 *bʿldbbj* hostes mei; 𝔙 *qui terrerent me* = מְגוֹרְרַי?

3

1 אֲנִי הַגֶּבֶר רָאָה עֳנִי בְּשֵׁבֶט עֶבְרָתוֹ׃ — ב בכתיב ול בסיפ . ו[1]
2 אוֹתִי נָהַג וַיֹּלַךְ חֹשֶׁךְ וְלֹא־אוֹר׃ — כי[2] מל ה מנה בכתיב ול בסיפ . ל[3]
3 אַךְ בִּי יָשֻׁב יַהֲפֹךְ יָדוֹ כָּל־הַיּוֹם׃ ס — ב חס

4 בִּלָּה בְשָׂרִי וְעוֹרִי שִׁבַּר עַצְמוֹתָי׃
5 בָּנָה עָלַי וַיַּקַּף [a]רֹאשׁ וּתְלָאָה[a]׃ — ל . ל
6 בְּמַחֲשַׁכִּים הוֹשִׁיבַנִי כְּמֵתֵי עוֹלָם׃ ס — ג[4]

7 גָּדַר בַּעֲדִי וְלֹא אֵצֵא הִכְבִּיד נְחָשְׁתִּי׃ — ג[5] . ב[6] . ל
8 גַּם כִּי אֶזְעַק וַאֲשַׁוֵּעַ [a]שָׂתַם תְּפִלָּתִי׃ — י[7] כת ש ול בליש
9 גָּדַר דְּרָכַי בְּגָזִית נְתִיבֹתַי עִוָּה׃ ס — ג[5] . ב חד מל וחד חס[8]

10 דֹּב אֹרֵב הוּא לִי [a]אֲרִיה בְּמִסְתָּרִים׃ — ארי ק . ג רפי[9]
11 דְּרָכַי סוֹרֵר וַיְפַשְּׁחֵנִי שָׂמַנִי שֹׁמֵם׃ — ל . כל חס
12 דָּרַךְ קַשְׁתּוֹ וַיַּצִּיבֵנִי כַּמַּטָּרָא לַחֵץ׃ ס — ל ומל . ל וכת א

13 הֵבִיא בְּכִלְיוֹתָי בְּנֵי אַשְׁפָּתוֹ׃ — הי ר״פ מיחד[10] . ג חס . ג[11]
14 הָיִיתִי שְּׂחֹק לְכָל־עַמִּי[a] נְגִינָתָם כָּל־הַיּוֹם׃ — ד חס בכתיב . ג סביר עמים וקר עמי[12]
15 הִשְׂבִּיעַנִי בַמְּרוֹרִים הִרְוַנִי לַעֲנָה׃ ס — ל[13] . ל . ל

16 וַיַּגְרֵס[a] בֶּחָצָץ שִׁנָּי הִכְפִּישַׁנִי בָּאֵפֶר׃ — ל וכת כן . ל
17 וַתִּזְנַח[a] מִשָּׁלוֹם נַפְשִׁי נָשִׁיתִי טוֹבָה׃ — ב[14]
18 וָאֹמַר אָבַד נִצְחִי[a] וְתוֹחַלְתִּי מֵיְהוָה׃ ס

19 זְכָר־עָנְיִי וּמְרוּדִי לַעֲנָה וָרֹאשׁ׃ — ב וכל דסמיכ לא זן דכות . ב בתרי לישנ[15]
20 זָכוֹר תִּזְכּוֹר וְתָשִׁיחַ[a] עָלַי נַפְשִׁי[b]׃ — ותשוח ק[16]
21 זֹאת אָשִׁיב[a] אֶל־לִבִּי עַל־כֵּן אוֹחִיל׃ ס — ג

Cp 3 [1]Mm 1420. [2]Mm 1238. [3]Mm 468. [4]Mm 3733. [5]Mm 3734. [6]Ps 88,9. [7]Mm 1411 et cf Mm 3735. [8]Mm 3736. [9]Mm 3737. [10]Mm 944. [11]Mm 3423. [12]Mm 3435. [13]וחד השביענִי Gn 50,5. [14]Jer 15,10. [15]Mm 343. [16]Mm 832.

Cp 3,5 [a–a] prp תלאה ראשִׁי (cf 𝔊 *κεφαλήν μου καὶ ἐμόχθησεν*) vel מְתִ׳ ראשִׁי ‖ **8** [a] mlt Mss סתם ‖ **10** [a] mlt Mss ut Q אֲרִי, K אַרְיֵה ‖ **14** [a] l c Seb mlt Mss 𝔖 עַמִּים ‖ **16** [a] 𝔊 *καὶ ἐξέβαλεν* = וַיְגָרֵשׁ? ‖ **17** [a] 𝔊 *καὶ ἀπώσατο* = וַיִּזְנַח; 𝔙(𝔖) *repulsa est* = וַתִּזָּנַח ‖ **18** [a] dub; 𝔙 *finis meus* = קִצִּי? ‖ **20** [a] mlt Mss ut Q וְתָשׁוֹחַ, K וְתָשִׁיחַ ‖ [b] Tiq soph ךָ‑ֶ ‖ **21** [a] 𝔊 *τάξω* = אָשִׂים.

22 [a]חַסְדֵי יְהוָה֙ כִּי לֹא־תָמְנוּ[b] כִּי לֹא־כָלוּ רַחֲמָיו׃ | ל̇
23 חֲדָשִׁים[a] לַבְּקָרִים רַבָּה אֱמוּנָתֶךָ׃ | ד̇[17]
24 חֶלְקִי יְהוָה֙ אָמְרָה נַפְשִׁי עַל־כֵּן אוֹחִיל לוֹ׃ ס | ג̇

25 טוֹב יְהוָה֙ לְקֹוָו לְנֶפֶשׁ תִּדְרְשֶׁנּוּ׃ | לקויו[18] ק̇
26 טוֹב וְיָחִיל[a] וְדוּמָם[b] לִתְשׁוּעַת יְהוָה׃ | ל̇. ל̇
27 טוֹב לַגֶּבֶר כִּי־יִשָּׂא עֹל בִּנְעוּרָיו׃ ס | ל̇ז. ל̇ מל

28 יֵשֵׁב בָּדָד֙ וְיִדֹּם כִּי נָטַל עָלָיו׃ | ח̇[19]. ל̇[20]
29 [a]יִתֵּן בֶּעָפָר֙ פִּיהוּ אוּלַי יֵשׁ תִּקְוָה׃ | כ̇ב̇
30 יִתֵּן לְמַכֵּהוּ לֶחִי יִשְׂבַּע בְּחֶרְפָּה׃ ס

31 כִּי לֹא יִזְנַח לְעוֹלָם אֲדֹנָי[a]׃ | יד כת̇ כן בסיפ̇
32 כִּי אִם־הוֹגָה וְרִחַם כְּרֹב חֲסָדָו[a]׃ | ג̇. ח̇. ג̇[21]. חסדיו ק̇
33 כִּי לֹא עִנָּה֙ מִלִּבּוֹ [a]וַיַּגֶּה בְּנֵי־אִישׁ׃ ס | ל̇[22]

חצי הספר בפסוקים ל̇

34 לְדַכֵּא֙ תַּחַת רַגְלָיו כֹּל אֲסִירֵי אָרֶץ׃
35 לְהַטּוֹת֙ מִשְׁפַּט־גָּבֶר נֶגֶד פְּנֵי עֶלְיוֹן׃ | ל̇ זקף קמ̇. ל̇
36 לְעַוֵּת אָדָם֙ בְּרִיבוֹ אֲדֹנָי[a] לֹא רָאָה׃ ס | ד̇. יד כת̇ כן בסיפ̇ | ס̄[22]

37 מִי זֶה אָמַר֙ וַתֶּהִי אֲדֹנָי[a] לֹא צִוָּה׃ | ל̇. יד כת̇ כן בסיפ̇
38 מִפִּי עֶלְיוֹן֙ לֹא תֵצֵא הָרָעוֹת וְהַטּוֹב׃ | ד̇[23]
39 מַה־יִּתְאוֹנֵן֙ אָדָם [a]חָי גֶּבֶר[a] עַל־חֲטָאָו[b]׃ ס | ל̇. ל̇ זקף קמ̇. חטאיו ק̇

40 נַחְפְּשָׂה דְרָכֵינוּ[a] וְנַחְקֹרָה וְנָשׁוּבָה עַד־יְהוָה׃ | ז̇[24]. ה̇[25]
41 נִשָּׂא לְבָבֵנוּ[a] אֶל[b]־כַּפָּיִם אֶל־אֵל בַּשָּׁמָיִם׃ | ו̇ ד̇ כת̇ שא וב̇ כת̇ סה. ד̇ וחס[26]. ל̇
42 נַחְנוּ פָשַׁעְנוּ וּמָרִינוּ אַתָּה לֹא סָלָחְתָּ׃ ס | ג̇ ב̇ פת̇ וחד קמ̇[27]

[17] Mm 2331. [18] Q addidi sicut mlt Mss, cf Mp sub loco. [19] Mm 2544. [20] Mm 3247. [21] Mm 2436. [22] Mp sub loco. [23] Mm 2170. [24] Mm 2714. [25] Mm 1076. [26] Mm 1051. [27] Mm 1024.

22 [a] v 22–24 > 𝔊* ‖ [b] 𝔊[CO] *ἐξέλειπεν με*; l c Ms 𝔖𝔗 תָּמּוּ ‖ **23** [a] prb ins הֵם ‖ **26** [a] 𝔊 *καὶ ὑπομενεῖ*, l וְיֹחִיל ‖ [b] 𝔊 *καὶ ἡσυχάσει*, 𝔖 *bqwšt'* pro *bšwtq'*, l וְדָמַּם חַסְדּוֹ ‖ **29** [a] v 29 > 𝔊[Mss] ‖ **31** [a] cf 1,14[c]; exc vb ‖ **32** [a] K[Or] 𝔊𝔗 ut K חַסְדּוֹ, K[Oc] 𝔙 ut Q חֲסָדָיו ‖ **33** [a] prp וַיַּגֶּה ‖ **36** [a] cf 1,14[c] ‖ **37** [a] cf 1,14[c] ‖ **39** [a–a] prp יְהִי גְּבִיר ‖ [b] 𝔊 ut K חֶטְאוֹ, mlt Mss 𝔖𝔗𝔙 ut Q חֲטָאָיו ‖ **40** [a] 𝔊 sg ‖ **41** [a] mlt Mss 𝔊𝔖𝔙 לִבֵּינוּ ‖ [b] l עַל cf 𝔊(𝔖) *ἐπί*.

43 סַכֹּתָה בָאַף וַתִּרְדְּפֵנוּ הָרַגְתָּ לֹא חָמָלְתָּ׃ — ג ב מל וחד חס[28]. ב
44 סַכּוֹתָה בֶעָנָן לָךְ מֵעֲבוֹר[a] תְּפִלָּה׃ — ג ב מל וחד חס[29]. ל מל
45 סְחִי וּמָאוֹס תְּשִׂימֵנוּ בְּקֶרֶב הָעַמִּים׃ ס — ל[30]. ב מל ול[31] בליש

46 [a]פָּצוּ עָלֵינוּ פִּיהֶם כָּל־אֹיְבֵינוּ׃
47 פַּחַד וָפַחַת הָיָה לָנוּ הַשֵּׁאת וְהַשָּׁבֶר׃ — ל
48 פַּלְגֵי־מַיִם תֵּרַד עֵינִי עַל־שֶׁבֶר בַּת־עַמִּי׃ ס — כט[32]

49 עֵינִי נִגְּרָה וְלֹא תִדְמֶה מֵאֵין הֲפֻגוֹת׃ — כט[32]. ב. ל
50 עַד־יַשְׁקִיף וְיֵרֶא יְהוָה מִשָּׁמָיִם׃ — ג[33]
51 עֵינִי עוֹלְלָה לְנַפְשִׁי מִכֹּל [a]בְּנוֹת עִירִי[a]׃ ס — כט[32]. ל ומל

52 צוֹד צָדוּנִי כַּצִּפּוֹר אֹיְבַי חִנָּם׃ — ל. ל. ג וכן כת למדינ
53 צָמְתוּ בַבּוֹר חַיָּי וַיַּדּוּ־אֶבֶן בִּי׃ — ל. ל זקף קמ. ל
54 צָפוּ־מַיִם עַל־רֹאשִׁי אָמַרְתִּי נִגְזָרְתִּי׃ ס — ל. כו. ל

55 קָרָאתִי שִׁמְךָ יְהוָה מִבּוֹר תַּחְתִּיּוֹת׃ — ז ומל[34]
56 קוֹלִי שָׁמָעְתָּ אַל־תַּעְלֵם אָזְנְךָ [a]לְרַוְחָתִי לְשַׁוְעָתִי[a]׃ — ל. יג. ל
57 קָרַבְתָּ בְּיוֹם אֶקְרָאֶךָּ אָמַרְתָּ אַל־תִּירָא׃ ס — ב דגש

58 רַבְתָּ אֲדֹנָי[a] רִיבֵי[b] נַפְשִׁי גָּאַלְתָּ חַיָּי׃ — יד כת כן בסיפ
59 רָאִיתָה יְהוָה עַוָּתָתִי שָׁפְטָה[a] מִשְׁפָּטִי׃ — ל. ב. יו[35]
60 רָאִיתָה כָּל־נִקְמָתָם כָּל־מַחְשְׁבֹתָם לִי[a]׃ ס — י פסוק כל כל ומילה חדה ביניה[36]. ל

61 שָׁמַעְתָּ חֶרְפָּתָם יְהוָה כָּל־מַחְשְׁבֹתָם עָלָי׃ — ל
62 שִׂפְתֵי קָמַי וְהֶגְיוֹנָם עָלַי כָּל־הַיּוֹם׃ — ל ומל
63 שִׁבְתָּם וְקִימָתָם הַבִּיטָה אֲנִי מַנְגִּינָתָם׃ ס — ל. ל

64 תָּשִׁיב לָהֶם גְּמוּל יְהוָה כְּמַעֲשֵׂה יְדֵיהֶם׃ — ו[37]

[28] Mm 3738 contra textum. [29] Mm 3738. [30] וחד שתי Jes 51,23. [31] Mm 2229. [32] Mm 2501. [33] Mm 1668. [34] Mm 1327. [35] Mm 2362. [36] Mm 3316. [37] Mm 161.

44 [a] 𝔊 *εἵνεκεν* = בַּעֲבוּר ‖ **46** [a] pc Mss 𝔊[Mss]𝔖 tr 46–48 (פ) post 49–51 (ע) ‖ **51** [a–a] prb l בְּכוֹת et dl עירי ‖ **56** [a–a] 𝔊 *εἰς τὴν δέησίν μου εἰς τὴν βοήθειάν μου* = לִתְחִנָּתִי לִישׁוּעָתִי? dl vel לרוחתי vel לשועתי ‖ **58** [a] cf 1,14[c] ‖ [b] 𝔙(𝔖) *causam*, l רִיב ‖ **59** [a] 𝔊(𝔖) *ἔκρινας* = שָׁפַטְתָּ ‖ **60** [a] mlt Mss 𝔖𝔗𝔙 עָלָי.

65 תִּתֵּ֨ן לָהֶ֤ם מְגִנַּת־לֵ֔ב תַּאֲלָתְךָ֖[a] לָהֶֽם׃ — כב̇ פסוק דלית בהון לא ו ולא י[38]. ל̇. ל̇

66 תִּרְדֹּ֤ף[a] בְּאַף֙ וְתַשְׁמִידֵ֔ם מִתַּ֖חַת [b]שְׁמֵ֥י יְהוָֽה[b]׃ פ — ל̇. ל̇[39]

4 1 אֵיכָה֙ — יז̇[1]

יוּעַ֣ם זָהָ֔ב יִשְׁנֶ֖א[a] הַכֶּ֣תֶם הַטּ֑וֹב — ל̇. ל̇ כת א[2]

תִּשְׁתַּפֵּ֙כְנָה֙ אַבְנֵי־קֹ֔דֶשׁ בְּרֹ֖אשׁ כָּל־חוּצֽוֹת׃ ס — ל̇. לה̇[3]

2 בְּנֵ֤י[a] צִיּוֹן֙ הַיְקָרִ֔ים הַמְסֻלָּאִ֖ים בַּפָּ֑ז — ל̇. ל̇

אֵיכָ֤ה נֶחְשְׁבוּ֙ לְנִבְלֵי־[a]חֶ֔רֶשׂ מַעֲשֵׂ֖ה[b] יְדֵ֥י יוֹצֵֽר׃ ס — ל̇. יז̇[1]

3 גַּם־תַּנִּין֙[a] חָ֣לְצוּ שַׁ֔ד הֵינִ֖יקוּ גּוּרֵיהֶ֑ן — ל̇. ל̇. תנים ק̇

בַּת־[b]עַמִּ֣י לְאַכְזָ֔ר [c]כִּ֥י עֵנִ֖ים[c] בַּמִּדְבָּֽר׃ ס — חד מן ה̇[4] כת ב̇ מילין וקר̇ חדה. כיענים ק̇

4 דָּבַ֨ק לְשׁ֥וֹן יוֹנֵ֛ק אֶל־חכּ֖וֹ בַּצָּמָ֑א

עוֹלָלִים֙ שָׁ֣אֲלוּ לֶ֔חֶם פֹּרֵ֖שׂ אֵ֥ין לָהֶֽם׃ ס

5 הָאֹֽכְלִים֙ לְמַ֣עֲדַנִּ֔ים נָשַׁ֖מּוּ בַּחוּצ֑וֹת — ל̇[5]

הָאֱמֻנִים֙ עֲלֵ֣י תוֹלָ֔ע חִבְּק֖וּ אַשְׁפַּתּֽוֹת׃ ס — ל̇[6]. ב̇. ל̇ וחס̇

6 וַיִּגְדַּל֙ עֲוֺ֣ן בַּת־עַמִּ֔י מֵחַטַּ֖את סְדֹ֑ם

הַֽהֲפוּכָ֣ה כְמוֹ־רָ֔גַע וְלֹא־חָ֥לוּ בָ֖הּ יָדָֽיִם[a]׃ ס — ל̇ ומל̇. ל̇ בסיפ̇

7 זַכּ֤וּ נְזִירֶ֙יהָ֙[a] מִשֶּׁ֔לֶג צַח֖וּ מֵחָלָ֑ב — ג̇. ב̇ חד חס̇ וחד מל̇

[b]אָ֤דְמוּ עֶ֙צֶם֙ מִפְּנִינִ֔ים[b] סַפִּ֖יר גִּזְרָתָֽם׃ ס — ל̇

8 חָשַׁ֤ךְ מִשְּׁחוֹר֙ תָּֽאֳרָ֔ם לֹ֥א נִכְּר֖וּ בַּחוּצ֑וֹת — ל̇. ל̇ מל̇. ד̇[7]

צָפַ֤ד עוֹרָם֙ עַל־עַצְמָ֔ם יָבֵ֖שׁ הָיָ֥ה[a] כָעֵֽץ׃ ס — ל̇. ג̇[8]

9 טוֹבִ֤ים הָיוּ֙ חַלְלֵי־חֶ֔רֶב מֵֽחַלְלֵ֖י רָעָ֑ב

[a]שֶׁ֣הֵ֤ם יָז֙וּבוּ֙ מְדֻקָּרִ֔ים מִתְּנוּבֹ֖ת שָׂדָֽי[a]׃ ס — ב̇[9]. ד̇ ב̇ מל̇ וב̇ חס̇[10]. ב̇ וחס̇[11]. ל̇[12]

[38] Mm 878. [39] וחד שְׁמֵי יי Jer 16,21. Cp 4 [1] Mm 1095. [2] Mm 3709. [3] Mm 2840. [4] Mm 214. [5] וחד מעדנים Prv 29,17. [6] Mp sub loco. [7] Mm 1676. [8] Mm 3494. [9] Cant 6,5. [10] Mp contra textum, cf Mp sub loco. [11] Mm 2677. [12] וחד תנובת Dt 32,13.

65 [a] 𝔊(𝔗𝔙) *μόχθον σου* = תְּלָאָתְךָ; prp אָתָא אֲלָתְךָ ‖ **66** [a] 𝔊 + *αὐτούς* = תִּרְדְּפֵם ‖ [b–b] 𝔊 *τοῦ οὐρανοῦ* ($𝔊^{O}$ + *σου*) = שָׁמַיִם (שָׁמֶיךָ) ‖ **Cp 4,1** [a] mlt Mss ישנה ‖ **2** [a] prp אַבְנֵי ‖ [b] K^{Or} 𝔊𝔗 pl ‖ **3** [a] 2 Mss Q תנים ‖ [b] *θυγατέρες*, 1 בְּנוֹת ‖ [c–c] mlt Mss Vrs ut Q כַּיְעֵנִים; K dub ‖ **6** [a] prp יְלָדִים ‖ **7** [a] prp נְעָרֶיהָ ‖ [b–b] 𝔊 om עֶצֶם; prp אָדַם עוֹרָם מִ׳ vel אָדְמָה שְׂפָתָם מִ׳ ‖ **8** [a] dl m cs ‖ **9** [a–a] crrp; prp שהם יַדוּ בִּמְקֹר דָּמָם מֵתוּ בְּחִישׁ.

10 יְדֵ֗י נָשִׁים֙ רַחֲמָ֣נִיּ֔וֹת בִּשְּׁל֖וּ יַלְדֵיהֶ֑ן — ל
הָי֤וּ לְבָרוֹת֙[a] לָ֔מוֹ בְּשֶׁ֖בֶר בַּת־עַמִּֽי׃ ס — ל

11 כִּלָּ֤ה יְהוָה֙ אֶת־חֲמָת֔וֹ שָׁפַ֖ךְ חֲר֣וֹן אַפּ֑וֹ
וַיַּצֶּת־אֵ֣שׁ בְּצִיּ֔וֹן וַתֹּ֖אכַל יְסוֹדֹתֶֽיהָ׃ ס — ל . ב חד חס וחד מל[13]

12 לֹ֤א הֶאֱמִ֙ינוּ֙ מַלְכֵי־אֶ֔רֶץ וְכֹ֖ל[a] יֹשְׁבֵ֣י תֵבֵ֑ל — ב[14] וכל תלים דכות ב מ א . כל ק
כִּ֤י יָבֹא֙ צַ֣ר וְאוֹיֵ֔ב בְּשַׁעֲרֵ֖י יְרוּשָׁלִָֽם׃ ס — ח חס במגלות ב מנה בליש . ב

13 מֵֽחַטֹּ֣את נְבִיאֶ֔יהָ עֲוֺנ֖וֹת כֹּהֲנֶ֑יהָ — °[15]
הַשֹּׁפְכִ֥ים בְּקִרְבָּ֖הּ דַּ֥ם צַדִּיקִֽים׃ ס — ב[16]

14 נָע֤וּ עִוְרִים֙[a] בַּֽחוּצ֔וֹת נְגֹֽאֲל֖וּ בַּדָּ֑ם
בְּלֹ֣א יֽוּכְל֔וּ יִגְּע֖וּ בִּלְבֻשֵׁיהֶֽם׃ ס — יא[17] . ל וחס

15 ס֣וּרוּ טָמֵ֞א[b] קָ֣רְאוּ לָ֗מוֹ[b] ס֤וּרוּ ס֙וּרוּ֙[c] אַל־תִּגָּ֔עוּ
כִּ֥י נָצ֖וּ גַּם־נָ֑עוּ אָֽמְרוּ֙ בַּגּוֹיִ֔ם לֹ֥א יוֹסִ֖פוּ לָגֽוּר׃ ס — ל . ל . ט בליש ד[18] מנה כת כן

16 [a]פְּנֵ֤י יְהוָה֙ חִלְּקָ֔ם[b] לֹ֥א יוֹסִ֖יף לְהַבִּיטָ֑ם — ל . מז פסוק לא לא לא
פְּנֵ֤י כֹהֲנִים֙ לֹ֣א נָשָׂ֔אוּ זְקֵנִ֖ים לֹ֥א חָנָֽנוּ׃ ס — וזקנים ק חד מן יב[19] חס ו ר״ת

17 עוֹדֵ֙ינָה֙[a] תִּכְלֶ֣ינָה עֵינֵ֔ינוּ אֶל־עֶזְרָתֵ֖נוּ הָ֑בֶל — עודינו ק חד מן יד[20] כת ה וקר ו
בְּצִפִּיָּתֵ֣נוּ צִפִּ֔ינוּ אֶל־גּ֖וֹי לֹ֥א יוֹשִֽׁעַ׃ ס — ל . ל . ב חס[21]

18 צָד֣וּ[a] צְעָדֵ֔ינוּ מִלֶּ֖כֶת בִּרְחֹבֹתֵ֑ינוּ — ב
קָרַ֥ב קִצֵּ֛ינוּ מָלְא֥וּ יָמֵ֖ינוּ כִּי־בָ֥א קִצֵּֽנוּ׃ ס — ב . ב

19 קַלִּ֤ים הָיוּ֙ רֹדְפֵ֔ינוּ מִנִּשְׁרֵ֖י שָׁמָ֑יִם
עַל־הֶהָרִ֣ים דְּלָקֻ֔נוּ בַּמִּדְבָּ֖ר אָ֥רְבוּ לָֽנוּ׃ ס — ל וחס

20 ר֤וּחַ אַפֵּ֙ינוּ֙ מְשִׁ֣יחַ יְהוָ֔ה נִלְכַּ֖ד בִּשְׁחִיתוֹתָ֑ם — ל וכל שמואל דכות ב מ א[22]
אֲשֶׁ֣ר אָמַ֔רְנוּ בְּצִלּ֖וֹ נִחְיֶ֥ה בַגּוֹיִֽם׃ ס

[13] Mm 2910 contra textum. [14] Mm 2899. [15] TM lectio plena contra Mm 3973, cf Mp sub loco. [16] Jes 59,3 [17] Mm 2545. [18] Mm 3031 contra textum. [19] Mm 3804. [20] Mm 782. [21] Mm 3507. [22] 2 S 1,21.

10 [a] 𝔊(𝔖) *εἰς βρῶσιν*, l לְבָרוּת ‖ **12** [a] mlt Mss 𝔊$^{-L}$ ut Q כֹּל, K וְכֹל ‖ **14** [a] 𝔊 *ἐγρήγοροι αὐτῆς* = עֵרֶיהָ; prp דָּוִם vel עָרוֹם ‖ **15** [a] 𝔙 *polluti*, l טְמֵאִים ‖ [b—b] 𝔊 *καλέσατε αὐτούς* = קִרְאוּ לְ׳, sed prb dl ‖ [c] prb dl ‖ **16** [a] pc Mss 𝔖 tr v 16 (פ) post v 17 (ע) ‖ [b] 𝔊 *μερὶς αὐτῶν* = חֶלְקָם; l 𝔐 ‖ **17** [a] K^{Or} 𝔊𝔖𝔙 ut Q עוֹדֵינוּ; K עוֹדֵינָה ‖ **18** [a] Ms צרו; 𝔊 *ἐθηρεύσαμεν* = צַדְנוּ; 𝔙 *lubricaverunt* = מָעֲדוּ? prb ins צְרֵינוּ.

21 שִׂ֤ישִׂי וְשִׂמְחִי֙ בַּת־אֱד֔וֹם יוֹשֶׁ֖בְתִּי[a] בְּאֶ֣רֶץ ע֑וּץ[b] — יושבת ק
גַּם־עָלַ֙יִךְ֙ תַּעֲבָר־כּ֔וֹס[c] תִּשְׁכְּרִ֖י וְתִתְעָרִֽי׃[d] ס — ב̇ . ל̇

22 תַּם־עֲוֺנֵךְ֙ בַּת־צִיּ֔וֹן לֹ֥א יוֹסִ֖יף לְהַגְלוֹתֵ֑ךְ — ל̇ מל בכתיב
פָּקַ֤ד עֲוֺנֵךְ֙ בַּת־אֱד֔וֹם גִּלָּ֖ה עַל־חַטֹּאתָֽיִךְ׃ פ — ה̇ חס בליש

5 1 זְכֹ֤ר יְהוָה֙ מֶֽה־הָ֣יָה לָ֔נוּ הַבֵּ֖יט[a] וּרְאֵ֥ה אֶת־חֶרְפָּתֵֽנוּ׃ — כד̇[1] . הביטה ק
2 נַחֲלָתֵ֙נוּ֙ נֶֽהֶפְכָ֣ה לְזָרִ֔ים בָּתֵּ֖ינוּ לְנָכְרִֽים׃ — ל̇
3 יְתוֹמִ֤ים הָיִ֙ינוּ֙ אֵ֣ין[a] אָ֔ב אִמֹּתֵ֖ינוּ כְּאַלְמָנֽוֹת׃ — ואין ק חד מן יב̇[2] חס ו ר״ת
4 מֵימֵ֙ינוּ֙[a] בְּכֶ֣סֶף שָׁתִ֔ינוּ עֵצֵ֖ינוּ בִּמְחִ֥יר יָבֹֽאוּ׃ — ה̇[3] . ה̇[4]
5 [a]עַ֤ל[b] צַוָּארֵ֙נוּ֙[a] נִרְדָּ֔פְנוּ יָגַ֖עְנוּ לֹ֥א[c] הֽוּנַֽח־[d]לָֽנוּ׃ — ולא ק חד מן יב̇[2] חס ו ר״ת
6 מִצְרַ֙יִם֙ נָתַ֣נּוּ יָ֔ד אַשּׁ֖וּר לִשְׂבֹּ֥עַ לָֽחֶם׃ — ג̇ ר״פ . ג̇ דגש[5] . ב̇
7 אֲבֹתֵ֤ינוּ חָֽטְאוּ֙ אֵינָ֔ם[a] אֲנַ֖חְנוּ[a] עֲוֺנֹתֵיהֶ֥ם סָבָֽלְנוּ׃ — ואינם ק חד מן יב̇[2] חס ו ר״ת . ואנחנו ק חד מן יב̇[2] חס ו ר״ת
8 עֲבָדִים֙ מָ֣שְׁלוּ בָ֔נוּ פֹּרֵ֖ק אֵ֥ין מִיָּדָֽם׃ — ב̇ וחס[6]
9 בְּנַפְשֵׁ֙נוּ֙ נָבִ֣יא לַחְמֵ֔נוּ מִפְּנֵ֖י חֶ֥רֶב הַמִּדְבָּֽר׃
10 [a]עוֹרֵ֙נוּ֙ כְּתַנּ֣וּר נִכְמָ֔רוּ[a] מִפְּנֵ֖י זַלְעֲפ֥וֹת רָעָֽב׃ — ל̇ . ב̇[7] . ל̇[8]
11 נָשִׁים֙ בְּצִיּ֣וֹן עִנּ֔וּ בְּתֻלֹ֖ת בְּעָרֵ֥י יְהוּדָֽה׃ — ב̇ חס וחד מן ב̇ בסיפ̇
12 שָׂרִים֙ בְּיָדָ֣ם נִתְל֔וּ פְּנֵ֥י[a] זְקֵנִ֖ים לֹ֥א נֶהְדָּֽרוּ׃
13 בַּחוּרִים֙ טְח֣וֹן נָשָׂ֔אוּ וּנְעָרִ֖ים בָּעֵ֥ץ כָּשָֽׁלוּ׃ — ל̇ . ב̇[9]
14 זְקֵנִים֙ מִשַּׁ֣עַר שָׁבָ֔תוּ בַּחוּרִ֖ים מִנְּגִינָתָֽם׃ — ל̇ . ל̇[10]
15 שָׁבַת֙ מְשׂ֣וֹשׂ לִבֵּ֔נוּ נֶהְפַּ֥ךְ לְאֵ֖בֶל מְחֹלֵֽנוּ׃ — ל̇ וכת כן[7]
16 נָֽפְלָה֙ עֲטֶ֣רֶת רֹאשֵׁ֔נוּ אֽוֹי־נָ֥א לָ֖נוּ כִּ֥י חָטָֽאנוּ׃ — ל̇
17 עַל־זֶ֗ה הָיָ֤ה דָוֶה֙ לִבֵּ֔נוּ עַל־אֵ֖לֶּה חָשְׁכ֥וּ עֵינֵֽינוּ׃
18 עַ֤ל הַר־צִיּוֹן֙ שֶׁשָּׁמֵ֔ם[a] שׁוּעָלִ֖ים הִלְּכוּ־בֽוֹ׃ פ — ל̇ ולמדינ̇[11] . ב̇ מל בכתיב . ג̇ ב̇ דגש וחד רפי

Cp 5 [1]Mm 592. [2]Mm 3804. [3]Mm 158. [4]Mm 1862. [5]Mm 3739. [6]Mm 3202. [7]Mp sub loco. [8]וחד זַלְעָפוֹת Ps 11,6. [9]Ex 10,15. [10]Mm 49. [11]L sine Q sicut lectio Or, lectio Occ שהשמם K, ששמם Q, cf Mp sub loco.

21 [a] mlt Mss ut Q יוֹשֶׁבֶת, K יוֹשַׁבְתִּי ‖ [b] > 𝔊*𝔙[Mss] ‖ [c] 𝔊 + *κυρίου* ‖ [d] 𝔊 *καὶ ἀποχεεῖς* = וּתְעָרִי; l 𝔐 ‖ **Cp 5,1** [a] mlt Mss ut Q הַבִּיטָה, K הַבֵּיט ‖ **3** [a] mlt Mss Vrs ut Q וְאֵין, K אֵין ‖ **4** [a] 𝔊 *ἐξ ἡμερῶν* = מִיָּמֵינוּ ‖ **5** [a–a] crrp; prp עַל־אַרְצֵנוּ ‖ [b] σ′ pr *ζυγός* = עֹל, frt l ‖ [c] 𝔊𝔗𝔙 ut K לֹא, mlt Mss 𝔖 ut Q וְלֹא ‖ [d] prp הֻנַּח ‖ **7** [a–a] mlt Mss 𝔖𝔗𝔙 ut Q וְאֵ׳ וַאֲ׳ ‖ **10** [a–a] l vel עוֹרֵינוּ cf mlt Mss vel נִכְמַר cf 𝔊 *ἐπελιώθη*, 𝔙 *exusta est* ‖ **12** [a] > 𝔊* ‖ **18** [a] K[Oc] שֶׁהַשָּׁמֵם.

19 אַתָּה[a] יְהוָה לְעוֹלָם תֵּשֵׁב כִּסְאֲךָ לְדֹר וָדוֹר׃ ג ר״פ[12]
20 לָמָּה לָנֶצַח תִּשְׁכָּחֵנוּ תַּעַזְבֵנוּ לְאֹרֶךְ יָמִים׃ ג
21 הֲשִׁיבֵנוּ יְהוָה׀ אֵלֶיךָ וְנָשׁוּבָ[a] חַדֵּשׁ יָמֵינוּ כְּקֶדֶם׃ כת כן למערב[13]. ונשובה ק חד מן ז[14] בליש. ב
22 כִּי אִם־מָאֹס[a] מְאַסְתָּנוּ קָצַפְתָּ עָלֵינוּ עַד־מְאֹד׃ ג[15]

סכום הפסוקים
של ספר קנ״ד
וחציו לדכא תחת[16]
וסדר אחד

ESTHER אסתר

ס[א] **1** [1] וַיְהִי בִּימֵי אֲחַשְׁוֵרוֹשׁ[a] [b]הוּא[c] אֲחַשְׁוֵרוֹשׁ[b] הַמֹּלֵךְ מֵהֹדּוּ וְעַד־ ה[1]. ל. ב[2]
2 כּוּשׁ [d]שֶׁבַע וְעֶשְׂרִים וּמֵאָה[d] מְדִינָה׃ [2] בַּיָּמִים הָהֵם כְּשֶׁבֶת׀ הַמֶּלֶךְ ג[3]. ב בסיפ וחד מן ב בטע[4]. ל[5]
3 אֲחַשְׁוֵרוֹשׁ עַל כִּסֵּא מַלְכוּתוֹ אֲשֶׁר בְּשׁוּשַׁן הַבִּירָה׃ [3] בִּשְׁנַת שָׁלוֹשׁ ב
לְמָלְכוֹ עָשָׂה מִשְׁתֶּה לְכָל־שָׂרָיו וַעֲבָדָיו[a] חֵיל׀ פָּרַס וּמָדַי הַפַּרְתְּמִים ב. ג
4 וְשָׂרֵי הַמְּדִינוֹת לְפָנָיו׃ [4] בְּהַרְאֹתוֹ[a] אֶת־עֹשֶׁר כְּבוֹד[b]־מַלְכוּתוֹ וְאֶת־ ל[6]. ל
5 יְקָר תִּפְאֶרֶת גְּדוּלָּתוֹ [c]יָמִים רַבִּים[c] שְׁמוֹנִים וּמְאַת יוֹם׃ [5] וּבִמְלוֹאת׀ ל ומל. ו[7] מל וכל ד״ה דכות ב מ א. ל. ב ר״פ חד מל וחד חס[8]
הַיָּמִים הָאֵלֶּה[a] עָשָׂה הַמֶּלֶךְ לְכָל־הָעָם הַנִּמְצְאִים בְּשׁוּשַׁן הַבִּירָה ה[9]
לְמִגָּדוֹל וְעַד־קָטָן מִשְׁתֶּה שִׁבְעַת[b] יָמִים בַּחֲצַר גִּנַּת בִּיתַן הַמֶּלֶךְ׃ ב. ה קמ וכל אתנח וס״פ דכות[10]. ל
6 [a]חוּר׀ כַּרְפַּס וּתְכֵלֶת[a] אָחוּז בְּחַבְלֵי־בוּץ וְאַרְגָּמָן עַל־גְּלִילֵי כֶסֶף ל. ד[11]. ב. ל בטע
וְעַמּוּדֵי שֵׁשׁ מִטּוֹת[b]׀ זָהָב וָכֶסֶף עַל רִצְפַת [c]בַּהַט־וָשֵׁשׁ[c] וְדַר וְסֹחָרֶת׃ ב. ל. ל
7 וְהַשְׁקוֹת בִּכְלֵי זָהָב וְכֵלִים מִכֵּלִים שׁוֹנִים וְיֵין מַלְכוּת רָב כְּיַד ל. ב. י בליש. לג קמ[12]. ח
8 הַמֶּלֶךְ׃ [8] וְהַשְּׁתִיָּה כַדָּת אֵין אֹנֵס כִּי־כֵן׀ יִסַּד הַמֶּלֶךְ עַל כָּל־רַב ל. ב. ל. ל. ד[13]

[12] Mm 3214. [13] Mm 3740. [14] Mm 2714. [15] Mm 2229. [16] Thr 3,34, cf Mp sub loco.
Cp 1 [1] Mm 91. [2] Mp sub loco et Jer 22,11. [3] Mm 3773. [4] Da 10,2. [5] Mm 1471. [6] וחד בְּהַרְאוֹתוֹ Mal 3,2 et Mp sub loco. [7] Mm 43. [8] Mm 727, L sine Q, al mss ובמלואת K, ובמלאות Q, cf Mp sub loco. [9] Mm 3163. [10] Mm 3741. [11] Mm 1015. [12] Mm 264. [13] Mm 2263.

19 [a] 𝔊(𝔖𝔙) *σὺ δέ*, l וְאַתָּה ‖ **21** [a] mlt Mss K[Or] ut Q וְנָשׁוּבָה, K –וּב ‖ **22** [a] > 𝔊𝔖.
Cp 1,1 [a] 𝔊 semper in Est *Ἀρταξέρξης* ‖ [b–b] > 2 Mss 𝔙 ‖ [c] ins בֵּן ? cf 𝔖 ‖ [d–d] 𝔖 *m'' w'srjn* ut Da 6,2, sed cf 9,30 ‖ **3** [a] prb ins וְשָׂרֵי vel וְרָאשֵׁי ‖ **4** [a] prp –תָם ‖ [b] 𝔖 pr cop; > 𝔊 ‖ [c–c] prb dl cf 𝔊 ‖ **5** [a] 𝔊 *τοῦ γάμου* ‖ [b] 𝔊 *ἕξ* ‖ **6** [a–a] prp כ׳ חור ות׳; al תַּחַת כרפס ‖ [b] prp בְּמ׳ vel ומ׳ cf 𝔊[L]𝔖 ‖ [c–c] > 𝔖.

בֵּיתֽוֹ לַעֲשׂ֖וֹת כִּרְצ֥וֹן אִישׁ־וָאִֽישׁ׃ 9 גַּ֚ם וַשְׁתִּ֣י[a] הַמַּלְכָּ֔ה עָשְׂתָ֖ה מִשְׁתֵּ֣ה 9
נָשִׁ֑ים בֵּ֚ית הַמַּלְכ֔וּת אֲשֶׁ֖ר לַמֶּ֥לֶךְ אֲחַשְׁוֵרֽוֹשׁ׃ ס 10 בַּיּוֹם֙ הַשְּׁבִיעִ֔י 10
כְּט֥וֹב לֵב־הַמֶּ֖לֶךְ בַּיָּ֑יִן אָמַ֡ר לִ֠מְהוּמָן בִּזְּתָ֨א חַרְבוֹנָ֜א בִּגְתָ֤א וַאֲבַגְתָא֙
זֵתַ֣ר וְכַרְכַּ֔ס שִׁבְעַת֙ הַסָּ֣רִיסִ֔ים הַמְשָׁ֣רְתִ֔ים אֶת־פְּנֵ֖י הַמֶּ֥לֶךְ אֲחַשְׁוֵרֽוֹשׁ׃
11 לְ֠הָבִיא אֶת־וַשְׁתִּ֧י הַמַּלְכָּ֛ה לִפְנֵ֥י הַמֶּ֖לֶךְ בְּכֶ֣תֶר מַלְכ֑וּת לְהַרְא֨וֹת 11
הָֽעַמִּ֤ים וְהַשָּׂרִים֙ אֶת־יָפְיָ֔הּ כִּֽי־טוֹבַ֥ת מַרְאֶ֖ה הִֽיא׃ 12 וַתְּמָאֵ֞ן הַמַּלְכָּ֣ה 12
וַשְׁתִּ֗י לָבוֹא֙ בִּדְבַ֣ר הַמֶּ֔לֶךְ אֲשֶׁ֖ר בְּיַ֣ד הַסָּרִיסִ֑ים וַיִּקְצֹ֤ף הַמֶּ֙לֶךְ֙ מְאֹ֔ד
וַחֲמָת֖וֹ בָּעֲרָ֥ה בֽוֹ׃ 13 וַיֹּ֣אמֶר הַמֶּ֔לֶךְ לַחֲכָמִ֖ים יֹדְעֵ֣י הָֽעִתִּ֑ים[a] כִּי־ 13
כֵן֙ דְּבַ֣ר הַמֶּ֔לֶךְ לִפְנֵ֕י כָּל־יֹדְעֵ֖י דָּ֥ת וָדִֽין׃ 14 וְהַקָּרֹ֣ב[a] אֵלָ֗יו כַּרְשְׁנָ֤א 14
שֵׁ֙תָר֙ אַדְמָ֣תָא תַרְשִׁ֔ישׁ מֶ֥רֶס מַרְסְנָ֖א מְמוּכָ֑ן שִׁבְעַ֞ת שָׂרֵ֣י ׀ פָּרַ֣ס וּמָדַ֗י
רֹאֵי֙ פְּנֵ֣י הַמֶּ֔לֶךְ הַיֹּשְׁבִ֥ים רִאשֹׁנָ֖ה בַּמַּלְכֽוּת׃ 15 כְּדָת֙[a] מַֽה־לַּעֲשׂ֔וֹת 15
בַּמַּלְכָּ֖ה וַשְׁתִּ֑י עַ֣ל ׀ אֲשֶׁ֣ר לֹֽא־עָשְׂתָ֗ה אֶֽת־מַאֲמַר֙ הַמֶּ֣לֶךְ אֲחַשְׁוֵר֔וֹשׁ
בְּיַ֖ד הַסָּרִיסִֽים׃ ס 16 וַיֹּ֣אמֶר מְוּמְכָ֗ן[a] לִפְנֵ֤י הַמֶּ֙לֶךְ֙ וְהַשָּׂרִ֔ים לֹ֤א 16
עַל־הַמֶּ֙לֶךְ֙ לְבַדּ֔וֹ עָוְתָ֖ה וַשְׁתִּ֣י הַמַּלְכָּ֑ה כִּ֤י עַל־כָּל־הַשָּׂרִים֙ וְעַל־
כָּל־הָ֣עַמִּ֔ים אֲשֶׁ֕ר בְּכָל־מְדִינ֖וֹת הַמֶּ֥לֶךְ אֲחַשְׁוֵרֽוֹשׁ׃ 17 כִּֽי־יֵצֵ֤א 17
דְבַר־הַמַּלְכָּה֙ עַל[a]־כָּל־הַנָּשִׁ֔ים לְהַבְז֥וֹת[b] בַּעְלֵיהֶ֖ן בְּעֵינֵיהֶ֑ן בְּאָמְרָ֗ם
הַמֶּ֣לֶךְ אֲחַשְׁוֵר֡וֹשׁ אָמַ֞ר לְהָבִ֨יא אֶת־וַשְׁתִּ֧י הַמַּלְכָּ֛ה לְפָנָ֖יו וְלֹא־בָֽאָה׃
18 וְֽהַיּ֨וֹם הַזֶּ֜ה תֹּאמַ֣רְנָה[a] ׀ שָׂר֣וֹת פָּֽרַס־וּמָדַ֗י אֲשֶׁ֤ר שָֽׁמְעוּ֙ אֶת־דְּבַ֣ר 18
הַמַּלְכָּ֔ה לְכֹ֖ל שָׂרֵ֣י הַמֶּ֑לֶךְ וּכְדַ֖י[b] בִּזָּי֥וֹן וָקָֽצֶף׃ 19 אִם־עַל־הַמֶּ֣לֶךְ 19
ט֗וֹב יֵצֵ֤א דְבַר־מַלְכוּת֙ מִלְּפָנָ֔יו וְיִכָּתֵ֛ב בְּדָתֵ֥י פָרַס־וּמָדַ֖י וְלֹ֣א יַעֲב֑וֹר
אֲשֶׁ֨ר לֹא־תָב֜וֹא וַשְׁתִּ֗י לִפְנֵי֙ הַמֶּ֣לֶךְ אֲחַשְׁוֵר֔וֹשׁ וּמַלְכוּתָהּ֙ יִתֵּ֣ן הַמֶּ֔לֶךְ
לִרְעוּתָ֖הּ הַטּוֹבָ֥ה מִמֶּֽנָּה׃ 20 וְנִשְׁמַע֩ פִּתְגָ֨ם הַמֶּ֤לֶךְ אֲשֶֽׁר־יַעֲשֶׂה֙ בְּכָל־ 20
מַלְכוּת֔וֹ [a]כִּ֥י רַבָּ֖ה הִ֑יא[a] וְכָל־הַנָּשִׁ֗ים יִתְּנ֤וּ יְקָר֙ לְבַעְלֵיהֶ֔ן לְמִגָּד֖וֹל
וְעַד־קָטָֽן׃ 21 וַיִּיטַב֙ הַדָּבָ֔ר בְּעֵינֵ֥י הַמֶּ֖לֶךְ וְהַשָּׂרִ֑ים וַיַּ֥עַשׂ הַמֶּ֖לֶךְ 21

ל . ל . ד[14]
ה זוגין בבית בית[15] . ב ר״פ[16]
ד[17] . ל . ל[18] . ב חד כת א וחד כת ה[19] . ל
ד[14] . ג
ב[20]
ג
ל
ל . ב חד מל וחד חס[21] . ל
ל . ל
ב חד כת ה וחד כת י[22] . ו ל חס בכתיב[23] . ל
ל[24]
ממוכן ק
ח[25] וכל על המלך טוב דכות ב מ ג . ל . ד[14] . ל[26]
ו . ד[27]
ל . ל . ל
ד[14]
ב[28] . ב[29]
ל . ל . ב[30]
ח[31] . ז מל ג מנה בכתיב
ל
ג ב פת וחד קמ[32] . ב[33]
ג[34] . ל . ב

[14] Mm 3742. [15] Mm 3761. [16] Mm 877. [17] Mm 1772. [18] Mp sub loco. [19] Mm 3768. [20] Mm 3583. [21] Mm 2791. [22] Mm 3305. [23] Mp sub loco. [24] וחד ואת מאמר Est 2,20. [25] Mm 2106. [26] וחד מעל כל השרים Est 3,1. [27] Mm 3743. [28] Mm 3744. [29] Mm 1942. [30] Mm 3745. [31] Mm 4080. [32] Mm 568. [33] Qoh 8,11. [34] Mm 625.

9 [a] 𝔊* *Αστιν*, 𝔊[L] *Ουαστιν*, 𝔊[O] *Ουασθη* ‖ **13** [a] prp הַדָּתִים ‖ **14** [a] prp וְהִקְרִיב cf 𝔊; al הַקְּרֵב cf 1 R 5,7 ‖ **15** [a] prb dl (dttg); al huc tr : ‖ **16** [a] Q מְמוּכָן cf 21 ‖ **17** [a] prp אֶל ‖ [b] prp לְהָבֵ׳ ‖ **18** [a] prp תְּמְרֶינָה vel תַּמְ׳ ‖ [b] prb וּבְדֵי, al וכדי ‖ **20** [a–a] > 𝔊*; prp כִּי רַב הוּא.

22 כִּדְבַ֥ר מְמוּכָֽן׃ 22 וַיִּשְׁלַ֤ח סְפָרִים֙ אֶל־כָּל־מְדִינ֣וֹת הַמֶּ֔לֶךְ אֶל־מְדִינָ֤ה יא בכתיב . ו[35]
וּמְדִינָה֙ כִּכְתָבָ֔הּ וְאֶל־עַ֥ם וָעָ֖ם כִּלְשׁוֹנ֑וֹ לִהְי֤וֹת כָּל־אִישׁ֙ שֹׂרֵ֣ר בְּבֵית֔וֹ ג
[a]וּמְדַבֵּ֖ר כִּלְשׁ֥וֹן עַמּֽוֹ׃[a] פ ל

2 1 אַחַר֙ הַדְּבָרִ֣ים הָאֵ֔לֶּה כְּשֹׁ֕ךְ חֲמַ֖ת הַמֶּ֣לֶךְ אֲחַשְׁוֵר֑וֹשׁ זָכַ֤ר אֶת־ ג ר״פ . ל וחס
2 וַשְׁתִּי֙ וְאֵ֣ת אֲשֶׁר־עָשָׂ֔תָה וְאֵ֥ת אֲשֶׁר־נִגְזַ֖ר עָלֶֽיהָ׃ 2 וַיֹּאמְר֥וּ נַעֲרֵֽי־ ה[1] . ג[2] . י זוגין[3]
הַמֶּ֖לֶךְ מְשָׁרְתָ֑יו יְבַקְשׁ֥וּ לַמֶּ֛לֶךְ נְעָר֥וֹת בְּתוּל֖וֹת טוֹב֥וֹת מַרְאֶֽה׃ ב מל[4]
3 וְיַפְקֵ֨ד הַמֶּ֥לֶךְ פְּקִידִים֮ בְּכָל־מְדִינ֣וֹת מַלְכוּתוֹ֒ וְיִקְבְּצ֣וּ אֶת־[a]כָּל־ ב . ד ב מל וב חס[5] . ב[6]
נַעֲרָֽה־בְ֠תוּלָה טוֹבַ֨ת מַרְאֶ֜ה אֶל־שׁוּשַׁ֤ן הַבִּירָה֙ אֶל־בֵּ֣ית הַנָּשִׁ֔ים
4 אֶל־יַ֥ד הֵגֶ֛א[b] סְרִ֥יס הַמֶּ֖לֶךְ שֹׁמֵ֣ר[c] הַנָּשִׁ֑ים וְנָת֖וֹן תַּמְרוּקֵיהֶֽן׃ 4 וְהַֽנַּעֲרָ֗ה ז[7] וחד מן ז מל בליש . ל וחס[8]
אֲשֶׁ֤ר תִּיטַב֙ בְּעֵינֵ֣י הַמֶּ֔לֶךְ תִּמְלֹ֖ךְ תַּ֣חַת וַשְׁתִּ֑י וַיִּיטַ֧ב הַדָּבָ֛ר בְּעֵינֵ֥י ל[9]
[סג] הַמֶּ֖לֶךְ וַיַּ֥עַשׂ כֵּֽן׃ ס 5 אִ֣ישׁ יְהוּדִ֔י הָיָ֖ה בְּשׁוּשַׁ֣ן הַבִּירָ֑ה וּשְׁמוֹ֙ ל ר״פ . ל
6 מָרְדֳּכַ֗י בֶּ֣ן יָאִ֧יר בֶּן־שִׁמְעִ֛י בֶּן־קִ֖ישׁ אִ֥ישׁ יְמִינִֽי׃ 6 אֲשֶׁ֤ר הָגְלָה֙ ו בטע[10]
מִיר֣וּשָׁלַ֔יִם עִם־הַגֹּלָה֙ אֲשֶׁ֣ר הָגְלְתָ֔ה עִ֖ם יְכָנְיָ֣ה מֶֽלֶךְ־יְהוּדָ֑ה אֲשֶׁ֣ר ד מל[11] . ד חס ב[12] מנה בליש
7 הֶגְלָ֔ה נְבוּכַדְנֶאצַּ֖ר מֶ֥לֶךְ בָּבֶֽל׃ 7 וַיְהִ֨י אֹמֵ֜ן אֶת־הֲדַסָּ֗ה הִ֤יא אֶסְתֵּר֙ ל וחס . ל
בַּת־דֹּד֔וֹ[a] כִּ֛י אֵ֥ין לָ֖הּ אָ֣ב וָאֵ֑ם וְהַנַּעֲרָ֤ה יְפַת־תֹּ֙אַר֙ וְטוֹבַ֣ת מַרְאֶ֔ה ב[13]
8 וּבְמ֤וֹת אָבִ֙יהָ֙ וְאִמָּ֔הּ לְקָחָ֧הּ מָרְדֳּכַ֛י ל֖וֹ לְבַֽת׃ 8 וַיְהִ֗י בְּהִשָּׁמַ֤ע[a] דְּבַר־ ל
הַמֶּ֙לֶךְ֙ וְדָת֔וֹ וּֽבְהִקָּבֵ֛ץ נְעָר֥וֹת רַבּ֛וֹת אֶל־שׁוּשַׁ֥ן הַבִּירָ֖ה אֶל־יַ֣ד הֵגָ֑י ב
9 וַתִּלָּקַ֤ח אֶסְתֵּר֙ אֶל־בֵּ֣ית הַמֶּ֔לֶךְ אֶל־יַ֥ד הֵגַ֖י שֹׁמֵ֥ר הַנָּשִֽׁים׃ 9 וַתִּיטַ֨ב ל[14]
הַנַּעֲרָ֣ה בְעֵינָיו֮ וַתִּשָּׂ֣א חֶ֣סֶד לְפָנָיו֒ וַ֠יְבַהֵל אֶת־תַּמְרוּקֶ֨יהָ וְאֶת־מָנוֹתֶ֜הָ נא . ל ומל . ל וחס
לָתֵ֣ת לָ֔הּ וְאֵת֙ שֶׁ֣בַע הַנְּעָר֔וֹת הָרְאֻי֥וֹת לָֽתֶת־לָ֖הּ מִבֵּ֣ית הַמֶּ֑לֶךְ וַיְשַׁנֶּ֧הָ ל . ל וחס
10 וְאֶת־נַעֲרוֹתֶ֛יהָ לְט֖וֹב בֵּ֥ית הַנָּשִֽׁים׃ 10 לֹא־הִגִּ֣ידָה אֶסְתֵּ֔ר אֶת־עַמָּ֖הּ ל מל
11 וְאֶת־מֽוֹלַדְתָּ֑הּ כִּ֧י מָרְדֳּכַ֛י צִוָּ֥ה עָלֶ֖יהָ אֲשֶׁ֥ר לֹֽא־תַגִּֽיד׃ 11 וּבְכָל־י֣וֹם ל . ב[15]
וָי֔וֹם מָרְדֳּכַי֙ מִתְהַלֵּ֔ךְ לִפְנֵ֖י חֲצַ֣ר בֵּית־הַנָּשִׁ֑ים לָדַ֙עַת֙ אֶת־שְׁל֣וֹם ל[16]
12 אֶסְתֵּ֔ר וּמַה־יֵּעָשֶׂ֖ה בָּֽהּ[a]׃ 12 וּבְהַגִּ֡יעַ תֹּר֩ נַעֲרָ֨ה וְנַעֲרָ֜ה לָב֣וֹא ׀ אֶל־ ל[17] . ב

[35] Mp sub loco. Cp 2 [1] Mm 197. [2] Mm 2406. [3] Mm 456. [4] Mm 2520. [5] Mm 306. [6] Gn 41,35. [7] Mm 307. [8] Lectio ו plena contra Mp, cf Mp sub loco. [9] וחד ותיטב Est 2,9. [10] Mm 3746. [11] Mm 3747. [12] Mm 3748. [13] Mm 2870. [14] וחד תיטב Est 2,4. [15] Mm 3749. [16] Mm 300. [17] Mm 210.

22 [a–a] dub; > 𝔊*, prb dl (dttg), al מ׳ כִּלְשׁוֹנוֹ עִמּוֹ vel מ׳ כָּל־שׁוֶה עִמּוֹ ‖ **Cp 2,3** [a] prb dl ‖ [b] l הֵגַי cf 8.15 et 8.14 𝔊* ‖ [c] ℭ וְשׁ׳ ‖ **7** [a] 𝔊 + *Αμιναδαβ* cf 15 9,29 ‖ **8** [a] ℭ כְּה׳ ‖ **11** [a] nonn Mss לָהּ.

הַמֶּלֶךְ אֲחַשְׁוֵרוֹשׁ מִקֵּץ ‏ᵃהֱיוֹת לָהּ כְּדָת הַנָּשִׁיםᵃ שְׁנֵים עָשָׂר חֹדֶשׁᵇ כִּי
כֵּן יִמְלְאוּ יְמֵי מְרוּקֵיהֶן שִׁשָּׁה חֳדָשִׁיםᶜ בְּשֶׁמֶן הַמֹּר וְשִׁשָּׁה חֳדָשִׁיםᵇ
בַּבְּשָׂמִים וּבְתַמְרוּקֵי הַנָּשִׁים: 13 וּבָזֶה הַנַּעֲרָה בָּאָה אֶל־הַמֶּלֶךְ
אֵת כָּל־אֲשֶׁר תֹּאמַר יִנָּתֵן לָהּ לָבוֹא עִמָּהּ מִבֵּית הַנָּשִׁים עַדᵃ־בֵּית
הַמֶּלֶךְ: 14 בָּעֶרֶב ׀ הִיא בָאָה וּבַבֹּקֶר הִיא שָׁבָהᵇ אֶל־בֵּית הַנָּשִׁים
שֵׁנִיᵃ אֶל־יַד שַׁעַשְׁגַז סְרִיס הַמֶּלֶךְ שֹׁמֵר הַפִּילַגְשִׁים לֹא־תָבוֹא עוֹד
אֶל־הַמֶּלֶךְ כִּי אִם־חָפֵץᵈ בָּהּᵈ הַמֶּלֶךְ וְנִקְרְאָה בְשֵׁם: 15 וּבְהַגִּיעַ תֹּר־
אֶסְתֵּר בַּת־אֲבִיחַיִל דֹּד מָרְדֳּכַי אֲשֶׁר לָקַח־לוֹ לְבַת לָבוֹא אֶל־
הַמֶּלֶךְ לֹא בִקְשָׁה דָּבָר כִּי אִם אֶת־אֲשֶׁר יֹאמַר הֵגַי סְרִיס־הַמֶּלֶךְ
שֹׁמֵר הַנָּשִׁים וַתְּהִי אֶסְתֵּר נֹשֵׂאת חֵן בְּעֵינֵי כָּל־רֹאֶיהָ: 16 וַתִּלָּקַח
אֶסְתֵּר אֶל־הַמֶּלֶךְ אֲחַשְׁוֵרוֹשׁᵃ אֶל־בֵּית מַלְכוּתוֹᵇ בַּחֹדֶשׁ הָעֲשִׂירִי
הוּא־חֹדֶשׁ טֵבֵתᶜ בִּשְׁנַת־שֶׁבַעᵈ לְמַלְכוּתוֹ: 17 וַיֶּאֱהַב הַמֶּלֶךְ אֶת־
אֶסְתֵּר מִכָּל־הַנָּשִׁיםᵃ וַתִּשָּׂא־חֵן וָחֶסֶד לְפָנָיו מִכָּל־הַבְּתוּלֹת וַיָּשֶׂם
כֶּתֶר־מַלְכוּת בְּרֹאשָׁהּ וַיַּמְלִיכֶהָ תַּחַת וַשְׁתִּי: 18 וַיַּעַשׂ הַמֶּלֶךְ מִשְׁתֶּה
גָדוֹל לְכָל־שָׂרָיו וַעֲבָדָיו אֵת מִשְׁתֵּה אֶסְתֵּר וַהֲנָחָה לַמְּדִינוֹת עָשָׂה
וַיִּתֵּן מַשְׂאֵת כְּיַד הַמֶּלֶךְ: 19 וּבְהִקָּבֵץ בְּתוּלוֹת שֵׁנִיתᵃ וּמָרְדֳּכַי יֹשֵׁב
בְּשַׁעַר־הַמֶּלֶךְ: 20 אֵין אֶסְתֵּר מַגֶּדֶת מוֹלַדְתָּהּ וְאֶת־עַמָּהּ כַּאֲשֶׁר
צִוָּה עָלֶיהָ מָרְדֳּכָיᵃ וְאֶת־מַאֲמַר מָרְדֳּכַי אֶסְתֵּר עֹשָׂה כַּאֲשֶׁר הָיְתָה
בְאָמְנָהᵇ אִתּוֹ: ס 21 בַּיָּמִים הָהֵם וּמָרְדֳּכַי יֹשֵׁב בְּשַׁעַר־הַמֶּלֶךְ
קָצַף בִּגְתָןᵃ וָתֶרֶשׁ שְׁנֵי־סָרִיסֵי הַמֶּלֶךְ מִשֹּׁמְרֵי הַסַּף וַיְבַקְשׁוּ לִשְׁלֹחַ
יָד בַּמֶּלֶךְ אֲחַשְׁוֵרֹשׁ: 22 וַיִּוָּדַע הַדָּבָר לְמָרְדֳּכַי וַיַּגֵּד לְאֶסְתֵּר הַמַּלְכָּהᵃ
וַתֹּאמֶר אֶסְתֵּר לַמֶּלֶךְ בְּשֵׁםᵇ מָרְדֳּכָי: 23 וַיְבֻקַּשׁ הַדָּבָר וַיִּמָּצֵא וַיִּתָּלוּ
שְׁנֵיהֶם עַל־עֵץ וַיִּכָּתֵב בְּסֵפֶר דִּבְרֵי הַיָּמִים לִפְנֵי הַמֶּלֶךְ: פ

¹⁸Mm 577. ¹⁹Mm 279. ²⁰Mm 3161. ²¹Mm 2767. ²²Mm 3234. ²³Gn 21,8. ²⁴וחד והמדינות
Qoh 2,8, ²⁵Thr 1,1. ²⁵Mm 3750. ²⁶Mp sub loco. ²⁷וחד את מאמר Est 1,15. ²⁸Mm 1175. ²⁹Mm 3765.
³⁰Mm 3751.

12 ᵃ⁻ᵃ > 𝔊* ‖ ᵇ 𝔖 jwmt' = dies ‖ ᶜ 𝔖 jwmjn = dies ‖ **13** ᵃ 𝔊 אל ‖ **14** ᵃ 𝔊 pr
art; > 𝔖; prp מִשְׁנֶה ‖ ᵇ prp עַל ‖ ᶜ 𝔊 Γαι cf 2,3.15, 𝔖 šngšgjr ‖ ᵈ⁻ᵈ > 𝔊*, dl? ‖
16 ᵃ⁻ᵃ > 𝔊*, dl (ex 1,9)? ‖ ᵇ 𝔊ᴬᴮ τῷ δωδεκάτῳ ‖ ᶜ 𝔊ᴮˢ Αδαρ ‖ ᵈ 𝔖 'rb' ‖ **17** ᵃ⁻ᵃ >
𝔊* ‖ **18** ᵃ⁻ᵃ > 𝔊 ‖ **19** ᵃ⁻ᵃ > 𝔊; prp הַנָּשִׁים מִשְׁנֶה‏, —בֵּל הַבַּ' אֶל־בֵּית, al 19 gl ad 20 (cf
10); tr ש' ad init v ‖ **20** ᵃ 𝔊 + φοβεῖσθαι τὸν θεόν ‖ ᵇ prp הֵ— cf 𝔊𝔙 ‖ **21** ᵃ⁻ᵃ > 𝔊*;
𝔊ᴬ𝔖𝔏 Est apokr 1,11 nom alit ‖ **22** ᵃ > 𝔊* ‖ ᵇ⁻ᵇ 𝔊 τὰ τῆς ἐπιβουλῆς.

ל ומל . ו רפי¹⁸
ל . יא¹⁹ בטע וכל מלכים
וִיחזק דכות ב מ ב
יא¹⁹ בטע וכל מלכים
וִיחזק דכות ב מ ב . ו .
ג בטע מלרע ול בליש
ל . ב . מל
ב²⁰ . ד
ל
ל
ל . ד²¹
ה²² . פד ג מנה בסיפ
ל . ב²³
ב . יד²⁴
ה²⁵ ג מנה בליש
ח . ב . ר²⁶ חס בסיפ
ל . יז²⁷ , ו²⁸
ל . ב בסיפ . ב חס בסיפ
יא
ד חס למערב . ל . יד
ל . יז²⁹
ג בסיפ³⁰

3 1 אַחַר ׀ הַדְּבָרִים הָאֵלֶּה גִּדַּל הַמֶּלֶךְ אֲחַשְׁוֵרוֹשׁ אֶת־הָמָן בֶּן־ ג ר״פ . ב̇[1]
הַמְּדָתָא הָאֲגָגִי[a] וַֽיְנַשְּׂאֵהוּ וַיָּשֶׂם אֶת־כִּסְאוֹ מֵעַל כָּל־הַשָּׂרִים אֲשֶׁר ל̇ . פ̇ד ג מנה בסיפ . ל̇[2]
2 אִתּוֹ׃ 2 וְכָל־עַבְדֵי הַמֶּלֶךְ אֲשֶׁר־בְּשַׁעַר הַמֶּלֶךְ כֹּרְעִים וּמִֽשְׁתַּחֲוִים ל̇
לְהָמָן כִּי־כֵן צִוָּה־לוֹ הַמֶּלֶךְ וּמָרְדֳּכַי לֹא יִכְרַע וְלֹא יִֽשְׁתַּחֲוֶה׃ ג̇[3]
3 וַיֹּאמְרוּ עַבְדֵי הַמֶּלֶךְ אֲשֶׁר־בְּשַׁעַר הַמֶּלֶךְ לְמָרְדֳּכָי מַדּוּעַ אַתָּה י̇[4] זוגין ול בעינ̇
4 עוֹבֵר אֵת מִצְוַת הַמֶּלֶךְ׃ 4 וַיְהִי בְּאָמְרָם[a] אֵלָיו יוֹם וָיוֹם וְלֹא שָׁמַע ח̇[5] מל וכל יחזק דכות במ א . כאמרם ק . ב̇[6]
אֲלֵיהֶם וַיַּגִּידוּ לְהָמָן לִרְאוֹת הֲיַֽעַמְדוּ דִּבְרֵי מָרְדֳּכַי כִּי־הִגִּיד לָהֶם ג ומל̇ בסיפ̇
5 אֲשֶׁר־הוּא יְהוּדִי׃ 5 וַיַּרְא הָמָן כִּי־אֵין מָרְדֳּכַי כֹּרֵעַ וּמִשְׁתַּחֲוֶה לוֹ
6 וַיִּמָּלֵא הָמָן חֵמָה[a]׃ 6 [a]וַיִּבֶז[b] בְּעֵינָיו לִשְׁלֹחַ[c] יָד בְּמָרְדֳּכַי לְבַדּוֹ כִּֽי־ ו̇[7] . ב̇[8] . נא
הִגִּידוּ לוֹ אֶת־עַם מָרְדֳּכָי[a] וַיְבַקֵּשׁ הָמָן לְהַשְׁמִיד אֶת־כָּל־הַיְּהוּדִים ב̇ בפסוק
7 אֲשֶׁר בְּכָל־מַלְכוּת אֲחַשְׁוֵרוֹשׁ [d]עַם מָרְדֳּכָי[d]׃ 7 [a]בַּחֹדֶשׁ הָרִאשׁוֹן ב̇[9] . ב̇ בפסוק . ז̇ ר״פ[10] . סד
הוּא־חֹדֶשׁ נִיסָן[a] בִּשְׁנַת שְׁתֵּים עֶשְׂרֵה לַמֶּלֶךְ אֲחַשְׁוֵרוֹשׁ הִפִּיל פּוּר ב̇[11]
הוּא הַגּוֹרָל לִפְנֵי הָמָן מִיּוֹם ׀ לְיוֹם וּמֵחֹדֶשׁ לְחֹדֶשׁ[b] שְׁנֵים־עָשָׂר הוּא־ ל̇
[ס̇ ג] חֹדֶשׁ אֲדָר׃ ס 8 וַיֹּאמֶר הָמָן לַמֶּלֶךְ אֲחַשְׁוֵרוֹשׁ יֶשְׁנוֹ עַם־אֶחָד ד̇[12]
מְפֻזָּר וּמְפֹרָד בֵּין הָעַמִּים בְּכֹל מְדִינוֹת מַלְכוּתֶךָ וְדָתֵיהֶם שֹׁנוֹת ל̇ . ל̇ . ד̇ . ל̇ . ל̇
מִכָּל־עָם וְאֶת־דָּתֵי הַמֶּלֶךְ אֵינָם עֹשִׂים וְלַמֶּלֶךְ אֵין־שֹׁוֶה לְהַנִּיחָם׃ יז וכל זקף אתנח וס״פ דכות[13] . ב̇[14] . ג̇
9 אִם־עַל־הַמֶּלֶךְ טוֹב יִכָּתֵב לְאַבְּדָם וַעֲשֶׂרֶת אֲלָפִים כִּכַּר־כֶּסֶף
10 אֶשְׁקוֹל עַל־יְדֵי[a] עֹשֵׂי הַמְּלָאכָה לְהָבִיא אֶל־גִּנְזֵי הַמֶּלֶךְ׃ 10 וַיָּסַר ו̇ מל ול בליש . יו כת י̇[15]
הַמֶּלֶךְ אֶת־טַבַּעְתּוֹ מֵעַל יָדוֹ וַֽיִּתְּנָהּ לְהָמָן [a]בֶּן־הַמְּדָתָא הָאֲגָגִי צֹרֵר כל חס
11 הַיְּהוּדִים[a]׃ 11 וַיֹּאמֶר הַמֶּלֶךְ לְהָמָן הַכֶּסֶף[a] נָתוּן לָךְ וְהָעָם[b] לַעֲשׂוֹת ב̇[16] . ג ומל̇[17]
12 בּוֹ כַּטּוֹב בְּעֵינֶיךָ׃ 12 וַיִּקָּרְאוּ סֹפְרֵי הַמֶּלֶךְ בַּחֹדֶשׁ הָרִאשׁוֹן בִּשְׁלוֹשָׁה ט̇ו . ב̇ וחד מן ה̇ פסוק מן מ̇ מילין . סד . ב̇[18]
עָשָׂר יוֹם בּוֹ וַיִּכָּתֵב כְּכָל־אֲשֶׁר־צִוָּה הָמָן אֶל אֲחַשְׁדַּרְפְּנֵי־הַמֶּלֶךְ ג בסיפ̇[19] . ד̇ בכתיב[9]
וְאֶל־הַפַּחוֹת אֲשֶׁר ׀ עַל־מְדִינָה וּמְדִינָה וְאֶל־שָׂרֵי עַם וָעָם מְדִינָה ל̇ . ל̇ . ג̇

Cp 3 [1]Jos 4,14. [2]וחד כי על כל השרים Est 1,16. [3]Mm 1790. [4]Mm 456. [5]Mm 2429. [6]Mm 3749. [7]Mm 1907. [8]Gn 25,34. [9]Mp sub loco. [10]Mm 791. [11]Neh 2,1. [12]Mm 1662. [13]Mm 2120. [14]1 Ch 29,20. [15]Mm 627. [16]Mm 3752. [17]Mm 3753. [18]Mm 3754. [19]Mm 3751.

Cp 3,1 [a] 𝔊 *Βουγαῖον* cf 8,5[b] 9,10[a] ‖ **4** [a] Q כְּאָמְרָם ‖ **5** [a] pc Mss 𝔖 + עַל־מרדכי cf 𝔗[II] ‖ **6** [a–a] > 𝔊* ‖ [b] prp וַיִּבָז ‖ [c] sic L, mlt Mss Edd לַח־ ‖ [d–d] > 𝔊; prp עִם מ׳ ‖ **7** [a–a] > 𝔊* ‖ [b] 𝔊 + *ὥστε ἀπολέσαι ἐν μιᾷ ἡμέρᾳ τὸ γένος Μαρδοχαίου καὶ ἔπεσεν ὁ κλῆρος εἰς τὴν τεσσαρεσκαιδεκάτην* (cf 8,12 9,1) *τοῦ μηνός* = לְהַשְׁמִיד עַם מָרְדֳּכַי בְּיוֹם אֶחָד וַיִּפֹּל עַל־שְׁלֹשָׁה עָשָׂר יוֹם לַחֹדֶשׁ prb homtel ‖ **9** [a] ℭ יד ‖ **10** [a–a] 𝔊 *σφραγίσαι κατὰ τῶν γεγραμμένων κατὰ τῶν Ἰουδαίων* ‖ **11** [a] prb l הָעָם ‖ [b] prb dl.

וּמְדִינָה֙ כִּכְתָבָ֔הּ וְעַ֥ם וָעָ֖ם כִּלְשׁוֹנ֑וֹ בְּשֵׁ֨ם הַמֶּ֤לֶךְ אֲחַשְׁוֵרֹשׁ֙ נִכְתָּ֔ב ד חס למערב20

וְנֶחְתָּ֖ם בְּטַבַּ֥עַת הַמֶּֽלֶךְ׃ 13 וְנִשְׁל֣וֹחַ סְפָרִים֮ בְּיַ֣ד הָרָצִים֒ אֶל־כָּל־ ל ומל . כו פסוק דאית בהון א"ב . יא בכתיב 13

מְדִינ֣וֹת הַמֶּ֔לֶךְ לְהַשְׁמִ֡יד לַהֲרֹ֣ג וּלְאַבֵּ֣ד אֶת־כָּל־הַ֠יְּהוּדִים מִנַּ֨עַר

וְעַד־זָקֵ֜ן טַ֤ף וְנָשִׁים֙ בְּי֣וֹם אֶחָ֔ד בִּשְׁלוֹשָׁ֥ה עָשָׂ֛ר לְחֹ֥דֶשׁ שְׁנֵים־עָשָׂ֖ר ט

הוּא־חֹ֣דֶשׁ אֲדָ֑ר וּשְׁלָלָ֖ם לָבֽוֹז׃ 14 פַּתְשֶׁ֣גֶן הַכְּתָ֗ב לְהִנָּ֤תֵֽן דָּת֙ בְּכָל־ ג21. ג בסיפ20 14

מְדִינָ֣ה וּמְדִינָ֔ה גָּל֖וּי לְכָל־הָעַמִּ֑ים לִהְי֥וֹת עֲתִדִ֖ים לַיּ֥וֹם הַזֶּֽה׃ ב . ב חד חס וחד מל .22

הָרָצִ֞ים יָצְא֤וּ דְחוּפִים֙ בִּדְבַ֣ר הַמֶּ֔לֶךְ וְהַדָּ֥ת נִתְּנָ֖ה בְּשׁוּשַׁ֣ן הַבִּירָ֑ה ל ומל . ג 15

וְהַמֶּ֤לֶךְ וְהָמָן֙ יָשְׁב֣וּ לִשְׁתּ֔וֹת וְהָעִ֥יר שׁוּשָׁ֖ן נָבֽוֹכָה׃ פ ל ומל

4 וּמָרְדֳּכַ֗י יָדַע֙ אֶת־כָּל־אֲשֶׁ֣ר נַעֲשָׂ֔ה וַיִּקְרַ֤ע מָרְדֳּכַי֙ אֶת־בְּגָדָ֔יו 4 ב ר"פ1

וַיִּלְבַּ֥שׁ שַׂ֖ק וָאֵ֑פֶר וַיֵּצֵא֙ בְּת֣וֹךְ הָעִ֔יר וַיִּזְעַ֛ק זְעָקָ֥ה גְדוֹלָ֖ה וּמָרָֽה׃ ל

וַיָּב֕וֹא עַ֖ד לִפְנֵ֣י שַֽׁעַר־הַמֶּ֑לֶךְ כִּ֣י אֵ֥ין לָב֛וֹא אֶל־שַׁ֥עַר הַמֶּ֖לֶךְ בִּלְב֥וּשׁ כל סיפ גול ב מ ב2 חס 2

שָֽׂק׃ 3 וּבְכָל־מְדִינָ֣ה וּמְדִינָ֗ה מְקוֹם֙ אֲשֶׁ֤ר דְּבַר־הַמֶּ֙לֶךְ֙ וְדָת֣וֹ מַגִּ֔יעַ 3

אֵ֤בֶל גָּדוֹל֙ לַיְּהוּדִ֔ים וְצ֥וֹם וּבְכִ֖י וּמִסְפֵּ֑ד שַׂ֣ק וָאֵ֔פֶר יֻצַּ֖ע לָֽרַבִּֽים׃ ל . ב3 . ד

וַתָּב֩וֹאנָה֩ נַעֲר֨וֹת אֶסְתֵּ֤ר וְסָרִיסֶ֙יהָ֙ וַיַּגִּ֣ידוּ לָ֔הּ וַתִּתְחַלְחַ֥ל הַמַּלְכָּ֖ה ותבאנה4 חד מן ה5 ד חס 4
וחד מל ב5
מנה כת כן . ל

מְאֹ֑ד וַתִּשְׁלַ֨ח בְּגָדִ֜ים לְהַלְבִּ֣ישׁ אֶֽת־מָרְדֳּכַ֗י וּלְהָסִ֥יר שַׂקּ֛וֹ מֵעָלָ֖יו וְלֹ֥א ל

קִבֵּֽל׃ 5 וַתִּקְרָא֩ אֶסְתֵּ֨ר לַהֲתָ֜ךְ מִסָּרִיסֵ֤י הַמֶּ֙לֶךְ֙ אֲשֶׁ֣ר הֶעֱמִ֣יד לְפָנֶ֔יהָ 5

וַתְּצַוֵּ֖הוּ עַֽל־מָרְדֳּכָ֑י לָדַ֥עַת מַה־זֶּ֖ה וְעַל־מַה־זֶּֽה׃ 6 וַיֵּצֵ֥א הֲתָ֖ךְ אֶל־ ב7 . ל8 6

מָרְדֳּכָ֑י אֶל־רְח֣וֹב הָעִ֔יר אֲשֶׁ֖ר לִפְנֵ֥י שַֽׁעַר־הַמֶּֽלֶךְ׃ 7 וַיַּגֶּד־ל֣וֹ מָרְדֳּכַ֗י 7

אֵ֚ת כָּל־אֲשֶׁ֣ר קָרָ֔הוּ וְאֵ֣ת ׀ פָּרָשַׁ֣ת הַכֶּ֗סֶף אֲשֶׁ֨ר אָמַ֤ר הָמָן֙ לִ֠שְׁקוֹל עַל־ ב9 . ו מל ול בליש . ל

גִּנְזֵ֥י הַמֶּ֛לֶךְ ביהודיים ל ביהודיים10 חד מן ו11 8
כת תרי י בסיפ . ג בסיפ
לַאַבְּדָֽם׃ 8 וְאֶת־פַּתְשֶׁ֣גֶן כְּתָֽב־הַ֠דָּת אֲשֶׁר־

נִתַּ֨ן בְּשׁוּשָׁ֤ן לְהַשְׁמִידָם֙ נָ֣תַן ל֔וֹ לְהַרְא֥וֹת אֶת־אֶסְתֵּ֖ר וּלְהַגִּ֣יד לָ֑הּ כא12 . ג

וּלְצַוּ֣וֹת עָלֶ֗יהָ לָב֨וֹא אֶל־הַמֶּ֧לֶךְ לְהִֽתְחַנֶּן־ל֛וֹ וּלְבַקֵּ֥שׁ מִלְּפָנָ֖יו עַל־ ל ומל וחד מן יא13 כת
תרי ו . ה14 . חס15

עַמָּֽהּ׃ 9 וַיָּב֖וֹא הֲתָ֑ךְ וַיַּגֵּ֣ד לְאֶסְתֵּ֔ר אֵ֖ת דִּבְרֵ֥י מָרְדֳּכָֽי׃ 10 וַתֹּ֤אמֶר כל סיפ מל ב מ ב16 חס 9
10

אֶסְתֵּר֙ לַהֲתָ֔ךְ וַתְּצַוֵּ֖הוּ אֶֽל־מָרְדֳּכָֽי׃ 11 כָּל־עַבְדֵ֣י הַמֶּ֡לֶךְ וְעַם־ 11

---

[20] Mp sub loco. [21] Mm 3755 א. [22] Mm 875. **Cp 4** [1] Mm 3756. [2] Cf Mm 1552. [3] Mm 3757. [4] Q addidi, cf 1 S 10,7, L sine Q, cf Mp sub loco. [5] Mm 301. [6] Mm 1579. [7] Mm 3758. [8] זה מה על וחד Neh 2,4. [9] Mp sub loco. [10] Q addidi, L sine Q cum Mp י יתיר, cf Mp sub loco et Est 8,1.7, etc. [11] Mm 3770. [12] Mm 2838. [13] Mm 648. [14] Mm 3165. [15] Mm 4080. [16] Cf Mm 1552.

13 [a-a] > 𝔊* ‖ 15 [a] prb tr huc 4,3 ‖ **Cp 4,1** [a] 𝔊 וַיָּב֕וֹא ‖ 3 [a] v 3 > 𝔊[L]; cf 3,15[a] ‖ 4 [a] Q וַתָּב֩וֹאנָה֩, K וַתִּבֹּאינָה ‖ [b] prb dl, sed cf 𝔖 ‖ 5 [a] 𝔊* Ἀχραθαῖον, 𝔖 lhtn ‖ [b] prp עָמַד cf 𝔊St[II] ‖ [c] prp אֶל cf 10 ‖ 7 [a] Q בַּיְּהוּדִים, K בַּיְהוּדִיים ‖ 10 [a] 𝔊 עַל cf 5 ‖ 11 [a] 𝔊 וְכֹל.

מְדִינוֹת הַמֶּלֶךְ יוֹדְעִים אֲשֶׁר כָּל־אִישׁ וְאִשָּׁה אֲשֶׁר יָבוֹא־אֶל־הַמֶּלֶךְ — כב ב[17] מנה בטע
אֶל־הֶחָצֵר הַפְּנִימִית אֲשֶׁר לֹא־יִקָּרֵא אַחַת דָּתוֹ לְהָמִית לְבַד מֵאֲשֶׁר — כא[18]
יוֹשִׁיט־לוֹ הַמֶּלֶךְ אֶת־שַׁרְבִיט הַזָּהָב וְחָיָה וַאֲנִי לֹא נִקְרֵאתִי לָבוֹא אֶל־ — ו . ב חד כת י וחד כת א[19]
12 הַמֶּלֶךְ זֶה שְׁלוֹשִׁים יוֹם׃ 12 וַיַּגִּידוּ[a] לְמָרְדֳּכָי אֵת דִּבְרֵי אֶסְתֵּר׃ פ — ד[20] מל ב[21] מנה מל בכתיב . ל זקף קמ
13 וַיֹּאמֶר מָרְדֳּכַי לְהָשִׁיב אֶל־אֶסְתֵּר אַל־תְּדַמִּי בְנַפְשֵׁךְ לְהִמָּלֵט — ל . ל
14 בֵּית־[a]הַמֶּלֶךְ מִכָּל־הַיְּהוּדִים׃ 14 כִּי אִם־הַחֲרֵשׁ תַּחֲרִישִׁי בָּעֵת הַזֹּאת — ל
רֶוַח וְהַצָּלָה יַעֲמוֹד לַיְּהוּדִים מִמָּקוֹם אַחֵר וְאַתְּ[a] וּבֵית־אָבִיךְ תֹּאבֵדוּ — ל[22] . ג מל[23] . ל ודמטע
15 וּמִי יוֹדֵעַ אִם־לְעֵת כָּזֹאת הִגַּעַתְּ לַמַּלְכוּת׃ 15 וַתֹּאמֶר אֶסְתֵּר לְהָשִׁיב — ג . י מל וכל ת ד מ ק דכות ב מ ג חס . ל . ל
16 אֶל־מָרְדֳּכָי׃ 16 לֵךְ כְּנוֹס אֶת־כָּל־הַיְּהוּדִים הַנִּמְצְאִים בְּשׁוּשָׁן וְצוּמוּ — ב . ל ומל
עָלַי וְאַל־[a]תֹּאכְלוּ וְאַל־תִּשְׁתּוּ שְׁלֹשֶׁת יָמִים לַיְלָה וָיוֹם גַּם־[b]אֲנִי — ל . ל . ג[24]
וְנַעֲרֹתַי אָצוּם כֵּן וּבְכֵן אָבוֹא אֶל־הַמֶּלֶךְ אֲשֶׁר לֹא־כַדָּת וְכַאֲשֶׁר — ב[25] . ב
17 אָבַדְתִּי אָבָדְתִּי׃ 17 וַיַּעֲבֹר מָרְדֳּכָי וַיַּעַשׂ כְּכֹל[a] אֲשֶׁר־צִוְּתָה עָלָיו — ל
אֶסְתֵּר׃ ס

5 1 וַיְהִי ׀ בַּיּוֹם הַשְּׁלִישִׁי וַתִּלְבַּשׁ אֶסְתֵּר[a] מַלְכוּת וַתַּעֲמֹד בַּחֲצַר
בֵּית־הַמֶּלֶךְ הַפְּנִימִית נֹכַח בֵּית הַמֶּלֶךְ וְהַמֶּלֶךְ יוֹשֵׁב עַל־כִּסֵּא — ל
2 מַלְכוּתוֹ בְּבֵית הַמַּלְכוּת נֹכַח פֶּתַח הַבָּיִת׃ 2 וַיְהִי כִרְאוֹת הַמֶּלֶךְ — ה זוגין בבית בית[1] . ל
אֶת־אֶסְתֵּר הַמַּלְכָּה עֹמֶדֶת בֶּחָצֵר נָשְׂאָה חֵן בְּעֵינָיו וַיּוֹשֶׁט הַמֶּלֶךְ — יד . ל . נא
לְאֶסְתֵּר אֶת־שַׁרְבִיט הַזָּהָב אֲשֶׁר בְּיָדוֹ וַתִּקְרַב אֶסְתֵּר וַתִּגַּע בְּרֹאשׁ — ל בסיפ . ב . לה[2]
3 הַשַּׁרְבִיט[a]׃ ס 3 וַיֹּאמֶר לָהּ הַמֶּלֶךְ מַה־לָּךְ אֶסְתֵּר הַמַּלְכָּה — יד
4 וּמַה־בַּקָּשָׁתֵךְ עַד־חֲצִי הַמַּלְכוּת וְיִנָּתֵן לָךְ׃ 4 וַתֹּאמֶר אֶסְתֵּר אִם־ — ל ס״פ
עַל־הַמֶּלֶךְ טוֹב יָבוֹא הַמֶּלֶךְ וְהָמָן הַיּוֹם[a] אֶל־הַמִּשְׁתֶּה אֲשֶׁר־עָשִׂיתִי
5 לוֹ׃ 5 וַיֹּאמֶר הַמֶּלֶךְ מַהֲרוּ אֶת־הָמָן לַעֲשׂוֹת אֶת־דְּבַר אֶסְתֵּר וַיָּבֹא — ד[3] . ב חס בסיפ[4]
6 הַמֶּלֶךְ וְהָמָן אֶל־הַמִּשְׁתֶּה אֲשֶׁר־עָשְׂתָה אֶסְתֵּר׃ 6 וַיֹּאמֶר הַמֶּלֶךְ
לְאֶסְתֵּר בְּמִשְׁתֵּה הַיַּיִן מַה־שְּׁאֵלָתֵךְ וְיִנָּתֵן לָךְ וּמַה־בַּקָּשָׁתֵךְ עַד־

[17] Mp sub loco. [18] Mm 17. [19] Mm 1707. [20] Mm 41 et Mm 4060. [21] Mm 3759. [22] וחד ורוח Gn 32,17. [23] Mm 3482. [24] Mm 1922. [25] Mm 3760. **Cp 5** [1] Mm 3761. [2] Mm 2840. [3] Mm 332. [4] Mm 1552.

12 [a] prp וַיַּגֵּד vel וַיַּגֵּד cf 𝔊 ‖ **13** [a] 𝔊 pr *μόνη ἐν* cf 𝔗𝔙; prp מִבֵּית cf ℭ vel רַק אַתְּ בְּבֵ׳ ‖ **14** [a] > ℭ ‖ **16** [a] mlt Mss אל ‖ [b] mlt Mss וְגַם cf 𝔊𝔖 ‖ **17** [a] pc Mss 𝔖 כל ‖ **Cp 5,1** [a] vb exc? prp מַלְבּוּשׁ vel לְבוּשׁ cf 𝔊[L] ‖ **2** [a] ℭ לַשַּׁ׳ ‖ **4** [a] > nonn Mss 𝔖.

7 חֲצִי הַמַּלְכוּת וְתֵעָשׂ׃ 7 וַתַּעַן אֶסְתֵּר וַתֹּאמַר שְׁאֵלָתִי וּבַקָּשָׁתִי׃ ((חצי הספר בפסוקים[5] ה ד מלרע וחד מלעיל[6]. ל[7]))
8 אִם־מָצָאתִי חֵן בְּעֵינֵי הַמֶּלֶךְ וְאִם־עַל־הַמֶּלֶךְ טוֹב לָתֵת אֶת־
שְׁאֵלָתִי וְלַעֲשׂוֹת אֶת־בַּקָּשָׁתִי יָבוֹא הַמֶּלֶךְ וְהָמָן אֶל־הַמִּשְׁתֶּה אֲשֶׁר ((הי[8]. ל[9]))
אֶעֱשֶׂה לָהֶם וּמָחָר אֶעֱשֶׂה כִּדְבַר הַמֶּלֶךְ׃ ((ו[10]))
9 וַיֵּצֵא הָמָן בַּיּוֹם הַהוּא שָׂמֵחַ וְטוֹב לֵב וְכִרְאוֹת הָמָן אֶת־ ((יז[11]. ב[12]))
מָרְדֳּכַי בְּשַׁעַר הַמֶּלֶךְ וְלֹא־קָם וְלֹא־זָע מִמֶּנּוּ וַיִּמָּלֵא הָמָן עַל־מָרְדֳּכַי ((ב[13]. ל. ו[14]. ב[15]))
10 חֵמָה׃ 10 וַיִּתְאַפַּק הָמָן וַיָּבוֹא אֶל־בֵּיתוֹ וַיִּשְׁלַח וַיָּבֵא אֶת־אֹהֲבָיו וְאֶת־ ((ב[16]. כל סיפ מל ב מ ב[17] חס. נא[18]))
11 זֶרֶשׁ אִשְׁתּוֹ׃ 11 וַיְסַפֵּר לָהֶם הָמָן אֶת־כְּבוֹד עָשְׁרוֹ וְרֹב בָּנָיו וְאֵת
כָּל־[a]אֲשֶׁר גִּדְּלוֹ הַמֶּלֶךְ וְאֵת אֲשֶׁר נִשְּׂאוֹ עַל־[b]הַשָּׂרִים וְעַבְדֵי[c] הַמֶּלֶךְ׃ ((ב. ל. ב))
12 וַיֹּאמֶר הָמָן אַף לֹא־הֵבִיאָה אֶסְתֵּר הַמַּלְכָּה עִם־הַמֶּלֶךְ אֶל־ ((יב בטע ר״פ. ג[19]. יד))
הַמִּשְׁתֶּה אֲשֶׁר־עָשָׂתָה כִּי אִם־אוֹתִי וְגַם־לְמָחָר אֲנִי קָרוּא־לָהּ עִם־ ((ה[20]. כי[21] מל ה מנה בכתיב. ה[22]. ל))
13 הַמֶּלֶךְ׃ 13 וְכָל־זֶה אֵינֶנּוּ שֹׁוֶה לִי בְּכָל־עֵת אֲשֶׁר אֲנִי רֹאֶה אֶת־ ((ג))
14 מָרְדֳּכַי הַיְּהוּדִי יוֹשֵׁב בְּשַׁעַר הַמֶּלֶךְ׃ 14 וַתֹּאמֶר לוֹ זֶרֶשׁ אִשְׁתּוֹ וְכָל־ ((ל))
אֹהֲבָיו יַעֲשׂוּ־עֵץ גָּבֹהַּ חֲמִשִּׁים אַמָּה וּבַבֹּקֶר ׀ אֱמֹר לַמֶּלֶךְ וְיִתְלוּ אֶת־ ((ו. ב[23]. ל[24]))
מָרְדֳּכַי עָלָיו וּבֹא־עִם־הַמֶּלֶךְ אֶל־הַמִּשְׁתֶּה שָׂמֵחַ וַיִּיטַב הַדָּבָר לִפְנֵי[a] ((ה[25] חס בשמואל ובכתיב וחד מן ב[26] לשון ביאה))
הָמָן וַיַּעַשׂ הָעֵץ׃ פ

6 1 בַּלַּיְלָה הַהוּא נָדְדָה[a] שְׁנַת[a] הַמֶּלֶךְ וַיֹּאמֶר לְהָבִיא אֶת־סֵפֶר ((ב[1]. ה בשינה[2]))
2 הַזִּכְרֹנוֹת דִּבְרֵי הַיָּמִים וַיִּהְיוּ נִקְרָאִים לִפְנֵי הַמֶּלֶךְ׃ 2 וַיִּמָּצֵא כָתוּב ((ל. ל. ז[3]))
אֲשֶׁר הִגִּיד מָרְדֳּכַי עַל־בִּגְתָנָא וָתֶרֶשׁ שְׁנֵי סָרִיסֵי הַמֶּלֶךְ מִשֹּׁמְרֵי ((ל))
3 הַסַּף אֲשֶׁר בִּקְשׁוּ לִשְׁלֹחַ יָד בַּמֶּלֶךְ אֲחַשְׁוֵרוֹשׁ׃ 3 וַיֹּאמֶר הַמֶּלֶךְ מַה־ ((יא))
נַּעֲשָׂה יְקָר וּגְדוּלָּה לְמָרְדֳּכַי עַל־זֶה וַיֹּאמְרוּ נַעֲרֵי הַמֶּלֶךְ מְשָׁרְתָיו ((י זוגין[4]))
4 לֹא־נַעֲשָׂה עִמּוֹ דָּבָר׃ 4 וַיֹּאמֶר הַמֶּלֶךְ מִי בֶחָצֵר וְהָמָן בָּא לַחֲצַר[a]
בֵּית־הַמֶּלֶךְ הַחִיצוֹנָה לֵאמֹר לַמֶּלֶךְ לִתְלוֹת אֶת־מָרְדֳּכַי עַל־הָעֵץ ((ל. ב[5]))
5 אֲשֶׁר־הֵכִין לוֹ׃ 5 וַיֹּאמְרוּ נַעֲרֵי הַמֶּלֶךְ אֵלָיו הִנֵּה הָמָן עֹמֵד בֶּחָצֵר ((י זוגין[4]))

[5] Mp sub loco. [6] Mm 3587. [7] וחד את בקשתי Est 5,8. [8] Mm 1376. [9] וחד ובקשתי Est 5,7. [10] Mm 505. [11] Mm 1088. [12] Mm 1628. [13] Dt 34,10. [14] Mm 1907. [15] Mm 3758. [16] Mm 3762. [17] Cf Mm 1552. [18] Mm 639. [19] Mm 4173 א. [20] Mm 197. [21] Mm 1238 א. [22] Mm 420. [23] Mm 3763. [24] Mm 3769. [25] Mm 169. [26] Mm 3764. **Cp 6** [1] Mp sub loco. [2] Mm 2756. [3] Mm 3765. [4] Mm 456. [5] Mm 3766.

11 [a] prb dl ‖ [b] pc Mss + כָּל־ ‖ [c] 𝔖 *w'l kl 'bdj* = וְעַל־כָּל־עַ׳ ‖ **14** [a] nonn Mss 𝔖 בְּעֵינֵי ‖ **Cp 6,1** [a–a] 𝔊 *ὁ δὲ κύριος ἀπέστησεν τὸν ὕπνον ἀπὸ* cf 𝔗[II]; prp נֹדֵד (= יהוה) ה׳ שׁ׳ ‖ **4** [a] prp אֶל־חצר.

6 וַיֹּאמֶר הַמֶּלֶךְ יָבוֹא׃ 6 וַיָּבוֹא הָמָן וַיֹּאמֶר לוֹ הַמֶּלֶךְ מַה־לַּעֲשׂוֹת[a] — כל סיפ מל ב מ ב[6] חס
בָּאִישׁ[b] אֲשֶׁר הַמֶּלֶךְ חָפֵץ בִּיקָרוֹ וַיֹּאמֶר הָמָן בְּלִבּוֹ לְמִי יַחְפֹּץ הַמֶּלֶךְ — אמירה פלוני בלבו ו. ל
7 לַעֲשׂוֹת יְקָר יוֹתֵר מִמֶּנִּי׃ 7 וַיֹּאמֶר הָמָן אֶל־הַמֶּלֶךְ אִישׁ אֲשֶׁר הַמֶּלֶךְ — ז מל בליש[7]. נז וכל תלים דכות ב מ יא
8 חָפֵץ בִּיקָרוֹ׃ 8 יָבִיאוּ לְבוּשׁ מַלְכוּת אֲשֶׁר לָבַשׁ־בּוֹ הַמֶּלֶךְ וְסוּס — ט[8]
9 אֲשֶׁר רָכַב עָלָיו הַמֶּלֶךְ [a]וַאֲשֶׁר נִתַּן כֶּתֶר מַלְכוּת בְּרֹאשׁוֹ[a]׃ 9 וְנָתוֹן — כא[9]. יד. ז[10] וחד מן ז מל בליש
הַלְּבוּשׁ וְהַסּוּס עַל־יַד־אִישׁ מִשָּׂרֵי הַמֶּלֶךְ הַפַּרְתְּמִים וְהִלְבִּישׁוּ[a] — ו[11]. ל בסיפ[12]. ג
אֶת־הָאִישׁ אֲשֶׁר הַמֶּלֶךְ חָפֵץ בִּיקָרוֹ וְהִרְכִּיבֻהוּ[a] עַל־הַסּוּס בִּרְחוֹב — ל וכת כן. ו[11]
הָעִיר וְקָרְאוּ[a] לְפָנָיו כָּכָה יֵעָשֶׂה לָאִישׁ אֲשֶׁר הַמֶּלֶךְ חָפֵץ בִּיקָרוֹ׃ — ד[13]. ל[14]. לב[15]
10 וַיֹּאמֶר הַמֶּלֶךְ לְהָמָן מַהֵר קַח אֶת־הַלְּבוּשׁ וְאֶת־הַסּוּס כַּאֲשֶׁר — ב[16]. ו[17]
דִּבַּרְתָּ וַעֲשֵׂה־כֵן לְמָרְדֳּכַי הַיְּהוּדִי הַיּוֹשֵׁב בְּשַׁעַר הַמֶּלֶךְ אַל־תַּפֵּל — ל[18]
ס [ד] דָּבָר מִכֹּל אֲשֶׁר דִּבַּרְתָּ׃ 11 וַיִּקַּח הָמָן אֶת־הַלְּבוּשׁ וְאֶת־הַסּוּס וַיַּלְבֵּשׁ — ו[17]
אֶת־מָרְדֳּכָי וַיַּרְכִּיבֵהוּ בִּרְחוֹב הָעִיר וַיִּקְרָא לְפָנָיו כָּכָה יֵעָשֶׂה — ד[13]. ל[14]
12 לָאִישׁ אֲשֶׁר הַמֶּלֶךְ חָפֵץ בִּיקָרוֹ׃ 12 וַיָּשָׁב מָרְדֳּכַי אֶל־שַׁעַר הַמֶּלֶךְ — לב[15]
13 וְהָמָן נִדְחַף אֶל־בֵּיתוֹ אָבֵל וַחֲפוּי רֹאשׁ׃ 13 וַיְסַפֵּר הָמָן לְזֶרֶשׁ — ב. ג. ל
אִשְׁתּוֹ וּלְכָל־אֹהֲבָיו אֵת כָּל־אֲשֶׁר קָרָהוּ וַיֹּאמְרוּ לוֹ חֲכָמָיו[a] וְזֶרֶשׁ — ב. ב
אִשְׁתּוֹ אִם מִזֶּרַע הַיְּהוּדִים מָרְדֳּכַי אֲשֶׁר הַחִלּוֹתָ לִנְפֹּל לְפָנָיו לֹא־ — ב. ד דגש[19]
תוּכַל לוֹ כִּי־נָפוֹל תִּפּוֹל לְפָנָיו[b]׃ — ח מל בליש ג מנה בכתיב

14 עוֹדָם מְדַבְּרִים עִמּוֹ וְסָרִיסֵי[a] הַמֶּלֶךְ הִגִּיעוּ וַיַּבְהִלוּ לְהָבִיא — ל וחס
7 אֶת־הָמָן אֶל־הַמִּשְׁתֶּה אֲשֶׁר־עָשְׂתָה אֶסְתֵּר׃ 7 1 וַיָּבֹא הַמֶּלֶךְ וְהָמָן — ב חס בסיפ[1]
2 לִשְׁתּוֹת עִם־אֶסְתֵּר הַמַּלְכָּה׃ 2 וַיֹּאמֶר הַמֶּלֶךְ לְאֶסְתֵּר גַּם בַּיּוֹם — יד
הַשֵּׁנִי בְּמִשְׁתֵּה הַיַּיִן מַה־שְּׁאֵלָתֵךְ אֶסְתֵּר הַמַּלְכָּה וְתִנָּתֵן לָךְ וּמַה־ — יד. ב
3 בַּקָּשָׁתֵךְ עַד־חֲצִי הַמַּלְכוּת וְתֵעָשׂ׃ 3 וַתַּעַן אֶסְתֵּר הַמַּלְכָּה וַתֹּאמַר — יד. ה ד מלרע וחד מלעיל[2]
אִם־מָצָאתִי חֵן בְּעֵינֶיךָ הַמֶּלֶךְ וְאִם־עַל־הַמֶּלֶךְ טוֹב תִּנָּתֶן־לִי נַפְשִׁי — ג. טו
4 בִּשְׁאֵלָתִי וְעַמִּי בְּבַקָּשָׁתִי׃ 4 כִּי נִמְכַּרְנוּ אֲנִי וְעַמִּי לְהַשְׁמִיד לַהֲרוֹג — יא. יא. ב מל

[6] Cf Mm 1552. [7] Mm 3767. [8] Mm 501. [9] Mm 2838. [10] Mm 307. [11] Mp sub loco. [12] Mm 2990. [13] Mm 1191. [14] Mm 210. [15] Mm 319. [16] Mm 3752. [17] Mp sub loco. [18] ותפל וחד Da 8,10. [19] Mm 2758. **Cp 7** [1] Mm 1552. [2] Mm 3587.

6 [a] sic L, mlt Mss Edd לַ׳ ‖ [b] prp לָאִישׁ ‖ **8** [a–a] > 𝔊*, prb dl; al dl אשר ‖ **9** [a] 𝔊* sg, l –שׁוֹ, –בָהוּ, וקָרָא, cf 11 ‖ **13** [a] 𝔊^-L *οἱ φίλοι*, 𝔊^O(𝔖) *οἱ φίλοι αὐτοῦ*, l רחמיו? cf a ‖ [b] 𝔊 + *ὅτι θεὸς ζῶν μετ' αὐτοῦ* ‖ **14** [a] prp וְרָצֵי cf 𝔖.

וּלְאַבֵּ֔ד וְאִלּ֨וּ לַעֲבָדִ֤ים וְלִשְׁפָח֙וֹת נִמְכַּ֙רְנוּ֙ הֶחֱרַ֔שְׁתִּי כִּ֣י אֵ֥ין ᵃהַצָּ֛ר
שֹׁוֶ֖הᵃ בְּנֵ֥זֶק הַמֶּֽלֶךְ׃ ס 5 וַיֹּ֙אמֶר֙ᵃ הַמֶּ֣לֶךְ אֲחַשְׁוֵר֔וֹשׁ וַיֹּ֖אמֶרᵇ 5
לְאֶסְתֵּ֣ר הַמַּלְכָּ֑ה מִ֣י ה֥וּא זֶה֙ וְאֵֽי־זֶ֣ה ה֔וּא אֲשֶׁר־מְלָא֥וֹᶜ לִבּ֖וֹ לַעֲשׂ֥וֹת
כֵּֽן׃ 6 וַתֹּ֣אמֶר־ᵃאֶסְתֵּ֔ר אִ֚ישׁ צַ֣ר וְאוֹיֵ֔ב הָמָ֥ן הָרָ֖ע הַזֶּ֑ה וְהָמָ֣ן נִבְעַ֔ת 6
מִלִּפְנֵ֥י הַמֶּ֖לֶךְ וְהַמַּלְכָּֽה׃ 7 וְהַמֶּ֜לֶךְ קָ֤ם בַּחֲמָתוֹ֙ מִמִּשְׁתֵּ֣ה הַיַּ֔יִן אֶל־ 7
גִּנַּ֖ת הַבִּיתָ֑ן וְהָמָ֣ן עָמַ֗ד לְבַקֵּ֤שׁ עַל־נַפְשׁוֹ֙ מֵאֶסְתֵּ֣ר הַמַּלְכָּ֔ה כִּ֣י רָאָ֔ה
כִּֽי־כָלְתָ֥ה אֵלָ֛יוᵃ הָרָעָ֖ה מֵאֵ֥ת הַמֶּֽלֶךְ׃ 8 וְהַמֶּ֡לֶךְ שָׁב֩ מִגִּנַּ֨ת הַבִּיתָ֜ן 8
אֶל־בֵּ֣ית ׀ מִשְׁתֵּ֣ה הַיַּ֗יִן וְהָמָן֙ נֹפֵ֔ל עַל־ᵃהַמִּטָּה֙ אֲשֶׁ֣ר אֶסְתֵּ֣ר עָלֶ֔יהָ
וַיֹּ֣אמֶר הַמֶּ֔לֶךְ הֲ֠גַם לִכְבּ֧וֹשׁ אֶת־הַמַּלְכָּ֛ה עִמִּ֖י בַּבָּ֑יִת הַדָּבָ֗ר יָצָא֙ מִפִּ֣י
הַמֶּ֔לֶךְ וּפְנֵ֥י הָמָ֖ן חָפֽוּᵇ׃ ס 9 וַיֹּ֣אמֶר חַ֠רְבוֹנָה אֶחָ֨ד מִן־הַסָּרִיסִ֜ים 9
לִפְנֵ֣י הַמֶּ֗לֶךְ גַּ֣ם הִנֵּה־הָעֵ֣ץ אֲשֶׁר־עָשָׂ֣ה הָמָ֡ן לְמָרְדֳּכַ֞י אֲשֶׁ֧ר ᵃדִּבֶּר־
ט֣וֹבᵃᵇ עַל־ᶜהַמֶּ֗לֶךְ עֹמֵד֙ בְּבֵ֣ית הָמָ֔ן גָּבֹ֖הַּ חֲמִשִּׁ֣ים אַמָּ֑ה וַיֹּ֥אמֶר הַמֶּ֖לֶךְ
תְּלֻ֥הוּ עָלָֽיו׃ 10 וַיִּתְלוּ֙ אֶת־הָמָ֔ן עַל־הָעֵ֖ץ אֲשֶׁר־הֵכִ֣ין לְמָרְדֳּכָ֑י וַחֲמַ֥ת 10
הַמֶּ֖לֶךְ שָׁכָֽכָה׃ פ 8 1 בַּיּ֣וֹם הַה֗וּא נָתַ֞ן הַמֶּ֤לֶךְ אֲחַשְׁוֵרוֹשׁ֙ לְאֶסְתֵּ֣ר 8
הַמַּלְכָּ֔ה אֶת־בֵּ֥ית הָמָ֖ן צֹרֵ֣ר הַיְּהוּדִ֑יםᵃ וּמָרְדֳּכַ֗י בָּ֚א לִפְנֵ֣י הַמֶּ֔לֶךְ
כִּֽי־הִגִּ֥ידָה אֶסְתֵּ֖ר מַ֥ה הוּא־ᵇלָֽהּ׃ 2 וַיָּ֨סַר הַמֶּ֜לֶךְ אֶת־טַבַּעְתּ֗וֹ אֲשֶׁ֤ר 2
הֶֽעֱבִיר֙ מֵֽהָמָ֔ןᵃ וַֽיִּתְּנָ֖הּ לְמָרְדֳּכָ֑י וַתָּ֧שֶׂם אֶסְתֵּ֛ר אֶֽת־מָרְדֳּכַ֖י עַל־בֵּ֥ית
הָמָֽן׃ פ

3 וַתּ֣וֹסֶף אֶסְתֵּ֗ר וַתְּדַבֵּר֙ לִפְנֵ֣י הַמֶּ֔לֶךְ וַתִּפֹּ֖ל לִפְנֵ֣י רַגְלָ֑יו וַתֵּ֣בְךְּ 3
וַתִּתְחַנֶּן־ל֗וֹ לְהַעֲבִיר֙ אֶת־רָעַת֙ הָמָ֣ן הָאֲגָגִ֔י וְאֵת֙ מַחֲשַׁבְתּ֔וֹ אֲשֶׁ֥ר חָשַׁ֖ב
עַל־הַיְּהוּדִֽים׃ 4 וַיּ֤וֹשֶׁט הַמֶּ֙לֶךְ֙ לְאֶסְתֵּ֔ר אֵ֖ת שַׁרְבִ֣ט הַזָּהָ֑ב וַתָּ֣קָם 4
אֶסְתֵּ֔ר וַֽתַּעֲמֹ֖ד לִפְנֵ֥י הַמֶּֽלֶךְ׃ 5 וַתֹּ֡אמֶר אִם־עַל־הַמֶּ֨לֶךְ ט֜וֹב וְאִם־ 5
מָצָ֧אתִי חֵ֣ן לְפָנָ֗יו וְכָשֵׁ֤ר הַדָּבָר֙ לִפְנֵ֣י הַמֶּ֔לֶךְ וְטוֹבָ֥ה אֲנִ֖י בְּעֵינָ֑יו יִכָּתֵ֗ב
לְהָשִׁ֣יב אֶת־הַסְּפָרִ֗ים ᵃמַחֲשֶׁ֙בֶת֙ הָמָ֣ן בֶּֽן־הַמְּדָ֙תָא֙ הָאֲגָגִ֔יᵃᵇ אֲשֶׁ֣ר

בׄ³. בׄ. גׄ בׄ קמ וחד פת⁴
ג
יד. גׄ⁵. לא. דׄ⁶. ל
בׄ. בׄ⁷
יו ר״פ ו ס״פ חד
יד
ג כליה אל
ב
בׄ חד חס וחד מל⁸
יו. גׄ⁹. בׄ חד כת א וחד כת ה¹⁰
יו בטע¹¹. בׄ¹²
ל וחס. בׄ¹³
ל. יד
כל חס. היהודים ק חד מן ו׳ כת תרי י בסיפ
ל. יגׄ² וכל מלכים ישעיה וירמיה דכות בׄ מ״א
גׄ מל³
ל חס בן המדתא
ל חס למערב
ל
ל. בׄ⁴. נא

[3]Mm 3706. [4]Mm 893. [5]Mm 2629. [6]Mm 3525. [7]Mm 4105. [8]Mm 4231. [9]Mm 2535. [10]Mm 3768. [11]Mm 3998. [12]Mm 897. [13]Mm 3769. **Cp 8** [1]Mm 3770. [2]Mm 324. [3]Mm 1633. [4]Mm 3771.

Cp 7,4 $^{a-a}$ prp הַצָּלָה שָׁוָה ‖ **5** ^{a} prp וַיְמַהֵר sed cf ^{b} ‖ ^{b} prb dl ‖ ^{c} prp מַלֵּא vel מִלֵּא, 1 𝔐 ‖ **6** ^{a} sic L, mlt Mss Edd ותאמר ‖ **7** ^{a} prp עָלָיו ‖ **8** ^{a} prp אֶל ‖ ^{b} 𝔊 *διετράπη*, prp חָפְרוּ, al חָרוּ ‖ **9** $^{a-a}$ prp גָּמַל דָּבָר, 1 𝔐 ‖ ^{b} > 𝔊* ‖ ^{c} ℭ אֶל ‖ **Cp 8,1** ^{a} cf 4,7^{a} ‖ ^{b} 𝔊 *ἐνοικείωται* (𝔊^{A} *-το*) cf 𝔖 ‖ **2** ^{a} pc Mss ℭ + מֵעַל יָדוֹ cf 3,10 ‖ **5** $^{a-a}$ add? cf 𝔊* ‖ ^{b} > 𝔊*; 𝔊^{O} *Βουγαῖον* cf 3,1^{a}.

6 כָּתַ֗בc לְאַבֵּד֙ אֶת־dהַיְּהוּדִ֔ים אֲשֶׁ֖ר בְּכָל־מְדִינ֥וֹת הַמֶּֽלֶךְ׃ 6 כִּ֠י אֵיכָכָ֤ה ו
אוּכַל֙ וְֽרָאִ֔יתִי בָּרָעָ֖ה אֲשֶׁר־יִמְצָ֣א אֶת־עַמִּ֑י וְאֵיכָכָ֨ה אוּכַל֙ וְֽרָאִ֔יתִיa יב[5] . ב[6] . יב[5]
7 בְּאָבְדַ֖ן מוֹלַדְתִּֽי׃ ס 7 וַיֹּ֨אמֶר הַמֶּ֤לֶךְ אֲחַשְׁוֵרֹשׁ֙ לְאֶסְתֵּ֣ר הַמַּלְכָּ֔ה ל . ד חס למערב . יד
וּֽלְמָרְדֳּכַ֖י הַיְּהוּדִ֑י הִנֵּ֨ה בֵית־הָמָ֜ן נָתַ֣תִּי לְאֶסְתֵּ֗ר וְאֹתוֹ֙ תָּל֣וּ עַל־הָעֵ֔ץ ל . כא פסוק על על ומילה חדה ביניה[7]
8 עַ֛ל אֲשֶׁר־שָׁלַ֥ח יָד֖וֹ בַּיְּהוּדִֽיים׃a 8 וְ֠אַתֶּם כִּתְב֨וּ עַל־הַיְּהוּדִ֜ים כַּטּ֣וֹב ביהודים ק חד מן ח[8] כת תרי י בסיפ
בְּעֵינֵיכֶם֙ בְּשֵׁ֣ם הַמֶּ֔לֶךְ וְחִתְמ֖וּ בְּטַבַּ֣עַת הַמֶּ֑לֶךְ כִּֽי־כְתָ֞ב אֲשֶׁר־נִכְתָּ֣ב יח
9 בְּשֵׁם־הַמֶּ֗לֶךְ וְנַחְתּ֛וֹםa בְּטַבַּ֥עַת הַמֶּ֖לֶךְ אֵ֥ין לְהָשִֽׁיב׃ 9 וַיִּקָּרְא֣וּ סֹפְרֵֽי־ ל . ב
הַמֶּ֣לֶךְ בָּֽעֵת־הַ֠הִיא בַּחֹ֨דֶשׁ הַשְּׁלִישִׁ֜יa הוּא־חֹ֣דֶשׁ סִיוָ֗ןb בִּשְׁלוֹשָׁ֣ה ל
וְעֶשְׂרִים֮ בּוֹ֒ וַיִּכָּתֵ֣ב כְּכָל־אֲשֶׁר־צִוָּ֣ה מָרְדֳּכַ֣י אֶל־cהַיְּהוּדִ֡ים וְאֶ֣ל ג בסיפ[9] . ד בכתיב
הָֽאֲחַשְׁדַּרְפְּנִֽים־וְהַפַּחוֹת֩ וְשָׂרֵ֨י הַמְּדִינ֜וֹת אֲשֶׁ֣ר ׀ מֵהֹ֣דּוּ וְעַד־כּ֗וּשׁ שֶׁ֣בַע ג . ג[10]
וְעֶשְׂרִ֤ים וּמֵאָה֙ מְדִינָ֔ה מְדִינָ֤ה וּמְדִינָה֙ כִּכְתָבָ֔הּ וְעַ֥ם וָעָ֖ם כִּלְשֹׁנ֑וֹ ל חס בסיפ
10 וְאֶל־dהַיְּהוּדִ֔ים כִּכְתָבָ֖ם וְכִלְשׁוֹנָֽם׃ 10 וַיִּכְתֹּ֗ב בְּשֵׁם֙ הַמֶּ֣לֶךְ אֲחַשְׁוֵרֹ֔שׁ ד חס למערב
וַיַּחְתֹּ֖ם בְּטַבַּ֣עַת הַמֶּ֑לֶךְ וַיִּשְׁלַ֣ח סְפָרִ֡ים בְּיַד֩ הָרָצִ֨ים בַּסּוּסִ֜ים רֹכְבֵ֤י
11 הָרֶ֙כֶשׁ֙ הָֽאֲחַשְׁתְּרָנִ֔ים בְּנֵ֖י הָֽרַמָּכִֽים׃ 11 אֲשֶׁ֙ר נָתַ֨ן הַמֶּ֜לֶךְ לַיְּהוּדִ֣ים ׀ ב[11] . ל
אֲשֶׁ֣ר בְּכָל־עִיר־וָעִ֗יר לְהִקָּהֵל֮ וְלַעֲמֹ֣ד עַל־נַפְשָׁם֒ לְהַשְׁמִידa֩ וְלַהֲרֹ֨גb ג[12] . ל
וּלְאַבֵּ֜ד אֶת־כָּל־חֵ֨ילc עַ֧ם וּמְדִינָ֛ה הַצָּרִ֥יםd אֹתָ֖ם טַ֣ף וְנָשִׁ֑ים וּשְׁלָלָ֖ם ט
12 לָבֽוֹז׃ 12 בְּי֣וֹם אֶחָ֔ד בְּכָל־מְדִינ֖וֹת הַמֶּ֣לֶךְ אֲחַשְׁוֵר֑וֹשׁ בִּשְׁלוֹשָׁ֥ה עָשָׂ֛ר ג[13] . ו . ל[14]
13 לְחֹ֥דֶשׁ שְׁנֵים־עָשָׂ֖ר הוּא־חֹ֥דֶשׁ אֲדָֽר׃ 13 פַּתְשֶׁ֣גֶן הַכְּתָ֗ב לְהִנָּתֵ֥ן דָּת֙ ג בסיפ
בְּכָל־מְדִינָ֣ה וּמְדִינָ֔ה גָּל֖וּי לְכָל־הָֽעַמִּ֑ים וְלִהְי֨וֹתa הַיְּהוּדִ֤ייםb עֲתוּדִים֙c ב . ב[15] היהודים ק חד מן ח[8] כת תרי י בסיפ . עתידים ק חד מן ב חד חס וחד מל
14 לַיּ֣וֹם הַזֶּ֔ה לְהִנָּקֵ֖ם מֵאֹיְבֵיהֶֽם׃ 14 הָֽרָצִ֞ים רֹכְבֵ֤י הָרֶ֙כֶשׁ֙ הָֽאֲחַשְׁתְּרָנִ֔ים כ[16] . ב[11]
יָֽצְא֛וּ מְבֹהָלִ֥ים וּדְחוּפִ֖ים בִּדְבַ֣ר הַמֶּ֑לֶךְ וְהַדָּ֥ת נִתְּנָ֖ה בְּשׁוּשַׁ֥ן הַבִּירָֽה׃ ל ומל . ג
15 פ 15 וּמָרְדֳּכַ֞י יָצָ֣א ׀ מִלִּפְנֵ֣י הַמֶּ֗לֶךְ בִּלְב֤וּשׁ מַלְכוּת֙ תְּכֵ֣לֶת וָח֔וּר ב ר״פ[17] . ל
וַעֲטֶ֤רֶת זָהָב֙ גְּדוֹלָ֔ה וְתַכְרִ֥יךְ בּ֖וּץ וְאַרְגָּמָ֑ן וְהָעִ֣יר שׁוּשָׁ֔ן צָהֲלָ֖ה ל . ב . ל
[סה] וְשָׂמֵֽחָה׃ 16 לַיְּהוּדִ֕ים הָֽיְתָ֥ה אוֹרָ֖ה וְשִׂמְחָ֑ה וְשָׂשֹׂ֖ן וִיקָֽר׃ 17 וּבְכָל־ ל . ל[18] . ל . ב[19] . ה פסוק ובכל ובכל[20]

[5]Mm 445. [6]Mm 3772. [7]Mm 686. [8]Mm 3770. [9]Mm 3751. [10]Mm 3773. [11]Mm 3774. [12]Mm 3775. [13]Mm 3755. [14]Mm 3743. [15]Mm 3776. [16]Mm 875. [17]Mm 3756. [18]Mm 3777. [19]Mm 3778. [20]Mm 2543.

5 [c] prb ins הָמָן ‖ [d] mlt Mss 𝔖 + כָּל־ ‖ **6** [a] 𝔊 *σωθῆναι* ‖ **7** [a] cf 4,7[a] ‖ **8** [a] prp נֶחְתָּם ‖ **9** [a] ℭ𝔊 הָרִאשׁוֹן ‖ [b] 𝔊 *Νισαν* ‖ [c] prp עַל ‖ [d] prp אל cf ℭ ‖ **11** [a] prp וּלְ׳ cf 𝔖 ‖ [b] nonn Mss 𝔅 ל׳ ‖ [c] prb dl ‖ [d] prp הַצֹּרְרִים ‖ **13** [a] prb dl וְ ‖ [b] cf 4,7[a] ‖ [c] Q עֲתִידִים, K עֲתוּדִים.

מְדִינָ֨ה וּמְדִינָ֜ה וּבְכָל־עִ֣יר וָעִ֗יר מְקוֹם֙ אֲשֶׁ֨ר דְּבַר־הַמֶּ֤לֶךְ וְדָתוֹ֙

[21]ל מַגִּ֔יעַ שִׂמְחָ֤ה וְשָׂשׂוֹן֙ לַיְּהוּדִ֔ים מִשְׁתֶּ֖ה וְי֣וֹם ט֑וֹב וְרַבִּ֞ים מֵעַמֵּ֤י הָאָ֙רֶץ֙[a]

ל מִֽתְיַהֲדִ֔ים כִּֽי־נָפַ֥ל פַּֽחַד־הַיְּהוּדִ֖ים עֲלֵיהֶֽם׃

ב[1] **9** 1 וּבִשְׁנֵים֩ עָשָׂ֨ר חֹ֜דֶשׁ הוּא־חֹ֣דֶשׁ אֲדָ֗ר בִּשְׁלוֹשָׁ֨ה עָשָׂ֥ר יוֹם֙ בּ֔וֹ **9**

ב ומל אֲשֶׁ֨ר הִגִּ֧יעַ דְּבַר־הַמֶּ֛לֶךְ וְדָת֖וֹ לְהֵעָשׂ֑וֹת בַּיּ֗וֹם אֲשֶׁ֨ר שִׂבְּר֜וּ אֹיְבֵ֤י

ל ומל הַיְּהוּדִים֙ לִשְׁל֣וֹט בָּהֶ֔ם וְנַהֲפ֣וֹךְ ה֔וּא אֲשֶׁ֨ר יִשְׁלְט֧וּ הַיְּהוּדִ֛ים הֵ֖מָּה

ל.ו.ד[2] בְּשֹׂנְאֵיהֶֽם׃ 2 נִקְהֲל֨וּ הַיְּהוּדִ֜ים בְּעָרֵיהֶ֗ם בְּכָל־מְדִינוֹת֙ הַמֶּ֣לֶךְ 2

ל אֲחַשְׁוֵר֔וֹשׁ[a] לִשְׁלֹ֣חַ יָ֔ד בִּמְבַקְשֵׁ֖י רָֽעָתָ֑ם וְאִישׁ֙ לֹא־עָמַ֣ד לִפְנֵיהֶ֔ם[b] כִּֽי־

ז[3]. ג מילין מן יא אות[4] נָפַ֥ל פַּחְדָּ֖ם עַל־כָּל־הָעַמִּֽים׃ 3 וְכָל־שָׂרֵ֨י הַמְּדִינ֜וֹת וְהָאֲחַשְׁדַּרְפְּנִ֣ים 3

ג. יו כת י[5]. ג וְהַפַּח֗וֹת וְעֹשֵׂ֤י הַמְּלָאכָה֙ אֲשֶׁ֣ר לַמֶּ֔לֶךְ מְנַשְּׂאִ֖ים אֶת־הַיְּהוּדִ֑ים כִּֽי־

ג. ד וכל נדרים דכות נָפַ֥ל פַּֽחַד־מָרְדֳּכַ֖י עֲלֵיהֶֽם׃ 4 כִּֽי־גָד֤וֹל מָרְדֳּכַי֙ בְּבֵ֣ית הַמֶּ֔לֶךְ וְשָׁמְע֖וֹ 4

כז[6] מל ב מנה בסיפ וכל משלי וקהלת דכות ב מ ה. כז[6] מל ב מנה בסיפ וכל משלי וקהלת דכות ב מ ח[7] הוֹלֵ֣ךְ בְּכָל־הַמְּדִינ֑וֹת כִּֽי־הָאִ֥ישׁ מָרְדֳּכַ֖י הוֹלֵ֥ךְ וְגָדֽוֹל׃ פ 5 וַיַּכּ֤וּ 5

ל הַיְּהוּדִים֙ בְּכָל־אֹ֣יְבֵיהֶ֔ם מַכַּת־חֶ֥רֶב וְהֶ֖רֶג וְאַבְדָ֑ן וַיַּעֲשׂ֥וּ בְשֹׂנְאֵיהֶ֖ם

ג. ל כִּרְצוֹנָֽם׃ 6 וּבְשׁוּשַׁ֣ן הַבִּירָ֗ה הָרְג֤וּ הַיְּהוּדִים֙ וְאַבֵּ֔ד חֲמֵ֥שׁ מֵא֖וֹת 6

ל אִֽישׁ׃ 7 וְאֵ֣ת ׀ פַּרְשַׁנְדָּ֔תָא וְאֵ֥ת ׀ 7

ל. ל דַּֽלְפ֖וֹן וְאֵ֥ת ׀ אַסְפָּֽתָא׃ 8 וְאֵ֣ת ׀ 8

ל. ל פּוֹרָ֔תָא וְאֵ֥ת ׀ אֲדַלְיָ֖א וְאֵ֥ת ׀

ל. כו פסוק ואת ואת ואת ואת. ל אֲרִידָֽתָא׃ 9 וְאֵ֣ת ׀ פַּרְמַשְׁתָּ֔א וְאֵ֥ת ׀ 9

ל. ל אֲרִיסַ֖י וְאֵ֥ת ׀ אֲרִדַ֖י וְאֵ֥ת ׀

ג מילין דמיין בכתיב ול בליש. כל חס וַיְזָֽתָא׃ 10 עֲשֶׂ֨רֶת בְּנֵ֧י הָמָ֛ן בֶּן־הַמְּדָ֖תָא[a] צֹרֵ֣ר הַיְּהוּדִ֑ים 10

הָרָ֑גוּ וּבַבִּזָּ֕ה לֹ֥א שָֽׁלְח֖וּ אֶת־יָדָֽם׃

11 בַּיּ֣וֹם הַה֗וּא בָּ֣א מִסְפַּ֧ר הַהֲרוּגִ֛ים בְּשׁוּשַׁ֥ן הַבִּירָ֖ה לִפְנֵ֥י הַמֶּֽלֶךְ׃ 11

יד ס 12 וַיֹּ֨אמֶר הַמֶּ֜לֶךְ לְאֶסְתֵּ֣ר הַמַּלְכָּ֗ה בְּשׁוּשַׁ֣ן הַבִּירָ֡ה הָרְגוּ֩ 12

הַיְּהוּדִ֨ים וְאַבֵּ֜ד חֲמֵ֧שׁ מֵא֣וֹת אִ֗ישׁ וְאֵת֙ עֲשֶׂ֣רֶת בְּנֵֽי־הָמָ֔ן בִּשְׁאָ֛ר מְדִינ֥וֹת

ל נסיב ו הַמֶּ֖לֶךְ מֶ֣ה עָשׂ֑וּ וּמַה־[a]שְּׁאֵלָתֵךְ֙ וְיִנָּ֣תֵֽן לָ֔ךְ וּמַה־בַּקָּשָׁתֵ֥ךְ ע֖וֹד וְתֵעָֽשׂ׃

13 וַתֹּ֤אמֶר אֶסְתֵּר֙ אִם־עַל־הַמֶּ֣לֶךְ ט֔וֹב יִנָּתֵ֣ן גַּם־מָחָ֗ר לַיְּהוּדִים֙ אֲשֶׁ֣ר 13

[21]Mm 4248. **Cp 9** [1]Mm 3754. [2]Mm 3743. [3]Mm 965. [4]Mm 3779. [5]Mm 627. [6]Mm 1788. [7]Mm 1674.

17 [a] 𝔊 + *περιετέμ(ν)οντο καί* ‖ **Cp 9,2** [a] sic L, mlt Mss Edd אֲ׳ ‖ [b] nonn Mss 𝔙 בִּפְ׳ ‖ **10** [a] 𝔊 + *Βουγαίου* cf 3,1[a] ‖ **12** [a] mlt Mss מה.

בְּשׁוּשָׁ֔ן לַעֲשׂ֖וֹת כְּדָ֣ת הַיּ֑וֹם וְאֵ֛ת עֲשֶׂ֥רֶת בְּנֵי־הָמָ֖ן יִתְל֥וּ עַל־הָעֵֽץ׃
14 וַיֹּ֤אמֶר הַמֶּ֙לֶךְ֙ לְהֵֽעָשׂ֣וֹת כֵּ֔ן וַתִּנָּתֵ֥ן דָּ֖ת בְּשׁוּשָׁ֑ן וְאֵ֛ת עֲשֶׂ֥רֶת בְּנֵֽי־ ב̇ ומל̇ . ל̇
15 הָמָ֖ן תָּלֽוּ׃[a] 15 וַיִּֽקָּהֲל֞וּ הַיְּהוּדִיים[a] אֲשֶׁר־בְּשׁוּשָׁ֗ן גַּ֠ם בְּי֨וֹם אַרְבָּעָ֤ה ב̇ בטע̇ . היהודים ק̇ חד מן ו̇[8] כת̇ תרי̇ י בסיפ̇
עָשָׂר֙ לְחֹ֣דֶשׁ אֲדָ֔ר וַיַּֽהַרְג֣וּ בְשׁוּשָׁ֔ן שְׁלֹ֥שׁ מֵא֖וֹת אִ֑ישׁ וּבַבִּזָּ֕ה לֹ֥א שָׁלְח֖וּ
16 אֶת־יָדָֽם׃ 16 וּשְׁאָ֨ר הַיְּהוּדִ֜ים אֲשֶׁ֨ר בִּמְדִינ֤וֹת[a] הַמֶּ֙לֶךְ֙ נִקְהֲל֣וּ׀ ל̇[9]
וְעָמֹ֣ד עַל־נַפְשָׁ֔ם וְנ֙וֹחַ֙[b] מֵאֹ֣יְבֵיהֶ֔ם וְהָרֹג֙ בְּשֹׂ֣נְאֵיהֶ֔ם [c]חֲמִשָּׁ֥ה וְשִׁבְעִ֖ים ל̇ חס̇
17 אָ֑לֶף[c] וּבַ֨בִּזָּ֔ה לֹ֥א שָׁלְח֖וּ אֶת־יָדָֽם׃[d] 17 בְּיוֹם־שְׁלֹשָׁ֥ה עָשָׂ֖ר לְחֹ֣דֶשׁ
אֲדָ֑ר וְנ֗וֹחַ בְּאַרְבָּעָ֤ה עָשָׂר֙ בּ֔וֹ וְעָשֹׂ֣ה אֹת֔וֹ י֖וֹם מִשְׁתֶּ֥ה וְשִׂמְחָֽה׃ ג̇[10]
18 [a]וְהַיְּהוּדִיים[b] אֲשֶׁר־בְּשׁוּשָׁ֗ן נִקְהֲלוּ֙ בִּשְׁלֹשָׁ֣ה עָשָׂר֙ בּ֔וֹ וּבְאַרְבָּעָ֥ה והיהודים ק̇ חד מן ג̇ בליש̇ וחד מן ו̇[8] כת̇ תרי̇ י בסיפ̇
עָשָׂ֖ר בּ֑וֹ וְנ֗וֹחַ בַּחֲמִשָּׁ֤ה עָשָׂר֙ בּ֔וֹ וְעָשֹׂ֣ה אֹת֔וֹ י֖וֹם מִשְׁתֶּ֥ה וְשִׂמְחָֽה׃ ג̇[10]
19 [a]עַל־כֵּ֞ן הַיְּהוּדִ֣ים הַפְּרָוזִ֗ים הַיֹּשְׁבִים֮ בְּעָרֵ֣י הַפְּרָזוֹת֒ עֹשִׂ֗ים אֵ֠ת י֣וֹם הפרזים ק̇ . ג̇[11]
אַרְבָּעָ֤ה עָשָׂר֙ לְחֹ֣דֶשׁ אֲדָ֔ר שִׂמְחָ֥ה וּמִשְׁתֶּ֖ה וְי֣וֹם ט֑וֹב וּמִשְׁל֥וֹחַ מָנ֖וֹת ג̇ מל̇[12]
אִ֥ישׁ לְרֵעֵֽהוּ׃ פ
20 וַיִּכְתֹּ֣ב מָרְדֳּכַ֔י אֶת־הַדְּבָרִ֖ים[a] הָאֵ֑לֶּה וַיִּשְׁלַ֨ח סְפָרִ֜ים אֶל־כָּל־ יא̇ בכתיב̇ . ג̇[13]
הַיְּהוּדִ֗ים אֲשֶׁר֙ בְּכָל־מְדִינוֹת֙ הַמֶּ֣לֶךְ אֲחַשְׁוֵר֔וֹשׁ הַקְּרוֹבִ֖ים וְהָרְחוֹקִֽים׃ ו̇ . ד̇[14] . ה̇ מל̇ . ז̇ מל̇ בליש̇[15]
21 לְקַיֵּם֙ עֲלֵיהֶ֔ם לִהְי֣וֹת עֹשִׂ֗ים אֵ֠ת י֣וֹם אַרְבָּעָ֤ה עָשָׂר֙ לְחֹ֣דֶשׁ אֲדָ֔ר
22 וְאֵ֛ת יוֹם־חֲמִשָּׁ֥ה עָשָׂ֖ר בּ֑וֹ בְּכָל־שָׁנָ֖ה וְשָׁנָֽה׃ 22 כַּיָּמִ֗ים[a] אֲשֶׁר־נָ֨חוּ ד̇[16]
בָהֶ֤ם הַיְּהוּדִים֙ מֵאֹ֣יְבֵיהֶ֔ם וְהַחֹ֗דֶשׁ אֲשֶׁר֩ נֶהְפַּ֨ךְ לָהֶ֤ם מִיָּגוֹן֙ לְשִׂמְחָ֔ה
וּמֵאֵ֖בֶל לְי֣וֹם ט֑וֹב לַעֲשׂ֣וֹת אוֹתָ֗ם יְמֵי֙ מִשְׁתֶּ֣ה וְשִׂמְחָ֔ה וּמִשְׁל֤וֹחַ מָנוֹת֙ ל̇ . ה̇ מל̇ בכתיב̇ . ג̇ מל̇[17]
23 אִ֣ישׁ לְרֵעֵ֔הוּ וּמַתָּנ֖וֹת לָאֶבְיֹנִֽים׃ 23 וְקִבֵּל֙[a] הַיְּהוּדִ֔ים אֵ֥ת [b]אֲשֶׁר־ ג̇ חס̇[18]
24 הֵחֵ֖לּוּ לַעֲשׂ֑וֹת וְאֵ֛ת[b] אֲשֶׁר־כָּתַ֥ב מָרְדֳּכַ֖י אֲלֵיהֶֽם[c]׃ 24 כִּי֩ הָמָ֨ן בֶּֽן־ ג̇ ומל̇ בסיפ̇
הַמְּדָ֜תָא הָאֲגָגִ֗י[a] צֹרֵר֙ כָּל־הַיְּהוּדִ֔ים חָשַׁ֥ב עַל־הַיְּהוּדִ֖ים לְאַבְּדָ֑ם כל חס̇
25 וְהִפִּ֥ל פּוּר֙ ה֣וּא הַגּוֹרָ֔ל לְהֻמָּ֖ם וּֽלְאַבְּדָֽם׃ 25 וּבְבֹאָהּ֮ לִפְנֵ֣י הַמֶּלֶךְ֒ ו̇ חס̇ בליש̇[19] . ב̇ . ב̇ ור״פ
אָמַ֣ר עִם־הַסֵּ֔פֶר יָשׁ֞וּב מַחֲשַׁבְתּ֧וֹ הָרָעָ֛ה אֲשֶׁר־חָשַׁ֥ב עַל־הַיְּהוּדִ֖ים

[8] Mm 3770. [9] וחד בִּמְדִינוֹת Thr 1,1. [10] Mm 2710. [11] Mm 2947. [12] Mp sub loco. [13] Mm 2705. [14] Mm 3743. [15] Mm 3780. [16] Mm 3162. [17] Mp sub loco. [18] Mp contra textum, cf Mp sub loco. [19] Mm 1317 contra textum.

14 [a] pc Mss 𝔊[Ms]𝔖 + עַל־הָעֵץ cf 2,23 6,4 7,10 8,7 9,13.25 ‖ **15** [a] cf 4,7[a] ‖ **16** [a] nonn Mss בְּכָל־מ׳ ‖ [b] prb dl cf 17 vel l וְנָקוֹם, וְנָקוֹם vel (ם)וְנָחוֹ ‖ [c—c] 𝔊[-L] 15000, 𝔊[L] 70100 ‖ [d] prb tr : post 17a ‖ **18** [a] v 18 > pc Mss 𝔖 ‖ [b] cf 4,7[a] ‖ **19** [a] v 19 add? ‖ **20** [a] 2 Mss pr כָּל ‖ **22** [a] pc Mss בִּי׳ cf 𝔊 ‖ **23** [a] l c mlt Mss וְקִבְּלוּ cf 𝔊 et 27 ‖ [b—b] > 𝔊* ‖ [c] mlt Mss עליהם ‖ **24** [a] 𝔊* *ὁ Μακεδών* cf 3,1[a].

26 עַל־רֹאשׁוֹ וְתָלוּ[a] אֹתוֹ וְאֶת־בָּנָיו עַל־הָעֵץ׃ 26 עַל־כֵּן קָרְאוּ לַיָּמִים
הָאֵלֶּה פוּרִים[a] עַל־שֵׁם הַפּוּר עַל־כֵּן עַל־כָּל־דִּבְרֵי הָאִגֶּרֶת הַזֹּאת
27 וּמָה־רָאוּ עַל־כָּכָה וּמָה הִגִּיעַ אֲלֵיהֶם׃ 27 קִיְּמוּ וְקִבְּל[a] הַיְּהוּדִים ׀
עֲלֵיהֶם ׀ וְעַל־זַרְעָם[b] וְעַל כָּל־הַנִּלְוִים עֲלֵיהֶם וְלֹא יַעֲבוֹר[c] לִהְיוֹת
עֹשִׂים אֵת שְׁנֵי הַיָּמִים הָאֵלֶּה כִּכְתָבָם וְכִזְמַנָּם[d] בְּכָל־שָׁנָה וְשָׁנָה׃
28 וְהַיָּמִים הָאֵלֶּה נִזְכָּרִים וְנַעֲשִׂים בְּכָל־דּוֹר וָדוֹר מִשְׁפָּחָה וּמִשְׁפָּחָה 28
מְדִינָה וּמְדִינָה וְעִיר וָעִיר וִימֵי הַפּוּרִים הָאֵלֶּה לֹא יַעַבְרוּ מִתּוֹךְ
29 הַיְּהוּדִים וְזִכְרָם לֹא־יָסוּף מִזַּרְעָם׃ ס 29 וַתִּכְתֹּב אֶסְתֵּר
הַמַּלְכָּה בַת־אֲבִיחַיִל [a]וּמָרְדֳּכַי הַיְּהוּדִי אֶת־כָּל־תֹּקֶף לְקַיֵּם אֵת
30 אִגֶּרֶת[a] הַפֻּרִים הַזֹּאת הַשֵּׁנִית[b]׃ 30 וַיִּשְׁלַח[a] סְפָרִים אֶל־כָּל־הַיְּהוּדִים
אֶל־שֶׁבַע וְעֶשְׂרִים וּמֵאָה מְדִינָה מַלְכוּת[b] אֲחַשְׁוֵרוֹשׁ דִּבְרֵי שָׁלוֹם
31 וֶאֱמֶת׃ 31 לְקַיֵּם אֶת־[a]יְמֵי הַפֻּרִים הָאֵלֶּה בִּזְמַנֵּיהֶם כַּאֲשֶׁר קִיַּם עֲלֵיהֶם
מָרְדֳּכַי הַיְּהוּדִי [b]וְאֶסְתֵּר הַמַּלְכָּה[b] וְכַאֲשֶׁר קִיְּמוּ עַל־נַפְשָׁם וְעַל־
32 זַרְעָם דִּבְרֵי הַצֹּמוֹת וְזַעֲקָתָם׃ 32 וּמַאֲמַר אֶסְתֵּר קִיַּם דִּבְרֵי הַפֻּרִים
הָאֵלֶּה וְנִכְתָּב בַּסֵּפֶר׃ פ

10 10 1 וַיָּשֶׂם הַמֶּלֶךְ אֲחַשְׁרֹשׁ[a] ׀ מַס עַל־הָאָרֶץ וְאִיֵּי הַיָּם׃ 2 וְכָל־
מַעֲשֵׂה תָקְפּוֹ וּגְבוּרָתוֹ [a]וּפָרָשַׁת גְּדֻלַּת מָרְדֳּכַי[a] אֲשֶׁר גִּדְּלוֹ הַמֶּלֶךְ
הֲלוֹא־הֵם כְּתוּבִים עַל־סֵפֶר דִּבְרֵי הַיָּמִים לְמַלְכֵי מָדַי וּפָרָס׃
3 3 כִּי ׀ מָרְדֳּכַי הַיְּהוּדִי מִשְׁנֶה לַמֶּלֶךְ אֲחַשְׁוֵרוֹשׁ וְגָדוֹל לַיְּהוּדִים[a] וְרָצוּי
לְרֹב אֶחָיו דֹּרֵשׁ טוֹב לְעַמּוֹ וְדֹבֵר שָׁלוֹם לְכָל־זַרְעוֹ׃

ו וכל אורית דכות ב מ ד . ט בטע[20] מנה ר״פ . ה[21] . ה[22]
ל
ג ומל בסיפ . וקבלו ק . ח בטע[23]
ז מל ג מנה בכתיב[24]
ה[22] . ל . ל
ל . ב[25]
יד
ל
ל . כל חס בעינ[26] . יא בכתיב . ג[27]
ג[28] . ב
כל חס בעינ[29] . ב
יד . ל
ל . ב . כל חס בעינ[29]
פד ג מנה בסיפ . אחשורוש ק . ג[1]
ל . ל . ב
ט מל בכתיב[2] . ג בכתיב
ח[3] . ל
ל . ה

סכום הפסוקים
של ספר קסז
וחציו ותען אסתר ותאמר[4]
וסדרים ה

[20]Mm 3781. [21]Mm 2872. [22]Mm 3163. [23]Mm 4137. [24]Mp sub loco. [25]Mm 3782. [26]Mm 3783 contra textum. [27]Mm 2705. [28]Mm 3773. [29]Mm 3783. **Cp 10** [1]Mm 1012. [2]Mm 3664. [3]Mm 1674. [4]Est 5,7, cf Mp sub loco.

25 [a] prp ותלו ‖ **26** [a] 𝔊* *Φρουραι*, id in 28.29 10,3, 𝔖 *pwrj'* ‖ **27** [a] mlt Mss ut Q וְקִבְּלוּ cf 23[a], K וְקִבֵּל vel וְקֻבַּל ‖ [b] ℭ נַפְשָׁם ‖ [c] 𝔊 *ἄλλως χρήσονται*; prb l יַעַבְרוּ et tr ולא יעברו in fin v ‖ [d] prp בִּזְ׳ cf 𝔖 ‖ **29** [a–a] dub; prp לקים תקף אגרת, al tr מרדכי היהודי (omisso ו) post תקף ‖ [b] > 𝔊𝔖, prb dl ‖ **30** [a] prp וַיִּשְׁלְחוּ vel וַיִּשְׁלַח ,וְנִשְׁלַח ,וַתִּשְׁלַח ‖ [b] prp בְּמ׳ ‖ **31** [a] sic L, mlt Mss Edd אֵת ‖ [b–b] prb dl ‖ **Cp 10,1** [a] Q אֲחַשְׁוֵרוֹשׁ ‖ **2** [a–a] prb tr in init v et dl sq אשר ג׳ ה׳ ‖ **3** [a] prp בְּנֵי׳.

DANIEL דניאל

1 ¹ בִּשְׁנַת שָׁלוֹשׁ לְמַלְכוּת יְהוֹיָקִים מֶלֶךְ־יְהוּדָה בָּא נְבוּכַדְנֶאצַּר[a] — ה̇[1] מל̇ בכתיב ול̇ בסיפ̇
2 מֶלֶךְ־בָּבֶל יְרוּשָׁלִַם וַיָּצַר עָלֶיהָ׃ 2 וַיִּתֵּן אֲדֹנָי[a] בְּיָדוֹ אֶת־יְהוֹיָקִים — יא כת̇ כן בסיפ̇
מֶלֶךְ־יְהוּדָה וּמִקְצָת כְּלֵי בֵית־הָאֱלֹהִים וַיְבִיאֵם אֶרֶץ־שִׁנְעָר [b]בֵּית — ה̇. מ̇ח
3 אֱלֹהָיו[b] וְאֶת־הַכֵּלִים הֵבִיא בֵּית אוֹצַר אֱלֹהָיו׃ 3 וַיֹּאמֶר הַמֶּלֶךְ — ג̇[2]
לְאַשְׁפְּנַז[a] רַב סָרִיסָיו לְהָבִיא מִבְּנֵי יִשְׂרָאֵל וּמִזֶּרַע[b] הַמְּלוּכָה וּמִן־ — ל̇. ל̇. ד̇[3] ול̇ בכתיב. כ̇[4]
4 הַפַּרְתְּמִים׃ 4 יְלָדִים אֲשֶׁר אֵין־בָּהֶם כָּל־מְאוּם[a] וְטוֹבֵי מַרְאֶה — ג̇. מום ק̇ חד מן מ̇ח[5] כת̇ א לא קר̇ ב̇ מנה̇ בליש. ג̇[6]
וּמַשְׂכִּילִים בְּכָל־חָכְמָה וְיֹדְעֵי דַעַת וּמְבִינֵי מַדָּע וַאֲשֶׁר כֹּחַ בָּהֶם — ל̇. ב̇. כל מל̇[1]
5 לַעֲמֹד בְּהֵיכַל הַמֶּלֶךְ וּלְלַמְּדָם סֵפֶר וּלְשׁוֹן כַּשְׂדִּים׃ 5 וַיְמַן לָהֶם — ל̇[7]. ה̇[8]
הַמֶּלֶךְ דְּבַר־יוֹם בְּיוֹמוֹ [a]מִפַּת־בַּג[a] הַמֶּלֶךְ וּמִיֵּין מִשְׁתָּיו [b]וּלְגַדְּלָם שָׁנִים° — ד̇ בליש. ל̇. ל̇ וכל קריא חלוף
6 שָׁלוֹשׁ וּמִקְצָתָם יַעַמְדוּ לִפְנֵי הַמֶּלֶךְ[b]׃ 6 וַיְהִי[a] בָהֶם מִבְּנֵי יְהוּדָה — ל̇
7 דָּנִיֵּאל[b] חֲנַנְיָה מִישָׁאֵל וַעֲזַרְיָה׃ 7 וַיָּשֶׂם לָהֶם שַׂר הַסָּרִיסִים שֵׁמוֹת — פ̇ד וחד מן ב̇ פסוק וישם וישם
וַיָּשֶׂם [a]לְדָנִיֵּאל בֵּלְטְשַׁאצַּר[b] וְלַחֲנַנְיָה שַׁדְרַךְ וּלְמִישָׁאֵל מֵישַׁךְ וְלַעֲזַרְיָה — ה̇ בטע̇[9]. כל מל
8 עֲבֵד נְגוֹ[c]׃ 8 וַיָּשֶׂם דָּנִיֵּאל עַל־לִבּוֹ אֲשֶׁר לֹא־יִתְגָּאַל בְּפַתְבַּג הַמֶּלֶךְ — פ̇ד. ב̇ בנ״ך. ל̇
9 וּבְיֵין מִשְׁתָּיו וַיְבַקֵּשׁ מִשַּׂר הַסָּרִיסִים אֲשֶׁר לֹא יִתְגָּאָל׃ 9 וַיִּתֵּן הָאֱלֹהִים — ב̇[10]
10 אֶת־דָּנִיֵּאל לְחֶסֶד וּלְרַחֲמִים לִפְנֵי שַׂר הַסָּרִיסִים׃ 10 וַיֹּאמֶר שַׂר — ל̇
הַסָּרִיסִים לְדָנִיֵּאל יָרֵא אֲנִי אֶת־אֲדֹנִי הַמֶּלֶךְ אֲשֶׁר מִנָּה אֶת־מַאֲכַלְכֶם — ב̇. ל̇
וְאֶת־מִשְׁתֵּיכֶם אֲשֶׁר לָמָּה יִרְאֶה אֶת־פְּנֵיכֶם זֹעֲפִים מִן־הַיְלָדִים אֲשֶׁר — ב̇ וחס̇
11 כְּגִילְכֶם וְחִיַּבְתֶּם אֶת־רֹאשִׁי לַמֶּלֶךְ׃ 11 וַיֹּאמֶר דָּנִיֵּאל אֶל־הַמֶּלְצַר[a] — ל̇. ל̇. כו̇. ב̇

Cp 1 [1]Mp sub loco. [2]Mm 3784. [3]Mm 3785. [4]Mm 1581. [5]Mm 898. [6]Mm 4169. [7]וחד ללמדם Jdc 3,2. [8]Mm 1278. [9]Mm 3160. [10]1 Ch 25,5.

Designat in sq 𝔊ᵒ' = versio libri Danielis iuxta LXX interpretes, 𝔊ᶿ' = iuxta Theodotionem.
Cp 1,1 [a] nonn Mss semper נצר– in hoc libro ‖ **2** [a] nonn Mss יהוה, sed inusitatum in hoc libro excepto cp 9 ‖ [b–b] prb add cf 𝔊ᵒ'* ‖ **3** [a] 𝔊ᵒ' *Αβιεσδρι* = אֲבִיעֶזֶר cf 11[a] ‖ [b] nonn Mss Edd מ׳ ‖ **4** [a] 𝔅 מאום, mlt Mss ut Q מוּם ‖ **5** [a–a] l c ℭ𝔅 mlt Mss פתבג(מ), it sim 11,26[b–b] ‖ [b–b] prb tr ante וימן ‖ **6** [a] Seb וַיִּהְיוּ ‖ [b] ℭ² hic et passim דָּנִיֵּאל, it Ez 14,14.20 ‖ **7** [a] > 𝔊𝔙 ‖ [b] pc Mss שצר–, Ms אשצר–, Ms שצאר– ‖ [c] prb pro נבו ‖
11 [a] 𝔊ᵒ' *Αβιεσδρι* cf 3[a], 𝔖ᴬ *mnṣr* = מְנַצַּר, 𝔄 *manāṣar*, 𝔙 *Malassar*.

ב. ל. ל   אֲשֶׁר מִנָּה שַׂר הַסָּרִיסִים עַל־דָּנִיֵּאל חֲנַנְיָה מִישָׁאֵל וַעֲזַרְיָה: 12 נַס־ 12

ג רפי‖11   נָא אֶת־עֲבָדֶיךָ יָמִים עֲשָׂרָה וְיִתְּנוּ־לָנוּ מִן־הַזֵּרֹעִיםa וְנֹאכְלָה וּמַיִם

ל. ‡.12   וְנִשְׁתֶּה: 13 וְיֵרָאוּ לְפָנֶיךָ מַרְאֵינוּ וּמַרְאֵה הַיְלָדִים הָאֹכְלִים אֵת פַּתְבַּג 13

ל. ל‖14   הַמֶּלֶךְ וְכַאֲשֶׁר תִּרְאֵהa עֲשֵׂה עִם־עֲבָדֶיךָ: 14 וַיִּשְׁמַע לָהֶם לַדָּבָר הַזֶּה 14

ל. ל   וַיְנַסֵּם יָמִים עֲשָׂרָה: 15 וּמִקְצָת יָמִים עֲשָׂרָה נִרְאָה מַרְאֵיהֶם טוֹב 15

   וּבְרִיאֵי בָּשָׂר מִן־כָּל־הַיְלָדִיםa הָאֹכְלִים אֵת פַּתְבַּג הַמֶּלֶךְ: 16 וַיְהִי 16

ל. ב וכל לשון   אמרי דכות

ב. לח, ל. י בליש   הַמֶּלְצַר נֹשֵׂא אֶת־פַּתְבָּגָם וְיֵין מִשְׁתֵּיהֶם וְנֹתֵן לָהֶם זֵרֹעֲנִיםa
‖15, ג‖14

ל. 16ג   וְהַיְלָדִים הָאֵלֶּה אַרְבַּעְתָּם נָתַן לָהֶם הָאֱלֹהִים מַדָּע וְהַשְׂכֵּל בְּכָל־ 17

ל. ג‖17   סֵפֶר וְחָכְמָה וְדָנִיֵּאל הֵבִין בְּכָל־חָזוֹן וַחֲלֹמוֹת: 18 וּלְמִקְצָת הַיָּמִים 18

   אֲשֶׁר־אָמַר הַמֶּלֶךְ לַהֲבִיאָם וַיְבִיאֵם שַׂר הַסָּרִיסִים לִפְנֵי נְבֻכַדְנֶצַּר:
י חס ו וכל מלכים דכות
במ א‖18 ‡חד מן 19י
ותרי מילין ס‖פ

ל‖. ל   וַיְדַבֵּר אִתָּם הַמֶּלֶךְ וְלֹא נִמְצָא מִכֻּלָּם כְּדָנִיֵּאל חֲנַנְיָה מִישָׁאֵל 19

ל. ל   וַעֲזַרְיָה וַיַּעַמְדוּ לִפְנֵי הַמֶּלֶךְ: 20 וְכֹל דְּבַרa חָכְמַתa בִּינָהa

ג‖20   אֲשֶׁר־בִּקֵּשׁ מֵהֶם הַמֶּלֶךְ וַיִּמְצָאֵם עֶשֶׂר יָדוֹת עַל כָּל־הַחַרְטֻמִּים
י חס ו וכל מלכים דכות
במ א‖

   הָאַשָּׁפִיםb אֲשֶׁר בְּכָל־מַלְכוּתוֹ: 21 וַיְהִי דָּנִיֵּאל עַד־שְׁנַת אַחַת לְכוֹרֶשׁ 21

   הַמֶּלֶךְ: פ **2** 1 וּבִשְׁנַת שְׁתַּיִםa לְמַלְכוּת נְבֻכַדְנֶצַּר חָלַם **2**
‡1 ט מנ̇ה ר‖פ
י חס ו וכל מלכים
דכות במ א‖

   נְבֻכַדְנֶצַּר חֲלֹמוֹת וַתִּתְפָּעֶם רוּחוֹ וּשְׁנָתוֹ נִהְיְתָהb עָלָיו: 2 וַיֹּאמֶר 2
י חס ו וכל מלכים
דכות ב מ א. ‡‖

ל. ב‖   הַמֶּלֶךְ לִקְרֹא לַחַרְטֻמִּים וְלָאַשָּׁפִים וְלַמְכַשְּׁפִים וְלַכַּשְׂדִּיםa לְהַגִּיד

ג   לַמֶּלֶךְ חֲלֹמֹתָיו וַיָּבֹאוּ וַיַּעַמְדוּ לִפְנֵי הַמֶּלֶךְ: 3 וַיֹּאמֶר לָהֶם הַמֶּלֶךְ

ב. ל‖3   חֲלוֹם חָלָמְתִּי וַתִּפָּעֶם רוּחִי לָדַעַת אֶת־הַחֲלוֹם: 4 וַיְדַבְּרוּ הַכַּשְׂדִּים 4

ג‖   לַמֶּלֶךְ אֲרָמִיתa   מַלְכָּא לְעָלְמִין חֱיִי אֱמַר חֶלְמָאb לְעַבְדָיךָᶜ
ל לעבדך

י‖   וּפִשְׁרָאd נְחַוֵּא: 5 עָנֵהa מַלְכָּא וְאָמַר לְכַשְׂדָּיֵאb מִלְּתָא מִנִּי אַזְדָּא
ל לכשדאי5

י‖6   הֵן לָא תְהוֹדְעוּנַּנִי חֶלְמָא וּפִשְׁרֵהּ הַדָּמִין תִּתְעַבְדוּן וּבָתֵּיכוֹן נְוָלִי

11 Mm 2002.   12 Mm 3223.   13 Mm 539.   14 Mp sub loco.   15 Mm 3786.   16 Mm 2235.   17 Mm 3787.   18 2R 25,22.   19 Mm 3788 contra textum, duae notulae non congruentes, duabus e traditionibus ortae.   20 Mm 275. **Cp 2** 1 Mm 3789.   2 2R 25,22.   3 Mm 3790.   4 Mm 414.   5 Mm 3793.   6 Mm 3819.

12 ᵃ 1 c pc Mss הַזֵּרֹעֹנִים? cf 16 || 13 ᵃ 1 c pc Mss הֵֶ־ || 15 ᵃ > pc Mss 𝕲⁹′; 𝕲ᵒ ἄλλων cf 13 𝕲ᵒ′ || 16 ᵃ 𝕼 זֵרֹעִים cf 12 || 20 ᵃ⁻ᵃ 1 חָכְמָה וּבִ־ cf 𝕲𝕼 || ᵇ 1 prb c nonn Mss 𝕲 וְהָ־ || **Cp 2,1** ᵃ prp שְׁתַּיִם עֶשְׂרֵה cf 1,3.5.18 || ᵇ cf 8,27; prp נָדְדָה cf 6,19 || 2 ᵃ 𝕼 ־דִּים || 4 ᵃ prb add; prp וַיֹּאמְרוּ || ᵇ 𝕊 ℭ חֶ׳, id 5,12ᵇ 7,1ᶜ || ᶜ K ־דָיִךְ — ut Esr 4,11, Q ־דָךְ || ᵈ pc Mss ־רֵה־, 2 Mss ־רֵהּ־; sim 6.7.9 et cet || 5 ᵃ prp hic et passim עֲנֵה cf 7.10 3,9, at vide 3,24 || ᵇ K ℭ ־אָי, id 10ᵃ 4,4ᵇ; Q ־אֵי — || ᶜ id 3,29, sed Esr 6,11 נְוָלוּ.

ה֔ ב מנה ר״פ . יד֞⁸	6 וְהֵ֣ן חֶלְמָ֣א וּפִשְׁרֵהּ֮ תְּהַחֲוֹן֒ מַתְּנָ֤ן וּנְבִזְבָּה֙ וִיקָ֣ר שַׂגִּ֔יא יִתְשַׁמּֽוּן׃
יד֞⁸ . ל	7 תִּקְבְּלוּן֙ מִן־קׇדָמָ֔י לָהֵ֥ן חֶלְמָ֖א וּפִשְׁרֵ֣הּ הַחֲוֹֽנִי׃ 7 עֲנ֤וֹ תִנְיָנוּת֙ וְאָ֣מְרִ֔ין
י֞ ב מנה כת ה	8 מַלְכָּ֕א חֶלְמָ֖א יֵאמַ֣ר לְעַבְד֑וֹהִי וּפִשְׁרָ֖ה נְהַחֲוֵֽה׃ 8 עָנֵ֤ה מַלְכָּא֙ וְאָמַ֔ר
ל . ל ומל	מִן־יַצִּיב֙ יָדַ֣ע אֲנָ֔ה דִּ֥י עִדָּנָ֖א אַנְתּ֣וּן זָבְנִ֑ין כׇּל־קֳבֵל֙ דִּ֣י חֲזֵית֔וֹן דִּ֥י
ל	אַזְדָּ֥א מִנִּ֖י מִלְּתָֽא׃ 9 דִּ֣י הֵן־חֶלְמָא֮ לָ֣א תְהֽוֹדְעֻנַּ֒נִי חֲדָה־הִ֣יא דָֽתְכ֗וֹן
הזדמנתון . כל כת א ק ⁹בליש ובסיפ	וּמִלָּ֨ה כִדְבָ֤ה וּשְׁחִיתָה֙ הִזְדְּמִנְתּוּן֙ לְמֵאמַ֣ר קׇדָמַ֔י עַ֛ד דִּ֥י עִדָּנָ֖א יִשְׁתַּנֵּ֑א
יד֞⁸ . כשדאי¹⁰ ק	10 לָהֵ֗ן חֶלְמָא֙ אֱמַ֣רוּ לִ֔י וְֽאִנְדַּ֕ע דִּ֥י פִשְׁרֵ֖הּ תְּהַחֲוֻנַּֽנִי׃ 10 עֲנ֨וֹ כַשְׂדָּאֵ֤א
ל	קׇדָם־מַלְכָּא֙ וְאָ֣מְרִ֔ין לָֽא־אִיתַ֤י אֲנָשׁ֙ עַל־יַבֶּשְׁתָּ֔א דִּ֚י מִלַּ֣ת מַלְכָּ֔א
ל בלשון תרגום . יֵא בטע לאחור . כל כת ה¹¹	יוּכַ֖ל לְהַחֲוָיָ֑ה כׇּל־קֳבֵ֗ל דִּ֚י כׇּל־מֶ֙לֶךְ֙ רַ֣ב וְשַׁלִּ֔יט מִלָּ֥ה כִדְנָ֖ה לָ֣א
ל . ל כת ה . ל¹²	שְׁאֵ֔ל לְכׇל־חַרְטֹ֖ם וְאָשַׁ֥ף וְכַשְׂדָּֽי׃ 11 וּמִלְּתָ֨א דִֽי־מַלְכָּ֤ה שָׁאֵל֙ יַקִּירָ֔ה
ל	וְאׇחֳרָ֣ן לָ֣א אִיתַ֔י דִּ֥י יְחַוִּנַּ֖הּ קֳדָ֣ם מַלְכָּ֑א לָהֵ֣ן אֱלָהִ֔ין דִּ֚י מְדׇרְה֔וֹן
ל . ל	עִם־בִּשְׂרָ֖א לָ֥א אִיתֽוֹהִי׃ 12 כׇּל־קֳבֵ֣ל דְּנָ֔ה מַלְכָּ֕א בְּנַ֖ס וּקְצַ֣ף שַׂגִּ֑יא
ב . ל	וַאֲמַר֙ לְהֽוֹבָדָ֔ה לְכֹ֖ל חַכִּימֵ֥י בָבֶֽל׃ 13 וְדָתָ֣א נֶפְקַ֔ת וְחַכִּימַיָּ֖א
ל וכת ה¹³	מִֽתְקַטְּלִ֑ין וּבְע֛וֹ דָּנִיֵּ֥אל וְחַבְר֖וֹהִי לְהִתְקְטָלָֽה׃ ‏פ‏ 14 בֵּאדַ֣יִן
	דָּנִיֵּ֗אל הֲתִיב֙ עֵטָ֣א וּטְעֵ֔ם לְאַרְי֕וֹךְ רַב־טַבָּחַיָּ֖א דִּ֣י מַלְכָּ֑א דִּ֚י נְפַ֔ק
ל וכת ה¹³	לְקַטָּלָ֖ה לְחַכִּימֵ֥י בָבֶֽל׃ 15 עָנֵ֣ה וְאָמַ֗ר לְאַרְיוֹךְ֙ שַׁלִּיטָ֣א דִֽי־מַלְכָּ֔א
ל . כל ליש פת בסיפ ל מחליפין פת¹⁴ ד כת ב יתיר ג ול בליש ¹	עַל־מָ֥ה דָתָ֖א מְהַחְצְפָ֣ה מִן־קֳדָ֣ם מַלְכָּ֑א אֱדַ֗יִן מִלְּתָא֙ הוֹדַ֣ע אַרְי֔וֹךְ
יח ר״פ בטע¹²	לְדָנִיֵּֽאל׃ 16 וְדָ֣נִיֵּ֔אל עַ֖ל וּבְעָ֣ה מִן־מַלְכָּ֑א דִּ֥י זְמָ֛ן יִנְתֶּן־לֵ֖הּ וּפִשְׁרָ֥א
	לְהַחֲוָיָ֖ה לְמַלְכָּֽא׃ ‏פ‏ 17 אֱדַ֥יִן דָּֽנִיֵּ֖אל לְבַיְתֵ֣הּ אֲזַ֑ל וְ֠לַחֲנַנְיָ֤ה
כל ליש פת בסיפ¹²	מִֽישָׁאֵ֤ל וַעֲזַרְיָה֙ חַבְר֔וֹהִי מִלְּתָ֖א הוֹדַֽע׃ 18 וְרַחֲמִ֗ין לְמִבְעֵא֙ מִן־קֳדָם֙
כל כת ה¹¹	אֱלָ֣הּ שְׁמַיָּ֔א עַל־רָזָ֖ה דְּנָ֑ה דִּ֣י לָ֤א יְהֹֽבְדוּן֙ דָּנִיֵּ֣אל וְחַבְר֔וֹהִי עִם־שְׁאָ֖ר
יח ר״פ בטע . ב¹⁵ מילין דמטע ול בליש	חַכִּימֵ֥י בָבֶֽל׃ 19 אֱדַ֗יִן לְדָנִיֵּ֛אל בְּחֶזְוָ֥א דִֽי־לֵֽילְיָ֖א רָזָ֣ה גֲלִ֑י אֱדַ֙יִן֙
	דָּ֣נִיֵּ֔אל בָּרִ֖ךְ לֶאֱלָ֥הּ שְׁמַיָּֽא׃ 20 עָנֵ֤ה דָֽנִיֵּאל֙ וְאָמַ֔ר

7Mm 3791.　8Mm 3819.　9Mm 3792.　10Mm 3793.　11Mm 3794.　12Mp sub loco.　13Mm 3795.　14Cf Da 7,12.　15Mm 3796.

6 ᵃ Ms וּנב' cf 5,17ᵃ ‖ 7 ᵃ Ms Vˢ הֽ— ‖ 8 ᵃ⁻ˡ hic et passim כלקבל ‖ ᵇ sic L, mlt Mss Edd תּוך— ‖ 9 ᵃ 𝔊Vˢ כ' ‖ ᵇ K הֲזַמ' vel הֲזַמ' cf 𝔖, mlt Mss Edd הֽזְדמ'; Q הֽזְדמ' ‖ 10 ᵃ cf 5ᵇ ‖ ᵇ 𝔖 2 Mss קדם, id passim ‖ ᶜ sic L, mlt Mss Edd אֱ' ‖ ᵈ l c Ms יֻכֹּל ut 3,29 cf 5,16 Q ‖ 11 ᵃ 𝔖 ואחרן ‖ ᵇ mlt Mss נֵּהּ—, sim saepe ‖ ᶜ Vˢ מְדוֹר' ut cet loci ‖ 15 ᵃ cod Hillel הֽפֵ—, id 3,22ᵃ ‖ 16 ᵃ⁻ᵃ > 𝔊ᵗʰ*𝔖, prb add ‖ ᵇ pc Mss Vˢ זְמָן ut 7,12 ‖ 19 ᵃ 𝔖² בחֽ', id passim ‖ ᵇ 𝔖 גלֽי'.

לֶהֱוֵ֨א[a] שְׁמֵ֤הּ דִּֽי־אֱלָהָא֙ מְבָרַ֔ךְ מִן־עָלְמָ֖א וְעַד־עָלְמָ֑א ל̇. ל̇
דִּ֧י חָכְמְתָ֛א וּגְבוּרְתָ֖א[b] דִּ֥י לֵֽהּ־הִֽיא׃ ל̇
21 וְה֗וּא מְהַשְׁנֵ֤א עִדָּנַיָּא֙ וְזִמְנַיָּ֔א מְהַעְדֵּ֥ה מַלְכִ֖ין וּמְהָקֵ֣ים מַלְכִ֑ין לג ר״פ. כל כת א בליש ובסיפ[16]. ל̇. כת כן יתיר י ול בליש[17]
יָהֵ֤ב חָכְמְתָא֙ לְחַכִּימִ֔ין וּמַנְדְּעָ֖א לְיָדְעֵ֥י בִינָֽה׃
22 ה֛וּא גָּלֵ֥א עַמִּיקָתָ֖א[a] וּמְסַתְּרָתָ֑א יָדַע֙ מָ֣ה בַחֲשׁוֹכָ֔א ל̇
וּנְהִירָ֥א[b] עִמֵּ֖הּ שְׁרֵֽא׃ ונהורא[18] ק̇
23 לָ֣ךְ ׀ אֱלָ֣הּ אֲבָהָתִ֗י מְהוֹדֵ֤א וּמְשַׁבַּח֙ אֲנָ֔ה ל̇
דִּ֧י חָכְמְתָ֛א וּגְבוּרְתָ֖א[a] יְהַ֣בְתְּ[b] לִ֑י
וּכְעַ֤ן הֽוֹדַעְתַּ֙נִי֙ דִּֽי־בְעֵ֣ינָא מִנָּ֔ךְ דִּֽי־מִלַּ֥ת מַלְכָּ֖א הוֹדַעְתֶּֽנָא׃ ל̇. ב̇ ומל[19]. ל̇
24 24 כָּל־קֳבֵ֣ל דְּנָ֗ה דָּנִיֵּאל֙ עַ֣ל[a] עַל־אַרְי֔וֹךְ דִּ֚י מַנִּ֣י מַלְכָּ֔א לְהוֹבָדָ֖ה
לְחַכִּימֵ֣י בָבֶ֑ל אֲזַ֣ל[b] ׀ וְכֵ֣ן אֲמַר־לֵ֗הּ לְחַכִּימֵ֤י בָבֶל֙ אַל־תְּהוֹבֵ֔ד[c] הַעֵ֙לְנִי֙ ל̇
25 קֳדָ֣ם מַלְכָּ֔א וּפִשְׁרָא֙ לְמַלְכָּ֣א אֲחַוֵּֽא׃ ס 25 אֱדַ֣יִן אַרְי֗וֹךְ י̇. יח ר״פ בטע
בְּהִתְבְּהָלָה֙ הַנְעֵ֣ל לְדָנִיֵּ֔אל קֳדָ֥ם מַלְכָּ֖א וְכֵ֣ן אֲמַר־לֵ֑הּ דִּֽי־הַשְׁכַּ֤חַת[a] ב̇. ב̇
26 גְּבַר[b]֙ מִן־בְּנֵ֤י גָלוּתָא֙ דִּ֣י יְה֔וּד דִּ֥י פִשְׁרָ֖א לְמַלְכָּ֥א יְהוֹדַֽע׃ 26 עָנֵ֤ה ג̇. ב̇ פסוק דמטע[20]. י̇
מַלְכָּא֙ וְאָמַ֣ר לְדָנִיֵּ֔אל דִּ֥י שְׁמֵ֖הּ בֵּלְטְשַׁאצַּ֑ר הַֽאִיתָ֣יךְ[a] כָּהֵ֗ל לְהוֹדָעֻתַ֛נִי האיתך ק̇
27 חֶלְמָ֥א דִֽי־חֲזֵ֖ית וּפִשְׁרֵֽהּ׃ 27 עָנֵ֧ה דָנִיֵּ֛אל קֳדָ֥ם מַלְכָּ֖א וְאָמַ֑ר רָזָה֙ דִּֽי־ י̇[21]
מַלְכָּ֣א שָׁאֵ֔ל לָ֧א חַכִּימִ֣ין אָשְׁפִ֗ין חַרְטֻמִּין֙ גָּזְרִ֔ין יָכְלִ֖ין לְהַחֲוָיָ֥ה ב̇[22]
28 לְמַלְכָּֽא׃ 28 בְּרַ֡ם אִיתַ֞י אֱלָ֤הּ בִּשְׁמַיָּא֙ גָּלֵ֣א רָזִ֔ין וְהוֹדַ֞ע לְמַלְכָּ֣א כל ליש פת בסיפ. ה̇
נְבוּכַדְנֶצַּ֔ר מָ֥ה דִּ֛י לֶהֱוֵ֖א בְּאַחֲרִ֣ית יוֹמַיָּ֑א חֶלְמָ֨ךְ וְחֶזְוֵ֥י רֵאשָׁ֛ךְ עַֽל־
29 מִשְׁכְּבָ֖ךְ דְּנָ֥ה הֽוּא׃ פ 29 [a] אַ֣נְתְּה[b] מַלְכָּ֗א רַעְיוֹנָ֙ךְ֙[c] עַל־מִשְׁכְּבָ֣ךְ כל כת ה[23]. אנת[24] ק̇ כל דניאל ועזרא לא קר ה[25]. ב̇[22]
סְלִ֔קוּ מָ֛ה דִּ֥י לֶהֱוֵ֖א אַחֲרֵ֣י דְנָ֑ה וְגָלֵ֥א רָזַיָּ֛א הוֹדְעָ֖ךְ מָה־דִ֥י לֶהֱוֵֽא׃ כל כת חס. כל כת ה[23]
30 וַאֲנָ֗ה לָ֤א בְחָכְמָה֙ דִּי־אִיתַ֥י בִּי֙ מִן־כָּל־חַיַּיָּ֔א רָזָ֥א דְנָ֖ה גֱּלִ֣י לִ֑י לָהֵ֗ן ב̇ ר״פ[26]. כל כת ה[23]. ב̇[27] מילין דמטע ול בליש
עַל־דִּבְרַ֗ת דִּ֤י פִשְׁרָא֙ לְמַלְכָּ֣א יְהוֹדְע֔וּן וְרַעְיוֹנֵ֥י לִבְבָ֖ךְ תִּנְדַּֽע׃ ב̇ פסוק דמטע[20]. י̇
31 אַ֣נְתְּה מַלְכָּ֔א חָזֵ֣ה הֲוַ֔יְתָ וַאֲלוּ֙ צְלֵ֣ם חַד[a]֙ שַׂגִּ֔יא צַלְמָ֨א[b] דִּכֵּ֥ן רַ֛ב אנת[24] ק̇ כל דניאל ועזרא לא קר ה[25]. ב̇. ג̇[28]

[16]Mm 3792. [17]Mm 3806. [18]Mm 832. [19]Mm 3797. [20]Mm 3313. [21]Mm 3819. [22]Mp sub loco. [23]Mm 3794. [24]Q addidi, cf Mp sub loco et Da 3,10. [25]Mm 3801. [26]Mm 3830. [27]Mm 3796. [28]Mm 3798.

20 [a] ℭ^{2} לֶהֱוֵה, id passim ‖ [b] 𝔅V^{S} ־תָא, id 23 ‖ **22** [a] mlt Mss עֲמִי׳ ‖ [b] K ־הִי׳, Q ־הוֹ׳ ‖ **23** [a] cf 20[b] ‖ [b] ℭ ־תָּ ‖ **24** [a] > nonn Mss, prb dl ‖ [b] > Ms 𝔊𝔙, prb dl ‖ [c] ℭV^{S} ־דַ ‖ **25** [a] ℭ ־כַחַתְּ, V^{S} ־חית ‖ [b] mlt Mss Edd + דִּי ‖ **26** [a] K ־תַיךְ, Q ־תָךְ ‖ **29** [a] v 29 dupl ad 28? sed cf 47 ‖ [b] K ℭ^{2} ־הָ, id passim; Q אַנְתְּ ‖ [c] id 5,10; l c L*K^{Mss} ־נַיךְ cf 4,16 et cet; ℭ^{2} ־רָ׳, id passim ‖ **31** [a] huc tr ׃? ‖ [b] ℭ צַ׳.

32 וְזִיוֵהּ יַתִּיר קָאֵם לְקָבְלָךְ וְרֵוֵהּ דְּחִיל׃ 32 הוּא צַלְמָא רֵאשֵׁהּ דִּי־ ב מל . ג
33 דְּהַב טָב חֲדוֹהִי וּדְרָעוֹהִי דִּי כְסַף מְעוֹהִי וְיַרְכָתֵהּ[a] דִּי נְחָשׁ׃ 33 שָׁקוֹהִי ב . ל
34 דִּי פַרְזֶל רַגְלוֹהִי[a] מִנְּהֵון[b] דִּי פַרְזֶל וּמִנְּהֵון[b] דִּי חֲסַף׃ 34 חָזֵה הֲוַיְתָ מנהין[29] ומנהין[29] ק
עַד דִּי הִתְגְּזֶרֶת אֶבֶן[a] דִּי־לָא בִידַיִן וּמְחָת[b] לְצַלְמָא עַל־רַגְלוֹהִי דִּי ל[30]
ס פַרְזְלָא וְחַסְפָּא וְהַדֶּקֶת[c] הִמּוֹן׃ 35 בֵּאדַיִן דָּקוּ[a] כַחֲדָה פַּרְזְלָא חַסְפָּא ב . ג
נְחָשָׁא כַּסְפָּא וְדַהֲבָא וַהֲווֹ כְּעוּר מִן־אִדְּרֵי־קַיִט וּנְשָׂא הִמּוֹן רוּחָא ד כספא דקדים[31] . ל . ל . ל בטע וכת א[32] . ג
וְכָל־אֲתַר לָא־הִשְׁתְּכַח לְהוֹן וְאַבְנָא ׀ דִּי־מְחָת[b] לְצַלְמָא הֲוָת לְטוּר
36 רַב וּמְלָת[c] כָּל־אַרְעָא׃ 36 דְּנָה חֶלְמָא וּפִשְׁרֵהּ נֵאמַר קֳדָם־מַלְכָּא׃ ל ויתיר א[33] . כל כת ה[34] . יד[35]
37 אַנְתְּה מַלְכָּא מֶלֶךְ מַלְכַיָּא דִּי אֱלָהּ שְׁמַיָּא מַלְכוּתָא חִסְנָא[a] וְתָקְפָּא אנת[36] ק כל דניאל ועזרא לא קר ה[37] . ג
38 וִיקָרָא יְהַב־לָךְ׃ 38 וּבְכָל־דִּי דָאְרִין[a] בְּנֵי־אֲנָשָׁא חֵיוַת בָּרָא וְעוֹף־ ג . דירין ק
שְׁמַיָּא יְהַב בִּידָךְ וְהַשְׁלְטָךְ בְּכָלְּהוֹן אַנְתְּה־הוּא רֵאשָׁה דִּי דַהֲבָא׃ אנת[36] ק כל דניאל ועזרא לא קר ה[37]
39 וּבָתְרָךְ תְּקוּם מַלְכוּ אָחֳרִי אֲרַעא[a] מִנָּךְ וּמַלְכוּ תְלִיתָיא[b] אָחֳרִי דִּי יב יתיר א ס״ת[38] . תליתאה ק
40 נְחָשָׁא דִּי תִשְׁלַט בְּכָל־אַרְעָא׃ 40 וּמַלְכוּ רְבִיעָיָה[a] תֶּהֱוֵא תַקִּיפָה רביעאה ק . ג כת א בסיפ[39] . ג ב כת ה וחד כת א[40]
כְּפַרְזְלָא כָּל־קֳבֵל דִּי פַרְזְלָא מְהַדֵּק וְחָשֵׁל כֹּלָּא [b]וּכְפַרְזְלָא דִּי־ ל . ג
41 מְרָעַע[b] כָּל־אִלֵּין תַּדִּק וְתֵרֹעַ׃ 41 וְדִי־חֲזַיְתָה רַגְלַיָּא וְאֶצְבְּעָתָא[a] ל . ה ג מל וב חס[41] . ל
מִנְּהֵון[b] חֲסַף דִּי־פֶחָר וּמִנְּהֵון[b] פַּרְזֶל מַלְכוּ פְלִיגָה תֶּהֱוֵה וּמִן־נִצְבְּתָא מנהין[29] ק . ומנהין[29] ק . ל . ג כת ה בסיפ[39] . ל
דִּי פַרְזְלָא לֶהֱוֵא־בַהּ כָּל־קֳבֵל דִּי חֲזַיְתָה פַּרְזְלָא מְעָרַב בַּחֲסַף
42 טִינָא׃ 42 וְאֶצְבְּעָת[a] רַגְלַיָּא מִנְּהֵון[b] פַּרְזֶל וּמִנְּהֵון[b] חֲסַף מִן־קְצָת מנהין ק . ומנהין ק
43 מַלְכוּתָא תֶּהֱוֵה תַקִּיפָה וּמִנַּהּ תֶּהֱוֵה תְבִירָה׃ 43 דִּי[a] חֲזַיְת פַּרְזְלָא ג כת ה בסיפ[39] . ג ב כת ה וחד כת א[40] . ג כת ה בסיפ[39] . ודי ק חד מן יב[42] חס ו ר״ת
מְעָרַב בַּחֲסַף טִינָא מִתְעָרְבִין לֶהֱוֺן בִּזְרַע אֲנָשָׁא וְלָא־לֶהֱוֺן דָּבְקִין ל
44 דְּנָה עִם־דְּנָה [b]הֵא־כְדִי[b] פַרְזְלָא לָא מִתְעָרַב עִם־חַסְפָּא׃ 44 וּבְיוֹמֵיהוֹן כל כת ה[34] . ג[43] . ל
דִּי מַלְכַיָּא אִנּוּן יְקִים אֱלָהּ שְׁמַיָּא מַלְכוּ דִּי לְעָלְמִין לָא תִתְחַבַּל ג

[29] Mp sub loco. [30] Mm 3799. [31] Mm 3800. [32] Mm 3198. [33] Mp contra textum, cf Mp sub loco. [34] Mm 3794. [35] Mm 3819. [36] Q addidi, cf Mp sub loco et Da 3,10. [37] Mm 3801. [38] Mm 907. [39] Mm 3803. [40] Mm 3802. [41] Mm 3837. [42] Mm 3804. [43] Mm 3805.

32 [a] ℭ וְיִ׳ || **33** [a] ℭ[2] ר׳, id passim || [b] K הוֹן–, Q הֵין–; nonn Mss הֵן–, id 41[b].42[b] || **34** [a] prb ins מטורא cf 45 || [b] pc Mss ת–, id 35[b] || [c] mlt Mss ד׳– ut 45 || **35** [a] V[S] דְּקוּ, Ms דַּקוּ || [b] cf 34[b] || [c] 2 Mss ת–, mlt Mss וּמְלָאת, pc Mss וּמְלָאַת || **37** [a] ℭ חִ׳, id 4,27[c] || **38** [a] K דָּאְ׳ id 3,31[c] 4,32[a] 6,26[a], Q דָּיְ׳ || **39** [a] K אֲרַעָא, Q אֲרַע || [b] K יָא–, Q אָה– || **40** [a] nonn Mss ut Q אָה–, id 3,25[b] 7,7[a] 7,23[b] || [b–b] > 𝔊[o'*] 𝔊[θ'] 𝔙, add || **41** [a] > 𝔊[o'*], add cf 33 || [b] cf 33[b] || **42** [a] v 42 prb add || [b] cf 33[b] || **43** [a] mlt Mss Edd 𝔊[o'] 𝔙 ut Q וְדִי || [b–b] l דִּי (= הֵיךְ) הֵאךְ.

וּמַלְכוּתָה לְעַם אָחֳרָן לָא תִשְׁתְּבִק תַּדִּק וְתָסֵיף כָּל־אִלֵּין מַלְכְוָתָא
45 וְהִיא תְּקוּם לְעָלְמַיָּא׃ 45 כָּל־קֳבֵל דִּי־חֲזַיְתָ דִּי מִטּוּרָא אִתְגְּזֶרֶת[a] אֶבֶן
דִּי־לָא בִידַיִן וְהַדֶּקֶת [b]פַּרְזְלָא נְחָשָׁא חַסְפָּא[b] כַּסְפָּא וְדַהֲבָא אֱלָהּ
רַב הוֹדַע לְמַלְכָּא מָה דִּי לֶהֱוֵא אַחֲרֵי דְנָה וְיַצִּיב חֶלְמָא וּמְהֵימַן
46 פִּשְׁרֵהּ׃ פ 46 בֵּאדַיִן מַלְכָּא נְבוּכַדְנֶצַּר נְפַל עַל־אַנְפּוֹהִי
47 וּלְדָנִיֵּאל סְגִד וּמִנְחָה וְנִיחֹחִין אֲמַר לְנַסָּכָה לֵהּ׃ 47 עָנֵה מַלְכָּא
לְדָנִיֵּאל וְאָמַר מִן־קְשֹׁט דִּי אֱלָהֲכוֹן הוּא אֱלָהּ אֱלָהִין וּמָרֵא מַלְכִין
48 וְגָלֵה רָזִין דִּי יְכֵלְתָּ לְמִגְלֵא רָזָה דְנָה׃ 48 אֱדַיִן מַלְכָּא לְדָנִיֵּאל רַבִּי
וּמַתְּנָן רַבְרְבָן שַׂגִּיאָן[a] יְהַב־לֵהּ וְהַשְׁלְטֵהּ עַל כָּל־מְדִינַת בָּבֶל וְרַב־
49 סִגְנִין עַל כָּל־חַכִּימֵי בָבֶל׃ 49 וְדָנִיֵּאל בְּעָא מִן־מַלְכָּא וּמַנִּי עַל
עֲבִידְתָּא דִּי מְדִינַת בָּבֶל לְשַׁדְרַךְ מֵישַׁךְ וַעֲבֵד נְגוֹ וְדָנִיֵּאל בִּתְרַע
מַלְכָּא׃ פ

3 1 נְבוּכַדְנֶצַּר[a] מַלְכָּא עֲבַד צְלֵם דִּי־דְהַב רוּמֵהּ אַמִּין שִׁתִּין
2 פְּתָיֵהּ אַמִּין שִׁת אֲקִימֵהּ בְּבִקְעַת דּוּרָא בִּמְדִינַת בָּבֶל׃ 2 וּנְבוּכַדְנֶצַּר
מַלְכָּא שְׁלַח לְמִכְנַשׁ ׀ לַאֲחַשְׁדַּרְפְּנַיָּא סִגְנַיָּא וּפַחֲוָתָא אֲדַרְגָּזְרַיָּא
גְדָבְרַיָּא דְּתָבְרַיָּא תִּפְתָּיֵא[a] וְכֹל שִׁלְטֹנֵי מְדִינָתָא לְמֵתֵא לַחֲנֻכַּת צַלְמָא
3 דִּי הֲקֵים נְבוּכַדְנֶצַּר מַלְכָּא׃ 3 בֵּאדַיִן מִתְכַּנְּשִׁין אֲחַשְׁדַּרְפְּנַיָּא סִגְנַיָּא
וּפַחֲוָתָא אֲדַרְגָּזְרַיָּא גְדָבְרַיָּא דְּתָבְרַיָּא תִּפְתָּיֵא[a] וְכֹל שִׁלְטֹנֵי מְדִינָתָא
לַחֲנֻכַּת צַלְמָא דִּי הֲקֵים נְבוּכַדְנֶצַּר מַלְכָּא וְקָאמִין[b] לָקֳבֵל צַלְמָא
4 [c]דִּי הֲקֵים נְבוּכַדְנֶצַּר׃[c] 4 וְכָרוֹזָא קָרֵא בְחָיִל לְכוֹן אָמְרִין עַמְמַיָּא
5 אֻמַּיָּא[a] וְלִשָּׁנַיָּא׃ 5 בְּעִדָּנָא דִּי־תִשְׁמְעוּן קָל קַרְנָא מַשְׁרוֹקִיתָא
קַיתְרוֹס[a] סַבְּכָא[b] פְּסַנְתֵּרִין[c] סוּמְפֹּנְיָה[d] וְכֹל זְנֵי זְמָרָא תִּפְּלוּן וְתִסְגְּדוּן

ל ומל. ה ג מל וב חס[44]. ב
בז פסוק דאית בהון א״ב. ל. ל[45]
ב. ד כספא דקדים[46]
כל ליש פת בסיפ. כל כת ה[47]. ל
יד[48]. ט בטע בליש. ה
ל וחס[49]. ל
ל כת ה. כל כת ה[47]. יח ר״פ בטע. ל
ל
ל. ל
כל מל. ל
ב
ב. ל חס. ל. ב[1]
ב בטע לגר[2]
ב
כת כן יתיר י[3]. י זוגין[4]
ב
כת כן יתיר י[3]. וקימין ק
כת כן יתיר י[3]. י חס ו וכל מלכים דכות ב מ א[5] וחד מן ד[6] ותרי מילין ס״פ וחד מן י[4] זוגין. ל
ו[7]. ד פסוק דמטע בטע[8]
קתרוס[4]. ג[9] ליש מפק פ ק ד בליש וחד מן י[4] זוגין. ל[10]

[44]Mm 3837. [45]Mm 3799. [46]Mm 3800. [47]Mm 3794. [48]Mm 3819. [49]וחד בניחוחין Esr 6,10. Cp 3 [1]Mp sub loco. [2]Mm 2801. [3]Mm 3806. [4]Mm 456. [5]Mp contra textum, cf Mp sub loco et 2R 25,22. [6]Mm 3788 contra textum, duae notulae non congruentes, duabus e traditionibus ortae. [7]Mm 3155. [8]Mm 3807. [9]Mm 3814. [10]Mm 3808.

45 [a] pc Mss ′התג ut 34 ‖ [b–b] 1 ′ח′ פ′ נ cf 𝔊 vel ′פ′ ח′ נ ut 35, al dl ′ח (> Ms) ‖ **48** [a] nonn Mss ′סג ‖ **Cp 3,1** [a] 𝔊^o′ pr ἔτους ὀκτωκαιδεκάτου ‖ **2** [a] Q^Mss ־תָאֵי ‖ **3** [a] ut 2[a] ‖ [b] K ־אָ′, Q ־יְ′ ‖ [c–c] > 𝔊^o′*𝔊^θ′*, add? ‖ **4** [a] id Esr 4,10, sed cet loci מ sine dageš ‖ **5** [a] K ′קִיתָ vel ′קִית, mlt Mss V^S ut Q קַתְרֹס; sim 7[a].10[b].15[a] ‖ [b] 𝔈 ′שׂ ut 7.10.15 (Or etiam alias ′ס) ‖ [c] id 10.15, sed 7 ־נטר′ ‖ [d] id 15, sed cf 10; 7 om; mlt Mss ־יא.

6 לְצֶלֶם[e] דַּהֲבָא דִּי הֲקֵים נְבוּכַדְנֶצַּר מַלְכָּא׃ 6 וּמַן־[a]דִּי־לָא יִפֵּל
וְיִסְגֻּד בַּהּ־שַׁעֲתָא[b] יִתְרְמֵא לְגוֹא־[c]אַתּוּן נוּרָא יָקִדְתָּא[d]׃
7 כָּל־קֳבֵל דְּנָה בֵּהּ־זִמְנָא כְּדִי שָׁמְעִין כָּל־עַמְמַיָּא קָל קַרְנָא
מַשְׁרוֹקִיתָא קַיתְרֹס[a] שַׂבְּכָא פְּסַנְטֵרִין[b] וְכֹל זְנֵי זְמָרָא נָפְלִין כָּל־עַמְמַיָּא
אֻמַּיָּא וְלִשָּׁנַיָּא סָגְדִין לְצֶלֶם[c] דַּהֲבָא דִּי הֲקֵים נְבוּכַדְנֶצַּר מַלְכָּא׃
8 [a]כָּל־קֳבֵל דְּנָה[a] בֵּהּ־זִמְנָא קְרִבוּ גֻּבְרִין[b] כַּשְׂדָּאִין וַאֲכַלוּ
9 קַרְצֵיהוֹן[c] דִּי יְהוּדָיֵא׃ 9 עֲנוֹ וְאָמְרִין [a]לִנְבוּכַדְנֶצַּר מַלְכָּא[a] מַלְכָּא[b]
10 לְעָלְמִין חֱיִי׃ 10 אַנְתְּה מַלְכָּא שָׂמְתָּ טְּעֵם[a] דִּי כָל־אֱנָשׁ דִּי־יִשְׁמַע קָל
קַרְנָא מַשְׁרֹקִיתָא קַיתְרֹס[b] שַׂבְּכָא פְסַנְתֵּרִין וְסִיפֹּנְיָה[c] וְכֹל זְנֵי זְמָרָא
11 יִפֵּל וְיִסְגֻּד לְצֶלֶם[d] דַּהֲבָא׃ 11 וּמַן־[a]דִּי־לָא יִפֵּל וְיִסְגֻּד יִתְרְמֵא לְגוֹא־
12 אַתּוּן נוּרָא יָקִדְתָּא׃ 12 אִיתַי גֻּבְרִין יְהוּדָאיִן דִּי־מַנִּיתָ יָתְהוֹן עַל־
עֲבִידַת מְדִינַת בָּבֶל שַׁדְרַךְ מֵישַׁךְ וַעֲבֵד נְגוֹ גֻּבְרַיָּא אִלֵּךְ לָא־שָׂמוּ
עֲלָךְ[a] מַלְכָּא טְעֵם לֵאלָהָךְ[b] לָא פָלְחִין וּלְצֶלֶם[c] דַּהֲבָא דִּי הֲקֵימְתָּ
13 לָא סָגְדִין׃ ס 13 בֵּאדַיִן נְבוּכַדְנֶצַּר בִּרְגַז וַחֲמָה אֲמַר לְהַיְתָיָה
לְשַׁדְרַךְ מֵישַׁךְ וַעֲבֵד נְגוֹ בֵּאדַיִן גֻּבְרַיָּא אִלֵּךְ הֵיתָיוּ[a] קֳדָם מַלְכָּא׃
14 עָנֵה נְבֻכַדְנֶצַּר וְאָמַר לְהוֹן הַצְדָּא[a] שַׁדְרַךְ מֵישַׁךְ וַעֲבֵד נְגוֹ לֵאלָהַי
15 לָא אִיתֵיכוֹן פָּלְחִין וּלְצֶלֶם[b] דַּהֲבָא דִּי הֲקֵימֶת לָא סָגְדִין׃ 15 כְּעַן הֵן
אִיתֵיכוֹן עֲתִידִין דִּי בְעִדָּנָא דִּי־תִשְׁמְעוּן קָל קַרְנָא מַשְׁרוֹקִיתָא
קַיתְרֹס[a] שַׂבְּכָא פְּסַנְתֵּרִין וְסוּמְפֹּנְיָה וְכֹל ׀ זְנֵי זְמָרָא תִּפְּלוּן וְתִסְגְּדוּן
לְצַלְמָא [b]דִּי־עַבְדֵת[b] וְהֵן לָא תִסְגְּדוּן בַּהּ־שַׁעֲתָה תִתְרְמוֹן לְגוֹא־אַתּוּן
16 נוּרָא יָקִדְתָּא וּמַן־הוּא אֱלָהּ דִּי[c] יְשֵׁיזְבִנְכוֹן מִן־יְדָי[d]׃ 16 עֲנוֹ שַׁדְרַךְ

ה[24]

5 [e] V[S] לְצִלֵּם, id 7[c].10[d].12[c].14[b].18[c] ‖ **6** [a] 2 Mss מַ–, id 11[a] 4,22[c] et in Esr 5,9 ‖ [b] V[S] שָׁ׳, id passim ‖ [c] 𝔗 mlt Mss V[S] לגו, it passim לגו et בגו ut papyri aram ‖ [d] 𝔗V[S] יְקִ׳ ‖ **7** [a] cf 5[a] ‖ [b] ins c mlt Mss 𝔊[AQL]𝔙 וְסוּמְפֹּנְיָא cf 5.10.15 ‖ [c] cf 5[e] ‖ **8** [a–a] > 𝔊[θ′], add; 𝔊[o′] cj c 7 ‖ [b] 𝔗V[S] גֻּ׳, id passim ‖ [c] 𝔗[2]V[S] קְ׳, id 6,25[a] ‖ **9** [a–a] > 𝔊[o′*] ‖ [b] 𝔊[o′] pr *κύριε* ‖ **10** [a] sic L, mlt Mss Edd טְ׳ ‖ [b] cf 5[a] ‖ [c] K וסיפ׳, Q וסופ׳; 𝔗 וסימפ׳, cf 5.15 ‖ [d] cf 5[e] ‖ **11** [a] cf 6[a] ‖ **12** [a] K עֲלַיִךְ, Q עֲלָךְ, id 4,22[b].24[b] ‖ [b] K הַיִךְ–, Q הָךְ–, id 18 [a] ‖ [c] cf 5[e] ‖ **13** [a] l c 2 Mss תַ׳– cf 5,3 ‖ **14** [a] it in inscriptionibus aram ‖ [b] cf 5[e] ‖ **15** [a] cf 5[a] ‖ [b–b] V[S] דְעַבְדִית ‖ [c] sic L, mlt Mss Edd דִּי ‖ [d] l c pc Mss 𝔊[θ′] ידי cf 17.

מֵישַׁ֣ךְ וַעֲבֵ֣ד נְג֔וֹ וְאָֽמְרִ֖ין [a]לְמַלְכָּ֣א נְבוּכַדְנֶצַּ֑ר[a] לָֽא־חַשְׁחִ֨ין[b] אֲנַ֧חְנָה
עַל־דְּנָ֛ה פִּתְגָ֖ם לַהֲתָבוּתָֽךְ׃ 17 הֵ֣ן אִ֗יתַי[a] אֱלָהַ֙נָא֙[b] דִּֽי־אֲנַ֣חְנָא פָֽלְחִ֔ין 17
יָכִ֖ל לְשֵׁיזָבוּתַ֑נָא מִן־אַתּ֞וּן נוּרָ֧א יָקִֽדְתָּ֛א וּמִן־יְדָ֥ךְ מַלְכָּ֖א יְשֵׁיזִֽב׃
18 וְהֵ֣ן לָ֔א יְדִ֥יעַ לֶֽהֱוֵא־לָ֖ךְ מַלְכָּ֑א דִּ֤י לֵֽאלָהָיךְ֙[a] לָֽא־אִיתַ֣נָא[b] פָֽלְחִ֔ין 18
וּלְצֶ֧לֶם[c] דַּהֲבָ֛א דִּ֥י הֲקֵ֖ימְתָּ לָ֥א נִסְגֻּֽד׃ ס 19 בֵּאדַ֨יִן נְבוּכַדְנֶצַּ֜ר 19
הִתְמְלִ֣י חֱמָ֗א וּצְלֵ֤ם אַנְפּ֙וֹהִי֙ אֶשְׁתַּנּ֔וּ[a] עַל־שַׁדְרַ֥ךְ מֵישַׁ֖ךְ וַעֲבֵ֣ד נְג֑וֹ עָנֵ֤ה
וְאָמַר֙ לְמֵזֵ֣א לְאַתּוּנָ֔א חַד־שִׁבְעָ֔ה עַ֛ל דִּ֥י חֲזֵ֖ה לְמֵזְיֵֽהּ׃ 20 וּלְגֻבְרִ֤ין 20
גִּבָּרֵי־חַ֙יִל֙ דִּ֣י בְחַיְלֵ֔הּ אֲמַר֙ לְכַפָּתָ֔ה לְשַׁדְרַ֥ךְ מֵישַׁ֖ךְ וַעֲבֵ֣ד נְג֑וֹ לְמִרְמֵ֕א[a]
לְאַת֖וּן נוּרָ֥א יָקִֽדְתָּֽא׃ 21 בֵּאדַ֜יִן גֻּבְרַיָּ֣א אִלֵּ֗ךְ כְּפִ֙תוּ֙ [a]בְּסַרְבָּלֵיה֔וֹן 21
פַּטְּשֵׁיה֔וֹן[b] וְכַרְבְּלָתְה֖וֹן וּלְבֻשֵׁיה֑וֹן[a] וּרְמִ֕יו לְגוֹא־אַת֥וּן נוּרָ֖א יָקִֽדְתָּֽא׃
22 כָּל־קֳבֵ֣ל דְּנָ֗ה מִן־דִּי֙ מִלַּ֤ת מַלְכָּא֙ מַחְצְפָ֔ה[a] וְאַתּוּנָ֖א אֵזֵ֣ה יַתִּ֑ירָא 22
גֻּבְרַיָּ֣א אִלֵּ֗ךְ דִּ֤י הַסִּ֙קוּ֙ לְשַׁדְרַ֤ךְ מֵישַׁךְ֙ וַעֲבֵ֣ד נְג֔וֹ קַטִּ֣ל הִמּ֔וֹן שְׁבִיבָ֖א
דִּ֥י נוּרָֽא׃ 23 וְגֻבְרַיָּ֤א אִלֵּךְ֙ תְּלָ֣תֵּה֔וֹן שַׁדְרַ֥ךְ מֵישַׁ֖ךְ וַעֲבֵ֣ד נְג֑וֹ נְפַ֛לוּ 23
לְגוֹא־אַתּֽוּן־נוּרָ֥א יָקִֽדְתָּ֖א מְכַפְּתִֽין׃[a] פ 24 [a]אֱדַ֙יִן֙ נְבוּכַדְנֶצַּ֣ר 24
מַלְכָּ֔א תְּוַ֖הּ וְקָ֣ם בְּהִתְבְּהָלָ֑ה[b] עָנֵ֨ה וְאָמַ֜ר לְהַדָּֽבְר֗וֹהִי הֲלָא֩ גֻבְרִ֨ין
תְּלָתָ֜א רְמֵ֧ינָא לְגוֹא־[c]נוּרָ֣א מְכַפְּתִ֔ין עָנַ֤יִן[d] וְאָמְרִין֙ לְמַלְכָּ֔א יַצִּיבָ֖א
מַלְכָּֽא׃ 25 עָנֵ֣ה וְאָמַ֗ר הָֽא־אֲנָ֨ה חָזֵ֜ה גֻּבְרִ֣ין אַרְבְּעָ֗ה שְׁרַ֙יִן֙ מַהְלְכִ֣ין[a] 25
בְּגוֹא־נוּרָ֔א וַחֲבָ֖ל לָא־אִיתַ֣י בְּה֑וֹן וְרֵוֵהּ֙ דִּ֣י רְֽבִיעָאָ֔ה[b] דָּמֵ֖ה[c] לְבַר־
אֱלָהִֽין׃ ס 26 בֵּאדַ֜יִן קְרֵ֣ב נְבוּכַדְנֶצַּ֗ר לִתְרַע֮ אַתּ֣וּן נוּרָ֣א יָקִֽדְתָּא֒ 26
עָנֵ֣ה וְאָמַ֗ר שַׁדְרַ֨ךְ מֵישַׁ֧ךְ וַעֲבֵֽד־נְג֛וֹ עַבְד֛וֹהִי דִּֽי־אֱלָהָ֥א עִלָּיָ֖א[a] פֻּ֣קוּ
וֶאֱת֑וֹ בֵּאדַ֨יִן נָֽפְקִ֜ין שַׁדְרַ֥ךְ מֵישַׁ֛ךְ וַעֲבֵ֥ד נְג֖וֹ מִן־גּ֥וֹא נוּרָֽא׃ 27 וּ֠מִֽתְכַּנְּשִׁ֞ין 27

כל מל . ה . ל[25]
ב וחס
ה[26] ב מנה ר״פ . יתיר י . איתנא ק
כת כן יתיר י[27] וב בליש . ל וחס
אשתני ק חד מן מח[28] כת ו וקר י . כל מל
ל[29] . ג וכל תנופה דכות[30] . ל
ל . כל מל . ל
ה בטע בסיפ[31] . ל
פטישיהון ק יתיר י וחד מן ג[32] ליש מפק פ ול בליש . ל . ל . ל[33]
כו פסוק דאית בהון א״ב . ל[34]
כל מל . ג
ל . כל מל
יח ר״פ בטע
ל . ב . ל ומל
כל כת ה ב מ א[35] ל ומל . כל כת א
ל . ב
רביעאה ק ל[36]
ה בטע בסיפ[31]
כל מל . עלאה ק
ל . כל מל

[25] Mm 3810. [26] Mm 3791. [27] Mm 3806. [28] Mm 3811. [29] וחד ואתונא Da 3,22 et Mm 3841. [30] Mm 3812. [31] Mm 3813. [32] Mm 3814. [33] וחד רמיו Da 7,9 et Mm 3841. [34] וחד לאתונא Da 3,19 et Mm 3841. [35] Mp contra textum sec Mm 3836. [36] Mm 3816.

16 [a–a] l לִמ׳–צַּר vel inverte לנבוכדנצר מ׳ ‖ [b] l c pc Mss V^S חֲ׳ ‖ **17** [a] cj c sq neglecto rebia ‖ [b] sic L, mlt Mss Edd הָנָא– ‖ **18** [a] cf 12^b ‖ [b] K תַ׳–, 𝔗 ut Q אִיתָנָה ‖ [c] cf $3,5^e$ ‖ **19** [a] Q –נִי (sg) ‖ **20** [a] prp ול׳ ‖ **21** [a–a] 𝔊^o′* 𝔊^θ′* 3 sol vestimentorum nom ‖ [b] K פַּטִּ׳ vel פְּטִ׳, pc Mss V^S ut Q פַּטִּשֵׁי, V^S פַּטִּ׳ ‖ **22** [a] 𝔗 nonn Mss V^S מְהַחְ׳; cf $2,15^a$ ‖ **23** [a] 𝔊 ins hic orationem Azariae et canticum 3 iuvenum c v introducentibus ‖ **24** [a] 𝔊^o′ pr nonn et 𝔊^θ′ pc vb propter 23^a ‖ [b] 𝔔 באתב[׳] ‖ [c] 𝔔 [ל]גו ‖ [d] prp עֲנוֹ cf $2,5^a$ ‖ **25** [a] l c 𝔗V^S מְהַלְ׳, id $4,34^b$ ‖ [b] cf $2,40^a$ ‖ [c] 𝔔 [ד]מא ‖ **26** [a] K עִלָּיָא, Q עִלָּאָה, id passim.

אֲחַשְׁדַּרְפְּנַיָּ֗א סִגְנַיָּ֤א וּפַחֲוָתָא֙ וְהַדָּֽבְרֵ֣י מַלְכָּ֔א חָזַ֣יִן לְגֻבְרַיָּ֡א אִלֵּךְ֩ דִּי֩ | ב
לָא־שְׁלֵ֨ט נוּרָ֜א בְּגֶשְׁמְה֗וֹן[a] וּשְׂעַ֤ר רֵֽאשְׁהוֹן֙ לָ֣א הִתְחָרַ֔ךְ וְסָרְבָּלֵיה֖וֹן | ל וכת כן למדינ[37] . ל . ל
28 לָ֣א שְׁנ֑וֹ וְרֵ֣יחַ נ֔וּר לָ֥א עֲדָ֖ת[b] בְּהֽוֹן׃ 28 עָנֵ֨ה נְבוּכַדְנֶצַּ֜ר וְאָמַ֗ר בְּרִ֤יךְ | ל . ה[38] . ב קמ[39]
אֱלָהֲהוֹן֙ דִּֽי־שַׁדְרַ֤ךְ מֵישַׁךְ֙ וַעֲבֵ֣ד נְג֔וֹ דִּֽי־שְׁלַ֤ח מַלְאֲכֵהּ֙ וְשֵׁיזִ֣ב לְעַבְד֔וֹהִי | כל מל
דִּ֥י הִתְרְחִ֖צוּ עֲל֑וֹהִי וּמִלַּ֤ת מַלְכָּא֙ שַׁנִּ֔יו וִיהַ֤בוּ גֶשְׁמְהוֹן֙ דִּ֣י לָֽא־יִפְלְח֤וּן | ל וחס . גשמהון ק יתיר י למערב[40]
29 וְלָֽא־יִסְגְּדוּן֙ לְכָל־אֱלָ֔הּ לָהֵ֖ן לֵאלָהֲהֽוֹן׃ 29 וּמִנִּי֮ שִׂ֣ים טְעֵם֒ דִּ֣י כָל־ | ל . ל . שלו ק חד מן יד[41] כת ה וקר ו
עַ֣ם אֻמָּ֣ה וְלִשָּׁ֡ן דִּֽי־יֵאמַ֣ר שָׁלֹ֩ה[a] עַ֣ל אֱלָהֲה֗וֹן דִּֽי־שַׁדְרַ֤ךְ מֵישַׁךְ֙ וַעֲבֵ֣ד | וחד מן ו[42] ול בליש . כל מל . ל בליש[43]
נְג֔וֹא[b] הַדָּמִ֣ין יִתְעֲבֵ֔ד וּבַיְתֵ֖הּ נְוָלִ֣י יִשְׁתַּוֵּ֑ה כָּל־קֳבֵ֗ל דִּ֣י לָ֤א אִיתַי֙ אֱלָ֣ה[c] | ל מל למערב וחד מן יב[44] יתיר א ס״ת
סג אָחֳרָ֔ן דִּֽי־יִכֻּ֥ל לְהַצָּלָ֖ה כִּדְנָֽה׃ 30 בֵּאדַ֙יִן֙ מַלְכָּ֔א הַצְלַ֛ח לְשַׁדְרַ֥ךְ | כל כת ה[45]
מֵישַׁ֥ךְ וַעֲבֵ֛ד נְג֖וֹ בִּמְדִינַ֥ת בָּבֶֽל׃ פ | כל מל

31 [a] נְבוּכַדְנֶצַּ֣ר מַלְכָּ֗א[b] לְכָֽל־עַֽמְמַיָּ֞א אֻמַיָּ֧א וְלִשָּׁנַיָּ֛א דִּֽי־דָאְרִ֥ין[c] | ב . דירין ק
32 בְּכָל־אַרְעָ֖א שְׁלָמְכ֥וֹן יִשְׂגֵּֽא׃ 32 אָתַיָּא֙ וְתִמְהַיָּ֔א[a] דִּ֚י עֲבַ֣ד עִמִּ֔י אֱלָהָ֖א
עִלָּיָ֑א שְׁפַ֥ר קָדָמַ֖י לְהַחֲוָיָֽה׃ | עלאה ק

33 אָת֙וֹהִי֙ כְּמָ֣ה רַבְרְבִ֔ין וְתִמְה֖וֹהִי[a] כְּמָ֣ה תַקִּיפִ֑ין | ב ומל
מַלְכוּתֵהּ֙ מַלְכ֣וּת עָלַ֔ם וְשָׁלְטָנֵ֖הּ עִם־דָּ֥ר וְדָֽר׃

4 1 [a] אֲנָ֣ה נְבוּכַדְנֶצַּ֗ר[a] שְׁלֵ֤ה[b] הֲוֵית֙ בְּבֵיתִ֔י[c] וְרַעְנַ֖ן בְּהֵיכְלִֽי׃ 2 חֵ֥לֶם[a] | ל ור״פ . ל . ל
חֲזֵ֖ית וִֽידַחֲלִנַּ֑נִי וְהַרְהֹרִין֙[b] עַֽל־מִשְׁכְּבִ֔י וְחֶזְוֵ֥י[c] רֵאשִׁ֖י יְבַהֲלֻנַּֽנִי׃ | ל . ל . ג
3 [a] וּמִנִּי֮ שִׂ֣ים טְעֵם֒ לְהַנְעָלָ֣ה קֳדָמַ֔י לְכֹ֖ל חַכִּימֵ֣י בָבֶ֑ל דִּֽי־פְשַׁ֥ר חֶלְמָ֖א | ב
4 יְהוֹדְעֻנַּֽנִי׃ 4 בֵּאדַ֣יִן עָלִּ֗לִין[a] חַרְטֻמַיָּא֙ אָֽשְׁפַיָּ֔א כַּשְׂדָּיֵ֖א[b] וְגָזְרַיָּ֑א וְחֶלְמָ֗א | עלין ק חד מן ד[2] יתיר ל . כשדאי[3] ק . ב
5 אָמַ֤ר אֲנָה֙ קֳדָ֣מֵיה֔וֹן וּפִשְׁרֵ֖הּ לָא־מְהוֹדְעִ֥ין לִֽי׃ 5 וְעַ֣ד אָחֳרֵ֡ין[a] עַל֩ | יד[4] . ל ויתיר י
קָֽדָמַ֨י דָּנִיֵּ֜אל דִּֽי־שְׁמֵ֤הּ בֵּלְטְשַׁאצַּר֙ כְּשֻׁ֣ם[b] אֱלָהִ֔י וְדִ֛י רֽוּחַ־אֱלָהִ֥ין | ל וחס וחד מן ב[5] פסוק דמטע . ב[6]

[37] Mp sub loco. [38] Mm 3817. [39] Mm 3818. [40] Mp יתיר י; Q addidi sec lectionem plenam Occ, cf Mp sub loco. [41] Mm 782. [42] Mm 3905. [43] Mm 3815. [44] Mm 907. [45] Mm 3794. **Cp 4** [1] Mm 978 et 3830. [2] Mm 1794. [3] Mm 3793. [4] Mm 3819. [5] Mm 3313. [6] Mm 3842.

27 [a] 𝕮 mlt Mss מֵיהוֹן–, cf 28 ‖ [b] 𝕼 [ע]דה ‖ **29** [a] K שְׁלָה vel שָׁלָה vel שֵׁלָה (pro שְׁאֵלָה), 6,5 ut Q שָׁלוּ; frt l שָׁלָה (akk *sillatu* audacia) ‖ [b] 𝕮 נגו ‖ [c] sic L, mlt Mss Edd אלה ‖ **31** [a] inde ad 4,34 𝔊^{o′*} valde differt; 31–33 > 𝔊 ‖ [b] pc Mss + שְׁלַח, pc Mss 𝔖 + כְּתַב ‖ [c] cf 2,38[a] ‖ **32** [a] 𝔙^S וְתַ׳, id 33[a] 6,28[a] ‖ **33** [a] cf 32[a] ‖ **Cp 4,1** [a–a] 𝔊^{o′} ἔτους ὀκτωκαιδεκάτου τῆς βασιλείας Ναβουχοδονοσορ εἶπεν ‖ [b] 𝕮𝔙^S שָׁ׳ ‖ [c] l c pc Mss 𝔙^S בְּבַיְתִי ‖ **2** [a] id 7,1; Ms חֲלָם ‖ [b] 𝕮 הוּר׳– ‖ [c–c] add? cf 7 ‖ **3** [a] v 3–6 > 𝔊^{o′} cf 𝔊^{θ′} ‖ **4** [a] K עָלְלִין, 𝕮 ut Q עָלִּין; id 5,8[b] ‖ [b] cf 2,5[b] ‖ **5** [a] Q 𝕮 mlt Mss אחרן, papyri aram אחרן (oppositum קדמ[ין]); l frt c K אַחֲרֵין vel אַחֲרֵין ‖ [b] 𝕮 pc Mss בשם.

6 קַדִּישִׁ֣ין בֵּ֔הּ וְחֶלְמָ֖א קֳדָמ֥וֹהִי אַמְרֵֽת׃ 6 בֵּלְטְשַׁאצַּר֙ רַ֣ב חַרְטֻמַיָּ֔א ב. ל
דִּ֣י ׀ אֲנָ֣ה יִדְעֵ֗ת דִּ֠י ר֣וּחַ אֱלָהִ֤ין קַדִּישִׁין֙ בָּ֔ךְ וְכָל־רָ֖ז לָא־אָנֵ֣ס לָ֑ךְ ל
7 חֶזְוֵ֨י[a] חֶלְמִ֧י דִֽי־חֲזֵ֛ית וּפִשְׁרֵ֖הּ אֱמַֽר׃ 7 וְחֶזְוֵ֥י[a] רֵאשִׁ֖י[a] עַל־מִשְׁכְּבִ֑י יד[7]. ג
חָזֵ֣ה הֲוֵ֔ית
וַאֲל֥וּ אִילָ֛ן בְּג֥וֹא אַרְעָ֖א וְרוּמֵ֥הּ שַׂגִּֽיא׃
8 רְבָ֥ה אִֽילָנָ֖א וּתְקִ֑ף וְרוּמֵהּ֙ יִמְטֵ֣א לִשְׁמַיָּ֔א ב וחס
וַחֲזוֹתֵ֖הּ[a] לְס֥וֹף כָּל־אַרְעָֽא׃ ל[8]
9 עָפְיֵ֤הּ שַׁפִּיר֙ וְאִנְבֵּ֣הּ שַׂגִּ֔יא וּמָז֥וֹן לְכֹ֖לָּא־בֵ֑הּ ג[9]. י בטע ב מנה בסיפ[10]
תְּחֹת֜וֹהִי תַּטְלֵ֣ל ׀ חֵיוַ֣ת בָּרָ֗א וּבְעַנְפ֙וֹהִי֙ יְדֻר֣וּן[a] צִפֲּרֵ֣י שְׁמַיָּ֔א ל. ידורן ק חד מן ד[11] מוקדם ומאוחר בסיפ. כל סיפ פת[12]
וּמִנֵּ֖הּ יִתְּזִ֥ין[b] כָּל־בִּשְׂרָֽא׃
10 חָזֵ֥ה הֲוֵ֛ית בְּחֶזְוֵ֥י[a] רֵאשִׁ֖י עַל־מִשְׁכְּבִ֑י וַאֲל֨וּ עִ֧יר וְקַדִּ֛ישׁ מִן־שְׁמַיָּ֖א
נָחִֽת׃ 11 קָרֵ֨א בְחַ֜יִל וְכֵ֣ן אָמַ֗ר
גֹּ֤דּוּ אִֽילָנָא֙ וְקַצִּ֣צוּ עַנְפ֔וֹהִי אַתַּ֥רוּ עָפְיֵ֖הּ וּבַדַּ֣רוּ אִנְבֵּ֑הּ ל וחס
תְּנֻ֤ד חֵֽיוְתָא֙ מִן־תַּחְתּ֔וֹהִי[a] וְצִפְּרַיָּ֖א מִן־עַנְפֽוֹהִי׃ ג חס ול בליש. כל סיפ פת[12]
12 בְּרַ֨ם עִקַּ֤ר[a] שָׁרְשׁ֙וֹהִי֙ בְּאַרְעָ֣א שְׁבֻ֔קוּ
וּבֶֽאֱס֙וּר דִּֽי־פַרְזֶ֣ל וּנְחָ֔שׁ [b]בְּדִתְאָ֖א דִּ֣י בָרָ֑א[b] ב וכת כן[13]
וּבְטַ֤ל שְׁמַיָּא֙ יִצְטַבַּ֔ע וְעִם־חֵיוְתָ֥א[c] חֲלָקֵ֖הּ [d]בַּעֲשַׂ֥ב אַרְעָֽא[d]׃ ב
13 לִבְבֵהּ֙ מִן־אֲנוֹשָׁ֣א[a] יְשַׁנּ֔וֹן וּלְבַ֥ב חֵיוָ֖ה יִתְיְהִ֣ב לֵ֑הּ ה. אנשא ק
וְשִׁבְעָ֥ה[b] עִדָּנִ֖ין יַחְלְפ֥וּן עֲלֽוֹהִי׃
14 בִּגְזֵרַ֤ת עִירִין֙ פִּתְגָמָ֔א וּמֵאמַ֥ר[a] קַדִּישִׁ֖ין שְׁאֵֽלְתָ֑א ל
עַד־דִּבְרַ֡ת דִּ֣י יִנְדְּע֣וּן חַ֠יַּיָּא דִּֽי־שַׁלִּ֨יט עִלָּיָ֜א[b] בְּמַלְכ֣וּת אֲנוֹשָׁ֗א[c] וּלְמַן־ ב פסוק דמטע[14]. עלאה ק. אנשא ק[15]. יתיר ו
15 דִּ֤י יִצְבֵּא֙ יִתְּנִנַּ֔הּ וּשְׁפַ֥ל אֲנָשִׁ֖ים[d] יְקִ֥ים עֲלַֽיהּ[e]׃ 15 דְּנָה֙ חֶלְמָ֣א חֲזֵ֔ית ג. עלה ק. כל כת ה[16]

[7]Mm 3819. [8]Mm 3820. [9]Mm 338. [10]Mm 3661. [11]Mm 3854. [12]Mm 3821. [13]Mm 3822. [14]Mm 3313. [15]Q addidi, cf Mp sub loco. [16]Mm 3794.

6 [a] 𝔊^ϑ′ *ἄκουσον* = שְׁמַע? prp אֲחַוֵּה; l חֲזִי ‖ **7** [a–a] > 𝔊, prb dl; prp בְּח׳ ר׳ cf 10 ‖ **8** [a] ℭV^S וּ׳–; 𝔊^o′ *καὶ ἡ ὅρασις αὐτοῦ*, 𝔊^ϑ′ *καὶ τὸ κύτος αὐτοῦ*, id 17[a] ‖ **9** [a] K יְדֻרוּן, Q יְדוּרָן ‖ [b] ℭV^S hab Q יתזָן ‖ **10** [a] ℭ ח׳ cf 7 ‖ **11** [a] ℭ pc Mss תחות׳ ut 18 ‖ **12** [a] l עִקָּר cf jdaram עִקָּרָא, syr *ʿeqqārā* ‖ [b–b] prb aut dl aut l יְטַעֲמֻנֵּהּ ד׳ די ב׳, id 20[b–b] ‖ [c] prp חיות ברא ut 20 ‖ [d–d] > 20, add? ‖ **13** [a] K אֱנוֹשָׁא (sic saepe inscriptiones Nabataeenses), 22 ut Q אֲנָשָׁא; id 14[c] ‖ [b] ℭ^2 וְשַׁ׳, id 22[a].29[b] ‖ **14** [a] l c pc Mss וּבְמ׳? ‖ [b] prb l c ℭ nonn Mss על ut 2,30, sed papyrus aram עדבר (assimilatum) ‖ [c] cf 13[a] ‖ [d] l אנשָׁא ‖ [e] K עליַהּ, 2 Mss עלָה cf 5,21[b]; Q עֲלַהּ.

אֲנָה מַלְכָּא נְבוּכַדְנֶצַּר וְאַנְתְּה בֵלְטְשַׁאצַּר פִּשְׁרָא[a] אֱמַר כָּל־קֳבֵל
דִּי ׀ כָּל־חַכִּימֵי מַלְכוּתִי לָא־יָכְלִין פִּשְׁרָא לְהוֹדָעֻתַנִי וְאַנְתְּה כָּהֵל
16 דִּי רוּחַ־אֱלָהִין קַדִּישִׁין בָּךְ׃ 16 אֱדַיִן דָּנִיֵּאל דִּי־שְׁמֵהּ
בֵּלְטְשַׁאצַּר אֶשְׁתּוֹמַם כְּשָׁעָה חֲדָה וְרַעְיֹנֹהִי יְבַהֲלֻנֵּהּ[a] עָנֵה מַלְכָּא
וְאָמַר בֵּלְטְשַׁאצַּר חֶלְמָא וּפִשְׁרֵא[b] אַל־יְבַהֲלָךְ[a] עָנֵה בֵלְטְשַׁאצַּר
17 וְאָמַר מָרִאי[c] חֶלְמָא לְשָׂנְאָיךְ[d] וּפִשְׁרֵהּ לְעָרָיךְ[d]׃ 17 אִילָנָא דִּי חֲזַיְתָ
18 דִּי רְבָה וּתְקִף וְרוּמֵהּ יִמְטֵא לִשְׁמַיָּא וַחֲזוֹתֵהּ[a] לְכָל־[b]אַרְעָא׃ 18 וְעָפְיֵהּ
שַׁפִּיר וְאִנְבֵּהּ שַׂגִּיא וּמָזוֹן לְכֹלָּא־בֵהּ תְּחֹתוֹהִי תְּדוּר חֵיוַת בָּרָא
19 וּבְעַנְפוֹהִי יִשְׁכְּנָן צִפֲּרֵי שְׁמַיָּא׃ 19 אַנְתְּה־הוּא מַלְכָּא דִּי רְבַיְתְ[a]
וּתְקֵפְתְּ[b] וּרְבוּתָךְ רְבָת[c] וּמְטָת[d] לִשְׁמַיָּא וְשָׁלְטָנָךְ לְסוֹף אַרְעָא׃
20 וְדִי חֲזָה מַלְכָּא עִיר וְקַדִּישׁ נָחִת ׀ מִן־שְׁמַיָּא וְאָמַר גֹּדּוּ אִילָנָא
וְחַבְּלוּהִי [a]בְּרַם עִקַּר שָׁרְשׁוֹהִי בְּאַרְעָא שְׁבֻקוּ וּבֶאֱסוּר דִּי־פַרְזֶל
וּנְחָשׁ בְּדִתְאָא [b]דִּי בָרָא[b] וּבְטַל שְׁמַיָּא יִצְטַבַּע וְעִם־חֵיוַת בָּרָא חֲלָקֵהּ
21 עַד דִּי־שִׁבְעָה עִדָּנִין יַחְלְפוּן עֲלוֹהִי[a]׃ 21 דְּנָה פִשְׁרָא מַלְכָּא וּגְזֵרַת
22 עִלָּיָא הִיא דִּי מְטָת[a] עַל־מָרִאי[b] מַלְכָּא׃ 22 וְלָךְ טָרְדִין מִן־אֲנָשָׁא
וְעִם־חֵיוַת בָּרָא לֶהֱוֵה מְדֹרָךְ וְעִשְׂבָּא כְתוֹרִין ׀ לָךְ יְטַעֲמוּן וּמִטַּל
שְׁמַיָּא לָךְ מְצַבְּעִין וְשִׁבְעָה[a] עִדָּנִין יַחְלְפוּן עֲלָךְ[b] עַד דִּי־תִנְדַּע דִּי־
23 שַׁלִּיט עִלָּיָא בְּמַלְכוּת אֲנָשָׁא וּלְמַן־[c]דִּי יִצְבֵּא יִתְּנִנַּהּ׃ 23 וְדִי אֲמַרוּ
לְמִשְׁבַּק עִקַּר שָׁרְשׁוֹהִי דִּי אִילָנָא מַלְכוּתָךְ לָךְ קַיָּמָה מִן־דִּי תִנְדַּע
24 דִּי שַׁלִּטִן שְׁמַיָּא׃ 24 לָהֵן מַלְכָּא מִלְכִּי[a] יִשְׁפַּר עֲלָיךְ[b] וַחֲטָיָךְ[c] בְּצִדְקָה
25 פְרֻק וַעֲוָיָתָךְ בְּמִחַן עֲנָיִן[d] הֵן תֶּהֱוֵא אַרְכָה לִשְׁלֵוְתָךְ׃ 25 כֹּלָּא מְטָא[a]
26 עַל־נְבוּכַדְנֶצַּר מַלְכָּא׃ פ 26 לִקְצָת יַרְחִין תְּרֵי־עֲשַׂר עַל־

ל֗[21] . ל֗
ל֗ . ל֗ . ל֗[23]
ב֗[32] . ב֗

15 [a] K mlt Mss Edd אָ–, Q mlt Mss פִּשְׁרֵהּ id 16[b] 5,8[d] ‖ **16** [a–a] > 𝔊[o′] ‖ [b] cf 15[a] ‖ [c] K מָרְאִי, Q מָרִי id 21[b] ‖ [d] K ־ַיִךְ, Q ־ָךְ ‖ **17** [a] cf 8[a] ‖ [b] prb l c mlt Mss לסוף כל ut 8 ‖ **19** [a] l c K רְבִיתָ; Q male רְבַת ‖ [b] 𝔙[S] ־תָּ ‖ [c] pc Mss רבַת ‖ [d] mlt Mss ־ַת ‖ **20** [a–a] add ex 12? cf 𝔊 et 23 ‖ [b–b] cf 12[b–b] ‖ **21** [a] pc Mss ־ַת cf 19[d], 2 Mss מטית (id papyri aram) = מְטָיַת vel potius מְטַיַּת cf 6,18[a] ‖ [b] cf 16[c] ‖ **22** [a] cf 13[b] ‖ [b] cf 3,12[a] ‖ [c] cf 3,6[a] ‖ **24** [a] ℭ מַ׳ ‖ [b] cf 3,12[a] ‖ [c] ℭ וחטאיך ‖ [d] l עֲנַיִן? ‖ **25** [a] sic L, mlt Mss Edd מְ׳.

27 הֵיכַ֣ל מַלְכ֑וּתָא דִּ֥י בָבֶ֖ל מְהַלֵּ֥ךְ הֲוָֽה׃ 27 עָנֵ֤ה מַלְכָּא֙ וְאָמַ֔ר הֲלָ֥א
דָא־הִ֖יא בָּבֶ֣ל רַבְּתָ֑א דִּֽי־אֲנָ֣ה בֱנַיְתַ֩הּ֩[a] לְבֵ֣ית מַלְכ֗וּ בִּתְקַ֥ף[b] חִסְנִ֖י[c]
28 וְלִיקָ֥ר הַדְרִֽי׃ 28 ע֗וֹד מִלְּתָא֙ בְּפֻ֣ם[a] מַלְכָּ֔א קָ֖ל מִן־שְׁמַיָּ֣א נְפַ֑ל לָ֤ךְ
29 אָמְרִין֙ נְבוּכַדְנֶצַּ֣ר מַלְכָּ֔א מַלְכוּתָ֖ה עֲדָ֥ת מִנָּֽךְ׃ 29 וּמִן־אֲנָשָׁ֨א לָ֜ךְ
טָֽרְדִ֗ין וְעִם־חֵיוַ֨ת בָּרָ֜א מְדֹרָ֗ךְ עִשְׂבָּ֤א[a] כְתוֹרִין֙ לָ֣ךְ יְטַעֲמ֔וּן וְשִׁבְעָ֥ה[b]
עִדָּנִ֖ין יַחְלְפ֣וּן עֲלָ֑יךְ עַ֣ד דִּֽי־תִנְדַּ֗ע דִּֽי־שַׁלִּ֤יט עִלָּיָא֙ בְּמַלְכ֣וּת אֲנָשָׁ֔א
30 וּלְמַן־דִּ֥י יִצְבֵּ֖א יִתְּנִנַּֽהּ׃ 30 בַּהּ־שַׁעֲתָ֗א מִלְּתָא֮ סָ֣פַת עַל־נְבוּכַדְנֶצַּר֒
וּמִן־אֲנָשָׁ֣א טְרִ֔יד וְעִשְׂבָּ֤א כְתוֹרִין֙ יֵאכֻ֔ל וּמִטַּ֥ל שְׁמַיָּ֖א גִּשְׁמֵ֣הּ יִצְטַבַּ֑ע
31 עַ֣ד דִּ֥י שַׂעְרֵ֛הּ כְּנִשְׁרִ֥ין רְבָ֖ה וְטִפְר֥וֹהִי[a] כְצִפְּרִֽין׃ 31 וְלִקְצָ֣ת
יֽוֹמַיָּה֩ אֲנָ֨ה נְבוּכַדְנֶצַּ֜ר עַיְנַ֣י ׀ לִשְׁמַיָּ֣א נִ֠טְלֵת[a] וּמַנְדְּעִי֙ עֲלַ֣י יְת֔וּב
[b]וּֽלְעִלָּיָא֙ בָּרְכֵ֔ת וּלְחַ֥י עָלְמָ֖א [c]שַׁבְּחֵ֣ת וְהַדְּרֵ֑ת[c]
דִּ֤י שָׁלְטָנֵהּ֙ שָׁלְטָ֣ן עָלַ֔ם וּמַלְכוּתֵ֖הּ עִם־דָּ֥ר וְדָֽר׃
32 32 וְכָל־דָּאְרֵ֤י[a] אַרְעָא֙ כְּלָ֣ה[b] חֲשִׁיבִ֔ין וּֽכְמִצְבְּיֵהּ֙ עָבֵד֙ בְּחֵ֣יל שְׁמַיָּ֔א
[c]וְדָאְרֵ֖י[a] אַרְעָ֑א[c]
וְלָ֤א אִיתַי֙ דִּֽי־יְמַחֵ֣א בִידֵ֔הּ וְיֵ֥אמַר לֵ֖הּ מָ֥ה עֲבַֽדְתְּ[d]׃
33 33 [a]בֵּהּ־זִמְנָ֞א מַנְדְּעִ֣י ׀ יְת֣וּב עֲלַ֗י[a] [b]וְלִיקַ֨ר[c] מַלְכוּתִ֜י הַדְרִ֤י[d] וְזִוִי֙ יְת֣וּב
עֲלַ֔י[b] וְלִ֕י הַדָּֽבְרַ֥י וְרַבְרְבָנַ֖י יְבַע֑וֹן[e] וְעַל[f]־מַלְכוּתִ֣י הָתְקְנַ֔ת[g] וּרְב֥וּ
34 יַתִּירָ֖ה ה֥וּסְפַת לִֽי׃ 34 כְּעַ֞ן אֲנָ֣ה נְבֻכַדְנֶצַּ֗ר מְשַׁבַּ֨ח וּמְרוֹמֵ֤ם וּמְהַדַּר֙
לְמֶ֣לֶךְ שְׁמַיָּ֔א דִּ֤י כָל־מַעֲבָד֙וֹהִי֙ קְשֹׁ֔ט וְאֹרְחָתֵ֖הּ[a] דִּ֑ין וְדִי֙ מַהְלְכִ֣ין[b]
בְּגֵוָ֔ה יָכִ֖ל לְהַשְׁפָּלָֽה׃ פ
5 5 1 [a] [b]בֵּלְשַׁאצַּ֣ר מַלְכָּ֗א עֲבַד֙ לְחֶ֣ם רַ֔ב לְרַבְרְבָנ֖וֹהִי אֲלַ֑ף וְלָקֳבֵ֥ל

ו̇ כת ה[33]
ל̇ כת א . כן לבן אשר[34] . ל̇
ב̇ חד פת וחד קמ̇[35] . כל חס
ב̇ קמ̇[36]
ד̇ פסוק מחליפין[37]
עלך . עלאה[38] ק̇ ק̇
ל̇[39] . ב̇[40]
ד̇ פסוק מחליפין[37] . ג̇
ל̇[35] . ל̇ . ל̇
ל̇
ולעלאה ק̇ . ל̇ ורפי[41]
דירי ק̇
ודירי ק̇
ל̇ וכת כן . ה̇ קמ̇ דסמיכ̇[42]
ב̇ חד פת וחד קמ̇[35]
ח̇[43]
ל̇[39] . ל̇[44] חס ו̇ וכל מלכים דכות ב̇ מ̇ א̇[45] . ל̇[46]
כ̇ט וכל משיחה מצרים אשור ישראל דכות[47] . ל̇ ומל
ל̇ . ב̇ וחס[48]
ל̇ . ל̇ ומל . ל̇

[33] Mm 3832. [34] Mm 3825. [35] Mp sub loco. [36] Mm 3818. [37] Mm 3823. [38] Q addidi, cf Mp sub loco. [39] Mm 3826. [40] Mm 3824. [41] Mm 3839. [42] Mm 592. [43] Mm 1485. [44] Mp contra textum, cf Mp sub loco. [45] 2R 25,22. [46] Mm 471 א. [47] Mm 958. [48] י erasum, cf Mp sub loco.

27 [a] insolite; mlt Mss בֶ׳, 2 Mss בְ׳, pc Mss ־ָה ‖ [b] $\mathfrak{C}\mathfrak{V}^S$ בִּתְקֹף ‖ [c] cf 2,37[a] ‖ **28** [a] $\mathfrak{C}\mathfrak{V}^S$ בפֹם, sim 6,18[c].23[a] 7,8[e] ‖ **29** [a] prp וְע׳ ut 30 ‖ [b] cf 13[b] ‖ **30** [a] $\mathfrak{V}^S$ וטופ׳, id 7,19[c] ‖ **31** [a] ℭ נַ׳ ‖ [b] 𝔖 om sq usque ad עלי 1° 33, prb add (sed cf ad 33) ‖ [c–c] $\mathfrak{V}^S$ שַׁבַּחְת והַדַּרְת ‖ **32** [a] cf 2,38[a] ‖ [b] ℭ mlt Mss כלא ‖ [c–c] add ‖ [d] $\mathfrak{V}^S$ ־תָּ(א) ‖ **33** [a–a.b–b] alterutrum prb add, sed cf 31[b] ‖ [c] l c $\mathfrak{C}\mathfrak{V}^S$ ־ָר ut 27 ‖ [d] prb l c Raschi $\mathfrak{G}^{\vartheta'}$ *(ἦλθον)* הדרֵת (vel חדרֵת) redii cf dupl in 𝔙 *decoremque perveni* ‖ [e] $\mathfrak{V}^S$ יבָ׳ ‖ [f.g] l aut וַעֲלַי aut ־נֵת ‖ **34** [a] Ed וְאָ׳ cf 5,23[c] ‖ [b] cf 3,25[a] ‖ **Cp 5,1** [a] $\mathfrak{G}^{o'}$ aliter et brevius in cp 5 cf 6,2[a] ‖ [b] 2 Mss בלשצר ut 7,1 8,1, pc Mss בלאשצר.

2 אַלְפָּ֖א חַמְרָ֥א שָׁתֵֽה׃ 2 בֵּלְשַׁאצַּ֞ר אֲמַ֣ר ׀ בִּטְעֵ֣ם חַמְרָ֗א לְהַיְתָיָה֙ ל̇ . ל̇ וכת ה
לְמָאנֵי֙ דַּהֲבָ֣א וְכַסְפָּ֔א דִּ֚י הַנְפֵּק֙ נְבוּכַדְנֶצַּ֣ר אֲב֔וּהִי מִן־הֵיכְלָ֖א דִּ֣י ל̇[1]
3 בִירוּשְׁלֶ֑ם וְיִשְׁתּ֣וֹן בְּה֗וֹן מַלְכָּא֙ וְרַבְרְבָנ֔וֹהִי שֵׁגְלָתֵ֖הּ וּלְחֵנָתֵֽהּ׃ 3 בֵּאדַ֗יִן ל̇
הַיְתִ֙יו[a] מָאנֵ֣י דַהֲבָ֔א[b] דִּ֚י הַנְפִּ֔קוּ[c] מִן־הֵיכְלָ֛א [d]דִּי־בֵ֥ית[e] אֱלָהָ֖א[d] דִּ֣י ל̇[1] . ל̇ וחס
4 בִירוּשְׁלֶ֑ם וְאִשְׁתִּ֣יו בְּה֗וֹן מַלְכָּא֙ וְרַבְרְבָנ֔וֹהִי שֵׁגְלָתֵ֖הּ וּלְחֵנָתֵֽהּ׃ 4 אִשְׁתִּ֖יו ל̇ . ל̇
חַמְרָ֑א וְשַׁ֨בַּח֔וּ[a] לֵֽאלָהֵ֞י דַּהֲבָ֧א וְכַסְפָּ֛א נְחָשָׁ֥א פַרְזְלָ֖א אָעָ֥א וְאַבְנָֽא׃
5 בַּהּ־שַׁעֲתָ֗ה נְפַ֙קוּ֙[a] אֶצְבְּעָן֙ דִּ֣י יַד־אֱנָ֔שׁ וְכָתְבָן֙ לָקֳבֵ֣ל נֶבְרַשְׁתָּ֔א עַל־ נפקה ק̇ חד מן ח̇[2] כת ו וקר ה̇[3] . ל̇
גִּירָ֕א דִּי־כְתַ֥ל[b] הֵיכְלָ֖א דִּ֣י מַלְכָּ֑א וּמַלְכָּ֣א חָזֵ֔ה פַּ֥ס יְדָ֖ה דִּ֥י כָתְבָֽה׃ ל̇
6 אֱדַ֤יִן מַלְכָּא֙ זִיוֹ֣הִי[a] שְׁנ֔וֹהִי וְרַעְיֹנֹ֖הִי[a] יְבַהֲלוּנֵּ֑הּ וְקִטְרֵ֤י חַרְצֵהּ֙ מִשְׁתָּרַ֔יִן יח̇ ר״פ בטע . ל̇ מל
7 וְאַ֨רְכֻבָּתֵ֔הּ דָּ֥א לְדָ֖א נָֽקְשָֽׁן׃ 7 קָרֵ֤א מַלְכָּא֙ בְּחַ֔יִל לְהֶֽעָלָה֙ לְאָ֣שְׁפַיָּ֔א ל̇ . ל̇
כַּשְׂדָּיֵ֖א וְגָזְרַיָּ֑א עָנֵ֨ה מַלְכָּ֜א וְאָמַ֣ר ׀ לְחַכִּימֵ֣י בָבֶ֗ל דִּ֣י כָל־אֱנָ֡שׁ דִּֽי־ כשדאי ק̇[4] . ה̇ בטע[5]
יִקְרֵ֨ה כְּתָבָ֜ה דְנָ֗ה וּפִשְׁרֵהּ֙ יְחַוִּנַּ֔נִי אַרְגְּוָנָ֣א יִלְבַּ֗שׁ וְהַמְוּנְכָ֤א[a] דִֽי־דַהֲבָא֙ ל̇ כת ה . ב̇ כת ה̇[6] . כל כת ה̇[7] . יד̇[8] . והמניכה ק̇ חד מן ד̇[9] מוקדם ומאוחר בסיפ
8 עַֽל־צַוְּארֵ֔הּ וְתַלְתִּ֥י[b] בְמַלְכוּתָ֖א יִשְׁלַֽט׃ ס 8 [a]אֱדַ֙יִן֙ עָֽלְּלִ֔ין[b] כֹּ֖ל ל̇[10] . יח̇ ר״פ בטע . עלין ק̇ חד מן ד̇[11] יתיר ל
חַכִּימֵ֣י מַלְכָּ֑א[ac] וְלָֽא־כָהֲלִ֤ין כְּתָבָא֙ לְמִקְרֵ֔א וּפִשְׁרָ֖א[d] לְהוֹדָעָ֥ה ופשרה ק̇ חד מן יד̇[8] בליש
9 לְמַלְכָּֽא׃ 9 אֱדַ֙יִן֙ מַלְכָּ֣א בֵלְשַׁאצַּ֔ר שַׂגִּ֖יא מִתְבָּהַ֑ל וְזִיוֹ֙הִי֙ שָׁנַ֣יִן עֲל֔וֹהִי ט̇ בטע בליש .
10 וְרַבְרְבָנ֖וֹהִי מִֽשְׁתַּבְּשִֽׁין׃ 10 מַלְכְּתָ֗א לָקֳבֵ֨ל מִלֵּ֤י מַלְכָּא֙ וְרַבְרְבָנ֔וֹהִי ל̇
לְבֵ֥ית מִשְׁתְּיָ֖א עַלַּ֑לֶת[a] עֲנָ֨ת[b] מַלְכְּתָ֜א וַאֲמֶ֗רֶת מַלְכָּא֙ לְעָלְמִ֣ין חֱיִ֔י עלת ק̇[12] חד מן ד̇[11] יתיר ל̇ . ל̇
11 אַל־יְבַהֲל֙וּךְ֙ רַעְיוֹנָ֔ךְ וְזִיוָ֖יךְ[c] אַל־יִשְׁתַּנּֽוֹ׃ 11 אִיתַ֨י גְּבַ֜ר בְּמַלְכוּתָ֗ךְ[a] ב̇ . ל̇ יתיר י . ג̇
דִּ֣י ר֣וּחַ אֱלָהִ֣ין קַדִּישִׁין֮ בֵּהּ֒ וּבְיוֹמֵ֣י אֲב֗וּךְ נַהִיר֧וּ וְשָׂכְלְתָנ֛וּ[b] וְחָכְמָ֥ה כל כת כן
כְּחָכְמַת־אֱלָהִ֖ין[b] הִשְׁתְּכַ֣חַת בֵּ֑הּ וּמַלְכָּ֤א נְבֻֽכַדְנֶצַּר֙ אֲב֔וּךְ רַ֧ב חַרְטֻמִּ֣ין ה̇ ול̇ בליש . י̇ חס ו וכל מלכים דכות ב̇ מ̇ א̇[13] . ב̇
12 אָֽשְׁפִין֙ כַּשְׂדָּאִ֣ין גָּזְרִ֔ין הֲקִימֵ֖הּ[c] אֲב֥וּךְ מַלְכָּֽא[c]׃ 12 כָּל־קֳבֵ֡ל דִּ֣י ר֣וּחַ ׀ ל̇ ס̇
יַתִּירָ֡ה וּמַנְדַּ֡ע וְשָׂכְלְתָנ֜וּ מְפַשַּׁ֣ר[a] חֶלְמִ֗ין[b] וְאַֽחֲוָיַ֤ת[c] אֲחִידָן֙ וּמְשָׁרֵ֣א[d] ל̇ . ל̇

Cp 5 [1]Mm 959. [2]Mm 3827. [3]Mp ל̇ כת ה contra textum, cf Mp sub loco. [4]Mm 3793. [5]Mm 3828. [6]Mm 3829. [7]Mm 3794. [8]Mm 3819. [9]Mm 3854. [10]Mm 3831. [11]Mm 1794. [12]Mp sub loco. [13]2R 25,22.

3 [a] 𝔊^θ′ *ἠνέχθησαν* = הֵיתָיו cf 3,13 ‖ [b] 𝔊^θ′(𝔙) + *καὶ τὰ ἀργυρᾶ*, prb ins וכספא cf 2 ‖ [c] 𝔊^θ′𝔖𝔙 sg ‖ [d–d] > 𝔙 ‖ [e] > 𝔊^θ′𝔖 ‖ **4** [a] ℭ ־בְ׳ ‖ **5** [a] K נפקו, Q נְפַקָה ‖ [b] ℭV^S כְ׳ ‖ **6** [a] prp שנו (שנין) עלוהי cf 9 ‖ [b] sic L, mlt Mss Edd ׳ע־ ‖ **7** [a] K והמונכא, id 16[c]. 29[a] ‖ [b] l c Ms V^S תָּא־ ut 16.29; ℭ וְתַלְתָּא ‖ **8** [a–a] prb aut dl aut tr ante 7b ‖ [b] cf 4,4[a] ‖ [c] nonn Mss בָּבֶל, prp מַלְכוּתָא ‖ [d] cf 4,15[a] ‖ **10** [a] K עֲלָלַת, Q עַלַּת ‖ [b] pc Mss עֲנַת ‖ [c] K ־ַיִךְ, Q ־וָךְ ‖ **11** [a] prb ins די שמה בלטשאצר cf 12 ‖ [b–b] > 𝔊^θ′ ‖ [c–c] > 𝔊^θ′*𝔖, dl ‖ **12** [a] l מְפַשַּׁר cf 𝔙 ‖ [b] cf 2,4[b] ‖ [c] sic L, mlt Mss Edd ׳וְ ‖ [d] l c V^S𝔙 וּמְשָׁרֵא.

קִטְרִין הִשְׁתְּכַחַת בֵּהּ בְּדָנִיֵּאל דִּי־מַלְכָּא שָׂם־שְׁמֵהּ בֵּלְטְשַׁאצַּר
13 כְּעַן דָּנִיֵּאל יִתְקְרֵי וּפִשְׁרָה יְהַחֲוֵה׃ פ 13 בֵּאדַיִן דָּנִיֵּאל הֻעַל
קֳדָם מַלְכָּא עָנֵה מַלְכָּא וְאָמַר לְדָנִיֵּאל אַנְתְּה־הוּא דָנִיֵּאל דִּי־מִן־
14 בְּנֵי גָלוּתָא דִּי יְהוּד דִּי הַיְתִי מַלְכָּא אַבִי[a] מִן־יְהוּד׃ 14 וְשִׁמְעֵת עֲלָיךְ
דִּי רוּחַ אֱלָהִין[a] בָּךְ וְנַהִירוּ וְשָׂכְלְתָנוּ וְחָכְמָה יַתִּירָה הִשְׁתְּכַחַת בָּךְ׃
15 וּכְעַן הֻעַלּוּ קֳדָמַי חַכִּימַיָּא אָשְׁפַיָּא דִּי־כְתָבָה דְנָה יִקְרוֹן וּפִשְׁרֵהּ 15
16 לְהוֹדָעֻתַנִי וְלָא־כָהֲלִין פְּשַׁר־מִלְּתָא לְהַחֲוָיָה׃ 16 וַאֲנָה שִׁמְעֵת עֲלָיךְ
דִּי־תוּכֻל[a] פִּשְׁרִין[b] לְמִפְשַׁר וְקִטְרִין לְמִשְׁרֵא כְּעַן הֵן תּוּכֻל[a] כְּתָבָא
לְמִקְרֵא וּפִשְׁרֵהּ לְהוֹדָעֻתַנִי אַרְגְּוָנָא תִלְבַּשׁ וְהַמוֹנְכָא[c] דִּי־דַהֲבָא
17 עַל־צַוְּארָךְ וְתַלְתָּא בְמַלְכוּתָא תִּשְׁלַט׃ פ 17 בֵּאדַיִן עָנֵה דָנִיֵּאל
וְאָמַר קֳדָם מַלְכָּא מַתְּנָתָךְ לָךְ לֶהֶוְיָן וּנְבָזְבְּיָתָךְ[a] לְאָחֳרָן הַב בְּרַם
18 כְּתָבָא אֶקְרֵא לְמַלְכָּא וּפִשְׁרָא אֲהוֹדְעִנֵּהּ׃ 18 אַנְתְּה מַלְכָּא אֱלָהָא
עִלָּיָא מַלְכוּתָא וּרְבוּתָא וִיקָרָא וְהַדְרָה יְהַב לִנְבֻכַדְנֶצַּר אֲבוּךְ׃
19 וּמִן־רְבוּתָא דִּי יְהַב־לֵהּ כֹּל עַמְמַיָּא אֻמַּיָּא וְלִשָּׁנַיָּא הֲווֹ זָאֲעִין[a] 19
וְדָחֲלִין מִן־קֳדָמוֹהִי דִּי־הֲוָה צָבֵא הֲוָא קָטֵל וְדִי־הֲוָה צָבֵא הֲוָה
20 מַחֵא וְדִי־הֲוָה צָבֵא הֲוָה מָרִים וְדִי־הֲוָה צָבֵא הֲוָה מַשְׁפִּיל׃ 20 וּכְדִי
רִם לִבְבֵהּ וְרוּחֵהּ תִּקְפַת לַהֲזָדָה הָנְחַת מִן־כָּרְסֵא מַלְכוּתֵהּ וִיקָרָה[a]
21 הֶעְדִּיו[b] מִנֵּהּ׃ 21 וּמִן־בְּנֵי אֲנָשָׁא טְרִיד וְלִבְבֵהּ ׀ עִם־חֵיוְתָא שַׁוִּיו[a] וְעִם־
עֲרָדַיָּא מְדוֹרֵהּ עִשְׂבָּא כְתוֹרִין יְטַעֲמוּנֵּהּ וּמִטַּל שְׁמַיָּא גִּשְׁמֵהּ יִצְטַבַּע
עַד דִּי־יְדַע דִּי־שַׁלִּיט אֱלָהָא עִלָּיָא בְּמַלְכוּת אֲנָשָׁא וּלְמַן־דִּי יִצְבֵּא
22 יְהָקֵים עֲלַיהּ[b]׃ 22 וְאַנְתְּה בְּרֵהּ בֵּלְשַׁאצַּר לָא הַשְׁפֵּלְתְּ[a] לִבְבָךְ כָּל־
23 קֳבֵל דִּי כָל־דְּנָה יְדַעְתְּ׃ 23 וְעַל מָרֵא־שְׁמַיָּא ׀ הִתְרוֹמַמְתְּ וּלְמָאנַיָּא

ל כת כן . י ב מנה כת ה . ל וחס
ה בטע[14] . אנת ק כל דניאל ועזרא לא קר ה[15] . ב פסוק דמטע[16]
ל פת . ל . עלך ק
ב ר״פ . ל וחס . ב כת ה[17] . כל כת ה[18] . יד[19]
ב ר״פ[20] . ל . עלך ק
תכול[21] ק חד מן ד[22] מוקדם ומאוחר בסיפ . תכול[21] ק חד מן ד[22] מוקדם ומאוחר בסיפ
יד[19] . ב מל[23] . והמניכה ק חד מן ד[22] מוקדם ומאוחר בסיפ
ל[24] . ה בטע בסיפ[25]
ח בטע[26] . ג
י . אנת ק כל דניאל ועזרא לא קר ה[15]
עלאה ק . ג . י חס ו וכל מלכים דכות ב מ א[27]
זיעין ק
יח פסוק דמין[28] . [29] . ו כת ה[30] . ו כת ה[31] . ו כת ה[31]
ו כת ה[31] . ו כת ה[31] . ב בתרי לישנ[32] . [33] . ג ב מל וחד חס[34] . [33]
ב חד קמ וחד פת[21] . ל[35] . ג ול כת ה
שויו ק
ד פסוק מחליפין[36] . ג
עלאה ק
כת כן יתיר י[37] . עלה ק . ואנת ק כל דניאל ועזרא לא קר ה[15]
כל כת ה[18] . ה פסוק מן מ מילין

[14] Mm 3828. [15] Mm 3801. [16] Mm 3313. [17] Mm 3829. [18] Mm 3794. [19] Mm 3819. [20] Mm 3830. [21] Mp sub loco. [22] Mm 3854. [23] Mp contra textum, cf Mp sub loco et Da 4,15. [24] Mm 3831. [25] Mm 3813. [26] Mm 796. [27] 2 R 25,22. [28] Mm 3911. [29] Contra Mm 3832. [30] Lectio L הוא contra Mm 3832 et TM הוה. [31] Mm 3832. [32] Mm 480. [33] Lectio L הוא contra Mm 3832 et TM הוה. [34] Mm 3444 contra textum. [35] Mm 3841. [36] Mm 3823. [37] Mm 3806.

13 [a] $\mathfrak{V}^{S}$ אֲ׳ ‖ **14** [a] pc Mss Edd $\mathfrak{S}\mathfrak{A}$ + קַדִּישִׁין ‖ **16** [a] pc Mss ut Q תִּכּוּל cf 2,10[d] ‖ [b] Ms חֶלְמִין, prb l ‖ [c] cf 7[a] ‖ **17** [a] pc Mss $\mathfrak{V}^{S}$ וּנְבִ׳ cf 2,6[a]; $\mathfrak{G}^{\theta'}$ *καὶ τὴν δωρεὰν τῆς οἰκίας σου*, prp וּנְבִזְבַּת בֵּיתָךְ ‖ **19** [a] K זָאֲעִין, Q זָיְעִין id 6,27[a] ‖ **20** [a] prp ־ֵהּ cf $\mathfrak{G}^{L}\mathfrak{S}\mathfrak{V}$ ‖ [b] $\mathfrak{C}$ Mss ut L, al ־ִיו ‖ **21** [a] K שַׁוִּי vel שְׁוִי, pc Mss Ed ut Q ‖ [b] pc Mss עִלָּה cf 4,14[e] ‖ **22** [a] $\mathfrak{C}\mathfrak{V}^{S}$ ־תָּ.

דִּֽי־בַיְתֵהּ֙ הַיְתִ֣יו קָֽדָמַ֔יִךְ ᵃ וְאַנְתְּה֩ וְרַבְרְבָנַ֨יִךְ ᵇ שֵׁגְלָתָ֜ךְ וּלְחֵנָתָ֗ךְ חַמְרָא֮ — קדמך ק . ואנת ק כל דניאל
שָׁתַ֣יִן בְּהוֹן֒ וְלֵֽאלָהֵ֣י כַסְפָּֽא־וְ֠דַהֲבָא נְחָשָׁ֨א פַרְזְלָ֜א אָעָ֣א וְאַבְנָ֗א דִּ֠י — ועזרא לא קר ה[38] . ורברבנך[39] ק יתיר י . ד כספא דקדים[40]
לָא־חָזַ֧יִן וְלָֽא־שָׁמְעִ֛ין וְלָ֥א יָדְעִ֖ין שַׁבַּ֑חְתְּ וְלֵֽאלָהָ֞א דִּֽי־נִשְׁמְתָ֥ךְ בִּידֵ֛הּ — ל וכת כן
24 וְכָל־אֹרְחָתָ֥ךְ ᶜ לֵ֖הּ ᵈ לָ֥א הַדַּֽרְתָּ׃ 24 בֵּאדַ֙יִן֙ מִן־קֳדָמ֔וֹהִי שְׁלִ֖יַח ᵃ פַּסָּ֣א — ב
25 דִֽי־יְדָ֑א וּכְתָבָ֖א דְנָ֥ה רְשִֽׁים׃ 25 וּדְנָ֥ה כְתָבָ֖א דִּ֣י רְשִׁ֑ים מְנֵ֥א מְנֵ֖א ᵃ — כל כת ה[41] . ל ר״פ . ג . ג
26 תְּקֵ֥ל וּֽפַרְסִֽין ᵇ׃ 26 דְּנָ֖ה פְּשַׁ֣ר־מִלְּתָ֑א מְנֵ֕א מְנָֽה־אֱלָהָ֥א מַלְכוּתָ֖ךְ — כל כת ה[41] . ג
27 28 וְהַשְׁלְמַֽהּ׃ 27 תְּקֵ֑ל תְּקִ֥ילְתָּה בְמֹאזַנְיָ֖א ᵃ וְהִשְׁתְּכַ֥חַתְּ חַסִּֽיר׃ 28 פְּרֵ֕ס — ל
29 פְּרִיסַת֙ מַלְכוּתָ֔ךְ וִיהִיבַ֖ת לְמָדַ֥י וּפָרָֽס׃ 29 בֵּאדַ֣יִן ׀ אֲמַ֣ר — ב[42] . ל בטע
בֵּלְשַׁאצַּ֗ר וְהַלְבִּ֤שׁוּ לְדָֽנִיֵּאל֙ אַרְגְּוָנָ֔א וְהַמְוֺנְכָ֥א ᵃ דִֽי־דַהֲבָ֖א עַֽל־ — ד חס ול בליש[43] . והמניכא ק חד מן ד[44] מוקדם ומאוחר בסיפ
30 צַוְּארֵ֑הּ וְהַכְרִ֣זוּ עֲל֔וֹהִי דִּי־לֶהֱוֵ֥א שַׁלִּ֛יט תַּלְתָּ֖א בְּמַלְכוּתָֽא׃ 30 בֵּ֖הּ
6 בְּלֵֽילְיָ֑א קְטִ֖יל בֵּלְאשַׁצַּ֥ר מַלְכָּ֥א כַשְׂדָּיָֽא ᵃ׃ פ **6** 1 וְדָרְיָ֤וֶשׁ ᵃ — ל ומל . כת כן[45] . כשדאה ק חד מן ב[46] חד כת ש וחד כת ס
מָֽדָיָא ᵇ קַבֵּ֖ל מַלְכוּתָ֑א ᶜ כְּבַ֖ר שְׁנִ֥ין שִׁתִּ֥ין וְתַרְתֵּֽין ᶜ׃ — מדאה[1] ק . ב
2 ᵃ שְׁפַר֙ קֳדָ֣ם דָּֽרְיָ֔וֶשׁ וַהֲקִים֙ עַל־מַלְכוּתָ֔א לַאֲחַשְׁדַּרְפְּנַיָּ֖א ᵇ מְאָ֣ה — כת[2] כן יתיר י ול בליש
3 וְעֶשְׂרִ֑ין ᵇ דִּ֥י לֶהֱוֺ֖ן בְּכָל־מַלְכוּתָֽא׃ 3 וְעֵ֤לָּא מִנְּהוֹן֙ סָרְכִ֣ין תְּלָתָ֔א דִּ֥י — כל כת ה ב מ א[3]
דָנִיֵּ֖אל חַֽד־מִנְּה֑וֹן דִּֽי־לֶהֱוֺ֞ן אֲחַשְׁדַּרְפְּנַיָּ֣א אִלֵּ֗ין יָהֲבִ֤ין לְהוֹן֙ טַעְמָ֔א — ה ג מל וב חס[4]
4 וּמַלְכָּ֖א לָֽא־לֶהֱוֵ֥א נָזִֽק׃ 4 אֱדַ֙יִן֙ דָּנִיֵּ֣אל דְּנָ֔ה הֲוָ֣א מִתְנַצַּ֔ח עַל־סָרְכַיָּ֖א — ל וחס . יח ר״פ בטע . כליכת ה[5]
וַאֲחַשְׁדַּרְפְּנַיָּ֑א כָּל־קֳבֵ֗ל דִּ֣י ר֤וּחַ יַתִּירָא֙ בֵּ֔הּ וּמַלְכָּ֣א עֲשִׁ֔ית ᵃ לַהֲקָמוּתֵ֖הּ
5 עַל־כָּל־מַלְכוּתָֽא׃ 5 אֱדַ֜יִן סָרְכַיָּ֣א וַאֲחַשְׁדַּרְפְּנַיָּ֗א הֲו֨וֹ בָעַ֥יִן עִלָּ֛ה — יח ר״פ בטע
לְהַשְׁכָּחָ֥ה לְדָנִיֵּ֖אל מִצַּ֣ד מַלְכוּתָ֑א וְכָל־עִלָּ֣ה וּשְׁחִיתָ֗ה לָא־יָכְלִ֤ין — ח פסוק דמיין[6]
לְהַשְׁכָּחָה֙ כָּל־קֳבֵל֙ דִּֽי־מְהֵימַ֣ן ה֔וּא ᵃ וְכָל־שָׁלוּ֙ וּשְׁחִיתָ֔ה לָ֥א הִשְׁתְּכַ֖חַת — ו ה כת ו וחד כת ה[7]
6 עֲלֽוֹהִי ᵃ׃ 6 אֱדַ֙יִן֙ גֻּבְרַיָּ֣א אִלֵּ֔ךְ אָמְרִ֕ין דִּ֣י לָ֧א נְהַשְׁכַּ֛ח לְדָנִיֵּ֥אל דְּנָ֖ה — ט בטע בליש . כל כת ה[5]
7 כָּל־עִלָּ֑א לָהֵ֕ן הַשְׁכַּ֥חְנָה עֲל֖וֹהִי בְּדָ֥ת אֱלָהֵֽהּ׃ ס 7 אֱדַ֡יִן סָרְכַיָּא֩ — ב . ט בטע בליש

[38]Mm 3801. [39]Q addidi, cf Mp sub loco. [40]Mm 3800. [41]Mm 3794. [42]Mm 3848. [43]Mm 3833 contra textum. [44]Mm 3854. [45]Mm 3834 contra textum. [46]Mm 3835. Cp 6 [1]Q addidi, cf Mp sub loco. [2]Mm 3806. [3]Mp contra textum sec Mm 3836. [4]Mm 3837. [5]Mm 3794. [6]Mm 3838. [7]Mm 3905.

23 ᵃ K ־ַיִךְ, id 6,23ᵇ ‖ ᵇ K ־ַיִךְ, Q ־ָנָךְ ‖ ᶜ pc Mss אָ׳ cf 4,34ᵃ ‖ ᵈ prb cj c sq cf 𝔊^θ′ ‖ **24** ᵃ sic L, mlt Mss Edd שְׁלִיחַ ‖ **25** ᵃ > 𝔊^θ′ (it 𝔊^o′ in summario ante 1 cf 17) 𝔙 Jos Ant X 11,3, add? cf 26 ‖ ᵇ 𝔊^θ′(𝔊^o′ ibidem) 𝔙 Hier Jos Ant *φαρες*, prb l פְּרֵס ‖ **27** ᵃ sic regulariter in aram, sed mlt Mss ־זְנַיָּא ‖ **29** ᵃ cf 7ᵃ ‖ **30** ᵃ K ־יָא ‖ **Cp 6,1** ᵃ 𝔊^o′ *καὶ Ἀρταξέρξης* ‖ ᵇ K מדיא ‖ ᶜ⁻ᶜ 𝔊^o′ *πλήρης τῶν ἡμερῶν καὶ ἔνδοξος ἐν γήρει* ‖ **2** ᵃ 𝔊^o′ in cp 6 iterum valde differt cf 5,1ᵃ ‖ ᵇ⁻ᵇ 𝔊^o′ 127 cf Est 1,1 8,9 ‖ **4** ᵃ 𝔙^S עֲ׳ ‖ **5** ᵃ⁻ᵃ > 𝔊^θ′*, add?

וַאֲחַשְׁדַּרְפְּנַיָּא אִלֵּן הַרְגִּשׁוּ[a] עַל־מַלְכָּא וְכֵן אָמְרִין לֵהּ דָּרְיָוֶשׁ מַלְכָּא ה ג מל וב חס[8]
8 לְעָלְמִין חֱיִי׃ 8 אִתְיָעַטוּ כֹּל ׀ סָרְכֵי מַלְכוּתָא סִגְנַיָּא וַאֲחַשְׁדַּרְפְּנַיָּא
הַדָּבְרַיָּא וּפַחֲוָתָא לְקַיָּמָה קְיָם מַלְכָּא וּלְתַקָּפָה אֱסָר דִּי כָל־דִּי־
יִבְעֵה בָעוּ מִן־כָּל־אֱלָהּ וֶאֱנָשׁ עַד־יוֹמִין תְּלָתִין לָהֵן מִנָּךְ מַלְכָּא
9 יִתְרְמֵא לְגֹב אַרְיָוָתָא׃ 9 כְּעַן מַלְכָּא תְּקִים אֱסָרָא וְתִרְשֻׁם כְּתָבָא ל חס . ל וחס
10 דִּי לָא לְהַשְׁנָיָה [a]כְּדָת־מָדַי וּפָרַס דִּי־לָא תֶעְדֵּא[a]׃ 10 כָּל־קֳבֵל כל כת ה בליש ובסיפ[9]
11 דְּנָה מַלְכָּא דָּרְיָוֶשׁ רְשַׁם כְּתָבָא וֶאֱסָרָא׃ 11 וְדָנִיֵּאל כְּדִי יְדַע ל
דִּי־רְשִׁים כְּתָבָא עַל לְבַיְתֵהּ וְכַוִּין פְּתִיחָן לֵהּ בְּעִלִּיתֵהּ נֶגֶד יְרוּשְׁלֶם ל . ל . ל . ל
וְזִמְנִין תְּלָתָה בְּיוֹמָא הוּא[a] ׀ בָּרֵךְ עַל־בִּרְכוֹהִי וּמְצַלֵּא וּמוֹדֵא קֳדָם כל כת ה ב מ א[10] . ב רפי בליש[11] . ל . ל
12 אֱלָהֵהּ כָּל־קֳבֵל דִּי־הֲוָא עָבֵד מִן־קַדְמַת דְּנָה׃ ס 12 אֱדַיִן ל . כל כת ה[12] . ט בטע בליש

חצי הספר בפסוקים

גֻּבְרַיָּא אִלֵּךְ הַרְגִּשׁוּ[a] וְהַשְׁכַּחוּ לְדָנִיֵּאל בָּעֵא וּמִתְחַנַּן קֳדָם אֱלָהֵהּ׃ ב חד כת א וחד כת ה[13]
13 בֵּאדַיִן קְרִיבוּ[a] וְאָמְרִין קֳדָם־מַלְכָּא [b]עַל־אֱסָר[b] מַלְכָּא[c] הֲלָא אֱסָר ט בטע בליש וחד מן ה פסוק מן מ מילין . י חס בליש[14] . ז פסוק דמיין בטע
רְשַׁמְתָּ דִּי כָל־אֱנָשׁ דִּי־יִבְעֵה מִן־כָּל־אֱלָהּ וֶאֱנָשׁ עַד־יוֹמִין תְּלָתִין
לָהֵן מִנָּךְ מַלְכָּא יִתְרְמֵא לְגוֹב אַרְיָוָתָא[d] עָנֵה מַלְכָּא וְאָמַר יַצִּיבָא ה בטע[15] . כל כת א
14 מִלְּתָא כְּדָת־מָדַי וּפָרַס דִּי־לָא תֶעְדֵּא׃ 14 בֵּאדַיִן עֲנוֹ וְאָמְרִין ט בטע בליש
קֳדָם מַלְכָּא דִּי דָנִיֵּאל דִּי מִן־בְּנֵי גָלוּתָא דִּי יְהוּד לָא־שָׂם עֲלָךְ עליך ק
מַלְכָּא טְעֵם וְעַל־אֱסָרָא דִּי רְשַׁמְתָּ וְזִמְנִין תְּלָתָה בְּיוֹמָא בָּעֵא כל כת ה ב מ א[10] . ב חד כת א וחד כת ה[16]
15 בָּעוּתֵהּ׃ 15 אֱדַיִן מַלְכָּא כְּדִי מִלְּתָא שְׁמַע שַׂגִּיא בְּאֵשׁ עֲלוֹהִי וְעַל יח ר״פ בטע . ל
דָּנִיֵּאל שָׂם בָּל לְשֵׁיזָבוּתֵהּ וְעַד מֶעָלֵי[a] שִׁמְשָׁא הֲוָא מִשְׁתַּדַּר לְהַצָּלוּתֵהּ׃ ל . ל
16 בֵּאדַיִן גֻּבְרַיָּא אִלֵּךְ [a]הַרְגִּשׁוּ[b] עַל־מַלְכָּא וְ[a]אָמְרִין לְמַלְכָּא דַּע
מַלְכָּא דִּי־דָת לְמָדַי וּפָרַס דִּי־כָל־אֱסָר וּקְיָם דִּי־מַלְכָּא יְהָקִים כת כן יתיר י[17]
17 לָא לְהַשְׁנָיָה׃ 17 בֵּאדַיִן מַלְכָּא אֲמַר וְהַיְתִיו לְדָנִיֵּאל וּרְמוֹ לְגֻבָּא כל כת ה בליש ובסיפ[9] . ה בטע בסיפ[18] . ל[19]

[8]Mm 3837. [9]Mm 3792. [10]Cf Mm 3836. [11]Mm 1435 et Mm 3839. [12]Mm 3794. [13]Mm 3840 contra textum. [14]Mm 667 contra textum. [15]Mm 3828. [16]Mm 3840. [17]Mm 3806. [18]Mm 3813. [19]וחד רמו Da 6,25 et Mm 3841.

7 [a] inc; 𝔊^o′ *προσήλθοσαν*, 𝔊^θ′ *παρέστησαν*, 𝔖 *qrbw*, 𝔙 *subripuerunt*; 𝔐 = tumultuose vel ex conventu venerunt? cf 12.16 ‖ **9** [a–a] prb add cf 13.16 ‖ **11** [a] l c nonn Mss Ed הֲוָה ‖ **12** [a] 𝔊^o′ *ἐτήρησαν*, 𝔊^θ′ *παρετήρησαν*, 𝔖 *nṭrw*, 𝔙 *curiosius inquirentes* cf 7[a] ‖ **13** [a] l c mlt Mss קרבו (ℭ[2] קְרָבוּ) cf 3,8 ‖ [b–b] > 𝔊𝔖, dl ‖ [c] = vocativus ‖ [d] sic L, mlt Mss Edd ׳יָ— ‖ **15** [a] pc Mss ׳מֵ, Ms ׳מֵעָ ‖ **16** [a–a] > 𝔊^θ′ ‖ [b] 𝔊^{OL} *παρετήρησαν (-τηρήσαντο)* cf 12[a], 𝔊^V *παρέστησαν* cf 7[a], 𝔖 *'rjbw* = tumultuati sunt.

דִּי אַרְיָוָתָא עָנֵה מַלְכָּא וְאָמַר לְדָנִיֵּאל אֱלָהָךְ דִּי אַנְתְּה פָּלַח־לֵהּ — אנת ק כל דניאל ועזרא לא קר ה[20]
18 בִּתְדִירָא הוּא יְשֵׁיזְבִנָּךְ׃ 18 וְהֵיתָיִת[a] אֶבֶן חֲדָה וְשֻׂמַת[b] עַל־פֻּם[c] גֻּבָּא — ל . כל חס בסיפ
וְחַתְמַהּ מַלְכָּא בְּעִזְקְתֵהּ וּבְעִזְקָת[d] רַבְרְבָנוֹהִי דִּי לָא־תִשְׁנֵא צְבוּ — ל[21] . ל[21] . כל כת א בליש ובסיפ[22] . ל
19 בְּדָנִיֵּאל׃ 19 אֱדַיִן אֲזַל מַלְכָּא לְהֵיכְלֵהּ וּבָת טְוָת וְדַחֲוָן[a] לָא־ — ט בטע בליש[23] . ל[24] . ל . ל
20 הַנְעֵל קָדָמוֹהִי וְשִׁנְתֵּהּ נַדַּת עֲלוֹהִי׃ 20 בֵּאדַיִן מַלְכָּא בִּשְׁפַּרְפָּרָא — ב . ל
21 יְקוּם בְּנָגְהָא[a] וּבְהִתְבְּהָלָה לְגֻבָּא דִּי־אַרְיָוָתָא אֲזַל׃ 21 וּכְמִקְרְבֵהּ — ל
לְגֻבָּא לְדָנִיֵּאל בְּקָל עֲצִיב זְעִק עָנֵה מַלְכָּא וְאָמַר לְדָנִיֵּאל דָּנִיֵּאל — ל . ה בטע[25]
עֲבֵד אֱלָהָא חַיָּא אֱלָהָךְ דִּי אַנְתְּה פָּלַח־לֵהּ בִּתְדִירָא הַיְכִל — אנת ק כל דניאל ועזרא לא קר ה[20] . ל וחס
22 לְשֵׁיזָבוּתָךְ מִן־אַרְיָוָתָא׃ 22 אֱדַיִן דָּנִיֵּאל[a] עִם־מַלְכָּא מַלִּל מַלְכָּא — יה ר״פ בטע . ל וחס
23 לְעָלְמִין חֱיִי׃ 23 אֱלָהִי שְׁלַח מַלְאֲכֵהּ וּסֲגַר פֻּם[a] אַרְיָוָתָא וְלָא חַבְּלוּנִי — ב[26] . ל ובטע[27] . כל חס בסיפ
כָּל־קֳבֵל דִּי קָדָמוֹהִי זָכוּ הִשְׁתְּכַחַת לִי וְאַף קֳדָמַיךְ[b] מַלְכָּא חֲבוּלָה — קדמך ק . ל וכת ה ופלג[23]
24 לָא עַבְדֵת׃ 24 בֵּאדַיִן מַלְכָּא שַׂגִּיא טְאֵב עֲלוֹהִי וּלְדָנִיֵּאל אֲמַר — ל
לְהַנְסָקָה מִן־גֻּבָּא וְהֻסַּק דָּנִיֵּאל מִן־גֻּבָּא וְכָל־חֲבָל לָא־הִשְׁתְּכַח — ל . ל[28]
25 בֵּהּ דִּי הֵימִן בֵּאלָהֵהּ׃ 25 וַאֲמַר מַלְכָּא וְהַיְתִיו גֻּבְרַיָּא אִלֵּךְ דִּי־ — ל וחס
אֲכַלוּ קַרְצוֹהִי[a] דִּי דָנִיֵּאל וּלְגֹב אַרְיָוָתָא רְמוֹ אִנּוּן בְּנֵיהוֹן וּנְשֵׁיהוֹן — ל[29]
וְלָא־מְטוֹ לְאַרְעִית גֻּבָּא עַד דִּי־שְׁלִטוּ בְהוֹן אַרְיָוָתָא וְכָל־גַּרְמֵיהוֹן — ל
26 הַדִּקוּ׃ 26 בֵּאדַיִן דָּרְיָוֶשׁ מַלְכָּא כְּתַב לְכָל־עַמְמַיָּא אֻמַיָּא — ה בטע בסיפ[30] . ב
27 וְלִשָּׁנַיָּא דִּי־דָארִין[a] בְּכָל־אַרְעָא שְׁלָמְכוֹן יִשְׂגֵּא׃ 27 מִן־קֳדָמַי שִׂים — דירין ק . י ר״פ בכתיב[31] ול בסיפ
טְעֵם דִּי ׀ בְּכָל־שָׁלְטָן מַלְכוּתִי לֶהֱוֺן זָאעִין[a] וְדָחֲלִין מִן־קֳדָם אֱלָהֵהּ — זיעין ק
דִּי־דָנִיֵּאל

דִּי־הוּא ׀ אֱלָהָא חַיָּא וְקַיָּם לְעָלְמִין
וּמַלְכוּתֵהּ דִּי־לָא תִתְחַבַּל וְשָׁלְטָנֵהּ עַד־סוֹפָא׃
28 מְשֵׁיזִב וּמַצִּל וְעָבֵד אָתִין וְתִמְהִין[a] בִּשְׁמַיָּא וּבְאַרְעָא — ל . ל וחס
דִּי שֵׁיזִיב לְדָנִיֵּאל מִן־יַד אַרְיָוָתָא׃ — יו מיחד מן[32]

[20]Mm 3801. [21]Mm 3841. [22]Mm 3792. [23]Mp sub loco. [24]Mm 2052. [25]Mm 3828. [26]Mm 3842. [27]Mm 3843. [28]Mm 3816. [29]וחד ורמו Da 6,17 et Mm 3841. [30]Mm 3813. [31]Mm 2980. [32]Okhl 196.

18 [a] l c nonn Mss ׳תַ–; 𝔆 וְהֵיתֵית, 𝔆[2]V[S] ־ֵיַת cf 4,21[a] ‖ [b] prp ׳וְשִׂ cf Esr 5,17 ‖ [c] cf 4,28[a] ‖ [d] sic L𝔆 pc Mss 𝔊[o'], 𝔆 mlt Mss 𝔊[θ']𝔖𝔙 ־ַת ‖ **19** [a] sic Occ, Q[Or]V[S] ודהון; 𝔊[θ'] *ἐδέσματα* (𝔊[o'] aliter); l לְחֵינָן? cf 5,2 ‖ **20** [a] 𝔆[2]V[S] ׳בְּנַ; gl? ‖ **22** [a] sic L, mlt Mss Edd ׳־ֵ ‖ **23** [a] cf 4,28[a] ‖ [b] cf 5,23[a] ‖ **25** [a] cf 3,8[c] ‖ **26** [a] cf 2,38[a] ‖ **27** [a] cf 5,19[a] ‖ **28** [a] cf 3,32[a].

29 וְדָנִיֵּאל דְּנָה הַצְלַח בְּמַלְכוּת דָּרְיָוֶשׁ וּבְמַלְכוּת כּוֹרֶשׁ פָּרְסָיָא[a]׃ פ ס

7 1 בִּשְׁנַת חֲדָה[a] לְבֵלְאשַׁצַּר מֶלֶךְ בָּבֶל דָּנִיֵּאל חֵלֶם חֲזָה וְחֶזְוֵי[b] 7
2 רֵאשֵׁהּ עַל־מִשְׁכְּבֵהּ[b] בֵּאדַיִן חֶלְמָא[c] כְתַב [d]רֵאשׁ מִלִּין[d] אֲמַר[e]׃ 2 [a]עָנֵה
דָנִיֵּאל וְאָמַר[a] חָזֵה הֲוֵית [b]בְּחֶזְוִי עִם־לֵילְיָא[b] וַאֲרוּ אַרְבַּע רוּחֵי שְׁמַיָּא
3 מְגִיחָן לְיַמָּא רַבָּא׃ 3 וְאַרְבַּע חֵיוָן רַבְרְבָן סָלְקָן מִן־יַמָּא שָׁנְיָן דָּא
4 מִן־דָּא׃ 4 קַדְמָיְתָא כְאַרְיֵה וְגַפִּין דִּי־נְשַׁר לַהּ חָזֵה הֲוֵית עַד דִּי־
מְּרִיטוּ גַפַּיהּ[a] וּנְטִילַת מִן־אַרְעָא וְעַל־רַגְלַיִן כֶּאֱנָשׁ הֳקִימַת וּלְבַב
5 אֱנָשׁ יְהִיב לַהּ׃ 5 וַאֲרוּ חֵיוָה אָחֳרִי תִנְיָנָה דָּמְיָה לְדֹב וְלִשְׂטַר־חַד
הֳקִמַת[a] וּתְלָת עִלְעִין בְּפֻמַּהּ [b]בֵּין שִׁנַּיהּ[bc] וְכֵן אָמְרִין לַהּ קוּמִי אֲכֻלִי
6 בְּשַׂר שַׂגִּיא׃ 6 בָּאתַר דְּנָה חָזֵה הֲוֵית וַאֲרוּ[a] אָחֳרִי כִּנְמַר וְלַהּ גַּפִּין
אַרְבַּע דִּי־עוֹף עַל־גַּבַּיהּ[b] וְאַרְבְּעָה רֵאשִׁין לְחֵיוְתָא וְשָׁלְטָן יְהִיב
7 לַהּ׃ 7 בָּאתַר דְּנָה חָזֵה הֲוֵית בְּחֶזְוֵי לֵילְיָא וַאֲרוּ חֵיוָה רְבִיעָיָה[a]
דְּחִילָה וְאֵימְתָנִי וְתַקִּיפָא יַתִּירָא וְשִׁנַּיִן דִּי־פַרְזֶל לַהּ רַבְרְבָן[b] אָכְלָה
וּמַדֱּקָה וּשְׁאָרָא בְּרַגְלַיהּ[c] רָפְסָה וְהִיא מְשַׁנְּיָה מִן־כָּל־חֵיוָתָא דִּי
8 קָדָמַיהּ[d] וְקַרְנַיִן עֲשַׂר לַהּ׃ 8 מִשְׂתַּכַּל הֲוֵית בְּקַרְנַיָּא וַאֲלוּ קֶרֶן
אָחֳרִי זְעֵירָה סִלְקַת[a] בֵּינֵיהוֹן[b] וּתְלָת מִן־קַרְנַיָּא קַדְמָיָתָא אֶתְעֲקַרוּ[c]
מִן־קֳדָמַיהּ[d] וַאֲלוּ עַיְנִין כְּעַיְנֵי אֲנָשָׁא בְּקַרְנָא־דָא וּפֻם[e] מְמַלִּל
רַבְרְבָן׃ 9 חָזֵה הֲוֵית

עַד דִּי כָרְסָוָן רְמִיו וְעַתִּיק יוֹמִין יְתִב
לְבוּשֵׁהּ ׀ כִּתְלַג[a] חִוָּר וּשְׂעַר רֵאשֵׁהּ כַּעֲמַר נְקֵא
כָּרְסְיֵהּ שְׁבִיבִין דִּי־נוּר גַּלְגִּלּוֹהִי נוּר דָּלִק׃
10 נְהַר דִּי־נוּר נָגֵד וְנָפֵק מִן־קֳדָמוֹהִי

כל כת ה[33]. פרסאה ק
ג. ג ב חס וחד מל וכל לשון מסכינו דכות[1] וחד מן ג[2] בליש ב מנה כת כן. ל
ה[3]
ל. ל. ב ר"פ[4]. ל
ל. ל. ה
ל. ה[3]
ל חס. ל וחס. ל. שנה ק ל וחס
כל כת ה[5]. ה[3]. ל[6]
גבה ק
יתיר א. כל כת ה[5]. רביעאה ק ה[3].
ג[7] ב כת ה ול כת א ומל
ברגלה ק. ג[8]
ל יתיר י. ל
ב חד קמ וחד פת. ביניהן ק. אתעקרה ק חד מן ג[9] כת ו וקר ה
קדמה ק. כל חס בסיפ. ב וחס
ל[10]. ל[11]
ל. ל. ג. ל
ל[10]. ל. ל וחס

[33]Mm 3794. **Cp 7** [1]Mm 2032. [2]Mm 3608. [3]Mm 3844. [4]Mm 3845. [5]Mm 3794. [6]Mm 103. [7]Mm 3802. [8]Mm 3846. [9]Mm 3827. [10]Mm 3841. [11]וחד ורמיו Da 3,21 et Mm 3841.

29 [a] sic L, mlt Mss Edd פָּ׳; K יָא– ‖ **Cp 7,1** [a] 𝔊[Btxt] *τρίτῳ* ‖ [b–b] aut ins vb (יְבַהֲלֻנַּהּ vel יְדַחֲלֻנַּהּ) aut dl ‖ [c] cf 2,4[b] ‖ [d–d] > 𝔊[θ′], add? cf 28[a–a] ‖ [e] > 𝔊[θ′*], dl (al dl 2[a–a]) ‖ **2** [a–a] 𝔊[θ′] *ἐγὼ Δανιηλ*; > 𝔊[o′]𝔇 cf 1[e] ‖ [b–b] > 𝔊[θ′*], prb add ‖ **4** [a] K גַפַּיַהּ, id 6[b] ‖ **5** [a] 𝔅 male הֲ׳ ‖ [b–b] > 𝔊[o′*], add? ‖ [c] K שִׁנַּיַהּ, id 19[b] ‖ **6** [a] 𝔊[o′](𝔖) + *θηρίον*, ins חֵיוָה? ‖ [b] cf 4[a] ‖ **7** [a] cf 2,40[a] ‖ [b] Hippolyt + *καὶ οἱ ὄνυχες αὐτοῦ χαλκοῖ*, ins וטפריה די נחש ut 19? ‖ [c] K יַהּ– ‖ [d] K יַהּ–, id 8[d].20[b] ‖ **8** [a] forma mixta ex ת– et סָלְקָה? l c pc Mss ת– ut 20 ‖ [b] K הון– ‖ [c] K רו– ‖ [d] cf 7[d] ‖ [e] cf 4,28[a] ‖ **9** [a] 𝔅 male ג–.

אֶ֤לֶף אַלְפִים֙[a] יְשַׁמְּשׁוּנֵּ֔הּ וְרִבּ֥וֹ רִבְבָ֖ן[b] קָֽדָמ֣וֹהִי יְקוּמ֑וּן
דִּינָ֥א יְתִ֖ב וְסִפְרִ֥ין פְּתִֽיחוּ׃
11 חָזֵ֣ה הֲוֵ֔ית [a]בֵּאדַ֗יִן מִן־קָל֙ מִלַּיָּ֣א רַבְרְבָתָ֔א דִּ֥י קַרְנָ֖א מְמַלֱּלָ֑ה[a]
[b]חָזֵ֣ה הֲוֵ֡ית[b] עַ֣ד דִּי֩ קְטִילַ֨ת חֵֽיוְתָ֜א וְהוּבַ֣ד גִּשְׁמַ֗הּ וִיהִיבַ֛ת לִיקֵדַ֥ת
12 אֶשָּֽׁא׃ 12 וּשְׁאָר֙ חֵֽיוָתָ֔א הֶעְדִּ֖יו שָׁלְטָנְה֑וֹן וְאַרְכָ֧ה בְחַיִּ֛ין יְהִ֥יבַת לְה֖וֹן
13 עַד־זְמַ֥ן[a] וְעִדָּֽן׃ 13 חָזֵ֤ה הֲוֵית֙ בְּחֶזְוֵ֣י לֵֽילְיָ֔א
וַאֲר֗וּ עִם־[a]עֲנָנֵ֣י שְׁמַיָּ֔א כְּבַ֥ר אֱנָ֖שׁ אָתֵ֣ה הֲוָ֑ה
וְעַד־עַתִּ֤יק יֽוֹמַיָּא֙ מְטָ֔ה וּקְדָמ֖וֹהִי הַקְרְבֽוּהִי׃
14 וְלֵ֨הּ יְהִ֤יב שָׁלְטָן֙ וִיקָ֣ר וּמַלְכ֔וּ
וְכֹ֣ל עַֽמְמַיָּ֔א אֻמַיָּ֥א וְלִשָּׁנַיָּ֖א לֵ֣הּ יִפְלְח֑וּן
שָׁלְטָנֵ֞הּ שָׁלְטָ֤ן עָלַם֙ דִּֽי־לָ֣א יֶעְדֵּ֔ה
וּמַלְכוּתֵ֖הּ דִּֽי־[a]לָ֥א תִתְחַבַּֽל׃ פ
15 אֶתְכְּרִיַּ֥ת רוּחִ֛י אֲנָ֥ה דָנִיֵּ֖אל [a]בְּג֣וֹא נִדְנֶ֑ה[a] [b]וְחֶזְוֵ֥י רֵאשִׁ֖י יְבַהֲלֻנַּֽנִי[b]׃
16 קִרְבֵ֗ת עַל־חַד֙ מִן־קָ֣אֲמַיָּ֔א וְיַצִּיבָ֥א אֶבְעֵֽא־מִנֵּ֖הּ עַל־כָּל־דְּנָ֑ה
17 וַאֲמַר־לִ֕י וּפְשַׁ֥ר מִלַּיָּ֖א יְהֽוֹדְעִנַּֽנִי׃ 17 אִלֵּין֙ חֵֽיוָתָ֣א רַבְרְבָתָ֔א דִּ֥י אִנִּ֖ין
18 אַרְבַּ֑ע אַרְבְּעָ֣ה מַלְכִ֔ין[a] יְקוּמ֖וּן[b] מִן־אַרְעָֽא[c]׃ 18 וִֽיקַבְּלוּן֙ מַלְכוּתָ֔א
קַדִּישֵׁ֖י עֶלְיוֹנִ֑ין[a] וְיַחְסְנ֤וּן מַלְכוּתָא֙ [b]עַד־עָ֣לְמָ֔א וְעַ֖ד[b] עָלַ֥ם עָלְמַיָּֽא׃
19 אֱדַ֗יִן צְבִ֙ית֙ לְיַצָּבָ֔א עַל־חֵיוְתָא֙ רְבִיעָ֣יְתָ֔א דִּי־הֲוָ֤ת שָֽׁנְיָה֙ מִן־
כָּלְּהֵ֔ון[a] דְּחִילָ֖ה יַתִּירָ֑ה שִׁנַּ֣יהּ[b] דִּֽי־פַרְזֶל֙ וְטִפְרַ֣יהּ[c] דִּֽי־נְחָ֔שׁ אָֽכְלָ֣ה
20 מַדֱּקָ֔ה[d] וּשְׁאָרָ֖א בְּרַגְלַ֥יהּ רָפְסָֽה׃ 20 וְעַל־קַרְנַיָּ֤א עֲשַׂר֙ דִּ֣י בְרֵאשַׁ֔הּ
וְאָחֳרִי֙ דִּ֣י סִלְקַ֔ת וּנְפַ֥לוּ[a] מִן־קֳדָמַ֖יהּ[b] תְּלָ֑ת וְקַרְנָ֨א[c] דִכֵּ֜ן[c] וְעַיְנִ֣ין[d] לַ֗הּ
21 וּפֻ֙ם֙[e] מְמַלִּ֣ל רַבְרְבָ֔ן וְחֶזְוַ֖הּ רַ֥ב מִן־חַבְרָתַֽהּ׃ 21 חָזֵ֣ה הֲוֵ֔ית וְקַרְנָ֥א

אלפין ק. ד חס א[12]. רבבן ק לבן אשר. ז[13]
ל̇. ל̇
ל̇
ל̇[14]. ג ול בליש. ב[15]
ל̇. ג[16]. כל כת ה
ל ומחליפין קמ[17]
ה[18]. ב̇
ג. ל̇
ל
ל̇. ל̇. ג
כל כת א. כל כת ה[19]
ל. ה ג מל וב חס[20]. ג[16]
ל̇. ז[13]
ל̇. יז פסוק עד ועד[21]. ל̇
יח ר״פ בטע. כו פסוק דאית בהון א״ב
כלהין ק. שנה ק. יתיר י
יתיר י. ב חד קמ וחד פת. ונפלה ק. חד מן ח[22] כת ו וקר ה. קדמה ק. ג[23]
כל חס בסיפ. ב וחס. ל̇

[12] Mm 3847. [13] Mm 2302. [14] Mm 3849. [15] Mm 3848. [16] Mm 3846. [17] Cf Da 2,16 et Mp sub loco. [18] Mm 3844. [19] Mm 3794. [20] Mm 3837. [21] Mm 912. [22] Mm 3827. [23] Mm 3798.

10 [a] nonn Mss ut Q אַלְפִין ‖ [b] K רִבְּוֹן vel רַבּוֹן, Q רִבְבָן ‖ **11** [a–a] add ex contextu non conservato? ‖ [b–b] > 𝔊^{o′*}𝔊^{θ′*}, ex insertis [a–a] repetita sunt? ‖ **12** [a] nonn Mss V[S] זמן ut 2,16 ‖ **13** [a] 𝔊^{o′} *ἐπί* = Mt 24,30 26,64, 𝔊^{θ′} *μετά* = Mc 14,62 Apc 1,7 ‖ **14** [a] prb pr מַלְכוּ ‖ **15** [a–a] inc; 𝔊^{o′}(𝔙) *ἐν τούτοις*, prb l בגו דנה (vel בְּגִין [בְּגִין] דְּנָה propterea) ‖ [b–b] 𝔊^{o′} *ἐν τῷ ὁράματι τῆς νυκτός* ‖ **17** [a] prb l c Ms 𝔊 *(βασιλεῖαι)* 𝔙 *(regna)* מלכְוָן (vel *מָלְכִין cf ug et pun) ‖ [b] 𝔊^{o′} *αἳ ἀπολοῦνται* ‖ [c] 𝔊^{θ′} + *αἳ ἀρθήσονται* ‖ **18** [a] Vrs sg, id 22[c].25[a].27[a] ‖ [b–b] > 𝔊^{θ′*} ‖ **19** [a] K הוֹן– ‖ [b] cf 5[c] ‖ [c] cf 4,30[a]; K יַהּ– ‖ [d] mlt Mss 𝔊^{θ′} ומ′ cf 7 ‖ **20** [a] K לוּ– ‖ [b] cf 7[d] ‖ [c–c] prp קַרְנַיִן cf 21 ‖ [d] Vrs om cop, prb dl ‖ [e] sic L, mlt Mss Edd וּפֻם.

דְּכֵן עָבְדָה קְרָב עִם־קַדִּישִׁין וְיָכְלָה לְהֹון׃ 22 עַד דִּי־אָתָה עַתִּיק

יֹומַיָּא וְדִינָא֙ יְהִב֙ לְקַדִּישֵׁי עֶלְיֹונִין וְזִמְנָא מְטָה וּמַלְכוּתָא הֶחֱסִנוּ

קַדִּישִׁין׃

23 כֵּן֙ אֲמַר֙ חֵיוְתָא֙ רְבִיעָיְתָא

מַלְכוּ רְבִיעָיָא֙ תֶּהֱוֵא֙ בְאַרְעָא דִּי תִשְׁנֵא מִן־כָּל־מַלְכְוָתָא

וְתֵאכֻל כָּל־אַרְעָא וּתְדוּשִׁנַּהּ וְתַדְּקִנַּהּ׃

24 וְקַרְנַיָּא עֲשַׂר

מִנַּהּ֙ מַלְכוּתָהּ עַשְׂרָה מַלְכִין יְקֻמֻן וְאָחֳרָן יְקוּם אַחֲרֵיהֹון

וְהוּא יִשְׁנֵא מִן־קַדְמָיֵא וּתְלָתָה מַלְכִין יְהַשְׁפִּל׃

25 וּמִלִּין לְצַד עִלָּיָא֙ יְמַלִּל וּלְקַדִּישֵׁי עֶלְיֹונִין יְבַלֵּא

וְיִסְבַּר לְהַשְׁנָיָה זִמְנִין וְדָת

וְיִתְיַהֲבוּן בִּידֵהּ עַד־עִדָּן וְעִדָּנִין וּפְלַג עִדָּן׃

26 וְדִינָא יִתִּב וְשָׁלְטָנֵהּ יְהַעְדֹּון לְהַשְׁמָדָה וּלְהֹובָדָה עַד־סֹופָא׃

27 וּמַלְכוּתָה וְשָׁלְטָנָא֙ וּרְבוּתָא דִּי מַלְכְוָת תְּחֹות כָּל־שְׁמַיָּא

יְהִיבַת לְעַם קַדִּישֵׁי עֶלְיֹונִין

מַלְכוּתֵהּ֙ מַלְכוּת עָלַם וְכֹל שָׁלְטָנַיָּא לֵהּ יִפְלְחוּן וְיִשְׁתַּמְּעוּן׃

28 עַד־כָּה סֹופָא דִי־מִלְּתָא֙ אֲנָה דָנִיֵּאל שַׂגִּיא רַעְיֹונַי יְבַהֲלֻנַּנִי וְזִיוַי

יִשְׁתַּנֹּון עֲלַי וּמִלְּתָא בְּלִבִּי נִטְרֵת׃ פ

8 בִּשְׁנַת שָׁלֹושׁ לְמַלְכוּת בֵּלְאשַׁצַּר הַמֶּלֶךְ חָזֹון נִרְאָה אֵלַי אֲנִי 8

דָנִיֵּאל אַחֲרֵי הַנִּרְאָה אֵלַי בַּתְּחִלָּה׃ 2 וָאֶרְאֶה֙ בֶּחָזֹון וַיְהִי בִּרְאֹתִי

וַאֲנִי֙ בְּשׁוּשַׁן הַבִּירָה אֲשֶׁר בְּעֵילָם הַמְּדִינָה וָאֶרְאֶה֙ בֶּחָזֹון וַאֲנִי

הָיִיתִי עַל־אוּבַל אוּלָי׃ 3 וָאֶשָּׂא עֵינַי֙ וָאֶרְאֶה וְהִנֵּה אַיִל אֶחָד עֹמֵד

לִפְנֵי הָאֻבָל וְלֹו קְרָנָיִם וְהַקְּרָנַיִם גְּבֹהֹות וְהָאַחַת גְּבֹהָה מִן־הַשֵּׁנִית

²⁴Mm 3798.   ²⁵Mm 3851.   ²⁶Mm 3897 א.   ²⁷Mm 3852.   ²⁸Mm 3803.   ²⁹Mm 3792.   ³⁰Mm 2302.   **Cp 8**
¹Mm 3834.   ²Mm 3853.   ³Mm 3151.

22 ᵃ ins וְשָׁלְטָנָא (י)ב יתי cf 10.26 et 14.27 ‖ ᵇ V⁵ 𝔊 𝔖 יהב ‖ ᶜ cf 18ᵃ ‖ **23** ᵃ 𝔊 καί ‖
ᵇ cf 2,40ᵃ ‖ **25** ᵃ cf 18ᵃ ‖ ᵇ pl (cf 4,13 et cet) hic = du ‖ **26** ᵃ prp ־הּ cf מִנַּהּ **24** ‖
27 ᵃ cf 18ᵃ ‖ ᵇ 2 Mss 𝔊⁹ ׳ וּמִן ‖ **28** ᵃ⁻ᵃ 𝔊 cj c 27, prb add ‖ **Cp 8,2** ᵃ⁻ᵃ > 𝔊⁹ ׳*, prb
add cf 7,1ᵈ⁻ᵈ ‖ ᵇ⁻ᵇ > 𝔊°*𝔊⁹ ׳*, add ‖ ᶜ⁻ᶜ 𝔊° ׳ πρὸς τῇ πύλῃ Ωλαμ (Ουλαμ, Αιλαμ),
prp *על־אבול אולם (= porta urbis, aram ex akk), sed cf אולי 16; 𝔊⁹ ׳ ἐπὶ τοῦ Ουβαλ cf
16 ‖ **3** ᵃ > 𝔊°*𝔊⁹ ׳*𝔙, add?

²⁴ . ג קמ ׳ וכל אתנח
וס״פ דכות²⁵ . ל חס²⁶
ג ב כת ה וחד כא א²⁷

ג . ל וחס

רביעאה . ג כת א²⁸
ק
א בליש ובסיפ²⁹ . ב

ל . ל . ל

ז³⁰ ול חס . ל חס
כל כת א בליש ובסיפ²⁹

עלאה
ק

ל . כל כת ה בליש ובסיפ²⁹

ל . ל

יא בטע לאחור . ל

ל

ג

ל

כת כן׳

ב . קמ² . ב וחס

ג . ב
ל

4 וְהַגְּבֹהָה עֹלָה בָּאַחֲרֹנָה[b]׃ 4 רָאִיתִי אֶת־הָאַיִל מְנַגֵּחַ יָמָּה וְצָפוֹנָה — נג ה֗[4] מנה בליש
וָנֶגְבָּה וְכָל־חַיּוֹת לֹא־יַעַמְדוּ לְפָנָיו וְאֵין מַצִּיל מִיָּדוֹ וְעָשָׂה כִרְצֹנוֹ — כז. ל. ל. ד חס בליש וכל לרצנכם דכות[5]
5 וְהִגְדִּיל׃ 5 וַאֲנִי ׀ הָיִיתִי מֵבִין וְהִנֵּה צְפִיר־הָעִזִּים[a] בָּא מִן־הַמַּעֲרָב — סז ר״פ לג מנה בכתיב
עַל־פְּנֵי כָל־הָאָרֶץ וְאֵין[b] נוֹגֵעַ בָּאָרֶץ וְהַצָּפִיר קֶרֶן חָזוּת[c] בֵּין עֵינָיו׃ — ג מל[6]
6 וַיָּבֹא עַד־הָאַיִל בַּעַל הַקְּרָנַיִם אֲשֶׁר רָאִיתִי עֹמֵד לִפְנֵי הָאֻבָל וַיָּרָץ — ב
7 אֵלָיו בַּחֲמַת כֹּחוֹ׃ 7 וּרְאִיתִיו מַגִּיעַ ׀ אֵצֶל הָאַיִל וַיִּתְמַרְמַר אֵלָיו וַיַּךְ — ל[7]. ל
אֶת־הָאַיִל וַיְשַׁבֵּר אֶת־שְׁתֵּי קְרָנָיו וְלֹא־הָיָה כֹחַ בָּאַיִל לַעֲמֹד לְפָנָיו — כה[8]
8 וַיַּשְׁלִיכֵהוּ אַרְצָה וַיִּרְמְסֵהוּ וְלֹא־הָיָה מַצִּיל לָאַיִל מִיָּדוֹ׃ 8 וּצְפִיר — ב מל. כה[8]. ל
הָעִזִּים הִגְדִּיל עַד־מְאֹד וּכְעָצְמוֹ[a] נִשְׁבְּרָה הַקֶּרֶן הַגְּדוֹלָה וַתַּעֲלֶנָה — ל. ל וחס
9 חָזוּת[b] אַרְבַּע תַּחְתֶּיהָ לְאַרְבַּע רוּחוֹת הַשָּׁמָיִם׃ 9 וּמִן־הָאַחַת מֵהֶם[a]
יָצָא[b] קֶרֶן־אַחַת[c] מִצְּעִירָה[d] וַתִּגְדַּל־יֶתֶר אֶל־הַנֶּגֶב וְאֶל־הַמִּזְרָח וְאֶל־[e] — ג סביר יצאה[9]
10 הַצֶּבִי׃ 10 וַתִּגְדַּל עַד־צְבָא הַשָּׁמָיִם וַתַּפֵּל אַרְצָה מִן־הַצָּבָא וּמִן־ — ל[10]
11 הַכּוֹכָבִים וַתִּרְמְסֵם׃ 11 [a] וְעַד שַׂר־הַצָּבָא הִגְדִּיל[b] וּמִמֶּנּוּ[b] הֻרַם[c] — ב[11]. הורם ק חד מן ב בליש חד קמ וחד פת וחד מן ד[12] מוקדם ומאוחר בסיפ
12 הַתָּמִיד וְהֻשְׁלַךְ מְכוֹן[d] מִקְדָּשׁוֹ[e]׃ 12 [a] וְצָבָא תִּנָּתֵן[ab] עַל־הַתָּמִיד — ל. ד[13]
13 בְּפָשַׁע[c] וְתַשְׁלֵךְ[d] אֱמֶת אַרְצָה וְעָשְׂתָה וְהִצְלִיחָה׃ 13 וָאֶשְׁמְעָה אֶחָד־ — ל רפי וג דגש[14]. ל. ל
קָדוֹשׁ מְדַבֵּר וַיֹּאמֶר אֶחָד קָדוֹשׁ לַפַּלְמוֹנִי הַמְדַבֵּר עַד־מָתַי הֶחָזוֹן — ל. ד[15]
14 [a] הַתָּמִיד[b] וְהַפֶּשַׁע שֹׁמֵם[c] תֵּת[c] וְקֹדֶשׁ וְצָבָא[d] מִרְמָס[a]׃ 14 וַיֹּאמֶר אֵלַי[a] — ל. כל חס. ד[13]
15 עַד עֶרֶב בֹּקֶר אַלְפַּיִם וּשְׁלֹשׁ מֵאוֹת וְנִצְדַּק קֹדֶשׁ׃ 15 וַיְהִי — ל. ל
בִּרְאֹתִי אֲנִי דָנִיֵּאל אֶת־הֶחָזוֹן וָאֲבַקְשָׁה בִינָה וְהִנֵּה עֹמֵד לְנֶגְדִּי — ב וחס
16 כְּמַרְאֵה־גָבֶר׃ 16 וָאֶשְׁמַע קוֹל־אָדָם בֵּין אוּלָי וַיִּקְרָא וַיֹּאמַר גַּבְרִיאֵל — צא. י[8]
17 הָבֵן לְהַלָּז אֶת־הַמַּרְאֶה׃ 17 וַיָּבֹא אֵצֶל עָמְדִי וּבְבֹאוֹ נִבְעַתִּי וָאֶפְּלָה — ג[16]. ל. ג[17]

[4] Mm 1325. [5] Mm 3874. [6] Mm 755. [7] Mm 330. [8] Mp sub loco. [9] Mm 127. [10] וחד תפל Est 6,10. [11] Mm 3697. [12] Mm 3854. [13] Mm 3868. [14] Cf Mm 139. [15] Mm 333. [16] Mm 3855. [17] Mm 2805.

3 [b] 𝔊ᵒ' *μετὰ δὲ ταῦτα* cj c 4 ‖ 5 [a] 𝔊 om ה, dl; al dl tot vb et l צָפִיר ‖ [b] prp וְאֵינֶנּוּ, sed cf 27 ‖ [c] > 𝔊ᶿ'*, prp אַחַת cf 𝔊ᵒ' ‖ 8 [a] ℭ pc Mss 'וּבע ‖ [b] > 𝔊ᶿ'𝔙, add ex 5? 𝔊ᵒ' *ἕτερα*, prp אֲחֵרוֹת ‖ 9 [a] nonn Mss Edd מהן ‖ [b] Seb Edd יָצְאָה ‖ [c] l אַחֶרֶת? cf 7,8 ‖ [d] 𝔊ᵒ' *ἰσχυρόν*, l 'צְ ‖ [e] prb ins אֶרֶץ cf 11,16.41; al dl ‖ 11 [a] 11sq crrp, 𝔊 aliter ‖ [b–b] prp –לָה –נָּה ‖ [c] K הֵרִים, mlt Mss ut Q הוּרַם ‖ [d] Ms Edd מְקוֹם; prp מְקוֹמָם cf 𝔊ᵒ' *ὁ τόπος αὐτῶν* ‖ [e] prp הַמִּקְדָּשׁ (cj c 12) ‖ 12 [a–a] prp וּצְבָאָהּ נִתַּן vel 'ת (a צדה) יְצָדֶא (cf 𝔊 *ἐρημωθήσεται* fin 11) et cj c 11 ‖ [b] prp וַיִּנָּתֵן vel נִתַּן cf [a–a] ‖ [c] prb l הַפֶּשַׁע cf 𝔊ᵒ' *αἱ ἁμαρτίαι*, 𝔊ᶿ' *ἁμαρτία* ‖ [d] prb l c 2 Mss 𝔊 וַתֻּשְׁלַךְ ‖ 13 [a–a] inc ‖ [b] 𝔊 + *ἡ ἀρθεῖσα*, ins מוּרָם? cf 11 ‖ [c–c] prb l הַשּׁ' נִתַּן ‖ [d] l וּצְבִי (gl ad קדשׁ) vel יְצָדֶה? cf 𝔊ᵒ' *ἐρημωθήσεται* et 12[a–a] ‖ 14 [a] l אֵלָיו cf 𝔊𝔖.

18 עַל־פָּנָי וַיֹּאמֶר אֵלַי הָבֵן בֶּן־אָדָם כִּי לְעֶת־קֵץ הֶחָזוֹן׃ 18 וּבְדַבְּרוֹ [ג[18]]
19 עִמִּי נִרְדַּמְתִּי עַל־פָּנַי אָרְצָה וַיִּגַּע־בִּי וַיַּעֲמִידֵנִי עַל־עָמְדִי׃ 19 וַיֹּאמֶר
הִנְנִי מוֹדִיעֲךָ אֵת אֲשֶׁר־יִהְיֶה בְּאַחֲרִית הַזָּעַם כִּי לְמוֹעֵד קֵץ[a]׃ [ו רפ[19]]
20 21 20 הָאַיִל אֲשֶׁר־רָאִיתָ בַּעַל הַקְּרָנָיִם מַלְכֵי[a] מָדַי וּפָרָס׃ 21 וְהַצָּפִיר [ה חס בכתיב]
הַשָּׂעִיר[a] מֶלֶךְ יָוָן וְהַקֶּרֶן הַגְּדוֹלָה אֲשֶׁר בֵּין־עֵינָיו הוּא הַמֶּלֶךְ [ל מל בסיפ]
22 הָרִאשׁוֹן׃ 22 וְהַנִּשְׁבֶּרֶת וַתַּעֲמֹדְנָה אַרְבַּע תַּחְתֶּיהָ אַרְבַּע מַלְכֻיוֹת[a] [סד . ל]
מִגּוֹי[b] יַעֲמֹדְנָה וְלֹא בְכֹחוֹ׃
23 וּבְאַחֲרִית מַלְכוּתָם כְּהָתֵם[a] הַפֹּשְׁעִים[b] [ל]
יַעֲמֹד מֶלֶךְ עַז־פָּנִים וּמֵבִין חִידוֹת׃ [ב[20]]
24 וְעָצַם כֹּחוֹ [a]וְלֹא בְכֹחוֹ[a] וְנִפְלָאוֹת יַשְׁחִית[b] וְהִצְלִיחַ וְעָשָׂה
וְהִשְׁחִית עֲצוּמִים [c]וְעַם־קְדֹשִׁים[c]׃
25 וְעַל[a]־שִׂכְלוֹ וְהִצְלִיחַ מִרְמָה בְּיָדוֹ [ב[21]]
וּבִלְבָבוֹ יַגְדִּיל וּבְשַׁלְוָה יַשְׁחִית רַבִּים [ל[22]]
וְעַל שַׂר־שָׂרִים יַעֲמֹד וּבְאֶפֶס יָד יִשָּׁבֵר׃ [ב . ב]
26 וּמַרְאֵה הָעֶרֶב וְהַבֹּקֶר אֲשֶׁר נֶאֱמַר אֱמֶת הוּא [ז[23] . ל]
וְאַתָּה סְתֹם הֶחָזוֹן כִּי לְיָמִים רַבִּים׃
27 וַאֲנִי דָנִיֵּאל נִהְיֵיתִי[a] וְנֶחֱלֵיתִי יָמִים וָאָקוּם וָאֶעֱשֶׂה אֶת־מְלֶאכֶת [טז ר״פ לג מנה בכתיב . ב]
הַמֶּלֶךְ וָאֶשְׁתּוֹמֵם עַל־הַמַּרְאֶה[b] וְאֵין מֵבִין׃ פ [ל]
9 9 1 בִּשְׁנַת אַחַת לְדָרְיָוֶשׁ בֶּן־אֲחַשְׁוֵרוֹשׁ מִזֶּרַע מָדָי אֲשֶׁר הָמְלַךְ[a] [ל]
2 עַל מַלְכוּת כַּשְׂדִּים׃ 2 [a]בִּשְׁנַת אַחַת לְמָלְכוֹ[a] אֲנִי דָּנִיֵּאל בִּינֹתִי [ל וחס]
בַּסְּפָרִים מִסְפַּר הַשָּׁנִים אֲשֶׁר הָיָה דְבַר־יְהוָה[b] אֶל־יִרְמִיָה[c] הַנָּבִיא [ל . ד בליש וכל עזרא דכות[1]]
3 לְמַלֹּאות לְחָרְבוֹת יְרוּשָׁלִַם שִׁבְעִים שָׁנָה׃ 3 וָאֶתְּנָה אֶת־פָּנַי אֶל־אֲדֹנָי[a] [ו ב חס וד מל[2] . ל . יא כת כן בסיפ . ו מנה בכתיב[3]]

[18] Mp sub loco. [19] Mm 613. [20] Mm 3856. [21] Mm 3857. [22] Mm 2238. [23] Mm 539. **Cp 9** [1] Mm 3858. [2] Mm 4269. [3] Mm 1372.

19 𝔊^{BA} + ἡ ὅρασις, prb ins הֶחָזוֹן ‖ **20** [a] 𝔊𝔖𝔙 sg ‖ **21** [a] 𝔊(𝔙) *τῶν αἰγῶν* = העזים cf 5; prb dl ‖ **22** [a] sic L, mlt Mss Edd כֻיּוֹת– ‖ [b] l יוֹ– cf 𝔊𝔙 ‖ **23** [a] 𝔊 *πληρουμένων* = כְּתֹם? ‖ [b] 𝔊 *τῶν ἁμαρτιῶν αὐτῶν*, 𝔙(𝔖) *iniquitates*, l הַפְּשָׁעִים ‖ **24** [a–a] > 𝔊$^{o'*θ'*}$, dl (ex 22) ‖ [b] l יָשִׂיחַ vel יְשׁוֹחֵחַ? cf 11,36 ‖ [c–c] tr (dl ו) עַם־ק׳ post ועל־ 25 ‖ **25** [a] cf 24[c–c] ‖ **27** [a] cf 2,1; > 𝔊$^{o'}$, dttg? ‖ [b] Ms ה– ‖ **Cp 9,1** [a] cf קבל מלכותא 6,1; prp הִמְלִךְ (intransitivum ut syr Af'el) ‖ **2** [a–a] > 𝔊^{θ*} ‖ [b] in hoc cp sol exstat ‖ [c] sic L, mlt Mss Edd מִ׳– ‖ **3** [a] nonn Mss יהוה, it 15[a].16[a].17[b].19[a]; א׳ = Q, quod in textum irrepsit.

ס׃ הָאֱלֹהִים לְבַקֵּשׁ תְּפִלָּה וְתַחֲנוּנִים בְּצוֹם וְשַׂק וָאֵפֶר׃ 4 [a] וָאֶתְפַּלְלָה   ג[4]
לַיהוָה אֱלֹהַי וָאֶתְוַדֶּה וָאֹמְרָה אָנָּא אֲדֹנָי הָאֵל הַגָּדוֹל וְהַנּוֹרָא שֹׁמֵר   יא כת כן בסיפ . ב[5]
5 הַבְּרִית וְהַחֶסֶד לְאֹהֲבָיו וּלְשֹׁמְרֵי מִצְוֹתָיו׃ 5 חָטָאנוּ וְעָוִינוּ וְהִרְשַׁעְנוּ[a]   ו . הרשענו ק
6 וּמָרָדְנוּ וְסוֹר מִמִּצְוֹתֶךָ וּמִמִּשְׁפָּטֶיךָ׃ 6 וְלֹא שָׁמַעְנוּ אֶל־עֲבָדֶיךָ   ב ומל . ב חס . ב . יד[6] ר״פ בכתיב וכל ד״ה דכות ב מ ב
הַנְּבִיאִים אֲשֶׁר דִּבְּרוּ בְּשִׁמְךָ אֶל־מְלָכֵינוּ שָׂרֵינוּ וַאֲבֹתֵינוּ וְאֶל כָּל־   יא בכתיב
7 עַם הָאָרֶץ׃ 7 לְךָ אֲדֹנָי הַצְּדָקָה וְלָנוּ בֹּשֶׁת הַפָּנִים כַּיּוֹם[a] הַזֶּה לְאִישׁ   יא כת כן בסיפ . ג[7] . ב . י . כן למערב[8]
יְהוּדָה וּלְיוֹשְׁבֵי יְרוּשָׁלַםִ וּלְכָל־יִשְׂרָאֵל הַקְּרֹבִים וְהָרְחֹקִים בְּכָל־   ג בליש וחד מן ג[9] חס בליש . ב
8 הָאֲרָצוֹת אֲשֶׁר הִדַּחְתָּם שָׁם בְּמַעֲלָם אֲשֶׁר מָעֲלוּ־בָךְ׃ 8 יְהוָה לָנוּ   ל
9 בֹּשֶׁת הַפָּנִים לִמְלָכֵינוּ לְשָׂרֵינוּ וְלַאֲבֹתֵינוּ אֲשֶׁר חָטָאנוּ לָךְ׃ 9 לַאדֹנָי   ב . י . כן למערב[10] . ז[11] כת א וחד מן יא כת כן בליש ובסיפ וכן[12] למערב . ט
10 אֱלֹהֵינוּ הָרַחֲמִים וְהַסְּלִחוֹת כִּי מָרַדְנוּ בּוֹ׃ 10 וְלֹא שָׁמַעְנוּ בְּקוֹל   ל[13] . יד[6] ר״פ בכתיב וכל ד״ה דכות ב מ ב
יְהוָה אֱלֹהֵינוּ לָלֶכֶת בְּתוֹרֹתָיו[a] אֲשֶׁר נָתַן לְפָנֵינוּ בְּיַד עֲבָדָיו הַנְּבִיאִים׃
11 וְכָל־יִשְׂרָאֵל עָבְרוּ אֶת־תּוֹרָתֶךָ וְסוֹר לְבִלְתִּי שְׁמוֹעַ בְּקֹלֶךָ וַתִּתַּךְ   ב ומל . יא[14] ד[15] מנה מל ול בכתיב
עָלֵינוּ הָאָלָה וְהַשְּׁבֻעָה אֲשֶׁר כְּתוּבָה בְּתוֹרַת מֹשֶׁה עֶבֶד־הָאֱלֹהִים   ג חס[16] . ד[17]
12 כִּי חָטָאנוּ לוֹ[a]׃ 12 וַיָּקֶם אֶת־דְּבָרָיו[a] ׀ אֲשֶׁר־דִּבֶּר עָלֵינוּ וְעַל שֹׁפְטֵינוּ   כ[18] . דברו ק
אֲשֶׁר שְׁפָטוּנוּ לְהָבִיא עָלֵינוּ רָעָה גְדֹלָה אֲשֶׁר לֹא־נֶעֶשְׂתָה תַּחַת כָּל־   ב חד חס וחד מל[19]
13 הַשָּׁמַיִם כַּאֲשֶׁר נֶעֶשְׂתָה בִּירוּשָׁלִָם׃ 13 כַּאֲשֶׁר כָּתוּב בְּתוֹרַת מֹשֶׁה
אֵת[a] כָּל־הָרָעָה הַזֹּאת בָּאָה[b] עָלֵינוּ וְלֹא־חִלִּינוּ אֶת־פְּנֵי ׀ יְהוָה אֱלֹהֵינוּ   ל סביר הבאה אלינו
14 לָשׁוּב מֵעֲוֺנֵנוּ וּלְהַשְׂכִּיל בַּאֲמִתֶּךָ׃ 14 וַיִּשְׁקֹד יְהוָה עַל־הָרָעָה וַיְבִיאֶהָ   ב[20] . ל . ד ב חס וב מל[21]
עָלֵינוּ כִּי־צַדִּיק יְהוָה אֱלֹהֵינוּ עַל־כָּל־מַעֲשָׂיו אֲשֶׁר עָשָׂה וְלֹא שָׁמַעְנוּ
15 בְּקֹלוֹ׃ 15 וְעַתָּה ׀ אֲדֹנָי[a] אֱלֹהֵינוּ אֲשֶׁר הוֹצֵאתָ אֶת־עַמְּךָ מֵאֶרֶץ   ה[22] חס ד מנה בכתיב וכל אורית דכות ב מ א . ג . יא כת כן בסיפ
16 מִצְרַיִם בְּיָד חֲזָקָה וַתַּעַשׂ־לְךָ שֵׁם כַּיּוֹם הַזֶּה חָטָאנוּ רָשָׁעְנוּ׃ 16 אֲדֹנָי[a]   יא כת כן בסיפ
כְּכָל־צִדְקֹתֶךָ יָשָׁב־נָא אַפְּךָ וַחֲמָתְךָ מֵעִירְךָ יְרוּשָׁלִַם הַר־קָדְשֶׁךָ כִּי   ל . ה קמ[23]
בַחֲטָאֵינוּ וּבַעֲוֺנוֹת אֲבֹתֵינוּ יְרוּשָׁלִַם וְעַמְּךָ לְחֶרְפָּה לְכָל־סְבִיבֹתֵינוּ׃   ל . ו[24] מל ול בליש . ל
17 וְעַתָּה ׀ שְׁמַע אֱלֹהֵינוּ אֶל־תְּפִלַּת עַבְדְּךָ וְאֶל־תַּחֲנוּנָיו וְהָאֵר פָּנֶיךָ   ב[25]

[4] Mm 3859. [5] Neh 1,5. [6] Mm 3249. [7] Mm 1476. [8] כהיום sec Or, cf Mp sub loco. [9] Mm 2747 contra textum. [10] Mm 3860. [11] Mm 2305. [12] ליהוה sec Or, cf Mp sub loco. [13] וחד סליחות Neh 9,17. [14] Mm 2550. [15] Mm 2307. [16] Mp sub loco. [17] Mm 4036. [18] Mm 1991. [19] Mm 2336. [20] Mm 3971. [21] Mm 3861. [22] Mm 1669. [23] Mm 87. [24] Mm 3973. [25] Neh 3,36.

4 [a] 4–22 add? ‖ **5** [a] K וְ׳, 𝔊𝔙 ut Q cf 1 R 8,47 ‖ **7** [a] Or כְּהַיּוֹם cf Esr 9,7.15 ‖ **10** [a] 𝔊′𝔙 sg ‖ **11** [a] nonn Mss לְךָ ‖ **12** [a] K Vrs ־רָיו ‖ **13** [a] nequaquam dl ‖ [b] nonn Mss הַבָּ׳ ‖ **15** [a] cf 3[a] ‖ **16** [a] cf 3[a].

18 עַל־מִקְדָּשְׁךָ הַשָּׁמֵם לְמַעַן[a] אֲדֹנָי[b]׃ 18 הַטֵּה אֱלֹהַי ׀ אָזְנְךָ וּשְׁמָע — ג̇[26]. יא כת כן בסיפ. יג. ה̇
פְּקַחה[a] עֵינֶיךָ וּרְאֵה שֹׁמְמֹתֵינוּ וְהָעִיר אֲשֶׁר־נִקְרָא שִׁמְךָ עָלֶיהָ כִּי ׀ — פקח ק̇
לֹא עַל־צִדְקֹתֵינוּ אֲנַחְנוּ מַפִּילִים תַּחֲנוּנֵינוּ לְפָנֶיךָ כִּי עַל־רַחֲמֶיךָ — ג̇ וחס. ל̇
19 הָרַבִּים׃ 19 אֲדֹנָי ׀ שְׁמָעָה אֲדֹנָי[a] ׀ סְלָחָה אֲדֹנָי הַקֲשִׁיבָה[b] וַעֲשֵׂה אַל־ — יא כת כן בסיפ. ל̇. יא כת כן בסיפ. ל̇. יא כת כן בסיפ
תְּאַחַר לְמַעַנְךָ[c] אֱלֹהַי כִּי־שִׁמְךָ נִקְרָא עַל־עִירְךָ וְעַל־עַמֶּךָ׃ — ג̇[27]. ל̇. ל̇
20 20 וְעוֹד אֲנִי מְדַבֵּר וּמִתְפַּלֵּל וּמִתְוַדֶּה חַטָּאתִי וְחַטַּאת עַמִּי יִשְׂרָאֵל — כג ה̇[28] מנה ר״פ
21 וּמַפִּיל תְּחִנָּתִי לִפְנֵי יְהוָה אֱלֹהַי עַל הַר־קֹדֶשׁ אֱלֹהָי׃ 21 וְעוֹד אֲנִי — ל̇[29]. כג ה̇[28] מנה ר״פ
מְדַבֵּר בַּתְּפִלָּה וְהָאִישׁ[a] גַּבְרִיאֵל אֲשֶׁר רָאִיתִי בֶחָזוֹן בַּתְּחִלָּה[b] מֻעָף — ב̇ חד מל וחד חס[30]
22 בִּיעָף[b] נֹגֵעַ אֵלַי כְּעֵת[c] מִנְחַת־עָרֶב׃ 22 וַיָּבֶן[a] וַיְדַבֵּר עִמִּי וַיֹּאמַר — ל̇. ל̇. ד̇[31]. צא
23 דָּנִיֵּאל עַתָּה יָצָאתִי לְהַשְׂכִּילְךָ בִינָה׃ 23 בִּתְחִלַּת תַּחֲנוּנֶיךָ יָצָא דָבָר — ל̇. ו̇[32]. ל̇[33]
וַאֲנִי בָּאתִי לְהַגִּיד[a] כִּי חֲמוּדוֹת[b] אָתָּה וּבִין בַּדָּבָר וְהָבֵן בַּמַּרְאֶה׃ — ל̇ מל[34]
24 [a] שָׁבֻעִים שִׁבְעִים נֶחְתַּךְ עַל־עַמְּךָ ׀ וְעַל־עִיר קָדְשֶׁךָ — ל̇. ד̇[35]
לְכַלֵּא[b] הַפֶּשַׁע[c] וּלְחָתֵם[d] חַטָּאוֹת[e] וּלְכַפֵּר עָוֺן — ל̇ כת א[36]. ולהתם חד מן ד̇[37] כת ח ק̇ וקר ה. חטאת ג̇[38]
וּלְהָבִיא צֶדֶק עֹלָמִים וְלַחְתֹּם חָזוֹן וְנָבִיא וְלִמְשֹׁחַ קֹדֶשׁ קָדָשִׁים׃ — ב̇[39]. ג̇ חס. ז̇ בלשון נביאיה. ה̇ בנ״ך
25 וְתֵדַע וְתַשְׂכֵּל[a] [שָׁבֻעִים שִׁבְעָה — ל̇ ל̇
מִן־מֹצָא דָבָר לְהָשִׁיב[b] וְלִבְנוֹת יְרוּשָׁלִַם עַד־מָשִׁיחַ נָגִיד — ל̇. ב̇ חס[40]
וְשָׁבֻעִים שִׁשִּׁים וּשְׁנַיִם תָּשׁוּב וְנִבְנְתָה רְחוֹב וְחָרוּץ[c] וּבְצוֹק[d] — ב̇. ל̇ ומל
26 [a] וְאַחֲרֵי הַשָּׁבֻעִים שִׁשִּׁים וּשְׁנַיִם[a] יִכָּרֵת מָשִׁיחַ וְאֵין לוֹ[b] [הָעִתִּים׃[d] — ב̇[41]
וְהָעִיר וְהַקֹּדֶשׁ יַשְׁחִית[c] עַם[d] נָגִיד[e] הַבָּא

[26] Mm 2759. [27] Mm 3269. [28] Mm 2227. [29] Mm 3862. [30] Mm 3863. [31] Mm 1545. [32] Mm 1834. [33] וחד יצא הדבר Gn 24,50. [34] Mm 3918. [35] Mm 1740. [36] Mm 2122. [37] Mm 3864. [38] Mm 3865. [39] Mm 3866. [40] Mm 3558. [41] Mm 2746.

17 [a] 𝔊θ' *ἕνεκέν σου*, prb l ־נְךָ ut 19 ‖ [b] cf 3[a] ‖ **18** [a] K פקחה, ℭ ut Q פְּקַח ‖ **19** [a] cf 3[a] ‖ [b] 𝔅 הַקְ׳ ‖ [c] sic L, mlt Mss Edd ־עַ׳ ‖ **21** [a] 𝔊(𝔙) *καὶ ἰδοὺ (ὁ) ἀνήρ* = וְהִנֵּה ה׳ ‖ [b–b] inc; ℭ mlt Mss מוּעָף pro מ׳; 𝔊ο' *τάχει φερόμενος* (sim 𝔖𝔙), 𝔊θ' sol *πετόμενος*; a עוף vel יעף (scilicet Daniel?) ‖ [c] ℭ לְעֵת, mlt Mss Edd 𝔊ο'𝔖𝔙 בְּעֵת ‖ **22** [a] 𝔊θ' *καὶ συνέτισέ με*, 𝔙 *et docuit me* = וַיְבִינֵנִי; 𝔊ο'(𝔖) *καὶ προσῆλθε*, l ויבא ‖ **23** [a] ins c 2 Mss Vrs לְךָ? ‖ [b] pr אִישׁ? cf 10,11.19 ‖ **24** [a] 24–27 inc ‖ [b] K a כלא (melius qal) cf K ad [d], Q mlt Mss a כלה cf Q ad [d] ‖ [c] 𝔊θ' *ἁμαρτίαν*, l פֶּ׳? ‖ [d] K 𝔊θ' וְלַחְתֹּם, Q mlt Mss Edd וּלְהָתֵם cf 𝔊ο'α'𝔖𝔙; cf [b] ‖ [e] K Ms 𝔊𝔖 ־וֹת, ℭ mlt Mss Edd ut Q חַטָּאת ‖ **25** [a] nonn Mss ־כִּיל ‖ [b] prp לָשׁוּב ‖ [c] cf חרץ in inscriptionibus aram = fossa et akk *ḫarīṣu*; prp חוּץ cf Jer 5,1 9,20 ‖ [d–d] 𝔖 *lšwlm zbn'*, prp ה׳ וּבְקֵץ et cj c 26 ‖ **26** [a–a] prb add; al om וְ et cj c 25[d–d] ‖ [b–b] exc vb (דִּין [cf 𝔊θ'] vel אָוֶן)? ‖ [c] Ms 𝔖 יִשָּׁחֵת, prb l ‖ [d] Ms Vrs עִם, prb l ‖ [e–e] 𝔊ο' *καὶ ἥξει ἡ συντέλεια*, prb l וּבָא הַקֵּץ.

וְקִצּ֣וֹ [e]בַשֶּׁ֔טֶף וְעַד֙ קֵ֣ץ מִלְחָמָ֔ה[f] [g]נֶחֱרֶ֖צֶת שֹׁמֵמֽוֹת[g]׃

27 וְהִגְבִּ֥יר בְּרִ֛ית לָֽרַבִּ֖ים שָׁב֣וּעַ אֶחָ֑ד ל. ד. ב מל ול בליש

וַחֲצִ֣י הַשָּׁב֡וּעַ יַשְׁבִּ֣ית[a] ׀ זֶ֣בַח וּמִנְחָ֗ה ב מל ול בליש

[b]וְעַ֨ל[c] כְּנַ֤ף[b] שִׁקּוּצִים֙[d] מְשֹׁמֵ֔ם וְעַד־כָּלָה֙ וְנֶ֣חֱרָצָ֔ה תִּתַּ֖ךְ עַל־שֹׁמֵֽם׃ פ ג. כל חס

10 1 בִּשְׁנַ֣ת שָׁל֗וֹשׁ[a] לְכ֙וֹרֶשׁ֙ מֶ֣לֶךְ פָּרַ֔ס דָּבָר֙ נִגְלָ֣ה לְדָֽנִיֵּ֔אל אֲשֶׁר־

נִקְרָ֥א שְׁמ֖וֹ בֵּלְטְשַׁאצַּ֑ר וֶאֱמֶ֤ת הַדָּבָר֙ וְצָבָ֣א גָד֔וֹל וּבִין֙[b] אֶת־הַדָּבָ֔ר ל. ד[2]

2 וּבִ֥ינָה ל֖וֹ בַּמַּרְאֶֽה׃ 2 בַּיָּמִ֣ים הָהֵ֔ם אֲנִ֥י דָנִיֵּ֖אל הָיִ֣יתִי מִתְאַבֵּ֑ל ל בטע[3]. ב בטע[4]

3 שְׁלֹשָׁ֥ה שָׁבֻעִ֖ים יָמִֽים׃ 3 לֶ֣חֶם חֲ֠מֻדוֹת לֹ֣א אָכַ֔לְתִּי וּבָשָׂ֥ר וָיַ֖יִן לֹא־בָ֣א מז פסוק לא לא לא. ח[5]. ז[6]

אֶל־פִּ֑י וְס֖וֹךְ לֹא־סָ֑כְתִּי עַד־מְלֹ֕את שְׁלֹ֥שֶׁת שָׁבֻעִ֖ים יָמִֽים׃ פ ה[7]. ל. ל

4 וּבְי֛וֹם עֶשְׂרִ֥ים וְאַרְבָּעָ֖ה לַחֹ֣דֶשׁ הָֽרִאשׁ֑וֹן וַֽאֲנִ֗י הָיִ֛יתִי עַ֥ל יַ֥ד הַנָּהָ֥ר סג

5 הַגָּד֖וֹל[a] ה֥וּא חִדָּֽקֶל׃ 5 וָאֶשָּׂ֤א אֶת־עֵינַי֙ וָאֵ֔רֶא וְהִנֵּ֥ה אִישׁ־אֶחָ֖ד לָב֣וּשׁ ל[8]. ב. ב מל בנביא. ב[9]

6 בַּדִּ֑ים וּמָתְנָ֥יו חֲגֻרִ֖ים בְּכֶ֥תֶם אוּפָֽז[a]׃ 6 וּגְוִיָּת֣וֹ כְתַרְשִׁ֗ישׁ וּפָנָ֞יו כְּמַרְאֵ֤ה ג חד מל וב חס ובטע. ג[10]

בָרָק֙ וְעֵינָיו֙ כְּלַפִּ֣ידֵי אֵ֔שׁ וּזְרֹעֹתָיו֙ וּמַרְגְּלֹתָ֔יו[a] כְּעֵ֖ין נְחֹ֣שֶׁת קָלָ֑ל[a] וְק֥וֹל יא. ל. ל. ב

7 דְּבָרָ֖יו כְּק֥וֹל הָמֽוֹן׃ 7 וְ֠רָאִיתִי אֲנִ֨י דָנִיֵּ֤אל לְבַדִּי֙ אֶת־הַמַּרְאָ֔ה[a] ל[11]. ג בסיפ. יב[12]. ד[13]

וְהָאֲנָשִׁים֙ אֲשֶׁ֣ר הָי֣וּ עִמִּ֔י לֹ֥א רָא֖וּ אֶת־הַמַּרְאָ֑ה אֲבָ֗ל חֲרָדָ֤ה גְדֹלָה֙ ד[13]

8 נָפְלָ֣ה עֲלֵיהֶ֔ם וַיִּבְרְח֖וּ בְּהֵחָבֵֽא[b]׃ 8 וַאֲנִי֙ נִשְׁאַ֣רְתִּי לְבַדִּ֔י וָאֶרְאֶ֞ה אֶת־ ל. סז ר״פ לג מנה בכתיב

הַמַּרְאָ֤ה[a] הַגְּדֹלָה֙ הַזֹּ֔את [b]וְלֹ֥א נִשְׁאַר־בִּ֖י [bc]כֹּ֑חַ וְהוֹדִ֗י נֶהְפַּ֤ךְ עָלַי֙ ד[13]. ד[14]. ל

9 לְמַשְׁחִ֔ית [d]וְלֹ֥א עָצַ֖רְתִּי כֹּֽחַ[d]׃ 9 וָאֶשְׁמַ֖ע אֶת־ק֣וֹל דְּבָרָ֑יו [a]וּכְשָׁמְעִי֙ ב

10 אֶת־ק֣וֹל דְּבָרָ֔יו[a] וַאֲנִ֗י[b] הָיִ֤יתִי נִרְדָּם֙ [c]עַל־פָּנַ֔י [d]וּפָנַ֖י אָֽרְצָה[d]׃ 10 וְהִנֵּה־ ה. ג[15]. ב

11 יָ֖ד נָ֣גְעָה בִּ֑י וַתְּנִיעֵ֥נִי עַל־בִּרְכַּ֖י [a]וְכַפּ֥וֹת יָדָֽי[ab]׃ 11 וַיֹּ֣אמֶר אֵלַ֡י דָּנִיֵּ֣אל ל. ג[16]. כב[17]

אִישׁ־חֲמֻד֗וֹת הָבֵ֨ן בַּדְּבָרִ֜ים אֲשֶׁ֨ר אָנֹכִ֜י דֹּבֵ֤ר אֵלֶ֙יךָ֙ וַעֲמֹ֣ד עַל־עָמְדֶ֔ךָ

כִּ֥י עַתָּ֖ה שֻׁלַּ֣חְתִּי אֵלֶ֑יךָ וּבְדַבְּר֥וֹ עִמִּ֛י אֶת־הַדָּבָ֥ר הַזֶּ֖ה עָמַ֥דְתִּי מַרְעִֽיד׃ יב[18]. ג[19]. ל

Cp 10 [1]Mm 3867. [2]Mm 3868. [3]Mm 3200. [4]Est 1,2. [5]Mm 527. [6]Mm 94. [7]Mm 1334. [8]וחד חִדָּקֶל Gn 2,14. [9]Mm 2802. [10]Mm 2456. [11]Mm 2772. [12]Mm 445. [13]Mm 1548. [14]Mm 1285. [15]Mm 610. [16]Mm 3869. [17]Mm 1104. [18]Mm 230. [19]Mp sub loco.

26 [f] 𝔗 pl ‖ [g–g] dub cf 27 fin ‖ **27** [a] σ′ *παύσεται*, 𝔙 *deficiet*, prp יְשָׁבֹּת ‖ [b–b] 𝔊^Mss in dupl *καὶ (ἕως) πτερυγίου* cf [c], 𝔊^L in dupl *καὶ ἐπὶ πτερύγιον* cf Mt 4,5; 𝔊 *καὶ ἐπὶ τὸ ἱερόν* = וְעַל הַקֹּדֶשׁ? prp וְעַל כַּנּוֹ vel בַּעַל הַכָּנָף (= בַּעַל שָׁמַיִם) ‖ [c] Seb nonn Mss וְעַד ‖ [d] l c 𝔊 sg cf 11,31 12,11 ‖ **Cp 10,1** [a] 𝔊^o′ *τῷ πρώτῳ* ‖ [b] 𝔊^o′ *διανοηθήσεται*, α′ *συνήσει* = יָבִין; l בִּין ‖ **4** [a–a] prb add ‖ **5** [a] cf Jer 10,9; prp c pc Mss אוֹפִיר; l וּפָז cf Cant 5,11 ‖ **6** [a–a] cf Ez 1,7 ‖ **7** [a] 𝔗 ה-ָ ut 1 8,27, id 8[a].16[c] ‖ [b] 𝔊^o′ *ἐν σπουδῇ*, 𝔊^ϑ′(𝔖) *ἐν φόβῳ*; prp לְהֵ׳ ‖ **8** [a] cf 7[a] ‖ [b–b] et [d–d] var lect, dl? ([d–d] cf 16) ‖ [c] sic L, mlt Mss Edd כֹּחַ ‖ **9** [a–a] > 𝔊^o′𝔖, add? ‖ [b] > 𝔊^ϑ′𝔖𝔙 ‖ [c–c] et [d–d] var lect, alterum add? ‖ **10** [a–a] > 𝔊^ϑ′ ‖ [b] Ms Edd 𝔊^o′ רַגְלַי.

סד. כט חס[20] 12 וַיֹּאמֶר אֵלַי אַל־תִּירָא דָנִיֵּאל כִּי ׀ מִן־הַיּוֹם הָרִאשׁוֹן אֲשֶׁר נָתַתָּ 12
ל אֶת־לִבְּךָ לְהָבִין וּלְהִתְעַנּוֹת לִפְנֵי אֱלֹהֶיךָ נִשְׁמְעוּ דְבָרֶיךָ וַאֲנִי־
ב חד חס וחד מל[21] בָאתִי בִּדְבָרֶיךָ׃ 13 וְשַׂר ׀ מַלְכוּת פָּרַס עֹמֵד לְנֶגְדִּי עֶשְׂרִים וְאֶחָד 13
כה[22]. כי. ל יוֹם וְהִנֵּה מִיכָאֵל אַחַד הַשָּׂרִים הָרִאשֹׁנִים בָּא לְעָזְרֵנִי [a]וַאֲנִי נוֹתַרְתִּי[a]
ל כת ה שָׁם אֵצֶל[b] מַלְכֵי פָרָס׃ 14 וּבָאתִי לַהֲבִינְךָ אֵת אֲשֶׁר־יִקְרָה[a] לְעַמְּךָ 14
ה[23]. ג בְּאַחֲרִית הַיָּמִים כִּי־עוֹד חָזוֹן לַיָּמִים[b]׃ 15 וּבְדַבְּרוֹ עִמִּי 15
ד[24]. ו וכל תלים ומשלי דכות ב מ ב[25] כַּדְּבָרִים הָאֵלֶּה נָתַתִּי פָנַי אַרְצָה וְנֶאֱלָמְתִּי׃ 16 וְהִנֵּה כִּדְמוּת[a] בְּנֵי[b] 16
ל וקמ אָדָם נֹגֵעַ עַל־שְׂפָתָי וָאֶפְתַּח־פִּי וָאֲדַבְּרָה וָאֹמְרָה אֶל־הָעֹמֵד לְנֶגְדִּי
ב קמ. ל. ל[26] אֲדֹנִי בַּמַּרְאָה[c] נֶהֶפְכוּ צִירַי עָלַי וְלֹא עָצַרְתִּי כֹּחַ׃ 17 וְהֵיךְ יוּכַל 17
ב בטע[27] עֶבֶד אֲדֹנִי זֶה לְדַבֵּר עִם־אֲדֹנִי זֶה וַאֲנִי מֵעַתָּה לֹא־יַעֲמָד־בִּי כֹחַ
וּנְשָׁמָה לֹא נִשְׁאֲרָה־בִי׃ 18 וַיֹּסֶף וַיִּגַּע־בִּי כְּמַרְאֵה אָדָם וַיְחַזְּקֵנִי׃ 18
ב. ל[28]. ל כף 19 וַיֹּאמֶר אַל־תִּירָא אִישׁ־חֲמֻדוֹת שָׁלוֹם לָךְ חֲזַק וַחֲזָק[a] וּכְדַבְּרוֹ עִמִּי 19
ה[29] הִתְחַזַּקְתִּי וָאֹמְרָה יְדַבֵּר אֲדֹנִי כִּי חִזַּקְתָּנִי׃ 20 וַיֹּאמֶר הֲיָדַעְתָּ לָמָּה־ 20
ל[30] בָּאתִי אֵלֶיךָ וְעַתָּה אָשׁוּב לְהִלָּחֵם עִם־שַׂר פָּרָס וַאֲנִי יוֹצֵא וְהִנֵּה
י זקף קמ בנ״ך ב מנה בכתיב. ל. ד שַׂר־יָוָן בָּא׃ 21 [a]אֲבָל אַגִּיד לְךָ אֶת־הָרָשׁוּם בִּכְתָב אֱמֶת[a] וְאֵין אֶחָד ס̇
מִתְחַזֵּק עִמִּי עַל־אֵלֶּה כִּי אִם־מִיכָאֵל שַׂרְכֶם׃ פ **11** 1 וַאֲנִי **11**
ל. סז ר״פ לג מנה בכתיב בִּשְׁנַת אַחַת לְדָרְיָוֶשׁ[b] הַמָּדִי[a] עָמְדִי[c] לְמַחֲזִיק וּלְמָעוֹז לוֹ[d]׃ 2 [a]וְעַתָּה 2
אֱמֶת אַגִּיד לָךְ[a]
ל. ל הִנֵּה־עוֹד שְׁלֹשָׁה מְלָכִים עֹמְדִים לְפָרַס וְהָרְבִיעִי יַעֲשִׁיר עֹשֶׁר־
ג. ח גָּדוֹל מִכֹּל וּכְחֶזְקָתוֹ בְעָשְׁרוֹ [b]יָעִיר הַכֹּל אֵת מַלְכוּת יָוָן[b]׃ 3 וְעָמַד 3
ג[1] מֶלֶךְ גִּבּוֹר וּמָשַׁל מִמְשָׁל רַב וְעָשָׂה כִּרְצוֹנוֹ׃ 4 וּכְעָמְדוֹ[a] תִּשָּׁבֵר 4
ל מַלְכוּתוֹ וְתֵחָץ לְאַרְבַּע רוּחוֹת הַשָּׁמָיִם וְלֹא לְאַחֲרִיתוֹ[b] וְלֹא כְמָשְׁלוֹ
אֲשֶׁר מָשָׁל [c]כִּי תִנָּתֵשׁ מַלְכוּתוֹ וְלַאֲחֵרִים מִלְּבַד־אֵלֶּה[c]׃

[20] Mm 657. [21] Mm 3406. [22] Mm 187. [23] Mm 2872. [24] Mm 2825. [25] Cf Mp sub loco, Ps 33,13 et 145,13. [26] וחד היך 1 Ch 13,12. [27] Mm 3870. [28] Mp sub loco. [29] Mm 2046. [30] וחד אני יוצא Ex 11,4. **Cp 11** [1] Mm 3871.

13 [a–a] = supervacaneus fui; 𝔊 *καὶ αὐτὸν (…) κατέλιπον*, prp וְאֹתוֹ הוֹתַ׳ ‖ [b] ins שַׂר? cf 𝔊 ‖ **14** [a] l c K Ms ־ֶה, ‖ [b] 𝔊 *εἰς ἡμέρας* = לַיָּ׳ ‖ **16** [a] 𝔊′ + *χειρός*, prb ins יַד sed cf 18 ‖ [b] l c Ms 𝔊𝔙 בֶּן ‖ [c] cf 7[a] ‖ **19** [a] prp c pc Mss 𝔊 וֶאֱמָץ vel וְהִתְחַזֵּק ‖ **21** [a–a] tr post 11,1 ‖ **Cp 11,1** [a–a] add cf 10,1 ‖ [b] 𝔊(𝔄) *Κύρου* = לְכֹרֶשׁ ‖ [c] l עֹמֵד cf 𝔖 ‖ [d] l c Ms 𝔖 לִי; cf 10,21[a–a] ‖ **2** [a–a] add cf 10,21 ‖ [b–b] dub; 𝔊 pro יעיר *ἐπαναστήσεται* = יָעוּר; 2 Mss om את, 2 Mss pro eodem אֶל (sic vel עַל prb l); l יָעִיר שַׂר הכל? ‖ **4** [a] prp וכעצמו ut 8,8 ‖ [b] 𝔊′ *κατὰ τὴν ἀλκὴν αὐτοῦ* = כְּכֹחוֹ? cf 8,22.24 ‖ [c–c] prb tr post לאחריתו.

5 וְיֶחֱזַ֥ק מֶֽלֶךְ־הַנֶּ֖גֶבᵃ וּמִן־שָׂרָ֑יו וְיֶחֱזַ֤קᵇ עָלָיו֙ וּמָשָׁ֔לᶜ מִמְשָׁ֥ל רַ֖ב
6 מֶמְשַׁלְתּֽוֹᵈ׃ 6 וּלְקֵ֤ץ שָׁנִים֙ יִתְחַבָּ֔רוּ וּבַ֨ת מֶֽלֶךְ־הַנֶּ֜גֶב תָּב֨וֹא אֶל־מֶ֤לֶךְ
הַצָּפוֹן֙ לַעֲשׂ֣וֹת מֵישָׁרִ֔ים וְלֹֽא־תַעְצֹ֞ר כּ֣וֹחַ הַזְּר֗וֹעַᵃ וְלֹ֤א יַעֲמֹד֙ וּזְרֹע֔וֹᵇ
7 וְתִנָּתֵ֨ן הִ֜יא וּמְבִיאֶ֗יהָᶜ וְהַיֹּ֣לְדָ֔הּᵈ וּמַחֲזִקָ֖הּ בָּעִתִּֽיםᵉ׃ 7 וְעָמַ֛דᵃ מִנֵּ֥צֶרᵇ
שָׁרָשֶׁ֖יהָᵇ כַּנּ֑וֹᶜ וְיָבֹ֣א אֶל־הַחַ֗ילᵈ וְיָבֹא֙ בְּמָעוֹז֙ מֶ֣לֶךְ הַצָּפ֔וֹן וְעָשָׂ֥ה בָהֶ֖ם
8 וְהֶחֱזִֽיק׃ 8 וְגַ֣ם אֱ֠לֹהֵיהֶם עִם־נְסִֽכֵיהֶ֞ם עִם־כְּלֵ֤י חֶמְדָּתָם֙ כֶּ֣סֶף וְזָהָ֔ב
9 בַּשְּׁבִ֖י יָבִ֣אᵃ מִצְרָ֑יִםᵇ וְהוּא֙ שָׁנִ֣ים יַעֲמֹ֔ד מִמֶּ֖לֶךְ הַצָּפֽוֹן׃ 9 וּבָא֙ בְּמַלְכוּת֙
10 מֶ֣לֶךְ הַנֶּ֔גֶב וְשָׁ֖ב אֶל־אַדְמָתֽוֹ׃ 10 וּבָנָ֣וᵃ יִתְגָּר֗וּ וְאָֽסְפוּ֙ᵇ הֲמוֹן֙
חֲיָלִ֣ים רַבִּ֔ים וּבָ֥א ב֖וֹאᶜ וְשָׁטַ֣ף וְעָבָ֑ר וְיָשֹׁ֥ב וְיִתְגָּרֶ֖וᵈ עַד־ᵉמָעֻזֹּֽה׃
11 וְיִתְמַרְמַר֙ מֶ֣לֶךְ הַנֶּ֔גֶב וְיָצָ֕א וְנִלְחַ֥ם עִמּ֖וֹᵃ עִם־מֶ֣לֶךְ הַצָּפ֑וֹןᵃ וְהֶעֱמִיד֙
12 הָמ֣וֹן רָ֔ב וְנִתַּ֥ן הֶהָמ֖וֹן בְּיָדֽוֹ׃ 12 וְנִשָּׂ֥א הֶהָמ֖וֹן יָר֣וּםᵃ לְבָב֑וֹ וְהִפִּ֥יל
13 רִבֹּא֖וֹתᵇ וְלֹ֥א יָעֽוֹז׃ 13 וְשָׁב֙ מֶ֣לֶךְ הַצָּפ֔וֹן וְהֶעֱמִ֣יד הָמ֔וֹן רַ֖ב מִן־
הָרִאשׁ֑וֹן וּלְקֵ֨ץ הָעִתִּ֤יםᵃ שָׁנִים֙ᵇ יָב֣וֹא ב֔וֹאᶜ בְּחַ֥יִל גָּד֖וֹל וּבִרְכ֥וּשׁ רָֽב׃
14 וּבָעִתִּ֣ים הָהֵ֔ם רַבִּ֥ים יַֽעַמְד֖וּ עַל־מֶ֣לֶךְ הַנֶּ֑גֶב וּבְנֵ֣י ׀ פָּרִיצֵ֣י עַמְּךָ֗
15 יִֽנַּשְּׂא֛וּᵃ לְהַעֲמִ֥יד חָז֖וֹן וְנִכְשָֽׁלוּ׃ 15 וְיָבֹא֙ מֶ֣לֶךְ הַצָּפ֔וֹן וְיִשְׁפֹּךְ֙ סֽוֹלְלָ֔ה
וְלָכַ֖ד עִ֣יר מִבְצָר֑וֹת וּזְרֹע֤וֹתᵃ הַנֶּ֙גֶב֙ לֹ֣א יַעֲמֹ֔דוּ וְעַם֙ מִבְחָרָ֔יו וְאֵ֥ין כֹּ֖חַ
16 לַעֲמֹֽד׃ 16 וְיַ֨עַשׂ הַבָּ֤א אֵלָיו֙ כִּרְצוֹנ֔וֹ וְאֵ֥ין עוֹמֵ֖ד לְפָנָ֑יו וְיַעֲמֹ֥ד בְּאֶֽרֶץ־
17 הַצְּבִ֖י וְכָלָ֥הᵃ בְיָדֽוֹ׃ 17 וְיָשֵׂ֣ם ׀ פָּ֠נָיו לָב֞וֹא בְּתֹ֤קֶף כָּל־מַלְכוּתוֹ֙ וִישָׁרִ֣יםᵃ
עִמּ֖וֹ וְעָשָׂ֑הᵇ וּבַ֤ת הַנָּשִׁים֙ᶜ יִתֶּן־ל֣וֹ לְהַשְׁחִיתָ֔הּ וְלֹ֥א תַעֲמֹ֖ד וְלֹא־ל֥וֹᵈ

ב . ב
ח . ג . ל . ל
ל מל למערב . ד
ב . ל . ל . ו חס בליש[2]
יא[3] . יא[3]
כ ר״פ בכתיב[4] . ל וחס
יג[5] ה[6] מנה חס . ג . יז ר״פ
ובניו חד מן ד[7] כת חס בליש ק
ב מל בסיפ . ה[8] . ויתגרה חד מן ה[9] כת ו וקר ה . ק מעזו ק
ל . ה[10]
ג בסיפ . לג קמ[11] . כא[12] ב מנה בליש . יב[13] . ורם ק . ב
יז מפק א[14] . ג ב חס וחד מל . ג בסיפ
סד[15] . ג . ב מל בסיפ . ד
ב . ט[16] . ל
יא[3] . ל . ל מל
ל
ב[17] . ו מל . ב
ו רפ[18]
ל . ד[19] . ה[20]

[2]Mm 2483. [3]Mm 2300. [4]Mm 4070. [5]Mm 679. [6]Mm 871. [7]Mm 1063. [8]Mm 976. [9]Mm 3827. [10]Mm 373. [11]Mm 264. [12]Mm 2838. [13]Mm 545. [14]Mm 411. [15]Mp sub loco. [16]Mm 2902. [17]Mm 3872. [18]Mm 3131. [19]Mm 2345. [20]Mm 282.

5 ᵃ huc tr ‸ ‖ ᵇ 𝔊 om cop, prb dl ‖ ᶜ prp עַל־ ‖ ᵈ prp מִמְּ׳ ‖ **6** ᵃ add? ‖ ᵇ 2 Mss ז׳; l זַרְעוֹ vel הוּא וְזַרְעוֹ? al יַעַמְדוּ זֹרְעָיו (= copiae) ‖ ᶜ mlt Mss Edd ־אָהּ ‖ ᵈ Ms 𝔊θ′ וְהַיַּלְדָּה, 𝔖(𝔙) wʿljmth = וִילָדֶיהָ; prb l וְיַלְדָּהּ ‖ ᵉ prb cj c 7 cf 7ᵃ ‖ **7** ᵃ prb l יַעֲמֹד cf 𝔊 et 6ᵉ ‖ ᵇ⁻ᵇ מִן partitivum (unus ex …); prp נ׳ מִשּׁ׳ ‖ ᶜ acc adverbialis? prb pr עַל־ ‖ ᵈ prp חֵיל cf במעוז ‖ **8** ᵃ ℭ יבוא ‖ ᵇ prp הַנֶּגֶב ‖ **10** ᵃ 𝔊θ′𝔖𝔙 ut Q וּבָנָיו; l c K 𝔊ᵒ′ וּבְנוֹ ‖ ᵇ⁻ᵇ 𝔊ᵒ′ sg, l וְאָסַף ־רָה ‖ ᶜ l c ℭ nonn Mss Edd 𝔊ᵒ′𝔖 בּוֹ? id 13ᶜ ‖ ᵈ K 𝔖 ־רוּ, mlt Mss 𝔊𝔙 ut Q ־רֶה ‖ ᵉ ℭ עַל ‖ **11** ᵃ⁻ᵃ prb add; al dl עמו (> Ms Vrs) ‖ **12** ᵃ K יָרוּם, ℭ mlt Mss Vrs ut Q וְרָם ‖ ᵇ contaminatum ex רִבֹּאת et רִבּוֹת (cf 41ᵃ), quod l ‖ **13** ᵃ·ᵇ alterum add ‖ ᶜ cf 10ᶜ ‖ **14** ᵃ = hit; pc Mss יִנָּשְׂאוּ ‖ **15** ᵃ 𝔊 + (τοῦ) βασιλέως ‖ **16** ᵃ 𝔊θ′(𝔊ᵒ′σ′𝔙) καὶ συντελεσθήσεται = וְכָלָה, prp וְכֻלָּה ‖ **17** ᵃ a sg יֹשֶׁר cf 6 מישרים ‖ ᵇ l c Ms Vrs יַעֲשֶׂה ‖ ᶜ 𝔖 ʾnš, prp אֲנָשִׁים ‖ ᵈ > 𝔊ᵒ′, dl?

תִּהְיֶה׃ 18 וְיָשֵׁב[a] | פָּנָיו לְאִיִּים[b] וְלָכַד רַבִּים וְהִשְׁבִּית קָצִין חֶרְפָּתוֹ 18
[c]לוֹ בִּלְתִּי[c] חֶרְפָּתוֹ יָשִׁיב לוֹ׃ 19 וְיָשֵׁב[a] פָּנָיו לְמָעוּזֵּי אַרְצוֹ וְנִכְשַׁל 19
וְנָפַל וְלֹא יִמָּצֵא׃ 20 וְעָמַד עַל־כַּנּוֹ מַעֲבִיר[a] נוֹגֵשׂ הֶדֶר[b] 20
מַלְכוּת וּבְיָמִים אֲחָדִים יִשָּׁבֵר וְלֹא[c] בְאַפַּיִם וְלֹא בְמִלְחָמָה׃
21 וְעָמַד עַל־כַּנּוֹ נִבְזֶה וְלֹא־נָתְנוּ עָלָיו הוֹד מַלְכוּת וּבָא בְשַׁלְוָה 21
וְהֶחֱזִיק מַלְכוּת בַּחֲלַקְלַקּוֹת׃ 22 וּזְרֹעוֹת הַשֶּׁטֶף[a] יִשָּׁטְפוּ מִלְּפָנָיו 22
[b]וְיִשָּׁבֵרוּ וְגַם[b] נְגִיד בְּרִית׃ 23 וּמִן־הִתְחַבְּרוּת אֵלָיו יַעֲשֶׂה מִרְמָה 23
וְעָלָה וְעָצַם בִּמְעַט־גּוֹי׃ 24 [a]בְּשַׁלְוָה וּבְמִשְׁמַנֵּי[a] מְדִינָה יָבוֹא וְעָשָׂה 24
אֲשֶׁר לֹא־עָשׂוּ אֲבֹתָיו וַאֲבוֹת אֲבֹתָיו בִּזָּה וְשָׁלָל וּרְכוּשׁ לָהֶם יִבְזוֹר
וְעַל מִבְצָרִים יְחַשֵּׁב מַחְשְׁבֹתָיו [b]וְעַד־עֵת[b]׃ 25 וְיָעֵר כֹּחוֹ 25
וּלְבָבוֹ עַל־מֶלֶךְ הַנֶּגֶב בְּחַיִל גָּדוֹל וּמֶלֶךְ הַנֶּגֶב יִתְגָּרֶה לַמִּלְחָמָה
בְּחַיִל־גָּדוֹל וְעָצוּם עַד־מְאֹד וְלֹא יַעֲמֹד כִּי־יַחְשְׁבוּ עָלָיו מַחֲשָׁבוֹת׃
26 [a]וְאֹכְלֵי [b]פַת־בָּגוֹ[ab] יִשְׁבְּרוּהוּ וְחֵילוֹ יִשְׁטוֹף[c] וְנָפְלוּ חֲלָלִים רַבִּים׃ 26
27 וּשְׁנֵיהֶם הַמְּלָכִים לְבָבָם לְמֵרָע וְעַל־שֻׁלְחָן אֶחָד כָּזָב יְדַבֵּרוּ וְלֹא 27
תִצְלָח כִּי־[a]עוֹד קֵץ לַמּוֹעֵד[a]׃ 28 וְיָשֹׁב אַרְצוֹ בִּרְכוּשׁ גָּדוֹל וּלְבָבוֹ 28
עַל־בְּרִית קֹדֶשׁ וְעָשָׂה וְשָׁב לְאַרְצוֹ׃ 29 לַמּוֹעֵד יָשׁוּב וּבָא 29
בַנֶּגֶב וְלֹא־תִהְיֶה כָרִאשֹׁנָה וְכָאַחֲרֹנָה׃ 30 וּבָאוּ בוֹ צִיִּים כִּתִּים וְנִכְאָה 30
וְשָׁב וְזָעַם עַל־בְּרִית־קוֹדֶשׁ וְעָשָׂה וְשָׁב וְיָבֵן עַל־עֹזְבֵי בְּרִית קֹדֶשׁ׃
31 וּזְרֹעִים מִמֶּנּוּ יַעֲמֹדוּ וְחִלְּלוּ הַמִּקְדָּשׁ הַמָּעוֹז וְהֵסִירוּ הַתָּמִיד וְנָתְנוּ 31
הַשִּׁקּוּץ מְשׁוֹמֵם[a]׃ 32 וּמַרְשִׁיעֵי בְרִית יַחֲנִיף[a] בַּחֲלַקּוֹת[b] וְעַם יֹדְעֵי 32
אֱלֹהָיו יַחֲזִקוּ וְעָשׂוּ׃ 33 וּמַשְׂכִּילֵי עָם יָבִינוּ לָרַבִּים וְנִכְשְׁלוּ בְּחֶרֶב 33
וּבְלֶהָבָה בִּשְׁבִי וּבְבִזָּה יָמִים׃ 34 וּבְהִכָּשְׁלָם יֵעָזְרוּ עֵזֶר מְעָט וְנִלְווּ 34

וישם ק חד מן ו[21] רפי בליש
כד בליש[22]. ל
ד[23]. ב מל
ד[24]. ל
ל. ח[25]
יא ס"פ[26]. ל
ב חד קמ וחד[27] פת. ל
ל. ל
ב. ל
ט[28]. ד. ל
ד. ד. ב[29]
ל. ל
ב[30]
ל זקף קמ[31]. הי[32]
ח[33]. ב[34]. ב מל[35]
ל מל למערב. ג[36]
ב[37]
ב מל בליש. ג מל[31]. ל. ל
ו[38] חס ג[39] מנה בליש. ד. ח[40]
ל. ד[41]. ל

[21] Mm 3131. [22] Mm 1685. [23] Mm 2318. [24] Mm 208. [25] Mm 4080. [26] Okhl 357. [27] וחד כמעט Esr 9,8. [28] Mm 2902. [29] Mm 3270. [30] Mm 3873. [31] Mp sub loco. [32] Mm 976. [33] Mm 777. [34] Dt 9,18. [35] Mp contra textum cf Mp sub loco. [36] Mm 2502. [37] Mm 1429. [38] Mm 2483. [39] Mm 1711. [40] Mm 2903. [41] Mm 3146.

18 [a] 𝔊o′ *(καὶ δώσει)* ut Q וְיָשֵׂם, ℭ וישים cf 19[a] ‖ [b] l c pc Mss לָ׳ ‖ [c–c] crrp ‖ **19** [a] ℭ pc Mss 𝔖 וישם cf 18[a] ‖ **20** [a] ℭ מַעֲמִיד ‖ [b] ℭ הֲדַר ‖ [c] pc Mss 𝔖𝔙 לא ‖ **22** [a] prb l הִשָּׁטֵף ‖ [b–b] l גם (sic c ℭ) —בר ‖ **24** [a–a] prb l וּבשׁ׳ ב׳; al cj בשׁ׳ c 23 ‖ [b–b] dub; dttg ex ויער 25? ‖ **26** [a–a] prb dl וְ et cj c 25 ‖ [b–b] cf 1,5[a–a] ‖ [c] mlt Mss ישטף, 𝔖(𝔙) *ntbdr*, l יִשָּׁטֵף? ‖ **27** [a–a] l עַד חָזוֹן לַמ׳ וְיָפִיחַ לַקֵּץ ut Hab 2,3? ‖ **31** [a] l הַמ׳ vel הַשׁ׳ cf 12,11 ‖ **32** [a] prp —פוּ cf 𝔊𝔙 ‖ [b] 2 Mss —קּוֹת; prp c 2 Mss בחלקלקות ut 21.34 cf 𝔊.

35 עֲלֵיהֶ֛ם רַבִּ֖ים בַּחֲלַקְלַקּֽוֹת׃ 35 וּמִן־הַמַּשְׂכִּילִים֙ יִכָּ֣שְׁל֔וּ לִצְר֥וֹף בָּהֶ֛ם — ב מל[42]. ל מל
36 וּלְבָרֵ֥ר וְלַלְבֵּ֖ן[a] עַד־עֵ֣ת קֵ֑ץ כִּי־ע֖וֹד לַמּוֹעֵֽד׃ 36 וְעָשָׂ֨ה כִרְצוֹנ֜וֹ — ל. ד חס בליש וכל לרצנכם דכות[43]
הַמֶּ֗לֶךְ וְיִתְרוֹמֵ֤ם וְיִתְגַּדֵּל֙ עַל־כָּל־אֵ֔ל[a] וְעַל֙ אֵ֣ל אֵלִ֔ים יְדַבֵּ֖ר נִפְלָא֑וֹת — ל[44]. ו חס בכתיב למערב[45]
37 וְהִצְלִ֙יחַ֙ עַד־כָּ֣לָה זַ֔עַם כִּ֥י נֶחֱרָצָ֖ה נֶעֱשָֽׂתָה׃ 37 וְעַל־אֱלֹהֵ֤י אֲבֹתָיו֙ — ג. ב[46]
לֹ֣א יָבִ֔ין [a]וְעַל־חֶמְדַּ֥ת נָשִׁ֛ים וְעַל־כָּל־אֱל֖וֹהַּ[a] לֹ֣א יָבִ֑ין כִּ֥י עַל־כֹּ֖ל — ד
38 יִתְגַּדָּֽל׃ 38 [a]וְלֶאֱלֹ֣הַּ מָעֻזִּ֔ים[a] עַל־כַּנּ֖וֹ יְכַבֵּ֑ד וְלֶאֱל֜וֹהַּ אֲשֶׁ֧ר לֹא־יְדָעֻ֣הוּ — ב חס בליש[47]. ב. ל חס
39 אֲבֹתָ֗יו יְכַבֵּ֛ד בְּזָהָ֥ב וּבְכֶ֖סֶף וּבְאֶ֥בֶן יְקָרָ֖ה וּבַחֲמֻדֽוֹת׃ 39 וְעָשָׂ֞ה — ל[48]. ל[49]
לְמִבְצְרֵ֤י מָֽעֻזִּים֙ עִם־[a]אֱל֣וֹהַּ נֵכָ֔ר אֲשֶׁ֥ר הִכִּ֛יר[b] יַרְבֶּ֣ה כָב֑וֹד וְהִמְשִׁילָם֙ — ב[50]. יכיר ק וחד מן ז[51] פסוק מן הי מילין ז מכה וז מכה
40 בָּֽרַבִּ֔ים וַאֲדָמָ֖ה יְחַלֵּ֥ק בִּמְחִֽיר׃ 40 וּבְעֵ֣ת קֵ֗ץ יִתְנַגַּ֤ח עִמּוֹ֙ מֶ֣לֶךְ — ז[52]. ח[53]
הַנֶּ֔גֶב וְיִשְׂתָּעֵ֨ר עָלָ֜יו מֶ֣לֶךְ הַצָּפ֗וֹן בְּרֶ֙כֶב֙ וּבְפָ֣רָשִׁ֔ים וּבָאֳנִיּ֖וֹת רַבּ֑וֹת
41 וּבָ֥א בַאֲרָצ֖וֹת וְשָׁטַ֥ף וְעָבָֽר׃ 41 וּבָא֙ בְּאֶ֣רֶץ הַצְּבִ֔י וְרַבּ֖וֹת[a] יִכָּשֵׁ֑לוּ — ב פת בסיפ[54]. יו ר״פ
42 וְאֵ֙לֶּה֙ יִמָּלְט֣וּ מִיָּד֔וֹ אֱד֣וֹם וּמוֹאָ֔ב וְרֵאשִׁ֖ית[b] בְּנֵ֥י עַמּֽוֹן׃ 42 וְיִשְׁלַ֥ח יָד֖וֹ — ו[55]. ב[56]
43 בַּאֲרָצ֑וֹת[a] וְאֶ֣רֶץ מִצְרַ֔יִם לֹ֥א תִהְיֶ֖ה לִפְלֵיטָֽה׃ 43 וּמָשַׁ֗ל בְּמִכְמַנֵּי֙ — ב פת בסיפ[54]. ג[57]. ל
הַזָּהָ֣ב וְהַכֶּ֔סֶף וּבְכֹ֖ל חֲמֻד֣וֹת מִצְרָ֑יִם וְלֻבִ֥ים וְכֻשִׁ֖ים בְּמִצְעָדָֽיו׃ — ל חס. ב
44 וּשְׁמֻע֣וֹת יְבַהֲלֻ֔הוּ מִמִּזְרָ֖ח וּמִצָּפ֑וֹן וְיָצָא֙ בְּחֵמָ֣א גְדֹלָ֔ה לְהַשְׁמִ֥יד — ג חס בליש[58]. ל כת א
45 וּֽלְהַחֲרִ֖ים רַבִּֽים׃ 45 וְיִטַּע֙[a] אָהֳלֵ֣י[b] אַפַּדְנ֔וֹ בֵּ֥ין יַמִּ֖ים[c] לְהַר־צְבִי־ — ל. ג[59] ליש מפק פ ול בליש
קֹ֑דֶשׁ וּבָא֙ עַד־קִצּ֔וֹ וְאֵ֥ין עוֹזֵ֖ר לֽוֹ׃ — ג. ו[60]. ה מל

12 1 וּבָעֵ֣ת הַהִ֡יא יַעֲמֹד֩ מִיכָאֵ֨ל הַשַּׂ֜ר הַגָּד֗וֹל — ח[1]. ד פת[2]
הָעֹמֵד֙ עַל־בְּנֵ֣י עַמֶּ֔ךָ וְהָיְתָה֙ עֵ֣ת צָרָ֔ה
אֲשֶׁ֣ר לֹא־נִהְיְתָ֗ה מִהְי֥וֹת גּ֖וֹי עַ֣ד הָעֵ֣ת הַהִ֑יא
וּבָעֵ֤ת הַהִיא֙ יִמָּלֵ֣ט עַמְּךָ֔ כָּל־הַנִּמְצָ֖א כָּת֥וּב בַּסֵּֽפֶר׃ — ח[1]. יג[3]
2 וְרַבִּ֕ים מִיְּשֵׁנֵ֥י [a]אַדְמַת־עָפָ֖ר[a] יָקִ֑יצוּ — ו[4]. ל

[42] Mm 4241. [43] Mm 3874 contra textum. [44] Mm 471 א. [45] Mm 879. [46] Mm 3875. [47] Cf Dt 33,17 et Mp sub loco. [48] Mm 1365. [49] Mm 1783. [50] Mp sub loco. [51] Mm 1594. [52] Mm 1705. [53] Mm 1862. [54] Mm 3876. [55] Mm 1157. [56] Mm 3877. [57] Mm 3871. [58] Mm 1727. [59] Mm 3814. [60] Mm 2129. **Cp 12** [1] Mm 1482. [2] Mm 3103. [3] Mm 3044. [4] Mm 4248.

35 [a] ex *וּלְהַלְבֵּן; prp וּלְלַבֵּן ‖ **36** [a] ℭ אֱלָהּ ‖ **37** [a–a] > 2 Mss 𝔊^o', add? ‖ **38** [a–a] 𝔊^θ'(ο εβρ' 𝔙) *καὶ θεὸν μαωζιν*, 𝔊^o' sec Hier *(et) deum fortissimum* cf α', 𝔖 *'lh' 'šjn'* ‖ **39** [a] 𝔊 *μετά* = 𝔐, sed l עַם (ועשה ... עם = et collocabit ... copias)? ‖ [b] K הִכִּיר, ℭ ut Q יַכִּיר ‖ **41** [a] σ' sec Hier *et multa millia*, l 'וְר cf 12[b] ‖ [b] 𝔖 *wšrk'*, l וּשְׁאֵרִית? ‖ **42** [a] pc Mss 'בָ ‖ **45** [a] prp וִיטֶּה ‖ [b] sic L, mlt Mss Edd לִי– ‖ [c] 𝔖 *jm'* = הַיָּם ‖ **Cp 12,2** [a–a] 𝔊^o' *ἐν τῷ πλάτει τῆς γῆς*, 𝔊^θ'(𝔙) *ἐν γῆς χώματι* = 𝔐 cf akk *bīt epri*.

אֵלֶּה לְחַיֵּי עוֹלָם וְאֵלֶּה לַחֲרָפוֹת[b] לְדִרְאוֹן עוֹלָם׃ ס
3 וְהַמַּשְׂכִּלִים יַזְהִרוּ כְּזֹהַר הָרָקִיעַ
וּמַצְדִּיקֵי הָרַבִּים כַּכּוֹכָבִים לְעוֹלָם וָעֶד׃ פ
4 וְאַתָּה דָנִיֵּאל סְתֹם הַדְּבָרִים וַחֲתֹם הַסֵּפֶר עַד־עֵת קֵץ יְשֹׁטְטוּ[a]
רַבִּים וְתִרְבֶּה הַדָּעַת[b]׃
5 וְרָאִיתִי אֲנִי דָנִיֵּאל וְהִנֵּה שְׁנַיִם אֲחֵרִים עֹמְדִים אֶחָד הֵנָּה
6 לִשְׂפַת הַיְאֹר וְאֶחָד הֵנָּה לִשְׂפַת הַיְאֹר׃ 6 וַיֹּאמֶר[a] לָאִישׁ לְבוּשׁ
7 הַבַּדִּים אֲשֶׁר מִמַּעַל לְמֵימֵי הַיְאֹר עַד־מָתַי קֵץ הַפְּלָאוֹת׃ 7 וָאֶשְׁמַע
אֶת־הָאִישׁ ׀ לְבוּשׁ הַבַּדִּים אֲשֶׁר מִמַּעַל לְמֵימֵי הַיְאֹר וַיָּרֶם יְמִינוֹ
וּשְׂמֹאלוֹ אֶל־הַשָּׁמַיִם וַיִּשָּׁבַע בְּחֵי הָעוֹלָם כִּי לְמוֹעֵד מוֹעֲדִים וָחֵצִי
8 וּכְכַלּוֹת[a] נַפֵּץ[b] יַד־עַם־[b]קֹדֶשׁ תִּכְלֶינָה כָל־אֵלֶּה׃ 8 וַאֲנִי
9 שָׁמַעְתִּי וְלֹא אָבִין וָאֹמְרָה אֲדֹנִי מָה אַחֲרִית אֵלֶּה׃ פ 9 וַיֹּאמֶר
10 לֵךְ דָּנִיֵּאל כִּי־סְתֻמִים וַחֲתֻמִים הַדְּבָרִים עַד־עֵת קֵץ׃ 10 יִתְבָּרְרוּ
וְיִתְלַבְּנוּ וְיִצָּרְפוּ[a] רַבִּים וְהִרְשִׁיעוּ רְשָׁעִים וְלֹא יָבִינוּ כָּל־רְשָׁעִים
11 וְהַמַּשְׂכִּלִים יָבִינוּ׃ 11 וּמֵעֵת[a] הוּסַר הַתָּמִיד וְלָתֵת[b] שִׁקּוּץ שֹׁמֵם
12 יָמִים אֶלֶף מָאתַיִם וְתִשְׁעִים׃ 12 אַשְׁרֵי הַמְחַכֶּה וְיַגִּיעַ לְיָמִים אֶלֶף
13 שְׁלֹשׁ מֵאוֹת שְׁלֹשִׁים וַחֲמִשָּׁה׃ 13 וְאַתָּה לֵךְ לַקֵּץ[a] וְתָנוּחַ וְתַעֲמֹד
לְגֹרָלְךָ לְקֵץ הַיָּמִין׃

ג[5]. ב. ל
ל ומל. ט[6]
ל וחס. ב חד חס וחד מל[7]
יב[8]
ב בסיפ. ב בסיפ[9]. לב[10]
ב[9]. ל ומל
ב. ח[11]
ה[12]. ל. ו רפ[13]. ל
ל. ל. סז ר״פ. לג מנה בכתיב. ב[14]
ד[15]
ל. ל. ל
ל. ל. ב. ג
ב ור״פ. ב. ח[16]. ב מל בליש. כל חס
ל. ל
ל. ב. ל. ל
ל וחס

סכום הפסוקים של ספר
שלש מאות וחמשים
ושבעה:
שנז
וחציו אדון גבריא אלך[17]
וסדרים ז

[5] Mm 3878. [6] Mm 478. [7] Mm 3074. [8] Mm 445. [9] Mp sub loco. [10] Mm 319. [11] Mm 1573. [12] Mm 1923. [13] Mm 613. [14] Gn 41,15. [15] Mm 3879. [16] Mm 601. [17] Da 6,12, cf Mp sub loco.

2 [b] gl ad vb sq, dl ‖ **4** [a] prp יש׳ vel יָסוּטוּ deficient ‖ [b] prp הָרָעַת vel הָרָעָה ‖ **6** [a] 𝔊^{o'AQL}𝔙 1 sg, prp וָאֹמַר, sed cf ואשמע 7 ‖ **7** [a] l וְכִכְלוֹת? ‖ [b–b] l יד נֹפֵץ ‖ **10** [a] ℭ ויתצ׳ ‖ **11** [a] 11.12 add ‖ [b] 𝔊^{θ'} *καὶ δοθήσεται*, prp וְנִתַּן ‖ **13** [a] > 𝔊, dl.

ESRA NEHEMIA עזרא נחמיה

סׄ 1 ¹ וּבִשְׁנַת אַחַת לְכוֹרֶשׁ מֶלֶךְ פָּרַס לִכְלוֹת דְּבַר־יְהוָה מִפִּי[a]
יִרְמְיָה הֵעִיר יְהוָה אֶת־רוּחַ כֹּרֶשׁ מֶלֶךְ־פָּרַס וַיַּעֲבֶר־קוֹל בְּכָל־
2 מַלְכוּתוֹ וְגַם־בְּמִכְתָּב לֵאמֹר׃ ² כֹּה אָמַר כֹּרֶשׁ מֶלֶךְ פָּרַס כֹּל
מַמְלְכוֹת הָאָרֶץ נָתַן לִי [a]יְהוָה אֱלֹהֵי הַשָּׁמָיִם[a] וְהוּא־פָקַד עָלַי
3 לִבְנוֹת־לוֹ בַיִת בִּירוּשָׁלַםִ אֲשֶׁר בִּיהוּדָה׃ ³ מִי־בָכֶם מִכָּל־עַמּוֹ יְהִי[a]
אֱלֹהָיו עִמּוֹ וְיַעַל לִירוּשָׁלַםִ אֲשֶׁר בִּיהוּדָה וְיִבֶן אֶת־בֵּית יְהוָה אֱלֹהֵי
4 יִשְׂרָאֵל הוּא הָאֱלֹהִים אֲשֶׁר בִּירוּשָׁלָםִ׃ ⁴ וְכָל־הַנִּשְׁאָר מִכָּל־
הַמְּקֹמוֹת אֲשֶׁר הוּא גָר־שָׁם יְנַשְּׂאוּהוּ אַנְשֵׁי מְקֹמוֹ בְּכֶסֶף וּבְזָהָב
וּבִרְכוּשׁ[a] וּבִבְהֵמָה עִם־הַנְּדָבָה לְבֵית הָאֱלֹהִים אֲשֶׁר בִּירוּשָׁלָםִ׃
5 וַיָּקוּמוּ רָאשֵׁי הָאָבוֹת לִיהוּדָה וּבִנְיָמִן וְהַכֹּהֲנִים וְהַלְוִיִּם
לְכֹל הֵעִיר הָאֱלֹהִים אֶת־רוּחוֹ לַעֲלוֹת לִבְנוֹת אֶת־בֵּית יְהוָה אֲשֶׁר
6 בִּירוּשָׁלָםִ׃ ⁶ וְכָל־סְבִיבֹתֵיהֶם חִזְּקוּ בִידֵיהֶם[a] [b]בִּכְלֵי־כֶסֶף[b] בַּזָּהָב
בָּרְכוּשׁ[c] וּבַבְּהֵמָה וּבַמִּגְדָּנוֹת לְבַד[d] עַל־כָּל־הִתְנַדֵּב׃ ס
7 וְהַמֶּלֶךְ כּוֹרֶשׁ הוֹצִיא אֶת־כְּלֵי בֵית־יְהוָה אֲשֶׁר הוֹצִיא[a] נְבוּכַדְנֶצַּר
8 מִירוּשָׁלַםִ וַיִּתְּנֵם בְּבֵית אֱלֹהָיו׃ ⁸ וַיּוֹצִיאֵם כּוֹרֶשׁ מֶלֶךְ פָּרַס עַל־
יַד מִתְרְדָת הַגִּזְבָּר וַיִּסְפְּרֵם לְשֵׁשְׁבַּצַּר[a] הַנָּשִׂיא לִיהוּדָה׃
9 וְאֵלֶּה מִסְפָּרָם אֲגַרְטְלֵי[a] זָהָב שְׁלֹשִׁים אֲגַרְטְלֵי־כֶסֶף אָלֶף מַחֲלָפִים[b]
10 תִּשְׁעָה וְעֶשְׂרִים׃ ס ¹⁰ כְּפוֹרֵי זָהָב שְׁלֹשִׁים כְּפוֹרֵי כֶסֶף מִשְׁנִים[a]

י ט מנה ר״פ[1]
ה[2]. ב חס. ט[3] ב מנה בליש
ב וחד מן יא[4] ס״פ. ב חס
ו[5]. ג קמ בסיפ
ה[6]
ז רפי[7]. ל
ד. ל ומל. ו[8] חס בליש וכל אורית ואיוב דכות ב מ ב. הי[9]. ג[10]
ל. מח ג[11] מנה בליש
ט מל[12]. עה. ח[13]
ה[2] יד[14] וכל אורית ויהושע דכות ב מ ג. ל
ד[15]. ל
ל. ל
ל ור״פ
ב[16]
ב. ל. ל. ב. ל
ב. ב. ל זקף קמ

Cp 1 [1]Mm 3789. [2]Mm 2363. [3]Mm 57. [4]Okhl 357. [5]Mm 3880. [6]Mp sub loco. [7]Mm 437. [8]Mm 489. [9]Mm 158. [10]Mm 1365. [11]Mm 3881. [12]Mm 1663. [13]Mm 1199. [14]Mm 1523. [15]Mm 1452. [16]Mm 3023.

Designat in sq 𝔊 = *Εσδρας β* = Esr + Neh, 𝔊α = *Εσδρας α* = 3 Esr.
Cp 1,1 [a] 2 Ch 36,22 et 𝔊α 2,1 בְּפִי ‖ **2** [a–a] cf 2 Ch 36,23[a–a] ‖ **3** [a] 2 Ch 36,23 יהוה ‖ **4** [a] 𝔊α 2,4 *μεθ' ἵππων* = בְּרֶכֶשׁ ‖ **6** [a] Ms ידיהם ‖ [b–b] 𝔊α 2,6 *ἐν πᾶσιν, ἀργυρίῳ*, l בַּכֹּל בַּכֶּסֶף ‖ [c] cf 4[a] ‖ [d] 𝔊α(𝔖) *ὡς πλείσταις*, l לָרֹב ‖ **7** [a] prp הֵבִיא cf 𝔊𝔊α𝔙 ‖ **8** [a] pc Mss Edd לשׁ׳, mlt var nominis in 𝔊𝔊α ‖ **9** [a] 𝔊α 2,9 1000 ‖ [b] 𝔊* *παρηλλαγμένα*, l מָחֶ׳ = mutanda = gl ‖ **10** [a] 𝔊α 2,10 2000, 𝔊[BAal] crrp; l מִשְׁנִים = mutanda cf 9[b].

11 אַרְבַּע מֵאוֹת וַעֲשָׂרָה כֵּלִים אֲחֵרִים אָלֶף׃ ס 11 כָּל־כֵּלִים ל̇ . ל̇ . ל̇
לַזָּהָב וְלַכֶּסֶף [a]חֲמֵשֶׁת אֲלָפִים וְאַרְבַּע מֵאוֹת[a] הַכֹּל הֶעֱלָה שֵׁשְׁבַּצַּר ב̇
2 עִם הֵעָלוֹת[b] הַגּוֹלָה מִבָּבֶל לִירוּשָׁלָםִ׃ פ 2 1 [a]וְאֵלֶּה ׀ בְּנֵי ב̇ ומל . יג̇[1]
הַמְּדִינָה הָעֹלִים מִשְּׁבִי הַגּוֹלָה אֲשֶׁר הֶגְלָה נְבוּכַדְנֶצּוּר[b] מֶלֶךְ־בָּבֶל יא̇ זוגין דמטע בטע̇[2] . נבוכדנצר[3] חד מן ב̇[4] ק̇ יתיר ו
2 לְבָבֶל וַיָּשׁוּבוּ לִירוּשָׁלַםִ וִיהוּדָה אִישׁ לְעִירוֹ׃ 2 אֲשֶׁר־בָּאוּ עִם־ ל̇[5] . ה̇ שובה לירושלם[6]
זְרֻבָּבֶל יֵשׁוּעַ נְחֶמְיָה שְׂרָיָה[a] רְעֵלָיָה[b] מָרְדֳּכַי בִּלְשָׁן[c] מִסְפָּר[d] בִּגְוַי ב̇ . ל̇ שם ברנש . ל̇[5]
רְחוּם[e] בַּעֲנָה[f]
3 מִסְפַּר אַנְשֵׁי עַם יִשְׂרָאֵל׃[g] ס 3 בְּנֵי פַרְעֹשׁ אַלְפַּיִם מֵאָה ב̇
4 שִׁבְעִים וּשְׁנָיִם׃ ס 4 בְּנֵי שְׁפַטְיָה שְׁלֹשׁ מֵאוֹת שִׁבְעִים וּשְׁנָיִם׃
5
6 ס 5 בְּנֵי אָרַח [a]שְׁבַע מֵאוֹת חֲמִשָּׁה וְשִׁבְעִים׃[a] ס 6 בְּנֵי־
פַחַת מוֹאָב לִבְנֵי [a]יֵשׁוּעַ יוֹאָב [b]אַלְפַּיִם שְׁמֹנֶה מֵאוֹת וּשְׁנֵים עָשָׂר׃[b] ל̇ . ח̇ זוגין מחליפין[7]
7
8 ס 7 בְּנֵי עֵילָם אֶלֶף מָאתַיִם חֲמִשִּׁים וְאַרְבָּעָה׃ ס 8 בְּנֵי ז̇[8]
9 זַתּוּא [a]תְּשַׁע מֵאוֹת וְאַרְבָּעִים וַחֲמִשָּׁה׃[a] ס 9 בְּנֵי זַכָּי[a] שְׁבַע מֵאוֹת ב̇
10 וְשִׁשִּׁים׃[b] ס 10 בְּנֵי בָנִי[a] שֵׁשׁ מֵאוֹת אַרְבָּעִים וּשְׁנָיִם׃[b] ס
11
12 11 בְּנֵי בֵבָי [a]שֵׁשׁ מֵאוֹת עֶשְׂרִים וּשְׁלֹשָׁה׃[a] ס 12 בְּנֵי עַזְגָּד [a]אֶלֶף[b] ב̇ . ב̇ זקף קמ̇ . ז̇[8]
13 מָאתַיִם עֶשְׂרִים וּשְׁנָיִם׃[a] ס 13 בְּנֵי אֲדֹנִיקָם [a]שֵׁשׁ מֵאוֹת שִׁשִּׁים
14
15 וְשִׁשָּׁה׃[a] ס 14 בְּנֵי בִגְוָי [a]אַלְפַּיִם חֲמִשִּׁים וְשִׁשָּׁה׃[a] ס 15 בְּנֵי
16 עָדִין [a]אַרְבַּע מֵאוֹת חֲמִשִּׁים וְאַרְבָּעָה׃[a] ס 16 בְּנֵי־אָטֵר לִיחִזְקִיָּה[a] ל̇[9]
17 [b]תִּשְׁעִים וּשְׁמֹנָה׃[b] ס 17 [a]בְּנֵי בֵצָי שְׁלֹשׁ מֵאוֹת עֶשְׂרִים וּשְׁלֹשָׁה׃[b] ב̇ זקף קמ̇

Cp 2 [1]Mm 984. [2]Mm 794. [3]Mp sub loco. [4]Mm 3882. [5]Mm 3883. [6]Mm 3963. [7]Mm 3964. [8]Mm 3884. [9]Mm 3886.

11 [a–a] numerus mendosus (𝔊α 2,11 5469) ‖ [b] prp הַעֲ' ‖ **Cp 2,1** [a] cp 2 = Neh 7, 6–73a = 𝔊α 5,7–45 ‖ [b] Neh ut Q ־צַּר, K ־צּוֹר ‖ **2** [a] Neh עֲזַרְיָה, 𝔊α *Ζαραιου* ‖ [b] Neh רַעַמְיָה, 𝔊α *Ρησαιου*; 𝔊α + *Ενηνιος*, ins c Neh נַחֲמָנִי ‖ [c] 𝔊α *Βεελσαρου* ‖ [d] Neh מִסְפֶּרֶת, 𝔊α *Ασφαρασου*; l מִסְפָּר vel מִסְפֶּרֶת? ‖ [e] Neh נְחוּם, 𝔊α[A] *Ρομελιου* ‖ [f] 𝔊α + *τῶν προηγουμένων αὐτῶν* ‖ [g] 𝔊α *καὶ οἱ προηγούμενοι αὐτῶν* ‖ **5** [a–a] Neh 652, 𝔊α 756 ‖ **6** [a] l c Neh 𝔊α𝔖 וְי' ‖ [b–b] Neh 2818, 𝔊α[B] 2802 ‖ **8** [a–a] Neh 845, 𝔊α[B] 970 ‖ **9** [a] 𝔊α *Χορβε* ex *Ζοββει* = זַבַּי cf Neh 3,20 ‖ [b] 𝔊α 5 ‖ **10** [a] Neh et 𝔊 בִּנּוּי ‖ [b] Neh 𝔊α 8 ‖ **11** [a–a] Neh 628, 𝔊α[B] 633 ‖ **12** [a–a] Neh 2322, 𝔊α[B] 1322, 𝔊[A] 3622, 𝔊[Vmin] 3322 ‖ [b] l אַלְפַּיִם (מ hpgr) ‖ **13** [a–a] Neh 667, 𝔊α[B] 37, 𝔊[A] 647 ‖ **14** [a–a] Neh 2067, 𝔊α 2066, 𝔊[Bmin] 2606 ‖ **15** [a–a] Neh 655 ‖ **16** [a] Neh לְחִ' ‖ [b–b] 𝔊α 92 (> 𝔊[B]); 𝔊α + *υἱοὶ Κιλαν καὶ Αζητας* 67 (crrp ex *υἱοὶ Αιλαμ αχηρ* 1267 = Esr 2,31), *υἱοὶ Αζουρου* 432, *υἱοὶ Αννιας* (ex *Αυδιας*) 101, ins (propter Neh 10,18sq) בְּנֵי עַזּוּר אַרְבַּע מֵאוֹת שְׁלֹשִׁים וּשְׁנַיִם בְּנֵי הוֹדְוִיָּה מֵאָה וְאֶחָד ‖ **17** [a] huc tr 19 cf Neh 𝔊α ‖ [b] Neh 4.

18 ס   בְּנֵי יוֹרָהֿ מֵאָה וּשְׁנֵים עָשָׂר׃ 19 בְּנֵי חָשֻׁם מָאתַיִם ‏10

20 עֶשְׂרִים וּשְׁלֹשָׁה׃ ס   20 בְּנֵי גִבָּר תִּשְׁעִים וַחֲמִשָּׁה׃ ס ‏10

21 בְּנֵי בֵית־לֶחֶם מֵאָה עֶשְׂרִים וּשְׁלֹשָׁה׃ ס   22 אַנְשֵׁי נְטֹפָה   ‏10. ב זקף קמ וכל אתנח וס״פ דכות. כל חס

23 חֲמִשִּׁים וְשִׁשָּׁה׃ 23 אַנְשֵׁי עֲנָתוֹת מֵאָה עֶשְׂרִים וּשְׁמֹנָה׃

24 ס   24 בְּנֵי עַזְמָוֶת אַרְבָּעִים וּשְׁנָיִם׃ 25 בְּנֵי קִרְיַת עָרִים   ‏11. לי. ב׳‏12

26 כְּפִירָה וּבְאֵרוֹת שְׁבַע מֵאוֹת וְאַרְבָּעִים וּשְׁלֹשָׁה׃ ס 26 בְּנֵי

27 הָרָמָה וָגָבַע שֵׁשׁ מֵאוֹת עֶשְׂרִים וְאֶחָד׃ ס   27 אַנְשֵׁי מִכְמָס   ב זקף קמ. ב כח ס

28 מֵאָה עֶשְׂרִים וּשְׁנָיִם׃ ס 28 אַנְשֵׁי בֵית־אֵל וְהָעָי מָאתַיִם   ב זקף קמ

29 עֶשְׂרִים וּשְׁלֹשָׁה׃ ס 29 בְּנֵי נְבוֹ חֲמִשִּׁים וּשְׁנָיִם׃ 30 בְּנֵי

31 מַגְבִּישׁ מֵאָה חֲמִשִּׁים וְשִׁשָּׁה׃ 31 בְּנֵי עֵילָם אַחֵר אֶלֶף   ב‏13.

32 מָאתַיִם חֲמִשִּׁים וְאַרְבָּעָה׃ ס 32 בְּנֵי חָרִם שְׁלֹשׁ מֵאוֹת וְעֶשְׂרִים׃

33 ס 33 בְּנֵי־לֹד חָדִיד וְאוֹנוֹ שְׁבַע מֵאוֹת עֶשְׂרִים וַחֲמִשָּׁה׃ ‏10

34 ס 34 בְּנֵי יְרֵחוֹ שְׁלֹשׁ מֵאוֹת אַרְבָּעִים וַחֲמִשָּׁה׃ ס

35 בְּנֵי סְנָאָה שְׁלֹשֶׁת אֲלָפִים וְשֵׁשׁ מֵאוֹת וּשְׁלֹשִׁים׃ ס

36 הַכֹּהֲנִים בְּנֵי יְדַעְיָה לְבֵית יֵשׁוּעַ תְּשַׁע מֵאוֹת שִׁבְעִים וּשְׁלֹשָׁה׃   גר״פ

37 ס 37 בְּנֵי אִמֵּר אֶלֶף חֲמִשִּׁים וּשְׁנָיִם׃ ס 38 בְּנֵי פַשְׁחוּר

39 אֶלֶף מָאתַיִם אַרְבָּעִים וְשִׁבְעָה׃ ס 39 בְּנֵי חָרִם אֶלֶף וְשִׁבְעָה   ‏10. ל‏13.

עָשָׂר׃ ס

40 הַלְוִיִּם בְּנֵי־יֵשׁוּעַ וְקַדְמִיאֵל לִבְנֵי הוֹדַוְיָה שִׁבְעִים וְאַרְבָּעָה׃ ס   גר״פ בסיפ. לי‏11

¹⁰Mm 3885.   ¹¹Mm 3886.   ¹²Mm 1345.   ¹³Mm 3884.

18 ᵃ Neh חָרִיף ut Neh 10,20, 𝔊ᵃ Αρσιφουριθ ex Αριφου ριθ (= 119) ‖ **19** ᵃ cf 17ᵃ ‖ ᵇ 𝔊ᵃ Αρομ ex Ασομ ‖ ᶜ⁻ᶜ Neh 328; > 𝔊ᵃ ‖ **20** ᵃ Neh גִּבְעוֹן, 𝔊ᵃ Βαιτηρους (= בֵּית תֵּר ?; aut ex Γαβηρους = גבר?); si nom loci, l אַנְשֵׁי pro בני ‖ ᵇ⁻ᵇ 𝔊ᵃ 3005 ‖ **21/22** ᵃ⁻ᵃ Neh אַנְשֵׁי בֵית־לֶחֶם וּנְטֹפָה מֵאָה שְׁמֹנִים וּשְׁמֹנָה ᵇ l c Neh אַנְשֵׁי ᶜ 𝔊ᵃ 5 ‖ **23** ᵃ⁻ᵃ 𝔊ᵃ 158 ‖ **24** ᵃ l c Neh 𝔊ᵃ בֵית־ ‖ **25** ᵃ l c Neh 𝔊ᵃ אַנְשֵׁי ‖ ᵇ l c mlt Mss Neh 𝔊𝔊ᵃ יְעָ‎; 𝔊ᵃ + 25 ‖ ᶜ 𝔊ᵃ + οι Χαδιασαι και Αμμιδιοι 422 ‖ **26** ᵃ ut 25ᵃ ‖ **27** ᵃ nonn Mss מַשׁ— ‖ **28/29** ᵃ⁻ᵃ > 𝔊ᵃ ‖ ᵇ⁻ᵇ Neh 123 ‖ ᶜ⁻ᶜ Neh אַנְשֵׁי נְבוֹ אַחֵר ‖ **30** ᵃ v 30 > Neh ‖ ᵇ 𝔊ᵃ Νιφις, 𝔊ᴬ Φινις ‖ **31** ᵃ⁻ᵃ 𝔊ᵃ Καλαμωλαλου (-ωκαλου) ex Αιλαμου αλλου; 𝔊ᵃ om sq usque ad חדיד 33 ‖ **33** ᵃ Neh huc tr 34 ‖ ᵇ l אַנְשֵׁי ‖ ᶜ Neh 1 ‖ **34** ᵃ ut 33ᵇ ‖ ᵇ⁻ᵇ 𝔊ᵃᴮ 245 ‖ **35** ᵃ⁻ᵃ Neh 3930, 𝔊ᵃᴬⱽᵐⁱⁿ 3330, 𝔊ᴮ 3301 ‖ **36** ᵃ 𝔊ᵃ + εις τους υιους Ανασιβ (Σαναβις) ‖ ᵇ⁻ᵇ 𝔊ᵃᴮ 872, 𝔊ᵃᴬⱽᵐⁱⁿ 972 ‖ **37** ᵃ 𝔊ᵃᴮ 200 ‖ **39** ᵃ ut 37ᵃ ‖ **40** ᵃ l c Neh 𝔊ᵃᴮ לְקָ ‖ ᵇ l aut בְּנוּי (cf 𝔊ᵃ) aut בְּנֵי (ל dttg) ‖ ᶜ Neh לְהוֹדַוְיָה, 𝔊ᵃ και Σουδιου (ex Ουδιου).

41 ⁴¹ הַֽמְשֹׁרְרִ֑ים בְּנֵ֣י אָסָ֔ף [a]מֵאָ֖ה עֶשְׂרִ֥ים וּשְׁמֹנָֽה[a]׃ פ
42 ⁴² בְּנֵ֣י[a] הַשֹּׁעֲרִ֗ים בְּנֵֽי־שַׁלּ֤וּם בְּנֵֽי־אָטֵר֙ בְּנֵֽי־טַלְמ֔וֹן בְּנֵֽי־עַקּ֖וּב בְּנֵ֣י
חֲטִיטָ֑א בְּנֵ֣י שֹׁבָ֔י הַכֹּ֕ל מֵאָ֖ה שְׁלֹשִׁ֥ים וְתִשְׁעָֽה[b]׃ פ ב̇ וחס
43 44 ⁴³ הַנְּתִינִ֑ים בְּנֵֽי־צִיחָ֥א[a] בְנֵֽי־חֲשׂוּפָ֖א בְּנֵ֥י טַבָּעֽוֹת׃ ⁴⁴ בְּנֵֽי־קֵרֹ֛ס ג̇ בליש . ג̇ . ז̇ מל
45 46 בְּנֵֽי־סִֽיעֲהָ֖א[a] בְּנֵ֥י פָדֽוֹן׃ ⁴⁵ בְּנֵֽי־לְבָנָ֥ה בְנֵֽי־חֲגָבָ֖ה [a]בְּנֵ֥י עַקּֽוּב[a]׃ ⁴⁶ [a]בְּנֵֽי־ ל̇ כת̇ ה[14]
47 48 חָגָ֥ב[a] בְּנֵֽי־שַׁמְלַ֖י[b] בְּנֵ֥י חָנָֽן׃ ⁴⁷ בְּנֵֽי־גִדֵּ֥ל בְּנֵֽי־גַ֖חַר בְּנֵ֥י רְאָיָֽה׃ ⁴⁸ בְּנֵֽי־ שלמי ק . ב̇ חד פת̇ וחד קמ̇
49 50 רְצִ֥ין בְּנֵֽי־נְקוֹדָ֖א בְּנֵ֥י גַזָּֽם[a]׃ ⁴⁹ בְּנֵֽי־עֻזָּ֥א בְנֵֽי־פָסֵ֖חַ[a] בְּנֵ֥י בֵסָֽי׃ ⁵⁰ [a]בְּנֵֽי־
51 אַסְנָ֥ה[a] בְנֵֽי־מְעִינִ֖ים[b] בְּנֵ֥י נְפִיסִֽים[c]׃ ⁵¹ בְּנֵֽי־בַקְבּ֥וּק בְּנֵֽי־חֲקוּפָ֖א בְּנֵ֥י מעונים ק . נפוסים ק[15] ול̇[16] בליש . ב̇
52 53 חַרְחֽוּר[a]׃ ⁵² בְּנֵֽי־בַצְל֥וּת[a] בְּנֵֽי־מְחִידָ֖א[b] בְּנֵ֥י חַרְשָֽׁא׃ ⁵³ בְּנֵֽי־בַרְק֥וֹס ל̇[14] . ב̇
54 בְּנֵֽי־סִֽיסְרָ֖א בְּנֵי־תָֽמַח׃ ⁵⁴ בְּנֵ֥י נְצִ֖יחַ בְּנֵ֥י חֲטִיפָֽא׃
55 ⁵⁵ בְּנֵ֖י עַבְדֵ֣י שְׁלֹמֹ֑ה [a]בְּנֵֽי־סֹטַ֥י[a] בְּנֵֽי־הַסֹּפֶ֖רֶת[b] בְּנֵ֥י פְרוּדָֽא[c]׃ ב̇ חד חס̇ וחד מל̇ . ל̇ . ל̇[14]
56 57 ⁵⁶ בְּנֵֽי־יַעְלָ֥ה[a] בְנֵֽי־דַרְק֖וֹן בְּנֵ֥י גִדֵּֽל׃ ⁵⁷ בְּנֵ֧י שְׁפַטְיָ֛ה בְּנֵֽי־חַטִּ֥יל בְּנֵ֛י ב̇ חד כת̇ ה וחד כת̇ א
58 פֹּכֶ֥רֶת הַצְּבָיִ֖ים[a] בְּנֵ֥י אָמִֽי[b]׃ ⁵⁸ כָּל־הַנְּתִינִ֔ים וּבְנֵ֖י עַבְדֵ֣י שְׁלֹמֹ֑ה שְׁלֹ֥שׁ ל̇[14]
59 מֵא֖וֹת תִּשְׁעִ֥ים[a] וּשְׁנָֽיִם׃ ס ⁵⁹ וְאֵ֨לֶּה הָעֹלִ֜ים מִתֵּ֤ל מֶ֙לַח֙ תֵּ֣ל
חַרְשָׁ֔א[a] כְּר֥וּב אַדָּ֖ן[b] אִמֵּ֑ר[c] וְלֹ֣א יָֽכְל֗וּ לְהַגִּ֤יד בֵּית־אֲבוֹתָם֙ וְזַרְעָ֔ם ל̇[14] . ל̇ קמ̇
60 אִ֥ם מִיִּשְׂרָאֵ֖ל הֵֽם׃ ⁶⁰ בְּנֵֽי־דְלָיָ֥ה בְנֵֽי־טוֹבִיָּ֖ה בְּנֵ֣י נְקוֹדָ֑א שֵׁ֥שׁ מֵא֖וֹת אם האם ואם כן בטע̇[17] ב̇[18] מנה בליש ובסיפ̇ . יב̇ ס״פ[19] . ג̇
61 חֲמִשִּׁ֥ים[a] וּשְׁנָֽיִם׃ ס ⁶¹ וּמִבְּנֵי֙[a] הַכֹּ֣הֲנִ֔ים בְּנֵ֥י חֳבַיָּ֖ה בְּנֵ֣י הַקּ֑וֹץ בְּנֵ֣י
בַרְזִלַּ֗י[b] אֲשֶׁ֨ר לָקַ֜ח[c] מִבְּנ֨וֹת בַּרְזִלַּ֤י הַגִּלְעָדִי֙[d] אִשָּׁ֔ה[e] וַיִּקָּרֵ֖א עַל־שְׁמָֽם[f]׃ ג̇ סביר̇ לאשה . ה̇[20]
62 ⁶² אֵ֗לֶּה בִּקְשׁ֧וּ כְתָבָ֛ם[a] הַמִּתְיַחְשִׂ֖ים וְלֹ֣א נִמְצָ֑אוּ[b] וַיְגֹֽאֲל֖וּ מִן־הַכְּהֻנָּֽה׃ ד̇ ר״פ בסיפ̇ . ל̇[14] . ב̇[21]
63 ⁶³ וַיֹּ֤אמֶר הַתִּרְשָׁ֙תָא֙[a] לָהֶ֔ם אֲשֶׁ֥ר לֹא־יֹאכְל֖וּ מִקֹּ֣דֶשׁ[b] הַקֳּדָשִׁ֑ים עַ֛ד

[14]Mm 3886. [15]Mm 832. [16]Mm 3886 et Mm 3966. [17]Mm 3887. [18]Mp sub loco. [19]Mm 294. [20]Mm 1806. [21]Neh 7,64.

41 [a–a] Neh 𝔊α[AVmin] 148 ‖ **42** [a] > Neh 𝔊α, dl ‖ [b] Neh 8 ‖ **43** [a] 𝔊 *Σουια* vel sim = **צוּחָא**, 𝔊α *Ησαυ* ‖ **44** [a] l c Neh **סִיעָא**; 𝔊α *Σου(σ)α* ‖ **45** [a–a] > Neh; 𝔊α + *υἱοὶ Ουτα υἱοὶ Κηταβ* ‖ **46** [a–a] > Neh ‖ [b] l c Q Neh 𝔊[Amin]𝔖𝔄 שַׁלְמַי, K שַׂמְלַי ‖ **48** [a] 𝔊α *Χασεβα υἱοὶ Γαζηρα (Καζηρα)* = vers dupl? ‖ **49** [a] 𝔊α + *υἱοὶ Ασαρα* ‖ **50** [a–a] > Neh ‖ [b] Q Neh 𝔊𝔙𝔄 מְעוּ׳, K מְעִינִים ‖ [c] K 𝔊[B]𝔊α נְפִיסִים, Q cet Vrs נְפוּס׳; Neh crrp ‖ **51** [a] 𝔊α + *υἱοὶ Φαρακιμ* ‖ **52** [a] Neh **בצלית** ‖ [b] mlt Mss 𝔖 –ירא, 𝔊α[AVmin] + *υἱοὶ Κουθα* ‖ **55** [a–a] > 𝔊α ‖ [b] Neh ס׳ ‖ [c] Neh 𝔊α **פרידא** ‖ **56** [a] Neh **יעלא** ‖ **57** [a] 𝔊α + 8 nom ‖ [b] Neh **אָמוֹן** cf 𝔊α ‖ **58** [a] 𝔊α 70 ‖ **59** [a] 𝔊α + *ἡγούμενος (-νοι) αὐτῶν* ‖ [b] Neh **אַדּוֹן** ‖ [c] Neh 𝔊α וְא׳ ‖ **60** [a] Neh 40 ‖ **61** [a] l c Neh 𝔊α **וּמִן** ‖ [b] 𝔊α *Ιοδδους* (𝔊[B] *Ιαδδους*) ‖ [c] 𝔊α + *Αυγιαν* ‖ [d] > 𝔊α ‖ [e] Seb לְא׳ ‖ [f] 𝔊α suff sg, prp שְׁמוֹ ‖ **62** [a] l בִּכְ׳? cf 𝔖 et 𝔊α ‖ [b] Neh –צָא (ו hpgr) ‖ **63** [a] 𝔊α falso ins *Νεεμιας* (𝔊[L] + *ὁ*) *καί* ‖ [b] l מִן cf 𝔊α.

64 עֲמֹ֥ד כֹּהֵ֖ן[c] לְאוּרִ֥ים וּלְתֻמִּֽים׃ 64 כָּל־הַקָּהָ֖ל כְּאֶחָ֑ד[a] אַרְבַּ֣ע רִבּ֔וֹא — יז זוגין[22] . ל[23] . ז קמ[24] . ג מל
65 אַלְפַּ֖יִם שְׁלֹשׁ־מֵא֥וֹת שִׁשִּֽׁים׃ 65 מִלְּבַד֙ עַבְדֵיהֶ֣ם וְאַמְהֹתֵיהֶ֔ם אֵ֕לֶּה[a] — ח זוגין מחליפין[25]
שִׁבְעַ֣ת אֲלָפִ֔ים שְׁלֹ֥שׁ מֵא֖וֹת שְׁלֹשִׁ֣ים וְשִׁבְעָ֑ה וְלָהֶ֛ם מְשֹׁרְרִ֥ים וּֽמְשֹׁרְר֖וֹת — ח[26]
66 מָאתָֽיִם[b]׃ 66 [a]סוּסֵיהֶ֕ם שְׁבַ֥ע מֵא֖וֹת שְׁלֹשִׁ֣ים וְשִׁשָּׁ֑ה פִּרְדֵיהֶ֕ם מָאתַ֖יִם[a]
67 אַרְבָּעִ֥ים וַחֲמִשָּֽׁה׃ 67 גְּמַלֵּיהֶ֕ם[a] אַרְבַּ֥ע מֵא֖וֹת שְׁלֹשִׁ֣ים וַחֲמִשָּׁ֑ה חֲמֹרִ֕ים[b]
68 [c]שֵׁ֚שֶׁת אֲלָפִ֔ים שְׁבַ֥ע מֵא֖וֹת וְעֶשְׂרִֽים[c]׃ פ 68 וּמֵרָאשֵׁי֙ הָֽאָב֔וֹת — ג[27]
[a]בְּבוֹאָ֕ם לְבֵ֥ית יְהוָ֖ה אֲשֶׁ֣ר בִּירוּשָׁלִָ֑ם הִֽתְנַדְּבוּ֙ לְבֵ֣ית הָאֱלֹהִ֔ים — מח ג[28] מנה בליש
69 לְהַעֲמִיד֖וֹ עַל־מְכוֹנֽוֹ׃ 69 כְּכֹחָם֮[a] נָתְנ֣וּ לְאוֹצַ֣ר הַמְּלָאכָה֒ זָהָ֗ב
[b]דַּרְכְּמוֹנִים֙ שֵֽׁשׁ־רִבֹּ֔אות וָאָ֑לֶף[b] ס וְכֶ֗סֶף מָנִ֛ים חֲמֵ֥שֶׁת אֲלָפִ֖ים — ב מל[29] . ב חד מל וחד חס . ד ב קמ וב פת[30]
70 וְכָתְנֹ֣ת כֹּהֲנִ֑ים מֵאָֽה׃ ס 70 וַיֵּשְׁב֣וּ הַכֹּהֲנִ֣ים וְהַלְוִיִּ֣ם וּמִן־[a] — כא[31]
הָ֠עָם[b] וְֽהַמְשֹׁרְרִ֧ים וְהַשּׁוֹעֲרִ֛ים וְהַנְּתִינִ֖ים[c] בְּעָרֵיהֶ֑ם[d] וְכָל־יִשְׂרָאֵ֖ל — ל[32] מל ח מנה בסיפ . לה וכל ר״פ דכות[29]
בְּעָרֵיהֶֽם׃ ס

3 1 וַיִּגַּע֙ הַחֹ֣דֶשׁ הַשְּׁבִיעִ֔י וּבְנֵ֥י יִשְׂרָאֵ֖ל בֶּעָרִ֑ים[a] ס וַיֵּאָסְפ֥וּ[b] — הי וכל ר״פ דכות[1] . יב
2 הָעָ֛ם כְּאִ֥ישׁ אֶחָ֖ד [c]אֶל־יְרוּשָׁלִָֽם[c]׃ ס 2 וַיָּקָם֩ יֵשׁ֨וּעַ בֶּן־יוֹצָדָ֜ק — כ[2]
וְאֶחָ֣יו הַכֹּהֲנִ֗ים וּזְרֻבָּבֶ֤ל בֶּן־שְׁאַלְתִּיאֵל֙ וְאֶחָ֔יו וַיִּבְנ֕וּ אֶת־מִזְבַּ֖ח אֱלֹהֵ֣י — כח[3]
יִשְׂרָאֵ֑ל לְהַעֲל֤וֹת עָלָיו֙ עֹל֔וֹת כַּכָּת֕וּב בְּתוֹרַ֖ת מֹשֶׁ֥ה אִישׁ־הָאֱלֹהִֽים׃ — ו[4]
3 וַיָּכִ֤ינוּ הַמִּזְבֵּחַ֙ עַל־מְכ֣וֹנֹתָ֔יו[a] כִּ֚י בְּאֵימָ֣ה[b] עֲלֵיהֶ֔ם מֵעַמֵּ֖י הָאֲרָצ֑וֹת — ס[5] . ח בליש
4 וַיַּ֨עַל[c] עָלָ֤יו עֹלוֹת֙ לַֽיהוָ֔ה עֹל֖וֹת לַבֹּ֥קֶר וְלָעָֽרֶב׃ 4 וַיַּעֲשׂ֛וּ אֶת־חַ֥ג — ויעלו ק
הַסֻּכּ֖וֹת כַּכָּת֑וּב וְעֹלַ֨ת[a] י֤וֹם בְּיוֹם֙ בְּמִסְפָּ֔ר כְּמִשְׁפַּ֖ט דְּבַר־י֥וֹם בְּיוֹמֽוֹ׃ — ה[6]
5 וְאַחֲרֵיכֵ֞ן[a] עֹלַ֤ת תָּמִיד֙[b] וְלֶחֳדָשִׁ֔ים וּלְכָל־מוֹעֲדֵ֥י יְהוָ֖ה הַֽמְקֻדָּשִׁ֑ים — ד[7]
6 וּלְכֹ֛ל מִתְנַדֵּ֥ב נְדָבָ֖ה לַיהוָֽה׃ 6 מִיּ֤וֹם אֶחָד֙ לַחֹ֣דֶשׁ הַשְּׁבִיעִ֔י הֵחֵ֕לּוּ — ל

[22]Mm 565. [23]Mm 959. [24]Mm 3888. [25]Mm 3964. [26]Mm 1053. [27]Mm 3968. [28]Mm 3881. [29]Mp sub loco. [30]Mm 986. [31]Mm 4144. [32]Mm 3889. **Cp 3** [1]Mm 470. [2]Mm 1514. [3]Mm 2364. [4]Mm 3890. [5]Var lect c K vel Q, cf Mp sub loco. [6]Mm 514. [7]Mm 578.

63 [c] Neh הַכֹּ׳, 𝔊α[AVmin](𝔖) *ἀρχιερεύς* ‖ **64** [a] 𝔊α + *ἀπὸ δωδεκαετοῦς χωρὶς παίδων καὶ παιδισκῶν* ‖ **65** [a] cj c sq ‖ [b] 𝔊α + 45 (non Neh, cf 66[a–a]) ‖ **66** [a–a] > Neh (homtel) ‖ **67** [a] Neh ־ֵים ‖ [b] l c pc Mss ־ֵיהֶם ‖ [c–c] 𝔊α 5525 ‖ **68/69** [a–a] > Neh ‖ [b–b] 𝔊α *μνᾶς χιλίας* ‖ **70** [a] prp וְשָׂרֵי ‖ [b] 𝔊α + *ἐν Ιερουσαλημ καὶ (ἐν) τῇ χώρᾳ* cf 𝔊α 9,37, ins בִּירוּשָׁלַםִ ‖ [c] > 𝔄𝔊α ‖ [d] > Neh 𝔊α ‖ **Cp 3,1** [a] l c nonn Mss Vrs et Neh 7,72 בְּעָרֵיהֶם ‖ [b] ins c pc Mss et Neh 8,1 כָּל־ ‖ [c–c] 𝔊α sec 𝔊α 9,38 cf Neh 8,1 ‖ **3** [a] prp ־ָתוֹ cf 𝔊𝔊α𝔖 ‖ [b] 𝔊α *ἐν ἔχθρᾳ*, l בְּאֵיבָה ‖ [c] Q וַיַּעֲלוּ, K וַיַּעַל ‖ **4** [a] mlt Mss 𝔊𝔊α ועל(ו)ת ‖ **5** [a] ins עַל־ (hpgr) ‖ [b] ins c Ms 𝔊α לַשַּׁבָּתוֹת.

לְהַעֲלוֹת עֹלוֹת לַיהוָה וְהֵיכַל יְהוָה לֹא יֻסָּד׃ 7 וַיִּתְּנוּ־כֶסֶף לַחֹצְבִים 7 — ב̇ חד פת וחד קמ̇[8] . ד̇[9] ול קמ
וְלֶחָרָשִׁים וּמַאֲכָל וּמִשְׁתֶּה וָשֶׁמֶן[a] לַצִּדֹנִים וְלַצֹּרִים לְהָבִיא עֲצֵי אֲרָזִים — ל̇ . ו̇[10] . ה̇ חס בליש[11]
מִן־הַלְּבָנוֹן אֶל־יָם יָפוֹא כְּרִשְׁיוֹן כּוֹרֶשׁ מֶלֶךְ־פָּרַס עֲלֵיהֶם׃ פ — יב̇ יתיר א ס״ת[12] . ל̇
8 וּבַשָּׁנָה הַשֵּׁנִית לְבוֹאָם אֶל־בֵּית הָאֱלֹהִים לִירוּשָׁלַ͏ִם בַּחֹדֶשׁ הַשֵּׁנִי 8 — ב̇ . מח
הֵחֵלּוּ זְרֻבָּבֶל בֶּן־שְׁאַלְתִּיאֵל וְיֵשׁוּעַ בֶּן־יוֹצָדָק וּשְׁאָר אֲחֵיהֶם ׀
הַכֹּהֲנִים וְהַלְוִיִּם וְכָל־הַבָּאִים מֵהַשְּׁבִי יְרוּשָׁלַ͏ִם[a] וַיַּעֲמִידוּ אֶת־הַלְוִיִּם — כא[13] . ב̇[14]
מִבֶּן עֶשְׂרִים שָׁנָה וָמַעְלָה לְנַצֵּחַ עַל־מְלֶאכֶת בֵּית־יְהוָה׃ פ — ה̇[15] . ג̇
9 וַיַּעֲמֹד יֵשׁוּעַ בָּנָיו וְאֶחָיו קַדְמִיאֵל [a]וּבָנָיו בְּנֵי־יְהוּדָה[a] כְּאֶחָד לְנַצֵּחַ 9 — ז̇ קמ̇[16] . ה̇[15]
עַל־עֹשֵׂה[b] הַמְּלָאכָה בְּבֵית הָאֱלֹהִים ס [c]בְּנֵי חֵנָדָד בְּנֵיהֶם — ז̇
וַאֲחֵיהֶם הַלְוִיִּם[c]׃ 10 וְיִסְּדוּ[a] הַבֹּנִים אֶת־הֵיכַל יְהוָה וַיַּעֲמִידוּ[b] 10 — ה̇[17] וחד מן ה̇ חס בליש
הַכֹּהֲנִים מְלֻבָּשִׁים[c] בַּחֲצֹצְרוֹת וְהַלְוִיִּם בְּנֵי־אָסָף בַּמְצִלְתַּיִם לְהַלֵּל — ד̇ . ב̇
[d]אֶת־יְהוָה[d] עַל־יְדֵי דָּוִיד מֶלֶךְ־יִשְׂרָאֵל׃ 11 וַיַּעֲנוּ בְּהַלֵּל וּבְהוֹדֹת 11
לַיהוָה כִּי טוֹב כִּי־לְעוֹלָם חַסְדּוֹ עַל־יִשְׂרָאֵל וְכָל־הָעָם הֵרִיעוּ — נא[8] מ״פ וכל ר״פ דכות במ״ג . ב̇
תְרוּעָה גְדוֹלָה בְהַלֵּל לַיהוָה עַל הוּסַד בֵּית־יְהוָה׃ ס 12 וְרַבִּים 12 — ב̇ . ו̇[18]
מֵהַכֹּהֲנִים וְהַלְוִיִּם וְרָאשֵׁי הָאָבוֹת הַזְּקֵנִים[a] אֲשֶׁר רָאוּ אֶת־הַבַּיִת — ד̇[19] . י̇ . ל̇
הָרִאשׁוֹן בְּיָסְדוֹ[b] [c]זֶה הַבַּיִת[c] בְּעֵינֵיהֶם בֹּכִים בְּקוֹל גָּדוֹל וְרַבִּים — סד . י̇ . ו̇[18]
בִּתְרוּעָה בְשִׂמְחָה לְהָרִים קוֹל׃ 13 וְאֵין הָעָם[a] [b]מַכִּירִים קוֹל[b] תְּרוּעַת ס̇נ — ל̇
הַשִּׂמְחָה לְקוֹל בְּכִי הָעָם[a] כִּי הָעָם מְרִיעִים תְּרוּעָה גְדוֹלָה וְהַקּוֹל — ג̇[20] . ל̇ . ב̇[21]
נִשְׁמַע עַד־לְמֵרָחוֹק׃ פ — ב̇ . ח̇

4 1 וַיִּשְׁמְעוּ צָרֵי יְהוּדָה וּבִנְיָמִן כִּי־בְנֵי הַגּוֹלָה בּוֹנִים הֵיכָל לַיהוָה 4
אֱלֹהֵי יִשְׂרָאֵל׃ 2 וַיִּגְּשׁוּ אֶל־זְרֻבָּבֶל[a] וְאֶל־רָאשֵׁי הָאָבוֹת וַיֹּאמְרוּ 2 — עה
לָהֶם נִבְנֶה עִמָּכֶם כִּי כָכֶם נִדְרוֹשׁ לֵאלֹהֵיכֶם וְלֹא[b] ׀ אֲנַחְנוּ זֹבְחִים — ג̇ מל ול בליש . ולו̇ ק̇ חד מן יז̇ כת כן
מִימֵי [c]אֵסַר חַדֹּן[c] מֶלֶךְ אַשּׁוּר הַמַּעֲלֶה אֹתָנוּ פֹּה׃ 3 וַיֹּאמֶר לָהֶם 3

[8]Mp sub loco. [9]Mm 1905. [10]Mm 3632. [11]Mm 3891. [12]Mm 907. [13]Mm 4144. [14]Mm 3892. [15]Mm 4076. [16]Mm 3888. [17]Mm 3947. [18]Mm 4248. [19]Mm 3893. [20]Mm 2237. [21]Mm 3894. Cp 4 [1]Mm 1795.

7 [a] 𝔊α *καὶ χαρα (καρρα)* ex *καὶ χρῖμα* ‖ **8** [a] 𝔊α + 5,55 ‖ **9** [a–a] l sec 2,40 וּבְנוֹי וְהוֹדַוְיָה (בְּנֵי dttg) ‖ [b] mlt Mss עֹשֵׂי ‖ [c–c] add sec Neh 3,18.24 10,10 ‖ **10** [a] 2 Mss Edd 'וַיְ ex 'וַיְי ‖ [b] l c nonn Mss 𝔊𝔊α𝔖 ־מְדוּ ‖ [c] ins בּוּץ cf 2 Ch 5,12 ‖ [d–d] pc Mss 'לַי, Edd 'אֶל־י ‖ **12** [a] nonn Mss 𝔊^L𝔙 'וְה ‖ [b] prp בִּיסֻדוֹ ‖ [c–c] add ‖ **13** [a] dl ‖ [b–b] l ־ר מִקּוֹל ‖ **Cp 4,2** [a] ins 'וְאֶל־יֵשׁוּעַ cf 𝔊α 5,65 et 3 ‖ [b] l c Q 𝔊𝔊α𝔖𝔙 וְלוֹ ‖ [c–c] 𝔖 *(d)snḥrjb*, Jos *Σαλμανασσαρης*.

זְרֻבָּבֶל וְיֵשׁוּעַ וּשְׁאָר רָאשֵׁי הָאָבוֹת לְיִשְׂרָאֵל לֹא־לָכֶם וָלָנוּ לִבְנוֹת   עה . ג[2] . ל[3]
בַּיִת לֵאלֹהֵינוּ כִּי אֲנַחְנוּ יַחַד[a] נִבְנֶה לַיהוָה אֱלֹהֵי יִשְׂרָאֵל כַּאֲשֶׁר צִוָּנוּ   ה
4 הַמֶּלֶךְ[b] כּוֹרֶשׁ מֶלֶךְ־פָּרָס׃ 4 וַיְהִי עַם־הָאָרֶץ מְרַפִּים יְדֵי עַם־יְהוּדָה
5 וּמְבַלְּהִים[b] אוֹתָם לִבְנוֹת׃[b] 5 וְסֹכְרִים עֲלֵיהֶם יוֹעֲצִים לְהָפֵר עֲצָתָם   ומבהלים ק . ל וכת כן
כָּל־יְמֵי כּוֹרֶשׁ מֶלֶךְ פָּרַס וְעַד־מַלְכוּת דָּרְיָוֶשׁ מֶלֶךְ־פָּרָס׃   ל
6 וּבְמַלְכוּת אֲחַשְׁוֵרוֹשׁ בִּתְחִלַּת מַלְכוּתוֹ כָּתְבוּ שִׂטְנָה עַל־יֹשְׁבֵי   ו[4] . ב ובתרי לישנ[5] . ח[6] ה מנה בליש
7 יְהוּדָה וִירוּשָׁלָםִ׃ ס 7 וּבִימֵי אַרְתַּחְשַׁשְׂתָּא כָּתַב בִּשְׁלָם[a] מִתְרְדָת   ל קמ . ב ובתרי לישנ . ב
טָבְאֵל וּשְׁאָר כְּנָוֺתָו[b] עַל־אַרְתַּחְשַׁשְׂתָּא מֶלֶךְ פָּרָס וּכְתָב[c] הַנִּשְׁתְּוָן[d]   כנותיו ק . שת[7] ק יתיר א . ב
8 כָּתוּב אֲרָמִית וּמְתֻרְגָּם אֲרָמִית׃ פ 8 רְחוּם[a] בְּעֵל־טְעֵם וְשִׁמְשַׁי
סָפְרָא כְּתַבוּ אִגְּרָה חֲדָה עַל־יְרוּשְׁלֶם לְאַרְתַּחְשַׁשְׂתָּא מַלְכָּא כְּנֵמָא׃   כל כת א . כת כן ופלג . תא יתיר א לא קר
9 אֱדַיִן[a] רְחוּם בְּעֵל־טְעֵם וְשִׁמְשַׁי סָפְרָא וּשְׁאָר כְּנָוָתְהוֹן דִּינָיֵא[b]   יח ר״פ בטע . כל כת א . ל
וַאֲפַרְסַתְכָיֵא טַרְפְּלָיֵא אֲפָרְסָיֵא[c] אַרְכְּוָיֵ[d] בָבְלָיֵא שׁוּשַׁנְכָיֵא דֶּהָוֵא[e]   ל . ארכויא ק . דהיא ק
10 עֵלְמָיֵא׃ 10 וּשְׁאָר אֻמַּיָּא דִּי הַגְלִי אָסְנַפַּר[a] רַבָּא וְיַקִּירָא וְהוֹתֵב הִמּוֹ   ל . ל ומל[8]
11 בְּקִרְיָה[b] דִּי שָׁמְרָיִן וּשְׁאָר עֲבַר־נַהֲרָה וּכְעֶנֶת׃[c] 11 דְּנָה פַּרְשֶׁגֶן
אִגַּרְתָּא דִּי שְׁלַחוּ עֲלוֹהִי[a] עַל־אַרְתַּחְשַׁשְׂתָּא מַלְכָּא עַבְדָיִךְ[b] אֱנָשׁ   כל כת א . תא יתיר א לא קר . עבדך[9] ק יתיר י
12 עֲבַר־נַהֲרָה וּכְעֶנֶת׃[c] פ 12 יְדִיעַ לֶהֱוֵא לְמַלְכָּא דִּי יְהוּדָיֵא דִּי
סְלִקוּ מִן־לְוָתָךְ[a] עֲלֶינָא[b] אֲתוֹ[c] לִירוּשְׁלֶם קִרְיְתָא מָרָדְתָּא וּבִאישְׁתָּא   כל כת חס . ובישתא[9] ק יתיר א
13 בָּנַיִן וְשׁוּרַיָּ אשכללו[d] וְאֻשַּׁיָּא יַחִיטוּ׃[e] 13 כְּעַן יְדִיעַ לֶהֱוֵא לְמַלְכָּא   ושוריא ק חד מן ג בליש . שכלילו ק . ל ומל
דִּי הֵן קִרְיְתָא דָךְ תִּתְבְּנֵא וְשׁוּרַיָּה[a] יִשְׁתַּכְלְלוּן[b] מִנְדָּה־בְלוֹ וַהֲלָךְ[b]   ג בליש . ב ומל . ד כת ו
14 לָא יִנְתְּנוּן וְאַפְּתֹם[c] מַלְכִים[d] תְּהַנְזִק׃[d] 14 כְּעַן כָּל־קֳבֵל דִּי־מְלַח   ד כת כן יתיר נ . ל . ל . ל

[2] Mm 3895. [3] Mm 1476. [4] Mm 1834. [5] Cf Okhl 59 et Mp sub loco. [6] Mm 3172. [7] Q L unicum, cf Esr 4, 8.11; 6,14; 7,1.7.11.12.21; 8,1. Neh 2,1; 5,14; 13,6 et Mp sub loco. [8] Mp sub loco. [9] Q addidi, cf Mp sub loco.

3 [a] 𝔊 α(𝔙) *μόνοι* ‖ [b] > Vrs, sed potius מ׳ פ׳ add ‖ **4** [a] Q וּמְבַהֲלִים ‖ [b] prp מ׳ מְלִ׳ (hpgr) ‖ **7** [a] prp בִּירוּשְׁלֶם vel בְּשֵׁם יְרוּשָׁלֶם ‖ [b] Q ־תָיו ‖ [c] prb dl כתב ‖ [d] 𝔊 *ὁ φορολόγος* ‖ **8** [a] l ור׳ ‖ **9** [a] 𝔊 *τάδε ἔκρινεν*; prp אִנּוּן (דִּי) ‖ [b] 𝔊α^L 2,16 *κριταί*, l דַּיָּנַיָּא; prp דָּנוּ et dl ו sq ‖ [c] prp פַּרְ׳ (א dttg) ‖ [d] Q ־וָיֵא, K sine א ‖ [e] Q דֶּהָיֵא, K דהוא; l c pc Mss 𝔊^B די הוא ‖ **10** [a] 𝔊^min *Σαλμανα(σ)σαρης* ‖ [b] Vrs pl, l בְּקִרְיָה ‖ [c] ex 11, dl ‖ **11** [a] huc tr ‸ ‖ [b] Q^Mss עבדך ‖ [c] cj c 12 ‖ **12** [a–a] 𝔊^B *ἀπὸ Κύρου* ‖ [b] huc tr ‸ ‖ [c] 𝔊α 2,14 *ἐλθόντες*, sed prb dl ‖ [d–d] Q וְשׁוּרַיָּא שַׁכְ׳; prp וְשָׁרְיוּ שׁוּ׳ לְשַׁכְלָלָה (hpgr) ‖ [e] prp יְהִיבוּ cf 5,16 ‖ **13** [a] l ־רַיָּה cf 𝔊𝔖𝔙 ‖ [b–b] 𝔊(𝔖) *φόροι οὐκ ἔσονταί σοι* ‖ [c] pc Mss ־תְּ(ו)ס ‖ [d–d] prp מ׳ מְתַנְזַק vel מַלְכֵי מְהַנְזַק.

הֵיכְלָא מְלַחְנָא[a] וְעַרְוַת מַלְכָּא לָא אֲרִיךְ לַנָא לְמֶחֱזֵא עַל־דְּנָה
15 שְׁלַחְנָא וְהוֹדַעְנָא לְמַלְכָּא׃ 15 דִּי יְבַקַּר[a] בִּסְפַר־דָּכְרָנַיָּא דִּי אֲבָהָתָךְ
וּתְהַשְׁכַּח בִּסְפַר דָּכְרָנַיָּא וְתִנְדַּע דִּי קִרְיְתָא דָךְ קִרְיָא מָרָדָא
וּמְהַנְזְקַת מַלְכִין וּמְדִנָן וְ[b]אֶשְׁתַּדּוּר עָבְדִין[b] בְּגַוַּהּ מִן־יוֹמָת עָלְמָא
16 עַל־דְּנָה קִרְיְתָא דָךְ הָחָרְבַת׃ 16 מְהוֹדְעִין[a] אֲנַחְנָה לְמַלְכָּא דִּי הֵן
קִרְיְתָא דָךְ תִּתְבְּנֵא וְשׁוּרַיָּהּ[b] יִשְׁתַּכְלְלוּן לָקֳבֵל דְּנָה חֲלָק[c] בַּעֲבַר
17 נַהֲרָא לָא אִיתַי לָךְ׃ פ 17 פִּתְגָמָא שְׁלַח מַלְכָּא עַל־רְחוּם בְּעֵל־
טְעֵם וְשִׁמְשַׁי סָפְרָא וּשְׁאָר כְּנָוָתְהוֹן דִּי יָתְבִין בְּשָׁמְרָיִן וּשְׁאָר עֲבַר־
18 נַהֲרָה שְׁלָם וּכְעֶת[a]׃ ס 18 נִשְׁתְּוָנָא דִּי שְׁלַחְתּוּן עֲלֶינָא מְפָרַשׁ
19 קֱרִי קָדָמָי׃ 19 וּמִנִּי שִׂים טְעֵם וּבַקַּרוּ וְהַשְׁכַּחוּ דִּי קִרְיְתָא דָךְ מִן־
יוֹמָת עָלְמָא עַל־מַלְכִין מִתְנַשְּׂאָה וּמְרַד וְאֶשְׁתַּדּוּר מִתְעֲבֶד־בַּהּ׃
20 20 וּמַלְכִין תַּקִּיפִין הֲווֹ עַל־יְרוּשְׁלֶם וְשַׁלִּיטִין בְּכֹל עֲבַר נַהֲרָה וּמִדָּה
21 בְלוֹ וַהֲלָךְ מִתְיְהֵב לְהוֹן׃ 21 כְּעַן שִׂימוּ טְעֵם[a] לְבַטָּלָא גֻּבְרַיָּא אִלֵּךְ
22 וְקִרְיְתָא דָךְ לָא תִתְבְּנֵא [b]עַד־מִנִּי טַעְמָא יִתְּשָׂם[b]׃ 22 וּזְהִירִין הֱווֹ שָׁלוּ[a]
23 לְמֶעְבַּד עַל־דְּנָה לְמָה יִשְׂגֵּא חֲבָלָא לְהַנְזָקַת מַלְכִין׃ ס 23 אֱדַיִן
מִן־דִּי פַּרְשֶׁגֶן נִשְׁתְּוָנָא דִּי אַרְתַּחְשַׁשְׂתְּא מַלְכָּא קֱרִי קֳדָם־רְחוּם[a]
וְשִׁמְשַׁי סָפְרָא וּכְנָוָתְהוֹן אֲזַלוּ בִבְהִילוּ לִירוּשְׁלֶם עַל־יְהוּדָיֵא וּבַטִּלוּ
הִמּוֹ בְּאֶדְרָע וְחָיִל׃ ס
24 24 בֵּאדַיִן[a] בְּטֵלַת עֲבִידַת בֵּית־אֱלָהָא דִּי בִּירוּשְׁלֶם וַהֲוָת בָּטְלָא
עַד שְׁנַת תַּרְתֵּין לְמַלְכוּת דָּרְיָוֶשׁ מֶלֶךְ־פָּרָס׃ פ
5 5 1 וְהִתְנַבִּי[a] חַגַּי נְבִיָּאה[b] וּזְכַרְיָה בַר־עִדּוֹא נְבִיַּאיָּא[c] עַל־יְהוּדָיֵא
2 דִּי בִיהוּד וּבִירוּשְׁלֶם בְּשֻׁם אֱלָהּ יִשְׂרָאֵל עֲלֵיהוֹן׃ ס 2 בֵּאדַיִן
קָמוּ זְרֻבָּבֶל בַּר־שְׁאַלְתִּיאֵל[a] וְיֵשׁוּעַ בַּר־יוֹצָדָק וְשָׁרִיו לְמִבְנֵא בֵּית

ל
ל וכת א[10]. יב פסוק דמיין[11]
ל וכת א
ל. ב[10]. ב
ל. ל כת ה
ג בליש. ב ומל
ל כת א
כל כת א
ל. ל[10]. יתיר י
ב
ב. ל. ל. ב
ב ומל[10]. ב חד מל וחד חס. ל בלשון תרג
ד כת ו. ב[12] ומל וכל דניאל דכות ב מ א. יו
ל. ל. ב[13]. ו ה כת ו וחד כת ה[14]
ב כת ה. ל וכת א. ל. יח ר״פ בטע
ששת[15] יתיר א. ב ק
כל כת א. ל ומל
ג ר״פ בסיפ[16]. ל[17]
ד חס א[1]. נביא ק חד מן ב נבייא ק כת ה.
ב פסוק דמטע[2]. ג ר״פ בסיפ[3]

[10] Mp sub loco. [11] Mm 3896. [12] Mm 3897 א. [13] Mm 3897 ב. [14] Mm 3905. [15] Q L unicum, cf Esr 4,8.11; 6,14; 7,1.7.11.12.21; 8,1. Neh 2,1; 5,14; 13,6 et Mp sub loco. [16] Mm 3898. [17] Mm 3849. Cp 5 [1] Mm 1578. [2] Mm 3313. [3] Mm 3898.

14 [a] prp מִלְחַנָא = sal nostrum ‖ **15** [a] l יִתְבקר? cf 5,17 ‖ [b–b] 𝔊 *καὶ φυγάδια δούλων* (= עַב׳) ‖ **16** [a] 𝔊α 2,18 pr *νῦν οὖν* ‖ [b] ut 13[a] ‖ [c] 𝔊α *κάθοδος* ‖ **17** [a] cf 11[c] ‖ **21** [a] sic L ‖ [b–b] > 𝔊α, add propter Neh 2,4sqq? ‖ **22** [a] 𝔊α *ὅπως μηθέν* = שֶׁלָּא? ‖ **23** [a] ins c Ms 𝔊[L]𝔖 בְּעֵל טְעֵם ‖ **24** [a] prp כֵּא׳ vel כִּדְנָה ‖ **Cp 5,1** [a] Q בִּיא– ‖ [b] Q נְבִיָּא, K נְבִיאָה; > 𝔊α 6,1 ‖ [c] Q נְבִיַּיָּא, K נְבִיאַיָּא, 𝔊 *προφητείαν* ‖ **2** [a] pc Mss שַׁל׳.

אֱלָהָא דִּי בִירוּשְׁלֶם וְעִמְּהוֹן נְבִיַּאיָּא[b] דִי־אֱלָהָא מְסָעֲדִין לְהוֹן׃ פ
3 בֵּהּ־זִמְנָא אֲתָא עֲלֵיהוֹן תַּתְּנַי[a] פַּחַת עֲבַר־נַהֲרָה וּשְׁתַר בּוֹזְנַי
וּכְנָוָתְהוֹן וְכֵן אָמְרִין לְהֹם מַן־שָׂם לְכֹם טְעֵם בַּיְתָא דְנָה לִבְּנֵא[b]
4 וְאֻשַּׁרְנָא[c] דְנָה לְשַׁכְלָלָה׃ ס 4 אֱדַיִן[a] כְּנֵמָא אֲמַרְנָא[b] לְּהֹם[a] מַן־
5 אִנּוּן שְׁמָהָת גֻּבְרַיָּא דִּי־דְנָה בִנְיָנָא בָּנַיִן׃ 5 וְעֵין אֱלָהֲהֹם הֲוָת עַל־
שָׂבֵי[a] יְהוּדָיֵא וְלָא־בַטִּלוּ הִמּוֹ עַד־טַעְמָא לְדָרְיָוֶשׁ יְהָךְ וֶאֱדַיִן יְתִיבוּן
6 נִשְׁתְּוָנָא עַל־דְּנָה׃ פ 6 פַּרְשֶׁגֶן אִגַּרְתָּא דִּי־שְׁלַח תַּתְּנַי ׀ פַּחַת
עֲבַר־נַהֲרָה וּשְׁתַר בּוֹזְנַי וּכְנָוָתֵהּ אֲפַרְסְכָיֵא דִּי בַּעֲבַר נַהֲרָה עַל־
7 דָּרְיָוֶשׁ מַלְכָּא׃ 7 פִּתְגָמָא שְׁלַחוּ עֲלוֹהִי וְכִדְנָה כְּתִיב בְּגַוֵּהּ לְדָרְיָוֶשׁ
8 מַלְכָּא שְׁלָמָא כֹלָּא׃ ס 8 יְדִיעַ ׀ לֶהֱוֵא לְמַלְכָּא דִּי־אֲזַלְנָא לִיהוּד
מְדִינְתָּא[a] לְבֵית אֱלָהָא רַבָּא וְהוּא מִתְבְּנֵא אֶבֶן גְּלָל וְאָע מִתְּשָׂם
בְּכֻתְלַיָּא וַעֲבִידְתָּא דָךְ אָסְפַּרְנָא מִתְעַבְדָא וּמַצְלַח בִּידְהֹם׃ ס
9 אֱדַיִן שְׁאֵלְנָא לְשָׂבַיָּא אִלֵּךְ כְּנֵמָא אֲמַרְנָא לְּהֹם מַן־שָׂם לְכֹם טְעֵם
10 בַּיְתָא דְנָה לְמִבְנְיֵה[a] וְאֻשַּׁרְנָא דְנָה לְשַׁכְלָלָה׃ 10 וְאַף שְׁמָהָתְהֹם
שְׁאֵלְנָא לְהֹם לְהוֹדָעוּתָךְ דִּי נִכְתֻּב שֻׁם־גֻּבְרַיָּא דִּי בְרָאשֵׁיהֹם[a]׃ ס
11 וּכְנֵמָא פִתְגָמָא הֲתִיבוּנָא לְמֵמַר[a] אֲנַחְנָא הִמּוֹ עַבְדוֹהִי דִי־אֱלָהּ
שְׁמַיָּא וְאַרְעָא וּבָנַיִן בַּיְתָא דִּי־הֲוָא בְנֵה מִקַּדְמַת דְּנָה שְׁנִין שַׂגִּיאָן
12 וּמֶלֶךְ לְיִשְׂרָאֵל רַב בְּנָהִי וְשַׁכְלְלֵהּ׃ 12 לָהֵן מִן־דִּי הַרְגִּזוּ אֲבָהֳתַנָא[a]
לֶאֱלָהּ שְׁמַיָּא יְהַב הִמּוֹ בְּיַד נְבוּכַדְנֶצַּר מֶלֶךְ־בָּבֶל כַּסְדָּיָא[b] וּבַיְתָה
13 דְנָה סַתְרֵהּ וְעַמָּה הַגְלִי לְבָבֶל׃ ס 13 בְּרַם בִּשְׁנַת חֲדָה לְכוֹרֶשׁ
מַלְכָּא דִּי בָבֶל[a] כּוֹרֶשׁ מַלְכָּא שָׂם טְעֵם בֵּית־אֱלָהָא דְנָה לִבְּנֵא׃
14 וְאַף מָאנַיָּא דִי־בֵית־אֱלָהָא דִּי דַהֲבָה וְכַסְפָּא דִּי נְבוּכַדְנֶצַּר
הַנְפֵּק מִן־הֵיכְלָא דִּי בִירוּשְׁלֶם וְהֵיבֵל הִמּוֹ לְהֵיכְלָא דִּי בָבֶל הַנְפֵּק

נביא ק . ב[4] ומל וכל דניאל דכות ב מ א
ג ב כת ה וחד כת א[5] . ב בטע . ב[6]
י זוגין[7] . ב
יח ר״פ בטע
ח[8] . ב וחס
ל . ל ומל
כל כת א
ב[6] . י[7] זוגין ול בעינ
ל . ג . ל
ל
ל . ל
יח ר״פ בטע
ל כת ה . ט ר״פ
ל
ל[9] . ג[9] חס א בליש[10]
ל
ל
כסדאה ק . חד מן ב[11] חד כת ש וחד כת ס . ב כת ה[12]
ל כת ה
ג . ב
ט ר״פ . ג כת ה בליש

[4] Mm 3897 א. [5] Mm 3852 contra textum. [6] Mm 3899. [7] Mm 456. [8] Mm 3900. [9] Mp sub loco. [10] Mm 3901. [11] Mm 3835. [12] Mm 3902.

2 [b] Q et K ut 1[c] ‖ **3** [a] 𝔊α 6,3 *Σισίννης* ‖ [b] id 13, sed 2.17 לְמִבְ׳ ‖ [c] 𝔊 *καὶ τὴν χορηγίαν*, 𝔊α *καὶ τὴν στέγην … καὶ τἆλλα πάντα* ‖ **4** [a–a] > 𝔊α, dl (ex 9) ‖ [b] Ms 𝔊𝔖 אֲמַרוּ ‖ **5** [a] 𝔊(𝔖) *τὴν αἰχμαλωσίαν* = שְׁבִי cf 𝔊α ‖ **8** [a] 𝔊α + *καὶ … κατελάβομεν τῆς αἰχμαλωσίας τοὺς πρεσβυτέρους* (cf 5[a]) *τῶν Ἰουδαίων ἐν Ιερουσαλημ τῇ πόλει οἰκοδομοῦντας*, ins וְהַשְׁכַּחְנָא שָׂבֵי יְהוּדָיֵא בִּירוּשְׁלֶם קִרְיְתָא בָּנַיִן ‖ **9** [a] prp ־ֵהּ ‖ **10** [a] l c mlt Mss ־שֵׁהֹם ‖ **11** [a] pc Mss לְמֵאמַר ‖ **12** [a] sic L, mlt Mss Edd ־הָ׳ ‖ [b] Q ־דָּאָה, K ־דָיָה ‖ **13** [a] > 𝔊*; 𝔖 *(d)prs.*

הָמֹּ֨ו כֹּ֤ורֶשׁ מַלְכָּא֙ מִן־הֵ֣יכְלָא֙ דִּ֣י בָבֶ֔ל וִיהִ֙יבוּ֙ לְשֵׁשְׁבַּצַּ֣רᵃ שְׁמֵ֔הּ דִּ֥י ב
15 פֶּחָ֖ה שָׂמֵֽהּ׃ 15 וַאֲמַר־לֵ֕הּ ᵃאלה ׀ אֵ֣לֶּה מָאנַיָּ֔א שֵׂ֚א אֵֽזֶל־אֲחֵ֣תᵇ הִמֹּ֔ו בְּהֵיכְלָ֖א ל. ז בטע מרעימין[13]. אל חד מן ב[14] לשון חול. ק ד ג כת ה וחד כת א[15]
16 דִּ֣י בִירוּשְׁלֶ֑ם וּבֵ֥ית אֱלָהָ֖א יִתְבְּנֵ֥א עַל־אַתְרֵֽהּ׃ ס 16 אֱדַ֙יִן֙ יח ר״פ בטע
שֵׁשְׁבַּצַּ֣ר דֵּ֔ךְ אֲתָ֕א יְהַ֣ב אֻשַּׁיָּ֔א דִּי־בֵ֥ית אֱלָהָ֖א דִּ֣י בִירוּשְׁלֶ֑ם וּמִן־אֱדַ֧יִן ב. ג ב כת ה וחד כת א[16]
17 וְעַד־כְּעַ֛ן מִתְבְּנֵ֖א וְלָ֥א שְׁלִֽם׃ 17 וּכְעַ֞ן הֵ֧ן עַל־מַלְכָּ֣א טָ֗ב ל. ב ר״פ. ב
יִתְבַּקַּ֡ר בְּבֵית֩ גִּנְזַיָּ֨א דִּֽי־מַלְכָּ֜א תַּמָּ֣הᵃ דִּ֣י בְּבָבֶ֗ל הֵ֤ן אִיתַי֙ דִּֽי־מִן־ ח[17]
כּ֤וֹרֶשׁ מַלְכָּא֙ שִׂ֣ים טְעֵ֔ם לְמִבְנֵ֛א בֵּית־אֱלָהָ֥א דֵ֖ךְᵇ בִּירוּשְׁלֶ֑ם וּרְע֥וּת
6 מַלְכָּ֛א עַל־דְּנָ֖ה יִשְׁלַ֥ח עֲלֶֽינָא׃ ס 6 1 בֵּאדַ֛יִן דָּרְיָ֥וֶשׁ מַלְכָּ֖א יתיר י. ג ר״פ בסיפ[1]
שָׂ֣ם טְעֵ֑ם וּבַקַּ֣רוּ ׀ בְּבֵ֣יתᵃ סִפְרַיָּ֗א דִּ֚י גִנְזַיָּ֣אᵃ מְהַחֲתִ֣ין תַּמָּ֔ה בְּבָבֶֽל׃ ג. ח[2]
2 וְהִשְׁתְּכַ֣ח בְּאַחְמְתָ֗א בְּבִֽירְתָ֛אᵃ דִּ֛י בְּמָדַ֥י מְדִינְתָּ֖ה מְגִלָּ֣ה חֲדָ֑ה וְכֵן־ ל וכת כן. ל
3 כְּתִ֥יב בְּגַוַּ֖הּ דִּכְרוֹנָֽה׃ פ 3 בִּשְׁנַ֣ת חֲדָ֗ה לְכ֣וֹרֶשׁ מַלְכָּא֒ כּ֣וֹרֶשׁ
מַלְכָּ֞א שָׂ֣ם טְעֵ֗ם בֵּית־אֱלָהָ֤אᵃ בִירוּשְׁלֶם֙ בַּיְתָ֣א יִתְבְּנֵ֔א אֲתַר֙ דִּֽי־ ג. ל
דָבְחִ֣ין דִּבְחִ֔ין ᵇוְאֻשּׁ֖וֹהִי מְסֽוֹבְלִ֑יןᵇ רוּמֵהּ֙ אַמִּ֣יןᶜ שִׁתִּ֔ין פְּתָיֵ֖הּ אַמִּ֥ין ל. ל. ב
4 שִׁתִּֽיןᵈ׃ 4 נִדְבָּכִ֞ין דִּי־אֶ֤בֶן גְּלָל֙ תְּלָתָ֔א וְנִדְבָּ֥ךְ דִּי־אָ֖ע חֲדַ֑תᵃ וְנִ֨פְקְתָ֔א ל. ל כת א[3]
5 מִן־בֵּ֥ית מַלְכָּ֖א תִּתְיְהִֽב׃ 5 וְאַ֠ף מָאנֵ֨י בֵית־אֱלָהָ֜א דִּ֣י דַהֲבָ֣ה וְכַסְפָּ֗א ט ר״פ. ג כת ה בליש
דִּ֤י נְבוּכַדְנֶצַּר֙ הַנְפֵּ֔ק מִן־הֵיכְלָ֥א דִֽי־בִירוּשְׁלֶ֖ם וְהֵיבֵ֣ל לְבָבֶ֑ל יַהֲתִיב֗וּן ל
וִ֠יהָךְᵃ לְהֵיכְלָ֨א דִֽי־בִירוּשְׁלֶ֜ם לְאַתְרֵ֗הּ וְתַחֵ֛תᵇ בְּבֵ֥ית אֱלָהָֽאᶜ׃ ס
6 כְּעַ֡ן תַּ֠תְּנַיᵃ פַּחַ֨ת עֲבַֽר־נַהֲרָ֜ה שְׁתַ֤ר בּוֹזְנַי֙ וּכְנָוָ֣תְה֔וֹן אֲפַרְסְכָיֵ֔א דִּ֖י ב בטע. ב. י זוגין[4]
7 בַּעֲבַ֣ר נַהֲרָ֑ה רַחִיקִ֥יןᵇ הֲו֖וֹ מִן־תַּמָּֽה׃ 7 שְׁבֻ֕קוּ לַעֲבִידַ֖ת בֵּית־אֱלָהָ֣א ל ומל. ב[5]
דֵ֑ךְᵃ ᵇפַּחַ֨ת יְהוּדָיֵ֜א וּלְשָׂבֵ֣יᵇ יְהוּדָיֵ֗א בֵּית־אֱלָהָ֥א דֵ֛ךְ יִבְנ֖וֹן עַל־אַתְרֵֽהּ׃ ל[6]
8 וּמִנִּי֮ שִׂ֣ים טְעֵם֒ לְמָ֣א דִֽי־תַעַבְד֗וּן עִם־שָׂבֵ֤י יְהוּדָיֵא֙ אִלֵּ֔ךְ ל כת א. ד ב מנה בלשון ארמי
לְמִבְנֵ֖א בֵּית־אֱלָהָ֣א דֵ֑ךְ וּמִנִּכְסֵ֣י מַלְכָּ֗א דִּ֚י מִדַּת֙ עֲבַ֣ר נַהֲרָ֔ה אָסְפַּ֣רְנָ֔א יא בטע לאחור

[13]Mm 705. [14]Mm 3903. [15]Mm 1137. [16]Mm 3852. [17]Mm 2202. **Cp 6** [1]Mm 3898. [2]Mm 2202. [3]Mm 3836. [4]Mm 456. [5]Mm 3897 ב. [6]וחד וּלְשָׁבֵי Jes 59,20.

14 ᵃ 𝔊α 6,17 pr *Ζοροβαβελ καί* ‖ **15** ᵃ K אֵלֶּה, Q אֵל ‖ ᵇ Var ׳אַ ‖ **17** ᵃ > Vrs ‖ ᵇ Ms 𝔊α𝔖𝔙𝔄 דִּי, mlt Mss 𝔊 + דִּי ‖ **Cp 6,1** ᵃ⁻ᵃ l c Ms ׳ג׳ די ס ‖ **2** ᵃ 𝔊α𝔖𝔙𝔄 om בְּ, dl (dttg) ‖ **3** ᵃ ins c pc Mss Vrs די ‖ ᵇ⁻ᵇ 𝔊α *διὰ πυρὸς ἐνδελεχοῦς*; prp וּמִשְׁחוֹהִי מִתְּכְלִין ‖ ᶜ ins תְּלָתִין אַרְכֵהּ אַמִּין ‖ ᵈ l עֶשְׂרִין cf 𝔖 ‖ **4** ᵃ pc Mss חדא, 𝔊α *καινοῦ ἑνός*; 𝔊 *εἷς*, 1 חַד ‖ **5** ᵃ nonn Mss ־ךְ; ins כֹּלָּה (hpgr) ‖ ᵇ prp וְיִנָּחַת cf Vrs ‖ ᶜ hic lacuna cf 𝔊α ‖ **6** ᵃ 𝔊 *δώσετε* = תִּתְּנוּ ‖ ᵇ Var ׳רְ ‖ **7** ᵃ⁻ᵃ 𝔊α *τὸν παῖδα τοῦ κυρίου Ζοροβαβελ* ‖ ᵇ⁻ᵇ 𝔊ᴮ om ׳פ׳ י׳ ו, prb add cf 5,2.

9 נִפְקְתָא תֶּהֱוֵא מִתְיַהֲבָא לְגֻבְרַיָּא אִלֵּךְ דִּי־לָא לְבָטָּלָא׃ 9 וּמָה
חַשְׁחָן[a] וּבְנֵי תוֹרִין וְדִכְרִין וְאִמְּרִין ׀ לַעֲלָוָן ׀ לֶאֱלָהּ שְׁמַיָּא חִנְטִין
מְלַח ׀ חֲמַר וּמְשַׁח כְּמֵאמַר כָּהֲנַיָּא דִי־בִירוּשְׁלֶם לֶהֱוֵא מִתְיְהֵב לְהֹם
10 יוֹם ׀ בְּיוֹם דִּי־לָא שָׁלוּ׃ 10 דִּי־לֶהֱוֺן מְהַקְרְבִין נִיחוֹחִין לֶאֱלָהּ שְׁמַיָּא
11 וּמְצַלַּיִן לְחַיֵּי מַלְכָּא וּבְנוֹהִי׃ 11 וּמִנִּי שִׂים טְעֵם דִּי כָל־אֱנָשׁ דִּי
יְהַשְׁנֵא פִּתְגָמָא דְנָה יִתְנְסַח אָע מִן־בַּיְתֵהּ וּזְקִיף יִתְמְחֵא עֲלֹהִי וּבַיְתֵהּ
12 נְוָלוּ[a] יִתְעֲבֵד עַל־דְּנָה׃ 12 וֵאלָהָא דִּי שַׁכִּן שְׁמֵהּ תַּמָּה יְמַגַּר כָּל־מֶלֶךְ
וְעַם ׀ דִּי ׀ יִשְׁלַח יְדֵהּ לְהַשְׁנָיָה לְחַבָּלָה בֵּית־אֱלָהָא דֵךְ דִּי בִירוּשְׁלֶם
אֲנָה דָרְיָוֶשׁ שָׂמֶת טְעֵם אָסְפַּרְנָא יִתְעֲבִד׃ פ
13 אֱדַיִן תַּתְּנַי פַּחַת עֲבַר־נַהֲרָה שְׁתַר בּוֹזְנַי וּכְנָוָתְהוֹן לָקֳבֵל דִּי־
14 שְׁלַח דָּרְיָוֶשׁ מַלְכָּא כְּנֵמָא אָסְפַּרְנָא עֲבַדוּ׃ 14 וְשָׂבֵי יְהוּדָיֵא בָּנַיִן
וּמַצְלְחִין[a] בִּנְבוּאַת חַגַּי נְבִיָּאה[b] וּזְכַרְיָה בַּר־עִדּוֹא וּבְנוֹ[c] וְשַׁכְלִלוּ מִן־
טַעַם אֱלָהּ יִשְׂרָאֵל וּמִטְּעֵם כּוֹרֶשׁ וְדָרְיָוֶשׁ [d]וְאַרְתַּחְשַׁשְׂתְּא מֶלֶךְ פָּרָס׃[d]
15 וְשֵׁיצִיא בַּיְתָה דְנָה עַד יוֹם תְּלָתָה[a] לִירַח אֲדָר דִּי־הִיא שְׁנַת־שֵׁת
16 לְמַלְכוּת דָּרְיָוֶשׁ מַלְכָּא׃ פ 16 וַעֲבַדוּ בְנֵי־יִשְׂרָאֵל כָּהֲנַיָּא וְלֵוָיֵא[a]
17 וּשְׁאָר בְּנֵי־גָלוּתָא חֲנֻכַּת בֵּית־אֱלָהָא דְנָה[b] בְּחֶדְוָה׃ 17 וְהַקְרִבוּ
לַחֲנֻכַּת בֵּית־אֱלָהָא דְנָה[a] תּוֹרִין מְאָה דִּכְרִין מָאתַיִן אִמְּרִין אַרְבַּע
מְאָה וּצְפִירֵי עִזִּין לְחַטָּיָא[b] עַל־כָּל־יִשְׂרָאֵל תְּרֵי־עֲשַׂר לְמִנְיָן שִׁבְטֵי
סג יִשְׂרָאֵל׃ 18 וַהֲקִימוּ כָהֲנַיָּא בִּפְלֻגָּתְהוֹן[a] וְלֵוָיֵא בְּמַחְלְקָתְהוֹן עַל־
19 עֲבִידַת[b] אֱלָהָא דִּי בִירוּשְׁלֶם כִּכְתָב סְפַר מֹשֶׁה׃ פ 19 וַיַּעֲשׂוּ
20 בְנֵי־הַגּוֹלָה אֶת־הַפָּסַח בְּאַרְבָּעָה עָשָׂר[a] לַחֹדֶשׁ הָרִאשׁוֹן׃ 20 כִּי
הִטַּהֲרוּ הַכֹּהֲנִים[a] וְהַלְוִיִּם[a] כְּאֶחָד[b] כֻּלָּם טְהוֹרִים וַיִּשְׁחֲטוּ הַפֶּסַח

ב. ה קמ דסמיכ[7]
ל[8]. פסיקתא דסיפ[9]. יו בטע[10]. ב
פסיקתא דסיפ[9]
ו ה כת ו וחד כת ה[11]. ל[12]
ג[13]
ל. ל חס
ל. ל וחס. ל
ל. ב וחס
ט בטע בליש[14]. ב. י זוגין[15]
נביא[14] ק חד מן ב כת ה. ב
ל. תא יתיר א לא קר
יב[16] יתיר א ס״ת ול בליש. ב כת ה[17]. כל כת ה ב מ א[18]. ב בליש וכל שם ברנש דכות[19]
ל
י חס בליש[20]
לחטאה ק. כ. ב. ל
ל
ל
סד
כא[21]. ז קמ[22]. ג[23]

[7] Mm 592. [8] Mm 3810. [9] Mm 3904. [10] Mm 3998. [11] Mm 3905. [12] וחד וניחחין Da 2,46. [13] Mm 3878. [14] Mp sub loco. [15] Mm 456. [16] Mm 907. [17] Mm 3902. [18] Cf Mm 3836. [19] Mm 3906. [20] Mm 667. [21] Mm 4144. [22] Mm 3888. [23] Mm 2939.

9 [a] 𝔊α *Ζοροβαβελ ἐπάρχῳ* (*ἐ.* ex *ἐπαρκῶς* et *Z.* add?); prp חָשְׁחִין || **11** [a] 𝔊 *τὸ κατ' ἐμέ*, 𝔊α 6,31 *βασιλικά* cf 𝔙 *publicetur* || **14** [a] 𝔊* *καὶ οἱ Λευῖται* ex *καὶ εὐοδοῦνται* || [b] ut 5,1[b] || [c] 𝔊α *τῶν προφητῶν* cf 5,1, 1 נְבִיַּיָּא? || [d–d] add cf 7,11 sqq || **15** [a] 𝔊α 7,5 recte 23 || **16** [a] Q[Mss] pc Mss וָאֵי– || [b] > 2 Mss 𝔊𝔙 || **17** [a] > Ms Vrs || [b] Q לְחַטָּאָה, K טָּיָה– || **18** [a] 𝔊α 7,9 *ἐστολισμένοι* cf 𝔊α 5,57 || [b] ins בֵּית cf 𝔊[L]𝔖 || **19** [a] 2 Mss 𝔊[75] + יוֹם || **20** [a–a] dl ו הכ׳ cf 20b || [b] 𝔊α 7,11 + *καὶ πάντες οἱ υἱοὶ τῆς αἰχμαλωσίας οὐχ ἡγνίσθησαν* cf 2 Ch 30,17sqq.

לְכָל־בְּנֵי הַגּוֹלָה וְלַאֲחֵיהֶם הַכֹּהֲנִים וְלָהֶם׃ 21 וַיֹּאכְלוּ[a] בְנֵי־יִשְׂרָאֵל 21
הַשָּׁבִים מֵהַגּוֹלָה וְכֹל[b] הַנִּבְדָּל מִטֻּמְאַת גּוֹיֵ־הָאָרֶץ אֲלֵהֶם לִדְרֹשׁ
לַיהוָה אֱלֹהֵי יִשְׂרָאֵל׃ 22 וַיַּעֲשׂוּ חַג־מַצּוֹת שִׁבְעַת יָמִים בְּשִׂמְחָה כִּי | 22
שִׂמְּחָם יְהוָה וְהֵסֵב לֵב מֶלֶךְ־אַשּׁוּר[a] עֲלֵיהֶם לְחַזֵּק יְדֵיהֶם בִּמְלֶאכֶת
בֵּית־הָאֱלֹהִים[b] אֱלֹהֵי יִשְׂרָאֵל׃ פ
7 1 וְאַחַר הַדְּבָרִים הָאֵלֶּה בְּמַלְכוּת אַרְתַּחְשַׁסְתְּא מֶלֶךְ־פָּרָס[a] 7
עֶזְרָא בֶּן־שְׂרָיָה[b] בֶּן־עֲזַרְיָה בֶּן־חִלְקִיָּה׃ 2 בֶּן־שַׁלּוּם בֶּן־צָדוֹק בֶּן־ 2
אֲחִיטוּב׃ 3 בֶּן־אֲמַרְיָה בֶן־עֲזַרְיָה[a] בֶּן־מְרָיוֹת׃ 4 בֶּן־זְרַחְיָה בֶן־עֻזִּי 3 4
בֶּן־בֻּקִּי׃ 5 בֶּן־אֲבִישׁוּעַ בֶּן־פִּינְחָס בֶּן־אֶלְעָזָר בֶּן־אַהֲרֹן הַכֹּהֵן 5
הָרֹאשׁ׃ 6 הוּא עֶזְרָא עָלָה מִבָּבֶל וְהוּא־סֹפֵר מָהִיר בְּתוֹרַת מֹשֶׁה 6
אֲשֶׁר־נָתַן יְהוָה אֱלֹהֵי יִשְׂרָאֵל וַיִּתֶּן־לוֹ הַמֶּלֶךְ כְּיַד־יְהוָה אֱלֹהָיו
עָלָיו כֹּל בַּקָּשָׁתוֹ׃ פ 7 וַיַּעֲלוּ[a] מִבְּנֵי־יִשְׂרָאֵל וּמִן־הַכֹּהֲנִים 7
וְהַלְוִיִּם וְהַמְשֹׁרְרִים וְהַשֹּׁעֲרִים וְהַנְּתִינִים אֶל־יְרוּשָׁלִָם בִּשְׁנַת־שֶׁבַע
לְאַרְתַּחְשַׁסְתְּא הַמֶּלֶךְ׃ 8 וַיָּבֹא[a] יְרוּשָׁלִַם בַּחֹדֶשׁ הַחֲמִישִׁי הִיא שְׁנַת 8
הַשְּׁבִיעִית[b] לַמֶּלֶךְ׃ 9 כִּי בְּאֶחָד לַחֹדֶשׁ הָרִאשׁוֹן הוּא יְסֻד[a] הַמַּעֲלָה 9
מִבָּבֶל וּבְאֶחָד לַחֹדֶשׁ הַחֲמִישִׁי בָּא אֶל־יְרוּשָׁלִַם כְּיַד־אֱלֹהָיו הַטּוֹבָה
עָלָיו׃ 10 כִּי עֶזְרָא הֵכִין לְבָבוֹ לִדְרוֹשׁ אֶת־תּוֹרַת יְהוָה וְלַעֲשֹׂת 10
וּלְלַמֵּד בְּיִשְׂרָאֵל חֹק וּמִשְׁפָּט׃ ס 11 וְזֶה | פַּרְשֶׁגֶן הַנִּשְׁתְּוָן אֲשֶׁר 11
נָתַן הַמֶּלֶךְ אַרְתַּחְשַׁסְתְּא לְעֶזְרָא הַכֹּהֵן [a]הַסֹּפֵר סֹפֵר דִּבְרֵי[a] מִצְוֹת־
יְהוָה וְחֻקָּיו עַל־יִשְׂרָאֵל׃ פ 12 אַרְתַּחְשַׁסְתְּא מֶלֶךְ מַלְכַיָּא 12
לְעֶזְרָא כָהֲנָא סָפַר דָּתָא דִּי־אֱלָהּ שְׁמַיָּא גְּמִיר[a] וּכְעֶנֶת[b]׃ 13 מִנִּי 13
שִׂים טְעֵם דִּי כָל־מִתְנַדַּב בְּמַלְכוּתִי מִן־עַמָּה יִשְׂרָאֵל וְכָהֲנוֹהִי וְלֵוָיֵא
לִמְהָךְ לִירוּשְׁלֶם עִמָּךְ יְהָךְ׃ 14 כָּל־קֳבֵל דִּי מִן־קֳדָם מַלְכָּא וְשִׁבְעַת 14

ח[24]
ג[26] . ל
ל[1]
ג . כא[3]

יָעֲטֹ֫הִי֙ שְׁלִ֑יחַ[a] לְבַקָּרָא עַל־יְהוּד וְלִירוּשְׁלֶם בְּדָת אֱלָהָךְ דִּי בִידָךְ׃ — ל וחס[9] . ב . ל[9] . ב

15 וּלְהֵיבָלָה כְּסַף וּדְהַב דִּי־מַלְכָּא וְיָעֲטוֹהִי הִתְנַדַּבוּ לֶאֱלָהּ יִשְׂרָאֵל — ל

16 דִּי בִירוּשְׁלֶם מִשְׁכְּנֵהּ׃ 16 וְכֹל כְּסַף וּדְהַב דִּי תְהַשְׁכַּח בְּכֹל מְדִינַת

בָּבֶל עִם הִתְנַדָּבוּת עַמָּא וְכָהֲנַיָּא מִתְנַדְּבִין לְבֵית אֱלָהֲהֹם דִּי — ב וחס

17 בִירוּשְׁלֶם׃ 17 כָּל־קֳבֵל דְּנָה אָסְפַּרְנָא תִקְנֵא בְּכַסְפָּא דְנָה תּוֹרִין ׀ — ל כת א . פסיקתא דסיפ[10]

דִּכְרִין אִמְּרִין וּמִנְחָתְהוֹן וְנִסְכֵּיהוֹן וּתְקָרֵב הִמּוֹ עַל־מַדְבְּחָה דִּי בֵּית — ב[11]

18 אֱלָהֲכֹם דִּי בִירוּשְׁלֶם׃ 18 וּמָה דִי עֲלָיךְ וְעַל־אֶחָיךְ יֵיטַב בִּשְׁאָר — עלך[12] ק יתיר י . אחך[12] ק יתיר י

19 כַּסְפָּא וְדַהֲבָה לְמֶעְבַּד כִּרְעוּת אֱלָהֲכֹם תַּעַבְדוּן׃ 19 וּמָאנַיָּא דִּי־ — ד כספא דקדים[13] . ג כת ה בליש . ד ב מנה בלשון ארמי

מִתְיַהֲבִין לָךְ לְפָלְחָן בֵּית אֱלָהָךְ הַשְׁלֵם קֳדָם אֱלָהּ יְרוּשְׁלֶם׃ — ל וחטף[14]

20 וּשְׁאָר חַשְׁחוּת בֵּית אֱלָהָךְ דִּי יִפֶּל־לָךְ לְמִנְתַּן תִּנְתֵּן מִן־בֵּית גִּנְזֵי — ל[15] . ד כת כן יתיר נ ול בליש . ד כת כן יתיר נ ול בליש

21 מַלְכָּא׃ 21 וּמִנִּי אֲנָה אַרְתַּחְשַׁסְתְּא מַלְכָּא שִׂים טְעֵם לְכֹל גִּזַּבְרַיָּא[a] — תא יתיר א לא קר

דִּי בַּעֲבַר נַהֲרָה דִּי כָל־דִּי יִשְׁאֲלֶנְכוֹן עֶזְרָא כָהֲנָה סָפַר דָּתָא דִּי־ — ל ומל

22 אֱלָהּ שְׁמַיָּא אָסְפַּרְנָא יִתְעֲבִד׃ 22 עַד־כְּסַף כַּכְּרִין[a] מְאָה וְעַד־חִנְטִין — ב וחס . ג פסוק עד ועד ועד וחד מן יח[16] פסוק דמיין . ב

כֹּרִין מְאָה וְעַד־חֲמַר בַּתִּין מְאָה וְעַד־[b]בַּתִּין מְשַׁח[b] מְאָה וּמְלַח דִּי־

23 לָא כְתָב׃[c] 23 כָּל־דִּי מִן־טַעַם אֱלָהּ שְׁמַיָּא יִתְעֲבֵד אַדְרַזְדָּא[a] לְבֵית — ב . ל

24 אֱלָהּ שְׁמַיָּא דִּי־לְמָה לֶהֱוֵא קְצַף עַל־מַלְכוּת מַלְכָּא וּבְנוֹהִי׃ 24 וּלְכֹם — ב כת ה

מְהוֹדְעִין דִּי כָל־כָּהֲנַיָּא וְלֵוָיֵא זַמָּרַיָּא תָרָעַיָּא נְתִינַיָּא וּפָלְחֵי בֵּית — ל

אֱלָהָא דְנָה [a]מִנְדָּה בְלוֹ וַהֲלָךְ[a] לָא שַׁלִּיט לְמִרְמֵא עֲלֵיהֹם׃ — ד כת ו . ג . ל וחס[17]

25 וְאַנְתְּ עֶזְרָא כְּחָכְמַת אֱלָהָךְ דִּי־בִידָךְ מֶנִּי שָׁפְטִין[a] וְדַיָּנִין דִּי־לֶהֱוֺן — כת כן[18] . ל

דָּאיְנִין[b] לְכָל־עַמָּה דִּי בַּעֲבַר נַהֲרָה לְכָל־יָדְעֵי דָּתֵי[c] אֱלָהָךְ וְדִי לָא — דאינין[19] ק . יד בטע[20]

26 יָדַע תְּהוֹדְעוּן׃[d] 26 וְכָל־דִּי־לָא לֶהֱוֵא עָבֵד דָּתָא דִי־אֱלָהָךְ וְדָתָא

דִּי מַלְכָּא אָסְפַּרְנָא דִּינָה לֶהֱוֵא מִתְעֲבֵד מִנֵּהּ הֵן לְמוֹת הֵן לִשְׁרֹשׁוּ[a] — לשרשי ק חד מן מח[21] כת ו וקר י

27 הֵן־לַעֲנָשׁ נִכְסִין וְלֶאֱסוּרִין׃ פ 27 בָּרוּךְ יְהוָה אֱלָהֵי אֲבוֹתֵינוּ — ל . ל

[9] TML ו erasum, cf Mp sub loco. [10] Mm 3904. [11] Mm 3910. [12] Q addidi, cf Mp sub loco. [13] Mm 3800. [14] Mp contra textum, cf Mp sub loco. [15] Mm 3810. [16] Mm 647 et Mm 3911. [17] Mp sub loco. [18] Mm 3801 contra textum. [19] Q sec L, al Mss et N דינין Q, al Mss et B דיינין. [20] Mm 3948. [21] Mm 3811.

14 [a] prp שְׁלִיחַת || **19** [a] Ms Vrs ′יִשְׂרָאֵל דִּי בִי 1, ′דִּי בִי (aberratio oculi) || **21** [a] pc Mss גִּזְבָ′ || **22** [a] pc Mss ′כְּכְ || [b—b] 1 ′מ′ ב || [c] Var ־ב || **23** [a] 𝔊α[AVmin] 8,21 (𝔙) ἐπιμελῶς || **24** [a—a] 𝔊 *φόρος μὴ ἔστω σοι*, 𝔊α 8,22 *μηδεμία φορολογία μηδὲ ἄλλη ἐπιβολή* || **25** [a] 𝔊 *γραμματεῖς*, 1 סָפְרִין || [b] K דָּאְנִין, Q דָּיְנִין || [c] 1 דָּת cf Vrs et 14.26 || [d] 𝔊α𝔖 sg || **26** [a] K שׁוּ–, Q שִׁי; 𝔊 *εἰς παιδείαν*, 𝔊α *τιμωρίᾳ*, 𝔙 *in exilium*.

אֲשֶׁר֙ נָתַ֣ן כָּזֹ֔את בְּלֵ֖ב הַמֶּ֑לֶךְ לְפָאֵ֕ר אֶת־בֵּ֥ית יְהוָ֖ה אֲשֶׁ֥ר בִּירוּשָׁלִָֽם׃
28 [28] וְעָלַ֨י הִטָּה־חֶ֜סֶד לִפְנֵ֤י הַמֶּ֙לֶךְ֙ וְי֣וֹעֲצָ֔יו וּלְכָל־שָׂרֵ֥י הַמֶּ֖לֶךְ הַגִּבֹּרִ֑ים
וַאֲנִ֣י הִתְחַזַּ֗קְתִּי כְּיַד־יְהוָ֤ה אֱלֹהַי֙ עָלַ֔י וָאֶקְבְּצָ֧ה מִיִּשְׂרָאֵ֛ל רָאשִׁ֖יםa
8 לַעֲל֥וֹת עִמִּֽי׃ פ **8** [1] וְאֵ֤לֶּה רָאשֵׁי֙ אֲבֹ֣תֵיהֶ֔ם וְהִתְיַחְשָׂ֖ם הָעֹלִ֣ים
2 עִמִּ֗י בְּמַלְכ֛וּת אַרְתַּחְשַׁ֥סְתְּא הַמֶּ֖לֶךְ מִבָּבֶֽל׃ ס [2] מִבְּנֵ֤י פִֽינְחָס֙
גֵּֽרְשֹׁ֔ם ס מִבְּנֵ֥י אִיתָמָ֖ר דָּנִיֵּ֑אל ס מִבְּנֵ֥י דָוִ֖יד חַטּֽוּשׁ׃ ס
3 [3] מִבְּנֵ֣יa שְׁכַנְיָ֔ה ס מִבְּנֵ֥י פַרְעֹ֖שׁ זְכַרְיָ֑ה וְעִמּ֛וֹb הִתְיַחֵ֥שׂ לִזְכָרִ֖יםb
4 מֵאָ֥ה וַחֲמִשִּֽׁים׃ ס [4] מִבְּנֵי֙ פַּחַ֣ת מוֹאָ֔ב אֶלְיְהוֹעֵינַ֖י בֶּן־זְרַֽחְיָ֑ה
5 וְעִמּ֖וֹ מָאתַ֥יִם הַזְּכָרִֽים׃ ס [5] מִבְּנֵ֥יa שְׁכַנְיָ֖ה בֶּן־יַחֲזִיאֵ֑ל וְעִמּ֕וֹ
6 שְׁלֹ֥שׁ מֵא֖וֹת הַזְּכָרִֽים׃ ס [6] וּמִבְּנֵ֣י עָדִ֔ין עֶ֖בֶד בֶּן־יוֹנָתָ֑ן וְעִמּ֕וֹ
7 חֲמִשִּׁ֖יםa הַזְּכָרִֽים׃ ס [7] וּמִבְּנֵ֣י עֵילָ֔ם יְשַׁעְיָ֖ה בֶּן־עֲתַלְיָ֑ה וְעִמּ֕וֹ
8 שִׁבְעִ֖ים הַזְּכָרִֽים׃ ס [8] וּמִבְּנֵי֙ שְׁפַטְיָ֔ה זְבַדְיָ֖ה בֶּן־מִיכָאֵ֑ל וְעִמּ֕וֹ
9 שְׁמֹנִ֖יםa הַזְּכָרִֽים׃ ס [9] מִבְּנֵ֣יa י֔וֹאָב עֹבַדְיָ֖ה בֶּן־יְחִיאֵ֑ל וְעִמּ֕וֹ
10 מָאתַ֛יִםb וּשְׁמֹנָ֥ה עָשָׂ֖רb הַזְּכָרִֽים׃ ס [10] וּמִבְּנֵ֥יa שְׁלוֹמִ֖יתb בֶּן־
11 יוֹסִפְיָ֑ה וְעִמּ֕וֹ מֵאָ֖ה וְשִׁשִּׁ֥ים הַזְּכָרִֽים׃ ס [11] וּמִבְּנֵ֣י בֵבַ֔י זְכַרְיָ֖ה
12 בֶּן־בֵּבָ֑י וְעִמּ֕וֹ עֶשְׂרִ֥ים וּשְׁמֹנָ֖ה הַזְּכָרִֽים׃ ס [12] וּמִבְּנֵ֣י עַזְגָּ֔ד יוֹחָנָ֖ן
13 בֶּן־הַקָּטָ֑ן וְעִמּ֕וֹ מֵאָ֥ה וַעֲשָׂרָ֖הa הַזְּכָרִֽים׃ ס [13] וּמִבְּנֵ֣י אֲדֹנִיקָ֗ם
אַחֲרֹנִים֙ וְאֵ֣לֶּה שְׁמוֹתָ֔ם אֱלִיפֶ֕לֶט יְעִיאֵ֖ל וּֽשְׁמַעְיָ֑ה וְעִמָּהֶ֖ם שִׁשִּׁ֥יםa
14 הַזְּכָרִֽים׃ ס [14] וּמִבְּנֵ֥י בִגְוַ֖י עוּתַ֣י וְזַבּ֑וּדa וְעִמּ֖וֹb שִׁבְעִ֥ים הַזְּכָרִֽים׃
15 פ [15] וָאֶקְבְּצֵ֗ם אֶל־הַנָּהָר֙a הַבָּ֣א אֶֽל־אַהֲוָ֔אa וַנַּחֲנֶ֥ה שָׁ֖ם יָמִ֣ים
16 שְׁלֹשָׁ֑ה וָאָבִ֤ינָה בָעָם֙ וּבַכֹּ֣הֲנִ֔ים וּמִבְּנֵ֥י לֵוִ֖י לֹא־מָצָ֥אתִי שָֽׁם׃ [16] וָֽאֶשְׁלְחָ֡ה
לֶאֱלִיעֶ֣זֶר לַאֲרִיאֵ֡ל לִֽשְֽׁמַעְיָה֩ וּלְאֶלְנָתָ֨ןa וּלְיָרִ֜יב וּלְאֶלְנָתָ֣ן וּלְנָתָ֗ן
17 וְלִזְכַרְיָה֙ וְלִמְשֻׁלָּ֔ם רָאשִׁ֑יםb וּלְיוֹיָרִ֥יבc וּלְאֶלְנָתָ֖ןc מְבִינִֽים׃ [17] וָאֲוַצֶּאָ֣הa

ה֝[22] וחד מן כו֝ פסוק דאית בהון א״ב . ב֝[23] . ב חד חס וחד מל
ה֝ . ב֝ . כ֝
יד[24] וכל אורית ויהושע דכות ב מ ג . עה
תא יתיר א לא קר . ח֝[1] ר״פ בסיפ וחד מן יב֝[2] פסוק דמיין
ד֝[3] וכל ד״ה דכות ב מ ב
ח ר״פ בסיפ[1] . ב
ח ר״פ בסיפ[1] . ב
ח ר״פ בסיפ[1] . ח בטע[4]
ב בסיפ . ז[5]
ו בליש
ח ר״פ בסיפ[1] . ח בטע[4]
ל מל[6]
ח בטע[4]
ח בטע[4] . ל . ג[7] בסיפ וכל ד״ה דכות ב מ ד
ח בטע[4]
ב ומל ול בסיפ . וזכור חד מן ב כת ד ק בליש
ל
ל
ב֝[9] . ח פסוק מן ד מילין דמיין ותלת משני
כ . ואצוה ק

[22]Mm 3683. [23]Mm 3912. [24]Mm 1523. **Cp 8** [1]Mm 3913. [2]Mm 3896. [3]Mm 3914. [4]Mm 3915. [5]Mm 4044. [6]Mm 896. [7]Mm 3991. [8]Mm 2312.

28 [a] 𝔊α ἄνδρας = אֲנָשִׁים ‖ **Cp 8,3** [a–a] l בֶּן־שׁ׳ (cf 𝔊α) et cj c 2 ‖ [b–b] 𝔊α 8,30 ἀπὸ γραφῆς (ex ἀπεγράφησαν) ἄνδρες ‖ **5** [a] ins זַתּוּא cf 𝔊𝔊α ‖ **6** [a] 𝔊α 250 ‖ **8** [a] 𝔊α 70 ‖ **9** [a] mlt Mss Vrs ומ׳ ‖ [b–b] 𝔊α 212 ‖ **10** [a] ins בָּנִי cf 𝔊^{AVmin}𝔊α ‖ [b] l מוֹת– cf 𝔊𝔊α𝔖 ‖ **12** [a] mlt Mss 𝔊^{L}𝔖 וְעֶשְׂרִים ‖ **13** [a] 𝔊α 70 ‖ **14** [a] Q 𝔊^{L}𝔖𝔗 וְזַכּוּר, K 𝔊^{Amin}𝔄 וְזַבּוּד; 𝔊α ὁ τοῦ Ισταλκουρου (Ιστακαλκου), l בֶּן־ז׳ cf עמו; > 𝔊^{B} ‖ [b] mlt Mss 𝔊^{L}𝔖𝔗 ועמהם ‖ **15** [a–a] 𝔊α λεγόμενον Θεραν ‖ **16** [a] pc Mss וליונתן ‖ [b] l prb אֲנָשִׁים cf 𝔊 ‖ [c–c] > 𝔄 et 𝔊α (ubi 10 nom in 16a), gl ‖ **17** [a] K 𝔊^{-L} וְאוֹצְאָה, Q 𝔊^{L}𝔖 וָאֲצַוֶּה; 𝔊α καὶ εἶπα (αὐτοῖς) ἐλθεῖν.

אוֹתָם֙ עַל־אִדּ֣וֹ הָרֹ֔אשׁ בְּכָסִפְיָ֖א[b] הַמָּק֑וֹם וָאָשִׂ֣ימָה בְּפִיהֶ֗ם דְּבָרִ֔ים
לְדַבֵּ֞ר אֶל־אִדּ֨וֹ אָחִ֤יו[c] הַנְּתוּנִים֙[d] בְּכָסִפְיָ֣א[e] הַמָּק֔וֹם לְהָבִיא־לָ֥נוּ
18 מְשָׁרְתִ֖ים לְבֵ֥ית אֱלֹהֵֽינוּ׃ 18 וַיָּבִ֨יאוּ לָ֜נוּ כְּיַד־אֱלֹהֵ֣ינוּ הַטּוֹבָ֣ה עָלֵ֗ינוּ
אִ֣ישׁ שֶׂ֔כֶל מִבְּנֵ֥י מַחְלִ֖י בֶּן־לֵוִ֣י בֶּן־יִשְׂרָאֵ֑ל וְשֵׁרֵבְיָ֛ה[a] וּבָנָ֥יו וְאֶחָ֖יו
19 שְׁמֹנָ֥ה עָשָֽׂר׃ 19 וְאֶת־חֲשַׁבְיָ֔ה וְאִתּ֥וֹ[a] יְשַׁעְיָ֖ה[b] מִבְּנֵ֣י מְרָרִ֑י[c] אֶחָ֥יו וּבְנֵיהֶ֖ם
20 עֶשְׂרִֽים׃ ס 20 וּמִן־הַנְּתִינִ֗ים שֶׁנָּתַ֨ן דָּוִ֤יד וְהַשָּׂרִים֙[a] לַעֲבֹדַ֣ת הַלְוִיִּ֔ם
21 נְתִינִ֖ים מָאתַ֣יִם וְעֶשְׂרִ֑ים כֻּלָּ֖ם נִקְּב֥וּ בְשֵׁמֽוֹת׃ 21 וָאֶקְרָ֨א שָׁ֥ם
צוֹם֙ [a]עַל־הַנָּהָ֣ר אַהֲוָ֔א[a] לְהִתְעַנּ֖וֹת[b] לִפְנֵ֣י אֱלֹהֵ֑ינוּ לְבַקֵּ֤שׁ מִמֶּ֙נּוּ֙ דֶּ֣רֶךְ
22 יְשָׁרָ֔ה לָ֥נוּ וּלְטַפֵּ֖נוּ וּלְכָל־רְכוּשֵֽׁנוּ׃ 22 כִּ֣י בֹ֗שְׁתִּי לִשְׁא֤וֹל מִן־הַמֶּ֙לֶךְ֙
חַ֣יִל וּפָרָשִׁ֔ים לְעָזְרֵ֥נוּ מֵאוֹיֵ֖ב בַּדָּ֑רֶךְ כִּֽי־אָמַ֨רְנוּ לַמֶּ֜לֶךְ לֵאמֹ֗ר יַד־
אֱלֹהֵ֤ינוּ עַל־כָּל־מְבַקְשָׁיו֙ לְטוֹבָ֔ה וְעֻזּ֣וֹ וְאַפּ֔וֹ עַ֖ל כָּל־עֹזְבָֽיו׃
23 וַנָּצ֥וּמָה[a] וַנְּבַקְשָׁ֛ה מֵאֱלֹהֵ֖ינוּ עַל־זֹ֑את וַיֵּעָתֵ֖ר לָֽנוּ׃ 24 וָאַבְדִּ֛ילָה
מִשָּׂרֵ֥י הַכֹּהֲנִ֖ים שְׁנֵ֣ים עָשָׂ֑ר [a]לְשֵׁרֵבְיָ֣ה חֲשַׁבְיָ֔ה[a] וְעִמָּהֶ֥ם מֵאֲחֵיהֶ֖ם
25 עֲשָׂרָֽה׃ 25 וָֽאֶשְׁקֳלָ֣ה לָהֶ֔ם אֶת־הַכֶּ֥סֶף וְאֶת־הַזָּהָ֖ב וְאֶת־הַכֵּלִ֑ים
תְּרוּמַ֣ת בֵּית־אֱלֹהֵ֗ינוּ הַהֵרִ֙ימוּ֙ הַמֶּ֙לֶךְ֙ וְיֹעֲצָ֣יו וְשָׂרָ֔יו וְכָל־יִשְׂרָאֵ֖ל
26 הַנִּמְצָאִֽים׃ 26 וָאֶשְׁקֲלָ֨ה עַל־יָדָ֜ם כֶּ֗סֶף כִּכָּרִים֙ שֵׁשׁ־מֵא֣וֹת וַחֲמִשִּׁ֔ים
27 וּכְלֵי־כֶ֥סֶף מֵאָ֖ה לְכִכָּרִ֑ים[a] זָהָ֖ב מֵאָ֥ה כִכָּֽר׃ 27 וּכְפֹרֵ֤י זָהָב֙ עֶשְׂרִ֔ים
[a]לַאֲדַרְכֹנִ֖ים[b] אָ֑לֶף[a] וּכְלֵ֨י נְחֹ֜שֶׁת מֻצְהָ֤ב טוֹבָה֙ שְׁנַ֔יִם[c] [d]חֲמוּדֹ֖ת כַּזָּהָֽב[d]׃
28 וָאֹמְרָ֣ה אֲלֵהֶ֗ם אַתֶּ֥ם קֹ֙דֶשׁ֙ לַֽיהוָ֔ה וְהַכֵּלִ֖ים קֹ֑דֶשׁ וְהַכֶּ֤סֶף וְהַזָּהָב֙
29 נְדָבָ֔ה לַֽיהוָ֖ה אֱלֹהֵ֥י אֲבֹתֵיכֶֽם[a]׃ 29 שִׁקְד֣וּ וְשִׁמְר֗וּ עַֽד־תִּשְׁקְל֡וּ
לִפְנֵי֩ שָׂרֵ֨י הַכֹּהֲנִ֧ים וְהַלְוִיִּ֛ם [a]וְשָׂרֵֽי־הָאָב֥וֹת לְיִשְׂרָאֵ֖ל[a] בִּירוּשָׁלָ֑͏ִם

לז[9] . ב ובפסוק . ב
הנתינים ק . ב ובפסוק
לו וחד מן ד מילין דגש א ב[10] מנה בליש . ח
ה ד כת ש וחד כת ס[11] . ב . ל[12]
ב בסיפ
ל
ל
ל . ג וחס
ד
ל . ל . ה . ל וחס
ואשקלה[13] ק חד מן ג ב חס וחד מן ו מל בליש . ג[14]
ל . ל . ב חד מל וחד מן ד[15] חס בליש וכל יעצי דכות . לה[9] וכל ר״פ דכות
ג ב חס וחד מל[9]
ל חס
ב וחס בליש . ל . ל כת כן[16] . ג[17]
ט בכתיב[18] . יו חס בכתיב . ב
ל
כא[19] . ל[20]

[9] Mp sub loco. [10] Mm 3916. [11] Mm 3917. [12] וחד ואחיו ובניו 1Ch 25,9. [13] Q addidi, cf Mp sub loco. [14] Mm 3784. [15] Mm 2808. [16] Mm 3918. [17] Mm 3188. [18] Mm 3919. [19] Mm 4144. [20] Mm 3895.

17 [b] 𝔊 ἐν ἀργυρίῳ, 𝔊α τοῦ γαζοφυλακίου ‖ [c] l וְאָחָיו cf 𝔊α𝔙 ‖ [d] l aut c K (cf 𝔖𝔊α) הַנְּתוּנִים aut c Q (cf 𝔊) הַנְּתִינִים; 𝔊α pr καί ‖ [e] 𝔊 ut [b]; 𝔊α τοῖς γαζοφύλαξιν ‖ **18** [a] 𝔊 καὶ ἀρχὴν ἤλθοσαν; dl ו cf 𝔊α ‖ **19** [a] 𝔊α καὶ Αννουνον καί ‖ [b] huc tr אחיו, quod l אָחִיו cf 𝔊α ‖ [c] dub; 𝔊α Χανουναιου = כְּנָנִי Neh 9,4? ‖ **20** [a] prp מְשָׁרְתִים ‖ **21** [a–a] > 𝔊α ‖ [b] 𝔊α τοῖς νεανίσκοις ‖ **23** [a] 𝔊α καὶ πάλιν ‖ **24** [a–a] l וְשׁ׳ וַח׳ cf 𝔊α ‖ **26** [a] prp ־ִים ‖ **27** [a–a] > 𝔊α ‖ [b] 𝔊B εἰς τὴν ὁδὸν Χαμανιμ = לדרך כמנים ‖ לַדַּרְכְּמֹנִים = [c] 𝔊α 12 (𝔊B 10), 𝔊 διάφορα = שֹׁנִים ‖ [d–d] 𝔊α χρυσοειδῆ = דְּמוּת ז׳ ‖ **28** [a] 𝔊Bal𝔄𝔊α𝔙 suff 1 pl ‖ **29** [a–a] add.

הַלְּשָׁכ֖וֹת[b] בֵּ֥ית יְהוָֽה׃ 30 וְקִבְּלוּ֙ הַכֹּהֲנִ֣ים וְהַלְוִיִּ֔ם מִשְׁקַ֥ל[a] הַכֶּ֛סֶף 30 ב . ב . כא[21]
וְהַזָּהָ֖ב וְהַכֵּלִ֑ים לְהָבִ֥יא לִֽירוּשָׁלִַ֖ם לְבֵ֥ית אֱלֹהֵֽינוּ׃ פ 31 וַנִּסְעָ֞ה 31 ל
מִנְּהַ֣ר אַהֲוָ֗א[a] בִּשְׁנֵ֥ים עָשָׂר֙ לַחֹ֣דֶשׁ הָֽרִאשׁ֔וֹן לָלֶ֖כֶת יְרוּשָׁלִָ֑ם וְיַד־ ב[22] . סד . הי[23]
אֱלֹהֵ֙ינוּ֙ הָיְתָ֣ה עָלֵ֔ינוּ וַיַּצִּילֵ֗נוּ מִכַּ֥ף אוֹיֵ֛ב וְאוֹרֵ֖ב עַל־הַדָּֽרֶךְ׃ 32 וַנָּב֖וֹא 32 ג מל בליש[24]
יְרוּשָׁלִָ֑ם וַנֵּ֥שֶׁב שָׁ֖ם יָמִ֥ים שְׁלֹשָֽׁה׃ 33 וּבַיּ֣וֹם הָרְבִיעִ֡י נִשְׁקַ֣ל הַכֶּסֶף֩ 33 ג ר״פ[25]
וְהַזָּהָ֨ב וְהַכֵּלִ֜ים בְּבֵ֣ית אֱלֹהֵ֗ינוּ עַ֣ל יַד־מְרֵמ֤וֹת בֶּן־אֽוּרִיָּה֙ הַכֹּהֵ֔ן וְעִמּ֖וֹ
אֶלְעָזָ֣ר בֶּן־פִּֽינְחָ֑ס וְעִמָּהֶ֞ם יוֹזָבָ֣ד[a] בֶּן־יֵשׁ֗וּעַ וְנֽוֹעַדְיָ֛ה בֶּן־בִּנּ֖וּי הַלְוִיִּֽם׃ ל . ל[26] . ז
34 בְּמִסְפָּ֥ר בְּמִשְׁקָ֖ל[a] לַכֹּ֑ל וַיִּכָּתֵ֥ב כָּל־הַמִּשְׁקָ֖ל בָּעֵ֥ת הַהִֽיא׃ פ 34 יא
35 הַבָּאִ֨ים[a] מֵהַשְּׁבִ֜י בְנֵֽי־הַגּוֹלָ֗ה הִקְרִ֣יבוּ עֹל֣וֹת ׀ לֵאלֹהֵ֣י יִשְׂרָאֵ֡ל פָּרִ֣ים ס ג ר״פ . כח[27] ד[28] מנה בליש
שְׁנֵים־עָשָׂ֣ר עַל־כָּל־יִשְׂרָאֵ֗ל אֵילִ֣ים ׀ תִּשְׁעִ֣ים וְשִׁשָּׁ֗ה כְּבָשִׂים֙ שִׁבְעִ֣ים כ[23]
וְשִׁבְעָ֔ה[b] צְפִירֵ֥י חַטָּ֖את שְׁנֵ֣ים עָשָׂ֑ר הַכֹּ֖ל עוֹלָ֥ה לַיהוָֽה׃ פ ל . ל מל בסיפ
36 וַיִּתְּנ֞וּ ׀ אֶת־דָּתֵ֣י הַמֶּ֗לֶךְ לַֽאֲחַשְׁדַּרְפְּנֵי֙ הַמֶּ֔לֶךְ וּפַחֲו֖וֹת עֵ֣בֶר הַנָּהָ֑ר 36 ג
וְנִשְּׂא֥וּ אֶת־הָעָ֖ם וְאֶת־בֵּית־הָאֱלֹהִֽים׃ ס מח

9 1 וּכְכַלּ֣וֹת אֵ֗לֶּה נִגְּשׁ֨וּ אֵלַ֤י הַשָּׂרִים֙ לֵאמֹ֔ר לֹֽא־נִבְדְּל֞וּ הָעָ֣ם 9 ג[1]
יִשְׂרָאֵל֙ וְהַכֹּהֲנִ֣ים וְהַלְוִיִּ֔ם מֵעַמֵּ֖י הָאֲרָצ֑וֹת כְּתוֹעֲבֹֽתֵיהֶ֡ם לַֽכְּנַעֲנִ֨י ח[2] . ח בליש . ט[3] חס בליש וחד מן ג כת כן . סימן כתפס עאצמ[4] . ג
הַחִתִּ֜י הַפְּרִזִּ֣י הַיְבוּסִ֗י הָעַמֹּנִי֙ הַמֹּ֣אָבִ֔י הַמִּצְרִ֖י וְהָאֱמֹרִֽי[a]׃ 2 כִּֽי־נָשְׂא֣וּ 2 ל חס . ל
מִבְּנֹֽתֵיהֶ֗ם לָהֶם֙ וְלִבְנֵיהֶ֔ם וְהִתְעָֽרְבוּ֙ זֶ֣רַע הַקֹּ֔דֶשׁ בְּעַמֵּ֖י הָאֲרָצ֑וֹת וְיַ֧ד ל . ח בליש . הי[5]
הַשָּׂרִ֣ים וְהַסְּגָנִ֗ים הָֽיְתָ֛ה בַּמַּ֥עַל הַזֶּ֖ה רִאשׁוֹנָֽה׃ ס 3 וּכְשָׁמְעִי֙ 3 ל . י ג[6] מנה מל . ב
אֶת־הַדָּבָ֣ר הַזֶּ֔ה קָרַ֥עְתִּי אֶת־בִּגְדִ֖י וּמְעִילִ֑י וָאֶמְרְטָ֞ה מִשְּׂעַ֤ר רֹאשִׁי֙ ב[5] . ל . כו
וּזְקָנִ֔י וָאֵשְׁבָ֖ה מְשׁוֹמֵֽם׃ 4 וְאֵלַ֣י יֵאָסְפ֗וּ כֹּ֤ל חָרֵד֙ בְּדִבְרֵ֣י[a] אֱלֹהֵֽי־ 4 ל . ג מל . ג[7] . יא בטע לאחור . כח[8]
יִשְׂרָאֵ֔ל עַ֖ל מַ֣עַל הַגּוֹלָ֑ה וַאֲנִי֙ יֹשֵׁ֣ב מְשׁוֹמֵ֔ם עַ֖ד[b] לְמִנְחַ֥ת הָעָֽרֶב[b]׃ ג מל . ל
5 [a]וּבְמִנְחַ֣ת הָעֶ֗רֶב[a] קַ֚מְתִּי מִתַּ֣עֲנִיתִ֔י וּבְקָרְעִ֥י[b] בִגְדִ֖י וּמְעִילִ֑י וָֽאֶכְרְעָה֙ 5 ל . ל . ל . ב
עַל־בִּרְכַּ֔י וָאֶפְרְשָׂ֥ה כַפַּ֖י אֶל־יְהוָ֥ה אֱלֹהָֽי׃ 6 וָאֹמְרָ֗ה אֱלֹהַי֙ בֹּ֣שְׁתִּי 6 ל . ג וחס
וְנִכְלַ֔מְתִּי לְהָרִ֧ים אֱלֹהַ֛י פָּנַ֖י אֵלֶ֑יךָ כִּ֣י עֲוֺנֹתֵ֤ינוּ רָבוּ֙ לְמַ֣עְלָה רֹּ֔אשׁ[a]

[21] Mm 4144. [22] Gn 15,18. [23] Mp sub loco. [24] Mm 1282. [25] Mm 3920. [26] וחד לנועדיה Neh 6,14. [27] Mm 2364. [28] Mm 3921. **Cp 9** [1] Mm 1288. [2] Mm 1199. [3] Mp contra textum, cf Mp sub loco. [4] Okhl 274 et Mp sub loco. [5] Mp sub loco. [6] Mm 682. [7] Mm 3016. [8] Mm 2364.

29 [b] mixtum ex לְשָׁכוֹת et הַלְּשָׁכוֹת ‖ **30** [a] pc Mss לַ־ ‖ **31** [a] 𝔊α 8,60 *Θερα* cf 15[a–a] ‖ **33** [a] Ms יוֹנָדָב ‖ **34** [a] Vrs pr cop, l 'וּב ‖ **35** [a] prp וּבְבֹאָם ‖ [b] l וּשְׁנַיִם cf 𝔊α[AVmin] ‖ **Cp 9,1** [a] l c Ms 𝔊α וְהָאֲדֹמִי ‖ **4** [a] Vrs sg ‖ [b–b] 𝔖 *ltšʿ šʿjn* = usque ad horam nonam ‖ **5** [a–a] cf 4[b–b] ‖ [b] prp (וּ)בְקָרְעִי ‖ **6** [a] l מֵעַל הָרֹאשׁ (hpgr) cf 2 Ch 34,4.

7 וְאַשְׁמָתֵנוּ גָדְלָה עַד לַשָּׁמָיִם׃ 7 מִימֵי אֲבֹתֵינוּ אֲנַחְנוּ בְּאַשְׁמָה גְדֹלָה ג[9] . יא בטע[10] . ב . ז חס[11]
עַד הַיּוֹם הַזֶּה וּבַעֲוֺנֹתֵינוּ נִתַּנּוּ אֲנַחְנוּ מְלָכֵינוּ כֹהֲנֵינוּ[a] בְּיַד ׀ מַלְכֵי ג בכתיב . ל
8 הָאֲרָצוֹת בַּחֶרֶב בַּשְּׁבִי[b] וּבַבִּזָּה וּבְבֹשֶׁת פָּנִים כְּהַיּוֹם הַזֶּה׃ 8 וְעַתָּה ל
כִּמְעַט־רֶגַע הָיְתָה תְחִנָּה מֵאֵת ׀ יְהוָה אֱלֹהֵינוּ לְהַשְׁאִיר לָנוּ פְּלֵיטָה ל בסיפ[12] . ל
וְלָתֶת־לָנוּ יָתֵד[a] בִּמְקוֹם קָדְשׁוֹ לְהָאִיר עֵינֵינוּ אֱלֹהֵינוּ וּלְתִתֵּנוּ מִחְיָה ח[13] . ל . ל
9 מְעַט בְּעַבְדֻתֵנוּ׃ 9 כִּי־עֲבָדִים אֲנַחְנוּ וּבְעַבְדֻתֵנוּ לֹא עֲזָבָנוּ אֱלֹהֵינוּ ל
וַיַּט־עָלֵינוּ חֶסֶד לִפְנֵי מַלְכֵי פָרַס לָתֶת־לָנוּ מִחְיָה[a] לְרוֹמֵם אֶת־בֵּית ב
אֱלֹהֵינוּ וּלְהַעֲמִיד אֶת־חָרְבֹתָיו וְלָתֶת־לָנוּ גָדֵר בִּיהוּדָה וּבִירוּשָׁלִָם׃ ב[14] . ח[13] . כא
10 וְעַתָּה מַה־נֹּאמַר אֱלֹהֵינוּ אַחֲרֵי־זֹאת כִּי עָזַבְנוּ מִצְוֺתֶיךָ׃ ס כ[15] בטע ד[16] מנה בכתיב ובליש
11 אֲשֶׁר צִוִּיתָ בְּיַד עֲבָדֶיךָ הַנְּבִיאִים לֵאמֹר הָאָרֶץ אֲשֶׁר אַתֶּם בָּאִים ב
לְרִשְׁתָּהּ אֶרֶץ נִדָּה הִיא בְּנִדַּת[a] עַמֵּי הָאֲרָצוֹת בְּתוֹעֲבֹתֵיהֶם[b] אֲשֶׁר ב[17] . ח בליש . ג כת כן בליש
12 מִלְאוּהָ מִפֶּה אֶל־פֶּה בְּטֻמְאָתָם׃ 12 וְעַתָּה בְּנוֹתֵיכֶם אַל־תִּתְּנוּ ב[18] . ב . ל מל וכל נביא דכות
לִבְנֵיהֶם וּבְנֹתֵיהֶם אַל־תִּשְׂאוּ לִבְנֵיכֶם וְלֹא־תִדְרְשׁוּ שְׁלֹמָם וְטוֹבָתָם ב חד חס וחד מל
עַד־עוֹלָם לְמַעַן תֶּחֶזְקוּ וַאֲכַלְתֶּם אֶת־טוּב הָאָרֶץ וְהוֹרַשְׁתֶּם לִבְנֵיכֶם ב[19] . יט בליש[20]
13 עַד־עוֹלָם׃ 13 וְאַחֲרֵי כָּל־הַבָּא עָלֵינוּ בְּמַעֲשֵׂינוּ הָרָעִים וּבְאַשְׁמָתֵנוּ
הַגְּדֹלָה כִּי ׀ אַתָּה אֱלֹהֵינוּ חָשַׂכְתָּ[a] לְמַטָּה[b] מֵעֲוֺנֵנוּ וְנָתַתָּה לָּנוּ פְּלֵיטָה ז חס[11] . ג ול בסיפ
14 כָּזֹאת׃ 14 הֲנָשׁוּב לְהָפֵר מִצְוֺתֶיךָ וּלְהִתְחַתֵּן בְּעַמֵּי הַתֹּעֵבוֹת הָאֵלֶּה ל . ט חס ג מנה בליש וחד מן ד כת כן
15 הֲלוֹא תֶאֱנַף־בָּנוּ עַד־כַּלֵּה לְאֵין שְׁאֵרִית וּפְלֵיטָה׃ פ 15 יְהוָה ט מל בכתיב[21] . ט כת ה[22] . ח[23]
אֱלֹהֵי יִשְׂרָאֵל צַדִּיק אַתָּה כִּי־נִשְׁאַרְנוּ פְלֵיטָה כְּהַיּוֹם הַזֶּה הִנְנוּ לְפָנֶיךָ כו מלעיל . ד[24]
10 בְּאַשְׁמָתֵינוּ כִּי אֵין לַעֲמוֹד לְפָנֶיךָ עַל־זֹאת׃ פ **10** 1 וּכְהִתְפַּלֵּל[a] ל מל . ג מל[25] . ל
עֶזְרָא וּכְהִתְוַדֹּתוֹ[b] בֹּכֶה וּמִתְנַפֵּל[c] לִפְנֵי בֵּית הָאֱלֹהִים נִקְבְּצוּ אֵלָיו ל . ז[1] . ל . ל . מח
מִיִּשְׂרָאֵל[d] קָהָל רַב־מְאֹד אֲנָשִׁים וְנָשִׁים וִילָדִים [e]כִּי־בָכוּ[e] הָעָם ל . ל . ט
2 הַרְבֵּה[f]־בֶכֶה[g]׃ ס 2 וַיַּעַן שְׁכַנְיָה בֶן־יְחִיאֵל מִבְּנֵי עוֹלָם[a] וַיֹּאמֶר ל . עילם חד מן ב[2] כת כן ק

[9]Mm 123. [10]Mm 284. [11]Mm 1193. [12]וחד במעט Da 11,23. [13]Mm 601. [14]Mm 3922. [15]Mp sub loco. [16]Mm 3923. [17]Mm 3924. [18]Mm 3925. [19]Mm 3926. [20]Mm 335. [21]Mm 3664. [22]Mm 2122. [23]Mm 3927. [24]Mm 1297. [25]Mm 3929. **Cp 10** [1]Mm 1813. [2]Mm 2735.

7 [a] l c Ms 'וְכֹ' cf 𝔊𝔊α𝔙 ‖ [b] l c Ms Vrs 'וּבַ' ‖ **8** [a] Ms יֶתֶר ‖ **9** [a] prp מִנְחָה ‖ **11** [a] nonn Mss 𝔙 'כְּנִ' ‖ [b] pc Mss 'כְּתֹ' ‖ **13** [a] nonn Mss 𝔖 חָשַׂבְתָּ, 𝔊𝔊α *ἐκούφισας* ‖ [b] prp –טֶּה ‖ **Cp 10,1** [a] mlt Mss 'וּבְהִ' ‖ [b] cf 1[a] ‖ [c] 𝔊 *καὶ προσευχόμενος* ‖ [d] 𝔊α 8,88 *ἀπὸ Ιερουσαλημ* ‖ [e–e] l וַיִּבְכּוּ ? cf 𝔙𝔄 ‖ [f] prp (= יהוה) הֶחָרֵד בִּדְבַר ה' cf 9,4 ‖ [g] prp בָּכֹה ‖ **2** [a] l c Q mlt Mss 𝔊𝔖𝔗𝔙 עֵילָם, K 'עוֹ'; 𝔊α *Ισραηλ*.

לְעֶזְרָא אֲנַחְנוּ מָעַלְנוּ בֵאלֹהֵינוּ וַנֹּשֶׁב נָשִׁים נָכְרִיּוֹת מֵעַמֵּי הָאָרֶץ — ל . ל
וְעַתָּה יֵשׁ־מִקְוֶה לְיִשְׂרָאֵל עַל־זֹאת׃ 3 וְעַתָּה נִכְרָת־בְּרִית לֵאלֹהֵינוּ 3 — כ בטע ד[3] מנה בכתיב ובליש . ב[4] . ל
לְהוֹצִיא כָל־נָשִׁים[a] וְהַנּוֹלָד מֵהֶם בַּעֲצַת[b] אֲדֹנָי[c] וְהַחֲרֵדִים בְּמִצְוַת — ל . ב . ג כת כן בסיפ . ד[5]
אֱלֹהֵינוּ וְכַתּוֹרָה יֵעָשֶׂה׃ 4 קוּם כִּי־עָלֶיךָ הַדָּבָר וַאֲנַחְנוּ עִמָּךְ חֲזַק 4 — ב ול בסיפ . לו[6] . ט ר״פ[7]
וַעֲשֵׂה׃ פ 5 וַיָּקָם עֶזְרָא וַיַּשְׁבַּע אֶת־שָׂרֵי הַכֹּהֲנִים הַלְוִיִּם[a] וְכָל־ 5 — ד[8] . יג[9] ד מנה בסיפ . לה[10] וכל ר״פ דכות
יִשְׂרָאֵל לַעֲשׂוֹת כַּדָּבָר הַזֶּה וַיִּשָּׁבֵעוּ׃ 6 וַיָּקָם עֶזְרָא מִלִּפְנֵי בֵּית 6 — ל . מח
הָאֱלֹהִים וַיֵּלֶךְ אֶל־לִשְׁכַּת יְהוֹחָנָן[a] בֶּן־אֶלְיָשִׁיב וַיֵּלֶךְ[b] שָׁם לֶחֶם — ט[11] . ב[12] . ב[13]
לֹא־אָכַל וּמַיִם לֹא־שָׁתָה כִּי מִתְאַבֵּל עַל־מַעַל הַגּוֹלָה[c]׃ ס
7 וַיַּעֲבִירוּ קוֹל בִּיהוּדָה וִירוּשָׁלַםִ[a] לְכֹל בְּנֵי הַגּוֹלָה לְהִקָּבֵץ יְרוּשָׁלָםִ׃ 7 — ד[14]
8 וְכֹל אֲשֶׁר לֹא־יָבוֹא לִשְׁלֹשֶׁת הַיָּמִים כַּעֲצַת הַשָּׂרִים וְהַזְּקֵנִים 8 — ג ב מנה בליש
יָחֳרַם כָּל־רְכוּשׁוֹ וְהוּא יִבָּדֵל מִקְּהַל הַגּוֹלָה׃ ס 9 וַיִּקָּבְצוּ כָל־ 9 — ג ב פת וחד קמ[15] . ב מל . ד וכל ד״ה דכות ב מ א
אַנְשֵׁי־יְהוּדָה וּבִנְיָמִן ׀ יְרוּשָׁלַםִ לִשְׁלֹשֶׁת הַיָּמִים הוּא חֹדֶשׁ הַתְּשִׁיעִי — ל . פסיקתא דסיפ[16]
בְּעֶשְׂרִים בַּחֹדֶשׁ[a] וַיֵּשְׁבוּ כָל־הָעָם בִּרְחוֹב בֵּית הָאֱלֹהִים מַרְעִידִים — ג ב מנה בליש . מח . ל
עַל־הַדָּבָר וּמֵהַגְּשָׁמִים׃ פ 10 וַיָּקָם עֶזְרָא הַכֹּהֵן וַיֹּאמֶר אֲלֵהֶם 10 — ג . ט בכתיב[17] . יו חס בכתיב
אַתֶּם מְעַלְתֶּם וַתֹּשִׁיבוּ נָשִׁים נָכְרִיּוֹת לְהוֹסִיף עַל־אַשְׁמַת יִשְׂרָאֵל׃ — ל וחס . ד[10]
11 וְעַתָּה תְּנוּ תוֹדָה לַיהוָה אֱלֹהֵי־אֲבֹתֵיכֶם[a] וַעֲשׂוּ רְצוֹנוֹ וְהִבָּדְלוּ 11
מֵעַמֵּי הָאָרֶץ וּמִן־הַנָּשִׁים הַנָּכְרִיּוֹת׃ 12 וַיַּעֲנוּ[a] כָל־הַקָּהָל וַיֹּאמְרוּ 12 — ב[10]
קוֹל גָּדוֹל כֵּן כִּדְבָרְיךָ[a] עָלֵינוּ לַעֲשׂוֹת׃ 13 אֲבָל הָעָם רָב וְהָעֵת 13 — כדברך ק . חד מן ח[18] יתיר י . בליש . לג קמ[19]
גְּשָׁמִים וְאֵין כֹּחַ לַעֲמוֹד בַּחוּץ וְהַמְּלָאכָה לֹא־לְיוֹם אֶחָד וְלֹא לִשְׁנַיִם — ג מל[20] . ג[21]
כִּי־הִרְבִּינוּ לִפְשֹׁעַ בַּדָּבָר הַזֶּה׃ 14 יַעֲמְדוּ[a]־נָא שָׂרֵינוּ לְכָל־הַקָּהָל 14 — ב וחס . ח . ל
וְכֹל ׀ אֲשֶׁר בְּעָרֵינוּ[b] הַהֹשִׁיב נָשִׁים נָכְרִיּוֹת יָבֹא לְעִתִּים מְזֻמָּנִים — ל . ב חס בסיפ . ב
וְעִמָּהֶם זִקְנֵי־עִיר וָעִיר וְשֹׁפְטֶיהָ עַד לְהָשִׁיב חֲרוֹן אַף־אֱלֹהֵינוּ מִמֶּנּוּ — ל

[3] Mm 3923. [4] 1Ch 29,15. [5] Mm 4220. [6] Mm 210. [7] Mm 1995. [8] Mm 1273. [9] Mm 1188. [10] Mp sub loco. [11] Mm 3928. [12] Mm 1637. [13] Ex 34,28. [14] Mm 1826. [15] Mm 523. [16] Mm 3904. [17] Mm 3919. [18] Mm 1921. [19] Mm 264. [20] Mm 3929. [21] Mm 629.

3 [a] Ms 𝔊𝔖 הַנָּ׳; 𝔊α 8,90 + suff 1 pl, l נָשֵׁינוּ; Ms 𝔊^{L}𝔖 + הַנָּכְרִיּוֹת cf 𝔊α ‖ [b] Or 𝔖𝔙 כַּע׳ cf 𝔊α ‖ [c] nonn Mss יהוה; 1 c Ms ־ֵי cf 𝔊α *σοί* ‖ **5** [a] Ms 𝔊^{AVmin}𝔊α𝔖𝔙 וְה׳ ‖ **6** [a] 2 Mss יְהוֹנָתָן, 𝔊α^{B} *Ιωνα* ‖ [b] 𝔊α 9,2 𝔊^{L}(𝔖𝔄) *καὶ αὐλισθείς*, l וַיָּלֶן ‖ [c] 𝔊α + *τῶν μεγάλων*, ins הַגָּדוֹל (hpgr) ‖ **7** [a] mlt Mss וּבִי׳ ‖ **9** [a] pc Mss לַח׳ ‖ **11** [a] 𝔊*𝔊α 9,8 suff 1 pl ‖ **12** [a] Q mlt Mss 𝔊*𝔙 sg, K pl ‖ **14** [a] sic L, mlt Mss Edd יַעַמְדוּ ‖ [b] pc Mss בְּ׳.

15 עַד[c] לַדָּבָר[c] הַזֶּה׃ פ 15 אַךְ יוֹנָתָן בֶּן־עֲשָׂהאֵל וְיַחְזְיָה בֶּן־תִּקְוָה ל
16 עָמְדוּ[a] עַל־זֹאת וּמְשֻׁלָּם וְשַׁבְּתַי הַלֵּוִי[b] עֲזָרֻם׃ 16 וַיַּעֲשׂוּ־כֵן בְּנֵי ב וחס
הַגּוֹלָה וַיִּבָּדְלוּ[a] עֶזְרָא הַכֹּהֵן אֲנָשִׁים[b] רָאשֵׁי הָאָבוֹת לְבֵית אֲבֹתָם ג . עה . ה[22] חס ב מנה בסיפ וכל תורה דכות ב מ ב
וְכֻלָּם בְּשֵׁמוֹת וַיֵּשְׁבוּ בְּיוֹם אֶחָד לַחֹדֶשׁ הָעֲשִׂירִי לִדְרוֹשׁ[c] הַדָּבָר׃ ג . ג[23] . ל ומל
17 וַיְכַלּוּ[a] בַּכֹּל אֲנָשִׁים[a] הַהֹשִׁיבוּ נָשִׁים נָכְרִיּוֹת עַד יוֹם אֶחָד לַחֹדֶשׁ ג[24] . ז דגש[25] . י
18 הָרִאשׁוֹן׃ פ 18 וַיִּמָּצֵא מִבְּנֵי הַכֹּהֲנִים אֲשֶׁר הֹשִׁיבוּ נָשִׁים נָכְרִיּוֹת סד[26] . ז[27]
מִבְּנֵי יֵשׁוּעַ בֶּן־יוֹצָדָק וְאֶחָיו מַעֲשֵׂיָה וֶאֱלִיעֶזֶר[a] וְיָרִיב[b] וּגְדַלְיָה[c]׃ ל
19 וַיִּתְּנוּ יָדָם לְהוֹצִיא נְשֵׁיהֶם וַאֲשֵׁמִים[a] [b]אֵיל־צֹאן[b] עַל־אַשְׁמָתָם׃ ל[28]
ס 20 וּמִבְּנֵי אִמֵּר חֲנָנִי וּזְבַדְיָה[a]׃ ס 21 וּמִבְּנֵי חָרִם מַעֲשֵׂיָה ו בליש
22 וְאֵלִיָּה וּשְׁמַעְיָה וִיחִיאֵל וְעֻזִּיָּה[a]׃ 22 וּמִבְּנֵי פַּשְׁחוּר אֶלְיוֹעֵינַי מַעֲשֵׂיָה ה ד מל וחד חס[29]
23 יִשְׁמָעֵאל נְתַנְאֵל[a] יוֹזָבָד[b] וְאֶלְעָשָׂה[c]׃ ס 23 וּמִן־הַלְוִיִּם יוֹזָבָד
24 וְשִׁמְעִי וְקֵלָיָה[a] הוּא קְלִיטָא פְּתַחְיָה יְהוּדָה וֶאֱלִיעֶזֶר[b]׃ ס 24 וּמִן־ ל
הַמְשֹׁרְרִים אֶלְיָשִׁיב[a] וּמִן־הַשֹּׁעֲרִים שַׁלֻּם וָטֶלֶם וְאוּרִי[b]׃ ס יא חס ו[30] מנה בכתיב וכל נביא דכות ב מ ג . ב חד שם קריה וחד שם ברנש[31]
25 וּמִיִּשְׂרָאֵל מִבְּנֵי פַרְעֹשׁ רַמְיָה וְיִזִּיָּה[a] וּמַלְכִּיָּה וּמִיָּמִן וְאֶלְעָזָר ב[32]
26 וּמַלְכִּיָּה[b] וּבְנָיָה׃ ס 26 וּמִבְּנֵי עֵילָם מַתַּנְיָה זְכַרְיָה[a] וִיחִיאֵל[b] ל
27 וְעַבְדִּי וִירֵמוֹת וְאֵלִיָּה׃ ס 27 וּמִבְּנֵי זַתּוּא אֶלְיוֹעֵינַי[a] אֶלְיָשִׁיב ה ד מל ול חס[33]
28 מַתַּנְיָה[b] וִירֵמוֹת וְזָבָד וַעֲזִיזָא[c]׃ ס 28 וּמִבְּנֵי בֵּבָי יְהוֹחָנָן חֲנַנְיָה ט[34]
29 זַבַּי[a] עַתְלָי[b]׃ ס 29 וּמִבְּנֵי בָּנִי[a] מְשֻׁלָּם מַלּוּךְ וַעֲדָיָה[b] יָשׁוּב וּשְׁאָל[c] ל כת כן למערב[35] . כת כן למערב[36]
30 יְרָמוֹת[d]׃ ס 30 וּמִבְּנֵי פַּחַת מוֹאָב עַדְנָא[a] וּכְלָל בְּנָיָה מַעֲשֵׂיָה ורמות חד מן ו[37] כת כן ק בליש . ג ב כת א וחד כת ה . ל

[22] Mm 3967. [23] Mm 3135. [24] Mm 1359. [25] Mm 104. [26] Mp sub loco. [27] Mm 3765. [28] וחד אשמים Gn 42,21. [29] Mm 3930. [30] Mm 4232. [31] Mm 1328. [32] Mm 1023. [33] Mm 3930. [34] Mm 3928. [35] Mm 3931. [36] Mm 3932. [37] Mm 1700.

14 [c–c] l c 2 Mss Vrs עַל הַדּ׳ ‖ **15** [a] 𝔊 *μετ᾽ ἐμοῦ* = עִמָּדִי cf 𝔊α𝔙 ‖ [b] 2 Mss $𝔊^L 𝔊α^L$ הַלְוִיִּם ‖ **16** [a] 𝔊α *καὶ ἐπελέξατο ἑαυτῷ*, l וַיַּבְדֵּל לוֹ (ל hpgr) ‖ [b] Ms 𝔊𝔙 וַאֲ׳ ‖ [c] l c pc Mss 𝔊𝔊α𝔙 לִדְרוֹשׁ ‖ **17** [a–a] 2 Mss 𝔊𝔖𝔙 בְּכָל־הָא׳; l בכל לָא׳ (ל hpgr) cf 𝔊α ‖ **18** [a] Ms 𝔊α וְאֶלְעָזָר ‖ [b] 𝔖 *wjwndb* ‖ [c] 𝔊α *καὶ Ιω(α)δανος* ‖ **19** [a] l וַאֲשָׁמָם cf Lv 5,15 ‖ [b–b] 𝔊α *κριούς* ‖ **20** [a] pc Mss 𝔖 וּזְכַרְיָה ‖ **21** [a] 𝔊α *καὶ Αζαριας* ‖ **22** [a] Ms נְתַנְיָה ‖ [b] 𝔊α *Ωκαιληδος (Ωκιδηλος)* ‖ [c] 𝔊α *καὶ Σαλθας (Σαλοας)* ‖ **23** [a] 𝔊 *καὶ Κωλια*, 𝔊α *καὶ Κωλιος* ‖ [b] 𝔊α *καὶ Ιω(α)νας* ‖ **24** [a] 𝔊α + *Βακχουρος* ‖ [b] > 𝔊α ‖ **25** [a] pc Mss וְי׳ ‖ [b] $𝔊^{Mss}$ *καὶ Ασαβια*; > $𝔊^B$; 𝔊α *καὶ Ασιβιας*, l וַחֲשַׁבְיָה? ‖ **26** [a] 2 Mss $𝔊^{-B}$ וּז׳ ‖ [b] 𝔖 *n'j'jl* ‖ **27** [a] 𝔊α *Ελιαδας* ‖ [b] 𝔖 *ntnj'* ‖ [c] 𝔊α *καὶ Ζερδαιας* ‖ **28** [a] 2 Mss זַכַּי ‖ [b] 𝔊α *καὶ Εμαθ(θ)ις* ‖ **29** [a] Ms 𝔖 בכי, $𝔊^{BS}$ *Βανουι* (sed cf 38); l aut hic aut 34 בִּגְוַי (vel בְּנֵי vel בֵּצַי) ‖ [b] 𝔊α *Ιεδαιος*, l וִיעַדְיָה vel וִידַעְיָה; 𝔖 *(w)'wzj'* ‖ [c] l c K^{Or} יִשְׁאָל cf 𝔊α; 𝔖 *wš'wl* ‖ [d] Q 𝔊𝔙 וְרָמוֹת, K יְרֵ׳ cf 𝔊α𝔖 ‖ **30** [a] 𝔖 *gdlj'*.

31 מַתַּנְיָה בְצַלְאֵל וּבִנּוּי וּמְנַשֶּׁה׃ ס 31 וּבְנֵיᵃ חָרִם אֱלִיעֶזֶר יִשִּׁיָּה — ז
32 33 מַלְכִּיָּה שְׁמַעְיָה שִׁמְעוֹן׃ 32 בִּנְיָמִןᵃ מַלּוּךְ שְׁמַרְיָה׃ ס 33 מִבְּנֵי — ח ר״פ בסיפ[38]
חָשֻׁם מַתְּנַי מַתַּתָּהᵃ זָבָדᵇ אֱלִיפֶלֶט יְרֵמַיᶜ מְנַשֶּׁה שִׁמְעִי׃ ס
34 35 מִבְּנֵי בָנִיᵃ מַעֲדַי עַמְרָם וְאוּאֵלᵇ׃ ס 35 בְּנָיָה בֵדְיָה כְּלֻהוᵃ׃ — ח ר״פ בסיפ[38]. ל. ל. כלוהו[39] ק
36 38 וַנְיָהᵃ מְרֵמוֹת אֶלְיָשִׁיב׃ 37 מַתַּנְיָה מַתְּנַי וְיַעֲשָׂוᵃ׃ 38 ᵃוּבָנִי וּבִנּוּיᵃ — ג מילין דמיין בכתיב. ויעשי חד מן מח[40] ק כת ו וקר י בליש
39 41 שִׁמְעִיᵇ׃ 39 וְשֶׁלֶמְיָה וְנָתָן וַעֲדָיָה׃ 40 מַכְנַדְבַיᵃ שָׁשַׁי שָׁרָיᵇ׃ 41 עֲזַרְאֵלᵃ — ל. ל
42 43 וְשֶׁלֶמְיָהוּ שְׁמַרְיָה׃ 42 שַׁלּוּם אֲמַרְיָה יוֹסֵף׃ ס 43 מִבְּנֵי נְבוֹ — ח ר״פ בסיפ[38]. ד[41]
44 יְעִיאֵל מַתִּתְיָה זָבָדᵃ זְבִינָא יַדּוᵇ וְיוֹאֵלᶜ בְּנָיָה׃ 44 כָּל־אֵלֶּה נָשְׂאוּᵃ — ידי חד מן מח[40] כת ו וקר י בליש. נשאו[42] חד מן י בליש
נָשִׁים נָכְרִיּוֹת ᵇוְיֵשׁ מֵהֶם נָשִׁים וַיָּשִׂימוּ בָּנִיםᵇ׃ פ — לה[43] ה[44] מנה בכתיב

ספר נחמיה

1 1 דִּבְרֵי נְחֶמְיָה בֶּן־חֲכַלְיָהᵃ וַיְהִי בְחֹדֶשׁ־כִּסְלֵו שְׁנַת — כסליו חד מן ב[1] כת חס ק
2 עֶשְׂרִיםᵇ וַאֲנִי הָיִיתִי בְּשׁוּשַׁן הַבִּירָה׃ 2 וַיָּבֹא חֲנָנִי אֶחָד מֵאַחַי הוּא
וַאֲנָשִׁים מִיהוּדָה וָאֶשְׁאָלֵם עַל־הַיְּהוּדִים הַפְּלֵיטָה אֲשֶׁר־נִשְׁאֲרוּ מִן־ — ל[2]
3 הַשֶּׁבִי וְעַל־יְרוּשָׁלָ͏ִם׃ 3 וַיֹּאמְרוּ לִי הַנִּשְׁאָרִים אֲשֶׁר־נִשְׁאֲרוּ מִן־הַשְּׁבִי — ב[3]. ג בטע ר״פ. ב
שָׁם בַּמְּדִינָה בְּרָעָה גְדֹלָה וּבְחֶרְפָּה וְחוֹמַת יְרוּשָׁלַ͏ִם מְפֹרָצֶת וּשְׁעָרֶיהָ — ב. ז חס[4]
4 נִצְּתוּ בָאֵשׁ׃ 4 וַיְהִי כְּשָׁמְעִי ׀ אֶת־הַדְּבָרִים הָאֵלֶּה יָשַׁבְתִּי וָאֶבְכֶּה — ג[5] בסיפ. ג בטע[6]
5 וָאֶתְאַבְּלָה יָמִים וָאֱהִי צָם וּמִתְפַּלֵּל לִפְנֵי אֱלֹהֵי הַשָּׁמָיִם׃ 5 וָאֹמַר
אָנָּא יְהוָה אֱלֹהֵי הַשָּׁמַיִם הָאֵל הַגָּדוֹל וְהַנּוֹרָא שֹׁמֵר הַבְּרִית וָחֶסֶדᵃ — ו[7]. ג קמ בסיפ. ב[8]. ה[9]
6 לְאֹהֲבָיו וּלְשֹׁמְרֵי מִצְוֺתָיו׃ 6 ᵃתְּהִי נָא אָזְנְךָ־קַשֶּׁבֶתᵃ וְעֵינֶיךָ פְתוּחוֹתᵇ — ו. יג. ז. יו בטע[10]. ל מל
לִשְׁמֹעַ אֶל־תְּפִלַּת עַבְדְּךָ אֲשֶׁר אָנֹכִי מִתְפַּלֵּל לְפָנֶיךָ הַיּוֹם יוֹמָם — יח פסוק אל על[11]

[38] Mm 3913. [39] Q plen ו contra K def, cet Mss K plen, cf Mp sub loco. [40] Mm 3811. [41] Mm 2679. [42] L נָשְׂאוּ, TM al Mss נָשְׂאֵי, cf Mp sub loco. [43] Mp sub loco. [44] Mm 4219.
Cp 1 [1] Mp sub loco. [2] Mm 2882. [3] Mm 3080. [4] Mm 1193. [5] Mm 3946. [6] Mm 1765. [7] Mm 3880. [8] Da 9,4. [9] Mm 3234. [10] Mm 3998. [11] Mm 658.

31 ᵃ l c mlt Mss Vrs וּמִבְּנֵי ‖ **32** ᵃ sic L, mlt Mss Edd ב׳ ‖ **33** ᵃ pc Mss מַתִּתְיָה ‖ ᵇ 𝔖 *zkr* ‖ ᶜ 𝔖 *wkrmj* ‖ **34** ᵃ cf 29ᵃ ‖ ᵇ 𝔊ᴸ(𝔖) *Ιωηλ* cf 𝔊α ‖ **35** ᵃ Q כְּלוּהוּ, 𝔊 *Χελια* cf 𝔖 𝔙; > 𝔊α; l כְּלָיָה? ‖ **36** ᵃ nonn Mss זניה, 𝔊 *Ουιεχωα*, 𝔊α *καὶ Ανως*, 𝔖 *wnh'jl*, 𝔙 *Vania*; l prb וּמִבְּנֵי deficiente nomine (יוֹרָה? cf 2,18) ‖ **37** ᵃ Q 𝔙 וְיַעֲשַׂי, K ־שׂוּ; 𝔊 *καὶ ἐποίησαν* ‖ **38** ᵃ⁻ᵃ l וּמִבְּנֵי בִנּוּי cf 𝔊 ‖ ᵇ pc Mss וְשׁ׳ ‖ **40** ᵃ 𝔊α *καὶ ἐκ τῶν υἱῶν Εζωρα*, l וּמִבְּנֵי עַזּוּר (aut וּמִבְּנֵי זַכַּי) ‖ ᵇ 𝔖 *wsrj* ‖ **41** ᵃ pc Mss עֲזַרְיָאֵל cf 𝔊 ‖ **43** ᵃ Ms זָכָר, 𝔖 *wzkwr* ‖ ᵇ Q 𝔊*𝔊α^Amin יַדַּי, K 𝔊α^B𝔙 יַדּוֹ ‖ ᶜ dl וְ ‖ **44** ᵃ L* mlt Mss נשאי ‖ ᵇ⁻ᵇ crrp; l וַיְשַׁלְּחוּם נָשִׁים וּבָנִים (dttg? וישים) cf 𝔊α 9,36; prp וישימו מ׳ נ׳ ויש ב׳.
Cp 1,1 ᵃ 𝔊ᴮᴸ(𝔖𝔙) *Χελκεια* ‖ ᵇ l prb תְּשַׁע עֶשְׂרֵה לְאַרְתַּחְשַׁסְתְּא הַמֶּלֶךְ cf 2,1 ‖ **5** ᵃ l c mlt Mss וְהַח׳ ‖ **6** ᵃ⁻ᵃ 𝔊ᴸ𝔖𝔙 pl (du) ‖ ᵇ sic L, mlt Mss Edd פְּתֻו׳.

וָלַיְלָה עַל־בְּנֵי יִשְׂרָאֵל עֲבָדֶיךָ וּמִתְוַדֶּה עַל־חַטֹּאות בְּנֵי־יִשְׂרָאֵל — ג[12]
7 אֲשֶׁר חָטָאנוּ לָךְ וַאֲנִי וּבֵית־אָבִי חָטָאנוּ׃ 7 חֲבֹל[a] חָבַלְנוּ לָךְ וְלֹא־ — ל̇
שָׁמַרְנוּ אֶת־הַמִּצְוֹת וְאֶת־הַחֻקִּים וְאֶת־הַמִּשְׁפָּטִים אֲשֶׁר צִוִּיתָ אֶת־ — יח פסוק את ואת ואת את . ד[13]
8 מֹשֶׁה עַבְדֶּךָ׃ 8 זְכָר־נָא אֶת־הַדָּבָר אֲשֶׁר צִוִּיתָ אֶת־מֹשֶׁה עַבְדְּךָ
9 לֵאמֹר אַתֶּם[a] תִּמְעָלוּ אֲנִי אָפִיץ אֶתְכֶם בָּעַמִּים׃ 9 וְשַׁבְתֶּם אֵלַי — ל̇
וּשְׁמַרְתֶּם מִצְוֹתַי וַעֲשִׂיתֶם אֹתָם אִם־יִהְיֶה נִדַּחֲכֶם בִּקְצֵה הַשָּׁמַיִם — ל̇ חס בכתיב
מִשָּׁם אֲקַבְּצֵם וַהֲבִוֹאוֹתִים[a] אֶל־הַמָּקוֹם אֲשֶׁר בָּחַרְתִּי לְשַׁכֵּן אֶת־שְׁמִי — והביאותים ק̇ ; חד מן ד[14] ב̇ מנה מל
10 שָׁם׃ 10 וְהֵם עֲבָדֶיךָ וְעַמֶּךָ אֲשֶׁר פָּדִיתָ בְּכֹחֲךָ הַגָּדוֹל וּבְיָדְךָ הַחֲזָקָה׃ — ט ר״פ[15]
ס̄ ה 11 אָנָּא אֲדֹנָי תְּהִי נָא אָזְנְךָ־קַשֶּׁבֶת אֶל־תְּפִלַּת עַבְדְּךָ וְאֶל־תְּפִלַּת — ג כת כן בסיפ . יג
עֲבָדֶיךָ הַחֲפֵצִים לְיִרְאָה אֶת־שְׁמֶךָ וְהַצְלִיחָה־נָּא לְעַבְדְּךָ הַיּוֹם — ל̇ . ל̇[16]
וּתְנֵהוּ לְרַחֲמִים לִפְנֵי הָאִישׁ הַזֶּה וַאֲנִי הָיִיתִי מַשְׁקֶה[a] לַמֶּלֶךְ׃ פ — ל̇[17] . ב̇
2 1 וַיְהִי ׀ בְּחֹדֶשׁ נִיסָן שְׁנַת עֶשְׂרִים לְאַרְתַּחְשַׁסְתְּא הַמֶּלֶךְ יַיִן[a] לְפָנָיו[b] — ב̇[1] . תא יתיר א לא קר
2 וָאֶשָּׂא אֶת־הַיַּיִן וָאֶתְּנָה לַמֶּלֶךְ וְלֹא[c]־הָיִיתִי[d] רַע[e] לְפָנָיו[f]׃ 2 וַיֹּאמֶר — ט̇[2] וכל אמירה יצר לשון עשייה ועין דכות ב̇ מ̇ ז̇ . ח̇[3]
לִי הַמֶּלֶךְ מַדּוּעַ ׀ פָּנֶיךָ רָעִים וְאַתָּה אֵינְךָ חוֹלֶה[a] אֵין זֶה כִּי־אִם רֹעַ — ח̇[4] ב̇[5] מנה מל ול בליש . ה̇ פסוק דאית בהון ה̇ מילין מתאימין[6] . ג̇ בטע[7]
3 לֵב וָאִירָא הַרְבֵּה מְאֹד׃ 3 וָאֹמַר לַמֶּלֶךְ הַמֶּלֶךְ לְעוֹלָם יִחְיֶה מַדּוּעַ — ג̇[8] . ג̇ . יח וכל חיו יחיה דכות[9] . ו̇ בטע
לֹא־יֵרְעוּ פָנַי אֲשֶׁר הָעִיר בֵּית־קִבְרוֹת[a] אֲבֹתַי חֲרֵבָה וּשְׁעָרֶיהָ אֻכְּלוּ — ג̇[10] . ג̇[11]
4 בָאֵשׁ׃ ס 4 וַיֹּאמֶר לִי הַמֶּלֶךְ עַל־מַה־זֶּה אַתָּה מְבַקֵּשׁ וָאֶתְפַּלֵּל — ח̇[3] . ל̇[12]
5 אֶל־אֱלֹהֵי הַשָּׁמָיִם׃ 5 וָאֹמַר לַמֶּלֶךְ אִם־עַל־הַמֶּלֶךְ טוֹב וְאִם־ — ג̇ קמ̇ בסיפ̇[13] . יד̇ פסוק על אל אל[14] . ל̇
יִיטַב עַבְדְּךָ לְפָנֶיךָ אֲשֶׁר תִּשְׁלָחֵנִי אֶל־יְהוּדָה אֶל־עִיר קִבְרוֹת אֲבֹתַי — ו̇[15]
6 וְאֶבְנֶנָּה׃ 6 וַיֹּאמֶר לִי הַמֶּלֶךְ וְהַשֵּׁגַל ׀ יוֹשֶׁבֶת[a] אֶצְלוֹ עַד־מָתַי יִהְיֶה — ל̇ . ח̇[3] . ל̇
מַהֲלָכֲךָ וּמָתַי תָּשׁוּב וַיִּיטַב לִפְנֵי־הַמֶּלֶךְ וַיִּשְׁלָחֵנִי וָאֶתְּנָה לוֹ זְמָן׃ — ל̇ . ל̇ . ב̇
7 וָאוֹמַר לַמֶּלֶךְ אִם־עַל־הַמֶּלֶךְ טוֹב אִגְּרוֹת יִתְּנוּ־לִי עַל־פַּחֲווֹת עֵבֶר — ג̇ מל . ל̇ . ג̇
8 הַנָּהָר אֲשֶׁר יַעֲבִירוּנִי עַד אֲשֶׁר־אָבוֹא אֶל־יְהוּדָה׃ 8 וְאִגֶּרֶת אֶל־ — ל̇ ומל . ו̇[15] . ל̇

[12] Mm 762. [13] Mm 1156. [14] Mm 3933. [15] Mm 564. [16] וחד הצליחה נא Ps 118,25. [17] וחד תנהו 1 Ch 21,22.
Cp 2 [1] Est 3,7. [2] Mm 824. [3] Mm 1479. [4] Mm 1635. [5] Mm 3934. [6] Mm 1890. [7] Mm 1039. [8] Mm 3541. [9] Mm 107. [10] Mm 3935. [11] Mm 3110. [12] וחד ועל־מה־זה Est 4,5. [13] Mp sub loco. [14] Mm 4093. [15] Mm 285.

7 [a] l חָ׳? ‖ **8** [a] Ms (𝔊) + אִם ‖ **9** [a] l ut Q וַהֲבִיא׳, K lapsus calami ‖ **11** [a] 𝔊^{A} οἰνοχόος, 𝔊^{Bal} *εὐνοῦχος* ‖ **Cp 2,1** [a] l וְיַיִן cf 𝔊𝔙 ‖ [b] l לְפָנַי cf 𝔊𝔖 (ו dttg) ‖ [c] 𝔊^{L}𝔙 om לא ‖ [d] 𝔊 3 sg ‖ [e] 𝔊 *ἕτερος* = רֵעַ ‖ [f] l ־נִים ‖ **2** [a] 𝔊 *μετριάζων* ‖ **3** [a] 𝔖 *mlkwt* crrp ex *dmkwt* = 𝔐 ‖ **6** [a] 𝔊𝔙 pr art.

אָסָף שֹׁמֵר הַפַּרְדֵּס אֲשֶׁר לַמֶּלֶךְ אֲשֶׁר יִתֶּן־לִי עֵצִים לְקָרוֹת[a] אֶת־ ל. ל[16]. [17]
שַׁעֲרֵי הַבִּירָה אֲשֶׁר־לַבַּיִת[a] וּלְחוֹמַת[b] הָעִיר וְלַבַּיִת אֲשֶׁר־אָבוֹא אֵלָיו
9 וַיִּתֶּן־לִי הַמֶּלֶךְ כְּיַד־אֱלֹהַי הַטּוֹבָה עָלָי׃ 9 וָאָבוֹא אֶל־פַּחֲווֹת עֵבֶר ה. ל. ג
הַנָּהָר וָאֶתְּנָה לָהֶם אֵת אִגְּרוֹת הַמֶּלֶךְ וַיִּשְׁלַח עִמִּי הַמֶּלֶךְ שָׂרֵי חַיִל ל
10 וּפָרָשִׁים׃ פ 10 וַיִּשְׁמַע סַנְבַלַּט[a] הַחֹרֹנִי וְטוֹבִיָּה הָעֶבֶד הָעַמֹּנִי
וַיֵּרַע לָהֶם רָעָה גְדֹלָה אֲשֶׁר־בָּא אָדָם לְבַקֵּשׁ טוֹבָה לִבְנֵי יִשְׂרָאֵל׃ ז חס[18]
11 12 11 וָאָבוֹא אֶל־יְרוּשָׁלִָם וָאֱהִי־שָׁם יָמִים שְׁלֹשָׁה׃ 12 וָאָקוּם ׀ לַיְלָה
אֲנִי וַאֲנָשִׁים ׀ מְעַט עִמִּי וְלֹא־הִגַּדְתִּי לְאָדָם מָה אֱלֹהַי נֹתֵן[a] אֶל־לִבִּי ל[19]. פסיקתא דסיפ[20]. ב בסיפ[21]
לַעֲשׂוֹת לִירוּשָׁלִָם וּבְהֵמָה אֵין עִמִּי כִּי אִם־הַבְּהֵמָה אֲשֶׁר אֲנִי רֹכֵב ל
13 בָּהּ׃ 13 וָאֵצְאָה בְשַׁעַר־הַגַּיְא[a] לַיְלָה וְאֶל־פְּנֵי[b] עֵין הַתַּנִּין[c] וְאֶל־שַׁעַר ל. ט[22] וכל צורת הבית דכות ב מ ד וחד מן ג[23] בליש. ה בליש[24]
הָאַשְׁפֹּת וָאֱהִי שֹׂבֵר[d] בְּחוֹמֹת[e] יְרוּשָׁלִַם אֲשֶׁר־[f]הֵמפְּרוּצִים[f] וּשְׁעָרֶיהָ ב ובחד עינ. ה[25] וכל ירמיה דכות ב מ ג וחד מן ד כת כן. הם | פרוצים חד מן ה[26] ק
14 אֻכְּלוּ בָאֵשׁ׃ 14 וָאֶעֱבֹר אֶל־שַׁעַר הָעַיִן וְאֶל־בְּרֵכַת הַמֶּלֶךְ וְאֵין־ כת מילה חדה וקר תרי ג[27]
15 מָקוֹם לַבְּהֵמָה לַעֲבֹר תַּחְתָּי׃ 15 וָאֱהִי עֹלֶה בַנַּחַל לַיְלָה וָאֱהִי שֹׂבֵר ב[28]. ב ובחד בעינ
16 בַּחוֹמָה וָאָשׁוּב וָאָבוֹא בְּשַׁעַר הַגַּיְא וָאָשׁוּב׃ 16 וְהַסְּגָנִים[a] לֹא יָדְעוּ
אָנָה הָלַכְתִּי וּמָה אֲנִי עֹשֶׂה וְלַיְּהוּדִים וְלַכֹּהֲנִים וְלַחֹרִים וְלַסְּגָנִים ל. כב[29] ג מנה בסיפ. ה[30]
17 וּלְיֶתֶר עֹשֵׂה[b] הַמְּלָאכָה עַד־[c]כֵּן לֹא הִגַּדְתִּי׃ 17 וָאוֹמַר אֲלֵהֶם אַתֶּם ל. ג מל. ט בכתיב[31]. יו חס בכתיב
רֹאִים הָרָעָה אֲשֶׁר אֲנַחְנוּ בָהּ אֲשֶׁר יְרוּשָׁלִַם חֲרֵבָה וּשְׁעָרֶיהָ נִצְּתוּ ג[32]
18 בָאֵשׁ לְכוּ וְנִבְנֶה אֶת־חוֹמַת יְרוּשָׁלִַם וְלֹא־נִהְיֶה עוֹד חֶרְפָּה׃ 18 וָאַגִּיד ג
לָהֶם אֶת־יַד אֱלֹהַי אֲשֶׁר־הִיא טוֹבָה עָלַי וְאַף־דִּבְרֵי הַמֶּלֶךְ אֲשֶׁר ל
19 אָמַר־לִי וַיֹּאמְרוּ נָקוּם וּבָנִינוּ וַיְחַזְּקוּ יְדֵיהֶם לַטּוֹבָה׃ פ 19 וַיִּשְׁמַע ה[33]. ב. ב[34]. ל דגש
סַנְבַלַּט[a] הַחֹרֹנִי וְטֹבִיָּה ׀ הָעֶבֶד הָעַמּוֹנִי וְגֶשֶׁם הָעַרְבִי וַיַּלְעִגוּ לָנוּ ל חס. ה מל ול בסיפ[35]. ל[36]
וַיִּבְזוּ[b] עָלֵינוּ וַיֹּאמְרוּ מָה־הַדָּבָר הַזֶּה אֲשֶׁר אַתֶּם עֹשִׂים הַעַל הַמֶּלֶךְ ב בטע[37]

[16] וחד פרדס Cant 4,13. [17] וחד ולקרות 2Ch 34,11. [18] Mm 1193. [19] Mm 2882. [20] Mm 3904. [21] Mp sub loco. [22] Mm 3937. [23] Mm 3936. [24] Mm 413. [25] Mm 2893. [26] Mm 214 et Mm 3904. [27] Mm 3110. [28] Mm 3371. [29] Mm 475. [30] Mm 2111. [31] Mm 3919. [32] Mm 3935. [33] Mm 4139. [34] Mm 4182. [35] Mm 4063. [36] וחד ילעגו Ps 22,8. [37] Mm 2346.

8 a–a 𝔊 τὰς πύλας ‖ b Ms 𝔖𝔙𝔄 –מוֹת ‖ **10** a pc Mss סנבּ׳ ‖ **12** a l נֹתֵן? cf 𝔖𝔙𝔄 ‖ **13** a pc Mss –יא ‖ b 𝔊* *στόμα* = פִּי ‖ c 𝔊 *τῶν συκῶν* = הַתְּ(א)נִין, 𝔖 *tljn* = הַתְּלִין crrp ex 𝔙𝔄? ‖ d 𝔊 *συντρίβων* = שֹׁבֵר ‖ e nonn Mss 𝔊𝔙 –ת ‖ f–f Q הֵם פְּרוּצִים K הַמְפוֹרָצִים; l שָׁם פְּרָצִים cf nonn Mss ‖ **16** a 𝔊 *καὶ οἱ φυλάσσοντες* ‖ b mlt Mss 𝔊𝔙 עֹשֵׂי ‖ c nonn Mss עַל ‖ **19** a cf 10a ‖ b 𝔊 *καὶ ἦλθον*, prp וַיָּבֹאוּ.

20 אַתֶּ֣ם מֹרְדִֽים׃ 20 וָאָשִׁ֨יב אוֹתָ֜ם דָּבָ֗ר וָאוֹמַ֤ר לָהֶם֙ אֱלֹהֵ֣י הַשָּׁמַ֔יִם ה֯ מל בכתיב . ג֯ מל
הֽוּא יַצְלִ֣יחַֽ לָ֔נוּ וַאֲנַ֥חְנוּ עֲבָדָ֖יו נָק֣וּם[a] וּבָנִ֑ינוּ וְלָכֶ֗ם אֵין־חֵ֛לֶק וּצְדָקָ֥ה ב֯
וְזִכָּר֖וֹן בִּירוּשָׁלִָֽם׃ ל֯[38]

3 1 וַיָּקָם֩ אֶלְיָשִׁ֨יב הַכֹּהֵ֜ן הַגָּד֗וֹל וְאֶחָ֤יו הַכֹּהֲנִים֙ וַיִּבְנוּ֙ אֶת־שַׁ֣עַר
הַצֹּ֔אן הֵ֣מָּה קִדְּשׁ֔וּהוּ[a] וַֽיַּעֲמִ֖ידוּ דַּלְתֹתָ֑יו וְעַד־מִגְדַּ֨ל הַמֵּאָ֤ה קִדְּשׁוּהוּ֙[b] ב֯ ומל ובפסוק . ג֯ פסוק ועד עד[1] . ב֯ ומל ובפסוק
2 עַ֖ד[c] מִגְדַּ֥ל חֲנַנְאֵֽל׃ ס 2 וְעַל־יָד֥וֹ בָנ֖וּ[a] אַנְשֵׁ֣י יְרֵח֑וֹ ס וְעַל־
3 יָד֣וֹ בָנָ֔ה[a] זַכּ֖וּר בֶּן־אִמְרִֽי׃ ס 3 וְאֵת֙ שַׁ֣עַר הַדָּגִ֔ים בָּנ֖וּ בְּנֵ֣י הַסְּנָאָ֑ה
4 הֵ֣מָּה קֵר֗וּהוּ וַֽיַּעֲמִ֙ידוּ֙ דַּלְתֹתָ֔יו מַנְעוּלָ֖יו וּבְרִיחָֽיו׃ ס 4 וְעַל־יָדָ֣ם ל֯ מל . ז֯ בעינ[2]
הֶחֱזִ֗יק מְרֵמ֤וֹת בֶּן־אוּרִיָּה֙ בֶּן־הַקּ֔וֹץ ס וְעַל־יָדָ֣ם הֶחֱזִ֔יק מְשֻׁלָּ֕ם ז֯ בעינ[2]
בֶּן־בֶּֽרֶכְיָ֖ה בֶּן־מְשֵׁיזַבְאֵ֑ל ס וְעַל־יָדָ֣ם הֶחֱזִ֔יק צָד֖וֹק בֶּן־בַּעֲנָֽא׃ ז֯ בעינ[2] . ג֯ כת א
5 ס 5 וְעַל־יָדָ֥ם הֶחֱזִ֖יקוּ הַתְּקוֹעִ֑ים וְאַדִּירֵיהֶם֙ לֹא־הֵבִ֣יאוּ צַוָּרָ֔ם ז֯ בעינ[2] . ב֯ חד מל וחד חס . ב֯ חד מל וחד חס[3] . ב֯ חס ול בליש
6 בַּעֲבֹדַ֖ת אֲדֹנֵיהֶֽם׃ ס 6 וְאֵת֩ שַׁ֨עַר הַיְשָׁנָ֜ה הֶחֱזִ֗יקוּ יוֹיָדָע֙ בֶּן־ ל֯
פָּסֵ֔חַ וּמְשֻׁלָּ֖ם בֶּן־בְּסוֹדְיָ֑ה הֵ֣מָּה קֵר֗וּהוּ וַֽיַּעֲמִ֙ידוּ֙ דַּלְתֹתָ֔יו וּמַנְעֻלָ֖יו ל֯ ומל
7 וּבְרִיחָֽיו׃ ס 7 וְעַ֨ל־יָדָ֜ם הֶחֱזִ֗יק מְלַטְיָ֤ה הַגִּבְעֹנִי֙ וְיָדוֹן֙ הַמֵּרֹ֣נֹתִ֔י כ֯ פסוק דאית בהון א״ב . ז֯ בעינ[2] . ל֯[4] . ב֯
8 אַנְשֵׁ֥י[a] גִבְע֖וֹן וְהַמִּצְפָּ֑ה[b] לְכִסֵּ֕א פַּחַ֖ת עֵ֥בֶר הַנָּהָֽר׃ ס 8 עַל־[a]יָד֣וֹ ו֯[5] . ג֯ בעינ[6]
הֶחֱזִ֗יק עֻזִּיאֵ֤ל בֶּן־[b]חַרְהֲיָה֙ צוֹרְפִ֔ים[b] ס וְעַל־יָד֣וֹ הֶחֱזִ֔יק חֲנַנְיָ֖ה ל֯ ומל
9 בֶּן־הָרַקָּחִ֑ים וַיַּֽעַזְבוּ֙[c] יְר֣וּשָׁלִַ֔ם עַ֖ד הַחוֹמָ֥ה הָרְחָבָֽה׃ ס 9 וְעַל־ ז֯ בעינ[2]
10 יָדָ֣ם הֶחֱזִ֔יק רְפָיָ֣ה בֶן־ח֔וּר שַׂ֕ר חֲצִ֖י פֶּ֥לֶךְ יְרוּשָׁלִָֽם׃ ס 10 וְעַל־ ז֯ בעינ[2]
יָדָ֣ם הֶחֱזִ֗יק יְדָיָ֛ה בֶן־חֲרוּמַ֖ף וְנֶ֣גֶד[a] בֵּית֑וֹ ס וְעַל־יָד֣וֹ הֶחֱזִ֔יק ל֯ . ה֯
11 חַטּ֖וּשׁ בֶּן־חֲשַׁבְנְיָֽה[b]׃ 11 [a]מִדָּ֣ה שֵׁנִ֗ית[a] הֶחֱזִיק֙ מַלְכִּיָּ֣ה בֶן־חָרִ֔ם וְחַשּׁ֖וּב ב֯ . ל֯ ור״פ
12 בֶּן־פַּחַ֣ת מוֹאָ֑ב וְאֵ֖ת[b] מִגְדַּ֥ל הַתַּנּוּרִֽים[c]׃ ס 12 וְעַל־יָד֣וֹ הֶחֱזִ֔יק ב֯
שַׁלּוּם֙ בֶּן־הַלּוֹחֵ֔שׁ שַׂ֕ר חֲצִ֖י פֶּ֣לֶךְ יְרוּשָׁלִָ֑ם ה֖וּא וּבְנוֹתָֽיו[a]׃ ס ב֯ . ג֯ מל[7]
13 אֵת֩ שַׁ֨עַר הַגַּ֜יְא הֶחֱזִ֣יק חָנוּן֮ וְיֹשְׁבֵ֣י זָנוֹחַ֒ הֵ֣מָּה בָנ֔וּהוּ וַֽיַּעֲמִ֙ידוּ֙ דַּלְתֹתָ֔יו

[38] וחד ולזכרון Ex 13,9. **Cp 3** [1] Mm 3938. [2] Mm 3939. [3] Mm 2534. [4] וחד ידון Gn 6,3. [5] Mm 2768. [6] Mm 3940. [7] Mm 3941.

20 [a] 𝔊 *καθαροί* = נְקִיִּים || **Cp 3,1** [a] l חִדְּשׁוּהוּ vel קֵרוּהוּ vel קֵרְשׁוּהוּ || [b] dl || [c] l וְעַד || **2** [a] 𝔊 *υἱῶν* || **7** [a] l וְא׳? cf 𝔖 || [b] prp ־ֵה || **8** [a] mlt Mss 𝔊[OL]𝔖𝔙 וְעַל cf 7.8.9 etc || [b–b] prp חֲבַר הַצֹּ׳ || [c] prp וַיְעַזְּרוּ || **10** [a] l c pc Mss 𝔊[SL]𝔙 נגד || [b] prp ־בְיָה || **11** [a–a] 𝔊 *καὶ δεύτερος*, 𝔙 *mediam partem vici* || [b] 𝔊 *καὶ ἕως*; dl ו || [c] 𝔊[BS] *τῶν ναθουρίμ* (ex *θαννουρίμ*), 𝔖 *d'šṭhr* = הַנּוֹתָר || **12** [a] Ms 𝔖 וּבָנָיו; prp וּבֹנָיו.

יא[8] מילין דלא מפיק א ול בליש — מַנְעֻלָיו וּבְרִיחָיו וְאֶלֶף אַמָּה בַּחוֹמָה עַד שַׁעַר הַשְׁפּוֹת[a]׃ 14 וְאֵת | 14
ב — שַׁעַר הָאַשְׁפּוֹת הֶחֱזִיק מַלְכִּיָּה בֶן־רֵכָב שַׂר פֶּלֶךְ בֵּית־הַכָּרֶם הוּא
יִבְנֶנּוּ[a] וְיַעֲמִיד דַּלְתֹתָיו מַנְעֻלָיו וּבְרִיחָיו׃ ס 15 וְאֵת שַׁעַר הָעַיִן 15
ל . ב . ב . וִיטַלְלֶנּוּ[9] מחליפין — הֶחֱזִיק שַׁלּוּן[a] בֶּן־כָּל־חֹזֶה שַׂר[b] פֶּלֶךְ הַמִּצְפָּה הוּא יִבְנֶנּוּ וִיטַלְלֶנּוּ
ויעמיד ק — וְיַעֲמִידוּ[c] דַּלְתֹתָיו מַנְעֻלָיו וּבְרִיחָיו וְאֵת חוֹמַת בְּרֵכַת הַשֶּׁלַח[d] לְגַן־[e]
ל מל — הַמֶּלֶךְ וְעַד־הַמַּעֲלוֹת הַיּוֹרְדוֹת מֵעִיר דָּוִיד׃ ס 16 אַחֲרָיו הֶחֱזִיק 16
ל — נְחֶמְיָה בֶן־עַזְבּוּק שַׂר חֲצִי פֶּלֶךְ בֵּית־צוּר עַד־נֶגֶד קִבְרֵי[a] דָוִיד וְעַד־
ב חד חס וחד מל[10] . ב בכתיב — הַבְּרֵכָה הָעֲשׂוּיָה וְעַד בֵּית הַגִּבֹּרִים׃ ס 17 אַחֲרָיו הֶחֱזִיקוּ 17
ג בעינ[11] — הַלְוִיִּם רְחוּם בֶּן־בָּנִי עַל[a]־יָדוֹ הֶחֱזִיק חֲשַׁבְיָה שַׂר־חֲצִי־פֶלֶךְ קְעִילָה
ל — לְפִלְכּוֹ׃ ס 18 אַחֲרָיו הֶחֱזִיקוּ אֲחֵיהֶם בַּוַּי[a] בֶּן־חֵנָדָד שַׂר חֲצִי 18
ה וכל דסמיכ לאדכרה דכות[12] . ג בעינ[11] — פֶּלֶךְ קְעִילָה׃ ס 19 וַיְחַזֵּק עַל־יָדוֹ עֵזֶר בֶּן־יֵשׁוּעַ שַׂר[a] הַמִּצְפָּה 19
ו ול חס . ג חס — מִדָּה שֵׁנִית מִנֶּגֶד[b] עֲלֹת הַנֶּשֶׁק[c] הַמִּקְצֹעַ׃ ס 20 אַחֲרָיו הֶחֱרָה[a] 20
ג שם אנש בסיפ . זכי ק . ו סביר ועד[13] — הֶחֱזִיק בָּרוּךְ בֶּן־זַבַּי[b] מִדָּה שֵׁנִית מִן־הַמִּקְצוֹעַ עַד־פֶּתַח בֵּית אֶלְיָשִׁיב
הַכֹּהֵן הַגָּדוֹל׃ ס 21 אַחֲרָיו הֶחֱזִיק מְרֵמוֹת בֶּן־אוּרִיָּה בֶּן־הַקּוֹץ 21
ל — מִדָּה שֵׁנִית מִפֶּתַח בֵּית אֶלְיָשִׁיב וְעַד־תַּכְלִית בֵּית אֶלְיָשִׁיב׃ ס
ב בעינ[14] — 22 וְאַחֲרָיו הֶחֱזִיקוּ הַכֹּהֲנִים אַנְשֵׁי הַכִּכָּר׃ 23 אַחֲרָיו הֶחֱזִיק בִּנְיָמִן 22 23
ב — וְחַשּׁוּב נֶגֶד בֵּיתָם ס אַחֲרָיו הֶחֱזִיק עֲזַרְיָה בֶן־מַעֲשֵׂיָה בֶּן־עֲנָנְיָה
ז[9] — אֵצֶל בֵּיתוֹ׃ ס 24 אַחֲרָיו הֶחֱזִיק בִּנּוּי בֶּן־חֵנָדָד מִדָּה שֵׁנִית 24
יז[15] פסוק עד ועד וחד מן ו[13] סביר ועד . ג בסיפ . ל . ל — מִבֵּית עֲזַרְיָה עַד־הַמִּקְצוֹעַ וְעַד־הַפִּנָּה׃ 25 פָּלָל[a] בֶּן־אוּזַי[b] מִנֶּגֶד 25
ב[16] . ל — הַמִּקְצוֹעַ וְהַמִּגְדָּל הַיּוֹצֵא מִבֵּית הַמֶּלֶךְ הָעֶלְיוֹן אֲשֶׁר לַחֲצַר הַמַּטָּרָה
אַחֲרָיו[c] פְּדָיָה בֶן־פַּרְעֹשׁ׃ ס 26 וְהַנְּתִינִים[a] הָיוּ יֹשְׁבִים בָּעֹפֶל[a] 26

[8] Mm 4069 contra textum, frt Mm inc. [9] Mp sub loco. [10] Mm 992. [11] Mm 3940. [12] Mm 1661. [13] Mm 3942. [14] Mm 3943. [15] Mm 912. [16] Mm 3944.

13 [a] l c pc Mss Vrs הָאַשְׁפּוֹת || **14** [a] 𝔊 *καὶ οἱ υἱοὶ αὐτοῦ* || **15** [a] pc Mss 𝔖 שַׁלּוּם, 𝔊[BAal] *Σαλωμων* || [b] ins חֲצִי? cf 19[a] || [c] l c Q וְיַעֲמִיד, K –דוּ || [d] 𝔊 *τῶν κωδίων* cf aram *šlḥ* = pellem detrahere; 𝔊[S*]θ′ *τοῦ Σιλωαμ* cf 𝔙𝔄 || [e] 𝔊 *τῇ κουρᾷ* = לְגֵז || **16** [a] 𝔊𝔖𝔙 sg || **17** [a] nonn Mss 𝔊[L] וְעַל || **18** [a] l c pc Mss 𝔖(𝔊[Aal] *Βενει*) בִּנּוּי cf 24 || **19** [a] ins חֲצִי פֶלֶךְ? cf 15[b] || [b] 𝔊 *πύργου* = מִגְדַּל || [c] 𝔊 *τῆς συναπτούσης* = הַנֹּשֵׁק || **20** [a] > pc Mss 𝔊*𝔄, dl (dttg); 𝔊[L](𝔙) *εἰς τὸ ὄρος αὐτοῦ* = הָהָרָה || [b] K 𝔊 זַבַּי, Q mlt Mss 𝔖𝔙𝔄 זַכַּי || **25** [a] pr אַחֲרָיו הֶחֱזִיק || [b] pc Mss אורי, pc Mss אוזל || [c] l c pc Mss 𝔊 וְא׳ et ins c Ms הֶחֱזִיק || **26** [a–a] add ex 11,21.

27 עַד נֶ֫גֶד שַׁעַר הַמַּיִם לַמִּזְרָח וְהַמִּגְדָּל הַיּוֹצֵא׃ ס 27 אַחֲרָיו — ב[17]
הֶחֱזִיקוּ הַתְּקֹעִים מִדָּה שֵׁנִית מִנֶּגֶד הַמִּגְדָּל הַגָּדוֹל הַיּוֹצֵא וְעַד חוֹמַת — ב חד מל וחד חס
28 הָעֹפֶל׃ 28 מֵעַל ׀ שַׁעַר[a] הַסּוּסִים הֶחֱזִיקוּ הַכֹּהֲנִים אִישׁ לְנֶגֶד — ל
29 בֵּיתוֹ׃ ס 29 אַחֲרָיו הֶחֱזִיק צָדוֹק בֶּן־אִמֵּר נֶגֶד בֵּיתוֹ ס
וְאַחֲרָיו הֶחֱזִיק שְׁמַעְיָה בֶן־שְׁכַנְיָה[a] שֹׁמֵר שַׁעַר הַמִּזְרָח׃ ס — ב בעינ[18]
30 אַחֲרָי[a] הֶחֱזִיק חֲנַנְיָה בֶן־שֶׁלֶמְיָה וְחָנוּן בֶּן־צָלָף הַשִּׁשִּׁי[b] מִדָּה שֵׁנִי[c] — אחריו חד מן ב[19] ק כת כן וקר
אַחֲרָיו הֶחֱזִיק מְשֻׁלָּם בֶּן־בֶּרֶכְיָה נֶגֶד נִשְׁכָּתוֹ׃ ס — אחריו חד מן ב[19] ק כת כן וקר.
31 אַחֲרָי[a] הֶחֱזִיק מַלְכִּיָּה בֶּן־הַצֹּרְפִי[b] עַד־בֵּית הַנְּתִינִים וְהָרֹכְלִים — יז פסוק עד ועד[20]. ב ג בסיפ.
32 נֶגֶד שַׁעַר הַמִּפְקָד וְעַד עֲלִיַּת הַפִּנָּה׃ 32 וּבֵין עֲלִיַּת הַפִּנָּה לְשַׁעַר — חצי הספר בפסוקים ג בסיפ[21]. ל
הַצֹּאן הֶחֱזִיקוּ הַצֹּרְפִים וְהָרֹכְלִים׃ פ — ל. ב[21]
33 וַיְהִי כַּאֲשֶׁר שָׁמַע סַנְבַלַּט כִּי־אֲנַחְנוּ בוֹנִים אֶת־הַחוֹמָה וַיִּחַר — ג בטע בסיפ[22]
34 לוֹ וַיִּכְעַס הַרְבֵּה וַיַּלְעֵג עַל־הַיְּהוּדִים׃ 34 וַיֹּאמֶר ׀ לִפְנֵי אֶחָיו וְחֵיל — ב[23]
שֹׁמְרוֹן וַיֹּאמֶר מָה הַיְּהוּדִים הָאֲמֵלָלִים[a] עֹשִׂים[b] הֲיַעַזְבוּ לָהֶם[c] הֲיִזְבָּחוּ[b] — ל בסיפ[21]. ל. ל. ל
[d]הַיְכַלּוּ בַיּוֹם[e] הַיְחַיּוּ אֶת־הָאֲבָנִים מֵעֲרֵמוֹת הֶעָפָר וְהֵמָּה שְׂרוּפוֹת׃[d] — ל. ל. ב חד מל וחד[24] חס
35 וְטוֹבִיָּה הָעַמֹּנִי אֶצְלוֹ [a]וַיֹּאמֶר גַּם אֲשֶׁר־הֵם בּוֹנִים[ab] אִם־יַעֲלֶה שׁוּעָל
36 וּפָרַץ חוֹמַת אַבְנֵיהֶם׃ פ 36 שְׁמַע אֱלֹהֵינוּ כִּי־הָיִינוּ בוּזָה וְהָשֵׁב — ב[25]. ד
37 חֶרְפָּתָם אֶל־רֹאשָׁם וּתְנֵם לְבִזָּה בְּאֶרֶץ שִׁבְיָה׃[a] 37 וְאַל־תְּכַס עַל־ — ל. ב ול בסיפ
עֲוֺנָם וְחַטָּאתָם מִלְּפָנֶיךָ אַל־תִּמָּחֶה כִּי הִכְעִיסוּ לְנֶגֶד הַבּוֹנִים׃ — י. ב. ה[26]
ס 38 וַנִּבְנֶה אֶת־הַחוֹמָה וַתִּקָּשֵׁר כָּל[a]־הַחוֹמָה עַד־חֶצְיָהּ וַיְהִי לֵב לָעָם[b] — ל. יד בטע[27]
4 לַעֲשׂוֹת׃ פ 4 1 וַיְהִי כַאֲשֶׁר שָׁמַע סַנְבַלַּט וְטוֹבִיָּה וְהָעַרְבִים
וְהָעַמֹּנִים וְהָאַשְׁדּוֹדִים[a] כִּי־עָלְתָה אֲרוּכָה לְחֹמוֹת[b] יְרוּשָׁלִַם כִּי־ — ל ומל. ד. ח[1] וכל ירמיה דכות ב מ ג וחד מן ז[2] כת כן
2 הֵחֵלּוּ הַפְּרֻצִים[c] לְהִסָּתֵם וַיִּחַר לָהֶם מְאֹד׃ 2 וַיִּקְשְׁרוּ כֻלָּם יַחְדָּו — ל וחס. ל

[17] Mm 3944. [18] Mm 3943. [19] Mm 3945. [20] Mm 912. [21] Mp sub loco. [22] Mm 3946. [23] 2Ch 16,10. [24] Jes 1,7. [25] Da 9,17. [26] Mm 3947. [27] Mm 3948. Cp 4 [1] Mm 2893. [2] Mp sub loco.

28 [a] pc Mss לַשׁ׳ ‖ **29** [a] pc Mss שְׁבַנְיָה ‖ **30** [a] l c Q mlt Mss Vrs ־רָיו ‖ [b] dub ‖ [c] l c mlt Mss שֵׁנִית ‖ **31** [a] cf 30[a] ‖ [b] = ־פִים, sic Ms ‖ **34** [a] ins הָאֵלֶּה (hpgr) cf 𝔊[L] ‖ [b–b] dub ‖ [c] prp לֵאלֹהִים ‖ [d–d] > 𝔊 ‖ [e] prp בִּנְיָנָם ‖ **35** [a–a] 𝔊 alit ‖ [b] 𝔊(𝔖) + *μὴ θυσιάσουσιν ἢ φάγονται ἐπὶ τοῦ τόπου αὐτῶν* = היזבחו הֲ(א)כְלוּ בִכְנָם ex 34, 𝔊[L] + *ἄρα δυνήσονται* = הֲיְכַלּוּ ex 34 ‖ **36** [a] nonn Mss 𝔖 ־ים ‖ **38** [a] > 𝔖, dl ‖ [b] mlt Mss הָעָם ‖ **Cp 4,1** [a] > 𝔊* ‖ [b] nonn Mss 𝔊[min]𝔖𝔙 ־מַת ‖ [c] l c 𝔊𝔖 ־רֶ׳.

ה׳[3] . ב ומל[4] לָבוֹא לְהִלָּחֵם בִּירוּשָׁלָ͏ִם וְלַעֲשׂוֹת ל֑וֹ[a] תּוֹעָה׃ 3 וַנִּתְפַּלֵּל אֶל־אֱלֹהֵינוּ 3
וַנַּעֲמִיד מִשְׁמָר עֲלֵיהֶם[a] יוֹמָם וָלַיְלָה מִפְּנֵיהֶם׃ 4 וַיֹּאמֶר יְהוּדָה 4
כָּשַׁל כֹּחַ הַסַּבָּל[a] וְהֶעָפָר[b] הַרְבֵּה
וַאֲנַחְנוּ לֹא נוּכַל לִבְנוֹת בַּחוֹמָה׃
יב[5] 5 וַיֹּאמְרוּ צָרֵינוּ לֹא יֵדְעוּ וְלֹא יִרְאוּ עַד אֲשֶׁר־נָבוֹא אֶל־תּוֹכָם 5
ל . ל וַהֲרַגְנוּם וְהִשְׁבַּתְנוּ אֶת־הַמְּלָאכָה׃ 6 וַיְהִי כַּאֲשֶׁר־בָּאוּ הַיְּהוּדִים 6
הַיֹּשְׁבִים אֶצְלָם וַיֹּאמְרוּ לָנוּ עֶשֶׂר פְּעָמִים [a]מִכָּל־הַמְּקֹמוֹת[a] אֲשֶׁר־
ל תָּשׁוּבוּ[b] עָלֵינוּ׃ 7 וָאַעֲמִיד מִתַּחְתִּיּוֹת[a] לַמָּקוֹם מֵאַחֲרֵי לַחוֹמָה 7
בצחיחים ק . ל . ב וחס[6] בַּצְּחִחִיִּים[b] וָאַעֲמִיד אֶת־הָעָם לְמִשְׁפָּחוֹת עִם־חַרְבֹתֵיהֶם רָמְחֵיהֶם
ל וְקַשְּׁתֹתֵיהֶם׃ 8 וָאֵרֶא[a] וָאָקוּם וָאֹמַר אֶל־הַחֹרִים וְאֶל־הַסְּגָנִים וְאֶל־ 8
ג כת כן בסיפ יֶתֶר הָעָם אַל־תִּירְאוּ מִפְּנֵיהֶם אֶת־אֲדֹנָי[b] הַגָּדוֹל וְהַנּוֹרָא זְכֹרוּ
ב[7] . ל . ג בטע בסיפ[8] וְהִלָּחֲמוּ עַל־אֲחֵיכֶם בְּנֵיכֶם וּבְנֹתֵיכֶם נְשֵׁיכֶם וּבָתֵּיכֶם׃ פ 9 וַיְהִי 9
ל חס בסיפ[9] . ונשב ק כַּאֲשֶׁר־שָׁמְעוּ אוֹיְבֵינוּ כִּי־נוֹדַע לָנוּ וַיָּפֶר הָאֱלֹהִים אֶת־עֲצָתָם וַנָּשׁוּב[a]
ג כֻּלָּנוּ אֶל־הַחוֹמָה אִישׁ אֶל־מְלַאכְתּוֹ׃ 10 וַיְהִי ׀ מִן־הַיּוֹם הַהוּא חֲצִי 10
ל . ל נְעָרַי עֹשִׂים בַּמְּלָאכָה וְחֶצְיָם מַחֲזִיקִים וְהָרְמָחִים[a] הַמָּגִנִּים[b] וְהַקְּשָׁתוֹת
ל . ב . ה[10] וְהַשִּׁרְיֹנִים וְהַשָּׂרִים[c] אַחֲרֵי כָּל־בֵּית יְהוּדָה׃ 11 [a]הַבּוֹנִים בַּחוֹמָה[a] 11
ל כת ש . כב[11] ג מנה בסיפ וְהַנֹּשְׂאִים בַּסֶּבֶל עֹמְשִׂים[b] בְּאַחַת יָדוֹ עֹשֶׂה[c] בַמְּלָאכָה וְאַחַת מַחֲזֶקֶת
ה מל ול בליש . ל ומל הַשָּׁלַח׃ 12 וְהַבּוֹנִים אִישׁ חַרְבּוֹ אֲסוּרִים עַל־מָתְנָיו וּבוֹנִים וְהַתּוֹקֵעַ 12
בַּשּׁוֹפָר אֶצְלִי׃ 13 וָאֹמַר אֶל־הַחֹרִים וְאֶל־הַסְּגָנִים וְאֶל־יֶתֶר הָעָם 13
ל . ז מל בליש[12] הַמְּלָאכָה הַרְבֵּה וּרְחָבָה וַאֲנַחְנוּ נִפְרָדִים עַל־הַחוֹמָה רְחוֹקִים אִישׁ
מֵאָחִיו׃ 14 בִּמְקוֹם אֲשֶׁר תִּשְׁמְעוּ אֶת־קוֹל הַשּׁוֹפָר שָׁמָּה תִּקָּבְצוּ 14
ל אֵלֵינוּ אֱלֹהֵינוּ[a] יִלָּחֶם לָנוּ׃ 15 וַאֲנַחְנוּ עֹשִׂים בַּמְּלָאכָה [a]וְחֶצְיָם 15

[3] Mm 1376. [4] Mm 2325. [5] Mm 801. [6] Mm 3097. [7] 2R 10,3. [8] Mm 3946. [9] Cf Mm 3949. [10] Mm 3947. [11] Mm 475. [12] Mm 3780.

2 [a] l לִי (cf $\mathfrak{G}^{L}$) vel לָנוּ ‖ **3** [a] prp עָלֶיהָ ‖ **4** [a] $\mathfrak{G}$ *τῶν ἐχθρῶν* (ex *ἀχθοφόρων*) ‖ [b] $\mathfrak{G}^{BS}$ *ὄχλος* ex *ὁ χοῦς* (sic $\mathfrak{G}^{A}$) ‖ **6** [a–a] l כָּל־הַמְּזִמּוֹת ‖ [b] l חָשְׁבוּ ‖ **7** [a] l מְתֵי חֲנִית vel מ׳ חֲנִיתוֹת ‖ [b] l c Q בַּצְּחִיחִים (K lapsus calami) cf $\mathfrak{G}^{L}$ *ἐν τοῖς ἀναπεπταμένοις* et $\mathfrak{G}^{S}$ + *ὅπου εὐεπίβατα ἦν* ‖ **8** [a] ins prb כִּי יָרְאוּ ‖ [b] $\mathfrak{G}$ *τοῦ θεοῦ ἡμῶν* ‖ **9** [a] l c Q mlt Mss וַנָּשָׁב et pr וַיָּשׁוּבוּ מִמֶּנָּה ‖ **10** [a] l c nonn Mss $\mathfrak{S}$ הר׳ ‖ [b] l c mlt Mss Vrs וְה׳ ‖ [c] > $\mathfrak{A}$, dl (dttg) ‖ **11** [a–a] cj c 10 cf $\mathfrak{G}\mathfrak{V}$ ‖ [b] nonn Mss עֹמְסִים; l c $\mathfrak{G}$ *ἐν ὅπλοις* (ex *ἔνοπλοι*) = חֲמֻשִׁים ‖ [c] pr אִישׁ ‖ **14** [a] $\mathfrak{G}\mathfrak{S}$ pr cop, l וֵא׳ (hpgr) ‖ **15** [a–a] add? cf 10.

16 מַחֲזִיקִים֙ בָּֽרְמָחִ֔ים[a] מֵעֲל֣וֹת הַשַּׁ֔חַר עַ֖ד צֵ֥את הַכּוֹכָבִֽים׃ 16 גַּ֚ם ו̇ סביר ועד[13]
בָּעֵ֣ת הַהִיא֩ אָמַ֨רְתִּי לָעָ֜ם אִ֣ישׁ וְנַעֲר֗וֹ[a] יָלִ֙ינוּ֙ בְּת֣וֹךְ יְרוּשָׁלָ֔͏ִם וְהָֽיוּ־[b]
17 לָ֥נוּ הַלַּ֛יְלָה מִשְׁמָ֖ר[c] וְהַיּ֥וֹם מְלָאכָֽה[c]׃ 17 וְאֵ֨ין אֲנִ֜י וְאַחַ֣י וּנְעָרַ֗י ו̇ פסוק ואין אין[14]. ל̇. ל
וְאַנְשֵׁ֤י הַמִּשְׁמָר֙ [a]אֲשֶׁ֣ר אַחֲרַ֔י[a] אֵין־אֲנַ֖חְנוּ פֹשְׁטִ֣ים בְּגָדֵ֑ינוּ אִ֥ישׁ שִׁלְח֖וֹ יח̇[15]. ל̇. ג̇[16]
הַמָּֽיִם[b]׃ ס

5 1 וַתְּהִ֞י צַעֲקַ֤ת הָעָם֙ וּנְשֵׁיהֶ֣ם גְּדוֹלָ֔ה אֶל־אֲחֵיהֶ֖ם הַיְּהוּדִֽים׃ ט
2 וְיֵשׁ֙ אֲשֶׁ֣ר אֹמְרִ֔ים בָּנֵ֥ינוּ וּבְנֹתֵ֖ינוּ אֲנַ֣חְנוּ רַבִּ֑ים[a] וְנִקְחָ֥ה דָגָ֖ן וְנֹאכְלָ֥ה ה
3 וְנִֽחְיֶֽה׃ 3 וְיֵשׁ֙ אֲשֶׁ֣ר אֹמְרִ֔ים שְׂדֹתֵ֛ינוּ וּכְרָמֵ֥ינוּ וּבָתֵּ֖ינוּ אֲנַ֣חְנוּ עֹרְבִ֑ים ג̇ וחס
4 וְנִקְחָ֥ה דָגָ֖ן בָּרָעָֽב׃ 4 וְיֵשׁ֙ אֲשֶׁ֣ר אֹמְרִ֔ים לָוִ֥ינוּ כֶ֖סֶף לְמִדַּ֣ת הַמֶּ֑לֶךְ ה̇. ל̇. ל
5 שְׂדֹתֵ֖ינוּ[a] וּכְרָמֵֽינוּ׃ 5 וְעַתָּ֗ה כִּבְשַׂ֤ר אַחֵ֙ינוּ֙ בְּשָׂרֵ֔נוּ כִּבְנֵיהֶ֖ם בָּנֵ֑ינוּ ג̇ וחס. ב̇
וְהִנֵּ֣ה אֲנַ֣חְנוּ כֹ֠בְשִׁים אֶת־בָּנֵ֨ינוּ וְאֶת־בְּנֹתֵ֜ינוּ לַעֲבָדִ֗ים וְיֵ֨שׁ מִבְּנֹתֵ֤ינוּ ג̇[1]
נִכְבָּשׁוֹת֙[a] וְאֵ֣ין לְאֵ֣ל יָדֵ֔נוּ[b] וּשְׂדֹתֵ֥ינוּ וּכְרָמֵ֖ינוּ לַאֲחֵרִֽים[c]׃ ל̇ ומל. ב̇[2]. ג̇ וחס
6 וַיִּ֥חַר לִ֖י מְאֹ֑ד כַּאֲשֶׁ֤ר שָׁמַ֙עְתִּי֙ אֶת־זַ֣עֲקָתָ֔ם וְאֵ֖ת הַדְּבָרִ֥ים הָאֵֽלֶּה׃ ז̇ דמטע בטע[3]. ג̇[4] ול בסיפ
7 וַיִּמָּלֵ֨ךְ לִבִּ֜י עָלַ֗י וָאָרִ֙יבָה֙ אֶת־הַחֹרִ֣ים וְאֶת־הַסְּגָנִ֔ים וָאֹמְרָ֣ה לָהֶ֔ם ל̇[5]
מַשָּׁ֥א[a] אִישׁ־בְּאָחִ֖יו אַתֶּ֣ם נֹשִׁ֑אים[b] וָאֶתֵּ֥ן עֲלֵיהֶ֖ם [c]קְהִלָּ֥ה גְדוֹלָֽה[c]׃ ג̇[6] כת̇ א וחד מן ג̇[7] בליש ול יתיר א וחד מן מח̇[8] כת̇ א לא קר̇. ל̇
8 וָאֹמְרָ֣ה לָהֶ֗ם אֲנַ֣חְנוּ קָ֠נִינוּ אֶת־אַחֵ֨ינוּ הַיְּהוּדִ֜ים הַנִּמְכָּרִ֤ים לַגּוֹיִם֙ ב̇. ל̇
כְּדֵ֣י בָ֔נוּ וְגַם־אַתֶּ֛ם תִּמְכְּר֥וּ אֶת־אֲחֵיכֶ֖ם וְנִמְכְּרוּ[a]־לָ֑נוּ וַֽיַּחֲרִ֔ישׁוּ וְלֹ֥א
9 מָצְא֖וּ דָּבָֽר׃ ס 9 וַיֹּאמַ֕ר[a] לֹא־ט֥וֹב הַדָּבָ֖ר אֲשֶׁר־אַתֶּ֣ם עֹשִׂ֑ים ואמר[9] ק̇ חד מן ד̇[10] כת̇ כן וקר̇
10 הֲל֞וֹא בְּיִרְאַ֤ת אֱלֹהֵ֙ינוּ֙ תֵּלֵ֔כוּ מֵחֶרְפַּ֖ת הַגּוֹיִ֥ם אוֹיְבֵֽינוּ׃ 10 וְגַם־אֲנִ֨י ט̇ מל בכתיב[11]. כ̇ ר"פ בכתיב[12]
אַחַ֤י וּנְעָרַי֙ נֹשִׁ֥ים בָּהֶ֖ם כֶּ֣סֶף וְדָגָ֑ן נַֽעַזְבָה־נָּ֖א אֶת־הַמַּשָּׁ֥א הַזֶּֽה׃ ל̇. ג̇ ב̇ כת̇ כן וחד יתיר א[13]. ל̇
11 הָשִׁ֣יבוּ נָ֠א לָהֶ֨ם כְּהַיּ֜וֹם שְׂדֹתֵיהֶ֛ם כַּרְמֵיהֶ֥ם זֵיתֵיהֶ֖ם[a] וּבָתֵּיהֶ֑ם וּמְאַ֨ת[b] ל̇ חס
12 הַכֶּ֤סֶף וְהַדָּגָן֙ הַתִּיר֣וֹשׁ[c] וְהַיִּצְהָ֔ר אֲשֶׁ֥ר אַתֶּ֖ם נֹשִׁ֥ים בָּהֶֽם׃ 12 וַיֹּאמְר֨וּ ל̇. ג̇ ב̇ כת̇ כן וחד יתיר א[13]

[13] Mm 3942. [14] Mp sub loco. [15] Mm 2952. [16] Mm 3950. **Cp 5** [1] Mm 952. [2] Dt 28,32. [3] Mm 2139. [4] Mm 2674. [5] וחד וַיִּמָּלֵךְ 1Ch 4,34. [6] Mm 1651. [7] Mm 3951. [8] Mm 898. [9] Mp sub loco. [10] Mm 3960. [11] Mm 3664. [12] Mm 4070. [13] Mm 3951.

16 [a] prp כִּנְעָרַי || [b] l c pc Mss 𝔊 וְהָיָה || [c] pc Mss לְמ׳ || **17** [a–a] add? || [b] dub; prp הֵ(י)מִינוֹ; 𝔊* om שׁ׳ המ׳ || **Cp 5,2** [a] l עֹרְבִים || **4** [a] pr עַל? || **5** [a] 𝔊[L] *βίᾳ ἀφαιροῦνται* || [b] mlt Mss 𝔊[-BScL] יָדֵינוּ || [c] 𝔊 *τοῖς ἐντίμοις* = לַחֹרִים || **7** [a] l prb c nonn Mss מַשָּׁא || [b] l prb נֹשְׁאִים cf [a] || [c–c] 𝔖(𝔄) *ql'* = (גָּדוֹל) קוֹל || **8** [a] 𝔙 *et redimemus eos*, l וְנִכְרוּ? || **9** [a] l c Q Vrs וָאֹמַר; K וַיֹּאמֶר || **11** [a] mlt Mss 𝔊[S*]𝔙 וְז׳ || [b] l וּמַשַּׁאת cf Dt 24,10; Ms 𝔊 וּמֵאֵת || [c] mlt Mss וְה׳.

נָשִׁיב וּמֵהֶם לֹא נְבַקֵּשׁ כֵּן נַעֲשֶׂה כַּאֲשֶׁר אַתָּה אוֹמֵר וָאֶקְרָא אֶת־
13 הַכֹּהֲנִים וָאַשְׁבִּיעֵם לַעֲשׂוֹת כַּדָּבָר הַזֶּה׃ 13 גַּם־חָצְנִי נָעַרְתִּי וָאֹמְרָה
כָּכָה יְנַעֵר הָאֱלֹהִים אֶת־כָּל־הָאִישׁ אֲשֶׁר לֹא־יָקִים אֶת־הַדָּבָר הַזֶּה
מִבֵּיתוֹ וּמִיגִיעוֹ וְכָכָה יִהְיֶה נָעוּר וָרֵק וַיֹּאמְרוּ כָל־הַקָּהָל אָמֵן וַיְהַלְלוּ
14 אֶת־יְהוָה וַיַּעַשׂ הָעָם כַּדָּבָר הַזֶּה׃ 14 גַּם מִיּוֹם ׀ אֲשֶׁר־[a]צִוָּה
אֹתִי[a] לִהְיוֹת פֶּחָם[b] בְּאֶרֶץ יְהוּדָה מִשְּׁנַת עֶשְׂרִים וְעַד שְׁנַת שְׁלֹשִׁים
וּשְׁתַּיִם לְאַרְתַּחְשַׁסְתְּא הַמֶּלֶךְ שָׁנִים שְׁתֵּים עֶשְׂרֵה אֲנִי וְאַחַי לֶחֶם
15 הַפֶּחָה לֹא אָכַלְתִּי׃ 15 וְהַפַּחוֹת הָרִאשֹׁנִים אֲשֶׁר־לְפָנַי הִכְבִּידוּ [a]עַל־
הָעָם וַיִּקְחוּ מֵהֶם בְּלֶחֶם[b] וָיַיִן[c] אַחַר[d] כֶּסֶף־שְׁקָלִים אַרְבָּעִים גַּם
נַעֲרֵיהֶם שָׁלְטוּ עַל־הָעָם וַאֲנִי לֹא־עָשִׂיתִי כֵן מִפְּנֵי יִרְאַת אֱלֹהִים׃
16 16 וְגַם בִּמְלֶאכֶת הַחוֹמָה הַזֹּאת הֶחֱזַקְתִּי[a] וְשָׂדֶה לֹא קָנִינוּ[b] וְכָל־נְעָרַי
17 קְבוּצִים שָׁם עַל־הַמְּלָאכָה׃ 17 וְהַיְּהוּדִים[a] וְהַסְּגָנִים מֵאָה וַחֲמִשִּׁים
18 אִישׁ וְהַבָּאִים אֵלֵינוּ מִן־הַגּוֹיִם אֲשֶׁר־סְבִיבֹתֵינוּ עַל־שֻׁלְחָנִי׃ 18 וַאֲשֶׁר
הָיָה נַעֲשֶׂה לְיוֹם אֶחָד שׁוֹר אֶחָד צֹאן שֵׁשׁ־בְּרֻרוֹת[a] וְצִפֳּרִים[b] נַעֲשׂוּ־
לִי וּבֵין עֲשֶׂרֶת יָמִים [c]בְּכָל־יַיִן[c] לְהַרְבֵּה וְעִם־זֶה לֶחֶם הַפֶּחָה לֹא
19 בִקַּשְׁתִּי כִּי־כָבְדָה הָעֲבֹדָה עַל־הָעָם הַזֶּה׃ 19 זָכְרָה־לִּי אֱלֹהַי
לְטוֹבָה כֹּל אֲשֶׁר־עָשִׂיתִי [a]עַל־הָעָם[a] הַזֶּה׃ פ

6 **6** 1 וַיְהִי כַאֲשֶׁר נִשְׁמַע לְסַנְבַלַּט וְטוֹבִיָּה[a] וּלְגֶשֶׁם הָעַרְבִי וּלְיֶתֶר
אֹיְבֵינוּ כִּי בָנִיתִי אֶת־הַחוֹמָה וְלֹא־נוֹתַר בָּהּ פָּרֶץ גַּם עַד־הָעֵת הַהִיא
2 דְּלָתוֹת לֹא־הֶעֱמַדְתִּי בַשְּׁעָרִים׃ 2 וַיִּשְׁלַח סַנְבַלַּט וְגֶשֶׁם אֵלַי לֵאמֹר
לְכָה וְנִוָּעֲדָה יַחְדָּו בַּכְּפִירִים[a] בְּבִקְעַת אוֹנוֹ וְהֵמָּה חֹשְׁבִים לַעֲשׂוֹת לִי
3 רָעָה׃ 3 וָאֶשְׁלְחָה עֲלֵיהֶם מַלְאָכִים לֵאמֹר מְלָאכָה גְדוֹלָה אֲנִי עֹשֶׂה

בֿ[14] . וֹ[15] . בֿ מל
לֿ . לֿ
יֿו בטעֿ[16]
לֿ . בֿ[17] . לֿ . גֿ[18] מילין מיחד דמיין ול בליש . בֿ . דֿ[19]
כֿיֿ[20] מל הֿ מנהֿ בכתיבֿ . לֿ
תא יתיר א לא קרֿ . לֿ
לֿ ס״פ פתֿ[21] . גֿ . כֿיֿ
זֿ[22]
גֿ[23]
כֿ ר״פ בכתיבֿ[24] . בֿ
גֿ
בֿ . יֿבֿ ר״פ[25]
לֿ
גֿ[26]
לֿ חסֿ בסיפֿ[1] . הֿ[2]
גֿ[3] וכל יחזק דכותֿ בֿ מֿ בֿ
לֿ
דֿ ול בליש[4] . כֿבֿ[5] גֿ מנהֿ בסיפֿ

[14] Mm 1556. [15] Mm 3952. [16] Mm 3998. [17] Ex 12,11. [18] Mm 3953. [19] Mm 85. [20] Mm 1238א contra textum. [21] וחד אָכָלְתִּי Gn 31,38. [22] Mm 94. [23] Mm 134. [24] Mm 4070. [25] Mp sub loco. [26] Mm 3954.
Cp 6 [1] Mm 3949. [2] Mm 989. [3] Mm 2673. [4] Mm 4238. [5] Mm 475.

14 [a–a] l צִוֵּיתִי = צִוֵּאתִי ? ‖ [b] l c Ms פֶּחָה ‖ **15** [a] pr עֹל (hpgr)? cf 𝔊[L] ‖ [b] prp בְּלוֹ לחם ‖ [c] dl cf 14.18 ‖ [d] 𝔙 *quotidie*, l אֶחָד et pr לְיוֹם (hpgr) cf 18 ‖ **16** [a] 𝔊 *τούτων οὐκ ἐκράτησα* ‖ [b] pc Mss Vrs קָנִיתִי, sic l? ‖ **17** [a] l וְהַחֹרִים (cf 𝔖) vel וְהָיוּ הַחֹרִים ‖ **18** [a] pc Mss בְּרֻדּוֹת ‖ [b] 𝔊 *καὶ χίμαρος*, 𝔖[W] *wṣjprj'* ‖ [c–c] pc Mss נֵבֶל יין; prp (נִבְלֵי vel) כְּלֵי כל־יין הוּבְלוּ ‖ **19** [a–a] pc Mss לָעָם ‖ **Cp 6,1** [a] add cf 2; mlt Mss 𝔊[L]𝔖 וּלְט' ‖ **2** [a] Q[Or] 𝔊𝔙 בכפרים.

וְלֹא אוּכַל לָרֶדֶת לָמָּה תִשְׁבַּת הַמְּלָאכָה כַּאֲשֶׁר אַרְפֶּהָ[a] וְיָרַדְתִּי   ג[6]. ב[7]. ב[8]
4 אֲלֵיכֶם׃ 4 וַיִּשְׁלְחוּ אֵלַי כַּדָּבָר הַזֶּה אַרְבַּע פְּעָמִים וָאָשִׁיב אוֹתָם
5 כַּדָּבָר הַזֶּה׃ ס 5 וַיִּשְׁלַח אֵלַי סַנְבַלַּט כַּדָּבָר הַזֶּה פַּעַם חֲמִישִׁית   ג מל[9]
6 אֶת־נַעֲרוֹ וְאִגֶּרֶת פְּתוּחָה בְּיָדוֹ׃ 6 כָּתוּב[a] בָּהּ בַּגּוֹיִם נִשְׁמָע וְגַשְׁמוּ   ג ומל[10]. ד קמ
אֹמֵר אַתָּה[b] וְהַיְּהוּדִים חֹשְׁבִים לִמְרוֹד עַל־כֵּן אַתָּה בוֹנֶה הַחוֹמָה   ג. ב חד מל וחד חס[11]. ה מל
7 וְאַתָּה הֹוֶה לָהֶם לְמֶלֶךְ [c]כַּדְּבָרִים הָאֵלֶּה[c]׃ 7 וְגַם־נְבִיאִים הֶעֱמַדְתָּ   ב. כט וכל משיחה מצרים אשור ישראל דכות[12]. כ ר״פ בכתיב[13]. ג מל
לִקְרֹא עָלֶיךָ בִירוּשָׁלִַם לֵאמֹר מֶלֶךְ[a] בִּיהוּדָה וְעַתָּה יִשָּׁמַע לַמֶּלֶךְ   ל[14]
8 כַּדְּבָרִים הָאֵלֶּה וְעַתָּה לְכָה וְנִוָּעֲצָה יַחְדָּו׃ ס 8 וָאֶשְׁלְחָה אֵלָיו   ל
לֵאמֹר לֹא נִהְיָה כַּדְּבָרִים הָאֵלֶּה אֲשֶׁר אַתָּה אוֹמֵר כִּי מִלִּבְּךָ אַתָּה   ח קמ[15]. ב מל
9 בוֹדָאם[a]׃ 9 כִּי כֻלָּם מְיָרְאִים אוֹתָנוּ לֵאמֹר יִרְפּוּ יְדֵיהֶם מִן־הַמְּלָאכָה   מח כת א לא קר ול בליש[16]. ב[17]. ג מל[18]
10 וְלֹא תֵעָשֶׂה וְעַתָּה[a] חַזֵּק[b] אֶת־יָדָי[c]׃ 10 וַאֲנִי־בָאתִי בֵּית שְׁמַעְיָה   ל[19]. ו[20]. ד[21]. כב[22]. סז ר״פ לג מנה בכתיב
בֶן־דְּלָיָה בֶּן־מְהֵיטַבְאֵל וְהוּא עָצוּר וַיֹּאמֶר   ג. ג[23]. ח

נִוָּעֵד אֶל־בֵּית הָאֱלֹהִים אֶל־תּוֹךְ הַהֵיכָל   מח
וְנִסְגְּרָה דַּלְתוֹת הַהֵיכָל כִּי בָּאִים לְהָרְגֶךָ   ג[24]
וְלַיְלָה בָּאִים לְהָרְגֶךָ׃   ו[25]. ג[24]

11 וָאֹמְרָה הַאִישׁ כָּמוֹנִי יִבְרָח וּמִי כָמוֹנִי אֲשֶׁר־יָבוֹא אֶל־הַהֵיכָל וָחָי   ב[26] חד מל וחד חס. ב[27]. ב חס בסיפ[28]
12 לֹא אָבוֹא׃ 12 וָאַכִּירָה וְהִנֵּה לֹא־[a]אֱלֹהִים שְׁלָחוֹ כִּי הַנְּבוּאָה דִּבֶּר   ל[29]. ג
13 עָלַי וְטוֹבִיָּה וְסַנְבַלַּט[b] שְׂכָרוֹ׃ 13 [a]לְמַעַן שָׂכוּר הוּא[a] לְמַעַן־אִירָא   יב פסוק דמיין[30]
וְאֶעֱשֶׂה־כֵּן וְחָטָאתִי וְהָיָה לָהֶם[b] לְשֵׁם רָע לְמַעַן יְחָרְפוּנִי׃ פ   ד. ל ומל
14 זָכְרָה אֱלֹהַי לְטוֹבִיָּה וּלְסַנְבַלַּט[a] כְּמַעֲשָׂיו אֵלֶּה וְגַם לְנוֹעַדְיָה   ל. ל[31]
סז הַנְּבִיאָה[b] וּלְיֶתֶר הַנְּבִיאִים אֲשֶׁר הָיוּ מְיָרְאִים אוֹתִי׃ 15 וַתִּשְׁלַם   ה ב[32] מנה בכתיב. ב[17]. כי[33] מל ה מנה בכתיב. ג ול בסיפ
הַחוֹמָה בְּעֶשְׂרִים וַחֲמִשָּׁה לֶאֱלוּל לַחֲמִשִּׁים וּשְׁנַיִם יוֹם׃ פ   ל

[6] Mm 3955. [7] Lv 26,34. [8] Mm 3520. [9] Mm 828. [10] Mm 3956. [11] Mp sub loco. [12] Mm 958. [13] Mm 4070. [14] Mm 3112. [15] Mm 3609. [16] Mm 898. [17] Mm 3957. [18] Mm 1091. [19] Mm 666. [20] Mm 546. [21] Mm 2112. [22] Mm 1104. [23] Mm 270. [24] Mm 199. [25] Mm 3230. [26] Mi 6,10. [27] Jes 44,7. [28] Mp contra textum, cf Mp sub loco. [29] וחד והנבואה 2Ch 15,8. [30] Mm 3896. [31] וחד ונועדיה Esr 8,33. [32] Mm 3958. [33] Mm 1238.

3 [a] 𝔊 *τελειώσω αὐτό*, 𝔙 *venero* (crrp ex *quievero*? = אֶרְפֶּה) ‖ **6** [a] Ms 𝔊𝔖 וְכָ׳ ‖ [b] pc Mss וְא׳ ‖ [c–c] > 𝔊, dl (ex 7) ‖ **7** [a] $𝔖^{W}$(𝔄) + *'zr'* ‖ **8** [a] pro בוֹדְאָם, Q^{Mss} בוֹדָם; pc Mss בוֹרְאָם ‖ **9** [a] pc Mss ואתה ‖ [b] inf abs, Vrs vertunt recte c 1 sg pf ‖ [c] pc Mss יָדִי ‖ **12** [a] dl ־ ‖ [b] add ‖ **13** [a–a] 𝔊 *ἐπ' ἐμὲ ὄχλον*; dl ‖ [b] l לִי (cf 𝔊) aut לִי עִם־הָעָם ‖ **14** [a] add cf 12[b] ‖ [b] 𝔊𝔖𝔄 m.

16 וַיְהִ֗י כַּאֲשֶׁ֤ר שָֽׁמְעוּ֙ כָּל־א֣וֹיְבֵ֔ינוּ וַיִּֽרְא֗וּ[a] כָּל־הַגּוֹיִם֙ אֲשֶׁ֣ר סְבִיבֹתֵ֔ינוּ 16
וַֽיִּפְּל֥וּ[b] מְאֹ֖ד בְּעֵינֵיהֶ֑ם וַיֵּ֣דְע֔וּ כִּ֚י מֵאֵ֣ת אֱלֹהֵ֔ינוּ נֶעֶשְׂתָ֖ה הַמְּלָאכָ֥ה
הַזֹּֽאת׃ 17 גַּ֣ם ׀ בַּיָּמִ֣ים הָהֵ֗ם מַרְבִּ֞ים חֹרֵ֤י[a] יְהוּדָה֙ אִגְּרֹ֣תֵיהֶ֔ם הוֹלְכ֖וֹת[b] 17
עַל־טוֹבִיָּ֑ה וַאֲשֶׁ֥ר לְטוֹבִיָּ֖ה בָּא֥וֹת אֲלֵיהֶֽם׃ 18 כִּֽי־רַבִּ֣ים בִּֽיהוּדָ֗ה 18
בַּעֲלֵ֤י שְׁבוּעָה֙ ל֔וֹ כִּֽי־חָתָ֥ן ה֖וּא לִשְׁכַנְיָ֣ה בֶן־אָרַ֑ח וִיהוֹחָנָ֣ן בְּנ֔וֹ לָקַ֕ח
אֶת־בַּת־מְשֻׁלָּ֖ם בֶּ֥ן בֶּרֶכְיָֽה׃ 19 גַּ֣ם טוֹבֹתָ֗יו[a] הָי֤וּ אֹֽמְרִים֙ לְפָנַ֔י וּדְבָרַ֕י 19
הָי֥וּ מוֹצִיאִ֖ים ל֑וֹ אִגְּר֛וֹת[b] שָׁלַ֥ח טוֹבִיָּ֖ה לְיָֽרְאֵֽנִי׃
7 1 וַיְהִ֗י כַּאֲשֶׁ֤ר נִבְנְתָה֙ הַֽחוֹמָ֔ה וָאַעֲמִ֖יד הַדְּלָת֑וֹת וַיִּפָּקְד֛וּ 7
הַשּׁוֹעֲרִ֥ים [a]וְהַמְשֹׁרְרִ֖ים וְהַלְוִיִּֽם[a]׃ 2 וָאֲצַוֶּ֞ה אֶת־חֲנָנִ֣י אָחִ֗י וְאֶת־ 2
חֲנַנְיָה֙ שַׂ֣ר הַבִּירָ֔ה עַל־יְרוּשָׁלִָ֑ם כִּי־הוּא֙ כְּאִ֣ישׁ אֱמֶ֔ת וְיָרֵ֥א אֶת־
הָאֱלֹהִ֖ים מֵרַבִּֽים׃ 3 וָיֹּאמַ֣ר[a] לָהֶ֗ם לֹ֣א יִפָּתְחוּ֩ שַׁעֲרֵ֨י יְרוּשָׁלִַ֜ם עַד־ 3
חֹ֣ם הַשֶּׁ֗מֶשׁ [b]וְעַ֨ד הֵ֤ם עֹֽמְדִים֙[b] יָגִ֥יפוּ הַדְּלָת֖וֹת וֶאֱחֹ֑זוּ[c] וְהַעֲמֵ֗יד[d]
מִשְׁמְרוֹת֙ יֹשְׁבֵ֣י יְרוּשָׁלִַ֔ם אִ֣ישׁ בְּמִשְׁמָר֔וֹ וְאִ֖ישׁ נֶ֥גֶד בֵּיתֽוֹ׃
4 וְהָעִ֗יר רַחֲבַ֤ת יָדַ֙יִם֙ וּגְדוֹלָ֔ה וְהָעָ֖ם מְעַ֣ט בְּתוֹכָ֑הּ וְאֵ֥ין בָּתִּ֖ים בְּנוּיִֽם׃ 4
5 וַיִּתֵּ֤ן אֱלֹהַי֙ אֶל־לִבִּ֔י וָאֶקְבְּצָ֞ה אֶת־הַחֹרִ֧ים וְאֶת־הַסְּגָנִ֛ים וְאֶת־ 5
הָעָ֖ם לְהִתְיַחֵ֑שׂ וָֽאֶמְצָ֗א סֵ֤פֶר הַיַּ֙חַשׂ֙[a] הָעוֹלִים֙ בָּרִ֣אשׁוֹנָ֔ה וָאֶמְצָ֖א
כָּת֥וּב בּֽוֹ׃ פ
6 [a]אֵ֣לֶּה ׀ בְּנֵ֣י הַמְּדִינָ֗ה הָעֹלִים֙ מִשְּׁבִ֣י הַגּוֹלָ֔ה אֲשֶׁ֣ר הֶגְלָ֔ה נְבוּכַדְנֶאצַּ֖ר 6
מֶ֣לֶךְ בָּבֶ֑ל[b] וַיָּשׁ֛וּבוּ לִירוּשָׁלִַ֥ם וְלִיהוּדָ֖ה אִ֥ישׁ לְעִירֽוֹ׃ 7 הַבָּאִ֣ים עִם־ 7
זְרֻבָּבֶ֗ל יֵשׁ֡וּעַ נְחֶמְיָ֡ה עֲזַרְיָ֡ה[a] רַעַמְיָ֡ה[b] נַחֲמָ֡נִי[c] מָרְדֳּכַ֡י בִּלְשָׁ֡ן מִסְפֶּ֡רֶת[d]
בִּגְוַ֡י נְח֡וּם[e] בַּעֲנָ֑ה
מִסְפַּ֕ר אַנְשֵׁ֖י עַ֥ם יִשְׂרָאֵֽל׃ ס 8 בְּנֵ֣י פַרְעֹ֔שׁ אַלְפַּ֕יִם מֵאָ֖ה 8

ד[34] חס וכל שמואל דכות ב מ א
ל . ל[35] . י
ד . ל מל דמל
ט[36]
ו בטע[37] . ב
ב חד חס וחד מל[38] . ל
ג[1]
ב[2] מל ה מנה בסיפ . ל[3] . ד
ל בסיפ[4] . כ[5] . ל
ואמר חד מן ד[6] כת כן ק וקר . ל . יז פסוק עד ועד[7]
ל[8] . ל . ל ומל
ב חד מל וחד חס[9] . ל
ב בסיפ . יב[10]
ב מל[11] כב[12] ח[13] מנה מל
ד ר״פ בסיפ . יא זוגין דמטע בטע[14]
ל[15] . ה שובה לירושלם[16] . ג ר״פ
ל[15] . ל . ב . ל . ל
ל
ב

[34]Mm 1891. [35]Mm 3174. [36]Mm 3928. [37]Mm 3746. [38]Mm 2681. Cp 7 [1]Mm 3959. [2]Mm 3889. [3]Mm 3984. [4]Mm 2682. [5]Mm 1514. [6]Mm 3960. [7]Mm 912. [8]וחד והם עמדים 2Ch 3,13. [9]Mm 3961 contra textum, cf Mm 1193. [10]Mm 1055. [11]Mm 3962. [12]Mm 1743. [13]Mm 1135. [14]Mm 794. [15]Mm 3883. [16]Mm 3963.

16 [a] l וַיִּ׳ (sine meteg) a ראה ‖ [b] prp וַיִּפָּלֵא ‖ **17** [a] l prb מֵחֹרִי (מ hpgr) ‖ [b] l הַה׳ (ה hpgr) ‖ **19** [a] 𝔊 τοὺς λόγους αὐτοῦ, l דִּבְּתָיו ‖ [b] Vrs pr cop, l וְא׳ ‖ **Cp 7,1** [a–a] add ex 43sq ‖ **3** [a] l c Q Vrs וָאֹמַר cf 5,9[a] ‖ [b–b] prp וְעַד הָ(א)יוֹם מֵעַל־הַיָּם ‖ [c] l c 2 Mss וְאָחֲזוּ (ו dttg) ‖ [d] = inf abs; Ms וָאַעֲמִיד ‖ **5** [a] l הַתְיַחֵשׂ ‖ **6** [a] 7,6–72 cf Esr 2 ‖ [b] Ms + לְבָבֶל = Esr 2,1 ‖ **7** [a] Esr שְׂרָיָה, Ms + שריה ‖ [b] Esr רְעֵלָיָה ‖ [c] 𝔖 *wnḥm'jl*; > Esr ‖ [d] Esr ־ָר cf Esr 2,2[d] ‖ [e] Esr רְחוּם.

9 וְשִׁבְעִים וּשְׁנָיִם׃ ס 9 בְּנֵי שְׁפַטְיָה שְׁלֹשׁ מֵאוֹת שִׁבְעִים וּשְׁנָיִם׃ ל̇
ס 10 בְּנֵי אָרַח ᵃשֵׁשׁ מֵאוֹת חֲמִשִּׁים וּשְׁנָיִם׃ᵃ ס 11 בְּנֵי־
פַחַת מוֹאָב לִבְנֵי יֵשׁוּעַ וְיוֹאָבᵃ ᵇאַלְפַּיִם וּשְׁמֹנֶה מֵאוֹת שְׁמֹנָה עָשָׂר׃ᵇ ל̇ . ח̇ זוגין מחליפין[17] . ל̇
ס 12 בְּנֵי עֵילָם אֶלֶף ᵃמָאתַיִם חֲמִשִּׁים וְאַרְבָּעָה׃ᵃ ס 13 בְּנֵי ז̇[18]
14 זַתּוּא ᵃשְׁמֹנֶה מֵאוֹת אַרְבָּעִים וַחֲמִשָּׁה׃ᵃ ס 14 בְּנֵי זַכָּי ᵃשְׁבַע מֵאוֹת ב̇
15 וְשִׁשִּׁים׃ᵃ ס 15 בְּנֵי בִנּוּיᵃ שֵׁשׁ מֵאוֹת ᵇאַרְבָּעִים וּשְׁמֹנָה׃ᵇ ס ז̇
16 בְּנֵי בֵבָיᵃ ᵇשֵׁשׁ מֵאוֹת עֶשְׂרִים וּשְׁמֹנָה׃ᵇ ס 17 בְּנֵי עַזְגָּד ᵃאַלְפַּיִם ב̇ . ב̇ זקף קמ̇
18 שְׁלֹשׁ מֵאוֹת עֶשְׂרִים וּשְׁנָיִם׃ᵃ ס 18 בְּנֵי אֲדֹנִיקָם שֵׁשׁ מֵאוֹת שִׁשִּׁים
19 20 וְשִׁבְעָה׃ᵃ ס 19 בְּנֵי בִגְוָי אַלְפַּיִם ᵃשִׁשִּׁים וְשִׁבְעָה׃ᵃ ס 20 בְּנֵי
21 עָדִין ᵃשֵׁשׁ מֵאוֹת חֲמִשִּׁים וַחֲמִשָּׁה׃ᵃ ס 21 בְּנֵי־אָטֵר לְחִזְקִיָּהᵃ ג̇ לפי מג̇[19] וחד מן יב̇ לפי מק ב̇[20] מנה בליש ול̇ בסיפ̇[21]
22 תִּשְׁעִים וּשְׁמֹנָה׃ᵇ ס 22 ᵃבְּנֵי חָשֻׁם ᵇשְׁלֹשׁ מֵאוֹת עֶשְׂרִים וּשְׁמֹנָה׃ᵇ
ס 23 בְּנֵי בֵצָי שְׁלֹשׁ מֵאוֹת ᵃעֶשְׂרִים וְאַרְבָּעָה׃ᵃ ס 24 בְּנֵי ב̇ זקף קמ̇ . ל̇[22]
25 חָרִיףᵃ מֵאָה שְׁנֵים עָשָׂר׃ᵇ ס 25 בְּנֵיᵃ גִבְעוֹןᵇ ᶜתִּשְׁעִים וַחֲמִשָּׁה׃ᶜ ל̇[22]
ס 26 ᵃאַנְשֵׁי בֵית־לֶחֶם וּנְטֹפָה מֵאָה שְׁמֹנִים וּשְׁמֹנָה׃ ס ל̇[22] . כל חס
27 אַנְשֵׁי עֲנָתוֹת מֵאָה עֶשְׂרִים וּשְׁמֹנָה׃ ס 28 ᵃאַנְשֵׁי בֵית־ᵃעַזְמָוֶת
29 ᵇאַרְבָּעִים וּשְׁנָיִם׃ᵇ ס 29 אַנְשֵׁיᵃ קִרְיַת יְעָרִים כְּפִירָה וּבְאֵרוֹת ב̇[23] ול̇[21] בסיפ̇
30 שְׁבַע מֵאוֹת ᵇאַרְבָּעִים וּשְׁלֹשָׁה׃ᵇ ס 30 אַנְשֵׁיᵃ הָרָמָה וָגָבַע ᵇשֵׁשׁ ב̇ זקף קמ̇
31 מֵאוֹת עֶשְׂרִים וְאֶחָד׃ᵇ ס 31 אַנְשֵׁי מִכְמָס מֵאָה וְעֶשְׂרִים וּשְׁנָיִם׃ ב̇ כת ס . ל̇
ס 32 אַנְשֵׁי בֵית־אֵל וְהָעָי ᵃמֵאָה עֶשְׂרִים וּשְׁלֹשָׁה׃ᵃ ס ב̇ זקף קמ̇
33 אַנְשֵׁיᵃ נְבוֹ אַחֵרᵇ חֲמִשִּׁים וּשְׁנָיִם׃ᶜ ס 34 בְּנֵי עֵילָם אַחֵר אֶלֶףᵃ ב̇[24] . ז̇[18]

[17] Mm 3964. [18] Mm 3884. [19] Mm 3125 et Mm 3983. [20] Mm 2155. [21] Mm 3886. [22] Mm 3885. [23] Mm 3965. [24] Mp sub loco.

10 ᵃ⁻ᵃ Esr 775, 𝔊^{S} 752, 𝔊^{A} 672 ‖ **11** ᵃ Esr ׳י ‖ ᵇ⁻ᵇ Esr 2818, 𝔊^{A} 2018 ‖ **12** ᵃ⁻ᵃ 𝔊^{S} 1854 ‖ **13** ᵃ⁻ᵃ Esr et 𝔊^{L} 945, 𝔊^{B} 840, 𝔖 854 ‖ **14** ᵃ⁻ᵃ 𝔊^{BS} 860 ‖ **15** ᵃ Esr et Q^{Or} 𝔖 בָּנִי ‖ ᵇ⁻ᵇ pc Mss 28, Esr 42, 𝔊^{L} 62, 𝔖 44 ‖ **16** ᵃ pc Mss 𝔊^{L}𝔖 בכי ‖ ᵇ⁻ᵇ Esr et 𝔊^{L} 623, Ms 328 ‖ **17** ᵃ⁻ᵃ Esr 1222 sed cf Esr 2,12ᵇ, 𝔊^{B} 2328, 𝔊^{L} 2222, nonn Mss 2622 ‖ **18** ᵃ Esr et 𝔊^{L} 6 ‖ **19** ᵃ⁻ᵃ Esr 56 ‖ **20** ᵃ⁻ᵃ Esr 454, Ms 𝔊^{AL} 654 ‖ **21** ᵃ Esr ׳ליח ‖ ᵇ lacuna cf Esr 2,16 ᵇ⁻ᵇ ‖ **22** ᵃ Esr tr v 22 post 24 ‖ ᵇ⁻ᵇ Esr et 𝔊^{L} 223, pc Mss 324 ‖ **23** ᵃ⁻ᵃ Esr 23, 𝔊^{L} 33 ‖ **24** ᵃ Esr יוֹרָה, 𝔖 *ḥwrm* ‖ ᵇ 𝔊^{S} + Esr 2,19 cf 22ᵃ ‖ **25** ᵃ l אַנְשֵׁי ‖ ᵇ Esr גִּבָּר ‖ ᶜ⁻ᶜ Ms 45 ‖ **26** ᵃ 𝔊^{ASmin} ut Esr 2,21 sq; 𝔊* om v 26 sq ‖ **28** ᵃ⁻ᵃ Esr בְּנֵי ‖ ᵇ⁻ᵇ pc Mss 142, 𝔊^{L} 128 ‖ **29** ᵃ Esr בְּנֵי ‖ ᵇ⁻ᵇ 𝔊^{B} 21, 2 Mss 23, 2 Mss 48, Ms 42 ‖ **30** ᵃ ut 29ᵃ ‖ ᵇ⁻ᵇ 𝔊^{L} 623, 𝔖 721 ‖ **32** ᵃ⁻ᵃ Esr 223 ‖ **33** ᵃ ut 29ᵃ ‖ ᵇ > Esr 𝔊^{L}𝔖 ‖ ᶜ 𝔊* + eadem vb ut Esr 2,30 ‖ **34** ᵃ 𝔊^{S} 2000.

35 מָאתַ֖יִם חֲמִשִּׁ֥ים וְאַרְבָּעָֽה[b]׃ ס 35 בְּנֵ֣י חָרִ֔ם שְׁלֹ֥שׁ מֵא֖וֹת וְעֶשְׂרִֽים׃

36 37 ס 36 [a]בְּנֵ֣י[b] יְרֵח֔וֹ שְׁלֹ֥שׁ מֵא֖וֹת אַרְבָּעִ֥ים וַחֲמִשָּֽׁה׃ ס 37 בְּנֵי־[a] ל̇25

38 לֹ֗ד חָדִ֨יד֙ וְאוֹנ֔וֹ [b]שְׁבַ֥ע מֵא֖וֹת וְעֶשְׂרִ֥ים וְאֶחָֽד[b]׃ ס 38 בְּנֵ֥י סְנָאָ֖ה ג̇ חס̇26

[a]שְׁלֹ֣שֶׁת אֲלָפִ֔ים[a] תְּשַׁ֥ע[b] מֵא֖וֹת וּשְׁלֹשִֽׁים׃ פ

39 39 הַכֹּהֲנִ֑ים בְּנֵ֤י יְדַעְיָה֙ לְבֵ֣ית יֵשׁ֔וּעַ [a]תְּשַׁ֥ע מֵא֖וֹת[a] שִׁבְעִ֥ים וּשְׁלֹשָֽׁה׃ ג̇ ר״פ

40 41 ס 40 בְּנֵ֣י אִמֵּ֔ר אֶ֖לֶף חֲמִשִּׁ֥ים וּשְׁנָֽיִם׃ ס 41 בְּנֵ֣י פַשְׁח֔וּר

42 אֶ֕לֶף מָאתַ֖יִם אַרְבָּעִ֥ים וְשִׁבְעָֽה[a]׃ ס 42 בְּנֵ֣י חָרִ֔ם אֶ֖לֶף שִׁבְעָ֥ה ז̇27 . ל̇25

עָשָֽׂר׃ פ

43 43 הַלְוִיִּ֑ם בְּנֵי־יֵשׁ֤וּעַ לְקַדְמִיאֵל֙ [a] לִבְנֵ֣י[b] לְהוֹדְוָ֔ה[c] שִׁבְעִ֖ים ג̇ ר״פ בסיפ̇ . ל̇28

וְאַרְבָּעָֽה׃ ס

44 44 הַֽמְשֹׁרְרִ֑ים בְּנֵ֣י אָסָ֔ף מֵאָ֖ה [a]אַרְבָּעִ֥ים וּשְׁמֹנָֽה[a]׃ ס

45 45 הַשֹּׁעֲרִ֡ים[a] בְּנֵי־שַׁלּ֣וּם בְּנֵי־אָטֵר֩ בְּנֵי־טַלְמֹ֨ן בְּנֵי־עַקּ֜וּב בְּנֵ֣י יא̇ חס̇ ו̇29 מנה בכתיב וכל נביא דכות ב̇ מ̇ ג̇

חֲטִיטָ֛א בְּנֵ֥י שֹׁבָ֖י[b] מֵאָ֥ה שְׁלֹשִׁ֥ים וּשְׁמֹנָֽה[c]׃ ס ב̇ וחס̇

46 47 46 הַנְּתִינִ֑ים בְּנֵי־צִחָ֥א בְנֵי־חֲשֻׂפָ֖א בְּנֵ֥י טַבָּעֽוֹת׃ 47 בְּנֵי־ ג̇ בליש̇ . ג̇ . ז̇ מל̇

48 קֵירֹ֥ס בְּנֵי־סִיעָ֖א[a] בְּנֵ֥י פָדֽוֹן׃ 48 בְּנֵי־לְבָנָ֥ה בְנֵי־חֲגָבָ֖ה[a] בְּנֵ֥י ל̇ מל̇ . ל̇30

49 50 שַׁלְמָֽי[b]׃ 49 בְּנֵי־חָנָ֥ן בְּנֵי־גִדֵּ֖ל בְּנֵי־גָֽחַר׃ 50 בְּנֵי־רְאָיָ֥ה ב̇ חד פת̇ וחד קמ̇

51 בְנֵי־רְצִ֖ין[a] בְּנֵ֥י נְקוֹדָֽא׃ 51 בְּנֵי־גַזָּ֥ם בְּנֵי־עֻזָּ֖א בְּנֵ֥י פָסֵֽחַ׃

52 53 52 בְּנֵי־בֵסַ֖י[a] בְּנֵי־מְעוּנִ֑ים[b] בְּנֵ֥י נְפוּשְׁסִֽים[c]׃ 53 בְּנֵי־בַקְבּ֥וּק בְּנֵי־ נפישסים 31 ק̇ ול̇30 בליש̇

54 חֲקוּפָ֖א בְּנֵ֥י חַרְחֽוּר׃ 54 בְּנֵי־בַצְלִ֥ית[a] בְּנֵי־מְחִידָ֖א[b] בְּנֵ֥י חַרְשָֽׁא׃ ב̇ . ל̇32

55 56 55 בְּנֵי־בַרְק֥וֹס בְּנֵי־סִֽיסְרָ֖א בְּנֵי־תָֽמַח׃ 56 בְּנֵ֥י נְצִ֖יחַ ב̇

בְּנֵ֥י חֲטִיפָֽא׃

57 57 בְּנֵ֖י עַבְדֵ֣י שְׁלֹמֹ֑ה בְּנֵי־סוֹטַ֥י בְּנֵי־סוֹפֶ֖רֶת[a] בְּנֵ֥י פְרִידָֽא[b]׃ ב̇ חד חס̇ וחד מל̇ . ל̇30

[25] Mm 3885. [26] Mm 1178 contra textum. [27] Mm 3884. [28] Mm 3886, L sine Q, mlt Mss BGN c Q, cf Mp sub loco. [29] Mm 4232 contra textum. [30] Mm 3886. [31] Mm 3966. [32] Mm 3886, LBGN sine Q, nonn Mss בצלית K, בצלות Q.

34 [b] > 𝔊* ‖ **36** [a] Esr tr v 36 post 37 ‖ [b] l אַנְשֵׁי ‖ **37** [a] ut 36[b] ‖ [b–b] Esr et 𝔊^{L} 725, Ms 921, Ms 941 ‖ **38** [a–a] > 𝔊* ‖ [b] Esr et 𝔊^{L} 6 ‖ **39** [a–a] 𝔊^{S} 100 ‖ **41** [a] 𝔊^{L} 5 ‖ **43** [a] Esr וְקׂ׳ ‖ [b] cf Esr 2,40[b] ‖ [c] nonn Mss Q^{Mss} ־דְיָה, l c Esr ־דַוְיָה ‖ **44** [a–a] Esr 28, Ms 43 ‖ **45** [a] Esr pr בְּנֵי ‖ [b] Esr + הַכֹּל ‖ [c] Esr 9 ‖ **47** [a] Esr סִיעֲהָא, 𝔊^{B} *Ασουια*, 𝔊^{S} *Ιασουια*, 𝔊^{A} *Σιαια* ‖ **48** [a] Esr + 4 vb ‖ [b] nonn Mss שַׁ׳, Esr^{K} שַׁמְלַי ‖ **50** [a] Ms 𝔊 רצון ‖ **52** [a] Esr + בְּנֵי אַסְנָה ‖ [b] Esr^{K} ־עִי׳ ‖ [c] Q נְפִישׁ׳, K נְפוּשׁ׳; l c Esr נפיס׳ ‖ **54** [a] nonn Mss 𝔊𝔖𝔙 et Esr ־לוּת ‖ [b] mlt Mss ־יְרָא ‖ **57** [a] Esr הַסּ׳ ‖ [b] Esr פרודא.

58 בְּנֵֽי־יַעְלָא[a] בְנֵֽי־דַרְקוֹן בְּנֵי גִדֵּֽל׃ 59 בְּנֵי שְׁפַטְיָה בְּנֵֽי־חַטִּיל ב חד כת א וחד כת ה
60 בְּנֵי פֹּכֶרֶת הַצְּבָיִם בְּנֵי אָמֽוֹן[a]׃ 60 כָּל־הַנְּתִינִים וּבְנֵי עַבְדֵי ל[33]
61 שְׁלֹמֹה שְׁלֹשׁ מֵאוֹת תִּשְׁעִים וּשְׁנָֽיִם׃ פ 61 וְאֵלֶּה הָעוֹלִים[a] מִתֵּל ב מל[34]
מֶלַח תֵּל חַרְשָׁא כְּרוּב [b]אַדּוֹן וְאִמֵּר[b] וְלֹא יָֽכְלוּ לְהַגִּיד בֵּית־אֲבוֹתָם ל[33]. ה[35] חס ב מנה בסיפ וכל תורה דכות ב מ ב
62 וְזַרְעָם אִם מִיִּשְׂרָאֵל הֵֽם׃ 62 בְּנֵֽי[a]־דְלָיָה בְנֵֽי־טוֹבִיָּה בְּנֵי נְקוֹדָא שֵׁשׁ אם האם ואם כן בטע[36] ב[37] מנה בליש ובסיפ. יב ס״פ[38]. ג
מֵאוֹת וְאַרְבָּעִים[b] וּשְׁנָֽיִם׃ ס
63 וּמִן[a]־הַכֹּהֲנִים בְּנֵי חֳבַיָּה[b] בְּנֵי הַקּוֹץ בְּנֵי בַרְזִלַּי אֲשֶׁר לָקַח ג
64 מִבְּנוֹת בַּרְזִלַּי הַגִּלְעָדִי אִשָּׁה[c] וַיִּקָּרֵא עַל־שְׁמָֽם[d]׃ 64 אֵלֶּה בִּקְשׁוּ ג סביר לאשה. ה[39]. ד ר״פ בסיפ
65 כְתָבָם[a] הַמִּתְיַחְשִׂים וְלֹא נִמְצָא[b] וַיְגֹאֲלוּ מִן־הַכְּהֻנָּֽה׃ 65 וַיֹּאמֶר ל[33]. ב[40]
הַתִּרְשָׁתָא לָהֶם אֲשֶׁר לֹא־יֹאכְלוּ [a]מִקֹּדֶשׁ הַקֳּדָשִׁים[a] עַד עֲמֹד הַכֹּהֵן[b] יד זוגין[41]
לְאוּרִים וְתוּמִּֽים׃ ל[42]
66 כָּל־הַקָּהָל כְּאֶחָד אַרְבַּע רִבּוֹא אַלְפַּיִם [a]שְׁלֹשׁ־מֵאוֹת וְשִׁשִּֽׁים[a]׃ ז קמ[43]. ג מל. ח זוגין מחליפין[44]
67 מִלְּבַד עַבְדֵיהֶם וְאַמְהֹתֵיהֶם אֵלֶּה[a] שִׁבְעַת אֲלָפִים שְׁלֹשׁ מֵאוֹת
שְׁלֹשִׁים וְשִׁבְעָה[b] וְלָהֶם מְשֹׁרְרִים וּמְשֹׁרְרוֹת מָאתַיִם[c] וְאַרְבָּעִים ח[45]
68 וַחֲמִשָּֽׁה׃ ס 68 גְּמַלִּים[a] אַרְבַּע מֵאוֹת שְׁלֹשִׁים וַחֲמִשָּׁה ס
69 חֲמֹרִים[b] [c]שֵׁשֶׁת אֲלָפִים שְׁבַע מֵאוֹת וְעֶשְׂרִֽים[c]׃ 69 [a]וּמִקְצָת רָאשֵׁי[a] עה
הָאָבוֹת[b] נָתְנוּ לַמְּלָאכָה[c] [d]הַתִּרְשָׁתָא נָתַן[d] לָאוֹצָר זָהָב דַּרְכְּמֹנִים
אֶלֶף מִזְרָקוֹת חֲמִשִּׁים כָּתְנוֹת כֹּהֲנִים שְׁלֹשִׁים [e]וַחֲמֵשׁ מֵאֽוֹת[e]׃ ב מל
70 וּמֵרָאשֵׁי הָאָבוֹת נָֽתְנוּ לְאוֹצַר הַמְּלָאכָה זָהָב דַּרְכְּמוֹנִים שְׁתֵּי רִבּוֹת ג[46]. ב מל[37]. ב חד חס וחד מל[37]
71 וְכֶסֶף מָנִים אַלְפַּיִם וּמָאתָֽיִם׃ 71 וַאֲשֶׁר נָתְנוּ שְׁאֵרִית הָעָם זָהָב יב ר״פ
דַּרְכְּמוֹנִים שְׁתֵּי[a] רִבּוֹא וְכֶסֶף מָנִים אַלְפָּיִם[b] וְכָתְנֹת כֹּהֲנִים [c]שִׁשִּׁים ג מל

[33] Mm 3886. [34] Mm 3962. [35] Mm 3967 contra textum. [36] Mm 3887. [37] Mp sub loco. [38] Mm 294. [39] Mm 1806. [40] Esr 2,62. [41] Mm 565. [42] Mm 959. [43] Mm 3888. [44] Mm 3964. [45] Mm 1053. [46] Mm 3968.

58 [a] Esr יַעְלָה ‖ **59** [a] Esr אָמִי ‖ **61** [a] gaʿya eras ‖ [b–b] Esr אַדָּן א׳ ‖ **62** [a] $\mathfrak{S}$ pr *bnj bnj* ‖ [b] Esr et $\mathfrak{G}^{L}$ 50 ‖ **63** [a] Esr וּמִבְּנֵי ‖ [b] $\mathfrak{S}$ *ḥnnj'* ‖ [c] $\mathfrak{G}^{-L}$ *γυναῖκας* ‖ [d] prp שְׁמוֹ cf Esr 2,61[f] ‖ **64** [a] cf Esr 2,62[a] ‖ [b] mlt Mss $\mathfrak{G}^{SL}$ et Esr ־אוּ ‖ **65** [a–a] l מִן־הַקֳּדָשִׁים cf Esr 2,63[b] ‖ [b] Esr כֹּהֵן ‖ **66** [a–a] $\mathfrak{G}^{B}$ 308, $\mathfrak{S}$ 470 ‖ **67** [a] cf Esr 2,65[a]; $\mathfrak{G}^{L}$ וְא׳ ‖ [b] $\mathfrak{G}^{L}$ 5, $\mathfrak{S}$ 3 ‖ [c] nonn Mss $\mathfrak{G}^{AL}$ + eadem vb ut Esr 2,66[a–a], ins ‖ **68** [a] Esr et $\mathfrak{G}^{L}$ ־יהֶם ‖ [b] l ־יהֶם cf Esr 2,67[b] ‖ [c–c] $\mathfrak{G}^{B}$ 2700, $\mathfrak{G}^{S}$ 6000 ‖ **69** [a–a] Esr וּמֵר׳ ‖ [b] Esr + 12 vb ‖ [c] 69–71 Esr brevius ‖ [d–d] $\mathfrak{G}^{BS}$ *τῷ Νεεμια* ‖ [e–e] > $\mathfrak{G}$*, prp וְכֶסֶף מָנִים ח׳ מ׳ ‖ **71** [a] $\mathfrak{G}^{L}$ 4 ‖ [b] $\mathfrak{G}$ 2200, $\mathfrak{G}^{L}$ 3000 ‖ [c–c] $\mathfrak{G}^{L}$ 65.

72 וְשִׁבְעָה׃[c] פ 72 וַיֵּשְׁבוּ הַכֹּהֲנִים וְהַלְוִיִּם [a]וְהַשּׁוֹעֲרִים וְהַמְשֹׁרְרִים[a] — כא[47] . ל[48] מל . ח מנה בסיפ . ד[49]
וּמִן־הָעָם[b] וְהַנְּתִינִים וְכָל־יִשְׂרָאֵל בְּעָרֵיהֶם[c] — לה וכל ר״פ דכות[50]
8 וַיִּגַּע הַחֹדֶשׁ הַשְּׁבִיעִי[d] וּבְנֵי יִשְׂרָאֵל בְּעָרֵיהֶם׃[d] 8 1 וַיֵּאָסְפוּ כָל־הָעָם — הי וכל ר״פ דכות[51] . יב
כְּאִישׁ אֶחָד אֶל־הָרְחוֹב [a]אֲשֶׁר לִפְנֵי שַׁעַר־הַמָּיִם[a] וַיֹּאמְרוּ לְעֶזְרָא — כ[1]
הַסֹּפֵר[b] לְהָבִיא אֶת־סֵפֶר תּוֹרַת מֹשֶׁה אֲשֶׁר־צִוָּה יְהוָה אֶת־יִשְׂרָאֵל׃
2 2 וַיָּבִיא עֶזְרָא הַכֹּהֵן אֶת־הַתּוֹרָה לִפְנֵי הַקָּהָל מֵאִישׁ וְעַד־אִשָּׁה וְכֹל — ל כת כן[2] . ג . ל[3]
3 מֵבִין[a] לִשְׁמֹעַ בְּיוֹם אֶחָד לַחֹדֶשׁ הַשְּׁבִיעִי׃ 3 וַיִּקְרָא־בוֹ[a b] לִפְנֵי — ג[4]
הָרְחוֹב[a] אֲשֶׁר | לִפְנֵי[c] שַׁעַר־הַמַּיִם[b c] מִן־הָאוֹר עַד־מַחֲצִית הַיּוֹם נֶגֶד — ו סביר ועד[5]
הָאֲנָשִׁים וְהַנָּשִׁים וְהַמְּבִינִים[d] וְאָזְנֵי כָל־הָעָם אֶל־סֵפֶר הַתּוֹרָה׃ — ג[6] . ג . ג[7]
4 4 וַיַּעֲמֹד עֶזְרָא הַסֹּפֵר עַל־מִגְדַּל־עֵץ [a]אֲשֶׁר עָשׂוּ לַדָּבָר[a] וַיַּעֲמֹד
אֶצְלוֹ מַתִּתְיָה וְשֶׁמַע[b] וַעֲנָיָה[c] וְאוּרִיָּה וְחִלְקִיָּה[d] וּמַעֲשֵׂיָה[e] עַל־יְמִינוֹ — ל
וּמִשְּׂמֹאלוֹ פְּדָיָה וּמִישָׁאֵל וּמַלְכִּיָּה וְחָשֻׁם וְחַשְׁבַּדָּנָה[f] זְכַרְיָה מְשֻׁלָּם[g]׃
5 פ 5 וַיִּפְתַּח עֶזְרָא הַסֵּפֶר לְעֵינֵי כָל־הָעָם כִּי־מֵעַל כָּל־הָעָם
6 הָיָה וּכְפִתְחוֹ עָמְדוּ כָל־הָעָם׃ 6 וַיְבָרֶךְ עֶזְרָא אֶת־יְהוָה הָאֱלֹהִים — ל . ל[8] ו מנה בכתיב
הַגָּדוֹל וַיַּעֲנוּ כָל־הָעָם אָמֵן | אָמֵן בְּמֹעַל יְדֵיהֶם וַיִּקְּדוּ וַיִּשְׁתַּחֲוֻ[a] — ב[9] וחד מן פסיקתא[10] דסיפ
7 לַיהוָה אַפַּיִם אָרְצָה׃ 7 וְיֵשׁוּעַ וּבָנִי[a] וְשֵׁרֵבְיָה | [b]יָמִין עַקּוּב שַׁבְּתַי | — לגר[11] . פסיקתא דסיפ[10] . פסיקתא דסיפ[10]
הוֹדִיָּה מַעֲשֵׂיָה קְלִיטָא עֲזַרְיָה יוֹזָבָד חָנָן פְּלָאיָה וְהַלְוִיִּם[b c] מְבִינִים
8 אֶת־הָעָם לַתּוֹרָה וְהָעָם עַל־עָמְדָם׃ 8 וַיִּקְרְאוּ בַסֵּפֶר בְּתוֹרַת[a] — ל
הָאֱלֹהִים מְפֹרָשׁ וְשׂוֹם שֶׂכֶל[b] וַיָּבִינוּ[c] בַּמִּקְרָא׃ ס — ל[12] . ה ד כת ש וחד כת ס[13] . ל

[47] Mm 4144. [48] Mm 3889. [49] Mm 3984. [50] Mp sub loco. [51] Mm 470. **Cp 8** [1] Mm 1514. [2] Mm 839. [3] וחד כל מבין 2Ch 34,12. [4] Mm 3135. [5] Mm 3942. [6] Mm 3969. [7] Mm 3970. [8] Mm 1372. [9] Nu 5,22. [10] Mm 3904. [11] Mp sub loco. [12] Mm 1154. [13] Mm 3917.

72 [a–a] tr c Esr ante 'והנת || [b] ins בִּירוּשָׁלַ͏ִם cf 2,70[b] || [c] prb ins וַיֵּשְׁבוּ הַכֹּהֲנִים וְהַלְוִיִּם וּמִן־הָעָם בִּירוּשָׁלַ͏ִם וְהַנְּתִינִים וּשְׁאָר הָעָם בְּעָרֵי יְהוּדָה (vel sim) || [d–d] > 𝔊^{L72}, dl (ex Esr 3,1) || **Cp 8,1** [a–a] 𝔊α *τοῦ (τὸ) πρὸς ἀνατολὰς (τοῦ) ἱεροῦ πυλῶνος* || [b] pc Mss הַכֹּהֵן, 𝔊α *τῷ ἀρχιερεῖ καὶ ἀναγνώστῃ* || **2** [a] 𝔊α *τοῖς ἱερεῦσιν* crrp ex *τοῖς ἱκανοῖς* = 𝔐 || **3** [a–a] l 'עַל־ה (cf 𝔖𝔙 et 𝔊α) vel 'בָּר || [b–b] > 𝔊* || [c–c] 𝔊α *πρὸ τοῦ ἱεροῦ πυλῶνος* cf 1[a–a] || [d] > 𝔊α (homtel); 𝔊 *καὶ αὐτοὶ συνιέντες* || **4** [a–a] > 𝔊* || [b] 𝔖 *wšmwʿ* || [c] 𝔊𝔊α(𝔖) *καὶ Ανανιας* = וַחֲנַנְיָה; 𝔊α + *καὶ Αζαριας* cf Da 1,6sq || [d] 𝔊α *καὶ Εζεκιας* || [e] 𝔊α *καὶ Βααλσαμος* || [f] 3 Esr^{lat} *et Asub Nabadias*; prp וְחַשּׁוּב בַּדָּנָה, 𝔖 *wḥšbjʾ* || [g] > 𝔊^{L}𝔊α || **6** [a] sic L, mlt Mss Edd וּ– || **7** [a] 𝔊α *καὶ Αννιουθ (Αννους)*, 𝔊α^{L}𝔊 *καὶ Βαναιας* || [b–b] > 𝔊 || [c] 𝔊α𝔙 om cop, dl || **8** [a] pc Mss Vrs 'תּ || [b] huc tr ‸ || [c] 𝔊α *ἐμφυσιοῦντες*.

9 וַיֹּ֣אמֶר [a]נְחֶמְיָ֣ה [b]ה֣וּא[a] הַתִּרְשָׁ֡תָא[b] [c]וְעֶזְרָ֣א הַכֹּהֵ֣ן ׀ הַסֹּפֵ֡ר וְהַלְוִיִּ֞ם ג וחד מן פסיקתא[14] דסיפ
הַמְּבִינִ֣ים אֶת־הָעָ֗ם לְכָל־הָעָ֔ם הַיּ֨וֹם קָדֹֽשׁ־ה֜וּא לַיהוָ֣ה אֱלֹהֵיכֶ֗ם יג חס[15]
אַל־תִּֽתְאַבְּל֖וּ וְאַל־תִּבְכּ֑וּ כִּ֤י בוֹכִים֙ כָּל־הָעָ֔ם כְּשָׁמְעָ֖ם אֶת־דִּבְרֵ֥י ב מל
ס̊ה̊ הַתּוֹרָֽה׃ 10 וַיֹּ֣אמֶר לָהֶ֡ם לְכוּ֩ אִכְל֨וּ מַשְׁמַנִּ֜ים וּשְׁת֣וּ מַֽמְתַקִּ֗ים וְשִׁלְח֤וּ ב[16]
מָנוֹת֙ לְאֵ֣ין נָכ֣וֹן ל֔וֹ כִּֽי־קָד֥וֹשׁ הַיּ֖וֹם לַאֲדֹנֵ֑ינוּ וְאַל־[a]תֵּ֣עָצֵ֔בוּ כִּֽי־חֶדְוַ֥ת[b] ח[17] . ט פת ב מנה בליש . ב . ל
11 יְהוָ֖ה הִ֥יא מָֽעֻזְּכֶֽם׃ 11 וְהַלְוִיִּ֞ם מַחְשִׁ֤ים לְכָל־הָעָם֙ לֵאמֹ֣ר הַ֔סּוּ כִּ֥י ל . ד[18] . ל
12 הַיּ֖וֹם קָדֹ֑שׁ וְאַל־תֵּעָצֵֽבוּ׃ 12 וַיֵּלְכ֨וּ כָל־הָעָ֜ם לֶאֱכֹ֣ל וְלִשְׁתּ֗וֹת וּלְשַׁלַּ֤ח יג חס[15] . ב . ג[19] . ל בסיפ[20]
מָנוֹת֙ וְלַעֲשׂ֖וֹת שִׂמְחָ֣ה גְדוֹלָ֑ה כִּ֤י הֵבִ֙ינוּ֙[a] בַּדְּבָרִ֔ים אֲשֶׁ֥ר הוֹדִ֖יעוּ ה[21]
לָהֶֽם׃ ס
13 וּבַיּ֣וֹם הַשֵּׁנִ֡י נֶאֶסְפוּ֩ רָאשֵׁ֨י הָאָב֜וֹת לְכָל־הָעָ֗ם הַכֹּהֲנִים֙ וְהַלְוִיִּ֔ם ה . עה . ל . כא[22]
14 אֶל־עֶזְרָ֖א הַסֹּפֵ֑ר וּלְהַשְׂכִּ֖יל[a] אֶל־[b]דִּבְרֵ֥י הַתּוֹרָֽה׃ 14 וַיִּמְצְא֖וּ כָּת֣וּב ב[23]
בַּתּוֹרָ֑ה אֲשֶׁ֨ר צִוָּ֤ה יְהוָה֙ בְּיַד־[a]מֹשֶׁ֔ה אֲשֶׁר֩ יֵשְׁב֨וּ בְנֵֽי־יִשְׂרָאֵ֧ל בַּסֻּכּ֛וֹת ל[24] . כ[25]
15 בֶּחָ֖ג בַּחֹ֥דֶשׁ הַשְּׁבִיעִֽי׃ 15 [a]וַאֲשֶׁ֨ר יַשְׁמִ֜יעוּ וְיַעֲבִ֨ירוּ[a] ק֜וֹל בְּכָל־עָרֵיהֶם֮ יב ר״פ[20] . ל . ל . ז פסוק דמיין בטע
וּבִירוּשָׁלִַ֣ם לֵאמֹר֒[b] צְא֣וּ הָהָ֗ר וְהָבִ֙יאוּ֙ עֲלֵי־זַ֔יִת וַעֲלֵי־עֵ֣ץ שֶׁ֔מֶן וַעֲלֵ֤י כא . ו[26]
הֲדַס֙ וַעֲלֵ֣י תְמָרִ֔ים וַעֲלֵ֖י עֵ֣ץ עָבֹ֑ת לַעֲשֹׂ֥ת סֻכֹּ֖ת כַּכָּתֽוּב׃ פ יב למערב[20]
16 וַיֵּצְא֣וּ הָעָם֮ וַיָּבִיאוּ֒ וַיַּעֲשׂ֨וּ לָהֶ֜ם סֻכּ֗וֹת אִ֤ישׁ עַל־גַּגּוֹ֙ וּבְחַצְרֹ֣תֵיהֶ֔ם לו . ד[27] . ל וחס
וּבְחַצְר֖וֹת בֵּ֣ית הָאֱלֹהִ֑ים [a]וּבִרְחוֹב֙ שַׁ֣עַר הַמַּ֔יִם וּבִרְח֖וֹב[a] שַׁ֥עַר מח . ב . ב
17 אֶפְרָֽיִם׃ 17 וַיַּעֲשׂ֣וּ כָֽל־הַ֠קָּהָל הַשָּׁבִ֨ים מִן־הַשְּׁבִ֥י ׀ סֻכּוֹת֮ וַיֵּשְׁב֣וּ פסיקתא דסיפ[14]
בַסֻּכּוֹת֒ כִּ֣י לֹֽא־עָשׂ֡וּ מִימֵי֩ יֵשׁ֨וּעַ [a]בִּן־נ֥וּן[a] כֵּן֙ בְּנֵ֣י יִשְׂרָאֵ֔ל עַ֖ד הַיּ֣וֹם ל . ב[28]
18 הַה֑וּא וַתְּהִ֥י שִׂמְחָ֖ה גְּדוֹלָ֥ה מְאֹֽד׃ 18 וַ֠יִּקְרָא[a] בְּסֵ֨פֶר תּוֹרַ֤ת הָאֱלֹהִים֙ ב
י֣וֹם ׀ בְּי֔וֹם מִן־הַיּוֹם֙ הָרִ֣אשׁ֔וֹן עַ֖ד הַיּ֣וֹם הָאַחֲר֑וֹן וַיַּֽעֲשׂוּ־חָג֙ שִׁבְעַ֣ת יָמִ֔ים פסיקתא דסיפ[14] . סד[20] . ו סביר׳ ועד[29]
וּבַיּ֧וֹם הַשְּׁמִינִ֛י עֲצֶ֖רֶת כַּמִּשְׁפָּֽט׃ פ ב מ״פ[30]
9 1 וּבְיוֹם֩ עֶשְׂרִ֨ים וְאַרְבָּעָ֜ה לַחֹ֣דֶשׁ הַזֶּ֗ה נֶאֶסְפ֤וּ בְנֵֽי־יִשְׂרָאֵל֙ ה
2 בְּצ֣וֹם וּבְשַׂקִּ֔ים וַאֲדָמָ֖ה עֲלֵיהֶֽם׃ 2 וַיִּבָּֽדְלוּ֙ זֶ֣רַע יִשְׂרָאֵ֔ל מִכֹּ֖ל בְּנֵ֣י ל . ז[1]

[14] Mm 3904. [15] Mm 783. [16] Cant 5,16. [17] Mm 3927. [18] Mm 1498. [19] Mm 1583. [20] Mp sub loco. [21] Mm 1376. [22] Mm 4144. [23] Mm 3971. [24] Mm 1360. [25] Mm 534. [26] Mm 593. [27] Mm 641. [28] Mm 3972. [29] Mm 3942. [30] Mm 877. Cp 9 [1] Mm 1705.

9 [a–a] > 𝔊α ‖ [b–b] add ‖ [c–c] > 𝔊* ‖ **10** [a] ins בוֹ (hpgr)? ‖ [b] > 𝔊𝔊α ‖ **12** [a] 𝔊α *καὶ ἐνεφυσιώθησαν* ‖ **13** [a] Vrs om cop, dl ‖ [b] pc Mss אֶת ‖ **14** [a] pc Mss אֶת cf Vrs ‖ **15** [a–a] l וַיַּ׳ שָׁמְעוּ וא׳ (cf 𝔖) vel וַיִּשׁ׳ וַיַּע׳ ‖ [b] 𝔊 *καὶ εἶπεν Εσδρας* ‖ **16** [a–a] 𝔊 *καὶ ἐν ταῖς πλατείαις τῆς πόλεως καὶ ἕως* ‖ **17** [a–a] > Ms ‖ **18** [a] pc Mss 𝔖 ־ְאוּ.

נֵכָר וַיַּעַמְדוּ וַיִּתְוַדּוּ עַל־חַטֹּאתֵיהֶם וַעֲוֺנוֹת אֲבֹתֵיהֶם׃ 3 וַיָּקוּמוּ עַל־ 3 ל וחס[2]. ו מל[3]. ט מל[4]
עָמְדָם וַיִּקְרְאוּ בְּסֵפֶר תּוֹרַת יְהוָה אֱלֹהֵיהֶם רְבִעִית הַיּוֹם וּרְבִעִית ל[2]
מִתְוַדִּים וּמִשְׁתַּחֲוִים לַיהוָה אֱלֹהֵיהֶם׃ פ 4 וַיָּקָם עַל־מַעֲלֵה 4 ל
הַלְוִיִּם יֵשׁוּעַ וּבָנִי[a] קַדְמִיאֵל שְׁבַנְיָה[b] בֻּנִּי[c] שֵׁרֵבְיָה בָּנִי[d] כְנָנִי וַיִּזְעֲקוּ ג. ב[5] בליש
בְּקוֹל גָּדוֹל אֶל־יְהוָה אֱלֹהֵיהֶם׃ 5 וַיֹּאמְרוּ הַלְוִיִּם יֵשׁוּעַ וְקַדְמִיאֵל 5
[a]בָּנִי חֲשַׁבְנְיָה[b] שֵׁרֵבְיָה הוֹדִיָּה שְׁבַנְיָה[c] פְתַחְיָה[ad] קוּמוּ בָּרְכוּ אֶת־ ב. ל
יְהוָה אֱלֹהֵיכֶם[e]

מִן־הָעוֹלָם עַד־הָעוֹלָם ד
וִיבָרְכוּ שֵׁם כְּבֹדֶךָ וּמְרוֹמַם[f] עַל־כָּל־בְּרָכָה וּתְהִלָּה׃ ב חס[6]. ל[7]. ל
6 אַתָּה־[a]הוּא יְהוָה לְבַדֶּךָ ג וכל אתנח וס״פ דכות[8]
אַתָּה עָשִׂיתָ אֶת־הַשָּׁמַיִם שְׁמֵי הַשָּׁמַיִם וְכָל־צְבָאָם אתה ל. ה פסוק וכל וכל וכל[9]. ד[10]. ז ק
הָאָרֶץ וְכָל־אֲשֶׁר עָלֶיהָ הַיַּמִּים וְכָל־אֲשֶׁר בָּהֶם ל
וְאַתָּה מְחַיֶּה אֶת־כֻּלָּם וּצְבָא הַשָּׁמַיִם לְךָ מִשְׁתַּחֲוִים׃ ל
7 אַתָּה־הוּא יְהוָה הָאֱלֹהִים אֲשֶׁר בָּחַרְתָּ בְּאַבְרָם ו[11] מנה בכתיב. ל
וְהוֹצֵאתוֹ מֵאוּר כַּשְׂדִּים וְשַׂמְתָּ שְּׁמוֹ אַבְרָהָם׃ ל ומל. ל
8 וּמָצָאתָ אֶת־לְבָבוֹ נֶאֱמָן לְפָנֶיךָ וְכָרוֹת עִמּוֹ הַבְּרִית ל[12]
לָתֵת[a] אֶת־אֶרֶץ הַכְּנַעֲנִי הַחִתִּי הָאֱמֹרִי סימן כ ת מ פ ס ג[13]. ב
וְהַפְּרִזִּי וְהַיְבוּסִי וְהַגִּרְגָּשִׁי לָתֵת[b] לְזַרְעוֹ
וַתָּקֶם אֶת־דְּבָרֶיךָ כִּי צַדִּיק אָתָּה׃ [יַם־סוּף׃ ל
9 וַתֵּרֶא אֶת־עֳנִי אֲבֹתֵינוּ בְּמִצְרָיִם וְאֶת־זַעֲקָתָם שָׁמַעְתָּ עַל־ ל
10 וַתִּתֵּן אֹתֹת וּמֹפְתִים[a] בְּפַרְעֹה וּבְכָל־עֲבָדָיו וּבְכָל־עַם אַרְצוֹ ה פסוק ובכל ובכל[14]
כִּי יָדַעְתָּ כִּי הֵזִידוּ עֲלֵיהֶם וַתַּעַשׂ־לְךָ שֵׁם כְּהַיּוֹם הַזֶּה׃ ג
11 וְהַיָּם בָּקַעְתָּ לִפְנֵיהֶם וַיַּעַבְרוּ בְתוֹךְ־הַיָּם בַּיַּבָּשָׁה ז ול ר״פ

[2] Mp sub loco. [3] Mm 3973. [4] Mm 1663. [5] 1S 28,12 et Mp sub loco. [6] Mm 3974 contra textum. [7] Mm 471א. [8] Mm 497. [9] Mm 2951. [10] Mm 13. [11] Mm 1372. [12] וחד כרת Hos 10,4. [13] Okhl 274. [14] Mm 2543.

Cp 9,4 [a] l בִּנּוּי cf 10,10; 𝔊 *καὶ υἱοί* ‖ [b] mlt Mss 𝔊^{AL}𝔖 שְׁכַנְיָה cf 5[c] ‖ [c] pc Mss 𝔊 בֶּן־, pc Mss בְּנֵי ‖ [d] nonn Mss 𝔊^{A} בְּנֵי ‖ **5** [a–a] > 𝔊* ‖ [b] 𝔖 *ḥšbj'* ‖ [c] nonn Mss 𝔊^{L}𝔖 שכניה cf 4[b] ‖ [d] prp פְּלָאיָה cf 10,11 ‖ [e] 𝔊 suff 1 pl; hic lacuna, prb ins וַיֹּאמֶר (?עֶזְרָא) בָּרוּךְ אַתָּה יהוה אֱלֹהֵינוּ cf 6[a] ‖ [f] nonn Mss ־ָם; 𝔊^{L}𝔙 om cop ‖ **6** [a] 𝔊 pr *καὶ εἶπεν Εσδρας* ‖ [b] Q אַתָּה ‖ **8** [a] 𝔊 + *καὶ αὐτῷ* cf [b] ‖ [b] 𝔊 *καί* (cf [a]), 𝔄 *lh w* = לוֹ וּ cf 𝔖 ‖ **10** [a] 𝔊^{BL} *ἐν Αἰγύπτῳ* = בְּמִצְרַיִם; 𝔊^{B} pr (𝔊^{L} addit) *καὶ τέρατα*.

וְאֶת־רֹ֣דְפֵיהֶ֗ם הִשְׁלַ֛כְתָּ בִמְצוֹלֹ֖ת כְּמוֹ־אֶ֥בֶן בְּמַ֥יִם עַזִּֽים׃ — ג. ז רפי[15]

12 וּבְעַמּ֣וּד עָנָ֔ן הִנְחִיתָ֖ם יוֹמָ֑ם וּבְעַמּ֥וּד אֵ֖שׁ לַ֑יְלָה — ל

לְהָאִ֣יר לָהֶ֔ם אֶת־הַדֶּ֖רֶךְ אֲשֶׁ֥ר יֵֽלְכוּ־בָֽהּ׃

13 וְעַ֤ל הַר־סִינַי֙ יָרַ֔דְתָּ וְדַבֵּ֥ר עִמָּהֶ֖ם מִשָּׁמָ֑יִם — ל. יא[16]

וַתִּתֵּ֨ן לָהֶ֜ם מִשְׁפָּטִ֤ים יְשָׁרִים֙

וְתוֹר֣וֹת אֱמֶ֔ת חֻקִּ֥ים וּמִצְוֺ֖ת טוֹבִֽים׃ — ל מל

14 וְאֶת־שַׁבַּ֥ת קָדְשְׁךָ֖ הוֹדַ֣עְתָ[a] לָהֶ֑ם — ד פת וכל שבת שבתון דכות[17]

וּמִצְו֣וֹת[b] וְחֻקִּים֙[c] וְתוֹרָ֔ה צִוִּ֣יתָ לָהֶ֔ם בְּיַ֖ד מֹשֶׁ֥ה עַבְדֶּֽךָ׃ — ג ל מנה מל וכל דסמיכ לאדכרה דכות וחד מן יא[18] כת תרי ו. ה[19]. ל[20]

15 וְלֶ֨חֶם מִשָּׁמַ֜יִם נָתַ֤תָּה לָהֶם֙ לִרְעָבָ֔ם — ד ר״פ[21]. כט חס[22]. ל

וּמַ֛יִם מִסֶּ֥לַע הוֹצֵ֥אתָ לָהֶ֖ם לִצְמָאָ֑ם — ב

וַתֹּ֣אמֶר לָהֶ֗ם לָבוֹא֙ לָרֶ֣שֶׁת אֶת־הָאָ֔רֶץ — ג[23] וכל נביא דכות ב מ א

אֲשֶׁר־נָשָׂ֥אתָ אֶת־יָדְךָ֖ לָתֵ֥ת לָהֶֽם׃ — ד

16 וְהֵ֥ם וַאֲבֹתֵ֖ינוּ הֵזִ֑ידוּ וַיַּקְשׁוּ֙ אֶת־עָרְפָּ֔ם וְלֹ֥א שָׁמְע֖וּ אֶל־[מִצְוֺתֶֽיךָ׃] — ט ר״פ[24]. ג

17 וַיְמָאֲנ֣וּ לִשְׁמֹ֗עַ וְלֹא־זָכְר֤וּ נִפְלְאֹתֶ֙יךָ֙ אֲשֶׁ֣ר עָשִׂ֣יתָ עִמָּהֶ֔ם — ג[25]. ג[26]. ג חס ול בסיפ

וַיַּקְשׁוּ֙ אֶת־עָרְפָּ֔ם וַיִּתְּנוּ־רֹ֛אשׁ לָשׁ֥וּב לְעַבְדֻתָ֖ם בְּמִרְיָ֑ם[a] — ל וחס. ל

וְאַתָּ֞ה אֱל֣וֹהַּ סְלִיח֗וֹת חַנּ֧וּן וְרַח֛וּם — ל ומל[27]

אֶֽרֶךְ־אַפַּ֥יִם וְרַב־וְחֶ֖סֶד[b] וְלֹ֥א עֲזַבְתָּֽם׃ — חסד[28] יתיר ו ק

18 אַ֗ף כִּֽי־עָשׂ֤וּ לָהֶם֙ עֵ֣גֶל מַסֵּכָ֔ה — ל ר״פ בסיפ

וַיֹּ֣אמְר֔וּ זֶ֣ה אֱלֹהֶ֔יךָ אֲשֶׁ֥ר הֶעֶלְךָ֖[a] מִמִּצְרָ֑יִם[b]

[c]וַֽיַּעֲשׂ֔וּ נֶאָצ֖וֹת גְּדֹלֽוֹת[c]׃

19 וְאַתָּה֙ בְּרַחֲמֶ֣יךָ הָֽרַבִּ֔ים לֹ֥א עֲזַבְתָּ֖ם בַּמִּדְבָּ֑ר

אֶת־עַמּ֣וּד הֶעָנָן֩ לֹא־סָ֨ר מֵעֲלֵיהֶ֤ם בְּיוֹמָם֙[a] לְהַנְחֹתָ֣ם בְּהַדֶּ֔רֶךְ — ל. ל

וְאֶת־עַמּ֨וּד הָאֵ֤שׁ בְּלַ֙יְלָה֙ לְהָאִ֣יר לָהֶ֔ם וְאֶת[b]־הַדֶּ֖רֶךְ אֲשֶׁ֥ר — ל. ג[29]. ל נסיב ואת

20 וְרוּחֲךָ֙ הַטּוֹבָ֔ה נָתַ֖תָּ לְהַשְׂכִּילָ֑ם [יֵֽלְכוּ־בָֽהּ׃] — כט חס[30]

וּמַנְךָ֙ לֹא־מָנַ֣עְתָּ מִפִּיהֶ֔ם וּמַ֛יִם נָתַ֥תָּה לָהֶ֖ם לִצְמָאָֽם׃ — ל. ב

[15]Mm 753. [16]Mm 2041. [17]Mm 806. [18]Mm 648. [19]Mm 2797. [20]Mm 1360. [21]Mm 349. [22]Mm 657 contra textum. [23]Mm 4261. [24]Mm 564. [25]Mm 1568. [26]Mm 1446. [27]וחד והסלחות Da 9,9. [28]Q addidi, cf Mp sub loco. [29]Mm 3975. [30]Mm 657.

14 [a] sic L, mlt Mss Edd תָּ‎ְ– || [b] hoc aut [c] add (ex 13)? || [c] cf [b] || **17** [a] l c pc Mss 𝔊 בְּמִצְרָיִם cf Nu 14,4 || [b] mlt Mss 𝔊𝔙 ut Q[Mss], sic l || **18** [a] mlt Mss העלוּךָ cf 𝔊 || [b] nonn Mss 𝔖𝔄 מֵאֶרֶץ מצ׳ || [c–c] > 𝔄 || **19** [a] l c pc Mss ׳י || [b] l c pc Mss 𝔊𝔖𝔙 את.

21 וְאַרְבָּעִ֨ים שָׁנָ֧ה כִּלְכַּלְתָּ֛ם בַּמִּדְבָּ֖ר לֹ֣א חָסֵ֑רוּ ל ור״פ[31] . ל . מז פסיק לא לא . ל
[a]שַׂלְמֹֽתֵיהֶם֙ לֹ֣א בָל֔וּ וְרַגְלֵיהֶ֖ם לֹ֥א בָצֵֽקוּ׃[a] ד . ל
22 וַתִּתֵּ֨ן לָהֶ֜ם מַמְלָכ֣וֹת וַעֲמָמִ֗ים וַֽתַּחְלְקֵ֖ם לְפֵאָ֑ה[a] ל . ל[32]
וַיִּֽירְשׁ֞וּ אֶת־אֶ֣רֶץ סִיח֗וֹן [b]וְאֶת־אֶ֙רֶץ֙[b] מֶ֣לֶךְ חֶשְׁבּ֔וֹן ל
וְאֶת־אֶ֖רֶץ ע֥וֹג מֶֽלֶךְ־הַבָּשָֽׁן׃
23 וּבְנֵיהֶ֣ם הִרְבִּ֔יתָ כְּכֹכְבֵ֖י הַשָּׁמָ֑יִם ב חס בליש
וַתְּבִיאֵם֙ אֶל־הָאָ֔רֶץ אֲשֶׁר־אָמַ֥רְתָּ לַאֲבֹתֵיהֶ֖ם [a]לָב֥וֹא לָרָֽשֶׁת׃ ל
24 וַיָּבֹ֤אוּ הַבָּנִים֙ וַיִּֽירְשׁ֣וּ אֶת־הָאָ֔רֶץ[a] וַתַּכְנַ֨ע לִפְנֵיהֶ֜ם יח פסוק את את ואת ואת
אֶת־יֹשְׁבֵ֤י הָאָ֙רֶץ֙ הַֽכְּנַעֲנִ֔ים וַֽתִּתְּנֵ֖ם בְּיָדָ֑ם ג ול בטע
וְאֶת־מַלְכֵיהֶם֙ וְאֶת־עַמְמֵ֣י הָאָ֔רֶץ לַעֲשׂ֥וֹת בָּהֶ֖ם כִּרְצוֹנָֽם׃ ל . ג
25 וַֽיִּלְכְּד֞וּ עָרִ֣ים בְּצֻר֗וֹת וַאֲדָמָ֣ה שְׁמֵנָ֡ה ב כת כן[33] . ז[34]
וַיִּֽירְשׁוּ֩ בָּתִּ֨ים מְלֵאִ֜ים־כָּל־ט֗וּב כל כת כן . יט בליש[35]
בֹּר֤וֹת חֲצוּבִים֙ כְּרָמִ֧ים וְזֵיתִ֛ים וְעֵ֥ץ מַאֲכָ֖ל לָרֹ֑ב ב
וַיֹּאכְל֤וּ וַֽיִּשְׂבְּעוּ֙ וַיַּשְׁמִ֔ינוּ וַיִּֽתְעַדְּנ֖וּ בְּטוּבְךָ֥ הַגָּדֽוֹל׃ ל
26 וַיַּמְר֜וּ[a] וַיִּמְרְד֣וּ בָּ֗ךְ וַיַּשְׁלִ֤כוּ אֶת־תּֽוֹרָתְךָ֙ אַחֲרֵ֣י גַוָּ֔ם ל חס בכתיב[36]
וְאֶת־נְבִיאֶ֣יךָ הָרָ֔גוּ אֲשֶׁר־הֵעִ֥ידוּ בָ֖ם לַהֲשִׁיבָ֣ם אֵלֶ֑יךָ ג[37] . ג[38]
[b]וַֽיַּעֲשׂ֔וּ נֶאָצ֖וֹת גְּדוֹלֹֽת׃[b] ב . ב כת כן
27 וַֽתִּתְּנֵם֙ בְּיַ֣ד צָֽרֵיהֶ֔ם וַיָּצֵ֖רוּ לָהֶ֑ם ב[39]
וּבְעֵ֤ת צָֽרָתָם֙ יִצְעֲק֣וּ אֵלֶ֔יךָ וְאַתָּה֙ מִשָּׁמַ֣יִם תִּשְׁמָ֔ע ג[40] . ל זקף קמ
וּֽכְרַחֲמֶ֣יךָ[a] הָֽרַבִּ֗ים תִּתֵּ֤ן לָהֶם֙ מֽוֹשִׁיעִ֔ים וְיוֹשִׁיע֖וּם מִיַּ֥ד צָרֵיהֶֽם׃ ב חד מל וחד חס[41] . ל ומל
28 וּכְנ֣וֹחַ לָהֶ֔ם יָשׁ֕וּבוּ לַעֲשׂ֥וֹת רַ֖ע לְפָנֶ֑יךָ ל[42] . ט
וַתַּעַזְבֵ֞ם בְּיַ֤ד אֹֽיְבֵיהֶם֙ וַיִּרְדּ֣וּ בָהֶ֔ם וַיָּשׁ֙וּבוּ֙ וַיִּזְעָק֔וּךָ ב[43] . ל
וְאַתָּ֞ה מִשָּׁמַ֤יִם תִּשְׁמַע֙ וְתַצִּילֵ֣ם כְּרַחֲמֶ֔יךָ[a] [b]רַבּ֖וֹת עִתִּֽים׃[b]
29 וַתָּ֨עַד בָּהֶ֜ם לַהֲשִׁיבָ֣ם אֶל־תּוֹרָתֶ֗ךָ וְהֵ֨מָּה הֵזִ֜ידוּ וְלֹא־שָׁמְע֤וּ ב[44] . ג[38] . ב . ג
לְמִצְוֺתֶ֙יךָ֙ [ב

[31] Mm 3359. [32] וחד לַפֵּאָה Ex 27,9. [33] Mp contra textum, cf Mp sub loco. [34] Mm 1705. [35] Mm 335. [36] Mm 415. [37] Mm 3976. [38] Mm 3979. [39] Mm 2955. [40] Mm 3977. [41] Mm 3978. [42] Mm 1256. [43] Ps 49,15. [44] Mp sub loco.

21 [a–a] 𝔊^{AS}(𝔖) *(τὰ) ὑποδήματα αὐτῶν οὐ διερράγησαν* ‖ **22** [a] > 𝔊*𝔄, 𝔊^{L} *εἰς πρόσωπον*, 𝔙 *sortes*, 𝔖 *lrjš ʾnš* ‖ [b–b] > Ms 𝔊, dl ‖ **23/24** [a–a] 𝔊* *καὶ ἐκληρονόμησαν αὐτήν* ‖ **26** [a] 𝔊 *καὶ ἤλλαξαν* = וַיָּמִרוּ? ‖ [b–b] = 18b, add? ‖ **27** [a] mlt Mss 𝔊 וּבְר׳ cf 28[a] ‖ **28** [a] nonn Mss 𝔊 בְּר׳ cf 27[a] ‖ [b–b] 𝔊 *πολλοῖς* cf [a].

וּבְמִשְׁפָּטֶיךָ חָטְאוּ־בָם אֲשֶׁר־יַעֲשֶׂה אָדָם וְחָיָה בָהֶם — ל.ל.ו.ל
וַיִּתְּנוּ כָתֵף סוֹרֶרֶת וְעָרְפָּם הִקְשׁוּ וְלֹא שָׁמֵעוּ׃ — ג ב חס וחד מל[45]

30 וַתִּמְשֹׁךְ עֲלֵיהֶם שָׁנִים רַבּוֹת — ל
וַתָּעַד בָּם בְּרוּחֲךָ בְּיַד־נְבִיאֶיךָ — ב
וְלֹא הֶאֱזִינוּ וַתִּתְּנֵם בְּיַד עַמֵּי הָאֲרָצֹת׃ — ג. ה בליש

31 וּבְרַחֲמֶיךָ[a] הָרַבִּים לֹא־עֲשִׂיתָם כָּלָה — ל[46]
וְלֹא עֲזַבְתָּם כִּי אֵל־חַנּוּן וְרַחוּם אָתָּה׃

32 וְעַתָּה אֱלֹהֵינוּ הָאֵל הַגָּדוֹל הַגִּבּוֹר וְהַנּוֹרָא — ב. ב[47]
שׁוֹמֵר הַבְּרִית וְהַחֶסֶד אַל־יִמְעַט לְפָנֶיךָ אֵת כָּל־הַתְּלָאָה — י מל[48]. ב[49]. ג
אֲשֶׁר־מְצָאַתְנוּ לִמְלָכֵינוּ לְשָׂרֵינוּ[a] וּלְכֹהֲנֵינוּ וְלִנְבִיאֵנוּ — ג ב פת וחד קמ[50]
[וְלַאֲבֹתֵינוּ[b] וּלְכָל־עַמֶּךָ מִימֵי מַלְכֵי אַשּׁוּר עַד הַיּוֹם הַזֶּה׃

33 וְאַתָּה צַדִּיק עַל כָּל־הַבָּא עָלֵינוּ
כִּי־אֱמֶת עָשִׂיתָ וַאֲנַחְנוּ הִרְשָׁעְנוּ׃

34 וְאֶת[a]־מְלָכֵינוּ שָׂרֵינוּ כֹּהֲנֵינוּ וַאֲבֹתֵינוּ לֹא עָשׂוּ תּוֹרָתֶךָ — ב[51]
וְלֹא הִקְשִׁיבוּ אֶל־מִצְוֺתֶיךָ וּלְעֵדְוֺתֶיךָ אֲשֶׁר הַעִידֹתָ בָּהֶם׃ — י מל ול בליש

35 וְהֵם בְּמַלְכוּתָם[a] וּבְטוּבְךָ הָרָב אֲשֶׁר־נָתַתָּ לָהֶם — ט ר״פ[52]. כט חס[53]
וּבְאֶרֶץ[b] הָרְחָבָה וְהַשְּׁמֵנָה אֲשֶׁר־נָתַתָּ לִפְנֵיהֶם — ה[54]. ג. כט חס[53]
לֹא עֲבָדוּךָ וְלֹא־שָׁבוּ מִמַּעַלְלֵיהֶם הָרָעִים׃ — ג[55]

36 הִנֵּה אֲנַחְנוּ הַיּוֹם עֲבָדִים
וְהָאָרֶץ אֲשֶׁר־נָתַתָּה לַאֲבֹתֵינוּ לֶאֱכֹל אֶת־פִּרְיָהּ[a] וְאֶת־טוּבָהּ — ל[56]
הִנֵּה אֲנַחְנוּ עֲבָדִים עָלֶיהָ׃

37 וּתְבוּאָתָהּ מַרְבָּה[a] לַמְּלָכִים אֲשֶׁר־נָתַתָּה עָלֵינוּ בְּחַטֹּאותֵינוּ — ל. ל. ב מל
וְעַל גְּוִיֹּתֵינוּ מֹשְׁלִים וּבִבְהֶמְתֵּנוּ כִּרְצוֹנָם וּבְצָרָה גְדוֹלָה אֲנָחְנוּ׃ — ל. ג[51]. ז חס[57]

10 1 וּבְכָל־זֹאת אֲנַחְנוּ כֹּרְתִים אֲמָנָה וְכֹתְבִים וְעַל הֶחָתוּם פ סט — ל. ג. ל
שָׂרֵינוּ לְוִיֵּנוּ כֹּהֲנֵינוּ׃ — ל

[45] Mm 3158. [46] וחד ועשיתם Ex 4,21. [47] Mm 3980. [48] Mm 3634. [49] Ex 12,4. [50] Mm 950. [51] Mp sub loco. [52] Mm 564. [53] Mm 657. [54] Mm 3981. [55] Mm 3982. [56] וחד וטובה Jer 2,7. [57] Mm 1193 contra textum.

31 [a] 𝔊 *καὶ σύ* pro ו ‖ **32** [a] Ms Vrs ול׳ ‖ [b] dl (aut dttg aut ex 34)? ‖ **34** [a] prp ואף ‖ **35** [a] 2 Mss 𝔊𝔖𝔄 ־תָךְ ‖ [b] l ? וּבָאָ׳ ‖ **36/37** [a–a] > 𝔊.

2 וְעַל הַחֲתוּמִים[a] נְחֶמְיָה הַתִּרְשָׁתָא[b] בֶּן־חֲכַלְיָה וְצִדְקִיָּה׃ 2 — ל[1]
3 שְׂרָיָה[a] עֲזַרְיָה יִרְמְיָה׃ 4 פַּשְׁחוּר אֲמַרְיָה מַלְכִּיָּה[a]׃ 5 חָטוּשׁ שְׁבַנְיָה[a] 3/5
מַלּוּךְ׃ 6 חָרִם מְרֵמוֹת עֹבַדְיָה׃ 7 דָּנִיֵּאל גִּנְּתוֹן בָּרוּךְ׃ 8 מְשֻׁלָּם 6/8 — ל ר״פ . ג שם אנש בסיפ
אֲבִיָּה מִיָּמִן׃ 9 מַעַזְיָה בִלְגַּי שְׁמַעְיָה אֵלֶּה הַכֹּהֲנִים׃ ס 9 — ל . [2]
10 וְהַלְוִיִּם וְיֵשׁוּעַ[a] בֶּן־אֲזַנְיָה בִּנּוּי מִבְּנֵי חֵנָדָד קַדְמִיאֵל׃ 10 — ז
11 וַאֲחֵיהֶם שְׁבַנְיָה[a] הוֹדִיָּה[b] קְלִיטָא פְּלָאיָה[c] חָנָן׃ 12 מִיכָא רְחוֹב 11/12 — ל שם אנש
חֲשַׁבְיָה׃ 13 זַכּוּר שֵׁרֵבְיָה שְׁבַנְיָה[a]׃ 14 הוֹדִיָּה[a] בָנִי[b] בְּנִינוּ[c]׃ ס 13/14 — ל
15 רָאשֵׁי הָעָם פַּרְעֹשׁ פַּחַת מוֹאָב עֵילָם זַתּוּא בָּנִי[a]׃ 16 בֻּנִּי[a] עַזְגָּד 15/16 — עה . ג
בֵּבָי׃ 17 אֲדֹנִיָּה בִגְוַי עָדִין׃ 18 אָטֵר חִזְקִיָּה עַזּוּר׃ 19 הוֹדִיָּה[a] חָשֻׁם 17/19
בֵּצָי׃ 20 חָרִיף עֲנָתוֹת נוֹבָי[a]׃ 21 מַגְפִּיעָשׁ מְשֻׁלָּם חֵזִיר[a]׃ 22 מְשֵׁיזַבְאֵל 20/22 — ניבי ק
צָדוֹק יַדּוּעַ[a]׃ 23 פְּלַטְיָה חָנָן עֲנָיָה׃ 24 הוֹשֵׁעַ חֲנַנְיָה חַשּׁוּב[a]׃ 23/24 — ג
25 הַלּוֹחֵשׁ פִּלְחָא שׁוֹבֵק׃ 26 רְחוּם חֲשַׁבְנָה מַעֲשֵׂיָה׃ 27 וַאֲחִיָּה[a] חָנָן[b] 25/27 — ב . ל ומל
עָנָן׃ 28 מַלּוּךְ חָרִם בַּעֲנָה׃ 28 — ל שם אנש
29 וּשְׁאָר הָעָם הַכֹּהֲנִים הַלְוִיִּם הַשּׁוֹעֲרִים הַמְשֹׁרְרִים הַנְּתִינִים 29 — יג[3] . ל[4] מל ח מנה בסיפ . ד[5]
וְכָל־הַנִּבְדָּל מֵעַמֵּי הָאֲרָצוֹת אֶל־תּוֹרַת הָאֱלֹהִים נְשֵׁיהֶם בְּנֵיהֶם — ח בליש . ל . ב
וּבְנֹתֵיהֶם כֹּל יוֹדֵעַ מֵבִין[a]׃ 30 מַחֲזִיקִים עַל־אֲחֵיהֶם אַדִּירֵיהֶם[a] וּבָאִים 30 — י מל וכל ת ד מ ק דכות ב מ ג . ל
בְּאָלָה וּבִשְׁבוּעָה לָלֶכֶת בְּתוֹרַת הָאֱלֹהִים אֲשֶׁר נִתְּנָה בְּיַד מֹשֶׁה — ד[6]
עֶבֶד־הָאֱלֹהִים וְלִשְׁמוֹר וְלַעֲשׂוֹת אֶת־כָּל־מִצְוֺת יְהוָה אֲדֹנֵינוּ — ח מל[7] . ה[8] . ג . ג[9]
וּמִשְׁפָּטָיו וְחֻקָּיו׃ 31 וַאֲשֶׁר לֹא־נִתֵּן בְּנֹתֵינוּ לְעַמֵּי הָאָרֶץ וְאֶת־ 31 — יב ר״פ . ח[10] . ו[11]
בְּנֹתֵיהֶם לֹא נִקַּח לְבָנֵינוּ׃ 32 וְעַמֵּי הָאָרֶץ הַמְבִיאִים אֶת־הַמַּקָּחוֹת 32 — ל
וְכָל־שֶׁבֶר בְּיוֹם הַשַּׁבָּת לִמְכּוֹר לֹא־נִקַּח מֵהֶם בַּשַּׁבָּת וּבְיוֹם קֹדֶשׁ — ג מל ול בליש

Cp 10 [1]Mm 2033. [2]Mp sub loco. [3]Mm 1188. [4]Mm 3889. [5]Mm 3984. [6]Mm 4036. [7]Mm 1796. [8]Mm 1376. [9]Mm 924. [10]Mm 3985. [11]Mm 1442.

Cp 10,2 [a–a] Ms sg cf 1; 𝔙 *signatores autem fuerunt*, l וְהַחוֹתְמִים (cf 𝔊) vel וְאֵלֶּה הַחוֹתְמִים (cf 𝔖𝔄) ‖ [b] > 𝔊*, add? ‖ **3** [a] 𝔊 pr υἱός ‖ **4** [a] Ms חִלְקִיָּה ‖ **5** [a] mlt Mss 𝔖 שְׁכַנְיָה ‖ **10** [a] l c mlt Mss Vrs 'י ‖ **11** [a] l c nonn Mss 𝔊^L 𝔖 שְׁכַנְיָה propter 13 (aut invers) ‖ [b] 𝔊 Ωδουια = הוֹדַוְיָה vel הוֹדוּיָה, sic l propter 14 ‖ [c] 𝔖 *pltj'* ‖ **13** [a] cf 11[a] ‖ **14** [a] 𝔊 Ωδουια ‖ [b] 𝔊 leg בְּנֵי ‖ [c] l c 9,4 כְּנָנִי ‖ **15** [a] 𝔊 υἱοί = בְּנֵי ‖ **16** [a] 𝔊 Βανι ‖ **19** [a] 𝔊 Ωδουια ‖ **20** [a] K 𝔊^AL נוֹבָי, Q 𝔙 נֵיבָי ‖ **21** [a] 𝔖 *'zjpj* ‖ **22** [a] 𝔖 *jwjd'* ‖ **24** [a] 𝔖 *jšw'* ‖ **27** [a] 𝔊^L 𝔖𝔙 om cop, dl? prp וְאָחִיו ‖ [b] 𝔖 *ḥnnj*, l חֲנָנִי propter 23 (aut invers)? ‖ **29** [a] 𝔊𝔖 pr cop ‖ **30** [a] 𝔊 κατηράσαντο αὐτούς = אֵרְרֵיהֶם.

33 וְנִטֹּשׁ אֶת־[a]הַשָּׁנָה הַשְּׁבִיעִית וּמַשָּׁא[b] כָל־יָד[c]׃ 33 וְהֶעֱמַדְנוּ עָלֵינוּ מִצְוֺת ל̇ . ג̇ וכל דסמיכ לאדכרה דכות
34 לָתֵת עָלֵינוּ[a] שְׁלִשִׁית הַשֶּׁקֶל בַּשָּׁנָה לַעֲבֹדַת בֵּית אֱלֹהֵינוּ׃ 34 לְלֶחֶם ט̇ מל[12] . ל̇
הַמַּעֲרֶכֶת וּמִנְחַת הַתָּמִיד וּלְעוֹלַת הַתָּמִיד הַשַּׁבָּתוֹת הֶחֳדָשִׁים ג̇ מל[13] . ל̇
לַמּוֹעֲדִים וְלַקֳּדָשִׁים וְלַחַטָּאוֹת לְכַפֵּר עַל־יִשְׂרָאֵל וְכֹל מְלֶאכֶת ג̇ מל[14] . ל̇
35 בֵּית־אֱלֹהֵינוּ׃ ס 35 [a]וְהַגּוֹרָלוֹת הִפַּלְנוּ עַל־קֻרְבַּן הָעֵצִים ל̇ . ל̇ . ל̇[15]
[b]הַכֹּהֲנִים הַלְוִיִּם[c] וְהָעָם[b] לְהָבִיא לְבֵית אֱלֹהֵינוּ לְבֵית־אֲבֹתֵינוּ יג̇[16]
לְעִתִּים מְזֻמָּנִים[d] שָׁנָה בְשָׁנָה לְבַעֵר עַל־מִזְבַּח יְהוָה אֱלֹהֵינוּ כַּכָּתוּב ב̇ . ל̇
36 בַּתּוֹרָה׃ 36 וּלְהָבִיא אֶת־בִּכּוּרֵי אַדְמָתֵנוּ וּבִכּוּרֵי כָּל־פְּרִי כָל־[a]עֵץ ב̇[17] . י̇ פסוק כל כל ומילה חדה ביניה[18] . ל̇
37 שָׁנָה בְשָׁנָה לְבֵית יְהוָה׃ 37 וְאֶת־בְּכֹרוֹת בָּנֵינוּ וּבְהֶמְתֵּנוּ כַּכָּתוּב ב̇ וכת̇ כן בליש[19]
בַּתּוֹרָה וְאֶת־בְּכוֹרֵי בְקָרֵינוּ וְצֹאנֵינוּ[a] לְהָבִיא לְבֵית אֱלֹהֵינוּ לַכֹּהֲנִים
38 הַמְשָׁרְתִים בְּבֵית אֱלֹהֵינוּ׃ 38 וְאֶת־רֵאשִׁית עֲרִיסֹתֵינוּ וּתְרוּמֹתֵינוּ[a] כח̇ . ל̇
וּפְרִי כָל־עֵץ תִּירוֹשׁ וְיִצְהָר נָבִיא לַכֹּהֲנִים אֶל־לִשְׁכוֹת בֵּית־אֱלֹהֵינוּ ל̇
וּמַעְשַׂר אַדְמָתֵנוּ לַלְוִיִּם וְהֵם הַלְוִיִּם הַמְעַשְּׂרִים בְּכֹל עָרֵי עֲבֹדָתֵנוּ׃ ל̇
39 וְהָיָה הַכֹּהֵן בֶּן־אַהֲרֹן עִם־הַלְוִיִּם בַּעְשֵׂר[a] הַלְוִיִּם וְהַלְוִיִּם יַעֲלוּ ב̇ בליש[20]
אֶת־מַעֲשַׂר הַמַּעֲשֵׂר לְבֵית אֱלֹהֵינוּ אֶל־הַלְּשָׁכוֹת לְבֵית הָאוֹצָר[b]׃ ב̇
40 כִּי אֶל־הַלְּשָׁכוֹת יָבִיאוּ בְנֵי־יִשְׂרָאֵל וּבְנֵי הַלֵּוִי אֶת־תְּרוּמַת הַדָּגָן ב̇ . ל̇[21]
הַתִּירוֹשׁ וְהַיִּצְהָר וְשָׁם כְּלֵי הַמִּקְדָּשׁ וְהַכֹּהֲנִים הַמְשָׁרְתִים וְהַשּׁוֹעֲרִים ל̇[22] מל ח̇ מנה בסיפ̇ . ד̇[23]
וְהַמְשֹׁרְרִים[a] וְלֹא נַעֲזֹב אֶת־בֵּית אֱלֹהֵינוּ׃

11 1 וַיֵּשְׁבוּ שָׂרֵי־הָעָם בִּירוּשָׁלִָם וּשְׁאָר הָעָם הִפִּילוּ גוֹרָלוֹת
לְהָבִיא ׀ אֶחָד מִן־הָעֲשָׂרָה לָשֶׁבֶת בִּירוּשָׁלִַם עִיר הַקֹּדֶשׁ וְתֵשַׁע ב̇[1]
2 הַיָּדוֹת בֶּעָרִים׃ 2 וַיְבָרְכוּ הָעָם[a] לְכֹל הָאֲנָשִׁים הַמִּתְנַדְּבִים לָשֶׁבֶת ב̇[2]
בִּירוּשָׁלִָם׃ פ
3 וְאֵלֶּה רָאשֵׁי הַמְּדִינָה אֲשֶׁר יָשְׁבוּ בִּירוּשָׁלִָם וּבְעָרֵי יְהוּדָה[a] עה̇

[12] Mm 1900. [13] Mm 995. [14] Mm 2117. [15] וחד ולקרבן Neh 13,31. [16] Mm 1188. [17] Mm 3866. [18] Mm 3316. [19] Mp sub loco. [20] Mm 3986. [21] Mm 501. [22] Mm 3889. [23] Mm 3984. **Cp 11** [1] Gn 18,32. [2] Mm 1416.

32 [a] ins תְּבוּאַת? (cf Ex 23,10sq; aberratio oculi) ‖ [b] prp וְנִשָּׁא מַשָּׁא ‖ [c] prb ins בָּהּ ‖ **33** [a] > pc Mss 𝔖𝔙, prb dl ‖ **35** [a] tr v 35 post 40[a]? ‖ [b–b] add ‖ [c] nonn Mss Vrs 'וְה ‖ [d] 𝔊 ἀπὸ χρόνων = מִזְּמָ׳; Esr 10,14 alit ‖ **36** [a] > nonn Mss 𝔖 ‖ **37** [a] nonn Mss om י ‖ **38** [a] > 𝔊*, dl (ex Ez 44,30); 𝔖 wd'drjn = וְגָרְנוֹתֵינוּ ‖ **39** [a] l בְּעַשֵּׂר? ‖ [b] 𝔊 τοῦ θεοῦ ex θησαυροῦ (sic 𝔊^L) ‖ **40** [a] cf 35[a] ‖ **Cp 11,2** [a] pc Mss 'אֶת־ה ‖ **3** [a] huc tr ‸.

כא[3]. ל — יָשְׁבוּ[b] אִישׁ בַּאֲחֻזָּתוֹ בְּעָרֵיהֶם יִשְׂרָאֵל הַכֹּהֲנִים וְהַלְוִיִּם וְהַנְּתִינִים
כא — וּבְנֵי עַבְדֵי שְׁלֹמֹה׃ 4 וּבִירוּשָׁלִַם יָשְׁבוּ מִבְּנֵי יְהוּדָה וּמִבְּנֵי בִנְיָמִן [a] 4
מִבְּנֵי יְהוּדָה עֲתָיָה[b] בֶן־עֻזִּיָּה בֶּן־זְכַרְיָה בֶּן־אֲמַרְיָה בֶן־שְׁפַטְיָה
ג שם אנש בסיפ[4]. ב — בֶּן־מַהֲלַלְאֵל מִבְּנֵי־פָרֶץ׃ 5 וּמַעֲשֵׂיָה בֶן־בָּרוּךְ בֶּן־כָּל־חֹזֶה בֶּן־ 5
חֲזָיָה בֶן־עֲדָיָה[a] בֶּן־יוֹיָרִיב[b] בֶּן־זְכַרְיָה[c] בֶּן־הַשִּׁלֹנִי[c]׃ 6 [a]כָּל־בְּנֵי־פֶרֶץ 6
הַיֹּשְׁבִים בִּירוּשָׁלִָם אַרְבַּע מֵאוֹת שִׁשִּׁים וּשְׁמֹנָה אַנְשֵׁי־חָיִל׃ ס
יג[5]. ג בכתיב ול כת כן[6] — 7 וְאֵלֶּה בְּנֵי בִנְיָמִן סַלֻּא בֶּן־מְשֻׁלָּם בֶּן־יוֹעֵד[a] בֶּן־פְּדָיָה בֶּן־ 7
ל. ל — קוֹלָיָה בֶּן־מַעֲשֵׂיָה בֶּן־אִיתִיאֵל בֶּן־יְשַׁעְיָה׃ 8 וְאַחֲרָיו[a] [b]גַּבַּי סַלָּי[b] 8
תְּשַׁע[c] מֵאוֹת עֶשְׂרִים וּשְׁמֹנָה׃ 9 וְיוֹאֵל בֶּן־זִכְרִי פָּקִיד עֲלֵיהֶם וִיהוּדָה 9
יז[7] וכל וגנותי דכות ב מ א — בֶן־הַסְּנוּאָה[a] עַל־הָעִיר מִשְׁנֶה׃ פ
י ר״פ בכתיב[8]. ב[9] — 10 מִן־הַכֹּהֲנִים יְדַעְיָה[a] בֶן־[b]יוֹיָרִיב יָכִין[b]׃ 11 שְׂרָיָה[a] בֶן־חִלְקִיָּה 10 11
ל חס. מח — בֶּן־מְשֻׁלָּם בֶּן־צָדוֹק בֶּן־מְרָיוֹת בֶּן־אֲחִיטוּב נְגִד בֵּית הָאֱלֹהִים׃
12 וַאֲחֵיהֶם[a] עֹשֵׂה[b] הַמְּלָאכָה לַבַּיִת שְׁמֹנֶה מֵאוֹת עֶשְׂרִים וּשְׁנָיִם וַעֲדָיָה[c] 12
ל. ב — בֶּן־יְרֹחָם בֶּן־פְּלַלְיָה בֶּן־אַמְצִי בֶּן־זְכַרְיָה בֶּן־פַּשְׁחוּר בֶּן־מַלְכִּיָּה׃
כ. ל. ל[4] — 13 וְאֶחָיו רָאשִׁים לְאָבוֹת מָאתַיִם אַרְבָּעִים וּשְׁנָיִם[a] וַעֲמַשְׁסַי[b] בֶּן־ 13
ל. ב ול בסיפ. ה חס[10] — עֲזַרְאֵל[c] בֶּן־אַחְזַי בֶּן־מְשִׁלֵּמוֹת[d] בֶּן־אִמֵּר׃ 14 וַאֲחֵיהֶם[a] גִּבֹּרֵי חַיִל 14
ו מל[11] — מֵאָה עֶשְׂרִים וּשְׁמֹנָה וּפָקִיד עֲלֵיהֶם זַבְדִּיאֵל בֶּן־הַגְּדוֹלִים[b]׃ ס
15 וּמִן־הַלְוִיִּם שְׁמַעְיָה בֶן־חַשּׁוּב[a] בֶּן־עַזְרִיקָם בֶּן־חֲשַׁבְיָה[b] בֶּן־ 15
ג ול[12] מל. ב כת כן[13]. מח ג[14] מנה בליש — בּוּנִּי[b]׃ 16 וְשַׁבְּתַי וְיוֹזָבָד עַל־הַמְּלָאכָה הַחִיצֹנָה לְבֵית הָאֱלֹהִים 16
ג. קנ — מֵרָאשֵׁי הַלְוִיִּם׃ 17 וּמַתַּנְיָה בֶן־מִיכָה בֶּן־זַבְדִּי[a] בֶן־אָסָף רֹאשׁ 17
ל. ב וכת א[15] — הַתְּחִלָּה[b] יְהוֹדֶה לַתְּפִלָּה וּבַקְבֻּקְיָה מִשְׁנֶה מֵאֶחָיו וְעַבְדָּא[c] בֶּן־

[3]Mm 4144. [4]Mp sub loco. [5]Mm 984. [6]Mm 4046. [7]Mm 1174. [8]Mm 2980. [9]Mm 3987. [10]Mm 4052 contra textum. [11]Mm 1421. [12]Mm 896. [13]Mm 2969. [14]Mm 3881. [15]Mm 3988.

3 [b] 𝔊[B](𝔖) *ἐκάθισεν*, l וַיֵּשְׁבוּ ‖ **4** [a] mlt Mss interv ‖ [b] 𝔖 *ntnj'* ‖ **5** [a] 𝔖 *'zrj'* ‖ [b] 𝔖 *jwndb* ‖ [c–c] l מִן־הַשֵּׁלָנִי cf 1 Ch 9,5[a] (= 𝔖 *br šl'*) ‖ **6** [a] tr v 6 post 4 ‖ **7** [a] 𝔖 *jwd'* ‖ **8** [a] l וְאֶחָיו cf 𝔊[L] ‖ [b–b] l גִּבֹּרֵי חַיִל ‖ [c] 𝔊[S] 5 ‖ **9** [a] 𝔖 *sn''* (cf 3,3), l הַסְּנָאָה? cf 𝔊 *Ασαυα*, 𝔊[L] *Ασευνα* ‖ **10** [a] 𝔖 *brkj'* ‖ [b–b] l יוֹיָקִים בֶּן־ cf 12,10 1 Ch 9,10/11[a–a]; 𝔖 *jwjd'* ‖ **11** [a] 1 Ch 9,11 עֲזַרְיָה ‖ **12** [a] 𝔖 *w'ḥwhj*, l וְאֶחָיו cf 10[b–b] ‖ [b] nonn Mss עֹשֵׂה ‖ [c] 𝔖 *w'zrj'* ‖ **13** [a] 𝔊[S] 8 ‖ [b] l וַעֲמָסַי vel וַעֲמָשַׁי; 1 Ch 9,12 וּמַעְשַׂי ‖ [c] nonn Mss 𝔊 עַזְרִיאֵל ‖ [d] l מְשַׁ' cf 1 Ch 9,12[e] ‖ **14** [a] 𝔊 *καὶ ἀδελφοὶ αὐτοῦ*, l וְאֶחָיו ‖ [b] prp הַגָּדוֹל (ים dttg) ‖ **15** [a] 𝔖 *jšw'* ‖ [b–b] 1 Ch 9,14 מִן־בְּנֵי־מְרָרִי ‖ **17** [a] 1 Ch 9,15 et 𝔊[L] זִכְרִי ‖ [b] 𝔊[L](𝔙) *τοῦ αἴνου*, l התהלה ‖ [c] 1 Ch 9,16 עֹבַדְיָה.

18 שַׁמּ֫וּעַ֙ d בֶּן־גָּלָ֔ל בֶּן־ידיתון e׃ 18 כָּל־הַלְוִיִּם֙ בְּעִ֣יר הַקֹּ֔דֶשׁ מָאתַ֖יִם — ידיתון ק חד מן ג׳[16] כת כן
שְׁמֹנִ֥ים וְאַרְבָּעָֽה׃ פ
19 וְהַשּֽׁוֹעֲרִים֙ עַקּ֣וּב טַלְמ֔וֹן וַאֲחֵיהֶ֖ם הַשֹּׁמְרִ֣ים בַּשְּׁעָרִ֑ים מֵאָ֖ה — ל׳[17] מל ה מנה בסיפ
שִׁבְעִ֥ים וּשְׁנָֽיִם׃
20 וּשְׁאָ֨ר יִשְׂרָאֵ֜ל הַכֹּהֲנִ֣ים הַלְוִיִּ֗ם בְּכָל־עָרֵ֣י יְהוּדָ֔ה אִ֖ישׁ בְּנַחֲלָתֽוֹ׃ — יג[18]
21 וְהַנְּתִינִ֖ים יֹשְׁבִ֣ים בָּעֹ֑פֶל וְצִיחָ֥א וְגִשְׁפָּ֖א עַל־הַנְּתִינִֽים׃ פ — יו ר״פ וס״פ חד . ג בליש
22 וּפְקִ֤יד הַלְוִיִּם֙ בִּיר֣וּשָׁלַ֔͏ִם עֻזִּ֣י בֶן־בָּנִ֗י בֶּן־חֲשַׁבְיָה֙ בֶּן־מַתַּנְיָ֔ה — ב
בֶּן־מִיכָ֑א מִבְּנֵ֤י אָסָף֙ הַמְשֹׁ֣רְרִ֔ים לְנֶ֖גֶד מְלֶ֥אכֶת בֵּית־הָאֱלֹהִֽים׃ — מה
23 כִּֽי־מִצְוַ֥ת הַמֶּ֖לֶךְ עֲלֵיהֶ֑ם וַאֲמָנָ֥ה עַל־הַמְשֹׁרְרִ֖ים דְּבַר־י֥וֹם בְּיוֹמֽוֹ׃ — ל
24 וּפְתַחְיָ֨ה בֶּן־מְשֵׁיזַבְאֵ֜ל מִבְּנֵֽי־זֶ֗רַח בֶּן־יְהוּדָה֙ לְיַ֣ד הַמֶּ֔לֶךְ לְכָל־
25 דָּבָ֖ר לָעָֽם׃ 25 וְאֶל־הַחֲצֵרִ֖ים בִּשְׂדֹתָ֑ם מִבְּנֵ֨י יְהוּדָ֜ה יָשְׁב֗וּ בְּקִרְיַ֤ת
26 הָֽאַרְבַּע֙ וּבְנֹתֶ֔יהָ וּבְדִיבֹן֙ וּבְנֹתֶ֔יהָ וּבִֽיקַּבְצְאֵ֖ל a וַחֲצֵרֶֽיהָ׃ 26 וּבְיֵשׁ֖וּעַ — ב . ל
27 וּבְמֹלָדָ֖ה וּבְבֵ֥ית פָּֽלֶט׃ 27 וּבַחֲצַ֥ר שׁוּעָ֛ל וּבִבְאֵ֥ר שֶׁ֖בַע וּבְנֹתֶֽיהָ׃ — ל וחס[19] . ל
28 וּבְצִֽקְלַ֖ג וּבִמְכֹנָ֥ה וּבִבְנֹתֶֽיהָ׃ 29 וּבְעֵ֥ין רִמּ֖וֹן וּבְצָרְעָ֥ה וּבְיַרְמֽוּת׃ — ד חס . ד ב מל וב חס[20]
30 זָנֹ֤חַ עֲדֻלָּם֙ וְחַצְרֵיהֶ֔ם לָכִישׁ֙ וּשְׂדֹתֶ֔יהָ עֲזֵקָ֖ה וּבְנֹתֶ֑יהָ וַיַּחֲנ֛וּ מִבְּאֵֽר־
שֶׁ֖בַע עַד־גֵּֽיא־הִנֹּֽם׃ — ו סביר ועד[21] . ג
31 וּבְנֵ֥י a בִנְיָמִ֖ן מִגָּ֑בַע b מִכְמָ֥שׂ וְעַיָּ֖ה וּבֵֽית־אֵ֥ל וּבְנֹתֶֽיהָ׃ 32 עֲנָת֕וֹת
33/35 נֹ֖ב עֲנָֽנְיָֽה׃ 33 חָצ֥וֹר ׀ רָמָ֖ה גִּתָּֽיִם׃ 34 חָדִ֥יד צְבֹעִ֖ים נְבַלָּֽט׃ 35 לֹ֣ד — ב . פסיקתא דסיפ[22] . ל וחס
36 וְאֹ֖נוֹ גֵּ֥י a הַחֲרָשִֽׁים׃ 36 וּמִן־הַלְוִיִּ֗ם מַחְלְק֛וֹת a יְהוּדָ֖ה לְבִנְיָמִֽין a׃ פ — ט כת י[23] . ל . יז מל[24]

12 1 וְאֵ֨לֶּה הַכֹּהֲנִ֜ים וְהַלְוִיִּ֗ם אֲשֶׁ֥ר עָל֛וּ עִם־זְרֻבָּבֶ֥ל בֶּן־שְׁאַלְתִּיאֵ֖ל — כא[1]
2/3 וְיֵשׁ֑וּעַ a שְׂרָיָ֥ה יִרְמְיָ֖ה עֶזְרָֽא׃ 2 אֲמַרְיָ֥ה מַלּ֖וּךְ חַטּֽוּשׁ a׃ 3 שְׁכַנְיָ֥ה a
4/5 רְחֻ֖ם b מְרֵמֹֽת׃ 4 עִדּ֥וֹא גִנְּת֖וֹי a אֲבִיָּֽה׃ 5 מִיָּמִ֥ין מַֽעַדְיָ֖ה בִּלְגָּֽה׃ — ל חס
6 שְׁמַֽעְיָ֥ה וְיוֹיָרִ֖יב יְדַֽעְיָֽה׃ 7 סַלּ֣וּ עָמ֔וֹק חִלְקִיָּ֖ה יְדַֽעְיָ֑ה a אֵ֣לֶּה b רָאשֵׁ֧י — ג בכתיב ול כת כן[2] . ב מל[3] . עה
הַכֹּהֲנִ֛ים וַאֲחֵיהֶ֖ם בִּימֵ֥י יֵשֽׁוּעַ b׃ פ

[16] Mm 3267. [17] Mm 3889. [18] Mm 1188. [19] Mp sub loco. [20] Mm 4030. [21] Mm 3942. [22] Mm 3904. [23] Mm 3989. [24] Mm 262. Cp 12 [1] Mm 4144. [2] Mm 4046. [3] Mm 3990.

17 d 1 Ch 9,16 שְׁמַעְיָה || e K 𝔊𝔙 יְדִי׳, Q mlt Mss 1 Ch 9,16 יְדוּ׳ || **25** a mlt Mss 𝔊^{L}𝔖𝔙 וּבְקַ׳ || **31** a l c pc Mss 𝔖 וּמִבְּנֵי cf 25 b || b dl מ || **35** a l וְגֵי (ו hpgr) || **36** a–a pc Mss 𝔖𝔙 י׳ וּב׳, 𝔊^{L} *ἐν τῷ Ιουδα καὶ τῷ Βενιαμειν* || **Cp 12,1** a 𝔊^{71}𝔖 om cop || **2** a ins פַּשְׁחוּר cf 10,4 || **3** a 2 Mss 𝔙 שְׁבַנְיָה || b l חָרִם cf 15 et 10,6 || **4** a l c mlt Mss 𝔙 ־ן || **7** a 𝔊^{L} *Ωδουιας* || b–b tr post 9.

8 ז 8 וְהַלְוִיִּ֗ם יֵשׁ֧וּעַ בִּנּ֛וּי קַדְמִיאֵ֥ל שֵׁרֵבְיָ֖ה יְהוּדָ֑ה[a] מַתַּנְיָ֑ה עַל־
9 ועני חד מן מח[4] כת ו וקר י ק הֻיְּדוֹת[b] ה֥וּא וְאֶחָֽיו׃ 9 וּבַקְבֻּקְיָ֧ה וְעֻנִּ֛ו[a] אֲחֵיהֶ֖ם[b] לְנֶגְדָּ֥ם לְמִשְׁמָרֽוֹת׃
10 ל 10 וְיֵשׁ֙וּעַ֙ הוֹלִ֣יד אֶת־יוֹיָקִ֔ים וְיוֹיָקִים֙ הוֹלִ֣יד אֶת־אֶלְיָשִׁ֔יב וְאֶלְיָשִׁ֖יב[a]
11 ג אֶת־יוֹיָדָֽע׃ 11 וְיוֹיָדָע֙ הוֹלִ֣יד אֶת־[a]יוֹנָתָ֔ן וְיוֹנָתָ֖ן[a] הוֹלִ֥יד אֶת־יַדּֽוּעַ׃
12 עה 12 וּבִימֵי֙ יוֹיָקִ֔ים הָי֥וּ[a] כֹהֲנִ֖ים[b] רָאשֵׁ֣י[c] הָאָב֑וֹת לִשְׂרָיָ֣ה מְרָיָ֔ה[d]
13 14 ט[5]. למליכו ק לְיִרְמְיָ֖ה חֲנַנְיָֽה׃ 13 לְעֶזְרָ֣א מְשֻׁלָּ֔ם לַאֲמַרְיָ֖ה יְהוֹחָנָֽן׃ 14 לִמְלוּכִ֙י[a]
15 16 ג ב כת א וחד כת ה. ל. לעדוא[6] ק יוֹנָתָ֔ן[b] לִשְׁבַנְיָ֖ה[c] יוֹסֵֽף׃ 15 לְחָרִ֣ם עַדְנָ֔א לִמְרָי֖וֹת[a] חֶלְקָֽי[b]׃ 16 לַעִדְּיָ֣א[a]
17 ג בליש. ל. ל זְכַרְיָ֑ה לְגִנְּת֖וֹן מְשֻׁלָּֽם׃ 17 לַאֲבִיָּ֖ה זִכְרִ֑י לְמִנְיָמִ֕ין[a] לְמוֹעַדְיָ֖ה[b] פִּלְטָֽי[c]׃
18 19 ל בסיפ[7]. ל בסיפ 18 לְבִלְגָּ֣ה שַׁמּ֔וּעַ לִֽשְׁמַעְיָ֖ה יְהוֹנָתָֽן׃ 19 וּלְיוֹיָרִ֣יב[a] מַתְּנַ֔י לִֽידַעְיָ֖ה עֻזִּֽי׃
20 21 ב מל[8] 20 לְסַלַּ֣י[a] קַלָּ֔י לְעָמ֖וֹק עֵֽבֶר[b]׃ 21 לְחִלְקִיָּ֣ה חֲשַׁבְיָ֔ה לִֽידַעְיָ֖ה[a] נְתַנְאֵֽל׃
22 ג ר״פ בסיפ. ג[9] בסיפ וכל ד״ה דכות ב מ ד. ג ול בליש. עה. ז[10] בכתיב וכל אורית ונביא דכות ב מ ב 22 הַלְוִיִּ֞ם[a] בִּימֵ֧י אֶלְיָשִׁ֣יב יוֹיָדָ֗ע וְיוֹחָנָן֙ וְיַדּ֔וּעַ כְּתוּבִ֖ים[b] רָאשֵׁ֣י
23 ל אָב֑וֹת[c] וְהַכֹּהֲנִ֔ים[b] עַל־[d]מַלְכ֖וּת דָּרְיָ֥וֶשׁ הַפָּרְסִֽי׃ פ 23 בְּנֵ֣י לֵוִ֗י
עה. ג[9] בסיפ וכל ד״ה דכות ב מ ד רָאשֵׁ֤י הָֽאָבוֹת֙ כְּתוּבִ֔ים עַל־סֵ֖פֶר דִּבְרֵ֣י הַיָּמִ֑ים וְעַד־יְמֵ֖י יוֹחָנָ֥ן בֶּן־
24 אֶלְיָשִֽׁיב׃ 24 וְרָאשֵׁ֣י הַלְוִיִּ֗ם חֲשַׁבְיָ֤ה שֵׁרֵבְיָה֙ וְיֵשׁ֣וּעַ בֶּן[a]־קַדְמִיאֵ֔ל
ד מל[11]. ד[12]. ג[13] וַאֲחֵיהֶ֖ם לְנֶגְדָּ֑ם לְהַלֵּ֣ל לְהוֹד֗וֹת[b] בְּמִצְוַת֙[c] דָּוִ֣יד אִישׁ־הָאֱלֹהִ֔ים מִשְׁמָ֖ר
25 ב מל לְעֻמַּ֥ת מִשְׁמָֽר׃ 25 מַתַּנְיָ֤ה וּבַקְבֻּקְיָה֙[a] עֹֽבַדְיָ֔ה[b] מְשֻׁלָּ֖ם[c] טַלְמ֣וֹן עַקּ֑וּב
ל. ל[14] מל ח מנה בסיפ. ל וחס. ד ר״פ בסיפ [d]שֹׁמְרִ֣ים שֽׁוֹעֲרִ֔ים[d] מִשְׁמָ֖ר בַּאֲסֻפֵּ֥י הַשְּׁעָרִֽים׃ 26 אֵ֕לֶּה בִּימֵ֥י יוֹיָקִ֖ים
ג. ג. ג מל בסיפ בֶּן־יֵשׁ֣וּעַ בֶּן־יוֹצָדָ֑ק וּבִימֵ֞י נְחֶמְיָ֣ה הַפֶּחָ֗ה וְעֶזְרָ֛א הַכֹּהֵ֖ן הַסּוֹפֵֽר׃ פ

[4] Mm 3811. [5] Mm 3928. [6] Mm 832. [7] Mm 4012. [8] Mm 3990. [9] Mm 3991. [10] Mm 4048. [11] Mm 3432. [12] Mm 4220. [13] Mm 3992. [14] Mm 3889.

8 a dub, cf 𝔊^{Aal} *Ιωδαε*; prp הוֹדַוְיָה || b pc Mss ות–; l הוֹדוֹת vel הוֹדִיּוֹת || **9** a l c Q pc Mss 𝔙 וְעֻנּוֹ; 𝔖^{A} *wʿlj* || b l c pc Mss 𝔊^{Sc}𝔖𝔙 וַא׳ || **10** a nonn Mss 𝔊^{L}𝔖𝔙 + הוֹלִיד || **11** a–a l יוֹחָנָן וְיוֹחָנָן (cf 22sq) || **12** a 𝔊 *ἀδελφοὶ αὐτοῦ* || b Ms 𝔊𝔖 הַכֹּ׳ || c 𝔊(𝔙) pr cop || d 𝔖 *ʾmrj* || **14** a 𝔊 *τῷ Μαλουχ*, l לְמַלּוּךְ cf 2; mlt Mss ut Q לִמְלִיכוּ, K י dttg, 𝔖 *mlkjʾ* || b ins sec 2 (cf 2a) ... לְחַטּוּשׁ ... לְפַשְׁחוּר (nom exc) || c pc Mss 𝔊^{L}𝔖 שְׁכַנְיָה cf 3a || **15** a 𝔊^{L}(𝔖) *τῷ Μαριμωθ*, l –רֵמוֹת cf 3 || b pc Mss 𝔙 –קִי || **16** a l c Q 𝔖 לְעִדּוֹא cf 4; K 𝔊^{L}𝔙 לַעֲדָיָא || **17** a l c pc Mss לְמִי׳ cf 5; nom exc || b l c pc Mss לְמַע׳ cf 5; 𝔊^{Ss} *ἐν καιροῖς* = לְמוֹעֲדֶיהָ || c nonn Mss 𝔊^{L}𝔙 –טַי || **19** a 𝔖 *jwjdʿ* || **20** a l –לוּ cf 7 || b pc Mss 𝔊 עֶבֶד || **21** a 𝔊^{L} *τῷ Ωδουια* cf 7a || **22** a dl (gl ad בני לוי 23); tr huc b–b || b–b l ר׳ אָבֹ׳ הַ׳ cf a || c nonn Mss 𝔖 הָאָ׳ || d ins c 23 סֵפֶר דִּבְרֵי הַיָּמִים וְעַד (homark) || **24** a 𝔊 *καὶ υἱοί* (𝔊^{L} + *αὐτοῦ*), l בִּנּוּי cf 12,8; 10,10 || b Vrs (non 𝔊^{B}) pr cop, sic l || c pc Mss 𝔖𝔙 כְּמִ׳ || **25** a l ?ב׳; 𝔖 *wbqj* || b prb ins הַמְשֹׁרְרִים (init 25 c 24 conjg) || c l ?וּמ׳; 𝔖 *wšlwm* || d–d l invers.

ס֯, 27 וּבַחֲנֻכַּת חוֹמַת יְרוּשָׁלַםִ בִּקְשׁוּ אֶת־הַלְוִיִּם מִכָּל־[a] מְקוֹמֹתָם ב חד חס וחד מל[15]
לַהֲבִיאָם לִירוּשָׁלָםִ לַעֲשֹׂת חֲנֻכָּה וְשִׂמְחָה וּבְתוֹדוֹת[b] וּבְשִׁיר מְצִלְתַּיִם יב חס למערב . ג מל בליש[16]
28 נְבָלִים וּבְכִנֹּרוֹת[c]׃ 28 וַיֵּאָסְפוּ בְּנֵי[a] הַמְשֹׁרְרִים וּמִן[b]־הַכִּכָּר סְבִיבוֹת[c] ב[17] . יב
29 יְרוּשָׁלַםִ וּמִן־חַצְרֵי נְטֹפָתִי׃ 29 וּמִבֵּית הַגִּלְגָּל וּמִשְּׂדוֹת גֶּבַע וְעַזְמָוֶת ל חס . ל . ל מל בסיפ
30 כִּי חֲצֵרִים בָּנוּ לָהֶם הַמְשֹׁרְרִים סְבִיבוֹת יְרוּשָׁלָםִ׃ 30 וַיִּטַּהֲרוּ ל[18]
הַכֹּהֲנִים וְהַלְוִיִּם וַיְטַהֲרוּ אֶת־הָעָם וְאֶת־הַשְּׁעָרִים וְאֶת־הַחוֹמָה׃ כא[19] . ב[18]
31 וָאַעֲלֶה אֶת־שָׂרֵי יְהוּדָה מֵעַל לַחוֹמָה וָאַעֲמִידָה שְׁתֵּי תוֹדֹת גְּדוֹלֹת ג[20] ול בסיפ . ב ובפסוק . ב . ב כת כן
32 וְתַהֲלֻכֹת[a] לַיָּמִין מֵעַל לַחוֹמָה לְשַׁעַר הָאַשְׁפֹּת׃ 32 וַיֵּלֶךְ אַחֲרֵיהֶם ל וחס . ב ובפסוק
33 הוֹשַׁעְיָה וַחֲצִי שָׂרֵי יְהוּדָה׃ 33 וַעֲזַרְיָה[a] עֶזְרָא וּמְשֻׁלָּם׃ ג[21]
34 יְהוּדָה וּבִנְיָמִן[a] וּשְׁמַעְיָה[b] וְיִרְמְיָה׃ ס 35 וּמִבְּנֵי[a] הַכֹּהֲנִים ד ר״פ[22]
בַּחֲצֹצְרוֹת זְכַרְיָה[b] בֶן־יוֹנָתָן[c] בֶּן־שְׁמַעְיָה בֶּן־מַתַּנְיָה[d] בֶּן־מִיכָיָה בֶּן־ ה[23]
36 זַכּוּר[d] בֶּן־אָסָף׃ 36 וְאֶחָיו שְׁמַעְיָה וַעֲזַרְאֵל[a] מִלְלַי[b] גִּלְלַי מָעַי[c] נְתַנְאֵל ל . ל
וִיהוּדָה חֲנָנִי בִּכְלֵי־שִׁיר דָּוִיד אִישׁ הָאֱלֹהִים וְעֶזְרָא הַסּוֹפֵר לִפְנֵיהֶם׃ ג[24] . ג מל בסיפ
37 וְעַל[a] שַׁעַר הָעַיִן וְנֶגְדָּם עָלוּ עַל־מַעֲלוֹת עִיר דָּוִיד[b] בַּמַּעֲלֶה[c] ל
38 לַחוֹמָה מֵעַל לְבֵית דָּוִיד וְעַד שַׁעַר הַמַּיִם מִזְרָח׃ 38 וְהַתּוֹדָה ב
הַשֵּׁנִית הַהוֹלֶכֶת[a] לְמוֹאל[b] וַאֲנִי אַחֲרֶיהָ וַחֲצִי[c] הָעָם מֵעַל לְהַחוֹמָה ג ב חס ול כת כן[25] . מח כת א לא קר ול בליש[26] . ל
39 מֵעַל לְמִגְדַּל הַתַּנּוּרִים וְעַד הַחוֹמָה הָרְחָבָה׃ 39 וּמֵעַל לְשַׁעַר־ ב . ל
אֶפְרַיִם וְעַל־שַׁעַר הַיְשָׁנָה וְעַל[a]־שַׁעַר הַדָּגִים וּמִגְדַּל חֲנַנְאֵל וּמִגְדַּל ז[27] . ז[27]
40 הַמֵּאָה וְעַד שַׁעַר הַצֹּאן [b]וְעָמְדוּ בְּשַׁעַר הַמַּטָּרָה[b]׃ 40 וַתַּעֲמֹדְנָה שְׁתֵּי ב . ל . ב ר״פ
41 הַתּוֹדֹת בְּבֵית הָאֱלֹהִים וַאֲנִי וַחֲצִי[a] הַסְּגָנִים עִמִּי[b]׃ 41 וְהַכֹּהֲנִים ז
אֶלְיָקִים מַעֲשֵׂיָה מִנְיָמִין מִיכָיָה אֶלְיוֹעֵינַי זְכַרְיָה חֲנַנְיָה בַּחֲצֹצְרוֹת׃ ג בליש . ה[23] . ה ד מל וחד חס[28]
42 וּמַעֲשֵׂיָה וּשְׁמַעְיָה וְאֶלְעָזָר וְעֻזִּי וִיהוֹחָנָן וּמַלְכִּיָּה וְעֵילָם וָעָזֶר ט[29]

[15] Gn 36,40. [16] Mm 4237. [17] Mm 3993. [18] Mm 3994. [19] Mm 4144. [20] Mm 3995. [21] Mm 3996. [22] Mm 3997. [23] Mm 2183. [24] Mm 3992. [25] Mm 241. [26] Mm 898. [27] Mm 1330. [28] Mm 3930. [29] Mm 3928.

27 [a] pc Mss 𝔊𝔖 בְּכל ‖ [b] l c pc Mss Vrs ב׳ ‖ [c] l c pc Mss $\mathfrak{G}^{L}$ וְכִנ׳ ‖ **28** [a] ins לֵוִי cf $\mathfrak{G}^{L}$ ‖ [b] pc Mss $\mathfrak{G}^{L}$𝔖𝔙 מן ‖ [c] $\mathfrak{G}^{L}$ pr cop ‖ **31** [a] l וְהָאַחַת הֹלֶכֶת cf 38 ‖ **33** [a] $\mathfrak{G}^{BS}$ *Ζαχαριας* 𝔖 *wʿzrʾjl* ‖ **34** [a] l וּמִנְיָמִין vel וּמִיָּמִין cf $\mathfrak{G}^{L}$? ‖ [b] $\mathfrak{G}^{BS}$ *Σαραια* ‖ **35** [a] 𝔄 om cop, sic l et conjg c 33sq ‖ [b] pr וּ ‖ [c] $\mathfrak{G}^{BS}$ *Ιωαναν* ‖ [d–d] add ‖ **36** [a] 𝔊 *καὶ Οζιηλ* ($\mathfrak{G}^{L}$ *Εζριηλ*) ‖ [b] > 𝔊 (dttg?) ‖ [c] Ms מְעִי ‖ **37** [a] prp וַיַּעַבְרוּ על ‖ [b] prb ins וַיֵּרְדוּ ‖ [c] prp –לָה ‖ **38** [a] l הו׳ (ה dttg) ‖ [b] 2 Mss לְמוּל; l לִשְׂמֹאל ‖ [c] ins שָׂרֵי cf 32 ‖ **39** [a] Seb 𝔖 וְעַד ‖ [b–b] prp tr post 40 (l עמדו) ‖ **40** [a] prb dl חצי ‖ [b] lacuna?

43 וַיַּשְׁמִ֙יעוּ֙ הַמְשֹׁרְרִ֔ים וְיִזְרַחְיָ֖ה הַפָּקִֽיד׃ 43 וַיִּזְבְּח֣וּ בַיּוֹם־הַ֠הוּא זְבָחִ֨ים
גְּדוֹלִ֜ים וַיִּשְׂמָ֗חוּ כִּ֤י הָֽאֱלֹהִים֙ שִׂמְּחָם֙ שִׂמְחָ֣ה גְדוֹלָ֔ה וְגַ֛ם הַנָּשִׁ֥ים
וְהַיְלָדִ֖ים שָׂמֵ֑חוּ וַתִּשָּׁמַע֙ שִׂמְחַ֣ת יְרוּשָׁלַ֔͏ִם מֵרָחֽוֹק[a]׃
44 וַיִּפָּקְד֣וּ בַיּוֹם֩ הַה֨וּא אֲנָשִׁ֜ים עַל־הַנְּשָׁכ֗וֹת לָאוֹצָר֤וֹת לַתְּרוּמוֹת֙
לָֽרֵאשִׁ֣ית וְלַֽמַּעַשְׂרוֹת֒ לִכְנ֨וֹס בָּהֶ֜ם לִשְׂדֵ֣י[a] הֶעָרִ֗ים מְנָא֤וֹת הַתּוֹרָה֙[b]
לַכֹּהֲנִ֣ים וְלַלְוִיִּ֑ם כִּ֚י שִׂמְחַ֣ת יְהוּדָ֔ה עַל־הַכֹּהֲנִ֖ים וְעַל־הַלְוִיִּ֥ם הָעֹמְדִֽים׃
45 וַיִּשְׁמְר֞וּ מִשְׁמֶ֤רֶת אֱלֹֽהֵיהֶם֙ וּמִשְׁמֶ֣רֶת הַטָּהֳרָ֔ה וְהַמְשֹׁרְרִ֖ים וְהַשֹּׁעֲרִ֑ים
46 כְּמִצְוַ֥ת דָּוִ֖יד שְׁלֹמֹ֥ה[a] בְנֽוֹ׃ 46 כִּֽי־בִימֵ֥י דָוִ֛יד וְאָסָ֖ף[a] מִקֶּ֑דֶם[b] רָאשׁ֗[c]
47 הַמְשֹׁרְרִ֔ים וְשִׁיר[d]־תְּהִלָּ֥ה וְהֹד֖וֹת לֵאלֹהִֽים׃ 47 וְכָל־יִשְׂרָאֵ֡ל בִּימֵ֣י
זְרֻבָּבֶ֜ל וּבִימֵ֣י נְחֶמְיָ֗ה נֹתְנִ֛ים מְנָי֧וֹת הַמְשֹׁרְרִ֛ים וְהַשֹּׁעֲרִ֖ים דְּבַר־י֣וֹם
בְּיוֹמ֑וֹ וּמַקְדִּשִׁים֙ לַלְוִיִּ֔ם וְהַלְוִיִּ֕ם מַקְדִּשִׁ֖ים לִבְנֵ֥י אַהֲרֹֽן׃ פ
13 1 בַּיּ֣וֹם הַה֗וּא נִקְרָ֛א בְּסֵ֥פֶר[a] מֹשֶׁ֖ה בְּאָזְנֵ֣י הָעָ֑ם וְנִמְצָ֤א כָּתוּב֙ בּ֔וֹ
2 אֲשֶׁ֨ר לֹֽא־יָב֜וֹא עַמֹּנִ֧י וּמֹאָבִ֛י בִּקְהַ֥ל הָאֱלֹהִ֖ים עַד־עוֹלָֽם׃ 2 כִּ֣י לֹ֤א
קִדְּמוּ֙ אֶת־בְּנֵ֣י יִשְׂרָאֵ֔ל בַּלֶּ֖חֶם וּבַמָּ֑יִם וַיִּשְׂכֹּ֨ר[a] עָלָ֤יו אֶת־בִּלְעָם֙
3 לְקַֽלְל֔וֹ וַיַּהֲפֹ֧ךְ אֱלֹהֵ֛ינוּ הַקְּלָלָ֖ה[b] לִבְרָכָֽה׃ 3 וַיְהִ֖י כְּשָׁמְעָ֣ם אֶת־
הַתּוֹרָ֑ה וַיַּבְדִּ֥ילוּ כָל־עֵ֖רֶב מִיִּשְׂרָאֵֽל׃
4 4 וְלִפְנֵ֣י מִזֶּ֔ה אֶלְיָשִׁיב֙ הַכֹּהֵ֔ן נָת֖וּן בְּלִשְׁכַּ֣ת[a] בֵּית־אֱלֹהֵ֑ינוּ קָר֖וֹב
5 לְטוֹבִיָּֽה׃ 5 וַיַּ֨עַשׂ ל֜וֹ[a] לִשְׁכָּ֣ה גְדוֹלָ֗ה וְשָׁ֨ם הָי֣וּ לְפָנִים֩ נֹתְנִ֨ים אֶת־
הַמִּנְחָ֜ה הַלְּבוֹנָ֣ה[b] וְהַכֵּלִ֗ים וּמַעְשַׂ֨ר הַדָּגָ֜ן הַתִּיר֣וֹשׁ וְהַיִּצְהָ֗ר מִצְוַת֙[c]
6 הַלְוִיִּ֔ם וְהַמְשֹׁרְרִ֖ים וְהַשֹּׁעֲרִ֑ים וּתְרוּמַ֖ת הַכֹּהֲנִֽים׃ 6 וּבְכָל־זֶ֕ה לֹ֥א
הָיִ֖יתִי בִּירוּשָׁלָ֑͏ִם כִּ֡י בִּשְׁנַת֩ שְׁלֹשִׁ֨ים וּשְׁתַּ֜יִם לְאַרְתַּחְשַׁ֤סְתְּא מֶֽלֶךְ־
7 בָּבֶל֙ בָּ֣אתִי אֶל־הַמֶּ֔לֶךְ וּלְקֵ֥ץ יָמִ֖ים נִשְׁאַ֥לְתִּי מִן־הַמֶּֽלֶךְ׃ 7 וָאָב֖וֹא
לִירוּשָׁלָ֑͏ִם וָאָבִ֣ינָה בָרָעָ֗ה אֲשֶׁ֨ר עָשָׂ֤ה אֶלְיָשִׁיב֙ לְטֽוֹבִיָּ֔ה לַעֲשׂ֥וֹת לוֹ֙

ל . ג ול[30] בליש
ו מל[31] . ג . ו[32] . ג[33]
ג[34] . ל
ג[35] . ד[36] מל לאוצרות מחליפין[30] . ב מל
ו[37] כת י וכל רות דכות במ ב . יז מפק א ול בליש[38]
ג[39]
ב . ג ול בליש
ראשי ק חד מן עה בליש
ב . ל
ו חס בליש . ו חס ב מנה בליש
ג ובכתיב . לז[1]
ל
ה . ז דגש[2]
ל
ב[3]
יו וכל לפני ולפני דכות . ג ומל[4]
יו בטע[5]
ו[6] מל ח מנה בסיפ
תא יתיר א לא קר
ג . ל[1]
ב[7]

[30] Mp sub loco. [31] Mm 1421. [32] Mm 1580. [33] Mm 3907. [34] Mm 2235. [35] Mm 3959. [36] Mm 3254. [37] Mm 2329. [38] Mm 411. [39] Mm 761. **Cp 13** [1] Mp sub loco. [2] Mm 351. [3] Mm 453. [4] Mm 3753. [5] Mm 3998. [6] Mm 3889. [7] Mm 3772.

43 [a] pc Mss עַד־(לְ)מ׳ ‖ **44** [a] l מִשְּׂדֵי cf $\mathfrak{G}^{L}$; pc Mss Vrs לִשְׂדֵי ‖ [b] > $\mathfrak{G}^{*}$, nonn Mss התודה 𝔙 ‖ **45** [a] l c mlt Mss Vrs וש׳ ‖ **46** [a] l c Ms 𝔊𝔖𝔄 א׳ ‖ [b] prp וּפְקֻדִם, tr post המ׳ ‖ [c] l c K 𝔊𝔄 ראש; Q nonn Mss 𝔙 רָאשֵׁי ‖ [d] prp לְשִׁיר ($\mathfrak{G}^{Ms}$ *εἰς ὕμνον*) cf [b] ‖ **Cp 13,1** [a] Ms $\mathfrak{G}^{LS}$ + תּוֹרַת ‖ **2** [a] Vrs pl ‖ [b] pc Mss אֶת־ה׳ ‖ **4** [a] l כת־ – ‖ **5** [a] $\mathfrak{G}^{BS}$ *ἑαυτῷ*, 𝔙 *sibi* ‖ [b] nonn Mss Vrs וְה׳ ‖ [c] l c 𝔙 *partes* = מְנָיוֹת.

8 נִשְׁכָּ֖ה בְּחַצְרֵ֑יa בֵּ֖ית הָאֱלֹהִֽים׃ 8 וַיֵּ֥רַע לִ֖י מְאֹ֑ד וָֽאַשְׁלִ֜יכָה אֶֽת־כָּל־ ל̇. מח. ל

9 כְּלֵ֧י בֵית־טוֹבִיָּ֛ה הַח֖וּץ מִן־הַלִּשְׁכָּֽה׃ 9 וָֽאֹמְרָ֕ה וַֽיְטַהֲר֖וּ הַלְּשָׁכ֑וֹתa ב[8]

וָאָשִׁ֣יבָה שָּׁ֗ם כְּלֵי֙ בֵּ֣ית הָאֱלֹהִ֔ים אֶת־הַמִּנְחָ֖ה וְהַלְּבוֹנָֽה׃ פ ב. ה. מח. ב[9]

10 וָאֵ֣דְעָ֔ה כִּֽי־מְנָי֥וֹת הַלְוִיִּ֖ם לֹ֣א נִתָּ֑נָהa וַיִּבְרְח֧וּ אִֽישׁ־לְשָׂדֵ֛הוּ הַלְוִיִּ֥ם ב

11 וְהַמְשֹׁרְרִ֖ים עֹשֵׂ֥י הַמְּלָאכָֽה׃ 11 וָאָרִ֙יבָה֙ אֶת־הַסְּגָנִ֔ים וָאֹ֣מְרָ֔ה מַדּ֖וּעַ יו כת י[10]

12 נֶעֱזַ֣ב בֵּית־הָאֱלֹהִ֑ים וָֽאֶקְבְּצֵ֔ם וָֽאַעֲמִדֵ֖ם עַל־עָמְדָֽם׃ 12 וְכָל־יְהוּדָ֗ה מח. ל חס

13 הֵבִ֜יאוּ מַעְשַׂ֧ר הַדָּגָ֛ן וְהַתִּיר֥וֹשׁ וְהַיִּצְהָ֖ר לָאוֹצָרֽוֹת׃ 13 וָאוֹצְרָ֣הa עַל־ ג[11]. ד מל[12]. ל̇

אוֹצָר֡וֹת שֶֽׁלֶמְיָ֣ה הַכֹּהֵ֣ן וְצָד֣וֹק הַסּוֹפֵ֡ר וּפְדָיָה֙ מִן־הַלְוִיִּ֔ם וְעַל־ ד מל[12]. ל̇. ג מל בסיפ

יָדָ֔ם חָנָ֥ן בֶּן־זַכּ֖וּר בֶּן־מַתַּנְיָ֑ה כִּ֤י נֶאֱמָנִים֙ נֶחְשָׁ֔בוּ וַעֲלֵיהֶ֖ם לַחֲלֹ֥ק

14 לַאֲחֵיהֶֽם׃ פ 14 זָכְרָה־לִּ֥י אֱלֹהַ֖י עַל־זֹ֑את וְאַל־תֶּ֙מַח֙ חֲסָדַ֔י ל̇. ל

15 אֲשֶׁ֥ר עָשִׂ֛יתִי בְּבֵ֥ית אֱלֹהַ֖י וּבְמִשְׁמָרָֽיו׃ 15 בַּיָּמִ֣ים הָהֵ֣מָּה רָאִ֣יתִי ל̇. ח[13]. יב[14]

בִיהוּדָ֣ה ׀ דֹּֽרְכִים־גִּתּ֣וֹת ׀ בַּשַּׁבָּ֗ת וּמְבִיאִ֣ים הָעֲרֵמ֣וֹת וְעֹמְסִ֣ים עַֽל־ פסיקתא דסיפ[15]. ב ובפסוק. ל[16]. יו בטע[17]

הַחֲמֹרִ֡ים וְאַף־יַ֜יִן עֲנָבִ֤ים וּתְאֵנִים֙ וְכָל־מַשָּׂ֔א וּמְבִיאִ֥יםa יְרוּשָׁלִַ֖ם מא ב מנה בסיפ. ב ובפסוק

16 בְּי֣וֹם הַשַּׁבָּ֑ת וָאָעִ֕יד בְּי֖וֹםb cמִכְרָ֥ם צָֽיִד׃c 16 וְהַצֹּרִיםa֙ יָ֣שְׁבוּ בָ֔הּ ג[18]

מְבִיאִ֥ים דָּ֖אג וְכָל־מֶ֑כֶר וּמֹכְרִ֧ים בַּשַּׁבָּ֛ת לִבְנֵ֥י יְהוּדָ֖ה וּבִירוּשָׁלִָֽםb׃ מח כת א לא קר ול בליש[19]. ג[20] מל ול בליש. ג[21]. כא

17 וָאָרִ֕יבָה אֵ֖ת חֹרֵ֣י יְהוּדָ֑ה וָאֹמְרָ֣ה לָהֶ֗ם מָֽה־הַדָּבָ֨ר הָרָ֤ע הַזֶּה֙

18 אֲשֶׁ֣ר אַתֶּ֣ם עֹשִׂ֔ים וּֽמְחַלְּלִ֖ים אֶת־י֥וֹם הַשַּׁבָּֽת׃ 18 הֲל֨וֹא כֹ֤ה עָשׂוּ֙ ל[22]. ט מל בכתיב[23]

אֲבֹתֵיכֶ֔ם וַיָּבֵ֨א aאֱלֹהֵ֜ינוּ עָלֵ֗ינוּa אֵ֚ת כָּל־הָֽרָעָ֣ה הַזֹּ֔את וְעַל֙ הָעִ֣יר נא[24]. יו[25] וכל וגנותי דכות ב מ א

הַזֹּ֑את וְאַתֶּ֞ם מוֹסִיפִ֤ים חָרוֹן֙ עַל־יִשְׂרָאֵ֔ל לְחַלֵּ֖ל אֶת־bהַשַּׁבָּֽת׃ פ ד בטע[26]. ג[27]. ד

19 וַיְהִ֡י כַּאֲשֶׁ֣ר צָ֠לֲלוּa שַׁעֲרֵ֨י יְרוּשָׁלִַ֜ם לִפְנֵ֣י הַשַּׁבָּ֗ת וָאֹמְרָ֙ה֙ ג

וַיִּסָּגְר֣וּ הַדְּלָת֔וֹת וָאֹ֣מְרָ֔ה אֲשֶׁ֤ר לֹא֙ יִפְתָּח֔וּם עַ֖ד אַחַ֣ר הַשַּׁבָּ֑ת וּמִנְּעָרַי֙ ל̇. ל̇. ל

20 הֶעֱמַ֙דְתִּי֙ עַל־הַשְּׁעָרִ֔ים לֹא־bיָב֥וֹא מַשָּׂ֖א בְּי֥וֹם הַשַּׁבָּֽת׃ 20 וַיָּלִ֨ינוּ מא ב מנה בסיפ

21 הָרֹכְלִ֜ים וּמֹכְרֵ֧י כָל־מִמְכָּ֛ר מִח֥וּץ לִירוּשָׁלִָ֖ם פַּ֥עַם וּשְׁתָּֽיִם׃ 21 וָאָעִ֣ידָה ח[28] קמ וכל אתנח וס״פ דכות ב מ א

[8]Mm 3994. [9]1Ch 9,29. [10]Mm 627. [11]Mm 3002. [12]Mm 3254. [13]Mm 2738. [14]Mm 891. [15]Mm 3904. [16]Mm 3966. [17]Mm 3998. [18]Mm 3054. [19]Mm 898. [20]Mp contra textum, cf Mp sub loco. [21]Mm 3999. [22]Mm 1872. [23]Mm 3664. [24]Mm 639. [25]Mm 1174. [26]Mm 1451. [27]Mm 2794. [28]Mm 2491.

7 [a] pc Mss 𝔊𝔖 sg ‖ **9** [a] $𝔊^{L}$𝔖𝔄 sg ‖ **10** [a] Q^{Or} pc Mss נִתְּנוּ ‖ **13** [a] $𝔊^{L}$(𝔖𝔙) *καὶ ἐνετειλάμην*, l וָאֲצַוֶּה ‖ **15** [a] $𝔊^{L}$ om cop, sic l ‖ [b] 𝔖(𝔄) *bhwn* = בָּהֶם, sic l; Ms + בָּם ‖ [c–c] l מִמְכַּר צֵידָם cf 𝔖 ‖ **16** [a] dl ו et cf [b] ‖ [b] tr ad init vs; nonn Mss 𝔖𝔙𝔄 ב׳ ‖ **18** [a–a] 𝔊 *ἐπ' αὐτοὺς ὁ θεὸς ἡμῶν καὶ ἐφ' ἡμᾶς* ‖ [b] mlt Mss 𝔖𝔄 + יוֹם, cf 17 fin ‖ **19** [a] 𝔊 *κατέστησαν*, $𝔊^{L}$(𝔙) *ἡσύχασα* (l -*σαν*) ‖ [b] nonn Mss pr אֲשֶׁר, al וְ cf Vrs.

בָּהֶם וָאֹמְרָה אֲלֵיהֶם מַדּוּעַ אַתֶּם לֵנִים נֶגֶד הַחוֹמָה אִם־תִּשְׁנוּ יָד
אֶשְׁלַח בָּכֶם מִן־הָעֵת הַהִיא לֹא־בָאוּ בַּשַּׁבָּת׃ ס 22 וָאֹמְרָה 22
לַלְוִיִּם אֲשֶׁר יִהְיוּ מִטַּהֲרִים וּבָאִים שֹׁמְרִים הַשְּׁעָרִים לְקַדֵּשׁ אֶת־יוֹם
הַשַּׁבָּת גַּם־זֹאת זָכְרָה־לִּי אֱלֹהַי וְחוּסָה עָלַי כְּרֹב חַסְדֶּךָ׃ פ
23 גַּם ׀ בַּיָּמִים הָהֵם רָאִיתִי אֶת־הַיְּהוּדִים הֹשִׁיבוּ נָשִׁים אַשְׁדֳּודִיּוֹת 23
עַמֳּוֹנִיּוֹת מוֹאֲבִיּוֹת׃ 24 וּבְנֵיהֶם חֲצִי[a] מְדַבֵּר אַשְׁדּוֹדִית וְאֵינָם מַכִּירִים 24
לְדַבֵּר יְהוּדִית וְכִלְשׁוֹן[b] עַם וָעָם׃ 25 וָאָרִיב עִמָּם וָאֲקַלְלֵם וָאַכֶּה[a] 25
מֵהֶם אֲנָשִׁים וָאֶמְרְטֵם[b] וָאַשְׁבִּיעֵם בֵּאלֹהִים אִם־תִּתְּנוּ בְנֹתֵיכֶם
לִבְנֵיהֶם וְאִם־תִּשְׂאוּ מִבְּנֹתֵיהֶם לִבְנֵיכֶם וְלָכֶם׃ 26 הֲלוֹא עַל־אֵלֶּה 26
חָטָא־שְׁלֹמֹה מֶלֶךְ יִשְׂרָאֵל וּבַגּוֹיִם הָרַבִּים לֹא־הָיָה מֶלֶךְ כָּמֹהוּ
וְאָהוּב לֵאלֹהָיו הָיָה וַיִּתְּנֵהוּ אֱלֹהִים מֶלֶךְ עַל־כָּל־יִשְׂרָאֵל גַּם־אוֹתוֹ
הֶחֱטִיאוּ הַנָּשִׁים הַנָּכְרִיּוֹת׃ 27 וְלָכֶם הֲנִשְׁמַע לַעֲשֹׂת אֵת כָּל־הָרָעָה 27
הַגְּדוֹלָה הַזֹּאת לִמְעֹל בֵּאלֹהֵינוּ לְהֹשִׁיב נָשִׁים נָכְרִיּוֹת׃
28 וּמִבְּנֵי יוֹיָדָע בֶּן־אֶלְיָשִׁיב הַכֹּהֵן הַגָּדוֹל חָתָן[a] לְסַנְבַלַּט הַחֹרֹנִי 28
וָאַבְרִיחֵהוּ[b] מֵעָלָי׃ 29 זָכְרָה לָהֶם אֱלֹהָי עַל גָּאֳלֵי הַכְּהֻנָּה וּבְרִית 29
הַכְּהֻנָּה[a] וְהַלְוִיִּם׃ 30 [a]וְטִהַרְתִּים מִכָּל־נֵכָר[a] וָאַעֲמִידָה מִשְׁמָרוֹת 30
לַכֹּהֲנִים וְלַלְוִיִּם אִישׁ בִּמְלַאכְתּוֹ[b]׃ 31 וּלְקֻרְבַּן הָעֵצִים בְּעִתִּים 31
מְזֻמָּנוֹת[a] וְלַבִּכּוּרִים זָכְרָה־לִּי אֱלֹהַי לְטוֹבָה׃

סכום הפסוקים שלספר
שש מאות ושמונים וחמשה
וחציו ובין עלית[37]
וסדרים י

ט בכתיב[29]. ו בטע. ל. ל
ל[30]. ז
אשדדיות[31] ק יתיר ו
עמניות[31] ק יתיר ו
ל. ל. ג. ז
ט מל בכתיב[32]
ד[33]
ל. ל. כ. ב. כד מל ה מנה בכתיב
ב. ב[34]. יב חס למערב. ו
ב חד מל וחד חס[35]
ל. ל
ב. ל. ב
ל[36]

[29] Mm 3919. [30] וחד חוסה Jo 2,17. [31] Q addidi, cf Mp sub loco. [32] Mm 3664. [33] Mm 4000. [34] Mm 4001. [35] Mm 4002. [36] וחד קרבן Neh 10,35. [37] Neh 3,32, cf Mp sub loco.

24 [a] l c Ms חֲצָיָם (מ hpgr)? || [b] nonn Mss 'וּבִ || **25** [a] 𝔖 *wqṭlt* = et necavi || [b] 𝔖 *wṭmrt* = et infodi || **28** [a] 𝔊 *νυμφίου* (ad Jojadam pertinens), $𝔊^{L}$ *γαμβρός* || [b] $𝔊^{BS}$ *(καὶ ἐξέβρασα) αὐτούς* cf [a] || **29** [a] prb l c Ms $𝔊^{L}$𝔖 הַכֹּהֲנִים || **30** [a–a] add? || [b] 𝔊 *ὡς* = 'כְּ || **31** [a] 𝔊 *ἀπὸ χρόνων* cf 10,35[d].

CHRONICA I II דברי הימים א ב

[ס֯א] 1 1 אָדָם שֵׁת אֱנוֹשׁ׃ 2 קֵינָן מַהֲלַלְאֵל יָרֶד׃ 3 חֲנוֹךְ מְתוּשֶׁלַח   ל ר״פ בסיפ . ב ר״פ[1]
4 5 לָמֶךְ׃ 4 נֹחַ[a] שֵׁם חָם וָיָפֶת׃ ס 5 בְּנֵי יֶפֶת גֹּמֶר וּמָגוֹג וּמָדַי וְיָוָן[a]   כל שם ברנש חס וכל ניחה מל[2]. מח ר״פ בסיפ[2]
6 וְתֻבָל וּמֶשֶׁךְ וְתִירָס׃ ס 6 וּבְנֵי גֹּמֶר אַשְׁכֲּנַז[a] וְדִיפַת[b] וְתוֹגַרְמָה׃   ל כת ד. ב חד חס וחד מל
7 וּבְנֵי יָוָן אֱלִישָׁה וְתַרְשִׁישָׁה[a] כִּתִּים וְרוֹדָנִים[b]׃ ס 8 בְּנֵי חָם כּוּשׁ   ג[3]. ל בסיפ[4]. ל כת ר ומל. מח ר״פ בסיפ
9 וּמִצְרַיִם פּוּט וּכְנָעַן׃ 9 וּבְנֵי כוּשׁ סְבָא וַחֲוִילָה וְסַבְתָּא וְרַעְמָא   ל[5]. ב חד כת ה וחד כת א. ג ב כת ה ול כת א[2]
10 וְסַבְתְּכָא וּבְנֵי רַעְמָא שְׁבָא וּדְדָן׃ ס 10 וְכוּשׁ יָלַד אֶת־נִמְרוֹד   ב וכת א. ל מל[6]
11 הוּא הֵחֵל לִהְיוֹת גִּבּוֹר[a] בָּאָרֶץ׃ ס 11 [a]וּמִצְרַיִם יָלַד אֶת־לוּדִיִּים[b]   ב בטע. לודים ק
12 וְאֶת־עֲנָמִים וְאֶת־לְהָבִים וְאֶת־נַפְתֻּחִים׃ 12 וְאֶת־פַּתְרֻסִים וְאֶת־   ג. ב
13 כַּסְלֻחִים אֲשֶׁר יָצְאוּ מִשָּׁם פְּלִשְׁתִּים וְאֶת־כַּפְתֹּרִים׃ ס 13 וּכְנַעַן   ב. ב עינינ דמיין[7]
14 יָלַד אֶת־צִידוֹן בְּכֹרוֹ וְאֶת־חֵת׃ 14 וְאֶת־הַיְבוּסִי וְאֶת־הָאֱמֹרִי וְאֵת   ב. ד. ד[8]
15 16 הַגִּרְגָּשִׁי׃ 15 וְאֶת־הַחִוִּי וְאֶת־הַעַרְקִי וְאֶת־הַסִּינִי׃ 16 וְאֶת־הָאַרְוָדִי   ב. ב. ב
17 וְאֶת־הַצְּמָרִי וְאֶת־הַחֲמָתִי׃ ס 17 בְּנֵי שֵׁם עֵילָם וְאַשּׁוּר   ב. מח ר״פ בסיפ. ה בטע זקף קמ בעינ חלוף לבראשית[9]
18 וְאַרְפַּכְשַׁד[a] וְלוּד וַאֲרָם וְעוּץ[b] וְחוּל וְגֶתֶר וָמֶשֶׁךְ[c]׃ ס 18 וְאַרְפַּכְשַׁד   ה[10]. ב. ה ג מנה ר״פ[10]
19 יָלַד אֶת־[a]שָׁלַח וְשֶׁלַח יָלַד אֶת־עֵבֶר׃ 19 וּלְעֵבֶר יֻלַּד שְׁנֵי בָנִים שֵׁם   ב ור״פ
20 הָאֶחָד פֶּלֶג כִּי בְיָמָיו נִפְלְגָה הָאָרֶץ וְשֵׁם אָחִיו יָקְטָן׃ 20 וְיָקְטָן יָלַד   ב. ב[11]
21 אֶת־אַלְמוֹדָד וְאֶת־שָׁלֶף וְאֶת־חֲצַרְמָוֶת וְאֶת־יָרַח׃ 21 וְאֶת־הֲדוֹרָם   ב ומל. ד
22 וְאֶת־אוּזָל וְאֶת־דִּקְלָה׃ 22 וְאֶת־עֵיבָל[a] וְאֶת־אֲבִימָאֵל וְאֶת־שְׁבָא׃   ב. ב
23 וְאֶת־אוֹפִיר וְאֶת־חֲוִילָה וְאֶת־יוֹבָב כָּל־אֵלֶּה בְּנֵי יָקְטָן׃ ס   ב חד חס וחד מל
24 שֵׁם ׀ אַרְפַּכְשַׁד שָׁלַח׃ 25 עֵבֶר פֶּלֶג רְעוּ׃ 26 שְׂרוּג נָחוֹר תָּרַח׃   כב פסוק דלית בהון לא ו ולא י[12]. כן בטע[13]

Cp 1 [1]Prv 22,6. [2]Mp sub loco. [3]Mm 69. [4]Mm 2288. [5]וחד ופוט וכנען Gn 10,6. [6]Mm 896. [7]Mm 4003. [8]Mm 1381. [9]Cf Mm 4010. [10]Mm 4004. [11]Gn 10,26. [12]Mm 878. [13]Mm 4005.

Cp 1,4 [a] pr בְּנֵי cf 𝔊* ‖ **5** [a] 𝔊$^{-L}$ + *Ελισα* cf 7 ‖ **6** [a] sic L, mlt Mss Edd ־כְּ׳ ‖ [b] l c mlt Mss 𝔊𝔙 et Gn 10,3 וְרִי׳ ‖ **7** [a] l c Gn 10,4 ־יש׳, it 𝔊𝔙 ‖ [b] mlt Mss 𝔖 et Gn ודו׳ ‖ **10** [a] 𝔊 + *κυνηγός* cf Gn 10,9 ‖ **11** [a] 𝔊^{B} om 11–16 ‖ [b] K ־דִיים ‖ **17** [a] 𝔊^{B} om sq usque ad **ארפכשד** 24 (homtel) ‖ [b] l c Ms 𝔊^{Aal}𝔄 et Gn 10,23 **ובני ארם עוץ** ‖ [c] l c pc Mss 𝔖𝔄 et Gn **וָמַשׁ** ‖ **18** [a] 𝔊^{Aal} + *τὸν Καιναν, καὶ Καιναν ἐγέννησεν* ‖ **22** [a] nonn Mss 𝔊^{min}𝔖 et Gn 10,28 **עוֹבל**.

27 28 27 אַבְרָם^a הוּא אַבְרָהָם׃ ס 28 בְּנֵי אַבְרָהָם יִצְחָק וְיִשְׁמָעֵאל׃
29 ס 29 אֵלֶּה תֹּלְדוֹתָם בְּכוֹר יִשְׁמָעֵאל נְבָיוֹת וְקֵדָר וְאַדְבְּאֵל^a
30 31 וּמִבְשָׂם׃ 30 מִשְׁמָע וְדוּמָה מַשָּׂא חֲדַד^a וְתֵימָא׃ 31 יְטוּר נָפִישׁ וָקֵדְמָה
32 אֵלֶּה הֵם בְּנֵי יִשְׁמָעֵאל׃ ס 32 וּבְנֵי קְטוּרָה פִּילֶגֶשׁ אַבְרָהָם
יָלְדָה^a אֶת־זִמְרָן וְיָקְשָׁן וּמְדָן וּמִדְיָן וְיִשְׁבָּק וְשׁוּחַ וּבְנֵי יָקְשָׁן שְׁבָא
33 וּדְדָן^b׃ ס 33 וּבְנֵי מִדְיָן עֵיפָה וָעֵפֶר וַחֲנוֹךְ וַאֲבִידָע וְאֶלְדָּעָה
34 כָּל־אֵלֶּה בְּנֵי קְטוּרָה׃ ס 34 וַיּוֹלֶד אַבְרָהָם אֶת־יִצְחָק ס
35 בְּנֵי יִצְחָק ^aעֵשָׂו וְיִשְׂרָאֵל^ab׃ ס 35 בְּנֵי עֵשָׂו אֱלִיפַז רְעוּאֵל וִיעוּשׁ
36 וְיַעְלָם וְקֹרַח׃ ס 36 בְּנֵי אֱלִיפָז תֵּימָן וְאוֹמָר צְפִי^a וְגַעְתָּם קְנַז
37 ^bוְתִמְנָע וַעֲמָלֵק^b׃ ס 37 בְּנֵי רְעוּאֵל נַחַת זֶרַח שַׁמָּה וּמִזָּה׃ ס
38 39 38 וּבְנֵי שֵׂעִיר לוֹטָן וְשׁוֹבָל וְצִבְעוֹן וַעֲנָה וְדִישֹׁן וְאֵצֶר וְדִישָׁן^a׃ 39 וּבְנֵי
40 לוֹטָן חֹרִי וְהוֹמָם^a ^bוַאֲחוֹת לוֹטָן תִּמְנָע^b׃ ס 40 בְּנֵי שׁוֹבָל עַלְיָן^a
41 וּמָנַחַת וְעֵיבָל שְׁפִי^b וְאוֹנָם^c ס וּבְנֵי צִבְעוֹן אַיָּה וַעֲנָה׃ 41 בְּנֵי^a
עֲנָה דִּישׁוֹן^b ס וּבְנֵי דִישׁוֹן^c חַמְרָן וְאֶשְׁבָּן וְיִתְרָן וּכְרָן׃ ס
42 42 בְּנֵי־אֵצֶר בִּלְהָן וְזַעֲוָן^a יַעֲקָן^b בְּנֵי דִישׁוֹן^c עוּץ וַאֲרָן׃ פ
43 43 וְאֵלֶּה^a הַמְּלָכִים אֲשֶׁר מָלְכוּ בְּאֶרֶץ אֱדוֹם לִפְנֵי מְלָךְ־מֶלֶךְ
44 לִבְנֵי יִשְׂרָאֵל^a בֶּלַע^b בֶּן־בְּעוֹר וְשֵׁם עִירוֹ דִּנְהָבָה׃ 44 וַיָּמָת בָּלַע
45 וַיִּמְלֹךְ תַּחְתָּיו יוֹבָב בֶּן־זֶרַח מִבָּצְרָה׃ 45 וַיָּמָת יוֹבָב וַיִּמְלֹךְ תַּחְתָּיו
46 חוּשָׁם^a מֵאֶרֶץ הַתֵּימָנִי׃ 46 וַיָּמָת חוּשָׁם וַיִּמְלֹךְ תַּחְתָּיו הֲדַד בֶּן־בְּדַד^a
47 הַמַּכֶּה אֶת־מִדְיָן בִּשְׂדֵה מוֹאָב וְשֵׁם עִירוֹ עֲיוֹת^b׃ 47 וַיָּמָת הֲדָד וַיִּמְלֹךְ

ב ר״פ[14] . ה צדיקים בחד ליש[15] . מה ר״פ בסיפ
יד ר״פ בסיפ[16] . ג[17]
ה בטע זקף בעינ חלוף לבראשית[18] . מא ד מנה בסיפ . ה . ב . ב שם אנש
ל
ב חד חס וחד מל . ב
מה ר״פ בסיפ[19] . לג[18] ט מנה בכתיב . מה ר״פ בסיפ
מה ר״פ בסיפ[18] . ל . ל
מה ר״פ בסיפ . ל[20]
ה בטע זקף בעינ חלוף לבראשית[18] ל[21] . מה ר״פ בסיפ . ה בטע זקף בעינ חלוף לבראשית[18] . כל עיניג ד״ה כת י ב מ א[22] וכל עיניג דבראשית כת ו ב מ א[21] ,
ל[23] . מה ר״פ בסיפ
ג
מה ר״פ בסיפ . ה בטע זקף בעינ חלוף לבראשית . ל
ב[24]
ב
ג[25]
ד ב חס וב מל[26] . ד ב חס וב מל[26]
עוית ק

27 ^a–a > 𝔊* ‖ **29** ^a 𝔊^B *Ναβδαιηλ*, 𝔊^Aal *καὶ Ναβδεηλ* ‖ **30** ^a pc Mss חדר ‖ **32** ^a–a > 𝔖 ‖ ^b ins eadem vb quae Gn 25,3b, it 𝔙𝔄 cf 𝔊^Aal ‖ **34** ^a–a 𝔊^B *Ιακωβ καὶ Ησαυ* ‖ ^b 𝔊^Aal *καὶ Ιακωβ* ‖ **36** ^a mlt Mss 𝔊^min𝔖 et Gn 36,11 צְפוֹ ‖ ^b–b 𝔊^B *καὶ τῆς Θαμνα Αμαληκ*, 𝔊^Aal𝔄 sec Gn 36,12a ‖ **38** ^a 𝔊^ALal *καὶ Ρισων* ‖ **39** ^a 𝔊 *καὶ Αιμαν*, Gn 36,22 וְהֵימָם ‖ ^b–b 𝔊^B *καὶ Αιλαθ καὶ Ναμνα* ‖ **40** ^a nonn Mss 𝔊^L et Gn 36,23 עַלְוָן ‖ ^b pc Mss et Gn 36,23 שְׁפוֹ ‖ ^c Ms 𝔊* –נָן ‖ **41** ^a Seb בֶּן ‖ ^b Gn 36,26 דִּישָׁן ‖ ^c mlt Mss 𝔊^ALal et Gn חֶמְדָּן ‖ **42** ^a 𝔊* *καὶ Ζουκαν*? (cf 𝔊^BA) = וזוען ut Gn 36,27 𝔐 ‖ ^b l וְ׳ (cf 𝔊^L𝔖𝔙) vel c mlt Mss 𝔊^Aal𝔄 et Gn 36,27 וַעֲקָן ‖ ^c l c Gn 36,28 דִּישָׁן ‖ **43** ^a–a 𝔊* *οἱ βασιλεῖς αὐτῶν* ‖ ^b 𝔊 *Βαλακ*, 𝔗 *blʿm* ‖ **45** ^a 𝔊(𝔖) *Ασομ* = חֻשׁוֹם ‖ **46** ^a 𝔊 *Βαραδ* ‖ ^b 𝔊^min𝔗𝔙 et Gn 36,35 ut Q, sic l; K lapsus calami; 𝔊 *Γεθθαιμ* (vel sim) = עוית cj c וים 47.

48 תַּחְתָּ֑יו שַׂמְלָ֖ה מִמַּשְׂרֵקָֽה׃ 48 וַיָּ֖מָת שַׂמְלָ֑ה וַיִּמְלֹ֣ךְ תַּחְתָּ֔יו שָׁא֖וּל ב̇
49 מֵרְחֹב֥וֹת הַנָּהָֽר׃ 49 וַיָּ֖מָת שָׁא֑וּל וַיִּמְלֹ֣ךְ תַּחְתָּ֔יו בַּ֥עַל חָנָ֖ן בֶּן־עַכְבּֽוֹר׃ ה̇
50 וַיָּ֙מָת֙ בַּ֣עַל חָנָ֔ן[a] וַיִּמְלֹ֤ךְ תַּחְתָּיו֙ הֲדַ֔ד[b] וְשֵׁ֥ם עִיר֖וֹ פָּ֑עִי[c] וְשֵׁ֥ם[d] אִשְׁתּ֛וֹ ו̇ פסוק ושם ושם . ל̇
51 מְהֵיטַבְאֵ֥ל בַּת־מַטְרֵ֖ד[d] בַּ֥ת[f] מֵ֥י זָהָֽב[e]׃ 51 וַיָּ֖מָת הֲדָ֑ד ס וַיִּהְי֗וּ ג̇[27] . ב̇ . ב̇ בתרי מילין[28]
52 אַלּוּפֵ֣י אֱד֔וֹם אַלּ֥וּף תִּמְנָ֖ע אַלּ֣וּף עַלְיָ֑ה[a] אַלּ֖וּף יְתֵֽת׃ 52 אַלּ֥וּף עלוה[29] ק̇ וחד מן ג̇[30] כת̇ כן וכן[31] למערב
53 אָהֳלִֽיבָמָ֛ה[a] אַלּ֥וּף אֵלָ֖ה אַלּ֥וּף פִּינֹֽן׃ 53 אַלּ֥וּף קְנַ֛ז אַלּ֥וּף תֵּימָ֖ן אַלּ֥וּף
54 מִבְצָֽר[a]׃ 54 אַלּ֥וּף מַגְדִּיאֵ֖ל אַלּ֣וּף עִירָ֑ם[a] אֵ֖לֶּה אַלּוּפֵ֥י אֱדֽוֹם׃ פ ב̇

2 1 אֵ֚לֶּה בְּנֵ֣י יִשְׂרָאֵ֑ל רְאוּבֵ֤ן שִׁמְעוֹן֙ לֵוִ֣י וִֽיהוּדָ֔ה יִשָּׂשכָ֖ר[a] וּזְבֻלֽוּן׃ יד ר״פ בסיפ̇[1]
2 דָּ֚ן[a] יוֹסֵ֣ף וּבִנְיָמִ֔ן נַפְתָּלִ֖י גָּ֥ד וְאָשֵֽׁר׃ ס 3 בְּנֵ֣י יְהוּדָ֗ה עֵ֤ר וְאוֹנָן֙ מח ר״פ בסיפ̇
וְשֵׁלָ֔ה שְׁלוֹשָׁה֙ נ֣וֹלַד[a] ל֔וֹ מִבַּת־שׁ֖וּעַ הַֽכְּנַעֲנִ֑ית וַיְהִ֣י ׀ עֵ֣ר ׀ בְּכ֣וֹר יְהוּדָ֗ה יו̇[2] מל̇ יב̇ מנה בסיפ̇ וכל מגלה דכות̇ . ה̇ בטע̇ בסיפ̇
4 רַ֛ע בְּעֵינֵ֥י יְהוָ֖ה וַיְמִיתֵֽהוּ[b]׃ ס 4 וְתָמָר֙ כַּלָּת֔וֹ יָ֥לְדָה לּ֖וֹ אֶת־פֶּ֣רֶץ ח̇ מל̇[3]
5 וְאֶת־זָ֑רַח כָּל־בְּנֵ֥י יְהוּדָ֖ה חֲמִשָּֽׁה׃ ס 5 בְּנֵי־פֶ֖רֶץ חֶצְר֥וֹן מח ר״פ בסיפ̇ . כן למערב[4]
6 וְחָמֽוּל[a]׃ ס 6 וּבְנֵ֣י זֶ֗רַח זִמְרִי[a] וְאֵיתָ֧ן וְהֵימָ֛ן וְכַלְכֹּ֥ל וָדָ֖רַע[b] ב̇ . ל̇
7 כֻּלָּ֥ם חֲמִשָּֽׁה׃ ס 7 וּבְנֵ֖י[a] כַּרְמִ֑י עָכָ֗ר[b] עוֹכֵ֣ר יִשְׂרָאֵ֔ל אֲשֶׁ֥ר מָעַ֖ל ב̇ . ל̇ מל̇
8 9 בַּחֵֽרֶם׃ ס 8 וּבְנֵ֥י[a] אֵיתָ֖ן עֲזַרְיָֽה׃ 9 [a]וּבְנֵ֥י חֶצְר֖וֹן אֲשֶׁ֣ר ג̇ בסיפ̇[5]
10 נֽוֹלַד־ל֑וֹ אֶת־יְרַחְמְאֵ֥ל וְאֶת־רָ֖ם וְאֶת־כְּלוּבָֽי[b]׃ 10 וְרָ֖ם הוֹלִ֣יד אֶת־ ל̇ . ל̇
11 עַמִּֽינָדָ֑ב וְעַמִּֽינָדָב֙ הוֹלִ֣יד אֶת־נַחְשׁ֔וֹן נְשִׂ֖יא בְּנֵ֥י[a] יְהוּדָֽה׃ 11 וְנַחְשׁוֹן֙ ל̇
12 הוֹלִ֣יד אֶת־שַׂלְמָ֔א[a] וְשַׂלְמָ֖א הוֹלִ֥יד אֶת־בֹּֽעַז׃ 12 וּבֹ֙עַז֙ הוֹלִ֣יד אֶת־
13 עוֹבֵ֔ד וְעוֹבֵ֖ד הוֹלִ֥יד אֶת־יִשָֽׁי׃ 13 וְאִישַׁ֗י הוֹלִ֛יד אֶת־בְּכֹר֖וֹ אֶת־ יו̇[6] מפק א ול בליש
14 אֱלִיאָ֑ב וַאֲבִֽינָדָב[a]֙ הַשֵּׁנִ֔י וְשִׁמְעָ֖א[b] הַשְּׁלִישִֽׁי׃ 14 נְתַנְאֵל֙ הָֽרְבִיעִ֔י רַדַּ֖י ל̇ . ס̇[7] . ל̇

[27] Mm 270. [28] Mm 4008. [29] Mm 832 et cf Mp 1Ch 1,40. [30] Mm 3024. [31] Mm 4009. **Cp 2** [1] Mm 4006. [2] Mm 2959. [3] Mm 2137. [4] Mm 4010. [5] Mp sub loco. [6] Mm 411. [7] TM contra Mm 506.

50 [a] nonn Mss 𝔊 + בֶּן־עַכְבּוֹר ut Gn 36,39 ‖ [b] nonn Mss 𝔗 et Gn הדר, 𝔊* + υἱὸς *Βαραδ* (ex 46) ‖ [c] mlt Mss 𝔊^L𝔖𝔗𝔙 et Gn פָּעוּ, 𝔊 *Φογωρ* ‖ [d–d] > 𝔊* ‖ [e–e] > 𝔊 ‖ [f] 𝔖(𝔄) *br* = בֵּן cf Gn 𝔊𝔖; l מִן? cf Dt 1,1 ‖ **51** [a] mlt Mss 𝔗𝔙 et Gn 36,40 ut Q, 𝔊 *Γωλα* = עוֹלָה, 𝔖 *'nw'* ‖ **52** [a] 𝔊 *Ελιβαμας* ‖ **53** [a] 𝔊^L *Βαμαηλ* ‖ **54** [a] 𝔊^B *Ζαφωειν* cf Gn 36,43 𝔊 ‖ **Cp 2,1** [a] sic L, mlt Mss Edd יִשָּׂ֫ ‖ **2** [a] tr post ובנימן? ‖ **3** [a] Ms נוֹלְדוּ cf Vrs ‖ [b] ins sec Gn 38,10 וְגַם אוֹנָן מִשְׁנֵהוּ רע בעיני יהוה וימיתהו (homtel) cf 𝔗 ‖ **5** [a] 𝔊 *καὶ Ιεμουηλ* = וַחֲמוּאֵל? cf Gn 46,12 𝔰 ‖ **6** [a] Jos 7,1 זַבְדִּי ‖ [b] l c mlt Mss 𝔊^min𝔖𝔗𝔄 et 1 R 5,11 וְדַרְדַּע ‖ **7** [a] ins זִמְרִי כַּרְמִי ובני cf Jos 7,1.18 ‖ [b] pc Mss עכן ‖ **8** [a] Seb וּבֶן ‖ **9** [a] cf Ru 4,18sqq ‖ [b] 𝔊 *Χαλεβ* (cf 18.42) *καὶ Αραμ* ‖ **10** [a] 𝔊 *τοῦ οἴκου* ‖ **11** [a] 𝔊 *Σαλμων (-μαν)* cf Ru 4,21 ‖ **13** [a] 𝔊 *Αμιναδαβ* ‖ [b] 𝔖 ut 1 S 16,9 17,13 שַׁמָּה(וְ), 2 S 21,21 K שִׁמְעִי.

15 16 הַחֲמִשִׁ֔י׃ 15 אֹ֚צֶם הַשִּׁשִּׁ֔י [a]דָּוִ֖יד הַשְּׁבִעִֽי[a]׃ 16 וְאַחְיֹתֵיהֶ֔ם צְרוּיָ֖ה — ל̇ . ח̇ חס[8] . ואחיותיהם ק / חד מן ה[9] בליש
17 וַאֲבִיגָ֑יִל וּבְנֵ֣י צְרוּיָ֗ה אַבְשַׁ֛י[a] וְיוֹאָ֥ב וַעֲשָׂה־אֵ֖ל שְׁלֹשָֽׁה׃ 17 וַאֲבִיגַ֕יִל — ל̇
18 יָלְדָ֖ה אֶת־עֲמָשָׂ֑א וַאֲבִ֣י עֲמָשָׂ֔א יֶ֖תֶר הַיִּשְׁמְעֵאלִֽי[a]׃ 18 וְכָלֵ֣ב בֶּן־
חֶצְר֗וֹן הוֹלִ֛יד אֶת־עֲזוּבָ֥ה [a]אִשָּׁ֖ה וְאֶת־[a]יְרִיע֑וֹת וְאֵ֣לֶּה בָנֶ֔יהָ יֵ֥שֶׁר[b] — ל̇ . ל̇ . ה מל[10]
19 וְשׁוֹבָ֖ב וְאַרְדּֽוֹן[c]׃ 19 וַתָּ֖מָת עֲזוּבָ֑ה וַיִּֽקַּֽח־ל֤וֹ כָלֵב֙ אֶת־אֶפְרָ֔ת וַתֵּ֥לֶד — ל̇ . ב קמ ובתרי לישנ[11]
20 ל֖וֹ אֶת־חֽוּר׃ 20 וְחוּר֙ הוֹלִ֣יד אֶת־אוּרִ֔י וְאוּרִ֖י הוֹלִ֥יד אֶת־בְּצַלְאֵֽל׃
21 ס 21 וְאַחַ֡ר בָּ֣א חֶצְר֩וֹן אֶל־בַּת־מָכִיר֙ אֲבִ֣י גִלְעָ֔ד וְה֣וּא לְקָחָ֔הּ — ז פסוק והוא והוא[12]
22 וְה֥וּא בֶּן־שִׁשִּׁ֖ים שָׁנָ֑ה וַתֵּ֥לֶד ל֖וֹ אֶת־שְׂגֽוּב׃ 22 וּשְׂג֖וּב הוֹלִ֣יד אֶת־יָאִ֑יר
23 וַֽיְהִי־ל֗וֹ עֶשְׂרִ֤ים וְשָׁלוֹשׁ֙ עָרִ֔ים בְּאֶ֖רֶץ הַגִּלְעָֽד׃ 23 [a]וַיִּקַּ֣ח גְּשׁוּר־וַ֠אֲרָם — כל כזיב מל . ב
אֶת־חַוֺּ֨ת יָאִ֤יר מֵאִתָּם֙ אֶת־קְנָ֣ת וְאֶת־בְּנֹתֶ֔יהָ שִׁשִּׁ֖ים עִ֑יר כָּל־אֵ֕לֶּה בְּנֵ֖י[b]
24 מָכִ֥יר אֲבִֽי־גִלְעָֽד׃ 24 וְאַחַ֥ר מוֹת־חֶצְר֖וֹן בְּכָלֵ֣ב[a] אֶפְרָ֑תָה וְאֵ֨שֶׁת[b] — ל̇ . ו
25 חֶצְר֜וֹן אֲבִיָּ֗ה[c] וַתֵּ֤לֶד לוֹ֙ אֶת־אַשְׁח֔וּר אֲבִ֖י תְקֽוֹעַ׃ 25 וַיִּהְי֤וּ — יח בסיפ ב מנה בנקיבה
בְנֵֽי־יְרַחְמְאֵ֛ל בְּכ֥וֹר חֶצְר֖וֹן הַבְּכ֣וֹר ׀ רָ֑ם וּבוּנָ֥ה[a] וָאֹ֛רֶן וָאֹ֖צֶם אֲחִיָּֽה[b]׃ — פסיק . ל̇ . ל̇[13]
26 26 וַתְּהִ֤י אִשָּׁה֙ אַחֶ֔רֶת לִֽירַחְמְאֵ֖ל וּשְׁמָ֣הּ עֲטָרָ֑ה הִ֖יא אֵ֥ם אוֹנָֽם׃ ס — ל̇
27 28 27 וַיִּהְי֧וּ בְנֵי־רָ֛ם בְּכ֥וֹר יְרַחְמְאֵ֖ל מַ֥עַץ וְיָמִ֖ין[a] וָעֵֽקֶר׃ 28 וַיִּהְי֥וּ בְנֵי־ — ל̇ . ל̇
29 אוֹנָ֖ם שַׁמַּ֣י וְיָדָ֑ע[a] וּבְנֵ֣י שַׁמַּ֔י נָדָ֖ב וַאֲבִישֽׁוּר׃ 29 וְשֵׁ֛ם אֵ֥שֶׁת אֲבִישׁ֖וּר — ל ומל . יג ר״פ[14]
30 אֲבִיהָ֑יִל[a] וַתֵּ֣לֶד ל֔וֹ אֶת־אַחְבָּ֖ן וְאֶת־מוֹלִֽיד׃ 30 וּבְנֵ֥י נָדָ֖ב סֶ֣לֶד וְאַפָּ֑יִם[a] — ב חד פת וחד קמ[15] . ל̇
31 וַיָּ֥מָת סֶ֖לֶד לֹ֥א בָנִֽים׃ ס 31 וּבְנֵ֥י[a] אַפַּ֖יִם[b] יִשְׁעִ֑י[c] וּבְנֵ֥י יִשְׁעִ֖י[c] שֵׁשָׁ֑ן — ל̇ . ג
32 וּבְנֵ֥י[a] שֵׁשָׁ֖ן אַחְלָֽי׃ 32 וּבְנֵ֣י יָדָ֗ע[a] אֲחִ֣י שַׁמַּ֔י יֶ֖תֶר וְיוֹנָתָ֑ן וַיָּ֣מָת יֶ֔תֶר לֹ֖א — ג . ב[16] . ז[17]
33 בָנִֽים׃ ס 33 וּבְנֵ֥י יוֹנָתָ֖ן פֶּ֣לֶת וְזָזָ֑א אֵ֥לֶּה הָי֖וּ בְּנֵ֥י יְרַחְמְאֵֽל׃ — ז[17] . ב[18] . כה ג מנה ר״פ
34 34 וְלֹא־הָיָ֤ה לְשֵׁשָׁן֙ בָּנִ֔ים כִּ֖י אִם־בָּנ֑וֹת וּלְשֵׁשָׁ֥ן עֶ֛בֶד מִצְרִ֖י וּשְׁמ֥וֹ יַרְחָֽע[a]׃ — ל̇ . ל̇
35 35 וַיִּתֵּ֨ן שֵׁשָׁ֧ן אֶת־בִּתּ֛וֹ לְיַרְחָ֥ע[a] עַבְדּ֖וֹ לְאִשָּׁ֑ה וַתֵּ֥לֶד ל֖וֹ אֶת־עַתָּֽי׃ — ג

[8] וחד ואצם 1 Ch 2,25. [9] Mm 1251. [10] Mm 632. [11] Gn 48,7. [12] Mm 2017. [13] וחד אצם 1 Ch 2,15. [14] Mm 33. [15] Mm 4011. [16] וחד אַחְלָי Ps 119,5. [17] Mm 4012. [18] Nu 16,1.

15 [a–a] 𝔖(𝔄) *w'ljhw šbj'j' wdwjd tmjnj'* cf 1 S 16,10 1 Ch 27,18 ‖ **16** [a] 𝔖𝔗𝔙𝔄 leg אֲבִ(י)שַׁי cf 𝔊 ‖ **17** [a] Ms 𝔊^{L} et 2 S 17,25 הַיִּשְׂרְאֵלִי; > Ms 𝔖 ‖ **18** [a–a] l אִשְׁתּוֹ את cf 𝔖𝔗𝔄 ‖ [b] 𝔊 *Ιωασαρ* ‖ [c] 𝔊 *καὶ Ορνα* (𝔊^{min} *Αβδωμ*) ‖ **23** [a] v 23 > 𝔖 (homtel) ‖ [b] 𝔊 *υἱῶν* = לִבְנֵי ‖ **24** [a] l בָּא כ׳ cf 𝔊𝔙 ‖ [b] dl ו ‖ [c] l אָבִיהוּ ‖ **25** [a] pc Mss ובנה, 𝔊^{Aal}(𝔖) *καὶ Βaava* ‖ [b] 𝔊 *ἀδελφὸς αὐτοῦ* = אָחִיהוּ, 𝔖 *ḥthwn* = soror eorum; 𝔗𝔙 pr cop; l מֵא׳ (מ hpgr) ‖ **27** [a] 𝔖 *wnbjn* = וְיָבִין ‖ **28** [a] 𝔖 *wjwd'* = וְיוֹיָדָע ‖ **29** [a] mlt Mss 𝔖𝔗𝔄 אביחיל cf 𝔊 ‖ **30** [a] 𝔊^{B} *καὶ Εφραιμ* ‖ **31** [a] Seb 𝔙 וּבֶן ‖ [b] cf 30[a] ‖ [c] 𝔊^{B} *Ισεμιηλ* ‖ **32** [a] cf 28[a] ‖ **34** [a] 𝔊 *Ιωχηλ* ‖ **35** [a] cf 34[a].

36 וְעַתַּי֙ הֹלִ֣יד אֶת־נָתָ֔ן וְנָתָ֖ן הוֹלִ֥יד אֶת־זָבָֽד׃ 37 וְזָבָד֙ הוֹלִ֣יד אֶת־ | יא חס ו[19]
38 אֶפְלָ֔ל וְאֶפְלָ֖ל הוֹלִ֥יד אֶת־עוֹבֵֽד[a]׃ 38 וְעוֹבֵד[a]֙ הוֹלִ֣יד אֶת־יֵה֔וּא וְיֵה֖וּא | ל . ל
39 הוֹלִ֥יד אֶת־עֲזַרְיָֽה׃ 39 וַעֲזַרְיָה֙ הֹלִ֣יד אֶת־חָ֔לֶץ וְחֶ֖לֶץ הֹלִ֥יד אֶת־ | יא חס ו[20] . יא חס ו[19] . ל זקף קמ . יא חס ו[19]
40 אֶלְעָשָֽׂה׃ 40 וְאֶלְעָשָׂה֙ הֹלִ֣יד אֶת־סִסְמָ֔י וְסִסְמַ֖י הֹלִ֥יד אֶת־שַׁלּֽוּם׃ | יא חס ו[19] . ל . ל . יא חס ו[19]
41 וְשַׁלּוּם֙ הוֹלִ֣יד אֶת־יְקַמְיָ֔ה וִֽיקַמְיָ֖ה הֹלִ֥יד אֶת־אֱלִישָׁמָֽע׃ | ב . ל . יא חס ו[19]
42 וּבְנֵ֤י כָלֵב֙ אֲחִ֣י יְרַחְמְאֵ֔ל מֵישָׁ֥ע[a] בְּכֹר֖וֹ ה֣וּא אֲבִי־זִ֑יף[b] וּבְנֵ֥י מָרֵשָׁ֖ה | ל[21]
43 44 אֲבִ֥י חֶבְרֽוֹן׃ 43 [a]וּבְנֵ֖י חֶבְר֑וֹן[a] קֹ֥רַח וְתַפֻּ֖חַ וְרֶ֥קֶם וָשָֽׁמַע׃ 44 וְשֶׁ֣מַע | ג חד חס וב מל[22]
45 הוֹלִ֛יד אֶת־רַ֖חַם אֲבִ֣י יָרְקֳעָ֑ם[a] וְרֶ֖קֶם הוֹלִ֥יד אֶת־שַׁמָּֽי׃ 45 וּבֶן־שַׁמַּ֖י | ה[23] . ל
46 מָע֑וֹן וּמָע֖וֹן אֲבִ֥י בֵית־צֽוּר׃ 46 וְעֵיפָה֙ פִּילֶ֣גֶשׁ כָּלֵ֔ב יָֽלְדָ֛ה אֶת־חָרָ֥ן | ב[24] . ימ פסוק ואת ואת את . ב[25] שם אנש וכל שם עזרא דכות ב מ א[26]
47 וְאֶת־מוֹצָ֖א וְאֶת־גָּזֵ֑ז[a] וְחָרָ֖ן הֹלִ֥יד אֶת־גָּזֵֽז[b]׃ ס 47 וּבְנֵ֥י יָהְדָּ֖י[a] רֶ֣גֶם | ד זוגין[27] . ב שם אנש וכל שם עזרא דכות ב מ א[26] . יא חס ו[19] . ד זוגין[27] . ל
48 וְיוֹתָ֣ם וְגֵישָׁ֗ן[b] וָפֶ֛לֶט וְעֵיפָ֖ה וָשָֽׁעַף׃ 48 פִּלֶ֣גֶשׁ[a] כָּלֵב֙ מַעֲכָ֔ה יָלַ֥ד שֶׁ֖בֶר | ל שם אנש
49 וְאֶת־תִּרְחֲנָֽה׃ 49 וַתֵּ֗לֶד[a] שַׁ֚עַף אֲבִ֣י מַדְמַנָּ֔ה אֶת־שְׁוָ֛א אֲבִ֥י מַכְבֵּנָ֖ה | ל וכת ה
50 וַאֲבִ֣י גִבְעָ֑א וּבַת־כָּלֵ֖ב עַכְסָֽה׃ ס 50 אֵ֤לֶּה הָיוּ֙ בְּנֵ֣י כָלֵ֔ב בֶּן[a]־ח֖וּר | ל כת א . יד ר״פ בסיפ[28]
51 בְּכ֣וֹר אֶפְרָ֑תָה שׁוֹבָ֕ל אֲבִ֖י קִרְיַ֥ת יְעָרִֽים׃ 51 שַׂלְמָא[a]֙ אֲבִ֣י בֵית־לָ֔חֶם | ב זקף קמ וכל אתנח וס״פ דכות
52 חָרֵ֖ף[b] אֲבִ֥י בֵית־גָּדֵֽר׃ 52 וַיִּהְי֤וּ בָנִים֙ לְשׁוֹבָ֔ל אֲבִ֖י קִרְיַ֣ת יְעָרִ֑ים
53 הָרֹאֶ֖ה[a] חֲצִ֥י הַמְּנֻחֽוֹת[b]׃ 53 וּמִשְׁפְּחוֹת֙ קִרְיַ֣ת יְעָרִ֔ים הַיִּתְרִי֙ וְהַפּוּתִ֔י | ד . ג בסיפ . ל ומל
וְהַשֻּׁמָתִ֖י וְהַמִּשְׁרָעִ֑י מֵאֵ֗לֶּה יָצְאוּ֙ הַצָּ֣רְעָתִ֔י וְהָאֶשְׁתָּאֻלִֽי׃ ס | ל . ב . ד בטע ס״פ[29]
54 בְּנֵ֣י שַׂלְמָ֗א[a] בֵּ֥ית לֶ֙חֶם֙ וּנְטוֹפָתִ֔י[b] עַטְר֖וֹת בֵּ֣ית יוֹאָ֑ב וַחֲצִ֥י הַמָּנַחְתִּ֖י | מח ר״פ בסיפ . ל
55 הַצָּרְעִֽי[c]׃ 55 וּמִשְׁפְּח֤וֹת סֹֽפְרִים[a]֙ יֹשְׁבֵ֣י[b] יַעְבֵּ֔ץ תִּרְעָתִ֥ים שִׁמְעָתִ֖ים | ל . ד . ישבי ק חד מן מח[30] כת ו וקרי י . ד[31] . ל . ל
שׂוּכָתִ֑ים הֵ֚מָּה הַקִּינִ֣ים הַבָּאִ֔ים מֵחַמַּ֖ת אֲבִ֥י בֵית־רֵכָֽב׃ ס | ל . ל בליש[32] . ל
3 1 וְאֵ֤לֶּה הָיוּ֙ בְּנֵ֣י דָוִ֔יד[a] אֲשֶׁ֥ר נֽוֹלַד־ל֖וֹ בְּחֶבְר֑וֹן הַבְּכ֣וֹר ׀ אַמְנֹ֗ן | ב[1] . ל חס
2 לַאֲחִינֹ֙עַם֙ הַיִּזְרְעֵאלִ֔ית שֵׁנִי[b]֙ דָּנִיֵּ֔אל[c] לַאֲבִיגַ֖יִל הַכַּרְמְלִֽית׃ 2 הַשְּׁלִשִׁי֙ | ה . ב . כל סיפ חס ב מ ז[2] מל

[19] Mm 4032. [20] Mm 4032 contra textum. [21] וחד ומישע 2R 3,4. [22] Mm 4013. [23] Mm 1425. [24] Mm 4014. [25] Mp sub loco. [26] וחרן 1Ch 23,9. [27] Cf Okhl 231 et Mp sub loco. [28] Mm 4006. [29] Mm 4015. [30] Mm 3811. [31] Mm 4016. [32] וחד קנים Ez 2,10, cf Gn 6,14 קִנִּים et Mp sub loco. Cp 3 [1] Mm 266. [2] Cf Mm 506.

37 [a] 𝔖 *(l)jwbb* = יוֹבָב ‖ **38** [a] cf 37[a] ‖ **42** [a] 𝔊 *Μαρισα*, ex b ‖ [b] ins וּבְנוֹ מִשְׁנֶה מרשה אבי חברון (homtel) ‖ **43** [a–a] dl ‖ **44** [a] prp יָקְדְעָם cf Jos 15,56 ‖ **46** [a] pc Mss גזן ‖ [b] prp יָהְדָּי cf 47 ‖ **47** [a] pc Mss יַהְדִּי ‖ [b] 𝔊[-B] *Γηρσωμ*, 𝔊[B] *Σωγαρ* ‖ **48** [a] 𝔖 om 48.49 ‖ **49** [a] l prb וַיּוֹלֶד cf 𝔙 ‖ **50** [a] 𝔊𝔙 pl, l בְּנֵי ‖ **51** [a] 𝔊 *Σαλωμων* ‖ [b] 𝔊 *Αρι(μ)* ‖ **52** [a] l רְאָיָה cf 4,2 ‖ [b] l הַמָּנַחְתִּי cf 54b ‖ **54** [a] ins אֲבִי (hpgr) cf 51 ‖ [b] dl ו ‖ [c] prb pr בְּלִתִּי ‖ **55** [a] prp סְפָרִים = incolae urbis קִרְיַת־סֵפֶר ‖ [b] K יָשְׁבוּ ‖ **Cp 3,1** [a] sic L, mlt Mss Edd דָּוִיד ‖ [b] l הַשֵּׁנִי cf 𝔊𝔖𝔗 ‖ [c] 𝔊[AL a1] *Δαλουια*; 𝔖(𝔄) *klb* = כָּלֵב cf כִּלְאָב 2 S 3,3.

ח לְאַבְשָׁלוֹם[a] בֶּן־מַעֲכָה בַּת־תַּלְמַי מֶלֶךְ גְּשׁוּר הָרְבִיעִי אֲדֹנִיָּה בֶן־
ל חַגִּית׃ 3 הַחֲמִישִׁי שְׁפַטְיָה לַאֲבִיטָל הַשִּׁשִּׁי יִתְרְעָם לְעֶגְלָה אִשְׁתּוֹ[a]׃ 3
ב קמ 4 שִׁשָּׁה נוֹלַד־לוֹ בְחֶבְרוֹן וַיִּמְלָךְ־שָׁם שֶׁבַע שָׁנִים וְשִׁשָּׁה חֳדָשִׁים 4
כל כתיב מל[3] . ב ומל[4] וּשְׁלֹשִׁים וְשָׁלוֹשׁ שָׁנָה מָלַךְ בִּירוּשָׁלִָם׃ ס 5 וְאֵלֶּה נוּלְּדוּ[a]־לוֹ 5
ד מל[5] . ל בִּירוּשָׁלָיִם שִׁמְעָא[b] וְשׁוֹבָב וְנָתָן וּשְׁלֹמֹה אַרְבָּעָה לְבַת־שׁוּעַ[c] בַּת־
ל . כל כתיב חס[3] עַמִּיאֵל׃ 6 וְיִבְחָר וֶאֱלִישָׁמָע[a] [b]וֶאֱלִיפָלֶט׃ 7 וְנֹגַהּ[b] וְנֶפֶג וְיָפִיעַ׃ 6 7
8 וֶאֱלִישָׁמָע וְאֶלְיָדָע[a] וֶאֱלִיפֶלֶט תִּשְׁעָה[b]׃ 9 כֹּל בְּנֵי דָוִיד מִלְּבַד 8 9
ל . יח בסיפ בְּנֵי־פִילַגְשִׁים וְתָמָר אֲחוֹתָם׃ פ 10 וּבֶן[a]־שְׁלֹמֹה רְחַבְעָם אֲבִיָּה 10
יא[6] ד[7] מנה בכתיב כן כת ומן ובשנת חמש עד ואלישע דמלכים דכות ב מ ג[8] בְּנוֹ אָסָא בְנוֹ יְהוֹשָׁפָט בְּנוֹ׃ 11 יוֹרָם בְּנוֹ אֲחַזְיָהוּ בְנוֹ יוֹאָשׁ בְּנוֹ׃ 11
ה בסיפ[9] 12 אֲמַצְיָהוּ בְנוֹ עֲזַרְיָה[a] בְנוֹ יוֹתָם בְּנוֹ׃ 13 אָחָז בְּנוֹ חִזְקִיָּהוּ בְנוֹ מְנַשֶּׁה 12 13
בְנוֹ׃ 14 אָמוֹן בְּנוֹ יֹאשִׁיָּהוּ בְנוֹ׃ 15 וּבְנֵי יֹאשִׁיָּהוּ הַבְּכוֹר יוֹחָנָן[a] הַשֵּׁנִי 14 15
ז[3] יְהוֹיָקִים הַשְּׁלִשִׁי צִדְקִיָּהוּ הָרְבִיעִי שַׁלּוּם׃ 16 וּבְנֵי יְהוֹיָקִים יְכָנְיָה 16
ו[10] . ג חס בליש[11] ג וכל עזרא דכות[12] . ל בְּנוֹ צִדְקִיָּה בְנוֹ׃ 17 וּבְנֵי[a] יְכָנְיָה אַסִּר[b] שְׁאַלְתִּיאֵל בְּנוֹ[c]׃ 18 וּמַלְכִּירָם 17 18
ל . ב . ל . ל וּפְדָיָה וְשֶׁנְאַצַּר יְקַמְיָה הוֹשָׁמָע[a] וּנְדַבְיָה׃ 19 וּבְנֵי פְדָיָה[a] זְרֻבָּבֶל 19
ה סביר ובני . ל וחד מן י[13] פסוק מן ד מילין נסבין ו ר״פ וְשִׁמְעִי וּבֶן[b]־זְרֻבָּבֶל[c] מְשֻׁלָּם וַחֲנַנְיָה וּשְׁלֹמִית אֲחוֹתָם׃ 20 וַחֲשֻׁבָה[a] 20
ל . ה סביר ובני וָאֹהֶל[b] וּבֶרֶכְיָה וַחֲסַדְיָה יוּשַׁב[c] חֶסֶד[c] חָמֵשׁ׃ 21 וּבֶן[a]־חֲנַנְיָה פְּלַטְיָה 21
ל[14] . ב בסיפ[15] וִישַׁעְיָה בְּנֵי[b] רְפָיָה בְּנֵי[c] אַרְנָן בְּנֵי[c] עֹבַדְיָה בְּנֵי[c] שְׁכַנְיָה[d]׃ ס
ב בסיפ[15] . ל 22 וּבְנֵי[a] שְׁכַנְיָה שְׁמַעְיָה[b] וּבְנֵי[b] שְׁמַעְיָה חַטּוּשׁ[c] וְיִגְאָל[d] וּבָרִיחַ וּנְעַרְיָה 22
ה סביר ובני . ה ד מל וחד חס[16] . יב[17] וְשָׁפָט שִׁשָּׁה׃ 23 וּבֶן[a]־נְעַרְיָה אֶלְיוֹעֵינַי וְחִזְקִיָּה וְעַזְרִיקָם שְׁלֹשָׁה׃ 23
ה[16] ד מל וחד חס . הודויהו[3] . ל ק 24 וּבְנֵי אֶלְיוֹעֵינַי הֹדַיְוָהוּ[a] וְאֶלְיָשִׁיב וּפְלָיָה וְעַקּוּב וְיוֹחָנָן וּדְלָיָה וַעֲנָנִי 24
מח ר״פ בסיפ . ל שִׁבְעָה׃ ס **4** 1 בְּנֵי יְהוּדָה פֶּרֶץ חֶצְרוֹן וְכַרְמִי[a] וְחוּר וְשׁוֹבָל׃ **4**

[3] Mp sub loco. [4] Mm 4017. [5] Mm 3747. [6] Mm 4018. [7] Mm 2087. [8] Cf Mm 2087. [9] Mm 2203. [10] Mm 2033. [11] Mm 1723. [12] Mm 3136. [13] Mm 4162. [14] Mp sub loco, hpleg vir ex posteris Serubabelis. [15] Mm 4019. [16] Mm 3930. [17] Mp sub loco, cf Mm 3125 et Mm 3983.

2 [a] l c mlt Mss Vrs 'א ‖ **3** [a] 2 S 3,5 אֵשֶׁת דָּוִד, it 𝔖 ‖ **5** [a] 2 Mss נוֹלְדוּ ‖ [b] 𝔖 *šmwʿ* cf 14,4 2 S 5,14 ‖ [c] Ms 𝔙 שֶׁבַע cf 𝔊 ‖ **6** [a] 2 Mss שׁע–, l c 14,5 2 S 5,15 שׁוּעַ– ‖ **6/7** [b–b] > 2 S, dl (dttg) ‖ **8** [a] 14,7 וּבְעֶלְיָדָע ‖ [b] l שִׁבְעָה cf 6/7[b–b] ‖ **10** [a] pc Mss 𝔊𝔖 וּבְנֵי ‖ **12** [a] mlt Mss יהו–, 𝔊[L](𝔖𝔄) *Οζιας* = עֻזִּיָּה ‖ **15** [a] 𝔊[L] *Ιωαχαζ* ‖ **17** [a] Seb וּבֶן cf 𝔖 ‖ [b] l 'הָאַ (ה hpgr) ‖ [c] l בְּכֹרוֹ ‖ **18** [a] 𝔖 *(w)šmwʿ* ‖ **19** [a] 𝔊* *Σαλαθιηλ* cf Hag 1,1 Esr 3,2 Mt 1,12 Lc 3,27 ‖ [b] l c Seb nonn Mss 𝔊𝔖𝔄 וּבְנֵי ‖ [c] ins ? בְּבָבֶל cf 20[a] ‖ **20** [a] pr וְאַחֲרֵי שׁוּבוֹ (cf 19[c]) et dl ו ? חֲשֻׁבָה dub, prp חֲשַׁבְיָה cf 𝔊[Aal] *Ασεβα* ‖ [b] 𝔖 *wjhwʾjl* = יהואל cf 𝔊[71] *Οιηλ* ‖ [c–c] pr c 𝔊 cop; 𝔊[Aal] *Ασοβαεσδ* = יָשֻׁב (הַ)ח' ‖ **21** [a] l c Seb pc Mss 𝔊𝔖𝔗𝔄 וּבְנֵי ‖ [b] Ms 𝔊𝔙 בְּנוֹ, l sol ו ‖ [c] 𝔊(𝔙) υἱὸς αὐτοῦ, l sol ו cf [b] ‖ [d] 𝔊 + υἱὸς αὐτοῦ ‖ **22** [a] Seb 𝔊𝔖𝔙 וּבֶן ‖ [b–b] dl ‖ [c] l 'וְח ‖ [d] 𝔊* *καὶ Ιωηλ* ‖ **23** [a] l c Seb nonn Mss 𝔊𝔗 וּבְנֵי ‖ **24** [a] 𝔗 ut Q, l; K lapsus calami, 𝔊 *Ωδουια* ‖ **Cp 4,1** [a] l וְכָלֵב vel וּכְלֻבַי (cf 2,9).

2 וּרְאָיָה בֶן־שׁוֹבָל הוֹלִיד אֶת־יַחַת וְיַחַת הֹלִיד אֶת־אֲחוּמַי וְאֶת־ — יא חס ו[1]. יא חס ו[2]. ל
3 לָהַד אֵלֶּה מִשְׁפְּחוֹת הַצָּרְעָתִי׃ ס 3 וְאֵלֶּה[a] אֲבִי[b] עֵיטָם יִזְרְעֶאל — ל. ב. כל מל
4 וְיִשְׁמָא וְיִדְבָּשׁ וְשֵׁם[c] אֲחוֹתָם הַצְלֶלְפּוֹנִי[c]׃ 4 וּפְנוּאֵל[a] אֲבִי גְדֹר — ל וכת א. ל. ל. ח. ב חס
וְעֵזֶר אֲבִי[a] חוּשָׁה אֵלֶּה בְנֵי־חוּר בְּכוֹר אֶפְרָתָה אֲבִי[b] בֵּית לָחֶם׃ — ל שם אנש
5 וּלְאַשְׁחוּר אֲבִי תְקוֹעַ הָיוּ שְׁתֵּי נָשִׁים[a] חֶלְאָה וְנַעֲרָה[a]׃ 6 וַתֵּלֶד לוֹ — ל. ב
נַעֲרָה אֶת־אֲחֻזָּם[a] וְאֶת־חֵפֶר וְאֶת־תֵּימְנִי וְאֶת־הָאֲחַשְׁתָּרִי אֵלֶּה בְּנֵי — ל. ל. ל
7 8 נַעֲרָה׃ 7 וּבְנֵי חֶלְאָה צֶרֶת יְצֹחַר[a] וְאֶתְנָן[b]׃ 8 וְקוֹץ הוֹלִיד אֶת־עָנוּב — ב. וצחר ק. ג ומל[3]. ל
9 וְאֶת־הַצֹּבֵבָה [a]וּמִשְׁפְּחוֹת אֲחַרְחֵל [c]בֶּן־הָרוּם[ac]׃ 9 וַיְהִי יַעְבֵּץ נִכְבָּד — ל וחס. ד. ל. ד[4]
ס̄ב מֵאֶחָיו וְאִמּוֹ קָרְאָה שְׁמוֹ יַעְבֵּץ לֵאמֹר כִּי יָלַדְתִּי בְּעֹצֶב[a]׃ 10 וַיִּקְרָא — ג. ד[4]
יַעְבֵּץ לֵאלֹהֵי יִשְׂרָאֵל לֵאמֹר אִם־בָּרֵךְ תְּבָרְכֵנִי וְהִרְבִּיתָ אֶת־גְּבוּלִי — ד[4]. כה[5] ד[6] מנה בליש. ל ומל
וְהָיְתָה יָדְךָ עִמִּי וְעָשִׂיתָ[a] מֵּרָעָה[b] לְבִלְתִּי עָצְבִּי וַיָּבֵא אֱלֹהִים אֵת — ב[7]. נא[8]. ל
11 אֲשֶׁר־שָׁאָל׃ 11 וּכְלוּב[a] אֲחִי[b]־שׁוּחָה[c] הוֹלִיד אֶת־מְחִיר הוּא — ג קמ[9]. ל שם אנש
12 אֲבִי אֶשְׁתּוֹן׃ 12 וְאֶשְׁתּוֹן הוֹלִיד אֶת־בֵּית רָפָא וְאֶת־פָּסֵחַ וְאֶת־תְּחִנָּה — ל שם אנש
13 אֲבִי עִיר נָחָשׁ[a] אֵלֶּה [b]אַנְשֵׁי רֵכָה[bc]׃ ס 13 וּבְנֵי קְנַז עָתְנִיאֵל — ל
14 וּשְׂרָיָה וּבְנֵי עָתְנִיאֵל חֲתַת[a]׃ 14 וּמְעוֹנֹתַי הוֹלִיד אֶת־עָפְרָה וּשְׂרָיָה — ב[10]. ל
15 הוֹלִיד אֶת־יוֹאָב אֲבִי גֵּיא חֲרָשִׁים כִּי חֲרָשִׁים הָיוּ׃ פ 15 וּבְנֵי — ג. ג
16 כָּלֵב בֶּן־יְפֻנֶּה[a] [ba]עִירוּ אֵלָה[b] וָנָעַם וּבְנֵי[c] אֵלָה וּקְנַז[ad]׃ 16 וּבְנֵי[a] — ל ומל. ל. ל
17 יְהַלֶּלְאֵל זִיף וְזִיפָה תִּירְיָא וַאֲשַׂרְאֵל׃ 17 וּבֶן[a]־עֶזְרָה יֶתֶר וּמֶרֶד — ל. ל ומל. ה סביר ובני. ל כת ה
וְעֵפֶר [b]וְיָלוֹן וַתַּהַר[b] [c]אֶת־מִרְיָם וְאֶת־שַׁמַּי וְאֶת־יִשְׁבָּח[c] אֲבִי אֶשְׁתְּמֹעַ׃ — ל. ל[11]

Cp 4 [1]Mm 4032 contra textum. [2]Mm 4032. [3]Mm 4020. [4]Mm 4016. [5]Mm 2364. [6]Mm 3921. [7]Mm 4021. [8]Mm 639. [9]Mm 1445. [10]Hi 6,21. [11]וחד ואת מרים Nu 26,59.

3 [a] nonn vb exc ‖ [b] 𝔊* *υἱοί*, 𝔙 *stirps* ‖ [c–c] > 𝔖, prb add (prp הַצֹּבֵב לִפְנֵי שֵׁם אֲחוֹתָהּ = gl ad 6.7 propter 5b?) ‖ **4** [a–a] > 𝔖 ‖ [b] l הִיא (בי׳ dttg) ‖ **5** [a–a] > 𝔖 ‖ **6** [a] 𝔖 *(l)'hjrm* ‖ **7** [a] 𝔊 ut Q, l; K 𝔗𝔙 יִצְחָר ‖ [b] ins וְקוֹץ cf 𝔗 (hpgr) ‖ **8** [a–a] 𝔊^{L} *αὗται αἱ πατριαὶ Νοερα τῆς τοῦ Αρειηλ ἀδελφοῦ Ρηχαβ* ‖ [b] 𝔊 *ἀδελφοῦ Ρηχαβ* ‖ [c–c] crrp ‖ **9** [a] 𝔊 *ὡς γαβης* ‖ **10** [a] ins יְשׁוּעָתִי (hpgr)? cf Jes 26,18 ‖ [b] sic L, mlt Mss Edd מֵ׳ ‖ **11** [a] 𝔊(𝔖𝔙) *καὶ Χαλεβ* ‖ [b] nonn Mss 𝔊 אֲבִי ‖ [c] 𝔊 *Ασχα(ς)* cf 2,49b, 𝔖 *(d)'hj'* = אחיה ‖ **12** [a] 𝔊 + *ἀδελφοῦ Εσελων* (𝔊^{min} *Αθθωμ*) *τοῦ Χενεζι* ‖ [b–b] 𝔖^{A} *bnwhj dplw* = בני פלו ‖ [c] l רֵכָב cf 𝔊^{BL} ‖ **13** [a] ins וּמְעוֹנֹתַי cf 𝔊^{L}𝔙 (hpgr) ‖ **15** [a–a] 𝔖^{A} *šm' dbrh bwkrh 'l' wšm' dtnjn' n'm wšm' dtljtj' qnz wšm' drbj'j' 'šjp wšm' dḥmjšj' jw'jl wšm' dštjtj' jrhwb* = שֵׁם בְּכֹרוֹ אֵלָה וְשֵׁם הַשֵּׁנִי נַעַם וְשֵׁם הַשְּׁלִישִׁי קנז וְשֵׁם הָרְבִיעִי אשיף וְשֵׁם הַחֲמִשִׁי יואל וְשֵׁם הַשִּׁשִּׁי ירהוב ‖ [b–b] l עִיר וְא׳ cf 𝔊𝔙 ‖ [c] Seb וּבֶן ‖ [d] pc Mss 𝔊𝔗𝔙 קְנַז, aut sic l aut antea nom exc ‖ **16** [a] 𝔊^{B} *καὶ υἱὸς αὐτοῦ*; pr frt וּבְנֵי ... יְהַלֶּלְאֵל וְעֶזְרָה ‖ **17** [a] l c Seb mlt Mss 𝔊𝔙 וּבְנֵי ‖ [b–b] 𝔊 *καὶ ἐγέννησεν Ιεθερ*, l וַיּוֹלֶד יֶתֶר ‖ [c–c] 𝔊^{L} *τὸν Μωεωρ (Μαρω) καὶ Ιαμιν καὶ Ναρε.*

18 וְאִשְׁתּוֹ[a] הַיְהֻדִיָּה[b] יָלְדָה אֶת־יֶרֶד אֲבִי גְדוֹר וְאֶת־חֶבֶר אֲבִי שׂוֹכוֹ 18 — ל וחס . ג מל[12]
וְאֶת־יְקוּתִיאֵל אֲבִי זָנוֹחַ וְאֵלֶּה[c] בְּנֵי בִּתְיָה[d] בַת־פַּרְעֹה אֲשֶׁר לָקַח — ל ומל . יג[13] . ל
19 מָרֶד[e]׃ ס 19 וּבְנֵי[a] אֵשֶׁת הוֹדִיָּה[a] אֲחוֹת נַחַם[b] אֲבִי קְעִילָה[c] — ל. ל. ל שם אנש[14]
20 הַגַּרְמִי[d] וְאֶשְׁתְּמֹעַ[e] הַמַּעֲכָתִי׃ 20 וּבְנֵי שִׁימוֹן אַמְנוֹן וְרִנָּה בֶּן־חָנָן — ל. ל
21 וְתוּלוֹן[a] וּבְנֵי יִשְׁעִי זוֹחֵת וּבֶן[b]־זוֹחֵת[c]׃ 21 בְּנֵי שֵׁלָה בֶן־יְהוּדָה עֵר — ותילון ק . ב. ב. מח ר״פ בסיפ
אֲבִי לֵכָה וְלַעְדָּה אֲבִי מָרֵשָׁה וּמִשְׁפְּחוֹת בֵּית־עֲבֹדַת הַבֻּץ לְבֵית — ד. ד חס בליש ובסיפ. ל וחס
22 אַשְׁבֵּעַ׃ 22 וְיוֹקִים[a] וְאַנְשֵׁי כֹזֵבָא וְיוֹאָשׁ וְשָׂרָף אֲשֶׁר־בָּעֲלוּ לְמוֹאָב — ל. יח[15]
23 וְיָשֻׁבִי לָחֶם[b] וְהַדְּבָרִים עַתִּיקִים׃ 23 הֵמָּה[a] הַיּוֹצְרִים וְיֹשְׁבֵי[b] נְטָעִים — ב[16] חס ול בליש. ל. ל. יט ר״פ[17]. ל
24 וּגְדֵרָה עִם־הַמֶּלֶךְ בִּמְלַאכְתּוֹ יָשְׁבוּ שָׁם׃ ס 24 בְּנֵי[a] שִׁמְעוֹן[a] — מח ר״פ בסיפ
25 נְמוּאֵל[b] וְיָמִין[c] יָרִיב[d] זֶרַח[e] שָׁאוּל[f]׃ 25 שַׁלֻּם[a] בְּנוֹ[a] מִבְשָׂם בְּנוֹ מִשְׁמָע — ל. יא חס ו[18] מנה בכתיב וכל נביא דכות ב מ ג
26 27 בְּנוֹ׃ 26 וּבְנֵי[a] מִשְׁמָע[a] חַמּוּאֵל בְּנוֹ זַכּוּר בְּנוֹ שִׁמְעִי בְנוֹ׃ 27 וּלְשִׁמְעִי — ל ומל
בָּנִים שִׁשָּׁה עָשָׂר וּבָנוֹת שֵׁשׁ[a] וּלְאֶחָיו אֵין בָּנִים רַבִּים וְכֹל מִשְׁפַּחְתָּם[b] — ל[19]
28 לֹא הִרְבּוּ עַד־בְּנֵי יְהוּדָה׃ ס 28 וַיֵּשְׁבוּ בִּבְאֵר־שֶׁבַע[a] וּמוֹלָדָה
29 30 וַחֲצַר שׁוּעָל׃ 29 וּבְבִלְהָה[a] וּבְעֶצֶם וּבְתוֹלָד[b]׃ 30 וּבִבְתוּאֵל[a] וּבְחָרְמָה — ל. ל. ל. ל
31 וּבְצִיקְלָג[b]׃ 31 וּבְבֵית מַרְכָּבוֹת וּבַחֲצַר סוּסִים[a] וּבְבֵית בִּרְאִי[b] — ל
32 וּבְשַׁעֲרָיִם[c] אֵלֶּה[d] עָרֵיהֶם עַד־מְלֹךְ[e] דָּוִיד[d]׃ 32 וְחַצְרֵיהֶם[a] עֵיטָם — ל. ל. כל מל
33 וָעַיִן רִמּוֹן[b] וְתֹכֶן[c] וְעָשָׁן[d] עָרִים חָמֵשׁ׃ 33 וְכָל־חַצְרֵיהֶם אֲשֶׁר סְבִיבוֹת — ב וחס ובתרי ליש[20]. ה שם קריה[21]. ל

[12] Mm 4022. [13] Mm 984. [14] Mp sub loco. [15] Mm 2952. [16] Mm 4023. [17] Mm 1497. [18] Mm 4232. [19] וחד ממשפחתם Jdc 18,2. [20] Mm 4024. [21] Mm 1346.

18 [a] nonn vb exc (prp וּלְמֶרֶד שְׁתֵּי נָשִׁים אִשָּׁה מִצְרִיָּה וְאִשָּׁה יְהֻדִיָּה) || [b] 𝔊 *αὕτη Αδια (Αιδια, Ιδια)*; l הַמִּצְרִיָּה cf [a] || [c] dl || [d] 𝔊[B] *Γελια* || [e] 𝔊[B] *Νωρωηλ* || **19** [a–a] l אִשְׁתּוֹ הַיְהֻדִיָּה cf 𝔊[Aal] et 18[a.b] || [b] 𝔊 + *καὶ Δαλια πατὴρ Κειλα καὶ Σεμειων πατὴρ Ιωμαν καὶ υἱοὶ Ναημ* || [c] ins דְּלָיָה אֲבִי ... וְשִׁימוֹן אֲבִי יוֹמָן: וּבְנֵי נַחַם אֲבִי קְעִילָה (homtel) cf [b] || [d] nomen Garmitae exc || [e] prp יִשְׁעִי cf 20b || **20** [a] 𝔊𝔗𝔙 ut Q, K וְתוֹ׳ cf 𝔊[L] || [b] 𝔊 pl || [c] nom exc || **22** [a] 𝔊 *καὶ Ιωακιμ*; prp וְרֹקֵם אֶת־בֵּית צֹבֵעַ || [b–b] l וַיָּשֻׁבוּ בֵית ל׳ cf 𝔗𝔙 || **23** [a] nonn vb exc? cf 22b || [b] 𝔊𝔗𝔙 om ו || **24** [a–a] > 𝔖 cf 25[a–a] || [b] Gn 46,10 Ex 6,15 יְמ׳ || [c] 𝔖 ut Gn Ex + אֹהַד || [d] 𝔖 ut Gn Ex Nu 26,12 יָכִין || [e] 𝔖 ut Gn Ex צֹחַר || [f] 𝔖 + *hljn bnj' dšl' brh djhwd'*, 𝔖[A] + nonn vb || **25** [a–a] 𝔖 *wbnwhj dšmʿwn* cf 24[a–a] || **26** [a–a] > 𝔊 || **27** [a] 𝔊* 3 || [b] l c 2 Mss 𝔊 ־חֹתָם || **28** [a] 𝔊 ut Jos 15,26 + וְשֶׁמַע || **29** [a] Jos 19,3 וּבָלָה, Jos 15,29 בַּעֲלָה || [b] 𝔖(𝔄) *wb'ltld* = וּבְאֶלְתּ׳ cf Jos 15,30 19,4 || **30** [a] 𝔖 *wbnsl* = et in Nesel cf כְּסִיל Jos 15,30; וּבְתוּל Jos 19,4 || [b] 𝔖 + nonn vb cf Jos 15,27.31 || **31** [a] Jos 19,5 סוּסָה || [b] Jos 19,6 (וּבֵית) לְבָאוֹת cf Jos 15,32 || [c] Jos 15,32 (וְ)שִׁלְחִים, Jos 19,6 (וְ)שָׁרוּחֶן; l וּבְשָׁרוּחֶן שְׁלֹשׁ עֶשְׂרֵה עָרִים cf 32b Jos 19,6 || [d–d] > Jos 19,6, gl || [e] pc Mss 𝔊𝔖𝔙 מֶלֶךְ עַד || **32** [a] cj c 31 cf Jos 19,6 || [b] nonn Mss 𝔊𝔖 et Jos 15,32 וְר׳ || [c] Jos 15,42; Jos 19,7 וָעֶתֶר; l וַעֲתָךְ? cf 1 S 30,30 || [d] ins c Jos 19,7 וְחַצְרֵיהֶם.

34 הֶעָרִים הָאֵלֶּה עַד־בָּעַל[a] זֹאת מוֹשְׁבֹתָם וְהִתְיַחְשָׂם לָהֶם׃ 34 [ba]וּמְשׁוֹבָב
35 וְיַמְלֵךְ[b] וְיוֹשָׁה בֶּן־אֲמַצְיָה׃ 35 וְיוֹאֵל וְיֵהוּא[a] בֶּן־יוֹשִׁבְיָה בֶּן־שְׂרָיָה ל̇[22]. ל̇. ט̇[23]. ל̇
36 בֶּן־עֲשִׂיאֵל׃ 36 וְאֶלְיוֹעֵינַי וְיַעֲקֹבָה וִישׁוֹחָיָה וַעֲשָׂיָה וַעֲדִיאֵל[a] ל̇. ל̇
37 וִישִׂימִאֵל[ab] וּבְנָיָה׃ 37 וְזִיזָא בֶן־שִׁפְעִי בֶן־אַלּוֹן בֶּן־יְדָיָה בֶן־שִׁמְרִי ל̇ וחס̇ י̇. ז̇ וכל עזרא דכות[24]. ג̇ ב̇ כת̇ א וחד כת̇ ה[25]. ל̇. ג̇
38 בֶּן־שְׁמַעְיָה[a]׃ 38 אֵלֶּה [a]הַבָּאִים בְּשֵׁמוֹת[a] נְשִׂיאִים בְּמִשְׁפְּחוֹתָם וּבֵית יד̇ ר״פ בסיפ̇[26]. ז̇ בליש̇[27]
39 אֲבוֹתֵיהֶם פָּרְצוּ לָרוֹב׃ 39 וַיֵּלְכוּ לִמְבוֹא גְדֹר[a] עַד לְמִזְרַח הַגָּיְא יז̇ מל̇ בסיפ̇. ג̇[28]. ב̇ מל̇. ב̇ חס̇
40 לְבַקֵּשׁ מִרְעֶה לְצֹאנָם׃ 40 וַיִּמְצְאוּ מִרְעֶה שָׁמֵן וָטוֹב וְהָאָרֶץ רַחֲבַת ד̇[29]. ה̇[30]
41 יָדַיִם וְשֹׁקֶטֶת וּשְׁלֵוָה כִּי מִן־[a]חָם הַיֹּשְׁבִים שָׁם לְפָנִים׃ 41 וַיָּבֹאוּ אֵלֶּה
הַכְּתוּבִים בְּשֵׁמוֹת בִּימֵי ׀ יְחִזְקִיָּהוּ מֶלֶךְ־יְהוּדָה וַיַּכּוּ אֶת־אָהֳלֵיהֶם[a]
וְאֶת־הַמְּעִינִים[b] אֲשֶׁר נִמְצְאוּ־שָׁמָּה וַיַּחֲרִימֻם [c]עַד־הַיּוֹם הַזֶּה[c] וַיֵּשְׁבוּ המעונים[31] ק̇. ה̇ פסוק שמה שם[32]. ג̇ בכתיב. ב̇
42 תַּחְתֵּיהֶם כִּי־מִרְעֶה לְצֹאנָם שָׁם׃ 42 וּמֵהֶם ׀ מִן־בְּנֵי שִׁמְעוֹן הָלְכוּ ו̇[33]
לְהַר שֵׂעִיר אֲנָשִׁים חֲמֵשׁ מֵאוֹת וּפְלַטְיָה וּנְעַרְיָה[a] וּרְפָיָה וְעֻזִּיאֵל
43 בְּנֵי יִשְׁעִי בְּרֹאשָׁם׃ 43 וַיַּכּוּ אֶת־שְׁאֵרִית הַפְּלֵטָה לַעֲמָלֵק וַיֵּשְׁבוּ ח̇[34]. ג̇ חס̇[35]
5 שָׁם עַד הַיּוֹם הַזֶּה׃ 5 1 וּבְנֵי רְאוּבֵן בְּכוֹר־יִשְׂרָאֵל כִּי הוּא הַבְּכוֹר
וּבְחַלְּלוֹ יְצוּעֵי אָבִיו נִתְּנָה בְּכֹרָתוֹ[a] [b]לִבְנֵי יוֹסֵף[b] בֶּן־יִשְׂרָאֵל וְלֹא ל̇. ל̇ ומל̇. ב̇[1]
2 לְהִתְיַחֵשׂ לַבְּכֹרָה׃ 2 כִּי יְהוּדָה גָּבַר בְּאֶחָיו וּלְנָגִיד[a] מִמֶּנּוּ וְהַבְּכֹרָה[b] ל̇ ומל̇
3 לְיוֹסֵף׃ ס 3 בְּנֵי רְאוּבֵן בְּכוֹר יִשְׂרָאֵל חֲנוֹךְ וּפַלּוּא חֶצְרוֹן ח̇[2]. מח̇ ר״פ בסיפ̇
4 5 וְכַרְמִי׃ 4 [a]בְּנֵי יוֹאֵל[ab] שְׁמַעְיָה[c] בְנוֹ גּוֹג[d] בְּנוֹ שִׁמְעִי בְנוֹ׃ 5 מִיכָה בְנוֹ מח̇ ר״פ בסיפ̇
6 רְאָיָה[a] בְנוֹ בַּעַל[b] בְּנוֹ׃ 6 בְּאֵרָה בְנוֹ אֲשֶׁר הֶגְלָה תִּלְגַת[a] פִּלְנְאֶסֶר[b] ל̇. ד̇[3] ול̇ שם אנש. ב̇
7 מֶלֶךְ אַשֻּׁר הוּא נָשִׂיא לָרְאוּבֵנִי׃ 7 וְאֶחָיו[a] לְמִשְׁפְּחֹתָיו[b] בְּהִתְיַחֵשׂ ל̇ חס̇. ד̇[4]

33 [a] 𝔊[B] *Βαλατ* cf Jos 19,8 בַּעֲלַת בְּאֵר ‖ **34** [a] 𝔖 om 34–37 ‖ [b–b] 𝔊[L] *καὶ ἐπιστρέφων ἐβασίλευσεν* ‖ **35** [a] 𝔊[B*] *καὶ οὗτος* = וְהוּא ‖ **36** [a–a] > 𝔊[B] ‖ [b] 2 Mss 𝔊[Aal] וישמאל ‖ **37** [a] 𝔊[B] *Συμεων* = שִׁמְעוֹן (ex 24) ‖ **38** [a–a] crrp; prp הָרָאֻיִם בִּ׳ ‖ **39** [a] 𝔊 *Γεραρα* ‖ **40** [a] 𝔊 *ἐκ τῶν υἱῶν* ‖ **41** [a] prp חָם ־ֵי; אהלי = homines cf arab *ahl* et 𝔊[Aal] *οἰκήτορας* ‖ [b] K ע֯י׳– cf 𝔊 *τοὺς Μιναίους* et 𝔖(𝔄) *mbw''* = הַמַּעְיָנִים; 𝔗 *mdwrj'* = הַמְּעוֹנִים cf arab *ma'ān* = domicilium et 𝔙 *habitatores*; l מְעוֹנֵיהֶם? ‖ [c–c] tr post תחתיהם cf 43 b ‖ **42** [a] 𝔊 *καὶ Νωαδια*, 𝔖 *wmtjt'* = וּמַתִּתְיָה ‖ **Cp 5,1** [a] 𝔊 *εὐλογίαν αὐτοῦ*, l בִּרְכָתוֹ ‖ [b–b] pc Mss לְיוֹסֵף, 𝔊 *τῷ υἱῷ αὐτοῦ Ιωσηφ*, 𝔖(𝔄) *ljwsp 'ḥwhj* = Joseph fratri eius ‖ **2** [a] Ms וְנָגִיד ‖ [b] 𝔊 *καὶ ἡ εὐλογία* = וְהַבְּרָכָה; ins לוֹ לֹא cf Ps 78,67.68 a ‖ **4** [a–a] 𝔊[L] *Ιωηλ υἱὸς αὐτοῦ* ‖ [b] 𝔖(𝔄) *(d)krmj* ‖ [c] 𝔊 + *καὶ Βαναια* ‖ [d] 𝔊 *Γουγ*, 𝔖(𝔄) *(w)dw'g* ‖ **5** [a] 𝔖 *'wrj'* ‖ [b] 𝔊* *Ιωηλ*, 𝔖 *bl'* ‖ **6** [a] mlt Mss 𝔊[Aal]𝔖𝔗 תִּגְלַת ‖ [b] 𝔊[L] om נ ‖ **7** [a] prp וְאַחַר ‖ [b] 𝔊[L]𝔖𝔗𝔄 suff 3 pl.

8 לְתֹלְדוֹתָם הָרֹאשׁ יְעִיאֵל[c] וּזְכַרְיָהוּ׃ 8 וּבֶלַע בֶּן־עָזָז[a] בֶּן־שֶׁמַע[b] בֶּן־
9 יוֹאֵל הוּא יוֹשֵׁב בַּעֲרֹעֵר וְעַד־נְבוֹ וּבַעַל מְעוֹן׃ 9 וְלַמִּזְרָח יָשַׁב עַד־
לְבוֹא מִדְבָּרָה לְמִן־הַנָּהָר פְּרָת כִּי מִקְנֵיהֶם רָבוּ בְּאֶרֶץ גִּלְעָד׃
10 וּבִימֵי שָׁאוּל עָשׂוּ מִלְחָמָה עִם־הַהַגְרִאִים[a] וַיִּפְּלוּ בְּיָדָם וַיֵּשְׁבוּ[b]
בְּאָהֳלֵיהֶם עַל־[b]כָּל־פְּנֵי מִזְרָח לַגִּלְעָד׃ פ
11 12 וּבְנֵי־גָד לְנֶגְדָּם יָשְׁבוּ[a] בְּאֶרֶץ הַבָּשָׁן עַד־סַלְכָה׃ 12 יוֹאֵל
13 הָרֹאשׁ וְשָׁפָם[a] הַמִּשְׁנֶה וְיַעְנַי וְשָׁפָט[b] בַּבָּשָׁן׃ 13 וַאֲחֵיהֶם לְבֵית
אֲבוֹתֵיהֶם מִיכָאֵל וּמְשֻׁלָּם וְשֶׁבַע וְיוֹרַי וְיַעְכָּן וְזִיעַ[a] וָעֵבֶר[b] שִׁבְעָה׃
14 ס 14 אֵלֶּה ׀ בְּנֵי אֲבִיחַיִל בֶּן־חוּרִי בֶּן־יָרוֹחַ[a] בֶּן־גִּלְעָד בֶּן־
15 מִיכָאֵל[b] בֶּן־יְשִׁישַׁי[c] בֶּן־יַחְדּוֹ[d] בֶּן־בּוּז׃[e] 15 אֲחִי[a] בֶּן־עַבְדִּיאֵל בֶּן־
16 גּוּנִי רֹאשׁ לְבֵית אֲבוֹתָם׃ 16 וַיֵּשְׁבוּ בַּגִּלְעָד[a] בַּבָּשָׁן[b] וּבִבְנֹתֶיהָ[c] וּבְכָל־
17 מִגְרְשֵׁי שָׁרוֹן עַל־[d]תּוֹצְאוֹתָם׃[c] 17 כֻּלָּם הִתְיַחְשׂוּ בִּימֵי יוֹתָם[a] מֶלֶךְ־
18 יְהוּדָה וּבִימֵי יָרָבְעָם[b] מֶלֶךְ־יִשְׂרָאֵל׃ פ 18 בְּנֵי־רְאוּבֵן וְגָדִי[a]
וַחֲצִי שֵׁבֶט־מְנַשֶּׁה [b]מִן־בְּנֵי־חַיִל[b] אֲנָשִׁים נֹשְׂאֵי מָגֵן וְחֶרֶב וְדֹרְכֵי קֶשֶׁת
וּלְמוּדֵי מִלְחָמָה אַרְבָּעִים וְאַרְבָּעָה אֶלֶף וּשְׁבַע־מֵאוֹת וְשִׁשִּׁים יֹצְאֵי
19 צָבָא׃ 19 וַיַּעֲשׂוּ מִלְחָמָה עִם־הַהַגְרִיאִים [a]וִיטוּר וְנָפִישׁ וְנוֹדָב׃[a]
20 20 [a]וַיֵּעָזְרוּ[b] עֲלֵיהֶם[a] וַיִּנָּתְנוּ בְיָדָם [a]הַהַגְרִיאִים וְכֹל שֶׁעִמָּהֶם[ac] כִּי
21 לֵאלֹהִים זָעֲקוּ בַּמִּלְחָמָה וְנַעְתּוֹר לָהֶם כִּי־בָטְחוּ בוֹ׃ 21 וַיִּשְׁבּוּ[a]
מִקְנֵיהֶם גְּמַלֵּיהֶם חֲמִשִּׁים[b] אֶלֶף וְצֹאן מָאתַיִם וַחֲמִשִּׁים אֶלֶף וַחֲמוֹרִים
22 אַלְפָּיִם וְנֶפֶשׁ אָדָם מֵאָה אָלֶף׃ 22 כִּי־[a]חֲלָלִים רַבִּים נָפָלוּ כִּי
מֵהָאֱלֹהִים הַמִּלְחָמָה וַיֵּשְׁבוּ תַחְתֵּיהֶם עַד־הַגֹּלָה׃ פ

לז כג מנה בסיפ . ל
כל סיפ מל ב מ חד[5] חס . ה חס בליש וכל אורית דכות[6] . ב . ה[7]
ה ג קמ וב פת . ל
ג ב מל ול חס[8]
ד[9]
ג ב מיחד ס״פ
לז כג מנה בסיפ . ל . ל בבני גד . ז בליש[10]
יז מל בסיפ . ל . ל . ל
יד ר״פ בסיפ[11] . ל
ל . ל . ל
ל . ד ב מל וב חס[12]
ל ומל . ל ומל
מח ר״פ בסיפ
כו ו מנה בסיפ
ל ומל[13]
ג ב מל וחד חס . ל
ל . ג ב מל וחד חס . ל . ג[14]
ל ומל . ט[15]
ו מל[16]
ב . ב . ד חס ב[17] מנה בליש

[5] 1 Ch 20,1. [6] Mm 4029. [7] Mm 87. [8] Mp sub loco. [9] Mm 2928. [10] Mm 4025. [11] Mm 4006. [12] Mm 4030. [13] Mm 2408. [14] Mm 3279. [15] Mm 1694. [16] Mm 1507. [17] Mm 3748.

7 [c] 𝔊 *Ιωηλ* ‖ 8 [a] 𝔖 *'wzj* ‖ [b] 𝔊^{L}(𝔖) *Σεμεει* = שִׁמְעִי ‖ 10 [a] 𝔊 *τοὺς παροίκους* = הַגֵּרִים ‖ [b–b] 𝔊 *κατοικοῦντες ἐν σκηναῖς ἕως* = יֹשְׁבֵי בְאֹהָלִים עַד ‖ 11 [a] ins בְּאֶרֶץ הַגִּלְעָד וּ (homark)? ‖ 12 [a] 𝔊^{B} *καὶ Σαβατ* cf 𝔗, 𝔊^{L}(𝔙) *καὶ Σαφαν* ‖ [b] 𝔗 *djn'*, l הַשֹּׁפֵט cf 𝔊 *ὁ γραμματεύς* ‖ 13 [a] 𝔊 *καὶ Ζουε* ‖ [b] pc Mss 𝔊^{B} וְעֹבֵד, 𝔊^{Aal} *καὶ Ιωβηδ* ‖ 14 [a] Ms ירוע, 𝔊^{B} *Ιδαι*, 𝔊^{A} *Αδαι*, 𝔊^{L} *Αρουε*, 𝔖(𝔄) *zrḥ*, 𝔙 *Jara* ‖ [b] 𝔖 *mkjr* ‖ [c] 𝔊 *Ι(εσ)σαι*, 𝔊^{L} *Σουσι* ‖ [d] 𝔊^{B} *Ιουρι*, 𝔊^{Aal} *Ιεδδαι* ‖ [e] 𝔊 *Ζαβουχαμ* (ex בוז + אחי 15? cf 𝔊^{Aal} *Αχιβουζ*) ‖ 15 [a] > 𝔊^{L}𝔖 cf 14[e], 𝔙 *fratres* ‖ [b] 𝔖 *'(j)lj* ‖ 16 [a] > 𝔖 ‖ [b] l prb בְּיָבֵשׁ ‖ [c–c] > 𝔖 ‖ [d] l עַד cf 𝔊𝔙 ‖ 17 [a] 𝔊^{L} *Ιωας* ‖ [b] 𝔊^{L} + *τοῦ Ιωας* ‖ 18 [a] l וְגָד cf 𝔊^{BL}𝔖𝔗𝔙 ‖ [b–b] > 𝔖 ‖ 19 [a–a] > 𝔖 ‖ 20 [a–a] > 𝔖 ‖ [b] 𝔊 *καὶ κατίσχυσαν* = 𝔐, 𝔊^{L} *καὶ ἐβόησαν* (crrp ex *ἐβοηθήθησαν* = 𝔐) ‖ [c] 𝔊 *τὰ σκηνώματα αὐτῶν* ‖ 21 [a] prp וַיִּשְׁלוּ ‖ [b] 𝔊 5 ‖ 22 [a] pr אַף?

23 וּבְנֵי חֲצִי שֵׁבֶט מְנַשֶּׁה יָשְׁבוּ [a]בָּאָרֶץ [b]מִבָּשָׁן[a] עַד־בַּעַל חֶרְמוֹן
24 וּשְׂנִיר וְהַר־[c]חֶרְמוֹן הֵמָּה[d] רָבוּ׃ 24 וְאֵלֶּה רָאשֵׁי בֵית־אֲבוֹתָם וְעֵפֶר[a] — ל̇ נסיב ו . ל̇ . ע̇ה
וְיִשְׁעִי[b] וֶאֱלִיאֵל[c] וְעַזְרִיאֵל וְיִרְמְיָה וְהוֹדַוְיָה וְיַחְדִּיאֵל[d] אֲנָשִׁים גִּבּוֹרֵי — ג̇ בליש . ד̇ בליש וכל עזרא דכות̇[18]
25 חַיִל אַנְשֵׁי שֵׁמוֹת רָאשִׁים לְבֵית אֲבוֹתָם׃ 25 וַיִּמְעֲלוּ בֵּאלֹהֵי אֲבוֹתֵיהֶם — כ̇ . ב̇[19] . ט̇ חס̇ בסיפ̇[20]
26 וַיִּזְנוּ אַחֲרֵי אֱלֹהֵי עַמֵּי־הָאָרֶץ אֲשֶׁר־הִשְׁמִיד אֱלֹהִים מִפְּנֵיהֶם׃ 26 וַיָּעַר — ב̇ . ג̇[21]
אֱלֹהֵי יִשְׂרָאֵל אֶת־רוּחַ ׀ [a]פּוּל[b] מֶלֶךְ־אַשּׁוּר וְאֶת־רוּחַ[a] תִּלְּגַת[c] פִּלְנֶסֶר[d] — כ̇ח̇[22] . ד̇ . י̇א̇ מילין דלא מפק א[23]
מֶלֶךְ אַשּׁוּר וַיַּגְלֵם לָרְאוּבֵנִי וְלַגָּדִי וְלַחֲצִי שֵׁבֶט מְנַשֶּׁה וַיְבִיאֵם לַחְלַח[e]
וְחָבוֹר וְהָרָא[f] וּנְהַר[g] גּוֹזָן[h] עַד הַיּוֹם הַזֶּה׃ פ — ב̇ חד כת̇ א וחד כת̇ ה
27 בְּנֵי לֵוִי גֵּרְשׁוֹן קְהָת וּמְרָרִי׃ 28 וּבְנֵי קְהָת עַמְרָם יִצְהָר — מ̇ח̇ ר״פ בסיפ̇ . ב̇ בסיפ̇ למערב̇[24] . ה̇ פסוק דמיין
29 וְחֶבְרוֹן וְעֻזִּיאֵל׃ ס 29 וּבְנֵי עַמְרָם אַהֲרֹן וּמֹשֶׁה וּמִרְיָם[a] ס — ב̇ בסיפ̇ . ג̇[25]
30 וּבְנֵי אַהֲרֹן נָדָב וַאֲבִיהוּא[b] אֶלְעָזָר וְאִיתָמָר׃ ס 30 אֶלְעָזָר הוֹלִיד
31 אֶת־פִּינְחָס פִּינְחָס הֹלִיד אֶת־אֲבִישׁוּעַ׃ 31 וַאֲבִישׁוּעַ הוֹלִיד אֶת־בֻּקִּי[a] — ל̇ . י̇א̇ חס̇ ו[26]
32 וּבֻקִּי הוֹלִיד אֶת־עֻזִּי[b]׃ 32 וְעֻזִּי הוֹלִיד אֶת־זְרַחְיָה וּזְרַחְיָה הוֹלִיד אֶת־ — ל̇
33 מְרָיוֹת[a]׃ 33 מְרָיוֹת הוֹלִיד אֶת־אֲמַרְיָה וַאֲמַרְיָה הוֹלִיד אֶת־אֲחִיטוּב׃
34 וַאֲחִיטוּב הוֹלִיד אֶת־צָדוֹק וְצָדוֹק הוֹלִיד אֶת־אֲחִימָעַץ׃
35 וַאֲחִימַעַץ הוֹלִיד אֶת־עֲזַרְיָה[a] וַעֲזַרְיָה הוֹלִיד אֶת־יוֹחָנָן׃ 36 וְיוֹחָנָן
הוֹלִיד אֶת־עֲזַרְיָה [a]הוּא[b] אֲשֶׁר כִּהֵן בַּבַּיִת אֲשֶׁר־בָּנָה שְׁלֹמֹה — ל̇[27]
37 בִּירוּשָׁלִָם[a]׃ 37 וַיּוֹלֶד עֲזַרְיָה אֶת־אֲמַרְיָה וַאֲמַרְיָה הוֹלִיד אֶת־
38 אֲחִיטוּב׃ 38 וַאֲחִיטוּב הוֹלִיד אֶת־צָדוֹק וְצָדוֹק הוֹלִיד אֶת־שַׁלּוּם׃
39 וְשַׁלּוּם הוֹלִיד אֶת־חִלְקִיָּה וְחִלְקִיָּה הוֹלִיד אֶת־עֲזַרְיָה׃ 40 וַעֲזַרְיָה — י̇ וכל עזרא דכות̇[28] . י̇ וכל עזרא דכות̇[28]
41 הוֹלִיד אֶת־שְׂרָיָה וּשְׂרָיָה הוֹלִיד אֶת־יְהוֹצָדָק[a]׃ 41 וִיהוֹצָדָק הָלַךְ[a]
בְּהַגְלוֹת יְהוָה אֶת־יְהוּדָה וִירוּשָׁלִָם בְּיַד נְבֻכַדְנֶאצַּר׃ ס — י̇ חס̇ ו וכל מלכים דכות̇ ב̇ מ̇ א̇[29] וחד מן ד̇[30] ותרי̇ מילין ס״פ

[18] Mm 3858. [19] Mm 1274. [20] Mp contra textum, cf Mp sub loco. [21] Mm 4031. [22] Mm 2364. [23] Mm 4069 contra textum, lect Mm frt inc. [24] Mm 3914. [25] Mm 904. [26] Mm 4032. [27] וחד וכהן Ex 40,13. [28] Mm 4033. [29] 2R 25,22. [30] Mm 3788.

23 [a–a] l בְּאֶרֶץ הַבָּשָׁן cf 𝔖𝔄 ‖ [b] > 𝔊[B] ‖ [c] prp (א)וְהוּ ‖ [d] 𝔊 pr *καὶ ἐν τῷ Λιβάνῳ* ‖ **24** [a] Vrs om ו, aut l ע׳ aut nom exc; 𝔖 *ʿpʾ* ‖ [b] 𝔖[W] *wšwb*, 𝔖[A] *wjwšb* ‖ [c] 𝔖 *wʾldʿʾ* ‖ [d] 𝔖 *wḥzʾjl* ‖ **26** [a–a] > 𝔖 ‖ [b] 𝔊 *Φαλωχ (-ως)* ‖ [c] nonn Mss 𝔊𝔖 תִּגְלַת ‖ [d] 𝔖 om נ ‖ [e] pc Mss לַהְ׳ ‖ [f] > 𝔊*𝔖 cf 2 R 17,6 18,11, dl ‖ [g] 𝔖 et 2 R om ו, dl ‖ [h] 𝔖 + nonn vb cf 2 R ‖ **29** [a] add? ‖ [b] 𝔊 *καὶ Αβιουδ* ‖ **31** [a] 𝔖 *(l)ʾbjq(w)r* ‖ [b] 𝔖[A] *(l)ʿzrj* ‖ **32** [a] 𝔖 *(l)mrw* ‖ **35** [a] huc tr 36[a–a] ‖ **36** [a–a] cf 35[a] ‖ [b] Ms 𝔊[L]𝔖𝔄 + עזריה; ins הָרִאשׁוֹן ‖ **40** [a] 𝔖 *(l)ṣdwq* ‖ **41** [a] 𝔗 + *bglwtʾ* cf 𝔖𝔄, ins בַּגֹּלָה vel בַּגָּלוּת (hpgr).

6 ¹ בְּנֵ֣י לֵוִ֔י גֵּרְשֹׁ֕ם[a] קְהָ֖ת וּמְרָרִֽי׃ ² וְאֵ֛לֶּה שְׁמ֥וֹת בְּנֵי־גֵרְשׁ֖וֹם[a] לִבְנִ֥י
3 4 וְשִׁמְעִֽי׃ ³ וּבְנֵ֣י קְהָ֔ת עַמְרָ֥ם וְיִצְהָ֖ר וְחֶבְר֥וֹן וְעֻזִּיאֵֽל׃ ⁴ בְּנֵ֥י מְרָרִ֖י
5 מַחְלִ֣י וּמֻשִׁ֑י וְאֵ֛לֶּה מִשְׁפְּח֥וֹת הַלֵּוִ֖י לַאֲבוֹתֵיהֶֽם׃ ⁵ לְגֵרְשׁ֑וֹם
6 לִבְנִ֣י בְנ֔וֹ יַ֥חַת בְּנ֖וֹ זִמָּ֥ה בְנֽוֹ׃ ⁶ יוֹאָ֤ח בְּנוֹ֙ עִדּ֣וֹ בְנ֔וֹ זֶ֣רַח בְּנ֔וֹ יְאָתְרַ֖י[a]
7 8 בְּנֽוֹ׃ ⁷ בְּנֵ֣י קְהָ֔ת עַמִּינָדָ֣ב[a] בְּנ֔וֹ[b] קֹ֥רַח בְּנ֖וֹ אַסִּ֥יר בְּנֽוֹ[c]׃ ⁸ אֶלְקָנָ֥ה בְנ֛וֹ[a]
9 וְאֶבְיָסָ֥ף[b] בְּנ֖וֹ וְאַסִּ֥יר[c] בְּנֽוֹ׃ ⁹ תַּ֤חַת בְּנוֹ֙ אוּרִיאֵ֣ל בְּנ֔וֹ עֻזִּיָּ֥ה בְנ֖וֹ וְשָׁא֥וּל
10 11 בְּנֽוֹ׃ ¹⁰ וּבְנֵי֙ אֶלְקָנָ֔ה עֲמָשַׂ֖י וַאֲחִימֽוֹת[a]׃ ¹¹ אֶלְקָנָ֑ה בְּנ֗וֹ[a] אֶלְקָנָ֛ה[b]
12 צוֹפַ֥י[c] בְּנ֖וֹ וְנַ֥חַת[d] בְּנֽוֹ[e]׃ ¹² אֱלִיאָ֤ב[a] בְּנוֹ֙ יְרֹחָ֣ם[b] בְּנ֔וֹ אֶלְקָנָ֖ה בְנֽוֹ[c]׃
13 14 ¹³ וּבְנֵ֥י שְׁמוּאֵ֖ל[a] הַבְּכֹ֑ר[b] וַשְׁנִ֖י וַאֲבִיָּֽה[b]׃ ס ¹⁴ בְּנֵ֥י מְרָרִ֖י מַחְלִ֑י
15 לִבְנִ֥י בְנ֖וֹ שִׁמְעִ֥י בְנ֖וֹ עֻזָּ֥ה בְנֽוֹ׃ ¹⁵ שִׁמְעָ֥א בְנ֖וֹ חַגִּיָּ֥ה[a] בְנ֖וֹ עֲשָׂיָ֥ה בְנֽוֹ׃
16 פ ¹⁶ וְאֵ֗לֶּה אֲשֶׁ֥ר הֶעֱמִ֛יד דָּוִ֖יד עַל־יְדֵי־שִׁ֣יר בֵּ֣ית יְהוָ֑ה מִמְּנ֖וֹחַ
17 הָאָרֽוֹן׃ ¹⁷ וַיִּהְי֨וּ מְשָׁרְתִ֜ים לִפְנֵ֨י מִשְׁכַּ֤ן אֹֽהֶל־מוֹעֵד֙ בַּשִּׁ֔יר[a] עַד־בְּנ֧וֹת
שְׁלֹמֹ֛ה אֶת־בֵּ֥ית יְהוָ֖ה בִּירוּשָׁלִָ֑ם וַיַּעַמְד֥וּ כְמִשְׁפָּטָ֖ם עַל־עֲבוֹדָתָֽם׃
18 ¹⁸ וְאֵ֥לֶּה הָעֹמְדִ֖ים וּבְנֵיהֶ֑ם מִבְּנֵי֙ הַקְּהָתִ֔י[a] הֵימָ֣ן הַֽמְשׁוֹרֵ֔ר בֶּן־יוֹאֵ֖ל
19 20 בֶּן־שְׁמוּאֵֽל׃ ¹⁹ בֶּן־אֶלְקָנָה֙ בֶּן־יְרֹחָ֔ם[a] בֶּן־אֱלִיאֵ֖ל בֶּן־תּֽוֹחַ[b]׃ ²⁰ בֶּן־
21 צ֯יף[a] בֶּן־אֶלְקָנָ֔ה בֶּן־מַ֖חַת בֶּן־עֲמָשָֽׂי[b]׃ ²¹ בֶּן־אֶלְקָנָה֙ בֶּן־יוֹאֵ֔ל בֶּן־
22 עֲזַרְיָ֖ה בֶּן־צְפַנְיָֽה׃ ²² בֶּן־תַּ֙חַת֙ בֶּן־אַסִּ֔יר בֶּן־אֶבְיָסָ֖ף[a] בֶּן־קֹֽרַח׃
23 24 ²³ בֶּן־יִצְהָ֥ר בֶּן־קְהָ֖ת בֶּן־לֵוִ֑י בֶּן־יִשְׂרָאֵֽל׃ ²⁴ וְאָחִ֣יו אָסָ֔ף הָעֹמֵ֖ד עַל־
25 יְמִינ֑וֹ אָסָ֥ף בֶּן־בֶּרֶכְיָ֖הוּ בֶּן־שִׁמְעָֽא׃ ²⁵ בֶּן־מִיכָאֵ֛ל בֶּן־בַּעֲשֵׂיָ֖ה[a] בֶּן־
26 27 מַלְכִּיָּֽה׃ ²⁶ בֶּן־אֶתְנִ֥י בֶן־זֶ֖רַח בֶּן־עֲדָיָֽה׃ ²⁷ בֶּן־אֵיתָ֥ן בֶּן־זִמָּ֖ה בֶּן־
28 29 שִׁמְעִֽי׃ ²⁸ בֶּן־יַ֥חַת[a] בֶּן־גֵּרְשֹׁ֖ם בֶּן־לֵוִֽי׃ ס ²⁹ וּבְנֵ֥י מְרָרִ֛י אֲחֵיהֶ֖ם[b]

מח ר״פ בסיפ . ב חס בסיפ . ד ר״פ בנ״ך
ה פסוק דמיין . מח ר״פ בסיפ
ל חס . ל . ט חס בסיפ[1]
ד . ל וחטף
מח ר״פ בסיפ . כל קריא מל ב מ א חס
ל . כל קריא מל ב מ א חס . ל . ד וכל תרי עשר ועזרא דכות[2]
בני חד מן מח[3] כת ו וקר י ק
ל חס בסיפ[4] . ג מילין דמיין[5] . יח בסיפ . מח ר״פ בסיפ
ב כת ה בכתיב[6]
ב . ל ומל
ג דגש[7]
ב מל בליש
ז בסיפ[8] . ל ומל
ל
צוף[9] ק
כל קריא מל ב מ א חס
ב
ד . ל כת ב ושאר מעשיה
ב חס בסיפ

Cp 6 [1]Mp contra textum, cf Mp sub loco. [2]Mm 2133. [3]Mm 3811. [4]Mm 1146. [5]Mp sub loco. [6]Mm 1738. [7]Mm 4122. [8]Mm 665. [9]Mm 832.

Cp 6,1 [a] $\mathfrak{S}$ *gršwn* cf Ex 6,16 Nu 3,17 ‖ **2** [a] cf 1[a] ‖ **6** [a] crrp? ‖ **7** [a] $\mathfrak{G}^{AV\,60}$ *Ισσααρ*, l יִצְהָר cf 23 ‖ [b] dl? cf 14 ‖ [c] dl ‖ **8** [a] > $\mathfrak{G}^{Bal}$, dl ‖ [b] nonn Mss $\mathfrak{G}^{min}$ וַאֲבִיאָסָף ‖ [c–c] l בָּנָיו א׳ ‖ **10** [a] l וְאָחִיו מַחַת (אחיו gl propter 20) ‖ **11** [a] mlt Mss $\mathfrak{V}$ ut Q; l c K $\mathfrak{G}\mathfrak{T}$ בְּנוֹ ‖ [b] > pc Mss $\mathfrak{G}\mathfrak{S}$, dl ‖ [c] $\mathfrak{G}$ leg צוֹפַי cf 1 S 1,1a; $\mathfrak{S}$ *ṣwp* cf 20 Q et 1 S 1,1b ‖ [d] l aut תֹּחוּ (cf 19) aut וְתֹחוּ (cf 1 S) ‖ [e] $\mathfrak{S}$ + nonn vb ‖ **12** [a] 19 אֱלִיאֵל, 1 S 1,1 אליהוא ‖ [b] $\mathfrak{G}^{B}$ *Ιδαερ*, $\mathfrak{G}^{A\,min}$ *Ιεροβοαμ*, $\mathfrak{G}^{L}$ *Ιερεμεελ* ‖ [c] ins שְׁמוּאֵל בנו cf $\mathfrak{G}^{L}$ ‖ **13** [a] ins יוֹאֵל cf $\mathfrak{G}^{L}\mathfrak{S}\mathfrak{A}$ et 1 S 8,2 (homtel) ‖ [b–b] l וְהַשֵּׁנִי א׳ cf $\mathfrak{G}^{L}\mathfrak{S}\mathfrak{A}$ ‖ **15** [a] $\mathfrak{S}^{A}$ *ḥnnj'* ‖ **17** [a] $\mathfrak{G}$ *ἐν ὀργάνοις* ‖ **18** [a] Vrs leg קְהָת ‖ **19** [a] $\mathfrak{G}$ alit ac in 12 ‖ [b] $\mathfrak{G}^{B}$ *Θιε*, $\mathfrak{G}^{Aal}(\mathfrak{S}\mathfrak{V})$ *Θοου(ε)* = תֹּחוּ; cf 11[d] ‖ **20** [a] mlt Mss Vrs ut Q cf 11[c], K צִיף ‖ [b] $\mathfrak{S}^{W}$ *mwšj*, $\mathfrak{S}^{A}$ *m'šj* ‖ **22** [a] cf 8[b] ‖ **25** [a] l c pc Mss $\mathfrak{G}^{BL}\mathfrak{S}$ מַעֲ׳ ‖ **28** [a] ins בֶּן־שִׁמְעִי cf 2 ‖ **29** [a] l וּמִבְּנֵי? ‖ [b] $\mathfrak{G}\mathfrak{S}\mathfrak{A}$ sg.

30 עַל־הַשְּׂמֹאול אֵיתָן בֶּן־קִישִׁי[c] בֶּן־עַבְדִּי[d] בֶּן־מַלּוּךְ׃ 30 בֶּן־חֲשַׁבְיָה — ג בסיפ . ל
31 32 בֶּן־אֲמַצְיָה בֶּן־חִלְקִיָּה׃ 31 בֶּן־אַמְצִי בֶּן־בָּנִי בֶּן־שָׁמֶר׃ 32 בֶּן־מַחְלִי — ט[10] . י וכל עזרא דכות[11] . ב
33 בֶּן־מוּשִׁי בֶּן־מְרָרִי בֶּן־לֵוִי׃ ס 33 וַאֲחֵיהֶם הַלְוִיִּם נְתוּנִים לְכָל־
סג עֲבוֹדַת מִשְׁכַּן בֵּית הָאֱלֹהִים׃ 34 וְאַהֲרֹן וּבָנָיו מַקְטִירִים עַל־מִזְבַּח — ז[12] . מח . ג[13] . ג ול בליש ומל
הָעוֹלָה וְעַל־מִזְבַּח הַקְּטֹרֶת לְכֹל מְלֶאכֶת קֹדֶשׁ הַקֳּדָשִׁים וּלְכַפֵּר — ט מל בליש ובסיפ . ב . ג[14]
35 עַל־יִשְׂרָאֵל כְּכֹל אֲשֶׁר צִוָּה מֹשֶׁה עֶבֶד הָאֱלֹהִים׃ פ 35 וְאֵלֶּה — ד בכתיב . ב[15] . ד[16] . יג[17]
36 בְּנֵי אַהֲרֹן אֶלְעָזָר בְּנוֹ פִּינְחָס בְּנוֹ אֲבִישׁוּעַ בְּנוֹ׃ 36 בֻּקִּי בְנוֹ עֻזִּי בְנוֹ
37 38 זְרַחְיָה בְנוֹ׃ 37 מְרָיוֹת[a] בְּנוֹ אֲמַרְיָה בְנוֹ אֲחִיטוּב בְּנוֹ׃ 38 צָדוֹק בְּנוֹ
39 אֲחִימַעַץ בְּנוֹ׃ ס 39 וְאֵלֶּה מוֹשְׁבוֹתָם לְטִירוֹתָם בִּגְבוּלָם לִבְנֵי — ל מל . ג מל ול בליש
40 אַהֲרֹן לְמִשְׁפַּחַת[a] הַקְּהָתִי כִּי לָהֶם הָיָה הַגּוֹרָל[b]׃ 40 וַיִּתְּנוּ לָהֶם אֶת־ — ל
41 חֶבְרוֹן בְּאֶרֶץ יְהוּדָה וְאֶת־מִגְרָשֶׁהָ סְבִיבֹתֶיהָ׃ 41 וְאֶת־שְׂדֵה הָעִיר
42 וְאֶת־חֲצֵרֶיהָ נָתְנוּ לְכָלֵב בֶּן־יְפֻנֶּה׃ ס 42 וְלִבְנֵי אַהֲרֹן נָתְנוּ אֶת־
עָרֵי[a] הַמִּקְלָט אֶת־חֶבְרוֹן[b] וְאֶת־לִבְנָה וְאֶת־מִגְרָשֶׁהָ וְאֶת־יַתִּר[c] וְאֶת־ — ד[18]
43 אֶשְׁתְּמֹעַ וְאֶת־מִגְרָשֶׁהָ׃ 43 וְאֶת־חִילֵז[a] וְאֶת־מִגְרָשֶׁיהָ אֶת־[b]דְּבִיר — ח פסוק מן ד מילין דמיין ותלת משני[19] . ל . ג בעינ מ״פ דמטע[20]
44 וְאֶת־מִגְרָשֶׁיהָ׃ 44 וְאֶת־עָשָׁן וְאֶת־מִגְרָשֶׁיהָ[a] וְאֶת־בֵּית שֶׁמֶשׁ וְאֶת־ — כו פסוק ואת ואת ואת ואת . ה[21] שם קריה ב מנה בליש
45 מִגְרָשֶׁהָ׃ ס 45 וּמִמַּטֵּה בִנְיָמִן[a] אֶת־גֶּבַע וְאֶת־מִגְרָשֶׁהָ וְאֶת־ — ל
עָלֶמֶת וְאֶת־מִגְרָשֶׁיהָ וְאֶת־עֲנָתוֹת וְאֶת־מִגְרָשֶׁהָ כָּל־עָרֵיהֶם שְׁלֹשׁ־ — ל . ל בעינ
46 עֶשְׂרֵה עִיר בְּמִשְׁפְּחוֹתֵיהֶם[b]׃ ס 46 וְלִבְנֵי קְהָת הַנּוֹתָרִים — ל ומל . ג בטע בעינ
[a]מִמִּשְׁפַּחַת הַמַּטֶּה[a] מִמַּחֲצִית מַטֵּה חֲצִי[b] מְנַשֶּׁה בַּגּוֹרָל עָרִים עָשֶׂר׃ — ז דגש[22]
ס 47 וְלִבְנֵי גֵרְשׁוֹם לְמִשְׁפְּחוֹתָם מִמַּטֵּה יִשָּׂשכָר[a] וּמִמַּטֵּה אָשֵׁר — ג בטע בעינ
וּמִמַּטֵּה נַפְתָּלִי וּמִמַּטֵּה[b] מְנַשֶּׁה בַּבָּשָׁן[c] עָרִים שְׁלֹשׁ עֶשְׂרֵה׃ ס
48 לִבְנֵי מְרָרִי לְמִשְׁפְּחוֹתָם מִמַּטֵּה רְאוּבֵן וּמִמַּטֵּה־גָד וּמִמַּטֵּה זְבוּלֻן — ג ר״פ בעינ . ג בטע בעינ

[10]Mm 3071. [11]Mm 4033. [12]Mm 4034. [13]Mm 851. [14]Mm 3865. [15]Mm 4035. [16]Mm 4036. [17]Mm 984. [18]Mm 1034. [19]Mp sub loco. [20]Mm 4038. [21]Mm 1346. [22]Mm 4037.

29 [c] mlt Mss 𝔊^{L}𝔙 קוּשִׁי ‖ [d] 𝔖^{W} *ʿmr*, 𝔖^{A} *ʿmrj* ‖ **37** [a] 𝔖 *mrw* ‖ **39** [a] sic L, mlt Mss Edd פַּחַת– ‖ [b] ins רִאשֹׁנָה cf 𝔖𝔄 et Jos 21,10 ‖ **42** [a] l c Jos 21,13 עִיר ‖ [b] ins c Jos ואת־ מגרשיה cf 𝔖 ‖ [c] ut [b]; 𝔊 commutavit יתר et חילן 43 ‖ **43** [a] cf 42[c]; l c mlt Mss חִילֵן cf 𝔊^{B} *Σελνα* (ex *Εελνα*); Jos 15,51 21,15 חֹלֹן cf 𝔊^{A} *Νηλων* (ex *Ηλων*, sic 𝔊^{min}) ‖ [b] l c mlt Mss 𝔊𝔖𝔙 וְאֶת ‖ **44** [a] ins c Jos 21,16 ואת־יֻטָּה ואת־מגרשיה cf 𝔊^{B}𝔖 ‖ **45** [a] ins c Jos 21,17 אֶת־גִּבְעוֹן ואת־מגרשיה ‖ [b] l sec Jos 21,19 בְּמִגְרְשֵׁיהֶם ‖ **46** [a–a] l sec Jos 21,5 לְמִשְׁפְּחֹתָם מִמַּטֵּה אֶפְרַיִם וּמִמַּטֵּה דָן וּ cf 51sqq ‖ [b] > Vrs, dl ‖ **47** [a] cf 2,1[a] ‖ [b] l sec Jos 21,6 וּמֵחֲצִית מטה ‖ [c] ins c Jos בַּגּוֹרָל.

בַּגּוֹרָל[a] עָרִים שְׁתֵּים עֶשְׂרֵה׃ 49 וַיִּתְּנוּ בְנֵי־יִשְׂרָאֵל לַלְוִיִּם 49
אֶת־הֶעָרִים[a] וְאֶת־מִגְרְשֵׁיהֶם׃ 50 וַיִּתְּנוּ בַגּוֹרָל[a] מִמַּטֵּה בְנֵי־יְהוּדָה 50
וּמִמַּטֵּה בְנֵי־שִׁמְעוֹן [b]וּמִמַּטֵּה בְּנֵי בִנְיָמִן[b] [c]אֵת הֶעָרִים הָאֵלֶּה אֲשֶׁר־
יִקְרְאוּ אֶתְהֶם בְּשֵׁמוֹת׃ ס 51 וּמִמִּשְׁפְּחוֹת[a] בְּנֵי קְהָת[b] וַיְהִי עָרֵי 51
גְבוּלָם[c] מִמַּטֵּה אֶפְרָיִם׃ 52 וַיִּתְּנוּ לָהֶם אֶת־עָרֵי[a] הַמִּקְלָט אֶת־שְׁכֶם 52
וְאֶת־מִגְרָשֶׁיהָ בְּהַר אֶפְרָיִם וְאֶת־גֶּזֶר וְאֶת־מִגְרָשֶׁיהָ׃ 53 וְאֶת־יָקְמְעָם[a] 53
וְאֶת־מִגְרָשֶׁיהָ וְאֶת־בֵּית חוֹרוֹן וְאֶת־מִגְרָשֶׁיהָ׃ 54 [a]וְאֶת־אַיָּלוֹן וְאֶת־ 54
מִגְרָשֶׁיהָ וְאֶת־גַּת־רִמּוֹן וְאֶת־מִגְרָשֶׁיהָ׃ פ 55 וּמִמַּחֲצִית מַטֵּה 55
מְנַשֶּׁה אֶת־עָנֵר[a] וְאֶת־מִגְרָשֶׁיהָ וְאֶת־בִּלְעָם[b] וְאֶת־מִגְרָשֶׁיהָ[c] לְמִשְׁפַּחַת
לִבְנֵי־קְהָת[c] הַנּוֹתָרִים׃ פ 56 לִבְנֵי גֵּרְשׁוֹם[a] מִמִּשְׁפַּחַת חֲצִי[a] 56
מַטֵּה מְנַשֶּׁה אֶת־גּוֹלָן בַּבָּשָׁן וְאֶת־מִגְרָשֶׁיהָ וְאֶת־עַשְׁתָּרוֹת[b] וְאֶת־
מִגְרָשֶׁיהָ׃ ס 57 וּמִמַּטֵּה יִשָּׂשכָר[a] אֶת־קֶדֶשׁ[b] וְאֶת־מִגְרָשֶׁיהָ אֶת־[c] 57
דָּבְרַת וְאֶת־מִגְרָשֶׁיהָ׃ 58 וְאֶת־רָאמוֹת[a] וְאֶת־מִגְרָשֶׁיהָ וְאֶת־עָנֵם[b] 58
וְאֶת־מִגְרָשֶׁיהָ׃ ס 59 וּמִמַּטֵּה אָשֵׁר אֶת־מָשָׁל[a] וְאֶת־מִגְרָשֶׁיהָ 59
וְאֶת־עַבְדּוֹן וְאֶת־מִגְרָשֶׁיהָ׃ 60 וְאֶת־חוּקֹק[a] וְאֶת־מִגְרָשֶׁיהָ וְאֶת־ 60
רְחֹב וְאֶת־מִגְרָשֶׁיהָ׃ 61 וּמִמַּטֵּה נַפְתָּלִי אֶת־קֶדֶשׁ בַּגָּלִיל וְאֶת־ 61
מִגְרָשֶׁיהָ וְאֶת־חַמּוֹן[a] וְאֶת־מִגְרָשֶׁיהָ וְאֶת־קִרְיָתַיִם[b] וְאֶת־מִגְרָשֶׁיהָ׃
ס 62 לִבְנֵי מְרָרִי הַנּוֹתָרִים מִמַּטֵּה זְבוּלֻן[a] אֶת־רִמּוֹנוֹ[b] וְאֶת־ 62
מִגְרָשֶׁיהָ אֶת־תָּבוֹר[c][d] וְאֶת־מִגְרָשֶׁיהָ׃ 63 וּמֵעֵבֶר לְיַרְדֵּן יְרֵחוֹ לְמִזְרַח[a] 63

ז דגש23
ז דגש23
ה24 . ב בסיפ ומל25
יד פסוק את את ואת ואת ואת . ד26
כו פסוק ואת ואת ואת ואת . ל
כו פסוק ואת ואת ואת ואת . ט27
ג ב מנה שם ברבש28 . ל
ג ר״פ בעינ29 . ג וכל מחצי דכות
יח פסוק דמיין30 . ל שם קריה
ג בעינ מ״פ דמטע31
כו פסוק ואת ואת ואת ואת . ד כת כן
ל וחס32
כו פסוק ואת ואת ואת ואת
ל . ל
ג ר״פ בעינ . ל ומל
ג בעינ מ״פ דמטע31 . ל

23 Mm 4037. 24 Mm 234. 25 Mm 3361. 26 Mm 1034. 27 Mm 1356. 28 Mm 1011. 29 Mp sub loco. 30 Mm 3911. 31 Mm 4038. 32 Mm 331.

48 a > Jos 21,7 || **49** a Jos 21,8 + הָאֵלֶּה, it 𝔖𝔄 || **50** a ins sec Jos 21,4 וַיְהִי לִבְנֵי אַהֲרֹן בַּגּוֹרָל || b–b > 𝔊* et Jos 21,9, sed cf Jos 21,4 || c dl || **51** a l c Jos 21,20 וּלְמִ׳, id 𝔊^L𝔙 || b ins c Jos הַלְוִיִּם הַנּוֹתָרִים מִבְּנֵי קְהָת cf 55b (homtel) || c Jos 21,20 גּוֹרָלָם (sed cf 𝔊 ibidem) || **52** a l c Jos 21,21 עִיר || **53** a Jos 21,22 קִבְצַיִם || **54** a pr eadem vb quae Jos 21,23 cf 46 || **55** a l c Jos 21,25 תַּעְנַךְ || b l c 2 Mss 𝔊𝔖𝔗𝔄 יִבְ׳ || c–c l –חַת בְּנֵי cf 𝔊^L𝔗 || **56** a–a l לְמִשְׁפְּחֹתָם מֵחֲצִי cf 46 || b Jos 21,27 בְּעֶשְׁתְּרָה (= בֵּית ע׳) || **57** a cf 2,1a || b ex 61a, l c Jos 21,28 קִשְׁיוֹן || c l c mlt Mss Vrs וְאֶת || **58** a 𝔊* *Αμως*, 𝔊^B *Δαβωρ*, Jos 19,21 רֶמֶת, Jos 21,29 יַרְמוּת || b Jos 21 עֵין גַּנִּים || **59** a l c Jos 19,26 21,30 מִשְׁאָל || **60** a l c Jos 21,31 חֶלְקַת || **61** a Jos 19,35 חַמַּת, Jos 21,32 חַמֹּת דֹּאר || b Jos 21 קַרְתָּן || **62** a ins eadem vb quae Jos 21,34aγb cf 𝔊^Aal || b l aut –ן (cf 𝔊) aut –נָה (cf Jos 21,35 דִּמְנָה) || c l c nonn Mss 𝔊𝔙 וְאֶת || d 𝔊^B *Θαχχια*, Jos 21,35 נַהֲלָל || **63** a 𝔊 *κατὰ δυσμάς*.

הַיַּרְדֵּן מִמַּטֵּה רְאוּבֵן אֶת־בֶּצֶר בַּמִּדְבָּר וְאֶת־מִגְרָשֶׁהָ[b] וְאֶת־יַהְצָה
64 וְאֶת־מִגְרָשֶׁהָ׃ 64 וְאֶת־קְדֵמוֹת וְאֶת־מִגְרָשֶׁיהָ וְאֶת־מֵיפַעַת[a] וְאֶת־ — כֹ פסוק ואת ואת ואת ואת . בֹ
65 מִגְרָשֶׁהָ׃ 65 [a]וּמִמַּטֵּה־גָד[a] אֶת־רָאמוֹת בַּגִּלְעָד וְאֶת־מִגְרָשֶׁהָ וְאֶת־ — ג[33] בליש וחד מן ד כת כן
66 מַחֲנַיִם וְאֶת־מִגְרָשֶׁהָ׃ 66 וְאֶת־חֶשְׁבּוֹן וְאֶת־מִגְרָשֶׁיהָ וְאֶת־יַעְזֵיר[a] — כֹ פסוק ואת ואת ואת ואת . ג[34] . בֹ מל
וְאֶת־מִגְרָשֶׁהָ׃ ס

7 1 וְלִבְנֵי[a] יִשָּׂשכָר[b] תּוֹלָע וּפוּאָה[c] יָשִׁיב[d] וְשִׁמְרוֹן אַרְבָּעָה׃ ס — לֹ מפק א[1] . ישוב קֹ חד מן ה[2] זוגין כת י וקר ו
2 וּבְנֵי תוֹלָע עֻזִּי וּרְפָיָה וִירִיאֵל וְיַחְמַי[a] וְיִבְשָׂם וּשְׁמוּאֵל רָאשִׁים — לֹ . לֹ . לֹ
לְבֵית־אֲבוֹתָם לְתוֹלָע גִּבּוֹרֵי חַיִל לְתֹלְדוֹתָם[b] מִסְפָּרָם בִּימֵי דָוִיד
3 עֶשְׂרִים־וּשְׁנַיִם אֶלֶף וְשֵׁשׁ מֵאוֹת׃ ס 3 וּבְנֵי[a] עֻזִּי[b] יִזְרַחְיָה[c] וּבְנֵי — ג בליש וב בפסוק
יִזְרַחְיָה[c] מִיכָאֵל[d] וְעֹבַדְיָה וְיוֹאֵל יִשִּׁיָּה[e] חֲמִשָּׁה[f] רָאשִׁים כֻּלָּם׃ — ג בליש וב בפסוק . לֹ
4 וַעֲלֵיהֶם לְתֹלְדוֹתָם לְבֵית אֲבוֹתָם גְּדוּדֵי[a] צְבָא[b] מִלְחָמָה שְׁלֹשִׁים — לֹ
5 וְשִׁשָּׁה אָלֶף כִּי־הִרְבּוּ נָשִׁים וּבָנִים׃ 5 וַאֲחֵיהֶם[a] לְכֹל מִשְׁפְּחוֹת — בֹ בסיפ ומל[3]
יִשָׂשכָר[b] גִּבּוֹרֵי חֲיָלִים שְׁמוֹנִים וְשִׁבְעָה אֶלֶף הִתְיַחְשָׂם לַכֹּל׃ פ — דֹ[4] . יא[5]
6 בִּנְיָמִן[a] בֶּלַע[b] וָבֶכֶר[b] וִידִיעֲאֵל[c] שְׁלֹשָׁה׃[c] 7 וּבְנֵי בֶלַע אֶצְבּוֹן — לֹ בסיפ ומל[6]
וְעֻזִּי וְעֻזִּיאֵל וִירִימוֹת וְעִירִי[a] חֲמִשָּׁה רָאשֵׁי בֵּית אָבוֹת גִּבּוֹרֵי חֲיָלִים — זֹ בליש . עֹה . זֹ בכתיב[7] וכל אורית ונביא דכות בֹ מֹ בֹ . ד[4]
8 וְהִתְיַחְשָׂם עֶשְׂרִים וּשְׁנַיִם אֶלֶף וּשְׁלֹשִׁים וְאַרְבָּעָה׃ ס 8 וּבְנֵי בֶכֶר
זְמִירָה[a] וְיוֹעָשׁ וֶאֱלִיעֶזֶר וְאֶלְיוֹעֵינַי וְעָמְרִי וִירֵמוֹת וַאֲבִיָּה[b] וַעֲנָתוֹת — לֹ . ד וכל עזרא דכות . יה בסיפ
9 וְעָלָמֶת כָּל־אֵלֶּה בְּנֵי־בָכֶר׃ 9 וְהִתְיַחְשָׂם לְתֹלְדוֹתָם רָאשֵׁי בֵּית — עֹה
10 אֲבוֹתָם גִּבּוֹרֵי חָיִל עֶשְׂרִים[a] אֶלֶף וּמָאתָיִם׃ ס 10 וּבְנֵי[a] יְדִיעֲאֵל[b]
בִּלְהָן וּבְנֵי בִלְהָן יְעִישׁ[c] וּבִנְיָמִן וְאֵהוּד וּכְנַעֲנָה וְזֵיתָן וְתַרְשִׁישׁ[d] — יעוש קֹ חד מן ג[8] כת כן . טֹ וכל יהודה ויוסף דכות בליש[9]
11 וַאֲחִישָׁחַר׃ 11 כָּל־אֵלֶּה בְּנֵי יְדִיעֲאֵל[a] לְרָאשֵׁי[b] הָאָבוֹת גִּבּוֹרֵי חֲיָלִים — לֹ . לֹ . ד[4]

[33] Mm 1080. [34] Mm 4039. Cp 7 [1] Mm 331. [2] Mm 2195. [3] Mm 3361. [4] Mm 4040. [5] Mp sub loco. [6] וחד ואצבן Gn 46,16. [7] Mm 4048. [8] Mm 263. [9] Mm 334.

63 [b] 𝔖 + 64b ‖ **64** [a] 𝔖[A] *m'wn* ‖ **65** [a–a] > 𝔖 ‖ **66** [a] Jos 21,39 יעזר ‖ **Cp 7,1** [a] l וּבְנֵי cf 𝔊[Aal]𝔖𝔙𝔄 ‖ [b] cf 2,1[a] ‖ [c] Gn 46,13 Nu 26,23 וּפֻוָּה ‖ [d] 𝔊𝔙 et Nu 26,24 ut Q cf 𝔖, K יָשִׁיב, 𝔗 ut Gn 46,13 יוֹב ‖ **2** [a] 𝔊[Aal] καὶ Ιεμου = מו– (𝔊[B] Ειικαν, 𝔊[L] Ιαμιν), 𝔖 *lḥmj* ‖ [b] gl ex 4.9? ‖ **3** [a] Seb וּבֶן ‖ [b] 𝔖[A] *(d)'wzr* ‖ [c–c] add? cf חמשה ‖ [d] 𝔖 *mlk'jl* ‖ [e] pr c 𝔊 cop ‖ [f] 𝔖𝔄 4 cf [c–c] ‖ **4** [a] 𝔊(𝔖𝔙𝔄) ἰσχυροί = גִּבּוֹרֵי, 𝔊[L] + μονόζωνοι ‖ [b] 𝔊 παρατάξασθαι εἰς, 𝔙 *accincti ad* ‖ **5** [a] l מֵא׳ et cj c 4 ‖ [b] cf 2,1[a] ‖ **6** [a] pr c nonn Mss 𝔊[L]𝔖𝔗𝔙𝔄 בְּנֵי (hpgr) ‖ [b–b] 𝔊* om ב׳ ו ‖ [c–c] 𝔖𝔄 eadem nom ut Gn 46,21 (... ואשבל) ‖ **7** [a] 𝔊 καὶ Ουρι(α) ‖ **8** [a] 𝔊 Ζαμαρια(ς) vel sim, prp זְמַרְיָה ‖ [b] 𝔊[B] Αβιουδ (𝔊[Aal] -ου) ‖ **9** [a] 𝔊[L]𝔖 22 ‖ **10** [a] Seb וּבֶן ‖ [b] 𝔖 *(d)'šk(w)l* cf 6[c–c] ‖ [c] mlt Mss Vrs et 1,35 ut Q, K יְעִישׁ (יָעִישׁ?) ‖ [d] 𝔊[B] καὶ Ραμεσσαι ‖ **11** [a] cf 10[b] ‖ [b] l ר׳ cf 𝔊𝔙.

שִׁבְעָה־עָשָׂר אֶלֶף וּמָאתַיִם יֹצְאֵי צָבָא לַמִּלְחָמָה׃
12 וְשֻׁפִּם וְחֻפִּם[a] בְּנֵי עִיר[b] חֻשִׁם[c] בְּנֵי[d] אַחֵר[e]׃ ל וחס. ל חס דחס
13 בְּנֵי נַפְתָּלִי יַחֲצִיאֵל[a] וְגוּנִי וְיֵצֶר וְשַׁלּוּם[b] בְּנֵי בִלְהָה׃ פ מח ר״פ בסיפ. ל
14 14 בְּנֵי מְנַשֶּׁה אַשְׂרִיאֵל[a] אֲשֶׁר יָלָדָה פִּילַגְשׁוֹ הָאֲרַמִּיָּה[b] יָלְדָה אֶת־ מח ר״פ בסיפ. ל
15 מָכִיר אֲבִי גִלְעָד׃ 15 וּמָכִיר[a] לָקַח אִשָּׁה לְחֻפִּים וּלְשֻׁפִּים[a] וְשֵׁם ל. ל. ו פסוק ושם ושם
16 אֲחֹתוֹ[b] מַעֲכָה וְשֵׁם הַשֵּׁנִי[d] צְלָפְחָד וַתִּהְיֶנָה לִצְלָפְחָד בָּנוֹת[c]׃ 16 וַתֵּלֶד ב חס בליש[10]
מַעֲכָה אֵשֶׁת־מָכִיר[a] בֵּן וַתִּקְרָא שְׁמוֹ פֶּרֶשׁ וְשֵׁם אָחִיו שָׁרֶשׁ וּבָנָיו ט. ג[11]
17 אוּלָם וָרָקֶם[b]׃ 17 וּבְנֵי[a] אוּלָם בְּדָן אֵלֶּה בְּנֵי גִלְעָד בֶּן־מָכִיר בֶּן־ ד[12]
18 מְנַשֶּׁה׃ 18 וַאֲחֹתוֹ הַמֹּלֶכֶת יָלְדָה אֶת־אִישְׁהוֹד וְאֶת־אֲבִיעֶזֶר[a] וְאֶת־[b] ל. ל[13] ושמא כת וקר חד
19 מַחְלָה[a]׃ 19 וַיִּהְיוּ בְּנֵי שְׁמִידָע[b] אַחְיָן וָשֶׁכֶם וְלִקְחִי וַאֲנִיעָם׃ פ ל. ל. ל. ל
20 20 וּבְנֵי אֶפְרַיִם שׁוּתָלַח וּבֶרֶד[a] בְּנוֹ וְתַחַת[c] בְּנוֹ[b] וְאֶלְעָדָה[d] בְנוֹ ל. ל
21 וְתַחַת[e] בְּנוֹ׃ 21 וְזָבָד בְּנוֹ וְשׁוּתֶלַח בְּנוֹ וְעֵזֶר וְאֶלְעָד וַהֲרָגוּם אַנְשֵׁי־ ל[14]
22 גַת הַנּוֹלָדִים בָּאָרֶץ כִּי יָרְדוּ לָקַחַת אֶת־מִקְנֵיהֶם׃ 22 וַיִּתְאַבֵּל ב[15]
23 אֶפְרַיִם אֲבִיהֶם יָמִים רַבִּים וַיָּבֹאוּ אֶחָיו לְנַחֲמוֹ׃ 23 וַיָּבֹא אֶל־אִשְׁתּוֹ
וַתַּהַר וַתֵּלֶד בֵּן וַיִּקְרָא[a] אֶת־שְׁמוֹ בְּרִיעָה כִּי בְרָעָה הָיְתָה[b] בְּבֵיתוֹ[c]׃ י ג[16] מנה דמטע
24 24 וּבִתּוֹ שֶׁאֱרָה וַתִּבֶן אֶת־בֵּית־חוֹרוֹן הַתַּחְתּוֹן וְאֶת־הָעֶלְיוֹן וְאֵת[a] אֻזֵּן ב. ב[17]. ל וחס
25 26 שֶׁאֱרָה׃ 25 וְרֶפַח בְּנוֹ[a] וְרֶשֶׁף[b] וְתֶלַח[a] בְּנוֹ[c] וְתַחַן בְּנוֹ׃ 26 לַעְדָּן בְּנוֹ ב. ל. ל. ל
27 28 עַמִּיהוּד בְּנוֹ אֱלִישָׁמָע בְּנוֹ׃ 27 נוֹן[a] בְּנוֹ יְהוֹשֻׁעַ בְּנוֹ׃ 28 וַאֲחֻזָּתָם
וּמֹשְׁבוֹתָם בֵּית־אֵל וּבְנֹתֶיהָ וְלַמִּזְרָח נַעֲרָן[a] וְלַמַּעֲרָב גֶּזֶר וּבְנֹתֶיהָ ל כת כן. ב. ל
29 וּשְׁכֶם וּבְנֹתֶיהָ עַד־עַיָּה[b] וּבְנֹתֶיהָ׃ 29 וְעַל־יְדֵי[a] בְנֵי־מְנַשֶּׁה בֵּית־שְׁאָן ל

[10] Mm 4041. [11] Mm 3186. [12] Mm 4042. [13] Mp sub loco. [14] וחד הרגום Jos 9,26. [15] Mm 354. [16] Mm 280.
[17] Sach 9,3.

12 [a–a] l sec Nu 26,39 וְשֻׁפָם וְחֻפָם; antea nonn vb exc ‖ [b] l דָּן cf Gn 46,23; 𝔊[B] *Ραωμ* (crrp ex *ιρ ασωμ* = עיר חשום) ‖ [c] it Gn 46,23, sed Nu 26,42 שׁוּחָם ‖ [d] l בְּנוֹ cf 𝔊 ‖ [e] l אֶחָד ‖ **13** [a] nonn Mss et Gn 46,24 Nu 26,48 יַחְצְאֵל ‖ [b] pc Mss 𝔊[L] et Gn 46,24 Nu 26,49 וְשִׁלֵּם; ins שְׁנֵיהֶם? ‖ **14** [a] dttg, dl ‖ [b] huc tr ‸ ‖ **15** [a–a] crrp; prp sec Nu 26,30–32 וּבְנֵי גִלְעָד אִיעֶזֶר (vel c Jos 17,2 אֲבִיעֶזֶר) בְּכוֹרוֹ חֵלֶק אַשְׂרִיאֵל חֵפֶר שֶׁכֶם וּשְׁמִידָע ‖ [b] Ms אִשְׁתּוֹ; l אחתם cf 𝔊[L]𝔗 ‖ [c] ins וּבְנֵי חֵפֶר הַבְּכוֹר ... cf Nu 26,33 Jos 17,3 (nom filii primi deest) ‖ [d] pc Mss 𝔊[B] השנית ‖ [e] huc tr 19? ‖ **16** [a] inc ‖ [b] > 𝔊* ‖ **17** [a] Seb 𝔙 וּבֵן ‖ **18** [a–a] > 𝔖 ‖ [b] prp וַאֲחֹתָם cf 30 ‖ **19** [a] cf 15[e] ‖ [b] 𝔊 *Σεμιρα* cf 𝔖 ‖ **20** [a] 𝔖(𝔄) *wbkr* cf Nu 26,35 ‖ [b–b] > pc Mss ‖ [c] 𝔊[121] *καὶ Θααμ* cf Nu 26,35 (לְ)תַחַן (𝔐 לתחם) ‖ [d] 𝔖 *w'ld''* ‖ [e] 𝔊[B] *Νοομε*, 𝔊[Aal] *Νομεε* ‖ **23** [a] pc Mss 𝔖𝔗𝔄 וַתִּקְרָא ‖ [b] l הָרָעָה? ‖ [c] 𝔊 suff 1 sg; prb dl (dttg) ‖ **24** [a] 𝔊 *καὶ υἱοί* ‖ **25** [a–a] l וְשׁוּתֶלַח ‖ [b] pc Mss 𝔊[L] + בנו ‖ [c] 𝔊 pl ‖ **27** [a] 𝔊* *Νουμ* ‖ **28** [a] Jos 16,7 (וְ)נַעֲרָתָה ‖ [b] mlt Mss 𝔊[Aal]𝔗𝔙 עַזָּה ‖
29 [a–a] 𝔊 *καὶ ἕως ὁρίων*.

וּבְנֹתֶ֙יהָ֙ תַּעְנַ֣ךְ וּבְנֹתֶ֔יהָ מְגִדּ֖וֹ וּבְנוֹתֶ֑יהָ דּ֣וֹר וּבְנוֹתֶ֔יהָ בְּאֵ֙לֶּה֙ יָֽשְׁב֔וּ בְּנֵ֖י ‎[b] — ו מל בסיפ

יוֹסֵ֥ף בֶּן־יִשְׂרָאֵֽל׃ פ — ב[18]

30 בְּנֵ֣י אָשֵׁ֗ר יִמְנָ֧ה וְיִשְׁוָ֛ה וְיִשְׁוִ֥י וּבְרִיעָ֖ה[a] וְשֶׂ֥רַח אֲחוֹתָֽם׃ 31 וּבְנֵ֣י — מח ר״פ בסיפ

32 בְרִיעָ֔ה חֶ֖בֶר וּמַלְכִּיאֵ֑ל ה֖וּא אֲבִ֥י בִרְזָֽוִת[a]׃ 32 וְחֶ֙בֶר֙ הוֹלִ֣יד אֶת־ — ברזית ק

33 יַפְלֵ֔ט[a] וְאֶת־שׁוֹמֵ֖ר[b] וְאֶת־חוֹתָ֑ם וְאֵ֖ת שׁוּעָ֥א אֲחוֹתָֽם׃ 33 וּבְנֵ֣י יַפְלֵ֔ט — ג . י מל[19] . ל מל . ג

34 פָּסַ֥ךְ וּבִמְהָ֖ל[a] וְעַשְׁוָ֑ת[b] אֵ֖לֶּה בְּנֵ֥י יַפְלֵֽט׃ 34 וּבְנֵ֣י שָׁ֔מֶר[a] אֲחִ֥י[b] וְרָהְגָּ֖ה[bc] — ל . ל . ל . ג . ורהגה ק

35 יְחֻבָּ֥ה[d] וַאֲרָֽם׃ 35 וּבֶן־[a]הֵ֖לֶם[b] אָחִ֑יו צוֹפַ֥ח וְיִמְנָ֖ע וְשֵׁ֥לֶשׁ וְעָמָֽל׃ 36 בְּנֵ֣י
36 — וחבה ול[20] כת ה . ק ה סביר ובני . ל . ל שם אנש . מח ר״פ בסיפ

37 צוֹפַ֗ח ס֧וּחַ וְחַרְנֶ֛פֶר וְשׁוּעָ֥ל וּבֵרִ֖י[a] וְיִמְרָֽה׃ 37 בֶּ֣צֶר וָה֗וֹד וְשַׁמָּ֛א — ל . ל . ל . ל כת א

38 וְשִׁלְשָׁ֥ה וְיִתְרָ֖ן[a] וּבְאֵרָֽא׃ 38 וּבְנֵ֖י יֶ֑תֶר יְפֻנֶּ֥ה וּפִסְפָּ֖ה וַאֲרָֽא׃ 39 [a]וּבְנֵ֣י
39 — ל וכת ה . ג . ל . ל . ל

40 עֻלָּ֑א[ab] אָ֥רַח וְחַנִּיאֵ֖ל[c] וְרִצְיָֽא[d]׃ 40 כָּל־אֵ֣לֶּה בְנֵֽי־אָשֵׁ֡ר רָאשֵׁ֣י בֵית־ — ל . ל . ל . עה

הָאָב֞וֹת בְּרוּרִ֗ים גִּבּוֹרֵ֤י חֲיָלִים֙ רָאשֵׁ֣י הַנְּשִׂיאִ֑ם וְהִתְיַחְשָׂ֤ם בַּצָּבָא֙ — ד[21] . עה . ד דגש[22]

בַּמִּלְחָמָ֔ה מִסְפָּרָ֣ם אֲנָשִׁ֔ים עֶשְׂרִ֥ים וְשִׁשָּׁ֖ה אָֽלֶף׃ ס

8 1 וּבִ֨נְיָמִ֔ן הוֹלִ֖יד אֶת־בֶּ֣לַע בְּכֹר֑וֹ [a]אַשְׁבֵּל֙ הַשֵּׁנִ֔י וְאַחְרַ֖ח[b] — ט וכל יהודה ויוסף דכות[1] . ל

2 הַשְּׁלִישִֽׁי׃ 2 נוֹחָה֙ הָֽרְבִיעִ֔י וְרָפָ֖א הַחֲמִישִֽׁי[a]׃ ס 3 וַיִּהְי֥וּ בָנִ֖ים — ז מל בסיפ[2] . ל
3

4 לְבֶ֑לַע אַדָּ֥ר[a] וְגֵרָ֖א וַאֲבִיה֥וּד[b]׃ 4 וַאֲבִישׁ֥וּעַ[a] וְנַעֲמָ֖ן וַאֲחֽוֹחַ[b]׃ 5 וְגֵרָ֥א[a] — ל
5

6 וּשְׁפוּפָ֖ן[b] וְחוּרָֽם[c]׃ 6 וְאֵ֙לֶּה֙ בְּנֵ֣י אֵח֔וּד[a] אֵ֣לֶּה הֵ֞ם רָאשֵׁ֣י אָב֗וֹת לְיוֹשְׁבֵ֛י — ל . יג[3] . עה . ז בכתיב[4] וכל אורית ונביא דכות ב מ ב

7 גֶ֖בַע וַיַּגְלוּ֥ם אֶל־מָנָֽחַת׃ 7 וְנַעֲמָ֧ן וַאֲחִיָּ֛ה וְגֵרָ֖א [a]ה֣וּא הֶגְלָ֑ם[a] וְהוֹלִ֔יד[b] — ל

8 אֶת־עֻזָּ֖א וְאֶת־אֲחִיחֻֽד[c]׃ 8 וְשַׁחֲרַ֗יִם[a] הוֹלִיד֙ בִּשְׂדֵ֣ה מוֹאָ֔ב מִן־שִׁלְח֖וֹ[b] — ל וחס . ל . ג[5]

9 [c]אֹתָ֑ם חוּשִׁ֥ים[c] וְאֶת־בַּעֲרָ֖א[d] נָשָֽׁיו[e]׃ 9 וַיּ֛וֹלֶד מִן־חֹ֥דֶשׁ[a] אִשְׁתּ֖וֹ אֶת־יוֹבָב֙ — ל מל . יו מיחד מן[6] . ל שם איש[7]

10 וְאֶת־צִבְיָ֔א וְאֶת־מֵישָׁ֖א וְאֶת־מַלְכָּֽם׃ 10 וְאֶת־יְע֥וּץ[a] וְאֶת־שָׂכְיָ֖ה[b] וְאֶת־ — ג

[18] Mm 4027. [19] Mm 3634. [20] Mm 2035. [21] Mm 4040. [22] Mm 1016. **Cp 8** [1] Mm 334. [2] Mm 506. [3] Mm 984. [4] Mm 4048. [5] Mm 3950. [6] Okhl 196. [7] Mp sub loco.

29 [b] 𝔊 + *καὶ Βαλα(α)δ καὶ αἱ κῶμαι αὐτῆς* cf Jos 17,11 יבלעם ‖ **30** [a] ins אַרְבָּעָה (homtel)? cf 1.6.12b ‖ **31** [a] pc Mss Vrs ut Q, sic l; K בִּרְזוֹת vel בְּרָזוֹת? ‖ **32** [a] 𝔖 *(l)plṭ* ‖ [b] $𝔊^{B}$ *Σαμηρ*, l שֶׁמֶר cf 34; 𝔖 *(wl)šmjr* ‖ **33** [a] $𝔊^{Aal}$ *(καὶ) Βαμαηλ*, $𝔊^{L}$ *καὶ Βααμαθ* ‖ [b] 2 Mss Edd ׳שׁ–, 𝔊 *καὶ Ασιθ* ‖ **34** [a] Ms $𝔊^{Aal}$𝔙 שׁוֹמֵר ut 32 ‖ [b–b] l אָחִיו ר׳ ‖ [c] K וְרוֹהֲגָה ‖ [d] nonn Mss 𝔊𝔙 ut Q, sic l; K יַחְבָּה ‖ **35** [a] l c Seb nonn Mss $𝔊^{L}$𝔙 וּבְנֵי ‖ [b] l חוֹתָם ut 32 ‖ **36** [a–a] prp וּבְנֵי יִמְנָע cf 35 ‖ **37** [a] l c Ms $𝔊^{Aal}$ וְיֶתֶר cf 38 ‖ **39** [a–a] > 𝔖 ‖ [b] inc ‖ [c] Edd ׳וַחֲנִי ‖ [d] > 𝔖 ‖ **Cp 8,1/2** [a–a] 𝔖 al nom sec Gn 46,21 ‖ [b] l וַאֲחִירָם cf Nu 26,38 ‖ **3** [a] pc Mss $𝔊^{Aal}$ אַרְדְּ cf Gn 46,21 Nu 26,40 ‖ [b] l אבי אֵהוּד propter 6a; huc tr 6a ‖ **4** [a] dl וַ cf 3[b] ‖ [b] l וַאֲחִיָּה cf $𝔊^{B}$𝔖𝔄 et 7 ‖ **5** [a] > 𝔖 ‖ [b] pc Mss 𝔗 ׳פָם– cf Nu 26,39, $𝔊^{Aal}$ *καὶ Σωφαν*, 𝔖 *wšpjm* ‖ [c] 𝔖(𝔄) *wḥwpm* cf Nu ‖ **6** [a] l אֵהוּד; cf 3[b] ‖ **7** [a–a] prp לוֹא הִגְלָם ‖ [b] nom genitoris exc cf $𝔊^{L}$ *καὶ ἐγέννησε Γηρα* ‖ [c] nonn Mss –הוּד ‖ **8** [a] prp וַאֲחִירָם ‖ [b] l ׳שׁ? ‖ [c–c] prp אֶת־מַחְשִׁם ‖ [d] Ms $𝔊^{127}$ בעדא cf $𝔊^{B}$ ‖ [e] 𝔊 sg ‖ **9** [a] 𝔊 *Αδα*, 𝔖 *ḥrš*, 𝔗 *b'rh* ‖ **10** [a] 𝔖 *(wl)mnš'* ‖ [b] mlt Mss 𝔊𝔗 שְׂבִיָה, 𝔖 *(wl)srj'*.

11 מִרְמָ֑ה[c] אֵ֥לֶּה בָנָ֖יו[d] רָאשֵׁ֥י אָבֽוֹת׃ 11 וּמֵחֻשִׁ֛ים[a] הוֹלִ֥יד אֶת־אֲבִיט֖וּב[b] — עה . ז בכתיב[8] וכל אורית ונביא דכות ב מ ב . ל . ל
12 וְאֶת־אֶלְפָּֽעַל׃ 12 וּבְנֵ֣י אֶלְפַּ֔עַל עֵ֥בֶר[a] וּמִשְׁעָ֖ם וָשָׁ֑מֶד[b] ה֚וּא בָּנָ֣ה אֶת־ — ג . ג . ל . ל
13 אוֹנ֔וֹ וְאֶת־לֹ֖ד וּבְנֹתֶֽיהָ׃ 13 וּבְרִעָ֣ה[a] וָשֶׁ֔מַע הֵ֚מָּה רָאשֵׁ֣י הָאָב֔וֹת לְיוֹשְׁבֵ֖י — ל חס . עה
14 אַיָּל֑וֹן הֵ֥מָּה הִבְרִ֖יחוּ אֶת־י֥וֹשְׁבֵי גַֽת׃ 14 וְאַחְי֕וֹ[a] שָׁשַׁ֖ק[b] וִירֵמֽוֹת[c]׃ — ט[9] . לד מל ו מנה בסיפ . ד וכל עזרא דכות
15 16 15 וּזְבַדְיָ֥ה [a]וַעֲרָ֖ד וָעֵֽדֶר[a]׃ 16 וּמִיכָאֵ֧ל וְיִשְׁפָּ֛ה[a] וְיוֹחָ֖א בְּנֵ֥י בְרִיעָֽה׃ — ו בליש . ל . ל וכת ה . ב חד מל וחד חס[10]
17 18 17 וּזְבַדְיָ֧ה וּמְשֻׁלָּ֛ם וְחִזְקִ֖י וָחָֽבֶר׃ 18 וְיִשְׁמְרַ֧י וְיִזְלִיאָ֛ה וְיוֹבָ֖ב בְּנֵ֥י — ו בליש . ל
19 20 אֶלְפָּֽעַל׃ 19 וְיָקִ֥ים וְזִכְרִ֖י וְזַבְדִּֽי׃ 20 וֶאֱלִיעֵנַ֥י[a] וְצִלְּתַ֖י וֶאֱלִיאֵֽל׃ — ג . ל . ל כת כן[11] . ב חד פת וחד קמ
21 22 21 וַעֲדָיָ֧ה וּבְרָאיָ֛ה וְשִׁמְרָ֖ת בְּנֵ֥י שִׁמְעִֽי[a]׃ 22 וְיִשְׁפָּ֥ן וָעֵ֖בֶר[a] וֶאֱלִיאֵֽל׃ — ל
23 24 25 23 וְעַבְדּ֥וֹן וְזִכְרִ֖י[a] וְחָנָֽן׃ 24 וַחֲנַנְיָ֥ה[a] וְעֵילָ֖ם וְעַנְתֹתִיָּֽה[b]׃ 25 וְיִפְדְיָ֥ה[a] — ל
26 27 וּפְנִיאֵ֖ל[b] בְּנֵ֥י שָׁשָֽק[c]׃ 26 וְשַֽׁמְשְׁרַ֥י[a] וּשְׁחַרְיָ֖ה וַעֲתַלְיָֽה׃ 27 וְיַעֲרֶשְׁיָ֧ה[a] — ופנואל[12] חד מן ח ק . בליש . ז[13]
28 וְאֵלִיָּ֛ה וְזִכְרִ֖י בְּנֵ֥י יְרֹחָֽם[b]׃ 28 אֵ֣לֶּה רָאשֵׁ֥י אָב֛וֹת לְתֹלְדוֹתָ֖ם [a]רָאשִׁ֑ים — ל[14] . יד ר״פ בסיפ[15] . עה . ז בכתיב[8] וכל אורית ונביא דכות ב מ ב . יד זוגין[16] . כ
29 אֵ֖לֶּה יָשְׁב֥וּ בִירוּשָׁלִָֽם[a]׃ ס 29 וּבְגִבְע֥וֹן יָשְׁב֖וּ אֲבִ֣י גִבְע֑וֹן[b] וְשֵׁ֥ם
30 אִשְׁתּ֖וֹ מַעֲכָֽה׃ 30 וּבְנ֥וֹ[a] הַבְּכ֖וֹר עַבְדּ֑וֹן וְצ֥וּר וְקִ֖ישׁ וּבַ֥עַל[b] וְנָדָֽב׃
31 32 31 וּגְד֥וֹר וְאַחְי֖וֹ[a] וָזָֽכֶר[b]׃ 32 וּמִקְל֖וֹת הוֹלִ֣יד אֶת־שִׁמְאָ֑ה[a] וְאַף־הֵ֗מָּה — ד . ל
33 נֶ֧גֶד אֲחֵיהֶ֛ם יָשְׁב֥וּ בִירוּשָׁלִַ֖ם [b]עִם־אֲחֵיהֶֽם[b]׃ ס 33 וְנֵר֙ הוֹלִ֣יד — ב
אֶת־קִ֔ישׁ[a] וְקִ֖ישׁ הוֹלִ֣יד אֶת־שָׁא֑וּל וְשָׁא֗וּל הוֹלִ֤יד אֶת־יְהֽוֹנָתָן֙ וְאֶת־
34 מַלְכִּי־שׁ֔וּעַ וְאֶת־אֲבִֽינָדָ֖ב[b] וְאֶת־אֶשְׁבָּֽעַל׃ 34 וּבֶן־יְהוֹנָתָ֖ן [a]מְרִ֣יב — ב[17] . ב
35 בָּ֑עַל[a] [b]וּמְרִ֥יב בַּ֖עַל[b] הוֹלִ֥יד אֶת־מִיכָֽה׃ ס 35 וּבְנֵ֖י מִיכָ֑ה פִּית֥וֹן
36 וָמֶ֖לֶךְ[a] וְתַאְרֵ֥עַ[b] וְאָחָֽז׃ 36 וְאָחָז֙ הוֹלִ֣יד אֶת־יְהוֹעַדָּ֔ה[a] וִיהוֹעַדָּ֕ה — ה[18] . ל . ל

[8] Mm 4048. [9] Mm 1356. [10] Mm 4043. [11] Mm 839. [12] Mm 832. [13] Mm 4044. [14] Mm 3192. [15] Mm 4006. [16] Mm 565. [17] Mp sub loco. [18] Mm 2030.

10 [c] 𝔖 *(wl)jrmn'* ‖ [d] > 𝔊; prb ins בְּמֹאָב cf 8 ‖ **11** [a] prp וּמִמחשם cf 8[c–c] ‖ [b] nonn Mss 𝔖 אֲחִי' ‖ **12** [a] nonn Mss עֶבֶד cf 𝔊 *Ωβηδ* ‖ [b] mlt Mss 𝔊𝔖𝔗 ושמר ‖ **13** [a] ins וְאֶלְפַּעַל cf 18 ‖ **14** [a] l וַאֲחֵיהֶם cf 𝔊[L] ‖ [b] 𝔊[AV] *Σωσηκ*, 𝔊[L] *Σισαχ* ‖ [c] l וִירֹחָם propter 27 (aut invers יְרֵמוֹת in 27); huc tr 28[a–a] cf 13aβγ ‖ **15** [a–a] 𝔊[B] *καὶ Ωρηρ καὶ Ωδηδ* ‖ **16** [a] 𝔊[AV] *καὶ Εσφαχ* ‖ **20** [a] l וְ–יוֹעֵינַי cf 𝔊[Aal]𝔗𝔙 ‖ **21** [a] = שמע 13 ‖ **22** [a] 𝔊 *καὶ Ωβηδ* cf 12[a] ‖ **23** [a] 𝔖 *wzbdj* ‖ **24** [a] 𝔊 + *καὶ Αμβρι*, ins וְעָמְרִי (hpgr)? ‖ [b] l c pc Mss יָה–; ? 𝔖 om יה; 𝔊 + *καὶ Αθιν* ‖ **25** [a] 𝔊[B] *καὶ Ιεφερια*, 𝔖 *wprj'* ‖ [b] mlt Mss 𝔊𝔗𝔙 ut Q, K יאל– cf 𝔊[B] ‖ [c] cf 14[b] ‖ **26** [a] 𝔊[L] *καὶ Σαμσαια*, 𝔖 *wšmjr'* ‖ **27** [a] 𝔊[B] *καὶ Ιασαραια* ‖ [b] cf 14[c] ‖ **28** [a–a] cf 14[c] ‖ **29** [a] Ms 𝔊𝔖 יָשַׁב ‖ [b] ins יְעִיאֵל (יעואל) cf 𝔊[L] et 9,35 ‖ **30** [a] 𝔊 suff f ‖ [b] ins וְנֵר (hpgr) cf 𝔊[Aal] et 9,36 ‖ **31** [a] 𝔊 leg וְאֶחָיו (וְאַחְיוֹ) ‖ [b] 9,37 וּזְכַרְיָה; ins וּמִקְלוֹת (hpgr) cf 𝔊[B]𝔖𝔙𝔄 et 9,37 ‖ **32** [a] 9,38 שמאם ‖ [b–b] > 𝔖 ‖ **33** [a] prp אַבְנֵר, l זוז ‖ [b] 𝔊 *Αμιναδαβ*; 𝔖(𝔄) *(wl)jšwj* cf 1 S 14,49, sed יִשְׁוִי (ex יְשִׁיו = אִישׁ יהוה) euphemismus pro אשבעל ‖ **34** [a–a] 𝔊[B](𝔖) *Μεριβααλ* cf 9,40b ‖ [b–b] cf [a–a] ‖ **35** [a] 𝔊[BL] *καὶ Μελχ(ε)ηλ* ‖ [b] 9,41 ותחרע ‖ **36** [a] 𝔊[B] *Ιαδα* cf 9,42, 𝔊[Aal](𝔖) *Ιωιαδα* = יְהוֹיָדָע.

הוֹלִ֣יד אֶת־עָלֶ֔מֶת וְאֶת־עַזְמָ֖וֶת[b] וְאֶת־זִמְרִ֑י וְזִמְרִ֖י הוֹלִ֥יד אֶת־מוֹצָֽא[c]׃

37 וּמוֹצָ֕א הוֹלִ֖יד אֶת־בִּנְעָ֑א[a] רָפָ֥ה[b] בְנ֛וֹ אֶלְעָשָׂ֥ה בְנ֖וֹ אָצֵ֥ל בְּנֽוֹ׃ — ב̇ ומל וכל שם ברנש דכות . ב̇ וכת א . ב̇ כת ה[19]

38 וּלְאָצֵ֞ל שִׁשָּׁ֣ה בָנִ֗ים וְאֵ֣לֶּה שְׁמוֹתָ֡ם עַזְרִיקָ֣ם ׀ בֹּ֠כְרוּ[a] וְיִשְׁמָעֵ֤אל — ב̇ ור״פ . ב̇

39 וּשְׁעַרְיָ֙ה[b] וְעֹ֣בַדְיָ֔ה וְחָנָ֖ן כָּל־אֵ֖לֶּה בְּנֵ֥י אָצֵֽל׃ 39 וּבְנֵ֖י עֵ֣שֶׁק[a] אָחִ֑יו — ב̇ פסוק מחליפין בסיפ . ג̇[20] . ל̇

ס̇ אוּלָ֣ם בְּכֹר֔וֹ יְע֖וּשׁ הַשֵּׁנִ֑י וֶאֱלִיפֶ֖לֶט הַשְּׁלִשִֽׁי׃ 40 וַיִּהְי֣וּ בְנֵי־א֠וּלָם

אֲנָשִׁ֨ים גִּבֹּֽרֵי־חַ֜יִל דֹּ֣רְכֵי קֶ֗שֶׁת וּמַרְבִּ֤ים בָּנִים֙ וּבְנֵ֣י בָנִ֔ים מֵאָ֖ה וַחֲמִשִּׁ֑ים[a] — ל̇

כָּל־אֵ֖לֶּה מִבְּנֵ֥י בִנְיָמִֽן׃ פ — ז̇ בסיפ[21]

9 1 וְכָל־יִשְׂרָאֵל֙ הִתְיַחְשׂ֔וּ[a] וְהִנָּ֣ם כְּתוּבִ֔ים עַל־סֵ֖פֶר מַלְכֵ֣י — ב̇

2 יִשְׂרָאֵ֑ל[b] וִיהוּדָ֛ה הָגְל֥וּ[c] לְבָבֶ֖ל בְּמַעֲלָֽם׃ ס 2 וְהַיּֽוֹשְׁבִים֙[a] — ב̇ . ג̇[1] חד חס וב̇ מן י̇ מל̇ בליש

הָרִ֣אשֹׁנִ֔ים[b] אֲשֶׁ֥ר בַּאֲחֻזָּתָ֖ם בְּעָרֵיהֶ֑ם יִשְׂרָאֵ֕ל הַכֹּהֲנִ֥ים הַלְוִיִּ֖ם — כ̇י̇ ג̇ מנה בסיפ . י̇ג̇[2]

3 וְהַנְּתִינִֽים׃ 3 וּבִירוּשָׁלִַ֣ם יָשְׁב֔וּ מִן־בְּנֵ֥י יְהוּדָ֖ה וּמִן־בְּנֵ֣י בִנְיָמִ֑ן — ל̇ בסיפ וכל עזרא דכות . כ̇א̇

4 וּמִן־בְּנֵ֖י אֶפְרַ֥יִם וּמְנַשֶּֽׁה׃ 4 עוּתַ֣י[a] בֶן־עַמִּיה֡וּד בֶּן־עָמְרִ֥י[b] בֶן־אִמְרִ֣י[bc] — ב̇ מל ול̇ בסיפ

5 בֶן־בָּנִ֔ימִן[d] מִן־בְּנֵי־פֶ֖רֶץ בֶּן־יְהוּדָֽה׃ 5 וּמִן־הַשִּׁ֣ילוֹנִ֔י[a] עֲשָׂיָ֥ה[b] הַבְּכ֖וֹר — בני מן̇ חד מן ה̇י̇[3] כת̇ ק̇ מילה חדה וקר̇ תרי̇ . ב̇ מל̇[4]

6 וּבָנָֽיו[c]׃ 6 וּמִן־בְּנֵי־זֶ֖רַח יְעוּאֵ֑ל[a] וַאֲחֵיהֶ֕ם שֵׁשׁ־מֵא֖וֹת וְתִשְׁעִֽים׃ — ל̇

7 וּמִן־בְּנֵ֖י בִּנְיָמִ֑ן סַלּוּא֙ בֶּן־מְשֻׁלָּ֔ם[a] בֶּן־הוֹדַוְיָ֖ה[ab] בֶּן־הַסְּנֻאָֽה[c]׃ — ג̇ בכתיב ול̇ כת כן[5]

8 וְ֠יִבְנְיָה בֶּן־יְרֹחָ֞ם וְאֵלָ֧ה[a] בֶן־עֻזִּ֛י[a] בֶּן־מִכְרִ֖י[b] וּמְשֻׁלָּ֗ם[c] בֶּן־שְׁפַטְיָ֛ה[c] — י̇ו̇ ר״פ וס״פ חד . ב̇[6]

9 בֶּן־רְעוּאֵ֖ל בֶּן־יִבְנִיָּֽה[d]׃ 9 וַאֲחֵיהֶם֙ לְתֹ֣לְדוֹתָ֔ם תְּשַׁ֥ע מֵא֖וֹת[a] וַחֲמִשִּׁ֣ים — ל̇

וְשִׁשָּׁ֑ה[a] כָּל־אֵ֣לֶּה אֲנָשִׁ֔ים[b] רָאשֵׁ֥י אָב֖וֹת לְבֵ֥ית[b] אֲבֹתֵיהֶֽם׃ ס — ע̇ה̇ . ז̇ בכתיב[7] וכל אורית ונביא דכות ב̇ מ̇ ב̇ . ז̇ בליש[8] . ט̇ חס בסיפ

10 וּמִן־הַכֹּהֲנִ֑ים יְדַֽעְיָ֥ה וִיהוֹיָרִ֖יב[a] וְיָכִֽין[b]׃ 11 וַעֲזַרְיָ֙ה[ad] בֶּן־חִלְקִיָּ֜ה — ג̇ . י̇ וכל עזרא דכות[9]

בֶּן־מְשֻׁלָּ֗ם בֶּן־צָד֙וֹק֙ בֶּן־מְרָי֔וֹת[c] בֶּן־אֲחִיט֔וּב נְגִ֖יד בֵּ֥ית הָאֱלֹהִֽים׃ — מ̇ח̇

[19] Mm 4045. [20] Mm 4055. [21] Mm 665. **Cp 9** [1] Mm 2592. [2] Mm 1188. [3] Mm 214. [4] Mm 4175. [5] Mm 4046. [6] Mm 4047. [7] Mm 4048. [8] Mm 4025. [9] Mm 4033.

36 [b] 𝔊^{ALal}𝔖𝔙 leg עַזְמוֹת ‖ [c] 𝔊 *Μαισα*, 𝔖 *(l)mwṣj'* ‖ **37** [a] pc Mss 'בִּנְ cf 𝔖𝔄, 𝔊 *Βα(α)να* = בַּעֲנָא ‖ [b] 𝔊 *Ραφαι(α)* cf 9,43 ‖ **38** [a] l c nonn Mss 𝔊𝔖 בְּכֹרוֹ ‖ [b] ins וַעֲזַרְיָה cf 𝔊^{L} (pro וש׳ וע׳) *καὶ Αζαριας καὶ Αβδια καὶ Σαρια* ‖ **39** [a] 𝔊^{B} *Ασηλ*, 𝔊^{Aal} *Εσελεκ*, 𝔊^{min} *Εσηλ* ‖ **40** [a] 𝔊^{AV} 90 ‖ **Cp 9,1** [a–a] 𝔊 *ὁ συλλοχισμὸς αὐτῶν καὶ οὗτοι* ‖ [b] ins וִיהוּדָה? ‖ [c] 𝔊 *μετὰ τῶν ἀποικισθέντων* ‖ **2** [a] prp הַשָּׁבִים ‖ [b] 𝔊(𝔖𝔄) *πρότερον* = בָּרִאשֹׁנָה cf Neh 7,5 ‖ **4** [a] Neh 11,4 עֲתָיָה ‖ [b–b] > 𝔊* ‖ [c] Neh אֲמַרְיָה ‖ [d] nonn Mss 𝔗𝔙 ut Q (cf 𝔊^{min}), sic l ‖ **5** [a] l הַשֵּׁלָנִי cf Nu 26,20 ‖ [b] Neh 11,5 (וּ)מַעֲשֵׂיָה ‖ [c] 𝔖(𝔄) *wbsj' 'ḥwhj* = ובציה אָחִיו ‖ **6** [a] 𝔊^{ALal} *Ιε(ι)ηλ* = יְעִיאֵל, id 𝔗 ‖ **7** [a–a] Neh 11,9 וִיהוּדָה ‖ [b] 𝔖 *hwdj'* ‖ [c] 𝔊^{L} *Σααvα* = ־נָ׳ cf 𝔙 et Esr 2,35 Neh 3,3 ‖ **8** [a–a] nonn Mss 𝔊^{B} וְאֵלֶּה בְּנֵי ‖ [b] 𝔊*(𝔖) *Μαχιρ* ‖ [c–c] > 𝔖 ‖ [d] 𝔊^{L}(𝔖) *Ιεχονιου* ‖ **9** [a–a] 𝔖 99 ‖ [b] add?. ‖ **10/11** [a–a] l בֶּן־יְהוֹיָקִים בֶּן־עזריה; יהויריב ex 24,7, יכין ex 24,17 ‖ [b] 𝔊^{B} *καὶ Ιωαριμ*, 𝔖 *jwndb*, Neh 11,10 בֶּן־יְהֹ׳ ‖ [c] 𝔊^{L} *καὶ Ιωαχιμ* ‖ [d] Neh 11,11 שְׂרָיָה ‖ [e] 𝔖 *mzw.*

12 ס 12 וַעֲדָיָה[a] בֶּן־יְרֹחָם[b] בֶּן־פַּשְׁחוּר בֶּן־מַלְכִּיָּה וּמַעְשַׂי[c] בֶּן־ | ל
13 עֲדִיאֵל בֶּן־יַחְזֵרָה[d] בֶּן־מְשֻׁלָּם[c] בֶּן־מְשִׁלֵּמִית[e] בֶּן־אִמֵּר׃ 13 וַאֲחֵיהֶם | ל כת כן[10]
רָאשִׁים לְבֵית אֲבוֹתָם אֶלֶף וּשְׁבַע מֵאוֹת וְשִׁשִּׁים גִּבּוֹרֵי[a] חֵיל מְלֶאכֶת[a] | כ
14 עֲבוֹדַת בֵּית־הָאֱלֹהִים׃ 14 וּמִן־הַלְוִיִּם שְׁמַעְיָה בֶן־חַשּׁוּב בֶּן־ | ז[11]. מה
15 עַזְרִיקָם בֶּן־חֲשַׁבְיָה מִן־בְּנֵי מְרָרִי׃ 15 [a]וּבַקְבַּקַּר[b] חֶרֶשׁ[c] וְגָלָל[a] | ל. ב כת ש[12]
16 וּמַתַּנְיָה בֶּן־מִיכָא בֶּן־זִכְרִי[d] בֶּן־אָסָף׃ 16 וְעֹבַדְיָה[a] בֶּן־שְׁמַעְיָה[b] | ב כת א וכל עזרא דכות
בֶּן־גָּלָל בֶּן־יְדוּתוּן[c] וּבֶרֶכְיָה בֶן־אָסָא[d] בֶּן־אֶלְקָנָה הַיּוֹשֵׁב בְּחַצְרֵי
17 נְטוֹפָתִי׃ 17 וְהַשֹּׁעֲרִים שַׁלּוּם[a] וְעַקּוּב וְטַלְמֹן וַאֲחִימָן וַאֲחִיהֶם[b] | ל ומל
18 שַׁלּוּם הָרֹאשׁ׃ 18 וְעַד־הֵנָּה בְּשַׁעַר הַמֶּלֶךְ מִזְרָחָה הֵמָּה הַשֹּׁעֲרִים | לז כג מנה בסיפ. ד[13]
19 לְמַחֲנוֹת בְּנֵי לֵוִי׃ 19 וְשַׁלּוּם בֶּן־קוֹרֵא בֶּן־אֶבְיָסָף בֶּן־קֹרַח וְאֶחָיו | י מל בליש
לְבֵית־אָבִיו הַקָּרְחִים עַל מְלֶאכֶת הָעֲבוֹדָה שֹׁמְרֵי הַסִּפִּים לָאֹהֶל | ג[14]. ג. ב[15]. ז[16]. ג קמ[17]
20 וַאֲבֹתֵיהֶם עַל־מַחֲנֵה יְהוָה שֹׁמְרֵי הַמָּבוֹא׃ 20 וּפִינְחָס בֶּן־אֶלְעָזָר | ט חס בסיפ
21 נָגִיד הָיָה עֲלֵיהֶם [a]לְפָנִים יְהוָה[a] עִמּוֹ׃ 21 זְכַרְיָה[a] בֶּן מְשֶׁלֶמְיָה[b] שֹׁעֵר | פסיק[18]. ז בסיפ וכל נביא דכות ב מ ב. ו בטע[19]. ל
22 פֶּתַח לְאֹהֶל מוֹעֵד׃ 22 כֻּלָּם הַבְּרוּרִים לְשֹׁעֲרִים בַּסִּפִּים[a] מָאתַיִם | ה. ב
וּשְׁנֵים עָשָׂר הֵמָּה בְחַצְרֵיהֶם הִתְיַחְשָׂם הֵמָּה[b] יִסַּד דָּוִיד וּשְׁמוּאֵל | ד[20]
23 הָרֹאֶה בֶּאֱמוּנָתָם[c]׃ 23 וְהֵם וּבְנֵיהֶם עַל־הַשְּׁעָרִים לְבֵית־יְהוָה לְבֵית[a] | ט ר״פ[21]. ל
24 הָאֹהֶל לְמִשְׁמָרוֹת[b]׃ 24 לְאַרְבַּע[a] רוּחוֹת יִהְיוּ הַשֹּׁעֲרִים[b] מִזְרָח[c] יָמָּה | ל
25 צָפוֹנָה וָנֶגְבָּה׃ 25 וַאֲחֵיהֶם בְּחַצְרֵיהֶם לָבוֹא לְשִׁבְעַת הַיָּמִים מֵעֵת | נג. כז[18] ח ב[22] מנה בליש
26 אֶל־עֵת עִם־אֵלֶּה׃ 26 כִּי בֶאֱמוּנָה הֵמָּה אַרְבַּעַת גִּבֹּרֵי הַשֹּׁעֲרִים[a] | ל. ה חס[23]
[b]הֵם הַלְוִיִּם[b] וְהָיוּ[c] עַל־הַלְּשָׁכוֹת וְעַל הָאֹצְרוֹת[d] בֵּית הָאֱלֹהִים׃ | ד[24] ול בליש. מה

[10] Mm 839. [11] Mm 4034. [12] Mm 4049. [13] Mm 913. [14] וחד לקרחים 1 Ch 26,1. [15] Mm 4050. [16] Mm 4217. [17] Mm 633. [18] Mp sub loco. [19] Mm 3746. [20] Mm 2263. [21] Mm 564. [22] Mm 4051. [23] Mm 4052. [24] Mm 4163.

12 [a] pc Mss 𝔖 וַעֲזַרְיָה ‖ [b] Neh 11,12 + nonn vb ‖ [c–c] Neh 11,13 alit ‖ [d] 𝔊^B *Ιεδιου*, 𝔖 *jwḥnn* ‖ [e] l מְשִׁלֵּמוֹת cf 𝔊𝔖 et Neh ‖ **13** [a–a] l חֵיל לִמְ׳ cf 𝔊𝔙 ‖ **15** [a–a] l aut וּבַקְבֻּק ‖ וּבַקְבֻּקְיָה ‖ [b] Neh 11,17 וּבַקְבֻּק רַב חֲרָשֵׁי ג׳ (cf 𝔖𝔄) aut בֶּן־ח׳ בֶּן־גּ׳ ‖ [c] 𝔙 leg חָרָשׁ ‖ [d] pc Mss 𝔖𝔄 et Neh זַבְדִּי ‖ **16** [a] Neh 11,17 וְעַבְדָּא ‖ [b] Neh שַׁמּוּעַ ‖ [c] 𝔊^min𝔖𝔙 ut Neh K יְדִיתוּן ‖ [d] ℭ mlt Mss 𝔖𝔄 אָסָף ‖ **17** [a] > Neh 11,19 ‖ [b] pc Mss Edd 𝔊ℭ𝔄 ‑חֵ׳ ‖ **20** [a–a] 𝔊* *ἔμπροσθεν, καὶ οὗτοι*, 𝔊^Aal *ἔμπροσθεν τοῦ κυρίου, καὶ οὗτοι* ‖ **21** [a] l וּזְ׳ (hpgr) ‖ [b] 𝔊^A min(𝔖) *Μοσολ(λ)αμ* = מְשֻׁלָּם ‖ **22** [a] 𝔖 *bmnjn'* = בְּמִסְפָּר ‖ [b] 𝔊^L + *ἠρίθμησε καί* ‖ [c] prp ‑ת אֲבֹתָם vel בַּאֲבוֹתָם ‖ **23** [a] prp לְעֻמַּת ‖ [b] 𝔊 *τοῦ φυλάσσειν*, 𝔖 *zbn'* = (אהל) מוֹעֵד ‖ **24** [a] pr לְאַרְבַּעַת גִּבּוֹרֵי הַשֹּׁעֲרִים (homark) cf 26 ‖ [b] l הַשֹּׁעֲ׳ cf 𝔊𝔖𝔄 ‖ [c] l ‑חָה? cf 18 ‖ **26** [a] 𝔊 leg הַשֹּׁעֲ׳ ‖ [b–b] l הם מִן־ה׳ vel הם ל׳ (גַּם) ‖ [c] prp וּמִן־הַלְוִיִּם יִהְיוּ ‖ [d] l ‑צָ׳.

27 וּסְבִיבוֹת[a] בֵּית־הָאֱלֹהִים יָלִינוּ כִּי־עֲלֵיהֶם מִשְׁמֶרֶת[b] וְהֵם[c] עַל־ ב. מח
28 הַמַּפְתֵּחַ וְלַבֹּקֶר[c] לַבֹּקֶר[d]: 28 וּמֵהֶם עַל־כְּלֵי הָעֲבוֹדָה כִּי־בְמִסְפָּר ב. ב. ו[25]
29 יְבִיאוּם וּבְמִסְפָּר יוֹצִיאוּם: 29 וּמֵהֶם מְמֻנִּים עַל־הַכֵּלִים וְעַל כָּל־ ל ומל. ו[25]. ל
30 כְּלֵי הַקֹּדֶשׁ וְעַל־הַסֹּלֶת וְהַיַּיִן וְהַשֶּׁמֶן וְהַלְּבוֹנָה וְהַבְּשָׂמִים: 30 וּמִן־ ב[26]. ל
31 בְּנֵי הַכֹּהֲנִים רֹקְחֵי הַמִּרְקַחַת לַבְּשָׂמִים: 31 וּמַתִּתְיָה מִן־הַלְוִיִּם הוּא ל. ל
32 הַבְּכוֹר לְשַׁלֻּם הַקָּרְחִי[a] בֶּאֱמוּנָה עַל מַעֲשֵׂה הַחֲבִתִּים[b]: 32 [a]וּמִן־בְּנֵי יא חס ו[27] מנה בכתיב וכל נביא דכות ב מ ג. ל
הַקְּהָתִי מִן־אֲחֵיהֶם עַל־לֶחֶם הַמַּעֲרָכֶת לְהָכִין שַׁבַּת שַׁבָּת: ס ב. ב. ד פת וכל שבת שבתון דכות[28]
33 וְאֵלֶּה[a] הַמְשֹׁרְרִים רָאשֵׁי אָבוֹת לַלְוִיִּם[b] בַּלְּשָׁכֹת פְּטוּרִים[c] כִּי־יוֹמָם עה. ז[29] בכתיב וכל אורית ונביא דכות ב מ ב. ג חס בליש[30]. פטורים[31] ק
34 וָלַיְלָה עֲלֵיהֶם בַּמְּלָאכָה: 34 אֵלֶּה רָאשֵׁי הָאָבוֹת לַלְוִיִּם לְתֹלְדוֹתָם יד ר״פ בסיפ[32]. עה
35 רָאשִׁים אֵלֶּה יָשְׁבוּ בִירוּשָׁלָםִ: פ 35 וּבְגִבְעוֹן יָשְׁבוּ[a] אֲבִי־גִבְעוֹן ב
36 יְעוּאֵל[b] וְשֵׁם אִשְׁתּוֹ[c] מַעֲכָה: 36 וּבְנוֹ הַבְּכוֹר עַבְדּוֹן וְצוּר וְקִישׁ וּבַעַל יעיאל חד מן ד[33] כת כן ק
37 38 וְנֵר וְנָדָב: 37 וּגְדוֹר וְאַחְיוֹ[a] וּזְכַרְיָה[b] וּמִקְלוֹת: 38 וּמִקְלוֹת הוֹלִיד ז בסיפ וכל נביא דכות במ ב. ד. ד
אֶת־שִׁמְאָם[a] וְאַף־הֵם נֶגֶד אֲחֵיהֶם יָשְׁבוּ בִירוּשָׁלַםִ עִם־אֲחֵיהֶם: ס ל
39 וְנֵר הוֹלִיד אֶת־קִישׁ[a] וְקִישׁ הוֹלִיד אֶת־שָׁאוּל וְשָׁאוּל הוֹלִיד אֶת־ ב
40 יְהוֹנָתָן וְאֶת־מַלְכִּי־שׁוּעַ וְאֶת־אֲבִינָדָב[b] וְאֶת־אֶשְׁבָּעַל: 40 וּבֶן־יְהוֹנָתָן ב
41 [a]מְרִיב בָּעַל[a] וּמְרִי־בַעַל הוֹלִיד אֶת־מִיכָה: 41 וּבְנֵי מִיכָה פִּיתוֹן ב. ל וחדה מילה[34]
42 וָמֶלֶךְ[a] וְתַחְרֵעַ[b]: 42 וְאָחָז הוֹלִיד אֶת־יַעְרָה[a] וְיַעְרָה[a] הוֹלִיד אֶת־ ה[35]. ל. ל. ל
43 עָלֶמֶת וְאֶת־עַזְמָוֶת[b] וְאֶת־זִמְרִי וְזִמְרִי הוֹלִיד אֶת־מוֹצָא[c]: 43 וּמוֹצָא ב ומל וכל שם ברנש דכות
44 הוֹלִיד אֶת־בִּנְעָא[a] וּרְפָיָה[b] בְנוֹ אֶלְעָשָׂה בְנוֹ אָצֵל בְּנוֹ: 44 וּלְאָצֵל ב וכת א. ב ור״פ
שִׁשָּׁה בָנִים וְאֵלֶּה שְׁמוֹתָם עַזְרִיקָם ׀ בֹּכְרוּ[a] וְיִשְׁמָעֵאל וּשְׁעַרְיָה[b] ב[36]
וְעֹבַדְיָה וְחָנָן אֵלֶּה בְּנֵי אָצַל: פ ב פסוק מחליפין בסיפ[36]. ג[37]

[25] Mm 3952. [26] Neh 13,9. [27] Mm 4232. [28] Mm 806. [29] Mm 4048. [30] Mm 4053. [31] Mm 832. [32] Mm 4006. [33] Mm 4054. [34] Mp contra textum postulat מריבעל, cf Mp sub loco. [35] Mm 2030. [36] Mp sub loco. [37] Mm 4055.

27 [a] l 'וּמֵהֶם ס (aberratio oculi)? cf 26[c].28.29 ‖ [b] 1 ־רְתּוֹ (hpgr) ‖ [c–c] 1 'וַעֲלֵהֶם מִפְתָּחוֹ ל cf [d] ‖ [d] 𝔊 + *ἀνοίγειν τὰς θύρας τοῦ ἱεροῦ* ‖ **31** [a] > 𝔖 ‖ [b] 𝔊 *τῆς θυσίας τοῦ τηγάνου τοῦ μεγάλου ἱερέως* ‖ **32** [a–a] 𝔊 *καὶ Βαναιας*, l וּבְנָיָה ‖ **33** [a] prp וְאֵלֶּם ‖ [b] ins לֹא לָהֶם (hpgr) ‖ [c] nonn Mss 𝔗 ut Q, sic l; K 'פְּטִי ‖ **35** [a] 𝔊^{-S}𝔖 sg ‖ [b] nonn Mss 𝔊𝔗𝔙 ut Q; K 'יְעוּ ‖ [c] pc Mss אֲחֹתוֹ ‖ **37** [a] 𝔊 *καὶ ἀδελφὸς (-φοί) (αὐτοῦ)*, 𝔖 *w'hj'* ‖ [b] 8,31 וזכר ‖ **38** [a] 𝔊 ut 8,32 שִׁמְאָה ‖ **39** [a] cf 8,33[a] ‖ [b] cf 8,33[b] ‖ **40** [a–a] cf 8,34[a–a] ‖ **41** [a] 𝔊^{B} *καὶ Μαλαχ* (𝔊^{Aal} *Μαλωχ*, 𝔊^{L} *Μελχιηλ*) ‖ [b] 8,35 ותארע; ins c 8,35 וְאָחָז (hpgr), it 𝔊^{L}𝔖𝔗𝔙𝔄 ‖ **42** [a] l c nonn Mss (וְ)יַעְדָּה cf 𝔊^{-L}; 8,36 (וִ)יהוֹעַדָּה cf 𝔊^{L} ‖ [b] cf 8,36[b] ‖ [c] 𝔊^{-L} *Μασ(σ)α* ‖ **43** [a] 𝔊 *Βα(α)να* cf 8,37[a] ‖ [b] 8,37 רפה ‖ **44** [a] cf 8,38[a], sed hic l frt 𝔐 ‖ [b] ins וְעַזְרִיָּה? cf 8,38[b].

10 1 וּפְלִשְׁתִּים נִלְחֲמוּ בְיִשְׂרָאֵל וַיָּנָס אִישׁ־יִשְׂרָאֵל מִפְּנֵי
2 פְלִשְׁתִּים וַיִּפְּלוּ חֲלָלִים בְּהַר גִּלְבֹּעַ׃ 2 וַיַּדְבְּקוּ פְלִשְׁתִּים אַחֲרֵי
שָׁאוּל וְאַחֲרֵי בָנָיו וַיַּכּוּ פְלִשְׁתִּים אֶת־יוֹנָתָן וְאֶת־אֲבִינָדָב[a] וְאֶת־
3 מַלְכִּי־שׁוּעַ בְּנֵי שָׁאוּל׃ 3 וַתִּכְבַּד הַמִּלְחָמָה עַל־שָׁאוּל וַיִּמְצָאֻהוּ
4 הַמּוֹרִים בַּקָּשֶׁת וַיָּחֶל[a] מִן־הַיּוֹרִים׃ 4 וַיֹּאמֶר שָׁאוּל אֶל־נֹשֵׂא כֵלָיו
שְׁלֹף חַרְבְּךָ ׀ וְדָקְרֵנִי בָהּ פֶּן־יָבֹאוּ הָעֲרֵלִים הָאֵלֶּה[a] וְהִתְעַלְּלוּ־בִי
וְלֹא אָבָה נֹשֵׂא כֵלָיו כִּי יָרֵא מְאֹד ס וַיִּקַּח שָׁאוּל אֶת־הַחֶרֶב
5 וַיִּפֹּל עָלֶיהָ׃ 5 וַיַּרְא נֹשֵׂא־כֵלָיו כִּי מֵת שָׁאוּל וַיִּפֹּל גַּם־הוּא עַל־
6 הַחֶרֶב וַיָּמֹת[a]׃ ס 6 וַיָּמָת שָׁאוּל וּשְׁלֹשֶׁת בָּנָיו[a] וְכָל־בֵּיתוֹ יַחְדָּו
7 מֵתוּ׃ 7 וַיִּרְאוּ כָּל־אִישׁ יִשְׂרָאֵל אֲשֶׁר־בָּעֵמֶק[a] כִּי נָסוּ[b] וְכִי־מֵתוּ שָׁאוּל
8 וּבָנָיו וַיַּעַזְבוּ עָרֵיהֶם וַיָּנֻסוּ וַיָּבֹאוּ פְלִשְׁתִּים וַיֵּשְׁבוּ בָּהֶם׃ ס 8 וַיְהִי
מִמָּחֳרָת וַיָּבֹאוּ פְלִשְׁתִּים לְפַשֵּׁט אֶת־הַחֲלָלִים וַיִּמְצְאוּ אֶת־שָׁאוּל
9 וְאֶת־בָּנָיו נֹפְלִים בְּהַר גִּלְבֹּעַ׃ 9 וַיַּפְשִׁיטֻהוּ[a] וַיִּשְׂאוּ אֶת־רֹאשׁוֹ וְאֶת־
כֵּלָיו וַיְשַׁלְּחוּ בְאֶרֶץ־פְּלִשְׁתִּים[b] סָבִיב לְבַשֵּׂר אֶת־[c]עֲצַבֵּיהֶם וְאֶת־
10 הָעָם׃ 10 וַיָּשִׂימוּ אֶת־כֵּלָיו בֵּית אֱלֹהֵיהֶם[a] [b]וְאֶת־גֻּלְגָּלְתּוֹ תָקְעוּ בֵּית
11 דָּגוֹן[b]׃ ס 11 וַיִּשְׁמְעוּ כֹּל[a] יָבֵישׁ גִּלְעָד אֵת כָּל־אֲשֶׁר־עָשׂוּ
12 פְלִשְׁתִּים לְשָׁאוּל[b]׃ 12 וַיָּקוּמוּ כָּל־אִישׁ חַיִל[a] וַיִּשְׂאוּ אֶת־גּוּפַת שָׁאוּל
וְאֵת גּוּפֹת בָּנָיו[a] וַיְבִיאוּם יָבֵישָׁה[b] וַיִּקְבְּרוּ אֶת־עַצְמוֹתֵיהֶם תַּחַת
13 הָאֵלָה[c] בְּיָבֵשׁ וַיָּצוּמוּ שִׁבְעַת יָמִים׃ 13 וַיָּמָת שָׁאוּל בְּמַעֲלוֹ
אֲשֶׁר מָעַל בַּיהוָה עַל־דְּבַר יְהוָה אֲשֶׁר לֹא־שָׁמָר וְגַם־לִשְׁאוֹל בָּאוֹב
14 לִדְרוֹשׁ[a]׃ 14 וְלֹא־דָרַשׁ בַּיהוָה וַיְמִיתֵהוּ וַיַּסֵּב אֶת־הַמְּלוּכָה לְדָוִיד
בֶּן־יִשָׁי׃ פ

ל
ב . ג
ז[1]
ה[2] . ג
ד[3] ב מנה בליש . ט[4] . ב חד מל וחד חס[5] . לח
ב
לח
לח . ל
ה . ג[6]
ל אשר מחליפין[7] . לא פסוק כי וכי[8] . ב
ו וכל אורית דכות ב מ ד . ב . ל וכת כן . מג . ג[9]
ד[10] וכל אורית דכות ב מ א . יב[11]
לה[7] ה[12] מנה בכתיב . ל . ו[13]
ב[14]
ט מל[15] . מג . ל
ל . ג חד מל וב חס . ל מל בנביא[7]
ו חס . ג מל[16] . ה
כג פסוק וגם ובתר תלת מילין[17]
ב בליש . ח מל[18] . כ[19] כן למערב[7]

Cp 10 [1]Mm 4012. [2]Mm 4067. [3]Mm 948. [4]Mm 4056. [5]Mm 4267. [6]Mm 1534. [7]Mp sub loco. [8]Mm 2059. [9]Mm 589. [10]Mm 1702. [11]Mm 1055. [12]Mm 4219. [13]Mm 1703. [14]Jer 38,9. [15]Mm 1663. [16]Mm 1519. [17]Mm 1629. [18]Mm 2137. [19]Mm 1581.

Cp 10,2 [a] 𝔖 ut 8,33[b] 9,39[b] ‖ **3** [a] l prb וַיָּחַל cf 𝔊𝔙𝔄 ‖ **4** [a] 1 S 31,4 + וּדְקָרֻנִי, it 𝔖 ‖ **5** [a] 1 S 31,5 + עִמּוֹ, it 𝔖 ‖ **6** [a] 𝔊(𝔖) + *ἐν τῇ ἡμέρᾳ ἐκείνῃ* cf 1 S 31,6 ‖ **7** [a] 1 S 31,7 distinctius ‖ [b] 𝔊 + *Ισραηλ* cf 𝔖 et 1 S ‖ **9** [a] ins prb וַיִּרְאֲשׁוּהוּ* cf 1 S 31,9 ‖ [b] sic L, mlt Mss Edd פְּ׳ ‖ [c] pc Mss 𝔖𝔗 בֵּית ut 1 S ‖ **10** [a] 1 S 31,10 עַשְׁתָּרוֹת ‖ [b–b] 𝔖 sec 1 S ‖ **11** [a] ins c Ms 𝔖 יֹשְׁבֵי (hpgr) cf 𝔊 et 1 S 31,11 ‖ [b] 𝔊 + *καὶ τῷ Ισραηλ* ‖ **12** [a–a] 𝔖 ut 1 S 31,12 ‖ [b] 𝔖 + vb ex 1 S 31,12b.13a ‖ [c] 1 S 31,13 הָאֵשֶׁל ‖ **13** [a] > 𝔖, dl; 𝔊 + *καὶ ἀπεκρίνατο αὐτῷ Σαμουηλ ὁ προφήτης*.

11 1 וַיִּקָּבְצ֧וּ[a] כָל־יִשְׂרָאֵ֛ל אֶל־דָּוִ֖יד חֶבְר֣וֹנָה לֵאמֹ֑ר הִנֵּ֛ה עַצְמְךָ֥ ט׳[1] ח מנה מל
2 וּבְשָׂרְךָ֖ אֲנָֽחְנוּ׃ 2 גַּם־תְּמ֣וֹל גַּם־שִׁלְשׁ֗וֹם גַּ֚ם בִּהְי֣וֹת שָׁא֣וּל מֶ֔לֶךְ יב פסוק גם גם גם . ד . ב
אַתָּ֛ה[a] הַמּוֹצִ֥יא וְהַמֵּבִ֖יא אֶת־יִשְׂרָאֵ֑ל וַיֹּאמֶר֩ יְהוָ֨ה אֱלֹהֶ֜יךָ לְךָ֗ כז בטע . ל
אַתָּ֨ה תִרְעֶ֤ה אֶת־עַמִּי֙ אֶת־יִשְׂרָאֵ֔ל וְאַתָּה֙ תִּהְיֶ֣ה נָגִ֔יד עַ֖ל עַמִּ֥י ו
3 יִשְׂרָאֵֽל׃ 3 וַ֠יָּבֹאוּ כָּל־זִקְנֵ֨י יִשְׂרָאֵ֥ל [a]אֶל־הַמֶּלֶךְ֮[a] חֶבְרוֹנָה֒ ט׳[1] ח מנה מל
וַיִּכְרֹת֩ לָהֶ֨ם[b] דָּוִ֥יד בְּרִ֛ית בְּחֶבְר֖וֹן לִפְנֵ֣י יְהוָ֑ה וַיִּמְשְׁח֨וּ אֶת־דָּוִ֤יד
4 לְמֶ֙לֶךְ֙ עַל־יִשְׂרָאֵ֔ל כִּדְבַ֥ר יְהוָ֖ה בְּיַד־שְׁמוּאֵֽל׃ ס 4 וַיֵּ֧לֶךְ[a] דָּוִ֛יד
5 וְכָל־יִשְׂרָאֵ֖ל[a] יְרוּשָׁלִַ֣ם הִ֣יא יְב֑וּס וְשָׁם֙ הַיְבוּסִ֔י יֹשְׁבֵ֖י הָאָֽרֶץ׃ 5 וַיֹּ֨אמְר֜וּ לה׳[2] וכל ר״פ דכות
יֹשְׁבֵ֤י יְבוּס֙ לְדָוִ֔יד לֹ֥א תָב֖וֹא הֵ֑נָּה וַיִּלְכֹּ֤ד דָּוִיד֙ אֶת־מְצֻדַ֣ת צִיּ֔וֹן הִ֖יא ד חס ול בסיפ
6 עִ֥יר דָּוִֽיד׃ 6 וַיֹּ֣אמֶר דָּוִ֗יד כָּל־מַכֵּ֤ה יְבוּסִי֙ בָּרִ֣אשֹׁנָ֔ה יִהְיֶ֥ה לְרֹ֖אשׁ כב׳[3] ח׳[4] מנה מל . כד
7 וּלְשָׂ֑ר וַיַּ֨עַל בָּרִאשׁוֹנָ֜ה יוֹאָ֧ב בֶּן־צְרוּיָ֛ה וַיְהִ֖י לְרֹֽאשׁ׃ 7 וַיֵּ֥שֶׁב דָּוִ֖יד כב׳[3] ח׳[4] מנה מל . כד
8 בַּמְצָ֑ד עַל־כֵּ֥ן קָֽרְאוּ־ל֖וֹ עִ֥יר דָּוִֽיד׃ 8 וַיִּ֤בֶן הָעִיר֙ מִסָּבִ֔יב מִן־הַמִּלּ֖וֹא ל[5] . ל[6]
ס̄ה וְעַד־הַסָּבִ֑יב[a] וְיוֹאָ֕ב[b] יְחַיֶּ֖ה אֶת־שְׁאָ֥ר הָעִֽיר׃[bc] 9 וַיֵּ֥לֶךְ דָּוִ֖יד הָל֣וֹךְ ל . ז[7]
וְגָד֑וֹל וַיהוָ֥ה צְבָא֖וֹת עִמּֽוֹ׃ פ ח[8]
10 וְאֵ֨לֶּה רָאשֵׁ֤י הַגִּבּוֹרִים֙ אֲשֶׁ֣ר לְדָוִ֔יד הַמִּתְחַזְּקִ֥ים עִמּ֛וֹ בְמַלְכוּת֖וֹ עה . ל
עִם[a]־כָּל־יִשְׂרָאֵ֑ל לְהַמְלִיכ֑וֹ כִּדְבַ֥ר יְהוָ֖ה עַל־יִשְׂרָאֵֽל׃ ס
11 וְאֵ֙לֶּה֙ מִסְפַּ֣ר[a] הַגִּבֹּרִ֔ים אֲשֶׁ֖ר לְדָוִ֑יד יָשָׁבְעָ֤ם[b] בֶּן־חַכְמוֹנִי֙ רֹ֣אשׁ ב מל
הַשָּׁלִישִׁ֔ים[c] הֽוּא־עוֹרֵ֧ר אֶת־חֲנִית֛וֹ עַל־שְׁלֹשׁ[d]־מֵא֥וֹת חָלָ֖ל בְּפַ֥עַם השלישים חד מן ב׳[9] כת ק כן בסיפ
12 אֶחָֽת׃ 12 וְאַחֲרָ֛יו אֶלְעָזָ֥ר בֶּן־דּוֹד֖וֹ[a] הָאֲחוֹחִ֑י ה֖וּא בִּשְׁלוֹשָׁ֥ה הַגִּבֹּרִֽים׃ ה מל[10] . ב בליש . יו[11] מל יב מנה בסיפ וכל מגלה דכות
13 הֽוּא־הָיָ֨ה עִם־דָּוִ֜יד בַּפַּ֣ס דַּמִּ֗ים וְהַפְּלִשְׁתִּים֙ נֶאֶסְפוּ־שָׁ֣ם לַמִּלְחָמָ֔ה[a] ל . ב . ל[12] . הי
וַתְּהִ֛י[b] חֶלְקַ֥ת הַשָּׂדֶ֖ה מְלֵאָ֣ה שְׂעוֹרִ֑ים[c] וְהָעָם֙ נָ֔סוּ מִפְּנֵ֖י פְלִשְׁתִּֽים׃ ב מל[13] . ל
14 וַיִּֽתְיַצְּב֤וּ[a] בְתוֹךְ־הַחֶלְקָה֙ וַיַּצִּיל֔וּהָ[b] וַיַּכּ֖וּ[c] אֶת־פְּלִשְׁתִּ֑ים וַיּ֥וֹשַׁע[d] ה . ל[14]

Cp 11 [1]Mm 1302. [2]Mp sub loco. [3]Mm 1743. [4]Mm 1135. [5]וחד למצד 1Ch 12,17, cf 1Ch 12,9. [6]ויבנה את העיר Jos 19,50, cf Mp sub loco. [7]Mm 1687. [8]Mm 1674. [9]Mm 4057. [10]Mm 1460. [11]Mm 2959. [12]Mm 1315. [13]Mm 4058. [14]Mm 4059.

Cp 11,1 [a] 𝔊* *καὶ ἦλθεν* ‖ **2** [a] 𝔊(𝔖𝔗𝔙) + *ἦσθα* cf 2 S 5,2 ‖ **3** [a–a] l לְהַמְלִכוֹ ‖ [b] Ms 𝔊𝔖 + הַמֶּלֶךְ ut 2 S 5,3 ‖ **4** [a–a] 𝔊* *ὁ βασιλεὺς καὶ ἄνδρες αὐτοῦ* cf 2 S 5,6 ‖ **8** [a] prp הַבַּיְתָה וָבַיְתָה cf 2 S 5,9 ‖ [b–b] 𝔊 *καὶ ἐπολέμησεν καὶ ἔλαβεν τὴν πόλιν* ‖ [c] pc Mss הָעָם cf 𝔖𝔄 ‖ **10** [a] 𝔖(𝔄) *'l* ‖ **11** [a] 2 S 23,8 שְׁמוֹת; prp מִסְפַּר ‖ [b] 𝔊min *I(ε)σ(ε)βααλ*, l יִשְׁבַּעַל ‖ [c] K 𝔊-L𝔖𝔙 הַשָּׁלוֹ׳, 2 S 23,8 הַשָּׁלִשִׁי; l הַשְּׁלוֹשָׁה cf 𝔊L ‖ [d] 𝔖 ut 2 S שְׁמֹנֶה, 𝔊L 9 ‖ **12** [a] 𝔊 *Δωδαι* cf 27,4 ‖ **13** [a] ins eadem vb quae 2 S 23,9bγ–11bα ‖ [b] ins c 2 S 23,11 שָׁם ‖ [c] 𝔊L *φακοῦ* cf 𝔗 et 2 S ‖ **14** [a] 𝔊𝔄 sg, l c 2 S 23,12 ־ֵב ‖ [b] l ־לֶהָ cf [a] (aut וַיַּצִּלֶהָ a צלל?) ‖ [c] l וַיַּךְ cf [a] ‖ [d] 𝔊𝔖𝔄 ut 2 S וַיַּעַשׂ.

15 יְהוָ֖ה תְּשׁוּעָ֥ה גְדוֹלָֽה׃ 15 וַיֵּרְד֡וּ שְׁלוֹשָׁה֩ מִן־הַשְּׁלוֹשִׁ֨ים רֹ֜אשׁ[a] עַל־[b]
הַצֻּר֙ אֶל־דָּוִ֔יד אֶל־מְעָרַ֖ת[c] עֲדֻלָּ֑ם וּמַחֲנֵ֣ה פְלִשְׁתִּ֔ים חֹנָ֖ה בְּעֵ֥מֶק
16 רְפָאִֽים׃ 16 וְדָוִ֖יד אָ֣ז בַּמְּצוּדָ֑ה וּנְצִ֣יב[a] פְּלִשְׁתִּ֔ים אָ֖ז בְּבֵ֥ית לָֽחֶם׃
17 17 וַיִּתְאָ֥ו דָּוִ֖יד וַיֹּאמַ֑ר מִ֚י יַשְׁקֵ֣נִי מַ֔יִם מִבּ֥וֹר בֵּֽית־לֶ֖חֶם אֲשֶׁ֥ר בַּשָּֽׁעַר׃
18 18 וַיִּבְקְע֨וּ הַשְּׁלֹשָׁ֜ה בְּמַחֲנֵ֣ה פְלִשְׁתִּ֗ים וַיִּֽשְׁאֲבוּ־מַ֙יִם֙ מִבּ֤וֹר בֵּֽית־לֶ֙חֶם֙
אֲשֶׁ֣ר בַּשַּׁ֔עַר וַֽיִּשְׂא֖וּ וַיָּבִ֣אוּ[a] אֶל־דָּוִ֑יד וְלֹֽא־אָבָ֤ה דָוִיד֙ לִשְׁתּוֹתָ֔ם וַיְנַסֵּ֥ךְ
19 אֹתָ֖ם לַֽיהוָֽה׃ 19 וַיֹּ֡אמֶר חָלִילָה֩ לִּ֨י מֵאֱלֹהַ֜י[a] מֵעֲשׂ֣וֹת זֹ֗את הֲדַ֣ם
הָאֲנָשִׁ֤ים הָאֵ֙לֶּה֙ אֶשְׁתֶּ֣ה בְנַפְשׁוֹתָ֔ם[b] כִּ֥י בְנַפְשׁוֹתָ֖ם הֱבִיא֑וּם וְלֹ֤א אָבָה֙
20 לִשְׁתּוֹתָ֔ם אֵ֣לֶּה עָשׂ֔וּ שְׁלֹ֖שֶׁת הַגִּבּוֹרִֽים׃ 20 וְאַבְשַׁ֣י[a] אֲחִֽי־יוֹאָ֗ב
ה֚וּא הָיָ֣ה רֹ֣אשׁ הַשְּׁלוֹשָׁ֔ה[b] וְהוּא֙ עוֹרֵ֣ר אֶת־חֲנִית֔וֹ עַל־שְׁלֹ֥שׁ מֵא֖וֹת
21 חָלָ֑ל וְלֹֽא־[c]שֵׁ֖ם[d] בַּשְּׁלוֹשָֽׁה׃ 21 מִן־הַשְּׁלוֹשָׁ֤ה[a] בַשְּׁנַ֙יִם֙[b] נִכְבָּ֔ד וַיְהִ֥י לָהֶ֖ם
22 לְשָׂ֑ר וְעַד־הַשְּׁלוֹשָׁ֖ה לֹא־בָֽא׃ ס 22 בְּנָיָ֤ה בֶן־יְהוֹיָדָע֙ בֶּן־אִֽישׁ־
חַ֔יִל רַב־פְּעָלִ֖ים מִן־קַבְצְאֵ֑ל ה֣וּא הִכָּ֗ה אֵ֣ת שְׁנֵ֤י אֲרִיאֵל֙[b] מוֹאָ֔ב וְה֗וּא
23 יָרַ֞ד וְהִכָּ֤ה אֶת־הָֽאֲרִי֙ בְּת֣וֹךְ הַבּ֔וֹר בְּי֖וֹם הַשָּֽׁלֶג׃ 23 וְהֽוּא־הִכָּה֩ אֶת־
הָאִ֨ישׁ הַמִּצְרִ֜י אִ֥ישׁ מִדָּ֣ה[a] ׀ [b]חָמֵ֣שׁ בָּאַמָּ֗ה[b] וּבְיַ֨ד הַמִּצְרִ֤י חֲנִית֙ כִּמְנ֣וֹר
אֹֽרְגִ֔ים[b] וַיֵּ֥רֶד אֵלָ֖יו בַּשָּׁ֑בֶט וַיִּגְזֹ֤ל אֶת־הַֽחֲנִית֙ מִיַּ֣ד הַמִּצְרִ֔י וַיַּהַרְגֵ֖הוּ
24 בַּחֲנִיתֽוֹ׃ 24 אֵ֣לֶּה עָשָׂ֔ה בְּנָיָ֖הוּ בֶּן־יְהוֹיָדָ֑ע [a]וְלוֹ־שֵׁ֖ם[a] בִּשְׁלוֹשָׁ֥ה
25 הַגִּבֹּרִֽים׃ 25 מִן־הַשְּׁלוֹשִׁ֗ים הִנּ֤וֹ נִכְבָּד֙ ה֔וּא וְאֶל־הַשְּׁלוֹשָׁ֖ה לֹא־בָ֑א
26 וַיְשִׂימֵ֥הוּ דָוִ֖יד עַל־מִשְׁמַעְתּֽוֹ[a]׃ ס 26 וְגִבּוֹרֵ֖י הַחֲיָלִ֑ים עֲשָׂה־אֵל֙
27 אֲחִ֣י יוֹאָ֔ב[a] אֶלְחָנָ֥ן בֶּן־דּוֹד֖וֹ[b] מִבֵּ֥ית לָֽחֶם׃ ס 27 שַׁמּוֹת֙[a] הַהֲרוֹרִ֔י[b]
28 חֶ֖לֶץ הַפְּלוֹנִֽי[c]׃ ס 28 עִירָ֤א בֶן־עִקֵּשׁ֙ הַתְּקוֹעִ֔י אֲבִיעֶ֖זֶר הָֽעַנְּתוֹתִֽי׃
29 30 ס 29 סִבְּכַי֙ הַחֻ֣שָׁתִ֔י עִילַ֖י[a] הָאֲחוֹחִֽי׃ ס 30 מַהְרַי֙ הַנְּטֹ֣פָתִ֔י

ו̇ל[15] מל יב מנה בסיפ וכל מגלה דכות . ד מל[16] . ל . יד פסוק על אל אל[17]
ל חס . ב וחס
ג[18]
ויתאיו . צא ק
ל
מג . לו ולו[19] חס בסיפ . ל
ב
ז מל ג[20] מנה בסיפ
ו̇ל[15] מל יב מנה בסיפ וכל מגלה דכות
ולו ק חד מן יו[21] כת כן . ב חד חס וחד מן יו[15] מל יב מנה בסיפ וכל מגלה דכות . י ר״פ בכתיב[22] . יו[15] מל יב בסיפ וכל מגלה דכות
ב . יו[15] מל יב מנה בסיפ וכל מגלה דכות . ז וכל עזרא דכות[23]
ל
לג ר״פ
ל . ל
יד ר״פ בסיפ[24] . יו[15] מל יב מנה בסיפ וכל מגלה דכות
י ר״פ בכתיב[22] . ד מל[16] . ג . ב[25]
ב מל . ל
ה מל[26]
כל סיפ מל ב מ א . ב מל[19]
ה חס

[15] Mm 2959. [16] Mm 41 et Mm 4060. [17] Mm 4093. [18] Mm 1478. [19] Mp sub loco. [20] Mm 4061. [21] Mm 1795. [22] Mm 2980. [23] Mm 1831. [24] Mm 4006. [25] TM contra Mm 2959, cf Mp sub loco. [26] Mm 1460.

15 [a] 𝔊 recte *ἀρχόντων* ‖ [b] l מֵעַל? ‖ [c] sic c 2 S 23,13 ‖ **16** [a] 2 S 23,14 וּמַצַּב ‖ **18** [a] Mss 𝔊𝔗 ויבאו ‖ **19** [a] 𝔊 *ὁ θεός* cf 2 S 23,17 ‖ [b] prb dl ‖ **20** [a] 𝔗𝔙 ut 2 S 23,18 וַאֲבִישַׁי, sed cf 2,16 ‖ [b] l שִׁים– cf 𝔖 ‖ [c] mlt Mss Vrs ולו ut 2 S; l 𝔐 ‖ [d] l שָׁם cf 21b ‖ **21** [a] ut 20[b] ‖ [b] 𝔊 *ὑπὲρ τοὺς δύο*; > 𝔖, dl ‖ **22** [a] > 𝔖 cf 2 S 23,20 𝔊*, dl ‖ [b] l אראלי (vocales inc) ‖ **23** [a] 𝔊 *ὁρατόν* = מַרְאֶה 2 S 23,21 ‖ [b–b] > 2 S, cf 1 S 17,4.7 ‖ **24** [a–a] l וְלֹא שָׁם cf 20[c.d] ‖ **25** [a] 𝔊 *τὴν πατριὰν αὐτοῦ* = מִשְׁפַּחְתּוֹ ‖ **26** [a] 2 S 23,24 + בַּשְּׁלֹשִׁים ‖ [b] 𝔊^{L}(𝔖𝔙) *Δωδει* = דודי cf 12[a] ‖ **27** [a] 2 S 23,25 שַׁמָּה ‖ [b] l c 2 S הַחֲרֹדִי et ins אֱלִיקָא הַחֲרֹדִי (homtel) ‖ [c] l c 2 S 23,26 הַפַּלְטִי, it 𝔖𝔄 ‖ **29** [a] l צִילַי? cf צַלְמוֹן 2 S 23,28.

31 חֶ֥לֶד[a] בֶּן־בַּֽעֲנָ֖ה הַנְּטוֹפָתִֽי׃ ס 31 אִיתַ֣י[a] בֶּן־רִ֗יבַי מִגִּבְעַת֙ בְּנֵ֣י — ג מל[27]. ל וכל לשון ארמי דכות . ב
32 בִנְיָמִ֔ן ס בְּנָיָ֖ה הַפִּרְעָתֹנִֽי׃ ס 32 חוּרַי֙[a] מִנַּ֣חֲלֵי גָ֔עַשׁ ס — ז וכל עזרא דכות[28]. ב חס ול בליש
33 אֲבִיאֵ֖ל[b] הָֽעַרְבָתִֽי׃ ס 33 עַזְמָ֙וֶת֙ הַבַּֽחֲרוּמִ֔י[a] אֶלְיַחְבָּ֖א הַשַּֽׁעַלְבֹנִֽי׃ — ל. ב וחס
ס 34 בְּנֵ֗י[a] הָשֵׁם֙[b] הַגִּ֣זוֹנִ֔י[c] יוֹנָתָ֥ן בֶּן־שָׁגֵ֖ה[d] הַהֲרָרִֽי׃ ס 35 אֲחִיאָ֧ם — מח ר״פ בסיפ. ל. ל. ז[29]. ל. ג[30]
36 בֶּן־שָׂכָ֛ר[a] הַהֲרָרִ֖י אֱלִיפַ֥ל[b] בֶּן־אֽוּר׃ ס 36 חֵ֚פֶר הַמְּכֵ֣רָתִ֔י[a] [b]אֲחִיָּ֖ה — ג[30]. ל. ל
37 38 הַפְּלֹנִֽי׃ ס 37 חֶצְרוֹ֙[a] הַכַּרְמְלִ֔י [b]נַֽעֲרַ֖י בֶּן־אֶזְבָּֽי׃[b] ס 38 יוֹאֵ֗ל[a] — ל חס
39 אֲחִ֣י[b] נָתָ֔ן [c]מִבְחָ֖ר בֶּן־הַגְרִֽי׃[c] ס 39 צֶ֖לֶק הָֽעַמּוֹנִ֑י נַחְרַי֙ הַבֵּ֣רֹתִ֔י — ל. ה מל[31]. ל וחס[32]
40 נֹשֵׂ֕א[a] כְּלֵ֖י יוֹאָ֥ב בֶּן־צְרוּיָֽה׃ ס 40 עִירָא֙ הַיִּתְרִ֔י[a] גָּרֵ֖ב הַיִּתְרִֽי׃ — לח. ג בסיפ. ג[33]. ג בסיפ
41 42 ס 41 אֽוּרִיָּה֙ הַֽחִתִּ֔י זָבָ֖ד בֶּן־אַחְלָֽי׃ ס 42 עֲדִינָ֨א בֶן־שִׁיזָ֜א — ב[34]. ב[35]
43 הָרֽאוּבֵנִ֗י רֹ֚אשׁ לָרֽאוּבֵנִ֔י וְעָלָ֖יו[a] שְׁלֹשִֽׁים׃ ס 43 חָנָן֙ בֶּֽן־מַעֲכָ֔ה — ז
44 וְיוֹשָׁפָ֖ט הַמִּתְנִֽי׃[a] ס 44 עֻזִּיָּא֙ הָעַשְׁתְּרָתִ֔י שָׁמָ֣ע וִֽיעוּאֵ֔ל[a] ס בְּנֵ֖י — ב. ל. ד ל כת א וכל תרי עשר ועזרא דכות[36]. ויעיאל חד מן ד[37] כת כן ק
45 חוֹתָ֥ם הָעֲרֹעֵרִֽי׃ ס 45 יְדִֽיעֲאֵל֙ בֶּן־שִׁמְרִ֔י וְיֹחָ֥א[a] אָחִ֖יו הַתִּיצִֽי׃[b] — ל וחס. ב חד מל וחד חס[38]
ס 46 אֱלִיאֵל֙ הַמַּֽחֲוִ֔ים[a] וִירִיבַ֥י וְיוֹשַׁוְיָ֖ה[b] בְּנֵ֣י[c] אֶלְנָ֑עַם וְיִתְמָ֖ה — ל. ל. ל. ל
47 הַמּוֹאָבִֽי׃ 47 אֱלִיאֵ֣ל וְעוֹבֵ֔ד וְיַעֲשִׂיאֵ֖ל הַמְּצֹבָיָֽה׃[a] פ — ב. ל

12 1 וְאֵ֗לֶּה הַבָּאִ֤ים אֶל־דָּוִיד֙ לְצִ֣יקְלַ֔ג ע֣וֹד עָצ֔וּר[a] מִפְּנֵ֖י שָׁא֣וּל — ל ומל. ח
2 בֶּן־קִ֑ישׁ וְהֵ֙מָּה֙ בַּגִּבּוֹרִ֔ים עֹזְרֵ֖י הַמִּלְחָמָֽה׃ 2 נֹ֣שְׁקֵי קֶ֗שֶׁת מַיְמִינִ֤ים — ד. יא ר״פ וס״פ ב[1] וחד מן ב[2]
3 וּמַשְׂמִאלִים֙ בָּֽאֲבָנִ֔ים וּבַחִצִּ֖ים בַּקָּ֑שֶׁת מֵאֲחֵ֥י שָׁא֖וּל מִבִּנְיָמִֽן׃ 3 הָרֹ֨אשׁ — לז כג מנה בסיפ
אֲחִיעֶ֜זֶר וְיוֹאָ֗שׁ בְּנֵי֙[a] הַשְּׁמָעָ֣ה[b] הַגִּבְעָתִ֔י וִיזוּאֵ֣ל[c] וָפֶ֔לֶט בְּנֵ֖י עַזְמָ֑וֶת — ל. ויזיאל ק
4 וּבְרָכָ֕ה[d] וְיֵה֖וּא הָעַנְּתֹתִֽי׃ 4 וְיִשְׁמַֽעְיָ֧ה הַגִּבְעוֹנִ֛י גִּבּ֥וֹר בַּשְּׁלֹשִׁ֖ים וְעַל־ — ב ובתרי לישנ[3]. ל מל[4]
5 6 הַשְּׁלֹשִֽׁים׃ 5 וְיִרְמְיָ֣ה וְיַחֲזִיאֵ֗ל וְיוֹחָנָן֙ וְיוֹזָבָ֔ד הַגְּדֵרָתִֽי׃ 6 אֶלְעוּזַ֤י — ד[5] בליש וכל עזרא דכות וחד מן ו[6] פסוק מן ד מילין נסבין ו ר״פ. ל. ל

[27] Mm 4062. [28] Mm 1831. [29] Mm 4012. [30] Mm 1857. [31] Mm 4063. [32] Mm 331. [33] Mm 4064. [34] וחד אַחְלַי Ps 119,5. [35] Mm 2384. [36] Mm 2133. [37] Mm 4054. [38] Mm 4043. **Cp 12** [1] Mm 729. [2] Mm 4199. [3] Mm 3603. [4] Mm 896. [5] Mm 3858. [6] Mm 4162.

30 [a] 27,15 חֶלְדַּי ‖ **31** [a] 2 S 23,29 אִתַּי ‖ **32** [a] 2 S 23,30 הִדַּי ‖ [b] l prb אֲבִיבַעַל cf 2 S 23,31 ‖ **33** [a] l הַבַּחוּרָמִי ‖ **34** [a] dttg, dl ‖ [b] 2 S 23,32 יָשֵׁן ‖ [c] prp הַגִּמְזוֹנִי vel הַגּוּנִי (cf 𝔊[Aal] ὁ Γωυνι) ‖ [d] 𝔊[BS] Σωλα, 2 S 23,33 שַׁמָּה ‖ **35** [a] Ms et 2 S 23,33 שָׁרָר ‖ [b] 2 S 23,34 ־פֶלֶט ‖ **36** [a] 2 S 23,34 הַמַּעֲכָתִי ‖ [b–b] l eadem vb quae 2 S 23,34b ‖ **37** [a] 𝔊𝔖𝔄 ut 2 S 23,35 Q חצרי ‖ [b–b] 2 S פַּעֲרַי הָאַרְבִּי ‖ **38** [a] 2 S 23,36 יִגְאָל ‖ [b] 𝔊[BS] ut 2 S 23,36 ‖ [c–c] 2 S מִצֹּבָה בָּנִי הַגָּדִי ‖ **39** [a] 𝔊[L]𝔗 pl ut 2 S 23,37 K ‖ **40** [a] l הַיַּתִּרִי cf 𝔊[BS]𝔖𝔄 ‖ **42** [a] prp עַל־ cf 𝔖 ‖ **43** [a] 𝔊[B] ὁ Βαιθανι (𝔊[S] Βεθανι) ‖ **44** [a] mlt Mss 𝔊𝔗𝔙 ut Q, K וִיעוּ׳, 𝔖 *w'm'jl* ‖ **45** [a] 𝔊[BA] καὶ Ιωαζαε ‖ [b] 𝔊[ALal] ὁ Θωσαι vel sim ‖ **46** [a] l הַמַּחֲנַיְמִי vel הַמַּחְנִי ‖ [b] Ms 𝔗 שביה־, 𝔊 καὶ Ιωσια ‖ [c] 𝔊(𝔖) υἱὸς αὐτοῦ ‖ **47** [a] l aut מִצֹּבָה aut הַצֹּבָתִי ‖ **Cp 12,1** [a] ins מִיִּשְׂרָאֵל? ‖ **3** [a] l c pc Mss 𝔊 בֶּן ‖ [b] l prb יְהֹשָׁמָע ‖ [c] ℭ pc Mss 𝔊[ALal]𝔗𝔙 ut Q, K וְיזוּ׳; 𝔊[BS](𝔖) καὶ Ιωηλ ‖ [d] l וּבֶרֶכְיָה cf 𝔊𝔖.

וִירִימוֹת וּבְעַלְיָה[a] וּשְׁמַרְיָהוּ וּשְׁפַטְיָהוּ הַחֲרִיפִי[b]׃ 7 אֶלְקָנָה וְיִשִּׁיָּהוּ 7
וַעֲזַרְאֵל[a] וְיוֹעֶזֶר וְיָשָׁבְעָם הַקָּרְחִים׃ 8 וְיוֹעֵאלָה[a] וּזְבַדְיָה[b] בְּנֵי יְרֹחָם 8
[c]מִן־הַגְּדוֹר׃[c] 9 וּמִן־הַגָּדִי נִבְדְּלוּ אֶל־דָּוִיד לַמְצַד[a] מִדְבָּרָה 9
גִּבֹּרֵי הַחַיִל אַנְשֵׁי צָבָא לַמִּלְחָמָה עֹרְכֵי צִנָּה וָרֹמַח[b] וּפְנֵי אַרְיֵה פְּנֵיהֶם
וְכִצְבָאיִם עַל־הֶהָרִים לְמַהֵר׃ ס 10 עֵזֶר הָרֹאשׁ עֹבַדְיָה הַשֵּׁנִי 10
אֱלִיאָב הַשְּׁלִשִׁי׃ 11 מִשְׁמַנָּה[a] הָרְבִיעִי יִרְמְיָה הַחֲמִשִׁי׃ 12 עַתַּי[a] הַשִּׁשִּׁי 11 12
אֱלִיאֵל[b] הַשְּׁבִעִי׃ 13 יוֹחָנָן הַשְּׁמִינִי אֶלְזָבָד[a] הַתְּשִׁיעִי׃ 14 יִרְמְיָהוּ 13 14
הָעֲשִׂירִי מַכְבַּנַּי[a] עַשְׁתֵּי עָשָׂר׃ ס 15 אֵלֶּה מִבְּנֵי־גָד רָאשֵׁי 15
הַצָּבָא אֶחָד לְמֵאָה הַקָּטָן וְהַגָּדוֹל לְאָלֶף׃ 16 אֵלֶּה הֵם אֲשֶׁר עָבְרוּ 16
אֶת־הַיַּרְדֵּן בַּחֹדֶשׁ הָרִאשׁוֹן וְהוּא מְמַלֵּא עַל־כָּל־גְּדִיֹתָיו[a] וַיַּבְרִיחוּ[b]
אֶת־כָּל־הָעֲמָקִים לַמִּזְרָח וְלַמַּעֲרָב׃ ס 17 וַיָּבֹאוּ מִן־בְּנֵי בִנְיָמִן 17
וִיהוּדָה [a]עַד־לַמְצָד[a] לְדָוִיד׃ 18 וַיֵּצֵא דָוִיד לִפְנֵיהֶם וַיַּעַן[a] וַיֹּאמֶר לָהֶם 18
אִם־לְשָׁלוֹם בָּאתֶם אֵלַי לְעָזְרֵנִי[a] יִהְיֶה־לִּי עֲלֵיכֶם לֵבָב לְיָחַד וְאִם־
לְרַמּוֹתַנִי לְצָרַי [b]בְּלֹא חָמָס בְּכַפַּי[b] יֵרֶא אֱלֹהֵי אֲבוֹתֵינוּ וְיוֹכַח׃ ס
19 וְרוּחַ לָבְשָׁה אֶת־עֲמָשַׂי רֹאשׁ הַשָּׁלוֹשִׁים[a]
לְךָ[b] דָוִיד וְעִמְּךָ[b] בֶן־יִשַׁי
שָׁלוֹם ׀ שָׁלוֹם לְךָ וְשָׁלוֹם לְעֹזְרֶךָ
כִּי עֲזָרְךָ אֱלֹהֶיךָ
וַיְקַבְּלֵם דָּוִיד וַיִּתְּנֵם בְּרָאשֵׁי הַגְּדוּד׃ פ 20 וּמִמְּנַשֶּׁה נָפְלוּ עַל־ 20
דָּוִיד בְּבֹאוֹ עִם־פְּלִשְׁתִּים עַל־שָׁאוּל לַמִּלְחָמָה וְלֹא עֲזָרֻם[a] כִּי בְעֵצָה
שִׁלְּחֻהוּ סַרְנֵי פְלִשְׁתִּים לֵאמֹר בְּרָאשֵׁינוּ[b] יִפּוֹל אֶל־אֲדֹנָיו שָׁאוּל׃
21 בְּלֶכְתּוֹ אֶל־צִיקְלַג נָפְלוּ עָלָיו ׀ מִמְּנַשֶּׁה עַדְנַח[a] וְיוֹזָבָד וִידִיעֲאֵל 21

ל[20]

6 [a] 𝔖 + ʿz(r)j ‖ [b] 𝔊^{Aal}𝔗𝔙 ut Q, K 𝔊^{BS} –רִי׳ ‖ **7** [a] pc Mss וְעַזְרִיאֵל cf 𝔊^{BS} *καὶ Οζριηλ* ‖ **8** [a] prp וְיַעֲלָה ‖ [b] 𝔖 *zkrj'* ‖ [c–c] dttg, dl; 𝔊 *υἱοὶ* (𝔊^{B} *καὶ οἱ* pro מן, nonn Mss הגדוד pro הגדור) ‖ **9** [a] > 𝔊 ‖ [b] Ms mlt Edd וּמָגֵן ‖ **11** [a] 2 Mss Edd מַשְׁ׳ ‖ **12** [a] 𝔖 *ʿtr* ‖ [b] pc Mss 𝔊^{BS} –אָב ‖ **13** [a] 𝔊^{BS} *Ελιαζερ* ‖ **14** [a] 𝔖^{W} *šptj'* ‖ **16** [a] K גְּדִיתָיו ‖ [b] prp וַיַּבְרִחַ (de בְּרִיחַ = sera) ‖ **17** [a–a] 𝔊 *εἰς βοήθειαν* ‖ **18** [a] > 𝔊* ‖ [b–b] 𝔊 *οὐκ ἐν ἀληθείᾳ χειρός*, sed *ἀ.* crrp ex *ἀδικίᾳ* ‖ **19** [a] l c K 𝔊𝔖𝔙 הַשָּׁלִ׳; ins וַיֵּשֶׁב לְדָוִיד cf Vrs et 2 Ch 10,16 ‖ [b] 𝔊 leg לְךָ; ins כֻּלָּנוּ? ‖ [c] 𝔊 leg וְעַמְּךָ; 𝔊* huc tr דויד ‖ **20** [a] l –ָם cf 𝔊^{ALal}𝔙 ‖ [b] 𝔊 pro suff *τῶν ἀνδρῶν ἐκείνων* cf 1 S 29,4b ‖ **21** [a] l c pc Mss עדנה cf 𝔊𝔙.

וּמִיכָאֵל וְיוֹזָבָד[b] וֶאֱלִיהוּא[c] וְצִלְּתָי רָאשֵׁי הָאֲלָפִים אֲשֶׁר לִמְנַשֶּׁה׃ ב חד פת וחד קמ . עה
22 וְהֵמָּה עָזְרוּ עִם־דָּוִיד עַל־הַגְּדוּד כִּי־גִבּוֹרֵי חַיִל כֻּלָּם וַיִּהְיוּ שָׂרִים י ר״פ[29]
23 בַּצָּבָא׃ 23 כִּי לְעֶת־יוֹם בְּיוֹם יָבֹאוּ עַל־דָּוִיד לְעָזְרוֹ[a] עַד־לְמַחֲנֶה ד דגש[30] . ה[31] . ל
גָדוֹל כְּמַחֲנֵה אֱלֹהִים׃ פ ל
24 וְאֵלֶּה מִסְפְּרֵי[a] רָאשֵׁי הֶחָלוּץ[b] לַצָּבָא בָּאוּ[c] עַל־דָּוִיד חֶבְרוֹנָה ל . עה . ה[31] . ט[32] ח מנה מל
25 לְהָסֵב מַלְכוּת שָׁאוּל אֵלָיו כְּפִי יְהוָה׃ ס 25 בְּנֵי יְהוּדָה נֹשְׂאֵי ל . מח ר״פ בסיפ . כו ו מנה בסיפ
26 צִנָּה וָרֹמַח שֵׁשֶׁת אֲלָפִים וּשְׁמוֹנֶה מֵאוֹת חֲלוּצֵי צָבָא׃ ס 26 מִן־ כל סיפ מל . י ר״פ בכתיב[33]
27 בְּנֵי שִׁמְעוֹן גִּבּוֹרֵי חַיִל לַצָּבָא שִׁבְעַת אֲלָפִים וּמֵאָה׃ ס 27 מִן־בְּנֵי י ר״פ בכתיב[33]
28 הַלֵּוִי אַרְבַּעַת אֲלָפִים וְשֵׁשׁ מֵאוֹת׃ ס 28 וִיהוֹיָדָע הַנָּגִיד לְאַהֲרֹן ל
29 וְעִמּוֹ שְׁלֹשֶׁת אֲלָפִים וּשְׁבַע מֵאוֹת׃ ס 29 וְצָדוֹק נַעַר גִּבּוֹר חָיִל ח בטע[34]
30 וּבֵית־אָבִיו שָׂרִים עֶשְׂרִים וּשְׁנָיִם׃ ס 30 וּמִן־בְּנֵי בִנְיָמִן אֲחֵי שָׁאוּל
שְׁלֹשֶׁת אֲלָפִים וְעַד־הֵנָּה מַרְבִּיתָם שֹׁמְרִים מִשְׁמֶרֶת בֵּית שָׁאוּל׃ ד[35] . ל
ס 31 וּמִן־בְּנֵי אֶפְרַיִם עֶשְׂרִים אֶלֶף וּשְׁמוֹנֶה מֵאוֹת גִּבּוֹרֵי חַיִל כל סיפ מל
32 אַנְשֵׁי שֵׁמוֹת לְבֵית אֲבוֹתָם׃ ס 32 וּמֵחֲצִי מַטֵּה מְנַשֶּׁה שְׁמוֹנָה
עָשָׂר אֶלֶף אֲשֶׁר[a] נִקְּבוּ בְּשֵׁמוֹת לָבוֹא לְהַמְלִיךְ אֶת־דָּוִיד׃ ס
33 וּמִבְּנֵי יִשָּׂשכָר יוֹדְעֵי בִינָה לַעִתִּים[a] לָדַעַת מַה־יַּעֲשֶׂה יִשְׂרָאֵל ז בסיפ[36] . ד מל[37] . ל פת
34 רָאשֵׁיהֶם מָאתַיִם וְכָל־אֲחֵיהֶם [b]עַל־פִּיהֶם[b]׃ ס 34 מִזְּבֻלוּן יוֹצְאֵי יג[38] . ל . ד מל
צָבָא עֹרְכֵי מִלְחָמָה בְּכָל־כְּלֵי מִלְחָמָה חֲמִשִּׁים אֶלֶף וְלַעֲדֹר[a] ל וחס
35 [b]בְּלֹא־[c]לֵב וָלֵב[b]׃ ס 35 וּמִנַּפְתָּלִי שָׂרִים אָלֶף וְעִמָּהֶם בְּצִנָּה ד . ל . ל
36 וַחֲנִית שְׁלֹשִׁים וְשִׁבְעָה אָלֶף׃ ס 36 וּמִן־הַדָּנִי עֹרְכֵי מִלְחָמָה
37 עֶשְׂרִים־וּשְׁמוֹנָה[a] אֶלֶף וְשֵׁשׁ[b] מֵאוֹת׃ ס 37 וּמֵאָשֵׁר יוֹצְאֵי צָבָא ל . ד מל
38 לַעֲרֹךְ מִלְחָמָה אַרְבָּעִים אָלֶף׃ ס 38 וּמֵעֵבֶר לַיַּרְדֵּן מִן־
הָראוּבֵנִי וְהַגָּדִי וַחֲצִי ׀ שֵׁבֶט מְנַשֶּׁה בְּכֹל כְּלֵי צְבָא[a] מִלְחָמָה מֵאָה
39 וְעֶשְׂרִים אָלֶף׃ 39 כָּל־אֵלֶּה אַנְשֵׁי מִלְחָמָה עֹדְרֵי[a] מַעֲרָכָה בְּלֵבָב ב פסוק כל כל כל[39] . ג[40] . ל וחס

[29] Mm 1249. [30] Mm 1016. [31] Mm 1934. [32] Mm 1302. [33] Mm 2980. [34] Mm 3915. [35] Mm 913. [36] Mm 665. [37] Mm 4068. [38] Mm 2897. [39] Mm 2986. [40] Mm 3039.

21 [b] prp וְיוֹזָכָר ‖ [c] 𝔊^BS *καὶ Ελιμουθ*, 𝔊^Amin *καὶ Ελιουδ* ‖ **23** [a] > 𝔊* ‖ **24** [a] 𝔊 *τὰ ὀνόματα* ‖ [b] > 𝔊* ‖ [c] l בָּאֵי ? ‖ **32** [a] 𝔊* pr cop ‖ **33** [a] Ms 𝔖𝔄 לְעִתָּם ‖ [b–b] 𝔊 *μετ' αὐτῶν* ‖ **34** [a] pc Mss ולעז(ו)ר; 𝔊𝔖𝔙𝔄 om cop, l לְ et ins sec 𝔊 דָּוִיד ‖ [b–b] 𝔊 *οὐ χεροκένως*, ex *οὐχ ἑτεροκλινῶς* = 𝔐 ‖ [c] nonn Mss בְּכָל ‖ **36** [a] 𝔊^L 7 ‖ [b] 𝔊^-min 8 ‖ **38** [a] > 𝔊, dl? cf 34 ‖ **39** [a] pc Mss 𝔊 עֹרְכֵי, sed cf 34b.

שָׁלֵם בָּאוּ חֶבְרוֹנָה לְהַמְלִיךְ אֶת־דָּוִיד עַל־כָּל־יִשְׂרָאֵל וְגַם כָּל־
40 שֵׁרִית[b] יִשְׂרָאֵל לֵב אֶחָד לְהַמְלִיךְ אֶת־דָּוִיד׃ 40 וַיִּהְיוּ־שָׁם עִם־
דָּוִיד יָמִים שְׁלוֹשָׁה אֹכְלִים וְשׁוֹתִים כִּי־הֵכִינוּ לָהֶם אֲחֵיהֶם׃ 41 וְגַם ס
הַקְּרוֹבִים־אֲלֵיהֶם עַד־יִשָּׂשכָר[a] וּזְבֻלוּן וְנַפְתָּלִי מְבִיאִים לֶחֶם[b]

ל מל⁴⁷. ל.
ב⁴⁸ מל רל בליס

בַּחֲמוֹרִים וּבַגְּמַלִּים וּבַפְּרָדִים ׀ וּבַבָּקָר מַאֲכָל קֶמַח דְּבֵלִים וְצִמּוּקִים
וְיַיִן־וְשֶׁמֶן וּבָקָר וְצֹאן לָרֹב כִּי שִׂמְחָה בְּיִשְׂרָאֵל׃ פ
13 **13** 1 וַיִּוָּעַץ דָּוִיד עִם־שָׂרֵי הָאֲלָפִים וְהַמֵּאוֹת לְכָל־נָגִיד׃
2 2 וַיֹּאמֶר דָּוִיד לְכֹל ׀ קְהַל יִשְׂרָאֵל אִם־עֲלֵיכֶם טוֹב וּמִן־יְהוָה אֱלֹהֵינוּ
נִפְרְצָה[a] נִשְׁלְחָה עַל־אַחֵינוּ הַנִּשְׁאָרִים בְּכֹל אַרְצוֹת[b] יִשְׂרָאֵל וְעִמָּהֶם
3 הַכֹּהֲנִים וְהַלְוִיִּם[c] בְּעָרֵי מִגְרְשֵׁיהֶם וְיִקָּבְצוּ אֵלֵינוּ׃ 3 וְנָסֵבָּה אֶת־אֲרוֹן
4 אֱלֹהֵינוּ אֵלֵינוּ כִּי־לֹא דְרַשְׁנֻהוּ[a] בִּימֵי שָׁאוּל׃ 4 וַיֹּאמְרוּ כָל־הַקָּהָל
5 לַעֲשׂוֹת כֵּן כִּי־יָשַׁר הַדָּבָר בְּעֵינֵי כָל־הָעָם׃ 5 וַיַּקְהֵל דָּוִיד אֶת־כָּל־
יִשְׂרָאֵל מִן־שִׁיחוֹר[a] מִצְרַיִם וְעַד־לְבוֹא חֲמָת לְהָבִיא אֶת־אֲרוֹן
6 הָאֱלֹהִים[b] מִקִּרְיַת יְעָרִים׃ 6 וַיַּעַל דָּוִיד וְכָל־יִשְׂרָאֵל בַּעֲלָתָה אֶל־
קִרְיַת יְעָרִים אֲשֶׁר לִיהוּדָה לְהַעֲלוֹת מִשָּׁם אֵת אֲרוֹן הָאֱלֹהִים ׀ יְהוָה
7 יוֹשֵׁב הַכְּרוּבִים אֲשֶׁר־נִקְרָא שֵׁם[a]׃ 7 וַיַּרְכִּיבוּ אֶת־אֲרוֹן הָאֱלֹהִים
8 עַל־עֲגָלָה חֲדָשָׁה מִבֵּית אֲבִינָדָב וְעֻזָּא וְאַחְיוֹ[a] נֹהֲגִים בָּעֲגָלָה׃ 8 וְדָוִיד
וְכָל־יִשְׂרָאֵל מְשַׂחֲקִים לִפְנֵי הָאֱלֹהִים בְּכָל־עֹז וּבְשִׁירִים וּבְכִנֹּרוֹת
9 וּבִנְבָלִים וּבְתֻפִּים וּבִמְצִלְתַּיִם וּבַחֲצֹצְרוֹת׃ 9 וַיָּבֹאוּ עַד־גֹּרֶן כִּידֹן[a]
10 וַיִּשְׁלַח עֻזָּא אֶת־יָדוֹ לֶאֱחֹז אֶת־הָאָרוֹן כִּי שָׁמְטוּ[b] הַבָּקָר׃ 10 וַיִּחַר־
אַף יְהוָה בְּעֻזָּא וַיַּכֵּהוּ עַל אֲשֶׁר־שָׁלַח יָדוֹ עַל־הָאָרוֹן וַיָּמָת שָׁם לִפְנֵי
11 אֱלֹהִים׃ 11 וַיִּחַר[a] לְדָוִיד כִּי־פָרַץ יְהוָה פֶּרֶץ בְּעֻזָּא וַיִּקְרָא לַמָּקוֹם
12 הַהוּא פֶּרֶץ עֻזָּא עַד הַיּוֹם הַזֶּה׃ 12 וַיִּירָא דָוִיד אֶת־הָאֱלֹהִים בַּיּוֹם
13 הַהוּא לֵאמֹר הֵיךְ אָבִיא אֵלַי אֵת אֲרוֹן הָאֱלֹהִים׃ 13 וְלֹא־הֵסִיר דָּוִיד

ט̇[41] ח̇ מנה מל̇ . כ̇ ח̇[42] מנה בסיפ̇
יא̇ מילין דלא מפק א[43]
יו̇[44] מל̇ יב̇ מנה בסיפ̇ וכל מגלה דכות̇ . ו̇[45] . כ̇[46] ר״פ בכתיב̇ ט̇ מנה בסיפ̇
ה̇ מל̇ . ל̇
ו̇ מל̇[47] . ל̇ . ב̇[48] מל̇ ול̇ בליש̇
ל̇
ל̇ . ב̇[1]
ל̇ . ל̇
כא̇[2] . ל̇ . ל̇[3]
ב̇ וחס . ב̇
ג̇[4]
ל̇ . ל̇
לה̇ וכל ר״פ דכות̇ . ל̇ . ל̇
כל סיפ̇ מל̇ ב̇ מ̇ חד[5] חס̇ ול̇ דסמיכ̇ לכרובים . ל̇ מל̇ . ב̇
ל̇ . ל̇ קמ̇
לה̇ וכל ר״פ דכות̇[6] . ו̇ וכל קהלת דכות̇[7] . ב̇ חד מל̇ וחד חס̇
ב̇ חס̇
ב̇[8]
יא̇ זוגין דמטע̇ בטע̇[9]
יב̇[10] . ל̇
ל̇[11] . ל̇

[41] Mm 1302. [42] Mm 4151. [43] Mm 4069 contra textum, sed lect Mm frt inc. [44] Mm 2959. [45] Mm 1697. [46] Mm 4070. [47] Mm 1507. [48] Mm 1793. **Cp 13** [1] Mm 2553. [2] Mm 4144. [3] וחד נסבה Ez 26,2. [4] Mm 4071. [5] 1 Ch 20,1. [6] Mp sub loco. [7] Mm 4077 א. [8] 2 S 6,6. [9] Mm 794. [10] Mm 1590. [11] וחד והיך Da 10,17.

39 [b] pc Mss שְׁאֵרִית ‖ **41** [a] cf 2,1[a] ‖ [b] l c ℭ𝔊 לָהֶם cf 𝔗 ‖ **Cp 13,2** [a] 𝔊 *εὐοδωθῇ* ‖ [b] 𝔊 sg ‖ [c] 𝔊 om cop ‖ **3** [a] 𝔊 *ἐ(ξε)ζήτησαν* = דְּרָשׁוּהוּ? aut crrp ex -*τήσαμεν*? ‖ **5** [a] 𝔊 *ὁρίων* ‖ [b] pc Mss 𝔖 יהוה ‖ **6** [a] nonn Mss שָׁם; 𝔊(𝔙) *ὄνομα αὐτοῦ* ($𝔊^{min}$ + *ἐκεῖ*), prp שָׁם שְׁמוֹ ‖ **7** [a] 𝔊𝔖𝔄 leg וְאֶחָיו, 𝔙 leg וְאָחִיו ‖ **9** [a] 2 S 6,6 נָכוֹן; > 𝔊* ‖ [b] prp שָׁמְטוֹ cf 𝔊𝔙 ‖ **11** [a] sic c 2 S 6,8.

אֶת־הָאָר֛וֹן אֵלָ֖יו אֶל־עִ֣יר דָּוִ֑יד וַיַּטֵּ֕הוּ אֶל־בֵּ֛ית עֹבֵֽד־אֱדֹ֖ם הַגִּתִּֽי׃ ג[12]

14 וַיֵּשֶׁב֩ אֲר֨וֹן הָאֱלֹהִ֜ים עִם־בֵּ֨ית[a] עֹבֵ֥ד אֱדֹ֛ם בְּבֵית֖וֹ[b] שְׁלֹשָׁ֣ה חֳדָשִׁ֑ים

וַיְבָ֧רֶךְ יְהוָ֛ה אֶת־בֵּ֥ית עֹבֵֽד־אֱדֹ֖ם וְאֶת־כָּל־אֲשֶׁר־לֽוֹ׃ פ

14 1 וַיִּשְׁלַח֩ חִירָ֨ם[a] מֶֽלֶךְ־צֹ֤ר מַלְאָכִים֙ אֶל־דָּוִ֔יד וַעֲצֵ֣י אֲרָזִ֔ים חורם ק · חד מן ג כת כן . ז פסוק דמיין בטע

2 וְחָרָשֵׁ֥י קִ֖יר וְחָרָשֵׁ֣י עֵצִ֑ים לִבְנ֥וֹת ל֖וֹ בָּֽיִת׃ 2 וַיֵּ֣דַע דָּוִ֔יד כִּֽי־הֱכִינ֥וֹ ל

יְהוָ֛ה לְמֶ֖לֶךְ עַל־יִשְׂרָאֵ֑ל כִּֽי־נִשֵּׂ֤את לְמַ֙עְלָה֙ מַלְכוּת֔וֹ בַּעֲב֖וּר עַמּ֥וֹ ג[1]

3 יִשְׂרָאֵֽל׃ פ 3 וַיִּקַּ֥ח דָּוִ֛יד ע֥וֹד[a] נָשִׁ֖ים בִּירוּשָׁלִָ֑ם וַיּ֥וֹלֶד דָּוִ֛יד ע֖וֹד ד[2] . ל . ל[2]

4 בָּנִ֥ים וּבָנֽוֹת׃ 4 וְאֵ֙לֶּה֙ שְׁמ֣וֹת הַיְלוּדִ֔ים אֲשֶׁ֥ר הָיוּ־ל֖וֹ בִּירוּשָׁלִָ֑ם שַׁמּ֣וּעַ[a] ד ר״פ בנ״ך . ל ומל

5 6 וְשׁוֹבָ֔ב נָתָ֖ן וּשְׁלֹמֹֽה׃ 5 וְיִבְחָ֥ר וֶאֱלִישׁ֖וּעַ וְאֶלְפָּֽלֶט[a]׃ 6 וְנֹ֥גַהּ וְנֶ֖פֶג ל . ב . ל . כל כתיב חס

7 8 וְיָפִֽיעַ׃ 7 וֶאֱלִישָׁמָ֥ע וּבְעֶלְיָדָ֖ע[a] וֶאֱלִיפָֽלֶט׃ 8 וַיִּשְׁמְע֣וּ פְלִשְׁתִּ֗ים ל

כִּֽי־נִמְשַׁ֨ח דָּוִ֤יד לְמֶ֙לֶךְ֙ עַל־כָּל־יִשְׂרָאֵ֔ל וַיַּעֲל֥וּ כָל־פְּלִשְׁתִּ֖ים לְבַקֵּ֣שׁ כ ח[3] מנה בסיפ . ב

9 אֶת־דָּוִ֑יד וַיִּשְׁמַ֣ע דָּוִ֔יד וַיֵּצֵ֖א לִפְנֵיהֶֽם[a]׃ 9 וּפְלִשְׁתִּ֖ים בָּ֑אוּ וַיִּפְשְׁט֖וּ[a]

10 בְּעֵ֥מֶק רְפָאִֽים׃ 10 וַיִּשְׁאַ֨ל דָּוִ֤יד בֵּֽאלֹהִים֙ לֵאמֹ֔ר הַאֶֽעֱלֶה֙ עַל־ ז . ל

פְּלִשְׁתִּיִּ֔ים[a] וּנְתַתָּ֖ם בְּיָדִ֑י וַיֹּ֨אמֶר ל֤וֹ יְהוָה֙ עֲלֵ֔ה וּנְתַתִּ֖ים בְּיָדֶֽךָ׃ פלשתים ק · ל[4] . ד ב מנה בטע[5]

11 וַֽיַּעֲל֣וּ[a] בְּבַֽעַל־פְּרָצִים֮ וַיַּכֵּ֣ם שָׁ֣ם דָּוִיד֒ וַיֹּ֣אמֶר דָּוִ֗יד פָּרַ֨ץ הָאֱלֹהִ֧ים ה[6] . ל

אֶת־אוֹיְבַ֛י בְּיָדִ֖י[b] כְּפֶ֣רֶץ מָ֑יִם עַל־כֵּ֗ן קָרְא֛וּ שֵֽׁם־הַמָּק֥וֹם הַה֖וּא בַּ֥עַל יא מל[7] . ד

12 פְּרָצִֽים׃ 12 וַיַּעַזְבוּ־שָׁ֖ם אֶת־אֱלֹהֵיהֶ֑ם[a] וַיֹּ֣אמֶר דָּוִ֔יד וַיִּשָּׂרְפ֖וּ בָּאֵֽשׁ׃ ה[6] . כת כן[8] . ל

פ 13 וַיֹּסִ֤יפוּ עוֹד֙ פְּלִשְׁתִּ֔ים[a] וַֽיִּפְשְׁט֖וּ[b] בָּעֵֽמֶק[c]׃ 14 וַיִּשְׁאַ֨ל ע֤וֹד ג כת כן[9] . ז

דָּוִיד֙ בֵּֽאלֹהִ֔ים וַיֹּ֤אמֶר לוֹ֙ הָֽאֱלֹהִ֔ים לֹ֥א תַעֲלֶ֖ה[a] אַחֲרֵיהֶ֑ם הָסֵב֙ ל

15 מֵֽעֲלֵיהֶ֔ם וּבָ֥אתָ לָהֶ֖ם מִמּ֥וּל הַבְּכָאִֽים׃ 15 וִיהִ֡י כְּשָׁמְעֲךָ֩ אֶת־ק֨וֹל לב . ל

הַצְּעָדָ֜ה בְּרָאשֵׁ֣י הַבְּכָאִ֗ים אָ֚ז תֵּצֵ֣א בַמִּלְחָמָ֔ה כִּֽי־יָצָ֤א הָאֱלֹהִים֙ ד . ב בסיפ . ל

16 לְפָנֶ֔יךָ לְהַכּ֖וֹת אֶת־מַחֲנֵ֥ה פְלִשְׁתִּֽים׃ 16 וַיַּ֣עַשׂ דָּוִ֔יד כַּאֲשֶׁ֥ר צִוָּ֖הוּ ל[10] . ל

17 הָאֱלֹהִ֑ים וַיַּכּוּ֙[a] אֶת־מַחֲנֵ֣ה פְלִשְׁתִּ֔ים מִגִּבְע֖וֹן[b] וְעַד־גָּֽזְרָה׃ 17 וַיֵּצֵ֥א ל

[12] Mm 4072. Cp 14 [1] Mm 3152. [2] Mm 1732. [3] Mm 4151. [4] Mm 2611. [5] Mm 4073. [6] Mm 1735. [7] Mm 3365. [8] ומחליפין וַיַּעַזְבוּ או וַיַּעַזְבוּ־, cf Mp sub loco. [9] Mm 1461. [10] Mm 1623.

14 [a] > 𝔗, dl cf בביתו ‖ [b] pc Mss 𝔖 הַגִּתִּי; > pc Mss 𝔊𝔙 cf 2 S 6,11 ‖ **Cp 14,1** [a] nonn Mss 𝔗 ut Q, K 𝔊𝔖𝔙𝔄 חִי׳ ‖ **3** [a] 2 S 5,13 + פִּלַגְשִׁים וְ ‖ **4** [a] 3,5 שִׁמְעָא cf $𝔊^{BL}$ *Σαμαα* ‖ **5** [a] mlt Mss Vrs וֶאֱלִיפ׳; cf 3,6/7[b–b] ‖ **7** [a] 3,8 וְאֶלְיָדָע ‖ **8** [a] 𝔊 recte *εἰς ἀπάντησιν αὐτοῖς* cf 𝔖𝔙 ‖ **9** [a] 2 S 5,18 וַיִּנָּטְשׁוּ ‖ **10** [a] K ־ִיִּים ‖ **11** [a] l c pc Mss 𝔊𝔖𝔄 וַיַּעַל cf 2 S 5,20 ‖ [b] 𝔖 ut 2 S לְפָנַי ‖ **12** [a] 𝔗 ut 2 S 5,21 עֲצַבֵּיהֶם ‖ **13** [a] 2 S 5,22 + לַעֲלוֹת ‖ [b] cf 9[a]; pc Mss ut 2 S ‖ [c] Ms 𝔊𝔖𝔄 בְּעֵמֶק רְפָאִים ut 2 S ‖ **14** [a] ins עַל־פְּנֵיהֶם עֲלֵה (homtel) ‖ **16** [a] 𝔊𝔖𝔙𝔄 sg, l c 2 S 5,25 וַיַּךְ ‖ [b] 2 S מִגֶּבַע.

שֵׁם־דָּוִיד בְּכָל־הָאֲרָצוֹת וַיהוָה נָתַן אֶת־פַּחְדּוֹ עַל־כָּל־הַגּוֹיִם׃ ל

15 1 וַיַּעַשׂ־לוֹ בָתִּים בְּעִיר דָּוִיד וַיָּכֶן[a] מָקוֹם לַאֲרוֹן הָאֱלֹהִים 15

2 וַיֶּט־לוֹ אֹהֶל׃ 2 אָז אָמַר דָּוִיד לֹא לָשֵׂאת אֶת־אֲרוֹן הָאֱלֹהִים כִּי ב מנוקדין בתלת[1]. כד

אִם־הַלְוִיִּם כִּי־בָם ׀ בָּחַר יְהוָה לָשֵׂאת אֶת־אֲרוֹן יְהוָה[a] וּלְשָׁרְתוֹ עַד־ כד. כו[2]

3 עוֹלָם׃ ס 3 וַיַּקְהֵל דָּוִיד אֶת־כָּל־יִשְׂרָאֵל אֶל־יְרוּשָׁלָםִ לְהַעֲלוֹת יג[3] וכל עזרא דכות ב מ א

4 אֶת־אֲרוֹן יְהוָה אֶל־מְקוֹמוֹ אֲשֶׁר־הֵכִין לוֹ׃ 4 וַיֶּאֱסֹף דָּוִיד אֶת־בְּנֵי כו[2]. כ[4] ‡ מנה בסיפ

5 אַהֲרֹן וְאֶת[a]־הַלְוִיִּם׃ 5 לִבְנֵי קְהָת אוּרִיאֵל הַשָּׂר וְאֶחָיו מֵאָה ד

6 וְעֶשְׂרִים[a]׃ ס 6 לִבְנֵי מְרָרִי עֲשָׂיָה הַשָּׂר וְאֶחָיו מָאתַיִם וְעֶשְׂרִים[a]׃ כל קמ ב מ ד פת[5]

7 ס 7 לִבְנֵי גֵרְשׁוֹם יוֹאֵל הַשָּׂר וְאֶחָיו מֵאָה[a] וּשְׁלֹשִׁים[b]׃ ס

8 9 8 לִבְנֵי אֱלִיצָפָן שְׁמַעְיָה הַשָּׂר וְאֶחָיו מָאתָיִם[a]׃ ס 9 לִבְנֵי חֶבְרוֹן

10 אֱלִיאֵל הַשָּׂר וְאֶחָיו שְׁמוֹנִים׃ ס 10 לִבְנֵי עֻזִּיאֵל עַמִּינָדָב הַשָּׂר

11 וְאֶחָיו מֵאָה וּשְׁנֵים עָשָׂר׃ ס 11 וַיִּקְרָא דָוִיד לְצָדוֹק וּלְאֶבְיָתָר

הַכֹּהֲנִים וְלַלְוִיִּם לְאוּרִיאֵל עֲשָׂיָה וְיוֹאֵל שְׁמַעְיָה וֶאֱלִיאֵל וְעַמִּינָדָב׃ ב מיחד[6] וכל לכהנים וללוים דכות ב מ א

12 12 וַיֹּאמֶר לָהֶם אַתֶּם רָאשֵׁי הָאָבוֹת לַלְוִיִּם הִתְקַדְּשׁוּ אַתֶּם וַאֲחֵיכֶם עה

13 וְהַעֲלִיתֶם אֵת אֲרוֹן יְהוָה אֱלֹהֵי יִשְׂרָאֵל אֶל[a]־הֲכִינוֹתִי לוֹ׃ 13 כִּי ב[7]. ל. כל סיפ מל

לְמַבָּרִאשׁוֹנָה[a] לֹא אַתֶּם[b] פָּרַץ יְהוָה אֱלֹהֵינוּ בָּנוּ כִּי־לֹא דְרַשְׁנֻהוּ ל ומל וחד מן ח[8] בטע. ב וחס

14 כַּמִּשְׁפָּט׃ 14 וַיִּתְקַדְּשׁוּ הַכֹּהֲנִים וְהַלְוִיִּם לְהַעֲלוֹת אֶת־אֲרוֹן יְהוָה כא[9]. ב[7]

15 אֱלֹהֵי יִשְׂרָאֵל׃ 15 וַיִּשְׂאוּ בְנֵי־הַלְוִיִּם אֵת אֲרוֹן הָאֱלֹהִים כַּאֲשֶׁר צִוָּה מג. ל

16 מֹשֶׁה כִּדְבַר יְהוָה בִּכְתֵפָם[a] בַּמֹּטוֹת עֲלֵיהֶם[b]׃ פ 16 וַיֹּאמֶר דָּוִיד ל

לְשָׂרֵי הַלְוִיִּם לְהַעֲמִיד אֶת־אֲחֵיהֶם הַמְשֹׁרְרִים בִּכְלֵי־שִׁיר נְבָלִים ב

וְכִנֹּרוֹת וּמְצִלְתָּיִם מַשְׁמִיעִים לְהָרִים־בְּקוֹל לְשִׂמְחָה[a]׃ פ ג בליש

17 17 וַיַּעֲמִידוּ הַלְוִיִּם אֵת הֵימָן בֶּן־יוֹאֵל וּמִן־אֶחָיו אָסָף בֶּן־בֶּרֶכְיָהוּ ד

18 וּמִן־בְּנֵי מְרָרִי אֲחֵיהֶם אֵיתָן בֶּן־קוּשָׁיָהוּ[a]׃ ס 18 וְעִמָּהֶם אֲחֵיהֶם ג בסיפ. ל

הַמִּשְׁנִים זְכַרְיָהוּ בֵּן[a] וְיַעֲזִיאֵל[b] וּשְׁמִירָמוֹת וִיחִיאֵל ׀ וְעֻנִּי אֱלִיאָב[c] ל[10]. ל ובטע. ל

Cp 15 [1]Gn 26,25. [2]Mm 1553. [3]Mm 2682. [4]Mm 4234. [5]Cf Mm 3103. [6]Mm 1332. [7]Mm 4074. [8]Mm 796. [9]Mm 4144. [10]וחד והמשנים 1S 15,9.

Cp 15,1 [a] mlt Mss 𝔖𝔙 וַיִּבֶן ‖ **2** [a] mlt Mss האלהים ‖ **4** [a] 𝔊* om cop cf 13,2[c] ‖ **5** [a] 𝔊[BS] 10 ‖ **6** [a] 𝔊 50 ‖ **7** [a] pc Mss מָאתַיִם ‖ [b] 𝔊 50 ‖ **8** [a] Ms שְׁמֹנִים ‖ **12** [a] pc Mss 𝔖𝔗𝔙𝔄 + מְקוֹם אֲשֶׁר; ins (הֵכִי׳) הָאֹהֶל הַ ‖ **13** [a] l c pc Mss לְמִבּ׳ ‖ [b] 𝔊[L] + ἑτοίμους; ins אִתָּנוּ (hpgr) ‖ **15** [a] 𝔊 κατὰ τὴν γραφήν = כַּכָּתוּב? ‖ [b] l עָלָיו? ‖ **16** [a] dl ל (dttg) ‖ **17** [a] 𝔊 Κισαιου cf 6,29 ‖ **18** [a] > pc Mss 𝔊, dl ‖ [b] 𝔊 καὶ Οζιηλ cf 20 ‖ [c] l c pc Mss 𝔊𝔖 וְאֶ׳ cf 20.

וּבְנָיָהוּ וּמַעֲשֵׂיָהוּ וּמַתִּתְיָהוּ וֶאֱלִיפְלֵהוּ[d] וּמִקְנֵיָהוּ וְעֹבֵד אֱדֹם וִיעִיאֵל[e] — ד[11]. ב
19 הַשֹּׁעֲרִים׃[f] 19 וְהַמְשֹׁרְרִים הֵימָן אָסָף וְאֵיתָן בִּמְצִלְתַּיִם נְחֹשֶׁת — ל
20 לְהַשְׁמִיעַ׃ 20 וּזְכַרְיָה וַעֲזִיאֵל[a] וּשְׁמִירָמוֹת וִיחִיאֵל וְעֻנִּי וֶאֱלִיאָב — ז בסיפ וכל נביא דכות ב מ ב
21 וּמַעֲשֵׂיָהוּ וּבְנָיָהוּ בִּנְבָלִים עַל־עֲלָמוֹת[b] 21 וּמַתִּתְיָהוּ וֶאֱלִיפְלֵהוּ[a] — ד. ד[11]. ב
וּמִקְנֵיָהוּ וְעֹבֵד אֱדֹם וִיעִיאֵל וַעֲזַזְיָהוּ[b] בְּכִנֹּרוֹת עַל־הַשְּׁמִינִית[c] לְנַצֵּחַ׃ — ב. ג[12]. ה[13]
22 וּכְנַנְיָהוּ[a] שַׂר־הַלְוִיִּם בְּמַשָּׂא[b] יָסֹר[c] בַּמַּשָּׂא[d] כִּי מֵבִין הוּא׃ 23 וּבֶרֶכְיָה — ג מנוקד כן בליש[14]. ל. ב חד כת סה וחד כת שה
24 וְאֶלְקָנָה שֹׁעֲרִים לָאָרוֹן׃ 24 וּשְׁבַנְיָהוּ וְיוֹשָׁפָט וּנְתַנְאֵל וַעֲמָשַׂי וּזְכַרְיָהוּ — ב
וּבְנָיָהוּ וֶאֱלִיעֶזֶר הַכֹּהֲנִים מַחְצְצְרִים[a] בַּחֲצֹצְרוֹת לִפְנֵי אֲרוֹן הָאֱלֹהִים — מחצרים ק
25 וְעֹבֵד אֱדֹם וִיחִיָּה שֹׁעֲרִים לָאָרוֹן׃ 25 וַיְהִי דָוִיד וְזִקְנֵי יִשְׂרָאֵל וְשָׂרֵי
הָאֲלָפִים הַהֹלְכִים[a] לְהַעֲלוֹת אֶת־אֲרוֹן בְּרִית־יְהוָה מִן־בֵּית עֹבֵד־ — כו בליש וכל מלכים דכות יא מנה בסיפ. ל
26 אֱדֹם בְּשִׂמְחָה׃ ס 26 וַיְהִי בֶּעְזֹר הָאֱלֹהִים אֶת־הַלְוִיִּם נֹשְׂאֵי — ל וחס. כו ו מנה בסיפ
27 אֲרוֹן בְּרִית־יְהוָה וַיִּזְבְּחוּ שִׁבְעָה־פָרִים וְשִׁבְעָה אֵילִים׃ 27 וְדָוִיד — כו בליש וכל מלכים דכות יא מנה בסיפ
מְכֻרְבָּל ׀ בִּמְעִיל בּוּץ וְכָל־הַלְוִיִּם הַנֹּשְׂאִים אֶת־הָאָרוֹן וְהַמְשֹׁרְרִים — ל וחס. ב
28 וּכְנַנְיָה[a] הַשַּׂר הַמַּשָּׂא[b] הַמְשֹׁרְרִים וְעַל־דָּוִיד אֵפוֹד בָּד׃ 28 וְכָל־[a] — ג מנוקד כן בליש[14]. ד פת[15]. ל. ט. ה[16]
יִשְׂרָאֵל מַעֲלִים אֶת־אֲרוֹן בְּרִית־יְהוָה בִּתְרוּעָה וּבְקוֹל שׁוֹפָר — כו בליש וכל מלכים דכות יא מנה בסיפ
29 וּבַחֲצֹצְרוֹת וּבִמְצִלְתָּיִם מַשְׁמִעִים[b] בִּנְבָלִים וְכִנֹּרוֹת׃ 29 וַיְהִי אֲרוֹן — ג בליש[12]. כו בליש וכל מלכים דכות יא מנה בסיפ
בְּרִית יְהוָה בָּא עַד־[a]עִיר דָּוִיד וּמִיכַל בַּת־שָׁאוּל נִשְׁקְפָה ׀ בְּעַד הַחַלּוֹן — ד
וַתֵּרֶא אֶת־הַמֶּלֶךְ דָּוִיד מְרַקֵּד וּמְשַׂחֵק וַתִּבֶז[b] לוֹ בְּלִבָּהּ׃ פ — ל[12]. ב
16 1 וַיָּבִיאוּ אֶת־אֲרוֹן הָאֱלֹהִים וַיַּצִּיגוּ אֹתוֹ בְּתוֹךְ הָאֹהֶל אֲשֶׁר נָטָה־ — ל
2 לוֹ דָּוִיד וַיַּקְרִיבוּ[a] עֹלוֹת וּשְׁלָמִים לִפְנֵי הָאֱלֹהִים׃ 2 וַיְכַל דָּוִיד — ו וכל קהלת דכות[1]
3 מֵהַעֲלוֹת הָעֹלָה וְהַשְּׁלָמִים וַיְבָרֶךְ אֶת־הָעָם בְּשֵׁם יְהוָה׃ 3 וַיְחַלֵּק — ג
לְכָל־אִישׁ יִשְׂרָאֵל מֵאִישׁ וְעַד־אִשָּׁה לְאִישׁ כִּכַּר־[a]לֶחֶם וְאֶשְׁפָּר — ב

[11] Mm 4075. [12] Mp sub loco. [13] Mm 4076. [14] Mm 4128. [15] Mm 3103. [16] Mm 1934. **Cp 16** [1] Mm 4077 א.

18 [d] 𝔊^Aal *καὶ Ελιφαλα*, l ־לָה (ו dttg) ‖ [e] 𝔊 + *καὶ Οζιας*, ins c 21a וַעֲזַזְיָהוּ ‖ [f] gl ex 24b ‖ **20** [a] cf 18[b] ‖ [b] prp עֲלָמִית ‖ **21** [a] 𝔊^Aal *καὶ Ελιφαλαιας*, l ־לָה cf 18[d] ‖ [b] 2 Mss וְעֻזִּיָּהוּ cf 𝔊 *καὶ Οζιας* ‖ [c] prp הַשְּׁמִינִית ‖ **22** [a] 𝔊𝔙 leg וְכ׳; pc Mss וּבְנָיָהוּ ‖ [b] > 𝔊; 𝔙 *prophetiae (praeerat)* ‖ [c] pc Mss 𝔊𝔗𝔙 יָשַׂר (a שׂרר) ‖ [d] 𝔊 *τῶν ᾠδῶν*, 𝔙 *ad praecinendam melodiam* ‖ **24** [a] K מַחְצְצִ׳ (vel מַחְצִצְ׳?) ‖ **25** [a] 𝔊 recte *οἱ* (> 𝔊^Aal, hpgr) *πορευόμενοι*, 𝔙 false *ierunt* ‖ **27** [a] 𝔊𝔙 ut 22[a] ‖ [b] l בְּמַ׳ ut 22 ‖ **28** [a] pr c 2 S 6,15 וְדָוִיד (hpgr) ‖ [b] l וּמִ׳? ‖ **29** [a] > mlt Mss cf 2 S 6,16 ‖ [b] l וַתָּבָז? ‖ **Cp 16,1** [a] 2 S 6,17 וַיַּעַל ‖ **3** [a] 2 S 6,19 חַלַּת דָּוִיד.

4 וַאֲשֵׁשָׁה׃b 4 וַיִּתֵּן לִפְנֵי אֲרוֹן יְהוָה מִן־הַלְוִיִּם מְשָׁרְתִים וּלְהַזְכִּיר
5 וּלְהוֹדוֹת וּלְהַלֵּל לַיהוָה אֱלֹהֵי יִשְׂרָאֵל׃ פ 5 אָסָף הָרֹאשׁ
וּמִשְׁנֵהוּ זְכַרְיָה יְעִיאֵלa וּשְׁמִירָמוֹת וִיחִיאֵל וּמַתִּתְיָה וֶאֱלִיאָב וּבְנָיָהוּ
וְעֹבֵד אֱדֹם וִיעִיאֵל בִּכְלֵי נְבָלִים וּבְכִנֹּרוֹתb וְאָסָף בַּמְצִלְתַּיִם
6 מַשְׁמִיעַ׃ 6 וּבְנָיָהוּ וְיַחֲזִיאֵלa הַכֹּהֲנִים בַּחֲצֹצְרוֹת תָּמִיד לִפְנֵי אֲרוֹן
7 בְּרִית־הָאֱלֹהִים׃ 7 בַּיּוֹם הַהוּא אָז נָתַן דָּוִיד בָּרֹאשׁ לְהֹדוֹת לַיהוָה
בְּיַד־אָסָף וְאֶחָיו׃ פ

8 הוֹדוּa לַיהוָה קִרְאוּ בִשְׁמוֹ   הוֹדִיעוּ בָעַמִּים עֲלִילֹתָיו׃
9 שִׁירוּ לוֹ זַמְּרוּ־לוֹ   שִׂיחוּ בְּכָל־נִפְלְאֹתָיוa׃
10 הִתְהַלְלוּ בְּשֵׁם קָדְשׁוֹ   יִשְׂמַח לֵב aמְבַקְשֵׁי יְהוָהa׃
11 דִּרְשׁוּ יְהוָה וְעֻזּוֹa   בַּקְּשׁוּ פָנָיו תָּמִיד׃
12 זִכְרוּ נִפְלְאֹתָיו אֲשֶׁר עָשָׂה   מֹפְתָיו וּמִשְׁפְּטֵי־פִיהוּ׃
13 זֶרַע יִשְׂרָאֵלa עַבְדּוֹb   בְּנֵי יַעֲקֹב בְּחִירָיו׃
14 הוּא יְהוָה אֱלֹהֵינוּ   בְּכָל־הָאָרֶץ מִשְׁפָּטָיו׃
15 זִכְרוּa לְעוֹלָם בְּרִיתוֹ   דָּבָר צִוָּה לְאֶלֶף דּוֹר׃
16 אֲשֶׁר כָּרַת אֶת־אַבְרָהָם   וּשְׁבוּעָתוֹ לְיִצְחָק׃
17 וַיַּעֲמִידֶהָ לְיַעֲקֹב לְחֹק   לְיִשְׂרָאֵל בְּרִית עוֹלָם׃
18 לֵאמֹר לְךָ אֶתֵּן אֶרֶץ־aכְּנָעַן   חֶבֶל נַחֲלַתְכֶם׃
19 בִּהְיוֹתְכֶםa מְתֵי מִסְפָּר   כִּמְעַט וְגָרִים בָּהּ׃
20 וַיִּתְהַלְּכוּ מִגּוֹי אֶל־גּוֹי   וּמִמַּמְלָכָה אֶל־עַם אַחֵר׃
21 לֹא־הִנִּיחַ לְאִישׁa לְעָשְׁקָם   וַיּוֹכַח עֲלֵיהֶם מְלָכִים׃
22 אַל־תִּגְּעוּ בִּמְשִׁיחָי   וּבִנְבִיאַי אַל־תָּרֵעוּ׃ פ
23 שִׁירוּ לַיהוָה כָּל־הָאָרֶץ   בַּשְּׂרוּ מִיּוֹם־אֶל־יוֹם יְשׁוּעָתוֹ׃
24 aסַפְּרוּ בַגּוֹיִם אֶת־כְּבוֹדוֹ   בְּכָל־הָעַמִּים נִפְלְאֹתָיו׃

ב. כו[2] | ג[3] ב חס וחד מן ד[4] מל בליש. לז כג מנה בסיפ | ז בסיפ וכל נביא דכות ב מ ב | ב[5]. ב | ד[6] | ב[7] | ב חס[8] | ג ר״פ[9]. ד[10]. ז דגש[11] | ג ב חס וחד מל[12]. כב | ל[10] | ל. ג | ב | ט ר״פ[13]. כב פסוק דלית בהון לא ו ולא י[14]. ל זקף קמ | ה | ל[15] | ב ר״פ[16]. ב | כו ר״פ אל אל[17]. ב. ל. ג | ב[18] | ג[19]

[2]Mm 1553. [3]Mm 4077ב. [4]Mm 3432. [5]Mm 3993. [6]Mm 4078. [7]Mm 4187. [8]Mm 2251. [9]Mm 3373. [10]Mp sub loco. [11]Mm 1690. [12]Mm 3330. [13]Mm 3072. [14]Mm 878. [15]וחד מממלכה Ps 105,13. [16]Mm 3249. [17]Mm 3261. [18]Mm 4079. [19]Mm 293.

3 b 𝔊 *καὶ ἀμορίτην* ‖ 5 a l c 15,18.20 וְעֻזִּיאֵל vel וְיַעֲזִיאֵל ‖ b l וְכִ׳ cf 𝔊𝔗 et 15,16 ‖ 6 a 𝔊 *καὶ Οζιηλ* ‖ 8 a 𝔊^{BAal} pr *ᾠδή* ‖ 9 a 𝔊 + *ἃ ἐποίησεν κύριος* cf 12 ‖ 10 a–a 𝔊 *ζητοῦσα τὴν εὐδοκίαν αὐτοῦ* ‖ 11 a 𝔊 leg וְעֻזּוּ ‖ 13 a 2 Mss 𝔊^{127}Bo𝔖𝔄 אַבְרָהָם ut Ps 105,6 ‖ b 𝔊 pl ‖ 15 a 𝔊^{ALal} *μνημονεύων*, l c Ps 105,8 זָכַר ‖ 18 a Ps 105,11 pr אֶת־ ‖ 19 a Ms 𝔊𝔙 et Ps 105,12 תָם– ‖ 21 a pc Mss אִישׁ, Ps 105,14 אָדָם ‖ 24 a > 𝔊*.

25 כִּ֩י גָד֨וֹל יְהוָ֤ה וּמְהֻלָּל֙ מְאֹ֔ד וְנוֹרָ֥א ה֖וּא עַל־כָּל־אֱלֹהִֽים׃ ‏ז̇[20]
26 כִּ֞י כָּל־אֱלֹהֵ֤י הָעַמִּים֙ אֱלִילִ֔ים וַיהוָ֖ה[a] שָׁמַ֥יִם עָשָֽׂה׃
27 ה֤וֹד וְהָדָר֙ לְפָנָ֔יו עֹ֥ז וְחֶדְוָ֖ה[a] בִּמְקֹמֽוֹ[b]׃ ‏ל̇. ו̇[21] חס̇ וכל אורית̇ ואיוב דכות̇ ב̇ מ̇ ב̇
28 הָב֤וּ לַֽיהוָה֙ מִשְׁפְּח֣וֹת עַמִּ֔ים הָב֥וּ לַֽיהוָ֖ה כָּב֥וֹד וָעֹֽז׃ ‏יא̇[22] וכל כל אלה בני דכות̇ ב̇ מ̇ ב̇
29 [a]הָב֥וּ לַֽיהוָ֖ה כְּב֣וֹד שְׁמ֑וֹ[a] שְׂא֤וּ מִנְחָה֙ וּבֹ֣אוּ[b] לְפָנָ֔יו[c]
הִשְׁתַּחֲו֥וּ לַֽיהוָ֖ה [d]בְּהַדְרַת־קֹֽדֶשׁ[d]׃ 30 חִ֤ילוּ מִלְּפָנָיו֙ כָּל־הָאָ֔רֶץ[a] ‏ח̇[23]
אַף־תִּכּ֥וֹן[b] תֵּבֵ֖ל בַּל־תִּמּֽוֹט׃
31 יִשְׂמְח֤וּ הַשָּׁמַ֙יִם֙ וְתָגֵ֣ל הָאָ֔רֶץ [a]וְיֹאמְר֥וּ[b] בַגּוֹיִ֖ם יְהוָ֥ה מָלָֽךְ[a]׃ ‏ט̇ רפי̇[24]
32 יִרְעַ֤ם הַיָּם֙ וּמְלוֹא֔וֹ יַעֲלֹ֣ץ הַשָּׂדֶ֔ה וְכָל־אֲשֶׁר־בּֽוֹ׃ ‏ל̇ מל
33 אָ֥ז יְרַנְּנ֖וּ עֲצֵ֣י הַיָּ֑עַר מִלִּפְנֵ֣י יְהוָ֔ה כִּי־בָ֖א[a] לִשְׁפּ֥וֹט אֶת־הָאָֽרֶץ[b]׃ ‏ח̇[25] וכל אורית̇ דכות̇ ב̇ מ̇ ב̇. ל̇ מל. ל̇
34 הוֹד֤וּ לַֽיהוָה֙ כִּ֣י ט֔וֹב כִּ֥י לְעוֹלָ֖ם חַסְדּֽוֹ׃
35 וְאִמְר֕וּ[a] הוֹשִׁיעֵ֙נוּ֙ [b]אֱלֹהֵ֣י יִשְׁעֵ֔נוּ[b] וְקַבְּצֵ֥נוּ[c] וְהַצִּילֵ֖נוּ[d] מִן־הַגּוֹיִ֑ם ‏ו̇[26]. ב̇
לְהֹדוֹת֙ לְשֵׁ֣ם קָדְשֶׁ֔ךָ לְהִשְׁתַּבֵּ֖חַ בִּתְהִלָּתֶֽךָ׃ ‏ב̇
ס̇ 36 בָּר֤וּךְ יְהוָה֙ אֱלֹהֵ֣י יִשְׂרָאֵ֔ל מִן־הָעוֹלָ֖ם וְעַ֣ד הָעֹלָ֑ם ‏ב̇ חס̇ למערב̇[27]
וַיֹּאמְר֤וּ[a] כָל־הָעָם֙ אָמֵ֔ן וְהַלֵּ֖ל[b] לַֽיהוָֽה׃ פ ‏ד̇. ב̇
37 וַיַּֽעֲזָב־שָׁ֗ם לִפְנֵי֙ אֲר֣וֹן בְּרִית־יְהוָ֔ה לְאָסָ֖ף וּלְאֶחָ֑יו לְשָׁרֵ֞ת ‏כו̇ בליש וכל מלכים דכות̇ יא̇ מנה̇ בסיפ̇
38 לִפְנֵ֧י הָאָר֛וֹן תָּמִ֖יד לִדְבַר־י֥וֹם בְּיוֹמֽוֹ׃ 38 וְעֹבֵ֥ד אֱדֹ֛ם וַאֲחֵיהֶ֖ם[a] ‏ג̇[28]
39 שִׁשִּׁ֣ים וּשְׁמוֹנָ֑ה[b] [c]וְעֹבֵ֨ד אֱדֹ֧ם בֶּן־יְדִית֛וּן[cd] וְחֹסָ֖ה לְשֹׁעֲרִֽים׃ 39 וְאֵ֣ת ׀ ‏כל סיפ̇ מל. ל̇ כת̇ כן̇[29]. ב̇ בטע̇ לגר̇ ר״פ בסיפ̇. ב̇
צָד֣וֹק הַכֹּהֵ֗ן וְאֶחָיו֙ הַכֹּ֣הֲנִ֔ים לִפְנֵ֖י מִשְׁכַּ֣ן יְהוָ֑ה בַּבָּמָ֖ה אֲשֶׁ֥ר בְּגִבְעֽוֹן׃
40 לְֽהַעֲלוֹת֩ עֹל֨וֹת לַֽיהוָ֜ה עַל־מִזְבַּ֥ח הָעֹלָ֛ה תָּמִ֖יד לַבֹּ֣קֶר וְלָעָ֑רֶב
41 וּלְכָל־הַכָּתוּב֙ בְּתוֹרַ֣ת יְהוָ֔ה אֲשֶׁ֥ר צִוָּ֖ה עַל־יִשְׂרָאֵֽל[a]׃ 41 וְעִמָּהֶ֗ם ‏ל̇
הֵימָ֤ן וִֽידוּתוּן֙[a] וּשְׁאָר֙ הַבְּרוּרִ֔ים [b]אֲשֶׁ֥ר נִקְּב֖וּ[b] בְּשֵׁמ֑וֹת לְהֹדוֹת֙ לַֽיהוָ֔ה ‏ב̇. ג̇ חס̇ כי טוב[30]

[20] Mm 3040. [21] Mm 489. [22] Mm 3361. [23] Mm 4080. [24] Mm 1233. [25] Mm 3083. [26] Mm 2470. [27] Mm 4081. [28] Mm 4082. [29] Mm 839. [30] Mp sub loco.

26 [a] 𝔊 *καὶ ὁ θεὸς ἡμῶν* ‖ **27** [a] 𝔊𝔖𝔄 ut Ps 96,6 וְתִפְאֶרֶת ‖ [b] $𝔊^L$𝔖𝔄 ut Ps 96 בְּמִקְדָּשׁוֹ ‖ **29** [a–a] > 𝔊* ‖ [b] 𝔊 *καὶ ἐνέγκατε* ‖ [c] Ps 96,8 לְחַצְרוֹתָיו ‖ [d–d] 𝔊 *ἐν αὐλαῖς ἁγίαις αὐτοῦ* = בְּחַצְרוֹת קָדְשׁוֹ ‖ **30** [a] cf 31 [a–a] ‖ [b] $𝔊^L$(𝔗𝔙𝔄) *κατορθώτω* = תִּכֵּן ‖ **31** [a–a] tr post 30a ‖ [b] l c Ps 96,10 אִמְרוּ ‖ **33** [a] Ps 96,13 + כי בא ‖ [b] 𝔖𝔄 + Ps 96,13b ‖ **35** [a] > Ps 106,47 ‖ [b–b] Ps 106 יהוה אֱלֹהֵינוּ ‖ [c] > 𝔊* ‖ [d] > Ps 106 ‖ **36** [a] 𝔊 ut Ps 106,48 וְאָמַר ‖ [b] 𝔊 *καὶ ᾔνεσαν* ‖ **38** [a] 𝔊𝔖𝔙𝔄 suff sg, sed pr וִיחִיָּה cf 15,24b ‖ [b] 26,8 וּשְׁנַיִם ‖ [c–c] add ‖ [d] nonn Mss (Q) ידותון ‖ **40** [a] 𝔊 amplius ‖ **41** [a] 𝔊(𝔙) *καὶ Ιδιθων (-ωμ)* ‖ [b–b] > 𝔊.

כִּי לְעוֹלָם חַסְדּוֹ׃ 42 וְעִמָּהֶם [a]הֵימָן וִידוּתוּן[a] חֲצֹצְרוֹת וּמְצִלְתַּיִם 42
ג בליש . ל . ג[31] לְמַשְׁמִיעִים[b] וּכְלֵי שִׁיר הָאֱלֹהִים וּבְנֵי יְדוּתוּן[c] לַשָּׁעַר׃ 43 וַיֵּלְכוּ 43
ב[32] וכל שמואל דכות ב מ א . ט[33] כָל־הָעָם אִישׁ לְבֵיתוֹ וַיִּסֹּב דָּוִיד לְבָרֵךְ אֶת־בֵּיתוֹ׃ פ
הי[1] 17 1 וַיְהִי כַּאֲשֶׁר יָשַׁב דָּוִיד בְּבֵיתוֹ וַיֹּאמֶר דָּוִיד אֶל־נָתָן הַנָּבִיא 17
ה[2] . כל סיפ מל ב מ חד[3] חס . ל . כו בליש וכל מלכים דכות יא מנה בסיפ . ל . ה מל[4] הִנֵּה אָנֹכִי יוֹשֵׁב בְּבֵית הָאֲרָזִים וַאֲרוֹן בְּרִית־יְהוָה תַּחַת יְרִיעוֹת׃
ו[5] . ב 2 וַיֹּאמֶר נָתָן אֶל־דָּוִיד כֹּל אֲשֶׁר בִּלְבָבְךָ עֲשֵׂה כִּי הָאֱלֹהִים עִמָּךְ׃ 2
ג[6] ס 3 וַיְהִי בַּלַּיְלָה הַהוּא וַיְהִי דְּבַר־אֱלֹהִים אֶל־נָתָן[a] לֵאמֹר׃ 3
ג[7] . כז בטע 4 לֵךְ וְאָמַרְתָּ אֶל־דָּוִיד עַבְדִּי כֹּה אָמַר יְהוָה לֹא אַתָּה תִּבְנֶה־לִּי 4
ו[8] הַבַּיִת[a] לָשָׁבֶת[b]׃ 5 כִּי לֹא יָשַׁבְתִּי בְּבַיִת מִן־הַיּוֹם אֲשֶׁר הֶעֱלֵיתִי אֶת־ 5
ג בכתיב . ד[9] . ל יִשְׂרָאֵל עַד הַיּוֹם הַזֶּה וָאֶהְיֶה[a] [b]מֵאֹהֶל אֶל־אֹהֶל וּמִמִּשְׁכָּן[bc]׃ 6 בְּכֹל 6
ב . כה[10] . ב אֲשֶׁר־הִתְהַלַּכְתִּי בְּכָל־יִשְׂרָאֵל הֲדָבָר[a] דִּבַּרְתִּי אֶת־אַחַד שֹׁפְטֵי[b]
יִשְׂרָאֵל [c]אֲשֶׁר צִוִּיתִי[c] לִרְעוֹת אֶת־עַמִּי לֵאמֹר לָמָּה לֹא־בְנִיתֶם לִי
יו[11] בֵּית אֲרָזִים׃ 7 וְעַתָּה כֹּה־תֹאמַר לְעַבְדִּי לְדָוִיד ס כֹּה אָמַר 7
יו מיחד מן[12] יְהוָה צְבָאוֹת אֲנִי לְקַחְתִּיךָ מִן־הַנָּוֶה מִן־אַחֲרֵי הַצֹּאן לִהְיוֹת נָגִיד עַל
ל ומל עַמִּי יִשְׂרָאֵל׃ 8 וָאֶהְיֶה עִמְּךָ בְּכֹל אֲשֶׁר הָלַכְתָּ וָאַכְרִית אֶת־כָּל־ 8
ז מל[13] . ד[14] . ו מל[15] אוֹיְבֶיךָ מִפָּנֶיךָ וְעָשִׂיתִי[a] לְךָ שֵׁם[b] כְּשֵׁם הַגְּדוֹלִים אֲשֶׁר בָּאָרֶץ׃
ל ומל 9 וְשַׂמְתִּי מָקוֹם לְעַמִּי יִשְׂרָאֵל וּנְטַעְתִּיהוּ וְשָׁכַן תַּחְתָּיו וְלֹא יִרְגַּז עוֹד 9
ט בליש ג[16] מנה מל . ל וחס . בכ[17] ח[18] מנה מל . ל וְלֹא־[a]יוֹסִיפוּ בְנֵי־[a]עַוְלָה לְבַלֹּתוֹ[b] כַּאֲשֶׁר בָּרִאשׁוֹנָה׃ 10 וּלְמִיָּמִים[a] 10
ל . ז מל[13] אֲשֶׁר צִוִּיתִי שֹׁפְטִים עַל־עַמִּי יִשְׂרָאֵל וְהִכְנַעְתִּי אֶת־כָּל־אוֹיְבֶיךָ[b]
ד חס[19] ב מנה בליש [c]וָאַגִּד לָךְ[c] וּבַיִת[d] יִבְנֶה־[e]לְּךָ יְהוָה׃ 11 וְהָיָה כִּי־מָלְאוּ[a] יָמֶיךָ לָלֶכֶת[b] 11
ג מל[20] . כל סיפ מל עִם־אֲבֹתֶיךָ וַהֲקִימוֹתִי אֶת־זַרְעֲךָ אַחֲרֶיךָ אֲשֶׁר יִהְיֶה מִבָּנֶיךָ[c] וַהֲכִינוֹתִי
ב וחס[11] אֶת־מַלְכוּתוֹ׃ 12 הוּא יִבְנֶה־לִּי[a] בָּיִת וְכֹנַנְתִּי אֶת־כִּסְאוֹ עַד־עוֹלָם׃ 12

[31] Mm 1583. [32] Mm 4083. [33] Mm 969. **Cp 17** [1] Mm 87. [2] Mm 4084. [3] 1 Ch 20,1. [4] Mm 632. [5] Mm 1580. [6] Mm 4085. [7] Mm 4086. [8] Mm 3067. [9] Mm 660. [10] Mm 187. [11] Mp sub loco. [12] Okhl 196. [13] Mm 3348. [14] Mm 1357. [15] Mm 1421. [16] Mm 2632. [17] Mm 1743. [18] Mm 1135. [19] Mm 1688. [20] Mm 2841.

42 [a–a] > 𝔊 ‖ [b] hic add? ‖ [c] cf 41[a] ‖ **Cp 17,3** [a] pc Mss 𝔖 + הַנָּבִיא ‖ **4** [a] 𝔊 ut 2 S 7,5 בַּיִת ‖ [b] Ms 𝔊 et 2 S לְשִׁבְתִּי, 𝔊 + *ἐν αὐτῷ* ‖ **5** [a] ins c 2 S 7,6 מִתְהַלֵּךְ, it 𝔗 ‖ [b–b] 𝔊 *ἐν σκηνῇ καὶ ἐν καταλύματι* cf 2 S ‖ [c] ins אל־משכן (homtel) cf 𝔗 ‖ **6** [a] 𝔊 *εἰ λαλῶν* = הֲדַבֵּר ‖ [b] 𝔊 ut 2 S 7,7 שִׁבְטֵי, sed cf 10 ‖ [c–c] > 𝔊[BS] ‖ **8** [a] 𝔊 *καὶ ἐποίησα* ‖ [b] pc Mss 𝔖 + גָּדוֹל ut 2 S 7,9 ‖ **9** [a–a] 𝔊 *προσθήσει* (𝔊[L] + *υἱός*) ‖ [b] pc Mss לְכַלּ(ו)תוֹ, 𝔊 *τοῦ ταπεινῶσαι αὐτόν* cf 2 S 7,10, 𝔖 *lmgljwth* = לְהַגְלוֹתוֹ ‖ **10** [a] 𝔖𝔗𝔙 om cop ‖ [b] prp בָיו– ‖ [c–c] 𝔊 *καὶ αὐξήσω σε* = וַאֲגַדֶּלְךָ, sed cf 2 S 7,11 ‖ [d] 2 S כִּי בית, sic l? ‖ [e] 2 S יַעֲשֶׂה ‖ **11** [a] 2 S 7,12 יִמְ׳, sic l? ‖ [b] 𝔊 ut 2 S וְשָׁכַבְתָּ ‖ [c] 𝔊𝔖𝔄 ut 2 S מִמֵּעֶיךָ ‖ **12** [a] 2 S 7,13 לִשְׁמִי.

13 אֲנִי֙ אֶֽהְיֶה־לּ֣וֹ לְאָ֔ב וְה֖וּא יִֽהְיֶה־לִּ֣י לְבֵ֑ן[a] וְחַסְדִּי֙ לֹא־אָסִ֣יר מֵֽעִמּ֔וֹ
14 כַּאֲשֶׁ֣ר הֲסִיר֔וֹתִי [b]מֵאֲשֶׁ֖ר הָיָ֣ה[c] לְפָנֶֽיךָ[b]׃ 14 וְהַעֲמַדְתִּ֥יהוּ[a] בְּבֵיתִ֖י[b] ב מל[21]. ל ומל
15 וּבְמַלְכוּתִ֣י[b] עַד־הָעוֹלָ֑ם וְכִסְא֕וֹ יִהְיֶ֥ה נָכ֖וֹן עַד־עוֹלָֽם׃ 15 כְּכֹל֙ ל. ד
הַדְּבָרִ֣ים הָאֵ֔לֶּה וּכְכֹ֖ל הֶחָז֣וֹן הַזֶּ֑ה כֵּ֛ן דִּבֶּ֥ר נָתָ֖ן אֶל־דָּוִֽיד׃ פ ה
16 וַיָּבֹא֙ הַמֶּ֣לֶךְ דָּוִ֔יד וַיֵּ֖שֶׁב לִפְנֵ֣י יְהוָ֑ה וַיֹּ֗אמֶר מִֽי־אֲנִ֞י יְהוָ֤ה אֱלֹהִים֙
17 וּמִ֣י בֵיתִ֔י כִּ֥י [a]הֲבִיאֹתַ֖נִי עַד־הֲלֹֽם[a]׃ 17 וַתִּקְטַ֨ן זֹ֤את בְּעֵינֶ֙יךָ֙ אֱלֹהִ֔ים ב וחס[22]. יא. ב סו. ל
וַתְּדַבֵּ֥ר עַל־בֵּית־עַבְדְּךָ֖ לְמֵרָח֑וֹק [a]וּרְאִיתַ֗נִי כְּת֧וֹר[ab] הָאָדָ֛ם הַמַּעֲלָ֖ה[c] יג[23]וכל מלכים ישעיה וירמיה דכות ב מ יא. ח. ל. ב מל בליש[24]. ג[25] קמ ב מנה בליש
18 [d]יְהוָ֥ה אֱלֹהִֽים׃[d] 18 מַה־יּוֹסִ֨יף ע֥וֹד דָּוִ֛יד אֵלֶ֖יךָ לְכָב֣וֹד[a] [b]אֶת־עַבְדֶּ֑ךָ[b] ל בסיפ[26]. ה[28]. ל
19 וְאַתָּ֖ה אֶת־עַבְדְּךָ֥ יָדָֽעְתָּ׃ 19 [a]יְהוָ֕ה בַּעֲב֤וּר עַבְדְּךָ֙[ab] וּֽכְלִבְּךָ֔[c] עָשִׂ֕יתָ ב
20 אֵ֥ת כָּל־הַגְּדוּלָּ֖ה [d]הַזֹּ֑את לְהֹדִ֖יעַ[e] [f]אֶת־כָּל־הַגְּדֻלּֽוֹת[df]׃ 20 יְהוָה֙ אֵ֣ין ד ג מל וחד חס. ל חס. י מ״פ אין ואין[27] וכל ר״פ דכות ב מ ב
21 כָּמ֔וֹךָ וְאֵ֥ין אֱלֹהִ֖ים זוּלָתֶ֑ךָ בְּכֹ֥ל[a] אֲשֶׁר־שָׁמַ֖עְנוּ בְּאָזְנֵֽינוּ׃ 21 וּמִי֙ ג. ל[28]. ו
כְּעַמְּךָ֣ יִשְׂרָאֵ֔ל גּ֥וֹי אֶחָ֖ד[a] בָּאָ֑רֶץ אֲשֶׁ֣ר הָלַ֣ךְ הָאֱלֹהִ֡ים לִפְדּוֹת֩ ל֨וֹ עָ֜ם[b] ל[28]. ל[28]. ל[28]. יז וכל זקף אתנח וס״פ דכות[29]
לָשׂ֣וּם לְךָ֗[c] שֵׁ֚ם גְּדֻלּ֣וֹת[d] וְנֹרָא֔וֹת לְגָרֵ֗שׁ מִפְּנֵ֥י עַמְּךָ֛[e] אֲשֶׁר־פָּדִ֥יתָ ל[28]. ב כת כן[30]
22 מִמִּצְרַ֖יִם גּוֹיִֽם[f]׃ 22 וַתִּתֵּ֞ן אֶת־עַמְּךָ֧ יִשְׂרָאֵ֛ל ׀ לְךָ֥ לְעָ֖ם עַד־עוֹלָ֑ם פסיק
23 וְאַתָּ֣ה יְהוָ֔ה[a] הָיִ֥יתָ לָהֶ֖ם לֵאלֹהִֽים׃ 23 וְעַתָּ֣ה יְהוָ֔ה הַדָּבָ֗ר אֲשֶׁ֨ר
דִּבַּ֤רְתָּ עַל־עַבְדְּךָ֙ וְעַל־בֵּית֔וֹ יֵאָמֵ֖ן[a] עַד־עוֹלָ֑ם וַעֲשֵׂ֖ה כַּאֲשֶׁ֥ר דִּבַּֽרְתָּ׃ ג[31]
24 וְיֵאָמֵ֡ן[a] וְיִגְדַּל֩ שִׁמְךָ֨ עַד־עוֹלָ֜ם לֵאמֹ֗ר יְהוָ֤ה צְבָאוֹת֙ [b]אֱלֹהֵ֣י יִשְׂרָאֵ֔ל[b] ל[22]. ב
25 אֱלֹהִ֖ים לְיִשְׂרָאֵ֑ל וּבֵית־דָּוִ֥יד עַבְדְּךָ֖ נָכ֥וֹן לְפָנֶֽיךָ׃ 25 כִּ֣י ׀ אַתָּ֣ה אֱלֹהַ֗י ב[32]. ב[33]
גָּלִ֙יתָ֙ אֶת־אֹ֣זֶן עַבְדְּךָ֔ לִבְנ֥וֹת ל֖וֹ בָּ֑יִת עַל־כֵּן֙ מָצָ֣א עַבְדְּךָ֔[a] לְהִתְפַּלֵּ֖ל כה
26 לְפָנֶֽיךָ׃ 26 וְעַתָּ֣ה יְהוָ֔ה אַתָּה־ה֖וּא הָאֱלֹהִ֑ים[a] וַתְּדַבֵּר֙ עַל־עַבְדְּךָ֔ ל[34]

[21] Mm 3336. [22] Mp sub loco. [23] Mm 324. [24] Mm 4087. [25] Mm 3909. [26] Mm 4088. [27] Mm 1269. [28] Mm 4089. [29] Mm 2120. [30] Mm 4090. [31] Mm 2587. [32] Mm 4091. [33] Mm 4092. [34] וחד את הטובה 2 S 7,28.

13 [a] deest 2 S 7,14b ‖ [b–b] 2 S 7,15 amplius ‖ [c] 𝔊 pl ‖ **14** [a] 𝔊 *καὶ πιστώσω αὐτόν* cf 2 S 7,16 ‖ [b] 2 S suff 2 sg ‖ **16** [a–a] 𝔊 *ἠγάπησάς με ἕως αἰῶνος* = אֲהַבְתַּנִי עַד־עוֹלָם ‖ **17** [a–a] prp וַתַּרְאֵנִי מִתּוֹר cf Qoh 1,13 7,25 ‖ [b] pc Mss בְּתוֹךְ, 𝔊 *ὡς ὅρασις* ‖ [c] 𝔊 *καὶ ὕψωσάς με*; prp לְמַעְלָה aut הָעֹלָם ‖ [d–d] cj c 18? ‖ **18** [a] l לְכַבֵּד cf 𝔊 ‖ [b–b] > 𝔊* (homtel) ‖ **19** [a–a] > 𝔊* ‖ [b] 2 S 7,21 דְּבָרְךָ ‖ [c] prp וְכַלְבְּךָ ‖ [d–d] > 𝔊* (homtel) ‖ [e] 𝔖𝔗 ut 2 S + אֶת־עַבְדְּךָ, ins ‖ [f–f] 2 S 7,22 עַל־כֵּן גָּדַלְתָּ ‖ **20** [a] mlt Mss 𝔊𝔖𝔗 et 2 S כְּכֹל ‖ **21** [a] 𝔊 *ἔτι* = אַחֵר cf 𝔙 ‖ [b] l c 2 S 7,23 לְעָם ‖ [c] l c 2 S לוֹ, it 𝔊 ‖ [d] l מְגֹ׳ (מ hpgr) cf 2 S 7 ‖ [e] l עַמּוֹ כְּעַמְךָ (hpgr) ‖ [f] ins וֵֽאלֹהִים (homtel) cf 2 S ‖ **22** [a] > 𝔗 ‖ **23** [a] 2 S 7,25 הָקֵם ‖ **24** [a] > 2 S 7,26, dl? ‖ [b–b] > 2 S, dl ‖ **25** [a] 2 S 7,27 + אֶת־לִבּוֹ ‖ **26** [a] ins c 2 S 7,28 וּדְבָרֶיךָ יִהְיוּ אֱמֶת.

27 הַטּוֹבָה הַזֹּאת׃ 27 וְעַתָּה [a]הוֹאַלְתָּ לְבָרֵךְ[a] אֶת־בֵּית עַבְדְּךָ לִהְיוֹת (ל וכת כן . ט[35])
לְעוֹלָם לְפָנֶיךָ כִּי־אַתָּה יְהוָה בֵּרַכְתָּ[b] וּמְבֹרָךְ[c] לְעוֹלָם׃ פ (ל וחס[36])
18 18 1 וַיְהִי אַחֲרֵי־כֵן וַיַּךְ דָּוִיד אֶת־פְּלִשְׁתִּים וַיַּכְנִיעֵם וַיִּקַּח[a] אֶת־
2 [b]גַּת וּבְנֹתֶיהָ[b] מִיַּד פְּלִשְׁתִּים׃ 2 וַיַּךְ אֶת־מוֹאָב וַיִּהְיוּ מוֹאָב עֲבָדִים (ל)
3 לְדָוִיד נֹשְׂאֵי מִנְחָה׃ 3 וַיַּךְ דָּוִיד אֶת־הֲדַדְעֶזֶר[a] מֶלֶךְ־צוֹבָה חֲמָתָה[b] (כו ו מנה בסיפ . יא זוגין דמטע בטע[1] . ל)
4 בְּלֶכְתּוֹ לְהַצִּיב[c] יָדוֹ בִּנְהַר־פְּרָת׃ 4 וַיִּלְכֹּד דָּוִיד מִמֶּנּוּ אֶלֶף רֶכֶב[a] (ל[2])
וְשִׁבְעַת אֲלָפִים[b] פָּרָשִׁים וְעֶשְׂרִים אֶלֶף אִישׁ רַגְלִי וַיְעַקֵּר דָּוִיד אֶת־ (ד[3] . ב)
5 כָּל־הָרֶכֶב וַיּוֹתֵר מִמֶּנּוּ מֵאָה רָכֶב׃ 5 וַיָּבֹא אֲרַם דַּרְמֶשֶׂק[a] לַעְזוֹר (ז מל בליש[4] . ג מל)
לַהֲדַדְעֶזֶר[b] מֶלֶךְ צוֹבָה וַיַּךְ דָּוִיד בַּאֲרָם עֶשְׂרִים־וּשְׁנַיִם אֶלֶף אִישׁ׃
6 6 וַיָּשֶׂם דָּוִיד[a] בַּאֲרַם דַּרְמֶשֶׂק[b] וַיְהִי אֲרָם לְדָוִיד עֲבָדִים נֹשְׂאֵי מִנְחָה (פד . ל . כו ו מנה בסיפ)
7 וַיּוֹשַׁע יְהוָה לְדָוִיד בְּכֹל אֲשֶׁר הָלָךְ׃ 7 וַיִּקַּח דָּוִיד אֵת שִׁלְטֵי הַזָּהָב
8 אֲשֶׁר הָיוּ עַל עַבְדֵי הֲדַדְעָזֶר[a] וַיְבִיאֵם יְרוּשָׁלָ͏ִם׃ 8 וּמִטִּבְחַת[a] וּמִכּוּן[b] (ב . ל . ל)
עָרֵי הֲדַדְעֶזֶר[c] לָקַח דָּוִיד נְחֹשֶׁת רַבָּה מְאֹד [d]בָּהּ ׀ עָשָׂה שְׁלֹמֹה[e] אֶת־ (ה[5])
9 יָם[f] הַנְּחֹשֶׁת וְאֶת־הָעַמּוּדִים[g] וְאֵת כְּלֵי הַנְּחֹשֶׁת[d]׃ פ 9 וַיִּשְׁמַע (ל . ב[6] . ד[7])
תֹּעוּ[a] מֶלֶךְ חֲמָת כִּי הִכָּה דָוִיד אֶת־כָּל־חֵיל הֲדַדְעֶזֶר[b] מֶלֶךְ־צוֹבָה׃ (ב)
10 10 וַיִּשְׁלַח אֶת־הֲדוֹרָם[a]־בְּנוֹ אֶל־הַמֶּלֶךְ־דָּוִיד לִשְׁאוֹל[b]־לוֹ לְשָׁלוֹם (ד . לשאל ק)
וּלְבָרְכוֹ עַל אֲשֶׁר נִלְחַם בַּהֲדַדְעֶזֶר[c] וַיַּכֵּהוּ כִּי־אִישׁ מִלְחֲמוֹת תֹּעוּ (ב . יב[8] . ב)
11 הָיָה הֲדַדְעָזֶר[c] וְכֹל[d] כְּלֵי זָהָב וָכֶסֶף וּנְחֹשֶׁת׃ 11 גַּם־אֹתָם הִקְדִּישׁ (ז . ג)
הַמֶּלֶךְ דָּוִיד לַיהוָה עִם־הַכֶּסֶף וְהַזָּהָב אֲשֶׁר נָשָׂא מִכָּל־הַגּוֹיִם מֵאֱדוֹם[a] (ג בסיפ)
12 וּמִמּוֹאָב וּמִבְּנֵי עַמּוֹן וּמִפְּלִשְׁתִּים וּמֵעֲמָלֵק׃ 12 [a]וְאַבְשַׁי בֶּן־ (ב[9] ול בסיפ . ז בסיפ[10])
13 צְרוּיָה[a] הִכָּה אֶת־אֱדוֹם בְּגֵיא הַמֶּלַח שְׁמוֹנָה[b] עָשָׂר אָלֶף׃ 13 וַיָּשֶׂם[a] (ב כת כן[9] . פד)
בֶּאֱדוֹם[b] נְצִיבִים וַיִּהְיוּ כָל־אֱדוֹם עֲבָדִים לְדָוִיד וַיּוֹשַׁע יְהוָה אֶת־ (ל)

[35] Mm 969. [36] Mm 3392. Cp 18 [1] Mm 794. [2] וחד ולהציב 1S 13,21. [3] Mm 1747. [4] Mm 3767. [5] Mm 2987. [6] Mm 1558. [7] Mm 1272. [8] Mm 1748. [9] Mp sub loco. [10] Mm 665.

27 [a–a] 2 S 7,29 הוֹאֵל וּבָרֵךְ ‖ [b] l תָּו– (l hpgr) ‖ [c] 𝔊 *καὶ εὐλόγησον* ‖ **Cp 18,1** [a] 2 Mss 𝔖 et 2 S 8,1 + דָּוִד ‖ [b–b] 2 S מֶתֶג הָאַמָּה (inc) ‖ **3** [a] mlt Mss Vrs הדרעזר ‖ [b] > 𝔖𝔄 et 2 S 8,3 ‖ [c] 2 S לְהָשִׁיב ‖ **4** [a] > 2 S 8,4 ‖ [b] 2 S מֵאוֹת ‖ **5** [a] pc Mss דַּמ׳ ‖ [b] cf 3[a] ‖ **6** [a] ins c Ms Vrs et 2 S 8,6 נְצִיבִים ‖ [b] cf 5[a] ‖ **7** [a] cf 3[a] ‖ **8** [a] 𝔖 *wmn ṭbḥ* cf 2 S 8,8 ‖ [b] 𝔊 *καὶ ἐκ τῶν ἐκλεκτῶν* = וּמִמִּבְחַר ?2 S וּמִבֵּרֹתַי ‖ [c] cf 3[a] ‖ [d–d] > 2 S ‖ [e] 𝔖(𝔄) *dwjd* ‖ [f] pc Mss Edd יַם ‖ [g] 𝔖 + *wtwr' dnḥš'* = et boves aeneos ‖ **9** [a] 2 S 8,9 תֹּעִי ‖ [b] cf 3[a] ‖ **10** [a] 𝔖𝔄 ut 2 S 8,10 יוֹרָם ‖ [b] K לִשְׁאוֹל ‖ [c] cf 3[a] ‖ [d] l בְּכֹל ? cf 2 S ‖ **11** [a] 2 S 8,12 מֵאֲרָם ‖ **12** [a–a] l וּבְשׁוּבוֹ מִצּוֹבָה cf 2 S 8,13 Ps 60,2 ‖ [b] Ps שְׁנֵים ‖ **13** [a] 𝔖(𝔄) + *dwjd* ‖ [b] 𝔊 *ἐν τῇ κοιλάδι.*

14 דָּוִיד בְּכֹל אֲשֶׁר הָלָךְ׃ 14 וַיִּמְלֹךְ דָּוִיד עַל־כָּל־יִשְׂרָאֵל וַיְהִי עֹשֶׂה כ ח[11] מנה בסיפ . ל . כב[12]
15 מִשְׁפָּט וּצְדָקָה לְכָל־עַמּוֹ׃ 15 וְיוֹאָב בֶּן־צְרוּיָה עַל־הַצָּבָא וִיהוֹשָׁפָט ג ב מנה בסיפ
16 בֶּן־אֲחִילוּד מַזְכִּיר׃ 16 וְצָדוֹק בֶּן־אֲחִיטוּב וַאֲבִימֶלֶךְ[a] בֶּן־אֶבְיָתָר ל . ג
17 כֹּהֲנִים וְשַׁוְשָׁא[b] סוֹפֵר׃ 17 וּבְנָיָהוּ בֶּן־יְהוֹיָדָע עַל־הַכְּרֵתִי וְהַפְּלֵתִי[a] ל
וּבְנֵי־דָוִיד [b]הָרִאשֹׁנִים לְיַד[c] הַמֶּלֶךְ[b]׃ פ כ׳ יג מנה בסיפ

19 1 וַיְהִי אַחֲרֵי־כֵן וַיָּמָת נָחָשׁ[a] מֶלֶךְ בְּנֵי־עַמּוֹן וַיִּמְלֹךְ[b] בְּנוֹ ל
2 תַּחְתָּיו׃ 2 וַיֹּאמֶר דָּוִיד אֶעֱשֶׂה־חֶסֶד ׀ עִם־חָנוּן בֶּן־נָחָשׁ כִּי־עָשָׂה ל
אָבִיו עִמִּי חֶסֶד וַיִּשְׁלַח דָּוִיד מַלְאָכִים לְנַחֲמוֹ עַל־אָבִיו וַיָּבֹאוּ עַבְדֵי יד פסוק על אל אל[1] . ב[2]
3 דָוִיד אֶל־אֶרֶץ בְּנֵי־עַמּוֹן אֶל־חָנוּן לְנַחֲמוֹ׃ 3 וַיֹּאמְרוּ שָׂרֵי בְנֵי־עַמּוֹן ב[3]
לְחָנוּן[a] הַמְכַבֵּד דָּוִיד אֶת־אָבִיךָ בְּעֵינֶיךָ כִּי־שָׁלַח לְךָ מְנַחֲמִים הֲלֹא ב[3] . טו . ל[4]
בַּעֲבוּר לַחְקֹר[b] וְלַהֲפֹךְ[c] וּלְרַגֵּל הָאָרֶץ בָּאוּ עֲבָדָיו אֵלֶיךָ׃ פ
4 וַיִּקַּח חָנוּן אֶת־עַבְדֵי דָוִיד וַיְגַלְּחֵם[a] וַיִּכְרֹת אֶת־מַדְוֵיהֶם בַּחֵצִי עַד־ ל[5] . ב ומל
5 הַמִּפְשָׂעָה[b] וַיְשַׁלְּחֵם׃ 5 וַיֵּלְכוּ[a] וַיַּגִּידוּ לְדָוִיד [b]עַל־הָאֲנָשִׁים[b] וַיִּשְׁלַח ל . ט[6] . ה[7]
לִקְרָאתָם כִּי־הָיוּ הָאֲנָשִׁים נִכְלָמִים מְאֹד וַיֹּאמֶר הַמֶּלֶךְ שְׁבוּ בִירֵחוֹ
6 עַד אֲשֶׁר־יְצַמַּח זְקַנְכֶם וְשַׁבְתֶּם׃ 6 וַיִּרְאוּ בְּנֵי עַמּוֹן כִּי הִתְבָּאֲשׁוּ עִם־ ל . ל
דָּוִיד וַיִּשְׁלַח חָנוּן וּבְנֵי עַמּוֹן [a]אֶלֶף כִּכַּר־כֶּסֶף[a] לִשְׂכֹּר לָהֶם מִן־אֲרַם ב[8]
7 נַהֲרַיִם[b] וּמִן־אֲרַם מַעֲכָה וּמִצּוֹבָה רֶכֶב וּפָרָשִׁים׃ 7 וַיִּשְׂכְּרוּ לָהֶם ל[8]
שְׁנַיִם וּשְׁלֹשִׁים אֶלֶף רֶכֶב וְאֶת־מֶלֶךְ מַעֲכָה וְאֶת־עַמּוֹ וַיָּבֹאוּ וַיַּחֲנוּ ד[9] . ז[10]
לִפְנֵי מֵידְבָא[a] וּבְנֵי עַמּוֹן נֶאֶסְפוּ מֵעָרֵיהֶם וַיָּבֹאוּ לַמִּלְחָמָה[b]׃ פ ה׳
8 וַיִּשְׁמַע דָּוִיד וַיִּשְׁלַח אֶת־יוֹאָב וְאֵת כָּל־צָבָא[a] הַגִּבּוֹרִים׃ 9 וַיֵּצְאוּ ז מל ג[11] מנה בסיפ
בְּנֵי עַמּוֹן וַיַּעַרְכוּ מִלְחָמָה פֶּתַח הָעִיר[a] וְהַמְּלָכִים אֲשֶׁר־בָּאוּ לְבַדָּם
10 בַּשָּׂדֶה׃ 10 וַיַּרְא יוֹאָב כִּי־הָיְתָה פְנֵי־הַמִּלְחָמָה אֵלָיו פָּנִים וְאָחוֹר
11 וַיִּבְחַר מִכָּל־בָּחוּר בְּיִשְׂרָאֵל וַיַּעֲרֹךְ לִקְרַאת אֲרָם׃ 11 וְאֵת יֶתֶר ב

[11] Mm 4151. [12] Mm 475. **Cp 19** [1] Mm 4093. [2] Mm 2549. [3] Mp sub loco. [4] Mm 4094. [5] Mm 4095. [6] Mm 2192. [7] Mm 2347. [8] Mm 4096. [9] Mm 1752. [10] Mm 461. [11] Mm 4151.

16 [a] l c nonn Mss 𝔊𝔖𝔙𝔄 et 2 S 8,17 ’וַאֲחִי || [b] 𝔖 *wsrj’* sec 2 S, 𝔗 *wšjš’* cf 1 R 4,3 || **17** [a] mlt Mss ’וְעַל־הַפּ || [b–b] 2 S 8,18 כֹּהֲנִים הָיוּ || [c] 𝔊 *διάδοχοι* || **Cp 19,1** [a] > 𝔊* et 2 S 10,1 || [b] pc Mss 𝔖 et 2 S + חָנוּן cf 𝔊 || **3** [a] 2 S 10,3 + אֲדֹנֵיהֶם, it 𝔖 || [b] 2 S + אֶת־הָעִיר, it 𝔊𝔖 || [c] > 𝔊𝔖 (hpgr); 𝔙 *et investigent*, l וְלַחְפֹּר || **4** [a] 2 S 10,4 distinctius || [b] 2 S שְׁתוֹתֵיהֶם || **5** [a] > 𝔖 et 2 S 10,5; cj c 4 || [b–b] > 𝔖𝔙 et 2 S || **6** [a–a] > 2 S 10,6 || [b] 2 S בֵּית רְחוֹב || **7** [a] l מֵי רַבָּה cf 2 S 12,27 || [b] ins prb אִישׁ אִישׁ (tum deest 7aγδb in 2 S 10,6 per homtel) || **8** [a] l c Edd 𝔊𝔖𝔙 ’צְ || **9** [a] 2 S 10,8 הַשָּׁעַר, it 𝔖.

הָעָ֗ם נָתַ֛ן בְּיַ֖ד אַבְשַׁ֣י[a] אָחִ֑יו וַיַּעַרְכ֖וּ לִקְרַ֥את בְּנֵ֥י עַמּֽוֹן׃ 12 וַיֹּ֗אמֶר אִם־ 12 — ב̇ פסוק דמטע[12]
תֶּחֱזַ֤ק מִמֶּ֙נִּי֙ אֲרָ֔ם וְהָיִ֥יתָ לִּ֖י לִתְשׁוּעָ֑ה ס וְאִם־בְּנֵ֥י עַמּ֛וֹן יֶחֶזְק֖וּ — נ̇ג̇ וכל תלים דכות ב מ״א . ב̇[13]
מִמְּךָ֥ וְהוֹשַׁעְתִּֽיךָ׃ 13 חֲזַ֤ק וְנִתְחַזְּקָה֙ בְּעַד־עַמֵּ֔נוּ וּבְעַ֖ד עָרֵ֣י אֱלֹהֵ֑ינוּ ס ח — ב̇ . ב̇
וַיהוָ֕ה הַטּ֥וֹב בְּעֵינָ֖יו יַעֲשֶֽׂה׃ 14 וַיִּגַּ֨שׁ יוֹאָ֜ב וְהָעָ֧ם אֲשֶׁר־עִמּ֛וֹ לִפְנֵ֥י אֲרָ֖ם 14 — נ̇א
לַמִּלְחָמָ֑ה וַיָּנ֖וּסוּ מִפָּנָֽיו׃ 15 וּבְנֵ֧י עַמּ֣וֹן רָא֗וּ כִּי־נָ֣ס אֲרָ֔ם וַיָּנ֨וּסוּ גַם־ 15 — ד̇ מל[14] . כ̇ג̇ . ד̇ מל[14]
הֵ֗ם מִפְּנֵי֙ אַבְשַׁ֣י אָחִ֔יו[a] וַיָּבֹ֖אוּ הָעִ֑ירָה וַיָּבֹ֥א[b] יוֹאָ֖ב יְרוּשָׁלָֽםִ׃ פ — ט̇[15]
16 וַיַּ֣רְא אֲרָ֗ם כִּ֣י נִגְּפוּ֮ לִפְנֵ֣י יִשְׂרָאֵל֒[a] וַֽיִּשְׁלְחוּ֙ מַלְאָכִ֔ים וַיּוֹצִ֕יאוּ[a] אֶת־ 16 — י̇ב̇[16] ד̇ מנה מל בסיפ
אֲרָ֔ם אֲשֶׁ֖ר מֵעֵ֣בֶר הַנָּהָ֑ר וְשׁוֹפַ֛ךְ[b] שַׂר־צְבָ֥א הֲדַדְעֶ֖זֶר[c] לִפְנֵיהֶֽם׃
17 וַיֻּגַּ֣ד לְדָוִ֗יד וַיֶּאֱסֹ֞ף אֶת־כָּל־יִשְׂרָאֵל֙ וַיַּעֲבֹ֣ר הַיַּרְדֵּ֔ן וַיָּבֹ֣א אֲלֵהֶ֔ם[a] 17 — כ̇ד̇[17] . כ̇ ז̇ מנה בסיפ[18] . ב̇[19] . י̇ו̇[20] חס בכתיב ט̇[21] מנה בסיפ
[b]וַיַּעֲרֹ֖ךְ אֲלֵהֶ֑ם[b] וַיַּעֲרֹ֨ךְ דָּוִ֜יד[c] לִקְרַ֤את אֲרָם֙[c] מִלְחָמָ֔ה וַיִּֽלָּחֲמ֖וּ עִמּֽוֹ׃ — י̇ו̇[20] חס בכתיב ט̇[21] מנה בסיפ
18 וַיָּ֣נָס אֲרָם֮ מִלִּפְנֵ֣י יִשְׂרָאֵל֒ וַיַּהֲרֹ֨ג דָּוִ֜יד מֵאֲרָ֗ם שִׁבְעַ֤ת אֲלָפִים֙[a] רֶ֔כֶב 18 — ל̇
וְאַרְבָּעִ֥ים אֶ֖לֶף אִ֣ישׁ רַגְלִ֑י[b] וְאֵ֛ת שׁוֹפַ֥ךְ[c] שַׂר־הַצָּבָ֖א הֵמִֽית׃ 19 וַיִּרְא֞וּ 19 — ד̇[22] . ל̇
עַבְדֵ֣י הֲדַדְעֶ֗זֶר[a] כִּ֤י נִגְּפוּ֙ לִפְנֵ֣י יִשְׂרָאֵ֔ל וַיַּשְׁלִ֥ימוּ עִם־דָּוִ֖יד וַיַּעַבְדֻ֑הוּ — ל̇ . ל̇ וחס
[b]וְלֹא־אָבָ֣ה[b] אֲרָ֗ם לְהוֹשִׁ֛יעַ אֶת־בְּנֵֽי־עַמּ֖וֹן עֽוֹד׃ פ 20 1 וַיְהִ֞י 20
לְעֵת֩ תְּשׁוּבַ֨ת הַשָּׁנָ֜ה לְעֵ֣ת ׀ צֵ֣את הַמְּלָכִ֗ים וַיִּנְהַ֣ג יוֹאָב֩ אֶת־חֵ֨יל — ל̇ . ה̇[1] . י̇ו̇ פסוק את את את את . ל̇[2]
הַצָּבָ֜א וַיַּשְׁחֵ֣ת ׀ אֶת־אֶ֣רֶץ בְּנֵֽי־עַמּ֗וֹן וַיָּבֹא֙ וַיָּ֣צַר אֶת־רַבָּ֔ה וְדָוִ֖יד יֹשֵׁ֣ב — ה̇ וכל עליה דכות . ל̇ חס בסיפ[3]
בִּירוּשָׁלָ֑͏ִם וַיַּ֥ךְ[a] יוֹאָ֛ב אֶת־רַבָּ֖ה[b] וַיֶּהֶרְסֶֽהָ׃ 2 וַיִּקַּ֣ח דָּוִ֣יד אֶת־עֲטֶֽרֶת־ 2 — ב̇[4] כת כן ול בליש
מַלְכָּם֙[a] מֵעַ֣ל רֹאשׁ֔וֹ וַיִּמְצָאָ֣הּ ׀ מִשְׁקַ֣ל כִּכַּר־זָהָ֗ב וּבָהּ֙ אֶ֣בֶן יְקָרָ֔ה וַתְּהִ֖י — ב̇ סביר מלכה . ב̇ . ג̇[5]
עַל־רֹ֣אשׁ דָּוִ֑יד וּשְׁלַ֥ל הָעִ֛יר הוֹצִ֖יא הַרְבֵּ֥ה מְאֹֽד׃ 3 וְאֶת־הָעָ֣ם אֲשֶׁר־ 3 — י̇ב̇[6]
בָּ֗הּ הוֹצִיא֙ וַיָּ֣שַׂר[a] בַּמְּגֵרָ֔ה וּבַחֲרִיצֵ֥י הַבַּרְזֶ֖ל וּבַמְּגֵר֑וֹת[b] וְכֵ֤ן יַעֲשֶׂה֙ — ג̇ כת ש . ג̇ . ב̇ חד חס וחד מל . ל̇ . ל̇
דָּוִ֔יד לְכֹ֖ל עָרֵ֣י בְנֵֽי־עַמּ֑וֹן וַיָּ֧שָׁב דָּוִ֛יד וְכָל־הָעָ֖ם יְרוּשָׁלָֽםִ׃ פ — נ̇א̇[3] וכל ר״פ דכות ב מ ג

[12]Mm 4097. [13]Mm 3255. [14]Mm 2078. [15]Mm 1972. [16]Mm 2610. [17]Mm 2228. [18]Mm 4234. [19]Mm 1822. [20]Mp sub loco. [21]Mm 4176. [22]Mm 1747. **Cp 20** [1]Mm 1657. [2]וחד חיל צבא 2Ch 26,13. [3]Mp sub loco. [4]Mm 4098. [5]Mm 166. [6]Mm 1055.

11 [a] 𝔖(𝔙) *(l)'bjšj* ‖ **15** [a] l אֲחִי יוֹאָב (hpgr) ‖ [b] l וַיֵּשֶׁב cf 𝔖𝔙𝔄 et 2 S 10,14 ‖ **16** [a–a] 2 S 10,16 וַיִּשְׁלַח הֲדַדְעֶזֶר וַיֹּצֵא ‖ [b] 2 S וַיָּבֹאוּ חֵילָם וְשׁוֹבַךְ, it 𝔖𝔄 ‖ [c] cf 18,3[a] ‖ **17** [a] 2 S 10,17 חֵלָאמָה ‖ [b–b] > nonn Mss 𝔖𝔄 et 2 S cf 𝔙 (homtel) ‖ [c] 𝔊[BS] et 2 S invers, recte ‖ **18** [a] 2 S 10,18 מֵאוֹת ‖ [b] 2 S פָּרָשִׁים ‖ [c] 2 S שׁוֹבַךְ ‖ **19** [a] cf 18,3[a] ‖ [b–b] 2 S 10,19 וַיִּרְאוּ ‖ **Cp 20,1** [a] 𝔖 *w'ḥd* = וַיִּלְכֹּד cf 2 S 12,26b ‖ [b] 𝔖 + *mdjnthwn* = עִירָם cf 2 S; ins וַיִּשְׁלַח יוֹאָב מַלְאָכִים אֶל־דָּוִיד לֵאמֹר לֵךְ לְכֹד אַתָּה אֶת־רַבָּה פֶּן־אֶלְכְּדָהּ אֲנִי וְנִקְרָא שְׁמִי עָלֶיהָ וַיֶּאֱסֹף דָּוִיד אֶת־הָעָם וַיֵּלֶךְ רַבָּה (homtel) cf 𝔊[56.243] et 2 S 12,27–29 ‖ **2** [a] l מִלְכֹּם cf 𝔙𝔄 et 𝔊 (versio duplex) ‖ **3** [a] l c 2 S 12,31 וַיָּשֶׂם ‖ [b] l c Ms et 2 S וּבְמַגְזְרוֹת.

4 וַיְהִי֙ אַחֲרֵיכֵ֔ן וַתַּעֲמֹ֧ד[a] מִלְחָמָ֛ה בְּגֶ֖זֶר[b] עִם־פְּלִשְׁתִּ֑ים אָ֣ז הִכָּ֞ה סִבְּכַ֣י ל̇
5 הַחֻשָׁתִ֗י אֶת־סִפַּ֛י[c] מִילִדֵ֥י הָרְפָאִ֖ים[d] וַיִּכָּנֵֽעוּ[e]׃ 5 וַתְּהִי־ע֥וֹד מִלְחָמָ֖ה[a] ה̇ חס̇[7]. ל̇. ל̇
אֶת־פְּלִשְׁתִּ֑ים וַיַּ֞ךְ אֶלְחָנָ֣ן בֶּן־יָעִ֗ור[b] אֶת־לַחְמִי֙ אֲחִי֙ גָּלְיָ֣ת הַגִּתִּ֔י וְעֵ֣ץ יעיר ק̇. חד מן ה̇ בליש
6 חֲנִית֔וֹ כִּמְנ֖וֹר אֹרְגִֽים׃ 6 וַתְּהִי־ע֥וֹד מִלְחָמָ֖ה בְּגַ֑ת וַיְהִ֣י ׀ אִ֣ישׁ מִדָּ֗ה
7 וְאֶצְבְּעֹתָ֞יו שֵׁשׁ־וָשֵׁשׁ֙ עֶשְׂרִ֣ים וְאַרְבַּ֔ע וְגַם־ה֖וּא נוֹלַ֥ד לְהָרָפָֽא׃ 7 וַיְחָרֵ֖ף כ̇ג̇ פסוק וגם ובתר תלת מילין[8]. ז̇[9]. ד̇ ב̇ כת̇ ה̇ וב̇ כת̇ א
8 אֶת־יִשְׂרָאֵ֑ל וַיַּכֵּ֗הוּ יְהֽוֹנָתָן֙ בֶּן־שִׁמְעָ֖א[a] אֲחִ֥י דָוִֽיד׃ 8 אֵ֛ל[a] ב̇ לשון חול[10]
נוּלְּד֥וּ לְהָרָפָ֖א בְּגַ֑ת[b] וַיִּפְּל֥וּ [c]בְיַד־דָּוִ֖יד וּבְיַד־עֲבָדָֽיו[c]׃ פ ב̇ ומל̇[11]. ד̇ ב̇ כת̇ ה̇ וב̇ כת̇ א

21 1 וַיַּעֲמֹ֥ד שָׂטָ֖ן עַל־יִשְׂרָאֵ֑ל וַיָּ֙סֶת֙ אֶת־דָּוִ֔יד לִמְנ֖וֹת אֶת־ ז̇ בסיפ̇[1]. ה̇[2]
2 יִשְׂרָאֵֽל׃ 2 וַיֹּ֨אמֶר דָּוִ֜יד אֶל־יוֹאָ֗ב וְאֶל־שָׂרֵ֤י הָעָם֙ לְכ֣וּ סִפְר֔וּ אֶת־ ב̇
יִשְׂרָאֵ֔ל מִבְּאֵ֥ר שֶׁ֖בַע וְעַד־דָּ֑ן וְהָבִ֣יאוּ אֵלַ֔י וְאֵדְעָ֖ה אֶת־מִסְפָּרָֽם׃ ו̇[3]. ג̇[4]
3 וַיֹּ֣אמֶר יוֹאָ֗ב יוֹסֵף֩ יְהוָ֨ה עַל־עַמּ֤וֹ ׀ כָּהֵם֙ מֵאָ֣ה פְעָמִ֔ים[a] הֲלֹא֙ אֲדֹנִ֣י ג̇[5] מל̇ וכל שם ברנש דכות̇ וחד מן ד̇[6] בליש וכל אורית̇ דכות̇ ב̇ מ̇ ב̇. ה̇[7]
הַמֶּ֔לֶךְ[a] כֻּלָּ֥ם לַאדֹנִ֖י לַעֲבָדִ֑ים לָ֣מָּה יְבַקֵּ֥שׁ זֹאת֙ אֲדֹנִ֔י לָ֛מָּה יִהְיֶ֥ה
4 לְאַשְׁמָ֖ה לְיִשְׂרָאֵֽל׃ 4 וּדְבַר־הַמֶּ֖לֶךְ חָזַ֣ק עַל־יוֹאָ֑ב וַיֵּצֵ֣א יוֹאָ֗ב וַיִּתְהַלֵּךְ֙ ב̇[8]. ל̇. י̇ח̇. ה̇[9]. ד̇ זוגין חד עד וחד על[10]
5 בְּכָל־יִשְׂרָאֵ֔ל וַיָּבֹ֖א יְרוּשָׁלִָֽם׃ 5 וַיִּתֵּ֥ן יוֹאָ֛ב אֶת־מִסְפַּ֥ר מִפְקַד־הָעָ֖ם ב̇ ול̇ בסיפ̇
אֶל־דָּוִ֑יד וַיְהִ֣י כָל־יִ֠שְׂרָאֵל אֶ֣לֶף אֲלָפִ֞ים וּמֵאָ֨ה אֶ֤לֶף אִישׁ֙ שֹׁ֣לֵֽף חֶ֔רֶב
6 וִֽיהוּדָ֕ה[a] אַרְבַּע֙ מֵא֣וֹת וְשִׁבְעִ֥ים[b] אֶ֖לֶף אִ֥ישׁ שֹׁ֥לֵֽף חָֽרֶב׃ 6 וְלֵוִי֙ וּבִנְיָמִ֔ן ל̇ ר״פ̇. ט̇ וכל יהודה ויוסף דכות̇[11]
7 לֹ֥א פָקַ֖ד בְּתוֹכָ֑ם כִּֽי־נִתְעַ֥ב[a] דְּבַר־הַמֶּ֖לֶךְ אֶת־[b]יוֹאָֽב׃ 7 וַיֵּ֙רַע֙ בְּעֵינֵ֣י ג̇ ב̇ קמ̇ וחד פת̇[12]. ב̇[13]
8 הָֽאֱלֹהִ֔ים עַל־הַדָּבָ֖ר [a]הַזֶּ֑ה וַיַּ֖ךְ[a] אֶת־יִשְׂרָאֵֽל׃ פ 8 וַיֹּ֤אמֶר דָּוִיד֙
אֶל־הָ֣אֱלֹהִ֔ים חָטָ֣אתִי מְאֹ֔ד אֲשֶׁ֥ר עָשִׂ֖יתִי אֶת־הַדָּבָ֣ר הַזֶּ֑ה וְעַתָּ֗ה כ̇
9 הַֽעֲבֶר־נָא֙ אֶת־עֲו֣וֹן עַבְדְּךָ֔ כִּ֥י נִסְכַּ֖לְתִּי מְאֹֽד׃ פ 9 וַיְדַבֵּ֣ר יְהוָ֔ה ד̇[14] מל̇ בליש וחד מן י̇א̇[15] כת̇ תרי̇ ו̇. ב̇ בכתיב
10 אֶל־גָּ֖ד חֹזֵ֥ה דָוִ֖יד לֵאמֹֽר׃ 10 לֵ֣ךְ וְדִבַּרְתָּ֤ אֶל־דָּוִיד֙ לֵאמֹ֔ר כֹּ֖ה אָמַ֣ר ג̇ בסיפ̇[16]
יְהוָ֑ה שָׁל֗וֹשׁ אֲנִ֛י נֹטֶ֥ה[a] עָלֶ֖יךָ בְּחַר־לְךָ֛ אַחַ֥ת מֵהֵ֖נָּה וְאֶעֱשֶׂה־לָּֽךְ׃ י̇ד̇ פסוק לך לך[17]. ז̇[18]

[7] Mp sub loco. [8] Mm 1629. [9] Mm 357. [10] Mm 3903. [11] Mm 4017. **Cp 21** [1] Mm 903. [2] Mm 90. [3] Mm 593. [4] Mm 961. [5] Mm 3038א. [6] Mm 3038ב. [7] Mm 1593. [8] Lv 5,26. [9] Mm 311. [10] Mm 1318. [11] Mm 334. [12] Mm 3488. [13] Mm 4099. [14] Mm 4100. [15] Mm 648. [16] Mp sub loco. [17] Mm 1860. [18] Mm 2967.

4 [a] 𝔊𝔖 ut 2 S 21,18 וַתְּהִי עוֹד ‖ [b] 2 S בְּגוֹב ‖ [c] 2 S סַף ‖ [d] Edd הָרָפָא ‖ [e] 𝔊 leg וַיַּכְנִעוּ; prp מִן־כְּנַעַן ‖ **5** [a] 2 S 21,19 + בְּגוֹב ‖ [b] 𝔊𝔖𝔄 ut Q, 1; K יָעוּר; 2 S crrp ‖ **7** [a] 2 S 21,21 K שִׁמְעִי, Q שִׁמְעָה ‖ **8** [a] Seb et 2 S 21,22 אֵלֶּה ‖ [b] 𝔊 + *πάντες ἦσαν τέσσαρες γίγαντες* cf 2 S ‖ [c–c] prp בְּיַד ד׳ בִּידֵי ‖ **Cp 21,3** [a–a] 2 S 24,3 וְעֵינֵי אֲדֹנִי־הַמֶּלֶךְ רֹאוֹת, it 𝔊 ‖ **5** [a–a] > 𝔊[BN] (homtel) ‖ [b] 𝔊 80 ‖ **6** [a] 𝔊[B] *κατίσχυσεν*, 𝔊[L] *κατετάχυνεν* ‖ [b] nonn Mss 𝔊[19.108] אֶל ‖ **7** [a–a] 𝔖 *’l dmn’ dwjd* = עַל־אֲשֶׁר סָפַר דָּוִיד ‖ **10** [a] nonn Mss 𝔊[BL] et 2 S 24,12 נֹטֵל.

ל לשון קדש ‏ 11 וַיָּבֹא גָד אֶל־דָּוִיד וַיֹּאמֶר לוֹ כֹּה־אָמַר יְהוָה קַבֶּל־לָךְ: 12 אִם־ ‏ ‏ ‏ 11ָ12

ב19 ‏ ‏ ‏ ‏ ‏ ‏ ‏ ‏ שָׁלוֹשׁ שָׁנִים רָעָב וְאִם־שְׁלֹשָׁה חֳדָשִׁים נִסְפֶּהb מִפְּנֵי־צָרֶיךָ וְחֶרֶב

† מל20.ל21 ‏ ‏ ‏ ‏ אוֹיְבֶךָc לְמַשֶּׂגֶת וְאִם־שְׁלֹשֶׁת יָמִים חֶרֶב יְהוָה ׀ וְדֶבֶר בָּאָרֶץ וּמַלְאַךְ

ל.ב ‏ ‏ ‏ ‏ ‏ ‏ ‏ ‏ ‏ ‏ יְהוָה מַשְׁחִית בְּכָל־גְּבוּל יִשְׂרָאֵל וְעַתָּה רְאֵה מָה־אָשִׁיב אֶת־שֹׁלְחִי

ג.ג22 ‏ ‏ ‏ ‏ ‏ ‏ ‏ ‏ דָּבָר: פ 13 וַיֹּאמֶר דָּוִיד אֶל־גָּד צַר־לִיa מְאֹד אֶפְּלָה־נָּא בְיַד־ ‏ 13

‏ ‏ ‏ ‏ ‏ ‏ ‏ ‏ ‏ ‏ ‏ ‏ ‏ ‏ ‏ ‏ יְהוָה כִּי־רַבִּים רַחֲמָיו מְאֹד וּבְיַד־אָדָם אַל־אֶפֹּל: 14 וַיִּתֵּן יְהוָה ‏ 14

ל ‏ ‏ ‏ ‏ ‏ ‏ ‏ ‏ ‏ ‏ ‏ ‏ ‏ ‏ ‏ ‏ ‏ דֶּבֶר בְּיִשְׂרָאֵל וַיִּפֹּל מִיִּשְׂרָאֵל שִׁבְעִים אֶלֶף אִישׁ: 15 וַיִּשְׁלַח ‏ 15

ל.ד23 ‏ ‏ ‏ ‏ ‏ ‏ ‏ הָאֱלֹהִים ׀ מַלְאָךְa ׀ לִירוּשָׁלַם לְהַשְׁחִיתָהּ וּכְהַשְׁחִיתb רָאָה יְהוָה

ו ‏ ‏ ‏ ‏ ‏ ‏ ‏ ‏ ‏ ‏ ‏ וַיִּנָּחֶם עַל־הָרָעָה וַיֹּאמֶר לַמַּלְאָךְ הַמַּשְׁחִית רַבc עַתָּה הֶרֶף יָדֶךָ

‏ ‏ ‏ ‏ ‏ ‏ ‏ ‏ ‏ ‏ ‏ ‏ ‏ ‏ וּמַלְאַךְ יְהוָה עֹמֵד עִם־גֹּרֶן אָרְנָןd הַיְבוּסִי: ס 16 וַיִּשָּׂא דָוִיד ‏ 16

ל.ל ‏ ‏ ‏ ‏ ‏ ‏ ‏ ‏ ‏ ‏ ‏ אֶת־עֵינָיו וַיַּרְא אֶת־מַלְאַךְ יְהוָה עֹמֵד בֵּין הָאָרֶץa וּבֵין הַשָּׁמַיִםa

‏ ‏ ‏ ‏ ‏ ‏ ‏ ‏ ‏ ‏ ‏ ‏ ‏ ‏ וְחַרְבּוֹ שְׁלוּפָה בְּיָדוֹ נְטוּיָה עַל־יְרוּשָׁלָ͏ם וַיִּפֹּל דָּוִיד וְהַזְּקֵנִים מְכֻסִּים

כ.ג24 ‏ ‏ ‏ ‏ ‏ ‏ ‏ ‏ בַּשַּׂקִּים עַל־פְּנֵיהֶם: 17 וַיֹּאמֶר דָּוִיד אֶל־הָאֱלֹהִים הֲלֹא אֲנִי אָמַרְתִּי ‏ 17

הל25.ל.ל מל ‏ ‏ ‏ לִמְנוֹת בָּעָם וַאֲנִי־הוּא אֲשֶׁר־חָטָאתִי וְהָרֵעַa הֲרֵעוֹתִי וְאֵלֶּה הַצֹּאן מֶה

ו ‏ ‏ ‏ ‏ ‏ ‏ ‏ ‏ ‏ ‏ ‏ ‏ עָשׂוּ יְהוָה אֱלֹהַי תְּהִי נָא יָדְךָ בִּי וּבְבֵית אָבִי וּבְעַמְּךָb לֹא לְמַגֵּפָה:

‏ ס 18 וּמַלְאַךְ יְהוָה אָמַר אֶל־גָּד לֵאמֹר לְדָוִיד כִּי ׀ יַעֲלֶה דָוִיד ‏ 18

ה חס.ל ‏ ‏ ‏ ‏ ‏ ‏ ‏ ‏ ‏ לְהָקִים מִזְבֵּחַ לַיהוָה בְּגֹרֶן אָרְנָן הַיְבֻסִי: 19 וַיַּעַל דָּוִיד בִּדְבַר־גָּדa ‏ 19

‏ ‏ ‏ ‏ ‏ ‏ ‏ ‏ ‏ ‏ ‏ ‏ ‏ ‏ ‏ ‏ אֲשֶׁר דִּבֶּר בְּשֵׁם יְהוָה: 20 וַיָּשָׁבa אָרְנָן וַיַּרְא אֶת־הַמַּלְאָךְb וְאַרְבַּעַתc ‏ 20

ד.ל.ל וקמ ‏ ‏ ‏ ‏ ‏ ‏ בָּנָיו עִמּוֹ מִתְחַבְּאִיםd וְאָרְנָן דָּשׁ חִטִּים: 21 וַיָּבֹא דָוִיד עַד־אָרְנָן ‏ 21

ל ‏ ‏ ‏ ‏ ‏ ‏ ‏ ‏ ‏ ‏ וַיַּבֵּט אָרְנָן וַיַּרְא אֶת־דָּוִידa וַיֵּצֵאb מִן־הַגֹּרֶן וַיִּשְׁתַּחוּ לְדָוִיד אַפַּיִם

ל.ב27.הי26 ‏ ‏ ‏ ‏ ‏ אָרְצָה: 22 וַיֹּאמֶר דָּוִיד אֶל־אָרְנָן תְּנָה־לִּי מְקוֹם הַגֹּרֶן וְאֶבְנֶה־בּוֹ ‏ 22

‏ ‏ ‏ ‏ ‏ ‏ ‏ ‏ ‏ ‏ ‏ ‏ ‏ ‏ ‏ ‏ ‏ מִזְבֵּחַ לַיהוָה בְּכֶסֶף מָלֵא תְּנֵהוּ לִי וְתֵעָצַר הַמַּגֵּפָה מֵעַל הָעָם:

19Mm 4101.   20Mm 3348 contra textum.   21Mm משגת וחד Lv 14,21.   22Mm 2805.   23Mm 2345.   24Mm 4102.
25Mm 90.   26Mm 158.   27וחד ותנהו Neh 1,11.

12 ᵃ 2 S 24,13 שֶׁבַע ‖ ᵇ l נֹסְכָה cf 𝔊𝔙 et 2 S ‖ ᶜ 𝔊ᴸ τοῦ καταδιώκειν σε, prp לְךָ מ' ‖
13 ᵃ 𝔊 + καὶ τὰ τρία (ταῦτα) ‖ ᵇ > 2 S 24,14 (hpgr?) ‖ 15 ᵃ⁻ᵃ l לְיָדוֹ הא' מלאך ‖
ᵇ mlt Mss 𝔗 וּבָה; l תֹו— cf 𝔊 ‖ ᶜ⁻ᶜ 𝔊 ἱκανούσθω σοι ‖ ᵈ 𝔊 Ορνα, 2 S 24,16 הארונה
(crrp, cf 2 S 24,18.20sqq) ‖ 16 ᵃ pc Mss 𝔖𝔙 invers ‖ 17 ᵃ prp וַאֲנִי הָרֹעֶה cf 2 S 24,17,
𝔊 καὶ ἐγώ (εἰμι) ὁ ποιμὴν ἐκακοποίησα ‖ ᵇ⁻ᵇ l וּבָעָם כְּלֹא לַמ' ‖ 19 ᵃ Vrs ut 2 S 24,19 ‖
20 ᵃ 2 S 24,20 הַמֶּלֶךְ, it 𝔙 ‖ ᵇ Ms 𝔊 וַיִּשְׁקֹף cf 2 S ‖ ᶜ prp וּבְרָאֹתוֹ (אֹתוֹ) ‖ ᵈ prb
ins מִתַּחַת הָאֱלָמִים (homark) ‖ 21 ᵃ⁻ᵃ > 𝔊* ‖ ᵇ⁻ᵇ > 𝔖.

23 וַיֹּאמֶר אָרְנָן אֶל־דָּוִיד קַח־לָךְ וְיַעַשׂ[a] אֲדֹנִי הַמֶּלֶךְ הַטּוֹב בְּעֵינָיו   בׄ[28]. נׄא
רְאֵה נָתַתִּי הַבָּקָר לָעֹלוֹת וְהַמּוֹרִגִּים[b] לָעֵצִים [c]וְהַחִטִּים לַמִּנְחָה[c]   בׄ. בׄ[29]
24 הַכֹּל נָתָתִּי׃ 24 וַיֹּאמֶר הַמֶּלֶךְ דָּוִיד לְאָרְנָן לֹא כִּי־קָנֹה אֶקְנֶה בְּכֶסֶף   גׄ בׄ מנה בליש[30]. גׄ חד כתׄ ו ובׄ כתׄ ה[31]. הׄ[32]
25 מָלֵא כִּי לֹא־אֶשָּׂא אֲשֶׁר־לְךָ לַיהוָה וְהַעֲלוֹת[a] עוֹלָה חִנָּם׃ 25 וַיִּתֵּן   כׄגׄ ולׄ בסיפׄ. גׄ. טׄ מלׄ בסיפׄ
26 דָּוִיד לְאָרְנָן בַּמָּקוֹם שִׁקְלֵי זָהָב מִשְׁקַל [a]שֵׁשׁ מֵאוֹת[a]׃ 26 וַיִּבֶן שָׁם
דָּוִיד מִזְבֵּחַ לַיהוָה וַיַּעַל עֹלוֹת וּשְׁלָמִים וַיִּקְרָא אֶל־יְהוָה וַיַּעֲנֵהוּ   לׄ
27 בָאֵשׁ מִן־הַשָּׁמַיִם עַל מִזְבַּח הָעֹלָה[a]׃ פ 27 וַיֹּאמֶר יְהוָה לַמַּלְאָךְ   לׄ
28 וַיָּשֶׁב חַרְבּוֹ אֶל־נְדָנָהּ׃ 28 בָּעֵת הַהִיא בִּרְאוֹת דָּוִיד כִּי־עָנָהוּ יְהוָה   כׄהׄ. בׄ חד חסׄ וחד מלׄ[33]
29 בְּגֹרֶן אָרְנָן הַיְבוּסִי וַיִּזְבַּח שָׁם׃ 29 וּמִשְׁכַּן יְהוָה אֲשֶׁר־עָשָׂה מֹשֶׁה
30 בַמִּדְבָּר וּמִזְבַּח הָעוֹלָה בָּעֵת הַהִיא בַּבָּמָה[a] בְּגִבְעוֹן׃ 30 וְלֹא־יָכֹל   טׄ מלׄ בליש ובסיפׄ. לׄ. לׄ בסיפׄ[30]
דָּוִיד לָלֶכֶת לְפָנָיו לִדְרֹשׁ אֱלֹהִים כִּי נִבְעַת מִפְּנֵי חֶרֶב מַלְאַךְ   זׄ חסׄ[34] וכל אורית ובנביא דכותׄ בׄ מׄ בׄ. זׄ[35] דׄ[36] מנהׄ בליש. בׄ[37]
22 יְהוָה׃ ס **22** 1 וַיֹּאמֶר דָּוִיד זֶה הוּא בֵּית יְהוָה הָאֱלֹהִים וְזֶה־   לׄ. יׄ[1]
מִזְבֵּחַ[a] לְעֹלָה לְיִשְׂרָאֵל׃ ס   לׄ
2 וַיֹּאמֶר דָּוִיד לִכְנוֹס אֶת־[a]הַגֵּרִים אֲשֶׁר בְּאֶרֶץ יִשְׂרָאֵל וַיַּעֲמֵד[b]   דׄ בליש בסיפׄ[2]
3 חֹצְבִים לַחְצוֹב אַבְנֵי גָזִית לִבְנוֹת בֵּית הָאֱלֹהִים׃ 3 וּבַרְזֶל ׀ לָרֹב   מׄח
לַמִּסְמְרִים לְדַלְתוֹת הַשְּׁעָרִים וְלַמְחַבְּרוֹת הֵכִין דָּוִיד וּנְחֹשֶׁת לָרֹב   לׄ. לׄ דמלׄ[3]
4 אֵין מִשְׁקָל׃ 4 וַעֲצֵי אֲרָזִים לְאֵין מִסְפָּר כִּי הֵבִיאוּ הַצִּידֹנִים וְהַצֹּרִים   חׄ[4]
5 עֲצֵי אֲרָזִים לָרֹב לְדָוִיד׃ פ 5 וַיֹּאמֶר דָּוִיד שְׁלֹמֹה בְנִי נַעַר
וָרָךְ וְהַבַּיִת לִבְנוֹת לַיהוָה לְהַגְדִּיל ׀ לְמַעְלָה לְשֵׁם וּלְתִפְאֶרֶת לְכָל־
6 הָאֲרָצוֹת אָכִינָה[a] נָּא לוֹ וַיָּכֶן דָּוִיד לָרֹב לִפְנֵי מוֹתוֹ׃ 6 וַיִּקְרָא לִשְׁלֹמֹה   לׄ
7 בְנוֹ וַיְצַוֵּהוּ לִבְנוֹת בַּיִת לַיהוָה אֱלֹהֵי יִשְׂרָאֵל׃ ס 7 וַיֹּאמֶר דָּוִיד
לִשְׁלֹמֹה בְּנוֹ[a] אֲנִי הָיָה עִם־לְבָבִי לִבְנוֹת בַּיִת לְשֵׁם יְהוָה אֱלֹהָי׃   בני ק חד מן מׄח[5] כתׄ ו וקרׄ י
8 וַיְהִי עָלַי דְּבַר־יְהוָה לֵאמֹר דָּם לָרֹב שָׁפַכְתָּ וּמִלְחָמוֹת גְּדֹלוֹת
עָשִׂיתָ לֹא־תִבְנֶה בַיִת לִשְׁמִי כִּי דָּמִים רַבִּים שָׁפַכְתָּ אַרְצָה לְפָנָי׃

[28] Mm 3872. [29] Mm 699. [30] Mp sub loco. [31] Mm 1861. [32] Mm 158. [33] Mm 4103. [34] Mm 4226. [35] Mm 4104. [36] Mm 498. [37] Mm 4105. **Cp 22** [1] Mm 1372. [2] Mp sub loco. [3] וחד למחברות 2 Ch 34,11. [4] Mm 3927. [5] Mm 3811.

23 [a] 2 S 24,22 וַיַּעַל ‖ [b] 𝔊^B (𝔊^{Aal} pr) *καὶ τὸ ἄροτρον*; 2 S + וּכְלֵי הַבָּקָר ‖ [c–c] > 2 S ‖ **24** [a] Ms וְהַעֲלֹתִי, 𝔊 *τοῦ ἀνενέγκαι* cf 𝔗 ‖ **25** [a–a] 𝔖 50 cf 2 S 24,24 ‖ **26** [a] 𝔊 + *καὶ κατανάλωσεν τὴν ὁλοκαύτωσιν*, ins וַתֹּאכַל אֶת־הָעֹלָה (homtel) cf 𝔖𝔄 ‖ **29** [a] nonn Mss 𝔊^{Aal} + אֲשֶׁר ‖ **Cp 22,1** [a] l הַמִּ׳ (hpgr) ‖ **2** [a] 𝔊(𝔖𝔙𝔄) + *πάντας* cf 2 Ch 2,16 ‖ [b] 𝔖(𝔙𝔄) + *mnhwn* = מֵהֶם cf 2 Ch 2,17, 𝔊^L + *αὐτούς* ‖ **5** [a] pr אֲנִי ? ‖ **7** [a] mlt Mss 𝔊𝔗𝔙 ut Q, sic l cf 11; K בְּנִי.

9 הִנֵּה־בֵ֞ן נוֹלָ֣ד לָ֗ךְ ה֤וּא יִֽהְיֶה֙ אִ֣ישׁ מְנוּחָ֔ה וַהֲנִח֥וֹתִי ל֛וֹ מִכָּל־אוֹיְבָ֖יו 9
מִסָּבִ֑יב כִּ֚י שְׁלֹמֹה֙ יִהְיֶ֣ה שְׁמ֔וֹ וְשָׁל֥וֹם וָשֶׁ֛קֶט אֶתֵּ֥ן[a] עַל־יִשְׂרָאֵ֖ל בְּיָמָֽיו׃
10 הֽוּא־יִבְנֶ֣ה בַ֔יִת לִשְׁמִ֔י וְהוּא֙ יִֽהְיֶה־לִּ֣י לְבֵ֔ן וַאֲנִי־[a]ל֖וֹ לְאָ֑ב וַהֲכִינוֹתִ֞י 10
11 כִּסֵּ֧א[b] מַלְכוּת֛וֹ עַל־יִשְׂרָאֵ֖ל עַד־עוֹלָֽם׃ 11 עַתָּ֣ה בְנִ֔י יְהִ֥י יְהוָ֖ה עִמָּ֑ךְ
12 וְהִצְלַחְתָּ֗ וּבָנִ֙יתָ֙ בֵּ֚ית יְהוָ֣ה אֱלֹהֶ֔יךָ כַּאֲשֶׁ֖ר דִּבֶּ֥ר עָלֶֽיךָ׃ 12 אַ֣ךְ יִֽתֶּן־
לְךָ֤ יְהוָה֙ שֵׂ֣כֶל וּבִינָ֔ה וִֽיצַוְּךָ֖[a] עַל־יִשְׂרָאֵ֑ל וְלִשְׁמ֕וֹר[b] אֶת־תּוֹרַ֖ת יְהוָ֥ה
13 אֱלֹהֶֽיךָ׃ 13 אָ֣ז תַּצְלִ֔יחַ אִם־תִּשְׁמ֗וֹר לַעֲשׂוֹת֙ אֶת־הַֽחֻקִּ֣ים וְאֶת־
הַמִּשְׁפָּטִ֔ים אֲשֶׁ֨ר צִוָּ֧ה יְהוָ֛ה אֶת־מֹשֶׁ֖ה עַל־יִשְׂרָאֵ֑ל חֲזַ֣ק וֶאֱמָ֔ץ אַל־
14 תִּירָ֖א וְאַל־תֵּחָֽת׃ 14 וְהִנֵּ֨ה בְעָנְיִ֜י הֲכִינ֣וֹתִי לְבֵית־יְהוָ֗ה זָהָ֞ב כִּכָּרִ֤ים
מֵאָה־אֶ֙לֶף֙ וְכֶ֗סֶף אֶ֤לֶף אֲלָפִים֙ כִּכָּרִ֔ים וְלַנְּחֹ֣שֶׁת וְלַבַּרְזֶ֗ל אֵ֣ין מִשְׁקָ֔ל
15 כִּ֥י לָרֹ֖ב הָיָ֑ה וְעֵצִ֤ים וַאֲבָנִים֙ הֲכִינ֔וֹתִי וַעֲלֵיהֶ֖ם תּוֹסִֽיף׃ 15 וְעִמְּךָ֤ לָרֹב֙
עֹשֵׂ֣י מְלָאכָ֔ה חֹ֣צְבִ֔ים וְחָרָשֵׁ֖י אֶ֣בֶן וָעֵ֑ץ וְכָל־חָכָ֖ם בְּכָל־מְלָאכָֽה׃
16 16 לַזָּהָ֞ב[a] לַכֶּ֧סֶף וְלַנְּחֹ֛שֶׁת וְלַבַּרְזֶ֖ל אֵ֣ין מִסְפָּ֑ר[a] ק֣וּם וַעֲשֵׂ֔ה וִיהִ֥י יְהוָ֖ה
17 עִמָּֽךְ׃ 17 וַיְצַ֤ו דָּוִיד֙ לְכָל־שָׂרֵ֣י יִשְׂרָאֵ֔ל לַעְזֹ֖ר לִשְׁלֹמֹ֥ה בְנֽוֹ׃[a]
18 18 הֲלֹ֨א יְהוָ֤ה אֱלֹֽהֵיכֶם֙ עִמָּכֶ֔ם וְהֵנִ֥יחַ לָכֶ֖ם מִסָּבִ֑יב כִּ֣י ׀ נָתַ֣ן בְּיָדִ֗י[a] אֵ֚ת
19 יֹשְׁבֵ֣י הָאָ֔רֶץ וְנִכְבְּשָׁ֥ה הָאָ֛רֶץ לִפְנֵ֥י יְהוָ֖ה וְלִפְנֵ֥י עַמּֽוֹ׃ ס 19 עַתָּ֗ה תְּנ֤וּ
לְבַבְכֶם֙ וְנַפְשְׁכֶ֔ם לִדְר֖וֹשׁ לַיהוָ֣ה אֱלֹהֵיכֶ֑ם וְק֗וּמוּ וּבְנוּ֙ אֶת־מִקְדַּשׁ֙
יְהוָ֣ה הָאֱלֹהִ֔ים לְהָבִ֞יא אֶת־אֲר֣וֹן בְּרִית־יְהוָ֗ה וּכְלֵי֙ קֹ֣דֶשׁ הָאֱלֹהִ֔ים
לַבַּ֖יִת הַנִּבְנֶ֣ה לְשֵׁם־יְהוָֽה׃ פ

23 1 וְדָוִ֥יד זָקֵ֖ן וְשָׂבַ֣ע יָמִ֑ים וַיַּמְלֵ֛ךְ אֶת־שְׁלֹמֹ֥ה בְנ֖וֹ עַל־יִשְׂרָאֵֽל׃ 23
2 3 וַיֶּאֱסֹף֙ אֶת־כָּל־שָׂרֵ֣י יִשְׂרָאֵ֔ל וְהַכֹּהֲנִ֖ים וְהַלְוִיִּֽם׃ 3 וַיִּסָּֽפְרוּ֙ הַלְוִיִּ֔ם 2
מִבֶּ֛ן שְׁלֹשִׁ֥ים שָׁנָ֖ה וָמָ֑עְלָה וַיְהִ֨י מִסְפָּרָ֤ם לְגֻלְגְּלֹתָם֙ לִגְבָרִ֔ים שְׁלֹשִׁ֥ים
4 וּשְׁמוֹנָ֖ה אָֽלֶף׃ 4 מֵאֵ֗לֶּה[a] לְנַצֵּ֙חַ֙ עַל־מְלֶ֣אכֶת בֵּית־יְהוָ֔ה עֶשְׂרִ֥ים
5 וְאַרְבָּעָ֖ה אָ֑לֶף וְשֹׁטְרִ֥ים וְשֹׁפְטִ֖ים שֵׁ֥שֶׁת אֲלָפִֽים׃ 5 וְאַרְבַּ֤עַת אֲלָפִים֙

Masora parva:
ג ר״פ בסיפ[6]. ג קמ[7]. ה מל
ה[8]. ל
ל[9]. ל. כל סיפ מל
כה[10] ר״פ ח מנה בסיפ
ל. ג[11]
ל. ח מל[12]
ד מל
ל
כל סיפ מל
יג[9]
יו[13] כת י ו[14] מנה בסיפ. ד[15]. ה דקדמין לעצים[16]
ד פסוק דאית בהון ד מילין ר״פ ב קדמ לא נסבין ו וב בתר נסבין ו. לב
ג. ל. כה[10] ר״פ ח מנה בסיפ
ל. ד. ל. ה ול בסיפ
ל. י[17]. כו[9] בליש וכל מלכים דכות יא מנה בסיפ
ל
ב[1]. ה
כ ז מנה בסיפ[2]. ח[3]. ל
ל
ב ר״פ[4]. ה[5]. ג
ל ר״פ

[6]Mm 4213. [7]Mm 1958. [8]Mm 4066. [9]Mp sub loco. [10]Mm 1057. [11]Mm 4200. [12]Mm 1796. [13]Mm 627. [14]Mm 4106. [15]Mm 1946. [16]Mm 4157. [17]Mm 1372. Cp 23 [1]Dt 31,20. [2]Mm 4234. [3]Mm 1199. [4]Mm 70. [5]Mm 4076.

9 [a] 2 Mss 𝔖 יִהְיֶה ‖ **10** [a] pc Mss 𝔊^{Aal}𝔖𝔙𝔄 + אֶהְיֶה ‖ [b] mlt Mss pr אֶת־ ‖ **12** [a] prp וְיֵצֶר רַךְ vel וְיֵצֶר יַצִּיב; 𝔊 *καὶ κατισχύσαι σε* ‖ [b] 𝔊 + *καὶ τοῦ ποιεῖν* cf 13a ‖ **16** [a–a] cj c 15 ‖ **17** [a] 𝔊^{min}(𝔙) + *λέγων*, 𝔊^{L} + *καὶ εἶπεν* ‖ **18** [a] 𝔊^{Aal}𝔖𝔙 suff 2 pl ‖ **Cp 23,4** [a] pr וַיֹּאמֶר (דָּוִיד) הַמֶּלֶךְ? cf 5b.

שְׁעָרִים וְאַרְבַּעַת אֲלָפִים מְהַלְלִים לַיהוָה בַּכֵּלִים אֲשֶׁר עָשִׂיתִי[a]
6 לְהַלֵּל[b]׃ 6 וַיֶּחָלְקֵם[a] דָּוִיד מַחְלְקוֹת ס לִבְנֵי לֵוִי לְגֵרְשׁוֹן — בֿ . בֿ בסיפֿ למערבֿ[6] . לֿ
7 8 קְהָת וּמְרָרִי׃ ס 7 לַגֵּרְשֻׁנִּי לַעְדָּן וְשִׁמְעִי׃ ס 8 בְּנֵי לַעְדָּן — מֹחֿ ר״פ בסיפֿ
9 הָרֹאשׁ יְחִיאֵל וְזֵתָם[a] וְיוֹאֵל שְׁלֹשָׁה׃ ס 9 בְּנֵי שִׁמְעִי[a] שְׁלֹמוֹת[b] — לֿז כֿגֿ מנהֿ בסיפֿ . מֹחֿ ר״פ בסיפֿ . שלומית[7] קֿ
10 וַחֲזִיאֵל[c] וְהָרָן שְׁלֹשָׁה אֵלֶּה רָאשֵׁי הָאָבוֹת לְלַעְדָּן׃ ס 10 וּבְנֵי — לֿ[8] . עֿהֿ . יֿדֿ זוגין[9] . גֿ
11 שִׁמְעִי יַחַת זִינָא[a] וִיעוּשׁ וּבְרִיעָה אֵלֶּה בְנֵי־שִׁמְעִי אַרְבָּעָה׃ 11 וַיְהִי־ — לֿ
יַחַת הָרֹאשׁ וְזִיזָה הַשֵּׁנִי וִיעוּשׁ וּבְרִיעָה לֹא־הִרְבּוּ בָנִים וַיִּהְיוּ לְבֵית — לֿז כֿגֿ מנהֿ בסיפֿ . גֿ בֿ כתֿ א וחד כתֿ ה[10]
12 אָב[a] לִפְקֻדָּה אֶחָת׃ ס 12 בְּנֵי קְהָת עַמְרָם יִצְהָר חֶבְרוֹן וְעֻזִּיאֵל — לֿ וחס . מֹחֿ ר״פ בסיפֿ . הֿ פסוק דמיין[11]
13 אַרְבָּעָה׃ ס 13 בְּנֵי עַמְרָם אַהֲרֹן וּמֹשֶׁה וַיִּבָּדֵל אַהֲרֹן לְהַקְדִּישׁוֹ[a] — מֹחֿ ר״פ בסיפֿ . בֿ בסיפֿ[7] . לֿ[12]
קֹדֶשׁ קָדָשִׁים הוּא־וּבָנָיו עַד־עוֹלָם לְהַקְטִיר לִפְנֵי יְהוָה לְשָׁרְתוֹ[b] — הֿ בנ״ך . זֿ[13]
14 וּלְבָרֵךְ בִּשְׁמוֹ עַד־עוֹלָם׃ 14 וּמֹשֶׁה אִישׁ הָאֱלֹהִים בָּנָיו יִקָּרְאוּ עַל־ — דֿ[14] . זֿ ר״פ[15] . וֿ[16] . בֿ
15 16 שֵׁבֶט הַלֵּוִי׃ 15 בְּנֵי מֹשֶׁה גֵּרְשֹׁם וֶאֱלִיעֶזֶר׃ 16 בְּנֵי גֵּרְשׁוֹם — מֹחֿ ר״פ בסיפֿ . מֹחֿ ר״פ בסיפֿ
17 שְׁבוּאֵל[a] הָרֹאשׁ׃ 17 וַיִּהְיוּ בְנֵי־אֱלִיעֶזֶר רְחַבְיָה[a] הָרֹאשׁ וְלֹא־הָיָה — גֿ . לֿז כֿגֿ מנהֿ בסיפֿ . לֿז כֿגֿ מנהֿ בסיפֿ . כֿהֿ
18 לֶאֱלִיעֶזֶר בָּנִים אֲחֵרִים וּבְנֵי רְחַבְיָה רָבוּ לְמָעְלָה׃ 18 בְּנֵי — מֹחֿ ר״פ בסיפֿ
19 יִצְהָר שְׁלֹמִית[a] הָרֹאשׁ׃ ס 19 בְּנֵי חֶבְרוֹן יְרִיָּהוּ[a] הָרֹאשׁ אֲמַרְיָה — לֿז כֿגֿ מנהֿ בסיפֿ . מֹחֿ ר״פ בסיפֿ . בֿ . לֿז כֿגֿ מנהֿ בסיפֿ
20 הַשֵּׁנִי יַחֲזִיאֵל[b] הַשְּׁלִישִׁי וִיקַמְעָם הָרְבִיעִי׃ 20 בְּנֵי עֻזִּיאֵל מִיכָה — זֿ מל בסיפֿ[17] . מֹחֿ ר״פ בסיפֿ
21 הָרֹאשׁ וְיִשִּׁיָּה הַשֵּׁנִי׃ ס 21 בְּנֵי מְרָרִי מַחְלִי וּמוּשִׁי בְּנֵי מַחְלִי — לֿז כֿגֿ מנהֿ בסיפֿ . מֹחֿ ר״פ בסיפֿ
22 אֶלְעָזָר וְקִישׁ׃ 22 וַיָּמָת אֶלְעָזָר וְלֹא־הָיוּ לוֹ בָּנִים כִּי אִם־בָּנוֹת — לֿ[18]
23 וַיִּשָּׂאוּם בְּנֵי־קִישׁ[a] אֲחֵיהֶם[b]׃ 23 בְּנֵי מוּשִׁי מַחְלִי וְעֵדֶר וִירֵמוֹת שְׁלֹשָׁה׃ — בֿ חד חס וחד מלֿ[19] . מֹחֿ ר״פ בסיפֿ . דֿ וכל עזרא דכותֿ . יֿוֿ מלֿ[20] יֿבֿ מנהֿ בסיפֿ וכל מגלה דכותֿ
24 אֵלֶּה בְנֵי־לֵוִי לְבֵית אֲבֹתֵיהֶם רָאשֵׁי הָאָבוֹת לִפְקוּדֵיהֶם[a] בְּמִסְפַּר — יֿדֿ ר״פ בסיפֿ[21] . זֿ בליש[22] . יֿז מל בסיפֿ[23] . עֿהֿ . לֿ מלֿ[24]
שֵׁמוֹת לְגֻלְגְּלֹתָם עֹשֵׂה[b] הַמְּלָאכָה לַעֲבֹדַת בֵּית יְהוָה מִבֶּן עֶשְׂרִים
25 שָׁנָה וָמָעְלָה׃ 25 כִּי אָמַר דָּוִיד הֵנִיחַ יְהוָה אֱלֹהֵי־יִשְׂרָאֵל לְעַמּוֹ

[6] Mm 3914. [7] Mp sub loco. [8] Cf 1Ch 2,46. [9] Mm 565. [10] Mm 4183. [11] Cf Mm 4107. [12] Mm 6. [13] Mm 4108. [14] Mm 1106. [15] Mm 3363. [16] Mm 3890. [17] Mm 506. [18] Mm 4118. [19] Lv 10,5. [20] Mm 2959 contra textum. [21] Mm 4006. [22] Mm 4025. [23] Mp contra textum, cf Mp sub loco. [24] Mm 858.

5 [a] 𝔊[B]𝔙 3 sg, sed cf 4[a] ‖ [b] pc Mss pr ליהוה, 𝔊 + *τῷ κυρίῳ* ‖ **6** [a] l וַיְחַלְּקֵם vel וַיְחַלְּקֵם? ‖ **8** [a] 𝔖 *wjwtm* ‖ **9** [a] crrp cf 9b.10a ‖ [b] mlt Mss 𝔊𝔗𝔙 ut Q, K 𝔖𝔄 ־וֹת ‖ [c] 𝔊[B] *καὶ Ιιηλ*, 𝔊[Aal] *καὶ Αζιηλ* ‖ **10** [a] l c Ms 𝔊𝔙 זִיזָא cf 11; 𝔖 *zbd'* (id in 11) ‖ **11** [a] ins אֶחָד cf 𝔙 ‖ **13** [a] Ms ־שׁ, Ms לְהַקְרִיב ‖ [b] dub ‖ **16** [a] 𝔊 *Σουβαηλ*, l c 24,20 שׁוּבָאֵל; 𝔖 *šmw'jl* ‖ **17** [a] 𝔖[W] *'rḥjm'*, 𝔖[A] *rḥmj'* ‖ **18** [a] 𝔊 *Σαλωμωθ* cf 9[b] ‖ **19** [a] 𝔊[B min] *Ι(ε)δουδ (-ουθ)*, 𝔊[19.108] *Ιεδδι*, 𝔊[93] *Ιεδδιδια*, 𝔊[Aal] *Ιεριας*, 𝔖 *jwr'* ‖ [b] 𝔊[B] *Οζιηλ* ‖ **22** [a] > ℭ ‖ [b] 𝔗 *'ḥ' d'bwhwn* = אֲחֵי אֲבִיהֶן ‖ **24** [a] prp ־דוֹתָם cf 11 ‖ [b] mlt Mss עֹשֵׂי.

26 וַיִּשְׁכֹּן בִּירוּשָׁלַם עַד־לְעוֹלָם׃ 26 וְגַם לַלְוִיִּם אֵין־לָשֵׂאת אֶת־הַמִּשְׁכָּן ה ד חס וחד מל[25] . ב . כ[26] ר״פ בכתיב ט מנה בסיפ . כד
27 וְאֶת־כָּל־כֵּלָיו לַעֲבֹדָתוֹ׃ 27 כִּי בְדִבְרֵי דָוִיד הָאַחֲרֹנִים הֵמָּה מִסְפַּר ג בכתיב . ו מל בסיפ[27]
28 בְּנֵי־לֵוִי מִבֶּן עֶשְׂרִים שָׁנָה וּלְמָעְלָה׃ 28 כִּי מַעֲמָדָם[a] לְיַד־בְּנֵי אַהֲרֹן ג בליש[28]
לַעֲבֹדַת בֵּית יְהוָה עַל־הַחֲצֵרוֹת וְעַל־הַלְּשָׁכוֹת וְעַל־טָהֳרַת לְכָל־ ל
29 קֹדֶשׁ וּמַעֲשֵׂה[b] עֲבֹדַת בֵּית הָאֱלֹהִים׃ 29 וּלְלֶחֶם[a] הַמַּעֲרֶכֶת וּלְסֹלֶת ל[29] . ז[30] . מח
לְמִנְחָה וְלִרְקִיקֵי הַמַּצּוֹת וְלַמַּחֲבַת וְלַמֻּרְבָּכֶת וּלְכָל־[b]מְשׂוּרָה קרחא בפסוק[31] . ל . ל . ל
30 וּמִדָּה[b]׃ 30 וְלַעֲמֹד בַּבֹּקֶר בַּבֹּקֶר לְהֹדוֹת וּלְהַלֵּל לַיהוָה וְכֵן לָעָרֶב׃ ג[32] . יג[33]
31 וּלְכֹל הַעֲלוֹת עֹלוֹת לַיהוָה לַשַּׁבָּתוֹת לֶחֳדָשִׁים וְלַמֹּעֲדִים בְּמִסְפָּר ד ר״פ . ל . ג חס בליש
32 כְּמִשְׁפָּט עֲלֵיהֶם תָּמִיד לִפְנֵי יְהוָה׃ 32 וְשָׁמְרוּ אֶת־מִשְׁמֶרֶת אֹהֶל־ ב קמ
מוֹעֵד וְאֵת מִשְׁמֶרֶת [a]הַקֹּדֶשׁ וּמִשְׁמֶרֶת[ab] בְּנֵי אַהֲרֹן אֲחֵיהֶם לַעֲבֹדַת ד[34]
24 בֵּית יְהוָה׃ פ **24** 1 וְלִבְנֵי אַהֲרֹן מַחְלְקוֹתָם בְּנֵי אַהֲרֹן נָדָב
2 וַאֲבִיהוּא[a] אֶלְעָזָר וְאִיתָמָר׃ 2 וַיָּמָת נָדָב וַאֲבִיהוּא לִפְנֵי אֲבִיהֶם
3 וּבָנִים לֹא־הָיוּ לָהֶם וַיְכַהֲנוּ אֶלְעָזָר וְאִיתָמָר׃ 3 וַיֶּחָלְקֵם[a] דָּוִיד וְצָדוֹק ל . ב
מִן־בְּנֵי אֶלְעָזָר וַאֲחִימֶלֶךְ מִן־בְּנֵי אִיתָמָר לִפְקֻדָּתָם בַּעֲבֹדָתָם׃
4 וַיִּמָּצְאוּ בְנֵי־אֶלְעָזָר רַבִּים לְרָאשֵׁי הַגְּבָרִים[a] מִן־בְּנֵי אִיתָמָר ב[1]
וַיַּחְלְקוּם לִבְנֵי אֶלְעָזָר רָאשִׁים לְבֵית־אָבוֹת[b] שִׁשָּׁה עָשָׂר וְלִבְנֵי ב[2] . כ
5 אִיתָמָר לְבֵית אֲבוֹתָם שְׁמוֹנָה׃ 5 וַיַּחְלְקוּם בְּגוֹרָלוֹת אֵלֶּה עִם־אֵלֶּה ב[2]
כִּי־הָיוּ שָׂרֵי־קֹדֶשׁ וְשָׂרֵי הָאֱלֹהִים[a] מִבְּנֵי אֶלְעָזָר וּבִבְנֵי[b] אִיתָמָר׃ ב[3] . ל . ז בסיפ[4] . ד[5]
6 ס 6 וַיִּכְתְּבֵם שְׁמַעְיָה בֶן־נְתַנְאֵל הַסּוֹפֵר מִן־הַלֵּוִי[a] לִפְנֵי הַמֶּלֶךְ
וְהַשָּׂרִים וְצָדוֹק הַכֹּהֵן וַאֲחִימֶלֶךְ בֶּן־אֶבְיָתָר וְרָאשֵׁי הָאָבוֹת לַכֹּהֲנִים י
וְלַלְוִיִּם בֵּית־אָב אֶחָד אָחֻז[b] לְאֶלְעָזָר וְאָחֻז[c] | אָחֻז לְאִיתָמָר׃ פ ד[6] . ל[6] . ד[6]
7 8 7 וַיֵּצֵא הַגּוֹרָל הָרִאשׁוֹן לִיהוֹיָרִיב לִידַעְיָה הַשֵּׁנִי׃ 8 לְחָרִם הַשְּׁלִשִׁי סד[7] . ז מל בסיפ[8]
9 10 לִשְׂעֹרִים הָרְבִעִי׃ 9 לְמַלְכִּיָּה הַחֲמִישִׁי לְמִיָּמִן[a] הַשִּׁשִּׁי׃ 10 לְהַקּוֹץ ג חס[9]

[25] Mm 537. [26] Mm 4070. [27] Mp contra textum, cf Mp sub loco. [28] Mm 4109. [29] Mm 2441. [30] Mm 4034. [31] Mp sub loco. [32] Mm 3775. [33] Mm 688. [34] Mm 848. **Cp 24** [1] Mm 4110. [2] Mm 4111. [3] Mm 4112. [4] Mm 665. [5] Mm 1603. [6] Mm 1015. [7] Mp sub loco. [8] Mm 506. [9] Mm 4113.

28 [a] 𝔊(𝔖) *ἔστησεν αὐτούς* ‖ [b] 𝔊(𝔙) *καὶ ἐπὶ τὰ ἔργα*, sed cj 28b c 29 cf 29[a] ‖ **29** [a] 𝔊* om cop, dl ‖ [b–b] 𝔊 *μέτρον* ‖ **32** [a–a] > 𝔊* (homtel) ‖ [b] dl ו cf Nu 8,26 ‖ **Cp 24,1** [a] 𝔊 *καὶ Αβιουδ* ut 5,29[b] ‖ **3** [a] cf 23,6[a] ‖ **4** [a] nonn Mss 𝔊𝔙 הַגִּבֹּ(ו)רִים ‖ [b] l c pc Mss 𝔖𝔄 אֲבוֹתָם ‖ **5** [a] 𝔖[A] *khn'* = הַכֹּהֲנִים ‖ [b] mlt Mss 𝔖𝔗𝔙 וּמִבְּנֵי ‖ **6** [a] pc Mss הַלְוִיִּם ‖ [b] pc Mss 𝔊𝔖𝔙 אֶחָד; pr וּבֵית אב אחד ‖ [c] l c pc Mss 𝔊𝔖𝔙 וְאֶחָד ‖ **9** [a] 𝔊* *τῷ Βενιαμιν*.

11 הַשְּׁבִעִ֔י לַאֲבִיָּ֖ה הַשְּׁמִינִֽי׃ 11 לְיֵשׁ֙וּעַ֙[a] הַתְּשִׁעִ֔י לִשְׁכַנְיָ֖הוּ הָעֲשִׂרִֽי׃
12 לְאֶלְיָשִׁיב֙ עַשְׁתֵּ֣י עָשָׂ֔ר לְיָקִ֖ים[a] שְׁנֵ֥ים עָשָֽׂר׃ 13 לְחֻפָּה֙ שְׁלֹשָׁ֣ה עָשָׂ֔ר
14 לְיֶשֶׁבְאָ֖ב[a] אַרְבָּעָ֥ה עָשָֽׂר׃ 14 לְבִלְגָּה֙ חֲמִשָּׁ֣ה עָשָׂ֔ר לְאִמֵּ֖ר שִׁשָּׁ֥ה
15 16 עָשָֽׂר׃ 15 לְחֵזִיר֙[a] שִׁבְעָ֣ה עָשָׂ֔ר לְהַפִּצֵּ֖ץ שְׁמוֹנָ֥ה עָשָֽׂר׃ 16 לִפְתַחְיָה֙
17 תִּשְׁעָ֣ה עָשָׂ֔ר לִֽיחֶזְקֵ֖אל הָעֶשְׂרִֽים׃ 17 לְיָכִין֙ אֶחָ֣ד וְעֶשְׂרִ֔ים לְגָמ֕וּל
18 שְׁנַ֥יִם וְעֶשְׂרִֽים׃ 18 לִדְלָיָ֙הוּ֙ שְׁלֹשָׁ֣ה וְעֶשְׂרִ֔ים לְמַֽעַזְיָ֖הוּ אַרְבָּעָ֥ה
19 וְעֶשְׂרִֽים׃ פ 19 אֵ֣לֶּה פְקֻדָּתָ֞ם[a] לַעֲבֹ֣דָתָ֗ם לָב֤וֹא לְבֵית־יְהוָה֙
כְּמִשְׁפָּטָ֔ם בְּיַ֖ד אַהֲרֹ֣ן אֲבִיהֶ֑ם כַּאֲשֶׁ֣ר צִוָּ֔הוּ יְהוָ֖ה אֱלֹהֵ֥י יִשְׂרָאֵֽל׃ פ
20 וְלִבְנֵ֥י לֵוִ֖י הַנּֽוֹתָרִ֑ים לִבְנֵ֤י עַמְרָם֙ שׁוּבָאֵ֔ל לִבְנֵ֥י שׁוּבָאֵ֖ל יֶחְדְּיָֽהוּ׃
21 לִרְחַבְיָ֑הוּ לִבְנֵי֙ רְחַבְיָ֔הוּ הָרֹ֖אשׁ יִשִּׁיָּֽה׃ 22 לַיִּצְהָרִ֣י שְׁלֹמ֔וֹת לִבְנֵ֥י
23 שְׁלֹמ֖וֹת יָֽחַת׃ 23 וּבְנָ֣י[a] יְרִיָּ֔הוּ[b] אֲמַרְיָ֙הוּ֙ הַשֵּׁנִ֔י יַחֲזִיאֵל֙ הַשְּׁלִישִׁ֔י יְקַמְעָ֖ם
24 25 הָרְבִיעִֽי׃ 24 בְּנֵ֥י עֻזִּיאֵ֖ל מִיכָ֑ה לִבְנֵ֥י מִיכָ֖ה שָׁמִֽור[a]׃ 25 אֲחִ֣י מִיכָ֔ה
26 יִשִּׁיָּ֑ה לִבְנֵ֥י יִשִּׁיָּ֖ה זְכַרְיָֽהוּ׃ 26 בְּנֵ֤י מְרָרִי֙ מַחְלִ֣י וּמוּשִׁ֔י בְּנֵ֥י[a] יַעֲזִיָּ֖הוּ[b]
27 28 בְנֽוֹ׃[c] 27 בְּנֵ֤י מְרָרִי֙ לְיַעֲזִיָּ֣הוּ בְנ֔וֹ[a] וְשֹׁ֥הַם[b] וְזַכּ֖וּר וְעִבְרִֽי׃ 28 לְמַחְלִ֖י
29 30 אֶלְעָזָ֑ר[a] וְלֹא־הָ֥יָה[b] ל֖וֹ בָּנִֽים׃ 29 לְקִ֑ישׁ[a] בְּנֵי־[b]קִ֖ישׁ יְרַחְמְאֵֽל׃ 30 וּבְנֵ֣י
מוּשִׁ֔י מַחְלִ֥י וְעֵ֖דֶר וִירִימ֑וֹת אֵ֛לֶּה בְּנֵ֥י הַלְוִיִּ֖ם לְבֵ֥ית אֲבֹתֵיהֶֽם׃
31 וַיַּפִּ֙ילוּ֙ גַם־הֵ֜ם גּוֹרָל֗וֹת לְעֻמַּ֤ת ׀ אֲחֵיהֶם֙ בְּנֵֽי־אַהֲרֹ֔ן לִפְנֵי֙ דָּוִ֣יד
הַמֶּ֔לֶךְ וְצָד֣וֹק וַאֲחִימֶ֔לֶךְ וְרָאשֵׁ֣י הָאָב֔וֹת לַכֹּהֲנִ֖ים וְלַלְוִיִּ֑ם אָב֣וֹת[a]
הָרֹ֔אשׁ לְעֻמַּ֖ת אָחִ֥יו הַקָּטָֽן׃ ס

25 1 וַיַּבְדֵּ֣ל[a] דָּוִ֡יד וְשָׂרֵ֨י הַצָּבָ֜א לַעֲבֹדָ֗ה לִבְנֵ֤י אָסָף֙ וְהֵימָ֣ן
וִֽידוּת֔וּן[b] הַנְּבִיאִ֥ים[c] בְּכִנֹּר֛וֹת בִּנְבָלִ֖ים וּבִמְצִלְתָּ֑יִם וַיְהִ֣י מִסְפָּרָ֗ם[d] אַנְשֵׁ֥י

ח חס. יח בסיפ. ג חס[10]. ד חס ב מנה בליש
ל
ל[11]. כב פסוק דלית בהון לא ו ולא י[12]
ל
ל בליש[13]. ג[14]
ל. ל
יד ר"פ בסיפ[15]
ל[16]. ג[17]
ג[18]. ג[18]. ב
ג ול בליש. ג. לז כג מנה בסיפ. ג. ג[19]
ג[19]. ל. ב. ג. ז מל בסיפ[20]
מח ר"פ בסיפ. שמיר ק
מח ר"פ בסיפ
מח ר"פ בסיפ. ב ובתרי לישנ[21]
כה. ל[22]
ז בליש. ז בליש[23]. ט חס בסיפ
ד. כל קריא מל ב מ א חס[24]
י. ל שם ברנש
לז כג מנה בסיפ
ג[1]. ב חס בליש בסיפ[2]
הנבאים[3] יתיר י ק

[10] Mm 2670. [11] Mm 4114. [12] Mm 878. [13] רב יחזקאל Ez 1,3 et 24,24. [14] Mm 117. [15] Mm 4006. [16] Mm 1623. [17] Mm 1304. [18] Mm 4115. [19] Mm 4116. [20] Mm 506. [21] Mm 4117. [22] Mm 4118. [23] Mm 4025. [24] Mm 4119. Cp 25 [1] Mm 6. [2] Mm 4120. [3] Q addidi, cf Mp sub loco.

11 [a] 𝔖 *l'ljšʿ* ‖ **12** [a] 𝔊^Aal *τῷ Ελιακιμ*, 𝔖 *l'ljkrb* ‖ **13** [a] > 𝔊^B, 𝔊^ALal *τῷ Ισβααλ* ‖ **15** [a] 𝔊^B *τῷ Χηζειν*, 𝔊^Aal *τῷ Ιεζ(ε)ιρ*, 𝔖(𝔄) *'ḥzj'* = לַאֲחַזְיָה ‖ **19** [a] 1 ־ד׳–? cf 𝔖𝔙 ‖ **23** [a] 2 Mss^mg וּבְנֵי חֶבְרוֹן, 𝔊 *καὶ* (> 𝔊^B) *υἱοί*, 𝔊^L *τοῖς υἱοῖς Χεβρων*; 1 לַחֶבְרֹנִי ‖ [b] 𝔊^Aal *Ιεδιου* cf 23,19[a]; ins לִבְנֵי ירִיהו (homtel), post quod exc nom ‖ **24** [a] ℭ mlt Mss Vrs ut Q, K ־וֹר ‖ **26** [a] 1 prb בְּבָנָיו ‖ [b] 𝔊 *Οζια* ‖ [c] > 𝔊^B, 𝔊^rel *υἱοὶ Βοννι*, 𝔙 *Benno* ‖ **27** [a] 𝔊 pl ‖ [b] 𝔊 om cop, dl ‖ **28** [a] 𝔊 + *καὶ Ιθαμαρ καὶ ἀπέθανεν Ελεαζαρ* ‖ [b] mlt Mss הָיוּ ‖ **29** [a] 1 וְקִישׁ ‖ [b] pc Mss 𝔙 בֶּן־ ‖ **31** [a] 1 אָ׳? ‖ **Cp 25,1** [a] 𝔊 *καὶ ἔστησεν* (ex *καὶ διέστησεν*) ‖ [b] 𝔊(𝔙) *καὶ Ιδιθων*, id in 3.6 ‖ [c] mlt Mss 𝔊ℭ𝔙 ut Q, sic 1; K הַנְּבִ׳ ‖ [d] 𝔊 + *κατὰ κεφαλὴν αὐτῶν* (𝔊^Lal *κ. κ. ἀνδρῶν*).

2 מְלָאכָה לַעֲבֹדָתָם׃ 2 לִבְנֵי אָסָף זַכּוּר וְיוֹסֵף וּנְתַנְיָה וַאֲשַׂרְאֵלָה[a] ל. [4]
3 בְּנֵי אָסָף עַל יַד־אָסָף הַנִּבָּא[b] עַל־יְדֵי הַמֶּלֶךְ׃ 3 לִידוּתוּן בְּנֵי יְדוּתוּן
גְּדַלְיָהוּ וּצְרִי[a] וִישַׁעְיָהוּ[b] חֲשַׁבְיָהוּ וּמַתִּתְיָהוּ שִׁשָּׁה עַל יְדֵי אֲבִיהֶם ב[5]. ב בתרי לישנ[6]. ג[7]. ד[8]
4 יְדוּתוּן בַּכִּנּוֹר הַנִּבָּא[c] עַל־הֹדוֹת וְהַלֵּל לַיהוָה׃ ס 4 לְהֵימָן ב
בְּנֵי הֵימָן בֻּקִּיָּהוּ מַתַּנְיָהוּ עֻזִּיאֵל[a] שְׁבוּאֵל[b] וִירִימוֹת[c] חֲנַנְיָה חֲנָנִי[d] ב[9]. ג[10]. ג. ז בליש
אֱלִיאָתָה[e] גִדַּלְתִּי וְרֹמַמְתִּי עֶזֶר יָשְׁבְּקָשָׁה מַלּוֹתִי הוֹתִיר מַחֲזִיאוֹת׃ ל. ג[11]. ב חד חס וחד מל. ל שם אנש
5 5 כָּל־אֵלֶּה בָנִים לְהֵימָן חֹזֵה הַמֶּלֶךְ בְּדִבְרֵי הָאֱלֹהִים לְהָרִים קָרֶן[a] ל
6 וַיִּתֵּן הָאֱלֹהִים לְהֵימָן בָּנִים אַרְבָּעָה עָשָׂר וּבָנוֹת שָׁלוֹשׁ׃ 6 כָּל־אֵלֶּה ב[12]
עַל־יְדֵי אֲבִיהֶם בַּשִּׁיר בֵּית יְהוָה בִּמְצִלְתַּיִם נְבָלִים וְכִנֹּרוֹת לַעֲבֹדַת[a] ג דגש[13]. ב. ז[14]
7 בֵּית הָאֱלֹהִים[a] עַל יְדֵי הַמֶּלֶךְ ס [b]אָסָף וִידוּתוּן וְהֵימָן[b]׃ 7 וַיְהִי מח
מִסְפָּרָם עִם־אֲחֵיהֶם מְלֻמְּדֵי־שִׁיר לַיהוָה כָּל־הַמֵּבִין מָאתַיִם שְׁמוֹנִים ב[15]
8 וּשְׁמוֹנָה׃ 8 וַיַּפִּילוּ[a] גּוֹרָלוֹת[b] מִשְׁמֶרֶת לְעֻמַּת[c] כַּקָּטֹן כַּגָּדוֹל [d]מֵבִין ד. ג[16]
עִם־תַּלְמִיד[d]׃ פ ל

9 וַיֵּצֵא הַגּוֹרָל הָרִאשׁוֹן לְאָסָף[a] לְיוֹסֵף[b] ח. סד[5]
גְּדַלְיָהוּ הַשֵּׁנִי[c] הוּא־וְאֶחָיו וּבָנָיו שְׁנֵים עָשָׂר׃ ב. ל[17]
10 הַשְּׁלִשִׁי זַכּוּר בָּנָיו וְאֶחָיו שְׁנֵים עָשָׂר׃
11 הָרְבִיעִי לַיִּצְרִי[a] בָּנָיו וְאֶחָיו שְׁנֵים עָשָׂר׃ ל
12 הַחֲמִישִׁי נְתַנְיָהוּ בָּנָיו וְאֶחָיו שְׁנֵים עָשָׂר׃ ה
13 הַשִּׁשִּׁי בֻּקִּיָּהוּ בָּנָיו וְאֶחָיו שְׁנֵים עָשָׂר׃ ב[18]
14 הַשְּׁבִיעִי יְשַׂרְאֵלָה[a] בָּנָיו וְאֶחָיו שְׁנֵים עָשָׂר׃ ח חס
15 הַשְּׁמִינִי יְשַׁעְיָהוּ בָּנָיו וְאֶחָיו שְׁנֵים עָשָׂר׃
16 הַתְּשִׁיעִי מַתַּנְיָהוּ בָּנָיו וְאֶחָיו שְׁנֵים עָשָׂר׃ ג[10]

[4] Mm 1858. [5] Mp sub loco. [6] Mm 4121. [7] Mm 4265. [8] Mm 4075. [9] 1Ch 25,13. [10] Mm 4124. [11] Mm 2204. [12] Da 1,9. [13] Mm 4122. [14] Mm 4034. [15] Mm 3673. [16] Mm 4123. [17] וחד ובניו ואחיו Esr 8,18. [18] 1Ch 25,4.

2 [a] pc Mss Edd ׳שׂ–; l וַאֲשַׂרְאֵל אַרְבָּעָה אֵלֶּה (aberratio oculi) ‖ [b] pc Mss 𝔊 הַנָּבִיא ‖ **3** [a] sec 11 וְיִצְרִי ‖ [b] ins c Ms 𝔊*𝔄 וְשִׁמְעִי וַ cf 17 ‖ [c–c] l invers cf 𝔙 ‖ **4** [a] 𝔊[B] *Αζαραηλ* cf 18 עֲזַרְאֵל ‖ [b] l שׁוּבָאֵל ut 20 et 24,20, it 𝔊 ‖ [c] sec 22 ׳רֵמ– ‖ [d] 𝔖 om sq usque ad fin 6 ‖ [e] in 27 אֱלִיָּתָה ‖ **5** [a] l קַרְנוֹ (ו hpgr) ‖ **6** [a–a] > 𝔊* ‖ [b–b] 𝔊𝔗 pr cop; gl ad כל־אלה ‖ **8** [a] 𝔊 + *καὶ αὐτοί* ‖ [b] l ׳ר– cf 𝔊 ‖ [c] pc Mss 𝔗 + משמרת ‖ [d–d] add? cf 7b ‖ **9** [a] add ‖ [b] ins בָּנָיו וְאֶחָיו שְׁנֵים עָשָׂר vel sim cf 𝔊 et 10sqq ‖ [c] 𝔊 + *Ηνια* (ex *σηνι* = שני, versio duplex) ‖ **11** [a] cf 3 צְרִי(וּ) ‖ **14** [a] l אֲשַׂרְאֵל cf 2[a].

17 הָעֲשִׂרִי֙ שִׁמְעִ֔יa בָּנָ֥יו וְאֶחָ֖יו שְׁנֵ֥ים עָשָֽׂר׃ ל֗

18 עַשְׁתֵּֽי־עָשָׂר֙ עֲזַרְאֵ֔לa בָּנָ֥יו וְאֶחָ֖יו שְׁנֵ֥ים עָשָֽׂר׃ ב ר״פ

19 הַשְּׁנֵ֤ים עָשָׂר֙ לַחֲשַׁבְיָ֔ה בָּנָ֥יו וְאֶחָ֖יו שְׁנֵ֥ים עָשָֽׂר׃ ג[19]

20 לִשְׁלֹשָׁ֤ה עָשָׂר֙ שׁוּבָאֵ֔ל בָּנָ֥יו וְאֶחָ֖יו שְׁנֵ֥ים עָשָֽׂר׃ ד[20]

21 לְאַרְבָּעָ֤ה עָשָׂר֙ מַתִּתְיָ֔הוּ בָּנָ֥יו וְאֶחָ֖יו שְׁנֵ֥ים עָשָֽׂר׃

22 לַחֲמִשָּׁ֤ה עָשָׂר֙ לִֽירֵמ֔וֹתa בָּנָ֥יו וְאֶחָ֖יו שְׁנֵ֥ים עָשָֽׂר׃ ד וכל עזרא דכות

23 לְשִׁשָּׁ֤ה עָשָׂר֙ לַחֲנַנְיָ֔הוּ בָּנָ֥יו וְאֶחָ֖יו שְׁנֵ֥ים עָשָֽׂר׃ ל֗

24 לְשִׁבְעָ֤ה עָשָׂר֙ לְיָשְׁבְּקָשָׁ֔הa בָּנָ֥יו וְאֶחָ֖יו שְׁנֵ֥ים עָשָֽׂר׃

25 לִשְׁמוֹנָ֤ה עָשָׂר֙ לַחֲנָ֔נִי בָּנָ֥יו וְאֶחָ֖יו שְׁנֵ֥ים עָשָֽׂר׃

26 לְתִשְׁעָ֤ה עָשָׂר֙ לְמַלּ֔וֹתִי בָּנָ֥יו וְאֶחָ֖יו שְׁנֵ֥ים עָשָֽׂר׃ ל֗

27 לְעֶשְׂרִים֙ לֶֽאֱלִיָּ֔תָהa בָּנָ֥יו וְאֶחָ֖יו שְׁנֵ֥ים עָשָֽׂר׃ ל וכן כת֗ למערב֗

28 לְאֶחָד֙ וְעֶשְׂרִים֙ לְהוֹתִ֔ירa בָּנָ֥יו וְאֶחָ֖יו שְׁנֵ֥ים עָשָֽׂר׃ ל שם גבר֗

29 לִשְׁנַ֤יִם וְעֶשְׂרִים֙ לְגִדַּ֔לְתִּיa בָּנָ֥יו וְאֶחָ֖יו שְׁנֵ֥ים עָשָֽׂר׃ ל֗

30 לִשְׁלֹשָׁ֤ה וְעֶשְׂרִים֙ לְמַֽחֲזִיא֔וֹת בָּנָ֥יו וְאֶחָ֖יו שְׁנֵ֥ים עָשָֽׂר׃ ל ומל֗

31 לְאַרְבָּעָ֤ה וְעֶשְׂרִים֙ לְרוֹמַמְתִּ֣י עֶ֔זֶר בָּנָ֥יו וְאֶחָ֖יו שְׁנֵ֥ים עָשָֽׂר׃ פ ל זקף קמ֗

26 1 לְמַחְלְק֖וֹת לְשֹׁעֲרִ֑יםa לַקָּרְחִ֗יםb מְשֶֽׁלֶמְיָ֧הוּ בֶן־קֹרֵ֛א מִן־בְּנֵ֥י ל֗
2 אָסָֽף׃c 2 וְלִמְשֶֽׁלֶמְיָ֖הוּ בָּנִ֑ים זְכַרְיָ֤הוּ הַבְּכוֹר֙ יְדִֽיעֲאֵל֙ הַשֵּׁנִ֔י זְבַדְיָ֖הוּa ג בליש
3 הַשְּׁלִישִׁ֔י יַתְנִיאֵ֖לb הָרְבִיעִֽי׃ 3 עֵילָם֙ הַחֲמִישִׁ֔י יְהוֹחָנָ֖ןa הַשִּׁשִּׁ֑י אֶלְיְהוֹעֵינַ֖יb ז מל בסיפ֗[1]. ט ד מנה בסיפ֗[2]. ב
4 הַשְּׁבִיעִֽי׃ 4 וּלְעֹבֵ֥ד אֱדֹ֖ם בָּנִ֑ים שְׁמַֽעְיָ֤ה הַבְּכוֹר֙ יְהוֹזָבָ֣ד הַשֵּׁנִ֔י יוֹאָ֥ח ד ב מנה בליש. ד
ס׳ הַשְּׁלִשִׁ֖י וְשָׂכָ֥ר הָרְבִיעִ֖י וּנְתַנְאֵ֥ל הַחֲמִישִֽׁי׃ 5 עַמִּיאֵ֤ל הַשִּׁשִּׁי֙ יִשָּׂשכָר֙a ב ובתרי ליששכ֗[3]
6 הַשְּׁבִיעִ֔י פְּעֻלְּתַ֖י הַשְּׁמִינִ֑י כִּ֥י בֵרְכ֖וֹ אֱלֹהִֽים׃ פ 6 וּלְשְׁמַעְיָ֤ה בְנוֹ֙ ל.[4]
7 נוֹלַ֣ד בָּנִ֔ים הַמִּמְשָׁלִ֖יםa לְבֵ֣ית אֲבִיהֶ֑םb כִּֽי־גִבּ֥וֹרֵי חַ֖יִל הֵֽמָּה׃ 7 בְּנֵ֣י ל. מח ר״פ בסיפ֗
שְׁמַֽעְיָ֗ה עָתְנִ֧י וּרְפָאֵ֛ל וְעוֹבֵ֥ד אֶלְזָבָ֖דa אֶחָ֣יוb בְּנֵי־חָ֑יִלb אֱלִיה֖וּc ב ול בעינ֗. ד חס א

[19]Mm 4115. [20]Mm 4075. **Cp 26** [1]Mm 506. [2]Mm 3928. [3]Mm 4125. [4]Mm 4126.

17 a 2 Mss 𝔙 שְׁמַעְיָה ‖ **18** a 𝔊^L *Οζιηλ* et 𝔖 *'zjl* = עֻזִּיאֵל; cf 4a ‖ **22** a cf 4 (וּ)ירִימ׳ ‖ **24** a 𝔖 *l'ljšb* ‖ **27** a cf 4 אֱלִיאָתָה; 𝔖 *(l)'ljb* ‖ **28** a 𝔖 *ljtr* ‖ **29** a 𝔖 *l(j)rbj* ‖ **Cp 26,1** a l לַשֹּׁ׳ ‖ b 𝔖 *d'ḳjm dwjd mlk' nṭwr'* = quos constituit David rex custodes, sim 𝔄 ‖ c l אֲבִיאָסָף (cf 𝔊^B) vel אֶבְיָסָף (cf 9,19) ‖ **2** a pc Mss 𝔊^{B}𝔖 זְכַרְיָהוּ ‖ b 𝔊^L *Ναθαναηλ*, 𝔖(𝔄) *ntn'jl* ‖ **3** a 𝔊^B *Ιωνας*, 𝔊^L *Ιωναθαν* ‖ b 𝔖 *jd'j* ‖ **5** a cf 2,1a ‖ **6** a 𝔊^B *τοῦ πρωτοτόκου Ρωσαι* (𝔊^{Aal} *τῷ -κῳ Ρ.*) = dub; prp הֵם מֹשְׁלִים ‖ b pc Mss 𝔗 אֲבוֹ(ו)תָם ‖ **7** a l c pc Mss 𝔊 וְאֶ׳ ‖ b–b gl, cf 6b ‖ c l c Ms וֶאֱ׳.

וּסְמַכְיָֽהוּ׃[d] 8 כָּל־אֵ֣לֶּה מִבְּנֵ֣י ׀ עֹבֵ֣ד אֱדֹ֗ם הֵ֤מָּה וּבְנֵיהֶם֙ וַאֲחֵיהֶ֔ם 8
אִֽישׁ־חַ֥יִל בַּכֹּ֖חַ לַעֲבֹדָ֑ה שִׁשִּׁ֣ים וּשְׁנַ֔יִם[a] לְעֹבֵ֖ד אֱדֹֽם׃ 9 וְלִמְשֶֽׁלֶמְיָ֖הוּ 9
בָּנִ֣ים וְאַחִ֑ים בְּנֵי־חָ֖יִל שְׁמוֹנָ֥ה עָשָֽׂר׃ ס 10 וּלְחֹסָ֥ה מִן־בְּנֵֽי־מְרָרִ֖י 10
בָּנִ֑ים שִׁמְרִ֣י הָרֹ֗אשׁ כִּ֠י לֹא־הָיָ֤ה בְכוֹר֙[a] וַיְשִׂימֵ֥הוּ אָבִ֖יהוּ לְרֹֽאשׁ׃
11 חִלְקִיָּ֤הוּ[a] הַשֵּׁנִי֙ טְבַלְיָ֣הוּ[b] הַשְּׁלִשִׁ֔י זְכַרְיָ֖הוּ הָרְבִעִ֑י כָּל־בָּנִ֥ים וְאַחִ֖ים 11
לְחֹסָ֖ה שְׁלֹשָׁ֥ה עָשָֽׂר׃ 12 לְאֵ֜לֶּה מַחְלְק֣וֹת הַשֹּׁעֲרִ֗ים לְרָאשֵׁ֤י 12
הַגְּבָרִים֙ מִשְׁמָר֖וֹת לְעֻמַּ֣ת אֲחֵיהֶ֑ם לְשָׁרֵ֖ת בְּבֵ֥ית יְהוָֽה׃ 13 וַיַּפִּ֣ילוּ 13
גוֹרָל֗וֹת כַּקָּטֹ֛ן כַּגָּד֖וֹל לְבֵ֣ית אֲבוֹתָ֑ם לְשַׁ֖עַר וָשָֽׁעַר׃ פ 14 וַיִּפֹּ֧ל 14
הַגּוֹרָ֛ל מִזְרָ֖חָה לְשֶֽׁלֶמְיָ֑הוּ וּזְכַרְיָ֨הוּ[a] בְנ֜וֹ יוֹעֵ֣ץ ׀ בְּשֶׂ֗כֶל הִפִּ֙ילוּ֙ גֽוֹרָל֔וֹת
וַיֵּצֵ֥א גוֹרָל֖וֹ צָפֽוֹנָה׃ ס 15 לְעֹבֵ֥ד אֱדֹ֖ם נֶ֑גְבָּה וּלְבָנָ֖יו[a] בֵּ֥ית 15
הָאֲסֻפִּֽים׃[b] 16 לְשֻׁפִּ֣ים[a] וּלְחֹסָ֗ה לַֽמַּעֲרָ֔ב עִ֚ם שַׁ֣עַר שַׁלֶּ֔כֶת[b] בַּֽמְסִלָּ֖ה 16
הָֽעוֹלָ֑ה[c] מִשְׁמָ֖ר לְעֻמַּ֥ת מִשְׁמָֽר׃[c] 17 [a]לַמִּזְרָח֙ הַלְוִיִּ֣ם[a] שִׁשָּׁ֔ה לַצָּפ֣וֹנָה 17
לַיּוֹם֙ אַרְבָּעָ֔ה לַנֶּ֥גְבָּה לַיּ֖וֹם אַרְבָּעָ֑ה וְלָאֲסֻפִּ֖ים שְׁנַ֥יִם שְׁנָֽיִם׃[b]
18 לַפַּרְבָּ֖ר[a] לַֽמַּעֲרָ֑ב אַרְבָּעָה֙ לַֽמְסִלָּ֔ה שְׁנַ֖יִם לַפַּרְבָּֽר׃ 19 אֵ֗לֶּה 18 19
מַחְלְק֙וֹת הַשֹּׁ֣עֲרִ֔ים לִבְנֵ֥י הַקָּרְחִ֖י[a] וְלִבְנֵ֥י מְרָרִֽי׃
20 וְהַלְוִיִּ֗ם אֲחִיָּ֞ה[a] עַל־אֽוֹצְרוֹת֙ בֵּ֣ית הָאֱלֹהִ֔ים וּלְאֹצְר֖וֹת הַקֳּדָשִֽׁים׃ 20
21 בְּנֵ֣י[a] לַעְדָּ֗ן בְּנֵ֤י[b] הַגֵּרְשֻׁנִּי֙ לְלַעְדָּ֔ן[c] [d]רָאשֵׁ֧י הָאָב֛וֹת לְלַעְדָּ֥ן הַגֵּרְשֻׁנִּ֖י[d] 21
יְחִיאֵלִֽי׃ 22 בְּנֵ֣י יְחִיאֵלִ֔י זֵתָם֙ וְיוֹאֵ֣ל אָחִ֔יו[a] עַל־אֹצְר֖וֹת בֵּ֥ית יְהוָֽה׃ 22
23 לַעַמְרָמִי֙ לַיִּצְהָרִ֔י לַחֶבְרוֹנִ֖י לָעָזִּיאֵלִֽי׃ 24 וּשְׁבֻאֵ֞ל[a] בֶּן־ 23 24
גֵּרְשׁ֣וֹם בֶּן־מֹשֶׁ֔ה נָגִ֖יד עַל־הָאֹצָרֽוֹת׃ 25 וְאֶחָ֖יו[a] לֶאֱלִיעֶ֑זֶר רְחַבְיָ֨הוּ 25
בְנ֜וֹ[b] וִישַׁעְיָ֣הוּ בְנ֗וֹ[c] וְיֹרָ֤ם בְּנוֹ֙[c] וְזִכְרִ֣י בְנ֔וֹ[c] וּשְׁלֹמ֖וֹת[d] בְּנֽוֹ׃ 26 ה֞וּא 26

ל . ז בסיפ[5] . ל
ד דגש[6] . ב חס בליש בסיפ[7]
ד קמ וכל אתנח וס״פ דכות[8]
לז כג מנה בסיפ . ב מל . ז מל[9] . כד
ג חס[10]
ל ור״פ
לט . ד
ג[11] . ג
ה ד כת ש וחד כת ס[12]
נג . כז[13]
ל . ל . ב[14]
ט מל בליש ובסיפ . נג
כ[15] ב מנה דגש בסיפ . כז . כ[15] ב מנה דגש בסיפ . ל . ג
יד ר״פ בסיפ[16]
יא מל[17] . ד בליש[18] . מח
מח ר״פ בסיפ . ג[13] . עה . ג
ב . מח ר״פ בסיפ . ב
ג . ג ול חס בליש
ג
יא[19] ד[20] מנה בכתיב כת כן ול חס ומן ובשנת חמש עד ואלישע דמלכים דכות ב מ ג[21] . ושלמית ק

[5]Mm 665. [6]Mm 3246. [7]Mm 4120. [8]Mm 4138. [9]Mm 1483. [10]Mm 4113. [11]Mm 4123. [12]Mm 3917. [13]Mp sub loco. [14]Nu 20,19. [15]Mm 875. [16]Mm 4006. [17]Mm 1977. [18]Mm 4163. [19]Mm 4018. [20]Mm 2087. [21]Cf Mm 2087.

7 [d] 𝔊 + *καὶ Ισβακωμ* vel sim = versio duplex ‖ **8** [a] 16,38 וּשְׁמוֹנָה ‖ **10** [a] l הַבְּ׳ (ה hpgr) ‖ **11** [a] 𝔊$^{-L}$ *τῆς διαιρέσεως* ‖ [b] 𝔊^{L} *Ταβεηλ*; prp טְבַלְ׳ ‖ **14** [a] l וְלוֹ cf 𝔊^{L}𝔙 ‖ **15** [a] 𝔊 *κατέναντι* = לִפְנֵי ‖ [b] 𝔖^{A} *sp'* = הַסִּפִּים ‖ **16** [a] 𝔊^{BL} *εἰς δεύτερον* = לַשְּׁנַיִם? 𝔊^{L} + *τοῖς προθύροις* = לַסִּפִּים cf 15[b]; dupl, dl ‖ [b] 𝔊 *παστοφορίου* = לִשְׁכַּת, 𝔙 *quae ducit* = שֶׁ + לֶכֶת ‖ [c–c] cj c 17 ‖ **17** [a–a] l חָה לַיּוֹם– cf 𝔊 ‖ [b] > pc Mss 𝔊* (hpgr) ‖ **18** [a] 𝔊 *εἰς διαδεχομένους*, 𝔙 *in cellulis*; ex 18b, dl ‖ **19** [a] 𝔊^{B} *Κααθ* = קְהָת; 𝔊^{Aal}𝔖𝔗𝔙 leg קֹרַח ‖ **20** [a] l אֲחֵיהֶם cf 𝔊 ‖ **21** [a] l מִבְּנֵי (מ hpgr) ‖ [b.c] dl; [b] + [c] ex gl לִבְנֵי לְלַעְדָן (= Libni pro Laedan)? ‖ [d–d] dl (var) ‖ **22** [a] 𝔊* *οἱ ἀδελφοί*, 𝔙 pl ‖ **24** [a] l וְשׁוּבָאֵל cf 𝔊𝔙 et 23,16[a] ‖ **25** [a] 𝔊 *καὶ τῷ ἀδελφῷ αὐτοῦ* ‖ [b] 𝔊* *υἱός* ‖ [c] > 𝔊$^{-L}$ ‖ [d] nonn Mss 𝔊^{L}𝔖𝔗𝔙 ut Q, K 𝔊^{BAal} –וֹת.

שְׁלֹמוֹת[a] וְאֶחָיו עַל כָּל־אֹצְרוֹת הַקֳּדָשִׁים אֲשֶׁר הִקְדִּישׁ דָּוִיד הַמֶּלֶךְ — ג[22] . ל
27 וְרָאשֵׁי הָאָבוֹת לְשָׂרֵי[b]־הָאֲלָפִים וְהַמֵּאוֹת וְשָׂרֵי הַצָּבָא׃ 27 מִן־ — י . י ר״פ בכתיב[23]
28 הַמִּלְחָמוֹת וּמִן־הַשָּׁלָל הִקְדִּישׁוּ לְחַזֵּק[a] לְבֵית יְהוָה׃ 28 וְכֹל הַהִקְדִּישׁ — ל . ל . ל
שְׁמוּאֵל הָרֹאֶה וְשָׁאוּל בֶּן־קִישׁ וְאַבְנֵר בֶּן־נֵר וְיוֹאָב בֶּן־צְרוּיָה כֹּל — ג ב מנה בסיפ
29 הַמַּקְדִּישׁ[a] עַל יַד־שְׁלֹמִית[b] וְאֶחָיו׃ פ 29 לַיִּצְהָרִי כְּנַנְיָהוּ[a] וּבָנָיו — ב בטע דמטע[24] . ג . ל . ג מנוקד כן בליש[25]
30 לַמְּלָאכָה הַחִיצוֹנָה עַל־יִשְׂרָאֵל לְשֹׁטְרִים וּלְשֹׁפְטִים׃ 30 לַחֶבְרוֹנִי — ל
חֲשַׁבְיָהוּ וְאֶחָיו בְּנֵי־חַיִל אֶלֶף וּשְׁבַע־מֵאוֹת עַל פְּקֻדַּת יִשְׂרָאֵל מֵעֵבֶר — ג[26]
לַיַּרְדֵּן מַעְרָבָה לְכֹל מְלֶאכֶת יְהוָה וְלַעֲבֹדַת הַמֶּלֶךְ׃ — ג[27] . ב
31 לַחֶבְרוֹנִי יְרִיָּה[a] הָרֹאשׁ לַחֶבְרוֹנִי לְתֹלְדֹתָיו לְאָבוֹת בִּשְׁנַת — לז כג מנה בסיפ . ל וכת כן . ב[28]
הָאַרְבָּעִים לְמַלְכוּת דָּוִיד נִדְרָשׁוּ וַיִּמָּצֵא בָהֶם גִּבּוֹרֵי חַיִל בְּיַעְזֵיר — ג[29] . ז[30] . ב מל
32 גִּלְעָד׃ 32 וְאֶחָיו בְּנֵי־חַיִל אַלְפַּיִם[a] וּשְׁבַע מֵאוֹת [b]רָאשֵׁי הָאָבוֹת[b] — עה
וַיַּפְקִידֵם דָּוִיד הַמֶּלֶךְ עַל־הָרְאוּבֵנִי וְהַגָּדִי וַחֲצִי שֵׁבֶט הַמְנַשִּׁי לְכָל־ — ל ולא געיא[31] . ד בליש[32] . ל
דְּבַר הָאֱלֹהִים וּדְבַר הַמֶּלֶךְ׃ פ — ב . יה
27 1 וּבְנֵי יִשְׂרָאֵל ׀ לְמִסְפָּרָם רָאשֵׁי הָאָבוֹת וְשָׂרֵי הָאֲלָפִים ׀ — עה
וְהַמֵּאוֹת וְשֹׁטְרֵיהֶם הַמְשָׁרְתִים אֶת־הַמֶּלֶךְ[a] [b]לְכֹל ׀ דְּבַר הַמַּחְלְקוֹת[b] — כן מנוקד[1]
הַבָּאָה וְהַיֹּצֵאת חֹדֶשׁ בְּחֹדֶשׁ לְכֹל חָדְשֵׁי הַשָּׁנָה הַמַּחֲלֹקֶת הָאַחַת — ג בטע[2] . ב חד מל וחד חס[3] . ב זקף פת
2 עֶשְׂרִים וְאַרְבָּעָה אָלֶף׃ ס 2 עַל הַמַּחֲלֹקֶת הָרִאשׁוֹנָה לַחֹדֶשׁ — ח ג[4] מנה מל בסיפ
הָרִאשׁוֹן יָשָׁבְעָם[a] בֶּן־זַבְדִּיאֵל[b] [c]וְעַל מַחֲלֻקְתּוֹ עֶשְׂרִים וְאַרְבָּעָה — סד[5]
3 אָלֶף[c]׃ 3 מִן־בְּנֵי־פֶרֶץ הָרֹאשׁ לְכָל־שָׂרֵי הַצְּבָאוֹת לַחֹדֶשׁ הָרִאשׁוֹן׃ — י ר״פ בכתיב[6] . לז כג מנה בסיפ . ל . ה . סד
4 4 וְעַל מַחֲלֹקֶת ׀ הַחֹדֶשׁ הַשֵּׁנִי דּוֹדַי[a] הָאֲחוֹחִי [b]וּמַחֲלֻקְתּוֹ וּמִקְלוֹת — ב כת כן[7] . ב בליש . ב בעינ[8] . ד
5 הַנָּגִיד[b] וְעַל מַחֲלֻקְתּוֹ עֶשְׂרִים וְאַרְבָּעָה אָלֶף׃ ס 5 שַׂר הַצָּבָא
הַשְּׁלִישִׁי לַחֹדֶשׁ הַשְּׁלִישִׁי בְּנָיָהוּ בֶן־יְהוֹיָדָע הַכֹּהֵן רֹאשׁ[a] וְעַל מַחֲלֻקְתּוֹ — ז מל בליש[9] . ז מל בליש[9] . ל

[22] Mm 4116. [23] Mm 2980. [24] Mm 4127. [25] Mm 4128. [26] Mm 4265. [27] Mm 4129. [28] Nu 33,38. [29] Mm 116. [30] Mm 3765. [31] וַיַּפְקִידֵם חלוף, cf Mp sub loco. [32] Mm 4130. **Cp 27** [1] וְהַמֵּאוֹת חלוף, cf Mp sub loco. [2] Mm 344. [3] Mm 4131. [4] Mm 4132. [5] Mp sub loco. [6] Mm 2980. [7] 2S 23,9, cf Mp sub loco. [8] Mm 4133. [9] Mm 506.

26 [a] sic L, mlt Mss Edd ut 25[d] ‖ [b] l וְשׂ׳ cf 𝔊𝔙 et 29,6[a] ‖ **27** [a] 𝔊 *τοῦ μὴ καθυστερῆσαι τὴν οἰκοδομήν* ‖ **28** [a] l הַמְּקֻדָּשׁ vel הַמַּקְדִּישׁ cf 𝔊 ‖ [b] 𝔊 *Σαλωμωθ* cf 25[d] ‖ **29** [a] 𝔊𝔙 leg כּ׳ ‖ **31** [a] pc Mss Edd ידיה cf 23,19[a] ‖ **32** [a] 𝔊[AV] *χίλιοι* cf 30 ‖ [b–b] gl ad לאבות 31a ‖ **Cp 27,1** [a] 𝔊 *τῷ λαῷ καί* ‖ [b–b] 𝔊 alit; prp עַל־דְּבַר הַמ׳ לְכָל־שָׂרֵי הַמ׳ ‖ **2** [a] l יָשָׁבְעָל cf 11,11[b] ‖ [b] 11,11 חַכְמוֹנִי ‖ [c–c] tr post 3? cf 4sqq ‖ **4** [a] 11,12 pr אֶלְעָזָר בֶּן־ ‖ [b–b] > 𝔊*; = quoad turmam eius corruptum est (l *וּמַקְלוֹת) nomen ducis, gl ad דודי 4 propter 11,12 ‖ **5** [a] l הָר׳ cf 2 Ch 31,10 Esr 7,5.

6 עֶשְׂרִים וְאַרְבָּעָה אָלֶף׃ 6 הוּא בְנָיָהוּ גִּבּוֹר הַשְּׁלֹשִׁים[a] וְעַל־[b]הַשְּׁלֹשִׁים
7 וּמַחֲלֻקְתּוֹ עַמִּיזָבָד[c] בְּנוֹ׃ ס 7 הָרְבִיעִי לַחֹדֶשׁ הָרְבִיעִי עֲשָׂה־אֵל — בֿ בעינ[10]
אֲחִי יוֹאָב וּזְבַדְיָה בְנוֹ אַחֲרָיו[a] וְעַל מַחֲלֻקְתּוֹ עֶשְׂרִים וְאַרְבָּעָה אָלֶף׃ — וֹ בליש[11]
8 ס 8 הַחֲמִישִׁי[a] לַחֹדֶשׁ הַחֲמִישִׁי הַשַּׂר שַׁמְהוּת[b] הַיִּזְרָח[c] וְעַל — ד פת[12]. ל. ל
9 מַחֲלֻקְתּוֹ עֶשְׂרִים וְאַרְבָּעָה אָלֶף׃ ס 9 הַשִּׁשִּׁי לַחֹדֶשׁ הַשִּׁשִּׁי עִירָא
בֶן־עִקֵּשׁ הַתְּקוֹעִי וְעַל מַחֲלֻקְתּוֹ עֶשְׂרִים וְאַרְבָּעָה אָלֶף׃ ס
10 10 הַשְּׁבִיעִי לַחֹדֶשׁ הַשְּׁבִיעִי חֶלֶץ הַפְּלוֹנִי מִן־בְּנֵי אֶפְרָיִם וְעַל — כל סיפ מל בֿ מֿ אֿ
11 מַחֲלֻקְתּוֹ עֶשְׂרִים וְאַרְבָּעָה אָלֶף׃ ס 11 הַשְּׁמִינִי לַחֹדֶשׁ הַשְּׁמִינִי
סִבְּכַי הַחֻשָׁתִי לַזַּרְחִי וְעַל מַחֲלֻקְתּוֹ עֶשְׂרִים וְאַרְבָּעָה אָלֶף׃ ס — הֿ חס. בֿ
12 12 הַתְּשִׁיעִי לַחֹדֶשׁ הַתְּשִׁיעִי אֲבִיעֶזֶר הָעַנְּתֹתִי לַבֶּנוּמִינִי[a] וְעַל מַחֲלֻקְתּוֹ — בֿ מל[13]. לבן ימיני חד מן הֿ[14] קֿ כתֿ מילה חדה וקרֿ תרי
13 עֶשְׂרִים וְאַרְבָּעָה אָלֶף׃ ס 13 הָעֲשִׂירִי לַחֹדֶשׁ הָעֲשִׂירִי מַהְרַי
הַנְּטוֹפָתִי לַזַּרְחִי וְעַל מַחֲלֻקְתּוֹ עֶשְׂרִים וְאַרְבָּעָה אָלֶף׃ ס — גֿ מל[15]. בֿ
14 14 עַשְׁתֵּי־עָשָׂר לְעַשְׁתֵּי־עָשָׂר הַחֹדֶשׁ בְּנָיָה הַפִּרְעָתוֹנִי מִן־בְּנֵי אֶפְרָיִם — בֿ ר״פ. זֿ וכל עזרא דכות[16]
15 וְעַל מַחֲלֻקְתּוֹ עֶשְׂרִים וְאַרְבָּעָה אָלֶף׃ ס 15 הַשְּׁנֵים עָשָׂר לִשְׁנֵים
עָשָׂר הַחֹדֶשׁ חֶלְדַּי[a] הַנְּטוֹפָתִי לְעָתְנִיאֵל וְעַל מַחֲלֻקְתּוֹ עֶשְׂרִים — גֿ מל[15]. ל
16 וְאַרְבָּעָה אָלֶף׃ פ 16 וְעַל שִׁבְטֵי יִשְׂרָאֵל לָרְאוּבֵנִי נָגִיד אֱלִיעֶזֶר — ל
17 בֶּן־זִכְרִי ס לַשִּׁמְעוֹנִי שְׁפַטְיָהוּ בֶּן־מַעֲכָה׃ ס 17 לְלֵוִי חֲשַׁבְיָה — בֿ חד חס וחד מל[17]. גֿ[18]
18 בֶן־קְמוּאֵל לְאַהֲרֹן צָדוֹק׃ ס 18 לִיהוּדָה אֱלִיהוּ[a] מֵאֲחֵי דָוִיד — גֿ[19]. דֿ חס אֿ
19 לְיִשָּׂשכָר[b] עָמְרִי בֶּן־מִיכָאֵל׃ ס 19 לִזְבוּלֻן יִשְׁמַעְיָהוּ[a] בֶּן־עֹבַדְיָהוּ — ל כתֿ כן[20]. גֿ מיחד[21]. בֿ[22] בכתיב וכל נביא דכות בֿ מֿ אֿ
20 לְנַפְתָּלִי יְרִימוֹת בֶּן־עַזְרִיאֵל[b]׃ ס 20 לִבְנֵי אֶפְרַיִם הוֹשֵׁעַ בֶּן־ — זֿ בליש. גֿ בליש
21 עֲזַזְיָהוּ[a] לַחֲצִי שֵׁבֶט מְנַשֶּׁה יוֹאֵל בֶּן־פְּדָיָהוּ׃ ס 21 לַחֲצִי[a] הַמְנַשֶּׁה — גֿ. ל
גִּלְעָדָה יִדּוֹ בֶּן־זְכַרְיָהוּ[b] ס לְבִנְיָמִן יַעֲשִׂיאֵל בֶּן־אַבְנֵר׃ ס — גֿ בליש[23]. בֿ
22 23 22 לְדָן עֲזַרְאֵל בֶּן־יְרֹחָם[a] אֵלֶּה שָׂרֵי שִׁבְטֵי יִשְׂרָאֵל׃ 23 וְלֹא־נָשָׂא — בֿ ר״פ[24]. גֿ בסיפ

[10] Mm 4133. [11] Mp sub loco. [12] Mm 3103. [13] Mp contra textum, cf Mp sub loco. [14] Mm 214. [15] Mm 4062. [16] Mm 1831. [17] Mm 4134. [18] Mm 987. [19] Mm 155. [20] Mm 218. [21] Mm 2663. [22] Mm 4135. [23] Mm 1859. [24] Mm 4136.

6 [a] mlt Mss בַּשׁ׳ ‖ [b] dl ו et pr וַיָּשֶׂם (hpgr) ‖ [c] pr עַל־ cf 𝔊𝔙 ‖ **7** [a] 𝔊 *καὶ οἱ ἀδελφοί* ‖ **8** [a] sic L, mlt Mss Edd הַחֲ׳ ‖ [b] l c 11,27 שַׁמּוֹת cf 11,27[a] ‖ [c] 11,27 הַהֲרוֹדִי cf 11,27[b]; l הַזַּרְחִי cf 11.13 ‖ **12** [a] K ־נֵי׳ ‖ **15** [a] 11,30 חֵלֶד ‖ **18** [a] 𝔊 *Ελιαβ* cf 2,13 ‖ [b] cf 2,1[a] ‖ **19** [a] 𝔊𝔖 leg שׁ׳ ‖ [b] 𝔊[ALal] *Οζιηλ* ‖ **20** [a] pc Mss 𝔊 עֻזִּיָּהוּ ‖ **21** [a] pc Mss 𝔊𝔙 + שֵׁבֶט cf 20 ‖ [b] 𝔊[-L] *Ζαβδιου* = זבדיהו ‖ **22** [a] 𝔊 *Ιωραμ*.

דָּוִיד מִסְפָּרָם לְמִבֶּן עֶשְׂרִים שָׁנָה וּלְמָטָּה כִּי אָמַר יְהוָה לְהַרְבּוֹת — ל קמ
24 אֶת־יִשְׂרָאֵל כְּכוֹכְבֵי הַשָּׁמָיִם׃ 24 יוֹאָב בֶּן־צְרוּיָה הֵחֵל לִמְנוֹת וְלֹא — ל ר״פ[25]. ה[26]
כִלָּה וַיְהִי בָזֹאת קֶצֶף עַל־יִשְׂרָאֵל וְלֹא עָלָה הַמִּסְפָּר בְּמִסְפַּר[a] — ג[27]
25 דִּבְרֵי־הַיָּמִים לַמֶּלֶךְ דָּוִיד׃ ס 25 וְעַל אֹצְרוֹת הַמֶּלֶךְ[a] עַזְמָוֶת — חצי הספר בפסוקים. ל
בֶּן־עֲדִיאֵל ס וְעַל הָאֹצָרוֹת בַּשָּׂדֶה בֶּעָרִים וּבַכְּפָרִים וּבַמִּגְדָּלוֹת — ל. ל
26 יְהוֹנָתָן בֶּן־עֻזִּיָּהוּ׃ ס 26 וְעַל עֹשֵׂי מְלֶאכֶת הַשָּׂדֶה לַעֲבֹדַת — יו[28] כת י ו[29] מנה בסיפ ול שם גבר
27 הָאֲדָמָה עֶזְרִי בֶּן־כְּלוּב׃ 27 וְעַל־הַכְּרָמִים[a] שִׁמְעִי הָרָמָתִי וְעַל — ל
28 שֶׁבַּכְּרָמִים[b] לְאֹצְרוֹת[c] הַיַּיִן זַבְדִּי הַשִּׁפְמִי[d]׃ ס 28 וְעַל־הַזֵּיתִים — ל. ב. ל
וְהַשִּׁקְמִים אֲשֶׁר בַּשְּׁפֵלָה בַּעַל חָנָן הַגְּדֵרִי[a] ס וְעַל־אֹצְרוֹת הַשֶּׁמֶן — ל
29 יוֹעָשׁ׃ ס 29 וְעַל־הַבָּקָר הָרֹעִים בַּשָּׁרוֹן שִׁטְרַי[a] הַשָּׁרוֹנִי וְעַל־ — שרטי ק. מוקדם מאוחר. ל ומל
30 הַבָּקָר בָּעֲמָקִים שָׁפָט בֶּן־עַדְלָי׃ ס 30 וְעַל־הַגְּמַלִּים אוֹבִיל — ל
31 הַיִּשְׁמְעֵלִי וְעַל־הָאֲתֹנוֹת יֶחְדְּיָהוּ[a] הַמֵּרֹנֹתִי[b]׃ ס 31 וְעַל־הַצֹּאן — ל חס א. ב. ב
32 יָזִיז הַהַגְרִי כָּל־אֵלֶּה שָׂרֵי הָרְכוּשׁ אֲשֶׁר לַמֶּלֶךְ דָּוִיד׃ 32 וִיהוֹנָתָן
דּוֹד־דָּוִיד[a] יוֹעֵץ אִישׁ־מֵבִין וְסוֹפֵר הוּא וִיחִיאֵל בֶּן־חַכְמוֹנִי עִם־בְּנֵי — ב מל
33 הַמֶּלֶךְ׃ 33 וַאֲחִיתֹפֶל יוֹעֵץ לַמֶּלֶךְ ס וְחוּשַׁי הָאַרְכִּי[a] רֵעַ — ל
34 הַמֶּלֶךְ׃ 34 וְאַחֲרֵי אֲחִיתֹפֶל יְהוֹיָדָע[a] בֶּן־בְּנָיָהוּ[b] וְאֶבְיָתָר[c] וְשַׂר־צָבָא
לַמֶּלֶךְ יוֹאָב׃ פ

28 1 וַיַּקְהֵל דָּוִיד אֶת־כָּל־שָׂרֵי יִשְׂרָאֵל שָׂרֵי הַשְּׁבָטִים[a] וְשָׂרֵי — ל
הַמַּחְלְקוֹת הַמְשָׁרְתִים אֶת־הַמֶּלֶךְ וְשָׂרֵי הָאֲלָפִים וְשָׂרֵי הַמֵּאוֹת וְשָׂרֵי[b] — יו בטע[1]. ד בליש
כָל־רְכוּשׁ־וּמִקְנֶה ׀ לַמֶּלֶךְ וּלְבָנָיו עִם־הַסָּרִיסִים וְהַגִּבּוֹרִים וּלְכָל־ — ג[2] וחד מן ח[3] בטע. ז מל ג[4] מנה בסיפ. ל
2 גִּבּוֹר[c] חָיִל אֶל־יְרוּשָׁלָם[b]׃ 2 וַיָּקָם דָּוִיד הַמֶּלֶךְ [a]עַל־רַגְלָיו[a] וַיֹּאמֶר — ד קמ וכל אתנח וס״פ דכות[5]. יג[6] וכל עזרא דכות ב מ א
שְׁמָעוּנִי אַחַי וְעַמִּי אֲנִי[b] עִם־לְבָבִי לִבְנוֹת בֵּית מְנוּחָה לַאֲרוֹן בְּרִית־ — יא. כו בליש וכל מלכים דכות יא מנה בסיפ
3 יְהוָה וְלַהֲדֹם רַגְלֵי אֱלֹהֵינוּ וַהֲכִינוֹתִי לִבְנוֹת׃ 3 וְהָאֱלֹהִים אָמַר לִי — כל סיפ מל. ז[7]. ה[8]

[25]Mm 978. [26]Mm 90. [27]Mm 3190. [28]Mm 627. [29]Mm 4106. **Cp 28** [1]Mm 3998. [2]Mm 1019. [3]Mm 4137. [4]Mm 4061. [5]Mm 4138. [6]Mm 2682. [7]Mm 145. [8]Mm 4139.

24 [a] 𝔊 *ἐν βιβλίῳ*, l בְּסֵפֶר || **25** [a] ins בְּעִיר הַמַּמְלָכָ(ה) (homtel) cf 25b et 1 S 27,5 || **27** [a] 𝔊 *τῶν χωρίων*; 𝔙 *vinearum cultores*, l הַכֹּרְ׳ cf [b] || [b] gl ad הכרמים, ut הַכֹּרְמִים legatur, dl || [c] dl ל cf 28b || [d] 𝔊* *ὁ τοῦ Σεφνι* || **28** [a] 𝔊 leg ד׳– || **29** [a] pc Mss 𝔊[BC]𝔗 ut Q שִׁרְטַי || **30** [a] 𝔖[A] *jhwd'* || [b] 𝔊 *ὁ ἐκ Μεραθων (Μαρ.)*, 𝔖[A] *mrtwnj'* || **32** [a] ins לְדָוִיד? || **33** [a] 𝔊 *(ὁ) πρῶτος* (cf graece *ἀρχι-*) || **34** [a.b] 2 Mss invers cf 5 || [c] dl ו et pr יוֹעֵץ לַמֶּלֶךְ וְכֹהֵן (aberratio oculi)? || **Cp 28,1** [a] 𝔊* *τῶν κριτῶν* = הַשֹּׁפְטִים || [b–b] 𝔊 alit || [c] pc Mss רֵי– || **2** [a–a] 𝔊(𝔄) *ἐν μέσῳ τῆς ἐκκλησίας* || [b] 22,7 + הָיָה, it 𝔊𝔖.

לֹא־תִבְנֶ֥ה בַ֙יִת֙ לִשְׁמִ֔י כִּ֣י אִ֧ישׁ מִלְחָמ֛וֹת אַ֖תָּה וְדָמִ֥ים שָׁפָֽכְתָּ׃ 4 וַיִּבְחַר֩ 4 — כו מלעיל . ב[9]
יְהוָ֨ה אֱלֹהֵ֤י יִשְׂרָאֵל֙ בִּ֜י מִכֹּ֣ל בֵּית־אָבִ֗י לִהְי֨וֹת לְמֶ֤לֶךְ עַל־יִשְׂרָאֵל֙ — ל . כט וכל משיחה מצרים אשור ישראל דכות[10]
לְעוֹלָ֔ם כִּ֤י בִֽיהוּדָה֙ בָּחַ֣ר לְנָגִ֔יד וּבְבֵ֥ית יְהוּדָ֖ה בֵּ֣יתᵃ אָבִ֑י וּבִבְנֵ֣י אָבִ֔י — ד[11]
בִּ֣י רָצָ֔ה לְהַמְלִ֖יךְ עַל־כָּל־יִשְׂרָאֵֽל׃ 5 וּמִכָּל־בָּנַ֔י כִּ֛י רַבִּ֥ים בָּנִ֖ים נָ֣תַן 5 — ב[12] . כ ח[13] מנה בסיפ . ב ר״פ[14]
לִ֣י יְהוָ֑ה וַיִּבְחַר֙ בִּשְׁלֹמֹ֣ה בְנִ֔י לָשֶׁ֗בֶת עַל־כִּסֵּ֛א מַלְכ֥וּת יְהוָ֖ה עַל־ — ל
יִשְׂרָאֵֽל׃ 6 וַיֹּ֣אמֶר לִ֔י שְׁלֹמֹ֥ה בִנְךָ֖ הֽוּא־יִבְנֶ֣ה בֵיתִ֑י וַחֲצֵרוֹתָ֑יᵃ כִּֽי־ 6 — ח[15] ול בסיפ . ל ומל
בָחַ֨רְתִּי ב֥וֹ לִי֙ לְבֵ֔ן וַאֲנִ֖י אֶֽהְיֶה־לּ֥וֹ לְאָֽב׃ 7 וַהֲכִינוֹתִ֥י אֶת־מַלְכוּת֖וֹ 7 — כל סיפ מל
עַד־לְעוֹלָ֑ם ᵃאִם־יֶחֱזַ֗קᵃ לַעֲשׂ֛וֹת מִצְוֺתַ֥י וּמִשְׁפָּטַ֖י כַּיּ֥וֹם הַזֶּֽה׃ 8 וְעַתָּ֞ה 8 — ב
לְעֵינֵ֤י כָל־יִשְׂרָאֵל֙ קְהַל־יְהוָ֔ה וּבְאָזְנֵ֖י אֱלֹהֵ֑ינוּᵃ שִׁמְר֣וּ וְדִרְשׁ֗וּ כָּל־ — ל בסיפ . ג ול בסיפ[16]
מִצְוֺ֛ת יְהוָ֥ה אֱלֹהֵיכֶ֖םᵇ לְמַ֤עַן תִּֽירְשׁוּ֙ אֶת־הָאָ֣רֶץ הַטּוֹבָ֔ה וְהִנְחַלְתֶּ֛ם — ו בטע ה[16] מנה בליש . ל
לִבְנֵיכֶ֥ם אַחֲרֵיכֶ֖ם עַד־עוֹלָֽם׃ פ 9 וְאַתָּ֣הᵃ שְׁלֹמֹֽה־בְנִ֡י דַּע֩ אֶת־ 9 — כן מנוקד[17]
אֱלֹהֵ֨י אָבִ֜יךָᵇ וְעָבְדֵ֗הוּ בְּלֵ֤ב שָׁלֵם֙ וּבְנֶ֣פֶשׁ חֲפֵצָ֔ה כִּ֤י כָל־לְבָבוֹת֙ דּוֹרֵ֣שׁ — ג[18] . ל . ד מל[19]
יְהוָ֔ה וְכָל־יֵ֥צֶר מַחֲשָׁב֖וֹתᶜ מֵבִ֑ין אִֽם־תִּדְרְשֶׁ֙נּוּ֙ יִמָּצֵ֣א לָ֔ךְ וְאִֽם־תַּעַזְבֶ֖נּוּ — ב
יַזְנִיחֲךָ֥ לָעַֽד׃ 10 רְאֵ֣ה ׀ עַתָּ֗ה כִּֽי־יְהוָ֞ה בָּ֣חַר בְּךָ֗ לִבְנֽוֹת־בַּ֛יִתᵃ לַמִּקְדָּ֖שׁ ס ᵃ — ל . ג דגש[20]
חֲזַ֥ק וַעֲשֵֽׂה׃ פ 11 וַיִּתֵּ֣ן דָּוִ֣יד לִ֠שְׁלֹמֹה בְנ֜וֹ אֶת־תַּבְנִ֤ית הָֽאוּלָם֙ 11
וְֽאֶת־בָּ֨תָּ֜יוᵃ וְגַנְזַכָּ֧יו וַעֲלִיֹּתָ֛יו וַחֲדָרָ֥יו הַפְּנִימִ֖ים וּבֵ֥ית הַכַּפֹּֽרֶת׃ — ל . ל חס . ל[21] . ל
12 וְתַבְנִ֗ית כֹּל֩ אֲשֶׁ֨ר הָיָ֤ה בָר֙וּחַ֙ עִמּ֔וֹ לְחַצְר֥וֹת בֵּית־יְהוָ֖ה וּלְכָל־ 12 — ג[22]
הַלְּשָׁכ֣וֹת סָבִ֑יב לְאֹֽצְרוֹת֙ בֵּ֣ית הָאֱלֹהִ֔ים וּלְאֹצְר֖וֹת הַקֳּדָשִֽׁים׃ — ב[16] . ד בליש[23] . מח
13 וּֽלְמַחְלְקוֹת֙ הַכֹּהֲנִ֣ים וְהַלְוִיִּ֔ם וּלְכָל־מְלֶ֖אכֶת עֲבוֹדַ֣ת בֵּית־יְהוָ֑ה 13 — כא[24]
וּֽלְכָל־כְּלֵ֖י עֲבוֹדַ֥ת בֵּית־יְהוָֽה׃ 14 ᵃלַזָּהָ֤בᵇ בַּמִּשְׁקָל֙ לַזָּהָ֔בᶜ לְכָל־כְּלֵ֖י 14 — ד דגש[25]
עֲבוֹדָ֣ה וַעֲבוֹדָ֑ה לְכֹל֙ כְּלֵ֣י הַכֶּ֔סֶףᵈ בְּמִשְׁקָ֕ל לְכָל־כְּלֵ֖י עֲבוֹדָ֥ה — כל סיפ מל ב מ ב חס[26]
וַעֲבוֹדָֽה׃ 15 ᵃוּמִשְׁקָ֞ל לִמְנֹר֣וֹתᵃ הַזָּהָ֗ב וְנֵרֹתֵיהֶם֙ זָהָ֔ב בְּמִשְׁקַל־מְנוֹרָ֥ה 15 — כל חס בסיפ
וּמְנוֹרָ֖ה וְנֵרֹתֶ֑יהָ וְלִמְנֹר֣וֹת הַכֶּ֡סֶףᵇ ᶜבְּמִשְׁקָל֙ לִמְנוֹרָ֔הᶜ וְנֵרֹתֶ֖יהָ — כל חס בסיפ
כַּעֲבוֹדַ֖תᵈ מְנוֹרָ֥ה וּמְנוֹרָֽה׃ 16 וְאֶת־הַזָּהָ֥ב מִשְׁקָ֛לᵃ לְשֻׁלְחֲנ֥וֹת הַֽמַּעֲרֶ֖כֶת 16 — ל ומל . ב

[9] Mm 4140. [10] Mm 958. [11] Mm 1603. [12] Mm 3715. [13] Mm 4151. [14] Mm 4141. [15] Mm 1479. [16] Mp sub loco. [17] שְׁלֹמֹה חלוף, cf Mp sub loco. [18] Mm 2356. [19] Mm 4142. [20] Mm 4143. [21] וחד חדריו Cant 1,4. [22] Mm 2014. [23] Mm 4163. [24] Mm 4144. [25] Mm 820. [26] Cf Mm 4120.

4 ᵃ l בְּבֵית ‖ **6** ᵃ 𝔊^{-L} sg ‖ **7** ᵃ⁻ᵃ 𝔖 w'nhw dl' nṣb' = etsi noluerit ‖ **8** ᵃ ins שִׁמְעוּ אֶת־דִּבְרֵי (homark)? ‖ ᵇ 𝔊𝔙 suff 1 pl ‖ **9** ᵃ 𝔊 καὶ νῦν = וְעַתָּה ‖ ᵇ 𝔊 pl ‖ ᶜ⁻ᶜ 𝔊^{-L} ἐνθύμημα ‖ **10** ᵃ ins לוֹ cf 𝔊 ‖ **11** ᵃ l תבנית הַבַּיִת cf 𝔖𝔙 ‖ **14** ᵃ sq in 𝔊* brevius ‖ ᵇ l לְכָל־כְּלֵי ‖ ᶜ dl ל (dttg) ‖ ᵈ ins כסף (hpgr) ‖ **15** ᵃ⁻ᵃ l וְלִמְ׳ ‖ ᵇ ut 14ᵈ ‖ ᶜ⁻ᶜ l בְּמִשְׁקַל הַזָּהָב מנורה ומנורה cf 15a ‖ ᵈ mlt Mss בַּעֲ׳ ‖ **16** ᵃ l בְּמִ׳ (ב hpgr).

17 לַשֻּׁלְחָן[b] וְשֻׁלְחָן וְכֶסֶף לְשֻׁלְחֲנוֹת הַכָּסֶף׃ 17 וְהַמִּזְלָגוֹת[a] וְהַמִּזְרָקוֹת ב
וְהַקְּשָׂוֹת זָהָב טָהוֹר וְלִכְפוֹרֵי הַזָּהָב[b] בְּמִשְׁקָל לִכְפוֹר וּכְפוֹר וְלִכְפוֹרֵי ב
18 הַכֶּסֶף[c] בְּמִשְׁקָל לִכְפוֹר וּכְפוֹר׃ 18 וּלְמִזְבַּח הַקְּטֹרֶת זָהָב מְזֻקָּק ב . ב[27] . כל חס
בַּמִּשְׁקָל וּלְתַבְנִית הַמֶּרְכָּבָה הַכְּרֻבִים זָהָב לְפֹרְשִׂים[a] וְסֹכְכִים עַל־ ד דגש[28] . ל
19 אֲרוֹן בְּרִית־יְהוָה׃ 19 הַכֹּל בִּכְתָב מִיַּד יְהוָה עָלַי[a] הִשְׂכִּיל כֹּל כו בליש וכל מלכים דכות יא מנה בסיפ . ד ג[29] מנה בסיפ
20 מַלְאֲכוֹת הַתַּבְנִית׃ פ 20 וַיֹּאמֶר דָּוִיד לִשְׁלֹמֹה בְנוֹ חֲזַק וֶאֱמַץ יז מפק א ול בליש[30] . ב פת
וַעֲשֵׂה אַל־תִּירָא וְאַל־תֵּחָת כִּי יְהוָה אֱלֹהִים[a] אֱלֹהַי עִמָּךְ לֹא יַרְפְּךָ ל
21 וְלֹא יַעַזְבֶךָּ עַד־לִכְלוֹת כָּל־מְלֶאכֶת עֲבוֹדַת בֵּית־יְהוָה[b]׃ 21 וְהִנֵּה
מַחְלְקוֹת הַכֹּהֲנִים וְהַלְוִיִּם לְכָל־עֲבוֹדַת בֵּית הָאֱלֹהִים וְעִמְּךָ בְכָל־ כא[31] . ז[32] . מח
מְלָאכָה לְכָל[a]־נָדִיב בַּחָכְמָה לְכָל־עֲבוֹדָה וְהַשָּׂרִים וְכָל־הָעָם ל וכל קהלת דכות ב מ א[33] . נא מ״פ וכל ר״פ דכות ב מ ג
29 לְכָל־דְּבָרֶיךָ׃ פ **29** 1 וַיֹּאמֶר דָּוִיד הַמֶּלֶךְ לְכָל־הַקָּהָל שְׁלֹמֹה
בְנִי אֶחָד[a] בָּחַר־בּוֹ אֱלֹהִים נַעַר וָרָךְ וְהַמְּלָאכָה גְדוֹלָה כִּי לֹא לְאָדָם ג[1] . ב בסיפ
2 הַבִּירָה כִּי לַיהוָה אֱלֹהִים׃ 2 וּכְכָל־כֹּחִי הֲכִינוֹתִי לְבֵית־אֱלֹהַי ב בסיפ . ה . כל סיפ מל
הַזָּהָב ׀ לַזָּהָב וְהַכֶּסֶף לַכֶּסֶף וְהַנְּחֹשֶׁת לַנְּחֹשֶׁת הַבַּרְזֶל לַבַּרְזֶל וְהָעֵצִים
לָעֵצִים אַבְנֵי־שֹׁהַם וּמִלּוּאִים אַבְנֵי־פוּךְ[a] וְרִקְמָה וְכֹל אֶבֶן יְקָרָה ב מל בליש[2]
3 וְאַבְנֵי־שַׁיִשׁ לָרֹב׃ 3 וְעוֹד בִּרְצוֹתִי בְּבֵית אֱלֹהַי [a]יֶשׁ־לִי[a] סְגֻלָּה זָהָב כג ה[3] מנה ר״פ
וָכָסֶף[b] נָתַתִּי לְבֵית־אֱלֹהַי לְמַעְלָה מִכָּל־הֲכִינוֹתִי לְבֵית הַקֹּדֶשׁ׃ כל סיפ מל
4 שְׁלֹשֶׁת אֲלָפִים כִּכְּרֵי[a] זָהָב מִזְּהַב אוֹפִיר וְשִׁבְעַת אֲלָפִים כִּכַּר־ ל . ב[4]
5 כֶּסֶף מְזֻקָּק לָטוּחַ קִירוֹת הַבָּתִּים[b]׃ 5 [a]לַזָּהָב לַזָּהָב וְלַכֶּסֶף לַכֶּסֶף כל חס . ל . ל
וּלְכָל־מְלָאכָה[a] בְּיַד חָרָשִׁים וּמִי[b] מִתְנַדֵּב לְמַלֹּאות[c] יָדוֹ הַיּוֹם לַיהוָה׃ ל . ו ב חס וד מל[5]
6 וַיִּתְנַדְּבוּ שָׂרֵי הָאָבוֹת וְשָׂרֵי ׀ שִׁבְטֵי יִשְׂרָאֵל וְשָׂרֵי הָאֲלָפִים ל
7 וְהַמֵּאוֹת וּלְשָׂרֵי[a] מְלֶאכֶת הַמֶּלֶךְ׃ 7 וַיִּתְּנוּ לַעֲבוֹדַת בֵּית־הָאֱלֹהִים ל . ז[6] . מח
זָהָב כִּכָּרִים חֲמֵשֶׁת־אֲלָפִים וַאֲדַרְכֹנִים[a] רִבּוֹ וְכֶסֶף כִּכָּרִים עֲשֶׂרֶת ב וחס בליש[7] . ד חס א[8]
אֲלָפִים וּנְחֹשֶׁת רִבּוֹ וּשְׁמוֹנַת אֲלָפִים כִּכָּרִים וּבַרְזֶל מֵאָה־אֶלֶף ד חס א[8] . ל מל

[27] Mm 1298. [28] Mm 820. [29] Mm 4145. [30] Mm 411. [31] Mm 4144. [32] Mm 4034. [33] Qoh 2,21. **Cp 29** [1] Mm 629. [2] Mm 700. [3] Mm 2227. [4] Mm 4146. [5] Mm 4269. [6] Mm 4034. [7] Mp sub loco. [8] Mm 3847.

16 [b] sic L, mlt Mss Edd חָן– || **17** [a] l וְלַמּ׳ cf 𝔊 || [b] ins זהב (hpgr) || [c] ut 14[d] || **18** [a] ins כְּנָפַיִם? cf 2 Ch 5,8 || **19** [a] l עָלָיו cf 𝔊; huc tr ‸; 𝔊 pr *ἔδωκεν Δαυιδ Σαλωμων* || **20** [a] > 𝔊 || [b] 𝔊 + vb versibus 11.12a simillima || **21** [a] $𝔊^{L}$ om לְ, dl || **Cp 29,1** [a] > Ms || **2** [a] 𝔊 *πολυτελεῖς* || **3** [a–a] l שֶׁלִּי (י dttg) || [b] 𝔊 + *καὶ ἰδού* || **4** [a] l כִּכַּר־? cf 4b || [b] 𝔊𝔖𝔙𝔄 sg || **5** [a–a] > 𝔊*; cj c 4 || [b] ins מִכֶּם? || [c] Q^{Mss} למלות || **6** [a] l וְשָׂרֵי || **7** [a] sic L, mlt Mss Edd כֹּנִים–.

8 כְּכָרִֽים׃ 8 וְהַנִּמְצָא אִתּוֹ אֲבָנִים נָתְנוּ לְאוֹצַר בֵּית־יְהוָה עַל יַד־ ל. ב בטע דמטע[9]
9 יְחִיאֵל הַגֵּרְשֻׁנִּֽי׃ 9 וַיִּשְׂמְחוּ הָעָם עַל־הִֽתְנַדְּבָם כִּי בְּלֵב שָׁלֵם הִֽתְנַדְּבוּ [10]ג
10 לַֽיהוָה וְגַם דָּוִיד הַמֶּלֶךְ שָׂמַח שִׂמְחָה גְדוֹלָֽה׃ פ 10 וַיְבָרֶךְ דָּוִיד [11]ג
אֶת־יְהוָה לְעֵינֵי כָּל־הַקָּהָל וַיֹּאמֶר דָּוִיד בָּרוּךְ אַתָּה יְהוָה אֱלֹהֵי [12]ב
11 יִשְׂרָאֵל אָבִינוּ מֵעוֹלָם וְעַד־עוֹלָֽם׃ 11 לְךָ יְהוָה הַגְּדֻלָּה וְהַגְּבוּרָה יב[13]. ב ור״פ. ד ג מל וחד חס
וְהַתִּפְאֶרֶת וְהַנֵּצַח וְהַהוֹד כִּי־[a]כֹל בַּשָּׁמַיִם וּבָאָרֶץ[b] לְךָ יְהוָה הַמַּמְלָכָה ד כת כן[14]
12 וְהַמִּתְנַשֵּׂא לְכֹל ׀ לְרֹֽאשׁ׃[bc] 12 וְהָעֹשֶׁר וְהַכָּבוֹד מִלְּפָנֶיךָ וְאַתָּה מוֹשֵׁל ל. כד. י. יד מל
13 בַּכֹּל[a] וּבְיָדְךָ כֹּחַ וּגְבוּרָה וּבְיָדְךָ לְגַדֵּל וּלְחַזֵּק לַכֹּֽל׃ 13 וְעַתָּה ז דגש[15]. ג[16]. יא. ב
14 אֱלֹהֵינוּ מוֹדִים אֲנַחְנוּ לָךְ וּֽמְהַֽלְלִים לְשֵׁם תִּפְאַרְתֶּֽךָ׃ 14 וְכִי מִי אֲנִי ל. ג. ל
וּמִי עַמִּי כִּֽי־נַעְצֹר כֹּחַ לְהִתְנַדֵּב כָּזֹאת כִּֽי־מִמְּךָ הַכֹּל וּמִיָּדְךָ נָתַנּוּ כל חס[17]. ג דגש[18]
15 לָֽךְ׃ 15 כִּֽי־גֵרִים אֲנַחְנוּ לְפָנֶיךָ וְתוֹשָׁבִים כְּכָל־אֲבֹתֵינוּ כַּצֵּל ׀ יָמֵינוּ ד בליש בסיפ. ה דגש[19]
16 עַל־הָאָרֶץ וְאֵין מִקְוֶֽה׃ 16 יְהוָה אֱלֹהֵינוּ כֹּל[a] הֶהָמוֹן הַזֶּה אֲשֶׁר הֲכִינֹנוּ [17]ל. [20]ב
17 לִבְנֽוֹת־לְךָ בַיִת לְשֵׁם קָדְשֶׁךָ מִיָּדְךָ הִיא וּלְךָ הַכֹּֽל׃ 17 וְיָדַעְתִּי אֱלֹהַי הוא ק חד מן ה[21] כתיב הוא
כִּי אַתָּה בֹּחֵן לֵבָב וּמֵישָׁרִים תִּרְצֶה אֲנִי בְּיֹשֶׁר לְבָבִי הִתְנַדַּבְתִּי כָל־ ג
אֵלֶּה וְעַתָּה עַמְּךָ הַנִּמְצְאוּ־פֹה רָאִיתִי בְשִׂמְחָה לְהִֽתְנַדֶּב־לָֽךְ׃
18 18 יְהוָה אֱלֹהֵי אַבְרָהָם יִצְחָק וְיִשְׂרָאֵל אֲבֹתֵינוּ שָׁמְרָה־זֹּאת לְעוֹלָם ד בליש[22]. לג ט מנה בכתיב. ל חטף וכל תלים דכות ב מ ב[23]
19 [a]לְיֵצֶר מַחְשְׁבוֹת[a] לְבַב עַמֶּךָ וְהָכֵן לְבָבָם אֵלֶֽיךָ׃ 19 וְלִשְׁלֹמֹה בְנִי תֵּן [24]ה
לֵבָב שָׁלֵם לִשְׁמוֹר מִצְוֹתֶיךָ עֵדְוֺתֶיךָ וְחֻקֶּיךָ וְלַעֲשׂוֹת הַכֹּל וְלִבְנוֹת ח מל[25]. י מל. ה[26]
20 הַבִּירָה אֲשֶׁר־הֲכִינֽוֹתִי׃ פ 20 וַיֹּאמֶר דָּוִיד לְכָל־הַקָּהָל בָּֽרְכוּ־נָא ב בסיפ. כל סיפ מל. ל[27]
אֶת־יְהוָה אֱלֹהֵיכֶם[a] וַיְבָרְכוּ כָֽל־הַקָּהָל לַיהוָה אֱלֹהֵי אֲבֹתֵיהֶם וַיִּקְּדוּ ל. ט חס בסיפ
21 וַיִּֽשְׁתַּחֲווּ לַיהוָה וְלַמֶּֽלֶךְ׃ 21 וַיִּזְבְּחוּ[a] לַיהוָה ׀ זְבָחִים וַיַּעֲלוּ[b] עֹלוֹת [28]ב
לַיהוָה לְֽמָחֳרַת [c]הַיּוֹם הַהוּא[c] פָּרִים אֶלֶף אֵילִים אֶלֶף כְּבָשִׂים אֶלֶף ל ורפי. ו חס בכתיב למערב[29]
22 וְנִסְכֵּיהֶם וּזְבָחִים לָרֹב לְכָל־יִשְׂרָאֵֽל׃ 22 וַיֹּאכְלוּ וַיִּשְׁתּוּ לִפְנֵי יְהוָה
בַּיּוֹם הַהוּא בְּשִׂמְחָה גְדוֹלָה[a] וַיַּמְלִיכוּ שֵׁנִית[b] לִשְׁלֹמֹה בֶן־דָּוִיד

[9] Mm 4127. [10] Mm 2356. [11] Mm 3375. [12] Ps 119,12. [13] Mm 2487. [14] Mm 3284. [15] Mm 104. [16] Mm 2821. [17] Mp sub loco. [18] Mm 3739. [19] Mm 3707. [20] Esr 10,2. [21] Mm 3702. [22] Mm 4147. [23] Ps 86,2 et Ps 119,167. [24] Mm 4148. [25] Mm 1796. [26] Mm 1376. [27] Mm 4149. [28] Est 3,8. [29] Mm 879 contra textum.

11 [a] ins לְךָ? ‖ [b–b] 𝔊 alit ‖ [c] l c pc Mss 𝔙 ר׳ (ל dttg) ‖ **12** [a] 𝔊 + *κύριε ὁ ἄρχων πάσης ἀρχῆς* cf 11b ‖ **16** [a] sic L, mlt Mss Edd כֹּל ‖ **18** [a–a] 𝔊$^{-L}$ *ἐν διανοίᾳ* cf 28,9[c–c] ‖ **20** [a] 𝔊*𝔙 suff 1 pl ‖ **21** [a] 𝔊 *καὶ ἔθυσεν Δαυιδ* ‖ [b] 𝔊 sg ‖ [c–c] 𝔊 *τῆς πρώτης ἡμέρας* ‖ **22** [a] > 𝔊* ‖ [b] > 𝔊^{B}𝔖𝔄, gl propter 23,1.

23 וַיִּמְשְׁחוּ[c] לַיהוָה לְנָגִיד וּלְצָדוֹק לְכֹהֵן׃ 23 וַיֵּשֶׁב שְׁלֹמֹה עַל־כִּסֵּא — ב חד חס וחד מל[30] . ו
יְהוָה ׀ לְמֶלֶךְ תַּחַת־דָּוִיד אָבִיו וַיַּצְלַח וַיִּשְׁמְעוּ אֵלָיו כָּל־יִשְׂרָאֵל׃ — כט וכל משיחה מצרים אשור ישראל דכות[31] . ב
24 וְכָל־הַשָּׂרִים וְהַגִּבֹּרִים וְגַם כָּל־בְּנֵי הַמֶּלֶךְ דָּוִיד נָתְנוּ יָד תַּחַת — ג[32] . ל
25 שְׁלֹמֹה הַמֶּלֶךְ׃ 25 וַיְגַדֵּל יְהוָה אֶת־שְׁלֹמֹה לְמַעְלָה לְעֵינֵי כָּל־ — ג[33] . ל
יִשְׂרָאֵל וַיִּתֵּן עָלָיו הוֹד מַלְכוּת אֲשֶׁר לֹא־הָיָה עַל־כָּל־מֶלֶךְ לְפָנָיו — ל
26 [a]עַל־יִשְׂרָאֵל׃[a] פ 26 וְדָוִיד בֶּן־יִשָׁי מָלַךְ עַל־כָּל־יִשְׂרָאֵל׃ — ב זקף קמ . כ ח[34] מנה בסיפ
27 וְהַיָּמִים אֲשֶׁר מָלַךְ עַל־יִשְׂרָאֵל אַרְבָּעִים שָׁנָה בְּחֶבְרוֹן מָלַךְ שֶׁבַע
28 שָׁנִים וּבִירוּשָׁלַםִ מָלַךְ שְׁלֹשִׁים וְשָׁלוֹשׁ׃ 28 וַיָּמָת בְּשֵׂיבָה טוֹבָה שְׂבַע — כא . ל חס . כל כתיב מל . כל ליש כת כן . ד[35]
29 יָמִים עֹשֶׁר וְכָבוֹד וַיִּמְלֹךְ שְׁלֹמֹה בְנוֹ תַּחְתָּיו׃ 29 וְדִבְרֵי דָּוִיד הַמֶּלֶךְ — ה[36] ג[37] מנה ר״פ
הָרִאשֹׁנִים וְהָאַחֲרֹנִים[a] הִנָּם כְּתוּבִים עַל־דִּבְרֵי שְׁמוּאֵל הָרֹאֶה — כ׳ יג מנה בסיפ
30 [b]וְעַל־דִּבְרֵי נָתָן הַנָּבִיא[b] וְעַל־דִּבְרֵי גָּד הַחֹזֶה׃ 30 עִם כָּל־מַלְכוּתוֹ
וּגְבוּרָתוֹ וְהָעִתִּים אֲשֶׁר עָבְרוּ עָלָיו וְעַל־יִשְׂרָאֵל וְעַל כָּל־מַמְלְכוֹת — ב . ד[38]
הָאֲרָצוֹת׃ פ

1 1 וַיִּתְחַזֵּק שְׁלֹמֹה בֶן־דָּוִיד עַל־מַלְכוּתוֹ וַיהוָה אֱלֹהָיו עִמּוֹ — ח[1] . ד סמיכ בעינ . ה
2 וַיְגַדְּלֵהוּ לְמָעְלָה׃ 2 וַיֹּאמֶר שְׁלֹמֹה לְכָל־יִשְׂרָאֵל לְשָׂרֵי הָאֲלָפִים
וְהַמֵּאוֹת וְלַשֹּׁפְטִים[a] וּלְכֹל נָשִׂיא לְכָל־יִשְׂרָאֵל רָאשֵׁי הָאָבוֹת׃ — עה
3 וַיֵּלְכוּ שְׁלֹמֹה וְכָל־הַקָּהָל עִמּוֹ לַבָּמָה אֲשֶׁר בְּגִבְעוֹן כִּי־שָׁם הָיָה — ל . ה[2]
4 אֹהֶל מוֹעֵד הָאֱלֹהִים אֲשֶׁר עָשָׂה מֹשֶׁה עֶבֶד־יְהוָה בַּמִּדְבָּר׃ 4 אֲבָל
אֲרוֹן הָאֱלֹהִים הֶעֱלָה דָוִיד מִקִּרְיַת יְעָרִים בַּהֵכִין לוֹ [a]דָּוִיד כִּי נָטָה־ — ל
5 לוֹ[a] אֹהֶל בִּירוּשָׁלָםִ׃ 5 וּמִזְבַּח הַנְּחֹשֶׁת אֲשֶׁר עָשָׂה בְּצַלְאֵל בֶּן־אוּרִי — ב[3]
6 בֶן־חוּר שָׂם[a] לִפְנֵי מִשְׁכַּן יְהוָה וַיִּדְרְשֵׁהוּ שְׁלֹמֹה וְהַקָּהָל[b]׃ 6 וַיַּעַל — ב פסוק דמטע[4]
שְׁלֹמֹה שָׁם[a] עַל־מִזְבַּח הַנְּחֹשֶׁת [b]לִפְנֵי יְהוָה[b] אֲשֶׁר לְאֹהֶל מוֹעֵד וַיַּעַל — ה
7 עָלָיו עֹלוֹת אָלֶף׃ 7 בַּלַּיְלָה הַהוּא נִרְאָה אֱלֹהִים לִשְׁלֹמֹה וַיֹּאמֶר
8 לוֹ שְׁאַל מָה אֶתֶּן־לָךְ׃ 8 וַיֹּאמֶר שְׁלֹמֹה לֵאלֹהִים אַתָּה עָשִׂיתָ עִם־ — ט

[30] Mm 1869. [31] Mm 958. [32] Mm 4150. [33] Mm 1878. [34] Mm 4151. [35] Mm 178. [36] Mm 3438. [37] Mm 3385. [38] Mm 4152. **Cp 1** [1] Mm 4195. [2] Mm 4236. [3] Mm 2141. [4] Mm 4153 contra textum.

22 c l –חֻהוּ (hpgr) cf 𝔊𝔗𝔙 ‖ **25** a–a > 𝔊* ‖ **29** a sic L, mlt Mss Edd ′אַחֲ– ‖ b–b > 𝔖A ‖ **Cp 1,2** a prp וְהַשְּׁבָטִים cf 1 Ch 28,1 29,6 ‖ **4** a–a > 𝔊* (homtel) ‖ **5** a sic mlt Mss 𝔖𝔗𝔄, mlt Mss 𝔊𝔙 שָׁם ‖ b pc Mss 𝔊A al 𝔖𝔙 ′וְכָל־הַקּ ‖ **6** a > Ms; huc tr b–b? ‖ b–b cf 6 a.

9 דָּוִ֣יד אָבִ֔י חֶ֥סֶד גָּד֖וֹל וְהִמְלַכְתַּ֖נִי תַּחְתָּֽיו׃ 9 עַתָּה֙ יְהוָ֣ה אֱלֹהִ֔ים יֵֽאָמֵן֙
דְּבָרְךָ֣ᵃ עִ֖ם דָּוִ֣יד אָבִ֑י כִּ֤י אַתָּה֙ הִמְלַכְתַּ֔נִי עַל־עַ֕ם רַ֖ב כַּעֲפַ֥ר הָאָֽרֶץ׃
10 עַתָּ֗ה חָכְמָ֤ה וּמַדָּע֙ תֶּן־לִ֔י וְאֵֽצְאָ֛ה לִפְנֵ֥י הָֽעָם־הַזֶּ֖ה וְאָב֑וֹאָה כִּֽי־מִ֣י
11 יִשְׁפֹּ֔ט אֶֽת־עַמְּךָ֥ הַזֶּ֖ה הַגָּדֽוֹל׃ ס 11 וַיֹּ֣אמֶר־אֱלֹהִ֣ים ׀ לִשְׁלֹמֹ֡ה
יַ֣עַן אֲשֶׁ֨ר הָיְתָ֥ה זֹאת֮ עִם־לְבָבֶךָ֒ וְלֹֽא־שָׁ֠אַלְתָּ עֹ֣שֶׁר נְכָסִ֤ים וְכָבוֹד֙
וְאֵת֙ נֶ֣פֶשׁ שֹׂנְאֶ֔יךָ וְגַם־יָמִ֥ים רַבִּ֖ים לֹ֣א שָׁאָ֑לְתָּ וַתִּֽשְׁאַל־לְךָ֙ חָכְמָ֣ה
12 וּמַדָּ֔ע אֲשֶׁ֤ר תִּשְׁפּוֹט֙ אֶת־עַמִּ֔י אֲשֶׁ֥ר הִמְלַכְתִּ֖יךָ עָלָֽיו׃ 12 הַֽחָכְמָ֣ה
וְהַמַּדָּ֔ע נָת֖וּןᵃ לָ֑ךְ וְעֹ֨שֶׁר וּנְכָסִ֤ים וְכָבוֹד֙ אֶתֶּן־לָ֔ךְ אֲשֶׁ֣ר ׀ לֹא־הָ֣יָה כֵ֗ן
13 לַמְּלָכִים֙ אֲשֶׁ֣ר לְפָנֶ֔יךָ וְאַחֲרֶ֖יךָ לֹ֥א יִֽהְיֶה־כֵּֽן׃ 13 וַיָּבֹ֨א שְׁלֹמֹ֜ה לַבָּמָ֣הᵃ
אֲשֶׁר־בְּגִבְע֗וֹן יְר֣וּשָׁלִַ֔ם מִלִּפְנֵ֖י אֹ֣הֶל מוֹעֵ֑ד וַיִּמְלֹ֖ךְ עַל־יִשְׂרָאֵֽל׃ פ
14 14 וַיֶּאֱסֹ֣ף שְׁלֹמֹה֮ רֶ֣כֶב וּפָרָשִׁים֒ וַֽיְהִי־ל֗וֹ אֶ֤לֶף וְאַרְבַּע־מֵאוֹת֙ רֶ֔כֶב
וּשְׁנֵים־עָשָׂ֥ר אֶ֖לֶף פָּרָשִׁ֑ים וַיַּנִּיחֵם֙ בְּעָרֵ֣י הָרֶ֔כֶב וְעִם־הַמֶּ֖לֶךְ בִּירוּשָׁלִָֽם׃
15 15 וַיִּתֵּ֨ן הַמֶּ֜לֶךְ אֶת־הַכֶּ֧סֶףᵃ וְאֶת־הַזָּהָ֛בᵃ בִּירוּשָׁלִַ֖ם כָּאֲבָנִ֑ים וְאֵ֣ת
16 הָאֲרָזִ֗ים נָתַ֛ן כַּשִּׁקְמִ֛ים אֲשֶׁר־בַּשְּׁפֵלָ֖ה לָרֹֽב׃ 16 וּמוֹצָ֧א הַסּוּסִ֛ים
אֲשֶׁ֥ר לִשְׁלֹמֹ֖ה מִמִּצְרָ֑יִם וּמִקְוֵ֕אᵃ סֹחֲרֵ֣י הַמֶּ֔לֶךְ מִקְוֵ֥א יִקְח֖וּ בִּמְחִֽיר׃
17 17 וַֽיַּעֲל֡וּ וַיּוֹצִ֨יאוּ מִמִּצְרַ֤יִם מֶרְכָּבָה֙ בְּשֵׁ֣שׁ מֵא֣וֹת כֶּ֔סֶף וְס֖וּס בַּחֲמִשִּׁ֣ים
וּמֵאָ֑ה וְ֠כֵן לְכָל־מַלְכֵ֧י הַחִתִּ֛ים וּמַלְכֵ֥י אֲרָ֖ם בְּיָדָ֥ם יוֹצִֽיאוּᵃ׃
18 18 וַיֹּ֣אמֶר שְׁלֹמֹ֗ה לִבְנ֥וֹת בַּ֨יִת֙ לְשֵׁ֣ם יְהוָ֔ה וּבַ֖יִת לְמַלְכוּתֽוֹ׃
2 1 וַיִּסְפֹּ֣רᵃ שְׁלֹמֹ֡ה שִׁבְעִים֩ אֶ֨לֶף אִ֤ישׁ סַבָּל֙ וּשְׁמוֹנִ֥ים אֶ֛לֶף אִ֥ישׁ חֹצֵ֖ב
2 בָּהָ֑ר וּמְנַצְּחִ֣ים עֲלֵיהֶ֔ם שְׁלֹ֥שֶׁת אֲלָפִ֖ים וְשֵׁ֥שׁᵇ מֵאֽוֹת׃ פ 2 וַיִּשְׁלַ֣ח
שְׁלֹמֹ֔ה אֶל־חוּרָ֥םᵃ מֶֽלֶךְ־צֹ֖ר לֵאמֹ֑ר כַּאֲשֶׁ֤ר עָשִׂ֨יתָ֙ עִם־דָּוִ֣יד אָבִ֔י
וַתִּֽשְׁלַֽח־ל֣וֹ אֲרָזִ֔ים לִבְנֽוֹת־ל֥וֹ בַ֖יִת לָשֶׁ֥בֶת בּֽוֹ׃ 3 הִנֵּ֨ה אֲנִ֜יᵃ בֽוֹנֶה־ ס̇ יב
בַ֡יִת לְשֵׁם֩ ׀ יְהוָ֨ה אֱלֹהָ֜י לְהַקְדִּ֣ישׁ ל֗וֹ לְהַקְטִ֨יר לְפָנָ֜יו קְטֹֽרֶת־סַמִּ֛ים
וּמַעֲרֶ֥כֶת תָּמִ֖יד וְעֹל֣וֹת לַבֹּ֣קֶר וְלָעֶ֑רֶב לַשַּׁבָּתוֹת֙ וְלֶ֣חֳדָשִׁ֔ים וּלְמוֹעֲדֵ֖י

ל̇[5]. כה̇[6] ר״פ ח מנה בסיפ
ל̇[7]
כה̇[6] ר״פ ח מנה בסיפ. ל̇. ד̇[8]
כה̇[9]
ח זוגין מחלפין[10]. ל̇
ד̇[11]
ג מל ול בליש[12]
ל̇. ג ומל[13]. ח זוגין מחלפין[10]. ט̇
ל̇
כ ז מנה בסיפ[14]
ב ובסיפ[15]
ל̇ בסיפ
ב̇ כת א. ב̇ כת א. ח ומל[16]
יב[17] ד מנה מל בסיפ. ג̇
ה. ד̇ בליש[18]
ד̇ סמיכ בעינ
ג ר״פ בסיפ[1]. ז. ה מל
ח̇[2] קמ וכל אתנח וס״פ דכות ב מ ב. ד̇[3]
ל̇ ומל

[5] וחד המלכתני 2Ch 1,9. [6] Mm 1057. [7] וחד והמלכתני 2Ch 1,8. [8] Mm 209. [9] Mm 5. [10] Mm 3964. [11] Mm 1673. [12] Mm 2854. [13] Mm 3753. [14] Mm 4234. [15] Mp sub loco. [16] Mm 1862. [17] Mm 2610. [18] Mm 4154. **Cp 2** [1] Mm 4213. [2] Mm 960. [3] Mm 580.

9 ᵃ 𝔊^{-L} *τὸ ὄνομά σου* ‖ **12** ᵃ 𝔊 *δίδωμι* ‖ **13** ᵃ prb l מִהַבָּ׳ cf 𝔊𝔙 ‖ **15** ᵃ⁻ᵃ > 𝔖 et 1 R 10,27 ‖ **16** ᵃ huc tr ‸ ‖ **17** ᵃ l יוֹצְאוּ cf 𝔙 ‖ **Cp 2,1** ᵃ 𝔊 *καὶ συνήγαγεν* (id in 16) cf 1 Ch 22,2 ‖ ᵇ 1 R 5,30 וּשְׁלֹשׁ ‖ **2** ᵃ nonn Mss 𝔊𝔖𝔙 חִירָם (id in 10sqq) cf 1 Ch 14,1ᵃ ‖ **3** ᵃ ins sec 𝔊 בְּנוֹ (hpgr).

4 יְהוָ֣ה אֱלֹהֵ֑ינוּ לְעוֹלָ֖ם זֹ֥את עַל־יִשְׂרָאֵֽל׃ 4 וְהַבַּ֛יִת אֲשֶׁר־אֲנִ֥י בוֹנֶ֖ה   ה מל
5 גָּד֑וֹל כִּֽי־גָד֥וֹל אֱלֹהֵ֖ינוּ מִכָּל־הָאֱלֹהִֽים׃ 5 וּמִ֤י יַֽעֲצָר־כֹּ֙חַ֙ לִבְנֽוֹת־ל֣וֹ   ל. ב[4]. ד פסוק ומי ומי
בַ֔יִת כִּ֧י הַשָּׁמַ֛יִם וּשְׁמֵ֥י הַשָּׁמַ֖יִם לֹ֣א יְכַלְכְּלֻ֑הוּ[a] וּמִ֤י אֲנִי֙ אֲשֶׁ֣ר אֶבְנֶה־לּ֣וֹ   ל וחס
6 בַ֔יִת כִּ֖י אִם־לְהַקְטִ֥יר לְפָנָֽיו׃ 6 וְעַתָּ֡ה שְֽׁלַֽח־לִ֣י אִישׁ־חָכָ֡ם[a] לַעֲשׂ֣וֹת
בַּזָּהָ֣ב וּבַכֶּ֡סֶף וּבַנְּחֹ֣שֶׁת וּבַבַּרְזֶ֡ל וּבָֽאַרְגְּוָ֤ן וְכַרְמִיל֙ וּתְכֵ֔לֶת וְיֹדֵ֖עַ   ד פסוק דאית בהון ח מילין נסיב ו[5]. ל. ג. ג[6]
לְפַתֵּ֣חַ פִּתּוּחִ֑ים עִם־הַחֲכָמִ֗ים אֲשֶׁ֤ר עִמִּי[b]֙ בִּֽיהוּדָ֣ה וּבִירֽוּשָׁלִַ֔ם אֲשֶׁ֥ר   ל. ב. כא
7 הֵכִ֖ין דָּוִ֥יד אָבִֽי׃ 7 וּֽשְׁלַֽח־לִ֡י עֲצֵ֣י אֲרָזִים֩ בְּרוֹשִׁ֨ים וְאַלְגּוּמִּ֜ים מֵהַלְּבָנ֗וֹן   ל
כִּ֚י אֲנִ֣י יָדַ֔עְתִּי אֲשֶׁ֤ר עֲבָדֶ֙יךָ֙ יֽוֹדְעִ֔ים לִכְר֖וֹת עֲצֵ֣י לְבָנ֑וֹן וְהִנֵּ֥ה עֲבָדַ֖י   ד מל[7]. ב מל
8 עִם־עֲבָדֶֽיךָ׃ 8 וּלְהָכִ֥ין[a] לִ֛י עֵצִ֖ים לָרֹ֑ב כִּ֥י הַבַּ֛יִת אֲשֶׁר־אֲנִ֥י בוֹנֶ֖ה   ל. ה מל
9 גָּד֥וֹל וְהַפְלֵֽא׃ 9 וְהִנֵּ֣ה לַֽחֹטְבִ֣ים ׀ לְֽכֹרְתֵ֣י ׀ הָעֵצִ֡ים נָתַ֣תִּי[a] חִטִּ֣ים ׀ מַכּ֣וֹת[b]   ל[8]. ל
לַ֠עֲבָדֶיךָ כֹּרִ֞ים עֶשְׂרִ֣ים אֶ֗לֶף וּשְׂעֹרִים֙ כֹּרִ֔ים עֶשְׂרִ֖ים אָ֑לֶף וְיַ֗יִן בַּתִּים֙   כל חס[9]
10 עֶשְׂרִ֣ים אֶ֔לֶף וְשֶׁ֕מֶן בַּתִּ֖ים עֶשְׂרִ֥ים אָֽלֶף׃ פ 10 וַיֹּ֩אמֶר֩ חוּרָ֨ם[a]
מֶֽלֶךְ־צֹר֙ בִּכְתָ֔ב וַיִּשְׁלַ֖ח אֶל־שְׁלֹמֹ֑ה בְּאַהֲבַ֤ת יְהוָה֙ אֶת־עַמּ֔וֹ נְתָנְךָ֥   ד ג[10] מנה בסיפ
11 עֲלֵיהֶ֖ם מֶֽלֶךְ׃ 11 וַיֹּ֙אמֶר֙ חוּרָ֔ם בָּר֤וּךְ יְהוָה֙ אֱלֹהֵ֣י יִשְׂרָאֵ֔ל אֲשֶׁ֣ר עָשָׂ֔ה   יב בטע ר״פ
אֶת־הַשָּׁמַ֖יִם וְאֶת־הָאָ֑רֶץ אֲשֶׁ֣ר נָתַן֩ לְדָוִ֨יד הַמֶּ֜לֶךְ בֵּ֣ן חָכָ֗ם יוֹדֵ֙עַ֙ שֵׂ֣כֶל   יג[11]. כל סיפ מל
12 וּבִינָ֔ה אֲשֶׁ֤ר יִבְנֶה־בַּ֙יִת֙ לַֽיהוָ֔ה וּבַ֖יִת לְמַלְכוּתֽוֹ׃ 12 וְעַתָּ֗ה שָׁלַ֧חְתִּי   ד סמיכ בעינ
13 אִישׁ־חָכָ֛ם יוֹדֵ֥עַ בִּינָ֖ה לְחוּרָ֥ם אָבִֽי׃[a] 13 בֶּן־אִשָּׁ֞ה [a]מִן־בְּנ֣וֹת דָּ֗ן   כל סיפ מל. יו מיחד מן[12]
וְאָבִ֣יו אִישׁ־צֹרִ֡י יוֹדֵ֡עַ לַעֲשׂ֣וֹת בַּזָּהָב־וּ֠בַכֶּסֶף בַּנְּחֹ֨שֶׁת בַּבַּרְזֶ֜ל בָּאֲבָנִ֣ים   ט[13]. כל סיפ מל. ה דקדמין לעצים[14]
וּבָעֵצִ֗ים בָּֽאַרְגָּמָ֤ן בַּתְּכֵ֙לֶת֙ וּבַבּ֣וּץ וּבַכַּרְמִ֔יל וּלְפַתֵּ֙חַ֙ כָּל־פִּתּ֔וּחַ   ל. ג. ל ומל[9]. ב
וְלַחְשֹׁ֖ב כָּל־מַחֲשָׁ֑בֶת אֲשֶׁ֧ר יִנָּֽתֶן־ל֛וֹ עִם־חֲכָמֶ֕יךָ וְחַכְמֵ֕י אֲדֹנִ֖י דָּוִ֥יד   ב קמ
14 אָבִֽיךָ׃ 14 וְעַתָּ֗ה הַחִטִּ֤ים וְהַשְּׂעֹרִים֙ הַשֶּׁ֣מֶן וְהַיַּ֔יִן אֲשֶׁ֖ר אָמַ֣ר אֲדֹנִ֑י   ל
15 יִשְׁלַ֖ח לַעֲבָדָֽיו׃ 15 וַאֲנַ֜חְנוּ נִכְרֹ֣ת עֵצִ֗ים מִן־הַלְּבָנוֹן֙ כְּכָל־צָרְכֶּ֔ךָ   ל
וּנְבִיאֵ֥ם לְךָ֛ רַפְסֹד֖וֹת עַל־יָ֣ם יָפ֑וֹ וְאַתָּ֛ה תַּעֲלֶ֥ה אֹתָ֖ם יְרוּשָׁלִָֽם׃ פ   ל. ד. כ[9] בטע ד[15] מנה בכתיב בליש ח[16] מנה בליש
16 וַיִּסְפֹּ֣ר[a] שְׁלֹמֹ֗ה כָּל־הָאֲנָשִׁים֙ הַגֵּירִ֔ים אֲשֶׁר֙ בְּאֶ֣רֶץ יִשְׂרָאֵ֔ל אַחֲרֵ֣י   ד ול מל בליש בסיפ

[4]Mm 4155. [5]Mm 4156. [6]Mm 973. [7]Mm 3701. [8]Mm 2316. [9]Mp sub loco. [10]Mm 4145. [11]Mm 3139. [12]Okhl 196 et Mp sub loco. [13]Mm 3056. [14]Mm 4157. [15]Mm 3923. [16]Mm 4158.

5 [a] 𝔊[-L] *φέρουσιν αὐτοῦ τὴν δόξαν* || **6** [a] 𝔊 + *καὶ εἰδότα* || [b] > pc Mss 𝔖 || **8** [a] 𝔊 *πορεύσονται ἑτοιμάσαι* || **9** [a] 𝔊 pr *εἰς βρώματα* || [b] l c 1 R 5,25 מַכֹּלֶת, it 𝔖𝔗𝔙𝔄; 𝔊 *εἰς δόματα* = מַתָּנוֹת? sed cf [a] || **10** [a] cf 2[a] || **12** [a] 𝔊[ALal] *τὸν παῖδά μου* (ex *τὸν πατέρα μου*), 𝔏 *fratrem meum*; > 𝔖 cf 1 R 7,13.40 || **13** [a–a] 1 R 7,14 alit || **16** [a] cf 1[a].

הַסְּפָר אֲשֶׁר סְפָרָם דָּוִיד אָבִיו וַיִּמָּצְאוּ מֵאָה וַחֲמִשִּׁים אֶלֶף וּשְׁלֹשֶׁת ל . ל . ב[17]
17 אֲלָפִים וְשֵׁשׁ מֵאוֹת׃ 17 וַיַּעַשׂ מֵהֶם שִׁבְעִים אֶלֶף סַבָּל וּשְׁמֹנִים אֶלֶף ב[18] חס וכל קריא דכות ב מ ו מל ול[19] בסיפ
חֹצֵב בָּהָר וּשְׁלֹשֶׁת אֲלָפִים וְשֵׁשׁ מֵאוֹת מְנַצְּחִים לְהַעֲבִיד אֶת־הָעָם׃ ל . ל כת ד ושאר כת ר
3 1 וַיָּחֶל שְׁלֹמֹה לִבְנוֹת אֶת־בֵּית־יְהוָה בִּירוּשָׁלִַם בְּהַר הַמּוֹרִיָּה ט[1] . ב חד מל וחד חס[2]
אֲשֶׁר נִרְאָה[a] לְדָוִיד אָבִיהוּ [b]אֲשֶׁר הֵכִין בִּמְקוֹם[b] דָּוִיד בְּגֹרֶן אָרְנָן ז מל[3]
2 הַיְבוּסִי׃ 2 וַיָּחֶל לִבְנוֹת בַּחֹדֶשׁ הַשֵּׁנִי בַּשֵּׁנִי[a] בִּשְׁנַת אַרְבַּע לְמַלְכוּתוֹ׃ ט[1] . ל . ד[4] . ד סמיכ בעינ
3 3 וְאֵלֶּה הוּסַד[a] שְׁלֹמֹה לִבְנוֹת אֶת־בֵּית הָאֱלֹהִים הָאֹרֶךְ אַמּוֹת בַּמִּדָּה ב . מח . ב[5] . כן כתיב קדים למנינא[6] . ג דגש[7]
4 הָרִאשׁוֹנָה אַמּוֹת שִׁשִּׁים[b] וְרֹחַב אַמּוֹת עֶשְׂרִים׃ 4 וְהָאוּלָם אֲשֶׁר עַל־ ח ג[8] מנה מל בסיפ
פְּנֵי[a] הָאֹרֶךְ עַל־פְּנֵי רֹחַב־הַבַּיִת אַמּוֹת עֶשְׂרִים וְהַגֹּבַהּ[b] מֵאָה וְעֶשְׂרִים[b] ב[5]
5 וַיְצַפֵּהוּ מִפְּנִימָה זָהָב טָהוֹר׃ 5 וְאֵת׀ הַבַּיִת הַגָּדוֹל חִפָּה עֵץ בְּרוֹשִׁים ל . ב בטע לגר ר״פ . ה[9] . חיפוי ה בליש[10]
6 וַיְחַפֵּהוּ זָהָב טוֹב[a] וַיַּעַל עָלָיו תִּמֹרִים וְשַׁרְשְׁרוֹת׃ 6 וַיְצַף אֶת־הַבַּיִת חיפוי ה בליש[10]
7 אֶבֶן יְקָרָה לְתִפְאָרֶת וְהַזָּהָב זְהַב פַּרְוָיִם[a]׃ 7 וַיְחַף אֶת־הַבַּיִת הַקֹּרוֹת ל . ד . ל . חיפוי ה בליש[10] ב חד מל וחד חס[11]
הַסִּפִּים וְקִירוֹתָיו וְדַלְתוֹתָיו זָהָב וּפִתַּח כְּרוּבִים עַל־הַקִּירוֹת׃ ס ז[12] . ד[13] . ב מל בליש[5]
8 8 וַיַּעַשׂ אֶת־בֵּית־קֹדֶשׁ הַקֳּדָשִׁים אָרְכּוֹ עַל־פְּנֵי רֹחַב־הַבַּיִת אַמּוֹת
עֶשְׂרִים וְרָחְבּוֹ אַמּוֹת עֶשְׂרִים[a] וַיְחַפֵּהוּ זָהָב טוֹב[b] לְכִכָּרִים שֵׁשׁ מֵאוֹת׃ חיפוי ה בליש[10]
9 9 [a]וּמִשְׁקָל לְמִסְמְרוֹת[b] לִשְׁקָלִים[c] חֲמִשִּׁים זָהָב[a] וְהָעֲלִיּוֹת חִפָּה זָהָב׃ חיפוי ה בליש[10]
10 10 וַיַּעַשׂ בְּבֵית־קֹדֶשׁ הַקֳּדָשִׁים כְּרוּבִים שְׁנַיִם מַעֲשֵׂה צַעֲצֻעִים[a] וַיְצַפּוּ[b]
11 אֹתָם זָהָב׃ 11 וְכַנְפֵי הַכְּרוּבִים אָרְכָּם אַמּוֹת עֶשְׂרִים כְּנַף הָאֶחָד
לְאַמּוֹת חָמֵשׁ מַגַּעַת לְקִיר הַבַּיִת וְהַכָּנָף הָאַחֶרֶת אַמּוֹת חָמֵשׁ מַגִּיעַ
12 לִכְנַף הַכְּרוּב הָאַחֵר׃ 12 [a]וּכְנַף הַכְּרוּב הָאֶחָד[b] אַמּוֹת חָמֵשׁ מַגִּיעַ ג[14]
לְקִיר הַבַּיִת וְהַכָּנָף הָאַחֶרֶת אַמּוֹת חָמֵשׁ דְּבֵקָה לִכְנַף הַכְּרוּב ל

[17] Mm 4110. [18] Mm 3679. [19] Mm 43. **Cp 3** [1] Mm 4056. [2] Mm 146. [3] Mm 1483. [4] Mm 2767. [5] Mp sub loco. [6] Mm 4159. [7] Mm 774. [8] Mm 4132. [9] Mm 748. [10] Mm 4160. [11] Mm 316. [12] Mm 4217. [13] Mm 642. [14] Mm 2076.

Cp 3,1 [a] 𝔊 + *κύριος*, 𝔗 + *ml'k' djhwh* ‖ [b–b] l sec Vrs ב׳ א׳ ה׳ (= var) ‖ **2** [a] > pc Mss 𝔊𝔖𝔙𝔄, dl (dttg) ‖ **3** [a] l הַמִּדּוֹת אֲשֶׁר יִסַּד cf 𝔗(𝔖𝔄) ‖ [b] 𝔖(𝔄𝔗) + *wrwmh tltjn 'mjn*, ins וְהַגֹּבַהּ אמות שְׁלֹשִׁים (aberratio oculi) cf 1 R 6,2 ‖ **4** [a] aut l sec 𝔖𝔄 פָּנָיו (deest latitudo) aut ins sec 1 R 6,3 הֵיכַל הַבַּיִת הָרֹחַב אַמּוֹת עֶשֶׂר עַל־פָּנָיו וְ (homtel) ‖ [b–b] l אַמּוֹת ע׳ cf 𝔊[158]𝔖𝔄 ‖ **5** [a] mlt Mss 𝔊 טָהוֹר ‖ **6** [a] 𝔖(𝔄) *ṭb'* = bonum, 𝔙 *probatissimum* ‖ **8** [a] ins c 1 R 6,20 וְגָבְהוֹ אמות עשרים (homtel) ‖ [b] ut 5[a]; 𝔊[-L] + *εἰς χερουβιν* (versio duplex) ‖ **9** [a–a] > 𝔖 ‖ [b] l לְמִ׳ ‖ [c] 𝔊 pr *ὁλκὴ τοῦ ἑνός* cf 𝔙 *singuli* ‖ **10** [a] 𝔊 *ἐκ ξύλων*, 𝔙 *statuario* ‖ [b] 𝔊𝔖𝔙 sg ‖ **12** [a] v 12 > 𝔊* ‖ [b] 𝔖(𝔙) *'ḥrn'* = הָאַחֵר.

הָאַחֵר[c]׃   13 כַּנְפֵי[a] הַכְּרוּבִים הָאֵלֶּה פֹּרְשִׂים אַמּוֹת עֶשְׂרִים וְהֵם 13

עֹמְדִים עַל־רַגְלֵיהֶם וּפְנֵיהֶם לַבָּיִת׃   14 וַיַּעַשׂ אֶת־הַפָּרֹכֶת 14

תְּכֵלֶת וְאַרְגָּמָן וְכַרְמִיל וּבוּץ וַיַּעַל עָלָיו כְּרוּבִים׃   15 וַיַּעַשׂ 15

לִפְנֵי הַבַּיִת עַמּוּדִים שְׁנַיִם אַמּוֹת[a] שְׁלֹשִׁים וְחָמֵשׁ[ab] אֹרֶךְ[c] וְהַצֶּפֶת[d]

אֲשֶׁר־עַל־רֹאשׁוֹ[d] אַמּוֹת חָמֵשׁ׃   16 וַיַּעַשׂ שַׁרְשְׁרוֹת[a] בַּדְּבִיר 16

וַיִּתֵּן עַל־רֹאשׁ הָעַמֻּדִים וַיַּעַשׂ רִמּוֹנִים מֵאָה וַיִּתֵּן בַּשַּׁרְשְׁרוֹת׃ 17 וַיָּקֶם 17

אֶת־הָעַמּוּדִים עַל־פְּנֵי הַהֵיכָל אֶחָד מִיָּמִין וְאֶחָד מֵהַשְּׂמֹאול וַיִּקְרָא

שֵׁם־הַיְמָינִי[a] יָכִין וְשֵׁם הַשְּׂמָאלִי בֹּעַז[c]׃   ס

4   1 וַיַּעַשׂ מִזְבַּח נְחֹשֶׁת עֶשְׂרִים אַמָּה אָרְכּוֹ וְעֶשְׂרִים אַמָּה רָחְבּוֹ

וְעֶשֶׂר אַמּוֹת קוֹמָתוֹ׃   ס   2 וַיַּעַשׂ אֶת־הַיָּם מוּצָק עֶשֶׂר בָּאַמָּה

מִשְּׂפָתוֹ אֶל־שְׂפָתוֹ[a] עָגוֹל סָבִיב וְחָמֵשׁ בָּאַמָּה קוֹמָתוֹ וְקָו[b] שְׁלֹשִׁים

בָּאַמָּה יָסֹב אֹתוֹ סָבִיב[b]׃   3 וּדְמוּת[a] בְּקָרִים תַּחַת[b] לוֹ סָבִיב ׀ סָבִיב

סוֹבְבִים אֹתוֹ עֶשֶׂר בָּאַמָּה[c] מַקִּיפִים אֶת־הַיָּם סָבִיב שְׁנַיִם טוּרִים

הַבָּקָר[d] יְצוּקִים בְּמֻצַקְתּוֹ׃   4 עֹמֵד עַל־שְׁנֵים עָשָׂר בָּקָר שְׁלֹשָׁה

פֹנִים ׀ צָפוֹנָה וּשְׁלֹושָׁה פֹנִים ׀ יָמָּה וּשְׁלֹשָׁה ׀ פֹּנִים נֶגְבָּה וּשְׁלֹשָׁה פֹּנִים

מִזְרָחָה וְהַיָּם עֲלֵיהֶם מִלְמָעְלָה וְכָל־אֲחֹרֵיהֶם בָּיְתָה׃   5 וְעָבְיוֹ טֶפַח

וּשְׂפָתוֹ כְּמַעֲשֵׂה שְׂפַת־כּוֹס פֶּרַח שׁוֹשַׁנָּה מַחֲזִיק[a] בַּתִּים שְׁלֹשֶׁת אֲלָפִים

יָכִיל[ab]׃   ס   6 וַיַּעַשׂ כִּיּוֹרִים עֲשָׂרָה וַיִּתֵּן חֲמִשָּׁה מִיָּמִין וַחֲמִשָּׁה

מִשְּׂמֹאול לְרָחְצָה בָהֶם אֶת־מַעֲשֵׂה הָעוֹלָה יָדִיחוּ בָם וְהַיָּם לְרָחְצָה

לַכֹּהֲנִים בּוֹ׃   ס   7 וַיַּעַשׂ אֶת־מְנֹרוֹת הַזָּהָב עֶשֶׂר כְּמִשְׁפָּטָם וַיִּתֵּן

בַּהֵיכָל חָמֵשׁ מִיָּמִין וְחָמֵשׁ מִשְּׂמֹאול׃   8 וַיַּעַשׂ שֻׁלְחָנוֹת עֲשָׂרָה

וַיַּנַּח בַּהֵיכָל חֲמִשָּׁה מִיָּמִין וַחֲמִשָּׁה מִשְּׂמֹאול וַיַּעַשׂ מִזְרְקֵי זָהָב מֵאָה[a]׃

9 וַיַּעַשׂ חֲצַר הַכֹּהֲנִים וְהָעֲזָרָה הַגְּדוֹלָה וּדְלָתוֹת לָעֲזָרָה[a] 9

---

¹⁵Mm 2076. ¹⁶וחד הם עמדים Neh 7,3. ¹⁷Mm 1909. ¹⁸Mm 558. ¹⁹Mm 1991. ²⁰Mm 4161. **Cp 4** ¹Mm 2972. ²Mp sub loco. ³Mm 551. ⁴Mm 2959. ⁵Mm 2766. ⁶Mm 659. ⁷Mm 2011. ⁸Mm 2673.

12 [c] nonn Mss הָאֶחָד ‖ **13** [a] 1 פֹּרְ׳ cf Vrs ‖ **15** [a-a] 𝔖 18 (cf 2 R 25,17), 𝔏 26 ‖ [b] > 𝔊min, dl ‖ [c] 𝔊(𝒱) τὸ ὕψος ‖ [d-d] 𝔊 καὶ τὰς κεφαλὰς αὐτῶν cf 𝒱 ‖ **16** [a] 1 כְּרָבִיד ‖ **17** [a] K ־מְי ‖ [b] 𝔊 κατόρθωσις ‖ [c] 𝔊 ἰσχύς ‖ **Cp 4,1** [a] 𝔖 10 ‖ **2** [a-a] 𝔊 bene τὴν διαμέτρησιν ‖ [b-b] 𝔊 bene καὶ τὸ κύκλωμα πήχεων τριάκοντα ‖ **3** [a] v 3 > 𝔖 ‖ [b-b] 1 בָּקָר מֵת׳ cf 3b; 1 R 7,24 alit ‖ [c-c] sic c 1 R ‖ [d] 1 R alit cf [b-b] ‖ **5** [a-a] > 𝔖 ‖ [b] 𝔊 καὶ ἐξετέλεσεν; pr אֲלָפִים (hpgr), אֲלָפִים יָכִיל = gl propter 1 R 7,26 ‖ **6** [a] ins לַיָּם? ‖ **8** [a] 𝔖 120 ‖ **9** [a] huc tr ⌄.

---

margin notes:
ג¹⁵⸳ ל¹⁶

ɕ

ג⸳ל⸳

ל

ג¹⁷ מל

יא חס¹⁸⸳ ג מל¹⁷⸳ ב¹⁹

ב מל²⁰

הימני ק

ד בליש¹⸳ ל⸳ מל⸳ב²⸳ד³

ל בסיפ²

ל מל⸳ ב⸳ ̇חד חס וחד מל²²⸳ ל

ב חד חס וחד מל⸳ ו מל

גג⸳ יו מל יב מנה בסיפ וכל מגלה דכות⁴ כז

ל⸳ג⸳ל⸳

ל

ל⸳ו⸳ ̇טֹ מל בליש ובסיפ⸳ ב⸳ל⸳ג⸳

7

7

ג⁸ וכל יחזק דכות ב מ ב⸳ל

10 וְדַלְתוֹתֵיהֶם צִפָּה נְחֹשֶׁת׃ 10 [a]וְאֶת־הַיָּם נָתַן מִכֶּתֶף[b] הַיְמָנִית קֵדְמָה [ה[9]]
11 מִמּוּל נֶגְבָּה׃ 11 וַיַּעַשׂ חוּרָם אֶת־הַסִּירוֹת וְאֶת־הַיָּעִים וְאֶת־ [כז . יח פסוק את ואת ואת את . ב]
הַמִּזְרָקוֹת ס וַיְכַל חִירָם[a] לַעֲשׂוֹת אֶת־[b]הַמְּלָאכָה אֲשֶׁר עָשָׂה [חורם חד מן ג כת כן ק]
12 לַמֶּלֶךְ שְׁלֹמֹה בְּבֵית הָאֱלֹהִים׃ 12 עַמּוּדִים שְׁנַיִם [a]וְהַגֻּלּוֹת וְהַכֹּתָרוֹת[a] [ז]
עַל־רֹאשׁ הָעַמּוּדִים שְׁתָּיִם וְהַשְּׂבָכוֹת שְׁתַּיִם לְכַסּוֹת אֶת־שְׁתֵּי גֻּלּוֹת
13 הַכֹּתָרוֹת אֲשֶׁר עַל־רֹאשׁ הָעַמּוּדִים׃ 13 וְאֶת־הָרִמּוֹנִים[a] אַרְבַּע מֵאוֹת
לִשְׁתֵּי הַשְּׂבָכוֹת שְׁנַיִם טוּרִים רִמּוֹנִים לַשְּׂבָכָה הָאֶחָת לְכַסּוֹת אֶת־
14 שְׁתֵּי גֻּלּוֹת הַכֹּתָרוֹת אֲשֶׁר עַל־פְּנֵי[b] הָעַמּוּדִים׃ 14 וְאֶת־הַמְּכֹנוֹת
15 עָשָׂה[a] וְאֶת־הַכִּיֹּרוֹת עָשָׂה[b] עַל־הַמְּכֹנוֹת׃ 15 אֶת־הַיָּם אֶחָד וְאֶת־ [ב[10]]
16 הַבָּקָר שְׁנֵים־עָשָׂר תַּחְתָּיו׃ 16 וְאֶת־הַסִּירוֹת וְאֶת־הַיָּעִים וְאֶת־ [כו פסוק ואת ואת ואת]
הַמִּזְלָגוֹת[a] [b]וְאֶת־כָּל־כְּלֵיהֶם[b] עָשָׂה חוּרָם אָבִיו[c] לַמֶּלֶךְ שְׁלֹמֹה לְבֵית
17 יְהוָה נְחֹשֶׁת מָרוּק[d]׃ 17 בְּכִכַּר הַיַּרְדֵּן יְצָקָם הַמֶּלֶךְ בַּעֲבִי[a] הָאֲדָמָה [ב . ב]
18 בֵּין סֻכּוֹת וּבֵין צְרֵדָתָה[b]׃ 18 וַיַּעַשׂ[a] שְׁלֹמֹה כָּל־הַכֵּלִים הָאֵלֶּה לָרֹב [ל[11] . ג[12] חס את . ה[13]]
19 מְאֹד כִּי לֹא נֶחְקַר מִשְׁקַל הַנְּחֹשֶׁת׃ פ 19 [a]וַיַּעַשׂ שְׁלֹמֹה אֵת כָּל־
הַכֵּלִים אֲשֶׁר בֵּית הָאֱלֹהִים וְאֵת מִזְבַּח הַזָּהָב וְאֶת־הַשֻּׁלְחָנוֹת[b] [מח . ט]
20 וַעֲלֵיהֶם לֶחֶם הַפָּנִים[c]׃ 20 וְאֶת־הַמְּנֹרוֹת [a]וְנֵרֹתֵיהֶם לְבַעֲרָם כַּמִּשְׁפָּט[a] [י . כל חס בסיפ]
21 לִפְנֵי הַדְּבִיר זָהָב סָגוּר׃ 21 וְהַפֶּרַח וְהַנֵּרוֹת וְהַמֶּלְקַחַיִם[a] זָהָב [b]הוּא [ח]
22 מִכְלוֹת זָהָב[b]׃ 22 וְהַמְזַמְּרוֹת[a] וְהַמִּזְרָקוֹת וְהַכַּפּוֹת וְהַמַּחְתּוֹת זָהָב [ל ומל . כל מל . ל[14] פסוק מן ד מילין נסבין ו ר״פ . ח]
סָגוּר [b]וּפֶתַח הַבַּיִת דַּלְתוֹתָיו[b] הַפְּנִימִיּוֹת לְקֹדֶשׁ הַקֳּדָשִׁים וְדַלְתֵי [ה[15] . ב מל בליש . ל ומל]
5 הַבַּיִת לַהֵיכָל זָהָב׃ 5 1 וַתִּשְׁלַם כָּל־הַמְּלָאכָה אֲשֶׁר־עָשָׂה[a] [ג]
שְׁלֹמֹה לְבֵית יְהוָה ס וַיָּבֵא שְׁלֹמֹה אֶת־קָדְשֵׁי ׀ דָּוִיד אָבִיו [נא[1]]

[9] Mm 1913. [10] Mm 1914. [11] וחד עד בית השטה צררתא Jdc 7,22. [12] Mm 2197. [13] Mm 3179. [14] Mm 4162. [15] Mm 2965. Cp 5 [1] Mm 639.

10 [a] 𝔖 om v 10–17 ‖ [b] ins c pc Mss 𝔊 et 1 R 7,39 הַבַּיִת ‖ **11** [a] mlt Mss ut Q, K 𝔊𝔙 חִי' cf 2,2[a] ‖ [b] pc Mss 𝔊𝔙 et 1 R 7,40 + כָּל־ ‖ **12** [a–a] 𝔊 et 1 R 7,41 ut in 12b ‖ **13** [a] 𝔊 *κώδωνας χρυσοῦς* cf Ex 39,25sq ‖ [b] 1 R 7,41 ראשׁ ‖ **14** [a] l c 1 R 7,43 עֶשֶׂר cf 𝔊 ‖ [b] l c 1 R עֲשָׂרָה ‖ **16** [a] 1 R 7,45 המזרקות cf 11 ‖ [b–b] 1 R את־כל־הַכֵּלִים cf 1 R ‖ [c] 𝔊 *καὶ ἀνήνεγκεν* = וַיָּבֵא ‖ [d] 1 R מְמֹרָט ‖ **17** [a] 2 Mss בִּי–, 1 R 7,46 בְּמַעֲבֵה ‖ [b] l c 1 R צָרְתָן, it 𝔏 ‖ **18** [a] 1 R 7,46 וַיַּנַּח ‖ **19** [a] 𝔖 om v 19–22 ‖ [b] 1 R 7,48 sg ‖ [c] 1 R + זָהָב ‖ **20** [a–a] > 1 R 7,49 ‖ **21** [a] sic L, mlt Mss Edd קָחִים– ‖ [b–b] > 1 R 7,49 cf 𝔊, gl ad 20.22 (מִכְלָא a מכלות?) ‖ **22** [a] > 𝔊; 1 R 7,50 pr וְהַסִּפּוֹת ‖ [b–b] 1 R וְהַפֹּתוֹת לְדַלְתוֹת הבית ‖ **Cp 5,1** [a] nonn Mss + הַמֶּלֶךְ ut 1 R 7,51.

וְאֶת־ᵇהַכֶּ֤סֶף וְאֶת־הַזָּהָב֙ וְאֶת־כָּל־ᶜהַכֵּלִ֔ים נָתַ֕ן בְּאֹצְר֖וֹת בֵּ֥ית — מח . ד בליש[3] . ד[2]
הָאֱלֹהִֽים׃ פ
2 אָ֣ז יַקְהֵ֣יל שְׁלֹמֹ֡ה אֶת־ᵃזִקְנֵי֩ יִשְׂרָאֵ֨ל וְאֶת־כָּל־רָאשֵׁ֤י הַמַּטּוֹת֙ — עה . ל יתיר י[4]
נְשִׂיאֵ֣י הָאָב֔וֹת לִבְנֵ֥י יִשְׂרָאֵ֖ל אֶל־יְרֽוּשָׁלָ֑͏ִם לְֽהַעֲל֞וֹת אֶת־אֲר֧וֹן בְּרִית־ — יג[5] וכל עזרא דכות במ״א . כו בליש וכל מלכים דכות יא מנה בסיפ
3 יְהוָ֖ה מֵעִ֥יר דָּוִ֖יד הִ֥יא צִיּֽוֹן׃ 3 וַיִּקָּהֲל֤וּ אֶל־הַמֶּ֙לֶךְ֙ כָּל־אִ֣ישׁ יִשְׂרָאֵ֔לᵃ
4 בֶּחָ֑ג ה֖וּא הַחֹ֥דֶשׁ הַשְּׁבִעִֽי׃ 4 וַיָּבֹ֕אוּ כֹּ֖ל זִקְנֵ֣י יִשְׂרָאֵ֑ל וַיִּשְׂא֥וּ הַלְוִיִּ֖םᵃ — ל . מג . ה חס
5 אֶת־הָאָרֽוֹן׃ 5 וַיַּעֲל֤וּ אֶת־הָאָרוֹן֙ וְאֶת־אֹ֣הֶל מוֹעֵ֔ד וְאֶת־כָּל־כְּלֵ֥י — ה
6 הַקֹּ֖דֶשׁ אֲשֶׁ֣ר בָּאֹ֑הֶל הֶעֱל֣וּ ᵃאֹתָ֔ם הַכֹּהֲנִ֖ים הַלְוִיִּֽםᵃᵇ׃ 6 וְהַמֶּ֣לֶךְ שְׁלֹמֹ֗ה — יג[6] . ו[7]
וְכָל־עֲדַ֤ת יִשְׂרָאֵל֙ הַנּוֹעָדִ֣ים עָלָ֔יו לִפְנֵ֖י הָאָר֑וֹן מְזַבְּחִים֙ צֹ֣אן וּבָקָ֔ר — יא . ג[8]
7 אֲשֶׁ֛ר לֹֽא־יִסָּפְר֥וּ וְלֹ֖א יִמָּנ֥וּ מֵרֹֽב׃ 7 וַיָּבִ֣יאוּ הַ֠כֹּהֲנִים אֶת־אֲר֨וֹן בְּרִית־ — ב . לו . כו בליש וכל מלכים דכות יג מנה בסיפ
יְהוָ֧ה אֶל־מְקוֹמ֛וֹ אֶל־דְּבִ֥יר הַבַּ֖יִת אֶל־קֹ֣דֶשׁ הַקֳּדָשִׁ֑יםᵃ אֶל־תַּ֖חַת
8 כַּנְפֵ֥י הַכְּרוּבִֽים׃ 8 וַיִּהְי֤וּ הַכְּרוּבִים֙ פֹּרְשִׂ֣ים כְּנָפַ֔יִם עַל־מְק֖וֹם הָאָר֑וֹן — ג[9] . ב
9 וַיְכַסּ֧וּᵃ הַכְּרוּבִ֛ים עַל־הָאָר֥וֹן וְעַל־בַּדָּ֖יו מִלְמָֽעְלָה׃ 9 וַיַּאֲרִ֙יכוּ֙ — ב
הַבַּדִּ֔ים וַיֵּרָא֞וּ רָאשֵׁ֤י הַבַּדִּים֙ מִן־הָאָר֙וֹןᵃ עַל־פְּנֵ֣י הַדְּבִ֔יר וְלֹ֥א יֵרָא֖וּ — ד[10] . עה . ד[11]
10 הַח֑וּצָה וַֽיְהִיᵇ־ᶜשָׁ֔ם עַ֖ד הַיּ֥וֹם הַזֶּֽהᵇ׃ 10 אֵ֣ין בָּאָר֔וֹן רַ֕ק שְׁנֵ֥י הַלֻּח֖וֹת — יו[12] . ל
אֲשֶׁר־נָתַ֥ןᵃ מֹשֶׁ֖ה בְּחֹרֵ֑בᵇ אֲשֶׁ֨ר כָּרַ֤ת יְהוָה֙ עִם־בְּנֵ֣י יִשְׂרָאֵ֔ל בְּצֵאתָ֖ם
11 מִמִּצְרָֽיִם׃ פ 11 וַיְהִ֗י בְּצֵ֣את הַכֹּהֲנִים֮ מִן־הַקֹּדֶשׁ֒ כִּ֣י כָּל־הַכֹּהֲנִ֞ים
12 הַנִּמְצְאִים֙ הִתְקַדָּ֔שׁוּ אֵ֖ין לִשְׁמ֥וֹר לְמַחְלְקֽוֹתᵃ׃ 12 וְהַלְוִיִּ֣םᵃ הַמְשֹׁרְרִ֣ים — ג קמ ול זקף . ח מל[13]
לְכֻלָּ֡ם לְאָסָ֣ף לְהֵימָ֣ן לִֽידֻת֡וּן וְלִבְנֵיהֶ֣ם וְלַאֲחֵיהֶ֡ם מְלֻבָּשִׁ֣ים בּ֗וּץ — ב חס[14] . ד
בִּמְצִלְתַּ֙יִם֙ וּבִנְבָלִ֣ים וְכִנֹּר֔וֹת עֹמְדִ֖ים מִזְרָ֣חᵇ לַמִּזְבֵּ֑חַ וְעִמָּהֶ֣ם כֹּהֲנִ֗ים
13 לְמֵאָ֛ה וְעֶשְׂרִ֖ים מַחְצְרִ֥יםᶜ בַּחֲצֹצְרֽוֹת׃ 13 וַיְהִ֣י כְ֠אֶחָד לַֽמְחַצְּרִ֨יםᵃ — ב . מחצרים ק . ז קמ[15] . למחצרים ק
וְלַמְשֹׁרְרִ֜ים לְהַשְׁמִ֨יעַ קוֹל־אֶחָ֜ד לְהַלֵּ֣ל וּלְהֹדוֹת֮ לַיהוָה֒ וּכְהָרִ֣ים — ג ב חס וחד מל[16] . ל

²Mm 320. ³Mm 4163. ⁴Mp sub loco. ⁵Mm 2682. ⁶Mm 113. ⁷Mm 1188. ⁸Mm 1915. ⁹Mm 744. ¹⁰Mm 3223. ¹¹Mm 1916. ¹²Mm 290. ¹³Mm 1796. ¹⁴Mm 3267. ¹⁵Mm 3888. ¹⁶Mm 4077 ב.

1 ᵇ 𝔊𝔖𝔙 et 1 R om cop ‖ ᶜ > nonn Mss 𝔊 et 1 R ‖ **2** ᵃ pc Mss 𝔊ᴸ𝔖 + כָּל־ ‖ **3** ᵃ 𝔖 + *bjrḥ' d'b'* cf 1 R 8,2 ‖ **4** ᵃ 𝔊 pr *πάντες*; 1 R 8,3 הַכֹּהֲנִים, it 𝔖 ‖ **5** ᵃ⁻ᵃ add ‖ ᵇ mlt Mss Vrs et 1 R 8,4 וְה׳ ‖ **7** ᵃ sic L, mlt Mss Edd הַקָּ׳ ‖ **8** ᵃ 1 R 8,7 וַיָּסֹכּוּ ‖ **9** ᵃ l c pc Mss 𝔊 et 1 R 8,8 הַקֹּדֶשׁ ‖ ᵇ⁻ᵇ prb add ‖ ᶜ nonn Mss 𝔊𝔖𝔗 et 1 R וַיִּהְיוּ ‖ **10** ᵃ ins c 1 R 8,9 שָׁם (hpgr), it 𝔖𝔗 ‖ ᵇ sic c 1 R (sed ibi exc לֻחוֹת הַבְּרִית cf 𝔊) ‖ **11** ᵃ l c 2 Mss לַמְּ׳ ‖ **12** ᵃ 𝔖 om v 12.13 ‖ ᵇ 𝔊* *κατέναντι* ‖ ᶜ K prb lapsus calami pro מחצצרים cf 1 Ch 15,24ᵃ ‖ **13** ᵃ cf 1 Ch 15,24ᵃ.

ה[17] קוֹל בַּחֲצֹצְרוֹת וּבִמְצִלְתַּיִם וּבִכְלֵי הַשִּׁיר וּבְהַלֵּל לַיהוָה כִּי טוֹב
כִּי לְעוֹלָם חַסְדּוֹ וְהַבַּיִת מָלֵא עָנָן בֵּיתb יְהוָה׃ 14 וְלֹא־יָכְלוּ הַכֹּהֲנִים ס ג
ג מל[18]. מח לַעֲמוֹד לְשָׁרֵת מִפְּנֵי הֶעָנָן כִּי־מָלֵא כְבוֹד־יְהוָה אֶת־בֵּית הָאֱלֹהִים׃
פ 6 1 אָז אָמַר שְׁלֹמֹה 6
ל מל aיְהוָה אָמַר לִשְׁכּוֹן בָּעֲרָפֶלa׃
סז ר״פ לג מנה בכתיב[1]. ל. ג[2] 2 וַאֲנִיa בָּנִיתִי בֵית־זְבֻל לָךְ וּמָכוֹן לְשִׁבְתְּךָ עוֹלָמִים׃ 2
ג 3 וַיַּסֵּב הַמֶּלֶךְ אֶת־פָּנָיו וַיְבָרֶךְ אֵת כָּל־קְהַל יִשְׂרָאֵל וְכָל־קְהַל 3
ו מל יִשְׂרָאֵל עוֹמֵד׃ 4 וַיֹּאמֶר בָּרוּךְ יְהוָה אֱלֹהֵי יִשְׂרָאֵל אֲשֶׁר דִּבֶּר בְּפִיו 4
ל[1]. י ר״פ בכתיב[3] אֵת דָּוִיד אָבִי וּבְיָדָיו מִלֵּא לֵאמֹר׃ 5 מִן־הַיּוֹם אֲשֶׁר הוֹצֵאתִי אֶת־ 5
עַמִּי מֵאֶרֶץ מִצְרַיִם לֹא־בָחַרְתִּי בְעִיר מִכֹּל שִׁבְטֵי יִשְׂרָאֵל לִבְנוֹת
ל. ל בטע בַּיִת לִהְיוֹת שְׁמִי שָׁם aוְלֹא־בָחַרְתִּי בְאִישׁ לִהְיוֹת נָגִיד עַל־עַמִּי
יִשְׂרָאֵל׃ 6 וָאֶבְחַר בִּירוּשָׁלִַם לִהְיוֹת שְׁמִי שָׁםa וָאֶבְחַר בְּדָוִיד 6
ב לִהְיוֹתb עַל־עַמִּי יִשְׂרָאֵל׃ 7 וַיְהִי עִם־לְבַב דָּוִיד אָבִי לִבְנוֹת בַּיִת 7
לְשֵׁם יְהוָה אֱלֹהֵי יִשְׂרָאֵל׃ 8 וַיֹּאמֶר יְהוָה אֶל־דָּוִיד אָבִי יַעַן אֲשֶׁר 8
ג ב חס וחד מל[4] הָיָה עִם־לְבָבְךָ לִבְנוֹת בַּיִת לִשְׁמִי הֱטִיבוֹתָ כִּי הָיָה עִם־לְבָבֶךָ׃
ל חס אם 9 רַק אַתָּה לֹא תִבְנֶה הַבָּיִת כִּיa בִנְךָ הַיּוֹצֵא מֵחֲלָצֶיךָ הוּא־יִבְנֶה 9
כ[5] הַבַּיִת לִשְׁמִי׃ 10 וַיָּקֶם יְהוָה אֶת־דְּבָרוֹ אֲשֶׁר דִּבֵּר וָאָקוּם תַּחַת 10
ה[6]. ב דָּוִיד אָבִי וָאֵשֵׁב ׀ עַל־כִּסֵּא יִשְׂרָאֵל כַּאֲשֶׁר דִּבֶּר יְהוָה וָאֶבְנֶה הַבַּיִת
ט[7] לְשֵׁם יְהוָה אֱלֹהֵי יִשְׂרָאֵל׃ 11 וָאָשִׂים שָׁם אֶת־הָאָרוֹן אֲשֶׁר־שָׁם בְּרִית 11
ז בסיפ[8] יְהוָה אֲשֶׁר כָּרַת עִם־בְּנֵי יִשְׂרָאֵל׃ 12 וַיַּעֲמֹדa לִפְנֵי מִזְבַּח 12
ג בליש ומל יְהוָה נֶגֶד כָּל־קְהַל יִשְׂרָאֵל וַיִּפְרֹשׂ כַּפָּיוb׃ 13 aכִּי־עָשָׂה שְׁלֹמֹה כִּיּוֹר 13
נְחֹשֶׁת וַיִּתְּנֵהוּ בְּתוֹךְ הָעֲזָרָהb חָמֵשׁ אַמּוֹת אָרְכּוֹ וְחָמֵשׁ אַמּוֹת רָחְבּוֹ
ל. ז בסיפ[8] וְאַמּוֹת שָׁלוֹשׁ קוֹמָתוֹb וַיַּעֲמֹד עָלָיו וַיִּבְרַךְ עַל־בִּרְכָּיו נֶגֶד כָּל־קְהַל
יא[9]. צא יט מנה ר״פ יִשְׂרָאֵל וַיִּפְרֹשׂ כַּפָּיוa הַשָּׁמָיְמָה׃ 14 וַיֹּאמַר יְהוָה אֱלֹהֵי יִשְׂרָאֵל אֵין־ 14

[17] Mp sub loco. [18] Mm 3929. **Cp 6** [1] Mp sub loco. [2] Mm 1917. [3] Mm 2980. [4] Mm 2103. [5] Mm 1991. [6] Mm 2778. [7] Mm 1918. [8] Mm 903. [9] Mm 1071.

13 b 𝔊(𝔊^{L} *καὶ*) *δόξης* cf 14; ב׳ י׳ add ‖ **Cp 6,1** a–a sic c 1 R 8,12 ‖ **2** a 1 R 8,13 בָּנֹה ‖ **5/6** a–a > 1 R, it 𝔖𝔄 ‖ b pc Mss 𝔖𝔗 + נָגִיד ‖ **9** a mlt Mss 𝔊^{L}𝔖𝔙 et 1 R 8,19 + אִם ‖ **12** a Ms 𝔖 et 1 R 8,22 + שְׁלֹמֹה ‖ b Ms 𝔖 et 1 R + הַשָּׁמָיִם cf 13 ‖ **13** a–a > 1 R (homtel) ‖ b–b 𝔖 *rwmh ḥmš ʾmjn wptjh trtjn ʾmjn* (om longitudinem).

כָּמוֹךָ אֱלֹהִים בַּשָּׁמַיִם וּבָאָרֶץ שֹׁמֵר הַבְּרִית וְהַחֶסֶד לַעֲבָדֶיךָ
15 הַהֹלְכִים לְפָנֶיךָ בְּכָל־לִבָּם׃ 15 אֲשֶׁר שָׁמַרְתָּ לְעַבְדְּךָ דָּוִיד אָבִי אֵת
16 אֲשֶׁר־דִּבַּרְתָּ לּוֹ וַתְּדַבֵּר בְּפִיךָ וּבְיָדְךָ מִלֵּאתָ כַּיּוֹם הַזֶּה׃ 16 וְעַתָּה
יְהוָה ׀ אֱלֹהֵי יִשְׂרָאֵל שְׁמֹר לְעַבְדְּךָ דָוִיד אָבִי אֵת אֲשֶׁר דִּבַּרְתָּ לּוֹ
לֵאמֹר לֹא־יִכָּרֵת לְךָ אִישׁ מִלְּפָנַי יוֹשֵׁב עַל־כִּסֵּא יִשְׂרָאֵל רַק אִם־ יב̇ . כל סיפ מל ב̇ מחד[10] חס
יִשְׁמְרוּ בָנֶיךָ אֶת־דַּרְכָּם לָלֶכֶת בְּתוֹרָתִי[a] כַּאֲשֶׁר הָלַכְתָּ לְפָנָי׃
17 וְעַתָּה יְהוָה אֱלֹהֵי יִשְׂרָאֵל יֵאָמֵן[a] דְּבָרְךָ אֲשֶׁר דִּבַּרְתָּ לְעַבְדְּךָ
18 לְדָוִיד׃ 18 כִּי הַאֻמְנָם יֵשֵׁב אֱלֹהִים [a]אֶת־הָאָדָם[a] עַל־הָאָרֶץ ד̇ . ב̇
הִנֵּה שָׁמַיִם[b] וּשְׁמֵי הַשָּׁמַיִם לֹא יְכַלְכְּלוּךָ אַף כִּי־הַבַּיִת הַזֶּה אֲשֶׁר ל̇ . ב̇
19 בָּנִיתִי׃ 19 וּפָנִיתָ אֶל־תְּפִלַּת עַבְדְּךָ וְאֶל־תְּחִנָּתוֹ יְהוָה אֱלֹהָי לִשְׁמֹעַ
20 אֶל־הָרִנָּה וְאֶל־הַתְּפִלָּה אֲשֶׁר עַבְדְּךָ מִתְפַּלֵּל לְפָנֶיךָ[a]׃ 20 לִהְיוֹת
עֵינֶיךָ פְתֻחוֹת אֶל־הַבַּיִת הַזֶּה יוֹמָם וָלַיְלָה אֶל־הַמָּקוֹם אֲשֶׁר אָמַרְתָּ
לָשׂוּם שִׁמְךָ שָׁם לִשְׁמוֹעַ אֶל־הַתְּפִלָּה אֲשֶׁר יִתְפַּלֵּל עַבְדְּךָ אֶל־ ל̇ . ד̇ מל[11]
21 הַמָּקוֹם הַזֶּה׃ 21 וְשָׁמַעְתָּ אֶל־תַּחֲנוּנֵי עַבְדְּךָ וְעַמְּךָ יִשְׂרָאֵל אֲשֶׁר ל̇
יִתְפַּלְלוּ אֶל־הַמָּקוֹם הַזֶּה וְאַתָּה תִּשְׁמַע מִמְּקוֹם שִׁבְתְּךָ מִן־הַשָּׁמַיִם
22 וְשָׁמַעְתָּ וְסָלָחְתָּ׃ 22 אִם־[a]יֶחֱטָא אִישׁ לְרֵעֵהוּ וְנָשָׁא־[b]בוֹ אָלָה ב̇
23 לְהַאֲלֹתוֹ וּבָא אָלָה[c] לִפְנֵי מִזְבַּחֲךָ בַּבַּיִת הַזֶּה׃ 23 וְאַתָּה ׀ תִּשְׁמַע מִן־ ב̇ וחס . ב̇ בטע בעינ̇
הַשָּׁמַיִם וְעָשִׂיתָ וְשָׁפַטְתָּ אֶת־עֲבָדֶיךָ [a]לְהָשִׁיב לְרָשָׁע[a] לָתֵת דַּרְכּוֹ ל̇ חס למערב[12] . ה̇[13]
24 בְּרֹאשׁוֹ וּלְהַצְדִּיק צַדִּיק לָתֶת לוֹ כְּצִדְקָתוֹ׃ ס 24 וְאִם־יִנָּגֵף יד̇ . ב̇ . ב̇ ר״פ בסיפ
עַמְּךָ יִשְׂרָאֵל לִפְנֵי אוֹיֵב כִּי יֶחֶטְאוּ־לָךְ וְשָׁבוּ וְהוֹדוּ אֶת־שְׁמֶךָ
25 וְהִתְפַּלְלוּ וְהִתְחַנְּנוּ לְפָנֶיךָ בַּבַּיִת הַזֶּה׃ 25 וְאַתָּה תִּשְׁמַע מִן־הַשָּׁמַיִם
וְסָלַחְתָּ לְחַטַּאת עַמְּךָ יִשְׂרָאֵל וַהֲשֵׁיבוֹתָם אֶל־הָאֲדָמָה אֲשֶׁר־נָתַתָּה ו̇ . ב̇ חד חס וחד מל . ו̇[14] . ל̇
26 לָהֶם וְלַאֲבֹתֵיהֶם׃ פ 26 בְּהֵעָצֵר הַשָּׁמַיִם וְלֹא־יִהְיֶה מָטָר כִּי־ ט̇ חס בסיפ . ל̇[15]
יֶחֶטְאוּ־לָךְ וְהִתְפַּלְלוּ אֶל־הַמָּקוֹם הַזֶּה וְהוֹדוּ אֶת־שְׁמֶךָ מֵחַטָּאתָם[a]

[10] 1Ch 20,1. [11] Mm 4164. [12] TM sec K[Or] lectio plen י contra Mp sec K[Occ] lectio def י, cf Mp sub loco. [13] Mm 3594. [14] Mm 24. [15] וחד בהעצר שמים 1R 8,35.

16 [a] 𝔊[B] ἐν τῷ ὀνόματί (ex νόμῳ) μου; 𝔖 pr *qdmj* cf 1 R 8,25 לְפָנַי ‖ **17** [a] pc Mss 𝔊𝔖 et 1 R 8,26 + נָא ‖ **18** [a–a] > 1 R 8,27 ‖ [b] l c 1 R הַשׁ׳ (hpgr) ‖ **19** [a] 1 R 8,28 + הַיּוֹם, it 𝔊𝔖 ‖ **22** [a] 1 R 8,31 אֵת־אֲשֶׁר ‖ [b] pc Mss Edd 𝔊 ונשא ‖ [c] sic c 1 R; l וְאָלָה (cf 𝔊) vel בְּאָלָה ‖ **23** [a–a] 1 R 8,32 לְהַרְשִׁיעַ רשע ‖ **26** [a] l c mlt Mss Vrs et 1 R 8,35 וּמ׳.

27 יְשׁוּב֑וּן כִּ֣י תַעֲנֵֽם׃ 27 וְאַתָּ֣ה ׀ תִּשְׁמַ֣ע הַשָּׁמַ֗יִם וְסָ֣לַחְתָּ֮ לְחַטַּ֣את עֲבָדֶ֒יךָ֒

וְעַמְּךָ֣ יִשְׂרָאֵ֔ל כִּ֥י תוֹרֵ֖ם אֶל־הַדֶּ֣רֶךְ הַטּוֹבָ֑ה אֲשֶׁ֣ר יֵֽלְכוּ־בָ֔הּ וְנָתַתָּ֤ה

28 מָטָר֙ עַל־אַרְצְךָ֔ אֲשֶׁר־נָתַ֥תָּה לְעַמְּךָ֖ לְנַחֲלָֽה׃ ס 28 רָעָ֞ב כִּֽי־

יִהְיֶ֣ה בָאָ֗רֶץ דֶּ֣בֶר כִּֽי־יִהְיֶ֡ה שִׁדָּפ֨וֹן וְיֵרָק֜וֹן אַרְבֶּ֤ה וְחָסִיל֙ כִּ֣י יִהְיֶ֔ה כִּ֧י

29 יָֽצַר־ל֣וֹ אֽוֹיְבָ֗יו בְּאֶ֣רֶץ שְׁעָרָ֑יו כָּל־נֶ֖גַע וְכָֽל־מַחֲלָֽה׃ 29 כָּל־תְּפִלָּ֣ה

כָל־תְּחִנָּ֗ה אֲשֶׁ֤ר יִהְיֶה֙ לְכָל־הָ֣אָדָ֔ם וּלְכֹ֖ל עַמְּךָ֣ יִשְׂרָאֵ֑ל אֲשֶׁ֣ר יֵֽדְע֗וּ

30 אִ֤ישׁ נִגְעוֹ֙ וּמַכְאֹב֔וֹ וּפָרַ֥שׂ כַּפָּ֖יו אֶל־הַבַּ֥יִת הַזֶּֽה׃ 30 וְאַתָּ֞ה תִּשְׁמַ֤ע

מִן־הַשָּׁמַ֨יִם֙ מְכ֣וֹן שִׁבְתֶּ֔ךָ וְסָ֣לַחְתָּ֔ וְנָתַתָּ֤ה לָאִישׁ֙ כְּכָל־דְּרָכָ֔יו אֲשֶׁ֖ר

תֵּדַ֣ע אֶת־לְבָב֑וֹ כִּֽי־אַתָּ֤ה לְבַדְּךָ֙ יָדַ֔עְתָּ אֶת־לְבַ֖ב בְּנֵ֥י הָאָדָֽם׃

31 לְמַ֣עַן יִֽירָא֗וּךָ לָלֶ֨כֶת֙ בִּדְרָכֶ֔יךָ כָּל־הַ֨יָּמִ֔ים אֲשֶׁר־הֵ֥ם חַיִּ֖ים עַל־

32 פְּנֵ֣י הָאֲדָמָ֔ה אֲשֶׁ֥ר נָתַ֖תָּה לַאֲבֹתֵֽינוּ׃ ס 32 וְגַ֣ם אֶל־הַנָּכְרִ֗י אֲשֶׁ֤ר

לֹ֣א מֵעַמְּךָ֣ יִשְׂרָאֵל֮ הוּא֒ וּבָ֣א ׀ מֵאֶ֣רֶץ רְחוֹקָ֗ה לְמַ֨עַן֙ שִׁמְךָ֣ הַגָּד֔וֹל

וְיָֽדְךָ֙ הַחֲזָקָ֔ה וּֽזְרֽוֹעֲךָ֖ הַנְּטוּיָ֑ה וּבָ֥אוּ וְהִֽתְפַּלְל֖וּ אֶל־הַבַּ֥יִת הַזֶּֽה׃

33 וְאַתָּ֞ה תִּשְׁמַ֤ע מִן־הַשָּׁמַ֨יִם֙ מִמְּכ֣וֹן שִׁבְתֶּ֔ךָ וְעָשִׂ֕יתָ כְּכֹ֛ל אֲשֶׁר־יִקְרָ֥א

אֵלֶ֖יךָ הַנָּכְרִ֑י לְמַ֣עַן יֵדְע֣וּ כָל־עַמֵּ֣י הָאָ֗רֶץ אֶת־שְׁמֶ֨ךָ֙ וּלְיִרְאָ֤ה אֹֽתְךָ֙

כְּעַמְּךָ֣ יִשְׂרָאֵ֔ל וְלָדַ֕עַת כִּֽי־שִׁמְךָ֣ נִקְרָ֔א עַל־הַבַּ֥יִת הַזֶּ֖ה אֲשֶׁ֥ר בָּנִֽיתִי׃

34 כִּֽי־יֵצֵ֨א עַמְּךָ֤ לַמִּלְחָמָה֙ עַל־אֽוֹיְבָ֔יו בַּדֶּ֖רֶךְ אֲשֶׁ֣ר תִּשְׁלָחֵ֑ם

וְהִתְפַּֽלְל֣וּ אֵלֶ֗יךָ דֶּ֤רֶךְ הָעִיר֙ הַזֹּ֣את אֲשֶׁ֣ר בָּחַ֣רְתָּ בָּ֔הּ וְהַבַּ֖יִת אֲשֶׁר־

35 בָּנִ֥יתִי לִשְׁמֶֽךָ׃ 35 וְשָׁמַעְתָּ֙ מִן־הַשָּׁמַ֔יִם אֶת־תְּפִלָּתָ֖ם וְאֶת־תְּחִנָּתָ֑ם

36 וְעָשִׂ֖יתָ מִשְׁפָּטָֽם׃ 36 כִּ֣י יֶֽחֶטְאוּ־לָ֗ךְ כִּ֣י אֵ֤ין אָדָם֙ אֲשֶׁ֣ר לֹא־יֶחֱטָ֔א

וְאָנַפְתָּ֣ בָ֗ם וּנְתַתָּ֞ם לִפְנֵ֣י אוֹיֵ֗ב וְשָׁב֤וּם שֽׁוֹבֵיהֶם֙ אֶל־אֶ֣רֶץ רְחוֹקָ֔ה

37 א֖וֹ קְרוֹבָֽה׃ 37 וְהֵשִׁ֣יבוּ אֶל־לְבָבָ֔ם בָּאָ֖רֶץ אֲשֶׁ֣ר נִשְׁבּוּ־שָׁ֑ם וְשָׁ֣בוּ ׀

38 וְהִֽתְחַנְּנ֣וּ אֵלֶ֗יךָ בְּאֶ֤רֶץ שִׁבְיָם֙ לֵאמֹ֔ר חָטָ֥אנוּ הֶעֱוִ֖ינוּ וְרָשָׁ֑עְנוּ וְשָׁ֣בוּ ׀

16Mm 2398. 17Mm 4165. 18Mm 943. 19Mm 4166. 20Mm 801. 21Lv 13,44. 22Okhl 297. 23Mm 319. 24Mm 1924. 25Mm 1925. 26Mm 4070. 27Mp sub loco. 28Mm 1722. 29Mm 2611. 30Mm 3380. 31Mm 4167. 32Mm 1928. 33Mm 2591.

26 [b] 1 c 1 R תַּעֲנֵ֑ם, it 𝔊𝔙 ‖ **27** [a] ins מִן cf Vrs ‖ [b] 𝔖 1 R sg ‖ **28** [a] prb 1 c 1 R 8,37 בּוֹ— cf 𝔊 ‖ [b–b] sic c 1 R; 𝔊 κατέναντι τῶν πόλεων αὐτῶν, 𝔖(𝔄) b'r'hwn wbqwrjhwn = in terra eorum et in urbibus eorum ‖ **29** [a] 1 R 8,38 תִּהְיֶה ‖ [b–b] 1 R נֶ֥גַע לְבָב֖וֹ ‖ **30** [a] 1 R 8,39 + ‖ [b] pc Mss 𝔖 et 1 R + כָּל־ ‖ **32** [a] ins כִּ֤י יִשְׁמְעוּ֙ אֶת־שִׁמְךָ (homtel) cf 𝔖𝔄 et 1 R 8,42 ‖ **36** [a–a] 𝔊-L καὶ πατάξεις αὐτούς ‖ [b] 1 R 8,46 + הָאוֹיֵב, it 𝔊.

ב. ד בטע מלרע[34]

אֵלֶ֗יךָ בְּכָל־לִבָּם֙ וּבְכָל־נַפְשָׁם֙ בְּאֶ֣רֶץ שִׁבְיָ֔ם[a] אֲשֶׁר־שָׁב֖וּ אֹתָ֑ם[b]

וְהִֽתְפַּֽלְל֗וּ דֶּ֤רֶךְ אַרְצָם֙ אֲשֶׁ֣ר נָתַ֣תָּה לַאֲבוֹתָ֔ם וְהָעִיר֙ אֲשֶׁ֣ר בָּחַ֔רְתָּ

ג

39 וְלַבַּ֖יִת אֲשֶׁר־בָּנִ֣יתִי לִשְׁמֶֽךָ׃ [39] וְשָׁמַעְתָּ֞ מִן־הַשָּׁמַ֙יִם֙ מִמְּכ֣וֹן שִׁבְתְּךָ֔

ל

כה[35] ר״פ ח מנה בסיפ . ג מ״ל בליש וחד מן ב בכתיב

אֶת־תְּפִלָּתָם֙ וְאֶת־תְּחִנֹּתֵיהֶ֔ם[a] וְעָשִׂ֖יתָ מִשְׁפָּטָ֑ם וְסָלַחְתָּ֣ לְעַמְּךָ֔ אֲשֶׁ֥ר

ב[36] בטע וכל תלים דכות בא מא

חָֽטְאוּ־לָֽךְ׃ [40] עַתָּ֣ה אֱלֹהַ֔י יִֽהְיוּ־נָ֤א עֵינֶ֙יךָ֙ פְּתֻח֔וֹת וְאָזְנֶ֖יךָ קַשֻּׁב֑וֹת

41 לִתְפִלַּ֖ת הַמָּק֥וֹם הַזֶּֽה׃ [ס] [41] וְעַתָּ֗ה קוּמָ֞ה יְהוָ֤ה אֱלֹהִים֙ לְנוּחֶ֔ךָ

ט דנש[37] . ד[38] . ל חטף בסיפ

אַתָּ֖ה וַאֲר֣וֹן עֻזֶּ֑ךָ כֹּהֲנֶ֜יךָ יְהוָ֤ה אֱלֹהִים֙ יִלְבְּשׁ֣וּ תְשׁוּעָ֔ה וַחֲסִידֶ֖יךָ[a]

42 יִשְׂמְח֥וּ בַטּֽוֹב׃ [42] יְהוָ֣ה אֱלֹהִ֔ים אַל־תָּשֵׁ֖ב פְּנֵ֣י מְשִׁיחֶ֑יךָ[a] זָכְרָ֕ה לְחַֽסְדֵ֖י

ג

7 דָּוִ֥יד עַבְדֶּֽךָ׃ [פ] [7] [1] וּכְכַלּ֤וֹת שְׁלֹמֹה֙ לְהִתְפַּלֵּ֔ל וְהָאֵ֗שׁ יָֽרְדָה֙

ל . ל

מֵֽהַשָּׁמַ֔יִם וַתֹּ֥אכַל הָעֹלָ֖ה וְהַזְּבָחִ֑ים וּכְב֣וֹד יְהוָ֖ה מָלֵ֥א אֶת־הַבָּֽיִת׃

2 וְלֹ֤א יָֽכְלוּ֙ הַכֹּ֣הֲנִ֔ים לָב֖וֹא אֶל־בֵּ֣ית יְהוָ֑ה[a] כִּֽי־מָלֵ֥א כְבוֹד־יְהוָ֖ה

י . ד

3 אֶת־בֵּ֥ית יְהוָֽה׃ [3] וְכֹ֣ל ׀ בְּנֵ֣י יִשְׂרָאֵ֗ל רֹאִים֙ בְּרֶ֣דֶת הָאֵ֔שׁ וּכְב֥וֹד יְהוָ֖ה

ד וכל מלכים וישעיה דכות ב מ.ד.ב

עַל־הַבָּ֑יִת וַיִּכְרְעוּ֩ אַפַּ֨יִם אַ֤רְצָה עַל־הָרִֽצְפָה֙ וַיִּֽשְׁתַּחֲו֔וּ וְהוֹד֤וֹת לַֽיהוָה֙

נא מ״פ וכל ר״פ דכות ב מ.ג.ב[2]

4 כִּ֣י ט֔וֹב כִּ֥י לְעוֹלָ֖ם חַסְדּֽוֹ׃ [4] וְהַמֶּ֙לֶךְ֙ וְכָל־הָעָ֔ם זֹבְחִ֥ים זֶ֖בַח לִפְנֵ֥י

ב.א[39]

5 יְהוָֽה׃ [ס] [5] וַיִּזְבַּ֞ח הַמֶּ֣לֶךְ שְׁלֹמֹה֮ אֶת־זֶ֣בַח הַבָּקָר֮ עֶשְׂרִ֣ים וּשְׁנַ֣יִם

נא מ״פ וכל ר״פ דכות ב מ.ג

אֶ֔לֶף וְצֹ֖אן[a] מֵאָ֣ה וְעֶשְׂרִ֣ים אָ֑לֶף וַֽיַּחְנְכוּ֙ אֶת־בֵּ֣ית הָאֱלֹהִ֔ים הַמֶּ֖לֶךְ

6 וְכָל־הָעָֽם׃ [6] וְהַכֹּהֲנִ֞ים עַל־מִשְׁמְרוֹתָ֣ם עֹמְדִ֗ים וְהַלְוִיִּ֞ם בִּכְלֵי־

ג חט כי טוב

מחצרים . לה וכל ר״פ דכות ק

שִׁ֤יר יְהוָה֙[a] אֲשֶׁ֨ר עָשָׂ֜ה דָּוִ֣יד הַמֶּ֗לֶךְ לְהֹד֤וֹת לַֽיהוָה֙ כִּֽי־לְעוֹלָ֣ם

חַסְדּ֔וֹ בְּהַלֵּ֥ל דָּוִ֖יד בְּיָדָ֑ם[b] וְהַכֹּהֲנִ֖ים מַחֲצְצְרִים֙[c] נֶגְדָּ֔ם וְכָל־יִשְׂרָאֵ֖ל

ב.ב

7 עֹמְדִֽים׃ [ס] [7] וַיְקַדֵּ֣שׁ שְׁלֹמֹ֗ה אֶת־תּ֤וֹךְ הֶֽחָצֵר֙ אֲשֶׁר֙ לִפְנֵ֣י בֵית־

יְהוָ֔ה כִּֽי־עָ֤שָׂה שָׁם֙ הָעֹל֔וֹת[b] וְאֵ֖ת חֶלְבֵ֣י הַשְּׁלָמִ֑ים כִּֽי־מִזְבַּ֤ח הַנְּחֹ֙שֶׁת֙

ד.ד מל[3]. ח[4]

אֲשֶׁ֣ר עָשָׂ֣ה שְׁלֹמֹ֔ה לֹ֣א יָכ֗וֹל לְהָכִ֛יל אֶת־הָעֹלָ֥ה וְאֶת־הַמִּנְחָ֖ה וְאֶת־

לה וכל ר״פ דכות

8 הַחֲלָבִֽים׃ [8] וַיַּ֣עַשׂ שְׁלֹמֹ֣ה אֶת־הֶחָ֣ג בָּעֵ֣ת הַהִיא֩ שִׁבְעַ֨ת יָמִ֜ים וְכָל־

9 יִשְׂרָאֵ֣ל עִמּ֗וֹ קָהָ֤ל גָּדוֹל֙ מְאֹ֔ד מִלְּב֥וֹא חֲמָ֖ת עַד־נַ֣חַל מִצְרָֽיִם׃ [9] וַֽיַּעֲשׂ֞וּ

[34] Mm 1929.   [35] Mm 1057.   [36] Mm 4168.   [37] Mm 2625.   [38] Mm 163.   **Cp 7**   [1] Mm 1436.   [2] Mp sub loco.   [3] Mm 911.   [4] Mm 1930.

38 [a] 𝔊 αἰχμαλωτευσάντων αὐτούς = שֹׁבֵיהֶם   ‖   [b–b] > 𝔊, dl (ex 1 R 8,48) ‖ **39** [a] pc Mss et 1 R 8,49 תְּחִנָּתָם ‖ **41** [a] 𝔊-min καὶ οἱ υἱοί (ex ὅσιοί = 𝔊min𝔏) σου ‖ **42** [a] sic L, 1 c mlt Mss Vrs et Ps 132,10 חֶךְ— ‖ **Cp 7,2** [a] 𝔊 + ἐν τῷ καιρῷ ἐκείνῳ cf 8 ‖ **5** [a–a] > pc Mss 𝔊B (homtel) ‖ **6** [a–a] 𝔊-L sol τοῦ Δαυιδ; > 𝔖 ‖ [b] > 𝔖 ‖ [c] cf 1 Ch 15,24[a] ‖ **7** [a] 𝔊 ἐν ‖ [b] ins ואת־המנחה (homark) cf 7b et 1 R 8,64.

בַּיּוֹם הַשְּׁמִינִי עֲצָרֶת כִּי ׀ חֲנֻכַּת הַמִּזְבֵּחַ[a] עָשׂוּ שִׁבְעַת יָמִים וְהֶחָג[b] ל

10 שִׁבְעַת יָמִים[b]׃ 10 וּבְיוֹם עֶשְׂרִים וּשְׁלֹשָׁה לַחֹדֶשׁ הַשְּׁבִיעִי שִׁלַּח אֶת־

הָעָם לְאָהֳלֵיהֶם שְׂמֵחִים וְטוֹבֵי לֵב עַל־[a]הַטּוֹבָה אֲשֶׁר עָשָׂה יְהוָה ד. ג[5]. ב

לְדָוִיד[b] וְלִשְׁלֹמֹה[c] וּלְיִשְׂרָאֵל עַמּוֹ׃ ה[6]. ו[7]

11 וַיְכַל שְׁלֹמֹה אֶת־בֵּית יְהוָה וְאֶת־בֵּית הַמֶּלֶךְ וְאֵת כָּל־הַבָּא ס יד

12 עַל־לֵב שְׁלֹמֹה לַעֲשׂוֹת בְּבֵית־יְהוָה וּבְבֵיתוֹ הִצְלִיחַ׃ פ 12 וַיֵּרָא לט. ל. כ[8]

יְהוָה אֶל־שְׁלֹמֹה בַּלָּיְלָה וַיֹּאמֶר לוֹ שָׁמַעְתִּי אֶת־תְּפִלָּתֶךָ וּבָחַרְתִּי

13 בַּמָּקוֹם הַזֶּה לִי לְבֵית זָבַח׃ 13 הֵן אֶעֱצֹר הַשָּׁמַיִם וְלֹא־יִהְיֶה מָטָר

וְהֵן־אֲצַוֶּה עַל־חָגָב לֶאֱכוֹל הָאָרֶץ[a] וְאִם־אֲשַׁלַּח דֶּבֶר בְּעַמִּי׃ ה[9]. יג מל[10]. ט[11]

14 וְיִכָּנְעוּ עַמִּי אֲשֶׁר נִקְרָא־שְׁמִי עֲלֵיהֶם וְיִתְפַּלְלוּ וִיבַקְשׁוּ פָנַי וְיָשֻׁבוּ ב פסוק דמטע בטע[12]. ל. ג[13]. ח[14]

מִדַּרְכֵיהֶם הָרָעִים וַאֲנִי אֶשְׁמַע מִן־הַשָּׁמַיִם וְאֶסְלַח לְחַטָּאתָם וְאֶרְפָּא ל. ב. ל

15 אֶת־אַרְצָם׃ 15 עַתָּה[a] עֵינַי יִהְיוּ פְתֻחוֹת וְאָזְנַי קַשֻּׁבוֹת לִתְפִלַּת כה[15] ר״פ ח מנה בסיפ

16 הַמָּקוֹם הַזֶּה׃ 16 וְעַתָּה בָּחַרְתִּי וְהִקְדַּשְׁתִּי אֶת־הַבַּיִת הַזֶּה לִהְיוֹת־ ו

17 שְׁמִי שָׁם עַד־עוֹלָם וְהָיוּ עֵינַי וְלִבִּי שָׁם כָּל־הַיָּמִים׃ 17 וְאַתָּה[a] אִם־

תֵּלֵךְ לְפָנַי כַּאֲשֶׁר הָלַךְ דָּוִיד אָבִיךָ וְלַעֲשׂוֹת[b] כְּכֹל אֲשֶׁר צִוִּיתִיךָ הי[16]. ד[17]

18 וְחֻקַּי וּמִשְׁפָּטַי תִּשְׁמוֹר׃ 18 וַהֲקִימוֹתִי אֵת כִּסֵּא מַלְכוּתֶךָ כַּאֲשֶׁר ב[18]. ד מל. ג מל[19]. ד

כָּרַתִּי[a] לְדָוִיד אָבִיךָ לֵאמֹר לֹא־יִכָּרֵת לְךָ אִישׁ מוֹשֵׁל בְּיִשְׂרָאֵל׃ יד מל

19 19 וְאִם־תְּשׁוּבוּן אַתֶּם וַעֲזַבְתֶּם חֻקּוֹתַי וּמִצְוֺתַי אֲשֶׁר נָתַתִּי לִפְנֵיכֶם ב ר״פ בסיפ. ה

20 וַהֲלַכְתֶּם וַעֲבַדְתֶּם אֱלֹהִים אֲחֵרִים וְהִשְׁתַּחֲוִיתֶם לָהֶם׃ 20 וּנְתַשְׁתִּים[a] ל

מֵעַל אַדְמָתִי אֲשֶׁר נָתַתִּי לָהֶם[b] וְאֶת־הַבַּיִת הַזֶּה אֲשֶׁר הִקְדַּשְׁתִּי לִשְׁמִי ג. ה[20]. ו

21 אַשְׁלִיךְ[c] מֵעַל פָּנָי וְאֶתְּנֶנּוּ[d] לְמָשָׁל וְלִשְׁנִינָה בְּכָל־הָעַמִּים׃ 21 וְהַבַּיִת ג

הַזֶּה אֲשֶׁר הָיָה עֶלְיוֹן[a] לְכָל־[b]עֹבֵר עָלָיו יִשֹּׁם וְאָמַר בַּמֶּה עָשָׂה יְהוָה ב[21]. ל

22 כָּכָה לָאָרֶץ הַזֹּאת וְלַבַּיִת הַזֶּה׃ 22 וְאָמְרוּ עַל אֲשֶׁר עָזְבוּ אֶת־יְהוָה ׀

[5]Mm 4169. [6]Mm 4148. [7]Mm 967. [8]Mm 1227. [9]Mm 3791. [10]Mm 1640. [11]Mm 425. [12]Mm 4170. [13]Mm 3339. [14]Mm 2668. [15]Mm 1057. [16]Mm 1376. [17]Mm 1933. [18]Mm 3142. [19]Mm 2841. [20]Mm 748. [21]Mm 2836.

9 [a] 𝔖(𝔄) *dbjt'* = templi ‖ [b-b] 𝔊[-L] sol ἑορτήν ‖ **10** [a] nonn Mss 𝔖 Bo + כָּל־ ‖ [b] 1 R 8,66 + עַבְדּוֹ, it 𝔖 ‖ [c] 𝔖 + *brh* = filio eius; > 1 R ‖ **13** [a] 𝔊[-L] τὸ ξύλον ‖ **15** [a] prp מֵעַ׳ (מ hpgr) ‖ **17** [a] pc Mss וְעַתָּה ‖ [b] 1 R 9,4 ל׳ ‖ **18** [a] 𝔖 *jmjt* = iuravi, 1 R 9,5 דִּבַּרְתִּי ‖ **20** [a] 1 יכֶם— cf 𝔊𝔖𝔙 ‖ [b] 1 לָכֶם cf 𝔊[L]𝔖𝔙 ‖ [c] 1 R 9,7 אֲשַׁלַּח ‖ [d] 1 R וְהָיָה יִשְׂרָאֵל ‖ **21** [a] 𝔊[L] + ἐρημωθήσεται, 𝔗 + *jhj ḥrwb* cf 1 R 9,8 𝔏𝔖𝔄, ins יִהְיֶה לְעִיִּין (hpgr) ‖ [b] 1 c 1 R כֹּל.

אֱלֹהֵי אֲבֹתֵיהֶם אֲשֶׁר הוֹצִיאָם מֵאֶרֶץ מִצְרַיִם וַיַּחֲזִיקוּ בֵּאלֹהִים ט חס בסיפ . ו
אֲחֵרִים וַיִּשְׁתַּחֲווּ לָהֶם וַיַּעַבְדוּם עַל־כֵּן הֵבִיא עֲלֵיהֶם אֵת כָּל־ ל̇
הָרָעָה הַזֹּאת׃ פ
8 1 וַיְהִי מִקֵּץ ׀ עֶשְׂרִים שָׁנָה אֲשֶׁר בָּנָה שְׁלֹמֹה אֶת־בֵּית יְהוָה ה בטע בסיפ . יב
2 וְאֶת־בֵּיתוֹ׃ 2 וְהֶעָרִים אֲשֶׁר נָתַן חוּרָם לִשְׁלֹמֹה בָּנָה שְׁלֹמֹה אֹתָם ז[1]
3 וַיּוֹשֶׁב שָׁם אֶת־בְּנֵי יִשְׂרָאֵל׃ 3 וַיֵּלֶךְ שְׁלֹמֹה חֲמָת צוֹבָה וַיֶּחֱזַק עָלֶיהָ׃ ד[2] . ל̇ . הי[3]
4 וַיִּבֶן אֶת־תַּדְמֹר[a] בַּמִּדְבָּר וְאֵת כָּל־עָרֵי הַמִּסְכְּנוֹת אֲשֶׁר[b] בָּנָה ב̇
5 בַּחֲמָת׃ 5 וַיִּבֶן אֶת־בֵּית חוֹרוֹן הָעֶלְיוֹן וְאֶת־בֵּית חוֹרוֹן הַתַּחְתּוֹן עָרֵי
6 מָצוֹר חוֹמוֹת דְּלָתַיִם וּבְרִיחַ׃ 6 וְאֶת־בַּעֲלָת וְאֵת כָּל־עָרֵי הַמִּסְכְּנוֹת ח[4] וכל ירמיה דכות ב מ ג וחד מן ג[5] מל
אֲשֶׁר הָיוּ לִשְׁלֹמֹה וְאֵת כָּל־עָרֵי הָרֶכֶב וְאֵת עָרֵי הַפָּרָשִׁים וְאֵת ׀ ל̇ . ז[6]
כָּל־חֵשֶׁק שְׁלֹמֹה אֲשֶׁר חָשַׁק לִבְנוֹת בִּירוּשָׁלִַם וּבַלְּבָנוֹן וּבְכֹל אֶרֶץ ב̇ . ה
7 מֶמְשַׁלְתּוֹ׃ 7 כָּל־הָעָם הַנּוֹתָר מִן־הַחִתִּי וְהָאֱמֹרִי וְהַפְּרִזִּי וְהַחִוִּי ח . ג ר״פ . סימן תמפוס[7]
8 וְהַיְבוּסִי אֲשֶׁר לֹא מִיִּשְׂרָאֵל הֵמָּה׃ 8 מִן[a]־בְּנֵיהֶם אֲשֶׁר נוֹתְרוּ אַחֲרֵיהֶם ל̇ . י ר״פ בכתיב[8] . יו מיחד מן[9]
בָּאָרֶץ אֲשֶׁר לֹא־כִלּוּם בְּנֵי יִשְׂרָאֵל וַיַּעֲלֵם שְׁלֹמֹה לְמַס[b] עַד הַיּוֹם ל̇ . ל̇ רפי וכל למס עבד דכות[10]
9 הַזֶּה׃ 9 וּמִן־בְּנֵי יִשְׂרָאֵל אֲשֶׁר[a] לֹא־נָתַן שְׁלֹמֹה לַעֲבָדִים לִמְלַאכְתּוֹ[b] ל̇[11]
כִּי־הֵמָּה אַנְשֵׁי מִלְחָמָה[c] וְשָׂרֵי[d] שָׁלִישָׁיו[c] וְשָׂרֵי רִכְבּוֹ וּפָרָשָׁיו׃ פ ב̇ פסוק דמטע[12] . ג[13]
10 וְאֵלֶּה שָׂרֵי הַנִּצִּיבִים[a] אֲשֶׁר־[b]לַמֶּלֶךְ שְׁלֹמֹה[b] חֲמִשִּׁים וּמָאתַיִם[c] הנצבים[14] יתיר י ק̇
11 הָרֹדִים בָּעָם׃[d] 11 וְאֶת־בַּת־פַּרְעֹה הֶעֱלָה שְׁלֹמֹה מֵעִיר דָּוִיד ג . ה[15]
לַבַּיִת אֲשֶׁר בָּנָה־לָהּ כִּי אָמַר לֹא־תֵשֵׁב [a]אִשָּׁה לִי בְּבֵית[a] דָּוִיד מֶלֶךְ־
12 יִשְׂרָאֵל כִּי־קֹדֶשׁ הֵמָּה אֲשֶׁר־בָּאָה אֲלֵיהֶם אֲרוֹן יְהוָה׃ פ 12 אָז ב̇ . כן לבן אשר . כו[16]
הֶעֱלָה שְׁלֹמֹה עֹלוֹת לַיהוָה עַל מִזְבַּח יְהוָה אֲשֶׁר בָּנָה לִפְנֵי הָאוּלָם[a]׃
13 וּבִדְבַר־יוֹם בְּיוֹם לְהַעֲלוֹת כְּמִצְוַת מֹשֶׁה לַשַּׁבָּתוֹת וְלֶחֳדָשִׁים
וְלַמּוֹעֲדוֹת שָׁלוֹשׁ פְּעָמִים בַּשָּׁנָה בְּחַג הַמַּצּוֹת וּבְחַג הַשָּׁבֻעוֹת וּבְחַג ל̇ . ל̇ בכתיב
14 הַסֻּכּוֹת׃ 14 וַיַּעֲמֵד כְּמִשְׁפַּט דָּוִיד־אָבִיו אֶת־מַחְלְקוֹת הַכֹּהֲנִים עַל־ ה[17]

Cp 8 [1]Mm 1827. [2]Mm 2152. [3]Mm 432. [4]Mm 2893. [5]Mm 2299. [6]Mm 1936. [7]Okhl 274. [8]Mm 2890. [9]Okhl 196. [10]Cf Mm 1937. [11]Mp sub loco. [12]Mm 3313. [13]Mm 3039. [14]Q adiddȓ, cf Mp sub loco. [15]Mm 768. [16]Mm 1553. [17]Mm 514.

Cp 8,4 [a] 1 R 9,18 K תָּמָר ‖ [b] > 𝔊$^{BL\,al}$ (hpgr?) 𝔙𝔄 ‖ **8** [a] > 𝔖 et 1 R 9,21 ‖ [b] ins c Ms 𝔖𝔄 et 1 R עֹבֵד ‖ **9** [a] > pc Mss 𝔊𝔖𝔙 et 1 R 9,22, dl ‖ [b] 𝔊 *τῇ βασιλείᾳ αὐτοῦ* = לְמַלְכוּתוֹ; > 1 R ‖ [c–c] l c 1 R ושָׂרָיו וְשׁ׳, it 𝔊; > 𝔖 ‖ [d] Ms –רָיו ‖ **10** [a] mlt Mss et 1 R 9,23 ut Q, K הַנְּצִי׳ ‖ [b–b] 1 R עַל־הַמְּלָאכָה לְשׁ׳ ‖ [c] 1 R וַחֲמֵשׁ מֵאוֹת ‖ [d] 1 R + הָעֹשִׂים בַּמְּלָאכָה ‖ **11** [a–a] 𝔊 *ἡ* (> 𝔊$^{A\,al}$) *γυνή μου ἐν πόλει* ‖ **12** [a] 𝔊 *τοῦ ναοῦ.*

עֲבֹדָתָ֔ם וְהַלְוִיִּ֖ם עַל־מִשְׁמְרוֹתָ֑ם לְהַלֵּ֡ל וּלְשָׁרֵ֨ת נֶ֤גֶד הַכֹּֽהֲנִים֙ לִדְבַר־ ‏ג[19]. ד חס בליש בטיפ[18]
י֣וֹם בְּיוֹמ֔וֹ וְהַשּׁוֹעֲרִ֤ים בְּמַחְלְקוֹתָם֙ לְשַׁ֣עַר וָשָׁ֔עַר כִּ֣י כֵ֔ן מִצְוַ֖ת דָּוִ֥יד ‏ג[20]. ג. ל ומל
15 אִישׁ־הָאֱלֹהִֽים׃ 15 וְלֹ֣א סָ֗רוּ מִצְוַ֤תa הַמֶּ֙לֶךְ֙ עַל־הַכֹּהֲנִ֣ים וְהַלְוִיִּ֔ם ‏כא[22]. ג[21]. ב
16 לְכָל־דָּבָ֖ר וְלָאֹצָרֽוֹת׃ 16 וַתִּכֹּן֙ כָּל־מְלֶ֣אכֶת שְׁלֹמֹ֔ה aעַד־הַיּ֛וֹםa ‏ל. ב חס. יז פסוק עד עד[23]. ט מיחד
17 מוּסַ֥ד בֵּית־יְהוָ֖ה bוְעַד־כְּלֹת֑וֹ שָׁלֵ֖םb בֵּ֥ית יְהוָֽה׃ ס 17 אָ֣ז הָלַ֤ךְ ‏ל. ב חד קמ וחד פת[24]
שְׁלֹמֹה֙ לְעֶצְיֽוֹן־גֶּ֔בֶר וְאֶל־aאֵיל֖וֹת עַל־שְׂפַ֥ת הַיָּ֖ם בְּאֶ֥רֶץ אֱדֽוֹם׃ ‏ל
18 וַיִּשְׁלַח־aל֣וֹ ח֠וּרָם בְּֽיַד־עֲבָדָ֨יו אֳנִיּ֜וֹתb וַעֲבָדִים֮ י֣וֹדְעֵי יָם֒ וַיָּבֹ֜אוּ 18 ‏מל[25]. ד. יתיר ו. אניות ק
עִם־עַבְדֵ֤י שְׁלֹמֹה֙ אוֹפִ֔ירָה וַיִּקְח֣וּ מִשָּׁ֔ם אַרְבַּע־מֵא֥וֹת וַחֲמִשִּׁ֖יםc כִּכַּ֣ר ‏ג[26]
זָהָ֑ב וַיָּבִ֖יאוּ אֶל־הַמֶּ֥לֶךְ שְׁלֹמֹֽה׃ פ ‏לו

9 **9** 1 וּמַֽלְכַּת־שְׁבָ֡א שָׁמְעָה֩ אֶת־שֵׁ֨מַעa שְׁלֹמֹ֜ה וַתָּב֣וֹא לְנַסּ֣וֹת אֶת־ ‏ל[1]. ה[2]. ל[1]. ג
שְׁלֹמֹה֩ בְחִיד֨וֹת בִּירוּשָׁלַ֜͏ִם בְּחַ֣יִל כָּבֵ֣ד מְאֹ֗ד וּ֠גְמַלִּים נֹשְׂאִ֨ים בְּשָׂמִ֧ים ‏ל. ח
וְזָהָ֛ב לָרֹ֖ב וְאֶ֣בֶן יְקָרָ֑ה וַתָּבוֹא֙ אֶל־שְׁלֹמֹ֔ה וַתְּדַבֵּ֣ר עִמּ֔וֹ אֵ֛ת כָּל־אֲשֶׁ֥ר ‏ל[1]
2 הָיָ֖ה עִם־לְבָבָֽהּ׃ 2 וַיַּגֶּד־לָ֥הּ שְׁלֹמֹ֖ה אֶת־כָּל־דְּבָרֶ֑יהָ וְלֹֽא־נֶעְלַ֤ם ‏ל[1]
3 דָּבָר֙ מִשְּׁלֹמֹ֔ה אֲשֶׁ֛ר לֹ֥א הִגִּ֖יד לָֽהּ׃ 3 וַתֵּ֙רֶא֙ מַלְכַּת־שְׁבָ֔א אֵ֖ת חָכְמַ֣ת ‏יד בטע[3]
4 שְׁלֹמֹ֑ה וְהַבַּ֖יִת אֲשֶׁ֥ר בָּנָֽה׃ 4 וּמַאֲכַ֣ל שֻׁלְחָנ֡וֹ וּמוֹשַׁ֣ב עֲבָדָיו֩ וּמַעֲמַ֨ד ‏ד פת[4]
מְשָׁרְתָ֤יו וּמַלְבּֽוּשֵׁיהֶם֙a וּמַשְׁקָיו֙ וּמַלְבּ֣וּשֵׁיהֶ֔םb וַעֲלִיָּת֕וֹc אֲשֶׁ֥ר יַעֲלֶ֖ה ‏ל[1]. ג. ג
5 בֵּ֣ית יְהוָ֑ה וְלֹא־הָ֥יָה ע֛וֹד בָּ֖הּ רֽוּחַ׃ 5 וַתֹּ֙אמֶר֙ אֶל־הַמֶּ֔לֶךְ אֱמֶ֣ת ‏ל[5]. ל[1]. כה
6 הַדָּבָ֔ר אֲשֶׁ֥ר שָׁמַ֖עְתִּי בְּאַרְצִ֑י עַל־דְּבָרֶ֖יךָ וְעַל־חָכְמָתֶֽךָ׃ 6 וְלֹֽא־ ‏לא[6] יז ר״פ ולא
הֶאֱמַ֨נְתִּי לְדִבְרֵיהֶ֜םa עַ֤ד אֲשֶׁר־בָּ֙אתִי֙ וַתִּרְאֶ֣ינָה עֵינַ֔י וְהִנֵּה֙ לֹ֣א הֻגַּד־ ‏ל[1]
7 לִ֔י חֲצִ֖י מַרְבִּ֣ית חָכְמָתֶ֑ךָ יָסַ֕פְתָּ עַל־הַשְּׁמוּעָ֖ה אֲשֶׁ֥ר שָׁמָֽעְתִּי׃ 7 אַשְׁרֵ֣י ‏ל[1]. ג[7]. ג. ל
אֲנָשֶׁ֔יךָa וְאַשְׁרֵ֖י עֲבָדֶ֣יךָ אֵ֑לֶּה הָעֹמְדִ֤ים לְפָנֶ֙יךָ֙ תָּמִ֔יד וְשֹׁמְעִ֖ים אֶת־ ‏ב[8]. ב
8 חָכְמָתֶֽךָ׃ 8 יְהִ֨י יְהוָ֤ה אֱלֹהֶ֙יךָ֙ בָּר֔וּךְ אֲשֶׁ֨ר ׀ חָפֵ֣ץ בְּךָ֗ לְתִתְּךָ֤ עַל־ ‏ב
aכִּסְאוֹ֙ לְמֶ֔לֶךְ לַיהוָ֖ה אֱלֹהֶ֑יךָa בְּאַהֲבַ֨ת אֱלֹהֶ֤יךָ אֶת־יִשְׂרָאֵל֙ לְהַעֲמִיד֣וֹb ‏ל. כט וכל משיחה מצרים אשור ישראל דכות[9]

[18]Mp sub loco. [19]Mm 4082. [20]Mm 3992. [21]Mm 761. [22]Mm 4144. [23]Mm 912. [24]Mm 2308. [25]Mm 4068. [26]Mm 1938. **Cp 9** [1]Mm 4171. [2]Mm 206. [3]Mm 3948. [4]Mm 3544. [5]Mm 3867 et Mm 4171. [6]Mm 2708. [7]Mm 1542. [8]Mm 4172. [9]Mm 958.

15 [a] l c pc Mss 𝔖𝔄 מִמְּ׳ (hpgr) cf 𝔙 ‖ **16** [a–a] l מִיּוֹם cf Vrs ‖ [b–b] 𝔊 *ἕως οὗ ἐτελείωσεν Σαλωμων* = עַד־כַּלּוֹת שְׁלֹמֹה ‖ **17** [a] 1 R 9,26 אֲשֶׁר אֶת ‖ **18** [a] prp וַיָּשֶׂם cf [b] ‖ [b] K אנ׳; prb ins וישלח לו לָאניות (homtel) et dl ו sq ‖ [c] 1 R 9,28 וְעֶשְׂרִים; > 𝔖 ‖ **Cp 9,1** [a] 𝔊 *τὸ ὄνομα* = שֵׁם? ‖ **4** [a] sic c 1 R 10,5 ‖ [b] > 1 R ‖ [c] 1 R וְעֹלָתוֹ cf 𝔊𝔖𝔙, l 𝔐 = et ascensum eius ‖ **6** [a] 𝔊𝔗 et 1 R 10,7 om suff ‖ **7** [a] sic c 1 R 10,8, $𝔊^{L}$𝔏 *αἱ γυναῖκές σου* ‖ **8** [a–a] 1 R 10,9 כִּסֵּא יִשְׂרָאֵל ‖ [b] > 1 R.

לְעוֹלָ֗ם וַיִּתֶּנְךָ֤ עֲלֵיהֶם֙ לְמֶ֔לֶךְ לַעֲשׂ֖וֹת מִשְׁפָּ֥ט וּצְדָקָֽה׃ 9 וַתִּתֵּ֨ן לַמֶּ֜לֶךְ 9
מֵאָ֣ה וְעֶשְׂרִ֣ים ׀ כִּכַּ֣ר זָהָ֗ב וּבְשָׂמִ֛ים לָרֹ֥ב מְאֹ֖ד וְאֶ֣בֶן יְקָרָ֑ה וְלֹ֨א הָיָ֜ה
כַּבֹּ֣שֶׂם הַה֗וּא אֲשֶׁר־נָתְנָ֛ה מַֽלְכַּת־שְׁבָ֖א לַמֶּ֥לֶךְ שְׁלֹמֹֽה׃ 10 וְגַם־ 10
עַבְדֵ֤י[a] חִירָם֙[b] וְעַבְדֵ֣י שְׁלֹמֹ֔ה אֲשֶׁר־[c]הֵבִ֥יאוּ זָהָ֖ב מֵאוֹפִ֑יר הֵבִ֛יאוּ[d]
עֲצֵ֥י אַלְגּוּמִּ֖ים[e] וְאֶ֥בֶן יְקָרָֽה׃ 11 וַיַּ֣עַשׂ הַ֠מֶּלֶךְ אֶת־עֲצֵ֨י הָאַלְגּוּמִּ֜ים 11
מְסִלּ֤וֹת[a] לְבֵית־יְהוָה֙ וּלְבֵ֣ית הַמֶּ֔לֶךְ וְכִנֹּר֥וֹת וּנְבָלִ֖ים לַשָּׁרִ֑ים [b]וְלֹא־
נִרְא֥וּ כָהֵ֛ם לְפָנִ֖ים בְּאֶ֥רֶץ יְהוּדָֽה[b]׃ 12 וְהַמֶּ֨לֶךְ שְׁלֹמֹ֜ה נָתַ֣ן 12
לְמַֽלְכַּת־שְׁבָ֞א אֶֽת־כָּל־חֶפְצָהּ֙ אֲשֶׁ֣ר שָׁאָ֔לָה מִלְּבַ֕ד אֲשֶׁר־[a]הֵבִ֖יאָה
אֶל־הַמֶּ֑לֶךְ וַתַּהֲפֹ֛ךְ וַתֵּ֥לֶךְ לְאַרְצָ֖הּ הִ֥יא וַעֲבָדֶֽיהָ׃ פ 13 וַיְהִ֗י 13
מִשְׁקַ֣ל הַזָּהָ֔ב אֲשֶׁר־בָּ֥א לִשְׁלֹמֹ֖ה בְּשָׁנָ֣ה אֶחָ֑ת שֵׁ֥שׁ מֵא֛וֹת וְשִׁשִּׁ֥ים וָשֵׁ֖שׁ
כִּכְּרֵ֥י זָהָֽב׃ 14 לְ֠בַד מֵאַנְשֵׁ֨י[a] הַתָּרִ֤ים[b] [c]וְהַֽסֹּחֲרִים֙ מְבִיאִ֔ים[c] וְכָל־ 14
מַלְכֵ֨י עֲרַ֜ב[d] וּפַח֣וֹת הָאָ֗רֶץ [e]מְבִיאִ֛ים זָהָ֥ב וָכֶ֖סֶף לִשְׁלֹמֹֽה[e]׃ 15 וַיַּ֜עַשׂ 15
הַמֶּ֧לֶךְ שְׁלֹמֹ֛ה מָאתַ֥יִם צִנָּ֖ה זָהָ֣ב שָׁח֑וּט [a]שֵׁ֤שׁ מֵאוֹת֙ זָהָ֣ב שָׁח֔וּט יַעֲלֶ֖ה
עַל־הַצִּנָּ֥ה הָאֶחָֽת[a]׃ 16 וּשְׁלֹשׁ־מֵא֨וֹת מָֽגִנִּ֜ים זָהָ֣ב שָׁח֗וּט [a][b]שְׁלֹ֤שׁ מֵאוֹת֙[b] 16
זָהָ֔ב יַעֲלֶ֖ה עַל־הַמָּגֵ֣ן הָאֶחָ֑ת[a] וַיִּתְּנֵ֣ם הַמֶּ֔לֶךְ בְּבֵ֖ית יַ֥עַר הַלְּבָנֽוֹן׃ פ
17 וַיַּ֧עַשׂ הַמֶּ֛לֶךְ כִּסֵּא־שֵׁ֖ן גָּד֑וֹל וַיְצַפֵּ֖הוּ זָהָ֥ב טָהֽוֹר[a]׃ 18 וְשֵׁ֣שׁ מַעֲל֣וֹת
לַ֠כִּסֵּא וְכֶ֨בֶשׁ[a] בַּזָּהָ֤ב[b] לַכִּסֵּא֙ מָאֳחָזִ֔ים[c] וְיָד֕וֹת מִזֶּ֥ה וּמִזֶּ֖ה עַל־מְק֣וֹם
הַשָּׁ֑בֶת וּשְׁנַ֣יִם אֲרָי֔וֹת עֹמְדִ֖ים אֵ֥צֶל הַיָּדֽוֹת׃ 19 וּשְׁנֵ֧ים עָשָׂ֣ר אֲרָי֗וֹת 19
עֹמְדִ֥ים שָׁ֛ם עַל־שֵׁ֥שׁ הַמַּעֲל֖וֹת מִזֶּ֣ה וּמִזֶּ֑ה לֹֽא־נַעֲשָׂ֥ה כֵ֖ן לְכָל־מַמְלָכָֽה׃
20 וְ֠כֹל כְּלֵ֨י מַשְׁקֵ֜ה הַמֶּ֣לֶךְ שְׁלֹמֹה֮ זָהָב֒ וְכֹ֗ל כְּלֵ֛י בֵּית־יַ֥עַר הַלְּבָנ֖וֹן
זָהָ֣ב סָג֑וּר אֵ֣ין כֶּ֗סֶף נֶחְשָׁ֛ב בִּימֵ֥י שְׁלֹמֹ֖ה לִמְאֽוּמָה׃ 21 כִּֽי־אֳנִיּ֣וֹת[a] 21
לַמֶּ֗לֶךְ הֹלְכ֣וֹת[a] תַּרְשִׁ֔ישׁ עִ֖ם עַבְדֵ֣י[b] חוּרָ֑ם[c] אַחַת֩ לְשָׁל֨וֹשׁ שָׁנִ֜ים

ל̇. כט̇ וכל משיחה מצרים אשור ישראל דכות[10]
ה̇[11]. כה̇
כ̇[12] ר״פ בכתיב ט̇ מנה בסיפ̇
חורם חד מן ג̇ כת̇ כן ק̇
ל̇[13]. ח̇ בליש̇[14]
ד̇
ב̇. ב̇. ג̇[15]
ל̇
ב̇[16] ג̇. ו̇[17]
ג̇
ה̇. ה̇
ה̇
ג̇ ר״פ[18]
ג̇[19]
ח̇[20] קמ̇ וכל חומש המגילות דכות̇ ב̇ מ̇ ב̇
י̇ ר״פ וכל ומ״פ וכל. ז̇. ד̇[21]. ז̇
ח̇. ד̇ זוגין[22]
ל̇ מל̇[23]

[10] Mm 958. [11] Mm 3179. [12] Mm 4070. [13] Mm 1749. [14] Mm 1824. [15] Mm 4173א. [16] Mm 4146. [17] Mm 1264. [18] Mm 4173ב. [19] Mm 744. [20] Mm 692. [21] Mm 3117. [22] Mm 1940. [23] Mp sub loco.

10 [a] 1 R 10,11 אֳנִי cf 21[b] ‖ [b] cf 1 Ch 14,1[a] ‖ [c] > 𝔊𝔖𝔙 ‖ [d] > 𝔊𝔙 ‖ [e] pc Mss אלמוגים cf 1 R 10,12 ‖ **11** [a] 𝔊(𝔙) *ἀναβάσεις*, 𝔖 *(l)spsl'* = subsellia, 1 R 10,12 מִסְעָד ‖ [b–b] 1 R alit ‖ **12** [a] prb ins sec 𝔗 נָתַן לָהּ מִלְּבוֹ תַּחַת אשר (homtel) cf 1 R 10,13 ‖ **14** [a] sic c 1 R 10,15; l מֵעָנְשֵׁי cf 𝔖 ‖ [b] sic c 1 R; l הַתַּגָּרִים; 𝔊 *τῶν ὑποτεταγμένων*, 𝔖 *dmdjnt'* = urbium ‖ [c–c] 1 R הָרֹכְלִים (l וּמִסְחַר (וּמִסַּחַר ‖ [d] 2 Mss מַעֲרָב, mlt Mss Edd עֲרָב, 1 R הָעֶרֶב ‖ [e–e] > 1 R ‖ **15** [a–a] 𝔊 versio duplex ‖ **16** [a–a] > 𝔊[B]𝔙 ‖ [b–b] 1 R 10,17 שְׁלֹשֶׁת מָנִים, it 𝔖 ‖ **17** [a] 1 R 10,18 מוּפָז ‖ **18** [a] Ms Ed שׁ–, 1 R 10,19 (l וְרֹאשׁ עָגֹל (עֵגֶל ‖ [b] tr post מא' cf 𝔊 (𝔊[-L] om וכבש et לכסא 2°, homtel) ‖ [c] 1 R מֵאַחֲרָיו ‖ **21** [a] 𝔊 sg cf 1 R 10,22 ‖ [b] 1 R אֳנִי cf 10[a] ‖ [c] pc Mss 𝔊𝔖𝔙 חִירם.

תָּבוֹאנָה ׀ אֳנִיּוֹת תַּרְשִׁישׁ נֹשְׂאוֹת זָהָב וָכֶסֶף שֶׁנְהַבִּים וְקוֹפִים וְתוּכִּיִּים׃[d] — ב מל[24]. ב. ב. ב. ב
22 וַיִּגְדַּל הַמֶּלֶךְ שְׁלֹמֹה מִכֹּל מַלְכֵי הָאָרֶץ לְעֹשֶׁר וְחָכְמָה׃ פ 22 — ל
23 וְכֹל מַלְכֵי הָאָרֶץ מְבַקְשִׁים אֶת־פְּנֵי שְׁלֹמֹה לִשְׁמֹעַ אֶת־חָכְמָתוֹ 23 — ו[25]
אֲשֶׁר־נָתַן הָאֱלֹהִים בְּלִבּוֹ׃ 24 וְהֵם מְבִיאִים אִישׁ מִנְחָתוֹ כְּלֵי כֶסֶף ס ה׳ — ב. ט ר״פ[26]
וּכְלֵי זָהָב וּשְׂלָמוֹת נֵשֶׁק[a] בְּשָׂמִים סוּסִים וּפְרָדִים דְּבַר־שָׁנָה בְּשָׁנָה׃ — ד. ג מנוקדין כן בליש[27]
25 וַיְהִי לִשְׁלֹמֹה אַרְבַּעַת[a] אֲלָפִים אֻרְיוֹת סוּסִים וּמַרְכָּבוֹת פ 25 — ל
וּשְׁנֵים־עָשָׂר אֶלֶף פָּרָשִׁים וַיַּנִּיחֵם בְּעָרֵי הָרֶכֶב וְעִם־הַמֶּלֶךְ בִּירוּשָׁלִָם׃ — ב ובסיפ
26 וַיְהִי מוֹשֵׁל בְּכָל־הַמְּלָכִים מִן־הַנָּהָר וְעַד־אֶרֶץ פְּלִשְׁתִּים וְעַד 26 — יד מל. יד פסוק ועד ועד[28]. ב[29]. ד[30]
27 גְּבוּל מִצְרָיִם׃ 27 וַיִּתֵּן הַמֶּלֶךְ[a] אֶת־הַכֶּסֶף בִּירוּשָׁלִַם כָּאֲבָנִים וְאֵת
28 הָאֲרָזִים נָתַן כַּשִּׁקְמִים אֲשֶׁר־בַּשְּׁפֵלָה לָרֹב׃ 28 וּמוֹצִיאִים[a] סוּסִים — ל[31]
29 מִמִּצְרַיִם לִשְׁלֹמֹה וּמִכָּל[b]־הָאֲרָצוֹת׃ 29 וּשְׁאָר[a] דִּבְרֵי שְׁלֹמֹה — ל
הָרִאשֹׁנִים וְהָאַחֲרוֹנִים[b] הֲלֹא־הֵם כְּתוּבִים עַל־דִּבְרֵי נָתָן הַנָּבִיא וְעַל־ — כי יג מנה בסיפ. ו מל בסיפ[32]. ג בכתיב
נְבוּאַת אֲחִיָּה הַשִּׁילוֹנִי וּבַחֲזוֹת יֶעְדִּי[c] הַחֹזֶה עַל־יָרָבְעָם בֶּן־נְבָט׃ — ב מל[33]. יעדו ק
30 31 30 וַיִּמְלֹךְ שְׁלֹמֹה בִירוּשָׁלִַם עַל־כָּל־יִשְׂרָאֵל אַרְבָּעִים שָׁנָה׃ 31 וַיִּשְׁכַּב — כ ה[34] מנה בסיפ
שְׁלֹמֹה עִם־אֲבֹתָיו וַיִּקְבְּרֻהוּ בְּעִיר דָּוִיד אָבִיו וַיִּמְלֹךְ רְחַבְעָם — ו[35]
בְּנוֹ תַּחְתָּיו׃ פ

10 **10** 1 וַיֵּלֶךְ רְחַבְעָם שְׁכֶמָה כִּי שְׁכֶם בָּאוּ כָל־יִשְׂרָאֵל לְהַמְלִיךְ — ו[1]. ל
2 אֹתוֹ׃ 2 וַיְהִי כִּשְׁמֹעַ יָרָבְעָם בֶּן־נְבָט וְהוּא[a] בְמִצְרַיִם אֲשֶׁר בָּרַח — ה בטע בסיפ. ל
3 מִפְּנֵי שְׁלֹמֹה[b] הַמֶּלֶךְ[c] וַיָּשָׁב יָרָבְעָם מִמִּצְרָיִם׃ 3 וַיִּשְׁלְחוּ וַיִּקְרְאוּ־לוֹ — ג[2]
4 וַיָּבֹא יָרָבְעָם וְכָל־יִשְׂרָאֵל וַיְדַבְּרוּ אֶל־רְחַבְעָם לֵאמֹר׃ 4 אָבִיךָ — לה וכל ר״פ דכות[3]
הִקְשָׁה אֶת־עֻלֵּנוּ וְעַתָּה[a] הָקֵל מֵעֲבֹדַת אָבִיךָ הַקָּשָׁה וּמֵעֻלּוֹ הַכָּבֵד
5 אֲשֶׁר־נָתַן עָלֵינוּ וְנַעַבְדֶךָּ׃ 5 וַיֹּאמֶר אֲלֵהֶם[a] עוֹד[b] שְׁלֹשֶׁת יָמִים וְשׁוּבוּ — ט[4] בכתיב ה[5] מנה חס בליש. יו חס בכתיב ט[6] מנה בסיפ. ל[7]
6 אֵלַי וַיֵּלֶךְ הָעָם׃ ס 6 וַיִּוָּעֵץ[a] הַמֶּלֶךְ רְחַבְעָם אֶת־הַזְּקֵנִים אֲשֶׁר־ — ב

[24] Cf Mm 1579. [25] Mm 1264. [26] Mm 564. [27] Mm 4174. [28] Mm 1244. [29] 1 S 27,8. [30] Mm 2906. [31] Mm 2681. [32] Mp sub loco. [33] Mm 4175. [34] Mm 4151. [35] Mm 1945. **Cp 10** [1] Mm 274. [2] Mm 1878. [3] Mp sub loco. [4] Mm 3919. [5] Mm 12. [6] Mm 4176. [7] Mm 1951.

21 [d] > 𝔊 ‖ **24** [a] 𝔊 recte *στακτήν* cf 𝔖𝔄 ‖ **25** [a] 1 R 5,6 ־בָּעִים ‖ **27** [a] 𝔊 + *τὸ χρυσίον καί* cf 1,15 ‖ **28** [a] 1 R 10,28 וּמוֹצָא, it 𝔊 ‖ [b] prp וּלְכָל ‖ **29** [a] v 29 > 𝔖 ‖ [b] sic L, mlt Mss Edd וְהָאַחֲ׳ ‖ [c] nonn Mss ut Q, K ־דִּי ‖ **Cp 10,2** [a] 1 R 12,2 + עוֹדֶנּוּ ‖ [b] ins כִּי מֵת שְׁלֹמֹה (homtel) cf 𝔄 et 3 R 12,24d 𝔊 ‖ [c] 𝔊 + *καὶ κατῴκησεν Ιεροβοαμ ἐν Αἰγύπτῳ* cf 1 R 12,2 ‖ **4** [a] pc Mss 𝔙 ואתה; l c 1 R 12,4 וְאַתָּה עַתָּה, it 𝔖𝔗𝔄 ‖ **5** [a] 1 R 12,5 + לְכוּ, it 𝔊𝔖𝔙 ‖ [b] 𝔊(𝔗) *ἕως* = עַד ‖ **6** [a] sic c 1 R 12,6; 𝔊 *καὶ συνήγαγεν*.

הָי֣וּ עֹמְדִ֗ים לִפְנֵי֙ שְׁלֹמֹ֣ה אָבִ֔יו בִּֽהְיֹת֥וֹ חַ֖י לֵאמֹ֑ר אֵ֣יךְ אַתֶּ֤ם נֽוֹעָצִים֙ — ב. ג חס[8]. ה ומל[9]
7 לְהָשִׁ֥יב לָֽעָם־הַזֶּ֖ה דָּבָֽר׃ 7 וַיְדַבְּר֨וּ אֵלָ֜יו לֵאמֹ֗ר אִם־[a]תִּֽהְיֶה֩ לְט֨וֹב[b] — ל
לְהָעָ֤ם הַזֶּה֙ וּרְצִיתָ֔ם[c] וְדִבַּרְתָּ֥ אֲלֵהֶ֖ם דְּבָרִ֣ים טוֹבִ֑ים וְהָי֥וּ לְךָ֛ עֲבָדִ֖ים — ל. ל[10]. ג בסיפ. יו חס בכתיב ט[11] מנה בסיפ
8 כָּל־הַיָּמִֽים׃ 8 וַיַּעֲזֹ֛ב אֶת־עֲצַ֥ת הַזְּקֵנִ֖ים אֲשֶׁ֣ר יְעָצֻ֑הוּ וַיִּוָּעַ֗ץ אֶת־ — ל בסיפ. ג וחס
9 הַיְלָדִים֙ אֲשֶׁ֣ר גָּדְל֣וּ אִתּ֔וֹ הָעֹמְדִ֖ים לְפָנָֽיו׃ 9 וַיֹּ֣אמֶר אֲלֵהֶ֗ם מָ֤ה אַתֶּם֙ — ט[12] בכתיב ה[13] מנה חס בליש. יו חס בכתיב ט[11] מנה בסיפ
נֽוֹעָצִ֔ים וְנָשִׁ֥יב[a] דָּבָ֖ר אֶת־הָעָ֣ם הַזֶּ֑ה אֲשֶׁ֨ר דִּבְּר֤וּ אֵלַי֙ לֵאמֹ֔ר הָקֵל֙ — ה ומל[9]
10 מִן־הָעֹ֔ל אֲשֶׁר־נָתַ֥ן אָבִ֖יךָ עָלֵֽינוּ׃ 10 וַיְדַבְּר֣וּ אִתּ֗וֹ הַיְלָדִים֙ אֲשֶׁ֨ר — ל
גָּדְל֤וּ אִתּוֹ֙ לֵאמֹ֔ר כֹּֽה־תֹאמַ֣ר לָעָ֗ם אֲשֶׁר־דִּבְּר֨וּ אֵלֶיךָ֮ לֵאמֹר֒
אָבִ֙יךָ֙ הִכְבִּ֣יד אֶת־עֻלֵּ֔נוּ וְאַתָּ֖ה הָקֵ֣ל מֵעָלֵ֑ינוּ
11 כֹּ֤ה תֹּאמַר֙ אֲלֵהֶ֔ם קָטָנִּ֥י[a] עָבָ֖ה מִמָּתְנֵ֥י אָבִֽי׃ 11 וְעַתָּ֗ה אָבִי֙ הֶעְמִ֤יס — ט[12] בכתיב ה[13] מנה חס בליש. יו חס בכתיב ט[11] מנה בסיפ. ב. ב
עֲלֵיכֶם֙ עֹ֣ל כָּבֵ֔ד וַאֲנִ֖י אֹסִ֣יף עַל־עֻלְּכֶ֑ם — יט ו[14] מנה חס ג מנה בסיפ
אָבִ֞י יִסַּ֤ר אֶתְכֶם֙ בַּשּׁוֹטִ֔ים וַאֲנִ֖י בָּֽעַקְרַבִּֽים[a]׃ ס — ד
12 וַיָּבֹ֨א יָרָבְעָ֧ם וְכָל־הָעָ֛ם אֶל־רְחַבְעָ֖ם בַּיּ֣וֹם הַשְּׁלִשִׁ֑י כַּאֲשֶׁ֨ר — נא מ״פ וכל ר״פ דכות ב מ ג[15]
13 דִּבֶּ֤ר הַמֶּ֙לֶךְ֙ לֵאמֹ֔ר שׁ֥וּבוּ אֵלַ֖י בַּיּ֥וֹם הַשְּׁלִשִֽׁי׃ 13 וַיַּעֲנֵ֥ם הַמֶּ֖לֶךְ קָשָׁ֑ה — ל
14 וַֽיַּעֲזֹב֙ הַמֶּ֣לֶךְ רְחַבְעָ֔ם אֵ֖ת עֲצַ֥ת הַזְּקֵנִֽים׃ 14 וַיְדַבֵּ֨ר אֲלֵהֶ֜ם כַּעֲצַ֤ת — יו חס בכתיב ט[11] מנה בסיפ
הַיְלָדִים֙ לֵאמֹ֔ר
אַכְבִּ֣יד[a] אֶת־עֻלְּכֶ֔ם וַאֲנִ֖י אֹסִ֣יף עָלָ֑יו — יט ו[14] מנה חס ג מנה בסיפ
אָבִ֞י יִסַּ֤ר אֶתְכֶם֙ בַּשּׁוֹטִ֔ים וַאֲנִ֖י בָּעַקְרַבִּֽים[b]׃ — ד
15 וְלֹֽא־שָׁמַ֥ע הַמֶּ֖לֶךְ אֶל־הָעָ֑ם כִּֽי־הָיְתָ֨ה נְסִבָּ֜ה[a] מֵעִ֣ם הָאֱלֹהִ֗ים לְמַ֩עַן֩ — ל. ב[16]
הָקִ֨ים יְהוָ֜ה אֶת־דְּבָר֗וֹ אֲשֶׁ֤ר דִּבֶּר֙ בְּיַ֣ד אֲחִיָּ֣הוּ הַשִּׁילוֹנִ֔י אֶל־יָרָבְעָ֖ם — ה[17]. ל כת כן[18]
16 בֶּן־נְבָֽט׃ 16 וְכָל־יִשְׂרָאֵל[a] כִּ֠י לֹא־שָׁמַ֨ע הַמֶּ֜לֶךְ לָהֶ֗ם וַיָּשִׁ֨יבוּ — ה[19]. ל[20] ג מנה מל
הָעָ֥ם אֶת־הַמֶּ֖לֶךְ ׀ לֵאמֹ֑ר
מַה־לָּ֨נוּ חֵ֜לֶק בְּדָוִ֗יד וְלֹֽא־נַחֲלָ֤ה בְּבֶן־יִשַׁי֙
אִ֣ישׁ[b] לְאֹהָלֶ֣יךָ[c] יִשְׂרָאֵ֔ל עַתָּ֛ה רְאֵ֥ה[d] בֵיתְךָ֖ דָּוִ֑יד — ל

[8] Mm 2688. [9] Mm 1953. [10] וחד רציתם Ps 44,4. [11] Mm 4176. [12] Mm 3919. [13] Mm 12. [14] Mm 4177. [15] Mp sub loco. [16] Mm 4179. [17] Mm 4178. [18] Mm 4175. [19] Mm 3606. [20] Mm 910.

7 [a] 1 R 12,7 + הַיּוֹם, it 𝔊 ‖ [b] 1 R עֶבֶד ‖ [c] 1 R וַעֲנִיתָם ‖ **9** [a] sic c 1 R 12,9; 𝔊𝔙 sg ‖ **10** [a] mlt Mss Edd קָטָנִּי ‖ **11** [a] sic L, mlt Mss Edd בָּעַ׳ ‖ **14** [a] sic mlt Mss Edd; l c mlt Mss Edd Vrs אָבִי הִכְבִּיד ‖ [b] cf 11[a] ‖ **15** [a] 1 R 12,15 סִבָּה ‖ **16** [a] ins c mlt Mss 𝔖𝔗𝔄 רָאוּ cf 1 R 12,16 ‖ [b] > 𝔊 et 1 R ‖ [c] 1 יו‑ cf 𝔖 et 2 S 20,1 ‖ [d] 𝔙 *pasce* = רעה.

17 וַיֵּלֶךְ כָּל־יִשְׂרָאֵל לְאֹהָלָיו׃ ס 17 וּבְנֵי יִשְׂרָאֵל הַיֹּשְׁבִים בְּעָרֵי
18 יְהוּדָה וַיִּמְלֹךְ עֲלֵיהֶם רְחַבְעָם׃ 18 וַיִּשְׁלַח הַמֶּלֶךְ רְחַבְעָם אֶת־
הֲדֹרָם[a] אֲשֶׁר עַל־הַמַּס וַיִּרְגְּמוּ־בוֹ בְנֵי־יִשְׂרָאֵל אֶבֶן וַיָּמֹת וְהַמֶּלֶךְ — ד ול חס
19 רְחַבְעָם הִתְאַמֵּץ לַעֲלוֹת בַּמֶּרְכָּבָה לָנוּס יְרוּשָׁלִָם׃ ס 19 וַיִּפְשְׁעוּ — יד[21] וכל אורית ויהושע דכות ב מ ג
11 יִשְׂרָאֵל בְּבֵית דָּוִיד עַד הַיּוֹם הַזֶּה׃ ס 11 1 וַיָּבֹא רְחַבְעָם
יְרוּשָׁלִַם וַיַּקְהֵל אֶת־בֵּית יְהוּדָה וּבִנְיָמִן מֵאָה וּשְׁמוֹנִים אֶלֶף בָּחוּר
עֹשֵׂה מִלְחָמָה לְהִלָּחֵם עִם־יִשְׂרָאֵל לְהָשִׁיב אֶת־הַמַּמְלָכָה לִרְחַבְעָם׃
2 פ 2 וַיְהִי דְּבַר־יְהוָה אֶל־שְׁמַעְיָהוּ אִישׁ־הָאֱלֹהִים לֵאמֹר׃ — ה[1] וכל ושמעיהו דכות ב מ א
3 3 אֱמֹר אֶל־רְחַבְעָם בֶּן־שְׁלֹמֹה מֶלֶךְ יְהוּדָה וְאֶל כָּל־[a]יִשְׂרָאֵל — יא זוגין בטע[2]. יא בכתיב
4 בִּיהוּדָה[a] וּבִנְיָמִן[b] לֵאמֹר׃ 4 כֹּה אָמַר יְהוָה לֹא־תַעֲלוּ וְלֹא־תִלָּחֲמוּ — ב[3]
עִם־אֲחֵיכֶם שׁוּבוּ אִישׁ לְבֵיתוֹ כִּי מֵאִתִּי נִהְיָה הַדָּבָר הַזֶּה וַיִּשְׁמְעוּ — ח[4]
אֶת־דִּבְרֵי יְהוָה וַיָּשֻׁבוּ מִלֶּכֶת אֶל־יָרָבְעָם׃ פ — ה . ה חס בסיפ[5]
5 6 5 וַיֵּשֶׁב רְחַבְעָם בִּירוּשָׁלִָם וַיִּבֶן עָרִים לְמָצוֹר בִּיהוּדָה׃ 6 וַיִּבֶן — ל
7 אֶת־בֵּית־לֶחֶם וְאֶת־עֵיטָם וְאֶת־תְּקוֹעַ׃ 7 וְאֶת־בֵּית־צוּר וְאֶת־שׂוֹכוֹ — כל מל . ג מל[6]
8 9 וְאֶת־עֲדֻלָּם׃ 8 וְאֶת־גַּת וְאֶת־מָרֵשָׁה וְאֶת־זִיף׃ 9 וְאֶת־אֲדוֹרַיִם וְאֶת־ — ל . ל
10 לָכִישׁ וְאֶת־עֲזֵקָה׃ 10 וְאֶת־צָרְעָה וְאֶת־אַיָּלוֹן וְאֶת־חֶבְרוֹן אֲשֶׁר — ל . ט[7]
11 בִּיהוּדָה וּבְבִנְיָמִן עָרֵי מְצֻרוֹת׃ 11 וַיְחַזֵּק אֶת־הַמְּצֻרוֹת וַיִּתֵּן בָּהֶם — ב חד מל וחד חס[8] . ב . ה וכל דסמיכ לאדכרה דכות[9]
12 נְגִידִים וְאֹצְרוֹת מַאֲכָל וְשֶׁמֶן וָיָיִן׃ 12 וּבְכָל־עִיר וָעִיר צִנּוֹת וּרְמָחִים — ל . ז[10]
13 וַיְחַזְּקֵם לְהַרְבֵּה מְאֹד וַיְהִי־לוֹ יְהוּדָה וּבִנְיָמִן׃ ס 13 וְהַכֹּהֲנִים — ג[11] . ח[12]
14 וְהַלְוִיִּם אֲשֶׁר בְּכָל־יִשְׂרָאֵל הִתְיַצְּבוּ עָלָיו מִכָּל־גְּבוּלָם׃ 14 כִּי־עָזְבוּ
הַלְוִיִּם אֶת־מִגְרְשֵׁיהֶם וַאֲחֻזָּתָם וַיֵּלְכוּ לִיהוּדָה וְלִירוּשָׁלִָם כִּי־הִזְנִיחָם — ל . ד . ח[13] . ל
15 יָרָבְעָם וּבָנָיו מִכַּהֵן לַיהוָה׃ 15 וַיַּעֲמֶד־לוֹ כֹּהֲנִים לַבָּמוֹת וְלַשְּׂעִירִים — ב . ב מל[14]
16 וְלָעֲגָלִים אֲשֶׁר עָשָׂה׃ 16 וְאַחֲרֵיהֶם[a] מִכֹּל שִׁבְטֵי יִשְׂרָאֵל הַנֹּתְנִים — ל קמ
אֶת־לְבָבָם לְבַקֵּשׁ אֶת־יְהוָה אֱלֹהֵי יִשְׂרָאֵל בָּאוּ יְרוּשָׁלִַם לִזְבּוֹחַ — ל מל
17 לַיהוָה אֱלֹהֵי אֲבוֹתֵיהֶם׃ 17 וַיְחַזְּקוּ אֶת־מַלְכוּת יְהוּדָה וַיְאַמְּצוּ אֶת־ — יז מל בסיפ . ב[15] . ל . ל

[21] Mm 1523. **Cp 11** [1] Mm 2621. [2] Mm 915. [3] Mm 4180. [4] Mm 3609. [5] Mp sub loco. [6] Mm 4022. [7] Mm 1356. [8] Mm 1463. [9] Mm 1661. [10] Mm 94. [11] Mm 3954. [12] Mm 1199. [13] Mm 2159. [14] Mm 4181. [15] Mm 4182.

18 [a] 𝔊^Bal 𝔏(𝔖𝔄) *Αδωνιραμ*, 1 R 12,18 אֲדֹ׳ ‖ **Cp 11,3** [a–a] 𝔊* om ב יִשְׂ׳; 1 R 12,23 בֵּית יה׳ ‖ [b] 1 R + וְאֶל־יֶתֶר הָעָם, it 𝔖 ‖ **16** [a] 𝔊 *καὶ ἐξέβαλεν αὐτούς* cf 14b.

רְחַבְעָם בֶּן־שְׁלֹמֹה לְשָׁנִים שָׁלוֹשׁ כִּי הָלְכוּ[a] בְּדֶרֶךְ דָּוִיד וּשְׁלֹמֹה
18 לְשָׁנִים שָׁלוֹשׁ׃ 18 וַיִּקַּח־לוֹ רְחַבְעָם אִשָּׁה אֶת־מָחֲלַת[a] בֶּן־[b]
19 יְרִימוֹת בֶּן־דָּוִיד אֲבִיהַיִל[c] בַּת־אֱלִיאָב בֶּן־יִשָׁי׃ 19 וַתֵּלֶד לוֹ בָּנִים
20 אֶת־יְעוּשׁ וְאֶת־שְׁמַרְיָה וְאֶת־זָהַם[a]׃ 20 וְאַחֲרֶיהָ לָקַח אֶת־מַעֲכָה
בַּת־אַבְשָׁלוֹם וַתֵּלֶד לוֹ אֶת־אֲבִיָּה וְאֶת־עַתַּי וְאֶת־זִיזָא וְאֶת־שְׁלֹמִית[a]׃
21 וַיֶּאֱהַב רְחַבְעָם אֶת־מַעֲכָה בַת־אַבְשָׁלוֹם מִכָּל־נָשָׁיו וּפִילַגְשָׁיו כִּי
נָשִׁים שְׁמוֹנֶה־עֶשְׂרֵה נָשָׂא וּפִילַגְשִׁים שִׁשִּׁים[a] וַיּוֹלֶד עֶשְׂרִים וּשְׁמוֹנָה
22 בָּנִים וְשִׁשִּׁים בָּנוֹת׃ 22 וַיַּעֲמֵד לָרֹאשׁ רְחַבְעָם[a] אֶת־אֲבִיָּה בֶן־מַעֲכָה
23 לְנָגִיד בְּאֶחָיו כִּי לְהַמְלִיכוֹ׃ 23 וַיָּבֶן[a] וַיִּפְרֹץ[b] מִכָּל־[c]בָּנָיו לְכָל־
אַרְצוֹת יְהוּדָה וּבִנְיָמִן לְכֹל[d] עָרֵי הַמְּצֻרוֹת וַיִּתֵּן לָהֶם הַמָּזוֹן לָרֹב
12 וַיִּשְׁאַל[e] הֲמוֹן נָשִׁים׃ **12** 1 וַיְהִי כְּהָכִין[a] מַלְכוּת רְחַבְעָם
2 וּכְחֶזְקָתוֹ עָזַב אֶת־תּוֹרַת יְהוָה וְכָל־יִשְׂרָאֵל עִמּוֹ׃ פ 2 וַיְהִי
בַּשָּׁנָה הַחֲמִישִׁית לַמֶּלֶךְ רְחַבְעָם עָלָה שִׁישַׁק[a] מֶלֶךְ־מִצְרַיִם עַל־
3 יְרוּשָׁלִָם [b]כִּי מָעֲלוּ בַּיהוָה[b]׃ 3 בְּאֶלֶף וּמָאתַיִם רֶכֶב וּבְשִׁשִּׁים אֶלֶף
פָּרָשִׁים וְאֵין מִסְפָּר לָעָם אֲשֶׁר־בָּאוּ עִמּוֹ מִמִּצְרַיִם לוּבִים סֻכִּיִּים[a]
4 וְכוּשִׁים׃ 4 וַיִּלְכֹּד אֶת־עָרֵי הַמְּצֻרוֹת אֲשֶׁר לִיהוּדָה וַיָּבֹא עַד־
5 יְרוּשָׁלִָם׃ ס 5 וּשְׁמַעְיָה הַנָּבִיא בָּא אֶל־רְחַבְעָם וְשָׂרֵי יְהוּדָה
אֲשֶׁר־נֶאֶסְפוּ אֶל־יְרוּשָׁלִָם מִפְּנֵי שִׁישָׁק וַיֹּאמֶר לָהֶם כֹּה־אָמַר יְהוָה
6 אַתֶּם עֲזַבְתֶּם אֹתִי וְאַף־אֲנִי עָזַבְתִּי אֶתְכֶם בְּיַד־שִׁישָׁק׃ 6 וַיִּכָּנְעוּ
7 שָׂרֵי־יִשְׂרָאֵל וְהַמֶּלֶךְ וַיֹּאמְרוּ צַדִּיק ׀ יְהוָה׃ 7 וּבִרְאוֹת יְהוָה כִּי נִכְנָעוּ
הָיָה דְבַר־יְהוָה אֶל־שְׁמַעְיָה ׀ לֵאמֹר נִכְנְעוּ לֹא אַשְׁחִיתֵם וְנָתַתִּי לָהֶם[a]
8 כִּמְעַט לִפְלֵיטָה וְלֹא־תִתַּךְ חֲמָתִי בִּירוּשָׁלִָם בְּיַד־שִׁישָׁק׃ 8 כִּי יִהְיוּ־
לוֹ לַעֲבָדִים וְיֵדְעוּ עֲבוֹדָתִי וַעֲבוֹדַת מַמְלְכוֹת הָאֲרָצוֹת׃ ס

ב̇ ובפסוק
ב̇ ובפסוק . ד̇[16] . בת̇ ק̇ חד מן יא̇[17] קר̇ ת̇
ז̇ בליש̇ . ב̇ חד פת̇ וחד קמ̇[18]
ל̇ . יד̇ פסוק את את ואת ואת ואת
יח̇ בסיפ̇ . ג̇ ב̇ כת̇ א̇ וחד כת̇ ה̇[19]
ל̇
כל סיפ̇ מל̇[20] . ג̇ בסיפ̇ . ל̇ ומל̇ בסיפ̇
ל̇ . יח̇ בסיפ̇
ד̇[21] . י̇ פסוק לכל לכל
ל̇ . ב̇
ל̇
ג̇ . לה̇ וכל ר״פ דכות̇[1] ה̇ בטע̇ בסיפ̇
ה̇ ג̇ מל̇ וב̇ חס̇[2]
ל̇
ל̇ . ד̇[3]
ב̇ . ב̇
ל̇ וכל עזרא דכות̇[4]
ה̇ . יג̇[5] וכל עזרה דכות̇ ב̇ מ̇ א̇
ל̇ . ל̇ זקף קמ̇[1]
פסיק
יא̇[6] . ד̇[7]

[16] Mm 203. [17] Mm 3675. [18] Mm 4011. [19] Mm 4183. [20] Cf Mm 34. [21] Mm 1545. Cp 12 [1] Mp sub loco. [2] Mm 1976. [3] Mm 3037. [4] Mm 2621. [5] Mm 2682. [6] Mm 1625. [7] Mm 4152.

17 [a] 𝔊 sg ‖ **18** [a] pc Mss ′מַחְ, pc Mss ′מַח ‖ [b] nonn Mss 𝔊𝔗𝔙 ut Q, l; K בֶּן ‖ [c] 𝔊[Aal] 𝔏𝔗𝔙 pr cop, l ′וַאֲ ‖ **19** [a] 𝔊[B] *Ροολλαμ*, 𝔊[Aal] *Ζαλαμ* ‖ **20** [a] l שלמות cf 𝔊 et 1 Ch 23,9[b] ‖ **21** [a] 𝔊[B]𝔏 30 ‖ **22** [a] > 𝔊[B], dl? ‖ **23** [a] l כּוֹנֵן (כו hpgr), quod c 22 cj (cf 𝔊 *διενοεῖτο* = (בֵּן ‖ [b] prp וַיַּפְרֵד ‖ [c] prp הַמֶּלֶךְ ‖ [d] 𝔊 *καὶ ἐν* ‖ [e] l וַיִּשָּׂא לָהֶם (המ hpgr) ‖ **Cp 12,1** [a] l כְּהִכּוֹן cf Vrs ‖ **2** [a] nonn Mss שׁוּשַׁק cf 𝔊 ‖ [b–b] > 1 R 14,25 ‖ **3** [a] 𝔊𝔏(𝔙) *Τρωγ(λ)οδύται* ‖ **7** [a] 𝔊 recte *αὐτούς*.

9 וַיַּעַל שִׁישַׁק מֶלֶךְ־מִצְרַיִם עַל־יְרוּשָׁלִַם וַיִּקַּח אֶת־אֹצְרוֹת בֵּית־יְהוָה
וְאֶת־אֹצְרוֹת בֵּית הַמֶּלֶךְ אֶת־הַכֹּל לָקָח וַיִּקַּח אֶת־מָגִנֵּי הַזָּהָב אֲשֶׁר
10 עָשָׂה שְׁלֹמֹה׃ 10 וַיַּעַשׂ הַמֶּלֶךְ רְחַבְעָם תַּחְתֵּיהֶם מָגִנֵּי נְחֹשֶׁת וְהִפְקִיד
11 [a]עַל־יַד[a] שָׂרֵי הָרָצִים הַשֹּׁמְרִים פֶּתַח בֵּית הַמֶּלֶךְ׃ 11 וַיְהִי מִדֵּי־בוֹא — כֿ בטעֿ ר״פ[8]
הַמֶּלֶךְ בֵּית יְהוָה בָּאוּ הָרָצִים וּנְשָׂאוּם וֶהֱשִׁבוּם אֶל־תָּא[a] הָרָצִים׃ — בֿ חד מלֿ וחד חסֿ[9]
12 וּבְהִכָּנְעוֹ שָׁב מִמֶּנּוּ אַף־יְהוָה וְלֹא לְהַשְׁחִית לְכָלָה וְגַם בִּיהוּדָה ס — בֿ שובה אףֿ[10]
13 הָיָה דְּבָרִים טוֹבִים׃ ס 13 וַיִּתְחַזֵּק הַמֶּלֶךְ רְחַבְעָם בִּירוּשָׁלִַם — חֿ[11]
וַיִּמְלֹךְ כִּי בֶן־אַרְבָּעִים וְאַחַת שָׁנָה רְחַבְעָם בְּמָלְכוֹ וּשְׁבַע עֶשְׂרֵה — וּשְׁבַע־ מחליפין
שָׁנָה ׀ מָלַךְ בִּירוּשָׁלִַם הָעִיר אֲשֶׁר־בָּחַר יְהוָה לָשׂוּם אֶת־שְׁמוֹ שָׁם — גֿ
14 מִכֹּל שִׁבְטֵי יִשְׂרָאֵל וְשֵׁם אִמּוֹ נַעֲמָה הָעַמֹּנִית׃ 14 וַיַּעַשׂ הָרָע[a] כִּי לֹא — לֿ קמֿ[12]
15 הֵכִין לִבּוֹ לִדְרוֹשׁ אֶת־יְהוָה׃ ס 15 וְדִבְרֵי רְחַבְעָם הָרִאשֹׁנִים — הֿ[13] גֿ[14] מנהֿ ר״פ . כֿי
וְהָאֲחֲרוֹנִים[a] הֲלֹא־הֵם כְּתוּבִים בְּדִבְרֵי שְׁמַעְיָה הַנָּבִיא וְעִדּוֹ הַחֹזֶה — יֿג מנהֿ בסיפֿ . וֿ מלֿ בסיפֿ . גֿ בכתיבֿ
16 לְהִתְיַחֵשׂ[b] וּמִלְחֲמוֹת רְחַבְעָם וְיָרָבְעָם כָּל־הַיָּמִים׃ 16 וַיִּשְׁכַּב רְחַבְעָם
עִם־אֲבֹתָיו וַיִּקָּבֵר בְּעִיר דָּוִיד וַיִּמְלֹךְ אֲבִיָּה[a] בְּנוֹ תַּחְתָּיו׃ פ — יֿח בסיפֿ

13 1 בִּשְׁנַת שְׁמוֹנֶה עֶשְׂרֵה לַמֶּלֶךְ יָרָבְעָם וַיִּמְלֹךְ אֲבִיָּה[a] עַל־ — כל סיפֿ מלֿ[1] . יֿח בסיפֿ
2 יְהוּדָה׃ 2 שָׁלוֹשׁ[a] שָׁנִים מָלַךְ בִּירוּשָׁלִַם וְשֵׁם אִמּוֹ מִיכָיָהוּ[b] בַת־ — הֿ[2]
[c]אוּרִיאֵל מִן־גִּבְעָה[cd] וּמִלְחָמָה[e] הָיְתָה בֵּין אֲבִיָּה וּבֵין יָרָבְעָם[e]׃ — יֿו מיחד מןֿ[3] . יֿח בסיפֿ
3 וַיֶּאְסֹר אֲבִיָּה אֶת־הַמִּלְחָמָה בְּחַיִל[a] גִּבּוֹרֵי מִלְחָמָה אַרְבַּע־מֵאוֹת[b] — יֿח בסיפֿ
אֶלֶף אִישׁ בָּחוּר ס וְיָרָבְעָם עָרַךְ עִמּוֹ מִלְחָמָה בִּשְׁמוֹנֶה מֵאוֹת — כל סיפֿ מלֿ
4 אֶלֶף אִישׁ בָּחוּר גִּבּוֹר חָיִל׃ ס 4 וַיָּקָם אֲבִיָּה מֵעַל לְהַר צְמָרַיִם[a] — גֿ סבירֿ גבורי . יֿח בסיפֿ . לֿ[4]
5 אֲשֶׁר בְּהַר אֶפְרָיִם וַיֹּאמֶר שְׁמָעוּנִי יָרָבְעָם וְכָל־יִשְׂרָאֵל׃ 5 הֲלֹא — לֿה וכל ר״פ דכותֿ[5]
לָכֶם לָדַעַת כִּי יְהוָה ׀ אֱלֹהֵי יִשְׂרָאֵל נָתַן מַמְלָכָה לְדָוִיד עַל־יִשְׂרָאֵל
6 לְעוֹלָם לוֹ וּלְבָנָיו בְּרִית מֶלַח׃ ס 6 וַיָּקָם יָרָבְעָם בֶּן־נְבָט עֶבֶד
7 שְׁלֹמֹה בֶן־דָּוִיד וַיִּמְרֹד עַל־אֲדֹנָיו׃ 7 וַיִּקָּבְצוּ עָלָיו[a] אֲנָשִׁים רֵקִים — לֿ . לֿ . גֿ חסֿ[6]

[8]Mm 1017. [9]Mm 2128. [10]Mm 4184. [11]Mm 4195. [12]Mp sub loco. [13]Mm 3438. [14]Mm 3385.
Cp 13 [1]Cf Mm 34. [2]Mm 2183. [3]Okhl 196. [4]וחד וצמרים Jos 18,22. [5]Mp sub loco. [6]Mm 4185.

10 a–a 𝔊 *ἐπ' αὐτὸν* (= עָלָיו) *Σουσακιμ* ‖ **11** a 𝔊 *εἰς ἀπάντησιν*, 𝔊^L in additamento *εἰς τὴν τάξιν* ‖ **14** a Ms + בְּעֵינֵי יהוה ‖ **15** a sic L, mlt Mss Edd וְהָאַחֲ' ‖ b l זֶה (hpgr) לְהִ' = gl propter 11,18 sqq; 𝔊 *καὶ (αἱ) πράξεις αὐτοῦ* (ex 13,22) ‖ **16** a 1 R 14,31 אֲבִיָּם ‖ **Cp 13,1** a cf 12,16a ‖ **2** a 𝔊^min 6 ‖ b 𝔊𝔖𝔄 ut 1 R 15,2 מַעֲכָה ‖ c–c 1 R אֲבִישָׁלוֹם ‖ d 𝔊* *Γαβαων*, 𝔖(𝔄) *rmt'* = רָמָה ‖ e–e > 𝔖 ‖ **3** a prp בְּחֵיל ‖ b Ms עָשָׂר ‖ **4** a 𝔊 *Σομορων* ‖ **7** a 2 Mss אֵלָיו.

בְּנֵ֣י בְלִיַּ֔עַל וַיִּתְאַמְּצ֖וּ עַל־רְחַבְעָ֣ם בֶּן־שְׁלֹמֹ֑ה וּרְחַבְעָ֗ם הָיָ֥ה נַ֙עַר֙

8 וְרַךְ־לֵבָ֔ב וְלֹ֥א הִתְחַזַּ֖ק לִפְנֵיהֶֽם׃ 8 וְעַתָּ֣ה ׀ אַתֶּ֣ם אֹמְרִ֗ים לְהִתְחַזֵּק֙ ל[7]

לִפְנֵי֙ מַמְלֶ֣כֶת יְהוָ֔ה בְּיַ֖ד בְּנֵ֣י דָוִ֑יד וְאַתֶּם֙ הָמ֣וֹן רָ֔ב וְעִמָּכֶם֙ עֶגְלֵ֣י זָהָ֔ב ל . לג קמ[8] . ב

9 אֲשֶׁ֨ר עָשָׂ֥ה לָכֶ֛ם יָרָבְעָ֖ם לֵאלֹהִֽים׃ 9 הֲלֹ֤א הִדַּחְתֶּם֙ אֶת־כֹּהֲנֵ֣י יְהוָ֔ה

אֶת־בְּנֵ֥י אַהֲרֹ֖ן וְהַלְוִיִּ֑ם וַתַּעֲשׂ֨וּ לָכֶ֜ם כֹּהֲנִ֗ים [a]כְּעַמֵּ֣י הָאֲרָצ֔וֹת[a] כָּל־ ל . ח בליש

הַבָּ֞א לְמַלֵּ֣א[b] יָד֗וֹ בְּפַ֤ר בֶּן־בָּקָר֙ וְאֵילִ֣ם שִׁבְעָ֔ה וְהָיָ֥ה כֹהֵ֖ן לְלֹ֥א ב[9] . ז ול[10] בליש ובסיפ . יא[11]

10 אֱלֹהִֽים׃ ס 10 וַאֲנַ֛חְנוּ יְהוָ֥ה אֱלֹהֵ֖ינוּ וְלֹ֣א עֲזַבְנֻ֑הוּ וְכֹהֲנִ֗ים מְשָׁרְתִ֤ים

11 לַֽיהוָה֙ בְּנֵ֣י אַהֲרֹ֔ן וְהַלְוִיִּ֖ם בִּמְלָֽאכֶת[a]׃ 11 וּמַקְטִרִ֣ים לַיהוָ֡ה עֹל֣וֹת ל . ג ב[12] מנה בליש חד ר״פ וחד ס״פ וחס

בַּבֹּֽקֶר־בַּבֹּ֣קֶר וּבָעֶֽרֶב־בָּעֶ֣רֶב וּקְטֹֽרֶת־סַמִּים֒ וּמַעֲרֶ֣כֶת לֶ֘חֶם֮ עַל־ יג[13] . ד[14] . ל[15] . עַל־ מחליפין

הַשֻּׁלְחָ֣ן הַטָּהוֹר֒ וּמְנוֹרַ֨ת הַזָּהָ֤ב וְנֵרֹתֶ֙יהָ֙ לְבָעֵר֙ בָּעֶ֣רֶב בָּעֶ֔רֶב כִּֽי־ ב מל . כל חס בסיפ

12 שֹׁמְרִ֣ים אֲנַ֔חְנוּ אֶת־מִשְׁמֶ֖רֶת יְהוָ֣ה אֱלֹהֵ֑ינוּ וְאַתֶּ֖ם עֲזַבְתֶּ֥ם אֹתֽוֹ׃ 12 וְהִנֵּ֣ה

עִמָּ֣נוּ בָרֹ֣אשׁ הָאֱלֹהִ֣ים ׀ וְכֹהֲנָ֛יו וַחֲצֹצְר֥וֹת הַתְּרוּעָ֖ה לְהָרִ֣יעַ עֲלֵיכֶ֑ם בְּנֵ֣י ב[16] . ב[17]

יִשְׂרָאֵ֗ל אַל־[a]תִּלָּֽחֲמ֛וּ עִם־יְהוָ֥ה אֱלֹהֵֽי־אֲבֹתֵיכֶ֖ם כִּי־לֹ֥א תַצְלִֽיחוּ׃ ל וכן בטע[18] ח חס[19] ב מנה בסיפ וכל עזרא דכות

13 וְיָרָבְעָ֗ם הֵסֵב֙ אֶת־הַמַּאְרָ֔ב לָב֖וֹא מֵאַחֲרֵיהֶ֑ם וַיִּֽהְיוּ֙ לִפְנֵ֣י יְהוּדָ֔ה

14 וְהַמַּאְרָ֖ב מֵאַחֲרֵיהֶֽם׃ 14 וַיִּפְנ֣וּ יְהוּדָ֗ה וְהִנֵּ֨ה לָהֶ֤ם הַמִּלְחָמָה֙ פָּנִ֣ים

15 וְאָח֔וֹר וַיִּצְעֲק֖וּ לַיהוָ֑ה וְהַכֹּ֣הֲנִ֔ים מְחַצְּצְרִ֖ים[a] בַּחֲצֹצְרֽוֹת׃ 15 וַיָּרִ֖יעוּ ז[20] . ל . מחצרים ק . ד מל

אִ֣ישׁ יְהוּדָ֑ה וַיְהִ֗י בְּהָרִ֙יעַ֙ אִ֣ישׁ יְהוּדָ֔ה וְהָאֱלֹהִ֗ים נָגַ֤ף אֶת־יָרָבְעָם֙ ז[21]

16 וְכָל־יִשְׂרָאֵ֔ל לִפְנֵ֥י אֲבִיָּ֖ה וִיהוּדָֽה׃ 16 וַיָּנ֥וּסוּ בְנֵֽי־יִשְׂרָאֵ֖ל מִפְּנֵ֣י יְהוּדָ֑ה לה וכל ר״פ דכות[22] . יח בסיפ . ד מל[23]

17 וַיִּתְּנֵ֥ם אֱלֹהִ֖ים בְּיָדָֽם׃ 17 וַיַּכּ֥וּ בָהֶ֛ם אֲבִיָּ֥ה וְעַמּ֖וֹ מַכָּ֣ה רַבָּ֑ה וַֽיִּפְּל֤וּ ל . יח בסיפ . ו[24]

18 חֲלָלִים֙ מִיִּשְׂרָאֵ֔ל חֲמֵשׁ־מֵא֥וֹת אֶ֖לֶף אִ֥ישׁ בָּחֽוּר׃ 18 וַיִּכָּנְע֥וּ בְנֵֽי־

יִשְׂרָאֵ֖ל בָּעֵ֣ת הַהִ֑יא וַיֶּֽאֶמְצוּ֙ בְּנֵ֣י יְהוּדָ֔ה כִּ֣י נִשְׁעֲנ֔וּ עַל־יְהוָ֖ה אֱלֹהֵ֥י ל . לא[25]

19 אֲבוֹתֵיהֶֽם׃ 19 וַיִּרְדֹּ֣ף אֲבִיָּה֮ אַחֲרֵ֣י יָרָבְעָם֒ וַיִּלְכֹּ֨ד מִמֶּ֜נּוּ עָרִ֗ים אֶת־ יז מל בסיפ יח בסיפ

בֵּֽית־אֵל֙ וְאֶת־בְּנוֹתֶ֔יהָ וְאֶת־יְשָׁנָ֖ה[a] וְאֶת־בְּנוֹתֶ֑יהָ וְאֶת־עֶפְרַ֖ון[b] וּבְנֹתֶֽיהָ׃ ו מל בסיפ . ל וקמ . עפרין[26] ק ו מל בסיפ

20 וְלֹֽא־עָצַ֧ר כֹּֽחַ־יָרָבְעָ֛ם ע֖וֹד בִּימֵ֣י אֲבִיָּ֑הוּ וַיִּגְּפֵ֥הוּ יְהוָ֖ה וַיָּמֹֽת׃ פ ב

21 וַיִּתְחַזֵּ֣ק אֲבִיָּ֔הוּ וַיִּשָּׂא־לוֹ֙ נָשִׁ֖ים אַרְבַּ֣ע עֶשְׂרֵ֑ה וַיּ֗וֹלֶד עֶשְׂרִ֤ים וּשְׁנַ֙יִם֙ ח[27] . ב

[7] וחד ורך הלבב Dt 20,8. [8] Mm 264. [9] Lv 16,3. [10] Mm 879. [11] Mm 2442. [12] Mm 4186. [13] Mm 688. [14] Mm 2812. [15] Mm 580. [16] Mm 4187. [17] Mm 2099. [18] Mm 4243. [19] Mm 1586. [20] Mm 402. [21] Mm 145. [22] Mp sub loco. [23] Mm 2078. [24] Mm 2572. [25] Mm 486. [26] Mm 839. [27] Mm 4195.

9 [a–a] 𝔊(𝔖) *ἐκ τοῦ λαοῦ τῆς γῆς* ‖ [b] ℭ ימלא ‖ **10** [a] l בִּמְלַאֲכְתּוֹ cf Hag 1,13 (ו hpgr) ‖ **12** [a] > 𝔊* (hpgr) ‖ **14** [a] cf 1 Ch 15,24[a] ‖ **19** [a] 𝔊[B] *Κανα*, 𝔊[Aal] *Ανα* ‖ [b] K Q[Mss] Vrs ־רוֹן.

יח בסיפ . ה[28] בָּנִ֔ים וְשֵׁ֥שׁ עֶשְׂרֵ֖ה בָּנֽוֹת׃ ס 22 וְיֶ֙תֶר֙ דִּבְרֵ֣י אֲבִיָּ֔ה וּדְרָכָ֖יו וּדְבָרָ֑יו 22
ל וכל קריא חילוף . ה בטע . יח בסיפ כְּתוּבִ֕ים בְּמִדְרַ֖שׁ[a] הַנָּבִ֥יא עִדּֽוֹ׃ 23 וַיִּשְׁכַּ֨ב אֲבִיָּ֜ה עִם־אֲבֹתָ֗יו וַֽיִּקְבְּר֤וּ 23
אֹתוֹ֙ בְּעִ֣יר דָּוִ֔יד וַיִּמְלֹ֛ךְ אָסָ֥א בְנ֖וֹ תַּחְתָּ֑יו בְּיָמָ֛יו[a] שָׁקְטָ֥ה הָאָ֖רֶץ[b]
עֶ֥שֶׂר שָׁנִֽים׃[c] פ

ד[1] **14** 1 וַיַּ֤עַשׂ אָסָא֙[a] הַטּ֣וֹב וְהַיָּשָׁ֔ר בְּעֵינֵ֖י יְהוָ֥ה אֱלֹהָֽיו׃ 2 וַיָּ֛סַר אֶת־ **14**
ל מִזְבְּח֥וֹת הַנֵּכָ֖ר וְהַבָּמ֑וֹת וַיְשַׁבֵּר֙ אֶת־הַמַּצֵּב֔וֹת וַיְגַדַּ֖ע אֶת־הָאֲשֵׁרִֽים׃
ב . יז מל בסיפ . הי[2] . ל 3 וַיֹּ֙אמֶר֙ לִֽיהוּדָ֔ה לִדְר֕וֹשׁ אֶת־יְהוָ֖ה אֱלֹהֵ֣י אֲבוֹתֵיהֶ֑ם וְלַעֲשׂ֖וֹת הַתּוֹרָ֥ה 3
וְהַמִּצְוָֽה׃ 4 וַיָּ֙סַר֙ מִכָּל־עָרֵ֣י יְהוּדָ֔ה אֶת־הַבָּמ֖וֹת וְאֶת־הַֽחַמָּנִ֑ים וַתִּשְׁקֹ֥ט 4
ל הַמַּמְלָכָ֖ה לְפָנָֽיו׃ 5 וַיִּ֛בֶן עָרֵ֥י מְצוּרָ֖ה בִּֽיהוּדָ֑ה כִּֽי־שָׁקְטָ֣ה הָאָ֗רֶץ 5
ב וְאֵין־עִמּ֤וֹ מִלְחָמָה֙ בַּשָּׁנִ֣ים הָאֵ֔לֶּה כִּֽי־הֵנִ֥יחַ יְהוָ֖ה לֽוֹ׃ 6 וַיֹּ֙אמֶר 6
ל לִֽיהוּדָ֗ה נִבְנֶ֣ה ׀ אֶת־הֶעָרִ֣ים הָאֵ֗לֶּה וְנָסֵ֤ב חוֹמָה֙ וּמִגְדָּלִים֙ דְּלָתַ֣יִם
ב מל ול בליש[3] . ב . ב וּבְרִיחִ֔ים ע֨וֹדֶנּוּ[a] הָאָ֜רֶץ לְפָנֵ֗ינוּ[a] כִּ֤י דָרַ֙שְׁנוּ֙[b] אֶת־יְהוָ֣ה אֱלֹהֵ֔ינוּ דָּרַ֕שְׁנוּ[c]
ו[4] . ל . לח וַיָּ֥נַֽח לָ֖נוּ מִסָּבִ֑יב [d]וַיִּבְנ֖וּ וַיַּצְלִֽיחוּ[d]׃ פ 7 וַיְהִ֣י לְאָסָ֗א חַ֣יִל נֹשֵׂ֣א 7
כו ו מנה בסיפ צִנָּ֣ה וָרֹ֗מַח מִֽיהוּדָה֮ שְׁלֹ֣שׁ מֵא֣וֹת אֶלֶף֒ ס וּמִבִּנְיָמִ֗ן נֹשְׂאֵ֥י מָגֵן֙
וְדֹ֣רְכֵי קֶ֔שֶׁת מָאתַ֥יִם וּשְׁמוֹנִ֖ים[a] אָ֑לֶף כָּל־אֵ֖לֶּה גִּבּ֥וֹרֵי חָֽיִל׃
8 וַיֵּצֵ֨א אֲלֵיהֶ֜ם זֶ֣רַח הַכּוּשִׁ֗י בְּחַ֙יִל֙ [a]אֶ֣לֶף אֲלָפִ֔ים[a] וּמַרְכָּב֖וֹת [b]שְׁלֹ֣שׁ 8
מֵא֑וֹת[b] וַיָּבֹ֖א עַד־מָרֵשָֽׁה׃ 9 וַיֵּצֵ֥א אָסָ֖א לְפָנָ֑יו וַיַּ֙עַרְכוּ֙ מִלְחָמָ֔ה בְּגֵ֥יא 9
ל . ל . ל[5] . צא צְפָ֖תָה[a] לְמָרֵשָֽׁה׃ 10 וַיִּקְרָ֨א אָסָ֜א אֶל־יְהוָ֣ה אֱלֹהָיו֮ וַיֹּאמַר֒ יְהוָ֗ה אֵין־ 10
ח[6] . ב[7] . ל עִמְּךָ֤ לַעְזוֹר֙ בֵּ֥ין רַב֙ לְאֵ֣ין כֹּ֔חַ עָזְרֵ֜נוּ יְהוָ֣ה אֱלֹהֵ֗ינוּ כִּֽי־עָלֶ֤יךָ נִשְׁעַ֙נּוּ֙
ב . כו מלעיל . ג וחס[8] וּבְשִׁמְךָ֣ בָ֔אנוּ עַל־הֶהָמ֖וֹן הַזֶּ֑ה יְהוָ֤ה אֱלֹהֵ֙ינוּ֙ אַ֔תָּה אַל־יַעְצֹ֥ר עִמְּךָ֖
אֱנֽוֹשׁ׃ ס 11 וַיִּגֹּ֤ף יְהוָה֙ אֶת־הַכּוּשִׁ֔ים לִפְנֵ֥י אָסָ֖א וְלִפְנֵ֣י יְהוּדָ֑ה 11
ל וַיָּנֻ֖סוּ הַכּוּשִֽׁים׃ 12 וַיִּרְדְּפֵ֡ם אָסָא֩ וְהָעָ֨ם אֲשֶׁר־עִמּ֜וֹ עַד־לִגְרָ֗ר[a] וַיִּפֹּ֨ל 12
ח[6] מִכּוּשִׁים֙[b] לְאֵ֣ין לָהֶ֔ם מִֽחְיָ֑ה כִּֽי־נִשְׁבְּר֥וּ לִפְנֵֽי־יְהוָ֖ה וְלִפְנֵ֣י מַחֲנֵ֑הוּ
מג וַיִּשְׂא֥וּ שָׁלָ֖ל הַרְבֵּ֥ה מְאֹֽד׃ 13 וַיַּכּ֗וּ אֵ֤ת כָּל־הֶֽעָרִים֙ סְבִיב֣וֹת גְּרָ֔ר[a] 13

[28]Mm 1077. **Cp 14** [1]Mm 1131. [2]Mm 1376. [3]Mm 4188. [4]Mm 510. [5]Cf Mp sub loco Jon 3,4.
[6]Mm 3927. [7]Mm 4189. [8]Mm 4190.

22 [a] 𝔊 *ἐπὶ βιβλίῳ*, 𝔙 *diligentissime in libro* ‖ **23** [a] 𝔊 pro suff *Ασα* ‖ [b] 𝔊* *ἡ γῆ Ιουδα* ‖ [c] 𝔖𝔄 20 ‖ **Cp 14,1** [a] > 𝔊* cf 13,23[a] ‖ **6** [a–a] 𝔊^-B *ἐν ᾧ τῆς γῆς κυριεύ(σ)ομεν* = 𝔐 ‖ [b] l כְּדָרְשֵׁנוּ cf 𝔊𝔖𝔄 ‖ [c] l c 𝔊𝔖𝔄 דְּרָשָׁנוּ ‖ [d–d] 𝔊 *καὶ εὐόδωσεν ἡμῖν* = וְלָנוּ הִצְלִיחַ ‖ **7** [a] 𝔊* 50 ‖ **8** [a–a] 𝔊^B *ἐν χιλιάσιν* ‖ [b–b] 𝔖𝔄 30 000 ‖ **9** [a] mlt Mss Edd צְפָ׳; 𝔊 *κατὰ βορρᾶν*, l צָפוֹנָה (בְּגֵיא) ‖ **12** [a] 𝔊^-L *Γεδωρ* ‖ [b] ℭ מהכ׳ ‖ **13** [a] cf 12[a].

כִּי־הָיָה פַחַד־יְהוָה עֲלֵיהֶם וַיָּבֹזּוּ אֶת־כָּל־הֶעָרִים כִּי־בִזָּה רַבָּה
14 הָיְתָה בָהֶם׃ 14 וְגַם־אָהֳלֵי[a] מִקְנֶה[b] הִכּוּ וַיִּשְׁבּוּ צֹאן לָרֹב וּגְמַלִּים
15 וַיָּשֻׁבוּ יְרוּשָׁלָ͏ִם׃ ס 15 1 וַעֲזַרְיָהוּ בֶּן־עוֹדֵד הָיְתָה עָלָיו רוּחַ
2 אֱלֹהִים׃ 2 וַיֵּצֵא לִפְנֵי אָסָא וַיֹּאמֶר לוֹ שְׁמָעוּנִי אָסָא וְכָל־יְהוּדָה
וּבִנְיָמִן יְהוָה עִמָּכֶם בִּהְיוֹתְכֶם עִמּוֹ וְאִם־תִּדְרְשֻׁהוּ יִמָּצֵא לָכֶם וְאִם־
3 תַּעַזְבֻהוּ יַעֲזֹב אֶתְכֶם׃ ס 3 וְיָמִים רַבִּים לְיִשְׂרָאֵל לְלֹא ׀ אֱלֹהֵי
4 אֱמֶת [a]וּלְלֹא כֹּהֵן מוֹרֶה[a] וּלְלֹא תוֹרָה׃[b] 4 וַיָּשָׁב בַּצַּר־לוֹ עַל־יְהוָה
5 אֱלֹהֵי יִשְׂרָאֵל וַיְבַקְשֻׁהוּ וַיִּמָּצֵא לָהֶם׃ 5 וּבָעִתִּים הָהֵם אֵין שָׁלוֹם
6 לַיּוֹצֵא וְלַבָּא כִּי [a]מְהוּמֹת רַבּוֹת[a] עַל כָּל־יוֹשְׁבֵי הָאֲרָצוֹת׃ 6 וְכֻתְּתוּ[a]
7 גוֹי־בְּגוֹי וְעִיר בְּעִיר כִּי־אֱלֹהִים הֲמָמָם בְּכָל־צָרָה׃ 7 וְאַתֶּם חִזְקוּ
8 וְאַל־יִרְפּוּ יְדֵיכֶם כִּי יֵשׁ שָׂכָר לִפְעֻלַּתְכֶם׃ ס 8 וְכִשְׁמֹעַ אָסָא
הַדְּבָרִים הָאֵלֶּה וְהַנְּבוּאָה [a]עֹדֵד הַנָּבִיא[a] הִתְחַזַּק וַיַּעֲבֵר הַשִּׁקּוּצִים
מִכָּל־אֶרֶץ יְהוּדָה וּבִנְיָמִן וּמִן־הֶעָרִים אֲשֶׁר לָכַד מֵהַר[b] אֶפְרָיִם
9 וַיְחַדֵּשׁ אֶת־מִזְבַּח יְהוָה אֲשֶׁר לִפְנֵי אוּלָם[c] יְהוָה׃ 9 וַיִּקְבֹּץ אֶת־כָּל־
יְהוּדָה וּבִנְיָמִן וְהַגָּרִים עִמָּהֶם מֵאֶפְרַיִם וּמְנַשֶּׁה[a] וּמִשִּׁמְעוֹן כִּי־נָפְלוּ
10 עָלָיו מִיִּשְׂרָאֵל לָרֹב בִּרְאֹתָם כִּי־יְהוָה אֱלֹהָיו עִמּוֹ׃ פ 10 וַיִּקָּבְצוּ
11 יְרוּשָׁלַ͏ִם בַּחֹדֶשׁ הַשְּׁלִישִׁי לִשְׁנַת חֲמֵשׁ־עֶשְׂרֵה לְמַלְכוּת אָסָא׃ 11 וַיִּזְבְּחוּ
לַיהוָה בַּיּוֹם הַהוּא מִן־הַשָּׁלָל הֵבִיאוּ[a] בָּקָר שְׁבַע מֵאוֹת וְצֹאן שִׁבְעַת
12 אֲלָפִים׃ 12 וַיָּבֹאוּ בַבְּרִית לִדְרוֹשׁ אֶת־יְהוָה אֱלֹהֵי אֲבוֹתֵיהֶם בְּכָל־
13 לְבָבָם וּבְכָל־נַפְשָׁם׃ 13 וְכֹל אֲשֶׁר לֹא־יִדְרֹשׁ לַיהוָה אֱלֹהֵי־יִשְׂרָאֵל
14 יוּמָת לְמִן־קָטֹן וְעַד־גָּדוֹל לְמֵאִישׁ וְעַד־אִשָּׁה׃ 14 וַיִּשָּׁבְעוּ לַיהוָה
ס״ בְּקוֹל גָּדוֹל וּבִתְרוּעָה וּבַחֲצֹצְרוֹת וּבְשׁוֹפָרוֹת׃ 15 וַיִּשְׂמְחוּ כָל־
יְהוּדָה עַל־הַשְּׁבוּעָה כִּי בְכָל־לְבָבָם נִשְׁבָּעוּ וּבְכָל־רְצוֹנָם בִּקְשֻׁהוּ

כ׳[9] ר״פ בכתיב ט מנה בסיפ . ט[10]
ה חס בסיפ[11] . ג ב חס ול[1] מל . ה וכל שמואל דכות ב מ ה רוח יי
ז וכל ר״פ דכות[2]
ה פסוק ואם ואם[3]
ל . יא[4]
יא[4] ב מנה בליש . יא[4] ב מנה בליש . לא[5]
ב וחס . ז[6] . ב
ל . ב . לד מל ו מנה בסיפ . ל
ל וקמ
ל . ל ור״פ
ל[7] . ג חד מל וב חס[8] . ט[9]
ג[10]
ד קמ[11]
ג ב חס וחד מל[12] . ה
○[13]
ה[14] . ב . יז מל בסיפ
ד
ל . ג[15] . יד פסוק ועד ועד[16]
ב . ב וחס

[9] Mm 4070. [10] Mm 1694. [11] Cf Mp sub loco 2Ch 11,4. **Cp 15** [1] Mm 896. [2] Mm 2607. [3] Mm 4191. [4] Mm 2442. [5] Mm 486. [6] Mm 3765. [7] וחד והנבואה Neh 6,12 et cf Mp sub loco. [8] Mp sub loco. [9] Mm 57. [10] Mm 4192. [11] Mm 807. [12] Mm 459. [13] TM plen contra Mm 506, cf Mp sub loco. [14] Mm 2027. [15] Mm 4193. [16] Mm 1244.

14 [a] cf 1 Ch 4,41 [a] ‖ [b] 𝔊 + *τοὺς Α(λι)μαζονεῖς* cf 22,1 𝔊 ‖ **Cp 15,3** [a–a] > 𝔊[B] (homark) ‖ [b] huc tr v 5.6 ‖ **5** [a–a] 𝔊 *ἔκστασις κυρίου* cf Sach 14,13 ‖ **6** [a] pc Mss וְכִ׳ cf 𝔊𝔙 ‖ **8** [a–a] aut gl (ad 1a) aut pr אֲשֶׁר נִבָּא עֲזַרְיָהוּ בֶן־ (cf 1) ‖ [b] 𝔊 *ἐν ὄρει* ‖ [c] 𝔊 *τοῦ ναοῦ* ‖ **9** [a] 1 c ℭ pc Mss וּמִמְ׳ ‖ **11** [a] 𝔊(𝔖ℭ𝔙) *ὧν ἤνεγκαν*.

וַיִּמָּצֵא לָהֶם וַיָּנַח יְהוָה לָהֶם מִסָּבִיב׃ 16 וְגַם־מַעֲכָה אֵם[a] | 16 — ז׳[17]. ו׳[18]. כ׳[19] ר״פ בכתיב ט מנה בסיפ
אָסָא הַמֶּלֶךְ הֱסִירָהּ [b]מִגְּבִירָה אֲשֶׁר־עָשְׂתָה לַאֲשֵׁרָה מִפְלָצֶת[b] וַיִּכְרֹת — ל̇. ל̇ קמ
אָסָא אֶת־מִפְלַצְתָּהּ וַיָּדֶק[c] וַיִּשְׂרֹף בְּנַחַל קִדְרוֹן׃ 17 וְהַבָּמוֹת לֹא־סָרוּ 17 — ב̇ ול בסיפ[20]
מִיִּשְׂרָאֵל רַק לְבַב־אָסָא הָיָה שָׁלֵם כָּל־יָמָיו׃ 18 וַיָּבֵא אֶת־קָדְשֵׁי 18 — נא יח מנה ר״פ[21]
אָבִיו וְקָדָשָׁיו בֵּית הָאֱלֹהִים כֶּסֶף וְזָהָב וְכֵלִים׃ 19 וּמִלְחָמָה לֹא 19 — ל̇[22]. מח
הָיָתָה עַד שְׁנַת־שְׁלֹשִׁים וְחָמֵשׁ לְמַלְכוּת אָסָא׃ ס **16** 1 בִּשְׁנַת **16** — ד̇[23]
שְׁלֹשִׁים וָשֵׁשׁ[a] לְמַלְכוּת אָסָא עָלָה בַּעְשָׁא[b] מֶלֶךְ־יִשְׂרָאֵל עַל־יְהוּדָה
וַיִּבֶן אֶת־הָרָמָה לְבִלְתִּי תֵּת יוֹצֵא וָבָא לְאָסָא מֶלֶךְ יְהוּדָה׃ 2 וַיֹּצֵא 2 — ג̇[1]. יג חס[2]
אָסָא כֶּסֶף וְזָהָב מֵאֹצְרוֹת בֵּית יְהוָה וּבֵית הַמֶּלֶךְ וַיִּשְׁלַח אֶל־בֶּן־ — ג̇[3]
הֲדַד[a] מֶלֶךְ אֲרָם הַיּוֹשֵׁב בְּדַרְמֶשֶׂק לֵאמֹר׃ 3 בְּרִית[a] בֵּינִי וּבֵינֶךָ וּבֵין[b] 3 — ג פסוק ביני ובינך ובין ובין
אָבִי וּבֵין אָבִיךָ הִנֵּה שָׁלַחְתִּי לְךָ[c] כֶּסֶף וְזָהָב [d]לֵךְ הָפֵר בְּרִיתְךָ[d] אֶת־
בַּעְשָׁא מֶלֶךְ יִשְׂרָאֵל וְיַעֲלֶה מֵעָלָי׃ 4 וַיִּשְׁמַע [a]בֶּן־הֲדַד[a] אֶל־הַמֶּלֶךְ 4 — ג̇
אָסָא וַיִּשְׁלַח אֶת־שָׂרֵי הַחֲיָלִים אֲשֶׁר־לוֹ אֶל־עָרֵי יִשְׂרָאֵל וַיַּכּוּ אֶת־ — יד פסוק את את ואת ואת ואת
עִיּוֹן וְאֶת־דָּן וְאֵת אָבֵל מָיִם[b] וְאֵת כָּל־מִסְכְּנוֹת[c] עָרֵי[d] נַפְתָּלִי׃ 5 וַיְהִי 5 — ג ומל[4]
כִּשְׁמֹעַ בַּעְשָׁא וַיֶּחְדַּל מִבְּנוֹת אֶת־הָרָמָה [a]וַיַּשְׁבֵּת אֶת־מְלַאכְתּוֹ[a]׃ ס — ב̇[5]
6 וְאָסָא הַמֶּלֶךְ לָקַח אֶת־כָּל־יְהוּדָה וַיִּשְׂאוּ אֶת־אַבְנֵי הָרָמָה וְאֶת־ 6 — ל̇. ד פסוק דמיין את את ואת ואת[6]. מ̇ג
עֵצֶיהָ אֲשֶׁר בָּנָה בַּעְשָׁא וַיִּבֶן בָּהֶם אֶת־גֶּבַע[a] וְאֶת־הַמִּצְפָּה׃ ס — ב̇
7 וּבָעֵת הַהִיא בָּא חֲנָנִי הָרֹאֶה אֶל־אָסָא מֶלֶךְ יְהוּדָה וַיֹּאמֶר אֵלָיו 7 — ח̇[7]
בְּהִשָּׁעֶנְךָ עַל־מֶלֶךְ אֲרָם וְלֹא נִשְׁעַנְתָּ עַל־יְהוָה אֱלֹהֶיךָ עַל־כֵּן — ל̇. ט̇[8]. לא[9]
נִמְלַט חֵיל מֶלֶךְ־אֲרָם[a] מִיָּדֶךָ׃ 8 הֲלֹא הַכּוּשִׁים וְהַלּוּבִים הָיוּ לְחַיִל 8 — ל̇
לָרֹב[a] לְרֶכֶב[b] וּלְפָרָשִׁים לְהַרְבֵּה מְאֹד וּבְהִשָּׁעֶנְךָ עַל־יְהוָה נְתָנָם — ג̇[10]. ל̇. לא[9]

[17]Mm 3765. [18]Mm 510. [19]Mm 4070. [20]Mp sub loco. [21]Mm 639. [22]Mm 865. [23]Mm 3721.
Cp 16 [1]Mm 1979. [2]Mm 1509. [3]Mm 2118. [4]Mm 1980. [5]וַיַּשְׁבֵּת ותרין cf Mm 14. [6]Mm 2468. [7]Mm 1482. [8]Mm 2902. [9]Mm 486. [10]Mm 3954.

16 [a] prp אִמּוֹ cf 𝔊 et 1 R 15,13 || [b–b] 𝔊 *τοῦ μὴ εἶναι τῇ Ἀστάρτῃ λειτουργοῦσαν* (= מְפַלַּחַת?) || [c] > 𝔊𝔖𝔄 et 1 R 15,13 || **Cp 16,1** [a] 𝔊 8 (> 𝔊^{L}) || [b] pc Mss בעשׁא || **2** [a] pc Mss Edd הדר cf 𝔊 || **3** [a] 𝔊 pr *διάθου* || [b] l כְּבֵין || [c] 1 R 15,19 + שֹׁחַד || [d–d] 𝔊 *καὶ διασκέδασον ἀπ' ἐμοῦ* || **4** [a–a] sic L, mlt Mss Edd בן־הדד || [b] 𝔗 leg מַיִם, sic l? 1 R 15,20 בֵּית מַעֲכָה || [c] prb tr c 𝔙 post ערי, sed l sec 𝔊 (*τὰς περιχώρους*) מְסִבּוֹת pro כִּנְּרוֹת 1 R 15,20, quod כִּכָּרוֹת legit || [d] 1 R עַל־כָּל־אֶרֶץ; prp עַד־ || **5** [a–a] 1 R 15,21 (corr) וַיֵּשֶׁב תִּרְצָתָה || **6** [a] Ms et 1 R 15,22 + בִּנְיָמִ(י)ן cf 𝔖𝔄 || **7** [a] l יִשְׂרָאֵל? cf 𝔊^{L} || **8** [a] > 𝔖𝔄, dl (dttg) || [b] 𝔊 *εἰς θάρσος*.

9 בְּיָדֶֽךָ׃ 9 כִּ֣י יְהוָ֗ה עֵינָ֞יו מְשֹׁטְט֤וֹת בְּכָל־הָאָ֙רֶץ֙ לְהִתְחַזֵּ֔ק עִם־לְבָבָ֖ם ל̇ כת̇ כן . ל̇
10 שָׁלֵ֣ם אֵלָ֑יו נִסְכַּ֣לְתָּ עַל־זֹ֔את כִּ֣י מֵעַ֔תָּה יֵ֥שׁ עִמְּךָ֖[a] מִלְחָמֽוֹת[b]׃ 10 וַיִּכְעַ֨ס ב̇ חד קמ̇ וחד פת̇[11] . ב̇[12]
אָסָ֜א אֶל־הָרֹאֶ֗ה וַיִּתְּנֵ֙הוּ֙ בֵּ֣ית הַמַּהְפֶּ֔כֶת [a]כִּֽי־בְזַ֥עַף[a] עִמּ֖וֹ עַל־זֹ֑את ו̇ דמטע̇[13] . ל̇
11 וַיְרַצֵּ֥ץ אָסָ֛א מִן־הָעָ֖ם בָּעֵ֥ת הַהִֽיא׃ 11 וְהִנֵּה֙ דִּבְרֵ֣י אָסָ֔א ל̇ . ל̇
הָרִאשׁוֹנִ֖ים וְהָאַחֲרוֹנִ֑ים הִנָּ֤ם כְּתוּבִים֙ עַל־סֵ֣פֶר הַמְּלָכִ֔ים לִֽיהוּדָ֖ה כי̇ יג̇ מנה̇ בסיפ̇ ול̇ מל̇ . ו̇ מל̇ בסיפ̇ . ל̇
12 וְיִשְׂרָאֵֽל׃ 12 וַיֶּחֱלֶא֩[a] אָסָ֡א בִּשְׁנַת֩ שְׁלוֹשִׁ֨ים וָתֵ֤שַׁע לְמַלְכוּתוֹ֙ ל̇ג ט̇ מנה̇ בכתיב . ד̇[14] . ד̇[15] מל̇ ב̇[16] מנה̇ בכתיב
בְּרַגְלָ֔יו עַד־לְמַ֖עְלָה חָלְי֑וֹ וְגַם־בְּחָלְיוֹ֙ לֹא־דָרַ֣שׁ אֶת־יְהוָ֔ה כִּ֖י
13 בָּרֹפְאִֽים[b]׃ 13 וַיִּשְׁכַּ֥ב אָסָ֖א עִם־אֲבֹתָ֑יו וַיָּ֕מָת בִּשְׁנַ֛ת [a]אַרְבָּעִ֥ים וְאַחַ֖ת[a] ל̇ ושאר וישכב ויקבר
14 לְמָלְכֽוֹ׃ 14 וַיִּקְבְּרֻ֨הוּ בְקִבְרֹתָ֜יו[a] אֲשֶׁ֣ר כָּֽרָה־לוֹ֮ בְּעִ֣יר דָּוִיד֒ וַיַּשְׁכִּיבֻ֗הוּ ב̇[17] . ל̇ וכת̇ כן
בַּמִּשְׁכָּב֙ אֲשֶׁ֣ר מִלֵּ֔א בְּשָׂמִ֣ים וּזְנִ֔ים[b] מְרֻקָּחִ֖ים[c] בְּמִרְקַ֣חַת מַעֲשֶׂ֑ה ל̇ . ל̇[18]
וַיִּשְׂרְפוּ־ל֥וֹ שְׂרֵפָ֖ה גְּדוֹלָ֥ה עַד־לִמְאֹֽד׃ פ ל̇[19]
17 1 וַיִּמְלֹ֛ךְ יְהוֹשָׁפָ֥ט בְּנ֖וֹ תַּחְתָּ֑יו וַיִּתְחַזֵּ֖ק עַל־יִשְׂרָאֵֽל׃ 2 וַיִּתֶּן־ ח̇[1]
חַ֕יִל בְּכָל־עָרֵ֥י יְהוּדָ֖ה הַבְּצֻר֑וֹת וַיִּתֵּ֤ן נְצִיבִים֙ בְּאֶ֣רֶץ יְהוּדָ֔ה וּבְעָרֵ֣י
3 אֶפְרַ֔יִם אֲשֶׁ֥ר לָכַ֖ד אָסָ֥א אָבִֽיו׃ 3 וַיְהִ֥י יְהוָ֖ה עִם־יְהוֹשָׁפָ֑ט כִּ֣י הָלַ֗ךְ ו̇ בנ״ך
4 בְּדַרְכֵ֞י דָּוִ֤יד[a] אָבִיו֙ הָרִ֣אשֹׁנִ֔ים וְלֹ֥א דָרַ֖שׁ לַבְּעָלִֽים׃ 4 כִּ֗י לֵֽאלֹהֵ֤י[a] כי̇ יג̇ מנה̇ בסיפ̇
5 אָבִיו֙ דָּרָ֔שׁ וּבְמִצְוֺתָ֖יו[b] הָלָ֑ךְ וְלֹ֖א כְּמַעֲשֵׂ֥ה יִשְׂרָאֵֽל׃ 5 וַיָּ֨כֶן יְהוָ֤ה אֶת־ ל̇ זקף̇ קמ̇
הַמַּמְלָכָה֙ בְּיָד֔וֹ וַיִּתְּנ֧וּ כָל־יְהוּדָ֛ה מִנְחָ֖ה לִיהוֹשָׁפָ֑ט וַֽיְהִי־ל֥וֹ עֹֽשֶׁר־ ל̇
6 וְכָב֖וֹד לָרֹֽב׃ 6 וַיִּגְבַּ֣הּ לִבּ֔וֹ בְּדַרְכֵ֖י יְהוָ֑ה וְעוֹד֙ הֵסִ֣יר אֶת־הַבָּמ֔וֹת כג̇
7 וְאֶת־הָאֲשֵׁרִ֖ים מִֽיהוּדָֽה׃ פ 7 וּבִשְׁנַ֤ת שָׁלוֹשׁ֙ לְמָלְכ֔וֹ שָׁלַ֣ח לְשָׂרָ֗יו י̇[2] ט̇ מנה̇ ר״פ וחד מן ג̇ בסיפ̇
לְבֶן־[a]חַ֨יִל וּלְעֹֽבַדְיָ֜ה[b] וְלִזְכַרְיָ֗ה וְלִנְתַנְאֵ֛ל וּלְמִיכָ֖יָהוּ לְלַמֵּ֥ד בְּעָרֵ֥י ז̇ בסיפ̇ וכל נביא̇ דכות̇ ב̇ מ̇ ב̇ . ה̇[3] ול̇ בליש̇
8 יְהוּדָֽה׃ 8 וְעִמָּהֶ֣ם הַלְוִיִּ֡ם שְֽׁמַעְיָהוּ֩ וּנְתַנְיָ֨הוּ וּזְבַדְיָ֜הוּ[a] וַעֲשָׂהאֵ֨ל ה̇[4] וכל ושמעיהו דכות̇ ב̇ מ̇ א̇ . ה̇ . ג̇ בליש̇[5]
וּשְׁמִֽירָמ֤וֹת[b] וִֽיהוֹנָתָן֙ וַאֲדֹ֣נִיָּ֔הוּ וְטוֹבִיָּ֖הוּ[c] [d]וְט֣וֹב אֲדוֹנִיָּ֑ה[d] הַלְוִיִּ֑ם[e] וְעִמָּהֶ֥ם ושמירמות . ח̇ ול̇ בליש̇ ק̇ בכתיב . ל̇ מל̇ . י̇ז[6] . ו̇[7] מל̇ ול̇[8] בליש̇

[11] Mm 4194. [12] Neh 3,33. [13] Mp sub loco. [14] Mm 2767. [15] Mm 41 et Mm 4060. [16] Mm 3759. [17] Mm 3205. [18] Mm 2217. [19] וחד למאור פניך Ps 90,8. **Cp 17** [1] Mm 4195. [2] Mm 3789. [3] Mm 2183. [4] Mm 2621. [5] Mp sub loco. [6] Mm 1088. [7] Mm 3182. [8] Mm 896.

9 [a] prp עִם־אָרָם לְעַמְּךָ (homark) ‖ [b] pc Mss 𝔊𝔖 מָה– ‖ **10** [a–a] prp עִם) וְכִי זַעַף בָּעָם hpgr) cf 10b ‖ **12** [a] pc Mss ־ָא; l וַיָּחַל (א dttg) ‖ [b] prp בָּרְפָאִים ‖ **13** [a–a] 𝔊^min 39, 𝔊^B* 30 ‖ **14** [a] pc Mss Edd בְּקִבְ׳, 𝔊𝔙 sg ‖ [b] l וּזְנֵי? (מ dttg) ‖ [c] pr מְרֻקָּחִים (hpgr) cf 𝔗𝔙 ‖ **Cp 17,3** [a] > pc Mss 𝔊*, dl (dttg) ‖ **4** [a] 𝔊 *κύριον τὸν θεόν* ‖ [b] 𝔊^-L pro suff *τοῦ πατρὸς αὐτοῦ* ‖ **7** [a] 𝔊(𝔖𝔄) *καὶ τοὺς υἱούς* = וְלִבְנֵי ‖ [b] 𝔊𝔖𝔄 om cop cf [a] ‖ **8** [a] pc Mss 𝔖𝔗𝔄 וּזְכַרְיָה ‖ [b] K lapsus calami ‖ [c] > 𝔊* ‖ [d–d] > 𝔊^B min 𝔖𝔄, dl (dttg) ‖ [e] add.

9 אֱלִישָׁמָע וִיהוֹרָם הַכֹּהֲנִים׃ 9 וַיְלַמְּדוּ בִּיהוּדָה וְעִמָּהֶם סֵפֶר תּוֹרַת — ב בסיפ ובפסוק
10 יְהוָה וַיָּסֹבּוּ בְּכָל־עָרֵי יְהוּדָה וַיְלַמְּדוּ בָּעָם׃ 10 וַיְהִי ׀ פַּחַד — ב בסיפ ובפסוק
יְהוָה עַל כָּל־מַמְלְכוֹת הָאֲרָצוֹת אֲשֶׁר סְבִיבוֹת יְהוּדָה וְלֹא נִלְחֲמוּ — ד[9]
11 עִם־יְהוֹשָׁפָט׃ 11 וּמִן־פְּלִשְׁתִּים מְבִיאִים לִיהוֹשָׁפָט מִנְחָה וְכֶסֶף — ב[10]
מַשָּׂא[a] גַּם הָעַרְבִיאִים[b] מְבִיאִים לוֹ צֹאן אֵילִים שִׁבְעַת אֲלָפִים וּשְׁבַע — מא ד מנה בסיפ. יז מפק א[11]
12 מֵאוֹת וּתְיָשִׁים שִׁבְעַת אֲלָפִים וּשְׁבַע מֵאוֹת׃ פ 12 וַיְהִי יְהוֹשָׁפָט — ב[12]
הֹלֵךְ וְגָדֵל עַד־לְמָעְלָה וַיִּבֶן בִּיהוּדָה בִּירָנִיּוֹת וְעָרֵי מִסְכְּנוֹת׃ — ג[13]. ב
13 13 וּמְלָאכָה רַבָּה הָיָה[a] לוֹ בְּעָרֵי יְהוּדָה וְאַנְשֵׁי מִלְחָמָה גִּבּוֹרֵי חַיִל — ל. יח[14]. ג[15]
14 בִּירוּשָׁלִָם׃ 14 וְאֵלֶּה פְקֻדָּתָם לְבֵית אֲבוֹתֵיהֶם לִיהוּדָה שָׂרֵי אֲלָפִים — ז בליש[16]. יז מל בסיפ[17]
15 עַדְנָה הַשָּׂר וְעִמּוֹ גִּבּוֹרֵי חַיִל שְׁלֹשׁ מֵאוֹת אָלֶף׃ ס 15 וְעַל־יָדוֹ — ג ב כת א וחד כת ה
16 יְהוֹחָנָן הַשָּׂר וְעִמּוֹ מָאתַיִם וּשְׁמוֹנִים אָלֶף׃ ס 16 וְעַל־יָדוֹ עֲמַסְיָה — ט[18] ד מנה בסיפ. ח בטע[19]. ל וכת ה
בֶן־זִכְרִי הַמִּתְנַדֵּב לַיהוָה וְעִמּוֹ מָאתַיִם אֶלֶף גִּבּוֹר[a] חָיִל׃ ס — ד בטע בכתיב[17]. ג סביר גבורי
17 17 וּמִן־בִּנְיָמִן גִּבּוֹר חַיִל אֶלְיָדָע וְעִמּוֹ נֹשְׁקֵי־קֶשֶׁת וּמָגֵן מָאתַיִם — ד בטע בכתיב[17]. ב[20]
18 אָלֶף׃ ס 18 וְעַל־יָדוֹ יְהוֹזָבָד וְעִמּוֹ מֵאָה־וּשְׁמוֹנִים אֶלֶף חֲלוּצֵי — ד ב מנה בליש. ד בטע בכתיב[17]
19 צָבָא׃ ס 19 אֵלֶּה הַמְשָׁרְתִים אֶת־הַמֶּלֶךְ [a]מִלְּבַד אֲשֶׁר־נָתַן — יד ר״פ בסיפ[21]
18 הַמֶּלֶךְ[a] בְּעָרֵי הַמִּבְצָר בְּכָל־יְהוּדָה׃ פ **18** 1 וַיְהִי לִיהוֹשָׁפָט
2 עֹשֶׁר וְכָבוֹד לָרֹב וַיִּתְחַתֵּן לְאַחְאָב[a]׃ 2 וַיֵּרֶד לְקֵץ שָׁנִים אֶל־אַחְאָב — ל
לְשֹׁמְרוֹן וַיִּזְבַּח־לוֹ אַחְאָב צֹאן וּבָקָר לָרֹב וְלָעָם אֲשֶׁר עִמּוֹ וַיְסִיתֵהוּ — ל. ל
3 לַעֲלוֹת[a] אֶל־רָמוֹת גִּלְעָד׃ 3 וַיֹּאמֶר אַחְאָב מֶלֶךְ־יִשְׂרָאֵל אֶל־ — יד[1] וכל אורית ויהושע דכות ב מ ג
יְהוֹשָׁפָט מֶלֶךְ יְהוּדָה הֲתֵלֵךְ עִמִּי רָמֹת גִּלְעָד וַיֹּאמֶר לוֹ כָּמוֹנִי כָמוֹךָ — ל
4 וּכְעַמְּךָ עַמִּי וְעִמְּךָ[a] בַּמִּלְחָמָה׃ 4 וַיֹּאמֶר יְהוֹשָׁפָט אֶל־מֶלֶךְ יִשְׂרָאֵל — ל
5 דְּרָשׁ־נָא כַיּוֹם אֶת־דְּבַר[a] יְהוָה׃ 5 וַיִּקְבֹּץ מֶלֶךְ־יִשְׂרָאֵל אֶת־הַנְּבִאִים
אַרְבַּע מֵאוֹת אִישׁ וַיֹּאמֶר אֲלֵהֶם הֲנֵלֵךְ[a] אֶל־רָמֹת גִּלְעָד לַמִּלְחָמָה — ט[2] בכתיב ה[3] מנה חס בליש. יז חס בכתיב ט[4] מנה בסיפ
6 אִם־אֶחְדָּל וַיֹּאמְרוּ עֲלֵה וְיִתֵּן הָאֱלֹהִים בְּיַד הַמֶּלֶךְ׃ 6 וַיֹּאמֶר — יג[5]. ל

[9] Mm 4152. [10] Mm 4196. [11] Mm 411. [12] Mm 4197. [13] Mm 4198. [14] Mm 2952. [15] Mm 3039. [16] Mm 4025. [17] Mp sub loco. [18] Mm 3928. [19] Mm 3915. [20] Mm 4199. [21] Mm 4006. **Cp 18** [1] Mm 1523. [2] Mm 3919. [3] Mm 12. [4] Mm 4176. [5] Mm 157.

11 [a] Ms 𝔊 'וּמ ‖ [b] l c Ms בִּים– (ad 𝔐 cf vb sq) ‖ **13** [a] pc Mss הָיְתָה ‖ **16** [a] Seb mlt Mss –רֵי ‖ **19** [a–a] > 2 Mss (homtel) ‖ **Cp 18,1** [a] 𝔊 ἐν οἴκῳ Αχααβ ‖ **2** [a] 𝔊 + μετ' αὐτοῦ ‖ **3** [a] 𝔊 om cop, l עמך? ‖ **4** [a] > $𝔊^{-L}$ ‖ **5** [a] 1 R 22,6 הַאֵלֵךְ, it 𝔊.

7 יְהוֹשָׁפָט הַאֵין פֹּה נָבִיא לַיהוָה עוֹד וְנִדְרְשָׁה מֵאֹתוֹ׃ 7 וַיֹּאמֶר מֶלֶךְ־ ה̇
יִשְׂרָאֵל ׀ אֶל־יְהוֹשָׁפָט עוֹד אִישׁ־אֶחָד לִדְרוֹשׁ אֶת־יְהוָה מֵאֹתוֹ וַאֲנִי
שְׂנֵאתִיהוּ כִּי־אֵינֶנּוּ מִתְנַבֵּא עָלַי לְטוֹבָה כִּי כָל־יָמָיו לְרָעָה הוּא ל̇
8 מִיכָיְהוּ בֶּן־יִמְלָא וַיֹּאמֶר יְהוֹשָׁפָט אַל־יֹאמַר הַמֶּלֶךְ כֵּן׃ 8 וַיִּקְרָא ד̇ ב̇ כת ה וב̇ כת א
9 מֶלֶךְ יִשְׂרָאֵל אֶל־סָרִיס אֶחָד וַיֹּאמֶר מַהֵר מִיכָהוּ[a] בֶן־יִמְלָא׃ 9 וּמֶלֶךְ מיכיהו ק . ד̇ ב̇ כת ה וב̇ כת א
יִשְׂרָאֵל וִיהוֹשָׁפָט מֶלֶךְ־יְהוּדָה יוֹשְׁבִים אִישׁ עַל־כִּסְאוֹ מְלֻבָּשִׁים י̇ מל̇ . ד̇
[a]בְּגָדִים וְיֹשְׁבִים בְּגֹרֶן[a] פֶּתַח שַׁעַר שֹׁמְרוֹן וְכָל־הַנְּבִיאִים מִתְנַבְּאִים ב̇ . ד̇ . ל̇ מל̇ בסיפ
10 לִפְנֵיהֶם׃ 10 וַיַּעַשׂ לוֹ צִדְקִיָּהוּ בֶן־כְּנַעֲנָה קַרְנֵי בַרְזֶל וַיֹּאמֶר כֹּה־
11 אָמַר יְהוָה בְּאֵלֶּה תְּנַגַּח אֶת־אֲרָם עַד־כַּלּוֹתָם׃ 11 וְכָל־הַנְּבִאִים ד̇
נִבְּאִים כֵּן לֵאמֹר עֲלֵה רָמֹת גִּלְעָד וְהַצְלַח וְנָתַן יְהוָה בְּיַד הַמֶּלֶךְ׃
12 וְהַמַּלְאָךְ אֲשֶׁר־הָלַךְ ׀ לִקְרֹא לְמִיכָיְהוּ דִּבֶּר אֵלָיו לֵאמֹר ל̇
הִנֵּה דִּבְרֵי[a] הַנְּבִאִים פֶּה־אֶחָד טוֹב אֶל־הַמֶּלֶךְ וִיהִי־נָא דְבָרְךָ ל̇ . ג̇ . ג̇[6] . ל̇ב
13 כְּאַחַד מֵהֶם וְדִבַּרְתָּ טּוֹב׃ 13 וַיֹּאמֶר מִיכָיְהוּ חַי־יְהוָה כִּי אֶת־אֲשֶׁר־ יב[7] . ג̇ בסיפ
14 יֹאמַר אֱלֹהַי[a] אֹתוֹ אֲדַבֵּר׃ 14 וַיָּבֹא אֶל־הַמֶּלֶךְ וַיֹּאמֶר הַמֶּלֶךְ אֵלָיו ב̇
מִיכָה הֲנֵלֵךְ[a] אֶל־רָמֹת גִּלְעָד לַמִּלְחָמָה אִם־אֶחְדָּל[b] וַיֹּאמֶר [c]עֲלוּ ב̇ בעינ̇[8]
15 וְהַצְלִיחוּ[c] וְיִנָּתְנוּ בְּיֶדְכֶם[d]׃ 15 וַיֹּאמֶר אֵלָיו הַמֶּלֶךְ עַד־כַּמֶּה פְעָמִים ב̇ . ג̇[9]
16 אֲנִי מַשְׁבִּעֶךָ אֲשֶׁר לֹא־תְדַבֵּר אֵלַי רַק־אֱמֶת בְּשֵׁם יְהוָה׃ 16 וַיֹּאמֶר ב̇
רָאִיתִי אֶת־כָּל־יִשְׂרָאֵל נְפוֹצִים עַל־הֶהָרִים כַּצֹּאן אֲשֶׁר אֵין־לָהֶן[a] ב̇ חד מל̇ וחד חס̇ . יד[10]
רֹעֶה וַיֹּאמֶר יְהוָה לֹא־אֲדֹנִים לָאֵלֶּה יָשׁוּבוּ אִישׁ־לְבֵיתוֹ בְּשָׁלוֹם׃ ה̇[11]
17 וַיֹּאמֶר מֶלֶךְ־יִשְׂרָאֵל אֶל־יְהוֹשָׁפָט הֲלֹא אָמַרְתִּי אֵלֶיךָ לֹא־יִתְנַבֵּא
ס̇ יח עָלַי טוֹב כִּי אִם־לְרָע[a]׃ ס 18 וַיֹּאמֶר לָכֵן[a] שִׁמְעוּ[b] דְבַר־יְהוָה ל̇
רָאִיתִי אֶת־יְהוָה יוֹשֵׁב עַל־כִּסְאוֹ וְכָל־צְבָא הַשָּׁמַיִם עֹמְדִים עַל־ כל סיפ מל̇ ב̇ מ חד[12] חס̇ . ב̇ . ל̇
19 יְמִינוֹ וּשְׂמֹאלוֹ׃ 19 וַיֹּאמֶר יְהוָה מִי יְפַתֶּה אֶת־אַחְאָב מֶלֶךְ־יִשְׂרָאֵל ד̇[13]
וְיַעַל וְיִפֹּל בְּרָמוֹת גִּלְעָד וַיֹּאמֶר זֶה אֹמֵר[a] כָּכָה וְזֶה אֹמֵר כָּכָה׃ ז̇ רפי[14] . ג̇[15] . ו̇ כת כן[16]

[6] Mm 2106 et Mm 1879. [7] Mm 361. [8] Mm 1495. [9] Mm 3156. [10] Mm 190. [11] Mm 232. [12] 1 Ch 20,1. [13] Mm 522. [14] Mm 437. [15] Mm 2034. [16] Mm 1700.

8 [a] mlt Mss ut Q, K מִיכָהוּ ‖ **9** [a–a] sic sec 1 R 22,10 ‖ **12** [a] 𝔊 ἐλάλησαν = דִּבְּרוּ ‖ **13** [a] ins c 𝔊𝔙 et 1 R 22,14 אֵלַי (hpgr) ‖ **14** [a] 𝔊 sg cf 5[a] ‖ [b] 1 R 22,15 נֶחְ׳ ‖ [c–c] 𝔊𝔖𝔄 et 1 R sg ‖ [d] 𝔖𝔄 suff sg ‖ **16** [a] mlt Mss et 1 R 22,17 להם ‖ **17** [a] 1 R 22,18 רע, it 𝔊 ‖ **18** [a] 𝔊 οὐχ οὕτως = לֹא כֵן ‖ [b] 1 R 22,19 שְׁמַע, it 𝔗 ‖ **19** [a] > 𝔊[BL]𝔙 et 1 R 22,20, dl.

20 וַיֵּצֵ֣א הָר֗וּחַ וַֽיַּעֲמֹד֙ לִפְנֵ֣י יְהוָ֔ה וַיֹּ֖אמֶר אֲנִ֣י אֲפַתֶּ֑נּוּ וַיֹּ֧אמֶר יְהוָ֛ה אֵלָ֖יו 20 ז בסיפ[17]. ב
בַּמָּֽה׃ 21 וַיֹּ֗אמֶר אֵצֵא֙ וְהָיִ֙יתִי֙ לְר֣וּחַ שֶׁ֔קֶר בְּפִ֖י כָּל־נְבִיאָ֑יו וַיֹּ֗אמֶר 21 ח קמ[18]. ל[19]
תְּפַתֶּה֙ וְגַם־תּוּכָ֔ל צֵ֖א וַעֲשֵׂה־כֵֽן׃ 22 וְעַתָּ֗ה הִנֵּ֨ה נָתַ֤ן יְהוָה֙ ר֣וּחַ שֶׁ֔קֶר 22 ב. ב. ל[19]
בְּפִ֖י[a] נְבִיאֶ֣יךָ אֵ֑לֶּה וַֽיהוָ֔ה דִּבֶּ֥ר עָלֶ֖יךָ רָעָֽה׃ ס 23 וַיִּגַּ֞שׁ צִדְקִיָּ֣הוּ 23 ג[20]
בֶֽן־כְּנַעֲנָ֗ה וַיַּ֛ךְ אֶת־מִיכָ֖יְהוּ עַל־הַלֶּ֑חִי וַיֹּ֗אמֶר אֵ֣י זֶ֤ה הַדֶּ֙רֶךְ֙[a] עָבַ֧ר לא
רֽוּחַ־יְהוָ֛ה מֵאִתִּ֖י לְדַבֵּ֥ר אֹתָֽךְ׃ 24 וַיֹּ֣אמֶר מִיכָ֔יְהוּ הִנְּךָ֥ רֹאֶ֖ה בַּיּ֣וֹם 24 ט רפי וכל יחזק דכות[21]
הַה֑וּא אֲשֶׁ֥ר תָּב֛וֹא חֶ֥דֶר בְּחֶ֖דֶר לְהֵחָבֵֽא׃ 25 וַיֹּ֙אמֶר֙ מֶ֣לֶךְ יִשְׂרָאֵ֔ל 25
קְח֗וּ אֶת־מִיכָ֙יְהוּ֙ וַהֲשִׁיבֻ֙הוּ֙ אֶל־אָמ֣וֹן[a] שַׂר־הָעִ֔יר וְאֶל־יוֹאָ֖שׁ[b] בֶּן־ ב פסוק דמטע[22]. ל וחס
הַמֶּֽלֶךְ׃ 26 וַאֲמַרְתֶּ֗ם[a] כֹּ֚ה אָמַ֣ר הַמֶּ֔לֶךְ שִׂ֥ימוּ זֶ֖ה בֵּ֣ית הַכֶּ֑לֶא וְהַאֲכִלֻ֜הוּ 26 ב. יו. ל. ב וחס
לֶ֤חֶם לַ֙חַץ֙[b] וּמַ֣יִם לַ֔חַץ עַ֖ד שׁוּבִ֥י בְשָׁלֽוֹם׃ 27 וַיֹּ֣אמֶר מִיכָ֔יְהוּ אִם־ 27 ג בטע[23]
שׁ֤וֹב תָּשׁוּב֙ בְּשָׁל֔וֹם לֹֽא־דִבֶּ֥ר יְהוָ֖ה בִּ֑י וַיֹּ֕אמֶר[a] שִׁמְע֖וּ עַמִּ֥ים כֻּלָּֽם׃ ב[24]. ג
פ 28 וַיַּ֧עַל מֶֽלֶךְ־יִשְׂרָאֵ֛ל וִֽיהוֹשָׁפָ֥ט מֶֽלֶךְ־יְהוּדָ֖ה אֶל־רָמֹ֥ת 28
גִּלְעָֽד׃ 29 וַיֹּאמֶר֩ מֶ֨לֶךְ יִשְׂרָאֵ֜ל אֶל־יְהוֹשָׁפָ֗ט [a]הִתְחַפֵּשׂ֙ וָב֣וֹא[a] בַמִּלְחָמָ֔ה 29 ג ב חס וחד מל[25]
וְאַתָּ֖ה לְבַ֣שׁ בְּגָדֶ֑יךָ[b] וַיִּתְחַפֵּשׂ֙ מֶ֣לֶךְ יִשְׂרָאֵ֔ל וַיָּבֹ֖אוּ[c] בַּמִּלְחָמָֽה׃ 30 וּמֶ֣לֶךְ 30 ב
אֲ֠רָם צִוָּ֞ה אֶת־שָׂרֵ֨י הָרֶ֤כֶב אֲשֶׁר־לוֹ֙[a] לֵאמֹ֔ר לֹ֣א תִּֽלָּחֲמ֔וּ אֶת־הַקָּטֹ֖ן יו פסוק את את את את. ל
אֶת[b]־הַגָּד֑וֹל כִּ֛י אִם־אֶת־מֶ֥לֶךְ יִשְׂרָאֵ֖ל לְבַדּֽוֹ׃ 31 וַיְהִ֡י כִּרְא֞וֹת שָׂרֵ֣י 31 ב
הָרֶ֗כֶב אֶת־יְהוֹשָׁפָ֡ט וְהֵ֣מָּה אָמְר֞וּ מֶ֤לֶךְ יִשְׂרָאֵל֙ ה֔וּא וַיָּסֹ֥בּוּ[a] עָלָ֖יו ב פסוק דמטע[26]. ל
לְהִלָּחֵ֑ם וַיִּזְעַ֤ק יְהוֹשָׁפָט֙ [b]וַֽיהוָ֣ה עֲזָר֔וֹ וַיְסִיתֵ֥ם[c] אֱלֹהִ֖ים מִמֶּֽנּוּ[b]׃ 32 וַיְהִ֗י 32 ל
כִּרְאוֹת֙ שָׂרֵ֣י הָרֶ֔כֶב כִּ֥י לֹא־הָיָ֖ה מֶ֣לֶךְ יִשְׂרָאֵ֑ל וַיָּשֻׁ֖בוּ מֵאַחֲרָֽיו׃
33 וְאִ֗ישׁ מָשַׁ֤ךְ בַּקֶּ֙שֶׁת֙ לְתֻמּ֔וֹ וַיַּךְ֙ אֶת־מֶ֣לֶךְ יִשְׂרָאֵ֔ל בֵּ֥ין הַדְּבָקִ֖ים וּבֵ֣ין 33 ב
הַשִּׁרְיָ֑ן וַיֹּ֣אמֶר לָֽרַכָּ֗ב הֲפֹ֧ךְ יָדְיךָ֛[a] וְהוֹצֵאתַ֥נִי מִן־הַֽמַּחֲנֶ֖ה[b] כִּ֥י הָחֳלֵֽיתִי׃ ב. ו זוגין[27]. ידך ק. ב[28]
34 וַתַּ֤עַל הַמִּלְחָמָה֙ בַּיּ֣וֹם הַה֔וּא וּמֶ֣לֶךְ יִשְׂרָאֵ֗ל הָיָ֨ה מַעֲמִ֧יד[a] בַּמֶּרְכָּבָ֛ה 34 ל ומל

[17] Mm 903. [18] Mm 96. [19] Mm 959. [20] Mm 4200. [21] Mm 136. [22] Mm 4201. [23] Mm 3397. [24] 1 R 22,28. [25] Mm 1885. [26] Mm 3313. [27] Mm 2036. [28] Mm 295.

22 [a] mlt Mss 𝔊^ALal 𝔖𝔙 et 1 R 22,23 + כָּל־ ‖ **23** [a] > 1 R 22,24 ‖ **25** [a] 𝔊^BVmin *Εμ(μ)ηρ* ‖ [b] 𝔊 + *ἄρχοντα* (= ראשׁ? versio duplex?) ‖ **26** [a] 1 R 22,27 וְאָמַרְתָּ, it 𝔊* ‖ [b] pc Mss צַר (ex Jes 30,20) ‖ **27** [a] > 𝔊* ‖ **29** [a–a] inf abs, Vrs recte 1 sg (𝔊 *κατακάλυψόν με* crrp ex *-λύψομαι*, sic 𝔊^L) ‖ [b] 𝔊 suff 1 sg ‖ [c] mlt Mss Vrs et 1 R 22,30 א(ו)– ‖ **30** [a] 1 R 22,31 + שְׁלֹשִׁים וּשְׁנַיִם, it 𝔖𝔄 ‖ [b] 1 c mlt Mss Vrs et 1 R ואת ‖ **31** [a] 1 R 22,32 וַיָּסֻרוּ ‖ [b–b] > 1 R 22,32 ‖ [c] 𝔊(𝔖𝔗𝔙) *καὶ ἀπέστρεψεν αὐτούς* = ויסירם ‖ **33** [a] mlt Mss 𝔊𝔖𝔙 ut Q, K יָדֶיךָ ‖ [b] sic c 1 R 22,34; 𝔊(𝔙) *τοῦ πολέμου* = הַמִּלְחָמָה ‖ **34** [a] 1 R 22,35 מָעֳמָד.

19 נֹכַח אֲרָם עַד־הָעָרֶב וַיָּמָת לְעֵת בּוֹא הַשָּׁמֶשׁ׃ **19** 1 וַיָּשָׁב   ה שובה לירושלם[1]
2 יְהוֹשָׁפָט מֶלֶךְ־יְהוּדָה אֶל־בֵּיתוֹ בְשָׁלוֹם לִירוּשָׁלִָם׃ 2 וַיֵּצֵא אֶל־   ו[2]
פָּנָיו יֵהוּא בֶן־חֲנָנִי הַחֹזֶה וַיֹּאמֶר אֶל־הַמֶּלֶךְ יְהוֹשָׁפָט הֲלָרָשָׁע לַעְזֹר   ל
3 וּלְשֹׂנְאֵי[a] יְהוָה תֶּאֱהָב וּבָזֹאת עָלֶיךָ קֶּצֶף מִלִּפְנֵי יְהוָה׃ 3 אֲבָל   ל . ל[3] . ח[4] וכל אורית דכות ב מ ב
דְּבָרִים טוֹבִים נִמְצְאוּ עִמָּךְ כִּי־בִעַרְתָּ הָאֲשֵׁרוֹת מִן־הָאָרֶץ וַהֲכִינוֹתָ   ג ב מנה בליש . כל סיפ מל
4 לְבָבְךָ לִדְרֹשׁ הָאֱלֹהִים׃ 4 וַיֵּשֶׁב יְהוֹשָׁפָט בִּירוּשָׁלִָם ס   ז[5] חס וכל אורית ונביא דכות ב מ ב . ז[6]
וַיָּשָׁב וַיֵּצֵא בָעָם מִבְּאֵר שֶׁבַע עַד־הַר אֶפְרַיִם וַיְשִׁיבֵם אֶל־יְהוָה
5 אֱלֹהֵי אֲבוֹתֵיהֶם׃ 5 וַיַּעֲמֵד שֹׁפְטִים בָּאָרֶץ בְּכָל־עָרֵי יְהוּדָה הַבְּצֻרוֹת   יז מל בסיפ
6 לְעִיר וָעִיר׃ 6 וַיֹּאמֶר אֶל־הַשֹּׁפְטִים רְאוּ מָה־אַתֶּם עֹשִׂים כִּי לֹא   ד[7] . ד[8]
7 לְאָדָם תִּשְׁפְּטוּ כִּי לַיהוָה וְעִמָּכֶם[a] בִּדְבַר[b] מִשְׁפָּט׃ 7 וְעַתָּה יְהִי   ב בסיפ . ג בכתיב[9]
פַחַד־יְהוָה עֲלֵיכֶם שִׁמְרוּ וַעֲשׂוּ כִּי־אֵין עִם־יְהוָה אֱלֹהֵינוּ עַוְלָה
8 וּמַשֹּׂא פָנִים וּמִקַּח־שֹׁחַד׃ 8 וְגַם בִּירוּשָׁלִַם הֶעֱמִיד יְהוֹשָׁפָט מִן־   ל וחס ; ל[10] . כ[11] ר״פ בכתיב ט מנה בסיפ
הַלְוִיִּם וְהַכֹּהֲנִים וּמֵרָאשֵׁי הָאָבוֹת לְיִשְׂרָאֵל לְמִשְׁפַּט יְהוָה[a] וְלָרִיב   ד[12] . ג[13] . ג[14] . ל[15]
9 וַיָּשֻׁבוּ[a] יְרוּשָׁלִָם׃ 9 וַיְצַו עֲלֵיהֶם לֵאמֹר כֹּה תַעֲשׂוּן בְּיִרְאַת יְהוָה   ה חס בסיפ . ל . יד[16]
10 בֶּאֱמוּנָה וּבְלֵבָב שָׁלֵם׃ 10 וְכָל־[a]רִיב אֲשֶׁר־יָבוֹא עֲלֵיכֶם מֵאֲחֵיכֶם ׀   ל
הַיֹּשְׁבִים בְּעָרֵיהֶם בֵּין־דָּם ׀ לְדָם בֵּין־תּוֹרָה לְמִצְוָה לְחֻקִּים   ג פסוק בין בין . ב[17]
וּלְמִשְׁפָּטִים וְהִזְהַרְתֶּם אֹתָם וְלֹא יֶאְשְׁמוּ לַיהוָה וְהָיָה־קֶצֶף עֲלֵיכֶם   ל
11 וְעַל־אֲחֵיכֶם כֹּה תַעֲשׂוּן וְלֹא תֶאְשָׁמוּ׃ 11 וְהִנֵּה אֲמַרְיָהוּ כֹּהֵן הָרֹאשׁ   יד[18] . ב . ג . לז כג מנה בסיפ
עֲלֵיכֶם לְכֹל דְּבַר־יְהוָה וּזְבַדְיָהוּ[a] בֶן־יִשְׁמָעֵאל הַנָּגִיד לְבֵית־יְהוּדָה   י פסוק לכל לכל . ג בליש
לְכֹל דְּבַר־הַמֶּלֶךְ וְשֹׁטְרִים הַלְוִיִּם לִפְנֵיכֶם חִזְקוּ וַעֲשׂוּ וִיהִי יְהוָה   לב
20 עִם־[b]הַטּוֹב׃ פ **20** 1 וַיְהִי אַחֲרֵיכֵן בָּאוּ בְנֵי־מוֹאָב וּבְנֵי עַמּוֹן
2 וְעִמָּהֶם ׀ מֵהָעַמּוֹנִים[a] עַל־יְהוֹשָׁפָט לַמִּלְחָמָה׃ 2 וַיָּבֹאוּ וַיַּגִּידוּ לִיהוֹשָׁפָט   ב מל ול בליש . ב
לֵאמֹר בָּא עָלֶיךָ הָמוֹן רָב מֵעֵבֶר לַיָּם מֵאֲרָם[a] וְהִנָּם בְּחַצְצוֹן תָּמָר   ל . לג קמ[1] . ב חד מל וחד חס[2]
3 הִיא עֵין גֶּדִי׃ 3 וַיִּרָא וַיִּתֵּן יְהוֹשָׁפָט אֶת־פָּנָיו לִדְרוֹשׁ לַיהוָה וַיִּקְרָא־   יב[3] ול חס בכתיב . ד[4]

Cp 19 [1]Mm 3963. [2]Mm 1094. [3]Mm 3190. [4]Mm 3083. [5]Mm 4226. [6]Mm 4104. [7]Mm 2457. [8]Mm 1168. [9]Mp sub loco. [10]Mm 4202. [11]Mm 4070. [12]Mm 4203. [13]Mm 3968. [14]Mm 3895. [15]Mm 1526. [16]Mm 393. [17]Mm 1153. [18]Mm 393. **Cp 20** [1]Mm 264. [2]Mm 4204. [3]Mm 1590. [4]Mp sub loco.

Cp 19,2 [a] 𝔊 *ἤ μισουμένῳ ὑπό* ‖ **6** [a] l הוּא עִ׳ (ה hpgr)? cf 𝔏 ‖ [b] 𝔊 *λόγοι* ‖ **8** [a–a] l וּלְרִיבֵי יֹשְׁבֵי cf 𝔊𝔙 ‖ **10** [a] 𝔊 *πᾶς ἀνήρ* crrp ex *πᾶσαν* (*ηρ* dttg), etiam 𝔙 om cop ‖ **11** [a] pc Mss 𝔖𝔄 וזכריהו ‖ [b] prb ins עֹשֵׂי ‖ **Cp 20,1** [a] l sec 26,7 מֵהַמְּעוּנִים cf 𝔊 *ἐκ τῶν Μιναίων* ‖ **2** [a] l c Ms 𝔏 מֵאֱדֹם.

4 צוֹם עַל־כָּל־יְהוּדָה׃ 4 וַיִּקָּבְצוּ יְהוּדָה לְבַקֵּשׁ מֵיְהוָה גַּם מִכָּל־עָרֵי
5 יְהוּדָה בָּאוּ לְבַקֵּשׁ אֶת־יְהוָה׃ 5 וַיַּעֲמֹד יְהוֹשָׁפָט בִּקְהַל יְהוּדָה — ז בסיפ[5]
6 וִירוּשָׁלַםִ[a] בְּבֵית יְהוָה לִפְנֵי הֶחָצֵר הַחֲדָשָׁה׃ 6 וַיֹּאמַר יְהוָה אֱלֹהֵי — לט . צא יט מנה ר״פ
אֲבֹתֵינוּ הֲלֹא אַתָּה־הוּא אֱלֹהִים בַּשָּׁמַיִם וְאַתָּה מוֹשֵׁל בְּכֹל מַמְלְכוֹת — ד[6] . יד מל
7 הַגּוֹיִם[a] וּבְיָדְךָ כֹּחַ וּגְבוּרָה וְאֵין עִמְּךָ לְהִתְיַצֵּב׃ 7 הֲלֹא | אַתָּה אֱלֹהֵינוּ
הוֹרַשְׁתָּ אֶת־יֹשְׁבֵי הָאָרֶץ הַזֹּאת מִלִּפְנֵי עַמְּךָ יִשְׂרָאֵל וַתִּתְּנָהּ לְזֶרַע — ג[7] . ל . ל
8 אַבְרָהָם אֹהַבְךָ[a] לְעוֹלָם׃ 8 וַיֵּשְׁבוּ־בָהּ וַיִּבְנוּ לְךָ | בָּהּ מִקְדָּשׁ לְשִׁמְךָ — ל . ׳ בטע[8]
9 לֵאמֹר׃ 9 אִם־תָּבוֹא עָלֵינוּ רָעָה חֶרֶב שְׁפוֹט[a] וְדֶבֶר וְרָעָב נַעַמְדָה — ב חד חס וחד מל . ב
לִפְנֵי הַבַּיִת הַזֶּה וּלְפָנֶיךָ כִּי שִׁמְךָ[b] בַּבַּיִת הַזֶּה וְנִזְעַק אֵלֶיךָ מִצָּרָתֵנוּ — ב[9]
10 וְתִשְׁמַע וְתוֹשִׁיעַ׃ 10 וְעַתָּה הִנֵּה בְנֵי־עַמּוֹן וּמוֹאָב וְהַר־שֵׂעִיר אֲשֶׁר — ב[10] . ל
לֹא־נָתַתָּה לְיִשְׂרָאֵל לָבוֹא בָהֶם בְּבֹאָם מֵאֶרֶץ מִצְרָיִם כִּי סָרוּ — ג[11] חס ול למדינ
11 מֵעֲלֵיהֶם וְלֹא הִשְׁמִידוּם׃ 11 וְהִנֵּה־הֵם גֹּמְלִים[a] עָלֵינוּ[b] לָבוֹא לְגָרְשֵׁנוּ — ב חד מל וחד חס[12] . ב וחס[13]
12 מִיְּרֻשָּׁתְךָ[c] אֲשֶׁר הוֹרַשְׁתָּנוּ׃ 12 אֱלֹהֵינוּ הֲלֹא תִשְׁפָּט־בָּם כִּי אֵין בָּנוּ — ל וחס . ל[14]
כֹּחַ לִפְנֵי הֶהָמוֹן הָרָב הַזֶּה הַבָּא עָלֵינוּ וַאֲנַחְנוּ לֹא נֵדַע מַה־נַּעֲשֶׂה — ג[15]
13 כִּי עָלֶיךָ עֵינֵינוּ׃ 13 וְכָל־יְהוּדָה עֹמְדִים לִפְנֵי יְהוָה גַּם־טַפָּם נְשֵׁיהֶם — ב
14 וּבְנֵיהֶם׃ פ 14 וְיַחֲזִיאֵל[a] בֶּן־זְכַרְיָהוּ בֶּן־בְּנָיָה בֶּן־יְעִיאֵל[b] בֶּן־ — ז וכל עזרא דכות[16]
מַתַּנְיָה הַלֵּוִי מִן־בְּנֵי אָסָף הָיְתָה עָלָיו רוּחַ יְהוָה בְּתוֹךְ הַקָּהָל׃
15 15 וַיֹּאמֶר הַקְשִׁיבוּ כָל־יְהוּדָה וְיֹשְׁבֵי יְרוּשָׁלַםִ וְהַמֶּלֶךְ יְהוֹשָׁפָט כֹּה־ — ח חס איש[17]
אָמַר יְהוָה לָכֶם אַתֶּם אַל־תִּירְאוּ וְאַל־תֵּחַתּוּ מִפְּנֵי הֶהָמוֹן הָרָב הַזֶּה
16 כִּי לֹא לָכֶם הַמִּלְחָמָה כִּי לֵאלֹהִים׃ 16 מָחָר רְדוּ עֲלֵיהֶם הִנָּם עֹלִים — ג[18]
בְּמַעֲלֵה הַצִּיץ[a] וּמְצָאתֶם אֹתָם בְּסוֹף הַנַּחַל פְּנֵי[b] מִדְבַּר יְרוּאֵל[c]׃ — ל
17 17 לֹא לָכֶם לְהִלָּחֵם [a]בָּזֹאת הִתְיַצְּבוּ עִמְדוּ[a] וּרְאוּ אֶת־יְשׁוּעַת יְהוָה — ב ר״פ[19] . ג[20] . ל . ה[21]
עִמָּכֶם יְהוּדָה וִירוּשָׁלַםִ אַל־תִּירְאוּ וְאַל־תֵּחַתּוּ מָחָר צְאוּ לִפְנֵיהֶם
18 וַיהוָה עִמָּכֶם׃ 18 וַיִּקֹּד יְהוֹשָׁפָט אַפַּיִם אָרְצָה וְכָל־יְהוּדָה וְיֹשְׁבֵי — ז וכל ר״פ דכות[22] . ח חס איש[17]

[5]Mm 903. [6]Mm 1250. [7]Mm 4205. [8]Mm 3661. [9]Mm 2616. [10]Dt 32,1. [11]Mm 2970. [12]Mm 1058. [13]Mm 3045. [14]Mp sub loco. [15]Mm 4206. [16]Mm 1831. [17]Mm 2513. [18]Mm 3279. [19]Mm 3249. [20]Mm 3190. [21]Mm 463. [22]Mm 2607.

5 [a] pc Mss 𝔊𝔗 בי׳ ‖ **6** [a] Ms הָאָרֶץ ‖ **7** [a] 𝔊$^{-L}$ *τῷ ἠγαπημένῳ σου* ‖ **8** [a] > 𝔊*𝔖𝔙 ‖ **9** [a] 𝔊^{L} *ἀκρίς*; l וְשֶׁטֶף ‖ [b] pc Mss 𝔊^{L} + נִקְרָא ‖ **11** [a] 𝔏 *et cameli eorum* ‖ [b] pc Mss 𝔗 + רָעָה ‖ [c] 𝔊𝔗 suff 1 pl ‖ **14** [a] 𝔊 *καὶ τῷ Οζιηλ*, 𝔖 *wḥz'jl* ‖ [b] 𝔊^{BAal} *Ελε(α)ηλ*, 𝔖 *jwjd'* ‖ **16** [a] prp חֲצִיץ cf 2b ‖ [b] prp לִפְנֵי (ל hpgr) ‖ [c] 𝔊 *Ιεριηλ* ‖ **17** [a–a] 𝔊$^{-L}$ *ταῦτα σύνετε* cf 𝔖𝔄.

19 יְרוּשָׁלִַ֗ם נָֽפְלוּ֙ לִפְנֵ֣י יְהוָ֔ה לְהִֽשְׁתַּחֲוֺ֖ת לַֽיהוָֽה׃ 19 וַיָּקֻ֧מוּ הַלְוִיִּ֛ם מִן־ ב[23]
בְּנֵ֥י הַקְּהָתִ֖ים וּמִן־בְּנֵ֣י הַקָּרְחִ֑ים לְהַלֵּ֗ל לַֽיהוָה֙ אֱלֹהֵ֣י יִשְׂרָאֵ֔ל בְּק֥וֹל ג[24] . ג[25]
20 גָּד֖וֹל לְמָֽעְלָה׃ 20 וַיַּשְׁכִּ֣ימוּ בַבֹּ֔קֶר וַיֵּצְא֖וּ לְמִדְבַּ֣ר תְּק֑וֹעַ
וּבְצֵאתָ֞ם עָמַ֣ד יְהוֹשָׁפָ֗ט וַיֹּ֙אמֶר֙[a] שְׁמָע֙וּנִי֙ יְהוּדָה֙ וְיֹשְׁבֵ֣י יְרוּשָׁלִַ֔ם ח חס איש[26]
21 הַאֲמִ֜ינוּ בַּיהוָ֤ה אֱלֹֽהֵיכֶם֙ וְתֵ֣אָמֵ֔נוּ הַאֲמִ֥ינוּ בִנְבִיאָ֖יו וְהַצְלִֽיחוּ׃ 21 וַיִּוָּעַץ֙ ל . ב[27] ול ס״פ
אֶל־הָעָ֔ם וַיַּעֲמֵ֤ד מְשֹֽׁרְרִים֙ [a]לַֽיהוָ֔ה וּֽמְהַלְלִ֖ים לְהַדְרַת־קֹ֑דֶשׁ[a] בְּצֵאת֙ ג
לִפְנֵ֣י הֶֽחָל֔וּץ וְאֹֽמְרִים֙ ב
הוֹד֣וּ לַֽיהוָ֔ה[b] כִּ֥י לְעוֹלָ֖ם חַסְדּֽוֹ׃ ג חס כי טוב
22 וּבְעֵ֨ת הֵחֵ֤לּוּ בְרִנָּה֙ וּתְהִלָּ֔ה נָתַ֣ן יְהוָ֣ה ׀ מְ֠אָֽרְבִים[a] עַל־בְּנֵ֨י עַמּ֜וֹן ח[28] . ל . ל
23 מוֹאָ֧ב וְהַר־שֵׂעִ֛יר הַבָּאִ֥ים לִֽיהוּדָ֖ה וַיִּנָּגֵֽפוּ׃ 23 וַיַּעַמְדוּ֩ בְּנֵ֨י עַמּ֤וֹן ל
וּמוֹאָב֙ עַל־יֹשְׁבֵ֣י הַר־שֵׂעִ֔יר לְהַחֲרִ֖ים וּלְהַשְׁמִ֑יד וּֽכְכַלּוֹתָם֙ בְּיוֹשְׁבֵ֣י ה[29] ה מנה בליש . ד[30] . ב[31] . ג ול מל ובליש
24 שֵׂעִ֔יר עָזְר֥וּ[a] אִישׁ־בְּרֵעֵ֖הוּ לְמַשְׁחִֽית׃ 24 וִֽיהוּדָ֛ה בָּ֥א עַל־הַמִּצְפֶּ֖ה ב ר״פ[32] . ב בליש[33]
לַמִּדְבָּ֑ר וַיִּפְנוּ֙ אֶל־הֶ֣הָמ֔וֹן וְהִנָּ֧ם פְּגָרִ֛ים נֹפְלִ֥ים אַ֖רְצָה וְאֵ֥ין פְּלֵיטָֽה׃ ל
25 וַיָּבֹ֨א יְהוֹשָׁפָ֣ט וְעַמּוֹ֮ לָבֹ֣ז אֶת־שְׁלָלָם֒ וַיִּמְצְא֨וּ בָהֶ֜ם[a] לָרֹ֗ב וּרְכ֤וּשׁ ל[34] . ג[35]
וּפְגָרִים֙[b] וּכְלֵ֣י חֲמֻד֔וֹת וַיְנַצְּל֥וּ לָהֶ֖ם לְאֵ֣ין מַשָּׂ֑א וַיִּֽהְי֞וּ יָמִ֧ים שְׁלוֹשָׁ֛ה ב[36] . ח[37] . ל . מא ד מנה בסיפ . יו[38] מל יב מנה בסיפ וכלמגלה דכות
26 בֹּזְזִ֥ים אֶת־הַשָּׁלָ֖ל כִּ֥י רַב־הֽוּא׃ 26 וּבַיּ֣וֹם הָרְבִעִ֗י נִקְהֲלוּ֙ לְעֵ֣מֶק ג ר״פ[39] . ג חס[40]
בְּרָכָ֔ה כִּי־שָׁ֖ם בֵּרְכ֣וּ אֶת־יְהוָ֑ה עַל־כֵּ֡ן קָֽרְא֞וּ אֶת־שֵׁ֨ם הַמָּק֥וֹם הַה֛וּא ל[41] . ט בטע . ל ובכתיב
27 עֵ֥מֶק בְּרָכָ֖ה עַד־הַיּֽוֹם׃ 27 וַ֠יָּשֻׁבוּ כָּל־אִ֨ישׁ יְהוּדָ֤ה וִירוּשָׁלִַ֙ם֙[a] וִיהוֹשָׁפָ֣ט ט מיחד . ה חס בסיפ
בְּרֹאשָׁ֔ם [b]לָשׁ֥וּב אֶל־יְרוּשָׁלִַ֖ם[b] בְּשִׂמְחָ֑ה כִּֽי־שִׂמְּחָ֥ם יְהוָ֖ה מֵאוֹיְבֵיהֶֽם׃ ח[42] . יג[43] וכל עזרא דכות ב מ א . ג[44] . ו מל
28 וַיָּבֹ֙אוּ֙ יְר֣וּשָׁלִַ֔ם בִּנְבָלִ֥ים וּבְכִנֹּר֖וֹת וּבַחֲצֹצְר֑וֹת אֶל־בֵּ֖ית יְהוָֽה׃
29 וַיְהִי֙ פַּ֣חַד אֱלֹהִ֔ים עַ֖ל כָּל־מַמְלְכ֣וֹת הָאֲרָצ֑וֹת בְּשָׁמְעָ֕ם כִּ֚י נִלְחַ֣ם ב[45] . ד[46] . ל . יב[47]
ס יט יְהוָ֔ה עִ֖ם אוֹיְבֵ֥י יִשְׂרָאֵֽל׃ 30 וַתִּשְׁקֹ֖ט מַלְכ֣וּת יְהוֹשָׁפָ֑ט וַיָּ֧נַֽח ל֛וֹ אֱלֹהָ֖יו ב מל . ו[48] . יד בטע[49]
31 מִסָּבִֽיב׃ פ 31 וַיִּמְלֹ֥ךְ יְהוֹשָׁפָ֖ט עַל־יְהוּדָ֑ה בֶּן־שְׁלֹשִׁ֨ים וְחָמֵ֤שׁ

[23] Mm 4207. [24] Mm 4208. [25] וחד לקרחים 1 Ch 26,1. [26] Mm 2513. [27] Mp sub loco. [28] Mp unica et falsa confusio cum Mm 1482, cf Mp sub loco. [29] Mm 3172. [30] Mm 1209. [31] 2 Ch 24,14. [32] Mm 3049. [33] Cf Mm 2281. [34] Mm 2572. [35] Mm 3755 א. [36] Mm 452. [37] Mm 3927. [38] Mm 2959. [39] Mm 3920. [40] Mm 4113. [41] וחד וברכו Job 1,5. [42] Mm 2876. [43] Mm 2682. [44] Mm 3907. [45] Ps 36,2. [46] Mm 4152. [47] Mm 1748. [48] Mm 510. [49] Mm 3948.

20 [a] 𝔊^B (𝔊^{Aal} pr) *καὶ ἐβόησεν* ‖ **21** [a–a] 𝔊 *καὶ αἰνοῦντας ἐξομολογεῖσθαι καὶ αἰνεῖν τὰ ἅγια* ‖ [b] nonn Mss 𝔖 + כִּי טוֹב ‖ **22** [a] prp מַעֲרָבִים vel מַרְהִבִים cf 𝔊 *πολεμεῖν*, 𝔏 *insidias* ‖ **23** [a] 𝔊 *ἀνέστησαν*; prp עֹרְרוּ (polal) ‖ **25** [a] 𝔊 *κτήνη*, l בְּהֵמָה ‖ [b] l c pc Mss 𝔏𝔙 וּבְגָדִים; 𝔊 *καὶ σκῦλα* ‖ **27** [a] 𝔊 *εἰς Ιερουσαλημ* ‖ [b–b] > 𝔊* cf [a].

שָׁנָה בְּמָלְכוֹ וְעֶשְׂרִים וְחָמֵשׁ שָׁנָה מָלַךְ בִּירוּשָׁלָ͏ִם וְשֵׁם אִמּוֹ עֲזוּבָה
32 בַּת־שִׁלְחִי׃ 32 וַיֵּלֶךְ בְּדֶרֶךְ אָבִיו אָסָא וְלֹא־סָר מִמֶּנָּה לַעֲשׂוֹת — ב̇ . ד̇[50]
33 הַיָּשָׁר בְּעֵינֵי יְהוָה׃ 33 אַךְ הַבָּמוֹת לֹא־סָרוּ וְעוֹד הָעָם לֹא־הֵכִינוּ — קלט . כג
34 לְבָבָם לֵאלֹהֵי אֲבֹתֵיהֶם׃ 34 וְיֶתֶר דִּבְרֵי יְהוֹשָׁפָט הָרִאשֹׁנִים — ט חס בסיפ . כי יג מנה בסיפ
וְהָאַחֲרֹנִים הִנָּם כְּתוּבִים בְּדִבְרֵי יֵהוּא בֶן־חֲנָנִי אֲשֶׁר הֹעֲלָה[a] עַל־ — ב וחס[51]
35 סֵפֶר מַלְכֵי יִשְׂרָאֵל׃ 35 וְאַחֲרֵיכֵן אֶתְחַבַּר יְהוֹשָׁפָט מֶלֶךְ־
36 יְהוּדָה עִם אֲחַזְיָה מֶלֶךְ־יִשְׂרָאֵל הוּא הִרְשִׁיעַ לַעֲשׂוֹת׃ 36 וַיְחַבְּרֵהוּ — ז[52] . ל̇
עִמּוֹ לַעֲשׂוֹת אֳנִיּוֹת לָלֶכֶת תַּרְשִׁישׁ וַיַּעֲשׂוּ[a] אֳנִיּוֹת בְּעֶצְיוֹן גָּבֶר׃
37 וַיִּתְנַבֵּא אֱלִיעֶזֶר בֶּן־דֹּדָוָהוּ[a] מִמָּרֵשָׁה עַל־יְהוֹשָׁפָט לֵאמֹר — ל̇ . ל̇ . ב̇
כְּהִתְחַבֶּרְךָ עִם־אֲחַזְיָהוּ פָּרַץ יְהוָה אֶת־מַעֲשֶׂיךָ וַיִּשָּׁבְרוּ אֳנִיּוֹת[b] — ל̇
וְלֹא עָצְרוּ[c] לָלֶכֶת אֶל־תַּרְשִׁישׁ׃

21 **21** 1 וַיִּשְׁכַּב יְהוֹשָׁפָט עִם־אֲבֹתָיו וַיִּקָּבֵר עִם־אֲבֹתָיו בְּעִיר דָּוִיד
2 וַיִּמְלֹךְ יְהוֹרָם בְּנוֹ תַּחְתָּיו׃ 2 וְלוֹ־אַחִים בְּנֵי יְהוֹשָׁפָט עֲזַרְיָה וִיחִיאֵל — מן רא סיפ ועד הנה[1] . ד ר״פ[2]
וּזְכַרְיָהוּ וַעֲזַרְיָהוּ[a] וּמִיכָאֵל[b] וּשְׁפַטְיָהוּ כָּל־אֵלֶּה בְּנֵי יְהוֹשָׁפָט מֶלֶךְ־ — ב̇ . ל̇ . ג סביר יהודה וקר ישראל[1]
3 יִשְׂרָאֵל[c]׃ 3 וַיִּתֵּן לָהֶם ׀ אֲבִיהֶם מַתָּנוֹת רַבּוֹת לְכֶסֶף וּלְזָהָב וּלְמִגְדָּנוֹת — ל̇ ומל
עִם־עָרֵי מְצֻרוֹת בִּיהוּדָה וְאֶת־הַמַּמְלָכָה נָתַן לִיהוֹרָם כִּי־הוּא — ב̇ . ב̇
4 הַבְּכוֹר׃ פ 4 וַיָּקָם יְהוֹרָם עַל־מַמְלֶכֶת[a] אָבִיו וַיִּתְחַזַּק וַיַּהֲרֹג — ב̇ וכל התחזק דכות[3]
5 אֶת־כָּל־אֶחָיו בֶּחָרֶב וְגַם מִשָּׂרֵי יִשְׂרָאֵל׃ 5 בֶּן־שְׁלֹשִׁים וּשְׁתַּיִם שָׁנָה — יא ס״פ[4]
6 יְהוֹרָם בְּמָלְכוֹ וּשְׁמוֹנֶה שָׁנִים מָלַךְ בִּירוּשָׁלָ͏ִם׃ 6 וַיֵּלֶךְ בְּדֶרֶךְ ׀ מַלְכֵי — כל סיפ מל
יִשְׂרָאֵל כַּאֲשֶׁר עָשׂוּ בֵּית אַחְאָב כִּי בַּת־[a]אַחְאָב הָיְתָה לּוֹ אִשָּׁה[b] — ב̇[5] פסוק דמטע ול בליש . ג סביר לאשה[2]
7 וַיַּעַשׂ הָרַע בְּעֵינֵי יְהוָה׃ 7 וְלֹא־אָבָה יְהוָה לְהַשְׁחִית אֶת־[a]בֵּית דָּוִיד — ב ס״פ בסיפ
לְמַעַן הַבְּרִית אֲשֶׁר כָּרַת לְדָוִיד[a] וְכַאֲשֶׁר אָמַר לָתֵת לוֹ נִיר וּלְבָנָיו[b] — ב̇[5] פסוק דמטע ול בליש . ח[6]
8 כָּל־הַיָּמִים׃ 8 בְּיָמָיו פָּשַׁע אֱדוֹם מִתַּחַת יַד־יְהוּדָה וַיַּמְלִכוּ

[50] Mm 1978. [51] Mm 1430. [52] Mm 2091. **Cp 21** [1] Mp sub loco. [2] Mm 1529. [3] Mm 4209. [4] Okhl 357. [5] Mm 4210. [6] Mm 2469.

34 [a] 𝔊 *κατέγραψεν*, 𝔙 *digessit* || **36** [a] 𝔊𝔖 sg || **37** [a] $𝔊^{min}$ *Δωδια*, l דֹּדִיָּהוּ; 𝔖(𝔄) *ddh* = דודו || [b] 𝔊 + *σου* || [c] 𝔊* sg || **Cp 21,2** [a] prp וְעֻזִּיָּהוּ || [b] 𝔖 *mlk'jl* || [c] Seb mlt Mss 𝔊𝔖𝔙𝔄 יְהוּדָה || **4** [a] sic L, mlt Mss Edd –כֶת || **6** [a] l אֲחֹת cf 𝔖𝔄 et 22,2b || [b] Seb ℭ mlt Mss et 2 R 8,18 לְאִ׳ || **7** [a–a] 2 R 8,19 alit || [b] sic sec 2 R לבניו (ubi l לְפָנָיו cf 1 R 11,36).

9 עֲלֵיהֶ֖ם מֶֽלֶךְ׃ 9 וַיַּעֲבֹ֤ר יְהוֹרָם֙ ᵃעִם־שָׂרָ֔יוᵃ וְכָל־הָרֶ֖כֶב עִמּ֑וֹ וַֽיְהִי֙ קָ֣ם ב̇[7] פסוק דמטע ול בסיפ
10 לַ֔יְלָה וַיַּ֗ךְ ᵇאֶת־אֱדוֹם֙ᵇ הַסּוֹבֵ֣ב אֵלָ֔יו וְאֵ֖ת שָׂרֵ֥י הָרָֽכֶבᶜ׃ 10 וַיִּפְשַׁ֣ע ג̇[8]
אֱד֗וֹם מִתַּ֙חַת֙ יַד־יְהוּדָ֔ה עַ֖ד הַיּ֣וֹם הַזֶּ֑ה אָ֣ז תִּפְשַׁ֧ע לִבְנָ֛ה בָּעֵ֥ת הַהִ֖יא
11 ᵃמִתַּ֣חַת יָד֑וֹ כִּ֣י עָזַ֔ב אֶת־יְהוָ֖ה אֱלֹהֵ֥י אֲבֹתָֽיוᵃ׃ 11 גַּם־ה֥וּא עָֽשָׂה־בָמ֖וֹת
בְּהָרֵ֣יᵃ יְהוּדָ֑ה וַ֙יֶּזֶן֙ אֶת־יֹשְׁבֵ֣י יְרוּשָׁלִַ֔ם וַיַּדַּ֖ח אֶת־יְהוּדָֽה׃ פ ג מיחד דמטע[9] . ב̇[10]
12 וַיָּבֹ֤א אֵלָיו֙ מִכְתָּ֔ב מֵאֵלִיָּ֥הוּ הַנָּבִ֖יא לֵאמֹ֑ר כֹּ֣ה ׀ אָמַ֣ר יְהוָ֗ה אֱלֹהֵי֙ ל̇[11] בכתיב וכל קריה אליהו דכות ב מ ה . ב̇ בטע בסיפ[12]
דָּוִ֣יד אָבִ֔יךָ תַּ֚חַת אֲשֶׁ֣ר לֹא־הָלַ֔כְתָּ בְּדַרְכֵי֙ יְהוֹשָׁפָ֣ט אָבִ֔יךָ וּבְדַרְכֵ֖י
13 אָסָ֥א מֶלֶךְ־יְהוּדָֽה׃ 13 וַתֵּ֗לֶךְ בְּדֶ֙רֶךְ֙ מַלְכֵ֣י יִשְׂרָאֵ֔ל וַתַּזְנֶ֤ה אֶת־יְהוּדָה֙ ל̇
וְאֶת־יֹשְׁבֵ֣י יְרוּשָׁלִַ֔ם כְּהַזְנ֖וֹת בֵּ֣ית אַחְאָ֑ב וְגַ֨ם אֶת־אַחֶ֧יךָ בֵית־ᵃאָבִ֛יךָ ט̇[13] . ל̇
14 הַטּוֹבִ֥ים מִמְּךָ֖ הָרָֽגְתָּ׃ 14 הִנֵּ֣ה יְהוָ֔ה נֹגֵ֛ףᵃ מַגֵּפָ֥ה גְדוֹלָ֖ה בְּעַמֶּ֑ךָ וּבְבָנֶ֥יךָ ג ר״פ בסיפ[14]
15 וּבְנָשֶׁ֖יךָ וּבְכָל־רְכוּשֶֽׁךָ׃ 15 וְאַתָּ֛הᵃ בָּחֳלָיִ֥ים רַבִּ֖יםᵇ בְּמַחֲלֵ֣ה מֵעֶ֑יךָ כ̇[15] בטע ח̇[16] מנה בליש וחד מן ד̇[17] בכתיב ובליש . ל̇
16 עַד־יֵצְא֤וּ מֵעֶ֙יךָ֙ מִן־הַחֹ֔לִי יָמִ֖ים עַל־יָמִֽים׃ 16 וַיָּ֨עַר יְהוָ֜ה עַל־ יד̇[18] . ל̇ . ג̇[19]
17 יְהוֹרָ֗ם אֵ֚ת ר֣וּחַᵃ הַפְּלִשְׁתִּ֔ים וְהָ֣עַרְבִ֔ים אֲשֶׁ֖ר עַל־יַ֥ד כּוּשִֽׁים׃ 17 וַיַּעֲל֣וּ ח̇[20] . ל בסיפ
בִֽיהוּדָה֮ וַֽיִּבְקָעוּהָ֒ וַיִּשְׁבּ֗וּ אֵ֤ת כָּל־הָרְכוּשׁ֙ הַנִּמְצָ֣א לְבֵית־הַמֶּ֔לֶךְ וְגַם־ ל̇ . ט̇[21]
18 בָּנָ֖יו וְנָשָׁ֑יוᵃ וְלֹ֤א נִשְׁאַר־לוֹ֙ בֵּ֔ן כִּ֥י אִם־יְהוֹאָחָ֖זᵇ קְטֹ֥ן בָּנָֽיו׃ 18 וְאַחֲרֵ֥י ל̇ . ד̇[22] . ל̇
19 כָּל־זֹ֑את נְגָפ֙וֹ יְהוָ֧ה ׀ בְּמֵעָ֛יו לָחֳלִ֖י לְאֵ֥ין מַרְפֵּֽא׃ 19 וַיְהִ֣י לְיָמִ֣ים ׀ ל̇ . ל̇ . ב̇[23] . ח̇[24] ; ב̇[25] ל̇
מִיָּמִ֡ים ᵃוּכְעֵת֩ צֵ֨את הַקֵּ֜ץ לְיָמִ֣ים שְׁנַ֗יִםᵃ יָצְא֤וּ מֵעָיו֙ עִם־חָלְי֔וֹ וַיָּ֖מָת ב̇[26] . ל̇
20 בְּתַחֲלֻאִ֣ים רָעִ֑ים וְלֹא־עָ֨שׂוּ ל֥וֹ עַמּ֛וֹ שְׂרֵפָ֖ה כִּשְׂרֵפַ֥ת אֲבֹתָֽיו׃ 20 בֶּן־ ל וחס . ה̇[27] . ל̇
שְׁלֹשִׁ֤ים וּשְׁתַּ֙יִםᵃ֙ הָיָ֣ה בְמָלְכ֔וֹ וּשְׁמוֹנֶ֣ה שָׁנִ֔ים מָלַ֖ךְ בִּירוּשָׁלִָ֑ם וַיֵּ֙לֶךְ֙ ז̇ ; כל סיפ מל
ᵇבְּלֹ֣א חֶמְדָּ֔הᵇ וַֽיִּקְבְּרֻ֙הוּ֙ בְּעִ֣יר דָּוִ֔יד וְלֹ֖א בְּקִבְר֥וֹת הַמְּלָכִֽים׃ ל̇
22 1 וַיַּמְלִ֣יכוּ יוֹשְׁבֵ֣י יְרוּשָׁלִַ֡ם אֶת־אֲחַזְיָ֨הוּ בְנ֣וֹ הַקָּטֹן֮ תַּחְתָּיו֒ כִּ֣י ל̇ד מל ו מנה בסיפ
כָל־הָרִאשֹׁנִ֗ים הָרַג֙ הַגְּד֔וּד הַבָּ֥א בָעַרְבִ֖ים לַֽמַּחֲנֶ֑הᵃ וַיִּמְלֹ֛ךְ אֲחַזְיָ֥הוּ כ̇י יג̇[1] מנה בסיפ

[7] Mm 4210. [8] Mm 2589. [9] Mm 2945. [10] Mm 2150. [11] Mm 4211. [12] Mm 4212. [13] Mm 1395. [14] Mm 4213. [15] Mp sub loco. [16] Mm 4158. [17] Mm 3923. [18] Mm 98. [19] Mm 4031. [20] Mm 1315. [21] Mm 1694. [22] Mm 1285. [23] Mm 4214. [24] Mm 3927. [25] Mm 4215. [26] Mm 4216. [27] Mm 2512. **Cp 22** [1] Mp sub loco.

9 ᵃ⁻ᵃ 2 R 8,21 צָעִירָה (l שֵׁעִ׳) || ᵇ⁻ᵇ sic c 2 R (ubi l אִתּוֹ אדום) || ᶜ 𝔊 + *καὶ ἔφυγεν ὁ λαὸς εἰς τὰ σκηνώματα αὐτῶν* cf 2 R || **10** ᵃ⁻ᵃ > 2 R 8,22 || **11** ᵃ Seb mlt Mss 𝔊𝔙 בְּעָרֵי || **13** ᵃ 𝔊(𝔖) *υἱούς* || **14** ᵃ 𝔊(𝔖𝔙) + *σε* || **15** ᵃ ins תָּבֹא? || ᵇ 2 Mss רָעִים cf 𝔊𝔙 || **16** ᵃ > 𝔊 || **17** ᵃ 𝔊 *καὶ τὰς θυγατέρας αὐτοῦ* || ᵇ Ms אֲחַזְיָהוּ cf 𝔊𝔖𝔗 || **19** ᵃ⁻ᵃ prp כָּל־ עֵמֶת צֵאת הקץ לִימֵי שָׁנָיו cf Qoh 5,15 Est 1,17 || **20** ᵃ 2 R 8,17 + שָׁנָה || ᵇ⁻ᵇ 𝔊 *ἐν οὐκ ἐπαίνῳ*, 𝔙 *non recte*; rectius 𝔖(𝔄) *(w'zl) dl' rgt'* = (et abiit) non desideratus || **Cp 22,1** ᵃ 𝔊 *καὶ οἱ Αλιμαζονεῖς* cf 14,14ᵇ (crrp ex transcriptione *λιμααvε*?); l לַמִּלְחָמָה cf 18,33ᵇ.

בֶּן־יְהוֹרָֽם מֶ֥לֶךְ יְהוּדָֽה׃ פ 2 בֶּן־[a]אַרְבָּעִ֨ים וּשְׁתַּ֜יִם[a] שָׁנָ֤ה אֲחַזְיָ֙הוּ֙ 2
בְמָלְכ֔וֹ וְשָׁנָ֣ה אַחַ֔ת מָלַ֖ךְ בִּירֽוּשָׁלִָ֑ם וְשֵׁ֣ם אִמּ֔וֹ עֲתַלְיָ֖הוּ בַּת־עָמְרִֽי[b]׃
ל ומל 3 גַּם־ה֥וּא הָלַ֖ךְ בְּדַרְכֵ֣י בֵּ֣ית אַחְאָ֑ב כִּ֥י אִמּ֛וֹ הָיְתָ֥ה יֽוֹעַצְתּ֖וֹ לְהַרְשִֽׁיעַ׃ 3
קלט[2] 4 וַיַּ֧עַשׂ הָרַ֛ע בְּעֵינֵ֥י יְהוָ֖ה כְּבֵ֣ית אַחְאָ֑ב כִּי־הֵ֜מָּה הָֽיוּ־ל֤וֹ יֽוֹעֲצִים֙ אַחֲרֵ֣י 4
מ֥וֹת אָבִ֖יו לְמַשְׁחִ֥ית לֽוֹ׃ 5 גַּ֧ם בַּעֲצָתָ֣ם הָלַ֗ךְ וַיֵּ֜לֶךְ אֶת־יְהוֹרָ֤ם בֶּן־ 5
ל . ו כת כן[3] אַחְאָב֙ מֶ֣לֶךְ יִשְׂרָאֵ֔ל לַמִּלְחָמָ֛ה עַל־חֲזָאֵ֥ל מֶֽלֶךְ־אֲרָ֖ם בְּרָמ֣וֹת גִּלְעָ֑ד
יא[4] ד[5] מנה בכתיב כת כן ומן ובשנת חמש עד ואלישע דמלכים דכות ב מ ג[6] וַיַּכּ֥וּ הָֽרַמִּ֖ים[a] אֶת־יוֹרָֽם׃ 6 וַיָּ֜שָׁב לְהִתְרַפֵּ֣א בְיִזְרְעֶ֗אל כִּ֤י[a] הַמַּכִּים֙ 6
ו כת כן[7] ול בסיפ אֲשֶׁ֤ר הִכֻּ֙הוּ֙ בָֽרָמָ֔ה בְּהִלָּ֣חֲמ֔וֹ אֶת־חֲזָהאֵ֖ל מֶ֣לֶךְ אֲרָ֑ם וַעֲזַרְיָ֨הוּ[b] בֶן־
יְהוֹרָ֜ם מֶ֣לֶךְ יְהוּדָ֗ה יָרַ֡ד לִרְא֞וֹת אֶת־יְהוֹרָ֧ם בֶּן־אַחְאָ֛ב בְּיִזְרְעֶ֖אל
ח[8] . ל . ל . יא[4] ד[5] מנה בכתיב כת כן ומן ובשנת חמש עד ואלישע דמלכים דכות ב מ ג[6] כִּי־חֹלֶ֥ה הֽוּא׃ 7 וּמֵאֱלֹהִ֗ים הָיְתָה֙ תְּבוּסַ֣ת[a] אֲחַזְיָ֔הוּ לָב֖וֹא אֶל־יוֹרָ֑ם 7
ג[9] . ב בסיפ וּבְבֹא֗וֹ יָצָ֤א עִם־יְהוֹרָם֙ אֶל־יֵה֣וּא בֶן־נִמְשִׁ֔י אֲשֶׁ֤ר מְשָׁח֙וֹ יְהוָ֔ה לְהַכְרִ֖ית
ל אֶת־בֵּ֥ית אַחְאָֽב׃ 8 וַיְהִ֕י כְּהִשָּׁפֵ֥ט[a] יֵה֖וּא עִם־בֵּ֣ית אַחְאָ֑ב וַיִּמְצָא֩ אֶת־ 8
ל שָׂרֵ֨י יְהוּדָ֜ה וּבְנֵ֨י[b] אֲחֵ֧י אֲחַזְיָ֛הוּ מְשָׁרְתִ֖ים לַאֲחַזְיָ֑הוּ וַיַּהַרְגֵֽם׃ 9 וַיְבַקֵּ֣שׁ 9
ח פסוק והוא הוא[2] . ז[10] אֶת־אֲחַזְיָ֗הוּ וַֽיִּלְכְּדֻ֙הוּ֙ [a]וְה֣וּא מִתְחַבֵּ֣א[a] בְשֹׁמְר֔וֹן וַיְבִאֻ֙הוּ֙ אֶל־יֵה֔וּא
ג כת כן ובסיפ[11] וַיְמִתֻ֙הוּ֙[b] וַֽיִּקְבְּרֻ֗הוּ כִּ֤י אָֽמְרוּ֙ בֶּן־יְה֣וֹשָׁפָ֔ט ה֔וּא אֲשֶׁר־דָּרַ֥שׁ אֶת־יְהוָ֖ה
בְּכָל־לְבָב֑וֹ וְאֵ֨ין לְבֵ֧ית אֲחַזְיָ֛הוּ לַעְצֹ֥ר כֹּ֖חַ לְמַמְלָכָֽה׃
ל 10 וַעֲתַלְיָ֙הוּ֙ אֵ֣ם אֲחַזְיָ֔הוּ רָאֲתָ֖ה כִּ֣י מֵ֣ת בְּנָ֑הּ וַתָּ֗קָם וַתְּדַבֵּר֙[a] אֶֽת־ 10
ב ובפסוק כָּל־זֶ֥רַע הַמַּמְלָכָ֖ה לְבֵ֥ית יְהוּדָֽה׃ 11 וַתִּקַּח֩ יְהוֹשַׁבְעַ֨ת[a] בַּת־הַמֶּ֜לֶךְ 11
ב אֶת־יוֹאָ֣שׁ בֶּן־אֲחַזְיָ֗הוּ וַתִּגְנֹ֣ב אֹת֗וֹ מִתּ֤וֹךְ בְּנֵֽי־הַמֶּ֙לֶךְ֙ הַמּ֣וּמָתִ֔ים וַתִּתֵּ֥ן
ב . ב . ל . ב ובפסוק אֹת֛וֹ וְאֶת־מֵינִקְתּ֖וֹ בַּחֲדַ֣ר הַמִּטּ֑וֹת וַתַּסְתִּירֵ֡הוּ [b]יְהוֹשַׁבְעַ֣ת בַּת־הַמֶּ֣לֶךְ
יְהוֹרָם֩ אֵ֨שֶׁת יְהוֹיָדָ֜ע הַכֹּהֵ֗ן כִּ֣י הִ֤יא הָֽיְתָה֙ אֲח֣וֹת אֲחַזְיָ֔הוּ[b] מִפְּנֵ֖י
ל . לז . ז עֲתַלְיָ֔הוּ וְלֹ֖א הֱמִיתָֽתְהוּ׃ 12 וַיְהִ֤י אִתָּם֙[a] בְּבֵ֣ית הָאֱלֹהִ֔ים מִתְחַבֵּ֖א שֵׁ֣שׁ 12

[2]Mp sub loco. [3]Mm 1700. [4]Mm 4018. [5]Mm 2087. [6]Cf Mm 2087. [7]Mm 2086. [8]Mm 1635. [9]Mm 3855. [10]Mm 1391. [11]Mm 2127.

2 [a–a] 𝔊* 20, 𝔏 16; l c 2 R 8,26 עֶשְׂרִים וּשׁ׳, it $𝔊^{L}$𝔖𝔄 ‖ [b] $𝔊^{L}$ *Αχααβ* ‖ **5** [a] = הָאֲר׳ (sic 2 Mss 𝔗𝔙 cf 2 R 8,28); 𝔊 *οἱ τοξόται* = הָרֹמִים vel הַמֹּרִים ‖ **6** [a] nonn Mss 𝔊𝔖 et 2 R 8,29 מִן־, sed ins c 𝔙 רַבִּים ‖ [b] l c nonn Mss 𝔊𝔖𝔙 et 2 R וַאֲחַזְיָהוּ ‖ **7** [a] 𝔊 *καταστροφή*; l נְסִבַּת cf 𝔗 et 10,15 ‖ **8** [a] mlt Mss בְּהִ׳ ‖ [b] 𝔊 om בני, dl cf 2 R 10,13 ‖ **9** [a–a] 𝔊 *ἰατρευόμενον* = מִתְרַפֵּא? ‖ [b] l c pc Mss 𝔊𝔖𝔙𝔄 ־תֻ׳ ‖ **10** [a] pc Mss et 2 R 11,1 וַתְּאַבֵּד; l 𝔐 eodem sensu ‖ **11** [a] 2 R 11,2 יְהוֹשֶׁבַע cf $𝔊^{BL}$ *Ιωσαβεε* ‖ [b–b] > 2 R 11,2 ‖ **12** [a] 2 R 11,3 אִתָּהּ, it $𝔊^{Aal}$𝔖𝔄.

23 שָׁנִים וַעֲתַלְיָה מֹלֶכֶת עַל־הָאָרֶץ׃ פ **23** 1 וּבַשָּׁנָה הַשְּׁבִעִית[a]   ז[12]. ב כת כן[1]
הִתְחַזַּק יְהוֹיָדָע וַיִּקַּח אֶת־שָׂרֵי הַמֵּאוֹת לַעֲזַרְיָהוּ בֶן־יְרֹחָם וּלְיִשְׁמָעֵאל   ג זוגין[2]. ב[3]
בֶּן־יְהוֹחָנָן וְלַעֲזַרְיָהוּ בֶן־עוֹבֵד וְאֶת־מַעֲשֵׂיָהוּ[b] בֶן־עֲדָיָהוּ[c] וְאֶת־   ט[4] ד מנה בסיפ . ל
2 אֱלִישָׁפָט[d] בֶּן־זִכְרִי עִמּוֹ בַבְּרִית[e]׃ 2 וַיָּסֹבּוּ בִּיהוּדָה וַיִּקְבְּצוּ אֶת־   ה[5]. ל בכתיב
הַלְוִיִּם מִכָּל־עָרֵי יְהוּדָה וְרָאשֵׁי הָאָבוֹת לְיִשְׂרָאֵל וַיָּבֹאוּ אֶל־יְרוּשָׁלִָם׃   ל . ג[6]. יג[7] וכל עזרא דכות ב מ א
3 וַיִּכְרֹת כָּל־הַקָּהָל בְּרִית בְּבֵית הָאֱלֹהִים עִם[a]־הַמֶּלֶךְ[b] וַיֹּאמֶר לָהֶם   ז
4 הִנֵּה בֶן־הַמֶּלֶךְ יִמְלֹךְ כַּאֲשֶׁר דִּבֶּר יְהוָה עַל־בְּנֵי דָוִיד׃ 4 זֶה הַדָּבָר   ל . ב[1]
אֲשֶׁר תַּעֲשׂוּ הַשְּׁלִשִׁית מִכֶּם בָּאֵי הַשַּׁבָּת לַכֹּהֲנִים וְלַלְוִיִּם לְשֹׁעֲרֵי[a]
5 הַסִּפִּים׃ 5 וְהַשְּׁלִשִׁית בְּבֵית הַמֶּלֶךְ וְהַשְּׁלִשִׁית בְּשַׁעַר הַיְסוֹד[a] וְכָל־   ז[8]. ג . ל . ב . נא מ״פ וכל ר״פ דכות ב מ ג
6 הָעָם בְּחַצְרוֹת בֵּית יְהוָה׃ 6 וְאַל־יָבוֹא בֵית־יְהוָה כִּי אִם־הַכֹּהֲנִים[a]   ב[9]
וְהַמְשָׁרְתִים לַלְוִיִּם הֵמָּה יָבֹאוּ כִּי־קֹדֶשׁ הֵמָּה וְכָל־הָעָם יִשְׁמְרוּ   ל . ב . נא מ״פ וכל ר״פ דכות ב מ ג[1]
7 מִשְׁמֶרֶת יְהוָה׃ 7 וְהִקִּיפוּ הַלְוִיִּם אֶת־הַמֶּלֶךְ סָבִיב אִישׁ וְכֵלָיו בְּיָדוֹ
8 וְהַבָּא אֶל־הַבַּיִת יוּמָת וִהְיוּ[a] אֶת־הַמֶּלֶךְ בְּבֹאוֹ וּבְצֵאתוֹ׃ 8 וַיַּעֲשׂוּ   ב[10]. ז[11]. ב[12]
הַלְוִיִּם וְכָל־יְהוּדָה כְּכֹל אֲשֶׁר־צִוָּה יְהוֹיָדָע הַכֹּהֵן וַיִּקְחוּ אִישׁ אֶת־   ז וכל ר״פ דכות[13] . ד בכתיב
אֲנָשָׁיו בָּאֵי הַשַּׁבָּת עִם יוֹצְאֵי הַשַּׁבָּת כִּי לֹא פָטַר יְהוֹיָדָע הַכֹּהֵן אֶת־   י[14]. ד מל . ל
9 הַמַּחְלְקוֹת׃ 9 וַיִּתֵּן יְהוֹיָדָע הַכֹּהֵן לְשָׂרֵי הַמֵּאוֹת אֶת־הַחֲנִיתִים וְאֶת־
הַמָּגִנּוֹת וְאֶת־הַשְּׁלָטִים אֲשֶׁר לַמֶּלֶךְ דָּוִיד אֲשֶׁר בֵּית הָאֱלֹהִים׃   ל מח
10 וַיַּעֲמֵד אֶת־כָּל־הָעָם וְאִישׁ ׀ שִׁלְחוֹ בְיָדוֹ מִכֶּתֶף הַבַּיִת הַיְמָנִית   ג[15]
עַד־כֶּתֶף הַבַּיִת הַשְּׂמָאלִית לַמִּזְבֵּחַ וְלַבָּיִת עַל־הַמֶּלֶךְ סָבִיב׃   ח[16] וכל על המלך טוב ב מ ג
11 ס וַיּוֹצִיאוּ אֶת־בֶּן־הַמֶּלֶךְ וַיִּתְּנוּ עָלָיו אֶת־הַנֵּזֶר וְאֶת־הָעֵדוּת וַיַּמְלִיכוּ   יב[17] ד מנה מל בסיפ . ב
12 אֹתוֹ וַיִּמְשָׁחֻהוּ יְהוֹיָדָע וּבָנָיו וַיֹּאמְרוּ יְחִי הַמֶּלֶךְ׃ ס 12 וַתִּשְׁמַע   ב וחס[18]
עֲתַלְיָהוּ אֶת־קוֹל הָעָם הָרָצִים[a] וְהַמְהַלְלִים אֶת־הַמֶּלֶךְ וַתָּבוֹא אֶל־   ל
13 הָעָם[b] בֵּית יְהוָה׃ 13 וַתֵּרֶא וְהִנֵּה הַמֶּלֶךְ עוֹמֵד עַל־עַמּוּדוֹ[a] בַּמָּבוֹא   ו מל . ל

12 Mm 4044. **Cp 23** 1 Mp sub loco. 2 Mm 509. 3 Gn 17,20. 4 Mm 3928. 5 Mm 2027. 6 Mm 3895. 7 Mm 2682. 8 Mm 4217. 9 וחד ואל־יבא Lv 16,2. 10 Lv 14,46. 11 Mm 1773. 12 Ex 28,35. 13 Mm 2607. 14 Mm 1664. 15 Mm 3950. 16 Mm 2106. 17 Mm 2610. 18 Mm 2107.

Cp 23,1 a 𝔊^{B} *τῷ ὀγδόῳ* ‖ b 𝔖 *(wl)šmʿjʾ* ‖ c 𝔖 *ʿdw* ‖ d 𝔊* *Ελισαφαν* ‖ e 𝔊$^{-L}$ *εἰς οἶκον* (𝔊^{Aal} + *κυρίου*) cf 2 R 11,4a ‖ **3** a l עַל ‖ b ins וַיַּרְא אֹתָם יְהוֹיָדָע אֶת־בֶּן־הַמֶּלֶךְ (hom-tel) cf 𝔊 et 2 R 11,4 ‖ **4** a prp וְלַשֹּׁעֲרִים לְשֹׁמְרֵי ‖ **5** a 𝔊 *τῇ μέσῃ*, 𝔖 *dṭbḥʾ* = הַטַּבָּחִים, 𝔗 *gbrjʾ* = הַגִּבּוֹרִים, 2 R 11,6 סוּר (ex סוּס?) ‖ **6** a 𝔊 + *καὶ οἱ Λευῖται* cf 𝔖 ‖ **7** a l c pc Mss 𝔊𝔗𝔙 וְהָיוּ ‖ **12** a 𝔊 + *καὶ ἐξομολογουμένων* ‖ b 𝔊(𝔖) *τὸν βασιλέα* ‖ **13** a prp עָמְדוֹ.

וְהַשָּׂרִ֨יםᵇ וְהַחֲצֹצְר֜וֹת עַל־הַמֶּ֗לֶךְ וְכָל־עַ֨ם הָאָ֜רֶץ שָׂמֵ֗חַ וְתוֹקֵ֙עַ֙
בַּחֲצֹ֣צְר֔וֹת וְהַמְשֽׁוֹרְרִים֙ בִּכְלֵ֣י הַשִּׁ֔יר וּמוֹדִיעִ֖ים לְהַלֵּ֑ל וַתִּקְרַ֤ע
עֲתַלְיָ֙הוּ֙ אֶת־בְּגָדֶ֔יהָ וַתֹּ֖אמֶר קֶ֥שֶׁר קָֽשֶׁר׃ ס 14 וַיּוֹצֵ֡אᵃ יְהוֹיָדָ֣ע 14
הַכֹּהֵ֡ן אֶת־שָׂרֵ֣י הַמֵּא֣וֹת ׀ פְּקוּדֵ֣יᵇ הַחַיִל֮ וַיֹּ֣אמֶר אֲלֵהֶם֒ הוֹצִיא֙וּהָ֙ᶜ אֶל־
מִבֵּ֣ית הַשְּׂדֵר֔וֹתᶜ וְהַבָּ֥א אַחֲרֶ֖יהָ יוּמַ֣ת בֶּחָ֑רֶב כִּ֚י אָמַ֣ר הַכֹּהֵ֔ן לֹ֥א
תְמִיתֽוּהָ בֵּ֥ית יְהוָֽה׃ 15 וַיָּשִׂ֤ימוּ לָהּ֙ יָדַ֔יִם וַתָּב֥וֹא אֶלᵃ־מְב֥וֹא שַֽׁעַר־ 15
הַסּוּסִ֖ים בֵּ֣ית הַמֶּ֑לֶךְ וַיְמִית֖וּהָ שָֽׁם׃ פ 16 וַיִּכְרֹ֤ת יְהוֹיָדָע֙ בְּרִ֔ית 16
בֵּינ֕וֹᵃ וּבֵ֥ין כָּל־הָעָ֖ם וּבֵ֣ין הַמֶּ֑לֶךְ לִהְי֥וֹת לְעָ֖ם לַיהוָֽה׃ 17 וַיָּבֹ֨אוּ כָל־ 17
הָעָ֤ם בֵּית־הַבַּ֙עַל֙ וַֽיִּתְּצֻ֔הוּ וְאֶת־מִזְבְּחֹתָ֥יו וְאֶת־צְלָמָ֖יו שִׁבֵּ֑רוּ וְאֵ֗ת
מַתָּן֙ כֹּהֵ֣ן הַבַּ֔עַל הָרְג֖וּ לִפְנֵ֥י הַֽמִּזְבְּחֽוֹת׃ 18 וַיָּשֶׂם֩ יְהוֹיָדָ֨ע פְּקֻדֹּ֜ת 18
בֵּ֣ית יְהוָ֗ה בְּיַ֨ד הַכֹּהֲנִ֜ים הַלְוִיִּ֗םᵃ אֲשֶׁ֨ר חָלַ֣ק דָּוִיד֮ עַל־בֵּ֣ית יְהוָה֒
לְהַעֲל֞וֹת עֹל֣וֹת יְהוָ֗הᵇ כַּכָּת֛וּב בְּתוֹרַ֥ת מֹשֶׁ֖ה בְּשִׂמְחָ֣ה וּבְשִׁ֑יר עַ֖ל יְדֵ֥י
דָוִֽיד׃ 19 וַֽיַּעֲמֵד֙ הַשּׁ֣וֹעֲרִ֔ים עַל־שַׁעֲרֵ֖י בֵּ֣ית יְהוָ֑ה וְלֹא־יָבֹ֥א טָמֵ֖א 19
לְכָל־דָּבָֽר׃ 20 וַיִּקַּ֣ח אֶת־שָׂרֵי֩ הַמֵּא֨וֹת וְאֶת־הָאַדִּירִ֜ים וְאֶת־הַמּֽוֹשְׁלִ֣ים 20
בָּעָ֗ם וְאֵ֣ת ׀ כָּל־עַ֣ם הָאָ֗רֶץ וַיּ֤וֹרֶדᵃ אֶת־הַמֶּ֙לֶךְ֙ מִבֵּ֣ית יְהוָ֔ה וַיָּבֹ֛אוּ
בְּתוֹךְ־שַׁ֥עַר הָעֶלְי֖וֹןᵇ בֵּ֣ית הַמֶּ֑לֶךְ וַיּוֹשִׁ֙יבוּ֙ אֶת־הַמֶּ֔לֶךְ עַ֖ל כִּסֵּ֥א
הַמַּמְלָכָֽה׃ 21 וַיִּשְׂמְח֥וּ כָל־עַם־הָאָ֖רֶץ וְהָעִ֣יר שָׁקָ֑טָה וְאֶת־עֲתַלְיָ֖הוּ 21
הֵמִ֥יתוּ בֶחָֽרֶב׃ ס

24 24 1 בֶּן־שֶׁ֤בַע שָׁנִים֙ יֹאָ֣שׁ בְּמָלְכ֔וֹ וְאַרְבָּעִ֣ים שָׁנָ֔ה מָלַ֖ךְ בִּירוּשָׁלִָ֑ם
וְשֵׁ֣ם אִמּ֔וֹ צִבְיָ֖ה מִבְּאֵ֥ר שָֽׁבַע׃ 2 וַיַּ֧עַשׂ יוֹאָ֛שׁ הַיָּשָׁ֖ר בְּעֵינֵ֣י יְהוָ֑ה כָּל־ 2
יְמֵ֖י יְהוֹיָדָ֥ע הַכֹּהֵֽן׃ 3 וַיִּשָּׂא־ל֥וֹ יְהוֹיָדָ֖ע נָשִׁ֣ים שְׁתָּ֑יִם וַיּ֖וֹלֶד 3
בָּנִ֥ים וּבָנֽוֹת׃ 4 וַֽיְהִי֙ אַחֲרֵי־כֵ֔ן הָיָ֖ה עִם־לֵ֣ב יוֹאָ֑שׁ לְחַדֵּ֖שׁ אֶת־ 4
בֵּ֥ית יְהוָֽה׃ 5 וַיִּקְבֹּץ֙ אֶת־הַכֹּהֲנִ֣ים וְהַלְוִיִּ֔ם וַיֹּ֣אמֶר לָהֶ֗ם צְא֣וּ לְעָרֵ֪י 5

ד̇[19] . ה̇[20] וכל על המלך טוב דכות ב מ ג . ז̇[21] . ב חד חס וחד מל[22]
ל̇[23] . ה̇ . ל̇ מל
ל̇[24] . יב מל[25]
ט̇[26] בכתיב ה̇[27] מנה חס בליש . יו חס בכתיב ט̇[28] מנה בסיפ . ג̇[29]
ל̇ . לה̇[23] ה̇[30] מנה בכתיב
ל̇
ל̇ בכתיב
ב חס ול בסיפ
פד . ב חס
יג̇[31] . יג̇[32] וכל מלכים ישעיה וירמיה דכות ב מ א
ל̇
ל̇[33] מל ב מנה בסיפ . ב̇[34] . ב
ל̇ ומל[23]
ו̇[35]
ל̇ ומל . ל̇
ב
ל̇ חס
ג̇
ל̇ בטע[1]
כא̇[2] . יו בטע[3]

[19] Mm 2109. [20] Mm 2106. [21] Mm 2108. [22] Mm 2110. [23] Mp sub loco. [24] Mm 4218. [25] Mm 2194. [26] Mm 3919. [27] Mm 12. [28] Mm 4176. [29] Mm 286. [30] Mm 4219. [31] Mm 1188. [32] Mm 324. [33] Mm 3889. [34] Mm 3611. [35] Mm 3042. **Cp 24** [1] Mm 40. [2] Mm 4144. [3] Mm 3998.

13 ᵇ pc Mss ׳שׁ– cf 𝔏 *et principes cantorum* ‖ **14** ᵃ l c 2 R 11,15 וַיְצַו, it 𝔖𝔄 cf 𝔊 (versio duplex) ‖ ᵇ sic c 2 R ‖ ᶜ⁻ᶜ sic c 2 R; 𝔊 ἐκτὸς τοῦ οἴκου, sim 𝔙 ‖ **15** ᵃ 2 R 11,16 דֶּרֶךְ ‖ **16** ᵃ 2 R 11,17 בֵּין יהוה ‖ **18** ᵃ l c pc Mss 𝔊𝔖 וַיַּעֲמֵד אֶת־מַחְלְקוֹת et ins הכהנים והלוים (homtel) cf 𝔊 ‖ ᵇ mlt Mss ׳לי cf 𝔊𝔙 ‖ **20** ᵃ l c 2 R 11,19 et 𝔊𝔙 וַיֹּרִידוּ ‖ ᵇ 2 R 11,19 הָרָצִים, 𝔊 τῆς ἐσωτέρας.

יְהוּדָ֗ה וְקִבְצ֨וּ מִכָּל־יִשְׂרָאֵ֜ל כֶּ֣סֶף לְחַזֵּ֣ק ׀ אֶת־בֵּ֣ית אֱלֹהֵיכֶ֗ם מִדֵּ֨י ל̇4
6 שָׁנָה֙ בְּשָׁנָ֔ה וְאַתֶּ֖ם תְּמַהֲר֣וּ לַדָּבָ֑ר[a] וְלֹ֥א מִהֲר֖וּ הַלְוִיִּֽם׃ 6 וַיִּקְרָ֨א ג̇5
הַמֶּ֜לֶךְ לִיה֣וֹיָדָ֣ע הָרֹ֗אשׁ וַיֹּ֤אמֶר לוֹ֙ מַדּ֙וּעַ֙ לֹא־דָרַ֣שְׁתָּ עַל־הַלְוִיִּ֗ם ל̇ז כג מנה בסיפ
לְהָבִ֞יא מִֽיהוּדָ֣ה וּמִירוּשָׁלִַ֗ם אֶת־מַשְׂאַת֙ מֹשֶׁ֣ה עֶֽבֶד־יְהוָ֔ה וְהַקָּהָ֖ל[a] ו̇6
7 לְיִשְׂרָאֵ֑ל לְאֹ֖הֶל הָעֵדֽוּת׃ 7 כִּ֤י עֲתַלְיָ֙הוּ֙ הַמִּרְשַׁ֔עַת[a] בָּנֶ֖יהָ[b] פָֽרְצ֣וּ ג̇7
8 אֶת־בֵּ֣ית הָאֱלֹהִ֑ים וְגַם֙ כָּל־קָדְשֵׁ֣י בֵית־יְהוָ֔ה עָשׂ֖וּ לַבְּעָלִֽים׃ 8 וַיֹּ֣אמֶר מ̇ח
9 הַמֶּ֔לֶךְ וַֽיַּעֲשׂ֖וּ אֲר֣וֹן אֶחָ֑ד וַֽיִּתְּנֻ֛הוּ בְּשַׁ֥עַר בֵּית־יְהוָ֖ה חֽוּצָה׃ 9 וַיִּתְּנוּ־ ד̇ ג חס וחד מל8
ק֞וֹל בִּֽיהוּדָ֣ה וּבִירוּשָׁלִַ֗ם לְהָבִ֣יא לַֽיהוָ֔ה מַשְׂאַ֗ת[a] מֹשֶׁ֛ה עֶֽבֶד־הָאֱלֹהִ֖ים כ̇א . ו̇6 . ד̇9
10 עַל־יִשְׂרָאֵ֥ל בַּמִּדְבָּֽר׃ 10 וַיִּשְׂמְח֥וּ[a] כָל־הַשָּׂרִ֖ים וְכָל־הָעָ֑ם וַיָּבִ֛יאוּ נ̇א מ״פ וכל ר״פ דכות ב̇ מ̇ ג̇ . ל̇ו
11 וַיַּשְׁלִ֥יכוּ לָאָר֖וֹן עַד־לְכַלֵּֽה׃ 11 [a]וַיְהִ֡י בְּעֵת֩ יָבִ֨יא אֶת־הָאָר֜וֹן אֶל־ ב̇ בסיפ . ט̇ כת ה10 . יג̇11
פְּקֻדַּ֣ת הַמֶּלֶךְ֮ בְּיַ֣ד הַלְוִיִּם֒[a] וְכִרְאוֹתָ֞ם כִּי־רַ֣ב הַכֶּ֗סֶף וּבָ֨א סוֹפֵ֤ר
הַמֶּ֙לֶךְ֙ וּפְקִיד֙ כֹּהֵ֣ן הָרֹ֔אשׁ וִיעָ֙רוּ֙ אֶת־הָ֣אָר֔וֹן [a]וְיִשָּׂאֻ֖הוּ וִישִׁבֻ֣הוּ אֶל־ ב̇ . ל̇ז כג מנה בסיפ . ל̇12 . ל̇
12 מְקֹמ֑וֹ כֹּ֤ה עָשׂוּ֙ לְי֣וֹם ׀ בְּי֔וֹם[a] וַיַּֽאַסְפוּ־כֶ֖סֶף לָרֹֽב׃ 12 וַיִּתְּנֵ֨הוּ הַמֶּ֜לֶךְ ו̇13 חס וכל אורית ואיוב דכות ב̇ מ̇ ב̇ . ל̇14
וִֽיהוֹיָדָ֗ע[a] אֶל־עוֹשֵׂה֙[b] מְלֶ֙אכֶת֙ עֲבוֹדַ֣ת בֵּית־יְהוָ֔ה וַיִּֽהְי֣וּ שֹׂכְרִ֗ים ב̇ מל וכת ה למערב15
חֹֽצְבִים֙ וְחָ֣רָשִׁ֔ים לְחַדֵּ֖שׁ בֵּ֣ית יְהוָ֑ה וְ֠גַם לְחָרָשֵׁ֤י בַרְזֶל֙ וּנְחֹ֔שֶׁת לְחַזֵּ֖ק
13 אֶת־בֵּ֥ית יְהוָֽה׃ 13 [a]וַֽיַּעֲשׂוּ֙ עֹשֵׂ֣י הַמְּלָאכָ֔ה וַתַּ֧עַל אֲרוּכָ֛ה לַמְּלָאכָ֖ה ו̇16 כת י ו̇17 מנה בסיפ . ד̇
14 בְּיָדָ֑ם וַֽיַּעֲמִ֜ידוּ אֶת־בֵּ֧ית הָאֱלֹהִ֛ים עַל־מַתְכֻּנְתּ֖וֹ וַֽיְאַמְּצֻֽהוּ׃ 14 וּֽכְכַלּוֹתָ֡ם מ̇ח . ב̇18 . ב̇19
הֵבִ֣יאוּ לִ֠פְנֵי הַמֶּ֨לֶךְ וִיהוֹיָדָ֜ע אֶת־שְׁאָ֣ר הַכֶּ֗סֶף וַיַּעֲשֵׂ֤הוּ כֵלִים֙ לְבֵית־
יְהוָה֙ כְּלֵ֣י שָׁרֵ֔ת וְהַעֲל֔וֹת וְכַפּ֕וֹת וּכְלֵ֥י זָהָ֖ב וָכָ֑סֶף וַ֠יִּֽהְיוּ מַעֲלִ֨ים עֹל֜וֹת ג̇ . ל̇ . ג̇20
15 בְּבֵית־יְהוָה֙ תָּמִ֔יד כֹּ֖ל יְמֵ֥י יְהוֹיָדָֽע׃ פ 15 וַיִּזְקַ֧ן יְהוֹיָדָ֛ע וַיִּשְׂבַּ֥ע ל̇ט . ל̇
16 יָמִ֖ים וַיָּמֹ֑ת בֶּן־מֵאָ֧ה וּשְׁלֹשִׁ֛ים שָׁנָ֖ה בְּמוֹתֽוֹ׃ 16 וַיִּקְבְּרֻ֥הוּ בְעִיר־דָּוִ֖יד
עִם־הַמְּלָכִ֑ים כִּֽי־עָשָׂ֨ה טוֹבָ֤ה בְּיִשְׂרָאֵל֙ וְעִ֣ם הָאֱלֹהִ֔ים וּבֵיתֽוֹ׃ ס ל̇21 . ו̇22
17 וְאַחֲרֵי֙ מ֣וֹת יְהוֹיָדָ֔ע בָּ֚אוּ שָׂרֵ֣י יְהוּדָ֔ה וַיִּֽשְׁתַּחֲו֖וּ לַמֶּ֑לֶךְ אָ֛ז שָׁמַ֥ע ב̇15
18 הַמֶּ֖לֶךְ אֲלֵיהֶֽם׃ 18 וַיַּעַזְבוּ֙ אֶת־בֵּ֣ית[a] יְהוָ֔ה אֱלֹהֵ֖י אֲבוֹתֵיהֶ֑ם וַיַּעַבְד֥וּ י̇ז מל בסיפ

[4]Mm 3041. [5]Mm 3377. [6]Mm 326. [7]Mm 3092. [8]Mm 2182. [9]Mm 4036. [10]Mm 2122. [11]Mm 679. [12]Mm 1737. [13]Mm 489. [14]Mm 399. [15]Mp sub loco. [16]Mm 627. [17]Mm 4106. [18]Mm 2981. [19]2Ch 20,23. [20]Mm 3869. [21]Mm 242. [22]Mm 3090.

Cp 24,5 [a] 𝔊 leg לְדַבֵּר ‖ **6** [a] 𝔊 *ὅτι ἐξεκκλησίασεν (τὸν Ισραηλ)* = וְהִקְהִיל ‖ **7** [a] prp הַמַּרְשַׁעַת cf 𝔖𝔄 ‖ [b] 𝔊𝔙 pr cop; prp בֹּנֶיהָ ‖ **9** [a] 𝔊 *καθὼς εἶπεν* = (כְּ)מַשָּׂא? ‖ **10** [a] 𝔊$^{-L}$ *καὶ ἔδωκαν* ‖ **11** [a–a] > 𝔖 ‖ **12** [a] Ms 𝔊 + הַכֹּהֵן ‖ [b] nonn Mss Vrs עֹשֵׂי ‖ **13** [a] 𝔖 om v 13.14 ‖ **18** [a] l c 2 Mss בְּרִית; > 𝔊*𝔖.

אֶת־הָאֲשֵׁרִים וְאֶת־הָעֲצַבִּים וַיְהִי־קֶצֶף עַל־יְהוּדָה וִירוּשָׁלַםִ
19 בְּאַשְׁמָתָם זֹאת[b]: 19 וַיִּשְׁלַח בָּהֶם נְבִאִים לַהֲשִׁיבָם אֶל־יְהוָה וַיָּעִידוּ ל̇ . ג̇[23] . ל̇
20 בָם וְלֹא הֶאֱזִינוּ: ס 20 וְרוּחַ אֱלֹהִים לָבְשָׁה אֶת־זְכַרְיָה[a] בֶּן־ ג̇ . ח̇ וב̇[24] בליש וכל שמואל דכות ב̇ מ̇ ה̇ רוח יי . ז̇ בסיפ̇ וכל נביא דכות ב̇ מ̇ ב̇
יְהוֹיָדָע הַכֹּהֵן וַיַּעֲמֹד מֵעַל לָעָם וַיֹּאמֶר לָהֶם כֹּה | אָמַר הָאֱלֹהִים ז̇ בסיפ̇[25] . ב̇ בטע̇ בסיפ̇[26]
לָמָה אַתֶּם עֹבְרִים אֶת־מִצְוֺת[b] יְהוָה וְלֹא תַצְלִיחוּ כִּי־עֲזַבְתֶּם אֶת־ ל̇
21 יְהוָה וַיַּעֲזֹב אֶתְכֶם: 21 וַיִּקְשְׁרוּ עָלָיו וַיִּרְגְּמֻהוּ אֶבֶן בְּמִצְוַת הַמֶּלֶךְ ד̇[27]
22 בַּחֲצַר בֵּית יְהוָה: 22 וְלֹא־זָכַר יוֹאָשׁ הַמֶּלֶךְ הַחֶסֶד אֲשֶׁר עָשָׂה יְהוֹיָדָע ג̇[28]
אָבִיו עִמּוֹ וַיַּהֲרֹג אֶת־בְּנוֹ וּכְמוֹתוֹ[a] אָמַר יֵרֶא יְהוָה וְיִדְרֹשׁ: פ ל̇ כת̇ כ . ה̇[29] . ל̇ וחס
23 23 וַיְהִי | לִתְקוּפַת הַשָּׁנָה עָלָה עָלָיו חֵיל אֲרָם וַיָּבֹאוּ אֶל־יְהוּדָה ל̇[30] . ו̇[31]
וִירוּשָׁלַםִ וַיַּשְׁחִיתוּ אֶת־כָּל־שָׂרֵי הָעָם מֵעָם וְכָל־שְׁלָלָם שִׁלְּחוּ לְמֶלֶךְ[a] ד̇ . כ̇ט̇ וכל משיחה מצרים אשור ישראל דכות̇[32]
24 דַּרְמָשֶׂק: 24 כִּי בְּמִצְעַר אֲנָשִׁים בָּאוּ | חֵיל אֲרָם וַיהוָה נָתַן בְּיָדָם ל̇
חַיִל לָרֹב[a] מְאֹד כִּי עָזְבוּ אֶת־יְהוָה אֱלֹהֵי אֲבוֹתֵיהֶם וְאֶת־יוֹאָשׁ עָשׂוּ ה̇[33] . י̇ז̇ מל בסיפ̇ . ל̇
25 שְׁפָטִים: 25 וּבְלֶכְתָּם מִמֶּנּוּ כִּי־עָזְבוּ אֹתוֹ בְּמַחֲלֻיִים רַבִּים הִתְקַשְּׁרוּ במחלוים ק̇
עָלָיו עֲבָדָיו בִּדְמֵי בְּנֵי[a] יְהוֹיָדָע הַכֹּהֵן וַיַּהַרְגֻהוּ עַל־מִטָּתוֹ וַיָּמֹת
וַיִּקְבְּרֻהוּ בְּעִיר דָּוִיד וְלֹא קְבָרֻהוּ בְּקִבְרוֹת הַמְּלָכִים: ס
26 26 וְאֵלֶּה הַמִּתְקַשְּׁרִים עָלָיו זָבָד[a] בֶּן־שִׁמְעָת הָעַמּוֹנִית וִיהוֹזָבָד בֶּן־ ל̇ . ל̇ מל̇[34] . ד̇ ב̇ מנה בליש
27 שִׁמְרִית[b] הַמּוֹאָבִית: 27 וּבָנָיו [a]וְרֹב[b] הַמַּשָּׂא עָלָיו וִיסוֹד בֵּית הָאֱלֹהִים[a] ירב ק̇[35] . ט̇ . מ̇ח̇
הִנָּם כְּתוּבִים עַל־מִדְרַשׁ סֵפֶר הַמְּלָכִים וַיִּמְלֹךְ אֲמַצְיָהוּ בְנוֹ ל̇
תַּחְתָּיו: פ

25 25 1 בֶּן־עֶשְׂרִים וְחָמֵשׁ שָׁנָה מָלַךְ אֲמַצְיָהוּ וְעֶשְׂרִים וָתֵשַׁע שָׁנָה
2 מָלַךְ בִּירוּשָׁלָםִ וְשֵׁם אִמּוֹ יְהוֹעַדָּן מִירוּשָׁלָיִם: 2 וַיַּעַשׂ הַיָּשָׁר בְּעֵינֵי ד̇ מל̇[1] . ק̇ל̇ט̇
3 יְהוָה רַק לֹא בְּלֵבָב שָׁלֵם: 3 וַיְהִי כַּאֲשֶׁר חָזְקָה הַמַּמְלָכָה עָלָיו[a]
4 וַיַּהֲרֹג אֶת־עֲבָדָיו הַמַּכִּים אֶת־הַמֶּלֶךְ אָבִיו: 4 וְאֶת־בְּנֵיהֶם לֹא ד̇[2] . מ̇ז̇ פסוק לא לא לא

[23] Mm 3979. [24] Gn 1,2. [25] Mm 903. [26] Mm 4212. [27] Mm 4220. [28] Mm 296. [29] Mm 404. [30] Mm 3826. [31] Mm 285. [32] Mm 958. [33] Mm 3179. [34] Mm 896. [35] Cf Okhl 13. **Cp 25** [1] Mm 3747. [2] Mm 1069.

18 [b–b] 𝔊$^{-L}$ *ἐν τῇ ἡμέρᾳ* (crrp ex *ἁμαρτίᾳ* cf 𝔏 *peccato*) *ταύτῃ* ‖ **20** [a] 𝔊* *Αζαρίαν* ‖ [b] ℭ pc Mss מִצְוַת ‖ **22** [a] mlt Mss וּבְמ׳ ‖ **23** [a] l c Ms לַמּ׳ ‖ **24** [a] l רַב (ל dttg)? ‖ **25** [a] 𝔊𝔙 sg, l בֵּן (י dttg) ‖ **26** [a] l יוֹזָכָר (יו hpgr) cf 2 R 12,22 Vrs ‖ [b] 2 R שֹׁמֵר; prp שִׁמְרָת ‖ **27** [a–a] 𝔊 *πάντες καὶ προσῆλθον αὐτῷ οἱ πέντε* (= הַחֲמִשָּׁה) *καὶ τὰ λοιπά* ‖ [b] l c K 𝔖𝔙𝔄 וְרֹב ‖ **Cp 25,3** [a] nonn Mss 𝔊𝔖 et 2 R 14,5 בְּיָדוֹ.

הֵמִ֑ית כִּ֣יa כַכָּת֣וּב bבַּתּוֹרָ֣ה בְּסֵ֣פֶרb מֹשֶׁ֡ה אֲשֶׁר־צִוָּ֣ה יְהוָה֩ לֵאמֹ֨ר ג ובכתיב
לֹא־יָמ֨וּתוּ אָב֜וֹת עַל־בָּנִ֗ים וּבָנִים֙ לֹא־יָמ֣וּתוּ עַל־אָב֔וֹת כִּ֥י אִ֖ישׁ ג פסוק דמטע[3] . ל
5 בְּחֶטְא֥וֹ יָמֽוּתוּ׃ פ 5 וַיִּקְבֹּ֤ץ אֲמַצְיָ֙הוּ֙ אֶת־יְהוּדָ֔ה וַיַּעֲמִידֵ֣ם לְבֵית־
אָב֗וֹת לְשָׂרֵ֤י הָאֲלָפִים֙ וּלְשָׂרֵ֣י הַמֵּא֔וֹת לְכָל־יְהוּדָ֖ה וּבִנְיָמִ֑ן וַֽיִּפְקְדֵ֗ם ד בליש
לְמִבֶּ֨ן עֶשְׂרִ֤ים שָׁנָה֙ וָמַ֔עְלָה וַיִּמְצָאֵ֗ם שְׁלֹשׁ־מֵא֨וֹת אֶ֤לֶף בָּחוּר֙ יוֹצֵ֣א ג[4]
6 צָבָ֔א אֹחֵ֖ז רֹ֥מַח וְצִנָּֽה׃ 6 וַיִּשְׂכֹּ֣ר מִיִּשְׂרָאֵ֗ל מֵאָ֥ה אֶ֛לֶף גִּבּ֥וֹרa חָ֖יִל ג סביר גבורי . ד קמ̇ וכל אתנח̇ וס״פ דכות[5]
7 בְּמֵאָ֥ה כִכַּר־כָּֽסֶף׃ 7 וְאִ֣ישׁ הָאֱלֹהִ֗ים בָּ֤א אֵלָיו֙ לֵאמֹ֔ר הַמֶּ֕לֶךְ אַל־ ה
יָבֹ֤א עִמְּךָ֙ צְבָ֣א יִשְׂרָאֵ֔ל כִּ֣י אֵ֤ין יְהוָה֙ עִם־יִשְׂרָאֵ֔ל כֹּ֖ל בְּנֵ֥י אֶפְרָֽיִם׃
8 כִּ֣י אִם־בֹּ֥א אַתָּ֛ה עֲשֵׂ֖ה חֲזַ֣ק לַמִּלְחָמָ֑הa יַכְשִֽׁילְךָ֤ הָאֱלֹהִים֙ לִפְנֵ֣י ה[6] חס בשמואל ובכתיב ול בסיפ̇ . ל
9 אוֹיֵ֔בb כִּ֣י יֶשׁ־כֹּ֔חַ בֵּאלֹהִ֖ים לַעְז֥וֹר וּלְהַכְשִֽׁיל׃ 9 וַיֹּ֤אמֶר אֲמַצְיָ֙הוּ֙ לְאִ֣ישׁ ל . ג מל
הָֽאֱלֹהִ֔ים וּמַֽה־לַּעֲשׂוֹת֙ לִמְאַ֣ת הַכִּכָּ֔ר אֲשֶׁ֥ר נָתַ֖תִּי לִגְד֣וּד יִשְׂרָאֵ֑ל ב[7] . ב[8]
10 וַיֹּ֨אמֶר֙ אִ֣ישׁ הָאֱלֹהִ֔ים יֵ֚שׁ לַֽיהוָ֔ה לָ֥תֶת לְךָ֖ הַרְבֵּ֥ה מִזֶּֽה׃ 10 וַיַּבְדִּילֵ֣ם
אֲמַצְיָ֗הוּ לְהַגְּד֞וּד אֲשֶׁר־בָּ֤א אֵלָיו֙ מֵאֶפְרַ֔יִם לָלֶ֖כֶת לִמְקוֹמָ֑ם וַיִּ֨חַר ל
11 אַפָּ֤ם מְאֹד֙ בִּֽיהוּדָ֔ה וַיָּשׁ֥וּבוּ לִמְקוֹמָ֖ם בָּחֳרִי־אָֽף׃ פ 11 וַאֲמַצְיָ֙הוּ֙ ו[9] . ה
הִתְחַזַּ֔ק וַיִּנְהַג֙ אֶת־עַמּ֔וֹ וַיֵּ֖לֶךְ גֵּ֣יא הַמֶּ֑לַח וַיַּ֛ךְ אֶת־בְּנֵי־שֵׂעִ֖יר עֲשֶׂ֥רֶת ה[10] . ל
12 אֲלָפִֽים׃ 12 וַעֲשֶׂרֶת֩ אֲלָפִ֨ים חַיִּ֜ים שָׁבוּ֙ בְּנֵ֣י יְהוּדָ֔ה וַיְבִיא֖וּם לְרֹ֣אשׁ ד בטע מלרע[11] . כד
13 הַסָּ֑לַע וַיַּשְׁלִיכ֥וּם מֵרֹאשׁ־הַסֶּ֖לַע וְכֻלָּ֥ם נִבְקָֽעוּ׃ ס 13 וּבְנֵ֣י הַגְּד֗וּד ב חד מל וחד חס[12] . יד . ג
אֲשֶׁ֨ר הֵשִׁ֤יב אֲמַצְיָ֙הוּ֙ מִלֶּ֣כֶת עִמּוֹ֙ לַמִּלְחָמָ֔ה וַֽיִּפְשְׁט֖וּ בְּעָרֵ֣י יְהוּדָ֑ה
מִשֹּׁמְר֖וֹןa וְעַד־בֵּ֣ית חוֹר֑וֹן וַיַּכּ֤וּ מֵהֶם֙ שְׁלֹ֣שֶׁת אֲלָפִ֔ים וַיָּבֹ֖זּוּ בִּזָּ֥ה רַבָּֽה׃ ב בכתיב . ב[13] ול בכתיב
ס 14 וַיְהִ֗י אַחֲרֵ֨י ב֤וֹא אֲמַצְיָ֙הוּ֙ מֵהַכּ֣וֹת אֶת־אֲדוֹמִ֔ים וַיָּבֵ֗א אֶת־ ב ומל . נא[14]
אֱלֹהֵי֙ בְּנֵ֣י שֵׂעִ֔יר וַיַּעֲמִידֵ֥ם ל֖וֹ לֵֽאלֹהִ֑ים וְלִפְנֵיהֶ֣ם יִשְׁתַּחֲוֶ֔ה וְלָהֶ֖ם ב[15] . ג[16] . ח[17]
15 יְקַטֵּֽר׃ 15 וַיִּֽחַר־אַ֥ף יְהוָ֖ה בַּאֲמַצְיָ֑הוּ וַיִּשְׁלַ֤ח אֵלָיו֙ נָבִ֔יאa וַיֹּ֣אמֶר ל֔וֹ
לָ֣מָּה דָרַ֗שְׁתָּ אֶת־אֱלֹהֵ֣י הָעָ֔םb אֲשֶׁר֙ לֹא־הִצִּ֥ילוּ אֶת־עַמָּ֖ם מִיָּדֶֽךָ׃
16 וַיְהִ֣י ׀ בְּדַבְּר֣וֹ אֵלָ֗יו וַיֹּ֤אמֶר לוֹ֙ הַלְיוֹעֵ֨ץ לַמֶּ֤לֶךְ נְתַנּ֔וּךָa bחֲדַל־לְךָ֖b ל . ל[18]

[3]Mm 4221. [4]Mm 275. [5]Mm 4138. [6]Mm 169. [7]Mm 4222. [8]Mm 4223. [9]Mm 1643. [10]Mm 1657. [11]Mm 1929. [12]Mm 1300. [13]Mm 1275. [14]Mm 639. [15]Mm 4224. [16]Mm 1790. [17]Mm 1053. [18]וחד ונתנוך Jdc 15,13.

4 a > 𝔊𝔙 et 2 R 14,6, dl? || b–b 2 R בְּסֵ׳ תּוֹרַת cf 𝔖𝔙 || **6** a Seb 2 Mss ־רֵי || **8** a aut ins לָמָּה (homtel) aut l in 8a בָּם pro בא et עֲשֵׂה חֲזַק pro עשׂה חזק || b l ־בֶיךָ (hpgr)? cf $𝔊^{L}$𝔖𝔄 || **13** a prp מִמִּגְרוֹן || **15** a $𝔊^{-min}$ pl, 𝔏 + *Baneam* || b 𝔖𝔄 pl cf 𝔏 || **16** a nonn Mss 𝔗 נְתָנוּךָ, 𝔊 *δέδωκά σε* || b–b 𝔊 *πρόσεχε.*

לָמָּה יַכּוּךָ וַיֶּחְדַּל הַנָּבִיא וַיֹּאמֶר יָדַעְתִּי כִּי־יָעַץ אֱלֹהִים לְהַשְׁחִיתֶךָ
כִּי־עָשִׂיתָ זֹּאת וְלֹא שָׁמַעְתָּ לַעֲצָתִי׃ פ 17 וַיִּוָּעַץ אֲמַצְיָהוּ מֶלֶךְ 17
יְהוּדָה וַיִּשְׁלַח אֶל־יוֹאָשׁ בֶּן־יְהוֹאָחָז בֶּן־יֵהוּא מֶלֶךְ יִשְׂרָאֵל לֵאמֹר
לְךָ נִתְרָאֶה פָנִים׃ 18 וַיִּשְׁלַח יוֹאָשׁ מֶלֶךְ־יִשְׂרָאֵל אֶל־אֲמַצְיָהוּ מֶלֶךְ־ 18
יְהוּדָה לֵאמֹר הַחוֹחַ אֲשֶׁר בַּלְּבָנוֹן שָׁלַח אֶל־הָאֶרֶז אֲשֶׁר בַּלְּבָנוֹן
לֵאמֹר תְּנָה־אֶת־בִּתְּךָ לִבְנִי לְאִשָּׁה [a]וַתַּעֲבֹר חַיַּת[a] הַשָּׂדֶה אֲשֶׁר
בַּלְּבָנוֹן וַתִּרְמֹס אֶת־הַחוֹחַ׃ 19 אָמַרְתָּ[a] הִנֵּה[b] הִכִּיתָ[c] אֶת־אֱדוֹם 19
וּנְשָׂאֲךָ לִבְּךָ לְהַכְבִּיד[d] עַתָּה שְׁבָה בְּבֵיתֶךָ לָמָּה תִתְגָּרֶה בְּרָעָה
וְנָפַלְתָּ אַתָּה וִיהוּדָה עִמָּךְ׃ 20 וְלֹא־שָׁמַע אֲמַצְיָהוּ [a]כִּי מֵהָאֱלֹהִים 20
הִיא לְמַעַן תִּתָּם בְּיָד[b] כִּי דָרְשׁוּ אֵת אֱלֹהֵי אֱדוֹם׃[a] 21 וַיַּעַל יוֹאָשׁ 21
מֶלֶךְ־יִשְׂרָאֵל וַיִּתְרָאוּ פָנִים הוּא וַאֲמַצְיָהוּ מֶלֶךְ־יְהוּדָה בְּבֵית שֶׁמֶשׁ
אֲשֶׁר לִיהוּדָה׃ 22 [a]וַיִּנָּגֶף יְהוּדָה לִפְנֵי יִשְׂרָאֵל וַיָּנֻסוּ אִישׁ לְאֹהָלָיו׃ 22
23 וְאֵת אֲמַצְיָהוּ מֶלֶךְ־יְהוּדָה בֶּן־יוֹאָשׁ [a]בֶּן־יְהוֹאָחָז[a] תָּפַשׂ יוֹאָשׁ 23
מֶלֶךְ־יִשְׂרָאֵל בְּבֵית שָׁמֶשׁ וַיְבִיאֵהוּ יְרוּשָׁלִַם וַיִּפְרֹץ בְּחוֹמַת יְרוּשָׁלִַם
מִשַּׁעַר אֶפְרַיִם עַד־שַׁעַר הַפּוֹנֶה[b] אַרְבַּע מֵאוֹת אַמָּה׃ 24 וְכָל[a]־הַזָּהָב 24
וְהַכֶּסֶף וְאֵת כָּל־הַכֵּלִים הַנִּמְצְאִים בְּבֵית־הָאֱלֹהִים עִם־עֹבֵד אֱדוֹם
וְאֶת־אֹצְרוֹת בֵּית הַמֶּלֶךְ וְאֵת בְּנֵי הַתַּעֲרֻבוֹת[b] וַיָּשָׁב[c] שֹׁמְרוֹן׃ פ
25 וַיְחִי אֲמַצְיָהוּ בֶן־יוֹאָשׁ מֶלֶךְ יְהוּדָה אַחֲרֵי מוֹת יוֹאָשׁ בֶּן־יְהוֹאָחָז 25
מֶלֶךְ יִשְׂרָאֵל חֲמֵשׁ עֶשְׂרֵה שָׁנָה׃ 26 וְיֶתֶר דִּבְרֵי אֲמַצְיָהוּ הָרִאשֹׁנִים 26
וְהָאַחֲרוֹנִים הֲלֹא[a] הִנָּם[b] כְּתוּבִים עַל־סֵפֶר מַלְכֵי־יְהוּדָה וְיִשְׂרָאֵל׃
27 וּמֵעֵת[a] אֲשֶׁר־סָר אֲמַצְיָהוּ מֵאַחֲרֵי יְהוָה וַיִּקְשְׁרוּ עָלָיו קֶשֶׁר 27
בִּירוּשָׁלִַם וַיָּנָס לָכִישָׁה וַיִּשְׁלְחוּ אַחֲרָיו לָכִישָׁה וַיְמִיתֻהוּ שָׁם׃

ל
לכה ק חד מן ג[19] חס בליש
ל בסיפ
ג ר״פ[20]
ב . ל . ב
ב . ב[21]
ל
ב
ז פסוק מן ז מילין כל מילה דאית בהון י
ס[22]
ד מל
ז . ל[23] מל דסמיכ לעבר
יא מל[24] . ל[25] . ב וכת כן
ג בטע
כי יג מנה בסיפ
ו מל בסיפ . ג . לג ט מנה בכתיב
ב ור״פ
ו[26] . ו[26] . ג[27] כת כן ובסיפ

[19] Mm 2214. [20] Mm 2157. [21] Mp sub loco. [22] Cf Mm 2125. [23] Mm 4225. [24] Mm 1977 contra textum. [25] Mm 271. [26] Mm 2126. [27] Mm 2127.

18 [a–a] 𝔊 versio duplex ‖ **19** [a] > 𝔖 et 2 R 14,10 ‖ [b] 2 R 14,10 הַכֵּה, it 𝔖𝔙 ‖ [c] l תִּי–? cf 𝔊[L]𝔏𝔗𝔙 ‖ [d] l prb לְהִכָּבֵד cf 𝔖𝔗𝔙 ‖ **20** [a–a] > 𝔖 et 2 R 14,11 ‖ [b] l בְּיָדוֹ? cf 𝔗(𝔏) ‖ **22** [a] v 22 > 𝔖 ‖ **23** [a–a] > 𝔊*; pertinet originaliter (cf 17.25) ad regem Israelitarum (post ישׂראל), sed Ch sequitur ordinem 2 R 14,13, ubi postea יְהוֹאָחָז in אֲחַזְיָהוּ commutatum (id hic in pc Mss 𝔊[L]) ‖ [b] l c pc Mss Vrs et 2 R 14,13 הַפִּנָּה ‖ **24** [a] 𝔖 *wnsb* = וַיִּקַּח, 2 R 14,14 וְלָקַח אֶת־כָּל ‖ [b] 𝔊 *τῶν συμμίξεων*, 𝔖 crrp, 𝔗 *rbrbnj'*, 𝔙 *obsidum* ‖ [c] ex 2 R 14,14; l הֵשִׁיב cf 𝔙𝔏 ‖ **26** [a] > pc Mss 𝔖𝔙 ‖ [b] pc Mss 𝔗 et 2 R 14,18 הֵם ‖ **27** [a] 𝔊 *καὶ ἐν τῷ καιρῷ*; prp וּ(לְ)עֵמַּת.

28 וַיִּשָּׂאֻהוּ עַל־הַסּוּסִים וַֽיִּקְבְּרוּ אֹתוֹ עִם־אֲבֹתָיו בְּעִיר יְהוּדָה[a]׃ — ד חס[28] . ל[29]

26 1 וַיִּקְחוּ כָּל־עַם יְהוּדָה[a] אֶת־עֻזִּיָּהוּ[b] וְהוּא בֶּן־שֵׁשׁ עֶשְׂרֵה שָׁנָה

סכא וַיַּמְלִיכוּ אֹתוֹ תַּחַת אָבִיו אֲמַצְיָהוּ׃ 2 הוּא בָּנָה אֶת־אֵילוֹת[a] וַיְשִׁבֶהָ — ב חד חס וחד מל[1]

3 לִיהוּדָה אַחֲרֵי שְׁכַב־הַמֶּלֶךְ עִם־אֲבֹתָיו׃ פ 3 בֶּן־שֵׁשׁ עֶשְׂרֵה

שָׁנָה עֻזִּיָּהוּ בְמָלְכוֹ וַחֲמִשִּׁים וּשְׁתַּיִם שָׁנָה מָלַךְ בִּירוּשָׁלִָם וְשֵׁם אִמּוֹ

4 יְכִילְיָה[a] מִן־יְרוּשָׁלִָם׃ 4 וַיַּעַשׂ הַיָּשָׁר בְּעֵינֵי יְהוָה כְּכֹל אֲשֶׁר־עָשָׂה — יכליה ק . ב . קלט

5 אֲמַצְיָהוּ אָבִיו׃ 5 וַיְהִי לִדְרֹשׁ אֱלֹהִים בִּימֵי זְכַרְיָהוּ הַמֵּבִין בִּרְאֹת[a] — ז[2] חס וכל אורית ונביא דכות ב מ ב . ד[3] ז[4] מנה בליש . ב חד חס וחד מל[5]

6 הָאֱלֹהִים וּבִימֵי דָּרְשׁוֹ אֶת־יְהוָה הִצְלִיחוֹ הָאֱלֹהִים׃ ס 6 וַיֵּצֵא — ל וחטף . ל

וַיִּלָּחֶם בַּפְּלִשְׁתִּים וַיִּפְרֹץ אֶת־חוֹמַת גַּת וְאֵת חוֹמַת יַבְנֵה[a] וְאֵת חוֹמַת — ג

7 אַשְׁדּוֹד וַיִּבְנֶה[b] עָרִים[b] בְּאַשְׁדּוֹד וּבַפְּלִשְׁתִּים׃ 7 וַיַּעְזְרֵהוּ[a] הָאֱלֹהִים — ג[6] . ב[7] . ל

עַל־פְּלִשְׁתִּים וְעַל־הָעַרְבִיִּים הַיֹּשְׁבִים בְּגוּר[b]־[c]בָּעַל[d] וְהַמְּעוּנִים[ce]׃ — הערבים ק . ל קמ

8 וַיִּתְּנוּ[a] הָעַמּוֹנִים[b] מִנְחָה לְעֻזִּיָּהוּ[a] וַיֵּלֶךְ שְׁמוֹ עַד־לְבוֹא מִצְרַיִם כִּי — ב מל בליש . ל

9 הֶחֱזִיק עַד־לְמָעְלָה׃ 9 וַיִּבֶן עֻזִּיָּהוּ מִגְדָּלִים בִּירוּשָׁלִַם עַל־שַׁעַר — ב

10 הַפִּנָּה וְעַל־שַׁעַר הַגַּיְא וְעַל־הַמִּקְצוֹעַ וַיְחַזְּקֵם׃ 10 וַיִּבֶן מִגְדָּלִים

בַּמִּדְבָּר וַיַּחְצֹב בֹּרוֹת רַבִּים כִּי מִקְנֶה־רַּב[a] הָיָה לוֹ וּבַשְּׁפֵלָה וּבַמִּישׁוֹר — י מל[8]

אִכָּרִים[b] וְכֹרְמִים בֶּהָרִים וּבַכַּרְמֶל כִּי־אֹהֵב אֲדָמָה הָיָה׃ ס — יא[9]

11 וַיְהִי לְעֻזִּיָּהוּ חַיִל עֹשֵׂה[a] מִלְחָמָה [b]יוֹצְאֵי צָבָא לִגְדוּד בְּמִסְפַּר — כו פסוק דאית בהון א״ב . ד מל

פְּקֻדָּתָם בְּיַד יְעוּאֵל[c] הַסּוֹפֵר וּמַעֲשֵׂיָהוּ הַשּׁוֹטֵר עַל יַד־חֲנַנְיָהוּ — יעיאל ק חד מן ד[10] כת כן . ל ומל

12 מִשָּׂרֵי[d] הַמֶּלֶךְ[b]׃ 12 כֹּל מִסְפַּר רָאשֵׁי הָאָבוֹת לְגִבּוֹרֵי חָיִל אַלְפַּיִם — צה . ד קמ וכל אתנח וס״פ דכות[11]

13 וְשֵׁשׁ מֵאוֹת׃ 13 וְעַל־יָדָם חֵיל צָבָא שְׁלֹשׁ מֵאוֹת אֶלֶף וְשִׁבְעַת אֲלָפִים — ל[12]

וַחֲמֵשׁ מֵאוֹת עוֹשֵׂי מִלְחָמָה בְּכֹחַ חָיִל[a] לַעְזֹר לַמֶּלֶךְ עַל־הָאוֹיֵב׃ — יו[13] כת י ו[14] מנה בסיפ ג[15] מנה מל . ה[16]

14 וַיָּכֶן לָהֶם עֻזִּיָּהוּ לְכָל־הַצָּבָא מָגִנִּים וּרְמָחִים וְכוֹבָעִים וְשִׁרְיֹנוֹת

[28] Mm 1737. [29] Mp sub loco. **Cp 26** [1] Mm 2128. [2] Mm 4226. [3] Mm 4104. [4] Mm 498. [5] Mm 4103. [6] Mm 4227. [7] Mm 1604. [8] Mm 2021. [9] Mm 512. [10] Mm 4054. [11] Mm 4138. [12] וחד חיל הצבא 1Ch 20,1. [13] Mm 627. [14] Mm 4106. [15] Mm 4260. [16] Mm 2542.

28 [a] l c nonn Mss Vrs et 2 R 14,20 דָּוִיד? ‖ **Cp 26,1** [a] 2 Mss 𝔊 הָאָרֶץ ‖ [b] 2 R 14,21 עֲזַרְיָה ‖ **2** [a] 2 R 14,22 אֵילַת, it 𝔊𝔖𝔙 ‖ **3** [a] mlt Mss 𝔗 et 2 R 15,2 ut Q, K יְכִילְיָה cf 𝔊^ALal(𝔙) *Ιεχελια*; 𝔖^A *jknj'* ‖ **5** [a] mlt Mss בְּיִרְאַת, nonn Mss Edd 𝔊𝔖𝔗𝔄 בְּיִרְאַת ‖ **6** [a] 𝔖(𝔗𝔄) ''z' = עַזָּה ‖ [b–b] prp וַיִּבֶז הָעָ׳ ‖ **7** [a] v 7 > 𝔖 ‖ [b] 𝔊 *ἐπὶ τῆς πέτρας*, 𝔙^A *in Tur(baal)*; 1 בְּגֶרֶר cf 𝔗 ‖ [c–c] 1 וְעַל ה׳ cf 𝔊 ‖ [d] 𝔏 *Cabaa* ‖ [e] pc Mss וְהָעַמּוֹנִים, 𝔊 *τοὺς Μιναίους* cf 20,1[a] ‖ **8** [a–a] > 𝔖 ‖ [b] 1 הַמְּעוּנִים cf 𝔊 ‖ **10** [a] sic L, mlt Mss Edd רַב ‖ [b] > 𝔊*; 1 וְא׳ ‖ **11** [a] pc Mss עֹשֵׂי ‖ [b–b] > 𝔖 ‖ [c] 𝔄 nonn Mss 𝔊𝔗𝔙 ut Q, K יעו׳ ‖ [d] 𝔊 *τοῦ διαδόχου* = מִשְׁנֵה cf 28,7 ‖ **13** [a] dl (dttg)?

15 וּקְשָׁתוֹת וּלְאַבְנֵי קְלָעִים׃ 15 [a]וַיַּעַשׂ ׀ בִּירוּשָׁלַ͏ִם חִשְּׁבֹנוֹת מַחֲשֶׁבֶת ב̇ ומל[17] . ב̇
חוֹשֵׁב לִהְיוֹת עַל־הַמִּגְדָּלִים וְעַל־הַפִּנּוֹת לִירוֹא בַּחִצִּים וּבָאֲבָנִים[b] ל̇ מל . ב̇ . ל̇ . ל̇
גְּדֹלוֹת[a] וַיֵּצֵא שְׁמוֹ עַד־לְמֵרָחוֹק כִּי־הִפְלִיא לְהֵעָזֵר עַד כִּי־חָזָק׃ ב̇ . ח̇ . ב̇ מל . ל̇
16 16 וּכְחֶזְקָתוֹ גָּבַהּ לִבּוֹ עַד־לְהַשְׁחִית וַיִּמְעַל בַּיהוָה אֱלֹהָיו ג̇[17] . ה̇[18]
17 וַיָּבֹא אֶל־הֵיכַל יְהוָה לְהַקְטִיר עַל־מִזְבַּח הַקְּטֹרֶת׃ 17 וַיָּבֹא אַחֲרָיו
18 עֲזַרְיָהוּ[a] הַכֹּהֵן [b]וְעִמּוֹ כֹּהֲנִים ׀ לַיהוָה שְׁמוֹנִים בְּנֵי־חָיִל׃ 18 וַיַּעַמְדוּ ל̇ בסיפ
עַל־עֻזִּיָּהוּ הַמֶּלֶךְ[b] וַיֹּאמְרוּ[c] לוֹ לֹא־לְךָ עֻזִּיָּהוּ לְהַקְטִיר לַיהוָה כִּי ל̇
לַכֹּהֲנִים בְּנֵי־אַהֲרֹן הַמְקֻדָּשִׁים לְהַקְטִיר צֵא מִן־הַמִּקְדָּשׁ כִּי מָעַלְתָּ ד̇ בליש[19]
19 וְלֹא־לְךָ לְכָבוֹד מֵיְהוָה אֱלֹהִים׃ 19 וַיִּזְעַף עֻזִּיָּהוּ וּבְיָדוֹ מִקְטֶרֶת ל̇ . ל̇
לְהַקְטִיר וּבְזַעְפּוֹ עִם־הַכֹּהֲנִים וְהַצָּרַעַת זָרְחָה בְמִצְחוֹ לִפְנֵי הַכֹּהֲנִים ל̇ . ד̇[20]
20 בְּבֵית יְהוָה מֵעַל לְמִזְבַּח הַקְּטֹרֶת׃ 20 וַיִּפֶן אֵלָיו עֲזַרְיָהוּ[a] כֹהֵן הָרֹאשׁ ל̇ט . ל̇ . ב̇ . ל̇ז כג מנה בסיפ
וְכָל־הַכֹּהֲנִים וְהִנֵּה־הוּא מְצֹרָע בְּמִצְחוֹ וַיַּבְהִלוּהוּ מִשָּׁם וְגַם־הוּא ה̇[21] . ז̇[22]
21 נִדְחַף לָצֵאת כִּי נִגְּעוֹ יְהוָה׃ 21 וַיְהִי עֻזִּיָּהוּ הַמֶּלֶךְ מְצֹרָע ׀ עַד־יוֹם ב̇
מוֹתוֹ וַיֵּשֶׁב בֵּית[a] הַחָפְשׁוּת[b] מְצֹרָע כִּי נִגְזַר מִבֵּית יְהוָה וְיוֹתָם בְּנוֹ ה̇ זוגין[23] . החפשית ק̇ . ג̇[24]
22 [c]עַל־בֵּית הַמֶּלֶךְ[c] שׁוֹפֵט אֶת־עַם הָאָרֶץ׃ 22 וְיֶתֶר דִּבְרֵי עֻזִּיָּהוּ יג̇[25] וכל מלכים ישעיה וירמיה דכות ב̇ מ̇ א̇ . ו̇ מל
23 הָרִאשֹׁנִים וְהָאַחֲרֹנִים[a] כָּתַב יְשַׁעְיָהוּ בֶן־אָמוֹץ הַנָּבִיא׃ 23 וַיִּשְׁכַּב כ̇י̇ יג̇ מנה בסיפ . ה̇ בטע
עֻזִּיָּהוּ עִם־אֲבֹתָיו וַיִּקְבְּרוּ אֹתוֹ [a]עִם־אֲבֹתָיו[a] בִּשְׂדֵה הַקְּבוּרָה אֲשֶׁר[b]
לַמְּלָכִים כִּי אָמְרוּ מְצוֹרָע הוּא וַיִּמְלֹךְ יוֹתָם בְּנוֹ תַּחְתָּיו׃ פ ל̇ מל
27 **27** 1 בֶּן־עֶשְׂרִים וְחָמֵשׁ שָׁנָה יוֹתָם בְּמָלְכוֹ וְשֵׁשׁ־עֶשְׂרֵה שָׁנָה מָלַךְ
2 בִּירוּשָׁלָ͏ִם וְשֵׁם אִמּוֹ יְרוּשָׁה בַּת־צָדוֹק׃ 2 וַיַּעַשׂ הַיָּשָׁר בְּעֵינֵי יְהוָה ב̇ חד כת̇ שה וחד כת̇ שא[1] . קל̇ט
כְּכֹל אֲשֶׁר־עָשָׂה עֻזִּיָּהוּ אָבִיו רַק לֹא־בָא אֶל־הֵיכַל יְהוָה וְעוֹד הָעָם כג
3 מַשְׁחִיתִים׃ 3 הוּא בָּנָה אֶת־שַׁעַר בֵּית־יְהוָה הָעֶלְיוֹן וּבְחוֹמַת הָעֹפֶל ח̇ ד̇ מנה מל[2]
4 בָּנָה לָרֹב׃ 4 וְעָרִים בָּנָה בְּהַר־יְהוּדָה וּבֶחֳרָשִׁים בָּנָה בִּירָנִיּוֹת ל̇ . ב̇
5 וּמִגְדָּלִים׃ 5 וְהוּא נִלְחַם עִם־מֶלֶךְ[a] בְּנֵי־עַמּוֹן וַיֶּחֱזַק עֲלֵיהֶם וַיִּתְּנוּ־ ל̇ג ר״פ . ב̇[3] . י̇ב̇[4] . ה̇[5]

[17] Mp sub loco. [18] Mm 2900. [19] Mm 4228. [20] Mm 520. [21] Mm 315. [22] Mm 357. [23] Mm 2131 et Mm 3761. [24] Mm 2406. [25] Mm 324. **Cp 27** [1] Mm 2138. [2] Mp sub loco. [3] Mm 4229. [4] Mm 1748. [5] Mm 432.

15 a–a > 𝔖 ‖ b pc Mss 'וּבָ' ‖ **17/18** a 𝔖 *'wzj'* ‖ b–b > 𝔖 ‖ c 𝔖 sg ‖ **20** a cf 17/18a ‖ **21** a Seb בְּבֵית ‖ b 2 R 15,5 ut Q, K ־וּת; 𝔗 recte *libertatis* (euphemismus) ‖ c–c 𝔊 ἐπὶ τῆς βασιλείας αὐτοῦ ‖ **22** a sic L, mlt Mss Edd 'וְהָאַחֲ' ‖ **23** a–a > pc Mss 𝔖𝔙𝔄, dl (ex 2 R 15,7) ‖ b 𝔖 *l' bqbwrt'* = non in sepultura ‖ **Cp 27,5** a > 2 Mss 𝔖𝔄.

לוֹ בְּנֵֽי־עַמּוֹן ᵇבַּשָּׁנָה הַהִיאᵇ מֵאָה כִּכַּר־כֶּסֶף וַעֲשֶׂרֶת אֲלָפִים כֹּרִים כל חס
חִטִּים וּשְׂעוֹרִים עֲשֶׂרֶת אֲלָפִים זֹאת הֵשִׁיבוּ לוֹ בְּנֵי עַמּוֹן ᶜס ב מל[6]
6 וּבַשָּׁנָה הַשֵּׁנִית וְהַשְּׁלִשִׁית׃ 6 וַיִּתְחַזֵּק יוֹתָם כִּי הֵכִין דְּרָכָיו לִפְנֵי יְהוָה ח[7]. ל
7 אֱלֹהָיו׃ 7 וְיֶתֶר דִּבְרֵי יוֹתָם ᵃוְכָל־מִלְחֲמֹתָיוᵃ וּדְרָכָיו הִנָּם
8 כְּתוּבִים עַל־סֵפֶר מַלְכֵי־יִשְׂרָאֵל וִיהוּדָה׃ 8 ᵃבֶּן־עֶשְׂרִים וְחָמֵשׁ שָׁנָה ג[8]
9 הָיָה בְמָלְכוֹ וְשֵׁשׁ־עֶשְׂרֵה שָׁנָה מָלַךְ בִּירוּשָׁלִָם׃ 9 וַיִּשְׁכַּב יוֹתָם עִם־ ז
אֲבֹתָיו וַיִּקְבְּרוּ אֹתוֹ בְּעִיר דָּוִיד וַיִּמְלֹךְ אָחָז בְּנוֹ תַּחְתָּיו׃ פ

28 1 בֶּן־עֶשְׂרִיםᵃ שָׁנָה אָחָז בְּמָלְכוֹ וְשֵׁשׁ־עֶשְׂרֵה שָׁנָה מָלַךְ
2 בִּירוּשָׁלִָם וְלֹא־עָשָׂה הַיָּשָׁר בְּעֵינֵי יְהוָהᵇ כְּדָוִיד אָבִיו׃ 2 וַיֵּלֶךְ ה[1]. קלט. ב
3 בְּדַרְכֵי מַלְכֵי יִשְׂרָאֵל וְגַם מַסֵּכוֹתᵃ עָשָׂה לַבְּעָלִים׃ 3 וְהוּא הִקְטִיר ל. כג פסוק וגם ובתר תלת מילין[2]. לג ר״פ
בְּגֵיא בֶן־הִנֹּם וַיַּבְעֵרᵃ אֶת־בָּנָיוᵇ בָּאֵשׁ כְּתֹעֲבוֹת הַגּוֹיִם אֲשֶׁר הֹרִישׁ ט חס ג[3] מנה בליש וחד מן ד כת כן
4 יְהוָה מִפְּנֵי בְּנֵי יִשְׂרָאֵל׃ 4 וַיְזַבֵּחַ וַיְקַטֵּר בַּבָּמוֹת וְעַל־הַגְּבָעוֹת וְתַחַת
5 כָּל־עֵץ רַעֲנָן׃ 5 וַיִּתְּנֵהוּ יְהוָה אֱלֹהָיו בְּיַד מֶלֶךְ אֲרָם וַיַּכּוּ־בוֹ וַיִּשְׁבּוּ ט[4]
מִמֶּנּוּ שִׁבְיָה גְדוֹלָה וַיָּבִיאוּ דַּרְמָשֶׂק וְגַם בְּיַד־מֶלֶךְ יִשְׂרָאֵל נִתָּן וַיַּךְ־בּוֹ ל. כא[5] ד[6] מנה קמ
6 מַכָּה גְדוֹלָה׃ ס 6 וַיַּהֲרֹג פֶּקַח בֶּן־רְמַלְיָהוּ בִּיהוּדָה מֵאָה
וְעֶשְׂרִים אֶלֶף בְּיוֹם אֶחָד הַכֹּל בְּנֵי־חָיִל בְּעָזְבָם אֶת־יְהוָה אֱלֹהֵי ד[7]
7 אֲבוֹתָם׃ 7 וַיַּהֲרֹג זִכְרִי ׀ גִּבּוֹר אֶפְרַיִם אֶת־מַעֲשֵׂיָהוּ בֶּן־הַמֶּלֶךְ ל בכתיב. ל
וְאֶת־עַזְרִיקָם נְגִיד הַבָּיִת וְאֶת־אֶלְקָנָה מִשְׁנֵה הַמֶּלֶךְ׃ ס ל. ד[8]
8 וַיִּשְׁבּוּ בְנֵי־יִשְׂרָאֵל מֵאֲחֵיהֶם מָאתַיִםᵃ אֶלֶף נָשִׁים בָּנִים וּבָנוֹת וְגַם־ ט[4]
9 שָׁלָל רָב בָּזְזוּ מֵהֶם וַיָּבִיאוּ אֶת־הַשָּׁלָל לְשֹׁמְרוֹן׃ ס 9 וְשָׁם הָיָה לג קמ[9]. ל. ה ר״פ[10]
נָבִיא לַיהוָה עֹדֵדᵃ שְׁמוֹ וַיֵּצֵא לִפְנֵי הַצָּבָא הַבָּא לְשֹׁמְרוֹן וַיֹּאמֶר ג ב חס וחד[11] מל
לָהֶם הִנֵּה בַּחֲמַת יְהוָה אֱלֹהֵי־אֲבוֹתֵיכֶם עַל־יְהוּדָה נְתָנָם בְּיֶדְכֶם
10 וַתַּהַרְגוּ־בָם בְּזַעַףᵇ עַד לַשָּׁמַיִם הִגִּיעַ׃ 10 וְעַתָּה בְּנֵי־יְהוּדָה וִירוּשָׁלִַם ב
אַתֶּם אֹמְרִים לִכְבֹּשׁ לַעֲבָדִים וְלִשְׁפָחוֹת לָכֶם ᵃהֲלֹא רַק־אַתֶּםᵃ ב חד חס וחד מל[12]

[6]Mm 4058. [7]Mm 4195. [8]Mm 4230. **Cp 28** [1]Mm 1821. [2]Mm 1629. [3]Mm 4251. [4]Mm 1694. [5]Mm 2838. [6]Mm 403. [7]Mm 1218. [8]Mm 1155. [9]Mm 264. [10]Mm 299. [11]Cf Mm 896. [12]Mm 4231.

5 [b–b] 𝔊 *κατ' ἐνιαυτόν*; tr ante ובשנה 5b cf 𝔊 ‖ [c] sic (interv) L mlt Mss ‖ **7** [a–a] 𝔊 *καὶ ὁ πόλεμος* ‖ **8** [a] v 8 > 𝔊*𝔖, gl ad 28,1a ‖ **Cp 28,1** [a] Ms 𝔊[min]𝔏𝔖𝔄 + וְחָמֵשׁ cf 27,8[a] ‖ [b] mlt Mss 𝔖 et 2 R 16,2 + אֱלֹהָיו ‖ **2** [a] 𝔖 *mdbḥ'* = altaria ‖ **3** [a] Ms 𝔊𝔖𝔗 וַיַּעֲבֵר cf 2 R 16,3 ‖ [b] 2 R 16,3 בְּנוֹ, it 𝔖 ‖ **8** [a] 𝔊[-Lmin] 300 ‖ **9** [a] 𝔖 *'dw* ‖ [b] sic L, mlt Mss Edd בְּ׳ ‖ **10** [a–a] 𝔊 *οὐκ ἰδοὺ εἰμι.*

11 עִמָּכֶ֫ם[b] אַשְׁמ֥וֹת[c] לַיהוָ֖ה אֱלֹהֵיכֶֽם׃ 11 וְעַתָּ֣ה שְׁמָע֔וּנִי וְהָשִׁ֙יבוּ֙ הַשִּׁבְיָ֔ה ל̇ ומל
12 אֲשֶׁ֥ר שְׁבִיתֶ֖ם מֵאֲחֵיכֶ֑ם כִּ֛י חֲר֥וֹן אַף־יְהוָ֖ה עֲלֵיכֶֽם׃ ס 12 וַיָּקֻ֜מוּ ל̇. ב̇
אֲנָשִׁ֤ים מֵֽרָאשֵׁי֙ בְנֵֽי־אֶפְרַ֔יִם עֲזַרְיָ֣הוּ[a] בֶן־יְהוֹחָנָ֗ן בֶּרֶכְיָ֤הוּ[b] בֶן־ ג̇. ט̇[13] ד̇ מנה בסיפ̇. ד̇
מְשִׁלֵּמוֹת[c] וִיחִזְקִיָּ֙הוּ֙[d] בֶּן־שַׁלֻּ֔ם וַעֲמָשָׂ֖א בֶּן־חַדְלָ֑י עַל־הַבָּאִ֖ים מִן־ ב̇. יא̇ חס ו̇[14] מנה בכתיב וכל נביא דכות ב̇ מ̇ ג̇. ל̇[15]
13 הַצָּבָֽא׃[d] 13 וַיֹּאמְר֣וּ לָהֶ֗ם לֹֽא־תָבִ֤יאוּ אֶת־הַשִּׁבְיָה֙ הֵ֔נָּה כִּ֠י לְאַשְׁמַ֨ת ו̇. ב̇[16]
יְהוָ֤ה עָלֵ֙ינוּ֙ אַתֶּ֣ם אֹמְרִ֔ים לְהֹסִ֥יף עַל־חַטֹּאתֵ֖ינוּ וְעַל־אַשְׁמָתֵ֑נוּ כִּֽי־ ד̇ ול̇ חס
14 רַבָּ֤ה אַשְׁמָה֙ לָ֔נוּ[a] וַחֲר֥וֹן אָ֖ף[b] עַל־יִשְׂרָאֵֽל׃[a] ס 14 [a]וַיַּעֲזֹ֣ב הֶחָל֗וּץ ל̇ קמ̇ וכל אתנח וס״פ דכות
15 אֶת־הַשִּׁבְיָה֙ וְאֶת־הַבִּזָּ֔ה לִפְנֵ֥י הַשָּׂרִ֖ים וְכָל־הַקָּהָֽל׃ 15 וַיָּקֻ֣מוּ הָאֲנָשִׁ֣ים ה̇[17]. ב̇[18]
אֲשֶׁר־נִקְּב֣וּ בְשֵׁמ֡וֹת וַיַּחֲזִ֣יקוּ בַשִּׁבְיָ֡ה וְכָל־מַעֲרֻמֵּיהֶם֩ הִלְבִּ֨ישׁוּ מִן־ ו̇. ל̇ וחס
הַשָּׁלָ֜ל וַיַּלְבִּשֻׁ֣ם וַיַּנְעִל֗וּם וַיַּאֲכִל֣וּם וַיַּשְׁק֮וּם֮ וַיְסֻכוּם֒ וַיְנַהֲל֨וּם בַּחֲמֹרִ֜ים ד̇ חס ול̇ בליש[19]. ל̇ וחס. ל̇. ל̇. ל̇
לְכָל־כּוֹשֵׁ֗ל וַיְבִיא֛וּם יְרֵח֥וֹ עִיר־הַתְּמָרִ֖ים אֵ֣צֶל אֲחֵיהֶ֑ם וַיָּשׁ֖וּבוּ ה̇ מל[20]
16 שֹׁמְרֽוֹן׃ פ 16 בָּעֵ֣ת הַהִ֗יא שָׁלַ֞ח הַמֶּ֧לֶךְ אָחָ֛ז עַל־מַלְכֵ֥י[a] אַשּׁ֖וּר
17 לַעְזֹ֥ר לֽוֹ׃ 17 וְע֥וֹד אֲדוֹמִ֖ים בָּ֑אוּ וַיַּכּ֥וּ בִיהוּדָ֖ה וַיִּשְׁבּוּ־שֶֽׁבִי׃ כג̇ ח̇[21] מנה ר״פ. ב̇ ומל. ט̇[22]
18 וּפְלִשְׁתִּ֣ים פָּ֠שְׁטוּ בְּעָרֵ֨י הַשְּׁפֵלָ֜ה וְהַנֶּ֣גֶב לִֽיהוּדָ֗ה וַֽיִּלְכְּד֡וּ אֶת־ ז̇ פסוק את ואת ואת ואת ואת ואת ואת[23]
בֵּית־שֶׁ֣מֶשׁ וְאֶת־אַ֠יָּלוֹן וְאֶת־הַגְּדֵר֨וֹת וְאֶת־שׂוֹכ֤וֹ וּבְנוֹתֶ֙יהָ֙ וְאֶת־תִּמְנָ֣ה ט̇[24]. ג̇ מל[25]. ו̇ מל בסיפ̇. ג̇
19 וּבְנוֹתֶ֔יהָ וְאֶת־גִּמְז֖וֹ וְאֶת־בְּנֹתֶ֑יהָ וַיֵּשְׁב֖וּ שָֽׁם׃ 19 כִּֽי־הִכְנִ֤יעַ יְהוָה֙ אֶת־ ו̇ מל בסיפ̇. ל̇
יְהוּדָ֔ה בַּעֲב֖וּר אָחָ֣ז מֶֽלֶךְ־יִשְׂרָאֵ֑ל[a] כִּ֤י הִפְרִ֙יעַ֙ בִּֽיהוּדָ֔ה וּמָע֥וֹל מַ֖עַל ל̇. ג̇ סביר יהודה וקר ישראל. ל̇ ומל[26]
20 בַּיהוָֽה׃ 20 וַיָּבֹ֣א עָלָ֔יו תִּלְּגַ֥ת[a] פִּלְנְאֶ֖סֶר[b] מֶ֣לֶךְ אַשּׁ֑וּר וַיָּ֥צַר ל֖וֹ וְלֹ֥א ב̇. ה̇ וכל עליה דכות[20]
21 חֲזָקֽוֹ׃[c] 21 כִּֽי־חָלַ֤ק[a] אָחָז֙ אֶת־בֵּ֣ית יְהוָ֔ה וְאֶת־בֵּ֥ית הַמֶּ֖לֶךְ וְהַשָּׂרִ֑ים
22 וַיִּתֵּן֙ לְמֶ֣לֶךְ אַשּׁ֔וּר וְלֹ֥א לְעֶזְרָ֖ה לֽוֹ׃ 22 [a]וּבְעֵת֙ הָצֵ֣ר ל֔וֹ[a] וַיּ֖וֹסֶף כי ז̇[27] מנה מל
23 לִמְע֣וֹל בַּֽיהוָ֑ה [b]ה֖וּא הַמֶּ֥לֶךְ אָחָֽז׃[b] 23 וַיִּזְבַּ֗ח[a] לֵֽאלֹהֵ֣י דַרְמֶשֶׂק֮ הַמַּכִּ֣ים ב̇ מל[26]
בּוֹ[b] וַ֠יֹּאמֶר כִּ֣י אֱלֹהֵ֣י מַלְכֵי־[c]אֲרָם֩ הֵ֨ם מַעְזְרִ֤ים[d] אוֹתָם֙ לָהֶ֣ם אֲזַבֵּ֔חַ ל̇
24 וְיַעְזְר֑וּנִי וְהֵ֧ם הָֽיוּ־ל֛וֹ לְהַכְשִׁיל֖וֹ וּלְכָל־יִשְׂרָאֵֽל׃ 24 וַיֶּאֱסֹ֨ף אָחָ֜ז אֶת־[a] ל̇ ומל. ב̇. כ̇ ז̇ מנה בסיפ̇[28]

[13]Mm 3928. [14]Mm 4232. [15]Mm 4233. [16]Mm 674. [17]Mm 4236. [18]Mm 1340. [19]Mm 3833. [20]Mp sub loco. [21]Mm 2227. [22]Mm 1694. [23]Mm 2135. [24]Mm 1356. [25]Mm 4022. [26]Mm 4268. [27]Mm 962. [28]Mm 4234.

10 [b] prp עֲלֵיכֶם עִמְּסֶם || [c] 𝔊 *μαρτυρῆσαι* ex *ἁμαρτῆσαι* cf 𝔏 *peccastis* || **12** [a] 𝔊[B] *Ουδια* || [b] 𝔊[B] *Ζαχαρίας* || [c] cf 1 Ch 9,12[e] || [d–d] > 𝔖 || **13** [a–a] > 𝔖 || [b] pc Mss 𝔊𝔙 אַף יהוה || **14** [a] v 14 > 𝔖 || **16** [a] l c Ms Vrs מֶלֶךְ cf 20 || **19** [a] Seb nonn Mss Vrs יְהוּדָה || **20** [a] mlt Mss 𝔊[AL al]𝔖 תִּגְלַת cf 1 Ch 5,6 || [b] Ms 𝔊[BL]𝔖 om נ cf 1 Ch || [c] l חִזְּקוֹ cf 29,34 35,2 || **21** [a] prp חִלֵּץ cf Ps 7,5 || **22** [a–a] 𝔊 *ἀλλ' ἢ τῷ θλιβῆναι αὐτόν* || [b–b] 𝔊 *καὶ εἶπεν ὁ βασιλεύς* || **23** [a] 𝔊 *ἐκζητήσω* || [b] 𝔊 *με* || [c] Ms 𝔊 מֶלֶךְ || [d] l עֹזְרִים (מ dttg) || **24** [a] nonn Mss + כָּל־.

כְּלֵ֣י בֵית־הָאֱלֹהִ֗ים וַיְקַצֵּץ֙ אֶת־כְּלֵ֣י בֵית־הָאֱלֹהִ֔ים וַיִּסְגֹּ֖ר אֶת־ ה. מח. ה. מח
25 דַּלְת֣וֹת בֵּית־יְהוָ֑ה וַיַּ֨עַשׂ ל֧וֹ מִזְבְּח֛וֹת בְּכָל־פִּנָּ֖ה בִּירוּשָׁלִָֽם׃ 25 וּבְכָל־
עִ֣יר וָעִ֞יר לִֽיהוּדָ֗ה עָשָׂ֤ה בָמוֹת֙ לְקַטֵּ֔ר לֵאלֹהִ֖ים אֲחֵרִ֑ים וַיַּכְעֵ֕ס אֶת־ ב
26 יְהוָ֖ה אֱלֹהֵ֥י אֲבֹתָֽיו׃ 26 וְיֶ֤תֶר דְּבָרָיו֙ וְכָל־דְּרָכָ֔יו הָרִאשֹׁנִ֖ים ל. כי יג מנה בסיפ
27 וְהָאַחֲרוֹנִ֑ים הִנָּ֣ם כְּתוּבִ֔ים עַל־סֵ֥פֶר מַלְכֵֽי־יְהוּדָ֖ה וְיִשְׂרָאֵֽל׃ 27 וַיִּשְׁכַּ֨ב ו מל בסיפ. ג. לג ט מנה בכתיב. ה בטע. ל בסיפ
אָחָ֜ז עִם־אֲבֹתָ֗יו וַֽיִּקְבְּרֻ֤הוּ ᵃבָעִיר֙ בִּיר֣וּשָׁלִַ֔םᵃ כִּ֚י לֹ֣א הֱבִיאֻ֔הוּ לְקִבְרֵ֖י ל ומל[29]
מַלְכֵ֣י יִשְׂרָאֵ֑ל וַיִּמְלֹ֛ךְ יְחִזְקִיָּ֥הוּ בְנ֖וֹ תַּחְתָּֽיו׃ פ

29 1 יְחִזְקִיָּ֣הוּ מָלַ֗ךְ בֶּן־עֶשְׂרִ֤ים וְחָמֵשׁ֙ שָׁנָ֔ה וְעֶשְׂרִ֤ים וָתֵ֙שַׁע֙ שָׁנָ֔ה ל ר״פ[1]
2 מָלַ֖ךְ בִּירוּשָׁלִָ֑ם וְשֵׁ֣ם אִמּ֔וֹ אֲבִיָּ֖הᵃ בַּת־זְכַרְיָֽהוּ׃ 2 וַיַּ֥עַשׂ הַיָּשָׁ֖ר בְּעֵינֵ֣י יח בסיפ ב מנה נקיבה
3 יְהוָ֑ה כְּכֹ֥ל אֲשֶׁר־עָשָׂ֖ה דָּוִ֥יד אָבִֽיו׃ 3 ᵃה֣וּא בַשָּׁנָ֤ה הָרִאשׁוֹנָה֙ ח ג[2] מנה מל בסיפ
לְמָלְכ֔וֹᵃ בַּחֹ֣דֶשׁ הָרִאשׁ֔וֹן פָּתַ֛ח אֶת־דַּלְת֥וֹת בֵּית־יְהוָ֖ה וַיְחַזְּקֵֽם׃ סד[3]. ב בליש[4]
4 וַיָּבֵ֥א אֶת־הַכֹּהֲנִ֖ים וְאֶת־הַלְוִיִּ֑ם וַיַּאַסְפֵ֖ם לִרְח֥וֹב הַמִּזְרָֽח׃ 5 וַיֹּ֣אמֶר נא יח מנה ר״פ[5]. ד
לָהֶ֔ם שְׁמָע֖וּנִי הַלְוִיִּ֑ם עַתָּ֣ה הִֽתְקַדְּשׁ֗וּ וְקַדְּשׁוּ֙ אֶת־בֵּ֤ית יְהוָה֙ אֱלֹהֵ֣י ל
6 אֲבֹֽתֵיכֶ֔ם וְהוֹצִ֥יאוּ אֶת־הַנִּדָּ֖ה מִן־הַקֹּֽדֶשׁ׃ 6 כִּֽי־מָעֲל֣וּ אֲבֹתֵ֗ינוּ וְעָשׂ֥וּ ח[6] חס ב מנה בסיפ וכל עזרא דכות. ו
הָרַ֛ע בְּעֵינֵ֥י יְהוָֽה־אֱלֹהֵ֖ינוּ וַיַּֽעַזְבֻ֑הוּ וַיַּסֵּ֧בּוּ פְנֵיהֶ֛ם מִמִּשְׁכַּ֥ן יְהוָ֖ה וַיִּתְּנוּ־ ג[7]. ל
7 עֹֽרֶף׃ 7 גַּ֣ם סָגְר֞וּ דַּלְת֣וֹת הָאוּלָ֗םᵃ וַיְכַבּוּ֙ אֶת־הַנֵּר֔וֹת וּקְטֹ֖רֶת לֹ֣א ל
8 הִקְטִ֑ירוּ וְעֹלָה֙ לֹא־הֶעֱל֣וּ בַקֹּ֔דֶשׁ לֵאלֹהֵ֖י יִשְׂרָאֵֽל׃ 8 וַיְהִי֙ קֶ֣צֶף יְהוָ֔ה ב. כח[8] ד[9] מנה בליש
עַל־יְהוּדָ֖ה וִירוּשָׁלִָ֑ם וַיִּתְּנֵ֤ם לְזַוֲעָהᵃ֙ לְשַׁמָּ֣ה וְלִשְׁרֵקָ֔ה כַּאֲשֶׁ֥ר אַתֶּ֖ם לזועה ק
9 רֹאִ֥ים בְּעֵינֵיכֶֽם׃ 9 וְהִנֵּ֛ה נָפְל֥וּ אֲבוֹתֵ֖ינוּᵃ בֶּחָ֑רֶב וּבָנֵ֨ינוּ וּבְנוֹתֵ֧ינוּ יח. ח[10] מל ג מנה בסיפ וכל ישׁ ת דכות ב מ א. ד מל[11]
10 וְנָשֵׁ֛ינוּ בַּשְּׁבִ֖י ᵇעַל־זֹֽאתᵇ׃ 10 ᵃעַתָּה֙ עִם־לְבָבִ֔י לִכְר֣וֹת בְּרִ֔ית לַיהוָ֖ה כה ר״פ[12] ח מנה בסיפ. ב מל
סכג אֱלֹהֵ֣י יִשְׂרָאֵ֑ל וְיָשֹׁ֥ב מִמֶּ֖נּוּ חֲר֥וֹן אַפּֽוֹ׃ 11 בָּנַ֕יᵃ עַתָּ֖ה אַל־תִּשָּׁל֑וּ ה[13]
כִּֽי־בָכֶ֞ם בָּחַ֣ר יְהוָ֗ה לַעֲמֹ֤ד לְפָנָיו֙ לְשָׁ֣רְת֔וֹ וְלִהְי֥וֹת ל֖וֹ מְשָׁרְתִ֥ים ב[14]
12 וּמַקְטִרִֽים׃ ס 12 וַיָּקֻ֣מוּ הַלְוִיִּ֗ם מַ֣חַת בֶּן־עֲמָשַׂ֞י וְיוֹאֵ֤ל בֶּן־עֲזַרְיָהוּ֙ᵃ ג ב[15] מנה בליש חד ר״פ וחד ס״פ וחס
מִן־בְּנֵ֖י הַקְּהָתִ֑י וּמִן־בְּנֵ֣י מְרָרִ֔י קִ֚ישׁ בֶּן־עַבְדִּ֔י וַעֲזַרְיָ֖הוּᵇ בֶּן־יְהַלֶּלְאֵ֑ל

[29] Mp sub loco. **Cp 29** [1] Mm 978. [2] Mm 4132. [3] Mp sub loco. [4] Mm 1547. [5] Mm 639. [6] Mm 1586. [7] Mm 1503. [8] Mm 2364. [9] Mm 3921. [10] Mm 346. [11] Mm 3437. [12] Mm 1057. [13] Mm 976. [14] Mm 3776. [15] Mm 4186.

27 [a–a] 𝔊 *ἐν πόλει Δαυιδ* ‖ **Cp 29,1** [a] 2 R 18,2 אֲבִי ‖ **3** [a–a] 𝔊 *καὶ ἐγένετο ὡς ἔστη ἐπὶ τῆς βασιλείας αὐτοῦ* ‖ **7** [a] 𝔊 *τοῦ ναοῦ* ‖ **8** [a] K לְזְוָעָה cf Jer 15,4 ‖ **9** [a] Ms יכם– cf 𝔊 in tot v ‖ [b–b] 𝔊 cj c 10 et pr *ἐν γῇ οὐκ αὐτῶν ὃ καὶ νῦν ἐστιν* ‖ **10** [a] 𝔖 om 10–19 ‖ **11** [a] 𝔊 *καί*, 𝔏 *edificate* = בְּנוּ ‖ **12** [a] 𝔊* *Ζαχαρίου* ‖ [b] cf [a].

וּמִן־הַגֵּ֣רְשֻׁנִּ֔י יוֹאָח֙ בֶּן־זִמָּ֔הc וְעֵ֖דֶןd בֶּן־יוֹאָֽחe׃ 13 וּמִן־בְּנֵ֣יa אֱלִֽיצָפָ֔ן 13
שִׁמְרִ֖י וִיעוּאֵ֑לb וּמִן־בְּנֵ֣י אָסָ֔ף זְכַרְיָ֖הוּc וּמַתַּנְיָֽהוּ׃ ס 14 וּמִן־בְּנֵ֥י 14
הֵימָ֖ן יְחוּאֵ֣לa וְשִׁמְעִ֑י ס וּמִן־בְּנֵ֣י יְדוּת֔וּןb שְׁמַֽעְיָ֖ה וְעֻזִּיאֵֽל׃ 15 וַיַּאַסְפ֤וּ 15
אֶת־אֲחֵיהֶם֙ וַיִּֽתְקַדְּשׁ֔וּ וַיָּבֹ֥אוּ כְמִצְוַת־הַמֶּ֖לֶךְ בְּדִבְרֵ֣י יְהוָ֑ה לְטַהֵ֖ר
בֵּ֥ית יְהוָֽה׃ 16 וַיָּבֹ֨אוּ הַכֹּהֲנִ֜ים לִפְנִ֣ימָה בֵית־יְהוָה֮ לְטַהֵר֒ וַיּוֹצִ֗יאוּ אֵ֤ת 16
כָּל־הַטֻּמְאָה֙ אֲשֶׁ֣ר מָצְא֔וּ בְּהֵיכַ֣ל יְהוָ֔ה לַחֲצַ֖ר בֵּ֣ית יְהוָ֑ה וַֽיְקַבְּלוּ֙
הַלְוִיִּ֔ם לְהוֹצִ֥יא לְנַֽחַל־קִדְר֖וֹן חֽוּצָה׃ 17 וַ֠יָּחֵלּוּ בְּאֶחָ֞דa לַחֹ֤דֶשׁ 17
הָֽרִאשׁוֹן֙ לְקַדֵּ֔שׁ וּבְי֨וֹם שְׁמוֹנָ֜ה לַחֹ֗דֶשׁ בָּ֚אוּ לְאוּלָ֣םb יְהוָ֔ה וַיְקַדְּשׁ֥וּ
אֶת־בֵּית־יְהוָ֖ה לְיָמִ֣ים שְׁמוֹנָ֑ה וּבְי֨וֹם שִׁשָּׁ֥ה עָשָׂ֛רc לַחֹ֥דֶשׁ הָרִאשׁ֖וֹן
כִּלּֽוּ׃ ס 18 וַיָּב֤וֹאוּ פְנִ֙ימָה֙ אֶל־חִזְקִיָּ֣הוּ הַמֶּ֔לֶךְ וַיֹּ֣אמְר֔וּ טִהַ֖רְנוּ 18
אֶת־כָּל־בֵּ֣ית יְהוָ֑ה אֶת־מִזְבַּ֤חa הָֽעוֹלָה֙ וְאֶת־כָּל־כֵּלָ֔יו וְאֶת־שֻׁלְחַ֥ן
הַמַּֽעֲרֶ֖כֶת וְאֶת־כָּל־כֵּלָֽיו׃ 19 וְאֵ֣ת כָּל־הַכֵּלִ֗ים אֲשֶׁ֨ר הִזְנִ֜יחַ הַמֶּ֧לֶךְ 19
אָחָ֛ז בְּמַלְכוּת֥וֹ בְּמַעֲל֖וֹ הֵכַ֣נּוּ וְהִקְדָּ֑שְׁנוּ וְהִנָּ֕ם לִפְנֵ֖י מִזְבַּ֥ח יְהוָֽה׃ ס
20 וַיַּשְׁכֵּם֙ יְחִזְקִיָּ֣הוּ הַמֶּ֔לֶךְ וַיֶּאֱסֹ֕ף אֵ֖תa שָׂרֵ֣י הָעִ֑יר וַיַּ֖עַל בֵּ֥ית יְהוָֽה׃ 20
21 וַיָּבִ֣יאוּ פָרִים־שִׁבְעָ֡ה וְאֵילִ֣ים שִׁבְעָה֩ וּכְבָשִׂ֨ים שִׁבְעָ֜הa וּצְפִירֵ֧י עִזִּ֣ים 21
שִׁבְעָ֗ה לְחַטָּאת֙ עַל־הַמַּמְלָכָ֔ה וְעַל־הַמִּקְדָּ֖שׁ וְעַל־יְהוּדָ֑הb וַיֹּ֗אמֶר
לִבְנֵ֤י אַהֲרֹן֙ הַכֹּ֣הֲנִ֔ים לְהַעֲל֖וֹת עַל־מִזְבַּ֥ח יְהוָֽה׃ 22 וַֽיִּשְׁחֲטוּ֙ הַבָּקָ֔ר 22
וַיְקַבְּל֤וּ הַכֹּהֲנִים֙ אֶת־הַדָּ֔ם וַיִּזְרְק֖וּ הַמִּזְבֵּ֑חָה וַיִּשְׁחֲט֣וּ הָאֵלִ֗ים וַיִּזְרְק֤וּ
הַדָּם֙ הַמִּזְבֵּ֔חָה וַֽיִּשְׁחֲטוּ֙ הַכְּבָשִׂ֔ים וַיִּזְרְק֥וּ הַדָּ֖ם הַמִּזְבֵּֽחָה׃ 23 וַיַּגִּ֨ישׁוּ֙ 23
אֶת־שְׂעִירֵ֣י הַֽחַטָּ֔את לִפְנֵ֥י הַמֶּ֖לֶךְ וְהַקָּהָ֑ל וַיִּסְמְכ֥וּ יְדֵיהֶ֖ם עֲלֵיהֶֽם׃
24 וַיִּשְׁחָטוּם֩ הַכֹּהֲנִ֨ים וַֽיְחַטְּא֤וּ אֶת־דָּמָם֙ הַמִּזְבֵּ֔חָה לְכַפֵּ֖ר עַל־כָּל־ 24
יִשְׂרָאֵ֑ל כִּ֣י לְכָל־יִשְׂרָאֵ֗ל אָמַ֤ר הַמֶּ֙לֶךְ֙ הָעוֹלָ֖ה וְהַחַטָּֽאת׃ 25 וַיַּעֲמֵ֨ד 25
אֶת־הַלְוִיִּ֜ם בֵּ֣ית יְהוָ֗ה בִּמְצִלְתַּ֙יִם֙ בִּנְבָלִ֣ים וּבְכִנֹּר֔וֹת בְּמִצְוַ֥ת דָּוִ֛יד וְגָ֥ד

ד
ויעיאל ק חד מן ד[16] כת כן . ג[17]
יחיאל ק . ל[18]
כת כן כ ומטע[19]
יב[20] ד מנה מל בסיפ
ב
ד
סד וב בפסוק[19]
ל . סד וב בפסוק[19]
ג מל[21] . ה[22] . ה בסיפ[23] . ל
יד פסוק את את ואת ואת ואת . ל . ט מל בליש ובסיפ . ג בכתיב
ג בכתיב . ל
כ ז מנה בסיפ[24]
לו . ז בליש . ב
ג[25]
ה[26] וכל הקטרה דכות ב מ ג . ו חס בכתיב למערב[27]
ה[26] וכל הקטרה דכות ב מ ג . ה[26] וכל הקטרה דכות ב מ ג . ג ב חס וחד מל[28]
ל
ב . ל . ה[26] וכל הקטרה דכות ב מ ג . כ ח[29] מנה בסיפ
ט מל בליש ובסיפ
ד[30] . ב[31]

[16] Mm 4054. [17] Mm 4124. [18] Mm 399. [19] Mp sub loco. [20] Mm 2610. [21] Mm 2498. [22] Mm 717. [23] Mm 2203. [24] Mm 4234. [25] Mm 2759. [26] Mm 4235. [27] Mm 879. [28] Mm 1601. [29] Mm 4151. [30] Mm 4220. [31] Mm 1339.

12 c 𝔊 *Ζεμμαθ* ‖ d 𝔊 *καὶ Ιωδαν* ‖ e 𝔊B *οὗτοι υἱοί* ‖ **13** a Ms + מְרָרִי ‖ b nonn Mss Vrs ut Q, K עוּ׳– ‖ c 𝔊B *Αζαρίας* ‖ **14** a nonn Mss Vrs ut Q, K יחו׳ (vel יְחָוֻאֵל?) ‖ b 𝔊A(𝔙) *Ιδιθουν* ‖ **17** a 𝔊 *τῇ νουμηνίᾳ*, 𝔊B* pr *ἡμέρᾳ τῇ τρίτῃ* (propter c–c) ‖ b 𝔊 cf 7a ‖ c–c 𝔊B 13 ‖ **18** a l c ℭ𝔗𝔙 וְאֶת? ‖ **20** a pc Mss 𝔙 + כָּל־ ‖ **21** a ins לְעֹלָה cf 24b ‖ b 𝔊 *Ισραηλ*.

ᵃחֹזֵה־הַמֶּ֖לֶךְᵃ וְנָתָ֣ן הַנָּבִ֑יא כִּ֣י ᵇבְיַד־יְהוָ֥הᵇ הַמִּצְוָ֖ה בְּיַד־נְבִיאָֽיו׃ ס

26 וַיַּֽעַמְד֤וּ הַלְוִיִּם֙ בִּכְלֵ֣י דָוִ֔יד וְהַכֹּהֲנִ֖ים בַּחֲצֹצְרֽוֹת׃ ס 27 וַיֹּ֙אמֶר֙ — ד̇[32]. ל̇ בסיפ̇

חִזְקִיָּ֔הוּ לְהַעֲל֥וֹת הָעֹלָ֖ה לְהַמִּזְבֵּ֑חַ וּבְעֵ֞ת הֵחֵ֣ל הָעוֹלָ֗ה הֵחֵ֤ל שִׁיר־ — ה̇ בסיפ̇[33]. ל̇. ט̇ מל בליש ובסיפ̇

28 יְהוָה֙ וְהַחֲצֹ֣צְר֔וֹת וְעַ֨לᵃ־יְדֵ֔יᵃ כְּלֵ֖י דָּוִ֥יד מֶֽלֶךְ־יִשְׂרָאֵֽל׃ 28 וְכָל־הַקָּהָל֙ — ד̇[34]. ל̇. ה̇[35]

מִֽשְׁתַּחֲוִ֔ים וְהַשִּׁ֣יר מְשׁוֹרֵ֔ר וְהַחֲצֹצְר֖וֹת מַחְצְצְרִ֑יםᵃ הַכֹּ֕לᵇ עַ֖ד לִכְל֥וֹת — ל̇[34]. ד̇[36] מחצרים[37] ק̇ חד מן יתיר צ̇[36]

29 הָעֹלָֽה׃ 29 וּכְכַלּ֖וֹת לְהַעֲל֑וֹת כָּרְע֞וּ הַמֶּ֗לֶךְ וְכָל־הַנִּמְצְאִ֥ים אִתּ֖וֹ

30 וַיִּֽשְׁתַּחֲוֽוּ׃ 30 וַיֹּ֩אמֶר֩ יְחִזְקִיָּ֨הוּ הַמֶּ֜לֶךְ וְהַשָּׂרִ֗ים לַלְוִיִּם֙ לְהַלֵּ֣ל לַֽיהוָ֔ה

בְּדִבְרֵ֥י דָוִ֖יד וְאָסָ֣ף הַחֹזֶ֑ה וַֽיְהַלְלוּ֙ עַד־לְשִׂמְחָ֔ה וַֽיִּקְּד֖וּ וַיִּֽשְׁתַּחֲוֽוּ׃ פ — ל̇. ל̇[38]

31 וַיַּ֣עַן יְחִזְקִיָּ֗הוּ וַיֹּאמֶרᵃ עַתָּ֨ה מִלֵּאתֶ֤םᵇ יֶדְכֶם֙ לַֽיהוָ֔ה גֹּ֣שׁוּ וְהָבִ֧יאוּ — ל̇ בכתיב. ל̇ בקריא וכל אורית דכות ב̇ מ̇ א̇[39]. ג̇ חס ול בכתיב[40]. ו̇[41]

זְבָחִ֛ים וְתוֹד֖וֹת לְבֵ֣ית יְהוָ֑ה וַיָּבִ֨יאוּ הַקָּהָ֜ל זְבָחִ֣ים וְתוֹד֗וֹת וְכָל־נְדִ֥יב — ג̇ מל בליש[42]. לו̇. ג̇ מל בליש[42]

32 לֵ֖ב עֹלֽוֹת׃ 32 וַיְהִ֞י מִסְפַּ֣ר הָעֹלָ֗ה אֲשֶׁ֤ר הֵבִ֙יאוּ֙ הַקָּהָ֔ל בָּקָר֙ שִׁבְעִ֔ים — ה̇ בטע בסיפ̇

33 אֵילִ֣ים מֵאָ֔ה כְּבָשִׂ֖ים מָאתָ֑יִם לְעֹלָ֥ה לַֽיהוָ֖ה כָּל־אֵֽלֶּה׃ 33 וְהַקֳּדָשִׁ֑ים — ל̇ בסיפ̇

34 בָּקָר֙ שֵׁ֣שׁ מֵא֔וֹת וְצֹ֕אן שְׁלֹ֖שֶׁת אֲלָפִֽיםᵃ׃ 34 רַ֚ק הַכֹּהֲנִים֙ הָי֣וּ לִמְעָ֔ט — ז̇ קמ̇ וכל אתנח וס״פ דכות[43]

וְלֹ֣א יָכְל֔וּ לְהַפְשִׁ֖יט אֶת־כָּל־הָעֹל֑וֹת וַֽיְחַזְּק֞וּם אֲחֵיהֶ֣ם הַלְוִיִּ֗ם עַד־ — ל̇. ל̇. ל̇[44]

כְּל֤וֹת הַמְּלָאכָה֙ וְעַ֚ד יִתְקַדְּשׁ֣וּ הַכֹּהֲנִ֔ים כִּ֤י הַלְוִיִּם֙ יִשְׁרֵ֣י לֵבָ֔ב — יז̇ פסוק עד ועד[45]. ל̇

35 לְהִתְקַדֵּ֖שׁ מֵהַכֹּהֲנִֽים׃ 35 וְגַם־עֹלָ֣ה לָרֹ֔ב בְּחֶלְבֵ֖י הַשְּׁלָמִ֑ים וּבַנְּסָכִ֖ים — ל̇. ד̇[46]. כ̇[47] ר״פ בכתיב ט̇ מנה בסיפ̇

36 לָעֹלָ֑ה וַתִּכּ֛וֹן עֲבוֹדַ֥ת בֵּית־יְהוָֽה׃ 36 וַיִּשְׂמַ֤ח יְחִזְקִיָּ֙הוּ֙ וְכָל־הָעָ֔ם עַ֥ל — ה̇[48]. נא̇ מ״פ וכל ר״פ דכות ב̇ מ̇ ג̇[36]

30 הַהֵכִ֥ין הָאֱלֹהִ֖ים לָעָ֑םᵃ כִּ֥י בְּפִתְאֹ֖ם הָיָ֥ה הַדָּבָֽר׃ פ **30** 1 וַיִּשְׁלַ֨ח — ל̇. ל̇. ד̇[1]

יְחִזְקִיָּ֜הוּ עַל־כָּל־יִשְׂרָאֵ֣ל וִֽיהוּדָ֗ה וְגַם־אִגְּרוֹת֙ כָּתַ֙ב֙ עַל־אֶפְרַ֣יִם — כ̇ ח̇[2] מנה בסיפ̇. ל̇

וּמְנַשֶּׁ֔ה לָב֥וֹא לְבֵית־יְהוָ֖ה בִּירוּשָׁלָ֑͏ִם לַעֲשׂ֣וֹת פֶּ֔סַח לַיהוָ֖ה אֱלֹהֵ֥י — ל̇. ב̇[3]

2 יִשְׂרָאֵֽל׃ 2 וַיִּוָּעַ֨ץ הַמֶּ֧לֶךְ וְשָׂרָ֛יו וְכָל־הַקָּהָ֖ל בִּירוּשָׁלָ֑͏ִם לַעֲשׂ֥וֹת הַפֶּ֖סַח — ה̇[4]

3 בַּחֹ֥דֶשׁ הַשֵּׁנִֽי׃ 3 כִּ֣י לֹ֤א יָֽכְלוּ֙ לַעֲשֹׂת֣וֹᵃ בָּעֵ֣ת הַהִ֔יא כִּ֤י הַכֹּהֲנִים֙ לֹֽא־ — מ̇ז̇ פסוק לא לא לא. ו̇ זוגין[5]. ה̇ וחס[6]

4 הִתְקַדְּשׁ֣וּ לְמַדַּ֔י וְהָעָ֖ם לֹא־נֶאֶסְפ֥וּ לִירוּשָׁלָֽ͏ִם׃ 4 וַיִּישַׁ֥ר הַדָּבָ֖ר בְּעֵינֵ֣י — ה̇י̇. ג̇ מל[7]. קלט̇[3]

5 הַמֶּ֑לֶךְ וּבְעֵינֵ֖י כָּל־הַקָּהָֽל׃ 5 וַיַּעֲמִ֣ידוּ דָבָ֗ר לְהַעֲבִ֤יר קוֹל֙ בְּכָל־

[32] Mm 4203. [33] Mm 2203. [34] Mm 2109. [35] Mm 4236. [36] Mp sub loco. [37] Q addidi, cf 1 Ch 15,24; 2 Ch 5,13; 7,6; 13,14 et Mp sub loco. [38] Mm 85. [39] Dt 31,29. [40] Mm 1254. [41] Mm 593. [42] Mm 4237. [43] Mm 1208. [44] וחד יחזקום Jer 10,4. [45] Mm 912. [46] Mm 3893. [47] Mm 4070. [48] Mm 698. **Cp 30** [1] Mm 4238. [2] Mm 4151. [3] Mp sub loco. [4] Mm 4236. [5] Mm 2036. [6] Mm 305. [7] Mm 968.

25 ᵃ⁻ᵃ 𝔊ᴮ *τοῦ προφήτου* ‖ ᵇ⁻ᵇ prp בְּדָוִיד הָיָה ‖ **27** ᵃ⁻ᵃ 𝔊 *πρός* ‖ **28** ᵃ cf 1 Ch 15,24ᵃ ‖ ᵇ > 𝔊𝔖𝔙 ‖ **31** ᵃ ins לָעָם cf 31b ‖ ᵇ prp מַלְאוּ אַתֶּם cf 1 Ch 29,5 ‖ **33** ᵃ 𝔊ᴮ + 500 ‖ **36** ᵃ ℭ לרב; prp לָעֵת ‖ **Cp 30,3** ᵃ ins לְעִתּוֹ vel בְּעִתּוֹ (hpgr).

[8]ב̇ יִשְׂרָאֵל מִבְּאֵר־שֶׁבַע וְעַד־דָּן לָבוֹא לַעֲשׂוֹת פֶּסַח לַיהוָה אֱלֹהֵי־
יִשְׂרָאֵל בִּירוּשָׁלִָם כִּי לֹא לָרֹב[a] עָשׂוּ כַּכָּתוּב׃ 6 וַיֵּלְכוּ הָרָצִים 6
ל̇. ל̇ בָּאִגְּרוֹת מִיַּד הַמֶּלֶךְ וְשָׂרָיו בְּכָל־יִשְׂרָאֵל וִיהוּדָה וּכְמִצְוַת[a] הַמֶּלֶךְ[b]
ד̇ בליש[9]. לג̇ ט̇ מנה בכתיב לֵאמֹר בְּנֵי יִשְׂרָאֵל שׁוּבוּ אֶל־יְהוָה אֱלֹהֵי אַבְרָהָם יִצְחָק וְיִשְׂרָאֵל
ה̇[10]. ל̇ וְיָשֹׁב אֶל־הַפְּלֵיטָה הַנִּשְׁאֶרֶת לָכֶם מִכַּף מַלְכֵי[c] אַשּׁוּר׃ 7 וְאַל־תִּהְיוּ 7
ל̇. יז̇ מל̇ בסיפ[8] כַּאֲבוֹתֵיכֶם וְכַאֲחֵיכֶם אֲשֶׁר מָעֲלוּ בַּיהוָה אֱלֹהֵי אֲבוֹתֵיהֶם וַיִּתְּנֵם
כה̇[11] ר״פ ח̇ מנה בסיפ. ג̇[12] לְשַׁמָּה כַּאֲשֶׁר אַתֶּם רֹאִים׃ 8 עַתָּה אַל־תַּקְשׁוּ עָרְפְּכֶם כַּאֲבוֹתֵיכֶם 8
[a]תְּנוּ־יָד[b] לַיהוָה[a] וּבֹאוּ לְמִקְדָּשׁוֹ אֲשֶׁר הִקְדִּישׁ לְעוֹלָם וְעִבְדוּ אֶת־
ה̇[10]. ל̇א[13] יְהוָה אֱלֹהֵיכֶם וְיָשֹׁב מִכֶּם חֲרוֹן אַפּוֹ׃ 9 כִּי בְשׁוּבְכֶם עַל־יְהוָה[a] 9
ג̇ מל[14]. ג̇[15] אֲחֵיכֶם וּבְנֵיכֶם לְרַחֲמִים לִפְנֵי שׁוֹבֵיהֶם וְלָשׁוּב לָאָרֶץ הַזֹּאת כִּי־חַנּוּן
וְרַחוּם יְהוָה אֱלֹהֵיכֶם וְלֹא־יָסִיר פָּנִים[b] מִכֶּם אִם־תָּשׁוּבוּ אֵלָיו׃ פ
ל̇ 10 וַיִּהְיוּ הָרָצִים עֹבְרִים מֵעִיר ׀ לָעִיר בְּאֶרֶץ־אֶפְרַיִם וּמְנַשֶּׁה וְעַד־ 10
ל̇. ל̇ וחס̇. ל̇ זְבֻלוּן[a] וַיִּהְיוּ מַשְׂחִיקִים[b] עֲלֵיהֶם וּמַלְעִגִים בָּם׃ 11 אַךְ־אֲנָשִׁים מֵאָשֵׁר 11
ב̇[16]. ד̇ בליש ול̇ בסיפ וּמְנַשֶּׁה[a] וּמִזְּבֻלוּן נִכְנְעוּ וַיָּבֹאוּ לִירוּשָׁלִָם׃ 12 גַּם בִּיהוּדָה הָיְתָה יַד 12
ה̇[17] הָאֱלֹהִים לָתֵת לָהֶם לֵב אֶחָד לַעֲשׂוֹת מִצְוַת הַמֶּלֶךְ וְהַשָּׂרִים בִּדְבַר[a]
יב̇[8]. לג̇ קמ[18] יְהוָה׃ 13 וַיֵּאָסְפוּ יְרוּשָׁלִַם עַם־רָב לַעֲשׂוֹת אֶת־חַג הַמַּצּוֹת בַּחֹדֶשׁ 13
ה̇[19] הַשֵּׁנִי קָהָל לָרֹב[a] מְאֹד׃ 14 וַיָּקֻמוּ וַיָּסִירוּ אֶת־הַמִּזְבְּחוֹת אֲשֶׁר 14
ל̇ ומל[8] בִּירוּשָׁלִָם וְאֵת כָּל־הַמְקַטְּרוֹת[a] הֵסִירוּ וַיַּשְׁלִיכוּ לְנַחַל קִדְרוֹן׃
ח̇[20] 15 וַיִּשְׁחֲטוּ הַפֶּסַח בְּאַרְבָּעָה עָשָׂר לַחֹדֶשׁ הַשֵּׁנִי וְהַכֹּהֲנִים וְהַלְוִיִּם[a] 15
ל̇ו נִכְלְמוּ וַיִּתְקַדְּשׁוּ וַיָּבִיאוּ עֹלוֹת בֵּית יְהוָה׃ 16 וַיַּעַמְדוּ עַל־עָמְדָם 16
ו̇[21] כְּמִשְׁפָּטָם כְּתוֹרַת מֹשֶׁה אִישׁ־הָאֱלֹהִים הַכֹּהֲנִים[a] זֹרְקִים אֶת־הַדָּם
ד̇ דגש[22]. ג̇ קמ מִיַּד הַלְוִיִּם׃ 17 כִּי־רַבַּת בַּקָּהָל אֲשֶׁר לֹא־הִתְקַדָּשׁוּ וְהַלְוִיִּם עַל־ 17
ל̇. ל̇. ג̇[23] שְׁחִיטַת הַפְּסָחִים לְכֹל לֹא טָהוֹר לְהַקְדִּישׁ לַיהוָה׃ 18 כִּי מַרְבִּית 18
ל̇[24] הָעָם רַבַּת מֵאֶפְרַיִם וּמְנַשֶּׁה יִשָּׂשכָר וּזְבֻלוּן לֹא הִטֶּהָרוּ כִּי־אָכְלוּ

[8]Mp sub loco. [9]Mm 4147. [10]Mm 976. [11]Mm 1057. [12]Mm 1109. [13]Mm 486. [14]Mm 3380. [15]Mm 4239. [16]Mm 1419. [17]Mm 1549. [18]Mm 264. [19]Mm 3179. [20]Mm 1199. [21]Mm 3890. [22]Mm 3722. [23]Mm 1542. [24]וחד והטהרו Nu 8,7.

5 [a] > 𝔗 ‖ **6** [a] mlt Mss ובמ׳, Ms 𝔊𝔙 כמ׳ ‖ [b] prb ins דִּבְּרוּ אֶל־בְּנֵי יִשְׂרָאֵל בְּשֵׁם הַמֶּלֶךְ vel sim (homtel) ‖ [c] 𝔊𝔖𝔙 sg ‖ **8** [a–a] > 𝔖 ‖ [b] 𝔊 δόξαν ‖ **9** [a] ins יִהְיוּ cf 𝔊 (hpgr) ‖ [b] Vrs + suff 3 sg ‖ **10** [a] prp גְּבֻל דָּן ‖ [b] Mss מְשַׂחֲקִים ‖ **11** [a] l וּמְמ׳ (מ hpgr) cf 𝔊 ‖ **12** [a] pc Mss 𝔖𝔗 כִּד׳ ‖ **13** [a] cf 24,24[a] ‖ **14** [a] prp הַמְקַטְּרֹת cf Ex 30,1 ‖ **15** [a] dl וְ cf 27 ‖ **16** [a] pc Mss 𝔊𝔙 וְה׳.

אֶת־הַפֶּסַח בְּלֹא כַכָּתוּב כִּי הִתְפַּלֵּל יְחִזְקִיָּהוּ עֲלֵיהֶם לֵאמֹר יְהוָה
19 הַטּוֹב יְכַפֵּר בְּעַד׃ [a] 19 כָּל־לְבָבוֹ הֵכִין לִדְרוֹשׁ הָאֱלֹהִים ׀ יְהוָה אֱלֹהֵי — ל. ל[25]
20 אֲבוֹתָיו וְלֹא כְּטָהֳרַת הַקֹּדֶשׁ׃ ס 20 וַיִּשְׁמַע יְהוָה אֶל־יְחִזְקִיָּהוּ — ג מל[26]. ל
21 וַיִּרְפָּא אֶת־הָעָם׃ ס 21 וַיַּעֲשׂוּ בְנֵי־יִשְׂרָאֵל הַנִּמְצְאִים בִּירוּשָׁלִַם — ב[27]
אֶת־חַג הַמַּצּוֹת שִׁבְעַת יָמִים בְּשִׂמְחָה גְדוֹלָה וּמְהַלְלִים לַיהוָה יוֹם ׀ — ג
22 בְּיוֹם הַלְוִיִּם וְהַכֹּהֲנִים [a]בִּכְלֵי־עֹז[ab] לַיהוָה׃ ס 22 וַיְדַבֵּר יְחִזְקִיָּהוּ — ד[28]
עַל־לֵב כָּל־הַלְוִיִּם הַמַּשְׂכִּילִים שֵׂכֶל־טוֹב לַיהוָה וַיֹּאכְלוּ[a] אֶת־ — ב מל[29]
הַמּוֹעֵד שִׁבְעַת הַיָּמִים מְזַבְּחִים זִבְחֵי שְׁלָמִים וּמִתְוַדִּים לַיהוָה אֱלֹהֵי — ח[30]
23 אֲבוֹתֵיהֶם׃ ס 23 וַיִּוָּעֲצוּ כָּל־הַקָּהָל לַעֲשׂוֹת שִׁבְעַת יָמִים אֲחֵרִים — יז מל בסיפ
24 וַיַּעֲשׂוּ שִׁבְעַת־יָמִים שִׂמְחָה[a]׃ 24 כִּי חִזְקִיָּהוּ מֶלֶךְ־יְהוּדָה הֵרִים לַקָּהָל — ה בסיפ[31]
אֶלֶף פָּרִים וְשִׁבְעַת אֲלָפִים צֹאן ס וְהַשָּׂרִים הֵרִימוּ לַקָּהָל פָּרִים — ל
25 אֶלֶף וְצֹאן עֲשֶׂרֶת אֲלָפִים וַיִּתְקַדְּשׁוּ[a] כֹהֲנִים לָרֹב׃ 25 וַיִּשְׂמְחוּ ׀ כָּל־
קְהַל יְהוּדָה וְהַכֹּהֲנִים וְהַלְוִיִּם וְכָל־הַקָּהָל הַבָּאִים מִיִּשְׂרָאֵל וְהַגֵּרִים — ח[32]. ה[33]. ד בליש בסיפ
26 הַבָּאִים מֵאֶרֶץ יִשְׂרָאֵל וְהַיּוֹשְׁבִים בִּיהוּדָה׃ 26 וַתְּהִי שִׂמְחָה־גְדוֹלָה — ג[34] חד חס וב מן ל מל בליש
בִּירוּשָׁלִָם כִּי מִימֵי שְׁלֹמֹה בֶן־דָּוִיד מֶלֶךְ יִשְׂרָאֵל לֹא[a] כָזֹאת — ג[35]
27 בִּירוּשָׁלִָם׃ ס 27 וַיָּקֻמוּ הַכֹּהֲנִים הַלְוִיִּם[a] וַיְבָרְכוּ אֶת־הָעָם — יג[36]
וַיִּשָּׁמַע[b] בְּקוֹלָם וַתָּבוֹא תְפִלָּתָם לִמְעוֹן קָדְשׁוֹ לַשָּׁמָיִם׃ פ — ל[37]

31 1 וּכְכַלּוֹת כָּל־זֹאת יָצְאוּ כָּל־יִשְׂרָאֵל הַנִּמְצְאִים לְעָרֵי יְהוּדָה
וַיְשַׁבְּרוּ הַמַּצֵּבוֹת וַיְגַדְּעוּ הָאֲשֵׁרִים וַיְנַתְּצוּ אֶת־הַבָּמוֹת וְאֶת־ — ג
הַמִּזְבְּחֹת מִכָּל־יְהוּדָה וּבִנְיָמִן וּבְאֶפְרַיִם וּמְנַשֶּׁה עַד־לְכַלֵּה וַיָּשׁוּבוּ — ל ולא געיא. ב בסיפ. ט כת ה[1]
2 כָּל־בְּנֵי יִשְׂרָאֵל אִישׁ לַאֲחֻזָּתוֹ לְעָרֵיהֶם׃ ס 2 וַיַּעֲמֵד יְחִזְקִיָּהוּ — ל
אֶת־מַחְלְקוֹת הַכֹּהֲנִים וְהַלְוִיִּם עַל־מַחְלְקוֹתָם אִישׁ ׀ כְּפִי עֲבֹדָתוֹ — כא[2]. ד חס בליש ובסיפ
לַכֹּהֲנִים וְלַלְוִיִּם לְעֹלָה וְלִשְׁלָמִים לְשָׁרֵת[a] וּלְהֹדוֹת וּלְהַלֵּל בְּשַׁעֲרֵי — ג ב חס וחד מל[3]
3 מַחֲנוֹת[b] יְהוָה׃ ס 3 וּמְנָת[a] הַמֶּלֶךְ מִן־רְכוּשׁוֹ לָעֹלוֹת — ל. ל. ב מל. ל

[25] Mm 4104. [26] Mm 4240. [27] Gn 20,17. [28] Mm 4203. [29] Mm 4241. [30] Mm 4051. [31] Mm 2203. [32] Mm 1199. [33] Mm 4236. [34] Mm 2592. [35] Mm 3569. [36] Mm 1188. [37] Mm 3112. **Cp 31** [1] Mm 2122. [2] Mm 4144. [3] Mm 4077ב.

18 [a] dl : cf Vrs || **21** [a–a] prp בְּכָל־עֹז || [b] > 𝔊 || **22** [a] 𝔊 *καὶ συνετέλεσαν*, l וַיְכַלּוּ || **23** [a] nonn Mss בְּשׂ׳ || **24** [a] 𝔊 *καὶ τὰ ἅγια* || **26** [a] pc Mss + הָיְתָה cf Vrs; 𝔊 + *ἑορτή* || **27** [a] Mss 𝔊ᴬᵃˡ𝔖𝔗𝔙 וְהַ׳ || [b] l שָׁמֵעַ (= וַיהוה) וי׳ cf 𝔖𝔄 || **Cp 31,2** [a] l וּל׳ (cf 𝔊) et tr ante בשערי || [b] 𝔊 *ἐν ταῖς αὐλαῖς οἴκου*, l חַצְרוֹת? > 𝔖 || **3** [a] prp וּמַתְּנַת cf 𝔖𝔄.

ג חס בליש — הַבֹּקֶר וְהָעֶרֶב וְהָעֹלוֹת לַשַּׁבָּתוֹת וְלֶחֳדָשִׁים וְלַמֹּעֲדִים כַּכָּתוּב
ל. כא[4] — בְּתוֹרַת יְהוָה׃ 4 וַיֹּאמֶר לָעָם לְיוֹשְׁבֵי יְרוּשָׁלִַם לָתֵת מְנָת הַכֹּהֲנִים 4
ל וחס — וְהַלְוִיִּם לְמַעַן יֶחֶזְקוּ בְּתוֹרַת[a] יְהוָה׃ 5 וְכִפְרֹץ[a] הַדָּבָר הִרְבּוּ בְנֵי־ 5
כח. ב[5]. ל — יִשְׂרָאֵל רֵאשִׁית דָּגָן תִּירוֹשׁ וְיִצְהָר וּדְבַשׁ וְכֹל תְּבוּאַת שָׂדֶה וּמַעְשַׂר
י מל ב מנה בליש ול בכתיב — הַכֹּל לָרֹב הֵבִיאוּ׃ 6 [a]וּבְנֵי יִשְׂרָאֵל וִיהוּדָה[ab] הַיּוֹשְׁבִים בְּעָרֵי יְהוּדָה 6
ד[6] — גַּם־הֵם[c] מַעְשַׂר בָּקָר וָצֹאן וּמַעְשַׂר[d] קֳדָשִׁים[e] הַמְקֻדָּשִׁים לַיהוָה
ל. ז ר״פ[7] — אֱלֹהֵיהֶם הֵבִיאוּ וַיִּתְּנוּ[f] עֲרֵמוֹת עֲרֵמוֹת׃ ס 7 בַּחֹדֶשׁ הַשְּׁלִשִׁי 7
ל — הֵחֵלּוּ הָעֲרֵמוֹת לְיִסּוֹד[a] וּבַחֹדֶשׁ הַשְּׁבִיעִי כִּלּוּ׃ ס 8 וַיָּבֹאוּ 8
ז[8] — יְחִזְקִיָּהוּ וְהַשָּׂרִים וַיִּרְאוּ אֶת־הָעֲרֵמוֹת וַיְבָרְכוּ אֶת־יְהוָה וְאֵת עַמּוֹ
ג[9]. ל וכן בטע[10]. כא[4] — יִשְׂרָאֵל׃ פ 9 וַיִּדְרֹשׁ יְחִזְקִיָּהוּ עַל־הַכֹּהֲנִים וְהַלְוִיִּם עַל־ 9
לז כג מנה בסיפ — הָעֲרֵמוֹת׃ 10 וַיֹּאמֶר אֵלָיו עֲזַרְיָהוּ הַכֹּהֵן הָרֹאשׁ לְבֵית צָדוֹק וַיֹּאמֶר ס כג
ב[11]. ב וכל לשון אריה דכות. י מל. ב ומל. ג[12]. ב מל[13] — מֵהָחֵל הַתְּרוּמָה לָבִיא[a] בֵית־יְהוָה אָכוֹל וְשָׂבוֹעַ וְהוֹתֵר עַד־לָרוֹב
יב — כִּי יְהוָה בֵּרַךְ אֶת־עַמּוֹ וְהַנּוֹתָר[b] אֶת־הֶהָמוֹן הַזֶּה׃ ס 11 וַיֹּאמֶר 11
לט. ל — יְחִזְקִיָּהוּ לְהָכִין לְשָׁכוֹת בְּבֵית יְהוָה וַיָּכִינוּ׃ 12 וַיָּבִיאוּ אֶת־הַתְּרוּמָה 12
כנניהו[13] חד מן ג[14] ק יתיר ו — וְהַמַּעֲשֵׂר וְהַקֳּדָשִׁים[a] בֶּאֱמוּנָה וַעֲלֵיהֶם נָגִיד כָּונַנְיָהוּ הַלֵּוִי וְשִׁמְעִי
ד[15]. ג. ז בליש — אָחִיהוּ מִשְׁנֶה׃ 13 וִיחִיאֵל וַעֲזַזְיָהוּ[a] וְנַחַת וַעֲשָׂהאֵל וִירִימוֹת וְיוֹזָבָד 13
ל. ד ב מל וב חס[16]. כנניהו חד מן ג[14] ק יתיר ו — וֶאֱלִיאֵל וְיִסְמַכְיָהוּ וּמַחַת וּבְנָיָהוּ[b] פְּקִידִים מִיַּד כָּונַנְיָהוּ וְשִׁמְעִי אָחִיו
מח. י מל בליש — בְּמִפְקַד יְחִזְקִיָּהוּ הַמֶּלֶךְ וַעֲזַרְיָהוּ נְגִיד בֵּית־הָאֱלֹהִים[c]׃ 14 וְקוֹרֵא 14
ל מל. ב[17] — בֶן־יִמְנָה הַלֵּוִי הַשּׁוֹעֵר לַמִּזְרָחָה עַל נִדְבוֹת הָאֱלֹהִים לָתֵת[a] תְּרוּמַת
ג בליש. ב — יְהוָה וְקָדְשֵׁי הַקֳּדָשִׁים׃ 15 וְעַל־יָדוֹ עֵדֶן[a] וּמִנְיָמִן[b] וְיֵשׁוּעַ וּשְׁמַעְיָהוּ 15
ג — אֲמַרְיָהוּ וּשְׁכַנְיָהוּ בְּעָרֵי[c] הַכֹּהֲנִים בֶּאֱמוּנָה לָתֵת לַאֲחֵיהֶם בְּמַחְלְקוֹת
ל. ל. ל בסיפ. ג[18] ול בליש — כַּגָּדוֹל כַּקָּטָן׃ 16 מִלְּבַד[a] הִתְיַחְשָׂם לִזְכָרִים מִבֶּן שָׁלוֹשׁ שָׁנִים וּלְמַעְלָה 16

[4] Mm 4144. [5] Mm 4242. [6] Mm 3688. [7] Mm 791. [8] Mm 461. [9] Mm 761. [10] Mm 4243. [11] Mm 1149. [12] Mm 630. [13] Q addidi, cf Mp sub loco. [14] Mm 4128. [15] Mm 2660. [16] Mm 306. [17] Ps 119,108. [18] Mm 4109.

4 [a] 𝔊 *ἐν τῇ λειτουργίᾳ οἴκου* ‖ **5** [a] 𝔊 *καὶ ὡς προσέταξεν* ‖ **6** [a–a] 𝔊 (om ו) cj c 5 et addit *καί* ‖ [b] frt add ‖ [c] 𝔊(𝔙) + *ἤνεγκαν*, sed cf [f] ‖ [d] ins כל־תבואת שדה cf 5 (aberratio oculi) ‖ [e] 𝔊(𝔏) *αἰγῶν* ex *ἁγίων* ‖ [f] huc tr ‸ ‖ **7** [a] pc Mss ׳לִיס ‖ **10** [a] Seb לְהָבִיא ‖ [b] 𝔊 *καὶ κατελίπωμεν* = וַנּוֹתֵר; l prb וְהִנֵּה נוֹתַר ‖ **12** [a] > 𝔊, dl ‖ **13** [a] pc Mss 𝔊[BLal] ℭ𝔖𝔄 וְעֻזִּיָּהוּ, pc Mss 𝔙 וַעֲזַרְיָהוּ ‖ [b] 𝔊 + *καὶ οἱ υἱοὶ αὐτοῦ* (versio duplex) ‖ [c] 𝔖 *mlk'* crrp ex *mrj'* cf 𝔄 ‖ **14** [a] l ׳וְלִ ‖ **15** [a] 𝔊* *Οδομ* ‖ [b] pc Mss 𝔊𝔖𝔙 ׳וּבְנ ‖ [c] 𝔊 *διὰ χειρός* ‖ **16** [a] 𝔊[B] *ἕκαστος* crrp ex *ἐκτός* (sic 𝔊[Aal]); prp כֹּל כְּדֵי.

לְכָל־הַבָּא לְבֵית־יְהוָה לִדְבַר־יוֹם בְּיוֹמוֹ לַעֲבוֹדָתָם בְּמִשְׁמְרוֹתָם
17 כְּמַחְלְקוֹתֵיהֶם[b]׃ 17 וְאֵת[a] הִתְיַחֵשׂ הַכֹּהֲנִים לְבֵית אֲבוֹתֵיהֶם
וְהַלְוִיִּם מִבֶּן עֶשְׂרִים שָׁנָה וּלְמָעְלָה בְּמִשְׁמְרוֹתֵיהֶם בְּמַחְלְקוֹתֵיהֶם׃
18 וּלְהִתְיַחֵשׂ בְּכָל־טַפָּם[a] נְשֵׁיהֶם[b] וּבְנֵיהֶם וּבְנוֹתֵיהֶם[a] לְכָל־קָהָל כִּי
19 בֶאֱמוּנָתָם[c] יִתְקַדְּשׁוּ[d]־קֹדֶשׁ׃ 19 וְלִבְנֵי אַהֲרֹן הַכֹּהֲנִים[a] בִּשְׂדֵי[b] מִגְרַשׁ
עָרֵיהֶם בְּכָל־עִיר וָעִיר אֲנָשִׁים אֲשֶׁר נִקְּבוּ בְּשֵׁמוֹת לָתֵת מָנוֹת לְכָל־
20 זָכָר בַּכֹּהֲנִים וּלְכָל־הִתְיַחֵשׂ בַּלְוִיִּם׃ 20 וַיַּעַשׂ כָּזֹאת יְחִזְקִיָּהוּ
בְּכָל־יְהוּדָה וַיַּעַשׂ הַטּוֹב וְהַיָּשָׁר וְהָאֱמֶת[a] לִפְנֵי יְהוָה אֱלֹהָיו׃
21 וּבְכָל־מַעֲשֶׂה אֲשֶׁר־הֵחֵל ׀ בַּעֲבוֹדַת בֵּית־הָאֱלֹהִים וּבַתּוֹרָה
וּבַמִּצְוָה[a] לִדְרֹשׁ לֵאלֹהָיו בְּכָל־לְבָבוֹ עָשָׂה וְהִצְלִיחַ׃ פ

32 1 אַחֲרֵי הַדְּבָרִים וְהָאֱמֶת הָאֵלֶּה בָּא סַנְחֵרִיב מֶלֶךְ־אַשּׁוּר
וַיָּבֹא בִיהוּדָה וַיִּחַן עַל־הֶעָרִים הַבְּצֻרוֹת וַיֹּאמֶר לְבִקְעָם אֵלָיו׃
2 וַיַּרְא יְחִזְקִיָּהוּ כִּי־בָא סַנְחֵרִיב וּפָנָיו לַמִּלְחָמָה עַל־יְרוּשָׁלָםִ׃
3 וַיִּוָּעַץ עִם־שָׂרָיו וְגִבֹּרָיו לִסְתּוֹם אֶת־מֵימֵי הָעֲיָנוֹת אֲשֶׁר מִחוּץ לָעִיר
4 וַיַּעְזְרוּהוּ׃ 4 וַיִּקָּבְצוּ עַם־רָב וַיִּסְתְּמוּ אֶת־כָּל[a]־הַמַּעְיָנוֹת וְאֶת־הַנַּחַל
הַשּׁוֹטֵף בְּתוֹךְ־הָאָרֶץ[b] לֵאמֹר לָמָּה יָבוֹאוּ[c] מַלְכֵי[c] אַשּׁוּר וּמָצְאוּ[c]
5 מַיִם רַבִּים׃ 5 וַיִּתְחַזַּק[a] וַיִּבֶן אֶת־כָּל־הַחוֹמָה הַפְּרוּצָה[b] וַיַּעַל[c] עַל־
הַמִּגְדָּלוֹת[bc] וְלַחוּצָה הַחוֹמָה[d] אַחֶרֶת[e] וַיְחַזֵּק אֶת־הַמִּלּוֹא עִיר דָּוִיד
6 וַיַּעַשׂ שֶׁלַח לָרֹב וּמָגִנִּים׃ 6 וַיִּתֵּן שָׂרֵי מִלְחָמוֹת עַל־הָעָם וַיִּקְבְּצֵם
7 אֵלָיו אֶל־רְחוֹב שַׁעַר הָעִיר[a] וַיְדַבֵּר עַל־לְבָבָם לֵאמֹר׃ 7 חִזְקוּ
וְאִמְצוּ אַל־תִּירְאוּ וְאַל־תֵּחַתּוּ מִפְּנֵי מֶלֶךְ אַשּׁוּר וּמִלִּפְנֵי כָּל־הֶהָמוֹן
8 אֲשֶׁר־עִמּוֹ כִּי־עִמָּנוּ רַב מֵעִמּוֹ׃ 8 עִמּוֹ זְרוֹעַ בָּשָׂר וְעִמָּנוּ יְהוָה אֱלֹהֵינוּ
לְעָזְרֵנוּ וּלְהִלָּחֵם מִלְחֲמֹתֵנוּ וַיִּסָּמְכוּ הָעָם עַל־דִּבְרֵי יְחִזְקִיָּהוּ מֶלֶךְ־
9 יְהוּדָה׃ פ 9 אַחַר זֶה שָׁלַח סַנְחֵרִיב מֶלֶךְ־אַשּׁוּר עֲבָדָיו

ג[19]. ב מל בליש. ב חד חס וחד מל[20]. ב פסוק דמטע[21]
ל. ז בליש[22]. יז מל בסיפ
ג[23]. ב מנה בליש. ב פסוק דמטע[21]
ג[24]
ו[25] כת י וכל רות דכות ב מ ב
ל. ג בליש[26]
ד[27]. ג[28]
ג פסוק ובכל בכל. ו[29]. ז[30]. מה. ל
ל. ז חס[31] וכל אורית ונביא דכות ב מ ב. ז ל בליש[32]
ג[1]
ל
ג[2]
ב חד מל וחד חס[3]
ל ומל. לג קמ[4]
ג מ[5]
ב וכל התחזק דכות[6]. ל
ל. ל. ה וכל דסמיכ לאדכרה דכות[7]
ל. ז פסוק על אל על. ה וכל עזרא דכות[8]
ל. ג
ל
ד ר״פ[9]
ל. ב וחס. ל

[19] Mm 4082. [20] Mm 890. [21] Mm 4244. [22] Mm 4025. [23] Mm 4109. [24] Mm 1696. [25] Mm 2329. [26] Mp sub loco. [27] Mm 1131. [28] Mm 4245. [29] Mm 2217. [30] Mm 4034. [31] Mm 4226. [32] Mm 4104. Cp 32 [1] Mm 4245. [2] Mm 2456. [3] Mm 2609. [4] Mm 264. [5] Mm 3344. [6] Mm 4209. [7] Mm 1661. [8] Mm 1968. [9] Mm 3479.

16 [b] mlt Mss 𝔖 'בְּמ || **17** [a] 𝔊 *οὗτος* = זאת || **18** [a–a] add || [b] > 𝔊 || [c] l בֶּאֱבוֹתָם || [d] pc Mss 'הִתְ || **19** [a] Ms 𝔖 ־ַ֫ן || [b] mlt Mss ־דה || **20** [a] > 𝔊$^{-L}$ || **21** [a] huc tr || Cp 32,4 [a] 𝔊 *ὕδατα* || [b] 𝔊 *(διὰ) τῆς πόλεως* || [c] 𝔊𝔖𝔄 sg || **5** [a] prp וַיִּתְחַזְּקוּ, quod cj c 4 (cf 𝔊 + *καὶ κατισχύσῃ*) || [b–b] 𝔊 *καὶ πύργους* || [c–c] l 'עָלֶיהָ מ cf 𝔗𝔙 || [d] 𝔊𝔙 om הַ || [e] nonn Mss 'הָא || **6** [a] 𝔊 *τῆς φάραγγος*.

יְרוּשָׁלַ֫יְמָה וְהוּא עַל־לָכִישׁ וְכָל־מֶמְשַׁלְתּוֹ עִמּוֹ עַל־יְחִזְקִיָּהוּ מֶלֶךְ ה̇[10] ול[11] מל . ח
10 יְהוּדָה וְעַל־כָּל־יְהוּדָה אֲשֶׁר בִּירוּשָׁלַ֫ם לֵאמֹר׃ 10 כֹּה אָמַר סַנְחֵרִיב
11 מֶלֶךְ אַשּׁוּר עַל־מָה אַתֶּם בֹּטְחִים וְיֹשְׁבִים בְּמָצוֹר בִּירוּשָׁלָ֫ם׃ 11 הֲלֹא ב . ל̇ וכל ובמצוק דכות
יְחִזְקִיָּהוּ מַסִּית אֶתְכֶם לָתֵת אֶתְכֶם לָמוּת בְּרָעָב וּבְצָמָא לֵאמֹר יְהוָה ל̇ . ד̇[12]
12 אֱלֹהֵינוּ יַצִּילֵנוּ מִכַּף מֶלֶךְ אַשּׁוּר׃ 12 הֲלֹא־הוּא יְחִזְקִיָּהוּ הֵסִיר אֶת־
בָּמֹתָיו וְאֶת־מִזְבְּחֹתָיו וַיֹּאמֶר לִיהוּדָה וְלִירוּשָׁלַ֫ם לֵאמֹר לִפְנֵי [a]מִזְבֵּחַ ה̇[14] . ד . כל חס[13]
13 אֶחָד[a] תִּשְׁתַּחֲווּ וְעָלָיו תַּקְטִירוּ׃ 13 הֲלֹא תֵדְעוּ מֶה עָשִׂיתִי אֲנִי וַאֲבוֹתַי ז . ב̇[15] . ז מל
לְכֹל עַמֵּי הָאֲרָצוֹת הֲיָכוֹל יָכְלוּ אֱלֹהֵי גּוֹיֵ הָאֲרָצוֹת לְהַצִּיל אֶת־ ח בליש . ב חד מל וחד חס . ב חס לא[13] . ב
14 אַרְצָם מִיָּדִי׃ 14 מִי בְּכָל־אֱלֹהֵי הַגּוֹיִם הָאֵלֶּה אֲשֶׁר הֶחֱרִימוּ אֲבוֹתַי ל̇ . ז מל
אֲשֶׁר יָכוֹל לְהַצִּיל אֶת־עַמּוֹ מִיָּדִי כִּי יוּכַל אֱלֹהֵיכֶם לְהַצִּיל אֶתְכֶם ד מל[16] . ל̇
15 מִיָּדִי׃ 15 וְעַתָּה אַל־יַשִּׁיא אֶתְכֶם חִזְקִיָּהוּ וְאַל־יַסִּית אֶתְכֶם כָּזֹאת ה̇ ב מל וג חס . ה בסיפ[17]
וְאַל־תַּאֲמִינוּ לוֹ כִּי־לֹא יוּכַל כָּל־אֱלוֹהַ[a] כָּל־גּוֹי וּמַמְלָכָה לְהַצִּיל י̇ פסוק כל כל ומילה חדה ביניה[18]
עַמּוֹ מִיָּדִי וּמִיַּד אֲבוֹתָי אַף כִּי אֱלֹהֵיכֶם לֹא־יַצִּילוּ[b] אֶתְכֶם מִיָּדִי׃ ז מל
16 16 וְעוֹד דִּבְּרוּ עֲבָדָיו עַל־יְהוָה הָאֱלֹהִים וְעַל יְחִזְקִיָּהוּ עַבְדּוֹ׃ כג ה̇[19] מנה ר״פ . לא[20] . ל̇[21]
17 17 וּסְפָרִים כָּתַב לְחָרֵף לַיהוָה אֱלֹהֵי יִשְׂרָאֵל וְלֵאמֹר עָלָיו לֵאמֹר ג̇[22]
כֵּאלֹהֵי גּוֹיֵ הָאֲרָצוֹת אֲשֶׁר לֹא־הִצִּילוּ עַמָּם מִיָּדִי כֵּן לֹא־יַצִּיל אֱלֹהֵי ג מל וכל אורית דכות[23] . ב
18 יְחִזְקִיָּהוּ עַמּוֹ מִיָּדִי׃ 18 וַיִּקְרְאוּ[a] בְקוֹל־גָּדוֹל יְהוּדִית עַל־עַם יְרוּשָׁלַ֫ם ז
אֲשֶׁר עַל־הַחוֹמָה לְיָרְאָם וּלְבַהֲלָם לְמַעַן יִלְכְּדוּ אֶת־הָעִיר׃ ל̇ . ל̇
19 19 וַיְדַבְּרוּ[a] אֶל־אֱלֹהֵי יְרוּשָׁלָ֫ם כְּעַל אֱלֹהֵי עַמֵּי הָאָרֶץ מַעֲשֵׂה[b] יְדֵי ל̇ . ב . ל̇ ובסיפ
20 הָאָדָם׃ ס 20 וַיִּתְפַּלֵּל יְחִזְקִיָּהוּ הַמֶּלֶךְ וִישַׁעְיָהוּ בֶן־אָמוֹץ הַנָּבִיא
21 עַל־זֹאת [a]וַיִּזְעֲקוּ הַשָּׁמָיִם[a]׃ פ 21 וַיִּשְׁלַח יְהוָה מַלְאָךְ וַיַּכְחֵד
כָּל־גִּבּוֹר חַיִל וְנָגִיד וְשָׂר בְּמַחֲנֵה מֶלֶךְ אַשּׁוּר וַיָּשָׁב בְּבֹשֶׁת פָּנִים ב זקף קמ . ב
לְאַרְצוֹ וַיָּבֹא בֵּית אֱלֹהָיו וּמִיצִיאֵו[a] מֵעָיו שָׁם הִפִּילֻהוּ בֶחָרֶב׃ ומיציאי חד מן מח[24] כת ו וקר י . ל̇ וכת ק̇
22 22 וַיּוֹשַׁע יְהוָה אֶת־יְחִזְקִיָּהוּ וְאֵת ׀ יֹשְׁבֵי יְרוּשָׁלַ֫ם מִיַּד סַנְחֵרִיב מֶלֶךְ־ ט̇[25]
23 אַשּׁוּר וּמִיַּד־כֹּל[a] וַיְנַהֲלֵם[b] מִסָּבִיב׃ 23 וְרַבִּים מְבִיאִים מִנְחָה לַיהוָה ב̇[26] . ו̇[27]

[10]Mm 1939. [11]Mm 3747. [12]Mm 1206. [13]Mp sub loco. [14]Mm 2159. [15]Lv 2,11. [16]Mm 911. [17]Mm 2203. [18]Mm 3316. [19]Mm 2227. [20]Mm 486. [21]Mm 1372. [22]Mm 4246. [23]Mm 2656. [24]Mm 3811. [25]Mm 1395. [26]Mm 4247. [27]Mm 4248.

12 [a–a] 𝔊 τοῦ θυσιαστηρίου τούτου ‖ **15** [a] sic L, mlt Mss Edd הַ– ‖ [b] nonn Mss Vrs יַצִּיל cf 17b, sic l? ‖ **18** [a] pc Mss 𝔊*𝔙 sg ‖ **19** [a] 𝔊𝔙 sg ‖ [b] Ms 𝔊𝔗 מעשי ‖ **20** [a–a] 𝔖 *wšmʿ bqlʾ dṣlwthwn mrjʾ* ‖ **21** [a] K lapsus calami ‖ **22** [a] pc Mss + אֹיְבָיו; ins חֵילוֹ ‖ [b] 𝔊(𝔙) *καὶ κατέπαυσεν αὐτούς*, l וַיָּנַח לָהֶם.

לִירוּשָׁלִַם וּמִגְדָּנוֹת לִיחִזְקִיָּהוּ מֶלֶךְ יְהוּדָה וַיִּנַּשֵּׂא[a] לְעֵינֵי כָל־הַגּוֹיִם בֹ חד חס וחד מל[28]. בֹ. בֹ[29]
מֵאַחֲרֵי־כֵן׃ ס גֹ[30]
24 בַּיָּמִים הָהֵם חָלָה יְחִזְקִיָּהוּ עַד־לָמוּת וַיִּתְפַּלֵּל אֶל־יְהוָה
25 וַיֹּאמֶר[a] לוֹ[b] וּמוֹפֵת נָתַן לוֹ׃ 25 וְלֹא־כִגְמֻל עָלָיו הֵשִׁיב יְחִזְקִיָּהוּ כִּי בֹ[31]. בֹ
26 גָבַהּ לִבּוֹ וַיְהִי עָלָיו קֶצֶף וְעַל־יְהוּדָה וִירוּשָׁלִָם׃ 26 וַיִּכָּנַע יְחִזְקִיָּהוּ הֹ[32]. לֹ. גֹ. לֹ
בְּגֹבַהּ[a] לִבּוֹ הוּא וְיֹשְׁבֵי יְרוּשָׁלִָם וְלֹא־בָא עֲלֵיהֶם קֶצֶף יְהוָה בִּימֵי לדֹ[33] מל וֹ מנה בסיפֹ. גֹ[34]
27 יְחִזְקִיָּהוּ׃ 27 וַיְהִי לִיחִזְקִיָּהוּ עֹשֶׁר וְכָבוֹד הַרְבֵּה מְאֹד וְאֹצָרוֹת עָשָׂה־ בֹ
לוֹ לְכֶסֶף וּלְזָהָב וּלְאֶבֶן יְקָרָה וְלִבְשָׂמִים וּלְמָגִנִּים[a] וּלְכֹל כְּלֵי לֹ. לֹ[35]
28 חֶמְדָּה׃ 28 וּמִסְכְּנוֹת לִתְבוּאַת דָּגָן וְתִירוֹשׁ וְיִצְהָר וְאֻרָוֹת לְכָל־ לֹ[36]. לֹ
29 בְּהֵמָה וּבְהֵמָה [a]וַעֲדָרִים לָאֲוֵרוֹת[a]׃ 29 וְעָרִים[a] עָשָׂה לוֹ וּמִקְנֵה־צֹאן גֹ[37]. לֹ. לֹ
30 וּבָקָר לָרֹב כִּי נָתַן־לוֹ אֱלֹהִים רְכוּשׁ רַב מְאֹד׃ 30 וְהוּא יְחִזְקִיָּהוּ לגֹ ר״פ וחד מן הֹ[38] צדיקים בחד ליש
סָתַם אֶת־מוֹצָא מֵימֵי גִיחוֹן הָעֶלְיוֹן וַיַּשְּׁרֵם[a] לְמַטָּה־מַּעְרָבָה[b] לְעִיר בֹ חד כתֹ ס וחד כתֹ ש[39]. גֹ[40]. דֹ[41]
31 דָּוִיד וַיַּצְלַח יְחִזְקִיָּהוּ בְּכָל־מַעֲשֵׂהוּ׃ 31 וְכֵן בִּמְלִיצֵי ׀ שָׂרֵי[a] בָּבֶל בֹ. לֹ
הַמְשַׁלְּחִים[b] עָלָיו לִדְרֹשׁ הַמּוֹפֵת אֲשֶׁר הָיָה בָאָרֶץ עֲזָבוֹ הָאֱלֹהִים לֹ. בֹ[42]. זֹ חסֹ[43] וכל אורית ונביא דכות בֹ מֹ בֹ. בֹ
32 לְנַסּוֹתוֹ לָדַעַת כָּל־בִּלְבָבוֹ׃ 32 וְיֶתֶר דִּבְרֵי יְחִזְקִיָּהוּ וַחֲסָדָיו לֹ מל. הֹ[44]
הִנָּם כְּתוּבִים בַּחֲזוֹן יְשַׁעְיָהוּ בֶן־אָמוֹץ הַנָּבִיא עַל־[a]סֵפֶר מַלְכֵי־ לֹ[45]. גֹ
33 יְהוּדָה וְיִשְׂרָאֵל׃ 33 וַיִּשְׁכַּב יְחִזְקִיָּהוּ עִם־אֲבֹתָיו וַיִּקְבְּרֻהוּ [a]בְּמַעֲלֵה לגֹ טֹ מנה בכתיבֹ. הֹ בטעֹ
קִבְרֵי בְנֵי[a]־דָוִיד וְכָבוֹד עָשׂוּ־לוֹ בְמוֹתוֹ כָּל־יְהוּדָה וְיֹשְׁבֵי יְרוּשָׁלִָם לֹ. חֹ חסֹ איש[46]
וַיִּמְלֹךְ מְנַשֶּׁה בְנוֹ תַּחְתָּיו׃ פ

33 1 בֶּן־שְׁתֵּים עֶשְׂרֵה שָׁנָה מְנַשֶּׁה בְמָלְכוֹ וַחֲמִשִּׁים וְחָמֵשׁ[a] שָׁנָה
2 מָלַךְ בִּירוּשָׁלִָם׃ 2 וַיַּעַשׂ הָרַע בְּעֵינֵי יְהוָה כְּתוֹעֲבוֹת[a] הַגּוֹיִם אֲשֶׁר בֹ מל בליש[1]
3 הוֹרִישׁ יְהוָה מִפְּנֵי בְּנֵי יִשְׂרָאֵל׃ 3 וַיָּשָׁב וַיִּבֶן אֶת־הַבָּמוֹת אֲשֶׁר נִתַּץ לֹ

[28] Mm 4249. [29] Mm 2402. [30] Mm 1785. [31] Mm 4250. [32] Mm 2900. [33] Mp contra textum, cf Mp sub loco. [34] Mm 2785. [35] Mm 2781. [36] Mp sub loco. [37] Mm 188. [38] Mm 3908. [39] Mm 3735. [40] Mm 4129. [41] Mm 2457. [42] Mm 1959. [43] Mm 4226. [44] Mm 2238. [45] וחד חזון ישעיהו Jes 1,1. [46] Mm 2513.
Cp 33 [1] Mm 4251.

23 [a] 2 Mss ׳נָּ– ‖ **24** [a] 𝔊(𝔙) *καὶ ἐπήκουσεν*, sed cf [b] ‖ [b] ins מַרְפֵּא אֶתְּנָה לָךְ vel sim (homark) cf 2 R 20,5b ‖ **26** [a] 𝔊(𝔗) *ἀπὸ τοῦ ὕψους* ‖ **27** [a] 𝔊 *καὶ ὁπλοθήκας*, 𝔙 *et armorum universi generis*; prp וּלְמִגְדָּנִים ‖ **28** [a–a] 𝔊(𝔙) *καὶ μάνδρας εἰς τὰ ποίμνια*; > 𝔖𝔄, dl cf 29[a] ‖ **29** [a] l וַעֲדָרִים ‖ **30** [a] Q ׳וַיַּשּׁ, K ׳וַיְיַשּׁ ‖ [b] 𝔖[A] *mdnḥ'* = מִזְרָחָה ‖ **31** [a] l ־שַׂר cf 𝔏 et 2 R 20,12; nonn Mss 𝔗 + מֶלֶךְ ‖ [b] l ׳הַמְּשֻׁלָּ cf 𝔊𝔗𝔙 (vel הֵם שְׁלֻחִים) ‖ **32** [a] 𝔊𝔗𝔙𝔄 pr cop ‖ **33** [a–a] 𝔖 *bqrjth* = in urbe ‖ **Cp 33,1** [a] > 𝔊[Aal] ‖ **2** [a] 𝔊* *ἀπὸ πάντων τῶν βδελυγμάτων*.

יְחִזְקִיָּ֣הוּ אָבִ֔יו וַיָּ֨קֶם מִזְבְּח֤וֹת[a] לַבְּעָלִים֙[b] וַיַּ֣עַשׂ אֲשֵׁר֔וֹת[b] וַיִּשְׁתַּ֙חוּ֙ לְכָל־ ג בליש[3] . ל̇ . כ̇[2]
4 צְבָ֣א הַשָּׁמַ֔יִם וַֽיַּעֲבֹ֖ד אֹתָֽם׃ 4 וּבָנָ֥ה מִזְבְּח֖וֹת[a] בְּבֵ֣ית יְהוָ֑ה אֲשֶׁר֙ אָמַ֣ר לט
5 יְהוָ֔ה בִּירֽוּשָׁלַ֔͏ִם יִֽהְיֶה־שְּׁמִ֖י לְעוֹלָֽם׃ 5 וַיִּ֥בֶן מִזְבְּח֖וֹת לְכָל־צְבָ֣א
6 הַשָּׁמָ֑יִם בִּשְׁתֵּ֖י חַצְר֥וֹת בֵּית־יְהוָֽה׃ 6 וְהוּא֩ הֶעֱבִ֨יר אֶת־בָּנָ֥יו[a] בָּאֵשׁ֮ לג ר״פ
[b]בְּגֵ֣י בֶן־הִנֹּם֒[b] וְעוֹנֵ֤ן וְנִחֵשׁ֙ וְכִשֵּׁ֔ף[c] וְעָ֥שָׂה א֖וֹב וְיִדְּעוֹנִ֑י הִרְבָּ֗ה לַעֲשׂ֥וֹת ט כת י[4] . ל̇ . ד למערב[5]
7 הָרַ֛ע בְּעֵינֵ֥י יְהוָ֖ה לְהַכְעִיסֽוֹ׃ 7 וַיָּ֗שֶׂם אֶת־פֶּ֛סֶל הַסֶּ֖מֶל[a] אֲשֶׁ֣ר עָשָׂ֑ה פד
בְּבֵ֣ית הָאֱלֹהִ֗ים אֲשֶׁ֨ר אָמַ֤ר אֱלֹהִים֙ אֶל־דָּוִיד֙ וְאֶל־שְׁלֹמֹ֣ה בְנ֔וֹ בַּבַּ֨יִת ו̇ . ז̇[6]
הַזֶּ֜ה וּבִירֽוּשָׁלַ֗͏ִם אֲשֶׁ֤ר בָּחַ֙רְתִּי֙ מִכֹּל֙ שִׁבְטֵ֣י יִשְׂרָאֵ֔ל אָשִׂ֥ים אֶת־שְׁמִ֖י כא
8 לְעֵילֽוֹם[b]׃ 8 וְלֹ֣א אוֹסִ֗יף לְהָסִיר֙ אֶת־רֶ֣גֶל יִשְׂרָאֵ֔ל מֵעַל֙ הָֽאֲדָמָ֔ה ל̇ ומל . ד̇[7] . יט ו̇[8] מנה חס ג מנה בסיפ
אֲשֶׁ֥ר הֶעֱמַ֖דְתִּי[a] לַאֲבֹתֵיכֶ֑ם[b] רַ֣ק ׀ אִם־יִשְׁמְר֣וּ לַעֲשׂ֗וֹת אֵ֚ת כָּל־אֲשֶׁ֣ר ל̇
9 צִוִּיתִ֔ים לְכָל־הַתּוֹרָ֛ה וְהַחֻקִּ֥ים וְהַמִּשְׁפָּטִ֖ים בְּיַד־מֹשֶֽׁה׃ 9 וַיֶּ֣תַע מְנַשֶּׁ֔ה יא זוגין דמטע בטע[9]
אֶת־יְהוּדָ֖ה וְיֹשְׁבֵ֣י יְרוּשָׁלָ֑͏ִם לַעֲשׂ֣וֹת רָ֔ע מִן־הַ֨גּוֹיִ֔ם אֲשֶׁר֙ הִשְׁמִ֣יד יְהוָ֔ה ח חס איש[10] . כל עשייה רע פת ב מ ז̇[11] קמ
10 מִפְּנֵ֖י בְּנֵ֥י יִשְׂרָאֵֽל׃ פ 10 וַיְדַבֵּ֧ר יְהוָ֛ה אֶל־מְנַשֶּׁ֥ה וְאֶל־עַמּ֖וֹ וְלֹ֥א ב̇ בליש וחד מן ג̇[3] בטע דמטע . ב̇[12]
11 הִקְשִֽׁיבוּ׃ 11 וַיָּבֵ֨א יְהוָ֜ה עֲלֵיהֶ֗ם אֶת־שָׂרֵ֤י הַצָּבָא֙ אֲשֶׁר֙ לְמֶ֣לֶךְ אַשּׁ֔וּר נא יח מנה ר״פ[13]
וַיִּלְכְּד֥וּ אֶת־מְנַשֶּׁ֖ה בַּחֹחִ֑ים[a] וַיַּאַסְרֻ֙הוּ֙ בַּֽנְחֻשְׁתַּ֔יִם וַיּוֹלִיכֻ֖הוּ בָּבֶֽלָה׃ ל̇ וחס . ג̇ ב̇ חס וחד מל[14] . ב̇ וחס ו̇ . כט
12 12 וּכְהָצֵ֣ר ל֔וֹ חִלָּ֕ה אֶת־פְּנֵ֖י יְהוָ֣ה אֱלֹהָ֑יו וַיִּכָּנַ֣ע מְאֹ֔ד מִלִּפְנֵ֖י ל̇ . ב̇ בתרי לישנ[15] . ג̇ . ל̇
13 אֱלֹהֵ֥י אֲבֹתָֽיו׃ 13 וַיִּתְפַּלֵּ֣ל אֵלָ֗יו וַיֵּעָ֤תֶר[a] לוֹ֙ וַיִּשְׁמַ֣ע תְּחִנָּת֔וֹ וַיְשִׁיבֵ֥הוּ ה̇ . ב̇ ומל
14 יְרוּשָׁלַ֖͏ִם לְמַלְכוּת֑וֹ וַיֵּ֣דַע מְנַשֶּׁ֔ה כִּ֥י יְהוָ֖ה ה֥וּא הָאֱלֹהִֽים׃ 14 וְאַחֲרֵי־
כֵ֡ן בָּנָ֣ה חוֹמָ֣ה חִיצוֹנָ֣ה ׀ לְעִיר־דָּוִ֡יד מַעְרָ֣בָה[a] לְגִיח֩וֹן בַּנַּ֨חַל וְלָב֜וֹא ד̇[16] . ג̇[17] . ד̇[18]
בְשַׁ֣עַר הַדָּגִ֗ים וְסָבַ֤ב[b] לָעֹ֙פֶל֙ וַיַּגְבִּיהֶ֣הָ מְאֹ֔ד וַיָּ֧שֶׂם שָׂרֵי־חַ֛יִל בְּכָל־ ג̇[19] . פד
15 הֶעָרִ֥ים הַבְּצֻר֖וֹת בִּיהוּדָֽה׃ 15 וַ֠יָּסַר אֶת־אֱלֹהֵ֨י הַנֵּכָ֤ר וְאֶת־הַסֶּ֙מֶל֙ ל̇
מִבֵּ֣ית יְהוָ֔ה וְכָל־הַֽמִּזְבְּח֗וֹת אֲשֶׁ֥ר בָּנָ֛ה בְּהַ֥ר בֵּית־יְהוָ֖ה וּבִירוּשָׁלָ֑͏ִם כא
16 וַיַּשְׁלֵ֖ךְ ח֥וּצָה לָעִֽיר׃ 16 וַיִּ֙כֶן֙[a] אֶת־מִזְבַּ֣ח יְהוָ֔ה וַיִּזְבַּ֣ח עָלָ֔יו זִבְחֵ֥י ויבן ק חד מן ג̇[20] כת כ וקרי ב
שְׁלָמִ֖ים וְתוֹדָ֑ה וַיֹּ֙אמֶר֙ לִֽיהוּדָ֔ה לַעֲב֕וֹד אֶת־יְהוָ֖ה אֱלֹהֵ֥י יִשְׂרָאֵֽל׃ ג̇ מל ול בליש

[2]Mm 1991. [3]Mp sub loco. [4]Mm 3989. [5]Mm 1158. [6]Mm 19. [7]Mm 2175. [8]Mm 4177 contra textum. [9]Mm 794. [10]Mm 2513. [11]Mm 824. [12]Mm 4252. [13]Mm 639. [14]Mm 4253. [15]Mm 4254. [16]Mm 2457. [17]Mm 4129. [18]Mm 1224. [19]Mm 1561. [20]Mm 4255.

3 [a] 𝔊 *στήλας* = מַצֵּבוֹת ‖ [b] 2 R 21,3 sg ‖ **4** [a] sic c 2 R 21,4 (ubi l (הַמְּ׳) ‖ **6** [a] 𝔖 sg ut 2 R 21,6 ‖ [b–b] > 2 R ‖ [c] > 2 R ‖ **7** [a] 2 R 21,7 הָאֲשֵׁרָה ‖ [b] l c pc Mss 𝔊𝔖𝔗𝔙 לְעוֹלָם ‖ **8** [a] 2 R 21,8 נָתַתִּי, it 𝔊𝔖𝔙 ‖ [b] l c 2 R יהֶם–, it 𝔊𝔖𝔙 ‖ **11** [a] 𝔖 *bhjwhj* = vivum ‖ **13** [a] pc Mss 𝔗 וַיֵּחָתֵר ‖ **14** [a] 𝔊[Aal] *κατὰ νότον* ‖ [b] 𝔊 *κυκλόθεν*, 𝔙 *per circuitum* = סָבִיב? ‖ **16** [a] mlt Mss 𝔖𝔗𝔄 ut Q, K 𝔊𝔙 וַיָּכֶן.

17 אֲבָל֙ ע֣וֹד הָעָ֔ם זֹבְחִ֖ים בַּבָּמ֑וֹת רַ֖ק לַיהוָ֥ה אֱלֹהֵיהֶֽם׃ 18 וְיֶ֨תֶר ל
דִּבְרֵ֤י מְנַשֶּׁה֙ וּתְפִלָּת֣וֹ אֶל־אֱלֹהָ֔יו וְדִבְרֵי֙ הַחֹזִ֔ים הַֽמְדַבְּרִ֣ים אֵלָ֔יו ה[21]
19 בְּשֵׁ֖ם יְהוָ֣ה אֱלֹהֵ֣י יִשְׂרָאֵ֑ל הִנָּ֕ם עַל־דִּבְרֵ֖י [a]מַלְכֵ֥י יִשְׂרָאֵֽל[a]׃ 19 וּתְפִלָּת֣וֹ[a] ל[22]
וְהֵֽעָתֶר־לוֹ֮ וְכָל־חַטָּאת֣וֹ וּמַעְלוֹ֒ וְהַמְּקֹמ֗וֹת אֲשֶׁ֨ר בָּנָ֤ה בָהֶם֙ בָּמוֹת֙ ל[22]. ב
וְהֶעֱמִיד֙ הָאֲשֵׁרִ֣ים וְהַפְּסִלִ֔ים לִפְנֵ֖י הִכָּנְע֑וֹ הִנָּ֣ם כְּתוּבִ֔ים עַ֖ל דִּבְרֵ֥י
20 חוֹזָֽי[b]׃ 20 וַיִּשְׁכַּ֤ב מְנַשֶּׁה֙ עִם־אֲבֹתָ֔יו [a]וַֽיִּקְבְּרֻ֖הוּ בֵּית֑וֹ וַיִּמְלֹ֛ךְ אָמ֥וֹן ל וקמ
בְּנ֖וֹ תַּחְתָּֽיו׃ פ

21 בֶּן־עֶשְׂרִ֤ים וּשְׁתַּ֙יִם֙ שָׁנָ֔ה אָמ֖וֹן בְּמָלְכ֑וֹ וּשְׁתַּ֣יִם שָׁנִ֔ים מָלַ֖ךְ
22 בִּירוּשָׁלִָֽם׃ 22 וַיַּ֤עַשׂ הָרַע֙ בְּעֵינֵ֣י יְהוָ֔ה כַּאֲשֶׁ֥ר עָשָׂ֖ה מְנַשֶּׁ֣ה אָבִ֑יו קלט[22]
וּֽלְכָל־הַפְּסִילִ֗ים אֲשֶׁ֤ר עָשָׂה֙ מְנַשֶּׁ֣ה אָבִ֔יו זִבַּ֥ח אָמ֖וֹן וַיַּעַבְדֵֽם׃ ד מל[22]
23 וְלֹ֤א נִכְנַע֙ מִלִּפְנֵ֣י יְהוָ֔ה כְּהִכָּנַ֖ע מְנַשֶּׁ֣ה אָבִ֑יו כִּ֛י ה֥וּא אָמ֖וֹן הִרְבָּ֥ה ל. ח[23] וכל אוריתֿ דכותֿ ב מ ב. ל. ל
24 25 אַשְׁמָֽה׃ 24 וַיִּקְשְׁר֤וּ עָלָיו֙ עֲבָדָ֔יו וַיְמִיתֻ֖הוּ בְּבֵיתֽוֹ׃ 25 וַיַּכּוּ֙ עַם־הָאָ֔רֶץ ג כתֿ כן ובסיפֿ[24]
אֵ֥ת כָּל־הַקֹּשְׁרִ֖ים עַל־הַמֶּ֣לֶךְ אָמ֑וֹן וַיַּמְלִ֧יכוּ עַם־הָאָ֛רֶץ אֶת־יֹאשִׁיָּ֥הוּ ב. ח[25] וכל על המלך טוב דכותֿ ב מ ג
בְנ֖וֹ תַּחְתָּֽיו[a]׃ פ

34 1 בֶּן־שְׁמוֹנֶ֥ה שָׁנִ֖ים יֹאשִׁיָּ֣הוּ בְמָלְכ֑וֹ וּשְׁלֹשִׁ֣ים וְאַחַ֣ת שָׁנָ֔ה מָלַ֖ךְ כל סיפֿ מל[1]. ד
סֽ כד בִּירוּשָׁלִָֽם׃ 2 וַיַּ֥עַשׂ הַיָּשָׁ֖ר בְּעֵינֵ֣י יְהוָ֑ה וַיֵּ֗לֶךְ בְּדַרְכֵי֙ דָּוִ֣יד אָבִ֔יו וְלֹא־ ב. ד[2]
3 סָ֖ר יָמִ֥ין וּשְׂמֹֽאול׃ 3 וּבִשְׁמוֹנֶ֨ה שָׁנִ֜ים לְמָלְכ֗וֹ וְהוּא֙ עוֹדֶ֣נּוּ נַ֔עַר ל בליש ומל
הֵחֵ֕ל לִדְר֕וֹשׁ לֵאלֹהֵ֖י דָּוִ֣יד אָבִ֑יו וּבִשְׁתֵּ֧ים עֶשְׂרֵ֣ה שָׁנָ֗ה הֵחֵל֙ לְטַהֵ֔ר ל. ל
אֶת־יְהוּדָה֙ וִיר֣וּשָׁלִַ֔ם מִן־הַבָּמ֗וֹת וְהָֽאֲשֵׁרִ֛ים וְהַפְּסִלִ֖ים וְהַמַּסֵּכֽוֹת׃ ב ובסיפֿ
4 וַיְנַתְּצ֣וּ לְפָנָ֗יו אֵ֚ת מִזְבְּח֣וֹת הַבְּעָלִ֔ים וְהַֽחַמָּנִ֛ים אֲשֶׁר־לְמַ֥עְלָה ג ולא געיא[3]
מֵעֲלֵיהֶ֖ם גִּדֵּ֑עַ וְהָאֲשֵׁרִ֨ים וְהַפְּסִלִ֤ים וְהַמַּסֵּכוֹת֙ שִׁבַּ֣ר וְהֵדַ֔ק וַיִּזְרֹק֙ עַל־ ב. ב ובסיפֿ. ל
5 פְּנֵ֣י הַקְּבָרִ֔ים[a] הַזֹּבְחִ֖ים לָהֶֽם׃ 5 וְעַצְמוֹת֙ כֹּֽהֲנִ֔ים שָׂרַ֖ף עַל־מִזְבְּחוֹתָ֑ים[a] ב. מזבחותם קֿ חד מן ג[4] מילין יתיר י מ״ת
6 וַיְטַהֵ֥ר אֶת־יְהוּדָ֖ה וְאֶת־יְרוּשָׁלִָֽם׃ 6 וּבְעָרֵ֨י מְנַשֶּׁ֧ה וְאֶפְרַ֛יִם וְשִׁמְע֖וֹן ה[5]
7 וְעַד־נַפְתָּלִ֑י [a]בְּהַ֥ר בָּתֵּיהֶ֖ם[a] סָבִֽיב׃ 7 וַיְנַתֵּ֞ץ אֶת־הַמִּזְבְּח֣וֹת וְאֶת־ בחרבתיהם קֿ חד מן ח[6] כתֿ ב מילין וקרֿ חדה

[21]Mm 3438. [22]Mp sub loco. [23]Mm 3083. [24]Mm 2127. [25]Mm 2106. **Cp 34** [1]Cf Mm 34. [2]Mm 1978. [3]Mp sub loco. [4]Mm 4257. [5]Mm 4258. [6]Mm 214.

18 [a–a] > 𝔊 ‖ **19** [a] 𝔊 om ו ‖ [b] Ms 𝔊 חוזים, l חוזיו (ו hpgr); 𝔖 *(d)ḥnn nbj'* = חָנָן הַנָּבִיא ‖ **20** [a] ins c 2 R 21,18 בְּגַן, it 𝔊 cf 𝔖 ‖ **25** [a] exc 2 R 21,25sq (homtel) ‖ **Cp 34,4** [a] ins אֲשֶׁר קָבְרִים (homtel)? ‖ **5** [a] l c Q $𝔊^{L}𝔗$ ־תָם; K lapsus calami ‖ **6** [a–a] sic L; K^{Mss} בָּחַר בָּתֵּיהֶם; l prb בִּרְחֹבוֹתֵיהֶם cf 𝔖𝔄.

הָאֲשֵׁרִים וְהַפְּסִלִים כִּתַּת לְהֵדַק[a] וְכָל־הַחַמָּנִים גִּדַּע בְּכָל־אֶרֶץ
8 יִשְׂרָאֵל וַיָּשָׁב לִירוּשָׁלִָם׃ ס 8 וּבִשְׁנַת שְׁמוֹנֶה עֶשְׂרֵה לְמָלְכוֹ[a]
לְטַהֵר הָאָרֶץ וְהַבָּיִת שָׁלַח אֶת־שָׁפָן בֶּן־אֲצַלְיָהוּ וְאֶת־מַעֲשֵׂיָהוּ שַׂר־
הָעִיר וְאֵת יוֹאָח בֶּן־יוֹאָחָז הַמַּזְכִּיר לְחַזֵּק אֶת־בֵּית יְהוָה אֱלֹהָיו׃
9 9 וַיָּבֹאוּ אֶל־חִלְקִיָּהוּ ׀ הַכֹּהֵן הַגָּדוֹל וַיִּתְּנוּ[a] אֶת־הַכֶּסֶף הַמּוּבָא בֵית־
אֱלֹהִים אֲשֶׁר אָסְפוּ־הַלְוִיִּם שֹׁמְרֵי הַסַּף מִיַּד מְנַשֶּׁה וְאֶפְרַיִם וּמִכֹּל
10 שְׁאֵרִית יִשְׂרָאֵל וּמִכָּל־יְהוּדָה וּבִנְיָמִן וַיָּשֻׁבוּ[b] יְרוּשָׁלִָם׃ 10 וַיִּתְּנוּ
עַל־יַד עֹשֵׂה[a] הַמְּלָאכָה הַמֻּפְקָדִים בְּבֵית יְהוָה וַיִּתְּנוּ אֹתוֹ עוֹשֵׂי[b]
11 הַמְּלָאכָה אֲשֶׁר עֹשִׂים בְּבֵית יְהוָה לִבְדּוֹק וּלְחַזֵּק הַבָּיִת׃ 11 וַיִּתְּנוּ[a]
לֶחָרָשִׁים וְלַבֹּנִים לִקְנוֹת אַבְנֵי מַחְצֵב וְעֵצִים לַמְחַבְּרוֹת וּלְקָרוֹת
12 אֶת־הַבָּתִּים אֲשֶׁר הִשְׁחִיתוּ מַלְכֵי יְהוּדָה׃ 12 וְהָאֲנָשִׁים עֹשִׂים
בֶּאֱמוּנָה בַּמְּלָאכָה וַעֲלֵיהֶם ׀ מֻפְקָדִים יַחַת וְעֹבַדְיָהוּ הַלְוִיִּם מִן־בְּנֵי
מְרָרִי וּזְכַרְיָה וּמְשֻׁלָּם מִן־בְּנֵי הַקְּהָתִים לְנַצֵּחַ וְהַלְוִיִּם כָּל־מֵבִין
13 בִּכְלֵי־שִׁיר׃ 13 וְעַל[a] הַסַּבָּלִים וּ[b]מְנַצְּחִים לְכֹל[b] עֹשֵׂה[c] מְלָאכָה
לַעֲבוֹדָה וַעֲבוֹדָה וּמֵהַלְוִיִּם סוֹפְרִים וְשֹׁטְרִים וְשׁוֹעֲרִים׃
14 14 וּבְהוֹצִיאָם אֶת־הַכֶּסֶף הַמּוּבָא בֵּית יְהוָה מָצָא[a] חִלְקִיָּהוּ הַכֹּהֵן
15 אֶת־סֵפֶר תּוֹרַת־יְהוָה בְּיַד־מֹשֶׁה׃ 15 וַיַּעַן חִלְקִיָּהוּ וַיֹּאמֶר אֶל־שָׁפָן
הַסּוֹפֵר סֵפֶר הַתּוֹרָה מָצָאתִי בְּבֵית יְהוָה וַיִּתֵּן חִלְקִיָּהוּ אֶת־הַסֵּפֶר
16 אֶל־שָׁפָן[a]׃ 16 וַיָּבֵא שָׁפָן אֶת־הַסֵּפֶר אֶל־הַמֶּלֶךְ וַיָּשֶׁב עוֹד אֶת־
17 הַמֶּלֶךְ דָּבָר לֵאמֹר כֹּל אֲשֶׁר־נִתַּן בְּיַד־עֲבָדֶיךָ הֵם עֹשִׂים׃ 17 וַיַּתִּיכוּ
אֶת־הַכֶּסֶף הַנִּמְצָא בְּבֵית־יְהוָה וַיִּתְּנוּהוּ עַל־יַד הַמֻּפְקָדִים וְעַל־יַד
18 עוֹשֵׂי הַמְּלָאכָה׃ 18 וַיַּגֵּד שָׁפָן הַסּוֹפֵר לַמֶּלֶךְ לֵאמֹר סֵפֶר נָתַן לִי
19 חִלְקִיָּהוּ הַכֹּהֵן וַיִּקְרָא־[a]בוֹ[a] שָׁפָן לִפְנֵי הַמֶּלֶךְ׃ 19 וַיְהִי כִּשְׁמֹעַ
20 הַמֶּלֶךְ אֵת דִּבְרֵי הַתּוֹרָה וַיִּקְרַע אֶת־בְּגָדָיו׃ 20 וַיְצַו הַמֶּלֶךְ אֶת־

ל . ל
ה̇[7] שובה לירושלם ול בליש . [8]ט מנה ר״פ ג מנה בסיפ . כל סיפ מל[9]
יח פסוק את ואת ואת את . ב
ד . ד
ד . ה
יא . ב פסוק ומכל ומכל[10]
וישבי חד מן ה[11] חס בסיפ ק
לט . יו[12] כת י ו[13] מנה בסיפ ג[14] מנה מל
לט . ג[15]
ה חס בליש[16] . ל[17] . ל[18]
ה ר״פ
ב[19] בכתיב וכל נביא דכות ב מ א
ז בסיפ וכל נביא דכות במ ב . ג[20] . ה[21] . ל[22]
ל[23]
ל . ל מל . [24]מל ב מנה בסיפ
ל ומל
לט
נא יח מנה ר״פ[25] . כה
כא[26]
לט . ד ג חס וחד מל[27]
יו[12] כת י ו[13] מנה בסיפ ג[14] מנה מל

[7]Mm 3963. [8]Mm 3789. [9]Cf Mm 34. [10]Mm 4259. [11]Mp sub loco. [12]Mm 627. [13]Mm 4106. [14]Mm 4260. [15]Mm 2821. [16]Mm 2115. [17]וחד ולמחברות 1Ch 22,3. [18]וחד לקרות Neh 2,8. [19]Mm 4135. [20]Mm 4208. [21]Mm 4076. [22]וחד וכל מבין Neh 8,2. [23]Mm 1946. [24]Mm 3889. [25]Mm 639. [26]Mm 2838. [27]Mm 2182.

7 [a] l וְהֻדַּק vel לְהָדֵק ‖ **8** [a] $\mathfrak{G}^{Aal}$ + *ὅτε συνετέλεσεν*, ins כְּכַלּוֹת ‖ **9** [a] prp וַיַּתִּכוּ cf 17 ‖ [b] mlt Mss ut Q cf 7b; l c K Vrs וְיֹשְׁבֵי ‖ **10** [a] mlt Mss עֹשֵׂי ‖ [b] 2 R 22,5 לְעֹשֵׂי, it 𝔊𝔖 ‖ **11** [a] > 2 R 22,6 ‖ **13** [a] dl ו ‖ [b–b] 𝔊 *καὶ* ($\mathfrak{G}^{L}$ recte + *ἐπιστάται*; homark) *ἐπὶ πάντων* ‖ [c] cf 10[a] ‖ **14** [a] l מֹצָא? cf 𝔗 ‖ **15** [a] 2 R 22,8 + וַיִּקְרָאֵהוּ ‖ **18** [a–a] 2 R 22,10 וַיִּקְרָאֵהוּ.

חִלְקִיָּהוּ וְאֶת־אֲחִיקָם בֶּן־שָׁפָן וְאֶת־עַבְדּוֹן[a] בֶּן־מִיכָה[b] וְאֵת ׀ שָׁפָן
21 הַסּוֹפֵר וְאֵת עֲשָׂיָה עֶבֶד־הַמֶּלֶךְ לֵאמֹר׃ 21 לְכוּ דִרְשׁוּ אֶת־יְהוָה
בַּעֲדִי וּבְעַד [a]הַנִּשְׁאָר בְּיִשְׂרָאֵל וּבִיהוּדָה[a] עַל־דִּבְרֵי הַסֵּפֶר אֲשֶׁר
נִמְצָא כִּי־גְדוֹלָה חֲמַת־יְהוָה אֲשֶׁר נִתְּכָה[b] בָנוּ עַל אֲשֶׁר לֹא־שָׁמְרוּ[c]
אֲבוֹתֵינוּ אֶת־דְּבַר יְהוָה לַעֲשׂוֹת כְּכָל־הַכָּתוּב עַל־הַסֵּפֶר הַזֶּה׃ פ
22 וַיֵּלֶךְ חִלְקִיָּהוּ וַאֲשֶׁר[a] הַמֶּלֶךְ אֶל־חֻלְדָּה הַנְּבִיאָה אֵשֶׁת ׀ שַׁלֻּם בֶּן־
תּוֹקְהַת[b] בֶּן־חַסְרָה[c] שׁוֹמֵר[d] הַבְּגָדִים[e] וְהִיא יוֹשֶׁבֶת בִּירוּשָׁלַםִ בַּמִּשְׁנֶה
23 וַיְדַבְּרוּ אֵלֶיהָ כָּזֹאת׃ ס 23 וַתֹּאמֶר לָהֶם כֹּה־אָמַר יְהוָה אֱלֹהֵי
24 יִשְׂרָאֵל אִמְרוּ לָאִישׁ אֲשֶׁר־שָׁלַח אֶתְכֶם אֵלָי׃ ס 24 כֹּה אָמַר
יְהוָה הִנְנִי מֵבִיא רָעָה עַל־הַמָּקוֹם הַזֶּה וְעַל־יוֹשְׁבָיו אֵת כָּל־[a]הָאָלוֹת[b]
25 הַכְּתוּבוֹת עַל־הַסֵּפֶר[a] אֲשֶׁר קָרְאוּ לִפְנֵי[c] מֶלֶךְ יְהוּדָה׃ 25 תַּחַת ׀
אֲשֶׁר עֲזָבוּנִי וַיְקַטְּרוּ[a] לֵאלֹהִים אֲחֵרִים לְמַעַן הַכְעִיסֵנִי בְּכֹל מַעֲשֵׂי
26 יְדֵיהֶם וְתִתַּךְ[b] חֲמָתִי בַּמָּקוֹם הַזֶּה וְלֹא תִכְבֶּה׃ 26 וְאֶל־מֶלֶךְ יְהוּדָה
הַשֹּׁלֵחַ אֶתְכֶם לִדְרוֹשׁ בַּיהוָה כֹּה תֹאמְרוּ אֵלָיו ס כֹּה־אָמַר
27 יְהוָה אֱלֹהֵי יִשְׂרָאֵל הַדְּבָרִים אֲשֶׁר שָׁמָעְתָּ[a]׃ 27 יַעַן רַךְ־לְבָבְךָ
וַתִּכָּנַע ׀ [a]מִלִּפְנֵי אֱלֹהִים[a] בְּשָׁמְעֲךָ אֶת־דְּבָרָיו[b] עַל־הַמָּקוֹם הַזֶּה וְעַל־
יֹשְׁבָיו [c]וַתִּכָּנַע לְפָנַי[c] וַתִּקְרַע אֶת־בְּגָדֶיךָ וַתֵּבְךְּ לְפָנָי וְגַם־אֲנִי שָׁמַעְתִּי
28 נְאֻם־יְהוָה׃ 28 הִנְנִי אֹסִפְךָ אֶל־אֲבֹתֶיךָ וְנֶאֱסַפְתָּ אֶל־קִבְרֹתֶיךָ
בְּשָׁלוֹם וְלֹא־תִרְאֶינָה עֵינֶיךָ בְּכֹל הָרָעָה אֲשֶׁר אֲנִי מֵבִיא עַל־הַמָּקוֹם
29 הַזֶּה וְעַל־יֹשְׁבָיו וַיָּשִׁיבוּ אֶת־הַמֶּלֶךְ דָּבָר׃ פ 29 וַיִּשְׁלַח הַמֶּלֶךְ
30 וַיֶּאֱסֹף אֶת־כָּל־זִקְנֵי יְהוּדָה וִירוּשָׁלָםִ׃ 30 וַיַּעַל הַמֶּלֶךְ בֵּית־יְהוָה
וְכָל־אִישׁ יְהוּדָה וְיֹשְׁבֵי יְרוּשָׁלַםִ וְהַכֹּהֲנִים וְהַלְוִיִּם[a] וְכָל־הָעָם מִגָּדוֹל

ב בעינ[28]
ה[29]
ל בכתיב
ח[30] מל ג מנה בסיפ וכל י״ש ת דכות ב מ א
ל. ה ב[31] מנה בכתיב. יא חס ו[32] מנה בכתיב וכל נביא דכות ב מ ג
תקהת ויתיר ו. י מל[33] ק
ל. ג[34] וכל נביא דכות ב מ א. כד
לב[35]
ב מל. ג ב מל וחד חס[36]
ל ומל
ויקטרו[37] יתיר י. ק ו כת כן. יא כת י[38]
ל רפי
ב בליש[39]. ז[40]. כד
ב[41]. ב
ל. ה[42]. ל[43]
ג וחס[44]. ב[45]. ג[46]. ב חד מל וחד חס[47]
ג[48] מנה מל
כ ז מנה בסיפ[49]
יו[50]. ח[51]. נא מ״פ וכל ר״פ דכות ב מ ג. ל

[28] Mm 1495. [29] Mm 2147. [30] Mm 346. [31] Mm 3958. [32] Mm 4232. [33] Mm 3634. [34] Mm 4261. [35] Mm 319. [36] Mm 1221. [37] Q addidi, cf Mp sub loco. [38] Mm 2706. [39] Mp sub loco. [40] Mm 369. [41] Mm 3712. [42] Mm 2449. [43] Mm 2185. [44] Mm 1608. [45] Mm 99. [46] Mm 4262. [47] Mp contra textum, cf Mp sub loco et 2R 22,20. [48] Mm 910. [49] Mm 4234. [50] Mm 1520. [51] Mm 1199.

20 [a.b] 2 R 22,12 עַכְבּוֹר ,מִיכָיָה cf Jer 26,22 36,12 ‖ **21** [a–a] 2 R 22,13 alit ‖ [b] 2 R נִצְּתָה, it 𝔊 ‖ [c] 2 R שָׁמְעוּ, it 𝔊𝔖 ‖ **22** [a] prp וְאַנְשֵׁי; Ms + צִוָּה, Ms 𝔖𝔙 + שָׁלַח; ins אָמַר (hpgr) cf 𝔊 ‖ [b] 2 R 22,14 תִּקְוָה, it 𝔊[L]𝔖 ‖ [c] pc Mss 𝔖[W] חסדה, 𝔊[B] *Χελλης*, 2 R et 𝔖[A] חַרְחַס, mlt Mss in 2 R חַרְחַם ‖ [d] 𝔊 pt f ‖ [e] 𝔊 *τὰς ἐντολάς* (ex *στολάς*) ‖ **24** [a–a] 2 R 22,16 דִּבְרֵי ‖ [b] 𝔊 *τοὺς λόγους* cf [a] ‖ [c–c] 2 R קָרָא ‖ **25** [a] mlt Mss et 2 R 22,17 ut Q, K וַיְקַטִּירוּ ‖ [b] cf Jer 7,20; 𝔊 *καὶ ἐξεκαύθη* cf 2 R ‖ **26** [a] sic c 2 R 22,18, ubi lacuna ‖ **27** [a–a] 𝔊 *ἀπὸ προσώπου μου* ‖ [b] pc Mss 𝔊 ־רַי cf [a–a] et 2 R 22,19 ‖ [c–c] 2 R alit ‖ **30** [a] 2 R 23,2 וְהַנְּבִיאִים.

וְעַד־קָטָן וַיִּקְרָא בְאָזְנֵיהֶם אֶת־כָּל־דִּבְרֵי סֵפֶר הַבְּרִית הַנִּמְצָא בֵּית ח
31 יְהוָה׃ 31 וַיַּעֲמֹד הַמֶּלֶךְ עַל־עָמְדוֹ[a] וַיִּכְרֹת אֶת־הַבְּרִית לִפְנֵי יְהוָה ז בסיפ[52] . ד
לָלֶכֶת אַחֲרֵי יְהוָה וְלִשְׁמוֹר אֶת־מִצְוֹתָיו וְעֵדְוֹתָיו וְחֻקָּיו בְּכָל־לְבָבוֹ ח מל[53] . ה[54]
וּבְכָל־נַפְשׁוֹ לַעֲשׂוֹת אֶת־דִּבְרֵי הַבְּרִית הַכְּתוּבִים עַל־הַסֵּפֶר הַזֶּה׃
32 32 וַיַּעֲמֵד אֵת כָּל־הַנִּמְצָא בִירוּשָׁלַםִ וּבִנְיָמִן[a] וַיַּעֲשׂוּ יֹשְׁבֵי יְרוּשָׁלַםִ ט וכל יהודה ויוסף דכות[55] . לד[56] מל ו מנה בסיפ
33 כִּבְרִית אֱלֹהִים אֱלֹהֵי אֲבוֹתֵיהֶם׃ 33 וַיָּסַר יֹאשִׁיָּהוּ אֶת־כָּל־הַתּוֹעֵבוֹת יז מל בסיפ[57] . ט חס בליש ג מנה כת כן
מִכָּל־הָאֲרָצוֹת אֲשֶׁר לִבְנֵי יִשְׂרָאֵל וַיַּעֲבֵד[a] אֵת כָּל־הַנִּמְצָא בְּיִשְׂרָאֵל ל כת ד[58]
לַעֲבוֹד אֶת[b]־יְהוָה אֱלֹהֵיהֶם כָּל־יָמָיו לֹא סָרוּ מֵאַחֲרֵי יְהוָה אֱלֹהֵי[b] ג מל בליש
35 אֲבוֹתֵיהֶם׃ פ 35 1 וַיַּעַשׂ יֹאשִׁיָּהוּ בִירוּשָׁלַםִ פֶּסַח לַיהוָה וַיִּשְׁחֲטוּ יז מל בסיפ[57]
2 הַפֶּסַח בְּאַרְבָּעָה עָשָׂר לַחֹדֶשׁ הָרִאשׁוֹן׃ 2 וַיַּעֲמֵד הַכֹּהֲנִים עַל־ סד[1]
3 מִשְׁמְרוֹתָם וַיְחַזְּקֵם לַעֲבוֹדַת בֵּית יְהוָה׃ 3 וַיֹּאמֶר לַלְוִיִּם הַמְּבוֹנִים[a] המבינים ק
לְכָל־יִשְׂרָאֵל הַקְּדוֹשִׁים[b] לַיהוָה תְּנוּ[c] אֶת־אֲרוֹן־הַקֹּדֶשׁ בַּבַּיִת אֲשֶׁר ג מל ול בליש[2]
בָּנָה שְׁלֹמֹה בֶן־דָּוִיד מֶלֶךְ יִשְׂרָאֵל אֵין־לָכֶם מַשָּׂא בַּכָּתֵף עַתָּה עִבְדוּ ג[3] . מא ד מנה בסיפ
4 אֶת־יְהוָה אֱלֹהֵיכֶם וְאֵת עַמּוֹ יִשְׂרָאֵל׃ 4 וְהָכִונוּ[a] לְבֵית־אֲבוֹתֵיכֶם ז[4] . והכינו[5] ק חד מן ז ב[6] מנה בסיפ
כְּמַחְלְקוֹתֵיכֶם בִּכְתָב[b] דָּוִיד מֶלֶךְ יִשְׂרָאֵל וּבְמִכְתַּב[c] שְׁלֹמֹה בְנוֹ׃ ד ג[7] מנה בסיפ
5 5 וְעִמְדוּ בַקֹּדֶשׁ לִפְלֻגּוֹת בֵּית הָאָבוֹת לַאֲחֵיכֶם בְּנֵי הָעָם וַחֲלֻקַּת[a] ל . ל
כה ס בֵּית־אָב לַלְוִיִּם׃ 6 וְשַׁחֲטוּ הַפָּסַח וְהִתְקַדְּשׁוּ[a] וְהָכִינוּ לַאֲחֵיכֶם לַעֲשׂוֹת ב[8] . ז ב[6] מנה בסיפ
7 כִּדְבַר־יְהוָה בְּיַד־מֹשֶׁה׃ פ 7 וַיָּרֶם יֹאשִׁיָּהוּ לִבְנֵי הָעָם צֹאן ח דגש[9] . יו בטע[10]
כְּבָשִׂים וּבְנֵי־עִזִּים הַכֹּל לַפְּסָחִים לְכָל־הַנִּמְצָא לְמִסְפַּר שְׁלֹשִׁים ג . ל
8 אֶלֶף וּבָקָר שְׁלֹשֶׁת אֲלָפִים אֵלֶּה מֵרְכוּשׁ הַמֶּלֶךְ׃ ס 8 וְשָׂרָיו
לִנְדָבָה[a] לָעָם לַכֹּהֲנִים וְלַלְוִיִּם הֵרִימוּ חִלְקִיָּה[b] וּזְכַרְיָהוּ וִיחִיאֵל י וכל עזרא דכות[11]

[52] Mm 903. [53] Mm 1796. [54] Mm 1875. [55] Mm 334. [56] Mp contra textum, cf Mp sub loco. [57] Mp sub loco. [58] Mp sub loco et cf Mm 57. **Cp 35** [1] Mp sub loco. [2] Mm 3030. [3] Mm 3569. [4] Mm 461. [5] Q addidi, cf Mp sub loco. [6] Mm 483. [7] Mm 4145. [8] Mm 4263. [9] Mm 1573. [10] Mm 3998. [11] Mm 4033.

31 [a] 2 R 23,3 הָעַמּוּד, it 𝔊 ‖ **32** [a] aut l aut ins בַּבְּרִית cf 2 R 23,3 ‖ **33** [a] pc Mss בר— ‖ [b–b] prp עֲבוֹדַת (ל dttg) ‖ **Cp 35,3** [a] mlt Mss ut Q, K lapsus calami, 2 Mss המוכנים; prp הַנְּתִינִים cf 3 Esr 1,3 *ἱεροδούλοις* ‖ [b] 𝔊 *τοῦ ἁγιασθῆναι αὐτούς* cf 3 Esr, 𝔖(𝔄) *'tqdšw* = sanctificate vos, 𝔙 *(Israhel) sanctificabatur* ‖ [c] 𝔊 *καὶ ἔθηκαν* cf 3 Esr *ἐν τῇ θέσει*, prp נָתְנוּ ‖ **4** [a] 𝔖𝔗𝔄 et 3 Esr 1,4 ut Q; l c K 𝔊𝔙 וְהִכּוֹנוּ ‖ [b] pc Mss 𝔊𝔖𝔙 et 3 Esr כִּכְ׳ ‖ [c] 2 Mss 𝔖𝔙 וּכְמִ׳, 𝔊 *καὶ διὰ χειρός*, 3 Esr *καὶ κατὰ τὴν μεγαλειότητα* ‖ **5** [a] prp וּלְכָל־בֵּית־ אָב לִבְנֵי העם ח׳ (homtel) ‖ **6** [a] > $𝔊^{BL}$; $𝔊^{Aal}$ (sim 3 Esr) *καὶ τὰ ἅγια* pro וְה׳; prp והקדשים הכ׳ (cf 13) aut וְהַפְשִׁיטוּ (cf 11) ‖ **8** [a] 𝔊 *ἀπήρξαντο* ‖ [b] l וְח׳ cf 𝔖𝔙 et 3 Esr 1,8 (ו hpgr).

נְגִידֵי בֵּית הָאֱלֹהִים לַכֹּהֲנִים נָתְנוּ לַפְּסָחִים[c] אַלְפַּיִם וְשֵׁשׁ מֵאוֹת   ל. מח. ג
9 וּבָקָר שְׁלֹשׁ מֵאוֹת׃ 9 וְכָונַנְיָהוּ[a] וּשְׁמַעְיָהוּ וּנְתַנְאֵל אֶחָיו וַחֲשַׁבְיָהוּ   וכנניהו[12] חד מן ג[13] ק יתיר ו. ב. ג[14]
וִיעִיאֵל[b] וְיוֹזָבָד [c]שָׂרֵי הַלְוִיִּם[c] הֵרִימוּ לַלְוִיִּם לַפְּסָחִים[d] חֲמֵשֶׁת אֲלָפִים   ג
10 וּבָקָר חֲמֵשׁ מֵאוֹת׃ 10 וַתִּכּוֹן הָעֲבוֹדָה וַיַּעַמְדוּ הַכֹּהֲנִים עַל־עָמְדָם
11 וְהַלְוִיִּם עַל־מַחְלְקוֹתָם כְּמִצְוַת הַמֶּלֶךְ׃ 11 וַיִּשְׁחֲטוּ הַפָּסַח וַיִּזְרְקוּ   ל
12 הַכֹּהֲנִים[a] מִיָּדָם וְהַלְוִיִּם מַפְשִׁיטִים׃ 12 וַיָּסִירוּ[a] הָעֹלָה לְתִתָּם[b]   ל ומל. ל[15]
לְמִפְלַגּוֹת לְבֵית־אָבוֹת לִבְנֵי הָעָם לְהַקְרִיב לַיהוָה כַּכָּתוּב בְּסֵפֶר   ל. ג ובכתיב
13 מֹשֶׁה וְכֵן לַבָּקָר[c]׃ 13 וַיְבַשְּׁלוּ הַפֶּסַח בָּאֵשׁ כַּמִּשְׁפָּט וְהַקֳּדָשִׁים בִּשְּׁלוּ   ל
14 בַּסִּירוֹת וּבַדְּוָדִים וּבַצֵּלָחוֹת[a] וַיָּרִיצוּ לְכָל־בְּנֵי הָעָם׃ 14 וְאַחַר הֵכִינוּ   ל. ל. ל. ל כת כן[16]. ל
לָהֶם וְלַכֹּהֲנִים כִּי הַכֹּהֲנִים בְּנֵי אַהֲרֹן בְּהַעֲלוֹת הָעוֹלָה וְהַחֲלָבִים   ה[17]. ד בליש[18]. ג[19]. ט מל בליש ובסיפ
15 עַד־לָיְלָה וְהַלְוִיִּם הֵכִינוּ לָהֶם וְלַכֹּהֲנִים בְּנֵי אַהֲרֹן׃ 15 וְהַמְשֹׁרְרִים   ה[17]. ד בליש[18]
בְּנֵי־אָסָף עַל־מַעֲמָדָם כְּמִצְוַת דָּוִיד וְאָסָף וְהֵימָן וִידִתוּן[a] חוֹזֵה[b]   ל. ב חס[20]. ל מל
הַמֶּלֶךְ וְהַשֹּׁעֲרִים לְשַׁעַר וָשָׁעַר אֵין לָהֶם לָסוּר מֵעַל עֲבֹדָתָם כִּי־   ג. ד חס בליש ובסיפ
16 אֲחֵיהֶם הַלְוִיִּם הֵכִינוּ לָהֶם׃ 16 וַתִּכּוֹן כָּל־עֲבוֹדַת יְהוָה בַּיּוֹם הַהוּא   ג בליש[21]
לַעֲשׂוֹת הַפֶּסַח וְהַעֲלוֹת עֹלוֹת עַל מִזְבַּח יְהוָה כְּמִצְוַת הַמֶּלֶךְ   ג. ל
17 יֹאשִׁיָּהוּ׃ 17 וַיַּעֲשׂוּ בְנֵי־יִשְׂרָאֵל הַנִּמְצְאִים אֶת־הַפֶּסַח בָּעֵת הַהִיא
18 וְאֶת־חַג הַמַּצּוֹת שִׁבְעַת יָמִים׃ 18 וְלֹא־נַעֲשָׂה פֶסַח כָּמֹהוּ בְּיִשְׂרָאֵל   ל. יז ר״פ ולא לא[22]. ח[23] קמ וכל חומש המגילות דכות ב מ ב
מִימֵי שְׁמוּאֵל הַנָּבִיא וְכָל־מַלְכֵי יִשְׂרָאֵל ׀ לֹא־עָשׂוּ כַּפֶּסַח אֲשֶׁר־עָשָׂה   ו[24]
יֹאשִׁיָּהוּ וְהַכֹּהֲנִים וְהַלְוִיִּם וְכָל־יְהוּדָה וְיִשְׂרָאֵל הַנִּמְצָא וְיוֹשְׁבֵי   ח[25]. ז וכל ר״פ דכות[26]. לג ט מנה בכתיב[12]. לד מל ול בליש
19 יְרוּשָׁלִָם׃ ס 19 בִּשְׁמוֹנֶה עֶשְׂרֵה שָׁנָה לְמַלְכוּת יֹאשִׁיָּהוּ נַעֲשָׂה   כל סיפ מל. ח[23] קמ וכל חומש המגילות דכות ב מ ב
20 הַפֶּסַח הַזֶּה[a]׃ 20 [a]אַחֲרֵי כָל־זֹאת אֲשֶׁר הֵכִין יֹאשִׁיָּהוּ אֶת־הַבַּיִת
עָלָה[a] נְכוֹ מֶלֶךְ־מִצְרַיִם לְהִלָּחֵם [b]בְּכַרְכְּמִישׁ עַל־[b]פְּרָת וַיֵּצֵא   כל סיפ כת כן[12]. ב כת כן[12]. ב ול כת כן
21 לִקְרָאתוֹ יֹאשִׁיָּהוּ׃ 21 וַיִּשְׁלַח אֵלָיו מַלְאָכִים ׀ לֵאמֹר ׀ מַה־לִּי וָלָךְ מֶלֶךְ   ח בטע[27]. ד[28]

[12] Mp sub loco. [13] Mm 4128. [14] Mm 4265. [15] Mm 49. [16] Mm 839. [17] Mm 2111. [18] Mm 4228. [19] Mm 581. [20] Mm 3267. [21] Mm 885. [22] Mm 2708. [23] Mm 692. [24] Mm 1264. [25] Mm 1199. [26] Mm 2607. [27] Mm 4137. [28] Mm 1999.

8 [c] 3 Esr 1,8 + *πρόβατα* cf Vrs ‖ **9** [a] 𝔊$^{-L}$ + *καὶ Βαναιας* ‖ [b] 𝔖 *wjdʿjl*, 3 Esr 1,9 *καὶ Οχιηλος (Οζι', Αχι')* ‖ [c–c] 3 Esr *χιλίαρχοι* ‖ [d] 𝔊(𝔖𝔗𝔙) et 3 Esr + *πρόβατα* cf 8[c] ‖ **11** [a] 𝔊(𝔗𝔙) + *τὸ αἷμα*, ins הַדָּם (homtel) ‖ **12** [a] 𝔊 *καὶ ἡτοίμασαν* ‖ [b] prp לַכֹּהֲנִים ‖ [c] nonn Mss 𝔊𝔗 לַבֹּקֶר, it 3 Esr 1,12 sim 𝔖𝔄 ‖ **13** [a] 𝔊 *καὶ εὐοδώθη*, 3 Esr 1,13 *μετ' εὐωδίας* (crrp ex *εὐοδίας*) a צלח ‖ **15** [a] 𝔊^{Aal}(𝔖𝔙) *καὶ Ιδιθοῦν* ‖ [b] l c 2 Mss Vrs חוֹזֵי cf 3 Esr 1,15 ‖ **19** [a] 𝔊 + eadem vb quae 2 R 23,24–27 et om 19b; 3 Esr 1 + nonn vb ‖ **20** [a–a] 𝔊 *καὶ ἀνέβη Φαραω* ‖ [b–b] 2 R 23,29 עַל־מֶלֶךְ אַשּׁוּר עַל־נְהַר, it 𝔊.

יְהוּדָ֗ה לֹֽא־עָלֶ֨יךָ אַתָּ֤ה[a] הַיּוֹם֙ כִּ֚י[b] אֶל־[c]בֵּ֣ית[cd] מִלְחַמְתִּ֔י[b] וֵאלֹהִ֖ים אָמַ֣ר — ה֯[29]

לְבַהֲלֵ֑נִי חֲדַל־לְךָ֙ מֵאֱלֹהִ֣ים אֲשֶׁר־עִמִּ֔י וְאַל־יַשְׁחִיתֶֽךָ׃ 22 וְלֹֽא־הֵסֵ֨ב 22 — ב֯[30]

יֹאשִׁיָּ֜הוּ פָּנָ֣יו מִמֶּ֗נּוּ[a] כִּ֤י לְהִֽלָּחֶם־[b]בּוֹ֙ הִתְחַפֵּ֔שׂ[c] וְלֹ֥א שָׁמַ֛ע אֶל־דִּבְרֵ֥י — ל֯ בסיפ֯[31]

נְכ֖וֹ[d] מִפִּ֣י[e] אֱלֹהִ֑ים וַיָּבֹ֕א לְהִלָּחֵ֖ם בְּבִקְעַ֥ת מְגִדּֽוֹ׃ 23 וַיֹּר֙וּ[a] 23 — כל סיפ֯ כת֯ כן[32]. ז֯[33] חס ב֯[34] מנה֯ בליש חד חס וחד מל

הַיֹּרִ֔ים[a] לַמֶּ֖לֶךְ יֹאשִׁיָּ֑הוּ וַיֹּ֨אמֶר הַמֶּ֤לֶךְ לַעֲבָדָיו֙ הַעֲבִיר֔וּנִי כִּ֥י הָחֳלֵ֖יתִי — ז֯[33] חס ב֯[35] מנה֯ בליש חד חס וחד מל . ל֯ ומל

מְאֹֽד׃ 24 וַיַּעֲבִירֻ֨הוּ עֲבָדָ֜יו מִן־הַמֶּרְכָּבָ֗ה[a] וַיַּרְכִּיבֻ֙הוּ֙ עַ֣ל רֶ֣כֶב 24 — ל֯ וחס . ב֯

הַמִּשְׁנֶה֮ אֲשֶׁר־לוֹ֒ וַיּוֹלִיכֻ֙הוּ֙ יְר֣וּשָׁלִַ֔ם וַיָּ֕מָת וַיִּקָּ֖בֵר בְּקִבְר֣וֹת[c][b] אֲבֹתָ֑יו[b] — ב֯ וחס ו֯

וְכָל־יְהוּדָה֙ וִיר֣וּשָׁלִַ֔ם מִֽתְאַבְּלִ֖ים עַל־יֹאשִׁיָּֽהוּ׃ פ 25 וַיְקוֹנֵ֣ן 25 — ז֯ וכל ר״פ דכות[36]. ג֯ ב֯ חס וחד מל[37]

יִרְמְיָ֘הוּ֮ עַל־יֹאשִׁיָּ֒הוּ֒ וַיֹּאמְר֣וּ כָֽל־הַשָּׁרִ֣ים ׀ וְהַשָּׁר֡וֹת בְּקִינֽוֹתֵיהֶם֩ עַל־ — ח֯ בליש[38]

יֹאשִׁיָּ֙הוּ֙ עַד־הַיּ֔וֹם וַֽיִּתְּנ֥וּם לְחֹ֖ק עַל־יִשְׂרָאֵ֑ל וְהִנָּ֥ם כְּתוּבִ֖ים[a] עַל־ — ט֯ מיחד . ג֯ ב֯ חס וחד מל[39] . ב֯ . ל֯

הַקִּינֽוֹת׃[a] 26 וְיֶ֛תֶר דִּבְרֵ֥י יֹאשִׁיָּ֖הוּ וַחֲסָדָ֑יו[a] כַּכָּת֖וּב בְּתוֹרַ֥ת 26

יְהוָֽה׃ 27 וּדְבָרָ֕יו[a] הָרִאשֹׁנִ֖ים וְהָאַחֲרֹנִ֑ים הִנָּ֣ם כְּתוּבִ֔ים עַל־סֵ֥פֶר 27 — ה֯[40] . כ׳ יג֯ מנה֯ בסיפ֯

מַלְכֵֽי־יִשְׂרָאֵ֖ל וִיהוּדָֽה׃ — ג֯[41]

36 1 וַיִּקְחוּ֙ עַם־הָאָ֔רֶץ אֶת־יְהוֹאָחָ֖ז בֶּן־יֹאשִׁיָּ֑הוּ[a] וַיַּמְלִיכֻ֥הוּ תַֽחַת־ 36

אָבִ֖יו בִּירוּשָׁלִָֽם׃[b] 2 בֶּן־שָׁל֧וֹשׁ וְעֶשְׂרִ֛ים שָׁנָ֖ה יוֹאָחָ֣ז בְּמָלְכ֑וֹ וּשְׁלֹשָׁ֣ה 2 — ד֯

חֳדָשִׁ֔ים מָלַ֖ךְ בִּירוּשָׁלִָֽם׃[a] 3 וַיְסִירֵ֧הוּ[a] מֶֽלֶךְ־מִצְרַ֛יִם[b] בִּירוּשָׁלִָ֑ם[a] 3

וַֽיַּעֲנֹשׁ֙ אֶת־הָאָ֔רֶץ מֵאָ֥ה כִכַּר־כֶּ֖סֶף וְכִכַּ֥ר[c] זָהָֽב׃ 4 וַיַּמְלֵךְ֩ מֶֽלֶךְ־ 4 — ל֯ . ה֯

מִצְרַ֜יִם אֶת־אֶלְיָקִ֣ים אָחִ֗יו[a] עַל־יְהוּדָה֙ וִיר֣וּשָׁלִַ֔ם[a] וַיַּסֵּ֥ב[b] אֶת־שְׁמ֖וֹ[b]

יְהוֹיָקִ֑ים וְאֶת־יוֹאָחָ֤ז אָחִיו֙ לָקַ֣ח נְכ֔וֹ וַיְבִיאֵ֖הוּ מִצְרָֽיְמָה׃[c] פ — ד֯ . כל סיפ֯ כת֯ ו֯[1] כת֯ ול בכתיב[2]

5 בֶּן־עֶשְׂרִ֨ים וְחָמֵ֤שׁ שָׁנָה֙ יְהוֹיָקִ֣ים בְּמָלְכ֔וֹ וְאַחַ֤ת עֶשְׂרֵה֙ שָׁנָ֔ה מָלַ֖ךְ 5

[29] Mm 371. [30] Dt 4,31. [31] Mm 1718. [32] Mp sub loco. [33] Mm 1759. [34] Mm 4266. [35] Mm 4267. [36] Mm 2607. [37] Mm 1724. [38] Mm 1824. [39] Mm 652. [40] Mm 1077. [41] Mm 4230. **Cp 36** [1] Mp sub loco. [2] Mm 84.

21 [a] 𝔊 *ἥκω*, sim 𝔖𝔗𝔙 et 3 Esr 1,25 ‖ [b–b] 𝔊 *πόλεμον ποιῆσαι* ‖ [c–c] 3 Esr *ἐπὶ τοῦ Εὐφράτου* (= פְּרָת) ‖ [d] ins מֶלֶךְ בָּבֶל (homark) cf 𝔙 ‖ **22** [a] 3 Esr 1,26 *ἐπὶ τὸ ἅρμα αὐτοῦ* crrp ex *ἀπὸ τοῦ ῥήματος* ‖ [b] l prb בָּה׳ cf [c] ‖ [c] 𝔊 *ἐκραταιώθη*, sim 𝔖𝔗𝔙 et 3 Esr; l שׁ– ‖ [d] 3 Esr *Ἰερεμίου προφήτου* ‖ [e] pc Mss מִפְּנֵי ‖ **23** [a–a] 3 Esr 1,27 *καὶ κατέβησαν οἱ ἄρχοντες* = וַיֵּרְדוּ הַחֹרִים ‖ **24** [a] 3 Esr 1,28 *ἀπὸ τῆς παρατάξεως* = מִן־הַמַּעֲרָכָה ‖ [b–b] 2 R 23,30 בְּקְבֻרָתוֹ ‖ [c] 𝔊 *μετά* ‖ **25** [a–a] 3 Esr 1,31 *ἐν τῇ βύβλῳ* (it 𝔖) *τῶν ἱστορουμένων περὶ τῶν βασιλέων τῆς Ἰουδαίας* ‖ **26** [a] 𝔊 *καὶ ἡ ἐλπὶς αὐτοῦ* ‖ **27** [a] l וּדְרָכָיו? ‖ **Cp 36,1** [a] 2 R 23,30 + וַיִּמְשְׁחוּ אֹתוֹ, it 𝔊 ‖ [b] > $𝔊^B$ et 3 Esr 1,32 et 2 R ‖ **2** [a] 𝔊 + eadem vb quae 2 R 23,31b.32 ‖ **3** [a–a] 𝔊 *ὁ βασιλεὺς εἰς Αἴγυπτον* ‖ [b] ins c 2 R 23,33 Q מִמְּלֹךְ, it 𝔗 et 3 Esr 1,33 ‖ [c] sic c 2 R; 𝔏 pr (numerum) 12 ‖ **4** [a–a] 𝔊 alit ‖ [b–b] 3 Esr 1,36 $𝔊^L$ *καὶ ἔδησεν τοὺς μεγιστᾶνας* = וַיֶּאֱסֹר אֶת־שָׂרֵי ‖ [c] 𝔊 + nonn vb sec 2 R 23,34bβ.35.

6 בִּירוּשָׁלִָם[a] וַיַּעַשׂ הָרַע בְּעֵינֵי יְהוָה אֱלֹהָיו[b]׃ 6 עָלָיו עָלָה נְבוּכַדְנֶאצַּר — ב̇ בסיפ̇ . ה̇ מל̇ בכתיב
7 מֶלֶךְ בָּבֶל וַיַּאַסְרֵהוּ בַּנְחֻשְׁתַּיִם לְהֹלִיכוֹ[a] בָּבֶלָה׃ 7 וּמִכְּלֵי בֵּית יְהוָה — ו̇ חס̇ ו̇ ול̇ בליש̇[3] . כ̇ט̇
8 הֵבִיא נְבוּכַדְנֶאצַּר לְבָבֶל וַיִּתְּנֵם בְּהֵיכָלוֹ בְּבָבֶל׃ 8 וְיֶתֶר דִּבְרֵי — ה̇ מל̇ בכתיב̇ . ח̇[4] . ד̇ בטע̇ ר״פ[5]
יְהוֹיָקִים וְתֹעֲבֹתָיו אֲשֶׁר־עָשָׂה [a]וְהַנִּמְצָא עָלָיו[a] הִנָּם כְּתוּבִים עַל־סֵפֶר — ט̇ חס̇ בליש̇
9 [b]מַלְכֵי יִשְׂרָאֵל וִיהוּדָה[b] וַיִּמְלֹךְ יְהוֹיָכִין בְּנוֹ תַּחְתָּיו׃ פ 9 בֶּן־ — ג̇[6]
שְׁמוֹנֶה[a] שָׁנִים יְהוֹיָכִין בְּמָלְכוֹ [b]וּשְׁלֹשָׁה חֳדָשִׁים [c]וַעֲשֶׂרֶת[b] יָמִים[c] מָלַךְ — כל̇ סיפ̇ מל̇[7] . ד̇
10 בִּירוּשָׁלִָם וַיַּעַשׂ הָרַע בְּעֵינֵי יְהוָה׃ 10 וְלִתְשׁוּבַת הַשָּׁנָה שָׁלַח הַמֶּלֶךְ — ב̇ ס״פ בסיפ̇
נְבוּכַדְנֶאצַּר וַיְבִאֵהוּ בָבֶלָה עִם־כְּלֵי חֶמְדַּת בֵּית־יְהוָה וַיַּמְלֵךְ אֶת־ — ה̇ מל̇ בכתיב̇ . ל̇ חס̇ בכתיב̇[8] . כ̇ט̇ . ד̇ . ה̇
11 צִדְקִיָּהוּ אָחִיו[a] עַל־יְהוּדָה וִירוּשָׁלִָם׃ פ 11 בֶּן־עֶשְׂרִים וְאַחַת
12 שָׁנָה צִדְקִיָּהוּ בְמָלְכוֹ וְאַחַת עֶשְׂרֵה שָׁנָה מָלַךְ בִּירוּשָׁלִָם׃ 12 וַיַּעַשׂ — ב̇ בסיפ̇
הָרַע בְּעֵינֵי יְהוָה אֱלֹהָיו לֹא נִכְנַע מִלִּפְנֵי יִרְמְיָהוּ הַנָּבִיא מִפִּי יְהוָה׃ — ל̇
13 וְגַם בַּמֶּלֶךְ נְבוּכַדְנֶאצַּר מָרָד אֲשֶׁר הִשְׁבִּיעוֹ בֵּאלֹהִים וַיֶּקֶשׁ אֶת־ — כ̇[9] ר״פ בכתיב̇ ט̇ מנה̇ בסיפ̇ . ה̇ מל̇ בכתיב̇ . ל̇ זקף קמ̇ . ל̇ . ל̇
14 עָרְפּוֹ וַיְאַמֵּץ אֶת־לְבָבוֹ מִשּׁוּב אֶל־יְהוָה אֱלֹהֵי יִשְׂרָאֵל׃ 14 גַּם כָּל־ — ב̇[10] . ל̇
שָׂרֵי[a] הַכֹּהֲנִים וְהָעָם[b] הִרְבּוּ לִמְעוֹל[c]־מַעַל כְּכֹל תֹּעֲבוֹת הַגּוֹיִם — ל̇ . למעל[11] ק̇ חד מן ב̇[12] מל̇ . ט̇ חס̇ ג̇[13] מנה̇ בליש̇
15 וַיְטַמְּאוּ אֶת־בֵּית יְהוָה אֲשֶׁר הִקְדִּישׁ בִּירוּשָׁלִָם׃ 15 וַיִּשְׁלַח
יְהוָה אֱלֹהֵי אֲבוֹתֵיהֶם עֲלֵיהֶם בְּיַד מַלְאָכָיו[a] הַשְׁכֵּם וְשָׁלוֹחַ כִּי־חָמַל — י̇ז̇ מל̇ בסיפ̇[14] . ל̇ מל̇
16 עַל־עַמּוֹ וְעַל־מְעוֹנוֹ׃ 16 וַיִּהְיוּ מַלְעִבִים בְּמַלְאֲכֵי הָאֱלֹהִים וּבוֹזִים — ה̇[15] . ל̇ . ל̇ . ל̇ . ל̇ ומל̇
דְּבָרָיו וּמִתַּעְתְּעִים בִּנְבִאָיו עַד עֲלוֹת חֲמַת־יְהוָה בְּעַמּוֹ עַד־לְאֵין — ל̇ . ג̇ חס̇ י̇[16] ול̇ בליש̇ . ו̇ . ח̇[17] . ב̇[18]
17 מַרְפֵּא׃ 17 וַיַּעַל עֲלֵיהֶם אֶת־מֶלֶךְ כַּשְׂדִּיִּים[a] וַיַּהֲרֹג בַּחוּרֵיהֶם בַּחֶרֶב — כשדים ק̇ . ג̇
בְּבֵית מִקְדָּשָׁם וְלֹא חָמַל עַל־בָּחוּר וּבְתוּלָה זָקֵן[b] וְיָשֵׁשׁ הַכֹּל נָתַן — ל̇
18 בְּיָדוֹ׃ 18 וְכֹל כְּלֵי בֵּית הָאֱלֹהִים הַגְּדֹלִים וְהַקְּטַנִּים וְאֹצְרוֹת בֵּית — ז̇ . ה̇ . מ̇ח̇
19 יְהוָה וְאֹצְרוֹת הַמֶּלֶךְ וְשָׂרָיו הַכֹּל הֵבִיא בָבֶל׃ 19 וַיִּשְׂרְפוּ אֶת־בֵּית — מ̇ח̇

[3] Mm 1871. [4] Mm 2202. [5] Mm 2037. [6] Mm 4230. [7] Cf Mm 34. [8] Mm 1618. [9] Mm 4070. [10] Mm 2376. [11] Q addidi contra Mp et Mm, cf Mp sub loco. [12] Mm 4268. [13] Mm 4251. [14] Mp sub loco. [15] Mm 1593. [16] Mm 2582. [17] Mm 3927. [18] Mm 4215.

5 [a] 𝔊 + eadem vb quae 2 R 23,36b ‖ [b] 𝔊 + eadem vb quae 2 R 23,37b–24,4 ‖ **6** [a] 𝔊(𝔙𝔄) et 3 Esr 1,38 *καὶ ἀπήγαγεν αὐτόν* ‖ **8** [a–a] > 𝔖 ‖ [b–b] 𝔊 sec 2 R 24,5, tum addit eadem vb quae 2 R 24,6a et *καὶ ἐτάφη ἐν Γανοζα* (= בְּגַן עֻזָּא) *μετὰ τῶν πατέρων αὐτοῦ* ‖ **9** [a] ins c Ms 𝔊[ALa1] et 2 R 24,8 et 3 Esr 1,41 𝔊[-B] עֶשְׂרֵה cf [c–c] ‖ [b–b] 𝔖𝔄 100 ‖ [c–c] > 2 R, וע׳ (orig וְעֶשְׂרֵה) gl recta (cf [a]) ad שמונה ‖ **10** [a] l אֲחִי אָבִיו cf 𝔊𝔖𝔙; Ms pr בֶּן־ ‖ **14** [a] ins יְהוּדָה וְ cf 𝔊 et 3 Esr 1,47 ‖ [b] 𝔊 *καὶ ὁ λαὸς τῆς γῆς* ‖ [c] Q עַל־, K עוֹל־ ‖ **15** [a] 3 Esr 1,48 *τοῦ ἀγγέλου αὐτοῦ* ‖ **17** [a] K ־דִּיִּים, Q ־דִּים ‖ [b] l יֹנֵק cf 𝔖(𝔄) *w'l qšjš' w'pl' 'l jnqj ḥlb'* et 3 Esr 1,50 *πρεσβύτου καὶ νεωτέρου* (pro ז׳ וי׳); 𝔊 amplius.

הָאֱלֹהִים וַיְנַתְּצוּ אֵת חוֹמַת יְרוּשָׁלִָם וְכָל־אַרְמְנוֹתֶיהָ שָׂרְפוּ בָאֵשׁ ג . ג
[a]וְכָל־כְּלֵי[a] מַחֲמַדֶּיהָ לְהַשְׁחִית׃ ס 20 וַיֶּגֶל הַשְּׁאֵרִית מִן־הַחֶרֶב 20 ז . ב
אֶל־בָּבֶל וַיִּהְיוּ־לוֹ וּלְבָנָיו לַעֲבָדִים עַד־מְלֹךְ מַלְכוּת פָּרָס[a]׃ ו
21 לְמַלֹּאות דְּבַר־יְהוָה בְּפִי יִרְמְיָהוּ עַד־רָצְתָה הָאָרֶץ אֶת־ 21 ו ב חס וד מל[19] . ב . ב
שַׁבְּתוֹתֶיהָ[a] כָּל־יְמֵי הָשַּׁמָּה שָׁבָתָה לְמַלֹּאות שִׁבְעִים שָׁנָה׃ פ ד ג חס ול מל[20] . ג[21] . ל זקף קמ . ו ב חס וד מל[19]
22 וּבִשְׁנַת אַחַת לְכוֹרֶשׁ מֶלֶךְ פָּרַס לִכְלוֹת דְּבַר־יְהוָה בְּפִי[a] 22 ל[22] ט מנה ר״פ ג מנה בסיפ . ב
יִרְמְיָהוּ הֵעִיר יְהוָה אֶת־רוּחַ כּוֹרֶשׁ מֶלֶךְ־פָּרַס וַיַּעֲבֶר־קוֹל בְּכָל־ ה[23] . ט[24] ב מנה בליש
מַלְכוּתוֹ וְגַם־[b]בְּמִכְתָּב לֵאמֹר׃ ס 23 כֹּה־אָמַר כּוֹרֶשׁ ׀ מֶלֶךְ 23 ב וחד מן יא[25] ס״פ
פָּרַס כָּל־מַמְלְכוֹת הָאָרֶץ נָתַן לִי [a]יְהוָה אֱלֹהֵי הַשָּׁמַיִם[a] וְהוּא־פָקַד ו[26]
עָלַי לִבְנוֹת־לוֹ בַיִת בִּירוּשָׁלִַם אֲשֶׁר בִּיהוּדָה מִי־בָכֶם מִכָּל־עַמּוֹ
יְהוָה[b] אֱלֹהָיו עִמּוֹ וְיָעַל׃ ה[27] . ז[28] רפי ול בסיפ

סכום הפסוקים של ספר
אלף ושבע מאות וששים
וחמשה׃
אׄנׄסׄהׄ
וחציו׃ ועל אצרות המלך[29]
וסדרים כׄהׄ
סכום הפסוקים של מקרא כולו
שלושה ועשרים אלף
ומאתים ושלושה׃
כׄגׄרׄגׄ

[19] Mm 4269. [20] Mm 4270. [21] Mm 4271. [22] Mm 3789. [23] Mm 2363. [24] Mm 57. [25] Okhl 357. [26] Mm 3880. [27] Mp sub loco. [28] Mm 437. [29] 1 Ch 27,25, cf Mp sub loco.

19 $^{a-a}$ 3 Esr 1,53 *καὶ συνετέλεσαν πάντα* = וַיְכַלּוּ כל || **20** ^{a} 𝔊 *Μήδων* || **21** ^{a} 𝔊 + *σαββατίσαι* || **22** ^{a} 𝔗 (Esr 1,1) *mpwm'* = מִפִּי || ^{b} > 𝔊 || **23** $^{a-a}$ 3 Esr 2,2 *ὁ κύριος τοῦ Ισραηλ κύριος ὁ ὕψιστος* || ^{b} l c Ms (+ 2 Mss^{vid}) Ed 𝔏 et Esr 1,3 יְהִי cf 𝔊 et 3 Esr 2,3.